beck-online
DIE DATENBANK

Handbuch zur Lohnsteuer 2025
Freischaltung des Online-Moduls

Sehr geehrte Leserin, sehr geehrter Leser,

mit dem Kauf dieses Buches können Sie auch auf das Online-Modul zum Handbuch zugreifen. Ausgehend vom Inhaltsverzeichnis erhalten Sie damit Zugriff auf die zitierten Gesetzestexte, Urteile, Erlasse und mehrere Berechnungsprogramme.

Nutzen Sie das Online-Modul und profitieren Sie von den dort enthaltenen zusätzlichen Materialien und den komfortablen Recherchemöglichkeiten in beck-online.DIE DATENBANK. Gehen Sie am besten sofort online!

Und so geht's:

1. Rufen Sie die Internetadresse www.freischaltung.beck.de auf.
2. Geben Sie Ihren persönlichen Freischaltcode (s. unten) ein und folgen Sie den Anweisungen auf dem Bildschirm.
3. **Wichtig:** Wenn Sie bereits beck-online-Kunde sind, benutzen Sie zum Login bitte **unbedingt** Ihre bekannten Zugangsdaten. Das Handbuch wird Ihrem Konto dann zugeschaltet.
4. Sollten Sie noch kein beck-online-Kunde sein, klicken Sie auf „Registrieren". Sie erhalten dann eine E-Mail mit Ihrem Benutzernamen und einem Aktivierungslink.
5. Bestätigen Sie den Aktivierungslink innerhalb von **28 Tagen** und wählen Sie ein Passwort.
6. Sie können nun mit Ihrem **Benutzernamen** und Ihrem **Passwort** von jedem beliebigen PC, Tablet oder Smartphone auf die Online-Version zugreifen.

Ihr Freischaltcode: YTHCA-MDSJX-UTGUC-PSBYO

Das Angebot gilt für **einen** Nutzer. Ihren Online-Zugang können Sie bis zum Erscheinen des Handbuchs zur Lohnsteuer 2026 uneingeschränkt nutzen. Nach einer Übergangsfrist ist der Zugriff auf die Online-Version dann nicht mehr möglich.

Handbuch zur Lohnsteuer
2025

SCHRIFTEN DES
DEUTSCHEN WISSENSCHAFTLICHEN INSTITUTS
DER STEUERBERATER E.V.

Handbuch zur Lohnsteuer
2025

DWS Steuerberater Medien GmbH Berlin
Verlag C.H. Beck München

beck.de

ISBN 978 3 406 83281 9

Wilhelmstraße 9, 80801 München
info@beck.de
Satz, Druck und Bindung: Druckerei C.H.Beck Nördlingen
(Adresse wie Verlag)

myclimate
shape our future

chbeck.de/nachhaltig
produktsicherheit.beck.de

Gedruckt auf säurefreiem, alterungsbeständigem Papier
(hergestellt aus chlorfrei gebleichtem Zellstoff)

Vorwort

Im Rahmen seiner Schriften legt das Deutsche wissenschaftliche Institut der Steuerberater e. V. hiermit das „Handbuch zur Lohnsteuer 2025" vor. Das Werk hat den **Rechtsstand 1. März 2025.** Neue Verwaltungsanweisungen und Urteile wurden bis Ende Februar 2025 berücksichtigt.

Alle Gesetzesänderungen bis einschließlich Dezember 2024 durch das Gesetz zur Fortentwicklung des Steuerrechts und zur Anpassung des Einkommensteuertarifs (Steuerfortentwicklungsgesetz – SteFeG) wurden berücksichtigt. Auch die vorliegende Ausgabe des Handbuchs entspricht der gewohnten Konzeption der Schriftenreihe. Zur Gesamtorientierung ist zunächst das gesamte **Einkommensteuergesetz** *geschlossen wiedergegeben.*

Im *Hauptteil* folgen sodann die lohnsteuerrechtlichen Gesetzesvorschriften in Verbindung mit den zugehörigen Bestimmungen der **Lohnsteuer-Durchführungsverordnung,** mit den aktuellen **Lohnsteuer-Richtlinien 2023** und den zugehörigen neuen **Lohnsteuer-Hinweisen 2025** sowie mit den sonstigen Verwaltungsanweisungen der Finanzbehörden.

Alle maßgebenden Vorschriften (EStG, LStDV, EStDV, LStR, LStH) und die zugehörigen Verwaltungserlasse sind im Hauptteil an einer Stelle vereinigt. Die Bestimmungen sind typographisch besonders voneinander abgehoben, damit der Benutzer auf einen Blick erkennt, um welche Art von Vorschrift es sich handelt.

Im *Anhang I* sind alle **lohnsteuerrechtlichen Nebengesetze** (u. a. Solidaritätszuschlaggesetz, Bundeskindergeldgesetz, Familienpflegezeitgesetz, Fünftes Vermögensbildungsgesetz, Wohnungsbauprämiengesetz, Bundesumzugskostengesetz, Auslandsumzugskostenverordnung, Entgeltfortzahlungsgesetz, Mutterschutzgesetz, Bundeselterngeld- und Elternzeitgesetz, Altersteilzeitgesetz, Betriebsrentengesetz, Altersvorsorge-Durchführungsverordnung mit den jeweils dazugehörenden Verwaltungsanweisungen) abgedruckt.

Die in den LStR/LStH zitierten **Einkommensteuer-Richtlinien** und **Einkommensteuer-Hinweise** sind aus Umfangsgründen in einem gesonderten *Anhang II* abgedruckt. Zum Redaktionsschluss waren die ESt-Hinweise 2024 noch nicht veröffentlicht. Die Änderungen gegenüber den abgedruckten ESt-Hinweisen 2023 werden bei Erscheinen im zugehörigen Online-Modul (zur Freischaltung siehe unten) abrufbar sein. Ein schneller und unkomplizierter Zugriff auf die einschlägigen EStR/EStH im Anhang II ist durch kursive Hinweise im Text und optische Hilfen (Schnittmarkierung) gewährleistet.

Alle gegenüber dem Handbuch des Vorjahrs geänderten Textstellen sind durch einen Balken am Rand gekennzeichnet. Zur Erleichterung der Arbeit mit dem Lohnsteuer-Handbuch sind Hauptteil und Anhänge mit Randziffern versehen, auf die das ausführliche **Stichwortregister** abstellt.

Verwaltungsanweisungen, die aus Platzgründen nicht in vollem Wortlaut in das Handbuch aufgenommen werden konnten, sind in den Fußnoten des Werks in Leitsätzen wiedergegeben. Auf wichtige Urteile wird ebenfalls in Fußnoten hingewiesen.

Mit dem **Online-Modul** (Freischaltcode auf dem Vorsatzblatt) zum Buch können Sie alle im Buch zitierten Gesetze,Verordnungen, Richtlinien und Erlasse sowie die zitierte Rechtsprechung im Volltext abrufen. Zusätzlich enthalten sind diverse Berechnungsprogramme. Für die Nutzung des Moduls in beck-online fallen keine zusätzlichen Kosten an.

Gerne verweisen wir an dieser Stelle auch auf den **Lohnsteuerrechner** des Verlages C.H.Beck, den Sie unter https://ch.beck.de/lohnsteuerrechner kostenlos abrufen können.

Bei der Auswahl und Bearbeitung des Materials hat uns wiederum Herr *Andreas Messerer* vom Bayerischen Staatsministerium der Finanzen, München, mit Rat und Tat unterstützt; für seine wertvolle Hilfe bedanken wir uns sehr herzlich.

Berlin, im März 2025

Deutsches wissenschaftliches Institut
der Steuerberater e. V.

Inhaltsübersicht

Inhaltsverzeichnis IX

Abkürzungsverzeichnis XXVII

Geschlossene Wiedergabe des Textes des EStG 1

Hauptteil
Gesetz, Durchführungsverordnung, Richtlinien und Hinweise mit Anlagen 273

Anhang I
Nebengesetze, Verordnungen mit Verwaltungsanweisungen 1055

Anhang II
Einkommensteuer-Richtlinien 2012 in der Fassung der EStÄR 2012 mit Einkommensteuer-Hinweisen 2023 – Auszug 1258

Anhang III
Übersicht über Zahlen zur Lohnsteuer 2025 1335

Stichwortregister 1339

Inhaltsverzeichnis

Abkürzungsverzeichnis XXVII
Geschlossene Wiedergabe des Textes des EStG 1
Hauptteil 273

I. Steuerpflicht

§ 1 **Steuerpflicht** 273
LStH 1 274
§ 1 a **Fiktive unbeschränkte Steuerpflicht von EU- und EWR-Familienangehörigen** 275

II. Einkommen

1. Sachliche Voraussetzungen für die Besteuerung

§ 2 **Umfang der Besteuerung, Begriffsbestimmungen** 276
LStH 2 277
§ 2 a **Negative Einkünfte mit Bezug zu Drittstaaten** *[geschlossene Wiedergabe]*

2. Steuerfreie Einnahmen

§ 3 **Steuerfreie Einnahmen** 278
LStH 3.0 288
[§ 2 LStDV abgedruckt bei § 19 EStG]
LStR 3.2 Leistungen nach dem Dritten Buch Sozialgesetzbuch (§ 3 Nr. 2 EStG); LStH 3.2 288
LStR 3.4 Überlassung von Dienstkleidung und anderen Leistungen an bestimmte Angehörige des öffentlichen Dienstes (§ 3 Nr. 4 EStG) 290
LStR 3.5 *(unbesetzt)*
LStR 3.6 Gesetzliche Bezüge der Wehr- und Zivildienstbeschädigten, Kriegsbeschädigten, ihrer Hinterbliebenen und der ihnen gleichgestellten Personen (§ 3 Nr. 6 EStG); LStH 3.6 290
LStR 3.11 Beihilfen und Unterstützungen, die wegen Hilfsbedürftigkeit gewährt werden (§ 3 Nr. 11 EStG); LStH 3.11 292
Anlage:
Schreiben betr. steuerliche Maßnahmen zur Unterstützung der vom Krieg in der Ukraine Geschädigten – BMF vom 17. 3. 2022 (BeckVerw 568 428) 293
LStR 3.12 Aufwandsentschädigungen aus öffentlichen Kassen (§ 3 Nr. 12 Satz 2 EStG); LStH 3.12 295
LStR 3.13 Reisekostenvergütungen, Umzugskostenvergütungen und Trennungsgelder aus öffentlichen Kassen (§ 3 Nr. 13 EStG); LStH 3.13 298
LStH 3.15 299
Anlage:
Schreiben betr. Steuerbefreiung nach § 3 Nr. 15 EStG i. d. F. des UStAVermG – BMF vom 15. 8. 2019 (BeckVerw 456 660) 300
LStR 3.16 Steuerfreie Leistungen für Reisekosten, Umzugskosten und Mehraufwendungen bei doppelter Haushaltsführung außerhalb des öffentlichen Dienstes (§ 3 Nr. 16 EStG); LStH 3.16 306
LStH 3.19 307
LStR 3.26 Steuerbefreiung für nebenberufliche Tätigkeiten (§ 3 Nr. 26 EStG); LStH 3.26 307
LStH 3.26 a 310
Anlage:
Schreiben betr. steuerfreie Einnahmen aus ehrenamtlicher Tätigkeit; Anwendungsschreiben zu § 3 Nr. 26 a und 26 b EStG – BMF vom 21. 11. 2014 (BeckVerw 293 006) 310
LStR 3.28 Leistungen nach dem AltTZG (§ 3 Nr. 28 EStG); LStH 3.28 313
LStR 3.30 Werkzeuggeld (§ 3 Nr. 30 EStG); LStH 3.30 315

LStR 3.31 Überlassung typischer Berufskleidung (§ 3 Nr. 31 EStG); LStH 3.31 . 315
LStR 3.32 Sammelbeförderung von Arbeitnehmern zwischen Wohnung und erster Tätigkeitsstätte (§ 3 Nr. 32 EStG); LStH 3.32 316
LStR 3.33 Unterbringung und Betreuung von nicht schulpflichtigen Kindern (§ 3 Nr. 33 EStG); LStH 3.33 317
LStH 3.34 317
Anlage:
Schreiben betr. Umsetzungshilfe zur steuerlichen Anerkennung von Arbeitgeberleistungen nach § 3 Nr. 34 EStG – BMF vom 20. 4. 2021 (BeckVerw 518670) 317
LStH 3.34 a 322
LStH 3.37 322
LStH 3.39 323
Anlage:
Schreiben betr. lohnsteuerliche Behandlung der Überlassung bzw. Übertragung von Vermögensbeteiligungen ab 2024 (§ 3 Nr. 39, § 19 a EStG) – BMF vom 1. 6. 2024 (BeckVerw 637266) 324
LStR 3.45 Betriebliche Datenverarbeitungs- und Telekommunikationsgeräte (§ 3 Nr. 45 EStG); LStH 3.45 332
LStH 3.46 333
Anlage:
Schreiben betr. Gesetz zur steuerlichen Förderung von Elektromobilität im Straßenverkehr und Gesetz zur weiteren steuerlichen Förderung der Elektromobilität und zur Änderung weiterer steuerlicher Vorschriften; Steuerbefreiung nach § 3 Nr. 46 EStG und Pauschalierung der Lohnsteuer nach § 40 Abs. 2 Satz 1 Nr. 6 EStG – BMF vom 29. 9. 2020 (BeckVerw 486438) 333
LStR 3.50 Durchlaufende Gelder, Auslagenersatz (§ 3 Nr. 50 EStG); LStH 3.50 337
LStH 3.51 338
LStH 3.55 338
LStH 3.55 a 339
LStH 3.55 b 339
LStH 3.55 c 340
LStH 3.56 340
LStR 3.58 Zuschüsse und Zinsvorteile aus öffentlichen Haushalten (§ 3 Nr. 58 EStG); LStH 3.58 340
Anlage:
Erlass betr. Aufwendungszuschüsse und Zinsvorteile aus Wohnungsfürsorgemitteln für Angehörige des öffentlichen Dienstes nach dem II. WoBauG – FinSen Hamburg vom 1. 3. 2001 (BeckVerw 33018) 341
LStR 3.59 Steuerfreie Mietvorteile (§ 3 Nr. 59 EStG); LStH 3.59 341
Anlage:
Schreiben betr. Steuerbefreiung von Mietvorteilen nach § 3 Nr. 59 2. HS EStG – BMF vom 10. 10. 2005 (BeckVerw 67052) 342
§ 2 LStDV [abgedruckt bei § 19 EStG]
LStR 3.62 Zukunftssicherungsleistungen (§ 3 Nr. 62 EStG, § 2 Abs. 2 Nr. 3 LStDV); LStH 3.62 343
Anlage:
Schreiben betr. Zuschüsse an einen Arbeitnehmer für dessen Versicherung in einer ausländischen gesetzlichen Krankenversicherung innerhalb der EU und des EWR sowie im Verhältnis zur Schweiz (§ 3 Nr. 62 EStG) – BMF vom 30. 1. 2014 (BeckVerw 281615) 346
LStH 3.63 347
LStH 3.63 a 347
LStR 3.64 Kaufkraftausgleich (§ 3 Nr. 64 EStG); LStH 3.64 348
Anlage:
Schreiben betr. Steuerbefreiung des Kaufkraftausgleichs (§ 3 Nr. 64 EStG); Gesamtübersicht der Kaufkraftzuschläge (Stand: 1. 1. 2025) – BMF vom 21. 1. 2025 (BeckVerw 648350) 349
LStR 3.65 Insolvenzsicherung (§ 3 Nr. 65 EStG); LStH 3.65 358
LStH 3.66 359
Anlagen:
a) Schreiben betr. Übertragung von Versorgungsverpflichtungen und Versorgungsanwartschaften auf Pensionsfonds – BMF vom 26. 10. 2006 (BeckVerw 79816) 359
b) Schreiben betr. betriebliche Altersversorgung; Übertragung von Versorgungsverpflichtungen und Versorgungsanwartschaften auf Pensionsfonds – BMF vom 10. 7. 2015 (BeckVerw 311610) 360
LStH 3.67 362

§ 3 a **Sanierungserträge** *[geschlossene Wiedergabe]*

§ 3 b **Steuerfreiheit von Zuschlägen für Sonntags-, Feiertags- oder Nachtarbeit** ... 363

LStR 3 b. Steuerfreiheit der Zuschläge für Sonntags-, Feiertags- oder Nachtarbeit (§ 3 b EStG); LStH 3 b ... 363

§ 3 c **Anteilige Abzüge** ... 369

3. Gewinn

§ 4 **Gewinnbegriff im Allgemeinen** *[geschlossene Wiedergabe]*

§ 4 a **Gewinnermittlungszeitraum, Wirtschaftsjahr** *[geschlossene Wiedergabe]*

§ 4 b **Direktversicherung** *[geschlossene Wiedergabe]*

§ 4 c **Zuwendungen an Pensionskassen** *[geschlossene Wiedergabe]*

§ 4 d **Zuwendungen an Unterstützungskassen** *[geschlossene Wiedergabe]*

§ 4 e **Beiträge an Pensionsfonds** *[geschlossene Wiedergabe]*

§ 4 f **Verpflichtungsübernahmen, Schuldbeitritte und Erfüllungsübernahmen** *[geschlossene Wiedergabe]*

§ 4 g **Bildung eines Ausgleichspostens bei Entnahme nach § 4 Abs. 1 Satz 3** *[geschlossene Wiedergabe]*

§ 4 h **Betriebsausgabenabzug für Zinsaufwendungen (Zinsschranke)** *[geschlossene Wiedergabe]*

§ 4 i **Sonderbetriebsausgabenabzug bei Vorgängen mit Auslandsbezug** *[geschlossene Wiedergabe]*

§ 4 j **Aufwendungen für Rechteüberlassungen** *[geschlossene Wiedergabe]*

§ 4 k **Betriebsausgabenabzug bei Besteuerungsinkongruenzen** *[geschlossene Wiedergabe]*

§ 5 **Gewinn bei Kaufleuten und bei bestimmten anderen Gewerbetreibenden** *[geschlossene Wiedergabe]*

§ 5 a **Gewinnermittlung bei Handelsschiffen im internationalen Verkehr** *[geschlossene Wiedergabe]*

§ 5 b **Elektronische Übermittlung von Bilanzen sowie Gewinn- und Verlustrechnungen** *[geschlossene Wiedergabe]*

§ 6 **Bewertung** *[geschlossene Wiedergabe]*

§ 6 a **Pensionsrückstellung** *[geschlossene Wiedergabe]*

§ 6 b **Übertragung stiller Reserven bei der Veräußerung bestimmter Anlagegüter** *[geschlossene Wiedergabe]*

§ 6 c **Übertragung stiller Reserven bei der Veräußerung bestimmter Anlagegüter bei der Ermittlung des Gewinns nach § 4 Abs. 3 oder nach Durchschnittssätzen** *[geschlossene Wiedergabe]*

§ 6 d **Euroumrechnungsrücklage** *[geschlossene Wiedergabe]*

§ 6 e **Fondsetablierungskosten als Anschaffungskosten** *[geschlossene Wiedergabe]*

§ 7 **Absetzung für Abnutzung oder Substanzverringerung** *[geschlossene Wiedergabe]*

§ 7 a **Gemeinsame Vorschriften für erhöhte Absetzungen und Sonderabschreibungen** *[geschlossene Wiedergabe]*

§ 7 b **Sonderabschreibung für Mietwohnungsneubau** *[geschlossene Wiedergabe]*

§ 7 c **Sonderabschreibung für Elektronutzfahrzeuge und elektrisch betriebene Lastenfahrräder** *[geschlossene Wiedergabe]*

§ 7 d *(aufgehoben)*

§ 7 e *(weggefallen)*

§ 7 f *(aufgehoben)*

§ 7 g **Investitionsabzugsbeträge und Sonderabschreibungen zur Förderung kleiner und mittlerer Betriebe** *[geschlossene Wiedergabe]*

§ 7h Erhöhte Absetzungen bei Gebäuden in Sanierungsgebieten und städtebaulichen Entwicklungsbereichen *[geschlossene Wiedergabe]*

§ 7i Erhöhte Absetzungen bei Baudenkmalen *[geschlossene Wiedergabe]*

§ 7k *(aufgehoben)*

4. Überschuss der Einnahmen über die Werbungskosten

§ 8 Einnahmen 371

Anlage:
Sozialversicherungsentgeltverordnung – SvEV – vom 21. 12. 2006 373
LStR 8.1 Bewertung der Sachbezüge (§ 8 Abs. 2 EStG); LStH 8.1 375
Anlagen:
a) Schreiben betr. 15. Verordnung zur Änderung der Sozialversicherungsentgeltverordnung vom 3. 12. 2024 (BGBl. 2024 I Nr. 394); Lohnsteuerliche Behandlung von unentgeltlichen oder verbilligten Mahlzeiten der Arbeitnehmer ab Kj. 2025 – BMF vom 10. 12. 2024 (BeckVerw 646389) 388
b) Schreiben betr. steuerliche Behandlung von Arbeitgeberdarlehen – BMF vom 19. 5. 2015 (BeckVerw 305485) 388
c) Schreiben betr. lohnsteuerliche Behandlung der Überlassung eines betrieblichen Kraftfahrzeugs an Arbeitnehmer – BMF vom 3. 3. 2022 (BeckVerw 568100) 392
d) Schreiben betr. private Kfz-Nutzung durch den Gesellschafter-Geschäftsführer einer Kapitalgesellschaft – BMF vom 3. 4. 2012 (BeckVerw 259702) 402
e) Gleich lautende Erlasse betr. steuerliche Behandlung der Überlassung von (Elektro-)Fahrrädern – OFdL vom 9. 1. 2020 (BeckVerw 462760) 403
f) Schreiben betr. Abgrenzung zwischen Geldleistung und Sachbezug – BMF vom 15. 3. 2022 (BeckVerw 568425) 404
g) Schreiben betr. Nutzung eines betrieblichen Kraftfahrzeugs für private Fahrten, Fahrten zwischen Wohnung und Betriebsstätte/erster Tätigkeitsstätte oder Fahrten nach § 39 Abs. 1 Satz 3 Nr. 4a EStG und Familienheimfahrten; Nutzung von Elektro- und Hybridelektrofahrzeugen – BMF vom 5. 11. 2021 (BeckVerw 563050) 408
h) Schreiben betr. Sachbezugswert für arbeitstägliche Zuschüsse zu Mahlzeiten – BMF vom 18. 1. 2019 (BeckVerw 446142) 414
i) Schreiben betr. lohnsteuerliche Behandlung der Überlassung von (Elektro-) Fahrrädern an Arbeitnehmer in Leasingfällen – BMF vom 17. 11. 2017 (BeckVerw 348638) 415
LStR 8.2 Belegschaftsrabatte (§ 8 Abs. 3 EStG); LStH 8.2 417
Anlagen:
a) Schreiben betr. steuerliche Behandlung der Rabatte, die ArbN von dritter Seite eingeräumt werden – BMF vom 20. 1. 2015 (BeckVerw 294290) 420
b) Gleich lautende Erlasse betr. steuerliche Behandlung der von Luftfahrtunternehmen gewährten unentgeltlichen oder verbilligten Flüge – BMF vom 16. 12. 2024 (BeckVerw 646864) 421
c) Schreiben betr. steuerliche Behandlung unentgeltlicher oder verbilligter Reisen bei Mitarbeitern von Reisebüros und Reiseveranstaltern – BMF vom 14. 9. 1994 (BeckVerw 26842) 422
d) Schreiben betr. Ermittlung des geldwerten Vorteils beim Erwerb von Kraftfahrzeugen vom Arbeitgeber in der Automobilbranche (§ 8 Abs. 3 EStG) – BMF vom 18. 12. 2009 (BeckVerw 233069) 423
e) Schreiben betr. Verhältnis von § 8 Abs. 2 und Abs. 3 EStG bei der Bewertung von Sachbezügen – BMF vom 16. 5. 2013 (BeckVerw 271801) 424

§ 9 Werbungskosten 426

LStR 9.1 Werbungskosten; LStH 9.1 430
Anlagen:
a) Schreiben betr. steuerliche Beurteilung gemischter Aufwendungen – BMF vom 6. 7. 2010 (BeckVerw 240551) 435
b) Schreiben betr. steuerliche Behandlung des Versorgungszuschlags für Beamte bei Beurlaubung ohne Dienstbezüge – BMF vom 22. 2. 1991 (BeckVerw 81183) 437
LStR 9.2 Aufwendungen für die Aus- und Fortbildung; LStH 9.2 438
Anlagen:
a) Schreiben betr. Neuregelung der einkommensteuerlichen Behandlung von Berufsausbildungskosten gem. § 10 Abs. 1 Nr. 7, *§ 12 Nr. 5 EStG* i. d. F. des G. v. 21. 7. 2004 ab 2004 – BMF vom 22. 9. 2010 (BeckVerw 242339) 439

b) Schreiben betr. einkommensteuerliche Behandlung von Aufwendungen für Auslandssprachkurse als Werbungskosten oder Betriebsausgaben nach § 9 Abs. 1 Satz 1, § 4 Abs. 4 und § 12 Nr. 1 EStG – BMF vom 26. 9. 2003 (Beck-Verw 45 868) 444
LStR 9.3 Ausgaben im Zusammenhang mit Berufsverbänden; LStH 9.3 444
LStR 9.4 Reisekosten; LStH 9.4 445
Anlage:
Schreiben betr. steuerliche Behandlung der Reisekosten von Arbeitnehmern – BMF vom 25. 11. 2020 (BeckVerw 497 025) 445
LStR 9.5 Fahrtkosten als Reisekosten; LStH 9.5 473
LStR 9.6 Verpflegungsmehraufwendungen als Reisekosten; LStH 9.6 475
Anlage:
Schreiben betr. steuerliche Behandlung von Reisekosten und Reisekostenvergütungen bei betrieblich und beruflich veranlassten Auslandsreisen ab 1. Januar 2025 – BMF vom 2. 12. 2024 (BeckVerw 646 130) 476
LStR 9.7 Übernachtungskosten; LStH 9.7 482
LStR 9.8 Reisenebenkosten; LStH 9.8 483
Anlage:
Schreiben betr. keine Übernachtungspauschalen bei LKW-Fahrern, die in der Schlafkabine ihres LKW übernachten; vereinfachter Nachweis von Reisenebenkosten – BMF vom 4. 12. 2012 (BeckVerw 266 777) 483
LStR 9.9 Umzugskosten; LStH 9.9 484
Anlage:
Schreiben betr. steuerliche Anerkennung von Umzugskosten nach R 9.9 Abs. 2 LStR; Änderung der maßgebenden Beträge für umzugsbedingte Unterrichtskosten und sonstige Umzugsauslagen ab 1. 3. 2024 – BMF vom 28. 12. 2023 (BeckVerw 632 060) 486
LStR 9.10 Aufwendungen für Wege zwischen Wohnung und erster Tätigkeitsstätte sowie Fahrten nach § 9 Abs. 1 Satz 3 Nr. 4 a Satz 3 EStG; LStH 9.10 486
Anlage:
Schreiben betr. Entfernungspauschalen; Gesetz zur Umsetzung des Klimaschutzprogramms 2030 im Steuerrecht sowie Gesetz zur weiteren steuerlichen Förderung der Elektronmobilität und zur Änderung weiterer steuerlicher Vorschriften – BMF vom 18. 11. 2021 (BeckVerw 563 790) 490
LStR 9.11 Mehraufwendungen bei doppelter Haushaltsführung; LStH 9.11 499
LStR 9.12 Arbeitsmittel; LStH 9.12 504
LStR 9.13 Werbungskosten bei Heimarbeitern 505
LStH 9.14 Häusliches Arbeitszimmer 506
Anlage:
Schreiben betr. ertragsteuerliche Beurteilung der betrieblichen und beruflichen Betätigung in der häuslichen Wohnung nach § 4 Abs. 5 Satz 1 Nr. 6b und 6c, § 9 Abs. 5 Satz 1 und § 10 Abs. 1 Nr. 7 Satz 4 EStG; Neuregelung durch das Jahressteuergesetz 2022 (JStG 2022) vom 16. Dezember 2022 – BMF vom 15. 8. 2023 (BeckVerw 626 560) 506

§ 9 a Pauschbeträge für Werbungskosten 515
LStH 9 a 515

4 a. Umsatzsteuerrechtlicher Vorsteuerabzug

§ 9 b Umsatzsteuerrechtlicher Vorsteuerabzug *[geschlossene Wiedergabe]*

§ 9 c *(aufgehoben)*

5. Sonderausgaben

§ 10 Sonderausgaben 516
Anlagen:
a) Verordnung zur tarifbezogenen Ermittlung der steuerlich berücksichtigungsfähigen Beiträge zum Erwerb eines Krankenversicherungsschutzes i. S. d. § 10 Abs. 1 Nr. 3 Buchst. a EStG (Krankenversicherungsbeitragsanteil-Ermittlungsverordnung – KVBEVO) vom 11. 8. 2009 522
b) Schreiben betr. einkommensteuerrechtliche Behandlung von Vorsorgeaufwendungen – BMF vom 24. 5. 2017 (BeckVerw 342 000) 523
c) Schreiben betr. Aufteilung eines einheitlichen Sozialversicherungsbeitrags (Globalbeitrag); Anpassung der Aufteilungsmaßstäbe für den VZ 2025 – BMF vom 28. 11. 2024 (BeckVerw 646 070) 549

d) Schreiben betr. steuerliche Behandlung von Kirchensteuer nach § 10 Abs. 1 Nr. 4 EStG an Religionsgemeinschaften, die in anderen EU-/EWR-Staaten ansässig sind – BMF vom 16. 11. 2010 (BeckVerw 244398) 550
e) Schreiben betr. steuerliche Berücksichtigung von Kinderbetreuungskosten ab dem VZ 2012 (§ 10 Abs. 1 Nr. 5 EStG); Anwendungsschreiben – BMF vom 14. 3. 2012 (BeckVerw 259412) 550
f) Schreiben betr. Berücksichtigung von Schulgeldzahlungen als Sonderausgaben nach § 10 Abs. 1 Nr. 9 EStG; Änderungen durch das Jahressteuergesetz 2009 – BMF vom 9. 3. 2009 (BeckVerw 156960) 554
LStH 10 555

§ 10 a Zusätzliche Altersvorsorge 555
Anlage:
Schreiben betr. steuerliche Förderung der privaten Altersvorsorge – BMF vom 5. 10. 2023 (BeckVerw 629100) 558

§ 10 b Steuerbegünstigte Zwecke 614
§§ 52–54 Abgabenordnung (AO) 616
§ 50 EStDV Zuwendungsbestätigung 618
Anlagen:
a) Schreiben betr. Muster für Zuwendungsbestätigungen (§ 10b EStG) – BMF vom 7. 11. 2013 (BeckVerw 277760) 619
b) Schreiben betr. steuerliche Anerkennung von Spenden durch den Verzicht auf einen zuvor vereinbarten Aufwendungsersatz (Aufwandsspende) bzw. einen sonstigen Anspruch (Rückspende) – BMF vom 25. 11. 2014 (BeckVerw 291980) 641
c) Schreiben betr. steuerbegünstigte Zwecke (§ 10b EStG); Gesetz zur weiteren Stärkung des bürgerschaftlichen Engagements vom 10. 10. 2007; Anwendungsschreiben zu § 10b EStG – BMF vom 18. 12. 2008 (BeckVerw 152292) 642
d) Schreiben betr. steuerbegünstigte Zwecke (§ 10b EStG); Gesetz zur Stärkung des Ehrenamts (Ehrenamtsstärkungsgesetz) vom 21. 3. 2013; Anwendungsschreiben zu § 10b Abs. 1a EStG – BMF vom 15. 9. 2014 (BeckVerw 289630) 644
e) Schreiben betr. spendenrechtliche Beurteilung von „Crowdfunding" (§ 10b EStG) – BMF vom 15. 12. 2017 (BeckVerw 351370) 645

§ 10 c Sonderausgaben-Pauschbetrag 647

§ 10 d Verlustabzug 648

§ 10 e Steuerbegünstigung der zu eigenen Wohnzwecken genutzten Wohnung im eigenen Haus *[geschlossene Wiedergabe]*

§ 10 f Steuerbegünstigung für zu eigenen Wohnzwecken genutzte Baudenkmale und Gebäude in Sanierungsgebieten und städtebaulichen Entwicklungsbereichen *[geschlossene Wiedergabe]*

§ 10 g Steuerbegünstigung für schutzwürdige Kulturgüter, die weder zur Einkunftserzielung noch zu eigenen Wohnzwecken genutzt werden *[geschlossene Wiedergabe]*

§ 10 h, § 10 i *(aufgehoben)*

6. Vereinnahmung und Verausgabung

§ 11 Vereinnahmung und Verausgabung 649
LStH 11 649

§ 11 a Sonderbehandlung von Erhaltungsaufwand bei Gebäuden in Sanierungsgebieten und städtebaulichen Entwicklungsbereichen *[geschlossene Wiedergabe]*
§ 11 b Sonderbehandlung von Erhaltungsaufwand bei Baudenkmalen *[geschlossene Wiedergabe]*

7. Nicht abzugsfähige Ausgaben

§ 12 Nicht abzugsfähige Ausgaben 650

Anlage:
Schreiben betr. Zuordnung der Steuerberatungskosten zu den Betriebsausgaben, Werbungskosten oder Kosten der Lebensführung – BMF vom 21. 12. 2007 (BeckVerw 107565) 650

8. Die einzelnen Einkunftsarten

a) Land- und Forstwirtschaft (§ 2 Abs. 1 Satz 1 Nr. 1)

§ 13 Einkünfte aus Land- und Forstwirtschaft *[geschlossene Wiedergabe]*

§ 13 a Ermittlung des Gewinns aus Land- und Forstwirtschaft nach Durchschnittssätzen *[geschlossene Wiedergabe]*

§ 13 b Gemeinschaftliche Tierhaltung *[geschlossene Wiedergabe]*

§ 14 Veräußerung des Betriebs *[geschlossene Wiedergabe]*

§ 14 a Vergünstigungen bei der Veräußerung bestimmter land- und forstwirtschaftlicher Betriebe *[geschlossene Wiedergabe]*

b) Gewerbebetrieb (§ 2 Abs. 1 Satz 1 Nr. 2)

§ 15 Einkünfte aus Gewerbebetrieb *[geschlossene Wiedergabe]*

§ 15 a Verluste bei beschränkter Haftung *[geschlossene Wiedergabe]*

§ 15 b Verluste im Zusammenhang mit Steuerstundungsmodellen *[geschlossene Wiedergabe]*

§ 16 Veräußerung des Betriebs *[geschlossene Wiedergabe]*

§ 17 Veräußerung von Anteilen an Kapitalgesellschaften *[geschlossene Wiedergabe]*

c) Selbständige Arbeit (§ 2 Abs. 1 Satz 1 Nr. 3)

§ 18 Selbständige Arbeit *[geschlossene Wiedergabe]*

d) Nichtselbständige Arbeit (§ 2 Abs. 1 Satz 1 Nr. 4)

§ 19 Nichtselbständige Arbeit 652
§ 1 LStDV Arbeitnehmer, Arbeitgeber 655
§ 2 LStDV Arbeitslohn 656
Anlage:
Schreiben betr. Steuerabzug vom Arbeitslohn bei unbeschränkt einkommensteuer-(lohnsteuer-)pflichtigen Künstlern und verwandten Berufen – BMF vom 5. 10. 1990 (BeckVerw 26875) 656
LStH 19.0 Arbeitnehmer 661
Anlagen:
Zwei Schreiben betr. steuerrechtliche Behandlung von Aufwendungen des Arbeitgebers für die betriebliche Altersversorgung des im Betrieb mitarbeitenden Ehegatten
a) BMF vom 4. 9. 1984 (BeckVerw 26683) 664
b) BMF vom 9. 1. 1986 (BeckVerw 26684) 667
LStR 19.1 Arbeitgeber; LStH 19.1 668
LStR 19.2 Nebentätigkeit und Aushilfstätigkeit; LStH 19.2 668
LStR 19.3 Arbeitslohn; LStH 19.3 670
Anlagen:
a) Schreiben betr. lohnsteuerliche Behandlung der Aufwendungen des Arbeitgebers für sicherheitsgefährdete Arbeitnehmer; Sicherheitsmaßnahmen – BMF vom 11. 11. 2024 (BeckVerw 644885) 676
b) Erlass betr. lohn- und einkommensteuerrechtliche Behandlung der Beiträge zu D&O-Versicherungen – FinMin. Nds. vom 25. 1. 2002 (BeckVerw 42020) 678
c) Erlass betr. lohnsteuerliche Behandlung der Aufwendungen des Arbeitgebers für einen Geburtstagsempfang seines Arbeitnehmers – FinMin. Hessen vom 24. 2. 2004 (BeckVerw 59390) 678
d) Schreiben betr. Vermietung eines Arbeitszimmers oder einer als Homeoffice genutzten Wohnung an den Arbeitgeber – BMF vom 18. 4. 2019 (BeckVerw 451202) 679
LStR 19.4 Vermittlungsprovisionen; LStH 19.4 680
LStR 19.5 *(unbesetzt);* LStH 19.5 681

Anlage:
Schreiben betr. lohn- und umsatzsteuerliche Behandlung von Betriebsveranstaltungen; Rechtslage nach dem ZollkodexAnpG – BMF vom 14. 10. 2015 (BeckVerw 319 080) ... 681
LStR 19.6 Aufmerksamkeiten; LStH 19.6 ... 684
LStR 19.7 Berufliche Fort- oder Weiterbildungsleistungen des Arbeitgebers; LStH 19.7 ... 685
Anlagen:
a) Schreiben betr. ertragsteuerliche Behandlung von Incentive-Reisen – BMF vom 14. 10. 1996 (BeckVerw 31 579) ... 686
b) Schreiben betr. lohnsteuerliche Behandlung der Übernahme von Studiengebühren für ein berufsbegleitendes Studium durch den Arbeitgeber – BMF vom 13. 4. 2012 (BeckVerw 259 710) ... 688
c) Schreiben betr. lohnsteuerliche Behandlung von Deutschkursen für Flüchtlinge – BMF vom 4. 7. 2017 (BeckVerw 343 325) ... 690
LStR 19.8 Versorgungsbezüge; LStH 19.8 ... 690
Anlage:
Schreiben betr. einkommensteuerrechtliche Behandlung von Vorsorgeaufwendungen und Altersbezügen (Auszug) – BMF vom 19. 8. 2013 (BeckVerw 275 395) ... 692
LStR 19.9 Zahlung von Arbeitslohn an die Erben oder Hinterbliebenen eines verstorbenen Arbeitnehmers; LStH 19.9 ... 699

§ 19 a Sondervorschrift für Einkünfte aus nichtselbständiger Arbeit bei Vermögensbeteiligungen ... 701
LStH 19 a ... 702

e) Kapitalvermögen (§ 2 Abs. 1 Satz 1 Nr. 5)

§ 20 Kapitalvermögen *[geschlossene Wiedergabe]*

f) Vermietung und Verpachtung (§ 2 Abs. 1 Satz 1 Nr. 6)

§ 21 Vermietung und Verpachtung *[geschlossene Wiedergabe]*

g) Sonstige Einkünfte (§ 2 Abs. 1 Satz 1 Nr. 7)

§ 22 Arten der sonstigen Einkünfte *[geschlossene Wiedergabe]*

§ 22 a Rentenbezugsmitteilungen an die zentrale Stelle *[geschlossene Wiedergabe]*

§ 23 Private Veräußerungsgeschäfte *[geschlossene Wiedergabe]*

h) Gemeinsame Vorschriften

§ 24 Entschädigungen u. ä. ... 703

§ 24 a Altersentlastungsbetrag ... 704
LStH 24 a ... 705

§ 24 b Entlastungsbetrag für Alleinerziehende ... 706
LStH 24 b ... 706
Anlage:
Anwendungsschreiben betr. Entlastungsbetrag für Alleinerziehende (§ 24 b EStG) – BMF vom 23. 11. 2022 (BeckVerw 576 950) ... 706

III. Veranlagung

§ 25 Veranlagungszeitraum, Steuererklärungspflicht *[geschlossene Wiedergabe]*

§ 26 Veranlagung von Ehegatten *[geschlossene Wiedergabe]*

§ 26 a Einzelveranlagung von Ehegatten *[geschlossene Wiedergabe]*

§ 26 b Zusammenveranlagung von Ehegatten *[geschlossene Wiedergabe]*

§ 26 c *(aufgehoben)*

§ 27 *(weggefallen)*

§ 28 Besteuerung bei fortgesetzter Gütergemeinschaft *[geschlossene Wiedergabe]*

§§ 29 und 30 *(weggefallen)*

IV. Tarif

§ 31 Familienleistungsausgleich ... 710

§ 32 Kinder, Freibeträge für Kinder ... 711

LStH 32 ... 713

Anlagen:

a) Schreiben betr. steuerliche Berücksichtigung behinderter Kinder; Anwendungsschreiben zu § 32 Abs. 4 Satz 1 Nr. 3 EStG – BMF vom 22. 11. 2010 (BeckVerw 244 392) ... 713

b) Schreiben betr. steuerliche Berücksichtigung volljähriger Kinder nach § 32 Abs. 4 Satz 2 und 3 EStG ab 2012 – BMF vom 8. 2. 2016 (BeckVerw 323 198) ... 716

c) Schreiben betr. Übertragung der Freibeträge für Kinder; BMF-Schreiben zu § 32 Abs. 6 Satz 6 bis 11 EStG – BMF vom 28. 6. 2013 (BeckVerw 273 015) ... 721

d) Schreiben betr. Familienleistungsausgleich; Lebenspartner und Freibeträge für Kinder – BMF vom 17. 1. 2014 (BeckVerw 281 242) ... 722

§ 32 a Einkommensteuertarif ... 724

§ 32 b Progressionsvorbehalt ... 725

LStH 32 b ... 727

Anlage:

Schreiben betr. Datenübermittlung der dem Progressionsvorbehalt unterliegenden Leistungen nach § 32 b Abs. 3 EStG; rückwirkende Verrechnung zwischen Trägern der Sozialleistungen – BMF vom 16. 7. 2013 (BeckVerw 274 086) ... 727

§ 32 c Tarifermäßigung bei Einkünften aus Land- und Forstwirtschaft
[geschlossene Wiedergabe]

§ 32 d Gesonderter Steuertarif für Einkünfte aus Kapitalvermögen
[geschlossene Wiedergabe]

§ 33 Außergewöhnliche Belastungen ... 728

Anlage:

§ 64 EStDV Nachweis von Krankheitskosten ... 729

LStH 33 ... 729

Anlagen:

a) Schreiben betr. Aufwendungen eines Steuerpflichtigen für die krankheits- oder behinderungsbedingte Unterbringung in einem Alten(wohn)heim für ihn selbst oder einen nahen Angehörigen als außergewöhnliche Belastung – BMF vom 20. 1. 2003 (BeckVerw 63 300) ... 729

b) Schreiben betr. außergewöhnliche Belastungen; Steuerliche Nachweisführung bei Krankheitskosten – BMF vom 26. 11. 2024 (BeckVerw 645 490) ... 730

§ 33 a Außergewöhnliche Belastung in besonderen Fällen ... 731

Anlagen:

a) Schreiben betr. allgemeine Hinweise zur Berücksichtigung von Unterhaltsaufwendungen nach § 33 a Abs. 1 EStG als außergewöhnliche Belastung – BMF vom 6. 4. 2022 (BeckVerw 569 160) ... 732

b) Schreiben betr. Berücksichtigung von Aufwendungen für den Unterhalt von Personen im Ausland als außergewöhnliche Belastung nach § 33 a Abs. 1 EStG – BMF vom 6. 4. 2022 (BeckVerw 569 155) ... 738

c) Schreiben betr. Unterhaltsleistungen nach § 33 a Abs. 1 EStG; Berücksichtigung von Personen mit einer Aufenthaltserlaubnis nach § 23 AufenthG – BMF vom 27. 5. 2015 (BeckVerw 306 180) ... 746

d) Schreiben betr. Berücksichtigung ausländischer Verhältnisse; Ländergruppeneinteilung ab 1. Januar 2024 – BMF vom 18. 12. 2023 (BeckVerw 631 370) .. 746

e) Schreiben betr. Aufwendungen eines Steuerpflichtigen für die krankheits- oder behinderungsbedingte Unterbringung eines nahen Angehörigen in einem Heim als außergewöhnliche Belastung – BMF vom 2. 12. 2002 (BeckVerw 35 884) ... 748

LStH 33 a ... 750

§ 33 b **Pauschbeträge für Menschen mit Behinderungen, Hinterbliebene und Pflegepersonen** 751
Anlagen:
§ 65 EStDV Nachweis der Behinderung und des Pflegegrads 752
§ 84 EStDV Anwendungsvorschriften (Auszug) 753
LStH 33 b 754

§ 34 **Außerordentliche Einkünfte** 755
Anlage:
Schreiben betr. Zweifelsfragen im Zusammenhang mit der ertragsteuerlichen Behandlung von Entlassungsentschädigungen (§ 34 EStG) – BMF vom 1. 11. 2013 (BeckVerw 277 640) 755
LStH 34 761

§ 34 a **Begünstigung der nicht entnommenen Gewinne** *[geschlossene Wiedergabe]*

§ 34 b **Steuersätze bei Einkünften aus außerordentlichen Holznutzungen** *[geschlossene Wiedergabe]*

V. Steuerermäßigungen

1. Steuerermäßigung bei ausländischen Einkünften

§ 34 c **Steuerermäßigung bei ausländischen Einkünften** *[geschlossene Wiedergabe]*

§ 34 d **Ausländische Einkünfte** *[geschlossene Wiedergabe]*

2. Steuerermäßigung bei Einkünften aus Land- und Forstwirtschaft

§ 34 e *(aufgehoben)*

2 a. Steuerermäßigung für Steuerpflichtige mit Kindern bei Inanspruchnahme erhöhter Absetzungen für Wohngebäude oder der Steuerbegünstigungen für eigengenutztes Wohneigentum

§ 34 f **Steuerermäßigung für Steuerpflichtige mit Kindern bei Inanspruchnahme erhöhter Absetzungen für Wohngebäude oder der Steuerbegünstigungen für eigengenutztes Wohneigentum** *[geschlossene Wiedergabe]*

2 b. Steuerermäßigung bei Zuwendungen an politische Parteien und an unabhängige Wählervereinigungen

§ 34 g **Steuerermäßigung bei Zuwendungen an politische Parteien und an unabhängige Wählervereinigungen** 762
LStH 34 g 762

3. Steuerermäßigung bei Einkünften aus Gewerbebetrieb

§ 35 **Steuerermäßigung bei Einkünften aus Gewerbebetrieb** *[geschlossene Wiedergabe]*

4. Steuerermäßigung bei Aufwendungen für haushaltsnahe Beschäftigungsverhältnisse und für die Inanspruchnahme haushaltsnaher Dienstleistungen

§ 35 a **Steuerermäßigung bei Aufwendungen für haushaltsnahe Beschäftigungsverhältnisse, haushaltsnahe Dienstleistungen und Handwerkerleistungen** 763
LStH 35 a 763
Anlage:
Schreiben betr. Steuerermäßigung bei Aufwendungen für haushaltsnahe Beschäftigungsverhältnisse und für die Inanspruchnahme haushaltsnaher Dienstleistungen (§ 35 a EStG); Überarbeitung des BMF-Schreibens vom 10. 1. 2014 – BMF vom 9. 11. 2016 (BeckVerw 334 350) 764

5. Steuerermäßigung bei Belastung mit Erbschaftsteuer

§ 35 b **Steuerermäßigung bei Belastung mit Erbschaftsteuer** *[geschlossene Wiedergabe]*

6. Steuerermäßigung für energetische Maßnahmen bei zu eigenen Wohnzwecken genutzten Gebäuden

§ 35 c Steuerermäßigung für energetische Maßnahmen bei zu eigenen Wohnzwecken genutzten Gebäuden *[geschlossene Wiedergabe]*

VI. Steuererhebung

1. Erhebung der Einkommensteuer

§ 36 Entstehung und Tilgung der Einkommensteuer *[geschlossene Wiedergabe]*

§ 36 a Beschränkung der Anrechenbarkeit der Kapitalertragsteuer *[geschlossene Wiedergabe]*

§ 37 Einkommensteuer-Vorauszahlung *[geschlossene Wiedergabe]*

§ 37 a Pauschalierung der Einkommensteuer durch Dritte 785
LStH 37 a 785
Anlage:
Erlass betr. Kirchensteuer bei Pauschalierung der Lohn- und Einkommensteuer – Oberste Finanzbehörden der Länder vom 8. 8. 2016 (BeckVerw 330 820) 785

§ 37 b Pauschalierung der Einkommensteuer bei Sachzuwendungen 788
LStH 37 b 788
Anlage:
Schreiben betr. Pauschalierung der Einkommensteuer bei Sachzuwendungen nach § 37 b EStG – BMF vom 19. 5. 2015 (BeckVerw 305 369) 788

2. Steuerabzug vom Arbeitslohn (Lohnsteuer)

§ 38 Erhebung der Lohnsteuer 795
LStR 38.1 Steuerabzug vom Arbeitslohn; LStH 38.1 796
LStR 38.2 Zufluss von Arbeitslohn; LStH 38.2 796
Anlagen:
a) Erlass betr. steuerliche Behandlung der Rückzahlung von Arbeitslohn – FinMin. NRW vom 19. 2. 1986 (BeckVerw 33 015) 799
b) Schreiben betr. lohn-/einkommensteuerliche Behandlung sowie Voraussetzungen für die steuerliche Anerkennung von Zeitwertkonten-Modellen – BMF vom 17. 6. 2009 (BeckVerw 161 635) 801
c) Schreiben betr. verdeckte Einlage in eine Kapitalgesellschaft und Zufluss von Gehaltsbestandteilen bei einem Gesellschafter-Geschäftsführer einer Kapitalgesellschaft – BMF vom 12. 5. 2014 (BeckVerw 285 530) 805
LStR 38.3 Einbehaltungspflicht des Arbeitgebers; LStH 38.3 805
LStR 38.4 Lohnzahlung durch Dritte; LStH 38.4 806
LStR 38.5 Lohnsteuerabzug durch Dritte 807

§ 38 a Höhe der Lohnsteuer 808

§ 38 b Lohnsteuerklassen, Zahl der Kinderfreibeträge 809
LStH 38 b 810

§ 39 Lohnsteuerabzugsmerkmale 811
Anlage:
Merkblatt zur Steuerklassenwahl für das Jahr 2023 bei Ehegatten oder Lebenspartnern, die beide Arbeitnehmer sind – BMF vom 14. 2. 2023 (BeckVerw 618 728) 813
LStR 39.1 *(unbesetzt);* LStH 39.1 818
Anlage:
Schreiben betr. elektronische Lohnsteuerabzugsmerkmale (ELStAM); Lohnsteuerabzug im Verfahren der elektronischen Lohnsteuerabzugsmerkmale – BMF vom 13. 12. 2024 (BeckVerw 646 865) 818
LStR 39.2 Änderungen und Ergänzungen der Lohnsteuerabzugsmerkmale 834
LStR 39.3 Bescheinigung für den Lohnsteuerabzug; LStH 39.3 835
LStR 39.4 Lohnsteuerabzug bei beschränkter Einkommensteuerpflicht; LStH 39.4 835
Anlage:
Schreiben betr. Besteuerung der Einkünfte aus nichtselbständiger Arbeit bei beschränkt einkommensteuerpflichtigen Künstlern – BMF vom 31. 7. 2002 (BeckVerw 33 574) 837
LStR 39.5 Anwendung von DBA; LStH 39.5 839

Anlagen:
a) Schreiben betr. steuerliche Behandlung von Arbeitnehmereinkünften bei Auslandstätigkeiten (Auslandstätigkeitserlass) – BMF vom 10. 6. 2022 (BeckVerw 571 336) ... 840
b) Schreiben betr. Stand der Doppelbesteuerungsabkommen und anderer Abkommen im Steuerbereich sowie der Abkommensverhandlungen am 1. 1. 2025 – BMF vom 20. 1. 2025 (BeckVerw 648 680) ... 842
c) Schreiben betr. steuerliche Behandlung des Arbeitslohns nach den Doppelbesteuerungsabkommen – BMF vom 12. 12. 2023 (BeckVerw 631 000) ... 850
d) Schreiben betr. Ermittlung des steuerfreien und steuerpflichtigen Arbeitslohns nach den Doppelbesteuerungsabkommen sowie nach dem Auslandstätigkeitserlass im Lohnsteuerabzugsverfahren – BMF vom 8. 10. 2024 (BeckVerw 643 060) ... 907
e) Schreiben betr. steuerliche Behandlung des von Organen der EU gezahlten Tagegeldes für in ihrem Bereich verwendete Beamte – BMF vom 12. 4. 2006 (BeckVerw 74 523) ... 916
f) Schreiben betr. Besteuerung von Abfindungszahlen aus Anlass der Auflösung des Arbeitsverhältnisses bei Bestehen einer Konsultationsvereinbarung mit einem anderen DBA-Staat – BMF vom 31. 3. 2016 (BeckVerw 326 393) ... 917

§ 39 a Freibetrag und Hinzurechnungsbetrag ... 918
LStR 39 a.1 Verfahren bei der Bildung eines Freibetrags oder eines Hinzurechnungsbetrags; LStH 39 a.1 ... 920
LStR 39 a.2 Freibetrag wegen negativer Einkünfte; LStH 39 a.2 ... 922
LStR 39 a.3 Freibeträge bei Ehegatten; LStH 39 a.3 ... 922

§ 39 b Einbehaltung der Lohnsteuer ... 924
LStR 39 b.1 *(unbesetzt)* ... 926
LStR 39 b.2 Laufender Arbeitslohn und sonstige Bezüge ... 926
LStR 39 b.3 Freibeträge für Versorgungsbezüge ... 927
LStR 39 b.4 Altersentlastungsbetrag beim Lohnsteuerabzug ... 927
LStR 39 b.5 Einbehaltung der Lohnsteuer vom laufenden Arbeitslohn; LStH 39 b.5 ... 927
LStR 39 b.6 Einbehaltung der Lohnsteuer von sonstigen Bezügen; LStH 39 b.6 ... 929
LStR 39 b.7 *(unbesetzt);* LStH 39 b.7 ... 930
Anlagen:
a) Schreiben betr. Vorsorgepauschale im Lohnsteuerabzugsverfahren (§ 39 b Abs. 2 Satz 5 Nr. 3 und Abs. 4 EStG) – BMF vom 26. 11. 2013 (BeckVerw 278 620) ... 931
b) Schreiben betr. Programmablaufpläne für den Lohnsteuerabzug 2025 (Auszug) – BMF vom 22. 11. 2024 (BeckVerw 644 890) ... 935
LStR 39 b.8 Permanenter Lohnsteuer-Jahresausgleich ... 936
LStR 39 b.9 Besteuerung des Nettolohns; LStH 39 b.9 ... 937

§ 39 c Einbehaltung der Lohnsteuer ohne Lohnsteuerabzugsmerkmale ... 939
LStR 39 c Lohnsteuerabzug durch Dritte ohne Lohnsteuerabzugsmerkmale; LStH 39 c ... 939

§ 39 d *(aufgehoben)*

§ 39 e Verfahren zur Bildung und Anwendung der elektronischen Lohnsteuerabzugsmerkmale ... 940
LStH 39 e ... 942

§ 39 f Faktorverfahren anstelle Steuerklassenkombination III/V ... 943

§ 40 Pauschalierung der Lohnsteuer in besonderen Fällen ... 944
LStR 40.1 Bemessung der Lohnsteuer nach besonderen Pauschsteuersätzen (§ 40 Abs. 1 EStG); LStH 40.1 ... 945
LStR 40.2 Bemessung der Lohnsteuer nach einem festen Pauschsteuersatz (§ 40 Abs. 2 EStG); LStH 40.2 ... 947
Anlage:
Schreiben betr. Gesetz zur Neuregelung der geringfügigen Beschäftigungsverhältnisse und Steuerentlastungsgesetz 1999/2000/2002; Abwälzung von pauschaler Lohnsteuer und Annexsteuern auf Arbeitnehmer (Auszug) – BMF vom 10. 1. 2000 (BeckVerw 26 890) ... 950

§ 40 a Pauschalierung der Lohnsteuer für Teilzeitbeschäftigte und geringfügig Beschäftigte ... 952
LStR 40 a.1 Kurzfristig Beschäftigte und Aushilfskräfte in der Land- und Forstwirtschaft; LStH 40 a.1 ... 953
LStR 40 a.2 Geringfügig entlohnte Beschäftigte; LStH 40 a.2 ... 955

§ 40 b Pauschalierung der Lohnsteuer bei bestimmten Zukunftssicherungsleistungen ... 956
LStR 40 b.1 Pauschalierung der Lohnsteuer bei Beiträgen zu Direktversicherungen und Zuwendungen an Pensionskassen für Versorgungszusagen, die vor dem 1. 1. 2005 erteilt wurden; LStH 40 b.1 ... 957
Anlage:
Schreiben betr. einkommen-(lohn-)steuerliche Behandlung von freiwilligen Unfallversicherungen – BMF vom 28. 10. 2009 (BeckVerw 230 802) ... 963
LStR 40 b.2 Pauschalierung der Lohnsteuer bei Beiträgen zu einer Gruppenunfallversicherung; LStH 40 b.2 ... 966

§ 41 Aufzeichnungspflichten beim Lohnsteuerabzug ... 967
§ 4 LStDV Lohnkonto ... 967
§ 5 LStDV Besondere Aufzeichnungs- und Mitteilungspflichten im Rahmen der betrieblichen Altersversorgung ... 969
LStR 41.1 Aufzeichnungserleichterungen, Aufzeichnung der Religionsgemeinschaft ... 969
LStR 41.2 Aufzeichnung des Großbuchstabens U ... 970
LStR 41.3 Betriebsstätte; LStH 41.3 ... 970

§ 41 a Anmeldung und Abführung der Lohnsteuer ... 974
LStR 41 a.1 Lohnsteuer-Anmeldung; LStH 41 a.1 ... 975
Anlage:
Schreiben betr. Bekanntmachung des Musters für die Lohnsteuer-Anmeldung 2025 – BMF vom 29. 8. 2024 (BeckVerw 641 060) ... 976
LStR 41 a.2 Abführung der Lohnsteuer ... 980

§ 41 b Abschluss des Lohnsteuerabzugs ... 981
LStR 41 b Abschluss des Lohnsteuerabzugs; LStH 41 b ... 982
Anlage:
a) Schreiben betr. Ausstellung von elektronischen Lohnsteuerbescheinigungen für Kj. ab 2025; Ausstellung von Besonderen Lohnsteuerbescheinigungen durch den Arbeitgeber ohne maschinelle Lohnabrechnung für Kj. ab 2025 – BMF vom 5. 9. 2024 (BeckVerw 642 060) ... 983
b) Schreiben betr. Bekanntmachung des Musters für den Ausdruck der elektronischen Lohnsteuerbescheinigung 2025 – BMF vom 17. 2. 2025 (BeckVerw 649 555) ... 990

§ 41 c Änderung des Lohnsteuerabzugs ... 992
LStR 41 c.1 Änderung des Lohnsteuerabzugs; LStH 41 c.1 ... 992
LStR 41 c.2 Anzeigepflichten des Arbeitgebers ... 994
LStR 41 c.3 Nachforderung von Lohnsteuer; LStH 41 c.3 ... 994

§§ 42, 42 a *(weggefallen)*

§ 42 b Lohnsteuer-Jahresausgleich durch den Arbeitgeber ... 997
LStR 42 b Durchführung des Lohnsteuer-Jahresausgleichs durch den Arbeitgeber; LStH 42 b ... 998

§ 42 c *(weggefallen)*

§ 42 d Haftung des Arbeitgebers und Haftung bei Arbeitnehmerüberlassung . 999
LStR 42 d.1 Inanspruchnahme des Arbeitgebers; LStH 42 d.1 ... 1000
LStR 42 d.2 Haftung bei Arbeitnehmerüberlassung; LStH 42 d.2 ... 1005
LStR 42 d.3 Haftung bei Lohnsteuerabzug durch einen Dritten; LStH 42 d.3 ... 1007

§ 42 e Anrufungsauskunft ... 1008
LStR 42 e *(unbesetzt)*; LStH 42 e ... 1008
Anlage:
Schreiben betr. Anrufungsauskunft nach § 42 e EStG – BMF vom 12. 12. 2017 (BeckVerw 349 846) ... 1008

§ 42 f **Lohnsteuer-Außenprüfung** ... 1010
LStR 42 f Lohnsteuer-Außenprüfung; LStH 42 f ... 1010
Anlage:
Schreiben betr. verbindliche Anwendung eines einheitlichen Standarddatensatzes als Schnittstelle zum elektronischen Lohnkonto; Digitale LohnSchnittstelle (DLS) – BMF vom 26. 5. 2017 (BeckVerw 342 140) ... 1011

§ 42 g **Lohnsteuer-Nachschau** ... 1012
LStH 42 g ... 1012
Anlage:
Schreiben betr. Lohnsteuer-Nachschau – BMF vom 16. 10. 2014 (BeckVerw 290 518) ... 1012

3. Steuerabzug vom Kapitalertrag (Kapitalertragsteuer)

§ 43 **Kapitalerträge mit Steuerabzug** *[geschlossene Wiedergabe]*

§ 43 a **Bemessung der Kapitalertragsteuer** *[geschlossene Wiedergabe]*

§ 43 b **Bemessung der Kapitalertragsteuer bei bestimmten Gesellschaften** *[geschlossene Wiedergabe]*

§ 44 **Entrichtung der Kapitalertragsteuer** *[geschlossene Wiedergabe]*

§ 44 a **Abstandnahme vom Steuerabzug** *[geschlossene Wiedergabe]*

§ 44 b **Erstattung der Kapitalertragsteuer** *[geschlossene Wiedergabe]*

§ 45 **Ausschluss der Erstattung von Kapitalertragsteuer** *[geschlossene Wiedergabe]*

§ 45 a **Anmeldung und Bescheinigung der Kapitalertragsteuer** *[geschlossene Wiedergabe]*

§ 45 b **Angaben zur Bescheinigung und Abführung der Kapitalertragsteuer** *[geschlossene Wiedergabe]*

§ 45 c **Zusammengefasste Mitteilung zur Bescheinigung und Abführung der Kapitalertragsteuer** *[geschlossene Wiedergabe]*

§ 45 d **Mitteilungen an das Bundeszentralamt für Steuern** *[geschlossene Wiedergabe]*

§ 45 e **Ermächtigung für Zinsinformationsverordnung** *[geschlossene Wiedergabe]*

4. Veranlagung von Steuerpflichtigen mit steuerabzugspflichtigen Einkünften

§ 46 **Veranlagung bei Bezug von Einkünften aus nichtselbständiger Arbeit** . 1015
LStH 46 ... 1016

§ 47 *(weggefallen)*

VII. Steuerabzug bei Bauleistungen

§ 48 **Steuerabzug** *[geschlossene Wiedergabe]*

§ 48 a **Verfahren** *[geschlossene Wiedergabe]*

§ 48 b **Freistellungsbescheinigung** *[geschlossene Wiedergabe]*

§ 48 c **Anrechnung** *[geschlossene Wiedergabe]*

§ 48 d **Besonderheiten im Fall von Doppelbesteuerungsabkommen** *[geschlossene Wiedergabe]*

VIII. Besteuerung beschränkt Steuerpflichtiger

§ 49 **Beschränkt steuerpflichtige Einkünfte** *[geschlossene Wiedergabe]*

§ 50 **Sondervorschriften für beschränkt Steuerpflichtige** *[geschlossene Wiedergabe]*

§ 50 a **Steuerabzug bei beschränkt Steuerpflichtigen** *[geschlossene Wiedergabe]*

IX. Sonstige Vorschriften, Bußgeld-, Ermächtigungs- und Schlussvorschriften

§ 50 b **Prüfungsrecht** *[geschlossene Wiedergabe]*

§ 50 c **Entlastung vom Steuerabzug in bestimmten Fällen** *[geschlossene Wiedergabe]*

§ 50 d **Anwendung von Abkommen zur Vermeidung der Doppelbesteuerung** *[geschlossene Wiedergabe]*

§ 50 e **Bußgeldvorschriften; Nichtverfolgung von Steuerstraftaten bei geringfügiger Beschäftigung in Privathaushalten** 1017

§ 50 f **Bußgeldvorschriften** *[geschlossene Wiedergabe]*

§ 50 g **Entlastung vom Steuerabzug bei Zahlungen von Zinsen und Lizenzgebühren zwischen verbundenen Unternehmen verschiedener Mitgliedstaaten der Europäischen Union** *[geschlossene Wiedergabe]*

§ 50 h **Bestätigung für Zwecke der Entlastung von Quellensteuern in einem anderen Mitgliedstaat der Europäischen Union oder der Schweizerischen Eidgenossenschaft** *[geschlossene Wiedergabe]*

§ 50 i **Besteuerung bestimmter Einkünfte und Anwendung von Doppelbesteuerungsabkommen** *[geschlossene Wiedergabe]*

§ 50 j **Versagung der Entlastung von Kapitalertragsteuern in bestimmten Fällen** *[geschlossene Wiedergabe]*

§ 51 **Ermächtigungen** *[geschlossene Wiedergabe]*

§ 51 a **Festsetzung und Erhebung von Zuschlagsteuern** 1018

§ 52 **Anwendungsvorschriften** 1021

§ 8 LStDV Anwendungszeitraum 1026

§§ 52 a, 52 b und 53 *(aufgehoben)*

§ 54 *(weggefallen)*

§ 55 **Schlussvorschriften (Sondervorschriften für die Gewinnermittlung nach § 4 oder nach Durchschnittssätzen bei vor dem 1. Juli 1970 angeschafftem Grund und Boden)** *[geschlossene Wiedergabe]*

§ 56 **Sondervorschriften für Steuerpflichtige in dem in Artikel 3 des Einigungsvertrages genannten Gebiet** *[geschlossene Wiedergabe]*

§ 57 **Besondere Anwendungsregeln aus Anlass der Herstellung der Einheit Deutschlands** *[geschlossene Wiedergabe]*

§ 58 **Weitere Anwendung von Rechtsvorschriften, die vor Herstellung der Einheit Deutschlands in dem in Artikel 3 des Einigungsvertrages genannten Gebiet gegolten haben** *[geschlossene Wiedergabe]*

§§ 59 bis 61 *(weggefallen)*

X. Kindergeld

§ 62 **Anspruchsberechtigte** 1027

§ 63 **Kinder** 1028

§ 64 **Zusammentreffen mehrerer Ansprüche** 1028

§ 65 **Andere Leistungen für Kinder** 1028

§ 66 **Höhe des Kindergeldes, Zahlungszeitraum** 1029

§ 67 **Antrag** 1029

§ 68 **Besondere Mitwirkungspflichten und Offenbarungsbefugnis** 1029

§ 69 **Datenübermittlung an die Familienkassen** 1030

§ 70 **Festsetzung und Zahlung des Kindergeldes** 1030

§ 71 **Vorläufige Einstellung der Zahlung des Kindergeldes** 1031

§ 72 **Festsetzung und Zahlung des Kindergeldes an Angehörige des öffentlichen Dienstes** 1031

§ 73 *(weggefallen)*

§ 74 **Zahlung des Kindergeldes in Sonderfällen** 1032

§ 75 **Aufrechnung** 1032

§ 76 **Pfändung** 1033

§ 76 a *(aufgehoben)*

§ 77 **Erstattung von Kosten im Vorverfahren** 1033

§ 78 **Übergangsregelungen** 1033

XI. Altersvorsorgezulage

§ 79 **Zulageberechtigte** 1034

§ 80 **Anbieter** 1034

§ 81 **Zentrale Stelle** 1034

§ 81 a **Zuständige Stelle** 1034

§ 82 **Altersvorsorgebeiträge** 1034

§ 83 **Altersvorsorgezulage** 1036

§ 84 **Grundzulage** 1036

§ 85 **Kinderzulage** 1036

§ 86 **Mindesteigenbeitrag** 1037

§ 87 **Zusammentreffen mehrerer Verträge** 1038

§ 88 **Entstehung des Anspruchs auf Zulage** 1038

§ 89 **Antrag** 1038

§ 90 **Verfahren** 1039

§ 91 **Datenerhebung und Datenabgleich** 1040

§ 92 **Bescheinigung** 1041

§ 92 a **Verwendung für eine selbst genutzte Wohnung** 1041

§ 92 b **Verfahren bei Verwendung für eine selbst genutzte Wohnung** 1045

§ 93 **Schädliche Verwendung** 1045

§ 94 **Verfahren bei schädlicher Verwendung** 1047

§ 95 **Sonderfälle der Rückzahlung** 1048

§ 96 **Anwendung der Abgabenordnung, allgemeine Vorschriften** 1048

§ 97 **Übertragbarkeit** 1048

§ 98 **Rechtsweg** 1048

§ 99 **Ermächtigung** 1049

XII. Förderbetrag zur betrieblichen Altersversorgung

§ 100 **Förderbetrag zur betrieblichen Altersversorgung** 1050
LStH 100 1051

XIII. Mobilitätsprämie

§ 101 **Bemessungsgrundlage und Höhe der Mobilitätsprämie** 1052

§ 102 **Anspruchsberechtigung** 1052

§ 103 **Entstehung der Mobilitätsprämie** 1052

§ 104 **Antrag auf die Mobilitätsprämie** 1052

§ 105 **Festsetzung und Auszahlung der Mobilitätsprämie** 1052

§ 106 **Ertragsteuerliche Behandlung der Mobilitätsprämie** 1052

§ 107 **Anwendung der Abgabenordnung** 1053

§ 108 Anwendung von Straf- und Bußgeldvorschriften der Abgabenordnung 1053

§ 109 Verordnungsermächtigung 1053

XIV. Sondervorschriften zur Bewältigung der Corona-Pandemie

§ 110 Anpassung von Vorauszahlungen für den Veranlagungszeitraum 2019 .. 1053

§ 111 Vorläufiger Verlustrücktrag für 2020 und 2021 1053

XV. Energiepreispauschale

§ 112 Veranlagungszeitraum, Höhe *[geschlossene Wiedergabe]*

§ 113 Anspruchsberechtigung *[geschlossene Wiedergabe]*

§ 114 Entstehung des Anspruchs *[geschlossene Wiedergabe]*

§ 115 Festsetzung mit der Einkommensteuerveranlagung *[geschlossene Wiedergabe]*

§ 116 Anrechnung auf die Einkommensteuer *[geschlossene Wiedergabe]*

§ 117 Auszahlung an Arbeitnehmer *[geschlossene Wiedergabe]*

§ 118 Energiepreispauschale im Einkommensteuer-Vorauszahlungsverfahren *[geschlossene Wiedergabe]*

§ 119 Steuerpflicht *[geschlossene Wiedergabe]*

§ 120 Anwendung der Abgabenordnung *[geschlossene Wiedergabe]*

§ 121 Anwendung von Straf- und Bußgeldvorschriften der Abgabenordnung *[geschlossene Wiedergabe]*

§ 122 Nichtberücksichtigung als Einkommen bei Sozialleistungen, Unpfändbarkeit *[geschlossene Wiedergabe]*

XVI. *(aufgehoben)*

§ 123–126 *(aufgehoben)*

Anhang I

1. bis 3. *[nicht belegt]*
4. Solidaritätszuschlaggesetz 1995 i. d. F. der Bek. vom 15. 10. 2002 1055
4 a. Merkblatt zum Solidaritätszuschlag im Lohnsteuer-Abzugsverfahren ab 1995 – BMF vom 20. 9. 1994 (BeckVerw 26826) 1059
5. Bundeskindergeldgesetz (BKGG) i. d. F. der Bek. vom 28. 1. 2009 1061
6. Fünftes Vermögensbildungsgesetz (5.VermBG) i. d. F. der Bek. vom 4. 3. 1994 1071
6 a. VO zur Durchführung des Fünften Vermögensbildungsgesetzes (VermBDV) i. d. F. der Bek. vom 20. 12. 1994 1083
6 b. Schreiben betr. Anwendung des Fünften Vermögensbildungsgesetzes (5.VermBG) ab dem 1. Januar 2024 – BMF vom 31. 5. 2024 (BeckVerw 637270) 1088
6 c. Gesetz über vermögenswirksame Leistungen für Beamte, Richter, Berufssoldaten und Soldaten auf Zeit i. d. F. der Bek. vom 16. 5. 2002 1104
7. Wohnungsbau-Prämiengesetz (WoPG 1996) i. d. F. der Bek. vom 30. 10. 1997 1105
7 a. VO zur Durchführung des Wohnungsbau-Prämiengesetzes (WoPDV 1996) i. d. F. der Bek. vom 30. 10. 1997 1111
7 b. Wohnungsbau-Prämienrichtlinien 2002 (WoPR 2002) vom 22. 10. 2002 1116
7 c. Schreiben betr. Bekanntmachung der Vordruckmuster für den Antrag auf Wohnungsbauprämie für 2024 – BMF vom 22. 10. 2024 (BeckVerw 643788) 1125
8. *[nicht belegt]*
9. Gesetz über die Umzugskostenvergütung für die Bundesbeamten, Richter im Bundesdienst und Soldaten (Bundesumzugskostengesetz – BUKG) i. d. F. der Bek. vom 11. 12. 1990 1131
9 a. Verordnung über die Umzugskostenvergütung bei Auslandsumzügen (Auslandsumzugskostenverordnung – AUV) vom 26. 11. 2012 1137
10. Gesetz über die Zahlung des Arbeitsentgelts an Feiertagen und im Krankheitsfall (Entgeltfortzahlungsgesetz) vom 26. 5. 1994 1149
11. Gesetz zum Schutz von Müttern bei der Arbeit, in der Ausbildung und im Studium (Mutterschutzgesetz – MuSchG) vom 23. 5. 2017 1153

12. Gesetz über die Familienpflegezeit (Familienpflegezeitgesetz – FPfZG) vom 6. 12. 2011 ... 1165
13. Gesetz zum Elterngeld und zur Elternzeit (Bundeselterngeld- und Elternzeitgesetz – BEEG) i. d. F. der Bek. vom 27. 1. 2015 ... 1170
14. Altersteilzeitgesetz vom 23. 7. 1996 ... 1187
15. Gesetz zur Verbesserung der betrieblichen Altersversorgung (Betriebsrentengesetz – BetrAVG) vom 19. 12. 1974 (Auszug) ... 1195
15 a. Altersvorsorge-Durchführungsverordnung (AltvDV) vom 28. 2. 2005 ... 1215
15 b. Schreiben betr. steuerliche Förderung der betrieblichen Altersversorgung – BMF vom 12. 8. 2021 (BeckVerw 558235) ... 1223
15 c. Schreiben betr. Einkommensteuergesetz; Bekanntmachung der Vordruckmuster für den Antrag auf Altersvorsorgezulage für 2024 – BMF vom 13. 9. 2024 (BeckVerw 642173) ... 1247
15 d. Schreiben betr. betriebliche Altersversorgung; Lohnsteuerliche Folgerungen der Übernahme der Pensionszusage eines beherrschenden Gesellschafter-Geschäftsführers gegen eine Ablösungszahlung und Wechsel des Durchführungswegs vom 4. 7. 2017 (BeckVerw 343326) ... 1257

Anhang II

Einkommensteuer-Richtlinien 2012 in der Fassung der EStÄR 2012 mit Einkommensteuer-Hinweisen 2023 (Auszug) ... 1258

Anhang III

Übersicht über Zahlen zur Lohnsteuer 2025 ... 1335

Stichwortregister ... 1339

Abkürzungsverzeichnis

aaO	am angegebenen Ort
ABl	Amtsblatt
ABl. EG	Amtsblatt der Europäischen Gemeinschaften
AbzStEntModG	Abzugsteuerentlastungsmodernisierungsgesetz
AEUV	Vertrag über die Arbeitsweise der Europäischen Union
aF	alte Fassung
AfA	Absetzung für Abnutzung
AFG	Arbeitsförderungsgesetz
AIFM-StAnpG	AIFM-Steuer-Anpassungsgesetz
AktG	Aktiengesetz
AltEinkG	Alterseinkünftegesetz
AltTZG	Altersteilzeitgesetz
AltvVerbG	Altersvorsorge-Verbesserungsgesetz
AmtshilfeRLUmsG	Amtshilferichtlinie-Umsetzungsgesetz
AO	Abgabenordnung
AStG	Außensteuergesetz
ATADUmsG	ATAD-Umsetzungsgesetz
AÜG	Arbeitnehmerüberlassungsgesetz
AUV	Auslandsumzugskostenverordnung
AVG	Angestelltenversicherungsgesetz
AVmG	Altersvermögensgesetz
AZO	Arbeitszeitordnung
BAföG	Bundesausbildungsförderungsgesetz
BAnz.	Bundesanzeiger
BBG	Bundesbeamtengesetz
BeamStG	Beamtenstatusgesetz
BeckRS	Rechtsprechung in beck-online
BeckVerw	Verwaltungserlasse in beck-online
BEEG	Bundeselterngeld- und Elternzeitgesetz
BeitrRLUmsG	Beitreibungsrichtlinie-Umsetzungsgesetz
BEPS-UmsG	Gesetz zur Änderung der EU-Amtshilferichtlinie und von weiteren Maßnahmen gegen Gewinnverkürzungen und -verlagerungen
BergPDV	VO zur Durchführung des Gesetzes über Bergmannsprämien
BetrAVG	Betriebsrentengesetz
BewG	Bewertungsgesetz
BewRGr	Richtlinie zur Bewertung des Grundvermögens
BFH	Bundesfinanzhof
BGB	Bürgerliches Gesetzbuch
BGBl.	Bundesgesetzblatt
BKGG	Bundeskindergeldgesetz
BMF	Bundesminister(ium) der Finanzen
BpO	Betriebsprüfungsordnung
BSHG	Bundessozialhilfegesetz
BStBl.	Bundessteuerblatt
BUKG	Bundesumzugskostengesetz
BürokrEntlG	Gesetz zur Entlastung insbesondere der mittelständischen Wirtschaft von Bürokratie (Bürokratieentlastungsgesetz)
BVG	Bundesversorgungsgesetz
BVerfG	Bundesverfassungsgericht
BZSt	Bundeszentralamt für Steuern
CoronaStHG	Corona-Steuerhilfegesetz
DB	Der Betrieb (Zeitschrift)
DBA	Doppelbesteuerungsabkommen
dh	das heißt
DSAnpUG-EU	Datenschutz-Anpassungs- und Umsetzungsgesetz EU
DStR	Deutsches Steuerrecht (Zeitschrift)
DStRE	Entscheidungsdienst Deutsches Steuerrecht (Zeitschrift)
DStRK	Steuerrechtliche Rechtsprechung kurzgefasst (bis 2016: SteuK)

ehem. .... ehemalig(en)
EhrenamtsStG .... Ehrenamtsstärkungsgesetz
EigRentG .... Eigenheimrentengesetz
ELStAM .... elektronische Lohnsteuerabzugsmerkmale
ErbStR .... Erbschaftsteuer-Richtlinien
ErbStRG .... Erbschaftsteuerreformgesetz
EStDV .... Einkommensteuer-Durchführungsverordnung
EStG .... Einkommensteuergesetz
EStH .... Einkommensteuer-Hinweise
EStR .... Einkommensteuer-Richtlinien
EURLUmsG .... Richtlinien-Umsetzungsgesetz

FA .... Finanzamt
FamEntlastG .... Familienentlastungsgesetz
FamLeistG .... Familienleistungsgesetz
FG .... Finanzgericht
FinSen .... Senator für Finanzen
FM .... Finanzminister(ium)
Fn. .... Fußnote
FöJG .... Gesetz zur Förderung eines freiwilligen ökologischen Jahres
FördWachsG .... Gesetz zur steuerlichen Förderung von Wachstum und Beschäftigung
FoStoG .... Fondsstandortgesetz
FPfZG .... Familienpflegezeitgesetz

GDL .... Gesetz über die Ermittlung des Gewinns aus Land- und Forstwirtschaft nach Durchschnittssätzen
GemV .... Gemeinnützigkeitsverordnung
GG .... Grundgesetz für die Bundesrepublik Deutschland
ggf. .... gegebenenfalls
GVBl. .... Gesetz- und Verordnungsblatt

H .... Hinweise (zu den Einkommensteuer- bzw. Lohnsteuer-Richtlinien)
HAG .... Heimarbeitsgesetz
HBeglG .... Haushaltsbegleitgesetz
HFR .... Höchstrichterliche Finanzrechtsprechung
HGB .... Handelsgesetzbuch

i. d. F. .... in der Fassung
IllegaleBeschG .... Gesetz gegen illegale Beschäftigung und Sozialleistungsmissbrauch
InvStRefG .... Investmentsteuerreformgesetz
IStR .... Internationales Steuerrecht (Zeitschrift)
iVm .... in Verbindung mit

JStG .... Jahressteuergesetz
„JStG 2019“ .... Gesetz zur weiteren steuerlichen Förderung der Elektromobilität und zur Änderung weiterer steuerlicher Vorschriften

KiföG .... Kinderförderungsgesetz
Kj. .... Kalenderjahr
KlimaSG .... Gesetz zur Umsetzung des Klimaschutzprogramms 2030 im Steuerrecht
KöMoG .... Gesetz zur Modernisierung des Körperschaftsteuerrechts
KöR .... Körperschaft des öffentlichen Rechts
KroatienAnpG .... Gesetz zur Anpassung des nationalen Steuerrechts an den Beitritt Kroatiens zur EU und zur Änderung weiterer steuerlicher Vorschriften
KSchG .... Kündigungsschutzgesetz
KStDV .... Körperschaftsteuer-Durchführungsverordnung
KStG .... Körperschaftsteuergesetz
KStH .... Körperschaftsteuer-Hinweise
KStR .... Körperschaftsteuer-Richtlinien

LAG .... Lastenausgleichsgesetz
LStDV .... Lohnsteuer-Durchführungsverordnung
LStH .... Lohnsteuer-Hinweise
LStR .... Lohnsteuer-Richtlinien

MietWohnNeubauG .. Gesetz zur steuerlichen Förderung des Mietwohnungsneubaus
MinBlFin .... Ministerialblatt des Bundesministers der Finanzen

ModBestVerfG	Gesetz zur Modernisierung des Besteuerungsverfahrens
MuSchG	Mutterschutzgesetz
mwN	mit weiteren Nachweisen
mWv	mit Wirkung vom
nF	neue Fassung
NRW	Nordrhein-Westfalen
OFD	Oberfinanzdirektion
o. g.	oben genannte(r, s)
R	(Einkommensteuer- bzw. Lohnsteuer-)Richtlinie
Rdvfg.	Rundverfügung
RGBl.	Reichsgesetzblatt
RFH	Reichsfinanzhof
RVO	Reichsversicherungsordnung
RStBl.	Reichssteuerblatt
Rz.	Randziffer
SchädlStPraktG	Gesetz gegen schädliche Steuerpraktiken im Zusammenhang mit Rechteüberlassungen
SchwbG	Schwerbehindertengesetz
SEStEG	Gesetz über steuerliche Begleitmaßnahmen zur Einführung der Europäischen Gesellschaft und zur Änderung weiterer steuerlicher Vorschriften
SGB II	Sozialgesetzbuch, Zweites Buch, Grundsicherung für Arbeitssuchende
SGB III	Sozialgesetzbuch, Drittes Buch, Arbeitsförderung
SGB IV	Sozialgesetzbuch, Viertes Buch, Gemeinsame Vorschriften für die Sozialversicherung
SGB V	Sozialgesetzbuch, Fünftes Buch, Gesetzliche Krankenversicherung
SGB VI	Sozialgesetzbuch, Sechstes Buch, Gesetzliche Rentenversicherung
SGB VII	Sozialgesetzbuch, Siebtes Buch, Gesetzliche Unfallversicherung
SGB VIII	Sozialgesetzbuch, Achtes Buch, Kinder- und Jugendhilfe
SGB IX	Sozialgesetzbuch, Neuntes Buch, Rehabilitation und Teilhabe behinderter Menschen
SGB XI	Sozialgesetzbuch, Elftes Buch, Soziale Pflegeversicherung
SGB XII	Sozialgesetzbuch, Zwölftes Buch, Sozialhilfe
SolZ	Solidaritätszuschlag
SolZG	Solidaritätszuschlaggesetz
StAnpG	Steueranpassungsgesetz
StÄndG	Steueränderungsgesetz
StEK	Steuererlasse in Karteiform (Steuererlass-Kartei)
StEntlG	Steuerentlastungsgesetz
StEuglG	Steuer-Euroglättungsgesetz
StMBG	Mißbrauchsbekämpfungs- und Steuerbereinigungsgesetz
StRefG	Steuerreformgesetz
StSenkG	Steuersenkungsgesetz
SvEV	Sozialversicherungsentgeltverordnung
SVG	Soldatenversorgungsgesetz
Tz.	Textziffer
ua	unter anderem
UntStRefG	Unternehmensteuerreformgesetz 2008
UntStReisekÄndG	Gesetz zur Änderung und Vereinfachung der Unternehmensbesteuerung und des steuerlichen Reisekostenrechts
USG	Unterhaltssicherungsgesetz
UStAE	Umsatzsteuer-Anwendungserlass
UStDV	Umsatzsteuer-Durchführungsverordnung
UStG	Umsatzsteuergesetz
UStR	Umsatzsteuer-Richtlinien
Vfg.	Verfügung
VermBG	Vermögensbildungsgesetz
VermBDV	VO zur Durchführung des Vermögensbildungsgesetzes
VerwAnw.	Verwaltungsanweisung
VO	Verordnung

Abkürzungen

VOB .... Verdingungsordnung für Bauleistungen
VZ .... Veranlagungszeitraum

WachstBeschlG .... Wachstumsbeschleunigungsgesetz
WEG .... Wohnungseigentumsgesetz
Wj. .... Wirtschaftsjahr
WoPDV .... VO zur Durchführung des Wohnungsbau-Prämiengesetzes
WoPG .... Wohnungsbau-Prämiengesetz
WoPR .... Richtlinien zum Wohnungsbau-Prämiengesetz

ZDG .... Zivildienstgesetz
ZG .... Zollgesetz
ZollkodexAnpG .... Gesetz zur Anpassung der Abgabenordnung an den Zollkodex der Union und zur Änderung weiterer steuerlicher Vorschriften

Geschlossene Wiedergabe des Einkommensteuergesetzes (EStG)[1, 2]

In der Fassung der Bekanntmachung vom 8. Oktober 2009

(BGBl. I S. 3366; ber. I 2009 S. 3862)

BGBl. III/FNA 611-1

Änderungen des Gesetzes

Lfd. Nr.	Änderndes Gesetz	Datum	Fundstelle BGBl. I Seite	Geänderte Paragraphen	Art der Änderung
1.	Gesetz zur Beschleunigung des Wirtschaftswachstums (Wachstumsbeschleunigungsgesetz)	22. 12. 2009	09, 3950	§ 4 h Abs. 2 S. 1 Buchst. c S. 2, Abs. 4 S. 1 und 4, Abs. 5 S. 1 und 2, § 9 Abs. 1 S. 3 Nr. 7 S. 2, § 32 Abs. 6 S. 1, § 51 a Abs. 2 a S. 1	geändert
				§ 52 Abs. 12 d S. 4 und 5	eingefügt
				§ 4 h Abs. 1, § 6 Abs. 2 und 2 a, § 52 Abs. 12 d S. 3, Abs. 16 S. 14, Abs. 23 d S. 3, § 66 Abs. 1 S. 1	neu gefasst
2.	Gesetz zur Umsetzung steuerlicher EU-Vorgaben sowie zur Änderung steuerlicher Vorschriften	8. 4. 2010	10, 386	§ 7 Abs. 5 Satz 1, § 10 a Abs. 1 Satz 1 1. Halbs., Satz 1 Nr. 1, 2 und 5, § 10 b Abs. 1 Satz 1 und 2, § 52 Abs. 24 c Satz 2, § 85 Abs. 2 Satz 1, § 92 a Abs. 1 Satz 2, Abs. 3 Satz 9 Nr. 3, § 93 Abs. 1 Satz 4 Buchst. c, § 95 Abs. 2 Satz 1, § 99 Abs. 1	geändert
				§ 10 b Abs. 1 Sätze 3–7, § 49 Abs. 1 Nr. 7 letzter Halbs., § 52 Abs. 21 c, Abs. 24 c Sätze 3 und 4, Abs. 24 e Sätze 5 bis 7, Abs. 63 a, 66 und 67	eingefügt
				§ 3 Nr. 39 Satz 2, § 10 b Abs. 1 a Satz 1, Abs. 4 Satz 4, § 49 Abs. 1 Nr. 10, § 79, § 95 Überschrift, Abs. 1 und Abs. 3	neu gefasst
				§ 95 Abs. 2 Satz 3	aufgehoben
3.	Jahressteuergesetz 2010 (JStG 2010)	8. 12. 2010	10, 1768	§ 1 a Abs. 1 Satz 1, § 2 Abs. 2 Satz 1 Nr. 1 und Abs. 5 b Satz 2 Nr. 2, § 3 Nr. 26 a Satz 2, § 3 Nr. 40 Satz 1 Buchst. d Satz 2, § 6 Abs. 1 Nr. 5 a, Abs. 4 und Abs. 5 Satz 1, § 9 a Satz 1 Nr. 3, § 10 Abs. 2 Satz 3, § 10 b Abs. 1 Satz 7 und 8 Nr. 1, 3 und 4, § 15 Abs. 1 a Satz 1, § 20 Abs. 4 a Satz 1, § 22 Nr. 1 Satz 3 Buchst. a Doppelbuchst. bb Satz 2 und Nr. 5 Satz 6, § 22 a Abs. 1 Satz 1 und Abs. 4 Satz 1, § 23 Abs. 1 Satz 1 Nr. 2 Satz 3 und Abs. 3 Satz 9, § 32 d Abs. 6 Satz 1, § 33 a Abs. 2 Satz 3, § 34 Abs. 3 Satz 2, § 39 e Abs. 2 Satz 1 Nr. 2, Satz 2, § 39 e Abs. 9 Satz 1 und Satz 5 sowie Abs. 10 Satz 6, § 43 Abs. 2 Satz 3 Nr. 2 und Satz 6, Abs. 5 Satz 1, § 44 Abs. 1 Satz 4 Nr. 1 Buchst. a Doppelbuchst. aa, § 44 a Abs. 2 Satz 1 Nr. 1 und Abs. 9 Sätze 1 und 3, § 49 Abs. 1 Nr. 2 Buchst. e Doppelbuchst. bb, § 50 Abs. 1 Satz 4, Abs. 4 Nr. 1 und 2, § 50 a Abs. 1 Nr. 3, § 51 Abs. 4 Nr. 1, § 52 Abs. 18 b Satz 1, Abs. 24 Satz 2 Satzteil vor Nr. 1 und Nr. 2, Abs. 47 Satz 6,	geändert

[1] Neubekanntmachung des Einkommensteuergesetzes auf Grund des § 51 Abs. 4 Nr. 2 EStG 2002 idF der Bek. v. 19. 10. 2002 (BGBl. I S. 4210; 2003 I S. 179) in der seit dem 1. 9. 2009 geltenden Fassung.

[2] **Zum Anwendungsbereich vgl. § 52.**

Lfd. Nr.	Änderndes Gesetz	Datum	Fundstelle BGBl. I Seite	Geänderte Paragraphen	Art der Änderung
				Abs. 50 f Satz 1, § 52 a Abs. 10 Sätze 7 und 10, Abs. 11 Satz 11, Abs. 16 Sätze 5 und 8, Abs. 16 a, § 82 Abs. 1 Satz 1 und Abs. 4 Nr. 1, § 86 Abs. 2 Satz 2, § 92 Satz 1 Nr. 7, § 92 a Abs. 1 Satz 1 Nr. 3, Satz 4, Abs. 2 Satz 4 Nr. 1, Abs. 3 Satz 4, Abs. 3 Satz 9 Nr. 3 und Abs. 3 Satz 10, § 92 b Abs. 3 Satz 1 und Satz 2, § 99 Abs. 1	
				§ 1 a Abs. 1 Nr. 1 b, § 3 Nr. 26 b, § 3 c Abs. 2 Satz 2, § 4 Abs. 1 Satz 4 und Abs. 5 Satz 1 Nr. 6 b Sätze 2 und 3, § 10 Abs. 1 Nr. 3 Satz 4 und Abs. 2 a Satz 4 letzter HS, § 10 a Abs. 5 Satz 5, § 16 Abs. 3 Satz 2 letzter HS und Abs. 3 a, § 20 Abs. 1 Nr. 7 Satz 3 und Nr. 9 Satz 2 und Abs. 3 a, § 22 Nr. 5 Satz 10, § 22 a Nr. 1 Sätze 2 und 3 und Abs. 5, § 23 Abs. 1 Satz 1 Nr. 2 Satz 2, § 32 d Abs. 2 Nr. 4, § 36 Abs. 5, § 39 e Abs. 2 Satz 3 und Abs. 9 Satz 6, § 43 Abs. 5 Satz 4, § 43 a Abs. 3 Satz 7, § 44 a Abs. 2 a, Abs. 4 Satz 6 und Abs. 4 a, § 45 b Abs. 1 Satz 3, § 49 Abs. 1 Nr. 2 Buchst. g, § 52 Abs. 4 b Satz 2, Abs. 8 a Satz 3, Abs. 8 b Sätze 2 und 3, Abs. 12 Satz 9, Abs. 16 a Satz 1, Abs. 21 Satz 4, Abs. 24 Sätze 3 und 4, Abs. 24 a Satz 1, Abs. 24 e Sätze 8 und 9, Abs. 25 Satz 5, Abs. 34 Satz 5, Abs. 38 Satz 4, Abs. 38 a Sätze 5 und 6, Abs. 47 Satz 7, Abs. 50 b Sätze 6 und 7, Abs. 50 d Satz 3, Abs. 55 j Satz 2, Abs. 59 b (bish. Abs. 59 b bis 59 d werden Abs. 59 c bis 59 e), § 52 a Abs. 8 Satz 2, Abs. 10 Satz 11, Abs. 11 Satz 3 letzter HS, Abs. 15 Satz 2, Abs. 15 a, Abs. 16 Satz 3, § 52 b, § 92 a Abs. 2 a, § 93 Abs. 4, § 94 Abs. 2 Satz 2 2. HS	eingefügt
				§ 7 Abs. 1 Satz 5, § 10 Abs. 1 Nr. 1 b, § 10 Abs. 1 Nr. 4, § 10 a Abs. 1 Satz 3, § 10 d Abs. 4 Sätze 4 und 5, § 20 Abs. 4 a Satz 3, § 22 Nr. 1 b und 1 c, § 32 d Abs. 2 Nr. 1 Satz 1 Buchst. a, § 35 a Abs. 3 und Abs. 5 Satz 1, § 43 Abs. 1 Sätze 5 und 6, § 45 d Abs. 1 und Abs. 3 Sätze 2 und 3, § 46 Abs. 2 Nr. 4, § 50 f, § 52 Abs. 37, § 52 a, Abs. 16 Satz 9, § 82 Abs. 1 Satz 3, § 93 Abs. 1 a	neu gefasst
				§ 43 Abs. 1 a	aufgehoben
4.	Gesetzes zur Restrukturierung und geordneten Abwicklung von Kreditinstituten, zur Errichtung eines Restrukturierungsfonds für Kreditinstitute und zur Verlängerung der Verjährungsfrist der aktienrechtlichen Organhaftung (Restrukturierungsgesetz)	9. 12. 2010	10, 1900	§ 4 Abs. 5 Satz 1 Nr. 13, § 52 Abs. 12 Satz 10	eingefügt
5.	Gesetz zur bestätigenden Regelung verschiedener steuerlicher und verkehrsrechtlicher Vorschriften des Haushaltsbegleitgesetzes 2004	5. 4. 2011	11, 554	§ 3 Nr. 38, § 4 Abs. 5 Satz 1 Nr. 1 Satz 2, Nr. 2 Satz 1, § 5 a Abs. 3, § 7 Abs. 5 Satz 1 Nr. 3 Buchst. b, § 7 h Abs. 1 Sätze 1 und 3, § 7 i Abs. 1 Sätze 1 und 5, § 8 Abs. 2 Satz 9, Abs. 3 Satz 2, § 10 f Abs. 1 Satz 1, Abs. 2 Satz 1,	inhaltlich bestätigt

Lfd. Nr.	Änderndes Gesetz	Datum	Fundstelle BGBl. I Seite	Geänderte Paragraphen	Art der Änderung
				§ 10 g Abs. 1 Satz 1, § 16 Abs. 4 Sätze 1 und 3, § 17 Abs. 3, § 21 Abs. 2, § 37 a Abs. 1 Satz 3	
				§ 3 Nr. 34 in der Fassung v. 31. 12. 2003	aufgehoben
6.	Gesetz zur Umsetzung der Richtlinie 2009/65/EG zur Koordinierung der Rechts- und Verwaltungsvorschriften betreffend bestimmte Organismen für gemeinsame Anlagen in Wertpapieren (OGAW-IV-Umsetzungsgesetz – OGAW-IV-UmsG)	22. 6. 2011	11, 1126	§ 43 Abs. 1 Satz 1 Nr. 6, Abs. 2 Satz 1, Abs. 3 Satz 1, § 44 Abs. 1 Sätze 3 und 5, § 44 a Abs. 1 Nr. 1, Abs. 9 Satz 2, § 45 a Abs. 2 Satz 1 und Abs. 3 Satz 1, § 50 d Abs. 1 Satz 10	geändert
				§ 43 Abs. 1 Satz 1 Nr. 1 a, § 44 Abs. 1 Satz 4 Nr. 3, § 44 a Abs. 10, § 45 a Abs. 1 Satz 1 2. HS, § 50 d Abs. 1 Sätze 4 und 8, § 52 Abs. 8, § 52 a Abs. 16 b	eingefügt
				§ 3 Nr. 70 Satz 3 Buchst. b, § 43 Abs. 1 Satz 1 Nr. 1 Satz 1	neu gefasst
7.	Steuervereinfachungsgesetz 2011 (StVereinfG 2011)	1. 11. 2011	11, 2131	Inhaltsübersicht, § 3 Nr. 44 Satz 1, § 9 Abs. 2 Satz 2, Abs. 5 Satz 1, § 9 a Satz 1 Nr. 1 Buchst. a, § 10 c Satz 1, § 12, § 21 Abs. 2, § 32 Abs. 5 Satz 3, § 32 a Abs. 6 Satz 2, § 33 Abs. 2 Satz 2, § 33 a Abs. 1 Satz 5 2. HS, Abs. 2 Sätze 3 und 5, § 33 b Abs. 5 Satz 2, § 35 a Abs. 5 Satz 1, § 37 Abs. 3 Sätze 3 und 4, § 39 a Abs. 1 Nr. 2, Abs. 2 Satz 4 und Abs. 3 Satz 2, § 39 b Abs. 2 Satz 7 2. HS, § 44 a Abs. 7 Satz 2 und Abs. 8 Satz 1, § 46 Abs. 2 Nr. 3 und Nr. 4 a Buchst. d, § 50 Abs. 1 Sätze 3 und 4, § 51 Abs. 1 Nr. 2 Buchst. c, § 52 Abs. 1	geändert
				§ 2 Abs. 5 a Satz 2, § 10 Abs. 1 Nr. 5, Abs. 4 b, § 16 Abs. 3 b, § 21 Abs. 2 Satz 2, § 32 Abs. 6 Sätze 8 bis 11, § 33 Abs. 4, § 44 a Abs. 4 b und Abs. 6 Satz 3, § 52 Abs. 4 a Satz 5, Abs. 23 e, bish. Abs. 23 e und 23 f werden Abs. 23 f und 23 g, Abs. 24 a Satz 2, Abs. 34 Satz 9, Abs. 50 f Satz 4, Abs. 55 j Satz 2, Abs. 62 a, Abs. 68, § 52 a Abs. 16 a Satz 2	eingefügt
				§ 25 Abs. 3, § 26, § 26 a, § 32 Abs. 4 Sätze 2 und 3, § 32 Abs. 6 Sätze 6 und 7, § 34 b, § 52 Abs. 51	neu gefasst
				§ 2 Abs. 5 b Satz 2, § 3 Nr. 19, Nr. 21, Nr. 22, Nr. 37, Nr. 46 und Nr. 49, Abschnitt II. Unterabschnitt 4 b, § 9 c, § 26 c, § 32 Abs. 4 Sätze 4 bis 10, § 32 a Abs. 6 Satz 1 Nr. 2 Satz 2, § 33 a Abs. 2 Satz 2, § 34 Abs. 2 Nr. 5, § 45 b Abs. 2 Satz 1 Nr. 3, § 70 Abs. 4	aufgehoben
8.	Gesetz zur Umsetzung der Beitreibungsrichtlinie sowie zur Änderung steuerlicher Vorschriften (Beitreibungsrichtlinie-Umsetzungsgesetz – BeitrRLUmsG)	7. 12. 2011	11, 2592	Inhaltsübersicht Angaben zu § 38 b, § 39, § 39 b, § 39 c, § 39 d, § 39 e, § 52 b, § 10 Abs. 1 Nr. 7 Satz 1, § 10 a Abs. 2 a Satz 3, § 10 b Abs. 1 Satz 5, § 12 Nr. 5, § 22 Nr. 5 Satz 2, § 32 Abs. 4 Satz 1 Nr. 2 Buchst. d, § 36 Abs. 5 Satz 1, § 38 a Abs. 4, § 38 b Überschrift, Abs. 1 Satz 1 und Satz 2 Nr. 1, Nr. 2 und Nr. 6, § 39 a Abs. 1 Satzteil vor Nr. 1,	geändert

Lfd. Nr.	Änderndes Gesetz	Datum	Fundstelle BGBl. I Seite	Geänderte Paragraphen	Art der Änderung
				Abs. 1 Nr. 6 Satz 2, Abs. 2 Satz 4, Abs. 3 Sätze 1, 3 und neuer Satz 5, Abs. 5, § 39 b Abs. 2 Sätze 4 und 8, Abs. 3 Sätze 3 und 7, § 39 f Abs. 1 Sätze 1, 5 und 6, Abs. 3 Sätze 1 und 2, Abs. 4, § 40 a Abs. 1 Satz 1, Abs. 2, Abs. 2 a, Abs. 3 Satz 1 und Abs. 4 Nr. 2, § 41 b Abs. 1 Satz 2 Nr. 1, Abs. 3 Satz 1, § 42 b Abs. 1 Satz 1, § 42 b Abs. 2 Satz 1, § 42 d Abs. 2, § 42 f Abs. 2 Satz 2, § 46 Abs. 2 Nr. 4, Nr. 5 und Nr. 7, § 50 Abs. 1 Satz 4, Abs. 2 Satz 2 Nr. 2, Abs. 2 Sätze 3 und 6, § 51 a Abs. 2 a Satz 2, § 79 Satz 2, § 82 Abs. 4 Nr. 3 und 4	
				§ 3 Nr. 8 a, § 3 Nr. 55 c bis 55 e, § 4 Abs. 9, § 9 Abs. 6, § 10 a Abs. 3 Sätze 3 und 4, bish. Satz 3 wird Satz 5, § 22 Nr. 5 Satz 11, § 38 b Abs. 2 und 3, § 39 a Abs. 1 Nr. 6 Satz 3, Abs. 1 Satz 2, Abs. 2 Satz 9, Abs. 3 Satz 4, bish. Sätze 4 und 5 werden Sätze 5 und 6, § 44 a Abs. 8 a, Abs. 10 Sätze 4 bis 7, § 50 d Abs. 3 Satz 5, § 52 Abs. 4 a Satz 1, bish. Sätze 1 bis werden Sätze 2 bis 6, Abs. 5, Abs. 12 Satz 11, Abs. 23 d Satz 5, Abs. 24 Satz 5, Abs. 30 a (bish. Abs. 30 a wird Abs. 30 b), Abs. 50 g, Abs. 51 b, Abs. 63 a Satz 2, Abs. 63 b, § 52 a Abs. 18 Satz 2, § 82 Abs. 4 Nr. 5	eingefügt
				§ 10 Abs. 2 a Satz 8, § 39, § 39 a Abs. 1 Nr. 7, Abs. 2 Sätze 1 bis 3 und 5 bis 8, Abs. 4, § 39 b Überschrift, Abs. 1, § 39 c, § 39 e, § 41 Abs. 1 Satz 2, § 41 b Abs. 1 Sätze 4 bis 6, Abs. 3 Satz 2, § 41 c Abs. 1 Satz 1 Nr. 1, § 42 b Abs. 2 Satz 4, § 50 Abs. 1 Satz 2 2. HS, Abs. 2 Satz 2 Nr. 4 Buchst. a, § 50 d Abs. 3 Satz 1, § 51 Abs. 4 Nr. 1 Buchst. c, Nr. 1 Satzteil nach Buchst. i, § 51 a Abs. 2 c und Abs. 2 e, § 52 Abs. 24 a Satz 3 idF des StVereinfG 2011, Abs. 52, § 52 a Abs. 16 b	neu gefasst
				§ 10 Abs. 2 Sätze 4 und 5, § 39 b Abs. 6, bish. Abs. 8 wird Abs. 6, § 39 d, § 41 b Abs. 3 Satz 3, § 41 c Abs. 4 Satz 1 Nr. 1, bish. Nr. 2 und 3 werden Nr. 1 und 2, § 42 b Abs. 1 Satz 3, Abs. 4 Satz 1, § 52 b	aufgehoben
9.	Gesetz zur Verbesserung der Eingliederungschancen am Arbeitsmarkt	20. 12. 2011	11, 2854	§ 3 Nr. 2, § 32 b Abs. 1 Satz 1 Nr. 1 Buchst. a und Abs. 3 Satz 3	geändert
10.	Gesetz zur Neuordnung der Organisation der landwirtschaftlichen Sozialversicherung (LSV-Neuordnungsgesetz – LSV-NOG)	12. 4. 2012	12, 579	§ 10 Abs. 1 Nr. 2 Buchst. a, § 22 Nr. 1 Satz 3 Buchst. a Doppelbuchst. aa, § 22 a Abs. 1 Satz 1, § 49 Abs. 1 Nr. 7, § 91 Abs. 1 Satz 1 Halbs. 1 und 2	geändert
11.	Gesetz zur Änderung des Gemeindefinanzreformgesetzes und von steuerlichen Vorschriften	8. 5. 2012	12, 1030	§ 50 d Abs. 11, § 52 Abs. 4 g, Abs. 59 a Satz 9	eingefügt
				§ 3 Nr. 45	neu gefasst
12.	Gesetz zum Abbau der kalten Progression	20. 2. 2013	13, 283	§ 39 b Abs. 2 Satz 7 Halbs. 2, § 46 Abs. 2 Nr. 3 und 4, § 52 Abs. 41 Satz 1 Halbs. 1	geändert
				§ 32 a Abs. 1, § 52 Abs. 55 j	neu gefasst

Lfd. Nr.	Änderndes Gesetz	Datum	Fundstelle BGBl. I Seite	Geänderte Paragraphen	Art der Änderung
				§ 52 Abs. 41 Sätze 2 und 3, Abs. 51 c, 51 d und 55 k	eingefügt
13.	Gesetz zur Änderung und Vereinfachung der Unternehmensbesteuerung und des steuerlichen Reisekostenrechts	20. 2. 2013	13, 285	§ 4 Abs. 5 Satz 1 Nr. 6 Sätze 2 und 3, § 8 Abs. 2 Sätze 3 und 4, § 9 Abs. 3 und Abs. 5 Satz 1, § 10 Abs. 1 Nr. 7 Satz 4, § 10 d Abs. 1 Satz 1, § 37 b Abs. 2 Satz 2, § 52 Abs. 1	geändert
				§ 4 Abs. 5 Satz 1 Nr. 6 a, § 8 Abs. 2 Sätze 8 und 9, § 9 Abs. 1 Satz 3 Nr. 4 a und 5 a, Abs. 4 und 4 a, § 40 Abs. 2 Satz 1 Nr. 1 a, § 52 Abs. 25 Satz 7	eingefügt
				§ 3 Nr. 13 und Nr. 16, § 4 Abs. 5 Satz 1 Nr. 5, § 9 Abs. 1 Satz 3 Nr. 4 und 5, Abs. 2, § 40 Abs. 2 Satz 1 Nr. 4 und Satz 2, § 41 b Abs. 1 Satz 2 Nr. 8, § 52 Abs. 12 Sätze 4 und 5	neu gefasst
14.	Gesetz zur Stärkung des Ehrenamts (Ehrenamtsstärkungsgesetz)	21. 3. 2013	13, 556	§ 3 Nr. 26 Satz 1 und Nr. 26 a Satz 1, § 10 b Abs. 1 a Satz 1, Abs. 3 Satz 2, Abs. 4 Satz 2	geändert
				§ 10 b Abs. 1 a Satz 2	eingefügt
15.	Gesetz zur Fortentwicklung des Meldewesens (MeldFortG)	3. 5. 2013	13, 1084	§ 69	geändert
16.	Gesetz zur Verbesserung der steuerlichen Förderung der privaten Altersvorsorge (Altersvorsorge-Verbesserungsgesetz – AltvVerbG)	24. 6. 2013	13, 1667	§ 10 Abs. 2 a Satz 4 Nr. 1, Abs. 3 Sätze 1, 4 und 7, Abs. 4 a Satz 1, § 10 a Abs. 2 a Satz 4, § 22 Nr. 5 Satz 7, § 52 Abs. 24 Satz 1, Abs. 24 c Satz 3 Nr. 2, § 82 Abs. 1 Satz 1, § 86 Abs. 1 Satz 2, § 92 Satz 1, § 92 a Abs. 4 Satz 1 Nr. 1, § 92 b Abs. 3 Sätze 1 und 2, § 93 Abs. 4 Sätze 2 und 3, § 94 Abs. 1 Satz 4, § 95 Abs. 1 Nr. 2, Abs. 2 Satz 1 und 2	geändert
				§ 10 Abs. 1 Nr. 2 Sätze 2 und 3, § 52 Abs. 23 h, § 82 Abs. 1 Sätze 6 und 7, § 86 Abs. 2 Satz 4	eingefügt
				§ 10 Abs. 1 Nr. 2 Satz 1 Buchst. b, § 10 a Abs. 1 Satz 3, § 52 Abs. 64, § 79 Satz 2, § 90 Abs. 4 Satz 2, § 92 Satz 1 Nr. 6 Sätze 2 und 3, § 92 a Abs. 1, 2, 2 a und 3, § 92 b Abs. 1, § 93 Abs. 4 Satz 1	neu gefasst
				§ 10 a Abs. 2 a Satz 5, § 22 Nr. 5 Satz 8	aufgehoben
17.	Gesetz zur Umsetzung der Amtshilferichtlinie sowie zur Änderung steuerlicher Vorschriften (Amtshilferichtlinie-Umsetzungsgesetz – AmtshilfeRLUmsG)	26. 6. 2013	13, 1809	§ 2 a Abs. 2 a Satz 2, § 3 Nr. 40 Buchst. d Satz 3, § 4 Abs. 5 Satz 1 Nr. 6 Satz 3 und Nr. 8 Satz 1, § 6 Abs. 1 Nr. 4 Sätze 2 und 3, § 6 b Abs. 5 und Abs. 8 Satz 1, § 8 Abs. 2 Satz 4, § 10 Abs. 1 Nr. 3 Buchst. a Sätze 1 und 3, § 10 b Abs. 1 Satz 4, § 15 Abs. 4 Sätze 2 und 7, § 32 Abs. 4 Sätze 1 und 2, § 32 b Abs. 2 Satz 1 Nr. 2 Satz 2 Buchst. b, § 32 d Abs. 2 Nr. 4, § 33 a Abs. 1 Satz 4, § 33 b Abs. 6 Satz 5, § 35 Abs. 1 Satz 4, § 36 Abs. 5 Satz 1, § 39 Abs. 9 Satz 1, § 39 f Abs. 1 Satz 1, § 40 Abs. 2 Satz 1 Nr. 5, § 40 a Abs. 6 Sätze 1, 3, 4, 5 und 6, § 42 d Abs. 6 Sätze 1 und 2, § 43 Abs. 1 Satz 1 Nr. 1 a, § 43 a Abs. 2 Satz 5, § 43 b Abs. 2 Sätze 1 und 3, § 44 a Abs. 2 Satz 1 Nr. 1 und 2, Abs. 5 Satz 1, Abs. 7 Sätze 1 und 4, Abs. 8 Satz 1, Abs. 9 Satz 2, Abs. 10 Satz 1 Nr. 3 und 4,	geändert

Lfd. Nr.	Änderndes Gesetz	Datum	Fundstelle BGBl. I Seite	Geänderte Paragraphen	Art der Änderung
				§ 44 b Abs. 6 Satz 1 Nr. 3 und 4, § 45 d Abs. 1 Satz 1, § 50 d Abs. 9 Satz 3, § 51 a Abs. 2 c Nr. 3 Satz 1, Abs. 2 e Satz 1, § 52 Abs. 1, Abs. 16 Satz 11, § 52 a Abs. 18 Satz 2, § 65 Abs. 1 Satz 3	
				§ 7 g Abs. 3 Satz 4, § 8 Abs. 2 Satz 4 HS 2, § 10 Abs. 4 b Sätze 4 bis 6, § 32 b Abs. 2 Satz 1 Nr. 2 Satz 2 Buchst. c, § 33 Abs. 2 Satz 4, § 33 a Abs. 1 Satz 8, § 39 a Abs. 1 Satz 2, § 42 g, § 43 Abs. 1 Satz 1 Nr. 2 Satz 4, § 44 Abs. 1 a, § 44 b Abs. 7, § 50 d Abs. 1 Satz 11, § 50 i, § 51 a Abs. 2 c Nr. 3 Sätze 3, 6 bis 8, § 52 Abs. 4 d Sätze 4 und 5, Abs. 4 g, Abs. 24 a Sätze 1 und 2, Abs. 24 b Satz 1, Abs. 32 b Satz 2, Abs. 40 Satz 10, Abs. 43 a Satz 11, Abs. 44 a, Abs. 46, Abs. 50 h, Abs. 59 a Satz 7, 9 und 10, Abs. 59 d, § 52 a Abs. 10 Satz 12, Abs. 16 c, Abs. 16 d, § 52 b	eingefügt
				§ 3 Nr. 5, § 3 Nr. 40 Buchst. d Satz 2, § 6 Abs. 7, § 10 Abs. 2 Satz 1 Nr. 2, § 20 Abs. 4 a Satz 7, § 39 a Abs. 1 Sätze 3 bis 5, § 44 a Abs. 1, § 45 a Abs. 2 Satz 1, § 50 d Abs. 10, § 51 a Abs. 2 e Sätze 3 bis 5, § 52 Abs. 55 a	neu gefasst
				§ 43 b Abs. 3, § 44 a Abs. 8 Satz 2, § 44 b Abs. 1 bis 4, § 45 b, § 52 Abs. 24 a (idF BürgerEntlG), Abs. 55 c und Abs. 55 d	aufgehoben
18.	Gesetz zur Änderung des Einkommensteuergesetzes in Umsetzung der Entscheidung des Bundesverfassungsgerichtes vom 7. Mai 2013	15. 7. 2013	13, 2397	§ 2 Abs. 8 und § 52 Abs. 2 a	eingefügt
19.	Gesetz zur Anpassung des Investmentsteuergesetzes und anderer Gesetze an das AIFM-Umsetzungsgesetz (AIFM-Steuer-Anpassungsgesetz – AIFM-StAnpG)	18. 12. 2013	13, 4318	§ 32 b Abs. 2 Satz 3, § 33 a Abs. 1 Satz 1, § 43 Abs. 2 Satz 2	geändert
				§ 4 f, § 5 Abs. 7, § 15 b Abs. 3 a, § 52 Abs. 12 c, Abs. 14 a, Abs. 23 f, Abs. 33 a Satz 5, Abs. 43 a Satz 12, Abs. 45 und Abs. 45 a	eingefügt
				§ 9 b Abs. 2	neu gefasst
20.	Gesetz zur Anpassung steuerlicher Regelungen an die Rechtsprechung des Bundesverfassungsgerichts	18. 7. 2014	14, 1042	§ 24 b Abs. 2 Satz 3, § 93 Abs. 1 a Satz 3	geändert
				§ 85 Abs. 2 Satz 2 (bish. Satz 2 wird Satz 3)	eingefügt
21.	Gesetz zur Anpassung des nationalen Steuerrechts an den Beitritt Kroatiens zur EU und zur Änderung weiterer steuerlicher Vorschriften (KroatienAnpG)	25. 7. 2014	14, 1266	§ 3 Nr. 4 Satzteil vor Buchst. a und Buchst. b, Nr. 32, Nr. 39 Satz 1, Nr. 40 Buchst. a Satz 1 und Buchst. b Satz 1, Nr. 40 Satz 3, § 4 Abs. 5 Satz 1 Nr. 9, § 8 Abs. 2 Satz 5 und Satz 8, § 9 Abs. 4 Satz 4 und Satz 8, Abs. 4 a Sätze 3 Nummer 1, Satz 7 und Satz 12, § 10 Abs. 1 Nr. 7 Satz 4, Abs. 2 Satz 3, Abs. 2 a Satz 1, § 10 c Satz 1, § 20 Abs. 2 Satz 1 Nr. 2 Buchst. a Satz 2, § 20 Abs. 6 neuer Satz 4, § 22 Nr. 3 Satz 4, Nr. 5 Satz 7, § 22 a Abs. 1 Satz 1 Nr. 2 und Nr. 6, § 24 a Satz 2 Nr. 4, § 32 Abs. 4 Satz 1 Nr. 2 Buchst. d und Abs. 6 Satz 7, § 32 b Abs. 1 Satz 1 Nr. 1 Buchst. d und Buchst. j,	geändert

Lfd. Nr.	Änderndes Gesetz	Datum	Fundstelle BGBl. I Seite	Geänderte Paragraphen	Art der Änderung
				§ 39 b Abs. 2 Satz 5 Nr. 3 Buchst. b, Abs. 3 Satz 6, § 40 Abs. 2 Satz 1 Nr. 4 und Abs. 2 Satz 2, § 40 a Abs. 2, 2 a und 6, § 41 a Abs. 2 Satz 2, § 41 b Abs. 1 Satz 2 Nr. 3, Nr. 6 und Nr. 7, Abs. 1 Sätze 3 und 4, § 42 b Abs. 1 Satz 3 Nr. 5, § 43 Abs. 1 Satz 1 Nr. 4 Satz 1, Nr. 7 Buchst. b Sätze 2 und 3, § 43 a Abs. 3 Satz 2, § 44 a Abs. 1 Satz 1 Nr. 2, § 43 b Abs. 2 Satz 1, § 45 Satz 2, § 45 e Satz 2, § 46 Abs. 2 Nr. 5 a, Abs. 3 Satz 1 und Abs. 5, § 50 a Abs. 7 Sätze 2 und 3, § 50 g Abs. 3 Nr. 1 Buchst. b Doppelbuchst. bb und Nr. 5 Satz 1 Buchst. a Doppelbuchst. cc, § 52 Abs. 1, § 92 Satz 3, § 92 a Abs. 1 Satz 1 Nr. 3, Abs. 3 Sätze 9 und 10, Abs. 4 Sätze 1 und 3, Anlage 2 und 3 zum EStG	
				§ 10 Abs. 6, § 10 a Abs. 6, § 20 Abs. 1 Nr. 6 Sätze 7 und 8, Abs. 1 Nr. 10 Buchst. b Satz 5, § 22 Nr. 5 Sätze 11 und 12, § 22 a Abs. 1 Satz 1 Nr. 7, § 23 Abs. 1 Satz 1 Nr. 2 Satz 3 (bish. Satz 3 wird Satz 4), § 32 b Abs. 1 Satz 1 Nr. 1 Buchst. k, § 33 a Abs. 1 Sätze 7 bis 9, § 37 Abs. 6, § 39 b Abs. 6 Satz 2, § 52 Abs. 55 a Satz 2 und 59 c Satz 2, § 41 b Abs. 2 a, § 41 c Abs. 3 Sätze 4 bis 6, § 50 e Abs. 1 a, § 79 Satz 3, § 82 Abs. 1 Satz 8 und Abs. 5, § 86 Abs. 5	eingefügt
				§ 1 Abs. 1 Satz 2, § 3 Nr. 2, Nr. 6, Nr. 12 Satz 1, § 32 b Abs. 1 Satz 1 Nr. 1 Buchst. a, § 33 a Abs. 3 Sätze 2 und 3, § 41 b Abs. 2, § 44 a Abs. 2 a Satz 3, § 50 i, § 52	neu gefasst
				§ 3 Nr. 2 a und Nr. 2 b, § 20 Abs. 6 Satz 1, § 22 Nr. 3 Sätze 5 und 6, § 23 Abs. 3 Sätze 9 und 10, § 32 b Abs. 2 Sätze 2 und 3, § 32 c, § 34 e, § 52 a, § 86 Abs. 2 Satz 3	aufgehoben
22.	Gesetz zur Änderung des Freizügigkeitsgesetzes/EU und weiterer Vorschriften	2. 12. 2014	14, 1922	§ 62 Abs. 1 neuer Satz 6	geändert
				§ 52 Abs. 49 a, § 62 Abs. 1 Sätze 2 und 3 (bish. Sätze 3 und 4 werden Sätze 6 und 7), § 67 Sätze 3 bis 5	eingefügt
23.	Gesetz zur Anpassung der Abgabenordnung an den Zollkodex der Union und zur Änderung weiterer steuerlicher Vorschriften (ZollkodexAnpG)	22. 12. 2014	14, 2417	§ 1 a Abs. 1 Satzteil vor Nr. 1, § 3 Nr. 70 Satz 5, § 4 Abs. 9, § 9 a Satz 1 Nr. 3, § 10 Abs. 1 Nr. 3 Satz 3, Abs. 3 Sätze 1 und 7, § 10 c Satz 1, § 12 Satzteil vor Nr. 1, § 13 Abs. 3 Satz 1, § 19 Abs. 1 Satz 1 Nr. 3 Satz 3, § 22 Nr. 1 a, § 32 Abs. 4 Satz 1 Nr. 2 Buchst. b, § 37 Abs. 3 Satz 4, § 39 a Abs. 1 Satz 1 Nr. 2, Abs. 2 Satz 4, Abs. 3 Satz 2, § 40 Abs. 2 Satz 1 Nr. 4, § 44 Abs. 1 Satz 4 Nr. 3 Buchst. b, § 52 Abs. 18 Satz 1, Abs. 48 Satz 3, § 75 Abs. 1 § 3 Nr. 34 a, Nr. 45 Satz 2, Nr. 71, § 3 c Abs. 2 Sätze 2 bis 6 (bish. Sätze 2 bis 4 werden Sätze 7 bis 9), § 10 Abs. 1 Nr. 2 Sätze 3 und 4 (bish. Sätze 3 bis 5 werden 5 bis 7), Abs. 1 a, § 19 Abs. 1 Satz 1 Nr. 1 a, § 44 Abs. 1 Satz 4 Nr. 3 Buchst. c,	geändert
				§ 44 b Abs. 5 Satz 3, § 52 Abs. 4 Satz 13, Abs. 5 Satz 2, Abs. 22 a, Abs. 26 a, Abs. 34 a, Anlage 1 a zu § 13a	eingefügt

Lfd. Nr.	Änderndes Gesetz	Datum	Fundstelle BGBl. I Seite	Geänderte Paragraphen	Art der Änderung
				§ 1 a Abs. 1 Nr. 1, § 3 Nr. 67, § 9 Abs. 6, § 19 Abs. 1 Satz 1 Nr. 3 Satz 2, § 13 a, § 34 c Abs. 1 Satz 2 und 3 erster HS, § 70 Abs. 3	neu gefasst
				§ 1 a Abs. 1 Nr. 1 a und Nr. 1 b, § 7 b, § 7 c, § 7 d, § 7 f, § 7 k, § 10 Abs. 1 Nr. 1, Nr. 1 a, Nr. 1 b, § 12 Nr. 5, § 22 Nr. 1 b und Nr. 1 c, § 35 b Satz 3	aufgehoben
24.	Gesetz zur Modernisierung der Finanzaufsicht über Versicherungen	1. 4. 2015	15, 434, geänd. durch G v. 2. 11. 2015, BGBl. I S. 1834	§ 4 c Abs. 1 Satz 2, § 4 e Abs. 1, § 10 Abs. 1 Nr. 3 Buchst. a Satz 3, § 19 Abs. 1 Satz 1 Nr. 3, § 43 Abs. 3 Satz 1	geändert
25.	Gesetz zur Neuregelung der Unterhaltssicherung sowie zur Änderung soldatenrechtlicher Vorschriften	29. 6. 2015	15, 1061	§ 3 Nr. 48, § 32 b Abs. 1 Satz 1 Nr. 1 Buchst. h	geändert
26.	Gesetz zur Anhebung des Grundfreibetrags, des Kinderfreibetrags, des Kindergeldes und des Kinderzuschlags	16. 7. 2015	15, 1202	§ 24 b Abs. 1, neuer Abs. 4, § 32 Abs. 6 Satz 1, § 32 a Abs. 1, § 33 a Abs. 1 Satz 1, § 39 a Abs. 1 Satz 3 und Abs. 3 Satz 1, § 39 b Abs. 2 Satz 5 Nr. 4 und Satz 7, § 46 Abs. 2 Nr. 3 und 4, § 51 a Abs. 2 a Satz 1, § 66 Abs. 1	geändert
				§ 24 b Abs. 2 (bish. Abs. 2 und 3 werden Abs. 3 und 4), § 39 a Abs. 1 Satz 1 Nr. 4 a, § 52 Abs. 32 a, Abs. 37 b und Abs. 49 a Sätze 3 und 4	eingefügt
27.	Gesetz zur Entlastung insbesondere der mittelständischen Wirtschaft von Bürokratie (Bürokratieentlastungsgesetz)	28. 7. 2015	15, 1400	§ 39 a Abs. 1 Satz 3, § 39 f Abs. 3 Satz 1, § 40 a Abs. 1 Satz 2 Nr. 1, § 51 a Abs. 2 c Satz 1 Nr. 3 Sätze 5 und 9	geändert
				§ 39 f Abs. 1 Satz 5 (bish. Sätze 5 bis 7 werden Sätze 6 bis 8) und Sätze 9 bis 11, § 52 Abs. 37 a	eingefügt
28.	Zehnte Zuständigkeitsanpassungsverordnung	31. 8. 2015	15, 1474	§ 49 Abs. 4 Satz 2, § 51 Abs. 1 Nr. 2 Buchst. n Satz 4, § 92 a Abs. 1 Satz 3	geändert
29.	Steueränderungsgesetz 2015	2. 11. 2015	15, 1834	§ 39 e Abs. 2 Satz 5, § 44 Abs. 1 Satz 3 und Abs. 2 Satz 2, § 44 a Abs. 1 Satz 1 Satzteil vor Nr. 1 und Nr. 3, § 50 Abs. 4 Satz 1, § 52 Abs. 1 Sätze 1 bis 3, Abs. 12 Satz 1, Anl. 2 (zu § 43 b) Nr. 1 Buchst. v und x	geändert
				§ 3 Nr. 40 Satz 5, § 6 b Abs. 2 a § 10 Abs. 1 a Nr. 1 Sätze 7 bis 9, § 52 Abs. 14 Satz 1 (bish. Wortlaut wird Satz 2), § 52 Abs. 16 Satz 1 bis 3 (bish. Sätze 1 und 2 werden Sätze 4 und 5), § 52 Abs. 42 a, Abs. 46 Satz 2	eingefügt
				§ 1 Abs. 1 Satz 2, § 6 Abs. 1 Nr. 4 Satz 3, § 7 g Absätze 1 bis 4, § 43 b Abs. 2 Satz 1	neu gefasst
30.	Gesetz zur Umsetzung der EU-Mobilitäts-Richtlinie	21. 12. 2015	15, 2553	§ 4 d Abs. 1 Satz 1 Nr. 1 Satz 1 Buchst. b Satz 2, Buchst. c Satz 3, und Nr. 1 Satz 6; § 6 a Abs. 2 Nr. 1, Abs. 3 Satz 2 Nr. 1 Satz 6	geändert
				§ 52 Abs. 7 und 13	aufgehoben
31.	Gesetz zur Änderung des Einkommensteuergesetzes zur Erhöhung des Lohnsteuereinbehalts in der Seeschifffahrt	24. 2. 2016	16, 310 u. 16, 1248	§ 41 a Abs. 4 Satz 1	geändert
				§ 52 Abs. 40 a	eingefügt
32.	Zweites Gesetz über die weitere Bereinigung von Bundesrecht	8. 7. 2016	16, 1594	§ 10 g Abs. 2 Satz 2, § 37 Abs. 3 Satz 10, § 39 a Abs. 1 Satz 1 Nr. 5 Buchst. a	geänd.

Lfd. Nr.	Änderndes Gesetz	Datum	Fundstelle BGBl. I Seite	Geänderte Paragraphen	Art der Änderung
33.	Gesetz zur Modernisierung des Besteuerungsverfahrens	18. 7. 2016	16, 1679	Inhaltsübersicht, § 10 Abs. 2 a Sätze 1 bis 3, Abs. 4 b Satz 4, Abs. 6 Satz 2 Nr. 1, § 10 a Abs. 2 a Satz 1, § 13 a Abs. 3 Satz 6, § 15 b Abs. 4 Satz 4 und 5, § 22 a Abs. 2 Sätze 3 und 6, Abs. 3 und 5 Sätze 3 und 5, § 39 b Abs. 2 Satz 8 und Abs. 3 Satz 7, § 41 Abs. 1 Satz 7, § 41 a Abs. 1 Satz 2, § 41 b Abs. 1 Satz 2 Satzteil vor Nr. 1 und Nr. 1, Nr. 2 und Nr. 5, Satz 3 und Satz 6, Abs. 2 a Satz 1, § 42 b Abs. 3 Satz 1, § 43 Abs. 1 Satz 6, § 45 a Abs. 1 Satz 1, § 89 Abs. 2 Satz 1 Buchst. b	geänd.
				§ 6 Abs. 1 Nr. 1 b, § 10 a Abs. 5 Satz 4, § 32 b Abs. 4 und 5, § 39 e Abs. 5 Satz 4 und Abs. 5 a, § 41 Abs. 1 Satz 10, § 41 b Abs. 5 und 6, § 43 Abs. 1 Satz 7, § 45 a Abs. 2 Satz 2, § 52 Abs. 12 Satz 1, Abs. 30 a, Abs. 33 Satz 3, Abs. 42 Satz 2, Abs. 45 Sätze 2 und 3, Abs. 51	eingef.
				§ 10 Abs. 2 a Sätze 4 bis 8, Abs. 4 b Sätze 5 und 6, § 10 a Abs. 5 Sätze 1 bis 3, § 22 a Abs. 1, Abs. 2 Sätze 1, 2, 4, 8 und 9, § 32 b Abs. 3, § 34 a Abs. 10, § 36 Abs. 2 Nr. 2, § 41 b Abs. 3 Sätze 2 und 3 und Abs. 4, § 43 Abs. 2 Sätze 7 und 8, § 45 a Abs. 5 Satz 1 und Abs. 6 Satz 1, § 45 d Abs. 1 und 3	neu gef.
				§ 5 b Abs. 1 Satz 4, § 10 Abs. 2 a Sätze 9 bis 13, § 10 h, § 10 i, § 22 a Abs. 4, § 44 a Abs. 2 a Satz 6, § 51 a Abs. 2 c Nr. 2 Satz 4, § 52 Abs. 20 und 21, § 53, § 69	aufgeh.
34.	Gesetz zur Reform der Investmentbesteuerung (Investmentsteuerreformgesetz – InvStRefG)	19. 7. 2016	16, 1730, geänd. 16, 3000	Inhaltsübersicht, § 20 Abs. 1 Nr. 6 Satz 8, § 43 Abs. 1 Satz 1, Abs. 2 Satz 2, Abs. 5 Satz 1. § 43 a Abs. 1 Satz 1 Nr. 1, § 44 Abs. 1 Satz 3, Satz 4 Nr. 1 Satzteil vor Buchst. a und Buchst. a Doppelbuchst. aa, § 44 a Abs. 4 Satz 1, Abs. 5 Satz 1, § 52 Abs. 1	geänd.
				§ 20 Abs. 1 Nr. 3 und 3 a, Abs. 1 Nr. 6 Satz 9, Abs. 2 Sätze 4 und 5, Abs. 4 Sätze 8 und 9, § 36 a, § 44 Abs. 1 Satz 4 Nr. 3 Buchst. c Nr. 4, Abs. 1 Satz 8 und 9, Abs. 1 b, § 49 Abs. 1 Nr. 2 Buchst. f Satz 2, § 52 Abs. 28 Sätze 19 bis 22, Abs. 35 a, Abs. 42 Satz 3, Abs. 42 a (bish. Abs. 42 a wird Abs. 42 b), Abs. 44 Satz 2, Abs. 45 a	eingef.
				§ 43 Abs. 1 Satz 1 Nr. 5 und Nr. 9, § 43 a Abs. 2 Sätze 1 und 2, § 44 b Abs. 1, § 49 Abs. 1 Nr. 5 Satz 1 Buchst. a	neu gef.
				§ 49 Abs. 1 Nr. 5 Satz 1 Buchst. b	aufgeh.
35.	Gesetz zur Neuregelung des Kulturgutschutzrechts	31. 7. 2016	16, 1914	§ 10 g Abs. 1 Satz 2 Nr. 4	geänd.
36.	Gesetz zur steuerlichen Förderung von Elektromobilität im Straßenverkehr	7. 11. 2016	16, 2498	§ 3 Nr. 46, § 40 Abs. 2 Satz 1 Nr. 5 Satz 2	geänd.
				§ 40 Abs. 2 Satz 1 Nr. 6, § 52 Abs. 4 Satz 10, Abs. 37c	eingef.
37.	Gesetz zur Beendigung der Sonderzuständigkeit der Familienkassen des öffentlichen Dienstes im Bereich des Bundes	8. 12. 2016	16, 2835	§ 72 Abs. 3 Satzteil vor Nr. 1, Nr. 1, Nr. 2, Abs. 4, Abs. 7 Satz 2, Abs. 8	geänd.
				§ 68 Abs. 4, § 72 Abs. 1,	neu gef.
				§ 72 Abs. 2	aufgeh.
				§ 72 Abs. 3 Nr. 3, Abs. 8 Satz 3	eingef.

Lfd. Nr.	Änderndes Gesetz	Datum	Fundstelle BGBl. I Seite	Geänderte Paragraphen	Art der Änderung
38.	Gesetz zur Umsetzung der Änderungen der EU-Amtshilferichtlinie und von weiteren Maßnahmen gegen Gewinnkürzungen und -verlagerungen	20. 12. 2016	16, 3000	Inhaltsübersicht, § 3 Nr. 40 Satz 3, § 10 Abs. 1 a Nr. 3 Satz 1, § 23 Abs. 1 Satz 1 Nr. 2 Satz 4, § 32 Abs. 6 Satz 1, § 32 a Abs. 1, § 33 a Abs. 1 Satz 1, § 39 b Abs. 2 Satz 7, § 46 Abs. 2 Nr. 3 und 4, § 50 d Abs. 9 Satz 1, § 51 a Abs. 2 a Satz 1, § 52 Abs. 1 Sätze 1 bis 3, Abs. 45 a Satz 2, § 66 Abs. 1	geänd.
				§ 4 i, § 23 Abs. 1 Satz 1 Nr. 3, § 50 d Abs. 9 Satz 4 und Abs. 12, § 50 j, § 52 Abs. 4 Satz 7, Abs. 31 Satz 3, Abs. 33 a, Abs. 46 Satz 1, Abs. 49 a Sätze 5 und 6	eingef.
				§ 6 Abs. 3 Satz 1, § 32 d Abs. 2 Nr. 3 Buchst. b, § 50 Abs. 1 Satz 3, § 50 i Abs. 1 Sätze 1 und 2, Abs. 2, § 52 Abs. 48 Satz 4	neu gef.
				§ 3 Nr. 40 Satz 4, § 52 Abs. 48 Satz 5	aufgeh.
39.	Gesetz zum Erlass und zur Änderung marktordnungsrechtlicher Vorschriften sowie zur Änderung des Einkommensteuergesetzes	20. 12. 2016	16, 3045	Inhaltsübersicht, § 36 Abs. 2 Nr. 2 Satz 4	geänd.
				§ 32 c, § 36 Abs. 2 Nr. 3, § 52 Abs. 33 a, Abs. 35 a (bish. Abs. 35 a wird Abs. 35 b)	eingef.
40.	Drittes Gesetz zur Stärkung der pflegerischen Versorgung und zur Änderung weiterer Vorschriften (Drittes Pflegestärkungsgesetz – PSG III)	23. 12. 2016	16, 3191	§ 3 Nr. 36	geänd.
41.	Gesetz zur Bekämpfung der Steuerumgehung und zur Änderung weiterer steuerlicher Vorschriften (Steuerumgehungsbekämpfungsgesetz – StUmgBG)	23. 6. 2017	17, 1682	Inhaltsübersicht, § 4 i Satz 1, § 38 b Abs. 1 Satz 2 Nr. 3 Buchst. a und Nr. 4, § 39 Abs. 6 Satz 3,	geänd.
				§ 38 b Abs. 3 Satz 3, § 39 b Abs. 2 Sätze 13 bis 16, § 52 Abs. 49 a Sätze 7 und 8, § 66 Abs. 3, § 69	eingef.
				§ 38 b Abs. 3 Satz 2, § 39 e Abs. 3 Satz 3, § 52 Abs. 37a	neu gef.
				§ 52 Abs. 39	aufgeh.
42.	Gesetz gegen schädliche Steuerpraktiken im Zusammenhang mit Rechteüberlassungen (SchädlStPraktG)	27. 6. 2017	17, 2074	§ 3 c, § 6 Abs. 2 Satz 1 und Abs. 2 a Sätze 1 und 4, § 9 Abs. 5 Satz 2, § 34 a Abs. 6 Satz 2 und Abs. 7 Satz 1	geänd.
				§ 3 a, § 3 c Abs. 4, § 4 j, § 34 a Abs. 6 Satz 1 Nr. 3, § 52 Abs. 4 Satz 17, Abs. 4 a, Abs. 5 Satz 3, Abs. 8 a, Abs. 12 Satz 3 (bish. Sätze 3 und 4 werden Sätze 4 und 5), Abs. 12 Satz 5, Abs. 16 a, Abs. 34 Satz 2	eingef.
				§ 3 Nr. 71	neu gef.
43.	Zweites Gesetz zur Entlastung insbesondere der mittelständischen Wirtschaft von Bürokratie (Zweites Bürokratieentlastungsgesetz)	30. 6. 2017	17, 2143	§§ 6 Abs. 2 Satz 4, 40 a Abs. 1 Satz 2 Nr. 1, 41 a Abs. 2 Satz 2 Halbs. 1, 52 Abs. 12 Satz 3 (bish. Sätze 3 bis 5 werden Sätze 4 bis 6)	geänd.
44.	Gesetz zur strafrechtlichen Rehabilitierung der nach dem 8. Mai 1945 wegen einvernehmlicher homosexueller Handlungen verurteilten Personen und zur Änderung des Einkommensteuergesetzes	17. 7. 2017	17, 2443	§ 3 Nr. 23	geänd.
45.	Gesetz zum Ausschluss verfassungsfeindlicher Parteien von der Parteienfinanzierung	18. 7. 2017	17, 2730	§§ 10 b Abs. 2 Satz 1, 34 g Satz 1 Nr. 1	geänd.

Lfd. Nr.	Änderndes Gesetz	Datum	Fundstelle BGBl. I Seite	Geänderte Paragraphen	Art der Änderung
46.	Gesetz zur Stärkung der betrieblichen Altersversorgung und zur Änderung anderer Gesetze (Betriebsrentenstärkungsgesetz – BetrRentStG)	17. 8. 2017	17, 3214	§ 3 Nr. 56 Sätze 1 und 2, § 3 Nr. 62 Sätze 1 und 3, § 3 Nr. 63 Satz 1, § 3 Nr. 65 Satz 1 Buchst. b und c, § 10 Abs. 1 Nr. 2 Buchst. b Satz 7, § 10 a Abs. 1 Satz 1, § 22 Nr. 5 Satz 2, § 22 a Abs. 1 Satz 1 Nr. 6, Abs. 5 Sätze 1 und 2, § 50 f Abs. 1 Nr. 1 und 2, § 52 Abs. 4 Sätze 12 bis 14, § 52 Abs. 40 Satz 1, § 84 Satz 1 Halbs. 2, § 85 Abs. 1 Sätze 1 und 4 und Abs. 2 Satz 2, § 90 Abs. 3 Satz 1, § 92 Satz 1 Satzteil vor Nr. 1, § 92 a Abs. 2 Sätze 5 und 7, Abs. 2 a Satz 1, Abs. 3 Sätze 1, 3, 7, 9, 10 und 11, § 92 b Abs. 2 Satz 2, § 93 Abs. 3 Satz 1	geänd.
				§ 3 Nr. 55 Satz 1 Halbs. 2, § 3 Nr. 55 c Buchst. a (bish. Buchst. a und b werden Buchst. b und c), § 3 Nr. 63 a, § 3 Nr. 65 Satz 1 Buchst. d und Satz 5, § 10 a Abs. 7, § 22 Nr. 5 Sätze 13 bis 15, § 22 a Abs. 1 Satz 1 Nr. 7, § 52 Abs. 4 Satz 15, § 90 Abs. 3 a und Abs. 5, § 92 a Abs. 3 Sätze 12 und 13, § 93 Abs. 2 Satz 4, Abs. 3 Satz 4, § 94 Abs. 3, Abschnitt XII, § 100	eingef.
				§ 3 Nr. 63 Sätze 3 und 4, § 96 Abs. 2	neu gef.
				§ 3 Nr. 62 Satz 4	aufgeh.
47.	Gesetz zur steuerlichen Entlastung der Familien sowie zur Anpassung weiterer steuerlicher Regelungen (Familienentlastungsgesetz – FamEntlastG)	29. 11. 2018	18, 2210	§ 32 Abs. 4 Satz 1 Nr. 2 Buchst. d und Abs. 6 Satz 1, § 33 a Abs. 1 Satz 1, § 39 b Abs. 2 Satz 7, § 46 Abs. 2 Nr. 3 und 4, § 51 a Abs. 2 a Satz 1, § 52 Abs. 1, § 66 Abs. 1	geänd.
				§ 32 a Abs. 1	neu gef.
				§ 52 Abs. 49 a Satz 9	eingef.
48.	Gesetz zur Vermeidung von Umsatzsteuerausfällen beim Handel mit Waren im Internet und zur Änderung weiterer steuerlicher Vorschriften („JStG 2018“)	11. 12. 2018	18, 2338	§ 3 Nr. 26 Satz 1, § 3 Nr. 26 a Satz 1, § 3 Nr. 36 Sätze 1 und 2, § 3 Nr. 56 Satz 1, § 3 Nr. 63 Satz 1, § 6 Abs. 1 Nr. 5 Satz 1 Buchst. c, § 10 Abs. 2 Satz 1 Nr. 1, § 22 a Abs. 1 Satz 1 Nr. 6, Abs. 2 Satz 2 und Abs. 5 Sätze 1 und 2, § 45 Sätze 1 und 2, § 49 Abs. 1 Nr. 2 Buchst. e Doppelbuchst. aa und bb, § 52 Abs. 40 Satz 1, § 82 Abs. 2 Satz 1 Buchst. b, § 85 Abs. 2 Sätze 1 und 2, § 89 Abs. 2 Satz 1, § 92 a Abs. 2 Satz 5, § 93 Abs. 2 Satz 2, § 100 Abs. 3 Nr. 4	geänd.
				§ 3 Nr. 34, § 6 Abs. 1 Nr. 4 Sätze 2 und 3, § 34 d Nr. 4 Buchst. b und Nr. 7, § 44 a Abs. 10 Satz 1 Nr. 3, § 52 Abs. 12 Satz 2	neu gef.
				§ 3 Nr. 15, § 3 Nr. 37, § 6 Abs. 1 Nr. 4 Satz 6, § 6 b Abs. 2 a Sätze 4 bis 6, § 9 Abs. 1 Satz 3 Nr. 4, § 44 b Abs. 2, § 49 Abs. 1 Nr. 2 Buchst. e Doppelbuchst. cc und Buchst. f Satz 4, § 52 Abs. 4 Satz 5 bis 7 (bish. Sätze 5 bis 17 werden Sätze 8 bis 20), Abs. 4 a Satz 3, Abs. 5 Satz 4, Abs. 12 Satz 2 (bish. Sätze 2 bis 6 werden Sätze 3 bis 7), Abs. 14 Satz 3, Abs. 18 Satz 4, Abs. 34 b, Abs. 45 a Sätze 1 und 2 (bish. Sätze 1 und 2 werden Sätze 3 und 4), Abs. 51 Satz 2, § 72 Abs. 1 Satz 7, § 82 Abs. 2 Satz 2, § 89 Abs. 2 Satz 4	eingef.
				§ 52 Abs. 4 Sätze 12 und 13, Abs. 40 Satz 2	Aufgeh.
49.	Gesetz zur Umsetzung der Richtlinie (EU) 2016/2341 des Europäischen Parlaments und des Rates vom 14. 12. 2016 über die Tätigkeiten und die Beaufsichtigung von Einrichtungen der betrieblichen Altersversorgung (EbAV)	19. 12. 2018	18, 2672	§§ 4 c Abs. 1 Satz 2, 19 Abs. 1 Satz 1 Nr. 3 Satz 2 Buchst. a	geänd.

Lfd. Nr.	Änderndes Gesetz	Datum	Fundstelle BGBl. I Seite	Geänderte Paragraphen	Art der Änderung
50.	Gesetz über steuerliche und weitere Begleitregelungen zum Austritt des Vereinigten Königreichs Großbritannien und Nordirland aus der Europäischen Union (Brexit-Steuerbegleitgesetz – Brexit-StBG)	25. 3. 2019	19, 357	§ 3 Nr. 55 c letzter Satzteil, § 4 g Abs. 6, § 6 b Abs. 2 a Satz 7, § 92 a Abs. 1 Satz 5 letzter Halbs., Abs. 2 a Satz 5 Nr. 2 letzter Halbs., § 93 Abs. 1 Satz 4 Buchst. c letzter Halbs., § 95 Abs. 1 Satz 2	eingef.
				§ 4 g Abs. 3 Satz 2	geänd.
51.	Gesetz gegen illegale Beschäftigung und Sozialleistungsmissbrauch	11. 7. 2019	19, 1066	§ 2 Abs. 6 Satz 3 letzter Halbs., § 31 Satz 5 (bish. Sätze 5 und 6 werden Sätze 6 und 7), § 52 Abs. 49 a Satz 1 (bish. Sätze 1 bis 9 werden Sätze 2 bis 10), § 52 Abs. 50 Satz 1 (bish. Satz 1 wird Satz 2), § 62 Abs. 1 a, § 68 Abs. 5 bis 7, § 68 Abs. 1 Sätze 2 und 3, § 71	eingef.
				Inhaltsübersicht, § 32 Abs. 4 Satz 1 Nr. 2 Buchst. d, § 52 Abs. 49 a bish. Satz 1, § 70 Überschrift	geänd.
				§ 66 Abs. 3	aufgeh.
52.	Gesetz zur steuerlichen Förderung des Mietwohnungsneubaus	4. 8. 2019	19, 1122	§ 7 b, § 52 Abs. 15 a	eingef.
				Inhaltsübersicht	geänd.
				§ 37 Abs. 3 Satz 10	neu gef.
53.	Zweites Gesetz zur Anpassung des Datenschutzrechts an die Verordnung (EU) 2016/679 und zur Umsetzung der Richtlinie (EU) 2016/680 (Zweites Datenschutz-Anpassungs- und Umsetzungsgesetz EU – 2. DSAnpUG-EU)	20. 11. 2019	19, 1626	§ 10 Abs. 2 b, § 48 b Abs. 3 Satz 2, Abs. 6 Satz 1, § 51 a Abs. 1 Satz 2	eingef.
				§ 10 a Abs. 1 Satz 1, Abs. 5 Sätze 1 und 2, § 22 a Abs. 2 Satz 8, § 32 b Abs. 5, § 39 e Abs. 4 Satz 7, Abs. 6 Satz 6 Nr. 1 Satz 3 Halbs. 1, Abs. 10, § 41 b Abs. 2 Satz 2, § 41 b Abs. 5 Satz 1 und Satz 2, § 44 a Abs. 2 a Satz 7, § 45 d Abs. 2 Satz 1, § 48 b Abs. 6 neuer Satz 2, § 51 a Abs. 2 c Satz 8, § 68 Abs. 4	geänd.
				§ 10 Abs. 2 Satz 2, Abs. 2 a, § 39 Abs. 8, § 50 f Abs. 1 und 2, § 51 a Abs. 2 c Satz 10	neu gef.
				§ 10 Abs. 2 Satz 3, Abs. 6 Satz 2, § 10 a Abs. 2 a, § 39 Abs. 9, § 41 b Abs. 2 a, § 48 b Abs. 6 bish. Satz 2	aufgeh.
54.	Drittes Gesetz zur Entlastung insbesondere der mittelständischen Wirtschaft von Bürokratie (Drittes Bürokratieentlastungsgesetz)	22. 11. 2019	19, 1746	§ 22 Nr. 5 Satz 7 letzter Satzteil, § 40 a Abs. 7, § 94 Abs. 1 Satz 4 letzter Satzteil, § 95 Abs. 2 Satz 5 (bish. Satz 5 wird Satz 6)	eingef.
				§ 3 Nr. 34, § 39 Abs. 6 Satz 3, § 40 a Abs. 1 Satz 2 Nr. 1, Abs. 4 Nr. 1, § 40 b Abs. 3	geänd.
55.	Gesetz zur Reform des Grundsteuer- und Bewertungsrechts (Grundsteuer-Reformgesetz – GrStRefG)	26. 11. 2019	19, 1794	§ 13 Abs. 1 Nr. 1 Satz 4 und Nr. 2	geänd.
				§ 57 Abs. 3	aufgeh.
56.	Gesetz zur weiteren steuerlichen Förderung der Elektromobilität und zur Änderung weiterer steuerlicher Vorschriften („JStG 2019“)	12. 12. 2019	19, 2451	§ 3 Nr. 19, § 3 a Abs. 3 a, § 4 Abs. 10, § 5 a Abs. 6 Satz 2, § 6 Abs. 1 Nr. 4 Satz 2 Nr. 3 bis 5, Satz 2 letzter Satzteil, Satz 3 Nr. 3 bis 5, Satz 3 letzter Satzteil, § 6 e, § 7 c, § 7 h Abs. 1 a, Abs. 2 Satz 1 letzter Halbs., § 8 Abs. 1 Sätze 2 und 3, Abs. 2 Satz 11 Halbs. 2 und Satz 12, § 9 Abs. 1 Satz 3 Nr. 5 b, § 10 Abs. 1 Nr. 3 Satz 3 (bish. Sätze 3 und 4 werden Sätze 4 und 5), Abs. 1 a Nr. 3 Satz 3,	

Lfd. Nr.	Änderndes Gesetz	Datum	Fundstelle BGBl. I Seite	Geänderte Paragraphen	Art der Änderung
				Nr. 4 Satz 2, § 13 b, § 17 Abs. 2 a, § 32 d Abs. 3 Satz 3, § 36 Abs. 2 Nr. 3, § 40 Abs. 2 Satz 1 Nr. 7, Satz 4, § 43 Abs. 1 Satz 1 Nr. 7 Buchst. c, § 44 Abs. 1 Satz 4 Nr. 2 a, § 46 Abs. 2 Nr. 9, § 49 Abs. 1 Nr. 4 Buchst. b letzter Halbs., § 50 Abs. 2 Satz 2 Nr. 4 Buchst. c und Nr. 6, § 50 d Abs. 13, § 51 Abs. 4 Nr. 1 d, § 52 Abs. 4 a Satz 4, Abs. 6 Sätze 10 bis 12, Abs. 10 Satz 5, Abs. 14 a, Abs. 15 b, Abs. 16 a (bish. Abs. 16 a wird Abs. 16 b), neuer Abs. 16 b Satz 1 (bish. Satz 1 wird Satz 2), Satz 3, Abs. 18 a, Abs. 20, Abs. 22 b, Abs. 23 Satz 1 (bish. Satz 1 wird Satz 2), Abs. 25 a, Abs. 33 a (bish. Abs. 33 a wird Abs. 33 b), Abs. 35 a, neuer Abs. 35 b Satz 2, Abs. 40 a Satz 1 (bish. Sätze 1 bis 3 werden Sätze 2 bis 4), Abs. 42 Satz 2 (bish. Sätze 2 und 3 werden Sätze 3 und 4), Abs. 44 Satz 1 (bish. Sätze 1 und 2 werden Sätze 2 und 3), Abs. 46 Satz 3 (bish. Satz 3 wird Satz 4), Abs. 49 Satz 2, Abs. 49 a Satz 2 (bish. Sätze 2 bis 10 werden Sätze 3 bis 11) und Satz 3 (bish. Sätze 3 bis 11 werden Sätze 4 bis 12), § 62 Abs. 2 Nr. 4, § 91 Abs. 1 Satz 1 letzter Halbs.	geänd.
				Inhaltsübersicht, § 1 a Abs. 1 Nr. 2 Satz 2, § 2 Abs. 6 Satz 1, § 3 Nr. 3 Buchst. a, Nr. 48, § 4 Abs. 5 Satz 1 Nr. 8 a, § 6 Abs. 1 Nr. 4 Satz 2 Nr. 1 und 2, Satz 3 Nr. 1 und 2, § 7 h Abs. 3, § 9 Abs. 1 Satz 3 Nr. 7 Satz 1, Abs. 4 a Satz 3 Nr. 1, 2 und 3, § 10 Abs. 1 Nr. 3 Satz 5, § 11 a Abs. 4, § 12 Nr. 4, § 13 Abs. 1 Nr. 1 Satz 5, § 20 Abs. 4 a Satz 1, § 32 b Abs. 1 Satz 1 Nr. 1 Buchst. h, § 34 c Abs. 6 Satz 2, § 38 Abs. 1 Satz 2, § 39 b Abs. 2 Satz 5 Nr. 3 Buchst. d, § 39 f Abs. 1 Satz 1, § 41 b Abs. 1 Sätze 4 und 5, Abs. 2 Satz 1, Abs. 3 Sätze 1 und 2, § 42 b Abs. 1 Satz 1, § 43 Abs. 1 Satz 1 Nr. 7 Buchst. b Satz 2, § 44 a Abs. 4 b Satz 1 Nr. 3 und 4, § 45 a Abs. 2 Satz 1 Nr. 2, § 46 Abs. 2 Nr. 4, § 49 Abs. 1 Nr. 5 Satz 1 Buchst. a und Buchst. c Doppelbuchst. aa Satz 2, § 50 Abs. 2 Satz 2 Nr. 4 Buchst. a und Buchst. b und Satz 6, § 50 a Abs. 1 Nr. 4, § 51 Abs. 4 Nr. 1, Abs. 4 Nr. 1 Buchst. h, § 52 Abs. 4 Satz 7 und Satz 14, Abs. 12 Satz 2, Abs. 15 a Satz 1, Abs. 33 a, Abs. 37 c, § 62 Abs. 2 Nr. 2 Buchst. c, Nr. 3 Buchst. b, § 89 Abs. 1 a Satz 2, § 91 Abs. 1 Satz 1 Halbs. 1, § 99 Abs. 1	
				§ 3 Nr. 5, § 4 Abs. 5 Satz 1 Nr. 8 Satz 1, § 9 Abs. 5 Satz 2, § 10 Abs. 1 Nr. 3 Satz 2, § 10 b Abs. 1 Satz 8, § 15 Abs. 3 Nr. 1, § 32 c, § 36 a Abs. 4, § 39 Abs. 3, § 40 Abs. 2 Sätze 2 und 3, § 41 Abs. 1 Satz 1 Nr. 1, § 41 b Abs. 1 Satz 2 Nr. 6 und 7, § 52 Abs. 49 a Satz 2, § 62 Abs. 2	neu gef.
				§ 52 b	aufgeh.
57.	Gesetz zur Regelung des Sozialen Entschädigungsrechts	12. 12. 2019	19, 2652	§ 101 *(aufgeh. durch Art. 38 Nr. 1 JStG 2020 v. 21. 12. 2020, BGBl. I 3096).*	eingef.
				Inhaltsübersicht, § 3 Nr. 6 Satz 2, § 33 b Abs. 4 Satz 1 Nr. 1	geänd.
				§ 32 b Abs. 1 Satz 1 Nr. 1 Buchst. f	neu gef.
58.	Gesetz zur steuerlichen Förderung von Forschung und Entwicklung	14. 12. 2019	19, 2763	§ 36 Abs. 2 Nr. 3	eingef.

Lfd. Nr.	Änderndes Gesetz	Datum	Fundstelle BGBl. I Seite	Geänderte Paragraphen	Art der Änderung
59.	Gesetz zur Einführung einer Pflicht zur Mitteilung grenzüberschreitender Steuergestaltungen	21. 12. 2019	19, 2875	§ 20 Abs. 6 Sätze 5 und 6 (bish. Satz 5 wird Satz 7), § 52 Abs. 28 Sätze 23 und 24	eingef.
60.	Gesetz zur Umsetzung des Klimaschutzprogramms 2030 im Steuerrecht	21. 12. 2019	19, 2886	§ 4 Abs. 5 Satz 1 Nr. 6 Satz 4, § 9 Abs. 1 Satz 3 Nr. 4 Satz 8 und Nr. 5 Satz 9, § 35 c, § 52 Abs. 35 a Sätze 1 bis 3 (bish. Satz wird Satz 4), §§ 101 bis 109	eingef.
				Inhaltsübersicht, § 4 Abs. 5 Satz 1 Nr. 6 Satz 3, § 26 a Abs. 2 Satz 1, § 35 Abs. 1 Satz 1, § 39 a Abs. 1 Satz 1 Nr. 5 Buchst. c, § 50 Abs. 1 Satz 3	geänd.
61.	Elfte Zuständigkeitsanpassungsverordnung	19. 6. 2020	20, 1328	§ 92 a Abs. 1 Satz 3, § 99 Abs. 2 Satz 1	geänd.
62.	Gesetz zur Umsetzung steuerlicher Hilfsmaßnahmen zur Bewältigung der Corona-Krise (Corona-Steuerhilfegesetz)	19. 6. 2020	20, 1385	§ 32 b Abs. 1 Satz 1 Nr. 1 Buchst. g, § 41 Abs. 1 Satz 4, § 41 b Abs. 1 Satz 2 Nr. 5, § 42 b Abs. 1 Satz 3 Nr. 4	geänd.
				§ 3 Nr. 11 a, Nr. 28a	eingef.
63.	Zweites Gesetz zur Umsetzung steuerlicher Hilfsmaßnahmen zur Bewältigung der Corona-Krise (Zweites Corona-Steuerhilfegesetz)	29. 6. 2020	20, 1512	§ 6 Abs. 1 Nr. 4 Satz 2 Nr. 3 u. Satz 3 Nr. 3, § 10 d Abs. 1 Satz 1, § 35 Abs. 1 Satz 1 Nr. 1 und 2, § 39 a Abs. 1 Satz 1 Nr. 4 a, § 52 a Abs. 35 a und 35 b werden Abs. 35 b und 35 c	geänd.
				§ 24 b Abs. 2 Satz 2, § 52 Abs. 12 Satz 2, Abs. 14 Sätze 4 bis 6, Abs. 18 b, Abs. 35 a, Abs. 52 und 53, § 66 Abs. 1 Sätze 2 bis 4, Abschn. XIV, § 110, § 111	eingef.
				§ 7 Abs. 2, § 52 Abs. 16	neu gef.
64.	Gesetz zur Reduzierung und zur Beendigung der Kohleverstromung und zur Änderung weiterer Gesetze (Kohleausstiegsgesetz)	8. 8. 2020	20, 1818	§ 32 b Abs. 1 Satz 1 Nr. 1 Buchst. i	geänd.
				§ 3 Nr. 60	neu gef.
				§ 52 Abs. 4 Satz 15	eingef.
65.	Gesetz zur Einführung der Grundrente für langjährige Versicherung in der gesetzlichen Rentenversicherung mit unterdurchschnittlichem Einkommen und für weitere Maßnahmen zur Erhöhung der Alterseinkommen (Grundrentengesetz)	12. 8. 2020	20, 1879	§ 39 e Abs. 10, § 100 Abs. 2 Satz 1, Abs. 3 Nr. 3 Buchst. a bis d, Abs. 6 Satz 1	geänd.
				§ 22 a Abs. 6	eingef.
66.	Zweites Gesetz zur steuerlichen Entlastung von Familien sowie zur Anpassung weiterer steuerlicher Regelungen (Zweites Familienentlastungsgesetz – 2. FamEntlastG)	1. 12. 2020	20, 2616	§ 32 Abs. 6 Satz 1, § 33 a Abs. 1 Satz 1, § 39 b Abs. 2 Satz 7, § 46 Abs. 2 Nr. 3 und 4, § 50 Abs. 2 Satz 2 Nr. 4 Buchst. a, § 51 a Abs. 1 Satz 1, Abs. 2 c Satz 1 Nr. 3 Satzteil vor Satz 2, Sätze 3 und 5, Abs. 2 e Satz 4, § 52 Abs. 1 Sätze 1 bis 3	geänd.
				§ 51 a Abs. 2 b Satz 2, § 52 Abs. 49 a Satz 13	eingef.
				§ 32 a Abs. 1, § 51 a Abs. 2 a Satz 1, § 66 Abs. 1	neu gef.
				§ 51 a Abs. 2 c Satz 9	aufgeh.
67.	Gesetz zur Digitalisierung von Verwaltungsverfahren bei der Gewährung von Familienleistungen	3. 12. 2020	20, 2668	§ 67 Satz 1	geänd.

Lfd. Nr.	Änderndes Gesetz	Datum	Fundstelle BGBl. I Seite	Geänderte Paragraphen	Art der Änderung
68.	Gesetz zur Erhöhung der Behinderten-Pauschbeträge und zur Anpassung weiterer steuerlicher Regelungen	9. 12. 2020	20, 2770	§ 3 Nr. 10 Satz 1, Nr. 26 Satz 1, § 9 Abs. 2 Satz 3, § 33 Abs. 4, § 33 b Überschrift, Abs. 1 Satz 1, Abs. 3 Sätze 1 und 2, § 39 a Abs. 1 Satz 1 Nr. 4, § 46 Abs. 2 Nr. 4 a Buchst. e	geänd.
				§ 33 Abs. 2 a, § 33 b Abs. 3 Sätze 4 bis 6, Abs. 5 Satz 5, Abs. 8, § 52 Abs. 33c	eingef.
				§ 33 b Abs. 2, Abs. 3 Satz 3, Abs. 6	neu gef.
69.	Jahressteuergesetz 2020 (JStG 2020)	21. 12. 2020	20, 3096	§ 3 Nr. 2 Buchst. e, Nr. 11 a, Nr. 26 Satz 1, Nr. 26 a Satz 1, Nr. 28 a, § 4 f Abs. 1 Satz 3, § 7 g Abs. 1 Satz 1, Satz 2 Nr. 1, Abs. 2 Satz 1 und neuer Satz 3, Abs. 4 Satz 1, Abs. 6 Nr. 1 und 2, § 7 h Abs. 2 Satz 1, § 7 i Abs. 2 Satz 1, § 8 Abs. 2 Sätze 11 und 12, § 10 Abs. 2 Satz 1 Nr. 1 Buchst. a, § 20 Abs. 4 a Satz 3 und 5, Abs. 6 Sätze 5 und 6, § 21 Abs. 2 Satz 1, § 22 Nr. 5 Satz 15, § 24 b Abs. 2 Satz 1, § 32 c Abs. 6 Satz 3, § 32 d Abs. 2 Nr. 1 Buchst. b Satz 1, Abs. 5 Satz 1, § 36 Nr. 4 (Nr. 3 wird Nr. 4), § 39 Abs. 3 Sätze 1 und 3, Abs. 4 Nr. 4, § 39 a Abs. 1 Satz 1 Nr. 4 a, Abs. 2 Satz 4, Abs. 3 Satz 2, Abs. 4 Satz 1, § 39 b Abs. 2 Satz 5 Nr. 3 Buchst. d und Satzteil nach dem neuen Buchst. e, § 40 Abs. 2 Satz 4, § 40 a Abs. 5, § 41 b Abs. 1 Satz 2 Nr. 14, § 41 c Abs. 1 Satz 2, § 42 b Abs. 1 Satz 3 Nr. 5, Abs. 2 Satz 4, § 45 a Abs. 2 Satz 1 Nr. 2, Abs. 2 Satz 2 Nr. 6, § 52 Abs. 1, Abs. 36 Satz 1, Abs. 46 Satz 2	geänd.
				§ 4 Abs. 5 Satz 1 Nr. 6 b Satz 4, § 7 g Abs. 2 Satz 2, Abs. 7 Sätze 2 und 3, § 8 Abs. 4, § 10 Abs. 1 a Nr. 2 Satz 4, § 14 Abs. 2 und 3, § 22 Nr. 1 Satz 3 Buchst. a Doppelbuchst. aa Satz 9 und Doppelbuchst. bb Satz 6, § 22 Nr. 5 Satz 16, § 22 a Abs. 1 Satz 1 Nr. 8, § 36 Abs. 2 Nr. 2 Satz 5, § 39 Abs. 4 a, § 39 a Abs. 1 Satz 1 Nr. 1 a und Abs. 4 Satz 1 Nr. 1 a, § 39 b Abs. 2 Satz 5 Nr. 3 Buchst. e, § 39 e Abs. 8 Satz 2, § 40 Abs. 2 Satz 2 Nr. 3, § 44 Abs. 1 Satz 1 Nr. 4, § 45 a Abs. 2 Satz 1 Nr. 4, § 50 Abs. 1 Satz 3, Abs. 1 a, Abs. 2 Sätze 9 und 10, § 50 a Abs. 7 Sätze 5 bis 7, § 52 Abs. 6 Satz 13, Abs. 8 Satz 2, Abs. 16 a Sätze 4 und 7, Abs. 22 c, Abs. 28 Sätze 19 und 20, Abs. 33 b Sätze 1 und 2 eingef. (bish. Satz 1 wird Satz 3), Abs. 36 Satz 3, Abs. 37 c Satz 2, Abs. 44 Satz 4, Abs. 44 a Satz 2, Abs. 54, § 111 Abs. 1 Satz 4	eingef.
				§ 3 Nr. 19, § 45 a Abs. 6, § 46 Abs. 2 Nr. 3, § 52 Abs. 16, Abs. 18 Satz 4, Abs. 28 Sätze 25 und 26, Abs. 35 a und 35 b, Abs. 46 Satz 1, § 105	neu gef.
				§ 24 b Abs. 2 Satz 3, § 37 Abs. 6, § 41 b Abs. 1 Satz 2 Nr. 15	aufgeh.
70.	Gesetz zur Verbesserung der Transparenz in der Alterssicherung und der Rehabilitation sowie zur Modernisierung der Sozialversicherungswahlen und zur Änderung anderer Gesetze (Gesetz Digitale Rentenübersicht)	11. 2. 2021	21, 154	§ 22 a Abs. 2 Sätze 10 und 11, § 52 Abs. 30 b	eingef.
71.	Drittes Gesetz zur Umsetzung steuerlicher Hilfsmaßnahmen zur Bewältigung der Corona-Krise (Drittes Corona-Steuerhilfegesetz)	10. 3. 2021	21, 330	§ 10 d Abs. 1 Satz 1, § 52 Abs. 18 b, 52 und 53, § 110 Abs. 3 Satz 1, § 111 Abs. 3 und Abs. 8	geänd.
				§ 66 Abs. 1 Sätze 2 bis 4, § 111 Abs. 9	eingef.

Lfd. Nr.	Änderndes Gesetz	Datum	Fundstelle BGBl. I Seite	Geänderte Paragraphen	Art der Änderung
72.	Gesetz zur Reform des Vormundschafts- und Betreuungsrechts	4. 5. 2021	21, 882	§ 3 Nr. 26 b Satzteil vor Satz 2	geänd.
73.	Gesetz zur Verlängerung des erhöhten Lohnsteuereinbehalts in der Seeschifffahrt	12. 5. 2021	21, 989	§ 41 a Abs. 4	neu gef.
				§ 52 Abs. 40 a Sätze 3 und 4	geänd.
74.	Gesetz zur Umsetzung der Richtlinie (EU) 2019/2034 über die Beaufsichtigung von Wertpapierinstituten	12. 5. 2021	21, 990	§ 3 Nr. 40 Satz 3 Halbs. 1 und 2, § 15 Abs. 4 Satz 4, § 43 Abs. 1 Satz 1 Nr. 7 Buchst. b Sätze 1 und 2, § 43 a Abs. 2 Satz 5 Halbs. 1 und 2, Abs. 4 Satz 2, § 44 Abs. 1 Satz 1 Nr. 3 Buchst. a, § 44a Abs. 4 Satz 3, Abs. 6 Satz 3, § 44 b Abs. 6 Satz 1 einl. Satzteil und Nrn. 1 bis 4, Satz 2, Satz 3, Satz 4, § 45 a Abs. 3 Satz 1, § 49 Abs. 1 Nr. 5 Buchst. d einl. Satzteil und Doppelbuchst. aa	geänd.
75.	Gesetz zur Modernisierung der Entlastung von Abzugsteuern und der Bescheinigung der Kapitalertragsteuer (Abzugsteuerentlastungsmodernisierungsgesetz – AbzStEntModG)	2. 6. 2021	21, 1259	Inhaltsübersicht, § 3 Nr. 11a, § 5 a Abs. 4, § 32 Abs. 6 Satz 6, § 36 Abs. 2 Nr. 2 Satz 2, § 43 b Abs. 1 Satz 1 und Abs. 2 Satz 5, § 44 a Abs. 9 Sätze 2 bis 4, § 44 b Abs. 2, § 45 a Abs. 7 Satz 1, § 50 Abs. 1 Satz 2, § 50 a Abs. 4 Satz 2, Abs. 5 Satz 3, § 50 d Überschrift, Abs. 11 Satz 1, Abs. 12 Satz 3, § 50 j Abs. 1 Satz 1, Abs. 4 Satz 2, § 51 Abs. 1 Nr. 1 Buchst. f Doppelbuchst. bb, Abs. 4 Nr. 1 Buchst. h	geänd.
				§ 43 Abs. 1 Satz 6 Nr. 5, § 45 a Abs. 2 a, § 50d Abs. 11 a, § 50e Abs. 2 bis 5, § 51 Abs. 4 Nr. 1 e, § 52 Abs. 10 Satz 4 (bish. Sätze 4 und 5 werden Sätze 5 und 6), Abs. 42 Satz 5, Abs. 44 a Sätze 3 und 4, Abs. 44 b, Abs. 44 c, Abs. 46 Satz 5, Abs. 47 a, Abs. 47 b, Abs. 47 c, Abs. 48 a	eingef.
				§ 39 b Abs. 2 Satz 5 Nr. 3 Buchst. d, § 45 b, § 45 c, § 50 c, § 50 d Abs. 3, § 50 g Abs. 4,	neu gef.
				§ 44 a Abs. 10 Satz 1 Nr. 2 (bish. Nr. 3 und 4 werden Nr. 2 und 3), § 45 a Abs. 7 Satz 3, § 50 d Abs. 1, 1 a und 2, 4 bis 6, § 50 e Abs. 1 Satz 2 und Abs. 1 a, § 51 Abs. 4 Nr. 1 Buchst. i	aufgeh.
76.	Gesetz zur Stärkung des Fondsstandorts Deutschland und zur Umsetzung der Richtlinie (EU) 2019/1160 zur Änderung der Richtlinien 2009/65/EG und 2011/61/EU im Hinblick auf den grenzüberschreitenden Vertrieb von Organismen für gemeinsame Anlagen (Fondsstandortgesetz – FoStoG)	3. 6. 2021	21, 1498	Inhaltsübersicht, § 3 Nr. 39 Satz 1, § 52 Abs. 27	geänd.
				§ 19 a	eingef.
77.	Beschluss des BVerfG – 2 BvL 1/11	25. 3. 2021	21, 1800	§ 11 Abs. 2 Satz 3 Halbs. 1 i. V. m. § 52 Abs. 30 i. d. F. des EURLUmsG v. 9. 12. 2004 (BGB. I S. 3310) sowie § 11 Abs. 2 Satz 3 i. V. m. § 52 Abs. 30 Satz 1 i. d. F. des JStG 2007 v. 13. 12. 2006 (BGBl. I S. 2878)	teilweise nichtig
78.	Gesetz zur Umsetzung der Anti-Steuervermeidungsrichtlinie (ATAD-Umsetzungsgesetz – ATADUmsG)	25. 6. 2021	21, 2035	Inhaltsübersicht, § 4 g Abs. 1, Abs. 2 Satz 2, Abs. 4 Satz 1, Abs. 6, § 4 j Abs. 2 Satz 4, § 6 Abs. 1 Nr. 4 Satz 1 und Nr. 5 a, § 9 Abs. 5 Satz 2, § 36 Abs. 5, § 50c Abs. 2 Satz 3, § 50d Abs. 9 Satz 1 Nr. 1 und Nr. 2, § 52 Abs. 45a Satz 4	geänd.
				§ 3 Nr. 40 Satz 1 Buchst. d Satz 3 (bish. Satz 3 wird Satz 4), § 4 Abs. 1 Satz 3 Halbs. 2, § 4 Abs. 1 Satz 9 (bish. Satz 9 wird Satz 10), § 4 g Abs. 5 Satz 3, § 4 k, § 6 Abs. 1 Nr. 5 b, § 49 Abs. 1 Nr. 11, § 50d Abs. 9 Satz 1 Nr. 3, § 52 Abs. 4 Satz 9 (bish. Sätze 9 bis 13 werden	eingef.

Lfd. Nr.	Änderndes Gesetz	Datum	Fundstelle BGBl. I Seite	Geänderte Paragraphen	Art der Änderung
				Sätze 10 bis 14) und Satz 15 (bish. Sätze 14 bis 19 werden Sätze 16 bis 21), § 52 Abs. 6 Satz 1 (bish. Satz 1 wird Satz 2), Satz 3 (bish. Sätze 2 bis 13 werden Sätze 4 bis 15), Abs. 8 a (bish. Abs. 8 a wird Abs. 8 b), Abs. 8 c, Abs. 12 Satz 9, Abs. 16 b Satz 4, Abs. 35 d	
				§ 3 Nr. 41, § 4 g Abs. 3	aufgeh.
79.	Gesetz zur Modernisierung des Körperschaftsteuerrechts	25. 6. 2021	21, 2050	§ 13 Abs. 6 Satz 1, § 17 Abs. 1 Satz 3, § 20 Abs. 1 Nr. 1, § 52 Abs. 14 Satz 4 und Satz 5, Abs. 16 Satz 3	geänd.
				§ 50 d Abs. 14, § 52 Abs. 16 Satz 4	eingef.
				§ 52 Abs. 14 Satz 6	aufgeh.
80.	Gesetz zur Abwehr von Steuervermeidung und unfairem Steuerwettbewerb und zur Änderung weiterer Gesetze	25. 6. 2021	21, 2056	§ 51 Abs. 1 Nr. 1 Buchst. f	aufgeh.
81.	Gesetz zur Rehabilitierung der wegen einvernehmlicher homosexueller Handlungen, wegen ihrer homosexuellen Orientierung oder wegen ihrer geschlechtlichen Identität dienstrechtlich benachteiligten Soldatinnen und Soldaten	16. 7. 2021	21, 2993	§ 3 Nr. 23	geänd.
82.	Gesetz über die Entschädigung der Soldatinnen und Soldaten und zur Neuordnung des Soldatenversorgungsrechts	20. 8. 2021	21, 3932	§ 3 Nr. 3 Buchst. a und d, Nr. 6 Satz 2, Nr. 67 Buchst. d, § 32 b Abs. 1 Satz 1 Nr. 1 Buchst. f, § 33 b Abs. 4 Satz 1 Nr. 4	geänd.
				§ 33b Abs. 4 Satz 1 Nr. 5	eingef.
				§ 52 Abs. 54	aufgeh.
83.	Beschluss des BVerfG – 2 BvL 1/13 –	8. 12. 2021	22, 185	§ 32c i. d. F. des G v. 19. 7. 2006 (BGBl. I S. 1652) und i. d. F. des G v. 13. 12. 2006 (BGBl. I S. 2878) sowie § 32b Abs. 2 Sätze 2 und 3 i. d. F. des G v. 13. 12. 2006 (BGBl. I S. 2878) i. V. m. § 32a Abs. 1 Satz 2 Nr. 5 i. d. F. des G v. 19. 7. 2006 (BGBl. I S. 1652) und i. d. F. des G v. 14. 8. 2007 (BGBl. I S. 1912)	unvereinbar mit Art. 3 Abs. 1 GG
84.	Steuerentlastungsgesetz 2022	23. 5. 2022	22, 749	Inhaltsübersicht, § 9, § 32a, § 39b, § 46, § 50	geänd.
				Abschnitt XV (§ 111, § 112, § 113, § 114, § 115, § 116, § 117, § 118, § 119, § 120, § 121, § 122)	eingef.
85.	Gesetz zur Regelung eines Sofortzuschlages und einer Einmalzahlung in den sozialen Mindestsicherungssystemen sowie zur Änderung des Finanzausgleichsgesetzes und weiterer Gesetze	23. 5. 2022	22, 760	§ 52, § 62	geänd.
86.	Viertes Gesetz zur Umsetzung steuerlicher Hilfsmaßnahmen zur Bewältigung der Corona-Krise	19. 6. 2022	22, 911	§§ 3, 3 a, 6, 7, 10 d, 32 c, 41 a, 52	geänd.
87.	Beschluss des BVerfG – 2 BvL 9/14	28. 6. 2022	22, 1450	§ 62 Abs. 2 Nr. 3 Buchst. b i. d. F. des G v. 13. 12. 2006 (BGBl. I S. 2915)	unvereinbar mit Art. 3 Abs. 1 GG
88.	Gesetz zur temporären Senkung des Umsatzsteuersatzes auf Gaslieferungen über das Erdgasnetz	19. 10. 2022	22, 1743	§ 3	geänd.
89.	Gesetz zum Ausgleich der Inflation durch einen fairen Einkommensteuertarif sowie zur Anpassung weiterer	8. 12. 2023	22, 2230	§§ 32, 32 a, 33 a, 39 a, 39 b, 46, 50, 52, 66	geänd.

Lfd. Nr.	Änderndes Gesetz	Datum	Fundstelle BGBl. I Seite	Geänderte Paragraphen	Art der Änderung
	steuerlicher Regelungen (Inflationsausgleichsgesetz – InflAusG)				
90.	Jahressteuergesetz 2022 (JStG 2022)	16. 12. 2023	22, 2294	Inhaltsübersicht, §§ 52, 2, 3, 4, 5, 7, 7 b, 9 a, 10, 10 a, 19, 20, 22, 22 a, 24 b, 32, 32 b, 32 c, 33 a, 39 a, 39 b, 39 e, 40 a, 41 a, 43, 44, 44 a, 44 b, 45 a, 45 b, 48 a, 49, 51, 52, 65, 69, 72, 90, 91, 92 a, 95, 122	geänd.
				Abschnitt XVI (§§ 123, 124, 125, 126)	eingef.
				§ 72	aufgeh.
91.	Achtes Gesetz zur Änderung des Regionalisierungsgesetzes und zur Änderung des Einkommensteuergesetzes	16. 12. 2022	22, 2352	§ 72	geänd.
92.	Gesetz zur Umsetzung der Richtlinie (EU) 2021/514 des Rates vom 22. März 2021 zur Änderung der Richtlinie 2011/16/EU über die Zusammenarbeit der Verwaltungsbehörden im Bereich der Besteuerung und zur Modernisierung des Steuerverfahrensrechts	20. 12. 2022	22, 2730	§ 4 h	geänd.
93.	Gesetz zur Finanzierung von zukunftssichernden Investitionen (Zukunftsfinanzierungsgesetz – ZuFinG)	11. 12. 2023	23, Nr. 354	§§ 3, 19 a, 43, 44, 52	geänd.
94.	Gesetz zur Umsetzung der Richtlinie (EU) 2022/2523 des Rates zur Gewährleistung einer globalen Mindestbesteuerung und weiterer Begleitmaßnahmen	21. 12. 2023	23, Nr. 397	§§ 4 j, 52	geänd.
95.	Gesetz zur Förderung geordneter Kreditzweitmärkte und zur Umsetzung der Richtlinie (EU) 2021/2167 über Kreditdienstleister und Kreditkäufer sowie zur Änderung weiterer finanzrechtlicher Bestimmungen (Kreditzweitmarktförderungsgesetz)	22. 12. 2023	23, Nr. 411	Inhaltsübersicht, §§ 4 h, 39 b, 52	geänd.
				Abschnitt XVI (§§ 123, 124, 125, 126)	aufgeh.
96.	Beschl. des BVerfG – 2 BvL 8/13 –	28. 11. 2023	24, Nr. 45	§ 6 Abs. 5 Satz 3	idF des G v. 20. 12. 2001 (BGBl. I S. 3858) unvereinbar mit Art. 3 Abs. 1 GG, soweit danach eine Übertragung von Wirtschaftsgütern zwischen beteiligungsidentischen Personengesellschaften zum Buchwert ausgeschlossen ist.
97.	Art. 1 bis 6 Gesetz zur Stärkung von Wachstumschancen, Investitionen und Innovation sowie Steuervereinfachung und Steuerfairness (Wachstumschancengesetz)	27. 3. 2024	24, Nr. 108	§§ 3, 4, 6, 6 b, 7, 7 b, 7 g, 7 h, 7 i, 9, 10, 10 a, 10 d, 19, 19 a, 22, 23, 24 a, 32 b, 36, 36 a, 39, 39 b, 39 e, 40 b, 42 b, 46, 49, 50, 50 c, 52, 89, 90, 92 a	geänd.
				§ 34 a	neu gef.

Lfd. Nr.	Änderndes Gesetz	Datum	Fundstelle BGBl. I Seite	Geänderte Paragraphen	Art der Änderung
98.	Art. 1 Gesetz zur Verlängerung der Tarifermäßigung für Einkünfte aus Land- und Forstwirtschaft	23. 10. 2024	24, Nr. 321	§§ 32c, 52	geänd.
99.	Art. 33 Viertes Bürokratieentlastungsgesetz	23. 10. 2024	24, Nr. 323	§§ 43, 45a, 45d, 50c, 50e, 52	geänd.
100.	Art. 1 Gesetz zur steuerlichen Freistellung des Existenzminimums 2024	2. 12. 2024	24, Nr. 386	§§ 32, 32	geänd.
101.	Art. 1, Art. 2, Art. 3, Art. 4, Art. 5, Art. 6 Jahressteuergesetz 2024 (JStG 2024)	2. 12. 2024	24, Nr. 387	§§ 3, 3 a, 4 d, 4 g, 5 b, 6, 7 a, 10, 13, 16, 17, 19 a, 20, 22, 22 a, 23, 33 a, 33 b, 35 a, 37 a, 37 b, 39 a, 39 e, 40, 40 a, 40 b, 41, 41 b, 41 c, 42 b, 44 a, 45 a, 45 b, 48 c, 49, 50, 50 a, 50 d, 50 e, 51, 52, 62, 67, 68, 74 § 76	geänd. neu gef.
102.	Art. 1 und Art. 2 Gesetz zur Fortentwicklung des Steuerrechts und zur Anpassung des Einkommensteuertarifs (Steuerfortentwicklungsgesetz – SteFeG)	23. 12. 2024	24, Nr. 449	§§ 32, 32 a, 39 b, 66	geänd.

I. Steuerpflicht

§ 1 Steuerpflicht

(1)[1] ① Natürliche Personen, die im Inland einen Wohnsitz oder ihren gewöhnlichen Aufenthalt haben, sind unbeschränkt einkommensteuerpflichtig. ② Zum Inland im Sinne dieses Gesetzes gehört auch der der Bundesrepublik Deutschland zustehende Anteil

1. an der ausschließlichen Wirtschaftszone, soweit dort
   a) die lebenden und nicht lebenden natürlichen Ressourcen der Gewässer über dem Meeresboden, des Meeresbodens und seines Untergrunds erforscht, ausgebeutet, erhalten oder bewirtschaftet werden,
   b) andere Tätigkeiten zur wirtschaftlichen Erforschung oder Ausbeutung der ausschließlichen Wirtschaftszone ausgeübt werden, wie beispielsweise die Energieerzeugung aus Wasser, Strömung und Wind oder
   c) künstliche Inseln errichtet oder genutzt werden und Anlagen und Bauwerke für die in den Buchstaben a und b genannten Zwecke errichtet oder genutzt werden, und
2. am Festlandsockel, soweit dort
   a) dessen natürliche Ressourcen erforscht oder ausgebeutet werden; natürliche Ressourcen in diesem Sinne sind die mineralischen und sonstigen nicht lebenden Ressourcen des Meeresbodens und seines Untergrunds sowie die zu den sesshaften Arten gehörenden Lebewesen, die im nutzbaren Stadium entweder unbeweglich auf oder unter dem Meeresboden verbleiben oder sich nur in ständigem körperlichen Kontakt mit dem Meeresboden oder seinem Untergrund fortbewegen können; oder
   b) künstliche Inseln errichtet oder genutzt werden und Anlagen und Bauwerke für die in Buchstabe a genannten Zwecke errichtet oder genutzt werden.

(2) ① Unbeschränkt einkommensteuerpflichtig sind auch deutsche Staatsangehörige, die

1. im Inland weder einen Wohnsitz noch ihren gewöhnlichen Aufenthalt haben und
2. zu einer inländischen juristischen Person des öffentlichen Rechts in einem Dienstverhältnis stehen und dafür Arbeitslohn aus einer inländischen öffentlichen Kasse beziehen,

sowie zu ihrem Haushalt gehörende Angehörige, die die deutsche Staatsangehörigkeit besitzen oder keine Einkünfte oder nur Einkünfte beziehen, die ausschließlich im Inland einkommensteuerpflichtig sind. ② Dies gilt nur für natürliche Personen, die in dem Staat, in dem sie ihren Wohnsitz oder ihren gewöhnlichen Aufenthalt haben, lediglich in einem der beschränkten Einkommensteuerpflicht ähnlichen Umfang zu einer Steuer vom Einkommen herangezogen werden.

(3) ① Auf Antrag werden auch natürliche Personen als unbeschränkt einkommensteuerpflichtig behandelt, die im Inland weder einen Wohnsitz noch ihren gewöhnlichen Aufenthalt haben, soweit sie inländische Einkünfte im Sinne des § 49 haben. ② Dies gilt nur, wenn ihre Einkünfte im Kalenderjahr mindestens zu 90 Prozent der deutschen Einkommensteuer unterliegen oder die nicht der deutschen Einkommensteuer unterliegenden Einkünfte den Grundfreibetrag nach § 32a Absatz 1 Satz 2 Nummer 1 nicht übersteigen; dieser Betrag ist zu kürzen, soweit es nach den Verhältnissen im Wohnsitzstaat des Steuerpflichtigen notwendig und angemessen ist. ③ Inländische Einkünfte, die nach einem Abkommen zur Vermeidung der Doppelbesteuerung nur der Höhe nach beschränkt besteuert werden dürfen, gelten hierbei als nicht der deutschen Einkommensteuer unterliegend. ④ Unberücksichtigt bleiben bei der Ermittlung der Einkünfte nach Satz 2 nicht der deutschen Einkommensteuer unterliegende Einkünfte, die im Ausland nicht besteuert werden, soweit vergleichbare Einkünfte im Inland steuerfrei sind. ⑤ Weitere Voraussetzung ist, dass die Höhe der nicht der deutschen Einkommensteuer unterliegenden Einkünfte durch eine Bescheinigung der zuständigen ausländischen Steuerbehörde nachgewiesen wird. ⑥ Der Steuerabzug nach § 50a ist ungeachtet der Sätze 1 bis 4 vorzunehmen.

(4) Natürliche Personen, die im Inland weder einen Wohnsitz noch ihren gewöhnlichen Aufenthalt haben, sind vorbehaltlich der Absätze 2 und 3 und des § 1a beschränkt einkommensteuerpflichtig, wenn sie inländische Einkünfte im Sinne des § 49 haben.

§ 1a [Fiktive unbeschränkte Steuerpflicht von EU- und EWR-Familienangehörigen]

(1)[2] Für Staatsangehörige eines Mitgliedstaates der Europäischen Union oder eines Staates, auf den das Abkommen über den Europäischen Wirtschaftsraum anwendbar ist, die nach § 1 Absatz 1 unbeschränkt einkommensteuerpflichtig sind oder die nach § 1 Absatz 3 als unbeschränkt einkommensteuerpflichtig zu behandeln sind, gilt bei Anwendung von § 10 Absatz 1a und § 26 Absatz 1 Satz 1 Folgendes:

---

[1] § 1 Abs. 1 Satz 2 neu gef. mWv VZ 2016 durch StÄndG 2015 v. 2. 11. 2015 (BGBl. I S. 1834).

[2] § 1a Abs. 1 Satz 1 Zitat geänd. durch G v. 8. 12. 2010 (BGBl. I S. 1768). Abs. 1 Satzteil vor Nr. 1 geänd. mWv VZ 2015 durch ZollkodexAnpG v. 22. 12. 2014 (BGBl. I S. 2417).

1.[1] ① Aufwendungen im Sinne des § 10 Absatz 1 a sind auch dann als Sonderausgaben abziehbar, wenn der Empfänger der Leistung oder Zahlung nicht unbeschränkt einkommensteuerpflichtig ist. ② Voraussetzung ist, dass

a) der Empfänger seinen Wohnsitz oder gewöhnlichen Aufenthalt im Hoheitsgebiet eines anderen Mitgliedstaates der Europäischen Union oder eines Staates hat, auf den das Abkommen über den Europäischen Wirtschaftsraum Anwendung findet und

b) die Besteuerung der nach § 10 Absatz 1 a zu berücksichtigenden Leistung oder Zahlung beim Empfänger durch eine Bescheinigung der zuständigen ausländischen Steuerbehörde nachgewiesen wird;

1 a.[2] *(aufgehoben)*

1 b.[3] *(aufgehoben)*

2.[4] der nicht dauernd getrennt lebende Ehegatte ohne Wohnsitz oder gewöhnlichen Aufenthalt im Inland wird auf Antrag für die Anwendung des § 26 Absatz 1 Satz 1 als unbeschränkt einkommensteuerpflichtig behandelt. ② Nummer 1 Satz 2 Buchstabe a gilt entsprechend. ③ Bei Anwendung des § 1 Absatz 3 Satz 2 ist auf die Einkünfte beider Ehegatten abzustellen und der Grundfreibetrag nach § 32 a Absatz 1 Satz 2 Nummer 1 zu verdoppeln.

(2) Für unbeschränkt einkommensteuerpflichtige Personen im Sinne des § 1 Absatz 2, die die Voraussetzungen des § 1 Absatz 3 Satz 2 bis 5 erfüllen, und für unbeschränkt einkommensteuerpflichtige Personen im Sinne des § 1 Absatz 3, die die Voraussetzungen des § 1 Absatz 2 Satz 1 Nummer 1 und 2 erfüllen und an einem ausländischen Dienstort tätig sind, gilt die Regelung des Absatzes 1 Nummer 2 entsprechend mit der Maßgabe, dass auf Wohnsitz oder gewöhnlichen Aufenthalt im Staat des ausländischen Dienstortes abzustellen ist.

II. Einkommen

1. Sachliche Voraussetzungen für die Besteuerung

§ 2 Umfang der Besteuerung, Begriffsbestimmungen

(1) ① Der Einkommensteuer unterliegen

1. Einkünfte aus Land- und Forstwirtschaft,
2. Einkünfte aus Gewerbebetrieb,
3. Einkünfte aus selbständiger Arbeit,
4. Einkünfte aus nichtselbständiger Arbeit,
5. Einkünfte aus Kapitalvermögen,
6. Einkünfte aus Vermietung und Verpachtung,
7. sonstige Einkünfte im Sinne des § 22,

die der Steuerpflichtige während seiner unbeschränkten Einkommensteuerpflicht oder als inländische Einkünfte während seiner beschränkten Einkommensteuerpflicht erzielt. ② Zu welcher Einkunftsart die Einkünfte im einzelnen Fall gehören, bestimmt sich nach den §§ 13 bis 24.

(2)[5] ① Einkünfte sind

1. bei Land- und Forstwirtschaft, Gewerbebetrieb und selbständiger Arbeit der Gewinn (§§ 4 bis 7 k und 13 a),
2. bei den anderen Einkunftsarten der Überschuss der Einnahmen über die Werbungskosten (§§ 8 bis 9 a).

② Bei Einkünften aus Kapitalvermögen tritt § 20 Absatz 9 vorbehaltlich der Regelung in § 32 d Absatz 2 an die Stelle der §§ 9 und 9 a.

(3) Die Summe der Einkünfte, vermindert um den Altersentlastungsbetrag, den Entlastungsbetrag für Alleinerziehende und den Abzug nach § 13 Absatz 3, ist der Gesamtbetrag der Einkünfte.

(4) Der Gesamtbetrag der Einkünfte, vermindert um die Sonderausgaben und die außergewöhnlichen Belastungen, ist das Einkommen.

(5) ① Das Einkommen, vermindert um die Freibeträge nach § 32 Absatz 6 und um die sonstigen vom Einkommen abzuziehenden Beträge, ist das zu versteuernde Einkommen; dieses bildet die Bemessungsgrundlage für die tarifliche Einkommensteuer. ② Knüpfen andere Gesetze an den Begriff des zu versteuernden Einkommens an, ist für deren Zweck das Einkommen in allen Fällen des § 32 um die Freibeträge nach § 32 Absatz 6 zu vermindern.

---

[1] § 1 a Abs. 1 Nr. 1 neu gef. mWvVZ 2015 durch ZollkodexAnpG v. 22. 12. 2014 (BGBl. I S. 2417).
[2] § 1 a Abs. 1 Nr. 1 a aufgeh. mWvVZ 2015 durch ZollkodexAnpG v. 22. 12. 2014 (BGBl. I S. 2417).
[3] § 1 a Abs. 1 Nr. 1 b aufgeh. mWvVZ 2015 durch ZollkodexAnpG v. 22. 12. 2014 (BGBl. I S. 2417).
[4] § 1 a Abs. 1 Nr. 2 Satz 2 Zitat geänd. durch JStG 2019 v. 12. 12. 2019 (BGBl. I S. 2451).
[5] § 2 Abs. 2 Satz 1 Nr. 1 Klammerzusatz ergänzt durch G v. 8. 12. 2010 (BGBl. I S. 1768).

(5 a)[1] ① Knüpfen außersteuerliche Rechtsnormen an die in den vorstehenden Absätzen definierten Begriffe (Einkünfte, Summe der Einkünfte, Gesamtbetrag der Einkünfte, Einkommen, zu versteuerndes Einkommen) an, erhöhen sich für deren Zwecke diese Größen um die nach § 32 d Absatz 1 und nach § 43 Absatz 5 zu besteuernden Beträge sowie um die nach § 3 Nummer 40 steuerfreien Beträge und mindern sich um die nach § 3 c Absatz 2 nicht abziehbaren Beträge. ② Knüpfen außersteuerliche Rechtsnormen an die in den Absätzen 1 bis 3 genannten Begriffe (Einkünfte, Summe der Einkünfte, Gesamtbetrag der Einkünfte) an, mindern sich für deren Zwecke diese Größen um die nach § 10 Absatz 1 Nummer 5 abziehbaren Kinderbetreuungskosten.

(5 b)[2] Soweit Rechtsnormen dieses Gesetzes an die in den vorstehenden Absätzen definierten Begriffe (Einkünfte, Summe der Einkünfte, Gesamtbetrag der Einkünfte, Einkommen, zu versteuerndes Einkommen) anknüpfen, sind Kapitalerträge nach § 32 d Absatz 1 und § 43 Absatz 5 nicht einzubeziehen.

(6)[3] ① Die tarifliche Einkommensteuer, vermindert um den Unterschiedsbetrag nach § 32 c Absatz 1 Satz 2, die anzurechnenden ausländischen Steuern und die Steuerermäßigungen, vermehrt um die Steuer nach § 32 d Absatz 3 und 4, die Steuer nach § 34 c Absatz 5 und den Zuschlag nach § 3 Absatz 4 Satz 2 des Forstschäden-Ausgleichsgesetzes in der Fassung der Bekanntmachung vom 26. August 1985 (BGBl. I S. 1756), das zuletzt durch Artikel 412 der Verordnung vom 31. August 2015 (BGBl. I S. 1474) geändert worden ist, in der jeweils geltenden Fassung, ist die festzusetzende Einkommensteuer. ② Wurde der Gesamtbetrag der Einkünfte in den Fällen des § 10 a Absatz 2 um Sonderausgaben nach § 10 a Absatz 1 gemindert, ist für die Ermittlung der festzusetzenden Einkommensteuer der Anspruch auf Zulage nach Abschnitt XI der tariflichen Einkommensteuer hinzuzurechnen; bei der Ermittlung der dem Steuerpflichtigen zustehenden Zulage bleibt die Erhöhung der Grundzulage nach § 84 Satz 2 außer Betracht. ③ Wird das Einkommen in den Fällen des § 31 um die Freibeträge nach § 32 Absatz 6 gemindert, ist der Anspruch auf Kindergeld nach Abschnitt X der tariflichen Einkommensteuer hinzuzurechnen; nicht jedoch für Kalendermonate, in denen durch Bescheid der Familienkasse ein Anspruch auf Kindergeld festgesetzt, aber wegen § 70 Absatz 1 Satz 2 nicht ausgezahlt wurde.

(7) ① Die Einkommensteuer ist eine Jahressteuer. ② Die Grundlagen für ihre Festsetzung sind jeweils für ein Kalenderjahr zu ermitteln. ③ Besteht während eines Kalenderjahres sowohl unbeschränkte als auch beschränkte Einkommensteuerpflicht, so sind die während der beschränkten Einkommensteuerpflicht erzielten inländischen Einkünfte in eine Veranlagung zur unbeschränkten Einkommensteuerpflicht einzubeziehen.

(8)[4] Die Regelungen dieses Gesetzes zu Ehegatten und Ehen sind auch auf Lebenspartner und Lebenspartnerschaften anzuwenden.

§ 2a Negative Einkünfte mit Bezug zu Drittstaaten

(1)[5] ① Negative Einkünfte

1. aus einer in einem Drittstaat belegenen land- und forstwirtschaftlichen Betriebsstätte,
2. aus einer in einem Drittstaat belegenen gewerblichen Betriebsstätte,
3. a) aus dem Ansatz des niedrigeren Teilwerts eines zu einem Betriebsvermögen gehörenden Anteils an einer Drittstaaten-Körperschaft oder
   b) aus der Veräußerung oder Entnahme eines zu einem Betriebsvermögen gehörenden Anteils an einer Drittstaaten-Körperschaft oder aus der Auflösung oder Herabsetzung des Kapitals einer Drittstaaten-Körperschaft,
4. in den Fällen des § 17 bei einem Anteil an einer Drittstaaten-Kapitalgesellschaft,
5. aus der Beteiligung an einem Handelsgewerbe als stiller Gesellschafter und aus partiarischen Darlehen, wenn der Schuldner Wohnsitz, Sitz oder Geschäftsleitung in einem Drittstaat hat,
6. a) aus der Vermietung oder der Verpachtung von unbeweglichem Vermögen oder von Sachinbegriffen, wenn diese in einem Drittstaat belegen sind, oder
   b) aus der entgeltlichen Überlassung von Schiffen, sofern der Überlassende nicht nachweist, dass diese ausschließlich oder fast ausschließlich in einem anderen Staat als einem Drittstaat eingesetzt worden sind, es sei denn, es handelt sich um Handelsschiffe, die
      aa) von einem Vercharterer ausgerüstet überlassen oder
      bb) an in einem anderen als in einem Drittstaat ansässige Ausrüster, die die Voraussetzungen des § 510 Absatz 1 des Handelsgesetzbuchs erfüllen, überlassen oder
      cc) insgesamt nur vorübergehend an in einem Drittstaat ansässige Ausrüster, die die Voraussetzungen des § 510 Absatz 1 des Handelsgesetzbuchs erfüllen, überlassen

   worden sind, oder

[1] § 2 Abs. 5 a Satz 2 angef. mWv VZ 2012 durch StVereinfG 2011 v. 1. 11. 2011 (BGBl. I S. 2131).

[2] § 2 Abs. 5 b Satz 2 aufgeh. mWv VZ 2012 durch StVereinfG 2011 v. 1. 11. 2011 (BGBl. I S. 2131).

[3] § 2 Abs. 6 Satz 3 letzter Halbs. angef. mWv 18. 7. 2019 durch IllegaleBeschG v. 11. 7. 2019 (BGBl. I S. 1066); Abs. 6 Satz 1 geänd. mWv 30. 1. 2020 durch JStG 2019 v. 12. 12. 2019 (BGBl. I S. 2451).

[4] § 2 Abs. 8 angef. durch G v. 15. 7. 2013 (BGBl. I S. 2397); siehe auch BVerfG v. 7. 5. 2013, 2 BvR 909/06, DStR 2013 S. 1228.

[5] Zur Anwendung von § 2 a Abs. 1 siehe § 52 Abs. 2 Sätze 1 und 2.

c) aus dem Ansatz des niedrigeren Teilwerts oder der Übertragung eines zu einem Betriebsvermögen gehörenden Wirtschaftsguts im Sinne der Buchstaben a und b,

7. a) aus dem Ansatz des niedrigeren Teilwerts, der Veräußerung oder Entnahme eines zu einem Betriebsvermögen gehörenden Anteils an
   b) aus der Auflösung oder Herabsetzung des Kapitals,
   c) in den Fällen des § 17 bei einem Anteil an

   einer Körperschaft mit Sitz oder Geschäftsleitung in einem anderen Staat als einem Drittstaat, soweit die negativen Einkünfte auf einen der in den Nummern 1 bis 6 genannten Tatbestände zurückzuführen sind,

dürfen nur mit positiven Einkünften der jeweils selben Art und, mit Ausnahme der Fälle der Nummer 6 Buchstabe b, aus demselben Staat, in den Fällen der Nummer 7 auf Grund von Tatbeständen der jeweils selben Art aus demselben Staat, ausgeglichen werden; sie dürfen auch nicht nach § 10 d abgezogen werden. ② Den negativen Einkünften sind Gewinnminderungen gleichgestellt. ③ Soweit die negativen Einkünfte nicht nach Satz 1 ausgeglichen werden können, mindern sie die positiven Einkünfte der jeweils selben Art, die der Steuerpflichtige in den folgenden Veranlagungszeiträumen aus demselben Staat, in den Fällen der Nummer 7 auf Grund von Tatbeständen der jeweils selben Art aus demselben Staat, erzielt. ④ Die Minderung ist nur insoweit zulässig, als die negativen Einkünfte in den vorangegangenen Veranlagungszeiträumen nicht berücksichtigt werden konnten (verbleibende negative Einkünfte). ⑤ Die am Schluss eines Veranlagungszeitraums verbleibenden negativen Einkünfte sind gesondert festzustellen; § 10 d Absatz 4 gilt sinngemäß.

(2)[1] ① Absatz 1 Satz 1 Nummer 2 ist nicht anzuwenden, wenn der Steuerpflichtige nachweist, dass die negativen Einkünfte aus einer gewerblichen Betriebsstätte in einem Drittstaat stammen, die ausschließlich oder fast ausschließlich die Herstellung oder Lieferung von Waren, außer Waffen, die Gewinnung von Bodenschätzen sowie die Bewirkung gewerblicher Leistungen zum Gegenstand hat, soweit diese nicht in der Errichtung oder dem Betrieb von Anlagen, die dem Fremdenverkehr dienen, oder in der Vermietung oder der Verpachtung von Wirtschaftsgütern einschließlich der Überlassung von Rechten, Plänen, Mustern, Verfahren, Erfahrungen und Kenntnissen bestehen; das unmittelbare Halten einer Beteiligung von mindestens einem Viertel am Nennkapital einer Kapitalgesellschaft, die ausschließlich oder fast ausschließlich die vorgenannten Tätigkeiten zum Gegenstand hat, sowie die mit dem Halten der Beteiligung in Zusammenhang stehende Finanzierung gilt als Bewirkung gewerblicher Leistungen, wenn die Kapitalgesellschaft weder ihre Geschäftsleitung noch ihren Sitz im Inland hat. ② Absatz 1 Satz 1 Nummer 3 und 4 ist nicht anzuwenden, wenn der Steuerpflichtige nachweist, dass die in Satz 1 genannten Voraussetzungen bei der Körperschaft entweder seit ihrer Gründung oder während der letzten fünf Jahre vor und in dem Veranlagungszeitraum vorgelegen haben, in dem die negativen Einkünfte bezogen werden.

(2 a)[2] ① Bei der Anwendung der Absätze 1 und 2 sind

1. als Drittstaaten die Staaten anzusehen, die nicht Mitgliedstaaten der Europäischen Union sind;
2. Drittstaaten-Körperschaften und Drittstaaten-Kapitalgesellschaften solche, die weder ihre Geschäftsleitung noch ihren Sitz in einem Mitgliedstaat der Europäischen Union haben.

② Bei Anwendung des Satzes 1 sind den Mitgliedstaaten der Europäischen Union die Staaten gleichgestellt, auf die das Abkommen über den Europäischen Wirtschaftsraum anwendbar ist, sofern zwischen der Bundesrepublik Deutschland und dem anderen Staat auf Grund der Amtshilferichtlinie gemäß § 2 Absatz 2 des EU-Amtshilfegesetzes oder einer vergleichbaren zwei- oder mehrseitigen Vereinbarung Auskünfte erteilt werden, die erforderlich sind, um die Besteuerung durchzuführen.

(3)[3] ① Sind nach einem Abkommen zur Vermeidung der Doppelbesteuerung bei einem unbeschränkt Steuerpflichtigen aus einer in einem ausländischen Staat belegenen Betriebsstätte stammende Einkünfte aus gewerblicher Tätigkeit von der Einkommensteuer zu befreien, so ist auf Antrag des Steuerpflichtigen ein Verlust, der sich nach den Vorschriften des inländischen Steuerrechts bei diesen Einkünften ergibt, bei der Ermittlung des Gesamtbetrags der Einkünfte abzuziehen, soweit er vom Steuerpflichtigen ausgeglichen oder abgezogen werden könnte, wenn die Einkünfte nicht von der Einkommensteuer zu befreien wären, und soweit er nach diesem Abkommen zu befreiende positive Einkünfte aus gewerblicher Tätigkeit aus anderen in diesem ausländischen Staat belegenen Betriebsstätten übersteigt. ② Soweit der Verlust dabei nicht ausgeglichen wird, ist bei Vorliegen der Voraussetzungen des § 10 d der Verlustabzug zulässig. ③ Der nach den Sätzen 1 und 2 abgezogene Betrag ist, soweit sich in einem der folgenden Veranlagungszeiträume bei den nach diesem Abkommen zu befreienden Einkünften aus gewerblicher Tätigkeit aus in diesem ausländischen Staat belegenen Betriebsstätten insgesamt ein positiver Betrag ergibt, in dem betreffenden Veranlagungszeitraum bei der Ermittlung des Gesamtbetrags der Einkünfte wieder hinzuzurechnen. ④ Satz 3 ist nicht anzuwenden, wenn der Steuerpflichtige nachweist, daß nach den für ihn geltenden Vorschriften des ausländischen Staates ein Abzug von Verlusten in anderen Jahren als dem Verlustjahr allgemein nicht beansprucht werden kann. ⑤ Der am Schluß eines Veranlagungszeitraums nach den Sätzen 3 und 4 der Hinzurechnung unterliegende und noch nicht

[1] Zur Anwendung von § 2 a Abs. 2 siehe § 52 Abs. 2 Satz 2.

[2] Zur Anwendung von § 2 a Abs. 2 a siehe § 52 Abs. 2. § 2 a Abs. 2 a Satz 2 geänd. ab 1. 1. 2013 durch AmtshilfeRLUmsG v. 26. 6. 2013 (BGBl. I S. 1809).

[3] § 2 a Abs. 3 aufgeh. durch G v. 24. 3. 1999 (BGBl. I S. 402); zur weiteren Anwendung siehe § 52 Abs. 2 Sätze 3 und 4.

hinzugerechnete (verbleibende) Betrag ist gesondert festzustellen; § 10d Abs. 4 gilt entsprechend. ⑥ In die gesonderte Feststellung nach Satz 5 einzubeziehen ist der nach § 2 Abs. 1 Satz 3 und 4 des Gesetzes über steuerliche Maßnahmen bei Auslandsinvestitionen der deutschen Wirtschaft vom 18. August 1969 (BGBl. I S. 1214), das zuletzt durch Artikel 8 des Gesetzes vom 25. Juli 1988 (BGBl. I S. 1093) geändert worden ist, der Hinzurechnung unterliegende und noch nicht hinzugerechnete Betrag.

[Fassung für VZ 1999 bis 2005:] [1]

(4) Wird eine in einem ausländischen Staat belegene Betriebsstätte

1. in eine Kapitalgesellschaft umgewandelt oder
2. entgeltlich oder unentgeltlich übertragen oder
3. aufgegeben, jedoch die ursprünglich von der Betriebsstätte ausgeübte Geschäftstätigkeit ganz oder teilweise von einer Gesellschaft, an der der inländische Steuerpflichtige zu mindestens 10 Prozent unmittelbar oder mittelbar beteiligt ist, oder von einer ihm nahestehenden Person im Sinne des § 1 Absatz 2 des Außensteuergesetzes in der Fassung der Bekanntmachung vom 20. Dezember 1996 (BGBl. I S. 2049) fortgeführt,

so ist ein nach Absatz 3 Satz 1 und 2 abgezogener Verlust, soweit er nach Absatz 3 Satz 3 nicht wieder hinzugerechnet worden ist oder nicht noch hinzuzurechnen ist, im Veranlagungszeitraum der Umwandlung, Übertragung oder Aufgabe in entsprechender Anwendung des Absatzes 3 Satz 3 dem Gesamtbetrag der Einkünfte hinzuzurechnen.

[Fassung ab VZ 2006:] [2]

(4) ① Wird eine in einem ausländischen Staat belegene Betriebsstätte

1. in eine Kapitalgesellschaft umgewandelt oder
2. entgeltlich oder unentgeltlich übertragen oder
3. aufgegeben, jedoch die ursprünglich von der Betriebsstätte ausgeübte Geschäftstätigkeit ganz oder teilweise von einer Gesellschaft, an der der inländische Steuerpflichtige zu mindestens 10 Prozent unmittelbar oder mittelbar beteiligt ist, oder von einer ihm nahe stehenden Person im Sinne des § 1 Absatz 2 des Außensteuergesetzes fortgeführt,

so ist ein nach Absatz 3 Satz 1 und 2 abgezogener Verlust, soweit er nach Absatz 3 Satz 3 nicht wieder hinzugerechnet worden ist oder nicht noch hinzuzurechnen ist, im Veranlagungszeitraum der Umwandlung, Übertragung oder Aufgabe in entsprechender Anwendung des Absatzes 3 Satz 3 dem Gesamtbetrag der Einkünfte hinzuzurechnen. ② Satz 1 gilt entsprechend bei Beendigung der unbeschränkten Einkommensteuerpflicht (§ 1 Absatz 1) durch Aufgabe des Wohnsitzes oder des gewöhnlichen Aufenthalts oder bei Beendigung der unbeschränkten Körperschaftsteuerpflicht (§ 1 Absatz 1 des Körperschaftsteuergesetzes) durch Verlegung des Sitzes oder des Orts der Geschäftsleitung sowie bei unbeschränkter Einkommensteuerpflicht (§ 1 Absatz 1) oder unbeschränkter Körperschaftsteuerpflicht (§ 1 Absatz 1 des Körperschaftsteuergesetzes) bei Beendigung der Ansässigkeit im Inland auf Grund der Bestimmungen eines Abkommens zur Vermeidung der Doppelbesteuerung.

2. Steuerfreie Einnahmen

§ 3 [Steuerfreie Einnahmen]

Steuerfrei sind

1. a) Leistungen aus einer Krankenversicherung, aus einer Pflegeversicherung und aus der gesetzlichen Unfallversicherung,
   b) Sachleistungen und Kinderzuschüsse aus den gesetzlichen Rentenversicherungen einschließlich der Sachleistungen nach dem Gesetz über die Alterssicherung der Landwirte,
   c) Übergangsgeld nach dem Sechsten Buch Sozialgesetzbuch und Geldleistungen nach den §§ 10, 36 bis 39 des Gesetzes über die Alterssicherung der Landwirte,
   d) das Mutterschaftsgeld nach dem Mutterschutzgesetz, der Reichsversicherungsordnung und dem Gesetz über die Krankenversicherung der Landwirte, die Sonderunterstützung für im Familienhaushalt beschäftigte Frauen, der Zuschuss zum Mutterschaftsgeld nach dem Mutterschutzgesetz sowie der Zuschuss bei Beschäftigungsverboten für die Zeit vor oder nach einer Entbindung sowie für den Entbindungstag während einer Elternzeit nach beamtenrechtlichen Vorschriften;

[1] § 2a Abs. 4 idF des § 52 Abs. 3 Satz 7 a. F.
[2] § 2a Abs. 4 idF des § 52 Abs. 3 Satz 8 a. F.

2.[1] a) das Arbeitslosengeld, das Teilarbeitslosengeld, das Kurzarbeitergeld, der Zuschuss zum Arbeitsentgelt, das Übergangsgeld, der Gründungszuschuss, das Qualifizierungsgeld nach dem Dritten Buch Sozialgesetzbuch sowie die übrigen Leistungen nach dem Dritten Buch Sozialgesetzbuch und den entsprechenden Programmen des Bundes und der Länder, soweit sie Arbeitnehmern oder Arbeitsuchenden oder zur Förderung der Aus- oder Weiterbildung oder Existenzgründung der Empfänger gewährt werden,
b) das Insolvenzgeld, Leistungen auf Grund der in § 169 und § 175 Absatz 2 des Dritten Buches Sozialgesetzbuch genannten Ansprüche sowie Zahlungen des Arbeitgebers an einen Sozialleistungsträger auf Grund des gesetzlichen Forderungsübergangs nach § 115 Absatz 1 des Zehnten Buches Sozialgesetzbuch, wenn ein Insolvenzereignis nach § 165 Absatz 1 Satz 2 auch in Verbindung mit Satz 3 des Dritten Buches Sozialgesetzbuch vorliegt,
c) die Arbeitslosenbeihilfe nach dem Soldatenversorgungsgesetz,
d) Leistungen zur Sicherung des Lebensunterhalts und zur Eingliederung in Arbeit nach dem Zweiten Buch Sozialgesetzbuch,
e) mit den in den Nummern 1 bis 2 Buchstabe d und Nummer 67 Buchstabe b genannten Leistungen vergleichbare Leistungen ausländischer Rechtsträger, die ihren Sitz in einem Mitgliedstaat der Europäischen Union, in einem Staat, auf den das Abkommen über den Europäischen Wirtschaftsraum Anwendung findet oder in der Schweiz haben;

2 a.[2] *(aufgehoben)*

2 b.[2] *(aufgehoben)*

3. a)[3] Rentenabfindungen nach § 107 des Sechsten Buches Sozialgesetzbuch, nach § 21 des Beamtenversorgungsgesetzes, nach § 9 Absatz 1 Nummer 3 des Altersgeldgesetzes oder entsprechendem Landesrecht und nach § 59 des Soldatenversorgungsgesetzes in Verbindung mit § 21 des Beamtenversorgungsgesetzes,
b) Beitragserstattungen an den Versicherten nach den §§ 210 und 286 d des Sechsten Buches Sozialgesetzbuch sowie nach den §§ 204, 205 und 207 des Sechsten Buches Sozialgesetzbuch, Beitragserstattungen nach den §§ 75 und 117 des Gesetzes über die Alterssicherung der Landwirte und nach § 26 des Vierten Buches Sozialgesetzbuch,
c) Leistungen aus berufsständischen Versorgungseinrichtungen, die den Leistungen nach den Buchstaben a und b entsprechen,
d)[4] Kapitalabfindungen und Ausgleichszahlungen nach § 48 des Beamtenversorgungsgesetzes oder entsprechendem Landesrecht und nach den §§ 43 bis 50 und 53 des Soldatenversorgungsgesetzes;

4.[5] bei Angehörigen der Bundeswehr, der Bundespolizei, der Zollverwaltung, der Bereitschaftspolizei der Länder, der Vollzugspolizei und der Berufsfeuerwehr der Länder und Gemeinden und bei Vollzugsbeamten der Kriminalpolizei des Bundes, der Länder und Gemeinden
a) der Geldwert der ihnen aus Dienstbeständen überlassenen Dienstkleidung,
b) Einkleidungsbeihilfen und Abnutzungsentschädigungen für die Dienstkleidung der zum Tragen oder Bereithalten von Dienstkleidung Verpflichteten und für dienstlich notwendige Kleidungsstücke der Vollzugsbeamten der Kriminalpolizei sowie der Angehörigen der Zollverwaltung,
c) im Einsatz gewährte Verpflegung oder Verpflegungszuschüsse,
d) der Geldwert der auf Grund gesetzlicher Vorschriften gewährten Heilfürsorge;

5.[6] a) die Geld- und Sachbezüge, die Wehrpflichtige während des Wehrdienstes nach § 4 des Wehrpflichtgesetzes erhalten,
b) die Geld- und Sachbezüge, die Zivildienstleistende nach § 35 des Zivildienstgesetzes erhalten,
c) die Heilfürsorge, die Soldaten nach § 16 des Wehrsoldgesetzes und Zivildienstleistende nach § 35 des Zivildienstgesetzes erhalten,
d) das an Personen, die einen in § 32 Absatz 4 Satz 1 Nummer 2 Buchstabe d genannten Freiwilligendienst leisten, gezahlte Taschengeld oder eine vergleichbare Geldleistung,
e) Leistungen nach § 5 des Wehrsoldgesetzes;

6.[7] Bezüge, die auf Grund gesetzlicher Vorschriften aus öffentlichen Mitteln versorgungshalber an Wehrdienstbeschädigte, im Freiwilligen Wehrdienst Beschädigte, Zivildienstbeschädigte und im Bundesfreiwilligendienst Beschädigte oder ihre Hinterbliebenen, Kriegsbeschädigte,

---

[1] § 3 Nr. 2 neu gef. mWv VZ 2015 durch KroatienAnpG v. 25. 7. 2014 (BGBl. I S. 1266). § 3 Nr. 2 Buchst. e geänd. mWv VZ 2021 durch JStG 2020 v. 21. 12. 2020 (BGBl. I S. 3096). § 3 Nr. 2 Buchst. a geänd. mWv 1. 4. 2024 durch WachstumschancenG v. 27. 3. 2024 (BGBl. I Nr. 108).

[2] § 3 Nr. 2 a und 2 b aufgeh. mWv VZ 2015 durch KroatienAnpG v. 25. 7. 2014 (BGBl. I S. 1266).

[3] § 3 Nr. 3 Buchst. a geänd. mWv VZ 2020 durch JStG 2019 v. 12. 12. 2019 (BGBl. I S. 2451). Nr. 3 Buchst. a geänd. mWv 1. 1. 2025 durch G v. 20. 8. 2021 (BGBl. I S. 3932).

[4] § 3 Nr. 3 Buchst. d geänd. mWv 1. 1. 2025 durch G v. 20. 8. 2021 (BGBl. I S. 3932).

[5] § 3 Nr. 4 einl. Satzteil und Buchst. b geänd. mWv VZ 2015 durch KroatienAnpG v. 25. 7. 2014 (BGBl. I S. 1266).

[6] § 3 Nr. 5 neu gef. mWv VZ 2020 durch JStG 2019 v. 12. 12. 2019 (BGBl. I S. 2451).

[7] § 3 Nr. 6 Satz 1 geänd., Satz 2 angef. mWv VZ 2014 durch KroatienAnpG v. 25. 7. 2014 (BGBl. I S. 1266). Nr. 6 Satz 2 geänd. mWv 1. 1. 2024 durch SozEntschG v. 12. 12. 2019 (BGBl. I S. 2652); zur Weitergeltung der alten Fassung siehe § 52 Abs. 54. Nr. 6 Satz 2 geänd. mWv 1. 1. 2025 durch G v. 20. 8. 2021 (BGBl. I S. 3932).

Kriegshinterbliebene und ihnen gleichgestellte Personen gezahlt werden, soweit es sich nicht um Bezüge handelt, die auf Grund der Dienstzeit gewährt werden. ② Gleichgestellte im Sinne des Satzes 1 sind auch Personen, die Anspruch auf Leistungen nach dem Vierzehnten Buch Sozialgesetzbuch[1] oder auf Unfallfürsorgeleistungen nach dem Soldatenentschädigungsgesetz, Beamtenversorgungsgesetz oder vergleichbarem Landesrecht haben;

7. Ausgleichsleistungen nach dem Lastenausgleichsgesetz, Leistungen nach dem Flüchtlingshilfegesetz, dem Bundesvertriebenengesetz, dem Reparationsschädengesetz, dem Vertriebenenzuwendungsgesetz, dem NS-Verfolgtenentschädigungsgesetz sowie Leistungen nach dem Entschädigungsgesetz und nach dem Ausgleichsleistungsgesetz, soweit sie nicht Kapitalerträge im Sinne des § 20 Absatz 1 Nummer 7 und Absatz 2 sind;

8. Geldrenten, Kapitalentschädigungen und Leistungen im Heilverfahren, die auf Grund gesetzlicher Vorschriften zur Wiedergutmachung nationalsozialistischen Unrechts gewährt werden. ② Die Steuerpflicht von Bezügen aus einem aus Wiedergutmachungsgründen neu begründeten oder wieder begründeten Dienstverhältnis sowie von Bezügen aus einem früheren Dienstverhältnis, die aus Wiedergutmachungsgründen neu gewährt oder wieder gewährt werden, bleibt unberührt;

8 a.[2] Renten wegen Alters und Renten wegen verminderter Erwerbsfähigkeit aus der gesetzlichen Rentenversicherung, die an Verfolgte im Sinne des § 1 des Bundesentschädigungsgesetzes gezahlt werden, wenn rentenrechtliche Zeiten auf Grund der Verfolgung in der Rente enthalten sind. ② Renten wegen Todes aus der gesetzlichen Rentenversicherung, wenn der verstorbene Versicherte Verfolgter im Sinne des § 1 des Bundesentschädigungsgesetzes war und wenn rentenrechtliche Zeiten auf Grund der Verfolgung in dieser Rente enthalten sind;

9. Erstattungen nach § 23 Absatz 2 Satz 1 Nummer 3 und 4 sowie nach § 39 Absatz 4 Satz 2 des Achten Buches Sozialgesetzbuch;

10.[3] Einnahmen einer Gastfamilie für die Aufnahme eines Menschen mit Behinderungen oder von Behinderung bedrohten Menschen nach § 2 Absatz 1 des Neunten Buches Sozialgesetzbuch zur Pflege, Betreuung, Unterbringung und Verpflegung, die auf Leistungen eines Leistungsträgers nach dem Sozialgesetzbuch beruhen. ② Für Einnahmen im Sinne des Satzes 1, die nicht auf Leistungen eines Leistungsträgers nach dem Sozialgesetzbuch beruhen, gilt Entsprechendes bis zur Höhe der Leistungen nach dem Zwölften Buch Sozialgesetzbuch. ③ Überschreiten die auf Grund der in Satz 1 bezeichneten Tätigkeit bezogenen Einnahmen der Gastfamilie den steuerfreien Betrag, dürfen die mit der Tätigkeit in unmittelbarem wirtschaftlichen Zusammenhang stehenden Ausgaben abweichend von § 3 c nur insoweit als Betriebsausgaben abgezogen werden, als sie den Betrag der steuerfreien Einnahmen übersteigen;

11. Bezüge aus öffentlichen Mitteln oder aus Mitteln einer öffentlichen Stiftung, die wegen Hilfsbedürftigkeit oder als Beihilfe zu dem Zweck bewilligt werden, die Erziehung oder Ausbildung, die Wissenschaft oder Kunst unmittelbar zu fördern. ② Darunter fallen nicht Kinderzuschläge und Kinderbeihilfen, die auf Grund der Besoldungsgesetze, besonderer Tarife oder ähnlicher Vorschriften gewährt werden. ③ Voraussetzung für die Steuerfreiheit ist, dass der Empfänger mit den Bezügen nicht zu einer bestimmten wissenschaftlichen oder künstlerischen Gegenleistung oder zu einer bestimmten Arbeitnehmertätigkeit verpflichtet wird. ④ Den Bezügen aus öffentlichen Mitteln wegen Hilfsbedürftigkeit gleichgestellt sind Beitragsermäßigungen und Prämienrückzahlungen eines Trägers der gesetzlichen Krankenversicherung für nicht in Anspruch genommene Beihilfeleistungen;

11 a.[4] zusätzlich zum ohnehin geschuldeten Arbeitslohn vom Arbeitgeber in der Zeit vom 1. März 2020 bis zum 31. März 2022 auf Grund der Corona-Krise an seine Arbeitnehmer in Form von Zuschüssen und Sachbezügen gewährte Beihilfen und Unterstützungen bis zu einem Betrag von 1500 Euro;

11 b.[5] zusätzlich zum ohnehin geschuldeten Arbeitslohn vom Arbeitgeber in der Zeit vom 18. November 2021 bis zum 31. Dezember 2022 an seine Arbeitnehmer zur Anerkennung besonderer Leistungen während der Corona-Krise gewährte Leistungen bis zu einem Betrag von 4500 Euro. ② Voraussetzung für die Steuerbefreiung ist, dass die Arbeitnehmer in Einrichtungen im Sinne des § 23 Absatz 3 Satz 1 Nummer 1 bis 4, 8, 11 oder Nummer 12 des Infektionsschutzgesetzes oder § 36 Absatz 1 Nummer 2 oder Nummer 7 des Infektionsschutzgesetzes tätig sind; maßgeblich ist jeweils die am 22. Juni 2022 gültige Fassung des Infektionsschutzgesetzes. ③ Die Steuerbefreiung gilt entsprechend für Personen, die in den in Satz 2 genannten Einrichtungen im Rahmen einer Arbeitnehmerüberlassung oder im Rahmen eines Werk- oder Dienstleistungsvertrags eingesetzt werden. ④ Nummer 11 a findet auf die Leistun-

[1] § 3 Nr. 6 Satz 2 angef. mWv VZ 2014 durch KroatienAnpG v. 25. 7. 2014 (BGBl. I S. 1266). Nr. 6 Satz 2 geänd. mWv 1. 1. 2024 durch SozEntschG v. 12. 12. 2019 (BGBl. I S. 2652); zur Weitergeltung der alten Fassung siehe § 52 Abs. 54.

[2] § 3 Nr. 8 a eingef. durch BeitrRLUmsG v. 7. 12. 2011 (BGBl. I S. 2592).

[3] § 3 Nr. 10 Satz 1 geänd. mWv 15. 12. 2020 durch G v. 9. 12. 2020 (BGBl. I S. 2770).

[4] § 3 Nr. 11 a eingef. mWv 30. 6. 2020 durch G v. 19. 6. 2020 (BGBl. I S. 1385); geänd. mWv 1. 1. 2021 durch JStG 2020 v. 21. 12. 2020 (BGBl. I S. 3096); geänd. mWv 9. 6. 2021 durch AbzStEntModG v. 2. 6. 2021 (BGBl. I S. 1259).

[5] § 3 Nr. 11 b eingef. mWv VZ 2021 durch G v. 19. 6. 2022 (BGBl. I S. 911); zur Anwendung siehe § 52 Abs. 4 Satz 4; Satz 2 Hs. 2 und Satz 5 angef. mWv VZ 2022 durch JStG 2022 v. 16. 12. 2022 (BGBl. I S. 2294).

gen im Sinne der Sätze 1 bis 3 keine Anwendung. ⑤ Abweichend von Satz 1 gilt die Steuerbefreiung für Leistungen nach § 150 c des Elften Buches Sozialgesetzbuch in der Fassung des Gesetzes zur Stärkung des Schutzes der Bevölkerung und insbesondere vulnerabler Personengruppen vor COVID-19 vom 16. September 2022 (BGBl. I S. 1454) auch dann, wenn sie in der Zeit bis zum 31. Mai 2023 gewährt werden;

11 c.[1] zusätzlich zum ohnehin geschuldeten Arbeitslohn vom Arbeitgeber in der Zeit vom 26. Oktober 2022 bis zum 31. Dezember 2024 in Form von Zuschüssen und Sachbezügen gewährte Leistungen zur Abmilderung der gestiegenen Verbraucherpreise bis zu einem Betrag von 3000 Euro;

12.[2] aus einer Bundeskasse oder Landeskasse gezahlte Bezüge, die zum einen
a) in einem Bundesgesetz oder Landesgesetz,
b) auf Grundlage einer bundesgesetzlichen oder landesgesetzlichen Ermächtigung beruhenden Bestimmung oder
c) von der Bundesregierung oder einer Landesregierung
als Aufwandsentschädigung festgesetzt sind und die zum anderen jeweils auch als Aufwandsentschädigung im Haushaltsplan ausgewiesen werden. ② Das Gleiche gilt für andere Bezüge, die als Aufwandsentschädigung aus öffentlichen Kassen an öffentliche Dienste leistende Personen gezahlt werden, soweit nicht festgestellt wird, dass sie für Verdienstausfall oder Zeitverlust gewährt werden oder den Aufwand, der dem Empfänger erwächst, offenbar übersteigen;

13.[3] die aus öffentlichen Kassen gezahlten Reisekostenvergütungen, Umzugskostenvergütungen und Trennungsgelder. ② Die als Reisekostenvergütungen gezahlten Vergütungen für Verpflegung sind nur insoweit steuerfrei, als sie die Pauschbeträge nach § 9 Absatz 4 a nicht übersteigen; Trennungsgelder sind nur insoweit steuerfrei, als sie die nach § 9 Absatz 1 Satz 3 Nummer 5 und Absatz 4 a abziehbaren Aufwendungen nicht übersteigen;

14. Zuschüsse eines Trägers der gesetzlichen Rentenversicherung zu den Aufwendungen eines Rentners für seine Krankenversicherung und von dem gesetzlichen Rentenversicherungsträger getragene Anteile (§ 249 a des Fünften Buches Sozialgesetzbuch) an den Beiträgen für die gesetzliche Krankenversicherung;

14 a.[4] der Anteil der Rente aus der gesetzlichen Rentenversicherung, der auf Grund des Zuschlags an Entgeltpunkten für langjährige Versicherung nach dem Sechsten Buch Sozialgesetzbuch geleistet wird;

15.[5] Zuschüsse des Arbeitgebers, die zusätzlich zum ohnehin geschuldeten Arbeitslohn zu den Aufwendungen des Arbeitnehmers für Fahrten mit öffentlichen Verkehrsmitteln im Linienverkehr (ohne Luftverkehr) zwischen Wohnung und erster Tätigkeitsstätte und nach § 9 Absatz 1 Satz 3 Nummer 4 a Satz 3 sowie für Fahrten im öffentlichen Personennahverkehr gezahlt werden. ② Das Gleiche gilt für die unentgeltliche oder verbilligte Nutzung öffentlicher Verkehrsmittel im Linienverkehr (ohne Luftverkehr) für Fahrten zwischen Wohnung und erster Tätigkeitsstätte und nach § 9 Absatz 1 Satz 3 Nummer 4 a Satz 3 sowie für Fahrten im öffentlichen Personennahverkehr, die der Arbeitnehmer auf Grund seines Dienstverhältnisses zusätzlich zum ohnehin geschuldeten Arbeitslohn in Anspruch nehmen kann. ③ Die nach den Sätzen 1 und 2 steuerfreien Leistungen mindern den nach § 9 Absatz 1 Satz 3 Nummer 4 Satz 2 abziehbaren Betrag;

16.[6] die Vergütungen, die Arbeitnehmer außerhalb des öffentlichen Dienstes von ihrem Arbeitgeber zur Erstattung von Reisekosten, Umzugskosten oder Mehraufwendungen bei doppelter Haushaltsführung erhalten, soweit sie die nach § 9 als Werbungskosten abziehbaren Aufwendungen nicht übersteigen;

17. Zuschüsse zum Beitrag nach § 32 des Gesetzes über die Alterssicherung der Landwirte;

18. das Aufgeld für ein an die Bank für Vertriebene und Geschädigte (Lastenausgleichsbank) zugunsten des Ausgleichsfonds (§ 5 des Lastenausgleichsgesetzes) gegebenes Darlehen, wenn das Darlehen nach § 7f des Gesetzes in der Fassung der Bekanntmachung vom 15. September 1953 (BGBl. I S. 1355) im Jahr der Hingabe als Betriebsausgabe abzugsfähig war;

[alte Fassung: 19. *Entschädigungen auf Grund des Gesetzes über die Entschädigung ehemaliger deutscher Kriegsgefangener;*[7] **]**[8]

---

[1] § 3 Nr. 11 c eingef. mWv VZ 2022 durch G v. 19. 10. 2022 (BGBl. I S. 1743).
[2] § 3 Nr. 12 Satz 1 neu gef. mWv VZ 2014 durch KroatienAnpG v. 25. 7. 2014 (BGBl. I S. 1266).
[3] § 3 Nr. 13 neu gef. ab VZ 2014 durch UntStReisekÄndG v. 20. 2. 2013 (BGBl. I S. 285).
[4] § 3 Nr. 14 a eingef. mWv VZ 2021 durch JStG 2022 v. 16. 12. 2022 (BGBl. I S. 2294); zur Anwendung siehe § 52 Abs. 4 Sätze 5 bis 8.
[5] § 3 Nr. 15 eingef. mWv VZ 2019 durch „JStG 2018" v. 11. 12. 2018 (BGBl. I S. 2338).
[6] § 3 Nr. 16 neu gef. ab VZ 2014 durch UntStReisekÄndG v. 20. 2. 2013 (BGBl. I S. 285).
[7] Dieses Gesetz wurde aufgeh. durch G v. 21. 12. 1992 (BGBl. I S. 2094).
[8] § 3 Nr. 19 aufgeh. mWv VZ 2011 durch G v. 1. 11. 2011 (BGBl. I S. 2131); zur weiteren Anwendung siehe § 52 Abs. 4 Satz 4.

19.[1] Weiterbildungsleistungen des Arbeitgebers oder auf dessen Veranlassung von einem Dritten
a) für Maßnahmen nach § 82 Absatz 1 und 2 und § 82a des Dritten Buches Sozialgesetzbuch oder
b) die der Verbesserung der Beschäftigungsfähigkeit des Arbeitnehmers dienen.
② Steuerfrei sind auch Beratungsleistungen des Arbeitgebers oder auf dessen Veranlassung von einem Dritten zur beruflichen Neuorientierung bei Beendigung des Dienstverhältnisses. ③ Die Leistungen im Sinne der Sätze 1 und 2 dürfen keinen überwiegenden Belohnungscharakter haben;

20. die aus öffentlichen Mitteln des Bundespräsidenten aus sittlichen oder sozialen Gründen gewährten Zuwendungen an besonders verdiente Personen oder ihre Hinterbliebenen;

21.[2] *(aufgehoben)*

22.[3] *(aufgehoben)*

23.[4] Leistungen nach
a) dem Häftlingshilfegesetz,
b) dem Strafrechtlichen Rehabilitierungsgesetz,
c) dem Verwaltungsrechtlichen Rehabilitierungsgesetz,
d) dem Beruflichen Rehabilitierungsgesetz,
e) dem Gesetz zur strafrechtlichen Rehabilitierung der nach dem 8. Mai 1945 wegen einvernehmlicher homosexueller Handlungen verurteilten Personen und
f) dem Gesetz zur Rehabilitierung der wegen einvernehmlicher homosexueller Handlungen, wegen ihrer homosexuellen Orientierung oder wegen ihrer geschlechtlichen Identität dienstrechtlich benachteiligten Soldatinnen und Soldaten;

24. Leistungen, die auf Grund des Bundeskindergeldgesetzes gewährt werden;

25. Entschädigungen nach dem Infektionsschutzgesetz vom 20. Juli 2000 (BGBl. I S. 1045);

26.[5] Einnahmen aus nebenberuflichen Tätigkeiten als Übungsleiter, Ausbilder, Erzieher, Betreuer oder vergleichbaren nebenberuflichen Tätigkeiten, aus nebenberuflichen künstlerischen Tätigkeiten oder der nebenberuflichen Pflege alter, kranker Menschen oder Menschen mit Behinderungen im Dienst oder im Auftrag einer juristischen Person des öffentlichen Rechts, die in einem Mitgliedstaat der Europäischen Union, in einem Staat, auf den das Abkommen über den Europäischen Wirtschaftsraum Anwendung findet, oder in der Schweiz belegen ist, oder einer unter § 5 Absatz 1 Nummer 9 des Körperschaftsteuergesetzes fallenden Einrichtung zur Förderung gemeinnütziger, mildtätiger und kirchlicher Zwecke (§§ 52 bis 54 der Abgabenordnung) bis zur Höhe von insgesamt 3000 Euro im Jahr. ② Überschreiten die Einnahmen für die in Satz 1 bezeichneten Tätigkeiten den steuerfreien Betrag, dürfen die mit den nebenberuflichen Tätigkeiten in unmittelbarem wirtschaftlichen Zusammenhang stehenden Ausgaben abweichend von § 3c nur insoweit als Betriebsausgaben oder Werbungskosten abgezogen werden, als sie den Betrag der steuerfreien Einnahmen übersteigen;

26a.[6] Einnahmen aus nebenberuflichen Tätigkeiten im Dienst oder Auftrag einer juristischen Person des öffentlichen Rechts, die in einem Mitgliedstaat der Europäischen Union, in einem Staat, auf den das Abkommen über den Europäischen Wirtschaftsraum Anwendung findet, oder in der Schweiz belegen ist oder einer unter § 5 Absatz 1 Nummer 9 des Körperschaftsteuergesetzes fallenden Einrichtung zur Förderung gemeinnütziger, mildtätiger und kirchlicher Zwecke (§§ 52 bis 54 der Abgabenordnung) bis zur Höhe von insgesamt 840 Euro im Jahr. ② Die Steuerbefreiung ist ausgeschlossen, wenn für die Einnahmen aus der Tätigkeit – ganz oder teilweise – eine Steuerbefreiung nach § 3 Nummer 12, 26 oder 26b gewährt wird. ③ Überschreiten die Einnahmen für die in Satz 1 bezeichneten Tätigkeiten den steuerfreien Betrag, dürfen die mit den nebenberuflichen Tätigkeiten in unmittelbarem wirtschaftlichen Zusammenhang stehenden Ausgaben abweichend von § 3c nur insoweit als Betriebsausgaben oder Werbungskosten abgezogen werden, als sie den Betrag der steuerfreien Einnahmen übersteigen;

[1] § 3 Nr. 19 neue Fassung eingef. mWv VZ 2019 durch JStG 2019 v. 12. 12. 2019 (BGBl. I S. 2451). Nr. 19 neu gef. ab VZ 2020 durch JStG 2020 v. 21. 12. 2020 (BGBl. I S. 3096). Nr. 19 Buchst. a geänd. mWv 1. 4. 2024 durch WachstumschancenG v. 27. 3. 2024 (BGBl. I Nr. 108).

[2] § 3 Nr. 21 aufgeh. mWv VZ 2011 durch StVereinfG 2011 v. 1. 11. 2011 (BGBl. I S. 2131).

[3] § 3 Nr. 22 aufgeh. mWv VZ 2011 durch StVereinfG 2011 v. 1. 11. 2011 (BGBl. I S. 2131).

[4] § 3 Nr. 23 neu gef. mWv VZ 2021 durch G v. 16. 7. 2021 (BGBl. I S. 2993).

[5] § 3 Nr. 26 Satz 1 Betrag geänd. mWv VZ 2012 (§ 52 Abs. 1 idF des G v. 1. 11. 2011, BGBl. I S. 2131; **a. A. BMF: VZ 2013** lt. PM Nr. 19 v. 1. 3. 2013) durch G v. 21. 3. 2013 (BGBl. I S. 556). Nr. 26 S. 1 geänd. durch „JStG 2018" v. 11. 12. 2018 (BGBl. I S. 2338). Zur Anwendung in allen offenen Fällen siehe § 52 Abs. 4 Satz 5. Nr. 26 Satz 1 geänd. durch G v. 9. 12. 2020 (BGBl. I S. 2770). Nr. 26 Satz 1 Betrag geänd. mWv VZ 2021 durch JStG 2020 v. 21. 12. 2020 (BGBl. I S. 3096).

[6] § 3 Nr. 26a Satz 2 geänd. mWv VZ 2011 (§ 52 Abs. 4b Satz 2) durch G v. 8. 12. 2010 (BGBl. I S. 1768). Nr. 26a Satz 1 Betrag geänd. mWv VZ 2012 (§ 52 Abs. 1 idF des G v. 1. 11. 2011, BGBl. I S. 2131; **a. A. BMF: VZ 2013** lt. PM Nr. 19 v. 1. 3. 2013) durch G v. 21. 3. 2013 (BGBl. I S. 556). Betrag geänd. mWv VZ 2021 durch JStG 2020 v. 21. 12. 2020 (BGBl. I S. 3096).

26 b.[1] Aufwandspauschalen nach § 1878 des Bürgerlichen Gesetzbuchs, soweit sie zusammen mit den steuerfreien Einnahmen im Sinne der Nummer 26 den Freibetrag nach Nummer 26 Satz 1 nicht überschreiten. ② Nummer 26 Satz 2 gilt entsprechend;

27. der Grundbetrag der Produktionsaufgaberente und das Ausgleichsgeld nach dem Gesetz zur Förderung der Einstellung der landwirtschaftlichen Erwerbstätigkeit bis zum Höchstbetrag von 18 407 Euro;

28. die Aufstockungsbeträge im Sinne des § 3 Absatz 1 Nummer 1 Buchstabe a sowie die Beiträge und Aufwendungen im Sinne des § 3 Absatz 1 Nummer 1 Buchstabe b und des § 4 Absatz 2 des Altersteilzeitgesetzes, die Zuschläge, die versicherungsfrei Beschäftigte im Sinne des § 27 Absatz 1 Nummer 1 bis 3 des Dritten Buches Sozialgesetzbuch zur Aufstockung der Bezüge bei Altersteilzeit nach beamtenrechtlichen Vorschriften oder Grundsätzen erhalten sowie die Zahlungen des Arbeitgebers zur Übernahme der Beiträge im Sinne des § 187 a des Sechsten Buches Sozialgesetzbuch, soweit sie 50 Prozent der Beiträge nicht übersteigen;

28 a.[2] Zuschüsse des Arbeitgebers zum Kurzarbeitergeld und Saison-Kurzarbeitergeld, soweit sie zusammen mit dem Kurzarbeitergeld 80 Prozent des Unterschiedsbetrags zwischen dem Soll-Entgelt und dem Ist-Entgelt nach § 106 des Dritten Buches Sozialgesetzbuch nicht übersteigen und sie für Lohnzahlungszeiträume, die nach dem 29. Februar 2020 beginnen und vor dem 1. Juli 2022 enden, geleistet werden;

29. das Gehalt und die Bezüge,
   a) die die diplomatischen Vertreter ausländischer Staaten, die ihnen zugewiesenen Beamten und die in ihren Diensten stehenden Personen erhalten. ② Dies gilt nicht für deutsche Staatsangehörige oder für im Inland ständig ansässige Personen;
   b) der Berufskonsuln, der Konsulatsangehörigen und ihres Personals, soweit sie Angehörige des Entsendestaates sind. ② Dies gilt nicht für Personen, die im Inland ständig ansässig sind oder außerhalb ihres Amtes oder Dienstes einen Beruf, ein Gewerbe oder eine andere gewinnbringende Tätigkeit ausüben;

30. Entschädigungen für die betriebliche Benutzung von Werkzeugen eines Arbeitnehmers (Werkzeuggeld), soweit sie die entsprechenden Aufwendungen des Arbeitnehmers nicht offensichtlich übersteigen;

31. die typische Berufskleidung, die der Arbeitgeber seinem Arbeitnehmer unentgeltlich oder verbilligt überlässt; dasselbe gilt für eine Barablösung eines nicht nur einzelvertraglichen Anspruchs auf Gestellung von typischer Berufskleidung, wenn die Barablösung betrieblich veranlasst ist und die entsprechenden Aufwendungen des Arbeitnehmers nicht offensichtlich übersteigt;

32.[3] die unentgeltliche oder verbilligte Sammelbeförderung eines Arbeitnehmers zwischen Wohnung und erster Tätigkeitsstätte sowie bei Fahrten nach § 9 Absatz 1 Satz 3 Nummer 4 a Satz 3 mit einem vom Arbeitgeber gestellten Beförderungsmittel, soweit die Sammelbeförderung für den betrieblichen Einsatz des Arbeitnehmers notwendig ist;

33. zusätzlich zum ohnehin geschuldeten Arbeitslohn erbrachte Leistungen des Arbeitgebers zur Unterbringung und Betreuung von nicht schulpflichtigen Kindern der Arbeitnehmer in Kindergärten oder vergleichbaren Einrichtungen;

34.[4] zusätzlich zum ohnehin geschuldeten Arbeitslohn erbrachte Leistungen des Arbeitgebers zur Verhinderung und Verminderung von Krankheitsrisiken und zur Förderung der Gesundheit in Betrieben, die hinsichtlich Qualität, Zweckbindung, Zielgerichtetheit und Zertifizierung den Anforderungen der §§ 20 und 20 b des Fünften Buches Sozialgesetzbuch genügen, soweit sie 600 Euro im Kalenderjahr nicht übersteigen;

34 a.[5] zusätzlich zum ohnehin geschuldeten Arbeitslohn erbrachte Leistungen des Arbeitgebers
   a) an ein Dienstleistungsunternehmen, das den Arbeitnehmer hinsichtlich der Betreuung von Kindern oder pflegebedürftigen Angehörigen berät oder hierfür Betreuungspersonen vermittelt sowie
   b) zur kurzfristigen Betreuung von Kindern im Sinne des § 32 Absatz 1, die das 14. Lebensjahr noch nicht vollendet haben oder die wegen einer vor Vollendung des 25. Lebensjahres eingetretenen körperlichen, geistigen oder seelischen Behinderung außerstande sind, sich selbst zu unterhalten oder pflegebedürftigen Angehörigen des Arbeitnehmers, wenn die Betreuung aus zwingenden und beruflich veranlassten Gründen notwendig ist, auch wenn sie im privaten Haushalt des Arbeitnehmers stattfindet, soweit die Leistungen 600 Euro im Kalenderjahr nicht übersteigen;

---

[1] § 3 Nr. 26 b eingef. mWv VZ 2011 durch G v. 8. 12. 2010 (BGBl. I S. 1768); Satz 1 geänd. mWv 1. 1. 2023 durch G v. 4. 5. 2021 (BGBl. I S. 882).

[2] § 3 Nr. 28 a eingef. mWv 30. 6. 2020 durch G v. 19. 6. 2020 (BGBl. I S. 1385) und geänd. mWv VZ 2021 durch JStG 2020 v. 21. 12. 2020 (BGBl. I S. 3096). Nr. 28 a geänd. mWv VZ 2022 durch G v. 19. 6. 2022 (BGBl. I S. 911).

[3] § 3 Nr. 32 geänd. mWv VZ 2014 durch KroatienAnpG v. 25. 7. 2014 (BGBl. I S. 1266).

[4] § 3 Nr. 34 neu gef. durch „JStG 2018" v. 11. 12. 2018 (BGBl. I S. 2338); zur erstmaligen Anwendung siehe § 52 Abs. 4 Satz 6. Nr. 34 Euro-Betrag geänd. mWv 1. 1. 2020 durch 3. BüroEntlG v. 22. 11. 2019 (BGBl. I S. 1746).

[5] § 3 Nr. 34 a eingef. mWv 1. 1. 2015 durch ZollkodexAnpG v. 22. 12. 2014 (BGBl. I S. 2417).

35. die Einnahmen der bei der Deutsche Post AG, Deutsche Postbank AG oder Deutsche Telekom AG beschäftigten Beamten, soweit die Einnahmen ohne Neuordnung des Postwesens und der Telekommunikation nach den Nummern 11 bis 13 und 64 steuerfrei wären;

36.[1] Einnahmen für Leistungen zu körperbezogenen Pflegemaßnahmen, pflegerischen Betreuungsmaßnahmen oder Hilfen bei der Haushaltsführung bis zur Höhe des Pflegegeldes nach § 37 des Elften Buches Sozialgesetzbuch, mindestens aber bis zur Höhe des Entlastungsbetrages nach § 45 b Absatz 1 Satz 1 des Elften Buches Sozialgesetzbuch, wenn diese Leistungen von Angehörigen des Pflegebedürftigen oder von anderen Personen, die damit eine sittliche Pflicht im Sinne des § 33 Absatz 2 gegenüber dem Pflegebedürftigen erfüllen, erbracht werden. ② Entsprechendes gilt, wenn der Pflegebedürftige vergleichbare Leistungen aus privaten Versicherungsverträgen nach den Vorgaben des Elften Buches Sozialgesetzbuch oder nach den Beihilfevorschriften für häusliche Pflege erhält;

37.[2] zusätzlich zum ohnehin geschuldeten Arbeitslohn vom Arbeitgeber gewährte Vorteile für die Überlassung eines betrieblichen Fahrrads, das kein Kraftfahrzeug im Sinne des § 6 Absatz 1 Nummer 4 Satz 2 ist;

38.[3] Sachprämien, die der Steuerpflichtige für die persönliche Inanspruchnahme von Dienstleistungen von Unternehmen unentgeltlich erhält, die diese zum Zwecke der Kundenbindung im allgemeinen Geschäftsverkehr in einem jedermann zugänglichen planmäßigen Verfahren gewähren, soweit der Wert der Prämien 1 080 Euro im Kalenderjahr nicht übersteigt;

39.[4] der Vorteil des Arbeitnehmers im Rahmen eines gegenwärtigen Dienstverhältnisses aus der unentgeltlichen oder verbilligten Überlassung von Vermögensbeteiligungen im Sinne des § 2 Absatz 1 Nummer 1 Buchstabe a, b und f bis l und Absatz 2 bis 5 des Fünften Vermögensbildungsgesetzes in der Fassung der Bekanntmachung vom 4. März 1994 (BGBl. I S. 406), zuletzt geändert durch Artikel 2 des Gesetzes vom 7. März 2009 (BGBl. I S. 451), in der jeweils geltenden Fassung, am Unternehmen des Arbeitgebers, soweit der Vorteil insgesamt 2000 Euro im Kalenderjahr nicht übersteigt. ② Voraussetzung für die Steuerfreiheit ist, dass die Beteiligung mindestens allen Arbeitnehmern offensteht, die im Zeitpunkt der Bekanntgabe des Angebots ein Jahr oder länger ununterbrochen in einem gegenwärtigen Dienstverhältnis zum Unternehmen stehen. ③ Als Unternehmen des Arbeitgebers im Sinne des Satzes 1 gilt auch ein Unternehmen im Sinne des § 18 des Aktiengesetzes. ④ Als Wert der Vermögensbeteiligung ist der gemeine Wert anzusetzen;

40.[5] 40 Prozent
   a) der Betriebsvermögensmehrungen oder Einnahmen aus der Veräußerung oder der Entnahme von Anteilen an Körperschaften, Personenvereinigungen und Vermögensmassen, deren Leistungen beim Empfänger zu Einnahmen im Sinne des § 20 Absatz 1 Nummer 1 und 9 gehören, oder an einer Organgesellschaft im Sinne des § 14 oder § 17 des Körperschaftsteuergesetzes oder aus deren Auflösung oder Herabsetzung von deren Nennkapital oder aus dem Ansatz eines solchen Wirtschaftsguts mit dem Wert, der sich nach § 6 Absatz 1 Nummer 2 Satz 3 ergibt, soweit sie zu den Einkünften aus Land- und Forstwirtschaft, aus Gewerbebetrieb oder aus selbständiger Arbeit gehören. ② Dies gilt nicht, soweit der Ansatz des niedrigeren Teilwerts in vollem Umfang zu einer Gewinnminderung geführt hat und soweit diese Gewinnminderung nicht durch Ansatz eines Werts, der sich nach § 6 Absatz 1 Nummer 2 Satz 3 ergibt, ausgeglichen worden ist. ③ Satz 1 gilt außer für Betriebsvermögensmehrungen aus dem Ansatz mit dem Wert, der sich nach § 6 Absatz 1 Nummer 2 Satz 3 ergibt, ebenfalls nicht, soweit Abzüge nach § 6 b oder ähnliche Abzüge voll steuerwirksam vorgenommen worden sind,
   b) des Veräußerungspreises im Sinne des § 16 Absatz 2, soweit er auf die Veräußerung von Anteilen an Körperschaften, Personenvereinigungen und Vermögensmassen entfällt, deren Leistungen beim Empfänger zu Einnahmen im Sinne des § 20 Absatz 1 Nummer 1 und 9 gehören, oder an einer Organgesellschaft im Sinne des § 14 oder § 17 des Körperschaftsteuergesetzes. ② Satz 1 ist in den Fällen des § 16 Absatz 3 entsprechend anzuwenden. ③ Buchstabe a Satz 3 gilt entsprechend,
   c) des Veräußerungspreises oder des gemeinen Werts im Sinne des § 17 Absatz 2. ② Satz 1 ist in den Fällen des § 17 Absatz 4 entsprechend anzuwenden,

---

[1] § 3 Nr. 36 geänd. mWv 1. 1. 2017 durch G v. 23. 12. 2016 (BGBl. I S. 3191). Nr. 36 Sätze 1 und 2 geänd. mWv VZ 2018 durch „JStG 2018" v. 11. 12. 2018 (BGBl. I S. 2338).

[2] § 3 Nr. 37 eingef. mWv VZ 2019 durch „JStG 2018" v. 11. 12. 2018 (BGBl. I S. 2338); zur letztmaligen Anwendung siehe § 52 Abs. 4 Satz 7.

[3] § 3 Nr. 38 inhaltlich bestätigt durch G v. 5. 4. 2011 (BGBl. I S. 554).

[4] § 3 Nr. 39 Satz 2 neu gef. mWv VZ 2009 durch G v. 8. 4. 2010 (BGBl. I S. 386); Verweis angepasst durch KroatienAnpG v. 25. 7. 2014 (BGBl. I S. 1266). Satz 1 Betrag geänd. durch FoStoG v. 3. 6. 2021 (BGBl. I S. 1498) und durch ZuFinG v. 11. 12. 2023 (BGBl. I Nr. 354).

[5] § 3 Nr. 40 Satz 4 geänd. mWv VZ 2013 durch AmtshilfeRLUmsG v. 26. 6. 2013 (BGBl. I S. 1809). § 3 Nr. 40 Buchst. a Satz 1 und Buchst. b Satz 1 jeweils Verweise angepasst durch KroatienAnpG v. 25. 7. 2014 (BGBl. I S. 1266). § 3 Nr. 40 Satz 5 angef. mWv VZ 2016 durch StÄndG 2015 v. 2. 11. 2015 (BGBl. I S. 1834), § 3 Nr. 40 Satz 3 neu gef. und Satz 4 aufgeh. (bish. Satz 5 wird Satz 4) durch BEPS-UmsG v. 20. 12. 2016 (BGBl. I S. 3000); zur erstmaligen Anwendung von Satz 3 für VZ 2017 siehe § 52 Abs. 4 Satz 9. Satz 3 Halbs. 1 und 2 geänd. mWv 26. 6. 2021 durch G v. 12. 5. 2021 (BGBl. I S. 990).

d)[1] der Bezüge im Sinne des § 20 Absatz 1 Nummer 1 und der Einnahmen im Sinne des § 20 Absatz 1 Nummer 9. ② Dies gilt nur, soweit sie das Einkommen der leistenden Körperschaft nicht gemindert haben. ③ Sofern die Bezüge in einem anderen Staat auf Grund einer vom deutschen Recht abweichenden steuerlichen Zurechnung einer anderen Person zugerechnet werden, gilt Satz 1 nur, soweit das Einkommen der anderen Person oder ihr nahestehender Personen nicht niedriger ist als bei einer dem deutschen Recht entsprechenden Zurechnung. ④ Satz 1 Buchstabe d Satz 2 gilt nicht, soweit eine verdeckte Gewinnausschüttung das Einkommen einer dem Steuerpflichtigen nahe stehenden Person erhöht hat und § 32 a des Körperschaftsteuergesetzes auf die Veranlagung dieser nahe stehenden Person keine Anwendung findet,

e) der Bezüge im Sinne des § 20 Absatz 1 Nummer 2,

f) der besonderen Entgelte oder Vorteile im Sinne des § 20 Absatz 3, die neben den in § 20 Absatz 1 Nummer 1 und Absatz 2 Satz 1 Nummer 2 Buchstabe a bezeichneten Einnahmen oder an deren Stelle gewährt werden,

g) des Gewinns aus der Veräußerung von Dividendenscheinen und sonstigen Ansprüchen im Sinne des § 20 Absatz 2 Satz 1 Nummer 2 Buchstabe a,

h) des Gewinns aus der Abtretung von Dividendenansprüchen oder sonstigen Ansprüchen im Sinne des § 20 Absatz 2 Satz 1 Nummer 2 Buchstabe a in Verbindung mit § 20 Absatz 2 Satz 2,

i) der Bezüge im Sinne des § 22 Nummer 1 Satz 2, soweit diese von einer nicht von der Körperschaftsteuer befreiten Körperschaft, Personenvereinigung oder Vermögensmasse stammen.

② Dies gilt für Satz 1 Buchstabe d bis h nur in Verbindung mit § 20 Absatz 8. ③ Satz 1 Buchstabe a, b und d bis h ist nicht anzuwenden auf Anteile, die bei Kreditinstituten, Finanzdienstleistungsinstituten und Wertpapierinstituten dem Handelsbestand im Sinne des § 340 e Absatz 3 des Handelsgesetzbuchs zuzuordnen sind; Gleiches gilt für Anteile, die bei Finanzunternehmen im Sinne des Kreditwesengesetzes, an denen Kreditinstitute, Finanzdienstleistungsinstitute oder Wertpapierinstitute unmittelbar oder mittelbar zu mehr als 50 Prozent beteiligt sind, zum Zeitpunkt des Zugangs zum Betriebsvermögen als Umlaufvermögen auszuweisen sind. ④[2] Satz 1 ist nicht anzuwenden bei Anteilen an Unterstützungskassen;

40 a.[3] 40 Prozent der Vergütungen im Sinne des § 18 Absatz 1 Nummer 4;

41. *(aufgehoben)*

42. die Zuwendungen, die auf Grund des Fulbright-Abkommens gezahlt werden;

43. der Ehrensold für Künstler sowie Zuwendungen aus Mitteln der Deutschen Künstlerhilfe, wenn es sich um Bezüge aus öffentlichen Mitteln handelt, die wegen der Bedürftigkeit des Künstlers gezahlt werden;

44.[4] Stipendien, die aus öffentlichen Mitteln oder von zwischenstaatlichen oder überstaatlichen Einrichtungen, denen die Bundesrepublik Deutschland als Mitglied angehört, zur Förderung der Forschung oder zur Förderung der wissenschaftlichen oder künstlerischen Ausbildung oder Fortbildung gewährt werden. ② Das Gleiche gilt für Stipendien, die zu den in Satz 1 bezeichneten Zwecken von einer Einrichtung, die von einer Körperschaft des öffentlichen Rechts errichtet ist oder verwaltet wird, oder von einer Körperschaft, Personenvereinigung oder Vermögensmasse im Sinne des § 5 Absatz 1 Nummer 9 des Körperschaftsteuergesetzes gegeben werden. ③ Voraussetzung für die Steuerfreiheit ist, dass

a) die Stipendien einen für die Erfüllung der Forschungsaufgabe oder für die Bestreitung des Lebensunterhalts und die Deckung des Ausbildungsbedarfs erforderlichen Betrag nicht übersteigen und nach den von dem Geber erlassenen Richtlinien vergeben werden,

b) der Empfänger im Zusammenhang mit dem Stipendium nicht zu einer bestimmten wissenschaftlichen oder künstlerischen Gegenleistung oder zu einer bestimmten Arbeitnehmertätigkeit verpflichtet ist;

45.[5] die Vorteile des Arbeitnehmers aus der privaten Nutzung von betrieblichen Datenverarbeitungsgeräten und Telekommunikationsgeräten sowie deren Zubehör, aus zur privaten Nutzung überlassenen System- und Anwendungsprogrammen, die der Arbeitgeber auch in seinem Betrieb einsetzt, und aus den im Zusammenhang mit diesen Zuwendungen erbrachten Dienstleistungen. ② Satz 1 gilt entsprechend für Steuerpflichtige, denen die Vorteile im Rahmen einer Tätigkeit zugewendet werden, für die sie eine Aufwandsentschädigung im Sinne des § 3 Nummer 12 erhalten;

---

[1] § 3 Nr. 40 Satz 1 Buchst. d Satz 2 neu gef. mWv VZ 2014 und Satz 3 geänd. mWv VZ 2013 durch AmtshilfeRLUmsG v. 26. 6. 2013 (BGBl. I S. 1809); zur Anwendung von § 3 Nr. 40 Buchst. d Satz 2 siehe § 52 Abs. 4 Satz 11. Satz 3 eingef., bish. Satz 3 wird Satz 4 mWv VZ 2020 durch ATADUmsG v. 25. 6. 2021 (BGBl. I S. 2035); zur Anwendung siehe § 52 Abs. 4 Satz 9.

[2] § 3 Nr. 40 Satz 4 angef. mWv VZ 2016 durch StÄndG 2015 v. 2. 11. 2015 (BGBl. I S. 1834).

[3] Zur Anwendung von § 3 Nr. 40 a siehe § 52 Abs. 4 Sätze 12 und 13.

[4] § 3 Nr. 44 Satz 1 geänd. mWv VZ 2011 durch StVereinfG 2011 v. 1. 11. 2011 (BGBl. I S. 2131).

[5] § 3 Nr. 45 neu gef. durch G v. 8. 5. 2012 (BGBl. I S. 1030). Nr. 45 Satz 2 angef. mWv 1. 1. 2015 durch ZollkodexAnpG v. 22. 12. 2014 (BGBl. I S. 2417).

46.[1] zusätzlich zum ohnehin geschuldeten Arbeitslohn vom Arbeitgeber gewährte Vorteile für das elektrische Aufladen eines Elektrofahrzeugs oder Hybridelektrofahrzeugs im Sinne des § 6 Absatz 1 Nummer 4 Satz 2 zweiter Halbsatz an einer ortsfesten betrieblichen Einrichtung des Arbeitgebers oder eines verbundenen Unternehmens (§ 15 des Aktiengesetzes) und für die zur privaten Nutzung überlassene betriebliche Ladevorrichtung;

47. Leistungen nach § 14a Absatz 4 und § 14b des Arbeitsplatzschutzgesetzes;

48.[2] Leistungen nach dem Unterhaltssicherungsgesetz mit Ausnahme der Leistungen nach § 6 des Unterhaltssicherungsgesetzes;

49.[3] *(aufgehoben)*

50. die Beträge, die der Arbeitnehmer vom Arbeitgeber erhält, um sie für ihn auszugeben (durchlaufende Gelder), und die Beträge, durch die Auslagen des Arbeitnehmers für den Arbeitgeber ersetzt werden (Auslagenersatz);

51. Trinkgelder, die anlässlich einer Arbeitsleistung dem Arbeitnehmer von Dritten freiwillig und ohne dass ein Rechtsanspruch auf sie besteht, zusätzlich zu dem Betrag gegeben werden, der für diese Arbeitsleistung zu zahlen ist;

52. *(weggefallen)*

53. die Übertragung von Wertguthaben nach § 7f Absatz 1 Satz 1 Nummer 2 des Vierten Buches Sozialgesetzbuch auf die Deutsche Rentenversicherung Bund. ② Die Leistungen aus dem Wertguthaben durch die Deutsche Rentenversicherung Bund gehören zu den Einkünften aus nichtselbständiger Arbeit im Sinne des § 19. ③ Von ihnen ist Lohnsteuer einzubehalten;

54. Zinsen aus Entschädigungsansprüchen für deutsche Auslandsbonds im Sinne der §§ 52 bis 54 des Bereinigungsgesetzes für deutsche Auslandsbonds in der im Bundesgesetzblatt Teil III, Gliederungsnummer 4139-2, veröffentlichten bereinigten Fassung, soweit sich die Entschädigungsansprüche gegen den Bund oder die Länder richten. ② Das Gleiche gilt für die Zinsen aus Schuldverschreibungen und Schuldbuchforderungen, die nach den §§ 9, 10 und 14 des Gesetzes zur näheren Regelung der Entschädigungsansprüche für Auslandsbonds in der im Bundesgesetzblatt Teil III, Gliederungsnummer 4139-3, veröffentlichten bereinigten Fassung vom Bund oder von den Ländern für Entschädigungsansprüche erteilt oder eingetragen werden;

55.[4] der in den Fällen des § 4 Absatz 2 Nummer 2 und Absatz 3 des Betriebsrentengesetzes vom 19. Dezember 1974 (BGBl. I S. 3610), das zuletzt durch Artikel 8 des Gesetzes vom 5. Juli 2004 (BGBl. I S. 1427) geändert worden ist, in der jeweils geltenden Fassung geleistete Übertragungswert nach § 4 Absatz 5 des Betriebsrentengesetzes, wenn die betriebliche Altersversorgung beim ehemaligen und neuen Arbeitgeber über einen Pensionsfonds, eine Pensionskasse oder ein Unternehmen der Lebensversicherung durchgeführt wird; dies gilt auch, wenn eine Versorgungsanwartschaft aus einer betrieblichen Altersversorgung auf Grund vertraglicher Vereinbarung ohne Fristerfordernis unverfallbar ist. ② Satz 1 gilt auch, wenn der Übertragungswert vom ehemaligen Arbeitgeber oder von einer Unterstützungskasse an den neuen Arbeitgeber oder eine andere Unterstützungskasse geleistet wird. ③ Die Leistungen des neuen Arbeitgebers, der Unterstützungskasse, des Pensionsfonds, der Pensionskasse oder des Unternehmens der Lebensversicherung auf Grund des Betrags nach Satz 1 und 2 gehören zu den Einkünften, zu denen die Leistungen gehören würden, wenn die Übertragung nach § 4 Absatz 2 Nummer 2 und Absatz 3 des Betriebsrentengesetzes nicht stattgefunden hätte;

55a.[5] die nach § 10 des Versorgungsausgleichsgesetzes vom 3. April 2009 (BGBl. I S. 700) in der jeweils geltenden Fassung (interne Teilung) durchgeführte Übertragung von Anrechten für die ausgleichsberechtigte Person zu Lasten von Anrechten der ausgleichspflichtigen Person. ② Die Leistungen aus diesen Anrechten gehören bei der ausgleichsberechtigten Person zu den Einkünften, zu denen die Leistungen bei der ausgleichspflichtigen Person gehören würden, wenn die interne Teilung nicht stattgefunden hätte;

55b.[6] der nach § 14 des Versorgungsausgleichsgesetzes (externe Teilung) geleistete Ausgleichswert zur Begründung von Anrechten für die ausgleichsberechtigte Person zu Lasten von Anrechten der ausgleichspflichtigen Person, soweit Leistungen aus diesen Anrechten zu steuerpflichtigen Einkünften nach den §§ 19, 20 und 22 führen würden. ② Satz 1 gilt nicht, soweit Leistungen, die auf dem begründeten Anrecht beruhen, bei der ausgleichsberechtigten Person zu Einkünften nach § 20 Absatz 1 Nummer 6 oder § 22 Nummer 1 Satz 3 Buchstabe a Doppelbuchstabe bb führen würden. ③ Der Versorgungsträger der ausgleichspflichtigen Person hat den

---

[1] § 3 Nr. 46 neu gef. durch G v. 7. 11. 2016 (BGBl. I S. 2498); zu erstmaligen und letztmaligen Anwendung siehe § 52 Abs. 4 Satz 16.

[2] § 3 Nr. 48 geänd. mWv 1. 11. 2015 durch G v. 29. 6. 2015 (BGBl. I S. 1061). Nr. 48 geänd. mWv 1. 1. 2020 durch JStG 2019 v. 12. 12. 2019 (BGBl. I S. 2451).

[3] § 3 Nr. 49 aufgeh. mWvVZ 2011 durch StVereinfG 2011 v. 1. 11. 2011 (BGBl. I S. 2131).

[4] § 3 Nr. 55 Satz 1 Halbs. 2 angef. mWvVZ 2018 durch BetrRentStG v. 17. 8. 2017 (BGBl. I S. 3214).

[5] Zu § 3 Nr. 55a siehe auch § 52 Abs. 28 Satz 9.

[6] Zu § 3 Nr. 55b siehe auch § 52 Abs. 28 Satz 9.

Versorgungsträger der ausgleichsberechtigten Person über die für die Besteuerung der Leistungen erforderlichen Grundlagen zu informieren. ④ Dies gilt nicht, wenn der Versorgungsträger der ausgleichsberechtigten Person die Grundlagen bereits kennt oder aus den bei ihm vorhandenen Daten feststellen kann und dieser Umstand dem Versorgungsträger der ausgleichspflichtigen Person mitgeteilt worden ist;

55 c.[1] Übertragungen von Altersvorsorgevermögen im Sinne des § 92 auf einen anderen auf den Namen des Steuerpflichtigen lautenden Altersvorsorgevertrag (§ 1 Absatz 1 Satz 1 Nummer 10 Buchstabe b des Altersvorsorgeverträge-Zertifizierungsgesetzes), soweit die Leistungen zu steuerpflichtigen Einkünften nach § 22 Nummer 5 führen würden. ② Dies gilt entsprechend,

a) wenn Anwartschaften aus einer betrieblichen Altersversorgung, die über einen Pensionsfonds, eine Pensionskasse oder ein Unternehmen der Lebensversicherung (Direktversicherung) durchgeführt wird, lediglich auf einen anderen Träger einer betrieblichen Altersversorgung in Form eines Pensionsfonds, einer Pensionskasse oder eines Unternehmens der Lebensversicherung (Direktversicherung) übertragen werden, soweit keine Zahlungen unmittelbar an den Arbeitnehmer erfolgen,

b) wenn Anwartschaften der betrieblichen Altersversorgung abgefunden werden, soweit das Altersvorsorgevermögen zugunsten eines auf den Namen des Steuerpflichtigen lautenden Altersvorsorgevertrages geleistet wird,

c) wenn im Fall des Todes des Steuerpflichtigen das Altersvorsorgevermögen auf einen auf den Namen des Ehegatten lautenden Altersvorsorgevertrag übertragen wird, wenn die Ehegatten im Zeitpunkt des Todes des Zulageberechtigten nicht dauernd getrennt gelebt haben (§ 26 Absatz 1) und ihren Wohnsitz oder gewöhnlichen Aufenthalt in einem Mitgliedstaat der Europäischen Union oder einem Staat hatten, auf den das Abkommen über den Europäischen Wirtschaftsraum anwendbar ist; dies gilt auch, wenn die Ehegatten ihren vor dem Zeitpunkt, ab dem das Vereinigte Königreich Großbritannien und Nordirland nicht mehr Mitgliedstaat der Europäischen Union ist und auch nicht wie ein solcher zu behandeln ist, begründeten Wohnsitz oder gewöhnlichen Aufenthalt im Vereinigten Königreich Großbritannien und Nordirland hatten und der Vertrag vor dem 23. Juni 2016 abgeschlossen worden ist;

55 d.[2] Übertragungen von Anrechten aus einem nach § 5 a Altersvorsorgeverträge-Zertifizierungsgesetz zertifizierten Vertrag auf einen anderen auf den Namen des Steuerpflichtigen lautenden nach § 5 a Altersvorsorgeverträge-Zertifizierungsgesetz zertifizierten Vertrag;

55 e.[3] die auf Grund eines Abkommens mit einer zwischen- oder überstaatlichen Einrichtung übertragenen Werte von Anrechten auf Altersversorgung, soweit diese zur Begründung von Anrechten auf Altersversorgung bei einer zwischen- oder überstaatlichen Einrichtung dienen. ② Die Leistungen auf Grund des Betrags nach Satz 1 gehören zu den Einkünften, zu denen die Leistungen gehören, die die übernehmende Versorgungseinrichtung im Übrigen erbringt;

56.[4] Zuwendungen des Arbeitgebers nach § 19 Absatz 1 Satz 1 Nummer 3 Satz 1 aus dem ersten Dienstverhältnis an eine Pensionskasse zum Aufbau einer nicht kapitalgedeckten betrieblichen Altersversorgung, bei der eine Auszahlung der zugesagten Alters-, Invaliditäts- oder Hinterbliebenenversorgung entsprechend § 82 Absatz 2 Satz 2 vorgesehen ist, soweit diese Zuwendungen im Kalenderjahr 2 Prozent der Beitragsbemessungsgrenze in der allgemeinen Rentenversicherung nicht übersteigen. ② Der in Satz 1 genannte Höchstbetrag erhöht sich ab 1. Januar 2020 auf 3 Prozent und ab 1. Januar 2025 auf 4 Prozent der Beitragsbemessungsgrenze in der allgemeinen Rentenversicherung. ③ Die Beträge nach den Sätzen 1 und 2 sind jeweils um die nach § 3 Nummer 63 Satz 1, 3 oder Satz 4 steuerfreien Beträge zu mindern;

57. die Beträge, die die Künstlersozialkasse zugunsten des nach dem Künstlersozialversicherungsgesetz Versicherten aus dem Aufkommen von Künstlersozialabgabe und Bundeszuschuss an einen Träger der Sozialversicherung oder an den Versicherten zahlt;

58. das Wohngeld nach dem Wohngeldgesetz, die sonstigen Leistungen aus öffentlichen Haushalten oder Zweckvermögen zur Senkung der Miete oder Belastung im Sinne des § 11 Absatz 2 Nummer 4 des Wohngeldgesetzes sowie öffentliche Zuschüsse zur Deckung laufender Aufwendungen und Zinsvorteile bei Darlehen, die aus öffentlichen Haushalten gewährt werden, für eine zu eigenen Wohnzwecken genutzte Wohnung im eigenen Haus oder eine zu eigenen Wohnzwecken genutzte Eigentumswohnung, soweit die Zuschüsse und Zinsvorteile die Vorteile aus einer entsprechenden Förderung mit öffentlichen Mitteln nach dem *Zweiten Wohnungsbaugesetz,*[5] dem Wohnraumförderungsgesetz oder einem Landesgesetz zur Wohnraum-

---

[1] § 3 Nr. 55 c eingef. mWv VZ 2011 durch BeitrRLUmsG v. 7. 12. 2011 (BGBl. I S. 2592). Nr. 55 c Buchstabe a eingef. mWv VZ 2018 (bish. Buchst. a und b werden Buchst. b und c) durch BetrRentStG v. 17. 8. 2017 (BGBl. I S. 3214). Nr. 55 c Satz 2 Buchst. c letzter Satzteil angefügt mWv 29. 3. 2019 durch Brexit-StBG v. 25. 3. 2019 (BGBl. I S. 357).

[2] § 3 Nr. 55 d eingef. mWv VZ 2011 durch BeitrRLUmsG v. 7. 12. 2011 (BGBl. I S. 2592).

[3] § 3 Nr. 55 e eingef. durch BeitrRLUmsG v. 7. 12. 2011 (BGBl. I S. 2592).

[4] § 3 Nr. 56 Sätze 1 und 2 geänd. mWv VZ 2018 durch BetrRentStG v. 17. 8. 2017 (BGBl. I S. 3214). Nr. 56 Satz 1 geänd. mWv VZ 2018 durch „JStG 2018" v. 11. 12. 2018 (BGBl. I S. 2338).

[5] Zweites Wohnungsbaugesetz aufgeh. mWv 1. 1. 2002; zur weiteren Anwendung siehe § 48 des Wohnraumförderungsgesetzes v. 13. 9. 2001 (BGBl. I S. 2376).

förderung nicht überschreiten, der Zuschuss für die Wohneigentumsbildung in innerstädtischen Altbauquartieren nach den Regelungen zum Stadtumbau Ost in den Verwaltungsvereinbarungen über die Gewährung von Finanzhilfen des Bundes an die Länder nach Artikel 104 a Absatz 4 des Grundgesetzes zur Förderung städtebaulicher Maßnahmen;

59. die Zusatzförderung nach § 88 e des *Zweiten Wohnungsbaugesetzes*[1] und nach § 51 f des Wohnungsbaugesetzes für das Saarland und Geldleistungen, die ein Mieter zum Zwecke der Wohnkostenentlastung nach dem Wohnraumförderungsgesetz oder einem Landesgesetz zur Wohnraumförderung erhält, soweit die Einkünfte dem Mieter zuzurechnen sind, und die Vorteile aus einer mietweisen Wohnungsüberlassung im Zusammenhang mit einem Arbeitsverhältnis, soweit sie die Vorteile aus einer entsprechenden Förderung nach dem *Zweiten Wohnungsbaugesetz,*[2] nach dem Wohnraumförderungsgesetz oder einem Landesgesetz zur Wohnraumförderung nicht überschreiten;

60.[3] das Anpassungsgeld für Arbeitnehmer der Braunkohlekraftwerke und -tagebaue sowie Steinkohlekraftwerke, die aus Anlass einer Stilllegungsmaßnahme ihren Arbeitsplatz verloren haben;

[alte Fassung: *Leistungen aus öffentlichen Mitteln an Arbeitnehmer des Steinkohlen-, Pechkohlen- und Erzbergbaues, des Braunkohlentiefbaues und der Eisen- und Stahlindustrie aus Anlass von Stilllegungs-, Einschränkungs-, Umstellungs- oder Rationalisierungsmaßnahmen;***]**[4]

61. Leistungen nach § 4 Absatz 1 Nummer 2, § 7 Absatz 3, §§ 9, 10 Absatz 1, §§ 13, 15 des Entwicklungshelfer-Gesetzes;

62.[5] Ausgaben des Arbeitgebers für die Zukunftssicherung des Arbeitnehmers, soweit der Arbeitgeber dazu nach sozialversicherungsrechtlichen oder anderen gesetzlichen Vorschriften oder nach einer auf gesetzlicher Ermächtigung beruhenden Bestimmung verpflichtet ist, und es sich nicht um Zuwendungen oder Beiträge des Arbeitgebers nach den Nummern 56, 63 und 63 a handelt. ② Den Ausgaben des Arbeitgebers für die Zukunftssicherung, die auf Grund gesetzlicher Verpflichtung geleistet werden, werden gleichgestellt Zuschüsse des Arbeitgebers zu den Aufwendungen des Arbeitnehmers
   a) für eine Lebensversicherung,
   b) für die freiwillige Versicherung in der gesetzlichen Rentenversicherung,
   c) für eine öffentlich-rechtliche Versicherungs- oder Versorgungseinrichtung seiner Berufsgruppe,

   wenn der Arbeitnehmer von der Versicherungspflicht in der gesetzlichen Rentenversicherung befreit worden ist. ③ Die Zuschüsse sind nur insoweit steuerfrei, als sie insgesamt bei Befreiung von der Versicherungspflicht in der allgemeinen Rentenversicherung die Hälfte und bei Befreiung von der Versicherungspflicht in der knappschaftlichen Rentenversicherung zwei Drittel der Gesamtaufwendungen des Arbeitnehmers nicht übersteigen und nicht höher sind als der Betrag, der als Arbeitgeberanteil bei Versicherungspflicht in der allgemeinen Rentenversicherung oder in der knappschaftlichen Rentenversicherung zu zahlen wäre;

63.[6] Beiträge des Arbeitgebers aus dem ersten Dienstverhältnis an einen Pensionsfonds, eine Pensionskasse oder für eine Direktversicherung zum Aufbau einer kapitalgedeckten betrieblichen Altersversorgung, bei der eine Auszahlung der zugesagten Alters-, Invaliditäts- oder Hinterbliebenenversorgungsleistungen entsprechend § 82 Absatz 2 Satz 2 vorgesehen ist, soweit die Beiträge im Kalenderjahr 8 Prozent der Beitragsbemessungsgrenze in der allgemeinen Rentenversicherung nicht übersteigen. ② Dies gilt nicht, soweit der Arbeitnehmer nach § 1 a Absatz 3 des Betriebsrentengesetzes verlangt hat, dass die Voraussetzungen für eine Förderung nach § 10 a oder Abschnitt XI erfüllt werden. ③ Aus Anlass der Beendigung des Dienstverhältnisses geleistete Beiträge im Sinne des Satzes 1 sind steuerfrei, soweit sie 4 Prozent der Beitragsbemessungsgrenze in der allgemeinen Rentenversicherung, vervielfältigt mit der Anzahl der Kalenderjahre, in denen das Dienstverhältnis des Arbeitnehmers zu dem Arbeitgeber bestanden hat, höchstens jedoch zehn Kalenderjahre, nicht übersteigen. ④ Beiträge im Sinne des Satzes 1, die für Kalenderjahre nachgezahlt werden, in denen das erste Dienstverhältnis ruhte und vom Arbeitgeber im Inland kein steuerpflichtiger Arbeitslohn bezogen wurde, sind steuerfrei, soweit sie 8 Prozent der Beitragsbemessungsgrenze in der allgemeinen Rentenversicherung, vervielfältigt mit der Anzahl dieser Kalenderjahre, höchstens jedoch zehn Kalenderjahre, nicht übersteigen.

63 a.[7] Sicherungsbeiträge des Arbeitgebers nach § 23 Absatz 1 des Betriebsrentengesetzes, soweit sie nicht unmittelbar dem einzelnen Arbeitnehmer gutgeschrieben oder zugerechnet werden;

---

[1] Zweites Wohnungsbaugesetz aufgeh. mWv 1. 1. 2002; zur weiteren Anwendung siehe § 48 des Wohnraumförderungsgesetzes v. 13. 9. 2001 (BGBl. I S. 2376).

[2] Zweites Wohnungsbaugesetz aufgeh. mWv 1. 1. 2002; zur weiteren Anwendung siehe § 48 des Wohnraumförderungsgesetzes v. 13. 9. 2001 (BGBl. I S. 2376).

[3] § 3 Nr. 60 neu gef. mWvVZ 2020 durch G v. 8. 8. 2020 (BGBl. I S. 1818).

[4] Zur weiteren Anwendung der alten Fassung siehe § 52 Abs. 4 Satz 15.

[5] § 3 Nr. 62 Sätze 1 und 3 geänd. sowie Satz 4 aufgeh. mWvVZ 2018 durch BetrRentStG v. 17. 8. 2017 (BGBl. I S. 3214).

[6] Zur Anwendung von § 3 Nr. 63 siehe § 52 Abs. 4 Sätze 16 und 17. Nr. 63 Satz 1 geänd. und Sätze 3 und 4 neu gef. mWv VZ 2018 durch BetrRentStG v. 17. 8. 2017 (BGBl. I S. 3214). Nr. 63 Satz 1 geänd. mWv VZ 2018 durch „JStG 2018" v. 11. 12. 2018 (BGBl. I S. 2338).

[7] § 3 Nr. 63 a eingef. mWvVZ 2018 durch BetrRentStG v. 17. 8. 2017 (BGBl. I S. 3214).

64. bei Arbeitnehmern, die zu einer inländischen juristischen Person des öffentlichen Rechts in einem Dienstverhältnis stehen und dafür Arbeitslohn aus einer inländischen öffentlichen Kasse beziehen, die Bezüge für eine Tätigkeit im Ausland insoweit, als sie den Arbeitslohn übersteigen, der dem Arbeitnehmer bei einer gleichwertigen Tätigkeit am Ort der zahlenden öffentlichen Kasse zustehen würde. ② Satz 1 gilt auch, wenn das Dienstverhältnis zu einer anderen Person besteht, die den Arbeitslohn entsprechend den im Sinne des Satzes 1 geltenden Vorschriften ermittelt, der Arbeitslohn aus einer öffentlichen Kasse gezahlt wird und ganz oder im Wesentlichen aus öffentlichen Mitteln aufgebracht wird. ③ Bei anderen für einen begrenzten Zeitraum in das Ausland entsandten Arbeitnehmern, die dort einen Wohnsitz oder gewöhnlichen Aufenthalt haben, ist der ihnen von einem inländischen Arbeitgeber gewährte Kaufkraftausgleich steuerfrei, soweit er den für vergleichbare Auslandsdienstbezüge nach § 55[1] des Bundesbesoldungsgesetzes zulässigen Betrag nicht übersteigt;

65.[2] a) Beiträge des Trägers der Insolvenzsicherung (§ 14 des Betriebsrentengesetzes) zugunsten eines Versorgungsberechtigten und seiner Hinterbliebenen an ein Unternehmen der Lebensversicherung zur Ablösung von Verpflichtungen, die der Träger der Insolvenzsicherung im Sicherungsfall gegenüber dem Versorgungsberechtigten und seinen Hinterbliebenen hat,

b) Leistungen zur Übernahme von Versorgungsleistungen oder unverfallbaren Versorgungsanwartschaften durch eine Pensionskasse oder ein Unternehmen der Lebensversicherung in den in § 4 Absatz 4 des Betriebsrentengesetzes bezeichneten Fällen,

c) der Erwerb von Ansprüchen durch den Arbeitnehmer gegenüber einem Dritten im Falle der Eröffnung des Insolvenzverfahrens oder in den Fällen des § 7 Absatz 1 Satz 4 des Betriebsrentengesetzes, soweit der Dritte neben dem Arbeitgeber für die Erfüllung von Ansprüchen auf Grund bestehender Versorgungsverpflichtungen oder Versorgungsanwartschaften gegenüber dem Arbeitnehmer und dessen Hinterbliebenen einsteht; dies gilt entsprechend, wenn der Dritte für Wertguthaben aus einer Vereinbarung über die Altersteilzeit nach dem Altersteilzeitgesetz vom 23. Juli 1996 (BGBl. I S. 1078), zuletzt geändert durch Artikel 234 der Verordnung vom 31. Oktober 2006 (BGBl. I S. 2407), in der jeweils geltenden Fassung oder auf Grund von Wertguthaben aus einem Arbeitszeitkonto in den im ersten Halbsatz genannten Fällen für den Arbeitgeber einsteht und

d) der Erwerb von Ansprüchen durch den Arbeitnehmer im Zusammenhang mit dem Eintritt in die Versicherung nach § 8 Absatz 2 des Betriebsrentengesetzes.

② In den Fällen nach Buchstabe a, b und c gehören die Leistungen der Pensionskasse, des Unternehmens der Lebensversicherung oder des Dritten zu den Einkünften, zu denen jene Leistungen gehören würden, die ohne Eintritt eines Falles nach Buchstabe a, b und c zu erbringen wären. ③ Soweit sie zu den Einkünften aus nichtselbständiger Arbeit im Sinne des § 19 gehören, ist von ihnen Lohnsteuer einzubehalten. ④ Für die Erhebung der Lohnsteuer gelten die Pensionskasse, das Unternehmen der Lebensversicherung oder der Dritte als Arbeitgeber und der Leistungsempfänger als Arbeitnehmer; ⑤ Im Fall des Buchstaben d gehören die Versorgungsleistungen des Unternehmens der Lebensversicherung oder der Pensionskasse, soweit sie auf Beiträgen beruhen, die bis zum Eintritt des Arbeitnehmers in die Versicherung geleistet wurden, zu den sonstigen Einkünften im Sinne des § 22 Nummer 5 Satz 1; soweit der Arbeitnehmer in den Fällen des § 8 Absatz 2 des Betriebsrentengesetzes die Versicherung mit eigenen Beiträgen fortgesetzt hat, sind die auf diesen Beiträgen beruhenden Versorgungsleistungen sonstige Einkünfte im Sinne des § 22 Nummer 5 Satz 1 oder Satz 2;

66. Leistungen eines Arbeitgebers oder einer Unterstützungskasse an einen Pensionsfonds zur Übernahme bestehender Versorgungsverpflichtungen oder Versorgungsanwartschaften durch den Pensionsfonds, wenn ein Antrag nach § 4d Absatz 3 oder § 4e Absatz 3 gestellt worden ist;

67.[3] a) das Erziehungsgeld nach dem Bundeserziehungsgeldgesetz und vergleichbare Leistungen der Länder,

b) das Elterngeld nach dem Bundeselterngeld- und Elternzeitgesetz und vergleichbare Leistungen der Länder,

c) Leistungen für Kindererziehung an Mütter der Geburtsjahrgänge vor 1921 nach den §§ 294 bis 299 des Sechsten Buches Sozialgesetzbuch sowie

d) Zuschläge, die nach den §§ 50a bis 50e des Beamtenversorgungsgesetzes oder nach den §§ 96 bis 100 des Soldatenversorgungsgesetzes oder nach vergleichbaren Regelungen der Länder für ein vor dem 1. Januar 2015 geborenes Kind oder für eine vor dem 1. Januar 2015 begonnene Zeit der Pflege einer pflegebedürftigen Person zu gewähren sind; im Falle des Zusammentreffens von Zeiten für mehrere Kinder nach § 50b des Beamtenversor-

[1] Verweis geänd. mWv 1. 7. 2010 durch G v. 5. 2. 2009 (BGBl. I S. 160).

[2] § 3 Nr. 65 Satz 1 Buchst. b und c geänd., Buchst. d eingef. und Satz 5 angef. mWv VZ 2018 durch BetrRentStG v. 17. 8. 2017 (BGBl. I S. 3214); Buchst. a, Buchst. d und Satz 5 geänd. mWv 2022 durch JStG 2022 v. 16. 12. 2022 (BGBl. I S. 2294).

[3] § 3 Nr. 67 neu gef. mWv 1. 1. 2015 durch ZollkodexAnpG v. 22. 12. 2014 (BGBl. I S. 2417). Nr. 67 Buchst. d geänd. mWv 1. 1. 2025 durch G v. 20. 8. 2021 (BGBl. I S. 3932).

gungsgesetzes oder § 97 des Soldatenversorgungsgesetzes oder nach vergleichbaren Regelungen der Länder gilt dies, wenn eines der Kinder vor dem 1. Januar 2015 geboren ist;

68. die Hilfen nach dem Gesetz über die Hilfe für durch Anti-D-Immunprophylaxe mit dem Hepatitis-C-Virus infizierte Personen vom 2. August 2000 (BGBl. I S. 1270);
69. die von der Stiftung „Humanitäre Hilfe für durch Blutprodukte HIV-infizierte Personen" nach dem HIV-Hilfegesetz vom 24. Juli 1995 (BGBl. I S. 972) gewährten Leistungen;
70. die Hälfte
    a) der Betriebsvermögensmehrungen oder Einnahmen aus der Veräußerung von Grund und Boden und Gebäuden, die am 1. Januar 2007 mindestens fünf Jahre zum Anlagevermögen eines inländischen Betriebsvermögens des Steuerpflichtigen gehören, wenn diese auf Grund eines nach dem 31. Dezember 2006 und vor dem 1. Januar 2010 rechtswirksam abgeschlossenen obligatorischen Vertrages an eine REIT-Aktiengesellschaft oder einen Vor-REIT veräußert werden,
    b) der Betriebsvermögensmehrungen, die auf Grund der Eintragung eines Steuerpflichtigen in das Handelsregister als REIT-Aktiengesellschaft im Sinne des REIT-Gesetzes vom 28. Mai 2007 (BGBl. I S. 914) durch Anwendung des § 13 Absatz 1 und 3 Satz 1 des Körperschaftsteuergesetzes auf Grund und Boden und Gebäude entstehen, wenn diese Wirtschaftsgüter vor dem 1. Januar 2005 angeschafft oder hergestellt wurden, und die Schlussbilanz im Sinne des § 13 Absatz 1 und 3 des Körperschaftsteuergesetzes auf einen Zeitpunkt vor dem 1. Januar 2010 aufzustellen ist.

    ② Satz 1 ist nicht anzuwenden,
    a) wenn der Steuerpflichtige den Betrieb veräußert oder aufgibt und der Veräußerungsgewinn nach § 34 besteuert wird,
    b) soweit der Steuerpflichtige von den Regelungen der §§ 6 b und 6 c Gebrauch macht,
    c) soweit der Ansatz des niedrigeren Teilwerts in vollem Umfang zu einer Gewinnminderung geführt hat und soweit diese Gewinnminderung nicht durch den Ansatz eines Werts, der sich nach § 6 Absatz 1 Nummer 1 Satz 4 ergibt, ausgeglichen worden ist,
    d) wenn im Fall des Satzes 1 Buchstabe a der Buchwert zuzüglich der Veräußerungskosten den Veräußerungserlös oder im Fall des Satzes 1 Buchstabe b der Buchwert den Teilwert übersteigt. ② Ermittelt der Steuerpflichtige den Gewinn nach § 4 Absatz 3, treten an die Stelle des Buchwerts die Anschaffungs- oder Herstellungskosten verringert um die vorgenommenen Absetzungen für Abnutzung oder Substanzverringerung,
    e) soweit vom Steuerpflichtigen in der Vergangenheit Abzüge bei den Anschaffungs- oder Herstellungskosten von Wirtschaftsgütern im Sinne des Satzes 1 nach § 6 b oder ähnliche Abzüge voll steuerwirksam vorgenommen worden sind,
    f) wenn es sich um eine Übertragung im Zusammenhang mit Rechtsvorgängen handelt, die dem Umwandlungssteuergesetz unterliegen und die Übertragung zu einem Wert unterhalb des gemeinen Werts erfolgt.

    ③ Die Steuerbefreiung entfällt rückwirkend, wenn
    a) innerhalb eines Zeitraums von vier Jahren seit dem Vertragsschluss im Sinne des Satzes 1 Buchstabe a der Erwerber oder innerhalb eines Zeitraums von vier Jahren nach dem Stichtag der Schlussbilanz im Sinne des Satzes 1 Buchstabe b die REIT-Aktiengesellschaft den Grund und Boden oder das Gebäude veräußert,
    b)[1] der Vor-REIT oder ein anderer Vor-REIT als sein Gesamtrechtsnachfolger den Status als Vor-REIT gemäß § 10 Absatz 3 Satz 1 des REIT-Gesetzes verliert,
    c) die REIT-Aktiengesellschaft innerhalb eines Zeitraums von vier Jahren seit dem Vertragsschluss im Sinne des Satzes 1 Buchstabe a oder nach dem Stichtag der Schlussbilanz im Sinne des Satzes 1 Buchstabe b in keinem Veranlagungszeitraum die Voraussetzungen für die Steuerbefreiung erfüllt,
    d) die Steuerbefreiung der REIT-Aktiengesellschaft innerhalb eines Zeitraums von vier Jahren seit dem Vertragsschluss im Sinne des Satzes 1 Buchstabe a oder nach dem Stichtag der Schlussbilanz im Sinne des Satzes 1 Buchstabe b endet,
    e) das Bundeszentralamt für Steuern dem Erwerber im Sinne des Satzes 1 Buchstabe a den Status als Vor-REIT im Sinne des § 2 Satz 4 des REIT-Gesetzes vom 28. Mai 2007 (BGBl. I S. 914) bestandskräftig aberkannt hat.

    ④ Die Steuerbefreiung entfällt auch rückwirkend, wenn die Wirtschaftsgüter im Sinne des Satzes 1 Buchstabe a vom Erwerber an den Veräußerer oder eine ihm nahe stehende Person im Sinne des § 1 Absatz 2 des Außensteuergesetzes überlassen werden und der Veräußerer oder eine ihm nahe stehende Person im Sinne des § 1 Absatz 2 des Außensteuergesetzes nach Ablauf einer Frist von zwei Jahren seit Eintragung des Erwerbers als REIT-Aktiengesellschaft in das Handelsregister an dieser mittelbar oder unmittelbar zu mehr als 50 Prozent beteiligt ist. ⑤ Der Grundstückserwerber haftet für die sich aus dem rückwirkenden Wegfall der Steuerbefreiung ergebenden Steuern;

[1] § 3 Nr. 70 Satz 3 Buchst. b neu gef. durch OGAW-IV-UmsG v. 22. 6. 2011 (BGBl. I S. 1126).

71.[1] der aus einer öffentlichen Kasse gezahlte Zuschuss

a) für den Erwerb eines Anteils an einer Kapitalgesellschaft oder einer eingetragenen Genossenschaft in Höhe von bis zu 25 Prozent der Anschaffungskosten, höchstens jedoch 100 000 Euro. ② Voraussetzung ist, dass

aa)[2] der Anteil an der Kapitalgesellschaft oder der eingetragenen Genossenschaft länger als drei Jahre gehalten wird,

bb)[3] die Kapitalgesellschaft oder die eingetragene Genossenschaft, deren Anteil erworben wird,

aaa) nicht älter ist als sieben Jahre, wobei das Datum der Eintragung der Gesellschaft in das Handelsregister oder in das Genossenschaftsregister maßgeblich ist,

bbb) weniger als 50 Mitarbeiter (Vollzeitäquivalente) hat,

ccc) einen Jahresumsatz oder eine Jahresbilanzsumme von höchstens 10 Millionen Euro hat und

ddd) nicht an einem regulierten Markt notiert ist und keine solche Notierung vorbereitet,

cc) der Zuschussempfänger das 18. Lebensjahr vollendet hat oder eine GmbH oder Unternehmergesellschaft ist, bei der mindestens ein Gesellschafter das 18. Lebensjahr vollendet hat und

dd) für den Erwerb des Anteils kein Fremdkapital eingesetzt wird. ② Wird der Anteil von einer GmbH oder Unternehmergesellschaft im Sinne von Doppelbuchstabe cc erworben, gehören auch solche Darlehen zum Fremdkapital, die der GmbH oder Unternehmergesellschaft von ihren Anteilseignern gewährt werden und die von der GmbH oder Unternehmergesellschaft zum Erwerb des Anteils eingesetzt werden.

b)[4] anlässlich der Veräußerung eines Anteils an einer Kapitalgesellschaft oder an einer eingetragenen Genossenschaft im Sinne von Buchstabe a in Höhe von 25 Prozent des Veräußerungsgewinns, wenn

aa) der Veräußerer eine natürliche Person ist,

bb) bei Erwerb des veräußerten Anteils bereits ein Zuschuss im Sinne von Buchstabe a gezahlt und nicht zurückgefordert wurde,

cc) der veräußerte Anteil frühestens drei Jahre (Mindesthaltedauer) und spätestens zehn Jahre (Höchsthaltedauer) nach Anteilserwerb veräußert wurde,

dd) der Veräußerungsgewinn nach Satz 2 mindestens 2000 Euro beträgt und

ee)[5] der Zuschuss auf 25 Prozent der Anschaffungskosten begrenzt ist.

② Veräußerungsgewinn im Sinne von Satz 1 ist der Betrag, um den der Veräußerungspreis die Anschaffungskosten einschließlich eines gezahlten Agios übersteigt. ③ Erwerbsneben- und Veräußerungskosten sind nicht zu berücksichtigen;

72.[6] ① die Einnahmen und Entnahmen im Zusammenhang mit dem Betrieb von auf, an oder in Gebäuden (einschließlich Nebengebäuden) vorhandenen Photovoltaikanlagen, wenn die installierte Bruttoleistung laut Marktstammdatenregister bis zu 30 Kilowatt (peak) je Wohn- oder Gewerbeeinheit und insgesamt höchstens 100 Kilowatt (peak) pro Steuerpflichtigem oder Mitunternehmerschaft beträgt. ② Werden Einkünfte nach § 2 Absatz 1 Satz 1 Nummer 2 erzielt und sind die aus dieser Tätigkeit erzielten Einnahmen insgesamt steuerfrei nach Satz 1, ist kein Gewinn zu ermitteln. ③ In den Fällen des Satzes 2 ist § 15 Absatz 3 Nummer 1 nicht anzuwenden.

§ 3 a[7] Sanierungserträge

(1) ① Betriebsvermögensmehrungen oder Betriebseinnahmen aus einem Schuldenerlass zum Zwecke einer unternehmensbezogenen Sanierung im Sinne des Absatzes 2 (Sanierungsertrag) sind steuerfrei. ② Sind Betriebsvermögensmehrungen oder Betriebseinnahmen aus einem Schuldenerlass nach Satz 1 steuerfrei, sind steuerliche Wahlrechte in dem Jahr, in dem ein Sanierungsertrag erzielt wird (Sanierungsjahr) und im Folgejahr im zu sanierenden Unternehmen gewinnmindernd auszuüben. ③ Insbesondere ist der niedrigere Teilwert, der nach § 6 Absatz 1 Nummer 1 Satz 2 und Nummer 2 Satz 2 angesetzt werden kann, im Sanierungsjahr und im Folgejahr anzusetzen.

---

[1] § 3 Nr. 71 neu gef. mWv VZ 2017 durch SchädlStPraktG v. 27. 6. 2017 (BGBl. I S. 2074); zur erstmaligen Anwendung siehe § 52 Abs. 4 Sätze 18 und 19; Buchst. a Satz 1 geänd. mWv VZ 2022 durch JStG 2022 v. 16. 12. 2022 (BGBl. I S. 2294); Buchst. a Satz 1 geänd. mWv VZ 2023 durch ZuFinG v. 11. 12. 2023 (BGBl. I Nr. 354); zur Anwendung siehe § 52 Abs. 4 Satz 27.

[2] § 3 Nr. 71 Buchst. a Satz 2 Doppelbuchst. aa geänd. mWv VZ 2023 durch ZuFinG v. 11. 12. 2023 (BGBl. I Nr. 354); zur Anwendung siehe § 52 Abs. 4 Satz 27.

[3] § 3 Nr. 71 Buchst. a Satz 2 Doppelbuchst. bb einl. Satzteil und Dreifachbuchst. aaa geänd. mWv VZ 2023 durch ZuFinG v. 11. 12. 2023 (BGBl. I Nr. 354); zur Anwendung siehe § 52 Abs. 4 Satz 27.

[4] § 3 Nr. 71 Buchst. b einl. Satzteil geänd. mWv VZ 2023 durch ZuFinG v. 11. 12. 2023 (BGBl. I Nr. 354); zur Anwendung siehe § 52 Abs. 4 Satz 27.

[5] § 3 Nr. 71 Buchst. b Doppelbuchst. ee geänd. mWv VZ 2023 durch ZuFinG v. 11. 12. 2023 (BGBl. I Nr. 354); zur Anwendung siehe § 52 Abs. 4 Satz 27.

[6] § 3 Nr. 72 angef. mWv VZ 2022 durch JStG 2022 v. 16. 12. 2022 (BGBl. I S. 2294). Satz 1 neu gef. mWv VZ 2025 durch JStG 2024 v. 2. 12. 2024 (BGBl. I Nr. 387); zur Anwendung siehe § 52 Abs. 4 Satz 29.

[7] § 3 a eingef. durch SchädlStPraktG v. 27. 6. 2017 (BGBl. I S. 2074); zur Anwendung siehe § 52 Abs. 4 a.

(2) Eine unternehmensbezogene Sanierung liegt vor, wenn der Steuerpflichtige für den Zeitpunkt des Schuldenerlasses die Sanierungsbedürftigkeit und die Sanierungsfähigkeit des Unternehmens, die Sanierungseignung des betrieblich begründeten Schuldenerlasses und die Sanierungsabsicht der Gläubiger nachweist.

(3) ① Nicht abziehbare Beträge im Sinne des § 3 c Absatz 4, die in Veranlagungszeiträumen vor dem Sanierungsjahr und im Sanierungsjahr anzusetzen sind, mindern den Sanierungsertrag. ② Dieser Betrag mindert nacheinander

1. den auf Grund einer Verpflichtungsübertragung im Sinne des § 4 f Absatz 1 Satz 1 in den dem Wirtschaftsjahr der Übertragung nachfolgenden 14 Jahren verteilt abziehbaren Aufwand des zu sanierenden Unternehmens, es sei denn, der Aufwand ist gemäß § 4 f Absatz 1 Satz 7 auf einen Rechtsnachfolger übergegangen, der die Verpflichtung übernommen hat und insoweit der Regelung des § 5 Absatz 7 unterliegt. ② Entsprechendes gilt in Fällen des § 4 f Absatz 2;
2. den nach § 15 a ausgleichsfähigen oder verrechenbaren Verlust des Unternehmers (Mitunternehmers) des zu sanierenden Unternehmens des Sanierungsjahrs;
3. den zum Ende des dem Sanierungsjahr vorangegangenen Wirtschaftsjahrs nach § 15 a festgestellten verrechenbaren Verlust des Unternehmers (Mitunternehmers) des zu sanierenden Unternehmens;
4. den nach § 15 b ausgleichsfähigen oder verrechenbaren Verlust derselben Einkunftsquelle des Unternehmers (Mitunternehmers) des Sanierungsjahrs; bei der Verlustermittlung bleibt der Sanierungsertrag unberücksichtigt;
5. den zum Ende des dem Sanierungsjahr vorangegangenen Jahrs nach § 15 b festgestellten verrechenbaren Verlust derselben Einkunftsquelle des Unternehmers (Mitunternehmers);
6. den nach § 15 Absatz 4 ausgleichsfähigen oder nicht abziehbaren Verlust des zu sanierenden Unternehmens des Sanierungsjahrs;
7. den zum Ende des dem Sanierungsjahr vorangegangenen Jahrs nach § 15 Absatz 4 festgestellten in Verbindung mit § 10 d Absatz 4 verbleibenden Verlustvortrag, soweit er auf das zu sanierende Unternehmen entfällt;
8. den Verlust des Sanierungsjahrs des zu sanierenden Unternehmens;
9. den ausgleichsfähigen Verlust aus allen Einkunftsarten des Veranlagungszeitraums, in dem das Sanierungsjahr endet;
10. im Sanierungsjahr ungeachtet des § 10 d Absatz 2 den nach § 10 d Absatz 4 zum Ende des Vorjahrs gesondert festgestellten Verlustvortrag;
11. in der nachfolgenden Reihenfolge den zum Ende des Vorjahrs festgestellten und den im Sanierungsjahr entstehenden verrechenbaren Verlust oder die negativen Einkünfte
    a) nach § 15 a,
    b) nach § 15 b anderer Einkunftsquellen,
    c) nach § 15 Absatz 4 anderer Betriebe und Mitunternehmeranteile,
    d) nach § 2 a,
    e) nach § 2 b,
    f) nach § 23 Absatz 3 Satz 7 und 8,
    g) nach sonstigen Vorschriften;
12.[1] ungeachtet der Beträge des § 10 d Absatz 1 Satz 1 die negativen Einkünfte nach § 10 d Absatz 1 Satz 1 des Folgejahrs und die negativen Einkünfte nach § 10 d Absatz 1 Satz 2 des zweiten Folgejahrs. ② Ein Verlustrücktrag nach § 10 d Absatz 1 Satz 1 und 2 ist nur möglich, soweit die Beträge nach § 10 d Absatz 1 Satz 1 und 2 durch den verbleibenden Sanierungsertrag im Sinne des Satzes 4 nicht überschritten werden;
13. den zum Ende des Vorjahrs festgestellten und den im Sanierungsjahr entstehenden
    a) Zinsvortrag nach § 4 h Absatz 1 Satz 5,
    b) EBITDA-Vortrag nach § 4 h Absatz 1 Satz 3. ② Die Minderung des EBITDA-Vortrags des Sanierungsjahrs und der EBITDA-Vorträge aus vorangegangenen Wirtschaftsjahren erfolgt in ihrer zeitlichen Reihenfolge.

③ Übersteigt der geminderte Sanierungsertrag nach Satz 1 die nach Satz 2 mindernden Beträge, mindern sich insoweit nach Maßgabe des Satzes 2 auch der verteilt abziehbare Aufwand, Verluste, negative Einkünfte, Zinsvorträge oder EBITDA-Vorträge einer dem Steuerpflichtigen nahestehenden Person, wenn diese die erlassenen Schulden innerhalb eines Zeitraums von fünf Jahren vor dem Schuldenerlass auf das zu sanierende Unternehmen übertragen hat und soweit der entsprechende verteilt abziehbare Aufwand, die Verluste, negativen Einkünfte, Zinsvorträge oder EBITDA-Vorträge zum Ablauf des Wirtschaftsjahrs der Übertragung bereits entstanden waren. ④ Der sich nach den Sätzen 2 und 3 ergebende Betrag ist der verbleibende Sanierungsertrag. ⑤ Die nach den Sätzen 2 und 3 mindernden Beträge bleiben endgültig außer Ansatz und nehmen an den entsprechenden Feststellungen der verrechenbaren Verluste, verbleibenden Verlustvorträge und sonstigen Feststellungen nicht teil.

[1] § 3 a Abs. 3 Satz 2 Nr. 12 neu gef. mWv VZ 2022 durch G v. 19. 6. 2022 (BGBl. I S. 911).

(3 a)[1] Bei Zusammenveranlagung sind auch die laufenden Beträge und Verlustvorträge des anderen Ehegatten einzubeziehen.

(4)[2] ① Sind Einkünfte aus Land- und Forstwirtschaft, Gewerbebetrieb oder selbständiger Arbeit nach § 180 Absatz 1 Satz 1 Nummer 2 Buchstabe a oder b der Abgabenordnung gesondert festzustellen, ist auch die Höhe des Sanierungsertrags nach Absatz 1 Satz 1 oder Absatz 5 sowie die Höhe der nach Absatz 3 Satz 2 Nummer 1 bis 6 und 13 mindernden Beträge gesondert festzustellen. ② Zuständig für die gesonderte Feststellung nach Satz 1 ist das Finanzamt, das für die gesonderte Feststellung nach § 180 Absatz 1 Satz 1 Nummer 2 der Abgabenordnung zuständig ist. ③ Wurden verrechenbare Verluste und Verlustvorträge ohne Berücksichtigung des Absatzes 3 Satz 2 bereits festgestellt oder ändern sich die nach Absatz 3 Satz 2 mindernden Beträge, ist der entsprechende Feststellungsbescheid insoweit zu ändern. ④ Das gilt auch dann, wenn der Feststellungsbescheid bereits bestandskräftig geworden ist; die Feststellungsfrist endet insoweit nicht, bevor die Festsetzungsfrist des Einkommensteuerbescheids oder Körperschaftsteuerbescheids für das Sanierungsjahr abgelaufen ist.

(5)[3] ① Erträge aus einer nach den §§ 286 ff. der Insolvenzordnung erteilten Restschuldbefreiung, einem Schuldenerlass auf Grund eines außergerichtlichen Schuldenbereinigungsplans zur Vermeidung eines Verbraucherinsolvenzverfahrens nach den §§ 304 ff. der Insolvenzordnung oder auf Grund eines Schuldenbereinigungsplans, dem in einem Verbraucherinsolvenzverfahren zugestimmt wurde oder wenn diese Zustimmung durch das Gericht ersetzt wurde, sind, soweit es sich um Betriebsvermögensmehrungen oder Betriebseinnahmen handelt, ebenfalls steuerfrei, auch wenn die Voraussetzungen einer unternehmensbezogenen Sanierung im Sinne des Absatzes 2 nicht vorliegen. ② Absatz 1 Satz 2 und die Absätze 3 und 3 a gelten entsprechend.

§ 3b Steuerfreiheit von Zuschlägen für Sonntags-, Feiertags- oder Nachtarbeit

(1) Steuerfrei sind Zuschläge, die für tatsächlich geleistete Sonntags-, Feiertags- oder Nachtarbeit neben dem Grundlohn gezahlt werden, soweit sie

1. für Nachtarbeit 25 Prozent,
2. vorbehaltlich der Nummern 3 und 4 für Sonntagsarbeit 50 Prozent,
3. vorbehaltlich der Nummer 4 für Arbeit am 31. Dezember ab 14 Uhr und an den gesetzlichen Feiertagen 125 Prozent,
4. für Arbeit am 24. Dezember ab 14 Uhr, am 25. und 26. Dezember sowie am 1. Mai 150 Prozent

des Grundlohns nicht übersteigen.

(2) ① Grundlohn ist der laufende Arbeitslohn, der dem Arbeitnehmer bei der für ihn maßgebenden regelmäßigen Arbeitszeit für den jeweiligen Lohnzahlungszeitraum zusteht; er ist in einen Stundenlohn umzurechnen und mit höchstens 50 Euro anzusetzen. ② Nachtarbeit ist die Arbeit in der Zeit von 20 Uhr bis 6 Uhr. ③ Sonntagsarbeit und Feiertagsarbeit ist die Arbeit in der Zeit von 0 Uhr bis 24 Uhr des jeweiligen Tages. ④ Die gesetzlichen Feiertage werden durch die am Ort der Arbeitsstätte geltenden Vorschriften bestimmt.

(3) Wenn die Nachtarbeit vor 0 Uhr aufgenommen wird, gilt abweichend von den Absätzen 1 und 2 Folgendes:

1. Für Nachtarbeit in der Zeit von 0 Uhr bis 4 Uhr erhöht sich der Zuschlagssatz auf 40 Prozent,
2. als Sonntagsarbeit und Feiertagsarbeit gilt auch die Arbeit in der Zeit von 0 Uhr bis 4 Uhr des auf den Sonntag oder Feiertag folgenden Tages.

§ 3c[4] Anteilige Abzüge

(1) Ausgaben dürfen, soweit sie mit steuerfreien Einnahmen in unmittelbarem wirtschaftlichen Zusammenhang stehen, nicht als Betriebsausgaben oder Werbungskosten abgezogen werden; Absatz 2 bleibt unberührt.

(2) ① Betriebsvermögensminderungen, Betriebsausgaben, Veräußerungskosten oder Werbungskosten, die mit den dem § 3 Nummer 40 zugrunde liegenden Betriebsvermögensmehrungen oder Einnahmen oder mit Vergütungen nach § 3 Nummer 40 a in wirtschaftlichem Zusammenhang stehen, dürfen unabhängig davon, in welchem Veranlagungszeitraum die Betriebsvermögensmehrungen oder Einnahmen anfallen, bei der Ermittlung der Einkünfte nur zu 60 Prozent abgezogen werden; Entsprechendes gilt, wenn bei der Ermittlung der Einkünfte der Wert des Betriebsvermögens oder des Anteils am Betriebsvermögen oder die Anschaffungs- oder Herstellungskosten oder der an deren Stelle tretende Wert mindernd zu berücksichtigen sind. ② Satz 1 ist auch für

[1] § 3 a Abs. 3 a eingef. durch JStG 2019 v. 12. 12. 2019 (BGBl. I S. 2451); zur Anwendung siehe § 52 Abs. 4 a Sätze 1 und 4.
[2] § 3 a Abs. 4 Satz 1 geänd. durch JStG 2024 v. 2. 12. 2024 (BGBl. I Nr. 387).
[3] § 3 a Abs. 5 Satz 2 neu gef. durch JStG 2024 v. 2. 12. 2024 (BGBl. I Nr. 387).
[4] Zur Anwendung von § 3 c Abs. 2 Sätze 3 und 4 in der am 12. 12. 2006 geltenden Fassung siehe § 52 Abs. 5 Satz 1. § 3 c Abs. 2 Satz 2 eingef. (bish. Sätze 2 und 3 werden Sätze 3 und 4) mWv VZ 2011 durch G v. 8. 12. 2010 (BGBl. I S. 1768). Abs. 2 Sätze 2 bis 6 eingef., bish. Sätze 2 bis 4 werden Sätze 7 bis 9 durch ZollkodexAnpG v. 22. 12. 2014 (BGBl. I S. 2417); zur erstmaligen Anwendung für nach dem 31. 12. 2014 beginnende Wirtschaftsjahre siehe § 52 Abs. 5 Satz 2. Abs. 4 angef. durch SchädlStPraktG v. 27. 6. 2017 (BGBl. I S. 2074); zur Anwendung siehe § 52 Abs. 5 Sätze 3 und 4.

Betriebsvermögensminderungen oder Betriebsausgaben im Zusammenhang mit einer Darlehensforderung oder aus der Inanspruchnahme von Sicherheiten anzuwenden, die für ein Darlehen hingegeben wurden, wenn das Darlehen oder die Sicherheit von einem Steuerpflichtigen gewährt wird, der zu mehr als einem Viertel unmittelbar oder mittelbar am Grund- oder Stammkapital der Körperschaft, der das Darlehen gewährt wurde, beteiligt ist oder war. ③ Satz 2 ist insoweit nicht anzuwenden, als nachgewiesen wird, dass auch ein fremder Dritter das Darlehen bei sonst gleichen Umständen gewährt oder noch nicht zurückgefordert hätte; dabei sind nur die eigenen Sicherungsmittel der Körperschaft zu berücksichtigen. ④ Die Sätze 2 und 3 gelten entsprechend für Forderungen aus Rechtshandlungen, die einer Darlehensgewährung wirtschaftlich vergleichbar sind. ⑤ Gewinne aus dem Ansatz des nach § 6 Absatz 1 Nummer 2 Satz 3 maßgeblichen Werts bleiben bei der Ermittlung der Einkünfte außer Ansatz, soweit auf die vorangegangene Teilwertabschreibung Satz 2 angewendet worden ist. ⑥ Satz 1 ist außerdem ungeachtet eines wirtschaftlichen Zusammenhangs mit den dem § 3 Nummer 40 zugrunde liegenden Betriebsvermögensmehrungen oder Einnahmen oder mit Vergütungen nach § 3 Nummer 40 a auch auf Betriebsvermögensminderungen, Betriebsausgaben oder Veräußerungskosten eines Gesellschafters einer Körperschaft anzuwenden, soweit diese mit einer im Gesellschaftsverhältnis veranlassten unentgeltlichen Überlassung von Wirtschaftsgütern an diese Körperschaft oder bei einer teilentgeltlichen Überlassung von Wirtschaftsgütern mit dem unentgeltlichen Teil in Zusammenhang stehen und der Steuerpflichtige zu mehr als einem Viertel unmittelbar oder mittelbar am Grund- oder Stammkapital dieser Körperschaft beteiligt ist oder war. ⑦ Für die Anwendung des Satzes 1 ist die Absicht zur Erzielung von Betriebsvermögensmehrungen oder Einnahmen im Sinne des § 3 Nummer 40 oder von Vergütungen im Sinne des § 3 Nummer 40 a ausreichend. ⑧ Satz 1 gilt auch für Wertminderungen des Anteils an einer Organgesellschaft, die nicht auf Gewinnausschüttungen zurückzuführen sind. ⑨ § 8 b Absatz 10 des Körperschaftsteuergesetzes gilt sinngemäß.

(3) Betriebsvermögensminderungen, Betriebsausgaben oder Veräußerungskosten, die mit den Betriebsvermögensmehrungen oder Einnahmen im Sinne des § 3 Nummer 70 in wirtschaftlichem Zusammenhang stehen, dürfen unabhängig davon, in welchem Veranlagungszeitraum die Betriebsvermögensmehrungen oder Einnahmen anfallen, nur zur Hälfte abgezogen werden.

(4) ① Betriebsvermögensminderungen oder Betriebsausgaben, die mit einem steuerfreien Sanierungsertrag im Sinne des § 3 a in unmittelbarem wirtschaftlichem Zusammenhang stehen, dürfen unabhängig davon, in welchem Veranlagungszeitraum der Sanierungsertrag entsteht, nicht abgezogen werden. ② Satz 1 gilt nicht, soweit Betriebsvermögensminderungen oder Betriebsausgaben zur Erhöhung von Verlustvorträgen geführt haben, die nach Maßgabe der in § 3 a Absatz 3 getroffenen Regelungen entfallen. ③ Zu den Betriebsvermögensminderungen oder Betriebsausgaben im Sinne des Satzes 1 gehören auch Aufwendungen im Zusammenhang mit einem Besserungsschein und vergleichbare Aufwendungen. ④ Satz 1 gilt für Betriebsvermögensminderungen oder Betriebsausgaben, die nach dem Sanierungsjahr entstehen, nur insoweit, als noch ein verbleibender Sanierungsertrag im Sinne von § 3 a Absatz 3 Satz 4 vorhanden ist. ⑤ Wurden Betriebsvermögensminderungen oder Betriebsausgaben im Sinne des Satzes 1 bereits bei einer Steuerfestsetzung oder einer gesonderten Feststellung nach § 180 Absatz 1 Satz 1 der Abgabenordnung gewinnmindernd berücksichtigt, ist der entsprechende Steuer- oder Feststellungsbescheid insoweit zu ändern. ⑥ Das gilt auch dann, wenn der Steuer- oder Feststellungsbescheid bereits bestandskräftig geworden ist; die Festsetzungsfrist endet insoweit nicht, bevor die Festsetzungsfrist für das Sanierungsjahr abgelaufen ist.

3. Gewinn

§ 4 Gewinnbegriff im Allgemeinen

(1)[1] ① Gewinn ist der Unterschiedsbetrag zwischen dem Betriebsvermögen am Schluss des Wirtschaftsjahres und dem Betriebsvermögen am Schluss des vorangegangenen Wirtschaftsjahres, vermehrt um den Wert der Entnahmen und vermindert um den Wert der Einlagen. ② Entnahmen sind alle Wirtschaftsgüter (Barentnahmen, Waren, Erzeugnisse, Nutzungen und Leistungen), die der Steuerpflichtige dem Betrieb für sich, für seinen Haushalt oder für andere betriebsfremde Zwecke im Laufe des Wirtschaftsjahres entnommen hat. ③ Einer Entnahme für betriebsfremde Zwecke steht der Ausschluss oder die Beschränkung des Besteuerungsrechts der Bundesrepublik Deutschland hinsichtlich des Gewinns aus der Veräußerung oder der Nutzung eines Wirtschaftsguts gleich; dies gilt auf Antrag auch in den Fällen, in denen die Beschränkung des Besteuerungsrechts der Bundesrepublik Deutschland hinsichtlich des Gewinns aus der Veräußerung eines Wirtschaftsguts entfällt und in einem anderen Staat eine Besteuerung auf Grund des Ausschlusses oder der Beschränkung des Besteuerungsrechts dieses Staates hinsichtlich des Gewinns aus der Veräußerung des Wirtschaftsguts erfolgt. ④ Ein Ausschluss oder eine Beschränkung des Besteuerungsrechts hinsichtlich des Gewinns aus der Veräußerung eines Wirtschaftsguts liegt insbesondere vor, wenn ein bisher einer inländischen Betriebsstätte des Steuerpflichtigen zuzuordnendes Wirt-

[1] § 4 Abs. 1 Satz 4 eingef. (bish. Sätze 4 bis 8 werden Sätze 5 bis 9) durch G v. 8. 12. 2010 (BGBl. I S. 1768); zur Anwendung siehe § 52 Abs. 6 Satz 1. Satz 3 Hs. 2 angef., Satz 9 eingef., bish. Satz 9 wird Satz 10 mWv VZ 2020 durch ATADUmsG v. 25. 6. 2021 (BGBl. I S. 2035); zur Anwendung siehe § 52 Abs. 6 Sätze 1 und 3.

schaftsgut einer ausländischen Betriebsstätte zuzuordnen ist. ⑤ Satz 3 gilt nicht für Anteile an einer Europäischen Gesellschaft oder Europäischen Genossenschaft in den Fällen

1. einer Sitzverlegung der Europäischen Gesellschaft nach Artikel 8 der Verordnung (EG) Nr. 2157/2001 des Rates vom 8. Oktober 2001 über das Statut der Europäischen Gesellschaft (SE) (ABl. EG Nr. L 294 S. 1), zuletzt geändert durch die Verordnung (EG) Nr. 885/2004 des Rates vom 26. April 2004 (ABl. EU Nr. L 168 S. 1), und
2. einer Sitzverlegung der Europäischen Genossenschaft nach Artikel 7 der Verordnung (EG) Nr. 1435/2003 des Rates vom 22. Juli 2003 über das Statut der Europäischen Genossenschaft (SCE) (ABl. EU Nr. L 207 S. 1).

⑥ Ein Wirtschaftsgut wird nicht dadurch entnommen, dass der Steuerpflichtige zur Gewinnermittlung nach § 13a übergeht. ⑦ Eine Änderung der Nutzung eines Wirtschaftsguts, die bei Gewinnermittlung nach Satz 1 keine Entnahme ist, ist auch bei Gewinnermittlung nach § 13a keine Entnahme. ⑧ Einlagen sind alle Wirtschaftsgüter (Bareinzahlungen und sonstige Wirtschaftsgüter), die der Steuerpflichtige dem Betrieb im Laufe des Wirtschaftsjahres zugeführt hat; einer Einlage steht die Begründung des Besteuerungsrechts der Bundesrepublik Deutschland hinsichtlich des Gewinns aus der Veräußerung eines Wirtschaftsguts gleich. ⑨ In den Fällen des Satzes 3 zweiter Halbsatz gilt das Wirtschaftsgut als unmittelbar nach der Entnahme wieder eingelegt. ⑩ Bei der Ermittlung des Gewinns sind die Vorschriften über die Betriebsausgaben, über die Bewertung und über die Absetzung für Abnutzung oder Substanzverringerung zu befolgen.

(2) ① Der Steuerpflichtige darf die Vermögensübersicht (Bilanz) auch nach ihrer Einreichung beim Finanzamt ändern, soweit sie den Grundsätzen ordnungsmäßiger Buchführung unter Befolgung der Vorschriften dieses Gesetzes nicht entspricht; diese Änderung ist nicht zulässig, wenn die Vermögensübersicht (Bilanz) einer Steuerfestsetzung zugrunde liegt, die nicht mehr aufgehoben oder geändert werden kann. ② Darüber hinaus ist eine Änderung der Vermögensübersicht (Bilanz) nur zulässig, wenn sie in einem engen zeitlichen und sachlichen Zusammenhang mit einer Änderung nach Satz 1 steht und soweit die Auswirkung der Änderung nach Satz 1 auf den Gewinn reicht.

(3)[1] ① Steuerpflichtige, die nicht auf Grund gesetzlicher Vorschriften verpflichtet sind, Bücher zu führen und regelmäßig Abschlüsse zu machen, und die auch keine Bücher führen und keine Abschlüsse machen, können als Gewinn den Überschuss der Betriebseinnahmen über die Betriebsausgaben ansetzen. ② Hierbei scheiden Betriebseinnahmen und Betriebsausgaben aus, die im Namen und für Rechnung eines anderen vereinnahmt und verausgabt werden (durchlaufende Posten). ③ Die Vorschriften über die Bewertungsfreiheit für geringwertige Wirtschaftsgüter (§ 6 Absatz 2), die Bildung eines Sammelpostens (§ 6 Absatz 2a) und über die Absetzung für Abnutzung oder Substanzverringerung sind zu befolgen. ④ Die Anschaffungs- oder Herstellungskosten für nicht abnutzbare Wirtschaftsgüter des Anlagevermögens, für Anteile an Kapitalgesellschaften, für Wertpapiere und vergleichbare nicht verbriefte Forderungen und Rechte, für Grund und Boden sowie Gebäude des Umlaufvermögens sind erst im Zeitpunkt des Zuflusses des Veräußerungserlöses oder bei Entnahme im Zeitpunkt der Entnahme als Betriebsausgaben zu berücksichtigen. ⑤ Die Wirtschaftsgüter des Anlagevermögens und Wirtschaftsgüter des Umlaufvermögens im Sinne des Satzes 4 sind unter Angabe des Tages der Anschaffung oder Herstellung und der Anschaffungs- oder Herstellungskosten oder des an deren Stelle getretenen Werts in besondere, laufend zu führende Verzeichnisse aufzunehmen.

(4) Betriebsausgaben sind die Aufwendungen, die durch den Betrieb veranlasst sind.

(4a)[2] ① Schuldzinsen sind nach Maßgabe der Sätze 2 bis 4 nicht abziehbar, wenn Überentnahmen getätigt worden sind. ② Eine Überentnahme ist der Betrag, um den die Entnahmen die Summe des Gewinns und der Einlagen des Wirtschaftsjahres übersteigen. ③ Die nicht abziehbaren Schuldzinsen werden typisiert mit 6 Prozent der Überentnahme des Wirtschaftsjahres zuzüglich der Überentnahmen vorangegangener Wirtschaftsjahre und abzüglich der Beträge, um die in den vorangegangenen Wirtschaftsjahren der Gewinn und die Einlagen die Entnahmen überstiegen haben (Unterentnahmen), ermittelt; bei der Ermittlung der Überentnahme ist vom Gewinn ohne Berücksichtigung der nach Maßgabe dieses Absatzes nicht abziehbaren Schuldzinsen auszugehen. ④ Der sich dabei ergebende Betrag, höchstens jedoch der um 2050 Euro verminderte Betrag der im Wirtschaftsjahr angefallenen Schuldzinsen, ist dem Gewinn hinzuzurechnen. ⑤ Der Abzug von Schuldzinsen für Darlehen zur Finanzierung von Anschaffungs- oder Herstellungskosten von Wirtschaftsgütern des Anlagevermögens bleibt unberührt. ⑥ Die Sätze 1 bis 5 sind bei Gewinnermittlung nach § 4 Absatz 3 sinngemäß anzuwenden; hierzu sind Entnahmen und Einlagen gesondert aufzuzeichnen.

(5) ① Die folgenden Betriebsausgaben dürfen den Gewinn nicht mindern:

1.[3] Aufwendungen für Geschenke an Personen, die nicht Arbeitnehmer des Steuerpflichtigen sind. ② Satz 1 gilt nicht, wenn die Anschaffungs- oder Herstellungskosten der dem Empfänger im Wirtschaftsjahr zugewendeten Gegenstände insgesamt 50 Euro nicht übersteigen; |

[1] Zur Anwendung von § 4 Abs. 3 Satz 4 und 5 siehe § 52 Abs. 6 Sätze 2 bis 4.

[2] Zur Anwendung von § 4 Abs. 4a siehe § 52 Abs. 6 Sätze 5 bis 7.

[3] § 4 Abs. 5 Satz 1 Nr. 1 Satz 2 inhaltl. bestätigt durch G v. 5. 4. 2011 (BGBl. I S. 554). Satz 2 geänd. durch WachstumschancenG v. 27. 3. 2024 (BGBl. I Nr. 108); zur Anwendung siehe § 52 Abs. 6 Satz 10.

2.[1] Aufwendungen für die Bewirtung von Personen aus geschäftlichem Anlass, soweit sie 70 Prozent der Aufwendungen übersteigen, die nach der allgemeinen Verkehrsauffassung als angemessen anzusehen und deren Höhe und betriebliche Veranlassung nachgewiesen sind. ② Zum Nachweis der Höhe und der betrieblichen Veranlassung der Aufwendungen hat der Steuerpflichtige schriftlich die folgenden Angaben zu machen: Ort, Tag, Teilnehmer und Anlass der Bewirtung sowie Höhe der Aufwendungen. ③ Hat die Bewirtung in einer Gaststätte stattgefunden, so genügen Angaben zu dem Anlass und den Teilnehmern der Bewirtung; die Rechnung über die Bewirtung ist beizufügen;

3. Aufwendungen für Einrichtungen des Steuerpflichtigen, soweit sie der Bewirtung, Beherbergung oder Unterhaltung von Personen, die nicht Arbeitnehmer des Steuerpflichtigen sind, dienen (Gästehäuser) und sich außerhalb des Orts eines Betriebs des Steuerpflichtigen befinden;

4. Aufwendungen für Jagd oder Fischerei, für Segeljachten oder Motorjachten sowie für ähnliche Zwecke und für die hiermit zusammenhängenden Bewirtungen;

5.[2] Mehraufwendungen für die Verpflegung des Steuerpflichtigen. ② Wird der Steuerpflichtige vorübergehend von seiner Wohnung und dem Mittelpunkt seiner dauerhaft angelegten betrieblichen Tätigkeit entfernt betrieblich tätig, sind die Mehraufwendungen für Verpflegung nach Maßgabe des § 9 Absatz 4 a abziehbar.

6.[3,4] Aufwendungen für die Wege des Steuerpflichtigen zwischen Wohnung und Betriebsstätte und für Familienheimfahrten, soweit in den folgenden Sätzen nichts anderes bestimmt ist. ② Zur Abgeltung dieser Aufwendungen ist § 9 Absatz 1 Satz 3 Nummer 4 Satz 2 bis 6 und Nummer 5 Satz 5 bis 7 und Absatz 2 entsprechend anzuwenden. ③ Bei der Nutzung eines Kraftfahrzeugs dürfen die Aufwendungen in Höhe des positiven Unterschiedsbetrags zwischen 0,03 Prozent des inländischen Listenpreises im Sinne des § 6 Absatz 1 Nummer 4 Satz 2 des Kraftfahrzeugs im Zeitpunkt der Erstzulassung je Kalendermonat für jeden Entfernungskilometer und dem sich nach § 9 Absatz 1 Satz 3 Nummer 4 Satz 2 bis 6 oder Absatz 2 ergebenden Betrag sowie Aufwendungen für Familienheimfahrten in Höhe des positiven Unterschiedsbetrags zwischen 0,002 Prozent des inländischen Listenpreises im Sinne des § 6 Absatz 1 Nummer 4 Satz 2 für jeden Entfernungskilometer und dem sich nach § 9 Absatz 1 Satz 3 Nummer 5 Satz 5 bis 7 oder Absatz 2 ergebenden Betrag den Gewinn nicht mindern; ermittelt der Steuerpflichtige die private Nutzung des Kraftfahrzeugs nach § 6 Absatz 1 Nummer 4 Satz 1 oder Satz 3, treten an die Stelle des mit 0,03 oder 0,002 Prozent des inländischen Listenpreises ermittelten Betrags für Fahrten zwischen Wohnung und Betriebsstätte und für Familienheimfahrten die auf diese Fahrten entfallenden tatsächlichen Aufwendungen; § 6 Ab~~satz 1 Nummer 4 Satz~~ 3 zweiter Halbsatz gilt sinngemäß. § 9 Absatz 1 Satz 3 Nummer 4 Satz 8 und Nummer 5 Satz 9 gilt entsprechend;

6 a.[5] die Mehraufwendungen für eine betrieblich veranlasste doppelte Haushaltsführung, soweit sie die nach § 9 Absatz 1 Satz 3 Nummer 5 Satz 1 bis 4 abziehbaren Beträge und die Mehraufwendungen für betrieblich veranlasste Übernachtungen, soweit sie die nach § 9 Absatz 1 Satz 3 Nummer 5 a abziehbaren Beträge übersteigen;

6 b.[6] Aufwendungen für ein häusliches Arbeitszimmer sowie die Kosten der Ausstattung. ② Dies gilt nicht, wenn das Arbeitszimmer den Mittelpunkt der gesamten betrieblichen und beruflichen Betätigung bildet. ③ Anstelle der Aufwendungen kann pauschal ein Betrag von 1 260 Euro (Jahrespauschale) für das Wirtschafts- oder Kalenderjahr abgezogen werden. ④ Für jeden vollen Kalendermonat, in dem die Voraussetzungen nach Satz 2 nicht vorliegen, ermäßigt sich der Betrag von 1 260 Euro um ein Zwölftel;

6 c.[7] für jeden Kalendertag, an dem die betriebliche oder berufliche Tätigkeit überwiegend in der häuslichen Wohnung ausgeübt und keine außerhalb der häuslichen Wohnung belegene erste Tätigkeitsstätte aufgesucht wird, kann für die gesamte betriebliche und berufliche Betätigung ein Betrag von 6 Euro (Tagespauschale), höchstens 1 260 Euro im Wirtschafts- oder Kalenderjahr, abgezogen werden. ② Steht für die betriebliche oder berufliche Tätigkeit dauerhaft kein anderer Arbeitsplatz zur Verfügung, ist ein Abzug der Tagespauschale zulässig, auch wenn die Tätigkeit am selben Kalendertag auswärts oder an der ersten Tätigkeitsstätte ausgeübt wird. ③ Der Abzug der Tagespauschale ist nicht zulässig, soweit für die Wohnung Unterkunftskosten

---

[1] § 4 Abs. 5 Nr. 2 Satz 1 inhaltl. bestätigt durch G v. 5. 4. 2011 (BGBl. I S. 554).

[2] § 4 Abs. 5 Satz 1 Nr. 5 neu gef. mWv VZ 2014 (§ 52 Abs. 6 Satz 12) durch UntStReisekÄndG v. 20. 2. 2013 (BGBl. I S. 285).

[3] § 4 Abs. 5 Satz 1 Nr. 6 Sätze 2 und 3 Zitate geänd. mWv VZ 2014 durch UntStReisekÄndG v. 20. 2. 2013 (BGBl. I S. 285).

[4] § 4 Abs. 5 Satz 1 Nr. 6 Satz 3 geänd. durch AmtshilfeRLUmsG v. 26. 6. 2013 (BGBl. I S. 1809). Abs. 5 Satz 1 Nr. 6 Satz 4 angef. mWv VZ 2021 durch KlimaSG vom 21. 12. 2019 (BGBl. I S. 2886).

[5] § 4 Abs. 5 Satz 1 Nr. 6 a eingef. mWv VZ 2014 (§ 52 Abs. 6 Satz 9) durch UntStReisekÄndG v. 20. 2. 2013 (BGBl. I S. 285).

[6] § 4 Abs. 5 Satz 1 Nr. 6 b neu gef. mVw VZ 2023 durch JStG 2022 v. 16. 12. 2022 (BGBl. I S. 2294); zur Anwendung siehe § 52 Abs. 6 Satz 12.

[7] § 4 Abs. 5 Satz 1 Nr. 6 c eingef. mVw VZ 2023 durch JStG 2022 v. 16. 12. 2022 (BGBl. I S. 2294); zur Anwendung siehe § 52 Abs. 6 Satz 12.

im Rahmen der Nummer 6a oder des § 9 Absatz 1 Satz 3 Nummer 5 abgezogen werden können oder soweit ein Abzug nach Nummer 6b vorgenommen wird;

7. andere als die in den Nummern 1 bis 6 und 6b bezeichneten Aufwendungen, die die Lebensführung des Steuerpflichtigen oder anderer Personen berühren, soweit sie nach allgemeiner Verkehrsauffassung als unangemessen anzusehen sind;

8.[1] Geldbußen, Ordnungsgelder und Verwarnungsgelder, die von einem Gericht oder einer Behörde im Geltungsbereich dieses Gesetzes oder von einem Mitgliedstaat oder von Organen der Europäischen Union festgesetzt wurden sowie damit zusammenhängende Aufwendungen. ② Dasselbe gilt für Leistungen zur Erfüllung von Auflagen oder Weisungen, die in einem berufsgerichtlichen Verfahren erteilt werden, soweit die Auflagen oder Weisungen nicht lediglich der Wiedergutmachung des durch die Tat verursachten Schadens dienen. ③ Die Rückzahlung von Ausgaben im Sinne der Sätze 1 und 2 darf den Gewinn nicht erhöhen. ④ Das Abzugsverbot für Geldbußen gilt nicht, soweit der wirtschaftliche Vorteil, der durch den Gesetzesverstoß erlangt wurde, abgeschöpft worden ist, wenn die Steuern vom Einkommen und Ertrag, die auf den wirtschaftlichen Vorteil entfallen, nicht abgezogen worden sind; Satz 3 ist insoweit nicht anzuwenden;

8a.[2] Zinsen auf hinterzogene Steuern nach § 235 der Abgabenordnung und Zinsen nach § 233a der Abgabenordnung, soweit diese nach § 235 Absatz 4 der Abgabenordnung auf die Hinterziehungszinsen angerechnet werden;

9.[3] Ausgleichszahlungen, die in den Fällen der §§ 14 und 17 des Körperschaftsteuergesetzes an außenstehende Anteilseigner geleistet werden;

10. die Zuwendung von Vorteilen sowie damit zusammenhängende Aufwendungen, wenn die Zuwendung der Vorteile eine rechtswidrige Handlung darstellt, die den Tatbestand eines Strafgesetzes oder eines Gesetzes verwirklicht, das die Ahndung mit einer Geldbuße zulässt. ② Gerichte, Staatsanwaltschaften oder Verwaltungsbehörden haben Tatsachen, die sie dienstlich erfahren und die den Verdacht einer Tat im Sinne des Satzes 1 begründen, der Finanzbehörde für Zwecke des Besteuerungsverfahrens und zur Verfolgung von Steuerstraftaten und Steuerordnungswidrigkeiten mitzuteilen. ③ Die Finanzbehörde teilt Tatsachen, die den Verdacht einer Straftat oder einer Ordnungswidrigkeit im Sinne des Satzes 1 begründen, der Staatsanwaltschaft oder der Verwaltungsbehörde mit. ④ Diese unterrichten die Finanzbehörde von dem Ausgang des Verfahrens und den zugrundeliegenden Tatsachen;

11. Aufwendungen, die mit unmittelbaren oder mittelbaren Zuwendungen von nicht einlagefähigen Vorteilen an natürliche oder juristische Personen oder Personengesellschaften zur Verwendung in Betrieben in tatsächlichem oder wirtschaftlichem Zusammenhang stehen, deren Gewinn nach § 5a Absatz 1 ermittelt wird;

12. Zuschläge nach § 162 Absatz 4 der Abgabenordnung;

13.[4] Jahresbeiträge nach § 12 Absatz 2 des Restrukturierungsfondsgesetzes.

② Das Abzugsverbot gilt nicht, soweit die in den Nummern 2 bis 4 bezeichneten Zwecke Gegenstand einer mit Gewinnabsicht ausgeübten Betätigung des Steuerpflichtigen sind. ③ § 12 Nummer 1 bleibt unberührt.

(5a) *(weggefallen)*

(5b) Die Gewerbesteuer und die darauf entfallenden Nebenleistungen sind keine Betriebsausgaben.

(6) Aufwendungen zur Förderung staatspolitischer Zwecke (§ 10b Absatz 2) sind keine Betriebsausgaben.

(7) ① Aufwendungen im Sinne des Absatzes 5 Satz 1 Nummer 1 bis 4, 6b und 7 sind einzeln und getrennt von den sonstigen Betriebsausgaben aufzuzeichnen. ② Soweit diese Aufwendungen nicht bereits nach Absatz 5 vom Abzug ausgeschlossen sind, dürfen sie bei der Gewinnermittlung nur berücksichtigt werden, wenn sie nach Satz 1 besonders aufgezeichnet sind.

(8) Für Erhaltungsaufwand bei Gebäuden in Sanierungsgebieten und städtebaulichen Entwicklungsbereichen sowie bei Baudenkmalen gelten die §§ 11a und 11b entsprechend.

(9)[5] ① Aufwendungen des Steuerpflichtigen für seine Berufsausbildung oder für sein Studium sind nur dann Betriebsausgaben, wenn der Steuerpflichtige zuvor bereits eine Erstausbildung (Berufsausbildung oder Studium) abgeschlossen hat. ② § 9 Absatz 6 Satz 2 bis 5 gilt entsprechend.

(10)[6] § 9 Absatz 1 Satz 3 Nummer 5b ist entsprechend anzuwenden.

---

[1] § 4 Abs. 5 Satz 1 Nr. 8 Satz 1 neu gef. mWv VZ 2019 durch JStG 2019 v. 12. 12. 2019 (BGBl. I S. 2451); zur Anwendung siehe § 52 Abs. 6 Satz 10.

[2] § 4 Abs. 5 Satz 1 Nr. 8a geänd. mWv VZ 2019 durch JStG 2019 v. 12. 12. 2019 (BGBl. I S. 2451); zur Anwendung siehe § 52 Abs. 6 Satz 11.

[3] § 4 Abs. 5 Satz 1 Nr. 9 Verweis angepasst durch KroatienAnpG v. 25. 7. 2014 (BGBl. I S. 1266).

[4] § 4 Abs. 5 Satz 1 Nr. 13 angef. durch G v. 9. 12. 2010 (BGBl. I S. 1900).

[5] § 4 Abs. 9 angef. durch BeitrRLUmsG v. 7. 12. 2011 (BGBl. I S. 2592). Abs. 9 geänd. mWv 1. 1. 2015 durch Zollkodex-AnpG v. 22. 12. 2014 (BGBl. I S. 2417).

[6] § 4 Abs. 10 angef. mWv VZ 2020 durch JStG 2019 v. 12. 12. 2019 (BGBl. I S. 2451); zur Anwendung siehe § 52 Abs. 6 Satz 12.

§ 4a Gewinnermittlungszeitraum, Wirtschaftsjahr

(1) ① Bei Land- und Forstwirten und bei Gewerbetreibenden ist der Gewinn nach dem Wirtschaftsjahr zu ermitteln. ② Wirtschaftsjahr ist

1. bei Land- und Forstwirten der Zeitraum vom 1. Juli bis zum 30. Juni. ② Durch Rechtsverordnung kann für einzelne Gruppen von Land- und Forstwirten ein anderer Zeitraum bestimmt werden, wenn das aus wirtschaftlichen Gründen erforderlich ist;
2. bei Gewerbetreibenden, deren Firma im Handelsregister eingetragen ist, der Zeitraum, für den sie regelmäßig Abschlüsse machen. ② Die Umstellung des Wirtschaftsjahres auf einen vom Kalenderjahr abweichenden Zeitraum ist steuerlich nur wirksam, wenn sie im Einvernehmen mit dem Finanzamt vorgenommen wird;
3. bei anderen Gewerbetreibenden das Kalenderjahr. ② Sind sie gleichzeitig buchführende Land- und Forstwirte, so können sie mit Zustimmung des Finanzamts den nach Nummer 1 maßgebenden Zeitraum als Wirtschaftsjahr für den Gewerbebetrieb bestimmen, wenn sie für den Gewerbebetrieb Bücher führen und für diesen Zeitraum regelmäßig Abschlüsse machen.

(2) Bei Land- und Forstwirten und bei Gewerbetreibenden, deren Wirtschaftsjahr vom Kalenderjahr abweicht, ist der Gewinn aus Land- und Forstwirtschaft oder aus Gewerbebetrieb bei der Ermittlung des Einkommens in folgender Weise zu berücksichtigen:

1. ① Bei Land- und Forstwirten ist der Gewinn des Wirtschaftsjahres auf das Kalenderjahr, in dem das Wirtschaftsjahr beginnt, und auf das Kalenderjahr, in dem das Wirtschaftsjahr endet, entsprechend dem zeitlichen Anteil aufzuteilen. ② Bei der Aufteilung sind Veräußerungsgewinne im Sinne des § 14 auszuscheiden und dem Gewinn des Kalenderjahres hinzuzurechnen, in dem sie entstanden sind;
2. bei Gewerbetreibenden gilt der Gewinn des Wirtschaftsjahres als in dem Kalenderjahr bezogen, in dem das Wirtschaftsjahr endet.

§ 4b Direktversicherung

① Der Versicherungsanspruch aus einer Direktversicherung, die von einem Steuerpflichtigen aus betrieblichem Anlass abgeschlossen wird, ist dem Betriebsvermögen des Steuerpflichtigen nicht zuzurechnen, soweit am Schluss des Wirtschaftsjahres hinsichtlich der Leistungen des Versicherers die Person, auf deren Leben die Lebensversicherung abgeschlossen ist, oder ihre Hinterbliebenen bezugsberechtigt sind. ② Das gilt auch, wenn der Steuerpflichtige die Ansprüche aus dem Versicherungsvertrag abgetreten oder beliehen hat, sofern er sich der bezugsberechtigten Person gegenüber schriftlich verpflichtet, sie bei Eintritt des Versicherungsfalls so zu stellen, als ob die Abtretung oder Beleihung nicht erfolgt wäre.

§ 4c Zuwendungen an Pensionskassen

(1)[1] ① Zuwendungen an eine Pensionskasse dürfen von dem Unternehmen, das die Zuwendungen leistet (Trägerunternehmen), als Betriebsausgaben abgezogen werden, soweit sie auf einer in der Satzung oder im Geschäftsplan der Kasse festgelegten Verpflichtung oder auf einer Anordnung der Versicherungsaufsichtsbehörde beruhen oder der Abdeckung von Fehlbeträgen bei der Kasse dienen. ② Soweit die allgemeinen Versicherungsbedingungen und die fachlichen Geschäftsunterlagen im Sinne des § 219 Absatz 3 Nummer 1 Buchstabe b des Versicherungsaufsichtsgesetzes nicht zum Geschäftsplan gehören, gelten diese als Teil des Geschäftsplans.

(2) Zuwendungen im Sinne des Absatzes 1 dürfen als Betriebsausgaben nicht abgezogen werden, soweit die Leistungen der Kasse, wenn sie vom Trägerunternehmen unmittelbar erbracht würden, bei diesem nicht betrieblich veranlasst wären.

§ 4d[2] Zuwendungen an Unterstützungskassen

(1) ① Zuwendungen an eine Unterstützungskasse dürfen von dem Unternehmen, das die Zuwendungen leistet (Trägerunternehmen), als Betriebsausgaben abgezogen werden, soweit die Leistungen der Kasse, wenn sie vom Trägerunternehmen unmittelbar erbracht würden, bei diesem betrieblich veranlasst wären und sie die folgenden Beträge nicht übersteigen:

1.[3] bei Unterstützungskassen, die lebenslänglich laufende Leistungen gewähren:
   a) das Deckungskapital für die laufenden Leistungen nach der dem Gesetz als Anlage 1 beigefügten Tabelle.[4] ② Leistungsempfänger ist jeder ehemalige Arbeitnehmer des Trägerunternehmens, der von der Unterstützungskasse Leistungen erhält; soweit die Kasse Hinterbliebenenversorgung gewährt, ist Leistungsempfänger der Hinterbliebene eines ehemaligen

---

[1] § 4 c Abs. 1 Satz 2 geänd. durch G v. 1. 4. 2015 (BGBl. I S. 434) mWv 1. 1. 2016; Abs. 1 Satz 2 Verweis geänd. durch G v. 19. 12. 2018 (BGBl. I S. 2672).

[2] Die nach dem PostpersonalrechtsG errichteten Unterstützungskassen sind ab ihrer Gründung von der Körperschaftsteuer befreit. § 4 d EStG ist nicht anzuwenden. Vgl. § 15 Abs. 3 PostpersonalrechtsG v. 14. 9. 1994 (BGBl. I S. 2325, 2353) idF des BegleitG zum TelekommunikationsG v. 17. 12. 1997 (BGBl. I S. 3108).

[3] § 4 d Abs. 1 Nummer 1 Satz 3 1. HS geänd. mWv VZ 2024 durch G v. 2. 12. 2024 (BGBl. I Nr. 387); zur Anwendung siehe § 52 Abs. 7.

[4] Abgedruckt in Aktuelle Steuertexte 2025 *(Verlag C. H. Beck)*.

Arbeitnehmers des Trägerunternehmens, der von der Kasse Leistungen erhält. ③ Dem ehemaligen Arbeitnehmer stehen andere Personen gleich, denen Leistungen der Alters-, Invaliditäts- oder Hinterbliebenenversorgung aus Anlass ihrer ehemaligen Tätigkeit für das Trägerunternehmen zugesagt worden sind;

b)[1] in jedem Wirtschaftsjahr für jeden Leistungsanwärter,

aa) wenn die Kasse nur Invaliditätsversorgung oder nur Hinterbliebenenversorgung gewährt, jeweils 6 Prozent,

bb) wenn die Kasse Altersversorgung mit oder ohne Einschluss von Invaliditätsversorgung oder Hinterbliebenenversorgung gewährt, 25 Prozent

der jährlichen Versorgungsleistungen, die der Leistungsanwärter oder, wenn nur Hinterbliebenenversorgung gewährt wird, dessen Hinterbliebene nach den Verhältnissen am Schluss des Wirtschaftsjahres der Zuwendung im letzten Zeitpunkt der Anwartschaft, spätestens zum Zeitpunkt des Erreichens der Regelaltersgrenze der gesetzlichen Rentenversicherung erhalten können. ② Leistungsanwärter ist jeder Arbeitnehmer oder ehemalige Arbeitnehmer des Trägerunternehmens, der von der Unterstützungskasse schriftlich zugesagte Leistungen erhalten kann und am Schluss des Wirtschaftsjahres, in dem die Zuwendung erfolgt,

aa) bei erstmals nach dem 31. Dezember 2017 zugesagten Leistungen das 23. Lebensjahr vollendet hat,

bb) bei erstmals nach dem 31. Dezember 2008 und vor dem 1. Januar 2018 zugesagten Leistungen das 27. Lebensjahr vollendet hat oder

cc) bei erstmals vor dem 1. Januar 2009 zugesagten Leistungen das 28. Lebensjahr vollendet hat;

soweit die Kasse nur Hinterbliebenenversorgung gewährt, gilt als Leistungsanwärter jeder Arbeitnehmer oder ehemalige Arbeitnehmer des Trägerunternehmens, der am Schluss des Wirtschaftsjahres, in dem die Zuwendung erfolgt, das nach dem ersten Halbsatz maßgebende Lebensjahr vollendet hat und dessen Hinterbliebene die Hinterbliebenenversorgung erhalten können. ③ Das Trägerunternehmen kann bei der Berechnung nach Satz 1 statt des dort maßgebenden Betrags den Durchschnittsbetrag der von der Kasse im Wirtschaftsjahr an Leistungsempfänger im Sinne des Buchstabens a Satz 2 gewährten Leistungen zugrunde legen. ④ In diesem Fall sind Leistungsanwärter im Sinne des Satzes 2 nur die Arbeitnehmer oder ehemaligen Arbeitnehmer des Trägerunternehmens, die am Schluss des Wirtschaftsjahres, in dem die Zuwendung erfolgt, das 50. Lebensjahr vollendet haben. ⑤ Dem Arbeitnehmer oder ehemaligen Arbeitnehmer als Leistungsanwärter stehen andere Personen gleich, denen schriftlich Leistungen der Alters-, Invaliditäts- oder Hinterbliebenenversorgung aus Anlass ihrer Tätigkeit für das Trägerunternehmen zugesagt worden sind;

c)[2] den Betrag des Beitrages, den die Kasse an einen Versicherer zahlt, soweit sie sich die Mittel für ihre Versorgungsleistungen, die der Leistungsanwärter oder Leistungsempfänger nach den Verhältnissen am Schluss des Wirtschaftsjahres der Zuwendung erhalten kann, durch Abschluss einer Versicherung verschafft. ② Bei Versicherungen für einen Leistungsanwärter ist der Abzug des Beitrages nur zulässig, wenn der Leistungsanwärter die in Buchstabe b Satz 2 und 5 genannten Voraussetzungen erfüllt, die Versicherung für die Dauer bis zu dem Zeitpunkt abgeschlossen ist, für den erstmals Leistungen der Altersversorgung vorgesehen sind, mindestens jedoch bis zu dem Zeitpunkt, an dem der Leistungsanwärter das 55. Lebensjahr vollendet hat, und während dieser Zeit jährlich Beiträge gezahlt werden, die der Höhe nach gleich bleiben oder steigen. ③ Das Gleiche gilt für Leistungsanwärter, die das nach Buchstabe b Satz 2 jeweils maßgebende Lebensjahr noch nicht vollendet haben für Leistungen der Invaliditäts- oder Hinterbliebenenversorgung, für Leistungen der Altersversorgung unter der Voraussetzung, dass die Leistungsanwartschaft bereits unverfallbar ist. ④ Ein Abzug ist ausgeschlossen, wenn die Ansprüche aus der Versicherung der Sicherung eines Darlehens dienen. ⑤ Liegen die Voraussetzungen der Sätze 1 bis 4 vor, sind die Zuwendungen nach den Buchstaben a und b in dem Verhältnis zu vermindern, in dem die Leistungen der Kasse durch die Versicherung gedeckt sind;

d) den Betrag, den die Kasse einem Leistungsanwärter im Sinne des Buchstabens b Satz 2 und 5 vor Eintritt des Versorgungsfalls als Abfindung für künftige Versorgungsleistungen gewährt, den Übertragungswert nach § 4 Absatz 5 des Betriebsrentengesetzes oder den Betrag, den sie an einen anderen Versorgungsträger zahlt, der eine ihr obliegende Versorgungsverpflichtung übernommen hat.

② Zuwendungen dürfen nicht als Betriebsausgaben abgezogen werden, wenn das Vermögen der Kasse ohne Berücksichtigung künftiger Versorgungsleistungen am Schluss des Wirtschaftsjahres das zulässige Kassenvermögen übersteigt. ③ Bei der Ermittlung des Vermögens der Kasse ist am Schluss des Wirtschaftsjahres vorhandener Grundbesitz mit den Anschaffungs- und Herstellungskosten anzusetzen; Ansprüche aus einer Versicherung sind mit dem Wert des geschäftsplanmäßigen Deckungskapitals zuzüglich der Guthaben aus Beitragsrückerstattung am Schluss

[1] § 4 d Abs. 1 Satz 1 Nr. 1 Satz 1 Buchst. b Satz 2 neu gefasst durch Gesetz v. 21. 12. 2015 (BGBl. I S. 2553) mit Wirkung ab 1. 1. 2018.

[2] § 4 d Abs. 1 Satz 1 Nr. 1 Satz 1 Buchst. c Satz 3 geändert durch G v. 21. 12. 2015 (BGBl. I S. 2553) mit Wirkung ab 1. 1. 2018.

des Wirtschaftsjahres anzusetzen, und das übrige Vermögen ist mit dem gemeinen Wert am Schluss des Wirtschaftsjahres zu bewerten. ④ Zulässiges Kassenvermögen ist die Summe aus dem Deckungskapital für alle am Schluss des Wirtschaftsjahres laufenden Leistungen nach der dem Gesetz als Anlage 1 beigefügten Tabelle[1] für Leistungsempfänger im Sinne des Satzes 1 Buchstabe a und dem Achtfachen der nach Satz 1 Buchstabe b abzugsfähigen Zuwendungen. ⑤ Soweit sich die Kasse die Mittel für ihre Leistungen durch Abschluss einer Versicherung verschafft, ist, wenn die Voraussetzungen für den Abzug des Beitrages nach Satz 1 Buchstabe c erfüllt sind, zulässiges Kassenvermögen der Wert des geschäftsplanmäßigen Deckungskapitals aus der Versicherung am Schluss des Wirtschaftsjahres; in diesem Fall ist das zulässige Kassenvermögen nach Satz 4 in dem Verhältnis zu vermindern, in dem die Leistungen der Kasse durch die Versicherung gedeckt sind. ⑥ Soweit die Berechnung des Deckungskapitals nicht zum Geschäftsplan gehört, tritt an die Stelle des geschäftsplanmäßigen Deckungskapitals der § 169 Absatz 3 und 4 des Versicherungsvertragsgesetzes[2] berechnete Wert, beim zulässigen Kassenvermögen ohne Berücksichtigung des Guthabens aus Beitragsrückerstattung. ⑦ Gewährt eine Unterstützungskasse an Stelle von lebenslänglich laufenden Leistungen eine einmalige Kapitalleistung, so gelten 10 Prozent der Kapitalleistung als Jahresbetrag einer lebenslänglich laufenden Leistung;

2. bei Kassen, die keine lebenslänglich laufenden Leistungen gewähren, für jedes Wirtschaftsjahr 0,2 Prozent der Lohn- und Gehaltssumme des Trägerunternehmens, mindestens jedoch den Betrag der von der Kasse in einem Wirtschaftsjahr erbrachten Leistungen, soweit dieser Betrag höher ist als die in den vorangegangenen fünf Wirtschaftsjahren vorgenommenen Zuwendungen abzüglich der in dem gleichen Zeitraum erbrachten Leistungen. ② Diese Zuwendungen dürfen nicht als Betriebsausgaben abgezogen werden, wenn das Vermögen der Kasse am Schluss des Wirtschaftsjahres das zulässige Kassenvermögen übersteigt. ③ Als zulässiges Kassenvermögen kann 1 Prozent der durchschnittlichen Lohn- und Gehaltssumme der letzten drei Jahre angesetzt werden. ④ Hat die Kasse bereits zehn Wirtschaftsjahre bestanden, darf das zulässige Kassenvermögen zusätzlich die Summe der in den letzten zehn Wirtschaftsjahren gewährten Leistungen nicht übersteigen. ⑤ Für die Bewertung des Vermögens der Kasse gilt Nummer 1 Satz 3 entsprechend. ⑥ Bei der Berechnung der Lohn- und Gehaltssumme des Trägerunternehmens sind Löhne und Gehälter von Personen, die von der Kasse keine nicht lebenslänglich laufenden Leistungen erhalten können, auszuscheiden.

② Gewährt eine Kasse lebenslänglich laufende und nicht lebenslänglich laufende Leistungen, so gilt Satz 1 Nummer 1 und 2 nebeneinander. ③ Leistet ein Trägerunternehmen Zuwendungen an mehrere Unterstützungskassen, so sind diese Kassen bei der Anwendung der Nummern 1 und 2 als Einheit zu behandeln.

(2) ① Zuwendungen im Sinne des Absatzes 1 sind von dem Trägerunternehmen in dem Wirtschaftsjahr als Betriebsausgaben abzuziehen, in dem sie geleistet werden. ② Zuwendungen, die bis zum Ablauf eines Monats nach Aufstellung oder Feststellung der Bilanz des Trägerunternehmens für den Schluss eines Wirtschaftsjahres geleistet werden, können von dem Trägerunternehmen noch für das abgelaufene Wirtschaftsjahr durch eine Rückstellung gewinnmindernd berücksichtigt werden. ③ Übersteigen die in einem Wirtschaftsjahr geleisteten Zuwendungen die nach Absatz 1 abzugsfähigen Beträge, so können die übersteigenden Beträge im Wege der Rechnungsabgrenzung auf die folgenden drei Wirtschaftsjahre vorgetragen und im Rahmen der für diese Wirtschaftsjahre abzugsfähigen Beträge als Betriebsausgaben behandelt werden. ④ § 5 Absatz 1 Satz 2 ist nicht anzuwenden.

(3) ① Abweichend von Absatz 1 Satz 1 Nummer 1 Satz 1 Buchstabe d und Absatz 2 können auf Antrag die insgesamt erforderlichen Zuwendungen an die Unterstützungskasse für den Betrag, den die Kasse an einen Pensionsfonds zahlt, der eine ihr obliegende Versorgungsverpflichtung ganz oder teilweise übernommen hat, nicht im Wirtschaftsjahr der Zuwendung, sondern erst in den dem Wirtschaftsjahr der Zuwendung folgenden zehn Wirtschaftsjahren gleichmäßig verteilt als Betriebsausgaben abgezogen werden. ② Der Antrag ist unwiderruflich; der jeweilige Rechtsnachfolger ist an den Antrag gebunden.

§ 4e Beiträge an Pensionsfonds

(1)[3] Beiträge an einen Pensionsfonds im Sinne des § 236 des Versicherungsaufsichtsgesetzes dürfen von dem Unternehmen, das die Beiträge leistet (Trägerunternehmen), als Betriebsausgaben abgezogen werden, soweit sie auf einer festgelegten Verpflichtung beruhen oder der Abdeckung von Fehlbeträgen bei dem Fonds dienen.

(2) Beiträge im Sinne des Absatzes 1 dürfen als Betriebsausgaben nicht abgezogen werden, soweit die Leistungen des Fonds, wenn sie vom Trägerunternehmen unmittelbar erbracht würden, bei diesem nicht betrieblich veranlasst wären.

(3) ① Der Steuerpflichtige kann auf Antrag die insgesamt erforderlichen Leistungen an einen Pensionsfonds zur teilweisen oder vollständigen Übernahme einer bestehenden Versorgungsver-

[1] Abgedruckt in Aktuelle Steuertexte 2025 *(Verlag C. H. Beck)*.
[2] § 4 d Abs. 1 Satz 1 Nr. 1 Satz 6 geändert durch Gesetz v. 21. 12. 2015 (BGBl. I S. 2553) mit Wirkung ab 1. 1. 2018.
[3] § 4 e Abs. 1 geänd. durch G v. 1. 4. 2015 (BGBl. I S. 434) mWv 1. 1. 2016.

pflichtung oder Versorgungsanwartschaft durch den Pensionsfonds erst in den dem Wirtschaftsjahr der Übertragung folgenden zehn Wirtschaftsjahren gleichmäßig verteilt als Betriebsausgaben abziehen. ② Der Antrag ist unwiderruflich; der jeweilige Rechtsnachfolger ist an den Antrag gebunden. ③ Ist eine Pensionsrückstellung nach § 6a gewinnerhöhend aufzulösen, ist Satz 1 mit der Maßgabe anzuwenden, dass die Leistungen an den Pensionsfonds im Wirtschaftsjahr der Übertragung in Höhe der aufgelösten Rückstellung als Betriebsausgaben abgezogen werden können; der die aufgelöste Rückstellung übersteigende Betrag ist in den dem Wirtschaftsjahr der Übertragung folgenden zehn Wirtschaftsjahren gleichmäßig verteilt als Betriebsausgaben abzuziehen. ④ Satz 3 gilt entsprechend, wenn es im Zuge der Leistungen des Arbeitgebers an den Pensionsfonds zu Vermögensübertragungen einer Unterstützungskasse an den Arbeitgeber kommt.

§ 4f[1] Verpflichtungsübernahmen, Schuldbeitritte und Erfüllungsübernahmen

(1)[2] ① Werden Verpflichtungen übertragen, die beim ursprünglich Verpflichteten Ansatzverboten, -beschränkungen oder Bewertungsvorbehalten unterlegen haben, ist der sich aus diesem Vorgang ergebende Aufwand im Wirtschaftsjahr der Schuldübernahme und den nachfolgenden 14 Jahren gleichmäßig verteilt als Betriebsausgabe abziehbar. ② Ist auf Grund der Übertragung einer Verpflichtung ein Passivposten gewinnerhöhend aufzulösen, ist Satz 1 mit der Maßgabe anzuwenden, dass der sich ergebende Aufwand im Wirtschaftsjahr der Schuldübernahme in Höhe des aufgelösten Passivpostens als Betriebsausgabe abzuziehen ist; der den aufgelösten Passivposten übersteigende Betrag ist in dem Wirtschaftsjahr der Schuldübernahme und den nachfolgenden 14 Wirtschaftsjahren gleichmäßig verteilt als Betriebsausgabe abzuziehen. ③ Eine Verteilung des sich ergebenden Aufwands unterbleibt, wenn die Schuldübernahme im Rahmen einer Veräußerung oder Aufgabe des ganzen Betriebes oder des gesamten Mitunternehmeranteils im Sinne der §§ 14, 16 Absatz 1, 3 und 3a sowie des § 18 Absatz 3 erfolgt; dies gilt auch, wenn ein Arbeitnehmer unter Mitnahme seiner erworbenen Pensionsansprüche zu einem neuen Arbeitgeber wechselt oder wenn der Betrieb am Schluss des vorangehenden Wirtschaftsjahres die Gewinngrenze des § 7g Absatz 1 Satz 2 Nummer 1 nicht überschreitet. ④ Erfolgt die Schuldübernahme in dem Fall einer Teilbetriebsveräußerung oder -aufgabe im Sinne der §§ 14, 16 Absatz 1, 3 und 3a sowie des § 18 Absatz 3, ist ein Veräußerungs- oder Aufgabeverlust um den Aufwand im Sinne des Satzes 1 zu vermindern, soweit dieser den Verlust begründet oder erhöht hat. ⑤ Entsprechendes gilt für den einen aufgelösten Passivposten übersteigenden Betrag im Sinne des Satzes 2. ⑥ Für den hinzugerechneten Aufwand gelten Satz 2 zweiter Halbsatz und Satz 3 entsprechend. ⑦ Der jeweilige Rechtsnachfolger des ursprünglichen Verpflichteten ist an die Aufwandsverteilung nach den Sätzen 1 bis 6 gebunden.

(2) Wurde für Verpflichtungen im Sinne des Absatzes 1 ein Schuldbeitritt oder eine Erfüllungsübernahme mit ganzer oder teilweiser Schuldfreistellung vereinbart, gilt für die vom Freistellungsberechtigten an den Freistellungsverpflichteten erbrachten Leistungen Absatz 1 Satz 1, 2 und 7 entsprechend.

§ 4g[3] Bildung eines Ausgleichspostens bei Entnahme nach § 4 Absatz 1 Satz 3

(1)[4] ① Der Steuerpflichtige kann in Höhe des Unterschiedsbetrags zwischen dem Buchwert und dem nach § 6 Absatz 1 Nummer 4 Satz 1 zweiter Halbsatz anzusetzenden Wert eines Wirtschaftsguts auf Antrag einen Ausgleichsposten bilden, soweit das Besteuerungsrecht der Bundesrepublik Deutschland hinsichtlich des Gewinns aus der Veräußerung des Wirtschaftsguts zugunsten eines Staates im Sinne des § 36 Absatz 5 Satz 1 beschränkt oder ausgeschlossen wird (§ 4 Absatz 1 Satz 3). ② Der Ausgleichsposten ist für jedes Wirtschaftsgut getrennt auszuweisen. ③ Der Antrag ist unwiderruflich. ④ Die Sätze 1 bis 3 gelten in den Fällen des Umwandlungssteuergesetzes entsprechend.

(2)[5] ① Der Ausgleichsposten ist im Wirtschaftsjahr der Bildung und in den vier folgenden Wirtschaftsjahren zu jeweils einem Fünftel gewinnerhöhend aufzulösen. ② Er ist in vollem Umfang gewinnerhöhend aufzulösen, wenn ein Ereignis im Sinne des § 36 Absatz 5 Satz 4 eintritt oder wenn ein künftiger Steueranspruch aus der Auflösung des Ausgleichspostens gemäß Satz 1 gefährdet erscheint und der Steuerpflichtige dem Verlangen der zuständigen Finanzbehörde auf Leistung einer Sicherheit nicht nachkommt.

(3)[6] *(aufgehoben)*

(4)[7] ① Die Absätze 1 und 2 finden entsprechende Anwendung bei der Ermittlung des Überschusses der Betriebseinnahmen über die Betriebsausgaben gemäß § 4 Absatz 3. ② Wirtschaftsgü-

[1] § 4f eingef. durch AIFM-StAnpG v. 18. 12. 2013 (BGBl. I S. 4318). Zur erstmaligen Anwendung für nach dem 28. 11. 2013 endende Wirtschaftsjahre siehe § 52 Abs. 8.

[2] § 4f Abs. 1 Satz 3 geänd. durch JStG 2020 v. 21. 12. 2020 (BGBl. I S. 3096). Zur erstmaligen Anwendung für Wirtschaftsjahre, die nach dem 31. 12. 2019 enden, siehe § 52 Abs. 8 Satz 2.

[3] § 4g Abs. 3 Satz 2 Zitat geänd. und Abs. 6 angef. mWv 29. 3. 2019 durch Brexit-StBG v. 25. 3. 2019 (BGBl. I S. 357).

[4] § 4g Abs. 1 neu gef. durch ATADUmsG v. 25. 6. 2021 (BGBl. I S. 2035); zur Anwendung siehe § 52 Abs. 8a. Abs. 1 Satz 4 neu gef. durch JStG 2024 v. 2. 12. 2024 (BGBl. I Nr. 387); zur Anwendung siehe § 52 Abs. 8a.

[5] § 4g Abs. 2 Satz 2 neu gef. durch ATADUmsG v. 25. 6 2021 (BGBl. I S. 2035).

[6] § 4g Abs. 3 aufgehoben durch ATADUmsG v. 25. 6. 2021 (BGBl. I S. 2035).

[7] § 4g Abs. 4 Satz 1 Verweis geänd. durch ATADUmsG v. 25. 6. 2021 (BGBl. I S. 2035).

ter, für die ein Ausgleichsposten nach Absatz 1 gebildet worden ist, sind in ein laufend zu führendes Verzeichnis aufzunehmen. ③ Der Steuerpflichtige hat darüber hinaus Aufzeichnungen zu führen, aus denen die Bildung und Auflösung der Ausgleichsposten hervorgeht. ④ Die Aufzeichnungen nach den Sätzen 2 und 3 sind der Steuererklärung beizufügen.

(5)[1] ① Der Steuerpflichtige ist verpflichtet, der zuständigen Finanzbehörde die Entnahme oder ein Ereignis im Sinne des Absatzes 2 unverzüglich anzuzeigen. ② Kommt der Steuerpflichtige dieser Anzeigepflicht, seinen Aufzeichnungspflichten nach Absatz 4 oder seinen sonstigen Mitwirkungspflichten im Sinne des § 90 der Abgabenordnung nicht nach, ist der Ausgleichsposten dieses Wirtschaftsguts gewinnerhöhend aufzulösen. ③ § 36 Absatz 5 Satz 8 gilt entsprechend.

(6)[2] Absatz 2 Satz 2 ist mit der Maßgabe anzuwenden, dass allein der Austritt des Vereinigten Königreichs Großbritannien und Nordirland aus der Europäischen Union nicht dazu führt, dass ein als entnommen geltendes Wirtschaftsgut als aus der Besteuerungshoheit der Mitgliedstaaten der Europäischen Union ausgeschieden gilt.

§ 4h[3] Betriebsausgabenabzug für Zinsaufwendungen (Zinsschranke)

(1)[4] ① Zinsaufwendungen eines Betriebs sind abziehbar in Höhe des Zinsertrags, darüber hinaus nur bis zur Höhe des verrechenbaren EBITDA. ② Das verrechenbare EBITDA ist 30 Prozent des um die Zinsaufwendungen und um die nach § 6 Absatz 2 Satz 1 abzuziehenden, nach § 6 Absatz 2 a Satz 2 gewinnmindernd aufzulösenden und nach § 7 abgesetzten Beträge erhöhten und um die Zinserträge verminderten maßgeblichen Gewinns. ③ Soweit das verrechenbare EBITDA die um die Zinserträge geminderten Zinsaufwendungen des Betriebs (Nettozinsaufwendungen) übersteigt, ist es in die folgenden fünf Wirtschaftsjahre vorzutragen (EBITDA-Vortrag); ein EBITDA-Vortrag entsteht nicht in Wirtschaftsjahren, in denen die Zinsaufwendungen die Zinserträge nicht übersteigen oder Absatz 2 die Anwendung von Satz 1 ausschließt. ④ Zinsaufwendungen, die nach Satz 1 nicht abgezogen werden können, sind bis zur Höhe der EBITDA-Vorträge aus vorangegangenen Wirtschaftsjahren abziehbar und mindern die EBITDA-Vorträge in ihrer zeitlichen Reihenfolge. ⑤ Danach verbleibende nicht abziehbare Zinsaufwendungen sind in die folgenden Wirtschaftsjahre vorzutragen (Zinsvortrag). ⑥ Sie erhöhen die Zinsaufwendungen dieser Wirtschaftsjahre, nicht aber den maßgeblichen Gewinn. ⑦ Absatz 2 findet keine Anwendung, soweit Zinsaufwendungen aufgrund eines Zinsvortrags erhöht wurden.

(2)[5] ① Absatz 1 Satz 1 ist nicht anzuwenden, wenn

a)[6] die Nettozinsaufwendungen des Betriebs weniger als drei Millionen Euro betragen,

b)[7] der Steuerpflichtige keiner Person im Sinne des § 1 Absatz 2 (gegebenenfalls in Verbindung mit § 1 Absatz 1 Satz 2) des Außensteuergesetzes nahesteht und über keine Betriebsstätte außerhalb des Staates verfügt, in dem sich sein Wohnsitz, gewöhnlicher Aufenthalt, Sitz oder seine Geschäftsleitung befindet, oder

c)[8] der Betrieb zu einem Konzern gehört und seine Eigenkapitalquote am Schluss des vorangegangenen Abschlussstichtages gleich hoch oder höher ist als die des Konzerns (Eigenkapitalvergleich). ② Ein Unterschreiten der Eigenkapitalquote des Konzerns um bis zu zwei Prozentpunkte ist unschädlich.

③ Eigenkapitalquote ist das Verhältnis des Eigenkapitals zur Bilanzsumme; sie bemisst sich nach dem Konzernabschluss, der den Betrieb umfasst, und ist für den Betrieb auf der Grundlage des Jahresabschlusses oder Einzelabschlusses zu ermitteln. ④ Wahlrechte sind im Konzernabschluss und im Jahresabschluss oder Einzelabschluss einheitlich auszuüben; bei gesellschaftsrechtlichen Kündigungsrechten ist insoweit mindestens das Eigenkapital anzusetzen, das sich nach den Vorschriften des Handelsgesetzbuchs ergeben würde. ⑤ Bei der Ermittlung der Eigenkapitalquote des Betriebs ist das Eigenkapital um einen im Konzernabschluss enthaltenen Firmenwert, soweit er auf den Betrieb entfällt, zu erhöhen sowie um das Eigenkapital, das keine Stimmrechte vermittelt – mit Ausnahme von Vorzugsaktien –, die Anteile an anderen Konzerngesellschaften und um Einlagen der letzten sechs Monate vor dem maßgeblichen Abschlussstichtag, soweit ihnen Entnahmen oder Ausschüttungen innerhalb der ersten sechs Monate nach dem maßgeblichen Abschlussstichtag gegenüberstehen, zu kürzen. ⑥ Die Bilanzsumme ist um Kapitalforderungen zu kürzen, die nicht im Konzernabschluss ausgewiesen sind und denen Verbindlichkeiten im Sinne des Absatzes 3 in mindestens gleicher Höhe gegenüberstehen. ⑦ Sonder-

---

[1] § 4 g Abs. 5 Satz 3 angef. durch ATADUmsG v. 25. 6. 2021 (BGBl. I S. 2035).

[2] § 4 g Abs. 6 angef. mWv 29. 3. 2019 durch Brexit-StBG v. 25. 3. 2019 (BGBl. I S. 357). Geänd. durch ATADUmsG v. 25. 6. 2021 (BGBl. I S. 2035).

[3] § 4 h Abs. 1 neu gef., Abs. 2 Satz 1 Buchst. c Satz 2 geänd. durch G v. 22. 12. 2009 (BGBl. I S. 3950).

[4] § 4 h Abs. 1 Satz 3 neu gef., Satz 7 angef. mWv 1. 1. 2024 durch KrZwFördG v. 22. 12. 2023 (BGBl. I Nr. 411); zur Anwendung siehe § 52 Abs. 8 b.

[5] § 4 h Abs. 2 Satz 16 geänd. durch G v. 20. 12. 2022 (BGBl. I S. 2730). Satz 2 geänd., Satz 3 angef. mWv 1. 1. 2024 durch KrZwFördG v. 22. 12. 2023 (BGBl. I Nr. 411); zur Anwendung siehe § 52 Abs. 8 b.

[6] § 4 h Abs. 2 Satz 1 Buchst. a neu gef. mWv 1. 1. 2024 durch KrZwFördG v. 22. 12. 2023 (BGBl. I Nr. 411); zur Anwendung siehe § 52 Abs. 8 b.

[7] § 4 h Abs. 2 Satz 1 Buchst. b neu gef. mWv 1. 1. 2024 durch KrZwFördG v. 22. 12. 2023 (BGBl. I Nr. 411); zur Anwendung siehe § 52 Abs. 8 b.

[8] § 4 h Abs. 2 Satz 1 Buchst. c geänd. mWv 1. 1. 2024 durch KrZwFördG v. 22. 12. 2023 (BGBl. I Nr. 411); zur Anwendung siehe § 52 Abs. 8 b.

betriebsvermögen ist dem Betrieb der Mitunternehmerschaft zuzuordnen, soweit es im Konzernvermögen enthalten ist. ⑧ Die für den Eigenkapitalvergleich maßgeblichen Abschlüsse sind einheitlich nach den International Financial Reporting Standards (IFRS) zu erstellen. ⑨ Hiervon abweichend können Abschlüsse nach dem Handelsrecht eines Mitgliedstaats der Europäischen Union verwendet werden, wenn kein Konzernabschluss nach den IFRS zu erstellen und offen zu legen ist und für keines der letzten fünf Wirtschaftsjahre ein Konzernabschluss nach den IFRS erstellt wurde; nach den Generally Accepted Accounting Principles der Vereinigten Staaten von Amerika (US-GAAP) aufzustellende und offen zu legende Abschlüsse sind zu verwenden, wenn kein Konzernabschluss nach den IFRS oder dem Handelsrecht eines Mitgliedstaats der Europäischen Union zu erstellen und offen zu legen ist. ⑩ Der Konzernabschluss muss den Anforderungen an die handelsrechtliche Konzernrechnungslegung genügen oder die Voraussetzungen erfüllen, unter denen ein Abschluss nach den §§ 291 und 292 des Handelsgesetzbuchs befreiende Wirkung hätte. ⑪ Wurde der Jahresabschluss oder Einzelabschluss nicht nach denselben Rechnungslegungsstandards wie der Konzernabschluss aufgestellt, ist die Eigenkapitalquote des Betriebs in einer Überleitungsrechnung nach den für den Konzernabschluss geltenden Rechnungslegungsstandards zu ermitteln. ⑫ Die Überleitungsrechnung ist einer prüferischen Durchsicht zu unterziehen. ⑬ Auf Verlangen der Finanzbehörde ist der Abschluss oder die Überleitungsrechnung des Betriebs durch einen Abschlussprüfer zu prüfen, der die Voraussetzungen des § 319 des Handelsgesetzbuchs erfüllt. ⑭ Ist ein dem Eigenkapitalvergleich zugrunde gelegter Abschluss unrichtig und führt der zutreffende Abschluss zu einer Erhöhung der nach Absatz 1 nicht abziehbaren Zinsaufwendungen, ist ein Zuschlag entsprechend § 162 Absatz 4 Satz 1 und 2 der Abgabenordnung festzusetzen. ⑮ Bemessungsgrundlage für den Zuschlag sind die nach Absatz 1 nicht abziehbaren Zinsaufwendungen. ⑯ § 162 Absatz 4 Satz 5 bis 7 der Abgabenordnung gilt sinngemäß.

② Ist eine Gesellschaft, bei der der Gesellschafter als Mitunternehmer anzusehen ist, unmittelbar oder mittelbar einer Körperschaft nachgeordnet, gilt für die Gesellschaft § 8 a Absatz 3 des Körperschaftsteuergesetzes entsprechend. ③ An die Stelle des Steuerpflichtigen tritt für Zwecke des Satzes 1 Buchstabe b bei Personengesellschaften oder Mitunternehmerschaften die Personengesellschaft oder Mitunternehmerschaft.

(3)[1] ① Maßgeblicher Gewinn ist der nach den Vorschriften dieses Gesetzes mit Ausnahme des Absatzes 1 ermittelte steuerpflichtige Gewinn. ② Zinsaufwendungen sind Vergütungen für Fremdkapital, wirtschaftlich gleichwertige Aufwendungen und sonstige Aufwendungen im Zusammenhang mit der Beschaffung von Fremdkapital im Sinne des Artikels 2 Absatz 1 der Richtlinie (EU) 2016/1164 des Rates vom 12. Juli 2016 mit Vorschriften zur Bekämpfung von Steuervermeidungspraktiken mit unmittelbaren Auswirkungen auf das Funktionieren des Binnenmarkts (ABl. L 193 vom 19. 7. 2016, S. 1), die den maßgeblichen Gewinn gemindert haben. ③ Zinserträge sind Erträge aus Kapitalforderungen jeder Art und wirtschaftlich gleichwertige Erträge im Zusammenhang mit Kapitalforderungen, die den maßgeblichen Gewinn erhöht haben. ④ Ein Betrieb gehört zu einem Konzern, wenn er nach dem für die Anwendung des Absatzes 2 Satz 1 Buchstabe c zugrunde gelegten Rechnungslegungsstandard mit einem oder mehreren anderen Betrieben konsolidiert wird.

(4)[2] ① Der EBITDA-Vortrag und der Zinsvortrag sind gesondert festzustellen. ② Zuständig ist das für die gesonderte Feststellung des Gewinns und Verlusts der Gesellschaft zuständige Finanzamt, im Übrigen das für die Besteuerung zuständige Finanzamt. ③ § 10 d Absatz 4 gilt sinngemäß. ④ Feststellungsbescheide sind zu erlassen, aufzuheben oder zu ändern, soweit sich die nach Satz 1 festzustellenden Beträge ändern.

(5)[3] ① Bei Aufgabe oder Übertragung des Betriebs gehen ein nicht verbrauchter EBITDA-Vortrag und ein nicht verbrauchter Zinsvortrag unter. ② Scheidet ein Mitunternehmer aus einer Gesellschaft aus, gehen der EBITDA-Vortrag und der Zinsvortrag anteilig mit der Quote unter, mit der der ausgeschiedene Gesellschafter an der Gesellschaft beteiligt war. ③ § 8 c des Körperschaftsteuergesetzes ist auf den Zinsvortrag einer Gesellschaft entsprechend anzuwenden, soweit an dieser unmittelbar oder mittelbar eine Körperschaft als Mitunternehmer beteiligt ist. ④ Bei Aufgabe oder Übertragung eines Teilbetriebs gehen ein nicht verbrauchter EBITDA-Vortrag und ein nicht verbrauchter Zinsvortrag anteilig unter; § 15 Absatz 3 des Umwandlungssteuergesetzes gilt entsprechend.

(6)[4] ① Zinsaufwendungen oder Zinserträge aus Darlehen, die zur Finanzierung langfristiger öffentlicher Infrastrukturprojekte verwendet und auf Grund von allgemeinen Förderbedingungen vergeben werden, stellen keine Zinsaufwendungen oder Zinserträge im Sinne des Absatzes 3 Satz 2 und 3 dar, sofern es sich um mittelbar oder unmittelbar aus öffentlichen Haushalten gewährte Mittel der Europäischen Union, von Bund, Ländern, Gemeinden oder Mittel anderer öf-

[1] § 4 h Abs. 3 Sätze 2 und 3 geänd., Satz 4 aufgeh., bish. Satz 5 wird Satz 4 und geänd., bish. Satz 6 aufgeh. mWv 1. 1. 2024 durch KrZwFördG v. 22. 12. 2023 (BGBl. I Nr. 411); zur Anwendung siehe § 52 Abs. 8 b.

[2] § 4 h Abs. 4 Sätze 1 und 4 geänd. durch G v. 22. 12. 2009 (BGBl. I S. 3950).

[3] § 4 h Abs. 5 Sätze 1 und 2 geänd. durch G v. 22. 12. 2009 (BGBl. I S. 3950). Satz 4 angef. mWv 1. 1. 2024 durch KrZwFördG v. 22. 12. 2023 (BGBl. I Nr. 411); zur Anwendung siehe § 52 Abs. 8 b.

[4] § 4 h Abs. 6 angef. mWv 1. 1. 2024 durch KrZwFördG v. 22. 12. 2023 (BGBl. I Nr. 411); zur Anwendung siehe § 52 Abs. 8 b.

fentlich-rechtlicher Körperschaften oder einer nach § 5 Absatz 1 Nummer 2, 17 oder 18 des Körperschaftsteuergesetzes steuerbefreiten Einrichtung handelt. ② Satz 1 gilt nur, sofern sämtliche geschaffenen Vermögenswerte in einem Mitgliedstaat der Europäischen Union belegen sind, der Projektbetreiber in einem Mitgliedstaat der Europäischen Union ansässig ist und die Einkünfte aus dem Infrastrukturprojekt in einem Mitgliedstaat der Europäischen Union der Besteuerung unterliegen. ③ Bei der Ermittlung des verrechenbaren EBITDA im Sinne des Absatzes 1 Satz 2 bleiben Aufwendungen und Erträge, die auf das Infrastrukturprojekt im Sinne des Satzes 1 entfallen, außer Ansatz.

§ 4 i[1] Sonderbetriebsausgabenabzug bei Vorgängen mit Auslandsbezug

① Aufwendungen dürfen nicht als Sonderbetriebsausgaben abgezogen werden, soweit sie auch die Steuerbemessungsgrundlage in einem anderen Staat mindern. ② Satz 1 gilt nicht, soweit diese Aufwendungen Erträge desselben Steuerpflichtigen mindern, die bei ihm sowohl der inländischen Besteuerung unterliegen als auch nachweislich der tatsächlichen Besteuerung in dem anderen Staat.

§ 4 j[2] Aufwendungen für Rechteüberlassungen

(1) ① Aufwendungen für die Überlassung der Nutzung oder des Rechts auf Nutzung von Rechten, insbesondere von Urheberrechten und gewerblichen Schutzrechten, von gewerblichen, technischen, wissenschaftlichen und ähnlichen Erfahrungen, Kenntnissen und Fertigkeiten, zum Beispiel Plänen, Mustern und Verfahren, sind ungeachtet eines bestehenden Abkommens zur Vermeidung der Doppelbesteuerung nur nach Maßgabe des Absatzes 3 abziehbar, wenn die Einnahmen des Gläubigers einer von der Regelbesteuerung abweichenden, niedrigen Besteuerung nach Absatz 2 unterliegen (Präferenzregelung) und der Gläubiger eine dem Schuldner nahestehende Person im Sinne des § 1 Absatz 2 des Außensteuergesetzes ist. ② Wenn auch der Gläubiger nach Satz 1 oder eine andere dem Schuldner nach Satz 1 nahestehende Person im Sinne des § 1 Absatz 2 des Außensteuergesetzes wiederum Aufwendungen für Rechte hat, aus denen sich die Rechte nach Satz 1 unmittelbar oder mittelbar ableiten, sind die Aufwendungen nach Satz 1 ungeachtet eines bestehenden Abkommens zur Vermeidung der Doppelbesteuerung auch dann nur nach Maßgabe des Absatzes 3 abziehbar, wenn die weiteren Einnahmen des weiteren Gläubigers einer von der Regelbesteuerung abweichenden, niedrigen Besteuerung nach Absatz 2 unterliegen und der weitere Gläubiger eine dem Schuldner nach Satz 1 nahestehende Person im Sinne des § 1 Absatz 2 des Außensteuergesetzes ist; dies gilt nicht, wenn die Abziehbarkeit der Aufwendungen beim Gläubiger oder der anderen dem Schuldner nahestehenden Person bereits nach dieser Vorschrift beschränkt ist. ③ Als Schuldner und Gläubiger gelten auch Betriebsstätten, die ertragsteuerlich als Nutzungsberechtigter oder Nutzungsverpflichteter der Rechte für die Überlassung der Nutzung oder des Rechts auf Nutzung von Rechten behandelt werden. ④ Die Sätze 1 und 2 sind nicht anzuwenden, soweit sich die niedrige Besteuerung daraus ergibt, dass die Einnahmen des Gläubigers oder des weiteren Gläubigers einer Präferenzregelung unterliegen, die dem Nexus-Ansatz gemäß Kapitel 4 des Abschlussberichts 2015 zu Aktionspunkt 5, OECD (2016) „Wirksamere Bekämpfung schädlicher Steuerpraktiken unter Berücksichtigung von Transparenz und Substanz", OECD/G20 Projekt Gewinnverkürzung und Gewinnverlagerung, entspricht. ⑤ Die Sätze 1 und 2 sind insoweit nicht anzuwenden, als auf Grund der aus den Aufwendungen resultierenden Einnahmen ein Hinzurechnungsbetrag im Sinne des § 10 Absatz 1 Satz 1 des Außensteuergesetzes anzusetzen ist.

(2)[3] ① Eine niedrige Besteuerung im Sinne des Absatzes 1 liegt vor, wenn die von der Regelbesteuerung abweichende Besteuerung der Einnahmen des Gläubigers oder des weiteren Gläubigers zu einer Belastung durch Ertragsteuern von weniger als 15 Prozent führt; maßgeblich ist bei mehreren Gläubigern die niedrigste Belastung. ② Bei der Ermittlung, ob eine niedrige Besteuerung vorliegt, sind sämtliche Regelungen zu berücksichtigen, die sich auf die Besteuerung der Einnahmen aus der Rechteüberlassung auswirken, insbesondere steuerliche Kürzungen, Befreiungen, Gutschriften oder Ermäßigungen. ③ Werden die Einnahmen für die Überlassung der Nutzung oder des Rechts auf Nutzung von Rechten einer anderen Person ganz oder teilweise zugerechnet oder erfolgt die Besteuerung aus anderen Gründen ganz oder teilweise bei einer anderen Person als dem Gläubiger oder dem weiteren Gläubiger, ist auf die Summe der Belastungen abzustellen. ④ § 8 Absatz 5 Satz 2 und 3 des Außensteuergesetzes gilt entsprechend.

(3)[4] ① Aufwendungen nach Absatz 1 sind in den Fällen einer niedrigen Besteuerung nach Absatz 2 nur zum Teil abziehbar. ② Der nicht abziehbare Teil ist dabei wie folgt zu ermitteln:

---

[1] § 4i eingef. mWv VZ 2017 durch BEPS-UmsG v. 20. 12. 2016 (BGBl. I S. 3000). Überschrift und Satz 1 geänd. mWv VZ 2017 durch StUmgBG v. 23. 6. 2017 (BGBl. I S. 1682).

[2] § 4j eingef. durch SchädlStPraktG v. 27. 6. 2017 (BGBl. I S. 2074); zur erstmaligen Anwendung für Aufwendungen, die nach dem 31. 12. 2017 entstehen (§ 52 Abs. 8 a).

[3] § 4j Abs. 2 Satz 4 geänd. durch ATADUmsG v. 25. 6. 2021 (BGBl. I S. 2035). Satz 1 geänd. durch G v. 21. 12. 2023 (BGBl. I Nr. 397); zur Anwendung siehe § 52 Abs. 8 c Satz 2.

[4] § 4j Abs. 3 Satz 2 neu gef. durch G v. 21. 12. 2023 (BGBl. I Nr. 397); zur Anwendung siehe § 52 Abs. 8 c Satz 2.

$$\frac{15\,\% - \text{Belastung durch Ertragsteuern in Prozent}}{15\,\%}$$

§ 4k[1] Betriebsausgabenabzug bei Besteuerungsinkongruenzen

(1) ① Aufwendungen für die Nutzung oder im Zusammenhang mit der Übertragung von Kapitalvermögen sind insoweit nicht als Betriebsausgaben abziehbar, als die den Aufwendungen entsprechenden Erträge auf Grund einer vom deutschen Recht abweichenden steuerlichen Qualifikation oder Zurechnung des Kapitalvermögens nicht oder niedriger als bei dem deutschen Recht entsprechender Qualifikation oder Zurechnung besteuert werden. ② Satz 1 gilt nicht, soweit die Besteuerungsinkongruenz voraussichtlich in einem künftigen Besteuerungszeitraum beseitigt wird und die Zahlungsbedingungen einem Fremdvergleich standhalten.

(2) ① Soweit nicht bereits die Voraussetzungen für die Versagung des Betriebsausgabenabzugs nach Absatz 1 vorliegen, sind Aufwendungen auch insoweit nicht als Betriebsausgaben abziehbar, als die den Aufwendungen entsprechenden Erträge auf Grund einer vom deutschen Recht abweichenden steuerlichen Behandlung des Steuerpflichtigen oder auf Grund einer vom deutschen Recht abweichenden steuerlichen Beurteilung von anzunehmenden schuldrechtlichen Beziehungen im Sinne des § 1 Absatz 4 Satz 1 Nummer 2 des Außensteuergesetzes in keinem Staat einer tatsächlichen Besteuerung unterliegen. ② Handelt es sich bei dem Gläubiger der Erträge im Sinne des Satzes 1 um einen unbeschränkt steuerpflichtigen, unmittelbaren oder mittelbaren Gesellschafter einer ausländischen vermögensverwaltenden Personengesellschaft oder um eine Personengesellschaft, an der ein solcher Gesellschafter unmittelbar oder mittelbar beteiligt ist, gilt § 39 Absatz 2 Nummer 2 der Abgabenordnung nicht, soweit die in Satz 1 genannten Aufwendungen in dem anderen Staat zum Abzug zugelassen sind und die den Aufwendungen entsprechenden Erträge durch die vom deutschen Recht abweichende Zurechnung keiner tatsächlichen Besteuerung unterliegen. ③ Satz 1 gilt nicht, soweit den Aufwendungen Erträge desselben Steuerpflichtigen gegenüberstehen, die sowohl im Inland als auch nachweislich in dem Staat des Gläubigers oder, wenn es sich bei dem Gläubiger um eine Personengesellschaft handelt, im Staat des unmittelbaren oder mittelbaren Gesellschafters beziehungsweise des anderen Unternehmensteils im Rahmen einer anzunehmenden schuldrechtlichen Beziehung einer tatsächlichen Besteuerung unterliegen.

(3) Soweit nicht bereits die Voraussetzungen für die Versagung des Betriebsausgabenabzugs nach den vorstehenden Absätzen vorliegen, sind Aufwendungen auch insoweit nicht als Betriebsausgaben abziehbar, als die den Aufwendungen entsprechenden Erträge auf Grund deren vom deutschen Recht abweichender steuerlicher Zuordnung oder Zurechnung nach den Rechtsvorschriften anderer Staaten in keinem Staat einer tatsächlichen Besteuerung unterliegen.

(4) ① Soweit nicht bereits die Voraussetzungen für die Versagung des Betriebsausgabenabzugs nach den vorstehenden Absätzen vorliegen, sind Aufwendungen auch insoweit nicht als Betriebsausgaben abziehbar, als die Aufwendungen auch in einem anderen Staat berücksichtigt werden. ② Eine Berücksichtigung der Aufwendungen im Sinne des Satzes 1 liegt bei unbeschränkt Steuerpflichtigen auch vor, wenn der andere Staat den Abzug der Aufwendungen bereits nach seinen Vorschriften nicht zulässt, die diesem oder den vorstehenden Absätzen entsprechen; dies gilt nicht, wenn der Abzug der Aufwendungen in einem anderen Staat auf Grund einer diesem Absatz entsprechenden Regelung nicht zugelassen wird bei

1. einem mittelbaren oder unmittelbaren Gesellschafter eines unbeschränkt Steuerpflichtigen im Sinne des § 1 des Körperschaftsteuergesetzes oder
2. dem Steuerpflichtigen, sofern sich dessen Wohnsitz, Sitz oder Ort der Geschäftsleitung auch in einem anderen Mitgliedstaat der Europäischen Union befindet und dieser Staat den Steuerpflichtigen für Zwecke der Anwendung eines Abkommens zur Vermeidung der Doppelbesteuerung zwischen der Bundesrepublik Deutschland und diesem Staat als nicht in diesem Staat ansässig behandelt.

③ Satz 1 gilt nicht, soweit den Aufwendungen Erträge desselben Steuerpflichtigen gegenüberstehen, die sowohl im Inland als auch nachweislich in dem anderen Staat einer tatsächlichen Besteuerung unterliegen. ④ Bei unbeschränkt Steuerpflichtigen, bei denen eine Doppelbesteuerung durch Anrechnung oder Abzug der ausländischen Steuer vermieden wird, finden die Sätze 1 bis 3 nur Anwendung, soweit die Aufwendungen auch Erträge in einem anderen Staat mindern, die nicht der inländischen Besteuerung unterliegen.

(5) ① Soweit nicht bereits die Voraussetzungen für die Versagung des Betriebsausgabenabzugs nach den vorstehenden Absätzen vorliegen, sind Aufwendungen auch insoweit nicht als Betriebsausgaben abziehbar, als den aus diesen Aufwendungen unmittelbar oder mittelbar resultierenden Erträgen Aufwendungen gegenüberstehen, deren Abzug beim Gläubiger, einem weiteren Gläubiger oder einer anderen Person bei entsprechender Anwendung dieses Absatzes oder der Absätze 1 bis 4 versagt würde. ② Satz 1 findet keine Anwendung, soweit der steuerliche Vorteil infolge einer

[1] § 4 k eingef. durch ATADUmsG v. 25. 6. 2021 (BGBl. I S. 2035), zur Anwendung siehe § 52 Abs. 8 c.

Besteuerungsinkongruenz im Sinne dieses Absatzes oder der Absätze 1 bis 4 bereits beim Gläubiger, beim weiteren Gläubiger oder bei der anderen Person im Sinne des Satzes 1 beseitigt wird.

(6) ① Die Absätze 1 bis 5 finden nur Anwendung, wenn der Tatbestand dieser Absätze zwischen nahestehenden Personen im Sinne des § 1 Absatz 2 des Außensteuergesetzes oder zwischen einem Unternehmen und seiner Betriebsstätte verwirklicht wird oder wenn eine strukturierte Gestaltung anzunehmen ist. ② Einer Person, die mit einer anderen Person durch abgestimmtes Verhalten zusammenwirkt, werden für Zwecke dieses Absatzes und der Absätze 1 bis 5 die Beteiligung, die Stimmrechte und die Gewinnbezugsrechte der anderen Person zugerechnet. ③ Eine strukturierte Gestaltung im Sinne des Satzes 1 ist anzunehmen, wenn der steuerliche Vorteil, der sich ohne die Anwendung der vorstehenden Absätze ergeben würde, ganz oder zum Teil in die Bedingungen der vertraglichen Vereinbarungen eingerechnet wurde oder die Bedingungen der vertraglichen Vereinbarungen oder die den vertraglichen Vereinbarungen zugrunde liegenden Umstände darauf schließen lassen, dass die an der Gestaltung Beteiligten den steuerlichen Vorteil erwarten konnten. ④ Ein Steuerpflichtiger wird nicht als Teil einer strukturierten Gestaltung behandelt, wenn nach den äußeren Umständen vernünftigerweise nicht davon auszugehen ist, dass ihm der steuerliche Vorteil bekannt war und er nachweist, dass er nicht an dem steuerlichen Vorteil beteiligt wurde.

(7) Die Absätze 1 bis 6 sind ungeachtet der Vorschriften eines Abkommens zur Vermeidung der Doppelbesteuerung anzuwenden.

§ 5 Gewinn bei Kaufleuten und bei bestimmten anderen Gewerbetreibenden

(1) ① Bei Gewerbetreibenden, die auf Grund gesetzlicher Vorschriften verpflichtet sind, Bücher zu führen und regelmäßig Abschlüsse zu machen, oder die ohne eine solche Verpflichtung Bücher führen und regelmäßig Abschlüsse machen, ist für den Schluss des Wirtschaftsjahres das Betriebsvermögen anzusetzen (§ 4 Absatz 1 Satz 1), das nach den handelsrechtlichen Grundsätzen ordnungsmäßiger Buchführung auszuweisen ist, es sei denn, im Rahmen der Ausübung eines steuerlichen Wahlrechts wird oder wurde ein anderer Ansatz gewählt. ② Voraussetzung für die Ausübung steuerlicher Wahlrechte ist, dass die Wirtschaftsgüter, die nicht mit dem handelsrechtlich maßgeblichen Wert in der steuerlichen Gewinnermittlung ausgewiesen werden, in besondere, laufend zu führende Verzeichnisse aufgenommen werden. ③ In den Verzeichnissen sind der Tag der Anschaffung oder Herstellung, die Anschaffungs- oder Herstellungskosten, die Vorschrift des ausgeübten steuerlichen Wahlrechts und die vorgenommenen Abschreibungen nachzuweisen.

(1 a) ① Posten der Aktivseite dürfen nicht mit Posten der Passivseite verrechnet werden. ② Die Ergebnisse der in der handelsrechtlichen Rechnungslegung zur Absicherung finanzwirtschaftlicher Risiken gebildeten Bewertungseinheiten sind auch für die steuerliche Gewinnermittlung maßgeblich.

(2) Für immaterielle Wirtschaftsgüter des Anlagevermögens ist ein Aktivposten nur anzusetzen, wenn sie entgeltlich erworben wurden.

(2 a) Für Verpflichtungen, die nur zu erfüllen sind, soweit künftig Einnahmen oder Gewinne anfallen, sind Verbindlichkeiten oder Rückstellungen erst anzusetzen, wenn die Einnahmen oder Gewinne angefallen sind.

(3) ① Rückstellungen wegen Verletzung fremder Patent-, Urheber- oder ähnlicher Schutzrechte dürfen erst gebildet werden, wenn

1. der Rechtsinhaber Ansprüche wegen der Rechtsverletzung geltend gemacht hat oder
2. mit einer Inanspruchnahme wegen der Rechtsverletzung ernsthaft zu rechnen ist.

② Eine nach Satz 1 Nummer 2 gebildete Rückstellung ist spätestens in der Bilanz des dritten auf ihre erstmalige Bildung folgenden Wirtschaftsjahres gewinnerhöhend aufzulösen, wenn Ansprüche nicht geltend gemacht worden sind.

(4) Rückstellungen für die Verpflichtung zu einer Zuwendung anlässlich eines Dienstjubiläums dürfen nur gebildet werden, wenn das Dienstverhältnis mindestens zehn Jahre bestanden hat, das Dienstjubiläum das Bestehen eines Dienstverhältnisses von mindestens 15 Jahren voraussetzt, die Zusage schriftlich erteilt ist und soweit der Zuwendungsberechtigte seine Anwartschaft nach dem 31. Dezember 1992 erwirbt.

(4 a) ① Rückstellungen für drohende Verluste aus schwebenden Geschäften dürfen nicht gebildet werden. ② Das gilt nicht für Ergebnisse nach Absatz 1 a Satz 2.

(4 b) ① Rückstellungen für Aufwendungen, die in künftigen Wirtschaftsjahren als Anschaffungs- oder Herstellungskosten eines Wirtschaftsguts zu aktivieren sind, dürfen nicht gebildet werden. ② Rückstellungen für die Verpflichtung zur schadlosen Verwertung radioaktiver Reststoffe sowie ausgebauter oder abgebauter radioaktiver Anlagenteile dürfen nicht gebildet werden, soweit Aufwendungen im Zusammenhang mit der Bearbeitung oder Verarbeitung von Kernbrennstoffen stehen, die aus der Aufarbeitung bestrahlter Kernbrennstoffe gewonnen worden sind und keine radioaktiven Abfälle darstellen.

(5)[1] ① Als Rechnungsabgrenzungsposten sind nur anzusetzen

[1] § 5 Abs. 5 Satz 2 eingef., bish. Satz 2 wird Satz 3 mWv 1. 1. 2022 durch JStG 2022 v. 16. 12. 2022 (BGBl. I S. 2294); zur Anwendung siehe § 52 Abs. 9 Satz 1.

1. auf der Aktivseite Ausgaben vor dem Abschlussstichtag, soweit sie Aufwand für eine bestimmte Zeit nach diesem Tag darstellen;
2. auf der Passivseite Einnahmen vor dem Abschlussstichtag, soweit sie Ertrag für eine bestimmte Zeit nach diesem Tag darstellen.

② Der Ansatz eines Rechnungsabgrenzungspostens kann unterbleiben, wenn die jeweilige Ausgabe oder Einnahme im Sinne des Satzes 1 den Betrag des § 6 Absatz 2 Satz 1 nicht übersteigt; das Wahlrecht ist einheitlich für alle Ausgaben und Einnahmen im Sinne des Satzes 1 auszuüben. ③ Auf der Aktivseite sind ferner anzusetzen

1. als Aufwand berücksichtigte Zölle und Verbrauchsteuern, soweit sie auf am Abschlussstichtag auszuweisende Wirtschaftsgüter des Vorratsvermögens entfallen,
2. als Aufwand berücksichtigte Umsatzsteuer auf am Abschlussstichtag auszuweisende Anzahlungen.

(6) Die Vorschriften über die Entnahmen und die Einlagen, über die Zulässigkeit der Bilanzänderung, über die Betriebsausgaben, über die Bewertung und über die Absetzung für Abnutzung oder Substanzverringerung sind zu befolgen.

(7)[1] ① Übernommene Verpflichtungen, die beim ursprünglich Verpflichteten Ansatzverboten, -beschränkungen oder Bewertungsvorbehalten unterlegen haben, sind zu den auf die Übernahme folgenden Abschlussstichtagen bei dem Übernehmer und dessen Rechtsnachfolger so zu bilanzieren, wie sie beim ursprünglich Verpflichteten ohne Übernahme zu bilanzieren wären. ② Dies gilt in Fällen des Schuldbeitritts oder der Erfüllungsübernahme mit vollständiger oder teilweiser Schuldfreistellung für die sich aus diesem Rechtsgeschäft ergebenden Verpflichtungen sinngemäß. ③ Satz 1 ist für den Erwerb eines Mitunternehmeranteils entsprechend anzuwenden. ④ Wird eine Pensionsverpflichtung unter gleichzeitiger Übernahme von Vermögenswerten gegenüber einem Arbeitnehmer übernommen, der bisher in einem anderen Unternehmen tätig war, ist Satz 1 mit der Maßgabe anzuwenden, dass bei der Ermittlung des Teilwertes der Verpflichtung der Jahresbetrag nach § 6 a Absatz 3 Satz 2 Nummer 1 so zu bemessen ist, dass zu Beginn des Wirtschaftsjahres der Übernahme der Barwert der Jahresbeträge zusammen mit den übernommenen Vermögenswerten gleich dem Barwert der künftigen Pensionsleistungen ist; dabei darf sich kein negativer Jahresbetrag ergeben. ⑤ Für einen Gewinn, der sich aus der Anwendung der Sätze 1 bis 3 ergibt, kann jeweils in Höhe von vierzehn Fünfzehntel eine gewinnmindernde Rücklage gebildet werden, die in den folgenden vierzehn Wirtschaftsjahren jeweils mit mindestens einem Vierzehntel gewinnerhöhend aufzulösen ist (Auflösungszeitraum). ⑥ Besteht eine Verpflichtung, für die eine Rücklage gebildet wurde, bereits vor Ablauf des maßgebenden Auflösungszeitraums nicht mehr, ist die insoweit verbleibende Rücklage erhöhend aufzulösen.

§ 5 a[2] Gewinnermittlung bei Handelsschiffen im internationalen Verkehr

(1) ① An Stelle der Ermittlung des Gewinns nach § 4 Absatz 1 oder § 5 ist bei einem Gewerbebetrieb mit Geschäftsleitung im Inland der Gewinn, soweit er auf den Betrieb von Handelsschiffen im internationalen Verkehr entfällt, auf unwiderruflichen Antrag des Steuerpflichtigen nach der in seinem Betrieb geführten Tonnage zu ermitteln, wenn die Bereederung dieser Handelsschiffe im Inland durchgeführt wird. ② Der im Wirtschaftsjahr erzielte Gewinn beträgt pro Tag des Betriebs für jedes im internationalen Verkehr betriebene Handelsschiff für jeweils volle 100 Nettotonnen (Nettoraumzahl)

0,92 Euro	bei einer Tonnage bis zu 1000 Nettotonnen,
0,69 Euro	für die 1000 Nettotonnen übersteigende Tonnage bis zu 10 000 Nettotonnen,
0,46 Euro	für die 10 000 Nettotonnen übersteigende Tonnage bis zu 25 000 Nettotonnen,
0,23 Euro	für die 25 000 Nettotonnen übersteigende Tonnage.

(2) ① Handelsschiffe werden im internationalen Verkehr betrieben, wenn eigene oder gecharterte Seeschiffe, die im Wirtschaftsjahr überwiegend in einem inländischen Seeschiffsregister eingetragen sind, in diesem Wirtschaftsjahr überwiegend zur Beförderung von Personen oder Gütern im Verkehr mit oder zwischen ausländischen Häfen, innerhalb eines ausländischen Hafens oder zwischen einem ausländischen Hafen und der Hohen See eingesetzt werden. ② Zum Betrieb von Handelsschiffen im internationalen Verkehr gehören auch ihre Vercharterung, wenn sie vom Vercharterer ausgerüstet worden sind, und die unmittelbar mit ihrem Einsatz oder ihrer Vercharterung zusammenhängenden Neben- und Hilfsgeschäfte einschließlich der Veräußerung der Handelsschiffe und der unmittelbar ihrem Betrieb dienenden Wirtschaftsgüter. ③ Der Einsatz und die Vercharterung von gecharterten Handelsschiffen gilt nur dann als Betrieb von Handelsschiffen im internationalen Verkehr, wenn gleichzeitig eigene oder ausgerüstete Handelsschiffe im internationalen Verkehr betrieben werden. ④ Sind gecharterte Handelsschiffe nicht in einem inländischen Seeschiffsregister eingetragen, gilt Satz 3 unter der weiteren Voraussetzung, dass im Wirtschaftsjahr die Nettotonnage der gecharterten Handelsschiffe das Dreifache der nach den Sätzen 1 und 2 im internationalen Verkehr betriebenen Handelsschiffe nicht übersteigt; für die Berechnung der Net-

[1] § 5 Abs. 7 eingef. durch AIFM-StAnpG v. 18. 12. 2013 (BGBl. I S. 4318); zur Anwendung siehe § 52 Abs. 9.
[2] Zur Anwendung von § 5 a siehe § 52 Abs. 10.

totonnage sind jeweils die Nettotonnen pro Schiff mit der Anzahl der Betriebstage nach Absatz 1 zu vervielfältigen. ⑤ Dem Betrieb von Handelsschiffen im internationalen Verkehr ist gleichgestellt, wenn Seeschiffe, die im Wirtschaftsjahr überwiegend in einem inländischen Seeschiffsregister eingetragen sind, in diesem Wirtschaftsjahr überwiegend außerhalb der deutschen Hoheitsgewässer zum Schleppen, Bergen oder zur Aufsuchung von Bodenschätzen eingesetzt werden; die Sätze 2 bis 4 sind sinngemäß anzuwenden.

[alte Fassung:]

(3) ① Der Antrag auf Anwendung der Gewinnermittlung nach Absatz 1 kann mit Wirkung ab dem jeweiligen Wirtschaftsjahr bis zum Ende des zweiten Wirtschaftsjahres gestellt werden, das auf das Wirtschaftsjahr folgt, in dem der Steuerpflichtige durch den Gewerbebetrieb erstmals Einkünfte aus dem Betrieb von Handelsschiffen im internationalen Verkehr erzielt (Erstjahr). ② Danach kann ein Antrag in dem Wirtschaftsjahr gestellt werden, das jeweils nach Ablauf eines Zeitraums von zehn Jahren, vom Beginn des Erstjahres gerechnet, endet. ③ Der Steuerpflichtige ist an die Gewinnermittlung nach Absatz 1 vom Beginn des Wirtschaftsjahres an, in dem er den Antrag stellt, zehn Jahre gebunden. ④ Nach Ablauf dieses Zeitraums kann er den Antrag mit Wirkung für den Beginn jedes folgenden Wirtschaftsjahres bis zum Ende dieses Jahres unwiderruflich zurücknehmen. ⑤ An die Gewinnermittlung nach allgemeinen Vorschriften ist der Steuerpflichtige ab dem Beginn des Wirtschaftsjahres, in dem er den Antrag zurücknimmt, zehn Jahre gebunden.

[neue Fassung:][1]

(3) ① Der Antrag auf Anwendung der Gewinnermittlung nach Absatz 1 ist im Wirtschaftsjahr der Anschaffung oder Herstellung des Handelsschiffs (Indienststellung) mit Wirkung ab Beginn dieses Wirtschaftsjahres zu stellen. ② Vor Indienststellung des Handelsschiffs durch den Betrieb von Handelsschiffen im internationalen Verkehr erwirtschaftete Gewinne sind in diesem Fall nicht zu besteuern; Verluste sind weder ausgleichsfähig noch verrechenbar. ③ Bereits erlassene Steuerbescheide sind insoweit zu ändern. ④ Das gilt auch dann, wenn der Steuerbescheid unanfechtbar geworden ist; die Festsetzungsfrist endet insoweit nicht, bevor die Festsetzungs- frist für den Veranlagungszeitraum abgelaufen ist, in dem der Gewinn erstmals nach Absatz 1 ermittelt wird. ⑤ Wird der Antrag auf Anwendung der Gewinnermittlung nach Absatz 1 nicht nach Satz 1 im Wirtschaftsjahr der Anschaffung oder Herstellung des Handelsschiffs (Indienststellung) gestellt, kann er erstmals in dem Wirtschaftsjahr gestellt werden, das jeweils nach Ablauf eines Zeitraumes von zehn Jahren, vom Beginn des Jahres der Indienststellung gerechnet, endet. ⑥ Die Sätze 2 bis 4 sind insoweit nicht anwendbar. ⑦ Der Steuerpflichtige ist an die Gewinnermittlung nach Absatz 1 vom Beginn des Wirtschaftsjahres an, in dem er den Antrag stellt, zehn Jahre gebunden. ⑧ Nach Ablauf dieses Zeitraumes kann er den Antrag mit Wirkung für den Beginn jedes folgenden Wirtschaftsjahres bis zum Ende des Jahres unwiderruflich zurücknehmen. ⑨ An die Gewinnermittlung nach allgemeinen Vorschriften ist der Steuerpflichtige ab dem Beginn des Wirtschaftsjahres, in dem er den Antrag zurücknimmt, zehn Jahre gebunden.

(4)[2] ① Zum Schluss des Wirtschaftsjahres, das der erstmaligen Anwendung des Absatzes 1 vorangeht (Übergangsjahr), ist für jedes Wirtschaftsgut, das unmittelbar dem Betrieb von Handelsschiffen im internationalen Verkehr dient, der Unterschiedsbetrag zwischen Buchwert und Teilwert in ein besonderes Verzeichnis aufzunehmen. ② Der Unterschiedsbetrag ist gesondert und bei Gesellschaften im Sinne des § 15 Absatz 1 Satz 1 Nummer 2 einheitlich festzustellen. ③ Der Unterschiedsbetrag nach Satz 1 ist dem Gewinn hinzuzurechnen:

1. in den dem letzten Jahr der Anwendung des Absatzes 1 folgenden fünf Wirtschaftsjahren jeweils in Höhe von mindestens einem Fünftel,
2. in dem Jahr, in dem das Wirtschaftsgut aus dem Betriebsvermögen ausscheidet oder in dem es nicht mehr unmittelbar dem Betrieb von Handelsschiffen im internationalen Verkehr dient,
3. in dem Jahr des Ausscheidens eines Mitunternehmers hinsichtlich des auf ihn entfallenden Unterschiedsbetrags; mindert sich die Beteiligung des Mitunternehmers, ohne dass er aus der Mitunternehmerschaft ausscheidet, erfolgt eine Hinzurechnung entsprechend der Minderung der Beteiligung.

④ Satz 3 Nummer 3 gilt auch in den Fällen der §§ 20 und 24 des Umwandlungssteuergesetzes. ⑤ Wird ein Betrieb, Teilbetrieb oder Anteil eines Mitunternehmers an einem Betrieb auf einen

[1] Zur Anwendung von § 5 a Abs. 3 siehe § 52 Abs. 10; neue Fassung inhaltlich bestätigt durch G v. 5. 4. 2011 (BGBl. I S. 554).

[2] § 5 a Abs. 4 neu gef. mWv 9. 6. 2021 durch AbzStEntModG v. 2. 6. 2021 (BGBl. I S. 1259); zur Anwendung der Sätze 5 bis 7 siehe § 52 Abs. 10 Satz 4.

Rechtsnachfolger zum Buchwert nach § 6 Absatz 3 übertragen, geht der Unterschiedsbetrag insoweit auf den Rechtsnachfolger über. ⑥ § 182 Absatz 2 der Abgabenordnung gilt sinngemäß. ⑦ Die Sätze 1 bis 6 sind entsprechend anzuwenden, wenn der Steuerpflichtige Wirtschaftsgüter des Betriebsvermögens dem Betrieb von Handelsschiffen im internationalen Verkehr zuführt.

(4 a) ① Bei Gesellschaften im Sinne des § 15 Absatz 1 Satz 1 Nummer 2 tritt für die Zwecke dieser Vorschrift an die Stelle des Steuerpflichtigen die Gesellschaft. ② Der nach Absatz 1 ermittelte Gewinn ist den Gesellschaftern entsprechend ihrem Anteil am Gesellschaftsvermögen zuzurechnen. ③ Vergütungen im Sinne des § 15 Absatz 1 Satz 1 Nummer 2 und Satz 2 sind hinzuzurechnen.

(5) ① Gewinne nach Absatz 1 umfassen auch Einkünfte nach § 16. ② Die §§ 34, 34 c Absatz 1 bis 3 und § 35 sind nicht anzuwenden.

[alte Fassung:]	***[neue Fassung:]***[1]
③ Rücklagen nach den §§ 6 b, 6 d und 7 g sind beim Übergang zur Gewinnermittlung nach Absatz 1 dem Gewinn im Erstjahr hinzuzurechnen.	③ Rücklagen nach den §§ 6 b und 6 d sind beim Übergang zur Gewinnermittlung nach Absatz 1 dem Gewinn im Erstjahr hinzuzurechnen; bis zum Übergang in Anspruch genommene Investitionsabzugsbeträge nach § 7 g Absatz 1 sind nach Maßgabe des § 7 g Absatz 3 rückgängig zu machen.

④ Für die Anwendung des § 15 a ist der nach § 4 Absatz 1 oder § 5 ermittelte Gewinn zugrunde zu legen.

(6)[2] ① In der Bilanz zum Schluss des Wirtschaftsjahres, in dem Absatz 1 letztmalig angewendet wird, ist für jedes Wirtschaftsgut, das unmittelbar dem Betrieb von Handelsschiffen im internationalen Verkehr dient, der Teilwert anzusetzen. ② Für Wirtschaftsgüter des abnutzbaren Anlagevermögens sind den weiteren Absetzungen für Abnutzung unverändert die ursprünglichen Anschaffungs- oder Herstellungskosten zugrunde zu legen.

§ 5 b[3] Elektronische Übermittlung von Bilanzen sowie Gewinn- und Verlustrechnungen

(1)[4] ① Wird der Gewinn nach § 4 Absatz 1, § 5 oder § 5 a ermittelt, so ist der Inhalt der Bilanz, der Gewinn- und Verlustrechnung jeweils einschließlich der unverdichteten Kontennachweise mit Kontensalden sowie der Anlagenspiegel und das diesem zugrundeliegende Anlagenverzeichnis nach amtlich vorgeschriebenem Datensatz durch Datenfernübertragung zu übermitteln. ② Enthält die Bilanz Ansätze oder Beträge, die den steuerlichen Vorschriften nicht entsprechen, so sind diese Ansätze oder Beträge durch Zusätze oder Anmerkungen den steuerlichen Vorschriften anzupassen und nach amtlich vorgeschriebenem Datensatz durch Datenfernübertragung zu übermitteln. ③ Der Steuerpflichtige kann auch eine den steuerlichen Vorschriften entsprechende Bilanz nach amtlich vorgeschriebenem Datensatz durch Datenfernübertragung übermitteln; Satz 1 gilt insoweit entsprechend. ④ Im Fall der Eröffnung des Betriebs sind die Sätze 1 bis 3 entsprechend anzuwenden; dies gilt auch für solche Bilanzen, die für andere steuerliche Zwecke zu erstellen sind. ⑤ Liegt ein Anhang, ein Lagebericht, ein Prüfungsbericht oder ein Verzeichnis nach § 5 Absatz 1 Satz 2 vor, so sind diese nach amtlich vorgeschriebenem Datensatz durch Datenfernübertragung zu übermitteln. ⑥ Bei der Gewinnermittlung nach § 5 a ist das besondere Verzeichnis nach § 5 a Absatz 4 nach amtlich vorgeschriebenem Datensatz durch Datenfernübertragung zu übermitteln.

(2) ① Auf Antrag kann die Finanzbehörde zur Vermeidung unbilliger Härten auf eine elektronische Übermittlung verzichten. ② § 150 Absatz 8 der Abgabenordnung gilt entsprechend.

§ 6 Bewertung

(1) Für die Bewertung der einzelnen Wirtschaftsgüter, die nach § 4 Absatz 1 oder nach § 5 als Betriebsvermögen anzusetzen sind, gilt das Folgende:

1. ① Wirtschaftsgüter des Anlagevermögens, die der Abnutzung unterliegen, sind mit den Anschaffungs- oder Herstellungskosten oder dem an deren Stelle tretenden Wert, vermindert um die Absetzungen für Abnutzung, erhöhte Absetzungen, Sonderabschreibungen, Abzüge nach § 6 b und ähnliche Abzüge, anzusetzen. ② Ist der Teilwert auf Grund einer voraussichtlich dauernden Wertminderung niedriger, so kann dieser angesetzt werden. ③ Teilwert ist der Betrag, den ein Erwerber des ganzen Betriebs im Rahmen des Gesamtkaufpreises für das einzelne Wirtschaftsgut ansetzen würde; dabei ist davon auszugehen, dass der Erwerber den Betrieb fortführt. ④ Wirtschaftsgüter, die bereits am Schluss des vorangegangenen Wirtschaftsjahres zum Anlagevermögen des Steuerpflichtigen gehört haben, sind in den folgenden Wirtschaftsjahren gemäß

[1] Zur Anwendung von § 5 a Abs. 5 Satz 3 siehe § 52 Abs. 10 Satz 4.

[2] § 5 a Abs. 6 Satz 2 angef. mWv VZ 2019 durch JStG 2019 v. 12. 12. 2019 (BGBl. I S. 2451); zur Anwendung siehe § 52 Abs. 10 Satz 5.

[3] Zur Anwendung von § 5 b für nach dem 31. 12. 2010 beginnende Wj. siehe § 52 Abs. 11.

[4] § 5 b Abs. 1 neu gef. durch JStG 2024 v. 2. 12. 2024 (BGBl. I Nr. 387); zur Anwendung siehe § 52 Abs. 11 Sätze 2 und 3.

Satz 1 anzusetzen, es sei denn, der Steuerpflichtige weist nach, dass ein niedrigerer Teilwert nach Satz 2 angesetzt werden kann.

1 a. ① Zu den Herstellungskosten eines Gebäudes gehören auch Aufwendungen für Instandsetzungs- und Modernisierungsmaßnahmen, die innerhalb von drei Jahren nach der Anschaffung des Gebäudes durchgeführt werden, wenn die Aufwendungen ohne die Umsatzsteuer 15 Prozent der Anschaffungskosten des Gebäudes übersteigen (anschaffungsnahe Herstellungskosten). ② Zu diesen Aufwendungen gehören nicht die Aufwendungen für Erweiterungen im Sinne des § 255 Absatz 2 Satz 1 des Handelsgesetzbuchs sowie Aufwendungen für Erhaltungsarbeiten, die jährlich üblicherweise anfallen.

1 b.[1] ① Bei der Berechnung der Herstellungskosten brauchen angemessene Teile der Kosten der allgemeinen Verwaltung sowie angemessene Aufwendungen für soziale Einrichtungen des Betriebs, für freiwillige soziale Leistungen und für die betriebliche Altersversorgung im Sinne des § 255 Absatz 2 Satz 3 des Handelsgesetzbuchs nicht einbezogen zu werden, soweit diese auf den Zeitraum der Herstellung entfallen. ② Das Wahlrecht ist bei Gewinnermittlung nach § 5 in Übereinstimmung mit der Handelsbilanz auszuüben.

2. ① Andere als die in Nummer 1 bezeichneten Wirtschaftsgüter des Betriebs (Grund und Boden, Beteiligungen, Umlaufvermögen) sind mit den Anschaffungs- oder Herstellungskosten oder dem an deren Stelle tretenden Wert, vermindert um Abzüge nach § 6b und ähnliche Abzüge, anzusetzen. ② Ist der Teilwert (Nummer 1 Satz 3) auf Grund einer voraussichtlich dauernden Wertminderung niedriger, so kann dieser angesetzt werden. ③ Nummer 1 Satz 4 gilt entsprechend.

2 a. ① Steuerpflichtige, die den Gewinn nach § 5 ermitteln, können für den Wertansatz gleichartiger Wirtschaftsgüter des Vorratsvermögens unterstellen, dass die zuletzt angeschafften oder hergestellten Wirtschaftsgüter zuerst verbraucht oder veräußert worden sind, soweit dies den handelsrechtlichen Grundsätzen ordnungsmäßiger Buchführung entspricht. ② Der Vorratsbestand am Schluss des Wirtschaftsjahres, das der erstmaligen Anwendung der Bewertung nach Satz 1 vorangeht, gilt mit seinem Bilanzansatz als erster Zugang des neuen Wirtschaftsjahres. ③ Von der Verbrauchs- oder Veräußerungsfolge nach Satz 1 kann in den folgenden Wirtschaftsjahren nur mit Zustimmung des Finanzamts abgewichen werden.

2 b. ① Steuerpflichtige, die in den Anwendungsbereich des § 340 des Handelsgesetzbuchs fallen, haben die zu Handelszwecken erworbenen Finanzinstrumente, die nicht in einer Bewertungseinheit im Sinne des § 5 Absatz 1 a Satz 2 abgebildet werden, mit dem beizulegenden Zeitwert abzüglich eines Risikoabschlages (§ 340e Absatz 3 des Handelsgesetzbuchs) zu bewerten. ② Nummer 2 Satz 2 ist nicht anzuwenden.

[alte Fassung:]	***[neue Fassung:]***[2]
3. ① Verbindlichkeiten sind unter sinngemäßer Anwendung der Vorschriften der Nummer 2 anzusetzen und mit einem Zinssatz von 5,5 Prozent abzuzinsen. ② Ausgenommen von der Abzinsung sind Verbindlichkeiten, deren Laufzeit am Bilanzstichtag weniger als zwölf Monate beträgt, und Verbindlichkeiten, die verzinslich sind oder auf einer Anzahlung oder Vorausleistung beruhen.	3. Verbindlichkeiten sind unter sinngemäßer Anwendung der Vorschriften der Nummer 2 anzusetzen.

3 a. Rückstellungen sind höchstens insbesondere unter Berücksichtigung folgender Grundsätze anzusetzen:

a) bei Rückstellungen für gleichartige Verpflichtungen ist auf der Grundlage der Erfahrungen in der Vergangenheit aus der Abwicklung solcher Verpflichtungen die Wahrscheinlichkeit zu berücksichtigen, dass der Steuerpflichtige nur zu einem Teil der Summe dieser Verpflichtungen in Anspruch genommen wird;

b) Rückstellungen für Sachleistungsverpflichtungen sind mit den Einzelkosten und den angemessenen Teilen der notwendigen Gemeinkosten zu bewerten;

c) künftige Vorteile, die mit der Erfüllung der Verpflichtung voraussichtlich verbunden sein werden, sind, soweit sie nicht als Forderung zu aktivieren sind, bei ihrer Bewertung wertmindernd zu berücksichtigen;

d) Rückstellungen für Verpflichtungen, für deren Entstehen im wirtschaftlichen Sinne der laufende Betrieb ursächlich ist, sind zeitanteilig in gleichen Raten anzusammeln. ② Rückstellungen für gesetzliche Verpflichtungen zur Rücknahme und Verwertung von Erzeugnissen, die vor Inkrafttreten entsprechender gesetzlicher Verpflichtungen in Verkehr gebracht worden sind, sind zeitanteilig in gleichen Raten bis zum Beginn der jeweiligen Erfüllung anzusammeln; Buchstabe e ist insoweit nicht anzuwenden. ③ Rückstellungen für die Verpflichtung, ein Kernkraftwerk stillzulegen, sind ab dem Zeitpunkt der erstmaligen Nutzung bis

[1] § 6 Abs. 1 Nr. 1 b eingef. durch G v. 18. 7. 2016 (BGBl. I S. 1679); zur Anwendung auch für Wirtschaftsjahre, die vor dem 23. 7. 2016 enden siehe § 52 Abs. 12 Satz 1.

[2] § 6 Abs. 1 Nr. 3 neu gef. durch G v. 19. 6. 2022 (BGBl. I S. 911); zur Anwendung siehe § 52 Abs. 12 Sätze 2 und 3.

zum Zeitpunkt, in dem mit der Stilllegung begonnen werden muss, zeitanteilig in gleichen Raten anzusammeln; steht der Zeitpunkt der Stilllegung nicht fest, beträgt der Zeitraum für die Ansammlung 25 Jahre;

e)[1] *Rückstellungen für Verpflichtungen sind mit einem Zinssatz von 5,5 Prozent abzuzinsen; Nummer 3 Satz 2 ist entsprechend anzuwenden.* [***neue Fassung:*** Rückstellungen für Verpflichtungen sind mit einem Zinssatz von 5,5 Prozent abzuzinsen; ausgenommen von der Abzinsung sind Rückstellungen für Verpflichtungen, deren Laufzeit am Bilanzstichtag weniger als zwölf Monate beträgt, und Rückstellungen für Verpflichtungen, die verzinslich sind oder auf einer Anzahlung oder Vorausleistung beruhen.] ② Für die Abzinsung von Rückstellungen für Sachleistungsverpflichtungen ist der Zeitraum bis zum Beginn der Erfüllung maßgebend. ③ Für die Abzinsung von Rückstellungen für die Verpflichtung, ein Kernkraftwerk stillzulegen, ist der sich aus Buchstabe d Satz 3 ergebende Zeitraum maßgebend; und

f) bei der Bewertung sind die Wertverhältnisse am Bilanzstichtag maßgebend; künftige Preis- und Kostensteigerungen dürfen nicht berücksichtigt werden.

4.[2, 3] ① Entnahmen des Steuerpflichtigen für sich, für seinen Haushalt oder für andere betriebsfremde Zwecke sind mit dem Teilwert anzusetzen; die Entnahme ist in den Fällen des § 4 Absatz 1 Satz 3 erster Halbsatz mit dem gemeinen Wert und in den Fällen des § 4 Absatz 1 Satz 3 zweiter Halbsatz mit dem Wert anzusetzen, den der andere Staat der Besteuerung zugrunde legt, höchstens jedoch mit dem gemeinen Wert. ② Die private Nutzung eines Kraftfahrzeugs, das zu mehr als 50 Prozent betrieblich genutzt wird, ist für jeden Kalendermonat mit 1 Prozent des inländischen Listenpreises im Zeitpunkt der Erstzulassung zuzüglich der Kosten für Sonderausstattung einschließlich Umsatzsteuer anzusetzen; bei der privaten Nutzung von Fahrzeugen mit Antrieb ausschließlich durch Elektromotoren, die ganz oder überwiegend aus mechanischen oder elektrochemischen Energiespeichern oder aus emissionsfrei betriebenen Energiewandlern gespeist werden (Elektrofahrzeuge), oder von extern aufladbaren Hybridelektrofahrzeugen, ist der Listenpreis dieser Kraftfahrzeuge

1. soweit die Nummern 2, 3 oder 4 nicht anzuwenden sind und bei Anschaffung vor dem 1. Januar 2023 um die darin enthaltenen Kosten des Batteriesystems im Zeitpunkt der Erstzulassung des Kraftfahrzeugs wie folgt zu mindern: für bis zum 31. Dezember 2013 angeschaffte Kraftfahrzeuge um 500 Euro pro Kilowattstunde der Batteriekapazität, dieser Betrag mindert sich für in den Folgejahren angeschaffte Kraftfahrzeuge um jährlich 50 Euro pro Kilowattstunde der Batteriekapazität; die Minderung pro Kraftfahrzeug beträgt höchstens 10 000 Euro; dieser Höchstbetrag mindert sich für in den Folgejahren angeschaffte Kraftfahrzeuge um jährlich 500 Euro, oder
2. soweit Nummer 3 nicht anzuwenden ist und bei Anschaffung nach dem 31. Dezember 2018 und vor dem 1. Januar 2022 nur zur Hälfte anzusetzen; bei extern aufladbaren Hybridelektrofahrzeugen muss das Fahrzeug die Voraussetzungen des § 3 Absatz 2 Nummer 1 oder 2 des Elektromobilitätsgesetzes erfüllen, oder
3. bei Anschaffung nach dem 31. Dezember 2018 und vor dem 1. Januar 2031 nur zu einem Viertel anzusetzen, wenn das Kraftfahrzeug keine Kohlendioxidemission je gefahrenen Kilometer hat und der Bruttolistenpreis des Kraftfahrzeugs nicht mehr als 70 000 Euro beträgt, oder
4. soweit Nummer 3 nicht anzuwenden ist und bei Anschaffung nach dem 31. Dezember 2021 und vor dem 1. Januar 2025 nur zur Hälfte anzusetzen, wenn das Kraftfahrzeug
   a) eine Kohlendioxidemission von höchstens 50 Gramm je gefahrenen Kilometer hat oder
   b) die Reichweite des Fahrzeugs unter ausschließlicher Nutzung der elektrischen Antriebsmaschine mindestens 60 Kilometer beträgt, oder
5. soweit Nummer 3 nicht anzuwenden ist und bei Anschaffung nach dem 31. Dezember 2024 und vor dem 1. Januar 2031 nur zur Hälfte anzusetzen, wenn das Kraftfahrzeug
   a) eine Kohlendioxidemission von höchstens 50 Gramm je gefahrenen Kilometer hat oder
   b) die Reichweite des Fahrzeugs unter ausschließlicher Nutzung der elektrischen Antriebsmaschine mindestens 80 Kilometer beträgt,

die maßgebliche Kohlendioxidemission sowie die Reichweite des Kraftfahrzeugs unter ausschließlicher Nutzung der elektrischen Antriebsmaschine ist der Übereinstimmungsbescheinigung nach Anhang IX der Richtlinie 2007/46/EG oder aus der Übereinstimmungsbescheinigung nach Artikel 38 der Verordnung (EU) Nr. 168/2013 zu entnehmen. ③ Die private

[1] § 6 Abs. 1 Nr. 3 a Buchst. e Satz 1 neu gef. durch G v. 19. 6. 2022 (BGBl. I S. 911); zur Anwendung siehe § 52 Abs. 12 Sätze 2 und 3.

[2] § 6 Abs. 1 Nr. 4 Sätze 2 und 3 neu gef. mWv VZ 2018 durch „JStG 2018" v. 11. 12. 2018 (BGBl. I S. 2338). Abs. 1 Nr. 4 Satz 6 angef. mWv.VZ 2019 durch „JStG 2018" v. 11. 12. 2018 (BGBl. I S. 2338); zur Anwendung bis zum 31. 12. 2030 siehe § 52 Abs. 12 Satz 3. Abs. 1 Nr. 4 Sätze 2 und 3 jeweils abschl. Satzteil angef. mWv VZ 2020 durch JStG 2019 v. 12. 12. 2019 (BGBl. I S. 2451). Abs. 1 Nr. 4 Satz 1 Hs. 2 neu gef. durch ATADUmsG v. 25. 6. 2021 (BGBl. I S. 2035), zur Anwendung siehe § 52 Abs. 12 Satz 9.

[3] § 6 Abs. 1 Nr. 4 Satz 2 Nr. 1 und 2 geänd., Nr. 3 bis 5 angef., Satz 3 Nr. 1 und 2 geänd., Nr. 3 bis 5 angef. mWv VZ 2020 durch JStG 2019 v. 12. 12. 2019 (BGBl. I S. 2451). Satz 2 Nr. 3 und Satz 3 Nr. 3 geänd. mWv VZ 2020 durch CoronaStHG II v. 29. 6. 2020 (BGBl. I S. 1512); zur Anwendung siehe § 52 Abs. 12 Satz 2. Satz 2 Nr. 3 geänd. durch WachstumschancenG v. 27. 3. 2024 (BGBl. I Nr. 108); zur Anwendung siehe § 52 Abs. 12 Satz 5.

Nutzung kann abweichend von Satz 2 mit den auf die Privatfahrten entfallenden Aufwendungen angesetzt werden, wenn die für das Kraftfahrzeug insgesamt entstehenden Aufwendungen durch Belege und das Verhältnis der privaten zu den übrigen Fahrten durch ein ordnungsgemäßes Fahrtenbuch nachgewiesen werden; bei der privaten Nutzung von Fahrzeugen mit Antrieb ausschließlich durch Elektromotoren, die ganz oder überwiegend aus mechanischen oder elektrochemischen Energiespeichern oder aus emissionsfrei betriebenen Energiewandlern gespeist werden (Elektrofahrzeuge), oder von extern aufladbaren Hybridelektrofahrzeugen, sind

1. soweit die Nummern 2, 3 oder 4 nicht anzuwenden sind und bei Anschaffung vor dem 1. Januar 2023 die der Berechnung der Entnahme zugrunde zu legenden insgesamt entstandenen Aufwendungen um Aufwendungen für das Batteriesystem zu mindern; dabei ist bei zum Betriebsvermögen des Steuerpflichtigen gehörenden Elektro- und Hybridelektrofahrzeugen die der Berechnung der Absetzungen für Abnutzung zugrunde zu legende Bemessungsgrundlage um die nach Satz 2 in pauschaler Höhe festgelegten Aufwendungen zu mindern, wenn darin Kosten für ein Batteriesystem enthalten sind, oder
2. soweit Nummer 3 nicht anzuwenden ist und bei Anschaffung nach dem 31. Dezember 2018 und vor dem 1. Januar 2022 bei der Ermittlung der insgesamt entstandenen Aufwendungen die Anschaffungskosten für das Kraftfahrzeug oder vergleichbare Aufwendungen nur zur Hälfte zu berücksichtigen; bei extern aufladbaren Hybridelektrofahrzeugen muss das Fahrzeug die Voraussetzungen des § 3 Absatz 2 Nummer 1 oder 2 des Elektromobilitätsgesetzes erfüllen, oder
3.[1] bei Anschaffung nach dem 31. Dezember 2018 und vor dem 1. Januar 2031 bei der Ermittlung der insgesamt entstandenen Aufwendungen die Anschaffungskosten für das Kraftfahrzeug oder vergleichbare Aufwendungen nur zu einem Viertel zu berücksichtigen, wenn das Kraftfahrzeug keine Kohlendioxidemission je gefahrenen Kilometer hat, und der Bruttolistenpreis des Kraftfahrzeugs nicht mehr als 70 000 Euro beträgt oder
4. soweit Nummer 3 nicht anzuwenden ist und bei Anschaffung nach dem 31. Dezember 2021 und vor dem 1. Januar 2025 bei der Ermittlung der insgesamt entstandenen Aufwendungen die Anschaffungskosten für das Kraftfahrzeug oder vergleichbare Aufwendungen nur zur Hälfte zu berücksichtigen, wenn das Kraftfahrzeug
   a) eine Kohlendioxidemission von höchstens 50 Gramm je gefahrenen Kilometer hat oder
   b) die Reichweite des Kraftfahrzeugs unter ausschließlicher Nutzung der elektrischen Antriebsmaschine mindestens 60 Kilometer beträgt, oder
5. soweit Nummer 3 nicht anzuwenden ist und bei Anschaffung nach dem 31. Dezember 2024 und vor dem 1. Januar 2031 bei der Ermittlung der insgesamt entstandenen Aufwendungen die Anschaffungskosten für das Kraftfahrzeug oder vergleichbare Aufwendungen nur zur Hälfte zu berücksichtigen, wenn das Kraftfahrzeug
   a) eine Kohlendioxidemission von höchstens 50 Gramm je gefahrenen Kilometer hat oder
   b) die Reichweite des Kraftfahrzeugs unter ausschließlicher Nutzung der elektrischen Antriebsmaschine mindestens 80 Kilometer beträgt,

die maßgebliche Kohlendioxidemission sowie die Reichweite des Kraftfahrzeugs unter ausschließlicher Nutzung der elektrischen Antriebsmaschine ist der Übereinstimmungsbescheinigung nach Anhang IX der Richtlinie 2007/46/EG oder aus der Übereinstimmungsbescheinigung nach Artikel 38 der Verordnung (EU) Nr. 168/2013 zu entnehmen. ④ Wird ein Wirtschaftsgut unmittelbar nach seiner Entnahme einer nach § 5 Absatz 1 Nummer 9 des Körperschaftsteuergesetzes von der Körperschaftsteuer befreiten Körperschaft, Personenvereinigung oder Vermögensmasse oder einer juristischen Person des öffentlichen Rechts zur Verwendung für steuerbegünstigte Zwecke im Sinne des § 10b Absatz 1 Satz 1 unentgeltlich überlassen, so kann die Entnahme mit dem Buchwert angesetzt werden. ⑤ Satz 4 gilt nicht für die Entnahme von Nutzungen und Leistungen. ⑥ Die private Nutzung eines betrieblichen Fahrrads, das kein Kraftfahrzeug im Sinne des Satzes 2 ist, bleibt außer Ansatz.

5.[2] ① Einlagen sind mit dem Teilwert für den Zeitpunkt der Zuführung anzusetzen; sie sind jedoch höchstens mit den Anschaffungs- oder Herstellungskosten anzusetzen, wenn das zugeführte Wirtschaftsgut
   a) innerhalb der letzten drei Jahre vor dem Zeitpunkt der Zuführung aus dem Privatvermögen angeschafft oder hergestellt worden ist,
   b) ein Anteil an einer Kapitalgesellschaft ist und der Steuerpflichtige an der Gesellschaft im Sinne des § 17 Absatz 1 oder Absatz 6 beteiligt ist; § 17 Absatz 2 Satz 5 gilt entsprechend, oder
   c) ein Wirtschaftsgut im Sinne des § 20 Absatz 2 oder im Sinne des § 2 Absatz 4 des Investmentsteuergesetzes ist.

---

[1] § 6 Abs. 1 Nr. 4 Satz 3 Nr. 3 geänd. durch WachstumschancenG v. 27. 3. 2024 (BGBl. I Nr. 108); zur Anwendung siehe § 52 Abs. 12 Satz 5.

[2] § 6 Abs. 1 Nr. 5 Satz 1 Buchst. c geänd. durch „JStG 2018" v. 11. 12. 2018 (BGBl. I S. 2338); zur erstmaligen Anwendung bei Wirtschaftsgütern, die nach dem 31. 12. 2017 in ein Betriebsvermögen eingelegt werden, siehe § 52 Abs. 12 Satz 4. Satz 1 Buchst. a geänd. mWv 28. 3. 2024 durch WachstumschancenG v. 27. 3. 2024 (BGBl. I Nr. 108); zur Anwendung siehe § 52 Abs. 12 Satz 6.

② Ist die Einlage ein abnutzbares Wirtschaftsgut, so sind die Anschaffungs- oder Herstellungskosten um Absetzungen für Abnutzung zu kürzen, die auf den Zeitraum zwischen der Anschaffung oder Herstellung des Wirtschaftsguts und der Einlage entfallen. ③ Ist die Einlage ein Wirtschaftsgut, das vor der Zuführung aus einem Betriebsvermögen des Steuerpflichtigen entnommen worden ist, so tritt an die Stelle der Anschaffungs- oder Herstellungskosten der Wert, mit dem die Entnahme angesetzt worden ist, und an die Stelle des Zeitpunkts der Anschaffung oder Herstellung der Zeitpunkt der Entnahme.

5 a.[1] In den Fällen des § 4 Absatz 1 Satz 8 zweiter Halbsatz ist das Wirtschaftsgut mit dem gemeinen Wert anzusetzen; unterliegt der Steuerpflichtige in einem anderen Staat einer Besteuerung auf Grund des Ausschlusses oder der Beschränkung des Besteuerungsrechts dieses Staates, ist das Wirtschaftsgut mit dem Wert anzusetzen, den der andere Staat der Besteuerung zugrunde legt, höchstens jedoch mit dem gemeinen Wert.

5 b.[2] Im Fall des § 4 Absatz 1 Satz 9 ist das Wirtschaftsgut jeweils mit dem Wert anzusetzen, den der andere Staat der Besteuerung zugrunde legt, höchstens jedoch mit dem gemeinen Wert.

6. Bei Eröffnung eines Betriebs ist Nummer 5 entsprechend anzuwenden.

7. Bei entgeltlichem Erwerb eines Betriebs sind die Wirtschaftsgüter mit dem Teilwert, höchstens jedoch mit den Anschaffungs- oder Herstellungskosten anzusetzen.

(2)[3] ① Die Anschaffungs- oder Herstellungskosten oder der nach Absatz 1 Nummer 5 bis 6 an deren Stelle tretende Wert von abnutzbaren beweglichen Wirtschaftsgütern des Anlagevermögens, die einer selbständigen Nutzung fähig sind, können im Wirtschaftsjahr der Anschaffung, Herstellung oder Einlage des Wirtschaftsguts oder der Eröffnung des Betriebs in voller Höhe als Betriebsausgaben abgezogen werden, wenn die Anschaffungs- oder Herstellungskosten, vermindert um einen darin enthaltenen Vorsteuerbetrag (§ 9 b Absatz 1), oder der nach Absatz 1 Nummer 5 bis 6 an deren Stelle tretende Wert für das einzelne Wirtschaftsgut 800 Euro nicht übersteigen. ② Ein Wirtschaftsgut ist einer selbständigen Nutzung nicht fähig, wenn es nach seiner betrieblichen Zweckbestimmung nur zusammen mit anderen Wirtschaftsgütern des Anlagevermögens genutzt werden kann und die in den Nutzungszusammenhang eingefügten Wirtschaftsgüter technisch aufeinander abgestimmt sind. ③ Das gilt auch, wenn das Wirtschaftsgut aus dem betrieblichen Nutzungszusammenhang gelöst und in einen anderen betrieblichen Nutzungszusammenhang eingefügt werden kann. ④ Wirtschaftsgüter im Sinne des Satzes 1, deren Wert 250 Euro übersteigt, sind unter Angabe des Tages der Anschaffung, Herstellung oder Einlage des Wirtschaftsguts oder der Eröffnung des Betriebs und der Anschaffungs- oder Herstellungskosten oder des nach Absatz 1 Nummer 5 bis 6 an deren Stelle tretenden Werts in ein besonderes, laufend zu führendes Verzeichnis aufzunehmen. ⑤ Das Verzeichnis braucht nicht geführt zu werden, wenn diese Angaben aus der Buchführung ersichtlich sind.

(2 a)[4] ① Abweichend von Absatz 2 Satz 1 kann für die abnutzbaren beweglichen Wirtschaftsgüter des Anlagevermögens, die einer selbständigen Nutzung fähig sind, im Wirtschaftsjahr der Anschaffung, Herstellung oder Einlage des Wirtschaftsguts oder der Eröffnung des Betriebs ein Sammelposten gebildet werden, wenn die Anschaffungs- oder Herstellungskosten, vermindert um einen darin enthaltenen Vorsteuerbetrag (§ 9 b Absatz 1), oder der nach Absatz 1 Nummer 5 bis 6 an deren Stelle tretende Wert für das einzelne Wirtschaftsgut 250 Euro, aber nicht 1 000 Euro übersteigen. ② Der Sammelposten ist im Wirtschaftsjahr der Bildung und den folgenden vier Wirtschaftsjahren mit jeweils einem Fünftel gewinnmindernd aufzulösen. ③ Scheidet ein Wirtschaftsgut im Sinne des Satzes 1 aus dem Betriebsvermögen aus, wird der Sammelposten nicht vermindert. ④ Die Anschaffungs- oder Herstellungskosten oder der nach Absatz 1 Nummer 5 bis 6 an deren Stelle tretende Wert von abnutzbaren beweglichen Wirtschaftsgütern des Anlagevermögens, die einer selbständigen Nutzung fähig sind, können im Wirtschaftsjahr der Anschaffung, Herstellung oder Einlage des Wirtschaftsguts oder der Eröffnung des Betriebs in voller Höhe als Betriebsausgaben abgezogen werden, wenn die Anschaffungs- oder Herstellungskosten, vermindert um einen darin enthaltenen Vorsteuerbetrag (§ 9 b Absatz 1), oder der nach Absatz 1 Nummer 5 bis 6 an deren Stelle tretende Wert für das einzelne Wirtschaftsgut 250 Euro nicht übersteigen. ⑤ Die Sätze 1 bis 3 sind für alle in einem Wirtschaftsjahr angeschafften, hergestellten oder eingelegten Wirtschaftsgüter einheitlich anzuwenden.

(3)[5] ① Wird ein Betrieb, ein Teilbetrieb oder der Anteil eines Mitunternehmers an einem Betrieb unentgeltlich übertragen, so sind bei der Ermittlung des Gewinns des bisherigen Betriebs-

---

[1] § 6 Abs. 1 Nr. 5 a Zitat geänd. durch G v. 8. 12. 2010 (BGBl. I S. 1768). Abs. 1 Nr. 5 a Hs. 2 angef. durch ATADUmsG v. 25. 6. 2021 (BGBl. I S. 2035); zur Anwendung siehe § 52 Abs. 12 Satz 9.

[2] § 6 Abs. 1 Nr. 5 b eingef. durch ATADUmsG v. 25. 6. 2021 (BGBl. I S. 2035); zur Anwendung siehe § 52 Abs. 12 Satz 9.

[3] § 6 Abs. 2 Satz 1 geänd., Sätze 4 und 5 angef. durch G v. 22. 12. 2009 (BGBl. I S. 3950). Abs. 2 Satz 1 Euro-Betrag erhöht durch SchädlStPraktG v. 27. 6. 2017 (BGBl. I S. 2074); zur erstmaligen Anwendung bei Wirtschaftsgütern, die nach dem 31. 12. 2017 angeschafft, hergestellt oder in das Betriebsvermögen eingelegt werden, siehe § 52 Abs. 12 Satz 6. Abs. 2 Satz 4 Eurobetrag erhöht durch 2. BürokratEntlG v. 30. 6. 2017 (BGBl. I S. 2143). Zur erstmaligen Anwendung bei Wirtschaftsgütern, die nach dem 31. 12. 2017 angeschafft, hergestellt oder in das Betriebsvermögen eingelegt werden; siehe § 52 Abs. 12 Satz 5.

[4] § 6 Abs. 2 a neu gef. durch G v. 22. 12. 2009 (BGBl. I S. 3950). Abs. 2 a Euro-Betrag erhöht durch SchädlStPraktG v. 27. 6. 2017 (BGBl. I S. 2074); zur erstmaligen Anwendung bei Wirtschaftsgütern, die nach dem 31. 12. 2017 angeschafft, hergestellt oder in das Betriebsvermögen eingelegt werden siehe § 52 Abs. 12 Satz 8.

[5] § 6 Abs. 3 Satz 1 geänd. mWv VZ 2016 durch BEPS-UmsG v. 20. 12. 2016 (BGBl. I S. 3000).

inhabers (Mitunternehmers) die Wirtschaftsgüter mit den Werten anzusetzen, die sich nach den Vorschriften über die Gewinnermittlung ergeben, sofern die Besteuerung der stillen Reserven sichergestellt ist; dies gilt auch bei der unentgeltlichen Aufnahme einer natürlichen Person in ein bestehendes Einzelunternehmen sowie bei der unentgeltlichen Übertragung eines Teils eines Mitunternehmeranteils auf eine natürliche Person. ② Satz 1 ist auch anzuwenden, wenn der bisherige Betriebsinhaber (Mitunternehmer) Wirtschaftsgüter, die weiterhin zum Betriebsvermögen derselben Mitunternehmerschaft gehören, nicht überträgt, sofern der Rechtsnachfolger den übernommenen Mitunternehmeranteil über einen Zeitraum von mindestens fünf Jahren nicht veräußert oder aufgibt. ③ Der Rechtsnachfolger ist an die in Satz 1 genannten Werte gebunden.

(4)[1] Wird ein einzelnes Wirtschaftsgut außer in den Fällen der Einlage (§ 4 Absatz 1 Satz 8) unentgeltlich in das Betriebsvermögen eines anderen Steuerpflichtigen übertragen, gilt sein gemeiner Wert für das aufnehmende Betriebsvermögen als Anschaffungskosten.

(5)[2] ① Wird ein einzelnes Wirtschaftsgut von einem Betriebsvermögen in ein anderes Betriebsvermögen desselben Steuerpflichtigen überführt, ist bei der Überführung der Wert anzusetzen, der sich nach den Vorschriften über die Gewinnermittlung ergibt, sofern die Besteuerung der stillen Reserven sichergestellt ist; § 4 Absatz 1 Satz 4 ist entsprechend anzuwenden. ② Satz 1 gilt auch für die Überführung aus einem eigenen Betriebsvermögen des Steuerpflichtigen in dessen Sonderbetriebsvermögen bei einer Mitunternehmerschaft und umgekehrt sowie für die Überführung zwischen verschiedenen Sonderbetriebsvermögen desselben Steuerpflichtigen bei verschiedenen Mitunternehmerschaften. ③ Satz 1 gilt entsprechend, soweit ein Wirtschaftsgut

1. unentgeltlich oder gegen Gewährung oder Minderung von Gesellschaftsrechten aus einem Betriebsvermögen des Mitunternehmers in das Gesamthandsvermögen einer Mitunternehmerschaft und umgekehrt,
2.[3] unentgeltlich oder gegen Gewährung oder Minderung von Gesellschaftsrechten aus dem Sonderbetriebsvermögen eines Mitunternehmers in das Gesamthandsvermögen derselben Mitunternehmerschaft oder einer anderen Mitunternehmerschaft, an der er beteiligt ist, und umgekehrt,
3.[4] unentgeltlich zwischen den jeweiligen Sonderbetriebsvermögen verschiedener Mitunternehmer derselben Mitunternehmerschaft oder
4.[5] unentgeltlich zwischen den Gesamthandsvermögen verschiedener Mitunternehmerschaften derselben, identisch beteiligten Mitunternehmer

übertragen wird. ④ Wird das nach Satz 3 übertragene Wirtschaftsgut innerhalb einer Sperrfrist veräußert oder entnommen, ist rückwirkend auf den Zeitpunkt der Übertragung der Teilwert anzusetzen, es sei denn, die bis zur Übertragung entstandenen stillen Reserven sind durch Erstellung einer Ergänzungsbilanz dem übertragenden Gesellschafter zugeordnet worden; diese Sperrfrist endet drei Jahre nach Abgabe der Steuererklärung des Übertragenden für den Veranlagungszeitraum, in dem die in Satz 3 bezeichnete Übertragung erfolgt ist. ⑤ Der Teilwert ist auch anzusetzen, soweit in den Fällen des Satzes 3 der Anteil einer Körperschaft, Personenvereinigung oder Vermögensmasse an dem Wirtschaftsgut unmittelbar oder mittelbar begründet wird oder dieser sich erhöht. ⑥ Soweit innerhalb von sieben Jahren nach der Übertragung des Wirtschaftsguts nach Satz 3 der Anteil einer Körperschaft, Personenvereinigung oder Vermögensmasse an dem übertragenen Wirtschaftsgut aus einem anderen Grund unmittelbar oder mittelbar begründet wird oder dieser sich erhöht, ist rückwirkend auf den Zeitpunkt der Übertragung ebenfalls der Teilwert anzusetzen. ⑦ Eine unmittelbare oder mittelbare Begründung oder Erhöhung eines Anteils einer Körperschaft, Personenvereinigung oder Vermögensmasse an dem übertragenen Wirtschaftsgut im Sinne von Satz 5 und 6 liegt auch vor, wenn dieser Anteil an die Stelle eines unmittelbaren oder mittelbaren Anteils einer anderen Körperschaft, Personenvereinigung oder Vermögensmasse tritt.

(6) ① Wird ein einzelnes Wirtschaftsgut im Wege des Tausches übertragen, bemessen sich die Anschaffungskosten nach dem gemeinen Wert des hingegebenen Wirtschaftsguts. ② Erfolgt die Übertragung im Wege der verdeckten Einlage, erhöhen sich die Anschaffungskosten der Beteiligung an der Kapitalgesellschaft um den Teilwert des eingelegten Wirtschaftsguts. ③ In den Fällen des Absatzes 1 Nummer 5 Satz 1 Buchstabe a erhöhen sich die Anschaffungskosten im Sinne des Satzes 2 um den Einlagewert des Wirtschaftsguts. ④ Absatz 5 bleibt unberührt.

(7)[6] Im Fall des § 4 Absatz 3 sind

1. bei der Bemessung der Absetzungen für Abnutzung oder Substanzverringerung die sich bei der Anwendung der Absätze 3 bis 6 ergebenden Werte als Anschaffungskosten zugrunde zu legen und

---

[1] § 6 Abs. 4 Zitat geänd. durch G v. 8. 12. 2010 (BGBl. I S. 1768).

[2] § 6 Abs. 5 Satz 1 Hs. 2 angef. durch G v. 8. 12. 2010 (BGBl. I S. 1768); zur Anwendung siehe § 52 Abs. 12 Satz 7. Abs. 5 Satz 7 angef. durch JStG 2024 v. 2. 12. 2024 (BGBl. I Nr. 387); zur Anwendung siehe § 52 Abs. 12 Satz 18.

[3] § 6 Abs. 5 Satz 3 Nr. 2 geänd. durch JStG 2024 v. 2. 12. 2024 (BGBl. I Nr. 387).

[4] § 6 Abs. 5 Satz 3 Nr. 3 geänd. durch JStG 2024 v. 2. 12. 2024 (BGBl. I Nr. 387).

[5] § 6 Abs. 5 Satz 3 Nr. 4 angef. durch JStG 2024 v. 2. 12. 2024 (BGBl. I Nr. 387); zur Anwendung siehe § 52 Abs. 12 Sätze 14 bis 17; vgl. auch BVerfG v. 28. 11. 2023 – 2 BvL 8/13, BGBl. I 2024 Nr. 45.

[6] § 6 Abs. 7 neu gef. mWvVZ 2013 durch AmtshilfeRLUmsG v. 26. 6. 2013 (BGBl. I S. 1809).

2. die Bewertungsvorschriften des Absatzes 1 Nummer 1a und der Nummern 4 bis 7 entsprechend anzuwenden.

§ 6a Pensionsrückstellung

(1) Für eine Pensionsverpflichtung darf eine Rückstellung (Pensionsrückstellung) nur gebildet werden, wenn und soweit

1. der Pensionsberechtigte einen Rechtsanspruch auf einmalige oder laufende Pensionsleistungen hat,
2. die Pensionszusage keine Pensionsleistungen in Abhängigkeit von künftigen gewinnabhängigen Bezügen vorsieht und keinen Vorbehalt enthält, dass die Pensionsanwartschaft oder die Pensionsleistung gemindert oder entzogen werden kann, oder ein solcher Vorbehalt sich nur auf Tatbestände erstreckt, bei deren Vorliegen nach allgemeinen Rechtsgrundsätzen unter Beachtung billigen Ermessens eine Minderung oder ein Entzug der Pensionsanwartschaft oder der Pensionsleistung zulässig ist, und
3. die Pensionszusage schriftlich erteilt ist; die Pensionszusage muss eindeutige Angaben zu Art, Form, Voraussetzungen und Höhe der in Aussicht gestellten künftigen Leistungen enthalten.

(2) Eine Pensionsrückstellung darf erstmals gebildet werden

1.[1] vor Eintritt des Versorgungsfalls für das Wirtschaftsjahr, in dem die Pensionszusage erteilt wird, frühestens jedoch für das Wirtschaftsjahr, bis zu dessen Mitte der Pensionsberechtigte bei
   a) erstmals nach dem 31. Dezember 2017 zugesagten Pensionsleistungen das 23. Lebensjahr vollendet,
   b) erstmals nach dem 31. Dezember 2008 und vor dem 1. Januar 2018 zugesagten Pensionsleistungen das 27. Lebensjahr vollendet,
   c) erstmals nach dem 31. Dezember 2000 und vor dem 1. Januar 2009 zugesagten Pensionsleistungen das 28. Lebensjahr vollendet,
   d) erstmals vor dem 1. Januar 2001 zugesagten Pensionsleistungen das 30. Lebensjahr vollendet oder bei nach dem 31. Dezember 2000 vereinbarten Entgeltumwandlungen im Sinne von § 1 Absatz 2 des Betriebsrentengesetzes für das Wirtschaftsjahr, in dessen Verlauf die Pensionsanwartschaft gemäß den Vorschriften des Betriebsrentengesetzes unverfallbar wird,
2. nach Eintritt des Versorgungsfalls für das Wirtschaftsjahr, in dem der Versorgungsfall eintritt.

(3) ① Eine Pensionsrückstellung darf höchstens mit dem Teilwert der Pensionsverpflichtung angesetzt werden. ② Als Teilwert einer Pensionsverpflichtung gilt

1.[2] vor Beendigung des Dienstverhältnisses des Pensionsberechtigten der Barwert der künftigen Pensionsleistungen am Schluss des Wirtschaftsjahres abzüglich des sich auf denselben Zeitpunkt ergebenden Barwerts betragsmäßig gleich bleibender Jahresbeträge, bei einer Entgeltumwandlung im Sinne von § 1 Absatz 2 des Betriebsrentengesetzes mindestens jedoch der Barwert der gemäß den Vorschriften des Betriebsrentengesetzes unverfallbaren künftigen Pensionsleistungen am Schluss des Wirtschaftsjahres. ② Die Jahresbeträge sind so zu bemessen, dass am Beginn des Wirtschaftsjahres, in dem das Dienstverhältnis begonnen hat, ihr Barwert gleich dem Barwert der künftigen Pensionsleistungen ist; die künftigen Pensionsleistungen sind dabei mit dem Betrag anzusetzen, der sich nach den Verhältnissen am Bilanzstichtag ergibt. ③ Es sind die Jahresbeträge zugrunde zu legen, die vom Beginn des Wirtschaftsjahres, in dem das Dienstverhältnis begonnen hat, bis zu dem in der Pensionszusage vorgesehenen Zeitpunkt des Eintritts des Versorgungsfalls rechnungsmäßig aufzubringen sind. ④ Erhöhungen oder Verminderungen der Pensionsleistungen nach dem Schluss des Wirtschaftsjahres, die hinsichtlich des Zeitpunktes ihres Wirksamwerdens oder ihres Umfangs ungewiss sind, sind bei der Berechnung des Barwerts der künftigen Pensionsleistungen und der Jahresbeträge erst zu berücksichtigen, wenn sie eingetreten sind. ⑤ Wird die Pensionszusage erst nach dem Beginn des Dienstverhältnisses erteilt, so ist die Zwischenzeit für die Berechnung der Jahresbeträge nur insoweit als Wartezeit zu behandeln, als sie in der Pensionszusage als solche bestimmt ist. ⑥ Hat das Dienstverhältnis schon vor der Vollendung des nach Absatz 2 Nummer 1 maßgebenden Lebensjahres des Pensionsberechtigten bestanden, gilt es als zu Beginn des Wirtschaftsjahres begonnen, bis zu dessen Mitte der Pensionsberechtigte das nach Absatz 2 Nummer 1 maßgebende Lebensjahr vollendet; bei nach dem 31. Dezember 2000 vereinbarten Entgeltumwandlungen im Sinne von § 1 Absatz 2 des Betriebsrentengesetzes gilt für davor liegende Wirtschaftsjahre als Teilwert der Barwert der gemäß den Vorschriften des Betriebsrentengesetzes unverfallbaren künftigen Pensionsleistungen am Schluss des Wirtschaftsjahres;
2. nach Beendigung des Dienstverhältnisses des Pensionsberechtigten unter Aufrechterhaltung seiner Pensionsanwartschaft oder nach Eintritt des Versorgungsfalls der Barwert der künftigen Pensionsleistungen am Schluss des Wirtschaftsjahres; Nummer 1 Satz 4 gilt sinngemäß.

③ Bei der Berechnung des Teilwerts der Pensionsverpflichtung sind ein Rechnungszinsfuß von 6 Prozent und die anerkannten Regeln der Versicherungsmathematik anzuwenden.

---

[1] § 6 a Abs. 2 Nr. 1 geändert durch Gesetz v. 21. 12. 2015 (BGBl. I S. 2553) mit Wirkung ab 1. 1. 2018.
[2] § 6 a Abs. 3 Satz 2 Nr. 1 Satz 6 geändert durch Gesetz v. 21. 12. 2015 (BGBl. I S. 2553) mit Wirkung ab 1. 1. 2018.

(4) ① Eine Pensionsrückstellung darf in einem Wirtschaftsjahr höchstens um den Unterschied zwischen dem Teilwert der Pensionsverpflichtung am Schluss des Wirtschaftsjahres und am Schluss des vorangegangenen Wirtschaftsjahres erhöht werden. ② Soweit der Unterschiedsbetrag auf der erstmaligen Anwendung neuer oder geänderter biometrischer Rechnungsgrundlagen beruht, kann er nur auf mindestens drei Wirtschaftsjahre gleichmäßig verteilt der Pensionsrückstellung zugeführt werden; Entsprechendes gilt beim Wechsel auf andere biometrische Rechnungsgrundlagen. ③ In dem Wirtschaftsjahr, in dem mit der Bildung einer Pensionsrückstellung frühestens begonnen werden darf (Erstjahr), darf die Rückstellung bis zur Höhe des Teilwerts der Pensionsverpflichtung am Schluss des Wirtschaftsjahres gebildet werden; diese Rückstellung kann auf das Erstjahr und die beiden folgenden Wirtschaftsjahre gleichmäßig verteilt werden. ④ Erhöht sich in einem Wirtschaftsjahr gegenüber dem vorangegangenen Wirtschaftsjahr der Barwert der künftigen Pensionsleistungen um mehr als 25 Prozent, so kann die für dieses Wirtschaftsjahr zulässige Erhöhung der Pensionsrückstellung auf dieses Wirtschaftsjahr und die beiden folgenden Wirtschaftsjahre gleichmäßig verteilt werden. ⑤ Am Schluss des Wirtschaftsjahres, in dem das Dienstverhältnis des Pensionsberechtigten unter Aufrechterhaltung seiner Pensionsanwartschaft endet oder der Versorgungsfall eintritt, darf die Pensionsrückstellung stets bis zur Höhe des Teilwerts der Pensionsverpflichtung gebildet werden; die für dieses Wirtschaftsjahr zulässige Erhöhung der Pensionsrückstellung kann auf dieses Wirtschaftsjahr und die beiden folgenden Wirtschaftsjahre gleichmäßig verteilt werden. ⑥ Satz 2 gilt in den Fällen der Sätze 3 bis 5 entsprechend.

(5) Die Absätze 3 und 4 gelten entsprechend, wenn der Pensionsberechtigte zu dem Pensionsverpflichteten in einem anderen Rechtsverhältnis als einem Dienstverhältnis steht.

§ 6b Übertragung stiller Reserven bei der Veräußerung bestimmter Anlagegüter

(1) ① Steuerpflichtige, die

Grund und Boden,
Aufwuchs auf Grund und Boden mit dem dazugehörigen Grund und Boden, wenn der Aufwuchs zu einem land- und forstwirtschaftlichen Betriebsvermögen gehört,
Gebäude oder Binnenschiffe

veräußern, können im Wirtschaftsjahr der Veräußerung von den Anschaffungs- oder Herstellungskosten der in Satz 2 bezeichneten Wirtschaftsgüter, die im Wirtschaftsjahr der Veräußerung oder im vorangegangenen Wirtschaftsjahr angeschafft oder hergestellt worden sind, einen Betrag bis zur Höhe des bei der Veräußerung entstandenen Gewinns abziehen. ② Der Abzug ist zulässig bei den Anschaffungs- oder Herstellungskosten von

1. Grund und Boden,
   soweit der Gewinn bei der Veräußerung von Grund und Boden entstanden ist,
2. Aufwuchs auf Grund und Boden mit dem dazugehörigen Grund und Boden, wenn der Aufwuchs zu einem land- und forstwirtschaftlichen Betriebsvermögen gehört,
   soweit der Gewinn bei der Veräußerung von Grund und Boden oder der Veräußerung von Aufwuchs auf Grund und Boden mit dem dazugehörigen Grund und Boden entstanden ist,
3. Gebäuden,
   soweit der Gewinn bei der Veräußerung von Grund und Boden, von Aufwuchs auf Grund und Boden mit dem dazugehörigen Grund und Boden oder Gebäuden entstanden ist, oder
4. Binnenschiffen,
   soweit der Gewinn bei der Veräußerung von Binnenschiffen entstanden ist.

③ Der Anschaffung oder Herstellung von Gebäuden steht ihre Erweiterung, ihr Ausbau oder ihr Umbau gleich. ④ Der Abzug ist in diesem Fall nur von dem Aufwand für die Erweiterung, den Ausbau oder den Umbau der Gebäude zulässig.

(2) ① Gewinn im Sinne des Absatzes 1 Satz 1 ist der Betrag, um den der Veräußerungspreis nach Abzug der Veräußerungskosten den Buchwert übersteigt, mit dem das veräußerte Wirtschaftsgut im Zeitpunkt der Veräußerung anzusetzen gewesen wäre. ② Buchwert ist der Wert, mit dem ein Wirtschaftsgut nach § 6 anzusetzen ist.

(2 a)[1] ① Werden im Wirtschaftsjahr der Veräußerung der in Absatz 1 Satz 1 bezeichneten Wirtschaftsgüter oder in den folgenden vier Wirtschaftsjahren in Absatz 1 Satz 2 bezeichnete Wirtschaftsgüter angeschafft oder hergestellt oder sind sie in dem der Veräußerung vorangegangenen Wirtschaftsjahr angeschafft oder hergestellt worden, die einem Betriebsvermögen des Steuerpflichtigen in einem anderen Mitgliedstaat der Europäischen Union oder des Europäischen Wirtschaftsraums zuzuordnen sind, kann auf Antrag des Steuerpflichtigen die festgesetzte Steuer, die auf den Gewinn im Sinne des Absatzes 2 entfällt, in fünf gleichen Jahresraten entrichtet werden; die Frist von vier Jahren verlängert sich bei neu hergestellten Gebäuden auf sechs Jahre, wenn mit ihrer Herstellung vor dem Schluss des vierten auf die Veräußerung folgenden Wirtschaftsjahres

[1] § 6 b Abs. 2 a eingef. durch StÄndG 2015 v. 2. 11. 2015 (BGBl. I S. 1834); zur Anwendung siehe § 52 Abs. 14 Satz 1. Abs. 2 a Sätze 4 bis 6 angef. durch „JStG 2018" v. 11. 12. 2018 (BGBl. I S. 2338); zur erstmaligen Anwendung auf Gewinne im Sinne des § 9 b Abs. 2, die in nach dem 31. 12. 2017 beginnenden Wirtschaftsjahren entstanden sind, siehe § 52 Abs. 14 Satz 3. Abs. 2 a Satz 7 angef. mWv 29. 3. 2019 durch Brexit-StBG v. 25. 3. 2019 (BGBl. I S. 357).

begonnen worden ist. ② Der Antrag kann nur im Wirtschaftsjahr der Veräußerung der in Absatz 1 Satz 1 bezeichneten Wirtschaftsgüter gestellt werden. ③ § 36 Absatz 5 Satz 2 bis 5 ist sinngemäß anzuwenden. ④ Unterbleibt der Nachweis einer in Satz 1 genannten Anschaffung oder Herstellung durch den Steuerpflichtigen, sind für die Dauer des durch die Ratenzahlung gewährten Zahlungsaufschubs Zinsen in entsprechender Anwendung des § 234 der Abgabenordnung zu erheben. ⑤ Unterschreiten die Anschaffungs- oder Herstellungskosten der angeschafften oder hergestellten Wirtschaftsgüter den Gewinn im Sinne des Absatzes 2, gilt Satz 4 mit der Maßgabe, dass die Zinsen nur auf den Unterschiedsbetrag erhoben werden. ⑥ Bei der Zinsberechnung ist davon auszugehen, dass der Unterschiedsbetrag anteilig auf alle Jahresraten entfällt. ⑦ Zu den nach Satz 1 angeschafften oder hergestellten Wirtschaftsgütern gehören auch die einem Betriebsvermögen des Steuerpflichtigen im Vereinigten Königreich Großbritannien und Nordirland zuzuordnenden Wirtschaftsgüter, soweit der Antrag nach Satz 1 vor dem Zeitpunkt gestellt worden ist, ab dem das Vereinigte Königreich Großbritannien und Nordirland nicht mehr Mitgliedstaat der Europäischen Union ist und auch nicht wie ein solcher zu behandeln ist.

(3)[1] ① Soweit Steuerpflichtige den Abzug nach Absatz 1 nicht vorgenommen haben, können sie im Wirtschaftsjahr der Veräußerung eine den steuerlichen Gewinn mindernde Rücklage bilden. ② Bis zur Höhe dieser Rücklage können sie von den Anschaffungs- oder Herstellungskosten der in Absatz 1 Satz 2 bezeichneten Wirtschaftsgüter, die in den folgenden vier Wirtschaftsjahren angeschafft oder hergestellt worden sind, im Wirtschaftsjahr ihrer Anschaffung oder Herstellung einen Betrag unter Berücksichtigung der Einschränkungen des Absatzes 1 Satz 2 bis 4 abziehen. ③ Die Frist von vier Jahren verlängert sich bei neu hergestellten Gebäuden auf sechs Jahre, wenn mit ihrer Herstellung vor dem Schluss des vierten auf die Bildung der Rücklage folgenden Wirtschaftsjahres begonnen worden ist. ④ Die Rücklage ist in Höhe des abgezogenen Betrags gewinnerhöhend aufzulösen. ⑤ Ist eine Rücklage am Schluss des vierten auf ihre Bildung folgenden Wirtschaftsjahres noch vorhanden, so ist sie in diesem Zeitpunkt gewinnerhöhend aufzulösen, soweit nicht ein Abzug von den Herstellungskosten von Gebäuden in Betracht kommt, mit deren Herstellung bis zu diesem Zeitpunkt begonnen worden ist; ist die Rücklage am Schluss des sechsten auf ihre Bildung folgenden Wirtschaftsjahres noch vorhanden, so ist sie in diesem Zeitpunkt gewinnerhöhend aufzulösen.

(4) ① Voraussetzung für die Anwendung der Absätze 1 und 3 ist, dass

1. der Steuerpflichtige den Gewinn nach § 4 Absatz 1 oder § 5 ermittelt,
2. die veräußerten Wirtschaftsgüter im Zeitpunkt der Veräußerung mindestens sechs Jahre ununterbrochen zum Anlagevermögen einer inländischen Betriebsstätte gehört haben,
3. die angeschafften oder hergestellten Wirtschaftsgüter zum Anlagevermögen einer inländischen Betriebsstätte gehören,
4. der bei der Veräußerung entstandene Gewinn bei der Ermittlung des im Inland steuerpflichtigen Gewinns nicht außer Ansatz bleibt und
5. der Abzug nach Absatz 1 und die Bildung und Auflösung der Rücklage nach Absatz 3 in der Buchführung verfolgt werden können.

② Der Abzug nach den Absätzen 1 und 3 ist bei Wirtschaftsgütern, die zu einem land- und forstwirtschaftlichen Betrieb gehören oder der selbständigen Arbeit dienen, nicht zulässig, wenn der Gewinn bei der Veräußerung von Wirtschaftsgütern eines Gewerbebetriebs entstanden ist.

(5)[2] An die Stelle der Anschaffungs- oder Herstellungskosten im Sinne des Absatzes 1 tritt in den Fällen, in denen das Wirtschaftsgut im Wirtschaftsjahr vor der Veräußerung angeschafft oder hergestellt worden ist, der Buchwert am Schluss des Wirtschaftsjahres der Anschaffung oder Herstellung.

(6)[3] ① Ist ein Betrag nach Absatz 1 oder 3 abgezogen worden, so tritt für die Absetzungen für Abnutzung oder Substanzverringerung oder in den Fällen des § 6 Absatz 2 und Absatz 2a im Wirtschaftsjahr des Abzugs der verbleibende Betrag an die Stelle der Anschaffungs- oder Herstellungskosten. ② In den Fällen des § 7 Absatz 4 Satz 1, Absatz 5 und 5a sind die um den Abzugsbetrag nach Absatz 1 oder 3 geminderten Anschaffungs- oder Herstellungskosten maßgebend.

(7) Soweit eine nach Absatz 3 Satz 1 gebildete Rücklage gewinnerhöhend aufgelöst wird, ohne dass ein entsprechender Betrag nach Absatz 3 abgezogen wird, ist der Gewinn des Wirtschaftsjahres, in dem die Rücklage aufgelöst wird, für jedes volle Wirtschaftsjahr, in dem die Rücklage bestanden hat, um 6 Prozent des aufgelösten Rücklagenbetrags zu erhöhen.

(8)[4] ① Werden Wirtschaftsgüter im Sinne des Absatzes 1 zum Zweck der Vorbereitung oder Durchführung von städtebaulichen Sanierungs- oder Entwicklungsmaßnahmen an einen der in Satz 2 bezeichneten Erwerber übertragen, sind die Absätze 1 bis 7 mit der Maßgabe anzuwenden, dass

[1] Zur **Fristverlängerung um ein Jahr,** wenn die Rücklage wegen § 6b Abs. 3 Satz 5, Abs. 8 Satz 1 Nr. 1 i. V. m. Abs. 3 Satz 5 oder Abs. 10 Satz 8 am Schluss des nach dem 29. 2. 2020 und vor dem 1. 1. 2021 endenden Wirtschaftsjahres aufzulösen wäre, siehe § 52 Abs. 14 Sätze 4 bis 6.

[2] § 6b Abs. 5 geänd. durch AmtshilfeRLUmsG v. 26. 6. 2013 (BGBl. I S. 1809).

[3] § 6b Abs. 6 Satz 2 geänd. mWvVZ 2023 durch WachstumschancenG v. 27. 3. 2024 (BGBl. I Nr. 108).

[4] § 6b Abs. 8 Satz 1 Verweis geänd. durch AmtshilfeRLUmsG v. 26. 6. 2013 (BGBl. I S. 1809).

1. die Fristen des Absatzes 3 Satz 2, 3 und 5 sich jeweils um drei Jahre verlängern und
2. an die Stelle der in Absatz 4 Nummer 2 bezeichneten Frist von sechs Jahren eine Frist von zwei Jahren tritt.

② Erwerber im Sinne des Satzes 1 sind Gebietskörperschaften, Gemeindeverbände, Verbände im Sinne des § 166 Absatz 4 des Baugesetzbuchs, Planungsverbände nach § 205 des Baugesetzbuchs, Sanierungsträger nach § 157 des Baugesetzbuchs, Entwicklungsträger nach § 167 des Baugesetzbuchs sowie Erwerber, die städtebauliche Sanierungsmaßnahmen als Eigentümer selbst durchführen (§ 147 Absatz 2 und § 148 Absatz 1 Baugesetzbuch).

(9) Absatz 8 ist nur anzuwenden, wenn die nach Landesrecht zuständige Behörde bescheinigt, dass die Übertragung der Wirtschaftsgüter zum Zweck der Vorbereitung oder Durchführung von städtebaulichen Sanierungs- oder Entwicklungsmaßnahmen an einen der in Absatz 8 Satz 2 bezeichneten Erwerber erfolgt ist.

(10) ① Steuerpflichtige, die keine Körperschaften, Personenvereinigungen oder Vermögensmassen sind, können Gewinne aus der Veräußerung von Anteilen an Kapitalgesellschaften bis zu einem Betrag von 500 000 Euro auf die im Wirtschaftsjahr der Veräußerung oder in den folgenden zwei Wirtschaftsjahren angeschafften Anteile an Kapitalgesellschaften oder angeschafften oder hergestellten abnutzbaren beweglichen Wirtschaftsgüter oder auf die im Wirtschaftsjahr der Veräußerung oder in den folgenden vier Wirtschaftsjahren angeschafften oder hergestellten Gebäude nach Maßgabe der Sätze 2 bis 10 übertragen. ② Wird der Gewinn im Jahr der Veräußerung auf Gebäude oder abnutzbare bewegliche Wirtschaftsgüter übertragen, so kann ein Betrag bis zur Höhe des bei der Veräußerung entstandenen und nicht nach § 3 Nummer 40 Satz 1 Buchstabe a und b in Verbindung mit § 3 c Absatz 2 steuerbefreiten Betrags von den Anschaffungs- oder Herstellungskosten für Gebäude oder abnutzbare bewegliche Wirtschaftsgüter abgezogen werden. ③ Wird der Gewinn im Jahr der Veräußerung auf Anteile an Kapitalgesellschaften übertragen, mindern sich die Anschaffungskosten der Anteile an Kapitalgesellschaften in Höhe des Veräußerungsgewinns einschließlich des nach § 3 Nummer 40 Satz 1 Buchstabe a und b in Verbindung mit § 3 c Absatz 2 steuerbefreiten Betrags. ④ Absatz 2, Absatz 4 Satz 1 Nummer 1, 2, 3, 5 und Satz 2 sowie Absatz 5 sind sinngemäß anzuwenden. ⑤ Soweit Steuerpflichtige den Abzug nach den Sätzen 1 bis 4 nicht vorgenommen haben, können sie eine Rücklage nach Maßgabe des Satzes 1 einschließlich des nach § 3 Nummer 40 Satz 1 Buchstabe a und b in Verbindung mit § 3 c Absatz 2 steuerbefreiten Betrags bilden. ⑥ Bei der Auflösung der Rücklage gelten die Sätze 2 und 3 sinngemäß. ⑦ Im Fall des Satzes 2 ist die Rücklage in gleicher Höhe um den nach § 3 Nummer 40 Satz 1 Buchstabe a und b in Verbindung mit § 3 c Absatz 2 steuerbefreiten Betrag aufzulösen. ⑧ Ist eine Rücklage am Schluss des vierten auf ihre Bildung folgenden Wirtschaftsjahres noch vorhanden, so ist sie in diesem Zeitpunkt gewinnerhöhend aufzulösen. ⑨ Soweit der Abzug nach Satz 6 nicht vorgenommen wurde, ist der Gewinn des Wirtschaftsjahres, in dem die Rücklage aufgelöst wird, für jedes volle Wirtschaftsjahr, in dem die Rücklage bestanden hat, um 6 Prozent des nicht nach § 3 Nummer 40 Satz 1 Buchstabe a und b in Verbindung mit § 3 c Absatz 2 steuerbefreiten aufgelösten Rücklagenbetrags zu erhöhen. ⑩ Für die zum Gesamthandsvermögen von Personengesellschaften oder Gemeinschaften gehörenden Anteile an Kapitalgesellschaften gelten die Sätze 1 bis 9 nur, soweit an den Personengesellschaften und Gemeinschaften keine Körperschaften, Personenvereinigungen oder Vermögensmassen beteiligt sind.

§ 6c Übertragung stiller Reserven bei der Veräußerung bestimmter Anlagegüter bei der Ermittlung des Gewinns nach § 4 Absatz 3 oder nach Durchschnittssätzen

(1) ① § 6 b mit Ausnahme des § 6 b Absatz 4 Nummer 1 ist entsprechend anzuwenden, wenn der Gewinn nach § 4 Absatz 3 oder die Einkünfte aus Land- und Forstwirtschaft nach Durchschnittssätzen ermittelt werden. ② Soweit nach § 6 b Absatz 3 eine Rücklage gebildet werden kann, ist ihre Bildung als Betriebsausgabe (Abzug) und ihre Auflösung als Betriebseinnahme (Zuschlag) zu behandeln; der Zeitraum zwischen Abzug und Zuschlag gilt als Zeitraum, in dem die Rücklage bestanden hat.

(2) ① Voraussetzung für die Anwendung des Absatzes 1 ist, dass die Wirtschaftsgüter, bei denen ein Abzug von den Anschaffungs- oder Herstellungskosten oder von dem Wert nach § 6 b Absatz 5 vorgenommen worden ist, in besondere, laufend zu führende Verzeichnisse aufgenommen werden. ② In den Verzeichnissen sind der Tag der Anschaffung oder Herstellung, die Anschaffungs- oder Herstellungskosten, der Abzug nach § 6 b Absatz 1 und 3 in Verbindung mit Absatz 1, die Absetzungen für Abnutzung, die Abschreibungen sowie die Beträge nachzuweisen, die nach § 6 b Absatz 3 in Verbindung mit Absatz 1 als Betriebsausgaben (Abzug) oder Betriebseinnahmen (Zuschlag) behandelt worden sind.

§ 6d Euroumrechnungsrücklage

(1) ① Ausleihungen, Forderungen und Verbindlichkeiten im Sinne des Artikels 43 des Einführungsgesetzes zum Handelsgesetzbuch, die auf Währungseinheiten der an der europäischen Währungsunion teilnehmenden anderen Mitgliedstaaten oder auf die ECU im Sinne des Artikels 2 der Verordnung (EG) Nr. 1103/97 des Rates vom 17. Juni 1997 (ABl. EG Nr. L 162 S. 1) lauten, sind am Schluss des ersten nach dem 31. Dezember 1998 endenden Wirtschaftsjahres mit dem vom

Rat der Europäischen Union gemäß Artikel 1091 Absatz 4 Satz 1 des EG-Vertrages unwiderruflich festgelegten Umrechnungskurs umzurechnen und mit dem sich danach ergebenden Wert anzusetzen. ② Der Gewinn, der sich aus diesem jeweiligen Ansatz für das einzelne Wirtschaftsgut ergibt, kann in eine den steuerlichen Gewinn mindernde Rücklage eingestellt werden. ③ Die Rücklage ist gewinnerhöhend aufzulösen, soweit das Wirtschaftsgut, aus dessen Bewertung sich der in die Rücklage eingestellte Gewinn ergeben hat, aus dem Betriebsvermögen ausscheidet. ④ Die Rücklage ist spätestens am Schluss des fünften nach dem 31. Dezember 1998 endenden Wirtschaftsjahres gewinnerhöhend aufzulösen.

(2) ① In die Euroumrechnungsrücklage gemäß Absatz 1 Satz 2 können auch Erträge eingestellt werden, die sich aus der Aktivierung von Wirtschaftsgütern auf Grund der unwiderruflichen Festlegung der Umrechnungskurse ergeben. ② Absatz 1 Satz 3 gilt entsprechend.

(3) Die Bildung und Auflösung der jeweiligen Rücklage müssen in der Buchführung verfolgt werden können.

§ 6e[1] Fondsetablierungskosten als Anschaffungskosten

(1) ① Zu den Anschaffungskosten von Wirtschaftsgütern, die ein Steuerpflichtiger gemeinschaftlich mit weiteren Anlegern gemäß einem von einem Projektanbieter vorformulierten Vertragswerk anschafft, gehören auch die Fondsetablierungskosten im Sinne der Absätze 2 und 3. ② Haben die Anleger in ihrer gesellschaftsrechtlichen Verbundenheit keine wesentlichen Möglichkeiten zur Einflussnahme auf das Vertragswerk, gelten die Wirtschaftsgüter im Sinne von Satz 1 als angeschafft.

(2) ① Fondsetablierungskosten sind alle auf Grund des vorformulierten Vertragswerks neben den Anschaffungskosten im Sinne von § 255 des Handelsgesetzbuchs vom Anleger an den Projektanbieter oder an Dritte zu zahlenden Aufwendungen, die auf den Erwerb der Wirtschaftsgüter im Sinne des Absatzes 1 Satz 1 gerichtet sind. ② Zu den Anschaffungskosten der Anleger im Sinne des Absatzes 1 Satz 2 gehören darüber hinaus alle an den Projektanbieter oder an Dritte geleisteten Aufwendungen in wirtschaftlichem Zusammenhang mit der Abwicklung des Projekts in der Investitionsphase. ③ Zu den Anschaffungskosten zählen auch die Haftungs- und Geschäftsführungsvergütungen für Komplementäre, Geschäftsführungsvergütungen bei schuldrechtlichem Leistungsaustausch und Vergütungen für Treuhandkommanditisten, soweit sie auf die Investitionsphase entfallen.

(3) Absatz 1 Satz 1 und Absatz 2 sind sinngemäß in den Fällen anzuwenden, in denen Fondsetablierungskosten vergleichbare Kosten außerhalb einer gemeinschaftlichen Anschaffung zu zahlen sind.

(4) Im Fall des § 4 Absatz 3 sind die Absätze 1 bis 3 entsprechend anzuwenden.

(5) § 15b bleibt unberührt.

§ 7 Absetzung für Abnutzung oder Substanzverringerung

(1)[2] ① Bei Wirtschaftsgütern, deren Verwendung oder Nutzung durch den Steuerpflichtigen zur Erzielung von Einkünften sich erfahrungsgemäß auf einen Zeitraum von mehr als einem Jahr erstreckt, ist jeweils für ein Jahr der Teil der Anschaffungs- oder Herstellungskosten abzusetzen, der bei gleichmäßiger Verteilung dieser Kosten auf die Gesamtdauer der Verwendung oder Nutzung auf ein Jahr entfällt (Absetzung für Abnutzung in gleichen Jahresbeträgen). ② Die Absetzung bemisst sich hierbei nach der betriebsgewöhnlichen Nutzungsdauer des Wirtschaftsguts. ③ Als betriebsgewöhnliche Nutzungsdauer des Geschäfts- oder Firmenwerts eines Gewerbebetriebs oder eines Betriebs der Land- und Forstwirtschaft gilt ein Zeitraum von 15 Jahren. ④ Im Jahr der Anschaffung oder Herstellung des Wirtschaftsguts vermindert sich für dieses Jahr der Absetzungsbetrag nach Satz 1 um jeweils ein Zwölftel für jeden vollen Monat, der dem Monat der Anschaffung oder Herstellung vorangeht. ⑤ Bei Wirtschaftsgütern, die nach einer Verwendung zur Erzielung von Einkünften im Sinne des § 2 Absatz 1 Satz 1 Nummer 4 bis 7 in ein Betriebsvermögen eingelegt worden sind, mindert sich der Einlagewert um die Absetzungen für Abnutzung oder Substanzverringerung, Sonderabschreibungen oder erhöhte Absetzungen, die bis zum Zeitpunkt der Einlage vorgenommen worden sind, höchstens jedoch bis zu den fortgeführten Anschaffungs- oder Herstellungskosten; ist der Einlagewert niedriger als dieser Wert, bemisst sich die weitere Absetzung für Abnutzung vom Einlagewert. ⑥ Bei beweglichen Wirtschaftsgütern des Anlagevermögens, bei denen es wirtschaftlich begründet ist, die Absetzung für Abnutzung nach Maßgabe der Leistung des Wirtschaftsguts vorzunehmen, kann der Steuerpflichtige dieses Verfahren statt der Absetzung für Abnutzung in gleichen Jahresbeträgen anwenden, wenn er den auf das einzelne Jahr entfallenden Umfang der Leistung nachweist. ⑦ Absetzungen für außergewöhnliche technische oder wirtschaftliche Abnutzung sind zulässig; soweit der Grund hierfür in späteren Wirtschaftsjahren entfällt, ist in den Fällen der Gewinnermittlung nach § 4 Absatz 1 oder nach § 5 eine entsprechende Zuschreibung vorzunehmen.

---

[1] § 6e eingef. durch JStG 2019 v. 12. 12. 2019 (BGBl. I S. 2451); zur Anwendung auch in Wirtschaftsjahren, die vor dem 18. 12. 2019 enden, siehe § 52 Abs. 14a.

[2] § 7 Abs. 1 Satz 5 neu gef. mWv VZ 2011 durch G v. 8. 12. 2010 (BGBl. I S. 1768).

[Fassung bis 31. 12. 2007:]

*(2) ① Bei beweglichen Wirtschaftsgütern des Anlagevermögens kann der Steuerpflichtige statt der Absetzung für Abnutzung in gleichen Jahresbeträgen die Absetzung für Abnutzung in fallenden Jahresbeträgen bemessen. ② Die Absetzung für Abnutzung in fallenden Jahresbeträgen kann nach einem unveränderlichen Prozentsatz vom jeweiligen Buchwert (Restwert) vorgenommen werden; der dabei anzuwendende Prozentsatz darf höchstens das Doppelte [**alte Fassung:** das Dreifache][1] des bei der Absetzung für Abnutzung in gleichen Jahresbeträgen in Betracht kommenden Prozentsatzes betragen und 20 Prozent [**alte Fassung:** 30 Prozent][2] nicht übersteigen. ③ Abweichend von Satz 2 darf bei beweglichen Wirtschaftsgütern des Anlagevermögens, die nach dem 31. Dezember 2005 und vor dem 1. Januar 2008 angeschafft oder hergestellt worden sind, der anzuwendende Prozentsatz höchstens das Dreifache des bei der Absetzung für Abnutzung in gleichen Jahresbeträgen in Betracht kommenden Prozentsatzes betragen und 30 Prozent nicht übersteigen. ④ Absatz 1 Satz 4 und § 7 a Abs. 8 gelten entsprechend. ⑤ Bei Wirtschaftsgütern, bei denen die Absetzung für Abnutzung in fallenden Jahresbeträgen bemessen wird, sind Absetzungen für außergewöhnliche technische oder wirtschaftliche Abnutzung nicht zulässig.*

[Fassung von VZ 2009 bis VZ 2019:]

(2) ① Bei beweglichen Wirtschaftsgütern des Anlagevermögens, die nach dem 31. Dezember 2008 und vor dem 1. Januar 2011 angeschafft oder hergestellt worden sind, kann der Steuerpflichtige statt der Absetzung für Abnutzung in gleichen Jahresbeträgen die Absetzung für Abnutzung in fallenden Jahresbeträgen bemessen. ② Die Absetzung für Abnutzung in fallenden Jahresbeträgen kann nach einem unveränderlichen Prozentsatz vom jeweiligen Buchwert (Restwert) vorgenommen werden; der dabei anzuwendende Prozentsatz darf höchstens das Zweieinhalbfache des bei der Absetzung für Abnutzung in gleichen Jahresbeträgen in Betracht kommenden Prozentsatzes betragen und 25 Prozent nicht übersteigen. ③ Absatz 1 Satz 4 und § 7 a Absatz 8 gelten entsprechend. ④ Bei Wirtschaftsgütern, bei denen die Absetzung für Abnutzung in fallenden Jahresbeträgen bemessen wird, sind Absetzungen für außergewöhnliche technische oder wirtschaftliche Abnutzung nicht zulässig.

[Fassung ab VZ 2020:][3]

(2) ① Bei beweglichen Wirtschaftsgütern des Anlagevermögens, die nach dem 31. Dezember 2019 und vor dem 1. Januar 2023 oder nach dem 31. März 2024 und vor dem 1. Januar 2025 angeschafft oder hergestellt worden sind, kann der Steuerpflichtige statt der Absetzung für Abnutzung in gleichen Jahresbeträgen die Absetzung für Abnutzung in fallenden Jahresbeträgen bemessen. ② Die Absetzung für Abnutzung in fallenden Jahresbeträgen kann nach einem unveränderlichen Prozentsatz vom jeweiligen Buchwert (Restwert) vorgenommen werden; der dabei anzuwendende Prozentsatz darf höchstens das Zweieinhalbfache des bei der Absetzung für Abnutzung in gleichen Jahresbeträgen in Betracht kommenden Prozentsatzes betragen und 25 Prozent nicht übersteigen; bei Wirtschaftsgütern, die nach dem 31. März 2024 und vor dem 1. Januar 2025 angeschafft oder hergestellt worden sind, darf der anzuwendende Prozentsatz höchstens das Zweifache des bei der Absetzung für Abnutzung in gleichen Jahresbeträgen in Betracht kommenden Prozentsatzes betragen und 20 Prozent nicht übersteigen. ③ Absatz 1 Satz 4 und § 7 a Absatz 8 gelten entsprechend. ④ Bei Wirtschaftsgütern, bei denen die Absetzung für Abnutzung in fallenden Jahresbeträgen bemessen wird, sind Absetzungen für außergewöhnliche technische oder wirtschaftliche Abnutzung nicht zulässig.

(3) ① Der Übergang von der Absetzung für Abnutzung in fallenden Jahresbeträgen zur Absetzung für Abnutzung in gleichen Jahresbeträgen ist zulässig. ② In diesem Fall bemisst sich die Absetzung für Abnutzung vom Zeitpunkt des Übergangs an nach dem dann noch vorhandenen Restwert und der Restnutzungsdauer des einzelnen Wirtschaftsguts. ③ Der Übergang von der Absetzung für Abnutzung in gleichen Jahresbeträgen zur Absetzung für Abnutzung in fallenden Jahresbeträgen ist nicht zulässig.

(4)[4] ① Bei Gebäuden sind abweichend von Absatz 1 als Absetzung für Abnutzung die folgenden Beträge bis zur vollen Absetzung abzuziehen:

1. bei Gebäuden, soweit sie zu einem Betriebsvermögen gehören und nicht Wohnzwecken dienen und für die der Bauantrag nach dem 31. März 1985 gestellt worden ist, jährlich 3 Prozent [***alte Fassung:*** 4 vom Hundert],[5]
2.[6] bei Gebäuden, soweit sie die Voraussetzungen der Nummer 1 nicht erfüllen und die
   a) nach dem 31. Dezember 2022 fertiggestellt worden sind, jährlich 3 Prozent,

[1] Zur weiteren Anwendung von Abs. 2 Satz 2 siehe § 52 Abs. 15 Satz 1.
[2] Zur weiteren Anwendung von Abs. 2 Satz 2 siehe § 52 Abs. 15 Satz 1.
[3] § 7 Abs. 2 neu gef. mWv VZ 2020 durch CoronaStHG II v. 29. 6. 2020 (BGBl. I S. 1512); Satz 1 geänd. mWv VZ 2022 durch G v. 19. 6. 2022 (BGBl. I S. 911). Satz 1 geänd. und Satz 2 3. Teilsatz angef. mWv 28. 3. 2024 durch WachstumschancenG v. 27. 3. 2024 (BGBl. I Nr. 108).
[4] § 7 Abs. 4 Satz 2 neu gef. mWv 28. 3. 2024 durch WachstumschancenG v. 27. 3. 2024 (BGBl. I Nr. 108); zur Anwendung siehe § 52 Abs. 15.
[5] Zur weiteren Anwendung der bish. Fassung siehe § 52 Abs. 15 Sätze 2 und 3.
[6] § 7 Abs. 4 Satz 1 Nr. 2 neu gef. mWv VZ 2023 durch JStG 2022 v. 16. 12. 2022 (BGBl. I S. 2294).

b) vor dem 1. Januar 2023 und nach dem 31. Dezember 1924 fertiggestellt worden sind, jährlich 2 Prozent,

c) vor dem 1. Januar 1925 fertiggestellt worden sind, jährlich 2,5 Prozent

der Anschaffungs- oder Herstellungskosten; Absatz 1 Satz 5 gilt entsprechend. ② Beträgt die tatsächliche Nutzungsdauer eines Gebäudes in den Fällen des Satzes 1 Nummer 1 und 2 Buchstabe a weniger als 33 Jahre, in den Fällen des Satzes 1 Nummer 2 Buchstabe b weniger als 50 Jahre, in den Fällen des Satzes 1 Nummer 2 Buchstabe c weniger als 40 Jahre, so können anstelle der Absetzungen nach Satz 1 die der tatsächlichen Nutzungsdauer entsprechenden Absetzungen für Abnutzung vorgenommen werden. ③ Absatz 1 letzter Satz bleibt unberührt. ④ Bei Gebäuden im Sinne der Nummer 2 rechtfertigt die für Gebäude im Sinne der Nummer 1 geltende Regelung weder die Anwendung des Absatzes 1 letzter Satz noch den Ansatz des niedrigeren Teilwerts (§ 6 Absatz 1 Nummer 1 Satz 2).

(5)[1] ① Bei Gebäuden, die in einem Mitgliedstaat der Europäischen Union oder einem anderen Staat belegen sind, auf den das Abkommen über den Europäischen Wirtschaftsraum (EWR-Abkommen) angewendet wird, und die vom Steuerpflichtigen hergestellt oder bis zum Ende des Jahres der Fertigstellung angeschafft worden sind, können abweichend von Absatz 4 als Absetzung für Abnutzung die folgenden Beträge abgezogen werden:

1. bei Gebäuden im Sinne des Absatzes 4 Satz 1 Nummer 1, die vom Steuerpflichtigen auf Grund eines vor dem 1. Januar 1994 gestellten Bauantrags hergestellt oder auf Grund eines vor diesem Zeitpunkt rechtswirksam abgeschlossenen obligatorischen Vertrags angeschafft worden sind,
   – im Jahr der Fertigstellung und in den folgenden 3 Jahren jeweils 10 Prozent,
   – in den darauf folgenden 3 Jahren jeweils 5 Prozent,
   – in den darauf folgenden 18 Jahren jeweils 2,5 Prozent,
2. bei Gebäuden im Sinne des Absatzes 4 Satz 1 Nummer 2, die vom Steuerpflichtigen auf Grund eines vor dem 1. Januar 1995 gestellten Bauantrags hergestellt oder auf Grund eines vor diesem Zeitpunkt rechtswirksam abgeschlossenen obligatorischen Vertrags angeschafft worden sind,
   – im Jahr der Fertigstellung und in den folgenden 7 Jahren jeweils 5 Prozent,
   – in den darauf folgenden 6 Jahren jeweils 2,5 Prozent,
   – in den darauf folgenden 36 Jahren jeweils 1,25 Prozent,
3. bei Gebäuden im Sinne des Absatzes 4 Satz 1 Nummer 2, soweit sie Wohnzwecken dienen, die vom Steuerpflichtigen
   a) auf Grund eines nach dem 28. Februar 1989 und vor dem 1. Januar 1996 gestellten Bauantrags hergestellt oder nach dem 28. Februar 1989 auf Grund eines nach dem 28. Februar 1989 und vor dem 1. Januar 1996 rechtswirksam abgeschlossenen obligatorischen Vertrags angeschafft worden sind,
      – im Jahr der Fertigstellung und in den folgenden 3 Jahren jeweils 7 Prozent,
      – in den darauf folgenden 6 Jahren jeweils 5 Prozent,
      – in den darauf folgenden 6 Jahren jeweils 2 Prozent,
      – in den darauf folgenden 24 Jahren jeweils 1,25 Prozent,
   b)[2] auf Grund eines nach dem 31. Dezember 1995 und vor dem 1. Januar 2004 gestellten Bauantrags hergestellt oder auf Grund eines nach dem 31. Dezember 1995 und vor dem 1. Januar 2004 rechtswirksam abgeschlossenen obligatorischen Vertrags angeschafft worden sind,
      – im Jahr der Fertigstellung und in den folgenden 7 Jahren jeweils 5 Prozent,
      – in den darauf folgenden 6 Jahren jeweils 2,5 Prozent,
      – in den darauf folgenden 36 Jahren jeweils 1,25 Prozent,
   c) auf Grund eines nach dem 31. Dezember 2003 und vor dem 1. Januar 2006 gestellten Bauantrags hergestellt oder auf Grund eines nach dem 31. Dezember 2003 und vor dem 1. Januar 2006 rechtswirksam abgeschlossenen obligatorischen Vertrags angeschafft worden sind,
      – im Jahr der Fertigstellung und in den folgenden 9 Jahren jeweils 4 Prozent,
      – in den darauf folgenden 8 Jahren jeweils 2,5 Prozent,
      – in den darauf folgenden 32 Jahren jeweils 1,25 Prozent,

der Anschaffungs- oder Herstellungskosten. ② Im Fall der Anschaffung kann Satz 1 nur angewendet werden, wenn der Hersteller für das veräußerte Gebäude weder Absetzungen für Abnutzung nach Satz 1 vorgenommen noch erhöhte Absetzungen oder Sonderabschreibungen in Anspruch genommen hat. ③ Absatz 1 Satz 4 gilt nicht.

(5 a)[3] ① Bei Gebäuden, die in einem Mitgliedstaat der Europäischen Union oder einem anderen Staat belegen sind, auf den das Abkommen über den Europäischen Wirtschaftsraum (EWR-Ab-

[1] § 7 Abs. 5 Satz 1 geänd. mWv VZ 2010 durch G v. 8. 4. 2010 (BGBl. I S. 386).
[2] § 7 Abs. 5 Satz 1 Nr. 3 Buchst. b inhaltlich bestätigt durch G v. 5. 4. 2011 (BGBl. I S. 554).
[3] § 7 Abs. 5 a eingef. mWv VZ 2023 durch WachstumschancenG v. 27. 3. 2024 (BGBl. I Nr. 108).

kommen) angewendet wird, soweit sie Wohnzwecken dienen und vom Steuerpflichtigen hergestellt oder bis zum Ende des Jahres der Fertigstellung angeschafft worden sind, kann statt der Absetzung für Abnutzung in gleichen Jahresbeträgen nach Absatz 4 Nummer 2 Buchstabe a die Absetzung für Abnutzung in fallenden Jahresbeträgen erfolgen, wenn mit der Herstellung nach dem 30. September 2023 und vor dem 1. Oktober 2029 begonnen wurde oder die Anschaffung auf Grund eines nach dem 30. September 2023 und vor dem 1. Oktober 2029 rechtswirksam abgeschlossenen obligatorischen Vertrags erfolgt. ② Als Beginn der Herstellung gilt das Datum in der nach den jeweiligen landesrechtlichen Vorschriften einzureichenden Baubeginnsanzeige. ③ Sollten landesrechtlich im Einzelfall keine Baubeginnsanzeigen vorgeschrieben sein, hat der Steuerpflichtige zu erklären, dass er den Baubeginn gegenüber der zuständigen Baubehörde freiwillig angezeigt hat. ④ Die Absetzung für Abnutzung in fallenden Jahresbeträgen kann nach einem unveränderlichen Prozentsatz in Höhe von 5 Prozent vom jeweiligen Buchwert (Restwert) vorgenommen werden. ⑤ Absatz 1 Satz 4 gilt entsprechend. ⑥ Bei Gebäuden, bei denen die Absetzung für Abnutzung in fallenden Jahresbeträgen bemessen wird, sind Absetzungen für außergewöhnliche technische oder wirtschaftliche Abnutzung nicht zulässig. ⑦ Der Übergang von der Absetzung für Abnutzung in fallenden Jahresbeträgen zur Absetzung für Abnutzung in gleichen Jahresbeträgen ist zulässig. ⑧ Die weitere Absetzung für Abnutzung bemisst sich nach dem Übergang zur Absetzung für Abnutzung im Sinne des Absatzes 4 vom Restwert und dem nach Absatz 4 unter Berücksichtigung der Restnutzungsdauer maßgebenden Prozentsatz.

(5 b)[1] Die Absätze 4 bis 5 a sind auf Gebäudeteile, die selbständige unbewegliche Wirtschaftsgüter sind, sowie auf Eigentumswohnungen und auf im Teileigentum stehende Räume entsprechend anzuwenden.

(6) Bei Bergbauunternehmen, Steinbrüchen und anderen Betrieben, die einen Verbrauch der Substanz mit sich bringen, ist Absatz 1 entsprechend anzuwenden; dabei sind Absetzungen nach Maßgabe des Substanzverzehrs zulässig (Absetzung für Substanzverringerung).

§ 7a Gemeinsame Vorschriften für erhöhte Absetzungen und Sonderabschreibungen

(1) ① Werden in dem Zeitraum, in dem bei einem Wirtschaftsgut erhöhte Absetzungen oder Sonderabschreibungen in Anspruch genommen werden können (Begünstigungszeitraum), nachträgliche Herstellungskosten aufgewendet, so bemessen sich vom Jahr der Entstehung der nachträglichen Herstellungskosten an bis zum Ende des Begünstigungszeitraums die Absetzungen für Abnutzung, erhöhten Absetzungen und Sonderabschreibungen nach den um die nachträglichen Herstellungskosten erhöhten Anschaffungs- oder Herstellungskosten. ② Entsprechendes gilt für nachträgliche Anschaffungskosten. ③ Werden im Begünstigungszeitraum die Anschaffungs- oder Herstellungskosten eines Wirtschaftsguts nachträglich gemindert, so bemessen sich vom Jahr der Minderung an bis zum Ende des Begünstigungszeitraums die Absetzungen für Abnutzung, erhöhten Absetzungen und Sonderabschreibungen nach den geminderten Anschaffungs- oder Herstellungskosten.

(2) ① Können bei einem Wirtschaftsgut erhöhte Absetzungen oder Sonderabschreibungen bereits für Anzahlungen auf Anschaffungskosten oder für Teilherstellungskosten in Anspruch genommen werden, so sind die Vorschriften über erhöhte Absetzungen und Sonderabschreibungen mit der Maßgabe anzuwenden, dass an die Stelle der Anschaffungs- oder Herstellungskosten die Anzahlungen auf Anschaffungskosten oder die Teilherstellungskosten und an die Stelle des Jahres der Anschaffung oder Herstellung das Jahr der Anzahlung oder Teilherstellung treten. ② Nach Anschaffung oder Herstellung des Wirtschaftsguts sind erhöhte Absetzungen oder Sonderabschreibungen nur zulässig, soweit sie nicht bereits für Anzahlungen auf Anschaffungskosten oder für Teilherstellungskosten in Anspruch genommen worden sind. ③ Anzahlungen auf Anschaffungskosten sind im Zeitpunkt der tatsächlichen Zahlung aufgewendet. ④ Werden Anzahlungen auf Anschaffungskosten durch Hingabe eines Wechsels geleistet, so sind sie in dem Zeitpunkt aufgewendet, in dem dem Lieferanten durch Diskontierung oder Einlösung des Wechsels das Geld tatsächlich zufließt. ⑤ Entsprechendes gilt, wenn anstelle von Geld ein Scheck hingegeben wird.

(3) Bei Wirtschaftsgütern, bei denen erhöhte Absetzungen in Anspruch genommen werden, müssen in jedem Jahr des Begünstigungszeitraums mindestens Absetzungen in Höhe der Absetzungen für Abnutzung nach § 7 Absatz 1 oder 4 berücksichtigt werden.

(4) Bei Wirtschaftsgütern, bei denen Sonderabschreibungen in Anspruch genommen werden, sind die Absetzungen für Abnutzung nach § 7 Absatz 1 oder 4 vorzunehmen.

(5) Liegen bei einem Wirtschaftsgut die Voraussetzungen für die Inanspruchnahme von erhöhten Absetzungen oder Sonderabschreibungen auf Grund mehrerer Vorschriften vor, so dürfen erhöhte Absetzungen oder Sonderabschreibungen nur auf Grund einer dieser Vorschriften in Anspruch genommen werden.

(6) Erhöhte Absetzungen oder Sonderabschreibungen sind bei der Prüfung, ob die in § 141 Absatz 1 Nummer 4 und 5 der Abgabenordnung bezeichneten Buchführungsgrenzen überschritten sind, nicht zu berücksichtigen.

[1] § 7 bish. Abs. 5 a wird Abs. 5 b und geänd. mWv VZ 2023 durch WachstumschancenG v. 27. 3. 2024 (BGBl. I Nr. 108).

(7) ① Ist ein Wirtschaftsgut mehreren Beteiligten zuzurechnen und sind die Voraussetzungen für erhöhte Absetzungen oder Sonderabschreibungen nur bei einzelnen Beteiligten erfüllt, so dürfen die erhöhten Absetzungen und Sonderabschreibungen nur anteilig für diese Beteiligten vorgenommen werden. ② Die erhöhten Absetzungen oder Sonderabschreibungen dürfen von den Beteiligten, bei denen die Voraussetzungen dafür erfüllt sind, nur einheitlich vorgenommen werden.

(8) ① Erhöhte Absetzungen oder Sonderabschreibungen sind bei Wirtschaftsgütern, die zu einem Betriebsvermögen gehören, nur zulässig, wenn sie in ein besonderes, laufend zu führendes Verzeichnis aufgenommen werden, das den Tag der Anschaffung oder Herstellung, die Anschaffungs- oder Herstellungskosten, die betriebsgewöhnliche Nutzungsdauer und die Höhe der jährlichen Absetzungen für Abnutzung, erhöhten Absetzungen und Sonderabschreibungen enthält. ② Das Verzeichnis braucht nicht geführt zu werden, wenn diese Angaben aus der Buchführung ersichtlich sind.

(9)[1] Sind für ein Wirtschaftsgut Sonderabschreibungen vorgenommen worden, so bemessen sich nach Ablauf des maßgebenden Begünstigungszeitraums die Absetzungen für Abnutzung bei Gebäuden und bei Wirtschaftsgütern im Sinne des § 7 Absatz 5 b nach dem Restwert und dem nach § 7 Absatz 4 unter Berücksichtigung der Restnutzungsdauer maßgebenden Prozentsatz oder dem nach § 7 Absatz 5 a maßgebenden Prozentsatz, bei anderen Wirtschaftsgütern nach dem Restwert und der Restnutzungsdauer.

§ 7 b[2] Sonderabschreibung für Mietwohnungsneubau

(1)[3] ① Für die Anschaffung oder Herstellung neuer Wohnungen, die in einem Mitgliedstaat der Europäischen Union belegen sind, können nach Maßgabe der nachfolgenden Absätze im Jahr der Anschaffung oder Herstellung und in den folgenden drei Jahren Sonderabschreibungen bis zu jährlich 5 Prozent der Bemessungsgrundlage neben der Absetzung für Abnutzung nach § 7 Absatz 4 oder 5 a in Anspruch genommen werden. ② Im Fall der Anschaffung ist eine Wohnung neu, wenn sie bis zum Ende des Jahres der Fertigstellung angeschafft wird. ③ In diesem Fall können die Sonderabschreibungen nach Satz 1 nur vom Anschaffenden in Anspruch genommen werden. ④ Bei der Anwendung des Satzes 1 sind den Mitgliedstaaten der Europäischen Union Staaten gleichgestellt, die auf Grund vertraglicher Verpflichtung Amtshilfe entsprechend dem EU-Amtshilfegesetz in einem Umfang leisten, der für die Überprüfung der Voraussetzungen dieser Vorschrift erforderlich ist.

(2)[4] ① Die Sonderabschreibungen können nur in Anspruch genommen werden, wenn

1.[5] durch Baumaßnahmen auf Grund eines nach dem 31. August 2018 und vor dem 1. Januar 2022 oder nach dem 31. Dezember 2022 und vor dem 1. Oktober 2029 gestellten Bauantrags oder einer in diesem Zeitraum getätigten Bauanzeige neue, bisher nicht vorhandene, Wohnungen hergestellt werden, die die Voraussetzungen des § 181 Absatz 9 des Bewertungsgesetzes erfüllen; hierzu gehören auch die zu einer Wohnung gehörenden Nebenräume,
2.[6] Wohnungen, die aufgrund eines nach dem 31. Dezember 2022 und vor dem 1. Oktober 2029 gestellten Bauantrags oder einer in diesem Zeitraum getätigten Bauanzeige hergestellt werden, in einem Gebäude liegen, das die Kriterien eines „Effizienzhaus 40“ mit Nachhaltigkeits-Klasse erfüllt und dies durch Qualitätssiegel Nachhaltiges Gebäude nachgewiesen wird,
3. die Wohnung im Jahr der Anschaffung oder Herstellung und in den folgenden neun Jahren der entgeltlichen Überlassung zu Wohnzwecken dient; Wohnungen dienen nicht Wohnzwecken, soweit sie zur vorübergehenden Beherbergung von Personen genutzt werden.

② Die Anschaffungs- oder Herstellungskosten dürfen für Wohnungen,

1. die aufgrund eines nach dem 31. August 2018 und vor dem 1. Januar 2022 gestellten Bauantrags oder einer in diesem Zeitraum getätigten Bauanzeige hergestellt werden, 3000 Euro je Quadratmeter Wohnfläche nicht übersteigen,
2.[7] die aufgrund eines nach dem 31. Dezember 2022 und vor dem 1. Oktober 2029 gestellten Bauantrags oder einer in diesem Zeitraum getätigten Bauanzeige hergestellt werden, 5200 Euro je Quadratmeter Wohnfläche nicht übersteigen.

(3)[8] Bemessungsgrundlage für die Sonderabschreibungen nach Absatz 1 sind die Anschaffungs- oder Herstellungskosten der nach Absatz 2 begünstigten Wohnung, jedoch

1. maximal 2000 Euro je Quadratmeter Wohnfläche für Wohnungen im Sinne des Absatzes 2 Satz 2 Nummer 1 und

---

[1] § 7 a Abs. 9 geänd. mWv VZ 2023 durch JStG 2024 v. 2. 12. 2024 (BGBl. I Nr. 387).
[2] § 7 b eingef. mWv VZ 2019 durch MietWohnNeubauG v. 4. 8. 2019 (BGBl. I S. 1122). Zur letztmaligen Inanspruchnahme für VZ 2026 und in den Fällen des § 4 a siehe § 52 Abs. 15 a.
[3] § 7 b Abs. 1 Satz 1 geänd. mWv VZ 2023 durch WachstumschancenG v. 27. 3. 2024 (BGBl. I Nr. 108).
[4] § 7 b Abs. 2 neu gef. mWv VZ 2023 durch JStG 2022 v. 16. 12. 2022 (BGBl. I S. 2294).
[5] § 7 b Abs. 2 Satz 1 Nr. 1 geänd. mWv VZ 2023 durch WachstumschancenG v. 27. 3. 2024 (BGBl. I Nr. 108).
[6] § 7 b Abs. 2 Satz 1 Nr. 2 geänd. mWv VZ 2023 durch WachstumschancenG v. 27. 3. 2024 (BGBl. I Nr. 108).
[7] § 7 b Abs. 2 Satz 2 Nr. 2 geänd. mWv VZ 2023 durch WachstumschancenG v. 27. 3. 2024 (BGBl. I Nr. 108).
[8] § 7 b Abs. 3 neu gef. mWv VZ 2023 durch JStG 2022 v. 16. 12. 2022 (BGBl. I S. 2294).

2.[1] maximal 4000 Euro je Quadratmeter Wohnfläche für Wohnungen im Sinne des Absatzes 2 Satz 2 Nummer 2.

(4) ① Die nach Absatz 1 in Anspruch genommenen Sonderabschreibungen sind rückgängig zu machen, wenn

1. die begünstigte Wohnung im Jahr der Anschaffung oder Herstellung und in den folgenden neun Jahren nicht der entgeltlichen Überlassung zu Wohnzwecken dient,
2. die begünstigte Wohnung oder ein Gebäude mit begünstigten Wohnungen im Jahr der Anschaffung oder der Herstellung oder in den folgenden neun Jahren veräußert wird und der Veräußerungsgewinn nicht der Einkommen- oder Körperschaftsteuer unterliegt oder
3.[2] die Baukostenobergrenze nach Absatz 2 Satz 2 innerhalb der ersten drei Jahre nach Ablauf des Jahres der Anschaffung oder Herstellung der begünstigten Wohnung durch nachträgliche Anschaffungs- oder Herstellungskosten überschritten wird.

② Steuer- oder Feststellungsbescheide, in denen Sonderabschreibungen nach Absatz 1 berücksichtigt wurden, sind insoweit aufzuheben oder zu ändern. ③ Das gilt auch dann, wenn die Steuer- oder Feststellungsbescheide bestandskräftig geworden sind; die Festsetzungsfristen für das Jahr der Anschaffung oder Herstellung und für die folgenden drei Kalenderjahre beginnen insoweit mit Ablauf des Kalenderjahres, in dem das Ereignis im Sinne des Satzes 1 eingetreten ist. ④ § 233a Absatz 2a der Abgabenordnung ist insoweit nicht anzuwenden.

(5)[3] ① Die Sonderabschreibungen nach Absatz 1 werden für Anspruchsberechtigte mit Einkünften im Sinne der §§ 13, 15 und 18 nur gewährt, soweit die Voraussetzungen der Verordnung (EU) Nr. 1407/2013 der Kommission vom 18. Dezember 2013 über die Anwendung der Artikel 107 und 108 des Vertrags über die Arbeitsweise der Europäischen Union auf De-minimis-Beihilfen (ABl. L 352 vom 24. 12. 2013, S. 1) (De-minimis-Verordnung) in der jeweils geltenden Fassung eingehalten sind. ② Bei dem nach dieser De-minimis-Verordnung einzuhaltenden Höchstbetrag der einem einzigen Unternehmen in einem Zeitraum von drei Veranlagungszeiträumen zu gewährenden De-minimis-Beihilfe sind alle in diesem Zeitraum an das Unternehmen gewährte De-minimis-Beihilfen gleich welcher Art, Zielsetzung und Regelung zu berücksichtigen. ③ Die Sonderabschreibungen werden erst gewährt, wenn der Anspruchsberechtigte in geeigneter Weise den Nachweis erbracht hat, in welcher Höhe ihm in den beiden vorangegangenen sowie im laufenden Veranlagungszeitraum De-minimis-Beihilfen gewährt worden sind, für die die vorliegende oder andere De-minimis-Verordnungen gelten, und nur soweit, wie die Voraussetzungen der De-minimis-Verordnung bei dem Unternehmen im Sinne der De-minimis-Verordnung eingehalten werden.

§ 7c[4] Sonderabschreibung für Elektronutzfahrzeuge und elektrisch betriebene Lastenfahrräder

(1) Bei neuen Elektronutzfahrzeugen im Sinne des Absatzes 2 sowie elektrisch betriebenen Lastenfahrrädern im Sinne des Absatzes 3, die zum Anlagevermögen gehören, kann im Jahr der Anschaffung neben der Absetzung für Abnutzung nach § 7 Absatz 1 eine Sonderabschreibung in Höhe von 50 Prozent der Anschaffungskosten in Anspruch genommen werden.

(2) Elektronutzfahrzeuge sind Fahrzeuge der EG-Fahrzeugklassen N1, N2 und N3, die ausschließlich durch Elektromotoren angetrieben werden, die ganz oder überwiegend aus mechanischen oder elektrochemischen Energiespeichern oder aus emissionsfrei betriebenen Energiewandlern gespeist werden.

(3) Elektrisch betriebene Lastenfahrräder sind Schwerlastfahrräder mit einem Mindest-Transportvolumen von einem Kubikmeter und einer Nutzlast von mindestens 150 Kilogramm, die mit einem elektromotorischen Hilfsantrieb angetrieben werden.

(4) ① Die Sonderabschreibung kann nur in Anspruch genommen werden, wenn der Steuerpflichtige die der Sonderabschreibung zugrundeliegenden Anschaffungskosten sowie Angaben zu den in den Absätzen 1 bis 3 enthaltenen Voraussetzungen nach amtlich vorgeschriebenen Datensätzen durch Datenfernübertragung übermittelt. ② Auf Antrag kann die Finanzbehörde zur Vermeidung unbilliger Härten auf eine elektronische Übermittlung verzichten; § 150 Absatz 8 der Abgabenordnung gilt entsprechend. ③ In den Fällen des Satzes 2 müssen sich die entsprechenden Angaben aus den beim Finanzamt einzureichenden Unterlagen ergeben.

§ 7d[5] *(aufgehoben)*

§ 7e *(weggefallen)*

[1] § 7b Abs. 3 Nr. 2 geänd. mWv VZ 2023 durch WachstumschancenG v. 27. 3. 2024 (BGBl. I Nr. 108).
[2] § 7b Abs. 4 Satz 1 Nr. 3 geänd. mWv VZ 2023 durch JStG 2022 v. 16. 12. 2022 (BGBl. I S. 2294).
[3] § 7b Abs. 5 Satz 1 neu gef., Satz 2 aufgeh., bish. Satz 3 wird Satz 2 und neu gef., bish. Satz 4 wird Satz 3 durch JStG 2022 v. 16. 12. 2022 (BGBl. I S. 2294); zur Anwendung siehe § 52 Abs. 15a Satz 3.
[4] § 7c eingef. mWv VZ 2020 durch JStG 2019 v. 12. 12. 2019 (BGBl. I S. 2451); zur Anwendung siehe § 52 Abs. 15b; zum Inkrafttreten vorbehaltlich der Feststellung der Europäischen Kommission, dass die Regelungen entweder keine Beihilfen oder mit dem Binnenmarkt vereinbare Beihilfen darstellen, siehe Art. 39 Abs. 7 JStG 2019 v. 12. 12. 2019 (BGBl. I S. 2451).
[5] § 7d aufgeh. mWv 1. 1. 2015 durch ZollkodexAnpG v. 22. 12. 2014 (BGBl. I S. 2417).

§ 7 f[1] *(aufgehoben)*

§ 7 g[2] Investitionsabzugsbeträge und Sonderabschreibungen zur Förderung kleiner und mittlerer Betriebe

(1)[3] ① Steuerpflichtige können für die künftige Anschaffung oder Herstellung von abnutzbaren beweglichen Wirtschaftsgütern des Anlagevermögens, die mindestens bis zum Ende des dem Wirtschaftsjahr der Anschaffung oder Herstellung folgenden Wirtschaftsjahres vermietet oder in einer inländischen Betriebsstätte des Betriebes ausschließlich oder fast ausschließlich betrieblich genutzt werden, bis zu 50 Prozent der voraussichtlichen Anschaffungs- oder Herstellungskosten gewinnmindernd abziehen (Investitionsabzugsbeträge). ② Investitionsabzugsbeträge können nur in Anspruch genommen werden, wenn

1. der Gewinn
   a) nach § 4 oder § 5 ermittelt wird;
   b) im Wirtschaftsjahr, in dem die Abzüge vorgenommen werden sollen, ohne Berücksichtigung der Investitionsabzugsbeträge nach Satz 1 und der Hinzurechnungen nach Absatz 2 200 000 Euro nicht überschreitet und
2. der Steuerpflichtige die Summen der Abzugsbeträge und der nach den Absätzen 2 bis 4 hinzuzurechnenden oder rückgängig zu machenden Beträge nach amtlich vorgeschriebenen Datensätzen durch Datenfernübertragung übermittelt. ② Auf Antrag kann die Finanzbehörde zur Vermeidung unbilliger Härten auf eine elektronische Übermittlung verzichten; § 150 Absatz 8 der Abgabenordnung gilt entsprechend. ③ In den Fällen des Satzes 2 müssen sich die Summen der Abzugsbeträge und der nach den Absätzen 2 bis 4 hinzuzurechnenden oder rückgängig zu machenden Beträge aus den beim Finanzamt einzureichenden Unterlagen ergeben.

③ Abzugsbeträge können auch dann in Anspruch genommen werden, wenn dadurch ein Verlust entsteht oder sich erhöht. ④ Die Summe der Beträge, die im Wirtschaftsjahr des Abzugs und in den drei vorangegangenen Wirtschaftsjahren nach Satz 1 insgesamt abgezogen und nicht nach Absatz 2 hinzugerechnet oder nach den Absätzen 3 oder 4 rückgängig gemacht wurden, darf je Betrieb 200 000 Euro nicht übersteigen.

(2)[4] ① Im Wirtschaftsjahr der Anschaffung oder Herstellung eines begünstigten Wirtschaftsguts im Sinne von Absatz 1 Satz 1 können bis zu 50 Prozent der Anschaffungs- oder Herstellungskosten gewinnerhöhend hinzugerechnet werden; die Hinzurechnung darf die Summe der nach Absatz 1 abgezogenen und noch nicht nach den Absätzen 2 bis 4 hinzugerechneten oder rückgängig gemachten Abzugsbeträge nicht übersteigen. ② Bei nach Eintritt der Unanfechtbarkeit der erstmaligen Steuerfestsetzung oder der erstmaligen gesonderten Feststellung nach Absatz 1 in Anspruch genommenen Investitionsabzugsbeträgen setzt die Hinzurechnung nach Satz 1 voraus, dass das begünstigte Wirtschaftsgut zum Zeitpunkt der Inanspruchnahme der Investitionsabzugsbeträge noch nicht angeschafft oder hergestellt worden ist. ③ Die Anschaffungs- oder Herstellungskosten des Wirtschaftsguts können in dem in Satz 1 genannten Wirtschaftsjahr um bis zu 50 Prozent, höchstens jedoch um die Hinzurechnung nach Satz 1, gewinnmindernd herabgesetzt werden; die Bemessungsgrundlage für die Absetzungen für Abnutzung, erhöhten Absetzungen und Sonderabschreibungen sowie die Anschaffungs- oder Herstellungskosten im Sinne von § 6 Absatz 2 und 2 a verringern sich entsprechend.

(3)[5] ① Soweit in Anspruch genommene Investitionsabzugsbeträge nicht bis zum Ende des *dritten*[6] auf das Wirtschaftsjahr des jeweiligen Abzugs folgenden Wirtschaftsjahres nach Absatz 2 Satz 1 hinzugerechnet wurden, sind die Abzüge nach Absatz 1 rückgängig zu machen; die vorzeitige Rückgängigmachung von Investitionsabzugsbeträgen vor Ablauf der Investitionsfrist ist zulässig. ② Wurde der Gewinn des maßgebenden Wirtschaftsjahres bereits einer Steuerfestsetzung oder einer gesonderten Feststellung zugrunde gelegt, ist der entsprechende Steuer- oder Feststellungsbescheid insoweit zu ändern. ③ Das gilt auch dann, wenn der Steuer- oder Feststellungsbescheid bestandskräftig geworden ist; die Festsetzungsfrist endet insoweit nicht, bevor die Festsetzungsfrist für den Veranlagungszeitraum abgelaufen ist, in dem das dritte auf das Wirtschaftsjahr des Abzugs folgende Wirtschaftsjahr endet. ④ § 233 a Absatz 2 a der Abgabenordnung ist nicht anzuwenden.

(4)[7] ① Wird in den Fällen des Absatzes 2 ein begünstigtes Wirtschaftsgut nicht bis zum Ende des dem Wirtschaftsjahr der Anschaffung oder Herstellung folgenden Wirtschaftsjahres vermietet oder in einer inländischen Betriebsstätte des Betriebes ausschließlich oder fast ausschließlich be-

---

[1] § 7 f aufgeh. mWv 1. 1. 2015 durch ZollkodexAnpG v. 22. 12. 2014 (BGBl. I S. 2417).

[2] Zur Anwendung von § 7 g im Beitrittsgebiet siehe § 57 Abs. 1.

[3] § 7 g Abs. 1 neu gef. durch StÄndG 2015 v. 2. 11. 2015 (BGBl. I S. 1834), Abs. 1 Satz 1 und Satz 2 Nr. 1 geänd. durch JStG 2020 v. 21. 12. 2020 (BGBl. I S. 3096). Zur Anwendung siehe § 52 Abs. 16 Satz 1.

[4] § 7 g Abs. 2 neu gef. durch StÄndG 2015 v. 2. 11. 2015 (BGBl. I S. 1834), Abs. 2 Satz 1 geänd., Satz 2 eingef., bish. Satz 2 wird Satz 3 und geänd. durch JStG 2020 v. 21. 12. 2020 (BGBl. I S. 3096). Zur Anwendung siehe § 52 Abs. 16 Sätze 1 und 2.

[5] § 7 g Abs. 3 neu gef. durch StÄndG 2015 v. 2. 11. 2015 (BGBl. I S. 1834).

[6] Bei in nach dem 31. 12. 2016 und vor dem 1. 1. 2018 endenden Wirtschaftsjahren beanspruchten Investitionsabzugsbeträgen endet die Investitionsfrist abweichend von § 7 g Abs. 3 Satz 1 erst zum Ende des **vierten** auf das Wirtschaftsjahr des Abzugs folgenden Wirtschaftsjahres (siehe § 52 Abs. 16 Satz 3).

[7] § 7 g Abs. 4 neu gef. durch StÄndG 2015 v. 2. 11. 2015 (BGBl. I S. 1834), Abs. 4 Satz 1 geänd. durch JStG 2020 v. 21. 12. 2020 (BGBl. I S. 3096). Zur Anwendung siehe § 52 Abs. 16 Satz 1.

trieblich genutzt, sind die Herabsetzung der Anschaffungs- oder Herstellungskosten, die Verringerung der Bemessungsgrundlage und die Hinzurechnung nach Absatz 2 rückgängig zu machen. ② Wurden die Gewinne der maßgebenden Wirtschaftsjahre bereits Steuerfestsetzungen oder gesonderten Feststellungen zugrunde gelegt, sind die entsprechenden Steuer- oder Feststellungsbescheide insoweit zu ändern. ③ Das gilt auch dann, wenn die Steuer- oder Feststellungsbescheide bestandskräftig geworden sind; die Festsetzungsfristen enden insoweit nicht, bevor die Festsetzungsfrist für den Veranlagungszeitraum abgelaufen ist, in dem die Voraussetzungen des Absatzes 1 Satz 1 erstmals nicht mehr vorliegen. ④ § 233 a Absatz 2 a der Abgabenordnung ist nicht anzuwenden.

(5)[1] Bei abnutzbaren beweglichen Wirtschaftsgütern des Anlagevermögens können unter den Voraussetzungen des Absatzes 6 im Jahr der Anschaffung oder Herstellung und in den vier folgenden Jahren neben den Absetzungen für Abnutzung nach § 7 Absatz 1 oder Absatz 2 Sonderabschreibungen bis zu insgesamt 40 Prozent der Anschaffungs- oder Herstellungskosten in Anspruch genommen werden.

(6)[2] Die Sonderabschreibungen nach Absatz 5 können nur in Anspruch genommen werden, wenn

1. der Betrieb im Wirtschaftsjahr, das der Anschaffung oder Herstellung vorangeht, die Gewinngrenze des Absatzes 1 Satz 2 Nummer 1 nicht überschreitet, und
2. das Wirtschaftsgut im Jahr der Anschaffung oder Herstellung und im darauf folgenden Wirtschaftsjahr vermietet oder in einer inländischen Betriebsstätte des Betriebs des Steuerpflichtigen ausschließlich oder fast ausschließlich betrieblich genutzt wird; Absatz 4 gilt entsprechend.

(7)[3] ① Bei Personengesellschaften und Gemeinschaften sind die Absätze 1 bis 6 mit der Maßgabe anzuwenden, dass an die Stelle des Steuerpflichtigen die Gesellschaft oder die Gemeinschaft tritt. ② Vom Gewinn der Gesamthand oder Gemeinschaft abgezogene Investitionsabzugsbeträge können ausschließlich bei Investitionen der Personengesellschaft oder Gemeinschaft nach Absatz 2 Satz 1 gewinnerhöhend hinzugerechnet werden. ③ Entsprechendes gilt für vom Sonderbetriebsgewinn eines Mitunternehmers abgezogene Investitionsabzugsbeträge bei Investitionen dieses Mitunternehmers oder seines Rechtsnachfolgers in seinem Sonderbetriebsvermögen.

§ 7h Erhöhte Absetzungen bei Gebäuden in Sanierungsgebieten und städtebaulichen Entwicklungsbereichen

(1)[4] ① Bei einem im Inland belegenen Gebäude in einem förmlich festgelegten Sanierungsgebiet oder städtebaulichen Entwicklungsbereich kann der Steuerpflichtige abweichend von § 7 Absatz 4 bis 5 a im Jahr der Herstellung und in den folgenden sieben Jahren jeweils bis zu 9 Prozent und in den folgenden vier Jahren jeweils bis zu 7 Prozent der Herstellungskosten für Modernisierungs- und Instandsetzungsmaßnahmen im Sinne des § 177 des Baugesetzbuchs absetzen. ② Satz 1 ist entsprechend anzuwenden auf Herstellungskosten für Maßnahmen, die der Erhaltung, Erneuerung und funktionsgerechten Verwendung eines Gebäudes im Sinne des Satzes 1 dienen, das wegen seiner geschichtlichen, künstlerischen oder städtebaulichen Bedeutung erhalten bleiben soll, und zu deren Durchführung sich der Eigentümer neben bestimmten Modernisierungsmaßnahmen gegenüber der Gemeinde verpflichtet hat. ③ Der Steuerpflichtige kann die erhöhten Absetzungen im Jahr des Abschlusses der Maßnahme und in den folgenden elf Jahren auch für Anschaffungskosten in Anspruch nehmen, die auf Maßnahmen im Sinne der Sätze 1 und 2 entfallen, soweit diese nach dem rechtswirksamen Abschluss eines obligatorischen Erwerbsvertrags oder eines gleichstehenden Rechtsakts durchgeführt worden sind. ④ Die erhöhten Absetzungen können nur in Anspruch genommen werden, soweit die Herstellungs- oder Anschaffungskosten durch Zuschüsse aus Sanierungs- oder Entwicklungsförderungsmitteln nicht gedeckt sind. ⑤ Nach Ablauf des Begünstigungszeitraums ist ein Restwert den Herstellungs- oder Anschaffungskosten des Gebäudes oder dem an deren Stelle tretenden Wert hinzuzurechnen; die weiteren Absetzungen für Abnutzung sind einheitlich für das gesamte Gebäude nach dem sich hiernach ergebenden Betrag und dem für das Gebäude maßgebenden Prozentsatz zu bemessen.

(1 a)[5] ① Absatz 1 ist nicht anzuwenden, sofern Maßnahmen zur Herstellung eines neuen Gebäudes führen. ② Die Prüfung, ob Maßnahmen zur Herstellung eines neuen Gebäudes führen, obliegt der Finanzbehörde.

(2)[6] ① Der Steuerpflichtige kann die erhöhten Absetzungen nur in Anspruch nehmen, wenn er durch eine nicht offensichtlich rechtswidrige Bescheinigung der zuständigen Gemeindebe-

---

[1] § 7g Abs. 5 geänd. durch WachstumschancenG v. 27. 3. 2024 (BGBl.I Nr. 108); zur Anwendung siehe § 52 Abs. 16 Satz 6.

[2] § 7 g Abs. 6 geänd. durch JStG 2020 v. 21. 12. 2020 (BGBl. I S. 3096). Zur Anwendung siehe § 52 Abs. 16 Satz 1.

[3] § 7 g Abs. 7 Sätze 2 und 3 angef. durch JStG 2020 v. 21. 12. 2020 (BGBl. I S. 3096). Zur Anwendung siehe § 52 Abs. 16 Satz 1.

[4] § 7 h Abs. 1 Sätze 1 und 3 inhaltlich bestätigt durch G v. 5. 4. 2011 (BGBl. I S. 554). Abs. 1 Satz 1 geänd. mWv VZ 2023 durch WachstumschancenG v. 27. 3. 2024 (BGBl. I Nr. 108).

[5] § 7 h Abs. 1 a eingef. mWv VZ 2019 durch JStG 2019 v. 12. 12. 2019 (BGBl. I S. 2451); zur Anwendung siehe § 52 Abs. 16 a Sätze 1 bis 3.

[6] § 7 h Abs. 2 Satz 1 2. Halbs. angef. mWv VZ 2019 durch JStG 2019 v. 12. 12. 2019 (BGBl. I S. 2451); zur Anwendung siehe § 52 Abs. 16 a Satz 5. Abs. 2 Satz 1 geänd. durch JStG 2020 v. 21. 12. 2020 (BGBl. I S. 3096). Zur erstmaligen Anwendung siehe § 52 Abs. 16 a Satz 4.

hörde die Voraussetzungen des Absatzes 1 für das Gebäude und die Maßnahmen nachweist; die Bescheinigung hat die Höhe der Aufwendungen für die Maßnahmen nach Absatz 1 Satz 1 und 2 zu enthalten. ② Sind ihm Zuschüsse aus Sanierungs- oder Entwicklungsförderungsmitteln gewährt worden, so hat die Bescheinigung auch deren Höhe zu enthalten; werden ihm solche Zuschüsse nach Ausstellung der Bescheinigung gewährt, so ist diese entsprechend zu ändern.

(3)[1] Die Absätze 1 bis 2 sind auf Gebäudeteile, die selbständige unbewegliche Wirtschaftsgüter sind, sowie auf Eigentumswohnungen und auf im Teileigentum stehende Räume entsprechend anzuwenden.

§ 7i Erhöhte Absetzungen bei Baudenkmalen

(1)[2] ① Bei einem im Inland belegenen Gebäude, das nach den jeweiligen landesrechtlichen Vorschriften ein Baudenkmal ist, kann der Steuerpflichtige abweichend von § 7 Absatz 4 bis 5a im Jahr der Herstellung und in den folgenden sieben Jahren jeweils bis zu 9 Prozent und in den folgenden vier Jahren jeweils bis zu 7 Prozent der Herstellungskosten für Baumaßnahmen, die nach Art und Umfang zur Erhaltung des Gebäudes als Baudenkmal oder zu seiner sinnvollen Nutzung erforderlich sind, absetzen. ② Eine sinnvolle Nutzung ist nur anzunehmen, wenn das Gebäude in der Weise genutzt wird, dass die Erhaltung der schützenswerten Substanz des Gebäudes auf die Dauer gewährleistet ist. ③ Bei einem im Inland belegenen Gebäudeteil, das nach den jeweiligen landesrechtlichen Vorschriften ein Baudenkmal ist, sind die Sätze 1 und 2 entsprechend anzuwenden. ④ Bei einem im Inland belegenen Gebäude oder Gebäudeteil, das für sich allein nicht die Voraussetzungen für ein Baudenkmal erfüllt, aber Teil einer Gebäudegruppe oder Gesamtanlage ist, die nach den jeweiligen landesrechtlichen Vorschriften als Einheit geschützt ist, kann der Steuerpflichtige die erhöhten Absetzungen von den Herstellungskosten für Baumaßnahmen vornehmen, die nach Art und Umfang zur Erhaltung des schützenswerten äußeren Erscheinungsbildes der Gebäudegruppe oder Gesamtanlage erforderlich sind. ⑤ Der Steuerpflichtige kann die erhöhten Absetzungen im Jahr des Abschlusses der Baumaßnahme und in den folgenden elf Jahren auch für Anschaffungskosten in Anspruch nehmen, die auf Baumaßnahmen im Sinne der Sätze 1 bis 4 entfallen, soweit diese nach dem rechtswirksamen Abschluss eines obligatorischen Erwerbsvertrags oder eines gleichstehenden Rechtsakts durchgeführt worden sind. ⑥ Die Baumaßnahmen müssen in Abstimmung mit der in Absatz 2 bezeichneten Stelle durchgeführt worden sein. ⑦ Die erhöhten Absetzungen können nur in Anspruch genommen werden, soweit die Herstellungs- oder Anschaffungskosten nicht durch Zuschüsse aus öffentlichen Kassen gedeckt sind. ⑧ § 7h Absatz 1 Satz 5 ist entsprechend anzuwenden.

(2)[3] ① Der Steuerpflichtige kann die erhöhten Absetzungen nur in Anspruch nehmen, wenn er durch eine nicht offensichtlich rechtswidrige Bescheinigung der nach Landesrecht zuständigen oder von der Landesregierung bestimmten Stelle die Voraussetzungen des Absatzes 1 für das Gebäude oder Gebäudeteil und für die Erforderlichkeit der Aufwendungen nachweist. ② Hat eine der für Denkmalschutz oder Denkmalpflege zuständigen Behörden ihm Zuschüsse gewährt, so hat die Bescheinigung auch deren Höhe zu enthalten; werden ihm solche Zuschüsse nach Ausstellung der Bescheinigung gewährt, so ist diese entsprechend zu ändern.

(3) § 7h Absatz 3 ist entsprechend anzuwenden.

§ 7k[4] *(aufgehoben)*

4. Überschuss der Einnahmen über die Werbungskosten

§ 8 Einnahmen

(1)[5] ① Einnahmen sind alle Güter, die in Geld oder Geldeswert bestehen und dem Steuerpflichtigen im Rahmen einer der Einkunftsarten des § 2 Absatz 1 Satz 1 Nummer 4 bis 7 zufließen. ② Zu den Einnahmen in Geld gehören auch zweckgebundene Geldleistungen, nachträgliche Kostenerstattungen, Geldsurrogate und andere Vorteile, die auf einen Geldbetrag lauten. ③ Satz 2 gilt nicht bei Gutscheinen und Geldkarten, die ausschließlich zum Bezug von Waren oder Dienstleistungen berechtigen und die Kriterien des § 2 Absatz 1 Nummer 10 des Zahlungsdiensteaufsichtsgesetzes erfüllen.

---

[1] § 7h Abs. 3 geänd. mWv VZ 2019 durch JStG 2019 v. 12. 12. 2019 (BGBl. I S. 2451); zur Anwendung siehe § 52 Abs. 16a Satz 6.

[2] § 7i Abs. 1 Sätze 1 und 5 inhaltlich bestätigt durch G v. 5. 4. 2011 (BGBl. I S. 554). Abs. 1 Satz 1 geänd. mWv VZ 2023 durch WachstumschancenG v. 27. 3. 2024 (BGBl. I Nr. 108).

[3] § 7i Abs. 2 Satz 1 geänd. durch JStG 2020 v. 21. 12. 2020 (BGBl. I S. 3096). Zur erstmaligen Anwendung siehe § 52 Abs. 16a Satz 7.

[4] § 7k aufgeh. mWv 1. 1. 2015 durch ZollkodexAnpG v. 22. 12. 2014 (BGBl. I S. 2417).

[5] § 8 Abs. 1 Sätze 2 und 3 angef. mWv VZ 2020 durch JStG 2019 v. 12. 12. 2019 (BGBl. I S. 2451).

(2)[1, 2, 3] ① Einnahmen, die nicht in Geld bestehen (Wohnung, Kost, Waren, Dienstleistungen und sonstige Sachbezüge), sind mit den um übliche Preisnachlässe geminderten üblichen Endpreisen am Abgabeort anzusetzen. ② Für die private Nutzung eines betrieblichen Kraftfahrzeugs zu privaten Fahrten gilt § 6 Absatz 1 Nummer 4 Satz 2 entsprechend. ③ Kann das Kraftfahrzeug auch für Fahrten zwischen Wohnung und erster Tätigkeitsstätte sowie Fahrten nach § 9 Absatz 1 Satz 3 Nummer 4 a Satz 3 genutzt werden, erhöht sich der Wert in Satz 2 für jeden Kalendermonat um 0,03 Prozent des Listenpreises im Sinne des § 6 Absatz 1 Nummer 4 Satz 2 für jeden Kilometer der Entfernung zwischen Wohnung und erster Tätigkeitsstätte sowie der Fahrten nach § 9 Absatz 1 Satz 3 Nummer 4 a Satz 3. ④ Der Wert nach den Sätzen 2 und 3 kann mit dem auf die private Nutzung und die Nutzung zu Fahrten zwischen Wohnung und erster Tätigkeitsstätte sowie Fahrten nach § 9 Absatz 1 Satz 3 Nummer 4 a Satz 3 entfallenden Teil der gesamten Kraftfahrzeugaufwendungen angesetzt werden, wenn die durch das Kraftfahrzeug insgesamt entstehenden Aufwendungen durch Belege und das Verhältnis der privaten Fahrten und der Fahrten zwischen Wohnung und erster Tätigkeitsstätte sowie Fahrten nach § 9 Absatz 1 Satz 3 Nummer 4 a Satz 3 zu den übrigen Fahrten durch ein ordnungsgemäßes Fahrtenbuch nachgewiesen werden; § 6 Absatz 1 Nummer 4 Satz 3 zweiter Halbsatz gilt entsprechend. ⑤ Die Nutzung des Kraftfahrzeugs zu einer Familienheimfahrt im Rahmen einer doppelten Haushaltsführung ist mit 0,002 Prozent des Listenpreises im Sinne des § 6 Absatz 1 Nummer 4 Satz 2 für jeden Kilometer der Entfernung zwischen dem Ort des eigenen Hausstands und dem Beschäftigungsort anzusetzen; dies gilt nicht, wenn für diese Fahrt ein Abzug von Werbungskosten nach § 9 Absatz 1 Satz 3 Nummer 5 Satz 5 und 6 in Betracht käme; Satz 4 ist sinngemäß anzuwenden. ⑥ Bei Arbeitnehmern, für deren Sachbezüge durch Rechtsverordnung nach § 17 Absatz 1 Satz 1 Nummer 4 des Vierten Buches Sozialgesetzbuch Werte bestimmt worden sind, sind diese Werte maßgebend. ⑦ Die Werte nach Satz 6 sind auch bei Steuerpflichtigen anzusetzen, die nicht der gesetzlichen Rentenversicherungspflicht unterliegen. ⑧ Wird dem Arbeitnehmer während einer beruflichen Tätigkeit außerhalb seiner Wohnung und ersten Tätigkeitsstätte oder im Rahmen einer beruflich veranlassten doppelten Haushaltsführung vom Arbeitgeber oder auf dessen Veranlassung von einem Dritten eine Mahlzeit zur Verfügung gestellt, ist diese Mahlzeit mit dem Wert nach Satz 6 (maßgebender amtlicher Sachbezugswert nach der Sozialversicherungsentgeltverordnung) anzusetzen, wenn der Preis für die Mahlzeit 60 Euro nicht übersteigt. ⑨ Der Ansatz einer nach Satz 8 bewerteten Mahlzeit unterbleibt, wenn beim Arbeitnehmer für ihm entstehende Mehraufwendungen für Verpflegung ein Werbungskostenabzug nach § 9 Absatz 4 a Satz 1 bis 7 in Betracht käme. ⑩ Die oberste Finanzbehörde eines Landes kann mit Zustimmung des Bundesministeriums der Finanzen für weitere Sachbezüge der Arbeitnehmer Durchschnittswerte festsetzen. ⑪ Sachbezüge, die nach Satz 1 zu bewerten sind, bleiben außer Ansatz, wenn die sich nach Anrechnung der vom Steuerpflichtigen gezahlten Entgelte ergebenden Vorteile insgesamt 50 Euro im Kalendermonat nicht übersteigen; die nach Absatz 1 Satz 3 nicht zu den Einnahmen in Geld gehörenden Gutscheine und Geldkarten bleiben nur dann außer Ansatz, wenn sie zusätzlich zum ohnehin geschuldeten Arbeitslohn gewährt werden. ⑫ Der Ansatz eines Sachbezugs für eine dem Arbeitnehmer vom Arbeitgeber, auf dessen Veranlassung von einem verbundenen Unternehmen (§ 15 des Aktiengesetzes) oder bei einer juristischen Person des öffentlichen Rechts als Arbeitgeber auf dessen Veranlassung von einem entsprechend verbundenen Unternehmen zu eigenen Wohnzwecken überlassene Wohnung unterbleibt, soweit das vom Arbeitnehmer gezahlte Entgelt mindestens zwei Drittel des ortsüblichen Mietwerts und dieser nicht mehr als 25 Euro je Quadratmeter ohne umlagefähige Kosten im Sinne der Verordnung über die Aufstellung von Betriebskosten beträgt.

(3)[4] ① Erhält ein Arbeitnehmer auf Grund seines Dienstverhältnisses Waren oder Dienstleistungen, die vom Arbeitgeber nicht überwiegend für den Bedarf seiner Arbeitnehmer hergestellt, vertrieben oder erbracht werden und deren Bezug nicht nach § 40 pauschal versteuert wird, so gelten als deren Werte abweichend von Absatz 2 die um 4 Prozent geminderten Endpreise, zu denen der Arbeitgeber oder der dem Abgabeort nächstansässige Abnehmer die Waren oder Dienstleistungen fremden Letztverbrauchern im allgemeinen Geschäftsverkehr anbietet. ② Die sich nach Abzug der vom Arbeitnehmer gezahlten Entgelte ergebenden Vorteile sind steuerfrei, soweit sie aus dem Dienstverhältnis insgesamt 1 080 Euro im Kalenderjahr nicht übersteigen.

(4)[5] ① Im Sinne dieses Gesetzes werden Leistungen des Arbeitgebers oder auf seine Veranlassung eines Dritten (Sachbezüge oder Zuschüsse) für eine Beschäftigung nur dann zusätzlich zum ohnehin geschuldeten Arbeitslohn erbracht, wenn

1. die Leistung nicht auf den Anspruch auf Arbeitslohn angerechnet,

---

[1] Vgl. hierzu Sozialversicherungsentgeltverordnung (SvEV), abgedruckt im Hauptteil als Anlage zu § 8.

[2] § 8 Abs. 2 Satz 9 (neuer Satz 11) inhaltlich bestätigt durch G v. 5. 4. 2011 (BGBl. I S. 554).

[3] § 8 Abs. 2 Sätze 3 und 4 geänd. und Abs. 2 Sätze 8 und 9 eingef. (bish. Sätze 8 und 9 werden Sätze 10 und 11) mWv VZ 2014 durch UntStReisekÄndG v. 20. 2. 2013 (BGBl. I S. 285). Abs. 2 Satz 4 geänd. durch AmtshilfeRLUmsG v. 26. 6. 2013 (BGBl. I S. 1809); zur Anwendung von § 6 Abs. 1 Nr. 4 siehe § 52 Abs. 12 Satz 2. Abs. 2 Satz 5 Verweis angepasst und Abs. 2 Satz 8 geänd. mWv VZ 2014 durch KroatienAnpG v. 25. 7. 2014 (BGBl. I S. 1266). Abs. 1 Satz 11 Hs. 2 und Satz 12 angef. mWv VZ 2020 durch JStG 2019 v. 12. 12. 2019 (BGBl. I S. 2451). Abs. 2 Satz 12 geänd. mWv VZ 2020 durch JStG 2020 v. 21. 12. 2020 (BGBl. I S. 3096). Abs 2 Satz 11 Betrag geänd. mWv VZ 2022 durch JStG 2020 v. 21. 12. 2020 (BGBl. I S. 3096).

[4] § 8 Abs. 3 Satz 2 inhaltlich bestätigt durch G v. 5. 4. 2011 (BGBl. I S. 554).

[5] § 8 Abs. 4 eingef. ab VZ 2020 durch JStG 2020 v. 21. 12. 2020 (BGBl. I S. 3096).

2. der Anspruch auf Arbeitslohn nicht zugunsten der Leistung herabgesetzt,
3. die verwendungs- oder zweckgebundene Leistung nicht anstelle einer bereits vereinbarten künftigen Erhöhung des Arbeitslohns gewährt und
4. bei Wegfall der Leistung der Arbeitslohn nicht erhöht

wird. ② Unter den Voraussetzungen des Satzes 1 ist von einer zusätzlich zum ohnehin geschuldeten Arbeitslohn erbrachten Leistung auch dann auszugehen, wenn der Arbeitnehmer arbeitsvertraglich oder auf Grund einer anderen arbeits- oder dienstrechtlichen Rechtsgrundlage (wie Einzelvertrag, Betriebsvereinbarung, Tarifvertrag, Gesetz) einen Anspruch auf diese hat.

§ 9 Werbungskosten

(1) ① Werbungskosten sind Aufwendungen zur Erwerbung, Sicherung und Erhaltung der Einnahmen. ② Sie sind bei der Einkunftsart abzuziehen, bei der sie erwachsen sind. ③ Werbungskosten sind auch

1. Schuldzinsen und auf besonderen Verpflichtungsgründen beruhende Renten und dauernde Lasten, soweit sie mit einer Einkunftsart in wirtschaftlichem Zusammenhang stehen. ② Bei Leibrenten kann nur der Anteil abgezogen werden, der sich nach § 22 Nummer 1 Satz 3 Buchstabe a Doppelbuchstabe bb ergibt;
2. Steuern vom Grundbesitz, sonstige öffentliche Abgaben und Versicherungsbeiträge, soweit solche Ausgaben sich auf Gebäude oder auf Gegenstände beziehen, die dem Steuerpflichtigen zur Einnahmeerzielung dienen;
3. Beiträge zu Berufsständen und sonstigen Berufsverbänden, deren Zweck nicht auf einen wirtschaftlichen Geschäftsbetrieb gerichtet ist;
4.[1] Aufwendungen des Arbeitnehmers für die Wege zwischen Wohnung und erster Tätigkeitsstätte im Sinne des Absatzes 4. ② Zur Abgeltung dieser Aufwendungen ist für jeden Arbeitstag, an dem der Arbeitnehmer die erste Tätigkeitsstätte aufsucht, eine Entfernungspauschale für jeden vollen Kilometer der Entfernung zwischen Wohnung und erster Tätigkeitsstätte von 0,30 Euro anzusetzen, höchstens jedoch 4 500 Euro im Kalenderjahr; ein höherer Betrag als 4 500 Euro ist anzusetzen, soweit der Arbeitnehmer einen eigenen oder ihm zur Nutzung überlassenen Kraftwagen benutzt. ③ Die Entfernungspauschale gilt nicht für Flugstrecken und Strecken mit steuerfreier Sammelbeförderung nach § 3 Nummer 32. ④ Für die Bestimmung der Entfernung ist die kürzeste Straßenverbindung zwischen Wohnung und erster Tätigkeitsstätte maßgebend; eine andere als die kürzeste Straßenverbindung kann zugrunde gelegt werden, wenn diese offensichtlich verkehrsgünstiger ist und vom Arbeitnehmer regelmäßig für die Wege zwischen Wohnung und erster Tätigkeitsstätte benutzt wird. ⑤ Nach § 8 Absatz 2 Satz 11 oder Absatz 3 steuerfreie Sachbezüge für Fahrten zwischen Wohnung und erster Tätigkeitsstätte mindern den nach Satz 2 abziehbaren Betrag; ist der Arbeitgeber selbst der Verkehrsträger, ist der Preis anzusetzen, den ein dritter Arbeitgeber an den Verkehrsträger zu entrichten hätte. ⑥ Hat ein Arbeitnehmer mehrere Wohnungen, so sind die Wege von einer Wohnung, die nicht der ersten Tätigkeitsstätte am nächsten liegt, nur zu berücksichtigen, wenn sie den Mittelpunkt der Lebensinteressen des Arbeitnehmers bildet und nicht nur gelegentlich aufgesucht wird. ⑦ Nach § 3 Nummer 37 steuerfreie Sachbezüge mindern den nach Satz 2 abziehbaren Betrag nicht; § 3 c Absatz 1 ist nicht anzuwenden. ⑧ Zur Abgeltung der Aufwendungen im Sinne des Satzes 1 ist für die Veranlagungszeiträume 2021 bis 2026 abweichend von Satz 2 für jeden Arbeitstag, an dem der Arbeitnehmer die erste Tätigkeitsstätte aufsucht, eine Entfernungspauschale für jeden vollen Kilometer der ersten 20 Kilometer der Entfernung zwischen Wohnung und erster Tätigkeitsstätte von 0,30 Euro und für jeden weiteren vollen Kilometer
   a) von 0,35 Euro für 2021,
   b) von 0,38 Euro für 2022 bis 2026

   anzusetzen, höchstens 4 500 Euro im Kalenderjahr; ein höherer Betrag als 4 500 Euro ist anzusetzen, soweit der Arbeitnehmer einen eigenen oder ihm zur Nutzung überlassenen Kraftwagen benutzt.

4 a.[2] Aufwendungen des Arbeitnehmers für beruflich veranlasste Fahrten, die nicht Fahrten zwischen Wohnung und erster Tätigkeitsstätte im Sinne des Absatzes 4 sowie keine Familienheimfahrten sind. ② Anstelle der tatsächlichen Aufwendungen, die dem Arbeitnehmer durch die persönliche Benutzung eines Beförderungsmittels entstehen, können die Fahrtkosten mit den pauschalen Kilometersätzen angesetzt werden, die für das jeweils benutzte Beförderungsmittel (Fahrzeug) als höchste Wegstreckenentschädigung nach dem Bundesreisekostengesetz festgesetzt sind. ③ Hat ein Arbeitnehmer keine erste Tätigkeitsstätte (§ 9 Absatz 4) und hat er nach den dienst- oder arbeitsrechtlichen Festlegungen sowie den diese ausfüllenden Absprachen und Weisungen zur Aufnahme seiner beruflichen Tätigkeit dauerhaft denselben Ort oder dasselbe

---

[1] § 9 Abs. 1 Satz 3 Nr. 4 neu gef. mWv VZ 2014 durch UntStReisekÄndG v. 20. 2. 2013 (BGBl. I S. 285). Abs. 1 Satz 3 Nr. 4 Satz 7 angef. mWv VZ 2019 durch „JStG 2018" v. 11. 12. 2018 (BGBl. I S. 2338). Abs. 1 Satz 3 Nr. 4 Satz 8 angef. mWv VZ 2021 durch KlimaSG v. 21. 12. 2019 (BGBl. I S. 2886). Abs. 1 Satz 3 Nr. 4 Satz 8 Buchst. a und b geänd. mWv VZ 2022 durch Steuerentlastungsgesetz 2022 v. 23. 5. 2022 (BGBl. I S. 749).

[2] § 9 Abs. 1 Satz 3 Nr. 4 a eingef. mWv VZ 2014 durch UntStReisekÄndG v. 20. 2. 2013 (BGBl. I S. 285).

weiträumige Tätigkeitsgebiet typischerweise arbeitstäglich aufzusuchen, gilt Absatz 1 Satz 3 Nummer 4 und Absatz 2 für die Fahrten von der Wohnung zu diesem Ort oder dem zur Wohnung nächstgelegenen Zugang zum Tätigkeitsgebiet entsprechend. ④ Für die Fahrten innerhalb des weiträumigen Tätigkeitsgebietes gelten die Sätze 1 und 2 entsprechend.

5.[1] notwendige Mehraufwendungen, die einem Arbeitnehmer wegen einer beruflich veranlassten doppelten Haushaltsführung entstehen. ② Eine doppelte Haushaltsführung liegt nur vor, wenn der Arbeitnehmer außerhalb des Ortes seiner ersten Tätigkeitsstätte einen eigenen Hausstand unterhält und auch am Ort der ersten Tätigkeitsstätte wohnt. ③ Das Vorliegen eines eigenen Hausstandes setzt das Innehaben einer Wohnung sowie eine finanzielle Beteiligung an den Kosten der Lebensführung voraus. ④ Als Unterkunftskosten für eine doppelte Haushaltsführung können im Inland die tatsächlichen Aufwendungen für die Nutzung der Unterkunft angesetzt werden, höchstens 1 000 Euro im Monat. ⑤ Aufwendungen für die Wege vom Ort der ersten Tätigkeitsstätte zum Ort des eigenen Hausstandes und zurück (Familienheimfahrt) können jeweils nur für eine Familienheimfahrt wöchentlich abgezogen werden. ⑥ Zur Abgeltung der Aufwendungen für eine Familienheimfahrt ist eine Entfernungspauschale von 0,30 Euro für jeden vollen Kilometer der Entfernung zwischen dem Ort des eigenen Hausstandes und dem Ort der ersten Tätigkeitsstätte anzusetzen. ⑦ Nummer 4 Satz 3 bis 5 ist entsprechend anzuwenden. ⑧ Aufwendungen für Familienheimfahrten mit einem dem Steuerpflichtigen im Rahmen einer Einkunftsart überlassenen Kraftfahrzeug werden nicht berücksichtigt. ⑨ Zur Abgeltung der Aufwendungen für eine Familienheimfahrt ist für die Veranlagungszeiträume 2021 bis 2026 abweichend von Satz 6 eine Entfernungspauschale für jeden vollen Kilometer der ersten 20 Kilometer der Entfernung zwischen dem Ort des eigenen Hausstandes und dem Ort der ersten Tätigkeitsstätte von 0,30 Euro und für jeden weiteren vollen Kilometer
a) von 0,35 Euro für 2021,
b) von 0,38 Euro für 2022 bis 2026
anzusetzen.

5 a.[2] notwendige Mehraufwendungen eines Arbeitnehmers für beruflich veranlasste Übernachtungen an einer Tätigkeitsstätte, die nicht erste Tätigkeitsstätte ist. ② Übernachtungskosten sind die tatsächlichen Aufwendungen für die persönliche Inanspruchnahme einer Unterkunft zur Übernachtung. ③ Soweit höhere Übernachtungskosten anfallen, weil der Arbeitnehmer eine Unterkunft gemeinsam mit Personen nutzt, die in keinem Dienstverhältnis zum selben Arbeitgeber stehen, sind nur diejenigen Aufwendungen anzusetzen, die bei alleiniger Nutzung durch den Arbeitnehmer angefallen wären. ④ Nach Ablauf von 48 Monaten einer längerfristigen beruflichen Tätigkeit an derselben Tätigkeitsstätte, die nicht erste Tätigkeitsstätte ist, können Unterkunftskosten nur noch bis zur Höhe des Betrags nach Nummer 5 angesetzt werden. ⑤ Eine Unterbrechung dieser beruflichen Tätigkeit an derselben Tätigkeitsstätte führt zu einem Neubeginn, wenn die Unterbrechung mindestens sechs Monate dauert.

5 b.[3] notwendige Mehraufwendungen, die einem Arbeitnehmer während seiner auswärtigen beruflichen Tätigkeit auf einem Kraftfahrzeug des Arbeitgebers oder eines vom Arbeitgeber beauftragten Dritten im Zusammenhang mit einer Übernachtung in dem Kraftfahrzeug für Kalendertage entstehen, an denen der Arbeitnehmer eine Verpflegungspauschale nach Absatz 4 a Satz 3 Nummer 1 und 2 sowie Satz 5 zur Nummer 1 und 2 beanspruchen könnte. ② Anstelle der tatsächlichen Aufwendungen, die dem Arbeitnehmer im Zusammenhang mit einer Übernachtung in dem Kraftfahrzeug entstehen, kann im Kalenderjahr einheitlich eine Pauschale von 9 Euro für jeden Kalendertag berücksichtigt werden, an dem der Arbeitnehmer eine Verpflegungspauschale nach Absatz 4 a Satz 3 Nummer 1 und 2 sowie Satz 5 zur Nummer 1 und 2 beanspruchen könnte,

6. Aufwendungen für Arbeitsmittel, zum Beispiel für Werkzeuge und typische Berufskleidung. ② Nummer 7 bleibt unberührt;

7.[4] Absetzungen für Abnutzung und für Substanzverringerung, Sonderabschreibungen nach § 7 b und erhöhte Absetzungen. ② § 6 Absatz 2 Satz 1 bis 3 ist in Fällen der Anschaffung oder Herstellung von Wirtschaftsgütern entsprechend anzuwenden.

(2)[5] ① Durch die Entfernungspauschalen sind sämtliche Aufwendungen abgegolten, die durch die Wege zwischen Wohnung und erster Tätigkeitsstätte im Sinne des Absatzes 4 und durch die Familienheimfahrten veranlasst sind. ② Aufwendungen für die Benutzung öffentlicher Verkehrs-

---

[1] § 9 Abs. 1 Satz 3 Nr. 5 neu gef. mWv VZ 2014 durch UntStReisekÄndG v. 20. 2. 2013 (BGBl. I S. 285). Satz 9 angef. mWv VZ 2021 durch KlimaSG v. 21. 12. 2019 (BGBl. I S. 2886). Abs. 1 Satz 3 Nr. 5 Satz 9 Buchst. a und b geänd. mWv VZ 2022 durch Steuerentlastungsgesetz 2022 v. 23. 5. 2022 (BGBl. I S. 749).

[2] § 9 Abs. 1 Satz 3 Nr. 5 a eingef. mWv VZ 2014 durch UntStReisekÄndG v. 20. 2. 2013 (BGBl. I S. 285).

[3] § 9 Abs. 1 Satz 3 Nr. 5 b eingef. mWv VZ 2020 durch JStG 2019 v. 12. 12. 2019 (BGBl. I S. 2451). Satz 2 geänd. mWv 1. 1. 2024 durch WachstumschancenG v. 27. 3. 2024 (BGBl. I Nr. 108).

[4] § 9 Abs. 1 Satz 3 Nr. 7 Satz 2 geänd. mWv VZ 2010 durch G v. 22. 12. 2009 (BGBl. I S. 3950). Abs. 1 Satz 3 Nr. 7 Satz 1 geänd. durch JStG 2019 v. 12. 12. 2019 (BGBl. I S. 2451); zur erstmaligen Anwendung auf Sonderabschreibungen nach § 7 b idF des Gesetzes v. 4. 8. 2019 (BGBl. I S. 1122) siehe § 52 Abs. 16 b Satz 1.

[5] § 9 Abs. 2 neu gef. mWv VZ 2014 durch UntStReisekÄndG v. 20. 2. 2013 (BGBl. I S. 285). Abs. 2 Satz 3 einl. Satzteil geänd. durch G v. 9. 12. 2020 (BGBl. I S. 2770).

mittel können angesetzt werden, soweit sie den im Kalenderjahr insgesamt als Entfernungspauschale abziehbaren Betrag übersteigen. ③ Menschen mit Behinderungen,

1. deren Grad der Behinderung mindestens 70 beträgt,
2. deren Grad der Behinderung weniger als 70, aber mindestens 50 beträgt und die in ihrer Bewegungsfähigkeit im Straßenverkehr erheblich beeinträchtigt sind,

können anstelle der Entfernungspauschalen die tatsächlichen Aufwendungen für die Wege zwischen Wohnung und erster Tätigkeitsstätte und für Familienheimfahrten ansetzen. ④ Die Voraussetzungen der Nummern 1 und 2 sind durch amtliche Unterlagen nachzuweisen.

(3)[1] Absatz 1 Satz 3 Nummer 4 bis 5 a sowie die Absätze 2 und 4 a gelten bei den Einkunftsarten im Sinne des § 2 Absatz 1 Satz 1 Nummer 5 bis 7 entsprechend.

(4)[2] ① Erste Tätigkeitsstätte ist die ortsfeste betriebliche Einrichtung des Arbeitgebers, eines verbundenen Unternehmens (§ 15 des Aktiengesetzes) oder eines vom Arbeitgeber bestimmten Dritten, der der Arbeitnehmer dauerhaft zugeordnet ist. ② Die Zuordnung im Sinne des Satzes 1 wird durch die dienst- oder arbeitsrechtlichen Festlegungen sowie die diese ausfüllenden Absprachen und Weisungen bestimmt. ③ Von einer dauerhaften Zuordnung ist insbesondere auszugehen, wenn der Arbeitnehmer unbefristet, für die Dauer des Dienstverhältnisses oder über einen Zeitraum von 48 Monaten hinaus an einer solchen Tätigkeitsstätte tätig werden soll. ④ Fehlt eine solche dienst- oder arbeitsrechtliche Festlegung auf eine Tätigkeitsstätte oder ist sie nicht eindeutig, ist erste Tätigkeitsstätte die betriebliche Einrichtung, an der der Arbeitnehmer dauerhaft

1. typischerweise arbeitstäglich tätig werden soll oder
2. je Arbeitswoche zwei volle Arbeitstage oder mindestens ein Drittel seiner vereinbarten regelmäßigen Arbeitszeit tätig werden soll.

⑤ Je Dienstverhältnis hat der Arbeitnehmer höchstens eine erste Tätigkeitsstätte. ⑥ Liegen die Voraussetzungen der Sätze 1 bis 4 für mehrere Tätigkeitsstätten vor, ist diejenige Tätigkeitsstätte erste Tätigkeitsstätte, die der Arbeitgeber bestimmt. ⑦ Fehlt es an dieser Bestimmung oder ist sie nicht eindeutig, ist die der Wohnung örtlich am nächsten liegende Tätigkeitsstätte die erste Tätigkeitsstätte. ⑧ Als erste Tätigkeitsstätte gilt auch eine Bildungseinrichtung, die außerhalb eines Dienstverhältnisses zum Zwecke eines Vollzeitstudiums oder einer vollzeitigen Bildungsmaßnahme aufgesucht wird; die Regelungen für Arbeitnehmer nach Absatz 1 Satz 3 Nummer 4 und 5 sowie Absatz 4 a sind entsprechend anzuwenden.

(4 a)[3] ① Mehraufwendungen des Arbeitnehmers für die Verpflegung sind nur nach Maßgabe der folgenden Sätze als Werbungskosten abziehbar. ② Wird der Arbeitnehmer außerhalb seiner Wohnung und ersten Tätigkeitsstätte beruflich tätig (auswärtige berufliche Tätigkeit), ist zur Abgeltung der ihm tatsächlich entstandenen, beruflich veranlassten Mehraufwendungen eine Verpflegungspauschale anzusetzen. ③ Diese beträgt

1. 28 Euro für jeden Kalendertag, an dem der Arbeitnehmer 24 Stunden von seiner Wohnung und ersten Tätigkeitsstätte abwesend ist,
2. jeweils 14 Euro für den An- und Abreisetag, wenn der Arbeitnehmer an diesem, einem anschließenden oder vorhergehenden Tag außerhalb seiner Wohnung übernachtet,
3. 14 Euro für den Kalendertag, an dem der Arbeitnehmer ohne Übernachtung außerhalb seiner Wohnung mehr als 8 Stunden von seiner Wohnung und der ersten Tätigkeitsstätte abwesend ist; beginnt die auswärtige berufliche Tätigkeit an einem Kalendertag und endet am nachfolgenden Kalendertag ohne Übernachtung, werden 14 Euro für den Kalendertag gewährt, an dem der Arbeitnehmer den überwiegenden Teil der insgesamt mehr als 8 Stunden von seiner Wohnung und der ersten Tätigkeitsstätte abwesend ist.

④ Hat der Arbeitnehmer keine erste Tätigkeitsstätte, gelten die Sätze 2 und 3 entsprechend; Wohnung im Sinne der Sätze 2 und 3 ist der Hausstand, der den Mittelpunkt der Lebensinteressen des Arbeitnehmers bildet sowie eine Unterkunft am Ort der ersten Tätigkeitsstätte im Rahmen der doppelten Haushaltsführung. ⑤ Bei einer Tätigkeit im Ausland treten an die Stelle der Pauschbeträge nach Satz 3 länderweise unterschiedliche Pauschbeträge, die für die Fälle der Nummer 1 mit 120 sowie der Nummern 2 und 3 mit 80 Prozent der Auslandstagegelder nach dem Bundesreisekostengesetz vom Bundesministerium der Finanzen im Einvernehmen mit den obersten Finanzbehörden der Länder aufgerundet auf volle Euro festgesetzt werden; dabei bestimmt sich der Pauschbetrag nach dem Ort, den der Arbeitnehmer vor 24 Uhr Ortszeit zuletzt erreicht, oder, wenn dieser Ort im Inland liegt, nach dem letzten Tätigkeitsort im Ausland. ⑥ Der Abzug der Verpflegungspauschalen ist auf die ersten drei Monate einer längerfristigen beruflichen Tätigkeit an derselben Tätigkeitsstätte beschränkt. ⑦ Eine Unterbrechung der beruflichen Tätigkeit an derselben Tätigkeitsstätte führt zu einem Neubeginn, wenn sie mindestens vier Wochen dauert.

---

[1] § 9 Abs. 3 geänd. mWv VZ 2014 durch UntStReisekÄndG v. 20. 2. 2013 (BGBl. I S. 285).

[2] § 9 Abs. 4 eingef. mWv VZ 2014 durch UntStReisekÄndG v. 20. 2. 2013 (BGBl. I S. 285), Abs. 4 Sätze 4 und 8 geänd. mWv VZ 2014 durch KroatienAnpG v. 25. 7. 2014 (BGBl. I S. 1266).

[3] § 9 Abs. 4 a eingef. mWv VZ 2014 durch UntStReisekÄndG v. 20. 2. 2013 (BGBl. I S. 285). Abs. 4 a Satz 3 Nr. 1 und Sätze 7 und 12 geänd. mWv VZ 2014 durch KroatienAnpG v. 25. 7. 2014 (BGBl. I S. 1266). Abs. 4 a Satz 3 Nr. 1 bis 3 geänd. mWv VZ 2020 durch JStG 2019 v. 12. 12. 2019 (BGBl. I S. 2451).

⑧ Wird dem Arbeitnehmer anlässlich oder während einer Tätigkeit außerhalb seiner ersten Tätigkeitsstätte vom Arbeitgeber oder auf dessen Veranlassung von einem Dritten eine Mahlzeit zur Verfügung gestellt, sind die nach den Sätzen 3 und 5 ermittelten Verpflegungspauschalen zu kürzen:
1. für Frühstück um 20 Prozent,
2. für Mittag- und Abendessen um jeweils 40 Prozent,

der nach Satz 3 Nummer 1 gegebenenfalls in Verbindung mit Satz 5 maßgebenden Verpflegungspauschale für einen vollen Kalendertag; die Kürzung darf die ermittelte Verpflegungspauschale nicht übersteigen. ⑨ Satz 8 gilt auch, wenn Reisekostenvergütungen wegen der zur Verfügung gestellten Mahlzeiten einbehalten oder gekürzt werden oder die Mahlzeiten nach § 40 Absatz 2 Satz 1 Nummer 1 a pauschal besteuert werden. ⑩ Hat der Arbeitnehmer für die Mahlzeit ein Entgelt gezahlt, mindert dieser Betrag den Kürzungsbetrag nach Satz 8. ⑪ Erhält der Arbeitnehmer steuerfreie Erstattungen für Verpflegung, ist ein Werbungskostenabzug insoweit ausgeschlossen. ⑫ Die Verpflegungspauschalen nach den Sätzen 3 und 5, die Dreimonatsfrist nach den Sätzen 6 und 7 sowie die Kürzungsregelungen nach den Sätzen 8 bis 10 gelten entsprechend auch für den Abzug von Mehraufwendungen für Verpflegung, die bei einer beruflich veranlassten doppelten Haushaltsführung entstehen, soweit der Arbeitnehmer vom eigenen Hausstand im Sinne des § 9 Absatz 1 Satz 3 Nummer 5 abwesend ist; dabei ist für jeden Kalendertag innerhalb der Dreimonatsfrist, an dem gleichzeitig eine Tätigkeit im Sinne des Satzes 2 oder des Satzes 4 ausgeübt wird, nur der jeweils höchste in Betracht kommende Pauschbetrag abziehbar. ⑬ Die Dauer einer Tätigkeit im Sinne des Satzes 2 an dem Tätigkeitsort, an dem die doppelte Haushaltsführung begründet wurde, ist auf die Dreimonatsfrist anzurechnen, wenn sie ihr unmittelbar vorausgegangen ist.

(5)[1] ① § 4 Absatz 5 Satz 1 Nummer 1 bis 4, 6 b bis 8 a, 10, 12 und Absatz 6 gilt sinngemäß. ② Die §§ 4 j, 4 k, 6 Absatz 1 Nummer 1 a und § 6 e gelten entsprechend.

(6)[2] ① Aufwendungen des Steuerpflichtigen für seine Berufsausbildung oder für sein Studium sind nur dann Werbungskosten, wenn der Steuerpflichtige zuvor bereits eine Erstausbildung (Berufsausbildung oder Studium) abgeschlossen hat oder wenn die Berufsausbildung oder das Studium im Rahmen eines Dienstverhältnisses stattfindet. ② Eine Berufsausbildung als Erstausbildung nach Satz 1 liegt vor, wenn eine geordnete Ausbildung mit einer Mindestdauer von 12 Monaten bei vollzeitiger Ausbildung und mit einer Abschlussprüfung durchgeführt wird. ③ Eine geordnete Ausbildung liegt vor, wenn sie auf der Grundlage von Rechts- oder Verwaltungsvorschriften oder internen Vorschriften eines Bildungsträgers durchgeführt wird. ④ Ist eine Abschlussprüfung nach dem Ausbildungsplan nicht vorgesehen, gilt die Ausbildung mit der tatsächlichen planmäßigen Beendigung als abgeschlossen. ⑤ Eine Berufsausbildung als Erstausbildung hat auch abgeschlossen, wer die Abschlussprüfung einer durch Rechts- oder Verwaltungsvorschriften geregelten Berufsausbildung mit einer Mindestdauer von 12 Monaten bestanden hat, ohne dass er zuvor die entsprechende Berufsausbildung durchlaufen hat.

§ 9 a[3] Pauschbeträge für Werbungskosten

① Für Werbungskosten sind bei der Ermittlung der Einkünfte die folgenden Pauschbeträge abzuziehen, wenn nicht höhere Werbungskosten nachgewiesen werden:

1.[4] a) von den Einnahmen aus nichtselbständiger Arbeit vorbehaltlich Buchstabe b:
ein Arbeitnehmer-Pauschbetrag von 1 230 Euro;
b) von den Einnahmen aus nichtselbständiger Arbeit, soweit es sich um Versorgungsbezüge im Sinne des § 19 Absatz 2 handelt:
ein Pauschbetrag von 102 Euro;

2. (weggefallen)

3.[5] von den Einnahmen im Sinne des § 22 Nummer 1, 1 a und 5:
ein Pauschbetrag von insgesamt 102 Euro.

② Der Pauschbetrag nach Satz 1 Nummer 1 Buchstabe b darf nur bis zur Höhe der um den Versorgungsfreibetrag einschließlich des Zuschlags zum Versorgungsfreibetrag (§ 19 Absatz 2) geminderten Einnahmen, die Pauschbeträge nach Satz 1 Nummer 1 Buchstabe a und Nummer 3 dürfen nur bis zur Höhe der Einnahmen abgezogen werden.

---

[1] § 9 Abs. 5 Satz 1 geänd. mWv VZ 2012 durch StVereinfG 2011 v. 1. 11. 2011 (BGBl. I S. 2131) und Abs. 5 Satz 1 Verweis geänd. mWv VZ 2014 durch UntStReisekÄndG v. 20. 2. 2013 (BGBl. I S. 285). Abs. 5 Satz 2 geänd. durch SchädlStPraktG v. 27. 6. 2017 (BGBl. I S. 2074); zur erstmaligen Anwendung für Aufwendungen im Sinne des § 4 j, die nach dem 31. 12. 2017 entstehen (§ 52 Abs. 16 b Satz 2). Abs. 5 Satz 2 geänd. mWv VZ 2019 durch JStG 2019 v. 12. 12. 2019 (BGBl. I S. 2451); zur Anwendung siehe § 52 Abs. 16 b Satz 3. Abs. 5 Satz 2 neu gef. durch ATADUmsG v. 25. 6. 2021 (BGBl. I S. 2035); zur Anwendung siehe § 52 Abs. 16 b Satz 4.

[2] § 9 Abs. 6 angef. mWv VZ 2004 durch BeitrRLUmsG v. 7. 12. 2011 (BGBl. I S. 2592). Abs. 6 geänd. mWv VZ 2015 durch ZollkodexAnpG v. 22. 12. 2014 (BGBl. I S. 2417).

[3] Zur erstmaligen Anwendung von § 9 a siehe § 22 Nr. 5 Satz 11 iVm § 3 Nr. 66.

[4] § 9 a Satz 1 Nr. 1 Buchst. a geänd. mWv VZ 2012 durch StVereinfG 2011 v. 1. 11. 2011 (BGBl. I S. 2131). Satz 1 Nr. 1 Buchst. a geänd. mWv VZ 2022 durch Steuerentlastungsgesetz 2022 (BGBl. I S. 749). Satz 1 Nr. 1 Buchst. a geänd. mWv VZ 2023 durch JStG 2022 v. 16. 12. 2022 (BGBl. I S. 2294).

[5] § 9 a Satz 1 Nr. 3 Zitat geänd. durch G v. 8. 12. 2010 (BGBl. I S. 1768). Satz 1 Nr. 3 Zitat geänd. durch ZollkodexAnpG v. 22. 12. 2014 (BGBl. I S. 2417).

4 a. Umsatzsteuerrechtlicher Vorsteuerabzug

§ 9b [Umsatzsteuerrechtlicher Vorsteuerabzug]

(1) Der Vorsteuerbetrag nach § 15 des Umsatzsteuergesetzes gehört, soweit er bei der Umsatzsteuer abgezogen werden kann, nicht zu den Anschaffungs- oder Herstellungskosten des Wirtschaftsguts, auf dessen Anschaffung oder Herstellung er entfällt.

(2)[1] ① Wird der Vorsteuerabzug nach § 15a des Umsatzsteuergesetzes berichtigt, so sind die Mehrbeträge als Betriebseinnahmen oder Einnahmen zu behandeln, wenn sie im Rahmen einer der Einkunftsarten des § 2 Absatz 1 Satz 1 bezogen werden; die Minderbeträge sind als Betriebsausgaben oder Werbungskosten zu behandeln, wenn sie durch den Betrieb veranlasst sind oder der Erwerbung, Sicherung und Erhaltung von Einnahmen dienen. ② Die Anschaffungs- oder Herstellungskosten bleiben in den Fällen des Satzes 1 unberührt.

§ 9c[2] *(aufgehoben)*

5. Sonderausgaben

§ 10 [Sonderausgaben]

(1) Sonderausgaben sind die folgenden Aufwendungen, wenn sie weder Betriebsausgaben noch Werbungskosten sind oder wie Betriebsausgaben oder Werbungskosten behandelt werden:

1. bis 1b.[3] *(aufgehoben)*

2.[4] a)[5] Beiträge zu den gesetzlichen Rentenversicherungen oder zur landwirtschaftlichen Alterskasse sowie zu berufsständischen Versorgungseinrichtungen, die den gesetzlichen Rentenversicherungen vergleichbare Leistungen erbringen;

b)[6] Beiträge des Steuerpflichtigen

aa) zum Aufbau einer eigenen kapitalgedeckten Altersversorgung, wenn der Vertrag nur die Zahlung einer monatlichen, auf das Leben des Steuerpflichtigen bezogenen lebenslangen Leibrente nicht vor Vollendung des 62. Lebensjahres oder zusätzlich die ergänzende Absicherung des Eintritts der Berufsunfähigkeit (Berufsunfähigkeitsrente), der verminderten Erwerbsfähigkeit (Erwerbsminderungsrente) oder von Hinterbliebenen (Hinterbliebenenrente) vorsieht. ② Hinterbliebene in diesem Sinne sind der Ehegatte des Steuerpflichtigen und die Kinder, für die er Anspruch auf Kindergeld oder auf einen Freibetrag nach § 32 Absatz 6 hat. ③ Der Anspruch auf Waisenrente darf längstens für den Zeitraum bestehen, in dem der Rentenberechtigte die Voraussetzungen für die Berücksichtigung als Kind im Sinne des § 32 erfüllt;

bb) für seine Absicherung gegen den Eintritt der Berufsunfähigkeit oder der verminderten Erwerbsfähigkeit (Versicherungsfall), wenn der Vertrag nur die Zahlung einer monatlichen, auf das Leben des Steuerpflichtigen bezogenen lebenslangen Leibrente für einen Versicherungsfall vorsieht, der bis zur Vollendung des 67. Lebensjahres eingetreten ist. ② Der Vertrag kann die Beendigung der Rentenzahlung wegen eines medizinisch begründeten Wegfalls der Berufsunfähigkeit oder der verminderten Erwerbsfähigkeit vorsehen. ③ Die Höhe der zugesagten Rente kann vom Alter des Steuerpflichtigen bei Eintritt des Versicherungsfalls abhängig gemacht werden, wenn der Steuerpflichtige das 55. Lebensjahr vollendet hat.

② Die Ansprüche nach Buchstabe b dürfen nicht vererblich, nicht übertragbar, nicht beleihbar, nicht veräußerbar und nicht kapitalisierbar sein. ③ Anbieter und Steuerpflichtiger können vereinbaren, dass bis zu zwölf Monatsleistungen in einer Auszahlung zusammengefasst werden oder eine Kleinbetragsrente im Sinne von § 93 Absatz 3 Satz 2 oder 4 abgefunden wird. ④ Bei der Berechnung der Kleinbetragsrente sind alle bei einem Anbieter bestehenden Verträge des Steuerpflichtigen jeweils nach Buchstabe b Doppelbuchstabe aa oder Doppelbuchstabe bb zusammenzurechnen. ⑤ Neben den genannten Auszahlungsformen darf kein weiterer Anspruch auf Auszahlungen bestehen. ⑥ Zu den Beiträgen nach den Buchstaben a und b ist der nach § 3 Nummer 62 steuerfreie Arbeitgeberanteil zur gesetzlichen Rentenversicherung und ein diesem gleichgestellter steuerfreier Zuschuss des Arbeitgebers hinzuzurechnen. ⑦ Beiträge nach § 168

---

[1] § 9b Abs. 2 neu gef. durch AIFM-StAnpG v. 18. 12. 2013 (BGBl. I S. 4318); zur Anwendung siehe § 52 Abs. 17.

[2] Abschn. II Unterabschnitt 4b. Kinderbetreuungskosten und § 9c aufgeh. mWv VZ 2012 durch StVereinfG 2011 v. 1. 11. 2011 (BGBl. I S. 2131).

[3] § 10 Abs. 1 Nr. 1, 1a und 1b aufgeh. mWv 1. 1. 2015 durch ZollkodexAnpG v. 22. 12. 2014 (BGBl. I S. 2417).

[4] § 10 Abs. 1 Nr. 2 Sätze 2 und 3 eingef. (bish. Sätze 2 und 3 werden Sätze 4 und 5) mWv VZ 2014 durch AltvVerbG v. 24. 6. 2013 (BGBl. I S. 1667), Sätze 3 und 4 eingef., bish. Sätze 3 bis 5 werden Sätze 5 bis 7 mWv 1. 1. 2015 durch ZollkodexAnpG v. 22. 12. 2014 (BGBl. I S. 2417). Satz 3 geänd. mWv 28. 3. 2024 durch WachstumschancenG v. 27. 3. 2024 (BGBl. I Nr. 108).

[5] § 10 Abs. 1 Nr. 2 Buchst. a geänd. mWv 1. 1. 2013 durch G v. 12. 4. 2012 (BGBl. I S. 579).

[6] § 10 Abs. 1 Nr. 2 Satz 1 Buchst. b geänd. mWv VZ 2014 durch AltvVerbG v. 24. 6. 2013 (BGBl. I S. 1667). Abs. 1 Nr. 2 Buchst. b Satz 7 geänd. mWv VZ 2018 durch BetrRentStG v. 17. 8. 2017 (BGBl. I S. 3214).

Absatz 1 Nummer 1b oder 1c oder nach § 172 Absatz 3 oder 3a des Sechsten Buches Sozialgesetzbuch werden abweichend von Satz 6 nur auf Antrag des Steuerpflichtigen hinzugerechnet;

3.[1] Beiträge zu

a) Krankenversicherungen, soweit diese zur Erlangung eines durch das Zwölfte Buch Sozialgesetzbuch bestimmten sozialhilfegleichen Versorgungsniveaus erforderlich sind und sofern auf die Leistungen ein Anspruch besteht. ② Für Beiträge zur gesetzlichen Krankenversicherung sind dies die nach dem Dritten Titel des Ersten Abschnitts des Achten Kapitels des Fünften Buches Sozialgesetzbuch oder die nach dem Sechsten Abschnitt des Zweiten Gesetzes über die Krankenversicherung der Landwirte festgesetzten Beiträge. ③ Für Beiträge zu einer privaten Krankenversicherung sind dies die Beitragsanteile, die auf Vertragsleistungen entfallen, die, mit Ausnahme der auf das Krankengeld entfallenden Beitragsanteile, in Art, Umfang und Höhe den Leistungen nach dem Dritten Kapitel des Fünften Buches Sozialgesetzbuch vergleichbar sind; § 158 Absatz 2 des Versicherungsaufsichtsgesetzes gilt entsprechend. ④ Wenn sich aus den Krankenversicherungsbeiträgen nach Satz 2 ein Anspruch auf Krankengeld oder ein Anspruch auf eine Leistung, die anstelle von Krankengeld gewährt wird, ergeben kann, ist der jeweilige Beitrag um 4 Prozent zu vermindern;

b) gesetzlichen Pflegeversicherungen (soziale Pflegeversicherung und private Pflege-Pflichtversicherung).

② Als eigene Beiträge des Steuerpflichtigen können auch eigene Beiträge im Sinne der Buchstaben a oder b eines Kindes behandelt werden, wenn der Steuerpflichtige die Beiträge des Kindes, für das ein Anspruch auf einen Freibetrag nach § 32 Absatz 6 oder auf Kindergeld besteht, durch Leistungen in Form von Bar- oder Sachunterhalt wirtschaftlich getragen hat, unabhängig von Einkünften oder Bezügen des Kindes; Voraussetzung für die Berücksichtigung beim Steuerpflichtigen ist die Angabe der erteilten Identifikationsnummer (§ 139b der Abgabenordnung) des Kindes in der Einkommensteuererklärung des Steuerpflichtigen. ③ Satz 2 gilt entsprechend, wenn der Steuerpflichtige die Beiträge für ein unterhaltsberechtigtes Kind trägt, welches nicht selbst Versicherungsnehmer ist, sondern der andere Elternteil. ④ Hat der Steuerpflichtige in den Fällen des Absatzes 1a Nummer 1 eigene Beiträge im Sinne des Buchstaben a oder des Buchstaben b zum Erwerb einer Krankenversicherung oder gesetzlichen Pflegeversicherung für einen geschiedenen oder dauernd getrennt lebenden unbeschränkt einkommensteuerpflichtigen Ehegatten geleistet, dann werden diese abweichend von Satz 1 als eigene Beiträge des geschiedenen oder dauernd getrennt lebenden unbeschränkt einkommensteuerpflichtigen Ehegatten behandelt. ⑤ Beiträge, die für nach Ablauf des Veranlagungszeitraums beginnende Beitragsjahre geleistet werden und in der Summe das Dreifache der auf den Veranlagungszeitraum entfallenden Beiträge überschreiten, sind in dem Veranlagungszeitraum anzusetzen, für den sie geleistet wurden;

3a. Beiträge zu Kranken- und Pflegeversicherungen, soweit diese nicht nach Nummer 3 zu berücksichtigen sind; Beiträge zu Versicherungen gegen Arbeitslosigkeit, zu Erwerbs- und Berufsunfähigkeitsversicherungen, die nicht unter Nummer 2 Satz 1 Buchstabe b fallen, zu Unfall- und Haftpflichtversicherungen sowie zu Risikoversicherungen, die nur für den Todesfall eine Leistung vorsehen; Beiträge zu Versicherungen im Sinne des § 10 Absatz 1 Nummer 2 Buchstabe b Doppelbuchstabe bb bis dd in der am 31. Dezember 2004 geltenden Fassung, wenn die Laufzeit dieser Versicherungen vor dem 1. Januar 2005 begonnen hat und ein Versicherungsbeitrag bis zum 31. Dezember 2004 entrichtet wurde; § 10 Absatz 1 Nummer 2 Satz 2 bis 6 und Absatz 2 Satz 2 in der am 31. Dezember 2004 geltenden Fassung ist in diesen Fällen weiter anzuwenden;

4.[2] gezahlte Kirchensteuer; dies gilt nicht, soweit die Kirchensteuer als Zuschlag zur Kapitalertragsteuer oder als Zuschlag auf die nach dem gesonderten Tarif des § 32d Absatz 1 ermittelte Einkommensteuer gezahlt wurde;

5.[3] 80 Prozent der Aufwendungen, höchstens 4800 Euro je Kind, für Dienstleistungen zur Betreuung eines zum Haushalt des Steuerpflichtigen gehörenden Kindes im Sinne des § 32 Absatz 1, welches das 14. Lebensjahr noch nicht vollendet hat oder wegen einer vor Vollendung des 25. Lebensjahres eingetretenen körperlichen, geistigen oder seelischen Behinderung außerstande ist, sich selbst zu unterhalten. ② Dies gilt nicht für Aufwendungen für Unterricht, die Vermittlung besonderer Fähigkeiten sowie für sportliche und andere Freizeitbetätigungen. ③ Ist das zu betreuende Kind nicht nach § 1 Absatz 1 oder Absatz 2 unbeschränkt einkommensteuerpflichtig, ist der in Satz 1 genannte Betrag zu kürzen, soweit es nach den Verhältnissen im

---

[1] § 10 Abs. 1 Nr. 3 Satz 4 angef. mWv VZ 2011 durch G v. 8. 12. 2010 (BGBl. I S. 1768). Abs. 1 Nr. 3 Buchst. a Satz 1 und Satz 3 Hs. 1 geänd. mWv VZ 2013 durch AmtshilfeRLUmsG v. 26. 6. 2013 (BGBl. I S. 1809). Abs. 1 Nr. 3 Satz 3 geänd. mWv 1. 1. 2015 durch ZollkodexAnpG v. 22. 12. 2014 (BGBl. I S. 2417). Abs. 1 Nr. 3 Buchst. a Satz 3 geänd. durch G v. 1. 4. 2015 (BGBl. I S. 434) mWv 1. 1. 2016. Abs. 1 Nr. 3 Satz 2 neu gef., Satz 3 eingef. (bish. Sätze 3 und 4 werden Sätze 4 und 5) und neuer Satz 5 geänd. mWv VZ 2020 durch JStG 2019 v. 12. 12. 2019 (BGBl. I S. 2451). Abs. 1 Nr. 3 Satz 2 2. HS angef. mWv VZ 2023 durch JStG 2022 v. 16. 12. 2022 (BGBl. I S. 2294).

[2] § 10 Abs. 1 Nr. 4 neu gef. mWv VZ 2011 durch G v. 8. 12. 2010 (BGBl. I S. 1768).

[3] § 10 Abs. 1 Nr. 5 eingef. mWv VZ 2012 durch StVereinfG 2011 v. 1. 11. 2011 (BGBl. I S. 2131); zur Anwendung siehe § 52 Abs. 18 Satz 3. Abs. 1 Nr. 5 geänd. mWv 1. 1. 2025 durch JStG 2024 v. 2. 12. 2024 (BGBl. I Nr. 387).

Wohnsitzstaat des Kindes notwendig und angemessen ist. ④ Voraussetzung für den Abzug der Aufwendungen nach Satz 1 ist, dass der Steuerpflichtige für die Aufwendungen eine Rechnung erhalten hat und die Zahlung auf das Konto des Erbringers der Leistung erfolgt ist;

6. *(weggefallen)*

7.[1] Aufwendungen für die eigene Berufsausbildung bis zu 6000 Euro im Kalenderjahr. ② Bei Ehegatten, die die Voraussetzungen des § 26 Absatz 1 Satz 1 erfüllen, gilt Satz 1 für jeden Ehegatten. ③ Zu den Aufwendungen im Sinne des Satzes 1 gehören auch Aufwendungen für eine auswärtige Unterbringung. ④ § 4 Absatz 5 Satz 1 Nummer 6b und 6c sowie § 9 Absatz 1 Satz 3 Nummer 4 und 5, Absatz 2, 4 Satz 8 und Absatz 4a sind bei der Ermittlung der Aufwendungen anzuwenden.

8. *(weggefallen)*

9. 30 Prozent des Entgelts, höchstens 5000 Euro, das der Steuerpflichtige für ein Kind, für das er Anspruch auf einen Freibetrag nach § 32 Absatz 6 oder auf Kindergeld hat, für dessen Besuch einer Schule in freier Trägerschaft oder einer überwiegend privat finanzierten Schule entrichtet, mit Ausnahme des Entgelts für Beherbergung, Betreuung und Verpflegung. ② Voraussetzung ist, dass die Schule in einem Mitgliedstaat der Europäischen Union oder in einem Staat belegen ist, auf den das Abkommen über den Europäischen Wirtschaftsraum Anwendung findet, und die Schule zu einem von dem zuständigen inländischen Ministerium eines Landes, von der Kultusministerkonferenz der Länder oder von einer inländischen Zeugnisanerkennungsstelle anerkannten oder einem inländischen Abschluss an einer öffentlichen Schule als gleichwertig anerkannten allgemein bildenden oder berufsbildenden Schul-, Jahrgangs- oder Berufsabschluss führt. ③ Der Besuch einer anderen Einrichtung, die auf einen Schul-, Jahrgangs- oder Berufsabschluss im Sinne des Satzes 2 ordnungsgemäß vorbereitet, steht einem Schulbesuch im Sinne des Satzes 1 gleich. ④ Der Besuch einer Deutschen Schule im Ausland steht dem Besuch einer solchen Schule gleich, unabhängig von ihrer Belegenheit. ⑤ Der Höchstbetrag nach Satz 1 wird für jedes Kind, bei dem die Voraussetzungen vorliegen, je Elternpaar nur einmal gewährt.

(1 a)[2] Sonderausgaben sind auch die folgenden Aufwendungen:

1. Unterhaltsleistungen an den geschiedenen oder dauernd getrennt lebenden unbeschränkt einkommensteuerpflichtigen Ehegatten, wenn der Geber dies mit Zustimmung des Empfängers beantragt, bis zu 13805 Euro im Kalenderjahr. ② Der Höchstbetrag nach Satz 1 erhöht sich um den Betrag der im jeweiligen Veranlagungszeitraum nach Absatz 1 Nummer 3 für die Absicherung des geschiedenen oder dauernd getrennt lebenden unbeschränkt einkommensteuerpflichtigen Ehegatten aufgewandten Beiträge. ③ Der Antrag kann jeweils nur für ein Kalenderjahr gestellt und nicht zurückgenommen werden. ④ Die Zustimmung ist mit Ausnahme der nach § 894 der Zivilprozessordnung als erteilt geltenden bis auf Widerruf wirksam. ⑤ Der Widerruf ist vor Beginn des Kalenderjahres, für das die Zustimmung erstmals nicht gelten soll, gegenüber dem Finanzamt zu erklären. ⑥ Die Sätze 1 bis 5 gelten für Fälle der Nichtigkeit oder der Aufhebung der Ehe entsprechend. ⑦ Voraussetzung für den Abzug der Aufwendungen ist die Angabe der erteilten Identifikationsnummer (§ 139b der Abgabenordnung) der unterhaltenen Person in der Steuererklärung des Unterhaltsleistenden, wenn die unterhaltene Person der unbeschränkten oder beschränkten Steuerpflicht unterliegt. ⑧ Die unterhaltene Person ist für diese Zwecke verpflichtet, dem Unterhaltsleistenden ihre erteilte Identifikationsnummer (§ 139b der Abgabenordnung) mitzuteilen. ⑨ Kommt die unterhaltene Person dieser Verpflichtung nicht nach, ist der Unterhaltsleistende berechtigt, bei der für ihn zuständigen Finanzbehörde die Identifikationsnummer der unterhaltenen Person zu erfragen;
2. auf besonderen Verpflichtungsgründen beruhende, lebenslange und wiederkehrende Versorgungsleistungen, die nicht mit Einkünften in wirtschaftlichem Zusammenhang stehen, die bei der Veranlagung außer Betracht bleiben, wenn der Empfänger unbeschränkt einkommensteuerpflichtig ist. ② Dies gilt nur für
   a) Versorgungsleistungen im Zusammenhang mit der Übertragung eines Mitunternehmeranteils an einer Personengesellschaft, die eine Tätigkeit im Sinne der §§ 13, 15 Absatz 1 Satz 1 Nummer 1 oder des § 18 Absatz 1 ausübt,
   b) Versorgungsleistungen im Zusammenhang mit der Übertragung eines Betriebs oder Teilbetriebs, sowie
   c) Versorgungsleistungen im Zusammenhang mit der Übertragung eines mindestens 50 Prozent betragenden Anteils an einer Gesellschaft mit beschränkter Haftung, wenn der Übergeber als Geschäftsführer tätig war und der Übernehmer diese Tätigkeit nach der Übertragung übernimmt.

---

[1] § 10 Abs. 1 Nr. 7 Euro-Betrag geänd. durch BeitrRLUmsG v. 7. 12. 2011 (BGBl. I S. 2952). Abs. 1 Nr. 7 Satz 4 neu gef. mWvVZ 2014 durch UntStReisekÄndG v. 20. 2. 2013 (BGBl. I S. 285). Satz 4 geänd. mWv 1. 1. 2014 durch KroatienAnpG v. 25. 7. 2014 (BGBl. I S. 1266). Satz 4 geänd. mWvVZ 2023 durch JStG 2022 v. 16. 12. 2022 (BGBl. I S. 2294).

[2] § 10 Abs. 1 a eingef. mWvVZ 2015 durch ZollkodexAnpG v. 22. 12. 2014 (BGBl. I S. 2417). Zur Anwendung von Abs. 1 a Nr. 2 siehe § 52 Abs. 18 Sätze 1 und 2. Abs. 1 a Nr. 1 Sätze 7 bis 9 angef. mWv VZ 2016 durch StÄndG 2015 v. 2. 11. 2015 (BGBl. I S. 1834). Abs. 1 a Nr. 3 Satz 1 geänd. mWv VZ 2017 durch BEPS-UmsG v. 20. 12. 2016 (BGBl. I S. 3000). Abs. 1 a Nr. 3 Satz 2 Hs. 2 und Nr. 4 Satz 2 angef. mWv VZ 2020 durch JStG 2019 v. 12. 12. 2019 (BGBl. I S. 2451). Abs. 1 a Nr. 2 Satz 4 angef. mWvVZ 2021 durch JStG 2020 v. 21. 12. 2020 (BGBl. I S. 3096).

③ Satz 2 gilt auch für den Teil der Versorgungsleistungen, der auf den Wohnteil eines Betriebs der Land- und Forstwirtschaft entfällt. ④ Voraussetzung für den Abzug der Aufwendungen ist die Angabe der erteilten Identifikationsnummer (§ 139 b der Abgabenordnung) des Empfängers in der Steuererklärung des Leistenden; Nummer 1 Satz 8 und 9 gilt entsprechend;

3. Ausgleichsleistungen zur Vermeidung eines Versorgungsausgleichs nach § 6 Absatz 1 Satz 2 Nummer 2 und § 23 des Versorgungsausgleichsgesetzes sowie § 1408 Absatz 2 und § 1587 des Bürgerlichen Gesetzbuchs, soweit der Verpflichtete dies mit Zustimmung des Berechtigten beantragt und der Berechtigte unbeschränkt einkommensteuerpflichtig ist. ② Nummer 1 Satz 3 bis 5 gilt entsprechend. ③ Voraussetzung für den Abzug der Aufwendungen ist die Angabe der erteilten Identifikationsnummer (§ 139 b der Abgabenordnung) des Berechtigten in der Steuererklärung des Verpflichteten; Nummer 1 Satz 8 und 9 gilt entsprechend;
4. Ausgleichszahlungen im Rahmen des Versorgungsausgleichs nach den §§ 20 bis 22 und 26 des Versorgungsausgleichsgesetzes und nach den §§ 1587 f, 1587 g und 1587 i des Bürgerlichen Gesetzbuchs in der bis zum 31. August 2009 geltenden Fassung sowie nach § 3 a des Gesetzes zur Regelung von Härten im Versorgungsausgleich, soweit die ihnen zu Grunde liegenden Einnahmen bei der ausgleichspflichtigen Person der Besteuerung unterliegen, wenn die ausgleichsberechtigte Person unbeschränkt einkommensteuerpflichtig ist. ② Nummer 3 Satz 3 gilt entsprechend.

(2)[1] ① Voraussetzung für den Abzug der in Absatz 1 Nummer 2, 3 und 3 a bezeichneten Beträge (Vorsorgeaufwendungen) ist, dass sie

1. nicht in unmittelbarem wirtschaftlichen Zusammenhang mit steuerfreien Einnahmen stehen; ungeachtet dessen sind Vorsorgeaufwendungen im Sinne des Absatzes 1 Nummer 2, 3 und 3 a zu berücksichtigen, soweit
   a)[2] sie in unmittelbarem wirtschaftlichen Zusammenhang mit in einem Mitgliedstaat der Europäischen Union oder einem Vertragsstaat des Abkommens über den Europäischen Wirtschaftsraum oder in der Schweizerischen Eidgenossenschaft erzielten Einnahmen stehen,
   b) diese Einnahmen nach einem Abkommen zur Vermeidung der Doppelbesteuerung im Inland steuerfrei sind und
   c)[3] der andere Staat keinerlei steuerliche Berücksichtigung von Vorsorgeaufwendungen im Rahmen der Besteuerung dieser Einnahmen zulässt;

   steuerfreie Zuschüsse zu einer Kranken- oder Pflegeversicherung stehen insgesamt in unmittelbarem wirtschaftlichen Zusammenhang mit den Vorsorgeaufwendungen im Sinne des Absatzes 1 Nummer 3,
2.[4] geleistet werden an
   a) Versicherungsunternehmen,
      aa) die ihren Sitz oder ihre Geschäftsleitung in einem Mitgliedstaat der Europäischen Union oder einem Vertragsstaat des Abkommens über den Europäischen Wirtschaftsraum haben und das Versicherungsgeschäft im Inland betreiben dürfen, oder
      bb) denen die Erlaubnis zum Geschäftsbetrieb im Inland erteilt ist.

      ② Darüber hinaus werden Beiträge nur berücksichtigt, wenn es sich um Beträge im Sinne des Absatzes 1 Nummer 3 Satz 1 Buchstabe a an eine Einrichtung handelt, die eine anderweitige Absicherung im Krankheitsfall im Sinne des § 5 Absatz 1 Nummer 13 des Fünften Buches Sozialgesetzbuch oder eine der Beihilfe oder freien Heilfürsorge vergleichbare Absicherung im Sinne des § 193 Absatz 3 Satz 2 Nummer 2 des Versicherungsvertragsgesetzes gewährt. ③ Dies gilt entsprechend, wenn ein Steuerpflichtiger, der weder seinen Wohnsitz noch seinen gewöhnlichen Aufenthalt im Inland hat, mit den Beiträgen einen Versicherungsschutz im Sinne des Absatzes 1 Nummer 3 Satz 1 erwirbt,
   b) berufsständische Versorgungseinrichtungen,
   c) einen Sozialversicherungsträger oder
   d) einen Anbieter im Sinne des § 80.

② Vorsorgeaufwendungen nach Absatz 1 Nummer 2 Buchstabe b werden nur berücksichtigt, wenn die Beiträge zugunsten eines Vertrags geleistet wurden, der nach § 5 a des Altersvorsorgeverträge-Zertifizierungsgesetzes zertifiziert ist, wobei die Zertifizierung Grundlagenbescheid im Sinne des § 171 Absatz 10 der Abgabenordnung ist.

(2 a)[5] ① Bei Vorsorgeaufwendungen nach Absatz 1 Nummer 2 Buchstabe b hat der Anbieter als mitteilungspflichtige Stelle nach Maßgabe des § 93 c der Abgabenordnung und unter Angabe der Vertrags- oder der Versicherungsdaten die Höhe der im jeweiligen Beitragsjahr geleisteten Beiträge

---

[1] § 10 Abs. 2 Sätze 4 und 5 aufgeh. mWv VZ 2011 durch BeitrRLUmsG v. 7. 12. 2011 (BGBl. I S. 2592). Abs. 2 Satz 2 geänd. und Satz 3 aufgeh. mWv VZ 2019 durch 2. DSAnpUG-EU v. 20. 11. 2019 (BGBl. I S. 1626). Abs. 2 Satz 1 Nr. 1 geänd. durch „JStG 2018" v. 11. 12. 2018 (BGBl. I S. 2338), Abs. 2 Satz 1 Nr. 1 Buchst. a geänd. durch JStG 2020 v. 21. 12. 2020 (BGBl. I S. 3096). Zur Anwendung in allen offenen Fällen siehe § 52 Abs. 18 Satz 4.

[2] § 10 Abs. 2 Satz 1 Nr. 1 Buchst. a geänd. durch JStG 2024 v. 2. 12. 2024 (BGBl. I Nr. 387); zur Anwendung siehe § 52 Abs. 18 Satz 4.

[3] § 10 Abs. 2 Satz 1 Nr. 1 Buchst. c geänd. durch JStG 2024 v. 2. 12. 2024 (BGBl. I Nr. 387); zur Anwendung siehe § 52 Abs. 18 Satz 4.

[4] § 10 Abs. 2 Satz 1 Nr. 2 neu gef. mWv VZ 2013 durch AmtshilfeRLUmsG v. 26. 6. 2013 (BGBl. I S. 1809).

[5] § 10 Abs. 2 a neu gef. mWv VZ 2019 durch 2. DSAnpUG-EU v. 20. 11. 2019 (BGBl. I S. 1626).

und die Zertifizierungsnummer an die zentrale Stelle (§ 81) zu übermitteln. ② § 22a Absatz 2 gilt entsprechend. ③ § 72a Absatz 4 und § 93c Absatz 4 der Abgabenordnung finden keine Anwendung.

(2b)[1] ① Bei Vorsorgeaufwendungen nach Absatz 1 Nummer 3 hat das Versicherungsunternehmen, der Träger der gesetzlichen Kranken- und Pflegeversicherung, die Künstlersozialkasse oder eine Einrichtung im Sinne des Absatzes 2 Satz 1 Nummer 2 Buchstabe a Satz 2 als mitteilungspflichtige Stelle nach Maßgabe des § 93c der Abgabenordnung und unter Angabe der Vertrags- oder der Versicherungsdaten die Höhe der im jeweiligen Beitragsjahr geleisteten und erstatteten Beiträge sowie die in § 93c Absatz 1 Nummer 2 Buchstabe c der Abgabenordnung genannten Daten mit der Maßgabe, dass insoweit als Steuerpflichtiger die versicherte Person gilt, an die zentrale Stelle (§ 81) zu übermitteln; sind Versicherungsnehmer und versicherte Person nicht identisch, sind zusätzlich die Identifikationsnummer und der Tag der Geburt des Versicherungsnehmers anzugeben. ② Auf der Grundlage des § 65a des Fünften Buches Sozialgesetzbuch nach den Satzungen der gesetzlichen Krankenkassen erbrachte Bonusleistungen gelten bis zu einer Höhe von 150 Euro pro versicherter Person und Beitragsjahr nicht als Beitragserstattung; diese Summe übersteigende Bonusleistungen gelten stets als Beitragserstattung. ③ Der Steuerpflichtige kann nachweisen, dass Bonusleistungen in Höhe des übersteigenden Betrags nicht als Beitragserstattung zu qualifizieren sind. ④ Satz 1 gilt nicht, soweit diese Daten mit der elektronischen Lohnsteuerbescheinigung (§ 41b Absatz 1 Satz 2) oder der Rentenbezugsmitteilung (§ 22a Absatz 1 Satz 1 Nummer 4) zu übermitteln sind. ⑤ § 22a Absatz 2 gilt entsprechend. ⑥ Zuständige Finanzbehörde im Sinne des § 72a Absatz 4 und des § 93c Absatz 4 der Abgabenordnung ist das Bundeszentralamt für Steuern. ⑦ Wird in den Fällen des § 72a Absatz 4 der Abgabenordnung eine unzutreffende Höhe der Beiträge übermittelt, ist die entgangene Steuer mit 30 Prozent des zu hoch ausgewiesenen Betrags anzusetzen.

(2c)[2] ① Bei Vorsorgeaufwendungen nach Absatz 1 Nummer 2 Buchstabe a hat der Träger der gesetzlichen Rentenversicherung, die landwirtschaftliche Alterskasse oder die berufsständische Versorgungseinrichtung als mitteilungspflichtige Stelle nach Maßgabe des § 93c der Abgabenordung unter Angabe der Versicherungsdaten die Höhe der im jeweiligen Beitragsjahr geleisteten und erstatteten Beiträge an die zentrale Stelle (§ 81) zu übermitteln. ② Satz 1 gilt nicht, soweit diese Daten mit der elektronischen Lohnsteuerbescheinigung (§ 41b Absatz 1 Satz 2) zu übermitteln sind. ③ § 22a Absatz 2 gilt entsprechend. ④ § 72a Absatz 4 und § 93c Absatz 4 der Abgabenordnung finden keine Anwendung.

(3)[3] ① Vorsorgeaufwendungen nach Absatz 1 Nummer 2 sind bis zu dem Höchstbeitrag zur knappschaftlichen Rentenversicherung, aufgerundet auf einen vollen Betrag in Euro, zu berücksichtigen. ② Bei zusammenveranlagten Ehegatten verdoppelt sich der Höchstbetrag. ③ Der Höchstbetrag nach Satz 1 oder 2 ist bei Steuerpflichtigen, die

1. Arbeitnehmer sind und die während des ganzen oder eines Teils des Kalenderjahres
   a) in der gesetzlichen Rentenversicherung versicherungsfrei oder auf Antrag des Arbeitgebers von der Versicherungspflicht befreit waren und denen für den Fall ihres Ausscheidens aus der Beschäftigung auf Grund des Beschäftigungsverhältnisses eine lebenslängliche Versorgung oder an deren Stelle eine Abfindung zusteht oder die in der gesetzlichen Rentenversicherung nachzuversichern sind oder
   b) nicht der gesetzlichen Rentenversicherungspflicht unterliegen, eine Berufstätigkeit ausgeübt und im Zusammenhang damit auf Grund vertraglicher Vereinbarungen Anwartschaftsrechte auf eine Altersversorgung erworben haben, oder
2. Einkünfte im Sinne des § 22 Nummer 4 erzielen und die ganz oder teilweise ohne eigene Beitragsleistung einen Anspruch auf Altersversorgung erwerben,

um den Betrag zu kürzen, der, bezogen auf die Einnahmen aus der Tätigkeit, die die Zugehörigkeit zum genannten Personenkreis begründen, dem Gesamtbeitrag (Arbeitgeber- und Arbeitnehmeranteil) zur allgemeinen Rentenversicherung entspricht. ④ Im Kalenderjahr 2013 sind 76 Prozent der nach den Sätzen 1 bis 3 ermittelten Vorsorgeaufwendungen anzusetzen. ⑤ Der sich danach ergebende Betrag, vermindert um den nach § 3 Nummer 62 steuerfreien Arbeitgeberanteil zur gesetzlichen Rentenversicherung und einen diesem gleichgestellten steuerfreien Zuschuss des Arbeitgebers, ist als Sonderausgabe abziehbar. ⑥ Der Prozentsatz in Satz 4 erhöht sich in den folgenden Kalenderjahren bis zum Kalenderjahr 2022 um je 2 Prozentpunkte je Kalenderjahr; ab dem Kalenderjahr 2023 beträgt er 100 Prozent. ⑦ Beiträge nach § 168 Absatz 1 Nummer 1b oder 1c oder nach § 172 Absatz 3 oder 3a des Sechsten Buches Sozialgesetzbuch vermindern den abziehbaren Betrag nach Satz 5 nur, wenn der Steuerpflichtige die Hinzurechnung dieser Beiträge zu den Vorsorgeaufwendungen nach Absatz 1 Nummer 2 Satz 7 beantragt hat.

---

[1] § 10 Abs. 2b eingef. mWv VZ 2019 durch 2. DSAnpUG-EU v. 20. 11. 2019 (BGBl. I S. 1626). Abs. 2b Sätze 2 und 3 eingef., bish. Sätze 2 bis 5 werden Sätze 4 bis 7 mWv 1. 1. 2025 durch JStG 2024 v. 2. 12. 2024 (BGBl. I Nr. 387).

[2] § 10 Abs. 2c eingef. durch JStG 2024 v. 2. 12. 2024 (BGBl. I Nr. 387); zur Anwendung siehe § 52 Abs. 18 Satz 5 und Abs. 30b Sätze 3 bis 5.

[3] § 10 Abs. 3 Sätze 1, 4 und 7 geänd. mWv VZ 2013 durch AltvVerbG v. 24. 6. 2013 (BGBl. I S. 1667). Abs. 3 Sätze 1 und 7 geänd. mWv VZ 2015 durch ZollkodexAnpG v. 22. 12. 2014 (BGBl. I S. 2417). Abs. 3 Satz 6 neu gef. mWv VZ 2023 durch JStG 2022 v. 16. 12. 2022 (BGBl. I S. 2294).

(4) ① Vorsorgeaufwendungen im Sinne des Absatzes 1 Nummer 3 und 3 a können je Kalenderjahr insgesamt bis 2 800 Euro abgezogen werden. ② Der Höchstbetrag beträgt 1 900 Euro bei Steuerpflichtigen, die ganz oder teilweise ohne eigene Aufwendungen einen Anspruch auf vollständige oder teilweise Erstattung oder Übernahme von Krankheitskosten haben oder für deren Krankenversicherung Leistungen im Sinne des § 3 Nummer 9, 14, 57 oder 62 erbracht werden. ③ Bei zusammen veranlagten Ehegatten bestimmt sich der gemeinsame Höchstbetrag aus der Summe der jedem Ehegatten unter den Voraussetzungen von Satz 1 und 2 zustehenden Höchstbeträge. ④ Übersteigen die Vorsorgeaufwendungen im Sinne des Absatzes 1 Nummer 3 die nach den Sätzen 1 bis 3 zu berücksichtigenden Vorsorgeaufwendungen, sind diese abzuziehen und ein Abzug von Vorsorgeaufwendungen im Sinne des Absatzes 1 Nummer 3 a scheidet aus.

(4 a)[1] ① Ist in den Kalenderjahren 2013 bis 2019 der Abzug der Vorsorgeaufwendungen nach Absatz 1 Nummer 2 Buchstabe a, Absatz 1 Nummer 3 und Nummer 3 a in der für das Kalenderjahr 2004 geltenden Fassung des § 10 Absatz 3 mit folgenden Höchstbeträgen für den Vorwegabzug

Kalenderjahr	Vorwegabzug für den Steuerpflichtigen	Vorwegabzug im Fall der Zusammenveranlagung von Ehegatten
2013	2 100	4 200
2014	1 800	3 600
2015	1 500	3 000
2016	1 200	2 400
2017	900	1 800
2018	600	1 200
2019	300	600

zuzüglich des Erhöhungsbetrags nach Satz 3 günstiger, ist der sich danach ergebende Betrag anstelle des Abzugs nach Absatz 3 und 4 anzusetzen. ② Mindestens ist bei Anwendung des Satzes 1 der Betrag anzusetzen, der sich ergeben würde, wenn zusätzlich noch die Vorsorgeaufwendungen nach Absatz 1 Nummer 2 Buchstabe b in die Günstigerprüfung einbezogen werden würden; der Erhöhungsbetrag nach Satz 3 ist nicht hinzuzurechnen. ③ Erhöhungsbetrag sind die Beiträge nach Absatz 1 Nummer 2 Buchstabe b, soweit sie nicht den um die Beiträge nach Absatz 1 Nummer 2 Buchstabe a und den nach § 3 Nummer 62 steuerfreien Arbeitgeberanteil zur gesetzlichen Rentenversicherung und einen diesem gleichgestellten steuerfreien Zuschuss verminderten Höchstbetrag nach Absatz 3 Satz 1 bis 3 überschreiten; Absatz 3 Satz 4 und 6 gilt entsprechend.

(4 b)[2] ① Erhält der Steuerpflichtige für die von ihm für einen anderen Veranlagungszeitraum geleisteten Aufwendungen im Sinne des Satzes 2 einen steuerfreien Zuschuss, ist dieser den erstatteten Aufwendungen gleichzustellen. ② Übersteigen bei den Sonderausgaben nach Absatz 1 Nummer 2 bis 3 a die im Veranlagungszeitraum erstatteten Aufwendungen die geleisteten Aufwendungen (Erstattungsüberhang), ist der Erstattungsüberhang mit anderen im Rahmen der jeweiligen Nummer anzusetzenden Aufwendungen zu verrechnen. ③ Ein verbleibender Betrag des sich bei den Aufwendungen nach Absatz 1 Nummer 3 und 4 ergebenden Erstattungsüberhangs ist dem Gesamtbetrag der Einkünfte hinzuzurechnen. ④ Nach Maßgabe des § 93 c der Abgabenordnung haben Behörden im Sinne des § 6 Absatz 1 der Abgabenordnung und andere öffentliche Stellen, die einem Steuerpflichtigen für die von ihm geleisteten Beiträge im Sinne des Absatzes 1 Nummer 2, 3 und 3 a steuerfreie Zuschüsse gewähren oder Vorsorgeaufwendungen im Sinne dieser Vorschrift erstatten als mitteilungspflichtige Stellen, neben den nach § 93 c Absatz 1 der Abgabenordnung erforderlichen Angaben, die zur Gewährung und Prüfung des Sonderausgabenabzugs nach § 10 erforderlichen Daten an die zentrale Stelle zu übermitteln. ⑤ § 22 a Absatz 2 gilt entsprechend. ⑥ § 72 a Absatz 4 und § 93 c Absatz 4 der Abgabenordnung finden keine Anwendung.

(5) Durch Rechtsverordnung wird bezogen auf den Versicherungstarif bestimmt, wie der nicht abziehbare Teil der Beiträge zum Erwerb eines Krankenversicherungsschutzes im Sinne des Absatzes 1 Nummer 3 Buchstabe a Satz 3 durch einheitliche prozentuale Abschläge auf die zugunsten des jeweiligen Tarifs gezahlte Prämie zu ermitteln ist, soweit der nicht abziehbare Beitragsteil nicht bereits als gesonderter Tarif oder Tarifbaustein ausgewiesen wird.

(6)[3] Absatz 1 Nummer 2 Buchstabe b Doppelbuchstabe aa ist für Vertragsabschlüsse vor dem 1. Januar 2012 mit der Maßgabe anzuwenden, dass der Vertrag die Zahlung der Leibrente nicht vor der Vollendung des 60. Lebensjahres vorsehen darf.

---

[1] § 10 Abs. 4 a Satz 1 geänd. mWv VZ 2013 durch AltvVerbG v. 24. 6. 2013 (BGBl. I S. 1667).

[2] § 10 Abs. 4 b eingef. mWv VZ 2012 durch StVereinfG 2011 v. 1. 11. 2011 (BGBl. I S. 2131); Abs. 4 b Sätze 4 bis 6 angef. mWv VZ 2016 (§ 52 Abs. 18 Satz 5) durch AmtshilfeRLUmsG v. 26. 6. 2013 (BGBl. I S. 1809). Abs. 4 b Satz 4 geänd., Sätze 5 und 6 neu gef. mWv 1. 1. 2017 durch G v. 18. 7. 2016 (BGBl. I S. 1679).

[3] § 10 Abs. 6 angef. mWv VZ 2014 durch KroatienAnpG v. 25. 7. 2014 (BGBl. I S. 1266). Abs. 6 Satz 2 aufgeh. mWv VZ 2019 durch 2. DSAnpUG-EU v. 20. 11. 2019 (BGBl. I S. 1626).

§ 10a[1] Zusätzliche Altersvorsorge

(1)[2] ① In der inländischen gesetzlichen Rentenversicherung Pflichtversicherte können Altersvorsorgebeiträge (§ 82) zuzüglich der dafür nach Abschnitt XI zustehenden Zulage jährlich bis zu 2 100 Euro als Sonderausgaben abziehen; das Gleiche gilt für

1. Empfänger von inländischer Besoldung nach dem Bundesbesoldungsgesetz oder einem Landesbesoldungsgesetz,
2. Empfänger von Amtsbezügen aus einem inländischen Amtsverhältnis, deren Versorgungsrecht die entsprechende Anwendung des § 69 e Absatz 3 und 4 des Beamtenversorgungsgesetzes vorsieht,
3. die nach § 5 Absatz 1 Satz 1 Nummer 2 und 3 des Sechsten Buches Sozialgesetzbuch versicherungsfrei Beschäftigten, die nach § 6 Absatz 1 Satz 1 Nummer 2 oder nach § 230 Absatz 2 Satz 2 des Sechsten Buches Sozialgesetzbuch von der Versicherungspflicht befreiten Beschäftigten, deren Versorgungsrecht die entsprechende Anwendung des § 69 e Absatz 3 und 4 des Beamtenversorgungsgesetzes vorsieht,
4. Beamte, Richter, Berufssoldaten und Soldaten auf Zeit, die ohne Besoldung beurlaubt sind, für die Zeit einer Beschäftigung, wenn während der Beurlaubung die Gewährleistung einer Versorgungsanwartschaft unter den Voraussetzungen des § 5 Absatz 1 Satz 1 des Sechsten Buches Sozialgesetzbuch auf diese Beschäftigung erstreckt wird, und
5. Steuerpflichtige im Sinne der Nummern 1 bis 4, die beurlaubt sind und deshalb keine Besoldung, Amtsbezüge oder Entgelt erhalten, sofern sie eine Anrechnung von Kindererziehungszeiten nach § 56 des Sechsten Buches Sozialgesetzbuch in Anspruch nehmen könnten, wenn die Versicherungsfreiheit in der inländischen gesetzlichen Rentenversicherung nicht bestehen würde,

wenn sie spätestens bis zum Ablauf des Beitragsjahres (§ 88) gegenüber der zuständigen Stelle (§ 81 a) schriftlich oder elektronisch eingewilligt haben, dass diese der zentralen Stelle (§ 81) jährlich unter Angabe der Identifikationsnummer mitteilt, dass der Steuerpflichtige zum begünstigten Personenkreis gehört, dass die zuständige Stelle der zentralen Stelle die für die Ermittlung des Mindesteigenbeitrags (§ 86) und die Gewährung der Kinderzulage (§ 85) erforderlichen Daten übermittelt und die zentrale Stelle diese Daten für das Zulageverfahren verarbeiten darf. ② Bei der Erteilung der Einwilligung ist der Steuerpflichtige darauf hinzuweisen, dass er die Einwilligung vor Beginn des Kalenderjahres, für das sie erstmals nicht mehr gelten soll, gegenüber der zuständigen Stelle widerrufen kann. ③ Versicherungspflichtige nach dem Gesetz über die Alterssicherung der Landwirte stehen Pflichtversicherten gleich; dies gilt auch für Personen, die

1. eine Anrechnungszeit nach § 58 Absatz 1 Nummer 3 oder Nummer 6 des Sechsten Buches Sozialgesetzbuch in der gesetzlichen Rentenversicherung erhalten und
2. unmittelbar vor einer Anrechnungszeit nach § 58 Absatz 1 Nummer 3 oder Nummer 6 des Sechsten Buches Sozialgesetzbuch einer der im ersten Halbsatz, in Satz 1 oder in Satz 4 genannten begünstigten Personengruppen angehörten.

④ Die Sätze 1 und 2 gelten entsprechend für Steuerpflichtige, die nicht zum begünstigten Personenkreis nach Satz 1 oder 3 gehören und eine Rente wegen voller Erwerbsminderung oder Erwerbsunfähigkeit oder eine Versorgung wegen Dienstunfähigkeit aus einem der in Satz 1 oder 3 genannten Alterssicherungssysteme beziehen, wenn unmittelbar vor dem Bezug der entsprechenden Leistungen der Leistungsbezieher einer der in Satz 1 oder 3 genannten begünstigten Personengruppen angehörte; dies gilt nicht, wenn der Steuerpflichtige das 67. Lebensjahr vollendet hat. ⑤ Bei der Ermittlung der dem Steuerpflichtigen zustehenden Zulage nach Satz 1 bleibt die Erhöhung der Grundzulage nach § 84 Satz 2 außer Betracht.

(1a)[3] ① Steuerpflichtige, die eine Kinderzulage für ein Kind beantragen oder auf den Ehegatten übertragen haben, das im Beitragsjahr sein viertes Lebensjahr noch nicht vollendet hat und für das gegenüber dem Steuerpflichtigen oder seinem Ehegatten Kindergeld festgesetzt worden ist, stehen einem in der inländischen gesetzlichen Rentenversicherung Pflichtversicherten gleich, wenn eine Anrechnung von Kindererziehungszeiten nach § 56 des Sechsten Buches Sozialgesetzbuch nur auf Grund eines fehlenden oder noch nicht beschiedenen Antrags auf Berücksichtigung von Kindererziehungszeiten bislang nicht erfolgt ist. ② Voraussetzung ist, dass der Steuerpflichtige spätestens am Tag nach der Vollendung des vierten Lebensjahres des Kindes die Kindererziehungszeiten beim zuständigen Träger der gesetzlichen Rentenversicherung beantragt. ③ Werden die Kindererziehungszeiten vom Träger der gesetzlichen Rentenversicherung nicht anerkannt, entfällt rückwir-

---

[1] Zur Anwendung von § 10 a siehe Abs. 6.

[2] § 10 a Abs. 1 Satz 1 1. HS, Nr. 1, 2 und 5 geänd. durch G v. 8. 4. 2010 (BGBl. I S. 386); zur Anwendung siehe Abs. 6 Sätze 1 bis 3. § 10 a Abs. 1 Satz 3 neu gef. mWv 1. 1. 2011 durch G v. 8. 12. 2010 (BGBl. I S. 1768). Abs. 1 Satz 3 geänd. mWv VZ 2013 durch AltvVerbG v. 24. 6. 2013 (BGBl. I S. 1667). Abs. 1 Satz 1 geänd. mWv 1. 1. 2019 durch BetrRentStG v. 17. 8. 2017 (BGBl. I S. 3214). Abs. 1 Satz 1 geänd. mWv 1. 1. 2019 durch 2. DSAnpUG-EU v. 20. 11. 2019 (BGBl. I S. 1626). Abs. 1 Satz 1 abschl. Satzteil geänd. mWv 1. 1. 2024 durch WachstumschancenG v. 27. 3. 2024 (BGBl. I Nr. 108).

[3] § 10 a Abs. 1 a eingef. mWv VZ 2023 durch JStG 2022 v. 16. 12. 2022 (BGBl. I S. 2294). Satz 1 geänd. mWv 28. 3. 2024 durch WachstumschancenG v. 27. 3. 2024 (BGBl. I Nr. 108).

kend die Förderberechtigung nach Satz 1. ④ Wurde das Kind am 1. Januar geboren, gilt Satz 1 mit der Maßgabe, dass das fünfte Lebensjahr noch nicht vollendet sein darf.

(1 b)[1] ① Sofern eine Zulagenummer (§ 90 Absatz 1 Satz 2) durch die zentrale Stelle oder eine Versicherungsnummer nach § 147 des Sechsten Buches Sozialgesetzbuch noch nicht vergeben ist, haben die in Absatz 1 Satz 1 Nummer 1 bis 5 genannten Steuerpflichtigen über die zuständige Stelle eine Zulagenummer bei der zentralen Stelle zu beantragen. ② Für Empfänger einer Versorgung im Sinne des Absatzes 1 Satz 4 gilt Satz 1 entsprechend.

(2) ① Ist der Sonderausgabenabzug nach Absatz 1 für den Steuerpflichtigen günstiger als der Anspruch auf die Zulage nach Abschnitt XI, erhöht sich die unter Berücksichtigung des Sonderausgabenabzugs ermittelte tarifliche Einkommensteuer um den Anspruch auf Zulage. ② In den anderen Fällen scheidet der Sonderausgabenabzug aus. ③ Die Günstigerprüfung wird von Amts wegen vorgenommen.

(2 a)[2] *(aufgehoben)*

(3)[3] ① Der Abzugsbetrag nach Absatz 1 steht im Fall der Veranlagung von Ehegatten nach § 26 Absatz 1 jedem Ehegatten unter den Voraussetzungen des Absatzes 1 gesondert zu. ② Gehört nur ein Ehegatte zu dem nach Absatz 1 begünstigten Personenkreis und ist der andere Ehegatte nach § 79 Satz 2 zulageberechtigt, sind bei dem nach Absatz 1 abzugsberechtigten Ehegatten die von beiden Ehegatten geleisteten Altersvorsorgebeiträge und die dafür zustehenden Zulagen bei der Anwendung der Absätze 1 und 2 zu berücksichtigen. ③ Der Höchstbetrag nach Absatz 1 Satz 1 erhöht sich in den Fällen des Satzes 2 um 60 Euro. ④ Dabei sind die von dem Ehegatten, der zu dem nach Absatz 1 begünstigten Personenkreis gehört, geleisteten Altersvorsorgebeiträge vorrangig zu berücksichtigen, jedoch mindestens 60 Euro der von dem anderen Ehegatten geleisteten Altersvorsorgebeiträge. ⑤ Gehören beide Ehegatten zu dem nach Absatz 1 begünstigten Personenkreis und liegt ein Fall der Veranlagung nach § 26 Absatz 1 vor, ist bei der Günstigerprüfung nach Absatz 2 der Anspruch auf Zulage beider Ehegatten anzusetzen.

(4) ① Im Fall des Absatzes 2 Satz 1 stellt das Finanzamt die über den Zulageanspruch nach Abschnitt XI hinausgehende Steuerermäßigung gesondert fest und teilt diese der zentralen Stelle (§ 81) mit; § 10 d Absatz 4 Satz 3 bis 5 gilt entsprechend. ② Sind Altersvorsorgebeiträge zugunsten von mehreren Verträgen geleistet worden, erfolgt die Zurechnung im Verhältnis der nach Absatz 1 berücksichtigten Altersvorsorgebeiträge. ③ Ehegatten ist der nach Satz 1 festzustellende Betrag auch im Fall der Zusammenveranlagung jeweils getrennt zuzurechnen; die Zurechnung erfolgt im Verhältnis der nach Absatz 1 berücksichtigten Altersvorsorgebeiträge. ④ Werden Altersvorsorgebeiträge nach Absatz 3 Satz 2 berücksichtigt, die der nach § 79 Satz 2 zulageberechtigte Ehegatte zugunsten eines auf seinen Namen lautenden Vertrages geleistet hat, ist die hierauf entfallende Steuerermäßigung dem Vertrag zuzurechnen, zu dessen Gunsten die Altersvorsorgebeiträge geleistet wurden. ⑤ Die Übermittlung an die zentrale Stelle erfolgt unter Angabe der Vertragsnummer und der Identifikationsnummer (§ 139 b der Abgabenordnung) sowie der Zulage- oder Versicherungsnummer nach § 147 des Sechsten Buches Sozialgesetzbuch.

(5)[4] ① Nach Maßgabe des § 93 c der Abgabenordnung hat der Anbieter als mitteilungspflichtige Stelle auch unter Angabe der Vertragsdaten die Höhe der im jeweiligen Beitragsjahr zu berücksichtigenden Altersvorsorgebeiträge sowie die Zulage- oder die Versicherungsnummer nach § 147 des Sechsten Buches Sozialgesetzbuch an die zentrale Stelle zu übermitteln. ② § 22 a Absatz 2 gilt entsprechend. ③ § 72 a Absatz 4 der Abgabenordnung findet keine Anwendung. ④ Die übrigen Voraussetzungen für den Sonderausgabenabzug nach den Absätzen 1 bis 3 werden im Wege der Datenerhebung und des automatisierten Datenabgleichs nach § 91 überprüft. ⑤ Erfolgt eine Datenübermittlung nach Satz 1 und wurde noch keine Zulagenummer (§ 90 Absatz 1 Satz 2) durch die zentrale Stelle oder keine Versicherungsnummer nach § 147 des Sechsten Buches Sozialgesetzbuch vergeben, gilt § 90 Absatz 1 Satz 2 und 3 entsprechend.

(6)[5] ① Für die Anwendung der Absätze 1 bis 5 stehen den in der inländischen gesetzlichen Rentenversicherung Pflichtversicherten nach Absatz 1 Satz 1 die Pflichtmitglieder in einem ausländischen gesetzlichen Alterssicherungssystem gleich, wenn diese Pflichtmitgliedschaft

1. mit einer Pflichtmitgliedschaft in einem inländischen Alterssicherungssystem nach Absatz 1 Satz 1 oder 3 vergleichbar ist und
2. vor dem 1. Januar 2010 begründet wurde.

② Für die Anwendung der Absätze 1 bis 5 stehen den Steuerpflichtigen nach Absatz 1 Satz 4 die Personen gleich,

---

[1] § 10 a bish. Abs. 1 a wird Abs. 1 b mWv VZ 2023 durch JStG 2022 v. 16. 12. 2022 (BGBl. I S. 2294).

[2] § 10 a Abs. 2 a aufgeh. mWv 1. 1. 2019 durch 2. DSAnpUG-EU v. 20. 11. 2019 (BGBl. I S. 1626).

[3] § 10 a Abs. 3 Sätze 3 und 4 eingef., bish. Satz 3 wird Satz 5 mWv VZ 2012 durch BeitrRLUmsG v. 7. 12. 2011 (BGBl. I S. 2592).

[4] Zu § 10 a Abs. 5 Satz 5 (jetzt Satz 6) angef. mWv VZ 2010 durch G v. 8. 12. 2010 (BGBl. I S. 1768). Abs. 5 Sätze 1 bis 3 neu gef., Satz 4 eingef., bish. Sätze 4 und 5 werden Sätze 5 und 6 mWv 1. 1. 2017 durch G v. 18. 7. 2016 (BGBl. I S. 1679). Abs. 5 Sätze 1 und 2 geänd. mWv 1. 1. 2019 durch 2. DSAnpUG-EU v. 20. 11. 2019 (BGBl. I S. 1626). Abs. 5 Satz 3 aufgeh., Sätze 4 bis 6 werden Sätze 3 bis 5 mWv 1. 1. 2024 durch WachstumschancenG v. 27. 3. 2024 (BGBl. I Nr. 108).

[5] § 10 a Abs. 6 angef. mWv VZ 2014 durch KroatienAnpG v. 25. 7. 2014 (BGBl. I S. 1266). Abs. 6 Satz 4 2. HS neu gef. mWv VZ 2023 durch JStG 2022 v. 16. 12. 2022 (BGBl. I S. 2294).

1. die aus einem ausländischen gesetzlichen Alterssicherungssystem eine Leistung erhalten, die den in Absatz 1 Satz 4 genannten Leistungen vergleichbar ist,
2. die unmittelbar vor dem Bezug der entsprechenden Leistung nach Satz 1 oder Absatz 1 Satz 1 oder 3 begünstigt waren und
3. die noch nicht das 67. Lebensjahr vollendet haben.

③ Als Altersvorsorgebeiträge (§ 82) sind bei den in Satz 1 oder 2 genannten Personen nur diejenigen Beiträge zu berücksichtigen, die vom Abzugsberechtigten zugunsten seines vor dem 1. Januar 2010 abgeschlossenen Vertrags geleistet wurden. ④ Endet die unbeschränkte Steuerpflicht eines Zulageberechtigten im Sinne des Satzes 1 oder 2 durch Aufgabe des inländischen Wohnsitzes oder gewöhnlichen Aufenthalts und wird die Person nicht nach § 1 Absatz 3 als unbeschränkt einkommensteuerpflichtig behandelt, so gelten die §§ 93 und 94 entsprechend; § 99 Absatz 1 in der am 31. Dezember 2008 geltenden Fassung ist anzuwenden.

(7)[1] Soweit nichts anderes bestimmt ist, sind die Regelungen des § 10a und des Abschnitts XI in der für das jeweilige Beitragsjahr geltenden Fassung anzuwenden.

§ 10b Steuerbegünstigte Zwecke

(1)[2] ① Zuwendungen (Spenden und Mitgliedsbeiträge) zur Förderung steuerbegünstigter Zwecke im Sinne der §§ 52 bis 54 der Abgabenordnung können insgesamt bis zu
1. 20 Prozent des Gesamtbetrags der Einkünfte oder
2. 4 Promille der Summe der gesamten Umsätze und der im Kalenderjahr aufgewendeten Löhne und Gehälter

als Sonderausgaben abgezogen werden. ② Voraussetzung für den Abzug ist, dass diese Zuwendungen
1. an eine juristische Person des öffentlichen Rechts oder an eine öffentliche Dienststelle, die in einem Mitgliedstaat der Europäischen Union oder in einem Staat belegen ist, auf den das Abkommen über den Europäischen Wirtschaftsraum (EWR-Abkommen) Anwendung findet, oder
2. an eine nach § 5 Absatz 1 Nummer 9 des Körperschaftsteuergesetzes steuerbefreite Körperschaft, Personenvereinigung oder Vermögensmasse oder
3. an eine Körperschaft, Personenvereinigung oder Vermögensmasse, die in einem Mitgliedstaat der Europäischen Union oder in einem Staat belegen ist, auf den das Abkommen über den Europäischen Wirtschaftsraum (EWR-Abkommen) Anwendung findet, und die nach § 5 Absatz 1 Nummer 9 des Körperschaftsteuergesetzes in Verbindung mit § 5 Absatz 2 Nummer 2 zweiter Halbsatz des Körperschaftsteuergesetzes steuerbefreit wäre, wenn sie inländische Einkünfte erzielen würde,

geleistet werden. ③ Für nicht im Inland ansässige Zuwendungsempfänger nach Satz 2 ist weitere Voraussetzung, dass durch diese Staaten Amtshilfe und Unterstützung bei der Beitreibung geleistet werden. ④ Amtshilfe ist der Auskunftsaustausch im Sinne oder entsprechend der Amtshilferichtlinie gemäß § 2 Absatz 2 des EU-Amtshilfegesetzes. ⑤ Beitreibung ist die gegenseitige Unterstützung bei der Beitreibung von Forderungen im Sinne oder entsprechend der Beitreibungsrichtlinie einschließlich der in diesem Zusammenhang anzuwendenden Durchführungsbestimmungen in den für den jeweiligen Veranlagungszeitraum geltenden Fassungen oder eines entsprechenden Nachfolgerechtsaktes. ⑥ Werden die steuerbegünstigten Zwecke des Zuwendungsempfängers im Sinne von Satz 2 Nummer 1 nur im Ausland verwirklicht, ist für den Sonderausgabenabzug Voraussetzung, dass natürliche Personen, die ihren Wohnsitz oder ihren gewöhnlichen Aufenthalt im Geltungsbereich dieses Gesetzes haben, gefördert werden oder dass die Tätigkeit dieses Zuwendungsempfängers neben der Verwirklichung der steuerbegünstigten Zwecke auch zum Ansehen der Bundesrepublik Deutschland beitragen kann. ⑦ Abziehbar sind auch Mitgliedsbeiträge an Körperschaften, die Kunst und Kultur gemäß § 52 Absatz 2 Satz 1 Nummer 5 der Abgabenordnung fördern, soweit es sich nicht um Mitgliedsbeiträge nach Satz 8 Nummer 2 handelt, auch wenn den Mitgliedern Vergünstigungen gewährt werden. ⑧ Nicht abziehbar sind Mitgliedsbeiträge an Körperschaften,
1. die den Sport (§ 52 Absatz 2 Satz 1 Nummer 21 der Abgabenordnung),
2. die kulturelle Betätigungen, die in erster Linie der Freizeitgestaltung dienen,
3. die Heimatpflege und Heimatkunde (§ 52 Absatz 2 Satz 1 Nummer 22 der Abgabenordnung),
4. die Zwecke im Sinne des § 52 Absatz 2 Satz 1 Nummer 23 der Abgabenordnung

fördern oder

---

[1] § 10a Abs. 7 angef. mWv 1. 1. 2018 durch BetrRentStG v. 17. 8. 2017 (BGBl. I S. 3214).

[2] § 10b Abs. 1 Sätze 1 und 2 ersetzt durch Sätze 1 bis 7, bish. Sätze 3 bis 5 werden Sätze 8 bis 10 durch G v. 8. 4. 2010 (BGBl. I S. 386). § 10b Abs. 1 Satz 7 und 8 Nr. 1, 3 und 4 Zitat geändert durch G v. 8. 12. 2010 (BGBl. I S. 1768). § 10 Abs. 1 Satz 5 geänd. mWv VZ 2012 durch BeitrRLUmsG v. 7. 12. 2011 (BGBl. I S. 2592). § 10b Abs. 1 Satz 4 geänd. mWv 1. 1. 2013 durch AmtshilfeRLUmsG v. 26. 6. 2013 (BGBl. I S. 1809), Abs. 1 Satz 8 neu gef. durch JStG 2019 v. 12. 12. 2019 (BGBl. I S. 2451); zur erstmaligen Anwendung auf Mitgliedsbeiträge, die nach dem 31. 12. 2019 gezahlt werden, siehe § 52 Abs. 18a.

5. deren Zweck nach § 52 Absatz 2 Satz 2 der Abgabenordnung für gemeinnützig erklärt worden ist, weil deren Zweck die Allgemeinheit auf materiellem, geistigem oder sittlichem Gebiet entsprechend einem Zweck nach den Nummern 1 bis 4 fördert.

⑨ Abziehbare Zuwendungen, die die Höchstbeträge nach Satz 1 überschreiten oder die den um die Beträge nach § 10 Absatz 3 und 4, § 10 c und § 10 d verminderten Gesamtbetrag der Einkünfte übersteigen, sind im Rahmen der Höchstbeträge in den folgenden Veranlagungszeiträumen als Sonderausgaben abzuziehen. ⑩ § 10 d Absatz 4 gilt entsprechend.

(1 a)[1] ① Spenden zur Förderung steuerbegünstigter Zwecke im Sinne der §§ 52 bis 54 der Abgabenordnung in das zu erhaltende Vermögen (Vermögensstock) einer Stiftung, welche die Voraussetzungen des Absatzes 1 Satz 2 bis 6 erfüllt, können auf Antrag des Steuerpflichtigen im Veranlagungszeitraum der Zuwendung und in den folgenden neun Veranlagungszeiträumen bis zu einem Gesamtbetrag von 1 Million Euro bei Ehegatten, die nach den §§ 26, 26 b zusammen veranlagt werden bis zu einem Gesamtbetrag von 2 Millionen Euro, zusätzlich zu den Höchstbeträgen nach Absatz 1 Satz 1 abgezogen werden. ② Nicht abzugsfähig nach Satz 1 sind Spenden in das verbrauchbare Vermögen einer Stiftung. ③ Der besondere Abzugsbetrag nach Satz 1 bezieht sich auf den gesamten Zehnjahreszeitraum und kann der Höhe nach innerhalb dieses Zeitraums nur einmal in Anspruch genommen werden. ④ § 10 d Absatz 4 gilt entsprechend.

(2)[2] ① Zuwendungen an politische Parteien im Sinne des § 2 des Parteiengesetzes sind, sofern die jeweilige Partei nicht gemäß § 18 Absatz 7 des Parteiengesetzes von der staatlichen Teilfinanzierung ausgeschlossen ist, bis zur Höhe von insgesamt 1 650 Euro und im Fall der Zusammenveranlagung von Ehegatten bis zur Höhe von insgesamt 3 300 Euro im Kalenderjahr abzugsfähig. ② Sie können nur insoweit als Sonderausgaben abgezogen werden, als für sie nicht eine Steuerermäßigung nach § 34 g gewährt worden ist.

(3)[3] ① Als Zuwendung im Sinne dieser Vorschrift gilt auch die Zuwendung von Wirtschaftsgütern mit Ausnahme von Nutzungen und Leistungen. ② Ist das Wirtschaftsgut unmittelbar vor seiner Zuwendung einem Betriebsvermögen entnommen worden, so bemisst sich die Zuwendungshöhe nach dem Wert, der bei der Entnahme angesetzt wurde und nach der Umsatzsteuer, die auf die Entnahme entfällt. ③ Ansonsten bestimmt sich die Höhe der Zuwendung nach dem gemeinen Wert des zugewendeten Wirtschaftsguts, wenn dessen Veräußerung im Zeitpunkt der Zuwendung keinen Besteuerungstatbestand erfüllen würde. ④ In allen übrigen Fällen dürfen bei der Ermittlung der Zuwendungshöhe die fortgeführten Anschaffungs- oder Herstellungskosten nur überschritten werden, soweit eine Gewinnrealisierung stattgefunden hat. ⑤ Aufwendungen zugunsten einer Körperschaft, die zum Empfang steuerlich abziehbarer Zuwendungen berechtigt ist, können nur abgezogen werden, wenn ein Anspruch auf die Erstattung der Aufwendungen durch Vertrag oder Satzung eingeräumt und auf die Erstattung verzichtet worden ist. ⑥ Der Anspruch darf nicht unter der Bedingung des Verzichts eingeräumt worden sein.

(4)[4] ① Der Steuerpflichtige darf auf die Richtigkeit der Bestätigung über Spenden und Mitgliedsbeiträge vertrauen, es sei denn, dass er die Bestätigung durch unlautere Mittel oder falsche Angaben erwirkt hat oder dass ihm die Unrichtigkeit der Bestätigung bekannt oder infolge grober Fahrlässigkeit nicht bekannt war. ② Wer vorsätzlich oder grob fahrlässig eine unrichtige Bestätigung ausstellt oder veranlasst, dass Zuwendungen nicht zu den in der Bestätigung angegebenen steuerbegünstigten Zwecken verwendet werden, haftet für die entgangene Steuer. ③ Diese ist mit 30 Prozent des zugewendeten Betrags anzusetzen. ④ In den Fällen des Satzes 2 zweite Alternative (Veranlasserhaftung) ist vorrangig der Zuwendungsempfänger in Anspruch zu nehmen; die in diesen Fällen für den Zuwendungsempfänger handelnden natürlichen Personen sind nur in Anspruch zu nehmen, wenn die entgangene Steuer nicht nach § 47 der Abgabenordnung erloschen ist und Vollstreckungsmaßnahmen gegen den Zuwendungsempfänger nicht erfolgreich sind. ⑤ Die Festsetzungsfrist für Haftungsansprüche nach Satz 2 läuft nicht ab, solange die Festsetzungsfrist für von dem Empfänger der Zuwendung geschuldete Körperschaftsteuer für den Veranlagungszeitraum nicht abgelaufen ist, in dem die unrichtige Bestätigung ausgestellt worden ist oder veranlasst wurde, dass die Zuwendung nicht zu den in der Bestätigung angegebenen steuerbegünstigten Zwecken verwendet worden ist; § 191 Absatz 5 der Abgabenordnung ist nicht anzuwenden.

§ 10 c[5] Sonderausgaben-Pauschbetrag

① Für Sonderausgaben nach § 10 Absatz 1 Nummer 4, 5, 7 und 9 sowie Absatz 1 a und nach § 10 b wird ein Pauschbetrag von 36 Euro abgezogen (Sonderausgaben-Pauschbetrag), wenn der

[1] § 10 b Abs. 1 a Satz 1 neu gef. durch G v. 8. 4. 2010 (BGBl. I S. 386). Abs. 1 a Satz 1 geänd. und neuer Satz 2 eingef. (bish. Sätze 2 und 3 werden 3 und 4 mWv VZ 2012 (§ 52 Abs. 1 idF des G v. 1. 11. 2011, BGBl. I S. 2131; **a. A. BMF: VZ 2013** lt. PM Nr. 19 v. 1. 3. 2013) durch Ehrenamtsstärkungsgesetz v. 21. 3. 2013 (BGBl. I S. 556).

[2] § 10 b Abs. 2 Satz 1 geänd. mWv 29. 7. 2017 durch G v. 18. 7. 2017 (BGBl. I S. 2730).

[3] § 10 b Abs. 3 Satz 2 geänd. mWv VZ 2012 (§ 52 Abs. 1 idF des G v. 1. 11. 2011, BGBl. I S. 2131; **a. A. BMF: VZ 2013** lt. PM Nr. 19 v. 1. 3. 2013) durch Ehrenamtsstärkungsgesetz v. 21. 3. 2013 (BGBl. I S. 556).

[4] § 10 b Abs. 4 Satz 4 geänd. durch G v. 8. 4. 2010 (BGBl. I S. 386), Abs. 4 Satz 2 geänd. mWv VZ 2012 (§ 52 Abs. 1 idF des G v. 1. 11. 2011, BGBl. I S. 2131; **a. A. BMF: VZ 2013** lt. PM Nr. 19 v. 1. 3. 2013) durch Ehrenamtsstärkungsgesetz v. 21. 3. 2013 (BGBl. I S. 556).

[5] § 10 c neu gef. mWv VZ 2010 durch G v. 16. 7. 2009 (BGBl. I S. 1959); § 10 c Satz 1 Verweis geänd. durch StVereinfG 2011 v. 1. 11. 2011 (BGBl. I S. 2131). § 10 c Satz 1 Verweis geänd. durch KroatienAnpG v. 25. 7. 2014 (BGBl. I S. 1266). Satz 1 Verweis erneut geänd. durch ZollkodexAnpG v. 22. 12. 2014 (BGBl. I S. 2417).

Steuerpflichtige nicht höhere Aufwendungen nachweist. ② Im Falle der Zusammenveranlagung von Ehegatten verdoppelt sich der Sonderausgaben-Pauschbetrag.

§ 10d Verlustabzug

(1)[1] ① Negative Einkünfte, die bei der Ermittlung des Gesamtbetrags der Einkünfte nicht ausgeglichen werden, sind bis zu einem Betrag von 1 000 000 Euro, bei Ehegatten, die nach den §§ 26, 26 b zusammenveranlagt werden, bis zu einem Betrag von 2 000 000 Euro vom Gesamtbetrag der Einkünfte des unmittelbar vorangegangenen Veranlagungszeitraums vorrangig vor Sonderausgaben, außergewöhnlichen Belastungen und sonstigen Abzugsbeträgen abzuziehen (Verlustrücktrag). ② Soweit ein Ausgleich der negativen Einkünfte nach Satz 1 nicht möglich ist, sind diese vom Gesamtbetrag der Einkünfte des zweiten dem Veranlagungszeitraum vorangegangenen Veranlagungszeitraums vorrangig vor Sonderausgaben, außergewöhnlichen Belastungen und sonstigen Abzugsbeträgen abzuziehen. ③ Dabei wird der Gesamtbetrag der Einkünfte des unmittelbar vorangegangenen Veranlagungszeitraums und des zweiten dem Veranlagungszeitraum vorangegangenen Veranlagungszeitraums um die Begünstigungsbeträge nach § 34 a Absatz 3 Satz 1 gemindert. ④ Ist für den unmittelbar vorangegangenen Veranlagungszeitraum oder den zweiten dem Veranlagungszeitraum vorangegangenen Veranlagungszeitraum bereits ein Steuerbescheid erlassen worden, so ist er insoweit zu ändern, als der Verlustrücktrag zu gewähren oder zu berichtigen ist. ⑤ Das gilt auch dann, wenn der Steuerbescheid unanfechtbar geworden ist; die Festsetzungsfrist endet insoweit nicht, bevor die Festsetzungsfrist für den Veranlagungszeitraum abgelaufen ist, in dem die negativen Einkünfte nicht ausgeglichen werden. ⑥ Auf Antrag des Steuerpflichtigen ist von der Anwendung des Verlustrücktrags nach den Sätzen 1 und 2 insgesamt abzusehen.

(2)[2] ① Nicht ausgeglichene negative Einkünfte, die nicht nach Absatz 1 abgezogen worden sind, sind in den folgenden Veranlagungszeiträumen bis zu einem Gesamtbetrag der Einkünfte von 1 Million Euro unbeschränkt, darüber hinaus bis zu *70 Prozent* **[ab 1. 1. 2028:** 60 Prozent**]** des 1 Million Euro übersteigenden Gesamtbetrags der Einkünfte vorrangig vor Sonderausgaben, außergewöhnlichen Belastungen und sonstigen Abzugsbeträgen abzuziehen (Verlustvortrag). ② Bei Ehegatten, die nach den §§ 26, 26 b zusammenveranlagt werden, tritt an die Stelle des Betrags von 1 Million Euro ein Betrag von 2 Millionen Euro. ③ Der Abzug ist nur insoweit zulässig, als die Verluste nicht nach Absatz 1 abgezogen worden sind und in den vorangegangenen Veranlagungszeiträumen nicht nach Satz 1 und 2 abgezogen werden konnten.

(3) *(weggefallen)*

(4)[3] ① Der am Schluss eines Veranlagungszeitraums verbleibende Verlustvortrag ist gesondert festzustellen. ② Verbleibender Verlustvortrag sind die bei der Ermittlung des Gesamtbetrags der Einkünfte nicht ausgeglichenen negativen Einkünfte, vermindert um die nach Absatz 1 abgezogenen und die nach Absatz 2 abziehbaren Beträge und vermehrt um den auf den Schluss des vorangegangenen Veranlagungszeitraums festgestellten verbleibenden Verlustvortrag. ③ Zuständig für die Feststellung ist das für die Besteuerung zuständige Finanzamt. ④ Bei der Feststellung des verbleibenden Verlustvortrags sind die Besteuerungsgrundlagen so zu berücksichtigen, wie sie den Steuerfestsetzungen des Veranlagungszeitraums, auf dessen Schluss der verbleibende Verlustvortrag festgestellt wird, und des Veranlagungszeitraums, in dem ein Verlustrücktrag vorgenommen werden kann, zu Grunde gelegt worden sind; § 171 Absatz 10, § 175 Absatz 1 Satz 1 Nummer 1 und § 351 Absatz 2 der Abgabenordnung sowie § 42 der Finanzgerichtsordnung gelten entsprechend. ⑤ Die Besteuerungsgrundlagen dürfen bei der Feststellung nur insoweit abweichend von Satz 4 berücksichtigt werden, wie die Aufhebung, Änderung oder Berichtigung der Steuerbescheide ausschließlich mangels Auswirkung auf die Höhe der festzusetzenden Steuer unterbleibt. ⑥ Die Feststellungsfrist endet nicht, bevor die Festsetzungsfrist für den Veranlagungszeitraum abgelaufen ist, auf dessen Schluss der verbleibende Verlustvortrag gesondert festzustellen ist; § 181 Absatz 5 der Abgabenordnung ist nur anzuwenden, wenn die zuständige Finanzbehörde die Feststellung des Verlustvortrags pflichtwidrig unterlassen hat.

§ 10e[4] Steuerbegünstigung der zu eigenen Wohnzwecken genutzten Wohnung im eigenen Haus

(1) ① Der Steuerpflichtige kann von den Herstellungskosten einer Wohnung in einem im Inland belegenen eigenen Haus oder einer im Inland belegenen eigenen Eigentumswohnung zuzüglich der Hälfte der Anschaffungskosten für den dazugehörenden Grund und Boden (Bemessungsgrundlage) im Jahr der Fertigstellung und in den drei folgenden Jahren jeweils bis zu 6 Prozent, höchstens jeweils 10 124 Euro, und in den vier darauffolgenden Jahren jeweils bis zu 5 Prozent, höchstens jeweils 8 437 Euro, wie Sonderausgaben abziehen. ② Voraussetzung ist, dass der Steuerpflichtige die Wohnung hergestellt und in dem jeweiligen Jahr des Zeitraums nach Satz 1 (Ab-

[1] § 10 d Abs. 1 neu gef. mWv VZ 2022 und Satz 1 geänd. mWv VZ 2024 durch G v. 19. 6. 2022 (BGBl. I S. 911); zur Anwendung siehe § 52 Abs. 18 b.

[2] § 10 d Abs. 2 Satz 1 geänd. mWv VZ 2024 und **mWv VZ 2028** durch WachstumschancenG v. 27. 3. 2024 (BGBl. I Nr. 108); zur Anwendung siehe § 52 Abs. 18 b Sätze 3 und 4.

[3] § 10 d Abs. 4 Sätze 4 und 5 neu gef. durch G v. 8. 12. 2010 (BGBl. I S. 1768).

[4] Zur erstmaligen und letztmaligen Anwendung von § 10 e siehe § 52 Abs. 19.

zugszeitraum) zu eigenen Wohnzwecken genutzt hat und die Wohnung keine Ferienwohnung oder Wochenendwohnung ist. ③ Eine Nutzung zu eigenen Wohnzwecken liegt auch vor, wenn Teile einer zu eigenen Wohnzwecken genutzten Wohnung unentgeltlich zu Wohnzwecken überlassen werden. ④ Hat der Steuerpflichtige die Wohnung angeschafft, so sind die Sätze 1 bis 3 mit der Maßgabe anzuwenden, dass an die Stelle des Jahres der Fertigstellung das Jahr der Anschaffung und an die Stelle der Herstellungskosten die Anschaffungskosten treten; hat der Steuerpflichtige die Wohnung nicht bis zum Ende des zweiten auf das Jahr der Fertigstellung folgenden Jahres angeschafft, kann er von der Bemessungsgrundlage im Jahr der Anschaffung und in den drei folgenden Jahren höchstens jeweils 4602 Euro und in den vier darauffolgenden Jahren höchstens jeweils 3835 Euro abziehen. ⑤ § 6b Absatz 6 gilt sinngemäß. ⑥ Bei einem Anteil an der zu eigenen Wohnzwecken genutzten Wohnung kann der Steuerpflichtige den entsprechenden Teil der Abzugsbeträge nach Satz 1 wie Sonderausgaben abziehen. ⑦ Werden Teile der Wohnung nicht zu eigenen Wohnzwecken genutzt, ist die Bemessungsgrundlage um den auf den nicht zu eigenen Wohnzwecken entfallenden Teil zu kürzen. ⑧ Satz 4 ist nicht anzuwenden, wenn der Steuerpflichtige die Wohnung oder einen Anteil daran von seinem Ehegatten anschafft und bei den Ehegatten die Voraussetzungen des § 26 Absatz 1 vorliegen.

(2) Absatz 1 gilt entsprechend für Herstellungskosten zu eigenen Wohnzwecken genutzter Ausbauten und Erweiterungen an einer im Inland belegenen, zu eigenen Wohnzwecken genutzten Wohnung.

(3) ① Der Steuerpflichtige kann die Abzugsbeträge nach den Absätzen 1 und 2, die er in einem Jahr des Abzugszeitraums nicht ausgenutzt hat, bis zum Ende des Abzugszeitraums abziehen. ② Nachträgliche Herstellungskosten oder Anschaffungskosten, die bis zum Ende des Abzugszeitraums entstehen, können vom Jahr ihrer Entstehung an für die Veranlagungszeiträume, in denen der Steuerpflichtige Abzugsbeträge nach den Absätzen 1 und 2 hätte abziehen können, so behandelt werden, als wären sie zu Beginn des Abzugszeitraums entstanden.

(4) ① Die Abzugsbeträge nach den Absätzen 1 und 2 kann der Steuerpflichtige nur für eine Wohnung oder für einen Ausbau oder eine Erweiterung abziehen. ② Ehegatten, bei denen die Voraussetzungen des § 26 Absatz 1 vorliegen, können die Abzugsbeträge nach den Absätzen 1 und 2 für insgesamt zwei der in Satz 1 bezeichneten Objekte abziehen, jedoch nicht gleichzeitig für zwei in räumlichem Zusammenhang belegene Objekte, wenn bei den Ehegatten im Zeitpunkt der Herstellung oder Anschaffung der Objekte die Voraussetzungen des § 26 Absatz 1 vorliegen. ③ Den Abzugsbeträgen stehen die erhöhten Absetzungen nach § 7b in der jeweiligen Fassung ab Inkrafttreten des Gesetzes vom 16. Juni 1964 (BGBl. I S. 353) und nach § 15 Absatz 1 bis 4 des Berlinförderungsgesetzes in der jeweiligen Fassung ab Inkrafttreten des Gesetzes vom 11. Juli 1977 (BGBl. I S. 1213) gleich. ④ Nutzt der Steuerpflichtige die Wohnung im eigenen Haus oder die Eigentumswohnung (Erstobjekt) nicht bis zum Ablauf des Abzugszeitraums zu eigenen Wohnzwecken und kann er deshalb die Abzugsbeträge nach den Absätzen 1 und 2 nicht mehr in Anspruch nehmen, so kann er die Abzugsbeträge nach Absatz 1 bei einer weiteren Wohnung im Sinne des Absatzes 1 Satz 1 (Folgeobjekt) in Anspruch nehmen, wenn er das Folgeobjekt innerhalb von zwei Jahren vor und drei Jahren nach Ablauf des Veranlagungszeitraums, in dem er das Erstobjekt letztmals zu eigenen Wohnzwecken genutzt hat, anschafft oder herstellt; Entsprechendes gilt bei einem Ausbau oder einer Erweiterung einer Wohnung. ⑤ Im Fall des Satzes 4 ist der Abzugszeitraum für das Folgeobjekt um die Anzahl der Veranlagungszeiträume zu kürzen, in denen der Steuerpflichtige für das Erstobjekt die Abzugsbeträge nach den Absätzen 1 und 2 hätte abziehen können; hat der Steuerpflichtige das Folgeobjekt in einem Veranlagungszeitraum, in dem er das Erstobjekt noch zu eigenen Wohnzwecken genutzt hat, hergestellt oder angeschafft oder ausgebaut oder erweitert, so beginnt der Abzugszeitraum für das Folgeobjekt mit Ablauf des Veranlagungszeitraums, in dem der Steuerpflichtige das Erstobjekt letztmals zu eigenen Wohnzwecken genutzt hat. ⑥ Für das Folgeobjekt sind die Prozentsätze der vom Erstobjekt verbliebenen Jahre maßgebend. ⑦ Dem Erstobjekt im Sinne des Satzes 4 steht ein Erstobjekt im Sinne des § 7b Absatz 5 Satz 4 sowie des § 15 Absatz 1 und des § 15b Absatz 1 des Berlinförderungsgesetzes gleich. ⑧ Ist für den Steuerpflichtigen Objektverbrauch nach den Sätzen 1 bis 3 eingetreten, kann er die Abzugsbeträge nach den Absätzen 1 und 2 für ein weiteres, in dem in Artikel 3 des Einigungsvertrages genannten Gebiet belegenes Objekt abziehen, wenn der Steuerpflichtige oder dessen Ehegatte, bei denen die Voraussetzungen des § 26 Absatz 1 vorliegen, in dem in Artikel 3 des Einigungsvertrages genannten Gebiet zugezogen ist und

1. seinen ausschließlichen Wohnsitz in diesem Gebiet zu Beginn des Veranlagungszeitraums hat oder ihn im Laufe des Veranlagungszeitraums begründet

oder

2. bei mehrfachem Wohnsitz einen Wohnsitz in diesem Gebiet hat und sich dort überwiegend aufhält.

⑨ Voraussetzung für die Anwendung des Satzes 8 ist, dass die Wohnung im eigenen Haus oder die Eigentumswohnung vor dem 1. Januar 1995 hergestellt oder angeschafft oder der Ausbau oder die Erweiterung vor diesem Zeitpunkt fertig gestellt worden ist. ⑩ Die Sätze 2 und 4 bis 6 sind für im Satz 8 bezeichnete Objekte sinngemäß anzuwenden.

(5) ① Sind mehrere Steuerpflichtige Eigentümer einer zu eigenen Wohnzwecken genutzten Wohnung, so ist Absatz 4 mit der Maßgabe anzuwenden, dass der Anteil des Steuerpflichtigen an der Wohnung einer Wohnung gleichsteht; Entsprechendes gilt bei dem Ausbau oder bei der Erweiterung einer zu eigenen Wohnzwecken genutzten Wohnung. ② Satz 1 ist nicht anzuwenden, wenn Eigentümer der Wohnung der Steuerpflichtige und sein Ehegatte sind und bei den Ehegatten die Voraussetzungen des § 26 Absatz 1 vorliegen. ③ Erwirbt im Fall des Satzes 2 ein Ehegatte infolge Erbfalls einen Miteigentumsanteil an der Wohnung hinzu, so kann er die auf diesen Anteil entfallenden Abzugsbeträge nach den Absätzen 1 und 2 weiter in der bisherigen Höhe abziehen; Entsprechendes gilt, wenn im Fall des Satzes 2 während des Abzugszeitraums die Voraussetzungen des § 26 Absatz 1 wegfallen und ein Ehegatte den Anteil des anderen Ehegatten an der Wohnung erwirbt.

(5 a) ① Die Abzugsbeträge nach den Absätzen 1 und 2 können nur für die Veranlagungszeiträume in Anspruch genommen werden, in denen der Gesamtbetrag der Einkünfte 61 355 Euro, bei nach § 26b zusammenveranlagten Ehegatten 122 710 Euro nicht übersteigt. ② Eine Nachholung von Abzugsbeträgen nach Absatz 3 Satz 1 ist nur für Veranlagungszeiträume möglich, in denen die in Satz 1 genannten Voraussetzungen vorgelegen haben; Entsprechendes gilt für nachträgliche Herstellungskosten oder Anschaffungskosten im Sinne des Absatzes 3 Satz 2.

(6) ① Aufwendungen des Steuerpflichtigen, die bis zum Beginn der erstmaligen Nutzung einer Wohnung im Sinne des Absatzes 1 zu eigenen Wohnzwecken entstehen, unmittelbar mit der Herstellung oder Anschaffung des Gebäudes oder der Eigentumswohnung oder der Anschaffung des dazugehörenden Grund und Bodens zusammenhängen, nicht zu den Herstellungskosten oder Anschaffungskosten der Wohnung oder zu den Anschaffungskosten des Grund und Bodens gehören und die im Fall der Vermietung oder Verpachtung der Wohnung als Werbungskosten abgezogen werden könnten, können wie Sonderausgaben abgezogen werden. ② Wird eine Wohnung bis zum Beginn der erstmaligen Nutzung zu eigenen Wohnzwecken vermietet oder zu eigenen beruflichen oder eigenen betrieblichen Zwecken genutzt und sind die Aufwendungen Werbungskosten oder Betriebsausgaben, können sie nicht wie Sonderausgaben abgezogen werden. ③ Aufwendungen nach Satz 1, die Erhaltungsaufwand sind und im Zusammenhang mit der Anschaffung des Gebäudes oder der Eigentumswohnung stehen, können insgesamt nur bis zu 15 Prozent der Anschaffungskosten des Gebäudes oder der Eigentumswohnung, höchstens bis zu 15 Prozent von 76 694 Euro, abgezogen werden. ④ Die Sätze 1 und 2 gelten entsprechend bei Ausbauten und Erweiterungen an einer zu Wohnzwecken genutzten Wohnung.

(6 a) ① Nimmt der Steuerpflichtige Abzugsbeträge für ein Objekt nach den Absätzen 1 oder 2 in Anspruch oder ist er auf Grund des Absatzes 5 a zur Inanspruchnahme von Abzugsbeträgen für ein solches Objekt nicht berechtigt, so kann er die mit diesem Objekt in wirtschaftlichem Zusammenhang stehenden Schuldzinsen, die für die Zeit der Nutzung zu eigenen Wohnzwecken entstehen, im Jahr der Herstellung oder Anschaffung und in den beiden folgenden Kalenderjahren bis zur Höhe von jeweils 12 000 Deutsche Mark wie Sonderausgaben abziehen, wenn er das Objekt vor dem 1. Januar 1995 fertiggestellt oder vor diesem Zeitpunkt bis zum Ende des Jahres der Fertigstellung angeschafft hat. ② Soweit der Schuldzinsenabzug nach Satz 1 nicht in vollem Umfang im Jahr der Herstellung oder Anschaffung in Anspruch genommen werden kann, kann er in dem dritten auf das Jahr der Herstellung oder Anschaffung folgenden Kalenderjahr nachgeholt werden. ③ Absatz 1 Satz 6 gilt sinngemäß.

(7) ① Sind mehrere Steuerpflichtige Eigentümer einer zu eigenen Wohnzwecken genutzten Wohnung, so können die Abzugsbeträge nach den Absätzen 1 und 2 und die Aufwendungen nach den Absätzen 6 und 6 a gesondert und einheitlich festgestellt werden. ② Die für die gesonderte Feststellung von Einkünften nach § 180 Absatz 1 Nummer 2 Buchstabe a der Abgabenordnung geltenden Vorschriften sind entsprechend anzuwenden.

§ 10f Steuerbegünstigung für zu eigenen Wohnzwecken genutzte Baudenkmale und Gebäude in Sanierungsgebieten und städtebaulichen Entwicklungsbereichen

(1)[1] ① Der Steuerpflichtige kann Aufwendungen an einem eigenen Gebäude im Kalenderjahr des Abschlusses der Baumaßnahme und in den neun folgenden Kalenderjahren jeweils bis zu 9 Prozent wie Sonderausgaben abziehen, wenn die Voraussetzungen des § 7h oder des § 7i vorliegen. ② Dies gilt nur, soweit er das Gebäude in dem jeweiligen Kalenderjahr zu eigenen Wohnzwecken nutzt und die Aufwendungen nicht in die Bemessungsgrundlage nach § 10e oder dem Eigenheimzulagengesetz einbezogen hat. ③ Für Zeiträume, für die der Steuerpflichtige erhöhte Absetzungen von Aufwendungen nach § 7h oder § 7i abgezogen hat, kann er für diese Aufwendungen keine Abzugsbeträge nach Satz 1 in Anspruch nehmen. ④ Eine Nutzung zu eigenen Wohnzwecken liegt auch vor, wenn Teile einer zu eigenen Wohnzwecken genutzten Wohnung unentgeltlich zu Wohnzwecken überlassen werden.

(2)[2] ① Der Steuerpflichtige kann Erhaltungsaufwand, der an einem eigenen Gebäude entsteht und nicht zu den Betriebsausgaben oder Werbungskosten gehört, im Kalenderjahr des Abschlusses

[1] § 10f Abs. 1 Satz 1 inhaltlich bestätigt durch G v. 5. 4. 2011 (BGBl. I S. 554).
[2] § 10f Abs. 2 Satz 1 inhaltlich bestätigt durch G v. 5. 4. 2011 (BGBl. I S. 554).

der Maßnahme und in den neun folgenden Kalenderjahren jeweils bis zu 9 Prozent wie Sonderausgaben abziehen, wenn die Voraussetzungen des § 11 a Absatz 1 in Verbindung mit § 7 h Absatz 2 oder des § 11 b Satz 1 oder 2 in Verbindung mit § 7 i Absatz 1 Satz 2 und Absatz 2 vorliegen. ② Dies gilt nur, soweit der Steuerpflichtige das Gebäude in dem jeweiligen Kalenderjahr zu eigenen Wohnzwecken nutzt und diese Aufwendungen nicht nach § 10 e Absatz 6 oder § 10 i abgezogen hat. ③ Soweit der Steuerpflichtige das Gebäude während des Verteilungszeitraums zur Einkunftserzielung nutzt, ist der noch nicht berücksichtigte Teil des Erhaltungsaufwands im Jahr des Übergangs zur Einkunftserzielung wie Sonderausgaben abzuziehen. ④ Absatz 1 Satz 4 ist entsprechend anzuwenden.

(3) ① Die Abzugsbeträge nach den Absätzen 1 und 2 kann der Steuerpflichtige nur bei einem Gebäude in Anspruch nehmen. ② Ehegatten, bei denen die Voraussetzungen des § 26 Absatz 1 vorliegen, können die Abzugsbeträge nach den Absätzen 1 und 2 bei insgesamt zwei Gebäuden abziehen. ③ Gebäuden im Sinne der Absätze 1 und 2 stehen Gebäude gleich, für die Abzugsbeträge nach § 52 Absatz 21 Satz 6 in Verbindung mit § 51 Absatz 1 Nummer 2 Buchstabe x oder Buchstabe y des Einkommensteuergesetzes 1987 in der Fassung der Bekanntmachung vom 27. Februar 1987 (BGBl. I S. 657) in Anspruch genommen worden sind; Entsprechendes gilt für Abzugsbeträge nach § 52 Absatz 21 Satz 7.

(4) ① Sind mehrere Steuerpflichtige Eigentümer eines Gebäudes, so ist Absatz 3 mit der Maßgabe anzuwenden, dass der Anteil des Steuerpflichtigen an einem solchen Gebäude dem Gebäude gleichsteht. ② Erwirbt ein Miteigentümer, der für seinen Anteil bereits Abzugsbeträge nach Absatz 1 oder Absatz 2 abgezogen hat, einen Anteil an demselben Gebäude hinzu, kann er für danach von ihm durchgeführte Maßnahmen im Sinne der Absätze 1 oder 2 auch die Abzugsbeträge nach den Absätzen 1 und 2 in Anspruch nehmen, die auf den hinzuerworbenen Anteil entfallen. ③ § 10 e Absatz 5 Satz 2 und 3 sowie Absatz 7 ist sinngemäß anzuwenden.

(5) Die Absätze 1 bis 4 sind auf Gebäudeteile, die selbständige unbewegliche Wirtschaftsgüter sind, und auf Eigentumswohnungen entsprechend anzuwenden.

§ 10g Steuerbegünstigung für schutzwürdige Kulturgüter, die weder zur Einkunftserzielung noch zu eigenen Wohnzwecken genutzt werden

(1)[1] ① Der Steuerpflichtige kann Aufwendungen für Herstellungs- und Erhaltungsmaßnahmen an eigenen schutzwürdigen Kulturgütern im Inland, soweit sie öffentliche oder private Zuwendungen oder etwaige aus diesen Kulturgütern erzielte Einnahmen übersteigen, im Kalenderjahr des Abschlusses der Maßnahme und in den neun folgenden Kalenderjahren jeweils bis zu 9 Prozent wie Sonderausgaben abziehen. ② Kulturgüter im Sinne des Satzes 1 sind

1. Gebäude oder Gebäudeteile, die nach den jeweiligen landesrechtlichen Vorschriften ein Baudenkmal sind,
2. Gebäude oder Gebäudeteile, die für sich allein nicht die Voraussetzungen für ein Baudenkmal erfüllen, aber Teil einer nach den jeweiligen landesrechtlichen Vorschriften als Einheit geschützten Gebäudegruppe oder Gesamtanlage sind,
3. gärtnerische, bauliche und sonstige Anlagen, die keine Gebäude oder Gebäudeteile und nach den jeweiligen landesrechtlichen Vorschriften unter Schutz gestellt sind,
4. Mobiliar, Kunstgegenstände, Kunstsammlungen, wissenschaftliche Sammlungen, Bibliotheken oder Archive, die sich seit mindestens 20 Jahren im Besitz der Familie des Steuerpflichtigen befinden oder als nationales Kulturgut in ein Verzeichnis national wertvollen Kulturgutes nach § 7 Absatz 1 des Kulturgutschutzgesetzes vom 31. Juli 2016 (BGBl. I S. 1914) eingetragen ist und deren Erhaltung wegen ihrer Bedeutung für Kunst, Geschichte oder Wissenschaft im öffentlichen Interesse liegt,

wenn sie in einem den Verhältnissen entsprechenden Umfang der wissenschaftlichen Forschung oder der Öffentlichkeit zugänglich gemacht werden, es sei denn, dem Zugang stehen zwingende Gründe des Denkmal- oder Archivschutzes entgegen. ③ Die Maßnahmen müssen nach Maßgabe der geltenden Bestimmungen der Denkmal- und Archivpflege erforderlich und in Abstimmung mit der in Absatz 3 genannten Stelle durchgeführt worden sein; bei Aufwendungen für Herstellungs- und Erhaltungsmaßnahmen an Kulturgütern im Sinne des Satzes 2 Nummer 1 und 2 ist § 7 i Absatz 1 Satz 1 bis 4 sinngemäß anzuwenden.

(2)[2] ① Die Abzugsbeträge nach Absatz 1 Satz 1 kann der Steuerpflichtige nur in Anspruch nehmen, soweit er die schutzwürdigen Kulturgüter im jeweiligen Kalenderjahr weder zur Erzielung von Einkünften im Sinne des § 2 noch Gebäude oder Gebäudeteile zu eigenen Wohnzwecken nutzt und die Aufwendungen nicht nach § 10 e Absatz 6, § 10 h Satz 3 oder § 10 i abgezogen hat. ② Für Zeiträume, für die der Steuerpflichtige von Aufwendungen Absetzungen für Abnutzung, erhöhte Absetzungen, Sonderabschreibungen oder Beträge nach § 10 e Absatz 1 bis 5, den §§ 10 f, 10 h, 15 b des Berlinförderungsgesetzes abgezogen hat, kann er für diese Aufwendungen keine

---

[1] § 10 g Abs. 1 Satz 1 inhaltlich bestätigt durch G v. 5. 4. 2011 (BGBl. I S. 554). Abs. 1 Satz 2 Nr. 4 geänd. mWv 6. 8. 2016 durch G v. 31. 7. 2016 (BGBl. I S. 1914).

[2] § 10 g Abs. 2 Satz 2 geänd. mWv 15. 7. 2016 durch G v. 8. 7. 2016 (BGBl. I S. 1594).

Abzugsbeträge nach Absatz 1 Satz 1 in Anspruch nehmen; Entsprechendes gilt, wenn der Steuerpflichtige für Aufwendungen die Eigenheimzulage nach dem Eigenheimzulagengesetz in Anspruch genommen hat. ③ Soweit die Kulturgüter während des Zeitraums nach Absatz 1 Satz 1 zur Einkunftserzielung genutzt werden, ist der noch nicht berücksichtigte Teil der Aufwendungen, die auf Erhaltungsarbeiten entfallen, im Jahr des Übergangs zur Einkunftserzielung wie Sonderausgaben abzuziehen.

(3) ① Der Steuerpflichtige kann den Abzug vornehmen, wenn er durch eine Bescheinigung der nach Landesrecht zuständigen oder von der Landesregierung bestimmten Stelle die Voraussetzungen des Absatzes 1 für das Kulturgut und für die Erforderlichkeit der Aufwendungen nachweist. ② Hat eine der für Denkmal- oder Archivpflege zuständigen Behörden ihm Zuschüsse gewährt, so hat die Bescheinigung auch deren Höhe zu enthalten; werden ihm solche Zuschüsse nach Ausstellung der Bescheinigung gewährt, so ist diese entsprechend zu ändern.

(4) ① Die Absätze 1 bis 3 sind auf Gebäudeteile, die selbständige unbewegliche Wirtschaftsgüter sind, sowie auf Eigentumswohnungen und im Teileigentum stehende Räume entsprechend anzuwenden. ② § 10e Absatz 7 gilt sinngemäß.

§ 10h[1] und § 10i[2] *(aufgehoben)*

6. Vereinnahmung und Verausgabung

§ 11 [Vereinnahmung und Verausgabung]

(1) ① Einnahmen sind innerhalb des Kalenderjahres bezogen, in dem sie dem Steuerpflichtigen zugeflossen sind. ② Regelmäßig wiederkehrende Einnahmen, die dem Steuerpflichtigen kurze Zeit vor Beginn oder kurze Zeit nach Beendigung des Kalenderjahres, zu dem sie wirtschaftlich gehören, zugeflossen sind, gelten als in diesem Kalenderjahr bezogen. ③ Der Steuerpflichtige kann Einnahmen, die auf einer Nutzungsüberlassung im Sinne des Absatzes 2 Satz 3 beruhen, insgesamt auf den Zeitraum gleichmäßig verteilen, für den die Vorauszahlung geleistet wird. ④ Für Einnahmen aus nichtselbständiger Arbeit gilt § 38a Absatz 1 Satz 2 und 3 und § 40 Absatz 3 Satz 2. ⑤ Die Vorschriften über die Gewinnermittlung (§ 4 Absatz 1, § 5) bleiben unberührt.

(2) ① Ausgaben sind für das Kalenderjahr abzusetzen, in dem sie geleistet worden sind. ② Für regelmäßig wiederkehrende Ausgaben gilt Absatz 1 Satz 2 entsprechend. ③ *Werden Ausgaben für eine Nutzungsüberlassung von mehr als fünf Jahren im Voraus geleistet, sind sie insgesamt auf den Zeitraum gleichmäßig zu verteilen, für den die Vorauszahlung geleistet wird.*[3] ④ Satz 3 ist auf ein Damnum oder Disagio nicht anzuwenden, soweit dieses marktüblich ist. ⑤ § 42 der Abgabenordnung bleibt unberührt. ⑥ Die Vorschriften über die Gewinnermittlung (§ 4 Absatz 1, § 5) bleiben unberührt.

§ 11a Sonderbehandlung von Erhaltungsaufwand bei Gebäuden in Sanierungsgebieten und städtebaulichen Entwicklungsbereichen

(1) ① Der Steuerpflichtige kann durch Zuschüsse aus Sanierungs- oder Entwicklungsförderungsmitteln nicht gedeckten Erhaltungsaufwand für Maßnahmen im Sinne des § 177 des Baugesetzbuchs an einem im Inland belegenen Gebäude in einem förmlich festgelegten Sanierungsgebiet oder städtebaulichen Entwicklungsbereich auf zwei bis fünf Jahre gleichmäßig verteilen. ② Satz 1 ist entsprechend anzuwenden auf durch Zuschüsse aus Sanierungs- oder Entwicklungsförderungsmitteln nicht gedeckten Erhaltungsaufwand für Maßnahmen, die der Erhaltung, Erneuerung und funktionsgerechten Verwendung eines Gebäudes im Sinne des Satzes 1 dienen, das wegen seiner geschichtlichen, künstlerischen oder städtebaulichen Bedeutung erhalten bleiben soll, und zu deren Durchführung sich der Eigentümer neben bestimmten Modernisierungsmaßnahmen gegenüber der Gemeinde verpflichtet hat.

(2) ① Wird das Gebäude während des Verteilungszeitraums veräußert, ist der noch nicht berücksichtigte Teil des Erhaltungsaufwands im Jahr der Veräußerung als Betriebsausgaben oder Werbungskosten abzusetzen. ② Das Gleiche gilt, wenn ein nicht zu einem Betriebsvermögen gehörendes Gebäude in ein Betriebsvermögen eingebracht oder wenn ein Gebäude aus dem Betriebsvermögen entnommen oder wenn ein Gebäude nicht mehr zur Einkunftserzielung genutzt wird.

(3) Steht das Gebäude im Eigentum mehrerer Personen, ist der in Absatz 1 bezeichnete Erhaltungsaufwand von allen Eigentümern auf den gleichen Zeitraum zu verteilen.

(4)[4] § 7h Absatz 1a bis 3 ist entsprechend anzuwenden.

§ 11b Sonderbehandlung von Erhaltungsaufwand bei Baudenkmalen

① Der Steuerpflichtige kann durch Zuschüsse aus öffentlichen Kassen nicht gedeckten Erhaltungsaufwand für ein im Inland belegenes Gebäude oder Gebäudeteil, das nach den jeweiligen

[1] § 10h aufgeh. mWv 23. 7. 2016 durch G v. 18. 7. 2016 (BGBl. I S. 1679).
[2] § 10i aufgeh. mWv 23. 7. 2016 durch G v. 18. 7. 2016 (BGBl. I S. 1679).
[3] Zur Anwendbarkeit von § 11 Abs. 2 Satz 3 beachte BVerfG v. 25. 3. 2021 – 2 BvL 1/11 (BGBl. I S. 1800).
[4] § 11a Abs. 4 geänd. mWvVZ 2019 durch JStG 2019 v. 12. 12. 2019 (BGBl. I S. 2451).

landesrechtlichen Vorschriften ein Baudenkmal ist, auf zwei bis fünf Jahre gleichmäßig verteilen, soweit die Aufwendungen nach Art und Umfang zur Erhaltung des Gebäudes oder Gebäudeteils als Baudenkmal oder zu seiner sinnvollen Nutzung erforderlich und die Maßnahmen in Abstimmung mit der in § 7i Absatz 2 bezeichneten Stelle vorgenommen worden sind. ② Durch Zuschüsse aus öffentlichen Kassen nicht gedeckten Erhaltungsaufwand für ein im Inland belegenes Gebäude oder Gebäudeteil, das für sich allein nicht die Voraussetzungen für ein Baudenkmal erfüllt, aber Teil einer Gebäudegruppe oder Gesamtanlage ist, die nach den jeweiligen landesrechtlichen Vorschriften als Einheit geschützt ist, kann der Steuerpflichtige auf zwei bis fünf Jahre gleichmäßig verteilen, soweit die Aufwendungen nach Art und Umfang zur Erhaltung des schützenswerten äußeren Erscheinungsbildes der Gebäudegruppe oder Gesamtanlage erforderlich und die Maßnahmen in Abstimmung mit der in § 7i Absatz 2 bezeichneten Stelle vorgenommen worden sind. ③ § 7h Absatz 3 und § 7i Absatz 1 Satz 2 und Absatz 2 sowie § 11a Absatz 2 und 3 sind entsprechend anzuwenden.

7. Nicht abzugsfähige Ausgaben

§ 12[1] [Nicht abzugsfähige Ausgaben]

Soweit in § 10 Absatz 1 Nummer 2 bis 5, 7 und 9 sowie Absatz 1a Nummer 1, den §§ 10a, 10b und den §§ 33 bis 33b nichts anderes bestimmt ist, dürfen weder bei den einzelnen Einkunftsarten noch vom Gesamtbetrag der Einkünfte abgezogen werden

1. die für den Haushalt des Steuerpflichtigen und für den Unterhalt seiner Familienangehörigen aufgewendeten Beträge. ② Dazu gehören auch die Aufwendungen für die Lebensführung, die die wirtschaftliche oder gesellschaftliche Stellung des Steuerpflichtigen mit sich bringt, auch wenn sie zur Förderung des Berufs oder der Tätigkeit des Steuerpflichtigen erfolgen;
2. freiwillige Zuwendungen, Zuwendungen auf Grund einer freiwillig begründeten Rechtspflicht und Zuwendungen an eine gegenüber dem Steuerpflichtigen oder seinem Ehegatten gesetzlich unterhaltsberechtigte Person oder deren Ehegatten, auch wenn diese Zuwendungen auf einer besonderen Vereinbarung beruhen;
3. die Steuern vom Einkommen und sonstige Personensteuern sowie die Umsatzsteuer für Umsätze, die Entnahmen sind, und die Vorsteuerbeträge auf Aufwendungen, für die das Abzugsverbot der Nummer 1 oder des § 4 Absatz 5 Satz 1 Nummer 1 bis 5, 7 oder Absatz 7 gilt; das gilt auch für die auf diese Steuern entfallenden Nebenleistungen;
4.[2] in einem Strafverfahren festgesetzte Geldstrafen, sonstige Rechtsfolgen vermögensrechtlicher Art, bei denen der Strafcharakter überwiegt, und Leistungen zur Erfüllung von Auflagen oder Weisungen, soweit die Auflagen oder Weisungen nicht lediglich der Wiedergutmachung des durch die Tat verursachten Schadens dienen sowie damit zusammenhängende Aufwendungen.
5.[3] *(aufgehoben)*

8. Die einzelnen Einkunftsarten

a) Land- und Forstwirtschaft (§ 2 Absatz 1 Satz 1 Nummer 1)

§ 13 Einkünfte aus Land- und Forstwirtschaft

(1) Einkünfte aus Land- und Forstwirtschaft sind

1.[4] Einkünfte aus dem Betrieb von Landwirtschaft, Forstwirtschaft, Weinbau, Gartenbau und aus allen Betrieben, die Pflanzen und Pflanzenteile mit Hilfe der Naturkräfte gewinnen. ② Zu diesen Einkünften gehören auch die Einkünfte aus der Tierzucht und Tierhaltung, wenn im Wirtschaftsjahr

für die ersten 20 Hektar	nicht mehr als 10 Vieheinheiten,
für die nächsten 10 Hektar	nicht mehr als 7 Vieheinheiten,
für die nächsten 20 Hektar	nicht mehr als 6 Vieheinheiten,
für die nächsten 50 Hektar	nicht mehr als 3 Vieheinheiten,
und für die weitere Fläche	nicht mehr als 1,5 Vieheinheiten

je Hektar der vom Inhaber des Betriebs regelmäßig landwirtschaftlich genutzten Flächen erzeugt oder gehalten werden. ③ Die Tierbestände sind nach dem Futterbedarf in Vieheinheiten umzurechnen. ④ § 241 Absatz 2 bis 5 des Bewertungsgesetzes ist anzuwenden. ⑤ Die Einkünfte aus Tierzucht und Tierhaltung einer Gesellschaft, bei der die Gesellschafter als Unternehmer (Mitunternehmer) anzusehen sind, gehören zu den Einkünften im Sinne des Satzes 1, wenn die

[1] § 12 Verweis geänd. durch StVereinfG 2011 v. 1. 11. 2011 (BGBl. I S. 2131). Verweis erneut geänd. durch ZollkodexAnpG v. 22. 12. 2014 (BGBl. I S. 2417).
[2] § 12 Nr. 4 geänd. mWv VZ 2019 durch JStG 2019 v. 12. 12. 2019 (BGBl. I S. 2451); zur Anwendung siehe § 52 Abs. 20.
[3] § 12 Nr. 5 aufgeh. mWv VZ 2015 durch ZollkodexAnpG v. 22. 12. 2014 (BGBl. I S. 2417).
[4] § 13 Abs. 1 Nr. 1 Satz 4 Zitat geänd. mWv 1. 1. 2025 durch GrStRefG v. 26. 11. 2019 (BGBl. I S. 1794); Abs. 1 Nr. 1 Satz 5 Zitat geänd. mWv 1. 1. 2025 durch JStG 2019 v. 12. 12. 2019 (BGBl. I S. 2451).

Voraussetzungen des § 13b erfüllt sind und andere Einkünfte der Gesellschafter aus dieser Gesellschaft zu den Einkünften aus Land- und Forstwirtschaft gehören;

2.[1] Einkünfte aus sonstiger land- und forstwirtschaftlicher Nutzung (§ 242 des Bewertungsgesetzes);

3. Einkünfte aus Jagd, wenn diese mit dem Betrieb einer Landwirtschaft oder einer Forstwirtschaft im Zusammenhang steht;

4. Einkünfte von Hauberg-, Wald-, Forst- und Laubgenossenschaften und ähnlichen Realgemeinden im Sinne des § 3 Absatz 2 des Körperschaftsteuergesetzes.

(2) Zu den Einkünften im Sinne des Absatzes 1 gehören auch

1. Einkünfte aus einem land- und forstwirtschaftlichen Nebenbetrieb. ② Als Nebenbetrieb gilt ein Betrieb, der dem land- und forstwirtschaftlichen Hauptbetrieb zu dienen bestimmt ist;
2. der Nutzungswert der Wohnung des Steuerpflichtigen, wenn die Wohnung die bei Betrieben gleicher Art übliche Größe nicht überschreitet und das Gebäude oder der Gebäudeteil nach den jeweiligen landesrechtlichen Vorschriften ein Baudenkmal ist;
3. die Produktionsaufgaberente nach dem Gesetz zur Förderung der Einstellung der landwirtschaftlichen Erwerbstätigkeit.

(3)[2] ① Die Einkünfte aus Land- und Forstwirtschaft werden bei der Ermittlung des Gesamtbetrags der Einkünfte nur berücksichtigt, soweit sie den Betrag von 900 Euro übersteigen. ② Satz 1 ist nur anzuwenden, wenn die Summe der Einkünfte 30 700 Euro nicht übersteigt. ③ Im Fall der Zusammenveranlagung von Ehegatten verdoppeln sich die Beträge der Sätze 1 und 2.

(4) ① Absatz 2 Nummer 2 findet nur Anwendung, sofern im Veranlagungszeitraum 1986 bei einem Steuerpflichtigen für die von ihm zu eigenen Wohnzwecken oder zu Wohnzwecken des Altenteilers genutzte Wohnung die Voraussetzungen für die Anwendung des § 13 Absatz 2 Nummer 2 des Einkommensteuergesetzes in der Fassung der Bekanntmachung vom 16. April 1997 (BGBl. I S. 821) vorlagen. ② Der Steuerpflichtige kann für einen Veranlagungszeitraum nach dem Veranlagungszeitraum 1998 unwiderruflich beantragen, dass Absatz 2 Nummer 2 ab diesem Veranlagungszeitraum nicht mehr angewendet wird. ③ § 52 Absatz 21 Satz 4 und 6 des Einkommensteuergesetzes in der Fassung der Bekanntmachung vom 16. April 1997 (BGBl. I S. 821) ist entsprechend anzuwenden. ④ Im Fall des Satzes 2 gelten die Wohnung des Steuerpflichtigen und die Altenteilerwohnung sowie der dazugehörende Grund und Boden zu dem Zeitpunkt als entnommen, bis zu dem Absatz 2 Nummer 2 letztmals angewendet wird. ⑤ Der Entnahmegewinn bleibt außer Ansatz. ⑥ Werden

1. die Wohnung und der dazugehörende Grund und Boden entnommen oder veräußert, bevor sie nach Satz 4 als entnommen gelten, oder
2. eine vor dem 1. Januar 1987 einem Dritten entgeltlich zur Nutzung überlassene Wohnung und der dazugehörende Grund und Boden für eigene Wohnzwecke oder für Wohnzwecke eines Altenteilers entnommen,

bleibt der Entnahme- oder Veräußerungsgewinn ebenfalls außer Ansatz; Nummer 2 ist nur anzuwenden, soweit nicht Wohnungen vorhanden sind, die Wohnzwecken des Eigentümers des Betriebs oder Wohnzwecken eines Altenteilers dienen und die unter Satz 4 oder unter Nummer 1 fallen.

(5) Wird Grund und Boden dadurch entnommen, dass auf diesem Grund und Boden die Wohnung des Steuerpflichtigen oder eine Altenteilerwohnung errichtet wird, bleibt der Entnahmegewinn außer Ansatz; der Steuerpflichtige kann die Regelung nur für eine zu eigenen Wohnzwecken genutzte Wohnung und für eine Altenteilerwohnung in Anspruch nehmen.

(6)[3] ① Werden einzelne Wirtschaftsgüter eines land- und forstwirtschaftlichen Betriebs auf einen der gemeinschaftlichen Tierhaltung dienenden Betrieb im Sinne des § 13b einer Genossenschaft oder eines Vereins gegen Gewährung von Mitgliedsrechten übertragen, so ist die auf den dabei entstehenden Gewinn entfallende Einkommensteuer auf Antrag in jährlichen Teilbeträgen zu entrichten. ② Der einzelne Teilbetrag muss mindestens ein Fünftel dieser Steuer betragen.

(7)[4] § 15 Absatz 1 Satz 1 Nummer 2, Absatz 1a, Absatz 2 Satz 2 und 3, §§ 15a und 15b sind entsprechend anzuwenden.

§ 13a[5] Ermittlung des Gewinns aus Land- und Forstwirtschaft nach Durchschnittssätzen

(1) ① Der Gewinn eines Betriebs der Land- und Forstwirtschaft ist nach den Absätzen 3 bis 7 zu ermitteln, wenn

---

[1] § 13 Abs. 1 Nr. 2 Zitat geänd. mWv 1. 1. 2025 durch GrStRefG v. 26. 11. 2019 (BGBl. I S. 1794).

[2] § 13 Abs. 3 Satz 1 Eurobetrag erhöht mWv VZ 2015 durch ZollkodexAnpG v. 22. 12. 2014 (BGBl. I S. 2417).

[3] § 13 Abs. 6 Satz 1 geänd. durch KöMoG v. 25. 6. 2021 (BGBl. I S. 2050). Abs. 6 Satz 1 geänd. mWv 1. 1. 2025 durch JStG 2024 v. 2. 12. 2024 (BGBl. I Nr. 387).

[4] Zur erstmaligen Anwendung von § 13 Abs. 7 siehe § 52 Abs. 22 iVm Abs. 25.

[5] § 13a neu gef. mWv 1. 1. 2015 durch ZollkodexAnpG v. 22. 12. 2014 (BGBl. I S. 2417); zur erstmaligen Anwendung der neuen Fassung für das Wirtschaftsjahr, das nach dem 30. 12. 2015 endet siehe § 52 Abs. 22a Sätze 2 und 3.

1. der Steuerpflichtige nicht auf Grund gesetzlicher Vorschriften verpflichtet ist, für den Betrieb Bücher zu führen und regelmäßig Abschlüsse zu machen und
2. in diesem Betrieb am 15. Mai innerhalb des Wirtschaftsjahres Flächen der landwirtschaftlichen Nutzung (§ 160 Absatz 2 Satz 1 Nummer 1 Buchstabe a des Bewertungsgesetzes) selbst bewirtschaftet werden und diese Flächen 20 Hektar ohne Sondernutzungen nicht überschreiten und
3. die Tierbestände insgesamt 50 Vieheinheiten (§ 13 Absatz 1 Nummer 1) nicht übersteigen und
4. die selbst bewirtschafteten Flächen der forstwirtschaftlichen Nutzung (§ 160 Absatz 2 Satz 1 Nummer 1 Buchstabe b des Bewertungsgesetzes) 50 Hektar nicht überschreiten und
5. die selbst bewirtschafteten Flächen der Sondernutzungen (Absatz 6) die in Anlage 1 a Nummer 2 Spalte 2 genannten Grenzen nicht überschreiten.

② Satz 1 ist auch anzuwenden, wenn nur Sondernutzungen bewirtschaftet werden und die in Anlage 1 a Nummer 2 Spalte 2 genannten Grenzen nicht überschritten werden. ③ Die Sätze 1 und 2 gelten nicht, wenn der Betrieb im laufenden Wirtschaftsjahr im Ganzen zur Bewirtschaftung als Eigentümer, Miteigentümer, Nutzungsberechtigter oder durch Umwandlung übergegangen ist und der Gewinn bisher nach § 4 Absatz 1 oder 3 ermittelt wurde. ④ Der Gewinn ist letztmalig für das Wirtschaftsjahr nach Durchschnittssätzen zu ermitteln, das nach Bekanntgabe der Mitteilung endet, durch die die Finanzbehörde auf den Beginn der Buchführungspflicht (§ 141 Absatz 2 der Abgabenordnung) oder auf den Wegfall einer anderen Voraussetzung des Satzes 1 hingewiesen hat. ⑤ Der Gewinn ist erneut nach Durchschnittssätzen zu ermitteln, wenn die Voraussetzungen des Satzes 1 wieder vorliegen und ein Antrag nach Absatz 2 nicht gestellt wird.

(2) ① Auf Antrag des Steuerpflichtigen ist für einen Betrieb im Sinne des Absatzes 1 der Gewinn für vier aufeinander folgende Wirtschaftsjahre nicht nach den Absätzen 3 bis 7 zu ermitteln. ② Wird der Gewinn eines dieser Wirtschaftsjahre durch den Steuerpflichtigen nicht nach § 4 Absatz 1 oder 3 ermittelt, ist der Gewinn für den gesamten Zeitraum von vier Wirtschaftsjahren nach den Absätzen 3 bis 7 zu ermitteln. ③ Der Antrag ist bis zur Abgabe der Steuererklärung, jedoch spätestens zwölf Monate nach Ablauf des ersten Wirtschaftsjahres, auf das er sich bezieht, schriftlich zu stellen. ④ Er kann innerhalb dieser Frist zurückgenommen werden.

(3)[1] ① Durchschnittssatzgewinn ist die Summe aus

1. dem Gewinn der landwirtschaftlichen Nutzung,
2. dem Gewinn der forstwirtschaftlichen Nutzung,
3. dem Gewinn der Sondernutzungen,
4. den Sondergewinnen,
5. den Einnahmen aus Vermietung und Verpachtung von Wirtschaftsgütern des land- und forstwirtschaftlichen Betriebsvermögens,
6. den Einnahmen aus Kapitalvermögen, soweit sie zu den Einkünften aus Land- und Forstwirtschaft gehören (§ 20 Absatz 8).

② Die Vorschriften von § 4 Absatz 4 a, § 6 Absatz 2 und 2 a sowie zum Investitionsabzugsbetrag und zu Sonderabschreibungen finden keine Anwendung. ③ Bei abnutzbaren Wirtschaftsgütern des Anlagevermögens gilt die Absetzung für Abnutzung in gleichen Jahresbeträgen nach § 7 Absatz 1 Satz 1 bis 5 als in Anspruch genommen. ④ Die Gewinnermittlung ist nach amtlich vorgeschriebenem Datensatz durch Datenfernübertragung spätestens mit der Steuererklärung zu übermitteln. ⑤ Auf Antrag kann die Finanzbehörde zur Vermeidung unbilliger Härten auf eine elektronische Übermittlung verzichten; in diesem Fall ist der Steuererklärung eine Gewinnermittlung nach amtlich vorgeschriebenem Vordruck beizufügen. ⑥ § 150 Absatz 8 der Abgabenordnung gilt entsprechend.

(4) ① Der Gewinn aus der landwirtschaftlichen Nutzung ist die nach den Grundsätzen des § 4 Absatz 1 ermittelte Summe aus dem Grundbetrag für die selbst bewirtschafteten Flächen und den Zuschlägen für Tierzucht und Tierhaltung. ② Als Grundbetrag je Hektar der landwirtschaftlichen Nutzung (§ 160 Absatz 2 Satz 1 Nummer 1 Buchstabe a des Bewertungsgesetzes) ist der sich aus Anlage 1 a[2] ergebende Betrag vervielfältigt mit der selbst bewirtschafteten Fläche anzusetzen. ③ Als Zuschlag für Tierzucht und Tierhaltung ist im Wirtschaftsjahr je Vieheinheit der sich aus Anlage 1 a jeweils ergebende Betrag vervielfältigt mit den Vieheinheiten anzusetzen.

(5) Der Gewinn aus der forstwirtschaftlichen Nutzung (§ 160 Absatz 2 Satz 1 Nummer 1 Buchstabe b des Bewertungsgesetzes) ist nach § 51 der Einkommensteuer-Durchführungsverordnung zu ermitteln.

(6) ① Als Sondernutzungen gelten die in § 160 Absatz 2 Satz 1 Nummer 1 Buchstabe c bis e des Bewertungsgesetzes in Verbindung mit Anlage 1 a Nummer 2 genannten Nutzungen. ② Bei Sondernutzungen, die die in Anlage 1 a Nummer 2 Spalte 3 genannten Grenzen überschreiten, ist ein Gewinn von 1 000 Euro je Sondernutzung anzusetzen. ③ Für die in Anlage 1 a Nummer 2 nicht genannten Sondernutzungen ist der Gewinn nach § 4 Absatz 3 zu ermitteln.

[1] § 13 a Abs. 3 Satz 6 geänd. mWv 1. 1. 2017 durch G v. 18. 7. 2016 (BGBl. I S. 1679).
[2] Anlage 1 a zu § 13 a abgedruckt in „Aktuelle Steuertexte 2025" *(Verlag C. H. Beck).*

(7) ① Nach § 4 Absatz 3 zu ermittelnde Sondergewinne sind

1. Gewinne
   a) aus der Veräußerung oder Entnahme von Grund und Boden und dem dazugehörigen Aufwuchs, den Gebäuden, den immateriellen Wirtschaftsgütern und den Beteiligungen; § 55 ist anzuwenden;
   b) aus der Veräußerung oder Entnahme der übrigen Wirtschaftsgüter des Anlagevermögens und von Tieren, wenn der Veräußerungspreis oder der an dessen Stelle tretende Wert für das jeweilige Wirtschaftsgut mehr als 15 000 Euro betragen hat;
   c) aus Entschädigungen, die gewährt worden sind für den Verlust, den Untergang oder die Wertminderung der in den Buchstaben a und b genannten Wirtschaftsgüter;
   d) aus der Auflösung von Rücklagen;
2. Betriebseinnahmen oder Betriebsausgaben nach § 9b Absatz 2;
3. Einnahmen aus dem Grunde nach gewerblichen Tätigkeiten, die dem Bereich der Land- und Forstwirtschaft zugerechnet werden, abzüglich der pauschalen Betriebsausgaben nach Anlage 1 a[1] Nummer 3;
4. Rückvergütungen nach § 22 des Körperschaftsteuergesetzes aus Hilfs- und Nebengeschäften.

② Die Anschaffungs- oder Herstellungskosten bei Wirtschaftsgütern des abnutzbaren Anlagevermögens mindern sich für die Dauer der Durchschnittssatzgewinnermittlung mit dem Ansatz der Gewinne nach den Absätzen 4 bis 6 um die Absetzung für Abnutzung in gleichen Jahresbeträgen. ③ Die Wirtschaftsgüter im Sinne des Satzes 1 Nummer 1 Buchstabe a sind unter Angabe des Tages der Anschaffung oder Herstellung und der Anschaffungs- oder Herstellungskosten oder des an deren Stelle getretenen Werts in besondere, laufend zu führende Verzeichnisse aufzunehmen. ④ Absatz 3 Satz 4 bis 6 gilt entsprechend.

(8) Das Bundesministerium der Finanzen wird ermächtigt, durch Rechtsverordnung mit Zustimmung des Bundesrates die Anlage 1 a dadurch zu ändern, dass es die darin aufgeführten Werte turnusmäßig an die Ergebnisse der Erhebungen nach § 2 des Landwirtschaftsgesetzes und im Übrigen an Erhebungen der Finanzverwaltung anpassen kann.

§ 13b[2] Gemeinschaftliche Tierhaltung

(1) ① Zu den Einkünften aus Land- und Forstwirtschaft gehören auch die Einkünfte aus landwirtschaftlicher Tierzucht und Tierhaltung von Genossenschaften (§ 1 Absatz 1 Nummer 2 des Körperschaftsteuergesetzes), von Gesellschaften, bei denen die Gesellschafter als Mitunternehmer (§ 15 Absatz 1 Satz 1 Nummer 2) anzusehen sind, oder von Vereinen (§ 1 Absatz 1 Nummer 5 des Körperschaftsteuergesetzes), wenn

1. alle Gesellschafter oder Mitglieder
   a) Inhaber eines Betriebs der Land- und Forstwirtschaft mit selbst bewirtschafteten regelmäßig landwirtschaftlich genutzten Flächen sind,
   b) nach dem Gesamtbild der Verhältnisse hauptberuflich Land- und Forstwirte sind,
   c) Landwirte im Sinne des § 1 Absatz 2 des Gesetzes über die Alterssicherung der Landwirte sind und dies durch eine Bescheinigung der jeweiligen Sozialversicherungsträger nachgewiesen wird und
   d) die sich nach § 13 Absatz 1 Nummer 1 Satz 2 für sie ergebende Möglichkeit zur landwirtschaftlichen Tiererzeugung oder Tierhaltung in Vieheinheiten ganz oder teilweise auf die Genossenschaft, die Gesellschaft oder den Verein übertragen haben;
2. die Anzahl der von der Genossenschaft, der Gesellschaft oder dem Verein im Wirtschaftsjahr erzeugten oder gehaltenen Vieheinheiten keine der nachfolgenden Grenzen nachhaltig überschreitet:
   a) die Summe der sich nach Nummer 1 Buchstabe d ergebenden Vieheinheiten und
   b) die Summe der Vieheinheiten, die sich nach § 13 Absatz 1 Nummer 1 Satz 2 auf der Grundlage der Summe der von den Gesellschaftern oder Mitgliedern regelmäßig landwirtschaftlich genutzten Flächen ergibt;
3. die Betriebe der Gesellschafter oder Mitglieder nicht mehr als 40 Kilometer von der Produktionsstätte der Genossenschaft, der Gesellschaft oder des Vereins entfernt liegen.

② Die Voraussetzungen des Satzes 1 Nummer 1 Buchstabe c gelten als erfüllt, wenn hauptberufliche Landwirte (Nummer 1 Buchstabe b) nicht die Voraussetzungen des § 1 Absatz 2 des Gesetzes über die Alterssicherung der Landwirte erfüllen, weil sie im Inland in der gesetzlichen Rentenversicherung versicherungspflichtig sind oder auf sie das Recht der sozialen Sicherheit eines anderen Mitgliedstaats der Europäischen Union anzuwenden ist und dies durch eine Bescheinigung des zuständigen Sozialversicherungsträgers nachgewiesen wird; entsprechendes gilt für die Schweiz oder einen Staat, auf den das Abkommen über den Europäischen Wirtschaftsraum anzuwenden ist. ③ Die Voraussetzungen des Satzes 1 Nummer 1 Buchstabe d und des Satzes 1 Nummer 2 sind durch besondere, laufend und zeitnah zu führende Verzeichnisse nachzuweisen.

---

[1] Anlage 1 a zu § 13 a abgedruckt in „Aktuelle Steuertexte 2025" *(Verlag C. H. Beck)*.
[2] § 13 b eingef. mWvVZ 2025 durch JStG 2019 v. 12. 12. 2019 (BGBl. I S. 2451); zur Anwendung siehe § 52 Abs. 22 b.

(2) Der Anwendung des Absatzes 1 steht es nicht entgegen, wenn die dort bezeichneten Genossenschaften, Gesellschaften oder Vereine die Tiererzeugung oder Tierhaltung ohne regelmäßig landwirtschaftlich genutzte Flächen betreiben.

(3) Von den in Absatz 1 bezeichneten Genossenschaften, Gesellschaften oder Vereinen regelmäßig landwirtschaftlich genutzte Flächen sind bei der Ermittlung der nach Absatz 1 Satz 1 Nummer 2 maßgebenden Grenzen wie Flächen von Gesellschaftern oder Mitgliedern zu behandeln, die ihre Möglichkeit zur landwirtschaftlichen Tiererzeugung oder Tierhaltung im Sinne des Absatzes 1 Satz 1 Nummer 1 Buchstabe d auf die Genossenschaft, die Gesellschaft oder den Verein übertragen haben.

(4) Bei dem einzelnen Gesellschafter oder Mitglied der in Absatz 1 bezeichneten Genossenschaften, Gesellschaften oder Vereine ist § 13 Absatz 1 Nummer 1 Satz 2 mit der Maßgabe anzuwenden, dass die in seinem Betrieb erzeugten oder gehaltenen Vieheinheiten mit den Vieheinheiten zusammenzurechnen sind, die im Rahmen der nach Absatz 1 Satz 1 Nummer 1 Buchstabe d übertragenen Möglichkeiten erzeugt oder gehalten werden.

(5) Die Vorschriften des § 241 Absatz 2 bis 5 des Bewertungsgesetzes sind entsprechend anzuwenden.

§ 14[1] Veräußerung des Betriebs

(1) ① Zu den Einkünften aus Land- und Forstwirtschaft gehören auch Gewinne, die bei der Veräußerung eines land- oder forstwirtschaftlichen Betriebs oder Teilbetriebs oder eines Anteils an einem land- und forstwirtschaftlichen Betriebsvermögen erzielt werden. ② § 16 gilt entsprechend mit der Maßgabe, dass der Freibetrag nach § 16 Absatz 4 nicht zu gewähren ist, wenn der Freibetrag nach § 14a Absatz 1 gewährt wird.

(2) ① Wird ein land- und forstwirtschaftlicher Betrieb durch die Entnahme, Überführung oder Übertragung von Flächen verkleinert und verbleibt mindestens eine Fläche, die der Erzeugung von Pflanzen oder Tieren im Sinne des § 13 Absatz 1 zu dienen bestimmt ist, liegt unabhängig von der Größe dieser Fläche keine Betriebsaufgabe vor. ② § 16 Absatz 3b bleibt unberührt.

(3)[2] ① Werden im Rahmen der Aufgabe des Betriebs einer land- und forstwirtschaftlichen Mitunternehmerschaft Grundstücke an den einzelnen Mitunternehmer übertragen oder scheidet ein Mitunternehmer unter Mitnahme einzelner Grundstücke aus einer Mitunternehmerschaft aus, gelten diese unabhängig von ihrer Größe auch bei fortgeführter oder erstmaliger Verpachtung bis zu einer Veräußerung oder Entnahme bei diesem weiterhin als Betriebsvermögen. ② Dies gilt entsprechend für Grundstücke des bisherigen Sonderbetriebsvermögens des einzelnen Mitunternehmers. ③ Die Sätze 1 und 2 sind nur anzuwenden, wenn mindestens eine übertragene oder aus dem Sonderbetriebsvermögen überführte Fläche der Erzeugung von Pflanzen oder Tieren im Sinne des § 13 Absatz 1 zu dienen bestimmt ist. ④ Für den übernehmenden Mitunternehmer gilt § 16 Absatz 3b entsprechend.

§ 14a Vergünstigungen bei der Veräußerung bestimmter land- und forstwirtschaftlicher Betriebe

(1)[3] ① Veräußert ein Steuerpflichtiger nach dem 30. Juni 1970 und vor dem 1. Januar 2001 seinen land- und forstwirtschaftlichen Betrieb im Ganzen, so wird auf Antrag der Veräußerungsgewinn (§ 16 Absatz 2) nur insoweit zur Einkommensteuer herangezogen, als er den Betrag von 150 000 Deutsche Mark übersteigt, wenn

1. der für den Zeitpunkt der Veräußerung maßgebende Wirtschaftswert (§ 46 des Bewertungsgesetzes) des Betriebs 40 000 Deutsche Mark nicht übersteigt,
2. die Einkünfte des Steuerpflichtigen im Sinne des § 2 Absatz 1 Satz 1 Nummer 2 bis 7 in den dem Veranlagungszeitraum der Veräußerung vorangegangenen beiden Veranlagungszeiträumen jeweils den Betrag von 35 000 Deutsche Mark nicht übersteigen haben. ② Bei Ehegatten, die nicht dauernd getrennt leben, gilt Satz 1 mit der Maßgabe, dass die Einkünfte beider Ehegatten zusammen jeweils 70 000 Deutsche Mark nicht überstiegen haben.

② Ist im Zeitpunkt der Veräußerung ein nach Nummer 1 maßgebender Wirtschaftswert nicht festgestellt oder sind bis zu diesem Zeitpunkt die Voraussetzungen für eine Wertfortschreibung erfüllt, so ist der Wert maßgebend, der sich für den Zeitpunkt der Veräußerung als Wirtschaftswert ergeben würde.

(2) ① Der Anwendung des Absatzes 1 und des § 34 Absatz 1 steht nicht entgegen, wenn die zum land- und forstwirtschaftlichen Vermögen gehörenden Gebäude mit dem dazugehörigen Grund und Boden nicht mitveräußert werden. ② In diesem Fall gelten die Gebäude mit dem dazugehörigen Grund und Boden als entnommen. ③ Der Freibetrag kommt auch dann in Betracht, wenn zum Betrieb ein forstwirtschaftlicher Teilbetrieb gehört und dieser nicht mitveräu-

[1] § 14 Abs. 2 eingef., bish. Wortlaut wird Abs. 1 ab VZ 2020 durch JStG 2020 v. 21. 12. 2020 (BGBl. I S. 3096).
[2] § 14 Abs. 3 eingef. durch JStG 2020 v. 21. 12. 2020 (BGBl. I S. 3096). Zur erstmaligen Anwendung von Abs. 3 und der Antragstellung siehe § 52 Abs. 22 c.
[3] Zur Anwendung im Beitrittsgebiet siehe § 57 Abs. 3.

ßert, sondern als eigenständiger Betrieb vom Steuerpflichtigen fortgeführt wird. ④ In diesem Fall ermäßigt sich der Freibetrag auf den Teil, der dem Verhältnis des tatsächlich entstandenen Veräußerungsgewinns zu dem bei einer Veräußerung des ganzen land- und forstwirtschaftlichen Betriebs erzielbaren Veräußerungsgewinn entspricht.

(3) ① Als Veräußerung gilt auch die Aufgabe des Betriebs, wenn

1. die Voraussetzungen des Absatzes 1 erfüllt sind und
2. der Steuerpflichtige seinen land- und forstwirtschaftlichen Betrieb zum Zweck der Strukturverbesserung abgegeben hat und dies durch eine Bescheinigung der nach Landesrecht zuständigen Stelle nachweist.

② § 16 Absatz 3 Satz 4 und 5 gilt entsprechend.

(4) ① Veräußert oder entnimmt ein Steuerpflichtiger nach dem 31. Dezember 1979 und vor dem 1. Januar 2006 Teile des zu einem land- und forstwirtschaftlichen Betrieb gehörenden Grund und Bodens, so wird der bei der Veräußerung oder der Entnahme entstehende Gewinn auf Antrag nur insoweit zur Einkommensteuer herangezogen, als er den Betrag von 61 800 Euro übersteigt. ② Satz 1 ist nur anzuwenden, wenn

1. der Veräußerungspreis nach Abzug der Veräußerungskosten oder der Grund und Boden innerhalb von 12 Monaten nach der Veräußerung oder Entnahme in sachlichem Zusammenhang mit der Hoferbfolge oder Hofübernahme zur Abfindung weichender Erben verwendet wird und
2. das Einkommen des Steuerpflichtigen ohne Berücksichtigung des Gewinns aus der Veräußerung oder Entnahme und des Freibetrags in dem dem Veranlagungszeitraum der Veräußerung oder Entnahme vorangegangenen Veranlagungszeitraum den Betrag von 18 000 Euro nicht überstiegen hat; bei Ehegatten, die nach den §§ 26, 26 b zusammen veranlagt werden, erhöht sich der Betrag von 18 000 Euro auf 36 000 Euro.

③ Übersteigt das Einkommen den Betrag von 18 000 Euro, so vermindert sich der Betrag von 61 800 Euro nach Satz 1 je angefangene 250 Euro des übersteigenden Einkommens um 10 300 Euro; bei Ehegatten, die nach den §§ 26, 26 b zusammen veranlagt werden und deren Einkommen den Betrag von 36 000 Euro übersteigt, vermindert sich der Betrag von 61 800 Euro nach Satz 1 je angefangene 500 Euro des übersteigenden Einkommens um 10 300 Euro. ④ Werden mehrere weichende Erben abgefunden, so kann der Freibetrag mehrmals, jedoch insgesamt nur einmal je weichender Erbe geltend gemacht werden, auch wenn die Abfindung in mehreren Schritten oder durch mehrere Inhaber des Betriebs vorgenommen wird. ⑤ Weichender Erbe ist, wer gesetzlicher Erbe eines Inhabers eines land- und forstwirtschaftlichen Betriebs ist oder bei gesetzlicher Erbfolge wäre, aber nicht zur Übernahme des Betriebs berufen ist; eine Stellung als Mitunternehmer des Betriebs bis zur Auseinandersetzung steht einer Behandlung als weichender Erbe nicht entgegen, wenn sich die Erben innerhalb von zwei Jahren nach dem Erbfall auseinandersetzen. ⑥ Ist ein zur Übernahme des Betriebs berufener Miterbe noch minderjährig, beginnt die Frist von zwei Jahren mit Eintritt der Volljährigkeit.

(5) ① Veräußert ein Steuerpflichtiger nach dem 31. Dezember 1985 und vor dem 1. Januar 2001 Teile des zu einem land- und forstwirtschaftlichen Betrieb gehörenden Grund und Bodens, so wird der bei der Veräußerung entstehende Gewinn auf Antrag nur insoweit zur Einkommensteuer herangezogen, als er den Betrag von 90 000 Deutsche Mark übersteigt, wenn

1. der Steuerpflichtige den Veräußerungspreis nach Abzug der Veräußerungskosten zur Tilgung von Schulden verwendet, die zu dem land- und forstwirtschaftlichen Betrieb gehören und vor dem 1. Juli 1985 bestanden haben, und
2. die Voraussetzungen des Absatzes 4 Satz 2 Nummer 2 erfüllt sind.

② Übersteigt das Einkommen den Betrag von 35 000 Deutsche Mark, so vermindert sich der Betrag von 90 000 Deutsche Mark nach Satz 1 für jede angefangenen 500 Deutsche Mark des übersteigenden Einkommens um 15 000 Deutsche Mark; bei Ehegatten, die nach den §§ 26, 26 b zusammen veranlagt werden und bei denen das Einkommen den Betrag von 70 000 Deutsche Mark übersteigt, vermindert sich der Betrag von 90 000 Deutsche Mark nach Satz 1 für jede angefangenen 1000 Deutsche Mark des übersteigenden Einkommens um 15 000 Deutsche Mark. ③ Der Freibetrag von höchstens 90 000 Deutsche Mark wird für alle Veräußerungen im Sinne des Satzes 1 insgesamt nur einmal gewährt.

(6) Verwendet der Steuerpflichtige den Veräußerungspreis oder entnimmt er den Grund und Boden nur zum Teil zu den in den Absätzen 4 und 5 angegebenen Zwecken, so ist nur der entsprechende Teil des Gewinns aus der Veräußerung oder Entnahme steuerfrei.

(7) Auf die Freibeträge nach Absatz 4 in dieser Fassung sind die Freibeträge, die nach Absatz 4 in den vor dem 1. Januar 1986 geltenden Fassungen gewährt worden sind, anzurechnen.

b) Gewerbebetrieb (§ 2 Absatz 1 Satz 1 Nummer 2)

§ 15 Einkünfte aus Gewerbebetrieb

(1) ① Einkünfte aus Gewerbebetrieb sind

1. Einkünfte aus gewerblichen Unternehmen. ② Dazu gehören auch Einkünfte aus gewerblicher Bodenbewirtschaftung, z. B. aus Bergbauunternehmen und aus Betrieben zur Gewinnung von Torf, Steinen und Erden, soweit sie nicht land- oder forstwirtschaftliche Nebenbetriebe sind;
2. die Gewinnanteile der Gesellschafter einer Offenen Handelsgesellschaft, einer Kommanditgesellschaft und einer anderen Gesellschaft, bei der der Gesellschafter als Unternehmer (Mitunternehmer) des Betriebs anzusehen ist, und die Vergütungen, die der Gesellschafter von der Gesellschaft für seine Tätigkeit im Dienst der Gesellschaft oder für die Hingabe von Darlehen oder für die Überlassung von Wirtschaftsgütern bezogen hat. ② Der mittelbar über eine oder mehrere Personengesellschaften beteiligte Gesellschafter steht dem unmittelbar beteiligten Gesellschafter gleich; er ist als Mitunternehmer des Betriebs der Gesellschaft anzusehen, an der er mittelbar beteiligt ist, wenn er und die Personengesellschaften, die seine Beteiligung vermitteln, jeweils als Mitunternehmer der Betriebe der Personengesellschaften anzusehen sind, an denen sie unmittelbar beteiligt sind;
3. die Gewinnanteile der persönlich haftenden Gesellschafter einer Kommanditgesellschaft auf Aktien, soweit sie nicht auf Anteile am Grundkapital entfallen, und die Vergütungen, die der persönlich haftende Gesellschafter von der Gesellschaft für seine Tätigkeit im Dienst der Gesellschaft oder für die Hingabe von Darlehen oder für die Überlassung von Wirtschaftsgütern bezogen hat.

② Satz 1 Nummer 2 und 3 gilt auch für Vergütungen, die als nachträgliche Einkünfte (§ 24 Nummer 2) bezogen werden. ③ § 13 Absatz 5 gilt entsprechend, sofern das Grundstück im Veranlagungszeitraum 1986 zu einem gewerblichen Betriebsvermögen gehört hat.

(1 a)[1] ① In den Fällen des § 4 Absatz 1 Satz 5 ist der Gewinn aus einer späteren Veräußerung der Anteile ungeachtet der Bestimmungen eines Abkommens zur Vermeidung der Doppelbesteuerung in der gleichen Art und Weise zu besteuern, wie die Veräußerung dieser Anteile an der Europäischen Gesellschaft oder Europäischen Genossenschaft zu besteuern gewesen wäre, wenn keine Sitzverlegung stattgefunden hätte. ② Dies gilt auch, wenn später die Anteile verdeckt in eine Kapitalgesellschaft eingelegt werden, die Europäische Gesellschaft oder Europäische Genossenschaft aufgelöst wird oder wenn ihr Kapital herabgesetzt und zurückgezahlt wird oder wenn Beträge aus dem steuerlichen Einlagenkonto im Sinne des § 27 des Körperschaftsteuergesetzes ausgeschüttet oder zurückgezahlt werden.

(2) ① Eine selbständige nachhaltige Betätigung, die mit der Absicht, Gewinn zu erzielen, unternommen wird und sich als Beteiligung am allgemeinen wirtschaftlichen Verkehr darstellt, ist Gewerbebetrieb, wenn die Betätigung weder als Ausübung von Land- und Forstwirtschaft noch als Ausübung eines freien Berufs noch als eine andere selbständige Arbeit anzusehen ist. ② Eine durch die Betätigung verursachte Minderung der Steuern vom Einkommen ist kein Gewinn im Sinne des Satzes 1. ③ Ein Gewerbebetrieb liegt, wenn seine Voraussetzungen im Übrigen gegeben sind, auch dann vor, wenn die Gewinnerzielungsabsicht nur ein Nebenzweck ist.

(3) Als Gewerbebetrieb gilt in vollem Umfang die mit Einkünfteerzielungsabsicht unternommene Tätigkeit

1.[2] einer offenen Handelsgesellschaft, einer Kommanditgesellschaft oder einer anderen Personengesellschaft, wenn die Gesellschaft auch eine Tätigkeit im Sinne des Absatzes 1 Satz 1 Nummer 1 ausübt oder gewerbliche Einkünfte im Sinne des Absatzes 1 Satz 1 Nummer 2 bezieht. ② Dies gilt unabhängig davon, ob aus der Tätigkeit im Sinne des Absatzes 1 Satz 1 Nummer 1 ein Gewinn oder Verlust erzielt wird oder ob die gewerblichen Einkünfte im Sinne des Absatzes 1 Satz 1 Nummer 2 positiv oder negativ sind;
2. einer Personengesellschaft, die keine Tätigkeit im Sinne des Absatzes 1 Satz 1 Nummer 1 ausübt und bei der ausschließlich eine oder mehrere Kapitalgesellschaften persönlich haftende Gesellschafter sind und nur diese oder Personen, die nicht Gesellschafter sind, zur Geschäftsführung befugt sind (gewerblich geprägte Personengesellschaft). ② Ist eine gewerblich geprägte Personengesellschaft als persönlich haftender Gesellschafter an einer anderen Personengesellschaft beteiligt, so steht für die Beurteilung, ob die Tätigkeit dieser Personengesellschaft als Gewerbebetrieb gilt, die gewerblich geprägte Personengesellschaft einer Kapitalgesellschaft gleich.

(4)[3] ① Verluste aus gewerblicher Tierzucht oder gewerblicher Tierhaltung dürfen weder mit anderen Einkünften aus Gewerbebetrieb noch mit Einkünften aus anderen Einkunftsarten ausgeglichen werden; sie dürfen auch nicht nach § 10 d abgezogen werden. ② Die Verluste mindern jedoch nach Maßgabe des § 10 d die Gewinne, die der Steuerpflichtige in dem unmittelbar vorangegangenen und in den folgenden Wirtschaftsjahren aus gewerblicher Tierzucht oder gewerblicher Tierhaltung erzielt hat oder erzielt; § 10 d Absatz 4 gilt entsprechend. ③ Die Sätze 1

---

[1] § 15 Abs. 1 a Satz 1 Zitat geänd. durch G v. 8. 12. 2010 (BGBl. I S. 1768).

[2] § 15 Abs. 3 Nr. 1 neu gef. durch JStG 2019 v. 12. 12. 2019 (BGBl. I S. 2451); zur Anwendung auch für VZ vor 2019 siehe § 52 Abs. 23 Satz 1.

[3] § 15 Abs. 4 Satz 2 2. HS und Satz 7 2. HS angef. durch AmtshilfeRLUmsG v. 26. 6. 2013 (BGBl. I S. 1809); zur Anwendung in allen Fällen, in denen am 30. 6. 2013 die Feststellungsfrist noch nicht abgelaufen ist, siehe § 52 Abs. 23 Satz 2; Abs. 4 Satz 4 geänd. mWv 26. 6. 2021 durch G v. 12. 5. 2021 (BGBl. I S. 990).

und 2 gelten entsprechend für Verluste aus Termingeschäften, durch die der Steuerpflichtige einen Differenzausgleich oder einen durch den Wert einer veränderlichen Bezugsgröße bestimmten Geldbetrag oder Vorteil erlangt. ④ Satz 3 gilt nicht für die Geschäfte, die zum gewöhnlichen Geschäftsbetrieb bei Kreditinstituten, Finanzdienstleistungsinstituten und Finanzunternehmen im Sinne des Gesetzes über das Kreditwesen oder bei Wertpapierinstituten im Sinne des Wertpapierinstitutsgesetzes gehören oder die der Absicherung von Geschäften des gewöhnlichen Geschäftsbetriebs dienen. ⑤ Satz 4 gilt nicht, wenn es sich um Geschäfte handelt, die der Absicherung von Aktiengeschäften dienen, bei denen der Veräußerungsgewinn nach § 3 Nummer 40 Satz 1 Buchstabe a und b in Verbindung mit § 3 c Absatz 2 teilweise steuerfrei ist, oder die nach § 8 b Absatz 2 des Körperschaftsteuergesetzes bei der Ermittlung des Einkommens außer Ansatz bleiben. ⑥ Verluste aus stillen Gesellschaften, Unterbeteiligungen oder sonstigen Innengesellschaften an Kapitalgesellschaften, bei denen der Gesellschafter oder Beteiligte als Mitunternehmer anzusehen ist, dürfen weder mit Einkünften aus Gewerbebetrieb noch aus anderen Einkunftsarten ausgeglichen werden; sie dürfen auch nicht nach § 10 d abgezogen werden. ⑦ Die Verluste mindern jedoch nach Maßgabe des § 10 d die Gewinne, die der Gesellschafter oder Beteiligte in dem unmittelbar vorangegangenen Wirtschaftsjahr oder in den folgenden Wirtschaftsjahren aus derselben stillen Gesellschaft, Unterbeteiligung oder sonstigen Innengesellschaft bezieht; § 10 d Absatz 4 gilt entsprechend. ⑧ Die Sätze 6 und 7 gelten nicht, soweit der Verlust auf eine natürliche Person als unmittelbar oder mittelbar beteiligter Mitunternehmer entfällt.

§ 15 a[1] Verluste bei beschränkter Haftung

(1) ① Der einem Kommanditisten zuzurechnende Anteil am Verlust der Kommanditgesellschaft darf weder mit anderen Einkünften aus Gewerbebetrieb noch mit Einkünften aus anderen Einkunftsarten ausgeglichen werden, soweit ein negatives Kapitalkonto des Kommanditisten entsteht oder sich erhöht; er darf insoweit auch nicht nach § 10 d abgezogen werden. ② Haftet der Kommanditist am Bilanzstichtag den Gläubigern der Gesellschaft auf Grund des § 171 Absatz 1 des Handelsgesetzbuchs, so können abweichend von Satz 1 Verluste des Kommanditisten bis zur Höhe des Betrags, um den die im Handelsregister eingetragene Einlage des Kommanditisten seine geleistete Einlage übersteigt, auch ausgeglichen oder abgezogen werden, soweit durch den Verlust ein negatives Kapitalkonto entsteht oder sich erhöht. ③ Satz 2 ist nur anzuwenden, wenn derjenige, dem der Anteil zuzurechnen ist, im Handelsregister eingetragen ist, das Bestehen der Haftung nachgewiesen wird und eine Vermögensminderung auf Grund der Haftung nicht durch Vertrag ausgeschlossen oder nach Art und Weise des Geschäftsbetriebs unwahrscheinlich ist.

(1 a) ① Nachträgliche Einlagen führen weder zu einer nachträglichen Ausgleichs- oder Abzugsfähigkeit eines vorhandenen verrechenbaren Verlustes noch zu einer Ausgleichs- oder Abzugsfähigkeit des dem Kommanditisten zuzurechnenden Anteils am Verlust eines zukünftigen Wirtschaftsjahres, soweit durch den Verlust ein negatives Kapitalkonto des Kommanditisten entsteht oder sich erhöht. ② Nachträgliche Einlagen im Sinne des Satzes 1 sind Einlagen, die nach Ablauf eines Wirtschaftsjahres geleistet werden, in dem ein nicht ausgleichs- oder abzugsfähiger Verlust im Sinne des Absatzes 1 entstanden oder ein Gewinn im Sinne des Absatzes 3 Satz 1 zugerechnet worden ist.

(2) ① Soweit der Verlust nach den Absätzen 1 und 1 a nicht ausgeglichen oder abgezogen werden darf, mindert er die Gewinne, die dem Kommanditisten in späteren Wirtschaftsjahren aus seiner Beteiligung an der Kommanditgesellschaft zuzurechnen sind. ② Der verrechenbare Verlust, der nach Abzug von einem Veräußerungs- oder Aufgabegewinn verbleibt, ist im Zeitpunkt der Veräußerung oder Aufgabe des gesamten Mitunternehmeranteils oder der Betriebsveräußerung oder -aufgabe bis zur Höhe der nachträglichen Einlagen im Sinne des Absatzes 1 a ausgleichs- oder abzugsfähig.

(3) ① Soweit ein negatives Kapitalkonto des Kommanditisten durch Entnahmen entsteht oder sich erhöht (Einlageminderung) und soweit nicht auf Grund der Entnahmen eine nach Absatz 1 Satz 2 zu berücksichtigende Haftung besteht oder entsteht, ist dem Kommanditisten der Betrag der Einlageminderung als Gewinn zuzurechnen. ② Der nach Satz 1 zuzurechnende Betrag darf den Betrag der Anteile am Verlust der Kommanditgesellschaft nicht übersteigen, der im Wirtschaftsjahr der Einlageminderung und in den zehn vorangegangenen Wirtschaftsjahren ausgleichs- oder abzugsfähig gewesen ist. ③ Wird der Haftungsbetrag im Sinne des Absatzes 1 Satz 2 gemindert (Haftungsminderung) und sind im Wirtschaftsjahr der Haftungsminderung und den zehn vorangegangenen Wirtschaftsjahren Verluste nach Absatz 1 Satz 2 ausgleichs- oder abzugsfähig gewesen, so ist dem Kommanditisten der Betrag der Haftungsminderung, vermindert um auf Grund der Haftung tatsächlich geleistete Beträge, als Gewinn zuzurechnen; Satz 2 gilt sinngemäß. ④ Die nach den Sätzen 1 bis 3 zuzurechnenden Beträge mindern die Gewinne, die dem Kommanditisten im Wirtschaftsjahr der Zurechnung oder in späteren Wirtschaftsjahren aus seiner Beteiligung an der Kommanditgesellschaft zuzurechnen sind.

(4) ① Der nach Absatz 1 nicht ausgleichs- oder abzugsfähige Verlust eines Kommanditisten, vermindert um die nach Absatz 2 abzuziehenden und vermehrt um die nach Absatz 3 hinzuzurech-

[1] Zum Anwendungsbereich siehe § 52 Abs. 24.

nenden Beträge (verrechenbarer Verlust), ist jährlich gesondert festzustellen. ② Dabei ist von dem verrechenbaren Verlust des vorangegangenen Wirtschaftsjahres auszugehen. ③ Zuständig für den Erlass des Feststellungsbescheids ist das für die gesonderte Feststellung des Gewinns und Verlustes der Gesellschaft zuständige Finanzamt. ④ Der Feststellungsbescheid kann nur insoweit angegriffen werden, als der verrechenbare Verlust gegenüber dem verrechenbaren Verlust des vorangegangenen Wirtschaftsjahres sich verändert hat. ⑤ Die gesonderten Feststellungen nach Satz 1 können mit der gesonderten und einheitlichen Feststellung der einkommensteuerpflichtigen und körperschaftsteuerpflichtigen Einkünfte verbunden werden. ⑥ In diesen Fällen sind die gesonderten Feststellungen des verrechenbaren Verlustes einheitlich durchzuführen.

(5) Absatz 1 Satz 1, Absatz 1 a, 2 und 3 Satz 1, 2 und 4 sowie Absatz 4 gelten sinngemäß für andere Unternehmer, soweit deren Haftung der eines Kommanditisten vergleichbar ist, insbesondere für

1. stille Gesellschafter einer stillen Gesellschaft im Sinne des § 230 des Handelsgesetzbuchs, bei der der stille Gesellschafter als Unternehmer (Mitunternehmer) anzusehen ist,
2. Gesellschafter einer Gesellschaft im Sinne des Bürgerlichen Gesetzbuchs, bei der der Gesellschafter als Unternehmer (Mitunternehmer) anzusehen ist, soweit die Inanspruchnahme des Gesellschafters für Schulden in Zusammenhang mit dem Betrieb durch Vertrag ausgeschlossen oder nach Art und Weise des Geschäftsbetriebs unwahrscheinlich ist,
3. Gesellschafter einer ausländischen Personengesellschaft, bei der der Gesellschafter als Unternehmer (Mitunternehmer) anzusehen ist, soweit die Haftung des Gesellschafters für Schulden in Zusammenhang mit dem Betrieb der eines Kommanditisten oder eines stillen Gesellschafters entspricht oder soweit die Inanspruchnahme des Gesellschafters für Schulden in Zusammenhang mit dem Betrieb durch Vertrag ausgeschlossen oder nach Art und Weise des Geschäftsbetriebs unwahrscheinlich ist,
4. Unternehmer, soweit Verbindlichkeiten nur in Abhängigkeit von Erlösen oder Gewinnen aus der Nutzung, Veräußerung oder sonstigen Verwertung von Wirtschaftsgütern zu tilgen sind,
5. Mitreeder einer Reederei im Sinne des § 489 des Handelsgesetzbuchs, bei der der Mitreeder als Unternehmer (Mitunternehmer) anzusehen ist, wenn die persönliche Haftung des Mitreeders für die Verbindlichkeiten der Reederei ganz oder teilweise ausgeschlossen oder soweit die Inanspruchnahme des Mitreeders für Verbindlichkeiten der Reederei nach Art und Weise des Geschäftsbetriebs unwahrscheinlich ist.

§ 15 b[1] Verluste im Zusammenhang mit Steuerstundungsmodellen

(1) ① Verluste im Zusammenhang mit einem Steuerstundungsmodell dürfen weder mit Einkünften aus Gewerbebetrieb noch mit Einkünften aus anderen Einkunftsarten ausgeglichen werden; sie dürfen auch nicht nach § 10 d abgezogen werden. ② Die Verluste mindern jedoch die Einkünfte, die der Steuerpflichtige in den folgenden Wirtschaftsjahren aus derselben Einkunftsquelle erzielt. ③ § 15 a ist insoweit nicht anzuwenden.

(2) ① Ein Steuerstundungsmodell im Sinne des Absatzes 1 liegt vor, wenn auf Grund einer modellhaften Gestaltung steuerliche Vorteile in Form negativer Einkünfte erzielt werden sollen. ② Dies ist der Fall, wenn dem Steuerpflichtigen auf Grund eines vorgefertigten Konzepts die Möglichkeit geboten werden soll, zumindest in der Anfangsphase der Investition Verluste mit übrigen Einkünften zu verrechnen. ③ Dabei ist es ohne Belang, auf welchen Vorschriften die negativen Einkünfte beruhen.

(3) Absatz 1 ist nur anzuwenden, wenn innerhalb der Anfangsphase das Verhältnis der Summe der prognostizierten Verluste zur Höhe des gezeichneten und nach dem Konzept auch aufzubringenden Kapitals oder bei Einzelinvestoren des eingesetzten Eigenkapitals 10 Prozent übersteigt.

(3 a)[2] Unabhängig von den Voraussetzungen nach den Absätzen 2 und 3 liegt ein Steuerstundungsmodell im Sinne des Absatzes 1 insbesondere vor, wenn ein Verlust aus Gewerbebetrieb entsteht oder sich erhöht, indem ein Steuerpflichtiger, der nicht auf Grund gesetzlicher Vorschriften verpflichtet ist, Bücher zu führen und regelmäßig Abschlüsse zu machen, auf Grund des Erwerbs von Wirtschaftsgütern des Umlaufvermögens sofort abziehbare Betriebsausgaben tätigt, wenn deren Übereignung ohne körperliche Übergabe durch Besitzkonstitut nach § 930 des Bürgerlichen Gesetzbuchs oder durch Abtretung des Herausgabeanspruchs nach § 931 des Bürgerlichen Gesetzbuchs erfolgt.

(4)[3] ① Der nach Absatz 1 nicht ausgleichsfähige Verlust ist jährlich gesondert festzustellen. ② Dabei ist von dem verrechenbaren Verlust des Vorjahres auszugehen. ③ Der Feststellungsbescheid kann nur insoweit angegriffen werden, als der verrechenbare Verlust gegenüber dem verrechenbaren Verlust des Vorjahres sich verändert hat. ④ Handelt es sich bei dem Steuerstundungsmodell um eine Gesellschaft oder Gemeinschaft im Sinne des § 180 Absatz 1 Satz 1 Nummer 2 Buchstabe a

---

[1] Zur Anwendung von § 15 b siehe § 52 Abs. 25.

[2] § 15 b Abs. 3 a eingef. durch AIFM-StAnpG vom 18. 12. 2013 (BGBl. I S. 4318), zur Anwendung siehe § 52 Abs. 25 Satz 5.

[3] § 15 b Abs. 4 Sätze 4 und 5 geänd. mWv 1. 1. 2017 durch G v. 18. 7. 2016 (BGBl. I S. 1679).

der Abgabenordnung, ist das für die gesonderte und einheitliche Feststellung der einkommensteuerpflichtigen und körperschaftsteuerpflichtigen Einkünfte aus dem Steuerstundungsmodell zuständige Finanzamt für den Erlass des Feststellungsbescheids nach Satz 1 zuständig; anderenfalls ist das Betriebsfinanzamt (§ 180 Absatz 1 Satz 1 Nummer 2 der Abgabenordnung) zuständig. ⑤ Handelt es sich bei dem Steuerstundungsmodell um eine Gesellschaft oder Gemeinschaft im Sinne des § 180 Absatz 1 Satz 1 Nummer 2 Buchstabe a der Abgabenordnung, können die gesonderten Feststellungen nach Satz 1 mit der gesonderten und einheitlichen Feststellung der einkommensteuerpflichtigen und körperschaftsteuerpflichtigen Einkünfte aus dem Steuerstundungsmodell verbunden werden; in diesen Fällen sind die gesonderten Feststellungen nach Satz 1 einheitlich durchzuführen.

§ 16 Veräußerung des Betriebs

(1) ① Zu den Einkünften aus Gewerbebetrieb gehören auch Gewinne, die erzielt werden bei der Veräußerung

1. des ganzen Gewerbebetriebs oder eines Teilbetriebs. ② Als Teilbetrieb gilt auch die das gesamte Nennkapital umfassende Beteiligung an einer Kapitalgesellschaft; im Fall der Auflösung der Kapitalgesellschaft ist § 17 Absatz 4 Satz 3 sinngemäß anzuwenden;
2. des gesamten Anteils eines Gesellschafters, der als Unternehmer (Mitunternehmer) des Betriebs anzusehen ist (§ 15 Absatz 1 Satz 1 Nummer 2);
3. des gesamten Anteils eines persönlich haftenden Gesellschafters einer Kommanditgesellschaft auf Aktien (§ 15 Absatz 1 Satz 1 Nummer 3).

② Gewinne, die bei der Veräußerung eines Teils eines Anteils im Sinne von Satz 1 Nummer 2 oder 3 erzielt werden, sind laufende Gewinne.

(2) ① Veräußerungsgewinn im Sinne des Absatzes 1 ist der Betrag, um den der Veräußerungspreis nach Abzug der Veräußerungskosten den Wert des Betriebsvermögens (Absatz 1 Satz 1 Nummer 1) oder den Wert des Anteils am Betriebsvermögen (Absatz 1 Satz 1 Nummer 2 und 3) übersteigt. ② Der Wert des Betriebsvermögens oder des Anteils ist für den Zeitpunkt der Veräußerung nach § 4 Absatz 1 oder nach § 5 zu ermitteln. ③ Soweit auf der Seite des Veräußerers und auf der Seite des Erwerbers dieselben Personen Unternehmer oder Mitunternehmer sind, gilt der Gewinn insoweit jedoch als laufender Gewinn.

(3)[1] ① Als Veräußerung gilt auch die Aufgabe des Gewerbebetriebs sowie eines Anteils im Sinne des Absatzes 1 Satz 1 Nummer 2 oder Nummer 3. ② Werden im Zuge der Realteilung einer Mitunternehmerschaft Teilbetriebe, Mitunternehmeranteile oder einzelne Wirtschaftsgüter in das jeweilige Betriebsvermögen der einzelnen Mitunternehmer übertragen, so sind bei der Ermittlung des Gewinns der Mitunternehmerschaft die Wirtschaftsgüter mit den Werten anzusetzen, die sich nach den Vorschriften über die Gewinnermittlung ergeben, sofern die Besteuerung der stillen Reserven sichergestellt ist; der übernehmende Mitunternehmer ist an diese Werte gebunden; § 4 Absatz 1 Satz 4 ist entsprechend anzuwenden. ③ Dagegen ist für den jeweiligen Übertragungsvorgang rückwirkend der gemeine Wert anzusetzen, soweit bei einer Realteilung, bei der einzelne Wirtschaftsgüter übertragen worden sind, zum Buchwert übertragener Grund und Boden, übertragene Gebäude oder andere übertragene wesentliche Betriebsgrundlagen innerhalb einer Sperrfrist nach der Übertragung veräußert oder entnommen werden; diese Sperrfrist endet drei Jahre nach Abgabe der Steuererklärung der Mitunternehmerschaft für den Veranlagungszeitraum der Realteilung. ④ Satz 2 ist bei einer Realteilung, bei der einzelne Wirtschaftsgüter übertragen werden, nicht anzuwenden, soweit die Wirtschaftsgüter unmittelbar oder mittelbar auf eine Körperschaft, Personenvereinigung oder Vermögensmasse übertragen werden; in diesem Fall ist bei der Übertragung der gemeine Wert anzusetzen. ⑤ § 6 Absatz 5 Satz 7 gilt entsprechend. ⑥ Soweit einzelne dem Betrieb gewidmete Wirtschaftsgüter im Rahmen der Aufgabe des Betriebs veräußert werden und soweit auf der Seite des Veräußerers und auf der Seite des Erwerbers dieselben Personen Unternehmer oder Mitunternehmer sind, gilt der Gewinn aus der Aufgabe des Gewerbebetriebs als laufender Gewinn. ⑦ Werden die einzelnen dem Betrieb gewidmeten Wirtschaftsgüter im Rahmen der Aufgabe des Betriebs veräußert, so sind die Veräußerungspreise anzusetzen. ⑧ Werden die Wirtschaftsgüter nicht veräußert, so ist der gemeine Wert im Zeitpunkt der Aufgabe anzusetzen. ⑨ Bei Aufgabe eines Gewerbebetriebs, an dem mehrere Personen beteiligt waren, ist für jeden einzelnen Beteiligten der gemeine Wert der Wirtschaftsgüter anzusetzen, die er bei der Auseinandersetzung erhalten hat.

(3 a)[2] Einer Aufgabe des Gewerbebetriebs steht der Ausschluss oder die Beschränkung des Besteuerungsrechts der Bundesrepublik Deutschland hinsichtlich des Gewinns aus der Veräußerung sämtlicher Wirtschaftsgüter des Betriebs oder eines Teilbetriebs gleich; § 4 Absatz 1 Satz 4 gilt entsprechend.

---

[1] § 16 Abs. 3 Satz 2 letzter Hs. angef. mWv VZ 2010 durch G v. 8. 12. 2010 (BGBl. I S. 1768). Abs. 3 Satz 5 eingef., bish. Sätze 5 bis 8 werden Sätze 6 bis 9 durch JStG 2024 v. 2. 12. 2024 (BGBl. I Nr. 387); zur Anwendung siehe § 52 Abs. 12 Satz 18.

[2] § 16 Abs. 3 a eingef. durch G v. 8. 12. 2010 (BGBl. I S. 1768).

(3b)[1] ① In den Fällen der Betriebsunterbrechung und der Betriebsverpachtung im Ganzen gilt ein Gewerbebetrieb sowie ein Anteil im Sinne des Absatzes 1 Satz 1 Nummer 2 oder Nummer 3 nicht als aufgegeben, bis

1. der Steuerpflichtige die Aufgabe im Sinne des Absatzes 3 Satz 1 ausdrücklich gegenüber dem Finanzamt erklärt oder
2. dem Finanzamt Tatsachen bekannt werden, aus denen sich ergibt, dass die Voraussetzungen für eine Aufgabe im Sinne des Absatzes 3 Satz 1 erfüllt sind.

② Die Aufgabe des Gewerbebetriebs oder Anteils im Sinne des Absatzes 1 Satz 1 Nummer 2 oder Nummer 3 ist in den Fällen des Satzes 1 Nummer 1 rückwirkend für den vom Steuerpflichtigen gewählten Zeitpunkt anzuerkennen, wenn die Aufgabeerklärung spätestens drei Monate nach diesem Zeitpunkt abgegeben wird. ③ Wird die Aufgabeerklärung nicht spätestens drei Monate nach dem vom Steuerpflichtigen gewählten Zeitpunkt abgegeben, gilt der Gewerbebetrieb oder Anteil im Sinne des Absatzes 1 Satz 1 Nummer 2 oder Nummer 3 erst in dem Zeitpunkt als aufgegeben, in dem die Aufgabeerklärung beim Finanzamt eingeht.

(4)[2] ① Hat der Steuerpflichtige das 55. Lebensjahr vollendet oder ist er im sozialversicherungsrechtlichen Sinne dauernd berufsunfähig, so wird der Veräußerungsgewinn auf Antrag zur Einkommensteuer nur herangezogen, soweit er 45 000 Euro übersteigt. ② Der Freibetrag ist dem Steuerpflichtigen nur einmal zu gewähren. ③ Er ermäßigt sich um den Betrag, um den der Veräußerungsgewinn 136 000 Euro übersteigt.

(5) Werden bei einer Realteilung, bei der Teilbetriebe auf einzelne Mitunternehmer übertragen werden, Anteile an einer Körperschaft, Personenvereinigung oder Vermögensmasse unmittelbar oder mittelbar von einem nicht von § 8b Absatz 2 des Körperschaftsteuergesetzes begünstigten Steuerpflichtigen auf einen von § 8b Absatz 2 des Körperschaftsteuergesetzes begünstigten Mitunternehmer übertragen, ist abweichend von Absatz 3 Satz 2 rückwirkend auf den Zeitpunkt der Realteilung der gemeine Wert anzusetzen, wenn der übernehmende Mitunternehmer die Anteile innerhalb eines Zeitraums von sieben Jahren nach der Realteilung unmittelbar oder mittelbar veräußert oder durch einen Vorgang nach § 22 Absatz 1 Satz 6 Nummer 1 bis 5 des Umwandlungssteuergesetzes weiter überträgt; § 22 Absatz 2 Satz 3 des Umwandlungssteuergesetzes gilt entsprechend.

§ 17 Veräußerung von Anteilen an Kapitalgesellschaften

(1)[3] ① Zu den Einkünften aus Gewerbebetrieb gehört auch der Gewinn aus der Veräußerung von Anteilen an einer Kapitalgesellschaft, wenn der Veräußerer innerhalb der letzten fünf Jahre am Kapital der Gesellschaft unmittelbar oder mittelbar zu mindestens 1 Prozent beteiligt war. ② Die verdeckte Einlage von Anteilen an einer Kapitalgesellschaft in eine Kapitalgesellschaft steht der Veräußerung der Anteile gleich. ③ Anteile an einer Kapitalgesellschaft sind Aktien, Anteile an einer Gesellschaft mit beschränkter Haftung, Genussscheine oder ähnliche Beteiligungen und Anwartschaften auf solche Beteiligungen sowie Anteile an einer optierenden Gesellschaft im Sinne des § 1a des Körperschaftsteuergesetzes. ④ Hat der Veräußerer den veräußerten Anteil innerhalb der letzten fünf Jahre vor der Veräußerung unentgeltlich erworben, so gilt Satz 1 entsprechend, wenn der Veräußerer zwar nicht selbst, aber der Rechtsvorgänger oder, sofern der Anteil nacheinander unentgeltlich übertragen worden ist, einer der Rechtsvorgänger innerhalb der letzten fünf Jahre im Sinne von Satz 1 beteiligt war.

(2) ① Veräußerungsgewinn im Sinne des Absatzes 1 ist der Betrag, um den der Veräußerungspreis nach Abzug der Veräußerungskosten die Anschaffungskosten übersteigt. ② In den Fällen des Absatzes 1 Satz 2 tritt an die Stelle des Veräußerungspreises der Anteile ihr gemeiner Wert. ③ Weist der Veräußerer nach, dass ihm die Anteile bereits im Zeitpunkt der Begründung der unbeschränkten Steuerpflicht nach § 1 Absatz 1 zuzurechnen waren und dass der bis zu diesem Zeitpunkt entstandene Vermögenszuwachs auf Grund gesetzlicher Bestimmungen des Wegzugsstaats im Wegzugsstaat einer der Steuer nach § 6 des Außensteuergesetzes vergleichbaren Steuer unterlegen hat, tritt an die Stelle der Anschaffungskosten der Wert, den der Wegzugsstaat bei der Berechnung der der Steuer nach § 6 des Außensteuergesetzes vergleichbaren Steuer angesetzt hat, höchstens jedoch der gemeine Wert. ④ Satz 3 ist in den Fällen des § 6 Absatz 3 des Außensteuergesetzes nicht anzuwenden. ⑤ Hat der Veräußerer den veräußerten Anteil unentgeltlich erworben, so sind als Anschaffungskosten des Anteils die Anschaffungskosten des Rechtsvorgängers maßgebend, der den Anteil zuletzt entgeltlich erworben hat. ⑥ Ein Veräußerungsverlust ist nicht zu berücksichtigen, soweit er auf Anteile entfällt,

a) die der Steuerpflichtige innerhalb der letzten fünf Jahre unentgeltlich erworben hatte. ② Dies gilt nicht, soweit der Rechtsvorgänger anstelle des Steuerpflichtigen den Veräußerungsverlust hätte geltend machen können;
b) die entgeltlich erworben worden sind und nicht innerhalb der gesamten letzten fünf Jahre zu einer Beteiligung des Steuerpflichtigen im Sinne von Absatz 1 Satz 1 gehört haben. ② Dies gilt

[1] § 16 Abs. 3b eingef. durch StVereinfG 2011 v. 1. 11. 2011 (BGBl. I S. 2131).
[2] § 16 Abs. 4 Sätze 1 und 3 inhaltl. bestätigt durch G v. 5. 4. 2011 (BGBl. I S. 554).
[3] § 17 Abs. 1 Satz 3 geänd. durch KöMoG v. 25. 6. 2021 (BGBl. I S. 2050).

nicht für innerhalb der letzten fünf Jahre erworbene Anteile, deren Erwerb zur Begründung einer Beteiligung des Steuerpflichtigen im Sinne von Absatz 1 Satz 1 geführt hat oder die nach Begründung der Beteiligung im Sinne von Absatz 1 Satz 1 erworben worden sind.

(2 a)[1] ① Anschaffungskosten sind die Aufwendungen, die geleistet werden, um die Anteile im Sinne des Absatzes 1 zu erwerben. ② Zu den Anschaffungskosten gehören auch die Nebenkosten sowie die nachträglichen Anschaffungskosten. ③ Zu den nachträglichen Anschaffungskosten im Sinne des Satzes 2 gehören insbesondere

1. offene oder verdeckte Einlagen,
2. Darlehensverluste, soweit die Gewährung des Darlehens oder das Stehenlassen des Darlehens in der Krise der Gesellschaft gesellschaftsrechtlich veranlasst war, und
3. Ausfälle von Bürgschaftsregressforderungen und vergleichbaren Forderungen, soweit die Hingabe oder das Stehenlassen der betreffenden Sicherheit gesellschaftsrechtlich veranlasst war.

④ Eine gesellschaftsrechtliche Veranlassung liegt regelmäßig vor, wenn ein fremder Dritter das Darlehen oder Sicherungsmittel im Sinne der Nummern 2 oder 3 bei sonst gleichen Umständen zurückgefordert oder nicht gewährt hätte. ⑤ Leistet der Steuerpflichtige über den Nennbetrag seiner Anteile hinaus Einzahlungen in das Kapital der Gesellschaft, sind die Einzahlungen bei der Ermittlung der Anschaffungskosten gleichmäßig auf seine gesamten Anteile einschließlich seiner im Rahmen von Kapitalerhöhungen erhaltenen neuen Anteile aufzuteilen.

(3)[2] ① Der Veräußerungsgewinn wird zur Einkommensteuer nur herangezogen, soweit er den Teil von 9060 Euro übersteigt, der dem veräußerten Anteil an der Kapitalgesellschaft entspricht. ② Der Freibetrag ermäßigt sich um den Betrag, um den der Veräußerungsgewinn den Teil von 36 100 Euro übersteigt, der dem veräußerten Anteil an der Kapitalgesellschaft entspricht.

(4) ① Als Veräußerung im Sinne des Absatzes 1 gilt auch die Auflösung einer Kapitalgesellschaft, die Kapitalherabsetzung, wenn das Kapital zurückgezahlt wird, und die Ausschüttung oder Zurückzahlung von Beträgen aus dem steuerlichen Einlagenkonto im Sinne des § 27 des Körperschaftsteuergesetzes. ② In diesen Fällen ist als Veräußerungspreis der gemeine Wert des dem Steuerpflichtigen zugeteilten oder zurückgezahlten Vermögens der Kapitalgesellschaft anzusehen. ③ Satz 1 gilt nicht, soweit die Bezüge nach § 20 Absatz 1 Nummer 1 oder Nummer 2 zu den Einnahmen aus Kapitalvermögen gehören.

(5) ① Die Beschränkung oder der Ausschluss des Besteuerungsrechts der Bundesrepublik Deutschland hinsichtlich des Gewinns aus der Veräußerung der Anteile an einer Kapitalgesellschaft im Fall der Verlegung des Sitzes oder des Orts der Geschäftsleitung der Kapitalgesellschaft in einen anderen Staat stehen der Veräußerung der Anteile zum gemeinen Wert gleich. ② Dies gilt nicht in den Fällen der Sitzverlegung einer Europäischen Gesellschaft nach Artikel 8 der Verordnung (EG) Nr. 2157/2001 und der Sitzverlegung einer anderen Kapitalgesellschaft in einen anderen Mitgliedstaat der Europäischen Union. ③ In diesen Fällen ist der Gewinn aus einer späteren Veräußerung der Anteile ungeachtet der Bestimmungen eines Abkommens zur Vermeidung der Doppelbesteuerung in der gleichen Art und Weise zu besteuern, wie die Veräußerung dieser Anteile zu besteuern gewesen wäre, wenn keine Sitzverlegung stattgefunden hätte. ④ § 15 Absatz 1 a Satz 2 ist entsprechend anzuwenden.

(6) Als Anteile im Sinne des Absatzes 1 Satz 1 gelten auch Anteile an Kapitalgesellschaften, an denen der Veräußerer innerhalb der letzten fünf Jahre am Kapital der Gesellschaft nicht unmittelbar oder mittelbar zu mindestens 1 Prozent beteiligt war, wenn

1.[3] die Anteile auf Grund eines Einbringungsvorgangs im Sinne des Umwandlungssteuergesetzes, bei dem der Buchwert oder ein Zwischenwert zum Ansatz kam, erworben wurden und
2.[4] zum Einbringungszeitpunkt für die eingebrachten Anteile die Voraussetzungen von Absatz 1 Satz 1 erfüllt waren oder die Anteile auf einer Einbringung eines Betriebs, Teilbetriebs oder Mitunternehmeranteils im Sinne von § 20 Absatz 1 des Umwandlungssteuergesetzes beruhen.

(7) Als Anteile im Sinne des Absatzes 1 Satz 1 gelten auch Anteile an einer Genossenschaft einschließlich der Europäischen Genossenschaft.

c) Selbständige Arbeit (§ 2 Absatz 1 Satz 1 Nummer 3)

§ 18 [Selbständige Arbeit]

(1) Einkünfte aus selbständiger Arbeit sind

1. Einkünfte aus freiberuflicher Tätigkeit. ② Zu der freiberuflichen Tätigkeit gehören die selbständig ausgeübte wissenschaftliche, künstlerische, schriftstellerische, unterrichtende oder erzieherische Tätigkeit, die selbständige Berufstätigkeit der Ärzte, Zahnärzte, Tierärzte, Rechtsanwälte, Notare, Patentanwälte, Vermessungsingenieure, Ingenieure, Architekten, Handelschemiker, Wirtschaftsprüfer, Steuerberater, beratenden Volks- und Betriebswirte, vereidigten

[1] § 17 Abs. 2 a eingef. durch JStG 2019 v. 12. 12. 2019 (BGBl. I S. 2451); zur erstmaligen Anwendung siehe § 52 Abs. 25 a.
[2] § 17 Abs. 3 inhaltl. bestätigt durch G v. 5. 4. 2011 (BGBl. I S. 554).
[3] § 17 Abs. 6 Nr. 1 geänd. mWv 1. 1. 2025 durch JStG 2024 v. 2. 12. 2024 (BGBl. I Nr. 387).
[4] § 17 Abs. 6 Nr. 2 geänd. mWv 1. 1. 2025 durch JStG 2024 v. 2. 12. 2024 (BGBl. I Nr. 387).

Buchprüfer, Steuerbevollmächtigten, Heilpraktiker, Dentisten, Krankengymnasten, Journalisten, Bildberichterstatter, Dolmetscher, Übersetzer, Lotsen und ähnlicher Berufe. ③ Ein Angehöriger eines freien Berufs im Sinne der Sätze 1 und 2 ist auch dann freiberuflich tätig, wenn er sich der Mithilfe fachlich vorgebildeter Arbeitskräfte bedient; Voraussetzung ist, dass er auf Grund eigener Fachkenntnisse leitend und eigenverantwortlich tätig wird. ④ Eine Vertretung im Fall vorübergehender Verhinderung steht der Annahme einer leitenden und eigenverantwortlichen Tätigkeit nicht entgegen;

2. Einkünfte der Einnehmer einer staatlichen Lotterie, wenn sie nicht Einkünfte aus Gewerbebetrieb sind;

3. Einkünfte aus sonstiger selbständiger Arbeit, z. B. Vergütungen für die Vollstreckung von Testamenten, für Vermögensverwaltung und für die Tätigkeit als Aufsichtsratsmitglied;

4.[1] Einkünfte, die ein Beteiligter an einer vermögensverwaltenden Gesellschaft oder Gemeinschaft, deren Zweck im Erwerb, Halten und in der Veräußerung von Anteilen an Kapitalgesellschaften besteht, als Vergütung für Leistungen zur Förderung des Gesellschafts- oder Gemeinschaftszwecks erzielt, wenn der Anspruch auf die Vergütung unter der Voraussetzung eingeräumt worden ist, dass die Gesellschafter oder Gemeinschafter ihr eingezahltes Kapital vollständig zurückerhalten haben; § 15 Absatz 3 ist nicht anzuwenden.

(2) Einkünfte nach Absatz 1 sind auch dann steuerpflichtig, wenn es sich nur um eine vorübergehende Tätigkeit handelt.

(3) ① Zu den Einkünften aus selbständiger Arbeit gehört auch der Gewinn, der bei der Veräußerung des Vermögens oder eines selbständigen Teils des Vermögens oder eines Anteils am Vermögen erzielt wird, das der selbständigen Arbeit dient. ② § 16 Absatz 1 Satz 1 Nummer 1 und 2 und Absatz 1 Satz 2 sowie Absatz 2 bis 4 gilt entsprechend.

(4)[2] ① § 13 Absatz 5 gilt entsprechend, sofern das Grundstück im Veranlagungszeitraum 1986 zu einem der selbständigen Arbeit dienenden Betriebsvermögen gehört hat. ② § 15 Absatz 1 Satz 1 Nummer 2, Absatz 1 a, Absatz 2 Satz 2 und 3, §§ 15 a und 15 b sind entsprechend anzuwenden.

d) Nichtselbständige Arbeit (§ 2 Absatz 1 Satz 1 Nummer 4)

§ 19 [Nichtselbständige Arbeit]

(1) ① Zu den Einkünften aus nichtselbständiger Arbeit gehören

1. Gehälter, Löhne, Gratifikationen, Tantiemen und andere Bezüge und Vorteile für eine Beschäftigung im öffentlichen oder privaten Dienst;

1 a.[3] Zuwendungen des Arbeitgebers an seinen Arbeitnehmer und dessen Begleitpersonen anlässlich von Veranstaltungen auf betrieblicher Ebene mit gesellschaftlichem Charakter (Betriebsveranstaltung). ② Zuwendungen im Sinne des Satzes 1 sind alle Aufwendungen des Arbeitgebers einschließlich Umsatzsteuer unabhängig davon, ob sie einzelnen Arbeitnehmern individuell zurechenbar sind oder ob es sich um einen rechnerischen Anteil an den Kosten der Betriebsveranstaltung handelt, die der Arbeitgeber gegenüber Dritten für den äußeren Rahmen der Betriebsveranstaltung aufwendet. ③ Soweit solche Zuwendungen den Betrag von 110 Euro je Betriebsveranstaltung und teilnehmenden Arbeitnehmer nicht übersteigen, gehören sie nicht zu den Einkünften aus nichtselbständiger Arbeit, wenn die Teilnahme an der Betriebsveranstaltung allen Angehörigen des Betriebs oder eines Betriebsteils offensteht. ④ Satz 3 gilt für bis zu zwei Betriebsveranstaltungen jährlich. ⑤ Die Zuwendungen im Sinne des Satzes 1 sind abweichend von § 8 Absatz 2 mit den anteilig auf den Arbeitnehmer und dessen Begleitpersonen entfallenden Aufwendungen des Arbeitgebers im Sinne des Satzes 2 anzusetzen;

2. Wartegelder, Ruhegelder, Witwen- und Waisengelder und andere Bezüge und Vorteile aus früheren Dienstleistungen, auch soweit sie von Arbeitgebern ausgleichspflichtiger Personen an ausgleichsberechtigte Personen infolge einer nach § 10 oder § 14 des Versorgungsausgleichsgesetzes durchgeführten Teilung geleistet werden;

3.[4] laufende Beiträge und laufende Zuwendungen des Arbeitgebers aus einem bestehenden Dienstverhältnis an einen Pensionsfonds, eine Pensionskasse oder für eine Direktversicherung für eine betriebliche Altersversorgung. ② Zu den Einkünften aus nichtselbständiger Arbeit gehören auch Sonderzahlungen, die der Arbeitgeber neben den laufenden Beiträgen und Zuwendungen an eine solche Versorgungseinrichtung leistet, mit Ausnahme der Zahlungen des Arbeitgebers

   a) zur erstmaligen Bereitstellung der Kapitalausstattung zur Erfüllung der Solvabilitätskapitalanforderung nach den §§ 89, 213, 234 g oder 238 des Versicherungsaufsichtsgesetzes,

---

[1] Zu § 18 Abs. 1 Nr. 4 siehe auch § 52 Abs. 4 Sätze 9 und 10 iVm § 3 Nr. 40 a.

[2] Zur Anwendung von § 18 Abs. 4 Satz 2 siehe § 52 Abs. 26 iVm Abs. 25.

[3] § 19 Abs. 1 Satz 1 Nr. 1 a eingef. mWv VZ 2015 durch ZollkodexAnpG v. 22. 12. 2014 (BGBl. I S. 2417).

[4] § 19 Abs. 1 Satz 1 Nr. 3 Satz 2 neugef. und Satz 3 geänd. durch ZollkodexAnpG v. 22. 12. 2014 (BGBl. I S. 2417); zur Anwendung für alle Zahlungen des Arbeitgebers nach dem 30. 12. 2014 siehe § 52 Abs. 26 a. Abs. 1 Satz 1 Nr. 3 Buchst. a und c geänd. mWv 1. 1. 2016 durch G v. 1. 4. 2015 (BGBl. I S. 434; berichtigt durch StÄndG 2015 v. 2. 11. 2015, BGBl. I S. 1834). Abs. 1 Satz 1 Nr. 3 Satz 2 Buchst. a Verweis geänd. durch G v. 19. 12. 2018 (BGBl. I S. 2672).

b) zur Wiederherstellung einer angemessenen Kapitalausstattung nach unvorhersehbaren Verlusten oder zur Finanzierung der Verstärkung der Rechnungsgrundlagen auf Grund einer unvorhersehbaren und nicht nur vorübergehenden Änderung der Verhältnisse, wobei die Sonderzahlungen nicht zu einer Absenkung des laufenden Beitrags führen oder durch die Absenkung des laufenden Beitrags Sonderzahlungen ausgelöst werden dürfen,
c) in der Rentenbezugszeit nach § 236 Absatz 2 des Versicherungsaufsichtsgesetzes oder
d) in Form von Sanierungsgeldern;

Sonderzahlungen des Arbeitgebers sind insbesondere Zahlungen an eine Pensionskasse anlässlich
a) seines Ausscheidens aus einer nicht im Wege der Kapitaldeckung finanzierten betrieblichen Altersversorgung oder
b) des Wechsels von einer nicht im Wege der Kapitaldeckung zu einer anderen nicht im Wege der Kapitaldeckung finanzierten betrieblichen Altersversorgung.

③ Von Sonderzahlungen im Sinne des Satzes 2 zweiter Halbsatz Buchstabe b ist bei laufenden und wiederkehrenden Zahlungen entsprechend dem periodischen Bedarf nur auszugehen, soweit die Bemessung der Zahlungsverpflichtungen des Arbeitgebers in das Versorgungssystem nach dem Wechsel die Bemessung der Zahlungsverpflichtung zum Zeitpunkt des Wechsels übersteigt. ④ Sanierungsgelder sind Sonderzahlungen des Arbeitgebers an eine Pensionskasse anlässlich der Systemumstellung einer nicht im Wege der Kapitaldeckung finanzierten betrieblichen Altersversorgung auf der Finanzierungs- oder Leistungsseite, die der Finanzierung der zum Zeitpunkt der Umstellung bestehenden Versorgungsverpflichtungen oder Versorgungsanwartschaften dienen; bei laufenden und wiederkehrenden Zahlungen entsprechend dem periodischen Bedarf ist nur von Sanierungsgeldern auszugehen, soweit die Bemessung der Zahlungsverpflichtungen des Arbeitgebers in das Versorgungssystem nach der Systemumstellung die Bemessung der Zahlungsverpflichtung zum Zeitpunkt der Systemumstellung übersteigt.

② Es ist gleichgültig, ob es sich um laufende oder um einmalige Bezüge handelt und ob ein Rechtsanspruch auf sie besteht.

(2)[1] ① Von Versorgungsbezügen bleiben ein nach einem Prozentsatz ermittelter, auf einen Höchstbetrag begrenzter Betrag (Versorgungsfreibetrag) und ein Zuschlag zum Versorgungsfreibetrag steuerfrei. ② Versorgungsbezüge sind

1. das Ruhegehalt, Witwen- oder Waisengeld, der Unterhaltsbeitrag oder ein gleichartiger Bezug
   a) auf Grund beamtenrechtlicher oder entsprechender gesetzlicher Vorschriften,
   b) nach beamtenrechtlichen Grundsätzen von Körperschaften, Anstalten oder Stiftungen des öffentlichen Rechts oder öffentlich-rechtlichen Verbänden von Körperschaften

   oder
2. in anderen Fällen Bezüge und Vorteile aus früheren Dienstleistungen wegen Erreichens einer Altersgrenze, verminderter Erwerbsfähigkeit oder Hinterbliebenenbezüge; Bezüge wegen Erreichens einer Altersgrenze gelten erst dann als Versorgungsbezüge, wenn der Steuerpflichtige das 63. Lebensjahr oder, wenn er schwerbehindert ist, das 60. Lebensjahr vollendet hat.

③ Der maßgebende Prozentsatz, der Höchstbetrag des Versorgungsfreibetrags und der Zuschlag zum Versorgungsfreibetrag sind der nachstehenden Tabelle zu entnehmen:

Jahr des Versorgungsbeginns	Versorgungsfreibetrag		Zuschlag zum Versorgungsfreibetrag in Euro
	in % der Versorgungsbezüge	Höchstbetrag in Euro	
bis 2005	40,0	3000	900
ab 2006	38,4	2880	864
2007	36,8	2760	828
2008	35,2	2640	792
2009	33,6	2520	756
2010	32,0	2400	720
2011	30,4	2280	684
2012	28,8	2160	648
2013	27,2	2040	612
2014	25,6	1920	576
2015	24,0	1800	540
2016	22,4	1680	504
2017	20,8	1560	468

[1] § 19 Abs. 2 Satz 3 neu gef. durch WachstumschancenG v. 27. 3. 2024 (BGBl. I Nr. 108); zur Anwendung siehe § 52 Abs. 26 a.

Jahr des Versorgungs- beginns	Versorgungsfreibetrag in % der Versorgungs- bezüge	Höchstbetrag in Euro	Zuschlag zum Versorgungs- freibetrag in Euro
2018	19,2	1 440	432
2019	17,6	1 320	396
2020	16,0	1 200	360
2021	15,2	1 140	342
2022	14,4	1 080	324
2023	14,0	1 050	315
2024	13,6	1020	306
2025	13,2	990	297
2026	12,8	960	288
2027	12,4	930	279
2028	12,0	900	270
2029	11,6	870	261
2030	11,2	840	252
2031	10,8	810	243
2032	10,4	780	234
2033	10,0	750	225
2034	9,6	720	216
2035	9,2	690	207
2036	8,8	660	198
2037	8,4	630	189
2038	8,0	600	180
2039	7,6	570	171
2040	7,2	540	162
2041	6,8	510	153
2042	6,4	480	144
2043	6,0	450	135
2044	5,6	420	126
2045	5,2	390	117
2046	4,8	360	108
2047	4,4	330	99
2048	4,0	300	90
2049	3,6	270	81
2050	3,2	240	72
2051	2,8	210	63
2052	2,4	180	54
2053	2,0	150	45
2054	1,6	120	36
2055	1,2	90	27
2056	0,8	60	18
2057	0,4	30	9
2058	0,0	0	0

④ Bemessungsgrundlage für den Versorgungsfreibetrag ist

a) bei Versorgungsbeginn vor 2005
das Zwölffache des Versorgungsbezugs für Januar 2005,

b) bei Versorgungsbeginn ab 2005
das Zwölffache des Versorgungsbezugs für den ersten vollen Monat,

jeweils zuzüglich voraussichtlicher Sonderzahlungen im Kalenderjahr, auf die zu diesem Zeitpunkt ein Rechtsanspruch besteht. ⑤ Der Zuschlag zum Versorgungsfreibetrag darf nur bis zur Höhe der um den Versorgungsfreibetrag geminderten Bemessungsgrundlage berücksichtigt werden. ⑥ Bei mehreren Versorgungsbezügen mit unterschiedlichem Bezugsbeginn bestimmen sich der insgesamt berücksichtigungsfähige Höchstbetrag des Versorgungsfreibetrags und der Zuschlag zum Versorgungsfreibetrag nach dem Jahr des Beginns des ersten Versorgungsbezugs. ⑦ Folgt ein Hinterbliebenenbezug einem Versorgungsbezug, bestimmen sich der Prozentsatz, der Höchstbetrag des Versorgungsfreibetrags und der Zuschlag zum Versorgungsfreibetrag für den Hinterbliebenenbezug nach dem Jahr des Beginns des Versorgungsbezugs. ⑧ Der nach den Sätzen 3 bis 7 berechnete Versorgungsfreibetrag und Zuschlag zum Versorgungsfreibetrag gelten für die gesamte Laufzeit des Versorgungsbezugs. ⑨ Regelmäßige Anpassungen des Versorgungsbezugs führen nicht zu einer Neuberechnung. ⑩ Abweichend hiervon sind der Versorgungsfreibetrag und der Zuschlag zum Versorgungsfreibetrag neu zu berechnen, wenn sich der Versorgungsbezug wegen Anwendung von Anrechnungs-, Ruhens-, Erhöhungs- oder Kürzungsregelungen erhöht oder vermindert. ⑪ In diesen Fällen sind die Sätze 3 bis 7 mit dem geänderten Versorgungsbezug als Bemessungsgrundlage im Sinne des Satzes 4 anzuwenden; im Kalenderjahr der Änderung sind der höchste Versorgungsfreibetrag und Zuschlag zum Versorgungsfreibetrag maßgebend. ⑫ Für jeden vollen Kalendermonat, für den keine Versorgungsbezüge gezahlt werden, ermäßigen sich der Versorgungsfreibetrag und der Zuschlag zum Versorgungsfreibetrag in diesem Kalenderjahr um je ein Zwölftel.

(3)[1] ① Die Energiepreispauschale nach dem Versorgungsrechtlichen Energiepreispauschalen-Gewährungsgesetz oder vergleichbare Leistungen zum Ausgleich gestiegener Energiepreise nach Landesrecht sind als Einnahmen nach Absatz 2 zu berücksichtigen. ② Sie gelten nicht als Sonderzahlung im Sinne von Absatz 2 Satz 4, jedoch als regelmäßige Anpassung des Versorgungsbezugs im Sinne von Absatz 2 Satz 9. ③ Im Lohnsteuerabzugsverfahren sind die Energiepreispauschale und vergleichbare Leistungen bei der Berechnung einer Vorsorgepauschale nach § 39 b Absatz 2 Satz 5 Nummer 3 Buchstabe b und c nicht zu berücksichtigen. ④ In den Fällen des Satzes 1 sind die §§ 3 und 24 a nicht anzuwenden.

§ 19 a[2] Sondervorschrift für Einkünfte aus nichtselbständiger Arbeit bei Vermögensbeteiligungen

(1)[3] ① Werden einem Arbeitnehmer von seinem Arbeitgeber oder einem Gesellschafter seines Arbeitgebers zusätzlich zum ohnehin geschuldeten Arbeitslohn Vermögensbeteiligungen im Sinne des § 2 Absatz 1 Nummer 1 Buchstabe a, b und f bis l und Absatz 2 bis 5 des Fünften Vermögensbildungsgesetzes an dem Unternehmen des Arbeitgebers unentgeltlich oder verbilligt übertragen, so unterliegt der Vorteil im Sinne des § 19 Absatz 1 Satz 1 Nummer 1 im Kalenderjahr der Übertragung nicht der Besteuerung. ② Dies gilt auch, wenn die Vermögensbeteiligungen mittelbar über Personengesellschaften gehalten werden. ③ Als Unternehmen des Arbeitgebers im Sinne des Satzes 1 gilt auch ein Unternehmen im Sinne des § 18 des Aktiengesetzes, wenn die Schwellenwerte des Absatzes 3 in Bezug auf die Gesamtheit aller Konzernunternehmen nicht überschritten werden und die Gründung keines Konzernunternehmens mehr als 20 Jahre zurückliegt. ④ Ein Vorteil im Sinne des Satzes 1 gilt in diesem Fall auch dann als zugeflossen, wenn es dem Arbeitnehmer rechtlich unmöglich ist, über die Vermögensbeteiligung zu verfügen. ⑤ Bei der Ermittlung des Vorteils im Sinne des Satzes 1 ist der Freibetrag nach § 3 Nummer 39 abzuziehen, wenn die Voraussetzungen vorliegen. ⑥ Ein nicht besteuerter Vorteil im Sinne des Satzes 1 ist bei der Berechnung der Vorsorgepauschale (§ 39 b Absatz 2 Satz 5 Nummer 3) einzubeziehen. ⑦ Die Anschaffungskosten sind mit dem gemeinen Wert der Vermögensbeteiligung anzusetzen.

(2) ① Die vorläufige Nichtbesteuerung nach Absatz 1 kann im Lohnsteuerabzugsverfahren nur mit Zustimmung des Arbeitnehmers angewendet werden. ② Eine Nachholung der vorläufigen Nichtbesteuerung im Rahmen der Veranlagung zur Einkommensteuer ist ausgeschlossen.

(3)[4] ① Absatz 1 ist nur anzuwenden, wenn das Unternehmen des Arbeitgebers im Zeitpunkt der Übertragung der Vermögensbeteiligung betreffend den Jahresumsatz und die Jahresbilanzsumme das Doppelte und betreffend die Anzahl der beschäftigten Personen das Vierfache der in Artikel 2 Absatz 1 des Anhangs der Empfehlung der Kommission vom 6. Mai 2003 betreffend die Definition der Kleinstunternehmen sowie der kleinen und mittleren Unternehmen (ABl. L 124 vom 20. 5. 2003, S. 36) in der jeweils geltenden Fassung genannten Schwellenwerte nicht überschreitet oder in einem der sechs vorangegangenen Kalenderjahre nicht überschritten hat und seine Gründung nicht mehr als 20 Jahre zurückliegt. ② Die Ermittlung der Schwellenwerte nach Satz 1 erfolgt gemäß der Artikel 4 und 5 des Anhangs der Empfehlung.

(4)[5] ① Der nach Absatz 1 nicht besteuerte Arbeitslohn unterliegt erst dann der Besteuerung nach § 19 und dem Lohnsteuerabzug als sonstiger Bezug, wenn

1. die Vermögensbeteiligung ganz oder teilweise entgeltlich oder unentgeltlich übertragen wird, insbesondere auch in den Fällen des § 17 Absatz 4 und des § 20 Absatz 2 Satz 2 oder bei Einlagen in ein Betriebsvermögen,

---

[1] § 19 Abs. 3 angef. mWv 1. 1. 2022 durch JStG 2022 v. 16. 12. 2022 (BGBl. I S. 2294).

[2] § 19 a neu gef. durch FoStoG v. 3. 6. 2021 (BGBl. I S. 1498), zur Anwendung siehe § 52 Abs. 27.

[3] § 19 a Abs. 1 Satz 1 geänd., Satz 3 eingef., bish. Sätze 3 bis 5 werden Sätze 4 bis 6 mWv 1. 1. 2024 durch ZuFinG v. 11. 12. 2023 (BGBl. I Nr. 354). Satz 3 eingef., bish. Sätze 3 bis 6 werden Sätze 4 bis 7 mWv VZ 2024 durch JStG 2024 v. 2. 12. 2024 (BGBl. I Nr. 387).

[4] § 19 a Abs. 3 neu gef. mWv 1. 1. 2024 durch ZuFinG v. 11. 12. 2023 (BGBl. I Nr. 354).

[5] § 19 a Abs. 4 Satz 4 2. HS angef. mWv 1. 1. 2024 durch ZuFinG v. 11. 12. 2023 (BGBl. I Nr. 354). Abs. 4 Satz 2 geänd. mWv 1. 1. 2025 durch WachstumschancenG v. 27. 3. 2024 (BGBl. I Nr. 108).

2.[1] seit der Übertragung der Vermögensbeteiligung 15 Jahre vergangen sind oder
3. das Dienstverhältnis zu dem bisherigen Arbeitgeber beendet wird. ② Übernimmt der Arbeitgeber in diesem Fall die Lohnsteuer, ist der übernommene Abzugsbetrag nicht Teil des zu besteuernden Arbeitslohns.

② In den Fällen des Satzes 1 ist für die zu besteuernden Arbeitslöhne § 34 Absatz 1 entsprechend anzuwenden, wenn seit der Übertragung der Vermögensbeteiligung mindestens drei Jahre vergangen sind. ③ Die nach Satz 1 zu besteuernden Arbeitslöhne sind bei der Berechnung der Vorsorgepauschale (§ 39 b Absatz 2 Satz 5 Nummer 3) nicht einzubeziehen. ④ Ist in den Fällen des Satzes 1 der gemeine Wert der Vermögensbeteiligung abzüglich geleisteter Zuzahlungen des Arbeitnehmers bei der verbilligten Übertragung niedriger als der nach Absatz 1 nicht besteuerte Arbeitslohn, so unterliegt nur der gemeine Wert der Vermögensbeteiligung abzüglich geleisteter Zuzahlungen der Besteuerung; in den Fällen des Satzes 1 Nummer 3 tritt bei einem Rückerwerb der Vermögensbeteiligung durch den Arbeitgeber, einen Gesellschafter des Arbeitgebers oder ein Unternehmen im Sinne des § 18 des Aktiengesetzes an die Stelle des gemeinen Werts die vom Arbeitgeber gewährte Vergütung. ⑤ In den Fällen des Satzes 4 gilt neben den geleisteten Zuzahlungen nur der tatsächlich besteuerte Arbeitslohn als Anschaffungskosten im Sinne der §§ 17 und 20. ⑥ Die Sätze 4 und 5 sind nicht anzuwenden, soweit die Wertminderung nicht betrieblich veranlasst ist oder diese auf einer gesellschaftsrechtlichen Maßnahme, insbesondere einer Ausschüttung oder Einlagerückgewähr, beruht.

(4 a)[2] ① Absatz 4 Satz 1 Nummer 2 und 3 ist nicht anzuwenden, wenn der Arbeitgeber spätestens mit der dem betreffenden Ereignis folgenden Lohnsteuer-Anmeldung unwiderruflich erklärt, bei Eintritt des in Absatz 4 Satz 1 Nummer 1 genannten Ereignisses für die betreffende Lohnsteuer zu haften (§ 42 d), ohne sich der Haftung durch eine Anzeige nach § 38 Absatz 4 Satz 2 in Verbindung mit § 42 d Absatz 2 entziehen zu können. ② Eine Haftungsinanspruchnahme erfordert dann keine weitere Ermessensprüfung mehr.

(5) Das Betriebsstättenfinanzamt hat nach der Übertragung einer Vermögensbeteiligung im Rahmen einer Anrufungsauskunft (§ 42 e) den vom Arbeitgeber nicht besteuerten Vorteil im Sinne des Absatzes 1 zu bestätigen.

(6) ① Der nach Absatz 1 nicht besteuerte gemeine Wert der Vermögensbeteiligung und die übrigen Angaben des nach den vorstehenden Absätzen durchgeführten Besteuerungsverfahrens sind vom Arbeitgeber im Lohnkonto aufzuzeichnen. ② Die Aufbewahrungsfrist nach § 41 Absatz 1 Satz 9 endet insoweit nicht vor Ablauf von sechs Jahren nach der Besteuerung im Sinne des Absatzes 4 Satz 1.

e) Kapitalvermögen (§ 2 Absatz 1 Satz 1 Nummer 5)

§ 20 [Kapitalvermögen]

(1)[3] Zu den Einkünften aus Kapitalvermögen gehören

1.[4] Gewinnanteile (Dividenden) und sonstige Bezüge aus Aktien, Genussrechten, mit denen das Recht am Gewinn und Liquidationserlös einer Kapitalgesellschaft verbunden ist, aus Anteilen an Gesellschaften mit beschränkter Haftung, an Genossenschaften sowie an einer optierenden Gesellschaft im Sinne des § 1 a des Körperschaftsteuergesetzes. ② Zu den sonstigen Bezügen gehören auch verdeckte Gewinnausschüttungen. ③ Die Bezüge gehören nicht zu den Einnahmen, soweit sie aus Ausschüttungen einer Körperschaft stammen, für die Beträge aus dem steuerlichen Einlagekonto im Sinne des § 27 des Körperschaftsteuergesetzes als verwendet gelten. ④ Als sonstige Bezüge gelten auch Einnahmen, die anstelle der Bezüge im Sinne des Satzes 1 von einem anderen als dem Anteilseigner nach Absatz 5 bezogen werden, wenn die Aktien mit Dividendenberechtigung erworben, aber ohne Dividendenanspruch geliefert werden;
2. Bezüge, die nach der Auflösung einer Körperschaft oder Personenvereinigung im Sinne der Nummer 1 anfallen und die nicht in der Rückzahlung von Nennkapital bestehen; Nummer 1 Satz 3 gilt entsprechend. ② Gleiches gilt für Bezüge, die auf Grund einer Kapitalherabsetzung oder nach der Auflösung einer unbeschränkt steuerpflichtigen Körperschaft oder Personenvereinigung im Sinne der Nummer 1 anfallen und die als Gewinnausschüttung im Sinne des § 28 Absatz 2 Satz 2 und 4 des Körperschaftsteuergesetzes gelten;
3.[5] Investmenterträge nach § 16 des Investmentsteuergesetzes;
3 a.[6] Spezial-Investmenterträge nach § 34 des Investmentsteuergesetzes;

---

[1] § 19 a Abs. 4 Satz 1 Nr. 2 geänd. mWv 1. 1. 2024 durch ZuFinG v. 11. 12. 2023 (BGBl. I Nr. 354).
[2] § 19 a Abs. 4 a eingef. mWv 1. 1. 2024 durch ZuFinG v. 11. 12. 2023 (BGBl. I Nr. 354).
[3] Zur Anwendung von § 20 Abs. 1 siehe § 52 Abs. 28.
[4] § 20 Abs. 1 Nr. 1 Satz 1 geänd. durch KöMoG v. 25. 6. 2021 (BGBl. I S. 2050).
[5] § 20 Abs. 1 Nr. 3 eingef. durch InvStRefG v. 19. 7. 2016 (BGBl. I S. 1730); zur erstmaligen Anwendung ab 1. 1. 2018 siehe § 52 Abs. 28 Satz 22.
[6] § 20 Abs. 1 Nr. 3 a eingef. durch InvStRefG v. 19. 7. 2016 (BGBl. I S. 1730); zur erstmaligen Anwendung ab 1. 1. 2018 siehe § 52 Abs. 28 Satz 22.

4. Einnahmen aus der Beteiligung an einem Handelsgewerbe als stiller Gesellschafter und aus partiarischen Darlehen, es sei denn, dass der Gesellschafter oder Darlehensgeber als Mitunternehmer anzusehen ist. ② Auf Anteile des stillen Gesellschafters am Verlust des Betriebes sind § 15 Absatz 4 Satz 6 bis 8 und § 15 a sinngemäß anzuwenden;[1]
5. Zinsen aus Hypotheken und Grundschulden und Renten aus Rentenschulden. ② Bei Tilgungshypotheken und Tilgungsgrundschulden ist nur der Teil der Zahlungen anzusetzen, der als Zins auf den jeweiligen Kapitalrest entfällt;
6.[2] der Unterschiedsbetrag zwischen der Versicherungsleistung und der Summe der auf sie entrichteten Beiträge (Erträge) im Erlebensfall oder bei Rückkauf des Vertrags bei Rentenversicherungen mit Kapitalwahlrecht, soweit nicht die lebenslange Rentenzahlung gewählt und erbracht wird, und bei Kapitalversicherungen mit Sparanteil, wenn der Vertrag nach dem 31. Dezember 2004 abgeschlossen worden ist. ② Wird die Versicherungsleistung nach Vollendung des 60. Lebensjahres[3] des Steuerpflichtigen und nach Ablauf von zwölf Jahren seit dem Vertragsabschluss ausgezahlt, ist die Hälfte des Unterschiedsbetrags anzusetzen. ③ Bei entgeltlichem Erwerb des Anspruchs auf die Versicherungsleistung treten die Anschaffungskosten an die Stelle der vor dem Erwerb entrichteten Beiträge. ④ Die Sätze 1 bis 3 sind auf Erträge aus fondsgebundenen Lebensversicherungen, auf Erträge im Erlebensfall bei Rentenversicherungen ohne Kapitalwahlrecht, soweit keine lebenslange Rentenzahlung vereinbart und erbracht wird, und auf Erträge bei Rückkauf des Vertrages bei Rentenversicherungen ohne Kapitalwahlrecht entsprechend anzuwenden. ⑤ Ist in einem Versicherungsvertrag eine gesonderte Verwaltung von speziell für diesen Vertrag zusammengestellten Kapitalanlagen vereinbart, die nicht auf öffentlich vertriebene Investmentfondsanteile oder Anlagen, die die Entwicklung eines veröffentlichten Indexes abbilden, beschränkt ist, und kann der wirtschaftlich Berechtigte unmittelbar oder mittelbar über die Veräußerung der Vermögensgegenstände und die Wiederanlage der Erlöse bestimmen (vermögensverwaltender Versicherungsvertrag), sind die dem Versicherungsunternehmen zufließenden Erträge dem wirtschaftlich Berechtigten aus dem Versicherungsvertrag zuzurechnen; Sätze 1 bis 4 sind nicht anzuwenden. ⑥ Satz 2 ist nicht anzuwenden, wenn
   a) in einem Kapitallebensversicherungsvertrag mit vereinbarter laufender Beitragszahlung in mindestens gleichbleibender Höhe bis zum Zeitpunkt des Erlebensfalls die vereinbarte Leistung bei Eintritt des versicherten Risikos weniger als 50 Prozent der Summe der für die gesamte Vertragsdauer zu zahlenden Beiträge beträgt und
   b) bei einem Kapitallebensversicherungsvertrag die vereinbarte Leistung bei Eintritt des versicherten Risikos das Deckungskapital oder den Zeitwert der Versicherung spätestens fünf Jahre nach Vertragsabschluss nicht um mindestens 10 Prozent des Deckungskapitals, des Zeitwerts oder der Summe der gezahlten Beiträge übersteigt. ② Dieser Prozentsatz darf bis zum Ende der Vertragslaufzeit in jährlich gleichen Schritten auf Null sinken.

   ⑦ Hat der Steuerpflichtige Ansprüche aus einem von einer anderen Person abgeschlossenen Vertrag entgeltlich erworben, gehört zu den Einkünften aus Kapitalvermögen auch der Unterschiedsbetrag zwischen der Versicherungsleistung bei Eintritt eines versicherten Risikos und den Aufwendungen für den Erwerb und Erhalt des Versicherungsanspruches; insoweit findet Satz 2 keine Anwendung. ⑧ Satz 7 gilt nicht, wenn die versicherte Person den Versicherungsanspruch von einem Dritten erwirbt oder aus anderen Rechtsverhältnissen entstandene Abfindungs- und Ausgleichsansprüche arbeitsrechtlicher, erbrechtlicher oder familienrechtlicher Art durch Übertragung von Ansprüchen aus Versicherungsverträgen erfüllt werden. ⑨ [4]Bei fondsgebundenen Lebensversicherungen sind 15 Prozent des Unterschiedsbetrages steuerfrei oder dürfen nicht bei der Ermittlung der Einkünfte abgezogen werden, soweit der Unterschiedsbetrag aus Investmenterträgen stammt;
7.[5] Erträge aus sonstigen Kapitalforderungen jeder Art, wenn die Rückzahlung des Kapitalvermögens oder ein Entgelt für die Überlassung des Kapitalvermögens zur Nutzung zugesagt oder geleistet worden ist, auch wenn die Höhe der Rückzahlung oder des Entgelts von einem ungewissen Ereignis abhängt. ② Dies gilt unabhängig von der Bezeichnung und der zivilrechtlichen Ausgestaltung der Kapitalanlage. ③ Erstattungszinsen im Sinne des § 233 a der Abgabenordnung sind Erträge im Sinne des Satzes 1;
8. Diskontbeträge von Wechseln und Anweisungen einschließlich der Schatzwechsel;
9.[6] Einnahmen aus Leistungen einer nicht von der Körperschaftsteuer befreiten Körperschaft, Personenvereinigung oder Vermögensmasse im Sinne des § 1 Absatz 1 Nummer 3 bis 5 des Körperschaftsteuergesetzes, die Gewinnausschüttungen im Sinne der Nummer 1 wirtschaftlich vergleichbar sind, soweit sie nicht bereits zu den Einnahmen im Sinne der Nummer 1

---

[1] Zur erstmaligen Anwendung von § 20 Abs. 1 Nr. 4 Satz 2 siehe § 52 Abs. 28 Sätze 1 und 2.

[2] Zur Anwendung von § 20 Abs. 1 Nr. 6 siehe § 52 Abs. 28 Sätze 3 bis 10. § 20 Abs. 1 Nr. 6 Sätze 7 und 8 angef. durch KroatienAnpG v. 25. 7. 2014 (BGBl. I S. 1266); zur Anwendung siehe § 52 Abs. 28 Satz 10.

[3] Für Vertragsabschlüsse nach dem 31. 12. 2011 siehe § 52 Abs. 28 Satz 7.

[4] § 20 Abs. 1 Nr. 6 Satz 9 angef. durch InvStRefG v. 19. 7. 2016 (BGBl. I S. 1730); zur Anwendung mWv 1. 1. 2018 siehe § 52 Abs. 28 Sätze 23 und 24.

[5] § 20 Abs. 1 Nr. 7 Satz 3 angef. durch G v. 8. 12. 2010 (BGBl. I S. 1768).

[6] § 20 Abs. 1 Nr. 9 Satz 2 angef. durch G v. 8. 12. 2010 (BGBl. I S. 1768).

gehören; Nummer 1 Satz 2, 3 und Nummer 2 gelten entsprechend. ② Satz 1 ist auf Leistungen von vergleichbaren Körperschaften, Personenvereinigungen oder Vermögensmassen, die weder Sitz noch Geschäftsleitung im Inland haben, entsprechend anzuwenden;

10.[1] a) Leistungen eines nicht von der Körperschaftsteuer befreiten Betriebs gewerblicher Art im Sinne des § 4 des Körperschaftsteuergesetzes mit eigener Rechtspersönlichkeit, die zu mit Gewinnausschüttungen im Sinne der Nummer 1 Satz 1 wirtschaftlich vergleichbaren Einnahmen führen; Nummer 1 Satz 2, 3 und Nummer 2 gelten entsprechend;

b) der nicht den Rücklagen zugeführte Gewinn und verdeckte Gewinnausschüttungen eines nicht von der Körperschaftsteuer befreiten Betriebs gewerblicher Art im Sinne des § 4 des Körperschaftsteuergesetzes ohne eigene Rechtspersönlichkeit, der den Gewinn durch Betriebsvermögensvergleich ermittelt oder Umsätze einschließlich der steuerfreien Umsätze, ausgenommen die Umsätze nach § 4 Nummer 8 bis 10 des Umsatzsteuergesetzes, von mehr als 350 000 Euro im Kalenderjahr oder einen Gewinn von mehr als 30 000 Euro im Wirtschaftsjahr hat, sowie der Gewinn im Sinne des § 22 Absatz 4 des Umwandlungssteuergesetzes. ② Die Auflösung der Rücklagen zu Zwecken außerhalb des Betriebs gewerblicher Art führt zu einem Gewinn im Sinne des Satzes 1; in Fällen der Einbringung nach dem Sechsten und des Formwechsels nach dem Achten Teil des Umwandlungssteuergesetzes gelten die Rücklagen als aufgelöst. ③ Bei dem Geschäft der Veranstaltung von Werbesendungen der inländischen öffentlich-rechtlichen Rundfunkanstalten gelten drei Viertel des Einkommens im Sinne des § 8 Absatz 1 Satz 3 des Körperschaftsteuergesetzes als Gewinn im Sinne des Satzes 1. ④ Die Sätze 1 und 2 sind bei wirtschaftlichen Geschäftsbetrieben der von der Körperschaftsteuer befreiten Körperschaften, Personenvereinigungen oder Vermögensmassen entsprechend anzuwenden. ⑤ Nummer 1 Satz 3 gilt entsprechend.

11.[2] Stillhalterprämien, die für die Einräumung von Optionen vereinnahmt werden; schließt der Stillhalter ein Glattstellungsgeschäft ab, sind die im Glattstellungsgeschäft gezahlten Prämien zum Zeitpunkt der Zahlung als negative Einnahmen zu berücksichtigen.

(2)[3] ① Zu den Einkünften aus Kapitalvermögen gehören auch

1. der Gewinn aus der Veräußerung von Anteilen an einer Körperschaft im Sinne des Absatzes 1 Nummer 1. ② Anteile an einer Körperschaft sind auch Genussrechte im Sinne des Absatzes 1 Nummer 1, den Anteilen im Sinne des Absatzes 1 Nummer 1 ähnliche Beteiligungen und Anwartschaften auf Anteile im Sinne des Absatzes 1 Nummer 1;

2.[4] der Gewinn aus der Veräußerung

a) von Dividendenscheinen und sonstigen Ansprüchen durch den Inhaber des Stammrechts, wenn die dazugehörigen Aktien oder sonstigen Anteile nicht mitveräußert werden. ② Soweit eine Besteuerung nach Satz 1 erfolgt ist, tritt diese insoweit an die Stelle der Besteuerung nach Absatz 1;

b) von Zinsscheinen und Zinsforderungen durch den Inhaber oder ehemaligen Inhaber der Schuldverschreibung, wenn die dazugehörigen Schuldverschreibungen nicht mitveräußert werden. ② Entsprechendes gilt für die Einlösung von Zinsscheinen und Zinsforderungen durch den ehemaligen Inhaber der Schuldverschreibung.

② Satz 1 gilt sinngemäß für die Einnahmen aus der Abtretung von Dividenden- oder Zinsansprüchen oder sonstigen Ansprüchen im Sinne des Satzes 1, wenn die dazugehörigen Anteilsrechte oder Schuldverschreibungen nicht in einzelnen Wertpapieren verbrieft sind. ③ Satz 2 gilt auch bei der Abtretung von Zinsansprüchen aus Schuldbuchforderungen, die in ein öffentliches Schuldbuch eingetragen sind;

3. der Gewinn

a) bei Termingeschäften, durch die der Steuerpflichtige einen Differenzausgleich oder einen durch den Wert einer veränderlichen Bezugsgröße bestimmten Geldbetrag oder Vorteil erlangt;

b) aus der Veräußerung eines als Termingeschäft ausgestalteten Finanzinstruments;

4. der Gewinn aus der Veräußerung von Wirtschaftsgütern, die Erträge im Sinne des Absatzes 1 Nummer 4 erzielen;

5. der Gewinn aus der Übertragung von Rechten im Sinne des Absatzes 1 Nummer 5;

6. der Gewinn aus der Veräußerung von Ansprüchen auf eine Versicherungsleistung im Sinne des Absatzes 1 Nummer 6. ② Das Versicherungsunternehmen hat nach Kenntniserlangung von einer Veräußerung unverzüglich Mitteilung an das für den Steuerpflichtigen zuständige Finanzamt zu machen und auf Verlangen des Steuerpflichtigen eine Bescheinigung über die Höhe der entrichteten Beiträge im Zeitpunkt der Veräußerung zu erteilen;

---

[1] § 20 Abs. 1 Nr. 10 Buchst. b Satz 6 angef. durch KroatienAnpG v. 25. 7. 2014 (BGBl. I S. 1266). Abs. 1 Nr. 10 Buchst. b Satz 6 aufgeh. mWv VZ 2025 durch JStG 2024 v. 2. 12. 2024 (BGBl. I Nr. 387).

[2] § 20 Abs. 1 Nr. 11 neu gef. mWv VZ 2024 durch JStG 2024 v. 2. 12. 2024 (BGBl. I Nr. 387).

[3] Zur Anwendung von § 20 Abs. 2 siehe § 52 Abs. 28 Sätze 11 bis 17. § 20 Abs. 2 Sätze 4 und 5 angef. mWv 1. 1. 2017 durch InvStRefG v. 19. 7. 2016 (BGBl. I S. 1730); zur Anwendung siehe § 52 Abs. 28 Satz 21.

[4] § 20 Abs. 2 Satz 1 Nr. 2 Buchst. a Satz 2 geänd. mWv VZ 2014 durch KroatienAnpG v. 25. 7. 2014 (BGBl. I S. 1266).

7. der Gewinn aus der Veräußerung von sonstigen Kapitalforderungen jeder Art im Sinne des Absatzes 1 Nummer 7;
8. der Gewinn aus der Übertragung oder Aufgabe einer die Einnahmen im Sinne des Absatzes 1 Nummer 9 vermittelnden Rechtsposition.

② Als Veräußerung im Sinne des Satzes 1 gilt auch die Einlösung, Rückzahlung, Abtretung oder verdeckte Einlage in eine Kapitalgesellschaft; in den Fällen von Satz 1 Nummer 4 gilt auch die Vereinnahmung eines Auseinandersetzungsguthabens als Veräußerung. ③ Die Anschaffung oder Veräußerung einer unmittelbaren oder mittelbaren Beteiligung an einer Personengesellschaft gilt als Anschaffung oder Veräußerung der anteiligen Wirtschaftsgüter. ④ Wird ein Zinsschein oder eine Zinsforderung vom Stammrecht abgetrennt, gilt dies als Veräußerung der Schuldverschreibung und als Anschaffung der durch die Trennung entstandenen Wirtschaftsgüter. ⑤ Eine Trennung gilt als vollzogen, wenn dem Inhaber der Schuldverschreibung die Wertpapierkennnummern für die durch die Trennung entstandenen Wirtschaftsgüter zugehen.

(3)[1] ① Zu den Einkünften aus Kapitalvermögen gehören auch besondere Entgelte oder Vorteile, die neben den in den Absätzen 1 und 2 bezeichneten Einnahmen oder an deren Stelle gewährt werden. ② Besondere Entgelte oder Vorteile nach Satz 1 liegen auch vor, wenn Bestandsprovisionen, Verwaltungsentgelte oder sonstige Aufwendungen durch den Schuldner der Kapitalerträge nach Absatz 1 oder 2 oder durch einen Dritten erstattet werden.

(3 a)[2] ① Korrekturen im Sinne des § 43 a Absatz 3 Satz 7 sind erst zu dem dort genannten Zeitpunkt zu berücksichtigen. ② Weist der Steuerpflichtige durch eine Bescheinigung der auszahlenden Stelle nach, dass sie die Korrektur nicht vorgenommen hat und auch nicht vornehmen wird, kann der Steuerpflichtige die Korrektur nach § 32 d Absatz 4 und 6 geltend machen.

(4)[3] ① Gewinn im Sinne des Absatzes 2 ist der Unterschied zwischen den Einnahmen aus der Veräußerung nach Abzug der Aufwendungen, die im unmittelbaren sachlichen Zusammenhang mit dem Veräußerungsgeschäft stehen, und den Anschaffungskosten; bei nicht in Euro getätigten Geschäften sind die Einnahmen im Zeitpunkt der Veräußerung und die Anschaffungskosten im Zeitpunkt der Anschaffung in Euro umzurechnen. ② In den Fällen der verdeckten Einlage tritt an die Stelle der Einnahmen aus der Veräußerung der Wirtschaftsgüter ihr gemeiner Wert; der Gewinn ist für das Kalenderjahr der verdeckten Einlage anzusetzen. ③ Ist ein Wirtschaftsgut im Sinne des Absatzes 2 in das Privatvermögen durch Entnahme oder Betriebsaufgabe überführt worden, tritt an die Stelle der Anschaffungskosten der nach § 6 Absatz 1 Nummer 4 oder § 16 Absatz 3 angesetzte Wert. ④ In den Fällen des Absatzes 2 Satz 1 Nummer 6 gelten die entrichteten Beiträge im Sinne des Absatzes 1 Nummer 6 Satz 1 als Anschaffungskosten; ist ein entgeltlicher Erwerb vorausgegangen, gelten auch die nach dem Erwerb entrichteten Beiträge als Anschaffungskosten. ⑤ Gewinn bei einem Termingeschäft ist der Differenzausgleich oder der durch den Wert einer veränderlichen Bezugsgröße bestimmte Geldbetrag oder Vorteil abzüglich der Aufwendungen, die im unmittelbaren sachlichen Zusammenhang mit dem Termingeschäft stehen. ⑥ Bei unentgeltlichem Erwerb sind dem Einzelrechtsnachfolger für Zwecke dieser Vorschrift die Anschaffung, die Überführung des Wirtschaftsguts in das Privatvermögen, der Erwerb eines Rechts aus Termingeschäften oder die Beiträge im Sinne des Absatzes 1 Nummer 6 Satz 1 durch den Rechtsvorgänger zuzurechnen. ⑦ Bei vertretbaren Wertpapieren, die einem Verwahrer zur Sammelverwahrung im Sinne des § 5 des Depotgesetzes in der Fassung der Bekanntmachung vom 11. Januar 1995 (BGBl. I S. 34), das zuletzt durch Artikel 4 des Gesetzes vom 5. April 2004 (BGBl. I S. 502) geändert worden ist, in der jeweils geltenden Fassung anvertraut worden sind, ist zu unterstellen, dass die zuerst angeschafften Wertpapiere zuerst veräußert wurden. ⑧ Ist ein Zinsschein oder eine Zinsforderung vom Stammrecht abgetrennt worden, gilt als Veräußerungserlös der Schuldverschreibung deren gemeiner Wert zum Zeitpunkt der Trennung. ⑨ Für die Ermittlung der Anschaffungskosten ist der Wert nach Satz 8 entsprechend dem gemeinen Wert der neuen Wirtschaftsgüter aufzuteilen.

(4 a)[4] ① Werden Anteile an einer Körperschaft, Vermögensmasse oder Personenvereinigung gegen Anteile an einer anderen Körperschaft, Vermögensmasse oder Personenvereinigung getauscht und wird der Tausch auf Grund gesellschaftsrechtlicher Maßnahmen vollzogen, die von den beteiligten Unternehmen ausgehen, treten abweichend von Absatz 2 Satz 1 und den §§ 13 und 21 des Umwandlungssteuergesetzes die übernommenen Anteile steuerlich an die Stelle der bisherigen Anteile, wenn das Recht der Bundesrepublik Deutschland hinsichtlich der Besteuerung des Gewinns aus der Veräußerung der erhaltenen Anteile nicht ausgeschlossen oder beschränkt ist oder die Mitgliedstaaten der Europäischen Union bei einer Verschmelzung Artikel 8 der Richtlinie 2009/133/EG des Rates vom 19. Oktober 2009 über das gemeinsame Steuersystem für Fusionen,

[1] § 20 Abs. 3 Satz 2 angef. mWv VZ 2024 durch JStG 2024 v. 2. 12. 2024 (BGBl. I Nr. 387).

[2] § 20 Abs. 3 a eingef. durch G v. 8. 12. 2010 (BGBl. I S. 1768).

[3] § 20 Abs. 4 Sätze 8 und 9 angef. durch InvStRefG v. 19. 7. 2016 (BGBl. I S. 1730); zur erstmaligen Anwendung ab 1. 1. 2017 siehe § 52 Abs. 28 Satz 21.

[4] § 20 Abs. 4 a Satz 1 geänd. und Satz 3 neu gef. durch G v. 8. 12. 2010 (BGBl. I S. 1768). Abs. 4 a Satz 7 angef. durch AmtshilfeRLUmsG v. 26. 6. 2013 (BGBl. I S. 1809); zur Anwendung siehe § 52 Abs. 28 Satz 18. Abs. 4 a Satz 1 geänd. durch JStG 2019 v. 12. 12. 2019 (BGBl. I S. 2451). Abs. 4 a Satz 3 geänd. und Satz 5 neu gef. durch JStG 2020 v. 21. 12. 2020 (BGBl. I S. 3096); zur Anwendung siehe § 52 Abs. 28 Sätze 19 und 20.

Spaltungen, Abspaltungen, die Einbringung von Unternehmensteilen und den Austausch von Anteilen, die Gesellschaften verschiedener Mitgliedstaaten betreffen, sowie für die Verlegung des Sitzes einer Europäischen Gesellschaft oder einer Europäischen Genossenschaft von einem Mitgliedstaat in einen anderen Mitgliedstaat (ABl. L 310 vom 25. 11. 2009, S. 34) in der jeweils geltenden Fassung anzuwenden haben; in diesem Fall ist der Gewinn aus einer späteren Veräußerung der erworbenen Anteile ungeachtet der Bestimmungen eines Abkommens zur Vermeidung der Doppelbesteuerung in der gleichen Art und Weise zu besteuern, wie die Veräußerung der Anteile an der übertragenden Körperschaft zu besteuern wäre, und § 15 Absatz 1 a Satz 2 entsprechend anzuwenden. ② Erhält der Steuerpflichtige in den Fällen des Satzes 1 zusätzlich zu den Anteilen eine Gegenleistung, gilt diese als Ertrag im Sinne des Absatzes 1 Nummer 1. ③ Besitzt bei sonstigen Kapitalforderungen im Sinne des Absatzes 1 Nummer 7 der Inhaber das Recht, bei Fälligkeit anstelle der Zahlung eines Geldbetrags vom Emittenten die Lieferung von Wertpapieren im Sinne des Absatzes 1 Nummer 1 zu verlangen oder besitzt der Emittent das Recht, bei Fälligkeit dem Inhaber anstelle der Zahlung eines Geldbetrags solche Wertpapiere anzudienen und macht der Inhaber der Forderung oder der Emittent von diesem Recht Gebrauch, ist abweichend von Absatz 4 Satz 1 das Entgelt für den Erwerb der Forderung als Veräußerungspreis der Forderung und als Anschaffungskosten der erhaltenen Wertpapiere anzusetzen; Satz 2 gilt entsprechend. ④ Werden Bezugsrechte veräußert oder ausgeübt, die nach § 186 des Aktiengesetzes, § 55 des Gesetzes betreffend die Gesellschaften mit beschränkter Haftung oder eines vergleichbaren ausländischen Rechts einen Anspruch auf Abschluss eines Zeichnungsvertrags begründen, wird der Teil der Anschaffungskosten der Altanteile, der auf das Bezugsrecht entfällt, bei der Ermittlung des Gewinns nach Absatz 4 Satz 1 mit 0 Euro angesetzt. ⑤ Werden einem Steuerpflichtigen von einer Körperschaft, Personenvereinigung oder Vermögensmasse, die weder Geschäftsleitung noch Sitz im Inland hat, Anteile zugeteilt, ohne dass der Steuerpflichtige eine Gegenleistung zu erbringen hat, sind sowohl der Ertrag als auch die Anschaffungskosten der erhaltenen Anteile mit 0 Euro anzusetzen, wenn die Voraussetzungen der Sätze 3, 4 und 7 nicht vorliegen; die Anschaffungskosten der die Zuteilung begründenden Anteile bleiben unverändert. ⑥ Soweit es auf die steuerliche Wirksamkeit einer Kapitalmaßnahme im Sinne der vorstehenden Sätze 1 bis 5 ankommt, ist auf den Zeitpunkt der Einbuchung in das Depot des Steuerpflichtigen abzustellen. ⑦ Geht Vermögen einer Körperschaft durch Abspaltung auf andere Körperschaften über, gelten abweichend von Satz 5 und § 15 des Umwandlungssteuergesetzes die Sätze 1 und 2 entsprechend.

(5) ① Einkünfte aus Kapitalvermögen im Sinne des Absatzes 1 Nummer 1 und 2 erzielt der Anteilseigner. ② Anteilseigner ist derjenige, dem nach § 39 der Abgabenordnung die Anteile an dem Kapitalvermögen im Sinne des Absatzes 1 Nummer 1 im Zeitpunkt des Gewinnverteilungsbeschlusses zuzurechnen sind. ③ Sind einem Nießbraucher oder Pfandgläubiger die Einnahmen im Sinne des Absatzes 1 Nummer 1 oder 2 zuzurechnen, gilt er als Anteilseigner.

(6)[1] ① Verluste aus Kapitalvermögen dürfen nicht mit Einkünften aus anderen Einkunftsarten ausgeglichen werden; sie dürfen auch nicht nach § 10 d abgezogen werden. ② Die Verluste mindern jedoch die Einkünfte, die der Steuerpflichtige in den folgenden Veranlagungszeiträumen aus Kapitalvermögen erzielt. ③ § 10 d Absatz 4 ist sinngemäß anzuwenden; im Fall von zusammenveranlagten Ehegatten erfolgt ein gemeinsamer Verlustausgleich vor der Verlustfeststellung. ④ Verluste aus Kapitalvermögen im Sinne des Absatzes 2 Satz 1 Nummer 1 Satz 1, die aus der Veräußerung von Aktien entstehen, dürfen nur mit Gewinnen aus Kapitalvermögen im Sinne des Absatzes 2 Satz 1 Nummer 1 Satz 1, die aus der Veräußerung von Aktien entstehen, ausgeglichen werden; die Sätze 2 und 3 gelten sinngemäß. ⑤ Verluste aus Kapitalvermögen, die der Kapitalertragsteuer unterliegen, dürfen nur verrechnet werden oder mindern die Einkünfte, die der Steuerpflichtige in den folgenden Veranlagungszeiträumen aus Kapitalvermögen erzielt, wenn eine Bescheinigung im Sinne des § 43 a Absatz 3 Satz 4 vorliegt.

(7)[2] ① § 15 b ist sinngemäß anzuwenden. ② Ein vorgefertigtes Konzept im Sinne des § 15 b Absatz 2 Satz 2 liegt auch vor, wenn die positiven Einkünfte nicht der tariflichen Einkommensteuer unterliegen.

(8) ① Soweit Einkünfte der in den Absätzen 1, 2 und 3 bezeichneten Art zu den Einkünften aus Land- und Forstwirtschaft, aus Gewerbebetrieb, aus selbständiger Arbeit oder aus Vermietung und Verpachtung gehören, sind sie diesen Einkünften zuzurechnen. ② Absatz 4 a findet insoweit keine Anwendung.

(9)[3] ① Bei der Ermittlung der Einkünfte aus Kapitalvermögen ist als Werbungskosten ein Betrag von 1 000 Euro abzuziehen (Sparer-Pauschbetrag); der Abzug der tatsächlichen Werbungskosten ist ausgeschlossen. ② Ehegatten, die zusammen veranlagt werden, wird ein gemeinsamer Sparer-Pauschbetrag von 2 000 Euro gewährt. ③ Der gemeinsame Sparer-Pauschbetrag ist bei der Ein-

[1] § 20 Abs. 6 Satz 1 aufgeh., bish. Sätze 2 bis 6 werden Sätze 1 bis 5, neuer Satz 4 Verweis angepasst mWv VZ 2014 durch KroatienAnpG v. 25. 7. 2014 (BGBl. I S. 1266). Abs. 6 Satz 5 eingef. mWv VZ 2021, Satz 6 eingef. mWv VZ 2020 (bish. Satz 5 wird Satz 7) durch Gesetz v. 21. 12. 2019 (BGBl. I S. 2875). Abs. 6 Sätze 5 und 6 geänd. durch JStG 2020 v. 21. 12. 2020 (BGBl. I S. 3096); zur Anwendung siehe § 52 Abs. 28 Sätze 25 und 26. Satz 3 Hs. 2 angef. mWv 2022 durch JStG 2022 v. 16. 12. 2022 (BGBl. I S. 2294). Abs. 6 Sätze 5 und 6 aufgeh., bish. Satz 7 wird Satz 5 durch JStG 2024 v. 2. 12. 2024 (BGBl. I Nr. 387); zur Anwendung siehe § 52 Abs. 28 Sätze 25 und 26.

[2] Zur Anwendung von § 20 Abs. 7 (bish. Abs. 2 b) siehe § 52 Abs. 28 Satz 2.

[3] § 20 Abs. 9 Sätze 1 bis 3 geänd. mWv VZ 2023 durch JStG 2022 v. 16. 12. 2022 (BGBl. I S. 2294).

kunftsermittlung bei jedem Ehegatten je zur Hälfte abzuziehen; sind die Kapitalerträge eines Ehegatten niedriger als 1 000 Euro, so ist der anteilige Sparer-Pauschbetrag insoweit, als er die Kapitalerträge dieses Ehegatten übersteigt, bei dem anderen Ehegatten abzuziehen. ④ Der Sparer-Pauschbetrag und der gemeinsame Sparer-Pauschbetrag dürfen nicht höher sein als die nach Maßgabe des Absatzes 6 verrechneten Kapitalerträge.

f) Vermietung und Verpachtung (§ 2 Absatz 1 Satz 1 Nummer 6)

§ 21 [Vermietung und Verpachtung]

(1)[1] ① Einkünfte aus Vermietung und Verpachtung sind

1. Einkünfte aus Vermietung und Verpachtung von unbeweglichem Vermögen, insbesondere von Grundstücken, Gebäuden, Gebäudeteilen, Schiffen, die in ein Schiffsregister eingetragen sind, und Rechten, die den Vorschriften des bürgerlichen Rechts über Grundstücke unterliegen (z. B. Erbbaurecht, Mineralgewinnungsrecht);
2. Einkünfte aus Vermietung und Verpachtung von Sachinbegriffen, insbesondere von beweglichem Betriebsvermögen;
3. Einkünfte aus zeitlich begrenzter Überlassung von Rechten, insbesondere von schriftstellerischen, künstlerischen und gewerblichen Urheberrechten, von gewerblichen Erfahrungen und von Gerechtigkeiten und Gefällen;
4. Einkünfte aus der Veräußerung von Miet- und Pachtzinsforderungen, auch dann, wenn die Einkünfte im Veräußerungspreis von Grundstücken enthalten sind und die Miet- oder Pachtzinsen sich auf einen Zeitraum beziehen, in dem der Veräußerer noch Besitzer war.

② §§ 15 a und 15 b sind sinngemäß anzuwenden.

(2)[2] ① Beträgt das Entgelt für die Überlassung einer Wohnung zu Wohnzwecken weniger als 50 Prozent der ortsüblichen Marktmiete, so ist die Nutzungsüberlassung in einen entgeltlichen und einen unentgeltlichen Teil aufzuteilen. ② Beträgt das Entgelt bei auf Dauer angelegter Wohnungsvermietung mindestens 66 Prozent der ortsüblichen Miete, gilt die Wohnungsvermietung als entgeltlich.

(3) Einkünfte der in den Absätzen 1 und 2 bezeichneten Art sind Einkünften aus anderen Einkunftsarten zuzurechnen, soweit sie zu diesen gehören.

g) Sonstige Einkünfte (§ 2 Absatz 1 Satz 1 Nummer 7)

§ 22 Arten der sonstigen Einkünfte

Sonstige Einkünfte sind

1.[3] Einkünfte aus wiederkehrenden Bezügen, soweit sie nicht zu den in § 2 Absatz 1 Nummer 1 bis 6 bezeichneten Einkunftsarten gehören; § 15 b ist sinngemäß anzuwenden. ② Werden die Bezüge freiwillig oder auf Grund einer freiwillig begründeten Rechtspflicht oder einer gesetzlich unterhaltsberechtigten Person gewährt, so sind sie nicht dem Empfänger zuzurechnen; dem Empfänger sind dagegen zuzurechnen
   a) Bezüge, die von einer Körperschaft, Personenvereinigung oder Vermögensmasse außerhalb der Erfüllung steuerbegünstigter Zwecke im Sinne der §§ 52 bis 54 der Abgabenordnung gewährt werden, und
   b) Bezüge im Sinne des § 1 der Verordnung über die Steuerbegünstigung von Stiftungen, die an die Stelle von Familienfideikommissen getreten sind, in der im Bundesgesetzblatt Teil III, Gliederungsnummer 611-4-3, veröffentlichten bereinigten Fassung.

   ③ Zu den in Satz 1 bezeichneten Einkünften gehören auch
   a) Leibrenten und andere Leistungen,
      aa)[4] die aus den gesetzlichen Rentenversicherungen, der landwirtschaftlichen Alterskasse, den berufsständischen Versorgungseinrichtungen und aus Rentenversicherungen im Sinne des § 10 Absatz 1 Nummer 2 Buchstabe b erbracht werden, soweit sie jeweils der Besteuerung unterliegen. ② Bemessungsgrundlage für den der Besteuerung unterliegenden Anteil ist der Jahresbetrag der Rente.
      ③ Der der Besteuerung unterliegende Anteil ist nach dem Jahr des Rentenbeginns und dem in diesem Jahr maßgebenden Prozentsatz aus der nachstehenden Tabelle zu entnehmen:

---

[1] Zur Anwendung von § 21 Abs. 1 Satz 2 siehe § 52 Abs. 29 iVm Abs. 25.

[2] § 21 Abs. 2 Satz 1 inhaltlich bestätigt durch G v. 5. 4. 2011 (BGBl. I S. 554). Abs. 2 Satz 1 Prozentzahl geänd. und Abs. 2 Satz 2 angef. mWv VZ 2012 durch StVereinfG 2011 v. 1. 11. 2011 (BGBl. I S. 2131). Abs. 2 Satz 1 Prozentzahl geänd. mWv VZ 2021 durch JStG 2020 v. 21. 12. 2020 (BGBl. I S. 3096).

[3] Zur Anwendung von § 22 Nr. 1 Satz 1 Hs. 2 siehe § 52 Abs. 30 iVm Abs. 25.

[4] § 22 Nr. 1 Satz 3 Buchst. a Doppelbuchst. aa geänd. mWv 1. 1. 2013 durch G v. 12. 4. 2012 (BGBl. I S. 579). Nr. 1 Satz 3 Buchst. a Doppelbuchst. aa Satz 9 angef. mWv VZ 2021 durch JStG 2020 v. 21. 12. 2020 (BGBl. I S. 3096). Nr. 1 Satz 3 Buchst. a Doppelbuchst. aa Satz 3 neu gef. mWv 1. 1. 2023 durch WachstumschancenG v. 27. 3. 2024 (BGBl. I Nr. 108).

Jahr des Rentenbeginns	Besteuerungsanteil in %
bis 2005	50
ab 2006	52
2007	54
2008	56
2009	58
2010	60
2011	62
2012	64
2013	66
2014	68
2015	70
2016	72
2017	74
2018	76
2019	78
2020	80
2021	81
2022	82
2023	82,5
2024	83
2025	83,5
2026	84
2027	84,5
2028	85
2029	85,5
2030	86
2031	86,5
2032	87
2033	87,5
2034	88
2035	88,5
2036	89
2037	89,5
2038	90
2039	90,5
2040	91
2041	91,5
2042	92
2043	92,5
2044	93
2045	93,5
2046	94
2047	94,5
2048	95
2049	95,5
2050	96
2051	96,5
2052	97
2053	97,5
2054	98
2055	98,5
2056	99
2057	99,5
2058	100

④ Der Unterschiedsbetrag zwischen dem Jahresbetrag der Rente und dem der Besteuerung unterliegenden Anteil der Rente ist der steuerfreie Teil der Rente. ⑤ Dieser gilt ab dem Jahr, das dem Jahr des Rentenbeginns folgt, für die gesamte Laufzeit des Rentenbezugs. ⑥ Abweichend hiervon ist der steuerfreie Teil der Rente bei einer Veränderung des Jahresbetrags der Rente in dem Verhältnis anzupassen, in dem der veränderte Jahresbetrag der Rente zum Jahresbetrag der Rente steht, der der Ermittlung des steuerfreien Teils der Rente zugrunde liegt. ⑦ Regelmäßige Anpassungen des Jahresbetrags der Rente führen nicht zu einer Neuberechnung und bleiben bei einer Neuberechnung außer Betracht. ⑧ Folgen nach dem 31. Dezember 2004 Renten aus derselben Versicherung einander nach, gilt für die spätere Rente Satz 3 mit der Maßgabe, dass sich der Prozentsatz nach dem Jahr richtet, das sich ergibt, wenn die Laufzeit der vorhergehenden Renten von dem Jahr des Beginns der späteren Rente abgezogen wird; der Prozentsatz kann jedoch nicht niedriger bemessen werden als der für das Jahr 2005. ⑨ Verstirbt der Rentenempfänger, ist ihm die Rente für den Sterbemonat noch zuzurechnen;

bb)[1] die nicht solche im Sinne des Doppelbuchstaben aa sind und bei denen in den einzelnen Bezügen Einkünfte aus Erträgen des Rentenrechts enthalten sind. ② Dies gilt auf Antrag auch für Leibrenten und andere Leistungen, soweit diese auf bis zum 31. Dezember 2004 geleisteten Beiträgen beruhen, welche oberhalb des Betrags des Höchstbeitrags zur gesetzlichen Rentenversicherung gezahlt wurden; der Steuerpflichtige muss nachweisen, dass der Betrag des Höchstbeitrags mindestens zehn Jahre überschritten wurde; soweit hiervon im Versorgungsausgleich übertragene Rentenanwartschaften betroffen sind, gilt § 4 Absatz 1 und 2 des Versorgungsausgleichsgesetzes entsprechend. ③ Als Ertrag des Rentenrechts gilt für die gesamte Dauer des Rentenbezugs der Unterschiedsbetrag zwischen dem Jahresbetrag der Rente und dem Betrag, der sich bei gleichmäßiger Verteilung des Kapitalwerts der Rente auf ihre voraussichtliche Laufzeit ergibt; dabei ist der Kapitalwert nach dieser Laufzeit zu berechnen. ④ Der Ertrag des Rentenrechts (Ertragsanteil) ist aus der nachstehenden Tabelle zu entnehmen:

Bei Beginn der Rente vollendetes Lebensjahr des Rentenberechtigten	Ertragsanteil in %	Bei Beginn der Rente vollendetes Lebensjahr des Rentenberechtigten	Ertragsanteil in %
0 bis 1	59	51 bis 52	29
2 bis 3	58	53	28
4 bis 5	57	54	27
6 bis 8	56	55 bis 56	26
9 bis 10	55	57	25
11 bis 12	54	58	24
13 bis 14	53	59	23
15 bis 16	52	60 bis 61	22
17 bis 18	51	62	21
19 bis 20	50	63	20
21 bis 22	49	64	19
23 bis 24	48	65 bis 66	18
25 bis 26	47	67	17
27	46	68	16
28 bis 29	45	69 bis 70	15
30 bis 31	44	71	14
32	43	72 bis 73	13
33 bis 34	42	74	12
35	41	75	11
36 bis 37	40	76 bis 77	10
38	39	78 bis 79	9
39 bis 40	38	80	8
41	37	81 bis 82	7
42	36	83 bis 84	6
43 bis 44	35	85 bis 87	5
45	34	88 bis 91	4
46 bis 47	33	92 bis 93	3
48	32	94 bis 96	2
49	31	ab 97	1
50	30		

⑤ Die Ermittlung des Ertrags aus Leibrenten, die vor dem 1. Januar 1955 zu laufen begonnen haben, und aus Renten, deren Dauer von der Lebenszeit mehrerer Personen oder einer anderen Person als des Rentenberechtigten abhängt, sowie aus Leibrenten, die auf eine bestimmte Zeit beschränkt sind, wird durch eine Rechtsverordnung bestimmt. ⑥ Doppelbuchstabe aa Satz 9 gilt entsprechend;

b) Einkünfte aus Zuschüssen und sonstigen Vorteilen, die als wiederkehrende Bezüge gewährt werden;

[1] § 22 Nr. 1 Satz 3 Buchst. a Doppelbuchst. bb Satz 2 Zitat geänd. durch G v. 8. 12. 2010 (BGBl. I S. 1768). Nr. 1 Satz 3 Buchst. a Doppelbuchst. bb Satz 6 angef. mWv VZ 2021 durch JStG 2020 v. 21. 12. 2020 (BGBl. I S. 3096).

c)[1] die Energiepreispauschale nach dem Rentenbeziehende-Energiepreispauschalengesetz;

1 a.[2] Einkünfte aus Leistungen und Zahlungen nach § 10 Absatz 1 a, soweit für diese die Voraussetzungen für den Sonderausgabenabzug beim Leistungs- oder Zahlungsverpflichteten nach § 10 Absatz 1 a erfüllt sind;

1 b.[3] *(aufgehoben)*

1 c.[4] *(aufgehoben)*

2. Einkünfte aus privaten Veräußerungsgeschäften im Sinne des § 23;

3.[5] Einkünfte aus Leistungen, soweit sie weder zu anderen Einkunftsarten (§ 2 Absatz 1 Satz 1 Nummer 1 bis 6) noch zu den Einkünften im Sinne der Nummern 1, 1 a, 2 oder 4 gehören, z. B. Einkünfte aus gelegentlichen Vermittlungen und aus der Vermietung beweglicher Gegenstände. ② Solche Einkünfte sind nicht einkommensteuerpflichtig, wenn sie weniger als 256 Euro im Kalenderjahr betragen haben. ③ Übersteigen die Werbungskosten die Einnahmen, so darf der übersteigende Betrag bei Ermittlung des Einkommens nicht ausgeglichen werden; er darf auch nicht nach § 10 d abgezogen werden. ④ Die Verluste mindern jedoch nach Maßgabe des § 10 d die Einkünfte, die der Steuerpflichtige in dem unmittelbar vorangegangenen Veranlagungszeitraum oder in den folgenden Veranlagungszeiträumen aus Leistungen im Sinne des Satzes 1 erzielt hat oder erzielt; § 10 d Absatz 4 gilt entsprechend;

4.[6] Entschädigungen, Amtszulagen, Zuschüsse zu Kranken- und Pflegeversicherungsbeiträgen, Übergangsgelder, Überbrückungsgelder, Sterbegelder, Versorgungsabfindungen, Versorgungsbezüge, die auf Grund des Abgeordnetengesetzes oder des Europaabgeordnetengesetzes, sowie vergleichbare Bezüge, die auf Grund der entsprechenden Gesetze der Länder gezahlt werden, und die Entschädigungen, das Übergangsgeld, das Ruhegehalt und die Hinterbliebenenversorgung, die auf Grund des Abgeordnetenstatuts des Europäischen Parlaments von der Europäischen Union gezahlt werden. ② Werden zur Abgeltung des durch das Mandat veranlassten Aufwandes Aufwandsentschädigungen gezahlt, so dürfen die durch das Mandat veranlassten Aufwendungen nicht als Werbungskosten abgezogen werden. ③ Wahlkampfkosten zur Erlangung eines Mandats im Bundestag, im Europäischen Parlament oder im Parlament eines Landes dürfen nicht als Werbungskosten abgezogen werden. ④ Es gelten entsprechend
   a) für Nachversicherungsbeiträge auf Grund gesetzlicher Verpflichtung nach den Abgeordnetengesetzen im Sinne des Satzes 1 und für Zuschüsse zu Kranken- und Pflegeversicherungsbeiträgen § 3 Nummer 62,
   b) für Versorgungsbezüge § 19 Absatz 2 nur bezüglich des Versorgungsfreibetrags; beim Zusammentreffen mit Versorgungsbezügen im Sinne des § 19 Absatz 2 Satz 2 bleibt jedoch insgesamt höchstens ein Betrag in Höhe des Versorgungsfreibetrags nach § 19 Absatz 2 Satz 3 im Veranlagungszeitraum steuerfrei,
   c) für das Übergangsgeld, das in einer Summe gezahlt wird, und für die Versorgungsabfindung § 34 Absatz 1,
   d) für die Gemeinschaftssteuer, die auf die Entschädigungen, das Übergangsgeld, das Ruhegehalt und die Hinterbliebenenversorgung auf Grund des Abgeordnetenstatuts des Europäischen Parlaments von der Europäischen Union erhoben wird, § 34 c Absatz 1; dabei sind die im ersten Halbsatz genannten Einkünfte für die entsprechende Anwendung des § 34 c Absatz 1 wie ausländische Einkünfte und die Gemeinschaftssteuer wie eine der deutschen Einkommensteuer entsprechende ausländische Steuer zu behandeln;

5.[7] Leistungen aus Altersvorsorgeverträgen, Pensionsfonds, Pensionskassen und Direktversicherungen. ② Soweit die Leistungen nicht auf Beiträgen, auf die § 3 Nummer 63, 63 a, § 10 a, Abschnitt XI oder Abschnitt XII angewendet wurden, nicht auf Zulagen im Sinne des Abschnitts XI, nicht auf Zahlungen im Sinne des § 92 a Absatz 2 Satz 4 Nummer 1 und des § 92 a Absatz 3 Satz 9 Nummer 2, nicht auf steuerfreien Leistungen nach § 3 Nummer 66, nicht auf Ansprüchen beruhen, die durch steuerfreie Zuwendungen nach § 3 Nummer 56 oder die durch die nach § 3 Nummer 55 b Satz 1 oder § 3 Nr. 55 c steuerfreie Leistung aus einem neu begründeten Anrecht erworben wurden, und nicht auf Beiträgen in eine ausländische Versorgungseinrichtung beruhen, für die bei der deutschen Besteuerung oder der Besteuerung in einem anderen Staat eine vergleichbare steuerliche Freistellung oder Begünstigung gewährt wurde,

---

[1] § 22 Nr. 1 Satz 3 Buchst. c angef. mWv VZ 2022 durch JStG 2022 v. 16. 12. 2022 (BGBl. I S. 2294).

[2] § 22 Nr. 1 a neu gef. mWv 1. 1. 2015 durch ZollkodexAnpG v. 22. 12. 2014 (BGBl. I S. 2417).

[3] § 22 Nr. 1 b aufgeh. mWv 1. 1. 2015 durch ZollkodexAnpG v. 22. 12. 2014 (BGBl. I S. 2417).

[4] § 22 Nr. 1 c aufgeh. mWv 1. 1. 2015 durch ZollkodexAnpG v. 22. 12. 2014 (BGBl. I S. 2417).

[5] § 22 Nr. 3 Satz 4 geänd., Sätze 5 und 6 aufgeh. mWv VZ 2014 durch KroatienAnpG v. 25. 7. 2014 (BGBl. I S. 1266).

[6] Zur Anwendung im Beitrittsgebiet siehe § 57 Abs. 5.

[7] § 22 Nr. 5 Satz 6 geänd. mWv 1. 1. 2010 und Nr. 5 Satz 10 angef. mWv 1. 9. 2009 durch G v. 8. 12. 2010 (BGBl. I S. 1768). § 22 Nr. 5 Satz 2 geänd. und Satz 11 angef. mWv VZ 2011 durch BeitrRLUmsG v. 7. 12. 2011 (BGBl. I S. 2592). § 22 Nr. 5 Satz 7 geänd. und Nr. 5 Satz 8 aufgeh. (bish. Sätze 9 bis 11 werden Sätze 8 bis 10) mWv VZ 2014 durch AltvVerbG v. 24. 6. 2013 (BGBl. I S. 1667). § 22 Nr. 5 Satz 7 geänd., Sätze 11 und 12 angef. mWv VZ 2014 durch KroatienAnpG v. 25. 7. 2014 (BGBl. I S. 1266). § 22 Nr. 5 Satz 2 geänd. und Sätze 13 bis 15 angef. mWv 1. 1. 2018 durch BetrRentStG v. 17. 8. 2017 (BGBl. I S. 3214). Nr. 5 Satz 7 letzter Halbsatz angef. mWv 1. 1. 2020 durch 3. BüroEntlG v. 22. 11. 2019 (BGBl. I S. 1746). Nr. 5 Satz 15 neu gef., Satz 16 angef. mWv VZ 2021 durch JStG 2020 v. 21. 12. 2020 (BGBl. I S. 3096). Nr. 5 Satz 2 geänd., Satz 14 aufgeh., bish. Sätze 15 und 16 werden Sätze 14 und 15 mWv 1. 1. 2025 durch JStG 2024 v. 2. 12. 2024 (BGBl. I Nr. 387).

a) ist bei lebenslangen Renten sowie bei Berufsunfähigkeits-, Erwerbsminderungs- und Hinterbliebenenrenten Nummer 1 Satz 3 Buchstabe a entsprechend anzuwenden,
b) ist bei Leistungen aus Versicherungsverträgen, Pensionsfonds, Pensionskassen und Direktversicherungen, die nicht solche nach Buchstabe a sind, § 20 Absatz 1 Nummer 6 in der jeweils für den Vertrag geltenden Fassung entsprechend anzuwenden,
c) unterliegt bei anderen Leistungen der Unterschiedsbetrag zwischen der Leistung und der Summe der auf sie entrichteten Beiträge der Besteuerung; § 20 Absatz 1 Nummer 6 Satz 2 gilt entsprechend.

③ In den Fällen des § 93 Absatz 1 Satz 1 und 2 gilt das ausgezahlte geförderte Altersvorsorgevermögen nach Abzug der Zulagen im Sinne des Abschnitts XI als Leistung im Sinne des Satzes 2. ④ Als Leistung im Sinne des Satzes 1 gilt auch der Verminderungsbetrag nach § 92a Absatz 2 Satz 5 und der Auflösungsbetrag nach § 92a Absatz 3 Satz 5. ⑤ Der Auflösungsbetrag nach § 92a Absatz 2 Satz 6 wird zu 70 Prozent als Leistung nach Satz 1 erfasst. ⑥ Tritt nach dem Beginn der Auszahlungsphase zu Lebzeiten des Zulageberechtigten der Fall des § 92a Absatz 3 Satz 1 ein, dann ist
a) innerhalb eines Zeitraums bis zum zehnten Jahr nach dem Beginn der Auszahlungsphase das Eineinhalbfache,
b) innerhalb eines Zeitraums zwischen dem zehnten und 20. Jahr nach dem Beginn der Auszahlungsphase das Einfache

des nach Satz 5 noch nicht erfassten Auflösungsbetrags als Leistung nach Satz 1 zu erfassen; § 92a Absatz 3 Satz 9 gilt entsprechend mit der Maßgabe, dass als noch nicht zurückgeführter Betrag im Wohnförderkonto der noch nicht erfasste Auflösungsbetrag gilt. ⑦ Bei erstmaligem Bezug von Leistungen, in den Fällen des § 93 Absatz 1 sowie bei Änderung der im Kalenderjahr auszuzahlenden Leistung hat der Anbieter (§ 80) nach Ablauf des Kalenderjahres dem Steuerpflichtigen nach amtlich vorgeschriebenem Muster den Betrag der im abgelaufenen Kalenderjahr zugeflossenen Leistungen im Sinne der Sätze 1 bis 3 je gesondert mitzuteilen; mit Einverständnis des Steuerpflichtigen kann die Mitteilung elektronisch bereitgestellt werden. ⑧ Werden dem Steuerpflichtigen Abschluss- und Vertriebskosten eines Altersvorsorgevertrages erstattet, gilt der Erstattungsbetrag als Leistung im Sinne des Satzes 1. ⑨ In den Fällen des § 3 Nummer 55a richtet sich die Zuordnung zu Satz 1 oder Satz 2 bei der ausgleichsberechtigten Person danach, wie eine nur auf die Ehezeit bezogene Zuordnung der sich aus dem übertragenen Anrecht ergebenden Leistung zu Satz 1 oder Satz 2 bei der ausgleichspflichtigen Person im Zeitpunkt der Übertragung oder die Teilung vorzunehmen gewesen wäre. ⑩ Dies gilt sinngemäß in den Fällen des § 3 Nummer 55 und 55e. ⑪ Wird eine Versorgungsverpflichtung nach § 3 Nummer 66 auf einen Pensionsfonds übertragen und hat der Steuerpflichtige bereits vor dieser Übertragung Leistungen auf Grund dieser Versorgungsverpflichtung erhalten, so sind insoweit auf die Leistungen aus dem Pensionsfonds im Sinne des Satzes 1 die Beträge nach § 9a Satz 1 Nummer 1 und § 19 Absatz 2 entsprechend anzuwenden; § 9a Satz 1 Nummer 3 ist nicht anzuwenden. ⑫ Wird auf Grund einer internen Teilung nach § 10 des Versorgungsausgleichsgesetzes oder einer externen Teilung nach § 14 des Versorgungsausgleichsgesetzes ein Anrecht zugunsten der ausgleichsberechtigten Person begründet, so gilt dieser Vertrag insoweit zu dem gleichen Zeitpunkt als abgeschlossen wie der Vertrag der ausgleichspflichtigen Person, wenn die aus dem Vertrag der ausgleichspflichtigen Person ausgezahlten Leistungen zu einer Besteuerung nach Satz 2 führen. ⑬ Für Leistungen aus Altersvorsorgeverträgen nach § 93 Absatz 3 ist § 34 Absatz 1 entsprechend anzuwenden. ⑭ § 20 Absatz 1 Nummer 6 Satz 9 in der ab dem 27. Juli 2016 geltenden Fassung findet keine Anwendung. ⑮ Nummer 1 Satz 3 Buchstabe a Doppelbuchstabe aa Satz 9 gilt entsprechend.

§ 22a Rentenbezugsmitteilungen an die zentrale Stelle

(1)[1] ① Nach Maßgabe des § 93c der Abgabenordnung haben die Träger der gesetzlichen Rentenversicherung, die landwirtschaftliche Alterskasse, die berufsständischen Versorgungseinrichtungen, die Pensionskassen, die Pensionsfonds, die Versicherungsunternehmen, die Unternehmen, die Verträge im Sinne des § 10 Absatz 1 Nummer 2 Buchstabe b anbieten, und die Anbieter im Sinne des § 80 als mitteilungspflichtige Stellen der zentralen Stelle (§ 81) unter Beachtung der im Bundessteuerblatt veröffentlichten Auslegungsvorschriften der Finanzverwaltung folgende Daten zu übermitteln (Rentenbezugsmitteilung):

1. die in § 93c Absatz 1 Nummer 2 Buchstabe c der Abgabenordnung genannten Daten mit der Maßgabe, dass der Leistungsempfänger als Steuerpflichtiger gilt. ② Eine inländische Anschrift des Leistungsempfängers ist nicht zu übermitteln. ③ Ist der mitteilungspflichtigen Stelle eine ausländische Anschrift des Leistungsempfängers bekannt, ist diese anzugeben. ④ In diesen Fällen ist auch die Staatsangehörigkeit des Leistungsempfängers, soweit bekannt, mitzuteilen;
2. je gesondert den Betrag der Leibrenten und anderen Leistungen im Sinne des § 22 Nummer 1 Satz 3 Buchstabe a Doppelbuchstabe aa und bb Satz 4 sowie Doppelbuchstabe bb Satz 5 in Ver-

[1] § 22a Abs. 1 neu gef. mWv 1. 1. 2017 durch G v. 18. 7. 2016 (BGBl. I S. 1679). Abs. 1 Satz 1 Nr. 6 geänd. und Nr. 7 angef. mWv 1. 1. 2019 durch BetrRentStG v. 17. 8. 2017 (BGBl. I S. 3214). Abs. 1 Satz 1 Nr. 6 geänd. mWv 1. 1. 2019 durch „JStG 2018" v. 11. 12. 2018 (BGBl. I S. 2338). Abs. 1 Satz 1 Nr. 8 angef. durch JStG 2020 v. 21. 12. 2020 (BGBl. I S. 3096). Abs. 1 Satz 2 eingef., bish. Satz 2 wird Satz 3 mWv 1. 1. 2022 durch JStG 2022 v. 16. 12. 2022 (BGBl. I S. 2294).

bindung mit § 55 Absatz 2 der Einkommensteuer-Durchführungsverordnung sowie im Sinne des § 22 Nummer 5 Satz 1 bis 3. ② Der im Betrag der Rente enthaltene Teil, der ausschließlich auf einer Anpassung der Rente beruht, ist gesondert mitzuteilen;

3. Zeitpunkt des Beginns und des Endes des jeweiligen Leistungsbezugs; folgen nach dem 31. Dezember 2004 Renten aus derselben Versicherung einander nach, so ist auch die Laufzeit der vorhergehenden Renten mitzuteilen;
4. die Beiträge im Sinne des § 10 Absatz 1 Nummer 3 Buchstabe a Satz 1 und 2 und Buchstabe b, soweit diese von der mitteilungspflichtigen Stelle an die Träger der gesetzlichen Kranken- und Pflegeversicherung abgeführt werden;
5. die dem Leistungsempfänger zustehenden Beitragszuschüsse nach § 106 des Sechsten Buches Sozialgesetzbuch;
6. ab dem 1. Januar 2017 ein gesondertes Merkmal und ab dem 1. Januar 2019 zwei gesonderte Merkmale für Verträge, auf denen gefördertes Altersvorsorgevermögen gebildet wurde; die zentrale Stelle ist in diesen Fällen berechtigt, die Daten dieser Rentenbezugsmitteilung im Zulagekonto zu speichern und zu verarbeiten.
7. ab dem 1. Januar 2019 die gesonderte Kennzeichnung einer Leistung aus einem Altersvorsorgevertrag nach § 93 Absatz 3;
8. ab dem 1. Januar 2022 die durch Steuerabzug gemäß § 50 a Absatz 7 einbehaltenen Beträge.

② Die Träger der gesetzlichen Rentenversicherung und die landwirtschaftliche Alterskasse haben gesondert neben der nach Satz 1 zu übermittelnden Rentenbezugsmitteilung für Leistungsempfänger im Sinne des § 1 Absatz 2 des Rentenbeziehende-Energiepreispauschalengesetzes einmalig eine Rentenbezugsmitteilung nach Maßgabe des § 93 c der Abgabenordnung mit den Daten nach Satz 1 Nummer 1 und 3 sowie den Betrag der Leistung nach § 1 Absatz 1 des Rentenbeziehende-Energiepreispauschalengesetzes zu übermitteln. ③ § 72 a Absatz 4 und § 93 c Absatz 1 Nummer 3 der Abgabenordnung finden keine Anwendung.

(2)[1] ① Der Leistungsempfänger hat der mitteilungspflichtigen Stelle seine Identifikationsnummer sowie den Tag seiner Geburt mitzuteilen. ② Teilt der Leistungsempfänger die Identifikationsnummer der mitteilungspflichtigen Stelle trotz Aufforderung nicht mit, übermittelt das Bundeszentralamt für Steuern der mitteilungspflichtigen Stelle auf deren Anfrage die Identifikationsnummer des Leistungsempfängers sowie, falls es sich bei der mitteilungspflichtigen Stelle um einen Träger der gesetzlichen Sozialversicherung handelt, auch den beim Bundeszentralamt für Steuern gespeicherten Tag der Geburt des Leistungsempfängers (§ 139 b Absatz 3 Nummer 8 der Abgabenordnung), wenn dieser von dem in der Anfrage übermittelten Tag der Geburt abweicht und für die weitere Datenübermittlung benötigt wird; weitere Daten dürfen nicht übermittelt werden. ③ In der Anfrage dürfen nur die in § 139 b Absatz 3 der Abgabenordnung genannten Daten des Leistungsempfängers angegeben werden, soweit sie der mitteilungspflichtigen Stelle bekannt sind. ④ Die Anfrage der mitteilungspflichtigen Stelle und die Antwort des Bundeszentralamtes für Steuern sind nach amtlich vorgeschriebenem Datensatz durch Datenfernübertragung über die zentrale Stelle zu übermitteln. ⑤ Die zentrale Stelle führt eine ausschließlich automatisierte Prüfung der ihr übermittelten Daten daraufhin durch, ob sie vollständig und schlüssig sind und ob das vorgeschriebene Datenformat verwendet worden ist. ⑥ Sie speichert die Daten des Leistungsempfängers nur für Zwecke dieser Prüfung bis zur Übermittlung an das Bundeszentralamt für Steuern oder an die mitteilungspflichtige Stelle. ⑦ Die Daten sind für die Übermittlung zwischen der zentralen Stelle und dem Bundeszentralamt für Steuern zu verschlüsseln. ⑧ Die mitteilungspflichtige Stelle darf die Identifikationsnummer sowie einen nach Satz 2 mitgeteilten Tag der Geburt nur verarbeiten, soweit dies für die Erfüllung der Mitteilungspflicht nach Absatz 1 Satz 1 erforderlich ist. ⑨ § 93 c der Abgabenordnung ist für das Verfahren nach den Sätzen 1 bis 8 nicht anzuwenden. ⑩ *Die Sätze 1 bis 9 gelten ab dem 1. Januar 2027 für die mitteilungspflichtige Stelle nach Absatz 1 mit der Maßgabe, dass diese die Identifikationsnummer ihrer Versicherten oder ihrer Kunden zur Durchführung des Rentenübersichtsgesetzes bereits vor dem Leistungsbezug erheben können; in diesen Fällen teilt das Bundeszentralamt für Steuern der mitteilungspflichtigen Stelle auf deren Anfrage die Identifikationsnummer des Versicherten oder des Kunden nur mit, wenn die von der anfragenden Stelle übermittelten Daten mit den nach § 139 b Absatz 3 der Abgabenordnung beim Bundeszentralamt für Steuern gespeicherten Daten im maschinellen Datenabgleich übereinstimmen.* **[ab 1. 1. 2027:** Die Sätze 2 bis 9 gelten ab dem 1. Januar 2027 für die mitteilungspflichtige Stelle nach Absatz 1 mit der Maßgabe, dass diese ohne eine vorherige Aufforderung an den Versicherten oder den Kunden deren Identifikationsnummer zur Durchführung des Rentenübersichtsgesetzes bereits vor dem Leistungsbezug erheben kann; in diesen Fällen teilt das Bundeszentralamt für Steuern der mitteilungspflichtigen Stelle auf deren Anfrage die Identifikationsnummer des Versicherten oder des Kunden nur mit, wenn die von der anfragenden

[1] § 22 a Abs. 2 Sätze 1, 2, 4, 8 und 9 neu gef., Sätze 3 und 6 geänd. mWv 1. 1. 2017 durch G v. 18. 7. 2016 (BGBl. I S. 1679); zur erstmaligen Anwendung für die Übermittlung von Daten ab dem 1. 1. 2019 siehe § 52 Abs. 30 a. Abs. 2 Satz 2 geänd. mWv 1. 1. 2019 durch „JStG 2018" v. 11. 12. 2018 (BGBl. I S. 2338). Abs. 2 Sätze 10 und 11 angef. mWv 1. 10. 23 durch G v. 11. 2. 2021 (BGBl. I S. 154). Abs. 2 Satz 8 geänd. mWv 26. 11. 2019 durch 2. DSAnpUG-EU v. 20. 11. 2019 (BGBl. I S. 1626). Abs. 2 Sätze 10 und 11 angef. mWv 1. 10. 2023 durch G v. 11. 2. 2021 (BGBl. I S. 154); zur Anwendung siehe § 52 Abs. 30 b. Abs. 2 Satz 10 geänd. mWv 1. 1. 2025, Satz 10 neu gef. **mWv 1. 1. 2027,** Satz 12 angef. **mWv 1. 1. 2027** durch JStG 2024 v. 2. 12. 2024 (BGBl. I Nr. 387); zur Anwendung siehe § 52 Abs. 30 b.

Stelle übermittelten Daten mit den nach § 139 b Absatz 3 der Abgabenordnung beim Bundeszentralamt für Steuern gespeicherten Daten im maschinellen Datenabgleich übereinstimmen.] ⑪ Wird im Rahmen einer Registermodernisierung ein gesondertes Erhebungsverfahren für die Erhebung der Identifikationsnummer eingerichtet, ist abweichend von Satz 10 das neu eingerichtete Erhebungsverfahren zu nutzen. **[ab 1. 1. 2027:** ⑫ Vor einer Anfrage nach Satz 2 kann die mitteilungspflichtige Stelle abweichend von Satz 1 und 2 ohne eine vorherige Aufforderung an den Leistungsempfänger dessen Identifikationsnummer beim Bundeszentralamt für Steuern anfordern; das Bundeszentralamt für Steuern teilt in diesem Fall die Identifikationsnummer nur mit, wenn die von der mitteilungspflichtigen Stelle übermittelten Daten mit den nach § 139 b Absatz 3 der Abgabenordnung beim Bundeszentralamt für Steuern gespeicherten Daten im maschinellen Datenabgleich übereinstimmen.]

(3)[1] Die mitteilungspflichtige Stelle hat den Leistungsempfänger jeweils darüber zu unterrichten, dass die Leistung der zentralen Stelle mitgeteilt wird.

(4)[2] *(aufgehoben)*

(5)[3] ① Wird eine Rentenbezugsmitteilung nicht innerhalb der in § 93 c Absatz 1 Nummer 1 der Abgabenordnung genannten Frist übermittelt, so ist für jeden angefangenen Monat, in dem die Rentenbezugsmitteilung noch aussteht, ein Betrag in Höhe von 10 Euro für jede ausstehende Rentenbezugsmitteilung an die zentrale Stelle zu entrichten (Verspätungsgeld). ② Die Erhebung erfolgt durch die zentrale Stelle im Rahmen ihrer Prüfung nach § 93 c Absatz 4 der Abgabenordnung. ③ Von der Erhebung ist abzusehen, soweit die Fristüberschreitung auf Gründen beruht, die die mitteilungspflichtige Stelle nicht zu vertreten hat. ④ Das Handeln eines gesetzlichen Vertreters oder eines Erfüllungsgehilfen steht dem eigenen Handeln gleich. ⑤ Das von einer mitteilungspflichtigen Stelle zu entrichtende Verspätungsgeld darf 50 000 Euro für alle für einen Veranlagungszeitraum zu übermittelnden Rentenbezugsmitteilungen nicht übersteigen.

(6)[4] Die zentrale Stelle ist berechtigt, in den in § 151 b Absatz 3 Satz 2 des Sechsten Buches Sozialgesetzbuch genannten Fällen die Rentenbezugsmitteilung an die Träger der gesetzlichen Rentenversicherung zu übermitteln.

§ 23 Private Veräußerungsgeschäfte

(1)[5, 6] ① Private Veräußerungsgeschäfte (§ 22 Nummer 2) sind

1. Veräußerungsgeschäfte bei Grundstücken und Rechten, die den Vorschriften des bürgerlichen Rechts über Grundstücke unterliegen (z. B. Erbbaurecht, Mineralgewinnungsrecht), bei denen der Zeitraum zwischen Anschaffung und Veräußerung nicht mehr als zehn Jahre beträgt. ② Gebäude und Außenanlagen sind einzubeziehen, soweit sie innerhalb dieses Zeitraums errichtet, ausgebaut oder erweitert werden; dies gilt entsprechend für Gebäudeteile, die selbständige unbewegliche Wirtschaftsgüter sind, sowie für Eigentumswohnungen und im Teileigentum stehende Räume. ③ Ausgenommen sind Wirtschaftsgüter, die im Zeitraum zwischen Anschaffung oder Fertigstellung und Veräußerung ausschließlich zu eigenen Wohnzwecken oder im Jahr der Veräußerung und in den beiden vorangegangenen Jahren zu eigenen Wohnzwecken genutzt wurden;
2. Veräußerungsgeschäfte bei anderen Wirtschaftsgütern, bei denen der Zeitraum zwischen Anschaffung und Veräußerung nicht mehr als ein Jahr beträgt. ② Ausgenommen sind Veräußerungen von Gegenständen des täglichen Gebrauchs. ③ Bei Anschaffung und Veräußerung mehrerer gleichartiger Fremdwährungsbeträge ist zu unterstellen, dass die zuerst angeschafften Beträge zuerst veräußert wurden. ④ Bei Wirtschaftsgütern im Sinne von Satz 1, aus deren Nutzung als Einkunftsquelle zumindest in einem Kalenderjahr Einkünfte erzielt werden, erhöht sich der Zeitraum auf zehn Jahre;
3. Veräußerungsgeschäfte, bei denen die Veräußerung der Wirtschaftsgüter früher erfolgt als der Erwerb.

② Als Anschaffung gilt auch die Überführung eines Wirtschaftsguts in das Privatvermögen des Steuerpflichtigen durch Entnahme oder Betriebsaufgabe. ③ Bei unentgeltlichem Erwerb ist dem Einzelrechtsnachfolger für Zwecke dieser Vorschrift die Anschaffung oder die Überführung des Wirtschaftsguts in das Privatvermögen durch den Rechtsvorgänger zuzurechnen. ④ Die Anschaffung oder Veräußerung einer unmittelbaren oder mittelbaren Beteiligung an einer Personenge-

[1] § 22 a Abs. 3 geänd. mWv 1. 1. 2017 durch G v. 18. 7. 2016 (BGBl. I S. 1679).

[2] § 22 a Abs. 4 aufgeh. mWv 1. 1. 2017 durch G v. 18. 7. 2016 (BGBl. I S. 1679).

[3] § 22 a Abs. 5 angef. durch G v. 8. 12. 2010 (BGBl. I S. 1768). Abs. 5 Sätze 3 und 5 geänd. mWv 1. 1. 2017 durch G v. 18. 7. 2016 (BGBl. I S. 1679). Abs. 5 Sätze 1 und 2 geänd. durch BetrRentStG v. 17. 8. 2017 (BGBl. I S. 3214) und mWv 1. 1. 2018 durch „JStG 2018" v. 11. 12. 2018 (BGBl. I S. 2338).

[4] § 22 a Abs. 6 angef. mWv 1. 1. 2021 durch G v. 12. 8. 2020 (BGBl. I S. 1879).

[5] Zur Anwendung von § 23 Abs. 1 Satz 1 Nr. 2 siehe § 52 Abs. 31.

[6] § 23 Abs. 1 Satz 1 Nr. 2 Satz 2 eingef. (bish. Satz 2 wird Satz 3) und Zitat im bish. Satz 2 geänd. durch G v. 8. 12. 2010 (BGBl. I S. 1768); zur Anwendung siehe § 52 Abs. 31 Sätze 1 und 2. Abs. 1 Satz 1 Nr. 2 Satz 3 eingef., bish. Satz 3 wird Satz 4 mWv VZ 2014 durch KroatienAnpG v. 25. 7. 2014 (BGBl. I S. 1266). Abs. 1 Satz 1 Nr. 3 angef. durch G v. 20. 12. 2016 (BGBl. I S. 3000); zur erstmaligen Anwendung siehe § 52 Abs. 31 Satz 3. Abs. 1 Satz 4 geänd. durch JStG 2024 v. 2. 12. 2024 (BGBl. I Nr. 387); zur Anwendung siehe § 52 Abs. 31 Satz 7.

sellschaft oder Gesamthandsgemeinschaft gilt als Anschaffung oder Veräußerung der anteiligen Wirtschaftsgüter. ⑤ Als Veräußerung im Sinne des Satzes 1 Nummer 1 gilt auch

1. die Einlage eines Wirtschaftsguts in das Betriebsvermögen, wenn die Veräußerung aus dem Betriebsvermögen innerhalb eines Zeitraums von zehn Jahren seit Anschaffung des Wirtschaftsguts erfolgt, und
2. die verdeckte Einlage in eine Kapitalgesellschaft.

(2) Einkünfte aus privaten Veräußerungsgeschäften der in Absatz 1 bezeichneten Art sind den Einkünften aus anderen Einkunftsarten zuzurechnen, soweit sie zu diesen gehören.

(3)[1, 2] ① Gewinn oder Verlust aus Veräußerungsgeschäften nach Absatz 1 ist der Unterschied zwischen Veräußerungspreis einerseits und den Anschaffungs- oder Herstellungskosten und den Werbungskosten andererseits. ② In den Fällen des Absatzes 1 Satz 5 Nummer 1 tritt an die Stelle des Veräußerungspreises der für den Zeitpunkt der Einlage nach § 6 Absatz 1 Nummer 5 angesetzte Wert, in den Fällen des Absatzes 1 Satz 5 Nummer 2 der gemeine Wert. ③ In den Fällen des Absatzes 1 Satz 2 tritt an die Stelle der Anschaffungs- oder Herstellungskosten der nach § 6 Absatz 1 Nummer 4 oder § 16 Absatz 3 angesetzte Wert. ④ Die Anschaffungs- oder Herstellungskosten mindern sich um Absetzungen für Abnutzung, erhöhte Absetzungen und Sonderabschreibungen, soweit sie bei der Ermittlung der Einkünfte im Sinne des § 2 Absatz 1 Satz 1 Nummer 4 bis 7 abgezogen worden sind. ⑤ Gewinne bleiben steuerfrei, wenn der aus den privaten Veräußerungsgeschäften erzielte Gesamtgewinn im Kalenderjahr weniger als 1000 Euro betragen hat. ⑥ In den Fällen des Absatzes 1 Satz 5 Nummer 1 sind Gewinne oder Verluste für das Kalenderjahr, in dem der Preis für die Veräußerung aus dem Betriebsvermögen zugeflossen ist, in den Fällen des Absatzes 1 Satz 5 Nummer 2 für das Kalenderjahr der verdeckten Einlage anzusetzen. ⑦ Verluste dürfen nur bis zur Höhe des Gewinns, den der Steuerpflichtige im gleichen Kalenderjahr aus privaten Veräußerungsgeschäften erzielt hat, ausgeglichen werden; sie dürfen nicht nach § 10 d abgezogen werden. ⑧ Die Verluste mindern jedoch nach Maßgabe des § 10 d die Einkünfte, die der Steuerpflichtige in dem unmittelbar vorangegangenen Veranlagungszeitraum oder in den folgenden Veranlagungszeiträumen aus privaten Veräußerungsgeschäften nach Absatz 1 erzielt hat oder erzielt; § 10 d Absatz 4 gilt entsprechend.

h) Gemeinsame Vorschriften

§ 24 [Entschädigungen u. ä.]

Zu den Einkünften im Sinne des § 2 Absatz 1 gehören auch

1. Entschädigungen, die gewährt worden sind
   a) als Ersatz für entgangene oder entgehende Einnahmen oder
   b) für die Aufgabe oder Nichtausübung einer Tätigkeit, für die Aufgabe einer Gewinnbeteiligung oder einer Anwartschaft auf eine solche;
   c) als Ausgleichszahlungen an Handelsvertreter nach § 89 b des Handelsgesetzbuchs;
2. Einkünfte aus einer ehemaligen Tätigkeit im Sinne des § 2 Absatz 1 Satz 1 Nummer 1 bis 4 oder aus einem früheren Rechtsverhältnis im Sinne des § 2 Absatz 1 Satz 1 Nummer 5 bis 7, und zwar auch dann, wenn sie dem Steuerpflichtigen als Rechtsnachfolger zufließen;
3. Nutzungsvergütungen für die Inanspruchnahme von Grundstücken für öffentliche Zwecke sowie Zinsen auf solche Nutzungsvergütungen und auf Entschädigungen, die mit der Inanspruchnahme von Grundstücken für öffentliche Zwecke zusammenhängen.

§ 24 a[3] Altersentlastungsbetrag

① Der Altersentlastungsbetrag ist bis zu einem Höchstbetrag im Kalenderjahr ein nach einem Prozentsatz ermittelter Betrag des Arbeitslohns und der positiven Summe der Einkünfte, die nicht solche aus nichtselbständiger Arbeit sind. ② Bei der Bemessung des Betrags bleiben außer Betracht:

1. Versorgungsbezüge im Sinne des § 19 Absatz 2;
2. Einkünfte aus Leibrenten im Sinne des § 22 Nummer 1 Satz 3 Buchstabe a;
3. Einkünfte im Sinne des § 22 Nummer 4 Satz 4 Buchstabe b;
4.[4] Einkünfte im Sinne des § 22 Nummer 5 Satz 1, soweit § 22 Nummer 5 Satz 11 anzuwenden ist;
5. Einkünfte im Sinne des § 22 Nummer 5 Satz 2 Buchstabe a.

③ Der Altersentlastungsbetrag wird einem Steuerpflichtigen gewährt, der vor dem Beginn des Kalenderjahres, in dem er sein Einkommen bezogen hat, das 64. Lebensjahr vollendet hatte. ④ Im Fall der Zusammenveranlagung von Ehegatten zur Einkommensteuer sind die Sätze 1 bis 3 für jeden Ehegatten gesondert anzuwenden. ⑤ Der maßgebende Prozentsatz und der Höchstbetrag des Altersentlastungsbetrags sind der nachstehenden Tabelle zu entnehmen:

---

[1] § 23 Abs. 3 Sätze 9 und 10 aufgeh. mWv VZ 2014 durch KroatienAnpG v. 25. 7. 2014 (BGBl. I S. 1266). Satz 5 geänd. mWv 1. 1. 2024 durch WachstumschancenG v. 27. 3. 2024 (BGBl. I Nr. 108).
[2] Zur Anwendung von § 23 Abs. 3 Satz 4 siehe § 52 Abs. 31 Satz 5.
[3] § 24 a Satz 5 neu gef. durch WachstumschancenG v. 27. 3. 2024 (BGBl. I Nr. 108); zur Anwendung siehe § 52 Abs. 26 a.
[4] § 24 a Satz 2 Nr. 4 Verweis angepasst mWv VZ 2014 durch KroatienAnpG v. 25. 7. 2014 (BGBl. I S. 1266).

Das auf die Vollendung des 64. Lebensjahres folgende Kalenderjahr	Altersentlastungsbetrag	
	in % der Einkünfte	Höchstbetrag in Euro
2005	40,0	1900
2006	38,4	1824
2007	36,8	1748
2008	35,2	1672
2009	33,6	1596
2010	32,0	1520
2011	30,4	1444
2012	28,8	1368
2013	27,2	1292
2014	25,6	1216
2015	24,0	1140
2016	22,4	1064
2017	20,8	988
2018	19,2	912
2019	17,6	836
2020	16,0	760
2021	15,2	722
2022	14,4	684
2023	14,0	665
2024	13,6	646
2025	13,2	627
2026	12,8	608
2027	12,4	589
2028	12,0	570
2029	11,6	551
2030	11,2	532
2031	10,8	513
2032	10,4	494
2033	10,0	475
2034	9,6	456
2035	9,2	437
2036	8,8	418
2037	8,4	399
2038	8,0	380
2039	7,6	361
2040	7,2	342
2041	6,8	323
2042	6,4	304
2043	6,0	285
2044	5,6	266
2045	5,2	247
2046	4,8	228
2047	4,4	209
2048	4,0	190
2049	3,6	171
2050	3,2	152

Das auf die Vollendung des 64. Lebensjahres folgende Kalenderjahr	Altersentlastungsbetrag	
	in % der Einkünfte	Höchstbetrag in Euro
2051	2,8	133
2052	2,4	114
2053	2,0	95
2054	1,6	76
2055	1,2	57
2056	0,8	38
2057	0,4	19
2058	0,0	0

§ 24b Entlastungsbetrag für Alleinerziehende

(1)[1] ① Allein stehende Steuerpflichtige können einen Entlastungsbetrag von der Summe der Einkünfte abziehen, wenn zu ihrem Haushalt mindestens ein Kind gehört, für das ihnen ein Freibetrag nach § 32 Absatz 6 oder Kindergeld zusteht. ② Die Zugehörigkeit zum Haushalt ist anzunehmen, wenn das Kind in der Wohnung des allein stehenden Steuerpflichtigen gemeldet ist. ③ Ist das Kind bei mehreren Steuerpflichtigen gemeldet, steht der Entlastungsbetrag nach Satz 1 demjenigen Alleinstehenden zu, der die Voraussetzungen auf Auszahlung des Kindergeldes nach § 64 Absatz 2 Satz 1 erfüllt oder erfüllen würde in Fällen, in denen nur ein Anspruch auf einen Freibetrag nach § 32 Absatz 6 besteht. ④ Voraussetzung für die Berücksichtigung ist die Identifizierung des Kindes durch die an dieses Kind vergebene Identifikationsnummer (§ 139 b der Abgabenordnung). ⑤ Ist das Kind nicht nach einem Steuergesetz steuerpflichtig (§ 139 a Absatz 2 der Abgabenordnung), ist es in anderer geeigneter Weise zu identifizieren. ⑥ Die nachträgliche Vergabe der Identifikationsnummer wirkt auf Monate zurück, in denen die Voraussetzungen der Sätze 1 bis 3 vorliegen.

(2)[2] ① Gehört zum Haushalt des allein stehenden Steuerpflichtigen ein Kind im Sinne des Absatzes 1, beträgt der Entlastungsbetrag im Kalenderjahr 4 260 Euro. ② Für jedes weitere Kind im Sinne des Absatzes 1 erhöht sich der Betrag nach Satz 1 um 240 Euro je weiterem Kind.

(3)[3] ① Allein stehend im Sinne des Absatzes 1 sind Steuerpflichtige, die nicht die Voraussetzungen für die Anwendung des Splitting-Verfahrens (§ 26 Absatz 1) erfüllen oder verwitwet sind und keine Haushaltsgemeinschaft mit einer anderen volljährigen Person bilden, es sei denn, für diese steht ihnen ein Freibetrag nach § 32 Absatz 6 oder Kindergeld zu oder es handelt sich um ein Kind im Sinne des § 63 Absatz 1 Satz 1, das einen Dienst nach § 32 Absatz 5 Satz 1 Nummer 1 und 2 leistet oder eine Tätigkeit nach § 32 Absatz 5 Satz 1 Nummer 3 ausübt. ② Ist die andere Person mit Haupt- oder Nebenwohnsitz in der Wohnung des Steuerpflichtigen gemeldet, wird vermutet, dass sie mit dem Steuerpflichtigen gemeinsam wirtschaftet (Haushaltsgemeinschaft). ③ Diese Vermutung ist widerlegbar, es sei denn, der Steuerpflichtige und die andere Person leben in einer eheähnlichen oder lebenspartnerschaftsähnlichen Gemeinschaft.

(4)[4] Für jeden vollen Kalendermonat, in dem die Voraussetzungen des Absatzes 1 nicht vorgelegen haben, ermäßigt sich der Entlastungsbetrag nach Absatz 2 um ein Zwölftel.

III. Veranlagung

§ 25 Veranlagungszeitraum, Steuererklärungspflicht

(1) Die Einkommensteuer wird nach Ablauf des Kalenderjahres (Veranlagungszeitraum) nach dem Einkommen veranlagt, das der Steuerpflichtige in diesem Veranlagungszeitraum bezogen hat, soweit nicht nach § 43 Absatz 5 und § 46 eine Veranlagung unterbleibt.

(2) *(weggefallen)*

---

[1] § 24 b Abs. 1 neu gef. mWvVZ 2015 durch G v. 16. 7. 2015 (BGBl. I S. 1202).

[2] § 24 b Abs. 2 eingef. (bish. Abs. 2 und 3 werden Abs. 3 und 4) mWv VZ 2015 durch G v. 16. 7. 2015 (BGBl. I S. 1202). Abs. 2 Satz 3 angef. mWvVZ 2020 durch CoronaStHG II v. 29. 6. 2020 (BGBl. I S. 1512). Abs. 2 Satz 1 geänd., Satz 3 aufgeh. mWv VZ 2022 durch JStG 2020 v. 21. 12. 2020 (BGBl. I S. 3096). Abs. 2 Satz 1 geänd. mWv VZ 2023 durch JStG 2022 v. 16. 12. 2022 (BGBl. I S. 2294).

[3] § 24 b Abs. 2 (jetzt Abs. 3) Satz 3 geänd. mWv 24. 7. 2014 durch G v. 18. 7. 2014 (BGBl. I S. 1042); bish. Abs. 2 wird Abs. 3 mWvVZ 2015 durch G v. 16. 7. 2015 (BGBl. I S. 1202).

[4] § 24 b bish. Abs. 3 wird Abs. 4 und geänd. mWvVZ 2015 durch G v. 16. 7. 2015 (BGBl. I S. 1202).

(3)[1] ① Die steuerpflichtige Person hat für den Veranlagungszeitraum eine eigenhändig unterschriebene Einkommensteuererklärung abzugeben. ② Wählen Ehegatten die Zusammenveranlagung (§ 26 b), haben sie eine gemeinsame Steuererklärung abzugeben, die von beiden eigenständig zu unterschreiben ist.

(4) ① Die Erklärung nach Absatz 3 ist nach amtlich vorgeschriebenem Datensatz durch Datenfernübertragung zu übermitteln, wenn Einkünfte nach § 2 Absatz 1 Satz 1 Nummer 1 bis 3 erzielt werden und es sich nicht um einen der Veranlagungsfälle gemäß § 46 Absatz 2 Nummer 2 bis 8 handelt. ② Auf Antrag kann die Finanzbehörde zur Vermeidung unbilliger Härten auf eine Übermittlung durch Datenfernübertragung verzichten.

§ 26[2] Veranlagung von Ehegatten

(1) ① Ehegatten können zwischen der Einzelveranlagung (§ 26 a) und der Zusammenveranlagung (§ 26 b) wählen, wenn

1. beide unbeschränkt einkommensteuerpflichtig im Sinne des § 1 Absatz 1 oder 2 oder des § 1 a sind,
2. sie nicht dauernd getrennt leben und
3. bei ihnen die Voraussetzungen aus den Nummern 1 und 2 zu Beginn des Veranlagungszeitraums vorgelegen haben oder im Laufe des Veranlagungszeitraums eingetreten sind.

② Hat ein Ehegatte in dem Veranlagungszeitraum, in dem seine zuvor bestehende Ehe aufgelöst worden ist, eine neue Ehe geschlossen und liegen bei ihm und dem neuen Ehegatten die Voraussetzungen des Satzes 1 vor, bleibt die zuvor bestehende Ehe für die Anwendung des Satzes 1 unberücksichtigt.

(2) ① Ehegatten werden einzeln veranlagt, wenn einer der Ehegatten die Einzelveranlagung wählt. ② Ehegatten werden zusammen veranlagt, wenn beide Ehegatten die Zusammenveranlagung wählen. ③ Die Wahl wird für den betreffenden Veranlagungszeitraum durch Angabe in der Steuererklärung getroffen. ④ Die Wahl der Veranlagungsart innerhalb eines Veranlagungszeitraums kann nach Eintritt der Unanfechtbarkeit des Steuerbescheids nur noch geändert werden, wenn

1. ein Steuerbescheid, der die Ehegatten betrifft, aufgehoben, geändert oder berichtigt wird und
2. die Änderung der Wahl der Veranlagungsart der zuständigen Finanzbehörde bis zum Eintritt der Unanfechtbarkeit des Änderungs- oder Berichtigungsbescheids schriftlich oder elektronisch mitgeteilt oder zur Niederschrift erklärt worden ist und
3. der Unterschiedsbetrag aus der Differenz der festgesetzten Einkommensteuer entsprechend der bisher gewählten Veranlagungsart und der festzusetzenden Einkommensteuer, die sich bei einer geänderten Ausübung der Wahl der Veranlagungsarten ergeben würde, positiv ist. ② Die Einkommensteuer der einzeln veranlagten Ehegatten ist hierbei zusammenzurechnen.

(3) Wird von dem Wahlrecht nach Absatz 2 nicht oder nicht wirksam Gebrauch gemacht, so ist eine Zusammenveranlagung durchzuführen.

§ 26 a[3] Einzelveranlagung von Ehegatten

(1) ① Bei der Einzelveranlagung von Ehegatten sind jedem Ehegatten die von ihm bezogenen Einkünfte zuzurechnen. ② Einkünfte eines Ehegatten sind nicht allein deshalb zum Teil dem anderen Ehegatten zuzurechnen, weil dieser bei der Erzielung der Einkünfte mitgewirkt hat.

(2)[4] ① Sonderausgaben, außergewöhnliche Belastungen und die Steuerermäßigungen nach den §§ 35 a und 35 c werden demjenigen Ehegatten zugerechnet, der die Aufwendungen wirtschaftlich getragen hat. ② Auf übereinstimmenden Antrag der Ehegatten werden sie jeweils zur Hälfte abgezogen. ③ Der Antrag des Ehegatten, der die Aufwendungen wirtschaftlich getragen hat, ist in begründeten Einzelfällen ausreichend. ④ § 26 Absatz 2 Satz 3 gilt entsprechend.

(3) Die Anwendung des § 10 d für den Fall des Übergangs von der Einzelveranlagung zur Zusammenveranlagung und von der Zusammenveranlagung zur Einzelveranlagung zwischen zwei Veranlagungszeiträumen, wenn bei beiden Ehegatten nicht ausgeglichene Verluste vorliegen, wird durch Rechtsverordnung der Bundesregierung mit Zustimmung des Bundesrates geregelt.

§ 26 b Zusammenveranlagung von Ehegatten

Bei der Zusammenveranlagung von Ehegatten werden die Einkünfte, die die Ehegatten erzielt haben, zusammengerechnet, den Ehegatten gemeinsam zugerechnet und, soweit nichts anderes vorgeschrieben ist, die Ehegatten sodann gemeinsam als Steuerpflichtiger behandelt.

§ 26 c[5] *(aufgehoben)*

---

[1] § 25 Abs. 3 neu gef. mWv VZ 2013 durch StVereinfG 2011 v. 1. 11. 2011 (BGBl. I S. 2131).
[2] § 26 neu gef. mWv VZ 2013 durch StVereinfG 2011 v. 1. 11. 2011 (BGBl. I S. 2131).
[3] § 26 a neu gef. durch StVereinfG 2011 v. 1. 11. 2011 (BGBl. I S. 2131). Zur Anwendung auf Lebenspartner und Lebenspartnerschaften siehe § 2 Abs. 8.
[4] § 26 a Abs. 2 Satz 1 geänd. mWv 2020 durch KlimaSG v. 21. 12. 2019 (BGBl. I S. 2886).
[5] § 26 c aufgeh. durch StVereinfG 2011 v. 1. 11. 2011 (BGBl. I S. 2131).

§ 27 *(weggefallen)*

§ 28 Besteuerung bei fortgesetzter Gütergemeinschaft

Bei fortgesetzter Gütergemeinschaft gelten Einkünfte, die in das Gesamtgut fallen, als Einkünfte des überlebenden Ehegatten, wenn dieser unbeschränkt steuerpflichtig ist.

§§ 29 und 30 *(weggefallen)*

IV. Tarif

§ 31[1] Familienleistungsausgleich

① Die steuerliche Freistellung eines Einkommensbetrags in Höhe des Existenzminimums eines Kindes einschließlich der Bedarfe für Betreuung und Erziehung oder Ausbildung wird im gesamten Veranlagungszeitraum entweder durch die Freibeträge nach § 32 Absatz 6 oder durch Kindergeld nach Abschnitt X bewirkt. ② Soweit das Kindergeld dafür nicht erforderlich ist, dient es der Förderung der Familie. ③ Im laufenden Kalenderjahr wird Kindergeld als Steuervergütung monatlich gezahlt. ④ Bewirkt der Anspruch auf Kindergeld für den gesamten Veranlagungszeitraum die nach Satz 1 gebotene steuerliche Freistellung nicht vollständig und werden deshalb bei der Veranlagung zur Einkommensteuer die Freibeträge nach § 32 Absatz 6 vom Einkommen abgezogen, erhöht sich die unter Abzug dieser Freibeträge ermittelte tarifliche Einkommensteuer um den Anspruch auf Kindergeld für den gesamten Veranlagungszeitraum; bei nicht zusammenveranlagten Eltern wird der Kindergeldanspruch im Umfang des Kinderfreibetrags angesetzt. ⑤ Bei der Prüfung der Steuerfreistellung und der Hinzurechnung nach Satz 4 bleibt der Anspruch auf Kindergeld für Kalendermonate unberücksichtigt, in denen durch Bescheid der Familienkasse ein Anspruch auf Kindergeld festgesetzt, aber wegen § 70 Absatz 1 Satz 2 nicht ausgezahlt wurde. ⑥ Satz 4 gilt entsprechend für mit dem Kindergeld vergleichbare Leistungen nach § 65. ⑦ Besteht nach ausländischem Recht Anspruch auf Leistungen für Kinder, wird dieser insoweit nicht berücksichtigt, als er das inländische Kindergeld übersteigt.

§ 32 Kinder, Freibeträge für Kinder

(1) Kinder sind

1. im ersten Grad mit dem Steuerpflichtigen verwandte Kinder,
2. Pflegekinder (Personen, mit denen der Steuerpflichtige durch ein familienähnliches, auf längere Dauer berechnetes Band verbunden ist, sofern er sie nicht zu Erwerbszwecken in seinen Haushalt aufgenommen hat und das Obhuts- und Pflegeverhältnis zu den Eltern nicht mehr besteht).

(2) ① Besteht bei einem angenommenen Kind das Kindschaftsverhältnis zu den leiblichen Eltern weiter, ist es vorrangig als angenommenes Kind zu berücksichtigen. ② Ist ein im ersten Grad mit dem Steuerpflichtigen verwandtes Kind zugleich ein Pflegekind, ist es vorrangig als Pflegekind zu berücksichtigen.

(3) Ein Kind wird in dem Kalendermonat, in dem es lebend geboren wurde, und in jedem folgenden Kalendermonat, zu dessen Beginn es das 18. Lebensjahr noch nicht vollendet hat, berücksichtigt.

(4) ① Ein Kind, das das 18. Lebensjahr vollendet hat, wird berücksichtigt, wenn es

1. noch nicht das 21. Lebensjahr vollendet hat, nicht in einem Beschäftigungsverhältnis steht und bei einer Agentur für Arbeit im Inland als Arbeitsuchender gemeldet ist oder
2. noch nicht das 25. Lebensjahr[2] vollendet hat und
   a) für einen Beruf ausgebildet wird oder
   b)[3] sich in einer Übergangszeit von höchstens vier Monaten befindet, die zwischen zwei Ausbildungsabschnitten oder zwischen einem Ausbildungsabschnitt und der Ableistung des gesetzlichen Wehr- oder Zivildienstes, einer vom Wehr- oder Zivildienst befreienden Tätigkeit als Entwicklungshelfer oder als Dienstleistender im Ausland nach § 14 b des Zivildienstgesetzes oder der Ableistung des freiwilligen Wehrdienstes nach § 58 b des Soldatengesetzes oder der Ableistung eines freiwilligen Dienstes im Sinne des Buchstaben d liegt, oder
   c) eine Berufsausbildung mangels Ausbildungsplatzes nicht beginnen oder fortsetzen kann oder
   d)[4] einen der folgenden freiwilligen Dienste leistet:
      aa) ein freiwilliges soziales Jahr im Sinne des Jugendfreiwilligendienstegesetzes,
      bb) ein freiwilliges ökologisches Jahr im Sinne des Jugendfreiwilligendienstegesetzes,
      cc) einen Bundesfreiwilligendienst im Sinne des Bundesfreiwilligendienstgesetzes,

---

[1] § 31 Satz 5 eingef. (bisherige Sätze 5 und 6 werden Sätze 6 und 7) mWv 18. 7. 2019 durch IllegaleBeschG v. 11. 7. 2019 (BGBl. I S. 1066).
[2] Altersgrenze geänd.; zur Anwendung siehe § 52 Abs. 40 Satz 7 a. F.
[3] § 32 Abs. 4 Satz 1 Nr. 2 Buchst. b geänd. mWv 1. 1. 2015 durch ZollkodexAnpG v. 22. 12. 2014 (BGBl. I S. 2417).
[4] § 32 Abs. 4 Satz 1 Nr. 2 Buchst. d neu gef. mWv VZ 2022 durch JStG 2022 v. 16. 12. 2022 (BGBl. I S. 2294).

dd) eine Freiwilligentätigkeit im Rahmen des Europäischen Solidaritätskorps im Sinne der Verordnung (EU) 2021/888 des Europäischen Parlaments und des Rates vom 20. Mai 2021 zur Aufstellung des Programms für das Europäische Solidaritätskorps und zur Aufhebung der Verordnungen (EU) 2018/1475 und (EU) Nr. 375/2014 (ABl. L 202 vom 8. 6. 2021, S. 32),
ee) einen anderen Dienst im Ausland im Sinne von § 5 des Bundesfreiwilligendienstgesetzes,
ff) einen entwicklungspolitischen Freiwilligendienst „weltwärts" im Sinne der Förderleitlinie des Bundesministeriums für wirtschaftliche Zusammenarbeit und Entwicklung vom 1. Januar 2016,
gg) einen Freiwilligendienst aller Generationen im Sinne von § 2 Absatz 1 a des Siebten Buches Sozialgesetzbuch oder
hh) einen Internationalen Jugendfreiwilligendienst im Sinne der Richtlinie des Bundesministeriums für Familie, Senioren, Frauen und Jugend vom 4. Januar 2021 (GMBl S. 77) oder

3. wegen körperlicher, geistiger oder seelischer Behinderung außerstande ist, sich selbst zu unterhalten; Voraussetzung ist, dass die Behinderung vor Vollendung des 25. Lebensjahres[1] eingetreten ist.

② [2]Nach Abschluss einer erstmaligen Berufsausbildung oder eines Erststudiums wird ein Kind in den Fällen des Satzes 1 Nummer 2 nur berücksichtigt, wenn das Kind keiner Erwerbstätigkeit nachgeht. ③ Eine Erwerbstätigkeit mit bis zu 20 Stunden regelmäßiger wöchentlicher Arbeitszeit, ein Ausbildungsdienstverhältnis oder ein geringfügiges Beschäftigungsverhältnis im Sinne der §§ 8 und 8 a des Vierten Buches Sozialgesetzbuch sind unschädlich.

(5)[3] ① In den Fällen des Absatzes 4 Satz 1 Nummer 1 oder Nummer 2 Buchstabe a und b wird ein Kind, das

1. den gesetzlichen Grundwehrdienst oder Zivildienst geleistet hat, oder
2. sich anstelle des gesetzlichen Grundwehrdienstes freiwillig für die Dauer von nicht mehr als drei Jahren zum Wehrdienst verpflichtet hat, oder
3. eine vom gesetzlichen Grundwehrdienst oder Zivildienst befreiende Tätigkeit als Entwicklungshelfer im Sinne des § 1 Absatz 1 des Entwicklungshelfer-Gesetzes ausgeübt hat,

für einen der Dauer dieser Dienste oder der Tätigkeit entsprechenden Zeitraum, höchstens für die Dauer des inländischen gesetzlichen Grundwehrdienstes oder bei anerkannten Kriegsdienstverweigerern für die Dauer des inländischen gesetzlichen Zivildienstes über das 21. oder 25. Lebensjahr[4] hinaus berücksichtigt. ② Wird der gesetzliche Grundwehrdienst oder Zivildienst in einem Mitgliedstaat der Europäischen Union oder einem Staat, auf den das Abkommen über den Europäischen Wirtschaftsraum Anwendung findet, geleistet, so ist die Dauer dieses Dienstes maßgebend. ③ Absatz 4 Satz 2 und 3 gilt entsprechend.

(6)[5] ① Bei der Veranlagung zur Einkommensteuer wird für jedes zu berücksichtigende Kind des Steuerpflichtigen ein Freibetrag von 3 336 Euro[6] **[ab 1.1.2026:** 3 414 Euro**]** für das sächliche Existenzminimum des Kindes (Kinderfreibetrag) sowie ein Freibetrag von 1 464 Euro[7] für den Betreuungs- und Erziehungs- oder Ausbildungsbedarf des Kindes vom Einkommen abgezogen. ② Bei Ehegatten, die nach den §§ 26, 26 b zusammen zur Einkommensteuer veranlagt werden, verdoppeln sich die Beträge nach Satz 1, wenn das Kind zu beiden Ehegatten in einem Kindschaftsverhältnis steht. ③ Die Beträge nach Satz 2 stehen dem Steuerpflichtigen auch dann zu, wenn

1. der andere Elternteil verstorben oder nicht unbeschränkt einkommensteuerpflichtig ist oder
2. der Steuerpflichtige allein das Kind angenommen hat oder das Kind nur zu ihm in einem Pflegekindschaftsverhältnis steht.

④ Für ein nicht nach § 1 Absatz 1 oder 2 unbeschränkt einkommensteuerpflichtiges Kind können die Beträge nach den Sätzen 1 bis 3 nur abgezogen werden, soweit sie nach den Verhältnissen seines Wohnsitzstaates notwendig und angemessen sind. ⑤ Für jeden Kalendermonat, in dem die Voraussetzungen für einen Freibetrag nach den Sätzen 1 bis 4 nicht vorliegen, ermäßigen sich die dort genannten Beträge um ein Zwölftel. ⑥ Abweichend von Satz 1 wird bei einem unbeschränkt

---

[1] Zur Anwendung der Altersgrenze siehe § 52 Abs. 32.

[2] § 32 Abs. 4 Sätze 2 und 3 neu gef. Sätze 4 bis 10 aufgeh. mWv VZ 2012 durch StVereinfG 2011 v. 1. 11. 2011 (BGBl. I S. 2131). Abs. 4 Satz 2 geänd. mWv 1. 1. 2012 durch AmtshilfeRLUmsG v. 26. 6. 2013 (BGBl. I S. 1809).

[3] § 32 Abs. 5 Satz 3 Verweis geänd. durch StVereinfG 2011 v. 1. 11. 2011 (BGBl. I S. 2131).

[4] Zur Anwendung der Altersgrenze siehe § 52 Abs. 32.

[5] § 32 Abs. 6 Sätze 6 und 7 neu gef. und Sätze 8 bis 11 angef. mWv VZ 2012 durch StVereinfG 2011 v. 1. 11. 2011 (BGBl. I S. 2131). Satz 7 geänd. mWv VZ 2014 durch KroatienAnpG v. 25. 7. 2014 (BGBl. I S. 1266). Satz 6 neu gef. mWv VZ 2021 durch AbzStEntModG v. 2. 6.2021 (BGBl. I S. 1259). Sätze 12 bis 14 angef. mWv VZ 2023 durch JStG 2022 v. 16. 12. 2022 (BGBl. I S. 2294).

[6] Betrag geänd. mWv VZ 2010 durch G v. 22. 12. 2009 (BGBl. I S. 3950), mWv VZ 2015 und VZ 2016 durch G v. 16. 7. 2015 (BGBl. I S. 1202), mWv VZ 2017 und VZ 2018 durch BEPS-UmsG v. 20. 12. 2016 (BGBl. I S. 3000), mWv VZ 2019 und VZ 2020 durch FamEntlastG v. 29. 11. 2018 (BGBl. I S. 2210), mWv VZ 2021 durch G v. 1. 12. 2020 (BGBl. I S. 2616) sowie mWv VZ 2022, VZ 2023 und VZ 2024 durch InflAusG v. 8. 12. 2022 (BGBl. I S. 2230); zur Anwendung beim Lohnsteuerabzugsverfahren siehe § 52 Abs. 32 Satz 5. Geänd. mWv VZ 2024 durch G v. 2.12.2024 (BGBl. I Nr. 386). Geänd. mWv 1.1.2025 und **mWv 1.1.2026** durch G v. 23.12.2024 (BGBl. I Nr. 449).

[7] Betrag geänd. mWv VZ 2010 durch G v. 22. 12. 2009 (BGBl. I S. 3950), mWv VZ 2021 durch G v. 1. 12. 2020 (BGBl. I S. 2616).

einkommensteuerpflichtigen Elternpaar, bei dem die Voraussetzungen des § 26 Absatz 1 Satz 1 nicht vorliegen, auf Antrag eines Elternteils der dem anderen Elternteil zustehende Kinderfreibetrag auf ihn übertragen, wenn er, nicht jedoch der andere Elternteil, seiner Unterhaltspflicht gegenüber dem Kind für das Kalenderjahr im Wesentlichen nachkommt oder der andere Elternteil mangels Leistungsfähigkeit nicht unterhaltspflichtig ist; die Übertragung des Kinderfreibetrags führt stets auch zur Übertragung des Freibetrags für den Betreuungs- und Erziehungs- oder Ausbildungsbedarf. ⑦ Eine Übertragung nach Satz 6 scheidet für Zeiträume aus, für die Unterhaltsleistungen nach dem Unterhaltsvorschussgesetz gezahlt werden. ⑧ Bei minderjährigen Kindern wird der dem Elternteil, in dessen Wohnung das Kind nicht gemeldet ist, zustehende Freibetrag für den Betreuungs- und Erziehungs- oder Ausbildungsbedarf auf Antrag des anderen Elternteils auf diesen übertragen, wenn bei dem Elternpaar die Voraussetzungen des § 26 Absatz 1 Satz 1 nicht vorliegen. ⑨ Eine Übertragung nach Satz 8 scheidet aus, wenn der Übertragung widersprochen wird, weil der Elternteil, bei dem das Kind nicht gemeldet ist, Kinderbetreuungskosten trägt oder das Kind regelmäßig in einem nicht unwesentlichen Umfang betreut. ⑩ Die den Eltern nach den Sätzen 1 bis 9 zustehenden Freibeträge können auf Antrag auch auf einen Stiefelternteil oder Großelternteil übertragen werden, wenn dieser das Kind in seinen Haushalt aufgenommen hat oder dieser einer Unterhaltspflicht gegenüber dem Kind unterliegt. ⑪ Die Übertragung nach Satz 10 kann auch mit Zustimmung des berechtigten Elternteils erfolgen, die nur für künftige Kalenderjahre widerrufen werden kann. ⑫ Voraussetzung für die Berücksichtigung des Kinderfreibetrags sowie des Freibetrags für den Betreuungs- und Erziehungs- oder Ausbildungsbedarf des Kindes ist die Identifizierung des Kindes durch die an dieses Kind vergebene Identifikationsnummer (§ 139 b der Abgabenordnung). ⑬ Ist das Kind nicht nach einem Steuergesetz steuerpflichtig (§ 139 a Absatz 2 der Abgabenordnung), ist es in anderer geeigneter Weise zu identifizieren. ⑭ Die nachträgliche Identifizierung oder nachträgliche Vergabe der Identifikationsnummer wirkt auf Monate zurück, in denen die übrigen Voraussetzungen für die Gewährung des Kinderfreibetrags sowie des Freibetrags für den Betreuungs- und Erziehungs- oder Ausbildungsbedarf des Kindes vorliegen.

§ 32 a Einkommensteuertarif

[Fassung VZ 2025:]

(1)[1] ① Die tarifliche Einkommensteuer bemisst sich nach dem auf volle Euro abgerundeten zu versteuernden Einkommen. ② Sie beträgt ab dem Veranlagungszeitraum 2025 vorbehaltlich der §§ 32 b, 32 d, 34, 34 a, 34 b und 34 c jeweils in Euro für zu versteuernde Einkommen

1. bis 12 096 Euro (Grundfreibetrag): 0;
2. von 12 097 Euro bis 17 443 Euro: (932,30 · y + 1 400) · y;
3. von 17 444 Euro bis 68 480 Euro: (176,64 · z + 2 397) · z + 1 015,13;
4. von 68 481 Euro bis 277 825 Euro: 0,42 · x – 10 911,92;
5. von 277 826 Euro an: 0,45 · x – 19 246,67.

③ Die Größe „y" ist ein Zehntausendstel des den Grundfreibetrag übersteigenden Teils des auf einen vollen Euro-Betrag abgerundeten zu versteuernden Einkommens. ④ Die Größe „z" ist ein Zehntausendstel des 17 443 Euro übersteigenden Teils des auf einen vollen Euro-Betrag abgerundeten zu versteuernden Einkommens. ⑤ Die Größe „x" ist das auf einen vollen Euro-Betrag abgerundete zu versteuernde Einkommen. ⑥ Der sich ergebende Steuerbetrag ist auf den nächsten vollen Euro-Betrag abzurunden.

[Fassung VZ 2026:]

(1) ① Die tarifliche Einkommensteuer bemisst sich nach dem auf volle Euro abgerundeten zu versteuernden Einkommen. ② Sie beträgt ab dem Veranlagungszeitraum 2026 vorbehaltlich der §§ 32 b, 32 d, 34, 34 a, 34 b und 34 c jeweils in Euro für zu versteuernde Einkommen

1. bis 12 348 Euro (Grundfreibetrag): 0;
2. von 12 349 Euro bis 17 799 Euro: (914,51 · y + 1 400) · y;
3. von 17 800 Euro bis 69 878 Euro: (173,10 · z + 2 397) · z + 1 034,87;
4. von 69 879 Euro bis 277 825 Euro: 0,42 · x – 11 135,63;
5. von 277 826 Euro an: 0,45 · x – 19 470,38.

③ Die Größe „y" ist ein Zehntausendstel des den Grundfreibetrag übersteigenden Teils des auf einen vollen Euro-Betrag abgerundeten zu versteuernden Einkommens. ④ Die Größe „z" ist ein Zehntausendstel des 17 799 Euro übersteigenden Teils des auf einen vollen Euro-Betrag abgerundeten zu versteuernden Einkommens. ⑤ Die Größe „x" ist das auf einen vollen Euro-Betrag abgerundete zu versteuernde Einkommen. ⑥ Der sich ergebende Steuerbetrag ist auf den nächsten vollen Euro-Betrag abzurunden.

(2) bis (4) *(weggefallen)*

(5) Bei Ehegatten, die nach den §§ 26, 26 b zusammen zur Einkommensteuer veranlagt werden, beträgt die tarifliche Einkommensteuer vorbehaltlich der §§ 32 b, 32 d, 34, 34 a, 34 b und 34 c das

[1] § 32 a Abs. 1 neu gef. mWv VZ 2025 und **mWv VZ 2026** durch G v. 23.12.2024 (BGBl. I Nr. 449).

Zweifache des Steuerbetrags, der sich für die Hälfte ihres gemeinsam zu versteuernden Einkommens nach Absatz 1 ergibt (Splitting-Verfahren).

(6)[1] ① Das Verfahren nach Absatz 5 ist auch anzuwenden zur Berechnung der tariflichen Einkommensteuer für das zu versteuernde Einkommen

1. bei einem verwitweten Steuerpflichtigen für den Veranlagungszeitraum, der dem Kalenderjahr folgt, in dem der Ehegatte verstorben ist, wenn der Steuerpflichtige und sein verstorbener Ehegatte im Zeitpunkt seines Todes die Voraussetzungen des § 26 Absatz 1 Satz 1 erfüllt haben,
2. bei einem Steuerpflichtigen, dessen Ehe in dem Kalenderjahr, in dem er sein Einkommen bezogen hat, aufgelöst worden ist, wenn in diesem Kalenderjahr
   a) der Steuerpflichtige und sein bisheriger Ehegatte die Voraussetzungen des § 26 Absatz 1 Satz 1 erfüllt haben,
   b) der bisherige Ehegatte wieder geheiratet hat und
   c) der bisherige Ehegatte und dessen neuer Ehegatte ebenfalls die Voraussetzungen des § 26 Absatz 1 Satz 1 erfüllen.

② Voraussetzung für die Anwendung des Satzes 1 ist, dass der Steuerpflichtige nicht nach den §§ 26, 26a einzeln zur Einkommensteuer veranlagt wird.

§ 32b Progressionsvorbehalt

(1) ① Hat ein zeitweise oder während des gesamten Veranlagungszeitraums unbeschränkt Steuerpflichtiger oder ein beschränkt Steuerpflichtiger, auf den § 50 Absatz 2 Satz 2 Nummer 4 Anwendung findet,

1. a)[2] Arbeitslosengeld, Teilarbeitslosengeld, Zuschüsse zum Arbeitsentgelt, Kurzarbeitergeld, Insolvenzgeld, Übergangsgeld, Qualifizierungsgeld nach dem Dritten Buch Sozialgesetzbuch; Insolvenzgeld, das nach § 170 Absatz 1 des Dritten Buches Sozialgesetzbuch einem Dritten zusteht, ist dem Arbeitnehmer zuzurechnen,
   b) Krankengeld, Mutterschaftsgeld, Verletztengeld, Übergangsgeld oder vergleichbare Lohnersatzleistungen nach dem Fünften, Sechsten oder Siebten Buch Sozialgesetzbuch, der Reichsversicherungsordnung, dem Gesetz über die Krankenversicherung der Landwirte oder dem Zweiten Gesetz über die Krankenversicherung der Landwirte,
   c) Mutterschaftsgeld, Zuschuss zum Mutterschaftsgeld, die Sonderunterstützung nach dem Mutterschutzgesetz sowie den Zuschuss bei Beschäftigungsverboten für die Zeit vor oder nach einer Entbindung sowie für den Entbindungstag während einer Elternzeit nach beamtenrechtlichen Vorschriften,
   d)[3] Arbeitslosenbeihilfe nach dem Soldatenversorgungsgesetz,
   e) Entschädigungen für Verdienstausfall nach dem Infektionsschutzgesetz vom 20. Juli 2000 (BGBl. I S. 1045),
   f)[4] Krankengeld der Sozialen Entschädigung, Übergangsgeld nach dem Vierzehnten Buch Sozialgesetzbuch, Krankengeld der Soldatenentschädigung oder Übergangsgeld nach dem Soldatenentschädigungsgesetz,
   g)[5] nach § 3 Nummer 28 steuerfreie Aufstockungsbeträge oder Zuschläge sowie nach § 3 Nummer 28a steuerfreie Zuschüsse,
   h)[6] Leistungen an Arbeitnehmerinnen und Arbeitnehmer nach § 5 des Unterhaltssicherungsgesetzes,
   i)[7] nach § 3 Nummer 60 steuerfreie Anpassungsgelder,
   j)[8] Elterngeld nach dem Bundeselterngeld- und Elternzeitgesetz,
   k)[9] nach § 3 Nummer 2 Buchstabe e steuerfreie Leistungen, wenn vergleichbare Leistungen inländischer öffentlicher Kassen nach den Buchstaben a bis j dem Progressionsvorbehalt unterfallen, oder
2. ausländische Einkünfte, die im Veranlagungszeitraum nicht der deutschen Einkommensteuer unterlegen haben; dies gilt nur für Fälle der zeitweisen unbeschränkten Steuerpflicht einschließlich der in § 2 Absatz 7 Satz 3 geregelten Fälle; ausgenommen sind Einkünfte, die nach einem sonstigen zwischenstaatlichen Übereinkommen im Sinne der Nummer 4 steuerfrei sind und die nach diesem Übereinkommen nicht unter dem Vorbehalt der Einbeziehung bei der Berechnung der Einkommensteuer stehen,

---

[1] § 32a Abs. 6 Satz 1 Nr. 2 Satz 2 aufgeh. und Abs. 6 Satz 2 geänd. mWv 2013 durch StVereinfG 2011 v. 1. 11. 2011 (BGBl. I S. 2131).

[2] § 32b Abs. 1 Satz 1 Nr. 1 Buchst. a neu gef. mWv VZ 2015 durch KroatienAnpG v. 25. 7. 2014 (BGBl. I S. 1266). Nr. 1 Buchst. a geänd. mWv 1.4.2024 durch WachstumschancenG v. 27.3.2024 (BGBl. I Nr. 108).

[3] § 32b Abs. 1 Satz 1 Nr. 1 Buchst. d geänd. mWv VZ 2015 durch KroatienAnpG v. 25. 7. 2014 (BGBl. I S. 1266).

[4] § 32b Abs. 1 Satz 1 Nr. 1 Buchst. f neu gef. mWv 1. 1. 2024 durch SozEntschG v. 12. 12. 2019 (BGBl. I S. 2652). Zur Weitergeltung der alten Fassung siehe § 52 Abs. 54. Buchst. f geänd. mWv 1. 1. 2025 durch G v. 20. 8. 2021 (BGBl. I S. 3932).

[5] § 32b Abs. 1 Satz 1 Nr. 1 Buchst. g geänd. durch CoronaStHG I v. 19. 6. 2020 (BGBl. I S. 1385).

[6] § 32b Abs. 1 Satz 1 Nr. 1 Buchst. h neu gef. mWv 1. 1. 2020 durch JStG 2019 v. 12. 12. 2019 (BGBl. I S. 2451).

[7] § 32b Abs. 1 Satz 1 Nr. 1 Buchst. i neu gef. mWv VZ 2020 durch G v. 8. 8. 2020 (BGBl. I S. 1818).

[8] § 32b Abs. 1 Satz 1 Nr. 1 Buchst. j geänd. mWv VZ 2015 durch KroatienAnpG v. 25. 7. 2014 (BGBl. I S. 1266).

[9] § 32b Abs. 1 Satz 1 Nr. 1 Buchst. k angef. mWv VZ 2015 durch KroatienAnpG v. 25. 7. 2014 (BGBl. I S. 1266).

3. Einkünfte, die nach einem Abkommen zur Vermeidung der Doppelbesteuerung steuerfrei sind,
4. Einkünfte, die nach einem sonstigen zwischenstaatlichen Übereinkommen unter dem Vorbehalt der Einbeziehung bei der Berechnung der Einkommensteuer steuerfrei sind,
5. Einkünfte, die bei Anwendung von § 1 Absatz 3 oder § 1 a oder § 50 Absatz 2 Satz 2 Nummer 4 im Veranlagungszeitraum bei der Ermittlung des zu versteuernden Einkommens unberücksichtigt bleiben, weil sie nicht der deutschen Einkommensteuer oder einem Steuerabzug unterliegen; ausgenommen sind Einkünfte, die nach einem sonstigen zwischenstaatlichen Übereinkommen im Sinne der Nummer 4 steuerfrei sind und die nach diesem Übereinkommen nicht unter dem Vorbehalt der Einbeziehung bei der Berechnung der Einkommensteuer stehen,

bezogen, so ist auf das nach § 32 a Absatz 1 zu versteuernde Einkommen ein besonderer Steuersatz anzuwenden. ② Satz 1 Nummer 3 gilt nicht für Einkünfte

1. aus einer anderen als in einem Drittstaat belegenen land- und forstwirtschaftlichen Betriebsstätte,
2. aus einer anderen als in einem Drittstaat belegenen gewerblichen Betriebsstätte, die nicht die Voraussetzungen des § 2 a Absatz 2 Satz 1 erfüllt,
3. aus der Vermietung oder der Verpachtung von unbeweglichem Vermögen oder von Sachinbegriffen, wenn diese in einem anderen Staat als in einem Drittstaat belegen sind, oder
4. aus der entgeltlichen Überlassung von Schiffen, sofern diese ausschließlich oder fast ausschließlich in einem anderen als einem Drittstaat eingesetzt worden sind, es sei denn, es handelt sich um Handelsschiffe, die
   a) von einem Vercharterer ausgerüstet überlassen oder
   b) an in einem anderen als in einem Drittstaat ansässige Ausrüster, die die Voraussetzungen des § 510 Absatz 1 des Handelsgesetzbuchs erfüllen, überlassen oder
   c) insgesamt nur vorübergehend an in einem Drittstaat ansässige Ausrüster, die die Voraussetzungen des § 510 Absatz 1 des Handelsgesetzbuchs erfüllen, überlassen

   worden sind, oder
5. aus dem Ansatz des niedrigeren Teilwerts oder der Übertragung eines zu einem Betriebsvermögen gehörenden Wirtschaftsguts im Sinne der Nummern 3 und 4.

③[1] § 2 a Absatz 2 a und § 15 b sind sinngemäß anzuwenden.

(1 a) Als unmittelbar von einem unbeschränkt Steuerpflichtigen bezogene ausländische Einkünfte im Sinne des Absatzes 1 Nummer 3 gelten auch die ausländischen Einkünfte, die eine Organgesellschaft im Sinne des § 14 oder des § 17 des Körperschaftsteuergesetzes bezogen hat und die nach einem Abkommen zur Vermeidung der Doppelbesteuerung steuerfrei sind, in dem Verhältnis, in dem dem unbeschränkt Steuerpflichtigen das Einkommen der Organgesellschaft bezogen auf das gesamte Einkommen der Organgesellschaft im Veranlagungszeitraum zugerechnet wird.

(2)[2] Der besondere Steuersatz nach Absatz 1 ist der Steuersatz, der sich ergibt, wenn bei der Berechnung der Einkommensteuer das nach § 32 a Absatz 1 zu versteuernde Einkommen vermehrt oder vermindert wird um

1. im Fall des Absatzes 1 Nummer 1 die Summe der Leistungen nach Abzug des Arbeitnehmer-Pauschbetrags (§ 9 a Satz 1 Nummer 1), soweit er nicht bei der Ermittlung der Einkünfte aus nichtselbständiger Arbeit abziehbar ist;
2. im Fall des Absatzes 1 Nummer 2 bis 5 die dort bezeichneten Einkünfte, wobei die darin enthaltenen außerordentlichen Einkünfte mit einem Fünftel zu berücksichtigen sind. ② Bei der Ermittlung der Einkünfte im Fall des Absatzes 1 Nummer 2 bis 5
   a) ist der Arbeitnehmer-Pauschbetrag (§ 9 a Satz 1 Nummer 1 Buchstabe a) abzuziehen, soweit er nicht bei der Ermittlung der Einkünfte aus nichtselbständiger Arbeit abziehbar ist;
   b) sind Werbungskosten nur insoweit abzuziehen, als sie zusammen mit den bei der Ermittlung der Einkünfte aus nichtselbständiger Arbeit abziehbaren Werbungskosten den Arbeitnehmer-Pauschbetrag (§ 9 a Satz 1 Nummer 1 Buchstabe a) übersteigen;
   c) sind bei Gewinnermittlung nach § 4 Absatz 3 die Anschaffungs- oder Herstellungskosten für Wirtschaftsgüter des Umlaufvermögens im Zeitpunkt des Zuflusses des Veräußerungserlöses oder bei Entnahme im Zeitpunkt der Entnahme als Betriebsausgaben zu berücksichtigen. ② § 4 Absatz 3 Satz 5 gilt entsprechend.

(3)[3] ① Nach Maßgabe des § 93 c der Abgabenordnung haben die Träger der Sozialleistungen im Sinne des Absatzes 1 Satz 1 Nummer 1 für jeden Leistungsempfänger der für seine Besteuerung nach dem Einkommen zuständigen Finanzbehörde neben den nach § 93 c Absatz 1 der Abgabenordnung erforderlichen Angaben die Daten über die im Kalenderjahr gewährten Leistungen sowie die Dauer des Leistungszeitraums zu übermitteln, soweit die Leistungen nicht in der Lohnsteuer-

---

[1] § 32 b Abs. 1 Satz 3 geänd. durch AIFM-StAnpG v. 18. 12. 2013 (BGBl. I S. 4318); zur Anwendung in allen noch offenen Fällen siehe § 52 Abs. 33 Satz 2.

[2] § 32 b Abs. 2 Satz 1 Nr. 2 Satz 2 Buchst. c angef. durch AmtshilfeRLUmsG v. 26. 6. 2013 (BGBl. I S. 1809); zur Anwendung siehe § 52 Abs. 33. Abs. 2 Sätze 2 und 3 aufgeh. mWv VZ 2014 durch KroatienAnpG v. 25. 7. 2014 (BGBl. I S. 1266).

[3] § 32 b Abs. 3 neu gef. mWv 1. 1. 2018 durch G v. 18. 7. 2016 (BGBl. I S. 1679); zur Anwendung siehe § 52 Abs. 33 Satz 3.

bescheinigung anzugeben sind (§ 41 b Absatz 1 Satz 2 Nummer 5); § 41 b Absatz 2 und § 22 a Absatz 2 gelten entsprechend. ② Die mitteilungspflichtige Stelle hat den Empfänger der Leistungen auf die steuerliche Behandlung dieser Leistungen und seine Steuererklärungspflicht hinzuweisen. ③ In den Fällen des § 170 Absatz 1 des Dritten Buches Sozialgesetzbuch gilt als Empfänger des an Dritte ausgezahlten Insolvenzgeldes der Arbeitnehmer, der seinen Arbeitsentgeltanspruch übertragen hat.

(4)[1] ① In den Fällen des Absatzes 3 ist für die Anwendung des § 72 a Absatz 4 und des § 93 c Absatz 4 Satz 1 der Abgabenordnung das Betriebsstättenfinanzamt des Trägers der jeweiligen Sozialleistungen zuständig. ② Sind für ihn mehrere Betriebsstättenfinanzämter zuständig oder hat er keine Betriebsstätte im Sinne des § 41 Absatz 2, so ist das Finanzamt zuständig, in dessen Bezirk sich seine Geschäftsleitung nach § 10 der Abgabenordnung im Inland befindet.

(5)[2] Die nach Absatz 3 übermittelten Daten können durch das nach Absatz 4 zuständige Finanzamt bei den für die Besteuerung der Leistungsempfänger nach dem Einkommen zuständigen Finanzbehörden abgerufen und zur Anwendung des § 72 a Absatz 4 und des § 93 c Absatz 4 Satz 1 der Abgabenordnung verarbeitet werden.

§ 32 c[3] Tarifermäßigung bei Einkünften aus Land- und Forstwirtschaft

(1) ① Auf Antrag des Steuerpflichtigen wird nach Ablauf von drei Veranlagungszeiträumen (Betrachtungszeitraum) unter den Voraussetzungen des Absatzes 5 für Einkünfte aus Land- und Forstwirtschaft im Sinne des § 13 eine Tarifermäßigung nach Satz 2 gewährt. ② Ist die Summe der tariflichen Einkommensteuer, die innerhalb des Betrachtungszeitraums auf die steuerpflichtigen Einkünfte aus Land- und Forstwirtschaft im Sinne des § 13 entfällt, höher als die Summe der nach Absatz 2 ermittelten fiktiven tariflichen Einkommensteuer, die innerhalb des Betrachtungszeitraums auf die steuerpflichtigen Einkünfte aus Land- und Forstwirtschaft im Sinne des § 13 entfällt, wird bei der Steuerfestsetzung des letzten Veranlagungszeitraums im Betrachtungszeitraum die tarifliche Einkommensteuer um den Unterschiedsbetrag ermäßigt. ③ Satz 1 gilt nicht, wenn nur in einem Veranlagungszeitraum des Betrachtungszeitraums Einkünfte aus Land- und Forstwirtschaft erzielt werden.

(2) ① Die fiktive tarifliche Einkommensteuer, die auf die steuerpflichtigen Einkünfte aus Land- und Forstwirtschaft im Sinne des § 13 entfällt, wird für jeden Veranlagungszeitraum des Betrachtungszeitraums gesondert ermittelt. ② Dabei treten an die Stelle der tatsächlichen Einkünfte aus Land- und Forstwirtschaft im Sinne des § 13 die nach Satz 3 zu ermittelnden durchschnittlichen Einkünfte. ③ Zur Ermittlung der durchschnittlichen Einkünfte aus Land- und Forstwirtschaft wird die Summe der tatsächlichen Einkünfte aus Land- und Forstwirtschaft der Veranlagungszeiträume eines Betrachtungszeitraums gleichmäßig auf die Veranlagungszeiträume des Betrachtungszeitraums verteilt.

(3) ① Die auf die steuerpflichtigen Einkünfte aus Land- und Forstwirtschaft im Sinne des § 13 entfallende tarifliche Einkommensteuer im Sinne des Absatzes 1 ermittelt sich aus dem Verhältnis der positiven steuerpflichtigen Einkünfte aus Land- und Forstwirtschaft zur Summe der positiven Einkünfte. ② Entsprechendes gilt bei der Ermittlung der fiktiven tariflichen Einkommensteuer. ③ Bei Ehegatten, die nach den §§ 26, 26 b zusammen zur Einkommensteuer veranlagt werden, werden für die Ermittlung der Einkünfte jeder Einkunftsart im Sinne des Satzes 1 die Einkünfte beider Ehegatten zusammengerechnet.

(4) Bei der Ermittlung der tatsächlichen und der durchschnittlichen Einkünfte aus Land- und Forstwirtschaft im Sinne der Absätze 2 und 3 bleiben außer Betracht:

1. außerordentliche Einkünfte nach § 34 Absatz 2,
2. nach § 34 a begünstigte nicht entnommene Gewinne sowie
3. Einkünfte aus außerordentlichen Holznutzungen im Sinne des § 34 b Absatz 1 und 2.

(5)[4] ① Die Inanspruchnahme der Tarifermäßigung ist nur zulässig, wenn

1.[5] für negative Einkünfte, die im ersten Veranlagungszeitraum des Betrachtungszeitraums erzielt wurden, kein Verlustrücktrag nach § 10 d Absatz 1 Satz 1 in den letzten Veranlagungszeitraum eines vorangegangenen Betrachtungszeitraums vorgenommen wurde,

[1] § 32 b Abs. 4 angef. mWv 1. 1. 2018 durch G v. 18. 7. 2016 (BGBl. I S. 1679); zur Anwendung siehe § 52 Abs. 33 Satz 3.

[2] § 32 b Abs. 5 angef. mWv 1. 1. 2018 durch G v. 18. 7. 2016 (BGBl. I S. 1679); zur Anwendung siehe § 52 Abs. 33 Satz 3. Abs. 5 geänd. mWv VZ 2019 durch 2. DSAnpUG-EU v. 20. 11. 2019 (BGBl. I S. 1626).

[3] § 32 c neu gef. durch JStG 2019 v. 12. 12. 2019 (BGBl. I S. 2451); zur erstmaligen und letztmaligen Anwendung siehe § 52 Abs. 33 a.

[4] § 32 c Abs. 5 Satz 4 angef. mWv VZ 2023 durch G v. 23.10.2024 (BGBl. I Nr. 321); zur Anwendung siehe § 52 Abs. 33 a Sätze 5 bis 8.

[5] § 32 c Abs. 5 Satz 1 Nr. 1 neu gef. mWv VZ 2023 durch G v. 23.10.2024 (BGBl. I Nr. 321); zur Anwendung siehe § 52 Abs. 33 a Sätze 5 bis 8.

1a.[1] für negative Einkünfte, die im zweiten Veranlagungszeitraum des Betrachtungszeitraums erzielt wurden, kein Verlustrücktrag nach § 10 d Absatz 1 Satz 2 in den letzten Veranlagungszeitraum des vorangegangenen Betrachtungszeitraums vorgenommen wurde,

2.[2] für negative Einkünfte, die im zweiten und dritten Veranlagungszeitraum des Betrachtungszeitraums erzielt wurden, kein Antrag nach § 10 d Absatz 1 Satz 6 gestellt wurde,

3.[3] der Steuerpflichtige kein Unternehmer in Schwierigkeiten im Sinne des Teils 1 Kapitel 2 Abschnitt 2.4 Absatz 33 Nummer 63 der Rahmenregelung der Europäischen Union für staatliche Beihilfen im Agrar- und Forstsektor und in ländlichen Gebieten (2022/C 485/01) (ABl. C 485 vom 21.12.2022, S. 1) ist,

4. ein Steuerpflichtiger, der zu einer Rückzahlung von Beihilfen auf Grund eines früheren Beschlusses der Europäischen Kommission zur Feststellung der Unzulässigkeit einer Beihilfe und ihrer Unvereinbarkeit mit dem Binnenmarkt verpflichtet worden ist, dieser Rückforderungsanordnung vollständig nachgekommen ist,

5.[4] die Beihilfen
   a) nicht zur Unterstützung von Fischereitätigkeiten gewährt werden, die mit schweren Verstößen gemäß Artikel 42 der Verordnung (EG) Nr. 1005/2008 des Rates vom 29. September 2008 über ein Gemeinschaftssystem zur Verhinderung, Bekämpfung und Unterbindung der illegalen, nicht gemeldeten und unregulierten Fischerei, zur Änderung der Verordnungen (EWG) Nr. 2847/93, (EG) Nr. 1936/2001 und (EG) Nr. 601/2004 und zur Aufhebung der Verordnungen (EG) Nr. 1093/94 und (EG) Nr. 1447/1999 (ABl. L 286 vom 29.10.2008, S. 1) oder Artikel 90 der Verordnung (EG) Nr. 1224/2009 des Rates vom 20. November 2009 zur Einführung einer gemeinschaftlichen Kontrollregelung zur Sicherstellung der Einhaltung der Vorschriften der gemeinsamen Fischereipolitik und zur Änderung der Verordnungen (EG) Nr. 847/96, (EG) Nr. 2371/2002, (EG) Nr. 811/2004, (EG) Nr. 768/2005, (EG) Nr. 2115/2005, (EG) Nr. 2166/2005, (EG) Nr. 388/2006, (EG) Nr. 509/2007, (EG) Nr. 676/2007, (EG) Nr. 1098/2007, (EG) Nr. 1300/2008, (EG) Nr. 1342/ 2008 sowie zur Aufhebung der Verordnungen (EWG) Nr. 2847/93, (EG) Nr. 1627/94 und (EG) Nr. 1966/ 2006 (ABl. L 343 vom 22.12.2009, S. 1) verbunden sind und illegale, nicht gemeldete und unregulierte Fischerei (IUU-Fischerei) darstellen oder unterstützen;
   b) nicht zur Unterstützung des Betriebs, des Managements oder des Besitzes eines Fischereifahrzeugs gewährt werden, das auf der Unionsliste von IUU-Schiffen gemäß Artikel 40 Absatz 3 der Verordnung (EG) Nr. 1005/2008 geführt wird, oder des Betriebs, des Managements oder des Besitzes eines Schiffs, das unter der Flagge eines Landes fährt, das nach Artikel 33 der genannten Verordnung als nichtkooperierendes Drittland eingestuft wurde;
   c) mit einer Einhaltung der Vorschriften der Verordnung (EU) Nr. 1379/2013 des Europäischen Parlaments und des Rates vom 11. Dezember 2013 über die gemeinsame Marktorganisation für Erzeugnisse der Fischerei und der Aquakultur, zur Änderung der Verordnungen (EG) Nr. 1184/2006 und (EG) Nr. 1224/2009 des Rates und zur Aufhebung der Verordnung (EG) Nr. 104/2000 des Rates (ABl. L 354 vom 28.12.2013, S. 1) einhergehen oder
   d) nicht mit einer Erhöhung der Fangkapazität oder dem Bau neuer Schiffe einhergehen, die unmittelbar und automatisch zu einem Verstoß des Mitgliedstaats gegen Artikel 22 Absatz 7 der Verordnung (EU) Nr. 1380/2013 des Europäischen Parlaments und des Rates vom 11. Dezember 2013 über die Gemeinsame Fischereipolitik und zur Änderung der Verordnungen (EG) Nr. 1954/2003 und (EG) Nr. 1224/2009 des Rates sowie zur Aufhebung der Verordnungen (EG) Nr. 2371/2002 und (EG) Nr. 639/2004 des Rates und des Beschlusses 2004/585/EG des Rates (ABl. L 354 vom 28.12.2013, S. 22) und die in Anhang II zu der Verordnung (EU) Nr. 1380/2013 festgelegten Obergrenzen für die Fangkapazität führen und

6. ein Steuerpflichtiger mit Einkünften aus Binnenfischerei, Teichwirtschaft oder Fischzucht für Binnenfischerei und Teichwirtschaft versichert, dass er für einen Zeitraum von fünf Jahren nach Bekanntgabe des Einkommensteuerbescheids, mit dem die Tarifermäßigung gewährt wird, die Bestimmungen der Gemeinsamen Fischereipolitik einhalten wird.

② Der Steuerpflichtige hat bei der Beantragung der Tarifermäßigung zu erklären, dass die in Satz 1 Nummer 3 bis 6 genannten Voraussetzungen bestehen. ③ Der Steuerpflichtige hat dem zuständigen Finanzamt nach Beantragung der Tarifermäßigung unverzüglich mitzuteilen, wenn eine der in Satz 1 Nummer 3 bis 6 genannten Voraussetzungen nicht mehr vorliegt. ④ Satz 1 Nummer 3 und 4 findet keine Anwendung auf Einkünfte als Landwirt im Sinne des Artikels 211 Absatz 3 der Verordnung (EU) Nr. 1308/2013 des Europäischen Parlaments und des Rates vom 17. Dezember 2013 über eine gemeinsame Marktorganisation für landwirtschaftliche Erzeugnisse und zur Auf-

[1] § 32 c Abs. 5 Satz 1 Nr. 1 a eingef. mWv VZ 2023 durch G v. 23.10.2024 (BGBl. I Nr. 321); zur Anwendung siehe § 52 Abs. 33 a Sätze 5 bis 8.
[2] § 32 c Abs. 5 Satz 1 Nr. 2 geänd. mWv VZ 2022 durch G v. 19. 6. 2022 (BGBl. I S. 911).
[3] § 32 c Abs. 5 Satz 1 Nr. 3 neu gef. mWv VZ 2023 durch G v. 23.10.2024 (BGBl. I Nr. 321); zur Anwendung siehe § 52 Abs. 33 a Sätze 5 bis 8.
[4] § 32 c Abs. 5 Satz 1 Nr. 5 neu gef. mWv VZ 2023 durch G v. 23.10.2024 (BGBl. I Nr. 321); zur Anwendung siehe § 52 Abs. 33 a Sätze 5 bis 8.

hebung der Verordnungen (EWG) Nr. 922/72, (EWG) Nr. 234/79, (EG) Nr. 1037/2001 und (EG) Nr. 1234/2007 (ABl. L 347 vom 20.12.2013, S. 671; L 189 vom 27.6.2014, S. 261; L 130 vom 19.5.2016, S. 18; L 34 vom 9.2.2017, S. 41; L 106 vom 6.4.2020, S. 12), die zuletzt durch die Verordnung (EU) 2024/1143 (ABl. L, 2024/1143, 23.4.2024) geändert worden ist.

(6)[1] ① Ist für einen Veranlagungszeitraum, in dem eine Tarifermäßigung nach Absatz 1 gewährt wurde, bereits ein Einkommensteuerbescheid erlassen worden, ist dieser zu ändern, soweit sich in einem Einkommensteuerbescheid des Betrachtungszeitraums Besteuerungsgrundlagen ändern. ② Die Festsetzungsfrist endet insoweit nicht, bevor die Festsetzungsfrist für den Veranlagungszeitraum abgelaufen ist, in dem sich die Besteuerungsgrundlagen geändert haben. ③ Die Sätze 1 und 2 gelten in den Fällen des § 36 Absatz 2 Nummer 4 entsprechend für die Anrechnungsverfügung.

(7)[2] ① Wird während eines Zeitraums von fünf Jahren nach Bekanntgabe des Einkommensteuerbescheids, mit dem die Tarifermäßigung für den jeweiligen Betrachtungszeitraum gewährt wird, durch die zuständige Behörde festgestellt, dass die Voraussetzungen im Sinne des Absatz 5 Satz 1 Nummer 5 nicht eingehalten wurden, ist eine Tarifermäßigung im Sinne des Absatzes 1 Satz 2 rückgängig zu machen. ② Diese Nichteinhaltung der Voraussetzung gilt als rückwirkendes Ereignis im Sinne von § 175 Absatz 1 Satz 1 Nummer 2 in Verbindung mit Absatz 2 der Abgabenordnung. ③ Der Steuerpflichtige hat eine Nichteinhaltung der Voraussetzungen unverzüglich nach deren Feststellung dem zuständigen Finanzamt anzuzeigen. ④ Die Festsetzungsfrist für die Steuer endet nicht vor Ablauf von vier Jahren nach Ablauf des Kalenderjahres, in dem die Finanzbehörde von der Nichteinhaltung der Voraussetzungen nach Satz 1 Kenntnis erlangt hat.

§ 32d Gesonderter Steuertarif für Einkünfte aus Kapitalvermögen

(1) ① Die Einkommensteuer für Einkünfte aus Kapitalvermögen, die nicht unter § 20 Absatz 8 fallen, beträgt 25 Prozent. ② Die Steuer nach Satz 1 vermindert sich um die nach Maßgabe des Absatzes 5 anrechenbaren ausländischen Steuern. ③ Im Fall der Kirchensteuerpflicht ermäßigt sich die Steuer nach den Sätzen 1 und 2 um 25 Prozent der auf die Kapitalerträge entfallenden Kirchensteuer. ④ Die Einkommensteuer beträgt damit

$$\frac{e - 4_q}{4 + k}.$$

⑤ Dabei sind „e" die nach den Vorschriften des § 20 ermittelten Einkünfte, „q" die nach Maßgabe des Absatzes 5 anrechenbare ausländische Steuer und „k" der für die Kirchensteuer erhebende Religionsgesellschaft (Religionsgemeinschaft) geltende Kirchensteuersatz.

(2) Absatz 1 gilt nicht

1. für Kapitalerträge im Sinne des § 20 Absatz 1 Nummer 4 und 7 sowie Absatz 2 Satz 1 Nummer 4 und 7,
   a)[3] wenn Gläubiger und Schuldner einander nahe stehende Personen sind, soweit die den Kapitalerträgen entsprechenden Aufwendungen beim Schuldner Betriebsausgaben oder Werbungskosten im Zusammenhang mit Einkünften sind, die der inländischen Besteuerung unterliegen und § 20 Absatz 9 Satz 1 zweiter Halbsatz keine Anwendung findet,
   b)[4] wenn sie von einer Kapitalgesellschaft oder Genossenschaft an einen Anteilseigner gezahlt werden, der zu mindestens 10 Prozent an der Gesellschaft oder Genossenschaft beteiligt ist, soweit die den Kapitalerträgen entsprechenden Aufwendungen beim Schuldner Betriebsausgaben oder Werbungskosten im Zusammenhang mit Einkünften sind, die der inländischen Besteuerung unterliegen und § 20 Absatz 9 Satz 1 zweiter Halbsatz keine Anwendung findet. ② Dies gilt auch, wenn der Gläubiger der Kapitalerträge eine dem Anteilseigner nahe stehende Person ist, oder
   c) soweit ein Dritter die Kapitalerträge schuldet und diese Kapitalanlage im Zusammenhang mit einer Kapitalüberlassung an einen Betrieb des Gläubigers steht. ② Dies gilt entsprechend, wenn Kapital überlassen wird
      aa) an eine dem Gläubiger der Kapitalerträge nahestehende Person oder
      bb) an eine Personengesellschaft, bei der der Gläubiger der Kapitalerträge oder eine diesem nahestehende Person als Mitunternehmer beteiligt ist oder
      cc) an eine Kapitalgesellschaft oder Genossenschaft, an der der Gläubiger der Kapitalerträge oder eine diesem nahestehende Person zu mindestens 10 Prozent beteiligt ist,

   sofern der Dritte auf den Gläubiger oder eine diesem nahestehende Person zurückgreifen kann. ③ Ein Zusammenhang ist anzunehmen, wenn die Kapitalanlage und die Kapitalüberlassung auf einem einheitlichen Plan beruhen. ④ Hiervon ist insbesondere dann auszugehen, wenn die Kapitalüberlassung in engem zeitlichen Zusammenhang mit einer Kapitalanlage steht oder die jeweiligen Zinsvereinbarungen miteinander verknüpft sind. ⑤ Von einem Zu-

[1] § 32 c Abs. 6 Satz 3 Zitat geänd. mWv VZ 2021 durch JStG 2020 v. 21. 12. 2020 (BGBl. I S. 3096).
[2] § 32 c Abs. 7 neu gef. mWv VZ 2023 durch G v. 23.10.2024 (BGBl. I Nr. 321); zur Anwendung siehe § 52 Abs. 33 a Sätze 5 bis 8.
[3] § 32 d Abs. 2 Nr. 1 Satz 1 Buchst. a neu gef. mWv VZ 2011 durch G v. 8. 12. 2010 (BGBl. I S. 1768).
[4] § 32 d Abs. 2 Nr. 1 Buchst. b Satz 1 geänd. durch JStG 2020 v. 21. 12. 2020 (BGBl. I S. 3096); zur Anwendung siehe § 52 Abs. 33 b Sätze 1 und 2.

sammenhang ist jedoch nicht auszugehen, wenn die Zinsvereinbarungen marktüblich sind oder die Anwendung des Absatzes 1 beim Steuerpflichtigen zu keinem Belastungsvorteil führt. ⑥ Die Sätze 1 bis 5 gelten sinngemäß, wenn das überlassene Kapital vom Gläubiger der Kapitalerträge für die Erzielung von Einkünften im Sinne des § 2 Absatz 1 Satz 1 Nummer 4, 6 und 7 eingesetzt wird.

② Insoweit findet § 20 Absatz 6 und 9 keine Anwendung;

2. für Kapitalerträge im Sinne des § 20 Absatz 1 Nummer 6 Satz 2. ② Insoweit findet § 20 Absatz 6 keine Anwendung;

3.[1] auf Antrag für Kapitalerträge im Sinne des § 20 Absatz 1 Nummer 1 und 2 aus einer Beteiligung an einer Kapitalgesellschaft, wenn der Steuerpflichtige im Veranlagungszeitraum, für den der Antrag erstmals gestellt wird, unmittelbar oder mittelbar
   a) zu mindestens 25 Prozent an der Kapitalgesellschaft beteiligt ist oder
   b) zu mindestens 1 Prozent an der Kapitalgesellschaft beteiligt ist und durch eine berufliche Tätigkeit für diese maßgeblichen unternehmerischen Einfluss auf deren wirtschaftliche Tätigkeit nehmen kann.

   ② Insoweit finden § 3 Nummer 40 Satz 2 und § 20 Absatz 6 und 9 keine Anwendung. ③ Der Antrag gilt für die jeweilige Beteiligung erstmals für den Veranlagungszeitraum, für den er gestellt worden ist. ④ Er ist spätestens zusammen mit der Einkommensteuererklärung für den jeweiligen Veranlagungszeitraum zu stellen und gilt, solange er nicht widerrufen wird, auch für die folgenden vier Veranlagungszeiträume, ohne dass die Antragsvoraussetzungen erneut zu belegen sind. ⑤ Die Widerrufserklärung muss dem Finanzamt spätestens mit der Steuererklärung für den Veranlagungszeitraum zugehen, für den die Sätze 1 bis 4 erstmals nicht mehr angewandt werden sollen. ⑥ Nach einem Widerruf ist ein erneuter Antrag des Steuerpflichtigen für diese Beteiligung an der Kapitalgesellschaft nicht mehr zulässig;

4.[2] für Bezüge im Sinne des § 20 Absatz 1 Nummer 1 und für Einnahmen im Sinne des § 20 Absatz 1 Nummer 9, soweit sie das Einkommen der leistenden Körperschaft gemindert haben; dies gilt nicht, soweit eine verdeckte Gewinnausschüttung das Einkommen einer dem Steuerpflichtigen nahe stehenden Person erhöht hat und § 32 a des Körperschaftsteuergesetzes auf die Veranlagung dieser nahe stehenden Person keine Anwendung findet.

(3)[3] ① Steuerpflichtige Kapitalerträge, die nicht der Kapitalertragsteuer unterlegen haben, hat der Steuerpflichtige in seiner Einkommensteuererklärung anzugeben. ② Für diese Kapitalerträge erhöht sich die tarifliche Einkommensteuer um den nach Absatz 1 ermittelten Betrag. ③ Im Fall des Satzes 1 ist eine Veranlagung ungeachtet von § 46 Absatz 2 durchzuführen.

(4) Der Steuerpflichtige kann mit der Einkommensteuererklärung für Kapitalerträge, die der Kapitalertragsteuer unterlegen haben, eine Steuerfestsetzung entsprechend Absatz 3 Satz 2 insbesondere in Fällen eines nicht vollständig ausgeschöpften Sparer-Pauschbetrags, einer Anwendung der Ersatzbemessungsgrundlage nach § 43 a Absatz 2 Satz 7, eines noch nicht im Rahmen des § 43 a Absatz 3 berücksichtigten Verlusts, eines Verlustvortrags nach § 20 Absatz 6 und noch nicht berücksichtigter ausländischer Steuern, zur Überprüfung des Steuereinbehalts dem Grund oder der Höhe nach oder zur Anwendung von Absatz 1 Satz 3 beantragen.

(5)[4] ① In den Fällen der Absätze 3 und 4 ist bei unbeschränkt Steuerpflichtigen, die mit ausländischen Kapitalerträgen in dem Staat, aus dem die Kapitalerträge stammen, zu einer der deutschen Einkommensteuer entsprechenden Steuer herangezogen werden, die auf ausländische Kapitalerträge festgesetzte und gezahlte und um einen entstandenen Ermäßigungsanspruch gekürzte ausländische Steuer, jedoch höchstens 25 Prozent ausländische Steuer auf den einzelnen steuerpflichtigen Kapitalertrag, auf die deutsche Steuer anzurechnen. ② Soweit in einem Abkommen zur Vermeidung der Doppelbesteuerung die Anrechnung einer ausländischen Steuer einschließlich einer als gezahlt geltenden Steuer auf die deutsche Steuer vorgesehen ist, gilt Satz 1 entsprechend. ③ Die ausländischen Steuern sind nur bis zur Höhe der auf die im jeweiligen Veranlagungszeitraum bezogenen Kapitalerträge im Sinne des Satzes 1 entfallenden deutschen Steuer anzurechnen.

(6)[5] ① Auf Antrag des Steuerpflichtigen werden anstelle der Anwendung der Absätze 1, 3 und 4 die nach § 20 ermittelten Kapitaleinkünfte den Einkünften im Sinne des § 2 hinzugerechnet und der tariflichen Einkommensteuer unterworfen, wenn dies zu einer niedrigeren Einkommensteuer einschließlich Zuschlagsteuern führt (Günstigerprüfung). ② Absatz 5 ist mit der Maßgabe anzuwenden, dass die nach dieser Vorschrift ermittelten ausländischen Steuern auf die zusätzliche tarifliche Einkommensteuer anzurechnen sind, die auf die hinzugerechneten Kapitaleinkünfte entfällt. ③ Der Antrag kann für den jeweiligen Veranlagungszeitraum nur einheitlich für sämtliche Kapitalerträge gestellt werden. ④ Bei zusammenveranlagten Ehegatten kann der Antrag nur für sämtliche Kapitalerträge beider Ehegatten gestellt werden.

---

[1] § 32 d Abs. 2 Nr. 3 Buchst. b neu gef. durch BEPS-UmsG v. 20. 12. 2016 (BGBl. I S. 3000); zur erstmaligen Anwendung auf Anträge für den VZ 2017 siehe § 52 Abs. 33 b Satz 3.

[2] § 32 d Abs. 2 Nr. 4 angef. mWv VZ 2011 durch G v. 8. 12. 2010 (BGBl. I S. 1768). Abs. 2 Nr. 4 geänd. mWv 1. 1. 2014 durch AmtshilfeRLUmsG v. 26. 6. 2013 (BGBl. I S. 1809).

[3] § 32 d Abs. 3 Satz 3 angef. mWv VZ 2019 durch JStG 2019 v. 12. 12. 2019 (BGBl. I S. 2451).

[4] § 32 d Abs. 5 Satz 1 geänd. mWv VZ 2021 durch JStG 2020 v. 21. 12. 2020 (BGBl. I S. 3096).

[5] § 32 d Abs. 6 Satz 1 geänd. mWv VZ 2011 durch G v. 8. 12. 2010 (BGBl. I S. 1768).

§ 33 Außergewöhnliche Belastungen

(1) Erwachsen einem Steuerpflichtigen zwangsläufig größere Aufwendungen als der überwiegenden Mehrzahl der Steuerpflichtigen gleicher Einkommensverhältnisse, gleicher Vermögensverhältnisse und gleichen Familienstands (außergewöhnliche Belastung), so wird auf Antrag die Einkommensteuer dadurch ermäßigt, dass der Teil der Aufwendungen, der die dem Steuerpflichtigen zumutbare Belastung (Absatz 3) übersteigt, vom Gesamtbetrag der Einkünfte abgezogen wird.

(2)[1] ① Aufwendungen erwachsen dem Steuerpflichtigen zwangsläufig, wenn er sich ihnen aus rechtlichen, tatsächlichen oder sittlichen Gründen nicht entziehen kann und soweit die Aufwendungen den Umständen nach notwendig sind und einen angemessenen Betrag nicht übersteigen. ② Aufwendungen, die zu den Betriebsausgaben, Werbungskosten oder Sonderausgaben gehören, bleiben dabei außer Betracht; das gilt für Aufwendungen im Sinne des § 10 Absatz 1 Nummer 7 und 9 nur insoweit, als sie als Sonderausgaben abgezogen werden können. ③ Aufwendungen, die durch Diätverpflegung entstehen, können nicht als außergewöhnliche Belastung berücksichtigt werden. ④ Aufwendungen für die Führung eines Rechtsstreits (Prozesskosten) sind vom Abzug ausgeschlossen, es sei denn, es handelt sich um Aufwendungen ohne die der Steuerpflichtige Gefahr liefe, seine Existenzgrundlage zu verlieren und seine lebensnotwendigen Bedürfnisse in dem üblichen Rahmen nicht mehr befriedigen zu können.

(2 a)[2] ① Abweichend von Absatz 1 wird für Aufwendungen für durch eine Behinderung veranlasste Fahrten nur eine Pauschale gewährt (behinderungsbedingte Fahrtkostenpauschale). ② Die Pauschale erhalten:

1. Menschen mit einem Grad der Behinderung von mindestens 80 oder mit einem Grad der Behinderung von mindestens 70 und dem Merkzeichen „G",
2. Menschen mit dem Merkzeichen „aG", mit dem Merkzeichen „Bl", mit dem Merkzeichen „TBl" oder mit dem Merkzeichen „H".

③ Bei Erfüllung der Anspruchsvoraussetzungen nach Satz 2 Nummer 1 beträgt die Pauschale 900 Euro. ④ Bei Erfüllung der Anspruchsvoraussetzungen nach Satz 2 Nummer 2 beträgt die Pauschale 4 500 Euro. ⑤ In diesem Fall kann die Pauschale nach Satz 3 nicht zusätzlich in Anspruch genommen werden. ⑥ Über die Fahrtkostenpauschale nach Satz 1 hinaus sind keine weiteren behinderungsbedingten Fahrtkosten als außergewöhnliche Belastung nach Absatz 1 berücksichtigungsfähig. ⑦ Die Pauschale ist bei der Ermittlung des Teils der Aufwendungen im Sinne des Absatzes 1, der die zumutbare Belastung übersteigt, einzubeziehen. ⑧ Sie kann auch gewährt werden, wenn ein Behinderten-Pauschbetrag nach § 33 b Absatz 5 übertragen wurde. ⑨ § 33 b Absatz 5 ist entsprechend anzuwenden.

(3) ① Die zumutbare Belastung beträgt

bei einem Gesamtbetrag der Einkünfte	bis 15 340 EUR	über 15 340 EUR bis 51 130 EUR	über 51 130 EUR
1. bei Steuerpflichtigen, die keine Kinder haben und bei denen die Einkommensteuer			
a) nach § 32 a Absatz 1,	5	6	7
b) nach § 32 a Absatz 5 oder 6 (Splitting-Verfahren)	4	5	6
zu berechnen ist;			
2. bei Steuerpflichtigen mit			
a) einem Kind oder zwei Kindern,	2	3	4
b) drei oder mehr Kindern	1	1	2
	Prozent des Gesamtbetrags der Einkünfte.		

② Als Kinder des Steuerpflichtigen zählen die, für die er Anspruch auf einen Freibetrag nach § 32 Absatz 6 oder auf Kindergeld hat.

(4)[3] Die Bundesregierung wird ermächtigt, durch Rechtsverordnung mit Zustimmung des Bundesrates die Einzelheiten des Nachweises von Aufwendungen nach Absatz 1 und der Anspruchsvoraussetzungen nach Absatz 2 a zu bestimmen.

§ 33 a Außergewöhnliche Belastung in besonderen Fällen

(1)[4] ① Erwachsen einem Steuerpflichtigen Aufwendungen für den Unterhalt und eine etwaige Berufsausbildung einer dem Steuerpflichtigen oder seinem Ehegatten gegenüber gesetzlich un-

---

[1] § 33 Abs. 2 Satz 2 geänd. mWv VZ 2012 durch StVereinfG 2011 v. 1. 11. 2011 (BGBl. I S. 2131). Abs. 2 Satz 4 angef. mWv VZ 2013 durch AmtshilfeRLUmsG v. 26. 6. 2013 (BGBl. I S. 1809).

[2] § 33 Abs. 2 a eingef. durch G v. 9. 12. 2020 (BGBl. I S. 2770); zur Anwendung siehe § 52 Abs. 33 c.

[3] § 33 Abs. 4 angef. durch StVereinfG 2011 v. 1. 11. 2011 (BGBl. I S. 2131). Abs. 4 geänd. durch G v. 9. 12. 2020 (BGBl. I S. 2770); zur Anwendung siehe § 52 Abs. 33 c.

[4] § 33 a Abs. 1 Satz 5 2. Halbs. geänd. mWv VZ 2012 durch StVereinfG 2011 v. 1. 11. 2011 (BGBl. I S. 2131). Abs. 1 Satz 4 2. Halbs. eingef. und Satz 8 angef. durch AmtshilfeRLUmsG v. 26. 6. 2013 (BGBl. I S. 1809). Abs. 1 Sätze 9 bis 11 angef. mWv

terhaltsberechtigten Person, so wird auf Antrag die Einkommensteuer dadurch ermäßigt, dass die Aufwendungen bis zur Höhe des Grundfreibetrags nach § 32a Absatz 1 Satz 2 Nummer 1 im Kalenderjahr vom Gesamtbetrag der Einkünfte abgezogen werden. ② Der Höchstbetrag nach Satz 1 erhöht sich um den Betrag der im jeweiligen Veranlagungszeitraum nach § 10 Absatz 1 Nummer 3 für die Absicherung der unterhaltsberechtigten Person aufgewandten Beiträge; dies gilt nicht für Kranken- und Pflegeversicherungsbeiträge, die bereits nach § 10 Absatz 1 Nummer 3 Satz 1 anzusetzen sind. ③ Der gesetzlich unterhaltsberechtigten Person gleichgestellt ist eine Person, wenn bei ihr zum Unterhalt bestimmte inländische öffentliche Mittel mit Rücksicht auf die Unterhaltsleistungen des Steuerpflichtigen gekürzt werden. ④ Voraussetzung ist, dass weder der Steuerpflichtige noch eine andere Person Anspruch auf einen Freibetrag nach § 32 Absatz 6 oder auf Kindergeld für die unterhaltene Person hat und die unterhaltene Person kein oder nur ein geringes Vermögen besitzt; ein angemessenes Hausgrundstück im Sinne von § 90 Absatz 2 Nummer 8 des Zwölften Buches Sozialgesetzbuch bleibt unberücksichtigt. ⑤ Hat die unterhaltene Person andere Einkünfte oder Bezüge, so vermindert sich die Summe der nach Satz 1 und Satz 2 ermittelten Beträge um den Betrag, um den diese Einkünfte und Bezüge den Betrag von 624 Euro im Kalenderjahr übersteigen, sowie um die von der unterhaltenen Person als Ausbildungshilfe aus öffentlichen Mitteln oder von Förderungseinrichtungen, die hierfür öffentliche Mittel erhalten, bezogenen Zuschüsse; zu den Bezügen gehören auch steuerfreie Gewinne nach den §§ 14, 16 Absatz 4, § 17 Absatz 3 und § 18 Absatz 3, die nach § 19 Absatz 2 steuerfrei bleibenden Einkünfte sowie Sonderabschreibungen und erhöhte Absetzungen, soweit sie die höchstmöglichen Absetzungen für Abnutzung nach § 7 übersteigen. ⑥ Ist die unterhaltene Person nicht unbeschränkt einkommensteuerpflichtig, so können die Aufwendungen nur abgezogen werden, soweit sie nach den Verhältnissen des Wohnsitzstaates der unterhaltenen Person notwendig und angemessen sind, höchstens jedoch der Betrag, der sich nach den Sätzen 1 bis 5 ergibt; ob der Steuerpflichtige zum Unterhalt gesetzlich verpflichtet ist, ist nach inländischen Maßstäben zu beurteilen. ⑦ Werden die Aufwendungen für eine unterhaltene Person von mehreren Steuerpflichtigen getragen, so wird bei jedem der Teil des sich hiernach ergebenden Betrags abgezogen, der seinem Anteil am Gesamtbetrag der Leistungen entspricht. ⑧ Nicht auf Euro lautende Beträge sind entsprechend dem für Ende September des Jahres vor dem Veranlagungszeitraum von der Europäischen Zentralbank bekannt gegebenen Referenzkurs umzurechnen. ⑨ Voraussetzung für den Abzug der Aufwendungen ist die Angabe der erteilten Identifikationsnummer (§ 139b der Abgabenordnung) der unterhaltenen Person in der Steuererklärung des Unterhaltleistenden, wenn die unterhaltene Person der unbeschränkten oder beschränkten Steuerpflicht unterliegt. ⑩ Die unterhaltene Person ist für diese Zwecke verpflichtet, dem Unterhaltsleistenden ihre erteilte Identifikationsnummer (§ 139b der Abgabenordnung) mitzuteilen. ⑪ Kommt die unterhaltene Person dieser Verpflichtung nicht nach, ist der Unterhaltsleistende berechtigt, bei der für ihn zuständigen Finanzbehörde die Identifikationsnummer der unterhaltenen Person zu erfragen. ⑫ Voraussetzung für den Abzug der Aufwendungen nach Satz 1 ist, dass bei Geldzuwendungen die Zahlung der Unterhaltsleistungen durch Überweisung auf das Konto der unterhaltenen Person erfolgt ist.

(2)[1] ① Zur Abgeltung des Sonderbedarfs eines sich in Berufsausbildung befindenden, auswärtig untergebrachten, volljährigen Kindes, für das Anspruch auf einen Freibetrag nach § 32 Absatz 6 oder Kindergeld besteht, kann der Steuerpflichtige einen Freibetrag in Höhe von 1200 Euro je Kalenderjahr vom Gesamtbetrag der Einkünfte abziehen. ② Für ein nicht unbeschränkt einkommensteuerpflichtiges Kind mindert sich der vorstehende Betrag nach Maßgabe des Absatzes 1 Satz 6. ③ Erfüllen mehrere Steuerpflichtige für dasselbe Kind die Voraussetzungen nach Satz 1, so kann der Freibetrag insgesamt nur einmal abgezogen werden. ④ Jedem Elternteil steht grundsätzlich die Hälfte des Abzugsbetrags nach den Sätzen 1 und 2 zu. ⑤ Auf gemeinsamen Antrag der Eltern ist eine andere Aufteilung möglich.

(3)[2] ① Für jeden vollen Kalendermonat, in dem die in den Absätzen 1 und 2 bezeichneten Voraussetzungen nicht vorgelegen haben, ermäßigen sich die dort bezeichneten Beträge um je ein Zwölftel; der sich daraus ergebende Betrag ist auf den nächsten vollen Euro-Betrag aufzurunden. ② Eigene Einkünfte und Bezüge der nach Absatz 1 unterhaltenen Person, die auf diese Kalendermonate entfallen, vermindern den nach Satz 1 ermäßigten Höchstbetrag nicht. ③ Als Ausbildungshilfe bezogene Zuschüsse der nach Absatz 1 unterhaltenen Person mindern nur den zeitanteiligen Höchstbetrag der Kalendermonate, für die sie bestimmt sind.

(4) In den Fällen der Absätze 1 und 2 kann wegen der in diesen Vorschriften bezeichneten Aufwendungen der Steuerpflichtige eine Steuerermäßigung nach § 33 nicht in Anspruch nehmen.

VZ 2015 durch KroatienAnpG v. 25. 7. 2014 (BGBl. I S. 1266). Abs. 1 Satz 1 geänd. mWv VZ 2022 durch InflAusG v. 8. 12. 2022 (BGBl. I S. 2230). Abs. 1 Satz 12 angef. mWv 1.1.2025 durch JStG 2024 v. 2.12.2024 (BGBl. I Nr. 387).

[1] § 33a Abs. 2 Satz 2 aufgeh. (Sätze 3 bis 6 werden Sätze 2 bis 5), bish. Satz 3 geänd., bish. Satz 5 Zitat geänd. mWv VZ 2012 durch StVereinfG 2011 v. 1. 11. 2011 (BGBl. I S. 2131). Abs. 2 Satz 1 geänd. mWv VZ 2023 durch JStG 2022 v. 16. 12. 2022 (BGBl. I S. 2294).

[2] § 33a Abs. 3 Sätze 2 und 3 neu gef. mWv VZ 2014 durch KroatienAnpG v. 25. 7. 2014 (BGBl. I S. 1266). Abs. 3 Satz 1 2. HS angef. mWv VZ 2022 durch InflAusG v. 8. 12. 2022 (BGBl. I S. 2230).

§ 33 b[1] Pauschbeträge für Menschen mit Behinderungen, Hinterbliebene und Pflegepersonen

(1)[2] ① Wegen der Aufwendungen für die Hilfe bei den gewöhnlichen und regelmäßig wiederkehrenden Verrichtungen des täglichen Lebens, für die Pflege sowie für einen erhöhten Wäschebedarf können Menschen mit Behinderungen unter den Voraussetzungen des Absatzes 2 anstelle einer Steuerermäßigung nach § 33 einen Pauschbetrag nach Absatz 3 geltend machen (Behinderten-Pauschbetrag). ② Das Wahlrecht kann für die genannten Aufwendungen im jeweiligen Veranlagungszeitraum nur einheitlich ausgeübt werden.

(2)[3] Einen Pauschbetrag erhalten Menschen, deren Grad der Behinderung auf mindestens 20 festgestellt ist, sowie Menschen, die hilflos im Sinne des Absatzes 3 Satz 4 sind.

(3)[4] ① Die Höhe des Pauschbetrags nach Satz 2 richtet sich nach dem dauernden Grad der Behinderung. ② Als Pauschbetrag werden gewährt bei einem Grad der Behinderung von mindestens:

20	384 Euro,
30	620 Euro,
40	860 Euro,
50	1 140 Euro,
60	1 440 Euro,
70	1 780 Euro,
80	2 120 Euro,
90	2 460 Euro.
100	2 840 Euro.

③ Menschen, die hilflos im Sinne des Satzes 4 sind, Blinde und Taubblinde erhalten einen Pauschbetrag von 7 400 Euro; in diesem Fall kann der Pauschbetrag nach Satz 2 nicht zusätzlich in Anspruch genommen werden. ④ Hilflos ist eine Person, wenn sie für eine Reihe von häufig und regelmäßig wiederkehrenden Verrichtungen zur Sicherung ihrer persönlichen Existenz im Ablauf eines jeden Tages fremder Hilfe dauernd bedarf. ⑤ Diese Voraussetzungen sind auch erfüllt, wenn die Hilfe in Form einer Überwachung oder einer Anleitung zu den in Satz 4 genannten Verrichtungen erforderlich ist oder wenn die Hilfe zwar nicht dauernd geleistet werden muss, jedoch eine ständige Bereitschaft zur Hilfeleistung erforderlich ist.

(4) ① Personen, denen laufende Hinterbliebenenbezüge bewilligt worden sind, erhalten auf Antrag einen Pauschbetrag von 370 Euro (Hinterbliebenen-Pauschbetrag), wenn die Hinterbliebenenbezüge geleistet werden

1. nach dem Vierzehnten Buch Sozialgesetzbuch oder einem anderen Gesetz, das die Vorschriften des Vierzehnten Buches Sozialgesetzbuch[5] über Hinterbliebenenbezüge für entsprechend anwendbar erklärt, oder
2. nach den Vorschriften über die gesetzliche Unfallversicherung oder
3. nach den beamtenrechtlichen Vorschriften an Hinterbliebene eines an den Folgen eines Dienstunfalls verstorbenen Beamten oder
4. nach den Vorschriften des Bundesentschädigungsgesetzes über die Entschädigung für Schäden an Leben, Körper oder Gesundheit oder
5.[6] nach den Vorschriften des Soldatenentschädigungsgesetzes.

② Der Pauschbetrag wird auch dann gewährt, wenn das Recht auf die Bezüge ruht oder der Anspruch auf die Bezüge durch Zahlung eines Kapitals abgefunden worden ist.

(5)[7] ① Steht der Behinderten-Pauschbetrag oder der Hinterbliebenen-Pauschbetrag einem Kind zu, für das der Steuerpflichtige Anspruch auf einen Freibetrag nach § 32 Absatz 6 oder auf Kindergeld hat, so wird der Pauschbetrag auf Antrag auf den Steuerpflichtigen übertragen, wenn ihn das Kind nicht in Anspruch nimmt. ② Dabei ist der Pauschbetrag grundsätzlich auf beide Elternteile je zur Hälfte aufzuteilen, es sei denn, der Kinderfreibetrag wurde auf den anderen Elternteil übertragen. ③ Auf gemeinsamen Antrag der Eltern ist eine andere Aufteilung möglich. ④ In diesen Fällen besteht für Aufwendungen, für die der Behinderten-Pauschbetrag gilt, kein Anspruch auf eine Steuerermäßigung nach § 33. ⑤ Voraussetzung für die Übertragung nach Satz 1 ist die Angabe der erteilten Identifikationsnummer (§ 139 b der Abgabenordnung) des Kindes in der Einkommensteuererklärung des Steuerpflichtigen.

---

[1] § 33 b Überschrift neu gef. durch G v. 9. 12. 2020 (BGBl. I S. 2770).

[2] § 33 b Abs. 1 Satz 1 geänd. durch G v. 9. 12. 2020 (BGBl. I S. 2770).

[3] § 33 b Abs. 2 neu gef. durch G v. 9. 12. 2020 (BGBl. I S. 2770); zur Anwendung siehe § 52 Abs. 33 c.

[4] § 33 b Abs. 3 Satz 1 geänd., Sätze 2 und 3 neu gef., Sätze 4 und 5 angef. durch G v. 9. 12. 2020 (BGBl. I S. 2770); zur Anwendung siehe § 52 Abs. 33 c.

[5] § 33 b Abs. 4 Satz 1 Nr. 1 geänd. mWv 1. 1. 2024 durch SozEntschG v. 12. 12. 2019 (BGBl. I S. 2652); zur Weitergeltung der alten Fassung siehe § 52 Abs. 54.

[6] § 33 b Abs. 4 Satz 1 Nr. 5 angef. mWv 1. 1. 2025 durch G v. 20. 8. 2021 (BGBl. I S. 3932).

[7] § 33 b Abs. 5 Satz 2 geänd. mWv VZ 2012 durch StVereinfG 2011 v. 1. 11. 2011 (BGBl. I S. 2131). Abs. 5 Satz 5 angef. durch G v. 9. 12. 2020 (BGBl. I S. 2770); zur Anwendung siehe § 52 Abs. 33 c.

(6)[1] ① Wegen der außergewöhnlichen Belastungen, die einem Steuerpflichtigen durch die Pflege einer Person erwachsen, kann er anstelle einer Steuerermäßigung nach § 33 einen Pauschbetrag geltend machen (Pflege-Pauschbetrag), wenn er dafür keine Einnahmen im Kalenderjahr erhält und der Steuerpflichtige die Pflege entweder in seiner Wohnung oder in der Wohnung des Pflegebedürftigen persönlich durchführt und diese Wohnung in einem Mitgliedstaat der Europäischen Union oder in einem Staat gelegen ist, auf den das Abkommen über den Europäischen Wirtschaftsraum anzuwenden ist. ② Zu den Einnahmen nach Satz 1 zählt unabhängig von der Verwendung nicht das von den Eltern eines Kindes mit Behinderungen für dieses Kind empfangene Pflegegeld. ③ Als Pflege-Pauschbetrag wird gewährt:

1. bei Pflegegrad 2 600 Euro,
2. bei Pflegegrad 3 1 100 Euro,
3. bei Pflegegrad 4 oder 5 1 800 Euro.

④ Ein Pflege-Pauschbetrag nach Satz 3 Nummer 3 wird auch gewährt, wenn die gepflegte Person hilflos im Sinne des § 33 b Absatz 3 Satz 4 ist. ⑤ Bei erstmaliger Feststellung, Änderung oder Wegfall des Pflegegrads im Laufe des Kalenderjahres ist der Pflege-Pauschbetrag nach dem höchsten Grad zu gewähren, der im Kalenderjahr festgestellt war. ⑥ Gleiches gilt, wenn die Person die Voraussetzungen nach Satz 4 erfüllt. ⑦ Sind die Voraussetzungen nach Satz 4 erfüllt, kann der Pauschbetrag nach Satz 3 Nummer 1 und 2 nicht zusätzlich in Anspruch genommen werden. ⑧ Voraussetzung für die Gewährung des Pflege-Pauschbetrags ist die Angabe der erteilten Identifikationsnummer (§ 139 b der Abgabenordnung) der gepflegten Person in der Einkommensteuererklärung des Steuerpflichtigen. ⑨ Wird ein Pflegebedürftiger von mehreren Steuerpflichtigen im Veranlagungszeitraum gepflegt, wird der Pflege-Pauschbetrag nach der Zahl der Pflegepersonen, bei denen die Voraussetzungen der Sätze 1 bis 4 vorliegen, geteilt.

(7)[2] ① Die Bundesregierung wird ermächtigt, durch Rechtsverordnung mit Zustimmung des Bundesrates zu bestimmen, wie nachzuweisen ist, dass die Voraussetzungen für die Inanspruchnahme der Pauschbeträge vorliegen. **[ab VZ 2026:** ② Dabei ist der Nachweis vorrangig durch elektronische Mitteilungsverfahren zu führen.**]**

(8)[3] Die Vorschrift des § 33 b Absatz 6 ist ab Ende des Kalenderjahres 2026 zu evaluieren.

§ 34 Außerordentliche Einkünfte

(1) ① Sind in dem zu versteuernden Einkommen außerordentliche Einkünfte enthalten, so ist die auf alle im Veranlagungszeitraum bezogenen außerordentlichen Einkünfte entfallende Einkommensteuer nach den Sätzen 2 bis 4 zu berechnen. ② Die für die außerordentlichen Einkünfte anzusetzende Einkommensteuer beträgt das Fünffache des Unterschiedsbetrags zwischen der Einkommensteuer für das um diese Einkünfte verminderte zu versteuernde Einkommen (verbleibendes zu versteuerndes Einkommen) und der Einkommensteuer für das verbleibende zu versteuernde Einkommen zuzüglich eines Fünftels dieser Einkünfte. ③ Ist das verbleibende zu versteuernde Einkommen negativ und das zu versteuernde Einkommen positiv, so beträgt die Einkommensteuer das Fünffache der auf ein Fünftel des zu versteuernden Einkommens entfallenden Einkommensteuer. ④ Die Sätze 1 bis 3 gelten nicht für außerordentliche Einkünfte im Sinne des Absatzes 2 Nummer 1, wenn der Steuerpflichtige auf diese Einkünfte ganz oder teilweise § 6 b oder § 6 c anwendet.

(2)[4] Als außerordentliche Einkünfte kommen nur in Betracht:

1. Veräußerungsgewinne im Sinne der §§ 14, 14 a Absatz 1, der §§ 16 und 18 Absatz 3 mit Ausnahme des steuerpflichtigen Teils der Veräußerungsgewinne, die nach § 3 Nummer 40 Buchstabe b in Verbindung mit § 3 c Absatz 2 teilweise steuerbefreit sind;
2. Entschädigungen im Sinne des § 24 Nummer 1;
3. Nutzungsvergütungen und Zinsen im Sinne des § 24 Nummer 3, soweit sie für einen Zeitraum von mehr als drei Jahren nachgezahlt werden;
4. Vergütungen für mehrjährige Tätigkeiten; mehrjährig ist eine Tätigkeit, soweit sie sich über mindestens zwei Veranlagungszeiträume erstreckt und einen Zeitraum von mehr als zwölf Monaten umfasst.

(3)[5] ① Sind in dem zu versteuernden Einkommen außerordentliche Einkünfte im Sinne des Absatzes 2 Nummer 1 enthalten, so kann auf Antrag abweichend von Absatz 1 die auf den Teil dieser außerordentlichen Einkünfte, der den Betrag von insgesamt 5 Millionen Euro nicht übersteigt, entfallende Einkommensteuer nach einem ermäßigten Steuersatz bemessen werden, wenn der Steuerpflichtige das 55. Lebensjahr vollendet hat oder wenn er im sozialversicherungsrechtlichen Sinne dauernd berufsunfähig ist. ② Der ermäßigte Steuersatz beträgt 56 Prozent des durchschnittlichen Steuersatzes, der sich ergäbe, wenn die tarifliche Einkommensteuer nach dem ge-

[1] § 33 b Abs. 6 neu gef. durch G v. 9. 12. 2020 (BGBl. I S. 2770); zur Anwendung siehe § 52 Abs. 33 c.
[2] § 33 b Abs. 7 Satz 2 angef. **mWv VZ 2026** durch JStG 2024 v. 2.12.2024 (BGBl. I Nr. 387).
[3] § 33 b Abs. 8 angef. durch G v. 9. 12. 2020 (BGBl. I S. 2770); zur Anwendung siehe § 52 Abs. 33 c.
[4] § 34 Abs. 2 Nr. 5 aufgeh. mWv VZ 2012 durch StVereinfG 2011 v. 1. 11. 2011 (BGBl. I S. 2131).
[5] § 34 Abs. 3 Satz 2 geänd. mWv VZ 2009 durch G v. 8. 12. 2010 (BGBl. I S. 1768).

samten zu versteuernden Einkommen zuzüglich der dem Progressionsvorbehalt unterliegenden Einkünfte zu bemessen wäre, mindestens jedoch 14 Prozent. ③ Auf das um die in Satz 1 genannten Einkünfte verminderte zu versteuernde Einkommen (verbleibendes zu versteuerndes Einkommen) sind vorbehaltlich des Absatzes 1 die allgemeinen Tarifvorschriften anzuwenden. ④ Die Ermäßigung nach den Sätzen 1 bis 3 kann der Steuerpflichtige nur einmal im Leben in Anspruch nehmen. ⑤ Erzielt der Steuerpflichtige in einem Veranlagungszeitraum mehr als einen Veräußerungs- oder Aufgabegewinn im Sinne des Satzes 1, kann er die Ermäßigung nach den Sätzen 1 bis 3 nur für einen Veräußerungs- oder Aufgabegewinn beantragen. ⑥ Absatz 1 Satz 4 ist entsprechend anzuwenden.

§ 34 a[1] Begünstigung der nicht entnommenen Gewinne

(1) ① Sind in dem zu versteuernden Einkommen nicht entnommene Gewinne aus Land- und Forstwirtschaft, Gewerbebetrieb oder selbständiger Arbeit (§ 2 Absatz 1 Satz 1 Nummer 1 bis 3) im Sinne des Absatzes 2 enthalten, ist die Einkommensteuer für diese Gewinne auf Antrag des Steuerpflichtigen ganz oder teilweise mit einem Steuersatz von 28,25 Prozent zu berechnen; dies gilt nicht, soweit für die Gewinne der Freibetrag nach § 16 Absatz 4 oder die Steuerermäßigung nach § 34 Absatz 3 in Anspruch genommen wird oder es sich um Gewinne im Sinne des § 18 Absatz 1 Nummer 4 handelt. ② Der Antrag nach Satz 1 ist für jeden Betrieb oder Mitunternehmeranteil für jeden Veranlagungszeitraum gesondert bei dem für die Einkommensbesteuerung zuständigen Finanzamt zu stellen. ③ § 233 a Absatz 2 a der Abgabenordnung ist entsprechend anzuwenden. ④ Bei Mitunternehmeranteilen kann der Steuerpflichtige den Antrag nur stellen, wenn sein Anteil am nach § 4 Absatz 1 Satz 1 oder § 5 ermittelten Gewinn mehr als 10 Prozent beträgt oder 10 000 Euro übersteigt. ⑤ Der Antrag kann bis zur Unanfechtbarkeit des Einkommensteuerbescheids für den nächsten Veranlagungszeitraum vom Steuerpflichtigen ganz oder teilweise zurückgenommen werden; der Einkommensteuerbescheid ist entsprechend zu ändern. ⑥ Die Festsetzungsfrist endet insoweit nicht, bevor die Festsetzungsfrist für den nächsten Veranlagungszeitraum abgelaufen ist.

(2) ① Der nicht entnommene Gewinn des Betriebs oder Mitunternehmeranteils ist der nach § 4 Absatz 1 Satz 1 oder § 5 ermittelte Gewinn vermindert um den positiven Saldo der Entnahmen und Einlagen des Wirtschaftsjahres vermehrt um die Gewerbesteuer des Wirtschaftsjahres. ② Entnahmen für die Zahlung der Einkommensteuer nach Absatz 1 Satz 1 und des darauf entfallenden Solidaritätszuschlages bleiben außer Ansatz. ③ Entnahmen gelten vorrangig bis zur Höhe der Einkommensteuer im Sinne des Absatzes 1 Satz 1 und des darauf entfallenden Solidaritätszuschlages als zur Zahlung dieser Beträge verwendet.

(3) ① Der Begünstigungsbetrag ist der im Veranlagungszeitraum nach Absatz 1 Satz 1 auf Antrag begünstigte Gewinn. ② Der Begünstigungsbetrag des Veranlagungszeitraums, vermindert um die darauf entfallende Steuerbelastung nach Absatz 1 und den darauf entfallenden Solidaritätszuschlag, vermehrt um den nachversteuerungspflichtigen Betrag des Vorjahres und den auf diesen Betrieb oder Mitunternehmeranteil nach Absatz 5 übertragenen nachversteuerungspflichtigen Betrag, vermindert um den Nachversteuerungsbetrag im Sinne des Absatzes 4 und den auf einen anderen Betrieb oder Mitunternehmeranteil nach Absatz 5 übertragenen nachversteuerungspflichtigen Betrag, ist der nachversteuerungspflichtige Betrag des Betriebs oder Mitunternehmeranteils zum Ende des Veranlagungszeitraums. ③ Dieser ist für jeden Betrieb oder Mitunternehmeranteil jährlich gesondert festzustellen.

(4) ① Übersteigt der positive Saldo der Entnahmen und Einlagen des Wirtschaftsjahres bei einem Betrieb oder Mitunternehmeranteil den nach § 4 Absatz 1 Satz 1 oder § 5 ermittelten Gewinn (Nachversteuerungsbetrag), ist vorbehaltlich Absatz 5 eine Nachversteuerung durchzuführen, soweit zum Ende des vorangegangenen Veranlagungszeitraums ein nachversteuerungspflichtiger Betrag nach Absatz 3 festgestellt wurde. ② Die Einkommensteuer auf den Nachversteuerungsbetrag beträgt 25 Prozent. ③ Der Nachversteuerungsbetrag ist um die Beträge, die für die Erbschaftsteuer (Schenkungsteuer) anlässlich der Übertragung des Betriebs oder Mitunternehmeranteils entnommen wurden, zu vermindern.

(5) ① Die Übertragung oder Überführung eines Wirtschaftsguts nach § 6 Absatz 5 Satz 1 bis 3 führt unter den Voraussetzungen des Absatzes 4 zur Nachversteuerung. ② Eine Nachversteuerung findet nicht statt, wenn der Steuerpflichtige beantragt, den nachversteuerungspflichtigen Betrag in Höhe des Buchwerts des übertragenen oder überführten Wirtschaftsguts, höchstens jedoch in Höhe des Nachversteuerungsbetrags, den die Übertragung oder Überführung des Wirtschaftsguts ausgelöst hätte, auf den anderen Betrieb oder Mitunternehmeranteil zu übertragen.

(6) ① Eine Nachversteuerung des nachversteuerungspflichtigen Betrags nach Absatz 4 ist durchzuführen

1. in den Fällen der Betriebsveräußerung oder -aufgabe im Sinne der §§ 14, 16 Absatz 1 und 3 sowie des § 18 Absatz 3;

[1] § 34 a neu gef. mWv VZ 2024 durch WachstumschancenG v. 27.3.2024 (BGBl. I Nr. 108); zur Anwendung siehe § 52 Abs. 34 Satz 3.

2. in den Fällen der Einbringung eines Betriebs oder Mitunternehmeranteils in eine Kapitalgesellschaft oder eine Genossenschaft sowie in den Fällen des Formwechsels einer Personengesellschaft in eine Kapitalgesellschaft oder Genossenschaft;
3. in den Fällen der unentgeltlichen Übertragung eines Betriebs oder Mitunternehmeranteils nach § 6 Absatz 3, wenn die Übertragung an eine Körperschaft, Personenvereinigung oder Vermögensmasse erfolgt. ② Ein Fall der unentgeltlichen Übertragung liegt auch vor, wenn der Mitunternehmer ausscheidet und sein Anteil dem übrigen Mitunternehmer oder den übrigen Mitunternehmern unentgeltlich anwächst. ③ Dies gilt entsprechend für eine unentgeltliche Übertragung auf eine Mitunternehmerschaft, soweit der Betrieb oder der Mitunternehmeranteil einer Körperschaft, Personenvereinigung oder Vermögensmasse als Mitunternehmer zuzurechnen ist;
4. wenn der Gewinn nicht mehr nach § 4 Absatz 1 Satz 1 oder § 5 ermittelt wird oder
5. wenn der Steuerpflichtige dies beantragt.

② Eine anteilige Nachversteuerung des nachversteuerungspflichtigen Betrags ist durchzuführen
1. in den Fällen der entgeltlichen Aufnahme eines Mitunternehmers in ein bestehendes Einzelunternehmen oder der Veräußerung eines Teils eines Mitunternehmeranteils;
2. in den Fällen der Einbringung eines Teilbetriebs oder eines Teils eines Mitunternehmeranteils in eine Kapitalgesellschaft oder Genossenschaft;
3. in den Fällen der unentgeltlichen Übertragung eines Teilbetriebs oder Teils eines Mitunternehmeranteils oder der unentgeltlichen Aufnahme eines Mitunternehmers in ein bestehendes Einzelunternehmen, wenn die Übertragung an eine Körperschaft, Personenvereinigung oder Vermögensmasse erfolgt. ② Ein Fall der unentgeltlichen Übertragung liegt auch vor, wenn der Teil des Mitunternehmeranteils dem übrigen Mitunternehmer oder den übrigen Mitunternehmern unentgeltlich anwächst. ③ Dies gilt entsprechend für eine unentgeltliche Übertragung auf eine Mitunternehmerschaft, soweit der übertragene Teil des Betriebs oder des Teils eines Mitunternehmeranteils einer Körperschaft, Personenvereinigung oder Vermögensmasse als Mitunternehmer zuzurechnen ist.

③ Absatz 7 Satz 3 gilt sinngemäß. ④ In den Fällen von Satz 1 Nummer 1 bis 3 und Satz 2 ist die nach Absatz 4 geschuldete Einkommensteuer auf Antrag des Steuerpflichtigen oder seines Rechtsnachfolgers in regelmäßigen Teilbeträgen für einen Zeitraum von höchstens zehn Jahren seit Eintritt der ersten Fälligkeit zinslos zu stunden, wenn ihre alsbaldige Einziehung mit erheblichen Härten für den Steuerpflichtigen verbunden wäre.

(7) ① In den Fällen der unentgeltlichen Übertragung eines Betriebs oder Mitunternehmeranteils nach § 6 Absatz 3 hat der Rechtsnachfolger den nachversteuerungspflichtigen Betrag des Rechtsvorgängers fortzuführen; Absatz 6 Satz 1 Nummer 3 und Satz 2 Nummer 3 bleiben unberührt. ② Bei unentgeltlicher Aufnahme einer natürlichen Person in ein bestehendes Einzelunternehmen oder unentgeltlicher Übertragung eines Teils eines Mitunternehmeranteils auf eine natürliche Person hat der Rechtsnachfolger den nachversteuerungspflichtigen Betrag anteilig fortzuführen. ③ Maßgeblich ist der Anteil des übertragenen Betriebsvermögens an dem Betriebsvermögen des Rechtsvorgängers vor der Übertragung. ④ In den Fällen der Einbringung eines Betriebs oder Mitunternehmeranteils zu Buchwerten nach § 24 des Umwandlungssteuergesetzes geht der für den eingebrachten Betrieb oder Mitunternehmeranteil festgestellte nachversteuerungspflichtige Betrag auf den neuen Mitunternehmeranteil über. ⑤ Bei Einbringung eines Teils eines Mitunternehmeranteils zu Buchwerten nach § 24 des Umwandlungssteuergesetzes geht der nachversteuerungspflichtige Betrag anteilig auf den neuen Mitunternehmeranteil über; Satz 3 gilt entsprechend.

(8) Negative Einkünfte dürfen nicht mit ermäßigt besteuerten Gewinnen im Sinne von Absatz 1 Satz 1 ausgeglichen werden; sie dürfen insoweit auch nicht nach § 10d abgezogen werden.

(9) ① Zuständig für den Erlass der Feststellungsbescheide über den nachversteuerungspflichtigen Betrag ist das für die Einkommensbesteuerung zuständige Finanzamt. ② Die Feststellungsbescheide können nur insoweit angegriffen werden, als sich der nachversteuerungspflichtige Betrag gegenüber dem nachversteuerungspflichtigen Betrag des Vorjahres verändert hat. ③ Die gesonderten Feststellungen nach Satz 1 können mit dem Einkommensteuerbescheid verbunden werden.

(10) ① Sind Einkünfte aus Land- und Forstwirtschaft, Gewerbebetrieb oder selbständiger Arbeit nach § 180 Absatz 1 Satz 1 Nummer 2 Buchstabe a oder b der Abgabenordnung gesondert festzustellen, können auch die Höhe der Entnahmen und Einlagen sowie weitere nach den Absätzen 1 bis 7 erforderliche Besteuerungsgrundlagen gesondert festgestellt werden. ② Zuständig für die gesonderten Feststellungen nach Satz 1 ist das Finanzamt, das für die gesonderte Feststellung nach § 180 Absatz 1 Satz 1 Nummer 2 der Abgabenordnung zuständig ist. ③ Die gesonderten Feststellungen nach Satz 1 können mit der Feststellung nach § 180 Absatz 1 Satz 1 Nummer 2 der Abgabenordnung verbunden werden. ④ Die Feststellungsfrist für die gesonderte Feststellung nach Satz 1 endet nicht vor Ablauf der Feststellungsfrist für die Feststellung nach § 180 Absatz 1 Satz 1 Nummer 2 der Abgabenordnung.

(11) ① Der Bescheid über die gesonderte Feststellung des nachversteuerungspflichtigen Betrags ist zu erlassen, aufzuheben oder zu ändern, soweit der Steuerpflichtige einen Antrag nach Absatz 1 stellt oder diesen ganz oder teilweise zurücknimmt und sich die Besteuerungsgrundlagen im Einkommensteuerbescheid ändern. ② Dies gilt entsprechend, wenn der Erlass, die Aufhebung oder Änderung des Einkommensteuerbescheids mangels steuerlicher Auswirkung unterbleibt. ③ Die Feststellungsfrist endet nicht, bevor die Festsetzungsfrist für den Veranlagungszeitraum abgelaufen ist, auf dessen Schluss der nachversteuerungspflichtige Betrag und das nachversteuerungsfreie Entnahmevolumen des Betriebs oder Mitunternehmeranteils gesondert festzustellen sind. ④ Der Einkommensteuerbescheid ist zu erlassen, aufzuheben oder zu ändern, soweit der Steuerpflichtige einen Antrag nach Absatz 1 stellt oder diesen ganz oder teilweise zurücknimmt und sich die gesonderte Feststellung des nachversteuerungspflichtigen Betrags ändert. ⑤ Für die Festsetzungsfrist gilt Satz 3 sinngemäß.

§ 34b[1] Steuersätze bei Einkünften aus außerordentlichen Holznutzungen

(1) Außerordentliche Holznutzungen sind

1. Holznutzungen, die aus volks- oder staatswirtschaftlichen Gründen erfolgt sind. ② Sie liegen nur insoweit vor, als sie durch gesetzlichen oder behördlichen Zwang veranlasst sind;
2. Holznutzungen infolge höherer Gewalt (Kalamitätsnutzungen). ② Sie sind durch Eis-, Schnee-, Windbruch oder Windwurf, Erdbeben, Bergrutsch, Insektenfraß, Brand oder durch Naturereignisse mit vergleichbaren Folgen verursacht. ③ Hierzu gehören nicht die Schäden, die in der Forstwirtschaft regelmäßig entstehen.

(2) ① Zur Ermittlung der Einkünfte aus außerordentlichen Holznutzungen sind von den Einnahmen sämtlicher Holznutzungen die damit in sachlichem Zusammenhang stehenden Betriebsausgaben abzuziehen. ② Das nach Satz 1 ermittelte Ergebnis ist auf die ordentlichen und außerordentlichen Holznutzungsarten aufzuteilen, in dem[2] die außerordentlichen Holznutzungen zur gesamten Holznutzung ins Verhältnis gesetzt wird[3]. ③ Bei einer Gewinnermittlung durch Betriebsvermögensvergleich sind die im Wirtschaftsjahr veräußerten Holzmengen maßgebend. ④ Bei einer Gewinnermittlung nach den Grundsätzen des § 4 Absatz 3 ist von den Holzmengen auszugehen, die den im Wirtschaftsjahr zugeflossenen Einnahmen zugrunde liegen. ⑤ Die Sätze 1 bis 4 gelten für entnommenes Holz entsprechend.

(3) Die Einkommensteuer bemisst sich für die Einkünfte aus außerordentlichen Holznutzungen im Sinne des Absatzes 1

1. nach der Hälfte des durchschnittlichen Steuersatzes, er sich ergäbe, wenn die tarifliche Einkommensteuer nach dem gesamten zu versteuernden Einkommen zuzüglich der dem Progressionsvorbehalt unterliegenden Einkünfte zu bemessen wäre;
2. nach dem halben Steuersatz der Nummer 1, soweit sie den Nutzungssatz (§ 68 der Einkommensteuer-Durchführungsverordnung) übersteigen.

(4) Einkünfte aus außerordentlichen Holznutzungen sind nur anzuerkennen, wenn

1. das im Wirtschaftsjahr veräußerte oder entnommene Holz mengenmäßig getrennt nach ordentlichen und außerordentlichen Holznutzungen nachgewiesen wird und
2. Schäden infolge höherer Gewalt unverzüglich nach Feststellung des Schadensfalls der zuständigen Finanzbehörde mitgeteilt und nach der Aufarbeitung mengenmäßig nachgewiesen werden.

(5) Die Bundesregierung wird ermächtigt, durch Rechtsverordnung mit Zustimmung des Bundesrates

1. die Steuersätze abweichend von Absatz 3 für ein Wirtschaftsjahr aus sachlichen Billigkeitsgründen zu regeln,
2. die Anwendung des § 4a des Forstschäden-Ausgleichgesetzes für ein Wirtschaftsjahr aus sachlichen Billigkeitsgründen zu regeln,

wenn besondere Schadensereignisse nach Absatz 1 Nummer 2 vorliegen und eine Einschlagsbeschränkung (§ 1 Absatz 1 des Forstschäden-Ausgleichsgesetzes) nicht angeordnet wurde.

V. Steuerermäßigungen

1. Steuerermäßigung bei ausländischen Einkünften

§ 34c [Steuerermäßigung bei ausländischen Einkünften]

(1)[4] ① Bei unbeschränkt Steuerpflichtigen, die mit ausländischen Einkünften in dem Staat, aus dem die Einkünfte stammen, zu einer der deutschen Einkommensteuer entsprechenden Steuer

[1] § 34b neu gef. mWvVZ 2012 durch StVereinfG 2011 v. 1. 11. 2011 (BGBl. I S. 2131).
[2] Richtig wohl: „indem".
[3] Richtig wohl: „werden".
[4] § 34c Abs. 1 Satz 2 und 3 Halbs. 1 neu gef. mWvVZ 2015 durch ZollkodexAnpG v. 22. 12. 2014 (BGBl. I S. 2417). Zur Anwendung der alten Fassung bis VZ 2014 siehe § 52 Abs. 34a.

herangezogen werden, ist die festgesetzte und gezahlte und um einen entstandenen Ermäßigungsanspruch gekürzte ausländische Steuer auf die deutsche Einkommensteuer anzurechnen, die auf die Einkünfte aus diesem Staat entfällt; das gilt nicht für Einkünfte aus Kapitalvermögen, auf die § 32d Absatz 1 und 3 bis 6 anzuwenden ist. ② Die auf die ausländischen Einkünfte nach Satz 1 erster Halbsatz entfallende deutsche Einkommensteuer ist in der Weise zu ermitteln, dass der sich bei der Veranlagung des zu versteuernden Einkommens, einschließlich der ausländischen Einkünfte, nach den §§ 32a, 32b, 34, 34a und 34b ergebende durchschnittliche Steuersatz auf die ausländischen Einkünfte anzuwenden ist. ③ Bei der Ermittlung des zu versteuernden Einkommens und der ausländischen Einkünfte sind die Einkünfte nach Satz 1 zweiter Halbsatz nicht zu berücksichtigen; bei der Ermittlung der ausländischen Einkünfte sind die ausländischen Einkünfte nicht zu berücksichtigen, die in dem Staat, aus dem sie stammen, nach dessen Recht nicht besteuert werden. ④ Gehören ausländische Einkünfte der in § 34d Nummer 3, 4, 6, 7 und 8 Buchstabe c genannten Art zum Gewinn eines inländischen Betriebes, sind bei ihrer Ermittlung Betriebsausgaben und Betriebsvermögensminderungen abzuziehen, die mit den diesen Einkünften zugrunde liegenden Einnahmen in wirtschaftlichem Zusammenhang stehen. ⑤ Die ausländischen Steuern sind nur insoweit anzurechnen, als sie auf die im Veranlagungszeitraum bezogenen Einkünfte entfallen.

(2) Statt der Anrechnung (Absatz 1) ist die ausländische Steuer auf Antrag bei der Ermittlung der Einkünfte abzuziehen, soweit sie auf ausländische Einkünfte entfällt, die nicht steuerfrei sind.

(3) Bei unbeschränkt Steuerpflichtigen, bei denen eine ausländische Steuer vom Einkommen nach Absatz 1 nicht angerechnet werden kann, weil die Steuer nicht der deutschen Einkommensteuer entspricht oder nicht in dem Staat erhoben wird, aus dem die Einkünfte stammen, oder weil keine ausländischen Einkünfte vorliegen, ist die festgesetzte und gezahlte und um einen entstandenen Ermäßigungsanspruch gekürzte ausländische Steuer bei der Ermittlung der Einkünfte abzuziehen, soweit sie auf Einkünfte entfällt, die der deutschen Einkommensteuer unterliegen.

(4) *(weggefallen)*

(5) Die obersten Finanzbehörden der Länder oder die von ihnen beauftragten Finanzbehörden können mit Zustimmung des Bundesministeriums der Finanzen die auf ausländische Einkünfte entfallende deutsche Einkommensteuer ganz oder zum Teil erlassen oder in einem Pauschbetrag festsetzen, wenn es aus volkswirtschaftlichen Gründen zweckmäßig ist oder die Anwendung des Absatzes 1 besonders schwierig ist.

(6)[1] ① Die Absätze 1 bis 3 sind vorbehaltlich der Sätze 2 bis 6 nicht anzuwenden, wenn die Einkünfte aus einem ausländischen Staat stammen, mit dem ein Abkommen zur Vermeidung der Doppelbesteuerung besteht. ② Soweit in einem Abkommen zur Vermeidung der Doppelbesteuerung die Anrechnung einer ausländischen Steuer auf die deutsche Einkommensteuer vorgesehen ist, sind Absatz 1 Satz 2 bis 5 und Absatz 2 entsprechend auf die nach dem Abkommen anzurechnende und um einen entstandenen Ermäßigungsanspruch gekürzte ausländische Steuer anzuwenden; das gilt nicht für Einkünfte, auf die § 32d Absatz 1 und 3 bis 6 anzuwenden ist; bei nach dem Abkommen als gezahlt geltenden ausländischen Steuerbeträgen sind Absatz 1 Satz 3 und Absatz 2 nicht anzuwenden. ③ Absatz 1 Satz 3 gilt auch dann entsprechend, wenn die Einkünfte in dem ausländischen Staat nach dem Abkommen zur Vermeidung der Doppelbesteuerung mit diesem Staat nicht besteuert werden können. ④ Bezieht sich ein Abkommen zur Vermeidung der Doppelbesteuerung nicht auf eine Steuer vom Einkommen dieses Staates, so sind die Absätze 1 und 2 entsprechend anzuwenden. ⑤ In den Fällen des § 50d Absatz 9 sind die Absätze 1 bis 3 und Satz 6 entsprechend anzuwenden. ⑥ Absatz 3 ist anzuwenden, wenn der Staat, mit dem ein Abkommen zur Vermeidung der Doppelbesteuerung besteht, Einkünfte besteuert, die nicht aus diesem Staat stammen, es sei denn, die Besteuerung hat ihre Ursache in einer Gestaltung, für die wirtschaftliche oder sonst beachtliche Gründe fehlen, oder das Abkommen gestattet dem Staat die Besteuerung dieser Einkünfte.

(7) Durch Rechtsverordnung können Vorschriften erlassen werden über

1. die Anrechnung ausländischer Steuern, wenn die ausländischen Einkünfte aus mehreren fremden Staaten stammen,
2. den Nachweis über die Höhe der festgesetzten und gezahlten ausländischen Steuern,
3. die Berücksichtigung ausländischer Steuern, die nachträglich erhoben oder zurückgezahlt werden.

§ 34d Ausländische Einkünfte

Ausländische Einkünfte im Sinne des § 34c Absatz 1 bis 5 sind

1. Einkünfte aus einer in einem ausländischen Staat betriebenen Land- und Forstwirtschaft (§§ 13 und 14) und Einkünfte der in den Nummern 3, 4, 6, 7 und 8 Buchstabe c genannten Art, soweit sie zu den Einkünften aus Land- und Forstwirtschaft gehören;
2. Einkünfte aus Gewerbebetrieb (§§ 15 und 16),

[1] § 34c Abs. 6 Satz 2 geänd. mWv VZ 2020 durch JStG 2019 v. 12. 12. 2019 (BGBl. I S. 2451).

a) die durch eine in einem ausländischen Staat belegene Betriebsstätte oder durch einen in einem ausländischen Staat tätigen ständigen Vertreter erzielt werden, und Einkünfte der in den Nummern 3, 4, 6, 7 und 8 Buchstabe c genannten Art, soweit sie zu den Einkünften aus Gewerbebetrieb gehören,
b) die aus Bürgschafts- und Avalprovisionen erzielt werden, wenn der Schuldner Wohnsitz, Geschäftsleitung oder Sitz in einem ausländischen Staat hat, oder
c) die durch den Betrieb eigener oder gecharterter Seeschiffe oder Luftfahrzeuge aus Beförderungen zwischen ausländischen oder von ausländischen zu inländischen Häfen erzielt werden, einschließlich der Einkünfte aus anderen mit solchen Beförderungen zusammenhängenden, sich auf das Ausland erstreckenden Beförderungsleistungen;

3. Einkünfte aus selbständiger Arbeit (§ 18), die in einem ausländischen Staat ausgeübt oder verwertet wird oder worden ist, und Einkünfte der in den Nummern 4, 6, 7 und 8 Buchstabe c genannten Art, soweit sie zu den Einkünften aus selbständiger Arbeit gehören;

4.[1] Einkünfte aus der Veräußerung von
a) Wirtschaftsgütern, die zum Anlagevermögen eines Betriebs gehören, wenn die Wirtschaftsgüter in einem ausländischen Staat belegen sind,
b) Anteilen an Kapitalgesellschaften,
aa) wenn die Gesellschaft Geschäftsleitung oder Sitz in einem ausländischen Staat hat oder
bb) deren Anteilswert zu irgendeinem Zeitpunkt während der 365 Tage vor der Veräußerung unmittelbar oder mittelbar zu mehr als 50 Prozent auf in einem ausländischen Staat belegenen unbeweglichen Vermögen beruhte und die Anteile dem Veräußerer zu diesem Zeitpunkt zuzurechnen waren; für die Ermittlung dieser Quote sind die aktiven Wirtschaftsgüter des Betriebsvermögens mit den Buchwerten, die zu diesem Zeitpunkt anzusetzen gewesen wären, zugrunde zu legen;

5. Einkünfte aus nichtselbständiger Arbeit (§ 19), die in einem ausländischen Staat ausgeübt oder, ohne im Inland ausgeübt zu werden oder worden zu sein, in einem ausländischen Staat verwertet wird oder worden ist, und Einkünfte, die von ausländischen öffentlichen Kassen mit Rücksicht auf ein gegenwärtiges oder früheres Dienstverhältnis gewährt werden. ② Einkünfte, die von inländischen öffentlichen Kassen einschließlich der Kassen der Deutschen Bundesbahn und der Deutschen Bundesbank mit Rücksicht auf ein gegenwärtiges oder früheres Dienstverhältnis gewährt werden, gelten auch dann als inländische Einkünfte, wenn die Tätigkeit in einem ausländischen Staat ausgeübt wird oder worden ist;

6. Einkünfte aus Kapitalvermögen (§ 20), wenn der Schuldner Wohnsitz, Geschäftsleitung oder Sitz in einem ausländischen Staat hat oder das Kapitalvermögen durch ausländischen Grundbesitz gesichert ist;

7.[2] Einkünfte aus Vermietung und Verpachtung (§ 21), soweit das unbewegliche Vermögen oder die Sachinbegriffe in einem ausländischen Staat belegen oder die Rechte zur Nutzung in einem ausländischen Staat überlassen worden sind. ② Bei unbeweglichem Vermögen, das zum Anlagevermögen eines Betriebs gehört, gelten als Einkünfte im Sinne dieser Nummer auch Wertveränderungen von Wirtschaftsgütern, die mit diesem Vermögen in wirtschaftlichem Zusammenhang stehen;

8. sonstige Einkünfte im Sinne des § 22, wenn
a) der zur Leistung der wiederkehrenden Bezüge Verpflichtete Wohnsitz, Geschäftsleitung oder Sitz in einem ausländischen Staat hat,
b) bei privaten Veräußerungsgeschäften die veräußerten Wirtschaftsgüter in einem ausländischen Staat belegen sind,
c) bei Einkünften aus Leistungen einschließlich der Einkünfte aus Leistungen im Sinne des § 49 Absatz 1 Nummer 9 der zur Vergütung der Leistung Verpflichtete Wohnsitz, Geschäftsleitung oder Sitz in einem ausländischen Staat hat.

2. Steuerermäßigung bei Einkünften aus Land- und Forstwirtschaft

§ 34e[3] *(aufgehoben)*

[1] § 34d Nr. 4 Buchst. b neu gef. mWv VZ 2019 durch „JStG 2018" v. 11. 12. 2018 (BGBl. I S. 2338); zur erstmaligen Anwendung von Doppelbuchst. bb siehe § 52 Abs. 34b Satz 1.

[2] § 34d Nr. 7 geänd. durch „JStG 2018" v. 11. 12. 2018 (BGBl. I S. 2338); zur erstmaligen Anwendung auf Wertveränderungen, die nach dem 31. 12. 2018 eintreten, siehe § 52 Abs. 34b Satz 2.

[3] § 34e aufgeh. mWv VZ 2014 durch KroatienAnpG v. 25. 7. 2014 (BGBl. I S. 1266).

2 a. Steuerermäßigung für Steuerpflichtige mit Kindern bei Inanspruchnahme erhöhter Absetzungen für Wohngebäude oder der Steuerbegünstigungen für eigengenutztes Wohneigentum

§ 34f [Steuerermäßigung für Steuerpflichtige mit Kindern bei Inanspruchnahme erhöhter Absetzungen für Wohngebäude oder der Steuerbegünstigungen für eigengenutztes Wohneigentum]

(1) ① Bei Steuerpflichtigen, die erhöhte Absetzungen nach § 7b oder nach § 15 des Berlinförderungsgesetzes in Anspruch nehmen, ermäßigt sich die tarifliche Einkommensteuer, vermindert um die sonstigen Steuerermäßigungen mit Ausnahme der §§ 34g und 35, auf Antrag um je 600 Deutsche Mark für das zweite und jedes weitere Kind des Steuerpflichtigen oder seines Ehegatten. ② Voraussetzung ist,

1. dass der Steuerpflichtige das Objekt, bei einem Zweifamilienhaus mindestens eine Wohnung, zu eigenen Wohnzwecken nutzt oder wegen des Wechsels des Arbeitsortes nicht zu eigenen Wohnzwecken nutzen kann und
2. dass es sich einschließlich des ersten Kindes um Kinder im Sinne des § 32 Absatz 1 bis 5 oder 6 Satz 7 handelt, die zum Haushalt des Steuerpflichtigen gehören oder in dem für die erhöhten Absetzungen maßgebenden Begünstigungszeitraum gehört haben, wenn diese Zugehörigkeit auf Dauer angelegt ist oder war.

(2) ① Bei Steuerpflichtigen, die die Steuerbegünstigung nach § 10e Absatz 1 bis 5 oder nach § 15b des Berlinförderungsgesetzes in Anspruch nehmen, ermäßigt sich die tarifliche Einkommensteuer, vermindert um die sonstigen Steuerermäßigungen mit Ausnahme des § 34g, auf Antrag um je 512 Euro für jedes Kind des Steuerpflichtigen oder seines Ehegatten im Sinne des § 32 Absatz 1 bis 5 oder 6 Satz 7. ② Voraussetzung ist, dass das Kind zum Haushalt des Steuerpflichtigen gehört oder in dem für die Steuerbegünstigung maßgebenden Zeitraum gehört hat, wenn diese Zugehörigkeit auf Dauer angelegt ist oder war.

(3)[1] ① Bei Steuerpflichtigen, die die Steuerbegünstigung nach § 10e Absatz 1, 2, 4 und 5 in Anspruch nehmen, ermäßigt sich die tarifliche Einkommensteuer, vermindert um die sonstigen Steuerermäßigungen, auf Antrag um je 512 Euro für jedes Kind des Steuerpflichtigen oder seines Ehegatten im Sinne des § 32 Absatz 1 bis 5 oder 6 Satz 7. ② Voraussetzung ist, dass das Kind zum Haushalt des Steuerpflichtigen gehört oder in dem für die Steuerbegünstigung maßgebenden Zeitraum gehört hat, wenn diese Zugehörigkeit auf Dauer angelegt ist oder war. ③ Soweit sich der Betrag der Steuerermäßigung nach Satz 1 bei der Ermittlung der festzusetzenden Einkommensteuer nicht steuerentlastend auswirkt, ist er von der tariflichen Einkommensteuer der zwei vorangegangenen Veranlagungszeiträume abzuziehen. ④ Steuerermäßigungen, die nach den Sätzen 1 und 3 nicht berücksichtigt werden können, können bis zum Ende des Abzugszeitraums im Sinne des § 10e und in den zwei folgenden Veranlagungszeiträumen abgezogen werden. ⑤ Ist für einen Veranlagungszeitraum bereits ein Steuerbescheid erlassen worden, so ist er insoweit zu ändern, als die Steuerermäßigung nach den Sätzen 3 und 4 zu gewähren oder zu berichtigen ist; die Verjährungsfristen enden insoweit nicht, bevor die Verjährungsfrist für den Veranlagungszeitraum abgelaufen ist, für den die Steuerermäßigung nach Satz 1 beantragt worden ist.

(4)[2] ① Die Steuerermäßigungen nach den Absätzen 2 oder 3 kann der Steuerpflichtige insgesamt nur bis zur Höhe der Bemessungsgrundlage der Abzugsbeträge nach § 10e Absatz 1 oder 2 in Anspruch nehmen. ② Die Steuerermäßigung nach den Absätzen 1, 2 und 3 Satz 1 kann der Steuerpflichtige im Kalenderjahr nur für ein Objekt in Anspruch nehmen.

2 b. Steuerermäßigung bei Zuwendungen an politische Parteien und an unabhängige Wählervereinigungen

§ 34g[3] [Steuerermäßigung bei Zuwendungen an politische Parteien und an unabhängige Wählervereinigungen]

① Die tarifliche Einkommensteuer, vermindert um die sonstigen Steuerermäßigungen mit Ausnahme des § 34f Absatz 3, ermäßigt sich bei Zuwendungen an

1. politische Parteien im Sinne des § 2 des Parteiengesetzes, sofern die jeweilige Partei nicht gemäß § 18 Absatz 7 des Parteiengesetzes von der staatlichen Teilfinanzierung ausgeschlossen ist, und
2. Vereine ohne Parteicharakter, wenn

[1] Zur erstmaligen Anwendung von § 34f Abs. 3 siehe § 52 Abs. 35 Satz 1 sowie § 57 Abs. 6.
[2] Zur erstmaligen Anwendung von § 34f Abs. 4 siehe § 52 Abs. 35.
[3] § 34g Satz 1 Nr. 1 geänd. mWv 29. 7. 2017 durch G v. 18. 7. 2017 (BGBl. I S. 2730).

a) der Zweck des Vereins ausschließlich darauf gerichtet ist, durch Teilnahme mit eigenen Wahlvorschlägen an Wahlen auf Bundes-, Landes- oder Kommunalebene bei der politischen Willensbildung mitzuwirken, und

b) der Verein auf Bundes-, Landes- oder Kommunalebene bei der jeweils letzten Wahl wenigstens ein Mandat errungen oder der zuständigen Wahlbehörde oder dem zuständigen Wahlorgan angezeigt hat, dass er mit eigenen Wahlvorschlägen auf Bundes-, Landes- oder Kommunalebene an der jeweils nächsten Wahl teilnehmen will.

② Nimmt der Verein an der jeweils nächsten Wahl nicht teil, wird die Ermäßigung nur für die bis zum Wahltag an ihn geleisteten Beiträge und Spenden gewährt. ③ Die Ermäßigung für Beiträge und Spenden an den Verein wird erst wieder gewährt, wenn er sich mit eigenen Wahlvorschlägen an einer Wahl beteiligt hat. ④ Die Ermäßigung wird in diesem Fall nur für Beiträge und Spenden gewährt, die nach Beginn des Jahres, in dem die Wahl stattfindet, geleistet werden.

② Die Ermäßigung beträgt 50 Prozent der Ausgaben, höchstens jeweils 825 Euro für Ausgaben nach den Nummern 1 und 2, im Fall der Zusammenveranlagung von Ehegatten höchstens jeweils 1 650 Euro. ③ § 10 b Absatz 3 und 4 gilt entsprechend.

3. Steuerermäßigung bei Einkünften aus Gewerbebetrieb

§ 35 [Steuerermäßigung bei Einkünften aus Gewerbebetrieb]

(1)[1] ① Die tarifliche Einkommensteuer, vermindert um die sonstigen Steuerermäßigungen mit Ausnahme der §§ 34 f, 34 g, 35 a und 35 c, ermäßigt sich, soweit sie anteilig auf im zu versteuernden Einkommen enthaltene gewerbliche Einkünfte entfällt (Ermäßigungshöchstbetrag),

1. bei Einkünften aus gewerblichen Unternehmen im Sinne des § 15 Absatz 1 Satz 1 Nummer 1 um das Vierfache des jeweils für den dem Veranlagungszeitraum entsprechenden Erhebungszeitraum nach § 14 des Gewerbesteuergesetzes für das Unternehmen festgesetzten Steuermessbetrags (Gewerbesteuer-Messbetrag); Absatz 2 Satz 5 ist entsprechend anzuwenden;
2. bei Einkünften aus Gewerbebetrieb als Mitunternehmer im Sinne des § 15 Absatz 1 Satz 1 Nummer 2 oder als persönlich haftender Gesellschafter einer Kommanditgesellschaft auf Aktien im Sinne des § 15 Absatz 1 Satz 1 Nummer 3 um das Vierfache des jeweils für den dem Veranlagungszeitraum entsprechenden Erhebungszeitraum festgesetzten anteiligen Gewerbesteuer-Messbetrags.

② Der Ermäßigungshöchstbetrag ist wie folgt zu ermitteln:

$$\frac{\text{Summe der positiven gewerblichen Einkünfte}}{\text{Summe aller positiven Einkünfte}} \cdot \text{geminderte tarifliche Steuer}$$

③ Gewerbliche Einkünfte im Sinne der Sätze 1 und 2 sind die der Gewerbesteuer unterliegenden Gewinne und Gewinnanteile, soweit sie nicht nach anderen Vorschriften von der Steuerermäßigung nach § 35 ausgenommen sind. ④ Geminderte tarifliche Steuer ist die tarifliche Steuer nach Abzug von Beträgen auf Grund der Anwendung zwischenstaatlicher Abkommen und nach Anrechnung der ausländischen Steuern nach § 32 d Absatz 6 Satz 2, § 34 c Absatz 1 und 6 dieses Gesetzes und § 12 des Außensteuergesetzes. ⑤ Der Abzug des Steuerermäßigungsbetrags ist auf die tatsächlich zu zahlende Gewerbesteuer beschränkt.

(2) ① Bei Mitunternehmerschaften im Sinne des § 15 Absatz 1 Satz 1 Nummer 2 oder bei Kommanditgesellschaften auf Aktien im Sinne des § 15 Absatz 1 Satz 1 Nummer 3 ist der Betrag des Gewerbesteuer-Messbetrags, die tatsächlich zu zahlende Gewerbesteuer und der auf die einzelnen Mitunternehmer oder auf die persönlich haftenden Gesellschafter entfallende Anteil gesondert und einheitlich festzustellen. ② Der Anteil eines Mitunternehmers am Gewerbesteuer-Messbetrag richtet sich nach seinem Anteil am Gewinn der Mitunternehmerschaft nach Maßgabe des allgemeinen Gewinnverteilungsschlüssels; Vorabgewinnanteile sind nicht zu berücksichtigen. ③ Wenn auf Grund der Bestimmungen in einem Abkommen zur Vermeidung der Doppelbesteuerung bei der Festsetzung des Gewerbesteuer-Messbetrags für eine Mitunternehmerschaft nur der auf einen Teil der Mitunternehmer entfallende anteilige Gewerbeertrag berücksichtigt wird, ist der Gewerbesteuer-Messbetrag nach Maßgabe des allgemeinen Gewinnverteilungsschlüssels in voller Höhe auf diese Mitunternehmer entsprechend ihrer Anteile am Gewerbeertrag der Mitunternehmerschaft aufzuteilen. ④ Der anteilige Gewerbesteuer-Messbetrag ist als Prozentsatz mit zwei Nachkommastellen gerundet zu ermitteln. ⑤ Bei der Feststellung nach Satz 1 sind anteilige Gewerbesteuer-Messbeträge, die aus einer Beteiligung an einer Mitunternehmerschaft stammen, einzubeziehen.

(3) ① Zuständig für die gesonderte Feststellung nach Absatz 2 ist das für die gesonderte Feststellung der Einkünfte zuständige Finanzamt. ② Für die Ermittlung der Steuerermäßigung nach Ab-

[1] § 35 Abs. 1 Satz 4 geänd. mWv VZ 2013 durch AmtshilfeRLUmsG v. 26. 6. 2013 (BGBl. I S. 1809). Abs. 1 Satz 1 einl. Satzteil geänd. mWv VZ 2020 durch KlimaSG v. 21. 12. 2019 (BGBl. I S. 2886). Abs. 1 Satz 1 Nr. 1 und Nr. 2 geänd. durch CoronaStHG II v. 29. 6. 2020 (BGBl. I S. 1512); zur erstmaligen Anwendung für VZ 2020 siehe § 52 Abs. 35 a i. d. F. des CoronaStHG II.

satz 1 sind die Festsetzung des Gewerbesteuer-Messbetrags, die Feststellung des Anteils an dem festzusetzenden Gewerbesteuer-Messbetrag nach Absatz 2 Satz 1 und die Festsetzung der Gewerbesteuer Grundlagenbescheide. ③ Für die Ermittlung des anteiligen Gewerbesteuer-Messbetrags nach Absatz 2 sind die Festsetzung des Gewerbesteuer-Messbetrags und die Festsetzung des anteiligen Gewerbesteuer-Messbetrags aus der Beteiligung an einer Mitunternehmerschaft Grundlagenbescheide.

(4) Für die Aufteilung und die Feststellung der tatsächlich zu zahlenden Gewerbesteuer bei Mitunternehmerschaften im Sinne des § 15 Absatz 1 Satz 1 Nummer 2 und bei Kommanditgesellschaften auf Aktien im Sinne des § 15 Absatz 1 Satz 1 Nummer 3 gelten die Absätze 2 und 3 entsprechend.

4. Steuerermäßigung bei Aufwendungen für haushaltsnahe Beschäftigungsverhältnisse und für die Inanspruchnahme haushaltsnaher Dienstleistungen

§ 35 a Steuerermäßigung bei Aufwendungen für haushaltsnahe Beschäftigungsverhältnisse, haushaltsnahe Dienstleistungen und Handwerkerleistungen

(1) Für haushaltsnahe Beschäftigungsverhältnisse, bei denen es sich um eine geringfügige Beschäftigung im Sinne des § 8a des Vierten Buches Sozialgesetzbuch handelt, ermäßigt sich die tarifliche Einkommensteuer, vermindert um die sonstigen Steuerermäßigungen, auf Antrag um 20 Prozent, höchstens 510 Euro, der Aufwendungen des Steuerpflichtigen.

(2) ① Für andere als in Absatz 1 aufgeführte haushaltsnahe Beschäftigungsverhältnisse oder für die Inanspruchnahme von haushaltsnahen Dienstleistungen, die nicht Dienstleistungen nach Absatz 3 sind, ermäßigt sich die tarifliche Einkommensteuer, vermindert um die sonstigen Steuerermäßigungen, auf Antrag um 20 Prozent, höchstens 4 000 Euro, der Aufwendungen des Steuerpflichtigen. ② Die Steuerermäßigung kann auch in Anspruch genommen werden für die Inanspruchnahme von Pflege- und Betreuungsleistungen sowie für Aufwendungen, die einem Steuerpflichtigen wegen der Unterbringung in einem Heim oder zur dauernden Pflege erwachsen, soweit darin Kosten für Dienstleistungen enthalten sind, die mit denen einer Hilfe im Haushalt vergleichbar sind.

(3)[1] ① Für die Inanspruchnahme von Handwerkerleistungen für Renovierungs-, Erhaltungs- und Modernisierungsmaßnahmen ermäßigt sich die tarifliche Einkommensteuer, vermindert um die sonstigen Steuerermäßigungen, auf Antrag um 20 Prozent der Aufwendungen des Steuerpflichtigen, höchstens jedoch um 1 200 Euro. ② Dies gilt nicht für öffentlich geförderte Maßnahmen, für die zinsverbilligte Darlehen oder steuerfreie Zuschüsse in Anspruch genommen werden.

(4) ① Die Steuerermäßigung nach den Absätzen 1 bis 3 kann nur in Anspruch genommen werden, wenn das Beschäftigungsverhältnis, die Dienstleistung oder die Handwerkerleistung in einem in der Europäischen Union oder dem Europäischen Wirtschaftsraum liegenden Haushalt des Steuerpflichtigen oder – bei Pflege- und Betreuungsleistungen – der gepflegten oder betreuten Person ausgeübt oder erbracht wird. ② In den Fällen des Absatzes 2 Satz 2 zweiter Halbsatz ist Voraussetzung, dass das Heim oder der Ort der dauernden Pflege in der Europäischen Union oder dem Europäischen Wirtschaftsraum liegt.

(5)[2] ① Die Steuerermäßigungen nach den Absätzen 1 bis 3 können nur in Anspruch genommen werden, soweit die Aufwendungen nicht Betriebsausgaben oder Werbungskosten darstellen und soweit sie nicht als Sonderausgaben oder außergewöhnliche Belastungen berücksichtigt worden sind; für Aufwendungen, die dem Grunde nach unter § 10 Absatz 1Nummer 5 fallen, ist eine Inanspruchnahme ebenfalls ausgeschlossen. ② Der Abzug von der tariflichen Einkommensteuer nach den Absätzen 2 und 3 gilt nur für Arbeitskosten. ③ Voraussetzung für die Inanspruchnahme der Steuerermäßigungen nach den Absätzen 2 und 3 ist, dass der Steuerpflichtige für die Aufwendungen eine Rechnung erhalten hat und die Zahlung auf das Konto des Erbringers der Leistung erfolgt ist. ④ Leben zwei Alleinstehende in einem Haushalt zusammen, können sie die Höchstbeträge nach den Absätzen 1 bis 3 insgesamt jeweils nur einmal in Anspruch nehmen.

5. Steuerermäßigung bei Belastung mit Erbschaftsteuer

§ 35 b[3] Steuerermäßigung bei Belastung mit Erbschaftsteuer

① Sind bei der Ermittlung des Einkommens Einkünfte berücksichtigt worden, die im Veranlagungszeitraum oder in den vorangegangenen vier Veranlagungszeiträumen als Erwerb von Todes

[1] § 35 a Abs. 3 neu gef. mWv VZ 2011 durch G v. 8. 12. 2010 (BGBl. I S. 1768).

[2] § 35 a Abs. 5 Satz 1 neu gef. mWv VZ 2009 durch G v. 8. 12. 2010 (BGBl. I S. 1768). Abs. 5 Satz 1 Verweis geänd. mWv VZ 2012 durch StVereinfG 2011 v. 1. 11. 2011 (BGBl. I S. 2131). Abs. 5 Satz 3 neu gef. mWv 1.1.2025 durch JStG 2024 v. 2.12.2024 (BGBl. I Nr. 387).

[3] § 35 b Satz 3 aufgeh. mWv 1. 1. 2015 durch ZollkodexAnpG v. 22. 12. 2014 (BGBl. I S. 2417).

wegen der Erbschaftsteuer unterlegen haben, so wird auf Antrag die um sonstige Steuerermäßigungen gekürzte tarifliche Einkommensteuer, die auf diese Einkünfte entfällt, um den in Satz 2 bestimmten Prozentsatz ermäßigt. ② Der Prozentsatz bestimmt sich nach dem Verhältnis, in dem die festgesetzte Erbschaftsteuer zu dem Betrag steht, der sich ergibt, wenn dem steuerpflichtigen Erwerb (§ 10 Absatz 1 des Erbschaftsteuer- und Schenkungsteuergesetzes) die Freibeträge nach den §§ 16 und 17 und der steuerfreie Betrag nach § 5 des Erbschaftsteuer- und Schenkungsteuergesetzes hinzugerechnet werden.

6. Steuerermäßigung für energetische Maßnahmen bei zu eigenen Wohnzwecken genutzten Gebäuden[1]

§ 35c[2] Steuerermäßigung für energetische Maßnahmen bei zu eigenen Wohnzwecken genutzten Gebäuden

(1) ① Für energetische Maßnahmen an einem in der Europäischen Union oder dem Europäischen Wirtschaftsraum belegenen zu eigenen Wohnzwecken genutzten eigenen Gebäude (begünstigtes Objekt) ermäßigt sich auf Antrag die tarifliche Einkommensteuer, vermindert um die sonstigen Steuerermäßigungen, im Kalenderjahr des Abschlusses der energetischen Maßnahme und im nächsten Kalenderjahr um je 7 Prozent der Aufwendungen des Steuerpflichtigen, höchstens jedoch um je 14 000 Euro und im übernächsten Kalenderjahr um 6 Prozent der Aufwendungen des Steuerpflichtigen, höchstens jedoch um 12 000 Euro für das begünstigte Objekt. ② Voraussetzung ist, dass das begünstigte Objekt bei der Durchführung der energetischen Maßnahme älter als zehn Jahre ist; maßgebend hierfür ist der Beginn der Herstellung. ③ Energetische Maßnahmen im Sinne des Satzes 1 sind:

1. Wärmedämmung von Wänden,
2. Wärmedämmung von Dachflächen,
3. Wärmedämmung von Geschossdecken,
4. Erneuerung der Fenster oder Außentüren,
5. Erneuerung oder Einbau einer Lüftungsanlage,
6. Erneuerung der Heizungsanlage,
7. Einbau von digitalen Systemen zur energetischen Betriebs- und Verbrauchsoptimierung und
8. Optimierung bestehender Heizungsanlagen, sofern diese älter als zwei Jahre sind.

④ Zu den Aufwendungen für energetische Maßnahmen gehören auch die Kosten für die Erteilung der Bescheinigung nach Satz 7 sowie die Kosten für Energieberater, die vom Bundesamt für Wirtschaft und Ausfuhrkontrolle (BAFA) als fachlich qualifiziert zum Förderprogramm „Energieberatung für Wohngebäude (Vor-Ort-Beratung, individueller Sanierungsfahrplan)" zugelassen sind, wenn der Energieberater durch den Steuerpflichtigen mit der planerischen Begleitung oder Beaufsichtigung der energetischen Maßnahmen nach Satz 3 beauftragt worden ist; die tarifliche Einkommensteuer vermindert sich abweichend von Satz 1 um 50 Prozent der Aufwendungen für den Energieberater. ⑤ Die Förderung kann für mehrere Einzelmaßnahmen an einem begünstigten Objekt in Anspruch genommen werden; je begünstigtes Objekt beträgt der Höchstbetrag der Steuerermäßigung 40 000 Euro. ⑥ Voraussetzung für die Förderung ist, dass die jeweilige energetische Maßnahme von einem Fachunternehmen ausgeführt wurde und die Anforderungen aus der Rechtsverordnung nach Absatz 7 erfüllt sind. ⑦ Die Steuerermäßigungen können nur in Anspruch genommen werden, wenn durch eine nach amtlich vorgeschriebenem Muster erstellte Bescheinigung des ausführenden Fachunternehmens nachgewiesen wird, dass die Voraussetzungen der Sätze 1 bis 3 und die Anforderungen aus der Rechtsverordnung nach Absatz 7 dem Grunde und der Höhe nach erfüllt sind.

(2) ① Die Steuerermäßigung nach Absatz 1 kann nur in Anspruch genommen werden, wenn der Steuerpflichtige das Gebäude im jeweiligen Kalenderjahr ausschließlich zu eigenen Wohnzwecken nutzt. ② Eine Nutzung zu eigenen Wohnzwecken liegt auch vor, wenn Teile einer zu eigenen Wohnzwecken genutzten Wohnung anderen Personen unentgeltlich zu Wohnzwecken überlassen werden.

(3) ① Der Steuerpflichtige kann die Steuerermäßigung nach Absatz 1 nicht in Anspruch nehmen, soweit die Aufwendungen als Betriebsausgaben, Werbungskosten, Sonderausgaben oder außergewöhnliche Belastungen berücksichtigt worden sind. ② Die Steuerermäßigung nach Absatz 1 ist ebenfalls nicht zu gewähren, wenn für die energetischen Maßnahmen eine Steuerbegünstigung nach § 10f oder eine Steuerermäßigung nach § 35a in Anspruch genommen wird oder es sich um eine öffentlich geförderte Maßnahme handelt, für die zinsverbilligte Darlehen oder steuerfreie Zuschüsse in Anspruch genommen werden.

---

[1] Unterabschn. 6 (§ 35c) eingef. mWv VZ 2020 durch KlimaSG v. 21. 12. 2019 (BGBl. I S. 2886); zur Anwendung siehe § 52 Abs. 35a Sätze 1 bis 3.

[2] § 35c eingef. mWv VZ 2020 durch KlimaSG v. 21. 12. 2019 (BGBl. I S. 2886); zur Anwendung siehe § 52 Abs. 35a Sätze 1 bis 3.

(4) Voraussetzung für die Inanspruchnahme der Steuermäßigung für energetische Maßnahmen ist, dass

1. der Steuerpflichtige für die Aufwendungen eine Rechnung erhalten hat, die die förderungsfähigen energetischen Maßnahmen, die Arbeitsleistung des Fachunternehmens und die Adresse des begünstigten Objekts ausweisen, und die in deutscher Sprache ausgefertigt ist und
2. die Zahlung auf das Konto des Erbringers der Leistung erfolgt ist.

(5) Die Absätze 1 bis 4 sind auf Gebäudeteile, die selbständige unbewegliche Wirtschaftsgüter sind, und auf Eigentumswohnungen entsprechend anzuwenden.

(6) ① Steht das Eigentum am begünstigten Objekt mehreren Personen zu, können die Steuerermäßigungen nach Absatz 1 für das begünstigte Objekt insgesamt nur einmal in Anspruch genommen werden. ② Die der Steuerermäßigung nach Absatz 1 zugrunde liegenden Aufwendungen können einheitlich und gesondert festgestellt werden. ③ Die für die gesonderte Feststellung von Einkünften nach § 180 Absatz 1 Nummer 2 a der Abgabenordnung geltenden Vorschriften sind entsprechend anzuwenden.

(7) Die Bundesregierung wird ermächtigt, durch Rechtsverordnung mit Zustimmung des Bundestages und des Bundesrates die Mindestanforderungen für die energetischen Maßnahmen nach Absatz 1 Satz 3 sowie die Anforderungen an ein Fachunternehmen nach Absatz 1 Satz 6 festzulegen.

VI. Steuererhebung

1. Erhebung der Einkommensteuer

§ 36 Entstehung und Tilgung der Einkommensteuer

(1) Die Einkommensteuer entsteht, soweit in diesem Gesetz nichts anderes bestimmt ist, mit Ablauf des Veranlagungszeitraums.

(2) Auf die Einkommensteuer werden angerechnet:

1. die für den Veranlagungszeitraum entrichteten Einkommensteuer-Vorauszahlungen (§ 37);

2.[1] die durch Steuerabzug erhobene Einkommensteuer, soweit sie entfällt auf
   a) die bei der Veranlagung erfassten Einkünfte oder
   b) die nach § 3 Nummer 40 dieses Gesetzes, nach § 8 b Absatz 1, 2 und 6 Satz 2 des Körperschaftsteuergesetzes oder nach einem Abkommen zur Vermeidung der Doppelbesteuerung bei der Ermittlung des Einkommens außer Ansatz bleibenden Bezüge

   und keine Erstattung beantragt oder durchgeführt worden ist. ② Die durch Steuerabzug erhobene Einkommensteuer wird nicht angerechnet, wenn die in § 45 a Absatz 2 oder Absatz 3 bezeichnete Bescheinigung nicht vorgelegt worden ist oder die Angaben gemäß § 45 a Absatz 2 a nicht übermittelt worden sind. ③ Soweit der Steuerpflichtige einen Antrag nach § 32 d Absatz 4 oder Absatz 6 stellt, ist es für die Anrechnung ausreichend, wenn die Bescheinigung auf Verlangen des Finanzamts vorgelegt wird. ④ In den Fällen des § 8 b Absatz 6 Satz 2 des Körperschaftsteuergesetzes ist es für die Anrechnung ausreichend, wenn die Bescheinigung nach § 45 a Absatz 2 und 3 vorgelegt wird, die dem Gläubiger der Kapitalerträge ausgestellt worden ist. ⑤ In den Fällen des § 2 Absatz 7 Satz 3 ist auch die durch Steuerabzug im Kalenderjahr des Wechsels von der unbeschränkten zur beschränkten Einkommensteuerpflicht erhobene Einkommensteuer anzurechnen, die auf Einkünfte entfällt, die weder der unbeschränkten noch der beschränkten Steuerpflicht unterliegen; § 37 Absatz 2 der Abgabenordnung findet insoweit keine Anwendung;

3.[2] die nach § 10 des Forschungszulagengesetzes festgesetzte Forschungszulage. ② Das gilt auch für die gesondert und einheitlich festgestellte Forschungszulage;

4.[3] in den Fällen des § 32 c Absatz 1 Satz 2 der nicht zum Abzug gebrachte Unterschiedsbetrag, wenn dieser höher ist als die tarifliche Einkommensteuer des letzten Veranlagungszeitraums im Betrachtungszeitraum.

(3) ① Die Steuerbeträge nach Absatz 2 Nummer 2 sind auf volle Euro aufzurunden. ② Bei den durch Steuerabzug erhobenen Steuern ist jeweils die Summe der Beträge einer einzelnen Abzugsteuer aufzurunden.

---

[1] § 36 Abs. 2 Nr. 2 neu gef. mWv 1. 1. 2017 durch G v. 18. 7. 2016 (BGBl. I S. 1679). Abs. 2 Nr. 2 Satz 5 angef. mWv VZ 2021 durch JStG 2020 v. 21. 12. 2020 (BGBl. I S. 3096); zur erstmaligen Anwendung auf Kapitalerträge, die nach dem 31. 12. 2020 zufließen siehe § 52 Abs. 35 b Satz 1. Abs. 2 Nr. 2 Satz 2 letzter Satzteil angef. durch AbzStEntModG v. 2. 6. 2021 (BGBl. I S. 1259). Abs. 2 Satz 1 Nr. 2 Buchst. b geänd. mWv 28.3.2024 durch WachstumschancenG v. 27.3.2024 (BGBl. I Nr. 108).

[2] § 36 Abs. 2 Nr. 3 angef. mWv 1. 1. 2020 durch FZulG v. 14. 12. 2019 (BGBl. I S. 2763).

[3] § 36 Abs. 2 Nr. 3 angef. durch G v. 20. 12. 2016 (BGBl. I S. 3045, aufgeh. durch Art. 31 JStG 2019 v. 12. 12. 2019, BGBl. I S. 2451); § 36 Abs. 2 Nr. 3 angef. mWv VZ 2016 durch JStG 2019 v. 12. 12. 2019 (BGBl. I S. 2451); bish. Nr. 3 wird Nr. 4 durch JStG 2020 v. 21. 12. 2020 (BGBl. I S. 3096); zur Anwendung siehe § 52 Abs. 35 c Satz 2.

(4) ① Wenn sich nach der Abrechnung ein Überschuss zuungunsten des Steuerpflichtigen ergibt, hat der Steuerpflichtige (Steuerschuldner) diesen Betrag, soweit er den fällig gewordenen, aber nicht entrichteten Einkommensteuer-Vorauszahlungen entspricht, sofort, im Übrigen innerhalb eines Monats nach Bekanntgabe des Steuerbescheids zu entrichten (Abschlusszahlung). ② Wenn sich nach der Abrechnung ein Überschuss zugunsten des Steuerpflichtigen ergibt, wird dieser dem Steuerpflichtigen nach Bekanntgabe des Steuerbescheids ausgezahlt. ③ Bei Ehegatten, die nach den §§ 26, 26 b zusammen zur Einkommensteuer veranlagt worden sind, wirkt die Auszahlung an einen Ehegatten auch für und gegen den anderen Ehegatten.

(5)[1] ① Die festgesetzte Steuer, die auf den Aufgabegewinn nach § 16 Absatz 3 a und den durch den Wechsel der Gewinnermittlungsart erzielten Gewinn entfällt, kann auf Antrag des Steuerpflichtigen in fünf gleichen Jahresraten entrichtet werden, wenn die Wirtschaftsgüter einem Betriebsvermögen des Steuerpflichtigen in einem anderen Mitgliedstaat der Europäischen Union oder des Europäischen Wirtschaftsraums zuzuordnen sind, sofern durch diese Staaten Amtshilfe entsprechend oder im Sinne der Amtshilferichtlinie gemäß § 2 Absatz 11 des EU-Amtshilfegesetzes und gegenseitige Unterstützung bei der Beitreibung im Sinne der Beitreibungsrichtlinie einschließlich der in diesem Zusammenhang anzuwendenden Durchführungsbestimmungen in den für den jeweiligen Veranlagungszeitraum geltenden Fassungen oder eines entsprechenden Nachfolgerechtsakts geleistet werden. ② Die erste Jahresrate ist innerhalb eines Monats nach Bekanntgabe des Steuerbescheids zu entrichten; die übrigen Jahresraten sind jeweils am 31. Juli der Folgejahre fällig. ③ Die Jahresraten sind nicht zu verzinsen; sie sollen in der Regel nur gegen Sicherheitsleistung gewährt werden. ④ Die noch nicht entrichtete Steuer wird innerhalb eines Monats nach Eintritt eines der nachfolgenden Ereignisse fällig,

1. soweit ein Wirtschaftsgut im Sinne des Satzes 1 veräußert, entnommen, in andere als die in Satz 1 genannten Staaten verlagert oder verdeckt in eine Kapitalgesellschaft eingelegt wird,
2. wenn der Betrieb oder Teilbetrieb während dieses Zeitraums eingestellt, veräußert oder in andere als die in Satz 1 genannten Staaten verlegt wird,
3. wenn der Steuerpflichtige aus der inländischen unbeschränkten Steuerpflicht oder der unbeschränkten Steuerpflicht in den in Satz 1 genannten Staaten ausscheidet oder in einem anderen als den in Satz 1 genannten Staaten ansässig wird,
4. wenn der Steuerpflichtige Insolvenz anmeldet oder abgewickelt wird oder
5. wenn der Steuerpflichtige seinen Verpflichtungen im Zusammenhang mit den Ratenzahlungen nicht nachkommt und über einen angemessenen Zeitraum, der zwölf Monate nicht überschreiten darf, keine Abhilfe für seine Situation schafft; Satz 2 bleibt unberührt.

⑤ Ändert sich die festgesetzte Steuer, sind die Jahresraten entsprechend anzupassen. ⑥ Der Steuerpflichtige hat der zuständigen Finanzbehörde jährlich mit der Steuererklärung oder, sofern keine Pflicht zur Abgabe einer Steuererklärung besteht, zum 31. Juli anzuzeigen, ob die Voraussetzungen für die Ratenzahlung weiterhin erfüllt sind; kommt er dieser Anzeigepflicht oder seinen sonstigen Mitwirkungspflichten im Sinne des § 90 der Abgabenordnung nicht nach, werden die noch nicht entrichteten Jahresraten rückwirkend zum 1. August des vorangegangenen Jahres fällig, frühestens aber einen Monat nach Bekanntgabe des Steuerbescheids. ⑦ Unbeschadet des Satzes 6 hat der Steuerpflichtige den Eintritt eines Ereignisses nach Satz 4 der zuständigen Finanzbehörde unverzüglich anzuzeigen. ⑧ Unterliegt der Steuerpflichtige einer Erklärungspflicht, kann die Anzeige auf Grund eines Ereignisses nach Satz 4 Nummer 1 abweichend von der in Satz 7 genannten Frist mit der nächsten Steuererklärung erfolgen.

§ 36 a[2] Beschränkung der Anrechenbarkeit der Kapitalertragsteuer

(1)[3] ① Ungeachtet eines Abkommens zur Vermeidung der Doppelbesteuerung setzt bei Kapitalerträgen im Sinne des § 43 Absatz 1 Satz 1 Nummer 1 a die volle Anrechnung der durch Steuerabzug erhobenen Einkommensteuer ferner voraus, dass der Steuerpflichtige hinsichtlich der diesen Kapitalerträgen zugrunde liegenden Anteile oder Genussscheine

1. während der Mindesthaltedauer nach Absatz 2 ununterbrochen wirtschaftlicher Eigentümer ist,
2. während der Mindesthaltedauer nach Absatz 2 ununterbrochen das Mindestwertänderungsrisiko nach Absatz 3 trägt und
3. nicht verpflichtet ist, die Kapitalerträge ganz oder überwiegend, unmittelbar oder mittelbar anderen Personen zu vergüten.

② Fehlen die Voraussetzungen des Satzes 1, so sind drei Fünftel der Kapitalertragsteuer nicht anzurechnen. ③ Die nach den Sätzen 1 und 2 nicht angerechnete Kapitalertragsteuer ist auf Antrag bei der Ermittlung der Einkünfte abzuziehen. ④ Die Sätze 1 bis 3 gelten entsprechend für Anteile oder Genussscheine, die zu inländischen Kapitalerträgen im Sinne des § 43 Absatz 3 Satz 1 führen und einer Wertpapiersammelbank im Ausland zur Verwahrung anvertraut sind.

---

[1] § 36 Abs. 5 neu gef. durch ATADUmsG v. 25. 6. 2021 (BGBl. I S. 2035).
[2] § 36 a eingef. durch InvStRefG v. 19. 7. 2016 (BGBl. I S. 1730); zur erstmaligen Anwendung auf Kapitalerträge, die ab dem 1. 1. 2016 zufließen siehe § 52 Abs. 35 c Satz 1.
[3] § 36 a Abs. 1 Satz 1 geänd. mWv 28.3.2024 durch WachstumschancenG v. 27.3.2024 (BGBl. I Nr. 108).

(2) ① Die Mindesthaltedauer umfasst 45 Tage und muss innerhalb eines Zeitraums von 45 Tagen vor und 45 Tagen nach der Fälligkeit der Kapitalerträge erreicht werden. ② Bei Anschaffungen und Veräußerungen ist zu unterstellen, dass die zuerst angeschafften Anteile oder Genussscheine zuerst veräußert wurden.

(3) ① Der Steuerpflichtige muss unter Berücksichtigung von gegenläufigen Ansprüchen und Ansprüchen nahe stehender Personen das Risiko aus einem sinkenden Wert der Anteile oder Genussscheine im Umfang von mindestens 70 Prozent tragen (Mindestwertänderungsrisiko). ② Kein hinreichendes Mindestwertänderungsrisiko liegt insbesondere dann vor, wenn der Steuerpflichtige oder eine ihm nahe stehende Person Kurssicherungsgeschäfte abgeschlossen hat, die das Wertänderungsrisiko der Anteile oder Genussscheine unmittelbar oder mittelbar um mehr als 30 Prozent mindern.

(4)[1] ① Einkommen- oder körperschaftsteuerpflichtige Personen, bei denen insbesondere auf Grund einer Steuerbefreiung kein Steuerabzug vorgenommen oder denen ein Steuerabzug erstattet wurde und die die Voraussetzungen für eine Anrechenbarkeit der Kapitalertragsteuer nach den Absätzen 1 bis 3 nicht erfüllen, haben

1. dies gegenüber ihrem zuständigen Finanzamt anzuzeigen,
2. Kapitalertragsteuer in Höhe von 15 Prozent der Kapitalerträge im Sinne des § 43 Absatz 1 Satz 1 Nummer 1 a und des Absatzes 1 Satz 4 nach amtlich vorgeschriebenem Vordruck auf elektronischem Weg anzumelden und
3. die angemeldete Steuer zu entrichten.

② Die Anzeige, Anmeldung und Entrichtung hat bei Steuerpflichtigen, die ihren Gewinn durch Betriebsvermögensvergleich ermitteln, bis zum 10. Tag des auf den Ablauf des Wirtschaftsjahres folgenden Monats und bei anderen Steuerpflichtigen bis zum 10. Tag des auf den Ablauf des Kalenderjahres folgenden Monats zu erfolgen.

(5) Die Absätze 1 bis 4 sind nicht anzuwenden, wenn

1. die Kapitalerträge im Sinne des § 43 Absatz 1 Satz 1 Nummer 1 a und des Absatzes 1 Satz 4 im Veranlagungszeitraum nicht mehr als 20 000 Euro betragen oder
2. der Steuerpflichtige bei Zufluss der Kapitalerträge im Sinne des § 43 Absatz 1 Satz 1 Nummer 1 a und des Absatzes 1 Satz 4 seit mindestens einem Jahr ununterbrochen wirtschaftlicher Eigentümer der Aktien oder Genussscheine ist; Absatz 2 Satz 2 gilt entsprechend.

(6) ① Der Treuhänder und der Treugeber gelten für die Zwecke der vorstehenden Absätze als eine Person, wenn Kapitalerträge im Sinne des § 43 Absatz 1 Satz 1 Nummer 1 a und des Absatzes 1 Satz 4 einem Treuhandvermögen zuzurechnen sind, welches ausschließlich der Erfüllung von Altersvorsorgeverpflichtungen dient und dem Zugriff übriger Gläubiger entzogen ist. ② Entsprechendes gilt für Versicherungsunternehmen und Versicherungsnehmer im Rahmen von fondsgebundenen Lebensversicherungen, wenn die Leistungen aus dem Vertrag an den Wert eines internen Fonds im Sinne des § 124 Absatz 2 Satz 2 Nummer 1 des Versicherungsaufsichtsgesetzes gebunden sind.

(7) § 42 der Abgabenordnung bleibt unberührt.

§ 37 Einkommensteuer-Vorauszahlung

(1) ① Der Steuerpflichtige hat am 10. März, 10. Juni, 10. September und 10. Dezember Vorauszahlungen auf die Einkommensteuer zu entrichten, die er für den laufenden Veranlagungszeitraum voraussichtlich schulden wird. ② Die Einkommensteuer-Vorauszahlung entsteht jeweils mit Beginn des Kalendervierteljahres, in dem die Vorauszahlungen zu entrichten sind, oder, wenn die Steuerpflicht erst im Laufe des Kalendervierteljahres begründet wird, mit Begründung der Steuerpflicht.

(2) *(weggefallen)*

(3)[2] ① Das Finanzamt setzt die Vorauszahlungen durch Vorauszahlungsbescheid fest. ② Die Vorauszahlungen bemessen sich grundsätzlich nach der Einkommensteuer, die sich nach Anrechnung der Steuerabzugsbeträge (§ 36 Absatz 2 Nummer 2) bei der letzten Veranlagung ergeben hat. ③ Das Finanzamt kann bis zum Ablauf des auf den Veranlagungszeitraum folgenden 15. Kalendermonats die Vorauszahlungen an die Einkommensteuer anpassen, die sich für den Veranlagungszeitraum voraussichtlich ergeben wird; dieser Zeitraum verlängert sich auf 23 Monate, wenn die Einkünfte aus Land- und Forstwirtschaft bei der erstmaligen Steuerfestsetzung die anderen Einkünfte voraussichtlich überwiegen werden. ④ Bei der Anwendung der Sätze 2 und 3 bleiben Aufwendungen im Sinne des § 10 Absatz 1 Nummer 4, 5, 7 und 9 sowie Absatz 1 a, der §§ 10 b und 33 sowie die abziehbaren Beträge nach § 33 a, wenn die Aufwendungen und abziehbaren Beträge

[1] § 36 a Abs. 4 neu gef. mWv VZ 2019 durch JStG 2019 v. 12. 12. 2019 (BGBl. I S. 2451); zur Anwendung siehe § 52 Abs. 35 c Satz 2.

[2] § 37 Abs. 3 Satz 3 geänd. und Satz 4 Verweis geänd. durch StVereinfG 2011 v. 1. 11. 2011 (BGBl. I S. 2131). Abs. 3 Satz 4 Verweis geänd. durch ZollkodexAnpG v. 22. 12. 2014 (BGBl. I S. 2417). Abs. 3 Satz 10 geänd. mWv 15. 7. 2016 durch G v. 8. 7. 2016 (BGBl. I S. 1594). Abs. 3 Satz 10 erneut geänd. mWv 9. 8. 2019 durch MietwohnNeubauG v. 4. 8. 2019 (BGBl. I S. 1122).

insgesamt 600 Euro nicht übersteigen, außer Ansatz. ⑤ Die Steuerermäßigung nach § 34a bleibt außer Ansatz. ⑥ Bei der Anwendung der Sätze 2 und 3 bleibt der Sonderausgabenabzug nach § 10a Absatz 1 außer Ansatz. ⑦ Außer Ansatz bleiben bis zur Anschaffung oder Fertigstellung der Objekte im Sinne des § 10e Absatz 1 und 2 und § 10h auch die Aufwendungen, die nach § 10e Absatz 6 und § 10h Satz 3 wie Sonderausgaben abgezogen werden; Entsprechendes gilt auch für Aufwendungen, die nach § 10i für nach dem Eigenheimzulagengesetz begünstigte Objekte wie Sonderausgaben abgezogen werden. ⑧ Negative Einkünfte aus der Vermietung oder Verpachtung eines Gebäudes im Sinne des § 21 Absatz 1 Satz 1 Nummer 1 werden bei der Festsetzung der Vorauszahlungen nur für Kalenderjahre berücksichtigt, die nach der Anschaffung oder Fertigstellung dieses Gebäudes beginnen. ⑨ Wird ein Gebäude vor dem Kalenderjahr seiner Fertigstellung angeschafft, tritt an die Stelle der Anschaffung die Fertigstellung. ⑩ Satz 8 gilt nicht für negative Einkünfte aus der Vermietung oder Verpachtung eines Gebäudes, für das Sonderabschreibungen nach § 7b dieses Gesetzes oder erhöhte Absetzungen nach den §§ 14a, 14c oder 14d des Berlinförderungsgesetzes in Anspruch genommen werden. ⑪ Satz 8 gilt für negative Einkünfte aus der Vermietung oder Verpachtung eines anderen Vermögensgegenstands im Sinne des § 21 Absatz 1 Satz 1 Nummer 1 bis 3 entsprechend mit der Maßgabe, dass an die Stelle der Anschaffung oder Fertigstellung die Aufnahme der Nutzung durch den Steuerpflichtigen tritt. ⑫ In den Fällen des § 31, in denen die gebotene steuerliche Freistellung eines Einkommensbetrags in Höhe des Existenzminimums eines Kindes durch das Kindergeld nicht in vollem Umfang bewirkt wird, bleiben bei der Anwendung der Sätze 2 und 3 Freibeträge nach § 32 Absatz 6 und zu verrechnendes Kindergeld außer Ansatz.

(4) ① Bei einer nachträglichen Erhöhung der Vorauszahlungen ist die letzte Vorauszahlung für den Veranlagungszeitraum anzupassen. ② Der Erhöhungsbetrag ist innerhalb eines Monats nach Bekanntgabe des Vorauszahlungsbescheids zu entrichten.

(5) ① Vorauszahlungen sind nur festzusetzen, wenn sie mindestens 400 Euro im Kalenderjahr und mindestens 100 Euro für einen Vorauszahlungszeitpunkt betragen. ② Festgesetzte Vorauszahlungen sind nur zu erhöhen, wenn sich der Erhöhungsbetrag im Fall des Absatzes 3 Satz 2 bis 5 für einen Vorauszahlungszeitpunkt auf mindestens 100 Euro, im Fall des Absatzes 4 auf mindestens 5 000 Euro beläuft.

(6)[1] (aufgehoben)

§ 37a Pauschalierung der Einkommensteuer durch Dritte

(1)[2] ① Das Finanzamt kann auf Antrag zulassen, dass das Unternehmen, das Sachprämien im Sinne des § 3 Nummer 38 gewährt, die Einkommensteuer für den Teil der Prämien, der nicht steuerfrei ist, pauschal erhebt. ② Bemessungsgrundlage der pauschalen Einkommensteuer ist der gesamte Wert der Prämien, die den im Inland ansässigen Steuerpflichtigen zufließen. ③ Der Pauschsteuersatz beträgt 2,25 Prozent.

(2)[3] ① Auf die pauschale Einkommensteuer ist § 40 Absatz 3 und 4 sinngemäß anzuwenden. ② Das Unternehmen hat die Prämienempfänger von der Steuerübernahme zu unterrichten.

(3) ① Über den Antrag entscheidet das Betriebsstättenfinanzamt des Unternehmens (§ 41a Absatz 1 Satz 1 Nummer 1). ② Hat das Unternehmen mehrere Betriebsstättenfinanzämter, so ist das Finanzamt der Betriebsstätte zuständig, in der die für die pauschale Besteuerung maßgebenden Prämien ermittelt werden. ③ Die Genehmigung zur Pauschalierung wird mit Wirkung für die Zukunft erteilt und kann zeitlich befristet werden; sie erstreckt sich auf alle im Geltungszeitraum ausgeschütteten Prämien.

(4) Die pauschale Einkommensteuer gilt als Lohnsteuer und ist von dem Unternehmen in der Lohnsteuer-Anmeldung der Betriebsstätte im Sinne des Absatzes 3 anzumelden und spätestens am zehnten Tag nach Ablauf des für die Betriebsstätte maßgebenden Lohnsteuer-Anmeldungszeitraums an das Betriebsstättenfinanzamt abzuführen.

§ 37b Pauschalierung der Einkommensteuer bei Sachzuwendungen

(1) ① Steuerpflichtige können die Einkommensteuer einheitlich für alle innerhalb eines Wirtschaftsjahres gewährten

1. betrieblich veranlassten Zuwendungen, die zusätzlich zur ohnehin vereinbarten Leistung oder Gegenleistung erbracht werden, und
2. Geschenke im Sinne des § 4 Absatz 5 Satz 1 Nummer 1,

die nicht in Geld bestehen, mit einem Pauschsteuersatz von 30 Prozent erheben. ② Bemessungsgrundlage der pauschalen Einkommensteuer sind die Aufwendungen des Steuerpflichtigen einschließlich Umsatzsteuer; bei Zuwendungen an Arbeitnehmer verbundener Unternehmen ist Bemessungsgrundlage mindestens der sich nach § 8 Absatz 3 Satz 1 ergebende Wert. ③ Die Pauschalierung ist ausgeschlossen,

---

[1] § 37 Abs. 6 aufgeh. ab VZ 2020 durch JStG 2020 v. 21. 12. 2020 (BGBl. I S. 3096).
[2] § 37a Abs. 1 Satz 3 inhaltlich bestätigt durch G v. 5. 4. 2011 (BGBl. I S. 554).
[3] § 37a Abs. 2 Satz 1 geänd. durch JStG 2024 v. 2.12.2024 (BGBl. I Nr. 387); zur Anwendung siehe § 52 Abs. 37c Satz 3.

1. soweit die Aufwendungen je Empfänger und Wirtschaftsjahr oder
2. wenn die Aufwendungen für die einzelne Zuwendung

den Betrag von 10 000 Euro übersteigen.

(2)[1] ① Absatz 1 gilt auch für betrieblich veranlasste Zuwendungen an Arbeitnehmer des Steuerpflichtigen, soweit sie nicht in Geld bestehen und zusätzlich zum ohnehin geschuldeten Arbeitslohn erbracht werden. ② In den Fällen des § 8 Absatz 2 Satz 2 bis 10, Absatz 3, § 40 Absatz 2 sowie in Fällen, in denen Vermögensbeteiligungen überlassen werden, ist Absatz 1 nicht anzuwenden; Entsprechendes gilt, soweit die Zuwendungen nach § 40 Absatz 1 pauschaliert worden sind. ③ § 37 a Absatz 1 bleibt unberührt.

(3)[2] ① Die pauschal besteuerten Sachzuwendungen bleiben bei der Ermittlung der Einkünfte des Empfängers außer Ansatz. ② Auf die pauschale Einkommensteuer ist § 40 Absatz 3 und 4 sinngemäß anzuwenden. ③ Der Steuerpflichtige hat den Empfänger von der Steuerübernahme zu unterrichten.

(4) ① Die pauschale Einkommensteuer gilt als Lohnsteuer und ist von dem die Sachzuwendung gewährenden Steuerpflichtigen in der Lohnsteuer-Anmeldung der Betriebsstätte nach § 41 Absatz 2 anzumelden und spätestens am zehnten Tag nach Ablauf des für die Betriebsstätte maßgebenden Lohnsteuer-Anmeldungszeitraums an das Betriebsstättenfinanzamt abzuführen. ② Hat der Steuerpflichtige mehrere Betriebsstätten im Sinne des Satzes 1, so ist das Finanzamt der Betriebsstätte zuständig, in der die für die pauschale Besteuerung maßgebenden Sachbezüge ermittelt werden.

2. Steuerabzug vom Arbeitslohn (Lohnsteuer)

§ 38 Erhebung der Lohnsteuer

(1)[3] ① Bei Einkünften aus nichtselbständiger Arbeit wird die Einkommensteuer durch Abzug vom Arbeitslohn erhoben (Lohnsteuer), soweit der Arbeitslohn von einem Arbeitgeber gezahlt wird, der

1. im Inland einen Wohnsitz, seinen gewöhnlichen Aufenthalt, seine Geschäftsleitung, seinen Sitz, eine Betriebsstätte oder einen ständigen Vertreter im Sinne der §§ 8 bis 13 der Abgabenordnung hat (inländischer Arbeitgeber) oder
2. einem Dritten (Entleiher) Arbeitnehmer gewerbsmäßig zur Arbeitsleistung im Inland überlässt, ohne inländischer Arbeitgeber zu sein (ausländischer Verleiher).

② In den Fällen der internationalen Arbeitnehmerentsendung ist das nach Satz 1 Nummer 1 in Deutschland ansässige aufnehmende Unternehmen inländischer Arbeitgeber, wenn es den Arbeitslohn für die ihm geleistete Arbeit wirtschaftlich trägt oder nach dem Fremdvergleichsgrundsatz hätte tragen müssen; Voraussetzung hierfür ist nicht, dass das Unternehmen dem Arbeitnehmer den Arbeitslohn im eigenen Namen und für eigene Rechnung auszahlt. ③ Der Lohnsteuer unterliegt auch der im Rahmen des Dienstverhältnisses von einem Dritten gewährte Arbeitslohn, wenn der Arbeitgeber weiß oder erkennen kann, dass derartige Vergütungen erbracht werden; dies ist insbesondere anzunehmen, wenn Arbeitgeber und Dritter verbundene Unternehmen im Sinne von § 15 des Aktiengesetzes sind.

(2) ① Der Arbeitnehmer ist Schuldner der Lohnsteuer. ② Die Lohnsteuer entsteht in dem Zeitpunkt, in dem der Arbeitslohn dem Arbeitnehmer zufließt.

(3) ① Der Arbeitgeber hat die Lohnsteuer für Rechnung des Arbeitnehmers bei jeder Lohnzahlung vom Arbeitslohn einzubehalten. ② Bei juristischen Personen des öffentlichen Rechts hat die öffentliche Kasse, die den Arbeitslohn zahlt, die Pflichten des Arbeitgebers. ③ In den Fällen der nach § 7 f Absatz 1 Satz 1 Nummer 2 des Vierten Buches Sozialgesetzbuch an die Deutsche Rentenversicherung Bund übertragenen Wertguthaben hat die Deutsche Rentenversicherung Bund bei Inanspruchnahme des Wertguthabens die Pflichten des Arbeitgebers.

(3 a) ① Soweit sich aus einem Dienstverhältnis oder einem früheren Dienstverhältnis tarifvertragliche Ansprüche des Arbeitnehmers auf Arbeitslohn unmittelbar gegen einen Dritten mit Wohnsitz, Geschäftsleitung oder Sitz im Inland richten und von diesem durch die Zahlung von Geld erfüllt werden, hat der Dritte die Pflichten des Arbeitgebers. ② In anderen Fällen kann das Finanzamt zulassen, dass ein Dritter mit Wohnsitz, Geschäftsleitung oder Sitz im Inland die Pflichten des Arbeitgebers im eigenen Namen erfüllt. ③ Voraussetzung ist, dass der Dritte

1. sich hierzu gegenüber dem Arbeitgeber verpflichtet hat,
2. den Lohn auszahlt oder er nur Arbeitgeberpflichten für von ihm vermittelte Arbeitnehmer übernimmt und
3. die Steuererhebung nicht beeinträchtigt wird.

---

[1] § 37 b Abs. 2 Satz 2 geänd. mWv VZ 2014 durch UntStReisekÄndG v. 20. 2. 2013 (BGBl. I S. 285).
[2] § 37 b Abs. 3 Satz 2 geänd. durch JStG 2024 v. 2.12.2024 (BGBl. I Nr. 387); zur Anwendung siehe § 52 Abs. 37 c Satz 3.
[3] § 38 Abs. 1 Satz 2 Hs. 1 neu gef. mWv VZ 2020 durch JStG 2019 v. 12. 12. 2019 (BGBl. I S. 2451).

④ Die Zustimmung erteilt das Betriebsstättenfinanzamt des Dritten auf dessen Antrag im Einvernehmen mit dem Betriebsstättenfinanzamt des Arbeitgebers; sie darf mit Nebenbestimmungen versehen werden, die die ordnungsgemäße Steuererhebung sicherstellen und die Überprüfung des Lohnsteuerabzugs nach § 42f erleichtern sollen. ⑤ Die Zustimmung kann mit Wirkung für die Zukunft widerrufen werden. ⑥ In den Fällen der Sätze 1 und 2 sind die das Lohnsteuerverfahren betreffenden Vorschriften mit der Maßgabe anzuwenden, dass an die Stelle des Arbeitgebers der Dritte tritt; der Arbeitgeber ist von seinen Pflichten befreit, soweit der Dritte diese Pflichten erfüllt hat. ⑦ Erfüllt der Dritte die Pflichten des Arbeitgebers, kann er den Arbeitslohn, der einem Arbeitnehmer in demselben Lohnabrechnungszeitraum aus mehreren Dienstverhältnissen zufließt, für die Lohnsteuerermittlung und in der Lohnsteuerbescheinigung zusammenrechnen.

(4) ① Wenn der vom Arbeitgeber geschuldete Barlohn zur Deckung der Lohnsteuer nicht ausreicht, hat der Arbeitnehmer dem Arbeitgeber den Fehlbetrag zur Verfügung zu stellen oder der Arbeitgeber einen entsprechenden Teil der anderen Bezüge des Arbeitnehmers zurückzubehalten. ② Soweit der Arbeitnehmer seiner Verpflichtung nicht nachkommt und der Arbeitgeber den Fehlbetrag nicht durch Zurückbehaltung von anderen Bezügen des Arbeitnehmers aufbringen kann, hat der Arbeitgeber dies dem Betriebsstättenfinanzamt (§ 41 a Absatz 1 Satz 1 Nummer 1) anzuzeigen. ③ Der Arbeitnehmer hat dem Arbeitgeber die von einem Dritten gewährten Bezüge (Absatz 1 Satz 3) am Ende des jeweiligen Lohnzahlungszeitraums anzugeben; wenn der Arbeitnehmer keine Angabe oder eine erkennbar unrichtige Angabe macht, hat der Arbeitgeber dies dem Betriebsstättenfinanzamt anzuzeigen. ④ Das Finanzamt hat die zu wenig erhobene Lohnsteuer vom Arbeitnehmer nachzufordern.

§ 38a Höhe der Lohnsteuer

(1) ① Die Jahreslohnsteuer bemisst sich nach dem Arbeitslohn, den der Arbeitnehmer im Kalenderjahr bezieht (Jahresarbeitslohn). ② Laufender Arbeitslohn gilt in dem Kalenderjahr als bezogen, in dem der Lohnzahlungszeitraum endet; in den Fällen des § 39b Absatz 5 Satz 1 tritt der Lohnabrechnungszeitraum an die Stelle des Lohnzahlungszeitraums. ③ Arbeitslohn, der nicht als laufender Arbeitslohn gezahlt wird (sonstige Bezüge), wird in dem Kalenderjahr bezogen, in dem er dem Arbeitnehmer zufließt.

(2) Die Jahreslohnsteuer wird nach dem Jahresarbeitslohn so bemessen, dass sie der Einkommensteuer entspricht, die der Arbeitnehmer schuldet, wenn er ausschließlich Einkünfte aus nichtselbständiger Arbeit erzielt.

(3) ① Vom laufenden Arbeitslohn wird die Lohnsteuer jeweils mit dem auf den Lohnzahlungszeitraum fallenden Teilbetrag der Jahreslohnsteuer erhoben, die sich bei Umrechnung des laufenden Arbeitslohns auf einen Jahresarbeitslohn ergibt. ② Von sonstigen Bezügen wird die Lohnsteuer mit dem Betrag erhoben, der zusammen mit der Lohnsteuer für den laufenden Arbeitslohn des Kalenderjahres und für etwa im Kalenderjahr bereits gezahlte sonstige Bezüge die voraussichtliche Jahreslohnsteuer ergibt.

(4)[1] Bei der Ermittlung der Lohnsteuer werden die Besteuerungsgrundlagen des Einzelfalls durch die Einreihung der Arbeitnehmer in Steuerklassen (§ 38b), Feststellung von Freibeträgen und Hinzurechnungsbeträgen (§ 39a) sowie Bereitstellung von elektronischen Lohnsteuerabzugsmerkmalen (§ 39e) oder Ausstellung von entsprechenden Bescheinigungen für den Lohnsteuerabzug (§ 39 Absatz 3 und § 39e Absatz 7 und 8) berücksichtigt.

§ 38b[2] Lohnsteuerklassen, Zahl der Kinderfreibeträge

(1)[3] ① Für die Durchführung des Lohnsteuerabzugs werden Arbeitnehmer in Steuerklassen eingereiht. ② Dabei gilt Folgendes:

1.[4] In die Steuerklasse I gehören Arbeitnehmer, die
   a) unbeschränkt einkommensteuerpflichtig und
      aa) ledig sind,
      bb) verheiratet, verwitwet oder geschieden sind und bei denen die Voraussetzungen für die Steuerklasse III oder IV nicht erfüllt sind; oder
   b) beschränkt einkommensteuerpflichtig sind;
2.[5] in die Steuerklasse II gehören die unter Nummer 1 Buchstabe a bezeichneten Arbeitnehmer, wenn bei ihnen der Entlastungsbetrag für Alleinerziehende (§ 24b) zu berücksichtigen ist;
3.[6] in die Steuerklasse III gehören Arbeitnehmer,
   a) die verheiratet sind, wenn beide Ehegatten unbeschränkt einkommensteuerpflichtig sind und nicht dauernd getrennt leben und der Ehegatte des Arbeitnehmers auf Antrag beider Ehegatten in die Steuerklasse V eingereiht wird,

---

[1] § 38a Abs. 4 geänd. mWv VZ 2012 durch BeitrRLUmsG v. 7. 12. 2011 (BGBl. I S. 2592).
[2] § 38b Überschrift neu gef. mWv VZ 2012 durch BeitrRLUmsG v. 7. 12. 2011 (BGBl. I S. 2592).
[3] § 38b Abs. 1 Satz 1 geänd. mWv VZ 2012 durch BeitrRLUmsG v. 7. 12. 2011 (BGBl. I S. 2592).
[4] § 38b Abs. 1 Satz 2 Nr. 1 geänd. mWv VZ 2012 durch BeitrRLUmsG v. 7. 12. 2011 (BGBl. I S. 2592).
[5] § 38b Abs. 1 Satz 2 Nr. 2 geänd. mWv VZ 2012 durch BeitrRLUmsG v. 7. 12. 2011 (BGBl. I S. 2592).
[6] § 38b Abs. 1 Satz 2 Nr. 3 Buchst. a geänd. mWv VZ 2018 durch StUmgBG v. 23. 6. 2017 (BGBl. I S. 1682).

b) die verwitwet sind, wenn sie und ihr verstorbener Ehegatte im Zeitpunkt seines Todes unbeschränkt einkommensteuerpflichtig waren und in diesem Zeitpunkt nicht dauernd getrennt gelebt haben, für das Kalenderjahr, das dem Kalenderjahr folgt, in dem der Ehegatte verstorben ist,

c) deren Ehe aufgelöst worden ist, wenn

aa) im Kalenderjahr der Auflösung der Ehe beide Ehegatten unbeschränkt einkommensteuerpflichtig waren und nicht dauernd getrennt gelebt haben und

bb) der andere Ehegatte wieder geheiratet hat, von seinem neuen Ehegatten nicht dauernd getrennt lebt und er und sein neuer Ehegatte unbeschränkt einkommensteuerpflichtig sind,

für das Kalenderjahr, in dem die Ehe aufgelöst worden ist;

4.[1] in die Steuerklasse IV gehören Arbeitnehmer, die verheiratet sind, wenn beide Ehegatten unbeschränkt einkommensteuerpflichtig sind und nicht dauernd getrennt leben; dies gilt auch, wenn einer der Ehegatten keinen Arbeitslohn bezieht und kein Antrag nach Nummer 3 Buchstabe a gestellt worden ist;

5. in die Steuerklasse V gehören die unter Nummer 4 bezeichneten Arbeitnehmer, wenn der Ehegatte des Arbeitnehmers auf Antrag beider Ehegatten in die Steuerklasse III eingereiht wird;

6.[2] die Steuerklasse VI gilt bei Arbeitnehmern, die nebeneinander von mehreren Arbeitgebern Arbeitslohn beziehen, für die Einbehaltung der Lohnsteuer vom Arbeitslohn aus dem zweiten und einem weiteren Dienstverhältnis sowie in den Fällen des § 39c.

③ Als unbeschränkt einkommensteuerpflichtig im Sinne der Nummern 3 und 4 gelten nur Personen, die die Voraussetzungen des § 1 Absatz 1 oder 2 oder des § 1a erfüllen.

(2)[3] ① Für ein minderjähriges und nach § 1 Absatz 1 unbeschränkt einkommensteuerpflichtiges Kind im Sinne des § 32 Absatz 1 Nummer 1 und Absatz 3 werden bei der Anwendung der Steuerklassen I bis IV die Kinderfreibeträge als Lohnsteuerabzugsmerkmal nach § 39 Absatz 1 wie folgt berücksichtigt:

1. mit Zähler 0,5, wenn dem Arbeitnehmer der Kinderfreibetrag nach § 32 Absatz 6 Satz 1 zusteht, oder
2. mit Zähler 1, wenn dem Arbeitnehmer der Kinderfreibetrag zusteht, weil
   a) die Voraussetzungen des § 32 Absatz 6 Satz 2 vorliegen oder
   b) der andere Elternteil vor dem Beginn des Kalenderjahres verstorben ist oder
   c) der Arbeitnehmer allein das Kind angenommen hat.

② Soweit dem Arbeitnehmer Kinderfreibeträge nach § 32 Absatz 1 bis 6 zustehen, die nicht nach Satz 1 berücksichtigt werden, ist die Zahl der Kinderfreibeträge auf Antrag vorbehaltlich des § 39a Absatz 1 Nummer 6 zu Grunde zu legen. ③ In den Fällen des Satzes 2 können die Kinderfreibeträge für mehrere Jahre gelten, wenn nach den tatsächlichen Verhältnissen zu erwarten ist, dass die Voraussetzungen bestehen bleiben. ④ Bei Anwendung der Steuerklassen III und IV sind auch Kinder des Ehegatten bei der Zahl der Kinderfreibeträge zu berücksichtigen. ⑤ Der Antrag kann nur nach amtlich vorgeschriebenem Vordruck gestellt werden.

(3)[4] ① Auf Antrag des Arbeitnehmers kann abweichend von Absatz 1 oder 2 eine für ihn ungünstigere Steuerklasse oder geringere Zahl der Kinderfreibeträge als Lohnsteuerabzugsmerkmal gebildet werden. ② Der Wechsel von der Steuerklasse III oder V in die Steuerklasse IV ist auch auf Antrag nur eines Ehegatten möglich mit der Folge, dass beide Ehegatten in die Steuerklasse IV eingereiht werden. ③ Diese Anträge sind nach amtlich vorgeschriebenem Vordruck zu stellen und vom Antragsteller eigenhändig zu unterschreiben.

§ 39[5] Lohnsteuerabzugsmerkmale

(1) ① Für die Durchführung des Lohnsteuerabzugs werden auf Veranlassung des Arbeitnehmers Lohnsteuerabzugsmerkmale gebildet (§ 39a Absatz 1 und 4, § 39e Absatz 1 in Verbindung mit § 39e Absatz 4 Satz 1 und nach § 39e Absatz 8). ② Soweit Lohnsteuerabzugsmerkmale nicht nach § 39e Absatz 1 Satz 1 automatisiert gebildet werden oder davon abweichend zu bilden sind, ist das Finanzamt für die Bildung der Lohnsteuerabzugsmerkmale nach den §§ 38b und 39a und die Bestimmung ihrer Geltungsdauer zuständig. ③ Für die Bildung der Lohnsteuerabzugsmerkmale sind die von den Meldebehörden nach § 39e Absatz 2 Satz 2 mitgeteilten Daten vorbehaltlich einer nach Satz 2 abweichenden Bildung durch das Finanzamt bindend. ④ Die Bildung der Lohnsteuerabzugsmerkmale ist eine gesonderte Feststellung von Besteuerungsgrundlagen im Sinne des § 179 Absatz 1 der Abgabenordnung, die unter dem Vorbehalt der Nachprüfung steht. ⑤ Die Bildung und die Änderung der Lohnsteuerabzugsmerkmale sind dem Arbeitnehmer bekannt zu ge-

[1] § 38b Abs. 1 Satz 2 Nr. 4 geänd. mWv VZ 2018 durch StUmgBG v. 23. 6. 2017 (BGBl. I S. 1682).
[2] § 38b Abs. 1 Satz 2 Nr. 6 geänd. mWv VZ 2012 durch BeitrRLUmsG v. 7. 12. 2011 (BGBl. I S. 2592).
[3] § 38b Abs. 2 angef. mWv VZ 2012 durch BeitrRLUmsG v. 7. 12. 2011 (BGBl. I S. 2592).
[4] § 38b Abs. 3 angef. mWv VZ 2012 durch BeitrRLUmsG v. 7. 12. 2011 (BGBl. I S. 2592). Abs. 3 Satz 2 neugef. und Satz 3 angef. mWv VZ 2018 durch StUmgBG v. 23. 6. 2017 (BGBl. I S. 1682).
[5] § 39 neu gef. mWv VZ 2012 durch BeitrRLUmsG v. 7. 12. 2011 (BGBl. I S. 2592); zur Anwendung von Abs. 4 Nr. 4 und 5 siehe § 52 Abs. 36.

ben. ⑥ Die Bekanntgabe richtet sich nach § 119 Absatz 2 der Abgabenordnung und § 39 e Absatz 6. ⑦ Der Bekanntgabe braucht keine Belehrung über den zulässigen Rechtsbehelf beigefügt zu werden. ⑧ Ein schriftlicher Bescheid mit einer Belehrung über den zulässigen Rechtsbehelf ist jedoch zu erteilen, wenn einem Antrag des Arbeitnehmers auf Bildung oder Änderung der Lohnsteuerabzugsmerkmale nicht oder nicht in vollem Umfang entsprochen wird oder der Arbeitnehmer die Erteilung eines Bescheids beantragt. ⑨ Vorbehaltlich des Absatzes 5 ist § 153 Absatz 2 der Abgabenordnung nicht anzuwenden.

(2) ① Für die Bildung und die Änderung der Lohnsteuerabzugsmerkmale nach Absatz 1 Satz 2 des nach § 1 Absatz 1 unbeschränkt einkommensteuerpflichtigen Arbeitnehmers ist das Wohnsitzfinanzamt im Sinne des § 19 Absatz 1 Satz 1 und 2 der Abgabenordnung und in den Fällen des Absatzes 4 Nummer 5 das Betriebsstättenfinanzamt nach § 41 a Absatz 1 Satz 1 Nummer 1 zuständig. ② Ist der Arbeitnehmer nach § 1 Absatz 2 unbeschränkt einkommensteuerpflichtig, nach § 1 Absatz 3 als unbeschränkt einkommensteuerpflichtig zu behandeln oder beschränkt einkommensteuerpflichtig, ist das Betriebsstättenfinanzamt für die Bildung und die Änderung der Lohnsteuerabzugsmerkmale zuständig. ③ Ist der nach § 1 Absatz 3 als unbeschränkt einkommensteuerpflichtig zu behandelnde Arbeitnehmer gleichzeitig bei mehreren inländischen Arbeitgebern tätig, ist für die Bildung der weiteren Lohnsteuerabzugsmerkmale das Betriebsstättenfinanzamt zuständig, das erstmals Lohnsteuerabzugsmerkmale gebildet hat. ④ Bei Ehegatten, die beide Arbeitslohn von inländischen Arbeitgebern beziehen, ist das Betriebsstättenfinanzamt des älteren Ehegatten zuständig.

(3)[1] ① In den Fällen des Absatzes 2 Satz 1 hat der Arbeitnehmer den Antrag für die erstmalige Zuteilung einer Identifikationsnummer (§ 139 b der Abgabenordnung) beim Wohnsitzfinanzamt und in den Fällen des Absatzes 2 Satz 2 beim Betriebsstättenfinanzamt zu stellen. ② Die Zuteilung einer Identifikationsnummer kann auch der Arbeitgeber beantragen, wenn ihn der Arbeitnehmer dazu nach § 80 Absatz 1 der Abgabenordnung bevollmächtigt hat. ③ Ist dem Arbeitnehmer in den Fällen des Absatzes 2 Satz 1 und 2 bereits eine Identifikationsnummer zugeteilt worden, teilt das zuständige Finanzamt diese auf Anfrage des Arbeitnehmers mit. ④ Eine Anfrage nach Satz 3 kann auch der Arbeitgeber im Namen des Arbeitnehmers stellen. ⑤ Wird einem Arbeitnehmer in den Fällen des Satzes 1 keine Identifikationsnummer zugeteilt, gilt § 39 e Absatz 8 sinngemäß. ⑥ Hat der Arbeitgeber für den Arbeitnehmer für das Jahr 2022 eine Lohnsteuerbescheinigung übermittelt und versichert der Arbeitgeber, dass das Dienstverhältnis nach Ablauf des Jahres 2022 fortbestanden und der Arbeitnehmer trotz Aufforderung pflichtwidrig seine Identifikationsnummer bisher nicht mitgeteilt hat, teilt das zuständige Finanzamt die Identifikationsnummer des Arbeitnehmers auf Anfrage des Arbeitgebers mit.

(4)[2] Lohnsteuerabzugsmerkmale sind

1. Steuerklasse (§ 38 b Absatz 1) und Faktor (§ 39 f),
2. Zahl der Kinderfreibeträge bei den Steuerklassen I bis IV (§ 38 b Absatz 2),
3. Freibetrag und Hinzurechnungsbetrag (§ 39 a),
4. *Höhe der Beiträge für eine private Krankenversicherung und für eine private Pflege-Pflichtversicherung (§ 39 b Absatz 2 Satz 5 Nummer 3 Buchstabe d) für die Dauer von zwölf Monaten, wenn der Arbeitnehmer dies beantragt,*

[Fassung ab 1. 1. 2026:

4. Höhe der monatlichen Beiträge
   a) für eine private Krankenversicherung und für eine private Pflege-Pflichtversicherung, wenn die Voraussetzungen für die Gewährung eines nach § 3 Nummer 62 steuerfreien Zuschusses für diese Beiträge vorliegen,
   b) für eine private Krankenversicherung und für eine private Pflege-Pflichtversicherung im Sinne des § 10 Absatz 1 Nummer 3 Satz 1,]
5. Mitteilung, dass der von einem Arbeitgeber gezahlte Arbeitslohn nach einem Abkommen zur Vermeidung der Doppelbesteuerung von der Lohnsteuer freizustellen ist, wenn der Arbeitnehmer oder der Arbeitgeber dies beantragt.

[Fassung ab 1. 1. 2026:

(4 a)[3] ① Das Versicherungsunternehmen als mitteilungspflichtige Stelle hat dem Bundeszentralamt für Steuern nach Maßgabe des § 93 c der Abgabenordnung die in Absatz 4 Nummer 4 genannten Beiträge unter Angabe der Vertrags- oder der Versicherungsdaten zu übermitteln, soweit

---

[1] § 39 Abs. 3 neu gef. mWv VZ 2020 durch JStG 2019 v. 12. 12. 2019 (BGBl. I S. 2451). Abs. 3 Sätze 1 und 3 neu gef. mWv 1. 1. 2021 durch JStG 2020 v. 21. 12. 2020 (BGBl. I S. 3096). Satz 6 angef. mWv 1.1.2024 durch WachstumschancenG v. 27.3.2024 (BGBl. I Nr. 108).

[2] § 39 Abs. 4 Nr. 4 neu gef. grds. **mWv 1. 1. 2026,** im Rahmen eines Pilotprojekts bereits mWv 1. 1. 2023 durch JStG 2020 v. 21. 12. 2020 (BGBl. I S. 3096, BGBl. I Nr. 411); zur Anwendung siehe § 52 Abs. 36 Sätze 3 und 4. Abs. 4 Nr. 4 Buchst. b geänd. durch JStG 2022 v. 16. 12. 2022 (BGBl. I S. 2294); zur Anwendung siehe § 52 Abs. 36 Satz 3.

[3] § 39 Abs. 4 a eingef. grds. **mWv 1. 1. 2026,** im Rahmen eines Pilotprojekts bereits mWv 1. 1. 2023 durch G v. 21. 12. 2020 (BGBl. I S. 3096, BGBl. I Nr. 411); Abs. 4 a Satz 1 2. HS angef. durch JStG 2022 v. 16. 12. 2022 (BGBl. I S. 2294); zur Anwendung siehe § 52 Abs. 36 Sätze 3 und 4.

der Versicherungsnehmer dieser Übermittlung nicht gegenüber dem Versicherungsunternehmen widerspricht; das Bundeszentralamt für Steuern bildet aus den automatisiert übermittelten Daten die entsprechenden Lohnsteuerabzugsmerkmale. ② Abweichend von § 93 c Absatz 1 Nummer 1 der Abgabenordnung sind die Daten bis zum 20. November des Vorjahres, für das die Beiträge maßgeblich sind, zu übermitteln. ③ Bei unterjährigen Beitragsänderungen sind die Daten dem Bundeszentralamt für Steuern zeitgleich mit der Mitteilung der Beitragsänderung an den Versicherungsnehmer zu übermitteln. ④ Ändern sich die nach Satz 2 übermittelten Daten infolge von Beitragsvorausleistungen, sind die geänderten Daten bis zum letzten Tag des Monats Februar des laufenden Jahres dem Bundeszentralamt für Steuern zu übermitteln.]

(5) ① Treten bei einem Arbeitnehmer die Voraussetzungen für eine für ihn ungünstigere Steuerklasse oder geringere Zahl der Kinderfreibeträge ein, ist der Arbeitnehmer verpflichtet, dem Finanzamt dies mitzuteilen und die Steuerklasse und die Zahl der Kinderfreibeträge umgehend ändern zu lassen. ② Dies gilt insbesondere, wenn die Voraussetzungen für die Berücksichtigung des Entlastungsbetrags für Alleinerziehende, für die die Steuerklasse II zur Anwendung kommt, entfallen. ③ Eine Mitteilung ist nicht erforderlich, wenn die Abweichung einen Sachverhalt betrifft, der zu einer Änderung der Daten führt, die nach § 39 e Absatz 2 Satz 2 von den Meldebehörden zu übermitteln sind. ④ Kommt der Arbeitnehmer seiner Verpflichtung nicht nach, ändert das Finanzamt die Steuerklasse und die Zahl der Kinderfreibeträge von Amts wegen. ⑤ Unterbleibt die Änderung der Lohnsteuerabzugsmerkmale, hat das Finanzamt zu wenig erhobene Lohnsteuer vom Arbeitnehmer nachzufordern, wenn diese 10 Euro übersteigt.

(6)[1] ① Ändern sich die Voraussetzungen für die Steuerklasse oder für die Zahl der Kinderfreibeträge zu Gunsten des Arbeitnehmers, kann dieser beim Finanzamt die Änderung der Lohnsteuerabzugsmerkmale beantragen. ② Die Änderung ist mit Wirkung von dem ersten Tag des Monats an vorzunehmen, in dem erstmals die Voraussetzungen für die Änderung vorlagen. ③ Ehegatten können im Laufe des Kalenderjahres beim Finanzamt die Änderung der Steuerklassen beantragen. ④ Dies gilt unabhängig von der automatisierten Bildung der Steuerklassen nach § 39 e Absatz 3 Satz 3 sowie einer von den Ehegatten gewünschten Änderung dieser automatisierten Bildung. ⑤ Das Finanzamt hat eine Änderung nach Satz 3 mit Wirkung vom Beginn des Kalendermonats vorzunehmen, der auf die Antragstellung folgt. ⑥ Für eine Berücksichtigung der Änderung im laufenden Kalenderjahr ist der Antrag nach Satz 1 oder 3 spätestens bis zum 30. November zu stellen.

(7) ① Wird ein unbeschränkt einkommensteuerpflichtiger Arbeitnehmer beschränkt einkommensteuerpflichtig, hat er dies dem Finanzamt unverzüglich mitzuteilen. ② Das Finanzamt hat die Lohnsteuerabzugsmerkmale vom Zeitpunkt des Eintritts der beschränkten Einkommensteuerpflicht an zu ändern. ③ Absatz 1 Satz 5 bis 8 gilt entsprechend. ④ Unterbleibt die Mitteilung, hat das Finanzamt zu wenig erhobene Lohnsteuer vom Arbeitnehmer nachzufordern, wenn diese 10 Euro übersteigt.

(8)[2] Ohne Einwilligung des Arbeitnehmers und soweit gesetzlich nichts anderes zugelassen ist, darf der Arbeitgeber die Lohnsteuerabzugsmerkmale nur für die Einbehaltung der Lohn- und Kirchensteuer verarbeiten.

(9)[3] *(aufgehoben)*

§ 39 a Freibetrag und Hinzurechnungsbetrag

(1)[4] ① Auf Antrag des unbeschränkt einkommensteuerpflichtigen Arbeitnehmers ermittelt das Finanzamt die Höhe eines vom Arbeitslohn insgesamt abzuziehenden Freibetrags aus der Summe der folgenden Beträge:

1. Werbungskosten, die bei den Einkünften aus nichtselbständiger Arbeit anfallen, soweit sie den Arbeitnehmer-Pauschbetrag (§ 9 a Satz 1 Nummer 1 Buchstabe a) oder bei Versorgungsbezügen den Pauschbetrag (§ 9 a Satz 1 Nummer 1 Buchstabe b) übersteigen,

[ab 1. 1. 2026:

1 a.[5] Sonderausgaben im Sinne des § 10 Absatz 1 Nummer 3 Satz 1 unter den Voraussetzungen des § 10 Absatz 2, wenn die Beiträge an Versicherungsunternehmen oder Sozialversicherungsträger geleistet werden, die ihren Sitz oder ihre Geschäftsleitung nicht im Inland haben,]

---

[1] § 39 Abs. 6 Satz 3 geänd. mWv VZ 2018 durch StUmgBG v. 23. 6. 2017 (BGBl. I S. 1682) und erneut geänd. mWv VZ 2020 durch 3. BüroEntlG v. 22. 11. 2019 (BGBl. I S. 1746).

[2] § 39 Abs. 8 neu gef. mWv VZ 2019 durch 2. DSAnpUG-EU v. 20. 11. 2019 (BGBl. I S. 1626).

[3] § 39 Abs. 9 aufgeh. mWv VZ 2019 durch 2. DSAnpUG-EU v. 20. 11. 2019 (BGBl. I S. 1626).

[4] § 39 a Abs. 1 Satzteil vor Nr. 1 geänd., Satz 2 angef. mWv VZ 2012 durch BeitrRLUmsG v. 7. 12. 2011 (BGBl. I S. 2592). Abs. 1 Satz 2 neu gef. und Sätze 3 bis 5 angef. durch AmtshilfeRLUmsG v. 26. 6. 2013 (BGBl. I S. 1809). Abs. 1 Sätze 1 und 3 geänd. durch G v. 16. 7. 2015 (BGBl. I S. 1202). Abs. 1 Satz 3 geänd. durch G v. 28. 7. 2015 (BGBl. I S. 1400); zur Anwendung siehe § 52 Abs. 37 (vgl. BMF-Schreiben v. 21. 5. 2015, BStBl. I S. 488). Abs. 1 Satz 3 geänd. durch JStG 2024 v. 2.12.2024 (BGBl. I Nr. 387).

[5] § 39 a Abs. 1 Satz 1 Nr. 1 a eingef. **mWv 1. 1. 2026** durch JStG 2020 v. 21. 12. 2020 (BGBl. I S. 3096, BGBl. I Nr. 411). Nr. 1 a geänd. **mWv 1. 1. 2026** durch JStG 2022 v. 16. 12. 2022 (BGBl. I S. 2294); zur Anwendung siehe § 52 Abs. 36 Satz 3.

2.[1] Sonderausgaben im Sinne des § 10 Absatz 1 Nummer 4, 5, 7 und 9 sowie Absatz 1a und des § 10b, soweit sie den Sonderausgaben-Pauschbetrag von 36 Euro übersteigen,

3. der Betrag, der nach den §§ 33, 33a und 33b Absatz 6 wegen außergewöhnlicher Belastungen zu gewähren ist,

4.[2] die Pauschbeträge für Menschen mit Behinderungen und Hinterbliebene (§ 33b Absatz 1 bis 5),

4a.[3] der Erhöhungsbetrag nach § 24b Absatz 2 Satz 2,

5.[4] die folgenden Beträge, wie sie nach § 37 Absatz 3 bei der Festsetzung von Einkommensteuer-Vorauszahlungen zu berücksichtigen sind:
   a) die Beträge, die nach § 10d Absatz 2, §§ 10e, 10f, 10g, 10h, 10i, nach § 15b des Berlinförderungsgesetzes abgezogen werden können,
   b) die negative Summe der Einkünfte im Sinne des § 2 Absatz 1 Satz 1 Nummer 1 bis 3, 6 und 7 und der negativen Einkünfte im Sinne des § 2 Absatz 1 Satz 1 Nummer 5,
   c) das Vierfache der Steuerermäßigung nach den §§ 34f, 35a und 35c,

6.[5] die Freibeträge nach § 32 Absatz 6 für jedes Kind im Sinne des § 32 Absatz 1 bis 4, für das kein Anspruch auf Kindergeld besteht. ② Soweit für diese Kinder Kinderfreibeträge nach § 38b Absatz 2 berücksichtigt worden sind, ist die Zahl der Kinderfreibeträge entsprechend zu vermindern. ③ Der Arbeitnehmer ist verpflichtet, den nach Satz 1 ermittelten Freibetrag ändern zu lassen, wenn für das Kind ein Kinderfreibetrag nach § 38b Absatz 2 berücksichtigt wird,

7.[6] ein Betrag für ein zweites oder ein weiteres Dienstverhältnis insgesamt bis zur Höhe der Summe aus dem Grundfreibetrag (§ 32a Absatz 1 Satz 2 Nummer 1), dem Arbeitnehmer-Pauschbetrag (§ 9a Satz 1 Nummer 1 Buchstabe a) und dem Sonderausgaben-Pauschbetrag (§ 10c Satz 1), wenn im ersten Dienstverhältnis die Steuerklasse I oder IV maßgeblich ist, sowie zusätzlich dem Entlastungsbetrag für Alleinerziehende (§ 24b Absatz 2 Satz 1), wenn im ersten Dienstverhältnis die Steuerklasse II maßgeblich ist; ist im ersten Dienstverhältnis die Steuerklasse III maßgeblich, sind der doppelte Grundfreibetrag, der Arbeitnehmer-Pauschbetrag und der Sonderausgaben-Pauschbetrag anzusetzen; ist im ersten Dienstverhältnis die Steuerklasse V maßgeblich, sind der Arbeitnehmer-Pauschbetrag und der Sonderausgaben-Pauschbetrag anzusetzen. ② Voraussetzung ist, dass
   a) der Jahresarbeitslohn aus dem ersten Dienstverhältnis geringer ist als der nach Satz 1 maßgebende Betrag und
   b) in Höhe des Betrags für ein zweites oder ein weiteres Dienstverhältnis zugleich für das erste Dienstverhältnis ein Betrag ermittelt wird, der dem Arbeitslohn hinzuzurechnen ist (Hinzurechnungsbetrag).

   ③ Soll für das erste Dienstverhältnis auch ein Freibetrag nach den Nummern 1 bis 6, 8 und 9 ermittelt werden, ist nur der diesen Freibetrag übersteigende Betrag als Hinzurechnungsbetrag zu berücksichtigen. ④ Ist der Freibetrag höher als der Hinzurechnungsbetrag, ist nur der den Hinzurechnungsbetrag übersteigende Freibetrag zu berücksichtigen,

8.[7] der Entlastungsbetrag für Alleinerziehende (§ 24b) bei Verwitweten, die nicht in Steuerklasse II gehören,

9.[8] der anteilige Entlastungsbetrag für Alleinerziehende (§ 24b Absatz 4) bei dauerndem Getrenntleben der Ehegatten, ab dem Monat der Trennung bis zum Ende des Kalenderjahres und soweit die übrigen Voraussetzungen des § 24b erfüllt sind.

② Der insgesamt abzuziehende Freibetrag und der Hinzurechnungsbetrag gelten mit Ausnahme von Satz 1 Nummer 4 und vorbehaltlich der Sätze 3 bis 5 für die gesamte Dauer eines Kalenderjahres. ③ Die Summe der nach Satz 1 Nummer 1 bis 3 sowie 4a bis 9 ermittelten Beträge wird längstens für einen Zeitraum von zwei Kalenderjahren ab Beginn des Kalenderjahres, für das der Freibetrag erstmals gilt oder geändert wird, berücksichtigt. ④ Der Arbeitnehmer kann eine Änderung des Freibetrags innerhalb dieses Zeitraums beantragen, wenn sich die Verhältnisse zu seinen Gunsten ändern. ⑤ Ändern sich die Verhältnisse zu seinen Ungunsten, ist er verpflichtet, dies dem Finanzamt umgehend anzuzeigen.

---

[1] § 39a Abs. 1 Nr. 2 geänd. mWv VZ 2012 durch StVereinfG 2011 v. 1. 11. 2011 (BGBl. I S. 2131). Abs. 1 Satz 1 Nr. 2 Verweis geänd. durch ZollkodexAnpG v. 22. 12. 2014 (BGBl. I S. 2417).

[2] § 39a Abs. 1 Satz 1 Nr. 4 geänd. durch G v. 9. 12. 2020 (BGBl. I S. 2770).

[3] § 39a Abs. 1 Satz 1 Nr. 4a eingef. mWv 1. 1. 2015 durch G v. 16. 7. 2015 (BGBl. I S. 1202); Abs. 1 Satz 1 Nr. 4a geänd. mWv 1. 1. 2020 durch CoronaStHG II v. 29. 6. 2020 (BGBl. I S. 1512) und geänd. mWv 1. 1. 2022 durch JStG 2020 v. 21. 12. 2020 (BGBl. I S. 3096).

[4] § 39a Abs. 1 Satz 1 Nr. 5 Buchst. a geänd. mWv 15. 7. 2016 durch G v. 8. 7. 2016 (BGBl. I S. 1594). Abs. 1 Satz 1 Nr. 5 Buchst. c geänd. mWv VZ 2020 durch KlimaSG v. 21. 12. 2019 (BGBl. I S. 2886).

[5] § 39a Abs. 1 Nr. 6 Satz 2 geänd., Nr. 6 Satz 3 angef. mWv VZ 2012 durch BeitrRLUmsG v. 7. 12. 2011 (BGBl. I S. 2592).

[6] § 39a Abs. 1 Nr. 7 neu gef. mWv VZ 2012 durch BeitrRLUmsG v. 7. 12. 2011 (BGBl. I S. 2592). Abs. 1 Satz 1 Nr. 7 Satz 1 neu gef. und Abs. 1 Satz 1 Nr. 7 Satz 2 Buchst. a geänd. mWv VZ 2023 durch InflAusG v. 8. 12. 2022 (BGBl. I S. 2230). Abs. 1 Satz 1 Nr. 7 Satz 3 geänd. mWv 1.1.2024 durch JStG 2024 v. 2.12.2024 (BGBl. I Nr. 387).

[7] § 39a Abs. 1 Satz 1 Nr. 8 geänd. mWv 1.1.2024 durch JStG 2024 v. 2.12.2024 (BGBl. I Nr. 387).

[8] § 39a Abs. 1 Satz 1 Nr. 9 angef. mWv 1.1.2024 durch JStG 2024 v. 2.12.2024 (BGBl. I Nr. 387).

(2)[1] ① Der Antrag nach Absatz 1 ist nach amtlich vorgeschriebenem Vordruck zu stellen und vom Arbeitnehmer eigenhändig zu unterschreiben. ② Die Frist für die Antragstellung beginnt am 1. November des Vorjahres, für das der Freibetrag gelten soll. ③ Sie endet am 30. November des Kalenderjahres, in dem der Freibetrag gilt. ④ Der Antrag ist hinsichtlich eines Freibetrags aus der Summe der nach Absatz 1 Satz 1 Nummer 1 bis 3, 8 und 9 in Betracht kommenden Aufwendungen und Beträge unzulässig, wenn die Aufwendungen im Sinne des § 9, soweit sie den Arbeitnehmer-Pauschbetrag übersteigen, die Aufwendungen *im Sinne des § 10 Absatz 1 Nummer 4, 5, 7 und 9* [***ab 1. 1. 2026:*** im Sinne des § 10 Absatz 1 Nummer 3 Satz 1, Nummer 4, 5, 7 und 9] sowie die abziehbaren Beträge nach den §§ 24b, 33a und 33b Absatz 6 insgesamt 600 Euro nicht übersteigen. ⑤ Das Finanzamt kann auf nähere Angaben des Arbeitnehmers verzichten, wenn er

1. höchstens den Freibetrag beantragt, der für das vorangegangene Kalenderjahr ermittelt wurde, und
2. versichert, dass sich die maßgebenden Verhältnisse nicht wesentlich geändert haben.

⑥ Das Finanzamt hat den Freibetrag durch Aufteilung in Monatsfreibeträge, falls erforderlich in Wochen- und Tagesfreibeträge, jeweils auf die der Antragstellung folgenden Monate des Kalenderjahres gleichmäßig zu verteilen. ⑦ Abweichend hiervon darf ein Freibetrag, der im Monat Januar eines Kalenderjahres beantragt wird, mit Wirkung vom 1. Januar dieses Kalenderjahres an berücksichtigt werden. ⑧ Ist der Arbeitnehmer beschränkt einkommensteuerpflichtig, hat das Finanzamt den nach Absatz 4 ermittelten Freibetrag durch Aufteilung in Monatsbeträge, falls erforderlich in Wochen- und Tagesbeträge, jeweils auf die voraussichtliche Dauer des Dienstverhältnisses im Kalenderjahr gleichmäßig zu verteilen. ⑨ Die Sätze 5 bis 8 gelten für den Hinzurechnungsbetrag nach Absatz 1 Satz 1 Nummer 7 entsprechend.

(3)[2] ① Für Ehegatten, die beide unbeschränkt einkommensteuerpflichtig sind und nicht dauernd getrennt leben, ist jeweils die Summe der nach Absatz 1 Satz 1 Nummer 2 bis 4 und 5 in Betracht kommenden Beträge gemeinsam zu ermitteln; der in Absatz 1 Satz 1 Nummer 2 genannte Betrag ist zu verdoppeln. ② Für die Anwendung des Absatzes 2 Satz 4 ist die Summe der für beide Ehegatten in Betracht kommenden Aufwendungen im Sinne des § 9, soweit sie jeweils den Arbeitnehmer-Pauschbetrag übersteigen, und der Aufwendungen *im Sinne des § 10 Absatz 1 Nummer 4, 5, 7 und 9* [***ab 1. 1. 2026:*** im Sinne des § 10 Absatz 1 Nummer 3 Satz 1, Nummer 4, 5, 7 und 9] sowie der abziehbaren Beträge nach den §§ 24b, 33a und 33b Absatz 6 maßgebend. ③ Die nach Satz 1 ermittelte Summe ist je zur Hälfte auf die Ehegatten aufzuteilen, wenn für jeden Ehegatten Lohnsteuerabzugsmerkmale gebildet werden und die Ehegatten keine andere Aufteilung beantragen. ④ Für eine andere Aufteilung gilt Absatz 1 Satz 2 entsprechend. ⑤ Für einen Arbeitnehmer, dessen Ehe in dem Kalenderjahr, für das der Freibetrag gilt, aufgelöst worden ist und dessen bisheriger Ehegatte in demselben Kalenderjahr wieder geheiratet hat, sind die nach Absatz 1 in Betracht kommenden Beträge ausschließlich auf Grund der in seiner Person erfüllten Voraussetzungen zu ermitteln. ⑥ Satz 1 zweiter Halbsatz ist auch anzuwenden, wenn die tarifliche Einkommensteuer nach § 32a Absatz 6 zu ermitteln ist.

(4)[3] ① Für einen beschränkt einkommensteuerpflichtigen Arbeitnehmer, für den § 50 Absatz 1 Satz 5 anzuwenden ist, ermittelt das Finanzamt auf Antrag einen Freibetrag, der vom Arbeitslohn insgesamt abzuziehen ist, aus der Summe der folgenden Beträge:

1. Werbungskosten, die bei den Einkünften aus nichtselbständiger Arbeit anfallen, soweit sie den Arbeitnehmer-Pauschbetrag (§ 9a Satz 1 Nummer 1 Buchstabe a) oder bei Versorgungsbezügen den Pauschbetrag (§ 9a Satz 1 Nummer 1 Buchstabe b) übersteigen,

[ab 1. 1. 2026:

1a.[4] Sonderausgaben im Sinne des § 10 Absatz 1 Nummer 3 Satz 1 unter den Voraussetzungen des § 10 Absatz 2, wenn die Beiträge an Versicherungsunternehmen oder Sozialversicherungsträger geleistet werden, die ihren Sitz oder ihre Geschäftsleitung nicht im Inland haben,**]**

2. Sonderausgaben im Sinne des § 10b, soweit sie den Sonderausgaben-Pauschbetrag (§ 10c) übersteigen, und die wie Sonderausgaben abziehbaren Beträge nach § 10e oder § 10i, jedoch

---

[1] § 39a Abs. 2 Satz 4 geänd. durch StVereinfG 2011 v. 1. 11. 2011 (BGBl. I S. 2131). Abs. 2 Sätze 1 bis 3 neu gef., Satz 4 geänd., Sätze 5 bis 8 neu gef. und Satz 9 angef. mWv VZ 2012 durch BeitrRLUmsG v. 7. 12. 2011 (BGBl. I S. 2592). Abs. 2 Satz 4 Verweis geänd. durch ZollkodexAnpG v. 22. 12. 2014 (BGBl. I S. 2417). Abs. 2 Satz 4 geänd. **mWv 1. 1. 2026** durch JStG 2020 v. 21. 12. 2020 (BGBl. I S. 3096, BGBl. I Nr. 411). Abs. 2 Satz 4 geänd. **mWv 1. 1. 2026** durch JStG 2022 v. 16. 12. 2022 (BGBl. I S. 2294); zur Anwendung siehe § 52 Abs. 36 Satz 3. Abs. 2 Sätze 2 und 4 geänd. durch JStG 2024 v. 2.12.2024 (BGBl. I Nr. 387).

[2] § 39a Abs. 3 Satz 2 Verweise geänd. durch StVereinfG 2011 v. 1. 11. 2011 (BGBl. I S. 2131). Abs. 3 Sätze 1 und 3 geänd., neuer Satz 4 eingef., bish. Sätze 4 und 5 werden Sätze 5 und 6, neuer Satz 5 geänd. mWv VZ 2012 durch BeitrRLUmsG v. 7. 12. 2011 (BGBl. I S. 2592). Abs. 3 Satz 2 Verweis geänd. durch ZollkodexAnpG v. 22. 12. 2014 (BGBl. I S. 2417). Abs. 3 Satz 1 Verweis geänd. durch G v. 16. 7. 2015 (BGBl. I S. 1202). Abs. 3 Satz 2 Verweis geänd. **mWv 1. 1. 2026** durch JStG 2020 v. 21. 12. 2020 (BGBl. I S. 3096, BGBl. I Nr. 411). Abs. 3 Satz 2 geänd. **mWv 1. 1. 2026** durch JStG 2022 v. 16. 12. 2022 (BGBl. I S. 2294); zur Anwendung siehe § 52 Abs. 36 Satz 3.

[3] § 39a Abs. 4 neu gef. mWv VZ 2012 durch BeitrRLUmsG v. 7. 12. 2011 (BGBl. I S. 2592). Abs. 4 Satz 1 Zitat geänd. mWv 1. 1. 2020 durch JStG 2020 v. 21. 12. 2020 (BGBl. I S. 3096).

[4] § 39a Abs. 4 Satz 1 Nr. 1a eingef. **mWv 1. 1. 2026** durch JStG 2020 v. 21. 12. 2020 (BGBl. I S. 3096, BGBl. I Nr. 411). Nr. 1a geänd. **mWv 1. 1. 2026** durch JStG 2022 v. 16. 12. 2022 (BGBl. I S. 2294); zur Anwendung siehe § 52 Abs. 36 Satz 3.

erst nach Fertigstellung oder Anschaffung des begünstigten Objekts oder nach Fertigstellung der begünstigten Maßnahme,

3. den Freibetrag oder den Hinzurechnungsbetrag nach Absatz 1 Satz 1 Nummer 7.

② Der Antrag kann nur nach amtlich vorgeschriebenem Vordruck bis zum Ablauf des Kalenderjahres gestellt werden, für das die Lohnsteuerabzugsmerkmale gelten.

(5)[1] Ist zuwenig[2] Lohnsteuer erhoben worden, weil ein Freibetrag unzutreffend als Lohnsteuerabzugsmerkmal ermittelt worden ist, hat das Finanzamt den Fehlbetrag vom Arbeitnehmer nachzufordern, wenn er 10 Euro übersteigt.

§ 39 b[3] Einbehaltung der Lohnsteuer

(1)[4] Bei unbeschränkt und beschränkt einkommensteuerpflichtigen Arbeitnehmern hat der Arbeitgeber den Lohnsteuerabzug nach Maßgabe der Absätze 2 bis 6 durchzuführen.

(2)[5] ① Für die Einbehaltung der Lohnsteuer vom laufenden Arbeitslohn hat der Arbeitgeber die Höhe des laufenden Arbeitslohns im Lohnzahlungszeitraum festzustellen und auf einen Jahresarbeitslohn hochzurechnen. ② Der Arbeitslohn eines monatlichen Lohnzahlungszeitraums ist mit zwölf, der Arbeitslohn eines wöchentlichen Lohnzahlungszeitraums mit $^{360}/_{7}$ und der Arbeitslohn eines täglichen Lohnzahlungszeitraums mit 360 zu vervielfältigen. ③ Von dem hochgerechneten Jahresarbeitslohn sind ein etwaiger Versorgungsfreibetrag (§ 19 Absatz 2) und Altersentlastungsbetrag (§ 24 a) abzuziehen. ④ Außerdem ist der hochgerechnete Jahresarbeitslohn um einen etwaigen als Lohnsteuerabzugsmerkmal für den Lohnzahlungszeitraum mitgeteilten Freibetrag (§ 39 a Absatz 1) oder Hinzurechnungsbetrag (§ 39 a Absatz 1 Satz 1 Nummer 7), vervielfältigt unter sinngemäßer Anwendung von Satz 2, zu vermindern oder zu erhöhen. ⑤ Der so verminderte oder erhöhte hochgerechnete Jahresarbeitslohn, vermindert um

1. den Arbeitnehmer-Pauschbetrag (§ 9 a Satz 1 Nummer 1 Buchstabe a) oder bei Versorgungsbezügen den Pauschbetrag (§ 9 a Satz 1 Nummer 1 Buchstabe b) und den Zuschlag zum Versorgungsfreibetrag (§ 19 Absatz 2) in den Steuerklassen I bis V,
2. den Sonderausgaben-Pauschbetrag (§ 10 c Satz 1) in den Steuerklassen I bis V,
3.[6] eine Vorsorgepauschale aus den Teilbeträgen
   a) für die Rentenversicherung bei Arbeitnehmern, die in der gesetzlichen Rentenversicherung pflichtversichert oder von der gesetzlichen Rentenversicherung nach § 6 Absatz 1 Nummer 1 des Sechsten Buches Sozialgesetzbuch befreit sind, in den Steuerklassen I bis VI in Höhe des Betrags, der bezogen auf den Arbeitslohn 50 Prozent des Beitrags in der allgemeinen Rentenversicherung unter Berücksichtigung der jeweiligen Beitragsbemessungsgrenzen entspricht,
   b)[7] für die Krankenversicherung bei Arbeitnehmern, die in der gesetzlichen Krankenversicherung versichert sind, in den Steuerklassen I bis VI in Höhe des Betrags, der bezogen auf den Arbeitslohn unter Berücksichtigung der Beitragsbemessungsgrenze, den ermäßigten Beitragssatz (§ 243 des Fünften Buches Sozialgesetzbuch) und den Zusatzbeitragssatz der Krankenkasse (§ 242 des Fünften Buches Sozialgesetzbuch) dem Arbeitnehmeranteil eines pflichtversicherten Arbeitnehmers entspricht,
   c)[8] für die Pflegeversicherung bei Arbeitnehmern, die in der sozialen Pflegeversicherung versichert sind, in den Steuerklassen I bis VI in Höhe des Betrags, der bezogen auf den Arbeitslohn unter Berücksichtigung der Beitragsbemessungsgrenze und den bundeseinheitlichen Beitragssatz dem Arbeitnehmeranteil eines pflichtversicherten Arbeitnehmers entspricht, erhöht um den Beitragszuschlag und vermindert um die Abschläge des Arbeitnehmers nach § 55 Absatz 3 des Elften Buches Sozialgesetzbuch, wenn die Voraussetzungen dafür vorliegen,
   d)[9] für die Krankenversicherung und für die private Pflege-Pflichtversicherung bei Arbeitnehmern, die nicht unter Buchstabe b und c fallen, in den Steuerklassen I bis V in Höhe der dem Arbeitgeber mitgeteilten Beiträge im Sinne des § 10 Absatz 1 Nummer 3, etwaig vervielfältigt unter sinngemäßer Anwendung von Satz 2 auf einen Jahresbetrag, vermindert um den Betrag, der bezogen auf den Arbeitslohn unter Berücksichtigung der Beitragsbemessungsgrenze, den ermäßigten Beitragssatz und den durchschnittlichen Zusatzbeitragssatz in der gesetzlichen Krankenversicherung sowie den bundeseinheitlichen Beitragssatz in der sozialen Pflegeversicherung dem Arbeitgeberanteil für einen pflichtversicherten Arbeitnehmer ent-

---

[1] § 39 a Abs. 5 geänd. mWv VZ 2012 durch BeitrRLUmsG v. 7. 12. 2011 (BGBl. I S. 2592).
[2] Richtig wohl: „zu wenig".
[3] § 39 b Überschrift neu gef. mWv VZ 2012 durch BeitrRLUmsG v. 7. 12. 2011 (BGBl. I S. 2592).
[4] § 39 b Abs. 1 neu gef. mWv VZ 2012 durch BeitrRLUmsF v. 7. 12. 2011 (BGBl. I S. 2592).
[5] § 39 b Abs. 2 Sätze 4 und 8 geänd. mWv VZ 2012 durch BeitrRLUmsG v. 7. 12. 2011 (BGBl. I S. 2592). Abs. 2 Satz 7 TeilSatz nach dem Semikolon neu gef. mWv VZ 2016 durch G v. 16. 7. 2015 (BGBl. I S. 1202). Abs. 2 Satz 8 geänd. mWv 1. 1. 2017 durch G v. 18. 7. 2016 (BGBl. I S. 1679). Abs. 2 Sätze 13 bis 16 angef. mWv VZ 2018 durch StUmgBG v. 23. 6. 2017 (BGBl. I S. 1682).
[6] § 39 b Abs. 2 Satz 5 Nr. 3 abschl. Satzteil geänd. **mWv 1. 1. 2026** durch JStG 2020 v. 21. 12. 2020 (BGBl. I S. 3096, BGBl. I Nr. 411); zur Anwendung siehe § 52 Abs. 36 Satz 3.
[7] § 39 b Abs. 2 Satz 5 Nr. 3 Buchst. b geänd. mWv VZ 2015 durch KroatienAnpG v. 25. 7. 2014 (BGBl. I S. 1266).
[8] § 39 b Abs. 2 Satz 5 Nr. 3 Buchst. c geänd. mWv 1.1.2024 durch KrZwFördG v. 22.12.2023 (BGBl. I Nr. 411).
[9] § 39 b Abs. 2 Satz 5 Nr. 3 Buchst. d geänd. mWv 2019 durch JStG 2019 v. 21. 12. 2019 (BGBl. I S. 2451).

spricht, wenn der Arbeitgeber gesetzlich verpflichtet ist, Zuschüsse zu den Kranken- und Pflegeversicherungsbeiträgen des Arbeitnehmers zu leisten;

[ab 1. 1. 2026:

d)[1] für die Krankenversicherung und für die private Pflege-Pflichtversicherung bei Arbeitnehmern, die nicht unter die Buchstaben b und c fallen, in den Steuerklassen I bis V in Höhe der dem Arbeitgeber als Lohnsteuerabzugsmerkmal bereitgestellten Beiträge nach § 39 Absatz 4 Nummer 4 Buchstabe b, etwaig vervielfältigt unter sinngemäßer Anwendung von Satz 2 auf einen Jahresbetrag, vermindert um die nach § 3 Nummer 62 steuerfreien Zuschüsse, die unter Berücksichtigung der als Lohnsteuerabzugsmerkmal bereitgestellten Beiträge nach § 39 Absatz 4 Nummer 4 Buchstabe a ermittelt wurden;

e)[2] für die Versicherung gegen Arbeitslosigkeit bei Arbeitnehmern, die in der Arbeitslosenversicherung (Drittes Buch Sozialgesetzbuch) versichert sind, in den Steuerklassen I bis V in Höhe des Betrags, der bezogen auf den Arbeitslohn unter Berücksichtigung der jeweiligen Beitragsbemessungsgrenze und den bundeseinheitlichen Beitragssatz, dem Arbeitnehmeranteil eines pflichtversicherten Arbeitnehmers entspricht; der Teilbetrag ist jedoch nur anzusetzen, soweit er zusammen mit den Teilbeträgen nach den Buchstaben b bis d einen Betrag in Höhe von 1 900 Euro nicht übersteigt;]

Entschädigungen im Sinne des § 24 Nummer 1 sind bei Anwendung der Buchstaben a bis c **[ab 1. 1. 2026:** und e] nicht zu berücksichtigen; **[bis 31. 12. 2025:** *mindestens ist für die Summe der Teilbeträge nach den Buchstaben b und c oder für den Teilbetrag nach Buchstabe d ein Betrag in Höhe von 12 Prozent des Arbeitslohns, höchstens 1 900 Euro in den Steuerklassen I, II, IV, V, VI und höchstens 3 000 Euro in der Steuerklasse III anzusetzen,*]

4.[3] den Entlastungsbetrag für Alleinerziehende für ein Kind (§ 24 b Absatz 2 Satz 1) in der Steuerklasse II,

ergibt den zu versteuernden Jahresbetrag. ⑥ Für den zu versteuernden Jahresbetrag ist die Jahreslohnsteuer in den Steuerklassen I, II und IV nach § 32 a Absatz 1 sowie in der Steuerklasse III nach § 32 a Absatz 5 zu berechnen. ⑦ In den Steuerklassen V und VI ist die Jahreslohnsteuer zu berechnen, die sich aus dem Zweifachen des Unterschiedsbetrags zwischen dem Steuerbetrag für das Eineinviertelfache und dem Steuerbetrag für das Dreiviertelfache des zu versteuernden Jahresbetrags nach § 32 a Absatz 1 ergibt; die Jahreslohnsteuer beträgt jedoch mindestens 14 Prozent des zu versteuernden Jahresbetrags, für den 13 785 Euro[4] **[ab 1.1.2026:** 14 071 Euro] übersteigenden Teil des zu versteuernden Jahresbetrags höchstens 42 Prozent, für den 34 240 Euro[5] **[ab 1.1.2026:** 34 939 Euro] übersteigenden Teil des zu versteuernden Jahresbetrags 42 Prozent und für den 222 260 Euro[6] übersteigenden Teil des zu versteuernden Jahresbetrags 45 Prozent. ⑧ Für die Lohnsteuerberechnung ist die als Lohnsteuerabzugsmerkmal mitgeteilte oder die nach § 39 c Absatz 1 oder Absatz 2 oder nach § 39 e Absatz 5 a oder Absatz 6 Satz 8 anzuwendende Steuerklasse maßgebend. ⑨ Die monatliche Lohnsteuer ist $^1/_{12}$, die wöchentliche Lohnsteuer sind $^7/_{360}$ und die tägliche Lohnsteuer ist $^1/_{360}$ der Jahreslohnsteuer. ⑩ Bruchteile eines Cents, die sich bei der Berechnung nach den Sätzen 2 und 9 ergeben, bleiben jeweils außer Ansatz. ⑪ Die auf den Lohnzahlungszeitraum entfallende Lohnsteuer ist vom Arbeitslohn einzubehalten. ⑫ Das Betriebsstättenfinanzamt kann allgemein oder auf Antrag zulassen, dass die Lohnsteuer unter den Voraussetzungen des § 42 b Absatz 1 nach dem voraussichtlichen Jahresarbeitslohn ermittelt wird, wenn gewährleistet ist, dass die zutreffende Jahreslohnsteuer (§ 38 a Absatz 2) nicht unterschritten wird. ⑬ Darüber hinaus kann das Betriebsstättenfinanzamt auf Antrag zulassen, dass bei nach § 1 Absatz 1 unbeschränkt einkommensteuerpflichtigen Arbeitnehmern mit Steuerklasse VI und ohne Freibetrag nach § 39 a, die bei dem Arbeitgeber gelegentlich, nicht regelmäßig wiederkehrend beschäftigt werden und deren Dauer der Beschäftigung 24 zusammenhängende Arbeitstage nicht übersteigt, der während der Beschäftigung erzielte Arbeitslohn auf einen Jahresbetrag hochgerechnet und die sich ergebende Lohnsteuer auf den Lohnabrechnungszeitraum zurückgerechnet wird, wobei als Lohnabrechnungszeitraum der Zeitraum vom Beginn des Kalenderjahres bis zum Ende der Beschäftigung gilt. ⑭ Bei Anwendung des Satzes 13 sind auch der im Kalenderjahr in etwaigen

---

[1] § 39 b Abs. 2 Satz 5 Nr. 3 Buchst. d neu gef. durch JStG 2020 v. 21. 12. 2020 (BGBl. I S. 3096). Buchst. d neu gef. **mWv 1. 1. 2026** durch AbzStEntModG v. 2. 6. 2021 (BGBl. I S. 1259); zur Anwendung siehe § 52 Abs. 36 Satz 3.

[2] § 39 b Abs. 2 Satz 5 Nr. 3 Buchst. e angef. **mWv 1. 1. 2026** durch JStG 2020 v. 21. 12. 2020 (BGBl. I S. 3096); zur Anwendung siehe § 52 Abs. 36 Satz 3.

[3] § 39 b Abs. 2 Satz 5 Nr. 4 geänd. durch G v. 16. 7. 2015 (BGBl. I S. 1202); zur Anwendung s. § 52 Abs. 37 b.

[4] § 39 b Abs. 2 Satz 7 Betrag geänd. mWv VZ 2018 durch BEPS-UmsG v. 20. 12. 2016 (BGBl. I S. 3000), mWv VZ 2019 bzw. VZ 2020 durch FamEntlastG v. 29. 11. 2018 (BGBl. I S. 2210), mWv 1. 1. 2021 und mWv 1. 1. 2022 durch G v. 1. 12. 2020 (BGBl. I S. 2616), mWv VZ 2022 durch Steuerentlastungsgesetz 2022 v. 23. 5. 2022 (BGBl. I S. 749) und mWv VZ 2023 und VZ 2024 durch InflAusG v. 8. 12. 2022 (BGBl. I S. 2230), mWv 1.1.2024 durch G v. 2.12.2024 (BGBl. I Nr. 38), mWv 1.1.2025 und **mWv 1.1.2026** durch G v. 23.12.2024 (BGBl. I Nr. 449).

[5] § 39 b Abs. 2 Satz 7 Betrag geänd. mWv VZ 2018 durch BEPS-UmsG v. 20. 12. 2016 (BGBl. I S. 3000), mWv VZ 2019 bzw. VZ 2020 durch FamEntlastG v. 29. 11. 2018 (BGBl. I S. 2210), mWv 1. 1. 2021 und mWv 1. 1. 2022 durch G v. 1. 12. 2020 (BGBl. I S. 2616), mWv VZ 2023 und VZ 2024 durch InflAusG v. 8. 12. 2022 (BGBl. I S. 2230), geänd. mWv 1.1.2025 und **mWv 1.1.2026** durch G v. 23.12.2024 (BGBl. I Nr. 449).

[6] § 39 b Abs. 2 Satz 7 Betrag geänd. mWv VZ 2018 durch BEPS-UmsG v. 20. 12. 2016 (BGBl. I S. 3000), mWv VZ 2019 bzw. VZ 2020 durch FamEntlastG v. 29. 11. 2018 (BGBl. I S. 2210) und mWv 1. 1. 2021 und mWv 1. 1. 2022 durch G v. 1. 12. 2020 (BGBl. I S. 2616).

vorangegangenen und beendeten weiteren Dienstverhältnissen in der Steuerklasse VI bezogene Arbeitslohn und die darauf erhobene Lohnsteuer einzubeziehen, soweit dort bereits Satz 13 angewandt wurde. ⑮ Voraussetzung für die Anwendung des Verfahrens nach Satz 13 ist zudem, dass der Arbeitnehmer vor Aufnahme der Beschäftigung

1. unter Angabe seiner Identifikationsnummer gegenüber dem Arbeitgeber schriftlich zustimmt,
2. mit der Zustimmung den nach Satz 14 einzubeziehenden Arbeitslohn und die darauf erhobene Lohnsteuer erklärt und
3. mit der Zustimmung versichert, dass ihm der Pflichtveranlagungstatbestand nach § 46 Absatz 2 Nummer 2 und 3 a bekannt ist.

⑯ Die Zustimmungserklärung des Arbeitnehmers ist zum Lohnkonto zu nehmen.

(3)[1] ① Für die Einbehaltung der Lohnsteuer von einem sonstigen Bezug hat der Arbeitgeber den voraussichtlichen Jahresarbeitslohn ohne den sonstigen Bezug festzustellen. ② Hat der Arbeitnehmer Lohnsteuerbescheinigungen aus früheren Dienstverhältnissen des Kalenderjahres nicht vorgelegt, so ist bei der Ermittlung des voraussichtlichen Jahresarbeitslohns der Arbeitslohn für Beschäftigungszeiten bei früheren Arbeitgebern mit dem Betrag anzusetzen, der sich ergibt, wenn der laufende Arbeitslohn im Monat der Zahlung des sonstigen Bezugs entsprechend der Beschäftigungsdauer bei früheren Arbeitgebern hochgerechnet wird. ③ Der voraussichtliche Jahresarbeitslohn ist um den Versorgungsfreibetrag (§ 19 Absatz 2) und den Altersentlastungsbetrag (§ 24 a), wenn die Voraussetzungen für den Abzug dieser Beträge jeweils erfüllt sind, sowie um einen etwaigen als Lohnsteuerabzugsmerkmal mitgeteilten Jahresfreibetrag zu vermindern und um einen etwaigen Jahreshinzurechnungsbetrag zu erhöhen. ④ Für den so ermittelten Jahresarbeitslohn (maßgebender Jahresarbeitslohn) ist die Lohnsteuer nach Maßgabe des Absatzes 2 Satz 5 bis 7 zu ermitteln. ⑤ Außerdem ist die Jahreslohnsteuer für den maßgebenden Jahresarbeitslohn unter Einbeziehung des sonstigen Bezugs zu ermitteln. ⑥ Dabei ist der sonstige Bezug um den Versorgungsfreibetrag und den Altersentlastungsbetrag zu vermindern, wenn die Voraussetzungen für den Abzug dieser Beträge jeweils erfüllt sind und soweit sie nicht bei der Steuerberechnung für den maßgebenden Jahresarbeitslohn berücksichtigt worden sind. ⑦ Für die Lohnsteuerberechnung ist die als Lohnsteuerabzugsmerkmal mitgeteilte oder die nach § 39 c Absatz 1 oder Absatz 2 oder nach § 39 e Absatz 5 a oder Absatz 6 Satz 8 anzuwendende Steuerklasse maßgebend. ⑧ Der Unterschiedsbetrag zwischen den ermittelten Jahreslohnsteuerbeträgen ist die Lohnsteuer, die vom sonstigen Bezug einzubehalten ist.

(4)[2] *(aufgehoben)*

(5) ① Wenn der Arbeitgeber für den Lohnzahlungszeitraum lediglich Abschlagszahlungen leistet und eine Lohnabrechnung für einen längeren Zeitraum (Lohnabrechnungszeitraum) vornimmt, kann er den Lohnabrechnungszeitraum als Lohnzahlungszeitraum behandeln und die Lohnsteuer abweichend von § 38 Absatz 3 bei der Lohnabrechnung einbehalten. ② Satz 1 gilt nicht, wenn der Lohnabrechnungszeitraum fünf Wochen übersteigt oder die Lohnabrechnung nicht innerhalb von drei Wochen nach dessen Ablauf erfolgt. ③ Das Betriebsstättenfinanzamt kann anordnen, dass die Lohnsteuer von den Abschlagszahlungen einzubehalten ist, wenn die Erhebung der Lohnsteuer sonst nicht gesichert erscheint. ④ Wenn wegen einer besonderen Entlohnungsart weder ein Lohnzahlungszeitraum noch ein Lohnabrechnungszeitraum festgestellt werden kann, gilt als Lohnzahlungszeitraum die Summe der tatsächlichen Arbeitstage oder Arbeitswochen.

(6)[3] ① Das Bundesministerium der Finanzen hat im Einvernehmen mit den obersten Finanzbehörden der Länder auf der Grundlage der Absätze 2 und 3 einen Programmablaufplan für die maschinelle Berechnung der Lohnsteuer aufzustellen und bekannt zu machen.[4] ② Im Programmablaufplan kann von den Regelungen in den Absätzen 2 und 3 abgewichen werden, wenn sich das Ergebnis der maschinellen Berechnung der Lohnsteuer an das Ergebnis einer Veranlagung zur Einkommensteuer anlehnt.

§ 39 c[5] Einbehaltung der Lohnsteuer ohne Lohnsteuerabzugsmerkmale

(1) ① Solange der Arbeitnehmer dem Arbeitgeber zum Zweck des Abrufs der elektronischen Lohnsteuerabzugsmerkmale (§ 39 e Absatz 4 Satz 1) die ihm zugeteilte Identifikationsnummer sowie den Tag der Geburt schuldhaft nicht mitteilt oder das Bundeszentralamt für Steuern die Mitteilung elektronischer Lohnsteuerabzugsmerkmale ablehnt, hat der Arbeitgeber die Lohnsteuer nach Steuerklasse VI zu ermitteln. ② Kann der Arbeitgeber die elektronischen Lohnsteuerabzugsmerkmale wegen technischer Störungen nicht abrufen oder hat der Arbeitnehmer die fehlende Mitteilung der ihm zuzuteilenden Identifikationsnummer nicht zu vertreten, hat der Arbeitgeber

---

[1] § 39 b Abs. 3 Sätze 3 und 7 geänd. mWv VZ 2012 durch BeitrRLUmsG v. 7. 12. 2011 (BGBl. I S. 2592). Abs. 3 Satz 6 geänd. mWv VZ 2014 durch KroatienAnpG v. 25. 7. 2014 (BGBl. I S. 1266). Abs. 3 Satz 7 geänd. mWv 1. 1. 2017 durch G v. 18. 7. 2016 (BGBl. I S. 1679). Abs. 3 Sätze 9 und 10 aufgeh. mWv 1.1.2025 durch WachstumschancenG v. 27.3.2024 (BGBl. I Nr. 108).

[2] § 39 b Abs. 4 aufgeh. mWv 1. 1. 2023 durch JStG 2022 v. 16. 12. 2022 (BGBl. I S. 2294).

[3] § 39 b Abs. 6 aufgeh., bish. Abs. 8 wird Abs. 6 durch BeitrRLUmsG v. 7. 12. 2011 (BGBl. I S. 2592). Abs. 6 Satz 2 angef. mWv VZ 2014 durch KroatienAnpG v. 25. 7. 2014 (BGBl. I S. 1266).

[4] Für 2021 vgl. BMF-Schreiben vom 9. 11. 2020 (BStBl. I S. 1068).

[5] § 39 c neu gef. mWv VZ 2012 durch BeitrRLUmsG v. 7. 12. 2011 (BGBl. I S. 2592).

für die Lohnsteuerberechnung die voraussichtlichen Lohnsteuerabzugsmerkmale im Sinne des § 38b längstens für die Dauer von drei Kalendermonaten zu Grunde zu legen. ③ Hat nach Ablauf der drei Kalendermonate der Arbeitnehmer die Identifikationsnummer sowie den Tag der Geburt nicht mitgeteilt, ist rückwirkend Satz 1 anzuwenden. ④ Sobald dem Arbeitgeber in den Fällen des Satzes 2 die elektronischen Lohnsteuerabzugsmerkmale vorliegen, sind die Lohnsteuerermittlungen für die vorangegangenen Monate zu überprüfen und, falls erforderlich, zu ändern. ⑤ Die zu wenig oder zu viel einbehaltene Lohnsteuer ist jeweils bei der nächsten Lohnabrechnung auszugleichen.

(2) ① Ist ein Antrag nach § 39 Absatz 3 Satz 1 oder § 39e Absatz 8 nicht gestellt, hat der Arbeitgeber die Lohnsteuer nach Steuerklasse VI zu ermitteln. ② Legt der Arbeitnehmer binnen sechs Wochen nach Eintritt in das Dienstverhältnis oder nach Beginn des Kalenderjahres eine Bescheinigung für den Lohnsteuerabzug vor, ist Absatz 1 Satz 4 und 5 sinngemäß anzuwenden.

(3) ① In den Fällen des § 38 Absatz 3a Satz 1 kann der Dritte die Lohnsteuer für einen sonstigen Bezug mit 20 Prozent unabhängig von den Lohnsteuerabzugsmerkmalen des Arbeitnehmers ermitteln, wenn der maßgebende Jahresarbeitslohn nach § 39b Absatz 3 zuzüglich des sonstigen Bezugs 10 000 Euro nicht übersteigt. ② Bei der Feststellung des maßgebenden Jahresarbeitslohns sind nur die Lohnzahlungen des Dritten zu berücksichtigen.

§ 39d[1] *(aufgehoben)*

§ 39e[2] Verfahren zur Bildung und Anwendung der elektronischen Lohnsteuerabzugsmerkmale

(1) ① Das Bundeszentralamt für Steuern bildet für jeden Arbeitnehmer grundsätzlich automatisiert die Steuerklasse und für die bei den Steuerklassen I bis IV zu berücksichtigenden Kinder die Zahl der Kinderfreibeträge nach § 38b Absatz 2 Satz 1 als Lohnsteuerabzugsmerkmale (§ 39 Absatz 4 Satz 1 Nummer 1 und 2); für Änderungen gilt § 39 Absatz 2 entsprechend. ② Soweit das Finanzamt Lohnsteuerabzugsmerkmale nach § 39 bildet, teilt es sie dem Bundeszentralamt für Steuern zum Zweck der Bereitstellung für den automatisierten Abruf durch den Arbeitgeber mit. ③ Lohnsteuerabzugsmerkmale sind frühestens bereitzustellen mit Wirkung von Beginn des Kalenderjahres an, für das sie anzuwenden sind, jedoch nicht für einen Zeitpunkt vor Beginn des Dienstverhältnisses.

(2)[3] ① Das Bundeszentralamt für Steuer speichert zum Zweck der Bereitstellung automatisiert abrufbarer Lohnsteuerabzugsmerkmale für den Arbeitgeber die Lohnsteuerabzugsmerkmale unter Angabe der Identifikationsnummer sowie für jeden Steuerpflichtigen folgende Daten zu den in § 139b Absatz 3 der Abgabenordnung genannten Daten hinzu:

1. rechtliche Zugehörigkeit zu einer steuererhebenden Religionsgemeinschaft sowie Datum des Eintritts und Austritts,
2. melderechtlichen Familienstand sowie den Tag der Begründung oder Auflösung des Familienstands und bei Verheirateten die Identifikationsnummer des Ehegatten,
3.[4] Kinder mit ihrer Identifikationsnummer,
4.[5] bei Verheirateten, ob und in welchem Zeitraum der Ehegatte im Inland nicht meldepflichtig ist oder die Ehegatten dauernd getrennt leben,
5.[6] die Bildung einer geringeren Zahl der Kinderfreibeträge als Lohnsteuerabzugsmerkmal (§ 38b Absatz 3) bei einer Pflicht der Meldebehörden zur Mitteilung der in Nummer 3 genannten Daten,
6.[7] Beträge nach § 39a Absatz 1 Satz 1,
7.[8] Grad der Behinderung sowie den Gültigkeitszeitraum,
8.[9] ob und in welchem Zeitraum der Arbeitnehmer die Voraussetzungen des § 33b Absatz 4 (Hinterbliebenen-Pauschbetrag) erfüllt,
9.[10] Datum, ab dem die elektronischen Lohnsteuerabzugsmerkmale dem Arbeitgeber zum Abruf bereitgestellt werden (Referenzdatum des Arbeitgebers).

② Die nach Landesrecht für das Meldewesen zuständigen Behörden (Meldebehörden) haben dem Bundeszentralamt für Steuern unter Angabe der Identifikationsnummer und des Tages der Geburt die in Satz 1 Nummer 1 bis 3 bezeichneten Daten und deren Änderungen im Melderegister mit-

---

[1] § 39d aufgeh. mWvVZ 2012 durch BeitrRLUmsG v. 7. 12. 2011 (BGBl. I S. 2592).
[2] § 39e neu gef. mWvVZ 2012 durch BeitrRLUmsG v. 7. 12. 2011 (BGBl. I S. 2592).
[3] § 39e Abs. 2 Satz 5 geänd. durch StÄndG 2015 v. 2. 11. 2015 (BGBl. I S. 1834). Abs. 2 Sätze 6 und 7 angef. mWvVZ 2024 durch JStG 2024 v. 2.12.2024 (BGBl. I Nr. 387).
[4] § 39e Abs. 2 Satz 1 Nr. 3 geänd. mWvVZ 2024 durch JStG 2024 v. 2.12.2024 (BGBl. I Nr. 387).
[5] § 39e Abs. 2 Satz 1 Nr. 4 angef. mWvVZ 2024 durch JStG 2024 v. 2.12.2024 (BGBl. I Nr. 387).
[6] § 39e Abs. 2 Satz 1 Nr. 5 angef. mWvVZ 2024 durch JStG 2024 v. 2.12.2024 (BGBl. I Nr. 387).
[7] § 39e Abs. 2 Satz 1 Nr. 6 angef. mWvVZ 2024 durch JStG 2024 v. 2.12.2024 (BGBl. I Nr. 387).
[8] § 39e Abs. 2 Satz 1 Nr. 7 angef. mWvVZ 2024 durch JStG 2024 v. 2.12.2024 (BGBl. I Nr. 387).
[9] § 39e Abs. 2 Satz 1 Nr. 8 angef. mWvVZ 2024 durch JStG 2024 v. 2.12.2024 (BGBl. I Nr. 387).
[10] § 39e Abs. 2 Satz 1 Nr. 9 angef. mWvVZ 2024 durch JStG 2024 v. 2.12.2024 (BGBl. I Nr. 387).

zuteilen. ③ In den Fällen des Satzes 1 Nummer 3 besteht die Mitteilungspflicht nur, wenn das Kind mit Hauptwohnsitz oder alleinigem Wohnsitz im Zuständigkeitsbereich der Meldebehörde gemeldet ist und solange das Kind das 18. Lebensjahr noch nicht vollendet hat. ④ Sofern die Identifikationsnummer noch nicht zugeteilt wurde, teilt die Meldebehörde die Daten unter Angabe des Vorläufigen Bearbeitungsmerkmals nach § 139b Absatz 6 Satz 2 der Abgabenordnung mit. ⑤ Für die Datenübermittlung gelten die §§ 2 und 3 der Zweiten Bundesmeldedatenübermittlungsverordnung vom 1. Dezember 2014 (BGBl. I S. 1950) in der jeweils geltenden Fassung entsprechend. ⑥ Das nach § 19 der Abgabenordnung zuständige Finanzamt hat dem Bundeszentralamt für Steuern unter Angabe der Identifikationsnummer des Steuerpflichtigen die in Satz 1 Nummer 4 bis 9 bezeichneten Daten und deren Änderungen automatisiert mitzuteilen und trägt die Verantwortung für die Rechtmäßigkeit der übermittelten Daten. ⑦ Das in Satz 6 genannte Finanzamt kann die nach Satz 1 Nummer 4 bis 9 bezeichneten Daten automatisiert abrufen.

(3)[1] ① Das Bundeszentralamt für Steuern hält die Identifikationsnummer, den Tag der Geburt, Merkmale für den Kirchensteuerabzug und die Lohnsteuerabzugsmerkmale des Arbeitnehmers nach § 39 Absatz 4 zum unentgeltlichen automatisierten Abruf durch den Arbeitgeber nach amtlich vorgeschriebenem Datensatz bereit (elektronische Lohnsteuerabzugsmerkmale). ② Bezieht ein Arbeitnehmer nebeneinander von mehreren Arbeitgebern Arbeitslohn, sind für jedes weitere Dienstverhältnis elektronische Lohnsteuerabzugsmerkmale zu bilden. ③ Bei Eheschließung wird für jeden Ehegatten automatisiert die Steuerklasse IV gebildet, wenn zum Zeitpunkt der Eheschließung die Voraussetzungen des § 38b Absatz 1 Satz 2 Nummer 4 vorliegen. ④ Das Bundeszentralamt für Steuern führt die elektronischen Lohnsteuerabzugsmerkmale des Arbeitnehmers zum Zweck ihrer Bereitstellung nach Satz 1 mit der Wirtschafts-Identifikationsnummer (§ 139c der Abgabenordnung) des Arbeitgebers zusammen.

(4)[2] ① Der Arbeitnehmer hat jedem seiner Arbeitgeber bei Eintritt in das Dienstverhältnis zum Zweck des Abrufs der Lohnsteuerabzugsmerkmale mitzuteilen,

1. wie die Identifikationsnummer sowie der Tag der Geburt lauten,
2. ob es sich um das erste oder ein weiteres Dienstverhältnis handelt (§ 38b Absatz 1 Satz 2 Nummer 6) und
3. ob und in welcher Höhe ein nach § 39a Absatz 1 Satz 1 Nummer 7 festgestellter Freibetrag abgerufen werden soll.

② Der Arbeitgeber hat bei Beginn des Dienstverhältnisses die elektronischen Lohnsteuerabzugsmerkmale für den Arbeitnehmer beim Bundeszentralamt für Steuern durch Datenfernübertragung abzurufen und sie in das Lohnkonto für den Arbeitnehmer zu übernehmen. ③ Für den Abruf der elektronischen Lohnsteuerabzugsmerkmale hat sich der Arbeitgeber zu authentifizieren und seine Wirtschafts-Identifikationsnummer, die Daten des Arbeitnehmers nach Satz 1 Nummer 1 und 2, den Tag des Beginns des Dienstverhältnisses und etwaige Angaben nach Satz 1 Nummer 3 mitzuteilen. ④ Zur Plausibilitätsprüfung der Identifikationsnummer hält das Bundeszentralamt für Steuern für den Arbeitgeber entsprechende Regeln bereit. ⑤ Der Arbeitgeber hat den Tag der Beendigung des Dienstverhältnisses unverzüglich dem Bundeszentralamt für Steuern durch Datenfernübertragung mitzuteilen. ⑥ Beauftragt der Arbeitgeber einen Dritten mit der Durchführung des Lohnsteuerabzugs, hat sich der Dritte für den Datenabruf zu authentifizieren und zusätzlich seine Wirtschafts-Identifikationsnummer mitzuteilen. ⑦ Für die Verarbeitung der elektronischen Lohnsteuerabzugsmerkmale gilt § 39 Absatz 8 entsprechend.

(5)[3] ① Die abgerufenen elektronischen Lohnsteuerabzugsmerkmale sind vom Arbeitgeber für die Durchführung des Lohnsteuerabzugs des Arbeitnehmers anzuwenden, bis

1. ihm das Bundeszentralamt für Steuern geänderte elektronische Lohnsteuerabzugsmerkmale zum Abruf bereitstellt oder
2. der Arbeitgeber dem Bundeszentralamt für Steuern die Beendigung des Dienstverhältnisses mitteilt.

② Sie sind in der üblichen Lohnabrechnung anzugeben. ③ Der Arbeitgeber ist verpflichtet, die vom Bundeszentralamt für Steuern bereitgestellten Mitteilungen und elektronischen Lohnsteuerabzugsmerkmale monatlich anzufragen und abzurufen. ④ Kommt der Arbeitgeber seinen Verpflichtungen nach den Sätzen 1 und 3 sowie nach Absatz 4 Satz 2, 3 und 5 nicht nach, ist das Betriebsstättenfinanzamt für die Aufforderung zum Abruf und zur Anwendung der Lohnsteuerabzugsmerkmale sowie zur Mitteilung der Beendigung des Dienstverhältnisses und für die Androhung und Festsetzung von Zwangsmitteln zuständig.

(5a)[4] ① Zahlt der Arbeitgeber, ein von diesem beauftragter Dritter in dessen Namen oder ein Dritter im Sinne des § 38 Absatz 3a verschiedenartige Bezüge als Arbeitslohn, kann der Arbeitgeber oder der Dritte die Lohnsteuer für den zweiten und jeden weiteren Bezug abweichend von Absatz 5 ohne Abruf weiterer elektronischer Lohnsteuerabzugsmerkmale nach der Steuerklasse VI

---

[1] § 39e Abs. 3 Satz 3 neu gef. mWvVZ 2018 durch StUmgBG v. 23. 6. 2017 (BGBl. I S. 1682).
[2] § 39e Abs. 4 Satz 7 neu gef. mWv 26. 11. 2019 durch 2. DSAnpUG-EU v. 20. 11. 2019 (BGBl. I S. 1626).
[3] § 39e Abs. 5 Satz 4 angef. mWv 1. 1. 2017 durch G v. 18. 7. 2016 (BGBl. I S. 1679).
[4] § 39e Abs. 5a eingef. mWv 1. 1. 2017 durch G v. 18. 7. 2016 (BGBl. I S. 1679).

einbehalten. ② Verschiedenartige Bezüge liegen vor, wenn der Arbeitnehmer vom Arbeitgeber folgenden Arbeitslohn bezieht:

1. neben dem Arbeitslohn für ein aktives Dienstverhältnis auch Versorgungsbezüge,
2. neben Versorgungsbezügen, Bezügen und Vorteilen aus seinem früheren Dienstverhältnis auch andere Versorgungsbezüge oder
3. neben Bezügen und Vorteilen während der Elternzeit oder vergleichbaren Unterbrechungszeiten des aktiven Dienstverhältnisses auch Arbeitslohn für ein weiteres befristetes aktives Dienstverhältnis.

③ § 46 Absatz 2 Nummer 2 ist entsprechend anzuwenden.

(6)[1] ① Gegenüber dem Arbeitgeber gelten die Lohnsteuerabzugsmerkmale (§ 39 Absatz 4) mit dem Abruf der elektronischen Lohnsteuerabzugsmerkmale als bekannt gegeben. ② Einer Rechtsbehelfsbelehrung bedarf es nicht. ③ Die Lohnsteuerabzugsmerkmale gelten gegenüber dem Arbeitnehmer als bekannt gegeben, sobald der Arbeitgeber dem Arbeitnehmer den Ausdruck der Lohnabrechnung mit den nach Absatz 5 Satz 2 darin ausgewiesenen elektronischen Lohnsteuerabzugsmerkmalen ausgehändigt oder elektronisch bereitgestellt hat. ④ Die elektronischen Lohnsteuerabzugsmerkmale sind dem Steuerpflichtigen auf Antrag vom zuständigen Finanzamt mitzuteilen oder elektronisch bereitzustellen. ⑤ Wird dem Arbeitnehmer bekannt, dass die elektronischen Lohnsteuerabzugsmerkmale zu seinen Gunsten von den nach § 39 zu bildenden Lohnsteuerabzugsmerkmalen abweichen, ist er verpflichtet, dies dem Finanzamt unverzüglich mitzuteilen. ⑥ Der Steuerpflichtige kann beim zuständigen Finanzamt

1. den Arbeitgeber benennen, der zum Abruf von elektronischen Lohnsteuerabzugsmerkmalen berechtigt ist (Positivliste) oder nicht berechtigt ist (Negativliste). ② Hierfür hat der Arbeitgeber dem Arbeitnehmer seine Wirtschafts-Identifikationsnummer mitzuteilen. ③ Für die Verarbeitung der Wirtschafts-Identifikationsnummer gilt § 39 Absatz 8 entsprechend; oder
2. die Bildung oder die Bereitstellung der elektronischen Lohnsteuerabzugsmerkmale allgemein sperren oder allgemein freischalten lassen.

⑦ Macht der Steuerpflichtige von seinem Recht nach Satz 6 Gebrauch, hat er die Positivliste, die Negativliste, die allgemeine Sperrung oder die allgemeine Freischaltung in einem bereitgestellten elektronischen Verfahren oder nach amtlich vorgeschriebenem Vordruck dem Finanzamt zu übermitteln. ⑧ Werden wegen einer Sperrung nach Satz 6 einem Arbeitgeber, der Daten abrufen möchte, keine elektronischen Lohnsteuerabzugsmerkmale bereitgestellt, wird dem Arbeitgeber die Sperrung mitgeteilt und dieser hat die Lohnsteuer nach Steuerklasse VI zu ermitteln.

(7) ① Auf Antrag des Arbeitgebers kann das Betriebsstättenfinanzamt zur Vermeidung unbilliger Härten zulassen, dass er nicht am Abrufverfahren teilnimmt. ② Dem Antrag eines Arbeitgebers ohne maschinelle Lohnabrechnung, der ausschließlich Arbeitnehmer im Rahmen einer geringfügigen Beschäftigung in seinem Privathaushalt im Sinne des § 8 a des Vierten Buches Sozialgesetzbuch beschäftigt, ist stattzugeben. ③ Der Arbeitgeber hat dem Antrag unter Angabe seiner Wirtschafts-Identifikationsnummer ein Verzeichnis der beschäftigten Arbeitnehmer mit Angabe der jeweiligen Identifikationsnummer und des Tages der Geburt des Arbeitnehmers beizufügen. ④ Der Antrag ist nach amtlich vorgeschriebenem Vordruck jährlich zu stellen und vom Arbeitgeber zu unterschreiben. ⑤ Das Betriebsstättenfinanzamt übermittelt dem Arbeitgeber für die Durchführung des Lohnsteuerabzugs für ein Kalenderjahr eine arbeitgeberbezogene Bescheinigung mit den Lohnsteuerabzugsmerkmalen des Arbeitnehmers (Bescheinigung für den Lohnsteuerabzug) sowie etwaige Änderungen. ⑥ Diese Bescheinigung sowie die Änderungsmitteilungen sind als Belege zum Lohnkonto zu nehmen und bis zum Ablauf des Kalenderjahres aufzubewahren. ⑦ Absatz 5 Satz 1 und 2 sowie Absatz 6 Satz 3 gelten entsprechend. ⑧ Der Arbeitgeber hat den Tag der Beendigung des Dienstverhältnisses unverzüglich dem Betriebsstättenfinanzamt mitzuteilen.

(8)[2] ① Ist einem nach § 1 Absatz 1 unbeschränkt einkommensteuerpflichtigen Arbeitnehmer keine Identifikationsnummer zugeteilt, hat das Wohnsitzfinanzamt auf Antrag eine Bescheinigung für den Lohnsteuerabzug für die Dauer eines Kalenderjahres auszustellen. ② Die Bescheinigung kann auch der Arbeitgeber beantragen, wenn ihn der Arbeitnehmer dazu nach § 80 Absatz 1 der Abgabenordnung bevollmächtigt hat. ③ Diese Bescheinigung ersetzt die Verpflichtung und Berechtigung des Arbeitgebers zum Abruf der elektronischen Lohnsteuerabzugsmerkmale (Absätze 4 und 6). ④ In diesem Fall tritt an die Stelle der Identifikationsnummer das lohnsteuerliche Ordnungsmerkmal nach § 41 b Absatz 2 Satz 1 und 2. ⑤ Für die Durchführung des Lohnsteuerabzugs hat der Arbeitnehmer seinem Arbeitgeber vor Beginn des Kalenderjahres oder bei Eintritt in das Dienstverhältnis die nach Satz 1 ausgestellte Bescheinigung für den Lohnsteuerabzug vorzulegen. ⑥ § 39 c Absatz 1 Satz 2 bis 5 ist sinngemäß anzuwenden. ⑦ Der Arbeitgeber hat die Bescheinigung für den Lohnsteuerabzug entgegenzunehmen und während des Dienstverhältnisses, längstens bis zum Ablauf des jeweiligen Kalenderjahrs, aufzubewahren.

[1] § 39 e Abs. 6 Satz 6 Nr. 1 Satz 3 Halbs. 1 neu gef. mWv 26. 11. 2019 durch 2. DSAnpUG-EU v. 20. 11. 2019 (BGBl. I S. 1626).

[2] § 39 e Abs. 8 Satz 2 eingef., bish. Sätze 2 bis 6 werden Sätze 3 bis 7 mWv 1. 1. 2021 durch JStG 2020 v. 21. 12. 2020 (BGBl. I S. 3096).

(9) Ist die Wirtschafts-Identifikationsnummer noch nicht oder nicht vollständig eingeführt, tritt an ihre Stelle die Steuernummer der Betriebsstätte oder des Teils des Betriebs des Arbeitgebers, in dem der für den Lohnsteuerabzug maßgebende Arbeitslohn des Arbeitnehmers ermittelt wird (§ 41 Absatz 2).

(10)[1] Die beim Bundeszentralamt für Steuern nach Absatz 2 Satz 1 gespeicherten Daten können auch zur Prüfung und Durchführung der Einkommensbesteuerung (§ 2) des Steuerpflichtigen für Veranlagungszeiträume ab 2005, zur Ermittlung des reduzierten Beitragssatzes nach § 55 Absatz 3 Satz 3 bis 5 des Elften Buches Sozialgesetzbuch, zur Ermittlung des Einkommens nach § 97 a des Sechsten Buches Sozialgesetzbuch und zur Prüfung eines Anspruchs auf Kindergeld verarbeitet werden.

§ 39 f Faktorverfahren anstelle Steuerklassenkombination III/V

(1)[2] ① Bei Ehegatten, die in die Steuerklasse IV gehören (§ 38 b Absatz 1 Satz 2 Nummer 4 erster Halbsatz), hat das Finanzamt auf Antrag beider Ehegatten nach § 39 a anstelle der Steuerklassenkombination III/V (§ 38 b Absatz 1 Satz 2 Nummer 5) als Lohnsteuerabzugsmerkmal jeweils die Steuerklasse IV in Verbindung mit einem Faktor zur Ermittlung der Lohnsteuer zu bilden, wenn der Faktor kleiner als 1 ist. ② Der Faktor ist Y : X und vom Finanzamt mit drei Nachkommastellen ohne Rundung zu berechnen. ③ „Y" ist die voraussichtliche Einkommensteuer für beide Ehegatten nach dem Splittingverfahren (§ 32 a Absatz 5) unter Berücksichtigung der in § 39 b Absatz 2 genannten Abzugsbeträge. ④ „X" ist die Summe der voraussichtlichen Lohnsteuer bei Anwendung der Steuerklasse IV für jeden Ehegatten. ⑤ Maßgeblich sind die Steuerbeträge des Kalenderjahres, für das der Faktor erstmals gelten soll. ⑥ In die Bemessungsgrundlage für Y werden jeweils neben den Jahresarbeitslöhnen der ersten Dienstverhältnisse zusätzlich nur Beträge einbezogen, die nach § 39 a Absatz 1 Satz 1 Nummer 1 bis 6 als Freibetrag ermittelt und als Lohnsteuerabzugsmerkmal gebildet werden könnten; Freibeträge werden neben dem Faktor nicht als Lohnsteuerabzugsmerkmal gebildet. ⑦ In den Fällen des § 39 a Absatz 1 Satz 1 Nummer 7 sind bei der Ermittlung von Y und X die Hinzurechnungsbeträge zu berücksichtigen; die Hinzurechnungsbeträge sind zusätzlich als Lohnsteuerabzugsmerkmal für das erste Dienstverhältnis zu bilden. ⑧ Arbeitslöhne aus zweiten und weiteren Dienstverhältnissen (Steuerklasse VI) sind im Faktorverfahren nicht zu berücksichtigen. ⑨ Der nach Satz 1 gebildete Faktor gilt bis zum Ablauf des Kalenderjahres, das auf das Kalenderjahr folgt, in dem der Faktor erstmals gilt oder zuletzt geändert worden ist. ⑩ Die Ehegatten können eine Änderung des Faktors beantragen, wenn sich die für die Ermittlung des Faktors maßgeblichen Jahresarbeitslöhne im Sinne des Satzes 6 ändern. ⑪ Besteht eine Anzeigepflicht nach § 39 a Absatz 1 Satz 5 oder wird eine Änderung des Freibetrags nach § 39 a Absatz 1 Satz 4 beantragt, gilt die Anzeige oder der Antrag auf Änderung des Freibetrags zugleich als Antrag auf Anpassung des Faktors.

(2) Für die Einbehaltung der Lohnsteuer vom Arbeitslohn hat der Arbeitgeber Steuerklasse IV und den Faktor anzuwenden.

(3)[3] ① § 39 Absatz 6 Satz 3 und 5 gilt mit der Maßgabe, dass die Änderungen nach Absatz 1 Satz 10 und 11 keine Änderungen im Sinne des § 39 Absatz 6 Satz 3 sind. ② § 39 a ist anzuwenden mit der Maßgabe, dass ein Antrag nach amtlich vorgeschriebenem Vordruck (§ 39 a Absatz 2) nur erforderlich ist, wenn bei der Faktorermittlung zugleich Beträge nach § 39 a Absatz 1 Satz 1 Nummer 1 bis 6 berücksichtigt werden sollen.

(4)[4] Das Faktorverfahren ist im Programmablaufplan für die maschinelle Berechnung der Lohnsteuer (§ 39 b Absatz 6) zu berücksichtigen.

§ 40 Pauschalierung der Lohnsteuer in besonderen Fällen

(1) ① Das Betriebsstättenfinanzamt (§ 41 a Absatz 1 Satz 1 Nummer 1) kann auf Antrag des Arbeitgebers zulassen, dass die Lohnsteuer mit einem unter Berücksichtigung der Vorschriften des § 38 a zu ermittelnden Pauschsteuersatz erhoben wird, soweit

1. von dem Arbeitgeber sonstige Bezüge in einer größeren Zahl von Fällen gewährt werden oder
2. in einer größeren Zahl von Fällen Lohnsteuer nachzuerheben ist, weil der Arbeitgeber die Lohnsteuer nicht vorschriftsmäßig einbehalten hat.

② Bei der Ermittlung des Pauschsteuersatzes ist zu berücksichtigen, dass die in Absatz 3 vorgeschriebene Übernahme der pauschalen Lohnsteuer durch den Arbeitgeber für den Arbeitnehmer eine in Geldeswert bestehende Einnahme im Sinne des § 8 Absatz 1 darstellt (Nettosteuersatz). ③ Die Pauschalierung ist in den Fällen des Satzes 1 Nummer 1 ausgeschlossen, soweit der Arbeit-

[1] § 39 e Abs. 10 neu gef. mWv 1. 1. 2023 durch JStG 2022 v. 16. 12. 2022 (BGBl. I S. 2294). Abs. 10 geänd. mWv 28.3.2024 durch WachstumschancenG v. 27.3.2024 (BGBl. I Nr. 108).

[2] § 39 f Abs. 1 Sätze 1, 5 und 6 geänd. mWv VZ 2012 durch BeitrRLUmsG v. 7. 12. 2011 (BGBl. I S. 2592). Abs. 1 Satz 1 geänd. durch AmtshilfeRLUmsG v. 26. 6. 2013 (BGBl. I S. 1809). Abs. 1 Satz 5 eingef. (bish. Sätze 5 bis 7 werden Sätze 6 bis 8) und Sätze 9 bis 11 angef. durch G v. 28. 7. 2015 (BGBl. I S. 1400); zur Anwendung siehe § 52 Abs. 37 a. Abs. 1 Satz 1 geänd. mWv VZ 2019 durch JStG 2019 v. 12. 12. 2019 (BGBl. I S. 2451).

[3] § 39 f Abs. 3 Sätze 1 und 2 Verweise geänd. mWv VZ 2012 durch BeitrRLUmsG v. 7. 12. 2011 (BGBl. I S. 2592). Abs. 3 Satz 1 neu gef. durch G v. 28. 7. 2015 (BGBl. I S. 1400); zur Anwendung siehe § 52 Abs. 37 a.

[4] § 39 f Abs. 4 Verweise geänd. mWv VZ 2012 durch BeitrRLUmsG v. 7. 12. 2011 (BGBl. I S. 2592).

geber einem Arbeitnehmer sonstige Bezüge von mehr als 1 000 Euro im Kalenderjahr gewährt. ④ Der Arbeitgeber hat dem Antrag eine Berechnung beizufügen, aus der sich der durchschnittliche Steuersatz unter Zugrundelegung der durchschnittlichen Jahresarbeitslöhne und der durchschnittlichen Jahreslohnsteuer in jeder Steuerklasse für diejenigen Arbeitnehmer ergibt, denen die Bezüge gewährt werden sollen oder gewährt worden sind.

(2)[1] ① Abweichend von Absatz 1 kann der Arbeitgeber die Lohnsteuer mit einem Pauschsteuersatz von 25 Prozent erheben, soweit er

1. arbeitstäglich Mahlzeiten im Betrieb an die Arbeitnehmer unentgeltlich oder verbilligt abgibt oder Barzuschüsse an ein anderes Unternehmen leistet, das arbeitstäglich Mahlzeiten an die Arbeitnehmer unentgeltlich oder verbilligt abgibt. ② Voraussetzung ist, dass die Mahlzeiten nicht als Lohnbestandteile vereinbart sind,

1 a.[2] oder auf seine Veranlassung ein Dritter den Arbeitnehmern anlässlich einer beruflichen Tätigkeit außerhalb seiner Wohnung und ersten Tätigkeitsstätte Mahlzeiten zur Verfügung stellt, die nach § 8 Absatz 2 Satz 8 und 9 mit dem Sachbezugswert anzusetzen sind,

2. Arbeitslohn aus Anlass von Betriebsveranstaltungen zahlt,

3. Erholungsbeihilfen gewährt, wenn diese zusammen mit Erholungsbeihilfen, die in demselben Kalenderjahr früher gewährt worden sind, 156 Euro für den Arbeitnehmer, 104 Euro für dessen Ehegatten und 52 Euro für jedes Kind nicht übersteigen und der Arbeitgeber sicherstellt, dass die Beihilfen zu Erholungszwecken verwendet werden,

4.[3] Vergütungen für Verpflegungsmehraufwendungen anlässlich einer Tätigkeit im Sinne des § 9 Absatz 4 a Satz 2 oder Satz 4 zahlt, soweit die Vergütungen die nach § 9 Absatz 4 a Satz 3, 5 und 6 zustehenden Pauschalen um nicht mehr als 100 Prozent übersteigen,

5.[4] den Arbeitnehmern zusätzlich zum ohnehin geschuldeten Arbeitslohn unentgeltlich oder verbilligt Datenverarbeitungsgeräte übereignet; das gilt auch für Zubehör und Internetzugang. ② Das Gleiche gilt für Zuschüsse des Arbeitgebers, die zusätzlich zum ohnehin geschuldeten Arbeitslohn zu den Aufwendungen des Arbeitnehmers für die Internetnutzung gezahlt werden,

6.[5] den Arbeitnehmern zusätzlich zum ohnehin geschuldeten Arbeitslohn unentgeltlich oder verbilligt die Ladevorrichtung für Elektrofahrzeuge oder Hybridelektrofahrzeuge im Sinne des § 6 Absatz 1 Nummer 4 Satz 2 zweiter Halbsatz übereignet. ② Das Gleiche gilt für Zuschüsse des Arbeitgebers, die zusätzlich zum ohnehin geschuldeten Arbeitslohn zu den Aufwendungen des Arbeitnehmers für den Erwerb und die Nutzung dieser Ladevorrichtung gezahlt werden,

7.[6] den Arbeitnehmern zusätzlich zum ohnehin geschuldeten Arbeitslohn unentgeltlich oder verbilligt ein betriebliches Fahrrad, das kein Kraftfahrzeug im Sinne des § 6 Absatz 1 Nummer 4 Satz 2 ist, übereignet.

② Der Arbeitgeber kann die Lohnsteuer mit folgenden Pauschsteuersätzen erheben:

1. mit einem Pauschsteuersatz von 15 Prozent für die nicht nach § 3 Nummer 15 steuerfreien
   a) Sachbezüge in Form einer unentgeltlichen oder verbilligten Beförderung eines Arbeitnehmers zwischen Wohnung und erster Tätigkeitsstätte sowie Fahrten nach § 9 Absatz 1 Satz 3 Nummer 4 a Satz 3 oder
   b) Zuschüsse zu den Aufwendungen des Arbeitnehmers für Fahrten zwischen Wohnung und erster Tätigkeitsstätte oder Fahrten nach § 9 Absatz 1 Satz 3 Nummer 4 a Satz 3, die zusätzlich zum ohnehin geschuldeten Arbeitslohn geleistet werden,

   soweit die Bezüge den Betrag nicht übersteigen, den der Arbeitnehmer nach § 9 Absatz 1 Satz 3 Nummer 4 und Absatz 2 als Werbungskosten geltend machen könnte, wenn die Bezüge nicht pauschal besteuert würden; diese pauschal besteuerten Bezüge mindern die nach § 9 Absatz 1 Satz 3 Nummer 4 Satz 2 und Absatz 2 abziehbaren Werbungskosten oder

2. mit einem Pauschsteuersatz von 25 Prozent anstelle der Steuerfreiheit nach § 3 Nummer 15 einheitlich für alle dort genannten Bezüge eines Kalenderjahres, auch wenn die Bezüge dem Arbeitnehmer nicht zusätzlich zum ohnehin geschuldeten Arbeitslohn gewährt werden; für diese pauschal besteuerten Bezüge unterbleibt eine Minderung der nach § 9 Absatz 1 Satz 3 Nummer 4 Satz 2 und Absatz 2 abziehbaren Werbungskosten oder

---

[1] § 40 Abs. 2 Satz 2 neu gef. mWv VZ 2014 durch UntStReisekÄndG v. 20. 2. 2013 (BGBl. I S. 285). Abs. 2 Satz 2 geänd. mWv 1. 1. 2014 durch KroatienAnpG v. 25. 7. 2014 (BGBl. I S. 1266). Abs. 2 Sätze 2 und 3 neu gef., Satz 4 angef. mWv VZ 2019 durch JStG 2019 v. 12. 12. 2019 (BGBl. I S. 2451). Satz 4 geänd. mWv 1. 1. 2021 durch JStG 2020 v. 21. 12. 2020 (BGBl. I S. 3096).

[2] § 40 Abs. 2 Satz 1 Nr. 1 a eingef. mWv VZ 2014 durch UntStReisekÄndG v. 20. 2. 2013 (BGBl. I S. 285).

[3] § 40 Abs. 2 Satz 1 Nr. 4 geänd. mWv VZ 2014 durch UntStReisekÄndG v. 20. 2. 2013 (BGBl. I S. 285), Abs. 2 Satz 1 Nr. 4 geänd. mWv 1. 1. 2014 durch KroatienAnpG v. 25. 7. 2014 (BGBl. I S. 1266). Abs. 2 Satz 1 Nr. 4 geänd. durch ZollkodexAnpG v. 22. 12. 2014 (BGBl. I S. 2417).

[4] § 40 Abs. 2 Satz 1 Nr. 5 Satz 1 Hs. 1 geänd. mWv VZ 2013 durch AmtshilfeRLUmsG v. 26. 6. 2013 (BGBl. I S. 1809).

[5] § 40 Abs. 2 Satz 1 Nr. 6 angef. durch G v. 7. 11. 2016 (BGBl. I S. 2498); zur erstmaligen und letztmaligen Anwendung siehe § 52 Abs. 37 c.

[6] § 40 Abs. 2 Satz 1 Nr. 7 angef. mWv VZ 2020 durch JStG 2019 v. 12. 12. 2019 (BGBl. I S. 2451).

3.[1] mit einem Pauschsteuersatz von 25 Prozent für die Freifahrtberechtigungen, die Soldaten nach § 30 Absatz 6 des Soldatengesetzes erhalten; für diese pauschal besteuerten Bezüge unterbleibt eine Minderung der nach § 9 Absatz 1 Satz 3 Nummer 4 Satz 2 sowie Nummer 5 Satz 6 abziehbaren Werbungskosten.

③ Die nach Satz 2 pauschalbesteuerten Bezüge bleiben bei der Anwendung des § 40a Absatz 1 bis 4 außer Ansatz. ④ Bemessungsgrundlage der pauschalen Lohnsteuer sind in den Fällen des Satzes 2 Nummer 2 und 3 die Aufwendungen des Arbeitgebers einschließlich Umsatzsteuer.

(3) ① Der Arbeitgeber hat die pauschale Lohnsteuer zu übernehmen. ② Er ist Schuldner der pauschalen Lohnsteuer; auf den Arbeitnehmer abgewälzte pauschale Lohnsteuer gilt als zugeflossener Arbeitslohn und mindert nicht die Bemessungsgrundlage. ③ Der pauschal besteuerte Arbeitslohn und die pauschale Lohnsteuer bleiben bei einer Veranlagung zur Einkommensteuer und beim Lohnsteuer-Jahresausgleich außer Ansatz. ④ Die pauschale Lohnsteuer ist weder auf die Einkommensteuer noch auf die Jahreslohnsteuer anzurechnen.

(4)[2] ① Das Pauschalierungswahlrecht des Arbeitgebers ist durch Übermittlung oder Abgabe einer Lohnsteuer-Anmeldung, in der die pauschale Lohnsteuer angegeben wird, auszuüben. ② Abweichend von Satz 1 kann der Arbeitgeber für den Prüfungszeitraum einer Lohnsteuer-Außenprüfung das Pauschalierungswahlrecht durch schriftliche oder elektronische Erklärung gegenüber dem Betriebsstättenfinanzamt ausüben. ③ Die Erklärung nach Satz 2 ist spätestens bis zur Bestandskraft der auf Grund der Lohnsteuer-Außenprüfung erlassenen Bescheide abzugeben. ④ Im Fall des Satzes 2 wird die pauschale Lohnsteuer vom Betriebsstättenfinanzamt durch Steuerbescheid festgesetzt.

§ 40 a Pauschalierung der Lohnsteuer für Teilzeitbeschäftigte und geringfügig Beschäftigte

(1)[3] ① Der Arbeitgeber kann unter Verzicht auf den Abruf von elektronischen Lohnsteuerabzugsmerkmalen (§ 39 e Absatz 4 Satz 2) oder die Vorlage einer Bescheinigung für den Lohnsteuerabzug (§ 39 Absatz 3 oder § 39 e Absatz 7 oder Absatz 8) bei Arbeitnehmern, die nur kurzfristig beschäftigt werden, die Lohnsteuer mit einem Pauschsteuersatz von 25 Prozent des Arbeitslohns erheben. ② Eine kurzfristige Beschäftigung liegt vor, wenn der Arbeitnehmer bei dem Arbeitgeber gelegentlich, nicht regelmäßig wiederkehrend beschäftigt wird, die Dauer der Beschäftigung 18 zusammenhängende Arbeitstage nicht übersteigt und

1.[4] der Arbeitslohn während der Beschäftigungsdauer 150 Euro durchschnittlich je Arbeitstag nicht übersteigt oder

2. die Beschäftigung zu einem unvorhersehbaren Zeitpunkt sofort erforderlich wird.

(2)[5] Der Arbeitgeber kann unter Verzicht auf den Abruf von elektronischen Lohnsteuerabzugsmerkmalen (§ 39 e Absatz 4 Satz 2) oder die Vorlage einer Bescheinigung für den Lohnsteuerabzug (§ 39 Absatz 3 oder § 39 e Absatz 7 oder Absatz 8) die Lohnsteuer einschließlich Solidaritätszuschlag und Kirchensteuern (einheitliche Pauschsteuer) für das Arbeitsentgelt aus geringfügigen Beschäftigungen im Sinne des § 8 Absatz 1 Nummer 1 oder des § 8 a des Vierten Buches Sozialgesetzbuch, für das er Beiträge nach § 168 Absatz 1 Nummer 1 b oder 1 c (geringfügig versicherungspflichtig Beschäftigte) oder nach § 172 Absatz 3 oder 3 a (versicherungsfrei oder von der Versicherungspflicht befreite geringfügig Beschäftigte) oder nach § 276 a Absatz 1 (versicherungsfrei geringfügig Beschäftigte) des Sechsten Buches Sozialgesetzbuch zu entrichten hat, mit einem einheitlichen Pauschsteuersatz in Höhe von insgesamt 2 Prozent des Arbeitsentgelts erheben.

(2 a)[6] Hat der Arbeitgeber in den Fällen des Absatzes 2 keine Beiträge nach § 168 Absatz 1 Nummer 1 b oder 1 c oder nach § 172 Absatz 3 oder 3 a oder nach § 276 a Absatz 1 des Sechsten Buches Sozialgesetzbuch zu entrichten, kann er unter Verzicht auf den Abruf von elektronischen Lohnsteuerabzugsmerkmalen (§ 39 e Absatz 4 Satz 2) oder die Vorlage einer Bescheinigung für den Lohnsteuerabzug (§ 39 Absatz 3 oder § 39 e Absatz 7 oder Absatz 8) die Lohnsteuer mit einem Pauschsteuersatz in Höhe von 20 Prozent des Arbeitsentgelts erheben.

(3)[7] ① Abweichend von den Absätzen 1 und 2 a kann der Arbeitgeber unter Verzicht auf den Abruf von elektronischen Lohnsteuerabzugsmerkmalen (§ 39 e Absatz 4 Satz 2) oder die Vorlage

---

[1] § 40 Abs. 2 Satz 2 Nr. 3 angef. mWv 1. 1. 2021 durch JStG 2020 v. 21. 12. 2020 (BGBl. I S. 3096); zur Anwendung siehe § 52 Abs. 37 c Satz 2.

[2] § 40 Abs. 4 angef. durch JStG 2024 v. 2.12.2024 (BGBl. I Nr. 387); zur Anwendung siehe § 52 Abs. 37 c Satz 3.

[3] § 40 a Abs. 1 Satz 1 geänd. mWv VZ 2012 durch BeitrRLUmsG v. 7. 12. 2011 (BGBl. I S. 2592). Abs. 1 Satz 2 Nr. 1 Eurobetrag geänd. mWv VZ 2015 durch G v. 28. 7. 2015 (BGBl. I S. 1400). Abs. 1 Satz 2 Nr. 1 Eurobetrag erhöht mWv VZ 2017 durch 2. BüroEntlG v. 30. 6. 2017 (BGBl. I S. 2143) und erneut erhöht mWv VZ 2020 durch 3. BüroEntlG v. 22. 11. 2019 (BGBl. I S. 1746).

[4] § 40 a Abs. 1 Satz 2 Nr. 1 Eurobetrag geänd. mWv VZ 2015 durch G v. 28. 7. 2015 (BGBl. I S. 1400). Abs. 1 Satz 2 Nr. 1 Eurobetrag erhöht mWv VZ 2017 durch 2. BüroEntlG v. 30. 6. 2017 (BGBl. I S. 2143), erhöht mWv VZ 2020 durch 3. BüroEntlG v. 22. 11. 2019 (BGBl. I S. 1746) und erneut erhöht mWv 1. 1. 2023 durch JStG 2022 v. 16. 12. 2022 (BGBl. I S. 2294).

[5] § 40 a Abs. 2 geänd. mWv VZ 2012 durch BeitrRLUmsG v. 7. 12. 2011 (BGBl. I S. 2592). Abs. 2 geänd. durch Kroatien-AnpG v. 25. 7. 2014 (BGBl. I S. 1266); zur erstmaligen Anwendung ab dem Kalenderjahr 2013 siehe § 52 Abs. 38.

[6] § 40 a Abs. 2 a geänd. mWv VZ 2012 durch BeitrRLUmsG v. 7. 12. 2011 (BGBl. I S. 2592). Abs. 2 a geänd. durch Kroatien-AnpG v. 25. 7. 2014 (BGBl. I S. 1266); zur erstmaligen Anwendung ab dem Kalenderjahr 2013 siehe § 52 Abs. 38.

[7] § 40 a Abs. 3 Satz 1 geänd. mWv VZ 2012 durch BeitrRLUmsG v. 7. 12. 2011 (BGBl. I S. 2592).

einer Bescheinigung für den Lohnsteuerabzug (§ 39 Absatz 3 oder § 39e Absatz 7 oder Absatz 8) bei Aushilfskräften, die in Betrieben der Land- und Forstwirtschaft im Sinne des § 13 Absatz 1 Nummer 1 bis 4 ausschließlich mit typisch land- oder forstwirtschaftlichen Arbeiten beschäftigt werden, die Lohnsteuer mit einem Pauschsteuersatz von 5 Prozent des Arbeitslohns erheben. ② Aushilfskräfte im Sinne dieser Vorschrift sind Personen, die für die Ausführung und für die Dauer von Arbeiten, die nicht ganzjährig anfallen, beschäftigt werden; eine Beschäftigung mit anderen land- und forstwirtschaftlichen Arbeiten ist unschädlich, wenn deren Dauer 25 Prozent der Gesamtbeschäftigungsdauer nicht überschreitet. ③ Aushilfskräfte sind nicht Arbeitnehmer, die zu den land- und forstwirtschaftlichen Fachkräften gehören oder die der Arbeitgeber mehr als 180 Tage im Kalenderjahr beschäftigt.

(4)[1] Die Pauschalierungen nach den Absätzen 1 und 3 sind unzulässig

1. bei Arbeitnehmern, deren Arbeitslohn während der Beschäftigungsdauer durchschnittlich je Arbeitsstunde 19 Euro übersteigt,
2. bei Arbeitnehmern, die für eine andere Beschäftigung von demselben Arbeitgeber Arbeitslohn beziehen, der nach § 39b oder § 39c dem Lohnsteuerabzug unterworfen wird.

(5)[2] ① Auf die Pauschalierungen nach den Absätzen 1 bis 3 und 7 ist § 40 Absatz 3 anzuwenden. ② Auf die Pauschalierungen nach den Absätzen 1, 2a, 3 und 7 ist § 40 Absatz 4 entsprechend anzuwenden.

(6)[3] ① Für die Erhebung der einheitlichen Pauschsteuer nach Absatz 2 ist die Deutsche Rentenversicherung Knappschaft-Bahn-See zuständig. ② Die Regelungen zum Steuerabzug vom Arbeitslohn sind entsprechend anzuwenden. ③ Für die Anmeldung, Abführung und Vollstreckung der einheitlichen Pauschsteuer sowie die Erhebung eines Säumniszuschlags und das Mahnverfahren für die einheitliche Pauschsteuer gelten dabei die Regelungen für die Beiträge nach § 168 Absatz 1 Nummer 1b oder 1c oder nach § 172 Absatz 3 oder 3a oder nach § 276a Absatz 1 des Sechsten Buches Sozialgesetzbuch. ④ Die Deutsche Rentenversicherung Knappschaft-Bahn-See hat die einheitliche Pauschsteuer auf die erhebungsberechtigten Körperschaften aufzuteilen; dabei entfallen aus Vereinfachungsgründen 90 Prozent der einheitlichen Pauschsteuer auf die Lohnsteuer, 5 Prozent auf den Solidaritätszuschlag und 5 Prozent auf die Kirchensteuern. ⑤ Die erhebungsberechtigten Kirchen haben sich auf eine Aufteilung des Kirchensteueranteils zu verständigen und diesen der Deutschen Rentenversicherung Knappschaft-Bahn-See mitzuteilen. ⑥ Die Deutsche Rentenversicherung Knappschaft-Bahn-See ist berechtigt, die einheitliche Pauschsteuer nach Absatz 2 zusammen mit den Sozialversicherungsbeiträgen beim Arbeitgeber einzuziehen.

(7)[4] ① Der Arbeitgeber kann unter Verzicht auf den Abruf von elektronischen Lohnsteuerabzugsmerkmalen (§ 39e Absatz 4 Satz 2) die Lohnsteuer für Bezüge von kurzfristigen, im Inland ausgeübten Tätigkeiten beschränkt steuerpflichtiger Arbeitnehmer, die einer ausländischen Betriebsstätte dieses Arbeitgebers zugeordnet sind, mit einem Pauschsteuersatz von 30 Prozent des Arbeitslohns erheben. ② Eine kurzfristige Tätigkeit im Sinne des Satzes 1 liegt nur vor, wenn die im Inland ausgeübte Tätigkeit 18 zusammenhängende Arbeitstage nicht übersteigt.

§ 40b Pauschalierung der Lohnsteuer bei bestimmten Zukunftssicherungsleistungen

[Fassung bis 31. 12. 2004:][5]

(1) ① Der Arbeitgeber kann die Lohnsteuer von den Beiträgen für eine Direktversicherung des Arbeitnehmers und von den Zuwendungen an eine Pensionskasse mit einem Pauschsteuersatz von 20 vom Hundert der Beiträge und Zuwendungen erheben. ② Die pauschale Erhebung der Lohnsteuer von Beiträgen für eine Direktversicherung ist nur zulässig, wenn die Versicherung nicht auf den Erlebensfall eines früheren als des 60. Lebensjahres abgeschlossen und eine vorzeitige Kündigung des Versicherungsvertrags durch den Arbeitnehmer ausgeschlossen worden ist.

(2) ① Absatz 1 gilt nicht, soweit die zu besteuernden Beiträge und Zuwendungen des

[Fassung ab 1. 1. 2005:]

(1) Der Arbeitgeber kann die Lohnsteuer von den Zuwendungen zum Aufbau einer nicht kapitalgedeckten betrieblichen Altersversorgung an eine Pensionskasse mit einem Pauschsteuersatz von 20 Prozent der Zuwendungen erheben.

(2) ① Absatz 1 gilt nicht, soweit die zu besteuernden Zuwendungen des Arbeitgebers für

[1] § 40a Abs. 4 Nr. 2 Verweis geänd. durch BeitrRLUmsG v. 7. 12. 2011 (BGBl. I S. 2592). Abs. 4 Nr. 1 Euro-Betrag erhöht mWv VZ 2020 durch 3. BüroEntlG v. 22. 11. 2019 (BGBl. I S. 1746) und erneut erhöht mWv 1. 1. 2023 durch JStG 2022 v. 16. 12. 2022 (BGBl. I S. 2294).

[2] § 40a Abs. 5 Zitat geänd. durch JStG 2020 v. 21. 12. 2020 (BGBl. I S. 3096). Abs. 5 Satz 2 angef. durch JStG 2024 v. 2.12.2024 (BGBl. I Nr. 387); zur Anwendung siehe § 52 Abs. 37c Satz 3.

[3] § 40a Abs. 6 Sätze 1, 3, 4, 5 und 6 geänd. mWv VZ 2013 durch AmtshilfeRLUmsG v. 26. 6. 2013 (BGBl. I S. 1809). Abs. 6 Satz 3 geänd. durch KroatienAnpG v. 25. 7. 2014 (BGBl. I S. 1266); zur erstmaligen Anwendung ab dem Kalenderjahr 2013 siehe § 52 Abs. 38.

[4] § 40a Abs. 7 angef. mWv VZ 2020 durch 3. BüroEntlG v. 22. 11. 2019 (BGBl. I S. 1746).

[5] Zur weiteren Anwendung siehe § 52 Abs. 40.

Arbeitgebers für den Arbeitnehmer 1752 Euro im Kalenderjahr übersteigen oder nicht aus seinem ersten Dienstverhältnis bezogen werden. ② Sind mehrere Arbeitnehmer gemeinsam in einem Direktversicherungsvertrag oder in einer Pensionskasse versichert, so gilt als Beitrag oder Zuwendung für den einzelnen Arbeitnehmer der Teilbetrag, der sich bei einer Aufteilung der gesamten Beiträge oder der gesamten Zuwendungen durch die Zahl der begünstigten Arbeitnehmer ergibt, wenn dieser Teilbetrag 1752 Euro nicht übersteigt; hierbei sind Arbeitnehmer, für die Beiträge und Zuwendungen von mehr als 2148 Euro im Kalenderjahr geleistet werden, nicht einzubeziehen. ③ Für Beiträge und Zuwendungen, die der Arbeitgeber für den Arbeitnehmer aus Anlass der Beendigung des Dienstverhältnisses erbracht hat, vervielfältigt sich der Betrag von 1752 Euro mit der Anzahl der Kalenderjahre, in denen das Dienstverhältnis des Arbeitnehmers zu dem Arbeitgeber bestanden hat; in diesem Fall ist Satz 2 nicht anzuwenden. ④ Der vervielfältigte Betrag vermindert sich um die nach Absatz 1 pauschal besteuerten Beiträge und Zuwendungen, die er Arbeitgeber in dem Kalenderjahr, in dem das Dienstverhältnis beendet wird, und in den sechs vorangegangenen Kalenderjahren erbracht hat.

den Arbeitnehmer 1752 Euro im Kalenderjahr übersteigen oder nicht aus seinem ersten Dienstverhältnis bezogen werden. ② Sind mehrere Arbeitnehmer gemeinsam in der Pensionskasse versichert, so gilt als Zuwendung für den einzelnen Arbeitnehmer der Teilbetrag, der sich bei einer Aufteilung der gesamten Zuwendungen durch die Zahl der begünstigten Arbeitnehmer ergibt, wenn dieser Teilbetrag 1752 Euro nicht übersteigt; hierbei sind Arbeitnehmer, für die Zuwendungen von mehr als 2148 Euro im Kalenderjahr geleistet werden, nicht einzubeziehen. ③ Für Zuwendungen, die der Arbeitgeber für den Arbeitnehmer aus Anlass der Beendigung des Dienstverhältnisses erbracht hat, vervielfältigt sich der Betrag von 1752 Euro mit der Anzahl der Kalenderjahre, in denen das Dienstverhältnis des Arbeitnehmers zu dem Arbeitgeber bestanden hat; in diesem Fall ist Satz 2 nicht anzuwenden. ④ Der vervielfältigte Betrag vermindert sich um die nach Absatz 1 pauschal besteuerten Zuwendungen, die der Arbeitgeber in dem Kalenderjahr, in dem das Dienstverhältnis beendet wird, und in den sechs vorangegangenen Kalenderjahren erbracht hat.

(3)[1] Von den Beiträgen für eine Unfallversicherung des Arbeitnehmers kann der Arbeitgeber die Lohnsteuer mit einem Pauschsteuersatz von 20 Prozent der Beiträge erheben, wenn mehrere Arbeitnehmer gemeinsam in einem Unfallversicherungsvertrag versichert sind.

(4) In den Fällen des § 19 Absatz 1 Satz 1 Nummer 3 Satz 2 hat der Arbeitgeber die Lohnsteuer mit einem Pauschsteuersatz in Höhe von 15 Prozent der Sonderzahlungen zu erheben.

(5)[2] ① § 40 Absatz 3 und 4 ist anzuwenden. ② Die Anwendung des § 40 Absatz 1 Satz 1 Nummer 1 auf Bezüge im Sinne des Absatzes 1, des Absatzes 3 und des Absatzes 4 ist ausgeschlossen.

§ 41 Aufzeichnungspflichten beim Lohnsteuerabzug

(1)[3] ① Der Arbeitgeber hat am Ort der Betriebsstätte (Absatz 2) für jeden Arbeitnehmer und jedes Kalenderjahr ein Lohnkonto zu führen. ② In das Lohnkonto sind die nach § 39e Absatz 4 Satz 2 und Absatz 5 Satz 3 abgerufenen elektronischen Lohnsteuerabzugsmerkmale sowie die für den Lohnsteuerabzug erforderlichen Merkmale aus der vom Finanzamt ausgestellten Bescheinigung für den Lohnsteuerabzug (§ 39 Absatz 3 oder § 39e Absatz 7 oder Absatz 8) zu übernehmen. ③ Bei jeder Lohnzahlung für das Kalenderjahr, für das das Lohnkonto gilt, sind im Lohnkonto die Art und Höhe des gezahlten Arbeitslohns einschließlich der steuerfreien Bezüge sowie die einbehaltene oder übernommene Lohnsteuer einzutragen; an die Stelle der Lohnzahlung tritt in den Fällen des § 39b Absatz 5 Satz 1 die Lohnabrechnung. ④ Ferner sind das Kurzarbeitergeld, das Qualifizierungsgeld, der Zuschuss zum Mutterschaftsgeld nach dem Mutterschutzgesetz, der Zuschuss bei Beschäftigungsverboten für die Zeit vor oder nach einer Entbindung sowie für den Entbindungstag während einer Elternzeit nach beamtenrechtlichen Vorschriften, die Entschädigungen für Verdienstausfall nach dem Infektionsschutzgesetz vom 20. Juli 2000 (BGBl. I S. 1045), die nach § 3 Nummer 28 steuerfreien Aufstockungsbeträge oder Zuschläge und die nach § 3 Nummer 28a steuerfreien Zuschüsse einzutragen. ⑤ Ist während der Dauer des Dienstverhältnisses in anderen Fällen als in denen des Satzes 4 der Anspruch auf Arbeitslohn für mindestens fünf aufeinander folgende Arbeitstage im Wesentlichen weggefallen, so ist dies jeweils durch Eintragung des Großbuchstabens U zu vermerken. ⑥ Hat der Arbeitgeber die Lohnsteuer von einem sonstigen Bezug im ersten Dienstverhältnis berechnet und ist dabei der Arbeitslohn aus früheren Dienstverhältnissen des Kalenderjahres außer Betracht geblieben, so ist dies durch Eintragung des Großbuchstabens S zu vermerken. ⑦ Die Bundesregierung wird ermächtigt, durch Rechtsverordnung mit Zustimmung des Bundesrates vorzuschreiben, welche Einzelangaben im Lohnkonto aufzu-

[1] § 40b Abs. 3 Euro-Betrag erhöht mWv VZ 2020 durch 3. BüroEntlG v. 22. 11. 2019 (BGBl. I S. 1746). Abs. 3 geänd. mWv 1.1.2024 durch WachstumschancenG v. 27.3.2024 (BGBl. I Nr. 108).

[2] § 40b Abs. 5 Satz 1 geänd. durch JStG 2024 v. 2.12.2024 (BGBl. I Nr. 387); zur Anwendung siehe § 52 Abs. 37c Satz 3.

[3] § 41 Abs. 1 Satz 2 neu gef. mWv VZ 2012 durch BeitrRLUmsG v. 7. 12. 2011 (BGBl. I S. 2592). Abs. 1 Satz 7 geänd. und Satz 10 angef. mWv 1. 1. 2017 durch G v. 18. 7. 2016 (BGBl. I S. 1679). Abs. 1 Satz 4 geänd. durch G v. 19. 6. 2020 (BGBl. I S. 1385). Abs. 1 Satz 4 geänd. mWv VZ 2024 durch JStG 2024 v. 2.12.2024 (BGBl. I Nr. 387).

zeichnen sind und Einzelheiten für eine elektronische Bereitstellung dieser Daten im Rahmen einer Lohnsteuer-Außenprüfung oder einer Lohnsteuer-Nachschau durch die Einrichtung einer einheitlichen digitalen Schnittstelle zu regeln. ⑧ Dabei können für Arbeitnehmer mit geringem Arbeitslohn und für die Fälle der §§ 40 bis 40 b Aufzeichnungserleichterungen sowie für steuerfreie Bezüge Aufzeichnungen außerhalb des Lohnkontos zugelassen werden. ⑨ Die Lohnkonten sind bis zum Ablauf des sechsten Kalenderjahres, das auf die zuletzt eingetragene Lohnzahlung folgt, aufzubewahren. ⑩ Die Aufbewahrungsfrist nach Satz 9 gilt abweichend von § 93 c Absatz 1 Nummer 4 der Abgabenordnung auch für die dort genannten Aufzeichnungen und Unterlagen.

(2) ① Betriebsstätte ist der Betrieb oder Teil des Betriebs des Arbeitgebers, in dem der für die Durchführung des Lohnsteuerabzugs maßgebende Arbeitslohn ermittelt wird. ② Wird der maßgebende Arbeitslohn nicht in dem Betrieb oder einem Teil des Betriebs des Arbeitgebers oder nicht im Inland ermittelt, so gilt als Betriebsstätte der Mittelpunkt der geschäftlichen Leitung des Arbeitgebers im Inland; im Fall des § 38 Absatz 1 Satz 1 Nummer 2 gilt als Betriebsstätte der Ort im Inland, an dem die Arbeitsleistung ganz oder vorwiegend stattfindet. ③ Als Betriebsstätte gilt auch der inländische Heimathafen deutscher Handelsschiffe, wenn die Reederei im Inland keine Niederlassung hat.

§ 41 a Anmeldung und Abführung der Lohnsteuer

(1)[1] ① Der Arbeitgeber hat spätestens am zehnten Tag nach Ablauf eines jeden Lohnsteuer-Anmeldungszeitraums

1.[2] dem Finanzamt, in dessen Bezirk sich die Betriebsstätte (§ 41 Absatz 2) befindet (Betriebsstättenfinanzamt), eine Steuererklärung einzureichen, in der er die Summen der im Lohnsteuer-Anmeldungszeitraum einzubehaltenden und zu übernehmenden Lohnsteuer, getrennt nach den Kalenderjahren in denen der Arbeitslohn bezogen wird oder als bezogen gilt, angibt (Lohnsteuer-Anmeldung),
2. die im Lohnsteuer-Anmeldungszeitraum insgesamt einbehaltene und übernommene Lohnsteuer an das Betriebsstättenfinanzamt abzuführen.

② Die Lohnsteuer-Anmeldung ist nach amtlich vorgeschriebenem Datensatz durch Datenfernübertragung zu übermitteln. ③ Auf Antrag kann das Finanzamt zur Vermeidung unbilliger Härten auf eine elektronische Übermittlung verzichten; in diesem Fall ist die Lohnsteuer-Anmeldung nach amtlich vorgeschriebenem Vordruck abzugeben und vom Arbeitgeber oder von einer zu seiner Vertretung berechtigten Person zu unterschreiben. ④ Der Arbeitgeber wird von der Verpflichtung zur Abgabe weiterer Lohnsteuer-Anmeldungen befreit, wenn er Arbeitnehmer, für die er Lohnsteuer einzubehalten oder zu übernehmen hat, nicht mehr beschäftigt und das dem Finanzamt mitteilt.

(2)[3] ① Lohnsteuer-Anmeldungszeitraum ist grundsätzlich der Kalendermonat. ② Lohnsteuer-Anmeldungszeitraum ist das Kalendervierteljahr, wenn die abzuführende Lohnsteuer für das vorangegangene Kalenderjahr mehr als 1 080 Euro, aber nicht mehr als 5 000 Euro betragen hat; Lohnsteuer-Anmeldungszeitraum ist das Kalenderjahr, wenn die abzuführende Lohnsteuer für das vorangegangene Kalenderjahr nicht mehr als 1 080 Euro betragen hat. ③ Hat die Betriebsstätte nicht während des ganzen vorangegangenen Kalenderjahres bestanden, so ist die für das vorangegangene Kalenderjahr abzuführende Lohnsteuer für die Feststellung des Lohnsteuer-Anmeldungszeitraums auf einen Jahresbetrag umzurechnen. ④ Wenn die Betriebsstätte im vorangegangenen Kalenderjahr noch nicht bestanden hat, ist die auf einen Jahresbetrag umgerechnete für den ersten vollen Kalendermonat nach der Eröffnung der Betriebsstätte abzuführende Lohnsteuer maßgebend.

(3) ① Die oberste Finanzbehörde des Landes kann bestimmen, dass die Lohnsteuer nicht dem Betriebsstättenfinanzamt, sondern einer anderen öffentlichen Kasse anzumelden und an diese abzuführen ist; die Kasse erhält insoweit die Stellung einer Landesfinanzbehörde. ② Das Betriebsstättenfinanzamt oder die zuständige andere öffentliche Kasse können anordnen, dass die Lohnsteuer abweichend von dem nach Absatz 1 maßgebenden Zeitpunkt anzumelden und abzuführen ist, wenn die Abführung der Lohnsteuer nicht gesichert erscheint.

(4)[4] ① Arbeitgeber, die eigene oder gecharterte Handelsschiffe betreiben, dürfen die anzumeldende und abzuführende Lohnsteuer abziehen und einbehalten, die auf den Arbeitslohn entfällt, der an die Besatzungsmitglieder für die Beschäftigungszeiten auf diesen Schiffen gezahlt wird. ② Die Handelsschiffe müssen in einem Seeschiffsregister eines Mitgliedstaates der Europäischen Union oder eines Staates, auf den das Abkommen über den Europäischen Wirtschaftsraum an-

---

[1] § 41 a Abs. 1 Satz 2 geänd. mWv 1. 1. 2017 durch G v. 18. 7. 2016 (BGBl. I S. 1679).

[2] § 41 a Abs. 1 Satz 1 Nr. 1 neu gef. mWv VZ 2021 durch JStG 2019 v. 12. 12. 2019 (BGBl. I S. 2451); zur erstmaligen Anwendung siehe § 52 Abs. 40 a Satz 1. Abs. 1 Satz 1 Nr. 1 geänd. durch JStG 2022 v. 16. 12. 2022 (BGBl. I S. 2294).

[3] § 41 a Abs. 2 Satz 2 Euro-Betrag erhöht mWv VZ 2015 durch KroatienAnpG v. 25. 7. 2014 (BGBl. I S. 1266). Abs. 2 Satz 2 Halbs. 1 Eurobetrag erhöht mWv VZ 2017 durch 2. BürokratEntlG v. 30. 6. 2017 (BGBl. I S. 2143).

[4] § 41 a Abs. 4 neu gef. durch G v. 12. 5. 2021 (BGBl. I S. 989); zur Anwendung siehe § 52 Abs. 40 a Sätze 3 und 4 iVm Bek. über die Anwendung des Gesetzes zur Verlängerung des erhöhten Lohnsteuereinbehalts in der Seeschifffahrt v. 29. 6. 2021 (BGBl. I S. 2247). Abs. 4 Satz 2 neu gef. durch G v. 19. 6. 2022 (BGBl. I S. 911); zur Anwendung siehe § 52 Abs. 40 a Satz 3.

wendbar ist, eingetragen sein, die Flagge eines dieser Staaten führen und zur Beförderung von Personen oder Gütern im Verkehr mit oder zwischen ausländischen Häfen, innerhalb eines ausländischen Hafens oder zwischen einem ausländischen Hafen und der Hohen See betrieben werden. ③ Die Sätze 1 und 2 sind entsprechend anzuwenden, wenn Seeschiffe im Wirtschaftsjahr überwiegend außerhalb der deutschen Hoheitsgewässer zum Schleppen, Bergen oder zur Aufsuchung von Bodenschätzen oder zur Vermessung von Energielagerstätten unter dem Meeresboden eingesetzt werden. ④ Bei Besatzungsmitgliedern, die auf Schiffen, einschließlich Ro-Ro-Fahrgastschiffen, arbeiten, die im regelmäßigen Personenbeförderungsdienst zwischen Häfen im Hoheitsgebiet der Mitgliedstaaten der Europäischen Union eingesetzt werden, gelten die Sätze 1 und 2 nur, wenn die Besatzungsmitglieder Staatsangehörige eines Mitgliedstaates der Europäischen Union oder eines Staates sind, auf den das Abkommen über den Europäischen Wirtschaftsraum anwendbar ist. ⑤ Bei Seeschiffen, die für Schlepp- und Baggerarbeiten genutzt werden, gelten die Sätze 1 und 2 nur, wenn es sich um seetüchtige Schlepper und Baggerschiffe mit Eigenantrieb handelt und die Schiffe während mindestens 50 Prozent ihrer Betriebszeit für Tätigkeiten auf See eingesetzt werden. ⑥ Ist für den Lohnsteuerabzug die Lohnsteuer nach der Steuerklasse V oder VI zu ermitteln, bemisst sich der Betrag nach Satz 1 nach der Lohnsteuer der Steuerklasse I.

§ 41 b Abschluss des Lohnsteuerabzugs

(1)[1] ① Bei Beendigung eines Dienstverhältnisses oder am Ende des Kalenderjahres hat der Arbeitgeber das Lohnkonto des Arbeitnehmers abzuschließen. ② Auf Grund der Aufzeichnungen im Lohnkonto hat der Arbeitgeber nach Abschluss des Lohnkontos für jeden Arbeitnehmer der für dessen Besteuerung nach dem Einkommen zuständigen Finanzbehörde nach Maßgabe des § 93c der Abgabenordnung neben den in § 93c Absatz 1 der Abgabenordnung genannten Daten insbesondere folgende Angaben zu übermitteln (elektronische Lohnsteuerbescheinigung):

1.[2] die abgerufenen elektronischen Lohnsteuerabzugsmerkmale oder die auf der entsprechenden Bescheinigung für den Lohnsteuerabzug eingetragenen Lohnsteuerabzugsmerkmale sowie die Bezeichnung und die Nummer des Finanzamts, an das die Lohnsteuer abgeführt worden ist,

2.[3] die Dauer des Dienstverhältnisses während des Kalenderjahres sowie die Anzahl der nach § 41 Absatz 1 Satz 5 vermerkten Großbuchstaben U,

3.[4] die Art und Höhe des gezahlten Arbeitslohns sowie den nach § 41 Absatz 1 Satz 6 vermerkten Großbuchstaben S,

4. die einbehaltene Lohnsteuer, den Solidaritätszuschlag und die Kirchensteuer,

5.[5] das Kurzarbeitergeld, das Qualifizierungsgeld, den Zuschuss zum Mutterschaftsgeld nach dem Mutterschutzgesetz, die Entschädigungen für Verdienstausfall nach dem Infektionsschutzgesetz vom 20. Juli 2000 (BGBl. I S. 1045), zuletzt geändert durch Artikel 11 § 3 des Gesetzes vom 6. August 2002 (BGBl. I S. 3082), in der jeweils geltenden Fassung, die nach § 3 Nummer 28 steuerfreien Aufstockungsbeträge oder Zuschläge sowie die nach § 3 Nummer 28 a steuerfreien Zuschüsse,

6.[6] die auf die Entfernungspauschale nach § 3 Nummer 15 Satz 3 und § 9 Absatz 1 Satz 3 Nummer 4 Satz 5 anzurechnenden steuerfreien Arbeitgeberleistungen,

7.[7] die auf die Entfernungspauschale nach § 40 Absatz 2 Satz 2 Nummer 1 2. Halbsatz anzurechnenden pauschal besteuerten Arbeitgeberleistungen,

8.[8] für die dem Arbeitnehmer zur Verfügung gestellten Mahlzeiten nach § 8 Absatz 2 Satz 8 den Großbuchstaben M,

9. für die steuerfreie Sammelbeförderung nach § 3 Nummer 32 den Großbuchstaben F,

10. die nach § 3 Nummer 13 und 16 steuerfrei gezahlten Verpflegungszuschüsse und Vergütungen bei doppelter Haushaltsführung,

11. Beiträge zu den gesetzlichen Rentenversicherungen und an berufsständische Versorgungseinrichtungen, getrennt nach Arbeitgeber- und Arbeitnehmeranteil,

12. die nach § 3 Nummer 62 gezahlten Zuschüsse zur Kranken- und Pflegeversicherung,

---

[1] § 41 b Abs. 1 Sätze 4 bis 6 neu gef. mWv VZ 2012 durch BeitrRLUmsG v. 7. 12. 2011 (BGBl. I S. 2592). Abs. 1 Sätze 3 und 4 geänd. mWv VZ 2014 durch KroatienAnpG v. 25. 7. 2014 (BGBl. I S. 1266). Abs. 1 Satz 2 einl. Satzteil und Satz 3 neu gef., Abs. 1 Satz 6 geänd. mWv 1. 1. 2017 durch G v. 18. 7. 2016 (BGBl. I S. 1679). Abs. 1 Sätze 4 und 5 geänd. mWv VZ 2020 durch JStG 2019 v. 12. 12. 2019 (BGBl. I S. 2451).

[2] § 41 b Abs. 1 Satz 2 Nr. 1 neu gef. mWv 1. 1. 2017 durch G v. 18. 7. 2016 (BGBl. I S. 1679).

[3] § 41 b Abs. 1 Satz 2 Nr. 2 geänd. mWv 1. 1. 2017 durch G v. 18. 7. 2016 (BGBl. I S. 1679).

[4] § 41 b Abs. 1 Satz 2 Nr. 3 geänd. mWv VZ 2014 durch KroatienAnpG v. 25. 7. 2014 (BGBl. I S. 1266).

[5] § 41 b Abs. 1 Satz 2 Nr. 5 geänd. mWv 1. 1. 2017 durch G v. 18. 7. 2016 (BGBl. I S. 1679). Abs. 1 Satz 2 Nr. 5 geänd. durch G v. 19. 6. 2020 (BGBl. I S. 1385). Abs. 1 Satz 2 Nr. 5 geänd. mWv 1.1.2024 durch JStG 2024 v. 2.12.2024 (BGBl. I Nr. 387).

[6] § 41 b Abs. 1 Satz 2 Nr. 6 geänd. mWv VZ 2014 durch KroatienAnpG v. 25. 7. 2014 (BGBl. I S. 1266). Abs. 1 Satz 2 Nr. 6 neu gef. durch JStG 2019 v. 12. 12. 2019 (BGBl. I S. 2451).

[7] § 41 b Abs. 1 Satz 2 Nr. 7 geänd. mWv VZ 2014 durch KroatienAnpG v. 25. 7. 2014 (BGBl. I S. 1266). Abs. 1 Satz 2 Nr. 7 neu gef. durch JStG 2019 v. 12. 12. 2019 (BGBl. I S. 2451).

[8] § 41 b Abs. 1 Satz 2 Nr. 8 neu gef. mWv VZ 2014 durch UntStReisekÄndG v. 20. 2. 2013 (BGBl. I S. 285).

13. die Beiträge des Arbeitnehmers zur gesetzlichen Krankenversicherung und zur sozialen Pflegeversicherung,
14. die Beiträge des Arbeitnehmers zur Arbeitslosenversicherung.

[bis 31. 12. 2023: *15. den nach § 39 b Absatz 2 Satz 5 Nummer 3 Buchstabe d berücksichtigten Teilbetrag der Vorsorgepauschale.*][1]

③ Der Arbeitgeber hat dem Arbeitnehmer die elektronische Lohnsteuerbescheinigung nach amtlich vorgeschriebenem Muster binnen angemessener Frist als Ausdruck auszuhändigen oder elektronisch bereitzustellen. ④ Soweit der Arbeitgeber nicht zur elektronischen Übermittlung nach Absatz 1 Satz 2 verpflichtet ist, hat er nach Ablauf des Kalenderjahres oder wenn das Dienstverhältnis vor Ablauf des Kalenderjahres beendet wird, eine Lohnsteuerbescheinigung nach amtlich vorgeschriebenem Muster auszustellen und an das Betriebsstättenfinanzamt bis zum letzten Tag des Monats Februar des auf den Abschluss des Lohnkontos folgenden Kalenderjahres zu übersenden. ⑤ Er hat dem Arbeitnehmer eine Zweitausfertigung dieser Bescheinigung auszuhändigen. ⑥ Nicht ausgehändigte Lohnsteuerbescheinigungen hat der Arbeitgeber dem Betriebsstättenfinanzamt einzureichen.

(2)[2] ① Ist dem Arbeitgeber die Identifikationsnummer (§ 139 b der Abgabenordnung) des Arbeitnehmers nicht bekannt, hat er bis zum Veranlagungszeitraum 2022 für die Datenübermittlung nach Absatz 1 Satz 2 aus dem Namen, Vornamen und Geburtsdatum des Arbeitnehmers ein Ordnungsmerkmal nach amtlich festgelegter Regel für den Arbeitnehmer zu bilden und das Ordnungsmerkmal zu verwenden. ② Er darf das lohnsteuerliche Ordnungsmerkmal nur für die Zuordnung der elektronischen Lohnsteuerbescheinigung oder sonstiger für das Besteuerungsverfahren erforderlicher Daten zu einem bestimmten Steuerpflichtigen und für Zwecke des Besteuerungsverfahrens verarbeiten oder bilden.

(2 a)[3] *(aufgehoben)*

(3)[4] ① Ein Arbeitgeber ohne maschinelle Lohnabrechnung, der ausschließlich Arbeitnehmer im Rahmen einer geringfügigen Beschäftigung in seinem Privathaushalt im Sinne des § 8 a des Vierten Buches Sozialgesetzbuch beschäftigt und keine elektronische Lohnsteuerbescheinigung erteilt, hat anstelle der elektronischen Lohnsteuerbescheinigung eine entsprechende Lohnsteuerbescheinigung nach amtlich vorgeschriebenem Muster auszustellen und an das Betriebsstättenfinanzamt bis zum letzten Tag des Monats Februar des auf den Abschluss des Lohnkontos folgenden Kalenderjahres zu übersenden. ② Der Arbeitgeber hat dem Arbeitnehmer nach Ablauf des Kalenderjahres oder nach Beendigung des Dienstverhältnisses, wenn es vor Ablauf des Kalenderjahres beendet wird, eine Zweitausfertigung der Lohnsteuerbescheinigung auszuhändigen. ③ Nicht ausgehändigte Lohnsteuerbescheinigungen hat der Arbeitgeber dem Betriebsstättenfinanzamt einzureichen.

(4)[5] ① In den Fällen des Absatzes 1 ist für die Anwendung des § 72 a Absatz 4 und des § 93 c Absatz 4 Satz 1 der Abgabenordnung sowie für die Anwendung des Absatzes 2 a das Betriebsstättenfinanzamt des Arbeitgebers zuständig. ② Sind für einen Arbeitgeber mehrere Betriebsstättenfinanzämter zuständig, so ist das Finanzamt zuständig, in dessen Bezirk sich die Geschäftsleitung des Arbeitgebers im Inland befindet. ③ Ist dieses Finanzamt kein Betriebsstättenfinanzamt, so ist das Finanzamt zuständig, in dessen Bezirk sich die Betriebsstätte mit den meisten Arbeitnehmern befindet.

(5)[6] ① Die nach Absatz 1 übermittelten Daten können durch das nach Absatz 4 zuständige Finanzamt zum Zweck der Anwendung des § 72 a Absatz 4 und des § 93 c Absatz 4 Satz 1 der Abgabenordnung verarbeitet werden. ② Zur Überprüfung der Ordnungsmäßigkeit der Einbehaltung und Abführung der Lohnsteuer können diese Daten auch von den hierfür zuständigen Finanzbehörden bei den für die Besteuerung der Arbeitnehmer nach dem Einkommen zuständigen Finanzbehörden verarbeitet werden.

(6)[7] Die Absätze 1 bis 5 gelten nicht für Arbeitnehmer, soweit sie Arbeitslohn bezogen haben, der nach den §§ 40 bis 40 b pauschal besteuert worden ist.

---

[1] § 41 b Abs. 1 Satz 2 Nr. 15 aufgeh. **mWv 1. 1. 2026** durch JStG 2020 v. 21. 12. 2020 (BGBl. I S. 3096, BGBl. I Nr. 411); zur Anwendung siehe § 52 Abs. 36 Satz 3.

[2] § 41 b Abs. 2 neu gef. mWv VZ 2014 durch KroatienAnpG v. 25. 7. 2014 (BGBl. I S. 1266). Abs. 2 Satz 2 geänd. mWv VZ 2019 durch 2. DSAnpUG-EU v. 20. 11. 2019 (BGBl. I S. 1626). Abs. 2 Satz 1 geänd. mWv VZ 2020 durch JStG 2019 v. 12. 12. 2019 (BGBl. I S. 2451).

[3] § 41 b Abs. 2 a aufgeh. mWv VZ 2019 durch 2. DSAnpUG-EU v. 20. 11. 2019 (BGBl. I S. 1626).

[4] § 41 b Abs. 3 Satz 1 geänd., Satz 2 neu gef. und Satz 3 aufgeh., bish. Satz 4 wird neuer Satz 3 mWv VZ 2012 durch BeitrRLUmsG v. 7. 12. 2011 (BGBl. I S. 2592). Abs. 3 Sätze 2 und 3 neu gef. mWv 1. 1. 2017 durch G v. 18. 7. 2016 (BGBl. I S. 1679). Abs. 3 Sätze 1 und 2 geänd. mWv VZ 2020 durch JStG 2019 v. 12. 12. 2019 (BGBl. I S. 2451).

[5] § 41 b Abs. 4 neu gef. mWv 1. 1. 2017 durch G v. 18. 7. 2016 (BGBl. I S. 1679).

[6] § 41 b Abs. 5 angef. mWv 1. 1. 2017 durch G v. 18. 7. 2016 (BGBl. I S. 1679). Abs. 5 Sätze 1 und 2 geänd. mWv 26. 11. 2019 durch das 2. DSAnpUG-EU v. 20. 11. 2019 (BGBl. I S. 1626).

[7] § 41 b Abs. 6 angef. mWv 1. 1. 2017 durch G v. 18. 7. 2016 (BGBl. I S. 1679).

§ 41 c Änderung des Lohnsteuerabzugs

(1)[1] ① Der Arbeitgeber ist berechtigt, bei der jeweils nächstfolgenden Lohnzahlung bisher erhobene Lohnsteuer zu erstatten oder noch nicht erhobene Lohnsteuer nachträglich einzubehalten,

1. wenn ihm elektronische Lohnsteuerabzugsmerkmale zum Abruf zur Verfügung gestellt werden oder ihm der Arbeitnehmer eine Bescheinigung für den Lohnsteuerabzug mit Eintragungen vorlegt, die auf einen Zeitpunkt vor Abruf der Lohnsteuerabzugsmerkmale oder vor Vorlage der Bescheinigung für den Lohnsteuerabzug zurückwirken, oder
2. wenn er erkennt, dass er die Lohnsteuer bisher nicht vorschriftsmäßig einbehalten hat; dies gilt auch bei rückwirkender Gesetzesänderung.

② In den Fällen **[ab 1. 1. 2026:** des Satzes 1 Nummer 1, wenn es sich um Lohnsteuerabzugsmerkmale nach § 39 Absatz 4 Nummer 4 handelt, und in den Fällen**]** des Satzes 1 Nummer 2 ist der Arbeitgeber jedoch verpflichtet, wenn ihm dies wirtschaftlich zumutbar ist.

(2) ① Die zu erstattende Lohnsteuer ist dem Betrag zu entnehmen, den der Arbeitgeber für seine Arbeitnehmer insgesamt an Lohnsteuer einbehalten oder übernommen hat. ② Wenn die zu erstattende Lohnsteuer aus dem Betrag nicht gedeckt werden kann, der insgesamt an Lohnsteuer einzubehalten oder zu übernehmen ist, wird der Fehlbetrag dem Arbeitgeber auf Antrag vom Betriebsstättenfinanzamt ersetzt.

(3)[2] ① Nach Ablauf des Kalenderjahres oder, wenn das Dienstverhältnis vor Ablauf des Kalenderjahres endet, nach Beendigung des Dienstverhältnisses, ist die Änderung des Lohnsteuerabzugs nur bis zur Übermittlung oder Ausschreibung der Lohnsteuerbescheinigung zulässig. ② Bei Änderung des Lohnsteuerabzugs nach Ablauf des Kalenderjahres ist die nachträglich einzubehaltende Lohnsteuer nach dem Jahresarbeitslohn zu ermitteln. ③ Eine Erstattung von Lohnsteuer ist nach Ablauf des Kalenderjahres nur im Wege des Lohnsteuerjahresausgleichs nach § 42 b zulässig. ④ Eine Minderung der einzubehaltenden und zu übernehmenden Lohnsteuer (§ 41 a Absatz 1 Satz 1 Nummer 1) nach § 164 Absatz 2 Satz 1 der Abgabenordnung ist nach der Übermittlung oder Ausschreibung der Lohnsteuerbescheinigung nur dann zulässig, wenn sich der Arbeitnehmer ohne vertraglichen Anspruch und gegen den Willen des Arbeitgebers Beträge verschafft hat, für die Lohnsteuer einbehalten wurde. ⑤ In diesem Fall hat der Arbeitgeber die bereits übermittelte oder ausgestellte Lohnsteuerbescheinigung zu berichtigen und sie als geändert gekennzeichnet an die Finanzverwaltung zu übermitteln; § 41 b Absatz 1 gilt entsprechend. ⑥ Der Arbeitgeber hat seinen Antrag zu begründen und die Lohnsteuer-Anmeldung (§ 41 a Absatz 1 Satz 1) zu berichtigen.

(4)[3] ① Der Arbeitgeber hat die Fälle, in denen er die Lohnsteuer nach Absatz 1 nicht nachträglich einbehält oder die Lohnsteuer nicht nachträglich einbehalten kann, weil

1. der Arbeitnehmer vom Arbeitgeber Arbeitslohn nicht mehr bezieht oder
2. der Arbeitgeber nach Ablauf des Kalenderjahres bereits die Lohnsteuerbescheinigung übermittelt oder ausgeschrieben hat,

dem Betriebsstättenfinanzamt unverzüglich **[ab VZ 2026:** elektronisch**]** anzuzeigen. ② Das Finanzamt hat die zuwenig erhobene Lohnsteuer vom Arbeitnehmer nachzufordern, wenn der nachzufordernde Betrag 10 Euro übersteigt. ③ § 42 d bleibt unberührt.

§§ 42 und 42 a *(weggefallen)*

§ 42 b Lohnsteuer-Jahresausgleich durch den Arbeitgeber

(1)[4] ① Der Arbeitgeber ist berechtigt, seinen Arbeitnehmern, die während des abgelaufenen Kalenderjahres (Ausgleichsjahr) ständig in einem zu ihm bestehenden Dienstverhältnis gestanden haben, die für das Ausgleichsjahr einbehaltene Lohnsteuer insoweit zu erstatten, als sie die auf den Jahresarbeitslohn entfallende Jahreslohnsteuer übersteigt (Lohnsteuer-Jahresausgleich). ② Er ist zur Durchführung des Lohnsteuer-Jahresausgleichs verpflichtet, wenn er am 31. Dezember des Ausgleichsjahres mindestens zehn Arbeitnehmer beschäftigt. ③ Der Arbeitgeber darf den Lohnsteuer-Jahresausgleich nicht durchführen, wenn

1. der Arbeitnehmer es beantragt oder
2. der Arbeitnehmer für das Ausgleichsjahr oder für einen Teil des Ausgleichsjahres nach den Steuerklassen V oder VI zu besteuern war oder

---

[1] § 41 c Abs. 1 Satz 1 Nr. 1 neu gef. mWv VZ 2012 durch BeitrRLUmsG v. 7. 12. 2011 (BGBl. I S. 2592). § 41 c Abs. 1 Satz 2 geänd. **mWv 1. 1. 2026** durch JStG 2020 v. 21. 12. 2020 (BGBl. I S. 3096, BGBl. I Nr. 411); zur Anwendung siehe § 52 Abs. 36 Satz 3.

[2] § 41 c Abs. 3 Sätze 4 bis 6 angef. mWv 1. 1. 2014 durch KroatienAnpG v. 25. 7. 2014 (BGBl. I S. 1266).

[3] § 41 c Abs. 4 Satz 1 Nr. 1 aufgeh., bish. Nr. 2 und 3 werden Nr. 1 und 2 mWv VZ 2012 durch BeitrRLUmsG v. 7. 12. 2011 (BGBl. I S. 2592). Abs. 4 Satz 1 abschl. Satzteil geänd. **mWv VZ 2026** durch JStG 2024 v. 2.12.2024 (BGBl. I Nr. 387).

[4] § 42 b Abs. 1 Satz 1 geänd. und Satz 3 aufgeh., bish. Satz 4 wird neuer Satz 3 mWv VZ 2012 durch BeitrRLUmsG v. 7. 12. 2011 (BGBl. I S. 2592). Abs. 1 Satz 1 geänd. mWv VZ 2020 durch JStG 2019 v. 12. 12. 2019 (BGBl. I S. 2451). Abs. 1 Satz 4 angef. mWv VZ 2024 durch JStG 2024 v. 2.12.2024 (BGBl. I Nr. 387).

3. der Arbeitnehmer für einen Teil des Ausgleichsjahres nach den Steuerklassen II, III oder IV zu besteuern war oder

3a. bei der Lohnsteuerberechnung ein Freibetrag oder Hinzurechnungsbetrag zu berücksichtigen war oder

3b. das Faktorverfahren angewandt wurde oder

4.[1] der Arbeitnehmer im Ausgleichsjahr Kurzarbeitergeld, das Qualifizierungsgeld, Zuschuss zum Mutterschaftsgeld nach dem Mutterschutzgesetz, Zuschuss bei Beschäftigungsverboten für die Zeit vor oder nach einer Entbindung sowie für den Entbindungstag während einer Elternzeit nach beamtenrechtlichen Vorschriften, Entschädigungen für Verdienstausfall nach dem Infektionsschutzgesetz vom 20. Juli 2000 (BGBl. I S. 1045), nach § 3 Nummer 28 steuerfreie Aufstockungsbeträge oder Zuschläge oder nach § 3 Nummer 28a steuerfreie Zuschüsse bezogen hat oder

4a. die Anzahl der im Lohnkonto oder in der Lohnsteuerbescheinigung eingetragenen Großbuchstaben U mindestens eins beträgt oder

5.[2] für den Arbeitnehmer im Ausgleichsjahr im Rahmen der Vorsorgepauschale jeweils nur zeitweise Beträge nach § 39b Absatz 2 Satz 5 Nummer 3 *Buchstabe a bis d* **[ab 1. 1. 2026:** Buchstabe a bis e] oder der Beitragszuschlag nach § 39b Absatz 2 Satz 5 Nummer 3 Buchstabe c berücksichtigt wurden oder sich im Ausgleichsjahr der Zusatzbeitragssatz (§ 39b Absatz 2 Satz 5 Nummer 3 Buchstabe b) geändert hat oder

5a.[3] für den Arbeitnehmer im Ausgleichsjahr im Rahmen der Vorsorgepauschale im Zusammenhang mit der Pflegeversicherung unterschiedliche Abschläge (§ 39b Absatz 2 Satz 5 Nummer 3 Buchstabe c) berücksichtigt wurden oder

6.[4] der Arbeitnehmer im Ausgleichsjahr ausländische Einkünfte aus nichtselbständiger Arbeit bezogen hat, von denen keine inländische Lohnsteuer einbehalten wurde.

④ Bei der Anwendung von Satz 3 bleiben die Verhältnisse aus einem Dienstverhältnis zu einem anderen Arbeitgeber unberücksichtigt.

(2)[5] ① Für den Lohnsteuer-Jahresausgleich hat der Arbeitgeber den Jahresarbeitslohn aus dem zu ihm bestehenden Dienstverhältnis festzustellen. ② Vom Jahresarbeitslohn sind der etwa in Betracht kommende Versorgungsfreibetrag und Zuschlag zum Versorgungsfreibetrag und der etwa in Betracht kommende Altersentlastungsbetrag abzuziehen. ③ Für den so geminderten Jahresarbeitslohn ist die Jahreslohnsteuer nach § 39b Absatz 2 Satz 6 und 7 zu ermitteln nach Maßgabe der Steuerklasse, die für den letzten Lohnzahlungszeitraum des Ausgleichsjahres als elektronisches Lohnsteuerabzugsmerkmal abgerufen oder auf der Bescheinigung für den Lohnsteuerabzug oder etwaigen Mitteilungen über Änderungen zuletzt eingetragen wurde. ④ Den Betrag, um den die sich hiernach ergebende Jahreslohnsteuer die Lohnsteuer unterschreitet, die von dem zugrunde gelegten Jahresarbeitslohn insgesamt erhoben worden ist, hat der Arbeitgeber dem Arbeitnehmer zu erstatten.

(3)[6] ① Der Arbeitgeber darf den Lohnsteuer-Jahresausgleich frühestens bei der Lohnabrechnung für den letzten im Ausgleichsjahr endenden Lohnzahlungszeitraum, spätestens bei der Lohnabrechnung für den letzten Lohnzahlungszeitraum, der im Monat Februar des dem Ausgleichsjahr folgenden Kalenderjahres endet, durchführen. ② Die zu erstattende Lohnsteuer ist dem Betrag zu entnehmen, den der Arbeitgeber für seine Arbeitnehmer für den Lohnzahlungszeitraum insgesamt an Lohnsteuer erhoben hat. ③ § 41c Absatz 2 Satz 2 ist anzuwenden.

(4)[7] ① Im Lohnkonto für das Ausgleichsjahr ist die im Lohnsteuer-Jahresausgleich erstattete Lohnsteuer gesondert einzutragen. ② In der Lohnsteuerbescheinigung für das Ausgleichsjahr ist der sich nach Verrechnung der erhobenen Lohnsteuer mit der erstatteten Lohnsteuer ergebende Betrag als erhobene Lohnsteuer einzutragen.

§ 42c *(weggefallen)*

§ 42d Haftung des Arbeitgebers und Haftung bei Arbeitnehmerüberlassung

(1) Der Arbeitgeber haftet

1. für die Lohnsteuer, die er einzubehalten und abzuführen hat,
2. für die Lohnsteuer, die er beim Lohnsteuer-Jahresausgleich zu Unrecht erstattet hat,

---

[1] § 42b Abs. 1 Satz 3 Nr. 4 geänd. durch G v. 19. 6. 2020 (BGBl. I S. 1385). § 42b Abs. 1 Satz 3 Nr. 4 geänd. durch JStG 2024 v. 2. 12. 2024 (BGBl. I Nr. 387).

[2] § 42b Abs. 1 Satz 3 Nr. 5 Satzteile angef. mWv VZ 2015 durch KroatienAnpG v. 25. 7. 2014 (BGBl. I S. 1266). Abs. 1 Satz 3 Nr. 5 geänd. **mWv 1. 1. 2026** durch JStG 2020 v. 21. 12. 2020 (BGBl. I S. 3096, BGBl. I Nr. 411); zur Anwendung siehe § 52 Abs. 36 Satz 3.

[3] § 42b Abs. 1 Satz 3 Nr. 5a eingef. mWv VZ 2024 durch JStG 2024 v. 2.12.2024 (BGBl. I Nr. 387).

[4] § 42b Abs. 1 Satz 3 Nr. 6 geänd. mWv VZ 2024 durch JStG 2024 v. 2.12.2024 (BGBl. I Nr. 387).

[5] § 42b Abs. 2 Satz 1 geänd., Satz 4 neu gef. mWv VZ 2012 durch BeitrRLUmsG v. 7. 12. 2011 (BGBl. I S. 2592). Abs. 2 Satz 4 geänd. durch JStG 2020 v. 21. 12. 2020 (BGBl. I S. 3096). Abs. 2 Sätze 2 und 6 aufgeh., Sätze 3 bis 5 werden Sätze 2 bis 4 mWv 1.1.2025 durch WachstumschancenG v. 27.3.2024 (BGBl. I Nr. 108).

[6] § 42b Abs. 3 Satz 1 geänd. mWv 1. 1. 2017 durch G v. 18. 7. 2016 (BGBl. I S. 1679).

[7] § 42b Abs. 4 Satz 1 aufgeh., bish. Sätze 2 und 3 werden Sätze 1 und 2 mWv VZ 2012 durch BeitrRLUmsG v. 7. 12. 2011 (BGBl. I S. 2592).

3. für die Einkommensteuer (Lohnsteuer), die auf Grund fehlerhafter Angaben im Lohnkonto oder in der Lohnsteuerbescheinigung verkürzt wird,

4. für die Lohnsteuer, die in den Fällen des § 38 Absatz 3 a der Dritte zu übernehmen hat.

(2)[1] Der Arbeitgeber haftet nicht, soweit Lohnsteuer nach § 39 Absatz 5 oder § 39 a Absatz 5 nachzufordern ist und in den vom Arbeitgeber angezeigten Fällen des § 38 Absatz 4 Satz 2 und 3 und des § 41 c Absatz 4.

(3) ① Soweit die Haftung des Arbeitgebers reicht, sind der Arbeitgeber und der Arbeitnehmer Gesamtschuldner. ② Das Betriebsstättenfinanzamt kann die Steuerschuld oder Haftungsschuld nach pflichtgemäßem Ermessen gegenüber jedem Gesamtschuldner geltend machen. ③ Der Arbeitgeber kann auch dann in Anspruch genommen werden, wenn der Arbeitnehmer zur Einkommensteuer veranlagt wird. ④ Der Arbeitnehmer kann im Rahmen der Gesamtschuldnerschaft nur in Anspruch genommen werden,

1. wenn der Arbeitgeber die Lohnsteuer nicht vorschriftsmäßig vom Arbeitslohn einbehalten hat,

2. wenn der Arbeitnehmer weiß, dass der Arbeitgeber die einbehaltene Lohnsteuer nicht vorschriftsmäßig angemeldet hat. ② Dies gilt nicht, wenn der Arbeitnehmer den Sachverhalt dem Finanzamt unverzüglich mitgeteilt hat.

(4) ① Für die Inanspruchnahme des Arbeitgebers bedarf es keines Haftungsbescheids und keines Leistungsgebots, soweit der Arbeitgeber

1. die einzubehaltende Lohnsteuer angemeldet hat oder

2. nach Abschluss einer Lohnsteuer-Außenprüfung seine Zahlungsverpflichtung schriftlich anerkennt.

② Satz 1 gilt entsprechend für die Nachforderung zu übernehmender pauschaler Lohnsteuer.

(5) Von der Geltendmachung der Steuernachforderung oder Haftungsforderung ist abzusehen, wenn diese insgesamt 10 Euro nicht übersteigt.

(6)[2] ① Soweit einem Dritten (Entleiher) Arbeitnehmer im Sinne des § 1 Absatz 1 Satz 1 des Arbeitnehmerüberlassungsgesetzes in der Fassung der Bekanntmachung vom 3. Februar 1995 (BGBl. I S. 158), das zuletzt durch Artikel 26 des Gesetzes vom 20. Dezember 2011 (BGBl. I S. 2854) geändert worden ist, zur Arbeitsleistung überlassen werden, haftet er mit Ausnahme der Fälle, in denen eine Arbeitnehmerüberlassung nach § 1 Absatz 3 des Arbeitnehmerüberlassungsgesetzes vorliegt, neben dem Arbeitgeber. ② Der Entleiher haftet nicht, wenn der Überlassung eine Erlaubnis nach § 1 des Arbeitnehmerüberlassungsgesetzes in der jeweils geltenden Fassung zugrunde liegt und soweit er nachweist, dass er den nach § 51 Absatz 1 Nummer 2 Buchstabe d vorgesehenen Mitwirkungspflichten nachgekommen ist. ③ Der Entleiher haftet ferner nicht, wenn er über das Vorliegen einer Arbeitnehmerüberlassung ohne Verschulden irrte. ④ Die Haftung beschränkt sich auf die Lohnsteuer für die Zeit, für die ihm der Arbeitnehmer überlassen worden ist. ⑤ Soweit die Haftung des Entleihers reicht, sind der Arbeitgeber, der Entleiher und der Arbeitnehmer Gesamtschuldner. ⑥ Der Entleiher darf auf Zahlung nur in Anspruch genommen werden, soweit die Vollstreckung in das inländische bewegliche Vermögen des Arbeitgebers fehlgeschlagen ist oder keinen Erfolg verspricht; § 219 Satz 2 der Abgabenordnung ist entsprechend anzuwenden. ⑦ Ist durch die Umstände der Arbeitnehmerüberlassung die Lohnsteuer schwer zu ermitteln, so ist die Haftungsschuld mit 15 Prozent des zwischen Verleiher und Entleiher vereinbarten Entgelts ohne Umsatzsteuer anzunehmen, solange der Entleiher nicht glaubhaft macht, dass die Lohnsteuer, für die er haftet, niedriger ist. ⑧ Die Absätze 1 bis 5 sind entsprechend anzuwenden. ⑨ Die Zuständigkeit des Finanzamts richtet sich nach dem Ort der Betriebsstätte des Verleihers.

(7) Soweit der Entleiher Arbeitgeber ist, haftet der Verleiher wie ein Entleiher nach Absatz 6.

(8) ① Das Finanzamt kann hinsichtlich der Lohnsteuer der Leiharbeitnehmer anordnen, dass der Entleiher einen bestimmten Teil des mit dem Verleiher vereinbarten Entgelts einzubehalten und abzuführen hat, wenn dies zur Sicherung des Steueranspruchs notwendig ist; Absatz 6 Satz 4 ist anzuwenden. ② Der Verwaltungsakt kann auch mündlich erlassen werden. ③ Die Höhe des einzubehaltenden und abzuführenden Teils des Entgelts bedarf keiner Begründung, wenn der in Absatz 6 Satz 7 genannte Prozentsatz nicht überschritten wird.

(9) ① Der Arbeitgeber haftet auch dann, wenn ein Dritter nach § 38 Absatz 3 a dessen Pflichten trägt. ② In diesen Fällen haftet der Dritte neben dem Arbeitgeber. ③ Soweit die Haftung des Dritten reicht, sind der Arbeitgeber, der Dritte und der Arbeitnehmer Gesamtschuldner. ④ Absatz 3 Satz 2 bis 4 ist anzuwenden; Absatz 4 gilt auch für die Inanspruchnahme des Dritten. ⑤ Im Fall des § 38 Absatz 3 a Satz 2 beschränkt sich die Haftung des Dritten auf die Lohnsteuer, die für die Zeit zu erheben ist, für die er sich gegenüber dem Arbeitgeber zur Vornahme des Lohnsteuerabzugs verpflichtet hat; der maßgebende Zeitraum endet nicht, bevor der Dritte seinem Betriebsstättenfinanzamt die Beendigung seiner Verpflichtung gegenüber dem Arbeitgeber angezeigt hat. ⑥ In den Fällen des § 38 Absatz 3 a Satz 7 ist als Haftungsschuld der Betrag zu ermitteln, um den

[1] § 42 d Abs. 2 Verweis geänd. durch BeitrRLUmsG v. 7. 12. 2011 (BGBl. I S. 2592).
[2] § 42 d Abs. 6 Sätze 1 und 2 geänd. mWv VZ 2013 durch AmtshilfeRLUmsG v. 26. 6. 2013 (BGBl. I S. 1809).

die Lohnsteuer, die für den gesamten Arbeitslohn des Lohnzahlungszeitraums zu berechnen und einzubehalten ist, die insgesamt tatsächlich einbehaltene Lohnsteuer übersteigt. ⑦ Betrifft die Haftungsschuld mehrere Arbeitgeber, so ist sie bei fehlerhafter Lohnsteuerberechnung nach dem Verhältnis der Arbeitslöhne und für nachträglich zu erfassende Arbeitslohnbeträge nach dem Verhältnis dieser Beträge auf die Arbeitgeber aufzuteilen. ⑧ In den Fällen des § 38 Absatz 3 a ist das Betriebsstättenfinanzamt des Dritten für die Geltendmachung der Steuer- oder Haftungsschuld zuständig.

§ 42 e Anrufungsauskunft

① Das Betriebsstättenfinanzamt hat auf Anfrage eines Beteiligten darüber Auskunft zu geben, ob und inwieweit im einzelnen Fall die Vorschriften über die Lohnsteuer anzuwenden sind. ② Sind für einen Arbeitgeber mehrere Betriebsstättenfinanzämter zuständig, so erteilt das Finanzamt die Auskunft, in dessen Bezirk sich die Geschäftsleitung (§ 10 der Abgabenordnung) des Arbeitgebers im Inland befindet. ③ Ist dieses Finanzamt kein Betriebsstättenfinanzamt, so ist das Finanzamt zuständig, in dessen Bezirk sich die Betriebsstätte mit den meisten Arbeitnehmern befindet. ④ In den Fällen der Sätze 2 und 3 hat der Arbeitgeber sämtliche Betriebsstättenfinanzämter, das Finanzamt der Geschäftsleitung und erforderlichenfalls die Betriebsstätte mit den meisten Arbeitnehmern anzugeben sowie zu erklären, für welche Betriebsstätten die Auskunft von Bedeutung ist.

§ 42 f Lohnsteuer-Außenprüfung

(1) Für die Außenprüfung der Einbehaltung oder Übernahme und Abführung der Lohnsteuer ist das Betriebsstättenfinanzamt zuständig.

(2)[1] ① Für die Mitwirkungspflicht des Arbeitgebers bei der Außenprüfung gilt § 200 der Abgabenordnung. ② Darüber hinaus haben die Arbeitnehmer des Arbeitgebers dem mit der Prüfung Beauftragten jede gewünschte Auskunft über Art und Höhe ihrer Einnahmen zu geben und auf Verlangen die etwa in ihrem Besitz befindlichen Bescheinigungen für den Lohnsteuerabzug sowie die Belege über bereits entrichtete Lohnsteuer vorzulegen. ③ Dies gilt auch für Personen, bei denen es streitig ist, ob sie Arbeitnehmer des Arbeitgebers sind oder waren.

(3) ① In den Fällen des § 38 Absatz 3 a ist für die Außenprüfung das Betriebsstättenfinanzamt des Dritten zuständig; § 195 Satz 2 der Abgabenordnung bleibt unberührt. ② Die Außenprüfung ist auch beim Arbeitgeber zulässig; dessen Mitwirkungspflichten bleiben neben den Pflichten des Dritten bestehen.

(4) Auf Verlangen des Arbeitgebers können die Außenprüfung und die Prüfung durch die Träger der Rentenversicherung (§ 28 p des Vierten Buches Sozialgesetzbuch) zur gleichen Zeit durchgeführt werden.

§ 42 g[2] Lohnsteuer-Nachschau

(1) ① Die Lohnsteuer-Nachschau dient der Sicherstellung einer ordnungsgemäßen Einbehaltung und Abführung der Lohnsteuer. ② Sie ist ein besonderes Verfahren zur zeitnahen Aufklärung steuererheblicher Sachverhalte.

(2) ① Eine Lohnsteuer-Nachschau findet während der üblichen Geschäfts- und Arbeitszeiten statt. ② Dazu können die mit der Nachschau Beauftragten ohne vorherige Ankündigung und außerhalb einer Lohnsteuer-Außenprüfung Grundstücke und Räume von Personen, die eine gewerbliche oder berufliche Tätigkeit ausüben, betreten. ③ Wohnräume dürfen gegen den Willen des Inhabers nur zur Verhütung dringender Gefahren für die öffentliche Sicherheit und Ordnung betreten werden.

(3) ① Die von der Lohnsteuer-Nachschau betroffenen Personen haben dem mit der Nachschau Beauftragten auf Verlangen Lohn- und Gehaltsunterlagen, Aufzeichnungen, Bücher, Geschäftspapiere und andere Urkunden über die der Lohnsteuer-Nachschau unterliegenden Sachverhalte vorzulegen und Auskünfte zu erteilen, soweit dies zur Feststellung einer steuerlichen Erheblichkeit zweckdienlich ist. ② § 42 f Absatz 2 Satz 2 und 3 gilt sinngemäß.

(4) ① Wenn die bei der Lohnsteuer-Nachschau getroffenen Feststellungen hierzu Anlass geben, kann ohne vorherige Prüfungsanordnung (§ 196 der Abgabenordnung) zu einer Lohnsteuer-Außenprüfung nach § 42 f übergegangen werden. ② Auf den Übergang zur Außenprüfung wird schriftlich hingewiesen.

(5) Werden anlässlich einer Lohnsteuer-Nachschau Verhältnisse festgestellt, die für die Festsetzung und Erhebung anderer Steuern erheblich sein können, so ist die Auswertung der Feststellungen insoweit zulässig, als ihre Kenntnis für die Besteuerung der in Absatz 2 genannten Personen oder anderer Personen von Bedeutung sein kann.

[1] § 42 f Abs. 2 Satz 2 geänd. mWv VZ 2012 durch BeitrRLUmsG v. 7. 12. 2011 (BGBl. I S. 2592).
[2] § 42 g eingef. mWv VZ 2013 durch AmtshilfeRLUmsG v. 26. 6. 2013 (BGBl. I S. 1809).

3. Steuerabzug vom Kapitalertrag (Kapitalertragsteuer)

§ 43 Kapitalerträge mit Steuerabzug

(1)[1] ① Bei den folgenden inländischen und in den Fällen der Nummern 5 bis 7 Buchstabe a und Nummern 8 bis 12 sowie Satz 2 auch ausländischen Kapitalerträgen wird die Einkommensteuer durch Abzug vom Kapitalertrag (Kapitalertragsteuer) erhoben:

1.[2] Kapitalerträgen im Sinne des § 20 Absatz 1 Nummer 1, soweit diese nicht nachfolgend in Nummer 1 a gesondert genannt sind, und Kapitalerträgen im Sinne des § 20 Absatz 1 Nummer 2. ② Entsprechendes gilt für Kapitalerträge im Sinne des § 20 Absatz 2 Satz 1 Nummer 2 Buchstabe a und Nummer 2 Satz 2;

1 a.[3] Kapitalerträgen im Sinne des § 20 Absatz 1 Nummer 1 aus Aktien und Genussscheinen,
   a) die gemäß § 5 des Depotgesetzes zur Sammelverwahrung durch eine Wertpapiersammelbank zugelassen sind und dieser zur Sammelverwahrung im Inland anvertraut wurden,
   b) bei denen eine Sonderverwahrung gemäß § 2 Satz 1 des Depotgesetzes erfolgt,
   c) bei denen die Erträge gegen Aushändigung der Dividendenscheine oder sonstiger Erträgnisscheine ausgezahlt oder gutgeschrieben werden oder
   d) die in ein elektronisches Wertpapierregister im Sinne des § 4 Absatz 1 des Gesetzes über elektronische Wertpapiere eingetragen sind;

2.[4] Zinsen aus Teilschuldverschreibungen, bei denen neben der festen Verzinsung ein Recht auf Umtausch in Gesellschaftsanteile (Wandelanleihen) oder eine Zusatzverzinsung, die sich nach der Höhe der Gewinnausschüttungen des Schuldners richtet (Gewinnobligationen), eingeräumt ist, und Zinsen aus Genussrechten, die nicht in § 20 Absatz 1 Nummer 1 genannt sind. ② Zu den Gewinnobligationen gehören nicht solche Teilschuldverschreibungen, bei denen der Zinsfuß nur vorübergehend herabgesetzt und gleichzeitig eine von dem jeweiligen Gewinnergebnis des Unternehmens abhängige Zusatzverzinsung bis zur Höhe des ursprünglichen Zinsfußes festgelegt worden ist. ③ Zu den Kapitalerträgen im Sinne des Satzes 1 gehören nicht die Bundesbankgenussrechte im Sinne des § 3 Absatz 1 des Gesetzes über die Liquidation der Deutschen Reichsbank und der Deutschen Golddiskontbank in der im Bundesgesetzblatt Teil III, Gliederungsnummer 7620-6, veröffentlichten bereinigten Fassung, das zuletzt durch das Gesetz vom 17. Dezember 1975 (BGBl. I S. 3123) geändert worden ist. ④ Beim Steuerabzug auf Kapitalerträge sind die für den Steuerabzug nach Nummer 1 a geltenden Vorschriften entsprechend anzuwenden, wenn
   a) die Teilschuldverschreibungen und Genussrechte gemäß § 5 des Depotgesetzes zur Sammelverwahrung durch eine Wertpapiersammelbank zugelassen sind und dieser zur Sammelverwahrung im Inland anvertraut wurden,
   b)[5] die Teilschuldverschreibungen und Genussrechte gemäß § 2 Satz 1 des Depotgesetzes gesondert aufbewahrt werden,
   c)[6] die Erträge der Teilschuldverschreibungen und Genussrechte gegen Aushändigung der Erträgnisscheine ausgezahlt oder gutgeschrieben werden oder
   d)[7] die Teilschuldverschreibungen in ein elektronisches Wertpapierregister im Sinne des § 4 Absatz 1 des Gesetzes über elektronische Wertpapiere eingetragen sind;

3.[8] Kapitalerträgen im Sinne des § 20 Absatz 1 Nummer 4, außer bei Kapitalerträgen im Sinne der Nummer 8 a;

4.[9] Kapitalerträgen im Sinne des § 20 Absatz 1 Nummer 6 Satz 1 bis 6; § 20 Absatz 1 Nummer 6 Satz 2 und 3 in der am 1. Januar 2008 anzuwendenden Fassung bleiben für Zwecke der Kapitalertragsteuer unberücksichtigt. ② Der Steuerabzug vom Kapitalertrag ist in den Fällen des § 20 Absatz 1 Nummer 6 Satz 4 in der am 31. Dezember 2004 geltenden Fassung nur vorzunehmen, wenn das Versicherungsunternehmen auf Grund einer Mitteilung des Finanzamts weiß oder infolge der Verletzung eigener Anzeigeverpflichtungen nicht weiß, dass die Kapitalerträge nach dieser Vorschrift zu den Einkünften aus Kapitalvermögen gehören;

5.[10] Kapitalerträgen im Sinne des § 20 Absatz 1 Nummer 3 mit Ausnahme der Gewinne aus der Veräußerung von Anteilen an Investmentfonds im Sinne des § 16 Absatz 1 Nummer 3 in Verbindung mit § 2 Absatz 13 des Investmentsteuergesetzes;

---

[1] § 43 Abs. 1 Sätze 5 und 6 neu gef. durch G v. 8. 12. 2010 (BGBl. I S. 1768). Abs. 1 Satz 6 geänd. und Satz 7 angef. mWv 1. 1. 2017 (§ 52 Abs. 42 Satz 2) durch G v. 18. 7. 2016 (BGBl. I S. 1679), Abs. 1 Satz 1 geänd. durch InvStRefG v. 19. 7. 2016 (BGBl. I S. 1730); zur erstmaligen Anwendung siehe § 52 Abs. 42 Satz 3.

[2] § 43 Abs. 1 Satz 1 Nr. 1 Satz 1 neu gef. durch OGAW-IV-UmsG v. 22. 6. 2011 (BGBl. I S. 1126).

[3] § 43 Abs. 1 a neu gef. durch ZuFinG v. 11. 12. 2023 (BGBl. I Nr. 354).

[4] § 43 Abs. 1 Satz 1 Nr. 2 Satz 4 angef. durch AmtshilfeRLUmsG v. 26. 6. 2013 (BGBl. I S. 1809).

[5] § 43 Abs. 1 Satz 1 Nr. 2 Satz 4 Buchst. b geänd. durch ZuFinG v. 11. 12. 2023 (BGBl. I Nr. 354).

[6] § 43 Abs. 1 Satz 1 Nr. 2 Satz 4 Buchst. c geänd. durch ZuFinG v. 11. 12. 2023 (BGBl. I Nr. 354).

[7] § 43 Abs. 1 Satz 1 Nr. 2 Satz 4 Buchst. d angef. durch ZuFinG v. 11. 12. 2023 (BGBl. I Nr. 354).

[8] § 43 Abs. 1 Satz 1 Nr. 3 geänd. mWv 1. 1. 2023 durch JStG 2022 v. 16. 12. 2022 (BGBl. I S. 2294).

[9] § 43 Abs. 1 Satz 1 Nr. 4 Satz 1 geänd. durch KroatienAnpG v. 25. 7. 2014 (BGBl. I S. 1266).

[10] § 43 Abs. 1 Satz 1 Nr. 5 neu gef. durch InvStRefG v. 19. 7. 2016 (BGBl. I S. 1730); zur erstmaligen Anwendung siehe § 52 Abs. 42 Satz 3.

6.[1] ausländischen Kapitalerträgen im Sinne der Nummern 1 und 1 a;

7.[2] Kapitalerträgen im Sinne des § 20 Absatz 1 Nummer 7, außer bei Kapitalerträgen im Sinne der Nummern 2 und 8 a, wenn

a)[3] es sich um Zinsen aus Anleihen und Forderungen handelt, die in ein öffentliches Schuldbuch, ein elektronisches Wertpapierregister im Sinne des § 4 Absatz 1 des Gesetzes über elektronische Wertpapiere oder in ein ausländisches Register eingetragen oder über die Sammelurkunden im Sinne des § 9 a des Depotgesetzes oder Teilschuldverschreibungen ausgegeben sind;

b)[4] der Schuldner der nicht in Buchstabe a genannten Kapitalerträge ein inländisches Kreditinstitut oder ein inländisches Finanzdienstleistungsinstitut im Sinne des Gesetzes über das Kreditwesen oder ein Wertpapierinstitut im Sinne des Wertpapierinstitutsgesetzes ist. ② Kreditinstitut in diesem Sinne ist auch die Kreditanstalt für Wiederaufbau, eine Bausparkasse, ein Versicherungsunternehmen für Erträge aus Kapitalanlagen, die mit Einlagegeschäften bei Kreditinstituten vergleichbar sind, die Deutsche Bundesbank bei Geschäften mit jedermann einschließlich ihrer Betriebsangehörigen im Sinne der §§ 22 und 25 des Gesetzes über die Deutsche Bundesbank und eine inländische Zweigstelle oder Zweigniederlassung eines ausländischen Unternehmens im Sinne der §§ 53 und 53 b des Gesetzes über das Kreditwesen, nicht aber eine ausländische Zweigstelle eines inländischen Kredit-, Finanzdienstleistungs- oder Wertpapierinstituts. ③ Die inländische Zweigstelle oder Zweigniederlassung gilt anstelle des ausländischen Unternehmens als Schuldner der Kapitalerträge;

c)[5] *(aufgehoben)*

7 a. Kapitalerträgen im Sinne des § 20 Absatz 1 Nummer 9;

7 b. Kapitalerträgen im Sinne des § 20 Absatz 1 Nummer 10 Buchstabe a;

7 c. Kapitalerträgen im Sinne des § 20 Absatz 1 Nummer 10 Buchstabe b;

8. Kapitalerträgen im Sinne des § 20 Absatz 1 Nummer 11;

8 a.[6] Kapitalerträgen im Sinne des § 20 Absatz 1 Nummer 4 und 7, wenn es sich um Zinsen aus Forderungen handelt, die über eine Internet-Dienstleistungsplattform erworben wurden. ② Eine Internet-Dienstleistungsplattform in diesem Sinne ist ein webbasiertes Medium, das Kauf- und Verkaufsaufträge in Aktien und anderen Finanzinstrumenten sowie Darlehensnehmer und Darlehensgeber zusammenführt und so einen Vertragsabschluss vermittelt;

9.[7] Kapitalerträgen im Sinne des § 20 Absatz 2 Satz 1 Nummer 1 und Gewinnen aus der Veräußerung von Anteilen an Investmentfonds im Sinne des § 16 Absatz 1 Nummer 3 in Verbindung mit § 2 Absatz 13 des Investmentsteuergesetzes;

10. Kapitalerträgen im Sinne des § 20 Absatz 2 Satz 1 Nummer 2 Buchstabe b und Nummer 7;

11. Kapitalerträgen im Sinne des § 20 Absatz 2 Satz 1 Nummer 3;

12. Kapitalerträgen im Sinne des § 20 Absatz 2 Satz 1 Nummer 8.

② Dem Steuerabzug unterliegen auch Kapitalerträge im Sinne des § 20 Absatz 3, die neben den in den Nummern 1 bis 12 bezeichneten Kapitalerträgen oder an deren Stelle gewährt werden. ③ Der Steuerabzug ist ungeachtet des § 3 Nummer 40 und des § 8 b des Körperschaftsteuergesetzes vorzunehmen. ④ Für Zwecke des Kapitalertragsteuerabzugs gilt die Übertragung eines von einer auszahlenden Stelle verwahrten oder verwalteten Wirtschaftguts im Sinne des § 20 Absatz 2 auf einen anderen Gläubiger als Veräußerung des Wirtschaftguts. ⑤ Satz 4 gilt nicht, wenn der Steuerpflichtige der auszahlenden Stelle unter Benennung der in Satz 6 Nummer 4 bis 6 bezeichneten Daten mitteilt, dass es sich um eine unentgeltliche Übertragung handelt. ⑥ Die auszahlende Stelle hat in den Fällen des Satzes 5 folgende Daten dem für sie zuständigen Betriebsstättenfinanzamt bis zum 31. Mai des jeweiligen Folgejahres nach Maßgabe des § 93 c der Abgabenordnung mitzuteilen:

1. Bezeichnung der auszahlenden Stelle,
2. das zuständige Betriebsstättenfinanzamt,
3. das übertragene Wirtschaftsgut, den Übertragungszeitpunkt, den Wert zum Übertragungszeitpunkt und die Anschaffungskosten des Wirtschaftsguts,
4. Name, Geburtsdatum, Anschrift und Identifikationsnummer des Übertragenden,

---

[1] § 43 Abs. 1 Satz 1 Nr. 6 Verweis geänd. durch OGAW-IV-UmsG v. 22. 6. 2011 (BGBl. I S. 1126).

[2] § 43 Abs. 1 Satz 1 Nr. 7 einl. Satzteil geänd. mWv 1. 1. 2023 durch JStG 2022 v. 16. 12. 2022 (BGBl. I S. 2294).

[3] § 43 Abs. 1 Satz 1 Nr. 7 Buchst. a geänd. mWv 1. 1. 2023 durch JStG 2022 v. 16. 12. 2022 (BGBl. I S. 2294).

[4] § 43 Abs. 1 Satz 1 Nr. 7 Buchst. b Sätze 2 und 3 geänd. mWv VZ 2014 durch KroatienAnpG v. 25. 7. 2014 (BGBl. I S. 1266). Abs. 1 Satz 1 Nr. 7 Buchst. b Satz 2 geänd. mWv VZ 2019 durch JStG 2019 v. 12. 12. 2019 (BGBl. I S. 2451). Abs. 1 Satz 1 Nr. 7 Buchst. b Sätze 1 und 2 geänd. mWv 26. 6. 2021 durch G v. 12. 5. 2021 (BGBl. I S. 990). Satz 2 geänd. durch JStG 2022 v. 16. 12. 2022 (BGBl. I S. 2294).

[5] § 43 Abs. 1 Satz 1 Nr. 7 Buchst. c aufgeh. mWv 1. 1. 2023 durch JStG 2022 v. 16. 12. 2022 (BGBl. I S. 2294).

[6] § 43 Abs. 1 Satz 1 Nr. 8 a eingef. mWv 1. 1. 2023 durch JStG 2022 v. 16. 12. 2022 (BGBl. I S. 2294).

[7] § 43 Abs. 1 Satz 1 Nr. 9 geänd. durch InvStRefG v. 19. 7. 2016 (BGBl. I S. 1730); zur erstmaligen Anwendung siehe § 52 Abs. 42 Satz 3.

5.[1] Name, Geburtsdatum, Anschrift und Identifikationsnummer des Empfängers sowie die Bezeichnung des Kreditinstituts, der Nummer des Depots, des Kontos oder des Schuldbuchkontos. ② Sofern die Identifikationsnummer des Empfängers nicht bereits bekannt ist, kann die auszahlende Stelle diese in einem maschinellen Verfahren nach amtlich vorgeschriebenem Datensatz beim Bundeszentralamt für Steuern erfragen. ③ In der Anfrage dürfen nur die in § 139 b Absatz 3 der Abgabenordnung genannten Daten der betroffenen Person angegeben werden. ④ Das Bundeszentralamt für Steuern teilt der auszahlenden Stelle die Identifikationsnummer der betroffenen Person mit, sofern die übermittelten Daten mit den nach § 139 b Absatz 3 der Abgabenordnung beim Bundeszentralamt für Steuern gespeicherten Daten übereinstimmen. ⑤ Ist eine eindeutige Zuordnung des Empfängers nicht möglich, ist die Depotübertragung als kapitalertragsteuerpflichtiger Vorgang nach Satz 4 dieses Absatzes zu behandeln,

6. soweit bekannt, das persönliche Verhältnis (Verwandtschaftsverhältnis, Ehe, Lebenspartnerschaft) zwischen Übertragendem und Empfänger.

⑦ § 72 a Absatz 4, § 93 c Absatz 4 und § 203 a der Abgabenordnung finden keine Anwendung.

(1 a)[2] *(aufgehoben)*

(2)[3] ① Der Steuerabzug ist außer in den Fällen des Absatzes 1 Satz 1 Nummer 1 a und 7 c nicht vorzunehmen, wenn Gläubiger und Schuldner der Kapitalerträge (Schuldner) oder die auszahlende Stelle im Zeitpunkt des Zufließens dieselbe Person sind. ② Der Steuerabzug ist außerdem nicht vorzunehmen, wenn in den Fällen des Absatzes 1 Satz 1 Nummer 5 bis 7 und 8 bis 12 Gläubiger der Kapitalerträge ein inländisches Kredit-, Finanzdienstleistungs- oder Wertpapierinstitut nach Absatz 1 Satz 1 Nummer 7 Buchstabe b oder eine inländische Kapitalverwaltungsgesellschaft ist. ③ Bei Kapitalerträgen im Sinne des Absatzes 1 Satz 1 Nummer 6 und 8 bis 12 ist ebenfalls kein Steuerabzug vorzunehmen, wenn

1. eine unbeschränkt steuerpflichtige Körperschaft, Personenvereinigung oder Vermögensmasse, die nicht unter Satz 2 oder § 44 a Absatz 4 Satz 1 fällt, Gläubigerin der Kapitalerträge ist, oder
2. die Kapitalerträge Betriebseinnahmen eines inländischen Betriebs sind und der Gläubiger der Kapitalerträge dies gegenüber der auszahlenden Stelle nach amtlich vorgeschriebenem Muster erklärt; dies gilt entsprechend für Kapitalerträge aus Options- und Termingeschäften im Sinne des Absatzes 1 Satz 1 Nummer 8 und 11, wenn sie zu den Einkünften aus Vermietung und Verpachtung gehören.

④ Im Fall des § 1 Absatz 1 Nummer 4 und 5 des Körperschaftsteuergesetzes ist Satz 3 Nummer 1 nur anzuwenden, wenn die Körperschaft, Personenvereinigung oder Vermögensmasse durch eine Bescheinigung des für sie zuständigen Finanzamts ihre Zugehörigkeit zu dieser Gruppe von Steuerpflichtigen nachweist. ⑤ Die Bescheinigung ist unter dem Vorbehalt des Widerrufs auszustellen. ⑥ Die Fälle des Satzes 3 Nummer 2 hat die auszahlende Stelle gesondert aufzuzeichnen und die Erklärung der Zugehörigkeit der Kapitalerträge zu den Betriebseinnahmen oder zu den Einnahmen aus Vermietung und Verpachtung sechs Jahre aufzubewahren; die Frist beginnt mit dem Schluss des Kalenderjahres, in dem die Freistellung letztmalig berücksichtigt wird.

(3)[4] ① Kapitalerträge im Sinne des Absatzes 1 Satz 1 Nummer 1 Satz 1 sowie Nummer 1 a bis 4 sind inländische, wenn der Schuldner Wohnsitz, Geschäftsleitung oder Sitz im Inland hat; Kapitalerträge im Sinne des Absatzes 1 Satz 1 Nummer 4 sind auch dann inländische, wenn der Schuldner eine Niederlassung im Sinne der §§ 61, 65 oder des § 68 des Versicherungsaufsichtsgesetzes im Inland hat. ② Kapitalerträge im Sinne des Absatzes 1 Satz 1 Nummer 1 Satz 2 sind inländische, wenn der Schuldner der veräußerten Ansprüche die Voraussetzungen des Satzes 1 erfüllt. ③ Kapitalerträge im Sinne des § 20 Absatz 1 Nummer 1 Satz 4 sind inländische, wenn der Emittent der Aktien Geschäftsleitung oder Sitz im Inland hat. ④ Kapitalerträge im Sinne des Absatzes 1 Satz 1 Nummer 6 sind ausländische, wenn weder die Voraussetzungen nach Satz 1 noch nach Satz 2 vorliegen.

(4) Der Steuerabzug ist auch dann vorzunehmen, wenn die Kapitalerträge beim Gläubiger zu den Einkünften aus Land- und Forstwirtschaft, aus Gewerbebetrieb, aus selbständiger Arbeit oder aus Vermietung und Verpachtung gehören.

(5)[5] ① Für Kapitalerträge im Sinne des § 20, soweit sie der Kapitalertragsteuer unterlegen haben, ist die Einkommensteuer mit dem Steuerabzug abgegolten; die Abgeltungswirkung des Steuerab-

---

[1] § 43 Abs. 1 Satz 6 Nr. 5 Sätze 2 bis 5 angef. durch AbzStEntModG v. 2. 6. 2021 (BGBl. I S. 1259); zur Anwendung siehe § 52 Abs. 42 Satz 5.

[2] § 43 Abs. 1 a aufgeh. mWv 1. 1. 2009 durch G v. 8. 12. 2010 (BGBl. I S. 1768).

[3] § 43 Abs. 2 Sätze 3 und 6 geänd. mWv 1. 1. 2009 durch G v. 8. 12. 2010 (BGBl. I S. 1768). Abs. 2 Satz 1 Verweis geänd. durch OGAW-IV-UmsG v. 22. 6. 2011 (BGBl. I S. 1126); Satz 2 Bezeichnung geänd. durch AIFM-StAnpG v. 18. 12. 2013 (BGBl. I S. 4318). Abs. 2 Sätze 7 und 8 neu gef. mWv 1. 1. 2017 durch G v. 18. 7. 2016 (BGBl. I S. 1679). Abs. 2 Satz 2 geänd. durch InvStRefG v. 19. 7. 2016 (BGBl. I S. 1730); zur Anwendung ab 1. 1. 2018 siehe § 52 Abs. 42 Satz 4. Abs. 2 Satz 2 geänd. durch JStG 2022 v. 16. 12. 2022 (BGBl. I S. 2294). Abs. 2 Sätze 7 und 8 aufgeh. durch G v. 23.10.2024 (BGBl. I Nr. 323); zur **letztmaligen Anwendung** siehe § 52 Abs. 42 Satz 6.

[4] § 43 Abs. 3 Satz 1 Verweis geänd. durch OGAW-IV-UmsG v. 22. 6. 2011 (BGBl. I S. 1126) und mWv 1. 1. 2016 durch G v. 1. 4. 2015 (BGBl. I S. 434).

[5] § 43 Abs. 5 Satz 1 geänd. und Satz 4 angef. mWv 1. 1. 2009 durch G v. 8. 12. 2010 (BGBl. I S. 1768). Abs. 5 Satz 1 geänd. durch InvStRefG v. 19. 7. 2016 (BGBl. I S. 1730); zur erstmaligen Anwendung ab 1. 1. 2018 siehe § 52 Abs. 42 Satz 4.

zugs tritt nicht ein, wenn der Gläubiger nach § 44 Absatz 1 Satz 10 und 11 und Absatz 5 in Anspruch genommen werden kann. ② Dies gilt nicht in Fällen des § 32 d Absatz 2 und für Kapitalerträge, die zu den Einkünften aus Land- und Forstwirtschaft, aus Gewerbebetrieb, aus selbständiger Arbeit oder aus Vermietung und Verpachtung gehören. ③ Auf Antrag des Gläubigers werden Kapitalerträge im Sinne des Satzes 1 in die besondere Besteuerung von Kapitalerträgen nach § 32 d einbezogen. ④ Eine vorläufige Festsetzung der Einkommensteuer im Sinne des § 165 Absatz 1 Satz 2 Nummer 2 bis 4 der Abgabenordnung umfasst auch Einkünfte im Sinne des Satzes 1, für die der Antrag nach Satz 3 nicht gestellt worden ist.

§ 43 a Bemessung der Kapitalertragsteuer

(1)[1] ① Die Kapitalertragsteuer beträgt

1. in den Fällen des § 43 Absatz 1 Satz 1 Nummer 1 bis 7 a und 8 bis 12 sowie Satz 2: 25 Prozent des Kapitalertrags;
2. in den Fällen des § 43 Absatz 1 Satz 1 Nummer 7 b und 7 c: 15 Prozent des Kapitalertrags.

② Im Fall einer Kirchensteuerpflicht ermäßigt sich die Kapitalertragsteuer um 25 Prozent der auf die Kapitalerträge entfallenden Kirchensteuer. ③ § 32 d Absatz 1 Satz 4 und 5 gilt entsprechend.

(2)[2] ① Dem Steuerabzug unterliegen die vollen Kapitalerträge ohne Abzug; dies gilt nicht für Erträge aus Investmentfonds nach § 16 Absatz 1 des Investmentsteuergesetzes, auf die nach § 20 des Investmentsteuergesetzes eine Teilfreistellung anzuwenden ist; § 20 Absatz 1 Satz 2 bis 4 des Investmentsteuergesetzes sind beim Steuerabzug nicht anzuwenden. ② In den Fällen des § 43 Absatz 1 Satz 1 Nummer 9 bis 12 bemisst sich der Steuerabzug

1. bei Gewinnen aus der Veräußerung von Anteilen an Investmentfonds im Sinne des § 16 Absatz 1 Nummer 3 in Verbindung mit § 2 Absatz 13 des Investmentsteuergesetzes nach § 19 des Investmentsteuergesetzes und
2. in allen übrigen Fällen nach § 20 Absatz 4 und 4 a,

wenn die Wirtschaftsgüter von der die Kapitalerträge auszahlenden Stelle erworben oder veräußert und seitdem verwahrt oder verwaltet worden sind. ③ Überträgt der Steuerpflichtige die Wirtschaftsgüter auf ein anderes Depot, hat die abgebende inländische auszahlende Stelle der übernehmenden inländischen auszahlenden Stelle die Anschaffungsdaten mitzuteilen. ④ Satz 3 gilt in den Fällen des § 43 Absatz 1 Satz 5 entsprechend. ⑤ Handelt es sich bei der abgebenden auszahlenden Stelle um ein Kreditinstitut, ein Finanzdienstleistungsinstitut oder ein Wertpapierinstitut mit Sitz in einem anderen Mitgliedstaat der Europäischen Union, in einem anderen Vertragsstaat des EWR-Abkommens vom 3. Januar 1994 (ABl. EG Nr. L 1 S. 3) in der jeweils geltenden Fassung oder in einem anderen Vertragsstaat nach Artikel 17 Absatz 2 Ziffer i der Richtlinie 2003/48/EG vom 3. Juni 2003 im Bereich der Besteuerung von Zinserträgen (ABl. EU Nr. L 157 S. 38), kann der Steuerpflichtige den Nachweis nur durch eine Bescheinigung des ausländischen Instituts führen; dies gilt entsprechend für eine in diesem Gebiet belegene Zweigstelle eines inländischen Kreditinstituts, Finanzdienstleistungsinstituts oder *einem inländischen Wertpapierinstitut*[3]. ⑥ In allen anderen Fällen ist ein Nachweis der Anschaffungsdaten nicht zulässig. ⑦ Sind die Anschaffungsdaten nicht nachgewiesen, bemisst sich der Steuerabzug nach 30 Prozent der Einnahmen aus der Veräußerung oder Einlösung der Wirtschaftsgüter. ⑧ In den Fällen des § 43 Absatz 1 Satz 4 gelten der Börsenpreis zum Zeitpunkt der Übertragung zuzüglich Stückzinsen als Einnahmen aus der Veräußerung und die mit dem Depotübertrag verbundenen Kosten als Veräußerungskosten im Sinne des § 20 Absatz 4 Satz 1. ⑨ Zur Ermittlung des Börsenpreises ist der niedrigste am Vortag der Übertragung im regulierten Markt notierte Kurs anzusetzen; liegt am Vortag eine Notierung nicht vor, so werden die Wirtschaftsgüter mit dem letzten innerhalb von 30 Tagen vor dem Übertragungstag im regulierten Markt notierten Kurs angesetzt; Entsprechendes gilt für Wertpapiere, die im Inland in den Freiverkehr einbezogen sind oder in einem anderen Staat des Europäischen Wirtschaftsraums zum Handel an einem geregelten Markt im Sinne des Artikels 1 Nummer 13 der Richtlinie 93/22/EWG des Rates vom 10. Mai 1993 über Wertpapierdienstleistungen (ABl. EG Nr. L 141 S. 27) zugelassen sind. ⑩ Liegt ein Börsenpreis nicht vor, bemisst sich die Steuer nach 30 Prozent der Anschaffungskosten. ⑪ Die übernehmende auszahlende Stelle hat als Anschaffungskosten den von der abgebenden Stelle angesetzten Börsenpreis anzusetzen und die bei der Übertragung als Einnahmen aus der Veräußerung angesetzten Stückzinsen nach Absatz 3 zu berücksichtigen. ⑫ Satz 9 gilt entsprechend. ⑬ Liegt ein Börsenpreis nicht vor, bemisst sich der Steuerabzug nach 30 Prozent der Einnahmen aus der Veräußerung oder Einlösung der Wirtschaftsgüter. ⑭ Hat die auszahlende Stelle die Wirtschaftsgüter vor dem 1. Januar 1994 erworben oder veräußert und seitdem verwahrt oder verwaltet, kann sie den Steuerabzug nach 30 Prozent der Einnahmen aus der Veräußerung oder Einlösung der Wertpapiere und Kapitalforderungen bemes-

[1] § 43 a Abs. 1 Satz 1 Nr. 1 geänd. durch InvStRefG v. 19. 7. 2016 (BGBl. I S. 1730); zur erstmaligen Anwendung mWv 1. 1. 2018 siehe § 52 Abs. 42 a.

[2] § 43 a Abs. 2 Satz 5 geänd. mWv VZ 2013 durch AmtshilfeRLUmsG v. 26. 6. 2013 (BGBl. I S. 1809). Abs. 2 Sätze 1 und 2 neu gef. durch InvStRefG v. 19. 7. 2016 (BGBl. I S. 1730); zur erstmaligen Anwendung mWv 1. 1. 2018 siehe § 52 Abs. 42 a. Satz 5 Hs. 1 und 2 geänd. mWv 26. 6. 2021 durch G v. 12. 5. 2021 (BGBl. I S. 990).

[3] Richtig wohl: „eines inländischen Wertpapierinstituts".

sen. ⑮ Abweichend von den Sätzen 2 bis 14 bemisst sich der Steuerabzug bei Kapitalerträgen aus nicht für einen marktmäßigen Handel bestimmten schuldbuchfähigen Wertpapieren des Bundes und der Länder oder bei Kapitalerträgen im Sinne des § 43 Absatz 1 Satz 1 Nummer 7 Buchstabe b aus nicht in Inhaber- oder Orderschuldverschreibungen verbrieften Kapitalforderungen nach dem vollen Kapitalertrag ohne jeden Abzug.

(3)[1] ① Die auszahlende Stelle hat ausländische Steuern auf Kapitalerträge nach Maßgabe des § 32d Absatz 5 zu berücksichtigen. ② Sie hat unter Berücksichtigung des § 20 Absatz 6 Satz 4 im Kalenderjahr negative Kapitalerträge einschließlich gezahlter Stückzinsen bis zur Höhe der positiven Kapitalerträge auszugleichen; liegt ein gemeinsamer Freistellungsauftrag im Sinne des § 44a Absatz 2 Satz 1 Nummer 1 in Verbindung mit § 20 Absatz 9 Satz 2 vor, erfolgt ein gemeinsamer Ausgleich. ③ Der nicht ausgeglichene Verlust ist auf das nächste Kalenderjahr zu übertragen. ④ Auf Verlangen des Gläubigers der Kapitalerträge hat sie über die Höhe eines nicht ausgeglichenen Verlusts eine Bescheinigung nach amtlich vorgeschriebenem Muster zu erteilen; der Verlustübertrag entfällt in diesem Fall. ⑤ Der unwiderrufliche Antrag auf Erteilung der Bescheinigung muss bis zum 15. Dezember des laufenden Jahres der auszahlenden Stelle zugehen. ⑥ Überträgt der Gläubiger der Kapitalerträge seine im Depot befindlichen Wirtschaftsgüter vollständig auf ein anderes Depot, hat die abgebende auszahlende Stelle der übernehmenden auszahlenden Stelle auf Verlangen des Gläubigers der Kapitalerträge die Höhe des nicht ausgeglichenen Verlusts mitzuteilen; eine Bescheinigung nach Satz 4 darf in diesem Fall nicht erteilt werden. ⑦ Erfährt die auszahlende Stelle nach Ablauf des Kalenderjahres von der Veränderung einer Bemessungsgrundlage oder einer zu erhebenden Kapitalertragsteuer, hat sie die entsprechende Korrektur erst zum Zeitpunkt ihrer Kenntnisnahme vorzunehmen; § 44 Absatz 5 bleibt unberührt. ⑧ Die vorstehenden Sätze gelten nicht in den Fällen des § 20 Absatz 8 und des § 44 Absatz 1 Satz 4 Nummer 1 Buchstabe a Doppelbuchstabe bb sowie bei Körperschaften, Personenvereinigungen oder Vermögensmassen.

(4)[2] ① Die Absätze 2 und 3 gelten entsprechend für die das Bundesschuldbuch führende Stelle oder eine Landesschuldenverwaltung als auszahlende Stelle. ② Werden die Wertpapiere oder Forderungen von einem Kreditinstitut, Finanzdienstleistungsinstitut oder einem Wertpapierinstitut mit der Maßgabe der Verwahrung und Verwaltung durch die das Bundesschuldbuch führende Stelle oder eine Landesschuldenverwaltung erworben, hat das Kreditinstitut, das Finanzdienstleistungsinstitut oder das Wertpapierinstitut der das Bundesschuldbuch führenden Stelle oder einer Landesschuldenverwaltung zusammen mit den im Schuldbuch einzutragenden Wertpapieren und Forderungen den Erwerbszeitpunkt und die Anschaffungsdaten sowie in Fällen des Absatzes 2 den Erwerbspreis der für einen marktmäßigen Handel bestimmten schuldbuchfähigen Wertpapiere des Bundes oder der Länder und außerdem mitzuteilen, dass es diese Wertpapiere und Forderungen erworben oder veräußert und seitdem verwahrt oder verwaltet hat.

§ 43b[3] Bemessung der Kapitalertragsteuer bei bestimmten Gesellschaften

(1)[4] ① Auf Antrag wird die Kapitalertragsteuer für Kapitalerträge im Sinne des § 20 Absatz 1 Nummer 1, die einer Muttergesellschaft, die weder ihren Sitz noch ihre Geschäftsleitung im Inland hat, oder einer in einem anderen Mitgliedstaat der Europäischen Union gelegenen Betriebsstätte dieser Muttergesellschaft, aus Ausschüttungen einer Tochtergesellschaft zufließen, nicht erhoben; § 50d Absatz 3 gilt entsprechend. ② Satz 1 gilt auch für Ausschüttungen einer Tochtergesellschaft, die einer in einem anderen Mitgliedstaat der Europäischen Union gelegenen Betriebsstätte einer unbeschränkt steuerpflichtigen Muttergesellschaft zufließen. ③ Ein Zufluss an die Betriebsstätte liegt nur vor, wenn die Beteiligung an der Tochtergesellschaft tatsächlich zu dem Betriebsvermögen der Betriebsstätte gehört. ④ Die Sätze 1 bis 3 gelten nicht für Kapitalerträge im Sinne des § 20 Absatz 1 Nummer 1, die anlässlich der Liquidation oder Umwandlung einer Tochtergesellschaft zufließen.

(2)[5] ① Muttergesellschaft im Sinne des Absatzes 1 ist jede Gesellschaft, die

1. die in der Anlage 2[6] zu diesem Gesetz bezeichneten Voraussetzungen erfüllt und
2. nach Artikel 3 Absatz 1 Buchstabe a der Richtlinie 2011/96/EU des Rates vom 30. November 2011 über das gemeinsame Steuersystem der Mutter- und Tochtergesellschaften verschiedener Mitgliedstaaten (ABl. L 345 vom 29. 12. 2011, S. 8), die zuletzt durch die Richtlinie 2014/86/EU (ABl. L 219 vom 25. 7. 2014, S. 40) geändert worden ist, zum Zeitpunkt der Entstehung der Kapitalertragsteuer gemäß § 44 Absatz 1 Satz 2 nachweislich mindestens zu 10 Prozent unmittelbar am Kapital der Tochtergesellschaft beteiligt ist (Mindestbeteiligung).

---

[1] § 43a Abs. 3 Satz 7 eingef. (bish. Satz 7 wird Satz 8) durch G v. 8. 12. 2010 (BGBl. I S. 1768). Abs. 3 Satz 2 Verweis angepasst mWv VZ 2014 durch KroatienAnpG v. 25. 7. 2014 (BGBl. I S. 1266).

[2] § 43a Abs. 4 Satz 2 geänd. mWv 26. 6. 2021 durch G v. 12. 5. 2021 (BGBl. I S. 990).

[3] Zur Anwendung von § 43b siehe § 52 Abs. 55a Satz 2 a. F.: „§ 43b und die Anlage 2 (zu § 43b) in der am 1. Juli 2013 geltenden Fassung sind erstmals auf Ausschüttungen anzuwenden, die nach dem 30. Juni 2013 zufließen."

[4] § 43b Abs. 1 Satz 1 letzter Hs. angef. durch AbzStEntModG v. 2. 6. 2021 (BGBl. I S. 1259).

[5] § 43b Abs. 2 Satz 3 geänd. mWv 1. 1. 2012 durch AmtshilfeRLUmsG v. 26. 6. 2013 (BGBl. I S. 1809); Abs. 1 Satz 1 neu gef. durch StÄndG 2015 v. 2. 11. 2015 (BGBl. I S. 1834); zur erstmaligen Anwendung auf Ausschüttungen, die nach dem 31. 12. 2015 zufließen siehe § 52 Abs. 42b. Abs. 2 Satz 5 geänd. durch AbzStEntModG v. 2. 6. 2021 (BGBl. I S. 1259).

[6] Abgedruckt in Aktuelle Steuertexte 2025 *(Verlag C. H. Beck).*

② Ist die Mindestbeteiligung zu diesem Zeitpunkt nicht erfüllt, ist der Zeitpunkt des Gewinnverteilungsbeschlusses maßgeblich. ③ Tochtergesellschaft im Sinne des Absatzes 1 sowie des Satzes 1 ist jede unbeschränkt steuerpflichtige Gesellschaft, die die in der Anlage 2[1] zu diesem Gesetz und in Artikel 3 Absatz 1 Buchstabe b der Richtlinie 2011/96/EU bezeichneten Voraussetzungen erfüllt. ④ Weitere Voraussetzung ist, dass die Beteiligung nachweislich ununterbrochen zwölf Monate besteht. ⑤ Wird dieser Beteiligungszeitraum nach dem Zeitpunkt der Entstehung der Kapitalertragsteuer gemäß § 44 Absatz 1 Satz 2 vollendet, ist die einbehaltene und abgeführte Kapitalertragsteuer nach § 50c Absatz 3 zu erstatten; das Freistellungsverfahren nach § 50c Absatz 2 ist ausgeschlossen.

(2a) Betriebsstätte im Sinne der Absätze 1 und 2 ist eine feste Geschäftseinrichtung in einem anderen Mitgliedstaat der Europäischen Union, durch die die Tätigkeit der Muttergesellschaft ganz oder teilweise ausgeübt wird, wenn das Besteuerungsrecht für die Gewinne dieser Geschäftseinrichtung nach dem jeweils geltenden Abkommen zur Vermeidung der Doppelbesteuerung dem Staat, in dem sie gelegen ist, zugewiesen wird und diese Gewinne in diesem Staat der Besteuerung unterliegen.

(3)[2] *(aufgehoben)*

§ 44 Entrichtung der Kapitalertragsteuer

(1)[3] ① Schuldner der Kapitalertragsteuer ist in den Fällen des § 43 Absatz 1 Satz 1 Nummer 1 bis 7b und 8 bis 12 sowie Satz 2 der Gläubiger der Kapitalerträge. ② Die Kapitalertragsteuer entsteht in dem Zeitpunkt, in dem die Kapitalerträge dem Gläubiger zufließen. ③ In diesem Zeitpunkt haben in den Fällen des § 43 Absatz 1 Satz 1 Nummer 1, 2 bis 4 sowie 7a und 7b der Schuldner der Kapitalerträge, jedoch in den Fällen des § 43 Absatz 1 Satz 1 Nummer 1 Satz 2 die für den Verkäufer der Wertpapiere den Verkaufsauftrag ausführende Stelle im Sinne des Satzes 4 Nummer 1, und in den Fällen des § 43 Absatz 1 Satz 1 Nummer 1a, 5 bis 7 und 8 bis 12 sowie Satz 2 die die Kapitalerträge auszahlende Stelle den Steuerabzug unter Beachtung der im Bundessteuerblatt veröffentlichten Auslegungsvorschriften der Finanzverwaltung für Rechnung des Gläubigers der Kapitalerträge vorzunehmen. ④ Die die Kapitalerträge auszahlende Stelle ist

1. in den Fällen des § 43 Absatz 1 Satz 1 Nummer 5 bis 7 Buchstabe a und Nummer 8 bis 12 sowie Satz 2
   a)[4] das inländische Kredit-, Finanzdienstleistungs- oder Wertpapierinstitut im Sinne des § 43 Absatz 1 Satz 1 Nummer 7 Buchstabe b,
      aa)[5] das die Teilschuldverschreibungen, die Anteile an einer Sammelschuldbuchforderung, die Wertrechte, die Zinsscheine, die Anteile an Investmentfonds im Sinne des Investmentsteuergesetzes, die elektronischen Wertpapiere im Sinne des § 2 des Gesetzes über elektronische Wertpapiere oder sonstigen Wirtschaftsgüter verwahrt oder verwaltet oder deren Veräußerung durchführt und die Kapitalerträge auszahlt oder gutschreibt oder in den Fällen des § 43 Absatz 1 Satz 1 Nummer 8 und 11 die Kapitalerträge auszahlt oder gutschreibt,
      bb)[6] das die Kapitalerträge gegen Aushändigung der Zinsscheine oder der Teilschuldverschreibungen einem anderen als einem ausländischen Kredit-, Finanzdienstleistungs- oder Wertpapierinstitut auszahlt oder gutschreibt;
   b)[7] der Schuldner der Kapitalerträge in den Fällen des § 43 Absatz 1 Satz 1 Nummer 7 Buchstabe a und Nummer 10 unter den Voraussetzungen des Buchstabens a, wenn kein inländisches Kredit-, Finanzdienstleistungs- oder Wertpapierinstitut die die Kapitalerträge auszahlende Stelle ist;

2.[8] in den Fällen des § 43 Absatz 1 Satz 1 Nummer 7 Buchstabe b das inländische Kredit-, Finanzdienstleistungs- oder Wertpapierinstitut, das die Kapitalerträge als Schuldner auszahlt oder gutschreibt;

2a.[9] in den Fällen des § 43 Absatz 1 Satz 1 Nummer 8a

[1] Abgedruckt in Aktuelle Steuertexte 2025 *(Verlag C. H. Beck)*.

[2] § 43b Abs. 3 aufgeh. durch AmtshilfeRLUmsG v. 26. 6. 2013 (BGBl. I S. 1809).

[3] § 44 Abs. 1 Satz 3 und 5 geänd. durch OGAW-IV-UmsG v. 22. 6. 2011 (BGBl. I S. 1126) und durch StÄndG 2015 v. 2. 11. 2015 (BGBl. I S. 1834) mWv 1. 1. 2016. Abs. 1 Satz 3, Satz 4 Nr. 1 Satzteil vor Buchst. a und Satz 8 und 9 angef. (bish. Sätze 8 und 9 werden Sätze 9 und 10) durch InvStRefG v. 19. 7. 2016 (BGBl. I S. 1679); zur erstmaligen Anwendung mWv 1. 1. 2018 siehe § 52 Abs. 44 Satz 3. Abs. 1 Sätze 10 und 11 neu gef. mWv 1. 1. 2025 durch JStG 2022 v. 16. 12. 2022 (BGBl. I S. 2294); zur Anwendung siehe § 52 Abs. 44 Satz 5.

[4] § 44 Abs. 1 Satz 4 Nr. 1 Buchst. a geänd. durch JStG 2022 v. 16. 12. 2022 (BGBl. I S. 2294).

[5] § 44 Abs. 1 Satz 4 Nr. 1 Buchst. a Doppelbuchst. aa Zitat geänd. durch G v. 8. 12. 2010 (BGBl. I S. 1768). Satz 4 Nr. 1 Buchst. a Doppelbuchst. aa geänd. mWv 1. 1. 2018 durch InvStRefG v. 19. 7. 2016 (BGBl. I S. 1679); zur Anwendung siehe § 52 Abs. 44 Satz 3. Satz 4 Nr. 1 Buchst. a Doppelbuchst. aa geänd. mWv 1. 1. 2023 durch JStG 2022 v. 16. 12. 2022 (BGBl. I S. 2294).

[6] § 44 Abs. 1 Satz 4 Nr. 1 Buchst. a Doppelbuchst. bb geänd. durch JStG 2022 v. 16. 12. 2022 (BGBl. I S. 2294).

[7] § 44 Abs. 1 Satz 4 Nr. 1 Buchst. b geänd. durch JStG 2022 v. 16. 12. 2022 (BGBl. I S. 2294).

[8] § 44 Abs. 1 Satz 4 Nr. 2 geänd. durch JStG 2022 v. 16. 12. 2022 (BGBl. I S. 2294).

[9] § 44 Abs. 1 Satz 4 Nr. 2a neu gef. mWv 1. 1. 2023 durch JStG 2022 v. 16. 12. 2022 (BGBl. I S. 2294).

a) der inländische Betreiber oder die inländische Zweigniederlassung eines ausländischen Betreibers einer Internet-Dienstleistungsplattform im Sinne des § 43 Absatz 1 Satz 1 Nummer 8 a Satz 2, der die Kapitalerträge an den Gläubiger auszahlt oder gutschreibt,
b) das inländische Kredit-, Finanzdienstleistungs- oder Wertpapierinstitut im Sinne des § 43 Absatz 1 Satz 1 Nummer 7 Buchstabe b, das inländische Zahlungsinstitut im Sinne des § 1 Absatz 1 Satz 1 Nummer 1 des Zahlungsdiensteaufsichtsgesetzes oder das inländische E-Geld-Institut im Sinne des § 1 Absatz 1 Satz 1 Nummer 2 des Zahlungsdiensteaufsichtsgesetzes, das die Kapitalerträge im Auftrag des inländischen oder ausländischen Betreibers einer Internet-Dienstleistungsplattform im Sinne des § 43 Absatz 1 Satz 1 Nummer 8 a Satz 2 oder nach Vermittlung der Kapitalforderung durch eine Internet-Dienstleistungsplattform für den Schuldner der Kapitalerträge an den Gläubiger auszahlt oder gutschreibt,
c) der Schuldner der Kapitalerträge, wenn es keinen inländischen Abzugsverpflichteten nach Buchstabe a oder b gibt. ② Der inländische Betreiber oder die inländische Zweigniederlassung eines ausländischen Betreibers einer Internet-Dienstleistungsplattform im Sinne des § 43 Absatz 1 Satz 1 Nummer 8 a Satz 2 (Plattformbetreiber) haftet in diesem Fall für die nicht einbehaltenen Steuern oder zu Unrecht gewährten Steuervorteile. ③ Der Plattformbetreiber haftet nicht nach Satz 2, wenn er den Schuldner der Kapitalerträge auf seine Verpflichtung, die Kapitalertragsteuer einzubehalten und abzuführen hingewiesen und dies dokumentiert hat;

3.[1] in den Fällen des § 43 Absatz 1 Satz 1 Nummer 1 a
a) das inländische Kredit-, Finanzdienstleistungs- oder Wertpapierinstitut im Sinne des § 43 Absatz 1 Satz 1 Nummer 7 Buchstabe b, *welche*[2] die Anteile verwahrt oder verwaltet und die Kapitalerträge auszahlt oder gutschreibt oder die Kapitalerträge gegen Aushändigung der Dividendenscheine auszahlt oder gutschreibt oder die Kapitalerträge an eine ausländische Stelle auszahlt,
b) die Wertpapiersammelbank, der die Anteile zur Sammelverwahrung anvertraut wurden, wenn sie die Kapitalerträge an eine ausländische Stelle auszahlt,
c)[3] der Schuldner der Kapitalerträge,
aa) soweit die Wertpapiersammelbank, der die Anteile zur Sammelverwahrung anvertraut wurden, keine Dividendenregulierung vornimmt; die Wertpapiersammelbank hat dem Schuldner der Kapitalerträge den Umfang der Bestände ohne Dividendenregulierung mitzuteilen,
bb) soweit im Fall elektronischer Aktien die registerführende Stelle gemäß § 12 Absatz 2 oder § 16 Absatz 2 des Gesetzes über elektronische Wertpapiere, die das Register führt, in das die Aktien eingetragen sind, keine Dividendenregulierung vornimmt; die registerführende Stelle hat dem Schuldner der Kapitalerträge den Umfang der Bestände ohne Dividendenregulierung mitzuteilen;

4.[4] in den Fällen des § 43 Absatz 1 Satz 1 Nummer 5, soweit es sich um die Vorabpauschale nach § 16 Absatz 1 Nummer 2 des Investmentsteuergesetzes handelt, das inländische Kredit-, Finanzdienstleistungs- oder Wertpapierinstitut im Sinne des § 43 Absatz 1 Satz 1 Nummer 7 Buchstabe b, welches die Anteile an dem Investmentfonds im Sinne des Investmentsteuergesetzes verwahrt oder verwaltet;

5.[5] in den Fällen des § 43 Absatz 1 Satz 1 Nummer 5 der Investmentfonds, wenn es sich um Kapitalerträge aus Anteilen an inländischen Investmentfonds handelt, die nicht von einem inländischen oder ausländischen Kredit-, Finanzdienstleistungs- oder Wertpapierinstitut im Sinne des § 43 Absatz 1 Satz 1 Nummer 7 Buchstabe b verwahrt oder verwaltet werden;

6.[6] für Kapitalerträge aus Kryptowertpapieren im Sinne des § 4 Absatz 3 des Gesetzes über elektronische Wertpapiere, in den Fällen des § 43 Absatz 1 Satz 1 Nummer 1 a, 2, 5, 7 Buchstabe a, Nummer 8 und 9 bis 12 die registerführende Stelle nach § 16 Absatz 2 des Gesetzes über elektronische Wertpapiere, sofern sich keine auszahlende Stelle aus den Nummern 1, 3, 4 und 5 ergibt.

⑤ Die innerhalb eines Kalendermonats einbehaltene Steuer ist jeweils bis zum zehnten des folgenden Monats an das Finanzamt abzuführen, das für die Besteuerung
1. des Schuldners der Kapitalerträge,
2. der den Verkaufsauftrag ausführenden Stelle oder
3. der die Kapitalerträge auszahlenden Stelle

---

[1] § 44 Abs. 1 Satz 4 Nr. 3 angef. durch OGAW-IV-UmsG v. 22. 6. 2011 (BGBl. I S. 1126). Abs. 1 Satz 4 Nr. 3 Buchst. c angef. mWv 1. 1. 2015 durch ZollkodexAnpG v. 22. 12. 2014 (BGBl. I S. 2417). Abs. 1 Satz 4 Nr. 3 Buchst. a geänd. mWv 26. 6. 2021 durch G v. 12. 5. 2021 (BGBl. I S. 990). Abs. 1 Satz 4 Nr. 3 Buchst. a geänd. durch JStG 2022 v. 16. 12. 2022 (BGBl. I S. 2294).

[2] Richtig wohl: „welches".

[3] § 44 Abs. 1 Satz 4 Nr. 3 Buchst. c neu gef. durch ZuFinG v. 11. 12. 2023 (BGBl. I Nr. 354).

[4] § 44 Abs. 1 Satz 4 Nr. 4 angef. durch InvStRefG v. 19. 7. 2016 (BGBl. I S. 1679); zur erstmaligen Anwendung mWv 1. 1. 2018 siehe § 52 Abs. 44 Satz 3. Abs. 1 Satz 4 Nr. 4 geänd. durch JStG 2022 v. 16. 12. 2022 (BGBl. I S. 2294).

[5] § 44 Abs. 1 Satz 4 Nr. 5 eingef. durch JStG 2020 v. 21. 12. 2020 (BGBl. I S. 3096); zur erstmaligen Anwendung auf Kapitalerträge, die dem Gläubiger nach dem 29. 12. 2020 zufließen siehe § 52 Abs. 44 Satz 4. Abs. 1 Satz 4 Nr. 5 geänd. durch JStG 2022 v. 16. 12. 2022 (BGBl. I S. 2294).

[6] § 44 Abs. 1 Satz 4 Nr. 6 neu gef. durch ZuFinG v. 11. 12. 2023 (BGBl. I Nr. 354).

nach dem Einkommen zuständig ist; bei Kapitalerträgen im Sinne des § 43 Absatz 1 Satz 1 Nummer 1 ist die einbehaltene Steuer in dem Zeitpunkt abzuführen, in dem die Kapitalerträge dem Gläubiger zufließen. ⑥ Dabei ist die Kapitalertragsteuer, die zu demselben Zeitpunkt abzuführen ist, jeweils auf den nächsten vollen Eurobetrag abzurunden. ⑦ Wenn Kapitalerträge ganz oder teilweise nicht in Geld bestehen (§ 8 Absatz 2) und der in Geld geleistete Kapitalertrag nicht zur Deckung der Kapitalertragsteuer ausreicht, hat der Gläubiger der Kapitalerträge dem zum Steuerabzug Verpflichteten den Fehlbetrag zur Verfügung zu stellen. ⑧ Zu diesem Zweck kann der zum Steuerabzug Verpflichtete den Fehlbetrag von einem bei ihm unterhaltenen und auf den Namen des Gläubigers der Kapitalerträge lautenden Konto, ohne Einwilligung des Gläubigers, einziehen. ⑨ Soweit der Gläubiger nicht vor Zufluss der Kapitalerträge widerspricht, darf der zum Steuerabzug Verpflichtete auch insoweit die Geldbeträge von einem auf den Namen des Gläubigers der Kapitalerträge lautenden Konto einziehen, wie ein mit dem Gläubiger vereinbarter Kontokorrentkredit für dieses Konto nicht in Anspruch genommen wurde. ⑩ Soweit der Gläubiger seiner Verpflichtung nicht nachkommt, hat der zum Steuerabzug Verpflichtete dies dem für ihn zuständigen Betriebsstättenfinanzamt nach Maßgabe des § 93 c der Abgabenordnung anzuzeigen und neben den in § 93 c Absatz 1 der Abgabenordnung genannten Angaben folgende Daten zu übermitteln:

1. das Datum der Gutschrift des Kapitalertrags,
2. die Bezeichnung und die Internationale Wertpapierkennnummer der Wertpapiergattung sowie die dem Kapitalertrag zugrundeliegende Stückzahl der Wertpapiere soweit vorhanden, ansonsten die Bezeichnung des betroffenen Kapitalertrags,
3. sofern ermittelbar, die Höhe des Kapitalertrags, für den der Steuereinbehalt fehlgeschlagen ist.

⑪ Das Wohnsitz-Finanzamt hat die zu wenig erhobene Kapitalertragsteuer vom Gläubiger der Kapitalerträge nach § 32 d Absatz 3 in der Veranlagung nachzufordern.

(1 a)[1] ① Werden inländische Aktien über eine ausländische Stelle mit Dividendenberechtigung erworben, aber ohne Dividendenanspruch geliefert und leitet die ausländische Stelle auf die Erträge im Sinne des § 20 Absatz 1 Nummer 1 Satz 4 einen einbehaltenen Steuerbetrag im Sinne des § 43 a Absatz 1 Satz 1 Nummer 1 an eine inländische Wertpapiersammelbank weiter, ist diese zur Abführung der einbehaltenen Steuer verpflichtet. ② Bei Kapitalerträgen im Sinne des § 43 Absatz 1 Satz 1 Nummer 1 und 2 gilt Satz 1 entsprechend.

(1 b)[2] Bei inländischen und ausländischen Investmentfonds ist für die Vorabpauschale nach § 16 Absatz 1 Nummer 2 des Investmentsteuergesetzes Absatz 1 Satz 7 bis 11 entsprechend anzuwenden.

(2)[3] ① Gewinnanteile (Dividenden) und andere Kapitalerträge im Sinne des § 43 Absatz 1 Satz 1 Nummer 1, deren Ausschüttung von einer Körperschaft beschlossen wird, fließen dem Gläubiger der Kapitalerträge an dem Tag zu (Absatz 1), der im Beschluss als Tag der Auszahlung bestimmt worden ist. ② Ist die Ausschüttung nur festgesetzt, ohne dass über den Zeitpunkt der Auszahlung ein Beschluss gefasst worden ist, so gilt als Zeitpunkt des Zufließens der Tag nach der Beschlussfassung; ist durch Gesetz eine abweichende Fälligkeit des Auszahlungsanspruchs bestimmt oder lässt das Gesetz eine abweichende Bestimmung der Fälligkeit durch Satzungsregelung zu, gilt als Zeitpunkt des Zufließens der Tag der Fälligkeit. ③ Für Kapitalerträge im Sinne des § 20 Absatz 1 Nummer 1 Satz 4 gelten diese Zuflusszeitpunkte entsprechend.

(3) ① Ist bei Einnahmen aus der Beteiligung an einem Handelsgewerbe als stiller Gesellschafter in dem Beteiligungsvertrag über den Zeitpunkt der Ausschüttung keine Vereinbarung getroffen, so gilt der Kapitalertrag am Tag nach der Aufstellung der Bilanz oder einer sonstigen Feststellung des Gewinnanteils des stillen Gesellschafters, spätestens jedoch sechs Monate nach Ablauf des Wirtschaftsjahres, für das der Kapitalertrag ausgeschüttet oder gutgeschrieben werden soll, als zugeflossen. ② Bei Zinsen aus partiarischen Darlehen gilt Satz 1 entsprechend.

(4) Haben Gläubiger und Schuldner der Kapitalerträge vor dem Zufließen ausdrücklich Stundung des Kapitalertrags vereinbart, weil der Schuldner vorübergehend zur Zahlung nicht in der Lage ist, so ist der Steuerabzug erst mit Ablauf der Stundungsfrist vorzunehmen.

(5) ① Die Schuldner der Kapitalerträge, die den Verkaufsauftrag ausführenden Stellen oder die die Kapitalerträge auszahlenden Stellen haften für die Kapitalertragsteuer, die sie einzubehalten und abzuführen haben, es sei denn, sie weisen nach, dass sie die ihnen auferlegten Pflichten weder vorsätzlich noch grob fahrlässig verletzt haben. ② Der Gläubiger der Kapitalerträge wird nur in Anspruch genommen, wenn

1. der Schuldner, die den Verkaufsauftrag ausführende Stelle oder die die Kapitalerträge auszahlende Stelle die Kapitalerträge nicht vorschriftsmäßig gekürzt hat,

---

[1] § 44 Abs. 1 a eingef. durch AmtshilfeRLUmsG v. 26. 6. 2013 (BGBl. I S. 1809).

[2] § 44 Abs. 1 b eingef. durch InvStRefG v. 19. 7. 2016 (BGBl. I S. 1730); zur erstmaligen Anwendung mWv 1. 1. 2018 siehe § 52 Abs. 44 Satz 3.

[3] § 44 Abs. 2 Satz 2 geänd. mWv 1. 1. 2016 durch StÄndG 2015 v. 2. 11. 2015 (BGBl. I S. 1834).

2. der Gläubiger weiß, dass der Schuldner, die den Verkaufsauftrag ausführende Stelle oder die die Kapitalerträge auszahlende Stelle die einbehaltene Kapitalertragsteuer nicht vorschriftsmäßig abgeführt hat, und dies dem Finanzamt nicht unverzüglich mitteilt oder
3.[1] das die Kapitalerträge auszahlende inländische Kredit-, Finanzdienstleistungs- oder Wertpapierinstitut die Kapitalerträge zu Unrecht ohne Abzug der Kapitalertragsteuer ausgezahlt hat.

③ Für die Inanspruchnahme des Schuldners der Kapitalerträge, der den Verkaufsauftrag ausführenden Stelle und der die Kapitalerträge auszahlenden Stelle bedarf es keines Haftungsbescheids, soweit der Schuldner, die den Verkaufsauftrag ausführende Stelle oder die die Kapitalerträge auszahlende Stelle die einbehaltene Kapitalertragsteuer richtig angemeldet hat oder soweit sie ihre Zahlungsverpflichtungen gegenüber dem Finanzamt oder dem Prüfungsbeamten des Finanzamts schriftlich anerkennen.

(6) ① In den Fällen des § 43 Absatz 1 Satz 1 Nummer 7 c gilt die juristische Person des öffentlichen Rechts und die von der Körperschaftsteuer befreite Körperschaft, Personenvereinigung oder Vermögensmasse als Gläubiger und der Betrieb gewerblicher Art und der wirtschaftliche Geschäftsbetrieb als Schuldner der Kapitalerträge. ② Die Kapitalertragsteuer entsteht, auch soweit sie auf verdeckte Gewinnausschüttungen entfällt, die im abgelaufenen Wirtschaftsjahr vorgenommen worden sind, im Zeitpunkt der Bilanzerstellung; sie entsteht spätestens acht Monate nach Ablauf des Wirtschaftsjahres; in den Fällen des § 20 Absatz 1 Nummer 10 Buchstabe b Satz 2 am Tag nach der Beschlussfassung über die Verwendung und in den Fällen des § 22 Absatz 4[2] des Umwandlungssteuergesetzes am Tag nach der Veräußerung. ③ Die Kapitalertragsteuer entsteht in den Fällen des § 20 Absatz 1 Nummer 10 Buchstabe b Satz 3 zum Ende des Wirtschaftsjahres. ④ Die Absätze 1 bis 4 und 5 Satz 2 sind entsprechend anzuwenden. ⑤ Der Schuldner der Kapitalerträge haftet für die Kapitalertragsteuer, soweit sie auf verdeckte Gewinnausschüttungen und auf Veräußerungen im Sinne des § 22 Absatz 4[3] des Umwandlungssteuergesetzes entfällt.

(7) ① In den Fällen des § 14 Absatz 3 des Körperschaftsteuergesetzes entsteht die Kapitalertragsteuer in dem Zeitpunkt der Feststellung der Handelsbilanz der Organgesellschaft; sie entsteht spätestens acht Monate nach Ablauf des Wirtschaftsjahres der Organgesellschaft. ② Die entstandene Kapitalertragsteuer ist an dem auf den Entstehungszeitpunkt nachfolgenden Werktag an das Finanzamt abzuführen, das für die Besteuerung der Organgesellschaft nach dem Einkommen zuständig ist. ③ Im Übrigen sind die Absätze 1 bis 4 entsprechend anzuwenden.

§ 44a Abstandnahme vom Steuerabzug

(1)[4] ① Soweit die Kapitalerträge, die einem unbeschränkt einkommensteuerpflichtigen Gläubiger zufließen, zusammen mit den Kapitalerträgen, für die die Kapitalertragsteuer nach § 44b zu erstatten ist oder nach Absatz 10 kein Steuerabzug vorzunehmen ist, den Sparer-Pauschbetrag nach § 20 Absatz 9 nicht übersteigen, ist ein Steuerabzug nicht vorzunehmen bei Kapitalerträgen im Sinne des
1. § 43 Absatz 1 Satz 1 Nummer 1 und 2 aus Genussrechten oder
2. § 43 Absatz 1 Satz 1 Nummer 1 und 2 aus Anteilen, die von einer Kapitalgesellschaft ihren Arbeitnehmern überlassen worden sind und von ihr, einem von der Kapitalgesellschaft bestellten Treuhänder, einem inländischen Kreditinstitut oder einer inländischen Zweigniederlassung einer der in § 53b Absatz 1 oder 7 des Kreditwesengesetzes genannten Unternehmen verwahrt werden, und
3. § 43 Absatz 1 Satz 1 Nummer 3 bis 7 und 8 bis 12 sowie Satz 2.

② Den Arbeitnehmern im Sinne des Satzes 1 stehen Arbeitnehmer eines mit der Kapitalgesellschaft verbundenen Unternehmens nach § 15 des Aktiengesetzes sowie frühere Arbeitnehmer der Kapitalgesellschaft oder eines mit ihr verbundenen Unternehmens gleich. ③ Den von der Kapitalgesellschaft überlassenen Anteilen stehen Aktien gleich, die den Arbeitnehmern bei einer Kapitalerhöhung auf Grund ihres Bezugsrechts aus den von der Kapitalgesellschaft überlassenen Aktien zugeteilt worden sind oder die den Arbeitnehmern auf Grund einer Kapitalerhöhung aus Gesellschaftsmitteln gehören. ④ Bei Kapitalerträgen im Sinne des § 43 Absatz 1 Satz 1 Nummer 1, 2 bis 7 und 8 bis 12 sowie Satz 2, die einem unbeschränkt einkommensteuerpflichtigen Gläubiger zufließen, ist der Steuerabzug nicht vorzunehmen, wenn anzunehmen ist, dass auch für Fälle der Günstigerprüfung nach § 32d Absatz 6 keine Steuer entsteht.

(2) ① Voraussetzung für die Abstandnahme vom Steuerabzug nach Absatz 1 ist, dass dem nach § 44 Absatz 1 zum Steuerabzug Verpflichteten in den Fällen
1.[5] des Absatzes 1 Satz 1 ein Freistellungsauftrag des Gläubigers der Kapitalerträge nach amtlich vorgeschriebenem Muster oder

[1] § 44 Abs. 5 Satz 2 Nummer 3 geänd. durch JStG 2022 v. 16. 12. 2022 (BGBl. I S. 2294).
[2] Zur Anwendung siehe § 52 Abs. 44 Satz 2.
[3] Zur Anwendung siehe § 52 Abs. 44 Satz 2.
[4] § 44 a Abs. 1 neu gef. durch AmtshilfeRLUmsG v. 26. 6. 2013 (BGBl. I S. 1809); für nach dem 31. 12. 2006 zufließende Kapitalerträge siehe § 52 Abs. 43. Abs. 1 Satz 1 Nr. 2 geänd. mWv VZ 2014 durch KroatienAnpG v. 25. 7. 2014 (BGBl. I S. 1266). Abs. 1 Satz 1 geänd. mWv 1. 1. 2016 durch StÄndG 2015 v. 2. 11. 2015 (BGBl. I S. 1834).
[5] § 44 a Abs. 2 Satz 1 Nr. 1 geänd. durch G v. 8. 12. 2010 (BGBl. I S. 1768). Abs. 2 Satz 1 Nr. 1 geänd. durch AmtshilfeRLUmsG v. 26. 6. 2013 (BGBl. I S. 1809).

2.[1] des Absatzes 1 Satz 4 eine Nichtveranlagungs-Bescheinigung des für den Gläubiger zuständigen Wohnsitzfinanzamts

vorliegt. ② In den Fällen des Satzes 1 Nummer 2 ist die Bescheinigung unter dem Vorbehalt des Widerrufs auszustellen. ③ Ihre Geltungsdauer darf höchstens drei Jahre betragen und muss am Schluss eines Kalenderjahres enden. ④ Fordert das Finanzamt die Bescheinigung zurück oder erkennt der Gläubiger, dass die Voraussetzungen für ihre Erteilung weggefallen sind, so hat er dem Finanzamt die Bescheinigung zurückzugeben.

(2 a)[2] ① Ein Freistellungsauftrag kann nur erteilt werden, wenn der Gläubiger der Kapitalerträge seine Identifikationsnummer (§ 139 b der Abgabenordnung) und bei gemeinsamen Freistellungsaufträgen auch die Identifikationsnummer des Ehegatten mitteilt. ② Ein Freistellungsauftrag ist ab dem 1. Januar 2016 unwirksam, wenn der Meldestelle im Sinne des § 45 d Absatz 1 Satz 1 keine Identifikationsnummer des Gläubigers der Kapitalerträge und bei gemeinsamen Freistellungsaufträgen auch keine des Ehegatten vorliegen. ③ Sofern der Meldestelle im Sinne des § 45 d Absatz 1 Satz 1 die Identifikationsnummer nicht bereits bekannt ist, kann sie diese beim Bundeszentralamt für Steuern abfragen. ④ In der Anfrage dürfen nur die in § 139 b Absatz 3 der Abgabenordnung genannten Daten des Gläubigers der Kapitalerträge und bei gemeinsamen Freistellungsaufträgen die des Ehegatten angegeben werden, soweit sie der Meldestelle bekannt sind. ⑤ Die Anfrage hat nach amtlich vorgeschriebenem Datensatz durch Datenfernübertragung zu erfolgen. ⑥ Das Bundeszentralamt für Steuern teilt der Meldestelle die Identifikationsnummer mit, sofern die übermittelten Daten mit den nach § 139 b Absatz 3 der Abgabenordnung beim Bundeszentralamt für Steuern gespeicherten Daten übereinstimmen. ⑦ Die Meldestelle darf die Identifikationsnummer nur verarbeiten, soweit dies zur Erfüllung von steuerlichen Pflichten erforderlich ist.

(3) Der nach § 44 Absatz 1 zum Steuerabzug Verpflichtete hat in seinen Unterlagen das Finanzamt, das die Bescheinigung erteilt hat, den Tag der Ausstellung der Bescheinigung und die in der Bescheinigung angegebene Steuer- und Listennummer zu vermerken sowie die Freistellungsaufträge aufzubewahren.

(4)[3] ① Ist der Gläubiger

1. eine von der Körperschaftsteuer befreite inländische Körperschaft, Personenvereinigung oder Vermögensmasse oder

2. eine inländische juristische Person des öffentlichen Rechts,

so ist der Steuerabzug bei Kapitalerträgen im Sinne des § 43 Absatz 1 Satz 1 Nummer 4 bis 7 und 8 bis 12 sowie Satz 2 nicht vorzunehmen. ② Dies gilt auch, wenn es sich bei den Kapitalerträgen um Bezüge im Sinne des § 20 Absatz 1 Nummer 1 und 2 handelt, die der Gläubiger von einer von der Körperschaftsteuer befreiten Körperschaft bezieht. ③ Voraussetzung ist, dass der Gläubiger dem Schuldner oder dem die Kapitalerträge auszahlenden inländischen Kredit-, Finanzdienstleistungs- oder Wertpapierinstitut durch eine Bescheinigung des für seine Geschäftsleitung oder seinen Sitz zuständigen Finanzamts nachweist, dass er eine Körperschaft, Personenvereinigung oder Vermögensmasse im Sinne des Satzes 1 Nummer 1 oder 2 ist. ④ Absatz 2 Satz 2 bis 4 und Absatz 3 gelten entsprechend. ⑤ Die in Satz 3 bezeichnete Bescheinigung wird nicht erteilt, wenn die Kapitalerträge in den Fällen des Satzes 1 Nummer 1 in einem wirtschaftlichen Geschäftsbetrieb anfallen, für den die Befreiung von der Körperschaftsteuer ausgeschlossen ist, oder wenn sie in den Fällen des Satzes 1 Nummer 2 in einem nicht von der Körperschaftsteuer befreiten Betrieb gewerblicher Art anfallen. ⑥ Ein Steuerabzug ist auch nicht vorzunehmen bei Kapitalerträgen im Sinne des § 49 Absatz 1 Nummer 5 Buchstabe c und d, die einem Anleger zufließen, der eine nach den Rechtsvorschriften eines Mitgliedstaates der Europäischen Union oder des Europäischen Wirtschaftsraums gegründete Gesellschaft im Sinne des Artikels 54 des Vertrags über die Arbeitsweise der Europäischen Union oder des Artikels 34 des Abkommens über den Europäischen Wirtschaftsraum mit Sitz und Ort der Geschäftsleitung innerhalb des Hoheitsgebietes eines dieser Staaten ist, und der einer Körperschaft im Sinne des § 5 Absatz 1 Nummer 3 des Körperschaftsteuergesetzes vergleichbar ist; soweit es sich um eine nach den Rechtsvorschriften eines Mitgliedstaates des Europäischen Wirtschaftsraums gegründete Gesellschaft oder eine Gesellschaft mit Ort und Geschäftsleitung in diesem Staat handelt, ist zusätzlich Voraussetzung, dass mit diesem Staat ein Amtshilfeabkommen besteht.

(4 a)[4] ① Absatz 4 ist entsprechend auf Personengesellschaften im Sinne des § 212 Absatz 1 des Fünften Buches Sozialgesetzbuch anzuwenden. ② Dabei tritt die Personengesellschaft an die Stelle des Gläubigers der Kapitalerträge.

---

[1] § 44 a Abs. 2 Satz 1 Nr. 2 geänd. durch AmtshilfeRLUmsG v. 26. 6. 2013 (BGBl. I S. 1809).

[2] § 44 a Abs. 2 a eingef. mWv 1. 1. 2011 durch G v. 8. 12. 2010 (BGBl. I S. 1768). Abs. 2 a Satz 3 neu gef. mWv 1. 1. 2014 durch KroatienAnpG v. 25. 7. 2014 (BGBl. I S. 1266). Abs. 2 a Satz 6 aufgeh. mWv 1. 1. 2017 durch G v. 18. 7. 2016 (BGBl. I S. 1679). Abs. 2 a Satz 7 geänd. mWv 26. 11. 2019 durch das 2. DSAnpUG-EU v. 20. 11. 2019 (BGBl. I S. 1626).

[3] § 44 a Abs. 4 Satz 6 angef. durch G v. 8. 12. 2010 (BGBl. I S. 1768) und Abs. 4 Satz 1 geänd. mWv 1. 1. 2018 durch InvStRefG v. 19. 7. 2018 (BGBl. I S. 1730). Abs. 4 Satz 3 geänd. mWv 26. 6. 2021 durch G v. 12. 5. 2021 (BGBl. I S. 990). Abs. 4 Satz 3 geänd. durch JStG 2022 v. 16. 12. 2022 (BGBl. I S. 2294).

[4] § 44 a Abs. 4 a eingef. durch G v. 8. 12. 2010 (BGBl. I S. 1768).

(4b)[1] ① Werden Kapitalerträge im Sinne des § 43 Absatz 1 Satz 1 Nummer 1 von einer Genossenschaft an ihre Mitglieder gezahlt, hat sie den Steuerabzug nicht vorzunehmen, wenn ihr für das jeweilige Mitglied

1. eine Nichtveranlagungs-Bescheinigung nach Absatz 2 Satz 1 Nummer 2,
2. eine Bescheinigung nach Absatz 5 Satz 4,
3. eine Bescheinigung nach Absatz 7 Satz 2 oder
4. eine Bescheinigung nach Absatz 8 Satz 2 vorliegt; in diesen Fällen ist ein Steuereinbehalt in Höhe von drei Fünfteln vorzunehmen.

② Eine Genossenschaft hat keinen Steuerabzug vorzunehmen, wenn ihr ein Freistellungsauftrag erteilt wurde, der auch Kapitalerträge im Sinne des Satzes 1 erfasst, soweit die Kapitalerträge zusammen mit den Kapitalerträgen, für die nach Absatz 1 kein Steuerabzug vorzunehmen ist oder für die die Kapitalertragsteuer nach § 44 b zu erstatten ist, den mit dem Freistellungsauftrag beantragten Freibetrag nicht übersteigen. ③ Dies gilt auch, wenn die Genossenschaft einen Verlustausgleich nach § 43 a Absatz 3 Satz 2 unter Einbeziehung von Kapitalerträgen im Sinne des Satzes 1 durchgeführt hat.

(5)[2] ① Bei Kapitalerträgen im Sinne des § 43 Absatz 1 Satz 1 Nummer 1, 2, 5 bis 7 und 8 bis 12 sowie Satz 2, die einem unbeschränkt oder beschränkt einkommensteuerpflichtigen Gläubiger zufließen, ist der Steuerabzug nicht vorzunehmen, wenn die Kapitalerträge Betriebseinnahmen des Gläubigers sind und die Kapitalertragsteuer bei ihm auf Grund der Art seiner Geschäfte auf Dauer höher wäre als die gesamte festzusetzende Einkommensteuer oder Körperschaftsteuer. ② Ist der Gläubiger ein Lebens- oder Krankenversicherungsunternehmen als Organgesellschaft, ist für die Anwendung des Satzes 1 eine bestehende Organschaft im Sinne des § 14 des Körperschaftsteuergesetzes nicht zu berücksichtigen, wenn die beim Organträger anzurechnende Kapitalertragsteuer, einschließlich der Kapitalertragsteuer des Lebens- oder Krankenversicherungsunternehmens, die auf Grund von § 19 Absatz 5 des Körperschaftsteuergesetzes anzurechnen wäre, höher wäre, als die gesamte festzusetzende Körperschaftsteuer. ③ Für die Prüfung der Voraussetzung des Satzes 2 ist auf die Verhältnisse der dem Antrag auf Erteilung einer Bescheinigung im Sinne des Satzes 4 vorangehenden drei Veranlagungszeiträume abzustellen. ④ Die Voraussetzung des Satzes 1 ist durch eine Bescheinigung des für den Gläubiger zuständigen Finanzamts nachzuweisen. ⑤ Die Bescheinigung ist unter dem Vorbehalt des Widerrufs auszustellen. ⑥ Die Voraussetzung des Satzes 2 ist gegenüber dem für den Gläubiger zuständigen Finanzamt durch eine Bescheinigung des für den Organträger zuständigen Finanzamts nachzuweisen.

(6)[3] ① Voraussetzung für die Abstandnahme vom Steuerabzug nach den Absätzen 1, 4 und 5 bei Kapitalerträgen im Sinne des § 43 Absatz 1 Satz 1 Nummer 6, 7 und 8 bis 12 sowie Satz 2 ist, dass die Teilschuldverschreibungen, die Anteile an der Sammelschuldbuchforderung, die Wertrechte, die Einlagen und Guthaben oder sonstigen Wirtschaftsgüter im Zeitpunkt des Zufließens der Einnahmen unter dem Namen des Gläubigers der Kapitalerträge bei der die Kapitalerträge auszahlenden Stelle verwahrt oder verwaltet werden. ② Ist dies nicht der Fall, ist die Bescheinigung nach § 45 a Absatz 2 durch einen entsprechenden Hinweis zu kennzeichnen. ③ Wird bei einem inländischen Kredit- oder Finanzdienstleistungsinstitut oder bei einem inländischen Wertpapierinstitut im Sinne des § 43 Absatz 1 Satz 1 Nummer 7 Buchstabe b ein Konto oder Depot für eine gemäß § 5 Absatz 1 Nummer 9 des Körperschaftsteuergesetzes befreite Stiftung im Sinne des § 1 Absatz 1 Nummer 5 des Körperschaftsteuergesetzes auf den Namen eines anderen Berechtigten geführt und ist das Konto oder Depot durch einen Zusatz zur Bezeichnung eindeutig sowohl vom übrigen Vermögen des anderen Berechtigten zu unterscheiden als auch steuerlich der Stiftung zuzuordnen, so gilt es für die Anwendung des Absatzes 4, des Absatzes 7, des Absatzes 10 Satz 1 Nummer 2 und des § 44 b Absatz 6 in Verbindung mit Absatz 7 als im Namen der Stiftung geführt.

(7)[4] ① Ist der Gläubiger eine inländische

1. Körperschaft, Personenvereinigung oder Vermögensmasse im Sinne des § 5 Absatz 1 Nummer 9 des Körperschaftsteuergesetzes oder
2. Stiftung des öffentlichen Rechts, die ausschließlich und unmittelbar gemeinnützigen oder mildtätigen Zwecken dient, oder
3. juristische Person des öffentlichen Rechts, die ausschließlich und unmittelbar kirchlichen Zwecken dient,

[1] § 44 a Abs. 4 b eingef. durch StVereinfG 2011 v. 1. 11. 2011 (BGBl. I S. 2131). Abs. 4 b Satz 1 Nr. 3 und 4 geänd. durch JStG 2019 v. 12. 12. 2019 (BGBl. I S. 2451).

[2] § 44 a Abs. 5 Satz 1 geänd. durch AmtshilfeRLUmsG v. 26. 6. 2013 (BGBl. I S. 1809) und Abs. 5 Satz 1 geänd. mWv 1. 1. 2018 durch InvStRefG v. 19. 7. 2016 (BGBl. I S. 1730).

[3] § 44 a Abs. 6 Satz 3 angef. durch StVereinfG 2011 v. 1. 11. 2011 (BGBl. I S. 2131); Abs. 6 Satz 3 geänd. mWv 26. 5. 2021 durch G v. 12. 5. 2021 (BGBl. I S. 990). Abs. 6 Satz 3 geänd. mWv VZ 2024 durch JStG 2024 v. 2.12.2024 (BGBl. I Nr. 387).

[4] § 44 a Abs. 7 Satz 1 geänd., Sätze 2 und 3 aufgeh., bish. Sätze 4 und 5 werden Sätze 2 und 3 und neuer Satz 2 geänd. durch AmtshilfeRLUmsG v. 26. 6. 2013 (BGBl. I S. 1809).

so ist der Steuerabzug bei Kapitalerträgen im Sinne des § 43 Absatz 1 Satz 1 Nummer 1, 2, 3 und 7 a bis 7 c nicht vorzunehmen. ② Voraussetzung für die Anwendung des Satzes 1 ist, dass der Gläubiger durch eine Bescheinigung des für seine Geschäftsleitung oder seinen Sitz zuständigen Finanzamts nachweist, dass er eine Körperschaft, Personenvereinigung oder Vermögensmasse nach Satz 1 ist. ③ Absatz 4 gilt entsprechend.

(8)[1] ① Ist der Gläubiger

1. eine nach § 5 Absatz 1 mit Ausnahme der Nummer 9 des Körperschaftsteuergesetzes oder nach anderen Gesetzen von der Körperschaftsteuer befreite Körperschaft, Personenvereinigung oder Vermögensmasse oder
2. eine inländische juristische Person des öffentlichen Rechts, die nicht in Absatz 7 bezeichnet ist,

so ist der Steuerabzug bei Kapitalerträgen im Sinne des § 43 Absatz 1 Satz 1 Nummer 1, 2, 3 und 7 a nur in Höhe von drei Fünfteln vorzunehmen. ② Voraussetzung für die Anwendung des Satzes 1 ist, dass der Gläubiger durch eine Bescheinigung des für seine Geschäftsleitung oder seinen Sitz zuständigen Finanzamts nachweist, dass er eine Körperschaft, Personenvereinigung oder Vermögensmasse im Sinne des Satzes 1 ist. ③ Absatz 4 gilt entsprechend.

(8 a)[2] ① Absatz 8 ist entsprechend auf Personengesellschaften im Sinne des § 212 Absatz 1 des Fünften Buches Sozialgesetzbuch anzuwenden. ② Dabei tritt die Personengesellschaft an die Stelle des Gläubigers der Kapitalerträge.

(9)[3] ① Ist der Gläubiger der Kapitalerträge im Sinne des § 43 Absatz 1 eine beschränkt steuerpflichtige Körperschaft im Sinne des § 2 Nummer 1 des Körperschaftsteuergesetzes, so werden zwei Fünftel der einbehaltenen und abgeführten Kapitalertragsteuer erstattet. ② § 50 c Absatz 3 und 5 sowie § 50 d Absatz 3 sind entsprechend anzuwenden. ③ Weitergehende Ansprüche aus § 43 b oder § 50 g oder einem Abkommen zur Vermeidung der Doppelbesteuerung bleiben unberührt. ④ Verfahren nach den vorstehenden Sätzen und nach § 50 c Absatz 3 soll das Bundeszentralamt für Steuern verbinden.

(10)[4] ① Werden Kapitalerträge im Sinne des § 43 Absatz 1 Satz 1 Nummer 1 a gezahlt, hat die auszahlende Stelle keinen Steuerabzug vorzunehmen, wenn

1. der auszahlenden Stelle eine Nichtveranlagungs-Bescheinigung nach Absatz 2 Satz 1 Nummer 2 für den Gläubiger vorgelegt wird,
2.[5] der auszahlenden Stelle eine Bescheinigung nach Absatz 7 Satz 2 für den Gläubiger vorgelegt wird; soweit die Kapitalerträge einen Betrag von 20 000 Euro übersteigen, ist bei Gläubigern nach Absatz 7 Satz 1 Nummer 1 abweichend vom ersten Halbsatz ein Steuerabzug in Höhe von drei Fünfteln vorzunehmen, wenn der Gläubiger bei Zufluss der Kapitalerträge nicht seit mindestens einem Jahr ununterbrochen wirtschaftlicher Eigentümer der Aktien oder Genussscheine ist oder
3. der auszahlenden Stelle eine Bescheinigung nach Absatz 8 Satz 2 für den Gläubiger vorgelegt wird; in diesen Fällen ist ein Steuereinbehalt in Höhe von drei Fünfteln vorzunehmen.

② Wird der auszahlenden Stelle ein Freistellungsauftrag erteilt, der auch Kapitalerträge im Sinne des Satzes 1 erfasst, oder führt diese einen Verlustausgleich nach § 43 a Absatz 3 Satz 2 unter Einbeziehung von Kapitalerträgen im Sinne des Satzes 1 durch, so hat sie den Steuerabzug nicht vorzunehmen, soweit die Kapitalerträge zusammen mit den Kapitalerträgen, für die nach Absatz 1 kein Steuerabzug vorzunehmen ist oder die Kapitalertragsteuer nach § 44 b zu erstatten ist, den mit dem Freistellungsauftrag beantragten Freistellungsbetrag nicht übersteigen. ③ Absatz 6 ist entsprechend anzuwenden. ④ Werden Kapitalerträge im Sinne des § 43 Absatz 1 Satz 1 Nummer 1 a von einer auszahlenden Stelle im Sinne des § 44 Absatz 1 Satz 4 Nummer 3 an eine ausländische Stelle ausgezahlt, hat diese auszahlende Stelle über den von ihr vor der Zahlung in das Ausland von diesen Kapitalerträgen vorgenommenen Steuerabzug der letzten inländischen auszahlenden Stelle in der Wertpapierverwahrkette, welche die Kapitalerträge auszahlt oder gutschreibt, auf deren Antrag eine Sammel-Steuerbescheinigung für die Summe der eigenen und der für Kunden verwahrten Aktien nach amtlich vorgeschriebenem Muster auszustellen. ⑤ Der Antrag darf nur für Aktien gestellt werden, die mit Dividendenberechtigung erworben und mit Dividendenanspruch geliefert wurden. ⑥ Wird eine solche Sammel-Steuerbescheinigung beantragt, ist die Ausstellung von Einzel-Steuerbescheinigungen oder die Weiterleitung eines Antrags auf Ausstellung einer Einzel-Steuerbescheinigung über den Steuerabzug von denselben Kapitalerträgen ausgeschlossen; die Sammel-Steuerbescheinigung ist als solche zu kennzeichnen. ⑦ Auf die ihr ausgestellte Sam-

[1] § 44 a Abs. 8 Satz 1 geänd. durch StVereinfG v. 1. 11. 2011 (BGBl. I S. 2131). Abs. 8 Satz 1 geänd. und Satz 2 aufgeh., bish. Sätze 3 und 4 werden Sätze 2 und 3 durch AmtshilfeRLUmsG v. 26. 6. 2013 (BGBl. I S. 1809).

[2] § 44 a Abs. 8 a eingef. mWv 1. 1. 2012 durch BeitrRLUmsG v. 7. 12. 2011 (BGBl. I S. 2592).

[3] § 44 a Abs. 9 Sätze 1 und 3 geänd. durch G v. 8. 12. 2010 (BGBl. I S. 1768). Abs. 9 Satz 2 Verweis geänd. durch OGAW-IV-UmsG v. 22. 6. 2011 (BGBl. I S. 1126). Abs. 9 Satz 2 Verweis geänd. durch Amtshilfe-RLUmsG v. 26. 6. 2013 (BGBl. I S. 1809). Abs. 9 Sätze 2 bis 4 neu gef. durch AbzStEntModG v. 2. 6. 2021 (BGBl. I S. 1259).

[4] § 44 a Abs. 10 angef. durch OGAW-IV-UmsG v. 22. 6. 2011 (BGBl. I S. 1126) und Abs. 10 Sätze 4 bis 7 angef. durch BeitrRLUmsG v. 7. 12. 2011 (BGBl. I S. 2592). Abs. 10 Satz 1 Nr. 3 und 4 Verweise geänd. durch AmtshilfeRLUmsG v. 26. 6. 2013 (BGBl. I S. 1809). Abs. 10 Satz 1 Nr. 3 geänd. mWv 1. 1. 2019 durch „JStG 2018" v. 11. 12. 2018 (BGBl. I S. 2338).

[5] § 44 a Abs. 10 Satz 1 Nr. 2 aufgeh., bish. Nr. 3 und Nr. 4 werden Nr. 2 und Nr. 3 mWv VZ 2021 durch AbzStEntModG v. 2. 6. 2021 (BGBl. I S. 1259).

mel-Steuerbescheinigung wendet die letzte inländische auszahlende Stelle § 44 b Absatz 6 mit der Maßgabe an, dass sie von den ihr nach dieser Vorschrift eingeräumten Möglichkeiten Gebrauch zu machen hat.

§ 44 b Erstattung der Kapitalertragsteuer

(1)[1] Nach Ablauf eines Kalenderjahres hat der zum Steuerabzug Verpflichtete die im vorangegangenen Kalenderjahr abgeführte Steuer auf Ausschüttungen eines Investmentfonds zu erstatten, soweit die Ausschüttungen nach § 17 des Investmentsteuergesetzes nicht als Ertrag gelten.

(2)[2] Ist bei Gläubigern nach § 44 a Absatz 7 Satz 1 Nummer 1 gemäß § 44 a Absatz 10 Satz 1 Nummer 2 Kapitalertragsteuer einbehalten und abgeführt worden, wird auf Antrag durch das Finanzamt, in dessen Bezirk sich die Geschäftsleitung oder der Sitz des Gläubigers befindet, die Kapitalertragsteuer erstattet, wenn der Gläubiger die Voraussetzungen nach § 36 a Absatz 1 bis 3 erfüllt.

(3) und (4)[3] *(aufgehoben)*

(5)[4] ① Ist Kapitalertragsteuer einbehalten oder abgeführt worden, obwohl eine Verpflichtung hierzu nicht bestand, oder hat der Gläubiger dem nach § 44 Absatz 1 zum Steuerabzug Verpflichteten die Bescheinigung nach § 43 Absatz 2 Satz 4, den Freistellungsauftrag, die Nichtveranlagungs-Bescheinigung oder die Bescheinigungen nach § 44 a Absatz 4 oder Absatz 5 erst zu einem Zeitpunkt vorgelegt, zu dem die Kapitalertragsteuer bereits abgeführt war, oder nach diesem Zeitpunkt erst die Erklärung nach § 43 Absatz 2 Satz 3 Nummer 2 abgegeben, ist auf Antrag des nach § 44 Absatz 1 zum Steuerabzug Verpflichteten die Steueranmeldung (§ 45 a Absatz 1) insoweit zu ändern; stattdessen kann der zum Steuerabzug Verpflichtete bei der folgenden Steueranmeldung die abzuführende Kapitalertragsteuer entsprechend kürzen. ② Erstattungsberechtigt ist der Antragsteller. ③ Solange noch keine Steuerbescheinigung nach § 45 a erteilt ist, hat der zum Steuerabzug Verpflichtete das Verfahren nach Satz 1 zu betreiben. ④ Die vorstehenden Sätze sind in den Fällen des Absatzes 6 nicht anzuwenden.

(6)[5] ① Werden Kapitalerträge im Sinne des § 43 Absatz 1 Satz 1 Nummer 1 und 2 durch ein inländisches Kredit-, Finanzdienstleistungs- oder Wertpapierinstitut im Sinne des § 43 Absatz 1 Satz 1 Nummer 7 Buchstabe b, das die Wertpapiere, Wertrechte oder sonstigen Wirtschaftsgüter unter dem Namen des Gläubigers verwahrt oder verwaltet, als Schuldner der Kapitalerträge oder für Rechnung des Schuldners gezahlt, kann das Kredit- oder Finanzdienstleistungsinstitut oder das Wertpapierinstitut die einbehaltene und abgeführte Kapitalertragsteuer dem Gläubiger der Kapitalerträge bis zur Ausstellung einer Steuerbescheinigung, längstens bis zum 31. März des auf den Zufluss der Kapitalerträge folgenden Kalenderjahres, unter den folgenden Voraussetzungen erstatten:

1. dem Kredit-, Finanzdienstleistungs- oder Wertpapierinstitut wird eine Nichtveranlagungs-Bescheinigung nach § 44 a Absatz 2 Satz 1 Nummer 2 für den Gläubiger vorgelegt,
2. dem Kredit-, Finanzdienstleistungs- oder Wertpapierinstitut wird eine Bescheinigung nach § 44 a Absatz 5 für den Gläubiger vorgelegt,
3. dem Kredit-, Finanzdienstleistungs- oder Wertpapierinstitut wird eine Bescheinigung nach § 44 a Absatz 7 Satz 2 für den Gläubiger vorgelegt und eine Abstandnahme war nicht möglich oder
4. dem Kredit-, Finanzdienstleistungs- oder Wertpapierinstitut wird eine Bescheinigung nach § 44 a Absatz 8 Satz 2 für den Gläubiger vorgelegt und die teilweise Abstandnahme war nicht möglich; in diesen Fällen darf die Kapitalertragsteuer nur in Höhe von zwei Fünfteln erstattet werden.

② Das erstattende Kredit- oder Finanzdienstleistungsinstitut oder das erstattende Wertpapierinstitut haftet in sinngemäßer Anwendung des § 44 Absatz 5 für zu Unrecht vorgenommene Erstattungen; für die Zahlungsaufforderung gilt § 219 Satz 2 der Abgabenordnung entsprechend. ③ Das Kredit- oder Finanzdienstleistungsinstitut oder das Wertpapierinstitut hat die Summe der Erstattungsbeträge in der Steueranmeldung gesondert anzugeben und von der von ihm abzuführenden Kapitalertragsteuer abzusetzen. ④ Wird dem Kredit-, Finanzdienstleistungs- oder Wertpapierinstitut ein Freistellungsauftrag erteilt, der auch Kapitalerträge im Sinne des Satzes 1 erfasst, oder führt das Institut oder das Wertpapierinstitut einen Verlustausgleich nach § 43 a Absatz 3 Satz 2 unter Einbeziehung von Kapitalerträgen im Sinne des Satzes 1 aus, so hat es bis zur Ausstellung der Steuerbescheinigung, längstens bis zum 31. März des auf den Zufluss der Kapitalerträge folgenden

---

[1] § 44 b Abs. 1 aufgeh. durch AmtshilfeRLUmsG v. 26. 6. 2013 (BGBl. I S. 1809). Abs. 1 neu eingef. mWv 1. 1. 2018 durch InvStRefG v. 19. 7. 2016 (BGBl. I S. 1730).

[2] § 44 b Abs. 2 aufgeh. durch AmtshilfeRLUmsG v. 26. 6. 2013 (BGBl. I S. 1809). Abs. 2 neu gef. mWv 1. 1. 2019 durch „JStG 2018" v. 11. 12. 2018 (BGBl. I S. 2338). Abs. 2 Verweis geänd. durch AbzStEntModG v. 2. 6. 2021 (BGBl. I S. 1259).

[3] § 44 b Abs. 3 und 4 aufgeh. durch AmtshilfeRLUmsG v. 26. 6. 2013 (BGBl. I S. 1809).

[4] § 44 b Abs. 5 Satz 3 eingef., bish. Satz 3 wird Satz 4 mWv 1. 1. 2015 durch ZollkodexAnpG v. 22. 12. 2014 (BGBl. I S. 2417).

[5] § 44 b Abs. 6 Satz 1 Nr. 3 und 4 Verweise geänd. durch AmtshilfeRLUmsG v. 26. 6. 2013 (BGBl. I S. 1809). Abs. 6 Sätze 1 bis 4 geänd. mWv 26. 6. 2021 durch G v. 12. 5. 2021 (BGBl. I S. 990). Abs. 6 Satz 1 und Satz 4 geänd. durch JStG 2022 v. 16. 12. 2022 (BGBl. I S. 2294).

Kalenderjahres, die einbehaltene und abgeführte Kapitalertragsteuer auf diese Kapitalerträge zu erstatten; Satz 2 ist entsprechend anzuwenden.

(7)[1] ① Eine Gesamthandsgemeinschaft kann für ihre Mitglieder im Sinne des § 44 a Absatz 7 oder Absatz 8 eine Erstattung der Kapitalertragsteuer bei dem für die gesonderte Feststellung ihrer Einkünfte zuständigen Finanzamt beantragen. ② Die Erstattung ist unter den Voraussetzungen des § 44 a Absatz 4, 7 oder Absatz 8 und in dem dort bestimmten Umfang zu gewähren. ③ Kapitalertragsteuer, die nach § 43 Absatz 1 Satz 1 Nummer 1 a einbehalten wurde, ist unter den Voraussetzungen des § 44 a Absatz 10 und in dem dort bestimmten Umfang zu erstatten, wenn der Gläubiger die Voraussetzungen nach § 36 a Absatz 1 bis 3 erfüllt.

§ 45[2] Ausschluss der Erstattung von Kapitalertragsteuer

① In den Fällen, in denen die Dividende an einen anderen als an den Anteilseigner ausgezahlt wird, ist die Erstattung oder Anrechnung von Kapitalertragsteuer für den Zahlungsempfänger ausgeschlossen. ② Satz 1 gilt nicht für den Erwerber eines Dividendenscheines oder sonstigen Anspruches in den Fällen des § 20 Absatz 2 Satz 1 Nummer 2 Buchstabe a Satz 2; beim Erwerber sind drei Fünftel der Kapitalertragsteuer nicht anzurechnen oder zu erstatten. ③ In den Fällen des § 20 Absatz 2 Satz 1 Nummer 2 Buchstabe b ist die Erstattung von Kapitalertragsteuer an den Erwerber von Zinsscheinen nach § 37 Absatz 2 der Abgabenordnung ausgeschlossen.

§ 45 a Anmeldung und Bescheinigung der Kapitalertragsteuer

(1)[3] ① Die Anmeldung der einbehaltenen Kapitalertragsteuer ist dem Finanzamt innerhalb der in § 44 Absatz 1 oder Absatz 7 bestimmten Frist nach amtlich vorgeschriebenem Vordruck auf elektronischem Weg zu übermitteln; die auszahlende Stelle hat die Kapitalertragsteuer auf die Erträge im Sinne des § 43 Absatz 1 Satz 1 Nummer 1 a jeweils gesondert für das Land, in dem sich der Ort der Geschäftsleitung des Schuldners der Kapitalerträge befindet, anzugeben. ② Satz 1 gilt entsprechend, wenn ein Steuerabzug nicht oder nicht in voller Höhe vorzunehmen ist. ③ Der Grund für die Nichtabführung ist anzugeben. ④ Auf Antrag kann das Finanzamt zur Vermeidung unbilliger Härten auf eine elektronische Übermittlung verzichten; in diesem Fall ist die Kapitalertragsteuer-Anmeldung von dem Schuldner, der den Verkaufsauftrag ausführenden Stelle, der auszahlenden Stelle oder einer vertretungsberechtigten Person zu unterschreiben.

(2)[4] ① Folgende Stellen sind verpflichtet, dem Gläubiger der Kapitalerträge auf Verlangen eine Bescheinigung nach amtlich vorgeschriebenem Muster auszustellen, die die nach § 32 d erforderlichen Angaben enthält; bei Vorliegen der Voraussetzungen des

1. § 43 Absatz 1 Satz 1 Nummer 1, 2 bis 4, 7 a und 7 b der Schuldner der Kapitalerträge,
2. § 43 Absatz 1 Satz 1 Nummer 1 a, 5 bis 7 und 8 bis 12 sowie Satz 2 die die Kapitalerträge auszahlende Stelle vorbehaltlich des Absatzes 3,
3. § 44 Absatz 1 a die zur Abführung der Steuer verpflichtete Stelle und
4. § 44 Absatz 1 Satz 4 Nummer 5 der Investmentfonds.

② Die Bescheinigung kann elektronisch übermittelt werden; auf Anforderung des Gläubigers der Kapitalerträge ist sie auf Papier zu übersenden. ③ Die Bescheinigung braucht nicht unterschrieben zu werden, wenn sie in einem maschinellen Verfahren ausgedruckt worden ist und den Aussteller erkennen lässt. ④ § 44 a Absatz 6 gilt sinngemäß; über die zu kennzeichnenden Bescheinigungen haben die genannten Institute und Unternehmen Aufzeichnungen zu führen. ⑤ Diese müssen einen Hinweis auf den Buchungsbeleg über die Auszahlung an den Empfänger der Bescheinigung enthalten.

| **[ab 1. 1. 2027:**

(2 a)[5] Ist der Gläubiger der Kapitalerträge beschränkt steuerpflichtig, tritt in den Fällen des § 43 Absatz 1 Satz 1 Nummer 1 a und 2 Satz 4 an die Stelle der Bescheinigung nach Absatz 2 Satz 1 die Übermittlung der Angaben gemäß § 45 b Absatz 5.]

(3)[6] ① Werden Kapitalerträge für Rechnung des Schuldners durch ein inländisches Kreditinstitut, ein inländisches Finanzdienstleistungsinstitut oder ein inländisches Wertpapierinstitut gezahlt,

[1] § 44 b Abs. 7 angef. durch AmtshilfeRLUmsG v. 26. 6. 2013 (BGBl. I S. 1809). Abs. 7 Satz 3 angef. mWv VZ 2022 durch JStG 2022 v. 16. 12. 2022 (BGBl. I S. 2294).

[2] § 45 Satz 2 neu gef. mWv 1. 1. 2014 durch KroatienAnpG v. 25. 7. 2014 (BGBl. I S. 1266). Sätze 1 und 2 Hs. 2 geänd. durch „JStG 2018" v. 11. 12. 2018 (BGBl. I S. 2338).

[3] § 45 a Abs. 1 Satz 1 Hs. 2 eingef. durch OGAW-IV-UmsG v. 22. 6. 2011 (BGBl. I S. 1126). Abs. 1 Satz 1 geänd. mWv 1. 1. 2017 durch G v. 18. 7. 2016 (BGBl. I S. 1679).

[4] § 45 a Abs. 2 Satz 1 neu gef. durch AmtshilfeRLUmsG v. 26. 6. 2013 (BGBl. I S. 1809). Abs. 2 Satz 2 eingef., bish. Sätze 2 bis 4 werden Sätze 3 bis 5 mWv VZ 2016 durch G v. 18. 7. 2016 (BGBl. I S. 1679). Abs. 2 Satz 1 Nr. 2 geänd. mWv VZ 2019 durch JStG 2019 v. 12. 12. 2019 (BGBl. I S. 2451). Abs. 2 Satz 1 Nr. 4 eingef. durch JStG 2020 v. 21. 12. 2020 (BGBl. I S. 3096). Zur erstmaligen Anwendung auf Kapitalerträge, die dem Gläubiger nach dem 29. 12. 2020 zufließen, siehe § 52 Abs. 44 a Satz 1.

[5] § 45 a Abs. 2 a eingef. mWv 1. 1. 2025 durch AbzStEntModG v. 2. 6. 2021 (BGBl. I S. 1259); zur Anwendung siehe § 52 Abs. 44 a Satz 3.

[6] § 45 a Abs. 3 Satz 1 geänd. durch OGAW-IV-UmsG v. 22. 6. 2011 (BGBl. I S. 1126). Satz 1 geänd. mWv 26. 6. 2021 durch G v. 12. 5. 2021 (BGBl. I S. 990).

so hat anstelle des Schuldners das Kreditinstitut, das Finanzdienstleistungsinstitut oder das Wertpapierinstitut die Bescheinigung zu erteilen, sofern nicht die Voraussetzungen des Absatzes 2 Satz 1 erfüllt sind. ② Satz 1 gilt in den Fällen des § 20 Absatz 1 Nummer 1 Satz 4 entsprechend; der Emittent der Aktien gilt insoweit als Schuldner der Kapitalerträge.

(4)[1] ① Eine Bescheinigung nach Absatz 2 oder Absatz 3 ist auch zu erteilen, wenn in Vertretung des Gläubigers ein Antrag auf Erstattung der Kapitalertragsteuer nach § 44 b gestellt worden ist oder gestellt wird. ② Satz 1 gilt entsprechend, wenn nach § 44 a Absatz 8 Satz 1 der Steuerabzug nicht in voller Höhe vorgenommen worden ist.

(5)[2] ① Eine Bescheinigung, die den Absätzen 2 bis 4 nicht entspricht, hat der Aussteller unverzüglich durch eine berichtigte Bescheinigung zu ersetzen. ② Die berichtigte Bescheinigung ist als solche zu kennzeichnen. ③ Der Aussteller hat dem für ihn zuständigen Betriebsstättenfinanzamt unverzüglich nach Maßgabe des § 93 c der Abgabenordnung neben den in § 93 c Absatz 1 der Abgabenordnung genannten Angaben folgende Daten zu übermitteln:

1. den Anlass für die Ausstellung der berichtigten Bescheinigung und deren Ausstellungsdatum,
2. die ursprünglichen und die berichtigten Angaben in der Bescheinigung sowie
3. in den Fällen des Gläubigerwechsels die Identifikationsnummer, den Namen und die Anschrift des bisherigen Gläubigers der Kapitalerträge.

④ Bei Steuerpflichtigen, die nicht unbeschränkt steuerpflichtig sind, findet Satz 3 mit der Maßgabe Anwendung, dass der Aussteller die Daten an das Bundeszentralamt für Steuern zu übermitteln hat.

(6)[3] ① Der Aussteller einer Bescheinigung, die den Absätzen 2 bis 4 **[bis 31.12.2026:** *sowie § 45 b Absatz 1 bis 4***]** nicht entspricht, haftet für die auf Grund dessen verkürzten Steuern oder zu Unrecht gewährten Steuervorteile; dies gilt entsprechend für die die Kapitalerträge auszahlende Stelle *im Hinblick auf die nach § 45 b Absatz 5 zu übermittelnden Angaben* **[ab 1.1.2027:** und die Zwischenverwahrstellen nach § 45 b Absatz 7 bei der Übermittlung fehlerhafter Angaben im Rahmen der Meldepflichten nach § 45 b Absatz 2 in Verbindung mit den Absätzen 4 bis 6 Satz 1 und 2 sowie Absatz 7.**]** ② Ist die Bescheinigung nach Absatz 3 durch ein inländisches Kredit-, Finanzdienstleistungs- oder Wertpapierinstitut auszustellen, so haftet der Schuldner auch, wenn er zum Zweck der Bescheinigung unrichtige Angaben macht.

[ab 1. 1. 2027:

§ 45 b[4] Angaben zur Bescheinigung und Abführung der Kapitalertragsteuer

(1) Die die Kapitalerträge auszahlende Stelle weist jeder nach Maßgabe des § 45 a Absatz 2 zu erteilenden Bescheinigung und jedem nach § 45 b Absatz 5 zu übermittelnden Datensatz eine nach amtlichem Muster zu erstellende Ordnungsnummer zu.

(2) ① Wird dem Gläubiger der Kapitalerträge nach Maßgabe des § 45 a Absatz 2 Satz 1 eine Steuerbescheinigung erteilt, übermittelt die auszahlende Stelle bei Kapitalerträgen im Sinne des § 43 Absatz 1 Satz 1 Nummer 1 a und 2 Satz 4 nach amtlich vorgeschriebenem Datensatz durch Datenfernübertragung über die amtlich bestimmte Schnittstelle folgende Angaben an das Bundeszentralamt für Steuern:

1. Angaben zur auszahlenden Stelle:
   a) den Namen, die Anschrift, das Ordnungsmerkmal und die Kontaktdaten,
   b) das Identifikationsmerkmal nach den §§ 139 a bis 139 c der Abgabenordnung oder, soweit dieses nicht vergeben wurde, den Legal Entity Identifier (LEI) oder die europäische einheitliche Kennung (EUID) gemäß Artikel 16 der Richtlinie (EU) 2017/1132 des Europäischen Parlaments und des Rates oder die Steuernummer,
   c) hat die auszahlende Stelle einen Auftragnehmer im Sinne des § 87 d der Abgabenordnung mit der Datenübermittlung beauftragt, so sind die Angaben nach den Buchstaben a und b auch für den Auftragnehmer anzugeben;
2. Angaben zum Gläubiger der Kapitalerträge:
   a) den Familiennamen, den Vornamen, den Tag der Geburt, die Anschrift und die Identifikationsnummer nach § 139 b der Abgabenordnung bei natürlichen Personen,
   b) die Firma oder den Namen, die Anschrift, sofern es sich bei dem Gläubiger der Kapitalerträge nicht um eine natürliche Person handelt, sowie die Wirtschafts-Identifikationsnummer

[1] § 45 a Abs. 4 Satz 2 geänd. mWvVZ 2024 durch JStG 2024 v. 2.12.2024 (BGBl. I Nr. 387).

[2] § 45 a Abs. 6 neu gef. durch JStG 2020 v. 21. 12. 2020 (BGBl. I S. 3096); zur Anwendung auf Kapitalerträge, die nach dem 31. 12. 2022 zufließen siehe § 52 Abs. 44 a Satz 2. Abs. 5 aufgeh., bish. Abs. 6 wird Abs. 5 und Satz 1 geänd. durch G v. 23.10.2024 (BGBl. I Nr. 323); zur letztmaligen Anwendung des bish. Abs. 5 siehe § 52 Abs. 44 a Satz 5.

[3] § 45 a Abs. 7 Satz 1 neu gef. mWv 1. 1. 2025 (§ 52 Abs. 44 a Satz 3), Satz 3 aufgeh. mWv 31. 12. 2023 (§ 52 Abs. 44 a Satz 4) durch AbzStEntModG v. 2. 6. 2021 (BGBl. I S. 1259). Abs. 7 Satz 2 geänd. durch JStG 2022 v. 16. 12. 2022 (BGBl. I S. 2294). Bish. Abs. 7 wird Abs. 6 und Satz 1 geänd. mWv 1.1.2025 durch G v. 23.10.2024 (BGBl. I Nr. 323); Satz 1 geänd. **mWv 1.1.2027** durch G v. 2.12.2024 (BGBl. I Nr. 387); zur Anwendung siehe § 52 Abs. 44 a Satz 3.

[4] § 45 b eingef. durch AbzStEntModG v. 2. 6. 2021 (BGBl. I S. 1259); Abs. 3 Satz 3 und Abs. 7 Satz 2 geänd. durch G v. 16.12.2022 (BGBl. I S. 2294); Abs. 2 bis 6 neu gef., Abs. 7 geänd. durch JStG 2024 v. 2.12.2024 (BGBl. I Nr. 387); zur Anwendung siehe § 52 Abs. 44 b.

nach § 139 c der Abgabenordnung oder, wenn die Wirtschafts-Identifikationsnummer noch nicht vergeben wurde, den Legal Entity Identifier (LEI) oder die europäische einheitliche Kennung (EUID) gemäß Artikel 16 der Richtlinie (EU) 2017/1132 des Europäischen Parlaments und des Rates oder die Steuernummer,

c) den Ansässigkeitsstaat des Gläubigers der Kapitalerträge, sofern der Gläubiger der Kapitalerträge seinen Wohn- oder Geschäftssitz nicht im Inland hat,

d) die durch den Ansässigkeitsstaat vergebene Steueridentifikationsnummer oder die Rechtsform sowie das Datum des Gründungsaktes der Körperschaft, Personenvereinigung oder Vermögensmasse, sofern durch den Ansässigkeitsstaat kein Identifikationsmerkmal vergeben wurde,

e) die Konto- oder Depotnummer des Gläubigers der Kapitalerträge, verbunden mit der Angabe zur Art des nach Artikel 38 der Verordnung (EU) Nr. 909/2014 des Europäischen Parlaments und des Rates vom 23. Juli 2014 geführten Depotkontos oder zur Art des sonstigen Depotkontos; werden die Wertpapiere durch einen Treuhänder für den Gläubiger der Kapitalerträge verwahrt, sind die Konto- oder Depotnummer des Treuhänders sowie die Angaben zu Buchstabe a oder Buchstabe b auch für den Treuhänder anzugeben; dies gilt entsprechend, wenn die Kapitalerträge einem Nießbraucher oder Pfandgläubiger zuzurechnen sind;

3. Angaben zu den in die Verwahrkette eingebundenen Verwahrstellen:

a) die Firma, die Anschrift und den Legal Entity Identifier (LEI) oder die europäische einheitliche Kennung (EUID) gemäß Artikel 16 der Richtlinie (EU) 2017/1132 des Europäischen Parlaments und des Rates der jeweils in die Verwahrkette nacheinander eingebundenen Zwischenverwahrstellen der Wertpapiere sowie der Depotbank, die die Wertpapiere für den Gläubiger der Kapitalerträge unmittelbar verwahrt,

b) die durch den Ansässigkeitsstaat des Zwischenverwahrers oder der Depotbank vergebene Steueridentifikationsnummer,

c) den Ansässigkeitsstaat des Zwischenverwahrers oder der Depotbank,

d) die jeweiligen Konto- oder Depotnummern der durch die Zwischenverwahrstellen und von der Depotbank geführten Depotkonten, in denen die Wertpapiere verwahrt werden, verbunden mit der Angabe zur Art des nach Artikel 38 der Verordnung (EU) Nr. 909/2014 des Europäischen Parlaments und des Rates vom 23. Juli 2014 geführten Depotkontos oder sonstigen Depotkontos;

4. Angaben zum Kapitalertrag:

a) die Firma, die Anschrift, den Legal Entity Identifier (LEI) oder die europäische einheitliche Kennung (EUID) gemäß Artikel 16 der Richtlinie (EU) 2017/1132 des Europäischen Parlaments und des Rates der die Kapitalerträge ausschüttenden Gesellschaft und die internationale Wertpapierkennnummer und die Art des Wertpapiers,

b) die Stückzahl der Wertpapiere je Wertpapiergattung und Zahlungstag,

c) den Bruttobetrag und den Nettobetrag der auf den Gläubiger entfallenden Kapitalerträge je Wertpapiergattung und Zahlungstag,

d) den Betrag, der je Wertpapiergattung und Zahlungstag einbehaltenen und abgeführten Kapitalertragsteuer und den Betrag der einbehaltenen und abgeführten Zuschlagsteuern; die Ermäßigung der Kapitalertragsteuer um die auf die Kapitalerträge entfallende Kirchensteuer ist nicht zu berücksichtigen; sind die Kapitalerträge nach Maßgabe des § 43 a Absatz 3 Satz 2 mit negativen Kapitalerträgen auszugleichen, sind statt der Beträge der abgeführten Steuern der Betrag der einbehaltenen und auf die Kapitalerträge entfallenden Kapitalertragsteuer vor Durchführung des Verlustausgleiches, vor Berücksichtigung ausländischer Steuern und vor Berücksichtigung des Sparer-Pauschbetrages sowie der Betrag der darauf entfallenden Zuschlagsteuern anzugeben,

e) der jeweils angewendete Steuersatz und die Rechtsgrundlage für den Steuerabzug oder für die Abstandnahme vom Steuerabzug,

f) die IBAN des Kontos, zu dessen Gunsten die Gutschrift der Erträge erfolgte,

g) das zur Identifikation der Ausschüttung vergebene Merkmal,

h) die Art der Gutschrift, insbesondere ob eine Bardividende oder eine Sachdividende gutgeschrieben wurde,

i) für den Fall der Ausstellung einer Steuerbescheinigung das Datum der Ausstellung und die für die Steuerbescheinigung vergebene Ordnungsnummer;

5. Angaben zu den dem Kapitalertrag zugrundeliegenden Wertpapieren:

a) die Anzahl der Wertpapiere, die mehr als fünf Tage vor dem auf den Tag der Hauptversammlung folgenden Geschäftstag erworben wurden und die Anzahl der Aktien, die innerhalb dieses Zeitraumes erworben wurden,

b) die Anzahl der Wertpapiere, die mit einer Finanzvereinbarung verbunden sind und die Anzahl der Wertpapiere, die nicht mit einer Finanzvereinbarung verbunden sind,

c) das Datum des Handelstags, das Datum des vereinbarten Abwicklungstags und das Datum des tatsächlichen Abwicklungstags sowie die jeweilige Stückzahl, verbunden mit der Angabe, ob der Transaktion ein Kauf, eine Übertragung auf Grund einer Wertpapierleihe oder auf Grund eines Wertpapierpensionsgeschäftes zugrunde lag, sofern die Wertpapiere innerhalb eines Jahres vor dem zweiten auf den Tag der Hauptversammlung folgenden Geschäftstag angeschafft oder sonst übertragen wurden,

d) das Datum des Handelstags, das Datum des vereinbarten Abwicklungstags und das Datum des tatsächlichen Abwicklungstags sowie die jeweilige Stückzahl, verbunden mit der Angabe, ob der Transaktion ein Verkauf, eine Rückübertragung aufgrund einer Wertpapierleihe oder auf Grund eines Wertpapierpensionsgeschäftes zugrunde lag, sofern die Wertpapiere innerhalb von 47 Tagen nach dem Tag der Hauptversammlung veräußert oder übertragen wurden;

6. Ergänzende Angaben bei Hinterlegungsscheinen:

a) die Bezeichnung und die Internationale Wertpapierkennnummer der hinterlegten Wertpapiere,

b) das in den Emissionsbedingungen des Hinterlegungsscheines festgelegte Verhältnis der Hinterlegungsscheine zu den durch die inländische Hinterlegungsstelle verwahrten inländischen Wertpapieren,

c) die Gesamtzahl ausgegebener Hinterlegungsscheine sowie die Gesamtzahl der hinterlegten Wertpapiere, jeweils zum Zeitpunkt des zweiten auf den Tag der Hauptversammlung folgenden Geschäftstages,

d) die Anzahl der Hinterlegungsscheine des Gläubigers der Kapitalerträge,

e) der Name und die Wirtschafts-Identifikationsnummer nach § 139 c der Abgabenordnung, der Legal Entity Identifier (LEI) oder die europäische einheitliche Kennung (EUID) gemäß Artikel 16 der Richtlinie (EU) 2017/1132 des Europäischen Parlaments und des Rates der Hinterlegungsstelle der inländischen Wertpapiere.

② Die auszahlende Stelle hat den Gläubiger der Kapitalerträge darüber zu unterrichten, dass Angaben zur Art der bezogenen Kapitalerträge, zu den Verwahrstellen der jeweiligen Wertpapiere, zum Erwerb und der Veräußerung der Wertpapiere sowie zu in Zusammenhang mit den jeweiligen Wertpapieren stehenden Finanzvereinbarungen an das Bundeszentralamt für Steuern übermittelt werden.

(3) ① Eine Finanzvereinbarung nach Absatz 2 Satz 1 Nummer 5 Buchstabe b ist jede Vereinbarung oder vertragliche Verpflichtung zwischen dem Empfänger der Dividendenzahlung und einer verbundenen oder unabhängigen Partei, die den vollständigen oder teilweisen Ausgleich der Dividende zwischen den Parteien zur Folge hat oder dauerhaft oder vorübergehend zu einer vollständigen oder teilweisen Übertragung der mit dem Eigentum an der Aktie verbundenen Rechte führt oder führen kann. ② Finanzvereinbarungen sind insbesondere Wertpapierleihgeschäfte, Wertpapierkauf- und Rückkaufgeschäfte oder Termingeschäfte. ③ Bei Hinterlegungsscheinen beziehen sich die Angaben nach Absatz 2 Satz 1 Nummer 1 bis 5 auf den Hinterlegungsschein.

(4) ① Die Datenübermittlung der auszahlenden Stelle nach Absatz 2 Satz 1 hat abweichend von § 93 c Absatz 1 Nummer 1 der Abgabenordnung bis spätestens zum 31. März des auf den Zufluss des Kapitalertrages folgenden Kalenderjahres zu erfolgen. ② Sind die Kapitalerträge nach Maßgabe des § 43 a Absatz 3 Satz 2 mit negativen Kapitalerträgen auszugleichen, so sind neben den Angaben nach Absatz 2 Satz 1 der Betrag der auf der nach amtlichem Muster erteilten Bescheinigung für den Gläubiger der Kapitalerträge ausgewiesenen Kapitalertragsteuer und der Betrag der ausgewiesenen Zuschlagsteuern zu übermitteln.

(5) In den Fällen des § 45 a Absatz 2 a hat die die Kapitalerträge auszahlende Stelle auf Verlangen des Gläubigers der Kapitalerträge dem Bundeszentralamt für Steuern für jeden Zufluss unverzüglich elektronisch die in Absatz 2 Satz 1 genannten Angaben unter Ergänzung der nach Absatz 1 vergebenen Ordnungsnummer zu übermitteln.

(6) ① Wurde für Kapitalerträge im Sinne des § 43 Absatz 1 Satz 1 Nummer 1 a oder Nummer 2 Satz 4 durch die auszahlende Stelle keine Steuerbescheinigung erteilt oder kein Datensatz nach Maßgabe des Absatzes 5 an das Bundeszentralamt für Steuern übermittelt, sind die Angaben nach Absatz 2 Satz 1 Nummer 1, 2 und 4 für den bei der auszahlenden Stelle geführten Depotinhaber zu übermitteln. ② Im Falle einer Abstandnahme vom Steuerabzug sind die Angaben nach Absatz 2 Satz 1 Nummer 1 bis 6 unter Angabe des Namens oder der Firma desjenigen zu übermitteln, für dessen Rechnung vom Steuerabzug Abstand genommen wurde. ③ Dies gilt auch für Wertpapierbestände, die in einem allgemeinen Konto, das für Rechnung Dritter geführt wird, enthalten sind. ④ Die Datenübermittlung der auszahlenden Stelle hat abweichend von § 93 c Absatz 1 Nummer 1 der Abgabenordnung spätestens bis zum 30. April des auf den Zufluss des Kapitalertrages folgenden Kalenderjahres zu erfolgen.

(7)[1] ① Die inländischen und ausländischen Zwischenverwahrstellen sowie die Depotbank und der Treuhänder, die die Wertpapiere für den Gläubiger der Kapitalerträge unmittelbar verwahren, sind für die Zwecke der Absätze 2 bis 5 verpflichtet, ihrer jeweiligen Verwahrstelle die Angaben nach Absatz 2 Satz 1 Nummer 2 bis 6 vollständig und richtig mitzuteilen. ② Die Angaben nach Absatz 2 Satz 1 Nummer 4 Buchstabe d und e sind durch die auszahlende Stelle zu ergänzen. ③ Die Bescheinigung nach § 45 a Absatz 2 darf erst erteilt und die Angaben gemäß § 45 a Absatz 2 a dürfen erst übermittelt werden, wenn der die Kapitalerträge auszahlenden Stelle die Angaben nach Absatz 2 Satz 1 vollständig vorliegen.

---

[1] § 45 b Abs. 7 Satz 2 geänd. durch G v. 16. 12. 2022 (BGBl. I S. 2294).

(8) In den Fällen der Absätze 4 bis 6 gilt Folgendes:

1. § 93c Absatz 3 der Abgabenordnung ist mit der Maßgabe anzuwenden, dass der übermittelte Datensatz unabhängig davon zu korrigieren oder zu stornieren ist, wann die die Kapitalerträge auszahlende Stelle die Feststellung im Sinne des § 93c Absatz 3 Satz 1 Nummer 1 oder Nummer 2 der Abgabenordnung trifft; die die Kapitalerträge auszahlende Stelle ist unabhängig von der in § 93c Absatz 3 der Abgabenordnung genannten Frist verpflichtet, einen Datensatz zu übermitteln, wenn sie nachträglich erkennt, dass sie zur Übermittlung eines Datensatzes verpflichtet war und der Datensatz nicht übermittelt wurde;
2. § 171 Absatz 10a der Abgabenordnung ist mit der Maßgabe anzuwenden, dass die Festsetzungsfrist unabhängig vom Zeitpunkt des Zugangs der Daten bei dem Bundeszentralamt für Steuern nicht vor Ablauf von zwei Jahren nach Zugang der Daten endet.

(9) Inländische börsennotierte Gesellschaften haben gemäß § 67d des Aktiengesetzes Informationen über die Identität ihrer Aktionäre zum Zeitpunkt ihres Gewinnverteilungsbeschlusses zu verlangen und die ihnen übermittelten Informationen elektronisch nach Maßgabe des § 93c der Abgabenordnung unverzüglich elektronisch an das Bundeszentralamt für Steuern zu übermitteln.

(10) ① Das Bundeszentralamt für Steuern speichert die nach den Absätzen 4 bis 6 und 9 übermittelten Daten zur Ermittlung der auf die Kapitalerträge einbehaltenen und abgeführten Kapitalertragsteuer und analysiert diese im Hinblick auf missbräuchliche Steuergestaltungsmodelle, die die Erlangung eines Steuervorteils aus der Erhebung oder Entlastung von Kapitalertragsteuer mit erheblicher Bedeutung zum Gegenstand haben. ② Es darf dazu auch ihm nach Maßgabe dieser Absätze übermittelte personenbezogene Daten verarbeiten, soweit dies zur Erfüllung der Aufgabe nach Satz 1 erforderlich ist.

§ 45c[1] Zusammengefasste Mitteilung zur Bescheinigung und Abführung der Kapitalertragsteuer

(1) ① Die die Kapitalerträge auszahlende Stelle hat dem Bundeszentralamt für Steuern bis zum 31. Juli des auf den Zufluss der Kapitalerträge folgenden Kalenderjahres folgende Daten zu übermitteln:

1. die Summe der in einem Kalenderjahr je Wertpapiergattung und Zahlungstag durch die die Kapitalerträge auszahlende Stelle berücksichtigten Bruttoerträge im Sinne des § 43 Absatz 1 Satz 1 Nummer 1a und 2 Satz 4;
2. den Betrag der auf diese Kapitalerträge einbehaltenen und abgeführten Kapitalertragsteuer und den Betrag der einbehaltenen und abgeführten Zuschlagsteuern;
3. die für diese Kapitalerträge nach § 45a Absatz 2 bescheinigte oder gemäß § 45a Absatz 2a angegebene Kapitalertragsteuer und Zuschlagsteuern; sind die Kapitalerträge nach Maßgabe des § 43a Absatz 3 Satz 2 mit negativen Kapitalerträgen auszugleichen, sind der Betrag der einbehaltenen und auf die Kapitalerträge entfallenden Kapitalertragsteuer vor Durchführung des Verlustausgleiches und vor Berücksichtigung des Sparer-Pauschbetrages sowie der Betrag der darauf entfallenden Zuschlagsteuern zu übermitteln;
4. die diesen Kapitalerträgen zugrunde liegende Stückzahl der Wertpapiere und
5. die Bezeichnung und die Internationale Wertpapierkennnummer der Wertpapiergattung.

② Satz 1 gilt entsprechend für die Summe der gutgeschriebenen Kapitalerträge, bei denen ein Steuerabzug nicht oder nicht in voller Höhe vorgenommen wurde. ③ Die Rechtsgrundlage für die Abstandnahme vom Steuerabzug und die darauf entfallenden Beträge sind anzugeben.

(2) ① Die inländische Wertpapiersammelbank hat dem Bundeszentralamt für Steuern bis zum 31. Juli des auf den Zufluss der Kapitalerträge folgenden Kalenderjahres folgende Daten je Wertpapiergattung und Kundendepot unter Angabe der Internationalen Wertpapierkennnummer und der Stückzahl der Wertpapiere zu übermitteln:

1. die in § 45b Absatz 2 Nummer 1 genannten Angaben zum Depotinhaber; verfügt der Depotinhaber nicht über eine inländische Steuernummer, so ist die durch seinen Ansässigkeitsstaat vergebene Steueridentifikationsnummer anzugeben;
2. die Konto- oder Depotnummer;
3. die Summe der in einem Kalenderjahr am Zahlungstag gutgeschriebenen Kapitalerträge im Sinne des § 43 Absatz 1 Satz 1 Nummer 1a und 2 Satz 4, die auf Grund eines gebuchten Bestandes am Dividendenstichtag gutgeschrieben wurden;
4. die Summe der in einem Kalenderjahr gutgeschriebenen Kompensationszahlungen;
5. die Summe der in einem Kalenderjahr belasteten Kompensationszahlungen;
6. den Saldo aus der Summe der gutgeschriebenen Kapitalerträge zuzüglich der Summe der gutgeschriebenen Kompensationszahlungen und der Summe der belasteten Kompensationszahlungen;

[1] § 45c neu gef. durch AbzStEntModG v. 2. 6. 2021 (BGBl. I S. 1259); zur Anwendung siehe § 52 Abs. 44c.

7. den Betrag der einbehaltenen und abgeführten Kapitalertragsteuer und den Betrag der einbehaltenen und abgeführten Zuschlagsteuern auf die Beträge nach den Nummern 3 und 4;
8. die Stückzahl der Wertpapiere, für die die Wertpapiersammelbank keine Dividendenregulierung vorgenommen hat.

② Die Pflicht zur Datenübermittlung nach Satz 1 mit Ausnahme der Angabe nach Satz 1 Nummer 8 gilt entsprechend für die die Kapitalerträge auszahlenden Stellen nach § 44 Absatz 1 Satz 4 Nummer 3. ③ Dem Bundeszentralamt für Steuern sind bis zum 31. Juli des auf die Abführung des Steuerbetrages folgenden Kalenderjahres der Betrag der nach § 44 Absatz 1 a abgeführten Kapitalertragsteuer sowie die nach § 45 a Absatz 2 Satz 1 Nummer 3 bescheinigten Angaben zu übermitteln.

(3) ① § 93 c der Abgabenordnung ist mit Ausnahme von dessen Absatz 1 Nummer 2 Buchstabe c und d und Nummer 3 entsprechend anzuwenden. ② § 45 b Absatz 8 gilt entsprechend.

(4) ① Das Bundeszentralamt für Steuern speichert die ihm nach den Absätzen 1 und 2 übermittelten Daten zur Ermittlung der auf diese Kapitalerträge einbehaltenen und bescheinigten Kapitalertragsteuer und analysiert diese im Hinblick auf missbräuchliche Steuergestaltungsmodelle, die die Erlangung eines Steuervorteils aus der Erhebung oder Entlastung von Kapitalertragsteuer mit erheblicher Bedeutung zum Gegenstand haben. ② Es darf dazu ihm nach Maßgabe der Absätze 1 und 2 übermittelte personenbezogene Daten verarbeiten, soweit dies zur Erfüllung der Aufgabe nach Satz 1 erforderlich ist.]

§ 45 d Mitteilungen an das Bundeszentralamt für Steuern

(1)[1] ① Wer nach § 44 Absatz 1 dieses Gesetzes und nach § 7 des Investmentsteuergesetzes zum Steuerabzug verpflichtet ist, hat dem Bundeszentralamt für Steuern nach Maßgabe des § 93 c der Abgabenordnung neben den in § 93 c Absatz 1 der Abgabenordnung genannten Angaben folgende Daten zu übermitteln:

1. bei den Kapitalerträgen, für die ein Freistellungsauftrag erteilt worden ist,
   a) die Kapitalerträge, bei denen vom Steuerabzug Abstand genommen worden ist oder bei denen Kapitalertragsteuer auf Grund des Freistellungsauftrags gemäß § 44 b Absatz 6 Satz 4 dieses Gesetzes oder gemäß § 7 Absatz 5 Satz 1 des Investmentsteuergesetzes erstattet wurde,
   b) die Kapitalerträge, bei denen die Erstattung von Kapitalertragsteuer beim Bundeszentralamt für Steuern beantragt worden ist,
2. die Kapitalerträge, bei denen auf Grund einer Nichtveranlagungs-Bescheinigung einer natürlichen Person nach § 44 a Absatz 2 Satz 1 Nummer 2 vom Steuerabzug Abstand genommen oder eine Erstattung vorgenommen wurde.

② Bei einem gemeinsamen Freistellungsauftrag sind die Daten beider Ehegatten zu übermitteln. ③ § 72 a Absatz 4, § 93 c Absatz 1 Nummer 3 und § 203 a der Abgabenordnung finden keine Anwendung.

(2)[2] ① Das Bundeszentralamt für Steuern darf den Sozialleistungsträgern die Daten nach Absatz 1 mitteilen, soweit dies zur Überprüfung des bei der Sozialleistung zu berücksichtigenden Einkommens oder Vermögens erforderlich ist oder die betroffene Person zustimmt. ② Für Zwecke des Satzes 1 ist das Bundeszentralamt für Steuern berechtigt, die ihm von den Sozialleistungsträgern übermittelten Daten mit den vorhandenen Daten nach Absatz 1 im Wege des automatisierten Datenabgleichs zu überprüfen und das Ergebnis den Sozialleistungsträgern mitzuteilen.

§ 45 e[3] Ermächtigung für Zinsinformationsverordnung

① Die Bundesregierung wird ermächtigt, durch Rechtsverordnung mit Zustimmung des Bundesrates die Richtlinie 2003/48/EG des Rates vom 3. Juni 2003 (ABl. EU Nr. L 157 S. 38) in der jeweils geltenden Fassung im Bereich der Besteuerung von Zinserträgen umzusetzen. ② § 45 d Absatz 1 Satz 2 und Absatz 2 ist entsprechend anzuwenden.

4. Veranlagung von Steuerpflichtigen mit steuerabzugspflichtigen Einkünften

§ 46 Veranlagung bei Bezug von Einkünften aus nichtselbständiger Arbeit

(1) *(weggefallen)*

(2) Besteht das Einkommen ganz oder teilweise aus Einkünften aus nichtselbständiger Arbeit, von denen ein Steuerabzug vorgenommen worden ist, so wird eine Veranlagung nur durchgeführt,

1. wenn die positive Summe der einkommensteuerpflichtigen Einkünfte, die nicht dem Steuerabzug vom Arbeitslohn zu unterwerfen waren, vermindert um die darauf entfallenden Beträge

---

[1] § 45 d Abs. 1 neu gef. durch G v. 18. 7. 2016 (BGBl. I S. 1679); zur Anwendung siehe § 52 Abs. 45 Satz 2.
[2] § 45 d Abs. 2 Satz 1 geänd. durch 2. DSAnpUG-EU v. 20. 11. 2019 (BGBl. I S. 1626).
[3] § 45 e Satz 2 geänd. mWv VZ 2014 durch KroatienAnpG v. 25. 7. 2014 (BGBl. I S. 1266).

nach § 13 Absatz 3 und § 24 a, oder die positive Summe der Einkünfte und Leistungen, die dem Progressionsvorbehalt unterliegen, jeweils mehr als 410 Euro beträgt;

2. wenn der Steuerpflichtige nebeneinander von mehreren Arbeitgebern Arbeitslohn bezogen hat; das gilt nicht, soweit nach § 38 Absatz 3 a Satz 7 Arbeitslohn von mehreren Arbeitgebern für den Lohnsteuerabzug zusammengerechnet worden ist;

[Fassung bis VZ 2025:

3.[1] wenn bei einem Steuerpflichtigen die Summe der beim Steuerabzug vom Arbeitslohn nach § 39 b Absatz 2 Satz 5 Nummer 3 Buchstabe b bis d berücksichtigten Teilbeträge der Vorsorgepauschale größer ist als die abziehbaren Vorsorgeaufwendungen nach § 10 Absatz 1 Nummer 3 und Nummer 3 a in Verbindung mit Absatz 4 und der im Kalenderjahr insgesamt erzielte Arbeitslohn höher ist als die Summe aus dem Grundfreibetrag (§ 32 a Absatz 1 Satz 2 Nummer 1), dem Arbeitnehmer-Pauschbetrag (§ 9 a Satz 1 Nummer 1 Buchstabe a) und dem Sonderausgaben-Pauschbetrag (§ 10 c Satz 1) oder bei Ehegatten, die die Voraussetzungen des § 26 Absatz 1 erfüllen, höher ist als die Summe aus dem doppelten Grundfreibetrag, dem Arbeitnehmer-Pauschbetrag und dem doppelten Sonderausgaben-Pauschbetrag;]

[Fassung ab VZ 2026:

3.[2] wenn Beiträge zu Krankenversicherungen und gesetzlichen Pflegeversicherungen im Sinne des § 10 Absatz 1 Nummer 3 erstattet wurden, die Erstattung mehr als 410 Euro betrug und der im Kalenderjahr erzielte Arbeitslohn höher ist als die Summe aus dem Grundfreibetrag (§ 32 a Absatz 1 Satz 2 Nummer 1), dem Arbeitnehmer-Pauschbetrag (§ 9 a Satz 1 Nummer 1 Buchstabe a) und dem Sonderausgaben-Pauschbetrag (§ 10 c Satz 1) oder bei Ehegatten, die die Voraussetzungen des § 26 Absatz 1 erfüllen, höher ist als die Summe aus dem doppelten Grundfreibetrag, dem Arbeitnehmer-Pauschbetrag und dem doppelten Sonderausgaben-Pauschbetrag;]

3 a. wenn von Ehegatten, die nach den §§ 26, 26 b zusammen zur Einkommensteuer zu veranlagen sind, beide Arbeitslohn bezogen haben und einer für den Veranlagungszeitraum oder einen Teil davon nach der Steuerklasse V oder VI besteuert oder bei Steuerklasse IV der Faktor (§ 39 f) eingetragen worden ist;

4.[3] wenn für einen Steuerpflichtigen ein Freibetrag im Sinne des § 39 a Absatz 1 Satz 1 Nummer 1 bis 3, 5 oder Nummer 6 ermittelt worden ist und der im Kalenderjahr insgesamt erzielte Arbeitslohn höher ist als die Summe aus dem Grundfreibetrag (§ 32 a Absatz 1 Satz 2 Nummer 1), dem Arbeitnehmer-Pauschbetrag (§ 9 a Satz 1 Nummer 1 Buchstabe a) und dem Sonderausgaben-Pauschbetrag (§ 10 c Satz 1) oder bei Ehegatten, die die Voraussetzungen des § 26 Absatz 1 erfüllen, höher ist als die Summe aus dem doppelten Grundfreibetrag, dem Arbeitnehmer-Pauschbetrag und dem doppelten Sonderausgaben-Pauschbetrag; dasselbe gilt für einen Steuerpflichtigen, der zum Personenkreis des § 1 Absatz 2 gehört;

4 a.[4] wenn bei einem Elternpaar, bei dem die Voraussetzungen des § 26 Absatz 1 Satz 1 nicht vorliegen,
   a) bis c) *(weggefallen)*
   d) im Fall des § 33 a Absatz 2 Satz 5 das Elternpaar gemeinsam eine Aufteilung des Abzugsbetrags in einem anderen Verhältnis als je zur Hälfte beantragt oder
   e) im Fall des § 33 b Absatz 5 Satz 3 das Elternpaar gemeinsam eine Aufteilung des Pauschbetrags für Menschen mit Behinderungen oder des Pauschbetrags für Hinterbliebene in einem anderen Verhältnis als je zur Hälfte beantragt.

   ② Die Veranlagungspflicht besteht für jeden Elternteil, der Einkünfte aus nichtselbständiger Arbeit bezogen hat;

5.[5] wenn bei einem Steuerpflichtigen die Lohnsteuer für einen sonstigen Bezug nach § 39 c Absatz 3 ermittelt wurde;

5 a.[6] wenn der Arbeitgeber die Lohnsteuer von einem sonstigen Bezug berechnet hat und dabei der Arbeitslohn aus früheren Dienstverhältnissen des Kalenderjahres außer Betracht geblieben ist (§ 39 b Absatz 3 Satz 2, § 41 Absatz 1 Satz 6, Großbuchstabe S);

6. wenn die Ehe des Arbeitnehmers im Veranlagungszeitraum durch Tod, Scheidung oder Aufhebung aufgelöst worden ist und er oder sein Ehegatte der aufgelösten Ehe im Veranlagungszeitraum wieder geheiratet hat;

---

[1] § 46 Abs. 2 Nr. 3 geänd. durch StVereinfG 2011 v. 1. 11. 2011 (BGBl. I S. 2131). Abs. 2 Nr. 3 geänd. mWv VZ 2023 durch InflAusG v. 8. 12. 2022 (BGBl. I S. 2230).

[2] § 46 Abs. 2 Nr. 3 neu gef. **mWv VZ 2026** durch InflAusG v. 8. 12. 2022 (BGBl. I S. 2230, BGBl. I Nr. 411); zur Anwendung siehe § 52 Absatz 36 Satz 3.

[3] § 46 Abs. 2 Nr. 4 neu gef. mWv VZ 2009 durch G v. 8. 12. 2010 (BGBl. I S. 1768). Abs. 2 Nr. 4 geänd. mWv VZ 2012 durch BeitrRLUmsG v. 7. 12. 2011 (BGBl. I S. 2592). Abs. 2 Nr. 4 geänd. mWv VZ 2020 durch JStG 2019 v. 12. 12. 2019 (BGBl. I S. 2451). Abs. 2 Nr. 4 geänd. mWv VZ 2023 durch InflAusG v. 8. 12. 2022 (BGBl. I S. 2230).

[4] § 46 Abs. 2 Nr. 4 a Buchst. d Verweis geänd. durch StVereinfG 2011 v. 1. 11. 2011 (BGBl. I S. 2131). Abs. 2 Nr. 4 a Buchst. e geänd. durch G v. 9. 12. 2020 (BGBl. I S. 2770).

[5] § 46 Abs. 2 Nr. 5 Verweis geänd. durch BeitrRLUmsG v. 7. 12. 2011 (BGBl. I S. 2592). Abs. 2 Nr. 5 geänd. mWv 1.1.2025 durch WachstumschancenG v. 27.3.2024 (BGBl. I Nr. 108).

[6] § 46 Abs. 2 Nr. 5 a geänd. mWv VZ 2014 durch KroatienAnpG v. 25. 7. 2014 (BGBl. I S. 1266).

7.[1] wenn

a) für einen unbeschränkt Steuerpflichtigen im Sinne des § 1 Absatz 1 bei der Bildung der Lohnsteuerabzugsmerkmale (§ 39) ein Ehegatte im Sinne des § 1 a Absatz 1 Nummer 2 berücksichtigt worden ist oder

b) für einen Steuerpflichtigen, der zum Personenkreis des § 1 Absatz 3 oder des § 1 a gehört, Lohnsteuerabzugsmerkmale nach § 39 Absatz 2 gebildet worden sind; das nach § 39 Absatz 2 Satz 2 bis 4 zuständige Betriebsstättenfinanzamt ist dann auch für die Veranlagung zuständig;

8. wenn die Veranlagung beantragt wird, insbesondere zur Anrechnung von Lohnsteuer auf die Einkommensteuer. ② Der Antrag ist durch Abgabe einer Einkommensteuererklärung zu stellen;

9.[2] wenn ein Antrag im Sinne der Nummer 8 gestellt wird und daneben beantragt wird, als unbeschränkt Steuerpflichtiger im Sinne des § 1 Absatz 3 behandelt zu werden; die Zuständigkeit liegt beim lohnsteuerlichen Betriebsstättenfinanzamt des Arbeitgebers.

(3)[3] ① In den Fällen des Absatzes 2 ist ein Betrag in Höhe der einkommensteuerpflichtigen Einkünfte, von denen der Steuerabzug vom Arbeitslohn nicht vorgenommen worden ist und die nicht nach § 32 d Absatz 6 der tariflichen Einkommensteuer unterworfen wurden, vom Einkommen abzuziehen, wenn diese Einkünfte insgesamt nicht mehr als 410 Euro betragen. ② Der Betrag nach Satz 1 vermindert sich um den Altersentlastungsbetrag, soweit dieser den unter Verwendung des nach § 24 a Satz 5 maßgebenden Prozentsatzes zu ermittelnden Anteil des Arbeitslohns mit Ausnahme der Versorgungsbezüge im Sinne des § 19 Absatz 2 übersteigt, und um den nach § 13 Absatz 3 zu berücksichtigenden Betrag.

(4) ① Kommt nach Absatz 2 eine Veranlagung zur Einkommensteuer nicht in Betracht, so gilt die Einkommensteuer, die auf die Einkünfte aus nichtselbständiger Arbeit entfällt, für den Steuerpflichtigen durch den Lohnsteuerabzug als abgegolten, soweit er nicht für zu wenig erhobene Lohnsteuer in Anspruch genommen werden kann. ② § 42 b bleibt unberührt.

(5)[4] Durch Rechtsverordnung kann in den Fällen des Absatzes 2 Nummer 1, in denen die einkommensteuerpflichtigen Einkünfte, von denen der Steuerabzug vom Arbeitslohn nicht vorgenommen worden ist und die nicht nach § 32 d Absatz 6 der tariflichen Einkommensteuer unterworfen wurden, den Betrag von 410 Euro übersteigen, die Besteuerung so gemildert werden, dass auf die volle Besteuerung dieser Einkünfte stufenweise übergeleitet wird.

§ 47 *(weggefallen)*

VII. Steuerabzug bei Bauleistungen

§ 48 Steuerabzug

(1) ① Erbringt jemand im Inland eine Bauleistung (Leistender) an einen Unternehmer im Sinne des § 2 des Umsatzsteuergesetzes oder an eine juristische Person des öffentlichen Rechts (Leistungsempfänger), ist der Leistungsempfänger verpflichtet, von der Gegenleistung einen Steuerabzug in Höhe von 15 Prozent für Rechnung des Leistenden vorzunehmen. ② Vermietet der Leistungsempfänger Wohnungen, so ist Satz 1 nicht auf Bauleistungen für diese Wohnungen anzuwenden, wenn er nicht mehr als zwei Wohnungen vermietet. ③ Bauleistungen sind alle Leistungen, die der Herstellung, Instandsetzung, Instandhaltung, Änderung oder Beseitigung von Bauwerken dienen. ④ Als Leistender gilt auch derjenige, der über eine Leistung abrechnet, ohne sie erbracht zu haben.

(2) ① Der Steuerabzug muss nicht vorgenommen werden, wenn der Leistende dem Leistungsempfänger eine im Zeitpunkt der Gegenleistung gültige Freistellungsbescheinigung nach § 48 b Absatz 1 Satz 1 vorlegt oder die Gegenleistung im laufenden Kalenderjahr den folgenden Betrag voraussichtlich nicht übersteigen wird:

1. 15 000 Euro, wenn der Leistungsempfänger ausschließlich steuerfreie Umsätze nach § 4 Nummer 12 Satz 1 des Umsatzsteuergesetzes ausführt,
2. 5 000 Euro in den übrigen Fällen.

② Für die Ermittlung des Betrags sind die für denselben Leistungsempfänger erbrachten und voraussichtlich zu erbringenden Bauleistungen zusammenzurechnen.

(3) Gegenleistung im Sinne des Absatzes 1 ist das Entgelt zuzüglich Umsatzsteuer.

(4) Wenn der Leistungsempfänger den Steuerabzugsbetrag angemeldet und abgeführt hat,

1. ist § 160 Absatz 1 Satz 1 der Abgabenordnung nicht anzuwenden,
2. sind § 42 d Absatz 6 und 8 und § 50 a Absatz 7 nicht anzuwenden.

---

[1] § 46 Abs. 2 Nr. 7 geänd. mWv VZ 2012 durch BeitrRLUmsG v. 7. 12. 2011 (BGBl. I S. 2592).
[2] § 46 Abs. 2 Nr. 9 angef. mWv VZ 2020 durch JStG 2019 v. 12. 12. 2019 (BGBl. I S. 2451).
[3] § 46 Abs. 3 Satz 1 geänd. mWv VZ 2014 durch KroatienAnpG v. 25. 7. 2014 (BGBl. I S. 1266).
[4] § 46 Abs. 5 geänd. mWv VZ 2014 durch KroatienAnpG v. 25. 7. 2014 (BGBl. I S. 1266).

§ 48 a Verfahren

(1) [1] ① Der Leistungsempfänger hat bis zum zehnten Tag nach Ablauf des Monats, in dem die Gegenleistung im Sinne des § 48 erbracht wird, eine elektronische Anmeldung, in der er den Steuerabzug für den Anmeldungszeitraum selbst zu berechnen hat, nach amtlich vorgeschriebenem Datensatz über die amtlich vorgeschriebene Schnittstelle zu übermitteln. ② Auf Antrag kann das Finanzamt zur Vermeidung unbilliger Härten auf die Übermittlung nach amtlich vorgeschriebenem Datensatz über die amtlich vorgeschriebene Schnittstelle verzichten; in diesem Fall ist die Anmeldung vom Leistungsempfänger nach amtlich vorgeschriebenem Vordruck abzugeben. ③ Der Abzugsbetrag ist am zehnten Tag nach Ablauf des Anmeldungszeitraums fällig und an das für den Leistenden zuständige Finanzamt für Rechnung des Leistenden abzuführen. ④ Die Anmeldung des Abzugsbetrags steht einer Steueranmeldung gleich.

(2) Der Leistungsempfänger hat mit dem Leistenden unter Angabe

1. des Namens und der Anschrift des Leistenden,
2. des Rechnungsbetrags, des Rechnungsdatums und des Zahlungstags,
3. der Höhe des Steuerabzugs und
4. des Finanzamts, bei dem der Abzugsbetrag angemeldet worden ist,

über den Steuerabzug abzurechnen.

(3) ① Der Leistungsempfänger haftet für einen nicht oder zu niedrig abgeführten Abzugsbetrag. ② Der Leistungsempfänger haftet nicht, wenn ihm im Zeitpunkt der Gegenleistung eine Freistellungsbescheinigung (§ 48 b) vorgelegen hat, auf deren Rechtmäßigkeit er vertrauen konnte. ③ Er darf insbesondere dann nicht auf eine Freistellungsbescheinigung vertrauen, wenn diese durch unlautere Mittel oder durch falsche Angaben erwirkt wurde und ihm dies bekannt oder infolge grober Fahrlässigkeit nicht bekannt war. ④ Den Haftungsbescheid erlässt das für den Leistenden zuständige Finanzamt.

(4) § 50 b gilt entsprechend.

§ 48 b Freistellungsbescheinigung

(1) ① Auf Antrag des Leistenden hat das für ihn zuständige Finanzamt, wenn der zu sichernde Steueranspruch nicht gefährdet erscheint und ein inländischer Empfangsbevollmächtigter bestellt ist, eine Bescheinigung nach amtlich vorgeschriebenem Vordruck zu erteilen, die den Leistungsempfänger von der Pflicht zum Steuerabzug befreit. ② Eine Gefährdung kommt insbesondere dann in Betracht, wenn der Leistende

1. Anzeigepflichten nach § 138 der Abgabenordnung nicht erfüllt,
2. seiner Auskunfts- und Mitwirkungspflicht nach § 90 der Abgabenordnung nicht nachkommt,
3. den Nachweis der steuerlichen Ansässigkeit durch Bescheinigung der zuständigen ausländischen Steuerbehörde nicht erbringt.

(2) Eine Bescheinigung soll erteilt werden, wenn der Leistende glaubhaft macht, dass keine zu sichernden Steueransprüche bestehen.

(3)[2] ① In der Bescheinigung sind anzugeben:

1. Name, Anschrift und Steuernummer des Leistenden,
2. Geltungsdauer der Bescheinigung,
3. Umfang der Freistellung sowie der Leistungsempfänger, wenn sie nur für bestimmte Bauleistungen gilt,
4. das ausstellende Finanzamt.

② Der Antragsteller ist über die Verarbeitung der in Satz 1 genannten Daten durch das Bundeszentralamt für Steuern gemäß Absatz 6 zu informieren.

(4) Wird eine Freistellungsbescheinigung aufgehoben, die nur für bestimmte Bauleistungen gilt, ist dies den betroffenen Leistungsempfängern mitzuteilen.

(5) Wenn eine Freistellungsbescheinigung vorliegt, gilt § 48 Absatz 4 entsprechend.

(6)[3] ① Das Bundeszentralamt für Steuern speichert die Daten nach Absatz 3 Satz 1. ② Es erteilt dem Leistungsempfänger im Sinne des § 48 Absatz 1 Satz 1 im Wege einer elektronischen Abfrage Auskunft über die beim Bundeszentralamt für Steuern gespeicherten Freistellungsbescheinigungen.

§ 48 c Anrechnung

(1) ① Soweit der Abzugsbetrag einbehalten und angemeldet worden ist, wird er auf vom Leistenden zu entrichtende Steuern nacheinander wie folgt angerechnet:

---

[1] § 48 a Abs. 1 Satz 1 neu gef., Satz 2 eingef., bish. Sätze 2 und 3 werden Sätze 3 und 4 mWv VZ 2025 durch JStG 2022 v. *16. 12. 2022 (BGBl. I S. 2294).*

[2] § 48 b Abs. 3 Satz 2 angef. durch 2. DSAnpUG-EU v. 20. 11. 2019 (BGBl. I S. 1626).

[3] § 48 b Abs. 6 Satz 1 eingef. (bish. Satz 1 wird Satz 2), neuer Satz 2 geänd. und bish. Satz 2 aufgeh. durch 2. DSAnpUG-EU v. 20. 11. 2019 (BGBl. I S. 1626).

1. die nach § 41a Absatz 1 einbehaltene und angemeldete Lohnsteuer,
2. die Vorauszahlungen auf die Einkommen- oder Körperschaftsteuer,
3. die Einkommen- oder Körperschaftsteuer des Besteuerungs- oder Veranlagungszeitraums, in dem die Leistung erbracht worden ist, und
4. die vom Leistenden im Sinne der §§ 48, 48a anzumeldenden und abzuführenden Abzugsbeträge.

② Die Anrechnung nach Satz 1 Nummer 2 kann nur für Vorauszahlungszeiträume innerhalb des Besteuerungs- oder Veranlagungszeitraums erfolgen, in dem die Leistung erbracht worden ist. ③ Die Anrechnung nach Satz 1 Nummer 2 darf nicht zu einer Erstattung führen.

(2)[1] ① Auf Antrag des Leistenden erstattet das nach § 20a Absatz 1 der Abgabenordnung zuständige Finanzamt den Abzugsbetrag. ② Die Erstattung setzt voraus, dass der Leistende nicht zur Abgabe von Lohnsteueranmeldungen verpflichtet ist und eine Veranlagung zur Einkommen- oder Körperschaftsteuer nicht in Betracht kommt oder der Leistende glaubhaft macht, dass im Veranlagungszeitraum keine zu sichernden Steueransprüche entstehen werden. ③ *Der Antrag ist nach amtlich vorgeschriebenem Muster bis zum Ablauf des zweiten Kalenderjahres zu stellen, das auf das Jahr folgt, in dem der Abzugsbetrag angemeldet worden ist; weitergehende Fristen nach einem Abkommen zur Vermeidung der Doppelbesteuerung bleiben unberührt.* **[ab VZ 2026:** ③ Der elektronische Antrag ist nach amtlich vorgeschriebenem Datensatz über die amtlich vorgeschriebene Schnittstelle bis zum Ablauf des zweiten Kalenderjahres zu übermitteln, das auf das Jahr folgt, in dem der Abzugsbetrag angemeldet worden ist; weitergehende Fristen nach einem Abkommen zur Vermeidung der Doppelbesteuerung bleiben unberührt. ④ Auf Antrag kann das Finanzamt zur Vermeidung unbilliger Härten auf eine elektronische Übermittlung des Antrags verzichten. ⑤ In diesem Fall ist der Antrag auf Erstattung des Abzugsbetrags vom Leistenden nach amtlich vorgeschriebenem Muster zu stellen.**]**

(3) Das Finanzamt kann die Anrechnung ablehnen, soweit der angemeldete Abzugsbetrag nicht abgeführt worden ist und Anlass zu der Annahme besteht, dass ein Missbrauch vorliegt.

§ 48d Besonderheiten im Fall von Doppelbesteuerungsabkommen

(1) ① Können Einkünfte, die dem Steuerabzug nach § 48 unterliegen, nach einem Abkommen zur Vermeidung der Doppelbesteuerung nicht besteuert werden, so sind die Vorschriften über die Einbehaltung, Abführung und Anmeldung der Steuer durch den Schuldner der Gegenleistung ungeachtet des Abkommens anzuwenden. ② Unberührt bleibt der Anspruch des Gläubigers der Gegenleistung auf Erstattung der einbehaltenen und abgeführten Steuer. ③ Der Anspruch ist durch Antrag nach § 48c Absatz 2 geltend zu machen. ④ Der Gläubiger der Gegenleistung hat durch eine Bestätigung der für ihn zuständigen Steuerbehörde des anderen Staates nachzuweisen, dass er dort ansässig ist. ⑤ § 48b gilt entsprechend. ⑥ Der Leistungsempfänger kann sich im Haftungsverfahren nicht auf die Rechte des Gläubigers aus dem Abkommen berufen.

(2) Unbeschadet des § 5 Absatz 1 Nummer 2 des Finanzverwaltungsgesetzes liegt die Zuständigkeit für Entlastungsmaßnahmen nach Absatz 1 bei dem nach § 20a der Abgabenordnung zuständigen Finanzamt.

VIII. Besteuerung beschränkt Steuerpflichtiger

§ 49 Beschränkt steuerpflichtige Einkünfte

(1) Inländische Einkünfte im Sinne der beschränkten Einkommensteuerpflicht (§ 1 Absatz 4) sind

1. Einkünfte aus einer im Inland betriebenen Land- und Forstwirtschaft (§§ 13, 14);
2. Einkünfte aus Gewerbebetrieb (§§ 15 bis 17),
   a) für den im Inland eine Betriebsstätte unterhalten wird oder ein ständiger Vertreter bestellt ist,
   b) die durch den Betrieb eigener oder gecharterter Seeschiffe oder Luftfahrzeuge aus Beförderungen zwischen inländischen und von inländischen zu ausländischen Häfen erzielt werden, einschließlich der Einkünfte aus anderen mit solchen Beförderungen zusammenhängenden, sich auf das Inland erstreckenden Beförderungsleistungen,
   c) die von einem Unternehmen im Rahmen einer internationalen Betriebsgemeinschaft oder eines Pool-Abkommens, bei denen ein Unternehmen mit Sitz oder Geschäftsleitung im Inland die Beförderung durchführt, aus Beförderungen und Beförderungsleistungen nach Buchstabe b erzielt werden,
   d) die, soweit sie nicht zu den Einkünften im Sinne der Nummern 3 und 4 gehören, durch im Inland ausgeübte oder verwertete künstlerische, sportliche, artistische, unterhaltende oder ähnliche Darbietungen erzielt werden, einschließlich der Einkünfte aus anderen mit

[1] § 48c Abs. 2 Satz 3 neu gef., Sätze 4 und 5 angef. **mWv VZ 2026** durch JStG 2024 v. 2.12.2024 (BGBl. I Nr. 387).

diesen Leistungen zusammenhängenden Leistungen, unabhängig davon, wem die Einnahmen zufließen,

e)[1] die unter den Voraussetzungen des § 17 erzielt werden, wenn es sich um Anteile an einer Kapitalgesellschaft handelt,
   aa) die ihren Sitz oder ihre Geschäftsleitung im Inland hat,
   bb) bei deren Erwerb auf Grund eines Antrags nach § 13 Absatz 2 oder § 21 Absatz 2 Satz 3 Nummer 2 des Umwandlungssteuergesetzes nicht der gemeine Wert der eingebrachten Anteile angesetzt worden ist oder auf die § 17 Absatz 5 Satz 2 anzuwenden war oder
   cc) deren Anteilswert zu irgendeinem Zeitpunkt während der 365 Tage vor der Veräußerung unmittelbar oder mittelbar zu mehr als 50 Prozent auf inländischem unbeweglichem Vermögen beruhte und die Anteile dem Veräußerer zu diesem Zeitpunkt zuzurechnen waren; für die Ermittlung dieser Quote sind die aktiven Wirtschaftsgüter des Betriebsvermögens mit den Buchwerten, die zu diesem Zeitpunkt anzusetzen gewesen wären, zugrunde zu legen,

f)[2] die, soweit sie nicht zu den Einkünften im Sinne des Buchstaben a gehören, durch
   aa) Vermietung und Verpachtung oder
   bb) Veräußerung

von inländischem unbeweglichem Vermögen, von Sachinbegriffen oder Rechten im Sinne des § 21 Absatz 1 Satz 1 Nummer 1 oder sonstigen Rechten, insbesondere Patentrechten, Markenrechten oder Sortenrechten, die im Inland belegen oder in ein inländisches öffentliches Buch oder Register eingetragen sind oder deren Verwertung in einer inländischen Betriebsstätte oder anderen Einrichtung erfolgt, erzielt werden. ② Bei sonstigen Rechten, bei denen Einkünfte nur auf Grund der Eintragung in ein inländisches öffentliches Buch oder Register vorliegen, liegen Einkünfte abweichend von Satz 1 nicht vor, wenn die Vermietung und Verpachtung oder die Veräußerung nicht zwischen nahestehenden Personen im Sinne des § 1 Absatz 2 des Außensteuergesetzes erfolgt oder der Besteuerung der Einkünfte die Bestimmungen eines Abkommens zur Vermeidung der Doppelbesteuerung unter Berücksichtigung der ihre Anwendung regelnden Vorschriften dieses Gesetzes entgegenstehen. ③ § 23 Absatz 1 Satz 4 gilt entsprechend. ④ Als Einkünfte aus Gewerbebetrieb gelten auch die Einkünfte aus Tätigkeiten im Sinne dieses Buchstabens, die von einer Körperschaft im Sinne des § 2 Nummer 1 des Körperschaftsteuergesetzes erzielt werden, die mit einer Kapitalgesellschaft oder sonstigen juristischen Person im Sinne des § 1 Absatz 1 Nummer 1 bis 3 des Körperschaftsteuergesetzes vergleichbar ist. ⑤ Zu den Einkünften aus der Veräußerung von inländischem unbeweglichem Vermögen im Sinne dieses Buchstabens gehören auch Wertveränderungen von Wirtschaftsgütern, die mit diesem Vermögen in wirtschaftlichem Zusammenhang stehen, oder

g)[3] die aus der Verschaffung der Gelegenheit erzielt werden, einen Berufssportler als solchen im Inland vertraglich zu verpflichten; dies gilt nur, wenn die Gesamteinnahmen 10 000 Euro übersteigen;

3. Einkünfte aus selbständiger Arbeit (§ 18), die im Inland ausgeübt oder verwertet wird oder worden ist, oder für die im Inland eine feste Einrichtung oder eine Betriebsstätte unterhalten wird;

4. Einkünfte aus nichtselbständiger Arbeit (§ 19), die

a)[4] im Inland ausgeübt oder verwertet wird oder worden ist. ② Die nichtselbständige Arbeit gilt dabei auch als im Inland ausgeübt oder verwertet, soweit die Tätigkeit im Ansässigkeitsstaat des Steuerpflichtigen oder in einem oder mehreren anderen Staaten ausgeübt wird und ein mit dem Ansässigkeitsstaat abgeschlossenes Abkommen zur Vermeidung der Doppelbesteuerung oder eine zwischenstaatliche Vereinbarung für diese im Ansässigkeitsstaat oder in einem oder mehreren anderen Staaten ausgeübte Tätigkeit Deutschland ein Besteuerungsrecht zuweist. ③ Satz 2 gilt nicht für Deutschland entsprechend Satz 2 zugewiesener Besteuerungsrechte hinsichtlich der Einkünfte aus einer an Bord eines Schiffes im internationalen Verkehr ausgeübten nichtselbständigen Arbeit,

b)[5] aus inländischen öffentlichen Kassen einschließlich der Kassen des Bundeseisenbahnvermögens und der Deutschen Bundesbank mit Rücksicht auf ein gegenwärtiges oder früheres Dienstverhältnis gewährt werden, ohne dass ein Zahlungsanspruch gegenüber der inländischen öffentlichen Kasse bestehen muss; dies gilt nicht, wenn das Dienstverhältnis im Tätigkeitsstaat oder einem anderen ausländischen Staat begründet wurde, der Arbeitnehmer

[1] § 49 Abs. 1 Nr. 2 Buchst. e Doppelbuchst. cc angef. durch „JStG 2018" v. 11. 12. 2018 (BGBl. I S. 2338); zur erstmaligen Anwendung siehe § 52 Abs. 45 a Satz 1.

[2] § 49 Abs. 1 Nr. 2 Buchst. f geänd. mWv VZ 2010 durch G v. 8. 12. 2010 (BGBl. I S. 1768). Abs. 1 Nr. 2 Buchst. f Satz 2 eingef., bish. Satz 2 wird Satz 3 mWv 1. 1. 2018 durch InvStRefG v. 19. 7. 2016 (BGBl. I S. 1730). Abs. 1 Nr. 2 Buchst. f Satz 4 angef. durch „JStG 2018" v. 11. 12. 2017 (BGBl. I S. 2338); zur erstmaligen Anwendung auf Wertveränderungen, die nach dem 31. 12. 2018 eintreten, siehe § 52 Abs. 45 a Satz 2. Satz 1 geänd., Satz 2 eingef., bish. Sätze 2 bis 4 werden Sätze 3 bis 5 durch JStG 2022 v. 16. 12. 2022 (BGBl. I S. 2294); zur Anwendung siehe § 52 Abs. 45 a Satz 3.

[3] § 49 Abs. 1 Nr. 2 Buchst. g eingef. mWv VZ 2010 durch G v. 8. 12. 2010 (BGBl. I S. 1768).

[4] § 49 Abs. 1 Nr. 4 Buchst. a geänd., Sätze 2 und 3 angef. mWv 1.1.2024 durch WachstumschancenG v. 27.3.2024 (BGBl. I Nr. 108); zur Anwendung siehe § 52 Abs. 45 a Satz 4.

[5] § 49 Abs. 1 Nr. 4 Buchst. b 2. HS angef. mWv VZ 2020 durch JStG 2019 v. 12. 12. 2019 (BGBl. I S. 2451).

keinen inländischen Wohnsitz oder gewöhnlichen Aufenthalt auf Grund des Dienstverhältnisses oder eines vorangegangenen vergleichbaren Dienstverhältnisses aufgegeben hat und mit dem Tätigkeitsstaat kein Abkommen zur Vermeidung der Doppelbesteuerung besteht,

c) als Vergütung für eine Tätigkeit als Geschäftsführer, Prokurist oder Vorstandsmitglied einer Gesellschaft mit Geschäftsleitung im Inland bezogen werden,

d) als Entschädigung im Sinne des § 24 Nummer 1 für die Auflösung eines Dienstverhältnisses gezahlt werden, soweit die für die zuvor ausgeübte Tätigkeit bezogenen Einkünfte der inländischen Besteuerung unterlegen haben,

e)[1] an Bord eines im internationalen Luftverkehr eingesetzten Luftfahrzeugs ausgeübt wird, das von einem Unternehmen mit Geschäftsleitung im Inland betrieben wird,

f)[2] für Zeiten der widerruflichen oder unwiderruflichen Arbeitsfreistellung im Zusammenhang mit der Beendigung des Arbeitsverhältnisses gewährt werden, soweit ohne die Freistellung die Arbeit während dieser Zeiten im Inland ausgeübt worden wäre;

5. Einkünfte aus Kapitalvermögen im Sinne des

a)[3] § 20 Absatz 1 Nummer 1, 2, 4, 6 und 9, wenn

aa) der Schuldner Wohnsitz, Geschäftsleitung oder Sitz im Inland hat,

bb) in den Fällen des § 20 Absatz 1 Nummer 1 Satz 4 der Emittent der Aktien Geschäftsleitung oder Sitz im Inland hat oder

cc) es sich um Fälle des § 44 Absatz 1 Satz 4 Nummer 1 Buchstabe a Doppelbuchstabe bb handelt;

dies gilt auch für Erträge aus Wandelanleihen und Gewinnobligationen,

b)[4] *(aufgehoben)*

c)[5] § 20 Absatz 1 Nummer 5 und 7, wenn

aa) das Kapitalvermögen durch inländischen Grundbesitz, durch inländische Rechte, die den Vorschriften des bürgerlichen Rechts über Grundstücke unterliegen, oder durch Schiffe, die in ein inländisches Schiffsregister eingetragen sind, unmittelbar oder mittelbar gesichert ist. ② Ausgenommen sind Zinsen aus Anleihen und Forderungen, die in ein öffentliches Schuldbuch eingetragen oder über die Sammelurkunden im Sinne des § 9 a des Depotgesetzes oder Teilschuldverschreibungen, soweit es sich nicht um Wandelanleihen oder Gewinnobligationen handelt, ausgegeben sind, oder

bb) das Kapitalvermögen aus Genussrechten besteht, die nicht in § 20 Absatz 1 Nummer 1 genannt sind,

d)[6] § 43 Absatz 1 Satz 1 Nummer 7 Buchstabe a, Nummer 9 und 10 sowie Satz 2, wenn sie von einem Schuldner oder von einem inländischen Kreditinstitut oder einem inländischen Finanzdienstleistungsinstitut oder einem inländischen Wertpapierinstitut im Sinne des § 43 Absatz 1 Satz 1 Nummer 7 Buchstabe b einem anderen als einem ausländischen Kreditinstitut oder einem ausländischen Finanzdienstleistungsinstitut oder einem ausländischen Wertpapierinstitut

aa) gegen Aushändigung der Zinsscheine ausgezahlt oder gutgeschrieben werden und die Teilschuldverschreibungen nicht von dem Schuldner, dem inländischen Kreditinstitut, dem inländischen Finanzdienstleistungsinstitut oder dem inländischen Wertpapierinstitut verwahrt werden oder

bb) gegen Übergabe der Wertpapiere ausgezahlt oder gutgeschrieben werden und diese vom Kreditinstitut weder verwahrt noch verwaltet werden.

② § 20 Absatz 3 gilt entsprechend;

6.[7] Einkünfte aus Vermietung und Verpachtung (§ 21), soweit sie nicht zu den Einkünften im Sinne der Nummern 1 bis 5 gehören, wenn das unbewegliche Vermögen, die Sachinbegriffe oder Rechte im Sinne des § 21 Absatz 1 Satz 1 Nummer 1 oder sonstige Rechte, insbesondere Patentrechte, Markenrechte oder Sortenrechte, im Inland belegen oder in ein inländisches öffentliches Buch oder Register eingetragen sind oder in einer inländischen Betriebsstätte oder in einer anderen Einrichtung verwertet werden. ② Bei sonstigen Rechten, bei denen Einkünfte nur auf Grund der Eintragung in ein inländisches öffentliches Buch oder Register vorliegen, liegen Einkünfte abweichend von Satz 1 nicht vor, wenn die Vermietung und Verpachtung nicht zwischen nahestehenden Personen im Sinne des § 1 Absatz 2 des Außensteuergesetzes erfolgt oder der Besteuerung der Einkünfte die Bestimmungen eines Abkommens zur Vermeidung der Doppelbesteuerung unter Berücksichtigung der ihre Anwendung regelnden Vorschriften dieses Gesetzes entgegenstehen;

---

[1] § 49 Abs. 1 Nr. 4 Buchst. e geänd. mWv VZ 2024 durch JStG 2024 v. 2.12.2024 (BGBl. I Nr. 387).

[2] § 49 Abs. 1 Nr. 4 Buchst. f angef. mWv VZ 2024 durch JStG 2024 v. 2.12.2024 (BGBl. I Nr. 387).

[3] § 49 Abs. 1 Nr. 5 Satz 1 Buchst. a neu gef. mWv VZ 2020 durch JStG 2019 v. 12. 12. 2019 (BGBl. I S. 2451).

[4] § 49 Abs. 1 Nr. 5 Satz 1 Buchst. b aufgeh. durch InvStRefG v. 19. 7. 2016 (BGBl. I S. 1730); zur Anwendung siehe § 52 Abs. 45 a Sätze 3 und 4.

[5] § 49 Abs. 1 Nr. 5 Buchst. c Doppelbuchst. aa Satz 2 geänd. mWv VZ 2020 durch JStG 2019 v. 12. 12. 2019 (BGBl. I S. 2451).

[6] § 49 Abs. 1 Nr. 5 Buchst. d einl. Satzteil und Doppelbuchst. aa geänd. mWv 26. 6. 2021 durch G v. 12. 5. 2021 (BGBl. I S. 990).

[7] § 49 Abs. 1 Nr. 6 Satz 1 geänd., Satz 2 angef. durch JStG 2022 v. 16. 12. 2022 (BGBl. I S. 2294), zur Anwendung siehe § 52 Abs. 45 a Satz 3.

7.[1] sonstige Einkünfte im Sinne des § 22 Nummer 1 Satz 3 Buchstabe a, die von den inländischen gesetzlichen Rentenversicherungsträgern, der inländischen landwirtschaftlichen Alterskasse, den inländischen berufsständischen Versorgungseinrichtungen, den inländischen Versicherungsunternehmen oder sonstigen inländischen Zahlstellen gewährt werden; dies gilt entsprechend für Leibrenten und andere Leistungen ausländischer Zahlstellen, wenn die Beiträge, die den Leistungen zugrunde liegen, nach § 10 Absatz 1 Nummer 2 ganz oder teilweise bei der Ermittlung der Sonderausgaben berücksichtigt wurden;

8. sonstige Einkünfte im Sinne des § 22 Nummer 2, soweit es sich um private Veräußerungsgeschäfte handelt, mit
   a) inländischen Grundstücken oder
   b) inländischen Rechten, die den Vorschriften des bürgerlichen Rechts über Grundstücke unterliegen;

8 a. sonstige Einkünfte im Sinne des § 22 Nummer 4;

9. sonstige Einkünfte im Sinne des § 22 Nummer 3, auch wenn sie bei Anwendung dieser Vorschrift einer anderen Einkunftsart zuzurechnen wären, soweit es sich um Einkünfte aus inländischen unterhaltenden Darbietungen, aus der Nutzung beweglicher Sachen im Inland oder aus der Überlassung der Nutzung oder des Rechts auf Nutzung von gewerblichen, technischen, wissenschaftlichen und ähnlichen Erfahrungen, Kenntnissen und Fertigkeiten, zum Beispiel Plänen, Mustern und Verfahren, handelt, die im Inland genutzt werden oder worden sind; dies gilt nicht, soweit es sich um steuerpflichtige Einkünfte im Sinne der Nummern 1 bis 8 handelt;

10.[2] sonstige Einkünfte im Sinne des § 22 Nummer 5; dies gilt auch für Leistungen ausländischer Zahlstellen, soweit die Leistungen bei einem unbeschränkt Steuerpflichtigen zu Einkünften nach § 22 Nummer 5 Satz 1 führen würden oder wenn die Beiträge, die den Leistungen zugrunde liegen, nach § 10 Absatz 1 Nummer 2 ganz oder teilweise bei der Ermittlung der Sonderausgaben berücksichtigt wurden.

11.[3] Einkünfte aus der Beteiligung an einer Personengesellschaft oder Gemeinschaft, die ihren Sitz oder ihre Geschäftsleitung im Inland hat oder in ein inländisches Register eingetragen ist, soweit diese Einkünfte
   a) in dem Staat, in dem der Beteiligte seinen Wohnsitz oder gewöhnlichen Aufenthalt hat, aufgrund einer vom deutschen Recht abweichenden steuerlichen Behandlung der Personengesellschaft oder Gemeinschaft keiner Besteuerung unterliegen,
   b) nicht bereits als Einkünfte im Sinne der Nummern 1 bis 10 einer Besteuerung unterliegen und
   c) in keinem anderen Staat einer Besteuerung unterliegen.

   ② Satz 1 gilt nur, wenn dem Beteiligten allein oder zusammen mit ihm nahestehenden Personen im Sinne des § 1 Absatz 2 des Außensteuergesetzes, die keiner unbeschränkten Steuerpflicht im Inland nach § 1 Absatz 1 oder nach § 1 des Körperschaftsteuergesetzes unterliegen, mehr als die Hälfte der Stimmrechte oder mehr als die Hälfte der Anteile am Kapital unmittelbar oder mittelbar zuzurechnen sind oder unmittelbar oder mittelbar ein Anspruch auf mehr als die Hälfte des Gewinns oder des Liquidationserlöses der Personengesellschaft oder Gemeinschaft zusteht; eine Beteiligung in diesem Sinne setzt nicht die Stellung als Gesellschafter oder Gemeinschafter voraus. ③ Die Sätze 1 und 2 gelten nicht, wenn es sich bei der Personengesellschaft oder Gemeinschaft um einen Altersvorsorgevermögensfonds im Sinne des § 53 des Investmentsteuergesetzes handelt oder die Einkünfte auch bei einer nicht vom deutschen Recht abweichenden Behandlung der Personengesellschaft oder Gemeinschaft im ausländischen Staat keiner Besteuerung unterliegen würden. ④ Die Besteuerung nach den vorstehenden Sätzen erfolgt ungeachtet der Bestimmungen eines Abkommens zur Vermeidung der Doppelbesteuerung.

(2) Im Ausland gegebene Besteuerungsmerkmale bleiben außer Betracht, soweit bei ihrer Berücksichtigung inländische Einkünfte im Sinne des Absatzes 1 nicht angenommen werden könnten.

(3) ① Bei Schifffahrt- und Luftfahrtunternehmen sind die Einkünfte im Sinne des Absatzes 1 Nummer 2 Buchstabe b mit 5 Prozent der für diese Beförderungsleistungen vereinbarten Entgelte anzusetzen. ② Das gilt auch, wenn solche Einkünfte durch eine inländische Betriebsstätte oder einen inländischen ständigen Vertreter erzielt werden (Absatz 1 Nummer 2 Buchstabe a). ③ Das gilt nicht in den Fällen des Absatzes 1 Nummer 2 Buchstabe c oder soweit das deutsche Besteuerungsrecht nach einem Abkommen zur Vermeidung der Doppelbesteuerung ohne Begrenzung des Steuersatzes aufrechterhalten bleibt.

(4)[4] ① Abweichend von Absatz 1 Nummer 2 sind Einkünfte steuerfrei, die ein beschränkt Steuerpflichtiger mit Wohnsitz oder gewöhnlichem Aufenthalt in einem ausländischen Staat durch den

[1] § 49 Abs. 1 Nr. 7 letzter Halbs. angef. mWv VZ 2010 durch G v. 8. 4. 2010 (BGBl. I S. 386). Abs. 1 Nr. 7 geänd. durch G v. 12. 4. 2012 (BGBl. I S. 579).
[2] § 49 Abs. 1 Nr. 10 neu gef. mWv VZ 2010 durch G v. 8. 4. 2010 (BGBl. I S. 386).
[3] § 49 Abs. 1 Nr. 11 angef. mWv VZ 2022 durch ATADUmsG v. 25. 6. 2021 (BGBl. I S. 2035).
[4] § 49 Abs. 4 Satz 2 geänd. mWv 8. 9. 2015 durch VO v. 31. 8. 2015 (BGBl. I S. 1474).

Betrieb eigener oder gecharterter Schiffe oder Luftfahrzeuge aus einem Unternehmen bezieht, dessen Geschäftsleitung sich in dem ausländischen Staat befindet. ② Voraussetzung für die Steuerbefreiung ist, dass dieser ausländische Staat Steuerpflichtigen mit Wohnsitz oder gewöhnlichem Aufenthalt im Geltungsbereich dieses Gesetzes eine entsprechende Steuerbefreiung für derartige Einkünfte gewährt und dass das Bundesministerium für Verkehr und digitale Infrastruktur die Steuerbefreiung nach Satz 1 für verkehrspolitisch unbedenklich erklärt hat.

§ 50 Sondervorschriften für beschränkt Steuerpflichtige

(1)[1] ① Beschränkt Steuerpflichtige dürfen Betriebsausgaben (§ 4 Absatz 4 bis 8) oder Werbungskosten (§ 9) nur insoweit abziehen, als sie mit inländischen Einkünften in wirtschaftlichem Zusammenhang stehen. ② § 32 a Absatz 1 ist mit der Maßgabe anzuwenden, dass das zu versteuernde Einkommen um den Grundfreibetrag des § 32 a Absatz 1 Satz 2 Nummer 1 erhöht wird; dies gilt bei Einkünften nach § 49 Absatz 1 Nummer 4 nur in Höhe des diese Einkünfte abzüglich der nach Satz 5 abzuziehenden Aufwendungen übersteigenden Teils des Grundfreibetrags. ③ Wenn für das um den Grundfreibetrag erhöhte zu versteuernde Einkommen ein besonderer Steuersatz nach § 32 b Absatz 2 oder nach § 2 Absatz 5 des Außensteuergesetzes gilt, ist dieser auf das zu versteuernde Einkommen anzuwenden. ④ § 10 Absatz 1, 1 a Nummer 1, 3 und 4, Absatz 2 bis 6, die §§ 10 a, 10 c, 16 Absatz 4, die §§ 24 b, 32, 32 a Absatz 6, die §§ 33, 33 a, 33 b, 35 a und 35 c sind nicht anzuwenden. ⑤ Hiervon abweichend sind bei Arbeitnehmern, die Einkünfte aus nichtselbständiger Arbeit im Sinne des § 49 Absatz 1 Nummer 4 beziehen, § 10 Absatz 1 Nummer 2 Buchstabe a, Nummer 3 und Absatz 3 sowie § 10 c anzuwenden, soweit die Aufwendungen auf die Zeit entfallen, in der Einkünfte im Sinne des § 49 Absatz 1 Nummer 4 erzielt wurden und die Einkünfte nach § 49 Absatz 1 Nummer 4 nicht übersteigen. ⑥ Die Jahres- und Monatsbeträge der Pauschalen nach § 9 a Satz 1 Nummer 1 und § 10 c ermäßigen sich zeitanteilig, wenn Einkünfte im Sinne des § 49 Absatz 1 Nummer 4 nicht während eines vollen Kalenderjahres oder Kalendermonats zugeflossen sind.

(1 a)[2] ① Abweichend von Absatz 1 Satz 4 ist § 10 Absatz 1 Nummer 2 Buchstabe a sowie Absatz 2 und 3 auf Beiträge an berufsständische Versorgungseinrichtungen anzuwenden, wenn eine gesetzliche Pflichtmitgliedschaft in der Versorgungseinrichtung besteht, die auf einer für die inländische Berufsausübung erforderlichen Zulassung beruht. ② Dies gilt nur für Staatsangehörige

1. eines Mitgliedstaates der Europäischen Union oder eines Staates, auf den das Abkommen über den Europäischen Wirtschaftsraum Anwendung findet, und die im Hoheitsgebiet eines dieser Staaten oder der Schweiz ihren Wohnsitz oder gewöhnlichen Aufenthalt haben, sowie
2. der Schweizerischen Eidgenossenschaft, die ihren Wohnsitz oder gewöhnlichen Aufenthalt im Hoheitsgebiet eines Mitgliedstaates der Europäischen Union oder der Schweiz haben.

③ Die Beiträge können nur als Sonderausgaben abgezogen werden, soweit sie in unmittelbarem wirtschaftlichem Zusammenhang mit inländischen Einkünften nach § 49 Absatz 1 Nummer 2 oder 3 stehen, die aus der durch die Zulassung ermöglichten Berufsausübung erzielt werden. ④ Der Abzug der Beiträge erfolgt entsprechend dem Anteil der inländischen Einkünfte im Sinne des Satzes 3 an dem Gesamtbetrag der positiven in- und ausländischen Einkünfte aus der durch die Zulassung ermöglichten Berufsausübung. ⑤ Der Abzug der Beiträge ist ausgeschlossen, soweit sie im Rahmen der Einkommensbesteuerung des Steuerpflichtigen in einem Staat, in dem er seinen Wohnsitz oder gewöhnlichen Aufenthalt hat, abgezogen worden sind oder sie die Einkünfte nach Satz 3 übersteigen.

(2)[3] ① Die Einkommensteuer für Einkünfte, die dem Steuerabzug vom Arbeitslohn oder vom Kapitalertrag oder dem Steuerabzug auf Grund des § 50 a unterliegen, gilt bei beschränkt Steuerpflichtigen durch den Steuerabzug als abgegolten. ② Satz 1 gilt nicht

1. für Einkünfte eines inländischen Betriebs;
2.[4] wenn nachträglich festgestellt wird, dass die Voraussetzungen der unbeschränkten Einkommensteuerpflicht im Sinne des § 1 Absatz 2 oder Absatz 3 oder des § 1 a nicht vorgelegen haben; § 39 Absatz 7 ist sinngemäß anzuwenden;

---

[1] § 50 Abs. 1 Satz 4 Zitat geänd. durch G v. 8. 12. 2010 (BGBl. I S. 1768). Abs. 1 Sätze 3 und 4 geänd. mWv VZ 2012 durch StVereinfG 2011 v. 1. 11. 2011 (BGBl. I S. 2131). Abs. 1 Satz 2 2. HS neu gef. und Satz 4 geänd. mWv VZ 2011 durch BeitrRLUmsG v. 7. 12. 2011 (BGBl. I S. 2592). Abs. 1 Satz 3 (jetzt Satz 4) neu gef. durch BEPS-UmsG v. 20. 12. 2016 (BGBl. I S. 3000); zur erstmaligen Anwendung für Versorgungsleistungen, die nach dem 31. 12. 2016 geleistet werden, siehe § 52 Abs. 46 Satz 1 aF. Abs. 1 Satz 3 (jetzt Satz 4) geänd. mWv VZ 2020 durch KlimaSG v. 21. 12. 2019 (BGBl. I S. 2886). Abs. 1 Satz 3 eingef. (bish. Sätze 3 bis 5 werden Sätze 4 bis 6) durch JStG 2020 v. 21. 12. 2020 (BGBl. I S. 3096). Zur erstmaligen Anwendung siehe § 52 Abs. 46 Satz 1. Abs. 1 Satz 2 geänd. durch AbzStEntModG v. 2. 6. 2021 (BGBl. I S. 1259); zur Anwendung siehe § 52 Abs. 46 Satz 5.

[2] § 50 Abs. 1 a eingef. mWv VZ 2021 durch JStG 2020 v. 21. 12. 2020 (BGBl. I S. 3096); zur erstmaligen Anwendung auf Beiträge an berufsständische Versorgungseinrichtungen, die nach dem 31. 12. 2020 geleistet werden, siehe § 52 Abs. 46 Satz 2.

[3] § 50 Abs. 2 Sätze 3 und 6 geänd. mWv VZ 2012 durch BeitrRLUmsG v. 7. 12. 2011 (BGBl. I S. 2592). Abs. 2 Satz 6 geänd. mWv VZ 2020 durch JStG 2019 v. 12. 12. 2019 (BGBl. I S. 2451). Abs. 2 Sätze 9 und 10 angef. mWv VZ 2021 durch JStG 2020 v. 21. 12. 2020 (BGBl. I S. 3096). Abs. 2 Satz 8 eingef., bish. Sätze 8 bis 10 werden Sätze 9 bis 11 durch JStG 2024 v. 2.12.2024 (BGBl. I Nr. 387); zur Anwendung siehe § 52 Abs. 46 Satz 4.

[4] § 50 Abs. 2 Satz 2 Nr. 2 geänd mWv VZ 2012 durch BeitrRLUmsG v. 7. 12. 2011 (BGBl. I S. 2592).

3. in Fällen des § 2 Absatz 7 Satz 3;
4.[1] für Einkünfte aus nichtselbständiger Arbeit im Sinne des § 49 Absatz 1 Nummer 4,
   a) wenn als Lohnsteuerabzugsmerkmal ein Freibetrag nach § 39 a Absatz 4 gebildet worden ist und der im Kalenderjahr insgesamt erzielte Arbeitslohn höher ist als die Summe aus dem Grundfreibetrag (§ 32 a Absatz 1 Satz 2 Nummer 1), dem Arbeitnehmer-Pauschbetrag (§ 9 a Satz 1 Nummer 1 Buchstabe a) und dem Sonderausgaben-Pauschbetrag (§ 10 c Satz 1),
   b) wenn die Veranlagung zur Einkommensteuer beantragt wird (§ 46 Absatz 2 Nummer 8),
   c) in den Fällen des § 46 Absatz 2 Nummer 2, 5 und 5 a,
   d) wenn außerordentliche Einkünfte im Sinne des § 34 Absatz 1 und 2 Nummer 2 und 4 bezogen worden sind und in diesem Zusammenhang die Veranlagung zur Einkommensteuer beantragt wird (§ 46 Absatz 2 Nummer 8) oder
   e) wenn die Anrechnung einer ausländischen Steuer nach § 50 d Absatz 7 Satz 2 beantragt wird;
5.[2] für Einkünfte im Sinne des § 50 a Absatz 1 Nummer 1, 2 und 4, wenn die Veranlagung zur Einkommensteuer beantragt wird;
6.[3] für Einkünfte aus Kapitalvermögen im Sinne des § 49 Absatz 1 Nummer 5 Satz 1 Buchstabe a, auf die § 20 Absatz 1 Nummer 6 Satz 2 anzuwenden ist, wenn die Veranlagung zur Einkommensteuer beantragt wird.

③ In den Fällen des Satzes 2 Nummer 4 erfolgt die Veranlagung durch das Betriebsstättenfinanzamt, das nach § 39 Absatz 2 Satz 2 oder Satz 4 für die Bildung und die Änderung der Lohnsteuerabzugsmerkmale zuständig ist. ④ Bei mehreren Betriebsstättenfinanzämtern ist das Betriebsstättenfinanzamt zuständig, in dessen Bezirk der Arbeitnehmer zuletzt beschäftigt war. ⑤ Bei Arbeitnehmern mit Steuerklasse VI ist das Betriebsstättenfinanzamt zuständig, in dessen Bezirk der Arbeitnehmer zuletzt unter Anwendung der Steuerklasse I beschäftigt war. ⑥ Hat der Arbeitgeber für den Arbeitnehmer keine elektronischen Lohnsteuerabzugsmerkmale (§ 39 e Absatz 4 Satz 2) abgerufen und wurde keine Bescheinigung für den Lohnsteuerabzug nach § 39 Absatz 3 oder § 39 e Absatz 7 Satz 5 ausgestellt, ist das Betriebsstättenfinanzamt zuständig, in dessen Bezirk der Arbeitnehmer zuletzt beschäftigt war. ⑦ Satz 2 Nummer 4 Buchstabe b und Nummer 5 gilt nur für Staatsangehörige eines Mitgliedstaats der Europäischen Union oder eines anderen Staates, auf den das Abkommen über den Europäischen Wirtschaftsraum Anwendung findet, die im Hoheitsgebiet eines dieser Staaten ihren Wohnsitz oder gewöhnlichen Aufenthalt haben. ⑧ Satz 2 Nummer 4 Buchstabe b gilt darüber hinaus auch für Staatsangehörige eines Mitgliedstaates der Europäischen Union oder eines Staates, auf den das Abkommen über den Europäischen Wirtschaftsraum Anwendung findet, die in der Schweiz ihren Wohnsitz oder gewöhnlichen Aufenthalt haben, sowie für Staatsangehörige der Schweizerischen Eidgenossenschaft, die ihren Wohnsitz oder gewöhnlichen Aufenthalt im Hoheitsgebiet eines Mitgliedstaates der Europäischen Union oder der Schweiz haben. ⑨ [4]In den Fällen des Satzes 2 Nummer 5 erfolgt die Veranlagung durch das Bundeszentralamt für Steuern. ⑩ In den Fällen des Satzes 2 Nummer 6 ist für die Besteuerung des Gläubigers nach dem Einkommen das Finanzamt zuständig, das auch für die Besteuerung des Schuldners nach dem Einkommen zuständig ist; bei mehreren Schuldnern ist das Finanzamt zuständig, das für den Schuldner, dessen Leistung dem Gläubiger im Veranlagungszeitraum zuerst zufloss, zuständig ist. ⑪ Werden im Rahmen einer Veranlagung Einkünfte aus nichtselbständiger Arbeit im Sinne des § 49 Absatz 1 Nummer 4 bei der Ermittlung des zu versteuernden Einkommens berücksichtigt, gilt § 46 Absatz 3 und 5 entsprechend.

(3) § 34 c Absatz 1 bis 3 ist bei Einkünften aus Land- und Forstwirtschaft, Gewerbebetrieb oder selbständiger Arbeit, für die im Inland ein Betrieb unterhalten wird, entsprechend anzuwenden, soweit darin nicht Einkünfte aus einem ausländischen Staat enthalten sind, mit denen der beschränkt Steuerpflichtige dort in einem der unbeschränkten Steuerpflicht ähnlichen Umfang zu einer Steuer vom Einkommen herangezogen wird.

(4)[5] Die obersten Finanzbehörden der Länder oder die von ihnen beauftragten Finanzbehörden können mit Zustimmung des Bundesministeriums der Finanzen die Einkommensteuer bei beschränkt Steuerpflichtigen ganz oder zum Teil erlassen oder in einem Pauschbetrag festsetzen, wenn dies im besonderen öffentlichen Interesse liegt; ein besonderes öffentliches Interesse besteht

---

[1] § 50 Abs. 2 Satz 2 Nr. 4 Buchst. a neu gef. mWv VZ 2012 durch BeitrRLUmsG v. 7. 12. 2011 (BGBl. I S. 2592). Abs. 2 Satz 2 Nr. 4 Buchst. a geänd. und Buchst. c angef. mWv VZ 2020 durch JStG 2019 v. 12. 12. 2019 (BGBl. I S. 2451). Abs. 2 Satz 2 Nr. 4 Buchst. a geänd. mWv VZ 2021 und mWv VZ 2022 durch G v. 1. 12. 2020 (BGBl. I S. 2616) und mWv VZ 2022 durch Steuerentlastungsgesetz 2022 v. 23. 5. 2022 (BGBl. I S. 749). Abs. 2 Satz 2 Nummer 4 Buchst. a geänd. mWv VZ 2023 durch InflAusG v. 8. 12. 2022 (BGBl. I S. 2230). Abs. 2 Satz 2 Nr. 4 Buchst. b und c geänd., Buchst. d angef. mWv 1.1.2025 durch WachstumschancenG v. 27.3.2024 (BGBl. I Nr. 108). Abs. 2 Satz 2 Nr. 4 Buchst. c und d geänd. mWv 1.1.2025, Buchst. e angef. mWv 1.1.2025 durch JStG 2024 v. 2.12.2024 (BGBl. I Nr. 387).

[2] Zuständig für die Durchführung der Veranlagung nach § 50 Abs. 2 Satz 2 Nr. 5 ist für nach dem 31. 12. 2013 zufließende Vergütungen das Bundeszentralamt für Steuern (§ 1 Nr. 2 der VO v. 24. 6. 2013, BGBl. I S. 1679).

[3] § 50 Abs. 2 Satz 2 Nr. 6 angef. mWv VZ 2017 durch JStG 2019 v. 12. 12. 2019 (BGBl. I S. 2451); zur Anwendung siehe § 52 Abs. 46 Satz 3. Abs. 2 Satz 2 Nr. 6 geänd. durch JStG 2020 v. 21. 12. 2020 (BGBl. I S. 3096).

[4] § 50 Abs. 2 Satz 8 ist erstmals für Vergütungen anzuwenden, die nach dem 31. 12. 2013 zufließen (§ 2 Abs. 1 der VO v. 24. 6. 2013, BGBl. I S. 1679).

[5] § 50 Abs. 4 Nr. 1 und 2 geänd. mWv VZ 2010 durch G v. 8. 12. 2010 (BGBl. I S. 1768). Abs. 4 geänd. durch StÄndG 2015 v. 2. 11. 2015 (BGBl. I S. 1834); zur Anwendung in allen noch offenen Fällen siehe § 52 Abs. 46 Satz 4.

1. an der inländischen Veranstaltung international bedeutsamer kultureller und sportlicher Ereignisse, um deren Ausrichtung ein internationaler Wettbewerb stattfindet, oder
2. am inländischen Auftritt einer ausländischen Kulturvereinigung, wenn ihr Auftritt wesentlich aus öffentlichen Mitteln gefördert wird.

§ 50a[1] Steuerabzug bei beschränkt Steuerpflichtigen

(1)[2] Die Einkommensteuer wird bei beschränkt Steuerpflichtigen im Wege des Steuerabzugs erhoben

1. bei Einkünften, die durch im Inland ausgeübte künstlerische, sportliche, artistische, unterhaltende oder ähnliche Darbietungen erzielt werden, einschließlich der Einkünfte aus anderen mit diesen Leistungen zusammenhängenden Leistungen, unabhängig davon, wem die Einkünfte zufließen (§ 49 Absatz 1 Nummer 2 bis 4 und 9), es sei denn, es handelt sich um Einkünfte aus nichtselbständiger Arbeit, die bereits dem Steuerabzug vom Arbeitslohn nach § 38 Absatz 1 Satz 1 Nummer 1 unterliegen,
2. bei Einkünften aus der inländischen Verwertung von Darbietungen im Sinne der Nummer 1 (§ 49 Absatz 1 Nummer 2 bis 4 und 6),
3.[3] bei Einkünften, die aus Vergütungen für die Überlassung der Nutzung oder des Rechts auf Nutzung von Rechten, insbesondere von Urheberrechten und gewerblichen Schutzrechten, von gewerblichen, technischen, wissenschaftlichen und ähnlichen Erfahrungen, Kenntnissen und Fertigkeiten, zum Beispiel Plänen, Mustern und Verfahren, herrühren, sowie bei Einkünften, die aus der Verschaffung der Gelegenheit erzielt werden, einen Berufssportler über einen begrenzten Zeitraum vertraglich zu verpflichten (§ 49 Absatz 1 Nummer 2, 3, 6 und 9),
4.[4] bei Einkünften, die Mitgliedern des Aufsichtsrats, Verwaltungsrats oder anderen mit der Überwachung der Geschäftsführung von Körperschaften, Personenvereinigungen und Vermögensmassen im Sinne des § 1 des Körperschaftsteuergesetzes beauftragten Personen sowie von anderen inländischen Personenvereinigungen des privaten und öffentlichen Rechts, bei denen die Gesellschafter nicht als Unternehmer (Mitunternehmer) anzusehen sind, für die Überwachung der Geschäftsführung gewährt werden (§ 49 Absatz 1 Nummer 3).

(2) ① Der Steuerabzug beträgt 15 Prozent, in den Fällen des Absatzes 1 Nummer 4 beträgt er 30 Prozent der gesamten Einnahmen. ② Vom Schuldner der Vergütung ersetzte oder übernommene Reisekosten gehören nur insoweit zu den Einnahmen, als die Fahrt- und Übernachtungsauslagen die tatsächlichen Kosten und die Vergütungen für Verpflegungsmehraufwand die Pauschbeträge nach § 4 Absatz 5 Satz 1 Nummer 5 übersteigen. ③ Bei Einkünften im Sinne des Absatzes 1 Nummer 1 wird ein Steuerabzug nicht erhoben, wenn die Einnahmen je Darbietung 250 Euro nicht übersteigen.

(3)[5] ① Der Schuldner der Vergütung kann von den Einnahmen in den Fällen des Absatzes 1 Nummer 1, 2 und 4 mit ihnen in unmittelbarem wirtschaftlichem Zusammenhang stehende Betriebsausgaben oder Werbungskosten abziehen, die ihm ein beschränkt Steuerpflichtiger in einer für das Bundeszentralamt für Steuern nachprüfbaren Form nachgewiesen hat oder die vom Schuldner der Vergütung übernommen worden sind. ② Das gilt nur, wenn der beschränkt Steuerpflichtige Staatsangehöriger eines Mitgliedstaats der Europäischen Union oder eines anderen Staates ist, auf den das Abkommen über den Europäischen Wirtschaftsraum Anwendung findet, und im Hoheitsgebiet eines dieser Staaten seinen Wohnsitz oder gewöhnlichen Aufenthalt hat. ③ Es gilt entsprechend bei einer beschränkt steuerpflichtigen Körperschaft, Personenvereinigung oder Vermögensmasse im Sinne des § 32 Absatz 4 des Körperschaftsteuergesetzes. ④ In diesen Fällen beträgt der Steuerabzug von den nach Abzug der Betriebsausgaben oder Werbungskosten verbleibenden Einnahmen (Nettoeinnahmen), wenn

1. Gläubiger der Vergütung eine natürliche Person ist, 30 Prozent,
2. Gläubiger der Vergütung eine Körperschaft, Personenvereinigung oder Vermögensmasse ist, 15 Prozent.

(4)[6] ① Hat der Gläubiger einer Vergütung seinerseits Steuern für Rechnung eines anderen beschränkt steuerpflichtigen Gläubigers einzubehalten (zweite Stufe), kann er vom Steuerabzug absehen, wenn seine Einnahmen bereits dem Steuerabzug nach Absatz 2 unterlegen haben. ② Wenn der Schuldner der Vergütung auf zweiter Stufe Betriebsausgaben oder Werbungskosten nach Absatz 3 geltend macht, die Veranlagung nach § 50 Absatz 2 Satz 2 Nummer 5 beantragt oder die Erstattung der Abzugsteuer nach § 50c Absatz 3 oder einer anderen Vorschrift beantragt, hat er

---

[1] Zur Anwendung von § 50a siehe § 52 Abs. 47.

[2] Zuständig für die Durchführung des Steuerabzugsverfahrens nach § 50a Abs. 1 ist für nach dem 31. 12. 2013 zufließende Vergütungen das Bundeszentralamt für Steuern (§ 1 Nr. 1 der VO v. 24. 6. 2013, BGBl. I S. 1679).

[3] § 50a Abs. 1 Nr. 3 geänd. mWv VZ 2010 durch G v. 8. 12. 2010 (BGBl. I S. 1768).

[4] § 50a Abs. 1 Nr. 4 geänd. durch JStG 2019 v. 12. 12. 2019 (BGBl. I S. 2451).

[5] Zur Anwendung von § 50a Abs. 3 Satz 1 siehe § 52 Abs. 47; § 50a Abs. 3 ist erstmals auf Vergütungen anzuwenden, die nach dem 31. 12. 2013 zufließen (§ 2 Abs. 2 der VO v. 24. 6. 2013, BGBl. I S. 1679).

[6] § 50a Abs. 4 Satz 2 Verweis geänd. durch AbzStEntModG v. 2. 6. 2021 (BGBl. I S. 1259).

die sich nach Absatz 2 oder Absatz 3 ergebende Steuer zu diesem Zeitpunkt zu entrichten; Absatz 5 gilt entsprechend.

(5)[1] ① Die Steuer entsteht in dem Zeitpunkt, in dem die Vergütung dem Gläubiger zufließt. ② In diesem Zeitpunkt hat der Schuldner der Vergütung den Steuerabzug für Rechnung des Gläubigers (Steuerschuldner) vorzunehmen. ③ Er hat die innerhalb eines Kalendervierteljahres einzubehaltende Steuer jeweils bis zum zehnten des dem Kalendervierteljahr folgenden Monats beim Bundeszentralamt für Steuern anzumelden und die einbehaltene Steuer an das Bundeszentralamt für Steuern abzuführen. ④ Eine Anmeldungsverpflichtung beim Bundeszentralamt für Steuern besteht auch, wenn ein Steuerabzug auf Grund des Absatzes 2 Satz 3 oder des Absatzes 4 Satz 1 nicht vorzunehmen ist oder auf Grund des § 50 c Absatz 2 nicht oder nicht in voller Höhe vorzunehmen ist; Satz 3 gilt insoweit entsprechend. ⑤ Der Schuldner der Vergütung haftet für die Einbehaltung und Abführung der Steuer. ⑥ Der Steuerschuldner kann in Anspruch genommen werden, wenn der Schuldner der Vergütung den Steuerabzug nicht vorschriftsmäßig vorgenommen hat. ⑦ Der Schuldner der Vergütung ist verpflichtet, dem Gläubiger auf Verlangen die folgenden Angaben nach amtlich vorgeschriebenem Muster zu bescheinigen:

1. den Namen und die Anschrift des Gläubigers,
2. die Art der Tätigkeit und Höhe der Vergütung in Euro,
3. den Zahlungstag,
4. den Betrag der einbehaltenen und abgeführten Steuer nach Absatz 2 oder Absatz 3.

5.[2] das Finanzamt, an das die Steuer abgeführt worden ist.

(6) Die Bundesregierung kann durch Rechtsverordnung mit Zustimmung des Bundesrates bestimmen, dass bei Vergütungen für die Nutzung oder das Recht auf Nutzung von Urheberrechten (Absatz 1 Nummer 3), die nicht unmittelbar an den Gläubiger, sondern an einen Beauftragten geleistet werden, anstelle des Schuldners der Vergütung der Beauftragte die Steuer einzubehalten und abzuführen hat und für die Einbehaltung und Abführung haftet.

(7)[3] ① Das Finanzamt des Vergütungsgläubigers kann anordnen, dass der Schuldner der Vergütung für Rechnung des Gläubigers (Steuerschuldner) die Einkommensteuer von beschränkt steuerpflichtigen Einkünften, soweit diese nicht bereits dem Steuerabzug unterliegen, im Wege des Steuerabzugs einzubehalten und abzuführen hat, wenn dies zur Sicherung des Steueranspruchs zweckmäßig ist. ② Der Steuerabzug beträgt 25 Prozent der gesamten Einnahmen, bei Körperschaften, Personenvereinigungen oder Vermögensmassen 15 Prozent der gesamten Einnahmen; das Finanzamt kann die Höhe des Steuerabzugs hiervon abweichend an die voraussichtlich geschuldete Steuer anpassen. ③ Absatz 5 gilt entsprechend mit der Maßgabe, dass die Steuer bei dem Finanzamt anzumelden und abzuführen ist, das den Steuerabzug angeordnet hat; das Finanzamt kann anordnen, dass die innerhalb eines Monats einbehaltene Steuer jeweils bis zum zehnten des Folgemonats anzumelden und abzuführen ist. ④ § 50 Absatz 2 Satz 1 ist nicht anzuwenden. ⑤ Ist für Einkünfte im Sinne des § 49 Absatz 1 Nummer 7 und 10 der Steuerabzug einbehalten und abgeführt worden, obwohl eine Verpflichtung hierzu nicht bestand, ist auf Antrag des Schuldners der Vergütung die Anmeldung über den Steuerabzug insoweit zu ändern; stattdessen kann der Schuldner der Vergütung, sobald er erkennt, dass er den Steuerabzug ohne Verpflichtung einbehalten und abgeführt hat, bei der folgenden Steueranmeldung den abzuführenden Steuerabzug entsprechend kürzen; erstattungsberechtigt ist der Schuldner der Vergütung; die nach Absatz 5 Satz 7 erteilte Bescheinigung ist durch eine berichtigte Bescheinigung zu ersetzen und im Fall der Übermittlung in Papierform zurückzufordern. ⑥ Die Anrechnung der durch Steuerabzug erhobenen Einkommensteuer nach § 36 Absatz 2 Nummer 2 Buchstabe a richtet sich nach der Höhe der in der Rentenbezugsmitteilung nach § 22 a ausgewiesenen einbehaltenen Steuerabzugsbeträge. ⑦ Wird eine Rentenbezugsmitteilung wegen einbehaltener Steuerabzugsbeträge korrigiert, ist die Anrechnung insoweit nachzuholen oder zu ändern.

IX. Sonstige Vorschriften, Bußgeld-, Ermächtigungs- und Schlussvorschriften

§ 50 b Prüfungsrecht

① Die Finanzbehörden sind berechtigt, Verhältnisse, die für die Anrechnung oder Vergütung von Körperschaftsteuer, für die Anrechnung oder Erstattung von Kapitalertragsteuer, für die Nichtvornahme des Steuerabzugs, für die Ausstellung der Jahresbescheinigung nach § 24 c oder für die Mitteilungen an das Bundeszentralamt für Steuern nach § 45 e von Bedeutung sind oder der Auf-

[1] Zur Anwendung von § 50 a Abs. 5 Satz 3 siehe § 52 Abs. 47; § 50 a Abs. 3 ist erstmals auf Vergütungen anzuwenden, die nach dem 31. 12. 2013 zufließen (§ 2 Abs. 2 der VO v. 24. 6. 2013, BGBl. I S. 1679). Abs. 5 Satz 3 ersetzt durch Sätze 3 und 4, Sätze 4 bis 6 werden Sätze 5 bis 7 durch AbzStEntModG v. 2. 6. 2021 (BGBl. I S. 1259).

[2] § 50 a Abs. 5 Satz 6 Nr. 5 aufgeh. durch G v. 10. 8. 2009 (BGBl. I S. 2702); zur Anwendung siehe § 52 Abs. 47.

[3] § 50 a Abs. 7 Satz 2 neu gef., Satz 3 geänd. durch KroatienAnpG v. 25. 7. 2014 (BGBl. I S. 1266); zur Anwendung siehe § 52 Abs. 47 Satz 2. Abs. 7 Sätze 5 bis 7 angef. mWv VZ 2021 durch JStG 2020 v. 21. 12. 2020 (BGBl. I S. 3096). Abs. 7 Satz 5 geänd. mWv VZ 2024 durch JStG 2024 v. 2.12.2024 (BGBl. I Nr. 387).

klärung bedürfen, bei den am Verfahren Beteiligten zu prüfen. ② Die §§ 193 bis 203 der Abgabenordnung gelten sinngemäß.

§ 50c[1] Entlastung vom Steuerabzug in bestimmten Fällen

(1) ① Soweit der Besteuerung von Einkünften, die der Kapitalertragsteuer oder dem Steuerabzug nach § 50 a unterliegen, der § 43 b, der § 50 g oder ein Abkommen zur Vermeidung der Doppelbesteuerung entgegenstehen, sind dessen ungeachtet die Vorschriften zur Einbehaltung, Abführung und Anmeldung der Steuer anzuwenden. ② Der zum Steuerabzug Verpflichtete kann sich vorbehaltlich des Absatzes 2 nicht auf die Rechte des Gläubigers der Kapitalerträge oder Vergütungen aus § 43 b, § 50 g oder dem Abkommen berufen.

(2)[2] ① Der Schuldner der Kapitalerträge oder Vergütungen ist zur Einbehaltung und Abführung der Steuer nicht verpflichtet,

1. soweit dem Gläubiger der Kapitalerträge oder Vergütungen auf dessen Antrag (Freistellungsantrag) vom Bundeszentralamt für Steuern bescheinigt wird, dass § 43 b, § 50 g oder ein Abkommen zur Vermeidung der Doppelbesteuerung der Besteuerung der Einkünfte entgegensteht (Freistellungsbescheinigung), oder
2.[3] soweit es sich um Einkünfte eines beschränkt Steuerpflichtigen im Sinne des § 50 a Absatz 1 Nummer 3 handelt, der Besteuerung der Einkünfte ein Abkommen zur Vermeidung der Doppelbesteuerung entgegensteht und durch die Vergütung zuzüglich der dem beschränkt Steuerpflichtigen in demselben Kalenderjahr vom Schuldner bereits zugeflossenen Vergütungen 10 000 Euro nicht überschritten werden.

② Der Schuldner ist zur Steueranmeldung auch dann verpflichtet, wenn er gemäß Satz 1 keine Steuer einzubehalten und abzuführen hat. ③ Eine Steueranmeldung kann auf der Grundlage des Satzes 1 nicht geändert werden, es sei denn, die Freistellungsbescheinigung ist zum Zeitpunkt der Anmeldung der Steuer noch nicht erteilt worden. ④ Eine Freistellungsbescheinigung ist auf einen Zeitraum von höchstens fünf Jahren frühestens ab dem Tag, an dem der Antrag beim Bundeszentralamt für Steuern eingeht, zu befristen und von der Einhaltung der Voraussetzungen ihrer Erteilung während ihrer Geltung abhängig zu machen; sie kann mit weiteren Nebenbestimmungen gemäß § 120 Absatz 2 der Abgabenordnung versehen werden. ⑤ Eine Freistellungsbescheinigung für die Kapitalertragsteuer auf Grund eines Abkommens zur Vermeidung der Doppelbesteuerung ist nur zu erteilen, wenn der Gläubiger der Kapitalerträge eine Kapitalgesellschaft ist, die im Staat ihrer Ansässigkeit den Steuern vom Einkommen oder Gewinn unterliegt, ohne davon befreit zu sein, und soweit dem Gläubiger Kapitalerträge von einer unbeschränkt steuerpflichtigen Kapitalgesellschaft im Sinne des § 1 Absatz 1 Nummer 1 des Körperschaftsteuergesetzes zufließen, an deren Nennkapital der Gläubiger zu mindesten einem Zehntel unmittelbar beteiligt ist. ⑥ Über einen Freistellungsantrag ist innerhalb von drei Monaten nach Vorlage aller erforderlichen Nachweise zu entscheiden.

(3)[4] ① Dem beschränkt steuerpflichtigen Gläubiger der Kapitalerträge oder Vergütungen wird auf seinen fristgemäßen Antrag beim Bundeszentralamt für Steuern (Erstattungsantrag) auf der Grundlage eines Freistellungsbescheides die gemäß Absatz 1 Satz 1 einbehaltene und abgeführte oder auf Grund eines Haftungsbescheids oder Nachforderungsbescheids entrichtete Steuer erstattet, wenn die Steuer nicht nach § 36 Absatz 2 Nummer 2 auf die Einkommensteuer oder die Körperschaftsteuer des Gläubigers angerechnet werden kann. ② Die Frist für einen Erstattungsantrag beträgt vier Jahre und beginnt mit Ablauf des Kalenderjahres, in dem die Kapitalerträge oder Vergütungen bezogen worden sind; sie endet nicht vor Ablauf eines Jahres seit dem Zeitpunkt der Entrichtung der Steuer und nicht vor Ablauf der im Abkommen zur Vermeidung der Doppelbesteuerung vorgesehenen Frist. ③ Ein Freistellungsbescheid für Kapitalertragsteuer wird nur erteilt, wenn die in § 45 a Absatz 2 oder Absatz 3 bezeichnete Bescheinigung vorgelegt wurde oder die Angaben gemäß § 45 a Absatz 2 a übermittelt wurden; einem Antrag auf Erstattung der nach § 50 a entrichteten Steuer ist die Bescheinigung nach § 50 a Absatz 5 Satz 7 beizufügen. ④ Hat der Gläubiger nach § 50 a Absatz 5 Steuern für Rechnung anderer beschränkt steuerpflichtiger Gläubiger einzubehalten, kann die Auszahlung des Erstattungsanspruchs davon abhängig gemacht werden, dass er die Zahlung der von ihm einzubehaltenden Steuer nachweist, hierfür Sicherheit leistet oder unwiderruflich die Zustimmung zur Verrechnung seines Erstattungsanspruchs mit dem Steueranspruch nach § 50 a Absatz 5 Satz 3 erklärt.

(4) ① Ein nach Absatz 3 in Verbindung mit § 50 g zu erstattender Betrag ist nach Maßgabe der §§ 238 und 239 der Abgabenordnung zu verzinsen. ② Die Festsetzungsfrist beginnt mit Ablauf des Kalenderjahres, in dem der Freistellungsbescheid erlassen, aufgehoben oder nach § 129 der Abgabenordnung berichtigt worden ist. ③ Der Zinslauf beginnt zwölf Monate nach Ablauf des Monats, in dem der Erstattungsantrag und alle für die Entscheidung erforderlichen Nachweise vorliegen, frühestens am Tag der Entrichtung der Steuer. ④ Der Zinslauf endet mit Ablauf des Tages, an

---

[1] § 50 c neu gef. durch AbzStEntModG v. 2. 6. 2021 (BGBl. I S. 1259); zur Anwendung siehe § 52 Abs. 47 a.
[2] § 50 c Abs. 2 Satz 3 geänd. durch ATADUmsG v. 25. 6. 2021 (BGBl. I S. 2035).
[3] § 50 c Abs. 2 Satz 1 Nr. 2 neu gef. mWv 1.1.2024 durch WachstumschancenG v. 27.3.2024 (BGBl. I Nr. 108); zur Anwendung siehe § 52 Abs. 47 a Satz 2. Absatz 2 Satz 4 geänd. mWv 1.1.2025 durch G v. 23.10.2024 (BGBl. I Nr. 323).
[4] § 50 c Abs. 3 Satz 3 geänd. mWv 1.1.2024 durch WachstumschancenG v. 27.3.2024 (BGBl. I Nr. 108).

dem der Freistellungsbescheid wirksam wird. ⑤ § 233 a Absatz 5 der Abgabenordnung gilt sinngemäß.

(5) ① Der Freistellungsantrag und der Erstattungsantrag sind nach amtlich vorgeschriebenem Datensatz über die amtlich bestimmte Schnittstelle zu übermitteln. ② Der Antragsteller hat durch eine Bestätigung der für ihn zuständigen Steuerbehörde des anderen Staates nachzuweisen, dass er dort ansässig ist oder in den Fällen des § 43 b Absatz 1 Satz 1 zweite Alternative oder des § 50 g Absatz 1 Satz 1 letzte Alternative dort eine Betriebsstätte hat. ③ Zur Vermeidung unbilliger Härten kann das Bundeszentralamt für Steuern auf Antrag auf eine Übermittlung gemäß Satz 1 verzichten; in diesem Fall ist der Freistellungsantrag oder der Erstattungsantrag nach amtlich vorgeschriebenem Vordruck zu stellen. ④ Die Entscheidung über einen Freistellungsantrag und die Entscheidung über einen Erstattungsantrag werden zum Datenabruf über die amtlich bestimmte Schnittstelle bereitgestellt, es sei denn, der Antrag war nach amtlich vorgeschriebenem Vordruck zu stellen; § 122 a Absatz 3 und 4 der Abgabenordnung ist entsprechend anzuwenden.

§ 50 d[1] Anwendung von Abkommen zur Vermeidung der Doppelbesteuerung

(1–2)[2] *(aufgehoben)*

[alte Fassung:]

(3)[3] ① Eine ausländische Gesellschaft hat keinen Anspruch auf völlige oder teilweise Entlastung nach Absatz 1 oder Absatz 2, soweit Personen an ihr beteiligt sind, denen die Erstattung oder Freistellung nicht zustände, wenn sie die Einkünfte unmittelbar erzielten, und die von der ausländischen Gesellschaft im betreffenden Wirtschaftsjahr erzielten Bruttoerträge nicht aus eigener Wirtschaftstätigkeit stammen, sowie

1. in Bezug auf diese Erträge für die Einschaltung der ausländischen Gesellschaft wirtschaftliche oder sonst beachtliche Gründe fehlen oder
2. die ausländische Gesellschaft nicht mit einem für ihren Geschäftszweck angemessen eingerichteten Geschäftsbetrieb am allgemeinen wirtschaftlichen Verkehr teilnimmt.

② Maßgebend sind ausschließlich die Verhältnisse der ausländischen Gesellschaft; organisatorische, wirtschaftliche oder sonst beachtliche Merkmale der Unternehmen, die der ausländischen Gesellschaft nahe stehen (§ 1 Absatz 2 des Außensteuergesetzes), bleiben außer Betracht. ③ An einer eigenen Wirtschaftstätigkeit fehlt es, soweit die ausländische Gesellschaft ihre Bruttoerträge aus der Verwaltung von Wirtschaftsgütern erzielt oder ihre wesentlichen Geschäftstätigkeiten auf Dritte überträgt. ④ Die Feststellungslast für das Vorliegen wirtschaftlicher oder sonst beachtlicher Gründe im Sinne von Satz 1 Nummer 1 sowie des Geschäftsbetriebs im Sinne von Satz 1 Nummer 2 obliegt der ausländischen Gesellschaft. ⑤ Die Sätze 1 bis 3 sind nicht anzuwenden, wenn mit der Hauptgattung der Aktien der ausländischen Gesellschaft ein wesentlicher und regelmäßiger Handel an einer

[neue Fassung:]

(3)[4] ① Eine Körperschaft, Personenvereinigung oder Vermögensmasse hat auf der Grundlage eines Abkommens zur Vermeidung der Doppelbesteuerung keinen Anspruch auf Entlastung von der Kapitalertragsteuer und vom Steuerabzug nach § 50 a, soweit

1. Personen an ihr beteiligt oder durch die Satzung, das Stiftungsgeschäft oder die sonstige Verfassung begünstigt sind, denen dieser Anspruch nicht zustünde, wenn sie die Einkünfte unmittelbar erzielten, und
2. die Einkunftsquelle keinen wesentlichen Zusammenhang mit einer Wirtschaftstätigkeit dieser Körperschaft, Personenvereinigung oder Vermögensmasse aufweist; das Erzielen der Einkünfte, deren Weiterleitung an beteiligte oder begünstigte Personen sowie eine Tätigkeit, soweit sie mit einem für den Geschäftszweck nicht angemessen eingerichteten Geschäftsbetrieb ausgeübt wird, gelten nicht als Wirtschaftstätigkeit.

② Satz 1 findet keine Anwendung, soweit die Körperschaft, Personenvereinigung oder Vermögensmasse nachweist, dass keiner der Hauptzwecke ihrer Einschaltung die Erlangung eines steuerlichen Vorteils ist, oder wenn mit der Hauptgattung der Anteile an ihr ein wesentlicher und regelmäßiger Handel an einer anerkannten Börse stattfindet. ③ § 42 der Abgabenordnung bleibt unberührt.

---

[1] § 50 d Überschrift neu gef. durch AbzStEntModG v. 2. 6. 2021 (BGBl. I S. 1259).
[2] § 50 d Abs. 1 bis 2 aufgeh. durch AbzStEntModG v. 2. 6. 2021 (BGBl. I S. 1259).
[3] § 50 d Abs. 3 Satz 1 neu gef. und Satz 4 eingef., bish. Satz 4 wird Satz 5 mWv 1. 1. 2012 durch BeitrRLUmsG v. 7. 12. 2011 (BGBl. I S. 2592).
[4] § 50 d Abs. 3 neu gef. durch AbzStEntModG v. 2. 6. 2021 (BGBl. I S. 1259); zur Anwendung siehe § 52 Abs. 47 b.

anerkannten Börse stattfindet oder für die ausländische Gesellschaft die Vorschriften des Investmentsteuergesetzes gelten.

(4–6)[1] *(aufgehoben)*

(7)[2] ① Werden einem beschränkt Steuerpflichtigen Einkünfte im Sinne des § 49 Absatz 1 Nummer 4 aus einer inländischen Kasse einer juristischen Person des öffentlichen Rechts im Sinne der Vorschrift eines Abkommens zur Vermeidung der Doppelbesteuerung über den öffentlichen Dienst unmittelbar oder mittelbar gewährt und besteht insoweit zu dieser kein Dienstverhältnis, so gelten die Vergütungen für Zwecke der Anwendung des Abkommens als von der juristischen Person des öffentlichen Rechts für ihr gegenüber geleistete Dienste gezahlt. ② Soweit diese Vergütungen sowohl nach Satz 1 als auch im anderen Vertragsstaat der Besteuerung unterliegen, ist die in diesem Staat auf diese Vergütungen festgesetzte und gezahlte und um einen entstandenen Ermäßigungsanspruch gekürzte, der deutschen Einkommensteuer entsprechende ausländische Steuer bis zur Höhe der anteilig auf diese Einkünfte entfallenden deutschen Einkommensteuer anzurechnen. ③ Die Sätze 1 und 2 sind bei einem unbeschränkt Steuerpflichtigen mit vergleichbaren Einkünften aus nichtselbständiger Arbeit (§ 19) entsprechend anzuwenden.

(8) ① Sind Einkünfte eines unbeschränkt Steuerpflichtigen aus nichtselbständiger Arbeit (§ 19) nach einem Abkommen zur Vermeidung der Doppelbesteuerung von der Bemessungsgrundlage der deutschen Steuer auszunehmen, wird die Freistellung bei der Veranlagung ungeachtet des Abkommens nur gewährt, soweit der Steuerpflichtige nachweist, dass der Staat, dem nach dem Abkommen das Besteuerungsrecht zusteht, auf dieses Besteuerungsrecht verzichtet hat oder dass die in diesem Staat auf die Einkünfte festgesetzten Steuern entrichtet wurden. ② Wird ein solcher Nachweis erst geführt, nachdem die Einkünfte in eine Veranlagung zur Einkommensteuer einbezogen wurden, ist der Steuerbescheid insoweit zu ändern. ③ § 175 Absatz 1 Satz 2 der Abgabenordnung ist entsprechend anzuwenden.

(9)[3] ① Sind Einkünfte eines unbeschränkt Steuerpflichtigen nach einem Abkommen zur Vermeidung der Doppelbesteuerung von der Bemessungsgrundlage der deutschen Steuer auszunehmen, so wird die Freistellung der Einkünfte ungeachtet des Abkommens nicht gewährt, soweit

1. der andere Staat die Bestimmungen des Abkommens so anwendet, dass die Einkünfte in diesem Staat von der Besteuerung auszunehmen sind oder nur zu einem durch das Abkommen begrenzten Steuersatz besteuert werden können,
2. die Einkünfte in dem anderen Staat nur deshalb nicht steuerpflichtig sind, weil sie von einer Person bezogen werden, die in diesem Staat nicht auf Grund ihres Wohnsitzes, ständigen Aufenthalts, des Ortes ihrer Geschäftsleitung, des Sitzes oder eines ähnlichen Merkmals unbeschränkt steuerpflichtig ist, oder
3.[4] die Einkünfte in dem anderen Staat nur deshalb nicht steuerpflichtig sind, weil sie einer Betriebsstätte in einem anderen Staat zugeordnet werden oder auf Grund einer anzunehmenden schuldrechtlichen Beziehung die steuerliche Bemessungsgrundlage in dem anderen Staat gemindert wird.

② Nummer 2 gilt nicht für Dividenden, die nach einem Abkommen zur Vermeidung der Doppelbesteuerung von der Bemessungsgrundlage der deutschen Steuer auszunehmen sind, es sei denn, die Dividenden sind bei der Ermittlung des Gewinns der ausschüttenden Gesellschaft abgezogen worden. ③ Bestimmungen eines Abkommens zur Vermeidung der Doppelbesteuerung sowie Absatz 8 und § 20 Absatz 2 des Außensteuergesetzes bleiben unberührt, soweit sie jeweils die Freistellung von Einkünften in einem weitergehenden Umfang einschränken. ④ Bestimmungen eines Abkommens zur Vermeidung der Doppelbesteuerung, nach denen Einkünfte aufgrund ihrer Behandlung im anderen Vertragsstaat nicht von der Bemessungsgrundlage der deutschen Steuer ausgenommen werden, sind auch auf Teile von Einkünften anzuwenden, soweit die Voraussetzungen der jeweiligen Bestimmung des Abkommens hinsichtlich dieser Einkunftsteile erfüllt sind.

(10)[5] ① Sind auf eine Vergütung im Sinne des § 15 Absatz 1 Satz 1 Nummer 2 Satz 1 zweiter Halbsatz und Nummer 3 zweiter Halbsatz die Vorschriften eines Abkommens zur Vermeidung der Doppelbesteuerung anzuwenden und enthält das Abkommen keine solche Vergütungen betreffende ausdrückliche Regelung, gilt die Vergütung für Zwecke der Anwendung des Abkommens zur Vermeidung der Doppelbesteuerung ausschließlich als Teil des Unternehmensgewinns des vergütungsberechtigten Gesellschafters. ② Satz 1 gilt auch für die durch das Sonderbetriebsvermögen veranlassten Erträge und Aufwendungen. ③ Die Vergütung des Gesellschafters ist ungeachtet der Vorschriften eines Abkommens zur Vermeidung der Doppelbesteuerung über die Zuordnung von Vermögenswerten zu einer Betriebsstätte derjenigen Betriebsstätte der Gesellschaft zuzurechnen, der der Aufwand für die der Vergütung zugrunde liegende Leistung zuzuordnen ist; die in

[1] § 50 d Abs. 4 bis 6 aufgeh. durch AbzStEntModG v. 2. 6. 2021 (BGBl. I S. 1259).
[2] § 50 d Abs. 7 neu gef. mWv VZ 2025 durch JStG 2024 v. 2.12.2024 (BGBl. I Nr. 387).
[3] § 50 d Abs. 9 Satz 3 geänd. durch AmtshilfeRLUmsG v. 26. 6. 2013 (BGBl. I S. 1809). Abs. 9 Satz 1 geänd. und Satz 4 angef. mWv VZ 2017 durch BEPS-UmsG v. 20. 12. 2016 (BGBl. I S. 3000).
[4] § 50 d Abs. 9 Satz 1 Nr. 3 angef. durch ATADUmsG v. 25. 6. 2021 (BGBl. I S. 2035).
[5] § 50 d Abs. 10 neu gef. durch AmtshilfeRLUmsG v. 26. 6. 2013 (BGBl. I S. 1809).

Satz 2 genannten Erträge und Aufwendungen sind der Betriebsstätte zuzurechnen, der die Vergütung zuzuordnen ist. ④ Die Sätze 1 bis 3 gelten auch in den Fällen des § 15 Absatz 1 Satz 1 Nummer 2 Satz 2 sowie in den Fällen des § 15 Absatz 1 Satz 2 entsprechend. ⑤ Sind Einkünfte im Sinne der Sätze 1 bis 4 einer Person zuzurechnen, die nach einem Abkommen zur Vermeidung der Doppelbesteuerung als im anderen Staat ansässig gilt, und weist der Steuerpflichtige nach, dass der andere Staat die Einkünfte besteuert, ohne die darauf entfallende deutsche Steuer anzurechnen, ist die in diesem Staat nachweislich auf diese Einkünfte festgesetzte und gezahlte und um einen entstandenen Ermäßigungsanspruch gekürzte, der deutschen Einkommensteuer entsprechende, anteilige ausländische Steuer bis zur Höhe der anteilig auf diese Einkünfte entfallenden deutschen Einkommensteuer anzurechnen. ⑥ Satz 5 gilt nicht, wenn das Abkommen zur Vermeidung der Doppelbesteuerung eine ausdrückliche Regelung für solche Einkünfte enthält. ⑦ Die Sätze 1 bis 6

1. sind nicht auf Gesellschaften im Sinne des § 15 Absatz 3 Nummer 2 anzuwenden;
2. gelten entsprechend, wenn die Einkünfte zu den Einkünften aus selbständiger Arbeit im Sinne des § 18 gehören; dabei tritt der Artikel über die selbständige Arbeit an die Stelle des Artikels über die Unternehmenseinkünfte, wenn das Abkommen zur Vermeidung der Doppelbesteuerung einen solchen Artikel enthält.

⑧ Absatz 9 Satz 1 Nummer 1 bleibt unberührt.

(11)[1] ① Sind Dividenden bei einem unbeschränkt steuerpflichtigen Zahlungsempfänger nach einem Abkommen zur Vermeidung der Doppelbesteuerung von der Bemessungsgrundlage der deutschen Steuer auszunehmen, wird die Freistellung ungeachtet des Abkommens nur insoweit gewährt, als die Dividenden nach deutschem Steuerrecht nicht einer anderen Person zuzurechnen sind. ② Soweit die Dividenden nach deutschem Steuerrecht einer anderen Person zuzurechnen sind, werden sie bei dieser Person freigestellt, wenn sie bei ihr als Zahlungsempfänger nach Maßgabe des Abkommens freigestellt würden.

(11 a)[2] Ist der Gläubiger der Kapitalerträge oder Vergütungen eine Person, der die Kapitalerträge oder Vergütungen nach diesem Gesetz oder nach dem Steuerrecht des anderen Vertragsstaats nicht zugerechnet werden, steht der Anspruch auf völlige oder teilweise Erstattung des Steuerabzugs vom Kapitalertrag oder nach § 50 a auf Grund eines Abkommens zur Vermeidung der Doppelbesteuerung nur der Person zu, der die Kapitalerträge oder Vergütungen nach den Steuergesetzen des anderen Vertragsstaats als Einkünfte oder Gewinne einer ansässigen Person zugerechnet werden.

(12)[3] ① Abfindungen, die anlässlich der Beendigung eines Dienstverhältnisses gezahlt werden, gelten für Zwecke der Anwendung eines Abkommens zur Vermeidung der Doppelbesteuerung als für frühere Tätigkeit geleistetes zusätzliches Entgelt. ② Dies gilt nicht, soweit das Abkommen in einer gesonderten, ausdrücklich solche Abfindungen betreffenden Vorschrift eine abweichende Regelung trifft. ③ Absatz 9 Satz 1 Nummer 1 sowie Rechtsverordnungen gemäß § 2 Absatz 2 Satz 1 der Abgabenordnung bleiben unberührt.

(13)[4] Werden Aktien einer Gesellschaft mit Sitz oder Geschäftsleitung im Inland mit Dividendenberechtigung erworben, aber ohne Dividendenanspruch geliefert, sind vom Erwerber an Stelle von Dividenden erhaltene sonstige Bezüge für Zwecke der Anwendung eines Abkommens zur Vermeidung der Doppelbesteuerung den Dividenden, die von dieser Gesellschaft gezahlt werden, gleichgestellt.

(14)[5] ① Dem Gläubiger der Kapitalerträge im Sinne des § 20 Absatz 1 Nummer 1 und 2 aus Anteilen an einer optierenden Gesellschaft im Sinne des § 1 a des Körperschaftsteuergesetzes steht ungeachtet der Bestimmungen eines Abkommens zur Vermeidung der Doppelbesteuerung kein Anspruch auf Entlastung von der Kapitalertragsteuer zu, wenn die Kapitalerträge im anderen Staat aufgrund einer vom deutschen Recht abweichenden steuerlichen Behandlung der optierenden Gesellschaft nicht der Besteuerung unterliegen. ② Gewinne aus der Veräußerung von Anteilen an einer optierenden Gesellschaft im Sinne des § 1 a des Körperschaftsteuergesetzes sind ungeachtet der Bestimmungen eines Abkommens zur Vermeidung der Doppelbesteuerung zu versteuern, wenn sie im anderen Staat aufgrund einer vom deutschen Recht abweichenden steuerlichen Behandlung der optierenden Gesellschaft nicht der Besteuerung unterliegen.

(15)[6] ① Arbeitslohn, der für Zeiten einer widerruflichen oder unwiderruflichen Arbeitsfreistellung im Zusammenhang mit der Beendigung des Arbeitsverhältnisses gezahlt wird, gilt für Zwecke der Anwendung eines Abkommens zur Vermeidung der Doppelbesteuerung als Vergütung, die für die Ausübung einer Tätigkeit in dem Staat gewährt wird, in dem die Tätigkeit ohne die Freistellung ausgeübt worden wäre. ② Dies gilt nicht, soweit das Abkommen in einer gesonderten, aus-

[1] § 50 d Abs. 11 angef. durch G v. 8. 5. 2012 (BGBl. I S. 1030). Satz 1 geänd. mWv 9. 6. 2021 durch AbzStEntModG v. 2. 6. 2021 (BGBl. I S. 1259).

[2] § 50 d Abs. 11 a eingef. durch AbzStEntModG v. 2. 6. 2021 (BGBl. I S. 1259).

[3] § 50 d Abs. 12 angef. mWv VZ 2017 durch BEPS-UmsG v. 20. 12. 2016 (BGBl. I S. 3000). Satz 3 geänd. durch AbzStEntModG v. 2. 6. 2021 (BGBl. I S. 1259).

[4] § 50 d Abs. 13 angef. mWv VZ 2020 durch JStG 2019 v. 12. 12. 2019 (BGBl. I S. 2451).

[5] § 50 d Abs. 14 angef. durch KöMoG v. 25. 6. 2021 (BGBl. I S. 2050).

[6] § 50 d Abs. 15 angef. mWv VZ 2024 durch JStG 2024 v. 2.12.2024 (BGBl. I Nr. 387).

drücklich solchen Arbeitslohn betreffenden Vorschrift eine abweichende Regelung trifft. ③ Absatz 9 Satz 1 Nummer 1 sowie Rechtsverordnungen gemäß § 2 Absatz 2 Satz 1 der Abgabenordnung bleiben davon unberührt.

§ 50e Bußgeldvorschriften; Nichtverfolgung von Steuerstraftaten bei geringfügiger Beschäftigung in Privathaushalten

(1)[1] Ordnungswidrig handelt, wer vorsätzlich oder leichtfertig entgegen § 45d Absatz 1 Satz 1, der nach § 45e erlassenen Rechtsverordnung oder den unmittelbar geltenden Verträgen mit den in Artikel 17 der Richtlinie 2003/48/EG genannten Staaten und Gebieten eine Mitteilung nicht, nicht richtig, nicht vollständig oder nicht rechtzeitig abgibt.

(1a) *(aufgehoben)*

(2)[2] Ordnungswidrig handelt, wer vorsätzlich oder leichtfertig

1.[3] entgegen § 45b Absatz 2 in Verbindung mit Absatz 4 eine dort genannte Angabe oder dort genannte Daten nicht richtig oder nicht vollständig übermittelt,

2.[4] entgegen § 45b Absatz 5 oder Absatz 6 Satz 1 oder 2, § 45c Absatz 1 Satz 1, auch in Verbindung mit Satz 2, oder § 45c Absatz 2 Satz 1, auch in Verbindung mit Satz 2, eine dort genannte Angabe oder dort genannte Daten nicht richtig oder nicht vollständig übermittelt oder

3.[5] entgegen § 45b Absatz 7 Satz 1 oder 2 eine Mitteilung nicht richtig oder nicht vollständig macht und dadurch ermöglicht, Steuern zu verkürzen oder nicht gerechtfertigte Steuervorteile zu erlangen.

(3)[6] In den Fällen des *Absatzes 2 Nummer 2* **[ab 1.1.2027:** Absatzes 2 Nummer 3**]** kann die Ordnungswidrigkeit auch dann geahndet werden, wenn sie nicht im Geltungsbereich dieses Gesetzes begangen wird.

(4)[7] Die Ordnungswidrigkeit kann in den Fällen des Absatzes 2 mit einer Geldbuße bis zu zwanzigtausend Euro, in den Fällen des Absatzes 1 mit einer Geldbuße bis zu fünftausend Euro geahndet werden.

(5)[8] Verwaltungsbehörde im Sinne des § 36 Absatz 1 Nummer 1 des Gesetzes über Ordnungswidrigkeiten ist das Bundeszentralamt für Steuern.

(6)[9] ① Liegen die Voraussetzungen des § 40a Absatz 2 vor, werden Steuerstraftaten (§§ 369 bis 376 der Abgabenordnung) als solche nicht verfolgt, wenn der Arbeitgeber in den Fällen des § 8a des Vierten Buches Sozialgesetzbuch entgegen § 41a Absatz 1 Nummer 1, auch in Verbindung mit Absatz 2 und 3 und § 51a, und § 40a Absatz 6 Satz 3 dieses Gesetzes in Verbindung mit § 28a Absatz 7 Satz 1 des Vierten Buches Sozialgesetzbuch für das Arbeitsentgelt die Lohnsteuer-Anmeldung und die Anmeldung der einheitlichen Pauschsteuer nicht oder nicht rechtzeitig durchführt und dadurch Steuern verkürzt oder für sich oder einen anderen nicht gerechtfertigte Steuervorteile erlangt. ② Die Freistellung von der Verfolgung nach Satz 1 gilt auch für den Arbeitnehmer einer in Satz 1 genannten Beschäftigung, der die Finanzbehörde pflichtwidrig über steuerlich erhebliche Tatsachen aus dieser Beschäftigung in Unkenntnis lässt. ③ Die Bußgeldvorschriften der §§ 377 bis 384 der Abgabenordnung bleiben mit der Maßgabe anwendbar, dass § 378 der Abgabenordnung auch bei vorsätzlichem Handeln anwendbar ist.

---

[1] § 50e Abs. 1 Satz 2 aufgeh. mWv 1. 1. 2022 (§ 52 Abs. 47c Satz 1) durch AbzStEntModG v. 2. 6. 2021 (BGBl. I S. 1259). Abs. 1 geänd. mWv 1.1.2025 durch G v. 23.10.2024 (BGBl. I Nr. 323).

[2] § 50e Abs. 2 und 3 eingef. mWv 1. 1. 2025 durch AbzStEntModG v. 2. 6. 2021 (BGBl. I S. 1259); zur Anwendung siehe § 52 Abs. 47c Satz 2.

§ 50e Abs. 2 in der Fassung des Art. 1 des G v. 2.6.2021 (BGBl. I S. 1259) lautet:

„(2) Ordnungswidrig handelt, wer vorsätzlich oder leichtfertig

1. entgegen § 45b Absatz 3 Satz 3 oder 4, jeweils auch in Verbindung mit Absatz 5 Satz 2, eine Bescheinigung erteilt,
2. entgegen § 45b Absatz 4 Satz 1 erster Halbsatz, Absatz 5 Satz 1 erster Halbsatz oder Absatz 6 Satz 1 oder 2, § 45c Absatz 1 Satz 1, auch in Verbindung mit Satz 2, oder § 45c Absatz 2 Satz 1, auch in Verbindung mit Satz 2, eine dort genannte Angabe oder dort genannte Daten nicht richtig oder nicht vollständig übermittelt oder
3. entgegen
   a) § 45b Absatz 7 Satz 1 eine Mitteilung nicht richtig oder nicht vollständig macht oder
   b) § 45b Absatz 7 Satz 2 eine schriftliche Versicherung nicht richtig oder nicht vollständig abgibt und dadurch ermöglicht, Steuern zu verkürzen oder nicht gerechtfertigte Steuervorteile zu erlangen.“

[3] § 50e Abs. 2 Nr. 1 geänd. **mWv 1.1.2027** durch JStG 2024 v. 2.12.2024 (BGBl. I Nr. 387); zur Anwendung siehe § 52 Abs. 47c Satz 2.

[4] § 50e Abs. 2 Nr. 2 geänd. **mWv 1.1.2027** durch JStG 2024 v. 2.12.2024 (BGBl. I Nr. 387); zur Anwendung siehe § 52 Abs. 47c Satz 2.

[5] § 50e Abs. 2 Nr. 3 neu gef. **mWv 1.1.2027** durch JStG 2024 v. 2.12.2024 (BGBl. I Nr. 387); zur Anwendung siehe § 52 Abs. 47c Satz 2.

[6] § 50e Abs. 2 und 3 eingef. mWv 1. 1. 2025 durch AbzStEntModG v. 2. 6. 2021 (BGBl. I S. 1259). Abs. 3 geänd. **mWv 1.1.2027** durch JStG 2024 v. 2.12.2024 (BGBl. I Nr. 387); zur Anwendung siehe § 52 Abs. 47c Satz 2.

[7] § 50e Abs. 4 und 5 eingef. mWv 1. 1. 2022 durch AbzStEntModG v. 2. 6. 2021 (BGBl. I S. 1259); zur Anwendung siehe § 52 Abs. 47c Satz 1.

[8] § 50e Abs. 4 und 5 eingef. mWv 1. 1. 2022 durch AbzStEntModG v. 2. 6. 2021 (BGBl. I S. 1259); zur Anwendung siehe § 52 Abs. 47c Satz 1.

[9] § 50e bish. Abs. 2 wird Abs. 6 mWv 1. 1. 2022 durch AbzStEntModG v. 2. 6. 2021 (BGBl. I S. 1259); zur Anwendung siehe § 52 Abs. 47c Satz 1.

§ 50f[1] Bußgeldvorschriften

(1)[2] Ordnungswidrig handelt, wer vorsätzlich oder leichtfertig entgegen § 22 a Absatz 1 Satz 1 dort genannte Daten nicht, nicht vollständig oder nicht rechtzeitig übermittelt oder eine dort genannte Mitteilung nicht, nicht vollständig oder nicht rechtzeitig macht.

(2)[3] Die Ordnungswidrigkeit kann mit einer Geldbuße bis zu fünfzigtausend Euro geahndet werden.

(3) Verwaltungsbehörde im Sinne des § 36 Absatz 1 Nummer 1 des Gesetzes über Ordnungswidrigkeiten ist die zentrale Stelle nach § 81.

§ 50g Entlastung vom Steuerabzug bei Zahlungen von Zinsen und Lizenzgebühren zwischen verbundenen Unternehmen verschiedener Mitgliedstaaten der Europäischen Union

(1) ① Auf Antrag werden die Kapitalertragsteuer für Zinsen und die Steuer auf Grund des § 50 a für Lizenzgebühren, die von einem Unternehmen der Bundesrepublik Deutschland oder einer dort gelegenen Betriebsstätte eines Unternehmens eines anderen Mitgliedstaates der Europäischen Union als Schuldner an ein Unternehmen eines anderen Mitgliedstaates der Europäischen Union oder an eine in einem anderen Mitgliedstaat der Europäischen Union gelegene Betriebsstätte eines Unternehmens eines Mitgliedstaates der Europäischen Union als Gläubiger gezahlt werden, nicht erhoben. ② Erfolgt die Besteuerung durch Veranlagung, werden die Zinsen und Lizenzgebühren bei der Ermittlung der Einkünfte nicht erfasst. ③ Voraussetzung für die Anwendung der Sätze 1 und 2 ist, dass der Gläubiger der Zinsen oder Lizenzgebühren ein mit dem Schuldner verbundenes Unternehmen oder dessen Betriebsstätte ist. ④ Die Sätze 1 bis 3 sind nicht anzuwenden, wenn die Zinsen oder Lizenzgebühren an eine Betriebsstätte eines Unternehmens eines Mitgliedstaates der Europäischen Union als Gläubiger gezahlt werden, die in einem Staat außerhalb der Europäischen Union oder im Inland gelegen ist und in der die Tätigkeit des Unternehmens ganz oder teilweise ausgeübt wird.

(2) Absatz 1 ist nicht anzuwenden auf die Zahlung von
1. Zinsen,
   a) die nach deutschem Recht als Gewinnausschüttung behandelt werden (§ 20 Absatz 1 Nummer 1 Satz 2) oder
   b) die auf Forderungen beruhen, die einen Anspruch auf Beteiligung am Gewinn des Schuldners begründen;
2. Zinsen oder Lizenzgebühren, die den Betrag übersteigen, den der Schuldner und der Gläubiger ohne besondere Beziehungen, die zwischen den beiden oder einem von ihnen und einem Dritten auf Grund von Absatz 3 Nummer 5 Buchstabe b bestehen, vereinbart hätten.

(3) Für die Anwendung der Absätze 1 und 2 gelten die folgenden Begriffsbestimmungen und Beschränkungen:
1. ① Der Gläubiger muss der Nutzungsberechtigte sein. ② Nutzungsberechtigter ist
   a) ein Unternehmen, wenn es die Einkünfte im Sinne von § 2 Absatz 1 erzielt;
   b) eine Betriebsstätte, wenn
      aa) die Forderung, das Recht oder der Gebrauch von Informationen, auf Grund derer/dessen Zahlungen von Zinsen oder Lizenzgebühren geleistet werden, tatsächlich zu der Betriebsstätte gehört und
      bb)[4] die Zahlungen der Zinsen oder Lizenzgebühren Einkünfte darstellen, auf Grund derer die Gewinne der Betriebsstätte in dem Mitgliedstaat der Europäischen Union, in dem sie gelegen ist, zu einer der in Nummer 5 Satz 1 Buchstabe a Doppelbuchstabe cc genannten Steuern beziehungsweise im Fall Belgiens dem „impôt des non-résidents/belasting der nietverblijfhouders" beziehungsweise im Fall Spaniens dem „Impuesto sobre la Renta de no Residentes" oder zu einer mit diesen Steuern identischen oder weitgehend ähnlichen Steuer herangezogen werden, die nach dem jeweiligen Zeitpunkt des Inkrafttretens der Richtlinie 2003/49/EG des Rates vom 3. Juni 2003 über eine gemeinsame Steuerregelung für Zahlungen von Zinsen und Lizenzgebühren zwischen verbundenen Unternehmen verschiedener Mitgliedstaaten (ABl. L 157 vom 26. 6. 2003, S. 49), die zuletzt durch die Richtlinie 2013/13/EU (ABl. L 141 vom 28. 5. 2013, S. 30) geändert worden ist, anstelle der bestehenden Steuern oder ergänzend zu ihnen eingeführt wird.
2. Eine Betriebsstätte gilt nur dann als Schuldner der Zinsen oder Lizenzgebühren, wenn die Zahlung bei der Ermittlung des Gewinns der Betriebsstätte eine steuerlich abzugsfähige Betriebsausgabe ist.

---

[1] § 50 f neu gef. durch G v. 8. 12. 2010 (BGBl. I S. 1768).
[2] § 50 f Abs. 1 neu gef. mWv 26. 11. 2019 durch 2. DSAnpUG-EU v. 20. 11. 2019 (BGBl. I S. 1626).
[3] § 50 f Abs. 2 neu gef. mWv 26. 11. 2019 durch 2. DSAnpUG-EU v. 20. 11. 2019 (BGBl. I S. 1626).
[4] § 50 g Abs. 3 Nr. 1 Buchst. b Doppelbuchst. bb geänd. mWv 1. 7. 2013 durch KroatienAnpG v. 25. 7. 2014 (BGBl. I S. 1266); zur Anwendung siehe § 52 Abs. 59 c Satz 2 a. F.:
„§ 50 g und die Anlage 3 (zu § 50 g) in der am 1. Juli 2013 geltenden Fassung sind erstmals auf Zahlungen anzuwenden, die nach dem 30. Juni 2013 erfolgen."

3. Gilt eine Betriebsstätte eines Unternehmens eines Mitgliedstaates der Europäischen Union als Schuldner oder Gläubiger von Zinsen oder Lizenzgebühren, so wird kein anderer Teil des Unternehmens als Schuldner oder Gläubiger der Zinsen oder Lizenzgebühren angesehen.

4. Im Sinne des Absatzes 1 sind
   a) „Zinsen" Einkünfte aus Forderungen jeder Art, auch wenn die Forderungen durch Pfandrechte an Grundstücken gesichert sind, insbesondere Einkünfte aus öffentlichen Anleihen und aus Obligationen einschließlich der damit verbundenen Aufgelder und der Gewinne aus Losanleihen; Zuschläge für verspätete Zahlung und die Rückzahlung von Kapital gelten nicht als Zinsen;
   b) „Lizenzgebühren" Vergütungen jeder Art, die für die Nutzung oder für das Recht auf Nutzung von Urheberrechten an literarischen, künstlerischen oder wissenschaftlichen Werken, einschließlich kinematografischer Filme und Software, von Patenten, Marken, Mustern oder Modellen, Plänen, geheimen Formeln oder Verfahren oder für die Mitteilung gewerblicher, kaufmännischer oder wissenschaftlicher Erfahrungen gezahlt werden; Zahlungen für die Nutzung oder das Recht auf Nutzung gewerblicher, kaufmännischer oder wissenschaftlicher Ausrüstungen gelten als Lizenzgebühren.

5. Die Ausdrücke „Unternehmen eines Mitgliedstaates der Europäischen Union", „verbundenes Unternehmen" und „Betriebsstätte" bedeuten:
   a) „Unternehmen eines Mitgliedstaates der Europäischen Union" jedes Unternehmen, das
      aa) eine der in Anlage 3[1] Nummer 1 zu diesem Gesetz aufgeführten Rechtsformen aufweist und
      bb) nach dem Steuerrecht eines Mitgliedstaates in diesem Mitgliedstaat ansässig ist und nicht nach einem zwischen dem betreffenden Staat und einem Staat außerhalb der Europäischen Union geschlossenen Abkommen zur Vermeidung der Doppelbesteuerung von Einkünften für steuerliche Zwecke als außerhalb der Gemeinschaft ansässig gilt und
      cc)[2] einer der in Anlage 3[3] Nummer 2 zu diesem Gesetz aufgeführten Steuern unterliegt und nicht von ihr befreit ist. ② Entsprechendes gilt für eine mit diesen Steuern identische oder weitgehend ähnliche Steuer, die nach dem jeweiligen Zeitpunkt des Inkrafttretens der Richtlinie 2003/49/EG des Rates vom 3. Juni 2003 (ABl. L 157 vom 26. 6. 2003, S. 49), zuletzt geändert durch die Richtlinie 2013/13/EU (ABl. L 141 vom 28. 5. 2013, S. 30) anstelle der bestehenden Steuern oder ergänzend zu ihnen eingeführt wird.

      ② Ein Unternehmen ist im Sinne von Doppelbuchstabe bb in einem Mitgliedstaat der Europäischen Union ansässig, wenn es der unbeschränkten Steuerpflicht im Inland oder einer vergleichbaren Besteuerung in einem anderen Mitgliedstaat der Europäischen Union nach dessen Rechtsvorschriften unterliegt.
   b) „Verbundenes Unternehmen" jedes Unternehmen, das dadurch mit einem zweiten Unternehmen verbunden ist, dass
      aa) das erste Unternehmen unmittelbar mindestens zu 25 Prozent an dem Kapital des zweiten Unternehmens beteiligt ist oder
      bb) das zweite Unternehmen unmittelbar mindestens zu 25 Prozent an dem Kapital des ersten Unternehmens beteiligt ist oder
      cc) ein drittes Unternehmen unmittelbar mindestens zu 25 Prozent an dem Kapital des ersten Unternehmens und dem Kapital des zweiten Unternehmens beteiligt ist.

      ② Die Beteiligungen dürfen nur zwischen Unternehmen bestehen, die in einem Mitgliedstaat der Europäischen Union ansässig sind.
   c) „Betriebsstätte" eine feste Geschäftseinrichtung in einem Mitgliedstaat der Europäischen Union, in der die Tätigkeit eines Unternehmens eines anderen Mitgliedstaates der Europäischen Union ganz oder teilweise ausgeübt wird.

(4)[4] § 50 d Absatz 3 gilt entsprechend.

(5) Entlastungen von der Kapitalertragsteuer für Zinsen und der Steuer auf Grund des § 50 a nach einem Abkommen zur Vermeidung der Doppelbesteuerung, die weiter gehen als die nach Absatz 1 gewährten, werden durch Absatz 1 nicht eingeschränkt.

(6) ① Ist im Fall des Absatzes 1 Satz 1 eines der Unternehmen ein Unternehmen der Schweizerischen Eidgenossenschaft oder ist eine in der Schweizerischen Eidgenossenschaft gelegene Betriebsstätte eines Unternehmens eines anderen Mitgliedstaats der Europäischen Union Gläubiger der Zinsen oder Lizenzgebühren, gelten die Absätze 1 bis 5 entsprechend mit der Maßgabe, dass die Schweizerische Eidgenossenschaft insoweit einem Mitgliedstaat der Europäischen Union gleichgestellt ist. ② Absatz 3 Nummer 5 Buchstabe a gilt entsprechend mit der Maßgabe, dass ein Unternehmen der Schweizerischen Eidgenossenschaft jedes Unternehmen ist, das

---

[1] Abgedruckt in Aktuelle Steuertexte 2025 *(Verlag C. H. Beck).*

[2] § 50 g Abs. 3 Nr. 5 Satz 1 Buchst. a Doppelbuchst. cc geänd. mWv 1. 7. 2013 durch G v. 25. 7. 2014 (BGBl. I S. 1266); zur Anwendung siehe § 52 Abs. 59 c Satz 2 a. F.:

„§ 50 g und die Anlage 3 (zu § 50 g) in der am 1. Juli 2013 geltenden Fassung sind erstmals auf Zahlungen anzuwenden, die nach dem 30. Juni 2013 erfolgen."

[3] Abgedruckt in Aktuelle Steuertexte 2025 *(Verlag C. H. Beck).*

[4] § 50 g Abs. 4 neu gef. durch AbzStEntModG v. 2. 6. 2021 (BGBl. I S. 1259).

1. eine der folgenden Rechtsformen aufweist:
   – Aktiengesellschaft/société anonyme/società anonima;
   – Gesellschaft mit beschränkter Haftung/société à responsabilité limitée/società à responsabilità limitata;
   – Kommanditaktiengesellschaft/société en comandite par actions/società in accomandita per azioni, und
2. nach dem Steuerrecht der Schweizerischen Eidgenossenschaft dort ansässig ist und nicht nach einem zwischen der Schweizerischen Eidgenossenschaft und einem Staat außerhalb der Europäischen Union geschlossenen Abkommen zur Vermeidung der Doppelbesteuerung von Einkünften für steuerliche Zwecke als außerhalb der Gemeinschaft oder der Schweizerischen Eidgenossenschaft ansässig gilt, und
3. unbeschränkt der schweizerischen Körperschaftsteuer unterliegt, ohne von ihr befreit zu sein.

§ 50h Bestätigung für Zwecke der Entlastung von Quellensteuern in einem anderen Mitgliedstaat der Europäischen Union oder der Schweizerischen Eidgenossenschaft

Auf Antrag hat das Finanzamt, das für die Besteuerung eines Unternehmens der Bundesrepublik Deutschland oder einer dort gelegenen Betriebsstätte eines Unternehmens eines anderen Mitgliedstaats der Europäischen Union im Sinne des § 50g Absatz 3 Nummer 5 oder eines Unternehmens der Schweizerischen Eidgenossenschaft im Sinne des § 50g Absatz 6 Satz 2 zuständig ist, für die Entlastung von der Quellensteuer dieses Staats auf Zinsen oder Lizenzgebühren im Sinne des § 50g zu bescheinigen, dass das empfangende Unternehmen steuerlich im Inland ansässig ist oder die Betriebsstätte im Inland gelegen ist.

§ 50i[1] Besteuerung bestimmter Einkünfte und Anwendung von Doppelbesteuerungsabkommen

(1)[2] ① Sind Wirtschaftsgüter des Betriebsvermögens oder sind Anteile im Sinne des § 17
1. vor dem 29. Juni 2013 in das Betriebsvermögen einer Personengesellschaft im Sinne des § 15 Absatz 3 übertragen oder überführt worden,
2. ist eine Besteuerung der stillen Reserven im Zeitpunkt der Übertragung oder Überführung unterblieben, und
3. ist das Recht der Bundesrepublik Deutschland hinsichtlich der Besteuerung des Gewinns aus der Veräußerung oder Entnahme dieser Wirtschaftsgüter oder Anteile ungeachtet der Anwendung dieses Absatzes vor dem 1. Januar 2017 ausgeschlossen oder beschränkt worden,

so ist der Gewinn, den ein Steuerpflichtiger, der im Sinne eines Abkommens zur Vermeidung der Doppelbesteuerung im anderen Vertragsstaat ansässig ist, aus der späteren Veräußerung oder Entnahme dieser Wirtschaftsgüter oder Anteile erzielt, ungeachtet entgegenstehender Bestimmungen des Abkommens zur Vermeidung der Doppelbesteuerung zu versteuern. ② Als Übertragung oder Überführung von Anteilen im Sinne des § 17 in das Betriebsvermögen einer Personengesellschaft gilt auch die Gewährung neuer Anteile an eine Personengesellschaft, die bisher auch eine Tätigkeit im Sinne des § 15 Absatz 1 Satz 1 Nummer 1 ausgeübt hat oder gewerbliche Einkünfte im Sinne des § 15 Absatz 1 Satz 1 Nummer 2 bezogen hat, im Rahmen der Einbringung eines Betriebs oder Teilbetriebs oder eines Mitunternehmeranteils dieser Personengesellschaft in eine Körperschaft nach § 20 des Umwandlungssteuergesetzes, wenn
1. der Einbringungszeitpunkt vor dem 29. Juni 2013 liegt,
2. die Personengesellschaft nach der Einbringung als Personengesellschaft im Sinne des § 15 Absatz 3 fortbesteht und
3. das Recht der Bundesrepublik Deutschland hinsichtlich der Besteuerung des Gewinns aus der Veräußerung oder Entnahme der neuen Anteile ungeachtet der Anwendung dieses Absatzes bereits im Einbringungszeitpunkt ausgeschlossen oder beschränkt ist oder vor dem 1. Januar 2017 ausgeschlossen oder beschränkt worden ist.

③ Auch die laufenden Einkünfte aus der Beteiligung an der Personengesellschaft, auf die die in Satz 1 genannten Wirtschaftsgüter oder Anteile übertragen oder überführt oder der im Sinne des Satzes 2 neue Anteile gewährt wurden, sind ungeachtet entgegenstehender Bestimmungen des Abkommens zur Vermeidung der Doppelbesteuerung zu versteuern. ④ Die Sätze 1 und 3 gelten singgemäß, wenn Wirtschaftsgüter vor dem 29. Juni 2013 Betriebsvermögen eines Einzelunternehmens oder einer Personengesellschaft geworden sind, die deswegen Einkünfte aus Gewerbebetrieb erzielen, weil der Steuerpflichtige sowohl im überlassenden Betrieb als auch im nutzenden Betrieb allein oder zusammen mit anderen Gesellschaftern einen einheitlichen geschäftlichen Betätigungswillen durchsetzen kann und dem nutzenden Betrieb eine wesentliche Betriebsgrundlage zur Nutzung überlässt.

---

[1] § 50i eingef. durch AmtshilfeRLUmsG v. 26. 6. 2013 (BGBl. I S. 1809); § 50i neu gef. mWv VZ 2014 durch KroatienAnpG v. 25. 7. 2014 (BGBl. I S. 1266); zur Anwendung siehe § 52 Abs. 48 Sätze 1 bis 3.

[2] § 50i Abs. 1 Satz 1 und 2 neu gef. mWv VZ 2016 durch BEPS-UmsG v. 20. 12. 2016 (BGBl. I S. 3000).

(2)[1] Bei Einbringung nach § 20 des Umwandlungssteuergesetzes sind die Wirtschaftsgüter und Anteile im Sinne des Absatzes 1 abweichend von § 20 Absatz 2 Satz 2 des Umwandlungssteuergesetzes stets mit dem gemeinen Wert anzusetzen, soweit das Recht der Bundesrepublik Deutschland hinsichtlich der Besteuerung des Gewinns aus der Veräußerung der erhaltenen Anteile oder hinsichtlich der mit diesen im Zusammenhang stehenden Anteile im Sinne des § 22 Absatz 7 des Umwandlungssteuergesetzes ausgeschlossen oder beschränkt ist.

§ 50j[2] Versagung der Entlastung von Kapitalertragsteuern in bestimmten Fällen

(1)[3] ① Ein Gläubiger von Kapitalerträgen im Sinne des § 43 Absatz 1 Satz 1 Nummer 1a, die nach einem Abkommen zur Vermeidung der Doppelbesteuerung nicht oder nur nach einem Steuersatz unterhalb des Steuersatzes des § 43a Absatz 1 Satz 1 Nummer 1 besteuert werden, hat ungeachtet dieses Abkommens nur dann Anspruch auf völlige oder teilweise Entlastung nach § 50c Absatz 3, wenn er

1. während der Mindesthaltedauer nach Absatz 2 hinsichtlich der diesen Kapitalerträgen zugrunde liegenden Anteile oder Genussscheine ununterbrochen wirtschaftlicher Eigentümer ist,
2. während der Mindesthaltedauer nach Absatz 2 ununterbrochen das Mindestwertänderungsrisiko nach Absatz 3 trägt und
3. nicht verpflichtet ist, die Kapitalerträge im Sinne des § 43 Absatz 1 Satz 1 Nummer 1a ganz oder überwiegend, unmittelbar oder mittelbar anderen Personen zu vergüten.

② Satz 1 gilt entsprechend für Anteile oder Genussscheine, die zu inländischen Kapitalerträgen im Sinne des § 43 Absatz 3 Satz 1 führen und einer Wertpapiersammelbank im Ausland zur Verwahrung anvertraut sind.

(2) ① Die Mindesthaltedauer umfasst 45 Tage und muss innerhalb eines Zeitraums von 45 Tagen vor und 45 Tagen nach der Fälligkeit der Kapitalerträge erreicht werden. ② Bei Anschaffungen und Veräußerungen ist zu unterstellen, dass die zuerst angeschafften Anteile oder Genussscheine zuerst veräußert wurden.

(3) ① Der Gläubiger der Kapitalerträge muss unter Berücksichtigung von gegenläufigen Ansprüchen und Ansprüchen nahe stehender Personen das Risiko aus einem sinkenden Wert der Anteile oder Genussscheine im Umfang von mindestens 70 Prozent tragen (Mindestwertänderungsrisiko). ② Kein hinreichendes Mindestwertänderungsrisiko liegt insbesondere dann vor, wenn der Gläubiger der Kapitalerträge oder eine ihm nahe stehende Person Kurssicherungsgeschäfte abgeschlossen hat, die das Wertänderungsrisiko der Anteile oder Genussscheine unmittelbar oder mittelbar um mehr als 30 Prozent mindern.

(4)[4] ① Die Absätze 1 bis 3 sind nur anzuwenden, wenn

1. die Steuer auf die dem Antrag zu Grunde liegenden Kapitalerträge nach einem Abkommen zur Vermeidung der Doppelbesteuerung 15 Prozent des Bruttobetrags der Kapitalerträge im Sinne des § 43 Absatz 1 Satz 1 Nummer 1a und des Absatzes 1 Satz 2 unterschreitet und
2. es sich nicht um Kapitalerträge handelt, die einer beschränkt steuerpflichtigen Kapitalgesellschaft, die am Nennkapital einer unbeschränkt steuerpflichtigen Kapitalgesellschaft im Sinne des § 1 Absatz 1 Nummer 1 des Körperschaftsteuergesetzes zu mindestens einem Zehntel unmittelbar beteiligt ist und im Staat ihrer Ansässigkeit den Steuern vom Einkommen oder Gewinn unterliegt, ohne davon befreit zu sein, von der unbeschränkt steuerpflichtigen Kapitalgesellschaft zufließen.

② Die Absätze 1 bis 3 sind nicht anzuwenden, wenn der Gläubiger der Kapitalerträge im Sinne des § 43 Absatz 1 Satz 1 Nummer 1a und des Absatzes 1 Satz 2 bei Zufluss seit mindestens einem Jahr ununterbrochen wirtschaftlicher Eigentümer der Aktien oder Genussscheine ist; Absatz 2 Satz 2 gilt entsprechend.

(5) Bestimmungen eines Abkommens zur Vermeidung der Doppelbesteuerung, § 42 der Abgabenordnung und andere steuerliche Vorschriften bleiben unberührt, soweit sie jeweils die Entlastung in einem weitergehenden Umfang einschränken.

§ 51 Ermächtigungen

(1) Die Bundesregierung wird ermächtigt, mit Zustimmung des Bundesrates

1. zur Durchführung dieses Gesetzes Rechtsverordnungen zu erlassen, soweit dies zur Wahrung der Gleichmäßigkeit bei der Besteuerung, zur Beseitigung von Unbilligkeiten in Härtefällen, zur Steuerfreistellung des Existenzminimums oder zur Vereinfachung des Besteuerungsverfahrens erforderlich ist, und zwar:

---

[1] § 50i Abs. 2 neu gef. durch BEPS-UmsG v. 20. 12. 2016 (BGBl. I S. 3000); zur erstmaligen Anwendung für Einbringungen, bei denen der Einbringungsvertrag nach dem 31. 12. 2013 geschlossen worden ist, siehe § 52 Abs. 48 Satz 4.

[2] § 50j eingef. mWv 1. 1. 2017 durch BEPS-UmsG v. 20. 12. 2016 (BGBl. I S. 3000).

[3] § 50j Abs. 1 Satz 1 Verweis geänd. durch AbzStEntModG v. 2. 6. 2021 (BGBl. I S. 1259).

[4] § 50j Abs. 4 Satz 2 Verweis geänd. durch AbzStEntModG v. 2. 6. 2021 (BGBl. I S. 1259).

a) über die Abgrenzung der Steuerpflicht, die Beschränkung der Steuererklärungspflicht auf die Fälle, in denen eine Veranlagung in Betracht kommt, über die den Einkommensteuererklärungen beizufügenden Unterlagen und über die Beistandspflichten Dritter;
b) über die Ermittlung der Einkünfte und die Feststellung des Einkommens einschließlich der abzugsfähigen Beträge;
c) über die Höhe von besonderen Betriebsausgaben-Pauschbeträgen für Gruppen von Betrieben, bei denen hinsichtlich der Besteuerungsgrundlagen annähernd gleiche Verhältnisse vorliegen, wenn der Steuerpflichtige Einkünfte aus Gewerbebetrieb (§ 15) oder selbständiger Arbeit (§ 18) erzielt, in Höhe eines Prozentsatzes der Umsätze im Sinne des § 1 Absatz 1 Nummer 1 des Umsatzsteuergesetzes; Umsätze aus der Veräußerung von Wirtschaftsgütern des Anlagevermögens sind nicht zu berücksichtigen. ② Einen besonderen Betriebsausgaben-Pauschbetrag dürfen nur Steuerpflichtige in Anspruch nehmen, die ihren Gewinn durch Einnahme-Überschussrechnung nach § 4 Absatz 3 ermitteln. ③ Bei der Festlegung der Höhe des besonderen Betriebsausgaben-Pauschbetrags ist der Zuordnung der Betriebe entsprechend der Klassifikation der Wirtschaftszweige, Fassung für Steuerstatistiken, Rechnung zu tragen. ④ Bei der Ermittlung der besonderen Betriebsausgaben-Pauschbeträge sind alle Betriebsausgaben mit Ausnahme der an das Finanzamt gezahlten Umsatzsteuer zu berücksichtigen. ⑤ Bei der Veräußerung oder Entnahme von Wirtschaftsgütern des Anlagevermögens sind die Anschaffungs- oder Herstellungskosten, vermindert um die Absetzungen für Abnutzung nach § 7 Absatz 1 oder 4 sowie die Veräußerungskosten neben dem besonderen Betriebsausgaben-Pauschbetrag abzugsfähig. ⑥ Der Steuerpflichtige kann im folgenden Veranlagungszeitraum zur Ermittlung der tatsächlichen Betriebsausgaben übergehen. ⑦ Wechselt der Steuerpflichtige zur Ermittlung der tatsächlichen Betriebsausgaben, sind die abnutzbaren Wirtschaftsgüter des Anlagevermögens mit ihren Anschaffungs- oder Herstellungskosten, vermindert um die Absetzungen für Abnutzung nach § 7 Absatz 1 oder 4, in ein laufend zu führendes Verzeichnis aufzunehmen. ⑧ § 4 Absatz 3 Satz 5 bleibt unberührt. ⑨ Nach dem Wechsel zur Ermittlung der tatsächlichen Betriebsausgaben ist eine erneute Inanspruchnahme des besonderen Betriebsausgaben-Pauschbetrags erst nach Ablauf der folgenden vier Veranlagungszeiträume zulässig; die §§ 140 und 141 der Abgabenordnung bleiben unberührt;
d) über die Veranlagung, die Anwendung der Tarifvorschriften und die Regelung der Steuerentrichtung einschließlich der Steuerabzüge;
e) über die Besteuerung der beschränkt Steuerpflichtigen einschließlich eines Steuerabzugs;
f)[1] *(aufgehoben)*

2. Vorschriften durch Rechtsverordnung zu erlassen
a) über die sich aus der Aufhebung oder Änderung von Vorschriften dieses Gesetzes ergebenden Rechtsfolgen, soweit dies zur Wahrung der Gleichmäßigkeit bei der Besteuerung oder zur Beseitigung von Unbilligkeiten in Härtefällen erforderlich ist;
b) *(weggefallen)*
c)[2] über den Nachweis von Zuwendungen im Sinne des § 10b einschließlich erleichterter Nachweisanforderungen;
d) über Verfahren, die in den Fällen des § 38 Absatz 1 *Satz 1*[3] Nummer 2 den Steueranspruch der Bundesrepublik Deutschland sichern oder die sicherstellen, dass bei Befreiungen im Ausland ansässiger Leiharbeitnehmer von der Steuer der Bundesrepublik Deutschland auf Grund von Abkommen zur Vermeidung der Doppelbesteuerung die ordnungsgemäße Besteuerung im Ausland gewährleistet ist. ② Hierzu kann nach Maßgabe zwischenstaatlicher Regelungen bestimmt werden, dass
aa) der Entleiher in dem hierzu notwendigen Umfang an derartigen Verfahren mitwirkt,
bb) er sich im Haftungsverfahren nicht auf die Freistellungsbestimmungen des Abkommens berufen kann, wenn er seine Mitwirkungspflichten verletzt;
e) bis m) *(weggefallen)*
n)[4] über Sonderabschreibungen
aa) im Tiefbaubetrieb des Steinkohlen-, Pechkohlen-, Braunkohlen- und Erzbergbaues bei Wirtschaftsgütern des Anlagevermögens unter Tage und bei bestimmten mit dem Grubenbetrieb unter Tage in unmittelbarem Zusammenhang stehenden, der Förderung, Seilfahrt, Wasserhaltung und Wetterführung sowie der Aufbereitung des Minerals dienenden Wirtschaftsgütern des Anlagevermögens über Tage, soweit die Wirtschaftsgüter

für die Errichtung von neuen Förderschachtanlagen, auch in Form von Anschlussschachtanlagen,

für die Errichtung neuer Schächte sowie die Erweiterung des Grubengebäudes und den durch Wasserzuflüsse aus stillliegenden Anlagen bedingten Ausbau der Wasserhaltung bestehender Schachtanlagen,

[1] § 51 Abs. 1 Nr. 1 Buchst. f aufgeh. mWv 1. 7. 2021 durch G. v. 25. 6. 2021 (BGBl. I S. 2056).
[2] § 51 Abs. 1 Nr. 2 Buchst. c geänd. durch StVereinfG 2011 v. 1. 11. 2011 (BGBl. I S. 2131).
[3] Red. Anm.: „Satz 1" müsste zur Vollständigkeit des Verweises eingefügt werden.
[4] § 51 Abs. 1 Nr. 2 Buchst. n Satz 4 geänd. mWv 8. 9. 2015 durch VO v. 31. 8. 2015 (BGBl. I S. 1474).

für Rationalisierungsmaßnahmen in der Hauptschacht-, Blindschacht-, Strecken- und Abbauförderung, im Streckenvortrieb, in der Gewinnung, Versatzwirtschaft, Seilfahrt, Wetterführung und Wasserhaltung sowie in der Aufbereitung,
für die Zusammenfassung von mehreren Förderschachtanlagen zu einer einheitlichen Förderschachtanlage und
für den Wiederaufschluss stillliegender Grubenfelder und Feldesteile,

bb) im Tagebaubetrieb des Braunkohlen- und Erzbergbaues bei bestimmten Wirtschaftsgütern des beweglichen Anlagevermögens (Grubenaufschluss, Entwässerungsanlagen, Großgeräte sowie Einrichtungen des Grubenrettungswesens und der ersten Hilfe und im Erzbergbau auch Aufbereitungsanlagen), die
für die Erschließung neuer Tagebaue, auch in Form von Anschlusstagebauen, für Rationalisierungsmaßnahmen bei laufenden Tagebauen,
beim Übergang zum Tieftagebau für die Freilegung und Gewinnung der Lagerstätte und für die Wiederinbetriebnahme stillgelegter Tagebaue

von Steuerpflichtigen, die den Gewinn nach § 5 ermitteln, vor dem 1. Januar 1990 angeschafft oder hergestellt werden. ② Die Sonderabschreibungen können bereits für Anzahlungen auf Anschaffungskosten und für Teilherstellungskosten zugelassen werden. ③ Hat der Steuerpflichtige vor dem 1. Januar 1990 die Wirtschaftsgüter bestellt oder mit ihrer Herstellung begonnen, so können die Sonderabschreibungen auch für nach dem 31. Dezember 1989 und vor dem 1. Januar 1991 angeschaffte oder hergestellte Wirtschaftsgüter sowie für vor dem 1. Januar 1991 geleistete Anzahlungen auf Anschaffungskosten und entstandene Teilherstellungskosten in Anspruch genommen werden. ④ Voraussetzung für die Inanspruchnahme der Sonderabschreibungen ist, dass die Förderungswürdigkeit der bezeichneten Vorhaben von der obersten Landesbehörde für Wirtschaft im Einvernehmen mit dem Bundesministerium für Wirtschaft und Energie bescheinigt worden ist. ⑤ Die Sonderabschreibungen können im Wirtschaftsjahr der Anschaffung oder Herstellung und in den vier folgenden Wirtschaftsjahren in Anspruch genommen werden, und zwar bei beweglichen Wirtschaftsgütern des Anlagevermögens bis zu insgesamt 50 Prozent, bei unbeweglichen Wirtschaftsgütern des Anlagevermögens bis zu insgesamt 30 Prozent der Anschaffungs- oder Herstellungskosten. ⑥ Bei den begünstigten Vorhaben im Tagebaubetrieb des Braunkohlen- und Erzbergbaues kann außerdem zugelassen werden, dass die vor dem 1. Januar 1991 aufgewendeten Kosten für den Vorabraum bis zu 50 Prozent als sofort abzugsfähige Betriebsausgaben behandelt werden;

o) *(weggefallen)*

p) über die Bemessung der Absetzungen für Abnutzung oder Substanzverringerung bei nicht zu einem Betriebsvermögen gehörenden Wirtschaftsgütern, die vor dem 21. Juni 1948 angeschafft oder hergestellt oder die unentgeltlich erworben sind. ② Hierbei kann bestimmt werden, dass die Absetzungen für Abnutzung oder Substanzverringerung nicht nach den Anschaffungs- oder Herstellungskosten, sondern nach Hilfswerten (am 21. Juni 1948 maßgebender Einheitswert, Anschaffungs- oder Herstellungskosten des Rechtsvorgängers abzüglich der von ihm vorgenommenen Absetzungen, fiktive Anschaffungskosten an einem noch zu bestimmenden Stichtag) zu bemessen sind. ③ Zur Vermeidung von Härten kann zugelassen werden, dass anstelle der Absetzungen für Abnutzung, die nach dem am 21. Juni 1948 maßgebenden Einheitswert zu bemessen sind, der Betrag abgezogen wird, der für das Wirtschaftsgut in dem Veranlagungszeitraum 1947 als Absetzung für Abnutzung geltend gemacht werden konnte. ④ Für das Land Berlin tritt in den Sätzen 1 bis 3 an die Stelle des 21. Juni 1948 jeweils der 1. April 1949;

q) über erhöhte Absetzungen bei Herstellungskosten

aa) für Maßnahmen, die für den Anschluss eines im Inland belegenen Gebäudes an eine Fernwärmeversorgung einschließlich der Anbindung an das Heizsystem erforderlich sind, wenn die Fernwärmeversorgung überwiegend aus Anlagen der Kraft-Wärme-Kopplung, zur Verbrennung von Müll oder zur Verwertung von Abwärme gespeist wird,

bb) für den Einbau von Wärmepumpenanlagen, Solaranlagen und Anlagen zur Wärmerückgewinnung in einem im Inland belegenen Gebäude einschließlich der Anbindung an das Heizsystem,

cc) für die Errichtung von Windkraftanlagen, wenn die mit diesen Anlagen erzeugte Energie überwiegend entweder unmittelbar oder durch Verrechnung mit Elektrizitätsbezügen des Steuerpflichtigen von einem Elektrizitätsversorgungsunternehmen zur Versorgung eines im Inland belegenen Gebäudes des Steuerpflichtigen verwendet wird, einschließlich der Anbindung an das Versorgungssystem des Gebäudes,

dd) für die Errichtung von Anlagen zur Gewinnung von Gas, das aus pflanzlichen oder tierischen Abfallstoffen durch Gärung unter Sauerstoffabschluss entsteht, wenn dieses Gas zur Beheizung eines im Inland belegenen Gebäudes des Steuerpflichtigen oder zur Warmwasserbereitung in einem solchen Gebäude des Steuerpflichtigen verwendet wird, einschließlich der Anbindung an das Versorgungssystem des Gebäudes,

ee) für den Einbau einer Warmwasseranlage zur Versorgung von mehr als einer Zapfstelle und einer zentralen Heizungsanlage oder bei einer zentralen Heizungs- und Warmwasseranlage für den Einbau eines Heizkessels, eines Brenners, einer zentralen Steuerungseinrichtung, einer Wärmeabgabeeinrichtung und eine Änderung der Abgasanlage in einem im Inland belegenen Gebäude oder in einer im Inland belegenen Eigentumswohnung, wenn mit dem Einbau nicht vor Ablauf von zehn Jahren seit Fertigstellung dieses Gebäudes begonnen worden ist und der Einbau nach dem 30. Juni 1985 fertiggestellt worden ist; Entsprechendes gilt bei Anschaffungskosten für neue Einzelöfen, wenn keine Zentralheizung vorhanden ist.

② Voraussetzung für die Gewährung der erhöhten Absetzungen ist, dass die Maßnahmen vor dem 1. Januar 1992 fertiggestellt worden sind; in den Fällen des Satzes 1 Doppelbuchstabe aa müssen die Gebäude vor dem 1. Juli 1983 fertiggestellt worden sein, es sei denn, dass der Anschluss nicht schon im Zusammenhang mit der Errichtung des Gebäudes möglich war. ③ Die erhöhten Absetzungen dürfen jährlich 10 Prozent der Aufwendungen nicht übersteigen. ④ Sie dürfen nicht gewährt werden, wenn für dieselbe Maßnahme eine Investitionszulage in Anspruch genommen wird. ⑤ Sind die Aufwendungen Erhaltungsaufwand und entstehen sie bei einer zu eigenen Wohnzwecken genutzten Wohnung im eigenen Haus, für die der Nutzungswert nicht mehr besteuert wird, und liegen in den Fällen des Satzes 1 Doppelbuchstabe aa die Voraussetzungen des Satzes 2 zweiter Halbsatz vor, so kann der Abzug dieser Aufwendungen wie Sonderausgaben mit gleichmäßiger Verteilung auf das Kalenderjahr, in dem die Arbeiten abgeschlossen worden sind, und die neun folgenden Kalenderjahre zugelassen werden, wenn die Maßnahme vor dem 1. Januar 1992 abgeschlossen worden ist;

r) nach denen Steuerpflichtige größere Aufwendungen
   aa) für die Erhaltung von nicht zu einem Betriebsvermögen gehörenden Gebäuden, die überwiegend Wohnzwecken dienen,
   bb) zur Erhaltung eines Gebäudes in einem förmlich festgelegten Sanierungsgebiet oder städtebaulichen Entwicklungsbereich, die für Maßnahmen im Sinne des § 177 des Baugesetzbuchs sowie für bestimmte Maßnahmen, die der Erhaltung, Erneuerung und funktionsgerechten Verwendung eines Gebäudes dienen, das wegen seiner geschichtlichen, künstlerischen oder städtebaulichen Bedeutung erhalten bleiben soll, und zu deren Durchführung sich der Eigentümer neben bestimmten Modernisierungsmaßnahmen gegenüber der Gemeinde verpflichtet hat, aufgewendet worden sind,
   cc) zur Erhaltung von Gebäuden, die nach den jeweiligen landesrechtlichen Vorschriften Baudenkmale sind, soweit die Aufwendungen nach Art und Umfang zur Erhaltung des Gebäudes als Baudenkmal und zu seiner sinnvollen Nutzung erforderlich sind,

   auf zwei bis fünf Jahre gleichmäßig verteilen können. ② In den Fällen der Doppelbuchstaben bb und cc ist Voraussetzung, dass der Erhaltungsaufwand vor dem 1. Januar 1990 entstanden ist. ③ In den Fällen von Doppelbuchstabe cc sind die Denkmaleigenschaft des Gebäudes und die Voraussetzung, dass die Aufwendungen nach Art und Umfang zur Erhaltung des Gebäudes als Baudenkmal und zu seiner sinnvollen Nutzung erforderlich sind, durch eine Bescheinigung der nach Landesrecht zuständigen oder von der Landesregierung bestimmten Stelle nachzuweisen;

s) nach denen bei Anschaffung oder Herstellung von abnutzbaren beweglichen und bei Herstellung von abnutzbaren unbeweglichen Wirtschaftsgütern des Anlagevermögens auf Antrag ein Abzug von der Einkommensteuer für den Veranlagungszeitraum der Anschaffung oder Herstellung bis zur Höhe von 7,5 Prozent der Anschaffungs- oder Herstellungskosten dieser Wirtschaftsgüter vorgenommen werden kann, wenn eine Störung des gesamtwirtschaftlichen Gleichgewichts eingetreten ist oder sich abzeichnet, die eine nachhaltige Verringerung der Umsätze oder der Beschäftigung zur Folge hatte oder erwarten lässt, insbesondere bei einem erheblichen Rückgang der Nachfrage nach Investitionsgütern oder Bauleistungen. ② Bei der Bemessung des von der Einkommensteuer abzugsfähigen Betrags dürfen nur berücksichtigt werden
   aa) die Anschaffungs- oder Herstellungskosten von beweglichen Wirtschaftsgütern, die innerhalb eines jeweils festzusetzenden Zeitraums, der ein Jahr nicht übersteigen darf (Begünstigungszeitraum), angeschafft oder hergestellt werden,
   bb) die Anschaffungs- oder Herstellungskosten von beweglichen Wirtschaftsgütern, die innerhalb des Begünstigungszeitraums bestellt und angezahlt werden oder mit deren Herstellung innerhalb des Begünstigungszeitraums begonnen wird, wenn sie innerhalb eines Jahres, bei Schiffen innerhalb zweier Jahre nach Ablauf des Begünstigungszeitraums geliefert oder fertiggestellt werden. ② Soweit bewegliche Wirtschaftsgüter im Sinne des Satzes 1 mit Ausnahme von Schiffen nach Ablauf eines Jahres, aber vor Ablauf zweier Jahre nach dem Ende des Begünstigungszeitraums geliefert oder fertiggestellt werden, dürfen bei Bemessung des Abzugs von der Einkommensteuer die bis zum Ablauf eines Jahres nach dem Ende des Begünstigungszeitraums aufgewendeten Anzahlungen und Teilherstellungskosten berücksichtigt werden,
   cc) die Herstellungskosten von Gebäuden, bei denen innerhalb des Begünstigungszeitraums der Antrag auf Baugenehmigung gestellt wird, wenn sie bis zum Ablauf von zwei Jahren nach dem Ende des Begünstigungszeitraums fertiggestellt werden;

   dabei scheiden geringwertige Wirtschaftsgüter im Sinne des § 6 Absatz 2 und Wirtschaftsgüter, die in gebrauchtem Zustand erworben werden, aus. ③ Von der Begünstigung können außerdem Wirtschaftsgüter ausgeschlossen werden, für die Sonderabschreibungen, erhöhte Absetzungen oder die Investitionszulage nach § 19 des Berlinförderungsgesetzes in Anspruch genommen werden. ④ In den Fällen des Satzes 2 Doppelbuchstabe bb und cc können bei Bemessung des von der Einkommensteuer abzugsfähigen Betrags bereits die im Begünstigungszeitraum, im Fall des Satzes 2 Doppelbuchstabe bb Satz 2 auch die bis zum Ablauf eines Jahres nach dem Ende des Begünstigungszeitraums aufgewendeten Anzahlungen und Teilherstellungskosten berücksichtigt werden; der Abzug von der Einkommensteuer kann insoweit schon für den Veranlagungszeitraum vorgenommen werden, in dem die Anzahlungen oder Teilherstellungskosten aufgewendet worden sind. ⑤ Übersteigt der von der Einkommensteuer abzugsfähige Betrag die für den Veranlagungszeitraum der Anschaffung oder Herstellung geschuldete Einkommensteuer, so kann der übersteigende Betrag von der Einkommensteuer für den darauf folgenden Veranlagungszeitraum abgezogen werden. ⑥ Entsprechendes gilt, wenn in den Fällen des Satzes 2 Doppelbuchstabe bb und cc der Abzug von der Einkommensteuer bereits für Anzahlungen oder Teilherstellungskosten geltend gemacht wird. ⑦ Der Abzug von der Einkommensteuer darf jedoch die für den Veranlagungszeitraum der Anschaffung oder Herstellung und den folgenden Veranlagungszeitraum insgesamt zu entrichtende Einkommensteuer nicht übersteigen. ⑧ In den Fällen des Satzes 2 Doppelbuchstabe bb Satz 2 gilt dies mit der Maßgabe, dass an die Stelle des Veranlagungszeitraums der Anschaffung oder Herstellung der Veranlagungszeitraum tritt, in dem zuletzt Anzahlungen oder Teilherstellungskosten aufgewendet worden sind. ⑨ Werden begünstigte Wirtschaftsgüter von Gesellschaften im Sinne des § 15 Absatz 1 Satz 1 Nummer 2 und 3 angeschafft oder hergestellt, so ist der abzugsfähige Betrag nach dem Verhältnis der Gewinnanteile einschließlich der Vergütungen aufzuteilen. ⑩ Die Anschaffungs- oder Herstellungskosten der Wirtschaftsgüter, die bei Bemessung des von der Einkommensteuer abzugsfähigen Betrags berücksichtigt worden sind, werden durch den Abzug von der Einkommensteuer nicht gemindert. ⑪ Rechtsverordnungen auf Grund dieser Ermächtigung bedürfen der Zustimmung des Bundestages. ⑫ Die Zustimmung gilt als erteilt, wenn der Bundestag nicht binnen vier Wochen nach Eingang der Vorlage der Bundesregierung die Zustimmung verweigert hat;

t) *(weggefallen)*

u) über Sonderabschreibungen bei abnutzbaren Wirtschaftsgütern des Anlagevermögens, die der Forschung oder Entwicklung dienen und nach dem 18. Mai 1983 und vor dem 1. Januar 1990 angeschafft oder hergestellt werden. ② Voraussetzung für die Inanspruchnahme der Sonderabschreibungen ist, dass die beweglichen Wirtschaftsgüter ausschließlich und die unbeweglichen Wirtschaftsgüter zu mehr als 33$^1/_3$ Prozent der Forschung oder Entwicklung dienen. ③ Die Sonderabschreibungen können auch für Ausbauten und Erweiterungen an bestehenden Gebäuden, Gebäudeteilen, Eigentumswohnungen oder im Teileigentum stehenden Räumen zugelassen werden, wenn die ausgebauten oder neu hergestellten Gebäudeteile zu mehr als 33$^1/_3$ Prozent der Forschung oder Entwicklung dienen. ④ Die Wirtschaftsgüter dienen der Forschung oder Entwicklung, wenn sie verwendet werden
   aa) zur Gewinnung von neuen wissenschaftlichen oder technischen Erkenntnissen und Erfahrungen allgemeiner Art (Grundlagenforschung) oder
   bb) zur Neuentwicklung von Erzeugnissen oder Herstellungsverfahren oder
   cc) zur Weiterentwicklung von Erzeugnissen oder Herstellungsverfahren, soweit wesentliche Änderungen dieser Erzeugnisse oder Verfahren entwickelt werden.

   ⑤ Die Sonderabschreibungen können im Wirtschaftsjahr der Anschaffung oder Herstellung und in den vier folgenden Wirtschaftsjahren in Anspruch genommen werden, und zwar
   aa) bei beweglichen Wirtschaftsgütern des Anlagevermögens bis zu insgesamt 40 Prozent,
   bb) bei unbeweglichen Wirtschaftsgütern des Anlagevermögens, die zu mehr als 66$^2/_3$ Prozent der Forschung oder Entwicklung dienen, bis zu insgesamt 15 Prozent, die nicht zu mehr als 66$^2/_3$ Prozent, aber zu mehr als 33$^1/_3$ Prozent der Forschung oder Entwicklung dienen, bis zu insgesamt 10 Prozent,
   cc) bei Ausbauten und Erweiterungen an bestehenden Gebäuden, Gebäudeteilen, Eigentumswohnungen oder im Teileigentum stehenden Räumen, wenn die ausgebauten oder neu hergestellten Gebäudeteile zu mehr als 66$^2/_3$ Prozent der Forschung oder Entwicklung dienen, bis zu insgesamt 15 Prozent, zu nicht mehr als 66$^2/_3$ Prozent, aber zu mehr als 33$^1/_3$ Prozent der Forschung oder Entwicklung dienen, bis zu insgesamt 10 Prozent

   der Anschaffungs- oder Herstellungskosten. ⑥ Sie können bereits für Anzahlungen auf Anschaffungskosten und für Teilherstellungskosten zugelassen werden. ⑦ Die Sonderabschreibungen sind nur unter der Bedingung zuzulassen, dass die Wirtschaftsgüter und die ausgebauten oder neu hergestellten Gebäudeteile mindestens drei Jahre nach ihrer Anschaffung oder Herstellung in dem erforderlichen Umfang der Forschung oder Entwicklung in einer inländischen Betriebsstätte des Steuerpflichtigen dienen;

v) *(weggefallen)*

w) über Sonderabschreibungen bei Handelsschiffen, die auf Grund eines vor dem 25. April 1996 abgeschlossenen Schiffbauvertrags hergestellt, in einem inländischen Seeschiffsregister eingetragen und vor dem 1. Januar 1999 von Steuerpflichtigen angeschafft oder hergestellt worden sind, die den Gewinn nach § 5 ermitteln. ② Im Fall der Anschaffung eines Handelsschiffes ist weitere Voraussetzung, dass das Schiff vor dem 1. Januar 1996 in ungebrauchtem Zustand vom Hersteller oder nach dem 31. Dezember 1995 auf Grund eines vor dem 25. April 1996 abgeschlossenen Kaufvertrags bis zum Ablauf des vierten auf das Jahr der Fertigstellung folgenden Jahres erworben worden ist. ③ Bei Steuerpflichtigen, die in eine Gesellschaft im Sinne des § 15 Absatz 1 Satz 1 Nummer 2 und Absatz 3 nach Abschluss des Schiffbauvertrags (Unterzeichnung des Hauptvertrags) eingetreten sind, dürfen Sonderabschreibungen nur zugelassen werden, wenn sie der Gesellschaft vor dem 1. Januar 1999 beitreten. ④ Die Sonderabschreibungen können im Wirtschaftsjahr der Anschaffung oder Herstellung und in den vier folgenden Wirtschaftsjahren bis zu insgesamt 40 Prozent der Anschaffungs- oder Herstellungskosten in Anspruch genommen werden. ⑤ Sie können bereits für Anzahlungen auf Anschaffungskosten und für Teilherstellungskosten zugelassen werden. ⑥ Die Sonderabschreibungen sind nur unter der Bedingung zuzulassen, dass die Handelsschiffe innerhalb eines Zeitraums von acht Jahren nach ihrer Anschaffung oder Herstellung nicht veräußert werden; für Anteile an einem Handelsschiff gilt dies entsprechend. ⑦ Die Sätze 1 bis 6 gelten für Schiffe, die der Seefischerei dienen, entsprechend. ⑧ Für Luftfahrzeuge, die vom Steuerpflichtigen hergestellt oder in ungebrauchtem Zustand vom Hersteller erworben worden sind und die zur gewerbsmäßigen Beförderung von Personen oder Sachen im internationalen Luftverkehr oder zur Verwendung zu sonstigen gewerblichen Zwecken im Ausland bestimmt sind, gelten die Sätze 1 bis 4 und 6 mit der Maßgabe entsprechend, dass an die Stelle der Eintragung in ein inländisches Seeschiffsregister die Eintragung in die deutsche Luftfahrzeugrolle, an die Stelle des Höchstsatzes von 40 Prozent ein Höchstsatz von 30 Prozent und bei der Vorschrift des Satzes 6 an die Stelle des Zeitraums von acht Jahren ein Zeitraum von sechs Jahren treten;

x) über erhöhte Absetzungen bei Herstellungskosten für Modernisierungs- und Instandsetzungsmaßnahmen im Sinne des § 177 des Baugesetzbuchs sowie für bestimmte Maßnahmen, die der Erhaltung, Erneuerung und funktionsgerechten Verwendung eines Gebäudes dienen, das wegen seiner geschichtlichen, künstlerischen oder städtebaulichen Bedeutung erhalten bleiben soll, und zu deren Durchführung sich der Eigentümer neben bestimmten Modernisierungsmaßnahmen gegenüber der Gemeinde verpflichtet hat, die für Gebäude in einem förmlich festgelegten Sanierungsgebiet oder städtebaulichen Entwicklungsbereich aufgewendet worden sind; Voraussetzung ist, dass die Maßnahmen vor dem 1. Januar 1991 abgeschlossen worden sind. ② Die erhöhten Absetzungen dürfen jährlich 10 Prozent der Aufwendungen nicht übersteigen;

y) über erhöhte Absetzungen für Herstellungskosten an Gebäuden, die nach den jeweiligen landesrechtlichen Vorschriften Baudenkmale sind, soweit die Aufwendungen nach Art und Umfang zur Erhaltung des Gebäudes als Baudenkmal und zu seiner sinnvollen Nutzung erforderlich sind; Voraussetzung ist, dass die Maßnahmen vor dem 1. Januar 1991 abgeschlossen worden sind. ② Die Denkmaleigenschaft des Gebäudes und die Voraussetzung, dass die Aufwendungen nach Art und Umfang zur Erhaltung des Gebäudes als Baudenkmal und zu seiner sinnvollen Nutzung erforderlich sind, sind durch eine Bescheinigung der nach Landesrecht zuständigen oder von der Landesregierung bestimmten Stelle nachzuweisen. ③ Die erhöhten Absetzungen dürfen jährlich 10 Prozent der Aufwendungen nicht übersteigen;

3. die in § 4 a Absatz 1 Satz 2 Nummer 1, § 10 Absatz 5, § 22 Nummer 1 Satz 3 Buchstabe a, § 26 a Absatz 3, § 34 c Absatz 7, § 46 Absatz 5 und § 50 a Absatz 6 vorgesehenen Rechtsverordnungen zu erlassen.

(2) ① Die Bundesregierung wird ermächtigt, durch Rechtsverordnung Vorschriften zu erlassen, nach denen die Inanspruchnahme von Sonderabschreibungen und erhöhten Absetzungen sowie die Bemessung der Absetzung für Abnutzung in fallenden Jahresbeträgen ganz oder teilweise ausgeschlossen werden können, wenn eine Störung des gesamtwirtschaftlichen Gleichgewichts eingetreten ist oder sich abzeichnet, die erhebliche Preissteigerungen mit sich gebracht hat oder erwarten lässt, insbesondere, wenn die Inlandsnachfrage nach Investitionsgütern oder Bauleistungen das Angebot wesentlich übersteigt. ② Die Inanspruchnahme von Sonderabschreibungen und erhöhten Absetzungen sowie die Bemessung der Absetzung für Abnutzung in fallenden Jahresbeträgen darf nur ausgeschlossen werden

1. für bewegliche Wirtschaftsgüter, die innerhalb eines jeweils festzusetzenden Zeitraums, der frühestens mit dem Tage beginnt, an dem die Bundesregierung ihren Beschluss über die Verordnung bekannt gibt, und der ein Jahr nicht übersteigen darf, angeschafft oder hergestellt werden. ② Für bewegliche Wirtschaftsgüter, die vor Beginn dieses Zeitraums bestellt und angezahlt worden sind oder mit deren Herstellung vor Beginn dieses Zeitraums angefangen worden ist, darf jedoch die Inanspruchnahme von Sonderabschreibungen und erhöhten Absetzungen sowie die Bemessung der Absetzung für Abnutzung in fallenden Jahresbeträgen nicht ausgeschlossen werden;

2. für bewegliche Wirtschaftsgüter und für Gebäude, die in dem Nummer 1 bezeichneten Zeitraum bestellt werden oder mit deren Herstellung in diesem Zeitraum begonnen wird. ② Als Beginn der Herstellung gilt bei Gebäuden der Zeitpunkt, in dem der Antrag auf Baugenehmigung gestellt wird.

③ Rechtsverordnungen auf Grund dieser Ermächtigung bedürfen der Zustimmung des Bundestages und des Bundesrates. ④ Die Zustimmung gilt als erteilt, wenn der Bundesrat nicht binnen drei Wochen, der Bundestag nicht binnen vier Wochen nach Eingang der Vorlage der Bundesregierung die Zustimmung verweigert hat.

(3) ① Die Bundesregierung wird ermächtigt, durch Rechtsverordnung mit Zustimmung des Bundesrates Vorschriften zu erlassen, nach denen die Einkommensteuer einschließlich des Steuerabzugs vom Arbeitslohn, des Steuerabzugs vom Kapitalertrag und des Steuerabzugs bei beschränkt Steuerpflichtigen

1. um höchstens 10 Prozent herabgesetzt werden kann. ② Der Zeitraum, für den die Herabsetzung gilt, darf ein Jahr nicht übersteigen; er soll sich mit dem Kalenderjahr decken. ③ Voraussetzung ist, dass eine Störung des gesamtwirtschaftlichen Gleichgewichts eingetreten ist oder sich abzeichnet, die eine nachhaltige Verringerung der Umsätze oder der Beschäftigung zur Folge hatte oder erwarten lässt, insbesondere bei einem erheblichen Rückgang der Nachfrage nach Investitionsgütern und Bauleistungen oder Verbrauchsgütern;
2. um höchstens 10 Prozent erhöht werden kann. ② Der Zeitraum, für den die Erhöhung gilt, darf ein Jahr nicht übersteigen; er soll sich mit dem Kalenderjahr decken. ③ Voraussetzung ist, dass eine Störung des gesamtwirtschaftlichen Gleichgewichts eingetreten ist oder sich abzeichnet, die erhebliche Preissteigerungen mit sich gebracht hat oder erwarten lässt, insbesondere, wenn die Nachfrage nach Investitionsgütern und Bauleistungen oder Verbrauchsgütern das Angebot wesentlich übersteigt.

② Rechtsverordnungen auf Grund dieser Ermächtigung bedürfen der Zustimmung des Bundestages.

(4) Das Bundesministerium der Finanzen wird ermächtigt,

1.[1] im Einvernehmen mit den obersten Finanzbehörden der Länder die Vordrucke für
   a) *(weggefallen)*
   b) die Erklärungen zur Einkommensbesteuerung,
   c) die Anträge nach § 38 b Absatz 2, nach § 39 a Absatz 2, in dessen Vordrucke der Antrag nach § 39 f einzubeziehen ist, die Anträge nach § 39 a Absatz 4 sowie die Anträge zu den elektronischen Lohnsteuerabzugsmerkmalen (§ 38 b Absatz 3 und § 39 e Absatz 6 Satz 7),
   d) die Lohnsteuer-Anmeldung (§ 41 a Absatz 1),
   e) die Anmeldung der Kapitalertragsteuer (§ 45 a Absatz 1) und den Freistellungsauftrag nach § 44 a Absatz 2 Satz 1 Nummer 1,
   f) die Anmeldung des Abzugsbetrags (§ 48 a),
   g) die Erteilung der Freistellungsbescheinigung (§ 48 b),
   h) die Anmeldung der Abzugsteuer (§ 50 a Absatz 7).
   i)[2] *(aufgehoben)*

   und die Muster der Bescheinigungen für den Lohnsteuerabzug nach § 39 Absatz 3 und § 39 e Absatz 7 Satz 5, des Ausdrucks der elektronischen Lohnsteuerbescheinigung (§ 41 b Absatz 1), das Muster der Lohnsteuerbescheinigung nach § 41 b Absatz 3 Satz 1, der Anträge auf Erteilung einer Bescheinigung für den Lohnsteuerabzug nach § 39 Absatz 3 und § 39 e Absatz 7 Satz 1 sowie der in § 45 a Absatz 2 und 3 vorgesehenen Bescheinigungen zu bestimmen;

1 a. im Einvernehmen mit den obersten Finanzbehörden der Länder auf der Basis der §§ 32 a und 39 b einen Programmablaufplan für die Herstellung von Lohnsteuertabellen zur manuellen Berechnung der Lohnsteuer aufzustellen und bekannt zu machen. ② Der Lohnstufenabstand beträgt bei den Jahrestabellen 36. ③ Die in den Tabellenstufen auszuweisende Lohnsteuer ist aus der Obergrenze der Tabellenstufen zu berechnen und muss an der Obergrenze mit der maschinell berechneten Lohnsteuer übereinstimmen. ④ Die Monats-, Wochen- und Tagestabellen sind aus den Jahrestabellen abzuleiten;

1 b.[3] im Einvernehmen mit den obersten Finanzbehörden der Länder den Mindestumfang der nach § 5 b elektronisch zu übermittelnden Daten zu bestimmen;

1 c. durch Rechtsverordnung zur Durchführung dieses Gesetzes mit Zustimmung des Bundesrates Vorschriften über einen von dem vorgesehenen erstmaligen Anwendungszeitpunkt gemäß § 52 Absatz 15 a in der Fassung des Artikels 1 des Gesetzes vom 20. Dezember 2008 (BGBl. I S. 2850) abweichenden späteren Anwendungszeitpunkt zu erlassen, wenn bis zum 31. Dezember 2010 erkennbar ist, dass die technischen oder organisatorischen Voraussetzungen für eine Umsetzung der in § 5 b Absatz 1 in der Fassung des Artikels 1 des Gesetzes vom 20. Dezember 2008 (BGBl. I S. 2850) vorgesehenen Verpflichtung nicht ausreichen;

1 d.[4] die Vordrucke für die Anmeldung des Steuerabzugs von Vergütungen im Sinne des § 50 a Absatz 1 sowie das amtlich vorgeschriebene Muster nach § 50 a Absatz 5 Satz 7 zu bestimmen;

---

[1] § 51 Abs. 4 Nr. 1 Buchst. c und Satzteil nach Buchst. i neu gef. mWv 1. 1. 2012 durch BeitrRLUmsG v. 7. 12. 2011 (BGBl. I S. 2592). Abs. 4 Nr. 1 Buchst. h und Satzteil nach Buchst. i geänd. durch JStG 2019 v. 12. 12. 2019 (BGBl. I S. 2451) und Nr. 1 d eingef. mWv VZ 2019 durch JStG 2019 v. 12. 12. 2019 (BGBl. I S. 2451). Nr. 1 abschl. Satzteil geänd. durch JStG 2022 v. 16. 12. 2022 (BGBl. I S. 2294).

[2] § 51 Abs. 4 Nr. 1 Buchst. i aufgeh. mWv 1. 1. 2024 (§ 52 Abs. 48 a) durch AbzStEntModG v. 2. 6. 2021 (BGBl. I S. 1259).

[3] § 51 Abs. 4 Nr. 1 b neu gef. mWv VZ 2025 durch JStG 2024 v. 2.12.2024 (BGBl. I Nr. 387).

[4] § 51 Abs. 4 Nr. 1 d geänd. durch JStG 2022 v. 16. 12. 2022 (BGBl. I S. 2294).

1 e.[1] im Einvernehmen mit den obersten Finanzbehörden der Länder die Vorgaben für die Zuweisung der Ordnungsnummer nach § 45 b Absatz 1 zu bestimmen;

2. den Wortlaut dieses Gesetzes und der zu diesem Gesetz erlassenen Rechtsverordnungen in der jeweils geltenden Fassung satzweise nummeriert mit neuem Datum und in neuer Paragraphenfolge bekannt zu machen und dabei Unstimmigkeiten im Wortlaut zu beseitigen.

§ 51 a Festsetzung und Erhebung von Zuschlagsteuern

(1)[2] ① Auf die Festsetzung und Erhebung von Steuern, die nach der Einkommensteuer bemessen werden (Zuschlagsteuern), sind die Vorschriften dieses Gesetzes mit Ausnahme des § 36 a entsprechend anzuwenden. ② Wird Einkommensteuer im Wege des Steuerabzugs erhoben, dürfen die zu diesem Zweck verarbeiteten personenbezogenen Daten auch für die Erhebung einer Zuschlagsteuer im Wege des Steuerabzugs verarbeitet werden.

(2) ① Bemessungsgrundlage ist die Einkommensteuer, die abweichend von § 2 Absatz 6 unter Berücksichtigung von Freibeträgen nach § 32 Absatz 6 in allen Fällen des § 32 festzusetzen wäre. ② Zur Ermittlung der Einkommensteuer im Sinne des Satzes 1 ist das zu versteuernde Einkommen um die nach § 3 Nummer 40 steuerfreien Beträge zu erhöhen und um die nach § 3 c Absatz 2 nicht abziehbaren Beträge zu mindern. ③ § 35 ist bei der Ermittlung der festzusetzenden Einkommensteuer nach Satz 1 nicht anzuwenden.

(2 a)[3] ① Vorbehaltlich des § 40 a Absatz 2 ist beim Steuerabzug vom Arbeitslohn Bemessungsgrundlage die Lohnsteuer; beim Steuerabzug vom laufenden Arbeitslohn und beim Jahresausgleich ist die Lohnsteuer maßgebend, die sich ergibt, wenn der nach § 39 b Absatz 2 Satz 5 zu versteuernde Jahresbetrag für die Steuerklassen I, II und III um den doppelten Kinderfreibetrag sowie den doppelten Freibetrag für den Betreuungs- und Erziehungs- oder Ausbildungsbedarf und für die Steuerklasse IV um den Kinderfreibetrag sowie den Freibetrag für den Betreuungs- und Erziehungs- oder Ausbildungsbedarf (§ 32 Absatz 6 Satz 1) für jedes Kind vermindert wird, für das eine Kürzung der Freibeträge für Kinder nach § 32 Absatz 6 Satz 4 nicht in Betracht kommt. ② Bei der Anwendung des § 39 b für die Ermittlung der Zuschlagsteuern ist die als Lohnsteuerabzugsmerkmal gebildete Zahl der Kinderfreibeträge maßgebend. ③ Bei Anwendung des § 39 f ist beim Steuerabzug vom laufenden Arbeitslohn die Lohnsteuer maßgebend, die sich bei Anwendung des nach § 39 f Absatz 1 ermittelten Faktors auf den nach den Sätzen 1 und 2 ermittelten Betrag ergibt.

(2 b)[4] ① Wird die Einkommensteuer nach § 43 Absatz 1 durch Abzug vom Kapitalertrag (Kapitalertragsteuer) erhoben, wird die darauf entfallende Kirchensteuer nach dem Kirchensteuersatz der Religionsgemeinschaft, der der Kirchensteuerpflichtige angehört, als Zuschlag zur Kapitalertragsteuer erhoben. ② Satz 1 ist nicht anzuwenden, wenn die Kapitalerträge zu den Einkünften aus Land- und Forstwirtschaft, aus Gewerbebetrieb, aus selbständiger Arbeit oder aus Vermietung und Verpachtung gehören.

(2 c)[5] ① Der zur Vornahme des Steuerabzugs vom Kapitalertrag Verpflichtete (Kirchensteuerabzugsverpflichteter) hat die auf die Kapitalertragsteuer nach Absatz 2 b entfallende Kirchensteuer nach folgenden Maßgaben einzubehalten:

1. ① Das Bundeszentralamt für Steuern speichert unabhängig von und zusätzlich zu den in § 139 b Absatz 3 der Abgabenordnung genannten und nach § 39 e gespeicherten Daten des Steuerpflichtigen den Kirchensteuersatz der steuererhebenden Religionsgemeinschaft des Kirchensteuerpflichtigen sowie die ortsbezogenen Daten, mit deren Hilfe der Kirchensteuerpflichtige seiner Religionsgemeinschaft zugeordnet werden kann. ② Die Daten werden als automatisiert abrufbares Merkmal für den Kirchensteuerabzug bereitgestellt;
2.[6] sofern dem Kirchensteuerabzugsverpflichteten die Identifikationsnummer des Schuldners der Kapitalertragsteuer nicht bereits bekannt ist, kann er sie beim Bundeszentralamt für Steuern anfragen. ② In der Anfrage dürfen nur die in § 139 b Absatz 3 der Abgabenordnung genannten Daten des Schuldners der Kapitalertragsteuer angegeben werden, soweit sie dem Kirchensteuerabzugsverpflichteten bekannt sind. ③ Die Anfrage hat nach amtlich vorgeschriebenem Datensatz durch Datenfernübertragung zu erfolgen. ④ Das Bundeszentralamt für Steuern teilt dem Kirchensteuerabzugsverpflichteten die Identifikationsnummer mit, sofern die übermittelten Daten mit den nach § 139 b Absatz 3 der Abgabenordnung beim Bundeszentralamt für Steuern gespeicherten Daten übereinstimmen;

---

[1] § 51 Abs. 4 Nr. 1 e eingef. mWv 1. 1. 2024 (§ 52 Abs. 48 a) durch AbzStEntModG v. 2. 6. 2021 (BGBl. I S. 1259).

[2] § 51 a Abs. 1 Satz 2 angef. mWv 26. 11. 2019 durch 2. DSAnpUG-EU v. 20. 11. 2019 (BGBl. I S. 1626). Abs. 1 Satz 1 geänd. mWv VZ 2021 durch G v. 1. 12. 2020 (BGBl. I S. 2616).

[3] § 51 a Abs. 2 a Satz 2 geänd. mWv 1. 1. 2012 durch BeitrRLUmsG v. 7. 12. 2011 (BGBl. I S. 2592). Abs. 2 a Satz 1 neu gef. mWv VZ 2021 durch G v. 1. 12. 2020 (BGBl. I S. 2616).

[4] § 51 a Abs. 2 b Satz 2 angef. mWv 1. 1. 2023 durch G v. 1. 12. 2020 (BGBl. I S. 2616).

[5] § 51 a Abs. 2 c neu gef. durch BeitrRLUmsG v. 7. 12. 2011 (BGBl. I S. 2592); zur erstmaligen Anwendung für nach dem 31. 12. 2014 zufließende Kapitalerträge siehe § 52 Abs. 49. Abs. 2 c Satz 8 geänd. und Satz 10 neu gef. durch 2. DSAnpUG-EU v. 20. 11. 2019 (BGBl. I S. 1626).

[6] § 51 a Abs. 2 c Nr. 2 Satz 4 aufgeh., bish. Satz 5 wird Satz 4 mWv 1. 1. 2017 durch G v. 18. 7. 2016 (BGBl. I S. 1679).

3.[1] der Kirchensteuerabzugsverpflichtete hat unter Angabe der Identifikationsnummer und des Geburtsdatums des Schuldners der Kapitalertragsteuer bei Begründung einer rechtlichen Verbindung beim Bundeszentralamt für Steuern anzufragen, ob der Schuldner der Kapitalertragsteuer kirchensteuerpflichtig ist (Anlassabfrage), und einmal jährlich im Zeitraum vom 1. September bis 31. Oktober beim Bundeszentralamt für Steuern anzufragen, ob der Schuldner der Kapitalertragsteuer am 31. August des betreffenden Jahres (Stichtag) kirchensteuerpflichtig ist (Regelabfrage). ② Für Kapitalerträge im Sinne des § 43 Absatz 1 Nummer 4 aus Versicherungsverträgen hat der Kirchensteuerabzugsverpflichtete eine auf den Zuflusszeitpunkt der Kapitalerträge bezogene Abfrage (Anlassabfrage) an das Bundeszentralamt für Steuern zu richten. ③ Im Übrigen kann der Kirchensteuerabzugsverpflichtete eine Anlassabfrage auf Veranlassung des Schuldners der Kapitalertragsteuer an das Bundeszentralamt für Steuern richten. ④ Auf die Anfrage hin teilt das Bundeszentralamt für Steuern dem Kirchensteuerabzugsverpflichteten die rechtliche Zugehörigkeit zu einer steuererhebenden Religionsgemeinschaft und den für die Religionsgemeinschaft geltenden Kirchensteuersatz zum Zeitpunkt der Anfrage als automatisiert abrufbares Merkmal nach Nummer 1 mit. ⑤ Bei Begründung einer rechtlichen Verbindung ist der Schuldner der Kapitalertragsteuer vom Kirchensteuerabzugsverpflichteten auf die Datenabfrage sowie das Antragsrecht nach Absatz 2 e Satz 1 in geeigneter Form hinzuweisen. ⑥ Anträge auf das Setzen der Sperrvermerke, die im aktuellen Kalenderjahr für eine Regelabfrage berücksichtigt werden sollen, müssen bis zum 30. Juni beim Bundeszentralamt für Steuern eingegangen sein. ⑦ Alle übrigen Sperrvermerke können nur berücksichtigt werden, wenn sie spätestens zwei Monate vor der Abfrage des Kirchensteuerabzugsverpflichteten eingegangen sind. ⑧ Dies gilt für den Widerruf entsprechend. ⑨ Gehört der Schuldner der Kapitalertragsteuer keiner steuererhebenden Religionsgemeinschaft an oder hat er dem Abruf von Daten zur Religionszugehörigkeit widersprochen (Sperrvermerk), so teilt das Bundeszentralamt für Steuern dem Kirchensteuerabzugsverpflichteten zur Religionszugehörigkeit einen neutralen Wert (Nullwert) mit. ⑩ Der Kirchensteuerabzugsverpflichtete hat die vorhandenen Daten zur Religionszugehörigkeit unverzüglich zu löschen, wenn ein Nullwert übermittelt wurde;

4. im Falle einer am Stichtag oder im Zuflusszeitpunkt bestehenden Kirchensteuerpflicht hat der Kirchensteuerabzugsverpflichtete den Kirchensteuerabzug für die steuererhebende Religionsgemeinschaft durchzuführen und den Kirchensteuerbetrag an das für ihn zuständige Finanzamt abzuführen. ② § 45 a Absatz 1 gilt entsprechend; in der Steueranmeldung sind die nach Satz 1 einbehaltenen Kirchensteuerbeträge für jede steuererhebende Religionsgemeinschaft jeweils als Summe anzumelden. ③ Die auf Grund der Regelabfrage vom Bundeszentralamt für Steuern bestätigte Kirchensteuerpflicht hat der Kirchensteuerabzugsverpflichtete dem Kirchensteuerabzug des auf den Stichtag folgenden Kalenderjahres zu Grunde zu legen. ④ Das Ergebnis einer Anlassabfrage wirkt anlassbezogen.

② Die Daten gemäß Nummer 3 sind nach amtlich vorgeschriebenem Datensatz durch Datenfernübertragung zu übermitteln. ③ Die Verbindung der Anfrage nach Nummer 2 mit der Anfrage nach Nummer 3 zu einer Anfrage ist zulässig. ④ Auf Antrag kann das Bundeszentralamt für Steuern zur Vermeidung unbilliger Härten auf eine elektronische Übermittlung verzichten. ⑤ § 44 Absatz 5 ist mit der Maßgabe anzuwenden, dass der Haftungsbescheid von dem für den Kirchensteuerabzugsverpflichteten zuständigen Finanzamt erlassen wird. ⑥ § 45 a Absatz 2 ist mit der Maßgabe anzuwenden, dass die steuererhebende Religionsgemeinschaft angegeben wird. ⑦ Sind an den Kapitalerträgen ausschließlich Ehegatten beteiligt, wird der Anteil an der Kapitalertragsteuer hälftig ermittelt. ⑧ Der Kirchensteuerabzugsverpflichtete darf die von ihm für die Durchführung des Kirchensteuerabzugs erhobenen Daten ausschließlich für diesen Zweck verarbeiten. ⑨ Er hat organisatorisch dafür Sorge zu tragen, dass ein Zugriff auf diese Daten für andere Zwecke gesperrt ist. ⑩ Ohne Einwilligung der oder des Kirchensteuerpflichtigen und soweit gesetzlich nichts anderes zugelassen ist, dürfen der Kirchensteuerabzugsverpflichtete und die beteiligte Finanzbehörde die Daten nach Satz 8 nicht für andere Zwecke verarbeiten.

(2 d) ① Wird die nach Absatz 2 b zu erhebende Kirchensteuer nicht nach Absatz 2 c als Kirchensteuerabzug vom Kirchensteuerabzugsverpflichteten einbehalten, wird sie nach Ablauf des Kalenderjahres nach dem Kapitalertragsteuerbetrag veranlagt, der sich ergibt, wenn die Steuer auf Kapitalerträge nach § 32 d Absatz 1 Satz 4 und 5 errechnet wird; wenn Kirchensteuer als Kirchensteuerabzug nach Absatz 2 c erhoben wurde, wird eine Veranlagung auf Antrag des Steuerpflichtigen durchgeführt. ② Der Abzugsverpflichtete hat dem Kirchensteuerpflichtigen auf dessen Verlangen hin eine Bescheinigung über die einbehaltene Kapitalertragsteuer zu erteilen. ③ Der Kirchensteuerpflichtige hat die erhobene Kapitalertragsteuer zu erklären und die Bescheinigung nach Satz 2 oder nach § 45 a Absatz 2 oder 3 vorzulegen.

[1] § 51 a Abs. 2 c Nr. 3 Satz 1 geänd. und Nr. 3 Sätze 3 und 6 bis 8 eingef. (bish. Sätze 3 und 4 werden Sätze 4 und 5, bish. Sätze 5 bis 7 werden Sätze 9 bis 11) mWv VZ 2015 durch AmtshilfeRLUmsG v. 26. 6. 2013 (BGBl. I S. 1809). Abs. 2 c Satz 1 Nr. 3 Sätze 5 und 9 neu gef. mWv VZ 2015 durch G v. 28. 7. 2015 (BGBl. I S. 1400). Abs. 2 c Satz 1 Nr. 3 Sätze 1, 3 und 5 neu gef., Satz 9 aufgeh., bish. Sätze 10 und 11 werden Sätze 9 und 10 mWv VZ 2022 durch G v. 1. 12. 2020 (BGBl. I S. 2616).

(2e)[1] ① Der Schuldner der Kapitalertragsteuer kann unter Angabe seiner Identifikationsnummer nach amtlich vorgeschriebenem Vordruck schriftlich beim Bundeszentralamt für Steuern beantragen, dass der automatisierte Datenabruf seiner rechtlichen Zugehörigkeit zu einer steuererhebenden Religionsgemeinschaft bis auf schriftlichen Widerruf unterbleibt (Sperrvermerk). ② Das Bundeszentralamt für Steuern kann für die Abgabe der Erklärungen nach Satz 1 ein anderes sicheres Verfahren zur Verfügung stellen. ③ Der Sperrvermerk verpflichtet den Kirchensteuerpflichtigen für jeden Veranlagungszeitraum, in dem Kapitalertragsteuer einbehalten worden ist, zur Abgabe einer Steuererklärung zum Zwecke der Veranlagung nach Absatz 2d Satz 1. ④ Das Bundeszentralamt für Steuern übermittelt für jeden Veranlagungszeitraum, für den ein Sperrvermerk abgerufen worden ist, an das Wohnsitzfinanzamt des Schuldners der Kapitalertragsteuer Name und Anschrift des Kirchensteuerabzugsverpflichteten, dem im Fall des Absatzes 2c Satz 1 Nummer 3 auf Grund des Sperrvermerks ein Nullwert im Sinne des Absatzes 2c Satz 1 Nummer 3 Satz 9 mitgeteilt worden ist. ⑤ Das Wohnsitzfinanzamt fordert den Kirchensteuerpflichtigen zur Abgabe einer Steuererklärung nach § 149 Absatz 1 Satz 1 und 2 der Abgabenordnung auf.

(3) Ist die Einkommensteuer für Einkünfte, die dem Steuerabzug unterliegen, durch den Steuerabzug abgegolten oder werden solche Einkünfte bei der Veranlagung zur Einkommensteuer oder beim Lohnsteuer-Jahresausgleich nicht erfasst, gilt dies für die Zuschlagsteuer entsprechend.

(4) ① Die Vorauszahlungen auf Zuschlagsteuern sind gleichzeitig mit den festgesetzten Vorauszahlungen auf die Einkommensteuer zu entrichten; § 37 Absatz 5 ist nicht anzuwenden. ② Solange ein Bescheid über die Vorauszahlungen auf Zuschlagsteuern nicht erteilt worden ist, sind die Vorauszahlungen ohne besondere Aufforderung nach Maßgabe der für die Zuschlagsteuern geltenden Vorschriften zu entrichten. ③ § 240 Absatz 1 Satz 3 der Abgabenordnung ist insoweit nicht anzuwenden; § 254 Absatz 2 der Abgabenordnung gilt insoweit sinngemäß.

(5) ① Mit einem Rechtsbehelf gegen die Zuschlagsteuer kann weder die Bemessungsgrundlage noch die Höhe des zu versteuernden Einkommens angegriffen werden. ② Wird die Bemessungsgrundlage geändert, ändert sich die Zuschlagsteuer entsprechend.

(6) Die Absätze 1 bis 5 gelten für die Kirchensteuern nach Maßgabe landesrechtlicher Vorschriften.

§ 52[2] Anwendungsvorschriften

(1)[3] ① Diese Fassung des Gesetzes ist, soweit in den folgenden Absätzen nichts anderes bestimmt ist, erstmals für den Veranlagungszeitraum 2025 anzuwenden. ② Beim Steuerabzug vom Arbeitslohn gilt Satz 1 mit der Maßgabe, dass diese Fassung erstmals auf den laufenden Arbeitslohn anzuwenden ist, der für einen nach dem 31. Dezember 2024 endenden Lohnzahlungszeitraum gezahlt wird, und auf sonstige Bezüge, die nach dem 31. Dezember 2024 zufließen. ③ Beim Steuerabzug vom Kapitalertrag gilt Satz 1 mit der Maßgabe, dass diese Fassung des Gesetzes erstmals auf Kapitalerträge anzuwenden ist, die dem Gläubiger nach dem 31. Dezember 2024 zufließen.

[ab 1.1.2026:

(1)[4] ① Diese Fassung des Gesetzes ist, soweit in den folgenden Absätzen nichts anderes bestimmt ist, erstmals für den Veranlagungszeitraum 2026 anzuwenden. ② Beim Steuerabzug vom Arbeitslohn gilt Satz 1 mit der Maßgabe, dass diese Fassung erstmals auf den laufenden Arbeitslohn anzuwenden ist, der für einen nach dem 31. Dezember 2025 endenden Lohnzahlungszeitraum gezahlt wird, und auf sonstige Bezüge, die nach dem 31. Dezember 2025 zufließen. ③ Beim Steuerabzug vom Kapitalertrag gilt Satz 1 mit der Maßgabe, dass diese Fassung des Gesetzes erstmals auf Kapitalerträge anzuwenden ist, die dem Gläubiger nach dem 31. Dezember 2025 zufließen.]

(2) ① § 2a Absatz 1 Satz 1 Nummer 6 Buchstabe b in der am 1. Januar 2000 geltenden Fassung ist erstmals auf negative Einkünfte eines Steuerpflichtigen anzuwenden, die er aus einer entgeltlichen Überlassung von Schiffen auf Grund eines nach dem 31. Dezember 1999 rechtswirksam abgeschlossenen obligatorischen Vertrags oder gleichstehenden Rechtsakts erzielt. ② Für negative Einkünfte im Sinne des § 2a Absatz 1 und 2 in der am 24. Dezember 2008 geltenden Fassung, die vor dem 25. Dezember 2008 nach § 2a Absatz 1 Satz 5 bestandskräftig gesondert festgestellt wurden, ist § 2a Absatz 1 Satz 3 bis 5 in der am 24. Dezember 2008 geltenden Fassung weiter anzuwenden. ③ § 2a Absatz 3 Satz 3, 5 und 6 in der am 29. April 1997 geltenden Fassung ist für Veranlagungszeiträume ab 1999 weiter anzuwenden, soweit sich ein positiver Betrag im Sinne des § 2a Absatz 3 Satz 3 in der am 29. April 1997 geltenden Fassung ergibt oder soweit eine in einem ausländischen Staat belegene Betriebsstätte im Sinne des § 2a Absatz 4 in der Fassung des § 52 Absatz 3 Satz 8 in der am 30. Juli 2014 geltenden Fassung in eine Kapitalgesellschaft umgewandelt,

[1] § 51a Abs. 2e neu gef. durch BeitrRLUmsG v. 7. 12. 2011 (BGBl. I S. 2592); zur erstmaligen Anwendung für nach dem 31. 12. 2014 zufließende Kapitalerträge siehe § 52 Abs. 49. Abs. 2e Satz 1 geänd. und Sätze 3 und 4 neu gef., Satz 5 angef. mWvVZ 2015 durch AmtshilfeRLUmsG v. 26. 6. 2013 (BGBl. I S. 1809). Abs. 2e Satz 4 neu gef. mWvVZ 2021 und geänd. mWvVZ 2022 durch G v. 1. 12. 2020 (BGBl. I S. 2616).

[2] § 52 neu gef. durch KroatienAnpG v. 25. 7. 2014 (BGBl. I S. 1266).

[3] § 52 Abs. 1 neu gef. durch JStG 2024 v. 2.12.2024 (BGBl. I Nr. 387).

[4] § 52 Abs. 1 neu gef. durch JStG 2024 v. 2.12.2024 (BGBl. I Nr. 387).

übertragen oder aufgegeben wird. ④ Insoweit ist in § 2a Absatz 3 Satz 5 letzter Halbsatz in der am 29. April 1997 geltenden Fassung die Angabe „§ 10d Absatz 3" durch die Angabe „§ 10d Absatz 4" zu ersetzen.

(3) § 2b in der Fassung der Bekanntmachung vom 19. Oktober 2002 (BGBl. I S. 4210; 2003 I S. 179) ist weiterhin für Einkünfte aus einer Einkunftsquelle im Sinne des § 2b anzuwenden, die der Steuerpflichtige nach dem 4. März 1999 und vor dem 11. November 2005 rechtswirksam erworben oder begründet hat.

(4)[1] ① § 3 Nummer 5 in der am 30. Juni 2013 geltenden Fassung ist vorbehaltlich des Satzes 2 erstmals für den Veranlagungszeitraum 2013 anzuwenden. ② § 3 Nummer 5 in der am 29. Juni 2013 geltenden Fassung ist weiterhin anzuwenden für freiwillig Wehrdienst Leistende, die das Dienstverhältnis vor dem 1. Januar 2014 begonnen haben. ③ § 3 Nummer 10 in der am 31. Dezember 2005 geltenden Fassung ist weiter anzuwenden für ausgezahlte Übergangsbeihilfen an Soldatinnen auf Zeit und Soldaten auf Zeit, wenn das Dienstverhältnis vor dem 1. Januar 2006 begründet worden ist. ④ § 3 Nummer 11b in der Fassung des Artikels 1 des Gesetzes vom 19. Juni 2022 (BGBl. I S. 911) ist erstmals für den Veranlagungszeitraum 2021 anzuwenden. ⑤ § 3 Nummer 14a in der Fassung des Artikels 3 des Gesetzes vom 16. Dezember 2022 (BGBl. I S. 2294) ist erstmals für den Veranlagungszeitraum 2021 anzuwenden. ⑥ Ist in der für das jeweilige Leistungsjahr zuletzt übermittelten Rentenbezugsmitteilung im Sinne des § 22a in den nach § 22a Absatz 1 Satz 1 Nummer 2 zu übermittelnden Daten der Zuschlag an Entgeltpunkten für langjährige Versicherung nach dem Sechsten Buch Sozialgesetzbuch enthalten, haben die Träger der gesetzlichen Rentenversicherung als mitteilungspflichtige Stelle im Sinne des § 22a bis zum letzten Tag des Monats Februar 2024 für das jeweilige Leistungsjahr eine insoweit korrigierte Rentenbezugsmitteilung zu übermitteln. ⑦ Ein Einkommensteuerbescheid ist infolge einer nach Satz 6 korrigierten Rentenbezugsmitteilung insoweit zu ändern. ⑧ Das gilt auch, wenn der Einkommensteuerbescheid bereits bestandskräftig ist; andere Änderungsvorschriften bleiben unberührt. ⑨ Auf fortlaufende Leistungen nach dem Gesetz über die Heimkehrerstiftung vom 21. Dezember 1992 (BGBl. I S. 2094, 2101), das zuletzt durch Artikel 1 des Gesetzes vom 10. Dezember 2007 (BGBl. I S. 2830) geändert worden ist, in der jeweils geltenden Fassung ist § 3 Nummer 19 in der am 31. Dezember 2010 geltenden Fassung weiter anzuwenden. ⑩ § 3 Nummer 26 und 26a in der Fassung des Artikels 2 des Gesetzes vom 11. Dezember 2018 (BGBl. I S. 2338) ist in allen offenen Fällen anzuwenden. ⑪ Für die Anwendung des § 3 Nummer 34 in der Fassung des Artikels 3 des Gesetzes vom 11. Dezember 2018 (BGBl. I S. 2338) ist das Zertifizierungserfordernis nach § 20 Absatz 2 Satz 2 in Verbindung mit § 20 Absatz 5 des Fünften Buches Sozialgesetzbuch für bereits vor dem 1. Januar 2019 begonnene unzertifizierte Gesundheitsmaßnahmen erstmals maßgeblich für Sachbezüge, die nach dem 31. Dezember 2019 gewährt werden. ⑫ § 3 Nummer 37 in der Fassung des Artikels 3 des Gesetzes vom 11. Dezember 2018 (BGBl. I S. 2338) ist letztmals für den Veranlagungszeitraum 2030 anzuwenden, sowie beim Steuerabzug vom Arbeitslohn auf Vorteile, die in einem vor dem 1. Januar 2031 endenden Lohnzahlungszeitraum oder als sonstige Bezüge vor dem 1. Januar 2031 zugewendet werden. ⑬ § 3 Nummer 40 ist erstmals anzuwenden für

1. Gewinnausschüttungen, auf die bei der ausschüttenden Körperschaft der nach Artikel 3 des Gesetzes vom 23. Oktober 2000 (BGBl. I S. 1433) aufgehobene Vierte Teil des Körperschaftsteuergesetzes nicht mehr anzuwenden ist; für die übrigen in § 3 Nummer 40 genannten Erträge im Sinne des § 20 gilt Entsprechendes;
2. Erträge im Sinne des § 3 Nummer 40 Satz 1 Buchstabe a, b, c und j nach Ablauf des ersten Wirtschaftsjahres der Gesellschaft, an der die Anteile bestehen, für das das Körperschaftsteuergesetz in der Fassung des Artikels 3 des Gesetzes vom 23. Oktober 2000 (BGBl. I S. 1433) erstmals anzuwenden ist.

⑭ § 3 Nummer 40 Satz 1 Buchstabe d Satz 3 in der Fassung des Artikels 1 des Gesetzes vom 25. Juni 2021 (BGBl. I S. 2035) ist erstmals für Bezüge anzuwenden, die nach dem 31. Dezember 2019 zufließen. ⑮ § 3 Nummer 40 Satz 3 und 4 in der am 12. Dezember 2006 geltenden Fassung ist für Anteile, die einbringungsgeboren im Sinne des § 21 des Umwandlungssteuergesetzes in der am 12. Dezember 2006 geltenden Fassung sind, weiter anzuwenden. ⑯ § 3 Nummer 40 Satz 3 erster Halbsatz in der am 1. Januar 2017 geltenden Fassung ist erstmals für den Veranlagungszeitraum 2017 anzuwenden; der zweite Halbsatz ist anzuwenden auf Anteile, die nach dem 31. Dezember 2016 dem Betriebsvermögen zugehen. ⑰ Bei vom Kalenderjahr abweichenden Wirt-

---

[1] § 52 Abs. 4 Satz 13 angef. durch ZollkodexAnpG v. 22. 12. 2014 (BGBl. I S. 2417). Abs. 4 Satz 10 eingef. (bish. Sätze 10 bis 13 werden Sätze 11 bis 14) durch G v. 7. 11. 2016 (BGBl. I S. 2498). Abs. 4 Satz 7 eingef. (bish. Sätze 8 bis 14 werden Sätze 9 bis 15) durch BEPS-UmsG v. 20. 12. 2016 (BGBl. I S. 3000). Abs. 4 Satz 16 angef. durch SchädlStPraktG v. 27. 6. 2017 (BGBl. I S. 2074). Abs. 4 Sätze 12 bis 14 geänd. und Satz 15 eingef. durch BetrRentStG v. 17. 8. 2017 (BGBl. I S. 3214). Abs. 4 Satz 5 eingef. mWv 15. 12. 2018 (bish. Sätze 4 bis 17 werden Sätze 5 bis 16) und bish. Sätze 12 und 13 aufgeh. durch „JStG 2018" v. 11. 12. 2018 (BGBl. I S. 2338). Abs. 4 Sätze 6 und 7 eingef. (bish. Sätze 6 bis 16 werden Sätze 8 bis 18) durch „JStG 2018" v. 11. 12. 2018 (BGBl. I S. 2338). Abs. 4 Satz 7 und Satz 14 geänd. durch JStG 2019 v. 12. 12. 2019 (BGBl. I S. 2451). Abs. 4 Satz 15 eingef., bish. Sätze 15 bis 18 werden Sätze 16 bis 19 durch G v. 8. 8. 2020 (BGBl. I S. 1818). Abs. 4 Satz 9 eingef., bish Sätze 9 bis 13 werden Sätze 10 bis 14, Satz 15 eingef., bish. Sätze 14 bis 19 werden Sätze 16 bis 21 durch ATADUmsG v. 25. 6. 2021 (BGBl. I S. 2035). Abs. 4 Satz 4 eingef., bish. Sätze 4 bis 21 werden 5 bis 22 durch G v. 19. 6. 2022 (BGBl. I S. 911). Abs. 4 Sätze 5 bis 8 eingef., bish. Sätze 5 bis 22 werden Sätze 9 bis 26, Satz 27 angef. durch JStG 2022 v. 16. 12. 2022 (BGBl. I S. 2294). Satz 27 eingef., bish. Satz 27 wird Satz 28 durch ZuFinG v. 11. 12. 2023 (BGBl. I Nr. 354). Satz 29 angef. durch JStG 2024 v. 2.12.2024 (BGBl. I Nr. 387).

schaftsjahren ist § 3 Nummer 40 Buchstabe d Satz 2 in der am 30. Juni 2013 geltenden Fassung erstmals für den Veranlagungszeitraum anzuwenden, in dem das Wirtschaftsjahr endet, das nach dem 31. Dezember 2013 begonnen hat. ⑱ § 3 Nummer 40 a in der am 6. August 2004 geltenden Fassung ist auf Vergütungen im Sinne des § 18 Absatz 1 Nummer 4 anzuwenden, wenn die vermögensverwaltende Gesellschaft oder Gemeinschaft nach dem 31. März 2002 und vor dem 1. Januar 2009 gegründet worden ist oder soweit die Vergütungen in Zusammenhang mit der Veräußerung von Anteilen an Kapitalgesellschaften stehen, die nach dem 7. November 2003 und vor dem 1. Januar 2009 erworben worden sind. ⑲ § 3 Nummer 40 a in der am 19. August 2008 geltenden Fassung ist erstmals auf Vergütungen im Sinne des § 18 Absatz 1 Nummer 4 anzuwenden, wenn die vermögensverwaltende Gesellschaft oder Gemeinschaft nach dem 31. Dezember 2008 gegründet worden ist. ⑳ § 3 Nummer 41 in der am 30. Juni 2021 geltenden Fassung ist letztmals für den Veranlagungszeitraum 2021 anzuwenden. ㉑ § 3 Nummer 46 in der am 17. November 2016 geltenden Fassung ist erstmals anzuwenden auf Vorteile, die in einem nach dem 31. Dezember 2016 endenden Lohnzahlungszeitraum oder als sonstige Bezüge nach dem 31. Dezember 2016 zugewendet werden, und letztmals anzuwenden auf Vorteile, die in einem vor dem 1. Januar 2031 endenden Lohnzahlungszeitraum oder als sonstige Bezüge vor dem 1. Januar 2031 zugewendet werden. ㉒ § 3 Nummer 60 in der am 13. August 2020 geltenden Fassung ist weiterhin anzuwenden für Anpassungsgelder an Arbeitnehmer im Steinkohlenbergbau bis zum Auslaufen dieser öffentlichen Mittel im Jahr 2027. ㉓ Der Höchstbetrag nach § 3 Nummer 63 Satz 1 verringert sich um Zuwendungen, auf die § 40 b Absatz 1 und 2 Satz 1 und 2 in der am 31. Dezember 2004 geltenden Fassung angewendet wird. ㉔ § 3 Nummer 63 Satz 3 in der ab dem 1. Januar 2018 geltenden Fassung ist nicht anzuwenden, soweit § 40 b Absatz 1 und 2 Satz 3 und 4 in der am 31. Dezember 2004 geltenden Fassung angewendet wird. ㉕ § 3 Nummer 71 in der am 31. Dezember 2014 geltenden Fassung ist erstmals für den Veranlagungszeitraum 2013 anzuwenden. ㉖ § 3 Nummer 71 in der Fassung des Artikels 1 des Gesetzes vom 27. Juni 2017 (BGBl. I S. 2074) ist erstmals für den Veranlagungszeitraum 2017 anzuwenden. ㉗ § 3 Nummer 71 in der Fassung des Artikels 17 des Gesetzes vom 11. Dezember 2023 (BGBl. 2023 I Nr. 354) ist erstmals für den Veranlagungszeitraum 2023 anzuwenden. ㉘ § 3 Nummer 72 in der Fassung des Artikels 1 des Gesetzes vom 16. Dezember 2022 (BGBl. I S. 2294) ist für Einnahmen und Entnahmen anzuwenden, die nach dem 31. Dezember 2021 erzielt oder getätigt werden. ㉙ § 3 Nummer 72 in der Fassung des Artikels 3 des Gesetzes vom 2. Dezember 2024 (BGBl. 2024 I Nr. 387) ist erstmals für Photovoltaikanlagen anzuwenden, die nach dem 31. Dezember 2024 angeschafft, in Betrieb genommen oder erweitert werden.

(4 a)[1] ① § 3 a in der Fassung des Artikels 2 des Gesetzes vom 27. Juni 2017 (BGBl. I S. 2074) ist erstmals in den Fällen anzuwenden, in denen die Schulden ganz oder teilweise nach dem 8. Februar 2017 erlassen wurden. ② Satz 1 gilt bei einem Schuldenerlass nach dem 8. Februar 2017 nicht, wenn dem Steuerpflichtigen auf Antrag Billigkeitsmaßnahmen aus Gründen des Vertrauensschutzes für einen Sanierungsertrag auf Grundlage von § 163 Absatz 1 Satz 2 und den §§ 222, 227 der Abgabenordnung zu gewähren sind. ③ Auf Antrag des Steuerpflichtigen ist § 3 a auch in den Fällen anzuwenden, in denen die Schulden vor dem 9. Februar 2017 erlassen wurden. ④ Satz 1 gilt auch für § 3 a Absatz 3 a in der Fassung des Artikels 1 des Gesetzes vom 12. Dezember 2019 (BGBl. I S. 2451).

(5)[2] ① § 3 c Absatz 2 Satz 3 und 4 in der am 12. Dezember 2006 geltenden Fassung ist für Anteile, die einbringungsgeboren im Sinne des § 21 des Umwandlungssteuergesetzes in der am 12. Dezember 2006 geltenden Fassung sind, weiter anzuwenden. ② § 3 c Absatz 2 in der am 31. Dezember 2014 geltenden Fassung ist erstmals für Wirtschaftsjahre anzuwenden, die nach dem 31. Dezember 2014 beginnen. ③ § 3 c Absatz 4 in der Fassung des Artikels 2 des Gesetzes vom 27. Juni 2017 (BGBl. I S. 2074) ist für Betriebsvermögensminderungen oder Betriebsausgaben in unmittelbarem wirtschaftlichem Zusammenhang mit einem Schuldenerlass nach dem 8. Februar 2017 anzuwenden, für den § 3 a angewendet wird. ④ § 3 c Absatz 4 ist auch in den Fällen anzuwenden, in denen dem Steuerpflichtigen die Steuerbefreiung des § 3 a auf Grund eines Antrags nach Absatz 4 a Satz 3 gewährt wird.

(6)[3] ① § 4 Absatz 1 Satz 3 in der Fassung des Artikels 1 des Gesetzes vom 25. Juni 2021 (BGBl. I S. 2035) ist erstmals für nach dem 31. Dezember 2019 endende Wirtschaftsjahre anzuwenden. ② § 4 Absatz 1 Satz 4 in der Fassung des Artikels 1 des Gesetzes vom 8. Dezember 2010 (BGBl. I S. 1768) gilt in allen Fällen, in denen § 4 Absatz 1 Satz 3 anzuwenden ist. ③ § 4 Absatz 1 Satz 9 in der Fassung des Artikels 1 des Gesetzes vom 25. Juni 2021 (BGBl. I S. 2035) ist erstmals für nach dem 31. Dezember 2019 endende Wirtschaftsjahre anzuwenden. ④ § 4 Absatz 3 Satz 4 ist nicht

[1] § 52 Abs. 4 a eingef. durch SchädlStPraktG v. 27. 6. 2017 (BGBl. I S. 2074). Abs. 4 a Satz 3 angef. durch „JStG 2018" v. 11. 12. 2018 (BGBl. I S. 2338). Abs. 4 a Satz 4 angef. durch JStG 2019 (BGBl. I S. 2451).

[2] § 52 Abs. 5 Satz 2 angef. durch ZollkodexAnpG v. 22. 12. 2014 (BGBl. I S. 2417). Abs. 5 Satz 3 angef. durch SchädlStPraktG v. 27. 6. 2017 (BGBl. I S. 2074). Abs. 5 Satz 4 angef. durch „JStG 2018" v. 11. 12. 2018 (BGBl. I S. 2338).

[3] § 52 Abs. 6 Sätze 10 bis 12 angef. durch JStG 2019 v. 12. 12. 2019 (BGBl. I S. 2451). Abs. 6 Satz 13 angef. durch JStG 2020 v. 21. 12. 2020 (BGBl. I S. 3096). Abs. 6 Satz 1 eingef., bish. Satz 1 wird Satz 2, Satz 3 eingef. bish., Sätze 2 bis 13 werden Sätze 4 bis 15 durch ATADUmsG v. 25. 6. 2021 (BGBl. I S. 2035). Abs. 6 Satz 15 geänd. durch G v. 19. 6. 2022 (BGBl. I S. 911). Abs. 6 Satz 12 eingef., bish. Sätze 12 bis 15 werden Sätze 13 bis 16 durch JStG 2022 v. 16. 12. 2022 (BGBl. I S. 2294); Satz 10 eingef., bish. Sätze 10 bis 16 werden Sätze 11 bis 17 durch WachstumschancenG v. 27.3.2024 (BGBl. I Nr. 108).

anzuwenden, soweit die Anschaffungs- oder Herstellungskosten vor dem 1. Januar 1971 als Betriebsausgaben abgesetzt worden sind. ⑤ § 4 Absatz 3 Satz 4 und 5 in der Fassung des Artikels 1 des Gesetzes vom 28. April 2006 (BGBl. I S. 1095) ist erstmals für Wirtschaftsgüter anzuwenden, die nach dem 5. Mai 2006 angeschafft, hergestellt oder in das Betriebsvermögen eingelegt werden. ⑥ Die Anschaffungs- oder Herstellungskosten für nicht abnutzbare Wirtschaftsgüter des Anlagevermögens, die vor dem 5. Mai 2006 angeschafft, hergestellt oder in das Betriebsvermögen eingelegt wurden, sind erst im Zeitpunkt des Zuflusses des Veräußerungserlöses oder im Zeitpunkt der Entnahme als Betriebsausgaben zu berücksichtigen. ⑦ § 4 Absatz 4a in der Fassung des Gesetzes vom 22. Dezember 1999 (BGBl. I S. 2601) ist erstmals für das Wirtschaftsjahr anzuwenden, das nach dem 31. Dezember 1998 endet. ⑧ Über- und Unterentnahmen vorangegangener Wirtschaftsjahre bleiben unberücksichtigt. ⑨ Bei vor dem 1. Januar 1999 eröffneten Betrieben sind im Fall der Betriebsaufgabe bei der Überführung von Wirtschaftsgütern aus dem Betriebsvermögen in das Privatvermögen die Buchwerte nicht als Entnahme anzusetzen; im Fall der Betriebsveräußerung ist nur der Veräußerungsgewinn als Entnahme anzusetzen. ⑩ § 4 Absatz 5 Satz 1 Nummer 1 in der Fassung des Artikels 2 des Gesetzes vom 27. März 2024 (BGBl. 2024 I Nr. 108) ist erstmals für das Wirtschaftsjahr anzuwenden, das nach dem 31. Dezember 2023 beginnt. ⑪ § 4 Absatz 5 Satz 1 Nummer 5 in der Fassung des Artikels 1 des Gesetzes vom 20. Februar 2013 (BGBl. I S. 285) ist erstmals ab dem 1. Januar 2014 anzuwenden. ⑫ § 4 Absatz 5 Satz 1 Nummer 6a in der Fassung des Artikels 1 des Gesetzes vom 20. Februar 2013 (BGBl. I S. 285) ist erstmals ab dem 1. Januar 2014 anzuwenden. ⑬ § 4 Absatz 5 Satz 1 Nummer 6b und 6c in der Fassung des Artikels 1 des Gesetzes vom 16. Dezember 2022 (BGBl. I S. 2294) ist für nach dem 31. Dezember 2022 in der häuslichen Wohnung ausgeübte Tätigkeiten anzuwenden. ⑭ § 4 Absatz 5 Satz 1 Nummer 8 in der Fassung des Artikels 1 des Gesetzes vom 12. Dezember 2019 (BGBl. I S. 2451) ist erstmals anzuwenden auf nach dem 31. Dezember 2018 festgesetzte Geldbußen, Ordnungsgelder und Verwarnungsgelder sowie auf nach dem 31. Dezember 2018 entstandene mit der Geldbuße, dem Ordnungsgeld oder dem Verwarnungsgeld zusammenhängende Aufwendungen. ⑮ § 4 Absatz 5 Satz 1 Nummer 8a in der Fassung des Artikels 1 des Gesetzes vom 12. Dezember 2019 (BGBl. I S. 2451) ist erstmals anzuwenden auf nach dem 31. Dezember 2018 festgesetzte Zinsen im Sinne der Vorschrift. ⑯ § 4 Absatz 10 in der Fassung des Artikels 2 des Gesetzes vom 12. Dezember 2019 (BGBl. I S. 2451) ist erstmals anzuwenden auf nach dem 31. Dezember 2019 durchgeführte Übernachtungen im Sinne der Vorschrift. ⑰ § 4 Absatz 5 Satz 1 Nummer 6b Satz 4 in der Fassung des Artikels 1 des Gesetzes vom 21. Dezember 2020 (BGBl. I S. 3096) ist für nach dem 31. Dezember 2019 und vor dem 1. Januar 2023 in der häuslichen Wohnung ausgeübte Tätigkeiten anzuwenden.

(7)[1] ① § 4d Absatz 1 Satz 1 Nummer 1 Satz 3 in der Fassung des Artikels 2 des Gesetzes vom 2. Dezember 2024 (BGBl. 2024 I Nr. 387) ist bei Grundbesitz anzuwenden, der der Kasse erstmals nach dem 31. Dezember 2023 zuzurechnen ist. ② Vor dem 1. Januar 2024 vorhandener Grundbesitz ist mit dem Wert anzusetzen, der bei der Ermittlung des Kassenvermögens in dem letzten vor dem 1. Januar 2024 endenden Wirtschaftsjahr maßgebend war. ③ Führen in den Fällen des Satzes 2 Baumaßnahmen nach dem 31. Dezember 2023 zu Herstellungskosten, sind neben dem Wert nach Satz 2 auch diese Herstellungskosten anzusetzen.

(8)[2] ① § 4f in der Fassung des Gesetzes vom 18. Dezember 2013 (BGBl. I S. 4318) ist erstmals für Wirtschaftsjahre anzuwenden, die nach dem 28. November 2013 enden. ② § 4f Absatz 1 Satz 3 in der Fassung des Artikels 1 des Gesetzes vom 21. Dezember 2020 (BGBl. I S. 3096) ist erstmals für Wirtschaftsjahre anzuwenden, die nach dem 31. Dezember 2019 enden; bei nach § 4a vom Kalenderjahr abweichenden Wirtschaftsjahren ist § 4f Absatz 1 Satz 3 spätestens für Wirtschaftsjahre anzuwenden, die nach dem 17. Juli 2020 enden.

(8a)[3] § 4g Absatz 1 in der Fassung des Artikels 3 des Gesetzes vom 2. Dezember 2024 (BGBl. 2024 I Nr. 387) ist in allen offenen Fällen anzuwenden.

(8b)[4] § 4h in der Fassung des Artikels 20 des Gesetzes vom 22. Dezember 2023 (BGBl. 2023 I Nr. 411) ist erstmals für Wirtschaftsjahre anzuwenden, die nach dem 14. Dezember 2023 beginnen und nicht vor dem 1. Januar 2024 enden.

(8c)[5] ① § 4j in der Fassung des Artikels 1 des Gesetzes vom 27. Juni 2017 (BGBl. I S. 2074) ist erstmals für Aufwendungen anzuwenden, die nach dem 31. Dezember 2017 entstehen. ② § 4j Absatz 2 Satz 1 und Absatz 3 Satz 2 in der Fassung des Artikels 4 des Gesetzes vom 21. Dezember 2023 (BGBl. 2023 I Nr. 397) sind erstmals für Aufwendungen anzuwenden, die nach dem 31. Dezember 2023 entstehen.

---

[1] § 52 Abs. 7 neu gef. durch JStG 2024 v. 2.12.2024 (BGBl. I Nr. 387).

[2] § 52 Abs. 8 Satz 2 angef. durch JStG 2020 v. 21. 12. 2020 (BGBl. I S. 3096).

[3] § 52 Abs. 8a eingef. durch ATADUmsG v. 25. 6. 2021 (BGBl. I S. 2035). Geänd. durch JStG 2024 v. 2.12.2024 (BGBl. I Nr. 387).

[4] § 52 Abs. 8b eingef. durch KrZwFörG v. 22. 12. 2023 (BGBl. I Nr. 411).

[5] § 52 Abs. 8a eingef. durch SchädlStPraktG v. 27. 6. 2017 (BGBl. I S. 2074); bish. Abs. 8a wird Abs. 8b durch ATADUmsG v. 25. 6. 2021 (BGBl. I S. 2035). Satz 2 angef. durch G v. 21. 12. 2023 (BGBl. I Nr. 397); bish. Abs. 8b wird Abs. 8c durch KrZwFördG v. 22. 12. 2023 (BGBl. I Nr. 411).

(8 d)[1] ① § 4 k in der Fassung des Artikels 1 des Gesetzes vom 25. Juni 2021 (BGBl. I S. 2035) ist erstmals für Aufwendungen anzuwenden, die nach dem 31. Dezember 2019 entstehen. ② Aufwendungen, die rechtlich bereits vor dem 1. Januar 2020 verursacht wurden, gelten bei der Anwendung des Satzes 1 nur insoweit als nach dem 31. Dezember 2019 entstanden, als ihnen ein Dauerschuldverhältnis zugrunde liegt und sie ab diesem Zeitpunkt ohne wesentliche Nachteile hätten vermieden werden können. ③ Ein Nachteil ist insbesondere dann wesentlich im Sinne des Satzes 2, wenn sämtliche mit der Vermeidung der Aufwendungen verbundenen Kosten den steuerlichen Vorteil infolge der Besteuerungsinkongruenz übersteigen. ④ Satz 2 gilt nicht, wenn das Dauerschuldverhältnis nach dem 31. Dezember 2019 wesentlich geändert wurde.

(9)[2] ① § 5 Absatz 5 Satz 2 in der Fassung des Artikels 1 des Gesetzes vom 16. Dezember 2022 (BGBl. I S. 2294) ist erstmals für Wirtschaftsjahre anzuwenden, die nach dem 31. Dezember 2021 enden. ② § 5 Absatz 7 in der Fassung des Gesetzes vom 18. Dezember 2013 (BGBl. I S. 4318) ist erstmals für Wirtschaftsjahre anzuwenden, die nach dem 28. November 2013 enden. ③ Auf Antrag kann § 5 Absatz 7 auch für frühere Wirtschaftsjahre angewendet werden. ④ Bei Schuldübertragungen, Schuldbeitritten und Erfüllungsübernahmen, die vor dem 14. Dezember 2011 vereinbart wurden, ist § 5 Absatz 7 Satz 5 mit der Maßgabe anzuwenden, dass für einen Gewinn, der sich aus der Anwendung von § 5 Absatz 7 Satz 1 bis 3 ergibt, jeweils in Höhe von 19 Zwanzigsteln eine gewinnmindernde Rücklage gebildet werden kann, die in den folgenden 19 Wirtschaftsjahren jeweils mit mindestens einem Neunzehntel gewinnerhöhend aufzulösen ist.

(10)[3] ① § 5 a Absatz 3 in der Fassung des Artikels 9 des Gesetzes vom 29. Dezember 2003 (BGBl. I S. 3076) ist erstmals für das Wirtschaftsjahr anzuwenden, das nach dem 31. Dezember 2005 endet. ② § 5 a Absatz 3 Satz 1 in der am 31. Dezember 2003 geltenden Fassung ist weiterhin anzuwenden, wenn der Steuerpflichtige im Fall der Anschaffung das Handelsschiff auf Grund eines vor dem 1. Januar 2006 rechtswirksam abgeschlossenen schuldrechtlichen Vertrags oder gleichgestellten Rechtsakts angeschafft oder im Fall der Herstellung mit der Herstellung des Handelsschiffs vor dem 1. Januar 2006 begonnen hat. ③ In Fällen des Satzes 2 muss der Antrag auf Anwendung des § 5 a Absatz 1 spätestens bis zum Ablauf des Wirtschaftsjahres gestellt werden, das vor dem 1. Januar 2008 endet. ④ § 5 a Absatz 4 Satz 5 bis 7 in der Fassung des Artikels 1 des Gesetzes vom 2. Juni 2021 (BGBl. I S. 1259) ist erstmals auf Wirtschaftsjahre anzuwenden, die nach dem 31. Dezember 1998 beginnen. ⑤ Soweit Ansparabschreibungen im Sinne des § 7 g Absatz 3 in der am 17. August 2007 geltenden Fassung zum Zeitpunkt des Übergangs zur Gewinnermittlung nach § 5 a Absatz 1 noch nicht gewinnerhöhend aufgelöst worden sind, ist § 5 a Absatz 5 Satz 3 in der am 17. August 2007 geltenden Fassung weiter anzuwenden. ⑥ § 5 a Absatz 6 in der durch Artikel 1 des Gesetzes vom 12. Dezember 2019 (BGBl. I S. 2451) geänderten Fassung ist erstmals für Wirtschaftsjahre anzuwenden, die nach dem 31. Dezember 2018 beginnen.

(11)[4] ① § 5 b in der Fassung des Artikels 1 des Gesetzes vom 20. Dezember 2008 (BGBl. I S. 2850) ist erstmals für Wirtschaftsjahre anzuwenden, die nach dem 31. Dezember 2010 beginnen. ② § 5 b Absatz 1 Satz 1 in der Fassung des Artikels 4 des Gesetzes vom 2. Dezember 2024 (BGBl. 2024 I Nr. 387) ist, soweit er sich auf die Übermittlung von Kontennachweisen bezieht, erstmals für Wirtschaftsjahre anzuwenden, die nach dem 31. Dezember 2024 beginnen. ③ § 5 b Absatz 1 Satz 1 in der Fassung des Artikels 4 des Gesetzes vom 2. Dezember 2024 (BGBl. 2024 I Nr. 387), soweit er sich auf die Übermittlung von Anlagenspiegel und Anlagenverzeichnis bezieht, sowie § 5 b Absatz 1 Satz 5 und 6 in der Fassung des Artikels 4 des Gesetzes vom 2. Dezember 2024 (BGBl. 2024 I Nr. 387) sind erstmals für Wirtschaftsjahre anzuwenden, die nach dem 31. Dezember 2027 beginnen.

(12)[5] ① § 6 Absatz 1 Nummer 1 b kann auch für Wirtschaftsjahre angewendet werden, die vor dem 23. Juli 2016 enden. ② § 6 Absatz 1 Nummer 3 und 3 a Buchstabe e in der Fassung des Artikels 3 des Gesetzes vom 19. Juni 2022 (BGBl. I S. 911) ist erstmals für Wirtschaftsjahre anzuwenden, die nach dem 31. Dezember 2022 enden. ③ Auf Antrag kann § 6 Absatz 1 Nummer 3 und 3 a Buchstabe e in der Fassung des Artikels 3 des Gesetzes vom 19. Juni 2022 (BGBl. I S. 911) auch für frühere Wirtschaftsjahre angewendet werden. ④ § 6 Absatz 1 Nummer 4 Satz 2 Nummer 3 und Satz 3 Nummer 3 in der Fassung des Artikels 1 des Gesetzes vom 29. Juni 2020 (BGBl. I

---

[1] § 52 Abs. 8 c eingef. durch ATADUmsG v. 25. 6. 2021 (BGBl. I S. 2035); bish. Abs. 8 c wird Abs. 8 d durch KrZwFördG v. 22. 12. 2023 (BGBl. I Nr. 411).

[2] § 52 Abs. 9 Satz 1 eingef., bish. Sätze 1 bis 3 werden Sätze 2 bis 4 durch JStG 2022 v. 16. 12. 2022 (BGBl. I S. 2294).

[3] § 52 Abs. 10 Satz 5 angef. durch JStG 2019 v. 12. 12. 2019 (BGBl. I S. 2451). Satz 4 eingef., bish. Sätze 4 und 5 werden Sätze 5 und 6 durch AbzStEntModG v. 2. 6. 2021 (BGBl. I S. 1259).

[4] § 52 Abs. 11 Sätze 2 und 3 angef. durch JStG 2024 v. 2.12.2024 (BGBl. I Nr. 387).

[5] § 52 Abs. 12 Satz 1 geänd. durch StÄndG 2015 v. 2. 11. 2015 (BGBl. I S. 1834). Abs. 12 Satz 1 eingef., bish. Sätze 1 und 2 werden Sätze 2 und 3 durch G v. 18. 7. 2016 (BGBl. I S. 1679). Abs. 12 Satz 3 (bish. Satz 3 wird Satz 4) eingef. sowie Abs. 12 Satz 6 angef. durch SchädlStPraktG v. 27. 6. 2017 (BGBl. I S. 2074). Abs. 12 neuer Satz 3 eingef. (bish. Sätze 3 bis 5 werden Sätze 4 bis 6) durch 2. BürokratEntlG v. 30. 6. 2017 (BGBl. I S. 2143). Abs. 12 Satz 2 (jetzt Satz 3) und neuer Satz 2 eingef. (bish. Sätze 2 bis 6 werden Sätze 3 bis 7), neuer Satz 3 neu gef. durch „JStG 2018" v. 11. 12. 2018 (BGBl. I S. 2338). Abs. 12 Satz 2 geänd. durch JStG 2019 v. 12. 12. 2019 (BGBl. I S. 2451). Abs. 12 Satz 2 eingef., bish. Sätze 2 bis 7 werden Sätze 3 bis 8 durch CoronaStHG II v. 29. 6. 2020 (BGBl. I S. 1512). Abs. 12 Satz 9 angef. durch ATADUmsG v. 25. 6. 2021 (BGBl. I S. 2035). Abs. 12 Sätze 2 und 3 eingef., bish. Sätze 2 bis 9 werden Sätze 4 bis 11 durch G v. 19. 6. 2022 (BGBl. I S. 911). Abs. 12 Sätze 5 und 6 angef., bish. Sätze 5 bis 11 werden Sätze 7 bis 13 durch WachstumschancenG v. 27.3.2024 (BGBl. I Nr. 108). Abs. 12 Sätze 14 bis 18 angef. durch JStG 2024 v. 2.12.2024 (BGBl. I Nr. 387).

S. 1512) ist bereits ab dem 1. Januar 2020 anzuwenden. ⑤ § 6 Absatz 1 Nummer 4 Satz 2 Nummer 3 und Satz 3 Nummer 3 in der Fassung des Artikels 3 des Gesetzes vom 27. März 2024 (BGBl. 2024 I Nr. 108) ist erstmals für Kraftfahrzeuge anzuwenden, die nach dem 31. Dezember 2023 angeschafft werden. ⑥ § 6 Absatz 1 Nummer 5 Satz 1 Buchstabe a in der Fassung des Artikels 3 des Gesetzes vom 27. März 2024 (BGBl. 2024 I Nr. 108) ist erstmals auf Wirtschaftsgüter anzuwenden, die nach dem 27. März 2024 eingelegt werden. ⑦ § 6 Absatz 1 Nummer 4 Satz 6 ist bis zum 31. Dezember 2030 anzuwenden. ⑧ § 6 Absatz 1 Nummer 5 Satz 1 Buchstabe c in der Fassung des Artikels 2 des Gesetzes vom 11. Dezember 2018 (BGBl. I S. 2338) ist erstmals bei Wirtschaftsgütern anzuwenden, die nach dem 31. Dezember 2017 in ein Betriebsvermögen eingelegt werden. ⑨ § 6 Absatz 2 Satz 4 in der Fassung des Artikels 4 des Gesetzes vom 30. Juni 2017 (BGBl. I S. 2143) ist erstmals bei Wirtschaftsgütern anzuwenden, die nach dem 31. Dezember 2017 angeschafft, hergestellt oder in das Betriebsvermögen eingelegt werden. ⑩ § 6 Absatz 2 Satz 1 in der Fassung des Artikels 1 des Gesetzes vom 27. Juni 2017 (BGBl. I S. 2074) ist erstmals bei Wirtschaftsgütern anzuwenden, die nach dem 31. Dezember 2017 angeschafft, hergestellt oder in das Betriebsvermögen eingelegt werden. ⑪ § 6 Absatz 5 Satz 1 zweiter Halbsatz in der am 14. Dezember 2010 geltenden Fassung gilt in allen Fällen, in denen § 4 Absatz 1 Satz 3 anzuwenden ist. ⑫ § 6 Absatz 2 a in der Fassung des Artikels 1 des Gesetzes vom 27. Juni 2017 (BGBl. I S. 2074) ist erstmals bei Wirtschaftsgütern anzuwenden, die nach dem 31. Dezember 2017 angeschafft, hergestellt oder in das Betriebsvermögen eingelegt werden. ⑬ § 6 Absatz 1 Nummer 4 Satz 1 zweiter Halbsatz, Nummer 5 a zweiter Halbsatz und Nummer 5 b in der Fassung des Artikels 1 des Gesetzes vom 25. Juni 2021 (BGBl. I S. 2035) ist erstmals für nach dem 31. Dezember 2019 endende Wirtschaftsjahre anzuwenden. ⑭ § 6 Absatz 5 Satz 3 Nummer 4 ist in allen offenen Fällen anzuwenden. ⑮ Für Übertragungen vor dem 12. Januar 2024 sind Feststellungsbescheide im Sinne des § 180 Absatz 1 Satz 1 Nummer 2 Buchstabe a der Abgabenordnung zur Umsetzung des Buchwertansatzes bei der übernehmenden Mitunternehmerschaft in entsprechender Anwendung des § 174 Absatz 4 der Abgabenordnung zu ändern. ⑯ § 176 Absatz 1 Satz 1 Nummer 1 der Abgabenordnung steht dem Buchwertansatz bei der übernehmenden Mitunternehmerschaft für Übertragungen vor dem 12. Januar 2024 nicht entgegen. ⑰ Auf gemeinsamen Antrag der Mitunternehmer zum Zeitpunkt der Übertragung kann aus Vertrauensschutzgründen für Übertragungen vor dem 12. Januar 2024 von einer Anwendung des § 6 Absatz 5 Satz 3 Nummer 4 abgesehen werden. ⑱ § 6 Absatz 5 Satz 7 und § 16 Absatz 3 Satz 5 in der Fassung des Artikels 3 des Gesetzes vom 2. Dezember 2024 (BGBl. 2024 I Nr. 387) sind für Übertragungen von Wirtschaftsgütern anzuwenden, die nach dem 18. Oktober 2024 stattfinden.

(13)[1] *(aufgehoben)*

(14)[2] ① § 6 b Absatz 2 a in der am 6. November 2015 geltenden Fassung ist auch auf Gewinne im Sinne des § 6 b Absatz 2 anzuwenden, die vor dem 6. November 2015 entstanden sind. ② § 6 b Absatz 10 Satz 11 in der am 12. Dezember 2006 geltenden Fassung ist für Anteile, die einbringungsgeboren im Sinne des § 21 des Umwandlungssteuergesetzes in der am 12. Dezember 2006 geltenden Fassung sind, weiter anzuwenden. ③ § 6 b Absatz 2 a in der Fassung des Artikels 1 des Gesetzes vom 11. Dezember 2018 (BGBl. I S. 2338) ist erstmals auf Gewinne im Sinne des § 6 b Absatz 2 anzuwenden, die in nach dem 31. Dezember 2017 beginnenden Wirtschaftsjahren entstanden sind. ④ Die Fristen des § 6 b Absatz 3 Satz 2, 3 und 5, Absatz 8 Satz 1 Nummer 1 sowie Absatz 10 Satz 1 und 8 verlängern sich jeweils um drei Jahre, wenn die Rücklage wegen § 6 b Absatz 3 Satz 5, Absatz 8 Satz 1 Nummer 1 in Verbindung mit Absatz 3 Satz 5 oder Absatz 10 Satz 8 am Schluss des nach dem 29. Februar 2020 und vor dem 1. Januar 2021 endenden Wirtschaftsjahres aufzulösen wäre. ⑤ Die in Satz 4 genannten Fristen verlängern sich um zwei Jahre, wenn die Rücklage wegen § 6 b Absatz 3 Satz 5, Absatz 8 Satz 1 Nummer 1 in Verbindung mit Absatz 3 Satz 5 oder Absatz 10 Satz 8 am Schluss des nach dem 31. Dezember 2020 und vor dem 1. Januar 2022 endenden Wirtschaftsjahres aufzulösen wäre. ⑥ Die in Satz 4 genannten Fristen verlängern sich um ein Jahr, wenn die Rücklage wegen § 6 b Absatz 3 Satz 5, Absatz 8 Satz 1 Nummer 1 in Verbindung mit Absatz 3 Satz 5 oder Absatz 10 Satz 8 am Schluss des nach dem 31. Dezember 2021 und vor dem 1. Januar 2023 endenden Wirtschaftsjahres aufzulösen wäre.

(14 a)[3] § 6 e in der Fassung des Artikels 1 des Gesetzes vom 12. Dezember 2019 (BGBl. I S. 2451) ist auch in Wirtschaftsjahren anzuwenden, die vor dem 18. Dezember 2019 enden.

(15)[4] ① Bei Wirtschaftsgütern, die vor dem 1. Januar 2001 angeschafft oder hergestellt worden sind, ist § 7 Absatz 2 Satz 2 in der Fassung des Gesetzes vom 22. Dezember 1999 (BGBl. I S. 2601) weiter anzuwenden. ② Bei Gebäuden, soweit sie zu einem Betriebsvermögen gehören und nicht Wohnzwecken dienen, ist § 7 Absatz 4 Satz 1 und 2 in der am 31. Dezember 2000 geltenden Fassung weiter anzuwenden, wenn der Steuerpflichtige im Fall der Herstellung vor dem 1. Januar 2001 mit der Herstellung des Gebäudes begonnen hat oder im Fall der Anschaffung das Objekt

---

[1] § 52 Abs. 13 aufgehoben durch Gesetz v. 21. 12. 2015 (BGBl. I S. 2553) mit Wirkung ab 1. 1. 2018.

[2] § 52 Abs. 14 Satz 1 eingef. (bish. Wortlaut wird Satz 2) durch StÄndG 2015 v. 2. 11. 2015 (BGBl. I S. 1834). Abs. 14 Satz 3 angef. durch „JStG 2018" v. 11. 12. 2018 (BGBl. I S. 2338). Abs. 14 Sätze 4 bis 6 angef. durch CoronaStHG II v. 29. 6. 2020 (BGBl. I S. 1512). Abs. 14 Satz 4 geänd., Satz 5 neu gef., Satz 6 aufgeh. durch KöMoG v. 25. 6. 2021 (BGBl. I S. 2050). Abs. 14 Sätze 4 und 5 geänd., Satz 6 angef. durch G v. 19. 6. 2022 (BGBl. I S. 911).

[3] § 52 Abs. 14 a eingef. durch JStG 2019 v. 12. 12. 2019 (BGBl. I S. 2451).

[4] § 52 Abs. 15 Satz 3 geänd. durch WachstumschancenG v. 27.3.2024 (BGBl. I Nr. 108).

auf Grund eines vor dem 1. Januar 2001 rechtswirksam abgeschlossenen obligatorischen Vertrags oder gleichstehenden Rechtsakts angeschafft hat. ③ Als Beginn der Herstellung im Sinne des Satzes 2 gilt bei Gebäuden, für die eine Baugenehmigung erforderlich ist, der Zeitpunkt, in dem der Bauantrag gestellt wird; bei baugenehmigungsfreien Gebäuden, für die Bauunterlagen einzureichen sind, der Zeitpunkt, in dem die Bauunterlagen eingereicht werden.

(15 a)[1] ① Die Inanspruchnahme der Sonderabschreibungen nach § 7 b in der Fassung des Artikels 1 des Gesetzes vom 4. August 2019 (BGBl. I S. 1122) kann erstmalig für den Veranlagungszeitraum 2018 und letztmalig für den Veranlagungszeitraum 2026, in den Fällen des § 4 a letztmalig für Wirtschaftsjahre, die vor dem 1. Januar 2027 enden, geltend gemacht werden. ② Das gilt auch dann, wenn der Abschreibungszeitraum nach § 7 b Absatz 1 noch nicht abgelaufen ist. ③ § 7 b Absatz 5 in der Fassung des Artikels 4 des Gesetzes vom 16. Dezember 2022 (BGBl. I S. 2294) gilt für Sonderabschreibungen, die für neue Wohnungen in Anspruch genommen werden, die aufgrund eines nach dem 31. Dezember 2022 und vor dem 1. Oktober 2029 gestellten Bauantrags oder einer in diesem Zeitraum getätigten Bauanzeige hergestellt werden.

(15 b)[2] § 7 c in der Fassung des Artikels 2 des Gesetzes vom 12. Dezember 2019 (BGBl. I S. 2451) ist für nach dem 31. Dezember 2019 und vor dem 1. Januar 2031 angeschaffte neue Elektrolieferfahrzeuge anzuwenden.

(16)[3] ① § 7 g Absatz 1 Satz 1, 2 Nummer 1, Absatz 2 Satz 1 und 3, Absatz 4 Satz 1 sowie Absatz 6 in der Fassung des Artikels 1 des Gesetzes vom 21. Dezember 2020 (BGBl. I S. 3096) ist erstmals für Investitionsabzugsbeträge und Sonderabschreibungen anzuwenden, die in nach dem 31. Dezember 2019 endenden Wirtschaftsjahren in Anspruch genommen werden; bei nach § 4 a vom Kalenderjahr abweichenden Wirtschaftsjahren ist § 7 g Absatz 1 Satz 2 Nummer 1 und Absatz 6 Nummer 1 spätestens für Investitionsabzugsbeträge und Sonderabschreibungen anzuwenden, die in nach dem 17. Juli 2020 endenden Wirtschaftsjahren in Anspruch genommen werden. ② § 7 g Absatz 2 Satz 2 und Absatz 7 in der Fassung des Artikels 1 des Gesetzes vom 21. Dezember 2020 (BGBl. I S. 3096) ist erstmals für Investitionsabzugsbeträge anzuwenden, die in nach dem 31. Dezember 2020 endenden Wirtschaftsjahren in Anspruch genommen werden. ③ Bei in nach dem 31. Dezember 2016 und vor dem 1. Januar 2018 endenden Wirtschaftsjahren beanspruchten Investitionsabzugsbeträgen endet die Investitionsfrist abweichend von § 7 g Absatz 3 Satz 1 erst zum Ende des sechsten auf das Wirtschaftsjahr des Abzugs folgenden Wirtschaftsjahres. ④ Bei in nach dem 31. Dezember 2017 und vor dem 1. Januar 2019 endenden Wirtschaftsjahren beanspruchten Investitionsabzugsbeträgen endet die Investitionsfrist abweichend von § 7 g Absatz 3 Satz 1 erst zum Ende des fünften auf das Wirtschaftsjahr des Abzugs folgenden Wirtschaftsjahres. ⑤ Bei in nach dem 31. Dezember 2018 und vor dem 1. Januar 2020 endenden Wirtschaftsjahren beanspruchten Investitionsabzugsbeträgen endet die Investitionsfrist abweichend von § 7 g Absatz 3 Satz 1 erst zum Ende des vierten auf das Wirtschaftsjahr des Abzugs folgenden Wirtschaftsjahres. ⑥ § 7 g Absatz 5 in der Fassung des Artikels 3 des Gesetzes vom 27. März 2024 (BGBl. 2024 I Nr. 108) ist erstmals für abnutzbare bewegliche Wirtschaftsgüter des Anlagevermögens anzuwenden, die nach dem 31. Dezember 2023 angeschafft oder hergestellt werden.

(16 a)[4] ① § 7 h Absatz 1 a in der Fassung des Artikels 1 des Gesetzes vom 12. Dezember 2019 (BGBl. I S. 2451) ist erstmals auf Baumaßnahmen anzuwenden, mit denen nach dem 31. Dezember 2018 begonnen wurde. ② Als Beginn der Baumaßnahmen am Gebäude, für die eine Baugenehmigung erforderlich ist, gilt der Zeitpunkt, in dem der Bauantrag gestellt wurde. ③ Bei baugenehmigungsfreien Baumaßnahmen, für die Bauunterlagen einzureichen sind, gilt als Beginn der Baumaßnahmen der Zeitpunkt, in dem die Bauunterlagen eingereicht werden. ④ § 7 h Absatz 2 Satz 1 in der Fassung des Artikels 1 des Gesetzes vom 21. Dezember 2020 (BGBl. I S. 3096) ist erstmals anzuwenden auf Bescheinigungen der zuständigen Gemeindebehörde, die nach dem 31. Dezember 2020 erteilt werden. ⑤ § 7 h Absatz 2 Satz 1 letzter Halbsatz in der Fassung des Artikels 1 des Gesetzes vom 12. Dezember 2019 (BGBl. I S. 2451) ist erstmals anzuwenden auf Bescheinigungen der zuständigen Gemeindebehörde, die nach dem 31. Dezember 2018 erteilt werden. ⑥ § 7 h Absatz 3 in der Fassung des Artikels 1 des Gesetzes vom 12. Dezember 2019 (BGBl. I S. 2451) ist erstmals anzuwenden auf Baumaßnahmen, mit denen nach dem 31. Dezember 2018 begonnen wurde sowie auf Bescheinigungen, die nach dem 31. Dezember 2018 erteilt werden. ⑦ § 7 i Absatz 2 Satz 1 in der Fassung des Artikels 1 des Gesetzes vom 21. Dezember 2020 (BGBl. I S. 3096) ist erstmals anzuwenden auf Bescheinigungen der nach Landesrecht zuständigen oder von der Landesregierung bestimmten Stelle, die nach dem 31. Dezember 2020 erteilt werden.

---

[1] § 52 Abs. 15 a eingef. durch MietwohnNeubauG v. 4. 8. 2019 (BGBl. I S. 1122) und Abs. 15 a Satz 1 geänd. durch JStG 2019 v. 12. 12. 2019 (BGBl. I S. 2451). Abs. 15 a Satz 3 angef. durch JStG 2022 v. 16. 12. 2022 (BGBl. I S. 2294). Abs. 15 a geänd. durch WachstumschancenG v. 27.3.2024 (BGBl. I Nr. 108).

[2] § 52 Abs. 15 b eingef. durch JStG 2019 v. 12. 12. 2019 (BGBl. I S. 2451).

[3] § 52 Abs. 16 neu gef. durch JStG 2020 v. 21. 12. 2020 (BGBl. I S. 3096). Abs. 16 Satz 3 geänd., Satz 4 angef. durch KöMoG v. 25. 6. 2021 (BGBl. I S. 2050). Abs. 16 Sätze 3 und 4 geänd., Satz 5 angef. durch G v. 19. 6. 2022 (BGBl. I S. 911). Abs. 16 Satz 6 angef. durch WachstumschancenG v. 27.3.2024 (BGBl. I Nr. 108).

[4] § 52 Abs. 16 a eingef. durch SchädlStPraktG v. 27. 6. 2017 (BGBl. I S. 2074). Abs. 16 a eingef., bish. Abs. 16 a wird Abs. 16 b durch JStG 2019 v. 12. 12. 2019 (BGBl. I S. 2451). Abs. 16 a Sätze 4 und 7 eingef. bzw. angef. durch JStG 2020 v. 21. 12. 2020 (BGBl. I S. 3096).

(16 b)[1] ① § 9 Absatz 1 Satz 3 Nummer 7 Satz 1 in der Fassung des Artikels 1 des Gesetzes vom 12. Dezember 2019 (BGBl. I S. 2451) ist erstmals anzuwenden auf Sonderabschreibungen nach § 7 b in der Fassung des Artikels 1 des Gesetzes vom 4. August 2019 (BGBl. I S. 1122). ② § 9 Absatz 5 Satz 2 in der Fassung des Artikels 1 des Gesetzes vom 27. Juni 2017 (BGBl. I S. 2074) ist erstmals für Aufwendungen im Sinne des § 4 j in der Fassung des Artikels 1 des Gesetzes vom 27. Juni 2017 (BGBl. I S. 2074) anzuwenden, die nach dem 31. Dezember 2017 entstehen. ③ § 9 Absatz 5 Satz 2 in der Fassung des Artikels 1 des Gesetzes vom 12. Dezember 2019 (BGBl. I S. 2451) ist auch für Veranlagungszeiträume vor 2019 anzuwenden. ④ § 9 Absatz 5 Satz 2 in der Fassung des Artikels 1 des Gesetzes vom 25. Juni 2021 (BGBl. I S. 2035) ist erstmals für Aufwendungen im Sinne des § 4 k anzuwenden, die nach dem 31. Dezember 2019 entstehen.

(17) § 9 b Absatz 2 in der Fassung des Artikels 11 des Gesetzes vom 18. Dezember 2013 (BGBl. I S. 4318) ist auf Mehr- und Minderbeträge infolge von Änderungen der Verhältnisse im Sinne von § 15 a des Umsatzsteuergesetzes anzuwenden, die nach dem 28. November 2013 eingetreten sind.

(18)[2] ① § 10 Absatz 1 a Nummer 2 in der am 1. Januar 2015 geltenden Fassung ist auf alle Versorgungsleistungen anzuwenden, die auf Vermögensübertragungen beruhen, die nach dem 31. Dezember 2007 vereinbart worden sind. ② Für Versorgungsleistungen, die auf Vermögensübertragungen beruhen, die vor dem 1. Januar 2008 vereinbart worden sind, gilt dies nur, wenn das übertragene Vermögen nur deshalb einen ausreichenden Ertrag bringt, weil ersparte Aufwendungen, mit Ausnahme des Nutzungsvorteils eines vom Vermögensübernehmer zu eigenen Zwecken genutzten Grundstücks, zu den Erträgen des Vermögens gerechnet werden. ③ § 10 Absatz 1 Nummer 5 in der am 1. Januar 2012 geltenden Fassung gilt auch für Kinder, die wegen einer vor dem 1. Januar 2007 in der Zeit ab Vollendung des 25. Lebensjahres und vor Vollendung des 27. Lebensjahres eingetretenen körperlichen, geistigen oder seelischen Behinderung außerstande sind, sich selbst zu unterhalten. ④ § 10 Absatz 2 Satz 1 Nummer 1 in der Fassung des Artikels 3 des Gesetzes vom 2. Dezember 2024 (BGBl. 2024 I Nr. 387) ist in allen offenen Fällen anzuwenden. ⑤ § 10 Absatz 2 c in der Fassung des Artikels 3 des Gesetzes vom 2. Dezember 2024 (BGBl. 2024 I Nr. 387) ist erstmals auf Vorsorgeaufwendungen anzuwenden, die nach dem 31. Dezember 2027 an die mitteilungspflichtige Stelle geleistet oder an den Steuerpflichtigen erstattet werden. ⑥ § 10 Absatz 4 b Satz 4 bis 6 in der am 30. Juni 2013 geltenden Fassung ist erstmals für die Übermittlung der Daten des Veranlagungszeitraums 2016 anzuwenden. ⑦ § 10 Absatz 5 in der am 31. Dezember 2009 geltenden Fassung ist auf Beiträge zu Versicherungen im Sinne des § 10 Absatz 1 Nummer 2 Buchstabe b Doppelbuchstabe bb bis dd in der am 31. Dezember 2004 geltenden Fassung weiterhin anzuwenden, wenn die Laufzeit dieser Versicherungen vor dem 1. Januar 2005 begonnen hat und ein Versicherungsbeitrag bis zum 31. Dezember 2004 entrichtet wurde.

(18 a)[3] § 10 b Absatz 1 Satz 8 in der Fassung des Artikels 2 des Gesetzes vom 12. Dezember 2019 (BGBl. I S. 2451) ist erstmals auf Mitgliedsbeiträge anzuwenden, die nach dem 31. Dezember 2019 gezahlt werden.

(18 b)[4] ① § 10 d Absatz 1 Satz 1 in der Fassung des Artikels 1 des Gesetzes vom 10. März 2021 (BGBl. I S. 330) ist für die Veranlagungszeiträume 2020 und 2021 anzuwenden. ② § 10 d Absatz 1 in der Fassung des Artikels 3 des Gesetzes vom 19. Juni 2022 (BGBl. I S. 911) ist erstmals für den Veranlagungszeitraum 2022 anzuwenden. ③ § 10 d Absatz 2 in der Fassung des Artikels 2 des Gesetzes vom 27. März 2024 (BGBl. 2024 I Nr. 108) ist erstmals für den Veranlagungszeitraum 2024 anzuwenden. ④ § 10 d Absatz 2 Satz 1 in der Fassung des Artikels 6 des Gesetzes vom 27. März 2024 (BGBl. 2024 I Nr. 108) ist erstmals für den Veranlagungszeitraum 2028 anzuwenden.

(19) ① Für nach dem 31. Dezember 1986 und vor dem 1. Januar 1991 hergestellte oder angeschaffte Wohnungen im eigenen Haus oder Eigentumswohnungen sowie in diesem Zeitraum fertiggestellte Ausbauten oder Erweiterungen ist § 10 e in der am 30. Dezember 1989 geltenden Fassung weiter anzuwenden. ② Für nach dem 31. Dezember 1990 hergestellte oder angeschaffte Wohnungen im eigenen Haus oder Eigentumswohnungen sowie in diesem Zeitraum fertiggestellte Ausbauten oder Erweiterungen ist § 10 e in der am 28. Juni 1991 geltenden Fassung weiter anzuwenden. ③ Abweichend von Satz 2 ist § 10 e Absatz 1 bis 5 und 6 bis 7 in der am 28. Juni 1991 geltenden Fassung erstmals für den Veranlagungszeitraum 1991 bei Objekten im Sinne des § 10 e Absatz 1 und 2 anzuwenden, wenn im Fall der Herstellung der Steuerpflichtige nach dem 30. September 1991 den Bauantrag gestellt oder mit der Herstellung des Objekts begonnen hat oder im Fall der Anschaffung der Steuerpflichtige das Objekt nach dem 30. September 1991 auf Grund eines nach diesem Zeitpunkt rechtswirksam abgeschlossenen obligatorischen Vertrags oder gleichstehenden Rechtsakts angeschafft hat oder mit der Herstellung des Objekts nach dem 30. September 1991 begonnen worden ist. ④ § 10 e Absatz 5 a ist erstmals bei den in § 10 e Absatz 1 und 2 bezeichneten Objekten anzuwenden, wenn im Fall der Herstellung der Steuerpflichtige

[1] § 52 Abs. 16 a eingef., bish. Abs. 16 a wird Abs. 16 b und neuer Abs. 16 b Satz 1 eingef., Satz 3 angef. durch JStG 2019 v. 12. 12. 2019 (BGBl. I S. 2451). Abs. 16 b Satz 4 angef. durch ATADUmsG v. 25. 6. 2021 (BGBl. I S. 2035).

[2] § 52 Abs. 18 Satz 1 geänd. durch ZollkodexAnpG v. 22. 12. 2014 (BGBl. I S. 2417). Abs. 18 Satz 4 eingef. (bish. Sätze 4 und 5 werden Sätze 5 und 6) durch „JStG 2018" v. 11. 12. 2018 (BGBl. I S. 2338). Abs. 18 Satz 4 geänd. durch JStG 2020 v. 21. 12. 2020 (BGBl. I S. 3096). Abs. 18 Satz 4 neu gef., Satz 5 eingef., bish. Sätze 5 und 6 werden Sätze 6 und 7 durch JStG 2024 v. 2.12.2024 (BGBl. I Nr. 387).

[3] § 52 Abs. 18 a eingef. durch JStG 2019 v. 12. 12. 2019 (BGBl. I S. 2451).

[4] § 52 Abs. 18 b neu gef. und Satz 4 angef. durch WachstumschancenG v. 27.3.2024 (BGBl. I Nr. 108).

den Bauantrag nach dem 31. Dezember 1991 gestellt oder, falls ein solcher nicht erforderlich ist, mit der Herstellung nach diesem Zeitpunkt begonnen hat, oder im Fall der Anschaffung der Steuerpflichtige das Objekt auf Grund eines nach dem 31. Dezember 1991 rechtswirksam abgeschlossenen obligatorischen Vertrags oder gleichstehenden Rechtsakts angeschafft hat. ⑤ § 10 e Absatz 1 Satz 4 in der am 27. Juni 1993 geltenden Fassung und § 10 e Absatz 6 Satz 3 in der am 30. Dezember 1993 geltenden Fassung sind erstmals anzuwenden, wenn der Steuerpflichtige das Objekt auf Grund eines nach dem 31. Dezember 1993 rechtswirksam abgeschlossenen obligatorischen Vertrags oder gleichstehenden Rechtsakts angeschafft hat. ⑥ § 10 e ist letztmals anzuwenden, wenn der Steuerpflichtige im Fall der Herstellung vor dem 1. Januar 1996 mit der Herstellung des Objekts begonnen hat oder im Fall der Anschaffung das Objekt auf Grund eines vor dem 1. Januar 1996 rechtswirksam abgeschlossenen obligatorischen Vertrags oder gleichstehenden Rechtsakts angeschafft hat. ⑦ Als Beginn der Herstellung gilt bei Objekten, für die eine Baugenehmigung erforderlich ist, der Zeitpunkt, in dem der Bauantrag gestellt wird; bei baugenehmigungsfreien Objekten, für die Bauunterlagen einzureichen sind, gilt als Beginn der Herstellung der Zeitpunkt, in dem die Bauunterlagen eingereicht werden.

(20)[1] § 12 Nummer 4 in der Fassung des Artikels 1 des Gesetzes vom 12. Dezember 2019 (BGBl. I S. 2451) ist erstmals anzuwenden auf nach dem 31. Dezember 2018 festgesetzte Geldstrafen, sonstige Rechtsfolgen vermögensrechtlicher Art, bei denen der Strafcharakter überwiegt, und Leistungen zur Erfüllung von Auflagen oder Weisungen, soweit die Auflagen oder Weisungen, soweit die Auflagen oder Weisungen nicht lediglich der Wiedergutmachung des durch die Tat verursachten Schadens dienen, sowie auf nach dem 31. Dezember 2018 entstandene damit zusammenhängende Aufwendungen.

(21)[2] *(aufgehoben)*

(22) Für die Anwendung des § 13 Absatz 7 in der am 31. Dezember 2005 geltenden Fassung gilt Absatz 25 entsprechend.

(22 a)[3] ① § 13 a in der am 31. Dezember 2014 geltenden Fassung ist letztmals für das Wirtschaftsjahr anzuwenden, das vor dem 31. Dezember 2015 endet. ② § 13 a in der am 1. Januar 2015 geltenden Fassung ist erstmals für das Wirtschaftsjahr anzuwenden, das nach dem 30. Dezember 2015 endet. ③ Die Bindungsfrist auf Grund des § 13 a Absatz 2 Satz 1 in der am 31. Dezember 2014 geltenden Fassung bleibt bestehen.

(22 b)[4] ① § 13 b in der Fassung des Artikels 5 des Gesetzes vom 12. Dezember 2019 (BGBl. I S. 2451) ist erstmals für das Wirtschaftsjahr anzuwenden, das nach dem 31. Dezember 2024 beginnt. ② Für gemeinschaftliche Tierhaltungen gemäß § 51 a des Bewertungsgesetzes gelten für einkommensteuerrechtliche Zwecke die zu Beginn des Wirtschaftsjahres 2024/2025 noch gültigen Vorschriften der §§ 51, 51 a des Bewertungsgesetzes bis zum Ablauf des Wirtschaftsjahres 2024/2025 fort.

(22 c)[5] ① § 14 Absatz 3 ist erstmals auf Fälle anzuwenden, in denen die Übertragung oder Überführung der Grundstücke nach dem 16. Dezember 2020 stattgefunden hat. ② Auf unwiderruflichen Antrag des jeweiligen Mitunternehmers ist § 14 Absatz 3 auch für Übertragungen oder Überführungen vor dem 17. Dezember 2020 anzuwenden. ③ Der Antrag ist bei dem Finanzamt zu stellen, das für die einheitliche und gesonderte Feststellung der Einkünfte der Mitunternehmerschaft zuständig ist.

(23)[6] ① § 15 Absatz 3 Nummer 1 Satz 2 ist auch für Veranlagungszeiträume vor 2019 anzuwenden. ② § 15 Absatz 4 Satz 2 und 7 in der am 30. Juni 2013 geltenden Fassung ist in allen Fällen anzuwenden, in denen am 30. Juni 2013 die Feststellungsfrist noch nicht abgelaufen ist.

(24) ① § 15 a ist nicht auf Verluste anzuwenden, soweit sie

1. durch Sonderabschreibungen nach § 82 f der Einkommensteuer-Durchführungsverordnung,
2. durch Absetzungen für Abnutzung in fallenden Jahresbeträgen nach § 7 Absatz 2 von den Herstellungskosten oder von den Anschaffungskosten von in ungebrauchtem Zustand vom Hersteller erworbenen Seeschiffen, die in einem inländischen Seeschiffsregister eingetragen sind,

entstehen; Nummer 1 gilt nur bei Schiffen, deren Anschaffungs- oder Herstellungskosten zu mindestens 30 Prozent durch Mittel finanziert werden, die weder unmittelbar noch mittelbar in wirtschaftlichem Zusammenhang mit der Aufnahme von Krediten durch den Gewerbebetrieb stehen, zu dessen Betriebsvermögen das Schiff gehört. ② § 15 a ist in diesen Fällen erstmals anzuwenden auf Verluste, die in nach dem 31. Dezember 1999 beginnenden Wirtschaftsjahren entstehen, wenn der Schiffbauvertrag vor dem 25. April 1996 abgeschlossen worden ist und der Gesellschafter der Gesellschaft vor dem 1. Januar 1999 beigetreten ist; soweit Verluste, die in dem Betrieb der Gesellschaft entstehen und nach Satz 1 oder nach § 15 a Absatz 1 Satz 1 ausgleichsfähig oder abzugsfähig

[1] § 52 Abs. 20 eingef. durch JStG 2019 v. 12. 12. 2019 (BGBl. I S. 2451).
[2] § 52 Abs. 21 aufgeh. durch G v. 18. 7. 2016 (BGBl. I S. 1679).
[3] § 52 Abs. 22 a eingef. durch ZollkodexAnpG v. 22. 12. 2014 (BGBl. I S. 2417).
[4] § 52 Abs. 22 b eingef. durch JStG 2019 v. 12. 12. 2019 (BGBl. I S. 2451), geänd. durch JStG 2020 v. 21. 12. 2020 (BGBl. I S. 3096).
[5] § 52 Abs. 22 c eingef. durch JStG 2020 v. 21. 12. 2020 (BGBl. I S. 3096).
[6] § 52 Abs. 23 Satz 1 eingef. durch JStG 2019 v. 12. 12. 2019 (BGBl. I S. 2451).

sind, zusammen das Eineinviertelfache der insgesamt geleisteten Einlage übersteigen, ist § 15a auf Verluste anzuwenden, die in nach dem 31. Dezember 1994 beginnenden Wirtschaftsjahren entstehen. ③ Scheidet ein Kommanditist oder ein anderer Mitunternehmer, dessen Haftung der eines Kommanditisten vergleichbar ist und dessen Kapitalkonto in der Steuerbilanz der Gesellschaft auf Grund von ausgleichs- oder abzugsfähigen Verlusten negativ geworden ist, aus der Gesellschaft aus oder wird in einem solchen Fall die Gesellschaft aufgelöst, so gilt der Betrag, den der Mitunternehmer nicht ausgleichen muss, als Veräußerungsgewinn im Sinne des § 16. ④ In Höhe der nach Satz 3 als Gewinn zuzurechnenden Beträge sind bei den anderen Mitunternehmern unter Berücksichtigung der für die Zurechnung von Verlusten geltenden Grundsätze Verlustanteile anzusetzen. ⑤ Bei der Anwendung des § 15a Absatz 3 sind nur Verluste zu berücksichtigen, auf die § 15a Absatz 1 anzuwenden ist.

(25) ① § 15b in der Fassung des Artikels 1 des Gesetzes vom 22. Dezember 2005 (BGBl. I S. 3683) ist nur auf Verluste der dort bezeichneten Steuerstundungsmodelle anzuwenden, denen der Steuerpflichtige nach dem 10. November 2005 beigetreten ist oder für die nach dem 10. November 2005 mit dem Außenvertrieb begonnen wurde. ② Der Außenvertrieb beginnt in dem Zeitpunkt, in dem die Voraussetzungen für die Veräußerung der konkret bestimmbaren Fondsanteile erfüllt sind und die Gesellschaft selbst oder über ein Vertriebsunternehmen mit Außenwirkung an den Markt herangetreten ist. ③ Dem Beginn des Außenvertriebs stehen der Beschluss von Kapitalerhöhungen und die Reinvestition von Erlösen in neue Projekte gleich. ④ Besteht das Steuerstundungsmodell nicht im Erwerb eines Anteils an einem geschlossenen Fonds, ist § 15b in der Fassung des Artikels 1 des Gesetzes vom 22. Dezember 2005 (BGBl. I S. 3683) anzuwenden, wenn die Investition nach dem 10. November 2005 rechtsverbindlich getätigt wurde. ⑤ § 15b Absatz 3a ist erstmals auf Verluste der dort bezeichneten Steuerstundungsmodelle anzuwenden, bei denen Wirtschaftsgüter des Umlaufvermögens nach dem 28. November 2013 angeschafft, hergestellt oder in das Betriebsvermögen eingelegt werden.

(25a)[1] ① § 17 Absatz 2a in der Fassung des Artikels 2 des Gesetzes vom 12. Dezember 2019 (BGBl. I S. 2451) ist erstmals für Veräußerungen im Sinne von § 17 Absatz 1, 4 oder 5 nach dem 31. Juli 2019 anzuwenden. ② Auf Antrag des Steuerpflichtigen ist § 17 Absatz 2a Satz 1 bis 4 auch für Veräußerungen im Sinne von § 17 Absatz 1, 4 oder 5 vor dem 31. Juli 2019 anzuwenden.

(26) Für die Anwendung des § 18 Absatz 4 Satz 2 in der Fassung des Artikels 1 des Gesetzes vom 22. Dezember 2005 (BGBl. I S. 3683) gilt Absatz 25 entsprechend.

(26a)[2] § 19 Absatz 2 Satz 3 und § 24a Satz 5 in der Fassung des Artikels 1 des Gesetzes vom 27. März 2024 (BGBl. 2024 I Nr. 108) sind beim Steuerabzug vom Arbeitslohn erstmals ab dem 1. Januar 2025 anzuwenden.

(27)[3] *(aufgehoben)*

(28)[4] ① Für die Anwendung des § 20 Absatz 1 Nummer 4 Satz 2 in der am 31. Dezember 2005 geltenden Fassung gilt Absatz 25 entsprechend. ② Für die Anwendung von § 20 Absatz 1 Nummer 4 Satz 2 und Absatz 2b in der am 1. Januar 2007 geltenden Fassung gilt Absatz 25 entsprechend. ③ § 20 Absatz 1 Nummer 6 in der Fassung des Gesetzes vom 7. September 1990 (BGBl. I S. 1898) ist erstmals auf nach dem 31. Dezember 1974 zugeflossene Zinsen aus Versicherungsverträgen anzuwenden, die nach dem 31. Dezember 1973 abgeschlossen worden sind. ④ § 20 Absatz 1 Nummer 6 in der Fassung des Gesetzes vom 20. Dezember 1996 (BGBl. I S. 2049) ist erstmals auf Zinsen aus Versicherungsverträgen anzuwenden, bei denen die Ansprüche nach dem 31. Dezember 1996 entgeltlich erworben worden sind. ⑤ Für Leistungen aus Rentenversicherungen mit Kapitalwahlrecht, soweit die Kapitalauszahlung gewählt wird, sowie aus Kapitalversicherungen mit Sparanteil ist, wenn die Leistungen auf einem vor dem 1. Januar 2005 abgeschlossenen Versicherungsvertrag beruhen, § 20 Absatz 1 Nummer 6 in der am 31. Dezember 2004 geltenden Fassung, auch in allen offenen Fällen, mit der Maßgabe weiterhin anzuwenden, dass in Satz 3 die Wörter „§ 10 Absatz 1 Nummer 2 Buchstabe b Satz 5" durch die Wörter „§ 10 Absatz 1 Nummer 2 Buchstabe b Satz 6" ersetzt werden; für Rentenzahlungen aus diesen Versicherungsverträgen ist § 22 Nummer 1 Satz 3 Buchstabe a Doppelbuchstabe bb anzuwenden. ⑥ § 20 Absatz 1 Nummer 6 Satz 3 in der Fassung des Artikels 1 des Gesetzes vom 13. Dezember 2006 (BGBl. I S. 2878) ist erstmals anzuwenden auf Versicherungsleistungen im Erlebensfall bei Versicherungsverträgen, die nach dem 31. Dezember 2006 abgeschlossen werden, und auf Versicherungsleistungen bei Rückkauf eines Vertrages nach dem 31. Dezember 2006. ⑦ § 20 Absatz 1 Nummer 6 Satz 2 ist für Vertragsabschlüsse nach dem 31. Dezember 2011 mit der Maßgabe anzuwenden, dass die Versicherungsleistung nach Vollendung des 62. Lebensjahres des Steuerpflichtigen ausgezahlt wird. ⑧ § 20 Absatz 1 Nummer 6 Satz 6 in der Fassung des Artikels 1 des Gesetzes vom 19. Dezember 2008 (BGBl. I S. 2794) ist für alle Versicherungsverträge anzuwenden, die nach dem 31. März 2009 abgeschlossen werden oder bei denen die erstmalige Beitragsleistung nach dem 31. März 2009

---

[1] § 52 Abs. 25a eingef. durch JStG 2019 v. 12. 12. 2019 (BGBl. I S. 2451).
[2] § 52 Abs. 26a neu gef. durch WachstumschancenG v. 27.3.2024 (BGBl. I Nr. 108).
[3] § 52 Abs. 27 aufgeh. durch ZuFinG v. 11. 12. 2023 (BGBl. I Nr. 354).
[4] § 52 Abs. 28 Sätze 19 bis 22 angef. durch InvStRefG v. 19. 7. 2016 (BGBl. I S. 1730). Abs. 28 Sätze 23 und 24 angef. durch Gesetz v. 21. 12. 2019 (BGBl. I S. 2875). Abs. 28 Sätze 19 und 20 eingef. (bish. Sätze 19 bis 24 werden Sätze 21 bis 26), neue Sätze 25 und 26 geänd. durch JStG 2020 v. 21. 12. 2020 (BGBl. I S. 3096). Abs. 28 Sätze 5, 25 und 26 neu gef. durch JStG 2024 v. 2.12.2024 (BGBl. I Nr. 387).

erfolgt. ⑨ Wird auf Grund einer internen Teilung nach § 10 des Versorgungsausgleichsgesetzes oder einer externen Teilung nach § 14 des Versorgungsausgleichsgesetzes ein Anrecht in Form eines Versicherungsvertrags zugunsten der ausgleichsberechtigten Person begründet, so gilt dieser Vertrag insoweit zu dem gleichen Zeitpunkt als abgeschlossen wie derjenige der ausgleichspflichtigen Person. ⑩ § 20 Absatz 1 Nummer 6 Satz 7 und 8 ist auf Versicherungsleistungen anzuwenden, die auf Grund eines nach dem 31. Dezember 2014 eingetretenen Versicherungsfalles ausgezahlt werden. ⑪ § 20 Absatz 2 Satz 1 Nummer 1 in der am 18. August 2007 geltenden Fassung ist erstmals auf Gewinne aus der Veräußerung von Anteilen anzuwenden, die nach dem 31. Dezember 2008 erworben wurden. ⑫ § 20 Absatz 2 Satz 1 Nummer 3 in der am 18. August 2007 geltenden Fassung ist erstmals auf Gewinne aus Termingeschäften anzuwenden, bei denen der Rechtserwerb nach dem 31. Dezember 2008 stattgefunden hat. ⑬ § 20 Absatz 2 Satz 1 Nummer 4, 5 und 8 in der am 18. August 2007 geltenden Fassung ist erstmals auf Gewinne anzuwenden, bei denen die zugrunde liegenden Wirtschaftsgüter, Rechte oder Rechtspositionen nach dem 31. Dezember 2008 erworben oder geschaffen wurden. ⑭ § 20 Absatz 2 Satz 1 Nummer 6 in der am 18. August 2007 geltenden Fassung ist erstmals auf die Veräußerung von Ansprüchen nach dem 31. Dezember 2008 anzuwenden, bei denen der Versicherungsvertrag nach dem 31. Dezember 2004 abgeschlossen wurde; dies gilt auch für Versicherungsverträge, die vor dem 1. Januar 2005 abgeschlossen wurden, sofern bei einem Rückkauf zum Veräußerungszeitpunkt die Erträge nach § 20 Absatz 1 Nummer 6 in der am 31. Dezember 2004 geltenden Fassung steuerpflichtig wären. ⑮ § 20 Absatz 2 Satz 1 Nummer 7 in der Fassung des Artikels 1 des Gesetzes vom 14. August 2007 (BGBl. I S. 1912) ist erstmals auf nach dem 31. Dezember 2008 zufließende Kapitalerträge aus der Veräußerung sonstiger Kapitalforderungen anzuwenden. ⑯ Für Kapitalerträge aus Kapitalforderungen, die zum Zeitpunkt des vor dem 1. Januar 2009 erfolgten Erwerbs zwar Kapitalforderungen im Sinne des § 20 Absatz 1 Nummer 7 in der am 31. Dezember 2008 anzuwendenden Fassung, aber nicht Kapitalforderungen im Sinne des § 20 Absatz 2 Satz 1 Nummer 4 in der am 31. Dezember 2008 anzuwendenden Fassung sind, ist § 20 Absatz 2 Satz 1 Nummer 7 nicht anzuwenden; für die bei der Veräußerung in Rechnung gestellten Stückzinsen ist Satz 15 anzuwenden; Kapitalforderungen im Sinne des § 20 Absatz 2 Satz 1 Nummer 4 in der am 31. Dezember 2008 anzuwendenden Fassung liegen auch vor, wenn die Rückzahlung nur teilweise garantiert ist oder wenn eine Trennung zwischen Ertrags- und Vermögensebene möglich erscheint. ⑰ Bei Kapitalforderungen, die zwar nicht die Voraussetzungen von § 20 Absatz 1 Nummer 7 in der am 31. Dezember 2008 geltenden Fassung, aber die Voraussetzungen von § 20 Absatz 1 Nummer 7 in der am 18. August 2007 geltenden Fassung erfüllen, ist § 20 Absatz 2 Satz 1 Nummer 7 in Verbindung mit § 20 Absatz 1 Nummer 7 vorbehaltlich der Regelung in Absatz 31 Satz 2 und 3 auf alle nach dem 30. Juni 2009 zufließenden Kapitalerträge anzuwenden, es sei denn, die Kapitalforderung wurde vor dem 15. März 2007 angeschafft. ⑱ § 20 Absatz 4 a Satz 3 in der Fassung des Artikels 1 des Gesetzes vom 8. Dezember 2010 (BGBl. I S. 1768) ist erstmals für Wertpapiere anzuwenden, die nach dem 31. Dezember 2009 geliefert wurden, sofern für die Lieferung § 20 Absatz 4 anzuwenden ist. ⑲ § 20 Absatz 4 a Satz 3 in der Fassung des Artikels 1 des Gesetzes vom 21. Dezember 2020 (BGBl. I S. 3096) ist für die Andienung von Wertpapieren anzuwenden, wenn diese nach dem 31. Dezember 2020 erfolgt. ⑳ § 20 Absatz 4 a Satz 5 in der Fassung des Artikels 1 des Gesetzes vom 21. Dezember 2020 (BGBl. I S. 3096) ist für die Zuteilung von Anteilen anzuwenden, wenn diese nach dem 31. Dezember 2020 erfolgt und die die Zuteilung begründenden Anteile nach dem 31. Dezember 2008 angeschafft worden sind. ㉑ § 20 Absatz 2 und 4 in der am 27. Juli 2016 geltenden Fassung ist erstmals ab dem 1. Januar 2017 anzuwenden. ㉒ § 20 Absatz 1 in der am 27. Juli 2016 geltenden Fassung ist erstmals ab dem 1. Januar 2018 anzuwenden. ㉓ Investmenterträge nach § 20 Absatz 1 Nummer 6 Satz 9 sind

1. die nach dem 31. Dezember 2017 zugeflossenen Ausschüttungen nach § 2 Absatz 11 des Investmentsteuergesetzes,
2. die realisierten oder unrealisierten Wertveränderungen aus Investmentanteilen nach § 2 Absatz 4 Satz 1 des Investmentsteuergesetzes, die das Versicherungsunternehmen nach dem 31. Dezember 2017 dem Sicherungsvermögen zur Sicherung der Ansprüche des Steuerpflichtigen zugeführt hat, und
3. die realisierten oder unrealisierten Wertveränderungen aus Investmentanteilen nach § 2 Absatz 4 Satz 1 des Investmentsteuergesetzes, die das Versicherungsunternehmen vor dem 1. Januar 2018 dem Sicherungsvermögen zur Sicherung der Ansprüche des Steuerpflichtigen zugeführt hat, soweit Wertveränderungen gegenüber dem letzten im Kalenderjahr 2017 festgesetzten Rücknahmepreis des Investmentanteils eingetreten sind.

㉔ Wird kein Rücknahmepreis festgesetzt, tritt der Börsen- oder *Markpreis*[1] an die Stelle des Rücknahmepreises. ㉕ § 20 Absatz 6 Satz 5 in der Fassung des Artikels 1 des Gesetzes vom 21. Dezember 2020 (BGBl. I S. 3096) ist auf alle offenen Fälle nicht mehr anzuwenden. ㉖ § 20 Absatz 6 Satz 6 in der Fassung des Artikels 1 des Gesetzes vom 21. Dezember 2020 (BGBl. I S. 3096) ist auf alle offenen Fälle nicht mehr anzuwenden.

(29) Für die Anwendung des § 21 Absatz 1 Satz 2 in der am 31. Dezember 2005 geltenden Fassung gilt Absatz 25 entsprechend.

[1] Muss wohl lauten: „Marktpreis".

(30) Für die Anwendung des § 22 Nummer 1 Satz 1 zweiter Halbsatz in der am 31. Dezember 2005 geltenden Fassung gilt Absatz 25 entsprechend.

(30 a)[1] § 22 a Absatz 2 Satz 2 in der am 1. Januar 2017 geltenden Fassung ist erstmals für die Übermittlung von Daten ab dem 1. Januar 2019 anzuwenden.

(30 b)[2] ① Die mitteilungspflichtige Stelle nach § 22 a Absatz 1 kann die Identifikationsnummer im Sinne des § 139 b der Abgabenordnung ihrer Kunden, bei denen das Versicherungs- oder Vertragsverhältnis vor dem 1. Januar 2027 bestand, abweichend von § 22 a Absatz 2 Satz 1 und 2 zur Durchführung des Rentenübersichtsgesetzes beim Bundeszentralamt für Steuern bereits vor dem Leistungsbezug erheben. ② Das Bundeszentralamt für Steuern teilt der mitteilungspflichtigen Stelle die Identifikationsnummer des Versicherten nur mit, wenn die von der mitteilungspflichtigen Stelle übermittelten Daten mit den nach § 139 b Absatz 3 der Abgabenordnung beim Bundeszentralamt für Steuern gespeicherten Daten im maschinellen Datenabgleich übereinstimmen. ③ Für Versicherungsverhältnisse und Mitgliedschaften bei Trägern der Basisversorgung im Sinne des § 10 Absatz 1 Nummer 2 Buchstabe a, die vor dem 1. Januar 2026 bestanden haben, ist § 10 Absatz 2 c Satz 3 mit der Maßgabe anzuwenden, dass die mitteilungspflichtige Stelle die für die Datenübermittlung nach § 10 Absatz 2 c in Verbindung mit § 93 c Absatz 1 Nummer 2 Buchstabe a der Abgabenordnung erforderliche Identifikationsnummer (§ 139 b der Abgabenordnung) des Steuerpflichtigen abweichend von § 22 a Absatz 2 Satz 1 und 2 beim Bundeszentralamt für Steuern erheben kann. ④ Das Bundeszentralamt für Steuern teilt der übermittelnden Stelle die Identifikationsnummer des Steuerpflichtigen nur mit, wenn die übermittelten Daten mit den nach § 139 b Absatz 3 der Abgabenordnung beim Bundeszentralamt für Steuern gespeicherten Daten im maschinellen Verfahren übereinstimmen. ⑤ Stimmen die Daten nicht überein, findet § 22 a Absatz 2 Satz 1 und 2 Anwendung.

(31)[3] ① § 23 Absatz 1 Satz 1 Nummer 2 in der am 18. August 2007 geltenden Fassung ist erstmals auf Veräußerungsgeschäfte anzuwenden, bei denen die Wirtschaftsgüter nach dem 31. Dezember 2008 auf Grund eines nach diesem Zeitpunkt rechtswirksam abgeschlossenen obligatorischen Vertrags oder gleichstehenden Rechtsakts angeschafft wurden; § 23 Absatz 1 Satz 1 Nummer 2 Satz 2 in der am 14. Dezember 2010 geltenden Fassung ist erstmals auf Veräußerungsgeschäfte anzuwenden, bei denen die Gegenstände des täglichen Gebrauchs auf Grund eines nach dem 13. Dezember 2010 rechtskräftig abgeschlossenen Vertrags oder gleichstehenden Rechtsakts angeschafft wurden. ② § 23 Absatz 1 Satz 1 Nummer 2 in der am 1. Januar 1999 geltenden Fassung ist letztmals auf Veräußerungsgeschäfte anzuwenden, bei denen die Wirtschaftsgüter vor dem 1. Januar 2009 erworben wurden. ③ § 23 Absatz 1 Satz 1 Nummer 3 in der Fassung des Artikels 7 des Gesetzes vom 20. Dezember 2016 (BGBl. I S. 3000) ist erstmals auf Veräußerungsgeschäfte anzuwenden, bei denen die Veräußerung auf einem nach dem 23. Dezember 2016 rechtswirksam abgeschlossenen obligatorischen Vertrag oder gleichstehenden Rechtsakt beruht. ④ § 23 Absatz 1 Satz 1 Nummer 4 ist auf Termingeschäfte anzuwenden, bei denen der Erwerb des Rechts auf einen Differenzausgleich, Geldbetrag oder Vorteil nach dem 31. Dezember 1998 und vor dem 1. Januar 2009 erfolgt. ⑤ § 23 Absatz 3 Satz 4 in der am 1. Januar 2000 geltenden Fassung ist auf Veräußerungsgeschäfte anzuwenden, bei denen der Steuerpflichtige das Wirtschaftsgut nach dem 31. Juli 1995 und vor dem 1. Januar 2009 angeschafft oder nach dem 31. Dezember 1998 und vor dem 1. Januar 2009 fertiggestellt hat; § 23 Absatz 3 Satz 4 in der am 1. Januar 2009 geltenden Fassung ist auf Veräußerungsgeschäfte anzuwenden, bei denen der Steuerpflichtige das Wirtschaftsgut nach dem 31. Dezember 2008 angeschafft oder fertiggestellt hat. ⑥ § 23 Absatz 1 Satz 2 und 3 sowie Absatz 3 Satz 3 in der am 12. Dezember 2006 geltenden Fassung sind für Anteile, die einbringungsgeboren im Sinne des § 21 des Umwandlungssteuergesetzes in der am 12. Dezember 2006 geltenden Fassung sind, weiter anzuwenden. ⑦ § 23 Absatz 1 Satz 4 in der Fassung des Artikels 3 des Gesetzes vom 2. Dezember 2024 (BGBl. 2024 I Nr. 387) ist in allen offenen Fällen anzuwenden.

(32)[4] ① § 32 Absatz 4 Satz 1 Nummer 3 in der Fassung des Artikels 1 des Gesetzes vom 19. Juli 2006 (BGBl. I S. 1652) ist erstmals für Kinder anzuwenden, die im Veranlagungszeitraum 2007 wegen einer vor Vollendung des 25. Lebensjahres eingetretenen körperlichen, geistigen oder seelischen Behinderung außerstande sind, sich selbst zu unterhalten; für Kinder, die wegen einer vor dem 1. Januar 2007 in der Zeit ab der Vollendung des 25. Lebensjahres und vor Vollendung des 27. Lebensjahres eingetretenen körperlichen, geistigen oder seelischen Behinderung außerstande sind, sich selbst zu unterhalten, ist § 32 Absatz 4 Satz 1 Nummer 3 weiterhin in der bis zum 31. Dezember 2006 geltenden Fassung anzuwenden. ② § 32 Absatz 5 ist nur noch anzuwenden, wenn das Kind den Dienst oder die Tätigkeit vor dem 1. Juli 2011 angetreten hat. ③ Für die nach § 10 Absatz 1 Nummer 2 Buchstabe b und den §§ 10 a, 82 begünstigten Verträge, die vor dem 1. Januar 2007 abgeschlossen wurden, gelten für das Vorliegen einer begünstigten Hinterbliebenenversorgung die Altersgrenzen des § 32 in der am 31. Dezember 2006 geltenden Fassung. ④ Dies gilt

---

[1] § 52 Abs. 30 a eingef. durch G v. 18. 7. 2016 (BGBl. I S. 1679).

[2] § 52 Abs. 30 b eingef. durch G v. 11. 2. 2021 (BGBl. I S. 154). Abs. 30 b Satz 1 geänd., Sätze 3 bis 5 angef. durch JStG 2024 v. 2.12.2024 (BGBl. I Nr. 387).

[3] § 52 Abs. 31 Satz 3 eingef., bish. Sätze 3 bis 5 werden Sätze 4 bis 6 durch BEPS-UmsG v. 20. 12. 2016 (BGBl. I S. 3000). Abs. 31 Satz 7 angef. durch JStG 2024 v. 2.12.2024 (BGBl. I Nr. 387).

[4] § 52 Abs. 32 Satz 5 angef. durch InflAusG v. 8. 12. 2022 (BGBl. I S. 2230).

entsprechend für die Anwendung des § 93 Absatz 1 Satz 3 Buchstabe b. ⑤ § 32 Absatz 6 Satz 1 in der Fassung des Artikels 1 des Gesetzes vom 8. Dezember 2022 (BGBl. I S. 2230) ist beim Steuerabzug vom Arbeitslohn ab dem 1. Januar 2023 anzuwenden.

(32 a)[1] ① § 32 a Absatz 1, § 39 b Absatz 2 Satz 7 zweiter Halbsatz und § 51 a Absatz 2 a Satz 1 in Verbindung mit § 32 Absatz 6 Satz 1 in der am 6. Dezember 2024 geltenden Fassung sind beim Steuerabzug vom Arbeitslohn erstmals anzuwenden auf laufenden Arbeitslohn, der für einen nach dem 30. November 2024 endenden Lohnzahlungszeitraum gezahlt wird, und auf sonstige Bezüge, die nach dem 30. November 2024 zufließen. ② Bei der Lohnsteuerberechnung auf laufenden Arbeitslohn, der für einen nach dem 30. November 2024 aber vor dem 1. Januar 2025 endenden täglichen, wöchentlichen und monatlichen Lohnzahlungszeitraum gezahlt wird, ist zu berücksichtigen, dass § 32 a Absatz 1, § 39 b Absatz 2 Satz 7 zweiter Halbsatz und § 51 a Absatz 2 a Satz 1 in Verbindung mit § 32 Absatz 6 Satz 1 in der am 6. Dezember 2024 geltenden Fassung bis zum 30. November 2024 nicht angewandt wurden (Nachholung). ③ Das Bundesministerium der Finanzen hat im Einvernehmen mit den obersten Finanzbehörden der Länder entsprechende Programmablaufpläne aufzustellen und bekannt zu machen (§ 39 b Absatz 6 und § 51 Absatz 4 Nummer 1 a).

(33)[2] ① § 32 b Absatz 2 Satz 1 Nummer 2 Satz 2 Buchstabe c ist erstmals auf Wirtschaftsgüter des Umlaufvermögens anzuwenden, die nach dem 28. Februar 2013 angeschafft, hergestellt oder in das Betriebsvermögen eingelegt werden. ② § 32 b Absatz 1 Satz 3 in der Fassung des Artikels 11 des Gesetzes vom 18. Dezember 2013 (BGBl. I S. 4318) ist in allen offenen Fällen anzuwenden. ③ § 32 b Absatz 3 bis 5 in der am 1. Januar 2017 geltenden Fassung ist erstmals für ab dem 1. Januar 2018 gewährte Leistungen anzuwenden.

(33 a)[3] ① § 32 c in der Fassung des Artikels 4 des Gesetzes vom 12. Dezember 2019 (BGBl. I S. 2451) ist erstmals für den Veranlagungszeitraum 2016 anzuwenden. ② § 32 c ist im Veranlagungszeitraum 2016 mit der Maßgabe anzuwenden, dass der erste Betrachtungszeitraum die Veranlagungszeiträume 2014 bis 2016 umfasst. ③ Die weiteren Betrachtungszeiträume umfassen die Veranlagungszeiträume 2017 bis 2019 und 2020 bis 2022. ④ § 32 c in der Fassung des Artikels 4 des Gesetzes vom 12. Dezember 2019 (BGBl. I S. 2451) ist letztmalig für den Veranlagungszeitraum 2022 anzuwenden. ⑤ § 32 c in der Fassung des Artikels 1 des Gesetzes vom 23. Oktober 2024 (BGBl. 2024 I Nr. 321) ist erstmals für den Veranlagungszeitraum 2023 mit der Maßgabe anzuwenden, dass der erste Betrachtungszeitraum 2023 bis 2025 und der letzte Betrachtungszeitraum 2026 bis 2028 ist. ⑥ § 32 c findet auf die Veranlagungszeiträume 2023 bis 2028 vorbehaltlich des Satzes 7 nur auf Einkünfte als Landwirt im Sinne des Artikels 211 Absatz 3 der Verordnung (EU) Nr. 1308/2013 des Europäischen Parlaments und des Rates, die zuletzt durch die Verordnung (EU) 2024/1143 (ABl. L, 2024/1143, 23.4.2024) geändert worden ist, Anwendung. ⑦ Nach einem Beschluss der Europäischen Kommission, der feststellt, dass die Regelungen des § 32 c, soweit andere Einkünfte gemäß § 13 betroffen sind, entweder keine oder mit dem Binnenmarkt vereinbare Beihilfen darstellen, findet § 32 c in der Fassung des Artikels 1 des Gesetzes vom 23. Oktober 2024 (BGBl. 2024 I Nr. 321) ab dem Folgetag ohne die Einschränkung nach Satz 6 Anwendung. ⑧ Der Tag des Beschlusses der Europäischen Kommission wird vom Bundesministerium der Finanzen gesondert im Bundessteuerblatt bekannt gemacht.

(33 b)[4] ① § 32 d Absatz 2 Nummer 1 Buchstabe b in der Fassung des Artikels 1 des Gesetzes vom 21. Dezember 2020 (BGBl. I S. 3096) ist auf Kapitalerträge anzuwenden, die nach dem 31. Dezember 2020 erzielt werden. ② Auf Kapitalerträge aus Darlehen an die Kapitalgesellschaft oder Genossenschaft, deren rechtliche Grundlage vor dem 1. Januar 2021 begründet wurde, ist § 32 d Absatz 2 Nummer 1 Buchstabe b in der Fassung des Artikels 1 des Gesetzes vom 21. Dezember 2020 (BGBl. I S. 3096) ab dem Veranlagungszeitraum 2024 anzuwenden. ③ § 32 d Absatz 2 Nummer 3 Buchstabe b in der Fassung des Artikels 7 des Gesetzes vom 20. Dezember 2016 (BGBl. I S. 3000) ist erstmals auf Anträge für den Veranlagungszeitraum 2017 anzuwenden.

(33 c)[5] Die §§ 33 und 33 b in der Fassung des Artikels 1 des Gesetzes vom 9. Dezember 2020 (BGBl. I S. 2770) sind erstmals für den Veranlagungszeitraum 2021 anzuwenden.

(34)[6] ① § 34 a in der Fassung des Artikels 1 des Gesetzes vom 19. Dezember 2008 (BGBl. I S. 2794) ist erstmals für den Veranlagungszeitraum 2008 anzuwenden. ② § 34 a Absatz 6 Satz 1 Nummer 3 und Satz 2 in der Fassung des Artikels 1 des Gesetzes vom 27. Juni 2017 (BGBl. I S. 2074) ist erstmals für unentgeltliche Übertragungen nach dem 5. Juli 2017 anzuwenden. ③ § 34 a

[1] § 52 Abs. 32 a neu gef. durch G v. 2.12.2024 (BGBl. I Nr. 386).

[2] § 52 Abs. 33 Satz 3 angef. durch G v. 18. 7. 2016 (BGBl. I S. 1679).

[3] § 52 Abs. 33 a eingef. durch JStG 2019 v. 12. 12. 2019 (BGBl. I S. 2451). Abs. 33 a idF des BGBl. 2016 I S. 3045 aufgeh. durch Art. 31 des JStG 2019 v. 12. 12. 2019 (BGBl. I S. 2451). Abs. 33 a Satz 4 neu gef., Sätze 5 bis 8 angef. durch G v. 23.10.2024 (BGBl. I Nr. 321).

[4] § 52 Abs. 33 a eingef. durch BEPS-UmsG v. 20. 12. 2016 (BGBl. I S. 3000); bish. Abs. 33 a wird Abs. 33 b durch JStG 2019 v. 12. 12. 2019 (BGBl. I S. 2451). Abs. 33 b Sätze 1 und 2 eingef. (bish. Satz 1 wird Satz 3) durch JStG 2020 v. 21. 12. 2020 (BGBl. I S. 3096).

[5] § 52 Abs. 33 c eingef. durch G v. 9. 12. 2020 (BGBl. I S. 2770).

[6] § 52 Abs. 34 Satz 2 angef. durch SchädlStPraktG v. 27. 6. 2017 (BGBl. I S. 2074). Abs. 34 Satz 3 angef. durch WachstumschancenG v. 27.3.2024 (BGBl. I Nr. 108).

in der Fassung des Artikels 3 des Gesetzes vom 27. März 2024 (BGBl. 2024 I Nr. 108) ist erstmals für den Veranlagungszeitraum 2024 anzuwenden.

(34 a)[1] Für Veranlagungszeiträume bis einschließlich 2014 ist § 34 c Absatz 1 Satz 2 in der bis zum 31. Dezember 2014 geltenden Fassung in allen Fällen, in denen die Einkommensteuer noch nicht bestandskräftig festgesetzt ist, mit der Maßgabe anzuwenden, dass an die Stelle der Wörter „Summe der Einkünfte" die Wörter „Summe der Einkünfte abzüglich des Altersentlastungsbetrages (§ 24 a), des Entlastungsbetrages für Alleinerziehende (§ 24 b), der Sonderausgaben (§§ 10, 10 a, 10 b, 10 c), der außergewöhnlichen Belastungen (§§ 33 bis 33 b), der berücksichtigten Freibeträge für Kinder (§§ 31, 32 Absatz 6) und des Grundfreibetrages (§ 32 a Absatz 1 Satz 2 Nummer 1)" treten.

(34 b)[2] ① § 34 d Nummer 4 Buchstabe b Doppelbuchstabe bb in der Fassung des Artikels 3 des Gesetzes vom 11. Dezember 2018 (BGBl. I S. 2338) ist erstmals auf Gewinne aus der Veräußerung von Anteilen anzuwenden, bei denen die Veräußerung nach dem 31. Dezember 2018 erfolgt, und nur soweit den Gewinnen nach dem 31. Dezember 2018 eingetretene Wertveränderungen zugrunde liegen. ② § 34 d Nummer 7 in der Fassung des Artikels 3 des Gesetzes vom 11. Dezember 2018 (BGBl. I S. 2338) ist erstmals auf Wertveränderungen anzuwenden, die nach dem 31. Dezember 2018 eintreten.

(35) ① § 34 f Absatz 3 und 4 Satz 2 in der Fassung des Gesetzes vom 25. Februar 1992 (BGBl. I S. 297) ist erstmals anzuwenden bei Inanspruchnahme der Steuerbegünstigung nach § 10 e Absatz 1 bis 5 in der Fassung des Gesetzes vom 25. Februar 1992 (BGBl. I S. 297). ② § 34 f Absatz 4 Satz 1 ist erstmals anzuwenden bei Inanspruchnahme der Steuerbegünstigung nach § 10 e Absatz 1 bis 5 oder nach § 15 b des Berlinförderungsgesetzes für nach dem 31. Dezember 1991 hergestellte oder angeschaffte Objekte.

(35 a)[3, 4] ① § 35 c ist erstmals auf energetische Maßnahmen anzuwenden, mit deren Durchführung nach dem 31. Dezember 2019 begonnen wurde und die vor dem 1. Januar 2030 abgeschlossen sind. ② Als Beginn gilt bei energetischen Maßnahmen, für die eine Baugenehmigung erforderlich ist, der Zeitpunkt, in dem der Bauantrag gestellt wird. ③ Bei nicht genehmigungsbedürftigen Vorhaben für solche Vorhaben, die nach Maßgabe des Bauordnungsrechts der zuständigen Behörde zur Kenntnis zu geben sind, gilt als Beginn der Zeitpunkt des Eingangs der Kenntnisgabe bei der zuständigen Behörde und für sonstige nicht genehmigungsbedürftige, insbesondere genehmigungs-, anzeige- und verfahrensfreie Vorhaben, der Zeitpunkt des Beginns der Bauausführung.

(35 b)[5] ① § 36 Absatz 2 Nummer 2 Satz 5 in der Fassung des Artikels 2 des Gesetzes vom 21. Dezember 2020 (BGBl. I S. 3096) ist erstmals auf Kapitalerträge anzuwenden, die nach dem 31. Dezember 2020 zufließen. ② § 36 Absatz 2 Nummer 4 in der Fassung des Artikels 2 des Gesetzes vom 21. Dezember 2020 (BGBl. I S. 3096) ist erstmals für den Veranlagungszeitraum 2016 und letztmalig für den Veranlagungszeitraum 2028 anzuwenden.

(35 c)[6] ① § 36 a in der am 27. Juli 2016 geltenden Fassung ist erstmals auf Kapitalerträge anzuwenden, die ab dem 1. Januar 2016 zufließen. ② § 36 a in der Fassung des Artikels 1 des Gesetzes vom 12. Dezember 2019 (BGBl. I S. 2451) ist erstmals auf Kapitalerträge anzuwenden, die ab dem 1. Januar 2019 zufließen.

(35 d)[7] § 37 Absatz 3 Satz 3 ist auf Antrag des Steuerpflichtigen mit der Maßgabe anzuwenden, dass

1. für den Veranlagungszeitraum 2019 an die Stelle des 15. Kalendermonats der 21. Kalendermonat und an die Stelle des 23. Kalendermonats der 28. Kalendermonat,
2. für die Veranlagungszeiträume 2020 und 2021 an die Stelle des 15. Kalendermonats der 21. Kalendermonat und an die Stelle des 23. Kalendermonats der 29. Kalendermonat,
3. für den Veranlagungszeitraum 2022 an die Stelle des 15. Kalendermonats der 20. Kalendermonat und an die Stelle des 23. Kalendermonats der 28. Kalendermonat,
4. für den Veranlagungszeitraum 2023 an die Stelle des 15. Kalendermonats der 18. Kalendermonat und an die Stelle des 23. Kalendermonats der 26. Kalendermonat und
5. für den Veranlagungszeitraum 2024 an die Stelle des 15. Kalendermonats der 17. Kalendermonat und an die Stelle des 23. Kalendermonats der 25. Kalendermonat

tritt.

---

[1] § 52 Abs. 34 a eingef. durch ZollkodexAnpG v. 22. 12. 2014 (BGBl. I S. 2417).
[2] § 52 Abs. 34 b eingef. durch „JStG 2018" v. 11. 12. 2018 (BGBl. I S. 2338).
[3] § 52 Abs. 35 a eingef. (bish. Abs. 35 a wird Abs. 35 b) durch JStG 2019 v. 12. 12. 2019 (BGBl. I S. 2451); Sätze 1 bis 3 eingef. (bish. Satz 1 wird Satz 4) durch KlimaSG v. 21. 12. 2019 (BGBl. I S. 2886).
[4] § 52 Abs. 35 a eingef. (bish. Abs. 35 a wird Abs. 35 b) durch G v. 20. 12. 2016 (BGBl. I S. 3045). Abs. 35 a Satz 2 angef. durch JStG 2019 v. 12. 12. 2019 (BGBl. I S. 2451). § 52 Abs. 35 a neu gef. durch JStG 2020 v. 21. 12. 2020 (BGBl. I S. 3096).
[5] § 52 Abs. 35 a (jetzt: Abs. 35 b) eingef. durch InvStRefG v. 19. 7. 2016 (BGBl. I S. 1730). Abs. 35 b neu gef. durch JStG 2020 v. 21. 12. 2020 (BGBl. I S. 3096). Abs. 35 b Satz 2 geänd. durch G v. 23.10.2024 (BGBl. I Nr. 321).
[6] § 52 Abs. 35 a (jetzt: Abs. 35 c) eingef. durch G v. 19. 7. 2016 (BGBl. I S. 1730); bish. Abs. 35 a wird Abs. 35 b und Satz 2 angef. durch G v. 12. 12. 2019 (BGBl. I S. 2451); bish. Abs. 35 b wird Abs. 35 c durch G v. 29. 6. 2020 (BGBl. I S. 1512).
[7] § 52 Abs. 35 d eingef. durch ATADUmsG v. 25. 6. 2021 (BGBl. I S. 2035). Abs. 35 d neu gef. durch G v. 19. 6. 2022 (BGBl. I S. 911).

(36)[1] ① Das Bundesministerium der Finanzen kann im Einvernehmen mit den obersten Finanzbehörden der Länder in einem Schreiben mitteilen, wann das in § 39 Absatz 4 Nummer 5 genannte Lohnsteuerabzugsmerkmal erstmals abgerufen werden kann (§ 39 e Absatz 3 Satz 1). ② Dieses Schreiben ist im Bundessteuerblatt zu veröffentlichen. ③ § 39 in der Fassung des Artikels 4 des Gesetzes vom 21. Dezember 2020 (BGBl. I S. 3096), geändert durch Artikel 4 des Gesetzes vom 16. Dezember 2022 (BGBl. I S. 2294), § 39 a Absatz 1 Satz 1 Nummer 1 a, Absatz 2 Satz 4, Absatz 3 Satz 2 und Absatz 4 Satz 1 Nummer 1 a in der Fassung des Artikels 4 des Gesetzes vom 21. Dezember 2020 (BGBl. I S. 3096), geändert durch Artikel 6 des Gesetzes vom 16. Dezember 2022 (BGBl. I S. 2294), § 39 b Absatz 2 Satz 5 Nummer 3, § 41 b Absatz 1 Satz 2, § 41 c Absatz 1 Satz 2, § 42 b Absatz 1 Satz 3 Nummer 5 in der Fassung des Artikels 5 des Gesetzes vom 21. Dezember 2020 (BGBl. I S. 3096) und § 46 Absatz 2 Nummer 3 in der Fassung des Artikels 3 des Gesetzes vom 8. Dezember 2022 (BGBl. I S. 2230) sind erstmals ab dem 1. Januar 2026 anzuwenden. ④ § 39 in der Fassung des Artikels 4 des Gesetzes vom 21. Dezember 2020 (BGBl. I S. 3096), geändert durch Artikel 4 des Gesetzes vom 16. Dezember 2022 (BGBl. I S. 2294), kann im Rahmen eines Pilotprojekts mit Echtdaten bereits ab dem 1. Januar 2023 angewendet werden.

(37) ① Das Bundesministerium der Finanzen kann im Einvernehmen mit den obersten Finanzbehörden der Länder in einem Schreiben mitteilen, ab wann die Regelungen in § 39 a Absatz 1 Satz 3 bis 5 erstmals anzuwenden sind. ② Dieses Schreiben ist im Bundessteuerblatt zu veröffentlichen.

(37 a)[2] ① § 39 f Absatz 1 Satz 9 bis 11 und Absatz 3 Satz 1 ist erstmals für den Veranlagungszeitraum 2019 anzuwenden.

(37 b)[3] *(aufgehoben)*

(37 c)[4] ① § 40 Absatz 2 Satz 1 Nummer 6 in der am 17. November 2016 geltenden Fassung ist erstmals anzuwenden auf Vorteile, die in einem nach dem 31. Dezember 2016 endenden Lohnzahlungszeitraum oder als sonstige Bezüge nach dem 31. Dezember 2016 zugewendet werden, und letztmals anzuwenden auf Vorteile, die in einem vor dem 1. Januar 2031 endenden Lohnzahlungszeitraum oder als sonstige Bezüge vor dem 1. Januar 2031 zugewendet werden. ② § 40 Absatz 2 Satz 2 Nummer 3 und Satz 4 in der Fassung des Artikels 2 des Gesetzes vom 21. Dezember 2020 (BGBl. I S. 3096) ist erstmals auf Freifahrtberechtigungen anzuwenden, die nach dem 31. Dezember 2020 gewährt werden. ③ § 37 a Absatz 2 Satz 1, § 37 b Absatz 3 Satz 2, § 40 Absatz 4, § 40 a Absatz 5 Satz 2 und § 40 b Absatz 5 Satz 1 in der Fassung des Artikels 3 des Gesetzes vom 2. Dezember 2024 (BGBl. 2024 I Nr. 387) sind in allen offenen Fällen anzuwenden.

(38) § 40 a Absatz 2, 2 a und 6 in der am 31. Juli 2014 geltenden Fassung ist erstmals ab dem Kalenderjahr 2013 anzuwenden.

(39)[5] *(aufgehoben)*

(40)[6] § 40 b Absatz 1 und 2 in der am 31. Dezember 2004 geltenden Fassung ist weiter anzuwenden auf Beiträge für eine Direktversicherung des Arbeitnehmers und Zuwendungen an eine Pensionskasse, wenn vor dem 1. Januar 2018 mindestens ein Beitrag nach § 40 b Absatz 1 und 2 in einer vor dem 1. Januar 2005 geltenden Fassung pauschal besteuert wurde.

(40 a)[7] ① § 41 a Absatz 1 Satz 1 Nummer 1 in der Fassung des Artikels 2 des Gesetzes vom 12. Dezember 2019 (BGBl. I S. 2451) ist erstmals für Lohnzahlungszeiträume anzuwenden, die nach dem 31. Dezember 2020 enden. ② § 41 a Absatz 4 Satz 1 in der Fassung des Artikels 1 des Gesetzes vom 24. Februar 2016 (BGBl. I S. 310) gilt für eine Dauer von 60 Monaten und ist erstmals für laufenden Arbeitslohn anzuwenden, der für den Lohnzahlungszeitraum gezahlt wird, der nach dem Kalendermonat folgt, in dem die Europäische Kommission die Genehmigung zu diesem Änderungsgesetz erteilt hat; die Regelung ist erstmals für sonstige Bezüge anzuwenden, die nach dem Monat zufließen, in dem die Europäische Kommission die Genehmigung zu diesem Änderungsgesetz erteilt hat. ③ § 41 a Absatz 4 in der Fassung des Artikels 3 des Gesetzes vom 19. Juni 2022 (BGBl. I S. 911) gilt für eine Dauer von 72 Monaten und ist erstmals für laufenden Arbeitslohn anzuwenden, der für einen ab dem 1. Juni 2021 endenden Lohnzahlungszeitraum gezahlt wird, und für sonstige Bezüge, die ab dem 1. Juni 2021 zufließen.

---

[1] § 52 Abs. 36 Satz 1 geänd., Satz 3 angef. durch JStG 2020 v. 21. 12. 2020 (BGBl. I S. 3096). Abs. 36 Satz 3 neu gef. durch JStG 2022 v. 16. 12. 2022 (BGBl. I S. 2294). Abs. 36 Satz 3 neu gef., Satz 4 angef. durch KrZwFördG v. 22. 12. 2023 (BGBl. I Nr. 411).

[2] § 52 Abs. 37 a neu gef. durch StUmgBG v. 23. 6. 2017 (BGBl. I S. 1682).

[3] § 52 Abs. 37 b aufgeh. durch G v. 2.12.2024 (BGBl. I Nr. 386).

[4] § 52 Abs. 37 c eingef. durch G v. 7. 11. 2016 (BGBl. I S. 2498). Abs. 37 c geänd. durch JStG 2019 v. 12. 12. 2019 (BGBl. I S. 2451). Abs. 37 c Satz 2 angef. durch JStG 2020 v. 21. 12. 2020 (BGBl. I S. 3096). Abs. 37 c Satz 3 angef. durch JStG 2024 v. 2.12.2024 (BGBl. I Nr. 387).

[5] § 52 Abs. 39 aufgeh. durch StUmgBG v. 23. 6. 2017 (BGBl. I S. 1682).

[6] § 52 Abs. 40 Satz 1 geänd. durch BetrRentStG v. 17. 8. 2017 (BGBl. I S. 3214). Abs. 40 Satz 1 geänd. und Satz 2 aufgeh. durch „JStG 2018" v. 11. 12. 2018 (BGBl. I S. 2338).

[7] § 52 Abs. 40 a eingef. durch G v. 24. 2. 2016 (BGBl. I S. 310). Abs. 40 a Satz 1 eingef. (bish. Sätze 1 bis 3 werden Sätze 2 bis 4) durch JStG 2019 v. 12. 12. 2019 (BGBl. I S. 2451). Sätze 3 und 4 neu gef. durch G v. 12. 5. 2021 (BGBl. I S. 989). Satz 3 neu gef., Satz 4 aufgeh. durch G v. 19. 6. 2022 (BGBl. I S. 911).

(41) Bei der Veräußerung oder Einlösung von Wertpapieren und Kapitalforderungen, die von der das Bundesschuldbuch führenden Stelle oder einer Landesschuldenverwaltung verwahrt oder verwaltet werden können, bemisst sich der Steuerabzug nach den bis zum 31. Dezember 1993 geltenden Vorschriften, wenn die Wertpapier- und Kapitalforderungen vor dem 1. Januar 1994 emittiert worden sind; dies gilt nicht für besonders in Rechnung gestellte Stückzinsen.

(42)[1] ① § 43 Absatz 1 Satz 1 Nummer 7 Buchstabe b Satz 2 in der Fassung des Artikels 1 des Gesetzes vom 13. Dezember 2006 (BGBl. I S. 2878) ist erstmals auf Verträge anzuwenden, die nach dem 31. Dezember 2006 abgeschlossen werden. ② § 43 Absatz 1 Satz 1 Nummer 7 Buchstabe c in der Fassung des Artikels 2 des Gesetzes vom 12. Dezember 2019 (BGBl. I S. 2451) ist erstmals auf Kapitalerträge anzuwenden, die dem Gläubiger nach dem 31. Dezember 2020 zufließen. ③ § 43 Absatz 1 Satz 6 und Absatz 2 Satz 7 und 8 in der am 1. Januar 2017 geltenden Fassung ist erstmals anzuwenden auf Kapitalerträge, die dem Gläubiger nach dem 31. Dezember 2016 zufließen. ④ § 43 in der Fassung des Artikel 3 des Gesetzes vom 19. Juli 2016 (BGBl. I S. 1730) ist erstmals ab dem 1. Januar 2018 anzuwenden. ⑤ § 43 Absatz 1 Satz 6 Nummer 5 in der Fassung des Artikels 1 des Gesetzes vom 2. Juni 2021 (BGBl. I S. 1259) ist erstmals auf Kapitalerträge anzuwenden, die nach dem 31. Dezember 2019 zufließen. ⑥ § 43 Absatz 2 Satz 7 und 8 in der am 29. Oktober 2024 geltenden Fassung ist letztmals für Kapitalerträge anzuwenden, die vor dem 1. Januar 2025 zufließen.

(42 a)[2] § 43 a in der am 27. Juli 2016 geltenden Fassung ist erstmals ab dem 1. Januar 2018 anzuwenden.

(42 b)[3] § 43 b und Anlage 2 (zu § 43 b) in der am 1. Januar 2016 geltenden Fassung sind erstmals auf Ausschüttungen anzuwenden, die nach dem 31. Dezember 2015 zufließen.

(43)[4] ① Ist ein Freistellungsauftrag im Sinne des § 44 a vor dem 1. Januar 2023 unter Beachtung des § 20 Absatz 9 in der bis dahin geltenden Fassung erteilt worden, hat der nach § 44 Absatz 1 zum Steuerabzug Verpflichtete den angegebenen Freistellungsbetrag um 24,844 Prozent zu erhöhen. ② Ist in dem Freistellungsauftrag der gesamte Sparer-Pauschbetrag angegeben, ist der Erhöhungsbetrag in voller Höhe zu berücksichtigen.

(44)[5] ① § 44 Absatz 1 Satz 4 Nummer 2 a in der Fassung des Artikels 2 des Gesetzes vom 12. Dezember 2019 (BGBl. I S. 2451) ist erstmals auf Kapitalerträge anzuwenden, die dem Gläubiger nach dem 31. Dezember 2020 zufließen. ② § 44 Absatz 6 Satz 2 und 5 in der am 12. Dezember 2006 geltenden Fassung ist für Anteile, die einbringungsgeboren im Sinne des § 21 des Umwandlungssteuergesetzes in der am 12. Dezember 2006 geltenden Fassung sind, weiter anzuwenden. ③ § 44 in der Fassung des Artikels 3 des Gesetzes vom 19. Juli 2016 (BGBl. I S. 1730) ist erstmals ab dem 1. Januar 2018 anzuwenden. ④ § 44 Absatz 1 in der Fassung des Artikels 1 des Gesetzes vom 21. Dezember 2020 (BGBl. I S. 3096) ist erstmals auf Kapitalerträge anzuwenden, die dem Gläubiger nach dem 29. Dezember 2020 zufließen. ⑤ § 44 Absatz 1 Satz 10 und 11 in der Fassung des Artikels 6 des Gesetzes vom 16. Dezember 2022 (BGBl. I S. 2294) ist auf Kapitalerträge anzuwenden, die nach dem 31. Dezember 2024 zufließen oder als zugeflossen gelten.

(44 a)[6] ① § 45 a Absatz 2 Satz 1 in der Fassung des Artikels 1 des Gesetzes vom 21. Dezember 2020 (BGBl. I S. 3096) ist erstmals auf Kapitalerträge anzuwenden, die dem Gläubiger nach dem 29. Dezember 2020 zufließen. ② § 45 a Absatz 6 in der Fassung des Artikels 2 des Gesetzes vom 21. Dezember 2020 (BGBl. I S. 3096) ist auf Kapitalerträge anzuwenden, die nach dem 31. Dezember 2022 zufließen. ③ § 45 a Absatz 2 a und 7 Satz 1 in der Fassung des Artikels 1 des Gesetzes vom 2. Juni 2021 (BGBl I S. 1259), das zuletzt durch Artikel 3 des Gesetzes vom 2. Dezember 2024 (BGBl. 2024 I Nr. 387) geändert worden ist, ist erstmals anzuwenden auf Kapitalerträge, die dem Gläubiger nach dem 31. Dezember 2026 zufließen. ④ § 45 a Absatz 7 Satz 3 in der am 8. Juni 2021 geltenden Fassung ist letztmals anzuwenden für Kapitalerträge, die vor dem 1. Januar 2024 zufließen. ⑤ § 45 a Absatz 5 in der am 29. Oktober 2024 geltenden Fassung ist letztmals für Ersatzbescheinigungen anzuwenden, die vor dem 1. Januar 2025 ausgestellt werden.

(44 b)[7] § 45 b Absatz 1 und 8 bis 10 in der Fassung des Artikels 1 des Gesetzes vom 2. Juni 2021 (BGBl. I S. 1259) und § 45 b Absatz 2 bis 7 in der Fassung des Artikels 3 des Gesetzes vom 2. De-

[1] § 52 Abs. 42 Satz 2 angef. durch G v. 18. 7. 2016 (BGBl. I S. 1679). Abs. 42 Satz 3 angef. durch InvStRefG v. 19. 7. 2016 (BGBl. I S. 1730). Abs. 42 Satz 2 eingef. (bish. Sätze 2 und 3 werden Sätze 3 und 4) durch JStG 2019 v. 12. 12. 2019 (BGBl. I S. 2451). Abs. 42 Satz 5 angef. durch AbzStEntModG v. 2. 6. 2021 (BGBl. I S. 1259). Abs. 42 Satz 6 angef. durch G v. 23.10.2024 (BGBl. I Nr. 323).

[2] § 52 Abs. 42 a eingef. (bish. Abs. 42 a wird Abs. 42 b) durch InvStRefG v. 19. 7. 2016 (BGBl. I S. 1730).

[3] § 52 Abs. 42 a (jetzt Abs. 42 b) eingef. durch StÄndG 2015 v. 2. 11. 2015 (BGBl. I S. 1834).

[4] § 52 Abs. 43 neu gef. durch JStG 2022 v. 16. 12. 2022 (BGBl. I S. 2294).

[5] § 52 Abs. 44 Satz 2 angef. durch InvStRefG v. 19. 7. 2016 (BGBl. I S. 1730). Abs. 44 Satz 1 eingef. (bish. Sätze 1 und 2 werden Sätze 2 und 3) durch JStG 2019 v. 12. 12. 2019 (BGBl. I S. 2451). Abs. 44 Satz 4 angef. durch JStG 2020 v. 21. 12. 2020 (BGBl. I S. 3096). Abs. 44 Satz 5 angef. durch JStG 2022 v. 16. 12. 2022 (BGBl. I S. 2294).

[6] § 52 Abs. 44 a eingef. und Satz 2 angef. durch JStG 2020 v. 21. 12. 2020 (BGBl. I S. 3096). Abs. 44 a Sätze 3 und 4 angef. durch AbzStEntModG v. 2. 6. 2021 (BGBl. I S. 1259). Abs. 44 a Satz 5 angef. durch G v. 23.10.2024 (BGBl. I Nr. 323). Abs. 44 a Satz 3 neu gef. durch JStG 2024 v. 2.12.2024 (BGBl. I Nr. 387).

[7] § 52 Abs. 44 b eingef. durch AbzStEntModG v. 2. 6. 2021 (BGBl. I S. 1259). Abs. 44 b neu gef. durch JStG 2024 v. 2.12.2024 (BGBl. I Nr. 387).

zember 2024 (BGBl. 2024 I Nr. 387) sind erstmals auf Kapitalerträge anzuwenden, die dem Gläubiger nach dem 31. Dezember 2026 zufließen.

(44 c)[1] § 45 c in der Fassung des Artikels 1 des Gesetzes vom 2. Juni 2021 (BGBl. I S. 1259) ist erstmals auf Kapitalerträge anzuwenden, die dem Gläubiger nach dem 31. Dezember 2026 zufließen.

(45)[2] ① § 45 d Absatz 1 in der am 14. Dezember 2010 geltenden Fassung ist erstmals für Kapitalerträge anzuwenden, die ab dem 1. Januar 2013 zufließen; eine Übermittlung der Identifikationsnummer hat für Kapitalerträge, die vor dem 1. Januar 2016 zufließen, nur zu erfolgen, wenn die Identifikationsnummer der Meldestelle vorliegt. ② § 45 d Absatz 1 in der am 1. Januar 2017 geltenden Fassung ist erstmals anzuwenden auf Kapitalerträge, die dem Gläubiger nach dem 31. Dezember 2016 zufließen. ③ § 45 d Absatz 3 in der am 1. Januar 2017 geltenden Fassung ist letztmals für Versicherungsverträge anzuwenden, die nach dem 31. Dezember 2016 und vor dem 1. Januar 2025 abgeschlossen werden.

(45 a)[3] ① § 49 Absatz 1 Nummer 2 Buchstabe e Doppelbuchstabe cc in der Fassung des Artikels 3 des Gesetzes vom 11. Dezember 2018 (BGBl. I S. 2338) ist erstmals auf Gewinne aus der Veräußerung von Anteilen anzuwenden, bei denen die Veräußerung nach dem 31. Dezember 2018 erfolgt, und nur soweit den Gewinnen nach dem 31. Dezember 2018 eingetretene Wertveränderungen zugrunde liegen. ② § 49 Absatz 1 Nummer 2 Buchstabe f in der Fassung des Artikels 3 des Gesetzes vom 11. Dezember 2018 (BGBl. I S. 2338) ist erstmals auf Wertveränderungen anzuwenden, die nach dem 31. Dezember 2018 eintreten. ③ § 49 Absatz 1 Nummer 2 Buchstabe f Satz 1 und 2 und Nummer 6 in der am 20. Dezember 2022 geltenden Fassung ist, soweit die Vermietung und Verpachtung oder die Veräußerung von sonstigen Rechten, bei denen Einkünfte nur auf Grund der Eintragung in ein inländisches öffentliches Buch oder Register vorliegen, nicht zwischen nahestehenden Personen im Sinne des § 1 Absatz 2 des Außensteuergesetzes erfolgt, auf alle offene Fälle anzuwenden; im Übrigen ist § 49 Absatz 1 Nummer 2 Buchstabe f Satz 1 und 2 und Nummer 6 in der am 20. Dezember 2022 geltenden Fassung auf Veräußerungen, die nach dem 31. Dezember 2022 erfolgen oder auf Vergütungen, die nach dem 31. Dezember 2022 zufließen, anzuwenden. ④ § 49 Absatz 1 Nummer 4 Buchstabe a in der Fassung des Artikels 2 des Gesetzes vom 27. März 2024 (BGBl. 2024 I Nr. 108) ist erstmals auf nichtselbständige Einkünfte anzuwenden, die nach dem 31. Dezember 2023 zufließen. ⑤ § 49 Absatz 1 Nummer 5 in der am 27. Juli 2016 geltenden Fassung ist erstmals auf Kapitalerträge anzuwenden, die ab dem 1. Januar 2018 zufließen. ⑥ § 49 Absatz 1 Nummer 11 in der am 1. Juli 2021 geltenden Fassung ist erstmals auf Einkünfte anzuwenden, die nach dem 31. Dezember 2021 zufließen.

(46)[4] ① § 50 Absatz 1 Satz 3 in der Fassung des Artikels 1 des Gesetzes vom 21. Dezember 2020 (BGBl. I S. 3096) ist in allen offenen Fällen anzuwenden. ② § 50 Absatz 1 a in der Fassung des Artikels 2 des Gesetzes vom 21. Dezember 2020 (BGBl. I S. 3096) ist erstmals auf Beiträge an berufsständische Versorgungseinrichtungen anzuwenden, die nach dem 31. Dezember 2020 geleistet werden. ③ § 50 Absatz 2 Satz 2 Nummer 6 in der Fassung des Artikels 1 des Gesetzes vom 12. Dezember 2019 (BGBl. I S. 2451) ist erstmals auf Kapitalerträge anzuwenden, die nach dem 31. Dezember 2016 zufließen. ④ § 50 Absatz 2 Satz 8 in der Fassung des Artikels 3 des Gesetzes vom 2. Dezember 2024 (BGBl. 2024 I Nr. 387) ist in allen offenen Fällen anzuwenden. ⑤ § 50 Absatz 4 in der am 1. Januar 2016 geltenden Fassung ist in allen offenen Fällen anzuwenden. ⑥ § 50 Absatz 1 Satz 2 in der Fassung des Artikels 1 des Gesetzes vom 2. Juni 2021 (BGBl. I S. 1259) ist in allen offenen Fällen anzuwenden.

(47) ① Der Zeitpunkt der erstmaligen Anwendung des § 50 a Absatz 3 und 5 in der am 18. August 2009 geltenden Fassung wird durch eine Rechtsverordnung der Bundesregierung bestimmt, die der Zustimmung des Bundesrates bedarf; dieser Zeitpunkt darf nicht vor dem 31. Dezember 2011 liegen. ② § 50 a Absatz 7 in der am 31. Juli 2014 geltenden Fassung ist erstmals auf Vergütungen anzuwenden, für die der Steuerabzug nach dem 31. Dezember 2014 angeordnet worden ist.

(47 a)[5] ① § 50 c Absatz 2 Satz 1 Nummer 2 in der Fassung des Artikels 1 des Gesetzes vom 2. Juni 2021 (BGBl. I S. 1259) ist erstmals auf Einkünfte anzuwenden, die dem beschränkt Steu-

---

[1] § 52 Abs. 44 c eingef. durch AbzStEntModG v. 2. 6. 2021 (BGBl. I S. 1259). Abs. 44 c geänd. durch JStG 2024 v. 2.12.2024 (BGBl. I Nr. 387).

[2] § 52 Abs. 45 Sätze 2 und 3 angef. durch G v. 18. 7. 2016 (BGBl. I S. 1679). Abs. 45 Satz 3 neu gef. durch G v. 23.10.2024 (BGBl. I Nr. 323).

[3] § 52 Abs. 45 a eingef. durch InvStRefG v. 19. 7. 2016 (BGBl. I S. 1730). Abs. 45 a Satz 2 geänd. durch BEPS-UmsG v. 20. 12. 2016 (BGBl. I S. 3000). Abs. 45 a Sätze 1 und 2 eingef. (bish. Sätze 1 und 2 werden Sätze 3 und 4) durch „JStG 2018" v. 11. 12. 2018 (BGBl. I S. 2338). Abs. 45 a Satz 4 neu gef. durch ATADUmsG v. 25. 6. 2021 (BGBl. I S. 2035). Abs. 45 a Satz 3 eingef., bish. Sätze 3 und 4 werden Sätze 4 und 5 durch JStG 2022 v. 16. 12. 2022 (BGBl. I S. 2294). Satz 4 eingef., bish. Sätze 4 und 5 werden Sätze 5 und 6 durch WachstumschancenG v. 27.3.2024 (BGBl. I Nr. 108).

[4] § 52 Abs. 46 Satz 2 angef. durch StÄndG 2015 v. 2. 11. 2015 (BGBl. I S. 1834). Abs. 46 Satz 1 eingef. (bish. Sätze 1 und 2 werden Sätze 2 und 3) durch BEPS-UmsG v. 20. 12. 2016 (BGBl. I S. 3000). Abs. 46 Satz 3 eingef. (bish. Satz 3 wird Satz 4) durch JStG 2019 v. 12. 12. 2019 (BGBl. I S. 2451). Abs. 46 Satz 1 geänd. und Satz 2 neu gef. durch JStG 2020 v. 21. 12. 2020 (BGBl. I S. 3096). Abs. 46 Satz 5 angef. durch AbzStEntModG v. 2. 6. 2021 (BGBl. I S. 1259). Abs. 46 Satz 4 eingef., bish. Sätze 4 und 5 werden Sätze 5 und 6 durch JStG 2024 v. 2.12.2024 (BGBl. I Nr. 387).

[5] § 52 Abs. 47 a eingef. durch AbzStEntModG v. 2. 6. 2021 (BGBl. I S. 1259). Abs. 47 a Satz 2 neu gef., Satz 3 angef. durch JStG 2022 v. 16. 12. 2022 (BGBl. I S. 2294). Satz 2 eingef., bish. Sätze 2 und 3 werden Sätze 3 und 4 durch WachstumschancenG v. 27.3.2024 (BGBl. I Nr. 108).

erpflichtigen nach dem 31. Dezember 2021 zufließen; die Geltung von Ermächtigungen nach § 50 d Absatz 5 und 6 des Gesetzes in der Fassung, die vor dem Inkrafttreten des Artikels 1 des Gesetzes vom 2. Juni 2021 (BGBl. I S. 1259) galt, endet spätestens zu diesem Zeitpunkt. ② § 50 c Absatz 2 Satz 1 Nummer 2 in der Fassung des Artikels 2 des Gesetzes vom 27. März 2024 (BGBl. 2024 I Nr. 108) ist erstmals auf Einkünfte anzuwenden, die dem beschränkt Steuerpflichtigen nach dem 31. Dezember 2023 zufließen. ③ § 50 c Absatz 5 Satz 1, 3 und 4 in der Fassung des Artikels 1 des Gesetzes vom 2. Juni 2021 (BGBl. I S. 1259) ist erstmals auf Anträge anzuwenden, die nach dem 31. Dezember 2022 gestellt werden; für Anträge, die gemäß § 50 c Absatz 2 oder 3 bis zu diesem Zeitpunkt gestellt werden, ist der amtlich vorgeschriebene Vordruck zu verwenden. ④ § 50 d Absatz 1 Satz 7 und 8 in der vor dem 9. Juni 2021 geltenden Fassung ist bis zum 31. Dezember 2024 anzuwenden.

(47 b)[1] § 50 d Absatz 3 in der Fassung des Artikels 1 des Gesetzes vom 2. Juni 2021 (BGBl. I S. 1259) ist in allen offenen Fällen anzuwenden, es sei denn, § 50 d Absatz 3 in der Fassung, die zu dem Zeitpunkt galt, in dem die Einkünfte zugeflossen sind, steht dem Anspruch auf Entlastung nicht entgegen.

(47 c)[2] ① § 50 e Absatz 1 und 4 bis 6 in der Fassung des Artikels 1 des Gesetzes vom 2. Juni 2021 (BGBl. I S. 1259) ist ab dem 1. Januar 2022 anzuwenden. ② § 50 e Absatz 2 und 3 in der Fassung des Artikels 1 des Gesetzes vom 2. Juni 2021 (BGBl. I S. 1259), das zuletzt durch Artikel 3 des Gesetzes vom 2. Dezember 2024 (BGBl. 2024 I Nr. 387) geändert worden ist, ist erstmals anzuwenden auf Kapitalerträge, die dem Gläubiger nach dem 31. Dezember 2026 zufließen.

(48)[3] ① § 50 i Absatz 1 Satz 1 und 2 ist auf die Veräußerung oder Entnahme von Wirtschaftsgütern oder Anteilen anzuwenden, die nach dem 29. Juni 2013 stattfindet. ② Hinsichtlich der laufenden Einkünfte aus der Beteiligung an der Personengesellschaft ist die Vorschrift in allen Fällen anzuwenden, in denen die Einkommensteuer noch nicht bestandskräftig festgesetzt worden ist. ③ § 50 i Absatz 1 Satz 4 in der am 31. Juli 2014 geltenden Fassung ist erstmals auf die Veräußerung oder Entnahme von Wirtschaftsgütern oder Anteilen anzuwenden, die nach dem 31. Dezember 2013 stattfindet. ④ § 50 i Absatz 2 in der Fassung des Artikels 7 des Gesetzes vom 20. Dezember 2016 (BGBl. I S. 3000) ist erstmals für Einbringungen anzuwenden, bei denen der Einbringungsvertrag nach dem 31. Dezember 2013 geschlossen worden ist.

(48 a)[4] § 51 in der Fassung des Artikels 1 des Gesetzes vom 2. Juni 2021 (BGBl. I S. 1259) gilt erstmals für die Vergabe von OrdnungsNummern zu Steuerbescheinigungen für Kapitalerträge, die nach dem 31. Dezember 2023 zufließen.

(49) § 51 a Absatz 2 c und 2 e in der am 30. Juni 2013 geltenden Fassung ist erstmals auf nach dem 31. Dezember 2014 zufließende Kapitalerträge anzuwenden.

(49 a)[5] ① § 62 Absatz 1 a in der am 18. Juli 2019 geltenden Fassung ist für Kindergeldfestsetzungen anzuwenden, die Zeiträume betreffen, die nach dem 31. Juli 2019 beginnen. ② § 62 Absatz 2 Nummer 1 bis 4 in der Fassung des Artikels 3 des Gesetzes vom 12. Dezember 2019 (BGBl. I S. 2451) ist für Kindergeldfestsetzungen anzuwenden, die Zeiträume betreffen, die nach dem 29. Februar 2020 beginnen. ③ § 62 Absatz 2 Nummer 2 Buchstabe c in der Fassung des Artikels 11 Nummer 2 des Gesetzes vom 23. Mai 2022 (BGBl. I S. 760) ist für Kindergeldfestsetzungen anzuwenden, die Zeiträume betreffen, die nach dem 31. Mai 2022 beginnen. ④ § 62 Absatz 2 Nummer 2 Buchstabe a und b in der Fassung des Artikels 3 des Gesetzes vom 2. Dezember 2024 (BGBl. 2024 I Nr. 387) ist für Kindergeldfestsetzungen anzuwenden, die Zeiträume betreffen, die nach dem 31. Mai 2024 beginnen. ⑤ § 62 Absatz 2 Nummer 5 in der Fassung des Artikels 3 des Gesetzes vom 12. Dezember 2019 (BGBl. I S. 2451) ist für Kindergeldfestsetzungen anzuwenden, die Zeiträume betreffen, die nach dem 31. Dezember 2019 beginnen. ⑥ Die §§ 62, 63 und 67 in der am 9. Dezember 2014 geltenden Fassung sind für Kindergeldfestsetzungen anzuwenden, die Zeiträume betreffen, die nach dem 31. Dezember 2015 beginnen. ⑦ Die §§ 62, 63 und 67 in der am 9. Dezember 2014 geltenden Fassung sind auch für Kindergeldfestsetzungen anzuwenden, die Zeiträume betreffen, die vor dem 1. Januar 2016 liegen, der Antrag auf Kindergeld aber erst nach dem 31. Dezember 2015 gestellt wird. ⑧ § 66 Absatz 1 in der am 23. Juli 2015 geltenden Fassung ist für Kindergeldfestsetzungen anzuwenden, die Zeiträume betreffen, die nach dem 31. Dezember 2014 beginnen. ⑨ § 66 Absatz 1 in der am 1. Januar 2016 geltenden Fassung ist für Kindergeld-

---

[1] § 52 Abs. 47 b eingef. durch AbzStEntModG v. 2. 6. 2021 (BGBl. I S. 1259).

[2] § 52 Abs. 47 c eingef. durch AbzStEntModG v. 2. 6. 2021 (BGBl. I S. 1259). Abs. 47 c Satz 2 neu gef. durch JStG 2024 v. 2.12.2024 (BGBl. I Nr. 387).

[3] § 52 Abs. 48 Satz 3 geänd. durch ZollkodexAnpG v. 22. 12. 2014 (BGBl. I S. 2417). Abs. 48 Satz 4 neu gef. und Satz 5 aufgeh. durch BEPS-UmsG v. 20. 12. 2016 (BGBl. I S. 3000).

[4] § 52 Abs. 48 a eingef. durch AbzStEntModG v. 2. 6. 2021 (BGBl. I S. 1259).

[5] § 52 Abs. 49 a eingef. durch G v. 2. 12. 2014 (BGBl. I S. 1922). Abs. 49 a Sätze 3 und 4 angef. durch G v. 16. 7. 2015 (BGBl. I S. 1202). Abs. 49 a Sätze 5 und 6 angef. durch BEPS-UmsG v. 20. 12. 2016 (BGBl. I S. 3000). Abs. 49 a Sätze 7 und 8 angef. durch StUmgBG v. 23. 6. 2017 (BGBl. I S. 1682). Abs. 49 a Satz 9 angef. durch FamEntlG v. 29. 11. 2018 (BGBl. I S. 2210). Abs. 49 a Satz 1 eingef. (bish. Sätze 1 bis 9 werden Sätze 2 bis 10) und bish. Satz 7 geänd. durch IllegaleBeschG v. 11. 7. 2019 (BGBl. I S. 1066). Abs. 49 a Sätze 2 und 3 eingef. (bish. Sätze 2 bis 10 werden Sätze 4 bis 12) durch JStG 2019 v. 12. 12. 2019 (BGBl. I S. 2451). Abs. 49 a Satz 13 angef. durch G v. 1. 12. 2020 (BGBl. I S. 2616). Abs. 49 a Satz 3 eingef. (bish. Sätze 2 bis 13 werden Sätze 3 bis 14) durch G v. 23. 5. 2022 (BGBl. I S. 760). Abs. 49 a Sätze 15 bis 17 angef. durch JStG 2022 v. 16. 12. 2022 (BGBl. I S. 2294). Abs. 49 a Satz 4 eingef., bish. Sätze 4 bis 17 werden Sätze 5 bis 18, Satz 19 angef. durch JStG 2024 v. 2.12.2024 (BGBl. I Nr. 387).

festsetzungen anzuwenden, die Zeiträume betreffen, die nach dem 31. Dezember 2015 beginnen. ⑩ § 66 Absatz 1 in der am 1. Januar 2017 geltenden Fassung ist für Kindergeldfestsetzungen anzuwenden, die Zeiträume betreffen, die nach dem 31. Dezember 2016 beginnen. ⑪ § 66 Absatz 1 in der am 1. Januar 2018 geltenden Fassung ist für Kindergeldfestsetzungen anzuwenden, die Zeiträume betreffen, die nach dem 31. Dezember 2017 beginnen. ⑫ § 66 Absatz 3 ist auf Anträge anzuwenden, die nach dem 31. Dezember 2017 und vor dem 18. Juli 2019 eingehen. ⑬ § 69 in der am 1. Januar 2018 geltenden Fassung ist erstmals am 1. November 2019 anzuwenden. ⑭ § 66 Absatz 1 in der Fassung des Artikels 2 des Gesetzes vom 29. November 2018 (BGBl. I S. 2210) ist für Kindergeldfestsetzungen anzuwenden, die Zeiträume betreffen, die nach dem 30. Juni 2019 beginnen. ⑮ § 66 Absatz 1 in der Fassung des Artikels 1 des Gesetzes vom 1. Dezember 2020 (BGBl. I S. 2616) ist für Kindergeldfestsetzungen anzuwenden, die Zeiträume betreffen, die nach dem 31. Dezember 2020 beginnen. ⑯ § 69 Satz 1 in der Fassung des Artikels 4 des Gesetzes vom 16. Dezember 2022 (BGBl. I S. 2294) ist erstmals am 1. Januar 2024 anzuwenden. ⑰ § 69 Satz 2 in der Fassung des Artikels 4 des Gesetzes vom 16. Dezember 2022 (BGBl. I S. 2294) ist erstmals für den Veranlagungszeitraum 2024 anzuwenden. ⑱ § 69 Satz 3 in der Fassung des Artikels 4 des Gesetzes vom 16. Dezember 2022 (BGBl. I S. 2294) ist erstmals anzuwenden für Kinder, deren Geburt nach dem 31. Dezember 2023 erfolgt. ⑲ § 67 Satz 1 in der Fassung des Artikels 3 des Gesetzes vom 2. Dezember 2024 (BGBl. 2024 I Nr. 387) ist auf Anträge anzuwenden, die nach dem 5. Dezember 2024 eingehen.

(50)[1] ① § 70 Absatz 1 Satz 2 ist auf Anträge anzuwenden, die nach dem 18. Juli 2019 eingehen. ② § 70 Absatz 4 in der am 31. Dezember 2011 geltenden Fassung ist weiter für Kindergeldfestsetzungen anzuwenden, die Zeiträume betreffen, die vor dem 1. Januar 2012 enden.

(51)[2] ① § 89 Absatz 2 Satz 1 in der am 1. Januar 2017 geltenden Fassung ist erstmals für die Übermittlung von Daten ab dem 1. Januar 2017 anzuwenden. ② § 89 Absatz 2 Satz 1 in der Fassung des Artikels 3 des Gesetzes vom 11. Dezember 2018 (BGBl. I S. 2338) ist erstmals für die Übermittlung von Daten ab dem 1. Januar 2020 anzuwenden.

(51 a)[3] ① Auf Stundungsfälle, bei denen der Beginn der Auszahlungsphase vor dem 1. Januar 2023 liegt, findet § 95 Absatz 2 Satz 2 bis 5 in der bis zum 31. Dezember 2022 geltenden Fassung weiter Anwendung. ② Bei Stundungsfällen, bei denen der Rückzahlungsbetrag nach § 95 Absatz 2 Satz 1 in der bis zum 31. Dezember 2022 geltenden Fassung gestundet wurde und der Beginn der Auszahlungsphase nach dem 31. Dezember 2022 liegt, sind die Stundungszinsen zu erlassen und ist § 95 in der jeweils geltenden Fassung anzuwenden.

(52)[4] § 110 in der Fassung des Artikels 1 des Gesetzes vom 10. März 2021 (BGBl. I S. 330) ist für den Veranlagungszeitraum 2019 anzuwenden.

(53)[5] § 111 in der Fassung des Artikels 1 des Gesetzes vom 10. März 2021 (BGBl. I S. 330) ist für die Veranlagungszeiträume 2019 und 2020 anzuwenden.

(54)[6] Für Personen, die Leistungen nach dem Soldatenversorgungsgesetz in der Fassung der Bekanntmachung vom 16. September 2009 (BGBl. I S. 3054), das zuletzt durch Artikel 19 des Gesetzes vom 4. August 2019 (BGBl. I S. 1147) geändert worden ist, in Verbindung mit dem Bundesversorgungsgesetz in der Fassung der Bekanntmachung vom 22. Januar 1982 (BGBl. I S. 21), das zuletzt durch Artikel 1 der Verordnung vom 13. Juni 2019 (BGBl. I S. 793) geändert worden ist, erhalten, gelten die Vorschriften des § 3 Nummer 6 Satz 2, des § 32 b Absatz 1 Satz 1 Nummer 1 Buchstabe f und des § 33 b Absatz 4 Satz 1 Nummer 1 in der am 31. Dezember 2023 geltenden Fassung weiter.

§ 52 a[7] *(aufgehoben)*

§ 52 b[8] *(aufgehoben)*

§ 53[9] *(aufgehoben)*

§ 54 *(weggefallen)*

---

[1] § 52 Abs. 50 Satz 1 eingef. (bish. Satz 1 wird Satz 2) durch IllegaleBeschG vom 11. 7. 2019 (BGBl. I S. 1066).

[2] § 52 Abs. 51 angef. durch G v. 18. 7. 2016 (BGBl. I S. 1679). Abs. 51 Satz 2 angef. durch „JStG 2018" v. 11. 12. 2018 (BGBl. I S. 2338).

[3] § 52 Abs. 51 a eingef. durch JStG 2022 v. 16. 12. 2022 (BGBl. I S. 2294).

[4] § 52 Abs. 52 angef. durch CoronaStHG II v. 29. 6. 2020 (BGBl. I S. 1512) und geänd. durch CoronaStGH III v. 10. 3. 2021 (BGBl. I S. 330).

[5] § 52 Abs. 53 angef. durch CoronaStHG II v. 29. 6. 2020 (BGBl. I S. 1512) und geänd. durch CoronaStGH III v. 10. 3. 2021 (BGBl. I S. 330).

[6] § 52 Abs. 54 angef. durch JStG 2020 v. 21. 12. 2020 (BGBl. I S. 3096). Abs. 54 aufgeh. mWv 1. 1. 2025 durch G v. 20. 8. 2021 (BGBl. I S. 3932).

[7] § 52 a aufgeh. durch KroatienAnpG v. 25. 7. 2014 (BGBl. I S. 1266).

[8] § 52 b aufgeh. mWvVZ 2020 durch JStG 2019 v. 12. 12. 2019 (BGBl. I S. 2451).

[9] § 53 aufgeh. durch G v. 18. 7. 2016 (BGBl. I S. 1679).

§ 55 Schlussvorschriften (Sondervorschriften für die Gewinnermittlung nach § 4 oder nach Durchschnittssätzen bei vor dem 1. Juli 1970 angeschafftem Grund und Boden)

(1) ① Bei Steuerpflichtigen, deren Gewinn für das Wirtschaftsjahr, in das der 30. Juni 1970 fällt, nicht nach § 5 zu ermitteln ist, gilt bei Grund und Boden, der mit Ablauf des 30. Juni 1970 zu ihrem Anlagevermögen gehört hat, als Anschaffungs- oder Herstellungskosten (§ 4 Absatz 3 Satz 4 und § 6 Absatz 1 Nummer 2 Satz 1) das Zweifache des nach den Absätzen 2 bis 4 zu ermittelnden Ausgangsbetrags. ② Zum Grund und Boden im Sinne des Satzes 1 gehören nicht die mit ihm in Zusammenhang stehenden Wirtschaftsgüter und Nutzungsbefugnisse.

(2) ① Bei der Ermittlung des Ausgangsbetrags des zum land- und forstwirtschaftlichen Vermögen (§ 33 Absatz 1 Satz 1 des Bewertungsgesetzes in der Fassung der Bekanntmachung vom 10. Dezember 1965 – BGBl. I S. 1861 –, zuletzt geändert durch das Bewertungsänderungsgesetz 1971 vom 27. Juli 1971 – BGBl. I S. 1157) gehörenden Grund und Bodens ist seine Zuordnung zu den Nutzungen und Wirtschaftsgütern (§ 34 Absatz 2 des Bewertungsgesetzes) am 1. Juli 1970 maßgebend; dabei sind die Hof- und Gebäudeflächen sowie die Hausgärten im Sinne des § 40 Absatz 3 des Bewertungsgesetzes nicht in die einzelne Nutzung einzubeziehen. ② Es sind anzusetzen:

1. bei Flächen, die nach dem Bodenschätzungsgesetz vom 20. Dezember 2007 (BGBl. I S. 3150, 3176) in der jeweils geltenden Fassung zu schätzen sind, für jedes katastermäßig abgegrenzte Flurstück der Betrag in Deutsche Mark, der sich ergibt, wenn die für das Flurstück am 1. Juli 1970 im amtlichen Verzeichnis nach § 2 Absatz 2 der Grundbuchordnung (Liegenschaftskataster) ausgewiesene Ertragsmesszahl vervierfacht wird. ② Abweichend von Satz 1 sind für Flächen der Nutzungsteile
   a) Hopfen, Spargel, Gemüsebau und Obstbau
      2,05 Euro je Quadratmeter,
   b) Blumen- und Zierpflanzenbau sowie Baumschulen
      2,56 Euro je Quadratmeter

   anzusetzen, wenn der Steuerpflichtige dem Finanzamt gegenüber bis zum 30. Juni 1972 eine Erklärung über die Größe, Lage und Nutzung der betreffenden Flächen abgibt,
2. für Flächen der forstwirtschaftlichen Nutzung
   je Quadratmeter 0,51 Euro,
3. für Flächen der weinbaulichen Nutzung der Betrag, der sich unter Berücksichtigung der maßgebenden Lagenvergleichszahl (Vergleichszahl der einzelnen Weinbaulage, § 39 Absatz 1 Satz 3 und § 57 Bewertungsgesetz), die für ausbauende Betriebsweise mit Fassweinerzeugung anzusetzen ist, aus der nachstehenden Tabelle ergibt:

Lagenvergleichszahl	Ausgangsbetrag je Quadratmeter in Euro
bis 20	1,28
21 bis 30	1,79
31 bis 40	2,56
41 bis 50	3,58
51 bis 60	4,09
61 bis 70	4,60
71 bis 100	5,11
über 100	6,39

4. für Flächen der sonstigen land- und forstwirtschaftlichen Nutzung, auf die Nummer 1 keine Anwendung findet,
   je Quadratmeter 0,51 Euro,
5. für Hofflächen, Gebäudeflächen und Hausgärten im Sinne des § 40 Absatz 3 des Bewertungsgesetzes
   je Quadratmeter 2,56 Euro,
6. für Flächen des Geringstlandes
   je Quadratmeter 0,13 Euro,
7. für Flächen des Abbaulandes
   je Quadratmeter 0,26 Euro,
8. für Flächen des Unlandes
   je Quadratmeter 0,05 Euro.

(3) ① Lag am 1. Juli 1970 kein Liegenschaftskataster vor, in dem Ertragsmesszahlen ausgewiesen sind, so ist der Ausgangsbetrag in sinngemäßer Anwendung des Absatzes 2 Nummer 1 Satz 1 auf der Grundlage der durchschnittlichen Ertragsmesszahl der landwirtschaftlichen Nutzung eines Betriebs zu ermitteln, die die Grundlage für die Hauptfeststellung des Einheitswerts auf den 1. Januar 1964 bildet. ② Absatz 2 Satz 2 Nummer 1 Satz 2 bleibt unberührt.

(4) Bei nicht zum land- und forstwirtschaftlichen Vermögen gehörendem Grund und Boden ist als Ausgangsbetrag anzusetzen:

1. Für unbebaute Grundstücke der auf den 1. Januar 1964 festgestellte Einheitswert. ② Wird auf den 1. Januar 1964 kein Einheitswert festgestellt oder hat sich der Bestand des Grundstücks nach dem 1. Januar 1964 und vor dem 1. Juli 1970 verändert, so ist der Wert maßgebend, der sich ergeben würde, wenn das Grundstück nach seinem Bestand vom 1. Juli 1970 und nach den Wertverhältnissen vom 1. Januar 1964 zu bewerten wäre;
2. für bebaute Grundstücke der Wert, der sich nach Nummer 1 ergeben würde, wenn das Grundstück unbebaut wäre.

(5) ① Weist der Steuerpflichtige nach, dass der Teilwert für Grund und Boden im Sinne des Absatzes 1 am 1. Juli 1970 höher ist als das Zweifache des Ausgangsbetrags, so ist auf Antrag des Steuerpflichtigen der Teilwert als Anschaffungs- oder Herstellungskosten anzusetzen. ② Der Antrag ist bis zum 31. Dezember 1975 bei dem Finanzamt zu stellen, das für die Ermittlung des Gewinns aus dem Betrieb zuständig ist. ③ Der Teilwert ist gesondert festzustellen. ④ Vor dem 1. Januar 1974 braucht diese Feststellung nur zu erfolgen, wenn ein berechtigtes Interesse des Steuerpflichtigen gegeben ist. ⑤ Die Vorschriften der Abgabenordnung und der Finanzgerichtsordnung über die gesonderte Feststellung von Besteuerungsgrundlagen gelten entsprechend.

(6) ① Verluste, die bei der Veräußerung oder Entnahme von Grund und Boden im Sinne des Absatzes 1 entstehen, dürfen bei der Ermittlung des Gewinns in Höhe des Betrags nicht berücksichtigt werden, um den der ausschließlich auf den Grund und Boden entfallende Veräußerungspreis oder der an dessen Stelle tretende Wert nach Abzug der Veräußerungskosten unter dem Zweifachen des Ausgangsbetrags liegt. ② Entsprechendes gilt bei Anwendung des § 6 Absatz 1 Nummer 2 Satz 2.

(7) Grund und Boden, der nach § 4 Absatz 1 Satz 5 des Einkommensteuergesetzes 1969 nicht anzusetzen war, ist wie eine Einlage zu behandeln; er ist dabei mit dem nach Absatz 1 oder Absatz 5 maßgebenden Wert anzusetzen.

§ 56 Sondervorschriften für Steuerpflichtige in dem in Artikel 3 des Einigungsvertrages genannten Gebiet

Bei Steuerpflichtigen, die am 31. Dezember 1990 einen Wohnsitz oder ihren gewöhnlichen Aufenthalt in dem in Artikel 3 des Einigungsvertrages genannten Gebiet und im Jahre 1990 keinen Wohnsitz oder gewöhnlichen Aufenthalt im bisherigen Geltungsbereich dieses Gesetzes hatten, gilt Folgendes:

§ 7 Absatz 5 ist auf Gebäude anzuwenden, die in dem in Artikel 3 des Einigungsvertrages genannten Gebiet nach dem 31. Dezember 1990 angeschafft oder hergestellt worden sind.

§ 57 Besondere Anwendungsregeln aus Anlass der Herstellung der Einheit Deutschlands

(1) Die §§ 7 c, 7 f, 7 g, 7 k und 10 e dieses Gesetzes, die §§ 76, 78, 82 a und 82 f der Einkommensteuer-Durchführungsverordnung sowie die §§ 7 und 12 Absatz 3 des Schutzbaugesetzes sind auf Tatbestände anzuwenden, die in dem in Artikel 3 des Einigungsvertrages genannten Gebiet nach dem 31. Dezember 1990 verwirklicht worden sind.

(2) Die §§ 7 b und 7 d dieses Gesetzes sowie die §§ 81, 82 d, 82 g und 82 i der Einkommensteuer-Durchführungsverordnung sind nicht auf Tatbestände anzuwenden, die in dem in Artikel 3 des Einigungsvertrages genannten Gebiet verwirklicht worden sind.

(3) **[bis 31. 12. 2024:** Bei der Anwendung des § 7 g Absatz 2 Nummer 1 und des § 14 a Absatz 1 ist in dem in Artikel 3 des Einigungsvertrages genannten Gebiet anstatt vom maßgebenden Einheitswert des Betriebs der Land- und Forstwirtschaft und den darin ausgewiesenen Werten vom Ersatzwirtschaftswert nach § 125 des Bewertungsgesetzes auszugehen.**]**[1]

(4) ① § 10 d Absatz 1 ist mit der Maßgabe anzuwenden, dass der Sonderausgabenabzug erstmals von dem für die zweite Hälfte des Veranlagungszeitraums 1990 ermittelten Gesamtbetrag der Einkünfte vorzunehmen ist. ② § 10 d Absatz 2 und 3 ist auch für Verluste anzuwenden, die in dem in Artikel 3 des Einigungsvertrages genannten Gebiet im Veranlagungszeitraum 1990 entstanden sind.

(5) § 22 Nummer 4 ist auf vergleichbare Bezüge anzuwenden, die auf Grund des Gesetzes über Rechtsverhältnisse der Abgeordneten der Volkskammer der Deutschen Demokratischen Republik vom 31. Mai 1990 (GBl. I Nr. 30 S. 274)[2] gezahlt worden sind.

(6) § 34 f Absatz 3 Satz 3 ist erstmals auf die in dem in Artikel 3 des Einigungsvertrags genannten Gebiet für die zweite Hälfte des Veranlagungszeitraums 1990 festgesetzte Einkommensteuer anzuwenden.

[1] § 57 Abs. 3 aufgeh. mWv 1. 1. 2025 durch GrStRefG v. 26. 11. 2019 (BGBl. I S. 1794).
[2] GBl. der DDR.

§ 58 Weitere Anwendung von Rechtsvorschriften, die vor Herstellung der Einheit Deutschlands in dem in Artikel 3 des Einigungsvertrages genannten Gebiet gegolten haben

(1) Die Vorschriften über Sonderabschreibungen nach § 3 Absatz 1 des Steueränderungsgesetzes vom 6. März 1990 (GBl. I Nr. 17 S. 136)[1] in Verbindung mit § 7 der Durchführungsbestimmung zum Gesetz zur Änderung der Rechtsvorschriften über die Einkommen-, Körperschaft- und Vermögensteuer – Steueränderungsgesetz – vom 16. März 1990 (GBl. I Nr. 21 S. 195)[2] sind auf Wirtschaftsgüter weiter anzuwenden, die nach dem 31. Dezember 1989 und vor dem 1. Januar 1991 in dem in Artikel 3 des Einigungsvertrages genannten Gebiet angeschafft oder hergestellt worden sind.

(2) ① Rücklagen nach § 3 Absatz 2 des Steueränderungsgesetzes vom 6. März 1990 (GBl. I Nr. 17 S. 136)[3] in Verbindung mit § 8 der Durchführungsbestimmung zum Gesetz zur Änderung der Rechtsvorschriften über die Einkommen-, Körperschaft- und Vermögensteuer – Steueränderungsgesetz – vom 16. März 1990 (GBl. I Nr. 21 S. 195)[4] dürfen, soweit sie zum 31. Dezember 1990 zulässigerweise gebildet worden sind, auch nach diesem Zeitpunkt fortgeführt werden. ② Sie sind spätestens im Veranlagungszeitraum 1995 gewinn- oder sonst einkünfteerhöhend aufzulösen. ③ Sind vor dieser Auflösung begünstigte Wirtschaftsgüter angeschafft oder hergestellt worden, sind die in Rücklage eingestellten Beträge von den Anschaffungs- oder Herstellungskosten abzuziehen; die Rücklage ist in Höhe des abgezogenen Betrags im Veranlagungszeitraum der Anschaffung oder Herstellung gewinn- oder sonst einkünfteerhöhend aufzulösen.

(3) Die Vorschrift über den Steuerabzugsbetrag nach § 9 Absatz 1 der Durchführungsbestimmung zum Gesetz zur Änderung der Rechtsvorschriften über die Einkommen-, Körperschaft- und Vermögensteuer – Steueränderungsgesetz – vom 16. März 1990 (GBl. I Nr. 21 S. 195)[5] ist für Steuerpflichtige weiter anzuwenden, die vor dem 1. Januar 1991 in dem in Artikel 3 des Einigungsvertrages genannten Gebiet eine Betriebsstätte begründet haben, wenn sie von dem Tag der Begründung der Betriebsstätte an zwei Jahre lang die Tätigkeit ausüben, die Gegenstand der Betriebsstätte ist.

§§ 59 bis 61 *(weggefallen)*

X. Kindergeld

§ 62 Anspruchsberechtigte

(1)[6] ① Für Kinder im Sinne des § 63 hat Anspruch auf Kindergeld nach diesem Gesetz, wer
1. im Inland einen Wohnsitz oder seinen gewöhnlichen Aufenthalt hat oder
2. ohne Wohnsitz oder gewöhnlichen Aufenthalt im Inland
   a) nach § 1 Absatz 2 unbeschränkt einkommensteuerpflichtig ist oder
   b) nach § 1 Absatz 3 als unbeschränkt einkommensteuerpflichtig behandelt wird.

② Voraussetzung für den Anspruch nach Satz 1 ist, dass der Berechtigte durch die an ihn vergebene Identifikationsnummer (§ 139b der Abgabenordnung) identifiziert wird. ③ Die nachträgliche Vergabe der Identifikationsnummer wirkt auf Monate zurück, in denen die Voraussetzungen des Satzes 1 vorliegen.

(1 a)[7] ① Begründet ein Staatsangehöriger eines anderen Mitgliedstaates der Europäischen Union oder eines Staates, auf den das Abkommen über den Europäischen Wirtschaftsraum Anwendung findet, im Inland einen Wohnsitz oder gewöhnlichen Aufenthalt, so hat er für die ersten drei Monate ab Begründung des Wohnsitzes oder des gewöhnlichen Aufenthalts keinen Anspruch auf Kindergeld. ② Dies gilt nicht, wenn er nachweist, dass er inländische Einkünfte im Sinne des § 2 Absatz 1 Satz 1 Nummer 1 bis 4 mit Ausnahme von Einkünften nach § 19 Absatz 1 Satz 1 Nummer 2 erzielt. ③ Nach Ablauf des in Satz 1 genannten Zeitraums hat er Anspruch auf Kindergeld, es sei denn, die Voraussetzungen des § 2 Absatz 2 oder Absatz 3 des Freizügigkeitsgesetzes/EU liegen nicht vor oder es sind nur die Voraussetzungen des § 2 Absatz 2 Nummer 1 a des Freizügigkeitsgesetzes/EU erfüllt, ohne dass vorher eine andere der in § 2 Absatz 2 des Freizügigkeitsgesetzes/EU genannten Voraussetzungen erfüllt war. ④ Die Prüfung, ob die Voraussetzungen für einen Anspruch auf Kindergeld gemäß Satz 2 vorliegen oder gemäß Satz 3 nicht gegeben sind, führt die Familienkasse in eigener Zuständigkeit durch. ⑤ Lehnt die Familienkasse eine Kindergeldfestsetzung in diesem Fall ab, hat sie ihre Entscheidung der zuständigen Ausländerbehörde mitzuteilen. ⑥ Wurde das Vorliegen der Anspruchsvoraussetzungen durch die Verwendung gefälschter oder verfälschter Dokumente oder durch Vorspiegelung falscher Tatsachen vorgetäuscht, hat die Familienkasse die zuständige Ausländerbehörde unverzüglich zu unterrichten.

---

[1] GBl. der DDR.
[2] GBl. der DDR.
[3] GBl. der DDR.
[4] GBl. der DDR.
[5] GBl. der DDR.
[6] § 62 Abs. 1 Sätze 2 und 3 angef. durch G v. 2. 12. 2014 (BGBl. I S. 1922); zur Anwendung siehe § 52 Abs. 49 a.
[7] § 62 Abs. 1 a eingef. durch IllegaleBeschG v. 11. 7. 2019 (BGBl. I S. 1066); zur Anwendung für Kindergeldfestsetzungen, die Zeiträume betreffen, die nach dem 31. 7. 2019 beginnen, siehe § 52 Abs. 49 a Satz 1.

(2)[1] Ein nicht freizügigkeitsberechtigter Ausländer erhält Kindergeld nur, wenn er

1. eine Niederlassungserlaubnis oder eine Erlaubnis zum Daueraufenthalt-EU besitzt,
2. eine Blaue Karte EU, eine ICT-Karte, eine Mobiler-ICT-Karte oder eine Aufenthaltserlaubnis besitzt, die für einen Zeitraum von mindestens sechs Monaten zur Ausübung einer Erwerbstätigkeit berechtigen oder berechtigt haben oder diese erlauben, es sei denn, die Aufenthaltserlaubnis wurde
   a)[2] nach § 16 e des Aufenthaltsgesetzes zu Ausbildungszwecken, nach § 19 c Absatz 1 des Aufenthaltsgesetzes zum Zweck der Beschäftigung als Au-Pair oder zum Zweck der Saisonbeschäftigung, nach § 19 e des Aufenthaltsgesetzes zum Zweck der Teilnahme an einem Europäischen Freiwilligendienst oder nach § 20 a Absatz 5 Satz 1 des Aufenthaltsgesetzes zur Suche nach einer Erwerbstätigkeit oder nach Maßnahmen zur Anerkennung ausländischer Berufsqualifikationen erteilt,
   b)[3] nach § 16 b des Aufenthaltsgesetzes zum Zweck eines Studiums, nach § 16 d des Aufenthaltsgesetzes für Maßnahmen zur Anerkennung ausländischer Berufsqualifikationen, nach § 20 des Aufenthaltsgesetzes zur Suche nach einer Erwerbstätigkeit oder nach § 20 a Absatz 5 Satz 2 des Aufenthaltsgesetzes zur Suche nach einer Erwerbstätigkeit oder nach Maßnahmen zur Anerkennung ausländischer Berufsqualifikationen erteilt und er ist weder erwerbstätig noch nimmt er Elternzeit nach § 15 des Bundeselterngeld- und Elternzeitgesetzes oder laufende Geldleistungen nach dem Dritten Buch Sozialgesetzbuch in Anspruch,
   c) nach § 23 Absatz 1 des Aufenthaltsgesetzes wegen eines Krieges in seinem Heimatland oder nach den § 23 a oder § 25 Absatz 3 bis 5 des Aufenthaltsgesetzes erteilt,
3. eine in Nummer 2 Buchstabe c genannte Aufenthaltserlaubnis besitzt und im Bundesgebiet berechtigt erwerbstätig ist oder Elternzeit nach § 15 des Bundeselterngeld- und Elternzeitgesetzes oder laufende Geldleistungen nach dem Dritten Buch Sozialgesetzbuch in Anspruch nimmt,
4. eine in Nummer 2 Buchstabe c genannte Aufenthaltserlaubnis besitzt und sich seit mindestens 15 Monaten erlaubt, gestattet oder geduldet im Bundesgebiet aufhält oder
5. eine Beschäftigungsduldung gemäß § 60 d in Verbindung mit § 60 a Absatz 2 Satz 3 des Aufenthaltsgesetzes besitzt.

§ 63 Kinder

(1)[4] ① Als Kinder werden berücksichtigt

1. Kinder im Sinne des § 32 Absatz 1,
2. vom Berechtigten in seinen Haushalt aufgenommene Kinder seines Ehegatten,
3. vom Berechtigten in seinen Haushalt aufgenommene Enkel.

② § 32 Absatz 3 bis 5 gilt entsprechend. ③ Voraussetzung für die Berücksichtigung ist die Identifizierung des Kindes durch die an dieses Kind vergebene Identifikationsnummer (§ 139 b der Abgabenordnung). ④ Ist das Kind nicht nach einem Steuergesetz steuerpflichtig (§ 139 a Absatz 2 der Abgabenordnung), ist es in anderer geeigneter Weise zu identifizieren. ⑤ Die nachträgliche Identifizierung oder nachträgliche Vergabe der Identifikationsnummer wirkt auf Monate zurück, in denen die Voraussetzungen der Sätze 1 bis 4 vorliegen. ⑥ Kinder, die weder einen Wohnsitz noch ihren gewöhnlichen Aufenthalt im Inland, in einem Mitgliedstaat der Europäischen Union oder in einem Staat, auf den das Abkommen über den Europäischen Wirtschaftsraum Anwendung findet, haben, werden nicht berücksichtigt, es sei denn, sie leben im Haushalt eines Berechtigten im Sinne des § 62 Absatz 1 Satz 1 Nummer 2 Buchstabe a. ⑦ Kinder im Sinne von § 2 Absatz 4 Satz 2 des Bundeskindergeldgesetzes werden nicht berücksichtigt.

(2) Die Bundesregierung wird ermächtigt, durch Rechtsverordnung, die nicht der Zustimmung des Bundesrates bedarf, zu bestimmen, dass einem Berechtigten, der im Inland erwerbstätig ist oder sonst seine hauptsächlichen Einkünfte erzielt, für seine in Absatz 1 Satz 3 erster Halbsatz bezeichneten Kinder Kindergeld ganz oder teilweise zu leisten ist, soweit dies mit Rücksicht auf die durchschnittlichen Lebenshaltungskosten für Kinder in deren Wohnsitzstaat und auf die dort gewährten dem Kindergeld vergleichbaren Leistungen geboten ist.

§ 64 Zusammentreffen mehrerer Ansprüche

(1) Für jedes Kind wird nur einem Berechtigten Kindergeld gezahlt.

[1] § 62 Abs. 2 neu gef. mWv 1. 3. 2020 durch JStG 2019 v. 12. 12. 2019 (BGBl. I S. 2451); zur Anwendung siehe § 52 Abs. 49 a Sätze 2 und 3. Abs. 2 Nr. 2 Buchst. c geänd. durch G v. 23. 5. 2022 (BGBl. I S. 760); zur Anwendung siehe § 52 Abs. 49 a Satz 3.

[2] § 62 Abs. 2 Nr. 2 Buchst. a geänd. mWv 1.6.2024 durch JStG 2024 v. 2.12.2024 (BGBl. I Nr. 387); zur Anwendung siehe § 52 Abs. 49 a Satz 4.

[3] § 62 Abs. 2 Nr. 2 Buchst. b geänd. mWv 1.6.2024 durch JStG 2024 v. 2.12.2024 (BGBl. I Nr. 387); zur Anwendung siehe § 52 Abs. 49 a Satz 4.

[4] § 63 Abs. 1 Sätze 3 bis 5 eingef., bish. Sätze 3 und 4 werden Sätze 6 und 7, neuer Satz 6 geänd. durch G v. 2. 12. 2014 (BGBl. I S. 1922); zur Anwendung siehe § 52 Abs. 49 a Sätze 4 und 5.

(2) ① Bei mehreren Berechtigten wird das Kindergeld demjenigen gezahlt, der das Kind in seinen Haushalt aufgenommen hat. ② Ist ein Kind in den gemeinsamen Haushalt von Eltern, einem Elternteil und dessen Ehegatten, Pflegeeltern oder Großeltern aufgenommen worden, so bestimmen diese untereinander den Berechtigten. ③ Wird eine Bestimmung nicht getroffen, so bestimmt das Familiengericht auf Antrag den Berechtigten. ④ Den Antrag kann stellen, wer ein berechtigtes Interesse an der Zahlung des Kindergeldes hat. ⑤ Lebt ein Kind im gemeinsamen Haushalt von Eltern und Großeltern, so wird das Kindergeld vorrangig einem Elternteil gezahlt; es wird an einen Großelternteil gezahlt, wenn der Elternteil gegenüber der zuständigen Stelle auf seinen Vorrang schriftlich verzichtet hat.

(3) ① Ist das Kind nicht in den Haushalt eines Berechtigten aufgenommen, so erhält das Kindergeld derjenige, der dem Kind eine Unterhaltsrente zahlt. ② Zahlen mehrere Berechtigte dem Kind Unterhaltsrenten, so erhält das Kindergeld derjenige, der dem Kind die höchste Unterhaltsrente zahlt. ③ Werden gleich hohe Unterhaltsrenten gezahlt oder zahlt keiner der Berechtigten dem Kind Unterhalt, so bestimmen die Berechtigten untereinander, wer das Kindergeld erhalten soll. ④ Wird eine Bestimmung nicht getroffen, so gilt Absatz 2 Satz 3 und 4 entsprechend.

§ 65[1] Andere Leistungen für Kinder

① Kindergeld wird nicht für ein Kind gezahlt, für das eine der folgenden Leistungen zu zahlen ist oder bei entsprechender Antragstellung zu zahlen wäre:

1. Leistungen für Kinder, die im Ausland gewährt werden und dem Kindergeld oder der Kinderzulage aus der gesetzlichen Unfallversicherung nach § 217 Absatz 3 des Siebten Buches Sozialgesetzbuch in der bis zum 30. Juni 2020 geltenden Fassung oder dem Kinderzuschuss aus der gesetzlichen Rentenversicherung nach § 270 des Sechsten Buches Sozialgesetzbuch in der bis zum 16. November 2016 geltenden Fassung vergleichbar sind,
2. Leistungen für Kinder, die von einer zwischen- oder überstaatlichen Einrichtung gewährt werden und dem Kindergeld vergleichbar sind.

② Soweit es für die Anwendung von Vorschriften dieses Gesetzes auf den Erhalt von Kindergeld ankommt, stehen die Leistungen nach Satz 1 dem Kindergeld gleich. ③ Steht ein Berechtigter in einem Versicherungspflichtverhältnis zur Bundesagentur für Arbeit nach § 24 des Dritten Buches Sozialgesetzbuch oder ist er versicherungsfrei nach § 28 Absatz 1 Nummer 1 des Dritten Buches Sozialgesetzbuch oder steht er im Inland in einem öffentlich-rechtlichen Dienst oder Amtsverhältnis, so wird sein Anspruch auf Kindergeld für ein Kind nicht nach Satz 1 Nummer 2 mit Rücksicht darauf ausgeschlossen, dass sein Ehegatte als Beamter, Ruhestandsbeamter oder sonstiger Bediensteter der Europäischen Union für das Kind Anspruch auf Kinderzulage hat.

§ 66[2] Höhe des Kindergeldes, Zahlungszeitraum

(1)[3] Das Kindergeld beträgt monatlich für jedes Kind 255 Euro **[ab 1.1.2026:** 259 Euro**]**.

(2) ① Das Kindergeld wird monatlich vom Beginn des Monats an gezahlt, in dem die Anspruchsvoraussetzungen erfüllt sind, bis zum Ende des Monats, in dem die Anspruchsvoraussetzungen wegfallen.

[ab 1.1.2026:

(3)[4] Werden die Freibeträge für Kinder nach § 31 Satz 1 in Verbindung mit § 32 Absatz 6 Satz 1 angehoben, wird das Kindergeld entsprechend erhöht. Das Kindergeld ist dabei auf volle Euro kaufmännisch zu runden.**]**

§ 67[5] Antrag

① Das Kindergeld ist bei der zuständigen Familienkasse elektronisch nach amtlich vorgeschriebenem Datensatz über die amtlich vorgeschriebene Schnittstelle zu beantragen; die Familienkasse kann auf die elektronische Antragstellung verzichten, wenn das Kindergeld schriftlich beantragt und der Antrag vom Berechtigten eigenhändig unterschrieben wird. ② Den Antrag kann außer dem Berechtigten auch stellen, wer ein berechtigtes Interesse an der Leistung des Kindergeldes hat. ③ In Fällen des Satzes 2 ist § 62 Absatz 1 Satz 2 bis 3 anzuwenden. ④ Der Berechtigte ist zu diesem Zweck verpflichtet, demjenigen, der ein berechtigtes Interesse an der Leistung des Kindergeldes hat, seine an ihn vergebene Identifikationsnummer (§ 139 b der Abgabenordnung) mit-

---

[1] § 65 Abs. 1 Satz 3 geänd. mWv VZ 2013 durch AmtshilfeRLUmsG v. 26. 6. 2013 (BGBl. I S. 1809). Abs. 1 Absatzbezeichnung und Abs. 2 aufgeh., Satz 1 neu gef., Satz 3 geänd. mWv VZ 2022 durch JStG 2022 v. 16. 12. 2022 (BGBl. I S. 2294).

[2] § 66 Abs. 1 neu gef. mWv 1. 1. 2021 durch JStG 2020 v. 1. 12. 2020 (BGBl. I S. 2616); zur Anwendung für Kindergeldfestsetzungen, die Zeiträume betreffen, die nach dem 31. 12. 2020 beginnen siehe § 52 Abs. 49 a Satz 13. Abs. 1 Sätze 2 bis 4 angef. durch CoronaStHG III v. 10. 3. 2021 (BGBl. I S. 330). Abs. 1 Satz 2 und 3 geänd. mWv VZ 2022 durch Steuerentlastungsgesetz 2022 v. 23. 5. 2022 (BGBl. I S. 749).

[3] § 66 Abs. 1 neu gef. mWv VZ 2023 durch InflAusG v. 8. 12. 2022 (BGBl. I S. 2230). Abs. 1 geänd. mWv 1.1.2025 und **mWv 1.1.2026** durch G v. 23.12.2024 (BGBl. I Nr. 449).

[4] § 66 Abs. 3 angef. **mWv 1.1.2026** durch G v. 23.12.2024 (BGBl. I Nr. 449).

[5] § 67 Sätze 3 bis 5 angef. durch G v. 2. 12. 2014 (BGBl. I S. 1922); zur Anwendung siehe § 52 Abs. 49 a Sätze 4 und 5. Satz 1 neu gef. mWv VZ 2020 durch G v. 3. 12. 2020 (BGBl. I S. 2668). Satz 1 neu gef. mWv 6.12.2024 durch JStG 2024 v. 2.12.2024 (BGBl. I Nr. 387); zur Anwendung siehe § 52 Abs. 49 a Satz 19.

zuteilen. ⑤ Kommt der Berechtigte dieser Verpflichtung nicht nach, teilt die zuständige Familienkasse demjenigen, der ein berechtigtes Interesse an der Leistung des Kindergeldes hat, auf seine Anfrage die Identifikationsnummer des Berechtigten mit.

§ 68[1] Besondere Mitwirkungspflichten und Offenbarungsbefugnis

(1) ① Wer Kindergeld beantragt oder erhält, hat Änderungen in den Verhältnissen, die für die Leistung erheblich sind oder über die im Zusammenhang mit der Leistung Erklärungen abgegeben worden sind, unverzüglich der zuständigen Familienkasse mitzuteilen. ② Ein Kind, das das 18. Lebensjahr vollendet hat, ist auf Verlangen der Familienkasse verpflichtet, an der Aufklärung des für die Kindergeldzahlung maßgebenden Sachverhalts mitzuwirken; § 101 der Abgabenordnung findet insoweit keine Anwendung.

(2) *(weggefallen)*

(3) Auf Antrag des Berechtigten erteilt die das Kindergeld auszahlende Stelle eine Bescheinigung über das für das Kalenderjahr ausgezahlte Kindergeld.

(4)[2] ① Die Familienkassen dürfen den Stellen, die die Bezüge im öffentlichen Dienst anweisen, den für die jeweilige Kindergeldzahlung maßgebenden Sachverhalt durch automatisierte Abrufverfahren bereitstellen oder Auskunft über diesen Sachverhalt erteilen. ② Das Bundesministerium der Finanzen wird ermächtigt, durch Rechtsverordnung ohne Zustimmung des Bundesrates zur Durchführung von automatisierten Abrufen nach Satz 1 die Voraussetzungen, unter denen ein Datenabruf erfolgen darf, festzulegen.

(5)[3] ① Zur Erfüllung der in § 31 a Absatz 2 der Abgabenordnung genannten Mitteilungspflichten und zur Prüfung der jeweiligen Anspruchsvoraussetzungen und zur Bemessung der jeweiligen Leistung dürfen die Familienkassen den Leistungsträgern, die für Leistungen der Arbeitsförderung nach § 19 Absatz 2, für Leistungen der Grundsicherung für Arbeitsuchende nach § 19 a Absatz 2, für Kindergeld, Kinderzuschlag, Leistungen für Bildung und Teilhabe und Elterngeld nach § 25 Absatz 3 oder für Leistungen der Sozialhilfe nach § 28 Absatz 2 des Ersten Buches Sozialgesetzbuch zuständig sind, und den nach § 9 Absatz 1 Satz 2 des Unterhaltsvorschussgesetzes zuständigen Stellen den für die jeweilige Kindergeldzahlung maßgebenden Sachverhalt in einem automatisierten Abrufverfahren übermitteln. ② Das Bundesministerium der Finanzen wird ermächtigt, durch Rechtsverordnung mit Zustimmung des Bundesrates zur Durchführung von automatisierten Abrufen nach Satz 1 die Voraussetzungen, unter denen ein Datenabruf erfolgen darf, festzulegen.

(6)[4] ① Zur Prüfung und Bemessung der in Artikel 3 Absatz 1 Buchstabe j in Verbindung mit Artikel 1 Buchstabe z der Verordnung (EG) Nr. 883/2004 des Europäischen Parlaments und des Rates vom 29. April 2004 zur Koordinierung der Systeme der sozialen Sicherheit (ABl. L 166 vom 30. 4. 2004, S. 1), die zuletzt durch die Verordnung (EU) 2017/492 (ABl. L 76 vom 22. 3. 2017, S. 13) geändert worden ist, genannten Familienleistungen dürfen die Familienkassen den zuständigen öffentlichen Stellen eines Mitgliedstaates der Europäischen Union den für die jeweilige Kindergeldzahlung maßgebenden Sachverhalt durch automatisierte Abrufverfahren bereitstellen. ② Das Bundesministerium der Finanzen wird ermächtigt, durch Rechtsverordnung ohne Zustimmung des Bundesrates zur Durchführung von automatisierten Abrufen nach Satz 1 die Voraussetzungen, unter denen ein Datenabruf erfolgen darf, festzulegen.

(7)[5] ① Die Datenstelle der Rentenversicherung darf den Familienkassen in einem automatisierten Abrufverfahren die zur Überprüfung des Anspruchs auf Kindergeld nach § 62 Absatz 1 a und 2 erforderlichen Daten übermitteln; § 79 Absatz 2 bis 4 des Zehnten Buches Sozialgesetzbuch gilt entsprechend. ② Die Träger der Leistungen nach dem Zweiten und Dritten Buch Sozialgesetzbuch dürfen den Familienkassen in einem automatisierten Abrufverfahren die zur Überprüfung des Anspruchs auf Kindergeld nach § 62 erforderlichen Daten übermitteln. ③ Das Bundesministerium für Arbeit und Soziales wird ermächtigt, durch Rechtsverordnung mit Zustimmung des Bundesrates die Voraussetzungen für das Abrufverfahren und Regelungen zu den Kosten des Verfahrens nach Satz 2 festzulegen.

§ 69[6] Datenübermittlung an die Familienkassen

①[7] Erfährt das Bundeszentralamt für Steuern, dass ein Kind, für das Kindergeld gezahlt wird, verzogen ist oder von Amts wegen von der Meldebehörde abgemeldet wurde, hat es der zuständigen Familienkasse unverzüglich die in § 139 b Absatz 3 Nummer 1, 3, 5, 8 und 14 der Abgaben-

---

[1] § 68 Überschrift geänd. mWv 18. 7. 2019 durch IllegaleBeschG v. 11. 7. 2019 (BGBl. I S. 1066).

[2] § 68 Abs. 4 neu gef. mWv 14. 12. 2016 durch G v. 8. 12. 2016 (BGBl. I S. 2835). Abs. 4 geänd. durch 2. DSAnpUG-EU v. 20. 11. 2019 (BGBl. I S. 1626).

[3] § 68 Abs. 5 angef. mWv 18. 7. 2019 durch IllegaleBeschG v. 11. 7. 2019 (BGBl. I S. 1066). Abs. 5 Satz 1 geänd. durch JStG 2024 v. 2. 12. 2024 (BGBl. I Nr. 387).

[4] § 68 Abs. 6 angef. mWv 18. 7. 2019 durch IllegaleBeschG v. 11. 7. 2019 (BGBl. I S. 1066).

[5] § 68 Abs. 7 angef. mWv 18. 7. 2019 durch IllegaleBeschG v. 11. 7. 2019 (BGBl. I S. 1066).

[6] § 69 eingef. mWv 1. 1. 2018 durch StUmgBG v. 23. 6. 2017 (BGBl. I S. 1682); zur Anwendung siehe § 52 Abs. 49 a Satz 11.

[7] § 69 Satz 1 geänd., Sätze 2 und 3 angef. mWv 1. 1. 2024 durch JStG 2022 v. 16. 12. 2022 (BGBl. I S. 2294); zur Anwendung siehe § 52 Abs. 49 a Sätze 15 bis 17.

ordnung genannten Daten zum Zweck der Prüfung der Rechtmäßigkeit des Bezugs von Kindergeld zu übermitteln. ② Die beim Bundeszentralamt für Steuern gespeicherten Daten für ein Kind, für das Kindergeld gezahlt wird, werden auf Anfrage auch den Finanzämtern zur Prüfung der Rechtmäßigkeit der Berücksichtigung der Freibeträge nach § 32 Absatz 6 zur Verfügung gestellt. ③ Erteilt das Bundeszentralamt für Steuern auf Grund der Geburt eines Kindes eine neue Identifikationsnummer nach § 139 b der Abgabenordnung, übermittelt es der zuständigen Familienkasse zum Zweck der Prüfung des Bezugs von Kindergeld unverzüglich

1. die in § 139 b Absatz 3 Nummer 1, 3, 5, 8 und 10 der Abgabenordnung genannten Daten des Kindes sowie
2. soweit vorhanden, die in § 139 b Absatz 3 Nummer 1, 3, 5, 8 und 10 und Absatz 3 a der Abgabenordnung genannten Daten der Personen, bei denen für dieses Kind nach § 39 e Absatz 1 ein Kinderfreibetrag berücksichtigt wird.

§ 70 Festsetzung und Zahlung des Kindergeldes

(1)[1] ① Das Kindergeld nach § 62 wird von den Familienkassen durch Bescheid festgesetzt und ausgezahlt. ② Die Auszahlung von festgesetztem Kindergeld erfolgt rückwirkend nur für die letzten sechs Monate vor Beginn des Monats, in dem der Antrag auf Kindergeld eingegangen ist. ③ Der Anspruch auf Kindergeld nach § 62 bleibt von dieser Auszahlungsbeschränkung unberührt.

(2) ① Soweit in den Verhältnissen, die für den Anspruch auf Kindergeld erheblich sind, Änderungen eintreten, ist die Festsetzung des Kindergeldes mit Wirkung vom Zeitpunkt der Änderung der Verhältnisse aufzuheben oder zu ändern. ② Ist die Änderung einer Kindergeldfestsetzung nur wegen einer Anhebung der in § 66 Absatz 1 genannten Kindergeldbeträge erforderlich, kann von der Erteilung eines schriftlichen Änderungsbescheides abgesehen werden.

(3)[2] ① Materielle Fehler der letzten Festsetzung können durch Aufhebung oder Änderung der Festsetzung mit Wirkung ab dem auf die Bekanntgabe der Aufhebung oder Änderung der Festsetzung folgenden Monat beseitigt werden. ② Bei der Aufhebung oder Änderung Festsetzung nach Satz 1 ist § 176 der Abgabenordnung entsprechend anzuwenden; dies gilt nicht für Monate, die nach der Verkündung der maßgeblichen Entscheidung eines obersten Bundesgerichts beginnen.

(4)[3] Eine Kindergeldfestsetzung ist aufzuheben oder zu ändern, wenn nachträglich bekannt wird, dass die Einkünfte und Bezüge des Kindes den Grenzbetrag nach § 32 Absatz 4 über- oder unterschreiten.

§ 71[4] Vorläufige Einstellung der Zahlung des Kindergeldes

(1) Die Familienkasse kann die Zahlung des Kindergeldes ohne Erteilung eines Bescheides vorläufig einstellen, wenn

1. sie Kenntnis von Tatsachen erhält, die kraft Gesetzes zum Ruhen oder zum Wegfall des Anspruchs führen, und
2. die Festsetzung, aus der sich der Anspruch ergibt, deshalb mit Wirkung für die Vergangenheit aufzuheben ist.

(2) ① Soweit die Kenntnis der Familienkasse nicht auf Angaben des Berechtigten beruht, der das Kindergeld erhält, sind dem Berechtigten unverzüglich die vorläufige Einstellung der Zahlung des Kindergeldes sowie die dafür maßgeblichen Gründe mitzuteilen. ② Ihm ist Gelegenheit zu geben, sich zu äußern.

(3) Die Familienkasse hat die vorläufig eingestellte Zahlung des Kindergeldes unverzüglich nachzuholen, soweit die Festsetzung, aus der sich der Anspruch ergibt, zwei Monate nach der vorläufigen Einstellung der Zahlung nicht mit Wirkung für die Vergangenheit aufgehoben oder geändert wird.

§ 72[5] Festsetzung und Zahlung des Kindergeldes an Angehörige des öffentlichen Dienstes

(1)[6] ① Steht Personen, die

1. in einem öffentlich-rechtlichen Dienst-, Amts- oder Ausbildungsverhältnis stehen, mit Ausnahme der Ehrenbeamten,
2. Versorgungsbezüge nach beamten- oder soldatenrechtlichen Vorschriften oder Grundsätzen erhalten oder
3. Arbeitnehmer einer Körperschaft, einer Anstalt oder einer Stiftung des öffentlichen Rechts sind, einschließlich der zu ihrer Berufsausbildung Beschäftigten,

---

[1] § 70 Abs. 1 Sätze 2 und 3 angef. mWv 18. 7. 2019 durch IllegaleBeschG v. 11. 7. 2019 (BGBl. I S. 1066).
[2] § 70 Abs. 3 geänd. mWv 1. 1. 2015 durch ZollkodexAnpG v. 22. 12. 2014 (BGBl. I S. 2417).
[3] § 70 Abs. 4 aufgeh. durch StVereinfG 2011 v. 1. 11. 2011 (BGBl. I S. 2131); zur Weiteranwendung für Kindergeldfestsetzungen, die Zeiträume betreffen, die vor dem 1. 1. 2012 enden, siehe § 52 Abs. 50.
[4] § 71 eingef. mWv 18. 7. 2019 durch IllegaleBeschG v. 11. 7. 2019 (BGBl. I S. 1066).
[5] § 72 aufgeh. mWv VZ 2024 durch JStG 2022 v. 16. 12. 2022 (BGBl. I S. 2294).
[6] § 72 Abs. 1 neu gef. mWv 14. 12. 2016 durch G v. 8. 12. 2016 (BGBl. I S. 2835). Abs. 1 Satz 7 angef. mWv 1. 1. 2019 durch „JStG 2018" v. 11. 12. 2018 (BGBl. I S. 2338). Abs. 1 Sätze 6 und 7 geänd. mWv 1. 3. 2023 durch JStG 2022 v. 16. 12. 2022 (BGBl. I S. 2294).

Kindergeld nach Maßgabe dieses Gesetzes zu, wird es von den Körperschaften, Anstalten oder Stiftungen des öffentlichen Rechts als Familienkassen festgesetzt und ausgezahlt. ② Das Bundeszentralamt für Steuern erteilt den Familienkassen ein Merkmal zu ihrer Identifizierung (Familienkassenschlüssel). ③ Satz 1 ist nicht anzuwenden, wenn die Körperschaften, Anstalten oder Stiftungen des öffentlichen Rechts gegenüber dem Bundeszentralamt für Steuern auf ihre Zuständigkeit zur Festsetzung und Auszahlung des Kindergeldes schriftlich oder elektronisch verzichtet haben und dieser Verzicht vom Bundeszentralamt für Steuern schriftlich oder elektronisch bestätigt worden ist. ④ Die Bestätigung des Bundeszentralamts für Steuern darf erst erfolgen, wenn die haushalterischen Voraussetzungen für die Übernahme der Festsetzung und Auszahlung des Kindergeldes durch die Bundesagentur für Arbeit vorliegen. ⑤ Das Bundeszentralamt für Steuern veröffentlicht die Namen und die Anschriften der Körperschaften, Anstalten oder Stiftungen des öffentlichen Rechts, die nach Satz 3 auf die Zuständigkeit verzichtet haben, sowie den jeweiligen Zeitpunkt, zu dem der Verzicht wirksam geworden ist, im Bundessteuerblatt. ⑥ Hat eine Körperschaft, Anstalt oder Stiftung des öffentlichen Rechts die Festsetzung des Kindergeldes auf eine Landesfamilienkasse im Sinne des § 5 Absatz 1 Nummer 11 Satz 6 und 7 des Finanzverwaltungsgesetzes übertragen, kann ein Verzicht nach Satz 3 nur durch die Landesfamilienkasse im Einvernehmen mit der auftraggebenden Körperschaft, Anstalt oder Stiftung wirksam erklärt werden. ⑦ Satz 1 ist nicht anzuwenden, wenn die Körperschaften, Anstalten oder Stiftungen des öffentlichen Rechts nach dem 31. Dezember 2018 errichtet wurden; das Bundeszentralamt für Steuern kann auf Antrag eine Ausnahmegenehmigung erteilen, wenn das Kindergeld durch eine Landesfamilienkasse im Sinne des § 5 Absatz 1 Nummer 11 Satz 6 bis 8 des Finanzverwaltungsgesetzes festgesetzt und ausgezahlt wird und kein Verzicht nach Satz 3 vorliegt.

(2)[1] (aufgehoben)

(3)[2] Absatz 1 gilt nicht für Personen, die ihre Bezüge oder ihr Arbeitsentgelt

1. *von einem Dienstherrn oder Arbeitgeber im Bereich der Religionsgesellschaften des öffentlichen Rechts,*
2. *von einem Spitzenverband der Freien Wohlfahrtspflege, einem diesem unmittelbar oder mittelbar angeschlossenen Mitgliedsverband oder einer einem solchen Verband angeschlossenen Einrichtung oder Anstalt oder*
3. *von einem Dienstherrn oder Arbeitgeber im Bereich des Bundes mit Ausnahme des Bundesnachrichtendienstes*

erhalten.

(4)[3] Absatz 1 gilt nicht für Personen, die voraussichtlich nicht länger als sechs Monate in den Kreis der in Absatz 1 Satz 1 Nummer 1 bis 3 Bezeichneten eintreten.

(5) Obliegt mehreren Rechtsträgern die Zahlung von Bezügen oder Arbeitsentgelt (Absatz 1 Satz 1) gegenüber einem Berechtigten, so ist für die Durchführung dieses Gesetzes zuständig:

1. *bei Zusammentreffen von Versorgungsbezügen mit anderen Bezügen oder Arbeitsentgelt der Rechtsträger, dem die Zahlung der anderen Bezüge oder des Arbeitsentgelts obliegt;*
2. *bei Zusammentreffen mehrerer Versorgungsbezüge der Rechtsträger, dem die Zahlung der neuen Versorgungsbezüge im Sinne der beamtenrechtlichen Ruhensvorschriften obliegt;*
3. *bei Zusammentreffen von Arbeitsentgelt (Absatz 1 Satz 1 Nummer 3) mit Bezügen aus einem der in Absatz 1 Satz 1 Nummer 1 bezeichneten Rechtsverhältnisse der Rechtsträger, dem die Zahlung dieser Bezüge obliegt;*
4. *bei Zusammentreffen mehrerer Arbeitsentgelte (Absatz 1 Satz 1 Nummer 3) der Rechtsträger, dem die Zahlung des höheren Arbeitsentgelts obliegt oder – falls die Arbeitsentgelte gleich hoch sind – der Rechtsträger, zu dem das zuerst begründete Arbeitsverhältnis besteht.*

(6) ① Scheidet ein Berechtigter im Laufe eines Monats aus dem Kreis der in Absatz 1 Satz 1 Nummer 1 bis 3 Bezeichneten aus oder tritt er im Laufe eines Monats in diesen Kreis ein, so wird das Kindergeld für diesen Monat von der Stelle gezahlt, die bis zum Ausscheiden oder Eintritt des Berechtigten zuständig war. ② Dies gilt nicht, soweit die Zahlung von Kindergeld für ein Kind in Betracht kommt, das erst nach dem Ausscheiden oder Eintritt bei dem Berechtigten nach § 63 zu berücksichtigen ist. ③ Ist in einem Fall des Satzes 1 das Kindergeld bereits für einen folgenden Monat gezahlt worden, so muss der für diesen Monat Berechtigte die Zahlung gegen sich gelten lassen.

(7)[4] ① In den Abrechnungen der Bezüge und des Arbeitsentgelts ist das Kindergeld gesondert auszuweisen, wenn es zusammen mit den Bezügen oder dem Arbeitsentgelt ausgezahlt wird. ② Der Rechtsträger hat die Summe des von ihm für alle Berechtigten ausgezahlten Kindergeldes dem Betrag, den er insgesamt an Lohnsteuer einzubehalten hat, zu entnehmen und unter Angabe des in Absatz 1 genannten Familienkassenschlüssels bei der nächsten Lohnsteuer-Anmeldung gesondert abzusetzen. ③ Übersteigt das insgesamt ausgezahlte Kindergeld den Betrag, der insgesamt an Lohnsteuer abzuführen ist, so wird der übersteigende Betrag dem Rechtsträger auf Antrag von dem Finanzamt, an das die Lohnsteuer abzuführen ist, aus den Einnahmen der Lohnsteuer ersetzt.

---

[1] § 72 Abs. 2 aufgeh. mWv 1. 1. 2022 durch G v. 8. 12. 2016 (BGBl. I S. 2835).

[2] § 72 Abs. 3 Satzteil vor Nr. 1 geänd., Nr. 3 angef. mWv 1. 1. 2022 durch G v. 8. 12. 2016 (BGBl. I S. 2835). Abs. 3 Nr. 3 neu gef. mWv 1. 3. 2023 durch JStG 2022 v. 16. 12. 2022 (BGBl. I S. 2294). Abs. 3 Nr. 3 neu gef. mWv 1.3.2023 durch G v. 16. 12. 2022 (BGBl. I S. 2352).

[3] § 72 Abs. 4 geänd. mWv 1. 1. 2022 durch G v. 8. 12. 2016 (BGBl. I S. 2835).

[4] § 72 Abs. 7 Satz 2 geänd. mWv 1. 1. 2019 durch G v. 8. 12. 2016 (BGBl. I S. 2835).

(8)[1] ① *Abweichend von Absatz 1 Satz 1 werden Kindergeldansprüche auf Grund über- oder zwischenstaatlicher Rechtsvorschriften durch die Familienkassen der Bundesagentur für Arbeit festgesetzt und ausgezahlt.* ② *Dies gilt auch für Fälle, in denen Kindergeldansprüche sowohl nach Maßgabe dieses Gesetzes als auch auf Grund über- oder zwischenstaatlicher Rechtsvorschriften bestehen.* ③ *Die Sätze 1 und 2 sind auf Kindergeldansprüche von Angehörigen des Bundesnachrichtendienstes nicht anzuwenden.*

§ 73 *(weggefallen)*

§ 74 Zahlung des Kindergeldes in Sonderfällen

(1)[2] ① Das für ein Kind festgesetzte Kindergeld nach § 66 Absatz 1 kann an das Kind ausgezahlt werden, wenn der Kindergeldberechtigte ihm gegenüber seiner gesetzlichen Unterhaltspflicht nicht nachkommt. ② Dies gilt auch, wenn der Kindergeldberechtigte mangels Leistungsfähigkeit nicht unterhaltspflichtig ist oder nur Unterhalt in Höhe eines Betrages zu leisten braucht, der geringer ist als das für die Auszahlung in Betracht kommende Kindergeld. ③ Die Auszahlung kann auch an die Person oder Stelle erfolgen, die dem Kind Unterhalt gewährt.

(2) Für Erstattungsansprüche der Träger von Sozialleistungen gegen die Familienkasse gelten die §§ 102 bis 109 und 111 bis 113 des Zehnten Buches Sozialgesetzbuch entsprechend.

§ 75 Aufrechnung

(1)[3] Mit Ansprüchen auf Erstattung von Kindergeld kann die Familienkasse gegen Ansprüche auf Kindergeld bis zu deren Hälfte aufrechnen, wenn der Leistungsberechtigte nicht nachweist, dass er dadurch hilfebedürftig im Sinne der Vorschriften des Zwölften Buches Sozialgesetzbuch über die Hilfe zum Lebensunterhalt oder im Sinne der Vorschriften des Zweiten Buches Sozialgesetzbuch über die Leistungen zur Sicherung des Lebensunterhalts wird.

(2) Absatz 1 gilt für die Aufrechnung eines Anspruchs auf Erstattung von Kindergeld gegen einen späteren Kindergeldanspruch eines mit dem Erstattungspflichtigen in Haushaltsgemeinschaft lebenden Berechtigten entsprechend, soweit es sich um laufendes Kindergeld für ein Kind handelt, das bei beiden berücksichtigt werden kann oder konnte.

§ 76[4] Pfändung

Der Anspruch auf Kindergeld kann nur wegen gesetzlicher Unterhaltsansprüche eines Kindes, für das Kindergeld festgesetzt und dem Berechtigten ausgezahlt wird, gepfändet werden.

§ 76 a[5] *(aufgehoben)*

§ 77 Erstattung von Kosten im Vorverfahren

(1) ① Soweit der Einspruch gegen die Kindergeldfestsetzung erfolgreich ist, hat die Familienkasse demjenigen, der den Einspruch erhoben hat, die zur zweckentsprechenden Rechtsverfolgung oder Rechtsverteidigung notwendigen Aufwendungen zu erstatten. ② Dies gilt auch, wenn der Einspruch nur deshalb keinen Erfolg hat, weil die Verletzung einer Verfahrens- oder Formvorschrift nach § 126 der Abgabenordnung unbeachtlich ist. ③ Aufwendungen, die durch das Verschulden eines Erstattungsberechtigten entstanden sind, hat dieser selbst zu tragen; das Verschulden eines Vertreters ist dem Vertretenen zuzurechnen.

(2) Die Gebühren und Auslagen eines Bevollmächtigten oder Beistandes, der nach den Vorschriften des Steuerberatungsgesetzes zur geschäftsmäßigen Hilfeleistung in Steuersachen befugt ist, sind erstattungsfähig, wenn dessen Zuziehung notwendig war.

(3) ① Die Familienkasse setzt auf Antrag den Betrag der zu erstattenden Aufwendungen fest. ② Die Kostenentscheidung bestimmt auch, ob die Zuziehung eines Bevollmächtigten oder Beistandes im Sinne des Absatzes 2 notwendig war.

§ 78 Übergangsregelungen

(1) bis (4) *(weggefallen)*

(5) ① Abweichend von § 64 Absatz 2 und 3 steht Berechtigten, die für Dezember 1990 für ihre Kinder Kindergeld in dem in Artikel 3 des Einigungsvertrages genannten Gebiet bezogen haben, das Kindergeld für diese Kinder auch für die folgende Zeit zu, solange sie ihren Wohnsitz oder gewöhnlichen Aufenthalt in diesem Gebiet beibehalten und die Kinder die Voraussetzungen ihrer Berücksichtigung weiterhin erfüllen. ② § 64 Absatz 2 und 3 ist insoweit erst für die Zeit vom Beginn des Monats an anzuwenden, in dem ein hierauf gerichteter Antrag bei der zuständigen

---

[1] § 72 Abs. 8 Satz 3 angef. mWv 1. 1. 2022 durch G v. 8. 12. 2016 (BGBl. I S. 2835). Abs. 8 Satz 3 aufgeh. mWv 1. 3. 2023 durch JStG 2022 v. 16. 12. 2022 (BGBl. I S. 2294); Abs. 8 Satz 3 angef. mWv 1. 3. 2023 durch G v. 16. 12. 2022 (BGBl. I S. 2352).

[2] § 74 Abs. 1 Satz 2 aufgeh., bish. Sätze 3 und 4 werden Sätze 2 und 3 durch JStG 2024 v. 2.12.2024 (BGBl. I Nr. 387).

[3] § 75 Abs. 1 geänd. mWv 1. 1. 2015 durch ZollkodexAnpG v. 22. 12. 2014 (BGBl. I S. 2417).

[4] § 76 neu gef. durch JStG 2024 v. 2.12.2024 (BGBl. I Nr. 387).

[5] § 76 a aufgeh. mWv 1. 1. 2012 durch G v. 7. 7. 2009 (BGBl. I S. 1707).

Stelle eingegangen ist; der hiernach Berechtigte muss die nach Satz 1 geleisteten Zahlungen gegen sich gelten lassen.

XI. Altersvorsorgezulage[1]

§ 79[2] Zulageberechtigte

① Die in § 10 a Absatz 1 genannten Personen haben Anspruch auf eine Altersvorsorgezulage (Zulage). ② Ist nur ein Ehegatte nach Satz 1 begünstigt, so ist auch der andere Ehegatte zulageberechtigt, wenn

1. beide Ehegatten nicht dauernd getrennt leben (§ 26 Absatz 1),
2. beide Ehegatten ihren Wohnsitz oder gewöhnlichen Aufenthalt in einem Mitgliedstaat der Europäischen Union oder einem Staat haben, auf den das Abkommen über den Europäischen Wirtschaftsraum anwendbar ist,
3. ein auf den Namen des anderen Ehegatten lautender Altersvorsorgevertrag besteht,
4. der andere Ehegatte zugunsten des Altersvorsorgevertrages nach Nummer 3 im jeweiligen Beitragsjahr mindestens 60 Euro geleistet hat und
5. die Auszahlungsphase des Altersvorsorgevertrages nach Nummer 3 noch nicht begonnen hat.

③ Satz 1 gilt entsprechend für die in § 10 a Absatz 6 Satz 1 und 2 genannten Personen, sofern sie unbeschränkt steuerpflichtig sind oder für das Beitragsjahr nach § 1 Absatz 3 als unbeschränkt steuerpflichtig behandelt werden.

§ 80 Anbieter

Anbieter im Sinne dieses Gesetzes sind Anbieter von Altersvorsorgeverträgen gemäß § 1 Absatz 2 des Altersvorsorgeverträge-Zertifizierungsgesetzes sowie die in § 82 Absatz 2 genannten Versorgungseinrichtungen.

§ 81 Zentrale Stelle

Zentrale Stelle im Sinne dieses Gesetzes ist die Deutsche Rentenversicherung Bund.

§ 81 a Zuständige Stelle

① Zuständige Stelle ist bei einem

1. Empfänger von Besoldung nach dem Bundesbesoldungsgesetz oder einem Landesbesoldungsgesetz die die Besoldung anordnende Stelle,
2. Empfänger von Amtsbezügen im Sinne des § 10 a Absatz 1 Satz 1 Nummer 2 die die Amtsbezüge anordnende Stelle,
3. versicherungsfrei Beschäftigten sowie bei einem von der Versicherungspflicht befreiten Beschäftigten im Sinne des § 10 a Absatz 1 Satz 1 Nummer 3 der die Versorgung gewährleistende Arbeitgeber der rentenversicherungsfreien Beschäftigung,
4. Beamten, Richter, Berufssoldaten und Soldaten auf Zeit im Sinne des § 10 a Absatz 1 Satz 1 Nummer 4 der zur Zahlung des Arbeitsentgelts verpflichtete Arbeitgeber und
5. Empfänger einer Versorgung im Sinne des § 10 a Absatz 1 Satz 4 die die Versorgung anordnende Stelle.

② Für die in § 10 a Absatz 1 Satz 1 Nummer 5 genannten Steuerpflichtigen gilt Satz 1 entsprechend.

§ 82 Altersvorsorgebeiträge

(1)[3] ① Geförderte Altersvorsorgebeiträge sind im Rahmen des in § 10 a Absatz 1 Satz 1 genannten Höchstbetrags

1. Beiträge,
2. Tilgungsleistungen,

die der Zulageberechtigte (§ 79) bis zum Beginn der Auszahlungsphase zugunsten eines auf seinen Namen lautenden Vertrags leistet, der nach § 5 des Altersvorsorgeverträge-Zertifizierungsgesetzes zertifiziert ist (Altersvorsorgevertrag). ② Die Zertifizierung ist Grundlagenbescheid im Sinne des § 171 Absatz 10 der Abgabenordnung. ③ Als Tilgungsleistungen gelten auch Beiträge, die vom

[1] Altersvorsorgeverträge-Zertifizierungsgesetz abgedruckt in **Aichberger,** Loseblattsammlung *Verlag C. H. Beck.*

[2] § 79 neu gef. mWv VZ 2010 durch G v. 8. 4. 2010 (BGBl. I S. 386). Satz 2 neu gef. ab VZ 2013 durch AltvVerbG v. 24. 6. 2013 (BGBl. I S. 1667). Satz 3 angef. mWv VZ 2014 durch KroatienAnpG v. 25. 7. 2014 (BGBl. I S. 1266).

[3] § 82 Abs. *1* Satz *1* geänd. sowie Abs. 1 Satz 3 neu gef. mWv VZ 2010 durch G v. 8. 12. 2010 (BGBl. I S. 1768). Abs. 1 Satz 1 geänd. ab VZ 2014 durch AltvVerbG v. 24. 6. 2013 (BGBl. I S. 1667). Abs. 1 Sätze 6 und 7 eingef. mWv VZ 2014 durch AltvVerbG v. 24. 6. 2013 (BGBl. I S. 1667). Abs. 1 Satz 8 angef. mWv VZ 2014 durch KroatienAnpG v. 25. 7. 2014 (BGBl. I S. 1266).

Zulageberechtigten zugunsten eines auf seinen Namen lautenden Altersvorsorgevertrags im Sinne des § 1 Absatz 1a Satz 1 Nummer 3 des Altersvorsorgeverträge-Zertifizierungsgesetzes erbracht wurden und die zur Tilgung eines im Rahmen des Altersvorsorgevertrags abgeschlossenen Darlehens abgetreten wurden. ④ Im Fall der Übertragung von gefördertem Altersvorsorgevermögen nach § 1 Absatz 1 Satz 1 Nummer 10 Buchstabe b des Altersvorsorgeverträge-Zertifizierungsgesetzes in einen Altersvorsorgevertrag im Sinne des § 1 Absatz 1a Satz 1 Nummer 3 des Altersvorsorgeverträge-Zertifizierungsgesetzes gelten die Beiträge nach Satz 1 Nummer 1 ab dem Zeitpunkt der Übertragung als Tilgungsleistungen nach Satz 3; eine erneute Förderung nach § 10a oder Abschnitt XI erfolgt insoweit nicht. ⑤ Tilgungsleistungen nach den Sätzen 1 und 3 werden nur berücksichtigt, wenn das zugrunde liegende Darlehen für eine nach dem 31. Dezember 2007 vorgenommene wohnungswirtschaftliche Verwendung im Sinne des § 92a Absatz 1 Satz 1 eingesetzt wurde. ⑥ Bei einer Aufgabe der Selbstnutzung nach § 92a Absatz 3 Satz 1 gelten im Beitragsjahr der Aufgabe der Selbstnutzung auch die nach der Aufgabe der Selbstnutzung geleisteten Beiträge oder Tilgungsleistungen als Altersvorsorgebeiträge nach Satz 1. ⑦ Bei einer Reinvestition nach § 92a Absatz 3 Satz 9 Nummer 1 gelten im Beitragsjahr der Reinvestition auch die davor geleisteten Beiträge oder Tilgungsleistungen als Altersvorsorgebeiträge nach Satz 1. ⑧ Bei einem beruflich bedingten Umzug nach § 92a Absatz 4 gelten

1. im Beitragsjahr des Wegzugs auch die nach dem Wegzug und
2. im Beitragsjahr des Wiedereinzugs auch die vor dem Wiedereinzug

geleisteten Beiträge und Tilgungsleistungen als Altersvorsorgebeiträge nach Satz 1.

(2)[1] ① Zu den Altersvorsorgebeiträgen gehören auch

a) die aus dem individuell versteuerten Arbeitslohn des Arbeitnehmers geleisteten Beiträge an einen Pensionsfonds, eine Pensionskasse oder eine Direktversicherung zum Aufbau einer kapitalgedeckten betrieblichen Altersversorgung und
b) Beiträge des Arbeitnehmers und des ausgeschiedenen Arbeitnehmers, die dieser im Fall der zunächst durch Entgeltumwandlung (§ 1a des Betriebsrentengesetzes) finanzierten und nach § 3 Nummer 63 oder § 10a und diesem Abschnitt geförderten kapitalgedeckten betrieblichen Altersversorgung nach Maßgabe des § 1a Absatz 4, des § 1b Absatz 5 Satz 1 Nummer 2 und des § 22 Absatz 3 Nummer 1 Buchstabe a des Betriebsrentengesetzes selbst erbringt.

② Satz 1 gilt nur, wenn

1. a) vereinbart ist, dass die zugesagten Altersversorgungsleistungen als monatliche Leistungen in Form einer lebenslangen Leibrente oder als Ratenzahlungen im Rahmen eines Auszahlungsplans mit einer anschließenden Teilkapitalverrentung ab spätestens dem 85. Lebensjahr ausgezahlt werden und die Leistungen während der gesamten Auszahlungsphase gleich bleiben oder steigen; dabei können bis zu zwölf Monatsleistungen in einer Auszahlung zusammengefasst und bis zu 30 Prozent des zu Beginn der Auszahlungsphase zur Verfügung stehenden Kapitals außerhalb der monatlichen Leistungen ausgezahlt werden, und
   b) ein vereinbartes Kapitalwahlrecht nicht oder nicht außerhalb des letzten Jahres vor dem vertraglich vorgesehenen Beginn der Altersversorgungsleistung ausgeübt wurde, oder
2. bei einer reinen Beitragszusage nach § 1 Absatz 2 Nummer 2a des Betriebsrentengesetzes der Pensionsfonds, die Pensionskasse oder die Direktversicherung eine lebenslange Zahlung als Altersversorgungsleistung zu erbringen hat.

③ Die §§ 3 und 4 des Betriebsrentengesetzes stehen dem vorbehaltlich des § 93 nicht entgegen.

(3) Zu den Altersvorsorgebeiträgen gehören auch die Beitragsanteile, die zur Absicherung der verminderten Erwerbsfähigkeit des Zulageberechtigten und zur Hinterbliebenenversorgung verwendet werden, wenn in der Leistungsphase die Auszahlung in Form einer Rente erfolgt.

(4) Nicht zu den Altersvorsorgebeiträgen zählen

1.[2] Aufwendungen, die vermögenswirksame Leistungen nach dem Fünften Vermögensbildungsgesetz in der jeweils geltenden Fassung darstellen,
2. prämienbegünstigte Aufwendungen nach dem Wohnungsbau-Prämiengesetz in der Fassung der Bekanntmachung vom 30. Oktober 1997 (BGBl. I S. 2678), zuletzt geändert durch Artikel 5 des Gesetzes vom 29. Juli 2008 (BGBl. I S. 1509), in der jeweils geltenden Fassung,
3. Aufwendungen, die im Rahmen des § 10 als Sonderausgaben geltend gemacht werden,
4. Zahlungen nach § 92a Absatz 2 Satz 4 Nummer 1 und Absatz 3 Satz 9 Nummer 2 oder
5.[3] Übertragungen im Sinne des § 3 Nummer 55 bis 55c.

(5)[4] ① Der Zulageberechtigte kann für ein abgelaufenes Beitragsjahr bis zum Beitragsjahr 2011 Altersvorsorgebeiträge auf einen auf seinen Namen lautenden Altersvorsorgevertrag leisten, wenn

---

[1] § 82 Abs. 2 Satz 1 Buchst. b Zitat geänd. mWv 1. 1. 2018 und Satz 1 Satzteil nach Buchst. b mWv. VZ 2018 gestrichen sowie Satz 2 eingef. (bish. Satz 2 wird Satz 3) durch „JStG 2018" v. 11. 12. 2018 (BGBl. I S. 2338).
[2] § 82 Abs. 4 Nr. 1 geänd. mWv VZ 2010 durch G v. 8. 12. 2010 (BGBl. I S. 1768).
[3] § 82 Abs. 4 Nr. 5 angef. mWv VZ 2011 durch BeitrRLUmsG v. 7. 12. 2011 (BGBl. I S. 2592).
[4] § 82 Abs. 5 angef. mWv VZ 2014 durch KroatienAnpG v. 25. 7. 2014 (BGBl. I S. 1266).

1. der Anbieter des Altersvorsorgevertrags davon Kenntnis erhält, in welcher Höhe und für welches Beitragsjahr die Altersvorsorgebeiträge berücksichtigt werden sollen,
2. in dem Beitragsjahr, für das die Altersvorsorgebeiträge berücksichtigt werden sollen, ein Altersvorsorgevertrag bestanden hat,
3. im fristgerechten Antrag auf Zulage für dieses Beitragsjahr eine Zulageberechtigung nach § 79 Satz 2 angegeben wurde, aber tatsächlich eine Zulageberechtigung nach § 79 Satz 1 vorliegt,
4. die Zahlung der Altersvorsorgebeiträge für abgelaufene Beitragsjahre bis zum Ablauf von zwei Jahren nach Erteilung der Bescheinigung nach § 92, mit der zuletzt Ermittlungsergebnisse für dieses Beitragsjahr bescheinigt wurden, längstens jedoch bis zum Beginn der Auszahlungsphase des Altersvorsorgevertrages erfolgt und
5. der Zulageberechtigte vom Anbieter in hervorgehobener Weise darüber informiert wurde oder dem Anbieter seine Kenntnis darüber versichert, dass die Leistungen aus diesen Altersvorsorgebeiträgen der vollen nachgelagerten Besteuerung nach § 22 Nummer 5 Satz 1 unterliegen.

② Wurden die Altersvorsorgebeiträge dem Altersvorsorgevertrag gutgeschrieben und sind die Voraussetzungen nach Satz 1 erfüllt, so hat der Anbieter der zentralen Stelle (§ 81) die entsprechenden Daten nach § 89 Absatz 2 Satz 1 für das zurückliegende Beitragsjahr nach einem mit der zentralen Stelle abgestimmten Verfahren mitzuteilen. ③ Die Beträge nach Satz 1 gelten für die Ermittlung der zu zahlenden Altersvorsorgezulage nach § 83 als Altersvorsorgebeiträge für das Beitragsjahr, für das sie gezahlt wurden. ④ Für die Anwendung des § 10 a Absatz 1 Satz 1 sowie bei der Ermittlung der dem Steuerpflichtigen zustehenden Zulage im Rahmen des § 2 Absatz 6 und des § 10 a sind die nach Satz 1 gezahlten Altersvorsorgebeiträge weder für das Beitragsjahr nach Satz 1 Nummer 2 noch für das Beitragsjahr der Zahlung zu berücksichtigen.

§ 83 Altersvorsorgezulage

In Abhängigkeit von den geleisteten Altersvorsorgebeiträgen wird eine Zulage gezahlt, die sich aus einer Grundzulage (§ 84) und einer Kinderzulage (§ 85) zusammensetzt.

§ 84[1] Grundzulage

① Jeder Zulageberechtigte erhält eine Grundzulage; diese beträgt ab dem Beitragsjahr 2018 jährlich 175 Euro. ② Für Zulageberechtigte nach § 79 Satz 1, die zu Beginn des Beitragsjahres (§ 88) das 25. Lebensjahr noch nicht vollendet haben, erhöht sich die Grundzulage nach Satz 1 um einmalig 200 Euro. ③ Die Erhöhung nach Satz 2 ist für das erste nach dem 31. Dezember 2007 beginnende Beitragsjahr zu gewähren, für das eine Altersvorsorgezulage beantragt wird.

§ 85 Kinderzulage

(1)[2] ① Die Kinderzulage beträgt für jedes Kind, für das gegenüber dem Zulageberechtigten Kindergeld festgesetzt wird, jährlich 185 Euro. ② Für ein nach dem 31. Dezember 2007 geborenes Kind erhöht sich die Kinderzulage nach Satz 1 auf 300 Euro. ③ Der Anspruch auf Kinderzulage entfällt für den Veranlagungszeitraum, für den das Kindergeld insgesamt zurückgefordert wird. ④ Erhalten mehrere Zulageberechtigte für dasselbe Kind Kindergeld, steht die Kinderzulage demjenigen zu, dem gegenüber für den ersten Anspruchszeitraum (§ 66 Absatz 2) im Kalenderjahr Kindergeld festgesetzt worden ist.

(2)[3] ① Bei Eltern verschiedenen Geschlechts, die miteinander verheiratet sind, nicht dauernd getrennt leben (§ 26 Absatz 1) und ihren Wohnsitz oder gewöhnlichen Aufenthalt in einem Mitgliedstaat der Europäischen Union oder einem Staat haben, auf den das Abkommen über den Europäischen Wirtschaftsraum (EWR-Abkommen) anwendbar ist, wird die Kinderzulage der Mutter zugeordnet, auf Antrag beider Eltern dem Vater. ② Bei Eltern gleichen Geschlechts, die miteinander verheiratet sind oder eine Lebenspartnerschaft führen, nicht dauernd getrennt leben (§ 26 Absatz 1) und ihren Wohnsitz oder gewöhnlichen Aufenthalt in einem Mitgliedstaat der Europäischen Union oder einem Staat haben, auf den das EWR-Abkommen anwendbar ist, ist die Kinderzulage dem Elternteil zuzuordnen, dem gegenüber das Kindergeld festgesetzt wird, auf Antrag beider Eltern dem anderen Elternteil. ③ Der Antrag kann für ein abgelaufenes Beitragsjahr nicht zurückgenommen werden.

§ 86[4] Mindesteigenbeitrag

(1)[5] ① Die Zulage nach den §§ 84 und 85 wird gekürzt, wenn der Zulageberechtigte nicht den Mindesteigenbeitrag leistet. ② Dieser beträgt jährlich 4 Prozent der Summe der in dem dem Kalenderjahr vorangegangenen Kalenderjahr

[1] § 84 Satz 1 Halbs. 2 geänd. mWv VZ 2018 durch BetrRentStG v. 17. 8. 2017 (BGBl. I S. 3214).

[2] § 85 Abs. 1 Sätze 1 und 4 geänd. mWv VZ 2018 durch BetrRentStG v. 17. 8. 2017 (BGBl. I S. 3214).

[3] § 85 Abs. 2 Satz 1 geänd. mWv VZ 2010 durch G v. 8. 4. 2010 (BGBl. I S. 386). Satz 2 eingef., bish. Satz 2 wird Satz 3 durch G v. 18. 7. 2014 (BGBl. I S. 1042). Abs. 2 Satz 2 geänd. mWv VZ 2018 durch BetrRentStG v. 17. 8. 2017 (BGBl. I S. 3214). Abs. 2 Sätze 1 und 2 geänd. mWv VZ 2018 durch „JStG 2018" v. 11. 12. 2018 (BGBl. I S. 2338).

[4] Zur Anwendung von § 86 siehe Abs. 5.

[5] § 86 Abs. 1 Satz 2 geänd. mWv VZ 2013 durch AltvVerbG v. 24. 6. 2013 (BGBl. I S. 1667).

1. erzielten beitragspflichtigen Einnahmen im Sinne des Sechsten Buches Sozialgesetzbuch,
2. bezogenen Besoldung und Amtsbezüge,
3. in den Fällen des § 10 a Absatz 1 Satz 1 Nummer 3 und Nummer 4 erzielten Einnahmen, die beitragspflichtig wären, wenn die Versicherungsfreiheit in der gesetzlichen Rentenversicherung nicht bestehen würde und
4. bezogenen Rente wegen voller Erwerbsminderung oder Erwerbsunfähigkeit oder bezogenen Versorgungsbezüge wegen Dienstunfähigkeit in den Fällen des § 10 a Absatz 1 Satz 4,

jedoch nicht mehr als der in § 10 a Absatz 1 Satz 1 genannte Höchstbetrag, vermindert um die Zulage nach den §§ 84 und 85; gehört der Ehegatte zum Personenkreis nach § 79 Satz 2, berechnet sich der Mindesteigenbeitrag des nach § 79 Satz 1 Begünstigten unter Berücksichtigung der den Ehegatten insgesamt zustehenden Zulagen. ③ Auslandsbezogene Bestandteile nach den §§ 52 ff. des Bundesbesoldungsgesetzes oder entsprechender Regelungen eines Landesbesoldungsgesetzes bleiben unberücksichtigt. ④ Als Sockelbetrag sind ab dem Jahr 2005 jährlich 60 Euro zu leisten. ⑤ Ist der Sockelbetrag höher als der Mindesteigenbeitrag nach Satz 2, so ist der Sockelbetrag als Mindesteigenbeitrag zu leisten. ⑥ Die Kürzung der Zulage ermittelt sich nach dem Verhältnis der Altersvorsorgebeiträge zum Mindesteigenbeitrag.

(2)[1] ① Ein nach § 79 Satz 2 begünstigter Ehegatte hat Anspruch auf eine ungekürzte Zulage, wenn der zum begünstigten Personenkreis nach § 79 Satz 1 gehörende Ehegatte seinen geförderten Mindesteigenbeitrag unter Berücksichtigung der den Ehegatten insgesamt zustehenden Zulagen erbracht hat. ② Werden bei einer in der gesetzlichen Rentenversicherung pflichtversicherten Person beitragspflichtige Einnahmen zu Grunde gelegt, die höher sind als das tatsächlich erzielte Entgelt oder die Entgeltersatzleistung, ist das tatsächlich erzielte Entgelt oder der Zahlbetrag der Entgeltersatzleistung für die Berechnung des Mindesteigenbeitrags zu berücksichtigen. ③ Für die nicht erwerbsmäßig ausgeübte Pflegetätigkeit einer nach § 3 Satz 1 Nummer 1 a des Sechsten Buches Sozialgesetzbuch rentenversicherungspflichtigen Person ist für die Berechnung des Mindesteigenbeitrags ein tatsächlich erzieltes Entgelt von 0 Euro zu berücksichtigen.

(3) ① Für Versicherungspflichtige nach dem Gesetz über die Alterssicherung der Landwirte ist Absatz 1 mit der Maßgabe anzuwenden, dass auch die Einkünfte aus Land- und Forstwirtschaft im Sinne des § 13 des zweiten dem Beitragsjahr vorangegangenen Veranlagungszeitraums als beitragspflichtige Einnahmen des vorangegangenen Kalenderjahres gelten. ② Negative Einkünfte im Sinne des Satzes 1 bleiben unberücksichtigt, wenn weitere nach Absatz 1 oder Absatz 2 zu berücksichtigende Einnahmen erzielt werden.

(4) Wird nach Ablauf des Beitragsjahres festgestellt, dass die Voraussetzungen für die Gewährung einer Kinderzulage nicht vorgelegen haben, ändert sich dadurch die Berechnung des Mindesteigenbeitrags für dieses Beitragsjahr nicht.

(5)[2] Bei den in § 10 a Absatz 6 Satz 1 und 2 genannten Personen ist der Summe nach Absatz 1 Satz 2 die Summe folgender Einnahmen und Leistungen aus dem dem Kalenderjahr vorangegangenen Kalenderjahr hinzuzurechnen:
1. die erzielten Einnahmen aus der Tätigkeit, die die Zugehörigkeit zum Personenkreis des § 10 a Absatz 6 Satz 1 begründet, und
2. die bezogenen Leistungen im Sinne des § 10 a Absatz 6 Satz 2 Nummer 1.

§ 87 Zusammentreffen mehrerer Verträge

(1) ① Zahlt der nach § 79 Satz 1 Zulageberechtigte Altersvorsorgebeiträge zugunsten mehrerer Verträge, so wird die Zulage nur für zwei dieser Verträge gewährt. ② Der insgesamt nach § 86 zu leistende Mindesteigenbeitrag muss zugunsten dieser Verträge geleistet worden sein. ③ Die Zulage ist entsprechend dem Verhältnis der auf diese Verträge geleisteten Beiträge zu verteilen.

(2) ① Der nach § 79 Satz 2 Zulageberechtigte kann die Zulage für das jeweilige Beitragsjahr nicht auf mehrere Altersvorsorgeverträge verteilen. ② Es ist nur der Altersvorsorgevertrag begünstigt, für den zuerst die Zulage beantragt wird.

§ 88 Entstehung des Anspruchs auf Zulage

Der Anspruch auf die Zulage entsteht mit Ablauf des Kalenderjahres, in dem die Altersvorsorgebeiträge geleistet worden sind (Beitragsjahr).

§ 89 Antrag

(1)[3] ① Der Zulageberechtigte hat den Antrag auf Zulage nach amtlich vorgeschriebenem Vordruck bis zum Ablauf des zweiten Kalenderjahres, das auf das Beitragsjahr (§ 88) folgt, bei dem

[1] § 86 Abs. 2 Satz 2 geänd. mWv 1. 1. 2011 durch G v. 8. 12. 2010 (BGBl. I S. 1768). Abs. 2 Satz 4 angef. mWv VZ 2013 durch AltvVerbG v. 24. 6. 2013 (BGBl. I S. 1667). Abs. 2 Satz 3 aufgeh. (bish. Satz 4 wird Satz 3) mWv VZ 2014 durch KroatienAnpG v. 25. 7. 2014 (BGBl. I S. 1266).

[2] § 86 Abs. 5 angef. mWv VZ 2014 durch KroatienAnpG v. 25. 7. 2014 (BGBl. I S. 1266).

[3] § 89 Abs. 1 Satz 1 und Satz 5 jeweils 2. HS angef. mWv 1.1.2024 durch WachstumschancenG v. 27.3.2024 (BGBl. I Nr. 108).

Anbieter seines Vertrages einzureichen; dies kann auch elektronisch unter Angabe der erforderlichen Antragsdaten erfolgen, wenn sowohl der Anbieter als auch der Zulageberechtigte mit diesem Verfahren einverstanden sind. ② Hat der Zulageberechtigte im Beitragsjahr Altersvorsorgebeiträge für mehrere Verträge gezahlt, so hat er mit dem Zulageantrag zu bestimmen, auf welche Verträge die Zulage überwiesen werden soll. ③ Beantragt der Zulageberechtigte die Zulage für mehr als zwei Verträge, so wird die Zulage nur für die zwei Verträge mit den höchsten Altersvorsorgebeiträgen gewährt. ④ Sofern eine Zulagenummer (§ 90 Absatz 1 Satz 2) durch die zentrale Stelle (§ 81) oder eine Versicherungsnummer nach § 147 des Sechsten Buches Sozialgesetzbuch für den nach § 79 Satz 2 berechtigten Ehegatten noch nicht vergeben ist, hat dieser über seinen Anbieter eine Zulagenummer bei der zentralen Stelle zu beantragen. ⑤ Der Antragsteller ist verpflichtet, dem Anbieter unverzüglich eine Änderung der Verhältnisse mitzuteilen, die zu einer Minderung oder zum Wegfall des Zulageanspruchs führt; dies kann auch elektronisch erfolgen, wenn sowohl der Anbieter als auch der Zulageberechtigte mit diesem Verfahren einverstanden sind.

(1 a)[1] ① Der Zulageberechtigte kann den Anbieter seines Vertrages unter Angabe der erforderlichen Antragsdaten schriftlich bevollmächtigen, für ihn abweichend von Absatz 1 die Zulage für jedes Beitragsjahr zu beantragen; dies kann auch elektronisch erfolgen, wenn sowohl der Anbieter als auch der Zulageberechtigte mit diesem Verfahren einverstanden sind. ② Absatz 1 Satz 5 gilt mit Ausnahme der Mitteilung geänderter beitragspflichtiger Einnahmen im Sinne des Sechsten Buches Sozialgesetzbuch entsprechend; erlangt der Anbieter von einer Änderung der Verhältnisse Kenntnis, hat dieser die zentrale Stelle zu unterrichten. ③ Ein Widerruf der Vollmacht ist bis zum Ablauf des Beitragsjahres, für das der Anbieter keinen Antrag auf Zulage stellen soll, gegenüber dem Anbieter zu erklären.

(2)[2] ① Der Anbieter ist verpflichtet,

a) die Vertragsdaten,

b) die Identifikationsnummer, die Versicherungsnummer nach § 147 des Sechsten Buches Sozialgesetzbuch, die Zulagenummer des Zulageberechtigten und dessen Ehegatten oder einen Antrag auf Vergabe einer Zulagenummerneines nach § 79 Satz 2 berechtigten Ehegatten,

c) die vom Zulageberechtigten mitgeteilten Angaben zur Ermittlung des Mindesteigenbeitrags (§ 86),

d) die Identifikationsnummer des Kindes sowie die weiteren für die Gewährung der Kinderzulage erforderlichen Daten,

e) die Höhe der geleisteten Altersvorsorgebeiträge und

f) das Vorliegen einer nach Absatz 1 a erteilten Vollmacht

als die für die Ermittlung und Überprüfung des Zulageanspruchs und Durchführung des Zulageverfahrens erforderlichen Daten zu erfassen. ② Er hat die Daten der bei ihm im Laufe eines Kalendervierteljahres eingegangenen Anträge bis zum Ende des folgenden Monats nach amtlich vorgeschriebenem Datensatz durch amtlich bestimmte Datenfernübertragung an die zentrale Stelle zu übermitteln. ③ Dies gilt auch im Fall des Absatzes 1 Satz 5. ④ § 22 a Absatz 2 gilt entsprechend.

(3) ① Ist der Anbieter nach Absatz 1 a Satz 1 bevollmächtigt worden, hat er der zentralen Stelle die nach Absatz 2 Satz 1 erforderlichen Angaben für jedes Kalenderjahr bis zum Ablauf des auf das Beitragsjahr folgenden Kalenderjahres zu übermitteln. ② Liegt die Bevollmächtigung erst nach dem im Satz 1 genannten Meldetermin vor, hat der Anbieter die Angaben bis zum Ende des folgenden Kalendervierteljahres nach der Bevollmächtigung, spätestens jedoch bis zum Ablauf der in Absatz 1 Satz 1 genannten Antragsfrist, zu übermitteln. ③ Absatz 2 Satz 2 und 3 gilt sinngemäß.

§ 90 Verfahren

(1)[3] ① Die zentrale Stelle ermittelt auf Grund der von ihr erhobenen oder der ihr übermittelten Daten, ob und in welcher Höhe ein Zulageanspruch besteht. ② Soweit der zuständige Träger der Rentenversicherung keine Versicherungsnummer vergeben hat, vergibt die zentrale Stelle zur Erfüllung der ihr nach diesem Abschnitt zugewiesenen Aufgaben eine Zulagenummer. ③ Die zentrale Stelle teilt im Fall eines Antrags nach § 10 a Absatz 1 b der zuständigen Stelle, im Fall eines Antrags nach § 89 Absatz 1 Satz 4 dem Anbieter die Zulagenummer mit; von dort wird sie an den Antragsteller weitergeleitet.

(2)[4] ① Die zentrale Stelle veranlasst die Auszahlung an den Anbieter zugunsten der Zulageberechtigten durch die zuständige Kasse nach erfolgter Berechnung nach Absatz 1 und Überprüfung nach § 91. ② Ein gesonderter Bescheid ergeht vorbehaltlich des Absatzes 4 nicht. ③ Der Anbieter hat die erhaltenen Zulagen unverzüglich den begünstigten Verträgen gutzuschreiben. ④ Zulagen, die nach Beginn der Auszahlungsphase für das Altersvorsorgevermögen von der zentralen Stelle an den Anbieter überwiesen werden, können vom Anbieter an den Anleger ausgezahlt werden.

---

[1] § 89 Abs. 1 a Satz 2 geänd. durch JStG 2019 v. 12. 12. 2019 (BGBl. I S. 2451). Sätze 1 und 2 neu gef. mWv 1.1.2024 durch WachstumschancenG v. 27.3.2024 (BGBl. I Nr. 108).

[2] § 89 Abs. 2 Satz 1 Buchst. b geänd. durch G v. 18. 7. 2016 (BGBl. I S. 1679); zur erstmaligen Anwendung für die Übermittlung von Daten ab dem 1. 1. 2017 siehe § 52 Abs. 51 Satz 1. Abs. 2 Satz 1 Buchst. d geänd. durch „JStG 2018" v. 11. 12. 2018 (BGBl. I S. 2338); zur erstmaligen Anwendung für die Übermittlung von Daten ab dem 1. 1. 2020 siehe § 52 Abs. 51 Satz 2. Abs. 2 Satz 4 angef. mWv 1. 1. 2019 durch „JStG 2018" v. 11. 12. 2018 (BGBl. I S. 2338).

[3] § 90 Abs. 1 Satz 3 geänd. mWv VZ 2023 durch JStG 2022 v. 16. 12. 2022 (BGBl. I S. 2294).

[4] § 90 Abs. 2 Sätze 1 und 2 geänd. mWv VZ 2024 durch JStG 2022 v. 16. 12. 2022 (BGBl. I S. 2294).

⑤ Besteht kein Zulageanspruch, so teilt die zentrale Stelle dies dem Anbieter durch Datensatz mit. ⑥ Die zentrale Stelle teilt dem Anbieter die Altersvorsorgebeiträge im Sinne des § 82, auf die § 10a oder dieser Abschnitt angewendet wurde, durch Datensatz mit.

(3)[1] ① Erkennt die zentrale Stelle bis zum Ende des zweiten auf die Ermittlung der Zulage folgenden Jahres nachträglich auf Grund neuer, berichtigter oder stornierter Daten, dass der Zulageanspruch ganz oder teilweise nicht besteht oder weggefallen ist, so hat sie zu Unrecht gutgeschriebene oder ausgezahlte Zulagen bis zum Ablauf eines Jahres nach der Erkenntnis zurückzufordern und dies dem Zulageberechtigten durch Bescheid nach Absatz 4 Satz 1 Nummer 2 und dem Anbieter durch Datensatz mitzuteilen. ② Bei bestehendem Vertragsverhältnis hat der Anbieter das Konto zu belasten. ③ Die ihm im Kalendervierteljahr mitgeteilten Rückforderungsbeträge hat er bis zum zehnten Tag des dem Kalendervierteljahr folgenden Monats in einem Betrag bei der zentralen Stelle anzumelden und an diese abzuführen. ④ Die Anmeldung nach Satz 3 ist nach amtlich vorgeschriebenem Vordruck abzugeben. ⑤ Sie gilt als Steueranmeldung im Sinne der Abgabenordnung. ⑥ Abweichend von Satz 1 gilt die Ausschlussfrist für den Personenkreis der Kindererziehenden nach § 10a Absatz 1a und deren nach § 79 Satz 2 förderberechtigten Ehegatten nicht; die zentrale Stelle hat die Zulage des Zulageberechtigten als auch des nach § 79 Satz 2 förderberechtigten Ehegatten bis zur Vollendung des fünften Lebensjahres des Kindes, das für die Anerkennung der Förderberechtigung nach § 10a Absatz 1a maßgebend war, zurückzufordern, wenn die Kindererziehungszeiten bis zu diesem Zeitpunkt in der gesetzlichen Rentenversicherung nicht angerechnet wurden. ⑦ Hat der Zulageberechtigte die Kindererziehungszeiten innerhalb der in § 10a Absatz 1a genannten Frist beantragt, der zuständige Träger der gesetzlichen Rentenversicherung aber nicht innerhalb der Ausschlussfrist von Satz 6 darüber abschließend beschieden, verlängert sich die Ausschlussfrist um drei Monate nach Kenntniserlangung der zentralen Stelle vom Erlass des Bescheides.

(3a)[2] ① Erfolgt nach der Durchführung einer versorgungsrechtlichen Teilung eine Rückforderung von zu Unrecht gezahlten Zulagen, setzt die zentrale Stelle den Rückforderungsbetrag nach Absatz 3 unter Anrechnung bereits vom Anbieter einbehaltener und abgeführter Beträge gegenüber dem Zulageberechtigten fest, soweit

1. das Guthaben auf dem Vertrag des Zulageberechtigten zur Zahlung des Rückforderungsbetrags nach § 90 Absatz 3 Satz 1 nicht ausreicht und
2. im Rückforderungsbetrag ein Zulagebetrag enthalten ist, der in der Ehe- oder Lebenspartnerschaftszeit ausgezahlt wurde.

② Erfolgt nach einer Inanspruchnahme eines Altersvorsorge-Eigenheimbetrags im Sinne des § 92a Absatz 1 oder während einer Darlehenstilgung bei Altersvorsorgeverträgen nach § 1 Absatz 1a des Altersvorsorgeverträge-Zertifizierungsgesetzes eine Rückforderung zu Unrecht gezahlter Zulagen, setzt die zentrale Stelle den Rückforderungsbetrag nach Absatz 3 unter Anrechnung bereits vom Anbieter einbehaltener und abgeführter Beträge gegenüber dem Zulageberechtigten fest, soweit das Guthaben auf dem Altersvorsorgevertrag des Zulageberechtigten zur Zahlung des Rückforderungsbetrags nicht ausreicht. ③ Der Anbieter hat in diesen Fällen der zentralen Stelle die nach Absatz 3 einbehaltenen und abgeführten Beträge nach amtlich vorgeschriebenem Datensatz durch amtlich bestimmte Datenfernübertragung mitzuteilen.

(4)[3] ① Eine Festsetzung der Zulage erfolgt

1. von Amts wegen, wenn die nach den vorliegenden Daten abschließend berechnete Zulage von der beantragten Zulage abweicht,
2. im Falle des Absatzes 3 von Amts wegen,
3. auf besonderen Antrag des Zulageberechtigten, sofern nicht bereits eine Festsetzung von Amts wegen erfolgt ist, oder
4. auf Anforderung des zuständigen Finanzamtes, wenn dessen Daten von den Daten der zentralen Stelle abweichen; eine gesonderte Festsetzung unterbleibt, wenn eine Festsetzung nach den Nummern 1 bis 3 bereits erfolgt ist, für das Beitragsjahr keine Zulage beantragt wurde oder die Frist nach Absatz 3 Satz 1 abgelaufen ist.

② Der Antrag nach Satz 1 Nummer 3 ist schriftlich oder elektronisch innerhalb eines Jahres vom Zulageberechtigten an die zentrale Stelle zu richten; die Frist beginnt mit der Erteilung der Bescheinigung nach § 92, die die Ermittlungsergebnisse für das Beitragsjahr enthält, für das eine Festsetzung der Zulage erfolgen soll. ③ Der Anbieter teilt auf Anforderung der zentralen Stelle nach amtlich vorgeschriebenem Datensatz durch amtlich bestimmte Datenfernübertragung das Datum der Erteilung der nach Satz 2 maßgebenden Bescheinigung nach § 92 mit. ④ Er hat auf Anforderung weitere ihm vorliegende, für die Festsetzung erforderliche Unterlagen beizufügen; eine ergänzende Stellungnahme kann beigefügt werden; dies kann auch elektronisch erfolgen,

[1] § 90 Abs. 3 Satz 1 geänd. mWv 1. 1. 2019 durch BetrRentStG v. 17. 8. 2017 (BGBl. I S. 3214). Abs. 3 Satz 1 neu gef. mWv VZ 2024, Sätze 6 und 7 angef. mWv VZ 2023 durch JStG 2022 v. 16. 12. 2022 (BGBl. I S. 2294). Abs. 3 Sätze 6 und 7 geänd. mWv 28.3.2024 durch WachstumschancenG v. 27.3.2024 (BGBl. I Nr. 108).

[2] § 90 Abs. 3a eingef. mWv VZ 2018 durch BetrRentStG v. 17. 8. 2017 (BGBl. I S. 3214).

[3] § 90 Abs. 4 neu gef. mWv VZ 2024 durch JStG 2022 v. 16. 12. 2022 (BGBl. I S. 2294). Satz 5 geänd. mWv 1.1.2024 durch WachstumschancenG v. 27.3.2024 (BGBl. I Nr. 108).

wenn sowohl der Anbieter als auch die zentrale Stelle mit diesem Verfahren einverstanden sind. ⑤ Die zentrale Stelle teilt die Festsetzung auch dem Anbieter und die Festsetzung nach Satz 1 Nummer 4 auch dem Finanzamt mit; erfolgt keine Festsetzung nach Satz 1 Nummer 4, teilt dies die zentrale Stelle dem Finanzamt ebenfalls mit. ⑥ Im Übrigen gilt Absatz 3 entsprechend. ⑦ Satz 1 Nummer 1 gilt nicht, wenn der Datensatz nach § 89 Absatz 2 auf Grund von unzureichenden oder fehlerhaften Angaben des Zulageberechtigten abgewiesen sowie um eine Fehlermeldung ergänzt worden ist und die Angaben nicht innerhalb der Antragsfrist des § 89 Absatz 1 Satz 1 von dem Zulageberechtigten an den Anbieter nachgereicht werden.

(5)[1] ① Im Rahmen des Festsetzungsverfahrens oder Einspruchsverfahrens kann der Zulageberechtigte bis zum rechtskräftigen Abschluss des Festsetzungsverfahrens oder Einspruchsverfahrens eine nicht fristgerecht abgegebene Einwilligung nach § 10 a Absatz 1 Satz 1 Halbsatz 2 gegenüber der zuständigen Stelle nachholen. ② Über die Nachholung hat er die zentrale Stelle unter Angabe des Datums der Erteilung der Einwilligung unmittelbar zu informieren. ③ Hat der Zulageberechtigte im Rahmen des Festsetzungsverfahrens oder Einspruchsverfahrens eine wirksame Einwilligung gegenüber der zuständigen Stelle erteilt, wird er so gestellt, als hätte er die Einwilligung innerhalb der Frist nach § 10 a Absatz 1 Satz 1 Halbsatz 2 wirksam gestellt.

§ 91 Datenerhebung und Datenabgleich

(1)[2] ① Für die Berechnung und Überprüfung der Zulage sowie die Überprüfung des Vorliegens der Voraussetzungen des Sonderausgabenabzugs nach § 10 a übermitteln die Träger der gesetzlichen Rentenversicherung, die landwirtschaftliche Alterskasse, die Bundesagentur für Arbeit, die Meldebehörden, die Familienkassen und die Finanzämter der zentralen Stelle auf Anforderung unter Angabe der Identifikationsnummer (§ 139 b der Abgabenordnung) des Steuerpflichtigen die bei ihnen vorhandenen Daten nach § 89 Absatz 2 durch Datenfernübertragung; für Zwecke der Berechnung des Mindesteigenbeitrags für ein Beitragsjahr darf die zentrale Stelle bei den Trägern der gesetzlichen Rentenversicherung und der landwirtschaftlichen Alterskasse die bei ihnen vorhandenen Daten zu den beitragspflichtigen Einnahmen sowie in den Fällen des § 10 a Absatz 1 Satz 4 zur Höhe der bezogenen Rente wegen voller Erwerbsminderung oder Erwerbsunfähigkeit erheben, sofern diese nicht vom Anbieter nach § 89 übermittelt worden sind; im Datenabgleich mit den Familienkassen sind auch die IdentifikationsNummern des Kindergeldberechtigten und des Kindes anzugeben. ② Für Zwecke der Überprüfung nach Satz 1 darf die zentrale Stelle die ihr übermittelten Daten mit den ihr nach § 89 Absatz 2 übermittelten Daten automatisiert abgleichen. ③ Ergibt die Überprüfung eine Abweichung von dem in der Steuerfestsetzung berücksichtigten Sonderausgabenabzug nach § 10 a oder der gesonderten Feststellung nach § 10 a Absatz 4, ist dies dem Finanzamt mitzuteilen; die Steuerfestsetzung oder die gesonderte Feststellung ist insoweit zu ändern. ④ Ist die Zulage nach § 90 Absatz 4 von der zentralen Stelle unanfechtbar festgesetzt worden, sind diese gesondert festgesetzten Besteuerungsgrundlagen für das Finanzamt bindend und auch der gesonderten Feststellung nach § 10 a Absatz 4 zu Grunde zu legen.

(2) ① Die zuständige Stelle hat der zentralen Stelle die Daten nach § 10 a Absatz 1 Satz 1 zweiter Halbsatz bis zum 31. März des dem Beitragsjahr folgenden Kalenderjahres durch Datenfernübertragung zu übermitteln. ② Liegt die Einwilligung nach § 10 a Absatz 1 Satz 1 zweiter Halbsatz erst nach dem in Satz 1 genannten Meldetermin vor, hat die zuständige Stelle die Daten spätestens bis zum Ende des folgenden Kalendervierteljahres nach Erteilung der Einwilligung nach Maßgabe von Satz 1 zu übermitteln.

§ 92[3] Bescheinigung

① Der Anbieter hat dem Zulageberechtigten jährlich bis zum Ablauf des auf das Beitragsjahr folgenden Jahres eine Bescheinigung nach amtlich vorgeschriebenem Muster zu erteilen über

1. die Höhe der im abgelaufenen Beitragsjahr geleisteten Altersvorsorgebeiträge (Beiträge und Tilgungsleistungen),
2. die im abgelaufenen Beitragsjahr getroffenen, aufgehobenen oder geänderten Ermittlungsergebnisse (§ 90),
3. die Summe der bis zum Ende des abgelaufenen Beitragsjahres dem Vertrag gutgeschriebenen Zulagen,
4. die Summe der bis zum Ende des abgelaufenen Beitragsjahres geleisteten Altersvorsorgebeiträge (Beiträge und Tilgungsleistungen),
5. den Stand des Altersvorsorgevermögens,

[1] § 90 Abs. 5 angef. mWv 1. 1. 2019 durch BetrRentStG v. 17. 8. 2017 (BGBl. I S. 3214). Abs. 5 Sätze 1 und 3 geänd. mWv VZ 2024 durch JStG 2022 v. 16. 12. 2022 (BGBl. I S. 2294).

[2] § 91 Abs. 1 Satz 1 Halbs. 1 und Halbs. 2 geänd. mWv 1. 1. 2013 durch G v. 12. 4. 2012 (BGBl. I S. 579). Abs. 1 Satz 1 Hs. 1 geänd., Hs. 3 angef. mWv 18. 12. 2019 durch JStG 2019 v. 12. 12. 2019 (BGBl. I S. 2451). Abs. 1 Satz 3 aufgeh., bish. Satz 4 wird Satz 3, neuer Satz 4 angef. mWv VZ 2024 durch JStG 2022 v. 16. 12. 2022 (BGBl. I S. 2294).

[3] § 92 Satz 1 geänd. mWv VZ 2013, Sätze 2 und 3 neu gef. und Satz 4 angef. mWv VZ 2014 durch AltvVerbG v. 24. 6. 2013 (BGBl. I S. 1667). § 92 Satz 3 geänd. mWv VZ 2014 durch KroatienAnpG v. 25. 7. 2014 (BGBl. I S. 1266). Satz 1 einl. Satzteil geänd. mWv VZ 2018 durch BetrRentStG v. 17. 8. 2017 (BGBl. I S. 3214).

6.[1] den Stand des Wohnförderkontos (§ 92 a Absatz 2 Satz 1), sofern er diesen von der zentralen Stelle mitgeteilt bekommen hat, und

7.[2] die Bestätigung der durch den Anbieter erfolgten Datenübermittlung an die zentrale Stelle im Fall des § 10 a Absatz 5 Satz 1.

② Einer jährlichen Bescheinigung bedarf es nicht, wenn zu Satz 1 Nummer 1, 2, 6 und 7 keine Angaben erforderlich sind und sich zu Satz 1 Nummer 3 bis 5 keine Änderungen gegenüber der zuletzt erteilten Bescheinigung ergeben. ③ Liegen die Voraussetzungen des Satzes 2 nur hinsichtlich der Angabe nach Satz 1 Nummer 6 nicht vor und wurde die Geschäftsbeziehung im Hinblick auf den jeweiligen Altersvorsorgevertrag zwischen Zulageberechtigtem und Anbieter beendet, weil

1. das angesparte Kapital vollständig aus dem Altersvorsorgevertrag entnommen wurde oder
2. das gewährte Darlehen vollständig getilgt wurde,

bedarf es keiner jährlichen Bescheinigung, wenn der Anbieter dem Zulageberechtigten in einer Bescheinigung im Sinne dieser Vorschrift Folgendes mitteilt: „Das Wohnförderkonto erhöht sich bis zum Beginn der Auszahlungsphase jährlich um 2 Prozent, solange Sie keine Zahlungen zur Minderung des Wohnförderkontos leisten." ④ Der Anbieter kann dem Zulageberechtigten mit dessen Einverständnis die Bescheinigung auch elektronisch bereitstellen.

§ 92 a Verwendung für eine selbst genutzte Wohnung

(1)[3] ① Der Zulageberechtigte kann das in einem Altersvorsorgevertrag gebildete und nach § 10 a oder nach diesem Abschnitt geförderte Kapital in vollem Umfang oder, wenn das verbleibende geförderte Restkapital mindestens 3000 Euro beträgt, teilweise wie folgt verwenden (Altersvorsorge-Eigenheimbetrag):

1. bis zum Beginn der Auszahlungsphase unmittelbar für die Anschaffung oder Herstellung einer Wohnung oder zur Tilgung eines zu diesem Zweck aufgenommenen Darlehens, wenn das dafür entnommene Kapital mindestens 3000 Euro beträgt, oder
2. bis zum Beginn der Auszahlungsphase unmittelbar für den Erwerb von Pflicht-Geschäftsanteilen an einer eingetragenen Genossenschaft für die Selbstnutzung einer Genossenschaftswohnung oder zur Tilgung eines zu diesem Zweck aufgenommenen Darlehens, wenn das dafür entnommene Kapital mindestens 3000 Euro beträgt, oder
3.[4] bis zum Beginn der Auszahlungsphase unmittelbar für die Finanzierung eines Umbaus oder der energetischen Sanierung einer Wohnung, wenn
   a) das dafür entnommene Kapital
      aa) mindestens 6000 Euro beträgt und für einen innerhalb eines Zeitraums von drei Jahren nach der Anschaffung oder Herstellung der Wohnung vorgenommenen Umbau verwendet wird oder
      bb) mindestens 20000 Euro beträgt,
   b) das dafür entnommene Kapital
      aa) zu mindestens 50 Prozent auf Maßnahmen entfällt, die die Vorgaben der DIN 18040 Teil 2, Ausgabe September 2011, soweit baustrukturell möglich, erfüllen, und der verbleibende Teil der Kosten der Reduzierung von Barrieren in oder an der Wohnung dient; die zweckgerechte Verwendung ist durch einen Sachverständigen zu bestätigen; oder
      bb) auf energetische Maßnahmen im Sinne des § 35 c Absatz 1 Satz 3 und 4 entfällt, die von einem Fachunternehmen ausgeführt werden; § 35 c Absatz 1 Satz 6 und 7 gilt entsprechend; und
   c) der Zulageberechtigte oder ein Mitnutzer der Wohnung für die Umbaukosten weder eine Förderung durch Zuschüsse noch eine Steuerermäßigung nach den §§ 35 a oder 35 c in Anspruch nimmt oder nehmen wird noch die Berücksichtigung als Betriebsausgaben, Werbungskosten, Sonderausgaben oder außergewöhnliche Belastung nach § 33 beantragt hat oder beantragen wird und dies schriftlich oder elektronisch bestätigt. ② Diese Bestätigung ist bei der Antragstellung nach § 92 b Absatz 1 Satz 1 gegenüber der zentralen Stelle abzugeben. ③ Bei der Inanspruchnahme eines Darlehens im Rahmen eines Altersvorsorgevertrags nach § 1 Absatz 1 a des Altersvorsorgeverträge-Zertifizierungsgesetzes hat der Zulageberechtigte die Bestätigung gegenüber seinem Anbieter abzugeben; dies kann auch elektronisch erfolgen, wenn sowohl der Anbieter als auch der Zulageberechtigte mit diesem Verfahren einverstanden sind.

---

[1] § 92 Satz 1 Nr. 6 geänd. mWv VZ 2013 durch AltvVorbG v. 24. 6. 2013 (BGBl. I S. 1667).

[2] § 92 Satz 1 Nr. 7 Zitat geänd. durch G v. 8. 12. 2010 (BGBl. I S. 1768).

[3] § 92 a Abs. 1 neu gef. mWv VZ 2014 durch AltvVerbG v. 24. 6. 2013 (BGBl. I S. 1667). Abs. 1 Satz 3 geänd. mWv 8. 9. 2015 durch VO v. 31. 8. 2015 (BGBl. I S. 1474). Abs. 1 Satz 5 letzter Halbs. angef. mWv 29. 3. 2019 durch Brexit-StBG v. 25. 3. 2019 (BGBl. I S. 357). Abs. 1 Satz 3 geänd. mWv 27. 6. 2020 durch VO v. 19. 6. 2020 (BGBl. I S. 1328).

[4] § 92 a Abs. 1 Satz 1 Nr. 3 neu gef. mWv VZ 2024 durch JStG 2022 v. 16. 12. 2022 (BGBl. I S. 2294). Abs. 1 Satz 1 Nr. 3 Buchst. c Satz 1 geänd., Satz 3 2. HS angef. mWv 1.1.2024 durch WachstumschancenG v. 27.3.2024 (BGBl. I Nr. 108).

② Die DIN 18 040 ist im Beuth-Verlag GmbH, Berlin und Köln, erschienen und beim Deutschen Patent- und Markenamt in München archivmäßig gesichert niedergelegt. ③ Die technischen Mindestanforderungen für die Reduzierung von Barrieren in oder an der Wohnung nach Satz 1 Nummer 3 Buchstabe b werden durch das Bundesministerium des Innern, für Bau und Heimat im Einvernehmen mit dem Bundesministerium der Finanzen festgelegt und im Bundesbaublatt veröffentlicht. ④ Sachverständige im Sinne dieser Vorschrift sind nach Landesrecht Bauvorlageberechtigte sowie nach § 91 Absatz 1 Nummer 8 der Handwerksordnung öffentlich bestellte und vereidigte Sachverständige, die für ein Sachgebiet bestellt sind, das die Barrierefreiheit und Barrierereduzierung in Wohngebäuden umfasst, und die eine besondere Sachkunde oder ergänzende Fortbildung auf diesem Gebiet nachweisen. ⑤ Eine nach Satz 1 begünstigte Wohnung ist

1. eine Wohnung in einem eigenen Haus oder
2. eine eigene Eigentumswohnung oder
3. eine Genossenschaftswohnung einer eingetragenen Genossenschaft,

wenn diese Wohnung in einem Mitgliedstaat der Europäischen Union oder in einem Staat, auf den das Abkommen über den Europäischen Wirtschaftsraum (EWR-Abkommen) anwendbar ist, belegen ist und die Hauptwohnung oder den Mittelpunkt der Lebensinteressen des Zulageberechtigten darstellt; dies gilt auch für eine im Vereinigten Königreich Großbritannien und Nordirland belegene Wohnung, die vor dem Zeitpunkt, ab dem das Vereinigte Königreich Großbritannien und Nordirland nicht mehr Mitgliedstaat der Europäischen Union ist und auch nicht wie ein solcher zu behandeln ist, bereits begünstigt war, soweit für diese Wohnung bereits vor diesem Zeitpunkt eine Verwendung nach Satz 1 erfolgt ist und keine erneute beantragt wird. ⑥ Einer Wohnung im Sinne des Satzes 5 steht ein eigentumsähnliches oder lebenslanges Dauerwohnrecht nach § 33 des Wohnungseigentumsgesetzes gleich, soweit Vereinbarungen nach § 39 des Wohnungseigentumsgesetzes getroffen werden. ⑦ Bei der Ermittlung des Restkapitals nach Satz 1 ist auf den Stand des geförderten Altersvorsorgevermögens zum Ablauf des Tages abzustellen, an dem die zentrale Stelle den Bescheid nach § 92 b ausgestellt hat. ⑧ Der Altersvorsorge-Eigenheimbetrag gilt nicht als Leistung aus einem Altersvorsorgevertrag, die dem Zulageberechtigten im Zeitpunkt der Auszahlung zufließt.

(2)[1] ① Der Altersvorsorge-Eigenheimbetrag, die Tilgungsleistungen im Sinne des § 82 Absatz 1 Satz 1 Nummer 2 und die hierfür gewährten Zulagen sind durch die zentrale Stelle in Bezug auf den zugrunde liegenden Altersvorsorgevertrag gesondert zu erfassen (Wohnförderkonto); die zentrale Stelle teilt für jeden Altersvorsorgevertrag, für den sie ein Wohnförderkonto (Altersvorsorgevertrag mit Wohnförderkonto) führt, dem Anbieter jährlich den Stand des Wohnförderkontos nach amtlich vorgeschriebenem Datensatz durch Datenfernübertragung mit. ② Beiträge, die nach § 82 Absatz 1 Satz 3 wie Tilgungsleistungen behandelt wurden, sind im Zeitpunkt der unmittelbaren Darlehenstilgung einschließlich der zur Tilgung eingesetzten Zulagen und Erträge in das Wohnförderkonto aufzunehmen; zur Tilgung eingesetzte ungeförderte Beiträge einschließlich der darauf entfallenden Erträge fließen dem Zulageberechtigten in diesem Zeitpunkt zu. ③ Nach Ablauf eines Beitragsjahres, letztmals für das Beitragsjahr des Beginns der Auszahlungsphase, ist der sich aus dem Wohnförderkonto ergebende Gesamtbetrag um 1 Prozent zu erhöhen. ④ Das Wohnförderkonto ist zu vermindern um

1. Zahlungen des Zulageberechtigten auf einen auf seinen Namen lautenden zertifizierten Altersvorsorgevertrag nach § 1 Absatz 1 des Altersvorsorgeverträge-Zertifizierungsgesetzes bis zum Beginn der Auszahlungsphase zur Minderung der in das Wohnförderkonto eingestellten Beträge; der Anbieter, bei dem die Einzahlung erfolgt, hat die Einzahlung der zentralen Stelle nach amtlich vorgeschriebenem Datensatz durch Datenfernübertragung mitzuteilen; erfolgt die Einzahlung nicht auf den Altersvorsorgevertrag mit Wohnförderkonto, hat der Zulageberechtigte dem Anbieter, bei dem die Einzahlung erfolgt, die Vertragsdaten des Altersvorsorgevertrages mit Wohnförderkonto mitzuteilen, diese hat der Anbieter der zentralen Stelle zusätzlich mitzuteilen;
2. den Verminderungsbetrag nach Satz 5.

⑤ Verminderungsbetrag ist der sich mit Ablauf des Kalenderjahres des Beginns der Auszahlungsphase ergebende Stand des Wohnförderkontos dividiert durch die Anzahl der Jahre bis zur Vollendung des 85. Lebensjahres des Zulageberechtigten; als Beginn der Auszahlungsphase gilt der vom Zulageberechtigten und Anbieter vereinbarte Zeitpunkt, der zwischen der Vollendung des 60. Lebensjahres und des 68. Lebensjahres des Zulageberechtigten liegen muss; ist ein Auszahlungszeitpunkt nicht vereinbart, so gilt die Vollendung des 67. Lebensjahres als Beginn der Auszahlungsphase; die Verschiebung des Beginns der Auszahlungsphase über das 68. Lebensjahr des Zulageberechtigten hinaus ist unschädlich, sofern es sich um eine Verschiebung im Zusammenhang mit der Abfindung einer Kleinbetragsrente auf Grund des § 1 Absatz 1 Satz 1 Nummer 4 Buchstabe a des Altersvorsorgeverträge-Zertifizierungsgesetzes handelt. ⑥ Anstelle einer Verminderung nach Satz 5 kann der Zulageberechtigte jederzeit in der Auszahlungsphase von der zentralen Stelle die

[1] § 92 a Abs. 2 neu gef. mWv VZ 2014 durch AltvVerbG v. 24. 6. 2013 (BGBl. I S. 1667). Abs. 2 Sätze 5 und 7 geänd. mWv VZ 2018 durch BetrRentStG v. 17. 8. 2017 (BGBl. I S. 3214). Abs. 2 Satz 5 geänd. mWv VZ 2018 durch „JStG 2018" v. 11. 12. 2018 (BGBl. I S. 2338).

Auflösung des Wohnförderkontos verlangen (Auflösungsbetrag). ⑦ Der Anbieter hat im Zeitpunkt der unmittelbaren Darlehenstilgung die Beträge nach Satz 2 erster Halbsatz und der Anbieter eines Altersvorsorgevertrages mit Wohnförderkonto hat zu Beginn der Auszahlungsphase den Zeitpunkt des Beginns der Auszahlungsphase der zentralen Stelle nach amtlich vorgeschriebenem Datensatz durch Datenfernübertragung spätestens bis zum Ablauf des zweiten Monats, der auf den Monat der unmittelbaren Darlehenstilgung oder des Beginns der Auszahlungsphase folgt, mitzuteilen. ⑧ Wird gefördertes Altersvorsorgevermögen nach § 93 Absatz 2 Satz 1 von einem Anbieter auf einen anderen auf den Namen des Zulageberechtigten lautenden Altersvorsorgevertrag vollständig übertragen und hat die zentrale Stelle für den bisherigen Altersvorsorgevertrag ein Wohnförderkonto geführt, so schließt sie das Wohnförderkonto des bisherigen Vertrags und führt es zu dem neuen Altersvorsorgevertrag fort. ⑨ Er-folgt eine Zahlung nach Satz 4 Nummer 1 oder einen anderen Altersvorsorgevertrag als auf den Altersvorsorgevertrag mit Wohnförderkonto, schließt die zentrale Stelle das Wohnförderkonto des bisherigen Vertrags und führt es ab dem Zeitpunkt der Einzahlung für den Altersvorsorgevertrag fort, auf den die Einzahlung erfolgt ist. ⑩ Die zentrale Stelle teilt die Schließung des Wohnförderkontos dem Anbieter des bisherigen Altersvorsorgevertrags mit Wohnförderkonto mit.

(2 a)[1] ① Geht im Rahmen der Regelung von Scheidungsfolgen der Eigentumsanteil des Zulageberechtigten an der Wohnung im Sinne des Absatzes 1 Satz 5 ganz oder teilweise auf den anderen Ehegatten über, geht das Wohnförderkonto in Höhe des Anteils, der dem Verhältnis des übergegangenen Eigentumsanteils zum ursprünglichen Eigentumsanteil entspricht, mit allen Rechten und Pflichten auf den anderen Ehegatten über; dabei ist auf das Lebensalter des anderen Ehegatten abzustellen. ② Hat der andere Ehegatte das Lebensalter für den vertraglich vereinbarten Beginn der Auszahlungsphase oder, soweit kein Beginn der Auszahlungsphase vereinbart wurde, das 67. Lebensjahr im Zeitpunkt des Übergangs des Wohnförderkontos bereits überschritten, so gilt als Beginn der Auszahlungsphase der Zeitpunkt des Übergangs des Wohnförderkontos. ③ Der Zulageberechtigte hat den Übergang des Eigentumsanteils der zentralen Stelle nachzuweisen. ④ Dazu hat er die für die Anlage eines Wohnförderkontos erforderlichen Daten des anderen Ehegatten mitzuteilen. ⑤ Die Sätze 1 bis 4 gelten entsprechend für Ehegatten, die im Zeitpunkt des Todes des Zulageberechtigten

1. nicht dauernd getrennt gelebt haben (§ 26 Absatz 1) und

2. ihren Wohnsitz oder gewöhnlichen Aufenthalt in einem Mitgliedstaat der Europäischen Union oder einem Staat hatten, auf den das Abkommen über den Europäischen Wirtschaftsraum anwendbar ist; dies gilt auch, wenn die Ehegatten ihren vor dem Zeitpunkt, ab dem das Vereinigte Königreich Großbritannien und Nordirland nicht mehr Mitgliedstaat der Europäischen Union ist und auch nicht wie ein solcher zu behandeln ist, begründeten Wohnsitz oder gewöhnlichen Aufenthalt im Vereinigten Königreich Großbritannien und Nordirland hatten und der Altersvorsorgevertrag vor dem 23. Juni 2016 abgeschlossen worden ist.

(3)[2] ① Nutzt der Zulageberechtigte die Wohnung im Sinne des Absatzes 1 Satz 5, für die ein Altersvorsorge-Eigenheimbetrag verwendet oder für die eine Tilgungsförderung im Sinne des § 82 Absatz 1 in Anspruch genommen worden ist, nicht nur vorübergehend nicht mehr zu eigenen Wohnzwecken, hat er dies dem Anbieter, in der Auszahlungsphase der zentralen Stelle, unter Angabe des Zeitpunkts der Aufgabe der Selbstnutzung anzuzeigen. ② Eine Aufgabe der Selbstnutzung liegt auch vor, soweit der Zulageberechtigte das Eigentum an der Wohnung aufgibt. ③ Die Anzeigepflicht gilt entsprechend für den Rechtsnachfolger der begünstigten Wohnung, wenn der Zulageberechtigte stirbt. ④ Die Anzeigepflicht entfällt, wenn das Wohnförderkonto vollständig zurückgeführt worden ist, es sei denn, es liegt ein Fall des § 22 Nummer 5 Satz 6 vor. ⑤ Im Fall des Satzes 1 gelten die im Wohnförderkonto erfassten Beträge als Leistungen aus einem Altersvorsorgevertrag, die dem Zulageberechtigten nach letztmaliger Erhöhung des Wohnförderkontos nach Absatz 2 Satz 3 zum Ende des Veranlagungszeitraums, in dem die Selbstnutzung aufgegeben wurde, zufließen; das Wohnförderkonto ist aufzulösen (Auflösungsbetrag). ⑥ Verstirbt der Zulageberechtigte, ist der Auflösungsbetrag ihm noch zuzurechnen. ⑦ Der Anbieter hat der zentralen Stelle den Zeitpunkt der Aufgabe nach amtlich vorgeschriebenem Datensatz durch Datenfernübertragung spätestens bis zum Ablauf des zweiten Monats, der auf den Monat der Anzeige des Zulageberechtigten folgt, mitzuteilen. ⑧ Wurde im Fall des Satzes 1 eine Tilgungsförderung nach § 82 Absatz 1 Satz 3 in Anspruch genommen und erfolgte keine Einstellung in das Wohnförderkonto nach Absatz 2 Satz 2, sind die Beiträge, die nach § 82 Absatz 1 Satz 3 wie Tilgungsleistungen behandelt wurden, sowie die darauf entfallenden Zulagen und Erträge in ein Wohnförderkonto aufzunehmen und anschließend die weiteren Regelungen dieses Absatzes anzuwenden; Absatz 2 Satz 2 zweiter Halbsatz und Satz 7 gilt entsprechend. ⑨ Die Sätze 5 bis 7 sowie § 20 sind nicht anzuwenden, wenn

---

[1] § 92 a Abs. 2 a neu gef. mWv VZ 2014 durch AltvVerbG v. 24. 6. 2013 (BGBl. I S. 1667). Abs. 2 a Satz 1 geänd. mWv VZ 2018 durch BetrRentStG v. 17. 8. 2017 (BGBl. I S. 3214). Abs. 2 a Satz 5 Nr. 2 letzter Halbs. angef. mWv 29. 3. 2019 durch Brexit-StBG v. 25. 3. 2019 (BGBl. I S. 357).

[2] § 92 a Abs. 3 neu gef. mWv VZ 2014 durch AltvVerbG v. 24. 6. 2013 (BGBl. I S. 1667). Abs. 3 Sätze 9 und 10 geänd. mWv VZ 2014 durch KroatienAnpG v. 25. 7. 2014 (BGBl. I S. 1266). Abs. 3 Sätze 1, 3, 7, 9, 10 und 11 geänd. und Sätze 12 und 13 angef. mWv VZ 2018 durch BetrRentStG v. 17. 8. 2017 (BGBl. I S. 3214).

1. der Zulageberechtigte einen Betrag in Höhe des noch nicht zurückgeführten Betrags im Wohnförderkonto innerhalb von zwei Jahren vor dem Veranlagungszeitraum und von fünf Jahren nach Ablauf des Veranlagungszeitraums, in dem er die Wohnung letztmals zu eigenen Wohnzwecken genutzt hat, für eine weitere Wohnung im Sinne des Absatzes 1 Satz 5 verwendet,
2. der Zulageberechtigte einen Betrag in Höhe des noch nicht zurückgeführten Betrags im Wohnförderkonto innerhalb eines Jahres nach Ablauf des Veranlagungszeitraums, in dem er die Wohnung letztmals zu eigenen Wohnzwecken genutzt hat, auf einen auf seinen Namen lautenden zertifizierten Altersvorsorgevertrag zahlt; Absatz 2 Satz 4 Nummer 1 ist entsprechend anzuwenden,
3. die Ehewohnung auf Grund einer richterlichen Entscheidung nach § 1361 b des Bürgerlichen Gesetzbuchs oder nach der Verordnung über die Behandlung der Ehewohnung und des Hausrats dem anderen Ehegatten zugewiesen wird,
4. der Zulageberechtigte krankheits- oder pflegebedingt die Wohnung nicht mehr bewohnt, sofern er Eigentümer dieser Wohnung bleibt, sie ihm weiterhin zur Selbstnutzung zur Verfügung steht und sie nicht von Dritten, mit Ausnahme seines Ehegatten, genutzt wird oder
5. der Zulageberechtigte innerhalb von fünf Jahren nach Ablauf des Veranlagungszeitraums, in dem er die Wohnung letztmals zu eigenen Wohnzwecken genutzt hat, die Selbstnutzung dieser Wohnung wieder aufnimmt.

⑩ Satz 9 Nummer 1 und 2 setzt voraus, dass der Zulageberechtigte dem Anbieter, in der Auszahlungsphase der zentralen Stelle, die fristgemäße Reinvestitionsabsicht im Rahmen der Anzeige nach Satz 1 und den Zeitpunkt der Reinvestition oder die Aufgabe der Reinvestitionsabsicht anzeigt; in den Fällen des Absatzes 2 a und des Satzes 9 Nummer 3 gelten die Sätze 1 bis 9 entsprechend für den anderen, geschiedenen oder überlebenden Ehegatten, wenn er die Wohnung nicht nur vorübergehend nicht mehr zu eigenen Wohnzwecken nutzt. ⑪ Satz 5 ist mit der Maßgabe anzuwenden, dass der Eingang der Anzeige der aufgegebenen Reinvestitionsabsicht, spätestens jedoch der 1. Januar

1. des sechsten Jahres nach dem Jahr der Aufgabe der Selbstnutzung bei einer Reinvestitionsabsicht nach Satz 9 Nummer 1 oder
2. des zweiten Jahres nach dem Jahr der Aufgabe der Selbstnutzung bei einer Reinvestitionsabsicht nach Satz 9 Nummer 2,

als Zeitpunkt der Aufgabe gilt. ⑫ Satz 9 Nummer 5 setzt voraus, dass bei einer beabsichtigten Wiederaufnahme der Selbstnutzung der Zulageberechtigte dem Anbieter, in der Auszahlungsphase der zentralen Stelle, die Absicht der fristgemäßen Wiederaufnahme der Selbstnutzung im Rahmen der Anzeige nach Satz 1 und den Zeitpunkt oder die Aufgabe der Reinvestitionsabsicht nach Satz 10 anzeigt. ⑬ Satz 10 zweiter Halbsatz und Satz 11 gelten für die Anzeige der Absicht der fristgemäßen Wiederaufnahme der Selbstnutzung entsprechend.

(4)[1] ① Absatz 3 sowie § 20 sind auf Antrag des Steuerpflichtigen nicht anzuwenden, wenn er

1. die Wohnung im Sinne des Absatzes 1 Satz 5 auf Grund eines beruflich bedingten Umzugs für die Dauer der beruflich bedingten Abwesenheit nicht selbst nutzt; wird während dieser Zeit mit einer anderen Person ein Nutzungsrecht für diese Wohnung vereinbart, ist diese Vereinbarung von vorneherein entsprechend zu befristen,
2. beabsichtigt, die Selbstnutzung wieder aufzunehmen und
3. die Selbstnutzung spätestens mit der Vollendung seines 67. Lebensjahres aufnimmt.

② Der Steuerpflichtige hat den Antrag bei der zentralen Stelle zu stellen und dabei die notwendigen Nachweise zu erbringen. ③ Die zentrale Stelle erteilt dem Steuerpflichtigen einen Bescheid über die Bewilligung des Antrags und informiert den Anbieter des Altersvorsorgevertrags mit Wohnförderkonto des Zulageberechtigten über die Bewilligung, eine Wiederaufnahme der Selbstnutzung nach einem beruflich bedingten Umzug und den Wegfall der Voraussetzungen nach diesem Absatz; die Information hat nach amtlich vorgeschriebenem Datensatz durch Datenfernübertragung zu erfolgen. ④ Entfällt eine der in Satz 1 genannten Voraussetzungen, ist Absatz 3 mit der Maßgabe anzuwenden, dass bei einem Wegfall der Voraussetzung nach Satz 1 Nummer 1 als Zeitpunkt der Aufgabe der Zeitpunkt des Wegfalls der Voraussetzung und bei einem Wegfall der Voraussetzung nach Satz 1 Nummer 2 oder Nummer 3 der Eingang der Mitteilung des Steuerpflichtigen nach Absatz 3 als Zeitpunkt der Aufgabe gilt, spätestens jedoch die Vollendung des 67. Lebensjahres des Steuerpflichtigen.

§ 92 b Verfahren bei Verwendung für eine selbst genutzte Wohnung

(1)[2] ① Der Zulageberechtigte hat die Verwendung des Kapitals nach § 92 a Absatz 1 Satz 1 spätestens zehn Monate vor dem Beginn der Auszahlungsphase des Altersvorsorgevertrages im Sinne des § 1 Absatz 1 Nummer 2 des Altersvorsorgeverträge-Zertifizierungsgesetzes bei der zentralen

---

[1] § 92 a Abs. 4 Satz 1 Nr. 1 geänd. mWv VZ 2014 durch AltvVerbG v. 24. 6. 2013 (BGBl. I S. 1667). Abs. 4 Satz 1 geänd. und Satz 3 geänd. und 2. Halbs. angef. mWv VZ 2014 durch KroatienAnpG v. 25. 7. 2014 (BGBl. I S. 1266).

[2] § 92 b Abs. 1 neu gef. mWv VZ 2014 durch AltvVerbG v. 24. 6. 2013 (BGBl. I S. 1667).

Stelle zu beantragen und dabei die notwendigen Nachweise zu erbringen. ② Er hat zu bestimmen, aus welchen Altersvorsorgeverträgen der Altersvorsorge-Eigenheimbetrag ausgezahlt werden soll. ③ Die zentrale Stelle teilt dem Zulageberechtigten durch Bescheid und den Anbietern der in Satz 2 genannten Altersvorsorgeverträge nach amtlich vorgeschriebenem Datensatz durch Datenfernübertragung mit, bis zu welcher Höhe eine wohnungswirtschaftliche Verwendung im Sinne des § 92a Absatz 1 Satz 1 vorliegen kann.

(2)[1] ① Die Anbieter der in Absatz 1 Satz 2 genannten Altersvorsorgeverträge dürfen den Altersvorsorge-Eigenheimbetrag auszahlen, sobald sie die Mitteilung nach Absatz 1 Satz 3 erhalten haben. ② Sie haben der zentralen Stelle nach amtlich vorgeschriebenem Datensatz durch Datenfernübertragung Folgendes spätestens bis Ablauf des zweiten Monats, der auf den Monat der Auszahlung folgt, anzuzeigen:

1. den Auszahlungszeitpunkt und den Auszahlungsbetrag,
2. die Summe der bis zum Auszahlungszeitpunkt dem Altersvorsorgevertrag gutgeschriebenen Zulagen,
3. die Summe der bis zum Auszahlungszeitpunkt geleisteten Altersvorsorgebeiträge und
4. den Stand des geförderten Altersvorsorgevermögens im Zeitpunkt der Auszahlung.

(3)[2] ① Die zentrale Stelle stellt zu Beginn der Auszahlungsphase und in den Fällen des § 92a Absatz 2a und Absatz 3 Satz 5 den Stand des Wohnförderkontos, soweit für die Besteuerung erforderlich, den Verminderungsbetrag und den Auflösungsbetrag von Amts wegen gesondert fest. ② Die zentrale Stelle teilt die Feststellung dem Zulageberechtigten, in den Fällen des § 92a Absatz 2a Satz 1 auch dem anderen Ehegatten, durch Bescheid und dem Anbieter nach amtlich vorgeschriebenem Datensatz durch Datenfernübertragung mit. ③ Der Anbieter hat auf Anforderung der zentralen Stelle die zur Feststellung erforderlichen Unterlagen vorzulegen. ④ Auf Antrag des Zulageberechtigten stellt die zentrale Stelle den Stand des Wohnförderkontos gesondert fest. ⑤ § 90 Absatz 4 Satz 2 bis 5 gilt entsprechend.

§ 93 Schädliche Verwendung

(1) ① Wird gefördertes Altersvorsorgevermögen nicht unter den in § 1 Absatz 1 Satz 1 Nummer 4 und 10 Buchstabe c des Altersvorsorgeverträge-Zertifizierungsgesetzes oder § 1 Absatz 1 Satz 1 Nummer 4, 5 und 10 Buchstabe c des Altersvorsorgeverträge-Zertifizierungsgesetzes in der bis zum 31. Dezember 2004 geltenden Fassung genannten Voraussetzungen an den Zulageberechtigten ausgezahlt (schädliche Verwendung), sind die auf das ausgezahlte geförderte Altersvorsorgevermögen entfallenden Zulagen und die nach § 10a Absatz 4 gesondert festgestellten Beträge (Rückzahlungsbetrag) zurückzuzahlen. ② Dies gilt auch bei einer Auszahlung nach Beginn der Auszahlungsphase (§ 1 Absatz 1 Satz 1 Nummer 2 des Altersvorsorgeverträge-Zertifizierungsgesetzes) und bei Auszahlungen im Fall des Todes des Zulageberechtigten. ③ Hat der Zulageberechtigte Zahlungen im Sinne des § 92a Absatz 2 Satz 4 Nummer 1 oder § 92a Absatz 3 Satz 9 Nummer 2 geleistet, dann handelt es sich bei dem hierauf beruhenden Altersvorsorgevermögen um gefördertes Altersvorsorgevermögen im Sinne des Satzes 1; der Rückzahlungsbetrag bestimmt sich insoweit nach der für die in das Wohnförderkonto eingestellten Beträge gewährten Förderung. ④ Eine Rückzahlungsverpflichtung besteht nicht für den Teil der Zulagen und der Steuerermäßigung,

a) der auf nach § 1 Absatz 1 Satz 1 Nummer 2 des Altersvorsorgeverträge-Zertifizierungsgesetzes angespartes gefördertes Altersvorsorgevermögen entfällt, wenn es in Form einer Hinterbliebenenrente an die dort genannten Hinterbliebenen ausgezahlt wird; dies gilt auch für Leistungen im Sinne des § 82 Absatz 3 an Hinterbliebene des Steuerpflichtigen;
b) der den Beitragsanteilen zuzuordnen ist, die für die zusätzliche Absicherung der verminderten Erwerbsfähigkeit und eine zusätzliche Hinterbliebenenabsicherung ohne Kapitalbildung verwendet worden sind;
c)[3] der auf gefördertes Altersvorsorgevermögen entfällt, das im Fall des Todes des Zulageberechtigten auf einen auf den Namen des Ehegatten lautenden Altersvorsorgevertrag übertragen wird, wenn die Ehegatten im Zeitpunkt des Todes des Zulageberechtigten nicht dauernd getrennt gelebt haben (§ 26 Absatz 1) und ihren Wohnsitz oder gewöhnlichen Aufenthalt in einem Mitgliedstaat der Europäischen Union oder einem Staat hatten, auf den das Abkommen über den Europäischen Wirtschaftsraum (EWR-Abkommen) anwendbar ist; dies gilt auch, wenn die Ehegatten ihren vor dem Zeitpunkt, ab dem das Vereinigte Königreich Großbritannien und Nordirland nicht mehr Mitgliedstaat der Europäischen Union ist und auch nicht wie ein solcher zu behandeln ist, begründeten Wohnsitz oder gewöhnlichen Aufenthalt im Vereinigten Königreich Großbritannien und Nordirland hatten und der Vertrag vor dem 23. Juni 2016 abgeschlossen worden ist;
d) der auf den Altersvorsorge-Eigenheimbetrag entfällt.

---

[1] § 92b Abs. 2 Satz 2 geänd. mWv VZ 2018 durch BetrRentStG v. 17. 8. 2017 (BGBl. I S. 3214).

[2] § 92b Abs. 3 Satz 1 und Satz 2 geänd. mWv VZ 2010 durch G v. 8. 12. 2010 (BGBl. I S. 1768); Abs. 3 Sätze 1 und 2 geänd. mWv VZ 2014 durch AltvVerbG v. 24. 6. 2013 (BGBl. I S. 1667).

[3] § 93 Abs. 1 Satz 4 Buchst. c geänd. mWv VZ 2010 durch G v. 8. 4. 2010 (BGBl. I S. 386). Abs. 1 Satz 4 Buchst. c letzter Halbs. angef. mWv 29. 3. 2019 durch Brexit-StBG v. 25. 3. 2019 (BGBl. I S. 357).

(1 a)[1] ① Eine schädliche Verwendung liegt nicht vor, wenn gefördertes Altersvorsorgevermögen auf Grund einer internen Teilung nach § 10 des Versorgungsausgleichsgesetzes oder auf Grund einer externen Teilung nach § 14 des Versorgungsausgleichsgesetzes auf einen zertifizierten Altersvorsorgevertrag oder eine nach § 82 Absatz 2 begünstigte betriebliche Altersversorgung übertragen wird; die auf das übertragene Anrecht entfallende steuerliche Förderung geht mit allen Rechten und Pflichten auf die ausgleichsberechtigte Person über. ② Eine schädliche Verwendung liegt ebenfalls nicht vor, wenn gefördertes Altersvorsorgevermögen auf Grund einer externen Teilung nach § 14 des Versorgungsausgleichsgesetzes auf die Versorgungsausgleichskasse oder die gesetzliche Rentenversicherung übertragen wird; die Rechte und Pflichten der ausgleichspflichtigen Person aus der steuerlichen Förderung des übertragenen Anteils entfallen. ③ In den Fällen der Sätze 1 und 2 teilt die zentrale Stelle der ausgleichspflichtigen Person die Höhe der auf die Ehezeit im Sinne des § 3 Absatz 1 des Versorgungsausgleichsgesetzes oder die Lebenspartnerschaftszeit im Sinne des § 20 Absatz 2 des Lebenspartnerschaftsgesetzes entfallenden gesondert festgestellten Beträge nach § 10 a Absatz 4 und die ermittelten Zulagen mit. ④ Die entsprechenden Beträge sind monatsweise zuzuordnen. ⑤ Die zentrale Stelle teilt die geänderte Zuordnung der gesondert festgestellten Beträge nach § 10 a Absatz 4 sowie der ermittelten Zulagen der ausgleichspflichtigen und in den Fällen des Satzes 1 auch der ausgleichsberechtigten Person durch Feststellungsbescheid mit. ⑥ Nach Eintritt der Unanfechtbarkeit dieses Feststellungsbescheids informiert die zentrale Stelle den Anbieter durch einen Datensatz über die geänderte Zuordnung.

(2)[2] ① Die Übertragung von gefördertem Altersvorsorgevermögen auf einen anderen auf den Namen des Zulageberechtigten lautenden Altersvorsorgevertrag (§ 1 Absatz 1 Satz 1 Nummer 10 Buchstabe b des Altersvorsorgeverträge-Zertifizierungsgesetzes) stellt keine schädliche Verwendung dar. ② Dies gilt sinngemäß in den Fällen des § 4 Absatz 2 und 3 des Betriebsrentengesetzes, wenn das geförderte Altersvorsorgevermögen auf eine der in § 82 Absatz 2 Buchstabe a genannten Einrichtungen der betrieblichen Altersversorgung zum Aufbau einer kapitalgedeckten betrieblichen Altersversorgung übertragen und eine lebenslange Altersversorgung entsprechend § 82 Absatz 2 Satz 2 vorgesehen ist, wie auch in den Fällen einer Übertragung nach § 3 Nummer 55 c Satz 2 Buchstabe a. ③ In den übrigen Fällen der Abfindung von Anwartschaften der betrieblichen Altersversorgung gilt dies, soweit das geförderte Altersvorsorgevermögen zugunsten eines auf den Namen des Zulageberechtigten lautenden Altersvorsorgevertrages geleistet wird. ④ Auch keine schädliche Verwendung sind der gesetzliche Forderungs- und Vermögensübergang nach § 9 des Betriebsrentengesetzes und die gesetzlich vorgesehene schuldbefreiende Übertragung nach § 8 Absatz 1 des Betriebsrentengesetzes.

(3)[3] ① Auszahlungen zur Abfindung einer Kleinbetragsrente zu Beginn der Auszahlungsphase oder im darauffolgenden Jahr gelten nicht als schädliche Verwendung. ② Eine Kleinbetragsrente ist eine Rente, die bei gleichmäßiger Verrentung des gesamten zu Beginn der Auszahlungsphase zur Verfügung stehenden Kapitals eine monatliche Rente ergibt, die 1 Prozent der monatlichen Bezugsgröße nach § 18 des Vierten Buches Sozialgesetzbuch nicht übersteigt. ③ Bei der Berechnung dieses Betrags sind alle bei einem Anbieter bestehenden Verträge des Zulageberechtigten insgesamt zu berücksichtigen, auf die nach diesem Abschnitt geförderte Altersvorsorgebeiträge geleistet wurden. ④ Die Sätze 1 bis 3 gelten entsprechend, wenn

1. nach dem Beginn der Auszahlungsphase ein Versorgungsausgleich durchgeführt wird und
2. sich dadurch die Rente verringert.

(4)[4] ① Wird bei einem einheitlichen Vertrag nach § 1 Absatz 1 a Satz 1 Nummer 2 zweiter Halbsatz des Altersvorsorgeverträge-Zertifizierungsgesetzes das Darlehen nicht wohnungswirtschaftlich im Sinne des § 92 a Absatz 1 Satz 1 verwendet, liegt zum Zeitpunkt der Darlehensauszahlung eine schädliche Verwendung des geförderten Altersvorsorgevermögens vor, es sei denn, das geförderte Altersvorsorgevermögen wird innerhalb eines Jahres nach Ablauf des Veranlagungszeitraums, in dem das Darlehen ausgezahlt wurde, auf einen anderen zertifizierten Altersvorsorgevertrag übertragen, der auf den Namen des Zulageberechtigten lautet. ② Der Zulageberechtigte hat dem Anbieter die Absicht zur Kapitalübertragung, den Zeitpunkt der Kapitalübertragung bis zum Zeitpunkt der Darlehensauszahlung und die Aufgabe der Absicht zur Kapitalübertragung mitzuteilen. ③ Wird die Absicht zur Kapitalübertragung aufgegeben, tritt die schädliche Verwendung zu dem Zeitpunkt ein, zu dem die Mitteilung des Zulageberechtigten hierzu beim Anbieter eingeht, spätestens aber am 1. Januar des zweiten Jahres nach dem Jahr, in dem das Darlehen ausgezahlt wurde.

---

[1] § 93 Abs. 1 a neu gef. mWv 1. 9. 2009 durch G v. 8. 12. 2010 (BGBl. I S. 1768). Satz 3 geänd. mWv 24. 7. 2014 durch G v. 18. 7. 2014 (BGBl. I S. 1042).

[2] § 93 Abs. 2 Satz 4 angef. mWv VZ 2018 durch BetrRentStG v. 17. 8. 2017 (BGBl. I S. 3214). Abs. 2 Satz 2 geänd. mWv VZ 2018 durch „JStG 2018" v. 11. 12. 2018 (BGBl. I S. 2338). Abs. 2 Satz 2 geänd. mWv 15. 12. 2018 durch „JStG 2018" v. 11. 12. 2018 (BGBl. I S. 2338).

[3] § 93 Abs. 3 Satz 1 geänd. und Satz 4 angef. mWv VZ 2018 durch BetrRentStG v. 17. 8. 2017 (BGBl. I S. 3214).

[4] § 93 Abs. 4 angef. mWv VZ 2010 durch G v. 8. 12. 2010 (BGBl. I S. 1768). Abs. 4 Satz 1 neu gef., Sätze 2 und 3 geänd. mWv VZ 2013 durch AltvVerbG v. 24. 6. 2013 (BGBl. I S. 1667).

§ 94 Verfahren bei schädlicher Verwendung

(1)[1] ① In den Fällen des § 93 Absatz 1 hat der Anbieter der zentralen Stelle vor der Auszahlung des geförderten Altersvorsorgevermögens die schädliche Verwendung nach amtlich vorgeschriebenem Datensatz durch amtlich bestimmte Datenfernübertragung anzuzeigen. ② Die zentrale Stelle ermittelt den Rückzahlungsbetrag und teilt diesen dem Anbieter durch Datensatz mit. ③ Der Anbieter hat den Rückzahlungsbetrag einzubehalten, mit der nächsten Anmeldung nach § 90 Absatz 3 anzumelden und an die zentrale Stelle abzuführen. ④ Der Anbieter hat die einbehaltenen und abgeführten Beträge der zentralen Stelle nach amtlich vorgeschriebenem Datensatz durch amtlich bestimmte Datenfernübertragung mitzuteilen und diese Beträge dem Zulageberechtigten zu bescheinigen; mit Einverständnis des Zulageberechtigten kann die Bescheinigung elektronisch bereitgestellt werden. ⑤ In den Fällen des § 93 Absatz 3 gilt Satz 1 entsprechend.

(2)[2] ① Eine Festsetzung des Rückzahlungsbetrags erfolgt durch die zentrale Stelle auf besonderen Antrag des Zulageberechtigten oder sofern die Rückzahlung nach Absatz 1 ganz oder teilweise nicht möglich oder nicht erfolgt ist. ② § 90 Absatz 4 Satz 2 bis 6 gilt entsprechend; § 90 Absatz 4 Satz 5 gilt nicht, wenn die Geschäftsbeziehung im Hinblick auf den jeweiligen Altersvorsorgevertrag zwischen dem Zulageberechtigten und dem Anbieter beendet wurde. ③ Im Rückforderungsbescheid sind auf den Rückzahlungsbetrag die vom Anbieter bereits einbehaltenen und abgeführten Beträge nach Maßgabe der Bescheinigung nach Absatz 1 Satz 4 anzurechnen. ④ Der Zulageberechtigte hat den verbleibenden Rückzahlungsbetrag innerhalb eines Monats nach Bekanntgabe des Rückforderungsbescheids an die zuständige Kasse zu entrichten. ⑤ Die Frist für die Festsetzung des Rückzahlungsbetrags beträgt vier Jahre und beginnt mit Ablauf des Kalenderjahres, in dem die Auszahlung im Sinne des § 93 Absatz 1 erfolgt ist.

(3)[3] ① Sofern der zentralen Stelle für den Zulageberechtigten im Zeitpunkt der schädlichen Verwendung eine Meldung nach § 118 Absatz 1 a des Zwölften Buches Sozialgesetzbuch zum erstmaligen Bezug von Hilfe zum Lebensunterhalt und von Grundsicherung im Alter und bei Erwerbsminderung vorliegt, teilt die zentrale Stelle zum Zeitpunkt der Mitteilung nach Absatz 1 Satz 2 der Datenstelle der Rentenversicherungsträger als Vermittlungsstelle die schädliche Verwendung durch Datenfernübertragung mit. ② Dies gilt nicht, wenn das Ausscheiden aus diesem Hilfebezug nach § 118 Absatz 1 a des Zwölften Buches Sozialgesetzbuch angezeigt wurde.

§ 95[4] Sonderfälle der Rückzahlung

① Die §§ 93 und 94 gelten entsprechend, wenn sich der Wohnsitz oder gewöhnliche Aufenthalt des Zulageberechtigten ab Beginn der Auszahlungsphase außerhalb der Mitgliedstaaten der Europäischen Union und der Staaten befindet, auf die das Abkommen über den Europäischen Wirtschaftsraum (EWR-Abkommen) anwendbar ist, oder wenn der Zulageberechtigte ungeachtet eines Wohnsitzes oder gewöhnlichen Aufenthaltes in einem dieser Staaten nach einem Abkommen zur Vermeidung der Doppelbesteuerung mit einem dritten Staat als außerhalb des Hoheitsgebiets dieser Staaten ansässig gilt. ② Satz 1 gilt nicht, sofern sich der Wohnsitz oder gewöhnliche Aufenthalt des Zulageberechtigten bereits seit dem 22. Juni 2016 ununterbrochen im Vereinigten Königreich Großbritannien und Nordirland befindet und der Vertrag vor dem 23. Juni 2016 abgeschlossen worden ist.

§ 96 Anwendung der Abgabenordnung, allgemeine Vorschriften

(1) ① Auf die Zulagen und die Rückzahlungsbeträge sind die für Steuervergütungen geltenden Vorschriften der Abgabenordnung entsprechend anzuwenden. ② Dies gilt nicht für § 163 der Abgabenordnung.

(2)[5] ① Hat der Anbieter vorsätzlich oder grob fahrlässig

1. unrichtige oder unvollständige Daten übermittelt oder
2. Daten pflichtwidrig nicht übermittelt,

obwohl der Zulageberechtigte seiner Informationspflicht gegenüber dem Anbieter zutreffend und rechtzeitig nachgekommen ist, haftet der Anbieter für die entgangene Steuer und die zu Unrecht gewährte Steuervergünstigung. ② Dies gilt auch, wenn im Verhältnis zum Zulageberechtigten Festsetzungsverjährung eingetreten ist. ③ Der Zulageberechtigte haftet als Gesamtschuldner neben dem Anbieter, wenn er weiß, dass der Anbieter unrichtige oder unvollständige Daten übermittelt oder Daten pflichtwidrig nicht übermittelt hat. ④ Für die Inanspruchnahme des Anbieters ist die zentrale Stelle zuständig.

(3) Die zentrale Stelle hat auf Anfrage des Anbieters Auskunft über die Anwendung des Abschnitts XI zu geben.

---

[1] § 94 Abs. 1 Satz 4 geänd. mWv VZ 2014 durch AltvVerbG v. 24. 6. 2013 (BGBl. I S. 1667). Abs. 1 Satz 4 letzter Halbs. angef. mWv VZ 2020 durch 3. BüroEntlG v. 22. 11. 2019 (BGBl. I S. 1746).

[2] § 94 Abs. 2 Satz 2 letzter HS angef. mWv VZ 2010 durch G v. 8. 12. 2010 (BGBl. I S. 1768).

[3] § 94 Abs. 3 angef. mWv 1. 1. 2019 durch BetrRentStG v. 17. 8. 2017 (BGBl. I S. 3214).

[4] § 95 Überschrift neu gef. durch G v. 8. 4. 2010 (BGBl. I S. 386). Abs. 1 Absatzbezeichnung und Abs. 2 und 3 aufgeh., Satz 1 neu gef. durch JStG 2022 v. 16. 12. 2022 (BGBl. I S. 2294); zur Anwendung siehe § 52 Abs. 51 a.

[5] § 96 Abs. 2 neugef. mWv 1. 1. 2018 durch BetrRentStG v. 17. 8. 2017 (BGBl. I S. 3214).

(4) ① Die zentrale Stelle kann beim Anbieter ermitteln, ob er seine Pflichten erfüllt hat. ② Die §§ 193 bis 203 der Abgabenordnung gelten sinngemäß. ③ Auf Verlangen der zentralen Stelle hat der Anbieter ihr Unterlagen, soweit sie im Ausland geführt und aufbewahrt werden, verfügbar zu machen.

(5) Der Anbieter erhält vom Bund oder den Ländern keinen Ersatz für die ihm aus diesem Verfahren entstehenden Kosten.

(6) ① Der Anbieter darf die im Zulageverfahren bekannt gewordenen Verhältnisse der Beteiligten nur für das Verfahren verwerten. ② Er darf sie ohne Zustimmung der Beteiligten nur offenbaren, soweit dies gesetzlich zugelassen ist.

(7) ① Für die Zulage gelten die Strafvorschriften des § 370 Absatz 1 bis 4, der §§ 371, 375 Absatz 1 und des § 376 sowie die Bußgeldvorschriften der §§ 378, 379 Absatz 1 und 4 und der §§ 383 und 384 der Abgabenordnung entsprechend. ② Für das Strafverfahren wegen einer Straftat nach Satz 1 sowie der Begünstigung einer Person, die eine solche Tat begangen hat, gelten die §§ 385 bis 408, für das Bußgeldverfahren wegen einer Ordnungswidrigkeit nach Satz 1 die §§ 409 bis 412 der Abgabenordnung entsprechend.

§ 97 Übertragbarkeit

① Das nach § 10 a oder Abschnitt XI geförderte Altersvorsorgevermögen einschließlich seiner Erträge, die geförderten laufenden Altersvorsorgebeiträge und der Anspruch auf die Zulage sind nicht übertragbar. ② § 93 Absatz 1 a und § 4 des Betriebsrentengesetzes bleiben unberührt.

§ 98 Rechtsweg

In öffentlich-rechtlichen Streitigkeiten über die auf Grund des Abschnitts XI ergehenden Verwaltungsakte ist der Finanzrechtsweg gegeben.

§ 99 Ermächtigung

(1)[1] Das Bundesministerium der Finanzen wird ermächtigt, die Vordrucke für die Anträge nach § 89, für die Anmeldung nach § 90 Absatz 3 und für die in den §§ 92 und 94 Absatz 1 Satz 4 vorgesehenen Bescheinigungen und im Einvernehmen mit den obersten Finanzbehörden der Länder das Muster für die nach § 22 Nummer 5 Satz 7 vorgesehene Bescheinigung und den Inhalt und Aufbau der für die Durchführung des Zulageverfahrens zu übermittelnden Datensätze zu bestimmen.

(2)[2] ① Das Bundesministerium der Finanzen wird ermächtigt, im Einvernehmen mit dem Bundesministerium für Arbeit und Soziales und dem Bundesministerium des Innern, für Bau und Heimat durch Rechtsverordnung mit Zustimmung des Bundesrates Vorschriften zur Durchführung dieses Gesetzes über das Verfahren für die Ermittlung, Festsetzung, Auszahlung, Rückzahlung und Rückforderung der Zulage sowie die Rückzahlung und Rückforderung der nach § 10 a Absatz 4 festgestellten Beträge zu erlassen. ② Hierzu gehören insbesondere

1. Vorschriften über Aufzeichnungs-, Aufbewahrungs-, Bescheinigungs- und Anzeigepflichten des Anbieters,
2. Grundsätze des vorgesehenen Datenaustausches zwischen den Anbietern, der zentralen Stelle, den Trägern der gesetzlichen Rentenversicherung, der Bundesagentur für Arbeit, den Meldebehörden, den Familienkassen, den zuständigen Stellen und den Finanzämtern und
3. Vorschriften über Mitteilungspflichten, die für die Erteilung der Bescheinigungen nach § 22 Nummer 5 Satz 7 und § 92 erforderlich sind.

XII. Förderbetrag zur betrieblichen Altersversorgung[3]

§ 100[4] Förderbetrag zur betrieblichen Altersversorgung

(1) ① Arbeitgeber im Sinne des § 38 Absatz 1 dürfen vom Gesamtbetrag der einzubehaltenden Lohnsteuer für jeden Arbeitnehmer mit einem ersten Dienstverhältnis einen Teilbetrag des Arbeitgeberbeitrags zur kapitalgedeckten betrieblichen Altersversorgung (Förderbetrag) entnehmen und bei der nächsten Lohnsteuer-Anmeldung gesondert absetzen. ② Übersteigt der insgesamt zu gewährende Förderbetrag den Betrag, der insgesamt an Lohnsteuer abzuführen ist, so wird der übersteigende Betrag dem Arbeitgeber auf Antrag von dem Finanzamt, an das die Lohnsteuer abzuführen ist, aus den Einnahmen der Lohnsteuer ersetzt.

---

[1] § 99 Abs. 1 Verweis geänd. durch G v. 8. 4. 2010 (BGBl. I S. 386). Abs. 1 geänd. mWv VZ 2010 durch G v. 8. 12. 2010 (BGBl. I S. 1768). Abs. 1 geänd. durch JStG 2019 v. 12. 12. 2019 (BGBl. I S. 2451).
[2] § 99 Abs. 2 Satz 1 geänd. mWv 27. 6. 2020 durch VO v. 19. 6. 2020 (BGBl. I S. 1328).
[3] Abschnitt XII und § 100 eingef. mWv VZ 2018 durch BetrRentStG v. 17. 8. 2017 (BGBl. I S. 3214).
[4] § 100 eingef. mWv VZ 2018 durch BetrRentStG v. 17. 8. 2017 (BGBl. I S. 3214).

(2)[1] ① Der Förderbetrag beträgt im Kalenderjahr 30 Prozent des zusätzlichen Arbeitgeberbeitrags nach Absatz 3, höchstens 288 Euro. ② In Fällen, in denen der Arbeitgeber bereits im Jahr 2016 einen zusätzlichen Arbeitgeberbeitrag an einen Pensionsfonds, eine Pensionskasse oder für eine Direktversicherung geleistet hat, ist der jeweilige Förderbetrag auf den Betrag beschränkt, den der Arbeitgeber darüber hinaus leistet.

(3) Voraussetzung für die Inanspruchnahme des Förderbetrags nach den Absätzen 1 und 2 ist, dass

1. der Arbeitslohn des Arbeitnehmers im Lohnzahlungszeitraum, für den der Förderbetrag geltend gemacht wird, im Inland dem Lohnsteuerabzug unterliegt;
2. der Arbeitgeber für den Arbeitnehmer zusätzlich zum ohnehin geschuldeten Arbeitslohn im Kalenderjahr mindestens einen Betrag in Höhe von 240 Euro an einen Pensionsfonds, eine Pensionskasse oder für eine Direktversicherung zahlt;
3.[2] im Zeitpunkt der Beitragsleistung der laufende Arbeitslohn (§ 39 b Absatz 2 Satz 1 und 2), der pauschal besteuerte Arbeitslohn (§ 40 a Absatz 1 und 3) oder das pauschal besteuerte Arbeitsentgelt (§ 40 a Absatz 2 und 2 a) nicht mehr beträgt als
   a) 85,84 Euro bei einem täglichen Lohnzahlungszeitraum,
   b) 600,84 Euro bei einem wöchentlichen Lohnzahlungszeitraum,
   c) 2 575 Euro bei einem monatlichen Lohnzahlungszeitraum oder
   d) 30 900 Euro bei einem jährlichen Lohnzahlungszeitraum;
4.[3] eine Auszahlung der zugesagten Alters-, Invaliditäts- oder Hinterbliebenenversorgungsleistungen entsprechend § 82 Absatz 2 Satz 2 vorgesehen ist;
5. sichergestellt ist, dass von den Beiträgen jeweils derselbe prozentuale Anteil zur Deckung der Vertriebskosten herangezogen wird; der Prozentsatz kann angepasst werden, wenn die Kalkulationsgrundlagen geändert werden, darf die ursprüngliche Höhe aber nicht überschreiten.

(4) ① Für die Inanspruchnahme des Förderbetrags sind die Verhältnisse im Zeitpunkt der Beitragsleistung maßgeblich; spätere Änderungen der Verhältnisse sind unbeachtlich. ② Abweichend davon sind die für den Arbeitnehmer nach Absatz 1 geltend gemachten Förderbeträge zurückzugewähren, wenn eine Anwartschaft auf Leistungen aus einer nach Absatz 1 geförderten betrieblichen Altersversorgung später verfällt und sich daraus eine Rückzahlung an den Arbeitgeber ergibt. ③ Der Förderbetrag ist nur zurückzugewähren, soweit er auf den Rückzahlungsbetrag entfällt. ④ Der Förderbetrag ist in der Lohnsteuer-Anmeldung für den Lohnzahlungszeitraum, in dem die Rückzahlung zufließt, der an das Betriebsstättenfinanzamt abzuführenden Lohnsteuer hinzuzurechnen.

(5) Für den Förderbetrag gelten entsprechend:

1. die §§ 41, 41 a, 42 e, 42 f und 42 g,
2. die für Steuervergütungen geltenden Vorschriften der Abgabenordnung mit Ausnahme des § 163 der Abgabenordnung und
3. die §§ 195 bis 203 der Abgabenordnung, die Strafvorschriften des § 370 Absatz 1 bis 4, der §§ 371, 375 Absatz 1 und des § 376, die Bußgeldvorschriften der §§ 378, 379 Absatz 1 und 4 und der §§ 383 und 384 der Abgabenordnung, die §§ 385 bis 408 für das Strafverfahren und die §§ 409 bis 412 der Abgabenordnung für das Bußgeldverfahren.

(6)[4] ① Der Arbeitgeberbeitrag im Sinne des Absatzes 3 Nummer 2 ist steuerfrei, soweit er im Kalenderjahr 960 Euro nicht übersteigt. ② Die Steuerfreistellung des § 3 Nummer 63 bleibt hiervon unberührt.

XIII. Mobilitätsprämie[5]

§ 101[6] Bemessungsgrundlage und Höhe der Mobilitätsprämie

① Steuerpflichtige können für die Veranlagungszeiträume 2021 bis 2026 neben der Berücksichtigung der Entfernungspauschalen ab dem 21. vollen Entfernungskilometer gemäß § 9 Absatz 1 Satz 3 Nummer 4 Satz 8 Buchstabe a und b, Nummer 5 Satz 9 Buchstabe a und b und § 4 Absatz 5 Satz 1 Nummer 6 Satz 4 als Werbungskosten oder Betriebsausgaben eine Mobilitätsprämie beanspruchen. ② Bemessungsgrundlage der Mobilitätsprämie sind die berücksichtigten Entfernungspauschalen im Sinne des Satzes 1, begrenzt auf den Betrag, um den das zu versteuernde Einkommen den Grundfreibetrag im Sinne des § 32 a Absatz 1 Satz 2 Nummer 1 unterschreitet; bei Ehegatten, die nach den §§ 26, 26 b zusammen zur Einkommensteuer veranlagt werden, sind das gemeinsame zu versteuernde Einkommen und der doppelte Grundfreibetrag maßgebend.

[1] § 100 Abs. 2 Satz 1 geänd. mWv 1. 1. 2020 durch G v. 12. 8. 2020 (BGBl. I S. 1879).
[2] § 100 Abs. 3 Nr. 3 Buchst. a bis d neu gef. mWv 1. 1. 2020 durch G v. 12. 8. 2020 (BGBl. I S. 1879).
[3] § 100 Abs. 3 Nr. 4 geänd. mWv 15. 12. 2018 durch „JStG 2018" v. 11. 12. 2018 (BGBl. I S. 2338).
[4] § 100 Abs. 6 Satz 1 geänd. mWv 1. 1. 2020 durch G v. 12. 8. 2020 (BGBl. I S. 1879).
[5] Abschn. XIII (§ 101 idF KlimaSG bis § 109) angef. mWv VZ 2021 durch KlimaSG v. 21. 12. 2019 (BGBl. I S. 2886).
[6] § 101 angef. mWv VZ 2021 durch KlimaSG v. 21. 12. 2019 (BGBl. I S. 2886).

③ Bei Steuerpflichtigen mit Einkünften aus nichtselbständiger Arbeit gilt dies nur, soweit die Entfernungspauschalen im Sinne des Satzes 1 zusammen mit den übrigen zu berücksichtigenden Werbungskosten im Zusammenhang mit den Einnahmen aus nichtselbständiger Arbeit den Arbeitnehmer-Pauschbetrag nach § 9 a Satz 1 Nummer 1 Buchstabe a übersteigen. ④ Die Mobilitätsprämie beträgt 14 Prozent dieser Bemessungsgrundlage.

§ 102[1] Anspruchsberechtigung

Anspruchsberechtigt sind unbeschränkt oder beschränkt Steuerpflichtige im Sinne des § 1.

§ 103[2] Entstehung der Mobilitätsprämie

Der Anspruch auf die Mobilitätsprämie entsteht mit Ablauf des Kalenderjahres, in dem der Anspruchsberechtigte die erste Tätigkeitsstätte im Sinne des § 9 Absatz 4 oder eine Betriebsstätte im Sinne des § 4 Absatz 5 Satz 1 Nummer 6 aufgesucht oder Familienheimfahrten im Rahmen einer doppelten Haushaltsführung im Sinne des § 9 Absatz 1 Satz 3 Nummer 5 Satz 5 sowie des § 4 Absatz 5 Satz 1 Nummer 6 durchgeführt hat.

§ 104[3] Antrag auf die Mobilitätsprämie

(1) Die Mobilitätsprämie wird auf Antrag gewährt.

(2) ① Der Anspruchsberechtigte hat den Antrag auf die Mobilitätsprämie bis zum Ablauf des vierten Kalenderjahres, das auf das Kalenderjahr folgt, in dem nach § 103 die Mobilitätsprämie entsteht, zu stellen. ② Der Antrag ist nach amtlich vorgeschriebenem Vordruck bei dem Finanzamt zu stellen, das für die Besteuerung des Anspruchsberechtigten nach dem Einkommen zuständig ist.

§ 105[4] Festsetzung und Auszahlung der Mobilitätsprämie

(1) ① Die Mobilitätsprämie ist nach Ablauf des Kalenderjahres im Rahmen einer Einkommensteuerveranlagung festzusetzen. ② Eine Festsetzung erfolgt nur, wenn die Mobilitätsprämie mindestens 10 Euro beträgt. ③ Die festgesetzte Mobilitätsprämie mindert die festgesetzte Einkommensteuer im Wege der Anrechnung. ④ Sie gilt insoweit als Steuervergütung. ⑤ Die Auszahlung erfolgt aus den Einnahmen an Einkommensteuer.

(2) ① Besteht das Einkommen ganz oder teilweise aus Einkünften aus nichtselbständiger Arbeit, die dem Steuerabzug unterlegen haben, gilt der Antrag auf Mobilitätsprämie zugleich als ein Antrag auf Einkommensteuerveranlagung. ② Besteht nach § 46 keine Pflicht zur Durchführung einer Veranlagung und wird keine Veranlagung, insbesondere zur Anrechnung von Lohnsteuer auf die Einkommensteuer nach § 46 Absatz 2 Nummer 8 beantragt, ist für die Festsetzung der Mobilitätsprämie die im Rahmen der Einkommensteuerveranlagung festgesetzte Einkommensteuer, die sich auf Grund des Antrags auf Mobilitätsprämie ergibt, mit Null Euro anzusetzen. ③ Auch in den Fällen des § 25 gilt, ungeachtet des § 56 Satz 1 der Einkommensteuer-Durchführungsverordnung, der Antrag auf Mobilitätsprämie zugleich als Abgabe einer Einkommensteuererklärung.

§ 106[5] Ertragsteuerliche Behandlung der Mobilitätsprämie

Die Mobilitätsprämie gehört nicht zu den steuerpflichtigen Einnahmen im Sinne des Einkommensteuergesetzes.

§ 107[6] Anwendung der Abgabenordnung

Auf die Mobilitätsprämie sind die für Steuervergütungen geltenden Vorschriften der Abgabenordnung mit Ausnahme des § 163 der Abgabenordnung entsprechend anzuwenden.

§ 108[7] Anwendung von Straf- und Bußgeldvorschriften der Abgabenordnung

① Für die Mobilitätsprämie gelten die Strafvorschriften des § 370 Absatz 1 bis 4, der §§ 371, 375 Absatz 1 und des § 376 der Abgabenordnung sowie die Bußgeldvorschriften der §§ 378 und 379 Absatz 1 und 4 sowie der §§ 383 und 384 der Abgabenordnung entsprechend. ② Für das Strafverfahren wegen einer Straftat nach Satz 1 sowie der Begünstigung einer Person, die eine solche Tat begangen hat, gelten die §§ 385 bis 408 der Abgabenordnung, für das Bußgeldverfahren wegen einer Ordnungswidrigkeit nach Satz 1 die §§ 409 bis 412 der Abgabenordnung entsprechend.

---

[1] § 102 angef. mWv VZ 2021 durch KlimaSG v. 21. 12. 2019 (BGBl. I S. 2886).
[2] § 103 angef. mWv VZ 2021 durch KlimaSG v. 21. 12. 2019 (BGBl. I S. 2886).
[3] § 104 angef. mWv VZ 2021 durch KlimaSG v. 21. 12. 2019 (BGBl. I S. 2886).
[4] § 105 neu gef. mWv VZ 2021 durch JStG 2020 v. 21. 12. 2020 (BGBl. I S. 3096).
[5] § 106 angef. mWv VZ 2021 durch KlimaSG v. 21. 12. 2019 (BGBl. I S. 2886).
[6] § 107 angef. mWv VZ 2021 durch KlimaSG v. 21. 12. 2019 (BGBl. I S. 2886).
[7] § 108 angef. mWv VZ 2021 durch KlimaSG v. 21. 12. 2019 (BGBl. I S. 2886).

§ 109[1] Verordnungsermächtigung

Die Bundesregierung wird ermächtigt, durch Rechtsverordnung mit Zustimmung des Bundesrates das Verfahren bei der Festsetzung und der Auszahlung der Mobilitätsprämie näher zu regeln.

XIV. Sondervorschriften zur Bewältigung der Corona-Pandemie[2]

§ 110[3] Anpassung von Vorauszahlungen für den Veranlagungszeitraum 2019

(1) ① Auf Antrag wird der für die Bemessung der Vorauszahlungen für den Veranlagungszeitraum 2019 zugrunde gelegte Gesamtbetrag der Einkünfte pauschal um 30 Prozent gemindert. ② Das gilt nicht, soweit in dem Gesamtbetrag der Einkünfte Einkünfte aus nichtselbständiger Arbeit (§ 19) enthalten sind. ③ Voraussetzung für die Anwendung des Satzes 1 ist, dass die Vorauszahlungen für 2020 auf 0 Euro herabgesetzt wurden.

(2) Abweichend von Absatz 1 wird der für die Bemessung der Vorauszahlungen für den Veranlagungszeitraum 2019 zugrunde gelegte Gesamtbetrag der Einkünfte um einen höheren Betrag als 30 Prozent gemindert, wenn der Steuerpflichtige einen voraussichtlichen Verlustrücktrag im Sinne des § 10 d Absatz 1 Satz 1 für 2020 in dieser Höhe nachweisen kann.

(3)[4] ① Die Minderungen nach den Absätzen 1 und 2 dürfen insgesamt 10 000 000 Euro, bei Ehegatten, die nach den §§ 26 und 26 b zusammenveranlagt werden, 20 000 000 Euro nicht überschreiten. ② § 37 Absatz 3, 5 und 6 ist entsprechend anzuwenden.

§ 111[5] Vorläufiger Verlustrücktrag für 2020 und 2021

(1)[6] ① Auf Antrag wird bei der Steuerfestsetzung für den Veranlagungszeitraum 2019 pauschal ein Betrag in Höhe von 30 Prozent des Gesamtbetrags der Einkünfte des Veranlagungszeitraums 2019 als Verlustrücktrag aus 2020 abgezogen (vorläufiger Verlustrücktrag für 2020). ② Bei der Berechnung des vorläufigen Verlustrücktrags für 2020 sind Einkünfte aus nichtselbständiger Arbeit (§ 19) nicht zu berücksichtigen, die im Gesamtbetrag der Einkünfte enthalten sind. ③ Voraussetzung für die Anwendung des Satzes 1 ist, dass die Vorauszahlungen für den Veranlagungszeitraum 2020 auf 0 Euro herabgesetzt wurden. ④ Soweit bei der Steuerfestsetzung für den Veranlagungszeitraum 2019 der vorläufige Verlustrücktrag für 2020 abgezogen wird, ist § 233 a Absatz 2 a der Abgabenordnung entsprechend anzuwenden.

(2) Abweichend von Absatz 1 wird ein höherer Betrag als 30 Prozent vom Gesamtbetrag der Einkünfte abgezogen, wenn der Steuerpflichtige einen voraussichtlichen Verlustrücktrag im Sinne des § 10 d Absatz 1 Satz 1 für 2020 in dieser Höhe nachweisen kann.

(3)[7] Der vorläufige Verlustrücktrag für 2020 nach den Absätzen 1 und 2 kann insgesamt bis zu 10 000 000 Euro, bei Ehegatten, die nach den §§ 26 und 26 b zusammenveranlagt werden, bis zu 20 000 000 Euro betragen.

(4) ① Führt die Herabsetzung von Vorauszahlungen für den Veranlagungszeitraum 2019 auf Grund eines voraussichtlich erwarteten Verlustrücktrags für 2020 zu einer Nachzahlung bei der Steuerfestsetzung für den Veranlagungszeitraum 2019, so wird diese auf Antrag des Steuerpflichtigen bis zum Ablauf eines Monats nach Bekanntgabe der Steuerfestsetzung für den Veranlagungszeitraum 2020 gestundet. ② Stundungszinsen werden nicht erhoben.

(5) Für den Veranlagungszeitraum 2020 ist bei Anwendung von Absatz 1 oder 2 eine Einkommensteuererklärung abzugeben.

(6) ① Mit der Veranlagung für 2020 ist die Steuerfestsetzung für den Veranlagungszeitraum 2019 zu ändern; hierbei ist der bislang berücksichtigte vorläufige Verlustrücktrag für 2020 dem Gesamtbetrag der Einkünfte hinzuzurechnen. ② Dies gilt auch dann, wenn der Steuerbescheid für den Veranlagungszeitraum 2019 bestandskräftig geworden ist; die Festsetzungsfrist endet insoweit nicht, bevor die Festsetzungsfrist für den Veranlagungszeitraum 2020 abgelaufen ist. ③ Soweit die Änderung der Steuerfestsetzung für den Veranlagungszeitraum 2019 auf der Hinzurechnung des vorläufigen Verlustrücktrags für 2020 beruht, ist § 233 a Absatz 2 a der Abgabenordnung entsprechend anzuwenden.

---

[1] § 109 angef. mWv VZ 2021 durch KlimaSG v. 21. 12. 2019 (BGBl. I S. 2886).

[2] Abschnitt XIV (§§ 110 und 111) angef. durch CoronaStHG II v. 29. 6. 2020 (BGBl. I S. 1512); zur Anwendung siehe § 52 Abs. 52 und 53.

[3] § 110 angef. durch CoronaStHG II v. 29. 6. 2020 (BGBl. I S. 1512); zur Anwendung für VZ 2019 siehe § 52 Abs. 52.

[4] § 110 Abs. 3 geänd. durch CoronaStHG III v. 10. 3. 2021 (BGBl. I S. 330); zur Anwendung für VZ 2019 siehe § 52 Abs. 52.

[5] § 111 angef. durch CoronaStHG II v. 29. 6. 2020 (BGBl. I S. 1512); Überschrift geänd. durch CoronaStHG III v. 10. 3. 2021 (BGBl. I S. 330); zur Anwendung für die VZ 2019 und VZ 2020 siehe § 52 Abs. 53.

[6] § 111 Abs. 1 Satz 4 angef. durch JStG 2020 v. 21. 12. 2020 (BGBl. I S. 3096).

[7] § 111 Abs. 3 Beträge geänd. durch CoronaStHG III v. 10. 3. 2021 (BGBl. I S. 330); zur Anwendung für VZ 2019 und VZ 2020 siehe § 52 Abs. 53.

(7) Die Absätze 1 bis 3 sind nicht anzuwenden, wenn die Veranlagung für den Veranlagungszeitraum 2020 vor der Veranlagung für den Veranlagungszeitraum 2019 durchgeführt wird.

(8)[1] ① Wird der Einkommensteuerbescheid für 2019 vor dem 1. April 2021 bestandskräftig, kann bis zum 17. April 2021 nachträglich ein erstmaliger oder geänderter Antrag auf Berücksichtigung des vorläufigen Verlustrücktrags für 2020 gestellt werden. ② Der Einkommensteuerbescheid für 2019 ist insoweit zu ändern.

(9)[2] Die Absätze 1 bis 7 gelten für die Steuerfestsetzung für den Veranlagungszeitraum 2020 und die Berücksichtigung des Verlustrücktrags für 2021 entsprechend.

XV. Energiepreispauschale[3]

§ 112 Veranlagungszeitraum, Höhe

(1) Für den Veranlagungszeitraum 2022 wird Anspruchsberechtigten eine einmalige steuerpflichtige Energiepreispauschale gewährt.

(2) Die Höhe der Energiepreispauschale beträgt 300 Euro.

§ 113 Anspruchsberechtigung

Unbeschränkt Steuerpflichtige nach § 1 Absatz 1, die im Veranlagungszeitraum 2022 Einkünfte aus § 13, § 15, § 18 oder § 19 Absatz 1 Satz 1 Nummer 1 erzielen, haben Anspruch auf eine Energiepreispauschale.

§ 114 Entstehung des Anspruchs

Der Anspruch auf die Energiepreispauschale entsteht am 1. September 2022.

§ 115 Festsetzung mit der Einkommensteuerveranlagung

(1) Die Energiepreispauschale wird mit der Einkommensteuerveranlagung für den Veranlagungszeitraum 2022 festgesetzt.

(2) Absatz 1 gilt nicht, wenn die Energiepreispauschale nach § 117 vom Arbeitgeber ausgezahlt wurde.

§ 116 Anrechnung auf die Einkommensteuer

(1) ① Eine nach § 115 Absatz 1 festgesetzte Energiepreispauschale ist auf die festgesetzte Einkommensteuer anzurechnen. ② Die festgesetzte Energiepreispauschale ist bei der Ermittlung des Unterschiedsbetrages nach § 233 a Absatz 3 Satz 1 der Abgabenordnung entsprechend zu berücksichtigen.

(2) Ergibt sich nach der Anrechnung nach Absatz 1 ein Erstattungsbetrag, so wird dieser dem Anspruchsberechtigten ausgezahlt.

§ 117 Auszahlung an Arbeitnehmer

(1) ① Arbeitnehmer erhalten die Energiepreispauschale vom Arbeitgeber, wenn sie am 1. September 2022

1. in einem gegenwärtigen ersten Dienstverhältnis stehen und
2. in eine der Steuerklassen 1 bis 5 eingereiht sind oder nach § 40 a Absatz 2 pauschal besteuerten Arbeitslohn beziehen.

② Satz 1 gilt nicht, wenn der Arbeitgeber keine Lohnsteuer-Anmeldung abgibt. ③ Satz 1 gilt in den Fällen der Pauschalbesteuerung nach § 40 a Absatz 2 nur, wenn der Arbeitnehmer dem Arbeitgeber schriftlich bestätigt hat, dass es sich um das erste Dienstverhältnis handelt.

(2) ① Arbeitgeber im Sinne des § 38 Absatz 1 haben an Arbeitnehmer im Sinne des Absatzes 1 Satz 1 die Energiepreispauschale im September 2022 auszuzahlen. ② Die Arbeitgeber haben hierbei die Energiepreispauschale gesondert vom Gesamtbetrag der einzubehaltenden Lohnsteuer zu entnehmen, die

1. in den Fällen des § 41 a Absatz 2 Satz 1 bis zum 10. September 2022,
2. in den Fällen des § 41 a Absatz 2 Satz 2 Halbsatz 1 bis zum 10. Oktober 2022 und
3. in den Fällen des § 41 a Absatz 2 Satz 2 Halbsatz 2 bis zum 10. Januar 2023

[1] § 111 Abs. 8 geänd. durch CoronaStHG III v. 10. 3. 2021 (BGBl. I S. 330); zur Anwendung für VZ 2019 und VZ 2020 siehe § 52 Abs. 53.

[2] § 111 Abs. 9 angef. durch CoronaStHG III v. 10. 3. 2021 (BGBl. I S. 330); zur Anwendung für VZ 2019 und VZ 2020 siehe § 52 Abs. 53.

[3] Abschnitt XV. (§§ 112 bis 122) angef. mWv VZ 2022 durch Steuerentlastungsgesetz 2022 v. 23. 5. 2022 (BGBl. I S. 749).

anzumelden und abzuführen ist. ③ Übersteigt die insgesamt zu gewährende Energiepreispauschale den Betrag, der insgesamt an Lohnsteuer abzuführen ist, wird der übersteigende Betrag dem Arbeitgeber von dem Finanzamt, an das die Lohnsteuer abzuführen ist, aus den Einnahmen der Lohnsteuer ersetzt.

(3) ① Der Arbeitgeber kann in den Fällen des § 41a Absatz 2 Satz 2 Halbsatz 1 die Energiepreispauschale an den Arbeitnehmer abweichend von Absatz 2 Satz 1 im Oktober 2022 auszahlen. ② Absatz 2 Satz 2 und 3 bleibt hiervon unberührt. ③ Der Arbeitgeber kann in den Fällen des § 41a Absatz 2 Satz 2 Halbsatz 2 auf die Auszahlung an den Arbeitnehmer verzichten.

(4) Eine vom Arbeitgeber ausgezahlte Energiepreispauschale ist in der elektronischen Lohnsteuerbescheinigung (§ 41b Absatz 1 Satz 2) mit dem Großbuchstaben E anzugeben.

§ 118 Energiepreispauschale im Einkommensteuer-Vorauszahlungsverfahren

(1) ① Ist eine Einkommensteuer-Vorauszahlung auch für Einkünfte aus § 13, § 15 oder § 18 für den 10. September 2022 festgesetzt worden, dann ist diese Festsetzung um die Energiepreispauschale zu mindern. ② Betragen die für den 10. September 2022 festgesetzten Vorauszahlungen weniger als 300 Euro, so mindert die Energiepreispauschale die Vorauszahlung auf 0 Euro.

(2) ① Die Minderung der Einkommensteuer-Vorauszahlung für den 10. September 2022 nach Absatz 1 hat durch Allgemeinverfügung nach § 118 Satz 2 der Abgabenordnung oder durch geänderten Vorauszahlungsbescheid zu erfolgen. ② Sachlich zuständig für den Erlass der Allgemeinverfügung ist jeweils die oberste Landesfinanzbehörde. ③ Die Allgemeinverfügung ist im Bundessteuerblatt und auf den Internetseiten des Bundesministeriums der Finanzen zu veröffentlichen. ④ Sie gilt am Tag nach der Herausgabe des Bundessteuerblattes, in dem sie veröffentlicht wird, als bekannt gegeben. ⑤ Abweichend von § 47 Absatz 1 der Finanzgerichtsordnung endet die Klagefrist mit Ablauf von drei Monaten nach dem Tag der Bekanntgabe der Allgemeinverfügung. ⑥ Die Klage ist nur gegen die oberste Finanzbehörde zu richten, die die Allgemeinverfügung erlassen hat.

§ 119 Steuerpflicht

(1) ① Bei Anspruchsberechtigten, die im Veranlagungszeitraum 2022 Einkünfte aus nichtselbständiger Arbeit erzielt haben, ist die Energiepreispauschale stets als Einnahme nach § 19 Absatz 1 Satz 1 Nummer 1 für den Veranlagungszeitraum 2022 zu berücksichtigen. ② Dies gilt nicht für pauschal besteuerten Arbeitslohn nach § 40a. ③ Im Lohnsteuerabzugsverfahren ist die Energiepreispauschale bei der Berechnung einer Vorsorgepauschale nach § 39b Absatz 2 Satz 5 Nummer 3 Buchstabe a bis c nicht zu berücksichtigen.

(2) ① Bei den übrigen Anspruchsberechtigten gilt die Energiepreispauschale stets als Einnahme nach § 22 Nummer 3 für den Veranlagungszeitraum 2022. ② Die Freigrenze nach § 22 Nummer 3 Satz 2 ist insoweit nicht anzuwenden.

§ 120 Anwendung der Abgabenordnung

(1) ① Auf die Energiepreispauschale sind die für Steuervergütungen geltenden Vorschriften der Abgabenordnung entsprechend anzuwenden. ② § 163 der Abgabenordnung gilt nicht.

(2) In öffentlich-rechtlichen Streitigkeiten über die zur Energiepreispauschale ergehenden Verwaltungsakte der Finanzbehörden ist der Finanzrechtsweg eröffnet.

§ 121 Anwendung von Straf- und Bußgeldvorschriften der Abgabenordnung

(1) Für die Energiepreispauschale gelten die Strafvorschriften des § 370 Absatz 1 bis 4 und 7, der §§ 371, 375 Absatz 1 und des § 376 der Abgabenordnung sowie die Bußgeldvorschriften der §§ 378 und 379 Absatz 1 und 4 sowie der §§ 383 und 384 der Abgabenordnung entsprechend.

(2) Für das Strafverfahren wegen einer Straftat nach Absatz 1 sowie der Begünstigung einer Person, die eine solche Tat begangen hat, gelten die §§ 385 bis 408 der Abgabenordnung entsprechend.

(3) Für das Bußgeldverfahren wegen einer Ordnungswidrigkeit nach Absatz 1 gelten die §§ 409 bis 412 der Abgabenordnung entsprechend.

§ 122[1] Nichtberücksichtigung als Einkommen bei Sozialleistungen, Unpfändbarkeit

① Die Energiepreispauschale ist bei einkommensabhängigen Sozialleistungen nicht als Einkommen zu berücksichtigen. ② Die Energiepreispauschale ist in Höhe des in § 112 Absatz 2 genannten Betrages unpfändbar.

---

[1] § 122 Überschrift neu gef., Satz 2 angef. mWv VZ 2022 durch JStG 2022 v. 16. 12. 2022 (BGBl. I S. 2294).

XVI.[1] *(aufgehoben)*

§§ 123–126 *(aufgehoben)*

Anlagen 1 bis 3
(hier nicht abgedruckt)

[1] Abschnitt XVI. aufgeh. mWvVZ 2022 durch KrZwFördG v. 22. 12. 2023 (BGBl. I Nr. 411).

Hauptteil

Einkommensteuergesetz,[1] Lohnsteuer-Durchführungsverordnung,[2] Richtlinien[3]

I. Steuerpflicht

EStG

§ 1 Steuerpflicht

(1) ① **Natürliche Personen, die im Inland einen Wohnsitz oder ihren gewöhnlichen Aufenthalt haben, sind unbeschränkt einkommensteuerpflichtig. ② Zum Inland im Sinne dieses Gesetzes gehört auch der der Bundesrepublik Deutschland zustehende Anteil** 1

1. an der ausschließlichen Wirtschaftszone, soweit dort
   a) die lebenden und nicht lebenden natürlichen Ressourcen der Gewässer über dem Meeresboden, des Meeresbodens und seines Untergrunds erforscht, ausgebeutet, erhalten oder bewirtschaftet werden,
   b) andere Tätigkeiten zur wirtschaftlichen Erforschung oder Ausbeutung der ausschließlichen Wirtschaftszone ausgeübt werden, wie beispielsweise die Energieerzeugung aus Wasser, Strömung und Wind oder
   c) künstliche Inseln errichtet oder genutzt werden und Anlagen und Bauwerke für die in den Buchstaben a und b genannten Zwecke errichtet oder genutzt werden, und

2. am Festlandsockel, soweit dort
   a) dessen natürliche Ressourcen erforscht oder ausgebeutet werden; natürliche Ressourcen in diesem Sinne sind die mineralischen und sonstigen nicht lebenden Ressourcen des Meeresbodens und seines Untergrunds sowie die zu den sesshaften Arten gehörenden Lebewesen, die im nutzbaren Stadium entweder unbeweglich auf oder unter dem Meeresboden verbleiben oder sich nur in ständigem körperlichen Kontakt mit dem Meeresboden oder seinem Untergrund fortbewegen können; oder
   b) künstliche Inseln errichtet oder genutzt werden und Anlagen und Bauwerke für die in Buchstabe a genannten Zwecke errichtet oder genutzt werden.

(2) ① **Unbeschränkt einkommensteuerpflichtig sind auch deutsche Staatsangehörige, die** 2

1. im Inland weder einen Wohnsitz noch ihren gewöhnlichen Aufenthalt haben und

2. zu einer inländischen juristischen Person des öffentlichen Rechts in einem Dienstverhältnis stehen und dafür Arbeitslohn aus einer inländischen öffentlichen Kasse beziehen,

sowie zu ihrem Haushalt gehörende Angehörige, die die deutsche Staatsangehörigkeit besitzen oder keine Einkünfte oder nur Einkünfte beziehen, die ausschließlich im Inland einkommensteuerpflichtig sind. ② Dies gilt nur für natürliche Personen, die in dem Staat, in dem sie ihren Wohnsitz oder ihren gewöhnlichen Aufenthalt haben, lediglich in einem der beschränkten Einkommensteuerpflicht ähnlichen Umfang zu einer Steuer vom Einkommen herangezogen werden.

(3) ① **Auf Antrag werden auch natürliche Personen als unbeschränkt einkommensteuerpflichtig behandelt, die im Inland weder einen Wohnsitz noch ihren gewöhn-** 3

---

[1] **EStG** i. d. F. der Bekanntmachung vom 8. 10. 2009 (BGBl. I S. 3366), zuletzt geändert durch Gesetz zur Fortentwicklung des Steuerrechts und zur Anpassung des Einkommensteuertarifs (Steuerfortentwicklungsgesetz – SteFeG) vom 23. 12. 2024 (BGBl. I Nr. 449). Zum Nachweis der Gesetzesänderungen vgl. Änderungsübersicht ab S. 1.

[2] **LStDV 1990** i. d. F. der Bekanntmachung vom 10. 10. 1989 (BGBl. I S. 1848), zuletzt geändert durch Fünfte Verordnung zur Änderung steuerlicher Verordnungen v. 25. 6. 2020 (BGBl. I S. 1495).

[3] **LStR 2023** vom 5. 12. 2022 (BStBl. I Sonder-Nr. 2 S. 1) mit den **LStH 2025.**

„**Einführung.** (1) [1]Die Lohnsteuer-Richtlinien 2023 behandeln Anwendungs- und Auslegungsfragen von allgemeiner Bedeutung, um eine einheitliche Anwendung des Lohnsteuerrechts durch die Finanzbehörden sicherzustellen. [2]Sie geben außerdem zur Vermeidung unbilliger Härten und aus Gründen der Verwaltungsvereinfachung Anweisungen an die Finanzämter, wie in bestimmten Fällen zu verfahren ist.

(2) [1]Die Lohnsteuer-Richtlinien 2023 treten am Tag nach der Veröffentlichung in Kraft und sind ab dem 1. Januar 2023 anzuwenden. [2]Sie ersetzen die Lohnsteuer-Richtlinien 2008 vom 10. Dezember 2007 (BStBl. I Sondernummer 1/2007), zuletzt geändert durch die Lohnsteuer-Änderungsrichtlinien 2021 vom 3. Juni 2021 (BStBl. I S. 776)."

EStR 2005 vom 16. 12. 2005 (BStBl. 2005 I Sondernummer 1/2005), geändert durch die **EStÄR 2008** vom 18. 12. 2008 (BStBl. I S. 1017) und durch die **EStÄR 2012** vom 25. 3. 2013 (BStBl. I S. 276) mit den **EStH 2023,** soweit die LStR auf die EStR verweisen (abgedruckt im Anhang **II**).

EStG

lichen Aufenthalt haben, soweit sie inländische Einkünfte im Sinne des § 49 haben. ② Dies gilt nur, wenn ihre Einkünfte im Kalenderjahr mindestens zu 90 Prozent der deutschen Einkommensteuer unterliegen oder die nicht der deutschen Einkommensteuer unterliegenden Einkünfte den Grundfreibetrag nach § 32 a Absatz 1 Satz 2 Nummer 1 nicht übersteigen; dieser Betrag ist zu kürzen, soweit es nach den Verhältnissen im Wohnsitzstaat des Steuerpflichtigen notwendig und angemessen ist. ③ Inländische Einkünfte, die nach einem Abkommen zur Vermeidung der Doppelbesteuerung nur der Höhe nach beschränkt besteuert werden dürfen, gelten hierbei als nicht der deutschen Einkommensteuer unterliegend. ④ Unberücksichtigt bleiben bei der Ermittlung der Einkünfte nach Satz 2 nicht der deutschen Einkommensteuer unterliegende Einkünfte, die im Ausland nicht besteuert werden, soweit vergleichbare Einkünfte im Inland steuerfrei sind. ⑤ Weitere Voraussetzung ist, dass die Höhe der nicht der deutschen Einkommensteuer unterliegenden Einkünfte durch eine Bescheinigung der zuständigen ausländischen Steuerbehörde nachgewiesen wird. ⑥ Der Steuerabzug nach § 50 a ist ungeachtet der Sätze 1 bis 4 vorzunehmen.

4 (4) **Natürliche Personen, die im Inland weder einen Wohnsitz noch ihren gewöhnlichen Aufenthalt haben, sind vorbehaltlich der Absätze 2 und 3 und des § 1 a beschränkt einkommensteuerpflichtig, wenn sie inländische Einkünfte im Sinne des § 49 haben.**

LStH 1

H 1

5 **Erweiterte unbeschränkte Steuerpflicht und unbeschränkte Steuerpflicht auf Antrag**
→ R 1 EStR, H 1 a EStH.

– EStR/EStH abgedruckt in Anhang II –

§ 1a [Fiktive unbeschränkte Steuerpflicht von EU- und EWR-Familienangehörigen] EStG

(1) **Für Staatsangehörige eines Mitgliedstaates der Europäischen Union oder eines Staates, auf den das Abkommen über den Europäischen Wirtschaftsraum anwendbar ist, die nach § 1 Absatz 1 unbeschränkt einkommensteuerpflichtig sind oder die nach § 1 Absatz 3 als unbeschränkt einkommensteuerpflichtig zu behandeln sind, gilt bei Anwendung von § 10 Absatz 1 a und § 26 Absatz 1 Satz 1 Folgendes:** 1

1. **Aufwendungen im Sinne des § 10 Absatz 1 a sind auch dann als Sonderausgaben abziehbar, wenn der Empfänger der Leistung oder Zahlung nicht unbeschränkt einkommensteuerpflichtig ist. ② Voraussetzung ist, dass** 2
   a) **der Empfänger seinen Wohnsitz oder gewöhnlichen Aufenthalt im Hoheitsgebiet eines anderen Mitgliedstaates der Europäischen Union oder eines Staates hat, auf den das Abkommen über den Europäischen Wirtschaftsraum Anwendung findet und**
   b) **die Besteuerung der nach § 10 Absatz 1 a zu berücksichtigenden Leistung oder Zahlung beim Empfänger durch eine Bescheinigung der zuständigen ausländischen Steuerbehörde nachgewiesen wird;**

1 a. *(aufgehoben)*

1 b. *(aufgehoben)*

2. **der nicht dauernd getrennt lebende Ehegatte ohne Wohnsitz oder gewöhnlichen Aufenthalt im Inland wird auf Antrag für die Anwendung des § 26 Absatz 1 Satz 1 als unbeschränkt einkommensteuerpflichtig behandelt. ② Nummer 1 Satz 2 Buchstabe a gilt entsprechend. ③ Bei Anwendung des § 1 Absatz 3 Satz 2 ist auf die Einkünfte beider Ehegatten abzustellen und der Grundfreibetrag nach § 32 a Absatz 1 Satz 2 Nummer 1 zu verdoppeln.** 5

(2) **Für unbeschränkt einkommensteuerpflichtige Personen im Sinne des § 1 Absatz 2, die die Voraussetzungen des § 1 Absatz 3 Satz 2 bis 5 erfüllen, und für unbeschränkt einkommensteuerpflichtige Personen im Sinne des § 1 Absatz 3, die die Voraussetzungen des § 1 Absatz 2 Satz 1 Nummer 1 und 2 erfüllen und an einem ausländischen Dienstort tätig sind, gilt die Regelung des Absatzes 1 Nummer 2 entsprechend mit der Maßgabe, dass auf Wohnsitz oder gewöhnlichen Aufenthalt im Staat des ausländischen Dienstortes abzustellen ist.** 6

EStG

II. Einkommen

1. Sachliche Voraussetzungen für die Besteuerung

§ 2 Umfang der Besteuerung, Begriffsbestimmungen

1 (1) ① **Der Einkommensteuer unterliegen**

1. Einkünfte aus Land- und Forstwirtschaft,
2. Einkünfte aus Gewerbebetrieb,
3. Einkünfte aus selbständiger Arbeit,
4. Einkünfte aus nichtselbständiger Arbeit,
5. Einkünfte aus Kapitalvermögen,
6. Einkünfte aus Vermietung und Verpachtung,
7. sonstige Einkünfte im Sinne des § 22,

die der Steuerpflichtige während seiner unbeschränkten Einkommensteuerpflicht oder als inländische Einkünfte während seiner beschränkten Einkommensteuerpflicht erzielt. ② **Zu welcher Einkunftsart die Einkünfte im einzelnen Fall gehören, bestimmt sich nach den §§ 13 bis 24.**

2 (2) ① **Einkünfte sind**

1. bei Land- und Forstwirtschaft, Gewerbebetrieb und selbständiger Arbeit der Gewinn (§§ 4 bis 7 k und 13 a),
2. bei den anderen Einkunftsarten der Überschuss der Einnahmen über die Werbungskosten (§§ 8 bis 9 a).

② **Bei Einkünften aus Kapitalvermögen tritt § 20 Absatz 9 vorbehaltlich der Regelung in § 32 d Absatz 2 an die Stelle der §§ 9 und 9 a.**

3 (3) **Die Summe der Einkünfte, vermindert um den Altersentlastungsbetrag, den Entlastungsbetrag für Alleinerziehende und den Abzug nach § 13 Absatz 3, ist der Gesamtbetrag der Einkünfte.**

4 (4) **Der Gesamtbetrag der Einkünfte, vermindert um die Sonderausgaben und die außergewöhnlichen Belastungen, ist das Einkommen.**

5 (5) ① **Das Einkommen, vermindert um die Freibeträge nach § 32 Absatz 6 und um die sonstigen vom Einkommen abzuziehenden Beträge, ist das zu versteuernde Einkommen; dieses bildet die Bemessungsgrundlage für die tarifliche Einkommensteuer.** ② **Knüpfen andere Gesetze an den Begriff des zu versteuernden Einkommens an, ist für deren Zweck das Einkommen in allen Fällen des § 32 um die Freibeträge nach § 32 Absatz 6 zu vermindern.**

6 (5 a) ① **Knüpfen außersteuerliche Rechtsnormen an die in den vorstehenden Absätzen definierten Begriffe (Einkünfte, Summe der Einkünfte, Gesamtbetrag der Einkünfte, Einkommen, zu versteuerndes Einkommen) an, erhöhen sich für deren Zwecke diese Größen um die nach § 32 d Absatz 1 und nach § 43 Absatz 5 zu besteuernden Beträge sowie um die nach § 3 Nummer 40 steuerfreien Beträge und mindern sich um die nach § 3 c Absatz 2 nicht abziehbaren Beträge.** ② **Knüpfen außersteuerliche Rechtsnormen an die in den Absätzen 1 bis 3 genannten Begriffe (Einkünfte, Summe der Einkünfte, Gesamtbetrag der Einkünfte) an, mindern sich für deren Zwecke diese Größen um die nach § 10 Absatz 1 Nummer 5 abziehbaren Kinderbetreuungskosten.**

7 (5 b) **Soweit Rechtsnormen dieses Gesetzes an die in den vorstehenden Absätzen definierten Begriffe (Einkünfte, Summe der Einkünfte, Gesamtbetrag der Einkünfte, Einkommen, zu versteuerndes Einkommen) anknüpfen, sind Kapitalerträge nach § 32 d Absatz 1 und § 43 Absatz 5 nicht einzubeziehen.**

8 (6) ① **Die tarifliche Einkommensteuer, vermindert um den Unterschiedsbetrag nach § 32 c Absatz 1 Satz 2, die anzurechnenden ausländischen Steuern und die Steuerermäßigungen, vermehrt um die Steuer nach § 32 d Absatz 3 und 4, die Steuer nach § 34 c Absatz 5 und den Zuschlag nach § 3 Absatz 4 Satz 2 des Forstschäden-Ausgleichsgesetzes in der Fassung der Bekanntmachung vom 26. August 1985 (BGBl. I S. 1756), das zuletzt durch Artikel 412 der Verordnung vom 31. August 2015 (BGBl. I S. 1474) geändert worden ist, in der jeweils geltenden Fassung, ist die festzusetzende Einkommensteuer.** ② **Wurde der Gesamtbetrag der Einkünfte in den Fällen des § 10 a Absatz 2 um Sonderausgaben nach § 10 a Absatz 1 gemindert, ist für die Ermittlung der festzusetzenden Einkommensteuer der Anspruch auf Zulage nach Abschnitt XI der tariflichen Einkommensteuer hinzuzurechnen; bei der Ermittlung der dem Steuerpflichtigen zustehenden Zulage bleibt die Erhöhung der Grundzulage nach § 84 Satz 2 außer Betracht.** ③ **Wird das Einkommen in den Fällen des § 31 um die Freibe-**

EStG

träge nach § 32 Absatz 6 gemindert, ist der Anspruch auf Kindergeld nach Abschnitt X der tariflichen Einkommensteuer hinzuzurechnen; nicht jedoch für Kalendermonate, in denen durch Bescheid der Familienkasse ein Anspruch auf Kindergeld festgesetzt, aber wegen § 70 Absatz 1 Satz 2 nicht ausgezahlt wurde.

(7) ① **Die Einkommensteuer ist eine Jahressteuer.** ② **Die Grundlagen für ihre Festsetzung sind jeweils für ein Kalenderjahr zu ermitteln.** ③ **Besteht während eines Kalenderjahres sowohl unbeschränkte als auch beschränkte Einkommensteuerpflicht, so sind die während der beschränkten Einkommensteuerpflicht erzielten inländischen Einkünfte in eine Veranlagung zur unbeschränkten Einkommensteuerpflicht einzubeziehen.** 9

(8) **Die Regelungen dieses Gesetzes zu Ehegatten und Ehen sind auch auf Lebenspartner und Lebenspartnerschaften anzuwenden.** 10

H 2 → R 2 EStR, H 2 EStH.

LStH 2

– *EStR/EStH abgedruckt in Anhang II* – 11

EStG

2. Steuerfreie Einnahmen

§ 3 [Steuerfreie Einnahmen]

1 **Steuerfrei sind**

1. a) Leistungen aus einer Krankenversicherung, aus einer Pflegeversicherung und aus der gesetzlichen Unfallversicherung,
b) Sachleistungen und Kinderzuschüsse aus den gesetzlichen Rentenversicherungen einschließlich der Sachleistungen nach dem Gesetz über die Alterssicherung der Landwirte,
c) Übergangsgeld nach dem Sechsten Buch Sozialgesetzbuch und Geldleistungen nach den §§ 10, 36 bis 39 des Gesetzes über die Alterssicherung der Landwirte,
d) das Mutterschaftsgeld nach dem Mutterschutzgesetz, der Reichsversicherungsordnung und dem Gesetz über die Krankenversicherung der Landwirte, die Sonderunterstützung für im Familienhaushalt beschäftigte Frauen, der Zuschuss zum Mutterschaftsgeld nach dem Mutterschutzgesetz sowie der Zuschuss bei Beschäftigungsverboten für die Zeit vor oder nach einer Entbindung sowie für den Entbindungstag während einer Elternzeit nach beamtenrechtlichen Vorschriften;

2. a) das Arbeitslosengeld, das Teilarbeitslosengeld, das Kurzarbeitergeld, der Zuschuss zum Arbeitsentgelt, das Übergangsgeld, der Gründungszuschuss, das Qualifizierungsgeld nach dem Dritten Buch Sozialgesetzbuch sowie die übrigen Leistungen nach dem Dritten Buch Sozialgesetzbuch und den entsprechenden Programmen des Bundes und der Länder, soweit sie Arbeitnehmern oder Arbeitsuchenden oder zur Förderung der Aus- oder Weiterbildung oder Existenzgründung der Empfänger gewährt werden,
b) das Insolvenzgeld, Leistungen auf Grund der in § 169 und § 175 Absatz 2 des Dritten Buches Sozialgesetzbuch genannten Ansprüche sowie Zahlungen des Arbeitgebers an einen Sozialleistungsträger auf Grund des gesetzlichen Forderungsübergangs nach § 115 Absatz 1 des Zehnten Buches Sozialgesetzbuch, wenn ein Insolvenzereignis nach § 165 Absatz 1 Satz 2 auch in Verbindung mit Satz 3 des Dritten Buches Sozialgesetzbuch vorliegt,
c) die Arbeitslosenbeihilfe nach dem Soldatenversorgungsgesetz,
d) Leistungen zur Sicherung des Lebensunterhalts und zur Eingliederung in Arbeit nach dem Zweiten Buch Sozialgesetzbuch,
e) mit den in den Nummern 1 bis 2 Buchstabe d und Nummer 67 Buchstabe b genannten Leistungen vergleichbare Leistungen ausländischer Rechtsträger, die ihren Sitz in einem Mitgliedstaat der Europäischen Union, in einem Staat, auf den das Abkommen über den Europäischen Wirtschaftsraum Anwendung findet oder in der Schweiz haben;

2 a. *(aufgehoben)*

2 b. *(aufgehoben)*

3. a) Rentenabfindungen nach § 107 des Sechsten Buches Sozialgesetzbuch, nach § 21 des Beamtenversorgungsgesetzes, nach § 9 Absatz 1 Nummer 3 des Altersgeldgesetzes oder entsprechendem Landesrecht und nach § 59 des Soldatenversorgungsgesetzes in Verbindung mit § 21 des Beamtenversorgungsgesetzes,
b)[1] Beitragserstattungen an den Versicherten nach den §§ 210 und 286 d des Sechsten Buches Sozialgesetzbuch sowie nach den §§ 204, 205 und 207 des Sechsten Buches Sozialgesetzbuch, Beitragserstattungen nach den §§ 75 und 117 des Gesetzes über die Alterssicherung der Landwirte und nach § 26 des Vierten Buches Sozialgesetzbuch,
c) Leistungen aus berufsständischen Versorgungseinrichtungen, die den Leistungen nach den Buchstaben a und b entsprechen,
d) Kapitalabfindungen und Ausgleichszahlungen nach § 48 des Beamtenversorgungsgesetzes oder entsprechendem Landesrecht und nach den §§ 43 bis 50 und 53 des Soldatenversorgungsgesetzes;

4. bei Angehörigen der Bundeswehr, der Bundespolizei, der Zollverwaltung, der Bereitschaftspolizei der Länder, der Vollzugspolizei und der Berufsfeuerwehr der Länder und Gemeinden und bei Vollzugsbeamten der Kriminalpolizei des Bundes, der Länder und Gemeinden
a) der Geldwert der ihnen aus Dienstbeständen überlassenen Dienstkleidung,
b) Einkleidungsbeihilfen und Abnutzungsentschädigungen für die Dienstkleidung der zum Tragen oder Bereithalten von Dienstkleidung Verpflichteten und für

[1] Die Erstattung der Rentenversicherungsbeiträge nach § 210 Abs. 1 a SGB VI ist gemäß § 3 Nr. 3 Buchst. b EStG steuerfrei (BFH-Urteil vom 7. 7. 2020 – X R 35/18, BStBl. II S. 750).

dienstlich notwendige Kleidungsstücke der Vollzugsbeamten der Kriminalpolizei sowie der Angehörigen der Zollverwaltung,

c) im Einsatz gewährte Verpflegung oder Verpflegungszuschüsse,

d) der Geldwert der auf Grund gesetzlicher Vorschriften gewährten Heilfürsorge;

5. a) die Geld- und Sachbezüge, die Wehrpflichtige während des Wehrdienstes nach § 4 des Wehrpflichtgesetzes erhalten,

b) die Geld- und Sachbezüge, die Zivildienstleistende nach § 35 des Zivildienstgesetzes erhalten,

c) die Heilfürsorge, die Soldaten nach § 16 des Wehrsoldgesetzes und Zivildienstleistende nach § 35 des Zivildienstgesetzes erhalten,

d) das an Personen, die einen in § 32 Absatz 4 Satz 1 Nummer 2 Buchstabe d genannten Freiwilligendienst leisten, gezahlte Taschengeld oder eine vergleichbare Geldleistung,

e) Leistungen nach § 5 des Wehrsoldgesetzes;

6. Bezüge, die auf Grund gesetzlicher Vorschriften aus öffentlichen Mitteln versorgungshalber an Wehrdienstbeschädigte, im Freiwilligen Wehrdienst Beschädigte, Zivildienstbeschädigte und im Bundesfreiwilligendienst Beschädigte oder ihre Hinterbliebenen, Kriegsbeschädigte, Kriegshinterbliebene und ihnen gleichgestellte Personen gezahlt werden, soweit es sich nicht um Bezüge handelt, die auf Grund der Dienstzeit gewährt werden. ② Gleichgestellte im Sinne des Satzes 1 sind auch Personen, die Anspruch auf Leistungen nach dem Vierzehnten Buch Sozialgesetzbuch oder auf Unfallfürsorgeleistungen nach dem Soldatenversorgungsgesetz, Soldatenentschädigungsgesetz, Beamtenversorgungsgesetz oder vergleichbarem Landesrecht haben;

7. Ausgleichsleistungen nach dem Lastenausgleichsgesetz, Leistungen nach dem Flüchtlingshilfegesetz, dem Bundesvertriebenengesetz, dem Reparationsschädengesetz, dem Vertriebenenzuwendungsgesetz, dem NS-Verfolgtenentschädigungsgesetz sowie Leistungen nach dem Entschädigungsgesetz und nach dem Ausgleichsleistungsgesetz, soweit sie nicht Kapitalerträge im Sinne des § 20 Absatz 1 Nummer 7 und Absatz 2 sind;

8. Geldrenten, Kapitalentschädigungen und Leistungen im Heilverfahren, die auf Grund gesetzlicher Vorschriften zur Wiedergutmachung nationalsozialistischen Unrechts gewährt werden. ② Die Steuerpflicht von Bezügen aus einem aus Wiedergutmachungsgründen neu begründeten oder wieder begründeten Dienstverhältnis sowie von Bezügen aus einem früheren Dienstverhältnis, die aus Wiedergutmachungsgründen neu gewährt oder wieder gewährt werden, bleibt unberührt;

8 a. Renten wegen Alters und Renten wegen verminderter Erwerbsfähigkeit aus der gesetzlichen Rentenversicherung, die an Verfolgte im Sinne des § 1 des Bundesentschädigungsgesetzes gezahlt werden, wenn rentenrechtliche Zeiten auf Grund der Verfolgung in der Rente enthalten sind. ② Renten wegen Todes aus der gesetzlichen Rentenversicherung, wenn der verstorbene Versicherte Verfolgter im Sinne des § 1 des Bundesentschädigungsgesetzes war und wenn rentenrechtliche Zeiten auf Grund der Verfolgung in dieser Rente enthalten sind;

9. Erstattungen nach § 23 Absatz 2 Satz 1 Nummer 3 und 4 sowie nach § 39 Absatz 4 Satz 2 des Achten Buches Sozialgesetzbuch;

10. Einnahmen einer Gastfamilie für die Aufnahme eines Menschen mit Behinderungen oder von Behinderung bedrohten Menschen nach § 2 Absatz 1 des Neunten Buches Sozialgesetzbuch zur Pflege, Betreuung, Unterbringung und Verpflegung, die auf Leistungen eines Leistungsträgers nach dem Sozialgesetzbuch beruhen. ② Für Einnahmen im Sinne des Satzes 1, die nicht auf Leistungen eines Leistungsträgers nach dem Sozialgesetzbuch beruhen, gilt Entsprechendes bis zur Höhe der Leistungen nach dem Zwölften Buch Sozialgesetzbuch. ③ Überschreiten die auf Grund der in Satz 1 bezeichneten Tätigkeit bezogenen Einnahmen der Gastfamilie den steuerfreien Betrag, dürfen die mit der Tätigkeit in unmittelbarem wirtschaftlichen Zusammenhang stehenden Ausgaben abweichend von § 3 c nur insoweit als Betriebsausgaben abgezogen werden, als sie den Betrag der steuerfreien Einnahmen übersteigen;

[alte Fassung: *10.*[1] *Übergangsgelder und Übergangsbeihilfen auf Grund gesetzlicher Vorschriften wegen Entlassung aus einem Dienstverhältnis, höchstens jedoch 10 800 Euro;*]

11. Bezüge aus öffentlichen Mitteln oder aus Mitteln einer öffentlichen Stiftung, die wegen Hilfsbedürftigkeit oder als Beihilfe zu dem Zweck bewilligt werden, die Erziehung oder Ausbildung, die Wissenschaft oder Kunst unmittelbar zu fördern.

[1] § 3 Nr. 10 (alte Fassung) aufgehoben durch Gesetz vom 22. 12. 2005 (BGBl. I S. 3682). Zur Weiteranwendung für Entlassungen **vor dem 1. 1. 2006** und für Übergangsbeihilfen an Zeitsoldaten bei vor dem 1. 1. 2006 begründeten Dienstverhältnissen siehe § 52 Abs. 4 Satz 3.

EStG

②Darunter fallen nicht Kinderzuschläge und Kinderbeihilfen, die auf Grund der Besoldungsgesetze, besonderer Tarife oder ähnlicher Vorschriften gewährt werden. ③Voraussetzung für die Steuerfreiheit ist, dass der Empfänger mit den Bezügen nicht zu einer bestimmten wissenschaftlichen oder künstlerischen Gegenleistung oder zu einer bestimmten Arbeitnehmertätigkeit verpflichtet wird. ④Den Bezügen aus öffentlichen Mitteln wegen Hilfsbedürftigkeit gleichgestellt sind Beitragsermäßigungen und Prämienrückzahlungen eines Trägers der gesetzlichen Krankenversicherung für nicht in Anspruch genommene Beihilfeleistungen;

11 a. zusätzlich zum ohnehin geschuldeten Arbeitslohn vom Arbeitgeber in der Zeit vom 1. März 2020 bis zum 31. März 2022 auf Grund der Corona-Krise an seine Arbeitnehmer in Form von Zuschüssen und Sachbezügen gewährte Beihilfen und Unterstützungen bis zu einem Betrag von 1 500 Euro;

11 b.[1] zusätzlich zum ohnehin geschuldeten Arbeitslohn vom Arbeitgeber in der Zeit vom 18. November 2021 bis zum 31. Dezember 2022 an seine Arbeitnehmer zur Anerkennung besonderer Leistungen während der Corona-Krise gewährte Leistungen bis zu einem Betrag von 4 500 Euro. ②Voraussetzung für die Steuerbefreiung ist, dass die Arbeitnehmer in Einrichtungen im Sinne des § 23 Absatz 3 Satz 1 Nummer 1 bis 4, 8, 11 oder Nummer 12 des Infektionsschutzgesetzes oder § 36 Absatz 1 Nummer 2 oder Nummer 7 des Infektionsschutzgesetzes tätig sind; maßgeblich ist jeweils die am 22. Juni 2022 gültige Fassung des Infektionsschutzgesetzes. ③Die Steuerbefreiung gilt entsprechend für Personen, die in den in Satz 2 genannten Einrichtungen im Rahmen einer Arbeitnehmerüberlassung oder im Rahmen eines Werk- oder Dienstleistungsvertrags eingesetzt werden. ④Nummer 11 a findet auf die Leistungen im Sinne der Sätze 1 bis 3 keine Anwendung. ⑤Abweichend von Satz 1 gilt die Steuerbefreiung für Leistungen nach § 150 c des Elften Buches Sozialgesetzbuch in der Fassung des Gesetzes zur Stärkung des Schutzes der Bevölkerung und insbesondere vulnerabler Personengruppen vor COVID-19 vom 16. September 2022 (BGBl. I S. 1454) auch dann, wenn sie in der Zeit bis zum 31. Mai 2023 gewährt werden;

11 c. zusätzlich zum ohnehin geschuldeten Arbeitslohn vom Arbeitgeber in der Zeit vom 26. Oktober 2022 bis zum 31. Dezember 2024 in Form von Zuschüssen und Sachbezügen gewährte Leistungen zur Abmilderung der gestiegenen Verbraucherpreise bis zu einem Betrag von 3 000 Euro;

12. aus einer Bundeskasse oder Landeskasse gezahlte Bezüge, die zum einen
    a) in einem Bundesgesetz oder Landesgesetz,
    b) auf Grundlage einer bundesgesetzlichen oder landesgesetzlichen Ermächtigung beruhenden Bestimmung oder
    c) von der Bundesregierung oder einer Landesregierung

    als Aufwandsentschädigung festgesetzt sind und die zum anderen jeweils auch als Aufwandsentschädigung im Haushaltsplan ausgewiesen werden. ②Das Gleiche gilt für andere Bezüge, die als Aufwandsentschädigung aus öffentlichen Kassen an öffentliche Dienste leistende Personen gezahlt werden, soweit nicht festgestellt wird, dass sie für Verdienstausfall oder Zeitverlust gewährt werden oder den Aufwand, der dem Empfänger erwächst, offenbar übersteigen;

13. die aus öffentlichen Kassen gezahlten Reisekostenvergütungen, Umzugskostenvergütungen und Trennungsgelder. ②Die als Reisekostenvergütungen gezahlten Vergütungen für Verpflegung sind nur insoweit steuerfrei, als sie die Pauschbeträge nach § 9 Absatz 4 a nicht übersteigen; Trennungsgelder sind nur insoweit steuerfrei, als sie die nach § 9 Absatz 1 Satz 3 Nummer 5 und Absatz 4 a abziehbaren Aufwendungen nicht übersteigen;

14. Zuschüsse eines Trägers der gesetzlichen Rentenversicherung zu den Aufwendungen eines Rentners für seine Krankenversicherung und von dem gesetzlichen Rentenversicherungsträger getragene Anteile (§ 249 a des Fünften Buches Sozialgesetzbuch) an den Beiträgen für die gesetzliche Krankenversicherung;

14 a.[2] der Anteil der Rente aus der gesetzlichen Rentenversicherung, der auf Grund des Zuschlags an Entgeltpunkten für langjährige Versicherung nach dem Sechsten Buch Sozialgesetzbuch geleistet wird;

15. Zuschüsse des Arbeitgebers, die zusätzlich zum ohnehin geschuldeten Arbeitslohn zu den Aufwendungen des Arbeitnehmers für Fahrten mit öffentlichen Verkehrsmitteln im Linienverkehr (ohne Luftverkehr) zwischen Wohnung und erster Tätigkeitsstätte und nach § 9 Absatz 1 Satz 3 Nummer 4 a Satz 3 sowie für Fahrten im öffentlichen Personennahverkehr gezahlt werden. ②Das Gleiche gilt für die unentgeltliche oder verbilligte Nutzung öffentlicher Verkehrsmittel im Linienverkehr

[1] Zur Anwendung von § 3 Nr. 11 b siehe § 52 Abs. 4 Satz 4.
[2] Zur Anwendung von § 3 Nr. 14 a siehe § 52 Abs. 4 Sätze 5 bis 8.

(ohne Luftverkehr) für Fahrten zwischen Wohnung und erster Tätigkeitsstätte und nach § 9 Absatz 1 Satz 3 Nummer 4 a Satz 3 sowie für Fahrten im öffentlichen Personennahverkehr, die der Arbeitnehmer auf Grund seines Dienstverhältnisses zusätzlich zum ohnehin geschuldeten Arbeitslohn in Anspruch nehmen kann. ③ Die nach den Sätzen 1 und 2 steuerfreien Leistungen mindern den nach § 9 Absatz 1 Satz 3 Nummer 4 Satz 2 abziehbaren Betrag;

16. die Vergütungen, die Arbeitnehmer außerhalb des öffentlichen Dienstes von ihrem Arbeitgeber zur Erstattung von Reisekosten, Umzugskosten oder Mehraufwendungen bei doppelter Haushaltsführung erhalten, soweit sie die nach § 9 als Werbungskosten abziehbaren Aufwendungen nicht übersteigen;

17. Zuschüsse zum Beitrag nach § 32 des Gesetzes über die Alterssicherung der Landwirte;

18. . . .

19. Weiterbildungsleistungen des Arbeitgebers oder auf dessen Veranlassung von einem Dritten

a) für Maßnahmen nach § 82 Absatz 1 und 2 und § 82 a des Dritten Buches Sozialgesetzbuch oder |

b) die der Verbesserung der Beschäftigungsfähigkeit des Arbeitnehmers dienen.

② Steuerfrei sind auch Beratungsleistungen des Arbeitgebers oder auf dessen Veranlassung von einem Dritten zur beruflichen Neuorientierung bei Beendigung des Dienstverhältnisses. ③ Die Leistungen im Sinne der Sätze 1 und 2 dürfen keinen überwiegenden Belohnungscharakter haben;

20. die aus öffentlichen Mitteln des Bundespräsidenten aus sittlichen oder sozialen Gründen gewährten Zuwendungen an besonders verdiente Personen oder ihre Hinterbliebenen;

21. und 22. *(aufgehoben)*

23. Leistungen nach

a) dem Häftlingshilfegesetz,

b) dem Strafrechtlichen Rehabilitierungsgesetz,

c) dem Verwaltungsrechtlichen Rehabilitierungsgesetz,

d) dem Beruflichen Rehabilitierungsgesetz,

e) dem Gesetz zur strafrechtlichen Rehabilitierung der nach dem 8. Mai 1945 wegen einvernehmlicher homosexueller Handlungen verurteilten Personen und

f) dem Gesetz zur Rehabilitierung der wegen einvernehmlicher homosexueller Handlungen, wegen ihrer homosexuellen Orientierung oder wegen ihrer geschlechtlichen Identität dienstrechtlich benachteiligten Soldatinnen und Soldaten;

24. Leistungen, die auf Grund des Bundeskindergeldgesetzes gewährt werden;

25. Entschädigungen nach dem Infektionsschutzgesetz vom 20. Juli 2000 (BGBl. I S. 1045);

26. Einnahmen aus nebenberuflichen Tätigkeiten als Übungsleiter, Ausbilder, Erzieher, Betreuer oder vergleichbaren nebenberuflichen Tätigkeiten, aus nebenberuflichen künstlerischen Tätigkeiten oder der nebenberuflichen Pflege alter, kranker Menschen oder Menschen mit Behinderungen im Dienst oder im Auftrag einer juristischen Person des öffentlichen Rechts, die in einem Mitgliedstaat der Europäischen Union, in einem Staat, auf den das Abkommen über den Europäischen Wirtschaftsraum Anwendung findet, oder in der Schweiz belegen ist, oder einer unter § 5 Absatz 1 Nummer 9 des Körperschaftsteuergesetzes fallenden Einrichtung zur Förderung gemeinnütziger, mildtätiger und kirchlicher Zwecke (§§ 52 bis 54 der Abgabenordnung) bis zur Höhe von insgesamt 3 000 Euro im Jahr. ② Überschreiten die Einnahmen für die in Satz 1 bezeichneten Tätigkeiten den steuerfreien Betrag, dürfen die mit den nebenberuflichen Tätigkeiten in unmittelbarem wirtschaftlichen Zusammenhang stehenden Ausgaben abweichend von § 3 c nur insoweit als Betriebsausgaben oder Werbungskosten abgezogen werden, als sie den Betrag der steuerfreien Einnahmen übersteigen;

26 a. Einnahmen aus nebenberuflichen Tätigkeiten im Dienst oder Auftrag einer juristischen Person des öffentlichen Rechts, die in einem Mitgliedstaat der Europäischen Union, in einem Staat, auf den das Abkommen über den Europäischen Wirtschaftsraum Anwendung findet, oder in der Schweiz belegen ist, oder einer unter § 5 Absatz 1 Nummer 9 des Körperschaftsteuergesetzes fallenden Einrichtung zur Förderung gemeinnütziger, mildtätiger und kirchlicher Zwecke (§§ 52 bis 54 der Abgabenordnung) bis zur Höhe von insgesamt 840 Euro im Jahr. ② Die Steuerbefreiung ist ausgeschlossen, wenn für die Einnahmen aus der Tätigkeit – ganz oder teilweise – eine Steuerbefreiung nach § 3 Nummer 12, 26 oder 26 b gewährt wird. ③ Überschreiten die Einnahmen für die in Satz 1 bezeichneten Tätigkeiten den

EStG

steuerfreien Betrag, dürfen die mit den nebenberuflichen Tätigkeiten in unmittelbarem wirtschaftlichen Zusammenhang stehenden Ausgaben abweichend von § 3c nur insoweit als Betriebsausgaben oder Werbungskosten abgezogen werden, als sie den Betrag der steuerfreien Einnahmen übersteigen;

26b. Aufwandspauschalen nach § 1878 des Bürgerlichen Gesetzbuchs, soweit sie zusammen mit den steuerfreien Einnahmen im Sinne der Nummer 26 den Freibetrag nach Nummer 26 Satz 1 nicht überschreiten. ② Nummer 26 Satz 2 gilt entsprechend;

27. der Grundbetrag der Produktionsaufgaberente und das Ausgleichsgeld nach dem Gesetz zur Förderung der Einstellung der landwirtschaftlichen Erwerbstätigkeit bis zum Höchstbetrag von 18 407 Euro;

28. die Aufstockungsbeträge im Sinne des § 3 Absatz 1 Nummer 1 Buchstabe a sowie die Beiträge und Aufwendungen im Sinne des § 3 Absatz 1 Nummer 1 Buchstabe b und des § 4 Absatz 2 des Altersteilzeitgesetzes, die Zuschläge, die versicherungsfrei Beschäftigte im Sinne des § 27 Absatz 1 Nummer 1 bis 3 des Dritten Buches Sozialgesetzbuch zur Aufstockung der Bezüge bei Altersteilzeit nach beamtenrechtlichen Vorschriften oder Grundsätzen erhalten sowie die Zahlungen des Arbeitgebers zur Übernahme der Beiträge im Sinne des § 187a des Sechsten Buches Sozialgesetzbuch, soweit sie 50 Prozent der Beiträge nicht übersteigen;

28a. Zuschüsse des Arbeitgebers zum Kurzarbeitergeld und Saison-Kurzarbeitergeld, soweit sie zusammen mit dem Kurzarbeitergeld 80 Prozent des Unterschiedsbetrags zwischen dem Soll-Entgelt und dem Ist-Entgelt nach § 106 des Dritten Buches Sozialgesetzbuch nicht übersteigen und sie für Lohnzahlungszeiträume, die nach dem 29. Februar 2020 beginnen und vor dem 1. Juli 2022 enden, geleistet werden;

29. das Gehalt und die Bezüge,
a) die die diplomatischen Vertreter ausländischer Staaten, die ihnen zugewiesenen Beamten und die in ihren Diensten stehenden Personen erhalten. ② Dies gilt nicht für deutsche Staatsangehörige oder für im Inland ständig ansässige Personen;
b) der Berufskonsuln, der Konsulatsangehörigen und ihres Personals, soweit sie Angehörige des Entsendestaates sind. ② Dies gilt nicht für Personen, die im Inland ständig ansässig sind oder außerhalb ihres Amtes oder Dienstes einen Beruf, ein Gewerbe oder eine andere gewinnbringende Tätigkeit ausüben;

30. Entschädigungen für die betriebliche Benutzung von Werkzeugen eines Arbeitnehmers (Werkzeuggeld), soweit sie die entsprechenden Aufwendungen des Arbeitnehmers nicht offensichtlich übersteigen;

31. die typische Berufskleidung, die der Arbeitgeber seinem Arbeitnehmer unentgeltlich oder verbilligt überlässt; dasselbe gilt für eine Barablösung eines nicht nur einzelvertraglichen Anspruchs auf Gestellung von typischer Berufskleidung, wenn die Barablösung betrieblich veranlasst ist und die entsprechenden Aufwendungen des Arbeitnehmers nicht offensichtlich übersteigt;

32. die unentgeltliche oder verbilligte Sammelbeförderung eines Arbeitnehmers zwischen Wohnung und erster Tätigkeitsstätte sowie bei Fahrten nach § 9 Absatz 1 Satz 3 Nummer 4a Satz 3 mit einem vom Arbeitgeber gestellten Beförderungsmittel, soweit die Sammelbeförderung für den betrieblichen Einsatz des Arbeitnehmers notwendig ist;

33. zusätzlich zum ohnehin geschuldeten Arbeitslohn erbrachte Leistungen des Arbeitgebers zur Unterbringung und Betreuung von nicht schulpflichtigen Kindern der Arbeitnehmer in Kindergärten oder vergleichbaren Einrichtungen;

34.[1] zusätzlich zum ohnehin geschuldeten Arbeitslohn erbrachte Leistungen des Arbeitgebers zur Verhinderung und Verminderung von Krankheitsrisiken und zur Förderung der Gesundheit in Betrieben, die hinsichtlich Qualität, Zweckbindung, Zielgerichtetheit und Zertifizierung den Anforderungen der §§ 20 und 20b des Fünften Buches Sozialgesetzbuch genügen, soweit sie 600 Euro im Kalenderjahr nicht übersteigen;

34a. zusätzlich zum ohnehin geschuldeten Arbeitslohn erbrachte Leistungen des Arbeitgebers
a) an ein Dienstleistungsunternehmen, das den Arbeitnehmer hinsichtlich der Betreuung von Kindern oder pflegebedürftigen Angehörigen berät oder hierfür Betreuungspersonen vermittelt sowie
b) zur kurzfristigen Betreuung von Kindern im Sinne des § 32 Absatz 1, die das 14. Lebensjahr noch nicht vollendet haben oder die wegen einer vor Vollendung

[1] Zur Anwendung von § 3 Nr. 34 siehe § 52 Abs. 4 Satz 6.

des 25. Lebensjahres eingetretenen körperlichen, geistigen oder seelischen Behinderung außerstande sind, sich selbst zu unterhalten oder pflegebedürftigen Angehörigen des Arbeitnehmers, wenn die Betreuung aus zwingenden und beruflich veranlassten Gründen notwendig ist, auch wenn sie im privaten Haushalt des Arbeitnehmers stattfindet, soweit die Leistungen 600 Euro im Kalenderjahr nicht übersteigen;

35. die Einnahmen der bei der Deutsche Post AG, Deutsche Postbank AG oder Deutsche Telekom AG beschäftigten Beamten, soweit die Einnahmen ohne Neuordnung des Postwesens und der Telekommunikation nach den Nummern 11 bis 13 und 64 steuerfrei wären;

36. Einnahmen für Leistungen zu körperbezogenen Pflegemaßnahmen, pflegerischen Betreuungsmaßnahmen oder Hilfen bei der Haushaltsführung bis zur Höhe des Pflegegeldes nach § 37 des Elften Buches Sozialgesetzbuch, mindestens aber bis zur Höhe des Entlastungsbetrages nach § 45b Absatz 1 Satz 1 des Elften Buches Sozialgesetzbuch, wenn diese Leistungen von Angehörigen des Pflegebedürftigen oder von anderen Personen, die damit eine sittliche Pflicht im Sinne des § 33 Absatz 2 gegenüber dem Pflegebedürftigen erfüllen, erbracht werden. ② Entsprechendes gilt, wenn der Pflegebedürftige vergleichbare Leistungen aus privaten Versicherungsverträgen nach den Vorgaben des Elften Buches Sozialgesetzbuch oder nach den Beihilfevorschriften für häusliche Pflege erhält;

37.[1] zusätzlich zum ohnehin geschuldeten Arbeitslohn vom Arbeitgeber gewährte Vorteile für die Überlassung eines betrieblichen Fahrrads, das kein Kraftfahrzeug im Sinne des § 6 Absatz 1 Nummer 4 Satz 2 ist;

38. Sachprämien, die der Steuerpflichtige für die persönliche Inanspruchnahme von Dienstleistungen von Unternehmen unentgeltlich erhält, die diese zum Zwecke der Kundenbindung im allgemeinen Geschäftsverkehr in einem jedermann zugänglichen planmäßigen Verfahren gewähren, soweit der Wert der Prämien 1 080 Euro im Kalenderjahr nicht übersteigt;

39. der Vorteil des Arbeitnehmers im Rahmen eines gegenwärtigen Dienstverhältnisses aus der unentgeltlichen oder verbilligten Überlassung von Vermögensbeteiligungen im Sinne des § 2 Absatz 1 Nummer 1 Buchstabe a, b und f bis l und Absatz 2 bis 5 des Fünften Vermögensbildungsgesetzes in der Fassung der Bekanntmachung vom 4. März 1994 (BGBl. I S. 406), zuletzt geändert durch Artikel 2 des Gesetzes vom 7. März 2009 (BGBl. I S. 451), in der jeweils geltenden Fassung, am Unternehmen des Arbeitgebers, soweit der Vorteil insgesamt 2 000 Euro im Kalenderjahr nicht übersteigt. ② Voraussetzung für die Steuerfreiheit ist, dass die Beteiligung mindestens allen Arbeitnehmern offensteht, die im Zeitpunkt der Bekanntgabe des Angebots ein Jahr oder länger ununterbrochen in einem gegenwärtigen Dienstverhältnis zum Unternehmen stehen. ③ Als Unternehmen des Arbeitgebers im Sinne des Satzes 1 gilt auch ein Unternehmen im Sinne des § 18 des Aktiengesetztes. ④ Als Wert der Vermögensbeteiligung ist der gemeine Wert anzusetzen;

40. bis 41. . . .

42. die Zuwendungen, die auf Grund des Fulbright-Abkommens gezahlt werden;

43. der Ehrensold für Künstler sowie Zuwendungen aus Mitteln der Deutschen Künstlerhilfe, wenn es sich um Bezüge aus öffentlichen Mitteln handelt, die wegen der Bedürftigkeit des Künstlers gezahlt werden;

44. Stipendien, die aus öffentlichen Mitteln oder von zwischenstaatlichen oder überstaatlichen Einrichtungen, denen die Bundesrepublik Deutschland als Mitglied angehört, zur Förderung der Forschung oder zur Förderung der wissenschaftlichen oder künstlerischen Ausbildung oder Fortbildung gewährt werden. ② Das Gleiche gilt für Stipendien, die zu den in Satz 1 bezeichneten Zwecken von einer Einrichtung, die von einer Körperschaft des öffentlichen Rechts errichtet ist oder verwaltet wird, oder von einer Körperschaft, Personenvereinigung oder Vermögensmasse im Sinne des § 5 Absatz 1 Nummer 9 des Körperschaftsteuergesetzes gegeben werden. ③ Voraussetzung für die Steuerfreiheit ist, dass

a) die Stipendien einen für die Erfüllung der Forschungsaufgabe oder für die Bestreitung des Lebensunterhalts und die Deckung des Ausbildungsbedarfs erforderlichen Betrag nicht übersteigen und nach den von dem Geber erlassenen Richtlinien vergeben werden,

b) der Empfänger im Zusammenhang mit dem Stipendium nicht zu einer bestimmten wissenschaftlichen oder künstlerischen Gegenleistung oder zu einer bestimmten Arbeitnehmertätigkeit verpflichtet ist;

---

[1] Zur letztmaligen Anwendung von § 3 Nr. 37 siehe § 52 Abs. 4 Satz 7.

EStG

45. die Vorteile des Arbeitnehmers aus der privaten Nutzung von betrieblichen Datenverarbeitungsgeräten und Telekommunikationsgeräten sowie deren Zubehör, aus zur privaten Nutzung überlassenen System- und Anwendungsprogrammen, die der Arbeitgeber auch in seinem Betrieb einsetzt, und aus den im Zusammenhang mit diesen Zuwendungen erbrachten Dienstleistungen. ② Satz 1 gilt entsprechend für Steuerpflichtige, denen die Vorteile im Rahmen einer Tätigkeit zugewendet werden, für die sie eine Aufwandsentschädigung im Sinne des § 3 Nummer 12 erhalten;
46.[1] zusätzlich zum ohnehin geschuldeten Arbeitslohn vom Arbeitgeber gewährte Vorteile für das elektrische Aufladen eines Elektrofahrzeugs oder Hybridelektrofahrzeugs im Sinne des § 6 Absatz 1 Nummer 4 Satz 2 zweiter Halbsatz an einer ortsfesten betrieblichen Einrichtung des Arbeitgebers oder eines verbundenen Unternehmens (§ 15 des Aktiengesetzes) und für die zur privaten Nutzung überlassene betriebliche Ladevorrichtung;
47. Leistungen nach § 14 a Absatz 4 und § 14 b des Arbeitsplatzschutzgesetzes;
48. Leistungen nach dem Unterhaltssicherungsgesetz mit Ausnahme der Leistungen nach § 6 des Unterhaltssicherungsgesetzes;
49. *(aufgehoben)*
50. die Beträge, die der Arbeitnehmer vom Arbeitgeber erhält, um sie für ihn auszugeben (durchlaufende Gelder), und die Beträge, durch die Auslagen des Arbeitnehmers für den Arbeitgeber ersetzt werden (Auslagenersatz);
51. Trinkgelder, die anlässlich einer Arbeitsleistung dem Arbeitnehmer von Dritten freiwillig und ohne dass ein Rechtsanspruch auf sie besteht, zusätzlich zu dem Betrag gegeben werden, der für diese Arbeitsleistung zu zahlen ist;
52. *(weggefallen)*
53. die Übertragung von Wertguthaben nach § 7 f Absatz 1 Satz 1 Nummer 2 des Vierten Buches Sozialgesetzbuch auf die Deutsche Rentenversicherung Bund. ② Die Leistungen aus dem Wertguthaben durch die Deutsche Rentenversicherung Bund gehören zu den Einkünften aus nichtselbständiger Arbeit im Sinne des § 19. ③ Von ihnen ist Lohnsteuer einzubehalten;
54. ...
55. der in den Fällen des § 4 Absatz 2 Nummer 2 und Absatz 3 des Betriebsrentengesetzes[2] vom 19. Dezember 1974 (BGBl. I S. 3610), das zuletzt durch Artikel 8 des Gesetzes vom 5. Juli 2004 (BGBl. I S. 1427) geändert worden ist, in der jeweils geltenden Fassung geleistete Übertragungswert nach § 4 Absatz 5 des Betriebsrentengesetzes, wenn die betriebliche Altersversorgung beim ehemaligen und neuen Arbeitgeber über einen Pensionsfonds, eine Pensionskasse oder ein Unternehmen der Lebensversicherung durchgeführt wird; dies gilt auch, wenn eine Versorgungsanwartschaft aus einer betrieblichen Altersversorgung auf Grund vertraglicher Vereinbarung ohne Fristerfordernis unverfallbar ist. ② Satz 1 gilt auch, wenn der Übertragungswert vom ehemaligen Arbeitgeber oder von einer Unterstützungskasse an den neuen Arbeitgeber oder eine andere Unterstützungskasse geleistet wird. ③ Die Leistungen des neuen Arbeitgebers, der Unterstützungskasse, des Pensionsfonds, der Pensionskasse oder des Unternehmens der Lebensversicherung auf Grund des Betrags nach Satz 1 und 2 gehören zu den Einkünften, zu denen die Leistungen gehören würden, wenn die Übertragung nach § 4 Absatz 2 Nummer 2 und Absatz 3 des Betriebsrentengesetzes nicht stattgefunden hätte;
55 a.[3] die nach § 10 des Versorgungsausgleichsgesetzes vom 3. April 2009 (BGBl. I S. 700) in der jeweils geltenden Fassung (interne Teilung) durchgeführte Übertragung von Anrechten für die ausgleichsberechtigte Person zu Lasten von Anrechten der ausgleichspflichtigen Person. ② Die Leistungen aus diesen Anrechten gehören bei der ausgleichsberechtigten Person zu den Einkünften, zu denen die Leistungen bei der ausgleichspflichtigen Person gehören würden, wenn die interne Teilung nicht stattgefunden hätte;
55 b.[4] der nach § 14 des Versorgungsausgleichsgesetzes (externe Teilung) geleistete Ausgleichswert zur Begründung von Anrechten für die ausgleichsberechtigte Person zu Lasten von Anrechten der ausgleichspflichtigen Person, soweit Leistungen aus diesen Anrechten zu steuerpflichtigen Einkünften nach den §§ 19, 20 und 22 führen würden. ② Satz 1 gilt nicht, soweit Leistungen, die auf dem begründeten Anrecht beruhen, bei der ausgleichsberechtigten Person zu Einkünften nach § 20

[1] Zur erst- und letztmaligen Anwendung von § 3 Nr. 46 siehe § 52 Abs. 4 Satz 14.
[2] Aktuelle Fassung abgedruckt im Anhang **I 15**.
[3] Zu § 3 Nr. 55 a siehe auch § 52 Abs. 28 Satz 9.
[4] Zu § 3 Nr. 55 b siehe auch § 52 Abs. 28 Satz 9.

Absatz 1 Nummer 6 oder § 22 Nummer 1 Satz 3 Buchstabe a Doppelbuchstabe bb führen würden. ③ Der Versorgungsträger der ausgleichspflichtigen Person hat den Versorgungsträger der ausgleichsberechtigten Person über die für die Besteuerung der Leistungen erforderlichen Grundlagen zu informieren. ④ Dies gilt nicht, wenn der Versorgungsträger der ausgleichsberechtigten Person die Grundlagen bereits kennt oder aus den bei ihm vorhandenen Daten feststellen kann und dieser Umstand dem Versorgungsträger der ausgleichspflichtigen Person mitgeteilt worden ist;

55 c. Übertragungen von Altersvorsorgevermögen im Sinne des § 92 auf einen anderen auf den Namen des Steuerpflichtigen lautenden Altersvorsorgevertrag (§ 1 Absatz 1 Satz 1 Nummer 10 Buchstabe b des Altersvorsorgeverträge-Zertifizierungsgesetzes), soweit die Leistungen zu steuerpflichtigen Einkünften nach § 22 Nummer 5 führen würden. ② Dies gilt entsprechend

a) wenn Anwartschaften aus einer betrieblichen Altersversorgung, die über einen Pensionsfonds, eine Pensionskasse oder ein Unternehmen der Lebensversicherung (Direktversicherung) durchgeführt wird, lediglich auf einen anderen Träger einer betrieblichen Altersversorgung in Form eines Pensionsfonds, einer Pensionskasse oder eines Unternehmens der Lebensversicherung (Direktversicherung) übertragen werden, soweit keine Zahlungen unmittelbar an den Arbeitnehmer erfolgen,

b) wenn Anwartschaften der betrieblichen Altersversorgung abgefunden werden, soweit das Altersvorsorgevermögen zugunsten eines auf den Namen des Steuerpflichtigen lautenden Altersvorsorgevertrages geleistet wird,

c) wenn im Fall des Todes des Steuerpflichtigen das Altersvorsorgevermögen auf einen auf den Namen des Ehegatten lautenden Altersvorsorgevertrag übertragen wird, wenn die Ehegatten im Zeitpunkt des Todes des Zulageberechtigten nicht dauernd getrennt gelebt haben (§ 26 Absatz 1) und ihren Wohnsitz oder gewöhnlichen Aufenthalt in einem Mitgliedstaat der Europäischen Union oder einem Staat hatten, auf den das Abkommen über den Europäischen Wirtschaftsraum anwendbar ist; dies gilt auch, wenn die Ehegatten ihren vor dem Zeitpunkt, ab dem das Vereinigte Königreich Großbritannien und Nordirland nicht mehr Mitgliedstaat der Europäischen Union ist und auch nicht wie ein solcher zu behandeln ist, begründeten Wohnsitz oder gewöhnlichen Aufenthalt im Vereinigten Königreich Großbritannien und Nordirland hatten und der Vertrag vor dem 23. Juni 2016 abgeschlossen worden ist;

55 d. Übertragungen von Anrechten aus einem nach § 5 a Altersvorsorgeverträge-Zertifizierungsgesetz zertifizierten Vertrag auf einen anderen auf den Namen des Steuerpflichtigen lautenden nach § 5 a Altersvorsorgeverträge-Zertifizierungsgesetz zertifizierten Vertrag;

55 e. die auf Grund eines Abkommens mit einer zwischen- oder überstaatlichen Einrichtung übertragenen Werte von Anrechten auf Altersversorgung, soweit diese zur Begründung von Anrechten auf Altersversorgung bei einer zwischen- oder überstaatlichen Einrichtung dienen. ② Die Leistungen auf Grund des Betrags nach Satz 1 gehören zu den Einkünften, zu denen die Leistungen gehören, die die übernehmende Versorgungseinrichtung im Übrigen erbringt;

56. Zuwendungen des Arbeitgebers nach § 19 Absatz 1 Satz 1 Nummer 3 Satz 1 aus dem ersten Dienstverhältnis an eine Pensionskasse zum Aufbau einer nicht kapitalgedeckten betrieblichen Altersversorgung, bei der eine Auszahlung der zugesagten Alters-, Invaliditäts- oder Hinterbliebenenversorgung entsprechend § 82 Absatz 2 Satz 2 vorgesehen ist, soweit diese Zuwendungen im Kalenderjahr 2 Prozent der Beitragsbemessungsgrenze in der allgemeinen Rentenversicherung nicht übersteigen. ② Der in Satz 1 genannte Höchstbetrag erhöht sich ab 1. Januar 2020 auf 3 Prozent und ab 1. Januar 2025 auf 4 Prozent der Beitragsbemessungsgrenze in der allgemeinen Rentenversicherung. ③ Die Beträge nach den Sätzen 1 und 2 sind jeweils um die nach § 3 Nummer 63 Satz 1, 3 oder Satz 4 steuerfreien Beträge zu mindern;

57. die Beträge, die die Künstlersozialkasse zugunsten des nach dem Künstlersozialversicherungsgesetz Versicherten aus dem Aufkommen von Künstlersozialabgabe und Bundeszuschuss an einen Träger der Sozialversicherung oder an den Versicherten zahlt;

58. das Wohngeld nach dem Wohngeldgesetz, die sonstigen Leistungen aus öffentlichen Haushalten oder Zweckvermögen zur Senkung der Miete oder Belastung im Sinne des § 11 Absatz 2 Nummer 4 des Wohngeldgesetzes sowie öffentliche Zuschüsse zur Deckung laufender Aufwendungen und Zinsvorteile bei Darlehen, die aus öffentlichen Haushalten gewährt werden, für eine zu eigenen Wohnzwecken genutzte Wohnung im eigenen Haus oder eine zu eigenen Wohnzwecken genutzte Eigen-

EStG

tumswohnung, soweit die Zuschüsse und Zinsvorteile die Vorteile aus einer entsprechenden Förderung mit öffentlichen Mitteln nach dem Zweiten Wohnungsbaugesetz, dem Wohnraumförderungsgesetz oder einem Landesgesetz zur Wohnraumförderung nicht überschreiten, der Zuschuss für die Wohneigentumsbildung in innerstädtischen Altbauquartieren nach den Regelungen zum Stadtumbau Ost in den Verwaltungsvereinbarungen über die Gewährung von Finanzhilfen des Bundes an die Länder nach Artikel 104 a Absatz 4 des Grundgesetzes zur Förderung städtebaulicher Maßnahmen;

59. die Zusatzförderung nach § 88 e des Zweiten Wohnungsbaugesetzes und nach § 51 f des Wohnungsbaugesetzes für das Saarland und Geldleistungen, die ein Mieter zum Zwecke der Wohnkostenentlastung nach dem Wohnraumförderungsgesetz oder einem Landesgesetz zur Wohnraumförderung erhält, soweit die Einkünfte dem Mieter zuzurechnen sind, und die Vorteile aus einer mietweisen Wohnungsüberlassung im Zusammenhang mit einem Arbeitsverhältnis, soweit sie die Vorteile aus einer entsprechenden Förderung nach dem Zweiten Wohnungsbaugesetz, nach dem Wohnraumförderungsgesetz oder einem Landesgesetz zur Wohnraumförderung nicht überschreiten;

60. das Anpassungsgeld für Arbeitnehmer der Braunkohlekraftwerke und -tagebaue sowie Steinkohlekraftwerke, die aus Anlass einer Stilllegungsmaßnahme ihren Arbeitsplatz verloren haben;

[alte Fassung:

60. ***Leistungen aus öffentlichen Mitteln an Arbeitnehmer des Steinkohlen-, Pechkohlen- und Erzbergbaues, des Braunkohlentiefbaues und der Eisen- und Stahlindustrie aus Anlass von Stilllegungs-, Einschränkungs-, Umstellungs- oder Rationalisierungsmaßnahmen;*****]** [1]

61. Leistungen nach § 4 Absatz 1 Nummer 2, § 7 Absatz 3, §§ 9, 10 Absatz 1, §§ 13, 15 des Entwicklungshelfer-Gesetzes;

62. Ausgaben des Arbeitgebers für die Zukunftssicherung des Arbeitnehmers, soweit der Arbeitgeber dazu nach sozialversicherungsrechtlichen oder anderen gesetzlichen Vorschriften oder nach einer auf gesetzlicher Ermächtigung beruhenden Bestimmung verpflichtet ist, und es sich nicht um Zuwendungen oder Beiträge des Arbeitgebers nach den Nummern 56, 63 und 63 a handelt. ② Den Ausgaben des Arbeitgebers für die Zukunftssicherung, die auf Grund gesetzlicher Verpflichtung geleistet werden, werden gleichgestellt Zuschüsse des Arbeitgebers zu den Aufwendungen des Arbeitnehmers

a) für eine Lebensversicherung,

b) für die freiwillige Versicherung in der gesetzlichen Rentenversicherung,

c) für eine öffentlich-rechtliche Versicherungs- oder Versorgungseinrichtung seiner Berufsgruppe,

wenn der Arbeitnehmer von der Versicherungspflicht in der gesetzlichen Rentenversicherung befreit worden ist. ③ Die Zuschüsse sind nur insoweit steuerfrei, als sie insgesamt bei Befreiung von der Versicherungspflicht in der allgemeinen Rentenversicherung die Hälfte und bei Befreiung von der Versicherungspflicht in der knappschaftlichen Rentenversicherung zwei Drittel der Gesamtaufwendungen des Arbeitnehmers nicht übersteigen und nicht höher sind als der Betrag, der als Arbeitgeberanteil bei Versicherungspflicht in der allgemeinen Rentenversicherung oder in der knappschaftlichen Rentenversicherung zu zahlen wäre;

63.[2] **Beiträge des Arbeitgebers aus dem ersten Dienstverhältnis an einen Pensionsfonds, eine Pensionskasse oder für eine Direktversicherung zum Aufbau einer kapitalgedeckten betrieblichen Altersversorgung, bei der eine Auszahlung der zugesagten Alters-, Invaliditäts- oder Hinterbliebenenversorgungsleistungen entsprechend § 82 Absatz 2 Satz 2 vorgesehen ist, soweit die Beiträge im Kalenderjahr 8 Prozent der Beitragsbemessungsgrenze in der allgemeinen Rentenversicherung nicht übersteigen. ② Dies gilt nicht, soweit der Arbeitnehmer nach § 1 a Absatz 3 des Betriebsrentengesetzes**[3] **verlangt hat, dass die Voraussetzungen für eine Förderung nach § 10 a oder Abschnitt XI erfüllt werden. ③ Aus Anlass der Beendigung des Dienstverhältnisses geleistete Beiträge im Sinne des Satzes 1 sind steuerfrei, soweit sie 4 Prozent der Beitragsbemessungsgrenze in der allgemeinen Rentenversicherung, vervielfältigt mit der Anzahl der Kalenderjahre, in denen das Dienstverhältnis des Arbeitnehmers zu dem Arbeitgeber bestanden hat, höchstens jedoch zehn Kalenderjahre, nicht übersteigen. ④ Beiträge im Sinne des Satzes 1, die für Kalenderjahre nachgezahlt werden, in denen das erste Dienstverhältnis ruhte und vom Arbeitgeber im Inland kein steuerpflichtiger Arbeitslohn bezogen wurde, sind steuerfrei,**

[1] Zur weiteren Anwendung der alten Fassung siehe § 52 Abs. 4 Satz 15.
[2] Zur Anwendung von § 3 Nr. 63 siehe § 52 Abs. 4 Sätze 16 und 17.
[3] Abgedruckt in Anhang **I 15**.

ESt G

soweit sie 8 Prozent der Beitragsbemessungsgrenze in der allgemeinen Rentenversicherung, vervielfältigt mit der Anzahl dieser Kalenderjahre, höchstens jedoch zehn Kalenderjahre, nicht übersteigen.

63 a. Sicherungsbeiträge des Arbeitgebers nach § 23 Absatz 1 des Betriebsrentengesetzes,[1] soweit sie nicht unmittelbar dem einzelnen Arbeitnehmer gutgeschrieben oder zugerechnet werden;

64. bei Arbeitnehmern, die zu einer inländischen juristischen Person des öffentlichen Rechts in einem Dienstverhältnis stehen und dafür Arbeitslohn aus einer inländischen öffentlichen Kasse beziehen, die Bezüge für eine Tätigkeit im Ausland insoweit, als sie den Arbeitslohn übersteigen, der dem Arbeitnehmer bei einer gleichwertigen Tätigkeit am Ort der zahlenden öffentlichen Kasse zustehen würde. ② Satz 1 gilt auch, wenn das Dienstverhältnis zu einer anderen Person besteht, die den Arbeitslohn entsprechend den im Sinne des Satzes 1 geltenden Vorschriften ermittelt, der Arbeitslohn aus einer öffentlichen Kasse gezahlt wird und ganz oder im Wesentlichen aus öffentlichen Mitteln aufgebracht wird. ③ Bei anderen für einen begrenzten Zeitraum in das Ausland entsandten Arbeitnehmern, die dort einen Wohnsitz oder gewöhnlichen Aufenthalt haben, ist der ihnen von einem inländischen Arbeitgeber gewährte Kaufkraftausgleich steuerfrei, soweit er den für vergleichbare Auslandsdienstbezüge nach § 55 des Bundesbesoldungsgesetzes zulässigen Betrag nicht übersteigt;

65. a) Beiträge des Trägers der Insolvenzsicherung (§ 14 des Betriebsrentengesetzes)[2] zugunsten eines Versorgungsberechtigten und seiner Hinterbliebenen an ein Unternehmen der Lebensversicherung zur Ablösung von Verpflichtungen, die der Träger der Insolvenzsicherung im Sicherungsfall gegenüber dem Versorgungsberechtigten und seinen Hinterbliebenen hat,

b) Leistungen zur Übernahme von Versorgungsleistungen oder unverfallbaren Versorgungsanwartschaften durch eine Pensionskasse oder ein Unternehmen der Lebensversicherung in den in § 4 Absatz 4 des Betriebsrentengesetzes[3] bezeichneten Fällen,

c) der Erwerb von Ansprüchen durch den Arbeitnehmer gegenüber einem Dritten im Fall der Eröffnung des Insolvenzverfahrens oder in den Fällen des § 7 Absatz 1 Satz 4 des Betriebsrentengesetzes,[4] soweit der Dritte neben dem Arbeitgeber für die Erfüllung von Ansprüchen auf Grund bestehender Versorgungsverpflichtungen oder Versorgungsanwartschaften gegenüber dem Arbeitnehmer und dessen Hinterbliebenen einsteht; dies gilt entsprechend, wenn der Dritte für Wertguthaben aus einer Vereinbarung über die Altersteilzeit nach dem Altersteilzeitgesetz[5] vom 23. Juli 1996 (BGBl. I S. 1078), zuletzt geändert durch Artikel 234 der Verordnung vom 31. Oktober 2006 (BGBl. I S. 2407), in der jeweils geltenden Fassung oder auf Grund von Wertguthaben aus einem Arbeitszeitkonto in den im ersten Halbsatz genannten Fällen für den Arbeitgeber einsteht und

d) der Erwerb von Ansprüchen durch den Arbeitnehmer im Zusammenhang mit dem Eintritt in die Versicherung nach § 8 Absatz 2 des Betriebsrentengesetzes[6].

② In den Fällen nach Buchstabe a, b und c gehören die Leistungen der Pensionskasse, des Unternehmens der Lebensversicherung oder des Dritten zu den Einkünften, zu denen jene Leistungen gehören würden, die ohne Eintritt eines Falles nach Buchstabe a, b und c zu erbringen wären. ③ Soweit sie zu den Einkünften aus nichtselbständiger Arbeit im Sinne des § 19 gehören, ist von ihnen Lohnsteuer einzubehalten. ④ Für die Erhebung der Lohnsteuer gelten die Pensionskasse, das Unternehmen der Lebensversicherung oder der Dritte als Arbeitgeber und der Leistungsempfänger als Arbeitnehmer. ⑤ Im Fall des Buchstaben d gehören die Versorgungsleistungen des Unternehmens der Lebensversicherung oder der Pensionskasse, soweit sie auf Beiträgen beruhen, die bis zum Eintritt des Arbeitnehmers in die Versicherung geleistet wurden, zu den sonstigen Einkünften im Sinne des § 22 Nummer 5 Satz 1; soweit der Arbeitnehmer in den Fällen des § 8 Absatz 2 des Betriebsrentengesetzes[7] die Versicherung mit eigenen Beiträgen fortgesetzt hat, sind die auf diesen Beiträgen beruhenden Versorgungsleistungen sonstige Einkünfte im Sinne des § 22 Nummer 5 Satz 1 oder Satz 2;

---

[1] Abgedruckt in Anhang **I 15.**
[2] Abgedruckt in Anhang **I 15.**
[3] Abgedruckt in Anhang **I 15.**
[4] Abgedruckt in Anhang **I 15.**
[5] Abgedruckt in Anhang **I 14.**
[6] Abgedruckt in Anhang **I 15.**
[7] Abgedruckt in Anhang **I 15.**

EStG

66.[1] **Leistungen eines Arbeitgebers oder einer Unterstützungskasse an einen Pensionsfonds zur Übernahme bestehender Versorgungsverpflichtungen oder Versorgungsanwartschaften durch den Pensionsfonds, wenn ein Antrag nach § 4 d Absatz 3 oder § 4 e Absatz 3 gestellt worden ist;**

67. a) das Erziehungsgeld nach dem Bundeserziehungsgeldgesetz und vergleichbare Leistungen der Länder,

b) das Elterngeld nach dem Bundeselterngeld- und Elternzeitgesetz[2] **und vergleichbare Leistungen der Länder,**

c) Leistungen für Kindererziehung an Mütter der Geburtsjahrgänge vor 1921 nach den §§ 294 bis 299 des Sechsten Buches Sozialgesetzbuch sowie

d) Zuschläge, die nach den §§ 50 a bis 50 e des Beamtenversorgungsgesetzes oder nach den §§ 96 bis 100 des Soldatenversorgungsgesetzes oder nach vergleichbaren Regelungen der Länder für ein vor dem 1. Januar 2015 geborenes Kind oder für eine vor dem 1. Januar 2015 begonnene Zeit der Pflege einer pflegebedürftigen Person zu gewähren sind; im Falle des Zusammentreffens von Zeiten für mehrere Kinder nach § 50 b des Beamtenversorgungsgesetzes oder § 97 des Soldatenversorgungsgesetzes oder nach vergleichbaren Regelungen der Länder gilt dies, wenn eines der Kinder vor dem 1. Januar 2015 geboren ist;

68. die Hilfen nach dem Gesetz über die Hilfe für durch Anti-D-Immunprophylaxe mit dem Hepatitis-C-Virus infizierte Personen vom 2. August 2000 (BGBl. I S. 1270);

69. die von der Stiftung „Humanitäre Hilfe für durch Blutprodukte HIV-infizierte Personen" nach dem HIV-Hilfegesetz vom 24. Juli 1995 (BGBl. I S. 972) gewährten Leistungen;

70. bis 72. . . .

LStH 3.0

H 3.0

3 **Steuerbefreiungen nach anderen Gesetzen, Verordnungen und Verträgen** → R 3.0 EStR, H 3.0 EStH.

– EStR/EStH abgedruckt im Anhang II –

EStG

§ 3

Steuerfrei sind

. . .

4 **2. a) das Arbeitslosengeld, das Teilarbeitslosengeld, das Kurzarbeitergeld, der Zuschuss zum Arbeitsentgelt, das Übergangsgeld, der Gründungszuschuss, das Qualifizierungsgeld nach dem Dritten Buch Sozialgesetzbuch sowie die übrigen Leistungen nach dem Dritten Buch Sozialgesetzbuch und den entsprechenden Programmen des Bundes und der Länder, soweit sie Arbeitnehmern oder Arbeitsuchenden oder zur Förderung der Aus- oder Weiterbildung oder Existenzgründung der Empfänger gewährt werden,**

b) das Insolvenzgeld, Leistungen auf Grund der in § 169 und § 175 Absatz 2 des Dritten Buches Sozialgesetzbuch genannten Ansprüche sowie Zahlungen des Arbeitgebers an einen Sozialleistungsträger auf Grund des gesetzlichen Forderungsübergangs nach § 115 Absatz 1 des Zehnten Buches Sozialgesetzbuch, wenn ein Insolvenzereignis nach § 165 Absatz 1 Satz 2 auch in Verbindung mit Satz 3 des Dritten Buches Sozialgesetzbuch vorliegt,

c) die Arbeitslosenbeihilfe nach dem Soldatenversorgungsgesetz,

d) Leistungen zur Sicherung des Lebensunterhalts und zur Eingliederung in Arbeit nach dem Zweiten Buch Sozialgesetzbuch,

e) mit den in den Nummern 1 bis 2 Buchstabe d und Nummer 67 Buchstabe b genannten Leistungen vergleichbare Leistungen ausländischer Rechtsträger, die ihren Sitz in einem Mitgliedstaat der Europäischen Union, in einem Staat, auf den das Abkommen über den Europäischen Wirtschaftsraum Anwendung findet oder in der Schweiz haben;

LStDV

§ 2 LStDV *Arbeitslohn [abgedruckt bei § 19 EStG]*

LStR 3.2

R 3.2 Leistungen nach dem Dritten Buch Sozialgesetzbuch (§ 3 Nr. 2 EStG)

5 (1) ① Steuerfrei sind das Arbeitslosengeld und das Teilarbeitslosengeld nach dem SGB III.[3] ② Etwaige spätere Zahlungen des Arbeitgebers an die Agentur für Arbeit auf Grund des gesetzli-

[1] Vgl. hierzu auch § 22 Nr. 5 Satz 11.
[2] Abgedruckt in Anhang **I 13**.
[3] Abgedruckt in der Loseblattsammlung **Aichberger, SGB.**

chen Forderungsübergangs (§ 115 SGB X) sind ebenfalls steuerfrei, wenn über das Vermögen des Arbeitgebers das Insolvenzverfahren eröffnet worden ist oder einer der Fälle des § 165 Abs. 1 Satz 2 Nr. 2 oder 3 SGB III vorliegt. ③ Hat die Agentur für Arbeit in den Fällen der § 157 Abs. 3 und § 158 Abs. 4 SGB III zunächst Arbeitslosengeld gezahlt und zahlt der Arbeitnehmer dieses auf Grund dieser Vorschriften der Agentur für Arbeit zurück, bleibt die Rückzahlung mit Ausnahme des Progressionsvorbehalts (→ R 32b EStR) ohne steuerliche Auswirkung (§ 3c EStG); der dem Arbeitnehmer vom Arbeitgeber nachgezahlte Arbeitslohn ist steuerpflichtig. LStR 3.2

(2) Steuerfrei sind außerdem das Insolvenzgeld (§ 165 SGB III) und Leistungen des Insolvenzverwalters oder des ehemaligen Arbeitgebers aufgrund von § 169 Satz 1 SGB III an die Bundesagentur oder Leistungen der Einzugsstelle an die Agentur für Arbeit aufgrund von § 175 Abs. 2 SGB III. 6

(3) Zu den steuerfreien Leistungen nach dem SGB III gehört auch das Wintergeld, das als Mehraufwands-Wintergeld zur Abgeltung der witterungsbedingten Mehraufwendungen bei Arbeit und als Zuschuss-Wintergeld für jede aus Arbeitszeitguthaben ausgeglichene Ausfallstunde (zur Vermeidung der Inanspruchnahme des Saison-Kurzarbeitergeldes) gezahlt wird (§ 102 SGB III). 7

(4) Steuerfrei sind auch das Übergangsgeld und der Gründungszuschuss, die Menschen mit Behinderungen oder von Behinderung bedrohten Menschen nach den §§ 65 bis 72 SGB IX bzw. § 49 Abs. 3 Nr. 6 SGB IX geleistet werden, weil es sich um Leistungen i. S. d. SGB III, SGB VI, SGB VII sowie des BVG bzw. ab 1. 1. 2024 i. S. d. SGB XIV handelt. 8

– EStR/EStH abgedruckt in Anhang II –

H 3.2

LStH 3.2

11 **Zahlungen des Arbeitgebers an die Agentur für Arbeit.**[1] Leistet der Arbeitgeber aufgrund des gesetzlichen Forderungsübergangs nach § 115 SGB X eine Lohnnachzahlung unmittelbar an die Arbeitsverwaltung, führt dies beim Arbeitnehmer zum Zufluss von Arbeitslohn (→ BFH vom 15. 11. 2007 – BStBl. 2008 II S. 375). Sind die Voraussetzungen von R 3.2 Abs. 1 Satz 2 nicht erfüllt, d. h. liegt kein Konkurs-, Gesamtvollstreckungs- oder Insolvenzverfahren vor, sind die Zahlungen des Arbeitgebers steuerpflichtiger Arbeitslohn (→ BFH vom 16. 3. 1993 – BStBl. II S. 507); in diesen Fällen ist R 39b.6 Abs. 3 zu beachten.

§ 3

EStG

Steuerfrei sind

...

2 a. *(aufgehoben)*

2 b. *(aufgehoben)*

3. a) Rentenabfindungen nach § 107 des Sechsten Buches Sozialgesetzbuch, nach § 21 des Beamtenversorgungsgesetzes, nach § 9 Absatz 1 Nummer 3 des Altersgeldgesetzes oder entsprechendem Landesrecht und nach § 59 des Soldatenversorgungsgesetzes in Verbindung mit § 21 des Beamtenversorgungsgesetzes, 14

b) Beitragserstattungen an den Versicherten nach den §§ 210 und 286d des Sechsten Buches Sozialgesetzbuch sowie nach den §§ 204, 205 und 207 des Sechsten Buches Sozialgesetzbuch, Beitragserstattungen nach den §§ 75 und 117 des Gesetzes über die Alterssicherung der Landwirte und nach § 26 des Vierten Buches Sozialgesetzbuch,

c) Leistungen aus berufsständischen Versorgungseinrichtungen, die den Leistungen nach den Buchstaben a und b entsprechen,

d) Kapitalabfindungen und Ausgleichszahlungen nach § 48 des Beamtenversorgungsgesetzes oder entsprechendem Landesrecht und nach den §§ 43 bis 50 und 53 des Soldatenversorgungsgesetzes;

4. bei Angehörigen der Bundeswehr, der Bundespolizei, der Zollverwaltung, der Bereitschaftspolizei der Länder, der Vollzugspolizei und der Berufsfeuerwehr der Länder und Gemeinden und bei Vollzugsbeamten der Kriminalpolizei des Bundes, der Länder und Gemeinden 15

a) der Geldwert der ihnen aus Dienstbeständen überlassenen Dienstkleidung,

b) Einkleidungsbeihilfen und Abnutzungsentschädigungen für die Dienstkleidung der zum Tragen oder Bereithalten von Dienstkleidung Verpflichteten und für dienstlich notwendige Kleidungsstücke der Vollzugsbeamten der Kriminalpolizei sowie der Angehörigen der Zollverwaltung,

c) im Einsatz gewährte Verpflegung oder Verpflegungszuschüsse,

d) der Geldwert der auf Grund gesetzlicher Vorschriften gewährten Heilfürsorge;

[1] Zur lohnsteuerlichen Behandlung des Forderungsübergangs auf die Bundesagentur für Arbeit im Rahmen des Insolvenzverfahrens vgl. *OFD Koblenz, Verfügung vom 15. 7. 2008, S 0550 A – St 34 2/St 34 5/St 32 2, DStR S. 2266.*

LStR 3.4

R 3.4 Überlassung von Dienstkleidung und anderen Leistungen an bestimmte Angehörige des öffentlichen Dienstes (§ 3 Nr. 4 EStG)

17 ① Die Steuerfreiheit nach § 3 Nr. 4 Buchst. a und b EStG gilt für sämtliche Dienstbekleidungsstücke, die die Angehörigen der genannten Berufsgruppen nach den jeweils maßgebenden Dienstbekleidungsvorschriften zu tragen verpflichtet sind. ② Zu den Angehörigen der Bundeswehr oder der Bundespolizei i. S. d. § 3 Nr. 4 EStG gehören nicht die Zivilbediensteten.

EStG

§ 3

Steuerfrei sind

...

18 **5. a) die Geld- und Sachbezüge, die Wehrpflichtige während des Wehrdienstes nach § 4 des Wehrpflichtgesetzes erhalten,**

b) die Geld- und Sachbezüge, die Zivildienstleistende nach § 35 des Zivildienstgesetzes erhalten,

c) die Heilfürsorge, die Soldaten nach § 16 des Wehrsoldgesetzes und Zivildienstleistende nach § 35 des Zivildienstgesetzes erhalten,

d) das an Personen, die einen in § 32 Absatz 4 Satz 1 Nummer 2 Buchstabe d genannten Freiwilligendienst leisten, gezahlte Taschengeld oder eine vergleichbare Geldleistung,

e) Leistungen nach § 5 des Wehrsoldgesetzes;

LStR 3.5

R 3.5 *(unbesetzt)*

EStG

§ 3

Steuerfrei sind

...

21 **6. Bezüge, die auf Grund gesetzlicher Vorschriften aus öffentlichen Mitteln versorgungshalber an Wehrdienstbeschädigte, im Freiwilligen Wehrdienst Beschädigte, Zivildienstbeschädigte und im Bundesfreiwilligendienst Beschädigte oder ihre Hinterbliebenen, Kriegsbeschädigte, Kriegshinterbliebene und ihnen gleichgestellte Personen gezahlt werden, soweit es sich nicht um Bezüge handelt, die auf Grund der Dienstzeit gewährt werden. ② Gleichgestellte im Sinne des Satzes 1 sind auch Personen, die Anspruch auf Leistungen nach dem Vierzehnten Buch Sozialgesetzbuch oder auf Unfallfürsorgeleistungen nach dem Soldatenversorgungsgesetz, Soldatenentschädigungsgesetz, Beamtenversorgungsgesetz oder vergleichbarem Landesrecht haben;**

LStR 3.6

R 3.6 Gesetzliche Bezüge der Wehr- und Zivildienstbeschädigten, Kriegsbeschädigten, ihrer Hinterbliebenen und der ihnen gleichgestellten Personen (§ 3 Nr. 6 EStG)

22 (1) ① Steuerfreie Bezüge nach § 3 Nr. 6 EStG sind die Leistungen nach dem BVG ohne Rücksicht darauf, ob sie sich unmittelbar aus diesem oder aus Gesetzen, die es für anwendbar erklären, ergeben, ferner Leistungen nach § 41 Abs. 2, den §§ 63, 63 a, 63 b, 63 e, 63 f, 85 und 86 SVG sowie nach § 35 Abs. 5 und nach § 50 ZDG. ② Zu den Gesetzen, die das BVG für anwendbar erklären, gehören

1. das SVG (§§ 80, 81 b, 81 e, 81 f des Gesetzes),
2. das ZDG (§§ 47, 47 b des Gesetzes),
3. das Häftlingshilfegesetz (§§ 4, 5 des Gesetzes i. V. m. § 86 BVG),
4. das Gesetz über den Bundesgrenzschutz vom 18. 8. 1972 in der jeweils geltenden Fassung (§ 59 Abs. 1 des Gesetzes i. V. m. dem SVG),
5. das Gesetz zur Regelung der Rechtsverhältnisse der unter Artikel 131 des Grundgesetzes fallenden Personen (§§ 66, 66 a des Gesetzes) unter Beachtung der Anwendungsregelung des § 2 Dienstrechtliches Kriegsfolgen-Abschlußgesetz,
6. das Gesetz zur Einführung des BVG im Saarland vom 16. 8. 1961 (§ 5 Abs. 1 des Gesetzes),
7. das Gesetz über die Entschädigung für Opfer von Gewalttaten (§§ 1, 10 a des Gesetzes),
8. das Infektionsschutzgesetz (§ 60 des Gesetzes),
9. das Strafrechtliche Rehabilitierungsgesetz (§§ 21, 22 des Gesetzes),
10. das Verwaltungsrechtliche Rehabilitierungsgesetz (§§ 3, 4 des Gesetzes).

23 (2) Zu den nach § 3 Nr. 6 EStG versorgungshalber gezahlten Bezügen, die nicht aufgrund der Dienstzeit gewährt werden, gehören auch

LStR 3.6

1. Bezüge der Berufssoldaten der früheren Wehrmacht, der Angehörigen des Vollzugsdienstes der Polizei, des früheren Reichswasserschutzes, der Beamten der früheren Schutzpolizei der Länder sowie der früheren Angehörigen der Landespolizei und ihrer Hinterbliebenen,
2. die Unfallfürsorgeleistungen an Beamte aufgrund der §§ 32 bis 35, 38, 40, 41, 43 und 43 a BeamtVG, Unterhaltsbeiträge nach § 38 a BeamtVG oder vergleichbarem Landesrecht, die einmalige Unfallentschädigung und die entsprechende Entschädigung für Hinterbliebene nach § 20 Abs. 4 und 5 des Einsatz-Weiterverwendungsgesetzes,
3. die Dienstbeschädigungsvollrenten und die Dienstbeschädigungsteilrenten nach den Versorgungsordnungen der Nationalen Volksarmee (VSO-NVA), der Volkspolizei, der Feuerwehr und des Strafvollzugs des Ministeriums des Innern (VSO-MdI), der DDR-Zollverwaltung (VSO-Zoll) und des Ministeriums für Staatssicherheit/Amtes für Nationale Sicherheit (VSO-MfS/AfNS) sowie der Dienstbeschädigungsausgleich, der ab dem 1. 1. 1997 nach dem Gesetz über einen Ausgleich für Dienstbeschädigungen im Beitrittsgebiet vom 11. 11. 1996 (BGBl. I S. 1676) anstelle der vorbezeichneten Renten gezahlt wird.
4. Leistungen durch den Dienstherrn bei Schmerzensgeldansprüchen gegen Dritte nach § 78 a BBG oder vergleichbarem Landesrecht.

H 3.6

LStH 3.6

Bezüge aus EU-Mitgliedstaaten. § 3 Nr. 6 EStG ist auch auf Bezüge von Kriegsbeschädigten und gleichgestellten Personen anzuwenden, die aus öffentlichen Mitteln anderer EU-Mitgliedstaaten gezahlt werden (→ BFH vom 22. 1. 1997 – BStBl. II S. 358). 24

Erhöhtes Unfallruhegehalt nach § 37 BeamtVG ist ein Bezug, der aufgrund der Dienstzeit gewährt wird, und somit nicht nach § 3 Nr. 6 EStG steuerbefreit ist (→ BFH vom 29. 5. 2008 – BStBl. 2009 II S. 150).

Unterhaltsbeitrag nach § 38 BeamtVG ist ein Bezug, der „versorgungshalber" gezahlt wird und somit nach § 3 Nr. 6 EStG steuerbefreit ist (→ BFH vom 16. 1. 1998 – BStBl. II S. 303).

§ 3

EStG

Steuerfrei sind

...

8 a. Renten wegen Alters und Renten wegen verminderter Erwerbsfähigkeit aus der gesetzlichen Rentenversicherung, die an Verfolgte im Sinne des § 1 des Bundesentschädigungsgesetzes gezahlt werden, wenn rentenrechtliche Zeiten auf Grund der Verfolgung in der Rente enthalten sind. ② Renten wegen Todes aus der gesetzlichen Rentenversicherung, wenn der verstorbene Versicherte Verfolgter im Sinne des § 1 des Bundesentschädigungsgesetzes war und wenn rentenrechtliche Zeiten auf Grund der Verfolgung in dieser Rente enthalten sind; 28

9. Erstattungen nach § 23 Absatz 2 Satz 1 Nummer 3 und 4 sowie nach § 39 Absatz 4 Satz 2 des Achten Buches Sozialgesetzbuch; 30

10. Einnahmen einer Gastfamilie für die Aufnahme eines Menschen mit Behinderungen oder von Behinderung bedrohten Menschen nach § 2 Absatz 1 des Neunten Buches Sozialgesetzbuch zur Pflege, Betreuung, Unterbringung und Verpflegung, die auf Leistungen eines Leistungsträgers nach dem Sozialgesetzbuch beruhen. ② Für Einnahmen im Sinne des Satzes 1, die nicht auf Leistungen eines Leistungsträgers nach dem Sozialgesetzbuch beruhen, gilt Entsprechendes bis zur Höhe der Leistungen nach dem Zwölften Buch Sozialgesetzbuch. ③ Überschreiten die auf Grund der in Satz 1 bezeichneten Tätigkeit bezogenen Einnahmen der Gastfamilie den steuerfreien Betrag, dürfen die mit der Tätigkeit in unmittelbarem wirtschaftlichen Zusammenhang stehenden Ausgaben abweichend von § 3 c nur insoweit als Betriebsausgaben abgezogen werden, als sie den Betrag der steuerfreien Einnahmen übersteigen; 31

11.[1] Bezüge aus öffentlichen Mitteln oder aus Mitteln einer öffentlichen Stiftung, die wegen Hilfsbedürftigkeit oder als Beihilfe zu dem Zweck bewilligt werden, die Erziehung oder Ausbildung, die Wissenschaft oder Kunst unmittelbar zu fördern. ② Darunter fallen nicht Kinderzuschläge und Kinderbeihilfen, die auf Grund der Besoldungsgesetze, besonderer Tarife oder ähnlicher Vorschriften gewährt werden. ③ Voraussetzung für die Steuerfreiheit ist, dass der Empfänger mit den Bezügen nicht zu einer bestimmten wissenschaftlichen oder künstlerischen Gegenleistung 36

[1] Zur einkommensteuerrechtlichen Behandlung der Geldleistungen für Kinder in Vollzeitpflege nach § 33 SGB VIII, für die Erziehung in einer Tagesgruppe nach § 32 SGB VIII, für Heimerziehung/Erziehung in sonstiger betreuter Wohnform nach § 34 SGB VIII, für die intensive sozialpädagogische Einzelbetreuung nach § 35 SGB VIII sowie für die Unterbringung/Betreuung bei Inobhutnahme von Kindern und Jugendlichen (§§ 42, 42 a SGB VIII) siehe *BMF-Schreiben vom 31. 8. 2021, BStBl. I S. 1802.*

EStG

oder zu einer bestimmten Arbeitnehmertätigkeit verpflichtet wird. ④ Den Bezügen aus öffentlichen Mitteln wegen Hilfsbedürftigkeit gleichgestellt sind Beitragsermäßigungen und Prämienrückzahlungen eines Trägers der gesetzlichen Krankenversicherung für nicht in Anspruch genommene Beihilfeleistungen;

LStR 3.11

R 3.11 Beihilfen und Unterstützungen, die wegen Hilfsbedürftigkeit gewährt werden (§ 3 Nr. 11 EStG)

Beihilfen und Unterstützungen aus öffentlichen Mitteln

38 (1) Steuerfrei sind

1. Beihilfen in Krankheits-, Geburts- oder Todesfällen nach den Beihilfevorschriften des Bundes oder der Länder sowie Unterstützungen in besonderen Notfällen, die aus öffentlichen Kassen gezahlt werden;
2. Beihilfen in Krankheits-, Geburts- oder Todesfällen oder Unterstützungen in besonderen Notfällen an Arbeitnehmer von Körperschaften, Anstalten oder Stiftungen des öffentlichen Rechts aufgrund von Beihilfevorschriften (Beihilfegrundsätzen) oder Unterstützungsvorschriften (Unterstützungsgrundsätzen) des Bundes oder der Länder oder von entsprechenden Regelungen;
3. Beihilfen und Unterstützungen an Arbeitnehmer von Verwaltungen, Unternehmen oder Betrieben, die sich überwiegend in öffentlicher Hand befinden, wenn
   a) die Verwaltungen, Unternehmen oder Betriebe einer staatlichen oder kommunalen Aufsicht und Prüfung der Finanzgebarung bezüglich der Entlohnung und der Gewährung der Beihilfen unterliegen und
   b) die Entlohnung sowie die Gewährung von Beihilfen und Unterstützungen für die betroffenen Arbeitnehmer ausschl. nach den für Arbeitnehmer des öffentlichen Dienstes geltenden Vorschriften und Vereinbarungen geregelt sind;
4. Beihilfen und Unterstützungen an Arbeitnehmer von Unternehmen, die sich nicht überwiegend in öffentlicher Hand befinden, z. B. staatlich anerkannte Privatschulen, wenn
   a) hinsichtlich der Entlohnung, der Reisekostenvergütungen und der Gewährung von Beihilfen und Unterstützungen nach den Regelungen verfahren wird, die für den öffentlichen Dienst gelten,
   b) die für die Bundesverwaltung oder eine Landesverwaltung maßgeblichen Vorschriften über die Haushalts-, Kassen- und Rechnungsführung und über die Rechnungsprüfung beachtet werden und
   c) das Unternehmen der Prüfung durch den Bundesrechnungshof oder einen Landesrechnungshof unterliegt.

Unterstützungen an Arbeitnehmer im privaten Dienst[1]

39 (2) ① Unterstützungen, die von privaten Arbeitgebern an einzelne Arbeitnehmer gezahlt werden, sind steuerfrei, wenn die Unterstützungen dem Anlass nach gerechtfertigt sind, z. B. in Krankheits- und Unglücksfällen. ② Voraussetzung für die Steuerfreiheit ist, dass die Unterstützungen

1. aus einer mit eigenen Mitteln des Arbeitgebers geschaffenen, aber von ihm unabhängigen und mit ausreichender Selbständigkeit ausgestatteten Einrichtung gewährt werden. ② Das gilt nicht nur für bürgerlich-rechtlich selbständige Unterstützungskassen, sondern auch für steuerlich selbständige Unterstützungskassen ohne bürgerlich-rechtliche Rechtspersönlichkeit, auf deren Verwaltung der Arbeitgeber keinen maßgebenden Einfluss hat;
2. aus Beträgen gezahlt werden, die der Arbeitgeber dem Betriebsrat oder sonstigen Vertretern der Arbeitnehmer zu dem Zweck überweist, aus diesen Beträgen Unterstützungen an die Arbeitnehmer ohne maßgebenden Einfluss des Arbeitgebers zu gewähren;
3. vom Arbeitgeber selbst erst nach Anhörung des Betriebsrats oder sonstiger Vertreter der Arbeitnehmer gewährt oder nach einheitlichen Grundsätzen bewilligt werden, denen der Betriebsrat oder sonstige Vertreter der Arbeitnehmer zugestimmt haben.

③ Die Voraussetzungen des Satzes 2 Nr. 1 bis 3 brauchen nicht vorzuliegen, wenn der Betrieb weniger als fünf Arbeitnehmer beschäftigt. ④ Die Unterstützungen sind bis zu einem Betrag von 600 € je Kj. steuerfrei. ⑤ Der 600 € übersteigende Betrag gehört nur dann nicht zum steuerpflichtigen Arbeitslohn, wenn er aus Anlass eines besonderen Notfalls gewährt wird. ⑥ Bei der Beurteilung, ob ein solcher Notfall vorliegt, sind auch die Einkommensverhältnisse und der Familienstand des Arbeitnehmers zu berücksichtigen; drohende oder bereits eingetretene Arbeitslosigkeit begründet für sich keinen besonderen Notfall im Sinne dieser Vorschrift. ⑦ Steuerfrei sind auch Leistungen des Arbeitgebers zur Aufrechterhaltung und Erfüllung eines Beihilfeanspruchs nach beamtenrechtlichen Vorschriften sowie zum Ausgleich von Beihilfeaufwendungen früherer Ar-

---

[1] Bei Naturkatastrophen lässt die Finanzverwaltung darüber hinaus Erleichterungen bei den Unterstützungsleistungen an Arbeitnehmer zu (vgl. z. B. Abschnitt E.II des BMF-Schreibens vom 27. 2. 2023 (DStR S. 521) zur Unterstützung der Opfer des Erdbebens in der Türkei und Syrien.

Zur Arbeitslohnspende sowie zur Unterstützung der vom Krieg in der Ukraine Geschädigten siehe Abschnitt V des BMF-Schreibens vom 17. 3. 2022, BStBl. I S. 330, geändert durch BFM 7. 6. 2022, BStBl. I S. 923, abgedruckt als Anlage zu LStH 3.11.

beitgeber im Falle der Beurlaubung oder Gestellung von Arbeitnehmern oder des Übergangs des öffentlich-rechtlichen Dienstverhältnisses auf den privaten Arbeitgeber, wenn Versicherungsfreiheit in der gesetzlichen Krankenversicherung nach § 6 Abs. 1 Nr. 2 SGB V besteht. LStR 3.11

H 3.11

LStH 3.11

Beamte bei Postunternehmen → § 3 Nr. 35 EStG.

Beihilfen aus öffentlichen Haushalten. Für nicht nach R 3.11 Abs. 1 Nr. 3 oder 4 steuerfreie Beihilfen kann eine Steuerfreiheit in Betracht kommen, soweit die Mittel aus einem öffentlichen Haushalt stammen und über die Gelder nur nach Maßgabe der haushaltsrechtlichen Vorschriften des öffentlichen Rechts verfügt werden kann und ihre Verwendung einer gesetzlich geregelten Kontrolle unterliegt (→ BFH vom 15. 11. 1983 – BStBl. 1984 II S. 113); ist das Verhältnis der öffentlichen Mittel zu den Gesamtkosten im Zeitpunkt des Lohnsteuerabzugs nicht bekannt, so muss das Verhältnis ggf. geschätzt werden. 40

Beihilfen von einem Dritten gehören regelmäßig zum steuerpflichtigen Arbeitslohn, wenn dies durch eine ausreichende Beziehung zwischen dem Arbeitgeber und dem Dritten gerechtfertigt ist (→ BFH vom 27. 1. 1961 – BStBl. III S. 167).

Erholungsbeihilfen und andere Beihilfen gehören i. d. R. zum steuerpflichtigen Arbeitslohn, soweit sie nicht ausnahmsweise als Unterstützungen anzuerkennen sind (→ BFH vom 14. 1. 1954 – BStBl. III S. 86, vom 4. 2. 1954 – BStBl. III S. 111, vom 5. 7. 1957 – BStBl. III S. 279 und vom 18. 3. 1960 – BStBl. III S. 237).

Öffentliche Kassen. Öffentliche Kassen sind die Kassen der inländischen juristischen Personen des öffentlichen Rechts und solche Kassen, die einer Dienstaufsicht und Prüfung der Finanzgebarung durch die inländische öffentliche Hand unterliegen (→ BFH vom 7. 8. 1986 – BStBl. II S. 848). Zu den öffentlichen Kassen gehören danach neben den Kassen des Bundes, der Länder und der Gemeinden insbesondere auch die Kassen der öffentlich-rechtlichen Religionsgemeinschaften, die Ortskrankenkassen, Landwirtschaftliche Krankenkassen, Innungskrankenkassen und Ersatzkassen sowie die Kassen des Bundeseisenbahnvermögens, der Deutschen Bundesbank, der öffentlich-rechtlichen Rundfunkanstalten, der Berufsgenossenschaften, Gemeindeunfallversicherungsverbände, der Deutschen Rentenversicherung (Bund, Knappschaft-Bahn-See, Regionalträger) und die Unterstützungskassen der Postunternehmen sowie deren Nachfolgeunternehmen → § 3 Nr. 35 EStG.

Öffentliche Stiftung → H 3.11 EStH.

Sterbegeld. Das nach beamtenrechtlichen Grundsätzen gezahlte pauschale, nach den Dienstbezügen bzw. dem Ruhegehalt des Verstorbenen bemessene Sterbegeld ist – anders als das dem Ersatz der tatsächlichen Kosten dienende sog. Kostensterbegeld – nicht nach § 3 Nr. 11 EStG steuerfrei (→ BFH vom 19. 4. 2021 – BStBl. II S. 909).

Steuerfreiheit nach § 3 Nr. 11 EStG
- Voraussetzung ist eine offene Verausgabung nach Maßgabe der haushaltsrechtlichen Vorschriften und unter gesetzlicher Kontrolle (→ BFH vom 9. 4. 1975 – BStBl. II S. 577 und vom 15. 11. 1983 – BStBl. 1984 II S. 113).
- Empfänger einer steuerfreien Beihilfe können nur Personen sein, denen sie im Hinblick auf den Zweck der Leistung bewilligt worden ist (→ BFH vom 19. 6. 1997 – BStBl. II S. 652).
- Zu den steuerfreien Erziehungs- und Ausbildungsbeihilfen gehören die Leistungen nach dem BAföG sowie die Ausbildungszuschüsse nach § 5 Abs. 4 SVG.
- Zu den steuerfreien Erziehungs- und Ausbildungsbeihilfen gehören nicht die Unterhaltszuschüsse an Beamte im Vorbereitungsdienst – Beamtenanwärter (→ BFH vom 12. 8. 1983 – BStBl. II S. 718), die zur Sicherstellung von Nachwuchskräften gezahlten Studienbeihilfen und die für die Fertigung einer Habilitationsschrift gewährten Beihilfen (→ BFH vom 4. 5. 1972 – BStBl. II S. 566).

Stipendien → R 3.44 EStR, H 3.44 EStH.

– EStR/EStH abgedruckt in Anhang II –

Schreiben betr. steuerliche Maßnahmen zur Unterstützung der vom Krieg in der Ukraine Geschädigten

Anl zu LStH 3.11

Vom 17. März 2022 (BStBl. I S. 330)

(BMF IV C 4 - S 2223/19/10003 :013; DOK 2022/0226401)

Geändert durch BMF 7. 6. 2022 (BStBl. I S. 923)

40a

– Auszug –

Der Krieg in Europa zerstört Städte und Dörfer. Er bringt Tod und Vertreibung. Weltweit engagieren sich Staaten, Menschen und Unternehmen für die Demokratie in der Ukraine. Auch Deutschland hilft: Die vielen aus der Ukraine in der EU Ankommenden erfahren persönliche und finanzielle Unterstützung von Bürgerinnen und Bürgern und auch von Unternehmen. Die humanitäre Unterstützung der im Krisen-

Anl zu LStH 3.11

gebiet Bleibenden hilft der Demokratie in der Ukraine. Die nachfolgenden Verwaltungsanweisungen dienen der Anerkennung des gesamtgesellschaftlichen Engagements.

Sie gelten für die nachfolgenden Maßnahmen, die vom 24. Februar 2022 bis zum 31. Dezember 2022[1] durchgeführt werden.

…

V. Lohnsteuer

1. Unterstützung an Arbeitnehmer

Beihilfen und Unterstützungen des Arbeitgebers an seine Arbeitnehmer können nach R 3.11 der Lohnsteuer-Richtlinien steuerfrei sein. R 3.11 Abs. 2 der LStR ist auf Beihilfen und Unterstützungen, die vom Krieg in der Ukraine geschädigte Arbeitnehmer von ihrem Arbeitgeber oder von dritter Seite, soweit die Leistungen dem Grunde nach dem Arbeitslohn zuzurechnen sind, erhalten, mit folgender Maßgabe anzuwenden:

– die in R 3.11 Abs. 2 Satz 2 Nr. 1 bis 3 der LStR genannten Voraussetzungen brauchen nicht vorzuliegen,
– die Unterstützungen sind bis zu einem Betrag von 600 € je Kalenderjahr steuerfrei. Der 600 € übersteigende Betrag gehört nicht zum steuerpflichtigen Arbeitslohn, wenn unter Berücksichtigung der Einkommens- und Familienverhältnisse des Arbeitnehmers ein besonderer Notfall vorliegt. Im Allgemeinen kann bei einem Arbeitnehmer von einem besonderen Notfall ausgegangen werden, wenn er im Zusammenhang mit den Kriegsereignissen die Ukraine verlassen hat (Kriegsflüchtling) oder vergleichbar unmittelbar vom Krieg betroffen ist.

Auf Unterstützungen, die in Form von sonst steuerpflichtigen Zinsvorteilen oder in Form von Zinszuschüssen gewährt werden, ist die vorstehende Regelung ebenfalls anzuwenden. Zinszuschüsse und Zinsvorteile bei Darlehen, die im unmittelbaren Zusammenhang mit den Kriegsschäden in der Ukraine aufgenommen worden sind, sind deshalb ebenfalls nach R 3.11 Abs. 2 der LStR steuerfrei, und zwar während der gesamten Laufzeit des Darlehens. Voraussetzung hierfür ist, dass das Darlehen die Schadenshöhe nicht übersteigt.

Vorteile aus einer erstmalig nach Kriegsausbruch erfolgten

– Nutzungsüberlassung eines betrieblichen Kraftfahrzeugs an Arbeitnehmer, deren privates Kraftfahrzeug durch die Kriegsereignisse nicht mehr verfügbar ist,
– Nutzungsüberlassung von Wohnungen oder von Unterkünften, wenn die vom Arbeitnehmer bisher bewohnte Wohnung oder Unterkunft durch die Kriegshandlungen unbewohnbar geworden ist,
– Gewährung von unentgeltlicher Verpflegung an Arbeitnehmer, soweit der Arbeitnehmer sich nicht selbst versorgen kann, oder
– Nutzungsüberlassung anderer Sachen, wenn entsprechende Güter des Arbeitnehmers durch die Kriegsereignisse nicht mehr verfügbar sind oder die Überlassung der Schadensbeseitigung dient,
– sind in die vorstehenden Regelungen einzubeziehen.

Der Vorteil aus der unentgeltlichen oder verbilligten Übereignung von gebrauchten Gegenständen zum Zweck der Ausstattung der Wohnung oder der Unterkunft eines Arbeitnehmers, der aufgrund der Kriegsereignisse die Ukraine verlassen hat, ist nicht dem Arbeitslohn des Arbeitnehmers zuzurechnen.

Die steuerfreien Leistungen sind im Lohnkonto aufzuzeichnen (§ 4 Abs. 2 Nr. 4 Satz 1 LStDV)[2]; dabei ist auch zu dokumentieren, dass der die Leistung empfangende Arbeitnehmer durch die Kriegshandlungen zu Schaden gekommen ist. Der Arbeitnehmer hat dem Arbeitgeber die erforderlichen Angaben zur Glaubhaftmachung der Schadenshöhe sowie der wegen des Schadens erhaltenen bzw. zu erwartenden Entschädigung oder Zuwendung zur Verfügung zu stellen.

Die vorgenannten Grundsätze gelten bei Leistungen zur Unterstützung der Angehörigen des Arbeitnehmers entsprechend.

2. Arbeitslohnspende

Verzichten Arbeitnehmer auf die Auszahlung von Teilen des Arbeitslohns oder auf Teile eines angesammelten Wertguthabens

a) zugunsten einer steuerfreien Beihilfe und Unterstützung des Arbeitgebers an vom Krieg in der Ukraine geschädigte Arbeitnehmer des Unternehmens oder Arbeitnehmer von Geschäftspartnern oder
b) zugunsten einer Zahlung des Arbeitgebers auf ein Spendenkonto einer spendenempfangsberechtigten Einrichtung i. S. d. § 10 b Abs. 1 Satz 2 EStG,

bleiben diese Lohnteile bei der Feststellung des steuerpflichtigen Arbeitslohns außer Ansatz, wenn der Arbeitgeber die Verwendungsauflage erfüllt und dies dokumentiert. Unter den Begriff des Unternehmens fallen auch mit dem Arbeitgeber verbundene Unternehmen i. S. d. § 15 AktG.

Als Verzicht gilt auch die teilweise Lohnverwendung eines Beamten, Richters, Soldaten oder Tarifbeschäftigten auf den gesetzlich oder tarifvertraglich zustehenden Arbeitslohn im Sinne des vorstehenden Absatzes, wenn der Arbeitgeber die Verwendungsauflage erfüllt und dies dokumentiert.

Der außer Ansatz bleibende Arbeitslohn ist im Lohnkonto aufzuzeichnen (§ 4 Abs. 2 Nr. 4 Satz 1 LStDV). Auf die Aufzeichnung kann verzichtet werden, wenn stattdessen der Arbeitnehmer seinen Verzicht schriftlich erteilt hat und diese Erklärung zum Lohnkonto genommen worden ist.

Der außer Ansatz bleibende Arbeitslohn ist nicht in der Lohnsteuerbescheinigung (§ 41 b Abs. 1 Satz 2 Nr. 3 EStG) anzugeben.

Die steuerfrei belassenen Lohnteile dürfen in der Einkommensteuerveranlagung nicht als Spende berücksichtigt werden.

(…)

---

[1] Verlängerung bis 31. 12. 2025 durch BMF v. 4. 12.2024, BStBl. I S. 1545.
[2] Abgedruckt bei § 41 EStG.

§ 3 EStG

Steuerfrei sind

...

11 a. zusätzlich zum ohnehin geschuldeten Arbeitslohn vom Arbeitgeber in der Zeit vom 1. März 2020 bis zum 31. März 2022 auf Grund der Corona-Krise an seine Arbeitnehmer in Form von Zuschüssen und Sachbezügen gewährte Beihilfen und Unterstützungen bis zu einem Betrag von 1 500 Euro; 41

§ 3

Steuerfrei sind

...

11 b.[1] zusätzlich zum ohnehin geschuldeten Arbeitslohn vom Arbeitgeber in der Zeit vom 18. November 2021 bis zum 31. Dezember 2022 an seine Arbeitnehmer zur Anerkennung besonderer Leistungen während der Corona-Krise gewährte Leistungen bis zu einem Betrag von 4 500 Euro. ② Voraussetzung für die Steuerbefreiung ist, dass die Arbeitnehmer in Einrichtungen im Sinne des § 23 Absatz 3 Satz 1 Nummer 1 bis 4, 8, 11 oder Nummer 12 des Infektionsschutzgesetzes oder § 36 Absatz 1 Nummer 2 oder Nummer 7 des Infektionsschutzgesetzes tätig sind; maßgeblich ist jeweils die am 22. Juni 2022 gültige Fassung des Infektionsschutzgesetzes. ③ Die Steuerbefreiung gilt entsprechend für Personen, die in den in Satz 2 genannten Einrichtungen im Rahmen einer Arbeitnehmerüberlassung oder im Rahmen eines Werk- oder Dienstleistungsvertrags eingesetzt werden. ④ Nummer 11 a findet auf die Leistungen im Sinne der Sätze 1 bis 3 keine Anwendung. ⑤ Abweichend von Satz 1 gilt die Steuerbefreiung für Leistungen nach § 150 c des Elften Buches Sozialgesetzbuch in der Fassung des Gesetzes zur Stärkung des Schutzes der Bevölkerung und insbesondere vulnerabler Personengruppen vor COVID-19 vom 16. September 2022 (BGBl. I S. 1454) auch dann, wenn sie in der Zeit bis zum 31. Mai 2023 gewährt werden; 42

§ 3

Steuerfrei sind

...

11 c. zusätzlich zum ohnehin geschuldeten Arbeitslohn vom Arbeitgeber in der Zeit vom 26. Oktober 2022 bis zum 31. Dezember 2024 in Form von Zuschüssen und Sachbezügen gewährte Leistungen zur Abmilderung der gestiegenen Verbraucherpreise bis zu einem Betrag von 3 000 Euro; 43

§ 3

Steuerfrei sind

...

12. aus einer Bundeskasse oder Landeskasse gezahlte Bezüge, die zum einen 45

a) in einem Bundesgesetz oder Landesgesetz,

b) auf Grundlage einer bundesgesetzlichen oder landesgesetzlichen Ermächtigung beruhenden Bestimmung oder

c) von der Bundesregierung oder einer Landesregierung

als Aufwandsentschädigung festgesetzt sind und die zum anderen jeweils auch als Aufwandsentschädigung im Haushaltsplan ausgewiesen werden. ② Das Gleiche gilt für andere Bezüge, die als Aufwandsentschädigung aus öffentlichen Kassen an öffentliche Dienste leistende Personen gezahlt werden, soweit nicht festgestellt wird, dass sie für Verdienstausfall oder Zeitverlust gewährt werden oder den Aufwand, der dem Empfänger erwächst, offenbar übersteigen;

R 3.12 Aufwandsentschädigungen aus öffentlichen Kassen (§ 3 Nr. 12 Satz 2 EStG)[2] LStR 3.12

(1) ① Öffentliche Dienste leisten i. d. R. alle Personen, die im Dienst einer juristischen Person des öffentlichen Rechts stehen und hoheitliche (einschl. schlichter Hoheitsverwaltung) Aufgaben ausüben, die nicht der Daseinsvorsorge zuzurechnen sind. ② Keine öffentlichen Dienste i. S. d. § 3 Nr. 12 Satz 2 EStG leisten hingegen Personen, die in der fiskalischen Verwaltung tätig sind. 46

[1] Zur Anwendung von § 3 Nr. 11 b siehe § 52 Abs. 4 Satz 4.

[2] Zu Aufwandsentschädigungen im Bereich Rundfunk-/Fernsehanstalten siehe OFD Frankfurt vom 13. 8. 2024, S 2248 A – 00004 - 0357 - St 29 (DStR 2024, 2489).

LStR 3.12

47 (2) ① Voraussetzung für die Anerkennung als steuerfreie Aufwandsentschädigung nach § 3 Nr. 12 Satz 2 EStG ist, dass die gezahlten Beträge dazu bestimmt sind, Aufwendungen abzugelten, die steuerlich als Werbungskosten oder Betriebsausgaben abziehbar wären. ② Eine steuerfreie Aufwandsentschädigung liegt deshalb insoweit nicht vor, als die Entschädigung für Verdienstausfall oder Zeitverlust oder zur Abgeltung eines Haftungsrisikos gezahlt wird oder dem Empfänger ein abziehbarer Aufwand nicht oder offenbar nicht in Höhe der gewährten Entschädigung erwächst. ③ Das Finanzamt hat das Recht und die Pflicht zu prüfen, ob die als Aufwandsentschädigung gezahlten Beträge tatsächlich zur Bestreitung eines abziehbaren Aufwands erforderlich sind. ④ Dabei ist nicht erforderlich, dass der Stpfl. alle seine dienstlichen Aufwendungen bis ins Kleinste nachweist. ⑤ Entscheidend ist auch nicht, welche Aufwendungen einem einzelnen Stpfl. in einem einzelnen Jahr tatsächlich erwachsen sind, sondern ob Personen in gleicher dienstlicher Stellung im Durchschnitt der Jahre abziehbare Aufwendungen etwa in Höhe der Aufwandsentschädigung erwachsen. ⑥ Eine Nachprüfung ist nur geboten, wenn dazu ein Anlass von einigem Gewicht besteht. ⑦ Werden im kommunalen Bereich ehrenamtlich tätigen Personen Bezüge unter der Bezeichnung Aufwandsentschädigung gezahlt, sind sie nicht nach § 3 Nr. 12 Satz 2 EStG steuerfrei, soweit sie auch den Aufwand an Zeit und Arbeitsleistung sowie den entgangenen Arbeitsverdienst und das Haftungsrisiko abgelten oder den abziehbaren Aufwand offensichtlich übersteigen.

48 (3) ① Zur Erleichterung der Feststellung, inwieweit es sich in den Fällen des § 3 Nr. 12 Satz 2 EStG um eine steuerfreie Aufwandsentschädigung handelt, ist wie folgt zu verfahren:

② Sind die Anspruchsberechtigten und der Betrag oder auch ein Höchstbetrag der aus einer öffentlichen Kasse gewährten Aufwandsentschädigung durch Gesetz oder Rechtsverordnung bestimmt, ist die Aufwandsentschädigung

1. bei hauptamtlich tätigen Personen in voller Höhe steuerfrei,
2. bei ehrenamtlich tätigen Personen i. H. v. $^1/_3$ der gewährten Aufwandsentschädigung, mindestens 250 Euro monatlich steuerfrei.

③ Sind die Anspruchsberechtigten und der Betrag oder auch ein Höchstbetrag nicht durch Gesetz oder Rechtsverordnung bestimmt, kann bei hauptamtlich und ehrenamtlich tätigen Personen i. d. R. ohne weiteren Nachweis ein steuerlich anzuerkennender Aufwand von 250 Euro monatlich angenommen werden. ④ Ist die Aufwandsentschädigung niedriger als 250 Euro monatlich, bleibt nur der tatsächlich geleistete Betrag steuerfrei. ⑤ Bei Personen, die für mehrere Körperschaften des öffentlichen Rechts tätig sind, sind die steuerfreien monatlichen Mindest- und Höchstbeträge auf die Entschädigung zu beziehen, die von der einzelnen öffentlich-rechtlichen Körperschaft an diese Personen gezahlt wird. ⑥ Aufwandsentschädigungen für mehrere Tätigkeiten bei einer Körperschaft sind für die Anwendung der Mindest- und Höchstbeträge zusammenzurechnen. ⑦ Bei einer gelegentlichen ehrenamtlichen Tätigkeit sind die steuerfreien monatlichen Mindest- und Höchstbeträge nicht auf einen weniger als einen Monat dauernden Zeitraum der ehrenamtlichen Tätigkeit umzurechnen. ⑧ Soweit der steuerfreie Monatsbetrag von 250 Euro nicht ausgeschöpft wird, ist eine Übertragung in andere Monate dieser Tätigkeiten im selben Kj. möglich. ⑨ Maßgebend für die Ermittlung der Anzahl der in Betracht kommenden Monate ist die Dauer der ehrenamtlichen Funktion bzw. Ausübung im Kj. ⑩ Die für die Finanzverwaltung zuständige oberste Landesbehörde kann im Benehmen mit dem BMF und den obersten Finanzbehörden der anderen Länder Anpassungen an die im Lande gegebenen Verhältnisse vornehmen.

49 (4) ① Die Empfänger von Aufwandsentschädigungen können dem Finanzamt gegenüber einen höheren steuerlich abziehbaren Aufwand glaubhaft machen; der die Aufwandsentschädigung übersteigende Aufwand ist als Werbungskosten oder Betriebsausgaben abziehbar. ② Wenn einer hauptamtlich tätigen Person neben den Aufwendungen, die durch die Aufwandsentschädigung ersetzt werden sollen, andere beruflich veranlasste Aufwendungen entstehen, sind diese unabhängig von der Aufwandsentschädigung als Werbungskosten abziehbar; in diesem Falle ist aber Absatz 3 nicht anzuwenden, sondern nach Absatz 2 Satz 3 bis 6 zu verfahren. ③ Bei ehrenamtlich tätigen Personen sind alle durch die Tätigkeit veranlassten Aufwendungen als durch die steuerfreie Aufwandsentschädigung ersetzt anzusehen, so dass nur ein die Aufwandsentschädigung übersteigender Aufwand als Werbungskosten oder Betriebsausgaben abziehbar ist.

50 (5)[1] ① Von Pauschalentschädigungen, die Gemeinden oder andere juristische Personen des öffentlichen Rechts für eine gelegentliche ehrenamtliche Tätigkeit zahlen, darf ein Betrag bis zu 8 € täglich ohne nähere Prüfung als steuerfrei anerkannt werden. ② Bei höheren Pauschalentschädigungen hat das Finanzamt zu prüfen, ob auch ein Aufwand an Zeit und Arbeitsleistung sowie ein entgangener Verdienst abgegolten worden ist. ③ Anstelle dieser Regelung kann auch Absatz 3 angewendet werden.

LStH 3.12

H 3.12

53 **Allgemeines zu § 3 Nr. 12 Satz 2 EStG.** Aufwandsentschädigungen, bei denen die Voraussetzungen des § 3 Nr. 12 Satz 1 EStG nicht vorliegen, sind nach § 3 Nr. 12 Satz 2 EStG nur steu-

[1] Zur steuerlichen Behandlung der an ehrenamtliche Wahlhelfer gezahlten Erfrischungsgelder siehe FinMin Sachsen-Anhalt, Erlass vom 22. 5. 2023, 45 – S 2337-115 (DStR 2023, 2192) und OFD Karlsruhe v. 2. 4. 2024 – St 14-S 2337 –1/4-St 14A (DStR 2024, 1248).

LStH 3.12

erfrei, wenn sie aus öffentlichen Kassen (→ H 3.11) an Personen gezahlt werden, die öffentliche Dienste für einen inländischen Träger öffentlicher Gewalt leisten (→ BFH vom 3. 12. 1982 – BStBl. 1983 II S. 219). Dabei kann es sich auch um eine Nebentätigkeit handeln. Aufwandsentschädigungen können nicht nur bei Personen steuerfrei sein, die öffentlich-rechtliche (hoheitliche) Dienste leisten, sondern auch bei Personen, die im Rahmen des öffentlichen Dienstes Aufgaben der schlichten Hoheitsverwaltung erfüllen (→ BFH vom 15. 3. 1968 – BStBl. II S. 437, vom 1. 4. 1971 – BStBl. II S. 519 und vom 27. 2. 1976 – BStBl. II S. 418).

Beamte bei Postunternehmen → § 3 Nr. 35 EStG.

Begriff der Aufwandsentschädigung

- Zur Abgeltung von Werbungskosten/Betriebsausgaben → BFH vom 9. 7. 1992 (BStBl. 1993 II S. 50) und vom 29. 11. 2006 (BStBl. 2007 II S. 308).
- Zur Prüfung dieser Voraussetzung durch das Finanzamt → BFH vom 3. 8. 1962 (BStBl. III S. 425) und vom 9. 6. 1989 (BStBl. 1990 II S. 121 und S. 123).

Daseinsvorsorge

Beispiel:

Ein kirchlicher Verein erbringt Pflegeleistungen im Rahmen der Nachbarschaftshilfe.
Die den Pflegekräften gewährten Entschädigungen sind nicht nach § 3 Nr. 12 Satz 2 EStG steuerbefreit, da Pflegeleistungen zur Daseinsvorsorge gehören; ggf. kann eine Steuerbefreiung nach § 3 Nr. 26 oder Nr. 26 a EStG in Betracht kommen.

Entschädigungen für Zeitaufwand nach § 41 Abs. 3 Satz 2 SGB IV. Die den ehrenamtlich tätigen Versichertenberatern und Mitgliedern eines Widerspruchsausschusses gewährten Entschädigungen für Zeitaufwand nach § 41 Abs. 3 Satz 2 SGB IV sind nicht nach § 3 Nr. 12 Satz 2 EStG steuerfrei (→ BFH vom 3. 7. 2018 – BStBl. II S. 715).[1]

Fiskalische Verwaltung. Keine öffentlichen Dienste i. S. d. § 3 Nr. 12 Satz 2 EStG leisten Personen, die in der fiskalischen Verwaltung tätig sind (→ BFH vom 13. 8. 1971 – BStBl. II S. 818, vom 9. 5. 1974 – BStBl. II S. 631 und vom 31. 1. 1975 – BStBl. II S. 563). Dies ist insbesondere dann der Fall, wenn sich die Tätigkeit für die juristische Person des öffentlichen Rechts ausschließlich oder überwiegend auf die Erfüllung von Aufgaben

1. in einem **land- oder forstwirtschaftlichen Betrieb** einer juristischen Person des öffentlichen Rechts oder
2. in einem **Betrieb gewerblicher Art** einer juristischen Person des öffentlichen Rechts i. S. d. § 1 Abs. 1 Nr. 6 KStG bezieht.

Ob es sich um einen Betrieb gewerblicher Art einer juristischen Person des öffentlichen Rechts handelt, beurteilt sich nach dem Körperschaftsteuerrecht (§ 4 KStG und R 4.1 KStR 2022). Hierbei kommt es nicht darauf an, ob der Betrieb gewerblicher Art von der Körperschaftsteuer befreit ist. Zu den Betrieben gewerblicher Art in diesem Sinne gehören insbesondere die von einer juristischen Person des öffentlichen Rechts unterhaltenen Betriebe, die der Versorgung der Bevölkerung mit Wasser, Gas, Elektrizität oder Wärme (→ BFH vom 19. 1. 1990 – BStBl. II S. 679), dem öffentlichen Verkehr oder dem Hafenbetrieb dienen, sowie die in der Rechtsform einer juristischen Person des öffentlichen Rechts betriebenen Sparkassen (→ BFH vom 13. 8. 1971 – BStBl. II S. 818).

Öffentliche Dienste. Ehrenamtliche Vorstandsmitglieder eines Versorgungswerks leisten öffentliche Dienste i. S. d. § 3 Nr. 12 Satz 2 EStG, wenn sich das Versorgungswerk als juristische Person des öffentlichen Rechts im Rahmen seiner gesetzlichen Aufgabenzuweisungen auf die Gewährleistung der Alters-, Invaliden- und Hinterbliebenenversorgung für seine Zwangsmitglieder beschränkt und dabei die insoweit bestehenden Anlagegrundsätze beachtet (→ BFH vom 27. 8. 2013 – BStBl. 2014 II S. 248).

Öffentliche Kassen → H 3.11.

Steuerlicher Aufwand. Zur Voraussetzung der Abgeltung steuerlich zu berücksichtigender Werbungskosten/Betriebsausgaben → BFH vom 3. 8. 1962 (BStBl. III S. 425), vom 9. 6. 1989 (BStBl. 1990 II S. 121 und S. 123), vom 9. 7. 1992 (BStBl. 1993 II S. 50) und vom 29. 11. 2006 (BStBl. 2007 II S. 308).

Übertragung nicht ausgeschöpfter steuerfreier Monatsbeträge

Beispiel:

Für öffentliche Dienste in einem Ehrenamt in der Zeit vom 1. 1. bis 31. 5. werden folgende Aufwandsentschädigungen i. S. d. § 3 Nr. 12 Satz 2 EStG und R 3.12 Abs. 3 Satz 3 LStR gezahlt:
Januar 275 €, Februar 75 €, März 205 €, April 325 €, Mai 500 €; Zeitaufwand wird nicht vergütet. Für den Lohnsteuerabzug können die nicht ausgeschöpften steuerfreien Monatsbeträge von 250 € wie folgt mit den steuerpflichtigen Aufwandsentschädigungen der anderen Lohnzahlungszeiträume dieser Tätigkeit verrechnet werden:

---

[1] Die den ehrenamtlich tätigen Erhebungsbeauftragten nach § 20 Abs. 3 des Zensusgesetzes 2021 gezahlten Aufwandsentschädigungen unterliegen nicht der Besteuerung nach dem EStG.

LStH 3.12

	Gezahlte Aufwandsentschädigung	Steuerliche Behandlung nach R 3.12 Abs. 3 Satz 3 LStR		Steuerliche Behandlung bei Übertragung nicht ausgeschöpfter steuerfreier Monatsbeträge	
		Steuerfrei sind:	Steuerpflichtig sind:	Steuerfreier Höchstbetrag:	Steuerpflichtig sind:
Januar	275 €	250 €	25 €	250 €	25 €
Februar	75 €	75 €	0 €	2 × 250 € = 500 €	0 € (275 + 75 – 500), Aufrollung des Januar
März	205 €	205 €	0 €	3 × 250 € = 750 €	0 € (275 + 75 + 205 – 750)
April	325 €	250 €	75 €	4 × 250 € = 1000 €	0 € (275 + 75 + 205 + 325 – 1000)
Mai	500 €	250 €	250 €	5 × 250 € = 1250 €	130 € (275 + 75 + 205 + 325 + 500 – 1250)
Summe	1380 €	1030 €	350 €	5 × 250 € = 1250 €	130 €

Bei Verrechnung des nicht ausgeschöpften Freibetragsvolumens mit abgelaufenen Lohnzahlungszeiträumen ist im Februar der Lohnsteuereinbehalt für den Monat Januar zu korrigieren.

Werbungskostenabzug bei Dienstaufwandsentschädigungen. Sollen steuerfrei gewährte Dienstaufwandsentschädigungen den gesamten beruflich veranlassten Aufwand ersetzen, können Werbungskosten nur insoweit berücksichtigt werden, als diese die Entschädigung übersteigen. Dies gilt auch für die nicht durch die steuerfreie Reisekostenvergütung nach § 3 Nr. 13 EStG abgegoltenen Reisekosten, wenn auch diese durch die Dienstaufwandsentschädigung abgegolten werden (→ BFH vom 19. 10. 2016 – BStBl. 2017 II S. 345).

EStG

§ 3

Steuerfrei sind

. . .

54 **13. die aus öffentlichen Kassen gezahlten Reisekostenvergütungen, Umzugskostenvergütungen und Trennungsgelder. ② Die als Reisekostenvergütungen gezahlten Vergütungen für Verpflegung sind nur insoweit steuerfrei, als sie die Pauschbeträge nach § 9 Absatz 4 a nicht übersteigen; Trennungsgelder sind nur insoweit steuerfrei, als sie die nach § 9 Absatz 1 Satz 3 Nummer 5 und Absatz 4 a abziehbaren Aufwendungen nicht übersteigen;**

LStR 3.13

R 3.13 Reisekostenvergütungen, Umzugskostenvergütungen und Trennungsgelder aus öffentlichen Kassen (§ 3 Nr. 13 EStG)

55 (1) ① Nach § 3 Nr. 13 EStG sind Leistungen (Geld und Sachbezüge) steuerfrei, die als Reisekostenvergütungen, Umzugskostenvergütungen oder Trennungsgelder aus einer öffentlichen Kasse gewährt werden; dies gilt nicht für Mahlzeiten, die dem Arbeitnehmer während einer beruflichen Auswärtstätigkeit oder im Rahmen einer doppelten Haushaltsführung vom Arbeitgeber oder auf dessen Veranlassung von einem Dritten zur Verfügung gestellt werden. ② Die Steuerfreiheit von Verpflegungszuschüssen ist auf die nach § 9 Abs. 4 a EStG maßgebenden Beträge begrenzt. ③ R 3.16 Satz 1 bis 3 ist entsprechend anzuwenden.

56 (2) ① Reisekostenvergütungen sind die als solche bezeichneten Leistungen, die dem Grunde und der Höhe nach unmittelbar nach Maßgabe der reisekostenrechtlichen Vorschriften des Bundes oder der Länder gewährt werden. ② Reisekostenvergütungen liegen auch vor, soweit sie aufgrund von Tarifverträgen oder anderen Vereinbarungen (z. B. öffentlich-rechtliche Satzung) gewährt werden, die den reisekostenrechtlichen Vorschriften des Bundes oder eines Landes dem Grund und der Höhe nach vollumfänglich entsprechen. ③ § 12 Nr. 1 EStG bleibt unberührt.

57 (3) ① Werden bei Reisekostenvergütungen aus öffentlichen Kassen die reisekostenrechtlichen Vorschriften des Bundes oder der Länder nicht oder nur teilweise angewendet, können auf diese Leistungen, die zu § 3 Nr. 16 EStG erlassenen Verwaltungsvorschriften angewendet werden. ② Im Übrigen kann auch eine Steuerbefreiung nach § 3 Nr. 12, 26, 26 a oder 26 b EStG in Betracht kommen (→ R 3.12 und 3.26).

58 (4) ① Die Absätze 2 und 3 gelten sinngemäß für Umzugskostenvergütungen und Trennungsgelder nach Maßgabe der umzugskosten- und reisekostenrechtlichen Vorschriften des Bundes und der Länder. ② Werden anlässlich eines Umzugs Verpflegungszuschüsse nach dem BUKG[1] gewährt, sind diese nur im Rahmen der zeitlichen Voraussetzungen des § 9 Abs. 4 a EStG steuerfrei. ③ Trennungsgeld, das bei täglicher Rückkehr zum Wohnort gewährt wird, ist nur in den Fällen des § 9

[1] Abgedruckt im Anhang **I 9.**

Abs. 1 Satz 3 Nr. 4 a Satz 1 EStG steuerfrei. ④ Trennungsgeld, das bei Bezug einer Unterkunft am Ort der ersten Tätigkeitsstätte gewährt wird, ist regelmäßig nach Maßgabe von § 9 Abs. 1 Satz 3 Nr. 5 und Abs. 4 a EStG steuerfrei. ⑤ R 9.9 Abs. 2 Satz 1 ist entsprechend anzuwenden. LStR 3.13

H 3.13

LStH 3.13

Beamte bei Postunternehmen → § 3 Nr. 35 EStG.

Klimabedingte Kleidung. Der Beitrag zur Beschaffung klimabedingter Kleidung (§ 19 AUV)[1] sowie der Ausstattungsbeitrag (§ 21 AUV) sind nicht nach § 3 Nr. 13 Satz 1 EStG steuerfrei (→ BFH vom 27. 5. 1994 – BStBl. 1995 II S. 17 und vom 12. 4. 2007 – BStBl. II S. 536). 59

Mietbeiträge anstelle eines Trennungsgelds sind nicht nach § 3 Nr. 13 EStG steuerfrei (→ BFH vom 16. 7. 1971 – BStBl. II S. 772).

Öffentliche Kassen → H 3.11.

Pauschale Reisekostenvergütungen. Nach einer öffentlich-rechtlichen Satzung geleistete pauschale Reisekostenvergütungen können bei Beachtung von R 3.13 Abs. 2 Satz 2 auch ohne Einzelnachweis steuerfrei sein, sofern die Pauschale die tatsächlich entstandenen Reiseaufwendungen nicht ersichtlich übersteigt (→ BFH vom 8. 10. 2008 – BStBl. 2009 II S. 405).

Prüfung, ob Werbungskosten vorliegen. Es ist nur zu prüfen, ob die ersetzten Aufwendungen vom Grundsatz her Werbungskosten sind (→ BFH vom 12. 4. 2007 – BStBl. II S. 536). Daher sind z. B. Arbeitgeberleistungen im Zusammenhang mit Incentive-Reisen nicht nach § 3 Nr. 13 EStG steuerfrei (→ R 3.13 Abs. 2 Satz 3), soweit diese dem Arbeitnehmer als geldwerter Vorteil zuzurechnen sind (→ H 19.7).

§ 3

EStG

Steuerfrei sind

...

15. Zuschüsse des Arbeitgebers, die zusätzlich zum ohnehin geschuldeten Arbeitslohn zu den Aufwendungen des Arbeitnehmers für Fahrten mit öffentlichen Verkehrsmitteln im Linienverkehr (ohne Luftverkehr) zwischen Wohnung und erster Tätigkeitsstätte und nach § 9 Absatz 1 Satz 3 Nummer 4 a Satz 3 sowie für Fahrten im öffentlichen Personennahverkehr gezahlt werden. ② Das Gleiche gilt für die unentgeltliche oder verbilligte Nutzung öffentlicher Verkehrsmittel im Linienverkehr (ohne Luftverkehr) für Fahrten zwischen Wohnung und erster Tätigkeitsstätte und nach § 9 Absatz 1 Satz 3 Nummer 4 a Satz 3 sowie für Fahrten im öffentlichen Personennahverkehr, die der Arbeitnehmer auf Grund seines Dienstverhältnisses zusätzlich zum ohnehin geschuldeten Arbeitslohn in Anspruch nehmen kann. ③ Die nach den Sätzen 1 und 2 steuerfreien Leistungen mindern den nach § 9 Absatz 1 Satz 3 Nummer 4 Satz 2 abziehbaren Betrag; 62

H 3.15

LStH 3.15

Allgemeine Grundsätze → BMF vom 15. 8. 2019 (BStBl. I S. 875) unter Berücksichtigung der Änderungen durch BMF vom 7. 11. 2023 (BStBl. I S. 1969).[2] 62a

Deutschland-Ticket.

- Sachbezüge und Geldleistungen bei Überlassung bzw. Erwerb eines Deutschland-Tickets, die zusätzlich zum ohnehin geschuldeten Arbeitslohn gewährt werden, sind nach § 3 Nr. 15 steuerfrei, da das Deutschland-Ticket nur zu Fahrten im öffentlichen Personennahverkehr berechtigt. Die Steuerfreiheit der zusätzlich zum ohnehin geschuldeten Arbeitslohn erbrachten Arbeitgeberleistungen gilt auch für ein kostenpflichtiges Upgrade des Deutschland-Tickets (z. B. für die Benutzung der 1. Klasse und/oder für die Fahrradmitnahme).
- Zur Ermittlung des geldwerten Vorteils → H 8.1 (1–4) Deutschland-Ticket.
- Zum Vorrang der Steuerfreistellung nach § 3 Nr. 13 oder 16 → BMF vom 15. 8. 2019 (BStBl. I S. 875), Rz. 14 ff.

Zusätzlichkeitsvoraussetzung → § 8 Abs. 4 EStG.

[1] Abgedruckt im Anhang **I 9 a.**
[2] Nachfolgend abgedruckt als Anlage zu LStH 3.15.

Anl zu LStH 3.15

Schreiben betr. Steuerbefreiung nach § 3 Nr. 15 EStG in der Fassung des Gesetzes zur Vermeidung von Umsatzsteuerausfällen beim Handel mit Waren im Internet und zur Änderung weiterer steuerlicher Vorschriften (UStAVermG)

Vom 15. August 2019 (BStBl. I S. 875)

(BMF IV C 5 – S 2342/19/10007 :001; DOK 2019/0678827)

Geändert durch BMF-Schreiben vom 7. November 2023 (BStBl. I S. 1969)

63 Unter Bezugnahme auf das Ergebnis der Erörterungen mit den obersten Finanzbehörden der Länder gelten bei der Anwendung des § 3 Nr. 15 EStG die folgenden Grundsätze:

Vorbemerkung

1 Mit dem Gesetz zur Vermeidung von Umsatzsteuerausfällen beim Handel mit Waren im Internet und zur Änderung weiterer steuerlicher Vorschriften (UStAVermG) vom 11. Dezember 2018 (BGBl. I S. 2338, BStBl. I S. 1377) wurde die neue Steuerbefreiung § 3 Nr. 15 EStG in das Einkommensteuergesetz aufgenommen, um Arbeitgeberleistungen für bestimmte Fahrten mit öffentlichen Verkehrsmitteln im Linienverkehr sowie im öffentlichen Personennahverkehr zu begünstigen. Ziel dieser Begünstigung ist es, die Arbeitnehmer verstärkt zur Nutzung öffentlicher Verkehrsmittel zu veranlassen, um die durch den motorisierten Individualverkehr entstehenden Umwelt- und Verkehrsbelastungen sowie den Energieverbrauch zu senken.[1]

1. Überblick über die einzelnen Steuerbefreiungstatbestände

2 Begünstigt sind
- Arbeitgeberleistungen für Fahrten des Arbeitnehmers mit öffentlichen Verkehrsmitteln im Linienverkehr (ohne Luftverkehr) – Personen**fern**verkehr – zwischen Wohnung und erster Tätigkeitsstätte und für Fahrten nach § 9 Abs. 1 Satz 3 Nr. 4 a Satz 3 EStG **(1. Alternative)** sowie
- Arbeitgeberleistungen für alle Fahrten des Arbeitnehmers im öffentlichen Personen**nah**verkehr **(2. Alternative).**

3 Nicht in den Anwendungsbereich des § 3 Nr. 15 EStG fallende Verkehrsmittel sind insbesondere:
- für konkrete Anlässe speziell gemietete bzw. gecharterte Busse oder Bahnen,
- Taxen im Gelegenheitsverkehr, die nicht auf konzessionierten Linien oder Routen fahren,
- Luftverkehr.

4 Die Steuerfreiheit des § 3 Nr. 15 1. Alternative EStG (Fahrberechtigungen für den Personen**fern**verkehr) kommt infolge der Begrenzung auf Fahrten zwischen Wohnung und erster Tätigkeitsstätte sowie für Fahrten nach § 9 Abs. 1 Satz 3 Nr. 4 a Satz 3 EStG nur in Betracht für Arbeitnehmer in einem aktiven Beschäftigungsverhältnis sowie für die beim Entleiher beschäftigten Leiharbeitnehmer.

Die Steuerfreiheit des § 3 Nr. 15 2. Alternative EStG (Fahrberechtigungen für den öffentlichen Personen**nah**verkehr) gilt hingegen für alle Arbeitnehmer oder Leiharbeitnehmer.

5 Unter die Steuerbefreiung fallen Arbeitgeberleistungen in Form von unentgeltlichen oder verbilligt überlassenen Fahrberechtigungen (Sachbezüge) sowie Zuschüsse (Barlohn) des Arbeitgebers zu den von den Arbeitnehmern selbst erworbenen Fahrberechtigungen. Begünstigt sind insbesondere Fahrberechtigungen in Form von Einzel-/Mehrfahrtenfahrscheinen, Zeitkarten (z. B. Monats-, Jahrestickets, Bahncard 100), allgemeine Freifahrberechtigungen, Freifahrberechtigungen für bestimmte Tage (z. B. bei Smogalarm) oder Ermäßigungskarten (z. B. Bahncard 25).

6 Umfasst die Fahrberechtigung die Mitnahme von anderen Personen oder ist die Fahrberechtigung auf andere Personen übertragbar, schließt dies die Steuerbefreiung nicht von vornherein aus.

2. Personenfernverkehr – öffentliche Verkehrsmittel im Linienverkehr (1. Alternative)

7 Zum **Personenfernverkehr** i. S. d. § 3 Nr. 15 EStG (öffentliche Verkehrsmittel im Linienverkehr) gehören:
- Fernzüge der Deutschen Bahn (ICE, IC, EC), Fernbusse auf festgelegten Linien oder Routen und mit festgelegten Haltepunkten,
- vergleichbare Hochgeschwindigkeitszüge und schnellfahrende Fernzüge anderer Anbieter (z. B. TGV, Thalys).

3. Personennahverkehr (2. Alternative)

8[2] Zum öffentlichen Personennahverkehr gehört die allgemein zugängliche Beförderung von Personen im Linienverkehr, die überwiegend dazu bestimmt ist, die Verkehrsnachfrage im Stadt-, Vorort- oder Regionalverkehr zu befriedigen. Als öffentlicher **Personennahverkehr** i. S. d. § 3 Nr. 15 EStG gelten aus Vereinfachungsgründen alle öffentlichen Verkehrsmittel, die nicht Personenfernverkehr i. S. d. Rz. 7 sind und nicht unter Rz. 3 fallen. Wird eine Fahrberechtigung für den öffentlichen Personennahverkehr auch für die Nutzung bestimmter Fernzüge freigegeben, liegt weiterhin eine Fahrt im öffentlichen Personennahverkehr i. S. d. § 3 Nr. 15 EStG vor. Hierunter fällt insbesondere die Freigabe des Deutschlandtickets für bestimmte IC/ICE-Verbindungen

9 Soweit Taxen ausnahmsweise im Linienverkehr nach Maßgabe der genehmigten Nahverkehrspläne eingesetzt werden (z. B. zur Verdichtung, Ergänzung oder zum Ersatz anderer öffentlicher Verkehrsmittel)

---

[1] Zum 9-Euro-Ticket siehe BMF v. 30. 5. 2022, BStBl. I S. 922.

[2] **[Amtl. Anm.:]** Rz. 8 wurde durch BMF vom 7. 11. 2023 (BStBl. I S. 1669) geänd. und ist in allen offenen Fällen anzuwenden.

und von der Fahrberechtigung mitumfasst sind oder gegen einen geringen Aufpreis genutzt werden dürfen, gehören sie zum Personennahverkehr.

Anl zu LStH 3.15

10 Die Nutzung des öffentlichen Personennahverkehrs ist unabhängig von der Art der Fahrten nach § 3 Nr. 15 EStG begünstigt, also auch bei Privatfahrten des Arbeitnehmers. Damit ist – anders als im Personenfernverkehr – bei Fahrberechtigungen, die nur eine Nutzung des Personennahverkehrs ermöglichen, keine weitere Prüfung zur Art der Nutzung vorzunehmen.

4. Gemischte Nutzung von Fahrberechtigungen für den Personenfernverkehr (Auswärtstätigkeit, Familienheimfahrten im Rahmen der doppelten Haushaltsführung, Fahrten zwischen Wohnung und erster Tätigkeitsstätte sowie Privatfahrten)

11 Arbeitgeberleistungen, die zur Nutzung des Personenfernverkehrs berechtigen, sind nach § 3 Nr. 15 EStG steuerfrei, soweit sie auf Fahrten zwischen Wohnung und erster Tätigkeitsstätte sowie zu einem Sammelpunkt oder einem weiträumigen Tätigkeitsgebiet (§ 9 Abs. 1 Satz 3 Nr. 4 a Satz 3 EStG) entfallen; Privatfahrten im Personenfernverkehr sind hingegen nicht begünstigt.

a) Arbeitgeberleistung berechtigt zur Nutzung des Personenfernverkehrs für die Strecke zwischen Wohnung und erster Tätigkeitsstätte, zu einem Sammelpunkt oder einem weiträumigen Tätigkeitsgebiet (§ 9 Abs. 1 Satz 3 Nr. 4 a Satz 3 EStG)

12 Aus Vereinfachungsgründen ist davon auszugehen, dass eine Fahrberechtigung für den Personenfernverkehr nur auf Fahrten zwischen Wohnung und erster Tätigkeitsstätte, zu einem Sammelpunkt oder einem weiträumigen Tätigkeitsgebiet (§ 9 Abs. 1 Satz 3 Nr. 4 a Satz 3 EStG) entfällt und nach § 3 Nr. 15 EStG steuerbefreit ist, wenn sie lediglich zur Nutzung für die Strecke zwischen Wohnung und erster Tätigkeitsstätte sowie zu einem Sammelpunkt oder einem weiträumigen Tätigkeitsgebiet (§ 9 Abs. 1 Satz 3 Nr. 4 a Satz 3 EStG) berechtigt. Die tatsächliche Nutzung der Fahrberechtigung auch zu privaten Fahrten ist dann unbeachtlich.

13 Geht die Fahrberechtigung für den Personenfernverkehr über die Strecke zwischen Wohnung und erster Tätigkeitsstätte, zu einem Sammelpunkt oder einem weiträumigen Tätigkeitsgebiet (§ 9 Abs. 1 Satz 3 Nr. 4 a Satz 3 EStG) hinaus (Fahrberechtigung für ein bestimmtes Gebiet oder eine zusätzliche Strecke), ist aus Vereinfachungsgründen davon auszugehen, dass die Fahrberechtigung insoweit auf Fahrten zwischen Wohnung und erster Tätigkeitsstätte, zu einem Sammelpunkt oder zu einem weiträumigen Tätigkeitsgebiet (§ 9 Abs. 1 Satz 3 Nr. 4 a Satz 3 EStG) entfällt, als der anzusetzende Wert der Arbeitgeberleistung den regulären Verkaufspreis einer Fahrberechtigung nur für die Strecke zwischen Wohnung und erster Tätigkeitsstätte, zu einem Sammelpunkt oder einem weiträumigen Tätigkeitsgebiet (§ 9 Abs. 1 Satz 3 Nr. 4 a Satz 3 EStG) für den entsprechenden Gültigkeitszeitraum nicht überschreitet.

14 Wird eine Fahrberechtigung, die ganz oder teilweise die Voraussetzungen für die Steuerbefreiung nach § 3 Nr. 15 EStG erfüllt, auch für Fahrten im Rahmen von Auswärtstätigkeiten oder für eine Familienheimfahrt pro Woche im Rahmen der doppelten Haushaltsführung genutzt, ist die Arbeitgeberleistung, soweit sie auf diese Fahrten entfällt, nach § 3 Nr. 13 oder 16 EStG steuerfrei. Die Steuerfreistellung nach § 3 Nr. 13 oder 16 EStG hat Vorrang gegenüber der Steuerfreistellung nach § 3 Nr. 15 EStG. In diesem Fall kann der Arbeitgeber im Rahmen einer Prognoseberechnung prüfen, ob die Fahrberechtigung bereits bei Hingabe insgesamt steuerfrei belassen werden kann (siehe dazu Rz. 15 ff.). Nutzt er die Möglichkeit der Amortisationsprognose nicht, gilt Rz. 22.

b) Amortisationsprognose bei Nutzung einer Fahrberechtigung des Personenfernverkehrs zu Fahrten im Rahmen einer Auswärtstätigkeit oder Familienheimfahrten im Rahmen der doppelten Haushaltsführung (§ 3 Nr. 13 und 16 EStG)

aa) Prognostizierte Vollamortisation allein durch Fahrten nach § 3 Nr. 13 und 16 EStG

15 Ergibt die Prognose zum Zeitpunkt der Hingabe der Fahrberechtigung, dass die Summe aus den ersparten Kosten für Einzelfahrscheine, die ohne Nutzung der Fahrberechtigung während deren Gültigkeitsdauer für die steuerlich begünstigten Fahrten nach § 3 Nr. 13 oder 16 EStG (Fahrten im Rahmen einer Auswärtstätigkeit oder eine Familienheimfahrt pro Woche im Rahmen der doppelten Haushaltsführung) anfallen würden, die Kosten der Fahrberechtigung erreichen oder übersteigen (prognostizierte Vollamortisation ohne § 3 Nr. 15 EStG), stellt die Überlassung der Fahrberechtigung an den Arbeitnehmer keinen steuerpflichtigen Arbeitslohn dar. Auf die darüber hinaus gehenden Nutzungsmöglichkeiten kommt es dann nicht mehr an.

Tritt die prognostizierte Vollamortisierung aus unvorhersehbaren Gründen (z. B. Krankheit oder Verschiebung von Dienstreisen) nicht ein, ist eine Nachversteuerung nicht vorzunehmen. Ändern sich die der Prognose zu Grunde liegenden Annahmen grundlegend (z. B. Wechsel vom Außendienst in den Innendienst), hat eine Korrektur und ggfs. Nachversteuerung unter Berücksichtigung der Rz. 16, 19 f. für den noch nicht abgelaufenen Gültigkeitszeitraum zu erfolgen.

bb) Prognostizierte Vollamortisation unter Einbeziehung des § 3 Nr. 15 EStG

16 Ergibt die Prognose zum Zeitpunkt der Hingabe der Fahrberechtigung, dass die Summe

- aus den ersparten Kosten für Einzelfahrscheine, die ohne Nutzung der Fahrberechtigung während deren Gültigkeitsdauer für die steuerlich begünstigten Fahrten nach § 3 Nr. 13 oder 16 EStG (Fahrten im Rahmen einer Auswärtstätigkeit oder eine Familienheimfahrt pro Woche im Rahmen der doppelten Haushaltsführung) anfallen würden, und
- dem regulären Verkaufspreis einer Fahrberechtigung für die Strecke zwischen Wohnung und erster Tätigkeitsstätte, zu einem Sammelpunkt oder zu einem weiträumigen Tätigkeitsgebiet (§ 9 Abs. 1 Satz 3 Nr. 4 a Satz 3 EStG) für den entsprechenden Gültigkeitszeitraum

die Kosten der Fahrberechtigung erreicht oder übersteigt (prognostizierte Vollamortisation mit § 3 Nr. 15 EStG), ist die Arbeitgeberleistung insgesamt steuerfrei; sie ist dann vorrangig steuerfrei nach § 3 Nr. 13

Anl zu LStH 3.15

oder 16 EStG in Höhe der prognostizierten ersparten Kosten für Einzelfahrscheine, die ohne Nutzung der Fahrberechtigung während deren Gültigkeitsdauer anfallen würden und im Übrigen nachrangig steuerfrei nach § 3 Nr. 15 EStG. Auf den Umfang der späteren tatsächlichen Nutzung und die darüber hinaus gehenden privaten Nutzungsmöglichkeiten kommt es nicht an. Tritt die prognostizierte Vollamortisierung aus unvorhersehbaren Gründen (z. B. Krankheit oder Verschiebung von Dienstreisen) nicht ein, ist eine Nachversteuerung nicht vorzunehmen. Ändern sich die der Prognose zu Grunde liegenden Annahmen grundlegend (z. B. Wechsel vom Außendienst in den Innendienst), hat eine Korrektur und ggfs. Nachversteuerung entsprechend Rz. 19 ff. für den noch nicht abgelaufenen Gültigkeitszeitraum zu erfolgen.

17 **Beispiel 1:**

Der Arbeitgeber überlässt seinem Arbeitnehmer eine Bahncard 100, die er zum Preis von 4400 Euro erworben hat. Nach der Prognose des Arbeitgebers betragen die ersparten Kosten der Einzelfahrscheine für Dienstreisen im Gültigkeitszeitraum 3000 Euro. Der reguläre Preis der Jahresfahrkarte für die Strecke zwischen Wohnung und erster Tätigkeitsstätte des Arbeitnehmers hätte 1600 Euro betragen. Tatsächlich ergeben sich im Laufe der Gültigkeitsdauer für Dienstreisen des Arbeitnehmers aus unvorhersehbaren Gründen nur ersparte Kosten der Einzelfahrscheine i. H. v. 2500 Euro.

Lösung:

Nach der Prognose des Arbeitgebers zum Zeitpunkt der Hingabe der Fahrberechtigung übersteigen die ersparten Kosten für die Einzelfahrscheine, die ohne Nutzung der Bahncard 100 während deren Gültigkeitsdauer für die steuerlich begünstigten Fahrten nach § 3 Nr. 16 EStG anfallen würden (3000 Euro), zusammen mit dem regulären Verkaufspreis einer Fahrberechtigung für die Strecke zwischen Wohnung und erster Tätigkeitsstätte (1600 Euro) die Kosten der Bahncard 100. Die Bahncard 100 ist daher i. H. v. 3000 Euro steuerfreier Reisekostenersatz und der verbleibende Betrag von 1400 Euro (4400 Euro – 3000 Euro) ist eine steuerfreie Arbeitgeberleistung nach § 3 Nr. 15 EStG. Auf den Umfang der tatsächlichen Nutzung sowie die private Nutzungsmöglichkeit kommt es nicht an. Dass die prognostizierte Vollamortisation tatsächlich nicht eingetreten ist (2500 Euro + 1600 Euro = 4100 Euro), ist unerheblich und führt weder zu einer Nachversteuerung noch zu einer Änderung der nach § 3 Nr. 15 EStG steuerfreien Arbeitgeberleistungen; es bleibt somit bei der zu bescheinigenden steuerfreien Arbeitgeberleistung nach § 3 Nr. 15 EStG i. H. v. 1400 Euro.

18 **Beispiel 2:**

Wie Beispiel 1, allerdings ergeben sich im Laufe der Gültigkeitsdauer für Dienstreisen des Arbeitnehmers aus unvorhersehbaren Gründen ersparte Kosten der Einzelfahrscheine i. H. v. 4000 Euro.

Lösung:

Wie in Beispiel 1 ist die Bahncard 100 i. H. v. 3000 Euro steuerfreier Reisekostenersatz und der verbleibende Betrag von 1400 Euro (4400 Euro – 3000 Euro) ist eine steuerfreie Arbeitgeberleistung nach § 3 Nr. 15 EStG. Auf den Umfang der tatsächlichen Nutzung sowie die private Nutzungsmöglichkeit kommt es nicht an. Auch der nicht vorhersehbare tatsächlich höhere Einsatz der Bahncard 100 für Dienstreisen (4000 Euro statt 3000 Euro), führt zu keiner Änderung der Prognose, d. h., es bleibt somit auch bei den zu bescheinigenden Arbeitgeberleistungen nach § 3 Nr. 15 EStG i. H. v. 1400 Euro (und nicht 400 Euro). Etwas anderes gilt nur, wenn die der Prognose zu Grunde liegenden Annahmen sich grundlegend ändern.

cc) Prognostizierte Teilamortisation bei Berücksichtigung von § 3 Nr. 13 und 16 sowie § 3 Nr. 15 EStG

19 Ergibt die Prognose zum Zeitpunkt der Hingabe der Fahrberechtigung, dass die Summe

- aus den ersparten Kosten für Einzelfahrscheine, die ohne Nutzung der Fahrberechtigung während deren Gültigkeitsdauer für die steuerlich begünstigten Fahrten nach § 3 Nr. 13 oder 16 EStG (Fahrten im Rahmen einer Auswärtstätigkeit oder eine Familienheimfahrt pro Woche im Rahmen der doppelten Haushaltsführung) anfallen würden, und
- dem regulären Verkaufspreis einer Fahrberechtigung für die Strecke zwischen Wohnung und erster Tätigkeitsstätte, zu einem Sammelpunkt oder einem weiträumigen Tätigkeitsgebiet (§ 9 Abs. 1 Satz 3 Nr. 4 a Satz 3 EStG) für den entsprechenden Gültigkeitszeitraum

die Kosten der Fahrberechtigung **nicht** erreicht (prognostizierte Teilamortisation), stellt die Überlassung der Fahrberechtigung zunächst in voller Höhe steuerpflichtigen Arbeitslohn dar. Die Arbeitgeberleistung kann allerdings insoweit steuerfrei belassen werden, als die Voraussetzungen für eine Steuerfreistellung nach § 3 Nr. 15 EStG vorliegen. Im Übrigen ist die Fahrberechtigung als geldwerter Vorteil dem Lohnsteuerabzug zu unterwerfen.

20 Die während der Gültigkeitsdauer der Fahrberechtigung durch deren tatsächliche Nutzung für Fahrten nach § 3 Nr. 13 oder 16 EStG ersparten Fahrtkosten können dann zusätzlich monatsweise oder auch am Ende des Gültigkeitszeitraumes als Korrekturbetrag den steuerpflichtigen Arbeitslohn mindern (mittels Verrechnung des dann feststehenden steuerfreien Reisekostenerstattungsanspruchs des Arbeitnehmers). Für die Höhe des Korrekturbetrags können aus Vereinfachungsgründen die ersparten Reisekosten für Einzelfahrscheine, die für die Fahrten nach § 3 Nr. 13 oder 16 EStG ohne Nutzung der Fahrberechtigung während deren Gültigkeitsdauer angefallen wären, begrenzt auf die Höhe der tatsächlichen Kosten der Fahrberechtigung, zugrunde gelegt werden. Die nach § 3 Nr. 15 EStG steuerfreien Leistungen ändern sich dadurch nicht.

21 **Beispiel 3:**

Der Arbeitgeber überlässt seinem Arbeitnehmer eine Bahncard 100, die er zum Preis von 4400 Euro erworben hat. Nach der Prognose des Arbeitgebers betragen die ersparten Kosten der Einzelfahrscheine für Dienstreisen im Gültigkeitszeitraum 2500 Euro. Der reguläre Preis der Jahresfahrkarte für die Strecke zwischen Wohnung und erster Tätigkeitsstätte des Arbeitnehmers hätte 1600 Euro betragen. Tatsächlich ergeben sich im Laufe der Gültigkeitsdauer für dienstliche Fahrten des Arbeitnehmers ersparte Kosten der Einzelfahrscheine i. H. v. 4000 Euro.

Lösung:

Nach der Prognose des Arbeitgebers zum Zeitpunkt der Hingabe der Fahrberechtigung erreichen die ersparten Kosten, die für Einzelfahrscheine für die steuerlich begünstigten dienstlichen Fahrten nach § 3 Nr. 16 EStG anfallen würden (2500 Euro), auch zusammen mit dem regulären Verkaufspreis einer Fahrberechtigung für die Strecke zwischen Woh-

nung und erster Tätigkeitsstätte (1600 Euro) nicht die Kosten der Bahncard 100 von 4400 Euro (prognostizierte Teilamortisation).
Die Hingabe der Bahncard kann daher zunächst nur insoweit steuerfrei belassen werden, als die Voraussetzungen für eine Steuerfreistellung nach § 3 Nr. 15 EStG vorliegen (1600 Euro).
Der Arbeitgeber kann aber den steuerpflichtigen Arbeitslohn in Höhe der durch die tatsächliche Nutzung der Bahncard 100 für Dienstreisen ersparten Kosten der Einzelfahrscheine monatsweise oder auch am Ende des Gültigkeitszeitraumes mindern (mittels Verrechnung mit dem dann feststehenden steuerfreien Reisekostenerstattungsanspruch des Arbeitnehmers). Danach ergibt sich noch eine steuerfreie Reisekostenerstattung i. H. v. 2800 Euro, neben den bereits steuerfrei belassenen Arbeitgeberleistungen nach § 3 Nr. 15 EStG i. H. v. 1600 Euro.

dd) Verzicht auf Amortisationsprognose

22 Führt der Arbeitgeber keine Amortisationsprognose nach den Rz. 15 bis 21 durch, stellt die Überlassung der Fahrberechtigung zunächst in voller Höhe steuerpflichtigen Arbeitslohn dar. Die ersparten Kosten
- für Einzelfahrscheine, die ohne Nutzung der Fahrberechtigung während der Gültigkeitsdauer für die steuerlich begünstigten Fahrten nach § 3 Nr. 13 oder 16 EStG (Fahrten im Rahmen einer Auswärtstätigkeit oder eine Familienheimfahrt pro Woche im Rahmen einer doppelten Haushaltsführung) angefallen wären, und
- für den regulären Verkaufspreis einer Fahrberechtigung für die Strecke zwischen Wohnung und erster Tätigkeitsstätte, zu einem Sammelpunkt oder einem weiträumigen Tätigkeitsgebiet (§ 9 Abs. 1 Satz 3 Nr. 4 a Satz 3 EStG), die für den entsprechenden Gültigkeitszeitraum entstanden wären (Fahrten i. S. d. § 3 Nr. 15 EStG),

sind am Ende des Kalenderjahres der Gültigkeit der Fahrberechtigung als Korrekturbetrag beim steuerpflichtigen Arbeitslohn mindernd zu berücksichtigen. Bei einer Gültigkeit der Fahrberechtigung über den Jahreswechsel hinaus sowie bei einer mehrjährigen Gültigkeitsdauer ist der Korrekturbetrag zum Ende eines jeden Kalenderjahres sowie zum Ende des Gültigkeitszeitraums anhand der in dem jeweiligen Zeitraum durchgeführten Fahrten nach § 3 Nr. 13 oder 16 EStG sowie anhand des zeitanteiligen regulären Verkaufspreises einer Fahrberechtigung für die Strecke zwischen Wohnung und erster Tätigkeitsstätte, zu einem Sammelpunkt oder einem weiträumigen Tätigkeitsgebiet (§ 9 Abs. 1 Satz 3 Nr. 4 a Satz 3 EStG) zu ermitteln. Dabei hat die Steuerfreistellung nach § 3 Nr. 13 oder 16 EStG Vorrang gegenüber der Steuerfreistellung nach § 3 Nr. 15 EStG. Die Summe der Korrekturbeträge kann insgesamt höchstens bis zum Betrag des steuerpflichtigen Arbeitslohns mindernd berücksichtigt werden. Eine Änderung der sich für abgelaufene Kalenderjahre nach § 3 Nr. 15 EStG ergebenden Korrekturbeträge ist nicht zulässig. Dies gilt auch dann, wenn sich in nachfolgenden Kalenderjahren in großem Umfang dienstliche Fahrten ergeben, die nach § 3 Nr. 13 oder 16 EStG begünstigt sind.

23 Beispiel 4:

Der Arbeitgeber überlässt seinem Arbeitnehmer eine Bahncard 100, die er zum Preis von 4400 Euro erworben hat. Die Fahrberechtigung ist vom 1. Oktober 01 bis 30. September 02 gültig. Eine Prognoseberechnung führt der Arbeitgeber nicht durch.

Lösung:

Kalenderjahr 01:
Zum Ende des Kalenderjahres 01 der Fahrberechtigung ergibt sich für den Zeitraum 1. Oktober 01 bis 31. Dezember 01, dass die ersparten Kosten der Einzelfahrscheine für Dienstreisen 500 Euro betragen. Der reguläre Preis der Jahresfahrkarte für die Strecke zwischen Wohnung und erster Tätigkeitsstätte des Arbeitnehmers beträgt für den Zeitraum 1. Oktober 01 bis 31. Dezember 01 anteilig 400 Euro ($^{3}/_{12}$ von 1600 Euro). Da der Arbeitgeber keine Prognoseberechnung vornimmt, führt die Überlassung der Bahncard durch den Arbeitgeber an den Arbeitnehmer im Jahr 01 i. H. v. 4400 Euro zu steuerpflichtigem Arbeitslohn.
Zum Ende des Kalenderjahres 01 kann der Arbeitgeber beim steuerpflichtigen Arbeitslohn des Arbeitnehmers für die ersparten Kosten der Einzelfahrscheine für Dienstreisen (§ 3 Nr. 13 EStG) einen Korrekturbetrag von 500 Euro und für den anteiligen regulären Preis der Jahresfahrkarte für die Strecke zwischen Wohnung und erster Tätigkeitsstätte (§ 3 Nr. 15 EStG) einen Korrekturbetrag von 400 Euro (= $^{3}/_{12}$ von 1600 Euro) mindernd berücksichtigen. Der Arbeitgeber muss die nach § 3 Nr. 15 EStG steuerfreie Leistung i. H. v. 400 Euro nach § 41 b Abs. 1 Satz 2 Nr. 6 EStG in Zeile 17 der Lohnsteuerbescheinigung 01 angeben.
Kalenderjahr 02:
Zum Ende des Gültigkeitszeitraums (= 30. September 02) der Fahrberechtigung ergibt sich für den Zeitraum 1. Januar 02 bis 30. September 02, dass die ersparten Kosten der Einzelfahrscheine für Dienstreisen 1500 Euro betragen.
Zum Ende des Gültigkeitszeitraums (= 30. September 02) kann der Arbeitgeber beim steuerpflichtigen Arbeitslohn des Arbeitnehmers in Höhe der ersparten Kosten der Einzelfahrscheine für Dienstreisen (§ 3 Nr. 13 EStG) einen Korrekturbetrag von 1500 Euro und in Höhe des anteiligen regulären Preises der Jahresfahrkarte für die Strecke zwischen Wohnung und erster Tätigkeitsstätte (§ 3 Nr. 15 EStG) einen Korrekturbetrag von 1200 Euro (= $^{9}/_{12}$ von 1600 Euro) mindernd berücksichtigen. Der Arbeitgeber muss die nach § 3 Nr. 15 EStG steuerfreie Leistung i. H. v. 1200 Euro nach § 41 b Abs. 1 Satz 2 Nr. 6 EStG in Zeile 17 der Lohnsteuerbescheinigung 02 angeben.
Die Summe der Korrekturbeträge beträgt 3600 Euro (Jahr 01 500 Euro + 400 Euro = 900 Euro; Jahr 02 1500 Euro + 1200 Euro = 2700 Euro) und übersteigt nicht die Höhe des steuerpflichtigen Arbeitslohns im Jahr 01 (= 4400 Euro).

c) Zuschüsse des Arbeitgebers zu einer vom Arbeitnehmer selbst erworbenen Fahrberechtigung

24 Für Zuschüsse des Arbeitgebers zu einer vom Arbeitnehmer erworbenen Fahrberechtigung, die die Voraussetzungen des § 3 Nr. 15 EStG ganz oder teilweise erfüllt, gelten Rz. 11 bis 14 entsprechend; Rz. 19 ist entsprechend anzuwenden, sofern die Fahrberechtigung auch für steuerfreie Fahrten nach § 3 Nr. 13 oder 16 EStG (Fahrten im Rahmen einer Auswärtstätigkeit oder eine Familienheimfahrt pro Woche im Rahmen der doppelten Haushaltsführung) genutzt wird.

Anl zu LStH 3.15

5. Steuerfreiheit nur für zusätzlich zum ohnehin geschuldeten Arbeitslohn erbrachte Arbeitgeberleistungen[1]

64

25 Der Steuerbefreiung des § 3 Nr. 15 EStG unterliegen nur Arbeitgeberleistungen, die zusätzlich zum ohnehin geschuldeten Arbeitslohn erbracht werden. Dies ist der Fall, wenn die zweckbestimmte Leistung zu dem Arbeitslohn hinzukommt, den der Arbeitgeber arbeitsrechtlich schuldet (siehe R 3.33 Abs. 5 LStR; BMF-Schreiben vom 22. Mai 2013, BStBl. I S. 728). Als zusätzlich gilt eine Leistung des Arbeitgebers auch dann, wenn der Arbeitnehmer aus den vom Arbeitgeber zusätzlich zum ohnehin geschuldeten Arbeitslohn zur Verfügung gestellten Mobilitätsalternativen wählen kann (z. B. Dienstwagen, E-Bike oder Fahrberechtigung für öffentliche Verkehrsmittel).

Wird eine zweckbestimmte Leistung unter Anrechnung auf den arbeitsrechtlich geschuldeten Arbeitslohn oder durch dessen Umwandlung gewährt (Gehaltsumwandlung), liegt keine zusätzliche Leistung vor (BMF-Schreiben vom 14. Dezember 2016, BStBl. I S. 1446).[2] Eine mittels Gehaltsumwandlung oder Gehaltsverzicht erbrachte Arbeitgeberleistung fällt somit nicht unter die Steuerbefreiung des § 3 Nr. 15 EStG.

26 Steuerfrei sind auch von Dritten gewährte Preisvorteile, wenn sie nach den Grundsätzen des BMF-Schreibens vom 20. Januar 2015, BStBl. I S. 143,[3] sowie H 8.1 „Jobticket" LStH als Arbeitslohn zu behandeln wären.

6. Minderung der Entfernungspauschale[4]

27 Die nach § 3 Nr. 15 EStG steuerfreien Arbeitgeberleistungen mindern den nach § 9 Abs. 1 Satz 3 Nr. 4 Satz 2 EStG als Entfernungspauschale abziehbaren Betrag (§ 3 Nr. 15 Satz 3 EStG). Bei Überlassung einer Fahrberechtigung oder Zuschüssen zu einer vom Arbeitnehmer selbst erworbenen Fahrberechtigung ist § 3 Nr. 13 und 16 EStG vorrangig zu berücksichtigen (siehe dazu Rz. 16 und 22).

28 Der Minderungsbetrag entspricht dem Wert der überlassenen Fahrberechtigung oder dem geleisteten Zuschuss, der ohne die Steuerbefreiung nach § 3 Nr. 15 EStG als Arbeitslohn zu besteuern gewesen wäre. Aus Vereinfachungsgründen bestehen keine Bedenken, als Wert der überlassenen Fahrberechtigung die Aufwendungen des Arbeitgebers einschließlich Umsatzsteuer anzusetzen.

29 Fahrberechtigungen mit einem Gültigkeitszeitraum, der sich über zwei oder mehr Kalenderjahre erstreckt, gelten in dem Kalenderjahr als zugeflossen, in dem die Arbeitgeberleistung erbracht wird. Für die Anrechnung auf die Entfernungspauschale ist der Wert der Fahrberechtigung (Rz. 28) anteilig auf den Gültigkeitszeitraum der Fahrberechtigung zu verteilen und entsprechend zu bescheinigen.

30 Beispiel 5:

Der Arbeitgeber überlässt seinem Arbeitnehmer am 1. Juli 01 ein Jahresticket (Gültigkeit bis zum 30. Juni 02) für den regionalen Verkehrsverbund B, das er zum Preis von 600 Euro erworben hat.

Lösung:

Das überlassene Jahresticket im Wert von 600 Euro ist als Fahrberechtigung des öffentlichen Personennahverkehrs vollständig steuerfrei nach § 3 Nr. 15 EStG.

Der Wert von 600 Euro ist für die Anrechnung auf die Entfernungspauschale aber anteilig auf den Gültigkeitszeitraum der Fahrberechtigung von 12 Monaten zu verteilen und entfällt somit mit 300 Euro auf das Jahr 01 und mit 300 Euro auf das Jahr 02.

31 Eine Minderung der Entfernungspauschale nach § 3 Nr. 15 Satz 3 EStG erfolgt maximal bis auf 0 Euro und ist unabhängig von der tatsächlichen Nutzung der vom Arbeitgeber überlassenen oder bezuschussten Fahrberechtigung vorzunehmen; eine Kürzung der Entfernungspauschale erfolgt daher auch in den Fällen, in denen der Arbeitnehmer die nach § 3 Nr. 15 EStG steuerfreie Fahrberechtigung tatsächlich nicht oder ganz bzw. teilweise privat nutzt. Die Minderung unterbleibt hingegen, wenn der Arbeitnehmer wirksam auf die Fahrberechtigung verzichtet hat (vgl. Rz. 38).

32 Die Minderung erfolgt von der abziehbaren Entfernungspauschale, die nach § 9 Abs. 1 Satz 3 Nr. 4 Satz 2 EStG ermittelt wurde, d. h. nach Beachtung der 4500-Euro-Grenze nach § 9 Abs. 1 Satz 3 Nr. 4 Satz 2 erster und zweiter Teilsatz EStG. Im Übrigen ist § 3 c Abs. 1 EStG zu beachten (siehe auch Rz. 37).

33 Der Arbeitgeber muss die nach § 3 Nr. 15 EStG steuerfreie Leistung grundsätzlich individuell für jeden Arbeitnehmer ermitteln und nach § 41 b Abs. 1 Satz 2 Nr. 6 EStG (in Zeile 17 der Lohnsteuerbescheinigung)[5] bescheinigen. Bietet der Arbeitgeber gleichartige Fahrberechtigungen allen seinen Arbeitnehmern an und zahlt hierfür an den Verkehrsträger einen pauschalen Preis pro Arbeitnehmer, kann er zur Ermittlung des Minderungsbetrags für den einzelnen Arbeitnehmer seine Gesamtaufwendungen einschließlich Umsatzsteuer nach gleichen Anteilen auf die Anzahl aller Arbeitnehmer aufteilen, unabhängig davon, wie viele Arbeitnehmer die Fahrberechtigungen annehmen oder auf sie verzichten (vgl. Rz. 38).

34 Beispiel 6:

Ein Arbeitgeber schließt mit einem regionalen Verkehrsträger einen Vertrag, wonach alle 50 Arbeitnehmer des Arbeitgebers eine Fahrberechtigung für den gesamten Verkehrsbund erhalten sollen. Hierfür zahlt der Arbeitgeber einschließlich Umsatzsteuer 30 000 Euro an den Verkehrsträger (pro Arbeitnehmer pauschal 600 Euro im Kalenderjahr). Arbeitnehmer A nutzt die Jahreskarte an 220 Arbeitstagen für seine Fahrten zwischen Wohnung und erster Tätigkeitsstätte; die Fahrtstrecke beträgt bei A 50 km. Arbeitnehmer B nutzt die Jahreskarte nicht und fährt die 5 km zur Arbeit an allen 220 Tagen mit dem Auto. Arbeitnehmer C verzichtet wirksam auf die Fahrberechtigung.

[1] **[Amtl. Anm.:]** Zur Zusätzlichkeitsvoraussetzung § 8 Abs. 4 EStG.
[2] Neues *BMF-Schreiben vom 29. 9. 2020* abgedruckt als Anlage zu LStH 3.46.
[3] Abgedruckt als Anlage a zu LStH 8.2.
[4] Zur Möglichkeit der Pauschalbesteuerung mit 25 % **ohne** Minderung der Entfernungspauschale siehe § 40 Abs. 2 Satz 2 Nr. 2 EStG. Bei Pauschalversteuerung mit 15 % siehe Bescheinigung in Zeile 17 zur LSt-Bescheinigung.
[5] Abgedruckt als Anlage b zu LStH 41 b.

Anl zu LStH 3.15

Lösung:[1]

Der Arbeitgeber teilt seine Aufwendungen einschließlich Umsatzsteuer von 30 000 Euro durch die Anzahl der Arbeitnehmer. Der Arbeitgeber weist danach 600 Euro (30 000 Euro/50 Arbeitnehmer) bei jedem Arbeitnehmer, der auf die Fahrberechtigung nicht wirksam verzichtet hat, in Zeile 17 der Lohnsteuerbescheinigung[2] aus, unabhängig von der tatsächlichen Nutzung. Die Überlassung der Jahreskarten ist bei A und B steuerfrei nach § 3 Nr. 15 EStG, da es sich um eine Fahrberechtigung für den öffentlichen Personennahverkehr (Verkehrsverbund, vgl. Rz. 8) handelt. Die Entfernungspauschale ist bei A und B um 600 Euro zu kürzen (maximal bis auf 0 Euro).
Bei A ergibt sich eine Entfernungspauschale von 2700 Euro
(50 km × 220 Arbeitstage × 0,30 Cent = 3300 Euro – 600 Euro = 2700 Euro).
Bei B ergibt sich eine Entfernungspauschale von 0 Euro
(5 km × 220 Arbeitstage × 0,30 Cent = 330 Euro – 600 Euro = max. 0 Euro).
Da C auf die Jahreskarte verzichtet hat, erfolgt bei ihm kein Ausweis in Zeile 17 seiner Lohnsteuerbescheinigung und keine Kürzung der Entfernungspauschale.

35 **Beispiel 7:**

Arbeitnehmer A fährt an 220 Tagen von seiner Wohnung mit dem Auto 30 km zum Bahnhof und von dort 100 km mit der Bahn zur ersten Tätigkeitsstätte. Die kürzeste Straßenverbindung zwischen Wohnung und erster Tätigkeitsstätte beträgt 110 km. Der Arbeitgeber überlässt dem Arbeitnehmer eine Jahreskarte der Bahn ausschließlich für die Strecke Wohnung – erste Tätigkeitsstätte im Wert von 4600 Euro. Diesen Betrag weist der Arbeitgeber in der Zeile 17 der Lohnsteuerbescheinigung[3] aus.

Lösung:[4]

Die Überlassung der Jahreskarte ist steuerfrei nach § 3 Nr. 15 EStG.
Von der maßgeblichen Entfernung von 110 km entfällt eine Teilstrecke von 30 km auf Fahrten mit dem Auto und eine Teilstrecke von 80 km auf die Fahrten mit öffentlichen Verkehrsmitteln. Es ergibt sich folgende Entfernungspauschale:
220 Arbeitstage × 30 km × 0,30 Cent = 1980 Euro,
220 Arbeitstage × 80 km × 0,30 Cent = 5280 Euro,
begrenzt auf Höchstbetrag von 4500 Euro.
Entfernungspauschale nach § 9 Abs. 1 Satz 3 Nr. 4 Satz 2 EStG somit insgesamt 6480 Euro (1980 Euro + 4500 Euro).
Von diesem Gesamtbetrag sind die nach § 3 Nr. 15 EStG steuerfreien Aufwendungen für die Jahreskarte i. H. v. 4600 Euro abzuziehen. Damit verbleibt eine Entfernungspauschale von 1880 Euro (6480 Euro – 4600 Euro).

36 **Beispiel 8:**

Arbeitnehmer A fährt an 220 Tagen von seiner Wohnung mit dem Auto 40 km zum Bahnhof und von dort 40 km mit der Bahn zur ersten Tätigkeitsstätte. Die kürzeste Straßenverbindung zwischen Wohnung und erster Tätigkeitsstätte beträgt 65 km. Der Arbeitgeber überlässt dem Arbeitnehmer eine Jahreskarte der Bahn ausschließlich für die Strecke Wohnung – erste Tätigkeitsstätte im Wert von 4600 Euro. Diesen Betrag weist der Arbeitgeber in der Zeile 17 der Lohnsteuerbescheinigung[5] aus.

Lösung:[6]

Die Überlassung der Jahreskarte ist steuerfrei nach § 3 Nr. 15 EStG.
Von der maßgeblichen Entfernung von 65 km entfällt eine Teilstrecke von 40 km auf Fahrten mit dem Auto und eine Teilstrecke von 25 km auf die Fahrten mit öffentlichen Verkehrsmitteln. Es ergibt sich folgende Entfernungspauschale:
220 Arbeitstage × 40 km × 0,30 Cent = 2640 Euro,
220 Arbeitstage × 25 km × 0,30 Cent = 1650 Euro.
Entfernungspauschale nach § 9 Abs. 1 Satz 3 Nr. 4 Satz 2 EStG somit insgesamt 4290 Euro (2640 Euro + 1650 Euro).
Von diesem Gesamtbetrag sind die nach § 3 Nr. 15 EStG steuerfreien Aufwendungen für die Jahreskarte von 4600 Euro abzuziehen. Damit verbleibt eine Entfernungspauschale von 0 Euro (4290 Euro – 4600 Euro = 0 Euro).

37 Macht der Steuerpflichtige nach § 9 Abs. 2 Satz 3 EStG die tatsächlichen Aufwendungen anstelle der Entfernungspauschale geltend, ist dafür in § 3 Nr. 15 Satz 3 EStG keine Anrechnung vorgesehen. Sofern der Arbeitgeber aber steuerfreie Zuschüsse zu einer vom Arbeitnehmer selbst erworbenen Fahrberechtigung geleistet hat, ist § 3 c Abs. 1 EStG zu beachten.
Sofern der Arbeitgeber nach § 40 Abs. 2 Satz 2 EStG pauschalbesteuerte Zuschüsse, z. B. zu den tatsächlichen Aufwendungen für die PKW-Nutzung geleistet hat, ist § 40 Abs. 2 Satz 3 EStG zu beachten.

7. Nutzungsverzicht

38 Erklärt ein Arbeitnehmer gegenüber dem Arbeitgeber, auf die Fahrberechtigung gänzlich zu verzichten (Fahrberechtigung wird nicht angenommen oder zurückgegeben), ist von einer Kürzung der Entfernungspauschale abzusehen. Ein Nachweis des Nutzungsverzichts ist zum Lohnkonto aufzubewahren.

8. Aufzeichnungs- und Nachweispflichten

39 Der Arbeitgeber hat die steuerfreien Arbeitgeberleistungen nach § 4 Abs. 2 Nr. 4 LStDV im Lohnkonto aufzuzeichnen und nach § 41 b Abs. 1 Satz 2 Nr. 6 EStG in Zeile 17 der Lohnsteuerbescheinigung[7] unter Beachtung der Rz. 29 zu bescheinigen.

Zahlt der Arbeitgeber einen Zuschuss zu den vom Arbeitnehmer selbst erworbenen Fahrberechtigungen, hat er als Nachweis der zweckentsprechenden Verwendung die vom Arbeitnehmer erworbenen und genutzten Fahrausweise oder entsprechende Belege (z. B. Rechnungen über den Erwerb eines Fahrausweises oder eine Bestätigung des Verkehrsträgers über den Bezug eines Jobtickets) zum Lohnkonto

[1] **[Amtl. Anm.:]** Die Erhöhung der Entfernungspauschale für die Jahre 2021 bis 2026 ab dem 21. Entfernungskilometer gem. § 9 Abs. 1 Satz 3 Nr. 4 Satz 8 EStG ist nicht berücksichtigt.
[2] Abgedruckt als Anlage b zu LStH 41 b.
[3] Abgedruckt als Anlage b zu LStH 41 b.
[4] **[Amtl. Anm.:]** Die Erhöhung der Entfernungspauschale für die Jahre 2021 bis 2026 ab dem 21. Entfernungskilometer gem. § 9 Abs. 1 Satz 3 Nr. 4 Satz 8 EStG ist nicht berücksichtigt.
[5] Abgedruckt als Anlage b zu LStH 41 b.
[6] **[Amtl. Anm.:]** Die Erhöhung der Entfernungspauschale für die Jahre 2021 bis 2026 ab dem 21. Entfernungskilometer gem. § 9 Abs. 1 Satz 3 Nr. 4 Satz 8 EStG ist nicht berücksichtigt.
[7] Abgedruckt als Anlage b zu LStH 41 b.

Anl zu LStH 3.15

aufzubewahren. Der Zuschuss darf dabei die Aufwendungen des Arbeitnehmers einschließlich Umsatzsteuer für die entsprechenden Fahrberechtigungen nicht übersteigen.

40 Überlässt der Arbeitgeber seinem Arbeitnehmer eine Fahrberechtigung für den Personennahverkehr, hat er zum Nachweis für das Vorliegen der Voraussetzungen des § 3 Nr. 15 EStG den Beleg für die erworbenen Fahrberechtigungen zum Lohnkonto aufzubewahren. Dies gilt auch, wenn der Arbeitgeber dem Arbeitnehmer eine Fahrberechtigung für den Personenfernverkehr überlässt, die lediglich zur Nutzung für die Strecke zwischen Wohnung und erster Tätigkeitsstätte sowie zu einem Sammelpunkt oder einem weiträumigen Tätigkeitsgebiet (§ 9 Abs. 1 Satz 3 Nr. 4 a Satz 3 EStG) berechtigt (vgl. Rz. 12).

41 Überlässt oder bezuschusst der Arbeitgeber eine Fahrberechtigung für den Personenfernverkehr, die über die Strecke zwischen Wohnung und erster Tätigkeitsstätte sowie zu einem Sammelpunkt oder einem weiträumigen Tätigkeitsgebiet (§ 9 Abs. 1 Satz 3 Nr. 4 a Satz 3 EStG) hinausgeht oder auch zu Fahrten i. S. d. § 3 Nr. 13 oder 16 EStG genutzt wird, hat er den Nachweis für das Vorliegen der Voraussetzungen des § 3 Nr. 15 EStG (vgl. Rz. 13) oder den entsprechenden Nachweis zu der von ihm durchgeführten Prognoseberechnung (prognostizierte Voll- bzw. Teilamortisierung, vgl. Rz. 15 ff.) neben dem Beleg für die erworbene Fahrberechtigung ebenfalls zum Lohnkonto des jeweiligen Arbeitnehmers aufzubewahren. Entsprechendes gilt in den Fällen der Rz. 22 f. (Verzicht auf Amortisationsprognose).

9. Schlussvorschriften

42 Nach der bis zum 31. Dezember 2018 geltenden Rechtslage gehörten Arbeitgeberleistungen in Form von Zuschüssen und Sachbezügen für Fahrten des Arbeitnehmers zwischen Wohnung und erster Tätigkeitsstätte zum steuerpflichtigen Arbeitslohn. Lediglich im Rahmen des § 8 Abs. 2 Satz 11 EStG blieben die als Sachbezüge gewährten Arbeitgeberleistungen unter Einhaltung der monatlichen 44-Euro-Freigrenze[1] außer Ansatz. Eine Steuerbefreiung kam außerdem in Betracht, wenn ein Arbeitnehmer vom Arbeitgeber eine Fahrberechtigung erhalten hat und hierfür die Voraussetzungen des § 8 Abs. 3 EStG erfüllt waren (Rabattfreibetrag). Die neu eingeführte Steuerbefreiungsvorschrift des § 3 Nr. 15 EStG ist ab 1. Januar 2019 vorrangig vor § 8 Abs. 2 Satz 11 und Abs. 3 Satz 2 EStG zu berücksichtigen.

43 Dieses Schreiben ist ab dem 1. Januar 2019 anzuwenden. Aus Vereinfachungsgründen wird es nicht beanstandet, wenn der Arbeitgeber für die bis zum 31. Dezember 2019 erbrachten Leistungen i. S. d. § 3 Nr. 15 EStG eine bisher durchgeführte Pauschalierung der Lohnsteuer nach § 40 EStG oder Pauschalierung der Einkommensteuer nach § 37 b EStG fortführt.

44 Hat der Arbeitnehmer eine Fahrberechtigung vor dem 1. Januar 2019 erworben, für die er auch nach dem 1. Januar 2019 noch Zahlungen erbringt, können die Zuschüsse des Arbeitgebers zu den Aufwendungen des Arbeitnehmers ab dem 1. Januar 2019 steuerfrei nach § 3 Nr. 15 EStG bleiben.

45 Zuschüsse des Arbeitgebers zu der vom Arbeitnehmer vor dem 1. Januar 2019 erworbenen und bezahlten Fahrberechtigung fallen hingegen nicht unter die ab 1. Januar 2019 geltende Steuerfreiheit nach § 3 Nr. 15 EStG.

EStG

§ 3

Steuerfrei sind

...

65 **16. die Vergütungen, die Arbeitnehmer außerhalb des öffentlichen Dienstes von ihrem Arbeitgeber zur Erstattung von Reisekosten, Umzugskosten oder Mehraufwendungen bei doppelter Haushaltsführung erhalten, soweit sie die nach § 9 als Werbungskosten abziehbaren Aufwendungen nicht übersteigen;**

LStR 3.16

R 3.16 Steuerfreie Leistungen für Reisekosten, Umzugskosten und Mehraufwendungen bei doppelter Haushaltsführung außerhalb des öffentlichen Dienstes (§ 3 Nr. 16 EStG)

66 ① Zur Ermittlung der steuerfreien Leistungen (Geld und Sachbezüge) für Reisekosten dürfen die einzelnen Aufwendungsarten zusammengefasst werden; die Leistungen sind steuerfrei, soweit sie die Summe der nach § 9 Abs. 1 Satz 3 Nr. 4 a Satz 1, 2 und 4, Nr. 5 a und 5 b und Abs. 4 a EStG sowie R 9.7 Abs. 3 und R 9.8 zulässigen Leistungen nicht übersteigen. ② Hierbei können mehrere Reisen zusammengefasst abgerechnet werden. ③ Dies gilt sinngemäß für Umzugskosten und für Mehraufwendungen bei einer doppelten Haushaltsführung. ④ Wegen der Höhe der steuerfrei zu belassenden Leistungen für Reisekosten, Umzugskosten und Mehraufwendungen bei einer doppelten Haushaltsführung → § 9 Abs. 1 Satz 3 Nr. 5 EStG sowie R 9.7 bis 9.9 und R 9.11.

LStH 3.16

H 3.16

67 **Gehaltsumwandlung.** Vergütungen zur Erstattung von Reisekosten können auch dann steuerfrei sein, wenn sie der Arbeitgeber aus umgewandeltem Arbeitslohn zahlt. Voraussetzung ist, dass Arbeitgeber und Arbeitnehmer die Lohnumwandlung vor der Entstehung des Vergütungsanspruchs vereinbaren (→ BFH vom 27. 4. 2001 – BStBl. II S. 601).

[1] **[Amtl. Anm.:]** Die Sachbezugsfreigrenze wurde zum 1. 1. 2022 auf 50 € erhöht.

§ 3

EStG

Steuerfrei sind

...

19. Weiterbildungsleistungen des Arbeitgebers oder auf dessen Veranlassung von einem Dritten 67a

a) für Maßnahmen nach § 82 Absatz 1 und 2 und § 82 a des Dritten Buches Sozialgesetzbuch oder

b) die der Verbesserung der Beschäftigungsfähigkeit des Arbeitnehmers dienen.

② Steuerfrei sind auch Beratungsleistungen des Arbeitgebers oder auf dessen Veranlassung von einem Dritten zur beruflichen Neuorientierung bei Beendigung des Dienstverhältnisses. ③ Die Leistungen im Sinne der Sätze 1 und 2 dürfen keinen überwiegenden Belohnungscharakter haben;

H 3.19

LStH 3.19

Fort- oder Weiterbildungsmaßnahmen. Zur Abgrenzung von beruflichen Fort- und Weiterbildungsmaßnahmen im ganz überwiegend eigenbetrieblichen Interesse des Arbeitgebers → R 19.7, H 19.7.

EStG

26. Einnahmen aus nebenberuflichen Tätigkeiten als Übungsleiter, Ausbilder, Erzieher, Betreuer oder vergleichbaren nebenberuflichen Tätigkeiten, aus nebenberuflichen künstlerischen Tätigkeiten oder der nebenberuflichen Pflege alter, kranker Menschen oder Menschen mit Behinderungen im Dienst oder im Auftrag einer juristischen Person des öffentlichen Rechts, die in einem Mitgliedstaat der Europäischen Union, in einem Staat, auf den das Abkommen über den Europäischen Wirtschaftsraum Anwendung findet, oder in der Schweiz belegen ist, oder einer unter § 5 Absatz 1 Nummer 9 des Körperschaftsteuergesetzes fallenden Einrichtung zur Förderung gemeinnütziger, mildtätiger und kirchlicher Zwecke (§§ 52 bis 54 der Abgabenordnung)[1] bis zur Höhe von insgesamt 3 000 Euro im Jahr. ② Überschreiten die Einnahmen für die in Satz 1 bezeichneten Tätigkeiten den steuerfreien Betrag, dürfen die mit den nebenberuflichen Tätigkeiten in unmittelbarem wirtschaftlichen Zusammenhang stehenden Ausgaben abweichend von § 3 c nur insoweit als Betriebsausgaben oder Werbungskosten abgezogen werden, als sie den Betrag der steuerfreien Einnahmen übersteigen; 68

R 3.26 Steuerbefreiung für nebenberufliche Tätigkeiten (§ 3 Nr. 26 EStG)

LStR 3.26

Begünstigte Tätigkeiten[2]

(1) ① Die Tätigkeiten als Übungsleiter, Ausbilder, Erzieher oder Betreuer haben miteinander gemeinsam, dass sie auf andere Menschen durch persönlichen Kontakt Einfluss nehmen, um auf diese Weise deren geistige und körperliche Fähigkeiten zu entwickeln und zu fördern. ② Gemeinsames Merkmal der Tätigkeiten ist eine pädagogische Ausrichtung. ③ Zu den begünstigten Tätigkeiten gehören z. B. die Tätigkeit eines Sporttrainers, eines Chorleiters oder Orchesterdirigenten, die Lehr- und Vortragstätigkeit im Rahmen der allgemeinen Bildung und Ausbildung (z. B. Kurse und Vorträge an Schulen und Volkshochschulen, Mütterberatung, Erste-Hilfe-Kurse, Schwimm-Unterricht) oder im Rahmen der beruflichen Ausbildung und Fortbildung, nicht dagegen die Ausbildung von Tieren (z. B. von Rennpferden oder Diensthunden). ④ Die Pflege alter Menschen, kranker Menschen oder von Menschen mit Behinderungen umfasst außer der Dauerpflege auch Hilfsdienste bei der häuslichen Betreuung durch ambulante Pflegedienste (z. B. Unterstützung bei der Grund- und Behandlungspflege, bei häuslichen Verrichtungen und Einkäufen, beim Schriftverkehr), bei der Altenhilfe entsprechend § 71 SGB XII (z. B. Hilfe bei der Wohnungs- und Heimplatzbeschaffung sowie in Fragen der Inanspruchnahme altersgerechter Dienste), die nicht auf die bloße Beförderungsleistung beschränkte Tätigkeit eines Fahrers im Hol- und Bringdienst von bzw. zu einer Tagespflege und Hilfsdienste bei Sofortmaßnahmen gegenüber Schwerkranken und Verunglückten (z. B. durch Rettungssanitäter und Ersthelfer). ⑤ Eine Tätigkeit, die ihrer Art nach keine übungsleitende, ausbildende, erzieherische, betreuende oder künstlerische Tätigkeit und keine Pflege alter Menschen, kranker Menschen oder von Menschen mit Behinderungen ist, ist keine begünstigte Tätigkeit, auch wenn sie die übrigen Voraussetzungen des § 3 Nr. 26 EStG erfüllt. ⑥ Nicht begünstigt ist z. B. eine Tätigkeit als Vorstandsmitglied, als Vereinskassierer oder als Gerätewart bei einem Sportverein bzw. als ehrenamtlich tätiger Betreuer (§ 1814 BGB), als Vormund (§ 1774 BGB) oder als Pfleger (§§ 1809 ff. BGB, 1882 ff. BGB); ggf. ist § 3 Nr. 26 a bzw. 26 b EStG anzuwenden. 69

---

[1] §§ 52 bis 54 AO abgedruckt bei § 10 b EStG.

[2] Bzgl. einer umfangreichen Zusammenstellung von Einzelfällen, welche Personengruppen begünstigt und welche nicht begünstigt sind, vgl. z. B. *OFD Frankfurt, Verfügung vom 2. 9. 2019, S 2245 A – 002 – St 29 (BeckVerw 457318).* Zur Anwendung von § 3 Nr. 26 in allen noch offenen Fällen siehe § 52 Abs. 4 Satz 10.

LStR 3.26

Nebenberuflichkeit

70 (2) ① Eine Tätigkeit wird nebenberuflich ausgeübt, wenn sie – bezogen auf das Kj. – nicht mehr als 1/3 der Arbeitszeit eines vergleichbaren Vollzeiterwerbs in Anspruch nimmt oder die regelmäßige Wochenarbeitszeit nicht mehr als 14 Stunden beträgt. ② Es können deshalb auch solche Personen nebenberuflich tätig sein, die im steuerrechtlichen Sinne keinen Hauptberuf ausüben, z. B. Hausfrauen, Vermieter, Studenten, Rentner oder Arbeitslose. ③ Übt ein Stpfl. mehrere verschiedenartige Tätigkeiten i. S. d. § 3 Nr. 26 EStG aus, ist die Nebenberuflichkeit für jede Tätigkeit getrennt zu beurteilen. ④ Mehrere gleichartige Tätigkeiten sind zusammenzufassen, wenn sie sich nach der Verkehrsanschauung als Ausübung eines einheitlichen Hauptberufs darstellen, z. B. Unterricht von jeweils weniger als 1/3 des Pensums einer Vollzeitkraft in mehreren Schulen. ⑤ Eine Tätigkeit wird nicht nebenberuflich ausgeübt, wenn sie als Teil der Haupttätigkeit anzusehen ist.

Arbeitgeber/Auftraggeber

71 (3) ① Der Freibetrag wird nur gewährt, wenn die Tätigkeit im Dienst oder im Auftrag einer der in § 3 Nr. 26 EStG genannten Personen erfolgt. ② Als juristische Personen des öffentlichen Rechts kommen bspw. in Betracht Bund, Länder, Gemeinden, Gemeindeverbände, Industrie- und Handelskammern, Handwerkskammern, Rechtsanwaltskammern, Steuerberaterkammern, Wirtschaftsprüferkammern, Ärztekammern, Universitäten oder die Träger der Sozialversicherung. ③ Zu den Einrichtungen i. S. d. § 5 Abs. 1 Nr. 9 KStG gehören Körperschaften, Personenvereinigungen, Stiftungen und Vermögensmassen, die nach der Satzung oder dem Stiftungsgeschäft und nach der tatsächlichen Geschäftsführung ausschl. und unmittelbar gemeinnützige, mildtätige oder kirchliche Zwecke verfolgen. ④ Nicht zu den begünstigten Einrichtungen gehören bspw. Berufsverbände (Arbeitgeberverband, Gewerkschaft) oder Parteien. ⑤ Fehlt es an einem begünstigten Auftraggeber/Arbeitgeber, kann der Freibetrag nicht in Anspruch genommen werden.

Förderung gemeinnütziger, mildtätiger und kirchlicher Zwecke

72 (4) ① Die Begriffe der gemeinnützigen, mildtätigen und kirchlichen Zwecke ergeben sich aus den §§ 52 bis 54 AO.[1] ② Eine Tätigkeit dient auch dann der selbstlosen Förderung begünstigter Zwecke, wenn sie diesen Zwecken nur mittelbar zugutekommt.

73 (5) ① Wird die Tätigkeit im Rahmen der Erfüllung der Satzungszwecke einer juristischen Person ausgeübt, die wegen Förderung gemeinnütziger, mildtätiger oder kirchlicher Zwecke steuerbegünstigt ist, ist im Allgemeinen davon auszugehen, dass die Tätigkeit ebenfalls der Förderung dieser steuerbegünstigten Zwecke dient. ② Dies gilt auch dann, wenn die nebenberufliche Tätigkeit in einem sog. Zweckbetrieb i. S. d. §§ 65 bis 68 AO ausgeübt wird, z. B. als nebenberuflicher Übungsleiter bei sportlichen Veranstaltungen nach § 67 a Abs. 1 AO, als nebenberuflicher Erzieher in einer Einrichtung über Tag und Nacht (Heimerziehung) oder sonstigen betreuten Wohnform nach § 68 Nr. 5 AO. ③ Eine Tätigkeit in einem steuerpflichtigen wirtschaftlichen Geschäftsbetrieb einer im Übrigen steuerbegünstigten juristischen Person (§§ 64, 14 AO) erfüllt dagegen das Merkmal der Förderung gemeinnütziger, mildtätiger oder kirchlicher Zwecke nicht.

74 (6) ① Der Förderung begünstigter Zwecke kann auch eine Tätigkeit für eine juristische Person des öffentlichen Rechts dienen, z. B. nebenberufliche Lehrtätigkeit an einer Universität, nebenberufliche Ausbildungstätigkeit bei der Feuerwehr, nebenberufliche Fortbildungstätigkeit für eine Anwalts- oder Ärztekammer. ② Dem steht nicht entgegen, dass die Tätigkeit in den Hoheitsbereich der juristischen Person des öffentlichen Rechts fallen kann.

Gemischte Tätigkeiten

75 (7) ① Erzielt der Stpfl. Einnahmen, die teils für eine Tätigkeit, die unter § 3 Nr. 26 EStG fällt, und teils für eine andere Tätigkeit gezahlt werden, ist lediglich für den entsprechenden Anteil nach § 3 Nr. 26 EStG der Freibetrag zu gewähren. ② Die Steuerfreiheit von Bezügen nach anderen Vorschriften, z. B. nach § 3 Nr. 12, 13, 16 EStG, bleibt unberührt; wenn auf bestimmte Bezüge sowohl § 3 Nr. 26 EStG als auch andere Steuerbefreiungsvorschriften anwendbar sind, sind die Vorschriften in der Reihenfolge anzuwenden, die für den Stpfl. am günstigsten ist.

Höchstbetrag

76 (8) ① Der Freibetrag nach § 3 Nr. 26 EStG ist ein Jahresbetrag. ② Dieser wird auch dann nur einmal gewährt, wenn mehrere begünstigte Tätigkeiten ausgeübt werden. ③ Er ist nicht zeitanteilig aufzuteilen, wenn die begünstigte Tätigkeit lediglich wenige Monate ausgeübt wird.

Werbungskosten- bzw. Betriebsausgabenabzug

77 (9) ① Ein Abzug von Werbungskosten bzw. Betriebsausgaben, die mit den steuerfreien Einnahmen nach § 3 Nr. 26 EStG in einem unmittelbaren wirtschaftlichen Zusammenhang stehen, ist nur möglich, soweit die Ausgaben die steuerfreien Einnahmen aus der Tätigkeit übersteigen. ② Dadurch entstehende Verluste bzw. Werbungskostenüberschüsse können anerkannt werden,

[1] Abgedruckt bei § 10 b EStG.

wenn die Tätigkeit mit Einkunftserzielungsabsicht ausgeübt wird. ③ Übersteigen sowohl die Einnahmen als auch die Ausgaben den steuerfreien Höchstbetrag, ist der den Höchstbetrag übersteigende Teil der Ausgaben gem. § 3 Nr. 26 Satz 2 EStG abweichend von § 3c Abs. 1 EStG voll abziehbar. ④ In Arbeitnehmerfällen ist der Arbeitnehmer-Pauschbetrag anzusetzen, soweit er nicht bei anderen Dienstverhältnissen verbraucht ist. LStR 3.26

Lohnsteuerverfahren

(10) ① Beim Lohnsteuerabzug ist eine zeitanteilige Aufteilung des steuerfreien Höchstbetrags nicht erforderlich; das gilt auch dann, wenn feststeht, dass das Dienstverhältnis nicht bis zum Ende des Kj. besteht. ② Werden nacheinander oder gleichzeitig mehrere nach § 3 Nr. 26 EStG begünstigte Tätigkeiten ausgeübt, kann der Jahresbetrag auf die einzelnen Dienst- oder Auftragsverhältnisse beliebig aufgeteilt werden. ③ Der Arbeitnehmer hat dem Arbeitgeber jedoch schriftlich zu bestätigen, dass die Steuerbefreiung nicht bereits in einem anderen Dienst- oder Auftragsverhältnis berücksichtigt worden ist oder berücksichtigt wird. ④ Diese Erklärung ist zum Lohnkonto zu nehmen. **78**

H 3.26

LStH 3.26

Abgrenzung der Einkunftsart → R 19.2, H 19.2.

Aufteilung des steuerfreien Höchstbetrags im Lohnsteuerverfahren **79**

Beispiel 1

Ein beim Verein A beschäftigter Jugendtrainer beendet zum 31. 5. seine begünstigte Tätigkeit und nimmt ab 1. 6. beim Verein B eine neue begünstigte Tätigkeit auf. Der Verein A hat den Arbeitslohn nach Abzug von insgesamt 1250 Euro (= $^{5}/_{12}$ des steuerfreien Höchstbetrags von 3000 Euro) dem Lohnsteuerabzug unterworfen.

Auch der Verein B kann den Arbeitslohn nach Abzug von bis zu 1750 Euro (= $^{7}/_{12}$ des steuerfreien Höchstbetrags von 3000 Euro) dem Lohnsteuerabzug unterwerfen. Voraussetzung ist, dass der Jugendtrainer dem Verein B schriftlich bestätigt, dass der Jahresbetrag in diesem Umfang nicht bereits in anderen Dienst- oder Auftragsverhältnissen berücksichtigt worden ist oder berücksichtigt wird.

Beispiel 2

Der Jugendtrainer ist zeitgleich bei den Vereinen A und B beschäftigt. Er bestätigt den Vereinen A und B jeweils schriftlich, dass die Steuerbefreiung im Umfang eines Teilbetrags von 1500 Euro nicht bereits in einem anderen Dienst- oder Auftragsverhältnis berücksichtigt worden ist oder berücksichtigt wird. Eine alternative Aufteilung des steuerfreien Jahreshöchstbetrags von 3000 Euro ist ebenfalls zulässig.

Begrenzung der Steuerbefreiung. Die Steuerfreiheit ist auch bei Einnahmen aus mehreren nebenberuflichen Tätigkeiten, z. B. Tätigkeit für verschiedene gemeinnützige Organisationen, und bei Zufluss von Einnahmen aus einer in mehreren Jahren ausgeübten Tätigkeit i. S. d. § 3 Nr. 26 EStG in einem Jahr auf einen einmaligen Jahresbetrag von 3000 Euro begrenzt (→ BFH vom 23. 6. 1988 – BStBl. II S. 890 und vom 15. 2. 1990 – BStBl. II S. 686).

Entschädigungen für Zeitaufwand nach § 41 Abs. 3 Satz 2 SGB IV. Die den ehrenamtlich tätigen Versichertenberatern und Mitgliedern eines Widerspruchsausschusses gewährten Entschädigungen für Zeitaufwand nach § 41 Abs. 3 Satz 2 SGB IV sind nicht nach § 3 Nr. 26 EStG steuerfrei (→ BFH vom 3. 7. 2018 – BStBl. II S. 715).

Künstlerische Tätigkeit. Eine nebenberufliche künstlerische Tätigkeit liegt auch dann vor, wenn sie die eigentliche künstlerische (Haupt-)Tätigkeit nur unterstützt und ergänzt, sofern sie Teil des gesamten künstlerischen Geschehens ist (→ BFH vom 18. 4. 2007 – BStBl. II S. 702).

Mittelbare Förderung. Die mittelbare Förderung eines begünstigten Zwecks reicht für eine Steuerfreiheit aus, wenn es sich um eine begünstigte Tätigkeit (→ R 3.26 Abs. 1) handelt. So dient die Unterrichtung eines geschlossenen Kreises von Pflegeschülern an einem Krankenhaus mittelbar dem Zweck der Gesundheitspflege (→ BFH vom 26. 3. 1992 – BStBl. 1993 II S. 20).

Nebenberuflichkeit[1]

– Selbst bei dienstrechtlicher Verpflichtung zur Übernahme einer Tätigkeit im Nebenamt unter Fortfall von Weisungs- und Kontrollrechten des Arbeitgebers kann Nebenberuflichkeit vorliegen (→ BFH vom 29. 1. 1987 – BStBl. II S. 783).

– Zum zeitlichen Umfang → R 3.26 Abs. 2 Satz 1.

– **Beispiel 1**

Ein ehrenamtlicher Helfer wird je nach Bedarf wöchentlich für 13 Stunden als Sanitäter oder Altenpfleger eingesetzt, für deren Tätigkeitsbereiche unterschiedliche tarifliche Arbeitszeiten vereinbart sind (41-Stunden-Woche bzw. 38,5-Stunden-Woche).

Bei der Prüfung der Ein-Drittel-Grenze sind die tariflichen Arbeitszeiten aus Vereinfachungsgründen unbeachtlich. Daher ist bei einer regelmäßigen Wochenarbeitszeit von maximal 14 Stunden pauschalierend von einer nebenberuflichen Tätigkeit auszugehen. Im Einzelfall kann auch eine höhere tarifliche Arbeitszeit nachgewiesen werden.

– **Beispiel 2**

Ein hauptberuflich beschäftigter Arbeitnehmer reduziert für einen befristeten Zeitraum seine Arbeitszeit auf 12 Stunden wöchentlich, um neben seiner Berufstätigkeit seine pflegebedürftige Mutter zu versorgen.

---

[1] Siehe hierzu auch die Auflistung von Einzelfällen in OFD Frankfurt, Verfügung vom 2. 9. 2019, S 2245 A – 002 – St 29 (BeckVerw 457318).

LStH 3.26

Eine nebenberufliche Tätigkeit liegt nicht vor. Eine vorübergehende Reduzierung der regelmäßigen Wochenarbeitszeit führt nicht dazu, dass eine hauptberufliche Tätigkeit während des Zeitraums, für den die Reduzierung der Arbeitszeit gilt, als nebenberuflich angesehen werden kann.

– **Beispiel 3**

Ein Lehrer ist zu 50% teilzeitbeschäftigt (14 Pflichtstunden wöchentlich).
Eine nebenberufliche Tätigkeit liegt nicht vor, da bei Lehrern zur Prüfung der Ein-Drittel-Grenze auf die Pflichtstunden (Deputat) bei Vollzeitbeschäftigung abzustellen ist.

– **Beispiel 4**

Ein Arbeitnehmer wird für einen Zeitraum von zwei Monaten als Lehrkraft in Vollzeit beschäftigt.
Eine nebenberufliche Tätigkeit liegt nicht vor. Eine typischerweise hauptberuflich ausgeübte Tätigkeit kann nicht wegen ihrer zeitlichen Befristung als nebenberuflich angesehen werden.

Prüfer. Die Tätigkeit als Prüfer bei einer Prüfung, die zu Beginn, im Verlaufe oder als Abschluss einer Ausbildung abgenommen wird, ist mit der Tätigkeit eines Ausbilders vergleichbar (→ BFH vom 23. 6. 1988 – BStBl. II S. 890).

Rundfunkessays. Die Tätigkeit als Verfasser und Vortragender von Rundfunkessays ist nicht nach § 3 Nr. 26 EStG begünstigt (→ BFH vom 17. 10. 1991 – BStBl. 1992 II S. 176).

EStG

§ 3

Steuerfrei sind

. . .

80 **26 a.[1] Einnahmen aus nebenberuflichen Tätigkeiten im Dienst oder Auftrag einer juristischen Person des öffentlichen Rechts, die in einem Mitgliedstaat der Europäischen Union, in einem Staat, auf den das Abkommen über den Europäischen Wirtschaftsraum Anwendung findet, oder in der Schweiz belegen ist, oder einer unter § 5 Absatz 1 Nummer 9 des Körperschaftsteuergesetzes fallenden Einrichtung zur Förderung gemeinnütziger, mildtätiger und kirchlicher Zwecke (§§ 52 bis 54 der Abgabenordnung)[2] bis zur Höhe von insgesamt 840 Euro im Jahr. ② Die Steuerbefreiung ist ausgeschlossen, wenn für die Einnahmen aus der Tätigkeit – ganz oder teilweise – eine Steuerbefreiung nach § 3 Nummer 12, 26 oder 26 b gewährt wird. ③ Überschreiten die Einnahmen für die in Satz 1 bezeichneten Tätigkeiten den steuerfreien Betrag, dürfen die mit den nebenberuflichen Tätigkeiten in unmittelbarem wirtschaftlichen Zusammenhang stehenden Ausgaben abweichend von § 3 c nur insoweit als Betriebsausgaben oder Werbungskosten abgezogen werden, als sie den Betrag der steuerfreien Einnahmen übersteigen;**

LStH 3.26 a

H 3.26 a

81 **Allgemeine Grundsätze** → BMF vom 21. 11. 2014 (BStBl. I S. 1581).[3]

Anl zu LStH 3.26 a

Schreiben betr. steuerfreie Einnahmen aus ehrenamtlicher Tätigkeit; Anwendungsschreiben zu § 3 Nr. 26 a und 26 b EStG

Vom 21. November 2014 (BStBl. I S. 1581)

(BMF IV C 4 – S 2121/07/001 :032; DOK 2014/0847902)

83 Unter Bezugnahme auf das Ergebnis der Erörterung mit den obersten Finanzbehörden der Länder gilt zur Anwendung des § 3 Nr. 26 a und Nr. 26 b EStG in der Fassung des Gesetzes zur Stärkung des Ehrenamts vom 21. März 2013 (BGBl. I S. 556) Folgendes:

1. Begünstigte Tätigkeiten i. S. d. § 3 Nr. 26 a EStG

§ 3 Nr. 26 a EStG sieht im Gegensatz zu § 3 Nr. 26 EStG keine Begrenzung auf bestimmte Tätigkeiten im gemeinnützigen Bereich vor. Begünstigt sind z. B. die Tätigkeiten der Mitglieder des Vorstands, des Kassierers, der Bürokräfte, des Reinigungspersonals, des Platzwartes, des Aufsichtspersonals oder des Schiedsrichters im Amateurbereich. Die Tätigkeit der Amateursportler ist nicht begünstigt. Eine Tätigkeit im Dienst oder Auftrag einer steuerbegünstigten Körperschaft muss für deren ideellen Bereich einschließlich ihrer Zweckbetriebe ausgeübt werden. Tätigkeiten in einem steuerpflichtigen wirtschaftlichen Geschäftsbetrieb und bei der Verwaltung des Vermögens sind nicht begünstigt.

2. Nebenberuflichkeit

Eine Tätigkeit wird nebenberuflich ausgeübt, wenn sie – bezogen auf das Kalenderjahr – nicht mehr als ein Drittel der Arbeitszeit eines vergleichbaren Vollzeiterwerbs in Anspruch nimmt.[4] Es können deshalb auch solche Personen nebenberuflich tätig sein, die im steuerrechtlichen Sinne keinen Hauptberuf ausüben, z. B. Hausfrauen, Vermieter, Studenten, Rentner oder Arbeitslose. Übt ein Steuerpflichtiger

---

[1] Zur Anwendung von § 3 Nr. 26 a in allen noch offenen Fällen siehe § 52 Abs. 4 Satz 5.
[2] §§ 52 bis 54 AO abgedruckt bei § 10 b EStG.
[3] Abgedruckt als Anlage zu LStH 3.26 a.
[4] **[Amtl. Anm.:]** Siehe LStH 3.26 (Nebenberuflichkeit).

mehrere verschiedenartige Tätigkeiten i. S. d. § 3 Nr. 26 oder 26 a EStG aus, ist die Nebenberuflichkeit für jede Tätigkeit getrennt zu beurteilen. Mehrere gleichartige Tätigkeiten sind zusammenzufassen, wenn sie sich nach der Verkehrsanschauung als Ausübung eines einheitlichen Hauptberufs darstellen, z. B. Erledigung der Buchführung oder Aufzeichnungen von jeweils weniger als dem dritten Teil des Pensums einer Bürokraft für mehrere gemeinnützige Körperschaften. Eine Tätigkeit wird nicht nebenberuflich ausgeübt, wenn sie als Teil der Haupttätigkeit anzusehen ist. Die ist auch bei formaler Trennung von haupt- und nebenberuflicher selbständiger oder nichtselbständiger Tätigkeit für denselben Arbeitgeber anzunehmen, wenn beide Tätigkeiten gleichartig sind und die Nebentätigkeit unter ähnlichen organisatorischen Bedingungen wie die Haupttätigkeit ausgeübt wird oder der Steuerpflichtige mit der Nebentätigkeit eine ihm aus seinem Dienstverhältnis faktisch oder rechtlich obliegende Nebenpflicht erfüllt.

3. Auftraggeber/Arbeitgeber

Der Freibetrag wird nur gewährt, wenn die Tätigkeit im Dienst oder im Auftrag einer der in § 3 Nr. 26 a EStG genannten Personen erfolgt. Als juristische Personen des öffentlichen Rechts kommen beispielsweise in Betracht Bund, Länder, Gemeinden, Gemeindeverbände, Industrie- und Handelskammern, Handwerkskammern, Rechtsanwaltskammern, Steuerberaterkammern, Wirtschaftsprüferkammern, Ärztekammern, Universitäten oder die Träger der Sozialversicherung. Zu den Einrichtungen i. S. d. § 5 Abs. 1 Nr. 9 des Körperschaftsteuergesetzes (KStG) gehören Körperschaften, Personenvereinigungen, Stiftungen und Vermögensmassen, die nach der Satzung oder dem Stiftungsgeschäft und nach der tatsächlichen Geschäftsführung ausschließlich und unmittelbar gemeinnützige, mildtätige oder kirchliche Zwecke verfolgen. Nicht zu den begünstigten Einrichtungen gehören beispielsweise Berufsverbände (Arbeitgeberverband, Gewerkschaft) oder Parteien. Fehlt es an einem begünstigten Auftraggeber/Arbeitgeber, kann der Freibetrag nicht in Anspruch genommen werden. **84**

4. Förderung gemeinnütziger, mildtätiger und kirchlicher Zwecke

Die Begriffe der gemeinnützigen, mildtätigen und kirchlichen Zwecke ergeben sich aus den §§ 52 bis 54 der Abgabenordnung (AO).[1] Eine Tätigkeit dient auch dann der selbstlosen Förderung begünstigter Zwecke, wenn sie diesen Zwecken nur mittelbar zugute kommt.

Wird die Tätigkeit im Rahmen der Erfüllung der Satzungszwecke einer juristischen Person ausgeübt, die wegen Förderung gemeinnütziger, mildtätiger oder kirchlicher Zwecke steuerbegünstigt ist, ist im Allgemeinen davon auszugehen, dass die Tätigkeit ebenfalls der Förderung dieser steuerbegünstigten Zwecke dient. Dies gilt auch dann, wenn die nebenberufliche Tätigkeit in einem so genannten Zweckbetrieb i. S. d. §§ 65 bis 68 AO ausgeübt wird, z. B. als nebenberuflicher Kartenverkäufer in einem Museum, Theater oder Opernhaus nach § 68 Nr. 7 AO.

Der Förderung begünstigter Zwecke kann auch eine Tätigkeit für eine juristische Person des öffentlichen Rechts dienen, z. B. nebenberufliche Aufsichtstätigkeit in einem Schwimmbad, nebenberuflicher Kirchenvorstand. Dem steht nicht entgegen, dass die Tätigkeit in den Hoheitsbereich der juristischen Person des öffentlichen Rechts fallen kann.

5. Nach § 3 Nr. 12, 26 oder 26 b EStG begünstigte Tätigkeiten

Der Freibetrag nach § 3 Nr. 26 a EStG kann nicht in Anspruch genommen werden, wenn für die Einnahmen aus derselben Tätigkeit ganz oder teilweise eine Steuerbefreiung nach § 3 Nr. 12 EStG (Aufwandsentschädigungen aus öffentlichen Kassen) gewährt wird oder eine Steuerbefreiung nach § 3 Nr. 26 EStG (sog. Übungsleiterfreibetrag) gewährt wird oder gewährt werden könnte.[2] Die Tätigkeit der Versichertenältesten fällt unter die schlichte Hoheitsverwaltung, so dass die Steuerbefreiungsvorschrift des § 3 Nr. 12 Satz 2 EStG anwendbar ist. Für eine andere Tätigkeit, die neben einer nach § 3 Nr. 12 oder 26 EStG begünstigten Tätigkeit bei einer anderen oder derselben Körperschaft ausgeübt wird, kann die Steuerbefreiung nach § 3 Nr. 26 a EStG nur dann in Anspruch genommen werden, wenn die Tätigkeit nebenberuflich ausgeübt wird (s. dazu 2.) und die Tätigkeiten voneinander trennbar sind, gesondert vergütet werden und die dazu getroffenen Vereinbarungen eindeutig sind und durchgeführt werden. Einsatz- und Bereitschaftsdienstzeiten der Rettungssanitäter und Ersthelfer sind als einheitliche Tätigkeit zu behandeln, die insgesamt nach § 3 Nr. 26 EStG begünstigt sein kann und für die deshalb auch nicht teilweise die Steuerbefreiung nach § 3 Nr. 26 a EStG gewährt wird.

Aufwandsentschädigungen nach § 1835 a BGB an ehrenamtlich tätige Betreuer (§ 1896 Abs. 1 Satz 1, § 1908 i Abs. 1 BGB), Vormünder (§ 1773 Abs. 1 Satz 1 BGB) und Pfleger (§§ 1909 ff., 1915 Abs. 1 Satz 1 BGB) fallen ab dem Veranlagungszeitraum 2011 ausschließlich unter die Steuerbefreiung nach § 3 Nr. 26 b EStG[3]. Eine Anwendung des § 3 Nr. 26 a EStG ist ausgeschlossen (§ 3 Nr. 26 a Satz 2 EStG).

6. Verschiedenartige Tätigkeiten

Erzielt der Steuerpflichtige Einnahmen, die teils für eine Tätigkeit, die unter § 3 Nr. 26 a EStG fällt, und teils für eine andere Tätigkeit, die nicht unter § 3 Nr. 12, 26 oder 26 a EStG fällt, gezahlt werden, ist lediglich für den entsprechenden Anteil nach § 3 Nr. 26 a EStG der Freibetrag zu gewähren. Die Steuerfreiheit von Bezügen nach anderen Vorschriften, z. B. nach § 3 Nr. 13, 16 EStG, bleibt unberührt; wenn auf bestimmte Bezüge sowohl § 3 Nr. 26 a EStG als auch andere Steuerbefreiungsvorschriften anwendbar sind, sind die Vorschriften in der Reihenfolge anzuwenden, die für den Steuerpflichtigen am günstigsten ist. **85**

---

[1] §§ 52–54 AO abgedruckt bei § 10 b EStG.

[2] **[Amtl. Anm.]** Erhält ein Stpfl. im Rahmen seiner ehrenamtlichen Tätigkeit als Versichertenberater und Mitglied eines Widerspruchsausschusses Entschädigungen für Zeitaufwand gemäß § 41 Abs. 3 Satz 2 SGB IV, liegen die Voraussetzungen des § 3 Nr. 12 und 26 EStG nicht vor *(s. BFH-Urteil vom 3. 7. 2018 – BStBl. II S. 715)*.

[3] **[Amtl. Anm.:]** Seit 1. 1. 2023: Aufwandsentschädigungen nach § 1878 BGB an ehrenamtlich tätige Betreuer (§ 1814 BGB), Vormünder (§ 1774 BGB) oder Pfleger (§§ 1809 ff. und 1882 ff. BGB).

Anl zu LStH 3.26 a

7. Höchstbetrag

Der Freibetrag nach § 3 Nr. 26 a EStG ist ein Jahresbetrag. Dieser wird auch dann nur einmal gewährt, wenn mehrere begünstigte Tätigkeiten ausgeübt werden. Er ist nicht zeitanteilig aufzuteilen, wenn die begünstigte Tätigkeit lediglich wenige Monate ausgeübt wird.[1]

Die Steuerbefreiung ist auch bei Ehegatten personenbezogen vorzunehmen. Auch bei der Zusammenveranlagung von Ehegatten kann der Freibetrag demnach von jedem Ehegatten bis zur Höhe der Einnahmen, höchstens *720*[2] Euro, die er für eine eigene begünstigte Tätigkeit erhält, in Anspruch genommen werden. Eine Übertragung des nicht ausgeschöpften Teils des Freibetrags eines Ehegatten oder Lebenspartners auf höhere Einnahmen des anderen Ehegatten oder Lebenspartners aus der begünstigten nebenberuflichen Tätigkeit ist nicht zulässig.

8. Ehrenamtlicher Vorstand

Die Zahlung von pauschalen Vergütungen für Arbeits- oder Zeitaufwand (Tätigkeitsvergütungen) an den Vorstand ist nur dann zulässig, wenn dies durch bzw. aufgrund einer Satzungsregelung ausdrücklich zugelassen ist (vgl. auch § 27 Abs. 3 Satz 2 BGB in der Fassung des Ehrenamtsstärkungsgesetzes). Ein Verein, der nicht ausdrücklich die Bezahlung des Vorstands regelt und der dennoch Tätigkeitsvergütungen an Mitglieder des Vorstands zahlt, verstößt gegen das Gebot der Selbstlosigkeit. Die regelmäßig in den Satzungen enthaltene Aussage: „Es darf keine Person ... durch unverhältnismäßig hohe Vergütungen begünstigt werden" (vgl. Anlage 1 zu § 60 AO; dort § 4 der Mustersatzung) ist keine satzungsmäßige Zulassung von Tätigkeitsvergütungen an Vorstandsmitglieder. Eine Vergütung ist auch dann anzunehmen, wenn sie nach der Auszahlung an den Verein zurückgespendet oder durch Verzicht auf die Auszahlung eines entstandenen Vergütungsanspruchs an den Verein gespendet wird.

Der Ersatz tatsächlich entstandener Auslagen (z. B. Büromaterial, Telefon- und Fahrtkosten) ist auch ohne entsprechende Regelung in der Satzung zulässig. Der Einzelnachweis der Auslagen ist nicht erforderlich, wenn pauschale Zahlungen den tatsächlichen Aufwand offensichtlich nicht übersteigen; dies gilt nicht, wenn durch die pauschalen Zahlungen auch Arbeits- oder Zeitaufwand abgedeckt werden soll. Die Zahlungen dürfen nicht unangemessen hoch sein (§ 55 Absatz 1 Nummer 3 AO).

Falls ein gemeinnütziger Verein bis zum 31. Dezember 2010 ohne ausdrückliche Erlaubnis dafür in seiner Satzung bereits Tätigkeitsvergütungen gezahlt hat, sind daraus unter den folgenden Voraussetzungen keine für die Gemeinnützigkeit des Vereins schädlichen Folgerungen zu ziehen:

1. Die Zahlungen dürfen nicht unangemessen hoch gewesen sein (§ 55 Absatz 1 Nummer 3 AO).
2. Die Mitgliederversammlung hat bis zum 31. Dezember 2010 eine Satzungsänderung beschlossen, die Tätigkeitsvergütungen zulässt. An die Stelle einer Satzungsänderung kann ein Beschluss des Vorstands treten, künftig auf Tätigkeitsvergütungen zu verzichten.

9. Werbungskosten- bzw. Betriebsausgabenabzug

86 Ein Abzug von Werbungskosten bzw. Betriebsausgaben, die mit den steuerfreien Einnahmen nach § 3 Nr. 26 a EStG in einem unmittelbaren wirtschaftlichen Zusammenhang stehen, ist nur dann möglich, wenn die Einnahmen aus der Tätigkeit und gleichzeitig auch die jeweiligen Ausgaben den Freibetrag übersteigen.[3] In Arbeitnehmerfällen ist in jedem Falle der Arbeitnehmer-Pauschbetrag anzusetzen, soweit er nicht bei anderen Dienstverhältnissen verbraucht ist.

Beispiel: Ein Student, der keine anderen Einnahmen aus nichtselbständiger Arbeit erzielt, arbeitet nebenberuflich im Dienst der Stadt als Tierpfleger bei deren als gemeinnützig anerkannten Tierheim. Dafür erhält er insgesamt 1200 Euro im Jahr. Von den Einnahmen sind der Arbeitnehmer-Pauschbetrag von 1000 Euro[4] (§ 9 a Satz 1 Nr. 1 Buchstabe a EStG) und der Freibetrag nach § 3 Nr. 26 a EStG bis zur Höhe der verbliebenen Einnahmen (200 Euro) abzuziehen. Die Einkünfte aus der nebenberuflichen Tätigkeit betragen 0 Euro.

10. Freigrenze des § 22 Nr. 3 EStG

Gehören die Einnahmen des Steuerpflichtigen aus seiner nebenberuflichen Tätigkeit zu den sonstigen Einkünften (§ 22 Nr. 3 EStG), sind diese nicht einkommensteuerpflichtig, wenn sie weniger als 256 Euro im Kalenderjahr betragen haben. Der Freibetrag nach § 3 Nr. 26 a EStG ist bei der Prüfung, ob diese Freigrenze überschritten ist, zu berücksichtigen.

Beispiel: Ein nebenberuflicher ehrenamtlicher Schiedsrichter im Amateurbereich erhält insgesamt 900 Euro. Nach Abzug des Freibetrags nach § 3 Nr. 26 a EStG betragen die Einkünfte 180 Euro.[5] Sie sind nicht einkommensteuerpflichtig, weil sie weniger als 256 Euro im Kalenderjahr betragen haben (§ 22 Nr. 3 Satz 2 EStG).

11. Lohnsteuerverfahren

Beim Lohnsteuerabzug ist eine zeitanteilige Aufteilung des Freibetrags nicht erforderlich. Dies gilt auch dann, wenn feststeht, dass das Dienstverhältnis nicht bis zum Ende des Kalenderjahres besteht. Der Arbeitnehmer hat dem Arbeitgeber jedoch schriftlich zu bestätigen, dass die Steuerbefreiung nach § 3 Nr. 26 a EStG nicht bereits in einem anderen Dienst- oder Auftragsverhältnis berücksichtigt worden ist oder berücksichtigt wird. Diese Erklärung ist zum Lohnkonto zu nehmen.

---

[1] **[Amtl. Anm.:]** Bestätigt durch BFH vom 3. 7. 2018 (BStBl. II S. 715).

[2] **[Amtl. Anm.:]** Ab VZ 2021: 840 €.

[3] **[Amtl. Anm.]** Aufwendungen für eine ehrenamtliche Tätigkeit sind auch insoweit abzugsfähig, als sie die unterhalb des maßgebenden Höchstbetrags steuerfreien Einnahmen übersteigen, wenn hinsichtlich der Tätigkeit eine Einkunftserzielungsabsicht vorliegt (R 3.26 Abs. 9).

[4] ANP für VZ 2022: 1200 Euro; ab VZ 2023: 1230 Euro.

[5] Ab VZ 2021: 60 Euro (900 Euro ./. 840 Euro).

12. Rückspende Anl zu LStH 3.26 a

Die Rückspende einer steuerfrei ausgezahlten Aufwandsentschädigung oder Vergütung an die steuerbegünstigte Körperschaft ist grundsätzlich zulässig. Für den Spendenabzug sind die Grundsätze des BMF-Schreibens vom 7. Juni 1999 (BStBl. I S. 591)[1] zur Anerkennung sog. Aufwandsspenden an gemeinnützige Vereine zu beachten.

Dieses Schreiben tritt an die Stelle der Schreiben vom 25. November 2008 (BStBl. I S. 985) und vom 14. Oktober 2009 (BStBl. I S. 1318).[2]

§ 3

EStG

Steuerfrei sind

...

26 b. Aufwandspauschalen nach § 1878 des Bürgerlichen Gesetzbuchs, soweit sie zusammen mit den steuerfreien Einnahmen im Sinne der Nummer 26 den Freibetrag nach Nummer 26 Satz 1 nicht überschreiten. ② Nummer 26 Satz 2 gilt entsprechend. 87

...

28. die Aufstockungsbeträge im Sinne des § 3 Absatz 1 Nummer 1 Buchstabe a sowie die Beiträge und Aufwendungen im Sinne des § 3 Absatz 1 Nummer 1 Buchstabe b und des § 4 Absatz 2 des Altersteilzeitgesetzes,[3] die Zuschläge, die versicherungsfrei Beschäftigte im Sinne des § 27 Absatz 1 Nummer 1 bis 3 des Dritten Buches Sozialgesetzbuch zur Aufstockung der Bezüge bei Altersteilzeit nach beamtenrechtlichen Vorschriften oder Grundsätzen erhalten sowie die Zahlungen des Arbeitgebers zur Übernahme der Beiträge im Sinne des § 187 a des Sechsten Buches Sozialgesetzbuch, soweit sie 50 Prozent der Beiträge nicht übersteigen; 88

R 3.28 Leistungen nach dem AltTZG[4] (§ 3 Nr. 28 EStG)

LStR 3.28

(1) ① Aufstockungsbeträge und zusätzliche Beiträge zur gesetzlichen Rentenversicherung i. S. d. § 3 Abs. 1 Nr. 1 AltTZG sowie Aufwendungen i. S. d. § 4 Abs. 2 AltTZG sind steuerfrei,[5] wenn 89 die Voraussetzungen des § 2 AltTZG, z. B. Vollendung des 55. Lebensjahres, Verringerung der tariflichen regelmäßigen wöchentlichen Arbeitszeit auf die Hälfte, vorliegen. ② Die Vereinbarung über die Arbeitszeitverminderung muss sich zumindest auf die Zeit erstrecken, bis der Arbeitnehmer eine Rente wegen Alters beanspruchen kann. ③ Dafür ist nicht erforderlich, dass diese Rente ungemindert ist. ④ Der frühestmögliche Zeitpunkt, zu dem eine Altersrente in Anspruch genommen werden kann, ist die Vollendung des 60. Lebensjahres. ⑤ Die Steuerfreiheit kommt nicht mehr in Betracht mit Ablauf des Kalendermonats, in dem der Arbeitnehmer die Altersteilzeitarbeit beendet oder die für ihn geltende gesetzliche Altersgrenze für die Regelaltersrente erreicht hat (§ 5 Abs. 1 Nr. 1 AltTZG).

(2) ① Die Leistungen sind auch dann steuerfrei, wenn der Förderanspruch des Arbeitgebers an 90 die BfA nach § 5 Abs. 1 Nr. 2 und 3, Abs. 2 bis 4 AltTZG erlischt, nicht besteht oder ruht, z. B. wenn der frei gewordene Voll- oder Teilarbeitsplatz nicht wieder besetzt wird. ② Die Leistungen sind auch dann steuerfrei, wenn mit der Altersteilzeit erst nach dem 31. 12. 2009 begonnen wurde und diese nicht durch die BfA nach § 4 AltTZG gefördert wird (§ 1 Abs. 3 Satz 2 AltTZG). ③ Durch eine vorzeitige Beendigung der Altersteilzeit (Störfall) ändert sich der Charakter der bis dahin erbrachten Arbeitgeberleistungen nicht, weil das AltTZG keine Rückzahlung vorsieht. ④ Die Steuerfreiheit der Aufstockungsbeträge bleibt daher bis zum Eintritt des Störfalls erhalten.

(3) ① Aufstockungsbeträge und zusätzliche Beiträge zur gesetzlichen Rentenversicherung sind 91 steuerfrei, auch soweit sie über die im AltTZG genannten Mindestbeträge hinausgehen. ② Dies gilt nur, soweit die Aufstockungsbeträge zusammen mit dem während der Altersteilzeit bezogenen Nettoarbeitslohn monatlich 100 % des maßgebenden Arbeitslohns nicht übersteigen. ③ Maßgebend ist bei laufendem Arbeitslohn der Nettoarbeitslohn, den der Arbeitnehmer im jeweiligen Lohnzahlungszeitraum ohne Altersteilzeit üblicherweise erhalten hätte; bei sonstigen Bezügen ist auf den unter Berücksichtigung des nach R 39b.6 Abs. 2 ermittelten voraussichtlichen Jahresnettoarbeitslohn unter Einbeziehung der sonstigen Bezüge bei einer unterstellten Vollzeitbeschäftigung abzustellen. ④ Unangemessene Erhöhungen vor oder während der Altersteilzeit sind dabei nicht zu berücksichtigen. ⑤ Aufstockungsbeträge, die in Form von Sachbezügen gewährt werden, sind steuerfrei, wenn die Aufstockung betragsmäßig in Geld festgelegt und außerdem vereinbart ist, dass der Arbeitgeber anstelle der Geldleistung Sachbezüge erbringen darf.

---

[1] Aktuelles Schreiben vom 25. 11. 2014, unter Berücksichtigung der Änderungen durch *BMF-Schreiben vom 24. 8. 2016 (BStBl. I S. 994)*, abgedruckt als Anlage b zu § 10 b EStG.

[2] Abgedruckt im „Handbuch zur Lohnsteuer 2014" als Anlage zu LStH 3.26 a.

[3] Altersteilzeitgesetz abgedruckt im Anhang **I 14**.

[4] Abgedruckt im Anhang **I 14**.

[5] Bei in Altersteilzeit befindlichen Arbeitnehmern sind die Werbungskosten wegen steuerfreier Aufstockungsbeträge gleichwohl nicht nach Maßgabe des § 3 c EStG anteilig zu kürzen *(OFD Hannover, Verfügung vom 20. 3. 2008, S 2350 – 118 – StO 217, StEK EStG § 9 Nr. 887).*

LStH 3.28

H 3.28

92 **Begrenzung auf 100% des Nettoarbeitslohns**

Beispiel 1 (laufend gezahlter Aufstockungsbetrag):

Ein Arbeitnehmer mit einem monatlichen Vollzeit-Bruttogehalt von 8750 € nimmt von der Vollendung des 62. bis zur Vollendung des 64. Lebensjahres Altersteilzeit in Anspruch. Danach scheidet er aus dem Arbeitsverhältnis aus. Der Mindestaufstockungsbetrag nach § 3 Abs. 1 Nr. 1 Buchst. a AltTZG beträgt 875 €. Der Arbeitgeber gewährt eine weitere freiwillige Aufstockung von 3000 € (Aufstockungsbetrag insgesamt 3875 €). Der steuerfreie Teil des Aufstockungsbetrags ist wie folgt zu ermitteln:

a) Ermittlung des maßgebenden Arbeitslohns		
Bruttoarbeitslohn bei fiktiver Vollarbeitszeit		8750 €
./. gesetzliche Abzüge (Lohnsteuer, Solidaritätszuschlag, Kirchensteuer, Sozialversicherungsbeiträge)		3750 €
= maßgebender Nettoarbeitslohn		5000 €
b) Vergleichsberechnung		
Bruttoarbeitslohn bei Altersteilzeit		4375 €
./. gesetzliche Abzüge (Lohnsteuer, Solidaritätszuschlag, Kirchensteuer, Sozialversicherungsbeiträge)		1725 €
= Zwischensumme		2650 €
+ Mindestaufstockungsbetrag		875 €
+ freiwilliger Aufstockungsbetrag		3000 €
= Nettoarbeitslohn		6525 €

Durch den freiwilligen Aufstockungsbetrag von 3000 € ergäbe sich ein Nettoarbeitslohn bei der Altersteilzeit, der den maßgebenden Nettoarbeitslohn um 1525 € übersteigen würde. Demnach sind steuerfrei:

Mindestaufstockungsbetrag		875 €
+ freiwilliger Aufstockungsbetrag	3000 €	
abzgl.	1525 €	1475 €
= steuerfreier Aufstockungsbetrag		2350 €

c) Abrechnung des Arbeitgebers	
Bruttoarbeitslohn bei Altersteilzeit	4375 €
+ steuerpflichtiger Aufstockungsbetrag	1525 €
= steuerpflichtiger Arbeitslohn	5900 €
./. gesetzliche Abzüge (Lohnsteuer, Solidaritätszuschlag, Kirchensteuer, Sozialversicherungsbeiträge)	2300 €
= Zwischensumme	3600 €
+ steuerfreier Aufstockungsbetrag	2350 €
= Nettoarbeitslohn	5950 €

Beispiel 2 (sonstiger Bezug als Aufstockungsbetrag):

Ein Arbeitnehmer in Altersteilzeit hätte bei einer Vollzeitbeschäftigung Anspruch auf ein monatliches Bruttogehalt von 4000 € sowie im März auf einen sonstigen Bezug (Ergebnisbeteiligung) von 1500 € (brutto).
Nach dem Altersteilzeitvertrag werden im März folgende Beträge gezahlt:

– laufendes Bruttogehalt	2000 €
– laufende steuerfreie Aufstockung (einschließlich freiwilliger Aufstockung des Arbeitgebers)	650 €
– Brutto-Ergebnisbeteiligung (50% der vergleichbaren Vergütung auf Basis einer Vollzeitbeschäftigung)	750 €
– Aufstockungsleistung auf die Ergebnisbeteiligung	750 €
a) Ermittlung des maßgebenden Arbeitslohns	
jährlicher laufender Bruttoarbeitslohn bei fiktiver Vollarbeitszeitbeschäftigung	48 000 €
+ sonstiger Bezug bei fiktiver Vollzeitbeschäftigung	1500 €
./. gesetzliche jährliche Abzüge (Lohnsteuer, Solidaritätszuschlag, Kirchensteuer, Sozialversicherungsbeiträge)	18 100 €
= maßgebender Jahresnettoarbeitslohn	31 400 €
b) Vergleichsberechnung	
jährlicher laufender Bruttoarbeitslohn bei Altersteilzeit	24 000 €
+ steuerpflichtiger sonstiger Bezug bei Altersteilzeit	750 €
./. gesetzliche jährliche Abzüge (Lohnsteuer, Solidaritätszuschlag, Kirchensteuer, Sozialversicherungsbeiträge)	6000 €
= Zwischensumme	18 750 €
+ Aufstockung Ergebnisbeteiligung	750 €
+ steuerfreie Aufstockung (12 × 650)	7800 €
= Jahresnettoarbeitslohn	27 300 €

Durch die Aufstockung des sonstigen Bezugs wird der maßgebende Jahresnettoarbeitslohn von 31 400 € nicht überschritten. Demnach kann die Aufstockung des sonstigen Bezugs (im Beispiel: Aufstockung der Ergebnisbeteiligung) von 750 € insgesamt steuerfrei bleiben.

Ermittlung der steuerfreien Zahlungen des Arbeitgebers zur Übernahme der Beiträge i. S. d. § 187 SGB VI

Beispiel:

Zur Vermeidung von Rentenminderungen bei einer vorzeitigen Inanspruchnahme der Altersrente ermittelt die Deutsche Rentenversicherung Bund für den Arbeitnehmer A einen maximalen Beitrag nach § 187 a SGB VI von 80 000 €.
a) Der Arbeitgeber leistet Beiträge von 40 000 €, A leistet keine Beiträge.
b) Arbeitgeber und Arbeitnehmer A leisten jeweils Beiträge von 40 000 €.

Variante a) LStH 3.28
Der gezahlte Beitrag von 40 000 € ist nach § 3 Nr. 28 lediglich bis zu 20 000 € steuerfrei (50 % von 40 000 € = 20 000 €). Der übersteigende Betrag ist steuerpflichtig.
Variante b)
Der gezahlte Beitrag von 80 000 € ist nach § 3 Nr. 28 bis zu 40 000 € steuerfrei (50 % von 80 000 € = 40 000 €).

Progressionsvorbehalt. Die Aufstockungsbeträge unterliegen dem Progressionsvorbehalt (→ § 32 b Abs. 1 Satz 1 Nr. 1 Buchstabe g EStG). Zur Aufzeichnung und Bescheinigung → § 41 Abs. 1 Satz 4 und § 41 b Abs. 1 Satz 2 Nr. 5 EStG.

§ 3 EStG

Steuerfrei sind

...

28 a. Zuschüsse des Arbeitgebers zum Kurzarbeitergeld und Saison-Kurzarbeitergeld, soweit sie zusammen mit dem Kurzarbeitergeld 80 Prozent des Unterschiedsbetrags zwischen dem Soll-Entgelt und dem Ist-Entgelt nach § 106 des Dritten Buches Sozialgesetzbuch nicht übersteigen und sie für Lohnzahlungszeiträume, die nach dem 29. Februar 2020 beginnen und vor dem 1. Juli 2022 enden, geleistet werden; 92a

...

30. Entschädigungen für die betriebliche Benutzung von Werkzeugen eines Arbeitnehmers (Werkzeuggeld), soweit sie die entsprechenden Aufwendungen des Arbeitnehmers nicht offensichtlich übersteigen; 93

R 3.30 Werkzeuggeld (§ 3 Nr. 30 EStG) LStR 3.30

① Die Steuerbefreiung beschränkt sich auf die Erstattung der Aufwendungen, die dem Arbeitnehmer durch die betriebliche Benutzung eigener Werkzeuge entstehen. ② Als Werkzeuge sind allgemein nur Handwerkzeuge anzusehen, die zur leichteren Handhabung, zur Herstellung oder zur Bearbeitung eines Gegenstands verwendet werden; Musikinstrumente und deren Einzelteile gehören ebenso wie Datenverarbeitungs- und Telekommunikationsgeräte sowie deren Zubehör o. Ä. nicht dazu. ③ Eine betriebliche Benutzung der Werkzeuge liegt auch dann vor, wenn die Werkzeuge im Rahmen des Dienstverhältnisses außerhalb einer Betriebsstätte des Arbeitgebers eingesetzt werden, z. B. auf einer Baustelle. ④ Ohne Einzelnachweis der tatsächlichen Aufwendungen sind pauschale Entschädigungen steuerfrei, soweit sie 94

1. die regelmäßige AfA der Werkzeuge,
2. die üblichen Betriebs-, Instandhaltungs- und Instandsetzungskosten der Werkzeuge sowie
3. die Kosten der Beförderung der Werkzeuge

abgelten. ⑤ Soweit Entschädigungen für Zeitaufwand des Arbeitnehmers gezahlt werden, z. B. für die ihm obliegende Reinigung und Wartung der Werkzeuge, gehören sie zum steuerpflichtigen Arbeitslohn.

H 3.30 LStH 3.30

Musikinstrumente sind keine Werkzeuge (→ BFH vom 21. 8. 1995 – BStBl. II S. 906). 95

§ 3 EStG

Steuerfrei sind

...

31. die typische Berufskleidung, die der Arbeitgeber seinem Arbeitnehmer unentgeltlich oder verbilligt überlässt; dasselbe gilt für eine Barablösung eines nicht nur einzelvertraglichen Anspruchs auf Gestellung von typischer Berufskleidung, wenn die Barablösung betrieblich veranlasst ist und die entsprechenden Aufwendungen des Arbeitnehmers nicht offensichtlich übersteigt; 96

R 3.31 Überlassung typischer Berufskleidung (§ 3 Nr. 31 EStG) LStR 3.31

(1) ① Steuerfrei ist nach § 3 Nr. 31 erster Halbsatz EStG nicht nur die Gestellung, sondern auch die Übereignung typischer Berufskleidung durch den Arbeitgeber. ② Erhält der Arbeitnehmer die Berufsbekleidung von seinem Arbeitgeber zusätzlich zum ohnehin geschuldeten Arbeitslohn[1] (§ 8 Abs. 4 EStG), ist anzunehmen, dass es sich um typische Berufskleidung handelt, wenn nicht das Gegenteil offensichtlich ist. ③ Zur typischen Berufskleidung gehören Kleidungsstücke, die 97

1. als Arbeitsschutzkleidung auf die jeweils ausgeübte Berufstätigkeit zugeschnitten sind oder

[1] Zum Tatbestandsmerkmal „ohnehin geschuldeter Arbeitslohn" siehe § 8 Abs. 4 EStG.

LStR 3.31

2.[1] nach ihrer z. B. uniformartigen Beschaffenheit oder dauerhaft angebrachten Kennzeichnung durch Firmenemblem objektiv eine berufliche Funktion erfüllen,

wenn ihre private Nutzung so gut wie ausgeschlossen ist. ④ Normale Schuhe und Unterwäsche sind z. B. keine typische Berufskleidung.

98 (2) ① Die Steuerbefreiung nach § 3 Nr. 31 zweiter Halbsatz EStG beschränkt sich auf die Erstattung der Aufwendungen, die dem Arbeitnehmer durch den beruflichen Einsatz typischer Berufskleidung in den Fällen entstehen, in denen der Arbeitnehmer z. B. nach Unfallverhütungsvorschriften, Tarifvertrag oder Betriebsvereinbarung einen Anspruch auf Gestellung von Arbeitskleidung hat, der aus betrieblichen Gründen durch die Barvergütung abgelöst wird. ② Die Barablösung einer Verpflichtung zur Gestellung von typischer Berufskleidung ist z. B. betrieblich begründet, wenn die Beschaffung der Kleidungsstücke durch den Arbeitnehmer für den Arbeitgeber vorteilhafter ist. ③ Pauschale Barablösungen sind steuerfrei, soweit sie die regelmäßigen AfA und die üblichen Instandhaltungs- und Instandsetzungskosten der typischen Berufskleidung abgelten. ④ Aufwendungen für die Reinigung gehören regelmäßig nicht zu den Instandhaltungs- und Instandsetzungskosten der typischen Berufsbekleidung.

LStH 3.31

H 3.31

99 **Abgrenzung zwischen typischer Berufskleidung und bürgerlicher Kleidung** → BFH vom 16. 3. 2022 (BStBl. II S. 614).

Lodenmantel. Ein Lodenmantel ist keine typische Berufskleidung (→ BFH vom 19. 1. 1996 – BStBl. II S. 202).

EStG

§ 3

Steuerfrei sind

...

100 **32. die unentgeltliche oder verbilligte Sammelbeförderung eines Arbeitnehmers zwischen Wohnung und erster Tätigkeitsstätte sowie bei Fahrten nach § 9 Absatz 1 Satz 3 Nummer 4 a Satz 3 mit einem vom Arbeitgeber gestellten Beförderungsmittel, soweit die Sammelbeförderung für den betrieblichen Einsatz des Arbeitnehmers notwendig ist;**

LStR 3.32

R 3.32 Sammelbeförderung von Arbeitnehmern zwischen Wohnung und erster Tätigkeitsstätte (§ 3 Nr. 32 EStG)

101 Die Notwendigkeit einer Sammelbeförderung ist z. B. in den Fällen anzunehmen, in denen

1. die Beförderung mit öffentlichen Verkehrsmitteln nicht oder nur mit unverhältnismäßig hohem Zeitaufwand durchgeführt werden könnte oder
2. der Arbeitsablauf eine gleichzeitige Arbeitsaufnahme der beförderten Arbeitnehmer erfordert.

LStH 3.32

H 3.32

102 **Lohnsteuerbescheinigung.** Bei steuerfreier Sammelbeförderung zwischen Wohnung und erster Tätigkeitsstätte sowie bei Fahrten nach § 9 Abs. 1 Satz 3 Nr. 4 a Satz 3 EStG ist der Großbuchstabe F anzugeben → BMF-Schreiben zur Ausstellung von Lohnsteuerbescheinigungen.[2]

Sammelbeförderung. Sammelbeförderung i. S. d. § 3 Nr. 32 EStG ist die durch den Arbeitgeber organisierte oder zumindest veranlasste Beförderung mehrerer Arbeitnehmer; sie darf nicht auf dem Entschluss eines Arbeitnehmers beruhen. Das Vorliegen einer Sammelbeförderung bedarf einer besonderen Rechtsgrundlage. Dies kann ein Tarifvertrag oder eine Betriebsvereinbarung sein (→ BFH vom 29. 1. 2009 – BStBl. 2010 II S. 1067).[3]

EStG

§ 3

Steuerfrei sind

...

103 **33. zusätzlich zum ohnehin geschuldeten Arbeitslohn[4] erbrachte Leistungen des Arbeitgebers zur Unterbringung und Betreuung von nicht schulpflichtigen Kindern der Arbeitnehmer in Kindergärten oder vergleichbaren Einrichtungen;**

---

[1] Vgl. BFH-Urteil vom 22. 6. 2006, VI R 21/05, BStBl. II 2006, 915. Siehe auch LStH 19.3.

[2] Abgedruckt als Anlage a zu LStH 41 b.

[3] Die unentgeltliche bzw. verbilligte Überlassung eines Dienstwagens durch den Arbeitgeber an den Arbeitnehmer für dessen Privatnutzung führt zu einer Bereicherung des Arbeitnehmers und damit zum Lohnzufluss. Die Übernahme der Arbeitnehmerbeförderung i. S. des § 3 Nr. 32 EStG bedarf grundsätzlich einer besonderen Rechtsgrundlage. Dies kann ein Tarifvertrag oder eine Betriebsvereinbarung sein. Überlässt der Arbeitgeber einem Arbeitnehmer einen Dienstwagen auch uneingeschränkt für private Zwecke, ist fraglich, ob der Arbeitgeber ein solches Fahrzeug noch zur Beförderung (weiterer) Arbeitnehmer „gestellen" kann *(BFH-Urteil vom 29. 1. 2009, VI R 56/07, BStBl. 2010 II S. 1067).*

[4] Siehe § 8 Abs. 4 EStG.

R 3.33 Unterbringung und Betreuung von nicht schulpflichtigen Kindern (§ 3 Nr. 33 EStG)

LStR 3.33

(1) ① Steuerfrei sind zusätzliche Arbeitgeberleistungen (§ 8 Abs. 4 EStG) zur Unterbringung (einschl. Unterkunft und Verpflegung) und Betreuung von nicht schulpflichtigen Kindern des Arbeitnehmers in Kindergärten oder vergleichbaren Einrichtungen. ② Dies gilt auch, wenn der nicht beim Arbeitgeber beschäftigte Elternteil die Aufwendungen trägt. ③ Leistungen für die Vermittlung einer Unterbringungs- und Betreuungsmöglichkeit durch Dritte sind nicht nach § 3 Nr. 33 EStG steuerfrei, können aber unter bestimmten Voraussetzungen nach § 3 Nr. 34a EStG steuerfrei sein. ④ Zuwendungen des Arbeitgebers an einen Kindergarten oder eine vergleichbare Einrichtung, durch die er für die Kinder seiner Arbeitnehmer ein Belegungsrecht ohne Bewerbungsverfahren und Wartezeit erwirbt, sind den Arbeitnehmern nicht als geldwerter Vorteil zuzurechnen. **104**

(2) ① Es ist gleichgültig, ob die Unterbringung und Betreuung in betrieblichen oder außerbetrieblichen Kindergärten erfolgt. ② Vergleichbare Einrichtungen sind z. B. Schulkindergärten, Kindertagesstätten, Kinderkrippen, Tagesmütter, Wochenmütter und Ganztagspflegestellen. ③ Die Einrichtung muss gleichzeitig zur Unterbringung und Betreuung von Kindern geeignet sein. ④ Die alleinige Betreuung im Haushalt, z. B. durch Kinderpflegerinnen, Hausgehilfinnen oder Familienangehörige, genügt nicht. ⑤ Soweit Arbeitgeberleistungen auch den Unterricht eines Kindes ermöglichen, sind sie nicht steuerfrei. ⑥ Das Gleiche gilt für Leistungen, die nicht unmittelbar der Betreuung eines Kindes dienen, z. B. die Beförderung zwischen Wohnung und Kindergarten. **105**

(3) ① Begünstigt sind nur Leistungen zur Unterbringung und Betreuung von nicht schulpflichtigen Kindern. ② Ob ein Kind schulpflichtig ist, richtet sich nach dem jeweiligen landesrechtlichen Schulgesetz. ③ Die Schulpflicht ist aus Vereinfachungsgründen nicht zu prüfen bei Kindern, die **106**

1. das sechste Lebensjahr noch nicht vollendet haben oder
2. im laufenden Kj. das sechste Lebensjahr nach dem 30. 6. vollendet haben, es sei denn, sie sind vorzeitig eingeschult worden, oder
3. im laufenden Kj. das sechste Lebensjahr vor dem 1. 7. vollendet haben, in den Monaten Januar bis Juli dieses Jahres.

④ Den nicht schulpflichtigen Kindern stehen schulpflichtige Kinder gleich, solange sie mangels Schulreife vom Schulbesuch zurückgestellt oder noch nicht eingeschult sind.

(4) ① Sachleistungen an den Arbeitnehmer, die über den nach § 3 Nr. 33 EStG steuerfreien Bereich hinausgehen, sind regelmäßig mit dem Wert nach § 8 Abs. 2 Satz 1 EStG dem Arbeitslohn hinzuzurechnen. ② Barzuwendungen an den Arbeitnehmer sind nur steuerfrei, soweit der Arbeitnehmer dem Arbeitgeber die zweckentsprechende Verwendung nachgewiesen hat. ③ Der Arbeitgeber hat die Nachweise im Original als Belege zum Lohnkonto aufzubewahren. **107**

H 3.33

LStH 3.33

Zusätzlichkeitsvoraussetzung → § 8 Abs. 4 EStG. **109**

§ 3

EStG

Steuerfrei sind

...

34. zusätzlich zum ohnehin geschuldeten Arbeitslohn[1] erbrachte Leistungen des Arbeitgebers zur Verhinderung und Verminderung von Krankheitsrisiken und zur Förderung der Gesundheit in Betrieben, die hinsichtlich Qualität, Zweckbindung, Zielgerichtetheit und Zertifizierung den Anforderungen der §§ 20 und 20b des Fünften Buches Sozialgesetzbuch genügen, soweit sie 600 Euro im Kalenderjahr nicht übersteigen; **111**

H 3.34

LStH 3.34

Umsetzungshilfe → BMF vom 20. 4. 2021 (BStBl. I S. 700).[2]

Zusätzlichkeitsvoraussetzung → § 8 Abs. 4 EStG. **111a**

Anl zu LStH 3.34

Schreiben betr. Umsetzungshilfe zur steuerlichen Anerkennung von Arbeitgeberleistungen nach § 3 Nr. 34 EStG

Vom 20. April 2021 (BStBl. I S. 700)

(BMF IV C 5 – S 2342/20/10003 :003; DOK 2021/0400744)

Unter Bezugnahme auf das Ergebnis der Erörterungen mit den obersten Finanzbehörden der Länder gilt zur Anwendung der Steuerfreiheit des § 3 Nr. 34 EStG Folgendes:

[1] Zum Tatbestandsmerkmal „ohnehin geschuldeter Arbeitslohn" siehe § 8 Abs. 4 EStG.
[2] Abgedruckt als Anlage zu LStH 3.34.

Anl zu LStH 3.34

1. Gesetzliche Grundlagen

1.1. Steuerbefreiung des § 3 Nr. 34 EStG

111b

1 Rechtsgrundlage der Steuerfreiheit für arbeitgebergeförderte Präventions- und betriebliche Gesundheitsförderungsleistungen (§ 3 Nr. 34 EStG):
„Steuerfrei sind ...

34. zusätzlich zum ohnehin geschuldeten Arbeitslohn erbrachte Leistungen des Arbeitgebers zur Verhinderung und Verminderung von Krankheitsrisiken und zur Förderung der Gesundheit in Betrieben, die hinsichtlich Qualität, Zweckbindung, Zielgerichtetheit und Zertifizierung den Anforderungen der §§ 20 und 20 b des Fünften Buches Sozialgesetzbuch (SGB V) genügen, soweit sie 600 Euro je Kalenderjahr und Arbeitnehmer nicht übersteigen".

2 Nach der Gesetzesbegründung fallen unter die Steuerbefreiung des § 3 Nr. 34 EStG:
Maßnahmen zur individuellen verhaltensbezogenen Prävention, die nach § 20 Abs. 2 Satz 2 SGB V zertifiziert sind, sowie gesundheitsförderliche Maßnahmen in Betrieben (betriebliche Gesundheitsförderung), die den vom Spitzenverband Bund der Krankenkassen (GKV-Spitzenverband) nach § 20 Abs. 2 Satz 1 und § 20 b Abs. 1 SGB V festgelegten Kriterien entsprechen.

1.2. Verweis in § 3 Nr. 34 EStG auf die Vorschriften der §§ 20, 20 b SGB V

3 § 20 Abs. 1 Satz 3 SGB V verlangt, dass Leistungen zur individuellen verhaltensbezogenen Prävention (Präventionskurse), die von Krankenkassen bezuschusst werden, den vom GKV-Spitzenverband definierten Handlungsfeldern und Kriterien (GKV-Leitfaden Prävention) genügen und von den Krankenkassen oder einer von ihnen beauftragten Stelle zertifiziert sein müssen (§ 20 Abs. 5 Satz 1 SGB V).

4 § 20 b Abs. 1 SGB V beschreibt die Anforderungen an Leistungen zur Gesundheitsförderung in Betrieben (betriebliche Gesundheitsförderung), die von Krankenkassen erbracht werden können. Diese Maßnahmen sind an den spezifischen betrieblichen Bedarfen ausgerichtet und werden gemäß den Handlungsfeldern und Kriterien des GKV-Leitfadens Prävention zwischen dem Betrieb und der leistenden Krankenkasse individuell vereinbart. Für Leistungen zur betrieblichen Gesundheitsförderung nach § 20 b SGB V ist eine Zertifizierung grundsätzlich nicht vorgesehen. Für Leistungen zur individuellen verhaltensbezogenen Prävention nach § 20 SGB V sind die Voraussetzungen nach Tz. 2.1 und 2.2 zu beachten, auch wenn sie im Rahmen der betrieblichen Gesundheitsförderung erbracht werden.

111c

2. Nach § 3 Nr. 34 EStG steuerfreie Leistungen des Arbeitgebers

5 Die Steuerfreiheit nach § 3 Nr. 34 EStG erfasst zertifizierte Leistungen zur individuellen verhaltensbezogenen Prävention (siehe Tz. 2.1).

Nicht zertifizierte Leistungen zur individuellen verhaltensbezogenen Prävention können unter bestimmten Voraussetzungen nach § 3 Nr. 34 EStG steuerfrei sein (siehe Tz. 2.2).

2.1. Individuelle verhaltensbezogene Prävention (zertifizierte Präventionskurse)

6 Leistungen zur individuellen verhaltensbezogenen Prävention werden grundsätzlich in Form von Präventionskursen erbracht und sollen den Einzelnen motivieren und befähigen, Möglichkeiten einer gesunden, Störungen und Erkrankungen vorbeugenden Lebensführung auszuschöpfen. Die Zertifizierung von Leistungen zur individuellen verhaltensbezogenen Prävention, soweit sie von der Krankenkasse gefördert oder erbracht werden, erfolgt durch eine Krankenkasse oder in ihrem Namen durch einen mit der Wahrnehmung dieser Aufgabe beauftragten Dritten. Die Kurse können auch in die betriebliche Gesundheitsförderung integriert werden.

2.1.1. Zertifizierte Präventionskurse der Krankenkassen

7 Die meisten Krankenkassen lassen ihre Leistungen zur individuellen verhaltensbezogenen Prävention nach § 20 Abs. 4 Nr. 1 SGB V im Rahmen einer Kooperationsgemeinschaft über die „Zentrale Prüfstelle Prävention" des Dienstleistungsunternehmens „Team Gesundheit GmbH" prüfen und zertifizieren.

8 Die zertifizierten Präventionskurse der Krankenkassen finden in der Regel außerhalb des Betriebsgeländes statt und werden durch den Arbeitgeber bezuschusst. Leistet der Arbeitgeber einen Zuschuss an die Krankenkasse, ist der auf den teilnehmenden Arbeitnehmer entfallende Zuschuss nach Maßgabe des § 3 Nr. 34 EStG steuerfrei.

9 Die Teilnahme ist vom Arbeitnehmer mit einer vom Kursleiter unterschriebenen Teilnahmebescheinigung nachzuweisen, aus der der Titel des Kurses einschließlich der Kurs-Identifikationsnummer der jeweiligen Prüfstelle und die Teilnahme des Arbeitnehmers hervorgehen.

10 Sofern der Arbeitnehmer selbst in finanzielle Vorleistung getreten ist, kann er bei seinem Arbeitgeber unter Vorlage der Teilnahmebescheinigung eine Arbeitgeberförderung beantragen. Zur Vermeidung von Doppelförderungen ist in dem Antrag vom Arbeitnehmer eine Erklärung abzugeben, ob bereits die Krankenkasse einen Zuschuss gezahlt hat oder ein solcher beantragt wurde. In diesem Fall kann der Arbeitgeberzuschuss höchstens bis zu der beim Arbeitnehmer nach Abzug des Krankenkassenzuschusses verbliebenen Vorleistung nach § 3 Nr. 34 EStG steuerfrei sein.

11 Das Zertifikat, die Teilnahmebescheinigung und gegebenenfalls der Antrag auf Arbeitgeberförderung sind vom Arbeitgeber als Belege zum Lohnkonto zu nehmen.

2.1.2. Zertifizierte Präventionskurse auf Veranlassung des Arbeitgebers

12 Für Leistungen, die der Arbeitgeber zur individuellen verhaltensbezogenen Prävention gewährt, kommt die Steuerbefreiung nach § 3 Nr. 34 EStG in Betracht, wenn die Leistungen durch eine Krankenkasse oder in ihrem Namen durch einen mit der Wahrnehmung dieser Aufgabe beauftragten Dritten zertifiziert sind.

13 Dabei macht es keinen Unterschied, ob die Leistung auf Veranlassung des Arbeitgebers zertifiziert wurde oder ob der Arbeitgeber eine bereits zertifizierte Leistung einkauft und seinen Arbeitnehmern anbietet. Erforderlich ist bei eingekauften Leistungen, dass
- der beim Arbeitgeber durchgeführte Kurs mit dem zertifizierten Kurs inhaltlich identisch ist,
- das Zertifikat auf den Kursleiter ausgestellt ist, der den Kurs beim Arbeitgeber durchführt, und
- das Zertifikat bei Kursbeginn noch gültig ist.

14 Das Zertifikat und die Teilnahmebescheinigung sind vom Arbeitgeber als Belege zum Lohnkonto zu nehmen. Bei Barleistungen des Arbeitgebers sind als Nachweis der zweckentsprechenden Verwendung die Teilnahmebescheinigung, der Zahlungsbeleg des Arbeitnehmers und eine Kopie des Zertifikats als Belege zum Lohnkonto zu nehmen.

2.2. Nicht zertifizierte Präventionskurse des Arbeitgebers

15 Für im Auftrag des Arbeitgebers allein für dessen Beschäftigte erbrachte Präventionskurse besteht mangels Beteiligung der gesetzlichen Krankenkassen keine Zertifizierungsmöglichkeit. Eine Zertifizierung von Präventionskursen durch die Krankenkassen oder einer von ihr beauftragten dritten Stelle sieht das SGB V nur für die Fälle vor, in denen es sich um Kurse handelt, die die Krankenkassen für ihre Versicherten als Leistungen zur primären Prävention nach § 20 Abs. 4 Nr. 1, Abs. 5 Satz 1 SGB V erbringen. Nicht zertifizierte Leistungen des Arbeitgebers zur individuellen verhaltensbezogenen Prävention können somit nach § 3 Nr. 34 EStG unter folgenden Voraussetzungen steuerfrei sein. Erforderlich hierfür ist, dass
- die Leistungen Bestandteil eines betrieblichen Gesundheitsförderungsprozesses sind, der nach § 20b SGB V bezuschusst wurde beziehungsweise wird, oder
- die nicht zertifizierten Präventionskurse hinsichtlich Qualität, Zweckbindung und Zielgerichtetheit den Anforderungen des § 20 SGB V genügen und sie im Auftrag eines Arbeitgebers allein für dessen Beschäftigte durchgeführt sowie vom Leistungsanbieter nicht mit demselben Konzept auch für Versicherte der gesetzlichen Krankenversicherung angeboten werden.

16 Der vom Arbeitgeber allein für dessen Beschäftigte erbrachte Präventionskurs genügt jedenfalls dann den Anforderungen der §§ 20 und 20b SGB V, wenn er inhaltlich mit einem bereits zertifizierten und geprüften Kurskonzept eines Fachverbands oder einer anderen Organisation (zum Beispiel Kursinhalt „Rücken-Fit") identisch ist. Der Kursleiter hat das von ihm genutzte zertifizierte Kurskonzept zu benennen und schriftlich zu bestätigen, dass der angebotene Präventionskurs entsprechend den vorgegebenen Stundenverlaufsplänen durchgeführt wird.

17 Zum Nachweis der Qualifikation hat der Kursleiter schriftlich zu versichern, dass seine Qualifikation den Kriterien des GKV-Spitzenverbandes zur Zertifizierung von Kursangeboten in der individuellen verhaltensbezogenen Prävention entspricht.

18 Die Erklärung des Kursleiters zum verwendeten Kurskonzept und zu seiner Qualifikation sind als Belege zum Lohnkonto zu nehmen.

2.3. Leistungen betrieblicher Gesundheitsförderung im Handlungsfeld „gesundheitsförderlicher Arbeits- und Lebensstil"

19 Leistungen zur betrieblichen Gesundheitsförderung des Arbeitgebers werden von der Steuerbefreiung des § 3 Nr. 34 EStG erfasst, wenn die Leistungen Bestandteil eines betrieblichen Gesundheitsförderungsprozesses sind und im Handlungsfeld „gesundheitsförderlicher Arbeits- und Lebensstil" erbracht werden. Für Präventionskurse nach § 20 SGB V sind die Voraussetzungen nach Tz. 2.1 und 2.2 zu beachten, auch wenn sie im Rahmen der betrieblichen Gesundheitsförderung erbracht werden.

20 Die Leistungen müssen im Rahmen eines strukturierten innerbetrieblichen Prozesses (zum Beispiel gesteuert durch ein internes betriebliches Gremium) mit Analyse des Bedarfs (zum Beispiel durch Befragung der Mitarbeiterinnen und Mitarbeiter, Analyse des Krankenstandes, partizipative Methoden wie Gesundheitszirkel oder Zukunftswerkstätten) und unter Einbindung der Beschäftigten beziehungsweise ihrer Vertretungen sowie – sofern vorhanden – der für Sicherheit und Gesundheit verantwortlichen Fachkräfte im Betrieb (zum Beispiel Fachkräfte für Arbeitssicherheit und Betriebsärzte) erbracht werden. Sie werden insbesondere in Form von Kursen beziehungsweise Vorträgen in Gruppen durchgeführt.

21 Die Steuerfreiheit gilt für die im GKV-Leitfaden Prävention beschriebenen und dem Arbeitnehmer persönlich zuordenbaren Leistungen im Handlungsfeld „Gesundheitsförderlicher Arbeits- und Lebensstil" mit den Präventionsprinzipien „Stressbewältigung und Ressourcenstärkung", „Bewegungsförderliches Arbeiten und körperlich aktive Beschäftigte", „Gesundheitsgerechte Ernährung im Arbeitsalltag" sowie „Verhaltensbezogene Suchtprävention im Betrieb". In der nachfolgenden Aufstellung sind den Präventionsprinzipien beispielhaft mögliche Inhalte zugeordnet:

22 Stressbewältigung und Ressourcenstärkung:
- Sensibilisierung und Information zu durch Stress bedingten Gesundheitsproblemen und ihrer Verhütung,
- Vermittlung und praktische Einübung von Selbstmanagement-Kompetenzen in Bereichen wie systematisches Problemlösen, Zeitmanagement und persönliche Arbeitsorganisation,
- Vermittlung von Methoden zur Ressourcenstärkung, insbesondere kognitive Umstrukturierung zur Einstellungsänderung, positive Selbstinstruktion, Stärkung der Achtsamkeit, Resilienz, Balance von Berufs- und Privatleben sowie deren praktische Einübung,
- Vermittlung und praktische Einübung von Entspannungsverfahren (zum Beispiel Autogenes Training und Progressive Relaxation, Hatha Yoga, Tai Chi und Qigong),
- Vermittlung von Selbstbehauptungs- und sozialkommunikativen Kompetenzen,
- Anleitungen für Übungen außerhalb der Trainingssitzungen.

Anl zu LStH 3.34

23 Bewegungsförderliches Arbeiten und körperlich aktive Beschäftigte:
- Sensibilisierung und Information zu durch Bewegungsmangel und körperliche Fehlbelastungen bedingten Gesundheitsproblemen und ihrer Verhütung,
- angeleitete Gesundheitssportangebote zur Reduzierung von Bewegungsmangel: Vermittlung von Wissen und Aufbau von Handlungskompetenzen zur Vorbeugung von bewegungsmangelbedingten und durch Fehlbeanspruchungen induzierten Beschwerden und Erkrankungen (zum Beispiel Pausengymnastik, Ausgleichsgymnastik, Krafttraining mit bis zu 50% Geräteeinsatz, Ausdauertraining auch im Wasser),
- Anleitung zur Bewältigung von Schmerzen und Beschwerden im Bereich des Muskel- und Skelettsystems (zum Beispiel Rückenschule, Muskelaufbautraining auch mit bis zu 50% Geräteeinsatz).

24 Gesundheitsgerechte Ernährung im Arbeitsalltag:
- Sensibilisierung und Information für einen gesundheitsgerechten Ernährungsstil, auch durch Erstellung individueller Gesundheitsprofile (zum Beispiel Übergewicht, Bluthochdruck, Diabetes mellitus, Fettstoffwechselstörungen, Metabolisches Syndrom),
- Gruppen- und Einzelberatungen zur Vermeidung/Reduzierung von Übergewicht sowie von Mangel- und Fehlernährung,
- Gruppenangebote zur gesunden Ernährung mit Beratung und Anleitung (zum Beispiel Informationen zu Inhaltsstoffen, praktischen Übungen, Kochen).

25 Verhaltensbezogene Suchtprävention im Betrieb:
- Sensibilisierung und Information zu Suchtgefahren und ihrer Verhütung,
- Beratungen/Kurse zur Tabakentwöhnung, zum gesundheitsgerechten Alkoholkonsum sowie zu weiteren Suchtformen.

26 Die Leistungen nach Tz. 2.3 können auf dem Betriebsgelände oder in einer geeigneten Einrichtung (zum Beispiel Fitness-Studio, Sportverein, Praxisräume freiberuflicher Fachkräfte) außerhalb des Betriebsgeländes erbracht werden.

27 Der Arbeitgeber hat die Teilnahmebescheinigung und eine Erklärung als Beleg zum Lohnkonto zu nehmen, wonach die Maßnahme im Rahmen eines strukturierten innerbetrieblichen Prozesses mit einer Bedarfsanalyse und unter Einbindung der für Sicherheit und Gesundheit verantwortlichen Stellen und der Beschäftigten beispielsweise ihrer gesetzlichen Vertretung umgesetzt wurde. In diesen Fällen ist eine Zertifizierung der Leistung für Zwecke der Steuerbefreiung grundsätzlich nicht erforderlich (siehe Tz. 2.2).

28 Wenn der Arbeitgeber bei der betrieblichen Gesundheitsförderung von einer gesetzlichen Krankenkasse unterstützt wird und die Leistung des Arbeitgebers Bestandteil dieser betrieblichen Gesundheitsförderung ist, kann anstelle der Erklärung des Arbeitgebers auch eine Bescheinigung der Krankenkasse über die erfolgte Unterstützung als Beleg zum Lohnkonto genommen werden.

29 Abweichend von Rz. 27 und 28 genügt bei Vorträgen zum Handlungsfeld „gesundheitlicher Arbeits- und Lebensstil" eine vom Arbeitgeber zu führende Anwesenheitsliste, aus der sich zudem der wesentliche Inhalt des Vortrags ergibt.

30 Sofern Leistungen für Gesundheitsmaßnahmen, Unterbringungs-, Verpflegungs- und Reisekosten mit einem pauschalen Gesamtbetrag in Rechnung gestellt werden, ist eine Aufteilung des Gesamtrechnungsbetrages im Wege der Schätzung zur Ermittlung der nach § 3 Nr. 34 EStG steuerfreien Leistungen nicht zulässig. Die zusätzlich zum ohnehin geschuldeten Arbeitslohn erbrachten Leistungen des Arbeitgebers müssen dem Grunde und der Höhe nach feststehen.

111d **3. Bewertung der Leistungen und Zufluss**

31 Die Leistungen des Arbeitgebers sind grundsätzlich mit den um übliche Preisnachlässe geminderten Endpreisen am Abgabeort anzusetzen (§ 8 Abs. 2 Satz 1 EStG). Zuzahlungen des Arbeitnehmers sind auf den Endpreis anzurechnen.

32 Es bestehen grundsätzlich keine Bedenken, wenn die Leistungen des Arbeitgebers aus Vereinfachungsgründen mit den tatsächlichen Aufwendungen des Arbeitgebers bewertet werden. Die Aufwendungen sind zu gleichen Teilen auf alle am Präventionskurs teilnehmenden oder beim Vortrag anwesenden Arbeitnehmer aufzuteilen und jeweils im Lohnkonto des Arbeitnehmers entsprechend zu dokumentieren.

33 Die Leistungen des Arbeitgebers fließen dem Arbeitnehmer mit Beginn des Präventionskurses oder Vortrags zu.

111e **4. Leistungen, die nicht nach § 3 Nr. 34 EStG steuerfrei sind**

34 Nicht unter die Steuerbefreiung des § 3 Nr. 34 EStG fallen insbesondere
- Mitgliedsbeiträge in Sportvereinen, Fitness-Studios und ähnlichen Einrichtungen,
- Maßnahmen ausschließlich zum Erlernen einer Sportart,
- Trainingsprogramme mit einseitigen körperlichen Belastungen (zum Beispiel Spinning als Training nur der unteren Extremitäten),
- physiotherapeutische Behandlungen,
- Massagen,
- Screenings (Gesundheitsuntersuchungen, Vorsorgeuntersuchungen) ohne Verknüpfung mit Interventionen aus den Handlungsfeldern der betrieblichen Gesundheitsförderung der Krankenkassen,
- Maßnahmen von Anbietern, die ein wirtschaftliches Interesse am Verkauf von Begleitprodukten (zum Beispiel Diäten, Nahrungsergänzungsmitteln) haben,
- Maßnahmen, bei denen der Einsatz von Medikamenten zur Gewichtsabnahme, Formula-Diäten (Nahrungsersatz- oder -ergänzungsmittel) sowie extrem kalorienreduzierter Kost propagiert wird,

- Aufwendungen für Arbeitsmittel, Sport- und Übungsgeräte, Einrichtungsgegenstände und bauliche Maßnahmen (vergleiche aber Rz. 37),
- Zuschüsse zur Kantinenverpflegung,
- mit den Präventionsleistungen im Zusammenhang stehende Neben- oder Zusatzleistungen (zum Beispiel Verpflegungs-, Reise- und Unterkunftskosten),[1]
- Eintrittsgelder in Schwimmbäder, Saunen, Teilnahme an Tanzschulen,
- Gestellung/Bezuschussung von Bildschirmarbeitsplatzbrillen bei Nichtvorliegen der Voraussetzungen der R 19.3 Abs. 2 Nr. 2 Lohnsteuer-Richtlinien,
- Leistungen des Arbeitgebers für nicht zertifizierte Präventionskurse mit Ausnahme der in Tz. 2.2 genannten Fälle.

5. Im ganz überwiegend eigenbetrieblichen Interesse liegende Arbeitgeber-Leistungen zur betrieblichen Gesundheitsförderung 111f

35 Losgelöst von der Regelung des § 3 Nr. 34 EStG sind Leistungen des Arbeitgebers zur betrieblichen Gesundheitsförderung kein Arbeitslohn, wenn sie im ganz überwiegend eigenbetrieblichen Interesse erbracht werden.

36 Vorteile sind dann nicht als Arbeitslohn anzusehen, wenn sie sich bei objektiver Würdigung aller Umstände nicht als Entlohnung, sondern lediglich als notwendige Begleiterscheinung betriebsfunktionaler Zielsetzungen erweisen. Vorteile besitzen danach keinen Arbeitslohncharakter, wenn sie im ganz überwiegend eigenbetrieblichen Interesse des Arbeitgebers gewährt werden. Das ist der Fall, wenn sich aus den Begleitumständen wie Anlass, Art und Höhe des Vorteils, Auswahl der Begünstigten, freie oder nur gebundene Verfügbarkeit, Freiwilligkeit oder Zwang zur Annahme des Vorteils und seiner besonderen Geeignetheit für den jeweils verfolgten betrieblichen Zweck ergibt, dass diese Zielsetzung ganz im Vordergrund steht und ein damit einhergehendes eigenes Interesse des Arbeitnehmers, den betreffenden Vorteil zu erlangen, vernachlässigt werden kann (vergleiche BFH-Urteil vom 9. 5. 2019 – VI R 28/17 –, BStBl. II S. 785).

37 Leistungen im ganz überwiegend eigenbetrieblichem Interesse sind danach zum Beispiel:
- Leistungen zur Verbesserung von Arbeitsbedingungen (zum Beispiel Bereitstellung von Aufenthalts- und Erholungsräumen, Duschanlagen),
- Aufwendungen für Sport- und Übungsgeräte, Einrichtungsgegenstände und bauliche Maßnahmen (zum Beispiel im betriebseigenen Fitnessraum),
- Leistungen zur Förderung von Mannschaftssportarten durch Zuschüsse, auch an Betriebssportgemeinschaften, oder Bereitstellung einer Sporthalle/eines Sportplatzes ohne Individualsportarten (zum Beispiel Tennis, Squash und Golf),
- Maßnahmen zur Vorbeugung spezifisch berufsbedingter Beeinträchtigungen der Gesundheit (durch medizinische Gutachten belegt),
- Arbeitsplatzausstattung (zum Beispiel höhenverstellbarer Schreibtisch),
- Qualifizierung/Fortbildung von Beschäftigten zu innerbetrieblichen Multiplikatoren in Fragen betrieblicher Gesundheitsförderung,
- Analyseleistungen (zum Beispiel Arbeitsunfähigkeits-, Arbeitssituations- und Altersstrukturanalysen, Befragungen von Mitarbeitern, Workshops zur Bedarfsfeststellung),
- Beratung von betrieblichen Verantwortlichen zur gesundheitsförderlichen Gestaltung von Arbeitstätigkeiten und -bedingungen, zum gesundheitsgerechten Führungsverhalten sowie zur gesundheitsförderlichen Gestaltung betrieblicher Rahmenbedingungen in Abstimmung mit den Vertretern des Arbeitsschutzes,
- Beratung der betrieblich Verantwortlichen zur Ziel- und Konzeptentwicklung sowie zu allen Themen der Beschäftigtengesundheit einschließlich Unterstützungsmöglichkeiten zur Vereinbarkeit von Beruf und Privatleben und Umgang mit Diversität,
- Beratung einzelner Beschäftigter oder Gruppen bei individuellen Problemen mit Bezug zum Arbeitsplatz oder Auswirkungen auf die individuelle Leistung am Arbeitsplatz (zum Beispiel Mediation, psychologische Beratung durch Fachpersonal),
- Maßnahmen des Betrieblichen Eingliederungsmanagements,
- Aufbau eines Projektmanagements,
- Moderation von Arbeitsgruppen,
- interne Kommunikation und Öffentlichkeitsarbeit (zum Beispiel Veranstaltungen zur Gesundheitsförderung, Arbeitsplatz- und Arbeitsablaufgestaltung),
- Dokumentation, Evaluation und Qualitätssicherung,
- Bildschirmarbeitsplatzbrille auf ärztliche Verordnung, um eine ausreichende Sehfähigkeit in den Entfernungsbereichen des Bildschirmarbeitsplatzes zu gewährleisten; liegt eine ärztliche Verordnung nicht vor, findet § 3 Nr. 34 EStG keine Anwendung,
- Schutzimpfungen entsprechend den Empfehlungen der Ständigen Impfkommission (STIKO),
- Aufwendungen für Gesundheits-Check-Ups und Vorsorgeuntersuchungen, höchstens bis zu dem Betrag, den die gesetzlichen Krankenkassen für diese Leistungen erstatten würden.

38 Ob Maßnahmen des Arbeitgebers aufgrund von Gesetzen mit Bezug zu Sicherheit und Gesundheit bei der Arbeit (zum Beispiel Arbeitsschutzgesetz) im ganz überwiegend eigenbetrieblichen Interesse gewährt werden, ist ebenfalls anhand der Grundsätze in Rz. 36 zu entscheiden.

6. Unterstützungsmöglichkeiten durch Krankenkassen 111g

39 Die Krankenkassen bieten interessierten Betrieben auf der Grundlage von § 20 b SGB V in der betrieblichen Gesundheitsförderung Unterstützung an. Die Kontaktaufnahme durch den Betrieb kann bei

[1] **[Amtl. Anm.:]** Bestätigt durch BFH vom 23. 11. 2023 (BStBl. II 2024 S. 557).

Anl zu LStH 3.34

jeder Krankenkasse, bei der ein Teil der Beschäftigten versichert ist, oder über die gemeinsame BGF-Koordinierungsstelle der Krankenkassen (www.bgf-koordinierungsstelle.de) im jeweiligen Land erfolgen.

40 Die möglichen Leistungen von Krankenkassen in der betrieblichen Gesundheitsförderung werden im GKV-Leitfaden Prävention des GKV-Spitzenverbandes beschrieben (www.gkv-Spitzenverband.de → Krankenversicherung → Prävention, Selbsthilfe, Beratung → Prävention und betriebliche Gesundheitsförderung → Leitfaden Prävention).

41 Betriebliche Gesundheitsförderung bildet hiernach einen Prozess mit den Schritten „Vorbereitung", „Nutzung/Aufbau von Strukturen", „Analyse", „Maßnahmenplanung", „Umsetzung" und „Evaluation" unter Einbindung der Beschäftigten und der Verantwortlichen für den Betrieb einschließlich der Betriebsärzte und der Fachkräfte für Arbeitssicherheit.

42 Leistungen von Krankenkassen in der betrieblichen Gesundheitsförderung nach § 20 b SGB V werden gemäß GKV-Leitfaden Prävention nicht individuumsbezogen abgerechnet. Sie stehen bedarfsbezogen allen Beschäftigten eines Betriebes offen.

43 Krankenkassen beraten und unterstützen Betriebe in der betrieblichen Gesundheitsförderung zeitlich befristet im Sinne einer Hilfe zur Selbsthilfe und streben eine Verzahnung der von ihnen selbst erbrachten Maßnahmen mit den von Arbeitgebern geförderten Maßnahmen in der Prävention und Gesundheitsförderung gemäß § 3 Nr. 34 EStG an.

EStG

§ 3

Steuerfrei sind

...

111h **34 a. zusätzlich zum ohnehin geschuldeten Arbeitslohn[1] erbrachte Leistungen des Arbeitgebers**

a) an ein Dienstleistungsunternehmen, das den Arbeitnehmer hinsichtlich der Betreuung von Kindern oder pflegebedürftigen Angehörigen berät oder hierfür Betreuungspersonen vermittelt sowie

b) zur kurzfristigen Betreuung von Kindern im Sinne des § 32 Absatz 1, die das 14. Lebensjahr noch nicht vollendet haben oder die wegen einer vor Vollendung des 25. Lebensjahres eingetretenen körperlichen, geistigen oder seelischen Behinderung außerstande sind, sich selbst zu unterhalten oder pflegebedürftigen Angehörigen des Arbeitnehmers, wenn die Betreuung aus zwingenden und beruflich veranlassten Gründen notwendig ist, auch wenn sie im privaten Haushalt des Arbeitnehmers stattfindet, soweit die Leistungen 600 Euro im Kalenderjahr nicht übersteigen;

LStH 3.34a

H 3.34a

111i **Zusätzlichkeitsvoraussetzung** → § 8 Abs. 4 EStG.

EStG

§ 3

Steuerfrei sind

...

111j **37.[2] zusätzlich zum ohnehin geschuldeten Arbeitslohn[3] vom Arbeitgeber gewährte Vorteile für die Überlassung eines betrieblichen Fahrrads, das kein Kraftfahrzeug im Sinne des § 6 Absatz 1 Nummer 4 Satz 2 ist;**

LStH 3.37

H 3.37

111k **Zubehör.** Fahrradtypisches Zubehör sind alle unselbstständigen Einbauten (fest am Fahrradrahmen oder an anderen Fahrradteilen verbaute Zubehörteile).

Beispiel für die Anwendung des § 3 Nr. 37:
Der Arbeitgeber überlässt dem Arbeitnehmer zusätzlich zum ohnehin geschuldeten Arbeitslohn ein betriebliches (Elektro-)Fahrrad mit einem Fahrradanhänger. Nach Inbetriebnahme wird noch ein Schloss fest am Rahmen des (Elektro-)Fahrrads verbaut.
Der geldwerte Vorteil aus der Überlassung des (Elektro-)Fahrrads ist steuerfrei nach § 3 Nr. 37. Dabei sind unselbstständige Zubehörteile, wie das fest am Rahmen des Fahrrads verbaute Schloss, von der Steuerbefreiung mitumfasst. Unerheblich für die Anwendung des § 3 Nr. 37 ist, zu welchem Zeitpunkt die unselbstständigen Zubehörteile fest mit dem (Elektro-)Fahrrad verbaut wurden. Der geldwerte Vorteil aus der Überlassung des Fahrradanhängers ist dagegen steuerpflichtig und gesondert nach § 8 Abs. 2 Satz 1 zu bewerten.

Beispiele für begünstigtes Zubehör:
Fest am Rahmen des Fahrrads oder anderen Fahrradteilen verbaute Zubehörteile wie z. B. Fahrradständer, Gepäckträger, Schutzbleche, Klingel, Rückspiegel, Schlösser, Navigationsgeräte, andere angebaute Träger oder modellspezifische Halterungen.

---

[1] Zum Tatbestandsmerkmal „ohnehin geschuldeter Arbeitslohn" siehe § 8 Abs. 4 EStG.
[2] Zur letztmaligen Anwendung von § 3 Nr. 37 siehe § 52 Abs. 4 Satz 12.
[3] Zum Tatbestandsmerkmal „ohnehin geschuldeter Arbeitslohn" siehe § 8 Abs. 4 EStG.

LStH 3.37

Beispiele für nicht begünstigtes Zubehör:

Fahrerausrüstung (Helm, Handschuhe, Kleidung o. Ä.), in modellspezifische Halterungen einsetzbare Geräte (z. B. Smartphone, mobiles Navigationsgerät) oder Gegenstände (z. B. Fahrradanhänger, Lenker-, Rahmen- oder Satteltaschen oder Fahrradkorb).

Zusätzlichkeitsvoraussetzung

– → § 8 Abs. 4 EStG;
– zur Bewertung der steuerpflichtigen Fahrradgestellung in den Fällen der Gehaltsumwandlung → Gleich lautende Ländererlasse vom 9. 1. 2020 (BStBl. I S. 174).[1]

EStG

§ 3

Steuerfrei sind

...

38. Sachprämien, die der Steuerpflichtige für die persönliche Inanspruchnahme von Dienstleistungen von Unternehmen unentgeltlich erhält, die diese zum Zwecke der Kundenbindung im allgemeinen Geschäftsverkehr in einem jedermann zugänglichen planmäßigen Verfahren gewähren, soweit der Wert der Prämien 1 080 Euro im Kalenderjahr nicht übersteigt; 111l

39. der Vorteil des Arbeitnehmers im Rahmen eines gegenwärtigen Dienstverhältnisses aus der unentgeltlichen oder verbilligten Überlassung von Vermögensbeteiligungen im Sinne des § 2 Absatz 1 Nummer 1 Buchstabe a, b und f bis l und Absatz 2 bis 5 des Fünften Vermögensbildungsgesetzes[2] in der Fassung der Bekanntmachung vom 4. März 1994 (BGBl. I S. 406), zuletzt geändert durch Artikel 2 des Gesetzes vom 7. März 2009 (BGBl. I S. 451), in der jeweils geltenden Fassung, am Unternehmen des Arbeitgebers, soweit der Vorteil insgesamt 2 000 Euro im Kalenderjahr nicht übersteigt. ② Voraussetzung für die Steuerfreiheit ist, dass die Beteiligung mindestens allen Arbeitnehmern offensteht, die im Zeitpunkt der Bekanntgabe des Angebots ein Jahr oder länger ununterbrochen in einem gegenwärtigen Dienstverhältnis zum Unternehmen stehen. ③ Als Unternehmen des Arbeitgebers im Sinne des Satzes 1 gilt auch ein Unternehmen im Sinne des § 18 des Aktiengesetzes. ④ Als Wert der Vermögensbeteiligung ist der gemeine Wert anzusetzen; 112

H 3.39

LStH 3.39

Allgemeine Grundsätze → BMF vom 1. 6. 2024 (BStBl. I S. 946).[3]

113

Darlehensforderung. Darlehensforderungen i. S. d. § 2 Abs. 1 Nr. 1 Buchst. k des 5. VermBG können i. d. R. dann unter dem Nennwert bewertet werden, wenn die Forderung unverzinslich ist (→ R B 12.1 Abs. 1 Nr. 1 ErbStR); eine Bewertung über dem Nennwert ist im Allgemeinen dann gerechtfertigt, wenn die Forderung hochverzinst und von Seiten des Schuldners (Arbeitgebers) für längere Zeit unkündbar ist (→ R B 12.1 Abs. 1 Nr. 2 ErbStR).

Wert der Vermögensbeteiligung

– Veräußerungssperren mindern den Wert der Vermögensbeteiligung nicht (→ BMF vom 1. 6. 2024 – BStBl. I S. 946, Rn. 20).[4]
– Der gemeine Wert nicht börsennotierter Aktien lässt sich nicht i. S. d. § 11 Abs. 2 Satz 2 BewG aus Verkäufen ableiten, wenn nach den Veräußerungen, aber noch vor dem Bewertungsstichtag weitere objektive Umstände hinzutreten, die dafür sprechen, dass diese Verkäufe nicht mehr den gemeinen Wert der Aktien repräsentieren, und es an objektiven Maßstäben für Zu- und Abschläge fehlt, um von den festgestellten Verkaufspreisen der Aktien auf deren gemeinen Wert zum Bewertungsstichtag schließen zu können (→ BFH vom 29. 7. 2010 – BStBl. 2011 II S. 68).
– Der gemäß § 11 Abs. 2 Satz 2 BewG zu ermittelnde gemeine Wert nicht börsennotierter Aktien ist vorrangig aus der Wertbestätigung am Markt abzuleiten, also von dem Preis, der bei einer Veräußerung im gewöhnlichen Geschäftsverkehr tatsächlich erzielt wurde. Bei nicht börsennotierten Aktien kann der gemeine Wert i. d. R. vom Wert der börsennotierten gattungsgleichen Aktien abgeleitet werden. Die i. d. R. auf den Zeitpunkt des Lohnzuflusses stichtagsbezogen vorzunehmende Bewertung von Sachlohn gebietet es, den gemeinen Wert nicht börsennotierter Aktien aus Verkäufen abzuleiten, die am Bewertungsstichtag oder, wenn solche Verkäufe nicht feststellbar sind, möglichst in zeitlicher Nähe zum Bewertungsstichtag getätigt wurden (→ BFH vom 1. 9. 2016 – BStBl. 2017 II S. 149).

Zuflusszeitpunkt der Vermögensbeteiligung → BMF vom 1. 6. 2024 (BStBl. I S. 946),[5] Rn. 25-29.

---

[1] Abgedruckt als Anlage e zu LStH 8.1.
[2] Aktuelle Fassung abgedruckt im Anhang **I 6**.
[3] Nachstehend abgedruckt als Anlage zu LStH 3.39.
[4] Nachstehend abgedruckt als Anlage zu LStH 3.39.
[5] Nachstehend abgedruckt als Anlage zu LStH 3.39.

Anl zu LStH 3.39

Schreiben betr. lohnsteuerliche Behandlung der Überlassung bzw. Übertragung von Vermögensbeteiligungen ab 2024 (§ 3 Nr. 39, § 19 a EStG)

Vom 1. Juni 2024 (BStBl. I S. 946)

(BMF IV C 5 – S 2347/24/10001 :001; DOK 2024/0497868)

Anwendungsregegelung

Dieses BMF-Schreiben ist ab dem 1. Januar 2024 anzuwenden. Es ersetzt das BMF-Schreiben vom 16. November 2021 (BStBl. I S. 2308)[1, 2]

Inhaltsübersicht

	Rn.
1. Steuerfreiheit gemäß § 3 Nr. 39 EStG	1–29
1.1. Allgemeines (§ 3 Nr. 39 Satz 1 EStG)	1–12
1.1.1. Begünstigter Personenkreis	1–3
1.1.2. Begünstigte Vermögensbeteiligungen	4–7
1.1.3. Überlassung der Vermögensbeteiligung durch einen Dritten	8, 9
1.1.4. Mehrfache Inanspruchnahme der Steuerfreiheit	10
1.1.5. Keine Steuerfreiheit von Geldleistungen	11
1.1.6. Nebenkosten und Depotgebühren	12
1.2. Einzubeziehende Arbeitnehmer (§ 3 Nr. 39 Satz 2 EStG)	13–17
1.3. Bewertung der Vermögensbeteiligung (§ 3 Nr. 39 Satz 4 EStG)	18–21
1.4. Ermittlung des steuerfreien geldwerten Vorteils	22, 23
1.5. Keine Pauschalbesteuerung nach § 37 b EStG	24
1.6. Zufluss, kein negativer Arbeitslohn	25–29
2. Aufgeschobene Besteuerung geldwerter Vorteile aus Vermögensbeteiligungen (§ 19 a EStG)	30–57
2.1. Allgemeines	30–41
2.1.1. Begünstigter Personenkreis (§ 19 a Abs. 1 Satz 1 EStG)	32
2.1.2. Begünstigte Vermögensbeteiligungen (§ 19 a Abs. 1 Satz 1 und 2 EStG)	33–35
2.1.3. Zufluss bei Verfügungsbeschränkungen (§ 19 a Abs. 1 Satz 3[3] EStG)	35.1–35.3
2.1.4. Berücksichtigung des Freibetrags nach § 3 Nr. 39 EStG (§ 19 a Abs. 1 Satz 4[4] EStG)	36
2.1.5. Vorsorgepauschale (§ 19 a Abs. 1 Satz 5[5] und Abs. 4 Satz 3 EStG)	37–39.1
2.1.6. Bewertung der Vermögensbeteiligung (§ 19 a Abs. 1 Satz 5[6] EStG)	40
2.1.7. Zustimmungserfordernis des Arbeitnehmers (§ 19 a Abs. 2 EStG)	41
2.2. Fördervoraussetzungen (§ 19 a Abs. 3 EStG)	42
2.3. Nachgeholte Besteuerung (§ 19 a Abs. 4 EStG)	43–51
2.3.1. Allgemeines (§ 19 a Abs. 4 Satz 1 EStG)	43–46
2.3.2. Beendigung des Dienstverhältnisses (§ 19 a Abs. 4 Satz 1 Nr. 3 EStG)	47, 48
2.3.3. Wertminderungen der Vermögensbeteiligung (§ 19 a Abs. 4 Satz 4 bis 6 EStG)	49–51
2.4. Haftungsübernahme durch den Arbeitgeber und weiteres Hinausschieben der Besteuerung (§ 19 a Abs. 4 a EStG)	51.1–51.4
2.5. Bestätigung der Höhe des nicht besteuerten Vorteils durch das Betriebsstättenfinanzamt (§ 19 a Abs. 5 EStG)	52–55
2.6. Aufzeichnungen im Lohnkonto (§ 19 a Abs. 6 EStG)	56, 57
3. Mitarbeiterbeteiligungsprogramm nach französischem Recht (FCPE)	58, 59

Vor dem Hintergrund der Änderungen durch das Zukunftsfinanzierungsgesetz vom 11. Dezember 2023 (BGBl. 2023 I Nr. 354, BStBl. 2024 I S. 2) und das Wachstumschancengesetz vom 27. März 2024 (BGBl. 2024 I Nr. 108, BStBl. I S. 666) nehme ich unter Bezugnahme auf das Ergebnis der Erörterungen mit den obersten Finanzbehörden der Länder zur lohnsteuerlichen Behandlung der Überlassung bzw. Übertragung von Vermögensbeteiligungen ab 2024 nachfolgend Stellung.

114 **1. Steuerfreiheit gemäß § 3 Nr. 39 EStG**

1.1. Allgemeines (§ 3 Nr. 39 Satz 1 EStG)

1.1.1. Begünstigter Personenkreis

1 Die Steuerfreiheit gemäß § 3 Nr. 39 EStG gilt für unbeschränkt und beschränkt einkommensteuerpflichtige Arbeitnehmer (siehe § 1 EStG), die in einem gegenwärtigen Dienstverhältnis zum Unternehmen (siehe § 1 Abs. 1 und 2 der Lohnsteuer-Durchführungsverordnung – LStDV –) stehen. Bei dem Dienstverhältnis kann es sich sowohl um ein Hauptarbeitsverhältnis (erstes Dienstverhältnis) als auch um ein Nebenarbeitsverhältnis (weiteres Dienstverhältnis) handeln.

2 In einem gegenwärtigen Dienstverhältnis stehen auch Arbeitnehmer, deren Dienstverhältnis ruht (z. B. während des Mutterschutzes, der Elternzeit oder aufgrund einer vertraglichen Vereinbarung über eine befristete Tätigkeit im Ausland) oder die sich in der Freistellungsphase einer Altersteilzeit befinden.

[1] Abgedruckt als Anlage zu LStH 3.39 im *„Handbuch zur Lohnsteuer 2024"*.
[2] **[Amtl. Anm.:]** Die Änderungen gegenüber dem BMF-Schreiben vom 16. 11. 2021 (BStBl. I S. 2308) sind durch Fettdruck hervorgehoben. **[Red. Anm.:]** Hier nicht dargestellt.
[3] Jetzt Satz 4.
[4] Jetzt Satz 5.
[5] Jetzt Satz 6.
[6] Jetzt Satz 6.

3 Die Überlassung von Vermögensbeteiligungen an frühere Arbeitnehmer des Arbeitgebers ist nur steuerfrei, soweit die unentgeltliche oder verbilligte Vermögensbeteiligung bei einer Abwicklung des früheren Dienstverhältnisses als Arbeitslohn für die tatsächliche Arbeitsleistung überlassen wird. Personen, die ausschließlich Versorgungsbezüge beziehen, stehen nicht mehr in einem gegenwärtigen Dienstverhältnis.

1.1.2. Begünstigte Vermögensbeteiligungen

4 Die Vermögensbeteiligungen, deren Überlassung nach § 3 Nr. 39 EStG steuerfrei ist, sind in § 3 Nr. 39 Satz 1 EStG i. V. m. § 2 Abs. 1 Nr. 1 Buchst. a, b, f bis l und Abs. 2 bis 5 des Fünften Vermögensbildungsgesetzes (5. VermBG) abschließend aufgezählt. Weitere Informationen zu den begünstigten Vermögensbeteiligungen finden sich im BMF-Schreiben vom 31. Mai 2024 (BStBl. I S. 929). Sogenannte „virtuelle Beteiligungen", also schlichte schuldrechtliche Bonusversprechen des Arbeitgebers, fallen nicht unter die Regelung für begünstige Vermögensbeteiligungen. Aktienoptionen sind keine Vermögensbeteiligungen i. S. d. Fünften Vermögensbildungsgesetzes. Jedoch kann sich z. B. nach Ausübung einer Aktienoption und dem darauffolgenden vergünstigten Bezug von Aktien ein steuerlich begünstigter Tatbestand ergeben („Vermögensbeteiligungen ... verbilligt übertragen").

5 Begünstigt sind nur Vermögensbeteiligungen „am Unternehmen des Arbeitgebers" (§ 3 Nr. 39 Satz 1 EStG). Unternehmen, die demselben Konzern i. S. d. § 18 des Aktiengesetzes (AktG) angehören, sind dem Unternehmen des Arbeitgebers i. S. d. § 3 Nr. 39 Satz 1 EStG zuzurechnen (siehe § 3 Nr. 39 Satz 3 EStG). Der Begriff „Unternehmen des Arbeitgebers" umfasst das gesamte Betätigungsfeld des Arbeitgebers im lohnsteuerlichen Sinn; zum Arbeitgeberbegriff in diesem Sinne siehe § 1 Abs. 2 Satz 2 LStDV, R 19.1 der Lohnsteuer-Richtlinien (LStR) sowie H 19.1 „Arbeitgeber" LStH.

6 Die Steuerfreiheit umfasst nicht inländische und ausländische Investmentanteile nach § 2 Abs. 1 Nr. 1 Buchst. c des 5. VermBG. Dies gilt auch dann, wenn das Sondervermögen oder der ausländische Investmentfonds Vermögenswerte des Arbeitgebers (insbesondere Aktien) beinhaltet.

7 Der Erwerb von Vermögensbeteiligungen durch eine Bruchteilsgemeinschaft (z. B. ein gemeinsames Depot der Arbeitnehmerschaft) sowie der mittelbare Erwerb durch eine vermögensverwaltende Personengesellschaft (z. B. eine GbR oder eine nicht gewerblich geprägte GmbH & Co. KG) schließt die Steuerfreiheit nicht aus. An der Personengesellschaft müssen nicht ausschließlich Arbeitnehmer beteiligt sein.

1.1.3. Überlassung der Vermögensbeteiligung durch einen Dritten

8 Der Arbeitgeber muss nicht Rechtsinhaber der zu überlassenden Vermögensbeteiligung sein, damit die Steuerfreiheit gewährt wird. Die Steuerfreiheit gilt deshalb auch für den geldwerten Vorteil, der bei Überlassung der Vermögensbeteiligung durch einen Dritten entsteht, sofern die Überlassung durch das gegenwärtige Dienstverhältnis veranlasst ist. Eine steuerfreie Überlassung von Vermögensbeteiligungen durch Dritte liegt z. B. vor, wenn der Arbeitnehmer die Vermögensbeteiligung unmittelbar erhält

1. von einem Beauftragten des Arbeitgebers (z. B. einem Kreditinstitut oder anderen Unternehmen) oder
2. von einem Unternehmen, das mit dem Unternehmen des Arbeitgebers in einem Konzern (§ 18 AktG) verbunden ist (z. B. Ausgabe von Aktien oder anderen Vermögensbeteiligungen durch eine Konzernobergesellschaft an Arbeitnehmer einer Konzernuntergesellschaft oder durch eine Konzerngesellschaft an Arbeitnehmer einer Schwestergesellschaft).

9 Bei der Überlassung der Vermögensbeteiligung durch einen Dritten kommt es nicht darauf an, ob der Arbeitgeber in die Überlassung eingeschaltet ist oder ob der Arbeitgeber dem Dritten den Preis der Vermögensbeteiligung oder die durch die Überlassung entstehenden Kosten ganz oder teilweise ersetzt.

1.1.4. Mehrfache Inanspruchnahme der Steuerfreiheit

10 § 3 Nr. 39 EStG ist auf das einzelne Dienstverhältnis bezogen. Steht der Arbeitnehmer im Kalenderjahr in mehreren aufeinanderfolgenden Dienstverhältnissen oder gleichzeitig in mehreren Dienstverhältnissen, so kann die Steuerfreiheit für jedes dieser Dienstverhältnisse in Anspruch genommen werden.

1.1.5. Keine Steuerfreiheit von Geldleistungen

11 Die Steuerfreiheit gilt nur für den geldwerten Vorteil, den der Arbeitnehmer durch die unentgeltliche oder verbilligte Überlassung der Vermögensbeteiligung erhält. Deshalb sind nicht steuerfrei

- Geldleistungen des Arbeitgebers an den Arbeitnehmer zur Begründung oder zum Erwerb der Vermögensbeteiligung und
- mit dem Arbeitnehmer vereinbarte vermögenswirksame Leistungen i. S. d. Fünften Vermögensbildungsgesetzes, die zur Begründung oder zum Erwerb der Vermögensbeteiligung angelegt werden.

1.1.6. Nebenkosten und Depotgebühren

12 Kein Arbeitslohn sind die vom Arbeitgeber übernommenen Nebenkosten, die mit der Überlassung von Vermögensbeteiligungen verbunden sind (z. B. Notariatsgebühren, Eintrittsgelder im Zusammenhang mit Geschäftsguthaben bei einer Genossenschaft oder Kosten für Registereintragungen). Ebenfalls kein Arbeitslohn sind vom Arbeitgeber übernommene Depotgebühren, die durch die Festlegung der Wertpapiere für die Dauer einer vertraglich vereinbarten Sperrfrist oder zur Minderung des administrativen Aufwands (z. B. für ein zentral verwaltetes Sammeldepot) entstehen. Auch die kostenlose Depotführung durch den Arbeitgeber führt nicht zu Arbeitslohn.

1.2. Einzubeziehende Arbeitnehmer (§ 3 Nr. 39 Satz 2 EStG)

13 Nach § 3 Nr. 39 Satz 2 EStG ist – unabhängig von der arbeitsrechtlichen Verpflichtung zur Gleichbehandlung – Voraussetzung für die Steuerfreiheit, dass die Vermögensbeteiligung mindestens all jenen

Anl zu LStH 3.39

Arbeitnehmern (§ 1 LStDV) offensteht, die bei Bekanntgabe des Angebots ein Jahr oder länger ununterbrochen in einem gegenwärtigen Dienstverhältnis zum Unternehmen des Arbeitgebers stehen. Einzubeziehen in das Beteiligungsangebot sind auch geringfügig Beschäftigte, Teilzeitkräfte, Auszubildende und weiterbeschäftigte Rentner. Arbeitnehmer, die weniger als ein Jahr in einem Dienstverhältnis zum Unternehmen des Arbeitgebers stehen, können einbezogen werden. Bei einem Konzernunternehmen müssen die Beschäftigten der übrigen Konzernunternehmen nicht einbezogen werden. Bei einem Entleiher sind Leiharbeitnehmer nicht einzubeziehen.

Der Ausschluss der Einbeziehung von Arbeitnehmern, die über Insiderinformationen i. S. d. der EU-Marktmissbrauchsverordnung oder anderer anwendbarer Gesetze verfügen, ist als vorbeugende Maßnahme zur Verhinderung/Vermeidung von Straftaten und Ordnungswidrigkeiten geboten und steht der Inanspruchnahme des Freibetrags bei den übrigen einzubeziehenden Arbeitnehmern nicht entgegen.

14 Aus Vereinfachungsgründen muss der Arbeitgeber das Beteiligungsangebot nicht an folgende Arbeitnehmer richten:
- in einem anderen inländischen Unternehmen tätige Arbeitnehmer, deren Dienstverhältnis deshalb ruht und mit denen das aufnehmende Unternehmen einen eigenständigen Arbeitsvertrag abgeschlossen hat oder mit denen eine Entsendevereinbarung abgeschlossen wurde,
- an ein ausländisches Unternehmen entsandte Arbeitnehmer (siehe BMF-Schreiben vom 9. November 2001, BStBl. I S. 796, Tz. 2.1),
- Organe von Körperschaften,
- Mandatsträger,
- Arbeitnehmer mit einem gekündigten Dienstverhältnis und
- Arbeitnehmer, die zwischen dem Zeitpunkt des Angebots und dem Zeitpunkt der Überlassung der Vermögensbeteiligung aus sonstigen Gründen aus dem Unternehmen ausscheiden (z. B. Auslaufen des Arbeitsvertrages).

14.1 Sehen die Regelungen des Beteiligungsprogramms vor, dass der Arbeitgeber bestimmte Arbeitnehmer oder Gruppen von Arbeitnehmern nach seinem Ermessen von einer Teilnahme ausschließt (z. B. mittels eines sog. Vetorechts des Arbeitgebers), steht allein die Möglichkeit des Ausübens dieses Rechts einer Inanspruchnahme des Steuerfreibetrags nicht entgegen. Schließt der Arbeitgeber allerdings tatsächlich einzelne Arbeitnehmer oder Gruppen von Arbeitnehmern von der Teilnahme am Beteiligungsprogramm aus, ist von diesem Zeitpunkt an bei allen am Beteiligungsprogramm teilnehmenden Arbeitnehmern die Inanspruchnahme des Freibetrags insoweit ausgeschlossen. Die steuerliche Behandlung geldwerter Vorteile aus dem betreffenden Beteiligungsprogramm in vergangenen Lohnzahlungszeiträumen bleibt unberührt.

15 War ein Arbeitgeber begründet davon ausgegangen, dass ein bestimmter Arbeitnehmer oder eine bestimmte Gruppe von Arbeitnehmern nicht einbezogen werden muss, und stellt sich im Nachhinein etwas Anderes heraus, so bleibt die Steuerfreiheit des geldwerten Vorteils aus der unentgeltlichen oder verbilligten Überlassung der Vermögensbeteiligung bei den übrigen Arbeitnehmern aus Vereinfachungsgründen unberührt.

Beispiel:

16 Der Arbeitgeber ging davon aus, allen Arbeitnehmern ein Angebot zum verbilligten Erwerb einer Vermögensbeteiligung unterbreitet zu haben. Bei einer nicht einbezogenen Gruppe von Personen stellte sich jedoch bei einer Lohnsteuer-Außenprüfung heraus, dass es sich nicht um selbständig tätige Mitarbeiter, sondern um Arbeitnehmer handelt.

Lösung:

Die Steuerfreiheit des geldwerten Vorteils aus der unentgeltlichen oder verbilligten Überlassung der Vermögensbeteiligung der übrigen Arbeitnehmer bleibt davon unberührt.

17 Die Konditionen, zu denen der Arbeitgeber den einzelnen Arbeitnehmern die Vermögensbeteiligungen überlässt, können differieren (z. B. bezüglich der Höhe einer Zuzahlung oder der Beteiligungswerte). Diese Differenzierung bedarf aus arbeitsrechtlicher Sicht eines sachlichen Grundes.

1.3. Bewertung der Vermögensbeteiligung (§ 3 Nr. 39 Satz 4 EStG)

18 Nach § 3 Nr. 39 Satz 4 EStG ist die Vermögensbeteiligung mit dem gemeinen Wert bei der Überlassung anzusetzen. Die Vermögensbeteiligung kann aber auch mit dem gemeinen Wert bei Abschluss des für beide Seiten verbindlichen Veräußerungsgeschäfts angesetzt werden (BFH-Urteil vom 7. Mai 2014 VI R 73/12, BStBl. II S. 904). Der Wert der Vermögensbeteiligung bestimmt sich nach dem Bewertungsgesetz (BewG) und nicht nach dem um übliche Preisnachlässe geminderten üblichen Endpreis am Abgabeort, wie er nach § 8 Abs. 2 Satz 1 EStG sonst für die nicht in Geld bestehenden Einnahmen im Regelfall maßgeblich ist. § 8 Abs. 2 Satz 11 EStG und R 8.1 Abs. 2 Satz 3 LStR sind daher nicht anzuwenden.

19 Für die Bewertung der Vermögensbeteiligungen, die in § 3 Nr. 39 EStG genannt sind, gilt § 3 Nr. 39 Satz 4 EStG als spezielle Bewertungsvorschrift, und zwar auch dann, wenn die Steuerfreiheit nach § 3 Nr. 39 EStG nicht greift. Der gemeine Wert wird nach § 9 Abs. 2 Satz 1 BewG im Allgemeinen durch den Preis bestimmt, der im gewöhnlichen Geschäftsverkehr nach der Beschaffenheit des Wirtschaftsgutes bei einer Veräußerung zu erzielen wäre. Für Wertpapiere und (Unternehmens-)Anteile kommt als lex specialis § 11 BewG zur Anwendung. Dieser regelt die Ermittlung des gemeinen Wertes in der folgenden Reihenfolge:
- Ansatz des Börsenkurses zum Stichtag (§ 11 Abs. 1 BewG),
- Ableitung des gemeinen Wertes aus Verkäufen unter fremden Dritten, die weniger als ein Jahr zurückliegen (§ 11 Abs. 2 Satz 2 1. Alternative BewG),
- Wertermittlung unter Berücksichtigung der Ertragsaussichten (§ 11 Abs. 2 Satz 2 2. Alternative BewG) oder Wertermittlung nach einer anderen anerkannten, auch im gewöhnlichen Geschäftsverkehr für

nichtsteuerliche Zwecke üblichen Methode (§ 11 Abs. 2 Satz 2 3. Alternative BewG; hierunter fallen Gutachten und Wertermittlungen, z. B. nach IDW S1, oder branchenübliche Bewertungsverfahren) oder Wertermittlung anhand des vereinfachten Ertragswertverfahrens (§ 11 Abs. 2 Satz 4 BewG i. V. m. §§ 199 ff. BewG).

Der Substanzwert als Mindestwert darf (außer bei Ansatz des Börsenkurses oder Ableitung aus Verkäufen unter fremden Dritten) nicht unterschritten werden (§ 11 Abs. 2 Satz 3 BewG).

Dieser Wertansatz ist in der Regel für die folgenden Vermögensbeteiligungen relevant:
- Aktien (§ 2 Abs. 1 Nr. 1 Buchst. a des 5. VermBG),
- Wandelschuldverschreibungen, Gewinnschuldverschreibungen, Namensschuldverschreibungen (§ 2 Abs. 1 Nr. 1 Buchst. b des 5. VermBG),
- Genussscheine (§ 2 Abs. 1 Nr. 1 Buchst. f des 5. VermBG),
- GmbH-Beteiligungen (§ 2 Abs. 1 Nr. 1 Buchst. h des 5. VermBG).

Bei der Bewertung von Anteilen an Kapitalgesellschaften sind im Übrigen die bewertungsrechtlichen Regelungen der gleich lautenden Erlasse der obersten Finanzbehörden der Länder vom 17. Mai 2011 (BStBl. I S. 606) zur Anwendung der §§ 11, 95 bis 109 und 199 ff. BewG in der Fassung des ErbStRG entsprechend anzuwenden (BMF-Schreiben vom 22. September 2011, BStBl. I S. 859).

Bei Genossenschaftsanteilen (§ 2 Abs. 1 Nr. 1 Buchst. g des 5. VermBG), (typisch) stillen Beteiligungen (§ 2 Abs. 1 Nr. 1 Buchst. i des 5. VermBG), Darlehensforderungen (§ 2 Abs. 1 Nr. 1 Buchst. k des 5. VermBG) und Genussrechten (§ 2 Abs. 1 Nr. 1 Buchst. l des 5. VermBG) entspricht der gemeine Wert hingegen regelmäßig dem Nennwert.

20 Veräußerungssperren mindern den Wert der Vermögensbeteiligung nicht (siehe BFH-Urteile vom 7. April 1989 VI R 47/88, BStBl. II S. 608, und vom 30. September 2008 VI R 67/05, BStBl. 2009 II S. 282). Entsprechendes gilt für sonstige Verfügungsbeschränkungen.

21 Aus Vereinfachungsgründen kann die Ermittlung des Wertes der Vermögensbeteiligung des einzelnen Arbeitnehmers am Tag der Ausbuchung beim Überlassenden oder bei dessen Erfüllungsgehilfen erfolgen; es kann auch auf den Vortag der Ausbuchung abgestellt werden. Bei allen begünstigten Arbeitnehmern kann aber auch der durchschnittliche Wert der Vermögensbeteiligungen angesetzt werden, wenn das Zeitfenster der Überlassung nicht mehr als einen Monat beträgt. Dies gilt jeweils im Lohnsteuerabzugs- und Veranlagungsverfahren.

1.4. Ermittlung des steuerfreien geldwerten Vorteils

22 Der geldwerte Vorteil ergibt sich aus dem Unterschied zwischen dem Wert der Vermögensbeteiligung und dem Preis, zu dem die Vermögensbeteiligung dem Arbeitnehmer überlassen wird. Der Zeitpunkt der Beschlussfassung über die Überlassung und der Zeitpunkt des Angebots an die Arbeitnehmer sind nicht maßgeblich. Bei einer Verbilligung ist es unerheblich, ob der Arbeitgeber dem Arbeitnehmer einen prozentualen Abschlag auf den Wert der Vermögensbeteiligung oder einen Preisvorteil in Form eines Festbetrags gewährt.

23 Der bevorzugte Erwerb von Aktien zum Einstandskurs durch den Arbeitnehmer im Zusammenhang mit einem Börsengang des Unternehmens des Arbeitgebers führt zu keinem geldwerten Vorteil, wenn auch fremde dritte natürliche Personen die Möglichkeit haben, Aktien zum Einstandspreis zu erwerben.

1.5. Keine Pauschalbesteuerung nach § 37 b EStG

24 Von der Anwendung der Pauschalbesteuerung nach § 37 b EStG sind sämtliche Vermögensbeteiligungen ausgeschlossen (§ 37 b Abs. 2 Satz 2 EStG). Steuerpflichtige geldwerte Vorteile aus der verbilligten oder unentgeltlichen Überlassung von Vermögensbeteiligungen (z. B. geldwerte Vorteile, die den steuerfreien Höchstbetrag nach § 3 Nr. 39 Satz 1 EStG übersteigen, sowie solche, bei denen die Steuerfreiheit des § 3 Nr. 39 EStG bereits dem Grunde nach nicht greift) sind danach individuell zu besteuern.

1.6. Zufluss, kein negativer Arbeitslohn

25 Der Zuflusszeitpunkt richtet sich nach den allgemeinen lohnsteuerlichen Regelungen. Zeitpunkt des Zuflusses ist der Tag der Erfüllung des Anspruchs des Arbeitnehmers auf Verschaffung der wirtschaftlichen Verfügungsmacht über die Vermögensbeteiligung (BFH-Urteil vom 23. Juni 2005 VI R 10/03, BStBl. II S. 770). Bei Aktien ist dies der Zeitpunkt der Einbuchung der Aktien in das Depot des Arbeitnehmers (BFH-Urteil vom 20. November 2008 VI R 25/05, BStBl. 2009 II S. 382). Zu Vereinfachungsregelungen siehe aber Rn. 18 bis 21.

26 Ein Zufluss von Arbeitslohn liegt nicht vor, solange es dem Arbeitnehmer rechtlich unmöglich ist, über die Vermögensbeteiligung zu verfügen (BFH-Urteil vom 30. Juni 2011 VI R 37/09, BStBl. II S. 923 zu vinkulierten Namensaktien). Vertragliche Sperr- und Haltefristen hemmen den Zufluss hingegen nicht (BFH-Urteil vom 30. September 2008 VI R 67/05, BStBl. 2009 II S. 282).

27–29 Muss der Arbeitnehmer aufgrund seiner mit dem Arbeitgeber getroffenen Vereinbarung einen höheren Kaufpreis als z. B. den Kurswert der Vermögensbeteiligung zahlen, so führt dies nicht zu negativem Arbeitslohn. Entsprechendes gilt für Kursrückgänge nach dem Zuflusszeitpunkt.

2. Aufgeschobene Besteuerung geldwerter Vorteile aus Vermögensbeteiligungen (§ 19 a EStG)

2.1. Allgemeines

30 Die Besteuerung des geldwerten Vorteils aus Vermögensbeteiligungen bei Kleinstunternehmen sowie der kleinen und mittleren Unternehmen – KMU – (siehe Rn. 42) erfolgt nach § 19 a Abs. 4 Satz 1 EStG erst zu einem späteren Zeitpunkt, in der Regel bei Veräußerung oder unentgeltlicher Übertragung, spätestens jedoch nach 15 Jahren oder bei der Beendigung des Dienstverhältnisses. Durch die Regelung wird vermieden, dass bereits zum Zeitpunkt der Übertragung einer Vermögensbeteiligung vom Ar-

Anl zu LStH 3.39

beitgeber oder einem Gesellschafter des Arbeitgebers (im nachfolgenden Text zusammengefasst als „Arbeitgeber" bezeichnet) auf den Arbeitnehmer ein Vorteil (Sachbezug) zu versteuern ist, ohne dass dem Arbeitnehmer liquide Mittel zugeflossen sind.

31 Mit der Regelung in § 19 a EStG wird kein Systemwechsel in Bezug auf die Einkunftsart vorgenommen. Es gelten insoweit die allgemeinen Grundsätze. Mit der Übertragung einer Vermögensbeteiligung auf den Arbeitnehmer geht diese – wie bisher – in dessen Privatvermögen über. Die Besteuerung von Ausschüttungen, Zinsen etc. sowie von Veräußerungsgewinnen bzw. -verlusten richtet sich nach § 20 EStG bzw. nach § 17 EStG.

2.1.1. Begünstigter Personenkreis (§ 19 a Abs. 1 Satz 1 EStG)

32 Die Rn. 1, 2 und 3 Satz 2 gelten entsprechend.

2.1.2. Begünstigte Vermögensbeteiligungen (§ 19 a Abs. 1 Satz 1 und 2 EStG)

33 Die Rn. 4 bis 7 gelten in der Regel entsprechend.

34[1] Eine sog. Konzernregelung enthält § 19 a EStG – anders als § 3 Nr. 39 EStG (dort Satz 3) – nicht (siehe Rn. 5 Satz 2). Vermögensbeteiligungen an anderen Unternehmen desselben Konzerns i. S. d. § 18 AktG gelten damit nicht als Vermögensbeteiligungen an dem Unternehmen des Arbeitgebers (§ 19 a Abs. 1 Satz 1 EStG). § 19 a EStG ist daher auf entsprechende Vermögensbeteiligungen nicht anwendbar.

35 Vermögensbeteiligungen müssen zusätzlich zum ohnehin geschuldeten Arbeitslohn gewährt werden. Die Übertragung im Zusammenhang mit Gehaltsumwandlungen und anderen in § 8 Abs. 4 EStG genannten Sachverhalten ist deshalb nicht begünstigt. Unschädlich ist, wenn sog. virtuelle Beteiligungen (zum Begriff siehe Rn. 4) durch Vermögensbeteiligungen i. S. d. § 19 a Abs. 1 Satz 1 EStG ersetzt werden.

2.1.3. Zufluss bei Verfügungsbeschränkungen (§19 a Abs. 1 Satz 3[2] EStG)

35.1 Bei Vermögensbeteiligungen gelten die allgemeinen Grundsätze zum Zufluss von Arbeitslohn (vgl. R 38.2 LStR, H 38.2 LStH).

35.2 Für ab dem 1. Januar 2024 übertragene Vermögensbeteiligungen gilt ein Vorteil aus der unentgeltlichen oder verbilligten Übertragung von Vermögensbeteiligungen i. S. d. § 19 a Abs. 1 Satz 1 EStG auch dann als lohnsteuerlich zugeflossen, wenn es dem Arbeitnehmer rechtlich unmöglich ist, über die Vermögensbeteiligung zu verfügen (§ 19 a Abs. 1 Satz 3[3] EStG). Dies gilt aber nur, wenn alle Voraussetzungen von § 19 a EStG erfüllt sind. U.a. muss der Arbeitnehmer der aufgeschobenen Besteuerung zustimmen (Rn. 41).

Beispiel:

35.3 Der Arbeitnehmer erhält von den Gründern einer in 2020 gegründeten Start-up-Gesellschaft, die die in § 19 a Abs. 3 Satz 1 EStG genannten Schwellenwerte nicht überschreitet, im Jahr 2024 unentgeltlich nach § 19 a EStG begünstigte Anteile mit einem Wert von 10 000 Euro als zusätzlichen Arbeitslohn vinkuliert übertragen. Der Arbeitnehmer stimmt der vorläufigen Nichtbesteuerung nach § 19 a Abs. 1 EStG zu (§ 19 a Abs. 2 Satz 1 EStG). Im Jahr 2028 sind die Anteile 50 000 Euro wert. Im Zuge eines Exits (Ausstieg der Gründer der Start-up-Gesellschaft) sollen sämtliche Anteile an einen Investor veräußert werden. Die Gesellschaft erteilt nunmehr die Zustimmung zu einer Veräußerung, die anschließend auch vom Arbeitnehmer durchgeführt wird.

Lösung:

Aufgrund der Fiktion in § 19 a Abs. 1 Satz 3[4] EStG gilt der geldwerte Vorteil von 10 000 Euro mit der Anschaffung im Jahr 2024 als zugeflossen. § 19 a EStG findet Anwendung, so dass die Lohnversteuerung erst zum Zeitpunkt der Veräußerung im Jahr 2028 und dann mit einem Betrag von 8000 Euro (geldwerter Vorteil abzüglich Freibetrag von 2000 Euro) unter Anwendung des progressiven Steuertarifs erfolgt. Der Wertzuwachs von 40 000 Euro zwischen der Anschaffung im Jahr 2024 und der Veräußerung im Jahr 2028 unterliegt der Besteuerung nach § 20 bzw. § 17 EStG.

2.1.4. Berücksichtigung des Freibetrags nach § 3 Nr. 39 EStG (§ 19 a Abs. 1 Satz 4[5] EStG)

36 Bei der Ermittlung des Vorteils i. S. d. § 19 a Abs. 1 Satz 1 EStG ist der Freibetrag nach § 3 Nr. 39 EStG abzuziehen, wenn die Voraussetzungen vorliegen. Die Rn. 1 bis 27 sind zu beachten.

2.1.5. Vorsorgepauschale (§ 19 a Abs. 1 Satz 5[6] und Abs. 4 Satz 3 EStG)

37 Steuerfreie bzw. nicht zu besteuernde Vorteile werden bei der Berechnung der Vorsorgepauschale (§ 39 b Abs. 2 Satz 5 Nr. 3 EStG) nicht berücksichtigt. Siehe u.a. Tz. 2 des BMF-Schreibens vom 26. November 2013 (BStBl. I S. 1532).

38 Nicht besteuerte Arbeitsentgelte aus der Übertragung einer Vermögensbeteiligung i. S. d. § 19 a Abs. 1 Satz 1 EStG unterliegen der Sozialversicherungspflicht (siehe § 1 Abs. 1 Satz 1 Nr. 1 zweiter Halbsatz der Sozialversicherungsentgeltverordnung). Nach § 19 a Abs. 1 Satz 5[7] EStG sind diese nicht besteuerten Arbeitsentgelte daher bei der Berechnung der Vorsorgepauschale einzubeziehen.

39 Bei der Besteuerung in einem späteren Zeitpunkt (Rn. 30) fallen dann keine Sozialversicherungsbeiträge mehr an. Der dann zu besteuernde Vorteil ist daher nicht bei der Berechnung der Vorsorgepauschale einzubeziehen (siehe § 19 a Abs. 4 Satz 3 EStG).

---

[1] Ab VZ 2024 überholt durch § 19 a Abs. 1 Satz 3 EStG i. d. F. des JStG 2024 (BGBl. 2024 I Nr. 387).
[2] **[Amtl. Anm.:]** Jetzt Satz 4.
[3] **[Amtl. Anm.:]** Jetzt Satz 4.
[4] **[Amtl. Anm.:]** Jetzt Satz 4.
[5] **[Amtl. Anm.:]** Jetzt Satz 5.
[6] **[Amtl. Anm.:]** Jetzt Satz 6.
[7] **[Amtl. Anm.:]** Jetzt Satz 6.

Anl zu LStH 3.39

39.1 Die Rn. 38 und 39 gelten auch für Anteile mit Verfügungsbeschränkungen, die unter § 19 a Abs. 1 Satz 3[1] EStG fallen (Rn. 35.1 ff.). Unbeachtlich ist, ob und zu welchem Zeitpunkt tatsächlich Sozialversicherungsbeiträge für die Übertragung dieser Anteile anfallen. Eine Einbeziehung in die Vorsorgepauschale hat immer im Zeitpunkt der Übertragung zu erfolgen (§ 19 a Abs. 1 Satz 5[2] EStG). Im Zeitpunkt der Besteuerung darf die Übertragung der Anteile mit Verfügungsbeschränkungen nicht bei der Vorsorgepauschale berücksichtigt werden (§ 19 a Abs. 4 Satz 3 EStG), selbst wenn erst zu diesem Zeitpunkt Sozialversicherungsbeiträge anfallen.

2.1.6. Bewertung der Vermögensbeteiligung (§ 19 a Abs. 1 Satz 5[3] EStG)

40 Die Rn. 18 bis 21 gelten entsprechend.

2.1.7. Zustimmungserfordernis des Arbeitnehmers (§ 19 a Abs. 2 EStG)

41 Die vorläufige Nichtbesteuerung nach § 19 a Abs. 1 Satz 1 EStG mit Zustimmung des Arbeitnehmers (§ 19 a Abs. 2 EStG) ist bis zum Abschluss des Lohnsteuerabzugsverfahrens und damit bis zur Übermittlung oder Ausschreibung der Lohnsteuerbescheinigung zulässig (siehe § 41 c Abs. 3 Satz 1 EStG). Eine Nachholung der vorläufigen Nichtbesteuerung im Rahmen der Veranlagung zur Einkommensteuer ist ausgeschlossen (§ 19 a Abs. 2 Satz 2 EStG).

2.2. Fördervoraussetzungen (§ 19 a Abs. 3 EStG)

42 Die vorläufige Nichtbesteuerung nach § 19 a Abs. 1 EStG ist nur dann anzuwenden, wenn das Unternehmen des Arbeitgebers bei der Übertragung der Vermögensbeteiligung auf den Arbeitnehmer (maßgeblich ist der Zeitpunkt der wirtschaftlichen Verfügungsmacht des Arbeitnehmers über die Vermögensbeteiligung, siehe Rn. 25) die in § 19 a Abs. 3 Satz 1 EStG genannten Schwellenwerte nicht überschreitet oder in einem der sechs vorangegangenen Kalenderjahre nicht überschritten hat, und die Gründung des Unternehmens nicht mehr als 20 Jahre vor dem Zeitpunkt der Übertragung liegt. Zur Bestimmung der KMU-Schwellenwerte im Rahmen der Anwendung von § 19 a EStG sind die Art. 4 und 5 des Anhangs der Empfehlung der Kommission vom 6. Mai 2003 betreffend die Definition der Kleinstunternehmen sowie der kleinen und mittleren Unternehmen (ABl. L 124 vom 20. 5. 2003, S. 36) in der jeweils geltenden Fassung zu berücksichtigen. Mithin berechnet sich die Mitarbeiterzahl nach der Zahl der Jahresarbeitseinheiten. Hinsichtlich der Mitarbeiterzahl und der Schwellenwerte ist dabei gemäß Art. 4 Abs. 1 des Anhangs der Empfehlung der Kommission vom 6. Mai 2003 auf den Stichtag des letzten Rechnungsabschlusses abzustellen; der Status eines KMU geht (auch für Zwecke des § 19 a EStG) erst verloren bzw. wird erworben, wenn es in zwei aufeinander folgenden Geschäftsjahren zu einer Über- oder Unterschreitung kommt. Hinsichtlich der KMU-Definition gelten hinsichtlich der Anwendung des § 19 a EStG unter Berücksichtigung von Art. 2 Abs. 1 des Anhangs der Empfehlung der Kommission vom 6. Mai 2003 derzeit folgende Schwellenwerte:

- weniger als 1000 Mitarbeiter (= 4 × 250 Mitarbeiter) und
- Jahresumsatz höchstens 100 Mio. Euro (= 2 × 50 Mio. Euro) oder Jahresbilanzsumme höchstens 86 Mio. Euro (= 2 × 43 Mio. Euro).

2.3. Nachgeholte Besteuerung (§ 19 a Abs. 4 EStG)

2.3.1. Allgemeines (§ 19 a Abs. 4 Satz 1 EStG)

43 Vorteile, die im Kalenderjahr der Übertragung der Vermögensbeteiligung nicht besteuert wurden, werden erst in einem späteren Zeitpunkt aufgeschoben besteuert. § 19 a Abs. 4 Satz 1 EStG regelt abschließend den Besteuerungszeitpunkt (siehe Rn. 30). Tritt einer der dort genannten Fälle ein, so unterliegen bisher nicht besteuerte Vorteile zu diesem Zeitpunkt der Besteuerung und dem Lohnsteuerabzug. Sind seit der Übertragung der Vermögensbeteiligung mindestens drei Jahre vergangen, sind die als sonstiger Bezug vor dem 1. Januar 2025 zufließenden zu besteuernden Vorteile im Lohnsteuerabzugsverfahren nach der sog. Fünftelungsregelung ermäßigt zu besteuern (§ 19 a Abs. 4 Satz 2 i. V. m. § 34 Abs. 1 und § 39 b Abs. 3 Satz 9 und 10 EStG i.d.F. des Kreditzweitmarktförderungsgesetzes). Im Lohnsteuerabzugsverfahren sind die weiteren Voraussetzungen für die Tarifermäßigung (z. B. das Vorliegen einer Zusammenballung) nicht zu prüfen und als erfüllt anzusehen. Für die als sonstiger Bezug nach dem 31. Dezember 2024 zufließenden zu besteuernden Vorteile ist der Lohnsteuerabzug ohne Berücksichtigung der Fünftelungsregelung durchzuführen (§ 19 a Abs. 4 Satz 2 i. V. m. § 34 Abs. 1 EStG i.d.F. des Wachstumschancengesetzes).

44 Aus der Beendigung der unbeschränkten Steuerpflicht oder einer Verlagerung der Ansässigkeit im Sinne eines Abkommens zur Vermeidung der Doppelbesteuerung ins Ausland folgt keine Besteuerung, soweit nicht zeitgleich einer der in § 19 a Abs. 4 Satz 1 EStG genannten Tatbestände eintritt. Ebenso führt eine fiktive Veräußerung im Rahmen der Wegzugsbesteuerung nach § 6 des Außensteuergesetzes oder nach § 17 Abs. 5 EStG für sich allein nicht zu einer Besteuerung nach § 19 a Abs. 4 EStG.

45 Werden Teile der Vermögensbeteiligungen veräußert oder unentgeltlich übertragen, so unterliegt der Besteuerung nur der Vorteil, der damit im Zusammenhang steht und bisher nicht besteuert worden ist. Vorbehaltlich eines anderen Nachweises wird davon ausgegangen, dass die zuerst übertragenen Vermögensbeteiligungen zuerst veräußert werden.

Beispiel:

46 Im März 2024 und März 2025 überlässt der Arbeitgeber seinem Arbeitnehmer unentgeltlich jeweils 100 Aktien. Für das Jahr 2024 beträgt der nach § 19 a Abs. 1 Satz 1 EStG nicht besteuerte Vorteil 2000 Euro, für das Jahr 2025

[1] **[Amtl. Anm.:]** Jetzt Satz 4.
[2] **[Amtl. Anm.:]** Jetzt Satz 6.
[3] **[Amtl. Anm.:]** Jetzt Satz 6.

Anl zu LStH 3.39

2500 Euro. Der Arbeitnehmer stimmt der Besteuerung in einem späteren Zeitpunkt nach § 19 a Abs. 2 Satz 1 EStG zu. Im August 2028 veräußert der Arbeitnehmer 150 Aktien.

Lösung:

Durch die Veräußerung der 150 Aktien ist der Besteuerungstatbestand des § 19 a Abs. 4 Satz 1 Nr. 1 EStG erfüllt. Im August 2028 unterliegen folgende Vorteile als sonstiger Bezug dem Lohnsteuerabzug:

für 2024:	100/100 Aktien × 2 000 €	= 2 000 €
für 2025:	50/100 Aktien × 2 500 €	= 1 250 €
zusammen		= 3 250 €

Im März 2040 (15 Jahre nach Übertragung im Jahr 2025) unterliegen die Vorteile i.H.d. Restbetrags von 1250 Euro (2000 Euro nicht besteuert im März 2024 zuzüglich 2500 Euro nicht besteuert im März 2025 abzüglich der im August 2028 besteuerten Vorteile von 3250 Euro) als sonstiger Bezug dem Lohnsteuerabzug. Daneben tritt die Besteuerung nach § 20 bzw. § 17 EStG. Zum Fall der Wertminderung siehe Rn. 49 ff.

2.3.2. Beendigung des Dienstverhältnisses (§ 19 a Abs. 4 S. 1 Nr. 3 EStG)

47 Ein durch den Betriebsübergang nach § 613 a des Bürgerlichen Gesetzbuches bedingter Arbeitgeberwechsel führt zu keiner Beendigung, sondern zur Fortsetzung des bisherigen Dienstverhältnisses (BFH-Urteil vom 16. Juli 1997 XI R 85/96, BStBl. II S. 666).

48 Übernimmt der bisherige Arbeitgeber bei Beendigung des Dienstverhältnisses die Lohnsteuer, so ist der übernommene Abzugsbetrag nicht Teil des zu besteuernden Arbeitslohns (§ 19 a Abs. 4 Satz 1 Nr. 3 Satz 2 EStG). Damit wird der Vorteil des Arbeitnehmers aus der Steuerübernahme steuerfrei gestellt. Die Lohnsteuer ist bei der Übernahme durch den Arbeitgeber nicht höher als in dem Fall, in dem der Arbeitnehmer die Lohnsteuer trägt. Die Regelung gilt für die Annexsteuern (ggf. Solidaritätszuschlag und Kirchensteuer) entsprechend.

2.3.3. Wertminderungen der Vermögensbeteiligung (§ 19 a Abs. 4 Satz 4 bis 6 EStG)

49 Ist in den in § 19 a Abs. 4 Satz 1 EStG genannten Fällen der gemeine Wert der Vermögensbeteiligung abzüglich geleisteter Zuzahlungen des Arbeitnehmers niedriger als der nach § 19 a Abs. 1 EStG nicht besteuerte Vorteil, so unterliegt nur der zu diesem Zeitpunkt anzusetzende gemeine Wert der Vermögensbeteiligung abzüglich geleisteter Zuzahlungen der Besteuerung (§ 19 a Abs. 4 Satz 4 erster Halbsatz EStG). In diesen Fällen gilt neben den geleisteten Zuzahlungen nur der tatsächlich besteuerte Vorteil als Anschaffungskosten i. S. d. §§ 17 und 20 EStG (§ 19 a Abs. 4 Satz 5 EStG).

50 Beispiele:

	A	B	C	D	E	F
gemeiner Wert bei Überlassung	10 000	10 000	10 000	10 000	10 000	10 000
Zuzahlung des Arbeitnehmers	0	0	0	1 500	1 500	1 500
steuerfrei nach § 3 Nr. 39 EStG	2 000	2 000	2 000	2 000	2 000	2 000
nicht besteuerter Vorteil	8 000	8 000	8 000	6 500	6 500	6 500
Anschaffungskosten §§ 17, 20 EStG	10 000	10 000	10 000	10 000	10 000	10 000
Verkauf für … bzw. gemäß Wert nach Ablauf von 15 Jahren/bei Beendigung des Dienstverhältnisses von …	12 000	9 000	7 000	9 000	7 000	Total-verlust
nachgeholt zu besteuern	8 000 (weil 12 000 ≥ 8 000)	8 000 (weil 9 000 ≥ 8 000)	7 000 (weil 7 000 < 8 000)	6 500 (weil [9 000 – 1 500] ≥ 6 500)	5 500 (weil [7 000 – 1 500] < 6 500)	0 (weil [0 –1 500] < 6 500)
geänderte Anschaffungskosten	nein	nein	7 000	nein	7 000 (1 500 + 5 500)	1 500 (1 500 + 0)
zu besteuern nach §§ 17, 20 EStG	2 000 (12 000 – 10 000)	–1 000 (9 000 – 10 000)	0 (7 000 – 7 000)	–1 000 (9 000 – 10 000)	0 (7 000 – 7 000)	–1 500 (0 – 1 500)

50.1 Im Fall des Besteuerungstatbestands „Beendigung des Dienstverhältnisses zum bisherigen Arbeitgeber" (§ 19 a Abs. 4 Satz 1 Nr. 3 EStG) tritt bei einem Rückerwerb der Vermögensbeteiligung durch den Arbeitgeber, einen Gesellschafter des Arbeitgebers oder ein Unternehmen i. S. d. § 18 AktG an die Stelle des gemeinen Werts die vom Arbeitgeber, von einem Gesellschafter des Arbeitgebers oder einem Unternehmen i. S. d. § 18 AktG gewährte Vergütung (§ 19 a Abs. 4 Satz 4 zweiter Halbsatz EStG). Dies gilt auch für Vermögensbeteiligungen, die vor 2024 übertragen wurden. Der Rückerwerb muss nicht an den ursprünglichen Veräußerer erfolgen. Ausreichend ist vielmehr, dass an einen der drei benannten Personen veräußert wird.

51 Rn. 49 gilt nicht, soweit die Wertminderung der Vermögensbeteiligung nicht betrieblich veranlasst ist oder auf einer gesellschaftsrechtlichen Maßnahme, insbesondere einer Ausschüttung oder Einlagenrückgewähr, beruht (§ 19 a Abs. 4 Satz 5 EStG). In diesen Fällen ist insoweit der nicht besteuerte Vorteil weiterhin Bemessungsgrundlage für die Besteuerung.

2.4. Haftungsübernahme durch den Arbeitgeber und weiteres Hinausschieben der Besteuerung (§ 19 a Abs. 4 a EStG)

51.1 Eine *Besteuerung* aufgrund der Tatbestände „Ablauf von 15 Jahren" und „Beendigung des Dienstverhältnisses" (§ 19 a Abs. 4 Satz 1 Nr. 2 und 3 EStG) ist nicht vorzunehmen, wenn der Arbeitgeber unwiderruflich erklärt, dass er für die einzubehaltende und abzuführende Lohnsteuer nach § 42 d EStG haftet (§ 19 a Abs. 4 a Satz 1 EStG). In diesen Fällen löst erst der spätere Tatbestand „entgeltliche oder unentgeltliche Übertragung" (§ 19 a Abs. 4 Satz 1 Nr. 1 EStG) eine Besteuerung aus. Die sonst übliche – haftungsbefreiende – Anzeige (§ 38 Abs. 4 Satz 2 i. V. m. § 42 d Abs. 2 EStG) ist hier nicht möglich. Durch die unwiderrufliche Erklärung des Arbeitgebers zur Kennzahl 21 der Lohnsteuer-Anmeldung (BMF-Schreiben vom 6. September 2023, BStBl. I S. 1649) erfährt das Betriebsstättenfinanzamt von entsprechenden Sachverhalten und kann im Rahmen einer Lohnsteuer-Außenprüfung die zutreffende steuerliche Behandlung prüfen. Die Erklärung des Arbeitgebers hat spätestens in der dem betreffenden Ereignis folgenden Lohnsteuer-Anmeldung zu erfolgen. Das ist die Lohnsteuer-Anmeldung, mit der die aufgrund der Nachversteuerung einzubehaltende Lohnsteuer hätte angemeldet werden müssen.

Beispiel:

51.2 Das Dienstverhältnis wird am 8. April 2024 beendet.

Lösung:

Abgabe der Erklärung des Arbeitgebers spätestens mit der Lohnsteuer-Anmeldung April 2024, die bis zum 10. Mai 2024 zu übermitteln bzw. abzugeben ist, da die Besteuerung im Monat April (als sonstiger Bezug) hätte erfolgen müssen.

51.3 Im Zeitpunkt der Besteuerung (Tatbestand „entgeltliche oder unentgeltliche Übertragung") unterliegt der geldwerte Vorteil dem Lohnsteuerabzug nach den allgemeinen lohnsteuerlichen Regelungen. Die Lohnsteuerabzugspflicht besteht auch, wenn das Dienstverhältnis vor dem Zeitpunkt der Besteuerung beendet wurde. Kein Lohnsteuerabzug ist möglich, wenn die Lohnsteuer nicht von Bezügen des Arbeitnehmers zurückbehalten werden kann (z. B. weil der Barlohn zur Deckung der Lohnsteuer nicht ausreicht oder der Arbeitnehmer keinen Barlohn mehr bezieht) und der Arbeitnehmer dem Arbeitgeber die Lohnsteuer nicht zur Verfügung stellt. In diesem Fall hat der Arbeitgeber den fehlenden Lohnsteuerabzug beim Betriebsstättenfinanzamt anzuzeigen (§ 38 Abs. 4 Satz 1 und 2 EStG). Die Anzeige wirkt nicht haftungsbefreiend.

51.4 Nach § 19 a Abs. 4 a Satz 2 EStG erfordert eine Haftungsinanspruchnahme dann keine weitere Ermessensprüfung mehr. Das Betriebsstättenfinanzamt kann sich unmittelbar an den Arbeitgeber wenden. Der Arbeitgeber kann immer in Anspruch genommen werden; es kommt nicht darauf an, ob eine vorrangige Inanspruchnahme des Arbeitnehmers als Steuerschuldner möglich wäre.

2.5. Bestätigung der Höhe des nicht besteuerten Vorteils durch das Betriebsstättenfinanzamt (§ 19 a Abs. 5 EStG)

52 Das Betriebsstättenfinanzamt hat nach der Übertragung einer Vermögensbeteiligung an einen Arbeitnehmer im Rahmen einer gebührenfreien Anrufungsauskunft (§ 42 e EStG) den vom Arbeitgeber nicht besteuerten Vorteil zu bestätigen. Vor der Übertragung einer Vermögensbeteiligung ist keine Wertbestätigung möglich, da sich der Wert bis zur Übertragung noch verändern kann. Eine Bestätigung wird nur erteilt, wenn der vom Arbeitgeber gewählte Wertansatz den geltenden Bestimmungen entspricht. Zu möglichen Wertansätzen einer geplanten Überlassung wird keine Auskunft erteilt. Die Bestätigung der Höhe des nicht besteuerten Vorteils setzt voraus, dass – in der Regel durch den Arbeitgeber – sowohl der ermittelte Wert als auch Unterlagen zur Wertermittlung dem Betriebsstättenfinanzamt vorgelegt werden. Aufgabe des Betriebsstättenfinanzamts ist die Überprüfung, nicht jedoch die Ermittlung des zu bestätigenden Wertes.

53 Anspruch auf eine Anrufungsauskunft haben der Arbeitgeber und der Arbeitnehmer als Beteiligte, ggf. auch ein die Pflichten des Arbeitgebers erfüllender Dritter.

54 Dem Arbeitnehmer steht es im Jahr der nachzuholenden Besteuerung frei, im Veranlagungsverfahren oder im Einspruchsverfahren gegen den Einkommensteuerbescheid einen niedrigeren Wert des Vorteils nachzuweisen. Denn die Anrufungsauskunft entfaltet eine Bindungswirkung nur im Lohnsteuerabzugsverfahren, nicht jedoch im Veranlagungsverfahren. Zudem kann ein ggf. niedrigerer Wert auch bereits im Lohnsteuerabzugsverfahren im Besteuerungszeitpunkt anstelle des in der Anrufungsauskunft bestätigten Wertes angesetzt werden. Mangels fehlender Bindungswirkung im Veranlagungsverfahren kann es hier auch zu einem höheren Wertansatz kommen, sofern der Wert für den Nichtbesteuerungszeitpunkt materiell-rechtlich unzutreffend ermittelt wurde. Ein höherer Wertansatz im Veranlagungsverfahren aufgrund eines zwischen Nichtbesteuerungs- und Besteuerungszeitpunkt gestiegenen gemeinen Werts hingegen ist – anders als der Ansatz eines niedrigeren Werts gem. § 19 a Abs. 4 Satz 4 EStG – nicht zulässig.

55 Unabhängig von der Anrufungsauskunft nach § 19 a Abs. 5 EStG kann eine Anrufungsauskunft zu steuerrechtlichen Einschätzungen im Zusammenhang mit der Überlassung von Vermögensbeteiligungen gestellt werden (z. B. zu den einzubeziehenden Arbeitnehmern nach § 3 Nr. 39 EStG, zur nachzuholenden Besteuerung nach § 19 a Abs. 4 EStG).

2.6. Aufzeichnungen im Lohnkonto (§ 19 a Abs. 6 EStG)

56, 57 Der nicht besteuerte Vorteil aus der unentgeltlichen oder verbilligten Übertragung der Vermögensbeteiligung und die übrigen Angaben der aufgeschobenen Besteuerung sind vom Arbeitgeber im Lohnkonto aufzuzeichnen. Die im Lohnsteuerabzugsverfahren maßgebliche sechsjährige Aufbewahrungsfrist verlängert sich; sie endet hier nicht vor Ablauf von sechs Jahren nach der nachgeholten Besteuerung.

3. Mitarbeiterbeteiligungsprogramm nach französischem Recht (FCPE)

58 Nach ständiger Rechtsprechung des BFH (siehe u.a. BFH-Urteil vom 23. Juni 2005 VI R 124/99, BStBl. II S. 766, zu den Wandelschuldverschreibungen) führt das Innehaben von Ansprüchen oder Rechten des Arbeitnehmers gegenüber dem Arbeitgeber im Regelfall noch nicht zum Lohnzufluss. Der Zufluss ist erst mit der Erfüllung des Anspruchs (der Gewinnchance) gegeben. Ein Vorteil ist dem Arbeit-

Anl zu LStH 3.39

nehmer erst dann zugeflossen, wenn die geschuldete Leistung tatsächlich erbracht worden ist, er also wirtschaftlich verfügt oder zumindest verfügen kann.

59 Unter Berücksichtigung dieser Grundsätze erfolgt bei Mitarbeiterbeteiligungsprogrammen mittels Einschaltung eines Fonds Commun de Placement d'Entreprise (FCPE) nach französischem Recht und in gleich gelagerten Fällen eine Besteuerung des geldwerten Vorteils erst bei der Auflösung des Programms und der Überweisung eines Geldbetrags an den Arbeitnehmer bzw. der Zuwendung anderer Vorteile (z. B. Tausch in Aktien). Dies gilt unabhängig von der Ausgestaltung im Einzelfall. Bis zur Auflösung des Programms fließen dem Arbeitnehmer auch keine Kapitaleinkünfte (Dividenden, Zinsen etc.) zu.

EStG

§ 3

Steuerfrei sind

...

115 **44.[1] Stipendien, die aus öffentlichen Mitteln oder von zwischenstaatlichen oder überstaatlichen Einrichtungen, denen die Bundesrepublik Deutschland als Mitglied angehört, zur Förderung der Forschung oder zur Förderung der wissenschaftlichen oder künstlerischen Ausbildung oder Fortbildung gewährt werden. ② Das Gleiche gilt für Stipendien, die zu den in Satz 1 bezeichneten Zwecken von einer Einrichtung, die von einer Körperschaft des öffentlichen Rechts errichtet ist oder verwaltet wird, oder von einer Körperschaft, Personenvereinigung oder Vermögensmasse im Sinne des § 5 Absatz 1 Nummer 9 des Körperschaftsteuergesetzes gegeben werden. ③ Voraussetzung für die Steuerfreiheit ist, dass**

a) die Stipendien einen für die Erfüllung der Forschungsaufgabe oder für die Bestreitung des Lebensunterhalts und die Deckung des Ausbildungsbedarfs erforderlichen Betrag nicht übersteigen und nach den von dem Geber erlassenen Richtlinien vergeben werden,

b) der Empfänger im Zusammenhang mit dem Stipendium nicht zu einer bestimmten wissenschaftlichen oder künstlerischen Gegenleistung oder zu einer bestimmten Arbeitnehmertätigkeit verpflichtet ist;

115a **45. die Vorteile des Arbeitnehmers aus der privaten Nutzung von betrieblichen Datenverarbeitungsgeräten und Telekommunikationsgeräten sowie deren Zubehör, aus zur privaten Nutzung überlassenen System- und Anwendungsprogrammen, die der Arbeitgeber auch in seinem Betrieb einsetzt, und aus den im Zusammenhang mit diesen Zuwendungen erbrachten Dienstleistungen. ② Satz 1 gilt entsprechend für Steuerpflichtige, denen die Vorteile im Rahmen einer Tätigkeit zugewendet werden, für die sie eine Aufwandsentschädigung im Sinne des § 3 Nummer 12 erhalten;**

LStR 3.45

R 3.45 Betriebliche Datenverarbeitungs- und Telekommunikationsgeräte (§ 3 Nr. 45 EStG)

116 ① Die Privatnutzung betrieblicher Datenverarbeitungs- und Telekommunikationsgeräte durch den Arbeitnehmer ist unabhängig vom Verhältnis der beruflichen zur privaten Nutzung steuerfrei. ② Die Steuerfreiheit umfasst auch die Nutzung von Zubehör und Software. ③ Sie ist nicht auf die private Nutzung im Betrieb beschränkt, sondern gilt bspw. auch für Mobiltelefone im Auto oder PC in der Wohnung des Arbeitnehmers. ④ Die Steuerfreiheit gilt nur für die Überlassung zur Nutzung durch den Arbeitgeber oder aufgrund des Dienstverhältnisses durch einen Dritten. ⑤ In diesen Fällen sind auch die vom Arbeitgeber getragenen Verbindungsentgelte (Grundgebühr und sonstige laufende Kosten) steuerfrei. ⑥ Für die Steuerfreiheit kommt es nicht darauf an, ob die Vorteile zusätzlich zum ohnehin geschuldeten Arbeitslohn[2] oder aufgrund einer Vereinbarung mit dem Arbeitgeber über die Herabsetzung von Arbeitslohn erbracht werden.

LStH 3.45

H 3.45

Anwendungsbereich.

116a
- Die auf Arbeitnehmer beschränkte Steuerfreiheit für die Vorteile aus der privaten Nutzung von betrieblichen PC und Telekommunikationsgeräten (§ 3 Nr. 45 EStG) verletzt nicht den Gleichheitssatz (→ BFH vom 21. 6. 2006 – BStBl. II S. 715).
- Die Erstattung von Telefonkosten für einen vom Arbeitnehmer abgeschlossenen Mobilfunkvertrag durch den Arbeitgeber ist auch dann nach § 3 Nr. 45 steuerfrei, wenn der Arbeitgeber das Mobiltelefon, durch dessen Nutzung die Telefonkosten entstanden sind, von dem Arbeitnehmer zu einem niedrigen, auch unter dem Marktwert liegenden Preis erworben hat und er das Mobiltelefon dem Arbeitnehmer unmittelbar danach wieder zur privaten Nutzung überlässt (→ BFH vom 23. 11. 2022 – BStBl. 2023 II S. 584).

---

[1] Zur Steuerfreiheit von Stipendien nach § 3 Nr. 44 EStG siehe OFD Frankfurt Verfügung vom 15. 8. 2024, S 2121 A – 00027 - 0357 - St 29 (DStR 2024, 2331) zur Steuerfreiheit eines Heisenberg-Stipendiums siehe BFH vom 24. 10. 2023, VIII R 11/22, BeckRS 2023, 38 852.

[2] Zum Tatbestandsmerkmal „ohnehin geschuldeten Arbeitslohn" siehe § 8 Abs. 4 EStG.

LStH 3.45

Beispiele für die Anwendung des § 3 Nr. 45 EStG:

Beispiel 1

Der Arbeitgeber least einen PC und überlässt dieses Gerät dem Arbeitnehmer zur ausschließlich privaten Nutzung. Gegenüber dem Leasinggeber schuldet der Arbeitgeber die Leasingraten. In entsprechender Höhe wird eine Herabsetzung des Bruttogehalts vereinbart (Gehaltsumwandlung).
Da die Steuerbefreiungsvorschrift des § 3 Nr. 45 EStG keine Zusätzlichkeitsvoraussetzung enthält, ist die Herabsetzung des Bruttogehalts im Wege der Gehaltsumwandlung anzuerkennen; die Vereinbarung einer etwaigen Rückfallklausel/Ausstiegsklausel steht der Anerkennung nicht entgegen.

Beispiel 2

Der Arbeitgeber least ein Tablet und überlässt es dem Arbeitnehmer auf der Grundlage eines Unterleasingvertrags auch zur privaten Nutzung. Außerdem übernimmt der Arbeitgeber sämtliche Verbindungsentgelte des Geräts.
Da dem Arbeitnehmer das Tablet aufgrund des Unterleasingvertrags zuzurechnen ist, handelt es sich nicht um die Zurverfügungstellung eines betrieblichen Telekommunikationsgeräts (→ BFH vom 23. 11. 2022 – BStBl. 2023 II S. 584, Rz. 19). Die vom Arbeitgeber übernommenen Verbindungsentgelte sind nicht nach § 3 Nr. 45 steuerfrei. Sofern das Gerät vom Arbeitnehmer auch beruflich genutzt wird, kommt für den auf die berufliche Nutzung entfallenden Anteil der Verbindungsentgelte die Zahlung eines steuerfreien Auslagenersatzes nach § 3 Nr. 50 in Betracht.

Beispiele für begünstigte Geräte und Leistungen

- **Betriebliche Datenverarbeitungsgeräte und Telekommunikationsgeräte.** Begünstigt sind u. a. PC, Laptop, Handy, Smartphone, Smartwatch, Tablet, Autotelefon.
  Regelmäßig nicht begünstigt sind Smart TV, Konsole, MP3-Player, Spielautomat, E-Book-Reader, Gebrauchsgegenstand mit eingebautem Mikrochip, Digitalkamera und digitaler Videocamcorder, weil es sich nicht um betriebliche Geräte des Arbeitgebers handelt. Nicht begünstigt ist auch ein vorinstalliertes Navigationsgerät im Pkw (→ BFH vom 16. 2. 2005 – BStBl. II S. 563).
- **System- und Anwendungsprogramme.** Begünstigt sind u. a. im Betrieb des Arbeitgebers eingesetzte Betriebssysteme, Browser, Virenscanner, Softwareprogramme (z. B. Home-Use-Programme, Volumenlizenzvereinbarungen).
  Regelmäßig nicht begünstigt sind mangels Einsatz im Betrieb des Arbeitgebers u. a. Computerspiele.
- **Zubehör.** Begünstigt sind u. a. betriebliche Monitore, Drucker, Beamer, Scanner, Modems, Netzwerkswitches, Router, Hubs, Bridges, ISDN-Karten, SIM-Karten, UMTS-Karte, LTE-Karten, Ladegeräte und Transportbehältnisse.
- **Dienstleistung.** Begünstigt ist insbesondere die Installation oder Inbetriebnahme der begünstigten Geräte und Programme i. S. d. § 3 Nr. 45 EStG durch einen IT-Service des Arbeitgebers.

EStG

§ 3

Steuerfrei sind

...

46. zusätzlich zum ohnehin geschuldeten Arbeitslohn[1] vom Arbeitgeber gewährte Vorteile für das elektrische Aufladen eines Elektrofahrzeugs oder Hybridelektrofahrzeugs im Sinne des § 6 Absatz 1 Nummer 4 Satz 2 zweiter Halbsatz an einer ortsfesten betrieblichen Einrichtung des Arbeitgebers oder eines verbundenen Unternehmens (§ 15 des Aktiengesetzes) und für die zur privaten Nutzung überlassene betriebliche Ladevorrichtung; 117

H 3.46

LStH 3.46

Anwendungsbereich → BMF vom 29. 9. 2020 (BStBl. I S. 972).[2]
Zusätzlichkeitsvoraussetzung → § 8 Abs. 4 EStG. 117a

Anl zu LStH 3.46

Schreiben betr. Gesetz zur steuerlichen Förderung von Elektromobilität im Straßenverkehr und Gesetz zur weiteren steuerlichen Förderung der Elektromobilität und zur Änderung weiterer steuerlicher Vorschriften; Steuerbefreiung nach § 3 Nr. 46 EStG und Pauschalierung der Lohnsteuer nach § 40 Abs. 2 Satz 1 Nr. 6 EStG

Vom 29. September 2020 (BStBl. I S. 972)

(BMF IV C 5 – S 2334/19/10009 :004; DOK 2020/0965439)

Unter Bezugnahme auf das Ergebnis der Erörterungen mit den obersten Finanzbehörden der Länder gelten für die Anwendung der einkommensteuerlichen und lohnsteuerlichen Vorschriften des Gesetzes zur steuerlichen Förderung von Elektromobilität im Straßenverkehr vom 7. November 2016 (BGBl. I S. 2498, BStBl. I S. 1211) und des Gesetzes zur weiteren steuerlichen Förderung der Elektromobilität und zur Änderung weiterer steuerlicher Vorschriften vom 12. Dezember 2019 (BGBl. I S. 2451, BStBl. 2020 I S. 17) die folgenden Grundsätze: 117b

1. Überblick über die Regelungen

1 Mit dem Gesetz zur steuerlichen Förderung von Elektromobilität im Straßenverkehr vom 7. November 2016 (a. a. O.) wurden vom Arbeitgeber gewährte Vorteile für das elektrische Aufladen eines Elektrofahrzeugs oder Hybridelektrofahrzeugs im Betrieb des Arbeitgebers oder eines verbundenen Unterneh-

[1] Zum Tatbestandsmerkmal „ohnehin geschuldeten Arbeitslohn" siehe § 8 Abs. 4 EStG.
[2] Nachfolgend abgedruckt als Anlage zu LStH 3.46.

Anl zu LStH 3.46

mens und für die zeitweise zur privaten Nutzung überlassene betriebliche Ladevorrichtung von der Einkommensteuer befreit (§ 3 Nr. 46 EStG).

2 Der Arbeitgeber hat auch die Möglichkeit, die Lohnsteuer für geldwerte Vorteile aus der Übereignung einer Ladevorrichtung sowie für Zuschüsse zu den Aufwendungen des Arbeitnehmers für den Erwerb und für die Nutzung einer Ladevorrichtung pauschal mit 25 Prozent zu erheben (§ 40 Abs. 2 Satz 1 Nr. 6 EStG).

3 Voraussetzung ist jeweils, dass die geldwerten Vorteile und Leistungen sowie die Zuschüsse zusätzlich zum ohnehin geschuldeten Arbeitslohn[1] erbracht werden, vgl. Rdnr. 34.

4 Die Regelungen gelten seit dem 1. Januar 2017 und ihr Anwendungszeitraum wurde mit dem Gesetz zur weiteren steuerlichen Förderung der Elektromobilität und zur Änderung weiterer steuerlicher Vorschriften vom 12. Dezember 2019 (a. a. O.) bis zum 31. Dezember 2030 (§ 52 Abs. 4 Satz 14 und Abs. 37 c EStG) verlängert, vgl. Rdnr. 37.

2. Steuerbefreiung nach § 3 Nr. 46 EStG

5 Die Steuerbefreiung nach § 3 Nr. 46 EStG gilt für zusätzlich zum ohnehin geschuldeten Arbeitslohn[2] vom Arbeitgeber gewährte Vorteile für das elektrische Aufladen eines Elektrofahrzeugs oder Hybridelektrofahrzeugs i. S. d. § 6 Abs. 1 Nr. 4 Satz 2 zweiter Halbsatz EStG an einer ortsfesten betrieblichen Einrichtung des Arbeitgebers oder eines verbundenen Unternehmens (§ 15 des Aktiengesetzes) und für die dem Arbeitnehmer zur privaten Nutzung überlassene betriebliche Ladevorrichtung.

2.1. Steuerbefreiung des vom Arbeitgeber unentgeltlich oder verbilligt gestellten Ladestroms

a) Elektrofahrzeug oder Hybridelektrofahrzeug i. S. d. § 6 Abs. 1 Nr. 4 Satz 2 zweiter Halbsatz EStG

6 Elektrofahrzeug ist ein Kraftfahrzeug, das ausschließlich durch einen Elektromotor angetrieben wird, der ganz oder überwiegend aus mechanischen oder elektrochemischen Energiespeichern (z. B. Schwungrad mit Generator oder Batterie) oder aus emissionsfrei betriebenen Energiewandlern (z. B. wasserstoffbetriebene Brennstoffzelle) gespeist wird.

7 Nach dem Verzeichnis des Kraftfahrtbundesamtes zur Systematisierung von Kraftfahrzeugen und ihren Anhängern (Stand: März 2020)[3] weisen danach folgende Codierungen im Feld 10 der Zulassungsbescheinigung ein Elektrofahrzeug in diesem Sinne aus: 0004 und 0015.

8 Hybridelektrofahrzeug ist ein Hybridfahrzeug, das zum Zwecke des mechanischen Antriebs aus folgenden Quellen im Fahrzeug gespeicherte Energie/Leistung bezieht:
- einem Betriebskraftstoff,
- einer Speichereinrichtung für elektrische Energie/Leistung (z. B. Batterie, Kondensator, Schwungrad mit Generator).

Hybridelektrofahrzeuge i. S. d. § 6 Abs. 1 Nr. 4 Satz 2 zweiter Halbsatz EStG müssen zudem extern aufladbar sein.

9 Nach dem Verzeichnis des Kraftfahrtbundesamtes zur Systematisierung von Kraftfahrzeugen und ihren Anhängern (Stand: März 2020)[4] weisen danach folgende Codierungen im Feld 10 der Zulassungsbescheinigung ein Hybridelektrofahrzeug in diesem Sinne aus: 0016 bis 0019 und 0025 bis 0031.

10 Zu den begünstigten Fahrzeugen rechnen auch Elektrofahrräder, wenn diese verkehrsrechtlich als Kraftfahrzeug einzuordnen sind (z. B. gelten Elektrofahrräder, deren Motor auch Geschwindigkeiten über 25 Kilometer pro Stunde unterstützt, als Kraftfahrzeuge) sowie Elektrokleinstfahrzeuge i. S. d. § 1 Abs. 1 Satz 1 Elektrokleinstfahrzeuge-Verordnung vom 6. Juni 2019 (BGBl. I S. 756); das sind insbesondere Kraftfahrzeuge mit elektrischem Antrieb und einer bauartbedingten Höchstgeschwindigkeit von nicht weniger als 6 km/h und nicht mehr als 20 km/h. Aus Billigkeitsgründen rechnen vom Arbeitgeber gewährte Vorteile für das elektrische Aufladen von Elektrofahrrädern, die verkehrsrechtlich nicht als Kraftfahrzeug einzuordnen sind (u. a. keine Kennzeichen- und Versicherungspflicht), im Betrieb des Arbeitgebers oder eines verbundenen Unternehmens (§ 15 des Aktiengesetzes) nicht zum Arbeitslohn; Rdnr. 37 ist hier nicht anzuwenden.

11 Begünstigt ist das Aufladen sowohl privater Elektrofahrzeuge oder Hybridelektrofahrzeuge des Arbeitnehmers als auch betrieblicher Elektrofahrzeuge oder Hybridelektrofahrzeuge des Arbeitgebers, die dem Arbeitnehmer auch zur privaten Nutzung überlassen werden (sog. Dienstwagen).

12 Wird der geldwerte Vorteil aus der privaten Nutzung eines Dienstwagens zu privaten Fahrten typisierend nach der pauschalen Nutzungswertermittlung i. S. d. § 8 Abs. 2 Satz 2 EStG (1%-Regelung) ermittelt, ist der geldwerte Vorteil für den vom Arbeitgeber verbilligt oder unentgeltlich gestellten Ladestrom bereits abgegolten. Die Steuerbefreiung nach § 3 Nr. 46 EStG wirkt sich nicht aus.

13 Bei Anwendung der individuellen Nutzungswertermittlung i. S. d. § 8 Abs. 2 Satz 4 EStG (Fahrtenbuchmethode) bleiben unter entsprechender Anwendung von R 8.1 Abs. 9 Nr. 2 Satz 8 zweiter Halbsatz LStR 2015[5] Kosten für den vom Arbeitgeber verbilligt oder unentgeltlich gestellten, nach § 3 Nr. 46 EStG steuerfreien Ladestrom bei der Ermittlung der insgesamt durch das Kraftfahrzeug entstehenden Aufwendungen i. S. d. § 8 Abs. 2 Satz 4 EStG (Gesamtkosten) außer Ansatz.

14 Die Steuerbefreiung ist weder auf einen Höchstbetrag, noch nach der Anzahl der begünstigten Kraftfahrzeuge begrenzt.

---

[1] Zum Tatbestandsmerkmal „ohnehin geschuldeter Arbeitslohn“ siehe § 8 Abs. 4 EStG.
[2] Zum Tatbestandsmerkmal „ohnehin geschuldeter Arbeitslohn“ siehe § 8 Abs. 4 EStG.
[3] [Amtl. Anm.:] Stand Mai 2024.
[4] **[Amtl. Anm.:]** Stand Mai 2024.
[5] **[Amtl. Anm.:]** Jetzt R 8.1 Abs. 9 Nr. 2 Satz 17.

b) Aufladeort

15 Begünstigt ist das Aufladen an jeder ortsfesten betrieblichen Einrichtung des Arbeitgebers oder eines mit dem Arbeitgeber verbundenen Unternehmens i. S. d. § 15 des Aktiengesetzes. Nicht begünstigt ist das Aufladen bei einem Dritten oder an einer von einem fremden Dritten betriebenen Ladevorrichtung im Sinne der Rdnr. 20 sowie das Aufladen beim Arbeitnehmer (vgl. Rdnr. 19 und 29).

c) Anwendungsbereich

16 Die Steuerbefreiung gilt insbesondere für Ladestrom,
- den die Arbeitnehmer an einer ortsfesten betrieblichen Einrichtung ihres Arbeitgebers beziehen,
- den die Arbeitnehmer an einer ortsfesten betrieblichen Einrichtung eines mit ihrem Arbeitgeber verbundenen Unternehmens i. S. d. § 15 des Aktiengesetzes beziehen,
- den Leiharbeitnehmer im Betrieb des Entleihers beziehen.

17 Die Steuerbefreiung gilt insbesondere nicht für Ladestrom an:
- Geschäftsfreunde des Arbeitgebers und deren Arbeitnehmer,
- Kunden des Arbeitgebers.

2.2. Steuerbefreiung der zeitweisen unentgeltlichen oder verbilligten Überlassung einer betrieblichen Ladevorrichtung an den Arbeitnehmer

18 Steuerbefreit sind vom Arbeitgeber gewährte Vorteile für die zur privaten Nutzung zeitweise überlassene betriebliche Ladevorrichtung für Elektrofahrzeuge oder Hybridelektrofahrzeuge, nicht jedoch deren Übereignung (vgl. Rdnr. 27).

19 Der von dieser betrieblichen Ladevorrichtung für Elektrofahrzeuge oder Hybridelektrofahrzeuge bezogene Ladestrom fällt nicht unter die Steuerbefreiung. Dies gilt unabhängig davon, ob es sich um einen Stromanschluss des Arbeitgebers handelt oder ob der Arbeitgeber die Stromkosten des Arbeitnehmers bezuschusst.

20 Ladevorrichtung für ein Elektrofahrzeug oder ein Hybridelektrofahrzeug i. S. d. § 6 Abs. 1 Nr. 4 Satz 2 zweiter Halbsatz EStG ist die gesamte Ladeinfrastruktur einschließlich Zubehör sowie die in diesem Zusammenhang erbrachten Dienstleistungen. Dazu gehören z. B. der Aufbau, die Installation und die Inbetriebnahme der Ladevorrichtung, deren Wartung und Betrieb sowie die für die Inbetriebnahme notwendigen Vorarbeiten wie das Verlegen eines Starkstromkabels.

21 Private Nutzung in diesem Sinne ist jede Nutzung der Ladevorrichtung durch den Arbeitnehmer außerhalb der betrieblichen Nutzung für den Arbeitgeber. Steuerfrei ist daher auch die Nutzung der zeitweise überlassenen betrieblichen Ladevorrichtung im Rahmen anderer Einkunftsarten des Arbeitnehmers (z. B. der Arbeitnehmer lädt dort sein privates Elektrofahrzeug auf und fährt zu seinem Vermietungsobjekt).

3. Steuerliche Behandlung der vom Arbeitnehmer selbst getragenen Stromkosten

22 Bei privaten Elektrofahrzeugen oder Hybridelektrofahrzeugen des Arbeitnehmers stellt die Erstattung der vom Arbeitnehmer selbst getragenen Stromkosten steuerpflichtigen Arbeitslohn dar (vgl. Rdnr. 19). Bei betrieblichen Elektrofahrzeugen oder Hybridelektrofahrzeugen des Arbeitgebers, die dem Arbeitnehmer auch zur privaten Nutzung überlassen werden (sog. Dienstwagen), stellt die Erstattung der vom Arbeitnehmer selbst getragenen Stromkosten einen steuerfreien Auslagenersatz nach § 3 Nr. 50 EStG dar.

23 Es bestehen keine Bedenken, für den Zeitraum vom 1. Januar 2017 bis 31. Dezember 2020 zur Vereinfachung des Auslagenersatzes für das elektrische Aufladen eines Dienstwagens (nur Pkw) nach § 3 Nr. 50 EStG und zur Anrechnung von selbst getragenen individuellen Kosten des Arbeitnehmers für Ladestrom auf den Nutzungswert folgende monatliche Pauschalen typisierend zugrunde zu legen:

a) **mit zusätzlicher Lademöglichkeit beim Arbeitgeber**
20 Euro für Elektrofahrzeuge im Sinne der Rdnr. 6 und
10 Euro für Hybridelektrofahrzeuge im Sinne der Rdnr. 8

b) **ohne Lademöglichkeit beim Arbeitgeber**
50 Euro für Elektrofahrzeuge im Sinne der Rdnr. 6 und
25 Euro für Hybridelektrofahrzeuge im Sinne der Rdnr. 8.

24 Es bestehen keine Bedenken, für den Zeitraum vom 1. Januar 2021 bis 31. Dezember 2030 zur Vereinfachung des Auslagenersatzes für das elektrische Aufladen eines Dienstwagens (nur Pkw) nach § 3 Nr. 50 EStG und zur Anrechnung von selbst getragenen individuellen Kosten des Arbeitnehmers für Ladestrom auf den Nutzungswert folgende monatlichen Pauschalen typisierend zugrunde zu legen:

a) **mit zusätzlicher Lademöglichkeit beim Arbeitgeber**
30 Euro für Elektrofahrzeuge im Sinne der Rdnr. 6 und
15 Euro für Hybridelektrofahrzeuge im Sinne der Rdnr. 8

b) **ohne Lademöglichkeit beim Arbeitgeber**
70 Euro für Elektrofahrzeuge im Sinne der Rdnr. 6 und
35 Euro für Hybridelektrofahrzeuge im Sinne der Rdnr. 8.

25 Als zusätzliche Lademöglichkeit beim Arbeitgeber im Sinne der Rdnrn. 23 Buchst. a und 24 Buchst. a gilt jeder zum unentgeltlichen oder verbilligten Aufladen des Dienstwagens geeignete Stromanschluss an einer ortsfesten betrieblichen Einrichtung des lohnsteuerlichen Arbeitgebers (nicht eines mit dem Arbeitgeber verbundenen Unternehmens). Dem gleichgestellt ist eine dem Arbeitnehmer vom Arbeitgeber unentgeltlich oder verbilligt zur Verfügung gestellte Stromtankkarte zum Aufladen des Dienstwagens bei einem Dritten. Ist keine zusätzliche Lademöglichkeit beim Arbeitgeber in diesem Sinne gegeben, sind die Pauschalen nach den Rdnrn. 23 Buchst. b und 24 Buchst. b anwendbar.

Anl zu LStH 3.46

26 Durch den pauschalen Auslagenersatz sind sämtliche Kosten des Arbeitnehmers für den Ladestrom abgegolten. Ein zusätzlicher Auslagenersatz der nachgewiesenen tatsächlichen Kosten für den von einem Dritten bezogenen Ladestrom ist nicht zulässig. Übersteigen die vom Arbeitnehmer in einem Kalendermonat getragenen Kosten für den von einem Dritten bezogenen Ladestrom die maßgebende Pauschale, kann der Arbeitgeber dem Arbeitnehmer anstelle der maßgebenden Pauschale auch die anhand von Belegen nachgewiesenen tatsächlichen Kosten als steuerfreien Auslagenersatz nach § 3 Nr. 50 EStG erstatten. Dies gilt entsprechend für die Anrechnung von selbst getragenen individuellen Kosten des Arbeitnehmers für Ladestrom auf den Nutzungswert.

4. Pauschalierung der Lohnsteuer nach § 40 Abs. 2 Satz 1 Nr. 6 EStG

4.1. Unentgeltliche oder verbilligte Übereignung der Ladevorrichtung

27 Der Arbeitgeber kann die Lohnsteuer nach § 40 Abs. 2 Satz 1 Nr. 6 EStG mit einem Pauschsteuersatz von 25 Prozent erheben, soweit er dem Arbeitnehmer zusätzlich zum ohnehin geschuldeten Arbeitslohn unentgeltlich oder verbilligt eine Ladevorrichtung für Elektrofahrzeuge oder Hybridelektrofahrzeuge i. S. d. § 6 Abs. 1 Nr. 4 Satz 2 zweiter Halbsatz EStG übereignet. Somit kommt eine Pauschalierung nicht in Betracht, wenn der Arbeitgeber die Ladevorrichtung zeitweise unentgeltlich oder verbilligt überlässt (vgl. Rdnr. 18). Zum Begriff der Ladevorrichtung vgl. Rdnr. 20.

28 Es ist aus Vereinfachungsgründen nicht zu beanstanden, wenn als Bemessungsgrundlage der pauschalen Lohnsteuer für die Übereignung der Ladevorrichtung die Aufwendungen des Arbeitgebers für den Erwerb der Ladevorrichtung im Sinne der Rdnr. 20 (einschließlich Umsatzsteuer) zugrunde gelegt werden.

4.2. Pauschalierung der Lohnsteuer für Zuschüsse des Arbeitgebers

29 Trägt der Arbeitnehmer die Aufwendungen für den Erwerb und die Nutzung (z. B. für die Wartung und den Betrieb, die Miete für den Starkstromzähler, nicht jedoch für den Ladestrom) einer privaten Ladevorrichtung selbst, kann der Arbeitgeber diese Aufwendungen bezuschussen oder vollständig übernehmen und die Lohnsteuer nach § 40 Abs. 2 Satz 1 Nr. 6 EStG pauschal mit 25 Prozent erheben. Die Pauschalierung der Lohnsteuer ist auch zulässig, wenn der Arbeitgeber die Ladevorrichtung übereignet (vgl. Rdnr. 27) und die Aufwendungen des Arbeitnehmers für die Nutzung der (nunmehr privaten) Ladevorrichtung bezuschusst.

30 Die Pauschalierung der Lohnsteuer ist begrenzt auf die Aufwendungen des Arbeitnehmers für den Erwerb und die Nutzung der Ladevorrichtung im Sinne der Rdnr. 20.

31 Pauschale Zuschüsse des Arbeitgebers für die Nutzung einer privaten Ladevorrichtung des Arbeitnehmers können pauschal besteuert werden, wenn die Aufwendungen für die Nutzung regelmäßig wiederkehren und soweit der Arbeitnehmer die entstandenen Aufwendungen für einen repräsentativen Zeitraum von drei Monaten im Einzelnen nachweist.

Die Pauschalierung der Lohnsteuer auf Grundlage des durchschnittlichen nachgewiesenen Betrags ist grundsätzlich so lange zulässig, bis sich die Verhältnisse wesentlich ändern.

5. Reisekosten

32 Nutzt der Arbeitnehmer sein privates Elektrofahrzeug oder Hybridelektrofahrzeug für Dienstfahrten, kann er anstelle der tatsächlichen Kosten die gesetzlich festgelegten pauschalen Kilometersätze (§ 9 Abs. 1 Satz 3 Nr. 4 a Satz 2 EStG) aus Vereinfachungsgründen auch dann ansetzen, wenn der Arbeitnehmer nach § 3 Nr. 46 EStG steuerfreie Vorteile oder nach § 40 Abs. 2 Satz 1 Nr. 6 EStG pauschal besteuerte Leistungen und Zuschüsse vom Arbeitgeber für dieses Elektrofahrzeug oder Hybridelektrofahrzeug erhält.

33 Beim Ansatz der tatsächlichen Fahrtkosten (§ 9 Abs. 1 Satz 3 Nr. 4 a Satz 1 EStG) sind diese steuerfreien Vorteile oder pauschal besteuerten Leistungen und Zuschüsse nicht in die Gesamtaufwendungen des Arbeitnehmers einzubeziehen.

6. Zusätzlichkeitsvoraussetzung[1]

34 Voraussetzung ist, dass die geldwerten Vorteile und Leistungen sowie die Zuschüsse zusätzlich zum ohnehin geschuldeten Arbeitslohn erbracht werden. Der steuerliche Vorteil ist damit insbesondere im Rahmen von Gehaltsverzicht oder -umwandlungen ausgeschlossen, vgl. BMF-Schreiben vom 5. Februar 2020 (BStBl. I S. 222).

7. Aufzeichnungen im Lohnkonto

35 Der Arbeitgeber ist nicht verpflichtet, die steuerfreien Vorteile i. S. d. § 3 Nr. 46 EStG im Lohnkonto des Arbeitnehmers aufzuzeichnen, vgl. auch § 4 Abs. 2 Nr. 4 Satz 1 LStDV in der Fassung der Fünften Verordnung zur Änderung steuerlicher Verordnungen vom 25. Juni 2020 (BGBl. I S. 1495, BStBl. I S. 555). Dies gilt aus Vereinfachungsgründen auch für Vorteile i. S. d. § 3 Nr. 46 EStG, die vor dem 30. Juni 2020 gewährt wurden.

36 Erhebt der Arbeitgeber die Lohnsteuer pauschal nach § 40 Abs. 2 Satz 1 Nr. 6 EStG, sind die Aufwendungen des Arbeitgebers für den Erwerb der Ladevorrichtung, die Zuschüsse des Arbeitgebers und die bezuschussten Aufwendungen des Arbeitnehmers für den Erwerb und die Nutzung der Ladevorrichtung im Sinne der Rdnr. 20 nachzuweisen. Der Arbeitgeber hat diese Unterlagen als Belege zum Lohnkonto aufzubewahren.

[1] **[Amtl. Anm.:]** § 8 Abs. 4 EStG.

8. Anwendungszeitraum

Anl zu LStH 3.46

37 Dieses Schreiben ersetzt die BMF-Schreiben vom 14. Dezember 2016 (BStBl. I S. 1446) und vom 26. Oktober 2017 (BStBl. I S. 1439)[1] und ist vorbehaltlich der Rdnrn. 23 und 24 für den Zeitraum vom 1. Januar 2017 bis 31. Dezember 2030 (§ 52 Abs. 4 Satz 14 und Abs. 37 c EStG) anzuwenden.

EStG

§ 3

Steuerfrei sind

...

50. die Beträge, die der Arbeitnehmer vom Arbeitgeber erhält, um sie für ihn auszugeben (durchlaufende Gelder), und die Beträge, durch die Auslagen des Arbeitnehmers für den Arbeitgeber ersetzt werden (Auslagenersatz); 118

R 3.50 Durchlaufende Gelder, Auslagenersatz (§ 3 Nr. 50 EStG)

LStR 3.50

(1) ① Durchlaufende Gelder oder Auslagenersatz liegen vor, wenn

1. der Arbeitnehmer die Ausgaben für Rechnung des Arbeitgebers macht, wobei es gleichgültig ist, ob das im Namen des Arbeitgebers oder im eigenen Namen geschieht, und 119
2. über die Ausgaben im Einzelnen abgerechnet wird.

② Dabei sind die Ausgaben des Arbeitnehmers bei ihm so zu beurteilen, als hätte der Arbeitgeber sie selbst getätigt. ③ Die Steuerfreiheit der durchlaufenden Gelder oder des Auslagenersatzes nach § 3 Nr. 50 EStG ist hiernach stets dann ausgeschlossen, wenn die Ausgaben durch das Dienstverhältnis des Arbeitnehmers veranlasst sind (→ R 19.3). ④ Durchlaufende Gelder oder Auslagenersatz werden immer zusätzlich gezahlt, da sie ihrem Wesen nach keinen Arbeitslohn darstellen. ⑤ Sie können daher auch keinen anderen Arbeitslohn ersetzen.

(2) ① Pauschaler Auslagenersatz führt regelmäßig zu Arbeitslohn. ② Ausnahmsweise kann pauschaler Auslagenersatz steuerfrei bleiben, wenn er regelmäßig wiederkehrt und der Arbeitnehmer die entstandenen Aufwendungen für einen repräsentativen Zeitraum von drei Monaten im Einzelnen nachweist. ③ Dabei können bei Aufwendungen für Telekommunikation auch die Aufwendungen für das Nutzungsentgelt einer Telefonanlage sowie für den Grundpreis der Anschlüsse entsprechend dem beruflichen Anteil der Verbindungsentgelte an den gesamten Verbindungsentgelten (Telefon und Internet) steuerfrei ersetzt werden. ④ Fallen erfahrungsgemäß beruflich veranlasste Telekommunikationsaufwendungen an, können aus Vereinfachungsgründen ohne Einzelnachweis bis zu 20 % des Rechnungsbetrags, höchstens 20 € monatlich steuerfrei ersetzt werden. ⑤ Zur weiteren Vereinfachung kann der monatliche Durchschnittsbetrag, der sich aus den Rechnungsbeträgen für einen repräsentativen Zeitraum von drei Monaten ergibt, für den pauschalen Auslagenersatz fortgeführt werden. ⑥ Der pauschale Auslagenersatz bleibt grundsätzlich so lange steuerfrei, bis sich die Verhältnisse wesentlich ändern. ⑦ Eine wesentliche Änderung der Verhältnisse kann sich insbesondere im Zusammenhang mit einer Änderung der Berufstätigkeit ergeben.

H 3.50

LStH 3.50

Allgemeines

– **Nicht** nach § 3 Nr. 50 EStG **steuerfrei:** Ersatz von Werbungskosten; Ersatz von Kosten der privaten Lebensführung des Arbeitnehmers. 120
– **Steuerfrei** ist z. B. der Ersatz von Gebühren für ein geschäftliches Telefongespräch, das der Arbeitnehmer für den Arbeitgeber außerhalb des Betriebs führt.

Ersatz von Reparaturkosten. Ersetzt der Arbeitgeber aufgrund einer tarifvertraglichen Verpflichtung dem als Orchestermusiker beschäftigten Arbeitnehmer die Kosten der Instandsetzung des dem Arbeitnehmer gehörenden Musikinstruments, so handelt es sich dabei um steuerfreien Auslagenersatz (→ BFH vom 28. 3. 2006 – BStBl. II S. 473).

Garagenmiete. Stellt der Arbeitnehmer den Dienstwagen in einer von ihm angemieteten Garage unter, handelt es sich bei der vom Arbeitgeber erstatteten Garagenmiete um steuerfreien Auslagenersatz (→ BFH vom 7. 6. 2002 – BStBl. II S. 829).

Pauschaler Auslagenersatz führt regelmäßig zu Arbeitslohn (→ BFH vom 10. 6. 1966 – BStBl. III S. 607). Er ist nur dann steuerfrei, wenn der Stpfl. nachweist, dass die Pauschale den tatsächlichen Aufwendungen im Großen und Ganzen entspricht (→ BFH vom 2. 10. 2003 – BStBl. 2004 II S. 129). → BMF vom 29. 9. 2020 (BStBl. I S. 972), Rdnr. 22–26.[2]

[1] Abgedruckt im *„Handbuch zur Lohnsteuer 2020"* als Anlage zu LStH 3.46.
[2] Abgedruckt als Anlage zu LStH 3.46.

EStG

§ 3

Steuerfrei sind

...

121 **51. Trinkgelder, die anlässlich einer Arbeitsleistung dem Arbeitnehmer von Dritten freiwillig und ohne dass ein Rechtsanspruch auf sie besteht, zusätzlich zu dem Betrag gegeben werden, der für diese Arbeitsleistung zu zahlen ist;**

LStH 3.51

H 3.51

122 **Freiwillige Sonderzahlungen** an Arbeitnehmer eines konzernverbundenen Unternehmens sind keine steuerfreien Trinkgelder (→ BFH vom 3. 5. 2007 – BStBl. II S. 712).

Notarassessoren. Freiwillige Zahlungen von Notaren an Notarassessoren für deren Vertretungstätigkeit sind keine steuerfreien Trinkgelder (→ BFH vom 10. 3. 2015 – BStBl. II S. 767).

Spielbank

- Aus dem Spielbanktronc finanzierte Zahlungen an die Arbeitnehmer der Spielbank sind keine steuerfreien Trinkgelder (→ BFH vom 18. 12. 2008 – BStBl. 2009 II S. 820).
- Freiwillige Zahlungen von Spielbankkunden an die Saalassistenten einer Spielbank für das Servieren von Speisen und Getränken können steuerfreie Trinkgelder sein. Die Steuerfreiheit entfällt nicht dadurch, dass der Arbeitgeber als eine Art Treuhänder bei der Aufbewahrung und Verteilung der Gelder eingeschaltet ist (→ BFH vom 18. 6. 2015 – BStBl. 2016 II S. 751).

EStG

§ 3

Steuerfrei sind

...

123 **53. die Übertragung von Wertguthaben nach § 7 f Absatz 1 Satz 1 Nummer 2 des Vierten Buches Sozialgesetzbuch auf die Deutsche Rentenversicherung Bund. ② Die Leistungen aus dem Wertguthaben durch die Deutsche Rentenversicherung Bund gehören zu den Einkünften aus nichtselbständiger Arbeit im Sinne des § 19. ③ Von ihnen ist Lohnsteuer einzubehalten;**

...

124 **55. der in den Fällen des § 4 Absatz 2 Nummer 2 und Absatz 3 des Betriebsrentengesetzes[1] vom 19. Dezember 1974 (BGBl. I S. 3610), das zuletzt durch Artikel 8 des Gesetzes vom 5. Juli 2004 (BGBl. I S. 1427) geändert worden ist, in der jeweils geltenden Fassung geleistete Übertragungswert nach § 4 Absatz 5 des Betriebsrentengesetzes, wenn die betriebliche Altersversorgung beim ehemaligen und neuen Arbeitgeber über einen Pensionsfonds, eine Pensionskasse oder ein Unternehmen der Lebensversicherung durchgeführt wird; dies gilt auch, wenn eine Versorgungsanwartschaft aus einer betrieblichen Altersversorgung auf Grund vertraglicher Vereinbarung ohne Fristerfordernis unverfallbar ist. ② Satz 1 gilt auch, wenn der Übertragungswert vom ehemaligen Arbeitgeber oder von einer Unterstützungskasse an den neuen Arbeitgeber oder eine andere Unterstützungskasse geleistet wird. ③ Die Leistungen des neuen Arbeitgebers, der Unterstützungskasse, des Pensionsfonds, der Pensionskasse oder des Unternehmens der Lebensversicherung auf Grund des Betrags nach Satz 1 und 2 gehören zu den Einkünften, zu denen die Leistungen gehören würden, wenn die Übertragung nach § 4 Absatz 2 Nummer 2 und Absatz 3 des Betriebsrentengesetzes nicht stattgefunden hätte;**

LStH 3.55

H 3.55

125 **Übertragung der betrieblichen Altersversorgung** → BMF vom 12. 8. 2021 (BStBl. I S. 1050), Rn. 57–62.[2]

EStG

§ 3

Steuerfrei sind

...

126 **55 a.[3] die nach § 10 des Versorgungsausgleichsgesetzes vom 3. April 2009 (BGBl. I S. 700) in der jeweils geltenden Fassung (interne Teilung) durchgeführte Übertragung von Anrechten für die ausgleichsberechtigte Person zu Lasten von Anrechten der ausgleichspflichtigen Person. ② Die Leistungen aus diesen Anrechten gehören bei der ausgleichsberechtigten Person zu den Einkünften, zu denen die**

[1] Abgedruckt im Anhang **I 15**.
[2] Abgedruckt im Anhang **I 15 b**.
[3] Zu § 3 Nr. 55 a siehe auch § 22 Nr. 5 Satz 12 und § 52 Abs. 28 Satz 9 EStG.

Leistungen bei der ausgleichspflichtigen Person gehören würden, wenn die interne Teilung nicht stattgefunden hätte; EStG

H 3.55 a

LStH 3.55 a

Allgemeine Grundsätze → BMF vom 5. 10. 2023 (BStBl. I S. 1726), Rn. 333;[1] → BMF vom 19. 8. 2013 (BStBl. I S. 1087), Rz. 270 ff.[2] 127

§ 3

EStG

Steuerfrei sind

...

55 b.[3] der nach § 14 des Versorgungsausgleichsgesetzes (externe Teilung) geleistete Ausgleichswert zur Begründung von Anrechten für die ausgleichsberechtigte Person zu Lasten von Anrechten der ausgleichspflichtigen Person, soweit Leistungen aus diesen Anrechten zu steuerpflichtigen Einkünften nach den §§ 19, 20 und 22 führen würden. ② Satz 1 gilt nicht, soweit Leistungen, die auf dem begründeten Anrecht beruhen, bei der ausgleichsberechtigten Person zu Einkünften nach § 20 Absatz 1 Nummer 6 oder § 22 Nummer 1 Satz 3 Buchstabe a Doppelbuchstabe bb führen würden. ③ Der Versorgungsträger der ausgleichspflichtigen Person hat den Versorgungsträger der ausgleichsberechtigten Person über die für die Besteuerung der Leistungen erforderlichen Grundlagen zu informieren. ④ Dies gilt nicht, wenn der Versorgungsträger der ausgleichsberechtigten Person die Grundlagen bereits kennt oder aus den bei ihm vorhandenen Daten feststellen kann und dieser Umstand dem Versorgungsträger der ausgleichspflichtigen Person mitgeteilt worden ist; 128

H 3.55 b

LStH 3.55 b

Allgemeine Grundsätze → BMF vom 5. 10. 2023 (BStBl. I S. 1726), Rn. 337–338;[4] → BMF vom 19. 8. 2013 (BStBl. I S. 1087), Rz. 270 ff.[5] 129

§ 3

EStG

Steuerfrei sind

...

55 c. Übertragungen von Altersvorsorgevermögen im Sinne des § 92 auf einen anderen auf den Namen des Steuerpflichtigen lautenden Altersvorsorgevertrag (§ 1 Absatz 1 Satz 1 Nummer 10 Buchstabe b des Altersvorsorgeverträge-Zertifizierungsgesetzes), soweit die Leistungen zu steuerpflichtigen Einkünften nach § 22 Nummer 5 führen würden. ② Dies gilt entsprechend 129a

a)[6] wenn Anwartschaften aus einer betrieblichen Altersversorgung, die über einen Pensionsfonds, eine Pensionskasse oder ein Unternehmen der Lebensversicherung (Direktversicherung) durchgeführt wird, lediglich auf einen anderen Träger einer betrieblichen Altersversorgung in Form eines Pensionsfonds, einer Pensionskasse oder eines Unternehmens der Lebensversicherung (Direktversicherung) übertragen werden, soweit keine Zahlungen unmittelbar an den Arbeitnehmer erfolgen,

b) wenn Anwartschaften der betrieblichen Altersversorgung abgefunden werden, soweit das Altersvorsorgevermögen zugunsten eines auf den Namen des Steuerpflichtigen lautenden Altersvorsorgevertrages geleistet wird,

c) wenn im Fall des Todes des Steuerpflichtigen das Altersvorsorgevermögen auf einen auf den Namen des Ehegatten lautenden Altersvorsorgevertrag übertragen wird, wenn die Ehegatten im Zeitpunkt des Todes des Zulageberechtigten nicht dauernd getrennt gelebt haben (§ 26 Absatz 1) und ihren Wohnsitz oder gewöhnlichen Aufenthalt in einem Mitgliedstaat der Europäischen Union oder einem Staat hatten, auf den das Abkommen über den Europäischen Wirtschaftsraum anwendbar ist; dies gilt auch, wenn die Ehegatten ihren vor dem Zeitpunkt, ab dem das Vereinigte Königreich Großbritannien und Nordirland nicht mehr Mitgliedstaat der Europäischen Union ist und auch nicht wie ein solcher zu behandeln ist, begründeten Wohnsitz oder gewöhnlichen Aufenthalt im Vereinigten Königreich Großbritannien und Nordirland hatten und der Vertrag vor dem 23. Juni 2016 abgeschlossen worden ist;

---

[1] Abgedruckt als Anlage zu § 10 a EStG.
[2] Abgedruckt als Anlage zu LStH 19.8.
[3] Zu § 3 Nr. 55 b siehe auch § 22 Nr. 5 Satz 12 und § 52 Abs. 28 Satz 9 EStG.
[4] Abgedruckt als Anlage zu § 10 a EStG.
[5] Abgedruckt als Anlage zu LStH 19.8.
[6] Zu § 3 Nr. 55 c Satz 2 Buchst. a EStG vgl. Rn. 63 des *BMF-Schreibens vom 12. 8. 2021,* abgedruckt im Anhang **I 15 b.**

LStH 3.55 c

H 3.55 c

129b **Allgemeine Grundsätze** → BMF vom 12. 8. 2021 (BStBl. I S. 1050), Rn. 63;[1] → BMF vom 5. 10. 2023 (BStBl. I S. 1726), Rn. 152–154.[2]

EStG

§ 3

Steuerfrei sind

...

129c **55 d. Übertragungen von Anrechten aus einem nach § 5 a Altersvorsorgeverträge-Zertifizierungsgesetz zertifizierten Vertrag auf einen anderen auf den Namen des Steuerpflichtigen lautenden nach § 5 a Altersvorsorgeverträge-Zertifizierungsgesetz zertifizierten Vertrag;**

55 e. die auf Grund eines Abkommens mit einer zwischen- oder überstaatlichen Einrichtung übertragenen Werte von Anrechten auf Altersversorgung, soweit diese zur Begründung von Anrechten auf Altersversorgung bei einer zwischen- oder überstaatlichen Einrichtung dienen. ② Die Leistungen auf Grund des Betrags nach Satz 1 gehören zu den Einkünften, zu denen die Leistungen gehören, die die übernehmende Versorgungseinrichtung im Übrigen erbringt;

130 **56. Zuwendungen des Arbeitgebers nach § 19 Absatz 1 Satz 1 Nummer 3 Satz 1 aus dem ersten Dienstverhältnis an eine Pensionskasse zum Aufbau einer nicht kapitalgedeckten betrieblichen Altersversorgung, bei der eine Auszahlung der zugesagten Alters-, Invaliditäts- oder Hinterbliebenenversorgung entsprechend § 82 Absatz 2 Satz 2 vorgesehen ist, soweit diese Zuwendungen im Kalenderjahr 2 Prozent der Beitragsbemessungsgrenze in der allgemeinen Rentenversicherung nicht übersteigen. ② Der in Satz 1 genannte Höchstbetrag erhöht sich ab 1. Januar 2020 auf 3 Prozent und ab 1. Januar 2025 auf 4 Prozent der Beitragsbemessungsgrenze in der allgemeinen Rentenversicherung. ③ Die Beträge nach den Sätzen 1 und 2 sind jeweils um die nach § 3 Nummer 63 Satz 1, 3 oder Satz 4 steuerfreien Beträge zu mindern;**

LStH 3.56

H 3.56

131 **Allgemeine Grundsätze** → BMF vom 12. 8. 2021 (BStBl. I S. 1050), Rn. 76–82.[3]

EStG

§ 3

Steuerfrei sind

...

132 **58. das Wohngeld nach dem Wohngeldgesetz, die sonstigen Leistungen aus öffentlichen Haushalten oder Zweckvermögen zur Senkung der Miete oder Belastung im Sinne des § 11 Absatz 2 Nummer 4 des Wohngeldgesetzes sowie öffentliche Zuschüsse zur Deckung laufender Aufwendungen und Zinsvorteile bei Darlehen, die aus öffentlichen Haushalten gewährt werden, für eine zu eigenen Wohnzwecken genutzte Wohnung im eigenen Haus oder eine zu eigenen Wohnzwecken genutzte Eigentumswohnung, soweit die Zuschüsse und Zinsvorteile die Vorteile aus einer entsprechenden Förderung mit öffentlichen Mitteln nach dem Zweiten Wohnungsbaugesetz,[4] dem Wohnraumförderungsgesetz oder einem Landesgesetz zur Wohnraumförderung nicht überschreiten, der Zuschuss für die Wohneigentumsbildung in innerstädtischen Altbauquartieren nach den Regelungen zum Stadtumbau Ost in den Verwaltungsvereinbarungen über die Gewährung von Finanzhilfen des Bundes an die Länder nach Artikel 104 a Absatz 4 des Grundgesetzes zur Förderung städtebaulicher Maßnahmen;**

LStR 3.58

R 3.58 Zuschüsse und Zinsvorteile aus öffentlichen Haushalten (§ 3 Nr. 58 EStG)

133 ① Öffentliche Haushalte i. S. d. § 3 Nr. 58 EStG sind die Haushalte des Bundes, der Länder, der Gemeinden, der Gemeindeverbände, der kommunalen Zweckverbände und der Sozialversicherungsträger. ② Zu den öffentlichen Haushalten i. S. d. § 3 Nr. 58 EStG gehören auch die Haushalte der Körperschaften des öffentlichen Rechts, sofern deren Mittel haushaltsmäßig erfasst werden und hinsichtlich ihrer Verwendung der öffentlichen Kontrolle unterliegen.

---

[1] Abgedruckt im Anhang **I 15 b**.
[2] Abgedruckt als Anlage zu § 10 a EStG.
[3] Abgedruckt im Anhang **I 15 b**.
[4] II. WoBauG aufgehoben mit Wirkung vom 1. 1. 2002. § 48 des Wohnraumförderungsgesetzes vom 13. 9. 2001 (BGBl. I S. 2376) regelt die weitere Anwendung einzelner Paragrafen.

H 3.58 LStH 3.58

Öffentliche Haushalte. Die Handwerkskammer führt als Körperschaft des öffentlichen Rechts einen öffentlichen Haushalt i. S. d. § 3 Nr. 58 EStG (→ BFH vom 3. 7. 2019 – BStBl. 2020 II S. 241). **133a**

Steuerfreiheit von Zinsvergünstigungen. Eine Steuerbefreiung nach § 3 Nr. 58 EStG kann nur gewährt werden, wenn die Einkommensgrenzen des im Einzelfall einschlägigen Wohnraumförderungsgesetzes oder des Landesgesetzes zur Wohnraumförderung eingehalten sind (→ BFH vom 3. 7. 2019 – BStBl. 2020 II S. 241).

Erlass betr. Aufwendungszuschüsse und Zinsvorteile aus Wohnungsfürsorgemitteln für Angehörige des öffentlichen Dienstes nach dem II. WoBauG[1] Anl zu LStR 3.58

Vom 1. März 2001 (StEK EStG § 19 Nr. 360)

(FinSen. Hamburg 52 – S 2342 – 20/97)

Werden Aufwendungszuschüsse oder Darlehen aus Wohnungsfürsorgemitteln für Angehörige des öffentlichen Dienstes nach § 87 a oder § 87 b Zweites Wohnungsbaugesetz[2] nur gegen Einräumung eines Besetzungsrechts und eines Verzichts auf einen Teil der Miete bei Fremdvermietung gewährt, so ist davon auszugehen, dass diese Gegenleistung die Vorteile aus der Förderung ausgleicht. Der Vorteil ist mit 0 DM anzusetzen; Aufwendungszuschüsse und Zinsvorteile sind deshalb nicht als Arbeitslohn zu erfassen. Die vorstehenden Grundsätze sind für Arbeitnehmer in der Privatwirtschaft entsprechend anzuwenden, wenn vergleichbare Fälle auftreten. **134**

Dieser Erlass ergeht im Einvernehmen mit dem BMF und den obersten Finanzbehörden der Länder.

§ 3 EStG

Steuerfrei sind

...

59. die Zusatzförderung nach § 88 e des Zweiten Wohnungsbaugesetzes[3] **und nach § 51 f des Wohnungsbaugesetzes für das Saarland und Geldleistungen, die ein Mieter zum Zwecke der Wohnkostenentlastung nach dem Wohnraumförderungsgesetz oder einem Landesgesetz zur Wohnraumförderung erhält, soweit die Einkünfte dem Mieter zuzurechnen sind, und die Vorteile aus einer mietweisen Wohnungsüberlassung im Zusammenhang mit einem Arbeitsverhältnis, soweit sie die Vorteile aus einer entsprechenden Förderung nach dem Zweiten Wohnungsbaugesetz,**[4] **nach dem Wohnraumförderungsgesetz oder einem Landesgesetz zur Wohnraumförderung nicht überschreiten;** **135**

R 3.59 Steuerfreie Mietvorteile (§ 3 Nr. 59 EStG) LStR 3.59

① Steuerfrei sind Mietvorteile, die im Rahmen eines Dienstverhältnisses gewährt werden und die auf der Förderung nach dem Zweiten Wohnungsbaugesetz, dem Wohnungsbaugesetz für das Saarland, nach dem WoFG oder den Landesgesetzen zur Wohnraumförderung beruhen. ② Mietvorteile, die sich aus dem Einsatz von Wohnungsfürsorgemitteln aus öffentlichen Haushalten ergeben, sind ebenfalls steuerfrei. ③ Bei einer Wohnung, die ohne Mittel aus öffentlichen Haushalten errichtet worden ist, gilt Folgendes: ④ Die Mietvorteile im Rahmen eines Dienstverhältnisses sind steuerfrei, wenn die Wohnung im Zeitpunkt ihres Bezugs durch den Arbeitnehmer für eine Förderung mit Mitteln aus öffentlichen Haushalten in Betracht gekommen wäre. ⑤ § 3 Nr. 59 EStG ist deshalb nur auf Wohnungen anwendbar, die im Geltungszeitraum der in Satz 1 genannten Gesetze errichtet worden sind, d. h. auf Baujahrgänge ab 1957. ⑥ Es muss nicht geprüft werden, ob der Arbeitnehmer nach seinen Einkommensverhältnissen als Mieter einer geförderten Wohnung in Betracht kommt. ⑦ Der Höhe nach ist die Steuerbefreiung auf die Mietvorteile begrenzt, die sich aus der Förderung nach den in Satz 1 genannten Gesetzen ergeben würden. ⑧ § 3 Nr. 59 EStG ist deshalb nicht anwendbar auf Wohnungen, für die der Förderzeitraum abgelaufen ist. ⑨ Wenn der Förderzeitraum im Zeitpunkt des Bezugs der Wohnung durch den Arbeitnehmer noch nicht abgelaufen ist, ist ein Mietvorteil bis zur Höhe des Teilbetrags steuerfrei, auf den der Arbeitgeber gegenüber der Vergleichsmiete verzichten müsste, wenn die Errichtung der Wohnung nach den in Satz 1 genannten Gesetzen gefördert worden wäre. ⑩ Der steuerfreie Teilbetrag verringert sich in dem Maße, in dem der Arbeitgeber nach den Förderregelungen eine höhere Miete verlangen könnte. ⑪ Mit Ablauf der Mietbindungsfrist läuft auch die Steuerbefreiung aus. ⑫ Soweit **136**

---

[1] II. WoBauG aufgehoben mit Wirkung vom 1. 1. 2002. § 48 des Wohnraumförderungsgesetzes vom 13. 9. 2001 (BGBl. I S. 2376) regelt die weitere Anwendung einzelner Paragrafen.

[2] II. WoBauG aufgehoben mit Wirkung vom 1. 1. 2002. § 48 des Wohnraumförderungsgesetzes vom 13. 9. 2001 (BGBl. I S. 2376) regelt die weitere Anwendung einzelner Paragrafen.

[3] II. WoBauG aufgehoben mit Wirkung vom 1. 1. 2002. § 48 des Wohnraumförderungsgesetzes vom 13. 9. 2001 (BGBl. I S. 2376) regelt die weitere Anwendung einzelner Paragrafen.

[4] II. WoBauG aufgehoben mit Wirkung vom 1. 1. 2002. § 48 des Wohnraumförderungsgesetzes vom 13. 9. 2001 (BGBl. I S. 2376) regelt die weitere Anwendung einzelner Paragrafen.

LStR 3.59

später zulässige Mieterhöhungen z. B. nach Ablauf des Förderzeitraums im Hinblick auf das Dienstverhältnis unterblieben sind, sind sie in den steuerpflichtigen Mietvorteil einzubeziehen.

LStH 3.59

H 3.59

137 **Steuerfreie Mietvorteile im Zusammenhang mit einem Arbeitsverhältnis.** R 3.59 Sätze 2 bis 4 LStR sind unabhängig vom BFH-Urteil vom 16. 2. 2005 (BStBl. II S. 750) weiterhin anzuwenden (→ BMF vom 10. 10. 2005 – BStBl. I S. 959).[1]

Anl zu LStH 3.59

Schreiben betr. Steuerbefreiung von Mietvorteilen nach § 3 Nr. 59 2. Halbsatz EStG; BFH-Urteil vom 16. Februar 2005 – VI R 58/03 – (BStBl. II S. 750)

Vom 10. Oktober 2005 (BStBl. I S. 959)

(BMF IV C 5 – S 2334 – 75/05)

138 Der BFH hat entschieden, eine Steuerbefreiung von Mietvorteilen aus dem Arbeitsverhältnis nach § 3 Nr. 59 EStG komme nur dann in Betracht, wenn die Vorteile auf der Förderung nach dem II. WoBauG beruhen und zudem der Förderzeitraum noch nicht abgelaufen ist. Des Weiteren hat er Zweifel geäußert, ob die Regelung in R 23 a Sätze 2 bis 4 LStR[2] eine zutreffende Auslegung des § 3 Nr. 59 EStG beinhalte.

Hierzu wird im Einvernehmen mit den obersten Finanzbehörden der Länder die folgende Auffassung vertreten:

Das BFH-Urteil ist anzuwenden. Die sich daraus ergebende Frage, ob die Sätze 2 bis 4 in R 23 a LStR[3] eine zutreffende Auslegung des § 3 Nr. 59 EStG beinhalten, hat der BFH letztendlich offen gelassen bzw. nicht angesprochen. Es ist daher sachgerecht, diese für die Arbeitnehmer günstigeren Regelungen beizubehalten. Die Sätze 2 bis 4 in R 23 a LStR[4] sind deshalb weiterhin anzuwenden.

EStG

§ 3

Steuerfrei sind

. . .

139 **60. das Anpassungsgeld für Arbeitnehmer der Braunkohlekraftwerke und -tagebaue sowie Steinkohlekraftwerke, die aus Anlass einer Stilllegungsmaßnahme ihren Arbeitsplatz verloren haben;**

[alte Fassung: *60.*[5] *Leistungen aus öffentlichen Mitteln an Arbeitnehmer des Steinkohlen-, Pechkohlen- und Erzbergbaues, des Braunkohlentiefbaues und der Eisen- und Stahlindustrie aus Anlass von Stilllegungs-, Einschränkungs-, Umstellungs- oder Rationalisierungsmaßnahmen;*]

. . .

142 **62. Ausgaben des Arbeitgebers für die Zukunftssicherung des Arbeitnehmers, soweit der Arbeitgeber dazu nach sozialversicherungsrechtlichen oder anderen gesetzlichen Vorschriften oder nach einer auf gesetzlicher Ermächtigung beruhenden Bestimmung verpflichtet ist, und es sich nicht um Zuwendungen oder Beiträge des Arbeitgebers nach den Nummern 56, 63 und 63 a handelt. ② Den Ausgaben des Arbeitgebers für die Zukunftssicherung, die auf Grund gesetzlicher Verpflichtung geleistet werden, werden gleichgestellt Zuschüsse des Arbeitgebers zu den Aufwendungen des Arbeitnehmers**
a) für eine Lebensversicherung,
b) für die freiwillige Versicherung in der gesetzlichen Rentenversicherung,
c) für eine öffentlich-rechtliche Versicherungs- oder Versorgungseinrichtung seiner Berufsgruppe,
wenn der Arbeitnehmer von der Versicherungspflicht in der gesetzlichen Rentenversicherung befreit worden ist. ③ Die Zuschüsse sind nur insoweit steuerfrei, als sie insgesamt bei Befreiung von der Versicherungspflicht in der allgemeinen Rentenversicherung die Hälfte und bei Befreiung von der Versicherungspflicht in der knappschaftlichen Rentenversicherung zwei Drittel der Gesamtaufwendungen des Arbeitnehmers nicht übersteigen und nicht höher sind als der Betrag, der als Arbeitgeberanteil bei Versicherungspflicht in der allgemeinen Rentenversicherung oder in der knappschaftlichen Rentenversicherung zu zahlen wäre;

LStDV

§ 2 LStDV *Arbeitslohn [abgedruckt bei § 19 EStG]*

---

[1] Nachstehend abgedruckt als Anlage zu LStH 3.59.
[2] Jetzt R 3.59 LStR.
[3] Jetzt R 3.59 LStR.
[4] Jetzt R 3.59 LStR.
[5] Zur weiteren Anwendung der alten Fassung siehe § 52 Abs. 4 Satz 22.

R 3.62 Zukunftssicherungsleistungen (§ 3 Nr. 62 EStG, § 2 Abs. 2 Nr. 3 LStDV)

LStR 3.62

Leistungen aufgrund gesetzlicher Verpflichtungen[1]

(1) ① Zu den nach § 3 Nr. 62 EStG steuerfreien Ausgaben des Arbeitgebers für die Zukunftssicherung des Arbeitnehmers (§ 2 Abs. 2 Nr. 3 Satz 1 und 2 LStDV)[2] gehören insbesondere die Beitragsanteile des Arbeitgebers am Gesamtsozialversicherungsbeitrag (Rentenversicherung, Krankenversicherung, Pflegeversicherung, Arbeitslosenversicherung), Beiträge des Arbeitgebers nach § 172a SGB VI zu einer berufsständischen Versorgungseinrichtung für Arbeitnehmer, die nach § 6 Abs. 1 Satz 1 Nr. 1 SGB VI von der Versicherungspflicht in der gesetzlichen Rentenversicherung befreit sind, und Beiträge des Arbeitgebers nach § 249b SGB V und nach § 168 Abs. 1 Nr. 1b oder 1c, § 172 Abs. 3 oder 3a oder § 276a Abs. 1 SGB VI für geringfügig Beschäftigte. ② Dies gilt auch für solche Beitragsanteile, die aufgrund einer nach ausländischen Gesetzen bestehenden Verpflichtung an ausländische Sozialversicherungsträger, die den inländischen Sozialversicherungsträgern vergleichbar sind, geleistet werden. ③ Steuerfrei sind nach § 3 Nr. 62 EStG auch vom Arbeitgeber nach § 3 Abs. 3 Satz 3 SvEV[3] übernommene Arbeitnehmeranteile am Gesamtsozialversicherungsbeitrag sowie Kranken- und Pflegeversicherungsbeiträge, die der Arbeitgeber nach § 9 der Mutterschutz- und Elternzeitverordnung oder nach entsprechenden Rechtsvorschriften der Länder erstattet. ④ Zukunftssicherungsleistungen aufgrund einer tarifvertraglichen Verpflichtung sind dagegen nicht nach § 3 Nr. 62 EStG steuerfrei. **143**

(2) Für Ausgaben des Arbeitgebers zur Kranken- und Pflegeversicherung des Arbeitnehmers gilt Folgendes: **144**

1. ① Die Beitragsteile und Zuschüsse des Arbeitgebers zur gesetzlichen Krankenversicherung und zur sozialen Pflegeversicherung eines gesetzlich krankenversicherungspflichtigen Arbeitnehmers sind steuerfrei, soweit der Arbeitgeber zur Tragung der Beiträge verpflichtet ist (§ 249 SGB V, § 58 SGB XI); das gilt auch für den Zusatzbeitrag (§ 242 SGB V). ② Der Beitragszuschlag für Kinderlose (§ 55 Abs. 3 SGB XI) ist vom Arbeitnehmer allein zu tragen und kann deshalb vom Arbeitgeber nicht steuerfrei erstattet werden.
2. ① Zuschüsse des Arbeitgebers zur gesetzlichen Krankenversicherung und zur sozialen Pflegeversicherung oder privaten Pflege-Pflichtversicherung eines nicht gesetzlich krankenversicherungspflichtigen Arbeitnehmers, der in der gesetzlichen Krankenversicherung freiwillig versichert ist, sind nach § 3 Nr. 62 EStG steuerfrei, soweit der Arbeitgeber nach § 257 Abs. 1 SGB V und nach § 61 Abs. 1 SGB XI zur Zuschussleistung verpflichtet ist. ② Soweit bei Beziehern von Kurzarbeitergeld ein fiktives Arbeitsentgelt maßgebend ist, bleiben die Arbeitgeberzuschüsse in voller Höhe steuerfrei (§ 257 Abs. 1 i. V. m. § 249 Abs. 2 SGB V). ③ Übersteigt das Arbeitsentgelt nur aufgrund von einmalig gezahltem Arbeitsentgelt die Beitragsbemessungsgrenze und hat der Arbeitnehmer deshalb für jeden Monat die Höchstbeiträge an die Kranken- und Pflegekasse zu zahlen, sind die Arbeitgeberzuschüsse aus Vereinfachungsgründen entsprechend den Höchstbeiträgen steuerfrei. ④ Dies gilt auch dann, wenn das im Krankheitsfall fortgezahlte Arbeitsentgelt die monatliche Beitragsbemessungsgrenze unterschreitet und der Arbeitnehmer dennoch für die Dauer der Entgeltfortzahlung die Höchstbeiträge an die Kranken- und Pflegekasse zu zahlen hat.
3. ① Zuschüsse des Arbeitgebers zu den Kranken- und Pflegeversicherungsbeiträgen eines nicht gesetzlich krankenversicherungspflichtigen Arbeitnehmers, der eine private Kranken- und Pflege-Pflichtversicherung abgeschlossen hat, sind ebenfalls nach § 3 Nr. 62 EStG steuerfrei, soweit der Arbeitgeber nach § 257 Abs. 2 SGB V sowie nach § 61 Abs. 2 SGB XI zur Zuschussleistung verpflichtet ist. ② Der Anspruch auf den Arbeitgeberzuschuss an den bei einem privaten Krankenversicherungsunternehmen versicherten Arbeitnehmer setzt voraus, dass der private Krankenversicherungsschutz Leistungen zum Inhalt hat, die ihrer Art nach auch den Leistungen des SGB V entsprechen. ③ Die Höhe des Arbeitgeberzuschusses bemisst sich nach § 257 Abs. 2 Satz 2 SGB V. ④ Eine leistungsbezogene Begrenzung des Zuschusses sieht § 257 Abs. 2 Satz 2 SGB V nicht vor, sodass Beiträge zur privaten Krankenversicherung im Rahmen des § 257 SGB V zuschussfähig sind, auch wenn der Krankenversicherungsvertrag Leistungserweiterungen enthält (§ 11 Abs. 1, § 257 Abs. 2 Satz 1 SGB V). ⑤ Die für Zwecke des Sonderausgabenabzugs bestehenden Regelungen der KVBEVO[4] bilden keine Grundlage für die Bemessung des Arbeitgeberzuschusses. ⑥ Nummer 2 Satz 3 und 4 gilt entsprechend. ⑦ Für die private Pflege-Pflichtversicherung gilt, dass der Versicherungsschutz Leistungen zum Inhalt haben muss, die

---

[1] Arbeitgeberbeiträge zur Kranken-, Renten- und Arbeitslosenversicherung für beherrschende Gesellschafter-Geschäftsführer sind nicht nach *§ 3 Nr. 62 EStG steuerfrei. Dies gilt nach dem BFH-Urteil vom 10. 10. 2002, VI R 95/99,* BStBl. II S. 886 auch für die Arbeitgeberzuschüsse zu einer Lebensversicherung; diese sind auch dann nicht nach § 3 Nr. 62 Satz 2 EStG steuerfrei, wenn der Arbeitnehmer als nunmehr beherrschender Gesellschafter-Geschäftsführer kraft Gesetzes rentenversicherungsfrei geworden ist, auch wenn er sich ursprünglich auf eigenen Antrag von der Rentenversicherungspflicht hatte befreien lassen. Zur steuerlichen Behandlung und zur Erstattung von wegen vermeintlicher Sozialversicherungspflicht eines beherrschenden Gesellschafter-Geschäftsführers gezahlten Beiträge vgl. *OFD Düsseldorf, Verfügung vom 3. 1. 2000, S 2333 – 47 – St H – K (StEK EStG § 3 Nr. 735 und Nr. 736).* Zum rückwirkenden Wegfall der Sozialversicherungspflicht vgl. *OFD Magdeburg, Verfügung vom 1. 8. 2001, S 2333 – 21 – St 224, DB 2001 S. 2120.*

[2] Abgedruckt bei § 19 EStG.

[3] Abgedruckt als Anlage zu § 8 EStG.

[4] Abgedruckt als Anlage a zu § 10 EStG.

LStR 3.62

nach Art und Umfang den Leistungen der sozialen Pflegeversicherung nach dem SGB XI entsprechen (§ 61 Abs. 2 Satz 1 SGB XI). ⑧ Die Höhe des Arbeitgeberzuschusses bemisst sich nach § 61 Abs. 2 Satz 2 SGB XI. ⑨ Der Arbeitgeber darf Zuschüsse zu einer privaten Krankenversicherung und zu einer privaten Pflege-Pflichtversicherung des Arbeitnehmers nur dann steuerfrei lassen, wenn der Arbeitnehmer eine Bescheinigung des Versicherungsunternehmens vorlegt, in der bestätigt wird, dass die Voraussetzungen des § 257 Abs. 2a SGB V und des § 61 Abs. 6 SGB XI vorliegen und dass es sich bei den vertraglichen Leistungen um Leistungen i. S. d. SGB V und SGB XI handelt. ⑩ Die Bescheinigung muss außerdem Angaben über die Höhe des für die vertraglichen Leistungen i. S. d. SGB V und SGB XI zu zahlenden Versicherungsbeitrags enthalten. ⑪ Der Arbeitgeber hat die Bescheinigung als Unterlage zum Lohnkonto aufzubewahren. ⑫ Soweit der Arbeitgeber die steuerfreien Zuschüsse unmittelbar an den Arbeitnehmer auszahlt, hat der Arbeitnehmer die zweckentsprechende Verwendung durch eine Bescheinigung des Versicherungsunternehmens über die tatsächlichen Kranken- und Pflege-Pflichtversicherungsbeiträge nach Ablauf eines jeden Kj. nachzuweisen; der Arbeitgeber hat diese Bescheinigung als Unterlage zum Lohnkonto aufzubewahren. ⑬ Diese Bescheinigung kann mit der Bescheinigung nach den Sätzen 9 und 10 verbunden werden. ⑭ Ab dem 1. 1. 2024[1] wird das Bescheinigungsverfahren nach den Sätzen 9 bis 13 i. d. R. durch ein elektronisches Datenübermittlungsverfahren ersetzt. ⑮ Die für den steuerfreien Zuschuss und die Lohnsteuerberechnung erforderlichen Angaben über die Kranken- und Pflegeversicherungsbeiträge werden dem Arbeitgeber dann als Lohnsteuerabzugsmerkmale nach § 39 Abs. 4 Nr. 4 Buchst. a und b EStG zum elektronischen Abruf bereitgestellt.

Den gesetzlichen Pflichtbeiträgen gleichgestellte Zuschüsse

145 (3) ① Nach § 3 Nr. 62 Satz 2 EStG sind den Ausgaben des Arbeitgebers für die Zukunftssicherung des Arbeitnehmers, die aufgrund gesetzlicher Verpflichtung geleistet werden, die Zuschüsse des Arbeitgebers gleichgestellt, die zu den Beiträgen des Arbeitnehmers für eine Lebensversicherung – auch für die mit einer betrieblichen Pensionskasse abgeschlossene Lebensversicherung –, für die freiwillige Versicherung in der gesetzlichen Rentenversicherung oder für eine öffentlich-rechtliche Versicherungs- oder Versorgungseinrichtung der Berufsgruppe geleistet werden, wenn der Arbeitnehmer von der Versicherungspflicht in der gesetzlichen Rentenversicherung nach einer der folgenden Vorschriften auf eigenen Antrag befreit worden ist:

1. § 18 Abs. 3 des Gesetzes über die Erhöhung der Einkommensgrenzen in der Sozialversicherung und der Arbeitslosenversicherung und zur Änderung der Zwölften Verordnung zum Aufbau der Sozialversicherung vom 13. 8. 1952 (BGBl. I S. 437),
2. Artikel 2 § 1 des Angestelltenversicherungs-Neuregelungsgesetzes vom 23. 2. 1957 (BGBl. I S. 88, 1074) oder Artikel 2 § 1 des Knappschaftsrentenversicherungs-Neuregelungsgesetzes vom 21. 5. 1957 (BGBl. I S. 533), jeweils in der bis zum 30. 6. 1965 geltenden Fassung,
3. § 7 Abs. 2 AVG i. d. F. des Artikels 1 des Angestelltenversicherungs-Neuregelungsgesetzes vom 23. 2. 1957 (BGBl. I S. 88, 1074),
4. Artikel 2 § 1 des Angestelltenversicherungs-Neuregelungsgesetzes oder Artikel 2 § 1 des Knappschaftsrentenversicherungs-Neuregelungsgesetzes, jeweils i. d. F. des Rentenversicherungs-Änderungsgesetzes vom 9. 6. 1965 (BGBl. I S. 476),
5. Artikel 2 § 1 des Zweiten Rentenversicherungs-Änderungsgesetzes vom 23. 12. 1966 (BGBl. I S. 745),
6. Artikel 2 § 1 des Angestelltenversicherungs-Neuregelungsgesetzes oder Artikel 2 § 1 des Knappschaftsrentenversicherungs-Neuregelungsgesetzes, jeweils i. d. F. des Finanzänderungsgesetzes 1967 vom 21. 12. 1967 (BGBl. I S. 1259),
7. Artikel 2 § 1 Abs. 2 des Angestelltenversicherungs-Neuregelungsgesetzes oder Artikel 2 § 1 Abs. 1a des Knappschaftsrentenversicherungs-Neuregelungsgesetzes, jeweils i. d. F. des Dritten Rentenversicherungs-Änderungsgesetzes vom 28. 7. 1969 (BGBl. I S. 956),
8. § 20 des Gesetzes über die Sozialversicherung vom 28. 6. 1990 (GBl. der Deutschen Demokratischen Republik I Nr. 38 S. 48) i. V. m. § 231a SGB VI i. d. F. des Gesetzes zur Herstellung der Rechtseinheit in der gesetzlichen Renten- und Unfallversicherung (Renten-Überleitungsgesetz – RÜG) vom 25. 7. 1991 (BGBl. I S. 1606).

② Zuschüsse des Arbeitgebers i. S. d. § 3 Nr. 62 Satz 2 EStG liegen nicht vor, wenn der Arbeitnehmer kraft Gesetzes in der gesetzlichen Rentenversicherung versicherungsfrei ist. ③ Den Beiträgen des Arbeitnehmers für eine freiwillige Versicherung in der allgemeinen Rentenversicherung stehen im Übrigen Beiträge für die freiwillige Versicherung in der knappschaftlichen Rentenversicherung oder für die Selbstversicherung/Weiterversicherung in der gesetzlichen Rentenversicherung gleich.

Höhe der steuerfreien Zuschüsse, Nachweis

146 (4) ① Die Steuerfreiheit der Zuschüsse beschränkt sich nach § 3 Nr. 62 Satz 3 EStG im Grundsatz auf den Betrag, den der Arbeitgeber als Arbeitgeberanteil zur gesetzlichen Rentenversicherung

[1] Ab 1. 1. 2026, siehe § 52 Abs. 36 Satz 3 EStG i. d. F. des Artikels 20 des Kreditzweitmarktförderungsgesetzes vom 22. 12. 2023 (BGBl. 2023 I Nr. 411).

aufzuwenden hätte, wenn der Arbeitnehmer nicht von der gesetzlichen Versicherungspflicht befreit worden wäre. ② Soweit der Arbeitgeber die steuerfreien Zuschüsse unmittelbar an den Arbeitnehmer auszahlt, hat dieser die zweckentsprechende Verwendung durch eine entsprechende Bescheinigung des Versicherungsträgers bis zum 30. 4. des folgenden Kj. nachzuweisen. ③ Die Bescheinigung ist als Unterlage zum Lohnkonto aufzubewahren, sofern die Daten ab dem 1. 1.2024 nicht als Lohnsteuerabzugsmerkmale aufzuzeichnen sind (→ Absatz 2 Nr. 3 Satz 14 und 15). LStR 3.62

H 3.62

LStH 3.62

147

Ausländische Krankenversicherung. Die nach § 3 Nr. 62 Satz 1 EStG für die Steuerfreiheit vorausgesetzte gesetzliche Verpflichtung zu einer Zukunftssicherungsleistung des Arbeitgebers ergibt sich für einen Arbeitgeberzuschuss zu einer privaten Krankenversicherung aus § 257 Abs. 2a Satz 1 SGB V. § 257 Abs. 2a SGB V findet auch auf Stpfl. Anwendung, die eine Krankenversicherung bei einem Versicherungsunternehmen abgeschlossen haben, das in einem anderen Land der EU seinen Sitz hat und ist vom Stpfl. nachzuweisen. Die Vorlage der Bescheinigung nach § 257 Abs. 2a SGB V ist nicht konstitutive Voraussetzung der Steuerbefreiung (→ BFH vom 22. 7. 2008 – BStBl. II S. 894).

Ausländische Versicherungsunternehmen. Zahlungen des Arbeitgebers an ausländische Versicherungsunternehmen sind nicht steuerfrei, wenn sie auf vertraglicher Grundlage entrichtet werden (→ BFH vom 28. 5. 2009 – BStBl. II S. 857).

Ausländischer Sozialversicherungsträger

- Arbeitgeberanteile zur ausländischen Sozialversicherung sind nicht steuerfrei, wenn sie auf vertraglicher Grundlage und damit freiwillig entrichtet werden (→ BFH vom 18. 5. 2004 – BStBl. II S. 1014).
- Zu Zuschüssen zu einer ausländischen gesetzlichen Krankenversicherung → BMF vom 30. 1. 2014 (BStBl. I S. 210).[1]
- Bei Beiträgen zu einer ausländischen gesetzlichen Rentenversicherung ist die Anwendung des § 3 Nr. 62 EStG nicht durch die inländische Beitragsbemessungsgrenze begrenzt (→ BMF vom 27. 7. 2016 – BStBl. I S. 759).

Entscheidung des Sozialversicherungsträgers. Bei der Frage, ob die Ausgaben des Arbeitgebers für die Zukunftssicherung des Arbeitnehmers auf einer gesetzlichen Verpflichtung beruhen, ist der Entscheidung des zuständigen Sozialversicherungsträgers des Arbeitnehmers zu folgen, wenn sie nicht offensichtlich rechtswidrig ist (→ BFH vom 6. 6. 2002 – BStBl. 2003 II S. 34 und vom 21. 1. 2010 – BStBl. II S. 703).

Gegenwärtiger Versicherungsstatus. Für die Steuerfreiheit von Arbeitgeberzuschüssen zu einer Lebensversicherung des Arbeitnehmers ist dessen gegenwärtiger Versicherungsstatus maßgeblich. Die Zuschüsse sind nicht nach § 3 Nr. 62 Satz 2 EStG steuerfrei, wenn der Arbeitnehmer als nunmehr beherrschender Gesellschafter-Geschäftsführer kraft Gesetzes rentenversicherungsfrei geworden ist, auch wenn er sich ursprünglich auf eigenen Antrag von der Rentenversicherungspflicht hatte befreien lassen (→ BFH vom 10. 10. 2002 – BStBl. II S. 886).

Gesetzliche Verpflichtung

- Beiträge für eine Krankenversicherung der Arbeitnehmer können steuerfrei sein, wenn der Arbeitgeber nach einer zwischenstaatlichen Verwaltungsvereinbarung, die ihrerseits auf einer gesetzlichen Ermächtigung beruht, zur Leistung verpflichtet ist (§ 3 Nr. 62 Satz 1 3. Alternative EStG; → BFH vom 14. 4. 2011 – BStBl. II S. 767).
- Zuschüsse, die eine AG Vorstandsmitgliedern zur freiwilligen Weiterversicherung in der gesetzlichen Rentenversicherung oder einem Versorgungswerk gewährt, sind nicht nach § 3 Nr. 62 Satz 1 EStG steuerfrei (→ BFH vom 24. 9. 2013 – BStBl. 2014 II S. 124).

Gesetzlicher Beitragszuschuss des Arbeitgebers in der Pflege-Pflichtversicherung

Beispiel:

Ein Arbeitgeber zahlt für Juli 2025 einem privat krankenversicherten Arbeitnehmer einen Zuschuss zur privaten Pflege-Pflichtversicherung von 50% des Gesamtbeitrags von 150 €. Die Beitragsbemessungsgrenze 2025 beträgt 66 150 € (mtl. 5512,50 €). Der steuerfreie Betrag errechnet sich wie folgt:

a) Die Betriebsstätte befindet sich in Sachsen (Arbeitgeberanteil: 1,3%):

1. Begrenzung			
5512,50 € × 1,3% = 71,66 € mtl. Arbeitgeberanteil			
2. Begrenzung			
Privater Pflege-Pflichtversicherungsbeitrag mtl.	150,00 €		
davon 50%	75,00 €		
Vergleich			
1. Begrenzung		71,66 €	
2. Begrenzung		75,00 €	
damit steuerfreier Zuschuss des Arbeitgebers nach § 3 Nr. 62 EStG			71,66 €
somit steuerpflichtiger Zuschuss des Arbeitgebers			3,34 €

[1] Nachstehend abgedruckt als Anlage zu LStH 3.62.

LStH 3.62

b) Die Betriebsstätte befindet sich im übrigen Bundesgebiet (Arbeitgeberanteil: 1,8%):

1. Begrenzung		
5512,50 € × 1,8% = 99,23 € mtl. Arbeitgeberanteil		
2. Begrenzung		
Privater Pflege-Pflichtversicherungsbeitrag mtl.	150,00 €	
davon 50%	75,00 €	
Vergleich		
1. Begrenzung		99,23 €
2. Begrenzung		75,00 €
damit steuerfreier Zuschuss des Arbeitgebers nach § 3 Nr. 62 EStG		75,00 €

Rückzahlung von Beitragsanteilen an den Arbeitgeber. Beitragsanteile am Gesamtsozialversicherungsbeitrag, die der Arbeitgeber ohne gesetzliche Verpflichtung übernommen hat, sind kein Arbeitslohn, wenn sie dem Arbeitgeber zurückgezahlt worden sind und der Arbeitnehmer keine Versicherungsleistungen erhalten hat (→ BFH vom 27. 3. 1992 – BStBl. II S. 663).

Schweizerische öffentlich-rechtliche Pensionskasse. Überobligatorische Arbeitgeberbeiträge an eine schweizerische öffentlich-rechtliche Pensionskasse sind keine gem. § 3 Nr. 62 Satz 1 EStG steuerfreien Zukunftssicherungsleistungen (→ BFH vom 12. 10. 2023 – BStBl. 2024 II S. 297).

Umlagezahlungen
- Umlagezahlungen des Arbeitgebers an die VBL sind Arbeitslohn (→ § 19 Abs. 1 Satz 1 Nr. 3 Satz 1 EStG); sie sind nicht nach § 3 Nr. 62 EStG steuerfrei (→ BFH vom 7. 5. 2009 – BStBl. 2010 II S. 194).
- Zur Steuerfreistellung → § 3 Nr. 56 EStG.

Anl zu LStH 3.62

Schreiben betr. Zuschüsse an einen Arbeitnehmer für dessen Versicherung in einer ausländischen gesetzlichen Krankenversicherung innerhalb der Europäischen Union und des Europäischen Wirtschaftsraums sowie im Verhältnis zur Schweiz (§ 3 Nummer 62 EStG)

148 Vom 30. Januar 2014 (BStBl. I S. 210)

(BMF IV C 5 – S 2333/13/10004; DOK 2014/0079071)

Der BFH hat mit Urteil vom 12. Januar 2011 I R 49/10 (BStBl. II S. 446) im Anschluss an seine bisherige Rechtsprechung (Urteile vom 18. Mai 2004 VI R 11/01, BStBl. II S. 1014, und vom 28. Mai 2009 VI R 27/06, BStBl. II S. 857), entschieden, dass Zuschüsse zu einer Krankenversicherung, die ein inländischer Arbeitgeber an einen Arbeitnehmer für dessen Versicherung in der französischen gesetzlichen Krankenversicherung leistet, nicht nach § 3 Nummer 62 EStG steuerfrei sind. Nach Auffassung des BFH greift die Steuerfreiheit nicht, weil eine gesetzliche Verpflichtung des Arbeitgebers zu Zahlungen des Zuschusses fehle. Der BFH hat sich in seinem Urteil der sozialversicherungsrechtlichen Beurteilung der Vorinstanz angeschlossen (Urteil des FG München vom 21. Mai 2010 8 K 3773/07, EFG 2010 S. 2096).

Das Bundesministerium für Gesundheit hat in Abstimmung mit dem Bundesministerium für Arbeit und Soziales nunmehr hierzu mitgeteilt, dass entgegen der Auffassung der Finanzgerichtsbarkeit gleichwohl eine sozialrechtliche Zuschusspflicht des Arbeitgebers nach § 257 Absatz 1 des Fünften Buches Sozialgesetzbuch (SGB V) besteht, denn die Begründung einer freiwilligen Mitgliedschaft in einer ausländischen gesetzlichen Krankenversicherung ist zumindest innerhalb der Europäischen Union und des Europäischen Wirtschaftsraums sowie im Verhältnis zur Schweiz nach Artikel 5 Buchstabe b der Verordnung (EG) Nummer 883/2004 des Europäischen Parlaments und des Rates vom 29. April 2004 so zu behandeln, als ob eine (freiwillige) Mitgliedschaft bei einer inländischen gesetzlichen Krankenkasse begründet worden wäre.

Vor diesem Hintergrund gilt unter Bezugnahme auf das Ergebnis der Erörterung mit den obersten Finanzbehörden der Länder Folgendes:

Zuschüsse eines inländischen Arbeitgebers an einen Arbeitnehmer für dessen Versicherung in einer ausländischen gesetzlichen Krankenversicherung zumindest innerhalb der Europäischen Union und des Europäischen Wirtschaftsraums sowie im Verhältnis zur Schweiz fallen unter den Anwendungsbereich des § 3 Nummer 62 EStG, weil auf Grund von Artikel 5 Buchstabe b der Verordnung (EG) Nummer 883/2004 des Europäischen Parlaments und des Rates vom 29. April 2004 eine gesetzliche Zuschusspflicht nach § 257 Absatz 1 SGB V besteht. Das BFH-Urteil vom 12. Januar 2011 I R 49/10 (a. a. O.) ist daher nicht mehr allgemein anzuwenden, soweit der BFH von anderen Rechtsgrundsätzen ausgegangen ist. Dies gilt in allen offenen Fällen.

EStG

§ 3

Steuerfrei sind

...

150 **63.[1] Beiträge des Arbeitgebers aus dem ersten Dienstverhältnis an einen Pensionsfonds, eine Pensionskasse oder für eine Direktversicherung zum Aufbau einer kapitalge-**

[1] Zur Anwendung von § 3 Nr. 63 siehe § 52 Abs. 4 Sätze 23 und 24.

EStG

deckten betrieblichen Altersversorgung, bei der eine Auszahlung der zugesagten Alters-, Invaliditäts- oder Hinterbliebenenversorgungsleistungen entsprechend § 82 Absatz 2 Satz 2 vorgesehen ist, soweit die Beiträge im Kalenderjahr 8 Prozent der Beitragsbemessungsgrenze in der allgemeinen Rentenversicherung nicht übersteigen. ② Dies gilt nicht, soweit der Arbeitnehmer nach § 1 a Absatz 3 des Betriebsrentengesetzes[1] verlangt hat, dass die Voraussetzungen für eine Förderung nach § 10 a oder Abschnitt XI erfüllt werden. ③ Aus Anlass der Beendigung des Dienstverhältnisses geleistete Beiträge im Sinne des Satzes 1 sind steuerfrei, soweit sie 4 Prozent der Beitragsbemessungsgrenze in der allgemeinen Rentenversicherung, vervielfältigt mit der Anzahl der Kalenderjahre, in denen das Dienstverhältnis des Arbeitnehmers zu dem Arbeitgeber bestanden hat, höchstens jedoch zehn Kalenderjahre, nicht übersteigen. ④ Beiträge im Sinne des Satzes 1, die für Kalenderjahre nachgezahlt werden, in denen das erste Dienstverhältnis ruhte und vom Arbeitgeber im Inland kein steuerpflichtiger Arbeitslohn bezogen wurde, sind steuerfrei, soweit sie 8 Prozent der Beitragsbemessungsgrenze in der allgemeinen Rentenversicherung, vervielfältigt mit der Anzahl dieser Kalenderjahre, höchstens jedoch zehn Kalenderjahre, nicht übersteigen.

H 3.63

LStH 3.63

152

Allgemeine Grundsätze → BMF vom 12. 8. 2021 (BStBl. I S. 1050) unter Berücksichtigung der Änderungen durch BMF vom 18. 3. 2022 (BStBl. I S. 333), Rn. 23–50.[2]

Beiträge des Arbeitgebers → BMF vom 12. 8. 2021 (BStBl. I S. 1050), Rn. 26.[3]

Umlagezahlungen
- Zur Abgrenzung gegenüber dem Kapitaldeckungsverfahren → BMF vom 12. 8. 2021 (BStBl. I S. 1050), Rn. 74, 77–82;[4]
- → § 3 Nr. 56 EStG.

§ 3

EStG

Steuerfrei sind

...

63 a. Sicherungsbeiträge des Arbeitgebers nach § 23 Absatz 1 des Betriebsrentengesetzes,[5] soweit sie nicht unmittelbar dem einzelnen Arbeitnehmer gutgeschrieben oder zugerechnet werden; 152a

H 3.63 a

LStH 3.63 a

Allgemeine Grundsätze → BMF vom 12. 8. 2021 (BStBl. I S. 1050), Rn. 51–52.[6]

§ 3

EStG

Steuerfrei sind

...

64. bei Arbeitnehmern, die zu einer inländischen juristischen Person des öffentlichen Rechts in einem Dienstverhältnis stehen und dafür Arbeitslohn aus einer inländischen öffentlichen Kasse beziehen, die Bezüge für eine Tätigkeit im Ausland insoweit, als sie den Arbeitslohn übersteigen, der dem Arbeitnehmer bei einer gleichwertigen Tätigkeit am Ort der zahlenden öffentlichen Kasse zustehen würde. ② Satz 1 gilt auch, wenn das Dienstverhältnis zu einer anderen Person besteht, die den Arbeitslohn entsprechend den im Sinne des Satzes 1 geltenden Vorschriften ermittelt, der Arbeitslohn aus einer öffentlichen Kasse gezahlt wird und ganz oder im Wesentlichen aus öffentlichen Mitteln aufgebracht wird. ③ Bei anderen für einen begrenzten Zeitraum in das Ausland entsandten Arbeitnehmern, die dort einen Wohnsitz oder gewöhnlichen Aufenthalt haben, ist der ihnen von einem inländischen Arbeitgeber gewährte Kaufkraftausgleich steuerfrei, soweit er den für vergleichbare Auslandsdienstbezüge nach § 55 des Bundesbesoldungsgesetzes zulässigen Betrag nicht übersteigt; 153

---

[1] Abgedruckt im Anhang **I 15.**
[2] Abgedruckt im Anhang **I 15 b.** Zu den Mitteilungspflichten des Arbeitgebers über die steuerliche Behandlung der Beiträge vgl. § 5 LStDV, abgedruckt bei § 41 EStG.
[3] Abgedruckt im Anhang **I 15 b.**
[4] Abgedruckt im Anhang **I 15 b.**
[5] Abgedruckt im Anhang **I 15.**
[6] Abgedruckt im Anhang **I 15 b.**

LStR 3.64

R 3.64 Kaufkraftausgleich (§ 3 Nr. 64 EStG)

154 (1) ① Wird einem Arbeitnehmer außerhalb des öffentlichen Dienstes von einem inländischen Arbeitgeber ein Kaufkraftausgleich gewährt, bleibt er im Rahmen des Absatzes 2 steuerfrei, wenn der Arbeitnehmer aus dienstlichen Gründen in ein Gebiet außerhalb des Inlands entsandt wird und dort für einen begrenzten Zeitraum einen Wohnsitz i. S. d. § 8 AO oder gewöhnlichen Aufenthalt i. S. d. § 9 AO hat. ② Eine Entsendung für einen begrenzten Zeitraum ist anzunehmen, wenn eine Rückkehr des Arbeitnehmers nach Beendigung der Tätigkeit vorgesehen ist. ③ Es ist unerheblich, ob der Arbeitnehmer tatsächlich zurückkehrt oder nicht.

155 (2) ① Der Umfang der Steuerfreiheit des Kaufkraftausgleichs bestimmt sich nach den Sätzen des Kaufkraftzuschlags zu den Auslandsdienstbezügen im öffentlichen Dienst. ② Die für die einzelnen Länder in Betracht kommenden Kaufkraftzuschläge werden im BStBl. I bekannt gemacht.[1]

156 (3) ① Die Zuschläge beziehen sich jeweils auf den Auslandsdienstort einer Vertretung der Bundesrepublik Deutschland und gelten, sofern nicht im Einzelnen andere Zuschläge festgesetzt sind, jeweils für den gesamten konsularischen Amtsbezirk der Vertretung. ② Die konsularischen Amtsbezirke der Vertretungen ergeben sich vorbehaltlich späterer Änderungen, die im Bundesanzeiger veröffentlicht werden, aus dem Verzeichnis der Vertretungen der Bundesrepublik Deutschland im Ausland.

157 (4) ① Die regionale Begrenzung der Zuschlagssätze gilt auch für die Steuerbefreiung nach § 3 Nr. 64 EStG. ② Für ein Land, das von einer Vertretung der Bundesrepublik Deutschland nicht erfasst wird, kann jedoch der Zuschlagssatz angesetzt werden, der für einen vergleichbaren konsularischen Amtsbezirk eines Nachbarlandes festgesetzt worden ist.

158 (5) ① Die Zuschlagssätze werden im öffentlichen Dienst auf 60 % der Dienstbezüge, die bei Verwendung im Inland zustehen, und der Auslandsdienstbezüge angewendet. ② Da eine vergleichbare Bemessungsgrundlage außerhalb des öffentlichen Dienstes regelmäßig nicht vorhanden ist, ist der steuerfreie Teil des Kaufkraftausgleichs durch Anwendung eines entsprechenden Abschlagssatzes nach den Gesamtbezügen einschließl. des Kaufkraftausgleichs zu bestimmen. ③ Dabei ist es gleichgültig, ob die Bezüge im Inland oder im Ausland ausgezahlt werden. ④ Der Abschlagssatz errechnet sich nach folgender Formel:

$$\frac{\text{Zuschlagssatz} \times 600}{1000 + 6 \times \text{Zuschlagssatz}}.$$

⑤ Ergibt sich durch Anwendung des Abschlagssatzes ein höherer Betrag als der tatsächlich gewährte Kaufkraftausgleich, ist nur der niedrigere Betrag steuerfrei. ⑥ Zu den Gesamtbezügen, auf die der Abschlagssatz anzuwenden ist, gehören nicht steuerfreie Reisekostenvergütungen und steuerfreie Vergütungen für Mehraufwendungen bei doppelter Haushaltsführung.

159 (6) ① Wird ein Zuschlagssatz rückwirkend erhöht, ist der Arbeitgeber berechtigt, die bereits abgeschlossenen Lohnabrechnungen insoweit wiederaufzurollen und bei der jeweils nächstfolgenden Lohnzahlung die ggf. zu viel einbehaltene Lohnsteuer zu erstatten. ② Dabei ist § 41 c Abs. 2 und 3 EStG anzuwenden. ③ Die Herabsetzung eines Zuschlagssatzes ist erstmals bei der Lohnabrechnung des Arbeitslohns zu berücksichtigen, der für einen nach der Veröffentlichung der Herabsetzung beginnenden Lohnzahlungszeitraum gezahlt wird.

LStH 3.64

H 3.64[2]

Abschlagssätze

160

Zuschlags-satz	Abschlags-satz	Zuschlags-satz	Abschlags-satz	Zuschlags-satz	Abschlags-satz
5	2,91	40	19,35	75	31,03
10	5,66	45	21,26	80	32,43
15	8,26	50	23,08	85	33,77
20	10,71	55	24,81	90	35,06
25	13,04	60	26,47	95	36,31
30	15,25	65	28,06	100	37,50
35	17,36	70	29,58		

EU-Recht. Eine Anwendung des § 3 Nr. 64 EStG auf die dem Kaufkraftausgleich vergleichbaren Auslandszahlungen ist aus EU-rechtlichen Gründen nicht erforderlich (→ EuGH vom 15. 9. 2011 – BStBl. 2013 II S. 56).

EU-Tagegeld. Das EU-Tagegeld ist Arbeitslohn. Es bleibt jedoch steuerfrei, soweit es auf steuerfreie Auslandsdienstbezüge angerechnet wird (→ BMF vom 12. 4. 2006 – BStBl. I S. 340).[3]

Wohnungsgestellung am ausländischen Dienstort → R 8.1 Abs. 6 Satz 11.

[1] Nachstehend abgedruckt als Anlage zu LStH 3.64.

[2] Zur Anwendung des § 3 Nr. 64 EStG auf die an Lektoren des Deutschen Akademischen Austauschdienstes (DAAD) gezahlte Ausgleichszulage vgl. *FinMin Niedersachsen, Erlass vom 26. 1. 2004, S 2341 – 3 – 35 (StEK EStG § 3 Nr. 833).*

[3] Abgedruckt als Anlage e zu LStH 39.5.

Anl zu LStH 3.64

Schreiben betr. Steuerbefreiung des Kaufkraftausgleichs (§ 3 Nr. 64 EStG); Gesamtübersicht der Kaufkraftzuschläge – Stand 1. Januar 2025 –

Vom 21. Januar 2025 (BStBl. I S. 304)

(BMF IV C 5 – S 2341/00025/004/006; DOK COO.7005.100.3.10955461)

Die Gesamtübersicht über die maßgebenden Kaufkraftzuschläge mit Stand 1. Januar 2025 (siehe Anlage) wird hiermit bekannt gemacht. Die Gesamtübersicht umfasst die Zeiträume ab 1. Januar 2020. 161

Die folgenden vierteljährlichen Bekanntmachungen über die Steuerbefreiung des Kaufkraftausgleichs vom

– 5. April 2024 – IV C 5 – S 2341/24/10001 :001; DOK 2024/0316867 (BStBl. I Seite 708), und
– 10. Juli 2024 – IV C 5 – S 2341/24/10001 :002; DOK 2024/0626106 (BStBl. I Seite 1102)

werden hiermit aufgehoben.

Gesamtübersicht über die Kaufkraftzuschläge zum 1. 1. 2025 (§ 3 Nr. 64 EStG) mit Zeitraum ab 1. 1. 2020

Land/Dienstorte	Datum vor 2020 entspricht letzter Änderung	Kaufkraftzuschlag in Prozent
Afghanistan	1. 1. 02	0
Ägypten	1. 1. 01	0
Albanien	1. 9. 02	0
Algerien	1. 6. 01	0
Angola	1. 8. 24	5
	1. 7. 24	10
	1. 6. 24	5
	1. 5. 24	10
	1. 8. 23	5
	1. 12. 22	10
	1. 4. 22	15
	1. 2. 22	10
	1. 9. 21	5
	1. 4. 20	0
	1. 5. 19	5
Argentinien	1. 1. 24	0
	1. 12. 23	10
	1. 11. 23	5
	1. 11. 18	0
Armenien	1. 9. 04	0
Aserbeidschan	1. 1. 16	0
	1. 2. 03	0
Äthiopien	1. 7. 03	0
Australien	1. 3. 23	5
	1. 2. 23	10
	1. 1. 23	5
	1. 9. 20	10
	1. 3. 20	5
	1. 10. 19	10
Bahrain	1. 2. 23	0
	1. 5. 22	5
	1. 3. 22	0
	1. 12. 21	5
	1. 1. 21	0
	1. 11. 20	5
	1. 9. 20	0
	1. 3. 19	5
Bangladesch	1. 9. 23	0
	1. 5. 23	5
	1. 6. 22	10
	1. 5. 22	15
	1. 3. 22	10
	1. 10. 21	15
	1. 12. 20	10
	1. 11. 20	15
	1. 8. 20	10
	1. 7. 20	15
	1. 6. 20	10
	1. 3. 20	15
	1. 11. 19	10
Belgien	1. 11. 23	10
	1. 4. 23	5
	1. 3. 23	10
	1. 1. 23	5
	1. 10. 22	10
	1. 9. 22	5
	1. 8. 22	10
	1. 7. 22	5
	1. 6. 22	10
	1. 4. 22	5
	1. 10. 21	10
	1. 4. 21	5
	1. 2. 21	10
	1. 1. 21	5
	1. 9. 20	10
	1. 8. 20	5
	1. 7. 20	10
	1. 5. 20	5
	1. 11. 19	10
Benin	1. 12. 24	0
	1. 2. 22	5
	1. 9. 21	10
	1. 8. 21	5
	1. 4. 21	10
	1. 3. 21	5
	1. 1. 20	10

Land/Dienstorte	Datum vor 2020 entspricht letzter Änderung	Kaufkraft-zuschlag in Prozent
Bolivien	1. 8. 01	0
Bosnien-Herzegowina	1. 11. 98	0
Botsuana	1. 10. 90	0
Brasilien	1. 8. 24	5
– Brasilia	1. 2. 22	10
	1. 10. 21	5
	1. 9. 21	10
	1. 8. 21	5
	1. 7. 21	10
	1. 6. 20	5
	1. 3. 20	10
	1. 11. 18	15
– Porto Alegre	1. 9. 23	5
	1. 7. 23	10
	1. 12. 22	5
	1. 11. 22	10
	1. 7. 22	5
	1. 4. 22	10
	1. 12. 21	5
	1. 11. 21	0
	1. 5. 21	5
	1. 3. 21	0
	1. 1. 21	5
	1. 10. 20	0
	1. 4. 20	5
	1. 3. 19	10
– Recife	1. 11. 24	5
	1. 7. 22	10
	1. 6. 22	15
	1. 12. 21	10
	1. 11. 21	5
	1. 9. 21	10
	1. 8. 21	5
	1. 6. 21	10
	1. 8. 20	5
	1. 4. 20	10
	1. 4. 18	15
– Rio de Janeiro	1. 9. 23	10
	1. 7. 23	15
	1. 12. 22	10
	1. 11. 22	15
	1. 7. 22	10
	1. 4. 22	15
	1. 12. 21	10
	1. 11. 21	5
	1. 5. 21	10
	1. 3. 21	5
	1. 1. 21	10
	1. 10. 20	5
	1. 4. 20	10
	1. 3. 19	15
– São Paulo	s. Rio de Janeiro	
Brunei	1. 8. 02	0
Bulgarien	1. 6. 95	0
Burkina Faso	1. 1. 25	5
	1. 5. 24	10
	1. 2. 24	5
	1. 1. 24	10
	1. 12. 23	5
	1. 11. 23	10
	1. 9. 23	5
	1. 6. 23	10
	1. 3. 23	5
	1. 4. 21	10
	1. 2. 21	5
	1. 7. 20	10
	1. 6. 20	5
	1. 5. 20	10
	1. 6. 19	5
Burundi	1. 10. 24	5
	1. 7. 24	10
	1. 7. 23	5
	1. 5. 23	10
	1. 4. 23	15
	1. 10. 22	10
	1. 6. 17	20
Chile	1. 3. 23	0
	1. 2. 23	5
	1. 1. 20	0
China		
– Chengdu		s. Peking
– Hongkong	1. 8. 24	15
	1. 7. 24	20
	1. 3. 24	15
	1. 2. 24	20
	1. 12. 23	15
	1. 10. 23	20
	1. 7. 23	15
	1. 6. 23	20
	1. 4. 23	15
	1. 9. 21	20
	1. 5. 21	15
	1. 4. 21	20
	1. 2. 21	15
	1. 3. 19	20
– Kanton	1. 4. 24	15
	1. 9. 22	10
	1. 11. 21	15
	1. 3. 21	10
	1. 2. 21	15
	1. 12. 20	10
	1. 11. 20	15
	1. 6. 20	10
	1. 5. 20	15
	1. 4. 20	10
	1. 12. 19	15
– Peking	1. 4. 24	10
	1. 5. 23	5
	1. 3. 16	10
– Shanghai	1. 4. 24	15
	1. 3. 23	10
	1. 3. 15	15
– Shenyang	1. 4. 24	10
	1. 12. 22	5
	1. 10. 20	10
	1. 8. 20	5
	1. 12. 18	10
Costa Rica	1. 6. 24	10
	1. 2. 24	15
	1. 12. 23	10
	1. 10. 23	15

Land/Dienstorte	Datum vor 2020 entspricht letzter Änderung	Kaufkraft-zuschlag in Prozent
	1. 6. 20	10
	1. 5. 20	15
	1. 3. 20	10
	1. 2. 20	15
	1. 1. 20	10
Côte d'Ivoire	1. 1. 19	10
Dänemark	1. 4. 21	10
	1. 7. 20	15
	1. 4. 20	10
	1. 10. 19	15
Dominikanische Republik	1. 7. 16	0
Dschibuti	1. 3. 23	20
	1. 6. 22	25
	1. 7. 20	20
	1. 8. 19	25
Ecuador	1. 10. 24	0
	1. 4. 22	5
	1. 6. 17	0
El Salvador	1. 1. 23	0
	1. 5. 22	5
	1. 8. 17	0
Eritrea	1. 10. 24	10
	1. 2. 24	15
	1. 12. 23	10
	1. 10. 23	15
	1. 7. 23	10
	1. 6. 23	15
	1. 4. 23	10
	1. 3. 23	15
	1. 2. 23	10
	1. 5. 22	15
	1. 4. 18	10
Estland	1. 12. 96	0
Fidschi	1. 1. 25	5
	1. 4. 24	15
	1. 7. 23	10
Finnland	1. 7. 22	5
	1. 6. 22	10
	1. 3. 22	5
	1. 6. 12	10
Frankreich	1. 12. 24	0
	1. 11. 22	5
	1. 10. 22	0
	1. 11. 17	5
Gabun	1. 5. 21	20
	1. 10. 19	25
Gambia	1. 1. 25	10
	1. 9. 24	15
	1. 4. 24	20
	1. 12. 23	15
	1. 10. 23	20
	1. 8. 23	15

Land/Dienstorte	Datum vor 2020 entspricht letzter Änderung	Kaufkraft-zuschlag in Prozent
Georgien	1. 2. 10	0
Ghana	1. 3. 24	5
	1. 2. 24	10
	1. 12. 23	5
	1. 6. 23	10
	1. 2. 23	5
	1. 1. 23	10
	1. 10. 22	5
	1. 6. 17	10
Griechenland	1. 6. 12	0
Guatemala	1. 10. 17	0
Guinea	1. 16. 24	15
	1. 5. 24	20
	1. 11. 23	15
	1. 10. 23	20
	1. 1. 23	15
	1. 5. 22	20
	1. 7. 21	15
	1. 11. 19	10
Haiti	1. 3. 24	25
	1. 8. 23	20
	1. 2. 23	15
	1. 9. 22	20
	1. 5. 21	15
	1. 12. 20	20
	1. 11. 20	25
	1. 10. 20	20
	1. 2. 19	10
Honduras	1. 10. 23	5
	1. 7. 19	10
Indien		
– Bangalore	1. 2. 23	0
	1. 11. 21	5
	1. 5. 21	0
	1. 4. 21	5
	1. 12. 20	0
	1. 10. 20	5
	1. 9. 20	0
	1. 1. 19	5
– Chennai	1. 6. 02	0
– Kalkutta	1. 6. 02	0
– Mumbai	1. 11. 22	0
	1. 8. 22	5
	1. 5. 20	0
	1. 4. 19	5
– Neu-Delhi	1. 6. 02	0
Indonesien	1. 7. 02	0
Irak	1. 8. 01	5
Iran	1. 11. 98	0
Irland	1. 1. 24	0
	1. 5. 23	5
	1. 4. 23	0
	1. 3. 23	5
	1. 1. 23	0
	1. 11. 22	5

Anl zu LStH 3.64

Land/Dienstorte	Datum vor 2020 entspricht letzter Änderung	Kaufkraft-zuschlag in Prozent
	1. 9. 22	0
	1. 12. 09	5
Island	1. 11. 24	20
	1. 5. 24	25
	1. 3. 24	5
	1. 2. 24	10
	1. 12. 23	5
	1. 8. 23	10
	1. 11. 22	5
	1. 2. 22	10
	1. 1. 22	5
	1. 12. 21	10
	1. 10. 21	10
	1. 6. 21	10
	1. 5. 21	5
	1. 4. 21	10
	1. 5. 20	5
	1. 1. 20	10
Israel	1. 4. 23	10
	1. 2. 22	15
	1. 1. 22	20
	1. 8. 17	15
Italien	1. 12. 24	0
	1. 11. 24	5
	1. 10. 24	0
	1. 9. 24	5
	1. 7. 24	0
	1. 5. 24	5
	1. 1. 24	0
	1. 9. 23	5
	1. 7. 23	0
	1. 10. 22	5
	1. 7. 22	0
	1. 10. 17	5
Jamaika	1. 1. 23	15
	1. 8. 22	20
	1. 12. 21	15
	1. 11. 21	10
	1. 10. 21	15
	1. 1. 21	10
	1. 10. 20	15
	1. 9. 20	10
	1. 7. 20	15
	1. 11. 19	20
Japan	1. 7. 23	20
	1. 9. 22	25
	1. 8. 22	30
	1. 6. 22	25
	1. 1. 22	30
	1. 12. 21	35
	1. 6. 21	30
	1. 12. 20	35
	1. 11. 20	40
	1. 8. 20	35
	1. 8. 19	40
Jemen	1. 9. 02	0
Jordanien	1. 12. 24	0
	1. 11. 24	5
	1. 9. 24	0

Land/Dienstorte	Datum vor 2020 entspricht letzter Änderung	Kaufkraft-zuschlag in Prozent
	1. 7. 21	5
	1. 6. 21	0
	1. 3. 19	5
Kambodscha	1. 1. 23	0
	1. 12. 21	5
	1. 12. 20	0
	1. 11. 20	5
	1. 8. 20	0
	1. 8. 19	5
Kamerun	1. 3. 16	10
Kanada		
– Montreal		s. Ottawa
– Ottawa	1. 2. 23	0
	1. 9. 22	5
	1. 8. 22	10
	1. 4. 21	5
	1. 5. 20	0
	1. 2. 19	5
– Toronto	1. 10. 24	0
	1. 1. 23	5
	1. 9. 22	10
	1. 8. 22	15
	1. 11. 21	10
	1. 4. 20	5
	1. 7. 19	10
– Vancouver	1. 11. 23	0
	1. 10. 23	5
	1. 9. 23	0
	1. 6. 23	5
	1. 4. 23	0
	1. 9. 22	5
	1. 5. 22	10
	1. 11. 20	5
	1. 10. 20	0
	1. 9. 20	5
	1. 7. 20	0
	1. 5. 18	5
Kap Verde	1. 1. 25	10
	1. 12. 22	20
	1. 10. 21	10
	1. 7. 21	5
	1. 6. 19	10
Kasachstan	1. 3. 09	0
Katar	1. 6. 24	5
	1. 4. 24	10
	1. 3. 24	5
	1. 9. 23	10
	1. 7. 23	5
	1. 6. 23	10
	1. 4. 23	5
	1. 1. 23	10
	1. 12. 22	15
	1. 10. 22	10
	1. 8. 02	0
Kenia	1. 11. 24	5
	1. 4. 24	10
	1. 2. 24	0
	1. 4. 23	5
	1. 3. 23	0

Anl zu LStH 3.64

Land/Dienstorte	Datum vor 2020 entspricht letzter Änderung	Kaufkraft-zuschlag in Prozent
	1. 1. 20	5
Kirgisistan	1. 12. 98	0
Kolumbien	1. 7. 20	0
	1. 6. 17	5
Kongo, Rep.	1. 11. 24	10
	1. 4. 24	15
	1. 4. 23	10
	1. 9. 21	15
	1. 6. 18	20
Kongo, Dem. Rep.	1. 10. 21	20
	1. 12. 20	15
	1. 11. 20	20
	1. 8. 20	15
	1. 3. 20	20
	1. 11. 19	15
Korea	1. 6. 24	5
	1. 8. 23	10
	1. 7. 23	5
	1. 6. 21	10
	1. 11. 20	15
	1. 8. 20	10
	1. 7. 20	15
	1. 6. 20	10
	1. 5. 17	15
Korea, Demokratische Volksrepublik	1. 9. 19	10
Kosovo	1. 12. 98	0
Kroatien	1. 2. 99	0
Kuba	1. 7. 21	10
	1. 6. 21	5
	1. 4. 21	10
	1. 3. 21	5
	1. 5. 18	10
Kuwait	1. 2. 23	5
	1. 10. 22	10
	1. 7. 02	0
Laotische Demokratische Volksrepublik	1. 11. 21	0
	1. 2. 17	5
Lettland	1. 1. 01	0
Libanon	1. 10. 23	10
	1. 4. 23	5
	1. 3. 23	15
	1. 12. 22	10
	1. 10. 22	15
	1. 8. 22	10
	1. 7. 22	15
	1. 5. 22	10
	1. 4. 22	5
	1. 6. 21	0
	1. 4. 21	5
	1. 2. 21	0

Land/Dienstorte	Datum vor 2020 entspricht letzter Änderung	Kaufkraft-zuschlag in Prozent
	1. 1. 21	20
	1. 12. 20	25
	1. 7. 20	20
	1. 6. 20	15
	1. 4. 20	10
	1. 10. 19	5
Liberia	1. 10. 24	15
	1. 11. 23	20
	1. 10. 23	25
	1. 10. 22	20
	1. 9. 22	25
	1. 6. 21	45
	1. 12. 20	50
	1. 7. 20	55
	1. 9. 20	45
	1. 8. 19	50
Libyen	1. 8. 02	0
Litauen	1. 12. 98	0
Luxemburg	1. 12. 14	0
Madagaskar	1. 7. 18	0
Malawi	1. 7. 12	0
Malaysia	1. 6. 02	0
Mali	1. 12. 14	5
Malta	1. 5. 03	0
Marokko	1. 6. 02	0
Mauretanien	1. 6. 14	0
Mexiko	1. 7. 24	5
	1. 6. 23	10
	1. 4. 22	5
	1. 3. 22	0
	1. 1. 22	5
	1. 5. 20	0
	1. 10. 19	5
Moldau	1. 9. 01	0
Mongolei	1. 8. 12	0
Montenegro	1. 5. 07	0
Mosambik	1. 5. 16	0
Myanmar	1. 6. 16	0
Namibia	1. 5. 02	0
Nepal	1. 3. 01	0
Neuseeland	1. 8. 24	5
	1. 6. 24	10
	1. 5. 24	5
	1. 10. 23	10
	1. 9. 23	5
	1. 1. 23	10

Anl zu LStH 3.64

Land/Dienstorte	Datum vor 2020 entspricht letzter Änderung	Kaufkraft-zuschlag in Prozent
	1. 12. 22	15
	1. 10. 22	10
	1. 8. 22	15
	1. 7. 22	10
	1. 12. 21	15
	1. 11. 21	20
	1. 11. 20	15
	1. 3. 20	10
	1. 12. 19	15
Nicaragua	1. 12. 22	5
	1. 8. 22	10
	1. 7. 22	5
	1. 6. 22	10
	1. 9. 21	5
	1. 5. 21	0
	1. 4. 21	5
	1. 1. 21	0
	1. 6. 18	5
Niederlande	1. 12. 24	10
	1. 2. 24	15
	1. 11. 23	10
	1. 10. 23	15
	1. 9. 23	10
	1. 4. 22	15
	1. 10. 83	0
Niger	1. 8. 24	0
	1. 7. 24	5
	1. 2. 18	0
Nigeria	1. 2. 24	0
	1. 8. 23	5
	1. 11. 22	15
	1. 10. 22	20
	1. 12. 21	15
	1. 8. 18	10
Nordmaze-donien	1. 10. 92	0
Norwegen	1. 8. 24	10
	1. 6. 24	15
	1. 4. 24	10
	1. 1. 24	15
	1. 11. 23	10
	1. 10. 23	15
	1. 9. 23	10
	1. 8. 23	15
	1. 5. 23	10
	1. 2. 23	15
	1. 9. 22	20
	1. 8. 22	25
	1. 6. 22	20
	1. 12. 21	25
	1. 11. 21	30
	1. 9. 21	25
	1. 8. 21	20
	1. 4. 21	25
	1. 3. 21	20
	1. 1. 21	25
	1. 6. 20	20
	1. 5. 20	15
	1. 3. 20	20
	1. 3. 19	25

Land/Dienstorte	Datum vor 2020 entspricht letzter Änderung	Kaufkraft-zuschlag in Prozent
Oman	1. 12. 22	0
	1. 8. 22	5
	1. 8. 20	0
	1. 10. 18	5
Österreich	1. 12. 24	0
	1. 6. 24	5
	1. 5. 24	10
	1. 9. 23	5
	1. 7. 23	0
	1. 5. 23	5
	1. 1. 23	0
	1. 12. 22	5
	1. 1. 22	0
	1. 11. 21	5
	1. 6. 21	0
	1. 9. 20	5
	1. 8. 20	0
	1. 7. 20	5
	1. 5. 20	0
	1. 11. 19	5
Pakistan	1. 9. 95	0
Palästin. Autonom.		s. Israel
Panama	1. 1. 23	10
	1. 5. 22	15
	1. 4. 22	10
	1. 7. 21	5
	1. 5. 21	0
	1. 2. 21	5
	1. 1. 21	0
	1. 9. 15	5
Papua-Neuguinea		s. Australien
Paraguay	1. 9. 11	0
Peru	1. 12. 20	5
	1. 11. 20	10
	1. 8. 20	5
	1. 1. 19	10
Philippinen	1. 1. 98	0
Polen	1. 12. 99	0
Portugal	1. 2. 93	0
Ruanda	1. 12. 23	10
	1. 12. 22	15
	1. 10. 22	20
	1. 10. 21	15
	1. 5. 21	10
	1. 9. 18	15
Rumänien	1. 1. 99	0
Russische Föderation	1. 3. 04	0
Sambia	1. 7. 06	0
Saudi-Arabien	1. 8. 24	0

Land/Dienstorte	Datum vor 2020 entspricht letzter Änderung	Kaufkraft-zuschlag in Prozent
	1. 6. 24	5
	1. 12. 23	0
	1. 10. 23	5
	1. 7. 23	0
	1. 6. 23	5
	1. 4. 23	0
	1. 3. 23	5
	1. 2. 23	0
	1. 10. 22	5
	1. 8. 02	0
Schweden	1. 12. 24	0
	1. 12. 23	5
	1. 11. 23	0
	1. 10. 23	5
	1. 9. 23	0
	1. 8. 23	5
	1. 7. 23	0
	1. 1. 23	5
	1. 12. 22	10
	1. 9. 22	5
	1. 8. 22	10
	1. 7. 22	5
	1. 12. 21	10
	1. 11. 21	15
	1. 3. 21	10
	1. 12. 20	15
	1. 3. 19	10
	1. 11. 06	15
Schweiz	1. 3. 24	25
	1. 1. 24	30
	1. 9. 22	25
	1. 8. 22	30
	1. 8. 21	25
	1. 7. 21	20
	1. 12. 20	25
	1. 11. 20	30
	1. 6. 20	25
	1. 2. 20	30
	1. 11. 19	25
Senegal	1. 12. 24	10
	1. 9. 18	15
Serbien	1. 7. 92	0
Sierra Leone	1. 7. 23	10
	1. 12. 22	5
	1. 8. 20	10
	1. 7. 20	15
	1. 6. 20	10
	1. 4. 20	15
	1. 5. 16	10
Simbabwe	1. 4. 24	25
	1. 9. 23	15
	1. 11. 18	25
Singapur	1. 11. 24	15
	1. 7. 24	20
	1. 5. 24	15
	1. 10. 23	20
	1. 7. 23	15
	1. 6. 23	20
	1. 5. 23	15

Land/Dienstorte	Datum vor 2020 entspricht letzter Änderung	Kaufkraft-zuschlag in Prozent
	1. 5. 22	20
	1. 3. 22	15
	1. 2. 22	20
	1. 5. 20	15
	1. 10. 19	20
Slowakische Republik	1. 8. 94	0
Slowenien	1. 11. 91	0
Spanien	1. 7. 24	0
	1. 6. 24	0
	1. 3. 24	5
	1. 1. 23	0
	1. 12. 22	5
	1. 10. 22	0
	1. 4. 22	5
	1. 1. 16	0
Sri Lanka	1. 4. 24	5
	1. 2. 95	0
Südafrika	1. 9. 01	0
Sudan	1. 12. 22	20
	1. 10. 22	25
	1. 7. 22	20
	1. 4. 22	15
	1. 4. 21	0
	1. 3. 21	15
	1. 2. 21	30
	1. 1. 21	25
	1. 11. 20	20
	1. 9. 20	15
	1. 7. 20	10
	1. 4. 20	5
	1. 6. 17	0
Südsudan	1. 10. 24	10
	1. 8. 24	15
	1. 6. 24	20
	1. 7. 23	15
	1. 11. 22	20
	1. 10. 22	25
	1. 9. 22	20
	1. 6. 22	25
	1. 5. 22	30
	1. 4. 22	25
	1. 3. 22	30
	1. 1. 22	25
	1. 12. 21	35
	1. 11. 21	30
	1. 10. 21	35
	1. 8. 21	30
	1. 6. 21	25
	1. 5. 21	45
	1. 3. 21	50
	1. 1. 21	45
	1. 12. 20	50
	1. 10. 20	55
	1. 9. 20	50
	1. 6. 20	45
	1. 4. 20	55
	1. 2. 20	50
	1. 1. 20	40

Anl zu LStH 3.64

Land/Dienstorte	Datum vor 2020 entspricht letzter Änderung	Kaufkraft-zuschlag in Prozent
Syrien	1. 2. 04	0
Tadschikistan	1. 9. 04	0
Taiwan	1. 9. 22	0
	1. 7. 21	5
	1. 5. 21	0
	1. 3. 21	5
	1. 1. 21	0
	1. 10. 20	5
	1. 8. 20	0
	1. 10. 19	5
Tansania	1. 7. 24	0
	1. 7. 23	5
	1. 11. 21	10
	1. 5. 21	5
	1. 4. 21	10
	1. 10. 20	5
	1. 1. 19	10
Thailand	1. 5. 21	0
	1. 1. 18	5
Togo	1. 8. 16	0
Trinidad und Tobago	1. 8. 24	10
	1. 2. 24	15
	1. 1. 24	10
	1. 9. 23	15
	1. 8. 23	10
	1. 7. 23	15
	1. 6. 23	10
	1. 5. 22	15
	1. 3. 22	10
	1. 12. 21	15
	1. 12. 20	10
	1. 11. 20	15
	1. 8. 20	10
	1. 10. 19	15
Tschad	1. 12. 23	15
	1. 11. 23	10
	1. 10. 23	15
	1. 10. 21	10
	1. 7. 16	15
Tschechische Republik	1. 4. 00	0
Tunesien	1. 2. 01	0
Türkei	1. 12. 10	0
Turkmenistan	1. 3. 03	0
Uganda	1. 1. 23	5
	1. 12. 22	10
	1. 11. 22	5
	1. 10. 22	10
	1. 8. 22	5
	1. 7. 22	10
	1. 6. 22	5
	1. 5. 22	10
	1. 3. 22	5
	1. 2. 22	10

Land/Dienstorte	Datum vor 2020 entspricht letzter Änderung	Kaufkraft-zuschlag in Prozent
	1. 9. 18	5
Ukraine	1. 8. 02	0
Ungarn	1. 7. 91	0
Uruguay	1. 6. 24	15
	1. 4. 24	20
	1. 12. 22	15
	1. 11. 22	20
	1. 4. 22	15
	1. 5. 20	10
	1. 3. 18	15
Usbekistan	1. 3. 02	0
Venezuela	1. 4. 19	15
Vereinigte Arabische Emirate	1. 10. 24	0
	1. 9. 21	5
	1. 5. 21	0
	1. 11. 19	5
Vereinigtes Königreich	1. 12. 24	15
	1. 10. 24	20
	1. 11. 22	15
	1. 9. 22	5
	1. 8. 22	10
	1. 7. 22	5
	1. 11. 21	10
	1. 3. 20	5
	1. 1. 20	10
Vereinigte Staaten – Atlanta	1. 10. 24	5
	1. 12. 23	10
	1. 10. 23	15
	1. 3. 23	10
	1. 12. 22	15
	1. 8. 22	20
	1. 4. 22	15
	1. 3. 22	10
	1. 2. 22	15
	1. 7. 21	10
	1. 5. 21	5
	1. 4. 21	10
	1. 12. 20	5
	1. 6. 18	10
– Boston	1. 10. 24	10
	1. 1. 23	15
	1. 5. 22	20
	1. 10. 21	15
	1. 8. 20	10
	1. 2. 19	15
– Chicago	1. 10. 24	5
	1. 12. 23	10
	1. 10. 23	15
	1. 3. 23	10
	1. 12. 22	15
	1. 8. 22	20
	1. 4. 22	15
	1. 3. 22	10

Anl zu LStH 3.64

Land/Dienstorte	Datum vor 2020 entspricht letzter Änderung	Kaufkraft-zuschlag in Prozent
	1. 2. 22	15
	1. 7. 21	10
	1. 5. 21	5
	1. 4. 21	10
	1. 12. 20	5
	1. 6. 18	10
– Houston	1. 10. 24	5
	1. 2. 23	10
	1. 5. 22	15
	1. 9. 21	10
	1. 5. 21	5
	1. 4. 21	10
	1. 12. 20	5
	1. 11. 20	10
	1. 9. 20	5
	1. 1. 19	10
– Los Angeles	1. 10. 24	5
	1. 12. 23	10
	1. 10. 23	15
	1. 3. 23	10
	1. 12. 22	15
	1. 8. 22	20
	1. 4. 22	15
	1. 3. 22	10
	1. 2. 22	15
	1. 7. 21	10
	1. 5. 21	5
	1. 4. 21	10
	1. 12. 20	5
	1. 6. 18	10
– Miami	1. 10. 24	5
	1. 2. 23	10
	1. 5. 22	15
	1. 9. 21	10
	1. 5. 21	5
	1. 4. 21	10
	1. 12. 20	5
	1. 11. 20	10
	1. 9. 20	5
	1. 1. 19	10
– New York	1. 10. 24	10
	1. 12. 23	15
	1. 10. 23	20
	1. 3. 23	15
	1. 12. 22	20
	1. 8. 22	25
	1. 4. 22	20
	1. 3. 22	15
	1. 2. 22	20
	1. 7. 21	15
	1. 5. 21	10
	1. 4. 21	15
	1. 12. 20	10
	1. 6. 18	15
– San Francisco	1. 9. 24	10
	1. 2. 24	15
	1. 1. 24	10
	1. 6. 23	15
	1. 5. 23	10
	1. 1. 23	15
	1. 5. 22	20
	1. 11. 21	15
	1. 7. 20	10
	1. 8. 19	15
– Washington	1. 10. 24	5
	1. 6. 24	10
	1. 2. 24	15
	1. 12. 23	10
	1. 10. 23	15
	1. 7. 23	10
	1. 6. 23	15
	1. 4. 23	10
	1. 12. 22	15
	1. 7. 22	20
	1. 12. 21	15
	1. 4. 20	10
	1. 2. 20	15
	1. 11. 19	10
Vietnam	1. 5. 03	0
Weißrussland	1. 11. 01	0
Zypern	1. 8. 95	0

Die Gesamtliste wird vierteljährlich auf den Internetseiten des BMF (https://www.bundesfinanzministerium.de) unter der Rubrik Themen – Steuern – Steuerarten – Lohnsteuer – BMF-Schreiben/Allgemeines veröffentlicht. […]

Der Zuschlag bezieht sich, sofern nicht andere Zuschläge festgesetzt sind, jeweils auf den gesamten konsularischen Amtsbezirk einer Vertretung (R 3.64 Abs. 3 LStR). Informationen zu den konsularischen Amtsbezirken der Vertretungen erhalten Sie unter www.auswaertiges-amt.de. […]

EStG

§ 3

Steuerfrei sind

. . .

65. a) Beiträge des Trägers der Insolvenzsicherung (§ 14 des Betriebsrentengesetzes)[1] zugunsten eines Versorgungsberechtigten und seiner Hinterbliebenen an ein Unternehmen der Lebensversicherung zur Ablösung von Verpflichtungen, die der Träger der Insolvenzsicherung im Sicherungsfall gegenüber dem Versorgungsberechtigten und seinen Hinterbliebenen hat, 165

b) Leistungen zur Übernahme von Versorgungsleistungen oder unverfallbaren Versorgungsanwartschaften durch eine Pensionskasse oder ein Unternehmen der Lebensversicherung in den in § 4 Absatz 4 des Betriebsrentengesetzes[2] bezeichneten Fällen,

[1] Abgedruckt im Anhang **I 15**.
[2] Abgedruckt im Anhang **I 15**.

EStG

c) der Erwerb von Ansprüchen durch den Arbeitnehmer gegenüber einem Dritten im Fall der Eröffnung des Insolvenzverfahrens oder in den Fällen des § 7 Absatz 1 Satz 4 des Betriebsrentengesetzes,[1] soweit der Dritte neben dem Arbeitgeber für die Erfüllung von Ansprüchen auf Grund bestehender Versorgungsverpflichtungen oder Versorgungsanwartschaften gegenüber dem Arbeitnehmer und dessen Hinterbliebenen einsteht; dies gilt entsprechend, wenn der Dritte für Wertguthaben aus einer Vereinbarung über die Altersteilzeit nach dem Altersteilzeitgesetz[2] vom 23. Juli 1996 (BGBl. I S. 1078), zuletzt geändert durch Artikel 234 der Verordnung vom 31. Oktober 2006 (BGBl. I S. 2407), in der jeweils geltenden Fassung oder auf Grund von Wertguthaben aus einem Arbeitszeitkonto in den im ersten Halbsatz genannten Fällen für den Arbeitgeber einsteht und

d) der Erwerb von Ansprüchen durch den Arbeitnehmer im Zusammenhang mit dem Eintritt in die Versicherung nach § 8 Absatz 2 des Betriebsrentengesetzes[3].

② In den Fällen nach Buchstabe a, b und c gehören die Leistungen der Pensionskasse, des Unternehmens der Lebensversicherung oder des Dritten zu den Einkünften, zu denen jene Leistungen gehören würden, die ohne Eintritt eines Falles nach Buchstabe a, b und c zu erbringen wären. ③ Soweit sie zu den Einkünften aus nichtselbständiger Arbeit im Sinne des § 19 gehören, ist von ihnen Lohnsteuer einzubehalten. ④ Für die Erhebung der Lohnsteuer gelten die Pensionskasse, das Unternehmen der Lebensversicherung oder der Dritte als Arbeitgeber und der Leistungsempfänger als Arbeitnehmer. ⑤ Im Fall des Buchstaben d gehören die Versorgungsleistungen des Unternehmens der Lebensversicherung oder der Pensionskasse, soweit sie auf Beiträgen beruhen, die bis zum Eintritt des Arbeitnehmers in die Versicherung geleistet wurden, zu den sonstigen Einkünften im Sinne des § 22 Nummer 5 Satz 1; soweit der Arbeitnehmer in den Fällen des § 8 Absatz 2 des Betriebsrentengesetzes[4] die Versicherung mit eigenen Beiträgen fortgesetzt hat, sind die auf diesen Beiträgen beruhenden Versorgungsleistungen sonstige Einkünfte im Sinne des § 22 Nummer 5 Satz 1 oder Satz 2;

LStR 3.65

R 3.65 Insolvenzsicherung (§ 3 Nr. 65 EStG)

166 (1) ① Die Steuerbefreiung gilt für etwaige Beiträge des Trägers der Insolvenzsicherung an ein Lebensversicherungsunternehmen zur Versicherung seiner Verpflichtungen im Sicherungsfall (§ 8 Abs. 1 BetrAVG[5]). ② Sie gilt auch für die Übertragung von Direktzusagen oder für Zusagen, die von einer Unterstützungskasse erbracht werden sollen, wenn die Betriebstätigkeit eingestellt und das Unternehmen liquidiert wird (§ 4 Abs. 4 BetrAVG[6]). ③ Im Falle der Liquidation einer Kapitalgesellschaft greift die Steuerbefreiung auch bei der Übertragung von Versorgungszusagen, die an Gesellschafter-Geschäftsführer gegeben worden sind; dies gilt auch dann, wenn es sich um Versorgungszusagen an beherrschende Gesellschafter-Geschäftsführer handelt. ④ Die Sätze 2 und 3 gelten nicht bei einer Betriebsveräußerung, wenn das Unternehmen vom Erwerber fortgeführt wird.

167 (2) ① Die Mittel für die Durchführung der Insolvenzsicherung werden aufgrund öffentlich-rechtlicher Verpflichtung durch Beiträge aller Arbeitgeber aufgebracht, die Leistungen der betrieblichen Altersversorgung unmittelbar zugesagt haben oder eine betriebliche Altersversorgung über eine Unterstützungskasse, eine Direktversicherung, einen Pensionsfonds oder eine Pensionskasse durchführen (§ 10 BetrAVG). ② Die Beiträge an den Träger der Insolvenzsicherung gehören damit als Ausgaben des Arbeitgebers für die Zukunftssicherung des Arbeitnehmers, die aufgrund gesetzlicher Verpflichtung geleistet werden, zu den steuerfreien Einnahmen i. S. d. § 3 Nr. 62 EStG.

168 (3) ① Durch die Insolvenzsicherung der betrieblichen Altersversorgung werden nicht neue oder höhere Ansprüche geschaffen, sondern nur bereits vorhandene Ansprüche gegen Insolvenz geschützt. ② Die in Insolvenzfällen zu erbringenden Versorgungsleistungen des Trägers der Insolvenzsicherung bzw. bei Rückversicherung der Pensionskasse oder des Lebensversicherungsunternehmens behalten deshalb ihren steuerlichen Charakter, als wäre der Insolvenzfall nicht eingetreten. ③ Das bedeutet z. B., dass Versorgungsleistungen an einen Arbeitnehmer, die auf einer Pensionszusage beruhen oder die über eine Unterstützungskasse durchgeführt werden sollten, auch nach Eintritt des Insolvenzfalles und Übernahme der Leistungen durch ein Versicherungsunternehmen zu den Einnahmen aus nichtselbständiger Arbeit gehören.

(4) In den Fällen der Übertragung oder Umwandlung einer Rückdeckungsversicherung (→ R 40 b.1 Abs. 3) ist § 3 Nr. 65 Satz 1 Buchst. c EStG nicht anwendbar, aber ggf. § 3 Nr. 65 Satz 1 Buchst. d EStG.

---

[1] Abgedruckt im Anhang **I 15.**
[2] Abgedruckt im Anhang **I 14.**
[3] **[Amtl. Anm.:]** *Jetzt § 8 Abs. 2 BetrAVG; abgedruckt im Anhang* **I 15.**
[4] Abgedruckt im Anhang **I 15.**
[5] Abgedruckt im Anhang **I 15.**
[6] Abgedruckt im Anhang **I 15.**

H 3.65

LStH 3.65

Allgemeine Grundsätze → BMF vom 12. 8. 2021 (BStBl. I S. 1050) unter Berücksichtigung der Änderungen durch BMF vom 18. 3. 2022 (BStBl I S. 333), Rn. 53–55.[1] 169

§ 3

EStG

Steuerfrei sind

...

66. Leistungen eines Arbeitgebers oder einer Unterstützungskasse an einen Pensionsfonds zur Übernahme bestehender Versorgungsverpflichtungen oder Versorgungsanwartschaften durch den Pensionsfonds, wenn ein Antrag nach § 4 d Absatz 3 oder § 4 e Absatz 3 gestellt worden ist; 170

H 3.66

LStH 3.66

Allgemeines → BMF vom 12. 8. 2021 (BStBl. I S. 1050), Rn. 56.[2] 171

Anl a zu LStH 3.66

a) Schreiben betr. Übertragung von Versorgungsverpflichtungen und Versorgungsanwartschaften auf Pensionsfonds; Anwendung der Regelungen in § 4 d Abs. 3 EStG und § 4 e Abs. 3 EStG i. V. m. § 3 Nr. 66 EStG

Vom 26. Oktober 2006 (BStBl. I S. 709)

(BMF IV B 2 – S 2144 – 57/06)

Nach § 4 e Abs. 3 Satz 1 EStG können auf Antrag die insgesamt erforderlichen Leistungen an einen Pensionsfonds zur teilweisen oder vollständigen Übernahme einer bestehenden Versorgungsverpflichtung oder Versorgungsanwartschaft durch den Pensionsfonds erst in den dem Wirtschaftsjahr der Übertragung folgenden zehn Wirtschaftsjahren gleichmäßig verteilt als Betriebsausgabe abgezogen werden. Werden Versorgungszusagen über eine Unterstützungskasse von einem Pensionsfonds übernommen, ist die Verteilungsregelung mit der Maßgabe anzuwenden, dass die im Zusammenhang mit der Übernahme erforderliche Zuwendung an die Unterstützungskasse erst in den dem Wirtschaftsjahr der Zuwendung folgenden zehn Wirtschaftsjahren gleichmäßig verteilt als Betriebsausgaben abgezogen werden können (§ 4 d Abs. 3 EStG). Der Antrag nach § 4 d Abs. 3 EStG oder § 4 e Abs. 3 EStG führt nach Maßgabe der folgenden Regelungen zur Lohnsteuerfreiheit der entsprechenden Leistungen des Arbeitgebers oder der Unterstützungskasse an den Pensionsfonds (§ 3 Nr. 63, 66 EStG). 172

Für die Anwendung dieser Regelungen gilt nach Abstimmung mit den obersten Finanzbehörden der Länder Folgendes:

1. Anwendungsbereich der Regelungen in § 3 Nr. 63 und 66 EStG i. V. m. § 4 d Abs. 3 EStG und § 4 e Abs. 3 EStG

a) Übertragung von Versorgungsverpflichtungen gegenüber Leistungsempfängern und von unverfallbaren Versorgungsanwartschaften ausgeschiedener Versorgungsberechtigter

1 Leistungen eines Arbeitgebers oder einer Unterstützungskasse an einen Pensionsfonds zur Übernahme bestehender Versorgungsverpflichtungen gegenüber Leistungsempfängern (laufende Rentenzahlungen) und unverfallbarer Versorgungsanwartschaften ausgeschiedener Versorgungsberechtigter sind insgesamt nach § 3 Nr. 66 EStG steuerfrei, wenn ein Antrag gemäß § 4 d Abs. 3 EStG oder § 4 e Abs. 3 EStG gestellt wird.

b) Übertragung von Versorgungsanwartschaften aktiver Beschäftigter

2 Bei einer entgeltlichen Übertragung von Versorgungsanwartschaften aktiver Beschäftigter kommt die Anwendung von § 3 Nr. 66 EStG nur für Zahlungen an den Pensionsfonds in Betracht, die für die bis zum Zeitpunkt der Übertragung bereits erdienten Versorgungsanwartschaften geleistet werden.

3 Zahlungen an den Pensionsfonds für zukünftig noch zu erdienende Anwartschaften sind ausschließlich in dem begrenzten Rahmen des § 3 Nr. 63 EStG lohnsteuerfrei.

4 *Die bis zum Zeitpunkt der Übertragung bereits erdienten, entgeltlich übertragenen Versorgungsanwartschaften sind grundsätzlich mit dem steuerlich ausfinanzierbaren Teil, mindestens aber in Höhe des zeitanteilig quotierten Versorgungsanteiles nach § 2 Abs. 1 oder Abs. 5 a des Betriebsrentengesetzes (Gesetz zur Verbesserung der betrieblichen Altersversorgung – BetrAVG)*[3] *zu berücksichtigen.*[4]

5 *Soll eine Versorgungsanwartschaft eines Aktiven aus einer Pensionszusage auf einen Pensionsfonds übertragen werden, ergibt sich der erdiente Teil der Anwartschaft als Quotient des Teilwertes gem. § 6 a Abs. 3 Satz 2 Nr. 1 EStG zum Barwert der künftigen Pensionsleistungen, jeweils ermittelt auf den Übertragungszeitpunkt.*[5]

---

[1] Abgedruckt im Anhang **I 15 b**.
[2] Abgedruckt im Anhang **I 15 b**.
[3] Abgedruckt im Anhang **I 15**.
[4] Rn. 4 kann letztmals für Versorgungsanwartschaften angewendet werden, die vor dem 1. Januar 2016 auf einen Pensionsfonds übertragen werden (BMF v. 10. 7. 2015, BStBl. I S. 544, abgedruckt als Anlage b zu LStH 3.66).
[5] Rn. 5 kann letztmals für Versorgungsanwartschaften angewendet werden, die vor dem 1. Januar 2016 auf einen Pensionsfonds übertragen werden (BMF v. 10. 7. 2015, BStBl. I S. 544, abgedruckt als Anlage b zu LStH 3.66).

Anl a zu LStH 3.66

2. Berücksichtigung der insgesamt erforderlichen Leistungen zur Übernahme von Versorgungsverpflichtungen oder Versorgungsanwartschaften

6 Nach dem Sinn und Zweck der Regelungen in § 4 d Abs. 3 EStG und § 4 e Abs. 3 EStG können alle Leistungen des Steuerpflichtigen im Sinne der Randnummern 1 und 2 im Zusammenhang mit der Übernahme von Versorgungsverpflichtungen oder Versorgungsanwartschaften durch Pensionsfonds über den Verteilungszeitraum als Betriebsausgaben abgezogen werden. Das gilt auch für nach § 3 Nr. 66 EStG begünstigte Leistungen (Randnummern 1 und 2), die nach dem Wirtschaftsjahr der Übernahme der Versorgungsverpflichtung entstanden sind oder entrichtet werden (z. B. nachträgliche zusätzliche Zuwendungen aufgrund einer nicht hinreichenden Deckung durch den zum Übernahmezeitpunkt geleisteten Einmalbetrag). Der Antrag auf Verteilung kann nur einheitlich für sämtliche Leistungen zur Übernahme einer Versorgungsverpflichtung oder Versorgungsanwartschaft gestellt werden. Wurden die erstmaligen Aufwendungen im vollen Umfang gewinnmindernd geltend gemacht, ist auch eine Verteilung eventueller Nachschusszahlungen nicht möglich.

3. Beginn des Verteilungszeitraumes

7 Der zehnjährige Verteilungszeitraum beginnt bei einer Bilanzierung nach § 4 Abs. 1 und § 5 EStG in dem dem Wirtschaftsjahr des Entstehens der Leistungsverpflichtung folgenden Wirtschaftsjahr und bei einer Gewinnermittlung nach § 4 Abs. 3 EStG in dem dem Jahr der Leistung folgenden Wirtschaftsjahr. Das gilt auch für die Verteilung einer möglichen Nachschusszahlung, wobei es unerheblich ist, ob noch innerhalb des ursprünglichen Zehnjahresraumes nach dem Wirtschaftsjahr der Übertragung der Versorgungsverpflichtung oder Versorgungsanwartschaft oder erst zu einem späteren Zeitpunkt die Leistungsverpflichtung entsteht oder die Zahlung geleistet wird.

4. Beispiel

8 Arbeitgeber A passiviert in der steuerlichen Gewinnermittlung zum 31. Dezember 2003 aufgrund einer Direktzusage zulässigerweise eine Pensionsrückstellung nach § 6 a EStG in Höhe von 100 000 EUR. In 2004 wird die Versorgungsanwartschaft von einem Pensionsfonds übernommen. A zahlt hierfür 150 000 EUR (begünstigt nach § 3 Nr. 66 EStG, vgl. Randnummer 2) und stellt einen Antrag nach § 4 e Abs. 3 EStG auf Verteilung der Betriebsausgaben. Im Jahr 2010 leistet A aufgrund einer Deckungslücke einen weiteren unter § 3 Nr. 66 EStG fallenden Einmalbetrag von 30 000 EUR.
In 2004 ist die Rückstellung nach § 6 a EStG gewinnerhöhend aufzulösen. Da A einen Antrag auf Verteilung der dem Grunde nach sofort abzugsfähigen Betriebsausgaben gestellt hat, mindern in 2004 im Ergebnis nur 100 000 EUR (= Höhe der aufzulösenden Pensionsrückstellung, § 4 e Abs. 3 Satz 3 EStG) den Gewinn. Der verbleibende Betrag von 50 000 EUR (150 000 EUR – 100 000 EUR) ist dem Gewinn 2004 außerbilanziell wieder hinzuzurechnen. In den Jahren 2005 bis 2014 ist der Gewinn um jeweils $1/_{10}$ × 50 000 EUR = 5000 EUR außerbilanziell zu vermindern.
Auch die in 2010 geleistete Nachschusszahlung von 30 000 EUR ist aufgrund des für alle Leistungen im Zusammenhang mit der Übertragung bindenden Antrages nach § 4 e Abs. 3 EStG zu verteilen. Demnach erhöht der Betrag von 30 000 EUR außerbilanziell den Gewinn in 2010. In den Jahren 2011 bis 2020 mindert sich der Gewinn außerbilanziell jährlich um je $1/_{10}$ × 30 000 EUR = 3000 EUR. Hätte A die ursprüngliche Zahlung von 150 000 EUR vollumfänglich in 2004 als Betriebsausgabe geltend gemacht, hätte auch die in 2010 geleistete Nachschusszahlung nicht verteilt werden können.

Anl b zu LStH 3.66

b) Schreiben betr. betriebliche Altersversorgung; Übertragung von Versorgungsverpflichtungen und Versorgungsanwartschaften auf Pensionsfonds, Anwendung der Regelungen in § 4 d Abs. 3 EStG und § 4 e Abs. 3 EStG i. V. m. § 3 Nr. 66 EStG

Vom 10. Juli 2015 (BStBl. I S. 544)

BMF IV C 6 – S 2144/07/10003; DOK 2015/0575672)

173 Unter Bezugnahme auf das BMF-Schreiben vom 26. Oktober 2006 (BStBl. I S. 709)[1] zur Anwendung der Regelungen in § 4 d Abs. 3 EStG und § 4 e Abs. 3 EStG i. V. m. § 3 Nr. 66 EStG im Zusammenhang mit der Übertragung von Versorgungsverpflichtungen und Versorgungsanwartschaften auf Pensionsfonds nehme ich zur Berechnung des auf Antrag zu verteilenden Betriebsausgabenabzuges nach Abstimmung mit den obersten Finanzbehörden der Länder wie folgt Stellung:

1. Berücksichtigung von künftigen Rentenanpassungen gemäß § 16 Abs. 1 des Gesetzes zur Verbesserung der betrieblichen Altersversorgung (Betriebsrentengesetz – BetrAVG) bei der Ermittlung der erdienten Versorgungsanwartschaften

1 Bei einer entgeltlichen Übertragung von Versorgungsanwartschaften aktiver Beschäftigter kommt die Anwendung von § 3 Nr. 66 EStG nur für Zahlungen an den Pensionsfonds in Betracht, die für die bis zum Zeitpunkt der Übertragung bereits erdienten Versorgungsanwartschaften geleistet werden (Rn. 2 des BMF-Schreibens vom 26. Oktober 2006, BStBl. I S. 709).[2]

2 Künftige Rentenanpassungen für zum Zeitpunkt der Übertragung bereits erdiente Versorgungsanwartschaften stellen keine bestehende Verpflichtung im Sinne von § 4 e Abs. 3 Satz 1 EStG dar, soweit sie noch nicht fest zugesagt sind. Aus Vereinfachungsgründen kann jedoch für Verpflichtungen, die einer Anpassungsprüfungspflicht gemäß § 16 Abs. 1 BetrAVG[3] unterliegen, eine jährliche pauschale Erhöhung von bis zu einem Prozent berücksichtigt werden.

---

[1] Vorstehend abgedruckt als Anlage a zu LStH 3.66.
[2] Vorstehend abgedruckt als Anlage a zu LStH 3.66.
[3] Abgedruckt im Anhang **I 15**.

Anl b zu LStH 3.66

2. Ermittlung des erdienten Teils einer Pensionszusage nach § 6 a EStG oder einer Zusage auf Unterstützungskassenleistungen nach § 4 d EStG bei der Übertragung auf einen Pensionsfonds gemäß § 4 e EStG

3 Die bis zum Zeitpunkt der Übertragung erdienten Versorgungsanwartschaften sind entsprechend den Regelungen in § 2 BetrAVG zu ermitteln. Dabei ist auf den jeweiligen Übertragungszeitpunkt abzustellen.

4 Soll nicht der erdiente Teil der zugesagten Versorgungsleistungen auf den Pensionsfonds übertragen werden, sondern ein konstanter Alters-, Invaliden- und Hinterbliebenenrentenanspruch durch den Pensionsfondstarif abgedeckt werden, ist durch einen Barwertvergleich auf Basis aktueller, steuerlich anerkannter Rechnungsgrundlagen für die Bewertung von Pensionsverpflichtungen gemäß § 6 a EStG die Gleichwertigkeit des rechnerisch übertragungsfähigen sog. Past Service mit der auf den Pensionsfonds übertragenen Versorgung nachzuweisen.

5 Die körperschaftsteuerlichen Regelungen für beherrschende Gesellschafter-Geschäftsführer von Kapitalgesellschaften bleiben unberührt. Dies gilt insbesondere auch für das Rückwirkungs- und Nachzahlungsverbot. Demzufolge können steuerlich zugesagte Versorgungsleistungen und deren Erhöhungen erst ab dem Zeitpunkt der Zusage oder Erhöhung erdient werden.

3. Maßgebende Rückstellung im Sinne von § 4 e Abs. 3 Satz 3 EStG

6 Ist infolge der Übertragung einer Versorgungsverpflichtung oder Versorgungsanwartschaft auf einen Pensionsfonds eine Pensionsrückstellung aufzulösen (§ 4 e Abs. 3 Satz 3 EStG), ist bei der Ermittlung der sofort als Betriebsausgaben abzugsfähigen Leistungen auf die am vorangegangenen Bilanzstichtag gebildete Pensionsrückstellung abzustellen. Weicht der Übertragungszeitpunkt vom Bilanzstichtag ab, kommt eine Zugrundelegung der (fiktiven) Pensionsrückstellung, die zu diesem Zeitpunkt maßgebend wäre, auch dann nicht in Betracht, wenn eine gebildete Rückstellung nicht aufzulösen ist (z. B. bei einer Erhöhung der Pensionsleistungen nach dem letzten Bilanzstichtag und vor dem Übertragungszeitpunkt).

7 Wird der erdiente Teil einer Versorgungsanwartschaft auf einen Pensionsfonds übertragen, ist der sofortige Betriebsausgabenabzug nach § 4 e Abs. 3 Satz 3 EStG nur möglich, soweit die Auflösung der Pensionsrückstellung auf der Übertragung des erdienten Teils auf den Pensionsfonds beruht.

Beispiel:

8 Am 1. Januar 2014 wird der erdiente Teil einer Versorgungsanwartschaft eines aktiven Anwärters aus einer Pensionszusage nach § 6 a EStG auf einen Pensionsfonds und der noch zu erdienende Teil auf eine rückgedeckte Unterstützungskasse übertragen (sog. Kombinationsmodell). Am Übertragungsstichtag sind 60% der Versorgungsleistungen erdient. Die am Bilanzstichtag 31. Dezember 2013 passivierte Pensionsrückstellung beträgt 100 000 €.
Nach der Systematik der Teilwertermittlung gemäß § 6 a EStG wäre unmittelbar nach der Übertragung des erdienten Teils auf den Pensionsfonds eine Pensionsrückstellung für den nicht übertragenen Teil der Versorgungsleistungen in Höhe von 40 000 € zu bilden. Die vollständige Auflösung der Pensionsrückstellung nach den Übertragungen beruht somit in Höhe von 40 000 € nicht auf der Übertragung des erdienten Teils der Versorgungsleistungen auf den Pensionsfonds, sondern auf der Übertragung des noch zu erdienenden Teils auf die Unterstützungskasse. Folglich ist ein sofortiger Betriebsausgabenabzug nach § 4 e Abs. 3 Satz 3 EStG nur in Höhe von 60 000 € möglich.

4. Zeitliche Anwendung

9 Die Regelungen dieses Schreibens gelten für alle noch offenen Fälle. Die Rn. 4 und 5 des BMF-Schreibens vom 26. Oktober 2006 (BStBl. I S. 709),[1] wonach die bereits erdienten Versorgungsanwartschaften auch mit dem höheren steuerlich ausfinanzierbaren Teil (Quotient des Teilwertes gem. § 6 a Abs. 3 Satz 2 Nr. 1 EStG zum Barwert der künftigen Pensionsleistungen) im Übertragungszeitpunkt berücksichtigt werden können, können letztmals für Versorgungsanwartschaften angewendet werden, die vor dem 1. Januar 2016 auf einen Pensionsfonds übertragen werden.

10 Wird vor dem 1. Januar 2016 die Versorgungsanwartschaft aus einer Pensionszusage, bei der sich die Höhe der unverfallbaren Anwartschaft (zeitanteilig) nach § 2 Abs. 1 BetrAVG ermittelt, auf einen Pensionsfonds übertragen, ist ein Barwertvergleich im Sinne von Rn. 4 nicht erforderlich, wenn ein konstanter Rentenanspruch auf Basis der zeitanteilig erdienten (m/n-)Altersrente auf den Pensionsfonds übertragen wird, auch wenn dieser nicht genau dem erdienten Teil der ursprünglich zugesagten Versorgungsleistungen entspricht (z. B. weil es sich dabei um eine steigende, dienstzeitabhängige Pensionszusage handelt). Eine steuerfreie Übertragung auf der Grundlage des steuerlich ausfinanzierbaren Teils (Quotient Teilwert/Barwert) der zugesagten Versorgungsleistungen ist in diesem Fall nicht zulässig. Dabei sind alle betroffenen Versorgungszusagen einheitlich zu behandeln.

Beispiel:

11 Die Pensionszusage sieht eine jährliche Altersrente in Höhe von 100 € je Dienstjahr sowie eine Invalidenrente in Höhe von 80% der bei Eintritt der Invalidität erreichten Altersrente vor. Nach 10 von insgesamt 30 erreichbaren Dienstjahren wird die erdiente Anwartschaft am 31. Dezember 2013 auf einen Pensionsfonds übertragen.
Nach § 2 Abs. 1 BetrAVG sind zum Zeitpunkt der Übertragung arbeitsrechtlich 10/30 der Altersrente von 30 Dienstjahren × 100 € = 3000 € sowie 10/30 der bis auf 3000 € × 80% steigenden Invalidenrente erdient. Berücksichtigt werden kann dementsprechend der konstante Rentenanspruch für den Pensionsfondstarif, also eine Altersrente von 100 € × 30 Dienstjahre × $^{10}/_{30}$ = 1000 € sowie eine Invalidenrente von 100 € × 80% × 30 Dienstjahre × $^{10}/_{30}$ = 800 €.

12 Rn. 10 ist bei beitragsorientierten Leistungszusagen und Entgeltumwandlungen mit der Maßgabe anwendbar, dass an die Stelle des zeitanteilig erdienten Anteils der im jeweiligen Umwandlungszeitpunkt erreichte Altersrentenanspruch (§ 2 Abs. 5 a BetrAVG) tritt. Die Klassifizierung als beitragsorientierte Zusage ist grundsätzlich auf arbeitsrechtlicher Basis vorzunehmen und kann sich beispielsweise aus der

[1] Vorstehend abgedruckt als Anlage a zu LStH 3.66.

Anl b zu LStH 3.66

tatsächlichen Handhabung des Arbeitgebers bei Rentenmitteilungen oder bei Ausscheiden mit unverfallbarer Anwartschaft ergeben.

13 Bei der Übertragung von Versorgungsanwartschaften aus einer Zusage auf Unterstützungskassenleistungen nach § 4 d EStG im Sinne von Rn. 4 auf einen Pensionsfonds vor dem 1. Januar 2016 ist Rn. 10 entsprechend anwendbar.

EStG

§ 3

Steuerfrei sind

...

174 **67. a) das Erziehungsgeld nach dem Bundeserziehungsgeldgesetz und vergleichbare Leistungen der Länder,**

b) das Elterngeld nach dem Bundeselterngeld- und Elternzeitgesetz[1] und vergleichbare Leistungen der Länder,

c) Leistungen für Kindererziehung an Mütter der Geburtsjahrgänge vor 1921 nach den §§ 294 bis 299 des Sechsten Buches Sozialgesetzbuch sowie

d) Zuschläge, die nach den §§ 50 a bis 50 e des Beamtenversorgungsgesetzes oder nach den §§ 96 bis 100 des Soldatenversorgungsgesetzes oder nach vergleichbaren Regelungen der Länder für ein vor dem 1. Januar 2015 geborenes Kind oder für eine vor dem 1. Januar 2015 begonnene Zeit der Pflege einer pflegebedürftigen Person zu gewähren sind; im Falle des Zusammentreffens von Zeiten für mehrere Kinder nach § 50 b des Beamtenversorgungsgesetzes oder § 97 des Soldatenversorgungsgesetzes oder nach vergleichbaren Regelungen der Länder gilt dies, wenn eines der Kinder vor dem 1. Januar 2015 geboren ist;

LStH 3.67

H 3.67

175 **Allgemeine Grundsätze.** Wird einem Stpfl. für die Erziehung eines vor dem 1. 1. 2015 geborenen Kindes oder für die vor dem 1. 1. 2015 begonnene Pflege einer pflegebedürftigen Person ein Zuschlag nach den §§ 50 a bis 50 e BeamtVG oder nach den §§ 70 bis 74 SVG oder nach vergleichbaren Regelungen der Länder gewährt, sind für diesen Stpfl. sämtliche Zuschläge, die nach diesen Vorschriften für Zeiten nach dem 31. 12. 2014 anzurechnen sind, nach § 3 Nr. 67 Buchst. d EStG steuerfrei (→ BMF vom 8. 3. 2016 – BStBl. I S. 278).[2]

[1] Abgedruckt in Anhang **I 13.**

[2] BMF-Schreiben nicht abgedruckt, da die Hinweise die Regelung wiedergeben.

§ 3b Steuerfreiheit von Zuschlägen für Sonntags-, Feiertags- oder Nachtarbeit

EStG

(1) Steuerfrei sind Zuschläge, die für tatsächlich geleistete Sonntags-, Feiertags- oder Nachtarbeit neben dem Grundlohn gezahlt werden, soweit sie 1

1. für Nachtarbeit 25 Prozent,

2. vorbehaltlich der Nummern 3 und 4 für Sonntagsarbeit 50 Prozent,

3. vorbehaltlich der Nummer 4 für Arbeit am 31. Dezember ab 14 Uhr und an den gesetzlichen Feiertagen 125 Prozent,

4. für Arbeit am 24. Dezember ab 14 Uhr, am 25. und 26. Dezember sowie am 1. Mai 150 Prozent

des Grundlohns nicht übersteigen.

(2) ① **Grundlohn ist der laufende Arbeitslohn, der dem Arbeitnehmer bei der für ihn maßgebenden regelmäßigen Arbeitszeit für den jeweiligen Lohnzahlungszeitraum zusteht; er ist in einen Stundenlohn umzurechnen und mit höchstens 50 Euro anzusetzen.** ② **Nachtarbeit ist die Arbeit in der Zeit von 20 Uhr bis 6 Uhr.** ③ **Sonntagsarbeit und Feiertagsarbeit ist die Arbeit in der Zeit von 0 Uhr bis 24 Uhr des jeweiligen Tages.** ④ **Die gesetzlichen Feiertage werden durch die am Ort der Arbeitsstätte geltenden Vorschriften bestimmt.** 2

(3) **Wenn die Nachtarbeit vor 0 Uhr aufgenommen wird, gilt abweichend von den Absätzen 1 und 2 Folgendes:** 3

1. Für Nachtarbeit in der Zeit von 0 Uhr bis 4 Uhr erhöht sich der Zuschlagssatz auf 40 Prozent,

2. als Sonntagsarbeit und Feiertagsarbeit gilt auch die Arbeit in der Zeit von 0 Uhr bis 4 Uhr des auf den Sonntag oder Feiertag folgenden Tages.

R 3b. Steuerfreiheit der Zuschläge für Sonntags-, Feiertags- oder Nachtarbeit (§ 3b EStG)

LStR 3b

Allgemeines

(1) ① Die Steuerfreiheit setzt voraus, dass neben dem Grundlohn tatsächlich ein Zuschlag für Sonntags-, Feiertags- oder Nachtarbeit gezahlt wird. ② Ein solcher Zuschlag kann in einem Gesetz, einer Rechtsverordnung, einem Tarifvertrag, einer Betriebsvereinbarung oder einem Einzelarbeitsvertrag geregelt sein. ③ Bei einer Nettolohnvereinbarung ist der Zuschlag nur steuerfrei, wenn er neben dem vereinbarten Nettolohn gezahlt wird. ④ Unschädlich ist es, wenn neben einem Zuschlag für Sonntags-, Feiertags- oder Nachtarbeit, die gleichzeitig Mehrarbeit ist, keine gesonderte Mehrarbeitsvergütung oder ein Grundlohn gezahlt wird, mit dem die Mehrarbeit abgegolten ist. ⑤ Auf die Bezeichnung der Lohnzuschläge kommt es nicht an. ⑥ Die Barabgeltung eines Freizeitanspruchs oder eines Freizeitüberhangs oder Zuschläge wegen Mehrarbeit oder wegen anderer als durch die Arbeitszeit bedingter Erschwernisse oder Zulagen, die lediglich nach bestimmten Zeiträumen bemessen werden, sind keine begünstigten Lohnzuschläge.[1] ⑦ § 3b EStG ist auch bei Arbeitnehmern anwendbar, deren Lohn nach § 40a EStG pauschal versteuert wird. 4

Grundlohn[2, 3]

(2) ① Grundlohn ist nach § 3b Abs. 2 EStG der auf eine Arbeitsstunde entfallende Anspruch auf laufenden Arbeitslohn, den der Arbeitnehmer für den jeweiligen Lohnzahlungszeitraum aufgrund seiner regelmäßigen Arbeitszeit erwirbt. ② Im Einzelnen gilt Folgendes: 5

1. Abgrenzung des Grundlohns
   a) ① Der Anspruch auf laufenden Arbeitslohn ist nach R 39b.2 vom Anspruch auf sonstige Bezüge abzugrenzen. ② Soweit Arbeitslohn-Nachzahlungen oder -Vorauszahlungen zum laufenden Arbeitslohn gehören, erhöhen sie den laufenden Arbeitslohn der Lohnzahlungszeiträume, für die sie nach- oder vorausgezahlt werden; § 41c EStG ist anzuwenden.
   b) ① Zum Grundlohn gehören Ansprüche auf Sachbezüge, Aufwendungszuschüsse, vermögenswirksame Leistungen und die nach § 3 Nr. 56 oder 63 EStG steuerfreien Beträge des Arbeitgebers, wenn sie laufender Arbeitslohn sind. ② Das Gleiche gilt für Ansprüche auf Zuschläge und Zulagen, die wegen der Besonderheit der Arbeit in der regelmäßigen Arbeitszeit gezahlt werden, z. B. Erschwerniszulagen oder Schichtzuschläge, sowie Lohnzuschläge für die Arbeit in der nicht durch § 3b EStG begünstigten Zeit. ③ Regelmäßige Arbeitszeit ist die für das jeweilige Dienstverhältnis vereinbarte Normalarbeitszeit.
   c) ① Nicht zum Grundlohn gehören Ansprüche auf Vergütungen für Überstunden (Mehrarbeitsvergütungen), Zuschläge für Sonntags-, Feiertags- oder Nachtarbeit in der nach § 3b

---

[1] Siehe auch BFH-Urteil vom 9. 6. 2005, IX R 68/03 (BFH/NV 2006 S. 37).

[2] Zur Steuerfreiheit nach § 3b EStG trotz Vereinbarung eines durchschnittlichen Auszahlungsbetrags pro tatsächlich geleistete Arbeitsstunde vgl. *BFH-Urteil vom 17. 6. 2010, VI R 50/09 (BStBl. 2011 II S. 43).*

[3] Zur Berücksichtigung von Zahlungen des Arbeitgebers an eine Unterstützungskasse bei der Berechnung des Grundlohns siehe BFH vom 10. 8. 2023, VI R 11/21 (BStBl. II 2024, 202).

LStR 3b

EStG begünstigten Zeit, und zwar auch insoweit, als sie wegen Überschreitens der dort genannten Zuschlagssätze steuerpflichtig sind. ② Dies gilt auch für steuerfreie und nach § 40 EStG pauschal besteuerte Bezüge.

2. Ermittlung des Grundlohnanspruchs für den jeweiligen Lohnzahlungszeitraum
   a) ① Es ist der für den jeweiligen Lohnzahlungszeitraum vereinbarte Grundlohn i. S. d. Nummer 1 zu ermitteln (Basisgrundlohn). ② Werden die für den Lohnzahlungszeitraum zu zahlenden Lohnzuschläge nach den Verhältnissen eines früheren Lohnzahlungszeitraums bemessen, ist auch der Ermittlung des Basisgrundlohns der frühere Lohnzahlungszeitraum zugrunde zu legen. ③ Werden die Zuschläge nach der Arbeitsleistung eines früheren Lohnzahlungszeitraums aber nach dem Grundlohn des laufenden Lohnzahlungszeitraums bemessen, ist der Basisgrundlohn des laufenden Lohnzahlungszeitraums zugrunde zu legen. ④ Soweit sich die Lohnvereinbarung auf andere Zeiträume als auf den Lohnzahlungszeitraum bezieht, ist der Basisgrundlohn durch Vervielfältigung des vereinbarten Stundenlohns mit der Stundenzahl der regelmäßigen Arbeitszeit im Lohnzahlungszeitraum zu ermitteln. ⑤ Bei einem monatlichen Lohnzahlungszeitraum ergibt sich die Stundenzahl der regelmäßigen Arbeitszeit aus dem 4,35fachen der wöchentlichen Arbeitszeit. ⑥ Arbeitszeitausfälle, z. B. durch Urlaub oder Krankheit, bleiben außer Betracht.
   b) ① Zusätzlich ist der Teil des für den jeweiligen Lohnzahlungszeitraum zustehenden Grundlohns i. S. d. Nummer 1 zu ermitteln, dessen Höhe nicht von im Voraus bestimmbaren Verhältnissen abhängt (Grundlohnzusätze), z. B. der nur für einzelne Arbeitsstunden bestehende Anspruch auf Erschwerniszulagen oder Spätarbeitszuschläge oder der von der Zahl der tatsächlichen Arbeitstage abhängende Anspruch auf Fahrtkostenzuschüsse. ② Diese Grundlohnzusätze sind mit den Beträgen anzusetzen, die dem Arbeitnehmer für den jeweiligen Lohnzahlungszeitraum tatsächlich zustehen.
3. Umrechnung des Grundlohnanspruchs
   ① Basisgrundlohn (Nummer 2 Buchst. a) und Grundlohnzusätze (Nummer 2 Buchst. b) sind zusammenzurechnen und durch die Zahl der Stunden der regelmäßigen Arbeitszeit im jeweiligen Lohnzahlungszeitraum zu teilen. ② Bei einem monatlichen Lohnzahlungszeitraum ist der Divisor mit dem 4,35fachen der wöchentlichen Arbeitszeit anzusetzen. ③ Das Ergebnis ist der Grundlohn;[1] er ist für die Berechnung des steuerfreien Anteils der Zuschläge für Sonntags-, Feiertags- und Nachtarbeit maßgebend, soweit er die Stundenlohnhöchstgrenze nach § 3 b Abs. 2 Satz 1 EStG nicht übersteigt. ④ Ist keine regelmäßige Arbeitszeit vereinbart, sind der Ermittlung des Grundlohns die im Lohnzahlungszeitraum tatsächlich geleisteten Arbeitsstunden zugrunde zu legen. ⑤ Bei Stücklohnempfängern kann die Umrechnung des Stücklohns auf einen Stundenlohn unterbleiben.
4. Wird ein Zuschlag für Sonntags-, Feiertags- oder Nachtarbeit von weniger als einer Stunde gezahlt, ist bei der Ermittlung des steuerfreien Zuschlags für diesen Zeitraum der Grundlohn entsprechend zu kürzen.
5. Bei einer Beschäftigung nach dem AltTZG[2] ist der Grundlohn nach § 3 b Abs. 2 EStG so zu berechnen, als habe eine Vollzeitbeschäftigung bestanden.

Nachtarbeit an Sonntagen und Feiertagen

6 (3) ① Wird an Sonntagen und Feiertagen oder in der zu diesen Tagen nach § 3 b Abs. 3 Nr. 2 EStG gehörenden Zeit Nachtarbeit geleistet, kann die Steuerbefreiung nach § 3 b Abs. 1 Nr. 2 bis 4 EStG neben der Steuerbefreiung nach § 3 b Abs. 1 Nr. 1 EStG in Anspruch genommen werden. ② Dabei ist der steuerfreie Zuschlagssatz für Nachtarbeit mit dem steuerfreien Zuschlagssatz für Sonntags- oder Feiertagsarbeit auch dann zusammenzurechnen, wenn nur ein Zuschlag gezahlt wird. ③ Ob ein gesetzlicher Feiertag vorliegt, richtet sich nach dem Ort der Arbeitsstätte; dies ist der Ort, an dem der Arbeitnehmer jeweils beruflich tätig wird. ④ Zu den gesetzlichen Feiertagen i. S. d. § 3 b Abs. 1 Nr. 3 EStG gehören der Oster- und der Pfingstsonntag auch dann, wenn sie in den am Ort der Arbeitsstätte geltenden Vorschriften nicht ausdrücklich als Feiertage genannt werden. ⑤ Wenn für die einem Sonn- oder Feiertag folgende oder vorausgehende Nachtarbeit ein Zuschlag für Sonntags- oder Feiertagsarbeit gezahlt wird, ist dieser als Zuschlag für Nachtarbeit zu behandeln.

Feiertagsarbeit an Sonntagen

7 (4) ① Ist ein Sonntag zugleich Feiertag, kann ein Zuschlag nur bis zur Höhe des jeweils in Betracht kommenden Feiertagszuschlags steuerfrei gezahlt werden. ② Das gilt auch dann, wenn nur ein Sonntagszuschlag gezahlt wird.

Zusammentreffen mit Mehrarbeitszuschlägen

8 (5) ① Hat der Arbeitnehmer arbeitsrechtlich Anspruch auf Zuschläge für Sonntags-, Feiertags- oder Nachtarbeit und auf Zuschläge für Mehrarbeit und wird Mehrarbeit als Sonntags-, Feiertags- oder Nachtarbeit geleistet, sind folgende Fälle zu unterscheiden:

---

[1] Höhe des Grundlohns **ab 1. 1. 2004** beschränkt auf 50 Euro (vgl. § 3 b Abs. 2 Satz 1 EStG).
[2] Abgedruckt in Anhang **I 14**.

1. Es werden sowohl die in Betracht kommenden Zuschläge für Sonntags-, Feiertags- oder Nachtarbeit als auch für Mehrarbeit gezahlt; LStR 3b
2. Es wird nur der in Betracht kommende Zuschlag für Sonntags-, Feiertags- oder Nachtarbeit gezahlt, der ebenso hoch oder höher ist als der Zuschlag für Mehrarbeit.
3. Es wird nur der Zuschlag für Mehrarbeit gezahlt.
4. Es wird ein einheitlicher Zuschlag (Mischzuschlag) gezahlt, der höher ist als die jeweils in Betracht kommenden Zuschläge, aber niedriger als ihre Summe.
5. Es wird ein einheitlicher Zuschlag (Mischzuschlag) gezahlt, der höher ist als die Summe der jeweils in Betracht kommenden Zuschläge.

② In den Fällen des Satzes 1 Nr. 1 und 2 ist von den gezahlten Zuschlägen der Betrag als Zuschlag für Sonntags-, Feiertags- oder Nachtarbeit zu behandeln, der dem arbeitsrechtlich jeweils in Betracht kommenden Zuschlag entspricht. ③ Im Falle des Satzes 1 Nr. 3 liegt ein Zuschlag i. S. d. § 3b EStG nicht vor. ④ In den Fällen des Satzes 1 Nr. 4 und 5 ist der Mischzuschlag im Verhältnis der in Betracht kommenden Einzelzuschläge in einen nach § 3b EStG begünstigten Anteil und einen nicht begünstigten Anteil aufzuteilen. ⑤ Ist für Sonntags-, Feiertags- oder Nachtarbeit kein Zuschlag vereinbart, weil z. B. Pförtner oder Nachtwächter ihre Tätigkeit regelmäßig zu den begünstigten Zeiten verrichten, bleibt von einem für diese Tätigkeiten gezahlten Mehrarbeitszuschlag kein Teilbetrag nach § 3b EStG steuerfrei.

Nachweis der begünstigten Arbeitszeiten

(6) ① Steuerfrei sind nur Zuschläge, die für tatsächlich geleistete Sonntags-, Feiertags- oder Nachtarbeit gezahlt werden. 9 ② Zur vereinbarten und vergüteten Arbeitszeit gehörende Waschzeiten, Schichtübergabezeiten und Pausen gelten als begünstigte Arbeitszeit i. S. d. § 3b EStG, soweit sie in den begünstigten Zeitraum fallen. ③ Die tatsächlich geleistete Sonntags-, Feiertags- oder Nachtarbeit ist i. d. R. im Einzelfall nachzuweisen. ④ Wird eine einheitliche Vergütung für den Grundlohn und die Zuschläge für Sonntags-, Feiertags- oder Nachtarbeit, ggf. unter Einbeziehung der Mehrarbeit und Überarbeit, gezahlt, weil Sonntags-, Feiertags- oder Nachtarbeit üblicherweise verrichtet wird, und werden deshalb die sonntags, feiertags oder nachts tatsächlich geleisteten Arbeitsstunden nicht aufgezeichnet, bleiben die in der einheitlichen Vergütung enthaltenen Zuschläge für Sonntags-, Feiertags- oder Nachtarbeiten nicht nach § 3b EStG steuerfrei. ⑤ Zu einem erleichterten Nachweis → Absatz 7. ⑥ Sind die Einzelanschreibung und die Einzelbezahlung der geleisteten Sonntags-, Feiertags- oder Nachtarbeit wegen der Besonderheiten der Arbeit und der Lohnzahlungen nicht möglich, darf das Betriebsstättenfinanzamt den Teil der Vergütung, der als steuerfreier Zuschlag für Sonntags-, Feiertags- oder Nachtarbeit anzuerkennen ist, von Fall zu Fall feststellen. ⑦ Im Interesse einer einheitlichen Behandlung der Arbeitnehmer desselben Berufszweigs darf das Betriebsstättenfinanzamt die Feststellung nur auf Weisung der vorgesetzten Behörde treffen. ⑧ Die Weisung ist der obersten Landesfinanzbehörde vorbehalten, wenn die für den in Betracht kommenden Berufszweig maßgebende Regelung nicht nur im Bezirk der für das Betriebsstättenfinanzamt zuständigen vorgesetzten Behörde gilt. ⑨ Eine Feststellung nach Satz 6 kommt für solche Regelungen nicht in Betracht, durch die nicht pauschale Zuschläge festgesetzt, sondern bestimmte Teile eines nach Zeiträumen bemessenen laufenden Arbeitslohns als Zuschläge für Sonntags-, Feiertags- oder Nachtarbeit erklärt werden.

Pauschale Zuschläge

(7) ① Werden Zuschläge für Sonntags-, Feiertags- oder Nachtarbeit als laufende Pauschale, z. B. 10 Monatspauschale, gezahlt und wird eine Verrechnung mit den Zuschlägen, die für die einzeln nachgewiesenen Zeiten für Sonntags-, Feiertags- oder Nachtarbeit aufgrund von Einzelberechnungen zu zahlen wären, erst später vorgenommen, kann die laufende Pauschale oder ein Teil davon steuerfrei belassen werden, wenn

1. der steuerfreie Betrag nicht nach höheren als den in § 3b EStG genannten Prozentsätzen berechnet wird,
2. der steuerfreie Betrag nach dem durchschnittlichen Grundlohn und der durchschnittlichen im Zeitraum des Kj. tatsächlich anfallenden Sonntags-, Feiertags- oder Nachtarbeit bemessen wird,
3. die Verrechnung mit den einzeln ermittelten Zuschlägen jeweils vor der Erstellung der Lohnsteuerbescheinigung und somit regelmäßig spätestens zum Ende des Kj. oder beim Ausscheiden des Arbeitnehmers aus dem Dienstverhältnis erfolgt. ② Für die Ermittlung der im Einzelnen nachzuweisenden Zuschläge ist auf den jeweiligen Lohnzahlungszeitraum abzustellen. ③ Dabei ist auch der steuerfreie Teil der einzeln ermittelten Zuschläge festzustellen und die infolge der Pauschalierung zu wenig oder zu viel einbehaltene Lohnsteuer auszugleichen,
4. bei der Pauschalzahlung erkennbar ist, welche Zuschläge im Einzelnen – jeweils getrennt nach Zuschlägen für Sonntags-, Feiertags- oder Nachtarbeit – abgegolten sein sollen und nach welchen Prozentsätzen des Grundlohns die Zuschläge bemessen worden sind,
5. die Pauschalzahlung tatsächlich ein Zuschlag ist, der neben dem Grundlohn gezahlt wird; eine aus dem Arbeitslohn rechnerisch ermittelte Pauschalzahlung ist kein Zuschlag.

LStR 3b ② Ergibt die Einzelfeststellung, dass der dem Arbeitnehmer aufgrund der tatsächlich geleisteten Sonntags-, Feiertags- oder Nachtarbeit zustehende Zuschlag im Kj. höher ist als die Pauschalzahlung, kann ein höherer Betrag nur steuerfrei sein, wenn und soweit der Zuschlag auch tatsächlich zusätzlich gezahlt wird; eine bloße Kürzung des steuerpflichtigen Arbeitslohns um den übersteigenden Steuerfreibetrag ist nicht zulässig. ③ Diese Regelungen gelten sinngemäß, wenn lediglich die genaue Feststellung des steuerfreien Betrags im Zeitpunkt der Zahlung des Zuschlags schwierig ist und sie erst zu einem späteren Zeitpunkt nachgeholt werden kann.

Zeitversetzte Auszahlung

11 (8) ① Die Steuerfreiheit von Zuschlägen für Sonntags-, Feiertags- oder Nachtarbeit bleibt auch bei zeitversetzter Auszahlung i. d. R. erhalten. ② Voraussetzung ist jedoch, dass vor der Leistung der begünstigten Arbeit bestimmt wird, dass ein steuerfreier Zuschlag – ggf. teilweise – als Wertguthaben auf ein Arbeitszeitkonto genommen und getrennt ausgewiesen wird. ③ Dies gilt z. B. in Fällen der Altersteilzeit bei Aufteilung in Arbeits- und Freistellungsphase (sog. Blockmodelle).

LStH 3b

H 3b

12 **Abgrenzung Sonntags-/Feiertagszuschlag – Nachtzuschlag**

Beispiel:

Ein Arbeitnehmer beginnt seine Nachtschicht am Sonntag, dem 1. 5. um 22 Uhr und beendet sie am 2. 5. um 7 Uhr. Für diesen Arbeitnehmer sind Zuschläge zum Grundlohn bis zu folgenden Sätzen steuerfrei:
- 175% für die Arbeit am 1. 5. in der Zeit von 22 Uhr bis 24 Uhr (25% für Nachtarbeit und 150% für Feiertagsarbeit),
- 190% für die Arbeit am 2. 5. in der Zeit von 0 Uhr bis 4 Uhr (40% für Nachtarbeit und 150% für Feiertagsarbeit),
- 25% für die Arbeit am 2. 5. in der Zeit von 4 Uhr bis 6 Uhr.

Abgrenzung Spätarbeitszuschlag – andere Lohnzuschläge

Beispiel:

Aufgrund tarifvertraglicher Vereinbarung erhält ein Arbeitnehmer für die Arbeit in der Zeit von 18 bis 22 Uhr einen Spätarbeitszuschlag und für die in der Zeit von 19 bis 21 Uhr verrichteten Arbeiten eine Gefahrenzulage. Der für die Zeit von 20 bis 22 Uhr gezahlte Spätarbeitszuschlag ist ein nach § 3 b EStG begünstigter Zuschlag für Nachtarbeit. Die Gefahrenzulage wird nicht für die Arbeit zu einer bestimmten Zeit gezahlt und ist deshalb auch insoweit kein Nachtarbeitszuschlag i. S. d. § 3 b EStG, als sie für die Arbeit in der Zeit von 20 bis 21 Uhr gezahlt wird.

Aufteilung von Mischzuschlägen → BFH vom 13. 10. 1989 (BStBl. 1991 II S. 8).

Bereitschaftsdienste
- Ein Zeitzuschlag für ärztliche Bereitschaftsdienste wird auch dann nicht für tatsächlich geleistete Sonntags-, Feiertags- oder Nachtarbeit gezahlt, wenn die Bereitschaftsdienste überwiegend zu diesen Zeiten anfallen. Auch wenn die auf Sonntage, Feiertage und Nachtzeit entfallenden Bereitschaftsdienste festgestellt werden können, ist die Bereitschaftsdienstvergütung deshalb nicht steuerfrei (→ BFH vom 24. 11. 1989 – BStBl. 1990 II S. 315).
- Die Steuerfreiheit von Zuschlägen für Bereitschaftsdienste, die außerhalb der regelmäßigen Arbeitszeit erbracht und gesondert vergütet werden, bemisst sich nach dem Arbeitslohn für die regelmäßige Arbeitszeit und nicht nach dem Bereitschaftsdienstentgelt. Nicht erforderlich ist, dass der Arbeitnehmer für die zuschlagsbewehrte Tätigkeit neben den Erschwerniszuschlägen einen Anspruch auf Grundlohn oder eine besondere Vergütung (Bereitschaftsdienstentgelte) hat (→ BFH vom 11. 4. 2024 – BStBl. 2024 II 798).
- Werden Bereitschaftsdienste pauschal zusätzlich zum Grundlohn ohne Rücksicht darauf vergütet, ob die Tätigkeit an einem Samstag oder einem Sonntag erbracht wird, handelt es sich nicht um steuerfreie Zuschläge für Sonntags-, Feiertags- oder Nachtarbeit i. S. d. § 3 b Abs. 1 EStG (→ BFH vom 29. 11. 2016 – BStBl. 2017 II S. 718).

Durchschnittlicher Auszahlungsbetrag. Die Vereinbarung eines durchschnittlichen Auszahlungsbetrags pro tatsächlich geleisteter Arbeitsstunde steht der Steuerbefreiung nicht entgegen; der laufende Arbeitslohn kann der Höhe nach schwanken und durch eine Grundlohnergänzung aufgestockt werden (→ BFH vom 17. 6. 2010 – BStBl. 2011 II S. 43).

Einkünfte aus nichtselbständiger Arbeit
- Die Steuerfreiheit nach § 3 b EStG setzt voraus, dass die Zuschläge ohne diese Vorschrift den Einkünften aus nichtselbständiger Arbeit zuzurechnen wären (→ BFH vom 19. 3. 1997 – BStBl. II S. 577).
- Zahlt eine Kapitalgesellschaft ihrem Gesellschafter-Geschäftsführer zusätzlich zu seinem Festgehalt Vergütungen für Sonntags-, Feiertags- und Nachtarbeit, liegt nur in Ausnahmefällen keine verdeckte Gewinnausschüttung vor (→ BFH vom 14. 7. 2004 – BStBl. 2005 II S. 307).
- Bezieht ein nicht beherrschender Gesellschafter, der zugleich leitender Angestellter der GmbH ist, neben einem hohen Festgehalt, Sonderzahlungen und einer Gewinntantieme zusätzlich Zuschläge für Sonntags-, Feiertags-, Mehr- und Nachtarbeit, können diese als verdeckte Gewinnausschüttung zu erfassen sein (→ BFH vom 13. 12. 2006 – BStBl. 2007 II S. 393).

Gefahrenzulage. Es ist von Verfassungs wegen nicht geboten, die Steuerbefreiung für Zuschläge, die für tatsächlich geleistete Sonntags-, Feiertags- oder Nachtarbeit gezahlt werden, auf Gefahrenzulagen und Zulagen im Kampfmittelräumdienst auszudehnen (→ BFH vom 15. 9. 2011 – BStBl. 2012 II S. 144). LStH 3b

Grundlohn

Beispiel 1:

Ein Arbeitnehmer in einem Drei-Schicht-Betrieb hat eine tarifvertraglich geregelte Arbeitszeit von 38 Stunden wöchentlich und einen monatlichen Lohnzahlungszeitraum. Er hat Anspruch – soweit es den laufenden Arbeitslohn ohne Sonntags-, Feiertags- oder Nachtarbeitszuschläge angeht – auf
- einen Normallohn von 17,00 € für jede im Lohnzahlungszeitraum geleistete Arbeitsstunde,
- einen Schichtzuschlag von 0,50 € je Arbeitsstunde,
- einen Zuschlag für Samstagsarbeit von 1,00 € für jede Samstagsarbeitsstunde,
- einen Spätarbeitszuschlag von 1,70 € für jede Arbeitsstunde zwischen 18.00 Uhr und 20.00 Uhr,
- einen Überstundenzuschlag von 5,00 € je Überstunde,
- eine Gefahrenzulage für unregelmäßig anfallende gefährliche Arbeiten von 3,00 € je Stunde,
- einen steuerpflichtigen, aber nicht pauschal versteuerten Fahrtkostenzuschuss von 6,00 € je Arbeitstag,
- eine vermögenswirksame Leistung von 40,00 € monatlich,
- Beiträge des Arbeitgebers zu einer Direktversicherung von 100,00 € monatlich.

Im Juni hat der Arbeitnehmer infolge Urlaubs nur an 10 Tagen insgesamt 80 Stunden gearbeitet. In diesen 80 Stunden sind enthalten:

– Regelmäßige Arbeitsstunden	76
– Überstunden insgesamt	4
– Samstagsstunden insgesamt	12
– Überstunden an Samstagen	2
– Spätarbeitsstunden insgesamt	16
– Überstunden mit Spätarbeit	2
– Stunden mit gefährlichen Arbeiten insgesamt	5
– Überstunden mit gefährlichen Arbeiten	1

Hiernach betragen

a) der Basisgrundlohn	
17,00 € Stundenlohn × 38 Stunden × 4,35	2810,10 €
0,50 € Schichtzuschlag × 38 Stunden × 4,35	82,65 €
Vermögenswirksame Leistungen	40,00 €
Beiträge zur Direktversicherung	100,00 €
insgesamt	3032,75 €
b) die Grundlohnzusätze	
1,00 € Samstagsarbeitszuschlag × 10 Stunden	10,00 €
1,70 € Spätarbeitszuschlag × 14 Stunden	23,80 €
3,00 € Gefahrenzulage × 4 Stunden	12,00 €
6,00 € Fahrtkostenzuschuss × 10 Arbeitstage	60,00 €
insgesamt	105,80 €
c) der Grundlohn des Lohnzahlungszeitraums insgesamt	3138,55 €
d) der für die Begrenzung des steuerfreien Anteils der begünstigten Lohnzuschläge maßgebende Grundlohn	

$$\frac{3138{,}55\ €}{38 \times 4{,}35} = 18{,}99\ €$$

Beispiel 2:

Bei einem Arbeitnehmer mit tarifvertraglich geregelter Arbeitszeit von 37,5 Stunden wöchentlich und einem monatlichen Lohnzahlungszeitraum, dessen Sonntags-, Feiertags- und Nachtarbeitszuschläge sowie nicht im Voraus feststehende Bezüge sich nach den Verhältnissen des Vormonats bemessen, betragen für den Lohnzahlungszeitraum März

– der Basisgrundlohn	3277,28 €.
– die Grundlohnzusätze (bemessen nach den Verhältnissen im Monat Februar)	280,72 €.
Im Februar betrug der Basisgrundlohn	2936,16 €.

Für die Ermittlung des steuerfreien Anteils der Zuschläge für Sonntags-, Feiertags- oder Nachtarbeit, die dem Arbeitnehmer aufgrund der im Februar geleisteten Arbeit für den Lohnzahlungszeitraum März zustehen, ist von einem Grundlohn auszugehen, der sich aus

– dem Basisgrundlohn des Lohnzahlungszeitraums Februar (R 3 b Abs. 2 Satz 2 Nr. 2 Buchst. a Satz 2) von	2936,16 €.
– und den Grundlohnzusätzen des Lohnzahlungszeitraums März (bemessen nach den Verhältnissen im Februar)	280,72 €.

zusammensetzt.

Der für die Berechnung des steuerfreien Anteils der begünstigten Lohnzuschläge maßgebende Grundlohn beträgt also

$$\frac{2936{,}16\ € + 280{,}72\ €}{37{,}5 \times 4{,}35} = 19{,}72\ €.$$

Pauschale Zuschläge

- Die Steuerbefreiung setzt i. d. R. Einzelaufstellungen der tatsächlich erbrachten Arbeitsstunden an Sonn- und Feiertagen oder zur Nachtzeit voraus (→ BFH vom 28. 11. 1990 – BStBl. 1991 II S. 293). Demgegenüber können pauschale Zuschläge dann steuerfrei sein, wenn und soweit sie als bloße Abschlagszahlungen oder Vorschüsse auf später einzeln abzurechnende Zuschläge geleistet werden (→ BFH vom 23. 10. 1992 – BStBl. 1993 II S. 314).
- Pauschale Zuschläge können steuerfrei sein, wenn sie als Abschlagszahlungen oder Vorschüsse für tatsächlich geleistete Sonntags-, Feiertags- oder Nachtarbeit gezahlt werden. Der fehlende Nachweis tatsächlich erbrachter Arbeitsleistungen kann nicht durch eine Modellrechnung ersetzt werden (→ BFH vom 25. 5. 2005 – BStBl. II S. 725).
- Pauschale Zuschläge sind nicht steuerfrei, wenn sie nicht als Abschlagszahlungen oder Vorschüsse auf Zuschläge für tatsächlich geleistete Sonntags-, Feiertags- oder Nachtarbeit gezahlt

LStH 3 b werden, sondern Teil einer einheitlichen Tätigkeitsvergütung sind (→ BFH vom 16. 12. 2010 – BStBl. 2012 II S. 288).

– Pauschale Zuschläge, die der Arbeitgeber ohne Rücksicht auf die Höhe der tatsächlich erbrachten Sonntags-, Feiertags- oder Nachtarbeit an den Arbeitnehmer leistet, sind nur dann nach § 3 b EStG begünstigt, wenn sie nach dem übereinstimmenden Willen von Arbeitgeber und Arbeitnehmer als Abschlagszahlungen oder Vorschüsse auf eine spätere Einzelabrechnung gemäß § 41 b EStG geleistet werden. Diese Einzelabrechnung zum jährlichen Abschluss des Lohnkontos ist unverzichtbar. Auf sie kann im Einzelfall nur verzichtet werden, wenn die Arbeitsleistungen fast ausschließlich zur Nachtzeit zu erbringen und die pauschal geleisteten Zuschläge so bemessen sind, dass sie auch unter Einbeziehung von Urlaub und sonstigen Fehlzeiten – aufs Jahr bezogen – die Voraussetzungen der Steuerfreiheit erfüllen (→ BFH vom 8. 12. 2011 – BStBl. 2012 II S. 291).

Reisezeiten. Tatsächlich geleistete Sonntags-, Feiertags- oder Nachtarbeit ist jede zu den begünstigten Zeiten tatsächlich im Arbeitgeberinteresse ausgeübte Tätigkeit des Arbeitnehmers, für die er einen Anspruch auf Grundlohn hat. Die arbeitszeitrechtliche Einordnung der Tätigkeit nach dem Arbeitszeitgesetz ist ohne Bedeutung. Eine konkret belastende Tätigkeit des Arbeitnehmers verlangt § 3 b nicht (→ BFH vom 16. 12. 2021 – BStBl. 2022 II S. 209).

Tatsächliche Arbeitsleistung. Soweit Zuschläge gezahlt werden, ohne dass der Arbeitnehmer in der begünstigten Zeit gearbeitet hat, z. B. bei Lohnfortzahlung im Krankheits- oder Urlaubsfall, bei Lohnfortzahlung an von der betrieblichen Tätigkeit freigestellte Betriebsratsmitglieder oder bei der Lohnfortzahlung nach dem Mutterschutzgesetz, sind sie steuerpflichtig (→ BFH vom 3. 5. 1974 – BStBl. II S. 646 und vom 26. 10. 1984 – BStBl. 1985 II S. 57 und vom 27. 5. 2009 – BStBl. II S. 730).

Theaterbetriebszulage. Der Steuerfreiheit von Zuschlägen für Sonntags-, Feiertags- oder Nachtarbeit gemäß § 3 b steht es nicht entgegen, wenn der Grundlohn in Abhängigkeit von der Höhe der steuerfreien Zuschläge aufgestockt wird, um im Ergebnis einen bestimmten, (tarif-) vertraglich vereinbarten Bruttolohn zu erreichen. Die nach § 3 b erforderliche Trennung von Grundlohn und Zuschlägen wird hierdurch nicht aufgehoben. Der Bruttolohn muss nicht in Abhängigkeit von den zu begünstigten Zeiten geleisteten Tätigkeiten variabel ausgestaltet sein (→ BFH vom 9. 6. 2021 – BStBl. II S. 936).

Wechselschichtzuschlag

– Zuschläge für Wechselschichtarbeit, die der Arbeitnehmer für seine Wechselschicht regelmäßig und fortlaufend bezieht, sind dem steuerpflichtigen Grundlohn zugehörig; sie sind auch während der durch § 3 b EStG begünstigten Nachtzeit nicht steuerbefreit (→ BFH vom 7. 7. 2005 – BStBl. II S. 888).

– Die einem Polizeibeamten gezahlte Zulage für Dienst zu wechselnden Zeiten nach § 17 a EZulV ist nicht nach § 3 b EStG steuerfrei (→ BFH vom 15. 2. 2017 – BStBl. II S. 644).

Zeitwertkonto. Bei zeitversetzter Auszahlung bleibt die Steuerfreiheit nur für den Zuschlag als solchen erhalten (→ R 3 b Abs. 8). Eine darauf beruhende etwaige Verzinsung oder Wertsteigerung ist hingegen nicht steuerfrei (→ BMF vom 17. 6. 2009 – BStBl. I S. 1286).[1]

Zuschlag zum Grundlohn. Ein Zuschlag wird nicht neben dem Grundlohn gezahlt, wenn er aus dem arbeitsrechtlich geschuldeten Arbeitslohn rechnerisch ermittelt wird, selbst wenn im Hinblick auf eine ungünstig liegende Arbeitszeit ein höherer Arbeitslohn gezahlt werden sollte (→ BFH vom 28. 11. 1990 – BStBl. 1991 II S. 296); infolgedessen dürfen auch aus einer Umsatzbeteiligung keine Zuschläge abgespalten und nach § 3 b EStG steuerfrei gelassen werden.

---

[1] Abgedruckt als Anlage b zu LStH 38.2.

EStG

§ 3c Anteilige Abzüge

(1) **Ausgaben dürfen, soweit sie mit steuerfreien Einnahmen in unmittelbarem wirtschaftlichen Zusammenhang stehen, nicht als Betriebsausgaben oder Werbungskosten abgezogen werden; Absatz 2 bleibt unberührt.** 1

(2)[1] ① **Betriebsvermögensminderungen, Betriebsausgaben, Veräußerungskosten oder Werbungskosten, die mit den dem § 3 Nummer 40**[2] **zugrunde liegenden Betriebsvermögensmehrungen oder Einnahmen oder mit Vergütungen nach § 3 Nummer 40 a in wirtschaftlichem Zusammenhang stehen, dürfen unabhängig davon, in welchem Veranlagungszeitraum die Betriebsvermögensmehrungen oder Einnahmen anfallen, bei der Ermittlung der Einkünfte nur zu 60 Prozent abgezogen werden; Entsprechendes gilt, wenn bei der Ermittlung der Einkünfte der Wert des Betriebsvermögens oder des Anteils am Betriebsvermögen oder die Anschaffungs- oder Herstellungskosten oder der an deren Stelle tretende Wert mindernd zu berücksichtigen sind. ② Satz 1 ist auch für Betriebsvermögensminderungen oder Betriebsausgaben im Zusammenhang mit einer Darlehensforderung oder aus der Inanspruchnahme von Sicherheiten anzuwenden, die für ein Darlehen hingegeben wurden, wenn das Darlehen oder die Sicherheit von einem Steuerpflichtigen gewährt wird, der zu mehr als einem Viertel unmittelbar oder mittelbar am Grund- oder Stammkapital der Körperschaft, der das Darlehen gewährt wurde, beteiligt ist oder war. ③ Satz 2 ist insoweit nicht anzuwenden, als nachgewiesen wird, dass auch ein fremder Dritter das Darlehen bei sonst gleichen Umständen gewährt oder noch nicht zurückgefordert hätte; dabei sind nur die eigenen Sicherungsmittel der Körperschaft zu berücksichtigen. ④ Die Sätze 2 und 3 gelten entsprechend für Forderungen aus Rechtshandlungen, die einer Darlehensgewährung wirtschaftlich vergleichbar sind. ⑤ Gewinne aus dem Ansatz des nach § 6 Absatz 1 Nummer 2 Satz 3 maßgeblichen Werts bleiben bei der Ermittlung der Einkünfte außer Ansatz, soweit auf die vorangegangene Teilwertabschreibung Satz 2 angewendet worden ist. ⑥ Satz 1 ist außerdem ungeachtet eines wirtschaftlichen Zusammenhangs mit den dem § 3 Nummer 40 zugrunde liegenden Betriebsvermögensmehrungen oder Einnahmen oder mit Vergütungen nach § 3 Nummer 40 a auch auf Betriebsvermögensminderungen, Betriebsausgaben oder Veräußerungskosten eines Gesellschafters einer Körperschaft anzuwenden, soweit diese mit einer im Gesellschaftsverhältnis veranlassten unentgeltlichen Überlassung von Wirtschaftsgütern an diese Körperschaft oder bei einer teilentgeltlichen Überlassung von Wirtschaftsgütern mit dem unentgeltlichen Teil in Zusammenhang stehen und der Steuerpflichtige zu mehr als einem Viertel unmittelbar oder mittelbar am Grund- oder Stammkapital dieser Körperschaft beteiligt ist oder war. ⑦ Für die Anwendung des Satzes 1 ist die Absicht zur Erzielung von Betriebsvermögensmehrungen oder Einnahmen im Sinne des § 3 Nummer 40 oder von Vergütungen im Sinne des § 3 Nummer 40 a ausreichend. ⑧ Satz 1 gilt auch für Wertminderungen des Anteils an einer Organgesellschaft, die nicht auf Gewinnausschüttungen zurückzuführen sind. ⑨ § 8 b Absatz 10 des Körperschaftsteuergesetzes gilt sinngemäß.** 2

(3) **Betriebsvermögensminderungen, Betriebsausgaben oder Veräußerungskosten, die mit den Betriebsvermögensmehrungen oder Einnahmen im Sinne des § 3 Nummer 70 in wirtschaftlichem Zusammenhang stehen, dürfen unabhängig davon, in welchem Veranlagungszeitraum die Betriebsvermögensmehrungen oder Einnahmen anfallen, nur zur Hälfte abgezogen werden.** 3

(4)[3] ① **Betriebsvermögensminderungen oder Betriebsausgaben, die mit einem steuerfreien Sanierungsertrag im Sinne des § 3 a in unmittelbarem wirtschaftlichem Zusammenhang stehen, dürfen unabhängig davon, in welchem Veranlagungszeitraum der Sanierungsertrag entsteht, nicht abgezogen werden. ② Satz 1 gilt nicht, soweit Betriebsvermögensminderungen oder Betriebsausgaben zur Erhöhung von Verlustvorträgen geführt haben, die nach Maßgabe der in § 3 a Absatz 3 getroffenen Regelungen entfallen. ③ Zu den Betriebsvermögensminderungen oder Betriebsausgaben im Sinne des Satzes 1 gehören auch Aufwendungen im Zusammenhang mit einem Besserungsschein und vergleichbare Aufwendungen. ④ Satz 1 gilt für Betriebsvermögensminderungen oder Betriebsausgaben, die nach dem Sanierungsjahr entstehen, nur insoweit, als noch ein verbleibender Sanierungsertrag im Sinne von § 3 a Absatz 3 Satz 4 vorhanden ist. ⑤ Wurden Betriebsvermögensminderungen oder Betriebsausgaben im Sinne des Satzes 1 bereits bei einer Steuerfestsetzung oder einer gesonderten Feststellung nach § 180 Absatz 1 Satz 1 der Abgabenordnung gewinnmindernd berücksichtigt, ist der entsprechende Steuer- oder Feststellungsbescheid insoweit zu ändern.** 4

[1] Zur erstmaligen Anwendung von § 3 c Abs. 2 Sätze 2 bis 6 für nach dem 31. 12. 2014 beginnende Wirtschaftsjahre siehe § 52 Abs. 5 Satz 2.
[2] Abgedruckt in der geschlossenen Wiedergabe dieses Handbuchs.
[3] Zur Anwendung von Abs. 4 siehe § 52 Abs. 5 Satz 3.

EStG

⑥ Das gilt auch dann, wenn der Steuer- oder Feststellungsbescheid bereits bestandskräftig geworden ist; die Festsetzungsfrist endet insoweit nicht, bevor die Festsetzungsfrist für das Sanierungsjahr abgelaufen ist.

EStG

4. Überschuss der Einnahmen über die Werbungskosten

§ 8 Einnahmen

(1) ① Einnahmen sind alle Güter, die in Geld oder Geldeswert bestehen und dem Steuerpflichtigen im Rahmen einer der Einkunftsarten des § 2 Absatz 1 Satz 1 Nummer 4 bis 7 zufließen. ② Zu den Einnahmen in Geld gehören auch zweckgebundene Geldleistungen, nachträgliche Kostenerstattungen, Geldsurrogate und andere Vorteile, die auf einen Geldbetrag lauten. ③ Satz 2 gilt nicht bei Gutscheinen und Geldkarten, die ausschließlich zum Bezug von Waren oder Dienstleistungen berechtigen und die Kriterien des § 2 Absatz 1 Nummer 10 des Zahlungsdiensteaufsichtsgesetzes erfüllen. 1

(2) ① Einnahmen, die nicht in Geld bestehen (Wohnung, Kost, Waren, Dienstleistungen und sonstige Sachbezüge), sind mit den um übliche Preisnachlässe geminderten üblichen Endpreisen am Abgabeort anzusetzen. ② Für die private Nutzung eines betrieblichen Kraftfahrzeugs zu privaten Fahrten gilt § 6 Absatz 1 Nummer 4 Satz 2 entsprechend. ③ Kann das Kraftfahrzeug auch für Fahrten zwischen Wohnung und erster Tätigkeitsstätte sowie Fahrten nach § 9 Absatz 1 Satz 3 Nummer 4 a Satz 3 genutzt werden, erhöht sich der Wert in Satz 2 für jeden Kalendermonat um 0,03 Prozent des Listenpreises im Sinne des § 6 Absatz 1 Nummer 4 Satz 2 für jeden Kilometer der Entfernung zwischen Wohnung und erster Tätigkeitsstätte sowie der Fahrten nach § 9 Absatz 1 Satz 3 Nummer 4 a Satz 3. ④ Der Wert nach den Sätzen 2 und 3 kann mit dem auf die private Nutzung und die Nutzung zu Fahrten zwischen Wohnung und erster Tätigkeitsstätte sowie Fahrten nach § 9 Absatz 1 Satz 3 Nummer 4 a Satz 3 entfallenden Teil der gesamten Kraftfahrzeugaufwendungen angesetzt werden, wenn die durch das Kraftfahrzeug insgesamt entstehenden Aufwendungen durch Belege und das Verhältnis der privaten Fahrten und der Fahrten zwischen Wohnung und erster Tätigkeitsstätte sowie Fahrten nach § 9 Absatz 1 Satz 3 Nummer 4 a Satz 3 zu den übrigen Fahrten durch ein ordnungsgemäßes Fahrtenbuch nachgewiesen werden; § 6 Absatz 1 Nummer 4 Satz 3 zweiter Halbsatz gilt entsprechend. ⑤ Die Nutzung des Kraftfahrzeugs zu einer Familienheimfahrt im Rahmen einer doppelten Haushaltsführung ist mit 0,002 Prozent des Listenpreises im Sinne des § 6 Absatz 1 Nummer 4 Satz 2 für jeden Kilometer der Entfernung zwischen dem Ort des eigenen Hausstands und dem Beschäftigungsort anzusetzen; dies gilt nicht, wenn für diese Fahrt ein Abzug von Werbungskosten nach § 9 Absatz 1 Satz 3 Nummer 5 Satz 5 und 6 in Betracht käme; Satz 4 ist sinngemäß anzuwenden. ⑥ Bei Arbeitnehmern, für deren Sachbezüge durch Rechtsverordnung nach § 17 Absatz 1 Satz 1 Nummer 4 des Vierten Buches Sozialgesetzbuch Werte bestimmt worden sind, sind diese Werte maßgebend. ⑦ Die Werte nach Satz 6 sind auch bei Steuerpflichtigen anzusetzen, die nicht der gesetzlichen Rentenversicherungspflicht unterliegen. ⑧ Wird dem Arbeitnehmer während einer beruflichen Tätigkeit außerhalb seiner Wohnung und ersten Tätigkeitsstätte oder im Rahmen einer beruflich veranlassten doppelten Haushaltsführung vom Arbeitgeber oder auf dessen Veranlassung von einem Dritten eine Mahlzeit zur Verfügung gestellt, ist diese Mahlzeit mit dem Wert nach Satz 6 (maßgebender amtlicher Sachbezugswert nach der Sozialversicherungsentgeltverordnung) anzusetzen, wenn der Preis für die Mahlzeit 60 Euro nicht übersteigt. ⑨ Der Ansatz einer nach Satz 8 bewerteten Mahlzeit unterbleibt, wenn beim Arbeitnehmer für ihm entstehende Mehraufwendungen für Verpflegung ein Werbungskostenabzug nach § 9 Absatz 4 a Satz 1 bis 7 in Betracht käme. ⑩ Die oberste Finanzbehörde eines Landes kann mit Zustimmung des Bundesministeriums der Finanzen für weitere Sachbezüge der Arbeitnehmer Durchschnittswerte festsetzen. ⑪ Sachbezüge, die nach Satz 1 zu bewerten sind, bleiben außer Ansatz, wenn die sich nach Anrechnung der vom Steuerpflichtigen gezahlten Entgelte ergebenden Vorteile insgesamt 50 Euro im Kalendermonat nicht übersteigen; die nach Absatz 1 Satz 3 nicht zu den Einnahmen in Geld gehörenden Gutscheine und Geldkarten bleiben nur dann außer Ansatz, wenn sie zusätzlich zum ohnehin geschuldeten Arbeitslohn[1] gewährt werden. ⑫ Der Ansatz eines Sachbezugs für eine dem Arbeitnehmer vom Arbeitgeber, auf dessen Veranlassung von einem verbundenen Unternehmen (§ 15 des Aktiengesetzes) oder bei einer juristischen Person des öffentlichen Rechts als Arbeitgeber auf dessen Veranlassung von einem entsprechend verbundenen Unternehmen zu eigenen Wohnzwecken überlassene Wohnung unterbleibt, soweit das vom Arbeitnehmer gezahlte Entgelt mindestens zwei Drittel des ortsüblichen Mietwerts und dieser nicht mehr als 25 Euro je Quadratmeter ohne umlagefähige Kosten im Sinne der Verordnung über die Aufstellung von Betriebskosten beträgt. 2

(3) ① Erhält ein Arbeitnehmer auf Grund seines Dienstverhältnisses Waren oder Dienstleistungen, die vom Arbeitgeber nicht überwiegend für den Bedarf seiner Arbeitnehmer hergestellt, vertrieben oder erbracht werden und deren Bezug nicht nach 3

[1] Zur Zusätzlichkeitsvoraussetzung siehe § 8 Abs. 4 EStG.

EStG

§ 40 pauschal versteuert wird, so gelten als deren Werte abweichend von Absatz 2 die um 4 Prozent geminderten Endpreise, zu denen der Arbeitgeber oder der dem Abgabeort nächstansässige Abnehmer die Waren oder Dienstleistungen fremden Letztverbrauchern im allgemeinen Geschäftsverkehr anbietet. ② Die sich nach Abzug der vom Arbeitnehmer gezahlten Entgelte ergebenden Vorteile sind steuerfrei, soweit sie aus dem Dienstverhältnis insgesamt 1 080 Euro im Kalenderjahr nicht übersteigen.

3a (4) ① **Im Sinne dieses Gesetzes werden Leistungen des Arbeitgebers oder auf seine Veranlassung eines Dritten (Sachbezüge oder Zuschüsse) für eine Beschäftigung nur dann zusätzlich zum ohnehin geschuldeten Arbeitslohn erbracht, wenn**

1. die Leistung nicht auf den Anspruch auf Arbeitslohn angerechnet,

2. der Anspruch auf Arbeitslohn nicht zugunsten der Leistung herabgesetzt,

3. die verwendungs- oder zweckgebundene Leistung nicht anstelle einer bereits vereinbarten künftigen Erhöhung des Arbeitslohns gewährt und

4. bei Wegfall der Leistung der Arbeitslohn nicht erhöht

wird. ② Unter den Voraussetzungen des Satzes 1 ist von einer zusätzlich zum ohnehin geschuldeten Arbeitslohn erbrachten Leistung auch dann auszugehen, wenn der Arbeitnehmer arbeitsvertraglich oder auf Grund einer anderen arbeits- oder dienstrechtlichen Rechtsgrundlage (wie Einzelvertrag, Betriebsvereinbarung, Tarifvertrag, Gesetz) einen Anspruch auf diese hat.

Übersicht

	Rz.
Anlage: Sozialversicherungsentgeltverordnung	4–14
LStR 8.1 Bewertung der Sachbezüge (§ 8 Abs. 2 EStG); H 8.1	20–34
Anlagen:	
a) Schreiben betr. 15. VO zur Änderung der SvEV vom 3. 12. 2024 (BGBl. I Nr. 394); Lohnsteuerliche Behandlung von unentgeltlichen oder verbilligten Mahlzeiten der Arbeitnehmer ab Kj. 2025 vom 10. 12. 2024	46
b) Schreiben betr. steuerliche Behandlung von Arbeitgeberdarlehen vom 19. 5. 2015	47–49
c) Schreiben betr. lohnsteuerliche Behandlung der Überlassung eines betrieblichen Kraftfahrzeugs an Arbeitnehmer vom 3. 3. 2022	50–54 c
d) Schreiben betr. private Kfz-Nutzung durch den Gesellschafter-Geschäftsführer einer Kapitalgesellschaft; Urteile des BFH vom 23. 1. 2008 I R 8/06 (BStBl. 2012 II S. 260), vom 23. 4. 2009 VI R 81/06 (BStBl. 2012 II S. 262) und vom 11. 2. 2010 VI R 43/09 (BStBl. 2012 II S. 266) vom 3. 4. 2012	56
e) Gleich lautende Erlasse betr. steuerliche Behandlung der Überlassung von (Elektro-)Fahrrädern vom 9. 1. 2020	58
f) Schreiben betr. Abgrenzung zwischen Geldleistung und Sachbezug; Anwendung der Regelungen des § 8 Absatz 1 Satz 2 und 3 und Absatz 2 Satz 11 zweiter Halbsatz EStG vom 15. 3. 2022	59
g) Schreiben betr. Nutzung eines betrieblichen Kraftfahrzeugs für private Fahrten, Fahrten zwischen Wohnung und Betriebsstätte/erster Tätigkeitsstätte oder Fahrten nach § 9 Abs. 1 Satz 3 Nr. 4 a Satz 3 EStG und Familienheimfahrten; Nutzung von Elektro- und Hybridelektrofahrzeugen vom 5. 11. 2021	61
h) Schreiben betr. Sachbezugswert für arbeitstägliche Zuschüsse zu Mahlzeiten vom 18. 1. 2019	62
i) Schreiben betr. lohnsteuerliche Behandlung der Überlassung von (Elektro-)Fahrrädern an Arbeitnehmer in Leasingfällen vom 17. 11. 2017	62 a
LStR 8.2 Belegschaftsrabatte (§ 8 Abs. 3 EStG); H 8.2	63–65
Anlagen:	
a) Schreiben betr. steuerliche Behandlung der Rabatte, die ArbN von dritter Seite eingeräumt werden vom 20. 1. 2015	68
b) Gleich lautende Erlasse betr. steuerliche Behandlung der von Luftfahrtunternehmen gewährten unentgeltlichen oder verbilligten Flüge vom 16. 12. 2024	70
c) Schreiben betr. steuerliche Behandlung unentgeltlicher oder verbilligter Reisen bei Mitarbeitern von Reisebüros und Reiseveranstaltern vom 14. 9. 1994	76
d) Schreiben betr. Ermittlung des geldwerten Vorteils beim Erwerb von Kraftfahrzeugen vom Arbeitgeber in der Automobilbranche (§ 8 Abs. 3 EStG) vom 18. 12. 2009	80
e) Schreiben betr. Verhältnis von § 8 Abs. 2 und Abs. 3 EStG bei der Bewertung von Sachbezügen vom 16. 5. 2013 (ergänzt durch Schreiben vom 11. 2. 2021)	83

Anl zu § 8

Verordnung über die sozialversicherungsrechtliche Beurteilung von Zuwendungen des Arbeitgebers als Arbeitsentgelt (Sozialversicherungsentgeltverordnung – SvEV)

Vom 21. Dezember 2006 (BGBl. I S. 3385)

Geändert durch Gesetz vom 10. 12. 2007 (BGBl. I S. 2838), Gesetz vom 19. 12. 2007 (BGBl. I S. 3024), VO vom 18. 11. 2008 (BGBl. I S. 2220), Gesetz vom 15. 7. 2009 (BGBl. I S. 1939), VO vom 19. 10. 2009 (BGBl. I S. 3667), VO vom 10. 11. 2010 (BGBl. I S. 1751), VO vom 2. 12. 2011 (BGBl. I S. 2453), Gesetz vom 7. 12. 2011 (BGBl. I S. 2592), Gesetz vom 20. 12. 2011 (BGBl. I S. 2854), VO vom 19. 12. 2012 (BGBl. I S. 2714), VO vom 21. 10. 2013 (BGBl. I S. 3871), VO vom 24. 11. 2014 (BGBl. I S. 1799), Gesetz vom 15. 4. 2015 (BGBl. I S. 583), VO vom 18. 11. 2015 (BGBl. I S. 2075), VO vom 21. 11. 2016 (BGBl. I S. 2637), Gesetz vom 23. 5. 2017 (BGBl. I S. 1228), Gesetz vom 17. 8. 2017 (BGBl. I S. 3214), VO vom 7. 12. 2017 (BGBl. I S. 3906), VO vom 6. 11. 2018 (BGBl. I S. 1842), VO vom 29. 11. 2019 (BGBl. I S. 1997), VO vom 15. 12. 2020 (BGBl. I S. 2933), Gesetz vom 3. 6. 2021 (BGBl. I S. 1498), VO vom 6. 12. 2021 (BGBl. I S. 5187), VO vom 16. 12. 2022 (BGBl. I S. 2431), VO vom 27. 11. 2023 (BGBl. 2023 I Nr. 328) und VO vom 3. 12. 2024 (BGBl. 2024 I Nr. 394).

§ 1 Dem sozialversicherungspflichtigen Arbeitsentgelt nicht zuzurechnende Zuwendungen

(1) ① Dem Arbeitsentgelt sind nicht zuzurechnen: 4

1. einmalige Einnahmen, laufende Zulagen, Zuschläge, Zuschüsse sowie ähnliche Einnahmen, die zusätzlich zu Löhnen oder Gehältern gewährt werden, soweit sie lohnsteuerfrei sind; dies gilt nicht für Sonntags-, Feiertags- und Nachtarbeitszuschläge, soweit das Entgelt, auf dem sie berechnet werden, mehr als 25 Euro für jede Stunde beträgt, und nicht für Vermögensbeteiligungen nach § 19a Absatz 1 Satz 1 des Einkommensteuergesetzes,
2. sonstige Bezüge nach § 40 Abs. 1 Satz 1 Nr. 1 des Einkommensteuergesetzes, die nicht einmalig gezahltes Arbeitsentgelt nach § 23a des Vierten Buches Sozialgesetzbuch sind.
3. Einnahmen nach § 40 Abs. 2 des Einkommensteuergesetzes,
4. Beiträge nach § 40b des Einkommensteuergesetzes in der am 31. Dezember 2004 geltenden Fassung, die zusätzlich zu Löhnen und Gehältern gewährt werden; dies gilt auch für darin enthaltene Beiträge, die aus einer Entgeltumwandlung (§ 1 Abs. 2 Nr. 3 des Betriebsrentengesetzes)[1] stammen,

4a. Zuwendungen nach § 3 Nr. 56 und § 40b des Einkommensteuergesetzes, die zusätzlich zu Löhnen und Gehältern gewährt werden und für die Satz 3 und 4 nichts Abweichendes bestimmen,

5. Beträge nach § 10 des Entgeltfortzahlungsgesetzes,[2]
6. Zuschüsse zum Mutterschaftsgeld nach § 20 des Mutterschutzgesetzes,[3]
7. in den Fällen des § 3 Abs. 3 der vom Arbeitgeber insoweit übernommene Teil des Gesamtsozialversicherungsbeitrags,
8. Zuschüsse des Arbeitgebers zum Kurzarbeitergeld und Saison-Kurzarbeitergeld, soweit sie zusammen mit dem Kurzarbeitergeld 80 Prozent des Unterschiedsbetrages zwischen dem Sollentgelt und dem Ist-Entgelt nach § 106 des Dritten Buches Sozialgesetzbuch nicht übersteigen,
9. steuerfreie Zuwendungen an Pensionskassen, Pensionsfonds oder Direktversicherungen nach § 3 Nr. 63 Satz 1 und 2 sowie § 100 Absatz 6 Satz 1 des Einkommensteuergesetzes im Kalenderjahr bis zur Höhe von insgesamt 4 Prozent der Beitragsbemessungsgrenze in der allgemeinen Rentenversicherung; dies gilt auch für darin enthaltene Beiträge, die aus einer Entgeltumwandlung (§ 1 Abs. 2 Nr. 3 des Betriebsrentengesetzes)[4] stammen,
10. Leistungen eines Arbeitgebers oder einer Unterstützungskasse an einen Pensionsfonds zur Übernahme bestehender Versorgungsverpflichtungen oder Versorgungsanwartschaften durch den Pensionsfonds, soweit diese nach § 3 Nr. 66 des Einkommensteuergesetzes steuerfrei sind,
11.[5] steuerlich nicht belastete Zuwendungen des Beschäftigten zugunsten von durch Naturkatastrophen im Inland Geschädigten aus Arbeitsentgelt einschließlich Wertguthaben,
12. Sonderzahlungen nach § 19 Absatz 1 Satz 1 Nummer 3 Satz 2 bis 4 des Einkommensteuergesetzes der Arbeitgeber zur Deckung eines finanziellen Fehlbetrages an die Einrichtungen, für die Satz 3 gilt,
13. Sachprämien nach § 37a des Einkommensteuergesetzes,
14. Zuwendungen nach § 37b Abs. 1 des Einkommensteuergesetzes, soweit die Zuwendungen an Arbeitnehmer eines Dritten erbracht werden und diese Arbeitnehmer nicht Arbeitnehmer eines mit dem Zuwendenden verbundenen Unternehmens sind.
15.[6] vom Arbeitgeber getragene oder übernommene Studiengebühren für ein Studium des Beschäftigten, soweit sie steuerrechtlich kein Arbeitslohn sind,
16. steuerfreie Aufwandsentschädigungen und die in § 3 Nummer 26 und 26a des Einkommensteuergesetzes genannten steuerfreien Einnahmen.

② Dem Arbeitsentgelt sind die in Satz 1 Nummer 1 bis 4a, 9 bis 11, 13, 15 und 16 genannten Einnahmen, Zuwendungen und Leistungen nur dann nicht zuzurechnen, soweit diese vom Arbeitgeber oder von ei-

---

[1] Abgedruckt in Anhang **I 15**.
[2] Abgedruckt in Anhang **I 10**.
[3] Abgedruckt in Anhang **I 11**.
[4] Abgedruckt in Anhang **I 15**.
[5] Vgl. LStH 3.11.
[6] Zur lohnsteuerlichen Behandlung der Übernahme von Studiengebühren durch den Arbeitgeber vgl. Anlage b zu LStH 19.7.

nem Dritten mit der Entgeltabrechnung für den jeweiligen Abrechnungszeitraum lohnsteuerfrei belassen oder pauschal besteuert werden. ③ Die Summe der in Satz 1 Nr. 4 a genannten Zuwendungen nach § 3 Nr. 56 und § 40 b des Einkommensteuergesetzes, die vom Arbeitgeber oder von einem Dritten mit der Entgeltabrechnung für den jeweiligen Abrechnungszeitraum lohnsteuerfrei belassen oder pauschal besteuert werden, höchstens jedoch monatlich 100 Euro, sind bis zur Höhe von 2,5 Prozent des für ihre Bemessung maßgebenden Entgelts dem Arbeitsentgelt zuzurechnen, wenn die Versorgungsregelung mindestens bis zum 31. Dezember 2000 vor der Anwendung etwaiger Nettobegrenzungsregelungen eine allgemein erreichbare Gesamtversorgung von mindestens 75 Prozent des gesamtversorgungsfähigen Entgelts und nach dem Eintritt des Versorgungsfalles eine Anpassung nach Maßgabe der Entwicklung der Arbeitsentgelte im Bereich der entsprechenden Versorgungsregelung oder gesetzlicher Versorgungsbezüge vorsieht; die dem Arbeitsentgelt zuzurechnenden Beiträge und Zuwendungen vermindern sich um monatlich 13,30 Euro. ④ Satz 3 gilt mit der Maßgabe, dass die Zuwendungen nach § 3 Nr. 56 und § 40 b des Einkommensteuergesetzes dem Arbeitsentgelt insoweit zugerechnet werden, als sie in der Summe monatlich 100 Euro übersteigen.

5 (2) In der gesetzlichen Unfallversicherung und in der Seefahrt sind auch lohnsteuerfreie Zuschläge für Sonntags-, Feiertags- und Nachtarbeit dem Arbeitsentgelt zuzurechnen; dies gilt in der Unfallversicherung nicht für Erwerbseinkommen, das bei einer Hinterbliebenenrente zu berücksichtigen ist.

§ 2 Verpflegung, Unterkunft und Wohnung als Sachbezug

6 (1) ① Der Wert der als Sachbezug zur Verfügung gestellten Verpflegung wird auf monatlich 333 Euro festgesetzt. ② Dieser Wert setzt sich zusammen aus dem Wert für

1. Frühstück von 69 Euro,
2. Mittagessen von 132 Euro und
3. Abendessen von 132 Euro.

7 (2) ① Für Verpflegung, die nicht nur dem Beschäftigten, sondern auch seinen nicht bei demselben Arbeitgeber beschäftigten Familienangehörigen zur Verfügung gestellt wird, erhöhen sich die nach Absatz 1 anzusetzenden Werte je Familienangehörigen,

1. der das 18. Lebensjahr vollendet hat, um 100 Prozent,
2. der das 14., aber noch nicht das 18. Lebensjahr vollendet hat, um 80 Prozent,
3. der das 7., aber noch nicht das 14. Lebensjahr vollendet hat, um 40 Prozent und
4. der das 7. Lebensjahr noch nicht vollendet hat, um 30 Prozent.

② Bei der Berechnung des Wertes ist das Lebensalter des Familienangehörigen im ersten Entgeltabrechnungszeitraum des Kalenderjahres maßgebend. ③ Sind Ehegatten bei demselben Arbeitgeber beschäftigt, sind die Erhöhungswerte nach Satz 1 für Verpflegung der Kinder beiden Ehegatten je zur Hälfte zuzurechnen.

8 (3) ① Der Wert einer als Sachbezug zur Verfügung gestellten Unterkunft wird auf monatlich 282 Euro festgesetzt. ② Der Wert der Unterkunft nach Satz 1 vermindert sich

1. bei Aufnahme des Beschäftigten in den Haushalt des Arbeitgebers oder bei Unterbringung in einer Gemeinschaftsunterkunft um 15 Prozent,
2. für Jugendliche bis zur Vollendung des 18. Lebensjahres und Auszubildende um 15 Prozent und
3. bei der Belegung
   a) mit zwei Beschäftigten um 40 Prozent,
   b) mit drei Beschäftigten um 50 Prozent und
   c) mit mehr als drei Beschäftigten um 60 Prozent.

③ Ist es nach Lage des einzelnen Falles unbillig, den Wert einer Unterkunft nach Satz 1 zu bestimmen, kann die Unterkunft mit dem ortsüblichen Mietpreis bewertet werden; Absatz 4 Satz 2 gilt entsprechend.

9 (4) ① Für eine als Sachbezug zur Verfügung gestellte Wohnung ist als Wert der ortsübliche Mietpreis unter Berücksichtigung der sich aus der Lage der Wohnung zum Betrieb ergebenden Beeinträchtigungen sowie unter entsprechender Anwendung des § 8 Absatz 2 Satz 12 des Einkommensteuergesetzes anzusetzen. ② Ist im Einzelfall die Feststellung des ortsüblichen Mietpreises mit außergewöhnlichen Schwierigkeiten verbunden, kann die Wohnung mit 4,95 Euro je Quadratmeter monatlich, bei einfacher Ausstattung (ohne Sammelheizung oder ohne Bad oder Dusche) mit 4,05 Euro je Quadratmeter monatlich bewertet werden. ③ Bestehen gesetzliche Mietpreisbeschränkungen, sind die durch diese Beschränkungen festgelegten Mietpreise als Werte anzusetzen. ④ Dies gilt auch für die vertraglichen Mietpreisbeschränkungen im sozialen Wohnungsbau, die nach den jeweiligen Förderrichtlinien des Landes für den betreffenden Förderjahrgang sowie für die mit Wohnungsfürsorgemitteln aus öffentlichen Haushalten geförderten Wohnungen vorgesehen sind. ⑤ Für Energie, Wasser und sonstige Nebenkosten ist der übliche Preis am Abgabeort anzusetzen.

10 (5) Werden Verpflegung, Unterkunft oder Wohnung verbilligt als Sachbezug zur Verfügung gestellt, ist der Unterschiedsbetrag zwischen dem vereinbarten Preis und dem Wert, der sich bei freiem Bezug nach den Absätzen 1 bis 4 ergeben würde, dem Arbeitsentgelt zuzurechnen.

11 (6) ① Bei der Berechnung des Wertes für kürzere Zeiträume als einen Monat ist für jeden Tag ein Dreißigstel der Werte nach den Absätzen 1 bis 5 zugrunde zu legen. ② Die Prozentsätze der Absätze 2 und 3 *sind auf den Tageswert nach Satz 1* anzuwenden. ③ Die Berechnungen werden jeweils auf 2 Dezimalstellen durchgeführt; die zweite Dezimalstelle wird um 1 erhöht, wenn sich in der dritten Dezimalstelle eine der Zahlen 5 bis 9 ergibt.

Anl zu § 8

§ 3 Sonstige Sachbezüge

12 (1) ① Werden Sachbezüge, die nicht von § 2 erfasst werden, unentgeltlich zur Verfügung gestellt, ist als Wert für diese Sachbezüge der um übliche Preisnachlässe geminderte übliche Endpreis am Abgabeort anzusetzen. ② Sind auf Grund des § 8 Absatz 2 Satz 10 des Einkommensteuergesetzes Durchschnittswerte festgesetzt worden, sind diese Werte maßgebend. ③ Findet § 8 Abs. 2 Satz 2, 3, 4 oder 5 oder Abs. 3 Satz 1 des Einkommensteuergesetzes Anwendung, sind die dort genannten Werte maßgebend. ④ § 8 Absatz 2 Satz 11 des Einkommensteuergesetzes gilt entsprechend.

13 (2) Werden Sachbezüge, die nicht von § 2 erfasst werden, verbilligt zur Verfügung gestellt, ist als Wert für diese Sachbezüge der Unterschiedsbetrag zwischen dem vereinbarten Preis und dem Wert, der sich bei freiem Bezug nach Absatz 1 ergeben würde, dem Arbeitsentgelt zuzurechnen.

14 (3) ① Waren und Dienstleistungen, die vom Arbeitgeber nicht überwiegend für den Bedarf seiner Arbeitnehmer hergestellt, vertrieben oder erbracht werden und die nach § 40 Abs. 1 Satz 1 Nr. 1 des Einkommensteuergesetzes pauschal versteuert werden, können mit dem Durchschnittsbetrag der pauschal versteuerten Waren und Dienstleistungen angesetzt werden; dabei kann der Durchschnittsbetrag des Vorjahres angesetzt werden. ② Besteht das Beschäftigungsverhältnis nur während eines Teils des Kalenderjahres, ist für jeden Tag des Beschäftigungsverhältnisses der dreihundertsechzigste Teil des Durchschnittswertes nach Satz 1 anzusetzen. ③ Satz 1 gilt nur, wenn der Arbeitgeber den von dem Beschäftigten zu tragenden Teil des Gesamtsozialversicherungsbeitrags übernimmt. ④ Die Sätze 1 bis 3 gelten entsprechend für Sachzuwendungen im Wert von nicht mehr als 80 Euro, die der Arbeitnehmer für Verbesserungsvorschläge sowie für Leistungen in der Unfallverhütung und im Arbeitsschutz erhält. ⑤ Die mit einem Durchschnittswert angesetzten Sachbezüge, die in einem Kalenderjahr gewährt werden, sind insgesamt dem letzten Entgeltabrechnungszeitraum in diesem Kalenderjahr zuzuordnen.

R 8.1 Bewertung der Sachbezüge (§ 8 Abs. 2 EStG)

LStR 8.1 (1–4)

R 8.1 (1–4)

Allgemeines

20 (1) ① Fließt dem Arbeitnehmer Arbeitslohn in Form von Sachbezügen zu, sind diese ebenso wie Barlohnzahlungen entweder dem laufenden Arbeitslohn oder den sonstigen Bezügen zuzuordnen (→ R 39 b.2). ② Für die Besteuerung unentgeltlicher Sachbezüge ist deren Geldwert maßgebend. ③ Erhält der Arbeitnehmer die Sachbezüge nicht unentgeltlich, ist der Unterschiedsbetrag zwischen dem Geldwert des Sachbezugs und dem tatsächlichen Entgelt zu versteuern. ④ Der Geldwert ist entweder durch Einzelbewertung zu ermitteln (→ Absatz 2) oder mit einem amtlichen Sachbezugswert anzusetzen (→ Absatz 4). ⑤ Besondere Bewertungsvorschriften gelten nach § 8 Abs. 3 EStG für den Bezug von Waren oder Dienstleistungen, die vom Arbeitgeber nicht überwiegend für den Bedarf seiner Arbeitnehmer hergestellt, vertrieben oder erbracht werden, soweit diese Sachbezüge nicht nach § 40 EStG pauschal versteuert werden (→ R 8.2), sowie nach § 19 a Abs. 1 Satz 5 EStG und § 3 Nr. 39 Satz 4 EStG für den Bezug von Vermögensbeteiligungen. ⑥ Die Auszahlung von Arbeitslohn in Fremdwährung ist kein Sachbezug.

Einzelbewertung von Sachbezügen

21 (2) ① Sachbezüge, für die keine amtlichen Sachbezugswerte (→ Absatz 4) festgesetzt sind, die nicht nach § 8 Abs. 2 Satz 2 bis 5 EStG (→ Absatz 9 und 10) zu bewerten sind, und die nicht nach § 8 Abs. 3 EStG bewertet werden (→ R 8.2), sind nach § 8 Abs. 2 Satz 1 EStG mit den um übliche Preisnachlässe geminderten üblichen Endpreisen am Abgabeort im Zeitpunkt der Abgabe anzusetzen. ② Bei einem umfangreichen Warenangebot, von dem fremde Letztverbraucher ausgeschlossen sind, kann der übliche Preis einer Ware auch aufgrund repräsentativer Erhebungen über die relative Preisdifferenz für die gängigsten Einzelstücke jeder Warengruppe ermittelt werden. ③ Erhält der Arbeitnehmer eine Ware oder Dienstleistung, die nach § 8 Abs. 2 Satz 1 EStG zu bewerten ist, kann sie aus Vereinfachungsgründen mit 96% des Endpreises bewertet werden, zu dem sie der Abgebende oder dessen Abnehmer fremden Letztverbrauchern im allgemeinen Geschäftsverkehr anbietet. ④ Wird die konkrete Ware oder Dienstleistung nicht zu vergleichbaren Bedingungen an Letztverbraucher am Markt angeboten, ist es nicht zu beanstanden, wenn der Sachbezug stattdessen in Höhe der entsprechenden Aufwendungen des Arbeitgebers einschl. Umsatzsteuer und sämtlicher Nebenkosten angesetzt wird. ⑤ Satz 3 gilt nicht, wenn als Endpreis der günstigste Preis am Markt angesetzt oder ein Warengutschein i. S. d. § 8 Abs. 1 Satz 3 EStG mit Betragsangabe hingegeben wird sowie in den Fällen des Satzes 4.

Freigrenze nach § 8 Abs. 2 Satz 11 EStG (Sachbezugsfreigrenze)[1]

22 (3) ① Bei der Prüfung der Sachbezugsfreigrenze[2] bleiben die nach § 8 Abs. 2 Satz 1 EStG zu bewertenden Vorteile, die nach §§ 37 b, 40 EStG pauschal versteuert werden, außer Ansatz; für Gutscheine und Geldkarten i. S. d. § 8 Abs. 1 Satz 3 EStG gilt die Sachbezugsfreigrenze nur, wenn sie zusätzlich zum ohnehin geschuldeten Arbeitslohn gewährt werden (§ 8 Abs. 4 EStG). ② Für die Feststellung, ob die Sachbezugsfreigrenze überschritten ist, sind die in einem Kalendermonat zu-

[1] Ab 1. 1. 2022: 50 Euro.
[2] Ab 1. 1. 2022: 50 Euro.

LStR 8.1 (1–4)

fließenden und nach § 8 Abs. 2 Satz 1 EStG zu bewertenden, ggf. um den Bewertungsabschlag nach § 8 Abs. 2 Satz 12 EStG geminderten Vorteile (→ Absatz 6 a) zusammenzurechnen, auch soweit hierfür Lohnsteuer nach § 39 b Abs. 2 und 3 EStG einbehalten worden ist. ③ Außer Ansatz bleiben Vorteile, die nach § 8 Abs. 2 Satz 2 bis 10 oder Abs. 3, § 3 Nr. 39 oder nach § 19 a EStG zu bewerten sind. ④ Bei der monatlichen Überlassung einer Zeitfahrkarte oder einer monatlichen Fahrberechtigung für ein Job-Ticket, das für einen längeren Zeitraum gilt, ist die Sachbezugsfreigrenze anwendbar, soweit nicht § 3 Nr. 15 EStG anwendbar ist.

Amtliche Sachbezugswerte

23 (4) ① Amtliche Sachbezugswerte werden durch die SvEV[1] oder durch Erlasse der obersten Landesfinanzbehörden nach § 8 Abs. 2 Satz 10 EStG festgesetzt. ② Die amtlichen Sachbezugswerte sind, soweit nicht zulässigerweise § 8 Abs. 3 EStG angewandt wird, ausnahmslos für die Sachbezüge maßgebend, für die sie bestimmt sind. ③ Die amtlichen Sachbezugswerte gelten auch dann, wenn in einem Tarifvertrag, einer Betriebsvereinbarung oder in einem Arbeitsvertrag für Sachbezüge höhere oder niedrigere Werte festgesetzt worden sind. ④ Sie gelten ausnahmsweise auch für Barvergütungen, wenn diese nur gelegentlich oder vorübergehend gezahlt werden, z. B. bei tageweiser auswärtiger Beschäftigung, für die Dauer einer Krankheit oder eines Urlaubs, und wenn mit der Barvergütung nicht mehr als der tatsächliche Wert der Sachbezüge abgegolten wird; geht die Barvergütung über den tatsächlichen Wert der Sachbezüge hinaus, ist die Barvergütung der Besteuerung zugrunde zu legen.

LStH 8.1 (1–4)

H 8.1 (1–4)

24 **Aktienoptionen** → H 38.2; → H 9.1.

Arbeitgeberdarlehen → BMF vom 19. 5. 2015 (BStBl. I S. 484).[2]

Ausländische Währung. Lohnzahlungen in einer gängigen ausländischen Währung sind Einnahmen in Geld und kein Sachbezug. Die Freigrenze des § 8 Abs. 2 Satz 11 EStG findet auf sie keine Anwendung (→ BFH vom 27. 10. 2004 – BStBl. 2005 II S. 135 und vom 11. 11. 2010 – BStBl. 2011 II S. 383, S. 386 und S. 389). Umrechnungsmaßstab ist – soweit vorhanden – der auf den Umrechnungszeitpunkt bezogene Euro-Referenzkurs der Europäischen Zentralbank. Lohnzahlungen sind bei Zufluss des Arbeitslohns anhand der von der Europäischen Zentralbank veröffentlichten monatlichen Durchschnittsreferenzkurse umzurechnen, denen die im BStBl. I veröffentlichten Umsatzsteuer-Umrechnungskurse entsprechen (→ BFH vom 3. 12. 2009 – BStBl. 2010 II S. 698).

Deutschland-Ticket.

Beispiel:

Der Arbeitgeber stellt seinem Arbeitnehmer zusätzlich zum ohnehin geschuldeten Arbeitslohn das Deutschland-Ticket zur Verfügung und erhält aufgrund seiner Zuzahlung von mindestens 25 % des Kaufpreises vom Verkehrsunternehmen auf den Preis einen Nachlass von 5 %.

Preis für das Deutschland-Ticket	49,00 €
Nachlass für den Arbeitgeber von 5 % (kein Arbeitslohn)	2,45 €
Vom Arbeitgeber zu zahlender Kaufpreis	46,55 €
Davon 96 % (R 8.1 Abs. 2 Satz 3)	44,68 €
a) verbilligte Überlassung:	
Wert des Deutschland-Tickets	44,68 €
./. Zahlung des Arbeitnehmers (z. B. 70 % von 49 €)	34,30 €
steuerfreier geldwerter Vorteil monatlich	10,38 €
b) unentgeltliche Überlassung:	
Wert des Deutschland-Tickets	44,68 €
./. Zahlung des Arbeitnehmers (keine)	0,00 €
steuerfreier geldwerter Vorteil monatlich	44,68 €

Der monatlich steuerfreie geldwerte Vorteil ist im Lohnkonto des jeweiligen Arbeitnehmers aufzuzeichnen und mindert i. H. d. sich ergebenden Jahresbetrags beim Arbeitnehmer die Entfernungspauschale, soweit er nicht steuerfrei nach § 3 Nr. 13 oder 16 ist. Der nach § 3 Nr. 15 steuerfreie Jahresbetrag ist daher in Zeile 17 der elektronischen Lohnsteuerbescheinigung des jeweiligen Arbeitnehmers anzugeben (→ BMF vom 5. 9. 2024 – BStBl. I S. 1255, Tz. I Nr. 12). Die Sachbezugsfreigrenze und der Rabatt-Freibetrag sind nicht zu berücksichtigen (→ BMF vom 15. 8. 2019 – BStBl I S. 875, Rz. 14 ff. und 42).

Die Minderung der Entfernungspauschale unterbleibt, wenn der Arbeitgeber seine Aufwendungen für das Deutschland-Ticket (hier: 46,55 €) zulässigerweise mit 25 % pauschal besteuert (§ 40 Abs. 2 Satz 2 Nr. 2 i. V. m. § 40 Abs. 2 Satz 4). Die pauschal besteuerten Bezüge sind im Lohnkonto des jeweiligen Arbeitnehmers aufzuzeichnen. Ein Ausweis in der Lohnsteuerbescheinigung ist nicht vorzunehmen.

Durchschnittswerte der von Luftfahrtunternehmen gewährten Flüge → Gleich lautende Ländererlasse vom 16. 12. 2024 (BStBl. 2025 I S. 422).[3]

---

[1] Abgedruckt als Anlage zu § 8 EStG.

[2] Abgedruckt als Anlage b zu LStH 8.1.

[3] Abgedruckt als Anlage b zu LStH 8.2.

LStH 8.1 (1–4)

Fahrrad[1]

– Zur Ermittlung des geldwerten Vorteils bei Überlassung von (Elektro-)Fahrrädern → Gleich lautende Ländererlasse vom 9. 1. 2020 (BStBl. I S. 174).[2]

– Zur lohnsteuerlichen Behandlung der Überlassung von (Elektro-)Fahrrädern an Arbeitnehmer in Leasingfällen → BMF vom 17. 11. 2017 (BStBl. I S. 1546).[3]

Firmenfitnessprogramm

– Zur Bewertung einer konkreten Ware oder Dienstleistung, die nicht zu vergleichbaren Bedingungen an Endverbraucher am Markt angeboten wird → BMF vom 16. 5. 2013 (BStBl. I S. 729) unter Berücksichtigung der Änderungen durch BMF vom 11. 2. 2021 (BStBl. I S. 311), Rn. 4 a.[4]

– Zum Zufluss → H 38.2 (Zufluss von Arbeitslohn).

Gehaltsumwandlung

– Die Umwandlung von Barlohn in Sachlohn (Gehaltsumwandlung) setzt voraus, dass der Arbeitnehmer unter Änderung des Anstellungsvertrages auf einen Teil seines Barlohns verzichtet und ihm der Arbeitgeber stattdessen Sachlohn gewährt. Ob ein Anspruch auf Barlohn oder Sachlohn besteht, ist auf den Zeitpunkt bezogen zu entscheiden, zu dem der Arbeitnehmer über seinen Lohnanspruch verfügt (→ BFH vom 6. 3. 2008 – BStBl. II S. 530).

– → § 8 Abs. 4 EStG.

Geldleistung oder Sachbezug

– → BMF vom 15. 3. 2022 (BStBl. I S. 242), Rn. 5 ff.[5]

– Leistet der Arbeitgeber im Rahmen eines ausgelagerten Optionsmodells zur Vermögensbeteiligung der Arbeitnehmer Zuschüsse an einen Dritten als Entgelt für die Übernahme von Kursrisiken, führt dies bei den Arbeitnehmern zu Sachlohn, wenn die Risikoübernahme des Dritten auf einer vertraglichen Vereinbarung mit dem Arbeitgeber beruht; die Freigrenze des § 8 Abs. 2 Satz 11 EStG ist anwendbar (→ BFH vom 13. 9. 2007 – BStBl. 2008 II S. 204).

Geldsurrogate → BMF vom 15. 3. 2022 (BStBl. I S. 242), Rn. 23 ff.[6]

Geltung der Sachbezugswerte

– Die Sachbezugswerte nach der SvEV[7] gelten nach § 8 Abs. 2 Satz 7 EStG auch für Arbeitnehmer, die nicht der gesetzlichen Rentenversicherungspflicht unterliegen.

– Die Sachbezugswerte gelten nicht, wenn die vorgesehenen Sachbezüge durch Barvergütungen abgegolten werden; in diesen Fällen sind i. d. R. die Barvergütungen zu versteuern (→ BFH vom 16. 3. 1962 – BStBl. III S. 284).

GmbH-Anteile. Veräußert der Arbeitgeber oder eine diesem nahestehende Person eine Beteiligung an einer Kapitalgesellschaft an einen Arbeitnehmer oder umgekehrt, handelt es sich i. d. R. nicht um eine Veräußerung im gewöhnlichen Geschäftsverkehr, da ein Einfluss des Arbeitsverhältnisses auf die Verkaufsmodalitäten jedenfalls nahe liegt. Eine Abteilung des gemeinen Werts aus Verkäufen kommt in diesem Fall regelmäßig nicht in Betracht. Er ist ggf. anhand eines Sachverständigengutachtens zu schätzen (→ BFH vom 15. 3. 2018 – BStBl. II S. 550).

Job-Ticket → BMF vom 15. 8. 2019 (BStBl. I S. 875)[8] unter Berücksichtigung der Änderungen durch BMF vom 7. 11. 2023 (BStBl I S. 1969).

– Ein geldwerter Vorteil ist nicht anzunehmen, wenn der Arbeitgeber seinen Arbeitnehmern ein Job-Ticket zu dem mit dem Verkehrsträger vereinbarten Preis überlässt (→ BMF vom 27. 1. 2004 – BStBl. I S. 173, Tz. II.1).

– Die Steuerbefreiung nach § 3 Nr. 15 EStG kommt bei einer Gehaltsumwandlung nicht in Betracht. In diesem Fall liegt ein Sachbezug vor, soweit der Arbeitnehmer das Job-Ticket verbilligt oder unentgeltlich vom Arbeitgeber erhält. § 8 Abs. 2 Satz 11 (Sachbezugsfreigrenze) findet Anwendung.

Beispiel zu einer Gehaltsumwandlung von 50,40 €:

üblicher Preis für eine Monatsfahrkarte	56,00 €
vom Verkehrsträger eingeräumte Job-Ticketermäßigung 10%	5,60 €
Differenz	50,40 €
davon 96% (→ R 8.1 Abs. 2 Satz 3)	48,38 €
Vorteil	48,38 €

Unter der Voraussetzung, dass keine weiteren Sachbezüge i. S. d. § 8 Abs. 2 Satz 1 EStG im Monat gewährt werden, die zu einer Überschreitung der Sachbezugsfreigrenze führen, bleibt der Vorteil von 48,38 € außer Ansatz.

---

[1] Zur Möglichkeit der Pauschalversteuerung bei Übereignung betrieblicher Fahrräder vgl. § 40 Abs. 2 Satz 1 Nr. 7 EStG („JStG 2019" vom 12. 12. 2019, BGBl. I S. 2451).

[2] Abgedruckt als Anlage e zu LStH 8.1.

[3] Abgedruckt als Anlage i zu LStH 8.1.

[4] Abgedruckt als Anlage e zu LStH 8.2.

[5] Abgedruckt als Anlage f zu LStH 8.1.

[6] Abgedruckt als Anlage f zu LStH 8.1.

[7] Abgedruckt als Anlage zu § 8 EStG.

[8] Abgedruckt als Anlage zu LStH 3.15.

LStH 8.1 (1–4)

– Gilt das Job-Ticket für einen längeren Zeitraum (z. B. Jahreskarte), fließt der Vorteil insgesamt bei Überlassung des Job-Tickets zu (→ BFH vom 12. 4. 2007 – BStBl. II S. 719). Zum Zuflusszeitpunkt → H 38.2 (Zufluss von Arbeitslohn). Zur Minderung der Entfernungspauschale → BMF vom 15. 8. 2019 (BStBl. I S. 875), Tz. 6.[1]

Nachträgliche Kostenerstattung → BMF vom 15. 3. 2022 (BStBl. I S. 242), Rn. 20, 22.[2]

Rabatte von dritter Seite → BMF vom 20. 1. 2015 (BStBl. I S. 143).[3]

Sachbezugsfreigrenze
– Vorteile aus der Überlassung eines zinslosen oder zinsverbilligten Arbeitgeberdarlehens sind bei der Zusammenrechnung einzubeziehen (→ BMF vom 19. 5. 2015 – BStBl. I S. 484, Rdnr. 10)[4].
– Zu den Aufzeichnungserleichterungen für Sachbezüge i. S. d. § 8 Abs. 2 Satz 11 → § 4 Abs. 3 Satz 2 LStDV.
– → BMF vom 15. 3. 2022 (BStBl. I S. 242), Rn. 4[5].

Sachbezugswerte im Bereich der Seeschifffahrt und Fischerei → Gleich lautende Erlasse der Länder Bremen, Hamburg, Mecklenburg-Vorpommern, Niedersachsen und Schleswig-Holstein vom 15. 6. 2015 (BStBl. I S. 512).

Üblicher Endpreis
– → BMF vom 16. 5. 2013 (BStBl. I S. 729), Tz. 3.1 unter Berücksichtigung der Änderungen durch BMF vom 11. 2. 2021 (BStBl. I S. 311).[6]
– Beim Erwerb eines Gebrauchtwagens vom Arbeitgeber ist nicht auf den Händlereinkaufspreis abzustellen, sondern auf den Preis, den das Fahrzeug unter Berücksichtigung der vereinbarten Nebenleistungen auf dem Gebrauchtwagenmarkt tatsächlich erzielen würde (Händlerverkaufspreis). Wird zur Bestimmung des üblichen Endpreises eine Schätzung erforderlich, kann sich die Wertermittlung an den im Rechtsverkehr anerkannten Marktübersichten für gebrauchte Pkw orientieren (→ BFH vom 17. 6. 2005 – BStBl. II S. 795).
– Der Wert einer dem Arbeitnehmer durch den Arbeitgeber zugewandten Reise kann i. d. R. anhand der Kosten geschätzt werden, die der Arbeitgeber für die Reise aufgewendet hat (→ BFH vom 18. 8. 2005 – BStBl. 2006 II S. 30).
– Zur Einbeziehung von Versandkosten → BFH vom 6. 6. 2018 (BStBl. II S. 764).

Virtuelle Währungen und sonstige Token
– Werden dem Arbeitnehmer virtuelle Währungen und sonstige Token verbilligt oder unentgeltlich überlassen, ist im Einzelfall zu prüfen, ob eine Geldleistung i. S. d. § 8 Abs. 1 oder ein Sachbezug i. S. d. § 8 Abs. 2 Satz 1 vorliegt (→ BMF vom 10. 5. 2022 – BStBl. I S. 668, Rn. 88).
– Zum Zufluss als Sachbezug → BMF vom 10. 5. 2022 (BStBl. I S. 668), Rn. 89.

Wandeldarlehensvertrag. Der geldwerte Vorteil bemisst sich im Falle der Ausübung des Wandlungsrechts aus der Differenz zwischen dem Börsenpreis der Aktien an dem Tag, an dem der Arbeitnehmer die wirtschaftliche Verfügungsmacht über die Aktien erlangt, und den Erwerbsaufwendungen (→ BFH vom 23. 6. 2005 – BStBl. II S. 770 und vom 20. 5. 2010 – BStBl. II S. 1069).

Wandelschuldverschreibung → H 38.2.

Warengutscheine
– → BMF vom 15. 3. 2022 (BStBl. I S. 242).[7]
– Zum Zuflusszeitpunkt bei Warengutscheinen → R 38.2 Abs. 3.

Zinsersparnisse → Arbeitgeberdarlehen.

Zukunftssicherungsleistungen → BMF vom 15. 3. 2022 (BStBl. I S. 242), Rn. 6 f., 18.[8]

Zusätzlichkeitsvoraussetzung → § 8 Abs. 4 EStG.

Zweckgebundene Geldleistung → BMF vom 15. 3. 2022 (BStBl. I S. 242), Rn. 20, 22, 25.[9]

LStR 8.1 (5–6 a)

R 8.1 (5, 6, 6 a)

Unterkunft oder Wohnung

25 (5) ① Für die Bewertung einer Unterkunft, die keine Wohnung ist (→ Absatz 6 Satz 2 bis 4), ist der amtliche Sachbezugswert nach der SvEV[10] maßgebend, soweit nicht zulässigerweise § 8 Abs. 3

[1] Abgedruckt als Anlage zu LStH 3.15.
[2] Abgedruckt als Anlage f zu LStH 8.1.
[3] Abgedruckt als Anlage a zu LStH 8.2.
[4] Abgedruckt als Anlage b zu LStH 8.1.
[5] Abgedruckt als Anlage f zu LStH 8.1.
[6] Abgedruckt als Anlage e zu LStH 8.2.
[7] Abgedruckt als Anlage f zu LStH 8.1.
[8] Abgedruckt als Anlage f zu LStH 8.1.
[9] Abgedruckt als Anlage f zu LStH 8.1.
[10] Abgedruckt als Anlage zu § 8 EStG.

EStG angewandt wird. ② Dabei ist der amtliche Sachbezugswert auch dann anzusetzen, wenn der Arbeitgeber die dem Arbeitnehmer überlassene Unterkunft gemietet und ggf. mit Einrichtungsgegenständen ausgestattet hat. ③ Eine Gemeinschaftsunterkunft liegt vor, wenn die Unterkunft bspw. durch Gemeinschaftswaschräume oder Gemeinschaftsküchen Wohnheimcharakter hat oder Zugangsbeschränkungen unterworfen ist. LStR 8.1 (5–6 a)

(6) ① Soweit nicht zulässigerweise § 8 Abs. 3 EStG angewandt wird, ist für die Bewertung einer Wohnung der ortsübliche Mietwert maßgebend, bei Vorliegen der Voraussetzungen gemindert um den Bewertungsabschlag nach § 8 Abs. 2 Satz 12 EStG (→ Absatz 6 a). ② Eine Wohnung ist eine in sich geschlossene Einheit von Räumen, in denen ein selbständiger Haushalt geführt werden kann. ③ Wesentlich ist, dass eine Wasserversorgung und -entsorgung, zumindest eine einer Küche vergleichbare Kochgelegenheit sowie eine Toilette vorhanden sind. ④ Danach stellt z. B. ein Einzimmerappartement mit Küchenzeile und WC als Nebenraum eine Wohnung dar, dagegen ist ein Wohnraum bei Mitbenutzung von Bad, Toilette und Küche eine Unterkunft. ⑤ Als ortsüblicher Mietwert ist die Miete anzusetzen, die für eine nach Baujahr, Art, Größe, Ausstattung, Beschaffenheit und Lage vergleichbare Wohnung üblich ist (Vergleichsmiete).[1] ⑥ Bei Anwendung eines Mietspiegels ist die Vergleichsmiete der niedrigste Mietwert der Mietpreisspanne des Mietspiegels für vergleichbare Wohnungen zzgl. der nach der BetrKV umlagefähigen Kosten, die konkret auf die überlassene Wohnung entfallen. ⑦ In den Fällen, in denen der Arbeitgeber vergleichbare Wohnungen in nicht unerheblichem Umfang an fremde Dritte zu einer niedrigeren als der üblichen Miete vermietet, ist die niedrigere Miete anzusetzen. ⑧ Die Vergleichsmiete gilt unabhängig davon, ob die Wohnung z. B. als Werks- und Dienstwohnung im Eigentum des Arbeitgebers oder dem Arbeitgeber aufgrund eines Belegungsrechts zur Verfügung steht oder von ihm angemietet worden ist. ⑨ Gesetzliche Mietpreisbeschränkungen sind zu beachten. ⑩ Stehen solche einem Mieterhöhungsverlangen entgegen, gilt dies jedoch nur, soweit die maßgebliche Ausgangsmiete den ortsüblichen Mietwert oder die gesetzlich zulässige Höchstmiete nicht unterschritten hat. ⑪ Überlässt der Arbeitgeber dem Arbeitnehmer im Rahmen einer Auslandstätigkeit eine Wohnung im Ausland, deren ortsübliche Miete 18 % des Arbeitslohns ohne Kaufkraftausgleich übersteigt, ist diese Wohnung mit 18 % des Arbeitslohns ohne Kaufkraftausgleich zzgl. 10 % der darüberhinausgehenden ortsüblichen Miete zu bewerten; dieser Wert gilt für die Anwendung des § 8 Abs. 2 Satz 12 EStG als ortsüblicher Mietwert. 26

Bewertungsabschlag nach § 8 Abs. 2 Satz 12 EStG

(6 a) ① Der Bewertungsabschlag beträgt 1/3 vom ortsüblichen Mietwert, wenn dieser nicht mehr als 25 € je Quadratmeter ohne umlagefähige Kosten i. S. d. BetrKV beträgt. ② Die nach Anwendung des Bewertungsabschlags ermittelte Vergleichsmiete ist Bemessungsgrundlage für die Bewertung der Mietvorteile. ③ Die Mietvorteile bleiben außer Ansatz, wenn sie zusammen mit anderen nach § 8 Abs. 2 Satz 1 EStG zu bewertenden Sachbezügen die Sachbezugsfreigrenze nicht überschreiten. ④ Überlässt der Arbeitgeber Wohnungen überwiegend an fremde Dritte, besteht ein Wahlrecht zwischen den Bewertungsmethoden nach § 8 Abs. 2 EStG (mit Bewertungsabschlag) und § 8 Abs. 3 EStG (mit Rabatt-Freibetrag). 26a

H 8.1 (5–6 a) LStH 8.1 (5–6 a)

Bewertungsabschlag nach § 8 Abs. 2 Satz 12 EStG 27

Beispiel 1:

Ein Arbeitgeber überlässt seinem Arbeitnehmer eine Wohnung zu eigenen Wohnzwecken gegen ein monatliches Entgelt von 1560 € (120 qm × 13 €/qm). Der ortsübliche Mietwert (Kaltmiete plus umlagefähige Nebenkosten) beträgt 20 €/qm. Der monatliche geldwerte Vorteil (Mietvorteil) ist wie folgt zu berechnen:

Ortsüblicher Mietwert (120 qm × 20 €/qm)	2400 €
./. Bewertungsabschlag (1/3)	800 €
= verbleibender Betrag	1600 €
./. Zahlung des Arbeitnehmers	1560 €
Geldwerter Vorteil	40 €

Der geldwerte Vorteil von 40 € bleibt aber aufgrund der monatlichen Sachbezugsfreigrenze gem. § 8 Abs. 2 Satz 11 EStG außer Ansatz, wenn er zusammen mit anderen gem. § 8 Abs. 2 Satz 1 EStG zu bewertenden Sachbezügen die Freigrenze nicht überschreitet (→ R 8.1 Abs. 6 a Satz 3).

Beispiel 2:

Ein Wohnungsunternehmen überlässt seinem Arbeitnehmer unentgeltlich eine 120 qm-Wohnung zu eigenen Wohnzwecken. Der ortsübliche Mietwert (Kaltmiete plus umlagefähige Nebenkosten) beträgt 20 €/qm.
Wie im Beispiel 1 liegen die Voraussetzungen für den Bewertungsabschlag gem. § 8 Abs. 2 Satz 12 EStG vor.

---

[1] Überlässt ein Arbeitgeber seinen Arbeitnehmern Wohnungen und werden Nebenkosten (z. T.) nicht erhoben, liegt eine verbilligte Überlassung und damit ein Sachbezug nur vor, soweit die tatsächlich erhobene Miete zusammen mit den tatsächlich abgerechneten Nebenkosten die ortsübliche Miete (Kaltmiete plus umlagefähige Nebenkosten) unterschreitet. Dabei ist jeder Mietwert als ortsüblich anzusehen, den der Mietspiegel im Rahmen einer Spanne zwischen mehreren Mietwerten für vergleichbare Wohnungen ausweist. Bei der Prüfung, ob eine verbilligte Überlassung ihren Rechtsgrund im Arbeitsverhältnis hat, kann ein gewichtiges Indiz sein, in welchem Umfang der Arbeitgeber vergleichbare Wohnungen auch an fremde Dritte zu einem niedrigeren als dem üblichen Mietzins vermietet. Es kann jedoch nicht typisierend davon ausgegangen werden, dass bei einem unter 10% liegenden Anteil an fremdvermieteten Wohnungen ein Veranlassungszusammenhang zum Arbeitsverhältnis besteht (vgl. *BFH-Urteil vom 11. 5. 2011 – VI R 65/09, BStBl. II S. 946*).

LStH 8.1 (5–6 a)

Da der Arbeitgeber Wohnungen überwiegend an fremde Dritte vermietet, besteht ein Wahlrecht zwischen den Bewertungsmethoden nach § 8 Abs. 2 und Abs. 3 EStG (→ BMF vom 16. 5. 2013 – BStBl. I S. 729).[1] Die Bewertung kann entweder nach § 8 Abs. 2 EStG (mit Bewertungsabschlag nach Satz 12) oder nach § 8 Abs. 3 EStG (mit Rabatt-Freibetrag) erfolgen (→ R 8.1 Abs. 6 a Satz 4).

Erholungsheim. Wird ein Arbeitnehmer in einem Erholungsheim des Arbeitgebers oder auf Kosten des Arbeitgebers zur Erholung in einem anderen Beherbergungsbetrieb untergebracht oder verpflegt, so ist die Leistung mit dem entsprechenden Pensionspreis eines vergleichbaren Beherbergungsbetriebs am selben Ort zu bewerten; dabei können jedoch Preisabschläge in Betracht kommen, wenn der Arbeitnehmer z. B. nach der Hausordnung Bedingungen unterworfen wird, die für Hotels und Pensionen allgemein nicht gelten (→ BFH vom 18. 3. 1960 – BStBl. III S. 237).

Ortsüblicher Mietwert

– Überlässt der Arbeitgeber seinem Arbeitnehmer eine Wohnung zu einem Mietpreis, der innerhalb der Mietpreisspanne des örtlichen Mietspiegels für vergleichbare Wohnungen liegt, scheidet die Annahme eines geldwerten Vorteils regelmäßig aus (→ BFH vom 17. 8. 2005 – BStBl. 2006 II S. 71 und vom 11. 5. 2011 – BStBl. II S. 946).

– Überlässt ein Arbeitgeber seinen Arbeitnehmern Wohnungen und werden Nebenkosten (z. T.) nicht erhoben, liegt eine verbilligte Überlassung und damit ein Sachbezug nur vor, soweit die tatsächlich erhobene Miete zusammen mit den tatsächlich abgerechneten Nebenkosten die ortsübliche Miete (Kaltmiete plus umlagefähige Nebenkosten) unterschreitet (→ BFH vom 11. 5. 2011 – BStBl. II S. 946).

Persönliche Bedürfnisse des Arbeitnehmers. Persönliche Bedürfnisse des Arbeitnehmers, z. B. hinsichtlich der Größe der Wohnung, sind bei der Höhe des Mietwerts nicht zu berücksichtigen (→ BFH vom 8. 3. 1968 – BStBl. II S. 435 und vom 2. 10. 1968 – BStBl. 1969 II S. 73).

Steuerfreie Mietvorteile → R 3.59.

LStR 8.1 (7)

R 8.1 (7)

Kantinenmahlzeiten und Zuschüsse in Form von Essenmarken

28 (7) Für die Bewertung von Mahlzeiten, die arbeitstäglich an die Arbeitnehmer abgegeben werden, gilt Folgendes:

1. ① Mahlzeiten, die durch eine vom Arbeitgeber selbst betriebene Kantine, Gaststätte oder vergleichbare Einrichtung abgegeben werden, sind mit dem maßgebenden amtlichen Sachbezugswert nach der SvEV[2] (Sachbezugswert) zu bewerten. ② Alternativ kommt eine Bewertung mit dem Endpreis i. S. d. § 8 Abs. 3 EStG in Betracht, wenn die Mahlzeiten überwiegend nicht für die Arbeitnehmer zubereitet werden.
2. ① Mahlzeiten, die die Arbeitnehmer in einer nicht vom Arbeitgeber selbst betriebenen Kantine, Gaststätte oder vergleichbaren Einrichtung erhalten, sind vorbehaltlich der Nummer 4 ebenfalls mit dem Sachbezugswert zu bewerten, wenn der Arbeitgeber aufgrund vertraglicher Vereinbarung durch Zuschüsse oder andere Leistungen an die die Mahlzeiten vertreibende Einrichtung, z. B. durch verbilligte Überlassung von Räumen, Energie oder Einrichtungsgegenständen, zur Verbilligung der Mahlzeiten beiträgt. ② Es ist nicht erforderlich, dass die Mahlzeiten im Rahmen eines Reihengeschäfts zunächst an den Arbeitgeber und danach von diesem an die Arbeitnehmer abgegeben werden.
3. In den Fällen der Nummern 1 und 2 ist ein geldwerter Vorteil als Arbeitslohn zu erfassen, wenn und soweit der vom Arbeitnehmer für eine Mahlzeit gezahlte Preis einschließl. Umsatzsteuer den Sachbezugswert unterschreitet.
4. Bestehen die Leistungen des Arbeitgebers im Falle der Nummer 2 aus arbeitstäglichen Zuschüssen zu Mahlzeiten in Form von Papier-Essenmarken (z. B. Essensgutscheine, Restaurantschecks) oder digitalen Essenmarken (z. B. aufladbare Geldkarten, Apps), die in einer Annahmestelle (z. B. Restaurant, Lebensmitteleinzelhandel) beim Erwerb einer Mahlzeit in Zahlung genommen werden, gilt Folgendes:
   a) ① Es ist nicht der Zuschuss, sondern die Mahlzeit mit dem Sachbezugswert zu bewerten, wenn
      aa) tatsächlich arbeitstäglich eine Mahlzeit (Frühstück, Mittag- oder Abendessen) durch den Arbeitnehmer erworben wird. ② Lebensmittel sind nur dann als Mahlzeit anzuerkennen, wenn sie zum unmittelbaren Verzehr geeignet oder zum Verbrauch während der Essenpausen bestimmt sind. ③ Einzelne Bestandteile einer Mahlzeit können auch bei verschiedenen Akzeptanzstellen erworben werden. ④ Erwirbt der Arbeitnehmer am selben Tag weitere Mahlzeiten für andere Tage auf Vorrat, sind hierfür gewährte Zuschüsse als Barlohn zu erfassen,

[1] Abgedruckt als Anlage e zu LStH 8.2.
[2] Abgedruckt als Anlage zu § 8 EStG.

bb) für jede Mahlzeit lediglich ein Zuschuss arbeitstäglich (ohne Krankheitstage, Urlaubstage und – vorbehaltlich Doppelbuchst. ee) – Arbeitstage, an denen der Arbeitnehmer eine Auswärtstätigkeit ausübt) beansprucht werden kann, LStR 8.1 (7)

cc) der Zuschuss den Sachbezugswert der Mahlzeit um nicht mehr als 3,10 € übersteigt,

dd) der Zuschuss den tatsächlichen Preis der Mahlzeit nicht übersteigt und

ee) der Zuschuss nicht von Arbeitnehmern beansprucht werden kann, die eine Auswärtstätigkeit ausüben, bei der die ersten drei Monate (§ 9 Abs. 4a Satz 6 und 7 EStG) noch nicht abgelaufen sind.

② Dies gilt auch dann, wenn zwischen dem Arbeitgeber und der Annahmestelle, die die bezuschusste Mahlzeit abgibt, keine unmittelbaren vertraglichen Beziehungen bestehen, weil z. B. ein Unternehmen eingeschaltet ist, das die Zuschüsse verwaltet. ③ Der Arbeitgeber hat die vorstehenden Voraussetzungen nachzuweisen; der Nachweis der Verwendung des Zuschusses ausschl. zum Erwerb einer Mahlzeit i. S. d. Doppelbuchst. aa kann dabei auch durch Vorlage entsprechender vertraglicher Vereinbarungen zwischen dem Unternehmen, das die bezuschusste Mahlzeit abgibt, und dem Arbeitgeber oder dem mit der Verwaltung der Zuschüsse beauftragten Unternehmen geführt werden. ④ Zur Erfüllung der Voraussetzungen nach Doppelbuchst. bb hat der Arbeitgeber für jeden Arbeitnehmer die Tage der Abwesenheit festzustellen und sicherzustellen, dass die Zahl der Tage, für die Zuschüsse gewährt werden, im Kj. die Zahl der vereinbarten Arbeitstage abzgl. der Abwesenheitstage nicht überschreitet. ⑤ Die Pflicht zur Feststellung der Abwesenheitstage und zur Anpassung der Zahl der Zuschüsse entfällt für Arbeitnehmer, die im Kj. durchschnittlich an nicht mehr als drei Arbeitstagen je Kalendermonat Auswärtstätigkeiten ausüben, wenn keiner dieser Arbeitnehmer im Kalendermonat mehr als 15 Zuschüsse zu Mahlzeiten (insgesamt für Frühstück, Mittag- und Abendessen) erhält.

b) Bestehen die Leistungen des Arbeitgebers ausschließl. in der Hingabe von Essenmarken, ist auch unter den Voraussetzungen des Buchstaben a der Verrechnungswert der Essen-marke als Arbeitslohn anzusetzen, wenn dieser Wert den geldwerten Vorteil nach Nummer 3 unterschreitet.

c) ① Wird der Arbeitsvertrag dahingehend geändert, dass der Arbeitnehmer anstelle von Barlohn Zuschüsse erhält, vermindert sich dadurch der Barlohn in entsprechender Höhe. ② Die Zuschüsse sind mit dem Wert anzusetzen, der sich nach den Buchst. a oder b ergibt. ③ Ohne Änderung des Arbeitsvertrags führt der Austausch von Barlohn durch Zuschüsse nicht zu einer Herabsetzung des steuerpflichtigen Barlohns. ④ In diesem Falle ist der Betrag, um den sich der ausgezahlte Barlohn verringert, als Entgelt für die Mahlzeit anzusehen und von dem nach Buchst. a oder b maßgebenden Wert abzusetzen.

d) ① Dem Arbeitgeber bleibt es unbenommen, entweder die ihm vom Arbeitnehmer vorgelegten Einzelbelegnachweise manuell zu überprüfen oder sich entsprechender elektronischer Verfahren zu bedienen (z. B. wenn ein Anbieter die Belege vollautomatisch digitalisiert, prüft und eine monatliche Abrechnung an den Arbeitgeber übermittelt, aus der sich dieselben Erkenntnisse wie aus Einzelbelegnachweisen gewinnen lassen). ② Die von Annahmestellen eingelösten Papier-Essenmarken brauchen nicht an den Arbeitgeber zurückgegeben und von ihm nicht aufbewahrt zu werden, wenn der Arbeitgeber eine Abrechnung erhält, aus der sich ergibt, wie viele Papier-Essenmarken mit welchem Verrechnungswert eingelöst worden sind, und diese aufbewahrt.

5. ① Wenn der Arbeitgeber unterschiedliche Mahlzeiten zu unterschiedlichen Preisen teilentgeltlich oder unentgeltlich an die Arbeitnehmer abgibt oder Leistungen nach Nummer 2 zur Verbilligung der Mahlzeiten erbringt und die Lohnsteuer nach § 40 Abs. 2 EStG pauschal erhebt, kann der geldwerte Vorteil mit dem Durchschnittswert der Pauschalbesteuerung zugrunde gelegt werden. ② Die Durchschnittsbesteuerung braucht nicht tageweise durchgeführt zu werden, sie darf sich auf den gesamten Lohnzahlungszeitraum erstrecken. ③ Bietet der Arbeitgeber bestimmte Mahlzeiten nur einem Teil seiner Arbeitnehmer an, z. B. in einem Vorstandskasino, sind diese Mahlzeiten nicht in die Durchschnittsberechnung einzubeziehen. ④ Unterhält der Arbeitgeber mehrere Kantinen, ist der Durchschnittswert für jede einzelne Kantine zu ermitteln. ⑤ Ist die Ermittlung des Durchschnittswerts wegen der Menge der zu erfassenden Daten besonders aufwendig, kann die Ermittlung des Durchschnittswerts für einen repräsentativen Zeitraum und bei einer Vielzahl von Kantinen für eine repräsentative Auswahl der Kantinen durchgeführt werden.

6. ① Der Arbeitgeber hat die vom Arbeitnehmer geleistete Zahlung i. d. R. in nachprüfbarer Form nachzuweisen. ② Der Einzelnachweis der Zahlungen ist nur dann nicht erforderlich,

a) wenn gewährleistet ist, dass

aa) die Zahlung des Arbeitnehmers für eine Mahlzeit den anteiligen Sachbezugswert nicht unterschreitet oder

bb) nach Nummer 4 der Zuschuss als Arbeitslohn zu erfassen ist oder

b) wenn der Arbeitgeber die Durchschnittsberechnung nach Nummer 5 anwendet.

LStH 8.1 (7)

H 8.1 (7)

Arbeitstägliche Zuschüsse zu Mahlzeiten → BMF vom 18. 1. 2019 (BStBl. I S. 66).[1]

29 **Begriff der Mahlzeit.** Zu den Mahlzeiten gehören alle Speisen und Lebensmittel, die üblicherweise der Ernährung dienen, einschließlich der dazu üblichen Getränke (→ BFH vom 21. 3. 1975 – BStBl. II S. 486 und vom 7. 11. 1975 – BStBl. 1976 II S. 50).

Essenmarken

Beispiele zu R 8.1 Abs. 7 Nr. 4 Buchst. b

Beispiel 1:

Ein Arbeitnehmer erhält eine Essenmarke mit einem Wert von 1 €. Die Mahlzeit kostet 4 €.

Preis der Mahlzeit	4,00 €
./. Wert der Essenmarke	1,00 €
Zahlung des Arbeitnehmers	3,00 €
Sachbezugswert der Mahlzeit	4,40 €
./. Zahlung des Arbeitnehmers	3,00 €
Verbleibender Wert	1,40 €
Anzusetzen ist der niedrigere Wert der Essenmarke	1,00 €

Beispiel 2:

Ein Arbeitnehmer erhält eine Essenmarke mit einem Wert von 5 €. Die Mahlzeit kostet 5 €.

Preis der Mahlzeit	5,00 €
./. Wert der Essenmarke	5,00 €
Zahlung des Arbeitnehmers	0,00 €
Sachbezugswert der Mahlzeit	4,40 €
./. Zahlung des Arbeitnehmers	0,00 €
Verbleibender Wert	4,40 €
Anzusetzen ist der Sachbezugswert	4,40 €

Beispiel 3:

Ein Arbeitnehmer erhält eine Essenmarke mit einem Wert von 7,50 €. Die vom Arbeitnehmer in einer Gaststätte eingenommene Mahlzeit kostet 12 €.

Wert der Essenmarke	7,50 €
Anzusetzender Sachbezugswert	4,40 €
./. Zahlung des Arbeitnehmers	4,50 €
Geldwerter Vorteil	0,00 €

Essenmarken nach Ablauf der Dreimonatsfrist bei Auswärtstätigkeit. Üben Arbeitnehmer eine längerfristige berufliche Auswärtstätigkeit an derselben Tätigkeitsstätte aus, sind nach Ablauf von drei Monaten (§ 9 Abs. 4a Satz 6 und 7 EStG) an diese Arbeitnehmer ausgegebene Essenmarken (Essensgutscheine, Restaurantschecks) abweichend von R 8.1 Abs. 7 Nr. 4 Buchst. a Satz 1 Doppelbuchst. dd und Rz. 76 des BMF-Schreibens vom 25. 11. 2020 (BStBl. I S. 1228)[2] mit dem maßgebenden Sachbezugswert zu bewerten. Der Ansatz des Sachbezugswerts setzt voraus, dass die übrigen Voraussetzungen des R 8.1 Abs. 7 Nr. 4 Buchst. a vorliegen.

Essenmarken und Gehaltsumwandlung

– **Änderung des Arbeitsvertrags.** Wird der Arbeitsvertrag dahingehend geändert, dass der Arbeitnehmer anstelle von Barlohn Essenmarken erhält, so vermindert sich dadurch der Barlohn in entsprechender Höhe (→ BFH vom 20. 8. 1997 – BStBl. II S. 667).

Beispiel:

Der Arbeitgeber gibt dem Arbeitnehmer monatlich 15 Essenmarken. Im Arbeitsvertrag ist der Barlohn von 3500 € im Hinblick auf die Essenmarken um 60 € auf 3440 € herabgesetzt worden.

a) Beträgt der Verrechnungswert der Essenmarken jeweils 5 €, so ist dem Barlohn von 3440 € der Wert der Mahlzeit mit dem Sachbezugswert (15 × 4,40 € =) 66 € hinzuzurechnen.

b) Beträgt der Verrechnungswert der Essenmarken jeweils 8 €, so ist dem Barlohn von 3440 € der Verrechnungswert der Essenmarken (15 × 8 € =) 120 € hinzuzurechnen.

– **Keine Änderung des Arbeitsvertrags.** Ohne Änderung des Arbeitsvertrags führt der Austausch von Barlohn durch Essenmarken nicht zu einer Herabsetzung des steuerpflichtigen Barlohns. In diesem Fall ist der Betrag, um den sich der ausgezahlte Barlohn verringert, als Entgelt für die Mahlzeit oder Essenmarke anzusehen und von dem für die Essenmarke maßgebenden Wert abzusetzen.

Beispiel:

Ein Arbeitnehmer mit einem monatlichen Bruttolohn von 3500 € erhält von seinem Arbeitgeber monatlich 15 Essenmarken. Der Arbeitsvertrag bleibt unverändert. Der Arbeitnehmer zahlt für die Essenmarken monatlich 70 €.

a) Auf den Essenmarken ist jeweils ein Verrechnungswert von 8 € ausgewiesen.
Der Verrechnungswert der Essenmarke übersteigt den Sachbezugswert von 4,40 € um mehr als 3,10 €. Die Essenmarken sind deshalb mit ihrem Verrechnungswert anzusetzen:

15 Essenmarken × 8 €	120,00 €
./. Entgelt des Arbeitnehmers	70,00 €
Vorteil	50,00 €

Dieser ist dem bisherigen Arbeitslohn von 3500 € hinzuzurechnen.

[1] Abgedruckt als Anlage h zu LStH 8.1.
[2] Abgedruckt als Anlage zu LStH 9.4.

b) Auf den Essenmarken ist jeweils ein Verrechnungswert von 5 € ausgewiesen. LStH 8.1 (7)
Der Verrechnungswert der Essenmarke übersteigt den Sachbezugswert von 4,40 € um nicht mehr als 3,10 €. Es ist deshalb nicht der Verrechnungswert der Essenmarken, sondern der Wert der erhaltenen Mahlzeiten mit dem Sachbezugswert anzusetzen:

15 Essenmarken × Sachbezugswert 4,40 €	66,00 €
./. Entgelt des Arbeitnehmers	70,00 €
Vorteil	0,00 €

Dem bisherigen Arbeitslohn von 3500 € ist nichts hinzuzurechnen.

Frühstück. Zu den Anforderungen an einen lohnsteuerpflichtigen Sachbezug in Form eines Frühstücks → BFH vom 3. 7. 2019 (BStBl. 2020 II S. 788).

Sachbezugsbewertung

– Bewertung einer einzelnen Mahlzeit → BMF vom 7. 12. 2023 (BStBl. I S. 2075) für 2024 und vom 10. 12. 2024 (BStBl. I S. 1603) für 2025.[1]

– **Beispiel zu R 8.1 Abs. 7 Nr. 3:**

Der Arbeitnehmer zahlt 2 € für ein Mittagessen im Wert von 5 €.

Sachbezugswert der Mahlzeit	4,40 €
./. Zahlung des Arbeitnehmers	2,00 €
geldwerter Vorteil	2,40 €

Hieraus ergibt sich, dass die steuerliche Erfassung der Mahlzeiten entfällt, wenn gewährleistet ist, dass der Arbeitnehmer für jede Mahlzeit mindestens einen Preis i. H. d. amtlichen Sachbezugswerts zahlt.

R 8.1 (8)

LStR 8.1 (8)

Mahlzeiten aus besonderem Anlass

(8) Für die steuerliche Erfassung und Bewertung von Mahlzeiten, die der Arbeitgeber oder auf dessen Veranlassung ein Dritter aus besonderem Anlass an Arbeitnehmer abgibt, gilt Folgendes: 30

1. ① Mahlzeiten, die im ganz überwiegenden betrieblichen Interesse des Arbeitgebers an die Arbeitnehmer abgegeben werden, gehören nicht zum Arbeitslohn. ② Dies gilt für ein sog. Arbeitsessen i. S. d. R 19.6 Abs. 2 sowie für die Beteiligung von Arbeitnehmern an einer geschäftlich veranlassten Bewirtung i. S. d. § 4 Abs. 5 Satz 1 Nr. 2 EStG; für Mahlzeiten im Rahmen von Betriebsveranstaltungen gilt § 19 Abs. 1 Satz 1 Nr. 1 a EStG.
2. ① Mahlzeiten, die der Arbeitgeber als Gegenleistung für das Zurverfügungstellen der individuellen Arbeitskraft an seine Arbeitnehmer abgibt, sind mit ihrem tatsächlichen Preis anzusetzen. ② Dies gilt z. B. für eine während einer beruflich veranlassten Auswärtstätigkeit oder doppelten Haushaltsführung gestellte Mahlzeit, deren Preis die 60-€-Grenze i. S. d. § 8 Abs. 2 Satz 8 EStG übersteigt. ③ Ein vom Arbeitnehmer an den Arbeitgeber oder an den Dritten gezahltes Entgelt ist auf den tatsächlichen Preis anzurechnen. ④ Wird vom Arbeitgeber oder auf dessen Veranlassung von einem Dritten nur ein Essen, aber kein Getränk gestellt, ist das Entgelt, das der Arbeitnehmer für ein Getränk bei der Mahlzeit zahlt, nicht auf den tatsächlichen Preis der Mahlzeit anzurechnen.

H 8.1 (8)

LStH 8.1 (8)

Allgemeines. Zur Behandlung der Mahlzeitengestellung nach der Reform des steuerlichen Reisekostenrechts → BMF vom 25. 11. 2020 (BStBl. I S. 1228).[2] 31

Individuell zu versteuernde Mahlzeiten. Mahlzeiten, die im Rahmen regelmäßiger Geschäftsleitungssitzungen abgegeben werden, sind mit dem tatsächlichen Preis anzusetzen (→ BFH vom 4. 8. 1994 – BStBl. 1995 II S. 59).

Reisekostenabrechnungen → BMF vom 25. 11. 2020 (BStBl. I S. 1228),[3] Rz. 77 Beispiel 50 und Rz. 58 ff.

R 8.1 (9, 10)

LStR 8.1 (9, 10)

Gestellung von Kraftfahrzeugen[4]

(9) Überlässt der Arbeitgeber oder aufgrund des Dienstverhältnisses ein Dritter dem Arbeitnehmer ein Kfz zur privaten Nutzung, gilt Folgendes: 32

1. ① Der Arbeitgeber hat den privaten Nutzungswert mit monatlich 1% des inländischen Listenpreises des Kfz anzusetzen. ② Kann das Kfz zu Fahrten zwischen Wohnung und erster Tätigkeitsstätte genutzt werden, ist i. d. R. diese Nutzungsmöglichkeit unabhängig von der Nutzung des Fahrzeugs zu Privatfahrten mit monatlich 0,03% des inländischen Listenpreises des Kfz für jeden Kilometer der Entfernung zwischen Wohnung und erster Tätigkeitsstätte zu bewerten und dem Arbeitslohn zuzurechnen. ③ Wird das Kfz zu Familienheimfahrten im Rahmen einer doppelten Haushaltsführung genutzt, ist für jeden Kilometer der Entfernung zwischen der ers-

[1] Abgedruckt als Anlage a zu LStH 8.1.
[2] Abgedruckt als Anlage zu LStH 9.4.
[3] Abgedruckt als Anlage zu LStH 9.4.
[4] Zur Sonderregelung für Elektro- und Hybridelektrofahrzeuge siehe § 6 Abs. 1 Nr. 4 Satz 2 ff. EStG.

LStR 8.1 (9, 10)

ten Tätigkeitsstätte und dem Ort des eigenen Hausstands ein Nutzungswert von 0,002 % des inländischen Listenpreises für jede Fahrt anzusetzen, für die der Werbungskostenabzug nach § 9 Abs. 1 Satz 3 Nr. 5 Satz 5 EStG ausgeschlossen ist. ④ Die Monatswerte nach den Sätzen 1 und 2 sind auch dann anzusetzen, wenn das Kfz dem Arbeitnehmer im Kalendermonat nur zeitweise zur Verfügung steht oder nur zeitweise oder gar nicht genutzt wird. ⑤ Kürzungen der Werte, z. B. wegen einer Beschriftung des Kfz, oder wegen eines privaten Zweitwagens sind nicht zulässig. ⑥ Listenpreis i. S. d. Sätze 1 bis 3 ist – auch bei gebraucht erworbenen oder geleasten Fahrzeugen – die auf volle 100 € abgerundete unverbindliche Preisempfehlung des Herstellers für das genutzte Kfz im Zeitpunkt seiner Erstzulassung zzgl. der Kosten für werkseitig im Zeitpunkt der Erstzulassung eingebaute Sonderausstattungen (z. B. Navigationsgeräte, Diebstahlsicherungssysteme) und der Umsatzsteuer; der Wert eines Autotelefons einschl. Freisprecheinrichtung sowie der Wert eines weiteren Satzes Reifen einschl. Felgen bleiben außer Ansatz. ⑦ Bei einem Kfz, das aus Sicherheitsgründen gepanzert ist, kann der Listenpreis des leistungsschwächeren Fahrzeugs zugrunde gelegt werden, das dem Arbeitnehmer zur Verfügung gestellt würde, wenn seine Sicherheit nicht gefährdet wäre. ⑧ Kann das Kfz auch im Rahmen einer anderen Einkunftsart genutzt werden, ist diese Nutzungsmöglichkeit mit dem Nutzungswert nach Satz 1 abgegolten. ⑨ Nummer 2 Satz 9 bis 17 gilt entsprechend.

2. ① Der Arbeitgeber kann den privaten Nutzungswert abweichend von Nummer 1 mit den für das Kfz entstehenden Aufwendungen ansetzen, die auf die nach Nummer 1 zu erfassenden privaten Fahrten entfallen, wenn die Aufwendungen durch Belege und das Verhältnis der privaten zu den übrigen Fahrten durch ein ordnungsgemäßes Fahrtenbuch nachgewiesen werden. ② Dabei sind die dienstlich und privat zurückgelegten Fahrtstrecken gesondert und laufend im Fahrtenbuch nachzuweisen. ③ Für dienstliche Fahrten sind i. d. R. die folgenden Angaben erforderlich:
   a) Datum und Kilometerstand zu Beginn und am Ende jeder einzelnen Auswärtstätigkeit,
   b) Reiseziel und bei Umwegen auch die Reiseroute,
   c) Reisezweck und aufgesuchte Geschäftspartner.

   ④ Für Privatfahrten genügen jeweils Kilometerangaben; für Fahrten zwischen Wohnung und erster Tätigkeitsstätte genügt jeweils ein kurzer Vermerk im Fahrtenbuch. ⑤ Die Führung des Fahrtenbuchs kann nicht auf einen repräsentativen Zeitraum beschränkt werden, selbst wenn die Nutzungsverhältnisse keinen größeren Schwankungen unterliegen. ⑥ Das Fahrtenbuch kann auch elektronisch geführt werden, wenn sich daraus dieselben Erkenntnisse wie aus einem manuell geführten Fahrtenbuch gewinnen lassen und nachträgliche Veränderungen der aufgezeichneten Angaben technisch ausgeschlossen oder dokumentiert werden. ⑦ Der private Nutzungswert ist der Anteil an den Gesamtkosten des Kfz, der dem Verhältnis der Privatfahrten zur Gesamtfahrtstrecke entspricht. ⑧ Die insgesamt durch das Kfz entstehenden Aufwendungen i. S. d. § 8 Abs. 2 Satz 4 EStG (Gesamtkosten) sind als Summe der Nettoaufwendungen zzgl. Umsatzsteuer zu ermitteln. ⑨ Zu den Gesamtkosten gehören nur solche Kosten, die dazu bestimmt sind, unmittelbar dem Halten und dem Betrieb des Kfz zu dienen und im Zusammenhang mit seiner Nutzung typischerweise entstehen. ⑩ Die AfA ist stets in die Gesamtkosten einzubeziehen; ihnen sind die tatsächlichen Anschaffungs- oder Herstellungskosten einschl. Umsatzsteuer zugrunde zu legen. ⑪ Nicht zu den Gesamtkosten gehören z. B. Beiträge für einen auf den Namen des Arbeitnehmers ausgestellten Schutzbrief, Straßen- oder Tunnelbenutzungsgebühren und Unfallkosten. ⑫ Verbleiben nach Erstattungen durch Dritte Unfallkosten bis zur Höhe von 1000 € zzgl. Umsatzsteuer je Schaden ist es aber nicht zu beanstanden, wenn diese als Reparaturkosten in die Gesamtkosten einbezogen werden; Satz 15 ist sinngemäß anzuwenden. ⑬ Ist der Arbeitnehmer gegenüber dem Arbeitgeber wegen Unfallkosten nach allgemeinen zivilrechtlichen Regeln schadensersatzpflichtig (z. B. Privatfahrten, Trunkenheitsfahrten) und verzichtet der Arbeitgeber (z. B. durch arbeitsvertragliche Vereinbarungen) auf diesen Schadensersatz, liegt i. H. d. Verzichts ein gesonderter geldwerter Vorteil vor (§ 8 Abs. 2 Satz 1 EStG). ⑭ Erstattungen durch Dritte (z. B. Versicherung) sind unabhängig vom Zahlungszeitpunkt zu berücksichtigen, so dass der geldwerte Vorteil regelmäßig i. H. d. vereinbarten Selbstbehalts anzusetzen ist. ⑮ Hat der Arbeitgeber auf den Abschluss einer Versicherung verzichtet oder eine Versicherung mit einem Selbstbehalt von mehr als 1000 € abgeschlossen, ist aus Vereinfachungsgründen so zu verfahren, als bestünde eine Versicherung mit einem Selbstbehalt von 1000 €, wenn es bei bestehender Versicherung zu einer Erstattung gekommen wäre. ⑯ Liegt keine Schadensersatzpflicht des Arbeitnehmers vor (z. B. Fälle höherer Gewalt, Verursachung des Unfalls durch einen Dritten) oder ereignet sich der Unfall auf einer beruflich veranlassten Fahrt (Auswärtstätigkeit, die wöchentliche Familienheimfahrt bei doppelter Haushaltsführung oder Fahrten zwischen Wohnung und erster Tätigkeitsstätte), liegt vorbehaltlich Satz 13 kein geldwerter Vorteil vor. ⑰ Vom Arbeitnehmer selbst getragene Kosten fließen nicht in die Gesamtkosten ein und erhöhen nicht den Nutzungswert; es wird nicht beanstandet, wenn diese Kosten in die Gesamtkosten einbezogen werden und zudem als Nutzungsentgelt den Nutzungswert mindern.

3. ① Der Arbeitgeber muss in Abstimmung mit dem Arbeitnehmer die Anwendung eines der Verfahren nach den Nummern 1 und 2 für jedes Kj. festlegen; das Verfahren darf bei demselben Kfz während des Kj. nicht gewechselt werden. ② Eine rückwirkende Änderung des Lohnsteuerabzugs (Wechsel von der pauschalen Nutzungswertmethode zur Fahrtenbuchmethode oder

umgekehrt für das gesamte Kalenderjahr) ist vor Übermittlung oder Ausschreibung der Lohnsteuerbescheinigung jedoch im Rahmen des § 41 c EStG möglich. ③ Soweit die genaue Erfassung des privaten Nutzungswerts nach Nummer 2 monatlich nicht möglich ist, kann der Erhebung der Lohnsteuer monatlich 1/12 des Vorjahresbetrags zugrunde gelegt werden. ④ Nach Ablauf des Kj. oder nach Beendigung des Dienstverhältnisses ist der tatsächlich zu versteuernde Nutzungswert zu ermitteln und eine etwaige Lohnsteuerdifferenz nach Maßgabe der §§ 41 c, 42 b EStG auszugleichen. ⑤ Bei der Veranlagung zur Einkommensteuer ist der Arbeitnehmer nicht an das für die Erhebung der Lohnsteuer gewählte Verfahren gebunden; Satz 1 zweiter Halbsatz gilt entsprechend. LStR 8.1 (9, 10)

4. ① Zahlt der Arbeitnehmer an den Arbeitgeber oder auf dessen Weisung an einen Dritten zur Erfüllung einer Verpflichtung des Arbeitgebers (abgekürzter Zahlungsweg) für die außerdienstliche Nutzung (Nutzung zu privaten Fahrten, zu Fahrten zwischen Wohnung und erster Tätigkeitsstätte und zu Familienheimfahrten im Rahmen einer doppelten Haushaltsführung) des Kfz ein Nutzungsentgelt (z. B. Monatspauschale, Kilometerpauschale, vom Arbeitnehmer übernommene Leasingraten), mindert dies den Nutzungswert. ② Nutzungsentgelt i. d. S. sind auch zeitraumbezogene (Einmal-)Zahlungen des Arbeitnehmers für die außerdienstliche Nutzung. ③ Diese Zahlungen sind bei der Bemessung des geldwerten Vorteils auf den Zeitraum, für den sie geleistet werden, gleichmäßig zu verteilen und vorteilsmindernd zu berücksichtigen. ④ Rückzahlungen von Nutzungsentgelten sind Arbeitslohn, soweit die Nutzungsentgelte den privaten Nutzungswert gemindert haben.

4a. (Einmal-)Zahlungen des Arbeitnehmers zu den Anschaffungskosten eines ihm auch zur außerdienstlichen Nutzung überlassenen Kfz sind bei der Bemessung des geldwerten Vorteils auf den Zeitraum, für den sie geleistet werden, gleichmäßig zu verteilen und vorteilsmindernd zu berücksichtigen, wenn arbeitsvertragliche Vereinbarungen hinsichtlich des Zuzahlungszeitraums bestehen. ② Bestehen keine arbeitsvertraglichen Vereinbarungen hinsichtlich des Zuzahlungszeitraums, ist es nicht zu beanstanden, wenn (Einmal-)Zahlungen des Arbeitnehmers im Zahlungsjahr sowie in den darauffolgenden Kj. auf den privaten Nutzungswert für das jeweilige Kfz bis auf 0 € angerechnet werden. ③ Bei Leasingsonderzahlungen ist entsprechend Satz 1 und 2 zu verfahren. ④ In den Fällen der Nummer 2 gilt Satz 1 und 2 nur, wenn die für die AfA-Ermittlung maßgebenden Anschaffungskosten nicht um die Zuschüsse gemindert worden sind. ⑤ Zuschussrückzahlungen sind Arbeitslohn, soweit die Zuschüsse den privaten Nutzungswert gemindert haben.

5. Die Nummern 1 bis 4a gelten bei Fahrten nach § 9 Abs. 1 Satz 3 Nr. 4a Satz 3 EStG entsprechend.

6. Die Sonderregelungen für Elektro- und Hybridelektrofahrzeuge nach § 6 Abs. 1 Nr. 4 Satz 2 und 3 EStG sind bei der Ermittlung des Nutzungswerts zu beachten.

Gestellung eines Kfz mit Fahrer

(10) ① Wenn ein Kfz mit Fahrer zur Verfügung gestellt wird, ist der geldwerte Vorteil aus der Fahrergestellung zusätzlich zum Wert nach Absatz 9 Nr. 1 oder 2 als Arbeitslohn zu erfassen. ② Dieser geldwerte Vorteil bemisst sich i. d. R. nach dem Endpreis i. S. d. § 8 Abs. 2 Satz 1 EStG einer vergleichbaren von fremden Dritten erbrachten Leistung. ③ Es ist aus Vereinfachungsgründen nicht zu beanstanden, wenn der geldwerte Vorteil abweichend von Satz 2 wie folgt ermittelt wird: 33

1. ① Stellt der Arbeitgeber dem Arbeitnehmer für Fahrten zwischen Wohnung und erster Tätigkeitsstätte oder Fahrten nach § 9 Abs. 1 Satz 3 Nr. 4a Satz 3 EStG ein Kfz mit Fahrer zur Verfügung, ist der für diese Fahrten nach Absatz 9 Nr. 1 oder 2 ermittelte Nutzungswert des Kfz um 50% zu erhöhen. ② Für die zweite und jede weitere Familienheimfahrt im Rahmen einer beruflich veranlassten doppelten Haushaltsführung erhöht sich der auf die einzelne Familienheimfahrt entfallende Nutzungswert nur dann um 50%, wenn für diese Fahrt ein Fahrer in Anspruch genommen worden ist.

2. Stellt der Arbeitgeber dem Arbeitnehmer für andere Privatfahrten ein Kfz mit Fahrer zur Verfügung, ist der entsprechende private Nutzungswert des Kfz wie folgt zu erhöhen:
   a) um 50%, wenn der Fahrer überwiegend in Anspruch genommen wird,
   b) um 40%, wenn der Arbeitnehmer das Kfz häufig selbst steuert,
   c) um 25%, wenn der Arbeitnehmer das Kfz weit überwiegend oder ausschl. selbst steuert.

3. Bei Begrenzung des pauschalen Nutzungswertes i. S. d. § 8 Abs. 2 Satz 2, 3 und 5 EStG auf die Gesamtkosten ist der anzusetzende Nutzungswert um 50 % zu erhöhen, wenn das Kfz mit Fahrer zur Verfügung gestellt worden ist.

4. ① Wenn einem Arbeitnehmer aus Sicherheitsgründen ein sondergeschütztes (gepanzertes) Kfz, das zum Selbststeuern nicht geeignet ist, mit Fahrer zur Verfügung gestellt wird, ist von der steuerlichen Erfassung der Fahrergestellung abzusehen. ② Es ist dabei unerheblich, in welcher Gefährdungsstufe der Arbeitnehmer eingeordnet ist.

LStH 8.1 (9, 10)

H 8.1 (9, 10)

34 **1%-Regelung.** Die 1%-Regelung ist verfassungsrechtlich nicht zu beanstanden (→ BFH vom 13. 12. 2012 – BStBl. 2013 II S. 385). → Gebrauchtwagen.

Abgrenzung Kostenerstattung – Nutzungsüberlassung

– Erstattet der Arbeitgeber dem Arbeitnehmer für dessen eigenen PKW sämtliche Kosten, wendet er Barlohn und nicht einen Nutzungsvorteil i. S. d. § 8 Abs. 2 EStG zu (→ BFH vom 6. 11. 2001 – BStBl. 2002 II S. 164).
– Eine nach § 8 Abs. 2 Satz 2 bis 5 EStG zu bewertende Nutzungsüberlassung liegt vor, wenn der Arbeitnehmer das Kfz auf Veranlassung des Arbeitgebers least, dieser sämtliche Kosten des Kfz trägt und im Innenverhältnis allein über die Nutzung des Kfz bestimmt (→ BFH vom 6. 11. 2001 – BStBl. 2002 II S. 370).
– Eine nach § 8 Abs. 2 Satz 2 bis 5 EStG zu bewertende Nutzungsüberlassung liegt nicht vor, wenn das vom Arbeitgeber geleaste Fahrzeug dem Arbeitnehmer aufgrund einer Sonderrechtsbeziehung im Innenverhältnis zuzurechnen ist, weil er gegenüber dem Arbeitgeber die wesentlichen Rechte und Pflichten des Leasingnehmers hat. Gibt der Arbeitgeber in diesem Fall vergünstigte Leasingkonditionen an den Arbeitnehmer weiter, liegt hierin ein nach § 8 Abs. 2 Satz 1 EStG zu bewertender geldwerter Vorteil (→ BFH vom 18. 12. 2014 – BStBl. 2015 II S. 670 – sog. Behördenleasing). Zur Dienstwagenbesteuerung in Leasingfällen, insbesondere bei Gehaltsumwandlung → BMF vom 3. 3. 2022 (BStBl. I S. 232), Rn. 49 ff.[1]

Allgemeine Grundsätze → BMF vom 3. 3. 2022 (BStBl. I S. 232).[2]

Anscheinsbeweis

– Die unentgeltliche oder verbilligte Überlassung eines Dienstwagens durch den Arbeitgeber an den Arbeitnehmer für dessen Privatnutzung führt unabhängig davon, ob und in welchem Umfang der Arbeitnehmer das Fahrzeug tatsächlich privat nutzt, zu einem lohnsteuerlichen Vorteil. Ob der Arbeitnehmer den Beweis des ersten Anscheins, dass dienstliche Fahrzeuge, die zu privaten Zwecken zur Verfügung stehen, auch tatsächlich privat genutzt werden, durch die substantiierte Darlegung eines atypischen Sachverhalts zu entkräften vermag, ist für die Besteuerung des Nutzungsvorteils nach § 8 Abs. 2 Satz 2 EStG unerheblich (→ BFH vom 21. 3. 2013 – BStBl. II S. 700).
– → Nutzungsmöglichkeit.

Elektro- und Hybridelektrofahrzeug

– → § 6 Abs. 1 Nr. 4 Satz 2 ff. EStG.
– → BMF vom 5. 11. 2021 (BStBl. I S. 2205).[3]
– → BMF vom 29. 9. 2020 (BStBl. I S. 972).[4]

Feuerwehreinsatzfahrzeug. Die Überlassung eines Einsatzfahrzeugs (Kommandowagen) an den Leiter der Freiwilligen Feuerwehr während seiner – wenn auch „ständigen" – Bereitschaftszeiten führt nicht zu Arbeitslohn (→ BMF vom 3. 3. 2022 – BStBl. I S. 232, Rn. 5).[5]

Garage für den Dienstwagen.

– Wird ein Dienstwagen in der eigenen oder angemieteten Garage des Arbeitnehmers untergestellt und trägt der Arbeitgeber hierfür die Kosten, so ist bei der 1%-Regelung kein zusätzlicher geldwerter Vorteil für die Garage anzusetzen (→ BFH vom 7. 6. 2002 – BStBl. II S. 829).
– Die vom Arbeitnehmer für seine Garage getragene AfA kann dem geldwerten Vorteil aus der Überlassung eines betrieblichen Kfz des Arbeitgebers zur außerdienstlichen Nutzung nicht mindern, wenn keine rechtliche Verpflichtung des Arbeitnehmers gegenüber dem Arbeitgeber besteht, das Fahrzeug in der Garage unterzustellen (→ BFH vom 4. 7. 2023 – BStBl. II S. 1005).

Gebrauchtwagen. Die 1%-Regelung auf Grundlage des Bruttolistenneupreises begegnet insbesondere im Hinblick auf die dem Stpfl. zur Wahl gestellte Möglichkeit, den Nutzungsvorteil auch nach der Fahrtenbuchmethode zu ermitteln und zu bewerten, keinen verfassungsrechtlichen Bedenken (→ BFH vom 13. 12. 2012 – BStBl. 2013 II S. 385).

Kraftfahrzeuge. Zu Kfz i. S. d. § 8 Abs. 2 Satz 2 bis 5 → BMF vom 3. 3. 2022 (BStBl. I S. 232), Rn. 3.[6]

Nutzungsentgelt. Die zwingend vorgeschriebene Bewertung nach der 1%-Regelung, sofern nicht von der Möglichkeit, ein Fahrtenbuch zu führen, Gebrauch gemacht wird, kann nicht durch Zahlung eines Nutzungsentgelts vermieden werden, selbst wenn dieses als angemessen anzusehen ist. Das vereinbarungsgemäß gezahlte Nutzungsentgelt ist von dem entsprechend ermittelten privaten Nutzungswert in Abzug zu bringen (→ BFH vom 7. 11. 2006 – BStBl. 2007 II S. 269).

[1] Nachstehend abgedruckt als Anlage c zu LStH 8.1.
[2] Nachstehend abgedruckt als Anlage c zu LStH 8.1.
[3] Nachstehend abgedruckt als Anlage g zu LStH 8.1.
[4] Abgedruckt als Anlage LStH 3.46.
[5] Nachstehend abgedruckt als Anlage c zu LStH 8.1.
[6] Nachstehend abgedruckt als Anlage c zu LStH 8.1.

Nutzungsmöglichkeit LStH 8.1 (9, 10)

- Die unentgeltliche oder verbilligte Überlassung eines Dienstwagens durch den Arbeitgeber an den Arbeitnehmer für dessen Privatnutzung führt unabhängig davon, ob und in welchem Umfang der Arbeitnehmer das Fahrzeug tatsächlich privat nutzt, zu einem lohnsteuerlichen Vorteil (→ BFH vom 21. 3. 2013 – BStBl. II S. 700).
- Bei der Beurteilung der Nutzungsmöglichkeit ist unter Berücksichtigung sämtlicher Umstände des Einzelfalls zu entscheiden, ob und welches betriebliche Fahrzeug dem Arbeitnehmer ausdrücklich oder doch zumindest konkludent auch zur privaten Nutzung überlassen ist. Steht nicht fest, dass der Arbeitgeber dem Arbeitnehmer einen Dienstwagen zur privaten Nutzung überlassen hat, kann auch der Beweis des ersten Anscheins diese fehlende Feststellung nicht ersetzen (→ BFH vom 21. 3. 2013 – BStBl. II S. 918 und S. 1044 und vom 18. 4. 2013 – BStBl. II S. 920).

Ordnungsgemäßes Fahrtenbuch

- Ein ordnungsgemäßes Fahrtenbuch muss zeitnah und in geschlossener Form geführt werden und die zu erfassenden Fahrten einschließlich des an ihrem Ende erreichten Gesamtkilometerstands vollständig und in ihrem fortlaufenden Zusammenhang wiedergeben (→ BFH vom 9. 11. 2005 – BStBl. 2006 II S. 408). Kleinere Mängel führen nicht zur Verwerfung des Fahrtenbuchs, wenn die Angaben insgesamt plausibel sind (→ BFH vom 10. 4. 2008 – BStBl. II S. 768).
- Die erforderlichen Angaben müssen sich dem Fahrtenbuch selbst entnehmen lassen. Ein Verweis auf ergänzende Unterlagen ist nur zulässig, wenn der geschlossene Charakter der Fahrtenbuchaufzeichnungen dadurch nicht beeinträchtigt wird (→ BFH vom 16. 3. 2006 – BStBl. II S. 625).
- Ein ordnungsgemäßes Fahrtenbuch muss insbesondere Datum und hinreichend konkret bestimmt das Ziel der jeweiligen Fahrt ausweisen. Dem ist nicht entsprochen, wenn als Fahrtziele nur Straßennamen angegeben sind und diese Angaben erst mit nachträglich erstellten Aufzeichnungen präzisiert werden (→ BFH vom 1. 3. 2012 – BStBl. II S. 505).
- Mehrere Teilabschnitte einer einheitlichen beruflichen Reise können miteinander zu einer zusammenfassenden Eintragung verbunden werden, wenn die einzelnen aufgesuchten Kunden oder Geschäftspartner im Fahrtenbuch in der zeitlichen Reihenfolge aufgeführt werden (→ BFH vom 16. 3. 2006 – BStBl. II S. 625).
- Der Übergang von der beruflichen zur privaten Nutzung des Fahrzeugs ist im Fahrtenbuch durch Angabe des bei Abschluss der beruflichen Fahrt erreichten Gesamtkilometerstands zu dokumentieren (→ BFH vom 16. 3. 2006 – BStBl. II S. 625).
- Kann der Arbeitnehmer den ihm überlassenen Dienstwagen auch privat nutzen und wird über die Nutzung des Dienstwagens kein ordnungsgemäßes Fahrtenbuch geführt, ist der zu versteuernde geldwerte Vorteil nach der 1%-Regelung zu bewerten. Eine Schätzung des Privatanteils anhand anderer Aufzeichnungen kommt nicht in Betracht (→ BFH vom 16. 11. 2005 – BStBl. 2006 II S. 410).

Schadensersatz. Verzichtet der Arbeitgeber gegenüber dem Arbeitnehmer auf Schadensersatz nach einem während einer beruflichen Fahrt alkoholbedingt entstandenen Schaden am auch zur privaten Nutzung überlassenen Firmen-Pkw, ist der dem Arbeitnehmer aus dem Verzicht entstehende Vermögensvorteil nicht durch die 1%-Regelung abgegolten. Der als Arbeitslohn zu erfassende Verzicht auf Schadensersatz führt nur dann zu einer Steuererhöhung, wenn die Begleichung der Schadensersatzforderung nicht zum Werbungskostenabzug berechtigt. Ein Werbungskostenabzug kommt nicht in Betracht, wenn das auslösende Moment für den Verkehrsunfall die alkoholbedingte Fahruntüchtigkeit war (→ BFH vom 24. 5. 2007 – BStBl. II S. 766). Werden Unfallkosten bis zu 1000 € zzgl. Umsatzsteuer je Schaden in die Gesamtkosten einbezogen (→ R 8.1 Abs. 9 Nr. 2 Satz 12), kann der Arbeitgeber auf die Prüfung eines Schadensersatzanspruches verzichten.

Schätzung des Privatanteils. Kann der Arbeitnehmer den ihm überlassenen Dienstwagen auch privat nutzen und wird über die Nutzung des Dienstwagens kein ordnungsgemäßes Fahrtenbuch geführt, ist der zu versteuernde geldwerte Vorteil nach der 1%-Regelung zu bewerten. Eine Schätzung des Privatanteils anhand anderer Aufzeichnungen kommt nicht in Betracht (→ BFH vom 16. 11. 2005 – BStBl. 2006 II S. 410).

Schutzbrief. Übernimmt der Arbeitgeber die Beiträge für einen auf seinen Arbeitnehmer ausgestellten Schutzbrief, liegt darin die Zuwendung eines geldwerten Vorteils, der nicht von der Abgeltungswirkung der 1%-Regelung erfasst wird (→ BFH vom 14. 9. 2005 – BStBl. 2006 II S. 72).

Straßenbenutzungsgebühren. Übernimmt der Arbeitgeber die Straßenbenutzungsgebühren für die mit einem Firmenwagen unternommenen Privatfahrten seines Arbeitnehmers, liegt darin die Zuwendung eines geldwerten Vorteils, der nicht von der Abgeltungswirkung der 1%-Regelung erfasst wird (→ BFH vom 14. 9. 2005 – BStBl. 2006 II S. 72).

LStH 8.1 (9, 10)

Werkstattwagen[1]

Die 1%-Regelung gilt nicht für Fahrzeuge, die aufgrund ihrer objektiven Beschaffenheit und Einrichtung typischerweise so gut wie ausschließlich nur zur Beförderung von Gütern bestimmt sind (→ BFH vom 18. 12. 2008 – BStBl. 2009 II S. 381).

Anl a zu LStH 8.1

a) Schreiben betr. 15. Verordnung zur Änderung der Sozialversicherungsentgeltverordnung vom 3. Dezember 2024 (BGBl. 2024 I Nr. 394); Lohnsteuerliche Behandlung von unentgeltlichen oder verbilligten Mahlzeiten der Arbeitnehmer ab dem Kalenderjahr 2025

Vom 10. Dezember 2024 (BStBl. I 2024 S. 1603)

(BMF IV C 5 – S 2334/19/10010 :006; DOK 2024/1020293)

46 Mahlzeiten, die arbeitstäglich unentgeltlich oder verbilligt an die Arbeitnehmer abgegeben werden, sind mit dem anteiligen amtlichen Sachbezugswert nach der Verordnung über die sozialversicherungsrechtliche Beurteilung von Zuwendungen des Arbeitgebers als Arbeitsentgelt (Sozialversicherungsentgeltverordnung – SvEV)[2] zu bewerten. Dies gilt ab 1. Januar 2014 gemäß § 8 Absatz 2 Satz 8 EStG auch für Mahlzeiten, die dem Arbeitnehmer während einer beruflich veranlassten Auswärtstätigkeit oder im Rahmen einer doppelten Haushaltsführung vom Arbeitgeber oder auf dessen Veranlassung von einem Dritten zur Verfügung gestellt werden, wenn der Preis der Mahlzeit 60 Euro nicht übersteigt. Die Sachbezugswerte ab dem Kalenderjahr 2025 sind durch die 15. Verordnung zur Änderung der Sozialversicherungsentgeltverordnung vom 3. Dezember 2024 (BGBl. 2024 I Nr. 394)[3] festgesetzt worden. Demzufolge beträgt der Wert für Mahlzeiten, die ab Kalenderjahr 2025 gewährt werden,

a) für ein Mittag- oder Abendessen 4,40 Euro,

b) für ein Frühstück 2,30 Euro.

Bei Vollverpflegung (Frühstück, Mittag- und Abendessen) sind die Mahlzeiten mit dem Wert von 11,10 Euro anzusetzen.

Im Übrigen wird auf R 8.1 Absatz 7 und 8 LStR 2023 sowie auf das BMF-Schreiben zur Reform des steuerlichen Reisekostenrechts vom 25. November 2020 (BStBl. I Seite 1228)[4] hingewiesen.

Anl b zu LStH 8.1

b) Schreiben betr. steuerliche Behandlung von Arbeitgeberdarlehen[5]

Vom 19. Mai 2015 (BStBl. I S. 484)

(BMF IV C 5 – S 2334/07/0009; DOK 2015/0316822)

Im Einvernehmen mit den obersten Finanzbehörden der Länder gilt zur steuerlichen Behandlung von Arbeitgeberdarlehen Folgendes:

1. Anwendungsbereich

47 **1** Ein Arbeitgeberdarlehen liegt vor, wenn durch den Arbeitgeber oder aufgrund des Dienstverhältnisses durch einen Dritten an den Arbeitnehmer Geld überlassen wird und diese Geldüberlassung auf einem Darlehensvertrag beruht. Erhält der Arbeitnehmer durch solch ein Arbeitgeberdarlehen Zinsvorteile, sind sie zu versteuern. Der zur Anwendung des Lohnsteuerabzugsverfahrens verpflichtete Arbeitgeber hat die Lohnsteuer nach Maßgabe von § 38 Abs. 1 i. V. m. Abs. 4 Satz 3 EStG einzubehalten und abzuführen, sofern er sie nicht nach § 40 Abs. 1 EStG pauschal erhebt oder die Einkommensteuer nicht nach § 37 b EStG pauschal erhoben wird.

2 Gehaltsvorschüsse im öffentlichen Dienst, die nach den Vorschussrichtlinien des Bundes oder der entsprechenden Richtlinien der Länder gewährt werden, sind Arbeitgeberdarlehen. Keine Arbeitgeberdarlehen sind dagegen insbesondere Reisekostenvorschüsse, vorschüssig gezahlter Auslagenersatz, Lohnabschläge und Lohnvorschüsse, wenn es sich hierbei um eine abweichende Vereinbarung über die Bedingungen der Zahlung des Arbeitslohns handelt.

2. Ermittlung des Zinsvorteils

48 **3** Bei Überlassung eines zinslosen oder zinsverbilligten Arbeitgeberdarlehens ist der geldwerte Vorteil (Zinsvorteil) zu ermitteln, der vom Arbeitnehmer als Arbeitslohn zu versteuern ist. Für die Ermittlung des Zinsvorteils ist zwischen einer Bewertung nach § 8 Abs. 2 EStG (z. B. der Arbeitnehmer eines Einzelhändlers erhält ein zinsverbilligtes Arbeitgeberdarlehen) und einer Bewertung nach § 8 Abs. 3 Satz 1 EStG (z. B. der Bankangestellte erhält von seinem Arbeitgeber ein zinsverbilligtes Arbeitgeberdarlehen mit Ansatz des Rabatt-Freibetrags) zu unterscheiden. Der Arbeitnehmer erlangt keinen steuerpflichtigen Zinsvorteil, wenn der Arbeitgeber ihm ein Darlehen zu einem marktüblichen Zinssatz (Maßstabszinssatz) gewährt (BFH-Urteil vom 4. Mai 2006 VI R 28/05, BStBl. II S. 781).

4 Zinsvorteile, die der Arbeitnehmer durch Arbeitgeberdarlehen erhält, sind Sachbezüge. Sie sind als solche zu versteuern, wenn die Summe der noch nicht getilgten Darlehen am Ende des Lohnzahlungszeitraums 2600 € übersteigt.

---

[1] Zum Ausschluss eines für den Lastentransport hergerichteten VW-Transporters von der Anwendung der 1%-Regelung siehe auch *BFH vom 17. 2. 2016, X R 32/11, BStBl. II S. 708.*

[2] Abgedruckt als Anlage zu § 8 EStG.

[3] **[Amtl. Anm.:]** BStBl. I S. 1602.

[4] Abgedruckt als Anlage zu LStH 9.4.

[5] Zur Berücksichtigung von Darlehenskonditionen nach Vermittlung durch Internet-Vermittlungsportale und -Vergleichsportale s. *LfSt Bayern, Vfg. vom 7. 7. 2015 (DStR S. 2025).*

Beispiel:
Ein Arbeitgeber gewährt seinem Arbeitnehmer ein zinsloses Darlehen in Form eines Gehaltsvorschusses in Höhe von 2000 €. Die daraus resultierenden Zinsvorteile sind nicht als Arbeitslohn zu versteuern, da der Darlehensbetrag am Ende des Lohnzahlungszeitraums die Freigrenze von 2600 € nicht übersteigt.

2.1. Bewertung nach § 8 Abs. 2 EStG

2.1.1. Allgemeine Grundsätze

5 Sachbezüge sind mit den um übliche Preisnachlässe geminderten üblichen Endpreisen am Abgabeort anzusetzen (§ 8 Abs. 2 Satz 1 EStG). Von einem üblichen Endpreis ist bei einem Darlehen auszugehen, wenn sein Zinssatz mit dem Maßstabszinssatz (Rdnr. 3 Satz 3) vergleichbar ist; der pauschale Abschlag i. H. v. 4% nach R 8.1 Abs. 2 Satz 3 LStR ist vorzunehmen. Solch ein üblicher Endpreis kann sich aus dem Angebot eines Kreditinstituts am Abgabeort ergeben.
Als üblicher Endpreis gilt auch der günstigste Preis für ein vergleichbares Darlehen mit nachgewiesener günstigster Marktkondition, zu der das Darlehen unter Einbeziehung allgemein zugänglicher Internetangebote (z. B. Internetangebote von Direktbanken) an Endverbraucher angeboten wird, ohne dass individuelle Preisverhandlungen im Zeitpunkt des Vertragsabschlusses berücksichtigt werden. Bei dieser Ermittlung kommt der pauschale Abschlag i. H. v. 4% nach R 8.1 Abs. 2 Satz 3 LStR nicht zur Anwendung.

6 Hat der Arbeitgeber den Zinsvorteil nach dem üblichen Endpreis am Abgabeort bewertet (Rdnr. 5 Satz 2), kann der Arbeitnehmer dennoch die Zinsvorteile im Rahmen seiner Einkommensteuerveranlagung mit dem niedrigeren günstigsten Preis am Markt i. S. d. Rdnr. 5 Satz 4 bewerten und dem Finanzamt nachweisen (z. B. durch Ausdruck des in einem Internet-Vergleichsportal ausgewiesenen individualisierten günstigeren inländischen Kreditangebots zum Zeitpunkt des Vertragsabschlusses). Ein solcher Nachweis ist auch dann zulässig, wenn der Arbeitgeber bereits den aus seiner Sicht günstigsten Preis am Markt i. S. d. Rdnr. 5 Satz 4 angesetzt hat und der Arbeitnehmer einen noch niedrigeren günstigsten Preis am Markt berücksichtigt haben möchte. Das günstigere inländische Angebot muss in einem zeitlichen Zusammenhang mit der Gewährung des Arbeitgeberdarlehens stehen. Aus Vereinfachungsgründen ist es nicht zu beanstanden, wenn dieses Angebot bis zu 10 Tage vor der Kreditanfrage beim Arbeitgeber und bis zu 10 Tage nach dem Vertragsabschluss des Arbeitgeberdarlehens eingeholt wird.

7 Der Arbeitgeber hat die Unterlagen für den ermittelten und der Lohnversteuerung zu Grunde gelegten Endpreis sowie die Berechnung der Zinsvorteile zu dokumentieren, als Belege zum Lohnkonto aufzubewahren und dem Arbeitnehmer auf Verlangen formlos mitzuteilen.

2.1.2. Ermittlung des Zinsvorteils

8 Bei nach § 8 Abs. 2 Satz 1 EStG zu bewertenden Zinsvorteilen im Zusammenhang mit Arbeitgeberdarlehen bemisst sich der geldwerte Vorteil nach dem Unterschiedsbetrag zwischen dem Maßstabszinssatz für vergleichbare Darlehen am Abgabeort (Rdnr. 5 Satz 2) oder dem günstigsten Preis für ein vergleichbares Darlehen am Markt (Rdnr. 5 Satz 4) und dem Zinssatz, der im konkreten Einzelfall vereinbart ist. Vergleichbar in diesem Sinne ist ein Darlehen, das dem Arbeitgeberdarlehen insbesondere hinsichtlich der Kreditart (z. B. Wohnungsbaukredit, Konsumentenkredit/Ratenkredit, Überziehungskredit), der Laufzeit des Darlehens, der Dauer der Zinsfestlegung, der zu beachtenden Beleihungsgrenze und des Zeitpunktes der Tilgungsverrechnung im Wesentlichen entspricht. Die Einordnung des jeweiligen Darlehens (Kreditart) richtet sich allein nach dem tatsächlichen Verwendungszweck.

9 Bei Arbeitgeberdarlehen mit Zinsfestlegung ist grundsätzlich für die gesamte Vertragslaufzeit der Maßstabszinssatz für vergleichbare Darlehen am Abgabeort (Rdnr. 5 Satz 2) oder der günstigste Preis für ein vergleichbares Darlehen am Markt (Rdnr. 5 Satz 4) bei Vertragsabschluss maßgeblich. Werden nach Ablauf der Zinsfestlegung die Zinskonditionen desselben Darlehens neu vereinbart (Prolongation), ist der Zinsvorteil neu zu ermitteln. Dabei ist der neu vereinbarte Zinssatz mit dem Maßstabszinssatz für vergleichbare Darlehen am Abgabeort (Rdnr. 5 Satz 2) oder dem günstigsten Preis für ein vergleichbares Darlehen am Markt (Rdnr. 5 Satz 4) im Zeitpunkt der Prolongationsvereinbarung zu vergleichen. Bei Arbeitgeberdarlehen mit variablem Zinssatz ist für die Ermittlung des Zinsvorteils im Zeitpunkt der vertraglichen Zinssatzanpassung der neu vereinbarte Zinssatz mit dem jeweils aktuellen Maßstabszinssatz für vergleichbare Darlehen am Abgabeort (Rdnr. 5 Satz 2) oder dem jeweils günstigsten Preis für ein vergleichbares Darlehen am Markt (Rdnr. 5 Satz 4) zu vergleichen.

10 Bei der Prüfung, ob die für Sachbezüge anzuwendende 44 €-Freigrenze[1] (§ 8 Abs. 2 Satz 11 EStG) überschritten wird, sind Zinsvorteile aus der Überlassung eines zinslosen oder zinsverbilligten Arbeitgeberdarlehens vorbehaltlich der Rdnr. 4 einzubeziehen.

11 Ein nach Beachtung der Rdnr. 4 und der Rdnr. 10 ermittelter steuerpflichtiger Zinsvorteil aus der Überlassung eines zinslosen oder zinsverbilligten Arbeitgeberdarlehens i. S. d. § 8 Abs. 2 EStG kann nach § 37 b EStG pauschal besteuert werden (vgl. hierzu BMF-Schreiben vom 19. Mai 2015, BStBl. I S. 468).[2] Der Arbeitgeber kann die Entscheidung, § 37 b Abs. 2 EStG innerhalb eines Kalenderjahres anzuwenden, nicht zurücknehmen.[3]

12 Aus Vereinfachungsgründen wird es nicht beanstandet, wenn bei einer Bewertung nach Rdnr. 5 Satz 2 für die Feststellung des Maßstabszinssatzes die bei Vertragsabschluss von der Deutschen Bundesbank zuletzt veröffentlichten Effektivzinssätze – also die gewichteten Durchschnittszinssätze – her-

---

[1] **[Amtl. Anm.:]** Die Sachbezugsfreigrenze wurde zum 1. 1. 2022 auf 50 € erhöht.
[2] Abgedruckt als Anlage zu LStH 37 b.
[3] **[Amtl. Anm.:]** Überholt durch *BFH vom 15. 6. 2016 (BStBl. II S. 1010);* das Wahlrecht kann nur durch Abgabe einer geänderten Lohnsteuer-Anmeldung widerrufen werden. Der Widerruf ist nur wirksam, wenn der Zuwendende den Zuwendungsempfänger hiervon unterrichtet; der Widerruf stellt beim Zuwendungsempfänger ein rückwirkendes Ereignis i. S. d. § 175 Abs. 1 Satz 1 Nr. 2 AO dar.

Anl b zu LStH 8.1

angezogen werden, die unter http://www.bundesbank.de/Redaktion/DE/Downloads/Statistiken/Geld_Und_Kapitalmaerkte/Zinssaetze_Renditen/S 11 BATGV.pdf?_blob=publicationFile[1] veröffentlicht sind. Von dem sich danach ergebenden Effektivzinssatz kann nach R 8.1 Abs. 2 Satz 3 LStR ein pauschaler Abschlag von 4% vorgenommen werden. Aus der Differenz zwischen diesem Maßstabszinssatz und dem Zinssatz, der im konkreten Einzelfall vereinbart ist, sind die Zinsverbilligung und der Zinsvorteil zu ermitteln, wobei die Zahlungsweise der Zinsen (z. B. monatlich, jährlich) unmaßgeblich ist. Zwischen den einzelnen Arten von Krediten (z. B. Wohnungsbaukredit, Konsumentenkredit/Ratenkredit) ist zu unterscheiden.

Beispiel:

13 Ein Arbeitnehmer erhält im März 2015 ein Arbeitgeberdarlehen von 30 000 € zu einem Effektivzinssatz von 2% jährlich (Laufzeit 4 Jahre mit monatlicher Tilgungsverrechnung und monatlicher Fälligkeit der Zinsen). Der bei Vertragsabschluss im März 2015 von der Deutschen Bundesbank für Konsumentenkredite mit anfänglicher Zinsbindung von über einem Jahr bis zu fünf Jahren veröffentlichte Effektivzinssatz (Erhebungszeitraum Januar 2015) beträgt 4,71%.
Nach Abzug des pauschalen Abschlags von 4% ergibt sich ein Maßstabszinssatz von 4,52% (Ansatz von zwei Dezimalstellen – ohne Rundung). Die Zinsverbilligung beträgt somit 2,52% (4,52% abzüglich 2%). Danach ergibt sich im März 2015 ein Zinsvorteil von 63 € (2,52% von 30 000 € × $^1/_{12}$). Dieser Vorteil ist – da die 44 €-Freigrenze[2] überschritten ist – lohnsteuerpflichtig. Der Zinsvorteil ist jeweils bei Tilgung des Arbeitgeberdarlehens für die Restschuld neu zu ermitteln.

2.1.3. Einzelanfragen zur Ermittlung des Maßstabszinssatzes

14 Einzelanfragen zur Ermittlung des Maßstabszinssatzes für vergleichbare Darlehen am Abgabeort sind bei der Deutschen Bundesbank unter https://www.bundesbank.de/Navigation/DE/Service/Kontakt/kontakt_node.html?contact_id=16 148 möglich.[3]

2.2. Bewertung nach § 8 Abs. 3 EStG

2.2.1. Allgemeine Grundsätze

15 Der Zinsvorteil aus der Überlassung eines zinslosen oder zinsverbilligten Darlehens kann nach § 8 Abs. 3 EStG ermittelt werden, wenn der Arbeitgeber Darlehen gleicher Art und – mit Ausnahme des Zinssatzes – zu gleichen Konditionen (insbesondere Laufzeit des Darlehens, Dauer der Zinsfestlegung, Zeitpunkt der Tilgungsverrechnung) überwiegend an betriebsfremde Dritte vergibt und der Zinsvorteil nicht nach § 40 EStG pauschal besteuert wird.

16 Endpreis i. S. d. § 8 Abs. 3 EStG für die von einem Kreditinstitut gegenüber seinen Mitarbeitern erbrachten Dienstleistungen ist grundsätzlich der Preis, der für diese Leistungen im Preisaushang des Kreditinstituts oder der kontoführenden Zweigstelle angegeben ist. Dieser Preisaushang ist für die steuerliche Bewertung auch der Dienstleistungen maßgebend, die vom Umfang her den Rahmen des standardisierten Privatkundengeschäfts übersteigen, es sei denn, dass für derartige Dienstleistungen in den Geschäftsräumen offen zugängliche besondere Preisverzeichnisse ausgelegt werden. Es ist zur Ermittlung des Zinsvorteils nach § 8 Abs. 3 EStG zulässig, von dem im Preisaushang dargestellten Preis abzuweichen. Rdnr. 7 und 8 des BMF-Schreibens vom 16. Mai 2013 (BStBl. I S. 729),[4] wonach am Ende von Verkaufsverhandlungen durchschnittlich gewährte Preisnachlässe zu berücksichtigen sind, gilt auch für die Ermittlung des Zinsvorteils nach § 8 Abs. 3 EStG für die von einem Kreditinstitut gegenüber seinen Mitarbeitern erbrachten Dienstleistungen. Der Abschlag von 4% nach § 8 Abs. 3 Satz 1 EStG ist stets vorzunehmen.

2.2.2. Ermittlung des Zinsvorteils

17 Wird der Zinsvorteil nach § 8 Abs. 3 EStG bewertet, bemisst sich der Zinsvorteil nach dem Unterschiedsbetrag zwischen dem nach Rdnr. 16 ermittelten und um 4% geminderten Effektivzinssatz, den der Arbeitgeber fremden Letztverbrauchern im allgemeinen Geschäftsverkehr für Darlehen vergleichbarer Kreditart (z. B. Wohnungsbaukredit, Konsumentenkredit) anbietet (Maßstabszinssatz), und dem Zinssatz, der im konkreten Einzelfall vereinbart ist. Bei Arbeitgeberdarlehen mit Zinsfestlegung ist grundsätzlich der Maßstabszinssatz bei Vertragsabschluss für die gesamte Vertragslaufzeit maßgeblich. Im Falle der Prolongation ist der neu vereinbarte Zinssatz mit dem Maßstabszinssatz im Zeitpunkt der Prolongationsvereinbarung zu vergleichen. Bei Arbeitgeberdarlehen mit variablem Zinssatz ist für die Ermittlung des Zinsvorteils im Zeitpunkt der vertraglichen Zinssatzanpassung der neu vereinbarte Zinssatz mit dem jeweils aktuellen Maßstabszinssatz zu vergleichen.

18 Der Arbeitgeber hat die Unterlagen für den ermittelten und der Lohnversteuerung zu Grunde gelegten Endpreis sowie die Berechnung des Zinsvorteils zu dokumentieren, als Belege zum Lohnkonto aufzubewahren und dem Arbeitnehmer auf Verlangen formlos mitzuteilen.

19 Wird der Zinsvorteil aus der Überlassung eines zinslosen oder zinsverbilligten Darlehens nach § 40 Abs. 1 EStG pauschal versteuert, so ist der Zinsvorteil nach § 8 Abs. 2 Satz 1 EStG zu bewerten (vgl. Tz. 2.1, Rdnr. 5 bis 13). Dies gilt auch, wenn der Arbeitgeber Darlehen überwiegend betriebsfremden Dritten überlässt. Sind die Voraussetzungen für die Lohnsteuerpauschalierung erfüllt, insbesondere weil ein Pauschalierungsantrag gestellt worden ist, kann diese Bewertungsmethode auch dann gewählt werden, wenn keine pauschale Lohnsteuer anfällt. In den Fällen des § 8 Abs. 3 EStG ist es auch dann nicht zulässig, die Steuer nach § 37 b Abs. 2 EStG zu pauschalieren, wenn der Arbeitgeber nach R 8.2 Abs. 1 Satz 1 Nr. 4 LStR die Bewertung des geldwerten Vorteils nach § 8 Abs. 2 EStG wählt und der Zinsvorteil nicht nach § 40 Abs. 1 EStG pauschal versteuert worden ist.

---

[1] **[Amtl. Anm.:]** Jetzt: http://www.bundesbank.de; Suchbegriff: „Geldwerter Vorteil für Arbeitgeberdarlehen".
[2] **[Amtl. Anm.:]** Die Sachbezugsfreigrenze wurde zum 1. 1. 2022 auf 50 € erhöht.
[3] **[Amtl. Anm.:]** Jetzt www.bundesbank.de: Kontaktformular.
[4] Abgedruckt als Anlage e zu LStH 8.2.

20 Zinsvorteile sind als sonstige Bezüge i. S. d. § 40 Abs. 1 Satz 1 Nr. 1 EStG anzusehen, wenn der maßgebende Zinszahlungszeitraum den jeweiligen Lohnzahlungszeitraum überschreitet. Anl b zu LStH 8.1

21 Wird der Zinsvorteil nur zum Teil pauschal versteuert, weil die Pauschalierungsgrenze des § 40 Abs. 1 Satz 3 EStG überschritten ist, so ist bei der Bewertung des individuell zu versteuernden Zinsvorteils der Teilbetrag des Darlehens außer Ansatz zu lassen, für den die Zinsvorteile unter Anwendung der Tz. 2.1. (Rdnr. 5 bis 13) pauschal versteuert werden.

Beispiel:

22 Ein Kreditinstitut überlässt seinem Arbeitnehmer am 1. Januar 2015 ein Arbeitgeberdarlehen von 150 000 € zum Effektivzinssatz von 2% jährlich (Laufzeit 4 Jahre mit jährlicher Tilgungsverrechnung und vierteljährlicher Fälligkeit der Zinsen). Darlehen gleicher Art bietet das Kreditinstitut fremden Kunden im allgemeinen Geschäftsverkehr zu einem Effektivzinssatz von 4,5% an. Der nachgewiesene günstigste Zinssatz für vergleichbare Darlehen am Markt (i. S. d. Rdnr. 5 Satz 4) wurde im Internet bei einer Direktbank mit 4% ermittelt.
Das Kreditinstitut beantragt die Besteuerung nach § 40 Abs. 1 Satz 1 Nr. 1 EStG. Der Zinsvorteil ist insoweit nach § 8 Abs. 2 Satz 1 EStG zu ermitteln. Die nach Tz. 2.1.2 ermittelte Zinsverbilligung beträgt 2% (marktüblicher Zinssatz 4%, abzüglich Zinslast des Arbeitnehmers von 2%). Der pauschale Abschlag i. H. v. 4% nach R 8.1 Abs. 2 Satz 3 LStR kommt nicht in Betracht.
Der Zinsvorteil im Kalenderjahr 2015 beträgt 3000 € (2% von 150 000 €). Mangels anderer pauschal besteuerter Leistungen kann der Zinsvorteil des Arbeitnehmers bis zum Höchstbetrag von 1000 € pauschal besteuert werden (Pauschalierungsgrenze). Ein Zinsvorteil von 1000 € ergibt sich unter Berücksichtigung der nach Tz. 2.1.2 ermittelten Zinsverbilligung von 2% für ein Darlehen von 50 000 € (2% von 50 000 € = 1000 €). Mithin wird durch die Pauschalbesteuerung nur der Zinsvorteil aus einem Darlehensteilbetrag von 50 000 € abgedeckt. Der Zinsvorteil aus dem restlichen Darlehensteilbetrag von 100 000 € ist individuell zu versteuern. Der zu versteuernde Betrag ist wie folgt zu ermitteln:
Nach Abzug eines Abschlags von 4% (§ 8 Abs. 3 Satz 1 EStG) vom Angebotspreis des Arbeitgebers von 4,5% ergibt sich ein Maßstabszinssatz von 4,32%.

100 000 € Darlehen × Maßstabszinssatz 4,32%	4320 €
./. Zinslast des Arbeitnehmers 100 000 € × 2%	2000 €
Zinsvorteil	2320 €
./. Rabattfreibetrag (§ 8 Abs. 3 Satz 2 EStG)	1080 €
zu versteuernder Zinsvorteil (Jahresbetrag)	1240 €
vierteljährlich als sonstiger Bezug der Lohnsteuer zu unterwerfen	310 €

Der Zinsvorteil ist jeweils bei Tilgung des Arbeitgeberdarlehens für die Restschuld neu zu ermitteln.

2.3. Wahlrechte zwischen den Bewertungsmethoden nach § 8 Abs. 2 und Abs. 3 EStG

23 Hinsichtlich der Wahlmöglichkeit des Arbeitnehmers für die Ermittlung des Zinsvorteils nach § 8 Abs. 2 Satz 1 oder Abs. 3 EStG gilt das BMF-Schreiben vom 16. Mai 2013 (BStBl. I S. 729)[1] entsprechend.

24 Der Arbeitnehmer kann den Zinsvorteil im Rahmen seiner Einkommensteuerveranlagung nach § 8 Abs. 2 Satz 1 EStG (vgl. Rdnr. 5 bis 13) bewerten. In diesen Fällen hat der Arbeitnehmer den Endpreis nachzuweisen, den der Arbeitgeber im Lohnsteuerabzugsverfahren zu Grunde gelegt hat (z. B. durch eine formlose Mitteilung des Arbeitgebers).

25 Dem Arbeitgeber bleibt es unbenommen, im Lohnsteuerabzugsverfahren den Zinsvorteil nach § 8 Abs. 3 Satz 1 EStG (vgl. Rdnr. 15 bis 18) zu bewerten. Er ist dann nicht verpflichtet, den Zinsvorteil nach § 8 Abs. 2 Satz 1 EStG (vgl. Rdnr. 5 bis 13) zu bewerten. Ermittelt der Arbeitgeber den Vorteil nach § 8 Abs. 2 Satz 1 EStG, kann er einen um übliche Preisnachlässe geminderten üblichen Endpreis am Abgabeort i. S. d. Rdnr. 5 Satz 2 ansetzen. Er ist dann nicht verpflichtet, den günstigsten Preis am Markt i. S. d. Rdnr. 5 Satz 4 zu ermitteln.

3. Zufluss von Arbeitslohn

26 Als Zuflusszeitpunkt ist der Fälligkeitstermin der Zinsen als Nutzungsentgelt für die Überlassung eines zinsverbilligten Darlehens anzusehen (vgl. Beispiel unter Tz. 2.2.2, Rdnr. 22). Bei der Überlassung eines zinslosen Darlehens ist der Zufluss in dem Zeitpunkt anzunehmen, in dem das Entgelt üblicherweise fällig wäre. Es kann davon ausgegangen werden, dass das Entgelt üblicherweise zusammen mit der Tilgungsrate fällig wäre. Wird ein Arbeitgeberdarlehen ohne Tilgungsleistung (endfälliges Darlehen) gewährt, kann für die Entscheidung, ob der Zinsvorteil am Ende der Laufzeit oder monatlich, vierteljährlich oder jährlich zufließt, grundsätzlich dem der Vereinbarung zugrundeliegenden Willen der Beteiligten gefolgt werden. 49

4. Versteuerung in Sonderfällen

4.1. Versteuerung bei fehlender Zahlung von Arbeitslohn

27 Erhält der Arbeitnehmer keinen anderen laufenden Arbeitslohn (z. B. bei Beurlaubung, Elternzeit), ist der im Kalenderjahr erhaltene Zinsvorteil bei Wiederaufnahme der Arbeitslohnzahlung zu versteuern oder andernfalls spätestens nach Ablauf des Kalenderjahres nach § 41 c EStG zu behandeln.

4.2. Versteuerung bei Ausscheiden aus dem Dienstverhältnis

28 Scheidet der Arbeitnehmer aus dem Dienstverhältnis aus und besteht das vergünstigte Arbeitgeberdarlehen weiter, so hat der Arbeitgeber dies dem Betriebsstättenfinanzamt anzuzeigen, wenn er aufgrund des beendeten Dienstverhältnisses die Lohnsteuer für die Zinsvorteile nicht einbehalten kann (§ 41 c Abs. 4 Satz 1 Nr. 1 EStG).

5. Sicherheitenbestellung

29 Setzt der Zinssatz des vergleichbaren Darlehens eine Sicherheitenbestellung (z. B. eine Grundschuldbestellung) voraus, ist der Verzicht des Arbeitgebers auf eine solche Bestellung ein steuerpflich-

[1] Abgedruckt als Anlage e zu LStH 8.2.

Anl b zu LStH 8.1

tiger geldwerter Vorteil. In die Bewertung des geldwerten Vorteils einbezogen werden insbesondere die üblichen Kosten und Gebühren des Grundbuchamts und des Notars für eine dingliche Sicherung des Arbeitgeberdarlehens. Diese Beträge können regelmäßig mit den im Internet bereitgestellten Notar-/Grundbuchkostenrechnern ermittelt werden. Ein Abschlag ist nicht vorzunehmen. Als Zuflusszeitpunkt ist das Auszahlungsdatum des Arbeitgeberdarlehens anzusetzen. Ein geldwerter Vorteil für die ersparte Löschung einer Sicherheitenbestellung ist aus Vereinfachungsgründen nicht anzusetzen.

6. Aufzeichnungserleichterungen für Kreditinstitute

30 Das Betriebsstättenfinanzamt kann auf Antrag eines Kreditinstituts Ausnahmen von der Aufzeichnung der geldwerten Vorteile zulassen, die sich aus der unentgeltlichen oder verbilligten
– Kontenführung, Nutzung von Geldautomaten sowie der Ausgabe von Kreditkarten,
– Depotführung bis zu einem Depotnennwert von 60 000 € (maßgebend ist der Depotnennwert, nach dem die Depotgebühren berechnet werden),
– Überlassung von Schließfächern und Banksafes und
– Beschaffung und Rücknahme von Devisen durch Barumtausch
ergeben.

31 Voraussetzung hierfür ist, dass

a) der durchschnittliche Betrag des Vorteils aus den von der Aufzeichnung befreiten Dienstleistungen unter Berücksichtigung des Preisabschlags nach § 8 Abs. 3 EStG von 4% je Arbeitnehmer ermittelt wird (Durchschnittsbetrag).
Der Durchschnittsbetrag ist jeweils im letzten Lohnzahlungszeitraum eines Kalenderjahres aus der summarischen Erfassung sämtlicher aufzeichnungsbefreiter Vorteile der vorangegangenen 12 Monate für die Arbeitnehmer eines Kreditinstituts (einschließlich sämtlicher inländischer Zweigstellen) zu ermitteln. Dabei sind auch die Vorteile einzubeziehen, die der Arbeitgeber Personen einräumt, die mit den Arbeitnehmern verbunden sind. Falls erforderlich, können für alleinstehende und verheiratete Arbeitnehmer unterschiedliche Durchschnittsbeträge festgesetzt werden.
Hat ein Kreditinstitut mehrere lohnsteuerliche Betriebsstätten, so ist der Aufzeichnungsverzicht und ggf. die Festsetzung des Durchschnittsbetrags mit den anderen Betriebsstättenfinanzämtern abzustimmen.

b) der Arbeitgeber im letzten Lohnzahlungszeitraum des Kalenderjahres den Betrag pauschal nach § 40 Abs. 1 EStG versteuert, um den die Summe der Vorteile aus den nicht aufzeichnungsbefreiten Dienstleistungen und dem Durchschnittsbetrag bei den einzelnen Arbeitnehmern den Rabattfreibetrag von 1080 € übersteigt. Dabei ist der übersteigende Betrag wenigstens bis zur Höhe des Durchschnittsbetrags pauschal zu versteuern. Soweit die Vorteile pauschal versteuert werden, sind sie nach § 8 Abs. 2 EStG zu bewerten.

7. Anrufungsauskunft

32 Für Sachverhalte zur steuerlichen Behandlung von Arbeitgeberdarlehen kann eine Anrufungsauskunft i. S. d. § 42 e EStG eingeholt werden.

8. Zeitliche Anwendung

33 Dieses Schreiben ersetzt die BMF-Schreiben vom 15. April 1993, BStBl. I S 339[1] sowie vom 1. Oktober 2008, BStBl. I S. 892,[2] und ist in allen offenen Fällen anzuwenden.

Anl c zu LStH 8.1

c) Schreiben betr. lohnsteuerliche Behandlung der Überlassung eines betrieblichen Kraftfahrzeugs an Arbeitnehmer

Vom 3. März 2022 (BStBl. I S. 232)

(BMF IV C 5 – S 2334/21/10004 :001; DOK 2022/0200755)

50 Die lohnsteuerliche Behandlung der Überlassung eines betrieblichen Kraftfahrzeugs an Arbeitnehmer ist in § 8 Abs. 2 Satz 2 bis 5 EStG sowie R 8.1 Abs. 9 und 10 LStR geregelt.

Unter Bezugnahme auf das Ergebnis der Erörterungen mit den obersten Finanzbehörden der Länder wird ergänzend zu Zweifelsfragen wie folgt Stellung genommen (Änderungen gegenüber dem BMF-Schreiben vom 4. April 2018, BStBl. I Seite 592, sind durch Fettschrift[3] hervorgehoben):

Inhaltsübersicht

1. Allgemeines
2. Pauschale Nutzungswertmethode
2.1 Begrenzung des pauschalen Nutzungswerts
2.2 Fahrten zwischen Wohnung und erster Tätigkeitsstätte
2.3 Fahrzeugpool
2.4 Fahrzeugwechsel
2.5 Gelegentliche Überlassung
2.6 Listenpreis
2.7 Nutzungsverbot
2.8 Park and ride
2.9 Überlassung an mehrere Arbeitnehmer
2.10 Überlassung mehrerer Kraftfahrzeuge

---

[1] Abgedruckt als Anlage c zu LStH 8.2 im *„Handbuch zur Lohnsteuer 2015"*.
[2] Abgedruckt als Anlage b zu LStH 8.1 im *„Handbuch zur Lohnsteuer 2015"*.
[3] Hier nicht dargestellt.

Anl c zu LStH 8.1

3. Individuelle Nutzungswertmethode
3.1 Einheitliches Verfahren der individuellen Nutzungswertermittlung
3.2 Elektronisches Fahrtenbuch
3.3 Erleichterungen bei der Führung eines Fahrtenbuchs
3.4 Ermittlung des vorläufigen Nutzungswerts
3.5 Gesamtkosten
3.6 Leerfahrten
3.7 Sicherheitsgeschützte Kraftfahrzeuge
3.8 Überlassung mehrerer betrieblicher Kraftfahrzeuge
3.9 Umwegstrecken wegen Sicherheitsgefährdung
4. Wechsel der Bewertungsmethode
5. Fahrergestellung
6. Familienheimfahrten
7. Leasing
8. Nutzungsentgelt
9. Zuzahlungen des Arbeitnehmers zu den Anschaffungskosten oder Leasingsonderkosten
10. Elektromobilität
11. Anwendungsregelungen

1. Allgemeines

1 Bei Überlassung eines betrieblichen Kraftfahrzeugs an Arbeitnehmer gelten die Regelungen zu Fahrten zwischen Wohnung und erster Tätigkeitsstätte, für Fahrten von der Wohnung zu einem Sammelpunkt oder zu einem weiträumigen Tätigkeitsgebiet i. S. d. § 9 Abs. 1 Satz 3 Nr. 4 a Satz 3 EStG entsprechend (§ 8 Abs. 2 Satz 3 und 4 EStG, BMF-Schreiben vom 18. November 2021, BStBl. I Seite 2315).[1] 51

2 Zur pauschalen Besteuerung des Nutzungswerts nach § 40 Abs. 2 Satz 2 Nummer 1 Buchstabe a EStG für Fahrten zwischen Wohnung und erster Tätigkeitsstätte sowie zu einem Sammelpunkt oder zu einem weiträumigen Tätigkeitsgebiet im Sinne des § 9 Absatz 1 Satz 3 Nummer 4 a Satz 3 EStG vgl. Rz. 42 des BMF-Schreibens vom 18. November 2021 (BStBl. I S. 2315).[2]

3 Kraftfahrzeuge im Sinne des § 8 Absatz 2 Satz 2 bis 5 EStG sind auch:
- Campingfahrzeuge (vgl. BFH-Urteil vom 6. November 2001, BStBl. 2002 II Seite 370),
- Kombinationskraftwagen, z. B. Geländewagen (vgl. BFH-Urteil vom 13. Februar 2003, BStBl. II Seite 472),
- Taxen (vgl. BFH-Urteil vom 8. November 2018, BStBl. 2019 II Seite 229),
- Elektrokleinstfahrzeuge im Sinne des § 1 Absatz 1 Satz 1 Elektrokleinstfahrzeuge-Verordnung vom 6. Juni 2019 (BGBl. I Seite 756; Kraftfahrzeuge mit elektrischem Antrieb und einer bauartbedingten Höchstgeschwindigkeit von nicht weniger als 6 km/h und nicht mehr als 20 km/h), z. B. E-Scooter, Elektro-Tretroller,
- Elektrofahrräder, die verkehrsrechtlich als Kraftfahrzeug einzuordnen sind (vgl. Gleich lautende Ländererlasse vom 9. Januar 2020, BStBl. I Seite 174;[3] Elektrofahrräder, deren Motor auch Geschwindigkeiten über 25 km/h unterstützt).

4 Kraftfahrzeuge im Sinne des § 8 Absatz 2 Satz 2 bis 5 EStG sind nicht:
- Elektrofahrräder, die verkehrsrechtlich als Fahrrad einzuordnen sind (vgl. Gleich lautende Ländererlasse vom 9. Januar 2020, BStBl. I Seite 174;[4] u. a. keine Kennzeichen- und Versicherungspflicht).

5 Die Überlassung eines Einsatzfahrzeugs (Kommandowagen) an den Leiter der Freiwilligen Feuerwehr während seiner – ggf. auch „ständigen" – Bereitschaftszeiten führt nicht zu Arbeitslohn (vgl. BFH-Beschluss vom 19. April 2021, BStBl. II Seite 605).

6 Ein geldwerter Vorteil ist für Fahrten zwischen Wohnung und erster Tätigkeitsstätte nicht zu erfassen, wenn dem Arbeitnehmer ein betriebliches Kraftfahrzeug ausschließlich an den Tagen für seine Fahrten zwischen Wohnung und erster Tätigkeitsstätte überlassen wird, an denen es erforderlich werden kann, dass er dienstliche Fahrten von der Wohnung aus antritt oder an der Wohnung beendet, z. B. beim Bereitschaftsdienst in Versorgungsunternehmen.

2. Pauschale Nutzungswertmethode

7 Die Anwendung der pauschalen Nutzungswertmethode (1%-Regelung, 0,03%-Regelung, 0,002%-Regelung) ist in § 8 Abs. 2 Satz 2, 3 und 5 EStG sowie R 8.1 Abs. 9 Nr. 1 LStR geregelt. Zu Familienheimfahrten vgl. Rn. 47, 48. 52

2.1. Begrenzung des pauschalen Nutzungswerts

8 Der pauschale Nutzungswert kann die dem Arbeitgeber für das Kraftfahrzeug insgesamt entstandenen Kosten übersteigen. Wird dies im Einzelfall nachgewiesen, ist der pauschale Nutzungswert höchstens mit dem Betrag der Gesamtkosten des betrieblichen Kraftfahrzeugs anzusetzen (Kostendeckelung).[5]

2.2. Fahrten zwischen Wohnung und erster Tätigkeitsstätte

9 Dem pauschalen Nutzungswert ist die einfache Entfernung zwischen Wohnung und erster Tätigkeitsstätte zugrunde zu legen; diese ist auf den nächsten vollen Kilometer abzurunden. Maßgebend ist die kürzeste benutzbare Straßenverbindung. Der pauschale Nutzungswert ist nicht zu erhöhen, wenn der

---

[1] Abgedruckt als Anlage zu LStH 9.10.
[2] Abgedruckt als Anlage zu LStH 9.10.
[3] Abgedruckt als Anlage e zu LStH 8.1.
[4] Abgedruckt als Anlage e zu LStH 8.1.
[5] **[Amtl. Anm.:]** Zum periodengerechten Ansatz: → Rn. 35.

Anl c zu LStH 8.1

Arbeitnehmer das betriebliche Kraftfahrzeug an einem Arbeitstag mehrmals für Fahrten zwischen Wohnung und erster Tätigkeitsstätte benutzt.

10 Fährt der Arbeitnehmer abwechselnd von der ersten Tätigkeitsstätte zu verschiedenen Wohnungen, ist bei Anwendung der 0,03%-Regelung der pauschale Monatswert unter Zugrundelegung der Entfernung zur näher gelegenen Wohnung anzusetzen. Für jede Fahrt von und zu der weiter entfernt liegenden Wohnung ist zusätzlich ein pauschaler Nutzungswert von 0,002% des inländischen Listenpreises des betrieblichen Kraftfahrzeugs für jeden Kilometer der Entfernung zwischen Wohnung und erster Tätigkeitsstätte dem Arbeitslohn zuzurechnen, soweit sie die Entfernung zur näher gelegenen Wohnung übersteigt.

11 Die 0,03%-Regelung ist unabhängig von der 1%-Regelung selbständig anzuwenden, wenn das betriebliche Kraftfahrzeug ausschließlich für Fahrten zwischen Wohnung und erster Tätigkeitsstätte überlassen wird (vgl. BFH-Urteil vom 22. September 2010 VI R 54/09, BStBl. 2011 II Seite 354). Die bestehenden Verwaltungsregelungen zum Nutzungsverbot (vgl. Rn. 19), zum Nutzungsverzicht (vgl. Rn. 20) und zur unbefugten Privatnutzung (vgl. Rn. 21) sind zu beachten.

12 Grundsätzlich ist die Ermittlung des Zuschlags kalendermonatlich mit 0,03% des Listenpreises für jeden Kilometer der Entfernung zwischen Wohnung und erster Tätigkeitsstätte vorzunehmen (§ 8 Absatz 2 Satz 3 EStG). Wird dem Arbeitnehmer ein betriebliches Kraftfahrzeug dauerhaft zur Nutzung für Fahrten zwischen Wohnung und erster Tätigkeitsstätte überlassen, so findet die 0,03%-Regelung auch Anwendung für volle Kalendermonate, in denen das Fahrzeug tatsächlich nicht für Fahrten zwischen Wohnung und erster Tätigkeitsstätte genutzt wird. Der pauschale Nutzungswert ist auch dann anzusetzen, wenn aufgrund arbeitsvertraglicher Vereinbarung oder anderer Umstände Fahrten zur ersten Tätigkeitsstätte nicht arbeitstäglich anfallen (z. B. Seite 5 aufgrund Teilzeitvereinbarung, Homeoffice, Dienstreisen, Kurzarbeit, Auslandsaufenthalt). Ein durch Urlaub oder Krankheit bedingter Nutzungsausfall ist im pauschalen Nutzungswert ebenfalls berücksichtigt. Zur Möglichkeit der ganzjährigen Einzelbewertung vgl. Rn. 13.

13 Unter folgenden Voraussetzungen ist eine auf das Kalenderjahr bezogene Einzelbewertung der tatsächlichen Fahrten zwischen Wohnung und erster Tätigkeitsstätte mit 0,002% des Listenpreises je Entfernungskilometer für höchstens 180 Tage entsprechend den BFH-Urteilen vom 22. September 2010 VI R 54/09 (BStBl. 2011 II S. 354), VI R 55/09 (BStBl. 2011 II S. 358) und VI R 57/09 (BStBl. 2011 II S. 359) zulässig:

a) Der Arbeitnehmer hat gegenüber dem Arbeitgeber kalendermonatlich fahrzeugbezogen schriftlich zu erklären, an welchen Tagen (mit Datumsangabe) er das betriebliche Kraftfahrzeug tatsächlich für Fahrten zwischen Wohnung und erster Tätigkeitsstätte genutzt hat; die bloße Angabe der Anzahl der Tage reicht nicht aus. Es sind keine Angaben erforderlich, wie der Arbeitnehmer an den anderen Arbeitstagen zur ersten Tätigkeitsstätte gelangt ist. Arbeitstage, an denen der Arbeitnehmer das betriebliche Kraftfahrzeug für Fahrten zwischen Wohnung und erster Tätigkeitsstätte mehrmals benutzt, sind für Zwecke der Einzelbewertung nur einmal zu erfassen. Diese Erklärungen des Arbeitnehmers hat der Arbeitgeber als Belege zum Lohnkonto aufzubewahren. Es ist aus Vereinfachungsgründen nicht zu beanstanden, wenn für den Lohnsteuerabzug jeweils die Erklärung des Vormonats zugrunde gelegt wird.

b) Der Arbeitgeber hat aufgrund der Erklärungen des Arbeitnehmers den Lohnsteuerabzug durchzuführen, sofern der Arbeitnehmer nicht erkennbar unrichtige Angaben macht. Ermittlungspflichten des Arbeitgebers ergeben sich hierdurch nicht.

c) Wird im Lohnsteuerabzugsverfahren eine Einzelbewertung der tatsächlichen Fahrten zwischen Wohnung und erster Tätigkeitsstätte vorgenommen, so hat der Arbeitgeber für alle dem Arbeitnehmer überlassenen betrieblichen Kraftfahrzeuge eine jahresbezogene Begrenzung auf insgesamt 180 Fahrten vorzunehmen. Eine monatliche Begrenzung auf 15 Fahrten ist ausgeschlossen.

Beispiel 1:

Arbeitnehmer A kann ein vom Arbeitgeber B überlassenes betriebliches Kraftfahrzeug (Mittelklasse) auch für Fahrten zwischen Wohnung und erster Tätigkeitsstätte nutzen.

B liegen datumsgenaue Erklärungen des A über Fahrten zwischen Wohnung und erster Tätigkeitsstätte für die Monate Januar bis Juni an jeweils 14 Tagen, für die Monate Juli bis November an jeweils 19 Tagen vor. Für den Monat Dezember liegt B eine datumsgenaue Erklärung des A über Fahrten zwischen Wohnung und erster Tätigkeitsstätte an 4 Tagen vor. In den Monaten Januar bis Juni hat B für Zwecke der Einzelbewertung jeweils 14 Tage zugrunde zu legen, in den Monaten Juli bis November jeweils 19 Tage. Wegen der jahresbezogenen Begrenzung auf 180 Fahrten ist für Zwecke der Einzelbewertung im Dezember nur ein Tag anzusetzen (Anzahl der Fahrten von Januar bis November = 179). Damit ergeben sich für die Einzelbewertung der tatsächlichen Fahrten des A zwischen Wohnung und erster Tätigkeitsstätte je Kalendermonat folgende Prozentsätze:

- Januar bis Juni: 0,028% (14 Fahrten × 0,002%)
- Juli bis November: 0,038% (19 Fahrten × 0,002%)
- Dezember: 0,002% (1 Fahrt × 0,002%).

Beispiel 2:

Wie Beispiel 1. Ab Dezember steht dem Arbeitnehmer A ein anderes betriebliches Kraftfahrzeug (Oberklasse) zur Nutzung zur Verfügung.

Für die Einzelbewertung der tatsächlichen Fahrten des A zwischen Wohnung und erster Tätigkeitsstätte ergeben sich entsprechend der zeitlichen Reihenfolge dieser Fahrten je Kalendermonat folgende Prozentsätze:

- Januar bis Juni: 0,028% (14 Fahrten × 0,002%)
- Juli bis November: 0,038% (19 Fahrten × 0,002%)
  jeweils vom Listenpreis des betrieblichen Kraftfahrzeugs der Mittelklasse,
- Dezember: 0,002% (1 Fahrt × 0,002%)
  vom Listenpreis des betrieblichen Kraftfahrzeugs der Oberklasse.

d) Im Falle der Einzelbewertung der tatsächlichen Fahrten zwischen Wohnung und erster Tätigkeitsstätte ist die Lohnsteuerpauschalierung nach § 40 Abs. 2 Satz 2 Nummer 1 Buchstabe a EStG anhand der vom Arbeitnehmer erklärten Anzahl der Tage vorzunehmen. Die Vereinfachungsregelung in Rz. 36, 37 und 39 des BMF-Schreibens vom 18. November 2021 (BStBl. I S. 2315);[1] dass nur an 15 Arbeitstagen von Fahrten zwischen Wohnung und erster Tätigkeitsstätte ausgegangen werden kann, ist hier nicht anzuwenden (Rz. 40 des BMF-Schreibens vom 18. November 2021, BStBl. I S. 2315):[2] Anl c zu LStH 8.1

e) Im Lohnsteuerabzugsverfahren ist der Arbeitgeber auf Verlangen des Arbeitnehmers zur Einzelbewertung der tatsächlichen Fahrten zwischen Wohnung und erster Tätigkeitsstätte verpflichtet, wenn sich aus der arbeitsvertraglichen oder einer anderen arbeits- oder dienstrechtlichen Rechtsgrundlage nichts anderes ergibt. Allerdings sind dann die Angaben des Arbeitnehmers zu den tatsächlichen Fahrten zusätzliche Voraussetzung (vgl. Buchst. a).

f) Der Arbeitgeber muss die Anwendung der 0,03%-Regelung oder der Einzelbewertung für jedes Kalenderjahr einheitlich für alle dem Arbeitnehmer überlassenen betrieblichen Kraftfahrzeuge festlegen. Die Methode darf während des Kalenderjahres nicht gewechselt werden. Eine rückwirkende Änderung des Lohnsteuerabzugs (Wechsel von der 0,03%-Regelung zur Einzelbewertung oder umgekehrt für das gesamte Kalenderjahr) ist im laufenden Kalenderjahr und vor Übermittlung oder Ausschreibung der Lohnsteuerbescheinigung jedoch grundsätzlich im Rahmen des § 41 c EStG möglich.

g) Im Rahmen seiner Einkommensteuerveranlagung ist der Arbeitnehmer nicht an die im Lohnsteuerabzugsverfahren angewandte 0,03%-Regelung gebunden und kann einheitlich für alle ihm überlassenen betrieblichen Kraftfahrzeuge für das gesamte Kalenderjahr zur Einzelbewertung wechseln. Hierzu muss der Arbeitnehmer fahrzeugbezogen darlegen, an welchen Tagen (mit Datumsangabe) er das betriebliche Kraftfahrzeug tatsächlich für Fahrten zwischen Wohnung und erster Tätigkeitsstätte genutzt hat. Zudem hat er durch geeignete Belege glaubhaft zu machen, dass und in welcher Höhe der Arbeitgeber den Zuschlag mit 0,03 % des Listenpreises für jeden Kilometer der Entfernung zwischen Wohnung und erster Tätigkeitsstätte ermittelt und versteuert hat (z. B. Gehaltsabrechnung, die die Besteuerung des Zuschlags erkennen lässt; Bescheinigung des Arbeitgebers).

2.3. Fahrzeugpool

14 Stehen Nutzungsberechtigten in einem Fahrzeugpool mehrere betriebliche Kraftfahrzeuge zur Verfügung, so ist der pauschale Nutzungswert für Privatfahrten mit 1% der Listenpreise aller betrieblichen Kraftfahrzeuge zu ermitteln und die Summe entsprechend der Zahl der Nutzungsberechtigten aufzuteilen. Der pauschale Nutzungswert für Fahrten zwischen Wohnung und erster Tätigkeitsstätte ist grundsätzlich mit 0,03% der Listenpreise aller betrieblichen Kraftfahrzeuge zu ermitteln und die Summe durch die Zahl der Nutzungsberechtigten zu teilen. Dieser Wert ist beim einzelnen Arbeitnehmer mit der Zahl seiner Entfernungskilometer zu multiplizieren (vgl. BFH-Urteil vom 15. Mai 2002, BStBl. 2003 II Seite 311). Dem einzelnen Nutzungsberechtigten bleibt es unbenommen, im Rahmen seiner Einkommensteuerveranlagung zur Einzelbewertung seiner tatsächlichen Fahrten zwischen Wohnung und erster Tätigkeitsstätte überzugehen (vgl. Rn. 13).

2.4. Fahrzeugwechsel

15 Bei einem Fahrzeugwechsel im Laufe eines Kalendermonats ist der Listenpreis des überwiegend zur Verfügung gestellten Kraftfahrzeugs zugrunde zu legen.

2.5. Gelegentliche Überlassung

16 Der pauschale Nutzungswert für Privatfahrten und der pauschale Nutzungswert für Fahrten zwischen Wohnung und erster Tätigkeitsstätte sind auch dann anzusetzen, wenn dem Arbeitnehmer das betriebliche Kraftfahrzeug tatsächlich nur gelegentlich überlassen wird; Rn. 13 bleibt unberührt. Die Monatsbeträge brauchen nicht angesetzt zu werden

- für volle Kalendermonate, in denen dem Arbeitnehmer kein betriebliches Kraftfahrzeug zur Verfügung steht, oder
- wenn dem Arbeitnehmer das betriebliche Kraftfahrzeug aus besonderem Anlass oder zu einem besonderen Zweck nur gelegentlich (von Fall zu Fall) für nicht mehr als fünf Kalendertage im Kalendermonat überlassen wird. In diesem Fall sind der pauschale Nutzungswert für Privatfahrten und der pauschale Nutzungswert für Fahrten zwischen Wohnung und erster Tätigkeitsstätte je Fahrtkilometer mit 0,001% des inländischen Listenpreises des betrieblichen Kraftfahrzeugs zu bewerten (Einzelbewertung). Zum Nachweis der Fahrstrecke müssen die Kilometerstände festgehalten werden.

2.6. Listenpreis[3]

17 Eine in die Bemessungsgrundlage des § 6 Absatz 1 Nummer 4 Satz 2 EStG einzubeziehende Sonderausstattung liegt nur vor, wenn das betriebliche Kraftfahrzeug bereits werkseitig im Zeitpunkt der Erstzulassung damit ausgestattet ist (z. B. ein werkseitig eingebautes Satellitennavigationsgerät, vgl. BFH-Urteil vom 16. Februar 2005, BStB.l II Seite 563). Nachträglich eingebaute unselbständige Ausstattungsmerkmale sind durch den pauschalen Nutzungswert abgegolten und können nicht getrennt bewertet werden (vgl. BFH-Urteil vom 13. Oktober 2010, BStBl. 2011 II Seite 361).

18 Für den pauschalen Nutzungswert ist auch bei reimportierten Kraftfahrzeugen der inländische Listenpreis des Kraftfahrzeugs im Zeitpunkt seiner Erstzulassung maßgebend. Soweit das reimportierte Kraftfahrzeug mit zusätzlichen Sonderausstattungen versehen ist, die sich im inländischen Listenpreis nicht niedergeschlagen haben, ist der Wert der Sonderausstattung zusätzlich zu berücksichtigen. Soweit

---

[1] Abgedruckt als Anlage zu LStH 9.10.

[2] Abgedruckt als Anlage zu LStH 9.10.

[3] Listenpreis i. S. d. § 6 Abs. 1 Nr. 4 Satz 2 EStG ist nur der Preis, zu dem der Stpfl. das Fahrzeug als Privatkunde erwerben könnte *(BFH-Urteil vom 8. 11. 2018, BStBl. II 2019 S. 229);* gesonderte Preislisten bleiben unberücksichtigt.

Anl c zu LStH 8.1

das reimportierte Kraftfahrzeug geringer wertig ausgestattet ist, lässt sich der Wert der „Minderausstattung" durch einen Vergleich mit einem adäquaten inländischen Kraftfahrzeug angemessen berücksichtigen. Der Listenpreis für ein Importfahrzeug, für das kein inländischer Listenpreis ermittelbar ist, kann auf der Grundlage verschiedener inländischer Endverkaufspreise freier Importeure geschätzt werden (vgl. BFH-Urteil vom 9. November 2017, BStBl. 2018 II Seite 278).

2.7. Nutzungsverbot

19 Wird dem Arbeitnehmer ein betriebliches Kraftfahrzeug mit der Maßgabe zur Verfügung gestellt, es künftig für Privatfahrten, Fahrten zwischen Wohnung und erster Tätigkeitsstätte oder mehr als eine Familienheimfahrt wöchentlich (vgl. Rn. 48) nicht zu nutzen, ist von dem Ansatz des jeweils in Betracht kommenden pauschalen Nutzungswertes abzusehen, wenn das Nutzungsverbot durch entsprechende Unterlagen (z. B. eine arbeitsvertragliche oder andere arbeits- oder dienstrechtliche Rechtsgrundlage) nachgewiesen wird (vgl. BFH-Urteile vom 21. März 2013 VI R 42/12, BStBl. II Seite 918 und VI R 46/11, BStBl. II Seite 1044 sowie vom 18. April 2013 VI R 23/12, BStBl. II Seite 920). Diese sind als Belege zum Lohnkonto aufzubewahren.

20 Dem Nutzungsverbot des Arbeitgebers steht ein ausdrücklich mit Wirkung für die Zukunft erklärter schriftlicher Verzicht des Arbeitnehmers auf die Nutzung für Privatfahrten, Fahrten zwischen Wohnung und erster Tätigkeitsstätte oder mehr als eine Familienheimfahrt wöchentlich (vgl. Rn. 48) gleich, wenn aus außersteuerlichen Gründen ein Nutzungsverbot des Arbeitgebers nicht in Betracht kommt und der Nutzungsverzicht dokumentiert wird. Die Nutzungsverzichtserklärung ist als Beleg zum Lohnkonto aufzubewahren.

21 Die unbefugte Privatnutzung eines betrieblichen Kraftfahrzeugs hat keinen Lohncharakter (vgl. BFH-Urteile vom 21. März 2013 VI R 42/12, BStBl. II S. 918 und VI R 46/11, BStBl. II S. 1044 sowie vom 18. April 2013 VI R 23/12, a. a. O.). Ein Zufluss von Arbeitslohn liegt in diesen Fällen erst in dem Zeitpunkt vor, in dem der Arbeitgeber zu erkennen gibt, dass er die ihm zustehende Schadenersatzforderung gegenüber dem Arbeitnehmer nicht geltend machen wird (vgl. BFH-Urteil vom 27. März 1992, BStBl. II Seite 837). Zur Abgrenzung zwischen Arbeitslohn und einer verdeckten Gewinnausschüttung bei unbefugter Kraftfahrzeugnutzung durch den Gesellschafter-Geschäftsführer einer Kapitalgesellschaft vgl. BMF-Schreiben vom 3. April 2012 (BStBl. I Seite 478).[1]

2.8. Park and ride

22 Setzt der Arbeitnehmer ein ihm überlassenes betriebliches Kraftfahrzeug bei den Fahrten zwischen Wohnung und erster Tätigkeitsstätte oder bei Familienheimfahrten (vgl. Rn. 47, 48) nur für eine Teilstrecke ein, weil er regelmäßig die andere Teilstrecke mit öffentlichen Verkehrsmitteln zurücklegt, so ist für die Ermittlung des pauschalen Nutzungswerts dennoch die gesamte Entfernung zugrunde zu legen.

23 Es ist jedoch nicht zu beanstanden, den jeweils in Betracht kommenden pauschalen Nutzungswert auf der Grundlage der Teilstrecke zu ermitteln, die mit dem betrieblichen Kraftfahrzeug tatsächlich zurückgelegt wird, wenn
- der Arbeitgeber das betriebliche Kraftfahrzeug nur für diese Teilstrecke zur Verfügung stellt (vgl. Rn. 19 und Rn. 20) oder
- der Arbeitnehmer für die restliche Teilstrecke einen Nachweis über die Benutzung eines anderen Verkehrsmittels erbringt, z. B. eine auf ihn ausgestellte Jahres-Bahnfahrkarte vorlegt (vgl. BFH-Urteil vom 4. April 2008, BStBl. II S. 890).

2.9. Überlassung an mehrere Arbeitnehmer

24 Wird ein betriebliches Kraftfahrzeug mehreren Arbeitnehmern überlassen, so ist der pauschale Nutzungswert für Privatfahrten von 1% des Listenpreises entsprechend der Zahl der Nutzungsberechtigten aufzuteilen. Der pauschale Nutzungswert für Fahrten zwischen Wohnung und erster Tätigkeitsstätte ist bei jedem Arbeitnehmer mit 0,03% des Listenpreises je Entfernungskilometer zu ermitteln und durch die Zahl der Nutzungsberechtigten zu teilen (vgl. BFH vom 15. Mai 2002, BStBl. 2003 II Seite 311). Dem einzelnen Nutzungsberechtigten bleibt es unbenommen, im Rahmen seiner Einkommensteuerveranlagung zur Einzelbewertung seiner tatsächlichen Fahrten zwischen Wohnung und erster Tätigkeitsstätte überzugehen (vgl. Rn. 13).

2.10. Überlassung mehrerer Kraftfahrzeuge

25 Stehen einem Arbeitnehmer gleichzeitig mehrere betriebliche Kraftfahrzeuge zur Verfügung, so ist für jedes betriebliche Kraftfahrzeug der pauschale Nutzungswert für Privatfahrten mit monatlich 1% des Listenpreises anzusetzen. Dies gilt auch beim Einsatz eines Wechselkennzeichens. Dem pauschalen Nutzungswert für Privatfahrten kann der Listenpreis des überwiegend genutzten betrieblichen Kraftfahrzeugs zugrunde gelegt werden, wenn die Nutzung der betrieblichen Kraftfahrzeuge durch andere zur Privatsphäre des Arbeitnehmers gehörende Personen so gut wie ausgeschlossen ist. Bei Anwendung der 0,03%-Regelung ist dem pauschalen Nutzungswert für Fahrten zwischen Wohnung und erster Tätigkeitsstätte stets der Listenpreis des überwiegend für diese Fahrten genutzten betrieblichen Kraftfahrzeugs zugrunde zu legen. Die Regelungen in Satz 3 und 4 bleiben von dem BFH-Urteil vom 13. Juni 2013 (BStBl. 2014 II Seite 340) unberührt. Bei Anwendung der Einzelbewertung ist der pauschale Nutzungswert entsprechend den Angaben des Arbeitnehmers fahrzeugbezogen zu ermitteln (vgl. Rn. 13).

[1] Abgedruckt als Anlage d zu LStH 8.1.

Anl c zu LStH 8.1

53

3. Individuelle Nutzungswertmethode[1]

26 Die individuelle Nutzungswertmethode (Fahrtenbuchmethode) ist in § 8 Abs. 2 Satz 4 EStG sowie R 8.1 Abs. 9 Nr. 2 LStR geregelt.

3.1. Einheitliches Verfahren der individuellen Nutzungswertermittlung

27 Wird das betriebliche Kraftfahrzeug sowohl für Privatfahrten als auch für Fahrten zwischen Wohnung und erster Tätigkeitsstätte überlassen, kann die individuelle Nutzungswertermittlung weder auf Privatfahrten noch auf Fahrten zwischen Wohnung und erster Tätigkeitsstätte beschränkt werden.

3.2. Elektronisches Fahrtenbuch

28 Ein elektronisches Fahrtenbuch ist anzuerkennen, wenn sich daraus dieselben Erkenntnisse wie aus einem manuell geführten Fahrtenbuch gewinnen lassen. Beim Ausdrucken von elektronischen Aufzeichnungen müssen nachträgliche Veränderungen der aufgezeichneten Angaben technisch ausgeschlossen, zumindest aber dokumentiert werden (vgl. BFH-Urteil vom 16. November 2005, BStBl. 2006 II Seite 410). Die Grundsätze zur ordnungsmäßigen Führung und Aufbewahrung von Büchern, Aufzeichnungen und Unterlagen in elektronischer Form sowie zum Datenzugriff (GoBD) sind zu beachten (BMF-Schreiben vom 28. November 2019, BStBl. I Seite 1269).[2]

29 Es bestehen keine Bedenken, ein elektronisches Fahrtenbuch, in dem alle Fahrten automatisch bei Beendigung jeder Fahrt mit Datum, Kilometerstand und Fahrtziel erfasst werden, jedenfalls dann als zeitnah geführt anzusehen, wenn der Fahrer den dienstlichen Fahrtanlass (Reisezweck und aufgesuchte Geschäftspartner) innerhalb eines Zeitraums von bis zu sieben Kalendertagen nach Abschluss der jeweiligen Fahrt in einem Webportal einträgt und die übrigen Fahrten dem privaten Bereich zugeordnet werden.

3.3. Erleichterungen bei der Führung eines Fahrtenbuchs

30 Ein Fahrtenbuch soll die Zuordnung von Fahrten zur betrieblichen und beruflichen Sphäre darstellen und ermöglichen. Es muss laufend geführt werden und die berufliche Veranlassung plausibel erscheinen lassen und ggf. eine stichprobenartige Nachprüfung ermöglichen. Auf einzelne in R 8.1 Absatz 9 Nummer 2 LStR geforderte Angaben kann verzichtet werden, soweit wegen der besonderen Umstände im Einzelfall die erforderliche Aussagekraft und Überprüfungsmöglichkeit nicht beeinträchtigt wird. Bei Automatenlieferanten, Kurierdienstfahrern, Handelsvertretern, Kundendienstmonteuren und Pflegedienstmitarbeitern mit täglich wechselnden Auswärtstätigkeiten reicht es z. B. aus, wenn sie angeben, welche Kunden sie an welchem Ort aufsuchen. Angaben über die Reiseroute und zu den Entfernungen zwischen den Stationen einer Auswärtstätigkeit sind nur bei größerer Differenz zwischen direkter Entfernung und tatsächlicher Fahrtstrecke erforderlich. Bei Fahrten eines Taxifahrers im sog. Pflichtfahrgebiet ist es in Bezug auf Reisezweck, Reiseziel und aufgesuchte Geschäftspartner ausreichend, täglich zu Beginn und Ende der Gesamtheit dieser Fahrten den Kilometerstand anzugeben mit der Angabe „Taxifahrten im Pflichtfahrgebiet" (o. Ä.). Wurden Fahrten durchgeführt, die über dieses Gebiet hinausgehen, kann auf die genaue Angabe des Reiseziels nicht verzichtet werden. Für Fahrlehrer ist es ausreichend in Bezug auf Reisezweck, Reiseziel und aufgesuchte Geschäftspartner „Lehrfahrten", „Fahrschulfahrten" o. Ä. anzugeben (vgl. BMF-Schreiben vom 18. November 2009, BStBl. I Seite 1326).[3] Bei sicherheitsgefährdeten Personen, deren Fahrtroute häufig von sicherheitsmäßigen Gesichtspunkten bestimmt wird, kann auf die Angabe der Reiseroute auch bei größeren Differenzen zwischen der direkten Entfernung und der tatsächlichen Fahrtstrecke verzichtet werden.

3.4. Ermittlung des vorläufigen Nutzungswerts

31 Soweit die genaue Erfassung des individuellen Nutzungswerts monatlich nicht möglich ist, kann der Erhebung der Lohnsteuer monatlich ein Zwölftel des Vorjahresbetrags zugrunde gelegt werden (vgl. R 8.1 Absatz 9 Nummer 3 Satz 2 LStR)[4]. Es bestehen keine Bedenken, stattdessen bei der Ermittlung des individuellen Nutzungswerts je Fahrtkilometer vorläufig 0,001% des inländischen Listenpreises für das betriebliche Kraftfahrzeug anzusetzen. Nach Ablauf des Kalenderjahres oder nach Beendigung des Dienstverhältnisses ist der tatsächlich zu versteuernde individuelle Nutzungswert zu ermitteln und eine etwaige Lohnsteuerdifferenz nach Maßgabe der §§ 41 c, 42 b EStG auszugleichen (vgl. R 8.1 Absatz 9 Nummer 3 Satz 3 LStR)[5].

3.5. Gesamtkosten

32 Zu den Gesamtkosten im Sinne von R 8.1 Absatz 9 Nummer 2 Satz 9 LStR gehören z. B. Absetzung für Abnutzung (AfA)[6], Leasing- und Leasingsonderzahlungen (anstelle der AfA), Treibstoffkosten[7], Wartungs- und Reparaturkosten, Kraftfahrzeugsteuer, Beiträge für Halterhaftpflicht- und Fahrzeugversicherungen, Garagen-/Stellplatzmiete, Aufwendungen für Anwohnerparkberechtigungen, Aufwendungen für

[1] **[Amtl. Anm.:]** Eine Schätzung von belegmäßig nicht nachgewiesenen Aufwendungen (hier: Treibstoffkosten) schließt die Anwendung der Fahrtenbuchmethode für die Bemessung des geldwerten Vorteils aus der Überlassung eines betrieblichen Kfz aus (BFH vom 15. 12. 2022 – BStBl. II 2023 S. 442).

[2] **[Amtl. Anm.:]** Geändert durch BMF vom 11. 3. 2024 (BStBl. I S. 374).

[3] Im Handbuch nicht abgedruckt.

[4] **[Amtl. Anm.:]** Jetzt R 8.1 Abs. 9 Nr. 3 Satz 3.

[5] **[Amtl. Anm.:]** Jetzt R 8.1 Abs. 9 Nr. 3 Satz 4.

[6] **[Amtl. Anm.:]** Zur vom Arbeitnehmer für seine Garage getragene AfA siehe BFH vom 4. 7. 2023 (BStBl. II S. 1005).

[7] **[Amtl. Anm.:]** Eine Schätzung von belegmäßig nicht nachgewiesenen Aufwendungen (hier: Treibstoffkosten) schließt die Anwendung der Fahrtenbuchmethode für die Bemessung des geldwerten Vorteils aus der Überlassung eines betrieblichen Kfz aus (BFH vom 15. 12. 2022 – BStBl. II 2023 S. 442).

Anl c zu LStH 8.1

die Wagenpflege/-wäsche sowie der nicht nach § 3 Nummer 46 EStG steuerfreie Ladestrom (vgl. BMF-Schreiben vom 29. September 2020, BStBl. I Seite 972).[1]

33 Nicht zu den Gesamtkosten gehören neben den in R 8.1 Abs. 9 Nr. 2 Satz 11 LStR genannten Kosten z. B. Fährkosten, Straßen- oder Tunnelbenutzungsgebühren (Vignetten, Mautgebühren), Parkgebühren, Aufwendungen für Insassen- und Unfallversicherungen, Verwarnungs-, Ordnungs- und Bußgelder, Kosten einer Ladevorrichtung bei Elektrofahrzeugen sowie der nach § 3 Nr. 46 EStG steuerfreie Ladestrom (vgl. BMF-Schreiben vom 29. September 2020, BStBl. I Seite 972, Rn. 13).[2]

34 Bei der Ermittlung der Gesamtkosten ist bei einem Pkw von einer AfA von 12,5% der Anschaffungskosten entsprechend einer achtjährigen (Gesamt-)Nutzungsdauer auszugehen (vgl. BFH-Beschluss vom 29. März 2005, BStBl. 2006 II S. 368).

35 Die Gesamtkosten sind jedenfalls dann periodengerecht anzusetzen, wenn der Arbeitgeber die Kosten (z. B. Leasingsonderzahlung) des von ihm überlassenen betrieblichen Kraftfahrzeugs in seiner Gewinnermittlung periodengerecht erfassen muss (vgl. BFH-Urteil vom 3. September 2015, BStBl. 2016 II S. 174).

36 Es ist nicht zu beanstanden, wenn auch die vom Arbeitnehmer unmittelbar getragenen oder vom Arbeitgeber weiterbelasteten Kosten den Gesamtkosten zugerechnet werden.

3.6. Leerfahrten

37 Bei der Feststellung der privat und der dienstlich zurückgelegten Fahrtstrecken sind sog. Leerfahrten, die bei der Überlassung eines betrieblichen Kraftfahrzeugs mit Fahrer durch die An- und Abfahrten des Fahrers auftreten können, den dienstlichen Fahrten zuzurechnen.

3.7. Sicherheitsgeschützte Kraftfahrzeuge

38 Wird der Nutzungswert für ein aus Sicherheitsgründen gepanzertes Kraftfahrzeug individuell ermittelt, so kann die AfA nach den Anschaffungskosten des leistungsschwächeren Kraftfahrzeugs oder – im Falle des Leasings – die entsprechende Leasingrate des leistungsschwächeren Kraftfahrzeugs zugrunde gelegt werden, das dem Arbeitnehmer zur Verfügung gestellt würde, wenn seine Sicherheit nicht gefährdet wäre. Im Hinblick auf die durch die Panzerung verursachten höheren laufenden Betriebskosten bestehen keine Bedenken, wenn der Nutzungswertermittlung 70% der tatsächlich festgestellten laufenden Kosten (ohne AfA) zugrunde gelegt werden.

3.8. Überlassung mehrerer betrieblicher Kraftfahrzeuge

39 Für jedes betriebliche Kraftfahrzeug sind die insgesamt entstehenden Aufwendungen und das Verhältnis der privaten zu den übrigen Fahrten gesondert nachzuweisen. Stehen einem Arbeitnehmer gleichzeitig mehrere betriebliche Kraftfahrzeuge zur Verfügung und führt er nur für einzelne betriebliche Kraftfahrzeuge ein ordnungsgemäßes Fahrtenbuch, kann er für diese den Nutzungswert individuell ermitteln, während der Nutzungswert für die anderen mit monatlich 1% des Listenpreises anzusetzen ist (vgl. BFH-Urteil vom 3. August 2000, BStBl. 2001 II Seite 332).

3.9. Umwegstrecken wegen Sicherheitsgefährdung

40 Bei Arbeitnehmern, die konkret gefährdet sind und durch die zuständigen Sicherheitsbehörden der Gefährdungsstufe 1, 2 oder 3 zugeordnet sind (vgl. BMF-Schreiben vom 30. Juni 1997, BStBl. I S. 696),[3] kann bei der Ermittlung des Nutzungswerts für Fahrten zwischen Wohnung und erster Tätigkeitsstätte die kürzeste benutzbare Straßenverbindung angesetzt werden, wenn wegen der Gefährdung des Arbeitnehmers aus Sicherheitsgründen eine andere und damit längere Fahrtstrecke gewählt wird. Diese Billigkeitsregelung steht unter dem Vorbehalt, dass bei der Ermittlung der als Werbungskosten abziehbaren Aufwendungen des Arbeitnehmers für Fahrten zwischen Wohnung und erster Tätigkeitsstätte ebenfalls nur die kürzeste benutzbare Straßenverbindung zugrunde gelegt wird.

4. Wechsel der Bewertungsmethode

53a **41** Ein unterjähriger Wechsel zwischen der 1%-Regelung und der Fahrtenbuchmethode für dasselbe Kraftfahrzeug ist nicht zulässig (vgl. R 8.1 Absatz 9 Nummer 3 LStR, BFH-Urteil vom 20. März 2014, BStBl. II Seite 643). Eine rückwirkende Änderung des Lohnsteuerabzugs (Wechsel von der pauschalen Nutzungswertmethode zur Fahrtenbuchmethode oder umgekehrt für das gesamte Kalenderjahr) ist vor Übermittlung oder Ausschreibung der Lohnsteuerbescheinigung jedoch grundsätzlich im Rahmen des § 41 c EStG möglich; zum Wechsel von der 0,03%-Regelung zur Einzelbewertung oder umgekehrt für das gesamte Kalenderjahr vgl. Rn. 13 Buchstabe f.

5. Fahrergestellung

53b **42** Wird das betriebliche Kraftfahrzeug mit Fahrer zur Verfügung gestellt, ist dieser geldwerte Vorteil zusätzlich nach § 8 Absatz 2 Satz 1 EStG mit dem üblichen Endpreis am Abgabeort zu bewerten. Maßstab zur Bewertung dieses Vorteils ist der Wert einer von einem fremden Dritten bezogenen vergleichbaren Dienstleistung.

43 Aus Vereinfachungsgründen kann der geldwerte Vorteil auch nach R 8.1 Absatz 10 Satz 3 LStR ermittelt werden. Der Nutzungswert für andere Privatfahrten ist auch dann um 25% nach R 8.1 Absatz 10 Satz 3 Nummer 2 Buchstabe c) LStR zu erhöhen, wenn dem Arbeitnehmer ein Fahrer zur Verfügung steht, der Arbeitnehmer das betriebliche Kraftfahrzeug tatsächlich aber ausschließlich selbst gesteuert hat.

---

[1] Abgedruckt als Anlage zu LStH 3.46.
[2] Abgedruckt als Anlage zu LStH 3.46.
[3] **[Amtl. Anm.:]** Jetzt BMF vom 11. 11. 2024 (BStBl. I S. 1412), abgedruckt als Anlage a zu LStH 19.3.

44 Neben der Bewertungsmöglichkeit im Sinne von R 8.1 Absatz 10 Satz 3 LStR bestehen keine Bedenken, insgesamt einheitlich für das Kalenderjahr für Privatfahrten, für Fahrten zwischen Wohnung und erster Tätigkeitsstätte sowie für Familienheimfahrten (vgl. Rn. 47, 48) als Endpreis im Sinne des § 8 Absatz 2 Satz 1 EStG den Anteil an den tatsächlichen Lohn- und Lohnnebenkosten des Fahrers (d.h. insbesondere: Bruttoarbeitslohn, Arbeitgeberbeiträge zur Sozialversicherung, Verpflegungszuschüsse sowie Kosten beruflicher Fort- und Weiterbildung für den Fahrer) anzusetzen, welcher der Einsatzdauer des Fahrers im Verhältnis zu dessen Gesamtarbeitszeit entspricht (vgl. BFH-Urteil vom 15. Mai 2013, BStBl. 2014 II Seite 589). Zur Einsatzdauer des Fahrers gehören auch die Stand- und Wartezeiten des Fahrers, nicht aber die bei der Überlassung eines betrieblichen Kraftfahrzeugs mit Fahrer durch die An- und Abfahrten des Fahrers durchgeführten Leerfahrten und die anfallenden Rüstzeiten; diese sind den dienstlichen Fahrten zuzurechnen. Anl c zu LStH 8.1

45 Der Arbeitgeber hat die Grundlagen für die Berechnung des geldwerten Vorteils aus der Fahrergestellung zu dokumentieren, als Belege zum Lohnkonto aufzubewahren und dem Arbeitnehmer auf Verlangen formlos mitzuteilen.

46 Der Arbeitnehmer kann den geldwerten Vorteil aus der Fahrergestellung im Rahmen seiner Einkommensteuerveranlagung abweichend von dem Ansatz des Arbeitgebers bewerten und gegenüber dem Finanzamt nachweisen. Diese Wahl kann er im Kalenderjahr für Privatfahrten, für Fahrten zwischen Wohnung und erster Tätigkeitsstätte sowie für Familienheimfahrten (vgl. Rn. 47, 48) insgesamt nur einheitlich ausüben. Eine abweichende Bewertung setzt voraus, dass der im Lohnsteuerabzugsverfahren angesetzte geldwerte Vorteil sowie die Grundlagen für die Berechnung des geldwerten Vorteils nachgewiesen werden (z. B. durch eine formlose Mitteilung des Arbeitgebers).

6. Familienheimfahrten

47 Überlässt der Arbeitgeber oder auf Grund des Dienstverhältnisses ein Dritter dem Arbeitnehmer ein betriebliches Kraftfahrzeug zu einer Familienheimfahrt wöchentlich im Rahmen einer beruflich veranlassten doppelten Haushaltsführung, so ist insoweit der Nutzungswert steuerlich nicht zu erfassen (§ 8 Abs. 2 Satz 5 EStG). **53c**

48 Wird das betriebliche Kraftfahrzeug zu mehr als einer Familienheimfahrt wöchentlich genutzt, ist für jede weitere Familienheimfahrt ein pauschaler Nutzungswert i. H. v. 0,002% des inländischen Listenpreises des betrieblichen Kraftfahrzeugs für jeden Kilometer der Entfernung zwischen dem Beschäftigungsort und dem Ort des eigenen Hausstands anzusetzen und dem Arbeitslohn zuzurechnen. Anstelle des pauschalen Nutzungswerts kann der Arbeitgeber den Nutzungswert mit den Aufwendungen für das betriebliche Kraftfahrzeug ansetzen, die auf die zu erfassenden Fahrten entfallen, wenn die für das betriebliche Kraftfahrzeug insgesamt entstehenden Aufwendungen durch Belege und das Verhältnis der privaten zu den übrigen Fahrten durch ein ordnungsgemäßes Fahrtenbuch nachgewiesen werden.

7. Leasing

49 Least der Arbeitgeber ein Kraftfahrzeug und überlässt es dem Arbeitnehmer auch zur privaten Nutzung, liegt jedenfalls dann keine vom Arbeitsvertrag unabhängige Sonderrechtsbeziehung im Sinne des BFH-Urteils vom 18. Dezember 2014 (BStBl. 2015 II Seite 670) zum sog. „Behördenleasing" vor und ist die Nutzungsüberlassung nach § 8 Absatz 2 Satz 2 bis 5 EStG zu bewerten, wenn folgende Voraussetzungen vorliegen: **53d**

Der Anspruch auf die Kraftfahrzeugüberlassung resultiert aus dem Arbeitsvertrag oder aus einer anderen arbeitsrechtlichen Rechtsgrundlage, weil

- er im Rahmen einer steuerlich anzuerkennenden Gehaltsumwandlung mit Wirkung für die Zukunft vereinbart ist. Voraussetzung ist, dass der Arbeitnehmer unter Änderung des Arbeitsvertrags auf einen Teil seines Barlohns verzichtet und ihm der Arbeitgeber stattdessen Sachlohn in Form eines Nutzungsrechts an einem betrieblichen Kraftfahrzeug des Arbeitgebers gewährt (vgl. BFH-Urteil vom 6. März 2008, BStBl. II S. 530) oder
- er arbeitsvertraglicher Vergütungsbestandteil ist. Davon ist insbesondere auszugehen, wenn von vornherein bei Abschluss eines Arbeitsvertrags eine solche Vereinbarung getroffen wird oder wenn die Beförderung in eine höhere Gehaltsklasse mit der Überlassung eines betrieblichen Kraftfahrzeugs des Arbeitgebers verbunden ist.

50 In Leasingfällen setzt das Vorliegen eines betrieblichen Kraftfahrzeugs des Arbeitgebers i. S. d. § 8 Abs. 2 Satz 2 bis 5 EStG zudem voraus, dass der Arbeitgeber und nicht der Arbeitnehmer gegenüber der Leasinggesellschaft zivilrechtlich Leasingnehmer ist.

51 Liegt nach diesen Grundsätzen eine nach § 8 Abs. 2 Satz 2 bis 5 EStG zu bewertende Nutzungsüberlassung vor, darf der Arbeitgeber die pauschalen Kilometersätze im Rahmen einer Auswärtstätigkeit mit diesem Kraftfahrzeug nicht – auch nicht teilweise – steuerfrei erstatten (vgl. R 9.5 Abs. 2 Satz 3 LStR).

8. Nutzungsentgelt

52 Zahlt der Arbeitnehmer an den Arbeitgeber oder auf dessen Weisung an einen Dritten zur Erfüllung einer Verpflichtung des Arbeitgebers (abgekürzter Zahlungsweg) für die außerdienstliche Nutzung eines betrieblichen Kraftfahrzeugs, insbesondere für die Nutzung zu **54**

- privaten Fahrten,
- Fahrten zwischen Wohnung und erster Tätigkeitsstätte und
- Familienheimfahrten (vgl. Rn. 47, 48),

ein Nutzungsentgelt, mindert dies den Nutzungswert, vgl. R 8.1 Absatz 9 Nummer 4 Satz 1 LStR, BFH-Urteile vom 30. November 2016 VI R 49/14 (BStBl. 2017 II Seite 1011) und VI R 2/15 (BStBl. 2017 II Seite 1014).

Anl c zu LStH 8.1

53 Nutzungsentgelt im Sinne von R 8.1 Absatz 9 Nummer 4 LStR ist bei der pauschalen und der individuellen Nutzungswertmethode:
a) ein arbeitsvertraglich oder aufgrund einer anderen arbeits- oder dienstrechtlichen Rechtsgrundlage vereinbarter nutzungsunabhängiger pauschaler Betrag (z. B. Monatspauschale, zeitraumbezogene (Einmal-)Zahlungen, vgl. Rn. 57),
b) ein arbeitsvertraglich oder aufgrund einer anderen arbeits- oder dienstrechtlichen Rechtsgrundlage vereinbarter an den gefahrenen Kilometern ausgerichteter Betrag (z. B. Kilometerpauschale),
c) die arbeitsvertraglich oder aufgrund einer anderen arbeits- oder dienstrechtlichen Rechtsgrundlage vom Arbeitnehmer übernommenen Leasingraten,

und bei der pauschalen Nutzungswertmethode (zur Nichtbeanstandungsregelung bei der individuellen Nutzungswertmethode s. Rn. 59):
d) die arbeitsvertraglich oder aufgrund einer anderen arbeits- oder dienstrechtlichen Rechtsgrundlage vereinbarte vollständige oder teilweise Übernahme einzelner Kraftfahrzeugkosten durch den Arbeitnehmer (vgl. BFH-Urteil vom 30. November 2016 VI R 2/15, BStBl. 2017 II S. 1014).[1]
   Dies gilt auch für einzelne Kraftfahrzeugkosten, die zunächst vom Arbeitgeber verauslagt und anschließend dem Arbeitnehmer weiterbelastet werden oder, wenn der Arbeitnehmer zunächst pauschale Abschlagszahlungen leistet, die zu einem späteren Zeitpunkt nach den tatsächlich entstandenen Kraftfahrzeugkosten abgerechnet werden.

54 Vom Arbeitnehmer selbst getragene einzelne Kraftfahrzeugkosten im Sinne der Rn. 53 Buchstabe d sind Kosten, die zu den Gesamtkosten des Kraftfahrzeugs im Sinne des § 8 Absatz 2 Satz 4 EStG gehören (vgl. Rn. 32). Unberücksichtigt bleiben Kosten, die nicht zu den Gesamtkosten des Kraftfahrzeugs gehören (vgl. Rn. 33).

55 Kein Nutzungsentgelt im Sinne von R 8.1 Absatz 9 Nummer 4 LStR ist insbesondere der Barlohnverzicht des Arbeitnehmers im Rahmen einer Gehaltsumwandlung.

56 In Höhe des Nutzungsentgelts im Sinne von Rn. 53 ist der Arbeitnehmer nicht bereichert und die gesetzlichen Voraussetzungen des § 8 Absatz 1 EStG i. V. m. § 19 Absatz 1 EStG sind nicht erfüllt. Übersteigt das Nutzungsentgelt den Nutzungswert, führt der übersteigende Betrag weder zu negativem Arbeitslohn noch zu Werbungskosten, vgl. BFH-Urteile vom 30. November 2016 VI R 49/14 (BStBl. 2017 II S. 1011) und VI R 2/15 (BStBl. 2017 II S. 1014).

57[2] Zeitraumbezogene (Einmal-)Zahlungen des Arbeitnehmers für die außerdienstliche Nutzung (vgl. Rn. 52) eines betrieblichen Kraftfahrzeugs sind bei der Bemessung des geldwerten Vorteils auf den Zeitraum, für den sie geleistet werden, gleichmäßig zu verteilen und vorteilsmindernd zu berücksichtigen (vgl. BFH-Beschluss vom 16. Dezember 2020, BStBl. 2021 II Seite 761; zu zeitraumbezogenen (Einmal-)Zahlungen des Arbeitnehmers zu den Anschaffungskosten vgl. Rn. 66).

58 Bei der individuellen Nutzungswertmethode (Fahrtenbuchmethode) fließen vom Arbeitnehmer selbst getragene individuelle Kraftfahrzeugkosten nicht in die Gesamtkosten ein und erhöhen damit nicht den individuellen Nutzungswert (R 8.1 Absatz 9 Nummer 2 Satz 8 zweiter Halbsatz LStR[3]). Zahlt der Arbeitnehmer ein pauschales Nutzungsentgelt im Sinne der Rn. 53 Buchstaben a bis c, ist der individuelle Nutzungswert um diesen Betrag zu kürzen.

59 Es wird nicht beanstandet, wenn bei der Fahrtenbuchmethode vom Arbeitnehmer selbst getragene Kosten abweichend von R 8.1 Absatz 9 Nummer 2 Satz 8 zweiter Halbsatz LStR[4] in die Gesamtkosten im Sinne von § 8 Absatz 2 Satz 4 EStG einbezogen und wie bei der pauschalen Nutzungswertmethode als Nutzungsentgelt (vgl. Rn. 53 Buchstabe d) behandelt werden.

Beispiele zur pauschalen Nutzungswertmethode

60 Der Arbeitgeber hat seinem Arbeitnehmer ein betriebliches Kraftfahrzeug auch zur Privatnutzung überlassen und den geldwerten Vorteil aus der Kraftfahrzeuggestellung nach der 1%-Regelung bewertet.

Beispiel 1:

In der Nutzungsüberlassungsvereinbarung ist geregelt, dass der Arbeitnehmer ein Nutzungsentgelt i. H. v. 0,20 € je privat gefahrenen Kilometer zu zahlen hat.
Es handelt sich um ein Nutzungsentgelt im Sinne der Rn. 53 Buchstabe b.

Beispiel 2:

In der Nutzungsüberlassungsvereinbarung ist geregelt, dass der Arbeitnehmer die gesamten Treibstoffkosten zu zahlen hat.
Die Kostenübernahme durch den Arbeitnehmer ist ein Nutzungsentgelt im Sinne der Rn. 53 Buchst. d.

Beispiele zur individuellen Nutzungswertmethode

61 Der Arbeitgeber hat seinem Arbeitnehmer ein betriebliches Kraftfahrzeug auch zur Privatnutzung überlassen und den geldwerten Vorteil aus der Kraftfahrzeuggestellung nach der Fahrtenbuchmethode bewertet.

Beispiel 3:

In der Nutzungsüberlassungsvereinbarung ist geregelt, dass der Arbeitnehmer ein Nutzungsentgelt i. H. v. 0,20 € je privat gefahrenen Kilometer zu zahlen hat. Es handelt sich um ein Nutzungsentgelt im Sinne der Rn. 53 Buchstabe b.

---

[1] **[Amtl. Anm.:]** Bestätigt durch BFH vom 4. 7. 2023 (BStBl. II S. 1005).
[2] **[Amtl. Anm.:]** R 8.1 Abs. 9 Nr. 4.
[3] **[Amtl. Anm.:]** Jetzt R 8.1 Abs. 9 Nr. 2 Satz 17.
[4] **[Amtl. Anm.:]** Jetzt R 8.1 Abs. 9 Nr. 2 Satz 17.

Beispiel 4: Anl c zu LStH 8.1

In der Nutzungsüberlassungsvereinbarung ist geregelt, dass der Arbeitnehmer die gesamten Treibstoffkosten zu zahlen hat. Diese betragen 3 000 €. Die übrigen vom Arbeitgeber getragenen Kraftfahrzeugkosten betragen 7 000 €. Auf die Privatnutzung entfällt ein Anteil von 10%. Der individuelle Nutzungswert ist wie folgt zu ermitteln:

a) Bei Anwendung der Regelung in R 8.1 Absatz 9 Nummer 2 Satz 8 zweiter Halbsatz LStR[1] (vgl. Rn. 58) fließen die vom Arbeitnehmer selbst getragenen Treibstoffkosten nicht in die Gesamtkosten des Kraftfahrzeugs ein. Es handelt sich auch nicht um ein Nutzungsentgelt im Sinne der Rn. 53. Anhand der (niedrigeren) Gesamtkosten ist der individuelle Nutzungswert zu ermitteln (10% von 7 000 € = 700 €).
Ein Werbungskostenabzug i. H. v. 2 700 € (90% von 3 000 €) ist nicht zulässig

oder

b) Bei Anwendung der Nichtbeanstandungsregelung (vgl. Rn. 59) fließen die vom Arbeitnehmer selbst getragenen Treibstoffkosten in die Gesamtkosten des Kraftfahrzeugs ein. Es handelt sich um ein Nutzungsentgelt im Sinne der Rn. 53 Buchstabe d i. H. v. 3 000 €. Anhand der Gesamtkosten ist der individuelle Nutzungswert zu Seite 20 ermitteln (10% von 10 000 € = 1 000 €). Dieser Nutzungswert ist um das Nutzungsentgelt bis auf 0 € zu mindern. Der den Nutzungswert übersteigende Betrag i. H. v. 2 000 € führt nicht zu Werbungskosten (vgl. Rn. 56).

62 Im Lohnsteuerabzugsverfahren ist der Arbeitgeber zur Anrechnung der individuellen Kraftfahrzeugkosten des Arbeitnehmers bei der Nutzungswertermittlung verpflichtet, wenn sich aus der arbeitsvertraglichen oder einer anderen arbeits- oder dienstrechtlichen Rechtsgrundlage nichts anderes ergibt. Hierzu hat der Arbeitnehmer gegenüber dem Arbeitgeber jährlich fahrzeugbezogen schriftlich die Höhe der individuellen Kraftfahrzeugkosten und die Gesamtfahrleistung des Kraftfahrzeugs zu erklären und im Einzelnen umfassend darzulegen und belastbar nachzuweisen. Der Arbeitgeber hat aufgrund dieser Erklärungen und Belege des Arbeitnehmers den Lohnsteuerabzug durchzuführen, sofern der Arbeitnehmer nicht erkennbar unrichtige Angaben macht. Ermittlungspflichten des Arbeitgebers ergeben sich hierdurch nicht. Die Erklärungen und Belege des Arbeitnehmers hat der Arbeitgeber im Original zum Lohnkonto zu nehmen.

63 Es ist aus Vereinfachungsgründen nicht zu beanstanden, wenn für den Lohnsteuerabzug zunächst vorläufig fahrzeugbezogen die Erklärung des Vorjahres zugrunde gelegt wird. R 8.1 Absatz 9 Nummer 3 Satz 2 und 3 LStR[2] ist sinngemäß anzuwenden.

64 Macht der Arbeitnehmer im Rahmen seiner Einkommensteuerveranlagung individuelle Kraftfahrzeugkosten vorteilsmindernd geltend, muss er die Nutzungsvereinbarung vorlegen und fahrzeugbezogen darlegen, wie der Arbeitgeber den Nutzungswert ermittelt und versteuert hat (z. B. Gehaltsabrechnung, die die Ermittlung und Besteuerung des Nutzungswerts erkennen lässt; Bescheinigung des Arbeitgebers) sowie schriftlich die Höhe der von ihm selbst getragenen individuellen Kraftfahrzeugkosten und die Gesamtfahrleistung des Kraftfahrzeugs im Kalenderjahr umfassend darlegen und belastbar nachweisen.

9. Zuzahlungen des Arbeitnehmers zu den Anschaffungskosten oder Leasingsonderkosten

65 Bestehen keine arbeitsvertraglichen Vereinbarungen hinsichtlich des Zuzahlungszeitraums, wird es nicht beanstandet, wenn (Einmal-)Zahlungen des Arbeitnehmers zu den Anschaffungskosten eines ihm auch zur privaten Nutzung überlassenen betrieblichen Kraftfahrzeugs nicht nur im Zahlungsjahr, sondern auch in den darauf folgenden Kalenderjahren auf den privaten Nutzungswert für das jeweilige Kraftfahrzeug bis auf 0 € angerechnet werden (vgl. R 8.1 Absatz 9 Nummer 4 Satz 2 und 3 LStR):[3] Bei (Einmal-)Zahlungen des Arbeitnehmers zu Leasingsonderzahlungen ist entsprechend zu verfahren. Es liegen weder negativer Arbeitslohn noch Werbungskosten vor. Eine Übertragung verbleibender Zuzahlungen auf ein anderes überlassenes betriebliches Kraftfahrzeug ist nicht zulässig. **54a**

66[4] Bestehen arbeitsvertragliche Vereinbarungen hinsichtlich des Zuzahlungszeitraums, sind zeitraumbezogene (Einmal-)Zahlungen des Arbeitnehmers zu den Anschaffungskosten eines ihm auch zur privaten Nutzung überlassenen betrieblichen Kraftfahrzeugs bei der Bemessung des geldwerten Vorteils auf den Zeitraum, für den sie geleistet werden, gleichmäßig zu verteilen und vorteilsmindernd zu berücksichtigen (vgl. BFH-Beschluss vom 16. Dezember 2020, BStBl. 2021 II S. 761; zu zeitraumbezogenen (Einmal-)Zahlungen des Arbeitnehmers für die außerdienstliche Nutzung vgl. Rn. 57). Maßgeblich ist der vereinbarte Zuzahlungszeitraum, nicht dagegen die tatsächliche Nutzungsdauer (z. B. im Falle der vorzeitigen Rückgabe, der Veräußerung, des Tauschs oder eines Totalschadens des betrieblichen Kraftfahrzeugs). Es liegen weder negativer Arbeitslohn noch Werbungskosten vor. Eine Übertragung verbleibender Zuzahlungen auf ein anderes überlassenes betriebliches Kraftfahrzeug ist nicht zulässig.

67 Beispiele zu Rn. 65 und 66:

Beispiel 1 (vereinbarter Zuzahlungszeitraum)

Der Arbeitnehmer hat im Januar 01 zu den Anschaffungskosten eines betrieblichen Kraftfahrzeugs eine Zuzahlung i. H. v. 10 000 € für eine vereinbarte voraussichtliche Nutzungsdauer von 5 Jahren geleistet. Sollte das Fahrzeug vorzeitig zurückgegeben, veräußert oder getauscht werden, hat er vereinbarungsgemäß einen Anspruch auf zeitanteilige Rückerstattung der Zuzahlung. Der geldwerte Vorteil beträgt jährlich 4 000 €. Ab Januar 03 wird ihm aufgrund eines Totalschadens ein anderes betriebliches Kraftfahrzeug überlassen. Zu diesem Zeitpunkt erhält er vereinbarungsgemäß eine Rückerstattung der Zuzahlung für die Jahre 03 bis 05 i. H. v. 6 000 €.

Der geldwerte Vorteil i. H. v. 4 000 € wird in den Jahren 01 und 02 um jeweils 2 000 € (10 000 €, gemäß BFH-Beschluss vom 16. Dezember 2020, BStBl. 2021 S. 761 gleichmäßig verteilt auf die vereinbarte Nutzungsdauer = Zuzahlungszeitraum von 5 Jahren) gemindert:[5] Es liegen weder negativer Arbeitslohn noch Werbungskosten vor. Die Rückerstattung

---

[1] **[Amtl. Anm.:]** Jetzt R 8.1 Abs. 9 Nr. 2 Satz 17.
[2] **[Amtl. Anm.:]** Jetzt R 8.1 Abs. 9 Nr. 3 Satz 3 und 4.
[3] **[Amtl. Anm.:]** Jetzt R 8.1 Abs. 9 Nr. 4 a Satz 2.
[4] **[Amtl. Anm.:]** Jetzt R 8.1 Abs. 9 Nr. 4 a Satz 1.
[5] **[Amtl. Anm.:]** R 8.1 Abs. 9 Nr. 4 a Satz 1.

Anl c zu LStH 8.1

der Zuzahlung ist kein Arbeitslohn, da sie den privaten Nutzungswert insoweit nicht gemindert hat (R 8.1 Absatz 9 Nummer 4 Satz 4 LStR;[1]

Beispiel 2 (keine Vereinbarung über einen Zuzahlungszeitraum)

Der Arbeitnehmer hat im Januar 01 zu den Anschaffungskosten eines betrieblichen Kraftfahrzeugs eine Zuzahlung i. H. v. 10 000 € geleistet. Es wurde keine Vereinbarung getroffen, für welchen Zeitraum die Zuzahlung geleistet wird. Der geldwerte Vorteil beträgt jährlich 4 000 €. Ab Januar 03 wird ihm aufgrund eines Totalschadens ein anderes betriebliches Kraftfahrzeug überlassen. Ein Anspruch des Arbeitnehmers auf Rückerstattung der Zuzahlung wurde arbeitsvertraglich ausgeschlossen.

Der geldwerte Vorteil i. H. v. 4 000 € wird in den Jahren 01 und 02 um jeweils 4 000 € (gemäß R 8.1 Absatz 9 Nummer 4 Satz 2 und 3 LStR)[2] gemindert. Der verbleibende Zuzahlungsbetrag von 2 000 € kann nicht auf den geldwerten Vorteil des ab Januar 03 neu überlassenen betrieblichen Kraftfahrzeugs angerechnet werden, da die Zuzahlung für die Überlassung eines anderen betrieblichen Kraftfahrzeugs (Totalschaden) geleistet wurde. Es liegen zudem weder negativer Arbeitslohn noch Werbungskosten vor.

Beispiel 3 (Leasingfall, keine Vereinbarung über einen Zuzahlungszeitraum)

Der Arbeitnehmer hat im Jahr 01 zur Leasingsonderzahlung für ein betriebliches Kraftfahrzeug eine Zuzahlung i. H. v. 10 000 € geleistet. Es wurde zwar vereinbart, dass der Arbeitnehmer das Kraftfahrzeug für die gesamte Leasingvertragsdauer (48 Monate) nutzen kann; es wurde aber keine Vereinbarung getroffen, für welchen Zeitraum die Zuzahlung geleistet wird. Der geldwerte Vorteil beträgt jährlich 4 000 €.

Der geldwerte Vorteil i. H. v. 4 000 € wird in den Jahren 01 und 02 um jeweils 4 000 € und in 03 um 2 000 € (gemäß R 8.1 Absatz 9 Nummer 4 Satz 2 und 3 LStR)[3] gemindert. Es liegen zudem weder negativer Arbeitslohn noch Werbungskosten vor.

10. Elektromobilität[4]

54b **68** Zur einkommen- und lohnsteuerlichen Behandlung der Überlassung eines betrieblichen Elektro- und Hybridelektrofahrzeugs an Arbeitnehmer wird ergänzend auf folgende BMF-Schreiben hingewiesen:
– BMF-Schreiben vom 5. November 2021 (BStBl. I Seite 2205),[5]
– BMF-Schreiben vom 29. September 2020 (BStBl. I Seite 972).[6]

11. Anwendungsregelungen

54c **69** Dieses Schreiben ist in allen offenen Fällen anzuwenden. Dieses Schreiben ersetzt das BMF-Schreiben vom 4. April 2018 (BStBl. I Seite 592)[7] und wird im Bundessteuerblatt Teil I veröffentlicht.

Anl d zu LStH 8.1

d) Schreiben betr. private Kfz-Nutzung durch den Gesellschafter-Geschäftsführer einer Kapitalgesellschaft; Urteile des Bundesfinanzhofs vom 23. Januar 2008 I R 8/06 (BStBl. 2012 II S. 260), vom 23. April 2009 VI R 81/06 (BStBl. 2012 II S. 262) und vom 11. Februar 2010 VI R 43/09 (BStBl. 2012 II S. 266)

Vom 3. April 2012 (BStBl. I S. 478)

(BMF IV C 2 – S 2742/08/10001; DOK 2012/0274530)

56 Nach dem Ergebnis der Erörterungen mit den obersten Finanzbehörden der Länder gilt zur Anwendung der Urteile des Bundesfinanzhofs vom 23. Januar 2008 I R 8/06 (BStBl. 2012 II S. 260), vom 23. April 2009 VI R 81/06 (BStBl. 2012 II S. 262) und vom 11. Februar 2010 VI R 43/09 (BStBl. 2012 II S. 266) im Hinblick auf die Frage der privaten Nutzung eines betrieblichen Kraftfahrzeugs (Kfz) durch den Gesellschafter-Geschäftsführer einer Kapitalgesellschaft Folgendes:

I. Vorliegen einer verdeckten Gewinnausschüttung (§ 8 Abs. 3 Satz 2 KStG)

1 Nach den BFH-Entscheidungen vom 23. Januar 2008 I R 8/06 (BStBl. 2012 II S. 260) und vom 17. Juli 2008 I R 83/07 (BFH/NV 2009 S. 417) ist nur diejenige Nutzung eines betrieblichen Kfz durch einen Gesellschafter-Geschäftsführer betrieblich veranlasst, welche durch eine fremdübliche Überlassungs- oder Nutzungsvereinbarung abgedeckt wird. Die ohne eine solche Vereinbarung erfolgende oder darüber hinausgehende oder einem ausdrücklichen Verbot widersprechende Nutzung ist hingegen durch das Gesellschaftsverhältnis zumindest mitveranlasst. Sie führt sowohl bei einem beherrschenden als auch bei einem nicht beherrschenden Gesellschafter-Geschäftsführer zu einer verdeckten Gewinnausschüttung (§ 8 Abs. 3 Satz 2 KStG).[8]

2 Eine Überlassungs- oder Nutzungsvereinbarung kann auch durch eine – ggf. vom schriftlichen Anstellungsvertrag abweichende – mündliche oder konkludente Vereinbarung zwischen der Kapitalgesellschaft und dem Gesellschafter-Geschäftsführer erfolgen, wenn entsprechend dieser Vereinbarung tatsächlich verfahren wird (BFH-Urteil vom 24. Januar 1990 I R 157/86, BStBl. II S. 645). Für einen außenstehenden Dritten muss dabei zweifelsfrei zu erkennen sein, dass das Kfz durch die Kapitalgesellschaft auf Grund einer entgeltlichen Vereinbarung mit dem Gesellschafter überlassen wird.

3 Erfolgt die Überlassung im Rahmen eines Arbeitsverhältnisses, muss die tatsächliche Durchführung der Vereinbarung – insbesondere durch zeitnahe Verbuchung des Lohnaufwands und Abführung der Lohnsteuer (und ggf. der Sozialversicherungsbeiträge) – durch die Kapitalgesellschaft nachgewiesen

[1] **[Amtl. Anm.:]** Jetzt R 8.1 Abs. 9 Nr. 4 a Satz 5.
[2] **[Amtl. Anm.:]** Jetzt R 8.1 Abs. 9 Nr. 4 a Satz 2.
[3] **[Amtl. Anm.:]** Jetzt R 8.1 Abs. 9 Nr. 4 a Satz 3.
[4] Siehe auch § 6 Abs. 1 Nr. 4 Satz 2 ff. EStG.
[5] Abgedruckt als Anlage g zu LStH 8.1.
[6] Abgedruckt als Anlage zu LStH 3.46.
[7] Abgedruckt im *„Handbuch zur Lohnsteuer 2021"* als Anlage c zu LStH 8.1.
[8] Siehe auch BFH vom 21. 3. 2013 – VI R 46/11 (BStBl. II S. 1044).

sein. Erfolgt die Überlassung nicht im Rahmen des Arbeitsverhältnisses, sondern im Rahmen eines entgeltlichen Überlassungsvertrags, muss auch hier die Durchführung der Vereinbarung – etwa durch die zeitnahe Belastung des Verrechnungskontos des Gesellschafter-Geschäftsführers – dokumentiert sein. Anl d zu LStH 8.1

II. Bewertung der verdeckten Gewinnausschüttung

4 Auf der Ebene der Kapitalgesellschaft ist für die Bemessung der verdeckten Gewinnausschüttung im Zusammenhang mit der privaten Kfz-Nutzung von der erzielbaren Vergütung auszugehen (*H 37 KStH 2008*[1] Stichwort „Nutzungsüberlassungen"). Dies steht in Einklang mit den BFH-Urteilen vom 23. Februar 2005 I R 70/04 (BStBl. II S. 882) und vom 23. Januar 2008 I R 8/06 (BStBl. 2012 II S. 260), wonach die verdeckte Gewinnausschüttung mit dem gemeinen Wert der Nutzungsüberlassung zu bemessen ist und damit einen angemessenen Gewinnaufschlag einbezieht. Aus Vereinfachungsgründen kann es die Finanzbehörde im Einzelfall zulassen, dass die verdeckte Gewinnausschüttung für die private Nutzung eines betrieblichen Kfz entsprechend § 6 Abs. 1 Nr. 4 Satz 2 EStG mit 1 Prozent des inländischen Listenpreises im Zeitpunkt der Erstzulassung zuzüglich der Kosten für Sonderausstattung einschließlich Umsatzsteuer für jeden Kalendermonat bewertet wird; bei Nutzung des Kfz durch den Gesellschafter-Geschäftsführer auch für *Fahrten zwischen Wohnung und Arbeitsstätte*[2] erhöht sich dieser Wert um die in § 8 Abs. 2 Satz 3 EStG und für Familienheimfahrten im Rahmen einer doppelten Haushaltsführung um die in § 8 Abs. 2 Satz 5 EStG genannten Beträge.

5 Auf der Ebene des Gesellschafters ist die verdeckte Gewinnausschüttung auch nach Inkrafttreten des § 32 a KStG durch das Jahressteuergesetz 2007 vom 13. Dezember 2006 (BStBl. 2007 I S. 28) nach § 8 Abs. 2 Satz 2, 3 und 5 EStG zu bewerten.

III. Anwendung

6 Dieses Schreiben ist in allen offenen Fällen anzuwenden.

e) Gleich lautende Erlasse betr. steuerliche Behandlung der Überlassung von (Elektro-)Fahrrädern

Anl e zu LStH 8.1

Vom 9. Januar 2020 (BStBl. I S. 174)

(Oberste Finanzbehörden der Länder)

Überlässt der Arbeitgeber oder auf Grund des Dienstverhältnisses ein Dritter dem Arbeitnehmer ein betriebliches Fahrrad zur privaten Nutzung, gilt vorbehaltlich der Regelung des § 3 Nr. 37 EStG für die Bewertung dieses zum Arbeitslohn gehörenden geldwerten Vorteils Folgendes: **58**

1 Nach § 8 Absatz 2 Satz 10 EStG wird hiermit als monatlicher Durchschnittswert der privaten Nutzung (einschließlich Privatfahrten, Fahrten zwischen Wohnung und erster Tätigkeitsstätte sowie Fahrten nach § 9 Absatz 1 Satz 3 Nummer 4 a Satz 3 EStG und Familienheimfahrten im Rahmen einer doppelten Haushaltsführung) 1% der auf volle 100 Euro abgerundeten unverbindlichen Preisempfehlung des Herstellers, Importeurs oder Großhändlers im Zeitpunkt der Inbetriebnahme des Fahrrads einschließlich der Umsatzsteuer[3] festgesetzt.

2 Überlässt der Arbeitgeber dem Arbeitnehmer das betriebliche Fahrrad erstmals nach dem 31. Dezember 2018 und vor dem 1. Januar 2031, wird als monatlicher Durchschnittswert der privaten Nutzung (einschließlich Privatfahrten, Fahrten zwischen Wohnung und erster Tätigkeitsstätte sowie Fahrten nach § 9 Absatz 1 Satz 3 Nummer 4 a Satz 3 EStG und Familienheimfahrten im Rahmen einer doppelten Haushaltsführung) für das Kalenderjahr 2019 1% der auf volle 100 Euro abgerundeten halbierten und ab 1. Januar 2020 1% eines auf volle 100 Euro abgerundeten Viertels der unverbindlichen Preisempfehlung des Herstellers, Importeurs oder Großhändlers im Zeitpunkt der Inbetriebnahme des Fahrrads einschließlich der Umsatzsteuer[4] festgesetzt. In diesen Fällen kommt es nicht auf den Zeitpunkt an, zu dem der Arbeitgeber dieses Fahrrad angeschafft, hergestellt oder geleast hat. Wurde das betriebliche Fahrrad vor dem 1. Januar 2019 vom Arbeitgeber bereits einem Arbeitnehmer zur privaten Nutzung überlassen, bleibt es bei einem Wechsel des Nutzungsberechtigten nach dem 31. Dezember 2018 für dieses Fahrrad bei den Regelungen der Rdnr. 1 und die Regelungen dieser Randnummer sind nicht anzuwenden.

3 Die Freigrenze für Sachbezüge nach § 8 Absatz 2 Satz 11 EStG ist weder bei Anwendung der Rdnr. 1 noch bei Anwendung der Rdnr. 2 anzuwenden.

4 Gehört die Nutzungsüberlassung von Fahrrädern zur Angebotspalette des Arbeitgebers an fremde Dritte (z. B. Fahrradverleihfirmen), kann der geldwerte Vorteil auch nach § 8 Absatz 3 EStG ermittelt und der Rabattfreibetrag in Höhe von 1080 Euro berücksichtigt werden, wenn die Lohnsteuer nicht nach § 40 EStG pauschal erhoben wird.

5 Die vorstehenden Regelungen gelten auch für Elektrofahrräder, wenn diese verkehrsrechtlich als Fahrrad einzuordnen (u. a. keine Kennzeichen- und Versicherungspflicht) sind.

6 Ist ein Elektrofahrrad verkehrsrechtlich als Kraftfahrzeug einzuordnen (z. B. gelten Elektrofahrräder, deren Motor auch Geschwindigkeiten über 25 Kilometer pro Stunde unterstützt, als Kraftfahrzeuge), ist

[1] **[Amtl. Anm.:]** Jetzt: H 8.6 KStH 2022.

[2] **[Amtl. Anm.:]** Jetzt: Fahrten zwischen Wohnung und erster Tätigkeitsstätte sowie Fahrten nach § 9 Abs. 1 Satz 3 Nr. 4 a Satz 3 EStG (§ 8 Abs. 2 Satz 3 EStG).

[3] **[Amtl. Anm.:]** Zur umsatzsteuerlichen Behandlung der Überlassung von (Elektro-)Fahrrädern an Arbeitnehmer siehe BMF vom 7. 2. 2022 (BStBl. I S. 197).

[4] **[Amtl. Anm.:]** Zur umsatzsteuerlichen Behandlung der Überlassung von (Elektro-)Fahrrädern an Arbeitnehmer siehe BMF vom 7. 2. 2022 (BStBl. I S. 197).

Anl e zu LStH 8.1

für die Bewertung des geldwerten Vorteils § 8 Absatz 2 Satz 2 bis 5 i. V. m. § 6 Absatz 1 Nummer 4 Satz 2 EStG anzuwenden.

7 Dieser Erlass ergeht mit Zustimmung des Bundesministeriums der Finanzen und im Einvernehmen mit den obersten Finanzbehörden der anderen Länder. Er ersetzt den Erlass vom 13. März 2019 (BStBl. I S. 216)[1] und ist erstmals für das Kalenderjahr 2019 anzuwenden.

Anl f zu LStH 8.1

f) Schreiben betr. Abgrenzung zwischen Geldleistung und Sachbezug; Anwendung der Regelungen des § 8 Absatz 1 Satz 2 und 3 und Absatz 2 Satz 11 zweiter Halbsatz EStG

Vom 15. März 2022 (BStBl. I S. 242)

(BMF IV C 5 – S 2334/19/10007 :007; DOK 2022/0274667)

59 Unter Bezugnahme auf das Ergebnis der Erörterungen mit den obersten Finanzbehörden der Länder gelten für die Anwendung der Regelungen des § 8 Absatz 1 Satz 2 und 3 und Absatz 2 Satz 11 zweiter Halbsatz EStG in der Fassung des Gesetzes zur weiteren steuerlichen Förderung der Elektromobilität und zur Änderung weiterer steuerlicher Vorschriften (BGBl. I Seite 2451)[2] unter Berücksichtigung der Bundestags-Drucksache 19/25 160 Seite 138 sowie für die Anwendung der Urteile des BFH vom 7. Juni 2018 – VI R 13/16 – (BStBl. 2019 II Seite 371) und vom 4. Juli 2018 – VI R 16/17 – (BStBl. 2019 II Seite 373) zur Abgrenzung zwischen Geldleistung und Sachbezug die folgenden Grundsätze (Änderungen gegenüber dem BMF-Schreiben vom 13. April 2021, BStBl. I Seite 624, sind durch Fettschrift hervorgehoben).

1. Überblick über die neuen Regelungen

1 In § 8 Absatz 1 Satz 2 EStG ist durch die neue Definition „Zu den Einnahmen in Geld gehören" nun gesetzlich festgeschrieben, dass zweckgebundene Geldleistungen, nachträgliche Kostenerstattungen, Geldsurrogate und andere Vorteile, die auf einen Geldbetrag lauten, grundsätzlich keine Sachbezüge, sondern Geldleistungen sind.

2 Die BFH-Urteile vom 11. November 2010 (BStBl. 2011 II Seite 383, 386 und 389) sowie vom 7. Juni 2018 (BStBl. II S. 371) und vom 4. Juli 2018 (BStBl. II S. 373) sind insoweit durch die gesetzlichen Regelungen überholt.

3 In § 8 Absatz 1 Satz 3 EStG werden bestimmte zweckgebundene Gutscheine (einschließlich entsprechender Gutscheinkarten, digitaler Gutscheine, Gutscheincodes oder Gutscheinapplikationen/-Apps) oder entsprechende Geldkarten (einschließlich Wertguthabenkarten in Form von Prepaid-Karten) hingegen als Sachbezug gesetzlich definiert. Voraussetzung ist, dass die Gutscheine oder Geldkarten ausschließlich zum Bezug von Waren oder Dienstleistungen bei dem Arbeitgeber oder bei einem Dritten berechtigen (zur Abgrenzung vgl. Rn. 24) **und** zudem ab dem 1. Januar 2022 die Kriterien des § 2 Absatz 1 Nummer 10 Zahlungsdiensteaufsichtsgesetz (ZAG) erfüllen (vgl. Rn. 30). Von einer solchen Berechtigung zum ausschließlichen Bezug von Waren oder Dienstleistungen ist insbesondere nicht auszugehen, wenn der Arbeitnehmer (z. B. aufgrund eines vom Arbeitgeber selbst ausgestellten Gutscheins) zunächst in Vorleistung tritt und der Arbeitgeber ihm die Kosten im Nachhinein erstattet. In diesen Fällen handelt es sich um eine Geldleistung in Form einer nachträglichen Kostenerstattung (vgl. Rn. 20 und 21).

Bei den vom Arbeitgeber getragenen Gebühren für die Bereitstellung (z. B. Setup-Gebühr) und Aufladung von Gutscheinen und Geldkarten handelt es sich nicht um einen zusätzlichen geldwerten Vorteil, sondern um eine notwendige Begleiterscheinung betriebsfunktionaler Zielsetzungen des Arbeitgebers und damit nicht um Arbeitslohn des Arbeitnehmers.

4 Die 50 €-Freigrenze (bis 31. Dezember 2021 44 €-Freigrenze) ist bei Gutscheinen und Geldkarten im Sinne der Rn. 3 nur dann anwendbar, wenn sie zusätzlich zum ohnehin geschuldeten Arbeitslohn gewährt werden (§ 8 Absatz 2 Satz 11 zweiter Halbsatz i. V. m. § 8 Absatz 4 EStG). Der steuerliche Vorteil ist damit insbesondere im Rahmen von Gehaltsverzicht oder -umwandlungen ausgeschlossen.

2. Sachbezug im Sinne des § 8 Absatz 2 Satz 1 EStG i. V. m. § 8 Absatz 1 Satz 3 EStG

5 Sachbezüge im Sinne des § 8 Absatz 2 Satz 1 EStG sind alle nicht in Geld bestehenden Einnahmen. Ein Sachbezug im Sinne des § 8 Absatz 2 Satz 1 EStG liegt nicht vor, wenn der Arbeitnehmer anstelle des Sachbezugs auch eine Geldleistung verlangen kann, selbst wenn der Arbeitgeber die Sache zuwendet (BFH-Urteil vom 4. Juli 2018, BStBl. 2019 II S. 373, Rn. 16).

Unter diesen Voraussetzungen ist Sachbezug im Sinne des § 8 Absatz 2 Satz 1 EStG i. V. m. § 8 Absatz 1 Satz 3 EStG u. a.:

6 – die Gewährung von **Kranken-, Krankentagegeld- oder Pflegeversicherungsschutz** bei Abschluss einer Kranken-, Krankentagegeld- oder Pflegeversicherung und Beitragszahlung durch den Arbeitgeber (BFH-Urteil vom 7. Juni 2018, BStBl. II S. 371),

7 – die Gewährung von **Unfallversicherungsschutz**, soweit bei Abschluss einer freiwilligen Unfallversicherung durch den Arbeitgeber der Arbeitnehmer den Versicherungsanspruch unmittelbar gegenüber dem Versicherungsunternehmen geltend machen kann, sofern die Beiträge nicht nach § 40 b Absatz 3 EStG pauschal besteuert werden. Tz. 2.2.1 des BMF-Schreibens vom 28. Oktober

[1] Abgedruckt im *„Handbuch zur Lohnsteuer 2019"* im Anhang III.4.
[2] **[Amtl. Anm.:]** BStBl. 2020 I S. 17.

2009 (BStBl. I Seite 1275)[1] ist insoweit überholt (siehe auch Rn. 29, letzter Satz). § 37 b Absatz 2 EStG ist anwendbar, Anl f zu LStH 8.1

8 – die Gewährung von **Papier-Essenmarken** (Essensgutscheine, Restaurantschecks) und arbeitstäglichen **Zuschüssen zu Mahlzeiten** (sog. digitale Essenmarken); die Richtlinienregelung des R 8.1 Absatz 7 Nummer 4 LStR 2015 und die Regelungen des BMF-Schreibens vom 18. Januar 2019 (BStBl. I Seite 66)[2] bleiben unberührt (§ 8 Absatz 2 Satz 10 EStG), vgl. auch Rn. 16,

9 – die Gewährung von **Gutscheinen oder Geldkarten**, die ausschließlich zum Bezug von Waren oder Dienstleistungen bei dem Arbeitgeber oder bei einem Dritten berechtigen (zur Abgrenzung vgl. Rn. 24) und zudem ab dem 1. Januar 2022 (vgl. Rn. 30) unter lohn- und einkommensteuerlicher Auslegung die Kriterien des § 2 Absatz 1 Nummer 10 **Buchstabe a** ZAG erfüllen:

a) Gutscheine oder Geldkarten, unabhängig von einer Betragsangabe, die berechtigen, ausschließlich Waren oder Dienstleistungen vom Aussteller des Gutscheins aus seiner eigenen Produktpalette zu beziehen (BFH-Urteil vom 4. Juli 2018, BStBl. II S. 373, Rn. 30); der Sitz des Ausstellers sowie dessen Produktpalette sind insoweit nicht auf das Inland beschränkt, oder

b) Gutscheine oder Geldkarten, unabhängig von einer Betragsangabe, die berechtigen, ausschließlich Waren oder Dienstleistungen aufgrund von Akzeptanzverträgen zwischen Aussteller/Emittent und Akzeptanzstellen bei einem begrenzten Kreis von Akzeptanzstellen im Inland zu beziehen (zur Abgrenzung siehe Rn. 23).

10 Ein begrenzter Kreis von Akzeptanzstellen im Sinne der Rn. 9 Buchstabe b gilt für lohn- und einkommensteuerliche Zwecke als erfüllt:

a) bei städtischen Einkaufs- und Dienstleistungsverbünden im Inland oder im Internetshop der jeweiligen Akzeptanzstelle,

b) bei Einkaufs- und Dienstleistungsverbünden, die sich auf eine bestimmte inländische Region (z. B. mehrere benachbarte Städte und Gemeinden im ländlichen Raum) erstrecken, oder im Internetshop der jeweiligen Akzeptanzstelle,

c) wenn Einkaufs- und Dienstleistungsverbünde im Sinne der Buchstaben a oder b auf die – auch bundeslandübergreifend – unmittelbar räumlich angrenzenden zweistelligen Postleitzahlen (PLZ)-Bezirke begrenzt werden (dabei werden Städte und Gemeinden, die jeweils in zwei PLZ-Bezirke fallen, als ein PLZ-Bezirk betrachtet); es bestehen keine Bedenken, wenn die Auswahl dieser PLZ-Bezirke durch den Arbeitnehmer erfolgt, oder

d) aus Vereinfachungsgründen bei Gutscheinen oder Guthabenkarten zum Bezug von Waren oder Dienstleistungen von einer bestimmten Ladenkette (einem bestimmten Aussteller) in den einzelnen Geschäften im Inland oder im Internetshop dieser Ladenkette mit einheitlichem Marktauftritt (z. B. ein Symbol, eine Marke, ein Logo); die Art des Betriebs (z. B. eigene Geschäfte, im Genossenschafts- oder Konzernverbund, über Agenturen oder Franchisenehmer) ist unerheblich. Entsprechendes gilt, wenn sich der Arbeitnehmer vor Hingabe des Gutscheins oder vor Aufladung des Guthabens auf die Geldkarte aus verschiedenen Ladenketten je eine auswählen kann (zum Zeitpunkt des Zuflusses vgl. Rn. 26),

11 **Beispiele zu Rn. 9 und 10**

- wiederaufladbare Geschenkkarten für den Einzelhandel,
- shop-in-shop-Lösungen mit Hauskarte,
- Tankgutscheine oder -karten eines einzelnen Tankstellenbetreibers zum Bezug von Waren oder Dienstleistungen in seiner Tankstelle,
- von einer bestimmten Tankstellenkette (einem bestimmten Aussteller) ausgegebene Tankgutscheine oder -karten zum Bezug von Waren oder Dienstleistungen in den einzelnen Tankstellen mit einheitlichem Marktauftritt (z. B. ein Symbol, eine Marke, ein Logo); die Art des Betriebs (z. B. eigene Geschäfte, im Genossenschafts- oder Konzernverbund, über Agenturen oder Franchisenehmer) ist unerheblich,
- ein vom Arbeitgeber selbst ausgestellter Gutschein (z. B. Tankgutschein, hierzu zählt auch eine Berechtigung zum Tanken), wenn die Akzeptanzstellen (z. B. Tankstelle oder Tankstellenkette) aufgrund des Akzeptanzvertrags (z. B. Rahmenvertrag) unmittelbar mit dem Arbeitgeber abrechnen,
- Karten eines Online-Händlers, die nur zum Bezug von Waren oder Dienstleistungen aus seiner eigenen Produktpalette (Verkauf und Versand durch den Online-Händler) berechtigen, nicht jedoch, wenn sie auch für Produkte von Fremdanbietern (z. B. Marketplace) einlösbar sind,
- Centergutscheine oder Kundenkarten von Shopping-Centern, Malls und Outlet-Villages,
- „City-Cards“, Stadtgutscheine

12 – die Gewährung von **Gutscheinen oder Geldkarten,** die ausschließlich zum Bezug von Waren oder Dienstleistungen bei dem Arbeitgeber oder bei einem Dritten berechtigen (zur Abgrenzung vgl. Rn. 24) und zudem ab dem 1. Januar 2022 (vgl. Rn. 30) unter lohn- und einkommensteuerlicher Auslegung die Kriterien des § 2 Absatz 1 Nummer 10 **Buchstabe b** ZAG erfüllen:
Gutscheine oder Geldkarten, unabhängig von einer Betragsangabe, die nur berechtigen, Waren oder Dienstleistungen ausschließlich aus einer sehr begrenzten Waren- oder Dienstleistungspalette zu beziehen; auf die Anzahl der Akzeptanzstellen und den Bezug im Inland kommt es deshalb hier nicht an. Nicht ausreichend ist hierfür die alleinige Bezugnahme auf eine Händlerkategorie (z. B. sog. Merchant Category Code, MCC). Sofern zu einer begrenzten Waren- oder Dienstleistungspalette – wenn auch in geringem Maße – Waren oder Dienstleistungen einer anderen Palette angeboten werden, sind Rn. 9 bis 11 zu § 2 Absatz 1 Nummer 10 Buchstabe a ZAG zu beachten.

13 **Beispiele zu Rn. 12**
Gutscheine oder Geldkarten begrenzt auf

---

[1] Abgedruckt als Anlage zu LStH 40 b.1.
[2] Abgedruckt als Anlage h zu LStH 8.1.

Anl f zu LStH 8.1

- den Personennah- und Fernverkehr (z. B. für Fahrberechtigungen, Zugrestaurant, Park&Ride-Parkgelegenheiten) einschließlich bestimmter Mobilitätsdienstleistungen (z. B. die Nutzung von (Elektro-)Fahrrädern, Car-Sharing, E-Scootern),
- Kraftstoff, Ladestrom etc. („Alles, was das Auto bewegt"),
- Fitnessleistungen (z. B. für den Besuch der Trainingsstätten und zum Bezug der dort angebotenen Waren oder Dienstleistungen),
- Streamingdienste für Film und Musik,
- Zeitungen und Zeitschriften, einschließlich Downloads,
- Bücher, auch als Hörbücher oder Dateien, einschließlich Downloads,
- die Behandlung der Person in Form von Hautpflege, Makeup, Frisur und dergleichen (sog. Beautykarten),
- Bekleidung inkl. Schuhe nebst Accessoires wie z. B. Taschen, Schmuck, Kosmetika, Düfte (sog. Waren, die der Erscheinung einer Person dienen)

14 – die Gewährung von **Gutscheinen oder Geldkarten**, die ausschließlich zum Bezug von Waren oder Dienstleistungen bei dem Arbeitgeber oder bei einem Dritten berechtigen (zur Abgrenzung vgl. Rn. 24) und zudem ab dem 1. Januar 2022 (vgl. Rn. 30) unter lohn- und einkommensteuerlicher Auslegung die Kriterien des § 2 Absatz 1 Nummer 10 **Buchstabe c** ZAG erfüllen: Gutscheine oder Geldkarten, unabhängig von einer Betragsangabe, die nur berechtigen, aufgrund von Akzeptanzverträgen zwischen Aussteller/Emittent und Akzeptanzstellen Waren oder Dienstleistungen ausschließlich für bestimmte soziale oder steuerliche Zwecke im Inland zu beziehen (Zweckkarte); auf die Anzahl der Akzeptanzstellen kommt es nicht an.

15 Nicht um eine Zweckkarte im Sinne des § 2 Absatz 1 Nummer 10 Buchstabe c ZAG handelt es sich bei Gutscheinen oder Geldkarten, wenn deren Einsatzbereich für sich genommen nicht mehr hinreichend bestimmt eingegrenzt ist. Ein „begünstigter" sozialer oder steuerlicher Zweck in diesem Sinne ist daher insbesondere nicht die Inanspruchnahme der 50 €-Freigrenze (bis 31. Dezember 2021 44 €-Freigrenze), der Richtlinienregelung des R 19.6 LStR (Aufmerksamkeiten) oder der Pauschalversteuerung nach § 37 b EStG an sich.

16 **Beispiele zu Rn. 14**

- Verzehrkarten in einer sozialen Einrichtung, Papier-Essenmarken (Essensgutscheine, Restaurantschecks) und arbeitstägliche Zuschüsse zu Mahlzeiten (sog. digitale Essenmarken),
- Behandlungskarten für ärztliche Leistungen oder Reha-Maßnahmen,
- Karten für betriebliche Gesundheitsmaßnahmen (einschließlich betrieblicher Gesundheitsleistungen des Arbeitgebers im Sinne des § 3 Nummer 34 EStG)

17 Ein Abschlag von 4 % nach R 8.1 Absatz 2 Satz 3 LStR ist nicht vorzunehmen, wenn ein Gutschein oder eine Geldkarte über einen in Euro lautenden Höchstbetrag hingegeben wird (R 8.1 Absatz 2 Satz 4 LStR):[1]

3. Geldleistung im Sinne des § 8 Absatz 1 Satz 1 und 2 EStG

Kein Sachbezug, sondern Geldleistung im Sinne des § 8 Absatz 1 Satz 1 und 2 EStG ist u. a.:

18 – eine Zahlung des Arbeitgebers an den Arbeitnehmer bei Abschluss einer **Kranken-, Krankentagegeld- oder Pflegeversicherung** und Beitragszahlung durch den **Arbeitnehmer**, wenn die Zahlung des Arbeitgebers mit der Auflage verbunden ist, dass der Arbeitnehmer mit einem vom Arbeitgeber benannten Unternehmen einen Versicherungsvertrag schließt (BFH-Urteil vom 4. Juli 2018, BStBl. II S. 373),

19 – ein im Inland gültiges gesetzliches **Zahlungsmittel** oder Zahlungen in einer gängigen, frei konvertiblen und im Inland handelbaren ausländischen Währung; dies gilt nicht für Zahlungsmittel (z. B. Sonderprägungen), wenn der übliche Endpreis am Abgabeort im Sinne des § 8 Absatz 2 Satz 1 EStG vom Nennwert abweicht.

20 – eine Zahlung des Arbeitgebers an den Arbeitnehmer anstelle der geschuldeten Ware oder Dienstleistung (**zweckgebundene Geldleistungen** und **nachträgliche Kostenerstattungen**); R 8.2 Absatz 1 Satz 4 LStR bleibt unberührt,

21 Die Steuerbefreiung des § 3 Nummer 50 EStG für Beträge, die der Arbeitnehmer vom Arbeitgeber erhält, um sie für ihn auszugeben (**durchlaufende Gelder**) und für Beträge, durch die Auslagen des Arbeitnehmers für den Arbeitgeber ersetzt werden (**Auslagenersatz**), bleibt hiervon unberührt. Besteht ein eigenes Interesse des Arbeitnehmers an den bezogenen Waren oder Dienstleistungen, liegen kein steuerfreier Auslagenersatz und auch keine durchlaufenden Gelder im Sinne des § 3 Nummer 50 EStG vor (R 3.50 Absatz 1 Satz 3 LStR); von einem eigenen Interesse des Arbeitnehmers an den bezogenen Waren oder Dienstleistungen ist auszugehen, wenn die Waren oder Dienstleistungen für den privaten Gebrauch des Arbeitnehmers bestimmt sind.

22 **Beispiele zu Rn. 20**

Arbeitnehmer A hat gegenüber seinem Arbeitgeber zusätzlich zum ohnehin geschuldeten Arbeitslohn einen Anspruch auf Übereignung eines Fahrrads im Wert von 800 €.

a) A erhält von seinem Arbeitgeber anstelle des geschuldeten Fahrrads einen Betrag von 800 € für den entsprechenden Erwerb.
Die arbeitsvertragliche Zweckbestimmung führt nicht zur Annahme eines Sachbezugs. Es handelt sich um eine zweckgebundene Geldleistung. § 37 b EStG ist nicht anwendbar.

b) A erwirbt das Fahrrad und erhält von seinem Arbeitgeber nach Vorlage seines Kaufbelegs den Betrag von 800 € erstattet.
Die arbeitsvertragliche Zweckbestimmung führt nicht zur Annahme eines Sachbezugs. Es handelt sich um eine nachträgliche Kostenerstattung. § 37 b EStG ist nicht anwendbar.

---

[1] **[Amtl. Anm.:]** Jetzt R 8.1 Abs. 2 Satz 5.

Anl f zu LStH 8.1

Beispiel zu Rn. 21
Als Rahmenprogramm zu einer Fortbildung wird für die teilnehmenden Arbeitnehmer eine Bowling-Veranstaltung durchgeführt. Teilnehmer A bezahlt die Kosten für die Bowling-Bahn sowie sämtliche dort verzehrten Speisen und Getränke. Er lässt sich diese Kosten anschließend über den vom Arbeitgeber vorgesehenen Auslagenerstattungsprozess erstatten.
Bei der Erstattung der Kosten durch den Arbeitgeber an A handelt es sich – auch hinsichtlich der Erstattung für dessen eigene Teilnahme – um Auslagenersatz im Sinne des § 3 Nummer 50 EStG, da er die Ausgaben für Rechnung des Arbeitgebers geleistet hat. Bei den für Rechnung des Arbeitgebers gewährten Leistungen handelt es sich bei allen teilnehmenden Arbeitnehmern – einschließlich A – um Sachbezüge.

23 – ab dem 1. Januar 2022 (vgl. Rn. 30) die Gewährung von Gutscheinen oder Geldkarten, die unter lohn- und einkommensteuerlicher Auslegung die **Kriterien des § 2 Absatz 1 Nummer 10 ZAG** (vgl. Rn. 9 bis 16) **nicht** erfüllen:
Geldsurrogate, wie insbesondere die Gewährung von Geldkarten oder Wertguthabenkarten in Form von Prepaid-Kreditkarten mit überregionaler Akzeptanz ohne Einschränkungen hinsichtlich der Produktpalette, die im Rahmen unabhängiger Systeme des unbaren Zahlungsverkehrs eingesetzt werden können (BFH-Urteil vom 4. Juli 2018, BStBl. II S. 373, Rn. 31). Allein die Begrenzung der Anwendbarkeit von Gutscheinen oder Geldkarten auf das Inland ist für die Annahme eines Sachbezugs nicht ausreichend.

24 – die Gewährung von Gutscheinen oder Geldkarten, die nicht ausschließlich zum Bezug von Waren oder Dienstleistungen bei dem Arbeitgeber oder bei einem Dritten berechtigen. Stets als Geldleistung zu behandeln sind daher insbesondere Gutscheine oder Geldkarten, die
a) über eine Barauszahlungsfunktion verfügen. Es ist nicht zu beanstanden, wenn verbleibende Restguthaben bis zu einem Euro ausgezahlt oder auf einen anderen Gutschein oder eine andere Geldkarte übertragen werden können; dies gilt auch bei einem monatlichen Wechsel z. B. der Ladenkette im Rahmen einer weiteren Aufladung eines Guthabens auf derselben Geldkarte,
b) über eine eigene Internationale Bankkontonummer (IBAN) verfügen,
c) für Überweisungen (z. B. PayPal) verwendet werden können,
d) für den Erwerb von Devisen (z. B. Britisches Pfund, US-Dollar, Schweizer Franken) oder Kryptowährungen (z. B. Bitcoin, Ethereum) verwendet werden können,
e) als generelles Zahlungsinstrument hinterlegt werden können oder
f) ausschließlich berechtigen, sie gegen andere Gutscheine oder Geldkarten einzulösen (z. B. Gutscheinportale), da der alleinige Bezug eines weiteren Gutscheins oder einer weiteren Geldkarte kein Bezug von Waren oder Dienstleistungen im Sinne des § 8 Absatz 1 Satz 3 EStG ist (vgl. Rn. 3).

Dies gilt nicht, wenn durch technische Vorkehrungen und in den zur Verwendung kommenden Vertragsvereinbarungen sichergestellt ist, dass
aa) die Einlösung nur gegen andere Gutscheine oder Geldkarten erfolgen kann, die ausschließlich zum Bezug von Waren oder Dienstleistungen bei dem Arbeitgeber oder bei einem Dritten berechtigen und die ab dem 1. Januar 2022 die Kriterien des § 2 Absatz 1 Nummer 10 ZAG erfüllen (vgl. Rn. 30) und
bb) dem Arbeitnehmer das Guthaben erst nach Auswahl des anderen Gutscheins oder der anderen Geldkarte zur Verfügung steht (z. B. Auswahl vor Freischaltung eines Gutscheincodes oder vor Aufladung des Guthabens auf die Geldkarte).

25 **Beispiele zu Rn. 23**
Arbeitnehmer A erhält im Januar 2022 von seinem Arbeitgeber zusätzlich zum ohnehin geschuldeten Arbeitslohn eine Prepaid-Kreditkarte, die monatlich mit 50 € aufgeladen wird und mit der er bei über 30 Mio. Akzeptanzstellen weltweit Waren einkaufen kann. Auf Grundlage der arbeitsvertraglichen Vereinbarungen ist A aber nur der Erwerb von Kraftstoff für seinen **Privatwagen** erlaubt.
Die Voraussetzungen der Rn. 9 bis 16 sind nicht erfüllt. Bei der Prepaid-Kreditkarte handelt es sich um ein Geldsurrogat im Sinne des § 8 Absatz 1 Satz 2 EStG. Die arbeitsvertragliche Zweckbestimmung führt nicht zur Annahme eines Sachbezugs. Es handelt sich um eine Geldleistung. Die 50 €-Freigrenze ist nicht anwendbar.
Abwandlung
Auf Grundlage der arbeitsvertraglichen Vereinbarungen ist A nur der Erwerb von Kraftstoff für seinen **Dienstwagen** erlaubt.
Es handelt sich nicht um einen Sachbezug, sondern um eine zweckgebundene Geldleistung, die nach § 3 Nummer 50 EStG steuerfrei ist.

4. Allgemeine lohn- und einkommensteuerliche Regelungen zu Gutscheinen oder Geldkarten

26 Der Zufluss des Sachbezugs erfolgt bei einem Gutschein oder einer Geldkarte, die bei einem Dritten einzulösen sind, im Zeitpunkt der Hingabe und bei Geldkarten frühestens im Zeitpunkt der Aufladung des Guthabens, weil der Arbeitnehmer zu diesem Zeitpunkt einen Rechtsanspruch gegenüber dem Dritten erhält (§ 38 Absatz 2 Satz 2 EStG, R 38.2 Absatz 3 Satz 1 LStR). Der Zufluss des Sachbezugs erfolgt bei einem Gutschein oder einer Geldkarte, die beim Arbeitgeber einzulösen sind, im Zeitpunkt der Einlösung (§ 38 Absatz 2 Satz 2 EStG, R 38.2 Absatz 3 Satz 2 LStR). Die funktionale Begrenzung der Gutscheine und Geldkarten ist in geeigneter Weise durch technische Vorkehrungen und in den zur Verwendung kommenden Vertragsvereinbarungen sicherzustellen.

27 Die konkrete aufsichtsrechtliche Einordnung einer Geldkarte als Zahlungsdienst oder eine Bescheinigung über die aufsichtsrechtliche Erfüllung der Kriterien des § 2 Absatz 1 Nummer 10 ZAG durch die Bundesanstalt für Finanzdienstleistungsaufsicht (BAFin) ist für die Finanzverwaltung nicht bindend (Gesetz zur weiteren Förderung der Elektromobilität und zur Änderung weiterer steuerlicher Vorschriften – Bericht des Finanzausschusses des Deutschen Bundestages, Bundestags-Drucksache 19/14909 Seite 10).

Anl f zu LStH 8.1

28 Die Regelungen dieses BMF-Schreibens gelten nur für die lohn- und einkommensteuerliche Auslegung der Kriterien des § 2 Absatz 1 Nummer 10 ZAG. Die diesbezüglichen aufsichtsrechtlichen Regelungen bleiben hiervon unberührt.

5. Anwendung der 50 €-Freigrenze im Sinne des § 8 Absatz 2 Satz 11 EStG bei Unfallversicherungen und betrieblicher Altersversorgung

29 Bei pauschalierungsfähigen Beiträgen für eine Unfallversicherung der Arbeitnehmer im Sinne des § 40 b Absatz 3 EStG scheidet die Anwendung der 50 €-Freigrenze (bis 31. Dezember 2021 44 €-Freigrenze) aus (BFH-Urteil vom 26. November 2002, BStBl. 2003 II Seite 492). Im Rahmen der betrieblichen Altersversorgung führen laufende Beiträge und Zuwendungen des Arbeitgebers aus einem bestehenden Dienstverhältnis an einen Pensionsfonds, eine Pensionskasse oder für eine Direktversicherung zu Einkünften aus nichtselbständiger Arbeit (§ 19 Absatz 1 Satz 1 Nummer 3 EStG). Diese spezialgesetzliche Regelung schließt eine Bewertung der entsprechenden Beiträge und Zuwendungen nach § 8 Absatz 2 Satz 1 EStG aus (vgl. auch BFH-Urteil vom 7. Juni 2018, BStBl. II S. 371, Rn. 23). Die 50 €-Freigrenze (bis 31. Dezember 2021 44 €-Freigrenze) ist daher nicht anwendbar.

6. Anwendungszeitraum

30 Die Grundsätze dieses Schreibens sind ab 1. Januar 2020 anzuwenden.

Es ist jedoch – abweichend von § 8 Absatz 1 Satz 3 EStG – nicht zu beanstanden, wenn Gutscheine und Geldkarten, die ausschließlich zum Bezug von Waren oder Dienstleistungen berechtigen (zur Abgrenzung vgl. Rn. 24), jedoch die Kriterien des § 2 Absatz 1 Nummer 10 ZAG (vgl. Rn. 9 bis 16) nicht erfüllen, noch bis zum 31. Dezember 2021 als Sachbezug anerkannt werden.

Dieses Schreiben ersetzt das BMF-Schreiben vom 13. April 2021 (BStBl. I Seite 624).[1]

Anl g zu LStH 8.1

g) Schreiben betr. Nutzung eines betrieblichen Kraftfahrzeugs für private Fahrten, Fahrten zwischen Wohnung und Betriebsstätte/erster Tätigkeitsstätte oder Fahrten nach § 9 Abs. 1 Satz 3 Nr. 4 a Satz 3 EStG und Familienheimfahrten; Nutzung von Elektro- und Hybridelektrofahrzeugen

Vom 5. November 2021 (BStBl. I S. 2205)

(BMF IV C 6 – S 2177/19/10004 :008; IV C 5 – S 2334/19/10009 :003; DOK 2021/1117997)

61 Durch das Gesetz zur Vermeidung von Umsatzsteuerausfällen beim Handel mit Waren im Internet und zur Änderung weiterer steuerlicher Vorschriften vom 11. Dezember 2018 (BGBl. I S. 2338, BStBl. I S. 1377), das Gesetz zur weiteren steuerlichen Förderung der Elektromobilität und zur Änderung weiterer steuerlicher Vorschriften vom 12. Dezember 2019 (BGBl. I S. 2451, BStBl. 2020 I S. 17) und das Zweite Gesetz zur Umsetzung steuerlicher Hilfsmaßnahmen zur Bewältigung der Corona-Krise vom 29. Juni 2020 (BGBl. I S. 1512, BStBl. I S. 563) wurden die in § 6 Abs. 1 Nr. 4 Satz 2 und 3 EStG enthaltenen Sonderregelungen für Elektrofahrzeuge und extern aufladbare Hybridelektrofahrzeuge fortentwickelt und der Anwendungszeitraum der Regelungen verlängert. Unter Bezugnahme auf das Ergebnis der Erörterungen mit den obersten Finanzbehörden der Länder gilt für die ertragsteuerliche Beurteilung der Nutzung von betrieblichen Elektro- und extern aufladbaren Hybridelektrofahrzeugen für private Fahrten, Fahrten zwischen Wohnung und Betriebsstätte/erster Tätigkeitsstätte oder Fahrten nach § 9 Abs. 1 Satz 3 Nr. 4 a Satz 3 EStG und Familienheimfahrten Folgendes:

1. Sachlicher Anwendungsbereich

a) Elektrofahrzeuge

1 Elektrofahrzeuge i. S. d. § 6 Abs. 1 Nr. 4 Satz 2 2. Halbsatz und Satz 3 EStG sind Kraftfahrzeuge, die ausschließlich durch einen Elektromotor angetrieben werden, der ganz oder überwiegend aus mechanischen oder elektrochemischen Energiespeichern oder aus emissionsfrei betriebenen Energiewandlern gespeist wird. Elektrofahrzeuge sind danach z. B.

a) reine Batterieelektrofahrzeuge i. S. d. § 2 Nr. 2 Elektromobilitätsgesetz (EmoG), bei denen es sich um Kraftfahrzeuge mit einem Antrieb handelt, dessen Energiewandler ausschließlich elektrische Maschinen sind und dessen Energiespeicher zumindest von außerhalb des Fahrzeugs wieder aufladbar sind und

b) Brennstoffzellenfahrzeuge i. S. d. § 2 Nr. 4 EmoG, bei denen es sich um Kraftfahrzeuge mit einem Antrieb handelt, dessen Energiewandler ausschließlich aus den Brennstoffzellen und mindestens einer elektrischen Antriebsmaschine bestehen.

Nach dem Verzeichnis des Kraftfahrtbundesamtes zur Systematisierung von Kraftfahrzeugen und ihren Anhängern (Stand: Juli 2021)[2] weisen danach folgende Codierungen im Teil 1, Feld 10 der Zulassungsbescheinigung ein Elektrofahrzeug in diesem Sinne aus: 0004 und 0015.

b) Extern aufladbare Hybridelektrofahrzeuge

2 Extern aufladbare Hybridelektrofahrzeuge i. S. d. § 6 Abs. 1 Nr. 4 Satz 2 2. Halbsatz und Satz 3 EStG sind Kraftfahrzeuge i. S. d. § 2 Nr. 3 EmoG mit einem Antrieb, der über mindestens zwei verschiedene Arten von Energiewandlern, davon mindestens ein Energiewandler als elektrische Antriebsmaschine, und Energiespeichern, davon mindestens einer von einer außerhalb des Fahrzeuges befindlichen Ener-

[1] Abgedruckt im „Handbuch zur Lohnsteuer 2021", Anhang III 3.
[2] **[Amtl. Anm.:]** Stand: Mai 2024.

giequelle elektrisch wieder aufladbar, verfügt. Extern aufladbare Hybridelektrofahrzeuge sind z. B. sogenannte Plug-in-Hybridfahrzeuge. Anl g zu LStH 8.1

Nach dem Verzeichnis des Kraftfahrtbundesamtes zur Systematisierung von Kraftfahrzeugen und ihren Anhängern (Stand: Juli 2021)[1] weisen danach folgende Codierungen im Teil 1, Feld 10 der Zulassungsbescheinigung ein Hybridelektrofahrzeug in diesem Sinne aus: 0016 bis 0019 und 0025 bis 0031.

c) Elektrofahrräder und Elektrokleinstfahrzeuge

3 Elektrofahrräder, die verkehrsrechtlich als Kraftfahrzeug einzuordnen sind (Elektrofahrräder, deren Motor auch Geschwindigkeiten über 25 km/h unterstützt), und Elektrokleinstfahrzeuge i. S. d. § 1 Abs. 1 Satz 1 Elektrokleinstfahrzeuge-Verordnung vom 6. Juni 2019 (BGBl. I S. 756; Kraftfahrzeuge mit elektrischem Antrieb und einer bauartbedingten Höchstgeschwindigkeit von nicht weniger als 6 km/h und nicht mehr als 20 km/h) sind ertragsteuerlich als Kraftfahrzeuge i. S. d. § 6 Abs. 1 Nr. 4 Satz 2 und 3 EStG einzuordnen. Die Überlassung solcher Fahrzeuge durch den Arbeitgeber ist daher nicht nach § 3 Nr. 37 EStG steuerfrei.

d) Emission und Reichweite

4 Für die Anwendung des § 6 Abs. 1 Nr. 4 Satz 2 Nr. 2 und Satz 3 Nr. 2 EStG muss ein Hybridelektrofahrzeug, das nach dem 31. Dezember 2018 und vor dem 1. Januar 2022 angeschafft wurde, die Voraussetzungen des § 3 Abs. 2 Nr. 1 oder 2 EmoG erfüllen. Für diese Fahrzeuge muss sich aus der Übereinstimmungsbescheinigung nach Anhang IX der Richtlinie 2007/46/EG[2] oder aus der Übereinstimmungsbescheinigung nach Art. 38 der Verordnung (EU) Nr. 168/2013 ergeben, dass das Fahrzeug:

1. eine Kohlendioxidemission von höchstens 50 Gramm je gefahrenen Kilometer hat, oder
2. dessen Reichweite unter ausschließlicher Nutzung der elektrischen Antriebsmaschine mindestens 40 Kilometer beträgt.

Die Erfüllung dieser Bedingungen kann durch das Führen eines E-Kennzeichens nachgewiesen werden. Soweit ein solches nicht vorhanden ist, kann der Nachweis auch durch Vorlage der Übereinstimmungsbescheinigung nach Anhang IX der Richtlinie 2007/46/EG[3] oder aus der Übereinstimmungsbescheinigung nach Art. 38 der Verordnung (EU) Nr. 168/2013 erbracht werden. Soweit in den Bescheinigungen verschiedene Werte ausgewiesen werden:

1. sind für Fahrzeuge, die nach dem 31. August 2018 erstmalig zugelassen wurden, grundsätzlich die WLTP[4] Werte maßgeblich (CoC[5] 49.4 und 49.5). Eine Ausnahme gilt nur für auslaufende Modelle und Lagerfahrzeuge, die nicht nach WLTP zertifiziert werden müssen. Für die Kohlendioxidemissionen ist hierbei auf die gewichteten kombinierten WLTP Werte (COC 49.4) abzustellen und
2. wird für die elektrische Mindestreichweite der Wert „Elektrische Reichweite innerorts" (EAER[6] city gem. CoC 49.5.2) herangezogen.

5 Für die Prüfung, ob ein Elektro- oder Hybridelektrofahrzeug die Voraussetzungen an den zulässigen Kohlendioxidausstoß und die erforderliche Mindestreichweite des § 6 Abs. 1 Nr. 4 Satz 2 Nr. 3 bis 5 und Satz 3 Nr. 3 bis 5 EStG erfüllt, ist auf die in Rdnr. 11 genannten Werte abzustellen. Die Kohlendioxidemissionen und die elektrische Mindestreichweite ergeben sich aus der Übereinstimmungsbescheinigung nach Anhang IX der Richtlinie 2007/46/EG[7] oder aus der Übereinstimmungsbescheinigung nach Art. 38 der Verordnung (EU) Nr. 168/2013. Rdnr. 4 Satz 5 gilt sinngemäß.

2. Pauschale Ermittlung des privaten Nutzungswerts nach der 1%-Regelung

a) Ermittlung des maßgebenden Listenpreises

6 Die Bemessungsgrundlage für die Ermittlung des Entnahmewerts nach § 6 Abs. 1 Nr. 4 Satz 2 EStG, der nicht abziehbaren Betriebsausgaben nach § 4 Abs. 5 Satz 1 Nr. 6 EStG oder des pauschalen Nutzungswerts nach § 8 Abs. 2 Satz 2, 3 und 5 EStG ist der inländische Listenpreis im Zeitpunkt der Erstzulassung des Kraftfahrzeugs zuzüglich der Kosten für Sonderausstattung einschließlich Umsatzsteuer[8] (Bruttolistenpreis). Diese Bemessungsgrundlage ist für Kraftfahrzeuge i. S. d. Rdnrn. 1 bis 3 wie folgt anzupassen:

aa) § 6 Abs. 1 Nr. 4 Satz 2 Nr. 1 EStG (sogenannter Nachteilsausgleich)

7 Für Kraftfahrzeuge, die vor dem 1. Januar 2023 angeschafft werden und die nicht in den Anwendungsbereich des § 6 Abs. 1 Nr. 4 Satz 2 Nr. 2 bis 4 EStG fallen (vgl. Rdnr. 11), ist dieser Listenpreis wegen der darin enthaltenen Kosten für das Batteriesystem pauschal zu mindern; der pauschale Abschlag ist der Höhe nach begrenzt. Der Minderungs- und der Höchstbetrag richten sich nach dem Anschaffungsjahr des Kraftfahrzeugs und können aus nachfolgender Tabelle entnommen werden. Werden Elektro- und Hybridelektrofahrzeuge i. S. d. Rdnrn. 1 bis 3 gebraucht erworben, richtet sich der Minderungsbetrag nach dem Jahr der Erstzulassung des Kraftfahrzeugs. Der kWh-Wert kann dem Teil 1, Feld 22 der Zulassungsbescheinigung entnommen werden. Bei Brennstoffzellenfahrzeugen ist die Batteriekapazität der im Fahrzeug gespeicherten Energie vergleichbar; dieser Wert kann dem Teil 1, Feld 22 der Zulassungsbescheinigung entnommen werden.

---

[1] **[Amtl. Anm.:]** Stand: Mai 2024.
[2] **[Amtl. Anm.:]** Zum 1. 9. 2020 ersetzt durch Verordnung (EU) 2018/858.
[3] **[Amtl. Anm.:]** Zum 1. 9. 2020 ersetzt durch Verordnung (EU) 2018/858.
[4] **[Amtl. Anm.:]** WLTP = Worldwide Harmonized Light-Duty Vehicles Test Procedure.
[5] **[Amtl. Anm.:]** CoC = Certificate of Conformity.
[6] **[Amtl. Anm.:]** EAER = Equivalent All Electric Range.
[7] **[Amtl. Anm.:]** Zum 1. 9. 2020 ersetzt durch Verordnung (EU) 2018/858.
[8] **[Amtl. Anm.:]** Zur umsatzsteuerlichen Behandlung der Überlassung von (Elektro-)Fahrrädern an Arbeitnehmer siehe BMF vom 7. 2. 2022 (BStBl. I S. 197).

Anl g zu LStH 8.1

Anschaffungsjahr/Jahr der Erstzulassung	Minderungsbetrag in Euro/kWh der Batteriekapazität	Höchstbetrag in Euro
2013 und früher	500	10 000
2014	450	9500
2015	400	9000
2016	350	8500
2017	300	8000
2018	250	7500
2019	200	7000
2020	150	6500
2021	100	6000
2022	50	5500

8 Die Abrundung des Listenpreises auf volle Hundert Euro nach Rdnr. 10 des BMF-Schreibens vom 18. November 2009 (BStBl. I S. 1326) und R 8.1 Abs. 9 Nr. 1 Satz 6 LStR ist nach Abzug des Abschlages vorzunehmen. Auf den so ermittelten Wert sind für den gesamten Zeitraum der Nutzung des jeweiligen Kraftfahrzeugs die Prozentsätze nach § 4 Abs. 5 Satz 1 Nr. 6 Satz 3, § 6 Abs. 1 Nr. 4 Satz 2 und § 8 Abs. 2 Satz 2, 3 und 5 EStG anzuwenden.

Beispiel 1:

Der Steuerpflichtige hat in 2018 ein Elektrofahrzeug mit einer Batteriekapazität von 25,4 Kilowattstunden (kWh) erworben. Der Bruttolistenpreis beträgt 45 000 Euro. Die betriebliche Nutzung beträgt 60%. Der private Nutzungsanteil nach § 6 Abs. 1 Nr. 4 Satz 2 Nr. 1 EStG ermittelt sich wie folgt:

Der Bruttolistenpreis (45 000 Euro) ist um 6350 Euro (25,4 kWh × 250 Euro) zu mindern. Der für die Ermittlung des Entnahmewerts geminderte und auf volle hundert Euro abgerundete Bruttolistenpreis beträgt 38 600 Euro. Die Nutzungsentnahme nach der 1%-Regelung beträgt 386 Euro pro Monat.

Beispiel 2:

Der Steuerpflichtige hat in 2018 ein Elektrofahrzeug mit einer Batteriekapazität von 45 Kilowattstunden (kWh) erworben. Der Bruttolistenpreis beträgt 109 150 Euro. Die betriebliche Nutzung beträgt 60 %. Der private Nutzungsanteil nach § 6 Abs. 1 Nr. 4 Satz 2 Nr. 1 EStG ermittelt sich wie folgt:

Der Bruttolistenpreis (109 150 Euro) ist um 7500 Euro (45 kWh × 250 Euro = 11 250 Euro, begrenzt auf 7500 Euro Höchstbetrag) zu mindern und auf volle Hundert Euro abzurunden. Der für die Ermittlung des Entnahmewerts geminderte Bruttolistenpreis beträgt 101 600 Euro. Die Nutzungsentnahme beträgt 1016 Euro pro Monat.

Beispiel 2/1:

Der Steuerpflichtige hat in 2020 ein extern aufladbares Hybridelektrofahrzeug erworben, das die Voraussetzungen des § 3 Abs. 2 Nr. 1 oder 2 EmoG nicht erfüllt. Die betriebliche Nutzung beträgt 60%. Der private Nutzungsanteil ist nach § 6 Abs. 1 Nr. 4 Satz 2 Nr. 1 EStG zu ermitteln, weil die Voraussetzungen für einen Bruchteilsansatz des Listenpreises nach § 6 Abs. 1 Nr. 4 Satz 2 Nr. 2 EStG (vgl. Rdnr. 11) nicht vorliegen.

9 Eine Minderung der Bemessungsgrundlage ist nur dann vorzunehmen, wenn der Listenpreis die Kosten des Batteriesystems beinhaltet. Wird das Batteriesystem des Elektro- oder Hybridelektrofahrzeugs nicht zusammen mit dem Kraftfahrzeug angeschafft, sondern ist für dessen Überlassung ein zusätzliches Entgelt, z. B. in Form von Leasingraten, zu entrichten, kommt eine Minderung der Bemessungsgrundlage nicht in Betracht. Die für die Überlassung der Batterie zusätzlich zu entrichtenden Entgelte sind grundsätzlich als Betriebsausgaben abziehbar.

Beispiel 3:

Der Steuerpflichtige hat in 2018 ein Elektrofahrzeug mit einer Batteriekapazität von 25,4 Kilowattstunden (kWh) erworben. Der Bruttolistenpreis beträgt 25 640 Euro. Für die Batterie hat der Steuerpflichtige monatlich zusätzlich eine Mietrate von 79 Euro zu zahlen. Die betriebliche Nutzung beträgt 60 %. Der private Nutzungsanteil nach § 6 Abs. 1 Nr. 4 Satz 2 Nr. 1 EStG ermittelt sich wie folgt:

Der Bruttolistenpreis (25 640 Euro) ist nicht zu mindern und wird – auf volle Hundert Euro abgerundet – für die Ermittlung des Entnahmewerts zugrunde gelegt. Die Nutzungsentnahme beträgt 256 Euro pro Monat.

10 Aus Vereinfachungsgründen ist es auch zulässig, die Nutzungsentnahme ausgehend vom Listenpreis für das Kraftfahrzeug mit Batteriesystem zu berechnen, wenn das gleiche Kraftfahrzeug am Markt jeweils mit oder ohne Batteriesystem angeschafft werden kann.

Beispiel 4:

Wie Beispiel 3, das Elektrofahrzeug könnte der Steuerpflichtige auch zusammen mit dem Batteriesystem erwerben. Der Bruttolistenpreis betrüge 31 640 Euro. Der private Nutzungsanteil nach § 6 Abs. 1 Nr. 4 Satz 2 Nr. 1 EStG könnte auch wie folgt ermittelt werden:

Der Bruttolistenpreis (31 640 Euro) ist um 6 350 Euro (25,4 kWh × 250 Euro = 6350 Euro) zu mindern und auf volle Hundert Euro abzurunden. Der für die Ermittlung des Entnahmewerts geminderte Bruttolistenpreis beträgt 25 200 Euro. Die Nutzungsentnahme beträgt 252 Euro pro Monat.

bb) § 6 Abs. 1 Nr. 4 Satz 2 Nr. 2 bis 5 EStG(sogenannter Bruchteilsansatz)

11 Nach § 6 Abs. 1 Nr. 4 Satz 2 Nr. 2 bis 5 EStG ist in Abhängigkeit vom jeweiligen Anschaffungsdatum und von der Erfüllung der jeweiligen weiteren Voraussetzungen folgender Bruchteil dieses Listenpreises anzusetzen. Für die Überlassung eines betrieblichen Kraftfahrzeugs vom Arbeitgeber an den Arbeitnehmer gilt Rdnr. 22.

Anl g zu LStH 8.1

1. Für Elektrofahrzeuge gilt

a) mit Wirkung zum 1. Januar 2019:

Anschaffungszeitraum	Voraussetzungen	Anzusetzender Bruchteil
1. 1. 2019 bis 31. 12. 2021	keine	$^1/_2$

b) mit Wirkung zum 1. Januar 2020:

Anschaffungszeitraum	Voraussetzungen	Anzusetzender Bruchteil
1. 1. 2019 bis 31. 12. 2030	Listenpreis nicht mehr als 60 000 €[1]	$^1/_4$
1. 1. 2019 bis 31. 12. 2030	Listenpreis mehr als 60 000 €[2]	$^1/_2$

2. Für extern aufladbare Hybridelektrofahrzeuge gilt

a) mit Wirkung zum 1. Januar 2019:

Anschaffungszeitraum	Voraussetzungen	Anzusetzender Bruchteil
1. 1. 2019 bis 31. 12. 2021	Kohlendioxidemission höchstens 50 g/km *oder* Mindestreichweite von 40 km	$^1/_2$

b) mit Wirkung zum 1. Januar 2020:

Anschaffungszeitraum	Voraussetzungen	Anzusetzender Bruchteil
1. 1. 2019 bis 31. 12. 2021	Kohlendioxidemission höchstens 50 g/km *oder* Mindestreichweite von 40 km	$^1/_2$
1. 1. 2022 bis 31. 12. 2024	Kohlendioxidemission höchstens 50 g/km *oder* Mindestreichweite von 60 km	$^1/_2$
1. 1. 2025 bis 31. 12. 2030	Kohlendioxidemission höchstens 50 g/km *oder* Mindestreichweite von 80 km	$^1/_2$

Dies gilt auch für die Anschaffung gebrauchter Kraftfahrzeuge.

12 Die Abrundung des Listenpreises auf volle Hundert Euro nach Rdnr. 10 des BMF-Schreibens vom 18. November 2009 (BStBl. I S. 1326) und R 8.1 Abs. 9 Nr. 1 Satz 6 LStR ist nach Ermittlung des Bruchteils vorzunehmen. Auf den so ermittelten Wert sind für den gesamten Zeitraum der Nutzung des jeweiligen Kraftfahrzeugs die Prozentsätze nach § 4 Abs. 5 Satz 1 Nr. 6 Satz 3, § 6 Abs. 1 Nr. 4 Satz 2 und § 8 Abs. 2 Satz 2, 3 und 5 EStG anzuwenden.

Beispiel 5:

Der Steuerpflichtige hat in 2019 ein Elektrofahrzeug erworben. Der Bruttolistenpreis beträgt 35 326 Euro. Die betriebliche Nutzung beträgt 60%. Der private Nutzungsanteil ermittelt sich wie folgt:

Für 2019 ist § 6 Abs. 1 Nr. 4 Satz 2 Nr. 2 EStG anzuwenden (Gesetz zur Vermeidung von Umsatzsteuerausfällen beim Handel mit Waren im Internet und zur Änderung weiterer steuerlicher Vorschriften):
Der Bruttolistenpreis (35 326 Euro) ist nur zur Hälfte zugrunde zu legen = 17 663 Euro und auf 17 600 Euro abzurunden. Die Nutzungsentnahme nach der 1%-Regelung beträgt 176 Euro (1% von 17 600 Euro) pro Monat.

Für 2020 ist § 6 Abs. 1 Nr. 4 Satz 2 Nr. 3 EStG anzuwenden (Gesetz zur weiteren steuerlichen Förderung der Elektromobilität und zur Änderung weiterer steuerlicher Vorschriften):
Der Bruttolistenpreis (35 326 Euro) ist nur zu einem Viertel zugrunde zu legen = 8831,50 Euro und auf 8800 Euro abzurunden. Die Nutzungsentnahme nach der 1%-Regelung beträgt 88 Euro (1% von 8800 Euro) pro Monat.

b) Begrenzung der pauschalen Wertansätze (sog. Kostendeckelung)

13 Nach den Rdnrn. 18 bis 20 des BMF-Schreibens vom 18. November 2009 (BStBl. I S. 1326) und Rdnr. 4 des BMF-Schreibens vom 4. April 2018 (BStBl. I S. 592)[3] sind die pauschalen Wertansätze höchstens mit dem Betrag der Gesamtkosten des Kraftfahrzeugs anzusetzen (sogenannte Kostendeckelung). Zu den Gesamtkosten gehört auch die Absetzung für Abnutzung. Für den Vergleich der pauschalen Wertansätze mit den Gesamtkosten ist die Bemessungsgrundlage für die Absetzung für Abnutzung um den Abschlag nach Rdnrn. 6 und 7 zu mindern oder mit dem entsprechenden Bruchteil nach Rdnr. 11 anzusetzen.

[1] **[Amtl. Anm.:]** Bei Anschaffung des Elektrofahrzeugs nach dem 31. 12. 2023 70.000 €.
[2] **[Amtl. Anm.:]** Bei Anschaffung des Elektrofahrzeugs nach dem 31. 12. 2023 70.000 €.
[3] **[Amtl. Anm.:]** Jetzt BMF vom 3. 3. 2022 (BStBl. I S. 232), Rn. 8, abgedruckt als Anlage c zu LStH 8.1.

Anl g zu LStH 8.1

14 Enthalten die Anschaffungskosten für das Elektro- oder Hybridelektrofahrzeug keinen Anteil für das Batteriesystem (Rdnr. 9) und ist für die Überlassung der Batterie ein zusätzliches Entgelt (z. B. Miete oder Leasingrate) zu entrichten, sind bei Anwendung des § 6 Abs. 1 Nr. 4 Satz 2 Nr. 1 EStG (sog. Nachteilsausgleich) die für das genutzte oder dem Arbeitnehmer überlassene Kraftfahrzeug insgesamt tatsächlich entstandenen Gesamtkosten um dieses zusätzlich entrichtete Entgelt zu mindern. In diesem Fall sind auch weitere Kosten für das Batteriesystem, wie z. B. Reparaturkosten, Wartungspauschalen oder Beiträge für spezielle Batterieversicherungen abzuziehen, wenn sie zusätzlich zu tragen sind. Bei Anwendung des § 6 Abs. 1 Nr. 4 Satz 2 Nr. 2 bis 5 EStG (Bruchteilsansatz) sind zusätzlich für das Batteriesystem getragene Kosten entsprechend dem anzuwendenden Bruchteil (Rdnr. 11) anzusetzen.

3. Individuelle Ermittlung des privaten Nutzungswerts

15 Werden die Entnahme nach § 6 Abs. 1 Nr. 4 Satz 1 oder 3 EStG (betriebliche Nutzung des Kraftfahrzeugs von 10 bis 50 Prozent oder Fahrtenbuchmethode), die nicht abziehbaren Betriebsausgaben nach § 4 Abs. 5 Satz 1 Nr. 6 Satz 3, 2. Halbsatz EStG oder der individuelle Nutzungswert nach § 8 Abs. 2 Satz 4 EStG mit den auf die jeweilige Nutzung entfallenden Aufwendungen bewertet und enthalten die Anschaffungskosten für das Elektro- oder Hybridelektrofahrzeug einen Anteil für das Batteriesystem, ist bei Anwendung des § 6 Abs. 1 Nr. 4 Satz 3 Nr. 1 EStG die Bemessungsgrundlage für die Absetzung für Abnutzung um die in pauschaler Höhe festgelegten Beträge (Rdnr. 7) zu mindern. Bei Anwendung des § 6 Abs. 1 Nr. 4 Satz 3 Nr. 2 bis 5 EStG ist die Bemessungsgrundlage für die Absetzung für Abnutzung mit dem entsprechenden Bruchteil (Rdnr. 11) anzusetzen. Bei der Ermittlung des individuellen Nutzungswerts nach § 8 Abs. 2 Satz 4 EStG ist bei einem Pkw von einer AfA von 12,5% der Anschaffungskosten entsprechend einer achtjährigen (Gesamt-)Nutzungsdauer auszugehen (vgl. Rdnr. 31 des BMF-Schreibens vom 4. April 2018, BStBl. I S. 592[1]). Vom Arbeitgeber verbilligt oder unentgeltlich gestellter, nach § 3 Nr. 46 EStG steuerfreier Ladestrom bleibt bei der Ermittlung der insgesamt durch das Kraftfahrzeug entstehenden Aufwendungen i. S. d. § 8 Abs. 2 Satz 4 EStG (Gesamtkosten) außer Ansatz (vgl. Rdnr. 13 des BMF-Schreibens vom 29. September 2020, BStBl. I S. 972[2]).

Beispiel 6:

Der Steuerpflichtige hat im Januar 2018 ein Elektrofahrzeug mit einer Batteriekapazität von 25,4 Kilowattstunden (kWh) erworben. Der Bruttolistenpreis beträgt 43 000 Euro; die tatsächlichen Anschaffungskosten 36 000 Euro. Die betriebliche Nutzung beträgt gemäß ordnungsgemäßem Fahrtenbuch 83%. Der private Nutzungsanteil nach § 6 Abs. 1 Nr. 4 Satz 3 Nr.1 EStG ermittelt sich wie folgt:

Für die Ermittlung der Gesamtkosten sind die Anschaffungskosten um den pauschal ermittelten Minderungsbetrag i. H. v. 6350 Euro (25,4 kWh × 250 Euro) zu mindern. Danach sind bei den Gesamtkosten Absetzungen für Abnutzung i. H. v. 4941,67 Euro (36 000 Euro ./. 6350 Euro = 29 650 Euro verteilt auf 6 Jahre) anzusetzen. Daneben sind Aufwendungen für Versicherung (1000 Euro) und Strom (890 Euro) angefallen. Die Summe der geminderten Gesamtaufwendungen beträgt 6831,67 Euro. Die Nutzungsentnahme nach der Fahrtenbuchmethode beträgt 1161,38 Euro (17%).

Beispiel 6/1:

Der Steuerpflichtige hat im Januar 2020 ein Elektrofahrzeug erworben. Der Bruttolistenpreis beträgt 43 000 Euro; die tatsächlichen Anschaffungskosten 36 000 Euro. Die betriebliche Nutzung beträgt gemäß ordnungsgemäßem Fahrtenbuch 83%. Der private Nutzungsanteil nach § 6 Abs. 1 Nr. 4 Satz 3 Nr.3 EStG (Bruchteilsansatz $^1/_4$) ermittelt sich wie folgt:

Für die Ermittlung der Gesamtkosten sind die Anschaffungskosten mit einem Viertel anzusetzen. Danach sind bei den Gesamtkosten die vom Steuerpflichtigen vorgenommenen linearen Absetzungen für Abnutzung i. H. v. 1500 Euro ($^1/_4$ von 36 000 Euro = 9 000 Euro verteilt auf 6 Jahre) zu berücksichtigen. Daneben sind Aufwendungen für Versicherung (1 000 Euro) und Strom (890 Euro) angefallen. Die Summe der Gesamtaufwendungen beträgt 3390 Euro. Die Nutzungsentnahme nach der Fahrtenbuchmethode beträgt 576,30 Euro (17 %).

16 Wird die Batterie gemietet oder geleast, sind bei Anwendung des § 6 Abs. 1 Nr. 4 Satz 3 Nr. 1 EStG (sogenannter Nachteilsausgleich) entsprechend Rdnr. 14 die Gesamtkosten um dieses zusätzlich entrichtete Entgelt sowie um weitere Kosten für das Batteriesystem zu mindern. Bei Anwendung des § 6 Abs. 1 Nr. 4 Satz 3 Nr. 2 bis 5 EStG (Bruchteilsansatz) ist ein für das Batteriesystem zusätzlich zu entrichtendes Entgelt mit dem entsprechenden Bruchteil anzusetzen.

Beispiel 7:

Der Steuerpflichtige hat im Januar 2018 ein Elektrofahrzeug mit einer Batteriekapazität von 25,4 Kilowattstunden (kWh) erworben. Der Bruttolistenpreis beträgt 32 000 Euro; die tatsächlichen Anschaffungskosten 25 600 Euro. Für die Batterie hat der Steuerpflichtige monatlich zusätzlich eine Mietrate von 79 Euro zu zahlen. Die betriebliche Nutzung beträgt gemäß ordnungsgemäßem Fahrtenbuch 83%. Der private Nutzungsanteil nach § 6 Abs.1 Nr. 4 Satz 3 Nr. 1 EStG ermittelt sich wie folgt:

Für die Ermittlung der Gesamtkosten sind Absetzungen für Abnutzung i. H. v. 4266,67 Euro (25 600 Euro verteilt auf 6 Jahre) und weitere Aufwendungen für Versicherung (1000 Euro) und Strom (890 Euro) anzusetzen. Die auf die Batteriemiete entfallenden Aufwendungen sind nicht zu berücksichtigen. Die Summe der geminderten Gesamtaufwendungen beträgt 6156,67 Euro. Die Nutzungsentnahme nach der Fahrtenbuchmethode beträgt 1046,63 Euro(17%).

Beispiel 7/1:

Der Steuerpflichtige hat im Januar 2020 ein Elektrofahrzeug erworben. Der Bruttolistenpreis beträgt 32 000 Euro; die tatsächlichen Anschaffungskosten 25 600 Euro. Für die Batterie hat der Steuerpflichtige monatlich zusätzlich eine Mietrate von 79 Euro zu zahlen. Die betriebliche Nutzung beträgt gemäß ordnungsgemäßem Fahrtenbuch 83 %. Der private Nutzungsanteil nach § 6 Abs.1 Nr. 4 Satz 3 Nr. 3 EStG (Bruchteilsansatz $^1/_4$) ermittelt sich wie folgt:

Für die Ermittlung der Gesamtkosten sind die Anschaffungskosten mit einem Viertel anzusetzen. Danach sind die Absetzungen für Abnutzung = 4266,67 Euro (25 600 Euro verteilt auf 6 Jahre) sowie die Batteriemiete = 948 Euro (12 Monat × 79 Euro) mit einem Viertel, also 1303,67 Euro (= (4266,67 Euro + 948 Euro) × $^1/_4$) anzusetzen. Die Aufwendungen für

[1] **[Amtl. Anm.:]** Jetzt BMF vom 3. 3. 2022 (BStBl. I S. 232), Rn. 34, abgedruckt als Anlage c zu LStH 8.1.
[2] Abgedruckt als Anlage zu LStH 3.46.

Anl g zu LStH 8.1

Versicherung (1000 Euro) und Strom (890 Euro) sind in voller Höhe anzusetzen. Die Summe der Gesamtaufwendungen beträgt 3193,67 Euro. Die Nutzungsentnahme nach der Fahrtenbuchmethode beträgt 542,92 Euro (17 %).

17 Für Kraftfahrzeuge i. S. d. Rdnrn. 1 bis 3, für die die Bewertung der Entnahme nach § 6 Abs. 1 Nr. 4 Satz 3 Nr. 1 EStG (Nachteilsausgleich) vorgenommen wird und bei denen die Miet-/Leasinggebühren die Kosten des Batteriesystems beinhalten, sind diese Miet-/Leasinggebühren aufzuteilen. Die anteilig auf das Batteriesystem entfallenden Miet-/Leasinggebühren mindern die Gesamtkosten (vgl. Rdnr. 16). Es bestehen keine Bedenken, wenn als Aufteilungsmaßstab hierfür das Verhältnis zwischen dem Listenpreis (einschließlich der Kosten für das Batteriesystem) und dem um den Abschlag nach Rdnr. 7 geminderten Listenpreis angesetzt wird.

Beispiel 8:

Der Steuerpflichtige hat im Januar 2018 ein Elektrofahrzeug mit einer Batteriekapazität von 16 Kilowattstunden (kWh) geleast. Der Bruttolistenpreis beträgt 43 000 Euro; die monatliche Leasingrate 399 Euro. Die betriebliche Nutzung beträgt gemäß ordnungsgemäßem Fahrtenbuch 83%. Der private Nutzungsanteil nach § 6 Abs. 1 Nr. 4 Satz 3 Nr. 1 EStG ermittelt sich wie folgt:

Für die Ermittlung der Gesamtkosten sind die Leasingraten unter Anwendung des Verhältnisses zwischen Listenpreis und dem um den pauschalen Abschlag geminderten Listenpreis aufzuteilen:

Listenpreis 43 000 Euro/geminderter Listenpreis 39 000 Euro (43 000 Euro ./. 4000 Euro (= 16 kWh × 250 Euro)) entspricht einer Minderung von 9,3%

Leasingraten 399 Euro × 12 Monate = 4788 Euro, davon 9,3 % = 445,28 Euro.

Danach sind bei den Gesamtkosten Leasingaufwendungen i. H. v. 4342,72 Euro (4788 Euro ./. 445,28 Euro) anzusetzen. Daneben sind Aufwendungen für Versicherung (1000 Euro) und Strom (890 Euro) angefallen. Die Summe der geminderten Gesamtaufwendungen beträgt 6232,72 Euro. Die Nutzungsentnahme nach der Fahrtenbuchmethode beträgt 1059,56 Euro (17%).

18 Für Kraftfahrzeuge i. S. d. Rdnrn. 1 bis 3, für die die Bewertung der Entnahme nach § 6 Abs. 1 Nr. 4 Satz 3 Nr. 2 bis 5 EStG (Bruchteilsansatz) vorgenommen wird, sind Miet- oder Leasinggebühren bei der Ermittlung der Gesamtkosten (vgl. Rdnr. 16) in Höhe des jeweils anzuwendenden Bruchteils anzusetzen. Ggf. gesondert vereinbarte Miet- oder Leasinggebühren für das Batteriesystem sind vor Anwendung des jeweiligen Bruchteils mit den Miet- oder Leasinggebühren für das Kraftfahrzeug zusammenzurechnen.

Beispiel 9:

Der Steuerpflichtige hat im Januar 2020 ein Elektrofahrzeug geleast. Der Bruttolistenpreis beträgt 33 000 Euro; die monatliche Leasingrate 399 Euro zuzüglich 79 Euro Batteriemiete. Die betriebliche Nutzung beträgt gemäß ordnungsgemäßem Fahrtenbuch 83%. Der private Nutzungsanteil nach § 6 Abs.1 Nr. 4 Satz 3 Nr. 3 EStG (Bruchteilsansatz $^1/_4$) ermittelt sich wie folgt:

Für die Ermittlung der Gesamtkosten sind die Leasingraten für das Fahrzeug zuzüglich der Batteriemiete zusammenzurechnen = 399 Euro + 79 Euro = 478 Euro; monatliche Miet-/Leasingkosten × 12 Monate = 5736 Euro, davon $^1/_4$ = 1434 Euro.

Danach sind bei den Gesamtkosten Leasingaufwendungen i. H. v. 1434 Euro anzusetzen. Daneben sind Aufwendungen für Versicherung (1000 Euro) und Strom (890 Euro) angefallen. Die Summe der geminderten Gesamtaufwendungen beträgt 3324 Euro. Die Nutzungsentnahme nach der Fahrtenbuchmethode beträgt 565,08 Euro (17%).

4. Pauschaler Ansatz von Stromkosten als Betriebsausgaben

19 Wird ein betriebliches Elektro- oder Hybridelektrofahrzeug nicht ausschließlich im Betrieb, sondern auch an einer zur Wohnung des Steuerpflichtigen gehörenden Steckdose/Ladevorrichtung aufgeladen, kann der betriebliche Nutzungsanteil an den ansonsten privaten Stromkosten grundsätzlich mit Hilfe eines gesonderten Stromzählers (stationär oder mobil) nachgewiesen werden. Zum Nachweis des betrieblichen Nutzungsanteils an den ansonsten privaten Stromkosten werden Aufzeichnungen für einen repräsentativen Zeitraum von drei Monaten als ausreichend angesehen. Neben dem Einkaufspreis für die verbrauchten Kilowattstunden Strom ist auch ein zu zahlender Grundpreis anteilig zu berücksichtigen.

20 Aus Vereinfachungsgründen kann der betriebliche Nutzungsanteil an den ansonsten privaten Stromkosten auch mit den lohnsteuerlichen Pauschalen angesetzt werden (Rdnrn. 23 und 24 des BMF-Schreibens vom 29. September 2020, BStBl. I S. 972[1]). Zur Unterscheidung der anzuwendenden Pauschale ist anstelle jeder zusätzlichen Lademöglichkeit an einer ortsfesten Einrichtung des lohnsteuerlichen Arbeitgebers auf die zusätzliche Lademöglichkeit in einer der Betriebsstätten abzustellen.

5. Anwendungsregelungen

21 Die Minderungen nach § 6 Abs. 1 Nr. 4 Satz 2 Nr. 1 oder Satz 3 Nr. 1 EStG für die Ermittlung der Privatentnahme, der nicht abziehbaren Betriebsausgaben oder des Nutzungswerts für die private Nutzung eines Elektro- oder eines Hybridelektrofahrzeugs sind ab dem 1. Januar 2013 für Elektrofahrzeuge und Hybridelektrofahrzeuge anzuwenden, die vor dem 1. Januar 2023 angeschafft, geleast oder dem Arbeitnehmer erstmalig zur privaten Nutzung überlassen werden. Der Ansatz nur eines Bruchteils nach § 6 Abs. 1 Nr. 4 Satz 2 Nr. 2 bis 5 oder Satz 3 Nr. 2 bis 5 EStG ist für Elektrofahrzeuge und Hybridelektrofahrzeuge anzuwenden, die innerhalb der in Rdnr. 11 aufgeführten Zeiträume angeschafft, geleast oder dem Arbeitnehmer erstmalig zur privaten Nutzung überlassen werden.

22 Die Regelungen des § 8 Abs. 2 i. V. m. § 6 Abs. 1 Nr. 4 Satz 2 Nr. 2 oder 3 oder Satz 3 Nr. 2 oder 3 EStG in der Fassung des Gesetzes zur weiteren steuerlichen Förderung der Elektromobilität und zur Änderung weiterer steuerlicher Vorschriften vom 12. Dezember 2019 (BGBl. I S. 2451) gelten bei der Überlassung eines betrieblichen Kraftfahrzeugs an Arbeitnehmer für alle vom Arbeitgeber erstmals nach dem 31. Dezember 2018 und vor dem 1. Januar 2022 oder 1. Januar 2031 zur privaten Nutzung über-

[1] Abgedruckt als Anlage zu LStH 3.46.

Anl g zu LStH 8.1

lassenen betrieblichen Elektrofahrzeuge und extern aufladbaren Hybridelektrofahrzeuge. In diesen Fällen kommt es nicht auf den Zeitpunkt an, zu dem der Arbeitgeber dieses Kraftfahrzeug angeschafft, hergestellt oder geleast hat. Wurde das betriebliche Kraftfahrzeug vor dem 1.Januar 2019 vom Arbeitgeber bereits einem Arbeitnehmer zur privaten Nutzung (z. B. für Privatfahrten, Fahrten zwischen Wohnung und erster Tätigkeitsstätte, Fahrten nach § 9 Abs. 1 Satz 3 Nr. 4 a Satz 3 EStG oder Familienheimfahrten im Rahmen einer doppelten Haushaltsführung) überlassen, bleibt es bei einem Wechsel des Nutzungsberechtigten nach dem 31. Dezember 2018 für dieses Kraftfahrzeug bei den bisherigen Bewertungsregelungen (§ 6 Abs. 1 Nr. 4 Satz 2Nr. 1 oder Satz 3 Nr. 1 EStG) und die Regelungen in der Fassung des Gesetzes zur weiteren steuerlichen Förderung der Elektromobilität und zur Änderung weiterer steuerlicher Vorschriften vom 12. Dezember 2019 (BGBl. I S. 2451) sind nicht anzuwenden. Für die Anwendung des § 8 Abs. 2 i. V. m. § 6 Abs. 1 Nr. 4 Satz 2 Nr. 4 oder 5 oder Satz 3 Nr. 4 oder 5 EStG gelten dieselben Grundsätze.

Beispiel 10 (Vor dem 1. Januar 2019 begonnene Nutzungsüberlassung):

Dem Arbeitnehmer wurde das Elektrofahrzeug vom Arbeitgeber bereits vor dem 1. Januar 2019 zur privaten Nutzung überlassen. Der Nutzungswert ist auch ab dem Kalenderjahr 2019 nach den bisherigen Bewertungsregelungen (§ 8 Abs. 2 i.V.m. § 6 Abs. 1 Nr. 4 Satz 2 Nr. 1 EStG oder Satz 3 Nr. 1 EStG) zu ermitteln.

Beispiel 11 (Bis zum 31. Dezember 2030 begonnene Nutzungsüberlassung):

Dem Arbeitnehmer wird das Elektrofahrzeug vom Arbeitgeber ab Dezember 2030 zur privaten Nutzung überlassen. Die Ermittlung des dem Arbeitnehmer nach dem 31. Dezember 2030 zufließenden Nutzungswerts ist für die gesamte Nutzungsdauer dieses Elektrofahrzeugs nach den Regelungen des § 8 Abs. 2 i.V.m. § 6 Abs. 1 Nr. 4 Satz 2 Nr. 3 oder 5 EStG oder Satz 3 Nr. 3 oder 5 EStG vorzunehmen, weil ihm das Elektrofahrzeug bereits vor dem 1. Januar 2031 überlassen worden ist.

Beispiel 12 (Wechsel des Nutzungsberechtigten):

Ein Arbeitgeber überlässt dem Arbeitnehmer A in 2018 ein Elektrofahrzeug zur privaten Nutzung. Nach dessen Ausscheiden aus dem Betrieb zum 30. Juni 2019 überlässt der Arbeitgeber dieses Elektrofahrzeug ab dem 1. Juli 2019 dem Arbeitnehmer B zur privaten Nutzung. Der Nutzungswert ist sowohl für A als auch für B auch ab dem Kalenderjahr 2019 nach den bisherigen Bewertungsregelungen (§ 8 Abs. 2 Satz 2 i. V. m. § 6 Abs. 1 Nr. 4 Satz 2 Nr. 1 oder Satz 3 Nr. 1 EStG) zu ermitteln.

Beispiel 13 (Wechsel des Nutzungsberechtigten):

Ein Arbeitgeber überlässt dem Arbeitnehmer A ab Januar 2019 ein Elektrofahrzeug (Null-Emissionen/km und Höhe des Listenpreises nicht mehr als 60 000 Euro[1]) zur privaten Nutzung. Nach dessen Ausscheiden aus dem Betrieb zum 30. Juni 2019 überlässt der Arbeitgeber dieses Elektrofahrzeug ab dem 1. Juli 2019 dem Arbeitnehmer B zur privaten Nutzung. Ein Fahrtenbuch wird nichtgeführt. Der Nutzungswert ist sowohl für A als auch für B nach den Regelungen des § 8 Abs. 2 Satz 2 i. V. m. § 6 Abs. 1 Nr. 4 Satz 2 Nr. 2 (für 2019) und 3 (ab 2020) EStG zu ermitteln. Dabei ist der pauschale Nutzungswert bei A und B im Kalenderjahr 2019 mit 1% des auf volle 100 Euro abgerundeten halbierten und bei B ab 1. Januar 2020 mit 1 % eines auf volle 100 Euro abgerundeten Viertels des Listenpreises anzusetzen.

Beispiel 14 (Fahrzeugpool):

Die Arbeitnehmer können mehrere Elektrofahrzeuge aus einem Fahrzeugpool des Arbeitgebers privat nutzen, von denen ein Teil bereits vor und ein Teil nachdem 1. Januar 2019 an Arbeitnehmer zur privaten Nutzung überlassen worden sind. Fahrtenbücher werden nicht geführt. Der pauschale Nutzungswert für Privatfahrten ist mit 1% und für Fahrten zwischen Wohnung und erster Tätigkeitsstätte grundsätzlich mit 0,03 % der Listenpreise aller Kraftfahrzeuge zu ermitteln und die Summe entsprechend der Zahl der Nutzungsberechtigten aufzuteilen, vgl. Rdnr. 11 des BMF-Schreibens vom 4. April 2018 (BStBl. I S. 592)[2]. Dabei ist der Listenpreis zunächst für jedes Elektrofahrzeug gesondert nach den bisherigen Bewertungsregelungen oder nach den Regelungen in der Fassung des zweiten Gesetzes zur Umsetzung der steuerlichen Hilfsmaßnahmen zur Bewältigung der Corona-Krise vom 29. Juni 2020 (BGBl. I S. 1512) zu ermitteln und anschließend die Summe der gesondert ermittelten Listenpreise entsprechend der Zahl der Nutzungsberechtigten aufzuteilen.

23 Dieses Schreiben ersetzt die BMF-Schreiben vom 5. Juni 2014 (BStBl. I S. 835)[3] und vom 24. Januar 2018 (BStBl. I S. 272).[4]

Anl h zu LStH 8.1

h) Schreiben betr. Sachbezugswert für arbeitstägliche Zuschüsse zu Mahlzeiten

Vom 18. Januar 2019 (BStBl. I S. 66)

(BMF IV C 5 – S 2334/08/10006-01; DOK 2019/0040075)

62 Zur Anwendung der Regelungen von R 8.1 Abs. 7 Nr. 4 der Lohnsteuer-Richtlinien (LStR) zu Kantinenmahlzeiten und Papier-Essenmarken (Essensgutscheine, Restaurantschecks) bei arbeitstäglichen Zuschüssen zu Mahlzeiten gilt im Einvernehmen mit den obersten Finanzbehörden der Länder Folgendes:

1. Ansatz des maßgebenden amtlichen Sachbezugswerts

Bestehen die Leistungen des Arbeitgebers in einem arbeitsvertraglich oder aufgrund einer anderen arbeitsrechtlichen Rechtsgrundlage vereinbarten Anspruch des Arbeitnehmers auf arbeitstägliche Zuschüsse zu Mahlzeiten, ist als Arbeitslohn nicht der Zuschuss, sondern die Mahlzeit des Arbeitnehmers mit dem maßgebenden amtlichen Sachbezugswert nach der Sozialversicherungsentgeltverordnung (SvEV) anzusetzen, wenn sichergestellt ist, dass

a) tatsächlich arbeitstäglich eine Mahlzeit (Frühstück, Mittag- oder Abendessen) durch den Arbeitnehmer erworben wird. Lebensmittel sind nur dann als Mahlzeit anzuerkennen, wenn sie zum unmittelbaren Verzehr geeignet oder zum Verbrauch während der Essenpausen bestimmt sind,

---

[1] **[Amtl. Anm.:]** Bei Anschaffung des Elektrofahrzeugs nach dem 31. 12. 2023 70.000 €.
[2] **[Amtl. Anm.:]** Jetzt BMF vom 3. 3. 2022 (BStBl. I S. 232), Rn. 14, abgedruckt als Anlage c zu LStH 8.1.
[3] Abgedruckt im *„Handbuch zur Lohnsteuer 2019"* als Anlage h zu LStH 8.1.
[4] Abgedruckt im *„Handbuch zur Lohnsteuer 2021"* als Anlage h zu LStH 8.1.

Anl h zu LStH 8.1

b) für jede Mahlzeit lediglich ein Zuschuss arbeitstäglich (ohne Krankheitstage, Urlaubsage und – vorbehaltlich Buchst. e – Arbeitstage, an denen der Arbeitnehmer eine Auswärtstätigkeit ausübt) beansprucht werden kann,
c) der Zuschuss den amtlichen Sachbezugswert der Mahlzeit um nicht mehr als 3,10 Euro übersteigt,
d) er Zuschuss den tatsächlichen Preis der Mahlzeit nicht übersteigt und
e) der Zuschuss nicht von Arbeitnehmern beansprucht werden kann, die eine Auswärtstätigkeit ausüben, bei der die ersten drei Monate (§ 9 Abs. 4 a Satz 6 und 7 EStG) noch nicht abgelaufen sind (BMF-Schreiben vom 5. Januar 2015, BStBl. I S. 119).[1]

Dies gilt auch dann, wenn keine vertraglichen Beziehungen zwischen Arbeitgeber und dem Unternehmen (Gaststätte oder vergleichbarer Einrichtung), das die bezuschusste Mahlzeit abgibt, bestehen. Die Regelungen von R 8.1 Abs. 7 Nr. 4 Buchst. a Satz 3 und 4 (sog. 15 er-Regelung)[2] sowie Buchst. b und c LStR sind entsprechend anzuwenden. Die 15er-Regelung gilt für maximal 15 Zuschüsse zu Mahlzeiten (insgesamt für Frühstück, Mittag- und Abendessen) im Kalendermonat.

Der Arbeitgeber hat die vorstehenden Voraussetzungen nachzuweisen; der Nachweis der Verwendung des Zuschusses ausschließlich zum Erwerb einer Mahlzeit im Sinne des Buchstaben a kann dabei auch durch Vorlage entsprechender vertraglicher Vereinbarungen zwischen dem Unternehmen, das die bezuschusste Mahlzeit abgibt, und dem Arbeitgeber oder dem mit der Verwaltung der Zuschüsse beauftragten Unternehmen geführt werden.

Dem Arbeitgeber bleibt es unbenommen, entweder die ihm vom Arbeitnehmer vorgelegten Einzelbelegnachweise manuell zu überprüfen oder sich entsprechender elektronischer Verfahren zu bedienen (z. B. wenn ein Anbieter die Belege vollautomatisch digitalisiert, prüft und eine monatliche Abrechnung an den Arbeitgeber übermittelt, aus der sich dieselben Erkenntnisse wie aus Einzelbelegnachweisen gewinnen lassen). Der Arbeitgeber hat die Belege oder die Abrechnung zum Lohnkonto aufzubewahren.

2. Pauschalierung der Lohnsteuer

Es bestehen bei Vorliegen der Voraussetzungen der Tz. 1 keine Bedenken, wenn der Arbeitgeber die Lohnsteuer entsprechend § 40 Abs. 2 Satz 1 Nr. 1 EStG pauschal erhebt, auch wenn keine vertraglichen Beziehungen zu dem Unternehmen bestehen, das die bezuschusste Mahlzeit abgibt.

3. Arbeitstägliche Zuschüsse zu Mahlzeiten für Home Office-Mitarbeiter und für Teilzeitkräfte

Arbeitstägliche Zuschüsse zu Mahlzeiten sind bei Vorliegen der Voraussetzungen der Tz. 1 auch dann mit dem maßgebenden amtlichen Sachbezugswert anzusetzen, wenn sie an Arbeitnehmer geleistet werden, die ihre Tätigkeit in einem Home Office verrichten oder nicht mehr als sechs Stunden täglich arbeiten, auch wenn die betriebliche Arbeitszeitregelung keine entsprechenden Ruhepausen vorsieht.

4. Einzelkauf von Bestandteilen einer Mahlzeit

Arbeitstägliche Zuschüsse zu Mahlzeiten sind bei Vorliegen der Voraussetzungen der Tz. 1 auch dann mit dem maßgebenden amtlichen Sachbezugswert anzusetzen, wenn der Arbeitnehmer einzelne Bestandteile seiner Mahlzeit bei verschiedenen Akzeptanzstellen erwirbt.

5. Erwerb auf Vorrat

Je Arbeitstag und je bezuschusster Mahlzeit (Frühstück, Mittag- oder Abendessen) kann nur ein Zuschuss mit dem amtlichen Sachbezugswert angesetzt werden. Erwirbt der Arbeitnehmer am selben Tag weitere Mahlzeiten für andere Tage auf Vorrat, sind hierfür gewährte Zuschüsse als Barlohn zu erfassen. Gleiches gilt für den Einzelkauf von Bestandteilen einer Mahlzeit auf Vorrat.

Dieses Schreiben ersetzt das BMF-Schreiben vom 24. Februar 2016 (BStBl. I S. 238)[3]und ist in allen offenen Fällen anzuwenden.

i) Schreiben betr. lohnsteuerliche Behandlung der Überlassung von (Elektro-)Fahrrädern an Arbeitnehmer in Leasingfällen

Anl i zu LStH 8.1

Vom 17. November 2017 (BStBl. I S. 1546)

(BMF IV C 5 – S 2334/12/10002-04; DOK 2017/0821734)

Es ist gefragt worden, wie bestimmte Vertragsgestaltungen zum sog. (Elektro-)Fahrrad-Leasing lohnsteuerlich zu behandeln sind. Dabei werden regelmäßig folgende Verträge abgeschlossen: 62a

1. ein Rahmenvertrag zwischen dem Arbeitgeber und einem Anbieter, der regelmäßig die gesamte Abwicklung betreut,
2. Einzelleasingverträge zwischen dem Arbeitgeber (Leasingnehmer) und einem Leasinggeber über die (Elektro-)Fahrräder mit einer festen Laufzeit von zumeist 36 Monaten,
3. ein Nutzungsüberlassungsvertrag zwischen dem Arbeitgeber und dem Arbeitnehmer hinsichtlich des einzelnen (Elektro-)Fahrrads für ebendiese Dauer, der auch eine private Nutzung zulässt,
4. eine Änderung des Arbeitsvertrags, in dem einvernehmlich das künftige Gehalt des Arbeitnehmers für die Dauer der Nutzungsüberlassung um einen festgelegten Betrag (in der Regel in Höhe der Leasingrate des Arbeitgebers) herabgesetzt wird (sog. Gehaltsumwandlung).

Zudem sehen die Vertragsgestaltungen regelmäßig vor, dass ein Dritter (z. B. Leasinggeber, Dienstleister oder Verwertungsgesellschaft) dem Arbeitnehmer das von ihm genutzte (Elektro-)Fahrrad bei Be-

[1] **[Amtl. Anm.:]** Jetzt R 8.1 Abs. 7 Nr. 4 Buchst. a Doppelbuchst. ee.
[2] **[Amtl. Anm.:]** Jetzt R 8.1 Abs. 7 Nr. 4 Buchst. a Satz 4 und 5.
[3] Abgedruckt im *„Handbuch zur Lohnsteuer 2019"* als Anlage j zu LStH 8.1.

Anl i zu LStH 8.1

endigung der Überlassung durch den Arbeitgeber zu einem Restwert von z. B. 10% des ursprünglichen Kaufpreises zum Erwerb anbieten kann.

Hierzu gilt im Einvernehmen mit den obersten Finanzbehörden der Länder Folgendes:

Nach § 19 Abs. 1 Satz 1 Nr. 1 i. V. m. § 8 Abs. 1 EStG gehören grundsätzlich alle Einnahmen in Geld oder Geldeswert, die durch ein individuelles Dienstverhältnis veranlasst sind, zu den Einkünften aus nichtselbständiger Arbeit. Daher führt hier sowohl die vergünstigte Nutzungsüberlassung des (Elektro-)Fahrrads durch den Arbeitgeber als auch die vergünstigte Übereignung des (Elektro-)Fahrrads durch den Dritten zu einem geldwerten Vorteil beim Arbeitnehmer.[1]

1. Nutzungsüberlassung des (Elektro-)Fahrrads durch den Arbeitgeber

Für die Frage, ob von einer Gestellung des (Elektro-)Fahrrads durch den Arbeitgeber auszugehen ist, wenn das (Elektro-)Fahrrad im Rahmen einer steuerlich anzuerkennenden Gehaltsumwandlung überlassen wird, ist das BMF-Schreiben vom 15. Dezember 2016 (BStBl. I S. 1449)[2] zur Dienstwagenbesteuerung in Leasingfällen entsprechend anzuwenden:

Least der Arbeitgeber ein (Elektro-)Fahrrad von dem Leasinggeber und überlässt es dem Arbeitnehmer auch zur privaten Nutzung, liegt jedenfalls dann keine vom Arbeitsvertrag unabhängige Sonderrechtsbeziehung i. S. d. BFH-Urteils vom 18. Dezember 2014, BStBl. 2015 II S. 670 vor und ist die Nutzungsüberlassung nach Tz. 2 zu bewerten, wenn folgende Voraussetzungen vorliegen:

Der Anspruch auf die Überlassung des (Elektro-)Fahrrads resultiert aus dem Arbeitsvertrag oder aus einer anderen arbeitsrechtlichen Rechtsgrundlage, weil

- er im Rahmen einer steuerlich anzuerkennenden Gehaltsumwandlung mit Wirkung für die Zukunft vereinbart ist. Voraussetzung ist, dass der Arbeitnehmer unter Änderung des Arbeitsvertrags auf einen Teil seines Barlohns verzichtet und ihm der Arbeitgeber stattdessen Sachlohn in Form eines Nutzungsrechts an einem (Elektro-)Fahrrad des Arbeitgebers gewährt (vgl. BFH-Urteil vom 6. März 2008, BStBl. II S. 530) oder
- er arbeitsvertraglicher Vergütungsbestandteil ist. Davon ist insbesondere auszugehen, wenn von vornherein bei Abschluss eines Arbeitsvertrags eine solche Vereinbarung getroffen wird oder wenn die Beförderung in eine höhere Gehaltsklasse mit der Überlassung eines (Elektro-)Fahrrads des Arbeitgebers verbunden ist.

Eine Gestellung eines (Elektro-)Fahrrads durch den Arbeitgeber in diesem Sinne setzt zudem voraus, dass der Arbeitgeber und nicht der Arbeitnehmer gegenüber dem Leasinggeber zivilrechtlich Leasingnehmer ist.

2. Lohnsteuerliche Behandlung der Nutzungsüberlassung des (Elektro-)Fahrrads

Zur Bewertung des geldwerten Vorteils aus der privaten Nutzung des (Elektro-)Fahrrads wird auf die gleich lautenden Erlasse der obersten Finanzbehörden der Länder vom 23. November 2012, BStBl. I S. 1224,[3] verwiesen.

3. Lohnsteuerliche Behandlung der Übereignung des (Elektro-)Fahrrads

Erwirbt der Arbeitnehmer nach Beendigung der Vertragslaufzeit das von ihm bis dahin genutzte (Elektro-)Fahrrad von dem Dritten zu einem geringeren Preis als dem um übliche Preisnachlässe geminderten üblichen Endpreis am Abgabeort i. S. d. § 8 Abs. 2 Satz 1 EStG für ein solches (Elektro-)Fahrrad, ist der Unterschiedsbetrag als Arbeitslohn von dritter Seite zu versteuern (vgl. BMF-Schreiben vom 20. Januar 2015, BStBl. I S. 143).[4]

Zur Ermittlung dieses geldwerten Vorteils ist grundsätzlich eine Einzelbewertung vorzunehmen (vgl. Rdnr. 4 des BMF-Schreibens vom 16. Mai 2013, BStBl. I S. 729).[5]

Es ist nicht zu beanstanden, den üblichen Endpreis i. S. d. § 8 Abs. 2 Satz 1 EStG eines (Elektro-)Fahrrads, das dem Arbeitnehmer aufgrund des Dienstverhältnisses nach 36 Monaten Nutzungsdauer übereignet wird, aus Vereinfachungsgründen mit 40% der auf volle 100 Euro abgerundeten unverbindlichen Preisempfehlung des Herstellers, Importeurs oder Großhändlers im Zeitpunkt der Inbetriebnahme des (Elektro-)Fahrrads einschließlich der Umsatzsteuer[6] zu bewerten. Ein niedrigerer Wert kann nachgewiesen werden.

4. Pauschalierung der Einkommensteuer nach § 37 b Abs. 1 EStG

In den Fällen der Tz. 3 gilt zur Frage der Anwendung des § 37 b Abs. 1 EStG durch den Zuwendenden (z. B. Leasinggeber, Dienstleister oder Verwertungsgesellschaft) und zur Höhe der Bemessungsgrundlage (Rdnr. 11 und Rdnr. 16 des BMF-Schreibens vom 19. Mai 2015, BStBl. I S. 468)[7] Folgendes:

a) Anwendung des § 37 b Abs. 1 EStG

Dem Kriterium „Zusätzlichkeitsvoraussetzung" genügt es, wenn zu dem sog. Grundgeschäft i. S. d. Rdnr. 9 a des BMF-Schreibens vom 19. Mai 2015 (BStBl. I S. 468)[8] zwischen dem Zuwendenden

---

[1] **[Amtl. Anm.:]** Zusätzlich zum ohnehin geschuldeten Arbeitslohn gewährte Vorteile aus der Überlassung eines betrieblichen (Elektro-)Fahrrads, das kein Kraftfahrzeug i. S. d. § 6 Abs. 1 Nr. 4 Satz 2 EStG ist, sind ab 1. 1. 2019 steuerfrei nach § 3 Nr. 37 EStG.

[2] **[Amtl. Anm.:]** Jetzt BMF vom 3. 3. 2022 (BStBl. I S. 232), Rn. 49 bis 51, abgedruckt als Anlage c zu LStH 8.1.

[3] **[Amtl. Anm.:]** Ersetzt durch gleich lautende Ländererlasse vom 9. 1. 2020 (BStBl. I S. 174), abgedruckt als Anlage e zu LStH 8.1.

[4] Abgedruckt als Anlage a zu LStH 8.2.

[5] Abgedruckt als Anlage e zu LStH 8.2.

[6] **[Amtl. Anm.:]** Zur umsatzsteuerlichen Behandlung der Überlassung von (Elektro-)Fahrrädern an Arbeitnehmer siehe BMF vom 7. 2. 2022 (BStBl. I S. 197).

[7] Abgedruckt als Anlage zu § 37 b EStG.

[8] Abgedruckt als Anlage zu § 37 b EStG.

(z. B. Leasinggeber, Dienstleister oder Verwertungsgesellschaft) und dem Arbeitnehmer – z. B. ein Kaufvertrag über ein (Elektro-)Fahrrad – der aus einem Rahmenvertrag zwischen dem Zuwendenden und dem Arbeitgeber resultierende geldwerte Vorteil für den Arbeitnehmer – z. B. ein vereinbarter Rabatt oder eine andere Vergünstigung – hinzukommt (vgl. Rdnr. 11 des BMF-Schreibens vom 19. Mai 2015, BStBl. I S. 468[1]). § 37 b Abs. 1 EStG ist dann grundsätzlich anwendbar. Anl i zu LStH 8.1

b) Bemessungsgrundlage

Bemessungsgrundlage der pauschalen Einkommensteuer sind grundsätzlich die Aufwendungen des Zuwendenden. Als Bemessungsgrundlage ist jedoch der gemeine Wert anzusetzen, wenn die Zuwendung in der Hingabe eines Wirtschaftsgutes des Betriebsvermögens besteht und dem Zuwendenden keine oder nur unverhältnismäßig geringe Aufwendungen entstanden sind (vgl. Rdnr. 16 des BMF-Schreibens vom 19. Mai 2015, BStBl. I S. 468[2]). Unverhältnismäßig geringe Aufwendungen in diesem Sinne liegen regelmäßig vor, wenn die (Elektro-)Fahrräder durch den Zuwendenden (z. B. Dienstleister oder Verwertungsgesellschaft) vom Leasinggeber für einen weit unter dem gemeinen Wert liegenden Endpreis (z. B. 10% des ursprünglichen Kaufpreises) erworben werden.

In diesen Fällen wird es nicht beanstandet, den gemeinen Wert i. S. d. Rdnr. 16 des BMF-Schreibens vom 19. Mai 2015, BStBl. I S. 468[3] eines (Elektro-)Fahrrads, das dem Arbeitnehmer aufgrund des Dienstverhältnisses nach 36 Monaten der Nutzungsdauer vom Zuwendenden übereignet wird, aus Vereinfachungsgründen mit 40% der auf volle 100 Euro abgerundeten unverbindlichen Preisempfehlung des Herstellers, Importeurs oder Großhändlers im Zeitpunkt der Inbetriebnahme des (Elektro-)Fahrrads einschließlich der Umsatzsteuer[4] anzusetzen. Ein niedrigerer Wert kann nachgewiesen werden.

Der Kaufpreis, den der Zuwendungsempfänger zahlt, mindert die Bemessungsgrundlage der pauschalen Einkommensteuer (vgl. Rdnr. 9 c des BMF-Schreibens vom 19. Mai 2015, BStBl. I S. 468[5]).

Dieses Schreiben ist in allen offenen Fällen anzuwenden.

R 8.2 Belegschaftsrabatte (§ 8 Abs. 3 EStG)

LStR 8.2

(1) ① Die steuerliche Begünstigung bestimmter Sachbezüge der Arbeitnehmer nach § 8 Abs. 3 EStG setzt Folgendes voraus: **63**

1. ① Die Sachbezüge müssen dem Arbeitnehmer aufgrund seines Dienstverhältnisses zufließen. ② Steht der Arbeitnehmer im Kj. nacheinander oder nebeneinander in mehreren Dienstverhältnissen, sind die Sachbezüge aus jedem Dienstverhältnis unabhängig voneinander zu beurteilen. ③ Auf Sachbezüge, die der Arbeitnehmer nicht unmittelbar vom Arbeitgeber erhält, ist § 8 Abs. 3 EStG nicht anwendbar.
2. ① Die Sachbezüge müssen in der Überlassung von Waren oder in Dienstleistungen bestehen. ② Zu den Waren gehören alle Wirtschaftsgüter, die im Wirtschaftsverkehr wie Sachen (§ 90 BGB) behandelt werden, also z. B. elektrischer Strom oder Wärme. ③ Als Dienstleistungen kommen alle anderen Leistungen in Betracht, die üblicherweise gegen Entgelt erbracht werden.
3. ① Auf Rohstoffe, Zutaten und Halbfertigprodukte ist die Begünstigung anwendbar, wenn diese mengenmäßig überwiegend in die Erzeugnisse des Betriebs eingehen. ② Betriebs- und Hilfsstoffe, die mengenmäßig überwiegend nicht an fremde Dritte abgegeben werden, sind nicht begünstigt.
4. Bei jedem einzelnen Sachbezug, für den die Voraussetzungen des § 8 Abs. 3 und des § 40 Abs. 1 oder 2 Satz 1 EStG gleichzeitig vorliegen, kann zwischen der Pauschalbesteuerung, der Anwendung des § 8 Abs. 3 EStG (mit Bewertungsabschlag und Rabatt-Freibetrag) und der Anwendung des § 8 Abs. 2 EStG (ohne Bewertungsabschlag und Rabatt-Freibetrag) gewählt werden.

② Die Begünstigung gilt sowohl für teilentgeltliche als auch für unentgeltliche Sachbezüge. ③ Sie gilt deshalb z. B. für den Haustrunk im Brauereigewerbe, für die Freitabakwaren in der Tabakwarenindustrie und für die Deputate im Bergbau sowie in der Land- und Forstwirtschaft. ④ Nachträgliche Gutschriften sind als Entgeltminderung zu werten, wenn deren Bedingungen bereits in dem Zeitpunkt feststehen, in dem der Arbeitnehmer die Sachbezüge erhält. ⑤ Zuschüsse eines Dritten sind nicht als Verbilligung zu werten, sondern ggf. als Lohnzahlungen durch Dritte zu versteuern.

(2) ① Der steuerlichen Bewertung des Sachbezugs, der die Voraussetzungen des Absatzes 1 erfüllt, ist i. d. R. der Endpreis einschl. Umsatzsteuer zugrunde zu legen, zu dem der Arbeitgeber die konkrete Ware oder Dienstleistung fremden Letztverbrauchern im allgemeinen Geschäftsverkehr am Ende von Verkaufsverhandlungen durchschnittlich anbietet. ② Bei der Gewährung von Versicherungsschutz als Sachbezug sind es die Beiträge, die der Arbeitgeber als Versicherer von fremden Versicherungsnehmern für diesen Versicherungsschutz durchschnittlich verlangt. ③ Tritt der Arbeitgeber mit Letztverbrauchern außerhalb des Arbeitnehmerbereichs nicht in Geschäftsbeziehungen, ist i. d. R. der Endpreis zugrunde zu legen, zu denen der dem Abgabeort des Arbeitgebers **64**

---

[1] Abgedruckt als Anlage zu § 37 b EStG.
[2] Abgedruckt als Anlage zu § 37 b EStG.
[3] Abgedruckt als Anlage zu § 37 b EStG.
[4] **[Amtl. Anm.:]** Zur umsatzsteuerlichen Behandlung der Überlassung von (Elektro-)Fahrrädern an Arbeitnehmer siehe BMF vom 7. 2. 2022 (BStBl. I S. 197).
[5] Abgedruckt als Anlage zu § 37 b EStG.

LStR 8.2

nächstansässige Abnehmer die konkrete Ware oder Dienstleistung fremden Letztverbrauchern anbietet. ④ Dies gilt auch in den Fällen, in denen der Arbeitgeber nur als Kommissionär tätig ist. ⑤ R 8.1 Abs. 2 Satz 2 ist sinngemäß anzuwenden. ⑥ Für die Preisfeststellung ist i. d. R. jeweils der Kalendertag maßgebend, an dem die Ware oder Dienstleistung an den Arbeitnehmer abgegeben wird. ⑦ Fallen Bestell- und Liefertag auseinander, sind die Verhältnisse am Bestelltag für die Ermittlung des Angebotspreises maßgebend. ⑧ Der um 4 % geminderte Endpreis ist der Geldwert des Sachbezugs; als Arbeitslohn ist der Unterschiedsbetrag zwischen diesem Geldwert und dem vom Arbeitnehmer gezahlten Entgelt anzusetzen. ⑨ Arbeitslöhne dieser Art aus demselben Dienstverhältnis bleiben steuerfrei, soweit sie insgesamt den Rabatt-Freibetrag nach § 8 Abs. 3 EStG[1] nicht übersteigen.

LStH 8.2

H 8.2

65 **Allgemeines.** Die Regelung des § 8 Abs. 3 EStG gilt nicht für

- Waren, die der Arbeitgeber überwiegend für seine Arbeitnehmer herstellt, z. B. Kantinenmahlzeiten, oder überwiegend an seine Arbeitnehmer vertreibt, und Dienstleistungen, die der Arbeitgeber überwiegend für seine Arbeitnehmer erbringt,
- Sachbezüge, die nach § 40 Abs. 1 oder Abs. 2 Nr. 1 oder 2 EStG pauschal versteuert werden.

In diesen Fällen ist die Bewertung nach § 8 Abs. 2 EStG vorzunehmen.

Anwendung des Rabatt-Freibetrags.[2] Der Rabatt-Freibetrag findet Anwendung bei

- Waren oder Dienstleistungen, die vom Arbeitgeber hergestellt, vertrieben oder erbracht werden (→ BFH vom 15. 1. 1993 – BStBl. II S. 356),
- Leistungen des Arbeitgebers, auch wenn sie nicht zu seinem üblichen Geschäftsgegenstand gehören (→ BFH vom 7. 2. 1997 – BStBl. II S. 363),
- der verbilligten Abgabe von Medikamenten an die Belegschaft eines Krankenhauses, wenn Medikamente dieser Art mindestens im gleichen Umfang an Patienten abgegeben werden (→ BFH vom 27. 8. 2002 – BStBl. II S. 881 und BStBl. 2003 II S. 95),
- Waren, die ein Arbeitgeber im Auftrag und nach den Plänen und Vorgaben eines anderen produziert und damit Hersteller dieser Waren ist (→ BFH vom 28. 8. 2002 – BStBl. 2003 II S. 154 betr. Zeitungsdruck),
- Waren, die ein Arbeitgeber auf eigene Kosten nach seinen Vorgaben und Plänen von einem Dritten produzieren lässt oder zu deren Herstellung er damit vergleichbare sonstige gewichtige Beiträge erbringt (→ BFH vom 1. 10. 2009 – BStBl. 2010 II S. 204),
- verbilligter Überlassung einer Hausmeisterwohnung, wenn der Arbeitgeber Wohnungen zumindest in gleichem Umfang an Dritte vermietet und sich die Hausmeisterwohnung durch ihre Merkmale nicht in einem solchen Maße von anderen Wohnungen unterscheidet, dass sie nur als Hausmeisterwohnung genutzt werden kann (→ BFH vom 16. 2. 2005 – BStBl. II S. 529),
- Überlassung eines zinslosen oder zinsverbilligten Arbeitgeberdarlehens, wenn Darlehen gleicher Art und zu gleichen Konditionen überwiegend an betriebsfremde Dritte vergeben werden (→ BMF vom 19. 5. 2015 – BStBl. I S. 484),[3]
- Mahlzeitengestellung im Rahmen einer Auswärtstätigkeit, wenn aus der Küche eines Flusskreuzfahrtschiffes neben den Passagieren auch die Besatzungsmitglieder verpflegt werden (→ BFH vom 21. 1. 2010 – BStBl. II S. 700),
- Fahrvergünstigungen, die die Deutsche Bahn AG (ehemaligen) Arbeitnehmern gewährt. Dies gilt auch dann, wenn die unentgeltlich oder verbilligt gewährten Freifahrtscheine aufgrund besonderer Nutzungsbestimmungen fremden Letztverbrauchern nicht angeboten werden, da Bewertungsgegenstand nicht der Fahrschein als solcher, sondern die darin verkörperte Beförderungsleistung ist (→ BFH vom 26. 9. 2019 – BStBl. 2020 II S. 162), soweit die übrigen Voraussetzungen des § 8 Abs. 3 EStG erfüllt sind.

Der Rabatt-Freibetrag findet **keine Anwendung** bei

- Arbeitgeberdarlehen, wenn der Arbeitgeber lediglich verbundenen Unternehmen Darlehen gewährt (→ BFH vom 18. 9. 2002 – BStBl. 2003 II S. 371),
- Arbeitgeberdarlehen, wenn der Arbeitgeber Darlehen dieser Art nicht an Fremde vergibt (→ BFH vom 9. 10. 2002 – BStBl. 2003 II S. 373 betr. Arbeitgeberdarlehen einer Landeszentralbank).

Aufteilung eines Sachbezugs. Die Aufteilung eines Sachbezugs zum Zwecke der Lohnsteuerpauschalierung ist nur zulässig, wenn die Pauschalierung der Lohnsteuer beantragt wird und die Pauschalierungsgrenze des § 40 Abs. 1 Satz 3 EStG überschritten wird (→ BMF vom 19. 5. 2015 – BStBl. I S. 484, Rdnr. 21 f.).[4]

---

[1] Ab 1. 1. 2004: 1080 €.
[2] Ab 1. 1. 2004: 1080 €.
[3] Abgedruckt als Anlage b zu LStH 8.1.
[4] Abgedruckt als Anlage b zu LStH 8.1.

LStH 8.2

Berechnung des Rabatt-Freibetrags

Beispiel 1:

Ein Möbelhandelsunternehmen überlässt einem Arbeitnehmer eine Schrankwand zu einem Preis von 3000 €; der durch Preisauszeichnung angegebene Endpreis dieser Schrankwand beträgt 4500 €.

Zur Ermittlung des Sachbezugswerts ist der Endpreis um 4% = 180 € zu kürzen, so dass sich nach Anrechnung des vom Arbeitnehmer gezahlten Entgelts ein Arbeitslohn von 1320 € ergibt. Dieser Arbeitslohn überschreitet den Rabatt-Freibetrag von 1080 € um 240 €, so dass dieser Betrag zu versteuern ist.

Würde der Arbeitnehmer im selben Kj. ein weiteres Möbelstück unter denselben Bedingungen beziehen, so käme der Rabatt-Freibetrag nicht mehr in Betracht; es ergäbe sich dann ein zu versteuernder Betrag von 1320 € (Unterschiedsbetrag zwischen dem um 4% = 180 € geminderten Endpreis von 4500 € und dem Abgabepreis von 3000 €).

Beispiel 2:

Der Arbeitnehmer eines Reisebüros hat für eine vom Arbeitgeber vermittelte Pauschalreise, die im Katalog des Reiseveranstalters zum Preis von 2000 € angeboten wird, nur 1500 € zu zahlen. Vom Preisnachlass entfallen 300 € auf die Reiseleistung des Veranstalters und 200 € auf die Vermittlung des Arbeitgebers, der insoweit keine Vermittlungsprovision erhält.

Die unentgeltliche Vermittlungsleistung ist nach § 8 Abs. 3 EStG mit ihrem um 4% = 8 € geminderten Endpreis von 200 € zu bewerten, so dass sich ein Arbeitslohn von 192 € ergibt, der im Rahmen des Rabatt-Freibetrags von 1080 € jährlich steuerfrei ist.

Auf die darüber hinausgehende Verbilligung der Pauschalreise um 300 € ist der Rabatt-Freibetrag nicht anwendbar, weil die Reiseveranstaltung nicht vom Arbeitgeber durchgeführt wird; sie ist deshalb nach § 8 Abs. 2 EStG zu bewerten. Nach R 8.1 Abs. 2 Satz 3 kann der für die Reiseleistung maßgebende Preis mit 1728 € (96% von 1800 €) angesetzt werden, so dass sich ein steuerlicher Preisvorteil von 228 € ergibt.

Dienstleistungen. Die leih- oder mietweise Überlassung von Grundstücken, Wohnungen, möblierten Zimmern oder von Kfz, Maschinen und anderen beweglichen Sachen sowie die Gewährung von Darlehen sind Dienstleistungen (→ BFH vom 4. 11. 1994 – BStBl. 1995 II S. 338). Weitere Beispiele für Dienstleistungen sind:
- Beförderungsleistungen,
- Beratung,
- Datenverarbeitung,
- Kontenführung,
- Reiseveranstaltungen,
- Versicherungsschutz,
- Werbung.

Endpreis
- Endpreis i. S. d. § 8 Abs. 3 EStG ist der am Ende von Verkaufsverhandlungen als letztes Angebot stehende Preis und umfasst deshalb auch die Rabatte (→ BFH vom 26. 7. 2012 – BStBl. 2013 II S. 400); zur Anwendung → BMF vom 16. 5. 2013 (BStBl. I S. 729), Tz. 3.2,[1]
- Zum Endpreis beim Erwerb von Kfz vom Arbeitgeber in der Automobilbranche → BMF vom 18. 12. 2009 (BStBl. 2010 I S. 20)[2] unter Berücksichtigung der Änderung durch → BMF vom 16. 5. 2013 (BStBl. I S. 729), Rdnr. 8,[3]
- Endpreis i. S. d. § 8 Abs. 3 EStG stellt auf den Endpreis für die konkret zu bewertende Leistung ab. Werden mehrere Leistungen zugewandt (Ware zzgl. Versand- bzw. Überführungskosten), ist für jede Leistung gesondert eine Verbilligung und ein damit einhergehender Vorteil zu ermitteln (→ BFH vom 16. 1. 2020 – BStBl. II S. 591),
- Zum Endpreis bei Überlassung eines zinslosen oder zinsverbilligten Arbeitgeberdarlehens → BMF vom 19. 5. 2015 (BStBl. I S. 484).[4]

Job-Ticket. Zum Vorrang der Steuerfreistellung nach § 3 Nr. 15 EStG → BMF vom 15. 8. 2019 (BStBl. I S. 875), Rz. 42.[5]

Sachbezüge an ehemalige Arbeitnehmer. Sachbezüge, die dem Arbeitnehmer ausschließlich wegen seines früheren oder künftigen Dienstverhältnisses zufließen, können nach § 8 Abs. 3 EStG bewertet werden (→ BFH vom 8. 11. 1996 – BStBl. 1997 II S. 330).

Sachbezüge von dritter Seite
- Erfassung und Bewertung → BMF vom 20. 1. 2015 (BStBl. I S. 143).[6]
- Die **Einschaltung eines Dritten** ist für die Anwendung des § 8 Abs. 3 EStG unschädlich, wenn der Arbeitnehmer eine vom Arbeitgeber hergestellte Ware auf dessen Veranlassung und Rechnung erhält (→ BFH vom 4. 6.1993 – BStBl. II S. 687).

Vermittlungsprovision
- Ein Arbeitgeber, der den Abschluss von Versicherungsverträgen vermittelt, kann seinen Arbeitnehmern auch dadurch einen geldwerten Vorteil i. S. d. § 8 Abs. 3 Satz 1 EStG gewähren, dass er im Voraus auf die ihm zustehende Vermittlungsprovision verzichtet, sofern das Versicherungsunternehmen aufgrund dieses Verzichts den fraglichen Arbeitnehmern den Ab-

---

[1] Nachstehend abgedruckt als Anlage e zu LStH 8.2.
[2] Abgedruckt als Anlage d zu LStH 8.2.
[3] Nachstehend abgedruckt als Anlage e zu LStH 8.2.
[4] Abgedruckt als Anlage b zu LStH 8.1.
[5] Abgedruckt als Anlage zu LStH 3.15.
[6] Nachstehend abgedruckt als Anlage a zu LStH 8.2.

LStH 8.2

schluss von Versicherungsverträgen zu günstigeren Tarifen gewährt, als das bei anderen Versicherungsnehmern der Fall ist (→ BFH vom 30. 5. 2001 – BStBl. 2002 II S. 230).

– Gibt der Arbeitgeber seine Provisionen, die er von Dritten für die Vermittlung von Versicherungsverträgen seiner Arbeitnehmer erhalten hat, an diese weiter, gewährt er Bar- und nicht Sachlohn (→ BFH vom 23. 8. 2007 – BStBl. 2008 II S. 52).

Wahlrecht. Liegen die Voraussetzungen des § 8 Abs. 3 EStG vor, kann der geldwerte Vorteil wahlweise nach § 8 Abs. 2 EStG ohne Bewertungsabschlag und ohne Rabattfreibetrag oder mit diesen Abschlägen auf der Grundlage des Endpreises des Arbeitgebers nach § 8 Abs. 3 EStG bewertet werden (→ BFH vom 26. 7. 2012 – BStBl. 2013 II S. 400 und S. 402). Dieses Wahlrecht ist sowohl im Lohnsteuerabzugsverfahren als auch im Veranlagungsverfahren anwendbar (→ BMF vom 16. 5. 2013 – BStBl. I S. 729, Tz. 3.3).[1]

Waren und Dienstleistungen vom Arbeitgeber[2]

– Die Waren oder Dienstleistungen müssen vom Arbeitgeber hergestellt, vertrieben oder erbracht werden (→ BFH vom 15. 1. 1993 – BStBl. II S. 356).

– Es ist nicht erforderlich, dass die Leistung des Arbeitgebers zu seinem üblichen Geschäftsgegenstand gehört (→ BFH vom 7. 2. 1997 – BStBl. II S. 363).

Anl a zu LStH 8.2

a) Schreiben betr. steuerliche Behandlung der Rabatte, die Arbeitnehmern von dritter Seite eingeräumt werden

Vom 20. Januar 2015 (BStBl. I S. 143)

(BMF IV C 5 – S 2360/12/10002; DOK 2014/1134901)

68 Der BFH hat mit Urteilen vom 18. Oktober 2012 VI R 64/11 (BStBl. 2015 II S. 184) und vom 10. April 2014 VI R62/11 (BStBl. 2015 II S. 191) seine Rechtsprechung zur steuerlichen Behandlung der Rabatte, die Arbeitnehmern von dritter Seite eingeräumt werden, weiterentwickelt und konkretisiert.

Im Einvernehmen mit den obersten Finanzbehörden der Länder sind die Urteile unter Beachtung folgender Grundsätze über die entschiedenen Einzelfälle hinaus anzuwenden:

1 Preisvorteile, die Arbeitnehmern von dritter Seite eingeräumt werden, sind Arbeitslohn, wenn sie sich für den Arbeitnehmer als Frucht seiner Arbeit für den Arbeitgeber darstellen und wenn sie im Zusammenhang mit dem Dienstverhältnis stehen. Ein überwiegend eigen wirtschaftliches Interesse des Dritten schließt die Annahme von Arbeitslohn dagegen in der Regel aus. Arbeitslohn liegt auch dann nicht vor, wenn und soweit der Preisvorteil auch fremden Dritten üblicherweise im normalen Geschäftsverkehr eingeräumt wird (z. B. Mengenrabatte).

2 Es spricht dafür, dass Preisvorteile zum Arbeitslohn gehören, wenn der Arbeitgeber an der Verschaffung dieser Preisvorteile aktiv mitgewirkt hat. Eine aktive Mitwirkung des Arbeitgebers in diesem Sinne liegt vor, wenn

a) aus dem Handeln des Arbeitgebers ein Anspruch des Arbeitnehmers auf den Preisvorteil entstanden ist oder

b) der Arbeitgeber für den Dritten Verpflichtungen übernommen hat, z. B. Inkassotätigkeit oder Haftung.

3 Einer aktiven Mitwirkung des Arbeitgebers in diesem Sinne steht gleich, wenn

a) zwischen dem Arbeitgeber und dem Dritten eine enge wirtschaftliche oder tatsächliche Verflechtung oder enge Beziehung sonstiger Art besteht, z. B. Organschaftsverhältnis, oder

b) dem Arbeitnehmer Preisvorteile von einem Unternehmen eingeräumt werden, dessen Arbeitnehmer ihrerseits Preisvorteile vom Arbeitgeber erhalten.

4 Eine aktive Mitwirkung des Arbeitgebers an der Verschaffung von Preisvorteilen ist nicht anzunehmen, wenn sich seine Beteiligung darauf beschränkt:

a) Angebote Dritter in seinem Betrieb z. B. am „schwarzen Brett“, im betriebseigenen Intranet oder in einem Personalhandbuch bekannt zu machen oder

b) Angebote Dritter an die Arbeitnehmer seines Betriebs und eventuell damit verbundene Störungen des Betriebsablaufs zu dulden oder

c) die Betriebszugehörigkeit der Arbeitnehmer zu bescheinigen oder

d) Räumlichkeiten für Treffen der Arbeitnehmer mit Ansprechpartnern des Dritten zur Verfügung zu stellen.

5 An einer Mitwirkung des Arbeitgebers fehlt es auch dann, wenn bei der Verschaffung von Preisvorteilen allein eine vom Arbeitgeber unabhängige Selbsthilfeeinrichtung der Arbeitnehmer mitwirkt.

6 Die Mitwirkung des Betriebsrats oder Personalrats an der Verschaffung von Preisvorteilen durch Dritte ist für die steuerliche Beurteilung dieser Vorteile dem Arbeitgeber nicht zuzurechnen und führt

---

[1] Nachstehend abgedruckt als Anlage e zu LStH 8.2.

[2] § 8 Abs. 3 EStG gilt ausschließlich für solche Zuwendungen, die der Arbeitgeber seinem Arbeitnehmer aufgrund seines Dienstverhältnisses gewährt. Bei der Zuwendung des Vorteils kann sich der Arbeitgeber aber Dritter bedienen, wenn sie in seinem Auftrag und für seine Rechnung tätig werden. Der Arbeitgeber vertreibt eine Ware oder Dienstleistung, wenn er sie als eigene am Markt anbietet, er die Ware oder Dienstleistung also am Markt als eigene verfügbar macht. Daher vertreibt nicht nur derjenige eine Ware oder Dienstleistung, der sie im eigenen Namen und auf eigene Rechnung gegenüber Letztverbrauchern anbietet, sondern auch derjenige, der Waren und Dienstleistungen für einen Dritten entgeltlich auf dessen Rechnung am Markt vertreibt. Dementsprechend kann auch derjenige als die Ware oder Dienstleitung vertreibender Arbeitgeber i. S. des § 8 Abs. 3 EStG anzusehen sein, der die Ware oder Dienstleistung nach den Vorgaben seines Auftraggebers vertreibt *(vgl. BFH vom 26. 4. 2018, VI R 39/16, BStBl. II 2019 S. 286).*

allein nicht zur Annahme von Arbeitslohn. In den Fällen der Randziffern 2 und 3 wird die Zurechnung von Preisvorteilen zum Arbeitslohn jedoch nicht dadurch ausgeschlossen, dass der Betriebsrat oder Personalrat ebenfalls mitgewirkt hat. Anl a zu LStH 8.2

7 Dieses Schreiben ist in allen offenen Fällen anzuwenden und ersetzt das BMF-Schreiben vom 27. September 1993 (BStBl. I S. 814), welches hiermit aufgehoben wird.

Anl b zu LStH 8.2

b) Gleich lautende Erlasse betr. steuerliche Behandlung der von Luftfahrtunternehmen gewährten unentgeltlichen oder verbilligten Flüge

Vom 16. Dezember 2024 (BStBl. 2025 I S. 422)

(Oberste Finanzbehörden der Länder)

Für die Bewertung der zum Arbeitslohn gehörenden Vorteile aus unentgeltlich oder verbilligt gewährten Flügen gilt Folgendes: 70

1. Gewähren Luftfahrtunternehmen ihren Arbeitnehmern unentgeltlich oder verbilligt Flüge, die auch betriebsfremden Fluggästen angeboten werden, so kann der Wert der Flüge nach § 8 Absatz 2 oder Absatz 3 EStG ermittelt werden. Dies gilt auch bei Beschränkungen im Reservierungsstatus, wenn das Luftfahrtunternehmen Flüge mit entsprechenden Beschränkungen betriebsfremden Fluggästen nicht anbietet (vgl. BFH-Urteil vom 26. September 2019, BStBl. 2020 II S. 162).
2. Eine Bewertung nach § 8 Absatz 3 EStG kommt nicht in Betracht, wenn
   a) die Lohnsteuer nach § 40 EStG pauschal erhoben wird oder
   b) Luftfahrtunternehmen Arbeitnehmern anderer Arbeitgeber unentgeltlich oder verbilligt Flüge gewähren.

   In diesen Fällen sind die Flüge nach § 8 Absatz 2 EStG mit dem um übliche Preisnachlässe geminderten üblichen Endpreis am Abgabeort zu bewerten.
3. In den Fällen der Bewertung nach § 8 Absatz 2 EStG können die Flüge mit Durchschnittswerten angesetzt werden. Für das Jahr 2025 werden die folgenden Durchschnittswerte (ohne Einbeziehung von Nebenkosten) nach § 8 Absatz 2 Satz 10 EStG für jeden Flugkilometer festgesetzt.
   a) Wenn keine Beschränkungen im Reservierungsstatus bestehen, ist der Wert des Fluges wie folgt zu berechnen:

bei einem Flug von	Durchschnittswerte in Euro je Flugkilometer (FKM)
1 bis 4 000 km	0,04
4 001 bis 12 000 km	$0{,}04 - \frac{0{,}01 \times (\text{FKM} - 4\,000)}{8\,000}$
mehr als 12 000 km	0,03

   Jeder Flug ist gesondert zu bewerten. Die Zahl der Flugkilometer ist mit dem Wert anzusetzen, der der im Flugschein angegebenen Streckenführung entspricht. Nimmt der Arbeitgeber einen nicht vollständig ausgeflogenen Flugschein zurück, so ist die tatsächlich ausgeflogene Strecke zugrunde zu legen. Bei der Berechnung des Flugkilometerwerts sind die Beträge nur bis zur fünften Dezimalstelle anzusetzen.

   Die nach dem IATA-Tarif zulässigen Kinderermäßigungen sind entsprechend anzuwenden.

   b) Bei Beschränkungen im Reservierungsstatus mit dem Vermerk „space available – SA –" auf dem Flugschein beträgt der Wert je Flugkilometer 60 Prozent des nach Buchstabe a ermittelten Werts.
   c) Bei Beschränkungen im Reservierungsstatus ohne Vermerk „space available – SA –" auf dem Flugschein beträgt der Wert je Flugkilometer 80 Prozent des nach Buchstabe a ermittelten Werts.

   Der nach den Durchschnittswerten ermittelte Wert des Fluges ist um 10 Prozent zu erhöhen.

   Beispiel:

   Der Arbeitnehmer erhält einen Freiflug Frankfurt – Palma de Mallorca und zurück.
   Der Flugschein trägt den Vermerk „SA". Die Flugstrecke beträgt insgesamt 2507 km.
   Der Wert des Fluges für diesen Flug beträgt 60 Prozent von (0,04 x 2 507) = 60,17 Euro, zu erhöhen um 10 Prozent (= 6,02 Euro) = 66,19 Euro.
4. Mit den Durchschnittswerten nach Nummer 3 können auch Flüge bewertet werden, die der Arbeitnehmer von seinem Arbeitgeber erhalten hat, der kein Luftfahrtunternehmer ist, wenn
   a) der Arbeitgeber diesen Flug von einem Luftfahrtunternehmen erhalten hat und
   b) dieser Flug den unter Nummer 3 Buchstaben b oder c genannten Beschränkungen im Reservierungsstatus unterliegt.
5. Von dem Wert nach der Nummer 2 sind die von den Arbeitnehmern jeweils gezahlten Entgelte abzuziehen. Von den Werten nach den Nummern 3 und 4 sind die von den Arbeitnehmern jeweils gezahlten Entgelte mit Ausnahme der Nebenkosten (z. B. Steuern, Flughafengebühren, Luftsicherheitsgebühren, sonstige Gebühren, sonstige Zuschläge, Luftverkehrssteuer) abzuziehen. Der Rabattfreibetrag nach § 8 Absatz 3 EStG ist nicht abzuziehen.

Anl b zu LStH 8.2

6. Luftfahrtunternehmen im Sinne der vorstehenden Regelungen sind Unternehmen, denen die Betriebsgenehmigung zur Beförderung von Fluggästen im gewerblichen Luftverkehr nach der Verordnung (EWG) Nr. 2407/92 des Rates vom 23. Juli 1992 (Amtsblatt EG Nr. L 240/1[1]) oder nach entsprechenden Vorschriften anderer Staaten erteilt worden ist.

Dieser Erlass ergeht mit Zustimmung des Bundesministeriums der Finanzen und im Einvernehmen mit den obersten Finanzbehörden der anderen Länder. Er ersetzt den GLE vom 12. Mai 2021 (BStBl. I S. 774)[2] für das Jahr 2025.

Anl c zu LStH 8.2

c) Schreiben betr. steuerliche Behandlung unentgeltlicher oder verbilligter Reisen bei Mitarbeitern von Reisebüros und Reiseveranstaltern

Vom 14. September 1994 (BStBl. I S. 755)

(BMF IV B 6 – S 2334 – 115/94)

76 Nach dem Ergebnis der Besprechung mit den obersten Finanzbehörden der Länder gilt für die lohnsteuerrechtliche Behandlung unentgeltlicher oder verbilligter Reisen der Mitarbeiter von Reisebüros und Reiseveranstaltern folgendes:

1. Die einem Arbeitnehmer vom Arbeitgeber unentgeltlich oder verbilligt verschaffte Reise gehört nicht zum Arbeitslohn, wenn die Reise im ganz überwiegenden betrieblichen Interesse des Arbeitgebers durchgeführt wird. Ein ganz überwiegendes betriebliches Interesse muß über das normale Interesse des Arbeitgebers, das ihn zur Lohnzahlung veranlaßt, deutlich hinausgehen. Dieses Interesse muß so stark sein, daß das Interesse des Arbeitnehmers an der Leistung vernachlässigt werden kann. Für die Teilnahme des Arbeitnehmers an der Reise müssen nachweisbare betriebsfunktionale Gründe bestehen.
2. Als Reisen im ganz überwiegenden betrieblichen Interesse des Arbeitgebers kommen in Betracht
   a) Reisen, denen ein unmittelbarer betrieblicher Anlaß zugrunde liegt, z. B. Verhandlungen mit einem Geschäftspartner des Arbeitgebers oder Durchführung eines bestimmten Auftrags wie die Vorbereitung von Reiseveranstaltungen oder von Objektbeschreibungen in Katalogen des Arbeitgebers (Dienstreisen),
   b) Reisen zur beruflichen Fortbildung des Arbeitnehmers (Fachstudienreisen).
3. Bei Reisen im Sinne der Nummer 2 Buchstabe a kann ein ganz überwiegendes betriebliches Interesse des Arbeitgebers nur dann angenommen werden, wenn die folgenden Voraussetzungen nebeneinander erfüllt sind:
   a) Die Reise wird auf Anordnung des Arbeitgebers durchgeführt.
   b) Die Reise ist für den Arbeitnehmer unentgeltlich.
   c) Die Reisetage sind grundsätzlich wie normale Arbeitstage mit beruflicher Tätigkeit ausgefüllt (BFH-Urteil vom 12. April 1979 – BStBl. II S. 513).
   d) Die Reisetage werden auf den Urlaub des Arbeitnehmers nicht angerechnet.
4. Bei Reisen im Sinne der Nummer 2 Buchstabe b kann ein ganz überwiegendes betriebliches Interesse des Arbeitgebers (Abschnitt 74 LStR)[3] nur dann angenommen werden, wenn die folgenden Voraussetzungen nebeneinander erfüllt sind:
   a) Der an der Reise teilnehmende Arbeitnehmer ist im Reisevertrieb oder mit der Reiseprogrammbeschreibung, -gestaltung oder -abwicklung beschäftigt.
   b) Der Arbeitgeber wertet die Teilnahme an der Reise als Arbeitszeit und rechnet jeden vollen Reisetag, der auf einen regelmäßigen Arbeitstag des teilnehmenden Arbeitnehmers entfällt, mit mindestens 6 Stunden auf die vereinbarte regelmäßige Arbeitszeit an.
   c) Der Reise liegt eine feste Programmgestaltung zugrunde, wobei das Programm auf die konkreten beruflichen Qualifikations- und Informationsbedürfnisse der in Buchstabe a genannten Arbeitnehmer zugeschnitten ist. Das Programm muß Fachveranstaltungen mit einer Gesamtdauer von mindestens 6 Stunden arbeitstäglich enthalten. Berufliche Programmpunkte können sein:
      – Kennenlernen der Leistungsträger der gesamten Organisation vor Ort,
      – Vorstellung verschiedener Unterkünfte und Unterkunftsbesichtigungen,
      – länderkundliche Referate, Zielgebietsschulung,
      – ortskundige Führungen,
      – Vorträge von Verkehrsämtern und Ausflugsveranstaltern,
      – eigene Recherchen nach Aufgabenstellung (Fallstudien, Gruppenarbeit),
      – regelmäßige Programmbesprechungen.
   d) Der Arbeitnehmer nimmt grundsätzlich an allen vorgesehenen fachlichen Programmpunkten teil und erstellt ein Protokoll über den Reiseverlauf.
   e) Der Arbeitnehmer nimmt keine Begleitperson mit, es sei denn, daß die Mitnahme einer Begleitperson aus zwingenden betrieblichen Gründen erforderlich ist.
5. Zum Nachweis seines ganz überwiegenden betrieblichen Interesses hat der Arbeitgeber folgende Unterlagen aufzubewahren und auf Verlangen vorzulegen:
   a) In den Fällen der Nummer 2 Buchstabe a Unterlagen, aus denen sich der Anlaß und der Arbeitsauftrag ergeben.

[1] **[Amtl. Anm.:]** Ersetzt durch Verordnung (EG) Nr. 1008/2008 des Europäischen Parlaments und des Rates vom 24. 9. 2008.

[2] Abgedruckt im „Handbuch zur Lohnsteuer 2024" als Anlage b zu LStH 8.2.

[3] Jetzt LStR 19.7.

b) In den Fällen der Nummer 2 Buchstabe b
– die Einladung zur Fachstudienreise,
– Programmunterlagen,
– Bestätigungen über die Teilnahme des Arbeitnehmers an den fachlichen Programmpunkten,
– Protokoll des Arbeitnehmers über den Reiseverlauf,
– Teilnehmerliste.

Anl c zu LStH 8.2

6. Leistungen Dritter sind kein Arbeitslohn, wenn sie dem Arbeitnehmer im ganz überwiegenden betrieblichen Interesse des Arbeitgebers zugute kommen, d. h. wenn die in Nummern 2 bis 5 genannten Voraussetzungen erfüllt sind. Andernfalls ist die Frage, ob die Leistung des Dritten Arbeitslohn darstellt und dem Lohnsteuerabzug unterliegt, nach den Grundsätzen des BMF-Schreibens vom 27. September 1993 (BStBl. I S. 814)[1] zu beurteilen.
7. Schließt sich an eine Reise, die im ganz überwiegenden betrieblichen Interesse des Arbeitgebers liegt, ein privater Reiseaufenthalt an, so gehören die Leistungen für den Anschlußaufenthalt zum Arbeitslohn. Leistungen für die Hin- und Rückfahrt gehören nur in den Fällen der Nummer 2 Buchstabe b und nur dann zum Arbeitslohn, wenn der Anschlußaufenthalt mehr als 10 v. H. der gesamten Reisezeit in Anspruch nimmt. Das gleiche gilt, wenn der im ganz überwiegenden betrieblichen Interesse liegenden Reise ein privater Reiseaufenthalt vorgeschaltet ist.

Anl d zu LStH 8.2

d) Schreiben betr. Ermittlung des geldwerten Vorteils beim Erwerb von Kraftfahrzeugen vom Arbeitgeber in der Automobilbranche (§ 8 Abs. 3 EStG)[2]

Vom 18. Dezember 2009 (BStBl. I 2010 S. 20)

(BMF IV C 5 – S 2334/09/10 006; DOK 2009/0830813)

Im Einvernehmen mit den obersten Finanzbehörden der Länder gilt, bei der Ermittlung des geldwerten Vorteils beim Erwerb von Kraftfahrzeugen vom Arbeitgeber in der Automobilbranche Folgendes: **80**

Personalrabatte, die Automobilhersteller oder Automobilhändler ihren Arbeitnehmern beim Erwerb von Kraftfahrzeugen gewähren, gehören grundsätzlich als geldwerte Vorteile zum steuerpflichtigen Arbeitslohn. Der steuerlichen Bewertung der Kraftfahrzeuge sind unter den Voraussetzungen des § 8 Absatz 3 EStG (vgl. R 8.2 Abs. 1 LStR 2008)[3] die Endpreise zugrunde zu legen, zu denen der Arbeitgeber die Kraftfahrzeuge anderen Letztverbrauchern im allgemeinen Geschäftsverkehr anbietet. Bietet der Arbeitgeber die Kraftfahrzeuge anderen Letztverbrauchern nicht an, so sind die Endpreise des nächstgelegenen Händlers maßgebend (R 8.2 Absatz 2 Satz 1 bis 6 LStR 2008)[4].

Endpreis ist nicht der Preis, der mit dem Käufer unter Berücksichtigung individueller Preiszugeständnisse tatsächlich vereinbart wird. Regelmäßig ist vielmehr der Preis maßgebend, der nach der Preisangabenverordnung anzugeben und auszuweisen ist. Dies ist z. B. der sog. Hauspreis, mit dem Kraftfahrzeuge ausgezeichnet werden,[5] die im Verkaufsraum eines Automobilhändlers ausgestellt werden. Wenn kein anderes Preisangebot vorliegt, ist dem Endpreis grundsätzlich die unverbindliche Preisempfehlung (UPE) des Herstellers zugrunde zu legen.

Nach den Gepflogenheiten in der Automobilbranche werden Kraftfahrzeuge im allgemeinen Geschäftsverkehr fremden Letztverbrauchern tatsächlich häufig zu einem Preis angeboten, der unter der UPE des Herstellers liegt. Deshalb kann der tatsächliche Angebotspreis anstelle des empfohlenen Preises angesetzt werden (vgl. BFH-Urteil vom 4. Juni 1993 – BStBl. II S. 687, BFH-Urteil vom 17. Juni 2009 – BStBl. 2010 II S. 67).

Im Hinblick auf die Schwierigkeiten bei der Ermittlung des tatsächlichen Angebotspreises ist es nicht zu beanstanden, wenn als Endpreis im Sinne des § 8 Abs. 3 EStG der Preis angenommen wird, der sich ergibt, wenn *80% des Preisnachlasses,*[6] der durchschnittlich beim Verkauf an fremde Letztverbraucher im allgemeinen Geschäftsverkehr tatsächlich gewährt wird, von dem empfohlenen Preis abgezogen wird. Dabei ist der durchschnittliche Preisnachlass modellbezogen nach den tatsächlichen Verkaufserlösen in den vorangegangenen drei Kalendermonaten zu ermitteln und jeweils der Endpreisfeststellung im Zeitpunkt der Bestellung (Bestellbestätigung) zugrunde zu legen.

Bei der Ermittlung des durchschnittlichen Preisnachlasses sind auch Fahrzeugverkäufe, deren Endpreise inklusive Transport- und Überführungskosten[7] im Einzelfall über der UPE liegen, sowie Fahrzeugverkäufe, die mit überhöhter Inzahlungnahme von Gebrauchtfahrzeugen, Sachzugaben oder anderen indirekten Rabatten einhergehen, einzubeziehen. Neben Barrabatten ist der Wert indirekter Rabatte bei der Ermittlung des durchschnittlichen Preisnachlasses zu berücksichtigen, soweit diese in den Verkaufsunterlagen des Automobilherstellers oder Automobilhändlers nachvollziehbar dokumentiert sind. Fahrzeugverkäufe mit Marktzins unterschreitenden Finanzierungen bleiben bei der Ermittlung des durchschnittlichen Preisnachlasses unberücksichtigt.

---

[1] Nunmehr BMF-Schreiben vom 20. 1. 2015 (BStBl. I S. 143), abgedruckt als Anlage a zu LStH 8.2.

[2] **[Amtl. Anm.:]** Zum Wahlrecht zwischen den Bewertungsmethoden nach § 8 Abs. 2 und 3 EStG siehe BMF vom 16. 5. 2013 (BStBl. I S. 729), Rdnr. 10, abgedruckt als Anlage e zu LStH 8.2.

[3] **[Amtl. Anm.:]** Jetzt LStR 2023.

[4] **[Amtl. Anm.:]** Jetzt R 8.2 Abs. 2 Satz 1 bis 5 LStR 2023.

[5] **[Amtl. Anm.:]** Überführungskosten sind nicht bei der Ermittlung des durchschnittlichen Preisnachlasses für das Kfz, sondern ggf. als ein gesondert zu bewertender geldwerter Vorteil zu berücksichtigen; siehe BFH vom 16. 1. 2020 (BStBl. II S. 591).

[6] **[Amtl. Anm.:]** Überholt durch BMFvom 16. 5. 2013 (BStBl. I S. 729), Rdnr. 8, abgedruckt als Anlage e zu LStH 8.2.

[7] **[Amtl. Anm.:]** Die Nichtbeanstandungsregelung bleibt vom Urteil des BFH vom 16. 1. 2020 (BStBl. II S. 591) unberührt.

Anl d zu LStH 8.2

Es wird nicht beanstandet, wenn bei neu eingeführten Modellen in den ersten drei Kalendermonaten ein pauschaler Abschlag vor 6 Prozent der UPE als durchschnittlicher Preisnachlass angenommen wird. Als neues Modell ist ein neuer Fahrzeugtyp oder eine neue Fahrzeuggeneration anzusehen, nicht dagegen eine sog. Modellpflegemaßnahme („Facelift"). Es bestehen keine Bedenken, in Zweifelsfällen hierzu auf die ersten Ziffern des im Fahrzeugschein oder in der Zulassungsbescheinigung Teil I verzeichneten Typenschlüssels des Herstellers abzustellen. Wurde ein Modell in den der Bestellung vorangegangenen drei Kalendermonaten nicht verkauft, ist auf den durchschnittlichen Preisnachlass des letzten Dreimonatszeitraums abzustellen, in dem Verkaufsfälle vorliegen.

Der Arbeitgeber hat die Grundlagen für den ermittelten geldwerten Vorteil als Beleg zum Lohnkonto aufzubewahren.

Dieses Schreiben ersetzt das BMF-Schreiben vom 30. Januar 1996 (BStBl. I S. 114) und ist ab dem 1. Januar 2009 anzuwenden.

Anl e zu LStH 8.2

e) Schreiben betr. Verhältnis von § 8 Abs. 2 und Abs. 3 EStG bei der Bewertung von Sachbezügen; Anwendung der Urteile des BFH vom 26. Juli 2012 VI R 30/09 (BStBl. 2013 II S. 400) und VI R 27/11 (BStBl. 2013 II S. 402)

Vom 16. Mai 2013 (BStBl. I S. 729)

(BMF IV C 5 – S 2334/07/0011; DOK 2013/0356883)

Geändert durch BMF-Schreiben vom 11. 2. 2021 (BStBl. I S. 311)

83 Zu den Urteilen des Bundesfinanzhofs (BFH) vom 26. Juli 2012 VI R 30/09 (BStBl. 2013 II S. 400) und VI R 27/11 (BStBl. 2013 II S. 402) gilt im Einvernehmen mit den obersten Finanzbehörden der Länder Folgendes:

Die Urteile sind über den jeweils entschiedenen Einzelfall hinaus entsprechend den nachfolgenden Regelungen anzuwenden. Das BMF-Schreiben vom 28. März 2007 (BStBl. I S. 464)[1] wird aufgehoben.

1. Grundsätze der BFH-Rechtsprechung

1 Der BFH bestätigt in seinen Urteilen vom 26. Juli 2012 VI R 30/09 und VI R 27/11 die in seiner Entscheidung vom 5. September 2006 VI R 41/02 (BStBl. 2007 II S. 309) vertretene Rechtsauffassung, dass der Arbeitnehmer im Rahmen seiner Einkommensteuerveranlagung den geldwerten Vorteil wahlweise nach § 8 Abs. 2 EStG ohne Bewertungsabschlag und ohne Rabattfreibetrag oder mit diesen Abschlägen auf der Grundlage des Endpreises des Arbeitgebers nach § 8 Abs. 3 EStG bewerten lassen kann.

2 Nach Auffassung des BFH ist bei Anwendung des § 8 Abs. 2 EStG Vergleichspreis grundsätzlich der „günstigste Preis am Markt". Endpreis i. S. d. § 8 Abs. 3 EStG ist nach Auffassung des BFH der am Ende von Verkaufsverhandlungen als letztes Angebot stehende Preis und umfasst deshalb auch Rabatte (Änderung der Rechtsprechung).

2. Zeitliche Anwendung der BFH-Rechtsprechung

3 Die BFH-Rechtsprechung ist sowohl im Lohnsteuerabzugsverfahren als auch im Veranlagungsverfahren in allen offenen Fällen anwendbar (vgl. aber Rdnr. 5 und Rdnr. 11).

3. Materielle Anwendung der BFH-Rechtsprechung

3.1. Endpreis i. S. d. § 8 Abs. 2 Satz 1 EStG

4 Einnahmen, die nicht in Geld bestehen (Wohnung, Kost, Waren, Dienstleistungen und sonstige Sachbezüge), sind mit den um übliche Preisnachlässe geminderten üblichen Endpreisen am Abgabeort anzusetzen (§ 8 Abs. 2 Satz 1 EStG); R 8.1 Abs. 2 Satz 9 LStR 2011[2] ist anzuwenden. Endpreis in diesem Sinne ist auch der nachgewiesene günstigste Preis einschließlich sämtlicher Nebenkosten, zu dem die konkrete Ware oder Dienstleistung mit vergleichbaren Bedingungen an Endverbraucher ohne individuelle Preisverhandlungen im Zeitpunkt des Zuflusses am Markt angeboten wird; R 8.1 Abs. 2 Satz 9 LStR 2011[3] ist nicht anzuwenden. Fallen Bestell- und Liefertag auseinander, sind die Verhältnisse am Bestelltag für die Preisfeststellung maßgebend (vgl. *R 8.1 Abs. 2 Satz 8 LStR 2011*).[4] Markt in diesem Sinne sind alle gewerblichen Anbieter, von denen der Steuerpflichtige die konkrete Ware oder Dienstleistung im Inland unter Einbeziehung allgemein zugänglicher Internetangebote oder auf sonstige Weise gewöhnlich beziehen kann. § 8 Abs. 2 Sätze 2 bis 9 EStG[5] bleiben unberührt.

4 a[6] Wird die konkrete Ware oder Dienstleistung nicht zu vergleichbaren Bedingungen an Endverbraucher am Markt angeboten, kann der Sachbezug in Höhe der entsprechenden Aufwendungen des Arbeitgebers einschließlich Umsatzsteuer und sämtlicher Nebenkosten angesetzt werden (BFH-Urteil vom 7. Juli 2020 – VI R 14/18 –, BStBl. 2021 II S. 232). R 8.1 Absatz 2 Satz 3 LStR ist nicht anzuwenden.

5 Dem Arbeitgeber bleibt es unbenommen, im Lohnsteuerabzugsverfahren einen um übliche Preisnachlässe geminderten üblichen Endpreis am Abgabeort i. S. d. Rdnr. 4 Satz 1 anzusetzen. Er ist nicht verpflichtet, den günstigsten Preis am Markt i. S. d. Rdnr. 4 Satz 2 zu ermitteln. Der Arbeitnehmer kann im Rahmen seiner Einkommensteuerveranlagung den geldwerten Vorteil mit dem günstigsten Preis am Markt i. S. d. Rdnr. 4 Satz 2 bewerten (vgl. Rdnr. 10).

---

[1] Abgedruckt als Anlage g zu LStH 8.2 im *„Handbuch zur Lohnsteuer 2013"*.
[2] **[Amtl. Anm.:]** Jetzt R 8.1 Abs. 2 Satz 3 LStR 2023.
[3] **[Amtl. Anm.:]** Jetzt R 8.1 Abs. 2 Satz 3 LStR 2023.
[4] **[Amtl. Anm.:]** Ab 2015 entfallen.
[5] **[Amtl. Anm.:]** Jetzt § 8 Abs. 2 Sätze 2 bis 11 EStG.
[6] **[Amtl. Anm.:]** Siehe R 8.1 Abs. 2 Satz 4 f. LStR 2023.

6 Der Arbeitgeber hat die Grundlagen für den ermittelten und der Lohnversteuerung zu Grunde gelegten Endpreis als Belege zum Lohnkonto aufzubewahren, zu dokumentieren und dem Arbeitnehmer auf Verlangen formlos mitzuteilen.

3.2. Endpreis i. S. d. § 8 Abs. 3 Satz 1 EStG

7 Endpreis i. S. d. § 8 Abs. 3 Satz 1 EStG ist der Preis, zu dem der Arbeitgeber oder der dem Abgabeort nächstansässige Abnehmer die konkrete Ware oder Dienstleistung fremden Letztverbrauchern im allgemeinen Geschäftsverkehr am Ende von Verkaufsverhandlungen durchschnittlich anbietet. Auf diesen Angebotspreis sind der gesetzliche Bewertungsabschlag von 4 Prozent und der gesetzliche Rabattfreibetrag von 1080 Euro zu berücksichtigen (§ 8 Abs. 3 Satz 2 EStG).

8 Bei der Ermittlung des tatsächlichen Angebotspreises ist es nicht zu beanstanden, wenn als Endpreis i. S. d. § 8 Abs. 3 EStG der Preis angenommen wird, der sich ergibt, wenn der Preisnachlass, der durchschnittlich beim Verkauf an fremde Letztverbraucher im allgemeinen Geschäftsverkehr tatsächlich gewährt wird, von dem empfohlenen Preis abgezogen wird.

Das BMF-Schreiben vom 18. Dezember 2009 (BStBl. 2010 I S. 20)[1] zur Ermittlung des geldwerten Vorteils beim Erwerb von Kraftfahrzeugen vom Arbeitgeber in der Automobilbranche ist hinsichtlich des bisher zu berücksichtigenden Preisnachlasses in Höhe von 80 Prozent nicht mehr anzuwenden. Es gilt ansonsten unverändert fort.

9 Der Arbeitgeber hat die Grundlagen für den ermittelten und der Lohnversteuerung zu Grunde gelegten Endpreis als Belege zum Lohnkonto aufzubewahren, zu dokumentieren und dem Arbeitnehmer auf Verlangen formlos mitzuteilen.

3.3. Wahlrecht zwischen den Bewertungsmethoden nach § 8 Abs. 2 und Abs. 3 EStG

10 Der Arbeitnehmer kann den geldwerten Vorteil im Rahmen seiner Einkommensteuerveranlagung nach § 8 Abs. 2 Satz 1 EStG (vgl. Rdnr. 4) bewerten. Der Arbeitnehmer hat den im Lohnsteuerabzugsverfahren der Besteuerung zu Grunde gelegten Endpreis i. S. d. § 8 Abs. 3 Satz 1 EStG und den Endpreis i. S. d. § 8 Abs. 2 Satz 1 EStG nachzuweisen (z. B. formlose Mitteilung des Arbeitgebers, Ausdruck eines günstigeren inländischen Angebots im Zeitpunkt des Zuflusses).

11 Dem Arbeitgeber bleibt es unbenommen, im Lohnsteuerabzugsverfahren den geldwerten Vorteil nach § 8 Abs. 3 Satz 1 EStG (vgl. Rdnr. 7) zu bewerten. Er ist nicht verpflichtet, den geldwerten Vorteil nach § 8 Abs. 2 Satz 1 EStG (vgl. Rdnr. 4) zu bewerten.

12 **Beispiel:** Ein Möbelhandelsunternehmen übereignet seinem Arbeitnehmer im Januar 2013 eine Schrankwand und im Februar 2013 eine Couch zu einem Preis von je 3000 Euro. Bestell- und Liefertag fallen nicht auseinander. Der durch Preisauszeichnung angegebene Endpreis beträgt jeweils 5000 Euro. Das Möbelhandelsunternehmen gewährt auf diese Möbelstücke durchschnittlich 10 Prozent Rabatt. Ein anderes inländisches Möbelhandelsunternehmen bietet diese Couch im Februar 2013 auf seiner Internetseite für 4000 Euro an. Der Arbeitgeber hat die geldwerten Vorteile nach § 8 Abs. 3 Satz 1 EStG bewertet. Der Arbeitnehmer beantragt im Rahmen seiner Einkommensteuerveranlagung die Bewertung des geldwerten Vorteils für die Couch nach § 8 Abs. 2 Satz 1 EStG und legt einen Ausdruck des günstigeren Angebots vor.

Steuerliche Behandlung im Lohnsteuerabzugsverfahren: Endpreis i. S. d. § 8 Abs. 3 Satz 1 EStG ist der am Ende von Verkaufsverhandlungen durchschnittlich angebotene Preis des Arbeitgebers in Höhe von jeweils 4500 Euro (= 5000 Euro abzgl. durchschnittlichem Rabatt von 10 Prozent). Zur Ermittlung des geldwerten Vorteils aus der Übereignung der Schrankwand ist der Endpreis um 180 Euro (= 4 Prozent) zu kürzen, so dass sich nach Anrechnung des vom Arbeitnehmer gezahlten Entgelts von 3000 Euro ein Arbeitslohn von 1320 Euro ergibt. Dieser Arbeitslohn überschreitet den Rabatt-Freibetrag von 1080 Euro um 240 Euro, so dass dieser Betrag für Januar 2013 zu versteuern ist. Zur Ermittlung des geldwerten Vorteils aus der Übereignung der Couch ist der Endpreis von 4500 Euro um 180 Euro (= 4 Prozent) zu kürzen, so dass sich nach Anrechnung des vom Arbeitnehmer gezahlten Entgelts von 3000 Euro ein Arbeitslohn von 1320 Euro ergibt. Der Rabatt-Freibetrag kommt nicht mehr in Betracht, da er bereits bei der Ermittlung des geldwerten Vorteils aus der Übereignung der Schrankwand berücksichtigt wurde. Daher ist ein Arbeitslohn von 1320 Euro für Februar 2013 zu versteuern.

Steuerliche Behandlung im Veranlagungsverfahren: Endpreis i. S. d. § 8 Abs. 2 Satz 1 EStG ist die nachgewiesene günstigste Marktkondition in Höhe von 4000 Euro. Zur Ermittlung des geldwerten Vorteils aus der Übereignung der Couch ist der Endpreis nicht zu kürzen, so dass sich nach Anrechnung des vom Arbeitnehmer gezahlten Entgelts ein Arbeitslohn von 1000 Euro (statt bisher 1320 Euro) ergibt. Die Freigrenze für Sachbezüge nach § 8 Abs. 2 Satz 9 EStG[2] ist überschritten, so dass ein Arbeitslohn von 1000 Euro zu versteuern ist. Der bisher versteuerte Arbeitslohn (vgl. Zeile 3 des Ausdrucks der elektronischen Lohnsteuerbescheinigung für 2013) ist durch das Finanzamt um 320 Euro zu mindern.

[1] Abgedruckt als Anlage d zu LStH 8.2.
[2] **[Amtl. Anm.:]** Jetzt § 8 Abs. 2 Satz 11 EStG.

EStG

§ 9 Werbungskosten

1 (1) ① **Werbungskosten sind Aufwendungen zur Erwerbung, Sicherung und Erhaltung der Einnahmen. ② Sie sind bei der Einkunftsart abzuziehen, bei der sie erwachsen sind. ③ Werbungskosten sind auch**

2 **1. Schuldzinsen und auf besonderen Verpflichtungsgründen beruhende Renten und dauernde Lasten, soweit sie mit einer Einkunftsart in wirtschaftlichem Zusammenhang stehen. ② Bei Leibrenten kann nur der Anteil abgezogen werden, der sich nach § 22 Nummer 1 Satz 3 Buchstabe a Doppelbuchstabe bb ergibt;**

3 **2. Steuern vom Grundbesitz, sonstige öffentliche Abgaben und Versicherungsbeiträge, soweit solche Ausgaben sich auf Gebäude oder auf Gegenstände beziehen, die dem Steuerpflichtigen zur Einnahmeerzielung dienen;**

4 **3. Beiträge zu Berufsständen und sonstigen Berufsverbänden, deren Zweck nicht auf einen wirtschaftlichen Geschäftsbetrieb gerichtet ist;**

5 **4. Aufwendungen des Arbeitnehmers für die Wege zwischen Wohnung und erster Tätigkeitsstätte im Sinne des Absatzes 4. ② Zur Abgeltung dieser Aufwendungen ist für jeden Arbeitstag, an dem der Arbeitnehmer die erste Tätigkeitsstätte aufsucht, eine Entfernungspauschale für jeden vollen Kilometer der Entfernung zwischen Wohnung und erster Tätigkeitsstätte von 0,30 Euro anzusetzen, höchstens jedoch 4 500 Euro im Kalenderjahr; ein höherer Betrag als 4 500 Euro ist anzusetzen, soweit der Arbeitnehmer einen eigenen oder ihm zur Nutzung überlassenen Kraftwagen benutzt. ③ Die Entfernungspauschale gilt nicht für Flugstrecken und Strecken mit steuerfreier Sammelbeförderung nach § 3 Nummer 32. ④ Für die Bestimmung der Entfernung ist die kürzeste Straßenverbindung zwischen Wohnung und erster Tätigkeitsstätte maßgebend; eine andere als die kürzeste Straßenverbindung kann zugrunde gelegt werden, wenn diese offensichtlich verkehrsgünstiger ist und vom Arbeitnehmer regelmäßig für die Wege zwischen Wohnung und erster Tätigkeitsstätte benutzt wird. ⑤ Nach § 8 Absatz 2 Satz 11 oder Absatz 3 steuerfreie Sachbezüge für Fahrten zwischen Wohnung und erster Tätigkeitsstätte mindern den nach Satz 2 abziehbaren Betrag; ist der Arbeitgeber selbst der Verkehrsträger, ist der Preis anzusetzen, den ein dritter Arbeitgeber an den Verkehrsträger zu entrichten hätte. ⑥ Hat ein Arbeitnehmer mehrere Wohnungen, so sind die Wege von einer Wohnung, die nicht der ersten Tätigkeitsstätte am nächsten liegt, nur zu berücksichtigen, wenn sie den Mittelpunkt der Lebensinteressen des Arbeitnehmers bildet und nicht nur gelegentlich aufgesucht wird. ⑦ Nach § 3 Nummer 37 steuerfreie Sachbezüge mindern den nach Satz 2 abziehbaren Betrag nicht; § 3 c Absatz 1 ist nicht anzuwenden. ⑧ Zur Abgeltung der Aufwendungen im Sinne des Satzes 1 ist für die Veranlagungszeiträume 2021 bis 2026 abweichend von Satz 2 für jeden Arbeitstag, an dem der Arbeitnehmer die erste Tätigkeitsstätte aufsucht, eine Entfernungspauschale für jeden vollen Kilometer der ersten 20 Kilometer der Entfernung zwischen Wohnung und erster Tätigkeitsstätte von 0,30 Euro und für jeden weiteren vollen Kilometer**
a) von 0,35 Euro für 2021,
b) von 0,38 Euro für 2022 bis 2026
anzusetzen, höchstens 4 500 Euro im Kalenderjahr; ein höherer Betrag als 4 500 Euro ist anzusetzen, soweit der Arbeitnehmer einen eigenen oder ihm zur Nutzung überlassenen Kraftwagen benutzt.

5a **4 a. Aufwendungen des Arbeitnehmers für beruflich veranlasste Fahrten, die nicht Fahrten zwischen Wohnung und erster Tätigkeitsstätte im Sinne des Absatzes 4 sowie keine Familienheimfahrten sind. ② Anstelle der tatsächlichen Aufwendungen, die dem Arbeitnehmer durch die persönliche Benutzung eines Beförderungsmittels entstehen, können die Fahrtkosten mit den pauschalen Kilometersätzen angesetzt werden, die für das jeweils benutzte Beförderungsmittel (Fahrzeug) als höchste Wegstreckenentschädigung nach dem Bundesreisekostengesetz festgesetzt sind. ③ Hat ein Arbeitnehmer keine erste Tätigkeitsstätte (§ 9 Absatz 4) und hat er nach den dienst- oder arbeitsrechtlichen Festlegungen sowie den diese ausfüllenden Absprachen und Weisungen zur Aufnahme seiner beruflichen Tätigkeit dauerhaft denselben Ort oder dasselbe weiträumige Tätigkeitsgebiet typischerweise arbeitstäglich aufzusuchen, gilt Absatz 1 Satz 3 Nummer 4 und Absatz 2 für die Fahrten von der Wohnung zu diesem Ort oder dem zur Wohnung nächstgelegenen Zugang zum Tätigkeitsgebiet entsprechend. ④ Für die Fahrten innerhalb des weiträumigen Tätigkeitsgebietes gelten die Sätze 1 und 2 entsprechend.**

6 **5. notwendige Mehraufwendungen, die einem Arbeitnehmer wegen einer beruflich veranlassten doppelten Haushaltsführung entstehen. ② Eine doppelte Haushaltsführung liegt nur vor, wenn der Arbeitnehmer außerhalb des Ortes seiner ersten Tätigkeitsstätte einen eigenen Hausstand unterhält und auch am Ort der ersten Tätigkeitsstätte wohnt. ③ Das Vorliegen eines eigenen Hausstandes setzt das Innehaben**

EStG

einer Wohnung sowie eine finanzielle Beteiligung an den Kosten der Lebensführung voraus. ④ Als Unterkunftskosten für eine doppelte Haushaltsführung können im Inland die tatsächlichen Aufwendungen für die Nutzung der Unterkunft angesetzt werden, höchstens 1000 Euro im Monat. ⑤ Aufwendungen für die Wege vom Ort der ersten Tätigkeitsstätte zum Ort des eigenen Hausstandes und zurück (Familienheimfahrt) können jeweils nur für eine Familienheimfahrt wöchentlich abgezogen werden. ⑥ Zur Abgeltung der Aufwendungen für eine Familienheimfahrt ist eine Entfernungspauschale von 0,30 Euro für jeden vollen Kilometer der Entfernung zwischen dem Ort des eigenen Hausstandes und dem Ort der ersten Tätigkeitsstätte anzusetzen. ⑦ Nummer 4 Satz 3 bis 5 ist entsprechend anzuwenden. ⑧ Aufwendungen für Familienheimfahrten mit einem dem Steuerpflichtigen im Rahmen einer Einkunftsart überlassenen Kraftfahrzeug werden nicht berücksichtigt. ⑨ Zur Abgeltung der Aufwendungen für eine Familienheimfahrt ist für die Veranlagungszeiträume 2021 bis 2026 abweichend von Satz 6 eine Entfernungspauschale für jeden vollen Kilometer der ersten 20 Kilometer der Entfernung zwischen dem Ort des eigenen Hausstandes und dem Ort der ersten Tätigkeitsstätte von 0,30 Euro und für jeden weiteren vollen Kilometer
a) von 0,35 Euro für 2021,
b) von 0,38 Euro für 2022 bis 2026
anzusetzen.

5 a. notwendige Mehraufwendungen eines Arbeitnehmers für beruflich veranlasste Übernachtungen an einer Tätigkeitsstätte, die nicht erste Tätigkeitsstätte ist. ② Übernachtungskosten sind die tatsächlichen Aufwendungen für die persönliche Inanspruchnahme einer Unterkunft zur Übernachtung. ③ Soweit höhere Übernachtungskosten anfallen, weil der Arbeitnehmer eine Unterkunft gemeinsam mit Personen nutzt, die in keinem Dienstverhältnis zum selben Arbeitgeber stehen, sind nur diejenigen Aufwendungen anzusetzen, die bei alleiniger Nutzung durch den Arbeitnehmer angefallen wären. ④ Nach Ablauf von 48 Monaten einer längerfristigen beruflichen Tätigkeit an derselben Tätigkeitsstätte, die nicht erste Tätigkeitsstätte ist, können Unterkunftskosten nur noch bis zur Höhe des Betrags nach Nummer 5 angesetzt werden. ⑤ Eine Unterbrechung dieser beruflichen Tätigkeit an derselben Tätigkeitsstätte führt zu einem Neubeginn, wenn die Unterbrechung mindestens sechs Monate dauert. 6a

5 b. notwendige Mehraufwendungen, die einem Arbeitnehmer während seiner auswärtigen beruflichen Tätigkeit auf einem Kraftfahrzeug des Arbeitgebers oder eines vom Arbeitgeber beauftragten Dritten im Zusammenhang mit einer Übernachtung in dem Kraftfahrzeug für Kalendertage entstehen, an denen der Arbeitnehmer eine Verpflegungspauschale nach Absatz 4 a Satz 3 Nummer 1 und 2 sowie Satz 5 zur Nummer 1 und 2 beanspruchen könnte. ② Anstelle der tatsächlichen Aufwendungen, die dem Arbeitnehmer im Zusammenhang mit einer Übernachtung in dem Kraftfahrzeug entstehen, kann im Kalenderjahr einheitlich eine Pauschale von 9 Euro für jeden Kalendertag berücksichtigt werden, an dem der Arbeitnehmer eine Verpflegungspauschale nach Absatz 4 a Satz 3 Nummer 1 und 2 sowie Satz 5 zur Nummer 1 und 2 beanspruchen könnte, 6b

6. Aufwendungen für Arbeitsmittel, zum Beispiel für Werkzeuge und typische Berufskleidung. ② Nummer 7 bleibt unberührt; 7

7.[1] Absetzungen für Abnutzung und für Substanzverringerung, Sonderabschreibungen nach § 7 b und erhöhte Absetzungen. ② § 6 Absatz 2 Satz 1 bis 3 ist in Fällen der Anschaffung oder Herstellung von Wirtschaftsgütern entsprechend anzuwenden. 8

(2) **① Durch die Entfernungspauschalen sind sämtliche Aufwendungen abgegolten, die durch die Wege zwischen Wohnung und erster Tätigkeitsstätte im Sinne des Absatzes 4 und durch die Familienheimfahrten veranlasst sind. ② Aufwendungen für die Benutzung öffentlicher Verkehrsmittel können angesetzt werden, soweit sie den im Kalenderjahr insgesamt als Entfernungspauschale abziehbaren Betrag übersteigen. ③ Menschen mit Behinderungen,** 9

1. deren Grad der Behinderung mindestens 70 beträgt,

2. deren Grad der Behinderung weniger als 70, aber mindestens 50 beträgt und die in ihrer Bewegungsfähigkeit im Straßenverkehr erheblich beeinträchtigt sind,

können anstelle der Entfernungspauschalen die tatsächlichen Aufwendungen für die Wege zwischen Wohnung und erster Tätigkeitsstätte und für Familienheimfahrten ansetzen. ④ Die Voraussetzungen der Nummern 1 und 2 sind durch amtliche Unterlagen nachzuweisen.

(3) **Absatz 1 Satz 3 Nummer 4 bis 5 a sowie die Absätze 2 und 4 a gelten bei den Einkunftsarten im Sinne des § 2 Absatz 1 Satz 1 Nummer 5 bis 7 entsprechend.**

---

[1] Zur erstmaligen Anwendung von § 9 Abs. 1 Satz 3 Nr. 7 Satz 1 siehe § 52 Abs. 16 b Satz 1.

EStG

10 (4) ① **Erste Tätigkeitsstätte ist die ortsfeste betriebliche Einrichtung des Arbeitgebers, eines verbundenen Unternehmens (§ 15 des Aktiengesetzes) oder eines vom Arbeitgeber bestimmten Dritten, der der Arbeitnehmer dauerhaft zugeordnet ist.** ② **Die Zuordnung im Sinne des Satzes 1 wird durch die dienst- oder arbeitsrechtlichen Festlegungen sowie die diese ausfüllenden Absprachen und Weisungen bestimmt.** ③ **Von einer dauerhaften Zuordnung ist insbesondere auszugehen, wenn der Arbeitnehmer unbefristet, für die Dauer des Dienstverhältnisses oder über einen Zeitraum von 48 Monaten hinaus an einer solchen Tätigkeitsstätte tätig werden soll.** ④ **Fehlt eine solche dienst- oder arbeitsrechtliche Festlegung auf eine Tätigkeitsstätte oder ist sie nicht eindeutig, ist erste Tätigkeitsstätte die betriebliche Einrichtung, an der der Arbeitnehmer dauerhaft**

1. typischerweise arbeitstäglich tätig werden soll oder

2. je Arbeitswoche zwei volle Arbeitstage oder mindestens ein Drittel seiner vereinbarten regelmäßigen Arbeitszeit tätig werden soll.

⑤ **Je Dienstverhältnis hat der Arbeitnehmer höchstens eine erste Tätigkeitsstätte.** ⑥ **Liegen die Voraussetzungen der Sätze 1 bis 4 für mehrere Tätigkeitsstätten vor, ist diejenige Tätigkeitsstätte erste Tätigkeitsstätte, die der Arbeitgeber bestimmt.** ⑦ **Fehlt es an dieser Bestimmung oder ist sie nicht eindeutig, ist die der Wohnung örtlich am nächsten liegende Tätigkeitsstätte die erste Tätigkeitsstätte.** ⑧ **Als erste Tätigkeitsstätte gilt auch eine Bildungseinrichtung, die außerhalb eines Dienstverhältnisses zum Zwecke eines Vollzeitstudiums oder einer vollzeitigen Bildungsmaßnahme aufgesucht wird; die Regelungen für Arbeitnehmer nach Absatz 1 Satz 3 Nummer 4 und 5 sowie Absatz 4 a sind entsprechend anzuwenden.**

11 (4 a) ① **Mehraufwendungen des Arbeitnehmers für die Verpflegung sind nur nach Maßgabe der folgenden Sätze als Werbungskosten abziehbar.** ② **Wird der Arbeitnehmer außerhalb seiner Wohnung und ersten Tätigkeitsstätte beruflich tätig (auswärtige berufliche Tätigkeit), ist zur Abgeltung der ihm tatsächlich entstandenen, beruflich veranlassten Mehraufwendungen eine Verpflegungspauschale anzusetzen.** ③ **Diese beträgt**

1. 28 Euro für jeden Kalendertag, an dem der Arbeitnehmer 24 Stunden von seiner Wohnung und ersten Tätigkeitsstätte abwesend ist,

2. jeweils 14 Euro für den An- und Abreisetag, wenn der Arbeitnehmer an diesem, einem anschließenden oder vorhergehenden Tag außerhalb seiner Wohnung übernachtet,

3. 14 Euro für den Kalendertag, an dem der Arbeitnehmer ohne Übernachtung außerhalb seiner Wohnung mehr als 8 Stunden von seiner Wohnung und der ersten Tätigkeitsstätte abwesend ist; beginnt die auswärtige berufliche Tätigkeit an einem Kalendertag und endet am nachfolgenden Kalendertag ohne Übernachtung, werden 14 Euro für den Kalendertag gewährt, an dem der Arbeitnehmer den überwiegenden Teil der insgesamt mehr als 8 Stunden von seiner Wohnung und der ersten Tätigkeitsstätte abwesend ist.

④ **Hat der Arbeitnehmer keine erste Tätigkeitsstätte, gelten die Sätze 2 und 3 entsprechend; Wohnung im Sinne der Sätze 2 und 3 ist der Hausstand, der den Mittelpunkt der Lebensinteressen des Arbeitnehmers bildet sowie eine Unterkunft am Ort der ersten Tätigkeitsstätte im Rahmen der doppelten Haushaltsführung.** ⑤ **Bei einer Tätigkeit im Ausland treten an die Stelle der Pauschbeträge nach Satz 3 länderweise unterschiedliche Pauschbeträge, die für die Fälle der Nummer 1 mit 120 sowie der Nummern 2 und 3 mit 80 Prozent der Auslandstagegelder nach dem Bundesreisekostengesetz vom Bundesministerium der Finanzen im Einvernehmen mit den obersten Finanzbehörden der Länder aufgerundet auf volle Euro festgesetzt werden; dabei bestimmt sich der Pauschbetrag nach dem Ort, den der Arbeitnehmer vor 24 Uhr Ortszeit zuletzt erreicht, oder, wenn dieser Ort im Inland liegt, nach dem letzten Tätigkeitsort im Ausland.** ⑥ **Der Abzug der Verpflegungspauschalen ist auf die ersten drei Monate einer längerfristigen beruflichen Tätigkeit an derselben Tätigkeitsstätte beschränkt.** ⑦ **Eine Unterbrechung der beruflichen Tätigkeit an derselben Tätigkeitsstätte führt zu einem Neubeginn, wenn sie mindestens vier Wochen dauert.** ⑧ **Wird dem Arbeitnehmer anlässlich oder während einer Tätigkeit außerhalb seiner ersten Tätigkeitsstätte vom Arbeitgeber oder auf dessen Veranlassung von einem Dritten eine Mahlzeit zur Verfügung gestellt, sind die nach den Sätzen 3 und 5 ermittelten Verpflegungspauschalen zu kürzen:**

1. für Frühstück um 20 Prozent,

2. für Mittag- und Abendessen um jeweils 40 Prozent,

der nach Satz 3 Nummer 1 gegebenenfalls in Verbindung mit Satz 5 maßgebenden Verpflegungspauschale für einen vollen Kalendertag; die Kürzung darf die ermittelte Verpflegungspauschale nicht übersteigen. ⑨ **Satz 8 gilt auch, wenn Reisekostenvergütungen wegen der zur Verfügung gestellten Mahlzeiten einbehalten oder gekürzt wer-**

den oder die Mahlzeiten nach § 40 Absatz 2 Satz 1 Nummer 1 a pauschal besteuert werden. ⑩ Hat der Arbeitnehmer für die Mahlzeit ein Entgelt gezahlt, mindert dieser Betrag den Kürzungsbetrag nach Satz 8. ⑪ Erhält der Arbeitnehmer steuerfreie Erstattungen für Verpflegung, ist ein Werbungskostenabzug insoweit ausgeschlossen. ⑫ Die Verpflegungspauschalen nach den Sätzen 3 und 5, die Dreimonatsfrist nach den Sätzen 6 und 7 sowie die Kürzungsregelungen nach den Sätzen 8 bis 10 gelten entsprechend auch für den Abzug von Mehraufwendungen für Verpflegung, die bei einer beruflich veranlassten doppelten Haushaltsführung entstehen, soweit der Arbeitnehmer vom eigenen Hausstand im Sinne des § 9 Absatz 1 Satz 3 Nummer 5 abwesend ist; dabei ist für jeden Kalendertag innerhalb der Dreimonatsfrist, an dem gleichzeitig eine Tätigkeit im Sinne des Satzes 2 oder des Satzes 4 ausgeübt wird, nur der jeweils höchste in Betracht kommende Pauschbetrag abziehbar. ⑬ Die Dauer einer Tätigkeit im Sinne des Satzes 2 an dem Tätigkeitsort, an dem die doppelte Haushaltsführung begründet wurde, ist auf die Dreimonatsfrist anzurechnen, wenn sie ihr unmittelbar vorausgegangen ist.

(5)[1, 2] **① § 4 Absatz 5 Satz 1 Nummer 1 bis 4, 6 b bis 8 a, 10, 12 und Absatz 6 gilt sinngemäß. ② Die §§ 4 j, 4 k, 6 Absatz 1 Nummer 1 a und § 6 e gelten entsprechend.**

(6) **① Aufwendungen des Steuerpflichtigen für seine Berufsausbildung oder für sein Studium sind nur dann Werbungskosten, wenn der Steuerpflichtige zuvor bereits eine Erstausbildung (Berufsausbildung oder Studium) abgeschlossen hat oder wenn die Berufsausbildung oder das Studium im Rahmen eines Dienstverhältnisses stattfindet. ② Eine Berufsausbildung als Erstausbildung nach Satz 1 liegt vor, wenn eine geordnete Ausbildung mit einer Mindestdauer von 12 Monaten bei vollzeitiger Ausbildung und mit einer Abschlussprüfung durchgeführt wird. ③ Eine geordnete Ausbildung liegt vor, wenn sie auf der Grundlage von Rechts- oder Verwaltungsvorschriften oder internen Vorschriften eines Bildungsträgers durchgeführt wird. ④ Ist eine Abschlussprüfung nach dem Ausbildungsplan nicht vorgesehen, gilt die Ausbildung mit der tatsächlichen planmäßigen Beendigung als abgeschlossen. ⑤ Eine Berufsausbildung als Erstausbildung hat auch abgeschlossen, wer die Abschlussprüfung einer durch Rechts- oder Verwaltungsvorschriften geregelten Berufsausbildung mit einer Mindestdauer von 12 Monaten bestanden hat, ohne dass er zuvor die entsprechende Berufsausbildung durchlaufen hat.** 12

Übersicht

	Rz.
LStR 9.1 Werbungskosten; H 9.1	14–19
Anlagen:	
a) Schreiben betr. steuerliche Beurteilung gemischter Aufwendungen; … vom 6. 7. 2010	20–22
b) Schreiben betr. steuerliche Behandlung des Versorgungszuschlags für Beamte bei Beurlaubung ohne Dienstbezüge vom 22. 2. 1991	23
LStR 9.2 Aufwendungen für die Aus- und Fortbildung; H 9.2	24, 27
Anlagen:	
a) Schreiben betr. Neuregelung der einkommensteuerlichen Behandlung von Berufsausbildungskosten gemäß §§ 10 Abs. 1 Nr. 7, *12 Nr. 5 EStG* … vom 22. 9. 2010	29–34
b) Schreiben betr. einkommensteuerliche Behandlung von Aufwendungen für Auslandssprachkurse als Werbungskosten oder Betriebsausgaben nach § 9 Abs. 1 Satz 1, § 4 Abs. 4 EStG und § 12 Nr. 1 EStG; Rechtsfolgen aus dem Urteil des BFH vom 13. 6. 2002, BStBl. 2003 II S. 765 vom 26. 9. 2003	36
LStR 9.3 Ausgaben im Zusammenhang mit Berufsverbänden; H 9.3	41–43
LStR 9.4 Reisekosten; H 9.4	44, 53
Anlage: Schreiben betr. steuerliche Behandlung der Reisekosten von Arbeitnehmern vom 25. 11. 2020	54–59 a
LStR 9.5 Fahrtkosten als Reisekosten; H 9.5	60–62
LStR 9.6 Verpflegungsmehraufwendungen als Reisekosten; H 9.6	65–70
Anlage: Schreiben betr. steuerliche Behandlung von Reisekosten und Reisekostenvergütungen bei betrieblich und beruflich veranlassten Auslandsreisen ab 1. Januar 2025 vom 2. 12. 2024	74, 75
LStR 9.7 Übernachtungskosten; H 9.7	76–79
LStR 9.8 Reisenebenkosten; H 9.8	83–86
Anlage: Schreiben betr. keine Übernachtungspauschalen bei LKW-Fahrern, die in der Schlafkabine ihres LKW übernachten; vereinfachter Nachweis von Reisenebenkosten; BFH-Urteil vom 28. 3. 2012 VI R 48/11 (BStBl. II S. 926) vom 4. 12. 2012	87
LStR 9.9 Umzugskosten; H 9.9	89–92

[1] Zur erstmaligen Anwendung siehe § 52 Abs. 16 b Sätze 2 und 3.
[2] **[Amtl. Anm.:]** Abs. 5 Satz 2 wurde durch Art. 1 ATADUmsG v. 25. 6. 2021 (BGBl. I S. 2035) neu gef. und ist erstmals für Aufwendungen iSd. § 4 k anzuwenden, die nach dem 31. 12. 2019 entstehen, siehe § 52 Abs. 16 b Satz 4.

Rz.
Anlage: Schreiben betr. steuerliche Anerkennung von Umzugskosten nach R 9.9 Abs. 2 LStR; Änderung der maßgebenden Beträge für umzugsbedingte Unterrichtskosten und sonstige Umzugsauslagen ab 1. 3. 2024 vom 28. 12.2023 95
LStR 9.10 Aufwendungen für Wege zwischen Wohnung und erster Tätigkeitsstätte sowie Fahrten nach § 9 Abs. 1 Satz 3 Nr. 4 a Satz 3 EStG; H 9.10 96–100
Anlage: Schreiben betr. Entfernungspauschalen; Gesetz zur Umsetzung des Klimaschutzprogramms 2030 im Steuerrecht vom 21. Dezember 2019 (BGBl. I S. 2886) sowie Gesetz zur weiteren steuerlichen Förderung der Elektromobilität und zur Änderung weiterer steuerlicher Vorschriften vom 18. 11. 2021 104–113
LStR 9.11 Mehraufwendungen bei doppelter Haushaltsführung; H 9.11 117–131
LStR 9.12 Arbeitsmittel; H 9.12 .... 134, 135
LStR 9.13 Werbungskosten bei Heimarbeitern 137
LStH 9.14 Häusliches Arbeitszimmer 139
Anlage: Schreiben betr. ertragsteuerliche Beurteilung der betrieblichen und beruflichen Betätigung in der häuslichen Wohnung nach § 4 Abs. 5 Satz 1 Nr. 6 b und 6 c, § 9 Abs. 5 Satz 1 und § 10 Abs. 1 Nr. 7 Satz 4 EStG; Neuregelung durch das Jahressteuergesetz 2022 (JStG 2022) vom 16. Dezember 2022 (BGBl. I S. 2294, BStBl. 2023 I S. 7) vom 15. 8.2023 140–156

LStR 9.1

R 9.1 Werbungskosten

14 (1) ① Zu den Werbungskosten gehören alle Aufwendungen, die durch den Beruf veranlasst sind.[1] ② Werbungskosten, die die Lebensführung des Arbeitnehmers oder anderer Personen berühren, sind nach § 9 Abs. 5 i. V. m. § 4 Abs. 5 Satz 1 Nr. 7 EStG insoweit nicht abziehbar, als sie nach der allgemeinen Verkehrsauffassung als unangemessen anzusehen sind. ③ Dieses Abzugsverbot betrifft nur seltene Ausnahmefälle; die Werbungskosten müssen erhebliches Gewicht haben und die Grenze der Angemessenheit erheblich überschreiten, wie z. B. Aufwendungen für die Nutzung eines Privatflugzeugs zu einer Auswärtstätigkeit.

15 (2) ① Aufwendungen für Ernährung, Kleidung und Wohnung sowie Repräsentationsaufwendungen sind i. d. R. Aufwendungen für die Lebensführung i. S. d. § 12 Nr. 1 EStG. ② Besteht bei diesen Aufwendungen ein Zusammenhang mit der beruflichen Tätigkeit des Arbeitnehmers, ist zu prüfen, ob und in welchem Umfang die Aufwendungen beruflich veranlasst sind. ③ Hierbei gilt Folgendes:

1. Sind die Aufwendungen so gut wie ausschl. beruflich veranlasst, z. B. Aufwendungen für typische Berufskleidung (→ R 3.31), sind sie in voller Höhe als Werbungskosten abziehbar.
2. Sind die Aufwendungen nur zum Teil beruflich veranlasst und lässt sich dieser Teil der Aufwendungen nach objektiven Merkmalen leicht und einwandfrei von den Aufwendungen trennen, die ganz oder teilweise der privaten Lebensführung dienen, ist dieser Teil der Aufwendungen als Werbungskosten abziehbar; er kann ggf. geschätzt werden.
3. ① Ein Abzug der Aufwendungen kommt insgesamt nicht in Betracht, wenn die – für sich gesehen jeweils nicht unbedeutenden – beruflichen und privaten Veranlassungsbeiträge so ineinandergreifen, dass eine Trennung nicht möglich und eine Grundlage für die Schätzung nicht erkennbar ist. ② Das ist insbesondere der Fall, wenn es an objektivierbaren Kriterien für eine Aufteilung fehlt.
4. ① Aufwendungen für die Ernährung gehören i. d. R. zu den nach § 12 Nr. 1 EStG nicht abziehbaren Aufwendungen für die Lebensführung. ② Das Abzugsverbot nach § 12 Nr. 1 EStG gilt jedoch nicht für Verpflegungsmehraufwendungen, die z. B. als Reisekosten (→ R 9.6) oder wegen einer aus beruflichem Anlass begründeten doppelten Haushaltsführung (→ R 9.11) so gut wie ausschl. durch die berufliche Tätigkeit veranlasst sind.

16 (3) Die Annahme von Werbungskosten setzt nicht voraus, dass im selben Kj., in dem die Aufwendungen geleistet werden, Arbeitslohn zufließt.

17 (4) ① Ansparleistungen für beruflich veranlasste Aufwendungen, z. B. Beiträge an eine Kleiderkasse zur Anschaffung typischer Berufskleidung, sind noch keine Werbungskosten; angesparte Beträge können erst dann abgezogen werden, wenn sie als Werbungskosten verausgabt worden sind. ② Hat ein Arbeitnehmer beruflich veranlasste Aufwendungen dadurch erspart, dass er entsprechende Sachbezüge erhalten hat, steht der Wert der Sachbezüge entsprechenden Aufwendungen gleich; die Sachbezüge sind vorbehaltlich der Abzugsbeschränkungen nach § 9 Abs. 1 Satz 3 Nr. 4, 5, 7 und Abs. 5 EStG mit dem Wert als Werbungskosten abziehbar, mit dem sie als steuerpflichtiger Arbeitslohn erfasst worden sind. ③ Steuerfreie Bezüge, auch soweit sie von einem Dritten – z. B. der Agentur für Arbeit – gezahlt werden, schließen entsprechende Werbungskosten aus.

[1] Zur Berücksichtigung der Winterbeschäftigungs-Umlage vgl. *OFD Münster vom 15. 6. 2007 (DStR S. 1165)*. Bzgl. der Zuordnung von Steuerberatungskosten zu den Werbungskosten oder den Kosten der Lebensführung vgl. *BMF-Schreiben vom 21. 12. 2007,* abgedruckt als Anlage zu § 12 EStG. Bei in Altersteilzeit befindlichen Arbeitnehmern sind die Werbungskosten nicht nach Maßgabe des § 3 c EStG zu kürzen *(OFD Hannover, Verfügung vom 20. 3. 2008, Beck Verw 117889).*

(5) ① Telekommunikationsaufwendungen sind Werbungskosten, soweit sie beruflich veranlasst sind. ② Weist der Arbeitnehmer den Anteil der beruflich veranlassten Aufwendungen an den Gesamtaufwendungen für einen repräsentativen Zeitraum von drei Monaten im Einzelnen nach, kann dieser berufliche Anteil für den gesamten VZ zugrunde gelegt werden. ③ Dabei können die Aufwendungen für das Nutzungsentgelt der Telefonanlage sowie für den Grundpreis der Anschlüsse entsprechend dem beruflichen Anteil der Verbindungsentgelte an den gesamten Verbindungsentgelten (Telefon und Internet) abgezogen werden. ④ Fallen erfahrungsgemäß beruflich veranlasste Telekommunikationsaufwendungen an, können aus Vereinfachungsgründen ohne Einzelnachweis bis zu 20 % des Rechnungsbetrags, jedoch höchstens 20 € monatlich als Werbungskosten anerkannt werden. ⑤ Zur weiteren Vereinfachung kann der monatliche Durchschnittsbetrag, der sich aus den Rechnungsbeträgen für einen repräsentativen Zeitraum von drei Monaten ergibt, für den gesamten VZ zugrunde gelegt werden. ⑥ Nach R 3.50 Abs. 2 steuerfrei ersetzte Telekommunikationsaufwendungen mindern den als Werbungskosten abziehbaren Betrag. LStR 9.1 18

H 9.1

LStH 9.1 19

Aktienoptionen. Erhält ein Arbeitnehmer von seinem Arbeitgeber nicht handelbare Aktienoptionsrechte, können die von ihm getragenen Aufwendungen im Zahlungszeitpunkt nicht als Werbungskosten berücksichtigt werden; sie mindern erst im Jahr der Verschaffung der verbilligten Aktien den geldwerten Vorteil. Verfällt das Optionsrecht, sind die Optionskosten im Jahr des Verfalls als vergebliche Werbungskosten abziehbar (→ BFH vom 3. 5. 2007 – BStBl. II S. 647).

Arbeitsgerichtlicher Vergleich. Es spricht regelmäßig eine Vermutung dafür, dass Aufwendungen für aus dem Arbeitsverhältnis folgende zivil- und arbeitsgerichtliche Streitigkeiten einen den Werbungskostenabzug rechtfertigenden hinreichend konkreten Veranlassungszusammenhang zu den Lohneinkünften aufweisen. Dies gilt auch, wenn sich Arbeitgeber und Arbeitnehmer über solche streitigen Ansprüche im Rahmen eines arbeitsgerichtlichen Vergleichs einigen (→ BFH vom 9. 2. 2012 – BStBl. II S. 829).

Aufteilung von Aufwendungen bei mehreren Einkunftsarten. Erzielt ein Arbeitnehmer sowohl Einnahmen aus selbständiger als auch aus nichtselbständiger Arbeit, sind die durch diese Tätigkeiten veranlassten Aufwendungen den jeweiligen Einkunftsarten, ggf. nach einer im Schätzungswege vorzunehmenden Aufteilung der Aufwendungen, als Werbungskosten oder Betriebsausgaben zuzuordnen (→ BFH vom 10. 6. 2008 – BStBl. II S. 937).

Aufteilungs- und Abzugsverbot → Gemischte Aufwendungen.

Ausgleichszahlungen. Ausgleichszahlungen, die ein Arbeitnehmer, dem eine Altersversorgung nach beamtenrechtlichen Grundsätzen zugesagt worden ist, leistet, um bei einem Arbeitgeberwechsel die Anrechnung von Dienstzeiten durch den neuen Arbeitgeber zu erreichen, sind als Werbungskosten abziehbar (→ BFH vom 19. 10. 2016 – BStBl. 2017 II S. 999).

Auslandstätigkeit. Die auf eine Auslandstätigkeit entfallenden Werbungskosten, die nicht eindeutig den steuerfreien oder steuerpflichtigen Bezügen zugeordnet werden können, sind regelmäßig zu dem Teil nicht abziehbar, der dem Verhältnis der steuerfreien Einnahmen zu den Gesamteinnahmen während der Auslandstätigkeit entspricht (→ BFH vom 11. 2. 1993 – BStBl. II S. 450 und vom 11. 2. 2009 – BStBl. 2010 II S. 536 – zu Aufwendungen eines Referendars).

Berufliche Veranlassung. Eine berufliche Veranlassung setzt voraus, dass objektiv ein → Zusammenhang mit dem Beruf besteht und i. d. R. subjektiv die Aufwendungen zur Förderung des Berufs gemacht werden (→ BFH vom 28. 11. 1980 – BStBl. 1981 II S. 368).

Berufskrankheit. Aufwendungen zur Wiederherstellung der Gesundheit können dann beruflich veranlasst sein, wenn es sich um eine typische Berufskrankheit handelt oder der Zusammenhang zwischen der Erkrankung und dem Beruf eindeutig feststeht (→ BFH vom 11. 7. 2013 – BStBl. II S. 815).

Beteiligung am Arbeitgeberunternehmen

- Aufwendungen eines Arbeitnehmers zum Erwerb einer Beteiligung an seinem (ggf. künftigen) Arbeitgeber sind regelmäßig auch dann nicht als (vorab entstandene) Werbungskosten bei den Einkünften aus nichtselbständiger Arbeit abzugsfähig, wenn die Zahlung Voraussetzung für den Abschluss des Anstellungsvertrags ist (→ BFH vom 17. 5. 2017 – BStBl. II S. 1073).
- Schuldzinsen für Darlehen, mit denen Arbeitnehmer den Erwerb von Gesellschaftsanteilen an ihrer Arbeitgeberin finanzieren, um damit die arbeitsvertragliche Voraussetzung für die Erlangung einer höher dotierten Position zu erfüllen, sind regelmäßig nicht bei den Einkünften aus nichtselbständiger Arbeit als Werbungskosten zu berücksichtigen (→ BFH vom 5. 4. 2006 – BStBl. II S. 654).

Bewirtungskosten

- Aufwendungen für die Feier eines Arbeitnehmers anlässlich eines persönlichen Ereignisses (z. B. Geburtstag) sind regelmäßig auch durch die gesellschaftliche Stellung veranlasst und nicht als Werbungskosten abziehbar (→ BFH vom 19. 2. 1993 – BStBl. II S. 403 und vom

LStH 9.1

15. 7. 1994 – BStBl. II S. 896). Allerdings kann sich trotz des herausgehobenen persönlichen Ereignisses aus den übrigen Umständen des einzelnen Falls ergeben, dass die Kosten für eine solche Feier ausnahmsweise ganz oder teilweise beruflich veranlasst sind (→ BFH vom 10. 11. 2016 – BStBl. 2017 II S. 409).
- Bewirtungskosten, die einem Offizier für einen Empfang aus Anlass der Übergabe der Dienstgeschäfte (Kommandoübergabe) und der Verabschiedung in den Ruhestand entstehen, können als Werbungskosten zu berücksichtigen sein (→ BFH vom 11. 1. 2007 – BStBl. II S. 317).
- Bewirtungskosten eines angestellten Geschäftsführers mit variablen Bezügen anlässlich einer ausschließlich für Betriebsangehörige im eigenen Garten veranstalteten Feier zum 25-jährigen Dienstjubiläum können Werbungskosten sein (→ BFH vom 1. 2. 2007 – BStBl. II S. 459).
- Beruflich veranlasste Bewirtungskosten können ausnahmsweise auch dann vorliegen, wenn der Arbeitnehmer nicht variabel vergütet wird (→ BFH vom 24. 5. 2007 – BStBl. II S. 721).
- Aufwendungen für eine betriebsinterne Feier anlässlich eines berufsbezogenen Ereignisses (z. B. Dienstjubiläum) können (nahezu) ausschließlich beruflich veranlasst und damit als Werbungskosten zu berücksichtigen sein, wenn der Arbeitnehmer die Gäste nach abstrakten berufsbezogenen Kriterien einlädt (→ BFH vom 20. 1. 2016 – BStBl. II S. 744).
- Bewirtungskosten sind nur zu 70% als Werbungskosten abzugsfähig (→ § 4 Abs. 5 Satz 1 Nr. 2 i. V. m. § 9 Abs. 5 EStG). Diese Abzugsbeschränkung gilt nur, wenn der Arbeitnehmer Bewirtender ist (→ BFH vom 19. 6. 2008 – BStBl. II S. 870). Sie gilt nicht, wenn der Arbeitnehmer nur Arbeitnehmer des eigenen Arbeitgebers bewirtet (→ BFH vom 19. 6. 2008 – BStBl. 2009 II S. 11).

Bürgerliche Kleidung. Aufwendungen für bürgerliche Kleidung sind auch bei außergewöhnlich hohen Aufwendungen nicht als Werbungskosten abziehbar (→ BFH vom 6. 7. 1989 – BStBl. 1990 II S. 49).

Bürgschaftsverpflichtung
- Tilgungskosten aus einer Bürgschaftsverpflichtung durch den Arbeitnehmer einer Gesellschaft können zu Werbungskosten bei den Einkünften aus nichtselbständiger Arbeit führen, wenn eine Gesellschafterstellung zwar vereinbart, aber nicht zustande gekommen ist (→ BFH vom 16. 11. 2011 – BStBl. 2012 II S. 343).
- Erwerbsaufwand ist den Einkünften zuzurechnen, zu denen der engere und wirtschaftlich vorrangige Veranlassungszusammenhang besteht. Es kann nicht ausgeschlossen werden, dass auch im Fall einer gegenwärtig ausgeübten Erwerbstätigkeit die Inanspruchnahme aus einer Bürgschaftsverpflichtung wirtschaftlich vorrangig durch eine zunächst nur angestrebte andere Erwerbstätigkeit veranlasst und dementsprechend dieser zuzurechnen ist. Eine solche Zurechnung setzt allerdings voraus, dass diese künftige Erwerbstätigkeit schon hinreichend konkret feststeht; nur dann kann zwischen dieser und den Aufwendungen auch ein hinreichend konkreter und objektiv feststellbarer Veranlassungszusammenhang bestehen, der eine entsprechende Zurechnung rechtfertigt (→ BFH vom 8. 7. 2015 – BStBl. 2016 II S. 60 und vom 3. 9. 2015 – BStBl. 2016 II S. 305).

Einbürgerung. Aufwendungen für die Einbürgerung sind nicht als Werbungskosten abziehbar (→ BFH vom 18. 5. 1984 – BStBl. II S. 588).

Ernährung. Aufwendungen für die Ernährung am Ort der ersten Tätigkeitsstätte sind auch dann nicht als Werbungskosten abziehbar, wenn der Arbeitnehmer berufsbedingt arbeitstäglich überdurchschnittlich oder ungewöhnlich lange von seiner Wohnung abwesend ist (→ BFH vom 21. 1. 1994 – BStBl. II S. 418).

Erziehungsurlaub/Elternzeit. Aufwendungen während eines Erziehungsurlaubs/einer Elternzeit können vorab entstandene Werbungskosten sein. Der berufliche Verwendungsbezug ist darzulegen, wenn er sich nicht bereits aus den Umständen von Umschulungs- oder Qualifizierungsmaßnahmen ergibt (→ BFH vom 22. 7. 2003 – BStBl. 2004 II S. 888).

Geldauflagen. Geldauflagen sind nicht als Werbungskosten abziehbar, soweit die Auflagen nicht der Wiedergutmachung des durch die Tat verursachten Schadens dienen (→ BFH vom 22. 7. 2008 – BStBl. 2009 II S. 151 und vom 15. 1. 2009 – BStBl. 2010 II S. 111).

Geldbußen. Geldbußen sind nicht als Werbungskosten abziehbar (→ BFH vom 22. 7. 2008 – BStBl. 2009 II S. 151).

Gemischte Aufwendungen
- Bei gemischt veranlassten Aufwendungen besteht kein generelles Aufteilungs- und Abzugsverbot (→ BFH vom 21. 9. 2009 – BStBl. 2010 II S. 672); zu den Folgerungen → BMF vom 6. 7. 2010 (BStBl. I S. 614).[1]
- Gemischt veranlasste Aufwendungen für eine Feier aus beruflichem und privatem Anlass können teilweise als Werbungskosten abziehbar sein. Der als Werbungskosten abziehbare Betrag kann dabei anhand der Herkunft der Gäste aus dem beruflichen/privaten Umfeld abgegrenzt werden (→ BFH vom 8. 7. 2015 – BStBl. II S. 1013).
- → H 9.2 (Auslandsgruppenreise).

[1] Abgedruckt als Anlage a zu LStH 9.1.

Geschenke. Geschenke eines Arbeitnehmers anlässlich persönlicher Feiern sind nicht als Werbungskosten abziehbar (→ BFH vom 1. 7. 1994 – BStBl. 1995 II S. 273). LStH 9.1

Haftungsschulden eines angestellten Geschäftsführers. Aufwendungen eines angestellten Geschäftsführers einer GmbH zur Tilgung von Haftungsschulden sind auch insoweit als Werbungskosten abziehbar, als die Haftung auf nicht abgeführter Lohnsteuer beruht, die auf den Arbeitslohn des Geschäftsführers selbst entfällt. Das Abzugsverbot gem. § 12 Nr. 3 steht dem nicht entgegen, da mit der Zahlung nicht die eigene Lohnsteuerschuld, sondern die auf §§ 69, 34 AO beruhenden Haftungsschulden getilgt werden (→ BFH 8. 3. 2022 – BStBl. II S. 633).

Körperpflege und Kosmetika. Aufwendungen für Körperpflege und Kosmetika sind auch bei außergewöhnlich hohen Aufwendungen nicht als Werbungskosten abziehbar (→ BFH vom 6. 7. 1989 – BStBl. 1990 II S. 49).

Kontoführungsgebühren.[1] Kontoführungsgebühren sind Werbungskosten, soweit sie durch Gutschriften von Einnahmen aus dem Dienstverhältnis und durch beruflich veranlasste Überweisungen entstehen. Pauschale Kontoführungsgebühren sind ggf. nach dem Verhältnis beruflich und privat veranlasster Kontenbewegungen aufzuteilen (→ BFH vom 9. 5. 1984 – BStBl. II S. 560).

Krankheitskosten. Aufwendungen in Zusammenhang mit der Beseitigung oder Linderung von Körperschäden, die durch einen Unfall auf einer beruflich veranlassten Fahrt zwischen Wohnung und erster Tätigkeitsstätte eingetreten sind, können gemäß § 9 Abs. 1 Satz 1 EStG als Werbungskosten abgezogen werden (→ BFH vom 19. 12. 2019 – BStBl. 2020 II S. 291).

Kunstgegenstände. Aufwendungen für die Ausschmückung eines Dienstzimmers sind nicht als Werbungskosten abziehbar (→ BFH vom 12. 3. 1993 – BStBl. II S. 506).

Nachträgliche Werbungskosten. Werbungskosten können auch im Hinblick auf ein früheres Dienstverhältnis entstehen (→ BFH vom 14. 10. 1960 – BStBl. 1961 III S. 20).

Psychoseminar. Aufwendungen für die Teilnahme an psychologischen Seminaren, die nicht auf den konkreten Beruf zugeschnittene psychologische Kenntnisse vermitteln, sind auch dann nicht als Werbungskosten abziehbar, wenn der Arbeitgeber für die Teilnahme an den Seminaren bezahlten Bildungsurlaub gewährt (→ BFH vom 6. 3. 1995 – BStBl. II S. 393).

Prozesskosten

– Aufwendungen für die **Strafverteidigung** können Werbungskosten sein, wenn der Schuldvorwurf durch berufliches Verhalten veranlasst war (→ BFH vom 19. 2. 1982 – BStBl. II S. 467 und vom 18. 10. 2007 – BStBl. II 2008 S. 223).
– Rechtsverfolgungskosten eines Berufssoldaten für ein gegen ihn geführtes Wehrdisziplinarverfahren sind als Werbungskosten abzugsfähig (→ BFH vom 10. 1. 2024 – BStBl. II S. 442).

Reinigung von typischer Berufskleidung in privater Waschmaschine → H 9.12 (Berufskleidung).

Sammelbeförderung → BMF vom 18. 11. 2021 (BStBl. I S. 2315).[2]

Schulgeld. Schulgeldzahlungen an eine fremdsprachige Schule im Inland sind auch dann nicht als Werbungskosten abziehbar, wenn sich die ausländischen Eltern aus beruflichen Gründen nur vorübergehend im Inland aufhalten (→ BFH vom 23. 11. 2000 – BStBl. 2001 II S. 132).

Statusfeststellungsverfahren. Aufwendungen im Zusammenhang mit dem Anfrageverfahren nach § 7 a SGB IV (sog. Statusfeststellungsverfahren) sind durch das Arbeitsverhältnis veranlasst und deshalb als Werbungskosten bei den Einkünften aus nichtselbständiger Arbeit zu berücksichtigen (→ BFH vom 6. 5. 2010 – BStBl. II S. 851).

Übernachtung an der ersten Tätigkeitsstätte. Die Kosten für gelegentliche Hotelübernachtungen am Ort der ersten Tätigkeitsstätte sind Werbungskosten, wenn sie beruflich veranlasst sind. Für eine Tätigkeit an diesem Ort sind Verpflegungsmehraufwendungen nicht zu berücksichtigen (→ BFH vom 5. 8. 2004 – BStBl. II S. 1074).

Verlorener Zuschuss eines Gesellschafter-Geschäftsführers. Gewährt der Gesellschafter-Geschäftsführer einer GmbH, an der er nicht nur unwesentlich beteiligt ist, einen verlorenen Zuschuss, ist die Berücksichtigung als Werbungskosten regelmäßig abzulehnen (→ BFH vom 26. 11. 1993 – BStBl. 1994 II S. 242).

Verlust einer Beteiligung am Unternehmen des Arbeitgebers

– Der Verlust einer Beteiligung an einer GmbH kann selbst dann nicht als Werbungskosten berücksichtigt werden, wenn die Beteiligung am Stammkapital der GmbH Voraussetzung für die Beschäftigung als Arbeitnehmer der GmbH war (→ BFH vom 12. 5. 1995 – BStBl. II S. 644).
– Der Veräußerungsverlust aus einer Kapitalbeteiligung am Unternehmen des Arbeitgebers führt nur dann zu Werbungskosten, wenn ein erheblicher Veranlassungszusammenhang zum

[1] Bei der Geltendmachung von Kontoführungsgebühren als Werbungskosten verzichtet die FinVerw auf eine Prüfung der beruflichen Veranlassung, wenn kein höherer Betrag als 16 € jährlich angesetzt wird *(OFD Hannover, Verfügung vom 30. 4. 2002, DStR S. 1132).*

[2] Abgedruckt als Anlage zu LStH 9.10.

LStH 9.1 Dienstverhältnis besteht und nicht auf der Nutzung der Beteiligung als Kapitalertragsquelle beruht (→ BFH vom 17. 9. 2009 – BStBl. 2010 II S. 198).

Verlust einer Darlehensforderung gegen den Arbeitgeber

– Der Verlust einer Darlehensforderung gegen den Arbeitgeber ist als Werbungskosten zu berücksichtigen, wenn der Arbeitnehmer das Risiko, die Forderung zu verlieren, aus beruflichen Gründen bewusst auf sich genommen hat (→ BFH vom 7. 5. 1993 – BStBl. II S. 663).
– Die berufliche Veranlassung eines Darlehens wird nicht zwingend dadurch ausgeschlossen, dass der Darlehensvertrag mit dem alleinigen Gesellschafter-Geschäftsführer der Arbeitgeberin (GmbH) statt mit der insolvenzbedrohten GmbH geschlossen worden und die Darlehensvaluta an diesen geflossen ist. Maßgeblich sind der berufliche Veranlassungszusammenhang und der damit verbundene konkrete Verwendungszweck des Darlehens (→ BFH vom 7. 2. 2008 – BStBl. 2010 II S. 48).
– Auch wenn ein Darlehen aus im Gesellschaftsverhältnis liegenden Gründen gewährt wurde, kann der spätere Verzicht darauf durch das zugleich bestehende Arbeitsverhältnis veranlasst sein und dann insoweit zu Werbungskosten bei den Einkünften aus nichtselbständiger Arbeit führen, als die Darlehensforderung noch werthaltig ist (→ BFH vom 25. 11. 2010 – BStBl. 2012 II S. 24).
– Der Verlust einer aus einer Gehaltsumwandlung entstandenen Darlehensforderung eines Arbeitnehmers gegen seinen Arbeitgeber kann insoweit zu Werbungskosten bei den Einkünften aus nichtselbständiger Arbeit führen, als der Arbeitnehmer ansonsten keine Entlohnung für seine Arbeitsleistung erhalten hätte, ohne seinen Arbeitsplatz erheblich zu gefährden. Dabei ist der Umstand, dass ein außenstehender Dritter, insbesondere eine Bank, dem Arbeitgeber kein Darlehen mehr gewährt hätte, lediglich ein Indiz für eine beruflich veranlasste Darlehenshingabe, nicht aber unabdingbare Voraussetzung für den Werbungskostenabzug eines Darlehensverlustes (→ BFH vom 10. 4. 2014 – BStBl. II S. 850).

Versorgungszuschlag. Zahlt der Arbeitgeber bei beurlaubten Beamten ohne Bezüge einen Versorgungszuschlag, handelt es sich um steuerpflichtigen Arbeitslohn. In gleicher Höhe liegen beim Arbeitnehmer Werbungskosten vor; dies gilt auch, wenn der Arbeitnehmer den Versorgungszuschlag zahlt (→ BMF vom 22. 2. 1991 – BStBl. I S. 951).[1]

Vertragsstrafe. Die Zahlung einer in einem Ausbildungsverhältnis begründeten Vertragsstrafe kann zu Werbungskosten führen (→ BFH vom 22. 6. 2006 – BStBl. 2007 II S. 4).

Videorecorder. Aufwendungen für einen Videorecorder sind – ohne Nachweis der weitaus überwiegenden beruflichen Nutzung – nicht als Werbungskosten abziehbar (→ BFH vom 27. 9. 1991 – BStBl. 1992 II S. 195).

Vorweggenommene Werbungskosten. Werbungskosten können auch im Hinblick auf ein künftiges Dienstverhältnis entstehen (→ BFH vom 4. 8. 1961 – BStBl. 1962 III S. 5 und vom 3. 11. 1961 – BStBl. 1962 III S. 123). Der Berücksichtigung dieser Werbungskosten steht es nicht entgegen, dass der Arbeitnehmer Arbeitslosengeld oder sonstige für seinen Unterhalt bestimmte steuerfreie Leistungen erhält (→ BFH vom 4. 3. 1977 – BStBl. II S. 507), ggf. kommt ein Verlustabzug nach § 10 d EStG in Betracht.

Werbegeschenke. Aufwendungen eines Arbeitnehmers für Werbegeschenke an Kunden seines Arbeitgebers sind Werbungskosten, wenn er sie tätigt, um die Umsätze seines Arbeitgebers und damit seine erfolgsabhängigen Einkünfte zu steigern (→ BFH vom 13. 1. 1984 – BStBl. II S. 315). Aufwendungen für Werbegeschenke können ausnahmsweise auch dann Werbungskosten sein, wenn der Arbeitnehmer nicht variabel vergütet wird (→ BFH vom 24. 5. 2007 – BStBl. II S. 721). Die nach § 4 Abs. 5 Satz 1 Nr. 1 EStG maßgebende Wertgrenze von 35 Euro ist zu beachten (§ 9 Abs. 5 EStG).

Werbungskosten bei Insolvenzgeld. Werbungskosten, die auf den Zeitraum entfallen, für den der Arbeitnehmer Insolvenzgeld erhält, sind abziehbar, da kein unmittelbarer wirtschaftlicher Zusammenhang zwischen den Aufwendungen und dem steuerfreien Insolvenzgeld i. S. d. § 3 c EStG besteht (→ BFH vom 23. 11. 2000 – BStBl. 2001 II S. 199).

Wohnungsnutzung zu beruflichen Zwecken. Nutzt ein Miteigentümer allein eine Wohnung zu beruflichen Zwecken und werden die Darlehen zum Erwerb der Wohnung gemeinsam aufgenommen und Zins und Tilgung von einem gemeinsamen Konto beglichen, kann er AfA und Schuldzinsen nur entsprechend seinem Miteigentumsanteil als Werbungskosten geltend machen. Entsprechendes gilt für gemeinschaftlich getragene andere grundstücksorientierte Aufwendungen, z. B. Grundsteuer, allgemeine Reparaturkosten, Versicherungsprämien (→ BFH vom 6. 12. 2017 – BStBl. 2018 II S. 355).

Zusammenhang mit dem Beruf. Ein Zusammenhang mit dem Beruf ist gegeben, wenn die Aufwendungen in einem wirtschaftlichen Zusammenhang mit der auf Einnahmeerzielung gerichteten Tätigkeit des Arbeitnehmers stehen (→ BFH vom 1. 10. 1982 – BStBl. 1983 II S. 17).

---

[1] Abgedruckt als Anlage b zu LStH 9.1.

Anl a zu LStH 9.1

a) Schreiben betr. steuerliche Beurteilung gemischter Aufwendungen; Beschluss des Großen Senats des BFH vom 21. September 2009 GrS 1/06 (BStBl. 2010 II S. 672)

Vom 6. Juli 2010 (BStBl. I S. 614)

(BMF IV C 3 – S 2227/07/10 003 :002; DOK 2010/0522213)

Inhaltsverzeichnis

	Rn.
1. Allgemeines	1–3
2. Nicht abziehbare Aufwendungen der Lebensführung	4–7
3. Grundsätze der Aufteilung gemischter Aufwendungen	8–9
a) Durch die Einkunftserzielung (mit)veranlasste Aufwendungen	10–12
b) Höhe der abziehbaren Aufwendungen	13–16
c) Nicht aufteilbare gemischte Aufwendungen	17–19
4. Anwendungsregelung	20

Der Große Senat des Bundesfinanzhofs hat mit dem o. a. Beschluss entschieden, dass § 12 Nummer 1 Satz 2 EStG kein allgemeines Aufteilungs- und Abzugsverbot für Aufwendungen normiert, die sowohl durch die Einkunftserzielung als auch privat veranlasste Teile enthalten (gemischte Aufwendungen). Unter Bezugnahme auf das Ergebnis der Erörterungen mit den obersten Finanzbehörden der Länder gelten zur steuerlichen Beurteilung gemischter Aufwendungen für alle Einkunftsarten und für die verschiedenen Arten der Gewinnermittlung die folgenden Grundsätze:

1. Allgemeines

1 Gemischte Aufwendungen eines Steuerpflichtigen können nach Maßgabe der folgenden Ausführungen grundsätzlich in als Betriebsausgaben oder Werbungskosten abziehbare sowie in privat veranlasste und damit nicht abziehbare Teile aufgeteilt werden, soweit nicht gesetzlich etwas anderes geregelt ist oder es sich um Aufwandspositionen handelt, die durch das steuerliche Existenzminimum abgegolten oder als Sonderausgaben oder als außergewöhnliche Belastungen abziehbar sind. **20**

2 Eine Aufteilung der Aufwendungen kommt nur in Betracht, wenn der Steuerpflichtige die betriebliche oder berufliche Veranlassung im Einzelnen umfassend dargelegt und nachgewiesen hat. Bestehen gewichtige Zweifel an einer betrieblichen oder beruflichen (Mit-)Veranlassung der Aufwendungen, so kommt für die Aufwendungen schon aus diesem Grund ein Abzug insgesamt nicht in Betracht.

3 Die Aufteilung gemischt veranlasster Aufwendungen hat nach einem an objektiven Kriterien orientierten Maßstab der Veranlassungsbeiträge zu erfolgen. Ist eine verlässliche Aufteilung nur mit unverhältnismäßigem Aufwand möglich, erfolgt die Aufteilung im Wege der Schätzung. Fehlt es an einer geeigneten Schätzungsgrundlage oder sind die Veranlassungsbeiträge nicht trennbar, gelten die Aufwendungen als insgesamt privat veranlasst.

2. Nicht abziehbare Aufwendungen der Lebensführung

4 Nach § 12 Nummer 1 Satz 1 EStG sind Aufwendungen für den Haushalt des Steuerpflichtigen und für den Unterhalt seiner Familienangehörigen vollständig vom Betriebsausgaben-/Werbungskostenabzug ausgeschlossen und demzufolge nicht in einen abziehbaren und nicht abziehbaren Teil aufzuteilen. Sie sind durch die Vorschriften zur Berücksichtigung des steuerlichen Existenzminimums (Grundfreibetrag, Freibeträge für Kinder) pauschal abgegolten oder als Sonderausgaben oder als außergewöhnliche Belastungen abziehbar. **21**

Kosten der Lebensführung in diesem Sinne sind insbesondere Aufwendungen für
- Wohnung,
- Ernährung,
- Kleidung,
- allgemeine Schulausbildung,
- Kindererziehung,
- persönliche Bedürfnisse des täglichen Lebens, z. B. Erhaltung der Gesundheit, Pflege, Hygieneartikel,
- Zeitung,
- Rundfunk oder
- Besuch kultureller und sportlicher Veranstaltungen.

5 Vollumfänglich nicht abziehbar und demzufolge nicht aufzuteilen sind ferner Aufwendungen nach § 12 Nummer 1 Satz 2 EStG. Das sind Aufwendungen für die Lebensführung, die zwar der Förderung des Berufs oder der Tätigkeit dienen können, die aber grundsätzlich die wirtschaftliche oder gesellschaftliche Stellung des Steuerpflichtigen mit sich bringt. Hierbei handelt es sich um Aufwendungen, die mit dem persönlichen Ansehen des Steuerpflichtigen in Zusammenhang stehen, d. h. der Pflege der sozialen Verpflichtungen dienen (sog. Repräsentationsaufwendungen).

Ob Aufwendungen Repräsentationsaufwendungen im Sinne des § 12 Nummer 1 Satz 2 EStG oder (zumindest teilweise) Betriebsausgaben/Werbungskosten darstellen, ist stets durch eine Gesamtwürdigung aller Umstände des Einzelfalls festzustellen.[1] Bei Veranstaltungen, die vom Steuerpflichtigen ausgerichtet werden, stellt ein persönlicher Anlass (z. B. Geburtstag, Trauerfeier) regelmäßig ein bedeuten-

[1] **[Amtl. Anm.:]** Vgl. LStH 9.1 (Gemischte Aufwendungen).

Anl a zu LStH 9.1

des Indiz für die Annahme nicht abziehbarer Repräsentationsaufwendungen dar. Auch Aufwendungen für gesellschaftliche Veranstaltungen fallen in der Regel unter § 12 Nummer 1 Satz 2 EStG.

6 Aufwendungen nach § 12 Nummer 1 EStG sind selbst im Falle einer betrieblichen/beruflichen Mitveranlassung nicht als Betriebsausgaben/Werbungskosten abziehbar.

7 Aufwendungen im Sinne der Rn. 4 und 5 sind Betriebsausgaben oder Werbungskosten, soweit sie ausschließlich oder nahezu ausschließlich betrieblich/beruflich veranlasst sind (z. B. § 4 Absatz 5 Satz 1 Nummer 6 b EStG: Arbeitszimmer; § 9 Absatz 1 Satz 3 Nummer 6 EStG: Arbeitsmittel, typische Berufskleidung) oder ein abgegrenzter betrieblicher/beruflicher Mehraufwand gegeben ist. Die Abzugsbeschränkungen des § 4 Absatz 5 Satz 1 Nummer 5 EStG[1] (Verpflegungsmehraufwendungen) und § 9 Absatz 1 Satz 3 Nummer 5 EStG (Doppelte Haushaltsführung) sind zu beachten.[2]

3. Grundsätze der Aufteilung gemischter Aufwendungen

22 **8** Gemäß § 4 Absatz 4 EStG (Betriebsausgaben) und § 9 Absatz 1 EStG (Werbungskosten) werden bei der Ermittlung der Einkünfte nur Aufwendungen berücksichtigt, die durch die Einkunftserzielung veranlasst sind. Ein Veranlassungszusammenhang in diesem Sinne besteht, wenn die Aufwendungen mit der Einkunftserzielung objektiv zusammenhängen und ihr subjektiv zu dienen bestimmt sind, d. h., wenn sie in unmittelbarem oder mittelbarem wirtschaftlichen Zusammenhang mit einer der Einkunftsarten des Einkommensteuergesetzes stehen.

9 Aufwendungen, die eindeutig und klar abgrenzbar ausschließlich betrieblich/beruflich oder privat veranlasst sind, sind unmittelbar dem betrieblichen/beruflichen oder privaten Teil der Aufwendungen zuzuordnen.

a) Durch die Einkunftserzielung (mit-)veranlasste Aufwendungen

10 Nicht von § 12 Nummer 1 EStG erfasste Aufwendungen, die nicht eindeutig zugeordnet werden können, aber einen nachgewiesenen abgrenzbaren betrieblichen oder beruflichen Anteil enthalten, sind nach dem jeweiligen Veranlassungsanteil in abziehbare und nicht abziehbare Aufwendungen aufzuteilen.

11 Bei einer untergeordneten betrieblichen/beruflichen Mitveranlassung (< 10%) sind die Aufwendungen in vollem Umfang nicht als Betriebsausgaben/Werbungskosten abziehbar. Wird ein Sachverhalt insgesamt als privat veranlasst gewürdigt und werden die Aufwendungen dementsprechend steuerlich nicht berücksichtigt, so können zusätzliche ausschließlich betrieblich/beruflich veranlasste Aufwendungen für sich genommen als Betriebsausgaben oder Werbungskosten abzuziehen sein (vgl. Rn. 9).[3]

Beispiel 1:

B1 Ein Steuerpflichtiger nimmt während seiner 14-tägigen Urlaubsreise an einem eintägigen Fachseminar teil.
Die Aufwendungen für die Urlaubsreise sind nicht abziehbar. Die Aufwendungen, die unmittelbar mit dem Fachseminar zusammenhängen (Seminargebühren, Fahrtkosten vom Urlaubsort zum Tagungsort, ggf. Pauschbetrag für Verpflegungsmehraufwendungen), sind als Betriebsausgaben/Werbungskosten abziehbar.

12 Bei einer untergeordneten privaten Mitveranlassung (<10%) sind die Aufwendungen in vollem Umfang als Betriebsausgaben/Werbungskosten abziehbar; die Abzugsbeschränkungen des § 4 Absatz 5 EStG und § 9 Absatz 5 EStG bleiben unberührt.

Von einer untergeordneten privaten Mitveranlassung der Kosten für die Hin- und Rückreise ist auch dann auszugehen, wenn der Reise ein eindeutiger unmittelbarer betrieblicher/beruflicher Anlass zugrunde liegt (z. B. ein Arbeitnehmer nimmt aufgrund einer Weisung seines Arbeitgebers einen ortsgebundenen Pflichttermin wahr oder ein Nichtarbeitnehmer tätigt einen ortsgebundenen Geschäftsabschluss oder ist Aussteller auf einer auswärtigen Messe), den der Steuerpflichtige mit einem vorangehenden oder nachfolgenden Privataufenthalt verbindet.

b) Höhe der abziehbaren Aufwendungen

13 Sind die Aufwendungen sowohl durch betriebliche/berufliche als auch private Gründe von jeweils nicht untergeordneter Bedeutung (vgl. Rn. 11 und 12) veranlasst, ist nach Möglichkeit eine Aufteilung der Aufwendungen nach Veranlassungsbeiträgen vorzunehmen (vgl. BFH vom 21. April 2010 VI R 66/04, BStBl. II S. 685; siehe aber Rn. 18).

14 Es ist ein geeigneter, den Verhältnissen im Einzelfall gerecht werdender Aufteilungsmaßstab zu finden. Der Maßstab muss nach objektivierbaren – d. h. nach außen hin erkennbaren und nachvollziehbaren – Kriterien ermittelt und hinsichtlich des ihm zugrunde liegenden Veranlassungsbeitrags dokumentiert werden.

15 Der betrieblich/beruflich und privat veranlasste Teil der Aufwendungen kann beispielsweise nach folgenden Kriterien ermittelt werden: Zeit-, Mengen- oder Flächenanteile sowie Aufteilung nach Köpfen.

Beispiel 2:

An der Feier zum 30. Firmenjubiläum des Einzelunternehmens Y nehmen 100 Personen teil (80 Kunden und Geschäftsfreunde und 20 private Gäste des Firmeninhabers). Die Gesamtkosten der Feier betragen 5000 €, auf Essen und Getränke entfallen 4000 €.

B2 Aufgrund der Teilnahme privater Gäste handelt es sich um eine gemischt betrieblich und privat veranlasste Veranstaltung. Zwar liegt der Anlass der Veranstaltung im betrieblichen Bereich (Firmenjubiläum). Die Einladung der privaten Gäste erfolgte allerdings ausschließlich aus privaten Gründen, so dass die Kosten der Verköstigung und Unterhaltung der privaten Gäste als privat veranlasst zu behandeln sind. Sachgerechtes objektivierbares Kriterium für eine Aufteilung ist eine Aufteilung nach Köpfen. 80 Personen nehmen aus betrieblichen Gründen an dem Firmenjubiläum teil, 20 aus privaten Gründen. Damit sind 1000 €(20% des Gesamtkosten), die anteilig auf die privaten Gäste entfallen, nicht als

[1] Jetzt § 4 Abs. 5 Satz 1 Nr. 5 EStG i. V. m. § 9 Abs. 4 a EStG.
[2] **[Amtl. Anm.:]** Vgl. C. III.4.a der Entscheidungsgründe des GrS.
[3] **[Amtl. Anm.:]** Vgl. C. III.3.f der Entscheidungsgründe des GrS.

Betriebsausgaben abziehbar. Von den verbleibenden betrieblich veranlassten Kosten in Höhe von 4000 € sind unter Berücksichtigung des § 4 Absatz 5 Satz 1 Nummer 2 EStG 3040 €(80% von 1000 €+70% von 80% von 4000 €) als Betriebsausgaben abziehbar. Anl a zu LStH 9.1

Beispiel 3:

Ein niedergelassener Arzt besucht einen Fachkongress in London. Er reist Samstagfrüh an.
Die Veranstaltung findet ganztägig von Dienstag bis Donnerstag statt. Am Sonntagabend reist er nach Hause zurück.
B3 Da Reisen nach dem Beschluss des Großen Senats des BFH entgegen der bisherigen Rechtsprechung nicht mehr in jedem Fall als Einheit zu betrachten sind, sind die Kosten für zwei Übernachtungen (von Dienstag bis Donnerstag) sowie die Kongressgebühren ausschließlich dem betrieblichen Bereich zuzuordnen und daher vollständig als Betriebsausgaben abziehbar.
Die Flugkosten sind gemischt veranlasst und entsprechend den Veranlassungsbeiträgen aufzuteilen. Sachgerechter Aufteilungsmaßstab ist das Verhältnis der betrieblichen und privaten Zeitanteile der Reise (betrieblich veranlasst sind 3/9).
Ein Abzug der Verpflegungskosten als Betriebsausgaben ist nur in Höhe der Pauschbeträge für Verpflegungsmehraufwendungen für die betrieblich veranlassten Tage zulässig.

Abwandlung:

Der Arzt fährt nicht als Zuhörer, sondern als Mitveranstalter zu dem Fachkongress.
B4 Die Kosten für die Hin- und Rückreise sind vollständig dem betrieblichen Bereich zuzurechnen und daher nicht aufzuteilen (vgl. Rn. 12).

16 Bestehen keine Zweifel daran, dass ein nach objektivierbaren Kriterien abgrenzbarer Teil der Aufwendungen betrieblich/beruflich veranlasst ist, bereitet seine Quantifizierung aber Schwierigkeiten, so ist dieser Anteil unter Berücksichtigung aller maßgeblichen Umstände zu schätzen (§ 162 AO). Ist also zweifelsfrei ein betrieblicher/beruflicher Kostenanteil entstanden, kann aber dessen jeweiliger Umfang mangels geeigneter Unterlagen nicht belegt werden, ist wie bisher eine Schätzung geboten.

c) Nicht aufteilbare gemischte Aufwendungen

17 Ein Abzug der Aufwendungen kommt insgesamt nicht in Betracht, wenn die – für sich gesehen jeweils nicht unbedeutenden – betrieblichen/beruflichen und privaten Veranlassungsbeiträge so ineinander greifen, dass eine Trennung nicht möglich und eine Grundlage für die Schätzung nicht erkennbar ist. Das ist insbesondere der Fall, wenn es an objektivierbaren Kriterien für eine Aufteilung fehlt.

Beispiel 4:

Ein Steuerberater begehrt die hälftige Anerkennung der Kosten eines Abonnements einer überregionalen Zeitung, die er neben der regionalen Tageszeitung bezieht, als Betriebsausgaben, weil die überregionale Zeitung umfassend auch über die steuerrechtliche Entwicklung informiere.
B5 Die Kosten sind insgesamt nicht als Betriebsausgaben abziehbar. Die betrieblichen und privaten Veranlassungsbeiträge greifen so ineinander, dass eine Trennung nicht möglich ist. Soweit die Zeitung nicht bereits durch das steuerliche Existenzminimum abgegolten ist, fehlt es an einer Aufteilbarkeit der Veranlassungsbeiträge. Denn keine Rubrik oder Seite einer Zeitung kann ausschließlich dem betrieblichen Bereich zugeordnet werden, sondern dient stets auch dem privaten Informationsinteresse. Es fehlt damit an einer Möglichkeit zur Aufteilung nach objektivierbaren Kriterien.

18 Die für Auslandsgruppenreisen aufgestellten Abgrenzungsmerkmale gelten grundsätzlich weiter (BFH vom 27. November 1978, BStBl. 1979 II S. 213; zuletzt BFH vom 21. April 2010 VI R 5/07, BStBl. II S. 687).[1] Eine Aufteilung der Kosten und damit ein teilweiser Abzug als Betriebsausgaben/Werbungskosten kommt bei solchen Reisen regelmäßig nur in Betracht, soweit die beruflichen und privaten Veranlassungsbeiträge voneinander abgrenzbar sind (vgl. BFH vom 21. April 2010 VI R 5/07, BStBl. II S. 687).**19** Soweit der BFH bisher die Abziehbarkeit anderer gemischter Aufwendungen mangels objektiver Aufteilungskriterien abgelehnt hat, ist weiterhin von der Nichtabziehbarkeit auszugehen.

Beispiele:

B6 Aufwendungen für Sicherheitsmaßnahmen eines Steuerpflichtigen zum Schutz von Leben, Gesundheit, Freiheit und Vermögen seiner Person (BFH vom 5. April 2006, BStBl. II S. 541),
B7 Aufwendungen eines in Deutschland lebenden Ausländers für das Erlernen der deutschen Sprache (BFH vom 15. März 2007, BStBl. II S. 814),
B8 Aufwendungen einer Landärztin für einen Schutzhund (BFH vom 29. März 1979, BStBl. II S. 512),
B9 Einbürgerungskosten zum Erwerb der deutschen Staatsangehörigkeit (BFH vom 18. Mai 1984, BStBl. II S. 588),
B10 Kosten für den Erwerb eines Führerscheins (BFH vom 8. April 1964, BStBl. III S. 431).

4. Anwendungsregelung

20 Dieses Schreiben ist vorbehaltlich des § 176 Absatz 1 Satz 1 Nummer 3 AO für alle offenen Fälle anzuwenden.

b) Schreiben betr. steuerliche Behandlung des Versorgungszuschlags für Beamte bei Beurlaubung ohne Dienstbezüge

Anl b zu LStH 9.1

Vom 22. Februar 1991 (BStBl. I S. 951)

(BMF IV B 6 – S 2360 – 3/91)

Im Einvernehmen mit den obersten Finanzbehörden der Länder gilt für die steuerliche Behandlung des Versorgungszuschlags, der im Falle des § 6 Abs. 1 Satz 2 Nr. 5 des Beamtenversorgungsgesetzes gezahlt wird, ab 1. 1. 1990 folgendes: 23

---

[1] **[Amtl. Anm.:]** Vgl. C. III.4.e der Entscheidungsgründe des GrS.

Anl b zu LStH 9.1

Zahlt der Arbeitgeber den Versorgungszuschlag, so handelt es sich um steuerpflichtigen Arbeitslohn. In gleicher Höhe liegen beim Arbeitnehmer Werbungskosten vor, auf die der Arbeitnehmer-Pauschbetrag von 2000 DM[1] anzurechnen ist. Dies gilt auch, wenn der Arbeitnehmer den Versorgungszuschlag zahlt.

LStR 9.2

R 9.2 Aufwendungen für die Aus- und Fortbildung[2]

24 ① Aufwendungen für den erstmaligen Erwerb von Kenntnissen, die zur Aufnahme eines Berufs befähigen, bzw. für ein erstes Studium (Erstausbildung) sind Kosten der Lebensführung und nur als Sonderausgaben im Rahmen von § 10 Abs. 1 Nr. 7 EStG abziehbar[3]. ② Werbungskosten liegen dagegen nach § 9 Abs. 6 EStG vor, wenn der Arbeitnehmer zuvor bereits eine Erstausbildung abgeschlossen hat oder wenn die Berufsausbildung oder das Studium Gegenstand eines Dienstverhältnisses (Ausbildungsdienstverhältnis) ist. ③ Unabhängig davon, ob ein Dienstverhältnis besteht, sind die Aufwendungen für die Fortbildung in dem bereits erlernten Beruf und für die Umschulungsmaßnahmen, die einen Berufswechsel vorbereiten, als Werbungskosten abziehbar. ④ Das gilt auch für die Aufwendungen für ein weiteres Studium, wenn dieses in einem hinreichend konkreten, objektiv feststellbaren Zusammenhang mit späteren steuerpflichtigen Einnahmen aus der angestrebten beruflichen Tätigkeit steht.

LStH 9.2

H 9.2

27 **Allgemeine Grundsätze** → BMF vom 22. 9. 2010 (BStBl. I S. 721).[4]

Allgemein bildende Schulen. Aufwendungen für den Besuch allgemein bildender Schulen sind regelmäßig keine Werbungskosten (→ BFH vom 22. 6. 2006 – BStBl. II S. 717).

Ausbildungsdienstverhältnis[5]

Beispiele:
- Referendariat zur Vorbereitung auf das zweite Staatsexamen (→ BFH vom 10. 12. 1971 – BStBl. 1972 II S. 251);
- Beamtenanwärter (→ BFH vom 21. 1. 1972 – BStBl. II S. 261);
- zum Studium abkommandierte oder beurlaubte Bundeswehroffiziere (→ BFH vom 7. 11. 1980 – BStBl. 1981 II S. 216 und vom 28. 9. 1984 – BStBl. 1985 II S. 87);
- zur Erlangung der mittleren Reife abkommandierte Zeitsoldaten (→ BFH vom 28. 9. 1984 – BStBl. 1985 II S. 89);
- für ein Promotionsstudium beurlaubte Geistliche (→ BFH vom 7. 8. 1987 – BStBl. II S. 780).

Auslandsgruppenreise
- Aufwendungen für Reisen, die der beruflichen Fortbildung dienen, sind als Werbungskosten abziehbar, wenn sie unmittelbar beruflich veranlasst sind (z. B. das Aufsuchen eines Kunden des Arbeitgebers, das Halten eines Vortrags auf einem Fachkongress oder die Durchführung eines Forschungsauftrags) und die Verfolgung privater Interessen nicht den Schwerpunkt der Reise bildet (→ BFH vom 21. 9. 2009 – BStBl. 2010 II S. 672).
- Ein unmittelbarer beruflicher Anlass liegt nicht vor, wenn der Arbeitnehmer mit der Teilnahme an der Auslandsgruppenreise eine allgemeine Verpflichtung zur beruflichen Fortbildung erfüllt oder die Reise von einem Fachverband angeboten wird (→ BFH vom 19. 1. 2012 – BStBl II S. 416); zur Abgrenzung gegenüber der konkreten beruflichen Verpflichtung zur Reiseteilnahme → BFH vom 9. 12. 2010 (BStBl. 2011 II S. 522). Zur Aufteilung gemischt veranlasster Aufwendungen bei auch beruflicher Veranlassung der Auslandsgruppenreise → H 9.1 (Gemischte Aufwendungen).

Deutschkurs. Aufwendungen eines in Deutschland lebenden Ausländers für das Erlernen der deutschen Sprache gehören regelmäßig auch dann zu den nicht abziehbaren Kosten der Lebensführung, wenn ausreichende Deutschkenntnisse für einen angestrebten Ausbildungsplatz förderlich sind (→ BFH vom 15. 3. 2007 – BStBl. II S. 814).

Erziehungsurlaub/Elternzeit. Aufwendungen während eines Erziehungsurlaubs/einer Elternzeit können vorab entstandene Werbungskosten sein. Der berufliche Verwendungsbezug ist darzulegen, wenn er sich nicht bereits aus den Umständen von Umschulungs- oder Qualifizierungsmaßnahmen ergibt (→ BFH vom 22. 7. 2003 – BStBl. 2004 II S. 888).

---

[1] Für den VZ 2022: 1200 Euro. Ab dem VZ 2023: 1230 Euro.

[2] Werbungskosten setzen eine Belastung mit Aufwendungen voraus. Davon ist auszugehen, wenn in Geld oder Geldeswert bestehende Güter aus dem Vermögen des Steuerpflichtigen abfließen. Eine endgültige Belastung verlangt der Werbungskostenbegriff hingegen nicht. Ausgaben und Einnahmen sind vielmehr getrennt zu beurteilen. Leistungen aus einem Stipendium führen zu Arbeitslohn, wenn das Stipendium dem Ersatz von Werbungskosten bei den Einkünften aus nichtselbständiger Arbeit aus in der Erwerbssphäre liegenden Gründen dient. Zwischen steuerfreien Stipendienleistungen und beruflich veranlassten (Fort-)Bildungsaufwendungen besteht ein unmittelbarer wirtschaftlicher Zusammenhang i. S. von § 3 c Abs. 1 EStG, wenn das Stipendium dazu dient, die beruflich veranlassten Aufwendungen auszugleichen oder zu erstatten (BFH-Urteil vom 29. 9. 2022, VI R 34/20, BStBl. II 2023 S. 142).

[3] Aufwendungen für die eigene Berufsausbildung sind ohne den vorherigen Abschluss einer Erstausbildung nicht als Werbungskosten abzugsfähig, auch wenn der Stpfl. zuvor langjährige Einkünfte aus einer gewerblichen Tätigkeit erzielt hat *(BFH-Urteil vom 15. 2. 2023, VI R 22/21, DStR 2023, 882).*

[4] Abgedruckt als Anlage a zu LStH 9.2.

[5] Zur gesetzlichen Definition der „erstmaligen Berufsausbildung" ab VZ 2015 siehe § 9 Abs. 6 idF des ZollkodexAnpG v. 22. 12. 2014 (BGBl. I S. 2417).

LStH 9.2

Fortbildung[1]

- Aufwendungen von Führungskräften für Seminare zur Persönlichkeitsentfaltung können Werbungskosten sein (→ BFH vom 28. 8. 2008 – BStBl. 2009 II S. 108).
- Aufwendungen einer leitenden Redakteurin zur Verbesserung beruflicher Kommunikationsfähigkeit sind Werbungskosten (→ BFH vom 28. 8. 2008 – BStBl. 2009 II S. 106).
- Aufwendungen für den Erwerb des Verkehrsflugzeugführerscheins einschließlich Musterberechtigung können vorab entstandene Werbungskosten sein (→ BFH vom 27. 10. 2011 – BStBl. 2012 II S. 825 zum Rettungssanitäter). Die Aufwendungen für den Erwerb des Privatflugzeugführerscheins führen regelmäßig nicht zu Werbungskosten (→ BFH vom 27. 5. 2003 – BStBl. 2005 II S. 202). Bei einer durchgehenden Ausbildung zum Verkehrsflugzeugführer sind aber auch die Aufwendungen für den Erwerb des Privatflugzeugführerscheins als Werbungskosten abziehbar (→ BFH vom 30. 9. 2008 – BStBl. 2009 II S. 111).

Fremdsprachenunterricht

- Der Abzug der Aufwendungen für einen Sprachkurs kann nicht mit der Begründung versagt werden, er habe in einem anderen Mitgliedstaat der Europäischen Union stattgefunden (→ BFH vom 13. 6. 2002 – BStBl. 2003 II S. 765). Dies gilt auch für Staaten, auf die das Abkommen über den Europäischen Wirtschaftsraum Anwendung findet (Island, Liechtenstein, Norwegen), und wegen eines bilateralen Abkommens, das die Dienstleistungsfreiheit festschreibt, auch für die Schweiz (→ BMF vom 26. 9. 2003 – BStBl. I S. 447).[2]
- Ein Sprachkurs kann auch dann beruflich veranlasst sein, wenn er nur Grundkenntnisse oder allgemeine Kenntnisse in einer Fremdsprache vermittelt, diese aber für die berufliche Tätigkeit ausreichen. Die Kursgebühren sind dann als Werbungskosten abziehbar. Der Ort, an dem der Sprachkurs durchgeführt wird, kann ein Indiz für eine private Mitveranlassung sein. Die Reisekosten sind dann in Werbungskosten und Kosten der privaten Lebensführung aufzuteilen → H 9.1 LStH (Gemischte Aufwendungen). Dabei kann auch ein anderer als der zeitliche Aufteilungsmaßstab anzuwenden sein (→ BFH vom 24. 2. 2011 – BStBl. II S. 796 zum Sprachkurs in Südafrika).
- Aufwendungen für eine zur Erteilung von Fremdsprachenunterricht in den eigenen Haushalt aufgenommene Lehrperson sind selbst bei einem konkreten Bezug zur Berufstätigkeit keine Fortbildungskosten (→ BFH vom 8. 10. 1993 – BStBl. 1994 II S. 114).

Klassenfahrt. Aufwendungen eines Berufsschülers für eine im Rahmen eines Ausbildungsdienstverhältnisses als verbindliche Schulveranstaltung durchgeführte Klassenfahrt sind i. d. R. Werbungskosten (→ BFH vom 7. 2. 1992 – BStBl. II S. 531).

Ski- und Snowboardkurse. Aufwendungen von Lehrern für Snowboardkurse können als Werbungskosten bei den Einkünften aus nichtselbständiger Arbeit abziehbar sein, wenn ein konkreter Zusammenhang mit der Berufstätigkeit besteht (→ BFH vom 22. 6. 2006 – BStBl. II S. 782). Zu den Merkmalen der beruflichen Veranlassung → BFH vom 26. 8. 1988 (BStBl. 1989 II S. 91).

Studienreisen und Fachkongresse → R 12.2 EStR, H 12.2 EStH.

– EStR/EStH abgedruckt in Anhang II –

Anl a zu LStH 9.2

a) Schreiben betr. Neuregelung der einkommensteuerlichen Behandlung von Berufsausbildungskosten gemäß § 10 Absatz 1 Nummer 7, *§ 12 Nummer 5 EStG* in der Fassung des Gesetzes zur Änderung der Abgabenordnung und weiterer Gesetze vom 21. Juli 2004 (BGBl. I S. 1753, BStBl. I 2005 S. 343) ab 2004[3, 4, 5]

Vom 22. September 2010 (BStBl. I S. 721)

(BMF IV C 4 – S 2227/07/10 002 :002; DOK 2010/0416045)

Die einkommensteuerliche Behandlung von Berufsausbildungskosten wurde durch das Gesetz zur Änderung der Abgabenordnung und weiterer Gesetze vom 21. Juli 2004 (BGBl. I S. 1753, BStBl. 2005 I S. 343) neu geordnet (Neuordnung). Nach dem Ergebnis der Erörterungen mit den obersten Finanzbehörden der Länder unter Einbeziehung der Rechtsfolgen aus der allgemeinen Anwendung des BFH- **29**

[1] Zur Abgrenzung von Fortbildungs- und Ausbildungskosten nach dem Berufskraftfahrer-Qualifikationsgesetz vgl. *Verfügung der OFD Münster vom 20. 2. 2008, BeckVerw 111105.*

[2] Nachfolgend abgedruckt als Anlage b zu LStH 9.2.

[3] Siehe nunmehr auch § 4 Abs. 9, § 9 Abs. 6, § 10 Abs. 1 Nr. 7 und § 12 Nr. 5 EStG i. d. F. des BeitrRLUmsG v. 7. 12. 2011 (BStBl. I 2011 S. 2592). Zur Neuregelung siehe *Paintner* DStR 2015 S. 1. Begriff der Erstausbildung gesetzlich konkretisiert (§ 9 Abs. 6 Sätze 2 bis 5 EStG): Mindestdauer 12 Monate bei vollzeitiger Ausbildung (mind. 20 Stunden pro Woche). Abschlussprüfung erforderlich.

[4] **[Amtl. Anm.:]** Ab dem VZ 2015 gelten neue gesetzliche Regelungen zur Definition einer Erstausbildung (§ 9 Abs. 6 i. d. F. des Gesetzes zur Anpassung der Abgabenordnung an den Zollkodex der Union und zur Änderung weiterer steuerlicher Vorschriften).

[5] **[Amtl. Anm.:]** Die Regelungen zur Abziehbarkeit von Aufwendungen für eine Berufsausbildung sind mit dem Grundgesetz vereinbar (siehe BVerfG vom 19. 11. 2019 – 2 BvL 22-27/14, BGBl. 2022 I S. 413).

Anl a zu LStH 9.2

Urteils vom 18. Juni 2009 VI R 14/07, BStBl. 2010 II S. 816) und notwendiger redaktioneller Änderungen gelten dazu die nachfolgenden Ausführungen.

Inhaltsverzeichnis

		Rz.
1.	Grundsätze	1–3
2.	Erstmalige Berufsausbildung, Erststudium und Ausbildungsdienstverhältnisse i. S. d. § 12 Nummer 5 EStG	4–28
2.1	Erstmalige Berufsausbildung	4–11
2.2	Erststudium	12–26
2.2.1	Grundsätze	12–17
2.2.2	Einzelfragen	18–26
2.3	Berufsausbildung oder Studium im Rahmen eines Ausbildungsdienstverhältnisses	27–28
3.	Abzug von Aufwendungen für die eigene Berufsausbildung als Sonderausgaben, § 10 Absatz 1 Nummer 7 EStG	29
4.	Anwendungszeitraum	30

1. Grundsätze

1 Aufwendungen für die erstmalige Berufsausbildung oder ein Erststudium[1] stellen nach *§ 12 Nummer 5 EStG*[2] keine Betriebsausgaben oder Werbungskosten dar, es sei denn, die Bildungsmaßnahme findet im Rahmen eines Dienstverhältnisses statt (Ausbildungsdienstverhältnis).

Aufwendungen für die eigene Berufsausbildung, die nicht Betriebsausgaben oder Werbungskosten darstellen, können nach § 10 Absatz 1 Nummer 7 EStG bis zu *4000 Euro*[3] im Kalenderjahr als Sonderausgaben abgezogen werden.

2 Ist einer Berufsausbildung oder einem Studium eine abgeschlossene erstmalige Berufsausbildung oder ein abgeschlossenes Erststudium vorausgegangen (weitere Berufsausbildung oder weiteres Studium), handelt es sich dagegen bei den durch die weitere Berufsausbildung oder das weitere Studium veranlassten Aufwendungen um Betriebsausgaben oder Werbungskosten, wenn ein hinreichend konkreter, objektiv feststellbarer Zusammenhang mit späteren im Inland steuerpflichtigen Einnahmen aus der angestrebten beruflichen Tätigkeit besteht. Entsprechendes gilt für ein Erststudium nach einer abgeschlossenen nichtakademischen Berufsausbildung (BFH vom 18. Juni 2009 VI R 14/07, BStBl. 2010 II S. 816). Die Rechtsprechung des BFH zur Rechtslage vor der Neuordnung ist insoweit weiter anzuwenden (BFH vom 4. Dezember 2002 VI R 120/01, BStBl. 2003 II S. 403; vom 17. Dezember 2002 VI R 137/01, BStBl. 2003 II S. 407; vom 13. Februar 2003 IV R 44/01, BStBl. II S. 698; vom 29. April 2003 VI R 86/99, BStBl. II S. 749; vom 27. Mai 2003 VI R 33/01, BStBl. 2004 II S. 884; vom 22. Juli 2003 VI R 190/97, BStBl. 2004 II S. 886; vom 22. Juli 2003 VI R 137/99, BStBl. 2004 II S. 888; vom 22. Juli 2003 VI R 50/02, BStBl. 2004 II S. 889; vom 13. Oktober 2003 VI R 71/02, BStBl. 2004 II S. 890; vom 4. November 2003 VI R 96/01, BStBl. 2004 II S. 891).

3 Unberührt von der Neuordnung bleibt die Behandlung von Aufwendungen für eine berufliche Fort- und Weiterbildung. Sie stellen Betriebsausgaben oder Werbungskosten dar, sofern sie durch den Beruf veranlasst sind, soweit es sich dabei nicht um eine erstmalige Berufsausbildung oder ein Erststudium i. S. d. *§ 12 Nummer 5 EStG*[4] handelt.

2. Erstmalige Berufsausbildung, Erststudium und Ausbildungsdienstverhältnisse i. S. d. *§ 12 Nummer 5 EStG*[5]

30 **2.1. Erstmalige Berufsausbildung**

4 Unter dem Begriff „Berufsausbildung" i. S. d. *§ 12 Nummer 5 EStG*[6] ist eine berufliche Ausbildung unter Ausschluss eines Studiums zu verstehen.

Eine Berufsausbildung i. S. d. *§ 12 Nummer 5 EStG*[7] liegt vor, wenn der Steuerpflichtige durch eine berufliche Ausbildungsmaßnahme die notwendigen fachlichen Fertigkeiten und Kenntnisse erwirbt, die zur Aufnahme eines Berufs befähigen. Voraussetzung ist, dass der Beruf durch eine Ausbildung im Rahmen eines öffentlich-rechtlich geordneten Ausbildungsgangs erlernt wird (BFH vom 6. März 1992 VI R 163/88, BStBl. II S. 661) und der Ausbildungsgang durch eine Prüfung abgeschlossen wird.

Die Auslegung des Begriffs „Berufsausbildung" im Rahmen des § 32 Absatz 4 EStG ist für *§ 12 Nummer 5 EStG*[8] nicht maßgeblich.

5 Zur Berufsausbildung zählen:

– Berufsausbildungsverhältnisse gemäß § 1 Absatz 3, §§ 4 bis 52 Berufsbildungsgesetz (Artikel 1 des Gesetzes zur Reform der beruflichen Bildung [Berufsbildungsreformgesetz – BerBiRefG] vom 23. März 2005, BGBl. I S. 931, zuletzt geändert durch Gesetz vom 5. Februar 2009, BGBl. I S. 160, im Folgenden BBiG), sowie anerkannte Lehr- und Anlernberufe oder vergleichbar geregelte Ausbildungsberufe

---

[1] **[Amtl. Anm.:]** Bestätigt durch BFH vom 5. 11. 2013 (BStBl. 2014 II S. 165).

[2] § 12 Nr. 5 EStG aufgeh. durch ZollkodexAnpG v. 22. 12. 2014 (BGBl. I S. 2417); vgl. auch Fn. 3 auf S. 439. **[Amtl. Anm.:]** Die Regelung ist verfassungsgemäß (siehe BFH vom 5. 11. 2013, BStBl. 2014 II S. 165).

[3] **[Amtl. Anm.:]** Ab dem VZ 2012 bis zu 6000 €.

[4] § 12 Nr. 5 EStG aufgeh. durch ZollkodexAnpG v. 22. 12. 2014 (BGBl. I S. 2417); vgl. Fn. 3 auf S. 439.

[5] Siehe nunmehr auch § 4 Abs. 9, § 9 Abs. 6, § 10 Abs. 1 Nr. 7. § 9 Abs. 6 neu gef. und § 12 Nr. 5 aufgeh. durch ZollkodexAnpG v. 22. 12. 2014 (BGBl. I S. 2417). Zur Neuregelung siehe *Paintner* DStR 2015 S. 1. Begriff der Erstausbildung gesetzlich konkretisiert (§ 9 Abs. 6 Sätze 2 bis 5 EStG): Mindestdauer 12 Monate bei vollzeitiger Ausbildung (mind. 20 Stunden pro Woche). Abschlussprüfung erforderlich.

[6] § 12 Nr. 5 EStG aufgeh. durch ZollkodexAnpG v. 22. 12. 2014 (BGBl. I S. 2417); vgl. Fn. 3 auf S. 439.

[7] § 12 Nr. 5 EStG aufgeh. durch ZollkodexAnpG v. 22. 12. 2014 (BGBl. I S. 2417); vgl. Fn. 3 auf S. 439.

[8] § 12 Nr. 5 EStG aufgeh. durch ZollkodexAnpG v. 22. 12. 2014 (BGBl. I S. 2417); vgl. Fn. 3 auf S. 439.

aus der Zeit vor dem In-Kraft-Treten des BBiG (§ 104 BBiG). Der erforderliche Abschluss besteht hierbei in der erfolgreich abgelegten Abschlussprüfung i. S. d. § 37 BBiG. Gleiches gilt, wenn die Abschlussprüfung nach § 43 Absatz 2 BBiG ohne ein Ausbildungsverhältnis auf Grund einer entsprechenden schulischen Ausbildung abgelegt wird, die gemäß den Voraussetzungen des § 43 Absatz 2 BBiG als im Einzelnen gleichwertig anerkannt ist;

Anl a zu LStH 9.2

- mit Berufsausbildungsverhältnissen vergleichbare betriebliche Ausbildungsgänge außerhalb des Geltungsbereichs des BBiG (zurzeit nach der Schiffsmechaniker-Ausbildungsverordnung vom 12. April 1994, BGBl. I S. 797, in der jeweils geltenden Fassung);
- die Ausbildung auf Grund der bundes- oder landesrechtlichen Ausbildungsregelungen für Berufe im Gesundheits- und Sozialwesen;
- landesrechtlich geregelte Berufsabschlüsse an Berufsfachschulen;
- die Berufsausbildung behinderter Menschen in anerkannten Berufsausbildungsberufen oder auf Grund von Regelungen der zuständigen Stellen in besonderen „Behinderten-Ausbildungsberufen" und
- die Berufsausbildung in einem öffentlich-rechtlichen Dienstverhältnis sowie die Berufsausbildung auf Kauffahrtschiffen, die nach dem Flaggenrechtsgesetz vom 8. Februar 1951 (BGBl. I S. 79) die Bundesflagge führen, soweit es sich nicht um Schiffe der kleinen Hochseefischerei und der Küstenfischerei handelt.

6 Andere Bildungsmaßnahmen werden einer Berufsausbildung i. S. d. *§ 12 Nummer 5 EStG*[1] gleichgestellt, wenn sie dem Nachweis einer Sachkunde dienen, die Voraussetzung zur Aufnahme einer fest umrissenen beruflichen Betätigung ist.[2] Die Ausbildung muss im Rahmen eines geordneten Ausbildungsgangs erfolgen und durch eine staatliche oder staatlich anerkannte Prüfung abgeschlossen werden. Der erfolgreiche Abschluss der Prüfung muss Voraussetzung für die Aufnahme der beruflichen Betätigung sein. Die Ausbildung und der Abschluss müssen vom Umfang und Qualität der Ausbildungsmaßnahmen und Prüfungen her grundsätzlich mit den Anforderungen, die im Rahmen von Berufsausbildungsmaßnahmen i. S. d. Rz. 5 gestellt werden, vergleichbar sein.

Dazu gehört z. B. die Ausbildung zu Berufspiloten auf Grund der JAR-FCL 1 deutsch vom 15. April 2003, Bundesanzeiger 2003 Nummer 80 a.

7 Aufwendungen für den Besuch allgemein bildender Schulen sind Kosten der privaten Lebensführung i. S. d. § 12 Nummer 1 EStG und dürfen daher nicht bei den einzelnen Einkunftsarten abgezogen werden. Der Besuch eines Berufskollegs zum Erwerb der Fachhochschulreife gilt als Besuch einer allgemein bildenden Schule. Dies gilt auch, wenn ein solcher Abschluss, z. B. das Abitur, nach Abschluss einer Berufsausbildung nachgeholt wird (BFH vom 22. Juni 2006 VI R 5/04, BStBl. II S. 717). Derartige Aufwendungen können als Sonderausgaben gemäß § 10 Absatz 1 Nummer 7 oder Nummer 9 EStG vom Gesamtbetrag der Einkünfte abgezogen werden.

8 Die Berufsausbildung ist als erstmalige Berufsausbildung anzusehen, wenn ihr keine andere abgeschlossene Berufsausbildung beziehungsweise kein abgeschlossenes berufsqualifizierendes Hochschulstudium vorausgegangen ist. Wird ein Steuerpflichtiger ohne entsprechende Berufsausbildung in einem Beruf tätig und führt er die zugehörige Berufsausbildung nachfolgend durch (nachgeholte Berufsausbildung), handelt es sich dabei um eine erstmalige Berufsausbildung (BFH vom 6. März 1992 VI R 163/88, BStBl. II S. 661).

9 Diese Grundsätze gelten auch für die Behandlung von Aufwendungen für Anerkennungsjahre und praktische Ausbildungsabschnitte als Bestandteil einer Berufsausbildung. Soweit keine vorherige abgeschlossene Berufsausbildung vorangegangen ist, stellen sie Teil einer ersten Berufsausbildung dar und unterliegen *§ 12 Nummer 5 EStG.*[3] Nach einer vorherigen abgeschlossenen Berufsausbildung oder einem berufsqualifizierenden Studium können Anerkennungsjahre und Praktika einen Bestandteil einer weiteren Berufsausbildung darstellen oder bei einem entsprechenden Veranlassungszusammenhang als Fort- oder Weiterbildung anzusehen sein.

10 Bei einem Wechsel und einer Unterbrechung der erstmaligen Berufsausbildung sind die in Rz. 19 angeführten Grundsätze entsprechend anzuwenden.

11 Inländischen Abschlüssen gleich gestellt sind Berufsausbildungsabschlüsse von Staatsangehörigen eines Mitgliedstaats der Europäischen Union (EU) oder eines Vertragstaats des europäischen Wirtschaftsraums (EWR) oder der Schweiz, die in einem dieser Länder erlangt werden, sofern der Abschluss in mindestens einem dieser Länder unmittelbar den Zugang zu dem entsprechenden Beruf eröffnet. Ferner muss die Tätigkeit, zu denen die erlangte Qualifikation in mindestens einem dieser Länder befähigt, der Tätigkeit, zu der ein entsprechender inländischer Abschluss befähigt, gleichartig sein. Zur Vereinfachung kann in der Regel davon ausgegangen werden, dass eine Gleichartigkeit vorliegt.

2.2. Erststudium 31

2.2.1. Grundsätze

12 Ein Studium i. S. d. *§ 12 Nummer 5 EStG*[4] liegt dann vor, wenn es sich um ein Studium an einer Hochschule i. S. d. § 1 Hochschulrahmengesetz handelt (Gesetz vom 26. Januar 1976, BGBl. I S. 185, in der Fassung der Bekanntmachung vom 19. Januar 1999, BGBl. I S. 18, zuletzt geändert durch Gesetz vom 12. April 2007, BGBl. I S. 506, im Folgenden HRG). Nach dieser Vorschrift sind Hochschulen die Universitäten, die Pädagogischen Hochschulen, die Kunsthochschulen, die Fachhochschulen und die sonstigen Einrichtungen des Bildungswesens, die nach Landesrecht staatliche Hochschulen sind.

[1] § 12 Nr. 5 EStG aufgeh. durch ZollkodexAnpG v. 22. 12. 2014 (BGBl. I S. 2417); vgl. Fn. 3 auf S. 439.
[2] **[Amtl. Anm.:]** Ab dem VZ 2015 gelten neue gesetzliche Regelungen zur Definition einer Erstausbildung.
[3] § 12 Nr. 5 EStG aufgeh. durch ZollkodexAnpG v. 22. 12. 2014 (BGBl. I S. 2417); vgl. Fn. 3 auf S. 439.
[4] § 12 Nr. 5 EStG aufgeh. durch ZollkodexAnpG v. 22. 12. 2014 (BGBl. I S. 2417); vgl. Fn. 3 auf S. 439.

Anl a zu LStH 9.2

Gleichgestellt sind private und kirchliche Bildungseinrichtungen sowie die Hochschulen des Bundes, die nach Landesrecht als Hochschule anerkannt werden, § 70 HRG. Studien können auch als Fernstudien durchgeführt werden, § 13 HRG. Auf die Frage, welche schulischen Abschlüsse oder sonstigen Leistungen den Zugang zum Studium eröffnet haben, kommt es nicht an.

13 Ein Studium stellt dann ein erstmaliges Studium i. S. d. *§ 12 Nummer 5 EStG*[1] dar, wenn es sich um eine Erstausbildung handelt. Es darf ihm kein anderes durch einen berufsqualifizierenden Abschluss beendetes Studium oder keine andere abgeschlossene nichtakademische Berufsausbildung i. S. d. Rz. 4 bis 11 vorangegangen sein (BFH vom 18. Juni 2009 VI R 14/07, BStBl. 2010 II S. 816).[2] Dies gilt auch in den Fällen, in denen während eines Studiums eine Berufsausbildung erst abgeschlossen wird, unabhängig davon, ob die beiden Ausbildungen sich inhaltlich ergänzen. In diesen Fällen ist eine Berücksichtigung der Aufwendungen für das Studium als Werbungskosten/Betriebsausgaben erst – unabhängig vom Zahlungszeitpunkt – ab dem Zeitpunkt des Abschlusses der Berufsausbildung möglich. Davon ausgenommen ist ein Studium, das im Rahmen eines Dienstverhältnisses stattfindet (siehe Rz. 27). Ein Studium wird auf Grund der entsprechenden Prüfungsordnung einer inländischen Hochschule durch eine Hochschulprüfung oder eine staatliche oder kirchliche Prüfung abgeschlossen (§§ 15, 16 HRG).

14 Auf Grund einer berufsqualifizierenden Hochschulprüfung kann ein Hochschulgrad verliehen werden. Hochschulgrade sind der Diplom- und der Magistergrad i. S. d. § 18 HRG. Das Landesrecht kann weitere Grade vorsehen. Ferner können die Hochschulen Studiengänge einrichten, die auf Grund entsprechender berufsqualifizierender Prüfungen zu einem Bachelor- oder Bakkalaureusgrad und einem Master- oder Magistergrad führen (§ 19 HRG). Der Magistergrad i. S. d. § 18 HRG setzt anders als der Master- oder Magistergrad i. S. d. des § 19 HRG keinen vorherigen anderen Hochschulabschluss voraus. Zwischenprüfungen stellen keinen Abschluss eines Studiums i. S. d. *§ 12 Nummer 5 EStG*[3] dar.

15 Die von den Hochschulen angebotenen Studiengänge führen in der Regel zu einem berufsqualifizierenden Abschluss (§ 10 Absatz 1 Satz 1 HRG). Im Zweifel ist davon auszugehen, dass die entsprechenden Prüfungen berufsqualifizierend sind.

16 Die Ausführungen bei den Berufsausbildungskosten zur Behandlung von Aufwendungen für Anerkennungsjahre und Praktika gelten entsprechend (vgl. Rz. 9).

17 Studien- und Prüfungsleistungen an ausländischen Hochschulen, die zur Führung eines ausländischen akademischen Grades berechtigen, der nach § 20 HRG in Verbindung mit dem Recht des Landes, in dem der Gradinhaber seinen inländischen Wohnsitz oder inländischen gewöhnlichen Aufenthalt hat, anerkannt wird, sowie Studien- und Prüfungsleistungen, die von Staatsangehörigen eines Mitgliedstaats der EU oder von Vertragstaaten des EWR oder der Schweiz an Hochschulen dieser Staaten erbracht werden, sind nach diesen Grundsätzen inländischen Studien- und Prüfungsleistungen gleichzustellen. Der Steuerpflichtige hat die Berechtigung zur Führung des Grades nachzuweisen. Für die Gleichstellung von Studien- und Prüfungsleistungen werden die in der Datenbank „anabin" (www.anabin.de) der Zentralstelle für ausländisches Bildungswesen beim Sekretariat der Kultusministerkonferenz aufgeführten Bewertungsvorschläge zugrunde gelegt.

2.2.2. Einzelfragen

18 **Fachschulen:** Die erstmalige Aufnahme eines Studiums nach dem berufsqualifizierenden Abschluss einer Fachschule stellt auch dann ein Erststudium dar, wenn die von der Fachschule vermittelte Bildung und das Studium sich auf ein ähnliches Wissensgebiet beziehen. Die Aufwendungen für ein solches Erststudium können bei Vorliegen der entsprechenden Voraussetzungen als Betriebsausgaben oder Werbungskosten berücksichtigt werden.

19 **Wechsel und Unterbrechung des Studiums:** Bei einem Wechsel des Studiums ohne Abschluss des zunächst betriebenen Studiengangs, z. B. von Rechtswissenschaften zu Medizin, stellt das zunächst aufgenommene Jurastudium kein abgeschlossenes Erststudium dar. Bei einer Unterbrechung eines Studiengangs ohne einen berufsqualifizierenden Abschluss und seiner späteren Weiterführung stellt der der Unterbrechung nachfolgende Studienteil kein weiteres Studium dar.

Beispiel:

An einer Universität wird der Studiengang des Maschinenbaustudiums aufgenommen, anschließend unterbrochen und nunmehr eine Ausbildung als Kfz-Mechaniker begonnen, aber ebenfalls nicht abgeschlossen. Danach wird der Studiengang des Maschinenbaustudiums weitergeführt und abgeschlossen. *§ 12 Nummer 5 EStG*[4] ist auf beide Teile des Maschinenbaustudiums anzuwenden. Das gilt unabhängig davon, ob das Maschinenbaustudium an derselben Hochschule fortgeführt oder an einer anderen Hochschule bzw. Fachhochschule aufgenommen und abgeschlossen wird.

Abwandlung:

Wird das begonnene Studium stattdessen, nachdem die Ausbildung zum Kfz-Mechaniker erfolgreich abgeschlossen wurde, weitergeführt und abgeschlossen, ist *§ 12 Nummer 5 EStG*[5] nur auf den ersten Teil des Studiums anzuwenden, da der Fortsetzung des Studiums eine abgeschlossene nichtakademische Berufsausbildung vorausgeht.

20 **Mehrere Studiengänge:** Werden zwei (oder ggf. mehrere) Studiengänge parallel studiert, die zu unterschiedlichen Zeiten abgeschlossen werden, stellt der nach dem berufsqualifizierenden Abschluss eines der Studiengänge weiter fortgesetzte andere Studiengang vom Zeitpunkt des Abschlusses an ein weiteres Studium dar.

---

[1] § 12 Nr. 5 EStG aufgeh. durch ZollkodexAnpG v. 22. 12. 2014 (BGBl. I S. 2417); vgl. Fn. 3 auf S. 439.

[2] **[Amtl. Anm.:]** Aufwendungen für ein Erststudium, welches zugleich eine Erstausbildung vermittelt und das nicht im Rahmen eines Dienstverhältnisses stattgefunden hat, sind keine (vorweggenommenen) Betriebsausgaben (siehe BFH v. 5. 11. 2013 – BStBl. 2014 II S. 165).

[3] § 12 Nr. 5 EStG aufgeh. durch ZollkodexAnpG v. 22. 12. 2014 (BGBl. I S. 2417); vgl. Fn. 3 auf S. 439.

[4] § 12 Nr. 5 EStG aufgeh. durch ZollkodexAnpG v. 22. 12. 2014 (BGBl. I S. 2417); vgl. Fn. 3 auf S. 439.

[5] § 12 Nr. 5 EStG aufgeh. durch ZollkodexAnpG v. 22. 12. 2014 (BGBl. I S. 2417); vgl. Fn. 3 auf S. 439.

21 Aufeinander folgende Abschlüsse unterschiedlicher Hochschultypen: Da die Universitäten, Pädagogischen Hochschulen, Kunsthochschulen, Fachhochschulen sowie weitere entsprechende landesrechtliche Bildungseinrichtungen gleichermaßen Hochschulen i. S. d. § 1 HRG darstellen, stellt ein Studium an einer dieser Bildungseinrichtungen nach einem abgeschlossen Studium an einer anderen dieser Bildungseinrichtungen ein weiteres Studium dar. So handelt es sich bei einem Universitätsstudium nach einem abgeschlossenen Fachhochschulstudium um ein weiteres Studium.

22 Ergänzungs- und Aufbaustudien: Postgraduale Zusatz-, Ergänzungs- und Aufbaustudien i. S. d. § 12 HRG setzen den Abschluss eines ersten Studiums voraus und stellen daher ein weiteres Studium dar.

23 Vorbereitungsdienst: Als berufsqualifizierender Studienabschluss gilt auch der Abschluss eines Studiengangs, durch den die fachliche Eignung für einen beruflichen Vorbereitungsdienst oder eine berufliche Einführung vermittelt wird (§ 10 Absatz 1 Satz 2 HRG). Dazu zählt beispielhaft der jur. Vorbereitungsdienst (Referendariat). Das erste juristische Staatsexamen stellt daher einen berufsqualifizierenden Abschluss dar.

24 Bachelor- und Masterstudiengänge: Nach § 19 Absatz 2 HRG stellt der Bachelor- oder Bakkalaureusgrad einer inländischen Hochschule einen berufsqualifizierenden Abschluss dar. Daraus folgt, dass der Abschluss eines Bachelorstudiengangs den Abschluss eines Erststudiums darstellt und ein nachfolgender Studiengang als weiteres Studium anzusehen ist.

Nach § 19 Absatz 3 HRG kann die Hochschule auf Grund von Prüfungen, mit denen ein weiterer berufsqualifizierender Abschluss erworben wird, einen Master- oder Magistergrad verleihen. Die Hochschule kann einen Studiengang ausschließlich mit dem Abschluss Bachelor anbieten (grundständig). Sie kann einen Studiengang mit dem Abschluss als Bachelor und einem inhaltlich darauf aufbauenden Masterstudiengang vorsehen (konsekutives Masterstudium). Sie kann aber auch ein Masterstudium anbieten, ohne selbst einen entsprechenden Bachelorstudiengang anzubieten (postgraduales Masterstudium).

Ein Masterstudium i. S. d. § 19 HRG kann nicht ohne ein abgeschlossenes Bachelor- oder anderes Studium aufgenommen werden. Es stellt daher ein weiteres Studium dar. Dies gilt auch für den Master of Business Administration (MBA).

Er ermöglicht Studenten verschiedener Fachrichtungen ein anwendungsbezogenes Postgraduiertenstudium in den Wirtschaftwissenschaften.

25 Berufsakademien und andere Ausbildungseinrichtungen: Nach Landesrecht kann vorgesehen werden, dass bestimmte an Berufsakademien oder anderen Ausbildungseinrichtungen erfolgreich absolvierte Ausbildungsgänge einem abgeschlossenen Studium an einer Fachhochschule gleichwertig sind und die gleichen Berechtigungen verleihen, auch wenn es sich bei diesen Ausbildungseinrichtungen nicht um Hochschulen i. S. d. § 1 HRG handelt. Soweit dies der Fall ist, stellt ein entsprechend abgeschlossenes Studium unter der Voraussetzung, dass ihm kein anderes abgeschlossenes Studium oder keine andere abgeschlossene Berufsausbildung vorangegangen ist, ein Erststudium i. S. d. *§ 12 Nummer 5 EStG*[1] dar.

26 Promotion: Es ist regelmäßig davon auszugehen, dass dem Promotionsstudium und der Promotion durch die Hochschule selber der Abschluss eines Studiums vorangeht. Aufwendungen für ein Promotionsstudium und die Promotion stellen Betriebsausgaben oder Werbungskosten dar, sofern ein berufsbezogener Veranlassungszusammenhang zu bejahen ist (BFH vom 4. November 2003 VI R 96/01, BStBl. 2004 II S. 891). Dies gilt auch, wenn das Promotionsstudium bzw. die Promotion im Einzelfall ohne vorhergehenden berufsqualifizierenden Studienabschluss durchgeführt wird.

Eine Promotion stellt keinen berufsqualifizierenden Abschluss eines Studienganges dar.

2.3. Berufsausbildung oder Studium im Rahmen eines Ausbildungsdienstverhältnisses 32

27 Eine erstmalige Berufsausbildung oder ein Studium findet im Rahmen eines Ausbildungsdienstverhältnisses statt, wenn die Ausbildungsmaßnahme Gegenstand des Dienstverhältnisses ist (vgl. R 9.2 LStR 2008[2] und H 9.2 „Ausbildungsdienstverhältnis" LStH 2010[3] sowie die dort angeführte Rechtsprechung des BFH). Die dadurch veranlassten Aufwendungen stellen Werbungskosten dar. Zu den Ausbildungsdienstverhältnissen zählen z. B. die Berufsausbildungsverhältnisse gemäß § 1 Absatz 3, §§ 4 bis 52 BBiG.

28 Dementsprechend liegt kein Ausbildungsdienstverhältnis vor, wenn die Berufsausbildung oder das Studium nicht Gegenstand des Dienstverhältnisses ist, auch wenn die Berufsbildungsmaßnahme oder das Studium seitens des Arbeitgebers durch Hingabe von Mitteln, z. B. eines Stipendiums, gefördert wird.

3.[4] Abzug von Aufwendungen für die eigene Berufsausbildung als Sonderausgaben, § 10 Absatz 1 Nummer 7 EStG 33

29 Bei der Ermittlung der Aufwendungen gelten die allgemeinen Grundsätze des Einkommensteuergesetzes. Dabei sind die Regelungen in § 4 Absatz 5 Satz 1 Nummer 5 und 6 b, § 9 Absatz 1 Satz 3 Nummer 4 und 5 und Absatz 2 EStG[5] zu beachten. Zu den abziehbaren Aufwendungen gehören z. B.

[1] § 12 Nr. 5 EStG aufgeh. durch ZollkodexAnpG v. 22. 12. 2014 (BGBl. I S. 2417); vgl. Fn. 3 auf S. 439.

[2] **[Amtl. Anm.:]** Jetzt LStR 2023.

[3] **[Amtl. Anm.:]** Jetzt LStH 2025.

[4] Zur Höhe der abzugsfähigen Fahrt- und Unterkunftskosten bei vollzeitiger Bildungsmaßnahme und Vollzeitstudium siehe auch *BMF-Schreiben vom 25. 11. 2020 (BStBl. I S. 1228)* Rz. 33–35, abgedruckt als Anlage zu LStH 9.4.

[5] **[Amtl. Anm.:]** Ab 2014 ist erste Tätigkeitsstätte auch eine Bildungseinrichtung, die außerhalb eines Dienstverhältnisses zum Zwecke eines Vollzeitstudiums oder einer vollzeitigen Bildungsmaßnahme aufgesucht wird (§ 9 Abs. 4 Satz 8 EStG und BMF vom 25. 11. 2020 – BStBl. I S. 1228, Rz. 33 ff.); abgedruckt als Anlage zu LStH 9.4.

Anl a zu LStH 9.2

- Lehrgangs-, Schul- oder Studiengebühren, Arbeitsmittel, Fachliteratur,
- Fahrten zwischen Wohnung und Ausbildungsort,
- Mehraufwendungen für Verpflegung,
- Mehraufwendungen wegen auswärtiger Unterbringung.

Für den Abzug von Aufwendungen für eine auswärtige Unterbringung ist nicht erforderlich, dass die Voraussetzungen einer doppelten Haushaltsführung vorliegen.

34 **4. Anwendungszeitraum**

30 Die Grundsätze dieses Schreibens sind in allen noch offenen Fällen ab dem Veranlagungszeitraum 2004 anzuwenden. Dieses Schreiben ersetzt die BMF-Schreiben vom 4. November 2005 IV C 8 – S 2227 – 5/05 (BStBl. I S. 955) und 21. Juni 2007 IV C 4 – S 2227/07/0002, DOK 2007/0 137 269 (BStBl. I S. 492).

Anl b zu LStH 9.2

b) Schreiben betr. einkommensteuerliche Behandlung von Aufwendungen für Auslandssprachkurse als Werbungskosten oder Betriebsausgaben nach § 9 Abs. 1 Satz 1, § 4 Abs. 4 EStG und § 12 Nr. 1 EStG; Rechtsfolgen aus dem Urteil des BFH vom 13. Juni 2002, BStBl. 2003 II S. 765

Vom 26. September 2003 (BStBl. I S. 447)

(BMF IV A 5 – S 2227 – 1/03)

36 In dem o. a. Urteil hat der BFH zwar grundsätzlich an den im Urteil vom 31. Juli 1980 (BStBl. II S. 746) aufgestellten Merkmalen zur Abgrenzung von beruflicher und privater Veranlassung eines Auslandssprachkurses festgehalten. Der BFH hat ihre Geltung aber eingeschränkt, soweit sie in Widerspruch zu Artikel 59 des Vertrages zur Gründung der Europäischen Gemeinschaft (nach Änderung Art. 49 EGV) stehen, der die Dienstleistungsfreiheit in den Mitgliedstaaten garantiert. Die bislang bei einer Gesamtwürdigung von privater und beruflicher Veranlassung einer Fortbildungsveranstaltung zugrunde gelegte Vermutung, es spreche für eine überwiegend private Veranlassung, wenn die Veranstaltung im Ausland stattfinde, und die u. a. daraus gezogene Folgerung der steuerlichen Nichtanerkennung der entsprechenden Aufwendungen, kann danach für Mitgliedstaaten der Europäischen Union nicht mehr aufrechterhalten werden.

Unter Bezugnahme auf das Ergebnis der Erörterung mit den obersten Finanzbehörden der Länder sind die Grundsätze des BFH-Urteils wie folgt anzuwenden:

Die Grundsätze dieser Entscheidung gelten nicht nur für alle Mitgliedstaaten der Europäischen Union, sondern auch für Staaten, auf die das Abkommen über den europäischen Wirtschaftsraum (Island, Liechtenstein, Norwegen) Anwendung findet, und wegen eines bilateralen Abkommens, das die Dienstleistungsfreiheit ebenfalls festschreibt, auch für die Schweiz. Sie sind im Übrigen nicht nur auf Sprachkurse, sondern auf Fortbildungsveranstaltungen allgemein anzuwenden.

Die Grundsätze der Entscheidung sind außerdem bei der Frage, ob im Falle einer Kostenübernahme durch den Arbeitgeber für solche Fortbildungsveranstaltungen Arbeitslohn vorliegt oder ein überwiegend eigenbetriebliches Interesse des Arbeitgebers für die Zahlung angenommen werden kann *(R 74 LStR)*,[1] zu berücksichtigen.

LStR 9.3

R 9.3 Ausgaben im Zusammenhang mit Berufsverbänden

41 (1) ① Ausgaben bei Veranstaltungen des Berufsstands, des Berufsverbands, des Fachverbands oder der Gewerkschaft eines Arbeitnehmers, die der Förderung des Allgemeinwissens der Teilnehmer dienen, sind nicht Werbungskosten, sondern Aufwendungen für die Lebensführung. ② Um nicht abziehbare Aufwendungen für die Lebensführung handelt es sich insbesondere stets bei den Aufwendungen, die der Arbeitnehmer aus Anlass von gesellschaftlichen Veranstaltungen der bezeichneten Organisation gemacht hat, und zwar auch dann, wenn die gesellschaftlichen Veranstaltungen im Zusammenhang mit einer rein fachlichen oder beruflichen Tagung oder Sitzung standen.

42 (2) ② Bestimmte Veranstaltungen von Berufsständen und Berufsverbänden dienen dem Zweck, die Teilnehmer im Beruf fortzubilden, z. B. Vorlesungen bei Verwaltungsakademien oder Volkshochschulen, Fortbildungslehrgänge, fachwissenschaftliche Lehrgänge, fachliche Vorträge. ② Ausgaben, die dem Teilnehmer bei solchen Veranstaltungen entstehen, können Werbungskosten sein.

LStH 9.3

H 9.3

43 **Ehrenamtliche Tätigkeit.** Aufwendungen eines Arbeitnehmers im Zusammenhang mit einer ehrenamtlichen Tätigkeit für seine Gewerkschaft oder seinen Berufsverband können Werbungskosten sein (→ BFH vom 28. 11. 1980 – BStBl. 1981 II S. 368 und vom 2. 10. 1992 – BStBl. 1993 II S. 53).

Mitgliedsbeiträge an einen Interessenverband. Mitgliedsbeiträge an einen Interessenverband sind Werbungskosten, wenn dieser als Berufsverband auch die spezifischen beruflichen Interessen des Arbeitnehmers vertritt. Dies ist nicht nur nach der Satzung, sondern auch nach der tatsächlichen Verbandstätigkeit zu beurteilen (→ BFH vom 13. 8. 1993 – BStBl. 1994 II S. 33).

[1] Jetzt LStR 19.7.

Reiseaufwendungen für einen Berufsverband. Reiseaufwendungen eines Arbeitnehmers im Zusammenhang mit einer ehrenamtlichen Tätigkeit für seine Gewerkschaft oder seinen Berufsverband sind keine Werbungskosten, wenn der Schwerpunkt der Reise allgemeintouristischen Zwecken dient (→ BFH vom 25. 3. 1993 – BStBl. II S. 559). LStH 9.3

R 9.4 Reisekosten

LStR 9.4

44

① Reisekosten sind Fahrtkosten (§ 9 Abs. 1 Satz 3 Nr. 4 a EStG, → R 9.5), Verpflegungsmehraufwendungen (§ 9 Abs. 4 a EStG, → R 9.6), Übernachtungskosten (§ 9 Abs. 1 Satz 3 Nr. 5 a EStG, → R 9.7) und Reisenebenkosten (→ R 9.8), soweit diese durch eine beruflich veranlasste Auswärtstätigkeit (§ 9 Abs. 4 a Satz 2 und 4 EStG) des Arbeitnehmers entstehen. ② Eine beruflich veranlasste Auswärtstätigkeit ist auch der Vorstellungsbesuch eines Stellenbewerbers. ③ Erledigt der Arbeitnehmer im Zusammenhang mit der beruflich veranlassten Auswärtstätigkeit auch in einem mehr als geringfügigen Umfang private Angelegenheiten, sind die beruflich veranlassten von den privat veranlassten Aufwendungen zu trennen. ④ Ist das nicht – auch nicht durch Schätzung – möglich, gehören die gesamten Aufwendungen zu den nach § 12 EStG nicht abziehbaren Aufwendungen für die Lebensführung (z. B. Bekleidungskosten oder Aufwendungen für andere allgemeine Reiseausrüstungen). ⑤ Die berufliche Veranlassung der Auswärtstätigkeit, die Reisedauer und den Reiseweg hat der Arbeitnehmer aufzuzeichnen und anhand geeigneter Unterlagen, z. B. Fahrtenbuch (→ R 8.1 Abs. 9 Nr. 2 Satz 3), Tankquittungen, Hotelrechnungen, Schriftverkehr, nachzuweisen oder glaubhaft zu machen.

H 9.4

LStH 9.4

53

Erstattung durch den Arbeitgeber

- Steuerfrei → § 3 Nr. 13, 16 EStG, → R 3.13, 3.16.
- Steuerfreie Arbeitgebererstattungen mindern die abziehbaren Werbungskosten auch dann, wenn sie erst im Folgejahr geleistet werden (→ BFH vom 20. 9. 2006 – BStBl. 2007 II S. 756).

Erste Tätigkeitsstätte

- Bestimmung der ersten Tätigkeitsstätte → BMF vom 25. 11. 2020 (BStBl. I S. 1228),[1] Rz. 2 ff.
- dauerhafte Zuordnung → BMF vom 25. 11. 2020 (BStBl. I S. 1228), Rz. 14–25.
- bei vollzeitigen Bildungsmaßnahmen → BMF vom 25. 11. 2020 (BStBl. I S. 1228), Rz. 33 ff.
- bei Ableistung von Arbeitsbereitschafts- und Bereitschaftsruhezeiten eines Feuerwehrmanns → BFH vom 26. 10. 2022 (BStBl. 2023 II S. 582).
- bei Gerichtsvollziehern → BFH vom 16. 12. 2020 (BStBl. 2021 II S. 525).
- bei grenzüberschreitender Arbeitnehmerentsendung → BFH vom 17. 12. 2020 (BStBl. 2021 II S. 506).
- bei Leiharbeitnehmern mit befristeten Einsätzen → BFH vom 12. 5. 2022 (BStBl. 2023 II S. 35).
- bei Piloten und Flugbegleitern → BFH vom 11. 4. 2019 (BStBl. II S. 546).
- bei Polizeibeamten im Einsatz- und Streifendienst → BFH vom 4. 4. 2019 (BStBl. II S. 536).
- bei Postzustellern → BFH vom 30. 9. 2020 (BStBl. 2021 II S. 306).
- bei Rettungsassistenten → BFH vom 30. 9. 2020 (BStBl. 2021 II S. 308).

Weiträumiges Tätigkeitsgebiet → BMF vom 25. 11. 2020 (BStBl. I S. 1228),[2] Rz. 41 ff.

Schreiben betr. steuerliche Behandlung der Reisekosten von Arbeitnehmern

Anl zu LStH 9.4

Vom 25. November 2020 (BStBl. I S. 1228)

(BMF IV C 5 – S 2353/19/10011 :006; DOK 2020/1229128)

Inhalt

	Rz.
I. Vorbemerkung	1
II. Anwendung der Regelungen bei den Einkünften aus nichtselbständiger Arbeit	2–135
1. Erste Tätigkeitsstätte, auswärtige Tätigkeit, weiträumiges Tätigkeitsgebiet	2–46
a) Erste Tätigkeitsstätte, § 9 Absatz 4 EStG	2–35
aa) Tätigkeitsstätte	3
bb) Häusliches Arbeitszimmer	4
cc) Tätigkeitsstätte des Arbeitgebers bei einem verbundenen Unternehmen oder bei einem Dritten	5
dd) Zuordnung mittels dienst- oder arbeitsrechtlicher Festlegung durch den Arbeitgeber	6–13
ee) Dauerhafte Zuordnung	14–25
ff) Quantitative Zuordnungskriterien	26–29
gg) Mehrere Tätigkeitsstätten	30–32
hh) Erste Tätigkeitsstätte bei Vollzeitstudium oder vollzeitigen Bildungsmaßnahmen	33–35

[1] Nachstehend abgedruckt als Anlage zu LStH 9.4.
[2] Nachstehend abgedruckt als Anlage zu LStH 9.4.

Anl zu LStH 9.4

Rz.
b) Fahrtkosten bei auswärtiger Tätigkeit, Sammelpunkt, weiträumiges Tätigkeitsgebiet, § 9 Absatz 1 Satz 3 Nummer 4 a EStG ... 36–46
aa) Tatsächliche Fahrtkosten und pauschaler Kilometersatz bei auswärtiger Tätigkeit ... 36–37
bb) „Sammelpunkt“ ... 38–40
cc) Weiträumiges Tätigkeitsgebiet ... 41–46
2. Verpflegungsmehraufwendungen ... 47–60
a) Vereinfachung beider Ermittlung der Pauschalen, § 9 Absatz 4 a Satz 2 bis 5 EStG ... 47–52
aa) Eintägige Auswärtstätigkeiten im Inland ... 47
bb) Mehrtägige Auswärtstätigkeiten im Inland ... 48–50
cc) Auswärtstätigkeiten im Ausland ... 51–52
b) Dreimonatsfrist, § 9 Absatz 4 a Satz 6 EStG ... 53–57
c) Pauschalbesteuerung, § 40 Absatz 2 Satz 1 Nummer 4 EStG ... 58–60
3. Vereinfachung der steuerlichen Erfassung der vom Arbeitgeber zur Verfügung gestellten Mahlzeiten während einer auswärtigen Tätigkeit ... 61–99
a) Bewertung und Besteuerungsverzicht bei üblichen Mahlzeiten, § 8 Absatz 2 Satz 8 und 9 EStG ... 61–72
b) Kürzung der Verpflegungspauschalen, § 9 Absatz 4 a Satz 8 bis 10 EStG ... 73–90
aa) Kürzung bei Mahlzeitengestellung ... 73–76
bb) Kürzung bei teilweiser Kostenerstattung ... 77–86
cc) Minderung des Kürzungsbetrags, § 9 Absatz 4 a Satz 10 EstG ... 87–89
dd) Ermittlung der Pauschalen bei gemischt veranlassten Veranstaltungen mit Mahlzeitengestellung ... 90
c) Doppelte Haushaltsführung, § 9 Absatz 4 a Satz 12 EStG ... 91
d) Bescheinigungspflicht „M“, § 41 b Absatz 1 Satz 2 Nummer 8 EStG ... 92–93
e) Pauschalbesteuerungsmöglichkeit üblicher Mahlzeiten, § 40 Absatz 2 Satz 1 Nummer 1 a EStG ... 94–99
4. Unterkunftskosten ... 100–128
a) Unterkunftskosten bei einer doppelten Haushaltsführung, § 9 Absatz 1 Satz 3 Nummer 5 EStG ... 100–114
aa) Vorliegen einer doppelten Haushaltsführung ... 100–103
bb) Berufliche Veranlassung ... 104
cc) Ehegatten/Lebenspartner ... 105
dd) Höhe der Unterkunftskosten ... 106–112
ee) Steuerfreie Erstattung durch den Arbeitgeber und Werbungskostenabzug ... 113–114
b) Unterkunftskosten bei einer Auswärtstätigkeit, § 9 Absatz 1 Satz 3 Nummer 5 a EStG ... 115–128
aa) Berufliche Veranlassung ... 116
bb) Unterkunftskosten ... 117–118
cc) Notwendige Mehraufwendungen ... 119–122
dd) Begrenzte Berücksichtigung von Unterkunftskosten bei einer längerfristigen Auswärtstätigkeit an derselben Tätigkeitsstätte im Inland ... 123–126
ee) Anwendung der 48-Monatsfrist zur begrenzten Berücksichtigung der Unterkunftskosten bei einer längerfristigen Auswärtstätigkeit im Inland ... 127
ff) Steuerfreie Erstattung durch den Arbeitgeber ... 128
5. Reisenebenkosten ... 129–133
6. Sonstiges ... 134–135
III. Zeitliche Anwendungsregelung ... 136

I. Vorbemerkung

54 **1** Unter Bezugnahme auf das Ergebnis der Erörterungen mit den obersten Finanzbehörden der Länder gelten zur steuerlichen Beurteilung von Reisekosten der Arbeitnehmer die folgenden Grundsätze zur Anwendung des Einkommensteuergesetzes (EStG):

II. Anwendung der Regelungen bei den Einkünften aus nichtselbständiger Arbeit

1. Erste Tätigkeitsstätte, auswärtige Tätigkeit, weiträumiges Tätigkeitsgebiet

a) Erste Tätigkeitsstätte, § 9 Absatz 4 EStG

55 **2** Der Arbeitnehmer kann je Dienstverhältnis höchstens eine erste Tätigkeitsstätte, ggf. aber auch keine erste, sondern nur auswärtige Tätigkeitsstätten haben (§ 9 Absatz 4 Satz 5 EStG). Die Bestimmung der ersten Tätigkeitsstätte erfolgt vorrangig anhand der dienst- oder arbeitsrechtlichen Festlegungen durch den Arbeitgeber (Rz. 6 ff.). Sind solche nicht vorhanden oder sind die getroffenen Festlegungen nicht eindeutig, werden hilfsweise quantitative Kriterien (Rz. 26 ff.) herangezogen. Voraussetzung ist zudem, dass der Arbeitnehmer in einer der in § 9 Absatz 4 Satz 1 EStG genannten ortsfesten Einrichtungen (Rz. 3 ff.) dauerhaft (Rz. 14 ff.) tätig werden soll. Ein Arbeitnehmer ohne erste Tätigkeitsstätte ist außerhalb seiner Wohnung immer auswärts tätig.

aa) Tätigkeitsstätte

3 Tätigkeitsstätte ist eine von der Wohnung getrennte, ortsfeste betriebliche Einrichtung, die räumlich zusammengefasste Sachmittel umfasst, die der Tätigkeit des Arbeitgebers, eines verbundenen Unternehmens oder eines vom Arbeitgeber bestimmten Dritten dienen und mit dem Erdboden verbunden oder dazu bestimmt sind, überwiegend standortgebunden genutzt zu werden (BFH-Urteil vom 11. April 2019, VI R 12/17, BStBl. II S. 551). So stellen auch Baucontainer, die z. B. auf einer Großbaustelle längerfristig fest mit dem Erdreich verbunden sind und in denen sich z. B. Baubüros, Aufenthaltsräume oder Sanitäreinrichtungen befinden, „ortsfeste“ betriebliche Einrichtungen dar. Eine (großräumige) erste Tätigkeitsstätte liegt auch vor, wenn eine Vielzahl solcher Mittel, die für sich betrachtet selbständige betriebliche Einrichtungen darstellen können, räumlich abgrenzbar in einem organisatorischen, technischen oder wirtschaftlichen Zusammenhang mit der betrieblichen Tätigkeit des Arbeitgebers, eines verbundenen Unternehmens oder eines vom Arbeitgeber bestimmten Dritten stehen. Demgemäß kommt als eine solche erste Tätigkeitsstätte auch ein großflächiges und entsprechend infrastrukturell erschlossenes Gebiet (z. B. Werksanlage, Betriebsgelände, Zechengelände, Bahnhof oder Flughafen) in Betracht (BFH-Urteile vom 11. April 2019, VI R 40/16 und VI R 12/17, BStBl. II S. 546 und 551). Fahrzeuge, Flugzeuge, Schiffe oder Tätigkeitsgebiete ohne ortsfeste betriebliche Einrichtungen sind keine Tätigkeitsstätten i. S. d. § 9 Absatz 4 Satz 1 EStG.

bb) Häusliches Arbeitszimmer

4 Das häusliche Arbeitszimmer des Arbeitnehmers ist keine betriebliche Einrichtung des Arbeitgebers oder eines Dritten und kann daher keine erste Tätigkeitsstätte sein. Dies gilt auch, wenn der Arbeitgeber vom Arbeitnehmer einen oder mehrere Arbeitsräume anmietet, die der Wohnung des Arbeitnehmers zuzurechnen sind. Auch in diesem Fall handelt es sich bei einem häuslichen Arbeitszimmer um einen Teil der Wohnung des Arbeitnehmers. Zur Abgrenzung, welche Räume der Wohnung des Arbeitnehmers zuzurechnen sind, ist auf das Gesamtbild der Verhältnisse im Einzelfall abzustellen (z. B. unmittelbare Nähe zu den privaten Wohnräumen).

cc) Tätigkeitsstätte des Arbeitgebers bei einem verbundenen Unternehmen oder bei einem Dritten

5 Die Annahme einer Tätigkeitsstätte erfordert nicht, dass es sich um eine ortsfeste betriebliche Einrichtung des lohnsteuerlichen Arbeitgebers handelt. Erfasst werden auch Sachverhalte, in denen der Arbeitnehmer statt beim eigenen Arbeitgeber in einer ortsfesten betrieblichen Einrichtung eines der in § 15 AktG genannten Unternehmen oder eines Dritten (z. B. eines Kunden) tätig werden soll. Von einem solchen Tätigwerden kann dann nicht ausgegangen werden, wenn der Arbeitnehmer bei dem Dritten oder verbundenen Unternehmen z. B. nur eine Dienstleistung des Dritten in Anspruch nimmt oder einen Einkauf tätigt.

dd) Zuordnung mittels dienst- oder arbeitsrechtlicher Festlegung durch den Arbeitgeber

6 Eine erste Tätigkeitsstätte liegt vor, wenn der Arbeitnehmer einer solchen Tätigkeitsstätte (§ 9 Absatz 4 Satz 1 EStG) dauerhaft zugeordnet ist. Ist der Arbeitnehmer nur vorübergehend einer Tätigkeitsstätte zugeordnet, begründet er dort keine erste Tätigkeitsstätte (zur Abgrenzung der Merkmale „dauerhaft" und „vorübergehend" vgl. Rz. 14). Die dauerhafte Zuordnung des Arbeitnehmers wird durch die dienst- oder arbeitsrechtlichen Festlegungen sowie die diese ausfüllenden Absprachen oder Weisungen bestimmt (§ 9 Absatz 4 Satz 2 EStG). Das gilt für einzelne Arbeitnehmer oder Arbeitnehmergruppen, unabhängig davon, ob diese schriftlich oder mündlich erteilt worden sind. Die Zuordnung muss sich auf die Tätigkeit des Arbeitnehmers beziehen; dies ergibt sich aus § 9 Absatz 4 Satz 3 EStG, der mit der beispielhaften Aufzählung darüber hinaus das Kriterium der Dauerhaftigkeit beschreibt.

7[1] Die Zuordnung eines Arbeitnehmers zu einer betrieblichen Einrichtung allein aus tarifrechtlichen, mitbestimmungsrechtlichen oder organisatorischen Gründen (z. B. Personalaktenführung), ohne dass der Arbeitnehmer in dieser Einrichtung tätig werden soll, ist keine Zuordnung i. S. d. § 9 Absatz 4 EStG. Soll der Arbeitnehmer in einer vom Arbeitgeber festgelegten Tätigkeitsstätte zumindest in ganz geringem Umfang tätig werden, z. B. Hilfs- und Nebentätigkeiten (Auftragsbestätigungen, Stundenzettel abgeben etc.), kann der Arbeitgeber den Arbeitnehmer dieser Tätigkeitsstätte zuordnen. Dies gilt selbst dann, wenn für die Zuordnung tarifrechtliche, mitbestimmungsrechtliche oder organisatorische Gründe ausschlaggebend sind. Auf die Qualität des Tätigwerdens kommt es, anders als bei der Bestimmung anhand der quantitativen Zuordnungskriterien (vgl. dazu Rz. 27), nicht an. Vielmehr können, wie z. B. bei Festlegung einer Dienststelle/Dienststätte, auch Tätigkeiten von untergeordneter Bedeutung ausreichend sein (Vorrang des Dienst- oder Arbeitsrechts, BFH-Urteil vom 4. April 2019, VI R 27/17, BStBl. II S. 536).

8 Soll der Arbeitnehmer an mehreren Tätigkeitsstätten tätig werden und ist er einer bestimmten Tätigkeitsstätte dienst- oder arbeitsrechtlich dauerhaft zugeordnet, ist es unerheblich, in welchem Umfang er seine berufliche Tätigkeit an dieser oder an den anderen Tätigkeitsstätten ausüben soll. Auch auf die Regelmäßigkeit des Aufsuchens dieser Tätigkeitsstätten kommt es dann nicht mehr an.

9 Nicht entscheidend ist, ob an der vom Arbeitgeber nach § 9 Absatz 4 Satz 1 EStG festgelegten Tätigkeitsstätte der qualitative Schwerpunkt der Tätigkeit liegt oder liegen soll. Für die Zuordnung ist lediglich entscheidend, ob der Arbeitnehmer bei einer in die Zukunft gerichteten Prognose nach den dienst- oder arbeitsrechtlichen Festlegungen an einer ortsfesten betrieblichen Einrichtung des Arbeitgebers, eines verbundenen Unternehmens oder eines vom Arbeitgeber bestimmten Dritten tätig werden soll. Erforderlich, aber ausreichend ist, dass der Arbeitnehmer am Ort der ersten Tätigkeitsstätte zumindest in geringem Umfang Tätigkeiten zu erbringen hat, die er arbeitsvertraglich oder dienstrechtlich schuldet und die zu dem von ihm ausgeübten Berufsbild gehören (BFH-Urteil vom 4. April 2019, VI R 27/17, BStBl. II S. 536 und BFH-Urteil vom 11. April 2019, VI R 40/16, BStBl. II S. 546)[2].

---

[1] **[Amtl. Anm.:]** Der Zustellpunkt (Zustellzentrum), dem ein Postzusteller zugeordnet ist und an dem er arbeitstäglich vor- und nachbereitende Tätigkeiten (z. B. Sortiertätigkeiten, Abschreibpost, Abrechnungen) ausübt, ist erste Tätigkeitsstätte (BFH vom 30. 9. 2020, BStBl. II 2021 S. 306). Entsprechendes gilt für die Rettungswache, der ein Rettungsassistent zugeordnet ist, wenn er dort arbeitstäglich vor dem Einsatz auf dem Rettungsfahrzeug vorbereitende Tätigkeiten vornimmt (BFH vom 30. 9. 2020, BStBl. II 2021 S. 308). Erste Tätigkeitsstätte eines Gerichtsvollziehers ist sein Amtssitz, bestehend aus den Dienstgebäuden des Amtsgerichts, dem er zugeordnet ist, und dem Geschäftszimmer, welches er am Sitz des Amtsgerichts auf eigene Kosten vorzuhalten hat (BFH vom 16. 12. 2020, BStBl. II 2021 S. 525).

[2] **[Amtl. Anm.:]** Die Ableistung von Arbeitsbereitschafts- und Bereitschaftsruhezeiten in einer Einrichtung des Arbeitgebers ist eine Tätigkeit i. S. d. § 9 Abs. 4 (BFH vom 26. 10. 2022, BStBl. II 2023 S. 582).

Anl zu LStH 9.4

Beispiel 1:

Der Vertriebsmitarbeiter V für die Region A soll einmal wöchentlich an den Firmensitz nach B fahren, dem er zugeordnet ist. Dort soll er die anfallenden Bürotätigkeiten erledigen und an Dienstbesprechungen teilnehmen. B ist erste Tätigkeitsstätte auf Grund der arbeitsrechtlichen Zuordnung. Dabei ist unerheblich, dass V überwiegend in der Region A und nicht in B tätig werden soll.

Abwandlung:

Ordnet der Arbeitgeber den V dem Firmensitz in B nicht oder nicht eindeutig zu, erfolgt die Prüfung, ob eine erste Tätigkeitsstätte vorliegt, anhand der quantitativen Kriterien des § 9 Absatz 4 Satz 4 EStG (Rz. 26 ff.). In diesem Fall liegt in B keine erste Tätigkeitsstätte vor.[1]

10 § 42 AO ist zu beachten. Insbesondere bei Gesellschafter-Geschäftsführern, Arbeitnehmer-Ehegatten/Lebenspartnern und sonstigen, mitarbeitenden Familienangehörigen ist entscheidend, ob die getroffenen Vereinbarungen einem Fremdvergleich standhalten.

11 Die vorrangige maßgebliche dienst- oder arbeitsrechtliche Zuordnung durch den Arbeitgeber kann außerhalb des Dienst- oder Arbeitsvertrags erfolgen (auch mündlich oder konkludent) und ist unabhängig davon, ob sich der Arbeitgeber der steuerlichen Folgen bewusst ist. Die Zuordnungsentscheidung muss nicht dokumentiert werden. Die Zuordnungsentscheidung des Arbeitgebers kann sich vielmehr auch ergeben aus: Regelungen im Arbeitsvertrag, Tarifvertrag, Protokollnotizen, dienstrechtlichen Verfügungen (u. a. Regelungen zum abweichenden Dienstsitz), Einsatzplänen, Reiserichtlinien, Reisekostenabrechnungen, dem Ansatz eines geldwerten Vorteils für die Nutzung eines Dienstwagens für die Fahrten zwischen Wohnung und erster Tätigkeitsstätte oder vom Arbeitgeber als Nachweis seiner Zuordnungsentscheidung vorgelegten Organigrammen (BFH-Urteil vom 11. April 2019, VI R 40/16, BStBl. II S. 546, BFH-Urteil vom 4. April 2019, VI R 27/17, BStBl. II S. 536). Fehlt eine Zuordnung, gilt § 9 Absatz 4 Satz 4 EStG.

12 Ein Organigramm kann gegen den Willen des Arbeitgebers nicht als Nachweis zur Bestimmung einer ersten Tätigkeitsstätte herangezogen werden, wenn der Arbeitgeber tatsächlich keine Zuordnung seines Arbeitnehmers zu einer Tätigkeitsstätte getroffen hat und kein anderer Nachweis über die Zuordnung erbracht wird. In diesen Fällen ist anhand der quantitativen Kriterien nach § 9 Absatz 4 Satz 4 EStG zu prüfen, ob der Arbeitnehmer eine erste Tätigkeitsstätte hat. Indiz für eine dienst- oder arbeitsrechtliche Zuordnungsentscheidung des Arbeitgebers kann auch sein, dass z. B. nach der Reiserichtlinie gerade für Tätigkeiten an dieser Tätigkeitsstätte keine Reisekosten gezahlt werden bzw. die Besteuerung eines geldwerten Vorteils für die Fahrten Wohnung – erste Tätigkeitsstätte bei Dienstwagengestellung erfolgt.

13 § 9 Absatz 4 Satz 1 bis 3 EStG sieht die Möglichkeit einer Zuordnungsentscheidung des Arbeitgebers zu einer bestimmten Tätigkeitsstätte vor. Der Arbeitgeber kann dienst- oder arbeitsrechtlich daher nicht festlegen, dass der Arbeitnehmer keine erste Tätigkeitsstätte hat (Negativfestlegung). Er kann allerdings (ggf. auch ausdrücklich) darauf verzichten, eine erste Tätigkeitsstätte dienst- oder arbeitsrechtlich festzulegen, oder ausdrücklich erklären, dass organisatorische Zuordnungen keine erste Tätigkeitsstätte begründen sollen. In diesen Fällen erfolgt die Prüfung, ob eine erste Tätigkeitsstätte gegeben ist, anhand der quantitativen Zuordnungskriterien nach § 9 Absatz 4 Satz 4 EStG (Rz. 26 ff.). Der Arbeitgeber kann zudem festlegen, dass sich die Bestimmung der ersten Tätigkeitsstätte nach den quantitativen Zuordnungskriterien des § 9 Absatz 4 Satz 4 EStG richtet. Im Ergebnis ist eine Zuordnungsentscheidung des Arbeitgebers mittels dienst- oder arbeitsrechtlicher Festlegung (Rz. 6 ff.) somit lediglich erforderlich, wenn er die erste Tätigkeitsstätte abweichend von den quantitativen Zuordnungskriterien festlegen will.

Beispiel 2:

In Einstellungsbögen bzw. in Arbeitsverträgen ist aufgrund des Nachweisgesetzes und tariflicher Regelungen ein Einstellungs-, Anstellungs- oder Arbeitsort des Arbeitnehmers bestimmt. Hierbei handelt es sich nicht um eine Zuordnung i. S. d. § 9 Absatz 4 EStG, wenn der Arbeitgeber schriftlich auch gegenüber dem Arbeitnehmer bzw. in der Reiserichtlinie des Unternehmens erklärt, dass dadurch keine arbeitsrechtliche Zuordnung zu einer ersten Tätigkeitsstätte erfolgen soll.

ee) Dauerhafte Zuordnung[2]

14 Die Zuordnung durch den Arbeitgeber zu einer Tätigkeitsstätte muss auf Dauer angelegt sein (Prognose). Typische Fälle einer dauerhaften Zuordnung sind die unbefristete Zuordnung des Arbeitnehmers zu einer bestimmten betrieblichen Einrichtung, die Zuordnung für die gesamte Dauer des – befristeten oder unbefristeten – Dienstverhältnisses oder die Zuordnung über einen Zeitraum von 48 Monaten hinaus (§ 9 Absatz 4 Satz 3 EStG). Die Zuordnung „bis auf Weiteres" ist eine Zuordnung ohne Befristung und damit dauerhaft. Eine Zuordnung ist unbefristet, wenn die Dauer der Zuordnung zu einer Tätigkeitsstätte nicht kalendermäßig bestimmt ist und sich auch nicht aus Art, Zweck oder Beschaffenheit der Arbeitsleistung ergibt. Auch der Umstand, dass der Arbeitnehmer jederzeit einer anderen Tätigkeitsstätte zugeordnet werden könnte, führt nicht zur Annahme einer befristeten Zuordnung (BFH-Urteil vom 4. April 2019, VI R 27/17, BStBl. II S. 536). Entscheidend sind allein die Festlegungen des Arbeitgebers und die dienstlich erteilten Weisungen.

Beispiel 3:

Der Arbeitnehmer A ist von der Firma Z als technischer Zeichner ausschließlich für ein Projekt befristet eingestellt worden. Das Arbeitsverhältnis von A soll vertragsgemäß nach Ablauf der Befristung enden.

---

[1] **[Amtl. Anm.:]** Bestätigt durch BFH vom 14. 9. 2023 (BStBl. II 2024 S. 38).

[2] Im Fall einer Arbeitnehmerüberlassung nach dem AÜG ist (lohnsteuerrechtlicher) Arbeitgeber der Verleiher. Maßgebliches Arbeitsverhältnis für die Frage, ob der Arbeitnehmer einer betrieblichen Einrichtung i. S. des § 9 Abs. 4 Sätze 1 bis 3 EStG dauerhaft zugeordnet ist, ist das zwischen dem Arbeitgeber (Verleiher) und dem (Leih-)Arbeitnehmer bestehende Arbeitsverhältnis. Besteht der Einsatz des Arbeitnehmers bei dem Entleiher in wiederholten, aber befristeten Einsätzen, fehlt es an einer dauerhaften Zuordnung i. S. des § 9 Abs. 4 Satz 3 EStG (BFH vom 12. 5. 2022, VI R 32/20, BStBl. II 2023 S. 35).

A hat ab dem ersten Tag der Tätigkeit bei Z auf Grund der arbeitsrechtlichen Zuordnung des Arbeitgebers seine erste Tätigkeitsstätte.

15 Für die Beurteilung, ob eine dauerhafte Zuordnung vorliegt, ist die auf die Zukunft gerichtete prognostische Betrachtung (Ex-ante-Betrachtung) maßgebend. Die Änderung einer Zuordnung durch den Arbeitgeber ist mit Wirkung für die Zukunft zu berücksichtigen.

Beispiel 4:

Der in H wohnende Arbeitnehmer A ist bis auf Weiteres an drei Tagen in der Woche in einer Filiale seines Arbeitgebers in H und an zwei Tagen in der Woche in einer Filiale seines Arbeitgebers in S tätig. Der Arbeitgeber hatte zunächst die Filiale in S als erste Tätigkeitsstätte festgelegt. Ab 1. Juli 01 legt er H als erste Tätigkeitsstätte fest.

Bis 30. Juni 01 hat der Arbeitnehmer in S seine erste Tätigkeitsstätte. Ab 1. Juli 01 ist die erste Tätigkeitsstätte in H.

Beispiel 5:

Der Arbeitnehmer A ist unbefristet beschäftigt. Für einen Zeitraum von 36 Monaten soll er überwiegend in der Filiale X arbeiten. In der Filiale Y soll er nur an Teambesprechungen, Mitarbeiterschulungen und sonstigen Firmenveranstaltungen teilnehmen. Diese finden voraussichtlich einmal pro Monat statt. Der Arbeitgeber hat A der Filiale Y arbeitsrechtlich dauerhaft zugeordnet.

Erste Tätigkeitsstätte ist die Filiale Y, da A dort arbeitsrechtlich dauerhaft zugeordnet ist.

Abwandlung:

Ordnet der Arbeitgeber nicht zu, liegt keine erste Tätigkeitsstätte vor; in der Filiale X soll A nicht dauerhaft tätig werden und in der Filiale Y nicht in dem nach § 9 Absatz 4 Satz 4 EStG (Rz. 26 ff.) erforderlichen quantitativen Umfang.

16 Eine Änderung der Zuordnung kann auch vorliegen, wenn sich das Berufsbild des Arbeitnehmers aufgrund der Vorgaben des Arbeitgebers dauerhaft ändert, so z. B. wenn ein Außendienstmitarbeiter auf Dauer in den Innendienst wechselt.

Beispiel 6:

Der Arbeitnehmer A ist von seinem Arbeitgeber unbefristet eingestellt worden, um dauerhaft in der Filiale Y zu arbeiten. In den ersten 36 Monaten seiner Beschäftigung soll A aber zunächst ausschließlich die Filiale X führen. In der Filiale Y soll er während dieser Zeit nicht, auch nicht in ganz geringem Umfang tätig werden.

Die Filiale X ist keine erste Tätigkeitsstätte, da A dort lediglich für 36 Monate und damit nicht dauerhaft tätig werden soll (unabhängig vom quantitativen Umfang der Tätigkeit). Die Filiale Y wird erst nach Ablauf von 36 Monaten erste Tätigkeitsstätte.

17 Weichen die tatsächlichen Verhältnisse durch unvorhersehbare Ereignisse, wie etwa Krankheit, politische Unruhen am Tätigkeitsort, Insolvenz des Kunden o. ä., von der ursprünglichen Festlegung (Prognose) der dauerhaften Zuordnung ab, bleibt die zuvor getroffene Prognoseentscheidung für die Vergangenheit bezüglich des Vorliegens der ersten Tätigkeitsstätte maßgebend.

Beispiel 7:

Der Kundendienstmonteur K soll an der betrieblichen Einrichtung seines Arbeitgebers in A lediglich in unregelmäßigen Abständen seine Aufträge abholen und abrechnen und gelegentlich an Besprechungen teilnehmen (vgl. Rz. 27). K ist der betrieblichen Einrichtung in A nicht arbeitsrechtlich zugeordnet. Seine eigentliche berufliche Tätigkeit soll K ausschließlich bei verschiedenen Kunden ausüben. Auf Grund ungeplanter betrieblicher Abläufe ergibt es sich, dass K über einen Zeitraum von 12 Monaten nun die betriebliche Einrichtung in A arbeitstäglich aufsuchen soll und auch aufsucht, um dort seine Berichte zu verfassen (= Teil seiner eigentlichen beruflichen Tätigkeit).

Auch wenn K für einen Zeitraum von 12 Monaten arbeitstäglich einen Teil seiner beruflichen Tätigkeit in der betrieblichen Einrichtung in A ausüben soll, führt dies mangels Dauerhaftigkeit noch nicht zu einer ersten Tätigkeitsstätte. Die ursprüngliche Prognose sah dies nicht vor und nach der neuen Prognose sollen diese Arbeiten am Betriebssitz in A nur vorübergehend ausgeübt werden.

18 Wird eine auf höchstens 48 Monate geplante Auswärtstätigkeit des Arbeitnehmers verlängert, kommt es darauf an, ob dieser vom Zeitpunkt der Verlängerungsentscheidung an noch mehr als 48 Monate an der Tätigkeitsstätte eingesetzt werden soll.

Beispiel 8:

Der unbefristet beschäftigte Arbeitnehmer A wird für eine Projektdauer von voraussichtlich 18 Monaten der betrieblichen Einrichtung in M zugeordnet. Nach 18 Monaten wird die Zuordnung um 36 Monate verlängert.

Obwohl A insgesamt 54 Monate in M tätig wird, hat er dort keine erste Tätigkeitsstätte. Die vom Gesetz vorgegebene Prognose-Betrachtung bedeutet, dass A weder im Zeitpunkt der erstmaligen Zuordnung noch im Zeitpunkt der Verlängerungsentscheidung für mehr als 48 Monate in M eingesetzt werden sollte.

Abwandlung:

Die Zuordnung von A wird bereits nach drei Monaten um 36 Monate auf insgesamt 54 Monate verlängert.

Ab dem Zeitpunkt der Verlängerungsentscheidung hat A seine erste Tätigkeitsstätte in M, da er ab diesem Zeitpunkt noch 51 Monate und somit dauerhaft in M tätig werden soll. Das gilt auch, wenn A für diese Tätigkeit neu eingestellt und eine Probezeit vereinbart wurde oder das Projekt planwidrig bereits nach 12 Monaten beendet wird. Die steuerliche Beurteilung der ersten drei Monate als beruflich veranlasste Auswärtstätigkeit bleibt von der Verlängerungsentscheidung unberührt.

19 Bei einer sog. Kettenabordnung ist keine dauerhafte Zuordnung zu einer Tätigkeitsstätte gegeben, wenn die einzelne Abordnung jeweils einen Zeitraum von höchstens 48 Monaten umfasst.

20 Wird ein befristetes Beschäftigungsverhältnis vor Ablauf der Befristung schriftlich durch bloßes Hinausschieben des Beendigungszeitpunkts bei ansonsten unverändertem Vertragsinhalt verlängert, liegt ein einheitliches Beschäftigungsverhältnis vor. Für die Frage, ob eine Zuordnung für die Dauer des Beschäftigungsverhältnisses erfolgt, ist daher ab dem Zeitpunkt der Verlängerung auf das einheitliche Beschäftigungsverhältnis und nicht lediglich auf den Zeitraum der Verlängerung abzustellen (BFH-Urteil vom 10. April 2019, VI R 6/17, BStBl. II S. 539).

Anl zu LStH 9.4

21 Eine dauerhafte Zuordnung ist gegeben, wenn das Dienstverhältnis auf einen anderen Arbeitgeber ausgelagert wird und der Arbeitnehmer für die gesamte Dauer des neuen Beschäftigungsverhältnisses oder länger als 48 Monate weiterhin an seiner früheren Tätigkeitsstätte des bisherigen Arbeitgebers tätig werden soll (sog. Outsourcing). Entsprechendes gilt, wenn ein Leiharbeitnehmer[1] ausnahmsweise dauerhaft (nach § 9 Absatz 4 Satz 3 EStG, „bis auf Weiteres" also unbefristet, für die gesamte Dauer des Leiharbeitsverhältnisses oder länger als 48 Monate) in einer ortsfesten betrieblichen Einrichtung des Entleihers tätig werden soll. Die Regelungen des § 1 Absatz 1 Satz 4 i. V. m. Absatz 1 b Arbeitnehmerüberlassungsgesetz entfalten für das Steuerrecht keine Wirkung.

Beispiel 9:

Der Arbeitnehmer A ist von der Zeitarbeitsfirma Z als technischer Zeichner ausschließlich für die Überlassung an die Projektentwicklungsfirma P eingestellt worden. Das Arbeitsverhältnis von A endet vertragsgemäß nach Abschluss des aktuellen Projekts bei P.
A hat ab dem ersten Tag der Tätigkeit bei der Projektentwicklungsfirma P seine erste Tätigkeitsstätte, da er seine Tätigkeit bei P für die gesamte Dauer seines Dienstverhältnisses bei Z und damit dort dauerhaft ausüben soll.

Abwandlung:

Der Arbeitnehmer A ist von der Zeitarbeitsfirma Z unbefristet als technischer Zeichner eingestellt worden und wird bis auf Weiteres an die Projektentwicklungsfirma P überlassen.
A hat ab dem ersten Tag der Tätigkeit bei der Projektentwicklungsfirma P seine erste Tätigkeitsstätte, da er seine Tätigkeit bei P ohne Befristung und damit dort dauerhaft ausüben soll.

22 Dienststelle/Dienststätte i. S. d. öffentlichen Reisekosten-, Umzugskosten- und Trennungsgeldrechts ist die Stelle, bei der der Arbeitnehmer eingestellt oder zu der er versetzt, abgeordnet, zugeteilt, zugewiesen oder kommandiert worden ist. Jede dieser dienstlichen Maßnahmen führt dazu, dass diese Stelle zur neuen dienstrechtlichen Dienststelle/Dienststätte wird, unabhängig davon, ob die Maßnahme dauerhaft oder nur vorübergehend ist. Für die steuerrechtliche Beurteilung der dauerhaften Zuordnung zu einer bestimmten Tätigkeitsstätte gilt insbesondere Folgendes:

- Versetzung ohne zeitliche Befristung – dauerhafte Zuordnung, es wird eine neue „erste Tätigkeitsstätte" begründet.
- Abordnung ohne zeitliche Befristung – dauerhafte Zuordnung, es wird eine neue „erste Tätigkeitsstätte" begründet.
- Versetzung mit einer zeitlichen Befristung bis zu 48 Monaten – keine dauerhafte Zuordnung, damit keine neue „erste Tätigkeitsstätte".
- Abordnung mit einer zeitlichen Befristung bis zu 48 Monaten, ggf. auch verbunden mit dem Ziel der Versetzung – keine dauerhafte Zuordnung, damit keine neue „erste Tätigkeitsstätte".
- Entsprechendes gilt für abordnungs- oder versetzungsgleiche Maßnahmen (z. B. Kommandierung, Zuteilung, Zuweisung).
- Der Umstand, dass ein Beamter unter Beachtung der dienstrechtlichen Vorschriften (jederzeit) auch einer anderen Dienststelle zugeordnet werden könnte, führt nicht zur Annahme einer befristeten Zuordnung (BFH-Urteil vom 4. April 2019, VI R 27/17, BStBl. II S. 536).

23[2] Bei grenzüberschreitender Arbeitnehmerentsendung zwischen verbundenen Unternehmen liegt beim aufnehmenden Unternehmen eine erste Tätigkeitsstätte dann vor, wenn der Arbeitnehmer im Rahmen eines eigenständigen Arbeitsvertrags mit dem aufnehmenden Unternehmen einer ortsfesten betrieblichen Einrichtung dieses Unternehmens unbefristet zugeordnet ist, die Zuordnung die Dauer des gesamten – befristeten oder unbefristeten – Dienstverhältnisses umfasst oder die Zuordnung über einen Zeitraum von 48 Monaten hinaus reicht (vgl. § 9 Absatz 4 Satz 3 EStG).

Beispiel 10:

Der Arbeitnehmer A ist von der ausländischen Muttergesellschaft M für zwei Jahre an die inländische Tochtergesellschaft T entsandt worden. A hat mit T einen eigenständigen Arbeitsvertrag über zwei Jahre abgeschlossen, in dem er der inländischen Hauptniederlassung von T zugeordnet wurde.
A hat bei T seine erste Tätigkeitsstätte.

24 Wird ein Arbeitnehmer bei grenzüberschreitender Arbeitnehmerentsendung zwischen verbundenen Unternehmen ohne Abschluss eines eigenständigen Arbeitsvertrags mit dem aufnehmenden Unternehmen in einer ortsfesten betrieblichen Einrichtung dieses Unternehmens tätig, liegt beim aufnehmenden Unternehmen eine erste Tätigkeitsstätte nur dann vor, wenn der Arbeitnehmer vom entsendenden Unternehmen einer ortsfesten Einrichtung des aufnehmenden Unternehmens unbefristet zugeordnet ist, die Zuordnung die Dauer des gesamten – befristeten oder unbefristeten – Dienstverhältnisses umfasst oder die Zuordnung über einen Zeitraum von 48 Monaten hinaus reicht (vgl. § 9 Absatz 4 Satz 3 EStG).

Beispiel 11:

Der Arbeitnehmer A ist von der ausländischen Muttergesellschaft M im Rahmen eines unbefristeten Arbeitsvertrags für zwei Jahre an die inländische Tochtergesellschaft T entsandt und für diesen Zeitraum der inländischen Hauptniederlassung von T zugeordnet worden. A hat mit T keinen eigenständigen Arbeitsvertrag abgeschlossen.
A hat bei T keine erste Tätigkeitsstätte, da er der inländischen Hauptniederlassung von T nicht dauerhaft i. S. v. § 9 Absatz 4 Satz 1 i. V. m. Satz 3 EStG zugeordnet worden ist. Er übt für die Dauer seiner zweijährigen Tätigkeit bei T eine beruflich veranlasste Auswärtstätigkeit aus.

25 Fehlt es bei grenzüberschreitender Arbeitnehmerentsendung zwischen verbundenen Unternehmen an einer dauerhaften Zuordnung des Arbeitnehmers zu einer betrieblichen Einrichtung des aufnehmenden Unternehmens durch dienst- oder arbeitsrechtliche Festlegung oder ist die getroffene Festlegung

---

[1] **[Amtl. Anm.:]** Besteht der Einsatz des Arbeitnehmers bei dem Entleiher in wiederholten, aber befristeten Einsätzen, fehlt es an einer dauerhaften Zuordnung i. S. d. § 9 Abs. 2 Satz 3 (→ BFH vom 12. 5. 2022, BStBl. II 2023 S. 35).
[2] **[Amtl. Anm.:]** Bestätigt durch BFH vom 17. 12. 2020 (BStBl. II 2021 S. 506).

nicht eindeutig, gelten die quantitativen Zuordnungskriterien des § 9 Absatz 4 Satz 4 EStG (vgl. hierzu die Ausführungen zur Dauerhaftigkeit unter Rz. 14 ff. und zu den quantitativen Kriterien unter Rz. 26 ff.).

ff) Quantitative Zuordnungskriterien

26 Fehlt es an einer dauerhaften Zuordnung des Arbeitnehmers zu einer betrieblichen Einrichtung durch dienst- oder arbeitsrechtliche Festlegung nach den vorstehenden Kriterien (z. B. weil der Arbeitgeber ausdrücklich auf eine Zuordnung verzichtet hat oder ausdrücklich erklärt, dass organisatorische Zuordnungen keine steuerliche Wirkung entfalten sollen) oder ist die getroffene Festlegung nicht eindeutig, ist nach § 9 Absatz 4 Satz 4 EStG von einer ersten Tätigkeitsstätte an der betrieblichen Einrichtung auszugehen, an der der Arbeitnehmer

- typischerweise arbeitstäglich oder
- je Arbeitswoche zwei volle Arbeitstage oder mindestens ein Drittel seiner vereinbarten regelmäßigen Arbeitszeit

dauerhaft (vgl. Rz. 14 ff.) tätig werden soll.

Beispiel 12:

Der Arbeitnehmer A ist von seinem Arbeitgeber unbefristet eingestellt worden, um dauerhaft in der Filiale Y zu arbeiten. In den ersten 36 Monaten seiner Tätigkeit arbeitet er an drei Tagen wöchentlich in der Filiale X und zwei volle Tage wöchentlich in der Filiale Y. Der Arbeitgeber hat A für die ersten 36 Monate Filiale X zugeordnet.
In diesen 36 Monaten seiner Tätigkeit hat A in der Filiale X keine erste Tätigkeitsstätte, da er dort nicht dauerhaft zugeordnet ist. Erste Tätigkeitsstätte ist jedoch – auch ohne Zuordnung i. S. d. § 9 Absatz 4 Satz 1 EStG – Filiale Y, da A dort dauerhaft typischerweise an zwei vollen Tagen i. S. d. § 9 Absatz 4 Satz 4 EStG tätig werden soll.

Beispiel 13:

Der Arbeitnehmer A soll in den ersten 36 Monaten seiner Tätigkeit an vier Tagen wöchentlich in der Filiale X und einen vollen Tag wöchentlich in der Filiale Y tätig werden.
In diesen 36 Monaten seiner Tätigkeit hat A in der Filiale X keine erste Tätigkeitsstätte, da er dort nicht dauerhaft tätig werden soll. Erste Tätigkeitsstätte ist auch nicht die Filiale Y, da A dort die quantitativen Kriterien nach § 9 Absatz 4 Satz 4 EStG nicht erfüllt.

27 Bei der quantitativen Zuordnung muss der Arbeitnehmer an der betrieblichen Einrichtung seine eigentliche berufliche Tätigkeit ausüben. Allein ein regelmäßiges Aufsuchen der betrieblichen Einrichtung, z. B. für kurze Rüstzeiten, zur Berichtsfertigung, zur Vorbereitung der Zustellroute, zur Wartung und Pflege des Fahrzeugs, zur Abholung oder Abgabe von Kundendienstfahrzeugen oder LKWs einschließlich deren Be- und Entladung, zur Abgabe von Auftragsbestätigungen und Stundenzetteln, Krankmeldungen und Urlaubsanträgen führt hier noch nicht zu einer Qualifizierung der betrieblichen Einrichtung als erste Tätigkeitsstätte.

Beispiel 14:

Der Kundendienstmonteur K, der von seinem Arbeitgeber keiner betrieblichen Einrichtung dauerhaft zugeordnet ist, sucht den Betrieb seines Arbeitgebers regelmäßig auf, um den Firmenwagen samt Material zu übernehmen, die Auftragsbestätigungen in Empfang zu nehmen und die Stundenzettel vom Vortag abzugeben.
Der K hat keine erste Tätigkeitsstätte. Der Betrieb seines Arbeitgebers wird auch durch das regelmäßige Aufsuchen nicht zur ersten Tätigkeitsstätte, da er seine eigentliche berufliche Tätigkeit an diesem Ort nicht ausübt.

Beispiel 15:

Die Fahrer im ÖPV sollen ihr Fahrzeug immer an wechselnden Stellen im Stadtgebiet aufnehmen und in der Regel mindestens einmal wöchentlich die Kassen abrechnen. Die Kassenabrechnung sollen sie in der Geschäftsstelle oder in einem Betriebshof durchführen. Dort werden auch die Personalakten geführt oder sind Krank- und Urlaubsmeldungen abzugeben.
Bei der quantitativen Zuordnung ist allein das bloße Abrechnen der Kassen, die Führung der Personalakten sowie die Verpflichtung zur Abgabe der Krank- und Urlaubsmeldungen nicht ausreichend, um zu einer ersten Tätigkeitsstätte am Betriebshof oder in der Geschäftsstelle zu kommen. Ordnet der Arbeitgeber die Arbeitnehmer hingegen dem Betriebshof oder der Geschäftsstelle arbeitsrechtlich zu, so genügen auch diese Hilfs- und Nebentätigkeiten, um dort eine erste Tätigkeitsstätte zu begründen (Rz. 7).

Beispiel 16:

Der LKW-Fahrer L soll typischerweise arbeitstäglich den Betriebssitz des Arbeitgebers aufsuchen, um dort das Fahrzeug abzuholen sowie dessen Wartung und Pflege durchzuführen. Allein das Abholen sowie die Wartung und Pflege des Fahrzeugs, als Hilfs- und Nebentätigkeiten, führen im Rahmen der quantitativen Zuordnung nicht zu einer ersten Tätigkeitsstätte am Betriebssitz des Arbeitgebers; allerdings handelt es sich in diesem Fall bei dem Betriebssitz um einen sog. Sammelpunkt (Rz. 38). Etwas anderes gilt nur, wenn der Arbeitgeber den Arbeitnehmer dem Betriebssitz arbeitsrechtlich als erste Tätigkeitsstätte zuordnet (Rz. 13).

28 Auch die in § 9 Absatz 4 Satz 4 EStG aufgeführten zeitlichen (= quantitativen) Kriterien sind anhand einer in die Zukunft gerichteten Prognose zu beurteilen. Weichen die tatsächlichen Verhältnisse durch unvorhersehbare Ereignisse (wie z. B. Krankheit) hiervon ab, bleibt es bei der zuvor getroffenen Prognoseentscheidung bezüglich der ersten Tätigkeitsstätte. Die Prognoseentscheidung ist zu Beginn des Dienstverhältnisses zu treffen. Die auf Grundlage dieser Prognose getroffene Beurteilung bleibt so lange bestehen, bis sich die Verhältnisse maßgeblich ändern. Davon ist insbesondere auszugehen, wenn sich das Berufsbild des Arbeitnehmers (Außendienstmitarbeiter wechselt z. B. in den Innendienst) oder die quantitativen Zuordnungskriterien (Arbeitnehmer soll z. B. statt zwei nun drei Filialen betreuen) dauerhaft ändern oder der Arbeitgeber erstmalig eine dienst- oder arbeitsrechtliche Zuordnungsentscheidung trifft.

Beispiel 17:

Der Arbeitnehmer A soll seine berufliche Tätigkeit an drei Tagen wöchentlich in einem häuslichen Arbeitszimmer ausüben und an zwei vollen Tagen wöchentlich in der betrieblichen Einrichtung seines Arbeitgebers in D tätig werden.
Das häusliche Arbeitszimmer ist nie erste Tätigkeitsstätte. Erste Tätigkeitsstätte ist hier vielmehr die betriebliche Einrichtung des Arbeitgebers in D, da der Arbeitnehmer dort an zwei vollen Tagen wöchentlich beruflich tätig werden soll.

Anl zu LStH 9.4

Beispiel 18:

Der Arbeitnehmer A soll seine berufliche Tätigkeit im häuslichen Arbeitszimmer ausüben und zusätzlich jeden Arbeitstag für eine Stunde in der betrieblichen Einrichtung seines Arbeitgebers in D tätig werden.
Das häusliche Arbeitszimmer ist nie erste Tätigkeitsstätte. Erste Tätigkeitsstätte ist hier vielmehr die betriebliche Einrichtung des Arbeitgebers in D, da der Arbeitnehmer dort typischerweise arbeitstäglich tätig werden soll. In diesem Fall ist es unerheblich, dass dort weniger als $^1/_3$ der gesamten regelmäßigen Arbeitszeit erbracht werden soll.

Beispiel 19:

Der Arbeitnehmer A soll seine berufliche Tätigkeit im häuslichen Arbeitszimmer ausüben und zusätzlich jeden Tag in einer anderen betrieblichen Einrichtung seines Arbeitgebers tätig werden. Die Arbeitszeit in den verschiedenen Tätigkeitsstätten beträgt jeweils weniger als $^1/_3$ der gesamten Arbeitszeit des Arbeitnehmers.
Das häusliche Arbeitszimmer ist nie erste Tätigkeitsstätte. Auch an den anderen Tätigkeitsstätten des Arbeitgebers hat der Arbeitnehmer keine erste Tätigkeitsstätte, da er diese Tätigkeitsstätten nicht arbeitstäglich aufsucht und dort jeweils weniger als $^1/_3$ seiner gesamten Arbeitszeit tätig wird.

Beispiel 20:

Der Arbeitnehmer A übt seine Tätigkeit nur bei wechselnden Kunden und im häuslichen Arbeitszimmer aus. Er hat keine erste Tätigkeitsstätte.

29 Zusammenfassung

Bei der quantitativen Prüfung kommt es somit allein auf den Umfang der an der Tätigkeitsstätte zu leistenden arbeitsvertraglichen Arbeitszeit (mind. $^1/_3$ der vereinbarten regelmäßigen Arbeitszeit oder zwei volle Arbeitstage wöchentlich oder arbeitstäglich) an. Dies bedeutet:

- Soll der Arbeitnehmer an einer Tätigkeitsstätte zwei volle Arbeitstage je Arbeitswoche oder mindestens $^1/_3$ der vereinbarten regelmäßigen Arbeitszeit tätig werden, dann ist dies die erste Tätigkeitsstätte.
- Entsprechendes gilt, wenn der Arbeitnehmer an einer Tätigkeitsstätte arbeitstäglich und mindestens $^1/_3$ der vereinbarten regelmäßigen Arbeitszeit tätig werden soll.
- Soll der Arbeitnehmer an einer Tätigkeitsstätte arbeitstäglich, aber weniger als $^1/_3$ der vereinbarten regelmäßigen Arbeitszeit tätig werden, dann führt dies nur zu einer ersten Tätigkeitsstätte, wenn der Arbeitnehmer dort typischerweise arbeitstäglich seine eigentliche berufliche Tätigkeit und nicht nur Vorbereitungs-, Hilfs- oder Nebentätigkeiten (Rüstzeiten, Abholung oder Abgabe von Kundendienstfahrzeugen oder LKWs einschließlich deren Be- und Entladung, die Abgabe von Auftragsbestätigungen, Stundenzetteln, Krankmeldungen, Urlaubsanträgen oder Ähnlichem) durchführen soll.
- Erfüllen danach mehrere Tätigkeitsstätten die quantitativen Voraussetzungen für eine erste Tätigkeitsstätte, kann der Arbeitgeber bestimmen, welche dieser Tätigkeitsstätten die erste Tätigkeitsstätte ist.
- Fehlt eine solche Bestimmung des Arbeitgebers, wird zugunsten des Arbeitnehmers die Tätigkeitsstätte zugrunde gelegt, die der Wohnung des Arbeitnehmers am nächsten liegt.

gg) Mehrere Tätigkeitsstätten

30 Der Arbeitnehmer kann je Dienstverhältnis höchstens eine erste Tätigkeitsstätte haben (§ 9 Absatz 4 Satz 5 EStG). Hingegen kann ein Arbeitnehmer mit mehreren Dienstverhältnissen auch mehrere erste Tätigkeitsstätten haben (je Dienstverhältnis jedoch höchstens eine).

31 Erfüllen mehrere Tätigkeitsstätten in einem Dienstverhältnis die quantitativen Kriterien für die Annahme einer ersten Tätigkeitsstätte, kann der Arbeitgeber die erste Tätigkeitsstätte bestimmen (§ 9 Absatz 4 Satz 6 EStG). Dabei muss es sich nicht um die Tätigkeitsstätte handeln, an der der Arbeitnehmer den zeitlich überwiegenden oder qualitativ bedeutsameren Teil seiner beruflichen Tätigkeit ausüben soll.

Beispiel 21:

Der in H wohnende Filialleiter A ist an drei Tagen in der Woche in einer Filiale seines Arbeitgebers in H und an zwei Tagen in der Woche in einer Filiale seines Arbeitgebers in S tätig. Der Arbeitgeber bestimmt die Filiale in S zur ersten Tätigkeitsstätte.
Durch die Bestimmung seines Arbeitgebers hat der Filialleiter A in der betrieblichen Einrichtung in S seine erste Tätigkeitsstätte. Unerheblich ist, dass er dort lediglich zwei Tage und damit nicht zeitlich überwiegend beruflich tätig ist.

32 Macht der Arbeitgeber von seinem Bestimmungsrecht nach § 9 Absatz 4 Satz 6 EStG keinen Gebrauch oder ist die Bestimmung nicht eindeutig, ist die der Wohnung des Arbeitnehmers örtlich am nächsten liegende Tätigkeitsstätte die erste Tätigkeitsstätte (§ 9 Absatz 4 Satz 7 EStG). Die Fahrten zu weiter entfernt liegenden Tätigkeitsstätten werden in diesem Fall als Auswärtstätigkeit qualifiziert.

Beispiel 22:

Der in H wohnende Filialleiter A soll typischerweise arbeitstäglich in drei Filialen (X, Y und Z) seines Arbeitgebers tätig werden. Er fährt morgens mit seinem eigenen PKW regelmäßig zur Filiale X, dann zur Filiale Y, von dort zur Filiale Z und von dieser zur Wohnung. Die Filiale in Y liegt der Wohnung am nächsten. Der Arbeitgeber ordnet A arbeitsrechtlich keine Filiale (als erste Tätigkeitsstätte) zu.
Erste Tätigkeitsstätte ist die Filiale Y, da diese der Wohnung des A am nächsten liegt. Die Tätigkeit in X und Z sind beruflich veranlasste Auswärtstätigkeiten. Da A von seiner Wohnung zu einer auswärtigen Tätigkeitsstätte, von dort zur ersten Tätigkeitsstätte und von dort wieder zu einer anderen auswärtigen Tätigkeitsstätte fährt, liegen keine Fahrten zwischen Wohnung und erster Tätigkeitsstätte vor, sondern Fahrten, für die ein steuerfreier Arbeitgeberersatz bzw. Werbungskostenabzug nach Reisekostengrundsätzen in Betracht kommt.

Abwandlung:

Wie Beispiel 22, allerdings nutzt der Filialleiter A für die arbeitstäglichen Fahrten einen ihm vom Arbeitgeber überlassenen Dienstwagen; A führt kein Fahrtenbuch, sondern ermittelt den geldwerten Vorteil nach der pauschalen Nutzungswertmethode.
Grundsätzlich ist ein geldwerter Vorteil für die Möglichkeit, den Dienstwagen für Fahrten zwischen Wohnung und erster Tätigkeitsstätte zu nutzen, in Höhe von 0,03% des Listenpreises je Entfernungskilometer anzusetzen. Weist A mittels Einzelaufzeichnungen die Zahl der tatsächlichen Fahrten zwischen Wohnung und erster Tätigkeitsstätte nach, ist stattdessen für jede Fahrt ein geldwerter Vorteil von 0,002% des Listenpreises je Entfernungskilometer anzusetzen. Im vor-

liegenden Fall hat A keine unmittelbaren Fahrten zwischen Wohnung und erster Tätigkeitsstätte; daher ist – bei Nachweis der tatsächlichen Fahrten – insoweit kein geldwerter Vorteil anzusetzen.

Beispiel 23:

Die Pflegedienstkraft P hat täglich vier Personen zu betreuen. Alle vier Pflegepersonen sollen von P nach Absprache mit der Pflegedienststelle (Arbeitgeber) bis auf Weiteres arbeitstäglich regelmäßig betreut werden. Der Arbeitgeber hat keine dieser Pflegestellen als erste Tätigkeitsstätte bestimmt.
Erste Tätigkeitsstätte der P ist die ihrer Wohnung am nächsten liegende Pflegestelle.

Abwandlung:

Die vier Pflegepersonen sollen von P nach Absprache mit der Pflegedienststelle (Arbeitgeber) zunächst für die Dauer von zwei Jahren arbeitstäglich regelmäßig betreut werden.
Die Pflegedienstkraft hat keine erste Tätigkeitsstätte, da sie an keiner der Pflegestellen dauerhaft tätig werden soll.

hh) Erste Tätigkeitsstätte bei Vollzeitstudium oder vollzeitigen Bildungsmaßnahmen

33[1] Erste Tätigkeitsstätte ist auch eine Bildungseinrichtung, die außerhalb eines Dienstverhältnisses zum Zwecke eines Vollzeitstudiums oder einer vollzeitigen Bildungsmaßnahme aufgesucht wird (§ 9 Absatz 4 Satz 8 EStG).

Die Dauer einer vollzeitigen Bildungsmaßnahme ist für die Einordnung einer Bildungseinrichtung als erste Tätigkeitsstätte dabei unerheblich. Eine zeitliche Mindestdauer der Bildungsmaßnahme ist nicht erforderlich. Eine Bildungseinrichtung gilt daher auch dann als erste Tätigkeitsstätte, wenn sie vom Steuerpflichtigen im Rahmen einer nur kurzzeitigen Bildungsmaßnahme aufgesucht wird. Davon ist auszugehen, wenn der Steuerpflichtige die Bildungseinrichtung anlässlich der regelmäßig zeitlich befristeten Bildungsmaßnahme nicht nur gelegentlich, sondern mit einer gewissen Nachhaltigkeit, d. h. fortdauernd und immer wieder (dauerhaft) aufsucht (BFH-Urteil vom 14. Mai 2020, VI R 24/18, BStBl II S. 770).

Ein Studium oder eine Bildungsmaßnahme findet insbesondere dann außerhalb eines Dienstverhältnisses statt, wenn

- diese nicht Gegenstand des Dienstverhältnisses sind, auch wenn sie seitens des Arbeitgebers durch Hingabe von Mitteln, wie z. B. eines Stipendiums, gefördert werden oder
- diese ohne arbeitsvertragliche Verpflichtung absolviert werden und die Beschäftigung lediglich das Studium oder die Bildungsmaßnahme ermöglicht.

Zur Abgrenzung gegenüber einem Studium oder einer Bildungsmaßnahme innerhalb eines Dienstverhältnisses vgl. auch R 9.2 sowie 19.7 LStR 2015[2].

34 Ein Vollzeitstudium oder eine vollzeitige Bildungsmaßnahme liegt insbesondere vor, wenn der Steuerpflichtige im Studium oder in der Bildungsmaßnahme für einen Beruf ausgebildet wird und daneben entweder

- keiner Erwerbstätigkeit nachgeht oder
- während der gesamten Dauer des Studiums oder der Bildungsmaßnahme eine Erwerbstätigkeit mit durchschnittlich bis zu 20 Stunden regelmäßiger wöchentlicher Arbeitszeit oder in Form eines geringfügigen Beschäftigungsverhältnisses i. S. d. §§ 8 und 8 a SGB IV ausübt.

35 Dies gilt auch für den Sonderausgabenabzug nach § 10 Absatz 1 Nummer 7 EStG.

b) Fahrtkosten bei auswärtiger Tätigkeit, Sammelpunkt, weiträumiges Tätigkeitsgebiet, § 9 Absatz 1 Satz 3 Nummer 4 a EStG

aa) Tatsächliche Fahrtkosten und pauschaler Kilometersatz bei auswärtiger Tätigkeit

36 Ist ein Arbeitnehmer außerhalb seiner Wohnung und ersten Tätigkeitsstätte beruflich tätig (auswärtige berufliche Tätigkeit), gilt für die steuerliche Berücksichtigung der tatsächlichen Fahrtkosten im Zusammenhang mit dieser beruflichen Tätigkeit Folgendes:

37[3] Statt der tatsächlichen Aufwendungen kann aus Vereinfachungsgründen typisierend je nach Art des benutzten Verkehrsmittels (z. B. PKW, Motorrad) auch ein pauschaler Kilometersatz (höchste Wegstreckenentschädigung nach dem Bundesreisekostengesetz für das jeweils benutzte Beförderungsmittel: Benutzung eines Kraftwagens, z. B. PKW 0,30 €, für jedes andere motorbetriebene Fahrzeug 0,20 €) für jeden gefahrenen Kilometer angesetzt werden (§ 9 Absatz 1 Satz 3 Nummer 4 a Satz 2 EStG). Eine Prüfung der tatsächlichen Kilometerkosten ist demnach nicht mehr erforderlich, wenn der Arbeitnehmer von dieser gesetzlichen Typisierung Gebrauch macht.

bb) „Sammelpunkt"

38 Liegt keine erste Tätigkeitsstätte (nach Rz. 6 ff. oder Rz. 26 ff.) vor und bestimmt der Arbeitgeber durch dienst- oder arbeitsrechtliche Festlegung, dass der Arbeitnehmer sich dauerhaft (Rz. 14 ff.) typischerweise arbeitstäglich[4] an einem festgelegten Ort, der die Kriterien für eine erste Tätigkeitsstätte nicht erfüllt (z. B. Treffpunkt für einen betrieblichen Sammeltransport, das Busdepot, der Fährhafen), einfinden soll, um von dort seine unterschiedlichen eigentlichen Einsatzorte aufzusuchen oder von dort seine berufliche Tätigkeit aufzunehmen, werden die Fahrten des Arbeitnehmers von der Wohnung zu diesem Ort wie Fahrten zu einer ersten Tätigkeitsstätte behandelt. Fahrtkosten für diese Fahrten dürfen nur durch den Ansatz der Entfernungspauschale (§ 9 Absatz 1 Satz 3 Nummer 4 und Absatz 2 EStG) steuerlich berücksichtigt werden.

---

[1] **[Amtl. Anm.:]** Sieht die Studienordnung einer Universität vor, dass Studierende einen Teil des Studiums an einer anderen (weiteren) Hochschule (hier Auslandssemester) absolvieren können bzw. müssen, wird an der anderen Hochschule keine weitere erste Tätigkeitsstätte i. S. d. § 9 Abs. 4 Satz 8 begründet (BFH vom 14. 5. 2020, BStBl. II 2021 S. 302).

[2] **[Amtl. Anm.:]** Jetzt LStR 2023.

[3] **[Amtl. Anm.:]** Der Ansatz der pauschalen Kilometersätze kommt nicht in Betracht, wenn der Arbeitnehmer ein regelmäßig verkehrendes Beförderungsmittel i. S. d. § 4 Abs. 1 BRKG benutzt (siehe BFH vom 11. 2. 2021 – BStBl. II S. 440).

[4] **[Amtl. Anm.:]** Begriff „typischerweise arbeitstäglich" konkretisiert durch BFH vom 19. 4. 2021 (BStBl. II S. 727).

Anl zu LStH 9.4

Beispiel 24:

Bus- oder LKW-Fahrer haben regelmäßig keine erste Tätigkeitsstätte. Lediglich, wenn dauerhaft und typischerweise arbeitstäglich ein vom Arbeitgeber festgelegter Ort aufgesucht werden soll, werden die Fahrten von der Wohnung zu diesem Ort/Sammelpunkt gleich behandelt mit den Fahrten von der Wohnung zu einer ersten Tätigkeitsstätte.

Beispiel 25:

Kundendienstmonteure haben ebenfalls in der Regel keine erste Tätigkeitsstätte. Nur dann, wenn dauerhaft und typischerweise arbeitstäglich ein vom Arbeitgeber festgelegter Ort aufgesucht werden soll, werden die Fahrten von der Wohnung zu diesem Ort/Sammelpunkt ebenso behandelt wie die Fahrten von der Wohnung zu einer ersten Tätigkeitsstätte.

Beispiel 26:

Seeleute, die auf einem Schiff tätig werden sollen, haben in der Regel keine erste Tätigkeitsstätte, da das Schiff keine ortsfeste betriebliche Einrichtung des Arbeitgebers ist. Soll der Dienstantritt, die Ein- und Ausschiffung aber typischerweise arbeitstäglich von dem gleichen Anleger (wie z. B. einem Fähranleger, Liegeplatz des Seenotrettungskreuzers, Anleger des Fahrgastschiffes) erfolgen, werden die Fahrten zu diesem Ort/Sammelpunkt ebenso behandelt wie die Fahrten von der Wohnung zu einer ersten Tätigkeitsstätte.

Beispiel 27:

Angestellte Lotsen haben üblicherweise keine erste Tätigkeitsstätte, wenn sie ihre Tätigkeit typischerweise auf verschiedenen Schiffen ausüben sollen. Fahrten von der Wohnung zu einer vom Arbeitgeber festgelegten Lotsenstation oder Lotsenwechselstation, um von dort zum Einsatz auf ein Schiff verbracht zu werden, werden ebenso behandelt wie die Fahrten von der Wohnung zu einer ersten Tätigkeitsstätte.

39 Treffen sich mehrere Arbeitnehmer typischerweise arbeitstäglich an einem bestimmten Ort, um von dort aus gemeinsam zu ihren Tätigkeitsstätten zu fahren (privat organisierte Fahrgemeinschaft), liegt kein „Sammelpunkt" nach § 9 Absatz 1 Satz 3 Nr. 4 a Satz 3 EStG vor. Es fehlt insoweit an einer dienst- oder arbeitsrechtlichen Festlegung des Arbeitgebers.

40 Auf die Berücksichtigung von Verpflegungspauschalen oder Übernachtungskosten als Werbungskosten oder den steuerfreien Arbeitgeberersatz hierfür hat diese Festlegung als Sammelpunkt hingegen keinen Einfluss, da der Arbeitnehmer weiterhin außerhalb einer ersten Tätigkeitsstätte und somit auswärts beruflich tätig wird. Es wird keine erste Tätigkeitsstätte fingiert, sondern nur die Anwendung der Entfernungspauschale für die Fahrtkosten von der Wohnung zu diesem Ort sowie die Besteuerung eines geldwerten Vorteils bei Dienstwagengestellung durch den Arbeitgeber nach § 8 Absatz 2 Satz 3 und 4 EStG festgelegt und der steuerfreie Arbeitgeberersatz für diese Fahrten nach § 3 Nummer 13 oder Nummer 16 EStG ausgeschlossen.

cc) Weiträumiges Tätigkeitsgebiet

41 Soll der Arbeitnehmer auf Grund der Weisungen des Arbeitgebers seine berufliche Tätigkeit typischerweise arbeitstäglich in einem weiträumigen Tätigkeitsgebiet ausüben, findet für die Fahrten von der Wohnung zu diesem Tätigkeitsgebiet ebenfalls die Entfernungspauschale Anwendung.

42 Ein weiträumiges Tätigkeitsgebiet liegt in Abgrenzung zur ersten Tätigkeitsstätte vor, wenn die vertraglich vereinbarte Arbeitsleistung auf einer festgelegten Fläche und nicht innerhalb einer ortsfesten betrieblichen Einrichtung des Arbeitgebers, eines verbundenen Unternehmens (§ 15 AktG) oder bei einem vom Arbeitgeber bestimmten Dritten ausgeübt werden soll.[1] In einem weiträumigen Tätigkeitsgebiet werden in der Regel z. B. Zusteller[2] oder Forstarbeiter tätig.

Hingegen sind z. B. Bezirksleiter und Vertriebsmitarbeiter, die verschiedene Niederlassungen betreuen, oder mobile Pflegekräfte, die verschiedene Personen in deren Wohnungen in einem festgelegten Gebiet betreuen, sowie Schornsteinfeger von dieser Regelung nicht betroffen.

43 Wird das weiträumige Tätigkeitsgebiet immer von verschiedenen Zugängen aus betreten oder befahren, ist die Entfernungspauschale aus Vereinfachungsgründen bei diesen Fahrten nur für die kürzeste Entfernung von der Wohnung zum nächstgelegenen Zugang anzuwenden.

44 Für alle Fahrten innerhalb des weiträumigen Tätigkeitsgebietes sowie für die zusätzlichen Kilometer bei den Fahrten von der Wohnung zu einem weiter entfernten Zugang können weiterhin die tatsächlichen Aufwendungen oder der sich am Bundesreisekostengesetz orientierende maßgebliche pauschale Kilometersatz angesetzt werden.

Beispiel 28:

Der Forstarbeiter A fährt an 150 Tagen mit dem PKW von seiner Wohnung zu dem 15 km entfernten, nächstgelegenen Zugang des von ihm täglich zu betreuenden Waldgebietes (weiträumiges Tätigkeitsgebiet). An 70 Tagen fährt A von seiner Wohnung über einen weiter entfernt gelegenen Zugang (20 km) in das Waldgebiet.

Die Fahrten von der Wohnung zu dem weiträumigen Tätigkeitsgebiet werden behandelt wie die Fahrten von der Wohnung zu einer ersten Tätigkeitsstätte. A kann somit für diese Fahrten lediglich die Entfernungspauschale in Höhe von 0,30 € je Entfernungskilometer (= 15 km × 0,30 €) als Werbungskosten ansetzen. Die Fahrten innerhalb des Waldgebietes können mit den tatsächlichen Kosten oder aus Vereinfachungsgründen mit dem pauschalen Kilometersatz in Höhe von 0,30 € je tatsächlich gefahrenem Kilometer berücksichtigt werden.

Bei den Fahrten zu dem weiter entfernt gelegenen Zugang werden ebenfalls nur 15 Kilometer mit der Entfernungspauschale (15 km × 0,30 €) berücksichtigt. Die jeweils zusätzlichen fünf Kilometer für den tatsächlich längeren Hin- und Rückweg werden ebenso wie die Fahrten innerhalb des weiträumigen Tätigkeitsgebietes mit den tatsächlichen Kosten oder aus Vereinfachungsgründen mit dem pauschalen Kilometersatz in Höhe von 0,30 € je gefahrenem Kilometer berücksichtigt.

---

[1] **[Amtl. Anm.:]** Bestätigt durch BFHvom 15. 2. 2023 (BStBl. II S. 829).

[2] **[Amtl. Anm.:]** Der Zustellpunkt (Zustellzentrum), dem ein Postzusteller zugeordnet ist und an dem er arbeitstäglich vor- und nachbereitende Tätigkeiten (z. B. Sortiertätigkeiten, Abschreibpost, Abrechnungen) ausübt, ist erste Tätigkeitsstätte (siehe BFH vom 30. 9. 2020, BStBl. II 2021 S. 306).

Somit sind für 220 Tage jeweils 15 km mit der Entfernungspauschale und die restlichen tatsächlich gefahrenen Kilometer mit den tatsächlichen Kosten oder aus Vereinfachungsgründen mit dem pauschalen Kilometersatz in Höhe von 0,30 € anzusetzen. Anl zu LStH 9.4

45 Auf die Berücksichtigung von Verpflegungspauschalen oder Übernachtungskosten als Werbungskosten sowie den steuerfreien Arbeitgeberersatz hat diese Festlegung „tätig werden in einem weiträumigen Tätigkeitsgebiet" keinen Einfluss, da der Arbeitnehmer weiterhin außerhalb einer ersten Tätigkeitsstätte – und damit auswärts – beruflich tätig wird. Es wird nur die Anwendung der Entfernungspauschale für die Fahrtkosten von der Wohnung zum nächstgelegenen Zugang zu dem weiträumigen Tätigkeitsgebiet sowie die Besteuerung eines geldwerten Vorteils bei Dienstwagengestellung durch den Arbeitgeber nach § 8 Absatz 2 Satz 3 und 4 EStG festgelegt und der steuerfreie Arbeitgeberersatz für diese Fahrten nach § 3 Nummer 13 oder Nummer 16 EStG ausgeschlossen.

46[1] Soll der Arbeitnehmer in mehreren ortsfesten Einrichtungen seines Arbeitgebers, eines verbundenen Unternehmens oder eines Dritten, die innerhalb eines bestimmten Bezirks gelegen sind, beruflich tätig werden, wird er nicht in einem weiträumigen Tätigkeitsgebiet, sondern an verschiedenen, ggf. sogar ständig wechselnden Tätigkeitsstätten tätig.

2. Verpflegungsmehraufwendungen

a) Vereinfachung bei der Ermittlung der Pauschalen, § 9 Absatz 4 a Satz 2 bis 5 EStG

aa) Eintägige Auswärtstätigkeiten im Inland

47 Für eintägige auswärtige Tätigkeiten ohne Übernachtung kann ab einer Abwesenheit von mehr als 56
acht Stunden von der Wohnung und der ersten Tätigkeitsstätte eine Pauschale für Verpflegungsmehraufwendungen von 14 € berücksichtigt werden. Dies gilt auch, wenn der Arbeitnehmer seine auswärtige berufliche Tätigkeit über Nacht (also an zwei Kalendertagen) ausübt – somit nicht übernachtet – und dadurch ebenfalls insgesamt mehr als acht Stunden von der Wohnung und der ersten Tätigkeitsstätte abwesend ist. Ist der Arbeitnehmer an einem Kalendertag mehrfach oder über Nacht (an zwei Kalendertagen ohne Übernachtung) auswärts tätig, können die Abwesenheitszeiten dieser Tätigkeiten zusammengerechnet und im Fall der Tätigkeit über Nacht für den Kalendertag berücksichtigt werden, an dem der Arbeitnehmer den überwiegenden Teil der insgesamt mehr als 8 Stunden abwesend ist (§ 9 Absatz 4 a Satz 3 Nummer 3 2. Halbsatz EStG).

Beispiel 29:

Der Vertriebsleiter V verlässt um 8.00 Uhr seine Wohnung in B und besucht zuerst bis 12.00 Uhr einen Kunden. Von 12.30 Uhr bis 14.30 Uhr ist er in seinem Büro (erste Tätigkeitsstätte) tätig. Anschließend fährt er von dort zu einer Tagung in C und kehrt um 19.00 Uhr noch einmal für eine Stunde in sein Büro in B zurück.

Es zählen die Zeiten vom Verlassen der Wohnung bis zur Ankunft an der ersten Tätigkeitsstätte (Büro) mittags sowie vom Verlassen der ersten Tätigkeitsstätte (Büro) bis zur Rückkehr dorthin. V war zweimal beruflich auswärts tätig und dabei insgesamt mehr als acht Stunden von seiner Wohnung und seiner ersten Tätigkeitsstätte abwesend. Er erfüllt daher die Voraussetzungen der Verpflegungspauschale für eine eintägige Auswärtstätigkeit (14 €).

Beispiel 30:

Der Kurierfahrer K ist typischerweise von 20.00 Uhr bis 5.30 Uhr des Folgetags beruflich unterwegs. In dieser Zeit legt er regelmäßig auch eine Lenkpause von 45 Minuten ein. Seine Wohnung verlässt K um 19.30 Uhr und kehrt um 6.00 Uhr dorthin zurück. Eine erste Tätigkeitsstätte liegt nicht vor.

K ist im Rahmen seiner beruflichen Auswärtstätigkeit (Fahrtätigkeit) über Nacht von seiner Wohnung abwesend. Bei der Lenkpause handelt es sich nicht um eine Übernachtung. Die Abwesenheitszeiten über Nacht können aber zusammengerechnet werden. Sie werden für den zweiten Kalendertag berücksichtigt, an dem A den überwiegenden Teil der Zeit abwesend ist. A erfüllt die Voraussetzungen der Verpflegungspauschale für eine eintägige Auswärtstätigkeit (14 €).

Abwandlung 1:

Die berufliche Fahrtätigkeit des K verteilt sich wie folgt auf die Tage (in Stunden):

Montag	Dienstag		Mittwoch		Donnerstag		Freitag		Samstag
5	4	5	4	5	4	4,5	5	5	4

Wählt K die Zusammenrechnung der Abwesenheitszeiten über Nacht, kann K eine Verpflegungspauschale für eine eintägige Auswärtstätigkeit in Höhe von 14 € für folgende Tage beanspruchen: Montag, Dienstag, Mittwoch und Freitag.

Rechnet K stattdessen die an dem jeweiligen Tag geleisteten einzelnen Abwesenheitszeiten zusammen, dann kann K für Dienstag, Mittwoch, Donnerstag und Freitag eine Verpflegungspauschale von jeweils 14 € beanspruchen.

Abwandlung 2:

Die berufliche Fahrtätigkeit des K verteilt sich wie folgt auf die Tage (in Stunden):

Montag	Dienstag		Mittwoch		Donnerstag		Freitag		Samstag
5	4	5	4	5	4	4,5	4	4	5

Wählt K die Zusammenrechnung der Abwesenheitszeiten über Nacht, kann K eine Verpflegungspauschale für eine eintägige Auswärtstätigkeit in Höhe von 14 € für folgende Tage beanspruchen: Montag, Dienstag, Mittwoch, Donnerstag und Samstag.

Rechnet K die an dem jeweiligen Tag geleisteten einzelnen Abwesenheitszeiten zusammen, kann K nur für Dienstag, Mittwoch und Donnerstag eine Verpflegungspauschale von jeweils 14 € beanspruchen.

Maßgeblich hierfür ist die gesetzliche Regelung des § 9 Absatz 4 a Satz 3 Nummer 3 2. Halbsatz EStG, die anstelle der auf den Kalendertag bezogenen Betrachtung bei auswärtigen beruflichen Tätigkeiten über Nacht ohne Übernachtung ausnahmsweise die Zusammenrechnung dieser Zeiten ermöglicht.

---

[1] **[Amtl. Anm.:]** Bestätigt durch BFH vom 15. 2. 2023 (BStBl. II S. 829).

Anl zu LStH 9.4

Beispiel 31:

Der Arbeitnehmer A unternimmt, ohne zu übernachten, eine Dienstreise, die am 5. Mai um 17.00 Uhr beginnt und am 6. Mai um 7.30 Uhr beendet wird. Am 6. Mai unternimmt A nachmittags eine weitere Dienstreise (von 14.00 Uhr bis 23.30 Uhr).
A hat hier die Möglichkeit, die Abwesenheitszeiten der ersten Dienstreise über Nacht zusammenzurechnen (= 14 Stunden und 30 Minuten). Bedingt durch die überwiegende Abwesenheit am 6. Mai ist die dafür zu berücksichtigende Verpflegungspauschale dann dem 6. Mai zuzurechnen.
Alternativ können auch alle ausschließlich am 6. Mai geleisteten Abwesenheitszeiten (7 Stunden 30 Minuten zuzüglich 9 Stunden 30 Minuten = 17 Stunden) zusammengerechnet werden. In diesem Fall bleiben die während der ersten Dienstreise angefallenen Abwesenheitszeiten unberücksichtigt.
Unabhängig davon, für welche Berechnungsmethode A sich entscheidet, steht ihm lediglich eine Verpflegungspauschale von 14 € für den 6. Mai zu.
Eine Verpflegungspauschale von 28 € kommt nur in Betracht, wenn entweder die gesamte Tätigkeit über Nacht oder die Tätigkeit an dem jeweiligen Kalendertag 24 Stunden erreicht.

Beispiel 32:

Der Arbeitnehmer A arbeitet von 8.30 Uhr bis 17.00 Uhr in seinem Büro in B (erste Tätigkeitsstätte), anschließend fährt er zu einem Geschäftstermin in C. Der Termin erstreckt sich bis 0.30 Uhr des Folgetags. A kehrt um 1.30 Uhr in seine Wohnung zurück.
A war wegen beruflicher Tätigkeit mehr als acht Stunden auswärts tätig. Dass sich die Abwesenheit über zwei Kalendertage ohne Übernachtung erstreckt, ist unschädlich. Die Abwesenheiten werden zusammengerechnet und dem ersten Kalendertag zugeordnet, weil an diesem Tag der überwiegende Teil der Abwesenheit stattgefunden hat. A erfüllt die Voraussetzungen der Verpflegungspauschale für eine eintägige Auswärtstätigkeit (14 €).

bb) Mehrtägige Auswärtstätigkeiten im Inland

48 Für jeden Kalendertag, an dem der Arbeitnehmer aufgrund einer auswärtigen beruflichen Tätigkeit (Rz. 36) 24 Stunden von seiner Wohnung abwesend ist (Zwischentag), kann eine Pauschale für Verpflegungsmehraufwendungen von 28 € als Werbungskosten geltend gemacht bzw. vom Arbeitgeber steuerfrei ersetzt werden.

49 Für den An- und Abreisetag einer mehrtägigen auswärtigen Tätigkeit mit Übernachtung außerhalb der Wohnung kann ohne Prüfung einer Mindestabwesenheitszeit eine Pauschale von jeweils 14 € als Werbungskosten berücksichtigt bzw. vom Arbeitgeber steuerfrei ersetzt werden. Dabei ist es unerheblich, ob der Arbeitnehmer die Reise von der Wohnung, der ersten oder einer anderen Tätigkeitsstätte aus antritt. Eine mehrtägige auswärtige Tätigkeit mit Übernachtung liegt auch dann vor, wenn die berufliche Auswärtstätigkeit über Nacht ausgeübt wird und sich daran eine Übernachtung am Tage sowie eine weitere Tätigkeit über Nacht anschließt. Unerheblich ist auch, ob für die Übernachtung tatsächlich Übernachtungskosten anfallen (so z. B. bei Schlafen im Bus, LKW oder Lok).

Beispiel 33:

Der Ingenieur I aus B ist von Montagabend bis Dienstag in M auswärts tätig. An diese Tätigkeit schließt sich am Dienstag gleich die Weiterreise nach H zu einer neuen auswärtigen Tätigkeit an. I fährt von M direkt nach H und kehrt am Mittwochmittag zu seiner Wohnung zurück.
I kann folgende Verpflegungspauschalen beanspruchen: für Montag als Anreisetag und für Mittwoch als Rückreisetag stehen ihm jeweils 14 € zu. Da I am Dienstag infolge der Abreise aus M und direkten Anreise nach H 24 Stunden von seiner Wohnung und ersten Tätigkeitsstätte abwesend ist, kann er für diesen Tag eine Pauschale von 28 € beanspruchen.

Abwandlung:

I sucht am Dienstag kurz seine Wohnung in B auf, um Unterlagen und Kleidung einzupacken, und fährt nach einer Stunde weiter nach H.
In diesem Fall kann I auch für Dienstag als An- und gleichzeitig als Abreisetag nur 14 € Verpflegungspauschale beanspruchen. Eine Verpflegungspauschale von 28 € kann nur dann beansprucht werden, wenn I infolge seiner beruflichen Auswärtstätigkeit 24 Stunden von seiner Wohnung und ersten Tätigkeitsstätte abwesend ist.

Beispiel 34:

Monteur M aus D ist von Montag bis Mittwoch in S auswärts tätig. Eine erste Tätigkeitsstätte besteht nicht. M verlässt am Montag um 10.30 Uhr seine Wohnung in D. M verlässt S am Mittwochabend und erreicht seine Wohnung in D am Donnerstag um 1.45 Uhr.
M steht für Montag (Anreisetag) eine Verpflegungspauschale von 14 € zu. Für Dienstag und Mittwoch kann M eine Pauschale von 28 € beanspruchen, da er an diesen Tagen 24 Stunden von seiner Wohnung abwesend ist. Für Donnerstag steht ihm eine Pauschale von 14 € zu (Abreisetag).

50 Als Wohnung im vorstehenden Sinn gilt (§ 9 Absatz 4 a Satz 4, 2. Halbsatz EStG)
- der Hausstand, der den Mittelpunkt der Lebensinteressen des Arbeitnehmers bildet und nicht nur gelegentlich aufgesucht wird oder
- die Zweitwohnung am Ort einer steuerlich anzuerkennenden doppelten Haushaltsführung (insbesondere zu berücksichtigen, wenn der Arbeitnehmer mehrere Wohnungen hat).

Beispiel 35:

Wohnung in diesem Sinne kann somit z. B. bei Auszubildenden auch die elterliche Wohnung sein, wenn sich dort noch der Lebensmittelpunkt des Auszubildenden befindet.

Beispiel 36:

Übernachtet der Arbeitnehmer aus beruflichem Anlass z. B. im Rahmen einer Auswärtstätigkeit in seinem eigenen Ferienappartement, welches er nur gelegentlich aufsucht, handelt es sich um eine mehrtägige auswärtige Tätigkeit mit Übernachtung, auch wenn für die Übernachtung selbst keine Kosten entstehen.

cc) Auswärtstätigkeiten im Ausland

51 Unter den gleichen Voraussetzungen wie bei inländischen Auswärtstätigkeiten werden bei Auswärtstätigkeiten im Ausland Pauschalen für Verpflegungsmehraufwendungen gewährt. Diese betragen bei einer Abwesenheit von 24 Stunden 120% und für den An- sowie Abreisetag oder eine Abwesenheit von mehr als 8 Stunden 80% der Auslandstagegelder nach dem Bundesreisekostengesetz. Die jeweiligen Beträge werden regelmäßig durch BMF-Schreiben bekannt gemacht.[1] Im Hinblick auf die bei auswärtigen beruflichen Tätigkeiten im Ausland oftmals über Nacht oder mehrere Tage andauernden An- und Abreisen genügt es für die Qualifizierung als An- und Abreisetag, wenn der Arbeitnehmer unmittelbar nach der Anreise oder vor der Abreise auswärtig übernachtet. Die übrigen Regelungen zu den Besonderheiten bei Auswärtstätigkeiten im Ausland gelten weiter (so z. B. R 9.6 Absatz 3 LStR 2015)[2]. Anl zu LStH 9.4

52 Bei Auswärtstätigkeiten in verschiedenen ausländischen Staaten gilt für die Ermittlung der Verpflegungspauschalen am An- und Abreisetag Folgendes:
- Bei einer Anreise vom Inland ins Ausland oder vom Ausland ins Inland jeweils ohne Tätigwerden ist die Verpflegungspauschale des Ortes maßgebend, der vor 24.00 Uhr erreicht wird.
- Bei einer Abreise vom Ausland ins Inland oder vom Inland ins Ausland ist die Verpflegungspauschale des letzten Tätigkeitsortes maßgebend.

Beispiel 37:

Der Arbeitnehmer A reist am Montag um 20.00 Uhr zu einer beruflichen Auswärtstätigkeit von seiner Wohnung in Berlin nach Brüssel. Er erreicht Belgien um 2.00 Uhr. Dienstag ist er den ganzen Tag in Brüssel tätig. Am Mittwoch reist er zu einem weiteren Geschäftstermin um 8.00 Uhr nach Amsterdam. Er erreicht Amsterdam um 14.00 Uhr. Dort ist er bis Donnerstag um 13.00 Uhr tätig und reist anschließend zurück nach Berlin. Er erreicht seine Wohnung am Donnerstag um 22.30 Uhr.

Für Montag ist die inländische Verpflegungspauschale für den Anreisetag maßgebend, da A sich um 24.00 Uhr noch im Inland befindet. Für Dienstag ist die Verpflegungspauschale für Belgien anzuwenden. Für Mittwoch ist die Verpflegungspauschale für die Niederlande zu Grunde zu legen, da sich der Ort, den A vor 24 Uhr Ortszeit zuletzt erreicht hat, in den Niederlanden befindet (§ 9 Absatz 4 a Satz 5 EStG). Für Donnerstag ist die Verpflegungspauschale der Niederlande für den Abreisetag maßgeblich, da A noch bis 13.00 Uhr in Amsterdam beruflich tätig war.

Beispiel 38:

Der Arbeitnehmer A reist für ein berufliches Projekt am Sonntag um 21.00 Uhr von Paris nach Mannheim. Am Sonntag um 24.00 Uhr befindet sich A noch in Frankreich. A ist in Mannheim von Montag bis Freitag beruflich tätig und verlässt Mannheim am Freitag um 11.00 Uhr. Er erreicht Paris am Freitag um 21.00 Uhr.

Für Sonntag (Anreisetag) ist die Verpflegungspauschale für Frankreich maßgebend. Für Montag bis Freitag ist die jeweils maßgebliche inländische Verpflegungspauschale anzuwenden.

b) Dreimonatsfrist, § 9 Absatz 4 a Satz 6 EStG

53 Der Abzug der Verpflegungsmehraufwendungen ist auf die ersten drei Monate einer längerfristigen auswärtigen beruflichen Tätigkeit an derselben Tätigkeitsstätte beschränkt (vgl. Rz. 55). Werden während einer beruflichen Tätigkeit mehrere ortsfeste betriebliche Einrichtungen innerhalb eines Werks- oder Betriebsgeländes aufgesucht, handelt es sich um die Tätigkeit an einer (großräumigen) Tätigkeitsstätte (BFH-Urteile vom 11. April 2019, VI R 40/16 und VI R 12/17, BStBl. II S. 546 und 551). Handelt es sich um einzelne ortsfeste betriebliche Einrichtungen verschiedener Auftraggeber oder Kunden, liegen mehrere Tätigkeitsstätten vor. Dies gilt auch dann, wenn sich die Tätigkeitsstätten in unmittelbarer räumlicher Nähe zueinander befinden.

54 Um die Berechnung der Dreimonatsfrist zu vereinfachen, ist eine rein zeitliche Bemessung der Unterbrechungsregelung vorzunehmen. Eine Unterbrechung der beruflichen Tätigkeit an derselben Tätigkeitsstätte führt zu einem Neubeginn der Dreimonatsfrist, wenn sie mindestens vier Wochen dauert (§ 9 Absatz 4 a Satz 7 EStG). Der Grund der Unterbrechung ist unerheblich; es zählt nur die Unterbrechungsdauer.

55 Von einer längerfristigen beruflichen Tätigkeit an derselben Tätigkeitsstätte ist erst dann auszugehen, sobald der Arbeitnehmer an dieser mindestens an drei Tagen in der Woche tätig wird. Die Dreimonatsfrist beginnt daher nicht, solange die auswärtige Tätigkeitsstätte an nicht mehr als zwei Tagen in der Woche aufgesucht wird. Die Prüfung des Unterbrechungszeitraums und des Ablaufs der Dreimonatsfrist erfolgt stets im Nachhinein mit Blick auf die zurückliegende Zeit (Ex-post-Betrachtung).

Beispiel 39:

Der Bauarbeiter A soll ab März 01 arbeitstäglich an der Baustelle in H für 5 Monate tätig werden. Am 1. April 01 nimmt er dort seine Tätigkeit auf. Ab 20. Mai 01 wird er nicht nur in H, sondern für einen Tag wöchentlich auch an der Baustelle in B tätig, da dort ein Kollege ausgefallen ist.

Für die Tätigkeit an der Baustelle in H beginnt die Dreimonatsfrist am 1. April 01 und endet am 30. Juni 01. Eine vierwöchige Unterbrechung liegt nicht vor (immer nur eintägige Unterbrechung).

Für die Tätigkeit an der Baustelle in B greift die Dreimonatsfrist hingegen nicht, da A dort lediglich einen Tag wöchentlich tätig wird.

Beispiel 40:

Wie Beispiel 39, allerdings wird A ab 1. April 01 zwei Tage wöchentlich in H und drei Tage wöchentlich in B tätig. Ab 15. April 01 muss er für zwei Wochen nach M. Ab 1. Mai 01 ist er dann bis auf Weiteres drei Tage wöchentlich in H und zwei Tage in B tätig.

Für die Tätigkeit an der Baustelle in B beginnt die Dreimonatsfrist am 1. April 01 und endet am 30. Juni 01. Eine vierwöchige Unterbrechung liegt nicht vor (lediglich zwei Wochen und dann immer nur dreitägige Unterbrechung).

Für die Tätigkeit an der Baustelle in H beginnt die Dreimonatsfrist hingegen erst am 1. Mai 01, da A dort erst ab diesem Tag an drei Tagen wöchentlich tätig wird.

Beispiel 41:

Der Außendienstmitarbeiter A wohnt in K und hat am Betriebssitz seines Arbeitgebers in S seine erste Tätigkeitsstätte (arbeitsrechtliche Zuordnung durch den Arbeitgeber). A sucht arbeitstäglich die Filiale in K gegen 8.00 Uhr auf und be-

---

[1] Für 2025 vgl. BMF-Schreiben vom 2. 12. 2024 (BStBl. I S. 1549), abgedruckt als Anlage zu LStH 9.6.
[2] **[Amtl. Anm.:]** Jetzt LStR 2023.

Anl zu LStH 9.4

reitet sich dort üblicherweise für ein bis zwei Stunden auf seinen Außendienst vor. Von ca. 10.00 Uhr bis 16.30 Uhr sucht er dann verschiedene Kunden im Großraum K auf. Anschließend fährt er nochmals in die Filiale in K, um Nacharbeiten zu erledigen.

Bei dem arbeitstäglichen Vor- und Nachbereiten der Außendiensttätigkeit in der Filiale in K handelt es sich um eine längerfristige berufliche Auswärtstätigkeit an derselben Tätigkeitsstätte; für die berufliche Tätigkeit an dieser Tätigkeitsstätte können nach Ablauf von drei Monaten daher keine Verpflegungspauschalen mehr beansprucht werden. Für die restliche eintägige berufliche Auswärtstätigkeit bei den verschiedenen Kunden im Großraum K gilt dies nicht. Die Tätigkeitszeit in der Filiale in K kann für die Ermittlung der erforderlichen Mindestabwesenheitszeit von mehr als 8 Stunden nach Ablauf von 3 Monaten nicht mehr berücksichtigt werden, sondern ist abzuziehen. Ab dem vierten Monat kommt es für die Ermittlung der Abwesenheitszeiten der eintägigen Auswärtstätigkeit daher jeweils auf die Dauer der Abwesenheit von der Wohnung, abzüglich der Tätigkeitszeit(en) in der Filiale in K an.

56 Bei beruflichen Tätigkeiten auf mobilen, nicht ortsfesten betrieblichen Einrichtungen wie z. B. Fahrzeugen, Flugzeugen, Schiffen findet die Dreimonatsfrist keine Anwendung. Entsprechendes gilt für eine Tätigkeit in einem weiträumigen Tätigkeitsgebiet.

57 Die Regelungen zu den Verpflegungspauschalen sowie die Dreimonatsfrist gelten auch bei einer doppelten Haushaltsführung (§ 9 Absatz 4 a Satz 12 EStG).

c) Pauschalbesteuerung, § 40 Absatz 2 Satz 1 Nummer 4 EStG

58 Der Arbeitgeber kann die Lohnsteuer mit einem Pauschsteuersatz von 25% erheben, wenn dem Arbeitnehmer anlässlich einer Auswärtstätigkeit i. S. v. § 9 Absatz 4 a Satz 3, 5 und 6 EStG Vergütungen für Verpflegungsmehraufwendungen gezahlt werden, soweit diese die dem Arbeitnehmer zustehenden Verpflegungspauschalen ohne Anwendung der Kürzungsregelung nach § 9 Absatz 4 a Satz 8 bis 10 EStG um nicht mehr als 100% übersteigen.

59 Soweit nach Ablauf der Dreimonatsfrist eine steuerfreie Erstattung von Verpflegungsmehraufwendungen nicht mehr möglich ist, kommt eine Pauschalbesteuerung nach § 40 Absatz 2 Satz 1 Nummer 4 EStG nicht in Betracht.

Beispiel 42:

Der Arbeitnehmer A erhält während einer ununterbrochenen viermonatigen Auswärtstätigkeit von seinem Arbeitgeber Vergütungen für Verpflegungsmehraufwendungen in Höhe von 56 € für jeden vollen Kalendertag. Für An- und Abreisetage reduziert sich diese Vergütung auf 28 € pro Tag. Während seiner Auswärtstätigkeit wird dem Arbeitnehmer kostenlos eine Unterkunft vom Arbeitgeber zur Verfügung gestellt.

In den ersten drei Monaten ist die Verpflegungspauschale für die vollen Kalendertage in Höhe von 28 € und für die An- und Abreisetage jeweils in Höhe von 14 € steuerfrei. Der Mehrbetrag von 28 € bzw. 14 € kann mit 25 % pauschal versteuert werden. Ab dem vierten Monat sind die vom Arbeitgeber gezahlten Verpflegungsvergütungen von täglich 56 € bzw. 28 € wegen des Ablaufs der Dreimonatsfrist in voller Höhe als Arbeitslohn individuell zu versteuern.

60 Für Verpflegungszuschüsse, die während einer doppelten Haushaltsführung gezahlt werden (§ 9 Absatz 4 a Satz 12 EStG), ist die Pauschalbesteuerung nach § 40 Absatz 2 Satz 1 Nummer 4 EStG nicht zulässig.

3. Vereinfachung der steuerlichen Erfassung der vom Arbeitgeber zur Verfügung gestellten Mahlzeiten während einer auswärtigen Tätigkeit

a) Bewertung und Besteuerungsverzicht bei üblichen Mahlzeiten, § 8 Absatz 2 Satz 8 und 9 EStG

57 **61** Eine vom Arbeitgeber während einer beruflich veranlassten Auswärtstätigkeit zur Verfügung gestellte „übliche" Mahlzeit wird mit dem amtlichen Sachbezugswert nach § 2 der Sozialversicherungsentgeltverordnung[1] bewertet. Entsprechendes gilt für die bei einer beruflich veranlassten doppelten Haushaltsführung vom Arbeitgeber zur Verfügung gestellten „üblichen" Mahlzeiten. Als „üblich" gilt eine Mahlzeit, deren Preis 60 € nicht übersteigt (§ 8 Absatz 2 Satz 8 EStG). Hierbei sind auch die zur Mahlzeit eingenommenen Getränke einzubeziehen. Die Preisgrenze von 60 € gilt unabhängig davon, ob die Mahlzeit im Inland oder im Ausland zur Verfügung gestellt wird.

62 Mahlzeiten mit einem Preis von über 60 € dürfen nicht mit dem amtlichen Sachbezugswert bewertet werden. Bei einer solchen Mahlzeit wird typisierend unterstellt, dass es sich um ein „Belohnungsessen" (R 8.1 Absatz 8 Nummer 2 LStR 2015)[2] handelt. Belohnungsessen sind mit dem tatsächlichen Preis als Arbeitslohn (§ 8 Absatz 2 Satz 1 EStG) anzusetzen.

63 Für die Prüfung der 60 €-Grenze kommt es auf den Preis der Mahlzeit (einschließlich Umsatzsteuer) an, den der Dritte dem Arbeitgeber in Rechnung stellt. Zuzahlungen des Arbeitnehmers sind bei der Prüfung der 60 €-Grenze nicht zu berücksichtigen. Ist der Preis der Mahlzeit in einem Gesamtpreis z. B. einer Fortbildungsveranstaltung enthalten und in der Rechnung eines Dritten nicht beziffert, ist nach dem Gesamtbild der Verhältnisse im Einzelfall zu beurteilen, ob es sich um eine „übliche" Beköstigung i. S. d. § 8 Absatz 2 Satz 8 EStG gehandelt hat oder ob ein höherer Wert der Mahlzeit als 60 € anzunehmen ist.

64 Die für eine unmittelbar vom Arbeitgeber abgegebene Mahlzeit maßgeblichen Grundsätze gelten auch, wenn eine Mahlzeit auf Veranlassung des Arbeitgebers von einem Dritten an den Arbeitnehmer abgegeben wird. Die Gestellung einer Mahlzeit ist vom Arbeitgeber veranlasst, wenn er Tag und Ort der Mahlzeitengestellung bestimmt. Das ist insbesondere dann der Fall, wenn

- er die Verpflegungskosten im Hinblick auf die beruflich veranlasste Auswärtstätigkeit des Arbeitnehmers dienst- oder arbeitsrechtlich erstattet und
- die Rechnung auf den Arbeitgeber ausgestellt ist oder es sich um eine Kleinbetragsrechnung i. S. d. § 14 UStG i. V. m. § 33 UStDV handelt, die als Beleg zur Buchführung des Arbeitgebers vorliegt oder vorgelegen hat und gesichert wurde.

[1] Abgedruckt als Anlage zu § 8 EStG.
[2] **[Amtl. Anm.:]** Jetzt LStR 2023.

65 Zu den vom Arbeitgeber zur Verfügung gestellten Mahlzeiten (Rz. 73 ff.) gehören auch die z. B. im Flugzeug, im Zug oder auf einem Schiff im Zusammenhang mit der Beförderung unentgeltlich angebotenen Mahlzeiten, sofern die Rechnung für das Beförderungsticket auf den Arbeitgeber ausgestellt ist und von diesem dienst- oder arbeitsrechtlich erstattet wird. Die Verpflegung muss dabei nicht offen auf der Rechnung ausgewiesen werden. Lediglich dann, wenn z. B. anhand des gewählten Beförderungstarifs feststeht, dass es sich um eine reine Beförderungsleistung handelt, bei der keine Mahlzeiten unentgeltlich angeboten werden, liegt keine Mahlzeitengestellung vor. Anl zu LStH 9.4

66 Die steuerliche Erfassung einer solchen üblichen Mahlzeit als Arbeitslohn ist ausgeschlossen, wenn der Arbeitnehmer für die betreffende Auswärtstätigkeit dem Grunde nach eine Verpflegungspauschale i. S. d. § 9 Absatz 4 a EStG als Werbungskosten geltend machen könnte. Auf die Höhe der tatsächlich als Werbungskosten anzusetzenden Verpflegungspauschale kommt es nicht an. Ebenso ist eine mögliche Kürzung des Werbungskostenabzugs nach § 9 Absatz 4 a Satz 8 ff. EStG wegen der Gestellung einer Mahlzeit unerheblich.

67 Im Ergebnis unterbleibt die Erfassung der mit dem Sachbezugswert bewerteten Mahlzeit bereits immer dann, wenn der Arbeitnehmer anlässlich einer beruflich veranlassten Auswärtstätigkeiteine Verpflegungspauschale beanspruchen kann, weil er innerhalb der Dreimonatsfrist nach § 9 Absatz 4 a Satz 6 EStG nachweislich mehr als acht Stunden von seiner Wohnung und der ersten Tätigkeitsstätte abwesend ist oder eine mehrtägige Auswärtstätigkeit mit Übernachtung vorliegt. Nach Ablauf der Dreimonatsfrist ist die Gestellung einer Mahlzeit grundsätzlich als Arbeitslohn zu erfassen.

Beispiel 43:

Der Arbeitnehmer A nimmt auf Veranlassung seines Arbeitgebers an einem zweitägigen Seminar mit Übernachtung teil. Die Hotelrechnung ist auf den Arbeitgeber ausgestellt. Der Arbeitgeber erstattet die vom Arbeitnehmer verauslagten Übernachtungskosten von 100 € incl. 20 € für ein Frühstück mit der Reisekostenabrechnung des Arbeitnehmers. Die auf den Arbeitgeber ausgestellte Rechnung des Seminarveranstalters hat der Arbeitgeber unmittelbar bezahlt. Darin enthalten ist für beide Seminartage jeweils ein für derartige Veranstaltungen typisches Mittagessen, dessen Preis in der Rechnung nicht gesondert ausgewiesen ist.

Der Arbeitnehmer A erhält sowohl das Frühstück als auch die beiden Mittagessen auf Veranlassung seines Arbeitgebers. Für den An- und den Abreisetag steht ihm grundsätzlich jeweils eine Verpflegungspauschale i. H. v. 14 € zu.

Obgleich der Preis der Mittagessen in der Rechnung des Seminarveranstalters nicht beziffert ist, kann aufgrund der Art und Durchführung der Seminarveranstaltung von einer üblichen Beköstigung ausgegangen werden, deren Preis 60 € nicht übersteigt. Die Mahlzeiten sind daher nicht als Arbeitslohn zu erfassen und die Verpflegungspauschale des Arbeitnehmers ist im Hinblick auf die zur Verfügung gestellten Mahlzeiten nach § 9 Absatz 4 a Satz 8 EStG zu kürzen (vgl. Rz. 73 ff.).

68 Eine vom Arbeitgeber oder auf dessen Veranlassung von einem Dritten abgegebene Mahlzeit mit einem höheren Preis als 60 € ist stets als Arbeitslohn zu erfassen. Das gilt auch dann, wenn der Preis der Mahlzeit zwar nicht offen in Rechnung gestellt, nach dem Gesamtbild der Umstände aber als unüblich i. S. d. § 8 Absatz 2 Satz 8 EStG anzusehen ist und ein Wert der Mahlzeit von mehr als 60 € unterstellt werden kann. Im Zweifel ist der Wert der Mahlzeit zu schätzen. Eine unübliche Mahlzeit ist als Arbeitslohn zu erfassen, unabhängig davon, ob der Arbeitnehmer für die betreffende Auswärtstätigkeit eine Verpflegungspauschale als Werbungskosten geltend machen kann.

Beispiel 44:

Der Arbeitnehmer A nimmt im Auftrag seines Arbeitgebers an einer eintägigen Podiumsdiskussion mit anschließender Abendveranstaltung teil. Die auf den Arbeitgeber ausgestellte Rechnung des Veranstalters hat der Arbeitgeber unmittelbar bezahlt. Darin enthalten sind die Kosten für ein Galadinner, das mit 80 € separat ausgewiesen ist. Der Arbeitnehmer ist mehr als acht Stunden von seiner Wohnung und seiner ersten Tätigkeitsstätte abwesend. Der Arbeitnehmer erhält das Galadinner vom Veranstalter der Podiumsdiskussion auf Veranlassung seines Arbeitgebers. Angesichts der Kosten von mehr als 60 € ist von einem Belohnungsessen auszugehen (unübliche Beköstigung gemäß § 8 Absatz 2 Satz 8 EStG), so dass die dafür berechneten 80 € als Arbeitslohn anzusetzen sind. Der Arbeitnehmer kann als Werbungskosten eine ungekürzte Verpflegungspauschale i. H. v. 14 € geltend machen.

69 Der Ansatz einer nach § 8 Absatz 2 Satz 8 EStG mit dem amtlichen Sachbezugswert bewerteten Mahlzeit als Arbeitslohn setzt voraus, dass es sich um eine übliche Mahlzeit handelt und der Arbeitnehmer keine Verpflegungspauschale beanspruchen kann; dies liegt regelmäßig vor, wenn er nicht mehr als acht Stunden außerhalb seiner Wohnung und seiner ersten Tätigkeitsstätte beruflich tätig ist oder die Dreimonatsfrist nach § 9 Absatz 4 a Satz 6 EStG überschritten ist.

70 Zahlt der Arbeitnehmer in diesen Fällen ein Entgelt für die erhaltene Mahlzeit, mindert dieses Entgelt den steuerpflichtigen geldwerten Vorteil. Es ist nicht zu beanstanden, wenn der Arbeitgeber ein vereinbartes Entgelt für die Mahlzeit im Rahmen der Lohnabrechnung unmittelbar aus dem Nettoentgelt des Arbeitnehmers entnimmt. Übersteigt das vom Arbeitnehmer gezahlte Entgelt den maßgebenden Sachbezugswert oder entspricht es dem Sachbezugswert, verbleibt kein steuerpflichtiger geldwerter Vorteil. Der den Sachbezugswert übersteigende Betrag darf nicht als Werbungskosten abgezogen werden.

71 Gleiches gilt, wenn der Arbeitnehmer bei der Gestellung einer Mahlzeit auf Veranlassung des Arbeitgebers ein zuvor vereinbartes Entgelt unmittelbar an den Dritten entrichtet. Es muss sich hierbei aber um ein Entgelt des Arbeitnehmers handeln. Wird das vom Dritten in Rechnung gestellte Entgelt zunächst vom Arbeitnehmer verauslagt und diesem anschließend vom Arbeitgeber erstattet, handelt es sich nicht um ein Entgelt des Arbeitnehmers. Das gilt insbesondere für den auf den Arbeitgeber ausgestellten Rechnungsbetrag.

Beispiel 45:

Der Arbeitnehmer A nimmt auf Veranlassung seines Arbeitgebers an einem zweitägigen Seminar mit Übernachtung teil. Die auf den Arbeitgeber ausgestellte Hotelrechnung von 100 € incl. 20 € für ein Frühstück wird zunächst vom Arbeitnehmer bezahlt. Der Arbeitgeber erstattet dem Arbeitnehmer die Übernachtungskosten incl. Frühstück mit der Reisekostenabrechnung.

Anl zu LStH 9.4

Im Hinblick auf die Rechnungsstellung und spätere Erstattung der Auslagen durch den Arbeitgeber handelt es sich bei dem in der Hotelrechnung für das Frühstück enthaltenen Kostenanteil nicht um ein Entgelt des Arbeitnehmers. Da es sich bei den zur Verfügung gestellten Mahlzeiten um übliche Mahlzeiten handelt, sind diese nicht als Arbeitslohn zu erfassen; beim Werbungskostenabzug des Arbeitnehmers sind die Verpflegungspauschalen entsprechend zu kürzen (für den zweiten Tag zustehende Verpflegungspauschale um 5,60 €).

Beispiel 46:

Der Arbeitnehmer A wird für sechs Monate von seinem Arbeitgeber an einen Tochterbetrieb im Inland entsandt. Für die Zeit der Entsendung übernachtet der Arbeitnehmer während der Woche in einem Hotel in der Nähe des Tochterbetriebs. Das Hotel stellt dem Arbeitgeber pro Übernachtung 70 € zuzüglich 10 € für ein Frühstück in Rechnung, das der Arbeitnehmer zunächst verauslagt und dann im Rahmen der Reisekostenabrechnung von seinem Arbeitgeber erstattet erhält. Es liegt eine beruflich veranlasste Auswärtstätigkeit vor. Der Arbeitnehmer erhält das Frühstück jeweils auf Veranlassung seines Arbeitgebers.

Für die ersten drei Monate der Auswärtstätigkeit stehen dem Arbeitnehmer arbeitstäglich Verpflegungspauschalen zu. Da es sich bei den zur Verfügung gestellten Mahlzeiten um übliche Mahlzeiten handelt, sind diese nicht als Arbeitslohn zu erfassen und beim Werbungskostenabzug des Arbeitnehmers die Verpflegungspauschalen entsprechend zu kürzen. Ab dem vierten Monat der Auswärtstätigkeit stehen dem Arbeitnehmer keine Verpflegungspauschalen mehr zu. Das Frühstück ist jeweils mit dem amtlichen Sachbezugswert als Arbeitslohn zu erfassen, der nach § 40 Absatz 2 Satz 1 Nummer 1 a EStG pauschal besteuert (vgl. dazu Rz. 94 ff.) werden kann.

Abwandlung:

Sachverhalt wie voriges Beispiel. Allerdings zahlt der Arbeitnehmer A für das Frühstück jeweils 3 €.

Das vom Arbeitnehmer A für das Frühstück gezahlte Entgelt ist ab dem vierten Monat auf den Sachbezugswert anzurechnen. Da das Entgelt höher ist als der Sachbezugswert, unterbleibt eine Besteuerung als Arbeitslohn. Der den Sachbezugswert übersteigende Betrag darf nicht als Werbungskosten abgezogen werden.

72 Die Vorteile aus der Teilnahme des Arbeitnehmers an einer geschäftlich veranlassten Bewirtung i. S. d. § 4 Absatz 5 Satz 1 Nummer 2 EStG gehören nicht zum Arbeitslohn (R 8.1 Absatz 8 Nummer 1 LStR 2015)[1]. Entsprechendes gilt für die im ganz überwiegend eigenbetrieblichen Interesse des Arbeitgebers abgegebenen Mahlzeiten. Hierzu gehören insbesondere die Teilnahme an einem Arbeitsessen (R 19.6 Absatz 2 Satz 2 LStR 2015)[2] sowie die bei einer üblichen Betriebsveranstaltung (§ 19 Absatz 1 Satz 1 Nummer 1 a EStG) abgegebenen Mahlzeiten.

b) Kürzung der Verpflegungspauschalen, § 9 Absatz 4 a Satz 8 bis 10 EStG

aa) Kürzung bei Mahlzeitengestellung

73 Der Arbeitnehmer kann für die ihm tatsächlich entstandenen Mehraufwendungen für Verpflegung auf Grund einer beruflich veranlassten Auswärtstätigkeit Verpflegungspauschalen als Werbungskosten ansetzen oder in entsprechender Höhe einen steuerfreien Arbeitgeberersatz erhalten. Die Höhe der Verpflegungspauschalen ist nach der Abwesenheitszeit des Arbeitnehmers von seiner Wohnung und seiner ersten Tätigkeitsstätte gestaffelt. Das Merkmal „tatsächlich entstandene" Mehraufwendungen bringt dabei zum Ausdruck, dass die Verpflegungspauschalen nicht mehr zum Ansatz kommen, soweit der Arbeitnehmer während seiner beruflichen Auswärtstätigkeit durch den Arbeitgeber „verpflegt" wird.[3] Eine Prüfungspflicht hinsichtlich der Höhe der tatsächlich entstandenen Aufwendungen besteht nicht. Wird dem Arbeitnehmer von seinem Arbeitgeber oder auf dessen Veranlassung von einem Dritten eine Mahlzeit zur Verfügung gestellt, wird der Werbungskostenabzug tageweise gekürzt, und zwar

– um 20% für ein Frühstück und
– um jeweils 40% für ein Mittag- und Abendessen

der für die 24-stündige Abwesenheit geltenden höchsten Verpflegungspauschale. Das entspricht für Auswärtstätigkeiten im Inland einer Kürzung der jeweils zustehenden Verpflegungspauschale um 5,60 € für ein Frühstück und jeweils 11,20 € für ein Mittag- und Abendessen. Diese typisierende, pauschale Kürzung der Verpflegungspauschale ist tagesbezogen und maximal bis auf 0 € vorzunehmen.

74 Eine Mahlzeit, die zur Kürzung der Verpflegungspauschale führt, kann auch ein vom Arbeitgeber zur Verfügung gestellter Imbiss, z. B. belegte Brötchen, Kuchen und Obst, sein. Die z. B. auf Flügen gereichten kleinen Tüten mit Chips, Salzgebäck, Schokowaffeln, Müsliriegel oder bei anderen Anlässen zur Verfügung gestellte vergleichbare Knabbereien und unbelegte Backwaren (BFH-Urteil vom 3. Juli 2019, VI R 36/17, BStBl. 2020 II S. 788) erfüllen nicht die Kriterien für eine Mahlzeit. Sie führen zu keiner Kürzung der Pauschalen. Eine feste zeitliche Grenze für die Frage, ob ein Frühstück, Mittag- oder Abendessen zur Verfügung gestellt wird, gibt es nicht. Maßstab für die Einordnung ist vielmehr, ob die zur Verfügung gestellte Verpflegung an die Stelle einer der genannten Mahlzeiten tritt, welche üblicherweise zu der entsprechenden Zeit eingenommen wird.

75 Ob die vom Arbeitgeber zur Verfügung gestellte Mahlzeit vom Arbeitnehmer tatsächlich eingenommen wird oder die Aufwendungen für die vom Arbeitgeber gestellte Mahlzeit niedriger sind als der jeweilige pauschale Kürzungsbetrag, ist für die Kürzung der Verpflegungspauschalen unbeachtlich. Das Zurverfügungstellen einer Mahlzeit durch den Arbeitgeber (oder auf dessen Veranlassung durch einen Dritten) i. S. von § 9 Absatz 4 a Satz 8 EStG erfordert nicht, dass der Arbeitnehmer die Mahlzeit auch tatsächlich einnimmt. Aus welchen Gründen der Arbeitnehmer eine ihm von seinem Arbeitgeber zur Verfügung gestellte Mahlzeit nicht einnimmt, ist insoweit ebenfalls unerheblich (BFH-Urteil vom 7. Juli 2020– VI R 16/18, BStBl. II S. 783). Die gesetzlich vorgeschriebene pauschale Kürzung unterbleibt nur, wenn der Arbeitgeber keine Mahlzeit zur Verfügung stellt, z. B. weil er die entsprechende Mahlzeit abbestellt oder der Arbeitnehmer die Mahlzeit selbst veranlasst und bezahlt.

---

[1] **[Amtl. Anm.:]** Jetzt LStR 2023.

[2] **[Amtl. Anm.:]** Jetzt LStR 2023.

[3] **[Amtl. Anm.:]** § 9 Abs. 4 a Satz 8 gilt auch, wenn der Arbeitnehmer nicht über eine erste Tätigkeitsstätte verfügt (siehe BFH vom 12. 7. 2021, BStBl. II S. 642).

Anl zu LStH 9.4

Beispiel 47:

Der Arbeitnehmer A ist von 9.00 Uhr bis 18.00 Uhr auswärts bei verschiedenen Kunden beruflich tätig. In der Mittagspause kauft er sich eine Pizza und ein Wasser für 8 €.
Da A anlässlich einer eintägigen beruflichen Auswärtstätigkeit mehr als acht Stunden von seiner Wohnung abwesend ist, könnte er eine Verpflegungspauschale von 14 € beanspruchen. Würde A die Rechnung für die mittags verzehrte Pizza und das Wasser seinem Arbeitgeber vorlegen und von diesem erstattet bekommen, könnte A neben 8 € Erstattungsbetrag nur noch eine gekürzte Verpflegungspauschale von 2,80 € (14 € – 11,20 €) beanspruchen.

76 Bei der Hingabe von Essensmarken durch den Arbeitgeber im Rahmen einer beruflichen Auswärtstätigkeit des Arbeitnehmers, handelt es sich innerhalb der Dreimonatsfrist nicht um eine vom Arbeitgeber gestellte Mahlzeit, sondern lediglich um eine Verbilligung der vom Arbeitnehmer selbst veranlassten und bezahlten Mahlzeit. Nach Ablauf der Dreimonatsfrist sind die an diese Arbeitnehmer ausgegebenen Essensmarken(Essensgutscheine, Restaurantschecks) abweichend von R 8.1 Absatz 7 Nummer 4 Buchstabe a Satz 1 Doppelbuchstabe dd LStR 2015[1] mit dem maßgebenden Sachbezugswert zu bewerten. Der Ansatz des Sachbezugswerts setzt voraus, dass die übrigen Voraussetzungen der R 8.1 Absatz 7 Nummer 4 Buchstabe a LStR 2015[2] vorliegen.

Beispiel 48:

Der Arbeitnehmer A ist auf einer dreitägigen Auswärtstätigkeit. Der Arbeitgeber hat für den Arbeitnehmer in einem Hotel zwei Übernachtungen jeweils mit Frühstück sowie am Zwischentag ein Mittag- und ein Abendessen gebucht und bezahlt. Der Arbeitnehmer A erhält vom Arbeitgeber keine weiteren Reisekostenerstattungen.
Der Arbeitgeber hat keinen geldwerten Vorteil für die Mahlzeiten zu versteuern. Der Arbeitnehmer kann für die Auswärtstätigkeit folgende Verpflegungspauschalen als Werbungskosten geltend machen:

Anreisetag:			14,00 €
Zwischentag:		28,00 €	
Kürzung:	Frühstück	– 5,60 €	
	Mittagessen	– 11,20 €	
	Abendessen	– 11,20 €	
verbleiben für Zwischentag			0,00 €
Abreisetag:		14,00 €	
Kürzung:	Frühstück	– 5,60 €	
verbleiben für den Abreisetag			8,40 €
Insgesamt abziehbar			22,40 €

Beispiel 49:

Der Werbegrafiker W arbeitet von 10.00 Uhr bis 20.00 Uhr in seinem Büro in B (erste Tätigkeitsstätte), anschließend fährt er noch zu einem Geschäftstermin in C. Der Termin erstreckt sich bis 3.00 Uhr des Folgetags. W kehrt um 4.30 Uhr in seine Wohnung zurück. Zu Beginn des Geschäftstermins nimmt W an einem Abendessen teil, welches vom Arbeitgeber des W bestellt und bezahlt wird.
W ist bei seiner beruflichen Tätigkeit mehr als acht Stunden auswärts tätig. Dass sich diese Abwesenheit über zwei Kalendertage ohne Übernachtung erstreckt, ist unschädlich. Die Abwesenheitszeiten werden zusammengerechnet und dem zweiten Kalendertag zugeordnet, da an diesem Tag der überwiegende Teil der Abwesenheit stattgefunden hat. Die Verpflegungspauschale von 14 € für die berufliche Abwesenheit von mehr als acht Stunden über Nacht ist allerdings um 11,20 € zu kürzen; dass die Mahlzeit am ersten Tag vom Arbeitgeber gestellt wird und die Verpflegungspauschale dem Folgetag (Tag an dem die Auswärtstätigkeit endet) zuzuordnen ist, ist dabei unbeachtlich; dem Arbeitnehmer wird im Zusammenhang mit der beruflichen Auswärtstätigkeit, für die er die Verpflegungspauschale beanspruchen kann, eine Mahlzeit vom Arbeitgeber gestellt.

bb) Kürzung bei teilweiser Kostenerstattung

77 Eine Kürzung der Verpflegungspauschalen ist auch dann vorzunehmen, wenn der Arbeitgeber die dem Arbeitnehmer zustehende Reisekostenvergütung lediglich gekürzt ausbezahlt. Nur ein für die Gestellung der Mahlzeit vereinbartes und vom Arbeitnehmer tatsächlich gezahltes Entgelt mindert den Kürzungsbetrag. Es ist hierbei nicht zu beanstanden, wenn der Arbeitgeber das für die Mahlzeit vereinbarte Entgelt unmittelbar aus dem Nettolohn des Arbeitnehmers entnimmt. Gleiches gilt, wenn der Arbeitgeber das Entgelt mit der dem Arbeitnehmer dienst- oder arbeitsrechtlich zustehenden Reisekostenerstattung verrechnet.

Beispiel 50:

Der Arbeitnehmer A ist auf einer dreitägigen Auswärtstätigkeit. Der Arbeitgeber hat für den Arbeitnehmer A in einem Hotel zwei Übernachtungen jeweils mit Frühstück sowie am Zwischentag ein Mittag- und ein Abendessen gebucht und bezahlt. Zusätzlich möchte der Arbeitgeber eine steuerfreie Reisekostenerstattung zahlen. Für die vom Arbeitgeber veranlassten und bezahlten Mahlzeiten soll jeweils der geltende Sachbezugswert[3] (2020: Frühstück jeweils 1,80 € und Mittag-/Abendessen jeweils 3,40 €) einbehalten werden.
Der Arbeitgeber hat keinen geldwerten Vorteil für die Mahlzeiten zu versteuern. Der Arbeitgeber kann für die Auswärtstätigkeit höchstens noch folgende Beträge zusätzlich für die Verpflegung steuerfrei auszahlen:

Anreisetag:			14,00 €
Zwischentag:		28,00 €	
Kürzung:	Frühstück	– 5,60 €	
	Mittagessen	– 11,20 €	
	Abendessen	– 11,20 €	
verbleiben für Zwischentag			0,00 €
Abreisetag:		14,00 €	
Kürzung:	Frühstück	– 5,60 €	

[1] **[Amtl. Anm.:]** Jetzt R 8.1 Abs. 7 Nr. 4 Buchst. a Satz 1 Doppelbuchst. ee LStR 2023.
[2] **[Amtl. Anm.:]** Jetzt LStR 2023.
[3] Sachbezugswerte für 2025 vgl. *BMF-Schreiben vom 10. 12. 2024,* abgedruckt als Anlage a zu LStH 8.1.

Anl zu LStH 9.4

verbleiben für den Abreisetag		8,40 €
Insgesamt steuerfrei auszahlbar		22,40 €

Zahlt der Arbeitgeber angesichts der Mahlzeitengestellung nur eine (z. B. um die amtlichen Sachbezugswerte für zwei Frühstücke je 1,80 €, ein Mittagessen je 3,40 € und ein Abendessen je 3,40 € zusammen also um 10,40 €) gekürzte steuerfreie Reisekostenerstattung von 12,00 € an seinen Arbeitnehmer, kann der Arbeitnehmer die Differenz von 10,40 € als Werbungskosten geltend machen. In diesem Fall hat der Arbeitnehmer einen arbeitsrechtlichen Anspruch (nur) auf eine gekürzte Reisekostenerstattung.

Anreisetag:			14,00 €
Zwischentag:		28,00 €	
Kürzung:	Frühstück	– 5,60 €	
	Mittagessen	– 11,20 €	
	Abendessen	– 11,20 €	
verbleiben für Zwischentag			0,00 €
Abreisetag:		14,00 €	
Kürzung:	Frühstück	– 5,60 €	
verbleiben für den Abreisetag			8,40 €
Insgesamt Verpflegungspauschalen			22,40 €
abzüglich steuerfreie Reisekostenerstattung			– 12,00 €
verbleiben als Werbungskosten			10,40 €

Behält der Arbeitgeber die Sachbezugswerte (1,80 € + 3,40 € + 3,40 € + 1,80 € = 10,40 €) z. B. von den ungekürzten Verpflegungspauschalen (14,00 € + 28,00 € + 14,00 € = 56 €) ein und zahlt nur eine gekürzte Reisekostenerstattung von 45,60 € (56,00 € – 10,40 €) an den Arbeitnehmer, können ebenfalls höchstens 22,40 € steuerfrei erstattet werden. Der darüber hinausgehende, vom Arbeitgeber ausgezahlte Betrag von 23,20 € (= 45,60 € – 22,40 €) ist pauschal (nach § 40 Absatz 2 Satz 1 Nummer 4 EStG höchstens bis zu 56,00 €) oder individuell zu besteuern.
Zahlt der Arbeitgeber eine ungekürzte steuerfreie Reisekostenerstattung von 22,40 €, zieht hiervon aber im Wege der Verrechnung ein Entgelt für die gestellten Mahlzeiten in Höhe der amtlichen Sachbezugswerte (1,80 € + 3,40 € + 3,40 € + 1,80 € = 10,40 €) ab, ist die Kürzung der steuerlichen Verpflegungspauschalen um die verrechneten Entgelte zu kürzen, im Gegenzug aber die steuerfreie Reisekostenerstattung von 22,40 € von den steuerlichen Pauschalen abzuziehen. Zwar erhält der Arbeitnehmer nur 12,00 € vom Arbeitgeber ausgezahlt, dies ist aber wirtschaftlich die Differenz aus 22,40 € steuerfreie Reisekostenerstattung und 10,40 € Entgelt für die gestellten Mahlzeiten. In diesem Fall hat der Arbeitnehmer einen arbeitsrechtlichen Anspruch auf eine ungekürzte steuerfreie Reisekostenerstattung, die der Arbeitgeber aber im Rahmen der Erfüllung dieses Erstattungsanspruchs mit seinem Anspruch auf das für die Mahlzeiten vereinbarte Entgelt aufrechnet. Die arbeitgeberinterne Verrechnung ändert nicht den wirtschaftlichen Charakter oder die Anspruchsgrundlage der Reisekostenerstattung.

Anreisetag:			14,00 €
Zwischentag:		28,00 €	
Kürzung:	Frühstück	– 3,80 € (5,60 € – 1,80 €)	
	Mittagessen	– 7,80 € (11,20 € – 3,40 €)	
	Abendessen	– 7,80 € (11,20 € – 3,40 €)	
verbleiben für den Zwischentag			8,60 €
Abreisetag:		14,00 €	
Kürzung:	Frühstück	– 3,80 € (5,60 € – 1,80 €)	
verbleiben für den Abreisetag			10,20 €
Insgesamt Verpflegungspauschalen			32,80 €
abzüglich steuerfreie Reisekostenerstattung			– 22,40 €
verbleiben als Werbungskosten			10,40 €

Zahlt der Arbeitgeber eine ungekürzte Reisekostenerstattung von 56 € und zieht hiervon das für die Mahlzeiten vereinbarte Entgelt in Höhe der Sachbezugswerte im Wege der Verrechnung ab (56,00 € – 10,40 € = 45,60 €), ändert dies nichts an der Berechnung der dem Arbeitnehmer steuerlich zustehenden Verpflegungspauschalen. In diesem Fall können ebenfalls 32,80 € steuerfrei erstattet werden. Der darüber hinausgehende, dem Arbeitnehmer arbeitsrechtlich zustehende Erstattungsbetrag von 23,20 Euro (= 56,00 € – 32,80 €) ist pauschal (nach § 40 Absatz 2 Satz 1 Nummer 4 EStG höchstens bis zu 56,00 €) oder individuell zu besteuern.

Abwandlung 1:

Wie Beispiel 50 Ausgangsfall, allerdings zahlt der Arbeitnehmer A für das Frühstück je 6 € und für das Mittag- und das Abendessen je 7 €.

Anreisetag:			14,00 €
Zwischentag:		28,00 €	
Kürzung:	Frühstück	– 0,00 € (5,60 € – 6,00 €)	
	Mittagessen	– 4,20 € (11,20 € – 7,00 €)	
	Abendessen	– 4,20 € (11,20 € – 7,00 €)	
verbleiben für den Zwischentag			19,60 €
Abreisetag:		14,00 €	
Kürzung:	Frühstück	– 0,00 € (5,60 € – 6,00 €)	
verbleiben für den Abreisetag			14,00 €
Insgesamt steuerfrei auszahlbar			47,60 €

Abwandlung 2:

Sachverhalt wie Beispiel 50 Ausgangsfall, allerdings zahlt der Arbeitnehmer für die volle Verpflegung am Zwischentag pauschal 19,00 €.

Anreisetag:		14,00 €
Zwischentag:	28,00 €	
Kürzung: Tagesverpflegung (28 € – 19 €)	– 9,00 €	
verbleiben für den Zwischentag		19,00 €
Abreisetag:	14,00 €	
Kürzung: Frühstück	– 5,60 €	
verbleiben für den Abreisetag		8,40 €
Insgesamt steuerfrei auszahlbar		41,40 €

Beispiel 51:

Der Arbeitnehmer ist während einer eintägigen Auswärtstätigkeit von 5.00 bis 22.00 Uhr abwesend. Der Arbeitgeber stellt am Reisetag zwei Mahlzeiten (Mittag- und Abendessen) zur Verfügung. Für eintägige Auswärtstätigkeiten erstattet der Arbeitgeber dem Arbeitnehmer einen Verpflegungsmehraufwand von 30,00 €.
Aufgrund der Kürzung der Verpflegungspauschale verbleibt kein steuerfreier Reisekostenersatz für Verpflegungsmehraufwendungen.

Verpflegungspauschale:		14,00 €
Kürzung: Mittagessen	– 11,20 €	
Abendessen	– 11,20 €	
verbleibt Verpflegungspauschale:		0,00 €

Die Erstattung des Verpflegungsmehraufwands durch den Arbeitgeber ist in Höhe von 30,00 € grundsätzlich steuerpflichtiger Arbeitslohn. Nach § 40 Absatz 2 Satz 1 Nummer 4 EStG kann der Arbeitgeber einen Betrag von 14,00 € (100% des in § 9 Absatz 4 a Satz 3 Nummer 2 EStG genannten Betrags) pauschal mit 25% besteuern. Die verbleibenden 16,00 € (30,00 € abzüglich 14,00 €) sind nach den persönlichen Besteuerungsmerkmalen des Arbeitnehmers individuell zu besteuern.

78 Zuzahlungen des Arbeitnehmers sind jeweils vom Kürzungsbetrag derjenigen Mahlzeit abzuziehen, für die der Arbeitnehmer das Entgelt zahlt. Übersteigt das vom Arbeitnehmer für die Mahlzeit gezahlte Entgelt den Kürzungsbetrag, entfällt für diese Mahlzeit die Kürzung des Werbungskostenabzugs. Eine Verrechnung etwaiger Überzahlungen des Arbeitnehmers mit Kürzungsbeträgen für andere Mahlzeiten ist nicht zulässig.

Beispiel 52:

Der Arbeitnehmer A ist auf einer dreitägigen Auswärtstätigkeit. Der Arbeitgeber hat für den Arbeitnehmer in einem Hotel zwei Übernachtungen jeweils mit Frühstück sowie am Zwischentag ein Mittag- und ein Abendessen gebucht und bezahlt. Der Arbeitnehmer A zahlt für das Mittag- und Abendessen je 12 €.

Anreisetag:		14,00 €
Zwischentag:	28,00 €	
Kürzung: Frühstück	– 5,60 €	
Mittagessen	– 0,00 € (11,20 € – 12,00 €)	
Abendessen	– 0,00 € (11,20 € – 12,00 €)	
verbleiben für den Zwischentag		22,40 €
Abreisetag:	14,00 €	
Kürzung: Frühstück	– 5,60 €	
verbleiben für den Abreisetag		8,40 €
Insgesamt Verpflegungspauschalen		44,80 €

79 Die Kürzung der Verpflegungspauschale ist auch dann vorzunehmen, wenn der Arbeitgeber den amtlichen Sachbezugswert der Mahlzeit pauschal besteuert hat.

Beispiel 53:

Der Arbeitnehmer A nimmt an einer eintägigen Fortbildungsveranstaltung teil. Der Arbeitgeber hat für den Arbeitnehmer A auf dieser Fortbildungsveranstaltung ein Mittagessen gebucht und bezahlt. Der Arbeitgeber besteuert das Mittagessen nach § 40 Absatz 2 Satz 1 Nummer 1 a EStG pauschal, da er keine Aufzeichnungen über die Abwesenheit des Arbeitnehmers führt. Der Arbeitnehmer A erhält vom Arbeitgeber keine weiteren Reisekostenerstattungen.
Der A kann anhand seiner Bahntickets gegenüber dem Finanzamt nachweisen, dass er für die Fortbildung insgesamt zehn Stunden von seiner Wohnung und seiner ersten Tätigkeitsstätte abwesend war. Er kann für die Fortbildung folgende Verpflegungspauschalen als Werbungskosten abziehen:

eintägige Auswärtstätigkeit:	14,00 €
Kürzung: 1 × Mittagessen	– 11,20 €
verbleiben als Verpflegungspauschale:	2,80 €

80 Erhält der Arbeitnehmer steuerfreie Erstattungen für Verpflegung vom Arbeitgeber, ist ein Werbungskostenabzug insoweit ausgeschlossen.

Beispiel 54:

Der Arbeitnehmer A ist auf einer dreitägigen Auswärtstätigkeit. Der Arbeitgeber hat für den Arbeitnehmer in einem Hotel zwei Übernachtungen jeweils mit Frühstück sowie am Zwischentag ein Mittag- und ein Abendessen gebucht und bezahlt. Der Arbeitnehmer A erhält von seinem Arbeitgeber zusätzlich zu den zur Verfügung gestellten Mahlzeiten noch eine steuerfreie Reisekostenerstattung für Verpflegungsmehraufwendungen von 22,40 €.
Der Arbeitgeber muss keinen geldwerten Vorteil für die Mahlzeiten versteuern. Der A kann für die Auswärtstätigkeit keine Verpflegungspauschalen als Werbungskosten geltend machen:

Anl zu LStH 9.4

Anreisetag:			14,00 €
Zwischentag:		28,00 €	
Kürzung:	Frühstück	– 5,60 €	
	Mittagessen	– 11,20 €	
	Abendessen	– 11,20 €	
verbleiben für Zwischentag			0,00 €
Abreisetag:		14,00 €	
Kürzung:	Frühstück	– 5,60 €	
verbleiben für den Abreisetag			8,40 €
Insgesamt Verpflegungspauschalen			22,40 €
abzüglich steuerfreie Reisekostenerstattung:			– 22,40 €
verbleiben als Werbungskosten:			0,00 €

81 Verpflegungspauschalen sind immer zu kürzen, wenn dem Arbeitnehmer eine Mahlzeit von seinem Arbeitgeber oder auf dessen Veranlassung von einem Dritten zur Verfügung gestellt wird (§ 9 Absatz 4 a Satz 8 EStG).

82 Die Verpflegungspauschale ist daher auch zu kürzen, wenn der Arbeitnehmer an einer geschäftlich veranlassten Bewirtung i. S. d. § 4 Absatz 5 Satz 1 Nummer 2 EStG oder an einem außerhalb der ersten Tätigkeitsstätte gewährten Arbeitsessen (R 19.6 Absatz 2 Satz 2 LStR 2015)[1] teilnimmt und der Arbeitgeber oder auf dessen Veranlassung ein Dritter die Mahlzeit zur Verfügung stellt. Es kommt nicht darauf an, ob Vorteile aus der Gestellung derartiger Mahlzeiten zum Arbeitslohn zählen.

Beispiel 55:

Unternehmer U trifft sich am Samstagabend mit einigen Vertretern der Zulieferfirma Z in einem Restaurant zum Essen, um mit diesen eine geschäftliche Kooperation zu erörtern. An dem Essen nehmen auch der Vertriebsleiter und der Leiter der Konstruktionsabteilung des U teil. Jeder Teilnehmer erhält ein Menü zum Preis von 55 € einschließlich Getränke. Die Mahlzeit am Samstagabend erhalten die Arbeitnehmer des U im Rahmen einer geschäftlich veranlassten Bewirtung; sie gehört nicht zum Arbeitslohn. Sofern bei den Arbeitnehmern des U die Voraussetzungen für eine Verpflegungspauschale erfüllt wären (z. B. weil sie mehr als acht Stunden abwesend waren oder weil sie nach dem Restaurantbesuch auswärtig übernachtet haben), wäre diese um 11,20 € zu kürzen.
Für die Arbeitnehmer der Zulieferfirma Z handelt es sich ebenfalls um die Teilnahme an einer geschäftlich veranlassten Bewirtung, die auch für die Arbeitnehmer des Z keinen Arbeitslohn darstellt. Sofern die Arbeitnehmer des Z die Voraussetzungen für eine Verpflegungspauschale erfüllen, ist bei diesen keine Kürzung wegen der gestellten Mahlzeit vorzunehmen. Z selbst hat seinen Arbeitnehmern keine Mahlzeit gestellt. Da U das Essen gestellt hat, um Geschäftsbeziehungen zu Z zu knüpfen, ist das Merkmal: „ein Dritter auf Veranlassung des Arbeitgebers" nicht gegeben.

83 Nimmt der Arbeitnehmer hingegen an der geschäftlich veranlassten Bewirtung durch einen Dritten oder einem Arbeitsessen eines Dritten teil, fehlt es in aller Regel an einer durch den Arbeitgeber zur Verfügung gestellten Mahlzeit; in diesem Fall sind die Verpflegungspauschalen nicht zu kürzen.

Beispiel 56:

Der Mitarbeiter einer deutschen Gesellschaft nimmt an einer Vertriebsveranstaltung im Betriebssitz der italienischen Tochtergesellschaft teil (separate Firmierung). Die italienische Gesellschaft trägt sämtliche Kosten der Vertriebsveranstaltung (so z. B. Hotel, Essen, etc.).
Die Verpflegungspauschalen des Arbeitnehmers der deutschen Gesellschaft sind nicht zu kürzen, weil ihm die Mahlzeiten nicht auf Veranlassung seines Arbeitgebers, sondern eines Dritten (der italienischen Tochtergesellschaft) zur Verfügung gestellt werden.

Abwandlung:

Die italienische Tochtergesellschaft belastet der deutschen Gesellschaft die Kosten für den Arbeitnehmer weiter.
In diesem Fall ist davon auszugehen, dass die dem Arbeitnehmer gestellten Mahlzeiten auf Veranlassung des Arbeitgebers erfolgen, was zur gesetzlich vorgeschriebenen Kürzung der Verpflegungspauschalen führt.

84 Da die während einer herkömmlichen Betriebsveranstaltung (§ 19 Absatz 1 Satz 1 Nummer 1 a EStG) abgegebenen Mahlzeiten in aller Regel durch den Arbeitgeber veranlasst sind, gelten die in Rz. 90 dargestellten Grundsätze entsprechend, wenn die Betriebsveranstaltung mit einer beruflichen Auswärtstätigkeit verknüpft ist.

85 Die durch eine zusätzlich zur Betriebsveranstaltung veranlasste berufliche Auswärtstätigkeit entstehenden Fahrt- und Übernachtungskosten sowie Verpflegungsmehraufwendungen sind Reisekosten und können als Werbungskosten berücksichtigt oder in entsprechender Höhe als steuerfreier Arbeitgeberersatz erstattet werden.

Die dem Arbeitgeber unmittelbar durch die Betriebsveranstaltung entstehenden Fahrt- und Übernachtungskosten sowie Verpflegungsaufwendungen sind nach den für die Betriebsveranstaltung geltenden allgemeinen Grundsätzen steuerlich zu beurteilen.

86 Die Kürzung der Verpflegungspauschalen unterbleibt insoweit, als Mahlzeiten vom Arbeitgeber zur Verfügung gestellt werden, deren Preis 60 € übersteigt und die daher individuell zu versteuern sind.

cc) Minderung des Kürzungsbetrags, § 9 Absatz 4 a Satz 10 EStG

87 Hat der Arbeitnehmer für die Mahlzeit ein Entgelt entrichtet, wird dieses Entgelt auf den Kürzungsbetrag angerechnet. Es kommt insoweit auf das tatsächlich entrichtete Entgelt an, nicht aber darauf, ob das Entgelt dem tatsächlichen Wert der Mahlzeit entsprochen oder der Arbeitnehmer die Mahlzeit verbilligt erhalten hat.

---

[1] **[Amtl. Anm.:]** Jetzt LStR 2023.

Anl zu LStH 9.4

88 Nimmt der Arbeitnehmer eine ihm vom Arbeitgeber zur Verfügung gestellte Mahlzeit nicht ein, kann ihm der Arbeitgeber eine weitere gleichartige Mahlzeit nach den Grundsätzen der Rz. 63 und 70 zur Verfügung stellen (arbeitsrechtliche Erstattung und Belegvorlage beim Arbeitgeber). Für die Betrachtung der 60 €-Grenze (Rz. 61 ff.) sind die Kosten beider Mahlzeiten zusammenzurechnen. Sofern der Arbeitnehmer für eine solche weitere vom Arbeitgeber gestellte Mahlzeit eine Zuzahlung zu leisten hat, kommt eine Minderung des Kürzungsbetrags nach den Grundsätzen der Rz. 73 ff. in Betracht.

89 Ein Werbungskostenabzug des Arbeitnehmers bei seiner Einkommensteuerveranlagung durch die Vorlage von Belegen für eine auf eigene Veranlassung eingenommene Verpflegung anstelle der vom Arbeitgeber zur Verfügung gestellten Mahlzeit ist ausgeschlossen. Hier bleibt es bei der typisierenden Kürzung der steuerlichen Verpflegungspauschalen (§ 9 Absatz 4 a Satz 8 EStG).

Beispiel 57:

Arbeitnehmer A verschläft auf dem vom Arbeitgeber gebuchten Flug das Frühstück. Nachseiner Ankunft nimmt er ein Frühstück zum Preis von 16 € im Flughafenrestaurant ein. Er reicht die Frühstücksrechnung beim Arbeitgeber ein und erhält die Kosten in voller Höheerstattet. Damit wird auch das zweite Frühstück vom Arbeitgeber gestellt.
Die Verpflegungspauschale ist wie folgt zu berechnen:

Anreisetag	14,00 €
Kürzung für gestelltes Frühstück insgesamt	– 5,60 €
verbleibende steuerfreie Verpflegungspauschale	8,40 €

Abwandlung 1:

A reicht die Frühstücksrechnung beim Arbeitgeber ein, der verlangt nun allerdings für das zweite Frühstück von A ein Entgelt in Höhe von 6 €. Der Arbeitgeber verrechnet die Kostenerstattung für das zweite Frühstück mit dem geforderten Entgelt und erstattet den übersteigenden Betrag von 10 €.

Anreisetag		14,00 €
Kürzung für gestelltes Frühstück	(5,60 € – 6,00 €)	– 0,00 €
verbleibende steuerfreie Verpflegungspauschale		14,00 €

Abwandlung 2:

A reicht die Frühstücksrechnung beim Arbeitgeber ein, der verlangt nun für das zweite Frühstück von A ein Entgelt in Höhe von 16 €. Der Arbeitgeber verrechnet die Kostenerstattung für das zweite Frühstück mit dem geforderten Entgelt in gleicher Höhe.

Anreisetag		14,00 €
Kürzung für gestelltes Frühstück	(5,60 € – 16,00 €)	– 0,00 €
verbleibende steuerfreie Verpflegungspauschale		14,00 €

Beispiel 58:

Der Arbeitnehmer A nimmt an einer von seinem Arbeitgeber gebuchten eintägigen Fortbildungsveranstaltung von mehr als 8 Stunden Dauer teil. In der Tagungsgebühr ist ein Mittagessen zum Preis von 30 € enthalten. Der Arbeitnehmer A verzichtet auf die Einnahme dieses Essens und nimmt stattdessen in der Mittagspause in einem nahegelegenen Restaurant eine Mahlzeit zum Preis von 25 € ein, die ihm von seinem Arbeitgeber gegen Einreichung der Rechnung vollständig erstattet wird.

Verpflegungspauschale	14,00 €
Kürzung für gestelltes Mittagessen (zum Preis von insgesamt 55 €)	11,20 €
verbleibende steuerfreie Verpflegungspauschale	2,80 €

Abwandlung:

Der Preis der im Restaurant eingenommenen Mahlzeit beträgt 35 €, die der Arbeitgeber in voller Höhe gegen Einreichung der Rechnung übernimmt.

Verpflegungspauschale 14,00 €

Eine Kürzung der Verpflegungspauschale unterbleibt, da der Preis für die gestellten Mittagessen (30 € + 35 €) insgesamt 60 € übersteigt. Die steuerfreie Verpflegungspauschale beträgt unverändert 14,00 €. Die vom Arbeitgeber getragenen Aufwendungen für die gestellten Mittagessen von 65 € sind steuerpflichtiger Arbeitslohn, der mit einem Teilbetrag von 14 € nach § 40 Absatz 2 Satz 1 Nummer 4 EStG pauschal besteuert werden kann.

dd) Ermittlung der Pauschalen bei gemischt veranlassten Veranstaltungen mit Mahlzeitengestellung

90 Bei gemischt veranlassten Reisen sind die entstehenden Kosten grundsätzlich in einen beruflich veranlassten Anteil und einen den Kosten der Lebensführung zuzurechnenden Anteil aufzuteilen (vgl. BFH-Urteil vom 18. August 2005, VI R 32/03, BStBl. 2006 II S. 30). Dies gilt auch für die entstehenden Verpflegungsmehraufwendungen. Stellt der Arbeitgeber währen einer gemischt veranlassten Reise Mahlzeiten zur Verfügung, ist die gesetzlich vorgeschriebene Kürzung der Verpflegungspauschalen erst nach der Ermittlung des beruflich veranlassten Teils der Verpflegungspauschalen vorzunehmen.

Beispiel 59:

Der Arbeitnehmer A nimmt an einer einwöchigen vom Arbeitgeber organisierten und finanzierten Reise im Inland teil. Das Programm si
eht morgens eine Fortbildungsmaßnahme vor, der Nachmittag steht für touristische Aktivitäten zur Verfügung. Frühstück und Abendessen sind inklusive (Halbpension).
Folgende Auswirkungen ergeben sich durch die gemischte Veranlassung der Reise (bei einer angenommenen Quote von 50%) auf die steuerliche Berücksichtigung des Verpflegungsmehraufwands:
Die Verpflegungsmehraufwendungen sind – wie die übrigen Reisekosten – nur zu 50% beruflich veranlasst.

Anreisetag:	14,00 € x 50% =	7,00 €
Kürzung:		– 11,20 €
verbleibt Verpflegungspauschale		0,00 €

Anl zu LStH 9.4

5 Zwischentage je	28,00 € x 50% =	je 14,00 €	
Kürzung je	5,60 € und je 11,20 €	je – 16,80 €	
verbleibt Verpflegungspauschale		5 x 0,00 € =	0,00 €
Abreisetag:	14,00 € x 50% =	7,00 €	
Kürzung:		– 5,60 €	
verbleiben Verpflegungspauschale			1,40 €

c) Doppelte Haushaltsführung, § 9 Absatz 4 a Satz 12 EStG

91 Die Verpflegungspauschalen gelten grundsätzlich auch für eine Übergangszeit von drei Monaten, nachdem eine steuerlich anzuerkennende doppelte Haushaltsführung begründet wurde (§ 9 Absatz 4 a Satz 12 EStG). Für den Fall der Gestellung von Mahlzeiten durch den Arbeitgeber oder auf dessen Veranlassung von einem Dritten bei der doppelten Haushaltsführung gelten die vorstehenden Ausführungen unter Rz. 61 bis 89 entsprechend.

Beispiel 60:

Der Arbeitnehmer A wird vom Stammsitz seines Arbeitgebers, wo er mit seiner Familie wohnt, an einen 250 km entfernten Tochterbetrieb im Inland ohne zeitliche Begrenzung umgesetzt. A behält seinen Familienwohnsitz bei und übernachtet während der Woche in einem Hotel in der Nähe des Tochterbetriebs. Das Hotel stellt dem Arbeitgeber pro Übernachtung 50 € zuzüglich 10 € für ein Frühstück in Rechnung, welche der Arbeitnehmer zunächst verauslagt und dann von seinem Arbeitgeber erstattet erhält.

Es liegt eine doppelte Haushaltsführung vor, da der Tochterbetrieb mit der zeitlich unbegrenzten Zuordnung zur ersten Tätigkeitsstätte des Arbeitnehmers wird. Für die ersten drei Monate der doppelten Haushaltsführung gelten die Regelungen zur Gestellung von Mahlzeiten bei Auswärtstätigkeit entsprechend. Nach Ablauf der Dreimonatsfrist sind dann die Regeln der Gestellung von Mahlzeiten am Ort der ersten Tätigkeitsstätte anzuwenden.

In den ersten drei Monaten der doppelten Haushaltsführung unterbleibt folglich die Erfassung des arbeitstäglichen Frühstücks mit dem amtlichen Sachbezugswert als Arbeitslohn bei gleichzeitiger Kürzung der täglichen Verpflegungspauschalen um jeweils 5,60 €.

Nach Ablauf der ersten drei Monate ist für das Frühstück ein geldwerter Vorteil in Höhe des Sachbezugswertes anzusetzen (§ 8 Absatz 2 Satz 8 EStG).

d) Bescheinigungspflicht „M", § 41 b Absatz 1 Satz 2 Nummer 8 EStG

92 Hat der Arbeitgeber oder auf dessen Veranlassung ein Dritter dem Arbeitnehmer während seiner beruflichen Tätigkeit außerhalb seiner Wohnung und seiner ersten Tätigkeitsstätte oder im Rahmen einer doppelten Haushaltsführung eine mit dem amtlichen Sachbezugswert zu bewertende Mahlzeit zur Verfügung gestellt, muss im Lohnkonto der Großbuchstabe „M" aufgezeichnet und in der elektronischen Lohnsteuerbescheinigung bescheinigt werden. Zur Erläuterung der mit dem Großbuchstaben „M" bescheinigten Mahlzeitengestellungen sind neben den Reisekostenabrechnungen regelmäßig keine weiteren detaillierten Arbeitgeberbescheinigungen auszustellen.

93 Diese Aufzeichnungs- und Bescheinigungspflicht gilt unabhängig von der Anzahl der Mahlzeitengestellungen an den Arbeitnehmer im Kalenderjahr. Es kommt nicht darauf an, ob eine Besteuerung der Mahlzeiten ausgeschlossen ist (§ 8 Absatz 2 Satz 9 EStG) oder die Mahlzeit pauschal nach § 40 Absatz 2 Satz 1 Nummer 1 a EStG oder individuell besteuert wurde. Im Fall der Gewährung von Mahlzeiten, die keinen Arbeitslohn darstellen oder deren Preis 60 € übersteigt und die daher nicht mit dem amtlichen Sachbezugswert zu bewerten sind, besteht keine Pflicht, im Lohnkonto den Großbuchstaben „M" aufzuzeichnen und zu bescheinigen.

e) Pauschalbesteuerungsmöglichkeit üblicher Mahlzeiten, § 40 Absatz 2 Satz 1 Nummer 1 a EStG

94 Nach § 40 Absatz 2 Satz 1 Nummer 1 a EStG besteht bei Mahlzeiten die Möglichkeit der pauschalen Besteuerung mit 25%, wenn

- diese dem Arbeitnehmer von seinem Arbeitgeber oder auf dessen Veranlassung von einem Dritten während einer auswärtigen Tätigkeit unentgeltlich oder verbilligt zur Verfügung gestellt werden und
- deren Besteuerung nicht nach § 8 Absatz 2 Satz 9 EStG unterbleibt.

95 Die Pauschalbesteuerung kommt demnach in Betracht, wenn

- der Arbeitnehmer ohne Übernachtung nicht mehr als acht Stunden auswärts tätig ist,
- der Arbeitgeber die Abwesenheitszeit nicht überwacht, nicht kennt oder
- die Dreimonatsfrist nach § 9 Absatz 4 a Satz 6 EStG abgelaufen ist.

Beispiel 61:

Der Arbeitnehmer A nimmt an einer halbtägigen auswärtigen Seminarveranstaltung teil. Der Arbeitgeber hat für die teilnehmenden Arbeitnehmer neben dem Seminar auch ein Mittagessen gebucht und bezahlt. Der Arbeitgeber besteuert das Mittagessen nach § 40 Absatz 2 Satz 1 Nummer 1 a EStG pauschal mit 25%, weil er keine Aufzeichnungen über die Abwesenheitszeiten der Arbeitnehmer führt.

96 Voraussetzung ist, dass es sich um übliche Mahlzeiten handelt, die nach § 8 Absatz 2 Satz 8 EStG mit dem Sachbezugswert anzusetzen sind.

97 Nicht nach § 40 Absatz 2 Satz 1 Nummer 1 a EStG pauschal besteuerbar sind somit sog. Belohnungsessen mit einem Preis von mehr als 60 €.

98 Im überwiegend eigenbetrieblichen Interesse des Arbeitgebers abgegebene Mahlzeiten (z. B. sog. Arbeitsessen oder bei Beteiligung von Arbeitnehmern an einer geschäftlich veranlassten Bewirtung) können *nicht pauschal* besteuert werden, da insoweit kein steuerpflichtiger Arbeitslohn vorliegt.

99 Die Pauschalierungsmöglichkeit nach § 40 Absatz 2 Satz 1 Nummer 1 a EStG gilt zudem nicht für die Gestellung von Mahlzeiten am Ort der ersten Tätigkeitsstätte im Rahmen einer doppelten Haushaltsführung; hier kommt allerdings eine Pauschalierung nach § 40 Absatz 2 Satz 1 Nummer 1 EStG in Betracht.

Anl zu LStH 9.4

4. Unterkunftskosten

a) Unterkunftskosten bei einer doppelten Haushaltsführung, § 9 Absatz 1 Satz 3 Nummer 5 EStG

aa) Vorliegen einer doppelten Haushaltsführung

100 Eine doppelte Haushaltsführung liegt nur vor, wenn der Arbeitnehmer außerhalb des Ortes seiner ersten Tätigkeitsstätte einen eigenen Haushalt unterhält (Hauptwohnung) und auch am Ort der ersten Tätigkeitsstätte wohnt (Zweitwohnung). Die Anzahl der Übernachtungen ist unerheblich. **58**

101[1] Das Vorliegen eines eigenen Hausstandes setzt neben dem Innehaben einer Wohnung aus eigenem Recht als Eigentümer oder Mieter bzw. aus gemeinsamem oder abgeleitetem Recht als Ehegatte, Lebenspartner oder Lebensgefährte sowie Mitbewohner auch eine finanzielle Beteiligung an den Kosten der Lebensführung (laufende Kosten der Lebensführung) voraus (§ 9 Absatz 1 Satz 3 Nummer 5 Satz 3 EStG). Es genügt nicht, wenn der Arbeitnehmer z. B. im Haushalt der Eltern lediglich ein oder mehrere Zimmer unentgeltlich bewohnt oder wenn dem Arbeitnehmer eine Wohnung im Haus der Eltern unentgeltlich zur Nutzung überlassen wird. Die finanzielle Beteiligung an den Kosten der Lebensführung ist darzulegen und kann auch bei volljährigen Kindern, die bei ihren Eltern oder einem Elternteil wohnen, nicht generell unterstellt werden. Eine finanzielle Beteiligung an den Kosten der Lebensführung mit Bagatellbeträgen ist nicht ausreichend. Betragen die Barleistungen des Arbeitnehmers mehr als 10% der monatlich regelmäßig anfallenden laufenden Kosten der Lebensführung (z. B. Miete, Mietnebenkosten, Kosten für Lebensmittel und andere Dinge des täglichen Bedarfs), ist von einer finanziellen Beteiligung oberhalb der Bagatellgrenze auszugehen. Liegen die Barleistungen darunter, kann der Arbeitnehmer eine hinreichende finanzielle Beteiligung auch auf andere Art und Weise darlegen. Bei Ehegatten oder Lebenspartnern mit den Steuerklassen III, IV oder V kann eine finanzielle Beteiligung an den Kosten der Lebensführung ohne entsprechenden Nachweis unterstellt werden (vgl. auch Rz. 113).

102 Eine Hauptwohnung i. S. d. § 9 Absatz 1 Satz 3 Nummer 5 Satz 2 EStG ist am Ort der ersten Tätigkeitsstätte belegen, wenn der Steuerpflichtige von dieser Wohnung seine erste Tätigkeitsstätte in zumutbarer Weise täglich erreichen kann. Eine Fahrzeit von bis zu einer Stunde je Wegstrecke unter Zugrundelegung individueller Verkehrsverbindungen und Wegezeiten kann in der Regel als zumutbar angesehen werden (vgl. BFH-Urteil vom 16. November 2017, VI R 31/16, BStBl. 2018 II S. 404). Aus Vereinfachungsgründen kann für die Frage, ob die Hauptwohnung am Ort der ersten Tätigkeitsstätte belegen ist oder nicht, z. B. wenn sie innerhalb derselben politischen Gemeinde, Stadt oder in deren unmittelbarem Umkreis liegen, die Entfernung der kürzesten Straßenverbindung (§ 9 Absatz 1 Satz 3 Nummer 4 Satz 4 EStG) zwischen Hauptwohnung und erster Tätigkeitsstätte herangezogen werden. Beträgt die Entfernung zwischen Hauptwohnung und erster Tätigkeitsstätte mehr als 50 km, ist davon auszugehen, dass sich die Hauptwohnung außerhalb des Ortes der ersten Tätigkeitsstätte befindet.

103 Eine Zweitwohnung oder -unterkunft in der Nähe des Ortes der ersten Tätigkeitsstätte steht einer Zweitwohnung am Ort der ersten Tätigkeitsstätte gleich. Aus Vereinfachungsgründen kann davon ausgegangen werden, dass die Zweitwohnung noch am Ort der ersten Tätigkeitsstätte belegen ist, wenn die Entfernung der kürzesten Straßenverbindung (§ 9 Absatz 1 Satz 3 Nummer 4 Satz 4 EStG) zwischen Zweitwohnung oder -unterkunft und erster Tätigkeitsstätte nicht mehr als 50 km beträgt. Liegt die Zweitwohnung mehr als 50 km von dem Ort der ersten Tätigkeitsstätte entfernt, ist zu prüfen, ob die erste Tätigkeitsstätte von der Zweitwohnung oder -unterkunft noch in zumutbarer Weise täglich erreicht werden kann. Eine Fahrzeit von bis zu einer Stunde je Wegstrecke unter Zugrundelegung individueller Verkehrsverbindungen und Wegezeiten ist dabei als zumutbar anzusehen (BFH-Urteil vom 19. April 2012, VI R 59/11, BStBl. II S. 833).

bb) Berufliche Veranlassung

104 Das Beziehen einer Zweitwohnung oder -unterkunft muss aus beruflichen Gründen erforderlich sein. Das ist insbesondere der Fall, wenn dadurch die Fahrtstrecke oder Fahrzeit zur ersten Tätigkeitsstätte wesentlich verkürzt wird. Aus Vereinfachungsgründen kann von einer beruflichen Veranlassung des Beziehens der Zweitwohnung oder -unterkunft ausgegangen werden, wenn die kürzeste Straßenverbindung von der Zweitwohnung oder -unterkunft zur ersten Tätigkeitsstätte weniger als die Hälfte der kürzesten Straßenverbindung zwischen der Hauptwohnung (Mittelpunkt der Lebensinteressen) und der ersten Tätigkeitsstätte beträgt oder die Fahrzeit zur ersten Tätigkeitsstätte für eine Wegstrecke halbiert wird. Sind die Voraussetzungen dieser Vereinfachungsregelung nicht erfüllt, ist das Vorliegen einer beruflich veranlassten doppelten Haushaltsführung auf andere Weise anhand der konkreten Umstände des Einzelfalles darzulegen.

Beispiel 62:

Der Arbeitnehmer A hat seine Hauptwohnung in B und in C seine erste Tätigkeitsstätte. Die Entfernung von B (Hauptwohnung) nach C beträgt 100 km und die Fahrzeit mit dem ICE 50 Minuten. Der Arbeitnehmer nimmt sich in Z eine Zweitwohnung. Die Entfernung von dieser Zweitwohnung in Z nach C (erste Tätigkeitsstätte) beträgt 30 km.

Auf Grund der Entfernung von mehr als 50 km zwischen Hauptwohnung und erster Tätigkeitsstätte liegt die Hauptwohnung nicht am Ort der ersten Tätigkeitsstätte (vgl. Rz. 102). Eine Prüfung der Fahrzeit zwischen Hauptwohnung und erster Tätigkeitsstätte ist nicht erforderlich. Die Zweitwohnung in Z liegt 30 km entfernt und damit noch am Ort der ersten Tätigkeitsstätte. Es liegt daher eine doppelte Haushaltsführung vor. Da die kürzeste Straßenverbindung von der Zweitwohnung zur ersten Tätigkeitsstätte (30 km) auch weniger als die Hälfte der Straßenverbindung zwischen Hauptwoh-

---

[1] **[Amtl. Anm.:]** Zur finanziellen Beteiligung an den Kosten der Lebensführung siehe BFH vom 12. 1. 2023 (BStBl. II S. 747).

Anl zu LStH 9.4

nung in B und erster Tätigkeitsstätte beträgt (1/2 von 100 km = 50 km), kann auch von einer beruflichen Veranlassung der doppelten Haushaltsführung ausgegangen werden.

Abwandlung 1:

Die Entfernung von B (Hauptwohnung) zur ersten Tätigkeitsstätte beträgt 56 km und die Fahrzeit 65 Minuten. Die Zweitwohnung in Z ist 30 km von der ersten Tätigkeitsstätte entfernt und die tägliche Fahrzeit beträgt 25 Minuten.
Auf Grund der Entfernung von mehr als 50 km zwischen Hauptwohnung und erster Tätigkeitsstätte liegt die Hauptwohnung nicht am Ort der ersten Tätigkeitsstätte (vgl. Rz. 102). Eine weitergehende Prüfung der Fahrzeit zwischen Hauptwohnung und erster Tätigkeitsstätte ist nicht erforderlich. Die Zweitwohnung in Z liegt 30 km entfernt und damit noch am Ort der ersten Tätigkeitsstätte. Es liegt daher eine doppelte Haushaltsführung vor. Zwar beträgt die kürzeste Straßenverbindung von der Zweitwohnung zur ersten Tätigkeitsstätte (30 km) mehr als die Hälfte der kürzesten Straßenverbindung zwischen Hauptwohnung und erster Tätigkeitsstätte (28 km). Allerdings kann A darlegen, dass sich die Fahrzeit zur ersten Tätigkeitsstätte von der Zweitwohnung um mehr als die Hälfte und damit wesentlich verkürzt (Fahrzeit 25 Minuten); daher kann gleichwohl von einer beruflichen Veranlassung der doppelten Haushaltsführung ausgegangen werden.

Abwandlung 2:

Die Entfernung von B (Hauptwohnung) nach C beträgt 250 km. Die Zweitwohnung in Z ist 60 km von der ersten Tätigkeitsstätte entfernt. A legt den Weg mit einer günstigen Zugverbindung täglich in jeweils 40 Minuten zurück.
Die Hauptwohnung liegt mehr als 50 km von der ersten Tätigkeitsstätte entfernt und damit außerhalb des Orts der ersten Tätigkeitsstätte. Die Zweitwohnung dient, auch wenn sie mehr als 50 km von der ersten Tätigkeitsstätte entfernt liegt, noch dem Wohnen am Ort der ersten Tätigkeitsstätte, weil A von der Zweitwohnung aus seine erste Tätigkeitsstätte mit dem von ihm genutzten Verkehrsmittel in zumutbarer Weise täglich erreichen kann, da die Fahrzeit weniger als eine Stunde beträgt. Es liegt daher eine doppelte Haushaltsführung vor. Die doppelte Haushaltsführung ist auch beruflich veranlasst, da die kürzeste Straßenverbindung zwischen der Zweitwohnung und der ersten Tätigkeitsstätte weniger als die Hälfte der kürzesten Straßenverbindung zwischen der Hauptwohnung und der ersten Tätigkeitsstätte beträgt.

Abwandlung 3:

Die Entfernung von B (Hauptwohnung) nach C beträgt 150 km und die Fahrzeit mit dem ICE 90 Minuten. Die Zweitwohnung in Z ist 74 km von der ersten Tätigkeitsstätte entfernt und die Fahrzeit beträgt 65 Minuten je Wegstrecke.
Auf Grund der Entfernung von mehr als 50 km zwischen Hauptwohnung und erster Tätigkeitsstätte liegt die Hauptwohnung nicht am Ort der ersten Tätigkeitsstätte (vgl. Rz. 102). Da die Entfernung von der Zweitwohnung in Z zur ersten Tätigkeitsstätte in C mehr als 50 km beträgt und die erste Tätigkeitsstätte in C auch nicht innerhalb einer Fahrzeit von einer Stunde erreicht werden kann, liegt keine doppelte Haushaltsführung vor.

cc) Ehegatten/Lebenspartner

105 Für Ehegatten/Lebenspartner müssen die Voraussetzungen der Rz. 100–104 jeweils gesondert erfüllt sein, um für jeden von ihnen die beruflich veranlasste doppelte Haushaltsführung anerkennen zu können.

dd) Höhe der Unterkunftskosten

106 Als Unterkunftskosten für eine doppelte Haushaltsführung im Inland werden die dem Arbeitnehmer tatsächlich entstandenen Aufwendungen für die Nutzung der Wohnung oder Unterkunft höchstens bis zu einem nachgewiesenen Betrag von 1000 € im Monat (Höchstbetrag) anerkannt. Die Prüfung der Notwendigkeit und Angemessenheit entfällt; auch auf die Zahl der Wohnungsbenutzer (Angehörige) kommt es nicht an.

107 Steht die Zweitwohnung oder -unterkunft im Eigentum des Arbeitnehmers, sind die tatsächlichen Aufwendungen (z. B. AfA, Schuldzinsen, Reparaturkosten, Nebenkosten) bis zum Höchstbetrag von 1000 € monatlich zu berücksichtigen. Insoweit gelten die Grundsätze der BFH-Rechtsprechung (vgl. BFH-Urteil vom 3. Dezember 1982, VI R 228/80, BStBl. 1983 II S. 467) weiter.

108 Der Höchstbetrag umfasst sämtliche entstehenden Aufwendungen wie Miete, Betriebskosten, Kosten der laufenden Reinigung und Pflege der Zweitwohnung oder -unterkunft, Zweitwohnungsteuer[1], Rundfunkbeitrag, Miet- oder Pachtgebühren für KFZ-Stellplätze[2], Aufwendungen für Sondernutzung (wie Garten), die vom Arbeitnehmer selbst getragen werden, nicht jedoch Aufwendungen für Hausrat, Einrichtungsgegenstände oder Arbeitsmittel, mit denen die Zweitwohnung ausgestattet ist. Aufwendungen für die erforderliche Einrichtung und Ausstattung der Zweitwohnung, soweit sie nicht überhöht sind, können als sonstige notwendige Mehraufwendungen der doppelten Haushaltsführung berücksichtigt werden (BFH-Urteil vom 4. April 2019, VI R 18/17, BStBl. II S. 449). Übersteigen die Anschaffungskosten des Arbeitnehmers für Einrichtung und Ausstattung der Zweitwohnung (ohne Arbeitsmittel) insgesamt nicht den Betrag von 5000 € einschließlich Umsatzsteuer, ist aus Vereinfachungsgründen davon auszugehen, dass es sich um notwendige Mehraufwendungen der doppelten Haushaltsführung handelt. Wird die Zweitwohnung oder -unterkunft möbliert angemietet, überschreitet die Miete den Höchstbetrag und enthält der Mietvertrag keine Aufteilung der Miete für die Überlassung der Wohnung und der Einrichtung und Ausstattung, ist die Miete im Schätzwege aufzuteilen (BFH-Urteil vom 4. April 2019, VI R 18/17, BStBl. II S. 449). Aufwendungen für einen separat angemieteten Garagenstellplatz sind in den Höchstbetrag einzubeziehen und können nicht als „sonstige" notwendige Mehraufwendungen zusätzlich berücksichtigt werden. Maklerkosten, die für die Anmietung einer Zweitwohnung oder -unterkunft entstehen, sind als Umzugskosten zusätzlich als Werbungskosten abziehbar (R 9.9 Absatz 2 LStR 2015)[3] oder vom Arbeitgeber steuerfrei erstattbar. Sie sind nicht in die Höchstbetragsberechnung mit einzubeziehen.

109 Bei Beendigung der doppelten Haushaltsführung ist eine Vorfälligkeitsentschädigung wegen vorzeitiger Ablösung einer Grundschuld aufgrund der Veräußerung der Zweitwohnung nicht als Werbungskosten zu berücksichtigen (vgl. BFH-Urteil vom 3. April 2019, VI R 15/17, BStBl. II S. 446).

---

[1] **[Amtl. Anm.:]** Bestätigt durch BFH vom 13. 12. 2023 (BStBl. II 2024 S. 404).
[2] Siehe aber FG Niedersachsen vom 16. 3. 2023, 10 K 202/22 (DStR 2023, 1879); Revision eingelegt (VI R 4/23).
[3] **[Amtl. Anm.:]** Jetzt LStR 2023.

110 Bei der Anwendung des Höchstbetrags ist grundsätzlich § 11 EStG zu beachten. Soweit der monatliche Höchstbetrag von 1000 € nicht ausgeschöpft wird, ist eine Übertragung des nicht ausgeschöpften Volumens in andere Monate des Bestehens der doppelten Haushaltsführung im selben Kalenderjahr möglich. Erhält der Arbeitnehmer Erstattungen z. B. für Nebenkosten, mindern diese Erstattungen im Zeitpunkt des Zuflusses die Unterkunftskosten der doppelten Haushaltsführung.

Ein häusliches Arbeitszimmer in der Zweitwohnung am Ort der ersten Tätigkeitsstätte ist bei der Ermittlung der anzuerkennenden Unterkunftskosten nicht einzubeziehen; der Abzug der hierauf entfallenden Aufwendungen richtet sich nach § 4 Absatz 5 Satz 1 Nummer 6 b EStG (vgl. BFH-Urteil vom 9. August 2007 VI R 23/05, BStBl. 2009 II S. 722).

111 Der Höchstbetrag nach § 9 Absatz 1 Satz 3 Nummer 5 Satz 4 EStG in Höhe von 1000 € ist ein Monatsbetrag, der nicht auf einen Kalendertag umzurechnen ist und grundsätzlich für jede doppelte Haushaltsführung des Arbeitnehmers gesondert gilt. Beziehen mehrere berufstätige Arbeitnehmer (z. B. beiderseits berufstätige Ehegatten, Lebenspartner, Lebensgefährten, Mitglieder einer Wohngemeinschaft) am gemeinsamen Beschäftigungsort eine gemeinsame Zweitwohnung, handelt es sich jeweils um eine doppelte Haushaltsführung, so dass jeder Arbeitnehmer den Höchstbetrag für die tatsächlich von ihm getragenen Aufwendungen jeweils für sich beanspruchen kann.

Beispiel 63:

Die beiderseits berufstätigen Ehegatten bewohnen an ihrem Beschäftigungsort in M (jeweils Ort der ersten Tätigkeitsstätte) gemeinsam eine möblierte Unterkunft. Ihren Hausstand sowie ihren Lebensmittelpunkt haben die Eheleute nachweislich im eigenen Einfamilienhaus in B. Die Aufwendungen für die Nutzung der Unterkunft am Beschäftigungsort betragen inklusive sämtlicher Nebenkosten 1100 € im Monat. Diese werden auf Grund gemeinsamer Verpflichtung von beiden Ehegatten zu gleichen Anteilen gezahlt.
Die tatsächlichen Aufwendungen für die Nutzung der Unterkunft können bei jedem Ehegatten jeweils in Höhe von 550 € angesetzt werden.

Beispiel 64:

Der Arbeitnehmer A bewohnt am Ort seiner ersten Tätigkeitsstätte in M eine Zweitwohnung. Die Aufwendungen für die Nutzung dieser Unterkunft (Miete, inklusive sämtlicher berücksichtigungsfähiger Nebenkosten) betragen bis zum 30. Juni monatlich 990 €. Ab 1. Juli wird die Miete um 30 € erhöht, so dass ab diesem Zeitpunkt die monatlichen Aufwendungen für die Nutzung der Unterkunft 1020 € betragen.
In den Monaten Januar bis Juni können die Aufwendungen für die Nutzung der Unterkunft in voller Höhe vom Arbeitgeber steuerfrei erstattet bzw. von A als Werbungskosten geltend gemacht werden.
Ab Juli ist grundsätzlich die Beschränkung auf den Höchstbetrag von 1000 € zu beachten. Die den Höchstbetrag übersteigenden Aufwendungen von monatlich 20 € können allerdings mit dem noch nicht aufgebrauchten Höchstbetragsvolumen der Monate Januar–Juni (6 × 10 € = 60 €) verrechnet und insoweit steuerfrei erstattet oder als Werbungskosten geltend gemacht werden.

112 Bei doppelter Haushaltsführung im Ausland sind die Aufwendungen in tatsächlicher Höhe notwendig, soweit sie die ortsübliche Miete für eine nach Lage und Ausstattung durchschnittliche Wohnung am Ort der ersten Tätigkeitsstätte mit einer Wohnfläche bis zu 60 qm nicht überschreiten.[1]

ee) Steuerfreie Erstattung durch den Arbeitgeber und Werbungskostenabzug

113 Für den steuerfreien Arbeitgeberersatz kann der Arbeitgeber bei Arbeitnehmern mit den Steuerklassen III, IV oder V ohne Weiteres unterstellen, dass sie einen eigenen Hausstand haben, an dem sie sich auch finanziell beteiligen. Bei anderen Arbeitnehmern darf der Arbeitgeber einen eigenen Hausstand nur dann anerkennen, wenn sie schriftlich erklären, dass sie neben einer Zweitwohnung oder -unterkunft am Beschäftigungsort außerhalb des Beschäftigungsortes einen eigenen Hausstand unterhalten, an dem sie sich auch finanziell beteiligen. Die Kosten der Zweitwohnung oder -unterkunft am Ort der ersten Tätigkeitsstätte im Inland können weiterhin vom Arbeitgeber pauschal steuerfrei erstattet werden (R 9.11 Absatz 10 Satz 7 Nummer 3 LStR 2015)[2].

114 Der Arbeitnehmer das Vorliegen einer doppelten Haushaltsführung und die finanzielle Beteiligung an der Haushaltsführung am Ort des eigenen Hausstands grundsätzlich in seiner Einkommensteuererklärung darzulegen. Bei Arbeitnehmern, die mit ihrem Ehegatten oder Lebenspartner einen gemeinsamen Haushalt führen, kann eine finanzielle Beteiligung an den Kosten der Lebensführung ohne entsprechenden Nachweis unterstellt werden (vgl. auch Rz. 101). Kosten der Zweitwohnung oder -unterkunft sind für die Berücksichtigung als Werbungskosten grundsätzlich im Einzelnen nachzuweisen; sie können geschätzt werden, wenn sie dem Grunde nach zweifelsfrei entstanden sind (vgl. BFH-Urteil vom 12. September 2001, VI R 72/97, BStBl. II S. 775).

b) Unterkunftskosten bei einer Auswärtstätigkeit, § 9 Absatz 1 Satz 3 Nummer 5 a EStG

115 Als Werbungskosten abzugsfähig sind Unterkunftskosten bei einer Auswärtstätigkeit. Hierbei muss es sich um notwendige Mehraufwendungen eines Arbeitnehmers für beruflich veranlasste Übernachtungen an einer Tätigkeitsstätte handeln, die nicht erste Tätigkeitsstätte ist.

aa) Berufliche Veranlassung

116 Die berufliche Veranlassung ist gegeben, wenn der Arbeitnehmer auf Weisung des Arbeitgebers so gut wie ausschließlich betrieblich bzw. dienstlich unterwegs ist. Dies ist zum Beispiel der Fall, wenn der Arbeitnehmer einen Kunden besucht. Erledigt der Arbeitnehmer im Zusammenhang mit der beruflich veranlassten Auswärtstätigkeit auch in einem mehr als geringfügigen Umfang private Angelegenheiten, sind die beruflich veranlassten von den privat veranlassten Aufwendungen zu trennen (vgl. BFH-Beschluss vom 21. September 2009, GrS 1/06, BStBl. 2010 II S. 672). Ist das nicht – auch nicht durch

[1] Siehe aber BFH-Urteil vom 9. 8. 2023, VI R 20/21, DStR 2023, 2481.
[2] **[Amtl. Anm.:]** Jetzt LStR 2023.

Schätzung – möglich, gehören die gesamten Aufwendungen zu den nach § 12 EStG nicht abziehbaren Aufwendungen für die Lebensführung.

bb) Unterkunftskosten

117 Unterkunfts- bzw. Übernachtungskosten sind die tatsächlichen Aufwendungen für die persönliche Inanspruchnahme einer Unterkunft zur Übernachtung. Hierzu zählen zum Beispiel Kosten für die Nutzung eines Hotelzimmers, Mietaufwendungen für die Nutzung eines (ggf. möblierten) Zimmers oder einer Wohnung sowie Nebenleistungen (z. B. Kultur- und Tourismusförderabgabe, Kurtaxe/Fremdenverkehrsabgabe, bei Auslandsübernachtungen die besondere Kreditkartengebühr bei Zahlungen in Fremdwährungen). Als Werbungskosten können lediglich die tatsächlich entstandenen Übernachtungskosten und keine Pauschalen abgezogen werden.

118 Kosten für Mahlzeiten gehören zu den Aufwendungen des Arbeitnehmers für die Verpflegung und sind nur nach Maßgabe des § 9 Absatz 4 a EStG abziehbar. Wird durch Zahlungsbelege nur ein Gesamtpreis für Unterkunft und Verpflegung nachgewiesen und lässt sich der Preis für die Verpflegung nicht feststellen (z. B. Tagungspauschale), so ist dieser Gesamtpreis zur Ermittlung der Übernachtungskosten zu kürzen. Als Kürzungsbeträge sind dabei
- für Frühstück 20%,
- für Mittag- und Abendessen jeweils 40%

der für den Unterkunftsort maßgebenden Verpflegungspauschale bei einer Auswärtstätigkeit mit einer Abwesenheitsdauer von mindestens 24 Stunden anzusetzen.

Beispiel 65:

Der Arbeitnehmer A übernachtet während einer zweitägigen inländischen Auswärtstätigkeit im Hotel. Die Rechnung des Hotels ist auf den Namen des Arbeitgebers ausgestellt. Das Hotel rechnet eine Übernachtung mit Frühstück wie folgt ab:

Pauschalarrangement	70 €

Der Arbeitgeber hat folgende Möglichkeiten:
Zur Ermittlung der Übernachtungskosten kann der Gesamtpreis um 5,60 € (20% von 28 € für die auf das Frühstück entfallenden anteiligen Kosten) gekürzt werden. Der verbleibende Betrag von 64,40 € kann vom Arbeitgeber dann als Übernachtungskosten steuerfrei erstattet werden. Für den An- und Abreisetag stehen dem Arbeitnehmer Verpflegungspauschalen von insgesamt 28 € (je 14 € für den An- und Abreisetag) zu. Die Verpflegungspauschale für den Abreisetag ist nicht zu kürzen (um 5,60 € für das Frühstück), wenn der Arbeitgeber dem Arbeitnehmer lediglich die 64,40 € als Übernachtungskosten erstattet. Insgesamt kann der Arbeitgeber somit 92,40 € steuerfrei erstatten (64,40 € Unterkunft plus 28 € Verpflegung).
Erstattet der Arbeitgeber dem Arbeitnehmer hingegen den Gesamtpreis von 70 € (also einschließlich Frühstück) sind die Verpflegungspauschalen zu kürzen auf einen Betrag von 22,40 € für Verpflegung (28 € Verpflegungspauschalen – 5,60 € Kürzung für ein Frühstück). Insgesamt kann der Arbeitgeber somit 92,40 € steuerfrei erstatten (70 € Unterkunft und Frühstück plus 22,40 € Verpflegung).
Die Berechnungen führen somit zum gleichen Ergebnis, egal von welchem Betrag der pauschale Einbehalt bzw. die pauschale Kürzung erfolgt.

Abwandlung:

Die Rechnung des Hotels ist auf den Namen des Arbeitnehmers ausgestellt.
Auch in diesem Fall kann der Arbeitgeber insgesamt höchstens 92,40 € steuerfrei erstatten (64,40 € Unterkunft plus 28 € Verpflegung).

Beispiel 66:

Der Arbeitnehmer A übernachtet während einer zweitägigen Auswärtstätigkeit im Hotel. Die Rechnung ist auf den Namen des Arbeitgebers ausgestellt. Das Hotel rechnet eine Übernachtung mit Frühstück wie folgt ab:

Übernachtung	60 €
Frühstück	10 €

Die ausgewiesenen Übernachtungskosten von 60 € können vom Arbeitgeber steuerfrei erstattet werden. Für den An- und Abreisetag stünden dem Arbeitnehmer zusätzlich auch noch Verpflegungspauschalen von 28 € (je 14 € für den An- und Abreisetag) zu. Die Verpflegungspauschale für den Abreisetag ist nicht zu kürzen, wenn der Arbeitgeber dem Arbeitnehmer lediglich die 60 € Übernachtungskosten erstattet.
Erstattet der Arbeitgeber hingegen auch den Betrag von 10 € für das Frühstück, ist die Verpflegungspauschale für den Abreisetag um 5,60 € wegen des vom Arbeitgeber zur Verfügung gestellten Frühstücks zu kürzen. Der Arbeitgeber kann dann zusätzlich einen Betrag von 22,40 € für Verpflegung steuerfrei erstatten.

Abwandlung:

Die Rechnung des Hotels ist auf den Namen des Arbeitnehmers ausgestellt.
In diesem Fall kann der Arbeitgeber insgesamt höchstens 88 € steuerfrei erstatten (60 € Unterkunft plus 28 € Verpflegung).
Werden keine steuerfreien Erstattungen seitens des Arbeitgebers gezahlt, ist der Betrag von 88 € als Werbungskosten berücksichtigungsfähig.

cc) Notwendige Mehraufwendungen

119 Es ist lediglich die berufliche Veranlassung zu prüfen, nicht aber die Angemessenheit der Unterkunft (bestimmte Hotelkategorie oder Größe der Unterkunft). Die Anerkennung von Unterkunftskosten bei einer auswärtigen beruflichen Tätigkeit erfordert, dass noch eine andere Wohnung besteht, für die dem Arbeitnehmer Aufwendungen entstehen, weil er dort
- seinen Lebensmittelpunkt hat, ohne dass dort jedoch ein eigener Hausstand vorliegen muss, oder
- seinen Lebensmittelpunkt wieder aufnehmen will.

Für die Berücksichtigung von Unterkunftskosten anlässlich einer Auswärtstätigkeit wird somit – anders als bei der doppelten Haushaltsführung – nicht vorausgesetzt, dass der Arbeitnehmer eine Wohnung aus eigenem Recht oder als Mieter innehat und eine finanzielle Beteiligung an den Kosten der Lebensführung leistet. Es genügt, wenn der Arbeitnehmer z. B. im Haushalt der Eltern ein Zimmer bewohnt.

120 Ist die Unterkunft am auswärtigen Tätigkeitsort die einzige Wohnung/Unterkunft des Arbeitnehmers, liegt kein beruflich veranlasster Mehraufwand vor.

121 Soweit höhere Übernachtungskosten anfallen, weil der Arbeitnehmer eine Unterkunft gemeinsam mit Personen nutzt, die in keinem Dienstverhältnis zum selben Arbeitgeber stehen, sind nur diejenigen Aufwendungen anzusetzen, die bei alleiniger Nutzung durch den Arbeitnehmer angefallen wären. Nicht abziehbar sind somit Mehrkosten, die aufgrund der Mitnutzung der Übernachtungsmöglichkeit durch eine Begleitperson entstehen, insbesondere wenn die Begleitung privat und nicht beruflich veranlasst ist. Bei Mitnutzung eines Mehrbettzimmers (z. B. Doppelzimmer) können die Aufwendungen angesetzt werden, die bei Inanspruchnahme eines Einzelzimmers im selben Haus entstanden wären.

122 Bei Nutzung einer Wohnung am auswärtigen Tätigkeitsort zur Übernachtung während einer beruflich veranlassten Auswärtstätigkeit kann im Inland aus Vereinfachungsgründen – entsprechend der Regelungen für Unterkunftskosten bei einer längerfristigen Auswärtstätigkeit von mehr als 48 Monaten – bei Aufwendungen bis zu einem Betrag von 1000 € monatlich von einer ausschließlichen beruflichen Veranlassung ausgegangen werden. Betragen die Aufwendungen im Inland mehr als 1000 € monatlich oder handelt es sich um eine Wohnung im Ausland, können nur die Aufwendungen berücksichtigt werden, die durch die beruflich veranlasste, alleinige Nutzung des Arbeitnehmers verursacht werden; dazu kann z. B. die ortsübliche Miete für eine nach Lage und Ausstattung durchschnittliche Wohnung am Ort der auswärtigen Tätigkeitsstätte mit einer Wohnfläche bis zu 60 qm als Vergleichsmaßstab herangezogen werden.

Beispiel 67:

Der Arbeitnehmer A wird aus persönlichen Gründen auf einer Auswärtstätigkeit von seiner Ehefrau begleitet. Für die Übernachtung im Doppelzimmer entstehen Kosten von 150 €. Ein Einzelzimmer hätte 90 € gekostet.
Als Werbungskosten abziehbar oder vom Arbeitgeber steuerfrei erstattungsfähig sind 90 €.

Abwandlung:

Auf einer Auswärtstätigkeit teilt sich der Arbeitnehmer A das Doppelzimmer mit seinem Kollegen B, der ihn aus betrieblichen Gründen begleitet.
Für jeden Arbeitnehmer können (150 € : 2 =) 75 € als Werbungskosten berücksichtigt oder vom Arbeitgeber steuerfrei erstattet werden.

dd) Begrenzte Berücksichtigung von Unterkunftskosten bei einer längerfristigen Auswärtstätigkeit an derselben Tätigkeitsstätte im Inland

123 Bei einer längerfristigen beruflichen Tätigkeit an derselben Tätigkeitsstätte im Inland, die nicht erste Tätigkeitsstätte ist, können nach Ablauf von 48 Monaten die tatsächlich entstehenden Unterkunftskosten höchstens noch bis zur Höhe von 1000 € im Monat als Werbungskosten abgezogen oder vom Arbeitgeber steuerfrei erstattet werden. Das gilt auch für Hotelübernachtungen.

124 Bei Übernachtungen im Ausland im Rahmen einer längerfristigen Auswärtstätigkeit gelten die Grundsätze zur beruflichen Veranlassung und Notwendigkeit der entstandenen Aufwendungen unverändert weiter. Die Höchstgrenze von 1000 € gilt hier nicht.

125 Von einer längerfristigen beruflichen Tätigkeit an derselben Tätigkeitsstätte ist erst dann auszugehen, sobald der Arbeitnehmer an dieser mindestens an drei Tagen in der Woche tätig wird. Die 48-Monatsfrist beginnt daher nicht, solange die auswärtige Tätigkeitsstätte nur an zwei Tagen in der Woche aufgesucht wird. Eine Unterbrechung von weniger als sechs Monaten, z. B. wegen Urlaub, Krankheit, beruflicher Tätigkeit an einer anderen Tätigkeitsstätte, führt nicht zu einem Neubeginn der 48-Monatsfrist. Die Prüfung des Unterbrechungszeitraums und des Ablaufs der 48-Monatsfrist erfolgt stets im Nachhinein mit Blick auf die zurückliegende Zeit.

Beispiel 68:

Der Arbeitnehmer A ist seit 1. April 01 an der sich an seinem Wohnort befindlichen ersten Tätigkeitsstätte in H an zwei Tagen in der Woche tätig. An den anderen drei Tagen betreut er aufgrund arbeitsrechtlicher Festlegungen eine 200 km entfernte Filiale in B. Dort übernachtet er regelmäßig zweimal wöchentlich.
Da der Arbeitnehmer A längerfristig infolge seiner beruflichen Tätigkeit an drei Tagen in der Woche an derselben Tätigkeitsstätte in B, die nicht erste Tätigkeitsstätte ist, tätig wird und dort übernachtet, können die ihm tatsächlich entstehenden Übernachtungskosten nach Ablauf von 48 Monaten nur noch bis zur Höhe von 1000 € monatlich als Werbungskosten geltend gemacht oder steuerfrei erstattet werden.

Abwandlung:

Wie Beispiel 68, allerdings muss A ab 15. Juli 01 für vier Monate nach M. Ab 16. November 01 ist er dann drei Tage wöchentlich in H und zwei Tage in B.
Für die längerfristige berufliche Auswärtstätigkeit in B beginnt die 48-Monatsfrist am 1. April 01 und endet voraussichtlich am 31. März 05. Eine sechsmonatige Unterbrechung liegt noch nicht vor (lediglich vier Monate und dann immer nur dreitägige Unterbrechung).

126 Für die Prüfung der 48-Monatsfrist wird auf den tatsächlich verwirklichten Sachverhalt abgestellt. Erst nach Ablauf von 48 Monaten greift die Begrenzung der Höhe nach auf den Betrag von 1000 € im Monat. Die unbegrenzte Berücksichtigung der entstandenen Aufwendungen in den ersten 48 Monaten bleibt davon unberührt.

ee) Anwendung der 48-Monatsfrist zur begrenzten Berücksichtigung der Unterkunftskosten bei einer längerfristigen Auswärtstätigkeit im Inland

127 Maßgeblich für den Beginn der 48-Monatsfrist ist der jeweilige Beginn der längerfristigen beruflichen Tätigkeit an derselben Tätigkeitsstätte im Inland. Aus Vereinfachungsgründen ist es allerdings nicht

Anl zu LStH 9.4

zu beanstanden, wenn die abziehbaren Übernachtungskosten erst ab dem ersten vollen Kalendermonat, der auf den Monat folgt, in dem die 48-Monatsfrist endet, auf 1000 € begrenzt werden.

ff) Steuerfreie Erstattung durch den Arbeitgeber

128 Für jede Übernachtung im Inland darf der Arbeitgeber die nachgewiesenen Übernachtungskosten nach Rz. 117 bis Rz. 126 oder ohne Einzelnachweis einen Pauschbetrag von 20 € steuerfrei erstatten. Bei Übernachtungen während einer auswärtigen beruflichen Tätigkeit im Ausland können die nachgewiesenen Übernachtungskosten oder ohne Einzelnachweis die mit BMF-Schreiben bekannt gemachten Pauschbeträge[1] steuerfrei erstattet werden (R 9.7 Absatz 3 Satz 2 ff. LStR 2015).[2]

5. Reisenebenkosten

59 **129** Zu den Reisenebenkosten gehören die tatsächlichen Aufwendungen z. B. für:

1. Beförderung und Aufbewahrung von Gepäck;
2. Telekommunikation und Schriftverkehr beruflichen Inhalts mit dem Arbeitgeber oder Geschäftspartnern;
3. Straßen- und Parkplatzbenutzung sowie Schadensbeseitigung infolge von Verkehrsunfällen, wenn die jeweils damit verbundenen Fahrtkosten als Reisekosten anzusetzen sind;
4. Verlust von auf der Reise abhanden gekommener oder beschädigter Gegenstände, die der Arbeitnehmer auf der Reise verwenden musste, wenn der Verlust aufgrund einer reisespezifischen Gefährdung eingetreten ist. Berücksichtigt wird der Verlust bis zur Höhe des Wertes, der dem Gegenstand zum Zeitpunkt des Verlustes beigemessen wird.
5. Private Telefongespräche, soweit sie der beruflichen Sphäre zugeordnet werden können (vgl. BFH-Urteil vom 5. Juli 2012, VI R 50/10, BStBl. 2013 II S. 282).

130 Die Reisenebenkosten sind durch geeignete Unterlagen nachzuweisen bzw. glaubhaft zu machen. Regelmäßig wiederkehrende Reisenebenkosten können zur Vereinfachung über einen repräsentativen Zeitraum von drei Monaten im Einzelnen nachgewiesen werden und dann in der Folgezeit mit dem täglichen Durchschnittsbetrag angesetzt werden.

131 Zur Abgeltung der notwendigen Mehraufwendungen, die einem Arbeitnehmer während seiner auswärtigen beruflichen Tätigkeit auf einem Kraftfahrzeug des Arbeitgebers oder eines vom Arbeitgeber beauftragten Dritten im Zusammenhang mit einer Übernachtung in dem Kraftfahrzeug entstehen, kann ab 1. Januar 2020 einheitlich im Kalenderjahr eine Pauschale von 8 €[3] für jeden Kalendertag berücksichtigt werden, an dem der Arbeitnehmer eine Verpflegungspauschale nach § 9 Absatz 4 a Satz 3 Nummer 1 und 2 sowie Satz 5 zur Nummer 1 und 2 EStG beanspruchen könnte. Die Pauschale kann auch von mitfahrenden Arbeitnehmern beansprucht werden, die ebenfalls im Fahrzeug übernachten, wenn der Arbeitgeber keine weiteren Erstattungen für Übernachtungskosten leistet oder der Arbeitnehmer keine weiteren Übernachtungskosten als Werbungskosten geltend macht. Die übrigen Voraussetzungen des § 9 Absatz 1 Satz 3 Nummer 5 b EStG müssen erfüllt sein.

Zur Berücksichtigung von höheren Mehraufwendungen ab 1. Januar 2020 vgl. BMF-Schreiben vom 4. Dezember 2012, BStBl. I S. 1249.[4]

132 Nicht zu den Reisenebenkosten gehören z. B.:

1. Kosten für die persönliche Lebensführung wie Tageszeitungen, private Telefongespräche mit Ausnahme der Gespräche i. S. d. Rz. 129 Nummer 5, Massagen, Minibar oder Pay-TV,
2. Ordnungs-, Verwarnungs- und Bußgelder, die auf einer Auswärtstätigkeit verhängt werden,
3. Verlust von Geld oder Schmuck,
4. Anschaffungskosten für Bekleidung, Koffer oder andere Reiseausrüstungsgegenstände, weil sie nur mittelbar mit einer Auswärtstätigkeit zusammenhängen,
5. Essensgutscheine, z. B. in Form von Raststätten- oder Autohof-Wertbons.

133 Gutscheine i. S. d. Rz. 132 Nummer 5 gehören nicht zu den Reisenebenkosten, da zur Abgeltung der tatsächlich entstandenen, beruflich veranlassten Mehraufwendungen für Verpflegung eine Verpflegungspauschale (§ 9 Absatz 4 a EStG) angesetzt werden kann.

Beispiel 69:

Der LKW-Fahrer L ist im Inland eintägig mehr als acht Stunden beruflich auswärts tätig. Er nimmt ein Mittagessen im Wert von 8,50 € in einer Autobahnraststätte ein und bezahlt an der Kasse 6 € in bar und den Rest in Wertbons die er im Zusammenhang mit der vom Arbeitgeber erstatteten Parkplatzgebühr erhalten hat.
Dem LKW-Fahrer L steht eine ungekürzte Verpflegungspauschale von 14 € zu.

6. Sonstiges

59a **134** Zur Ermittlung der steuerfreien Leistungen für Reisekosten dürfen die einzelnen Aufwendungsarten zusammengefasst werden; die Leistungen sind steuerfrei, soweit sie die Summe der zulässigen steuerfreien Leistungen nicht übersteigen. Hierbei können mehrere Reisen zusammengefasst abgerechnet werden. Dies gilt sinngemäß für Umzugskosten und für Mehraufwendungen bei einer doppelten Haushaltsführung (R 3.16 Satz 1 bis 3 ggf. i. V. m. R 3.13 Abs. 1 Satz 3 LStR 2015)[5].

---

[1] Für 2025 gilt BMF-Schreiben vom 2. 12. 2024, abgedruckt als Anlage zu LStH 9.6.
[2] **[Amtl. Anm.:]** Jetzt LStR 2023.
[3] **[Amtl. Anm.:]** Ab 1. 1. 2024: 9 €.
[4] Abgedruckt als Anlage zu LStH 9.8.
[5] **[Amtl. Anm.:]** Jetzt LStR 2023.

Anl zu LStH 9.4

Beispiel 70:

Bei einer längerfristigen beruflichen Auswärtstätigkeit wird ein Monteur für die Dauer von sechs Monaten (110 Arbeitstage) an derselben Tätigkeitsstätte tätig. Die arbeitstägliche Abwesenheit von seiner Wohnung und der ersten Tätigkeitsstätte beträgt jeweils mehr als 8 Stunden. Während der sechs Monate seiner Tätigkeit steht dem Monteur nach der Reiserichtlinie des Arbeitgebers ein Tagegeld in Höhe von insgesamt 770 € zu (110 Arbeitstage × 7 €/ Arbeitstag).
Erfolgt eine monatliche Reisekostenabrechnung, können die Tagegelder der ersten drei Monate steuerfrei geleistet werden:

Steuerfreie Verpflegungspauschalen:	55 Arbeitstage ×	14 €/Arbeitstag =	770 €
Gezahltes Tagegeld:	55 Arbeitstage ×	7 €/Arbeitstag =	385 €

Der Arbeitnehmer könnte somit zusätzlich für die ersten drei Monate noch 385 € als Werbungskosten geltend machen.
Die Tagegelder der folgenden drei Monate sind steuerpflichtig und der Arbeitnehmer kann keine Werbungskosten mehr geltend machen:

Steuerfreie Verpflegungspauschalen:		=	0 €
Gezahltes Tagegeld:	55 Arbeitstage ×	7 €/Arbeitstag =	385 €

Wird die längerfristige berufliche Auswärtstätigkeit zusammengefasst abgerechnet, können die Tagegelder der gesamten sechs Monate steuerfrei gezahlt werden. Der Arbeitnehmer kann dann keinen Werbungskostenabzug mehr geltend machen.

Steuerfreie Verpflegungspauschalen:	55 Arbeitstage ×	14 €/Arbeitstag =	770 €
Gezahltes Tagegeld:	110 Arbeitstage ×	7 €/Arbeitstag =	770 €

135 In den Fällen, in denen keine steuerfreie Verpflegungspauschale gezahlt werden darf, ist es nicht zu beanstanden, wenn der Arbeitgeber bei einer von ihm zur Verfügung gestellten Mahlzeit eine Verrechnung des anzusetzenden Sachbezugswertes mit steuerfrei zu erstattenden Fahrt-, Unterkunfts- oder Reisenebenkosten vornimmt.

Beispiel 71:

Der Arbeitnehmer A nimmt an einem halbtägigen auswärtigen Seminar mit Mittagessen teil und ist 6 Stunden von seiner Wohnung und der ersten Tätigkeitsstätte abwesend. Für die Fahrt zum Seminar nutzt A seinen privaten PKW und könnte für die entstandenen Fahrkosten eine steuerfreie Erstattung in Höhe von 30 € von seinem Arbeitgeber beanspruchen. Der Arbeitgeber kann die von ihm im Rahmen des Seminars gestellte Mahlzeit mit dem Sachbezugswert individuell oder pauschal mit 25% versteuern oder von den zu erstattenden 30 € abziehen.

III. Zeitliche Anwendungsregelung

136 Dieses Schreiben ersetzt das BMF-Schreiben vom 24. Oktober 2014 (BStBl I S. 1412)[1] und ist in allen noch offenen Fällen anzuwenden. Änderungen sind durch Fettdruck dargestellt.[2] In den jeweiligen Beispielen wurden die ab 1. Januar 2020 geltenden gesetzlichen Beträge für Verpflegungsmehraufwendungen und Sachbezugswerte[3] berücksichtigt.

R 9.5 Fahrtkosten als Reisekosten

LStR 9.5

Allgemeines

(1) ① Fahrtkosten sind die tatsächlichen Aufwendungen, die dem Arbeitnehmer durch die persönliche Benutzung eines Beförderungsmittels entstehen. ② Bei öffentlichen Verkehrsmitteln ist der entrichtete Fahrpreis einschl. etwaiger Zuschläge anzusetzen. ③ Benutzt der Arbeitnehmer sein Fahrzeug, ist der Teilbetrag der jährlichen Gesamtkosten dieses Fahrzeugs anzusetzen, der dem Anteil der zu berücksichtigenden Fahrten an der Jahresfahrleistung entspricht. ④ Der Arbeitnehmer kann aufgrund der für einen Zeitraum von zwölf Monaten ermittelten Gesamtkosten für das von ihm gestellte Fahrzeug einen Kilometersatz errechnen, der so lange angesetzt werden darf, bis sich die Verhältnisse wesentlich ändern, z. B. bis zum Ablauf des Abschreibungszeitraums oder bis zum Eintritt veränderter Leasingbelastungen. ⑤ Abweichend von Satz 3 können die Fahrtkosten auch mit den pauschalen Kilometersätzen gem. § 9 Abs. 1 Satz 3 Nr. 4 a Satz 2 EStG angesetzt werden. ⑥ Aufwendungen für Fahrten nach § 9 Abs. 1 Satz 3 Nr. 4 a Satz 3 EStG gehören nicht zu den Reisekosten. **60**

Erstattung durch den Arbeitgeber

(2) ① Der Arbeitnehmer hat seinem Arbeitgeber Unterlagen vorzulegen, aus denen die Voraussetzungen für die Steuerfreiheit der Erstattung und, soweit die Fahrtkosten bei Benutzung eines privaten Fahrzeugs nicht mit den pauschalen Kilometersätzen nach Absatz 1 Satz 5 erstattet werden, auch die tatsächlichen Gesamtkosten des Fahrzeugs ersichtlich sein müssen. ② Der Arbeitgeber hat diese Unterlagen als Belege zum Lohnkonto aufzubewahren. ③ Wird dem Arbeitnehmer für die Auswärtstätigkeit im Rahmen seines Dienstverhältnisses ein Kfz zur Verfügung gestellt, darf der Arbeitgeber die pauschalen Kilometersätze nicht – auch nicht teilweise – steuerfrei erstatten. **61**

---

[1] Abgedruckt im *„Handbuch zur Lohnsteuer 2020"* als Anlage a zu LStH 9.4.
[2] Hier nicht wiedergegeben.
[3] Sachbezugswerte für 2025 vgl. *BMF-Schreiben vom 10. 12. 2024,* abgedruckt als Anlage a zu LStH 8.1.

LStH 9.5

H 9.5

62 **Allgemeines**

– → BMF vom 25. 11. 2020 (BStBl. I S. 1228),[1] Rz. 36 ff.

– **Als Reisekosten** können die Aufwendungen für folgende Fahrten angesetzt werden:
1. Fahrten zwischen Wohnung oder erster Tätigkeitsstätte und auswärtiger Tätigkeitsstätte oder Unterkunft i. S. d. Nummer 3 einschließlich sämtlicher Zwischenheimfahrten (→ BFH vom 17. 12. 1976 – BStBl. 1977 II S. 294 und vom 24. 4. 1992 – BStBl. II S. 664); zur Abgrenzung dieser Fahrten von den Fahrten zwischen Wohnung und erster Tätigkeitsstätte → H 9.10 (Dienstliche Verrichtungen auf der Fahrt, Fahrtkosten),
2. innerhalb desselben Dienstverhältnisses Fahrten zwischen mehreren auswärtigen Tätigkeitsstätten oder innerhalb eines weiträumigen Tätigkeitsgebietes (§ 9 Abs. 1 Satz 3 Nr. 4 a Satz 4 EStG) und
3. Fahrten zwischen einer Unterkunft am Ort der auswärtigen Tätigkeitsstätte oder in ihrem Einzugsbereich und auswärtiger Tätigkeitsstätte (→ BFH vom 17. 12. 1976 – BStBl. 1977 II S. 294).

– **Nicht als Reisekosten,** sondern mit der Entfernungspauschale sind die Aufwendungen für folgende Fahrten anzusetzen:
1. Fahrten von der Wohnung zu einem bestimmten Sammelpunkt → § 9 Abs. 1 Satz 3 Nr. 4 a Satz 3 EStG, → BMF vom 25. 11. 2020 (BStBl. I S. 1228),[2] Rz. 38 ff.
2. Fahrten von der Wohnung zu einem weiträumigen Tätigkeitsgebiet → § 9 Abs. 1 Satz 3 Nr. 4 a Satz 3 EStG, → BMF vom 25. 11. 2020 (BStBl. I S. 1228),[3] Rz. 41 ff.

Einzelnachweis

– Zu den Gesamtkosten eines Fahrzeugs gehören die Betriebsstoffkosten, die Wartungs- und Reparaturkosten, die Kosten einer Garage am Wohnort, die Kraftfahrzeugsteuer, die Aufwendungen für die Halterhaftpflicht- und Fahrzeugversicherungen, die Absetzungen für Abnutzung, wobei Zuschüsse nach der Kraftfahrzeughilfe-Verordnung für die Beschaffung eines Kfz oder den Erwerb einer behinderungsbedingten Zusatzausstattung die Anschaffungskosten mindern (→ BFH vom 14. 6. 2012 – BStBl. II S. 835), sowie die Zinsen für ein Anschaffungsdarlehen (→ BFH vom 1. 10. 1982 – BStBl. 1983 II S. 17). Dagegen gehören nicht zu den Gesamtkosten z. B. Aufwendungen infolge von Verkehrsunfällen, Park- und Straßenbenutzungsgebühren, Aufwendungen für Insassen- und Unfallversicherungen sowie Verwarnungs-, Ordnungs- und Bußgelder; diese Aufwendungen sind mit Ausnahme der Verwarnungs-, Ordnungs- und Bußgelder ggf. als Reisenebenkosten abziehbar (→ H 9.8).

– Bei einem geleasten Fahrzeug gehört eine Leasingsonderzahlung zu den Gesamtkosten (→ BFH vom 5. 5. 1994 – BStBl. II S. 643 und vom 15. 4. 2010 – BStBl. II S. 805).

– Der AfA ist bei Kfz i. d. R. eine Nutzungsdauer von 6 Jahren zugrunde zu legen. Bei einer hohen Fahrleistung kann auch eine kürzere Nutzungsdauer anerkannt werden. Bei Kfz, die im Zeitpunkt der Anschaffung nicht neu gewesen sind, ist die entsprechende Restnutzungsdauer unter Berücksichtigung des Alters, der Beschaffenheit und des voraussichtlichen Einsatzes des Fahrzeugs zu schätzen (→ BMF vom 15. 12. 2000 – BStBl. I S. 1532).[4]

– Ein Teilnachweis der tatsächlichen Gesamtkosten ist möglich. Der nicht nachgewiesene Teil der Kosten kann geschätzt werden. Dabei ist von den für den Stpfl. ungünstigsten Umständen auszugehen (→ BFH vom 7. 4. 1992 – BStBl. II S. 854).

– Nicht zu den Gesamtkosten gehören die nach § 3 Nr. 46 EStG steuerfreien Vorteile sowie die nach § 40 Abs. 2 Satz 1 Nr. 6 EStG pauschal besteuerten Leistungen und Zuschüsse (→ BMF vom 29. 9. 2020 – BStBl. I S. 972, Rdnr. 33).[5]

Pauschale Kilometersätze

– → BMF vom 25. 11. 2020 (BStBl. I S. 1228),[6] Rz. 37.

– Die pauschalen Kilometersätze können aus Vereinfachungsgründen auch dann angesetzt werden, wenn der Arbeitnehmer nach § 3 Nr. 46 EStG steuerfreie Vorteile oder nach § 40 Abs. 2 Satz 1 Nr. 6 EStG pauschal besteuerte Leistungen und Zuschüsse vom Arbeitgeber für dieses Elektrofahrzeug oder Hybridelektrofahrzeug erhält (→ BMF vom 29. 9. 2020 – BStBl. I S. 972, Rdnr. 32).[7]

– Neben den pauschalen Kilometersätzen (→ BMF vom 25. 11. 2020 – BStBl. I S. 1228,[8] Rz. 37) können etwaige außergewöhnliche Kosten angesetzt werden, wenn diese durch Fahrten entstanden sind, für die die Kilometersätze anzusetzen sind. Außergewöhnliche Kosten sind nur die nicht voraussehbaren Aufwendungen für Reparaturen, die nicht auf Verschleiß (→ BFH vom 17. 10. 1973 – BStBl. 1974 II S. 186) oder die auf Unfallschäden beruhen, und Absetzungen für außergewöhnliche technische Abnutzung und Aufwendungen infolge eines

[1] Abgedruckt als Anlage zu LStH 9.4.
[2] Abgedruckt als Anlage zu LStH 9.4.
[3] Abgedruckt als Anlage zu LStH 9.4.
[4] BMF-Schreiben wurde nicht abgedruckt, da die Hinweise die Regelung wiedergeben.
[5] Abgedruckt als Anlage zu LStH 3.46.
[6] Abgedruckt als Anlage zu LStH 9.4.
[7] Abgedruckt als Anlage zu LStH 3.46.
[8] Abgedruckt als Anlage zu LStH 9.4.

Schadens, der durch den Diebstahl des Fahrzeugs entstanden ist (→ BFH vom 25. 5. 1992 – BStBl. 1993 II S. 44); dabei sind entsprechende Schadensersatzleistungen auf die Kosten anzurechnen. LStH 9.5

- Kosten, die mit dem laufenden Betrieb eines Fahrzeugs zusammenhängen, wie z. B. Aufwendungen für eine Fahrzeug-Vollversicherung, sind keine außergewöhnlichen Kosten (→ BFH vom 21. 6. 1991 – BStBl. II S. 814 und vom 8. 11. 1991 – BStBl. 1992 II S. 204). Mit den pauschalen Kilometersätzen ist auch eine Leasingsonderzahlung abgegolten (→ BFH vom 15. 4. 2010 – BStBl. II S. 805).
- Dienstreise-Kaskoversicherung → BMF vom 9. 9. 2015 (BStBl. I S. 734): Seit dem 1. 1. 2014 sind die pauschalen Kilometersätze für die Benutzung von Kfz im Rahmen von Auswärtstätigkeiten in § 9 Abs. 1 Satz 3 Nr. 4 a EStG gesetzlich geregelt und gelten demzufolge unvermindert auch dann, wenn der Arbeitnehmer keine eigene Fahrzeug-Vollversicherung, sondern der Arbeitgeber eine Dienstreise-Kaskoversicherung für ein Kfz des Arbeitnehmers abgeschlossen hat. Das zum 2. Leitsatz des BFH-Urteils vom 27. 6. 1991 (BStBl. 1992 II S. 365) ergangene BMF-Schreiben vom 31. 3. 1992 (BStBl. I S. 270) „Dienstreise-Kaskoversicherung des Arbeitgebers für Kfz des Arbeitnehmers und steuerfreier Fahrtkostenersatz" wird daher im Einvernehmen mit den obersten Finanzbehörden der Länder mit sofortiger Wirkung aufgehoben. Hat der Arbeitgeber eine Dienstreise-Kaskoversicherung für die seinen Arbeitnehmern gehörenden Kfz abgeschlossen, führt die Prämienzahlung des Arbeitgebers auch weiterhin nicht zum Lohnzufluss bei den Arbeitnehmern (→ BFH vom 27. 6. 1991 – BStBl. 1992 II S. 365 – 1. Leitsatz).

Werbungskostenabzug und Erstattung durch den Arbeitgeber

- Die als Reisekosten erfassten Fahrtkosten können als Werbungskosten abgezogen werden, soweit sie nicht vom Arbeitgeber steuerfrei erstattet worden sind (§ 3 c EStG).
- Die Erstattung der Fahrtkosten durch den Arbeitgeber ist nach § 3 Nr. 16 EStG steuerfrei, soweit höchstens die als Werbungskosten abziehbaren Beträge erstattet werden (→ BFH vom 21. 6. 1991 – BStBl. II S. 814).
- Bei Sammelbeförderung durch den Arbeitgeber scheidet mangels Aufwands des Arbeitnehmers ein Werbungskostenabzug für diese Fahrten aus (→ BFH vom 11. 5. 2005 – BStBl. II S. 785).
- Aufwendungen für Besuchsfahrten eines Ehegatten zur auswärtigen Tätigkeitsstätte des anderen Ehegatten/Lebenspartners sind auch bei einer längerfristigen Auswärtstätigkeit des anderen Ehegatten/Lebenspartners i. d. R. nicht als Werbungskosten abziehbar (→ BFH vom 22. 10. 2015 – BStBl. 2016 II S. 179).

R 9.6 Verpflegungsmehraufwendungen als Reisekosten

LStR 9.6

Allgemeines

(1) ① Die dem Arbeitnehmer tatsächlich entstandenen, beruflich veranlassten Mehraufwendungen für Verpflegung sind unter den Voraussetzungen des § 9 Abs. 4 a EStG mit den dort genannten Pauschbeträgen anzusetzen. ② Der Einzelnachweis von Verpflegungsmehraufwendungen berechtigt nicht zum Abzug höherer Beträge. 65

Konkurrenzregelung

(2) Soweit für denselben Kalendertag Verpflegungsmehraufwendungen wegen einer Auswärtstätigkeit oder wegen einer doppelten Haushaltsführung (→ R 9.11 Abs. 7) anzuerkennen sind, ist jeweils nur der höchste Pauschbetrag anzusetzen (→ § 9 Abs. 4 a Satz 12 zweiter Halbsatz EStG). 66

Besonderheiten bei Auswärtstätigkeiten im Ausland

(3) ① Für den Ansatz von Verpflegungsmehraufwendungen bei Auswärtstätigkeiten im Ausland gelten nach Staaten unterschiedliche Pauschbeträge (Auslandstagegelder), die vom BMF im Einvernehmen mit den obersten Finanzbehörden der Länder auf der Grundlage der höchsten Auslandstagegelder nach dem BRKG bekannt gemacht werden.[1] ② Für die in der Bekanntmachung nicht erfassten Staaten ist der für Luxemburg geltende Pauschbetrag maßgebend; für die in der Bekanntmachung nicht erfassten Übersee- und Außengebiete eines Staates ist der für das Mutterland geltende Pauschbetrag maßgebend. ③ Werden an einem Kalendertag Auswärtstätigkeiten im In- und Ausland durchgeführt, ist für diesen Tag das entsprechende Auslandstagegeld maßgebend, selbst dann, wenn die überwiegende Zeit im Inland verbracht wird. ④ Im Übrigen ist beim Ansatz des Auslandstagegeldes Folgendes zu beachten: 67

1. ① Bei Flugreisen gilt ein Staat in dem Zeitpunkt als erreicht, in dem das Flugzeug dort landet; Zwischenlandungen bleiben unberücksichtigt, es sei denn, dass durch sie Übernachtungen notwendig werden. ② Erstreckt sich eine Flugreise über mehr als zwei Kalendertage, ist für die Tage, die zwischen dem Tag des Abflugs und dem Tag der Landung liegen, das für Österreich geltende Tagegeld maßgebend.

[1] Nachstehend abgedruckt als Anlage zu LStH 9.6.

LStR 9.6

2. ① Bei Schiffsreisen ist das für Luxemburg geltende Tagegeld maßgebend. ② Für das Personal auf deutschen Staatsschiffen sowie für das Personal auf Schiffen der Handelsmarine unter deutscher Flagge auf Hoher See gilt das Inlandstagegeld. ③ Für die Tage der Einschiffung und Ausschiffung ist das für den Hafenort geltende Tagegeld maßgebend.

LStH 9.6

H 9.6

70 **Allgemeines** → BMF vom 25. 11. 2020 (BStBl. I S. 1228),[1] Rz. 47 ff.

Dreimonatsfrist → BMF vom 25. 11. 2020 (BStBl. I S. 1228),[2] Rz. 53 ff.

Erstattung durch den Arbeitgeber

– **steuerfrei** → § 3 Nr. 13, 16 EStG, → R 3.13, 3.16.

Die Erstattung der Verpflegungsmehraufwendungen durch den Arbeitgeber ist steuerfrei, soweit keine höheren Beträge erstattet werden, als nach → § 9 Abs. 4 a EStG, → BMF vom 25. 11. 2020 (BStBl. I S. 1228),[3] Rz. 47 ff. als Reisekosten angesetzt werden dürfen. Eine zusammengefasste Erstattung unterschiedlicher Aufwendungen ist möglich → R 3.16 Satz 1. Zur Erstattung im Zusammenhang mit Mahlzeitengestellungen bei Auswärtstätigkeit → BMF vom 25. 11. 2020 (BStBl. I S. 1228),[4] Rz. 73 ff.

– **pauschale Versteuerung**

– bei Mahlzeitengestellungen → § 40 Abs. 2 Satz 1 Nr. 1 a EStG und BMF vom 25. 11. 2020 (BStBl. I S. 1228),[5] Rz. 94 ff.,

– bei Vergütungen für Verpflegungsmehraufwendungen → § 40 Abs. 2 Satz 1 Nr. 4 EStG und BMF vom 25. 11. 2020 (BStBl. I S. 1228),[6] Rz. 58 ff.

– **Nachweise.** Der Arbeitnehmer hat seinem Arbeitgeber Unterlagen vorzulegen, aus denen die Voraussetzungen für den Erstattungsanspruch ersichtlich sein müssen. Der Arbeitgeber hat diese Unterlagen als Belege zum Lohnkonto aufzubewahren (→ BFH vom 6. 3. 1980 – BStBl. II S. 289).

Mahlzeitengestellung und Verpflegungsmehraufwendungen → BMF vom 25. 11. 2020 (BStBl. I S. 1228),[7] Rz. 64 ff. und 73 ff.

| **Pauschbeträge bei Auslandsreisen** → BMF vom 2. 12. 2024 (BStBl. I S. 1549)[8] ab 1. 1. 2025; → R 9.6 Abs. 3.

Verpflegungsmehraufwendungen

– Arbeitnehmer haben bei einer beruflichen Auswärtstätigkeit einen Rechtsanspruch darauf, dass die gesetzlichen Pauschbeträge berücksichtigt werden (→ BFH vom 4. 4. 2006 – BStBl. II S. 567).

– Kürzung der Verpflegungspauschalen → § 9 Abs. 4 a Satz 8 ff. EStG und BMF vom 25. 11. 2020 (BStBl. I S. 1228),[9] Rz. 73 ff.

Werbungskostenabzug bei Reisekostenerstattung durch den Arbeitgeber. Wurden Reisekosten vom Arbeitgeber – ggf. teilweise – erstattet, ist der Werbungskostenabzug insgesamt auf den Betrag beschränkt, um den die Summe der abziehbaren Aufwendungen die steuerfreie Erstattung übersteigt (→ BFH vom 15. 11. 1991 – BStBl. 1992 II S. 367). Dabei ist es gleich, ob die Erstattung des Arbeitgebers nach § 3 Nr. 13, 16 EStG oder nach anderen Vorschriften steuerfrei geblieben ist, z. B. durch Zehrkostenentschädigungen i. S. d. § 3 Nr. 12 EStG (→ BFH vom 28. 1. 1988 – BStBl. II S. 635).

Anl zu LStH 9.6

Schreiben betr. steuerliche Behandlung von Reisekosten und Reisekostenvergütungen bei betrieblich und beruflich veranlassten Auslandsreisen ab 1. Januar 2025

Vom 2. Dezember 2024 (BStBl. I S. 1549)

(BMF IV C 5 – S 2353/19/10010 :006; DOK 2024/1050350)

1 Anlage

74 Aufgrund des § 9 Absatz 4 a Satz 5 ff. Einkommensteuergesetz (EStG) werden im Einvernehmen mit den obersten Finanzbehörden der Länder die in der anliegenden Übersicht ausgewiesenen Pauschbeträge für Verpflegungsmehraufwendungen und Übernachtungskosten für beruflich und betrieblich veranlasste Auslandsdienstreisen ab 1. Januar 2025 bekannt gemacht (Fettdruck kennzeichnet die Änderungen gegenüber der Übersicht ab 1. Januar 2024, BStBl. I S. 2076[10]).

[1] Abgedruckt als Anlage zu LStH 9.4.
[2] Abgedruckt als Anlage zu LStH 9.4.
[3] Abgedruckt als Anlage zu LStH 9.4.
[4] Abgedruckt als Anlage zu LStH 9.4.
[5] Abgedruckt als Anlage zu LStH 9.4.
[6] Abgedruckt als Anlage zu LStH 9.4.
[7] Abgedruckt als Anlage zu LStH 9.4.
[8] Abgedruckt als Anlage zu LStH 9.6.
[9] Abgedruckt als Anlage zu LStH 9.4.
[10] Abgedruckt im *„Handbuch zur Lohnsteuer 2024"* als Anlage zu LStH 9.6.

Anl zu LStH 9.6

Bei eintägigen Reisen in das Ausland ist der entsprechende Pauschbetrag des letzten Tätigkeitsortes im Ausland maßgebend. Bei mehrtägigen Reisen in verschiedenen Staaten gilt für die Ermittlung der Verpflegungspauschalen am An- und Abreisetag sowie an den Zwischentagen (Tage mit 24 Stunden Abwesenheit) im Hinblick auf § 9 Absatz 4 a Satz 5 2. Halbsatz EStG insbesondere Folgendes:

- Bei der Anreise vom Inland in das Ausland oder vom Ausland in das Inland jeweils ohne Tätigwerden ist der entsprechende Pauschbetrag des Ortes maßgebend, der vor 24 Uhr Ortszeit erreicht wird.
- Bei der Abreise vom Ausland in das Inland oder vom Inland in das Ausland ist der entsprechende Pauschbetrag des letzten Tätigkeitsortes maßgebend.
- Für die Zwischentage ist in der Regel der entsprechende Pauschbetrag des Ortes maßgebend, den der Arbeitnehmer vor 24 Uhr Ortszeit erreicht.

Siehe dazu auch Rz. 52 des BMF-Schreibens zur steuerlichen Behandlung der Reisekosten von Arbeitnehmern vom 25. November 2020 (BStBl. I S. 1228).[1]

Schließt sich an den Tag der Rückreise von einer mehrtägigen Auswärtstätigkeit zur Wohnung oder ersten Tätigkeitsstätte eine weitere ein- oder mehrtägige Auswärtstätigkeit an, ist für diesen Tag nur die höhere Verpflegungspauschale zu berücksichtigen. Im Übrigen, insbesondere bei Flug- und Schiffsreisen, ist R 9.6 Absatz 3 LStR zu beachten.

Zur Kürzung der Verpflegungspauschale gilt Folgendes:

Bei der Gestellung von Mahlzeiten durch den Arbeitgeber oder auf dessen Veranlassung durch einen Dritten ist die Kürzung der Verpflegungspauschale i. S. d. § 9 Absatz 4 a Satz 8 ff. EStG tagesbezogen vorzunehmen, d. h. von der für den jeweiligen Reisetag maßgebenden Verpflegungspauschale (s. o.) für eine 24-stündige Abwesenheit (§ 9 Absatz 4 a Satz 5 EStG), unabhängig davon, in welchem Land die jeweilige Mahlzeit zur Verfügung gestellt wurde.

Beispiel:

Der Ingenieur I kehrt am Dienstag von einer mehrtägigen Auswärtstätigkeit in Straßburg (Frankreich) zu seiner Wohnung zurück. Nachdem er Unterlagen und neue Kleidung eingepackt hat, reist er zu einer weiteren mehrtägigen Auswärtstätigkeit nach Kopenhagen (Dänemark) weiter. I erreicht Kopenhagen um 23 Uhr. Die Übernachtungen – jeweils mit Frühstück – wurden vom Arbeitgeber im Voraus gebucht und bezahlt.

Für Dienstag ist nur die höhere Verpflegungspauschale von 50 € (Rückreisetag von Straßburg: 36 €, Anreisetag nach Kopenhagen 50 €) anzusetzen. Aufgrund der Gestellung des Frühstücks im Rahmen der Übernachtung in Straßburg ist die Verpflegungspauschale um 15 € (20 % der Verpflegungspauschale Kopenhagen für einen vollen Kalendertag – 75 €) auf 35 € zu kürzen.

Die festgesetzten Beträge für die Philippinen gelten auch für Mikronesien, die Beträge für Trinidad und Tobago gelten auch für die zu dessen Amtsbezirk gehörenden Staaten Antigua und Barbuda, Dominica, Grenada, Guyana, St. Kitts und Nevis, St. Lucia, St. Vincent und die Grenadinen sowie Suriname.

Für die in der Bekanntmachung nicht erfassten Länder ist der für Luxemburg geltende Pauschbetrag maßgebend, für nicht erfasste Übersee- und Außengebiete eines Landes ist der für das Mutterland geltende Pauschbetrag maßgebend.

Die Pauschbeträge für Übernachtungskosten sind ausschließlich in den Fällen der Arbeitgebererstattung anwendbar (R 9.7 Absatz 3 LStR und Rz. 128 des BMF-Schreibens zur steuerlichen Behandlung der Reisekosten von Arbeitnehmern vom 25. November 2020, BStBl. I S. 1228[2]). Für den Werbungskostenabzug sind nur die tatsächlichen Übernachtungskosten maßgebend (R 9.7 Absatz 2 LStR und Rz. 117 des BMF-Schreibens zur steuerlichen Behandlung der Reisekosten von Arbeitnehmern vom 25. November 2020, BStBl. I S. 1228);[3] dies gilt entsprechend für den Betriebsausgabenabzug (R 4.12 Absatz 2 und 3 EStR).

Dieses Schreiben gilt entsprechend für doppelte Haushaltsführungen im Ausland (R 9.11 Absatz 10 Satz 1, Satz 7 Nummer 3 LStR und Rz. 112 ff. des BMF-Schreibens zur steuerlichen Behandlung der Reisekosten von Arbeitnehmern vom 25. November 2020, BStBl. I S. 1228).[4]

Übersicht über die ab 1. Januar 2025 geltenden Pauschbeträge für Verpflegungsmehraufwendungen und Übernachtungskosten im Ausland 75

(Änderungen gegenüber 1. Januar 2024, BStBl. 2023 I S. 2076[5] im Fettdruck)

Land	Pauschbeträge für Verpflegungsmehraufwendungen bei einer Abwesenheitsdauer von mindestens 24 Stunden je Kalendertag	Pauschbeträge für Verpflegungsmehraufwendungen für den An- und Abreisetag sowie bei einer Abwesenheitsdauer von mehr als 8 Stunden je Kalendertag	Pauschbetrag für Übernachtungskosten
	€	€	€
Afghanistan	30	20	95
Ägypten	50	33	112
Äthiopien	**44**	**29**	**159**
Äquatorialguinea	42	28	166

[1] Abgedruckt als Anlage zu LStH 9.4.
[2] Abgedruckt als Anlage zu LStH 9.4.
[3] Abgedruckt als Anlage zu LStH 9.4.
[4] Abgedruckt als Anlage zu LStH 9.4.
[5] Abgedruckt im *„Handbuch zur Lohnsteuer 2024"* als Anlage zu LStH 9.6.

Anl zu LStH 9.6

Land	Pauschbeträge für Verpflegungsmehraufwendungen bei einer Abwesenheitsdauer von mindestens 24 Stunden je Kalendertag	Pauschbeträge für Verpflegungsmehraufwendungen für den An- und Abreisetag sowie bei einer Abwesenheitsdauer von mehr als 8 Stunden je Kalendertag	Pauschbetrag für Übernachtungskosten
	€	€	€
Albanien	27	18	112
Algerien	47	32	120
Andorra	41	28	91
Angola	**40**	**27**	**368**
Argentinien	35	24	113
Armenien	**29**	**20**	**107**
Aserbaidschan	44	29	88
Australien			
– Canberra	74	49	186
– Sydney	57	38	173
– im Übrigen	57	38	173
Bahrain	48	32	153
Bangladesch	**46**	**31**	**189**
Barbados	54	36	206
Belgien	59	40	141
Benin	**40**	**27**	**168**
Bhutan	**27**	**18**	**176**
Bolivien	46	31	108
Bosnien und Herzegowina	23	16	75
Botsuana	46	31	176
Brasilien			
– Brasilia	51	34	88
– Rio de Janeiro	69	46	140
– São Paulo	46	31	151
– im Übrigen	46	31	88
Brunei	**45**	**30**	**110**
Bulgarien	22	15	115
Burkina Faso	38	25	174
Burundi	36	24	138
Chile	44	29	154
China			
– Chengdu	41	28	131
– Hongkong	71	48	169
– Kanton	36	24	150
– Peking	30	20	185
– Shanghai	58	39	217
– im Übrigen	48	32	112
Costa Rica	**60**	**40**	**127**
Côte d'Ivoire	59	40	166
Dänemark	75	50	183
Dominikanische Republik	50	33	167
Dschibuti	77	52	255
Ecuador	27	18	103
El Salvador	65	44	161
Eritrea	**46**	**31**	**78**
Estland	29	20	85
Fidschi	32	21	183
Finnland	54	36	171
Frankreich			
– Paris sowie die Departments 77, 78, 91 bis 95	58	39	159
– im Übrigen	53	36	105
Gabun	**64**	**43**	**263**
Gambia	40	27	161
Georgien	45	30	87
Ghana	46	31	**203**
Griechenland			
– Athen	40	27	139
– im Übrigen	36	24	150
Guatemala	**46**	**31**	**124**
Guinea	59	40	140

Anl zu LStH 9.6

Land	Pauschbeträge für Verpflegungsmehraufwendungen bei einer Abwesenheitsdauer von mindestens 24 Stunden je Kalendertag	Pauschbeträge für Verpflegungsmehraufwendungen für den An- und Abreisetag sowie bei einer Abwesenheitsdauer von mehr als 8 Stunden je Kalendertag	Pauschbetrag für Übernachtungskosten
	€	€	€
Guinea-Bissau	32	21	113
Haiti	58	39	130
Honduras	57	38	198
Indien			
– **Bangalore**	**42**	**28**	**155**
– Chennai	**22**	**15**	**80**
– Kalkutta	**32**	**21**	**167**
– Mumbai	**53**	**36**	**218**
– Neu Delhi	**46**	**31**	**211**
– im Übrigen	**22**	**15**	**80**
Indonesien	**45**	**30**	**179**
Iran	33	22	196
Irland	58	39	129
Island	62	41	187
Israel	66	44	190
Italien			
– Mailand	42	28	191
– Rom	48	32	150
– im Übrigen	42	28	150
Jamaika	39	26	171
Japan			
– Tokio	50	33	285
– **Osaka**	**33**	**22**	**141**
– im Übrigen	**33**	**22**	**141**
Jemen	24	16	95
Jordanien	57	38	134
Kambodscha	**42**	**28**	**108**
Kamerun	56	37	275
Kanada			
– Ottawa	62	41	214
– Toronto	54	36	392
– Vancouver	63	42	304
– im Übrigen	54	36	214
Kap Verde	38	25	90
Kasachstan	**33**	**22**	**108**
Katar	56	37	149
Kenia	51	34	219
Kirgisistan	27	18	74
Kolumbien	**34**	**23**	**123**
Kongo, Republik	62	41	215
Kongo, Demokratische Republik	**65**	**44**	**337**
Korea, Demokratische Volksrepublik	28	19	92
Korea, Republik	48	32	108
Kosovo	24	16	71
Kroatien	**46**	**31**	**191**
Kuba	51	34	170
Kuwait	56	37	241
Laos	35	24	71
Lesotho	28	19	104
Lettland	35	24	76
Libanon	69	46	146
Liberia	**65**	**44**	**173**
Libyen	63	42	135
Liechtenstein	56	37	190
Litauen	26	17	109
Luxemburg	63	42	139
Madagaskar	33	22	116
Malawi	41	28	109
Malaysia	36	24	86

Anl zu LStH 9.6

Land	Pauschbeträge für Verpflegungsmehraufwendungen: bei einer Abwesenheitsdauer von mindestens 24 Stunden je Kalendertag	Pauschbeträge für Verpflegungsmehraufwendungen: für den An- und Abreisetag sowie bei einer Abwesenheitsdauer von mehr als 8 Stunden je Kalendertag	Pauschbetrag für Übernachtungskosten
	€	€	€
Malediven	**70**	**47**	**200**
Mali	38	25	120
Malta	46	31	114
Marokko	41	28	87
Marshall Inseln	63	42	102
Mauretanien	35	24	86
Mauritius	44	29	172
Mexiko	48	32	177
Moldau, Republik	26	17	73
Monaco	52	35	187
Mongolei	23	16	92
Montenegro	32	21	85
Mosambik	51	34	208
Myanmar	**23**	**16**	**103**
Namibia	30	20	112
Nepal	36	24	126
Neuseeland	58	39	148
Nicaragua	46	31	105
Niederlande	47	32	122
Niger	42	28	131
Nigeria	46	31	182
Nordmazedonien	27	18	89
Norwegen	75	50	139
Österreich	50	33	117
Oman	64	43	141
Pakistan			
– Islamabad	23	16	238
– im Übrigen	34	23	122
Palau	51	34	**193**
Panama	41	28	82
Papua-Neuguinea	59	40	159
Paraguay	39	26	124
Peru	34	23	143
Philippinen	41	28	140
Polen			
– Breslau	**34**	**23**	**124**
– Warschau	**40**	**27**	**143**
– im Übrigen	**34**	**23**	**124**
Portugal	32	21	111
Ruanda	44	29	117
Rumänien			
– Bukarest	32	21	92
– im Übrigen	27	18	89
Russische Föderation			
– Moskau	30	20	**235**
– St. Petersburg	**28**	**19**	**133**
– im Übrigen	**28**	**19**	**133**
Sambia	38	25	105
Samoa	39	26	105
San Marino	34	23	79
São Tomé – Príncipe	**36**	**24**	**147**
Saudi-Arabien			
– Djidda	57	38	181
– Riad	56	37	186
– im Übrigen	56	37	181
Schweden	66	44	140
Schweiz			
– Genf	66	44	186
– im Übrigen	64	43	180
Senegal	42	28	190
Serbien	27	18	97

Land	Pauschbeträge für Verpflegungsmehraufwendungen bei einer Abwesenheitsdauer von mindestens 24 Stunden je Kalendertag	für den An- und Abreisetag sowie bei einer Abwesenheitsdauer von mehr als 8 Stunden je Kalendertag	Pauschbetrag für Übernachtungskosten
	€	€	€
Sierra Leone	57	38	145
Simbabwe	**63**	**42**	**198**
Singapur	**71**	**48**	**277**
Slowakische Republik	33	22	121
Slowenien	38	25	126
Spanien			
– Barcelona	34	23	144
– Kanarische Inseln	36	24	103
– Madrid	42	28	131
– Palma de Mallorca	44	29	142
– im Übrigen	34	23	103
Sri Lanka	36	24	112
Sudan	33	22	195
Südafrika			
– Kapstadt	33	22	130
– Johannesburg	36	24	129
– im Übrigen	29	20	109
Südsudan	51	34	159
Syrien	38	25	140
Tadschikistan	27	18	**85**
Taiwan	**51**	**34**	**174**
Tansania	44	29	97
Thailand	**36**	**24**	**114**
Togo	39	26	118
Tonga	**29**	**20**	**102**
Trinidad und Tobago	66	44	203
Tschad	42	28	155
Tschechische Republik	32	21	77
Türkei			
– **Ankara**	**32**	**21**	**110**
– Izmir	**44**	**29**	**120**
– im Übrigen	**24**	**16**	**107**
Tunesien	40	27	144
Turkmenistan	**28**	**19**	**135**
Uganda	41	28	143
Ukraine	26	17	98
Ungarn	32	21	85
Uruguay	**40**	**27**	**113**
Usbekistan	34	23	104
Vatikanstaat	48	32	150
Venezuela	45	30	127
Vereinigte Arabische Emirate	65	44	156
Vereinigte Staaten von Amerika (USA)			
– Atlanta	77	52	182
– Boston	63	42	333
– Chicago	65	44	233
– Houston	62	41	204
– Los Angeles	64	43	262
– Miami	65	44	256
– New York City	66	44	308
– San Francisco	59	40	327
– Washington, D. C.	66	44	203
– im Übrigen	59	40	182
Vereinigtes Königreich von Großbritannien und Nordirland			
– London	66	44	163
– im Übrigen	52	35	99
Vietnam	**36**	**24**	**111**

Anl zu LStH 9.6

Land	Pauschbeträge für Verpflegungsmehraufwendungen bei einer Abwesenheitsdauer von mindestens 24 Stunden je Kalendertag	Pauschbeträge für Verpflegungsmehraufwendungen für den An- und Abreisetag sowie bei einer Abwesenheitsdauer von mehr als 8 Stunden je Kalendertag	Pauschbetrag für Übernachtungskosten
	€	€	€
Weißrussland	20	13	98
Zentralafrikanische Republik	53	36	210
Zypern	42	28	125

LStR 9.7

R 9.7 Übernachtungskosten

Allgemeines

76 (1) ① Übernachtungskosten sind die tatsächlichen Aufwendungen, die dem Arbeitnehmer für die persönliche Inanspruchnahme einer Unterkunft zur Übernachtung entstehen. ② Ist die Unterkunft am auswärtigen Tätigkeitsort die einzige Wohnung/Unterkunft des Arbeitnehmers, liegt kein beruflich veranlasster Mehraufwand i. S. d. § 9 Abs. 1 Satz 3 Nr. 5 a EStG vor.

Werbungskostenabzug

77 (2) Die tatsächlichen Übernachtungskosten können bei einer Auswärtstätigkeit als Reisekosten angesetzt und als Werbungskosten abgezogen werden, soweit sie nicht vom Arbeitgeber nach § 3 Nr. 13 oder 16 EStG steuerfrei ersetzt werden.

Erstattung durch den Arbeitgeber

78 (3) ① Für jede Übernachtung im Inland darf der Arbeitgeber ohne Einzelnachweis einen Pauschbetrag von 20 € steuerfrei erstatten. ② Bei Übernachtungen im Ausland dürfen die Übernachtungskosten ohne Einzelnachweis der tatsächlichen Aufwendungen mit Pauschbeträgen (Übernachtungsgelder) steuerfrei erstattet werden. ③ Die Pauschbeträge werden vom BMF im Einvernehmen mit den obersten Finanzbehörden der Länder auf der Grundlage der höchsten Auslandsübernachtungsgelder nach dem BRKG bekannt gemacht. ④ Sie richten sich nach dem Ort, der nach R 9.6 Abs. 3 Satz 4 Nummer 1 und 2 maßgebend ist. ⑤ Für die in der Bekanntmachung nicht erfassten Länder und Gebiete ist R 9.6 Abs. 3 Satz 2 anzuwenden. ⑥ Die Pauschbeträge dürfen nicht steuerfrei erstattet werden, wenn dem Arbeitnehmer die Unterkunft vom Arbeitgeber oder aufgrund seines Dienstverhältnisses von einem Dritten unentgeltlich oder teilweise unentgeltlich zur Verfügung gestellt wurde. ⑦ Auch bei Übernachtung in einem Fahrzeug ist die steuerfreie Zahlung der Pauschbeträge nicht zulässig. ⑧ Bei Benutzung eines Schlafwagens oder einer Schiffskabine dürfen die Pauschbeträge nur dann steuerfrei gezahlt werden, wenn die Übernachtung in einer anderen Unterkunft begonnen oder beendet worden ist.

LStH 9.7

H 9.7

79 **Allgemeines** → BMF vom 25. 11. 2020 (BStBl. I S. 1228),[1] Rz. 115 ff.

Steuerfreiheit der Arbeitgebererstattungen. Die Erstattung der Übernachtungskosten durch den Arbeitgeber ist steuerfrei

- aus öffentlichen Kassen in voller Höhe → § 3 Nr. 13 EStG,
- bei Arbeitgebern außerhalb des öffentlichen Dienstes nach § 3 Nr. 16 EStG bis zur Höhe der tatsächlichen Aufwendungen oder bis zur Höhe der maßgebenden Pauschbeträge, d. h. bei Übernachtung im Inland 20 €, bei Übernachtung im Ausland → BMF vom 2. 12. 2024 (BStBl. I S. 1549) ab 1. 1. 2025.[2]

Übernachtungskosten

- Die Übernachtungskosten sind für den Werbungskostenabzug i. d. R. im Einzelnen nachzuweisen. Sie können geschätzt werden, wenn sie dem Grunde nach zweifelsfrei entstanden sind (→ BFH vom 12. 9. 2001 – BStBl. II S. 775).
- Übernachtet ein Kraftfahrer in der Schlafkabine seines LKW, sind die Pauschalen für Übernachtungen nicht anzuwenden (→ BFH vom 28. 3. 2012 – BStBl. II S. 926); zu Reisenebenkosten → H 9.8 (LKW-Fahrer).

[1] Abgedruckt als Anlage zu LStH 9.4.
[2] Abgedruckt als Anlage zu LStH 9.6.

R 9.8 Reisenebenkosten

LStR 9.8

Allgemeines

(1) Reisenebenkosten werden unter den Voraussetzungen von R 9.4 Abs. 1 in tatsächlicher Höhe berücksichtigt und können als Werbungskosten abgezogen werden, soweit sie nicht vom Arbeitgeber steuerfrei erstattet wurden. 83

Steuerfreiheit der Arbeitgebererstattungen

(2) ①Die Erstattung der Reisenebenkosten durch den Arbeitgeber ist nach § 3 Nr. 16 EStG steuerfrei, soweit sie die tatsächlichen Aufwendungen nicht überschreitet. ②Der Arbeitnehmer hat seinem Arbeitgeber Unterlagen vorzulegen, aus denen die tatsächlichen Aufwendungen ersichtlich sein müssen. ③Der Arbeitgeber hat diese Unterlagen als Belege zum Lohnkonto aufzubewahren. 85

H 9.8

LStH 9.8

Allgemeines → BMF vom 25. 11. 2020 (BStBl. I S. 1228),[1] Rz. 129 ff. 86

Diebstahl. Wertverluste bei einem Diebstahl des für die Reise notwendigen persönlichen Gepäcks sind Reisenebenkosten (→ BFH vom 30. 6. 1995 – BStBl. II S. 744). Dies gilt nicht für den Verlust von → Geld oder → Schmuck.

Geld. Der Verlust einer Geldbörse führt nicht zu Reisenebenkosten (→ BFH vom 4. 7. 1986 – BStBl. II S. 771).

Geldbußen → R 4.13 EStR.

LKW-Fahrer. Zu den Reisenebenkosten bei LKW-Fahrern, die in ihrer Schlafkabine übernachten, → § 9 Abs. 1 Satz 3 Nr. 5 b EStG und BMF vom 25. 11. 2020 (BStBl. I S. 1228), Rz. 131[2] oder zur Berücksichtigung höherer Mehraufwendungen → BMF vom 4. 12. 2012 (BStBl. I S. 1249).[3]

Ordnungsgelder → R 4.13 EStR.

Reisegepäckversicherung. Kosten für eine Reisegepäckversicherung, soweit sich der Versicherungsschutz auf eine beruflich bedingte Abwesenheit von einer ersten Tätigkeitsstätte beschränkt, sind Reisenebenkosten; zur Aufteilung der Aufwendungen für eine gemischte Reisegepäckversicherung → BFH vom 19. 2. 1993 (BStBl. II S. 519).

Schaden. Wertverluste aufgrund eines Schadens an mitgeführten Gegenständen, die der Arbeitnehmer auf seiner Reise verwenden musste, sind Reisenebenkosten, wenn der Schaden auf einer reisespezifischen Gefährdung beruht (→ BFH vom 30. 11. 1993 – BStBl. 1994 II S. 256).

Schmuck. Der Verlust von Schmuck führt nicht zu Reisenebenkosten (→ BFH vom 26. 1. 1968 – BStBl. II S. 342).

Telefonkosten. Zu den Reisenebenkosten gehören auch die tatsächlichen Aufwendungen für private Telefongespräche, soweit sie der beruflichen Sphäre zugeordnet werden können (→ BFH vom 5. 7. 2012 – BStBl. 2013 II S. 282).

Unfallversicherung. Beiträge zu Unfallversicherungen sind Reisenebenkosten, soweit sie Berufsunfälle außerhalb einer ersten Tätigkeitsstätte abdecken; wegen der steuerlichen Behandlung von Unfallversicherungen, die das Unfallrisiko sowohl im beruflichen als auch im außerberuflichen Bereich abdecken → BMF vom 28. 10. 2009 (BStBl. I S. 1275).[4]

Verwarnungsgelder → R 4.13 EStR.

– EStR/EStH abgedruckt als Anhang II –

Anl zu LStH 9.8

Schreiben betr. keine Übernachtungspauschalen bei LKW-Fahrern, die in der Schlafkabine ihres LKW übernachten;[5] vereinfachter Nachweis von Reisenebenkosten; BFH-Urteil vom 28. März 2012 VI R 48/11 (BStBl. II S. 926)

Vom 4. Dezember 2012 (BStBl. I S. 1249)

(BMF IV C 5 – S 2353/12/10009; DOK 2012/1074468)

Der BFH hat in seinem Urteil vom 28. März 2012 VI R 48/11 (BStBl. II S. 926) entschieden, dass ein Kraftfahrer, der in der Schlafkabine seines LKW übernachtet, die Pauschalen für Übernachtungen bei Auslandsdienstreisen nicht anwenden darf. Liegen Einzelnachweise über die Kosten nicht vor, seien die tatsächlichen Aufwendungen zu schätzen. Im Hinblick auf dieses Urteil ist nach der Erörterung mit den obersten Finanzbehörden der Länder Folgendes zu beachten: 87

Einem Kraftfahrer, der anlässlich seiner auswärtigen beruflichen Tätigkeit (Fahrtätigkeit) in der Schlafkabine seines LKW übernachtet, entstehen Aufwendungen, die bei anderen Arbeitnehmern mit Über-

---

[1] Abgedruckt als Anlage zu LStH 9.4.
[2] Abgedruckt als Anlage zu LStH 9.4.
[3] Nachstehend abgedruckt als Anlage zu LStH 9.8.
[4] Abgedruckt als Anlage zu LStH 40 b.1.
[5] **[Amtl. Anm.:]** BMF-Schreiben gilt nur alternativ zum Pauschbetrag nach § 9 Abs. 1 Satz 3 Nr. 5 b EStG.

Anl zu LStH 9.8

nachtung anlässlich einer beruflichen Auswärtstätigkeit typischerweise in den Übernachtungskosten enthalten sind. Derartige Aufwendungen können als Reisenebenkosten in vereinfachter Weise ermittelt und glaubhaft gemacht werden. Als Reisenebenkosten in diesem Sinne kommen z. B. in Betracht:
- Gebühren für die Benutzung der sanitären Einrichtungen (Toiletten sowie Dusch- oder Waschgelegenheiten) auf Raststätten,
- Aufwendungen für die Reinigung der eigenen Schlafkabine.

Aus Gründen der Vereinfachung ist es ausreichend, wenn der Arbeitnehmer die ihm tatsächlich entstandenen und regelmäßig wiederkehrenden Reisenebenkosten für einen repräsentativen Zeitraum von drei Monaten im Einzelnen durch entsprechende Aufzeichnungen glaubhaft macht. Dabei ist zu beachten, dass bei der Benutzung der sanitären Einrichtungen auf Raststätten nur die tatsächlichen Benutzungsgebühren aufzuzeichnen sind, nicht jedoch die als Wertbons ausgegebenen Beträge.

Hat der Arbeitnehmer diesen Nachweis erbracht, kann der tägliche Durchschnittsbetrag, der sich aus den Rechnungsbeträgen für den repräsentativen Zeitraum ergibt, für den Ansatz von Werbungskosten oder auch für die steuerfreie Erstattung durch den Arbeitgeber (nach Maßgabe des § 3 Nr. 13 und 16 EStG) so lange zu Grunde gelegt werden, bis sich die Verhältnisse wesentlich ändern.

Beispiel:

Nachweis durch Belege des Arbeitnehmers:
- Monat Oktober 2012: Aufwendungen gesamt 60 Euro (20 Tage Auswärtstätigkeit)
- Monat November 2012: Aufwendungen gesamt 80 Euro (25 Tage Auswärtstätigkeit)
- Monat Dezember 2012: Aufwendungen gesamt 40 Euro (15 Tage Auswärtstätigkeit)

Summe der Aufwendungen: 180 Euro: 60 Tage Auswärtstätigkeit = 3 Euro täglicher Durchschnittswert.

Der so ermittelte Wert kann bei LKW-Fahrern, die in ihrer Schlafkabine übernachten, für jeden Tag der Auswärtstätigkeit als Werbungskosten geltend gemacht oder steuerfrei durch den Arbeitgeber erstattet werden.

LStR 9.9

R 9.9 Umzugskosten

Allgemeines

89 (1) Kosten, die einem Arbeitnehmer durch einen beruflich veranlassten Wohnungswechsel entstehen, sind Werbungskosten.

Höhe der Umzugskosten

90 (2) ① Bei einem beruflich veranlassten Wohnungswechsel können die tatsächlichen Umzugskosten i. d. R. bis zur Höhe der Beträge als Werbungskosten abgezogen werden, die nach dem BUKG[1] und der AUV[2] als Umzugskostenvergütung höchstens gezahlt werden könnten, mit Ausnahme der Pauschalen nach §§ 19, 21 AUV und der Auslagen (insbesondere Maklergebühren) für die Anschaffung einer eigenen Wohnung (Wohneigentum) nach § 9 Abs. 1 BUKG; die Pauschbeträge für Verpflegungsmehraufwendungen nach § 9 Abs. 4a EStG sind zu beachten. ② Werden die umzugskostenrechtlich festgelegten Grenzen eingehalten, ist nicht zu prüfen, ob die Umzugskosten Werbungskosten darstellen. ③ Die dienstrechtliche Beschränkung des § 13 Abs. 2 Nr. 4 BUKG hat für den Bereich des Werbungskostenabzugs keine Gültigkeit. ④ Auch im Fall des Umzugs vom Ausland ins Inland können die dem Arbeitnehmer entstandenen sonstigen Umzugsauslagen als Werbungskosten nach § 9 Abs. 1 Satz 1 EStG in Höhe der sich aus § 18 Abs. 1 und 2 AUV ergebenden Pauschbeträge für Auslandsumzüge vergleichbarer Beamter geschätzt werden. ⑤ Die Werbungskosten sind nicht in entsprechender Anwendung des § 18 Abs. 4 AUV zu kürzen. ⑥ Werden höhere Umzugskosten im Einzelnen nachgewiesen, ist insgesamt zu prüfen, ob und inwieweit die Aufwendungen Werbungskosten oder nicht abziehbare Kosten der Lebensführung sind, z. B. bei Aufwendungen für die Neuanschaffung von Einrichtungsgegenständen. ⑦ Anstelle der in § 10 BUKG pauschal erfassten Umzugskosten können auch die im Einzelfall nachgewiesenen höheren Umzugskosten als Werbungskosten abgezogen werden. ⑧ Ein Werbungskostenabzug entfällt, soweit die Umzugskosten vom Arbeitgeber steuerfrei erstattet worden sind (§ 3c EStG).

Erstattung durch den Arbeitgeber

91 (3) ① Die Erstattung der Umzugskosten durch den Arbeitgeber ist steuerfrei, soweit keine höheren Beträge erstattet werden, als nach Absatz 2 als Werbungskosten abziehbar wären. ② Der Arbeitnehmer hat seinem Arbeitgeber Unterlagen vorzulegen, aus denen die tatsächlichen Aufwendungen ersichtlich sein müssen. ③ Der Arbeitgeber hat diese Unterlagen als Belege zum Lohnkonto aufzubewahren.

LStH 9.9

H 9.9

92 **Aufgabe der Umzugsabsicht.** Wird vom Arbeitgeber eine vorgesehene Versetzung rückgängig gemacht, sind die dem Arbeitnehmer durch die Aufgabe seiner Umzugsabsicht entstandenen vergeblichen Aufwendungen als Werbungskosten abziehbar (→ BFH vom 24. 5. 2000 – BStBl. II S. 584).

Berufliche Veranlassung. Ein Wohnungswechsel ist z. B. beruflich veranlasst,

[1] Abgedruckt im Anhang **I 9**.
[2] Abgedruckt im Anhang **I 9 a**.

1. wenn durch ihn eine → erhebliche Verkürzung der Entfernung zwischen Wohnung und Tätigkeitsstätte eintritt und die verbleibende Wegezeit im Berufsverkehr als normal angesehen werden kann (→ BFH vom 6. 11. 1986 – BStBl. 1987 II S. 81). Es ist nicht erforderlich, dass der Wohnungswechsel mit einem Wohnortwechsel oder mit einem Arbeitsplatzwechsel verbunden ist, LStH 9.9
2. wenn er im ganz überwiegenden betrieblichen Interesse des Arbeitgebers durchgeführt wird, insbesondere beim Beziehen oder Räumen einer Dienstwohnung, die aus betrieblichen Gründen bestimmten Arbeitnehmern vorbehalten ist, um z. B. deren jederzeitige Einsatzmöglichkeit zu gewährleisten (→ BFH vom 28. 4. 1988 – BStBl. II S. 777), oder
3. wenn er aus Anlass der erstmaligen Aufnahme einer beruflichen Tätigkeit, des Wechsels des Arbeitgebers oder im Zusammenhang mit einer Versetzung durchgeführt wird, oder
4. wenn der eigene Hausstand zur Beendigung einer doppelten Haushaltsführung an den Beschäftigungsort verlegt wird (→ BFH vom 21. 7. 1989 – BStBl. II S. 917).

Die privaten Motive für die Auswahl der neuen Wohnung sind i. d. R. unbeachtlich (→ BFH vom 23. 3. 2001 – BStBl. 2002 II S. 56).

Doppelte Haushaltsführung → R 9.11.

Doppelter Mietaufwand. Wegen eines Umzugs geleistete doppelte Mietzahlungen können beruflich veranlasst und deshalb in voller Höhe als Werbungskosten abziehbar sein. Diese Mietaufwendungen können jedoch nur zeitanteilig, und zwar für die neue Familienwohnung ab dem Kündigungs- bis zum Umzugstag und für die bisherige Wohnung ab dem Umzugstag, längstens bis zum Ablauf der Kündigungsfrist des bisherigen Mietverhältnisses, als Werbungskosten abgezogen werden (→ BFH vom 13. 7. 2011 – BStBl. 2012 II S. 104).

Eheschließung/Begründung einer Lebenspartnerschaft. Erfolgt ein Umzug aus Anlass einer Eheschließung von getrennten Wohnorten in eine gemeinsame Familienwohnung, so ist die berufliche Veranlassung des Umzugs eines jeden Ehegatten gesondert zu beurteilen (→ BFH vom 23. 3. 2001 – BStBl. II S. 585). Entsprechendes gilt für Lebenspartnerschaften (→ § 2 Abs. 8 EStG).

Erhebliche Fahrzeitverkürzung

- Eine erhebliche Verkürzung der Entfernung zwischen Wohnung und Tätigkeitsstätte ist anzunehmen, wenn sich die Dauer der täglichen Hin- und Rückfahrt insgesamt wenigstens zeitweise um mindestens eine Stunde ermäßigt (→ BFH vom 22. 11. 1991 – BStBl. 1992 II S. 494 und vom 16. 10. 1992 – BStBl. 1993 II S. 610).
- Die Fahrzeitersparnisse beiderseits berufstätiger Ehegatten/Lebenspartner sind weder zusammenzurechnen (→ BFH vom 27. 7. 1995 – BStBl. II S. 728) noch zu saldieren (→ BFH vom 21. 2. 2006 – BStBl. II S. 598).
- Steht bei einem Umzug eine arbeitstägliche Fahrzeitersparnis von mindestens einer Stunde fest, sind private Gründe (z. B. Gründung eines gemeinsamen Haushalts aus Anlass einer Eheschließung/Begründung einer Lebenspartnerschaft, erhöhter Wohnbedarf wegen Geburt eines Kindes) unbeachtlich (→ BFH vom 23. 3. 2001 – BStBl. II S. 585 und BStBl. 2002 II S. 56).

Höhe der Umzugskosten

- Zur Höhe der maßgebenden Beträge für umzugsbedingte Unterrichtskosten und sonstige Umzugsauslagen ab 1. 4. 2021 sowie 1. 4. 2022 → BMF vom 21. 7. 2021 (BStBl. I S. 1021) und ab 1. 3. 2024 → BMF vom 28. 12. 2023 (BStBl. 2024 I S. 84)[1].
- Die umzugskostenrechtliche Beschränkung einer Mietausfallentschädigung für den bisherigen Wohnungsvermieter gilt nicht für den Werbungskostenabzug (→ BFH vom 1. 12. 1993 – BStBl. 1994 II S. 323).
- Nicht als Werbungskosten abziehbar sind die bei einem Grundstückskauf angefallenen Maklergebühren, auch soweit sie auf die Vermittlung einer vergleichbaren Mietwohnung entfallen würden (→ BFH vom 24. 5. 2000 – BStBl. II S. 586) sowie Aufwendungen für die Anschaffung von klimabedingter Kleidung und Wohnungsausstattung i. S. d. §§ 19 und 21 AUV[2] (→ BFH vom 20. 3. 1992 – BStBl. 1993 II S. 192, vom 27. 5. 1994 – BStBl. 1995 II S. 17 und vom 12. 4. 2007 – BStBl. II S. 536).
- Der Werbungskostenabzug setzt eine Belastung mit Aufwendungen voraus. Das ist bei einem in Anlehnung an § 8 Abs. 3 BUKG[3] ermittelten Mietausfall nicht der Fall. Als entgangene Einnahme erfüllt er nicht den Aufwendungsbegriff (→ BFH vom 19. 4. 2012 – BStBl. 2013 II S. 699).
- Zur steuerfreien Arbeitgebererstattung → R 9.9 Abs. 3.
- Aufwendungen aufgrund der Veräußerung eines Eigenheims anlässlich eines beruflich bedingten Umzugs sind keine Werbungskosten bei den Einkünften aus nichtselbständiger Arbeit (→ BFH vom 24. 5. 2000 – BStBl. II S. 476).

---

[1] Abgedruckt als Anlage zu LStH 9.9.
[2] Abgedruckt im Anhang **I 9 a**.
[3] Abgedruckt im Anhang **I 9**.

LStH 9.9

– Veräußerungsverluste aus dem Verkauf eines Eigenheims einschließlich zwischenzeitlich angefallener Finanzierungskosten anlässlich eines beruflich bedingten Umzugs sind keine Werbungskosten bei den Einkünften aus nichtselbständiger Arbeit (→ BFH vom 24. 5. 2000 – BStBl. II S. 474).
– Bei einem beruflich veranlassten Umzug sind Aufwendungen für die Ausstattung der neuen Wohnung (z. B. Renovierungsmaterial, Gardinen, Rollos, Lampen, Telefonanschluss, Anschaffung und Installation eines Wasserboilers) nicht als Werbungskosten abziehbar (→ BFH vom 17. 12. 2002 – BStBl. 2003 II S. 314). Die Berücksichtigung der Pauschale nach § 10 BUKG[1] bleibt unberührt → R 9.9 Abs. 2 Satz 2.

Rückumzug ins Ausland. Der Rückumzug ins Ausland ist bei einem ausländischen Arbeitnehmer, der unbefristet ins Inland versetzt wurde und dessen Familie mit ins Inland umzog und der bei Erreichen der Altersgrenze ins Heimatland zurückzieht, nicht beruflich veranlasst (→ BFH vom 8. 11. 1996 – BStBl. 1997 II S. 207); anders bei einer von vornherein befristeten Tätigkeit im Inland (→ BFH vom 4. 12. 1992 – BStBl. 1993 II S. 722).

Umzug ins Ausland. Umzugskosten im Zusammenhang mit einer beabsichtigten nichtselbständigen Tätigkeit im Ausland sind bei den inländischen Einkünften nicht als Werbungskosten abziehbar, wenn die Einkünfte aus der beabsichtigten Tätigkeit nicht der deutschen Besteuerung unterliegen (→ BFH vom 20. 9. 2006 – BStBl. 2007 II S. 756). Zum Progressionsvorbehalt → H 32 b (Zeitweise unbeschränkte Steuerpflicht) EStH.

Zwischenumzug. Die berufliche Veranlassung eines Umzugs endet regelmäßig mit dem Einzug in die erste Wohnung am neuen Arbeitsort. Die Aufwendungen für die Einlagerung von Möbeln für die Zeit vom Bezug dieser Wohnung bis zur Fertigstellung eines Wohnhauses am oder in der Nähe vom neuen Arbeitsort sind daher keine Werbungskosten (→ BFH vom 21. 9. 2000 – BStBl. 2001 II S. 70).

– EStR/EStH abgedruckt in Anhang II –

Anl zu LStH 9.9

Schreiben betr. steuerliche Anerkennung von Umzugskosten nach R 9.9 Absatz 2 Lohnsteuer-Richtlinien (LStR); Änderung der maßgebenden Beträge für umzugsbedingte Unterrichtskosten und sonstige Umzugsauslagen ab 1. März 2024[2]

Vom 28. Dezember 2023 (BStBl. 2024 I S. 84)
(BMF IV C 5 – S 2353/20/10004 :003; DOK 2023/1180287)

95 Im Einvernehmen mit den obersten Finanzbehörden der Länder gilt zur Anwendung der §§ 6 bis 10 des Bundesumzugskostengesetzes (BUKG) für Umzüge ab 1. März 2024 Folgendes:

Maßgeblich für die Ermittlung der Pauschalen ist der Tag vor dem Einladen des Umzugsguts.

1. Der Höchstbetrag nach § 9 Absatz 2 BUKG, der für die Anerkennung von Auslagen für den durch den Umzug bedingten zusätzlichen Unterricht für ein Kind des Berechtigten (nach § 6 Absatz 3 Satz 2 BUKG) maßgebend ist, beträgt
   – ab 1. März 2024 1286 €.
2. Der Pauschbetrag für sonstige Umzugsauslagen beträgt:
   a) Für Berechtigte (§ 10 Absatz 1 Satz 2 Nummer 1 BUKG)
   – ab 1. März 2024 964 €.
   b) Für jede andere Person (Ehegatte, der Lebenspartner sowie die ledigen Kinder, Stief- und Pflegekinder), die auch nach dem Umzug mit dem Berechtigten in häuslicher Gemeinschaft lebt (§ 10 Absatz 1 Satz 2 Nummer 2 BUKG)
   – ab 1. März 2024 643 €.
3. Für Berechtigte, die am Tage vor dem Einladen des Umzugsgutes keine Wohnung hatten oder nach dem Umzug keine eigene Wohnung eingerichtet haben, beträgt die Pauschvergütung nach § 10 Absatz 2 BUKG:
   – ab 1. März 2024 193 €.

Das BMF-Schreiben vom 21. Juli 2021 – IV C 5 – S 2353/20/10004 :002; DOK: 2021/0281734 – (BStBl. I S. 1021)[3] ist auf Umzüge nicht mehr anzuwenden, bei denen der Tag vor dem Einladen des Umzugsguts nach dem 29. Februar 2024 liegt.

LStR 9.10

R 9.10 Aufwendungen für Wege zwischen Wohnung und erster Tätigkeitsstätte sowie Fahrten nach § 9 Abs. 1 Satz 3 Nr. 4 a Satz 3 EStG

Maßgebliche Wohnung

96 (1) ① Als Ausgangspunkt für die Wege kommt jede Wohnung des Arbeitnehmers in Betracht, die er regelmäßig zur Übernachtung nutzt und von der aus er seine erste Tätigkeitsstätte aufsucht. ② Als Wohnung ist z. B. auch ein möbliertes Zimmer, eine Schiffskajüte, ein Gartenhaus, ein auf

[1] Abgedruckt im Anhang **I 9**.
[2] Zur Höhe der Beträge bis 29. 2. 2024 siehe BMF vom 21. 7. 2021 (BStBl. I S. 1021).
[3] Abgedruckt im *„Handbuch zur Lohnsteuer 2021"* als Anlage zu LStH 9.9.

eine gewisse Dauer abgestellter Wohnwagen oder ein Schlafplatz in einer Massenunterkunft anzusehen. ③ Hat ein Arbeitnehmer mehrere Wohnungen, können Wege von und zu der von der ersten Tätigkeitsstätte weiter entfernt liegenden Wohnung nach § 9 Abs. 1 Satz 3 Nr. 4 Satz 6 EStG nur dann berücksichtigt werden, wenn sich dort der Mittelpunkt der Lebensinteressen des Arbeitnehmers befindet und sie nicht nur gelegentlich aufgesucht wird. ④ Der Mittelpunkt der Lebensinteressen befindet sich bei einem verheirateten Arbeitnehmer regelmäßig am tatsächlichen Wohnort seiner Familie. ⑤ Die Wohnung kann aber nur dann ohne nähere Prüfung berücksichtigt werden, wenn sie der Arbeitnehmer mindestens sechsmal im Kj. aufsucht. ⑥ Bei anderen Arbeitnehmern befindet sich der Mittelpunkt der Lebensinteressen an dem Wohnort, zu dem die engeren persönlichen Beziehungen bestehen. ⑦ Die persönlichen Beziehungen können ihren Ausdruck besonders in Bindungen an Personen, z. B. Eltern, Verlobte, Freundes- und Bekanntenkreis, finden, aber auch in Vereinszugehörigkeiten und anderen Aktivitäten. ⑧ Sucht der Arbeitnehmer diese Wohnung im Durchschnitt mindestens zweimal monatlich auf, ist davon auszugehen, dass sich dort der Mittelpunkt seiner Lebensinteressen befindet. ⑨ Die Sätze 4 bis 8 gelten unabhängig davon, ob sich der Lebensmittelpunkt im Inland oder im Ausland befindet. LStR 9.10

Fahrten mit einem zur Nutzung überlassenen Kfz

(2) ① Ein Kfz ist dem Arbeitnehmer zur Nutzung überlassen, wenn es dem Arbeitnehmer vom Arbeitgeber unentgeltlich oder teilentgeltlich überlassen worden ist (→ R 8.1 Abs. 9) oder wenn es der Arbeitnehmer von dritter Seite geliehen, gemietet oder geleast hat. ② Wird ein Kfz von einer anderen Person als dem Arbeitnehmer, dem das Kfz von seinem Arbeitgeber zur Nutzung überlassen ist, für Wege zwischen Wohnung und erster Tätigkeitsstätte benutzt, kann die andere Person die Entfernungspauschale nach § 9 Abs. 1 Satz 3 Nr. 4 EStG geltend machen. ③ Entsprechendes gilt für den Arbeitnehmer, dem das Kfz von seinem Arbeitgeber überlassen worden ist, für Wege zwischen Wohnung und erster Tätigkeitsstätte im Rahmen eines anderen Dienstverhältnisses. **97**

Menschen mit Behinderungen i. S. d. § 9 Abs. 2 Satz 3 EStG

(3) ① Ohne Einzelnachweis der tatsächlichen Aufwendungen können die Fahrtkosten nach den Regelungen in § 9 Abs. 1 Satz 3 Nr. 4a Satz 2 EStG angesetzt werden. ② Wird ein Arbeitnehmer mit Behinderungen im eigenen oder ihm zur Nutzung überlassenen Kfz arbeitstäglich von einem Dritten, z. B. dem Ehegatten, zu seiner ersten Tätigkeitsstätte gefahren und wieder abgeholt, können auch die Kfz-Kosten, die durch die Ab- und Anfahrten des Fahrers – die sog. Leerfahrten – entstehen, in tatsächlicher Höhe oder in sinngemäßer Anwendung von § 9 Abs. 1 Satz 3 Nr. 4a Satz 2 EStG als Werbungskosten abgezogen werden. ③ Für den Nachweis der Voraussetzungen des § 9 Abs. 2 Satz 3 EStG ist § 65 EStDV[1] entsprechend anzuwenden. ④ Für die Anerkennung der tatsächlichen Aufwendungen oder der Kilometersätze aus § 9 Abs. 1 Satz 3 Nr. 4a Satz 2 EStG und für die Berücksichtigung von Leerfahrten ist bei rückwirkender Festsetzung oder Änderung des Grads der Behinderung das Gültigkeitsdatum des entsprechenden Nachweises maßgebend. **99**

Sammelpunkt oder weiträumiges Tätigkeitsgebiet i. S. d. § 9 Abs. 1 Satz 3 Nr. 4a Satz 3 EStG **99a**

(4) Die Absätze 1 bis 3 gelten bei Fahrten nach § 9 Abs. 1 Satz 3 Nr. 4a Satz 3 EStG entsprechend.

H 9.10

LStH 9.10

Allgemeine Grundsätze → BMF vom 18. 11. 2021 (BStBl. I S. 2315).[2]

Anrechnung von Arbeitgeberleistungen auf die Entfernungspauschale → BMF vom 18. 11. 2021 (BStBl. I S. 2315),[3] Tz. 1.9; → BMF vom 15. 8. 2019 (BStBl. I S. 875), Tz. 6.[4] **100**

Benutzung verschiedener Verkehrsmittel → BMF vom 18. 11. 2021 (BStBl. I S. 2315), Tz. 1.6.[5]

Dienstliche Verrichtungen auf der Fahrt. Eine Fahrt zwischen Wohnung und erster Tätigkeitsstätte liegt auch vor, wenn diese gleichzeitig zu dienstlichen Verrichtungen für den Arbeitgeber genutzt wird, z. B. Abholen der Post, sich dabei aber der Charakter der Fahrt nicht wesentlich ändert und allenfalls ein geringer Umweg erforderlich wird; die erforderliche Umwegstrecke ist als Auswärtstätigkeit zu werten (→ BFH vom 12. 10. 1990 – BStBl. 1991 II S. 134).

Fahrgemeinschaften → BMF vom 18. 11. 2021 (BStBl. I S. 2315), Tz. 1.5.[6]

Fahrtkosten

– **bei Antritt einer Auswärtstätigkeit von der ersten Tätigkeitsstätte.** Hat der Arbeitnehmer eine erste Tätigkeitsstätte, ist die Entfernungspauschale auch dann anzusetzen, wenn

---

[1] Abgedruckt bei § 33b EStG.
[2] Nachstehend abgedruckt als Anlage zu LStH 9.10.
[3] Nachstehend abgedruckt als Anlage zu LStH 9.10.
[4] Abgedruckt als Anlage zu LStH 3.15.
[5] Nachstehend abgedruckt als Anlage zu LStH 9.10.
[6] Nachstehend abgedruckt als Anlage zu LStH 9.10.

LStH 9.10

der Arbeitnehmer seine erste Tätigkeitsstätte deshalb aufsucht, um von dort eine Auswärtstätigkeit anzutreten (→ BFH vom 18. 1. 1991 – BStBl. II S. 408).

– **bei einfacher Fahrt.** Die Entfernungspauschale für Wege zwischen Wohnung und erster Tätigkeitsstätte gilt arbeitstäglich zwei Wege (einen Hin- und einen Rückweg) ab. Legt ein Arbeitnehmer nur einen Weg zurück, so ist nur die Hälfte der Entfernungspauschale je Entfernungskilometer und Arbeitstag als Werbungskosten zu berücksichtigen. Dies gilt, wenn sich z. B. an die Hinfahrt eine Auswärtstätigkeit anschließt, die an der Wohnung des Arbeitnehmers endet (→ BFH vom 26. 7. 1978 – BStBl. II S. 661); wenn Hin- und Rückfahrt sich auf unterschiedliche Wohnungen beziehen (→ BFH vom 9. 12. 1988 – BStBl. 1989 II S. 296) oder wenn die Rückfahrt erst an einem späteren Tag erfolgt (→ BFH vom 12. 2. 2020 – BStBl. II S. 473).
– **bei mehreren ersten Tätigkeitsstätten.** Zum Ansatz der Entfernungspauschale bei mehreren ersten Tätigkeitsstätten in **mehreren Dienstverhältnissen** → BMF vom 18. 11. 2021 (BStBl. I S. 2315), Tz. 1.8.[1]
– **bei Nutzung verschiedener Verkehrsmittel** → BMF vom 18. 11. 2021 (BStBl. I S. 2315), Tz. 1.6.[2]
– **zu einem bestimmten Sammelpunkt** → § 9 Abs. 1 Satz 3 Nr. 4 a Satz 3 EStG und BMF vom 25. 11. 2020 (BStBl. I S. 1228),[3] Rz. 38 ff.
– **zu einem weiträumigen Tätigkeitsgebiet** → § 9 Abs. 1 Satz 3 Nr. 4 a Satz 3 EStG und BMF vom 25. 11. 2020 (BStBl. I S. 1228),[4] Rz. 41 ff.

Leasingsonderzahlung. Durch die Entfernungspauschale wird auch eine Leasingsonderzahlung abgegolten (→ BFH vom 15. 4. 2010 – BStBl. II S. 805).

Leerfahrten
– Wird ein Arbeitnehmer im eigenen Kfz von einem Dritten zu seiner ersten Tätigkeitsstätte gefahren oder wieder abgeholt, so sind die so genannten Leerfahrten selbst dann nicht zu berücksichtigen, wenn die Fahrten wegen schlechter öffentlicher Verkehrsverhältnisse erforderlich sind (→ BFH vom 7. 4. 1989 – BStBl. II S. 925).
– bei Menschen mit Behinderungen i. S. d. § 9 Abs. 2 Satz 3 EStG → R 9.10 Abs. 3.

Mehrere Dienstverhältnisse → BMF vom 18. 11. 2021 (BStBl. I S. 2315), Tz. 1.8.[5]

Mehrere Wege an einem Arbeitstag
– → BMF vom 18. 11. 2021 (BStBl. I S. 2315), Tz. 1.7.[6]
– Die Abgeltungswirkung der Entfernungspauschale greift auch dann ein, wenn wegen atypischer Dienstzeiten Wege zwischen Wohnung und erster Tätigkeitsstätte zweimal arbeitstäglich erfolgen (→ BFH vom 11. 9. 2003 – BStBl. II S. 893).

Menschen mit Behinderungen
– → BMF vom 18. 11. 2021 (BStBl. I S. 2315), Tz. 3.[7]
– Auch bei Arbeitnehmern mit Behinderungen darf nur eine Hin- und Rückfahrt arbeitstäglich, gegebenenfalls zusätzlich eine Rück- und Hinfahrt als Leerfahrt, berücksichtigt werden (→ BFH vom 2. 4. 1976 – BStBl. II S. 452).
– Zur Ermittlung der AfA sind die Anschaffungskosten um Zuschüsse nach der Kraftfahrzeughilfe-Verordnung zu mindern (→ BFH vom 14. 6. 2012 – BStBl. II S. 835).
– Wird bei Menschen mit Behinderungen der Grad der Behinderung herabgesetzt und liegen die Voraussetzungen des § 9 Abs. 2 Satz 3 EStG nach der Herabsetzung nicht mehr vor, ist dies ab dem im Bescheid genannten Zeitpunkt zu berücksichtigen. Aufwendungen für Wege zwischen Wohnung und erster Tätigkeitsstätte sowie für Fahrten nach § 9 Abs. 1 Satz 3 Nr. 4 a Satz 3 EStG können daher ab diesem Zeitpunkt nicht mehr nach § 9 Abs. 2 Satz 3 EStG bemessen werden (→ BFH vom 11. 3. 2014 – BStBl. II S. 525).

Parkgebühren → BMF vom 18. 11. 2021 (BStBl. I S. 2315), Tz. 4.[8]

Park and ride → BMF vom 18. 11. 2021 (BStBl. I S. 2315), Tz. 1.6.[9]

Taxikosten. Ein im Gelegenheitsverkehr genutztes Taxi ist kein öffentliches Verkehrsmittel i. S. d. § 9 Abs. 2 Satz 2 EStG. Aufwendungen für Fahrten zwischen Wohnung und erster Tätigkeitsstätte können daher lediglich iHd Entfernungspauschale gem. § 9 Abs. 1 Satz 3 Nr. 4 Satz 2 und 8 EStG als Werbungskosten berücksichtigt werden (→ BFH vom 9. 6. 2022 – BStBl. 2023 II S. 43).

Umwegfahrten → Dienstliche Verrichtungen auf der Fahrt; → Fahrgemeinschaften.

Unfallschäden. Neben der Entfernungspauschale können nur Aufwendungen berücksichtigt werden für die Beseitigung von Unfallschäden bei einem Verkehrsunfall

[1] Nachstehend abgedruckt als Anlage zu LStH 9.10.
[2] Nachstehend abgedruckt als Anlage zu LStH 9.10.
[3] Abgedruckt als Anlage zu LStH 9.4.
[4] Abgedruckt als Anlage zu LStH 9.4.
[5] Nachstehend abgedruckt als Anlage zu LStH 9.10.
[6] Nachstehend abgedruckt als Anlage zu LStH 9.10.
[7] Nachstehend abgedruckt als Anlage zu LStH 9.10.
[8] Nachstehend abgedruckt als Anlage zu LStH 9.10.
[9] Nachstehend abgedruckt als Anlage zu LStH 9.10.

LStH 9.10

- auf der Fahrt zwischen Wohnung und erster Tätigkeitsstätte (→ BFH vom 23. 6. 1978 – BStBl. II S. 457 und vom 14. 7. 1978 – BStBl. II S. 595),
- auf einer Umwegfahrt zum Betanken des Fahrzeugs (→ BFH vom 11. 10. 1984 – BStBl. 1985 II S. 10),
- unter einschränkenden Voraussetzungen auf einer Leerfahrt des Ehegatten/Lebenspartners zwischen der Wohnung und der Haltestelle eines öffentlichen Verkehrsmittels oder auf der Abholfahrt des Ehegatten/Lebenspartners (→ BFH vom 26. 6. 1987 – BStBl. II S. 818 und vom 11. 2. 1993 – BStBl. II S. 518),
- auf einer Umwegstrecke zur Abholung der Mitfahrer einer Fahrgemeinschaft unabhängig von der Gestaltung der Fahrgemeinschaft (→ BFH vom 11. 7. 1980 – BStBl. II S. 655).

Nicht berücksichtigt werden können die Folgen von Verkehrsunfällen

- auf der Fahrt unter Alkoholeinfluss (→ BFH vom 6. 4. 1984 – BStBl. II S. 434),
- auf einer Probefahrt (→ BFH vom 23. 6. 1978 – BStBl. II S. 457),
- auf einer Fahrt, die nicht von der Wohnung aus angetreten oder an der Wohnung beendet wird (→ BFH vom 25. 3. 1988 – BStBl. II S. 706),
- auf einer Umwegstrecke, wenn diese aus privaten Gründen befahren wird, z. B. zum Einkauf von Lebensmitteln oder um ein Kleinkind unmittelbar vor Arbeitsbeginn in den Hort zu bringen (→ BFH vom 13. 3. 1996 – BStBl. II S. 375).

Zu den **berücksichtigungsfähigen Unfallkosten** gehören auch Schadensersatzleistungen, die der Arbeitnehmer unter Verzicht auf die Inanspruchnahme seiner gesetzlichen Haftpflichtversicherung selbst getragen hat.

Nicht berücksichtigungsfähig sind dagegen

- die in den Folgejahren erhöhten Beiträge für die Haftpflicht- und Fahrzeugversicherung, wenn die Schadensersatzleistungen von dem Versicherungsunternehmen erbracht worden sind (→ BFH vom 11. 7. 1986 – BStBl. II S. 866),
- Finanzierungskosten, und zwar auch dann, wenn die Kreditfinanzierung des Fahrzeugs wegen Verlusts eines anderen Kfz auf einer Fahrt von der Wohnung zur ersten Tätigkeitsstätte erforderlich geworden ist (→ BFH vom 1. 10. 1982 – BStBl. 1983 II S. 17),
- der so genannte merkantile Minderwert eines reparierten und weiterhin benutzten Fahrzeugs (→ BFH vom 31. 1. 1992 – BStBl. II S. 401),
- Reparaturaufwendungen infolge der Falschbetankung eines Kfz auf der Fahrt zwischen Wohnung und erster Tätigkeitsstätte sowie auf Fahrten nach § 9 Abs. 1 Satz 3 Nr. 4 a Satz 3 EStG (→ BFH vom 20. 3. 2014 – BStBl. II S. 849).

Lässt der Arbeitnehmer das unfallbeschädigte Fahrzeug nicht reparieren, kann die Wertminderung durch Absetzungen für außergewöhnliche Abnutzung (§ 7 Abs. 1 letzter Satz i. V. m. § 9 Abs. 1 Satz 3 Nr. 7 EStG) berücksichtigt werden (→ BFH vom 21. 8. 2012 – BStBl. 2013 II S. 171); Absetzungen sind ausgeschlossen, wenn die gewöhnliche Nutzungsdauer des Fahrzeugs bereits abgelaufen ist (→ BFH vom 21. 8. 2012 – BStBl. 2013 II S. 171). Soweit die unfallbedingte Wertminderung durch eine Reparatur behoben worden ist, sind nur die tatsächlichen Reparaturkosten zu berücksichtigen (→ BFH vom 27. 8. 1993 – BStBl. 1994 II S. 235).

Verkehrsgünstigere Strecke

- → BMF vom 18. 11. 2021 (BStBl. I S. 2315), Tz. 1.4.[1]
- Für die Entfernungspauschale ist die kürzeste Straßenverbindung auch dann maßgeblich, wenn diese mautpflichtig ist oder mit dem vom Arbeitnehmer verwendeten Verkehrsmittel straßenverkehrsrechtlich nicht benutzt werden darf (→ BFH vom 24. 9. 2013 – BStBl. 2014 II S. 259).

Wohnung

- Ein Hotelzimmer oder eine fremde Wohnung, in denen der Arbeitnehmer nur kurzfristig aus privaten Gründen übernachtet, ist keine Wohnung i. S. d. § 9 Abs. 1 EStG (→ BFH vom 25. 3. 1988 – BStBl. II S. 706).
- Der Mittelpunkt der Lebensinteressen befindet sich bei einem verheirateten Arbeitnehmer regelmäßig am tatsächlichen Wohnort seiner Familie (→ BFH vom 10. 11. 1978 – BStBl. 1979 II S. 219 und vom 3. 10. 1985 – BStBl. 1986 II S. 95).
- Aufwendungen für Wege zwischen der ersten Tätigkeitsstätte und der Wohnung, die den örtlichen Mittelpunkt der Lebensinteressen des Arbeitnehmers darstellt, sind auch dann als Werbungskosten i. S. d. § 9 Abs. 1 Satz 3 Nr. 4 EStG zu berücksichtigen, wenn die Fahrt an der näher zur ersten Tätigkeitsstätte liegenden Wohnung unterbrochen wird (→ BFH vom 20. 12. 1991 – BStBl. 1992 II S. 306).
- Ob ein Arbeitnehmer seine weiter entfernt liegende Familienwohnung nicht nur gelegentlich aufsucht, ist anhand einer Gesamtwürdigung zu beurteilen. Fünf Fahrten im Kj. können bei entsprechenden Umständen ausreichend sein (→ BFH vom 26. 11. 2003 – BStBl. 2004 II S. 233; → R 9.10 Abs. 1 Satz 5).

[1] Nachstehend abgedruckt als Anlage zu LStH 9.10.

Anl zu LStH 9.10

Schreiben betr. Entfernungspauschalen; Gesetz zur Umsetzung des Klimaschutzprogramms 2030 im Steuerrecht vom 21. Dezember 2019 (BGBl. I S. 2886) sowie Gesetz zur weiteren steuerlichen Förderung der Elektromobilität und zur Änderung weiterer steuerlicher Vorschriften vom 12. Dezember 2019 (BGBl. I S. 2451)

Vom 18. November 2021 (BStBl. I S. 2315)

(BMF IV C 5 – S 2351/20/10001 :002; DOK 2021/1203982)

104 Mit dem Gesetz zur Umsetzung des Klimaschutzprogramms 2030 im Steuerrecht vom 21. Dezember 2019 (BGBl. I S. 2886, BStBl. 2020 I S. 138) sowie dem Gesetz zur weiteren steuerlichen Förderung der Elektromobilität und zur Änderung weiterer steuerlicher Vorschriften vom 12. Dezember 2019 (BGBl. I S. 2451, BStBl. 2020 I S. 17) haben sich Änderungen zu den Entfernungspauschalen und zur Pauschalbesteuerung nach § 40 Abs. 2 EStG ergeben. Diese Änderungen gegenüber dem BMF-Schreiben zu den Entfernungspauschalen vom 31. Oktober 2013 (BStBl. I S. 1376)[1] sind in Fettdruck dargestellt.[2]

Inhaltsübersicht

Rn.
1. Entfernungspauschale für die Wege zwischen Wohnung und erster Tätigkeitsstätte (§ 9 Abs. 1 Satz 3 Nr. 4 und Abs. 2 EStG) oder für Fahrten nach § 9 Abs. 1 Satz 3 Nr. 4 a Satz 3 EStG 1–27
1.1. Allgemeines 1–5
1.2. Höhe der Entfernungspauschale 6–9
1.3. Höchstbetrag von 4500 € 10, 11
1.4. Maßgebende Entfernung zwischen Wohnung und erster Tätigkeitsstätte 12–15
1.5. Fahrgemeinschaften 16–19
1.6. Benutzung verschiedener Verkehrsmittel 20–22
1.7. Mehrere Wege an einem Arbeitstag 23
1.8. Mehrere Dienstverhältnisse 24
1.9. Anrechnung von Arbeitgeberleistungen auf die Entfernungspauschale 25–27
2. Entfernungspauschale für Familienheimfahrten bei doppelter Haushaltsführung (§ 9 Abs. 1 Satz 3 Nr. 5 EStG) 28
3. Menschen mit Behinderungen 29
4. Abgeltungswirkung der Entfernungspauschalen 30
5. Pauschalbesteuerung nach § 40 Abs. 2 EStG in der ab 1. Januar 2021 geltenden Fassung .. 31–44
5.1. Allgemeines 31–35
5.2. Höhe der pauschalbesteuerbaren Sachbezüge und Zuschüsse 36–44
5.2.1. Pauschale Besteuerung von Sachbezügen in Form einer unentgeltlichen oder verbilligten Beförderung zwischen Wohnung und erster Tätigkeitsstätte (§ 40 Abs. 2 Satz 2 Nr. 1 Buchst. a EStG) 42
5.2.2. Pauschale Besteuerung von Zuschüssen zu Fahrten zwischen Wohnung und erster Tätigkeitsstätte (§ 40 Abs. 2 Satz 2 Nr. 1 Buchst. b EStG) 43
5.2.3. Pauschale Besteuerung von Sachbezügen und Zuschüssen i. S. d. § 3 Nr. 15 EStG (§ 40 Abs. 2 Satz 2 Nr. 2 EStG) 44
6. Anwendungsregelung 45, 46

Unter Bezugnahme auf das Ergebnis der Erörterungen mit den obersten Finanzbehörden der Länder gilt zur Ermittlung der Entfernungspauschalen sowie zur Pauschalbesteuerung nach § 40 Abs. 2 EStG Folgendes:

1. Entfernungspauschale für die Wege zwischen Wohnung und erster Tätigkeitsstätte (§ 9 Abs. 1 Satz 3 Nr. 4 und Abs. 2 EStG) oder für Fahrten nach § 9 Abs. 1 Satz 3 Nr. 4 a Satz 3 EStG

Durch das Gesetz zur Umsetzung des Klimaschutzprogramms 2030 im Steuerrecht vom 21. 12. 2019 (BGBl. I S. 2886, BStBl. 2020 I S. 138) wurde die Entfernungspauschale ab dem Jahr 2021 um 5 Cent auf 0,35 € und ab dem Jahr 2024[3] um weitere 3 Cent auf 0,38 € angehoben. Die Anhebung gilt erst ab dem 21. Entfernungskilometer und ist bis zum Jahr 2026 befristet.

1.1. Allgemeines

105 **1** Die Entfernungspauschale ist grundsätzlich unabhängig vom Verkehrsmittel zu gewähren. Ihrem Wesen als Pauschale entsprechend kommt es grundsätzlich nicht auf die Höhe der tatsächlichen Aufwendungen an. Unfallkosten können als außergewöhnliche Aufwendungen (§ 9 Abs. 1 Satz 1 EStG) jedoch neben der Entfernungspauschale berücksichtigt werden (vgl. Rz. 30).

2 Auch bei Benutzung öffentlicher Verkehrsmittel[4] wird die Entfernungspauschale angesetzt. Übersteigen die Aufwendungen für die Benutzung öffentlicher Verkehrsmittel den im Kalenderjahr insgesamt als Entfernungspauschale anzusetzenden Betrag, können diese übersteigenden Aufwendungen zusätzlich angesetzt werden (§ 9 Abs. 2 Satz 2 EStG; vgl. auch unter Rz. 20 ff.).

[1] Abgedruckt im *„Handbuch zur Lohnsteuer 2021"* als Anlage zu LStH 9.10.
[2] Hier nicht dargestellt.
[3] **[Amtl. Anm.:]** Mit dem Steuerentlastungsgesetz 2022 vom 23. 5. 2022 (BGBl. I S. 749) wurde die Anhebung auf 0,38 € auf das Jahr 2022 vorgezogen.
[4] **[Amtl. Anm.:]** Ein im Gelegenheitsverkehr genutztes Taxi ist kein öffentliches Verkehrsmittel i. S. d. § 9 Abs. 2 Satz 2 (siehe BFH vom 9. 6. 2022 – BStBl. 2023 II S. 43).

Beispiel 1:

Ein Arbeitnehmer benutzt im Jahr 2021 an 220 Arbeitstagen für die Fahrten von der Wohnung zur ersten Tätigkeitsstätte den Bus und die Bahn. Die kürzeste benutzbare Straßenverbindung beträgt 20 km. Die Monatskarte für den Bus kostet 50 € und für die Bahn 65 € (= 115 €).

Für das gesamte Kalenderjahr ergibt sich eine Entfernungspauschale von 220 Tagen × 20 km × 0,30 € = 1.320 €. Die für die Nutzung von Bus und Bahn im Kalenderjahr angefallenen Aufwendungen betragen 1.380 € (12 × 115 €). Da die tatsächlich angefallenen Kosten für die Benutzung der öffentlichen Verkehrsmittel die insgesamt im Kalenderjahr anzusetzende Entfernungspauschale übersteigen, kann der übersteigende Betrag zusätzlich angesetzt werden; insgesamt somit 1.380 €.

3 Ausgenommen von der Entfernungspauschale sind Flugstrecken und Strecken mit steuerfreier Sammelbeförderung.

4 Für Flugstrecken sind die tatsächlichen Aufwendungen anzusetzen (BFH v. 26. 3.2009 – VI R 42/07, BStBl. II S. 724, DStRE 2009, 776). Die Entfernungspauschale gilt bei der Nutzung von Flugzeugen nur für die An- und Abfahrten zu und von Flughäfen. Bei verbilligter Sammelbeförderung durch den Arbeitgeber nach § 3 Nr. 32 EStG sind die vom Arbeitnehmer getragenen Aufwendungen ebenso als Werbungskosten anzusetzen.

5 Für Fahrten zwischen Wohnung und einem sog. „Sammelpunkt" oder Wohnung und dem nächstgelegenen Zugang eines „weiträumigen Tätigkeitsgebiets" gelten die Regelungen der Entfernungspauschale entsprechend. Zu den Voraussetzungen und der Anwendung des § 9 Abs. 1 Satz 3 Nr. 4 a Satz 3 EStG im Einzelnen sind die Rz. 38 bis 46 des BMF-Schreibens zur Reform des steuerlichen Reisekostenrechts v. 25. 11. 2020, BStBl. I S. 1228,[1] zu beachten.

1.2. Höhe der Entfernungspauschale

6 Die Entfernungspauschale beträgt 0,30 € für jeden vollen Entfernungskilometer zwischen Wohnung und erster Tätigkeitsstätte.

7 Für die Jahre 2021 bis 2026 gilt ab dem 21. Entfernungskilometer eine erhöhte Entfernungspauschale von 0,35 € und ab 2024[2] von 0,38 €. Für die Entfernungen bis zu 20 km ist unverändert eine Entfernungspauschale von 0,30 € zu berücksichtigen.

8 Für die Jahre 2021 bis 2023[3] ist die anzusetzende Entfernungspauschale in Fällen, in denen die Entfernung mindestens 21 Kilometer beträgt, somit wie folgt zu berechnen:
Zahl der Arbeitstage × 20 Entfernungskilometer × 0,30 € zuzüglich
Zahl der Arbeitstage × restliche Entfernungskilometer × 0,35 €.

9 Für die Jahre 2024 bis 2026[4] ist in diesen Fällen die anzusetzende Entfernungspauschale somit wie folgt zu berechnen:
Zahl der Arbeitstage × 20 Entfernungskilometer × 0,30 € zuzüglich
Zahl der Arbeitstage × restliche Entfernungskilometer × 0,38 €.

Beispiel 2:

Ein Arbeitnehmer benutzt von Januar bis September 2021 (an 165 Arbeitstagen) für die Wege von seiner Wohnung zur 80 km entfernten ersten Tätigkeitsstätte und zurück den eigenen Kraftwagen. Dann verlegt er seinen Wohnsitz. Von der neuen Wohnung aus gelangt er ab Oktober (an 55 Arbeitstagen) zur nunmehr nur noch 5 km entfernten ersten Tätigkeitsstätte mit dem Bus. Hierfür entstehen ihm tatsächliche Kosten i. H. v. (3 × 70 € =) 210 €.

Für die Strecken mit dem eigenen Kraftwagen ergibt sich eine Entfernungspauschale von 165 Arbeitstagen × 20 km × 0,30 € = 990 € zuzüglich 165 Arbeitstage × 60 km × 0,35 € = 3.465 €; in der Summe 4.455 €. Für die Strecke mit dem Bus errechnet sich eine Entfernungspauschale von 55 Arbeitstagen × 5 km × 0,30 € = 83 €. Die insgesamt im Kalenderjahr anzusetzende Entfernungspauschale beträgt 4.538 € (4.455 € + 83 €), da die tatsächlich angefallenen Aufwendungen für die Nutzung der öffentlichen Verkehrsmittel (210 €) diese nicht übersteigen.

1.3. Höchstbetrag von 4 500 Euro

10 Die anzusetzende Entfernungspauschale ist grundsätzlich auf einen Höchstbetrag von 4 500 € im Kalenderjahr begrenzt.

Die Beschränkung auf 4 500 € gilt insbesondere,

- wenn der Weg zwischen Wohnung und erster Tätigkeitsstätte mit einem Motorrad, Motorroller, Moped, Fahrrad oder zu Fuß zurückgelegt wird,
- bei Benutzung eines Kraftwagens für die Teilnehmer an einer Fahrgemeinschaft, und zwar für die Tage, an denen der Arbeitnehmer seinen eigenen oder zur Nutzung überlassenen Kraftwagen nicht einsetzt (vgl. auch Rz. 18, Bsp. 5),
- wenn der Weg zwischen Wohnung und erster Tätigkeitsstätte mit öffentlichen Verkehrsmitteln zurückgelegt wird, soweit im Kalenderjahr insgesamt keine höheren Aufwendungen glaubhaft gemacht oder nachgewiesen werden (§ 9 Abs. 2 Satz 2 EStG).

11 Bei Benutzung eines eigenen oder zur Nutzung überlassenen Kraftwagens greift die Begrenzung auf 4 500 € nicht. Der Arbeitnehmer muss lediglich nachweisen oder glaubhaft machen, dass er die Fahrten zwischen Wohnung und erster Tätigkeitsstätte mit dem eigenen oder ihm zur Nutzung überlassenen Kraftwagen zurückgelegt hat. Ein Nachweis der tatsächlichen Aufwendungen für den Kraftwagen ist für den Ansatz eines höheren Betrages als 4 500 € nicht erforderlich.

---

[1] Abgedruckt als Anlage zu LStH 9.4.

[2] **[Amtl. Anm.:]** Mit dem Steuerentlastungsgesetz 2022 vom 23. 5.2022 (BGBl. I S. 749) wurde die Anhebung auf 0,38 € auf das Jahr 2022 vorgezogen.

[3] **[Amtl. Anm.:]** Mit dem Steuerentlastungsgesetz 2022 vom 23. 5.2022 (BGBl. I S. 749) wurde die Anhebung auf 0,38 € auf das Jahr 2022 vorgezogen.

[4] **[Amtl. Anm.:]** Mit dem Steuerentlastungsgesetz 2022 vom 23. 5.2022 (BGBl. I S. 749) wurde die Anhebung auf 0,38 € auf das Jahr 2022 vorgezogen.

Anl zu LStH 9.10

1.4. Maßgebende Entfernung zwischen Wohnung und erster Tätigkeitsstätte

106 **12** Für die Bestimmung der Entfernung zwischen Wohnung und erster Tätigkeitsstätte ist die kürzeste Straßenverbindung zwischen Wohnung und erster Tätigkeitsstätte maßgebend. Dabei sind nur volle Kilometer der Entfernung anzusetzen, ein angefangener Kilometer bleibt unberücksichtigt. Die Entfernungsbestimmung richtet sich nach der Straßenverbindung; sie ist unabhängig von dem Verkehrsmittel, das tatsächlich für den Weg zwischen Wohnung und erster Tätigkeitsstätte benutzt wird. Eine andere als die kürzeste Straßenverbindung kann dann zugrunde gelegt werden, wenn diese offensichtlich verkehrsgünstiger ist und vom Arbeitnehmer regelmäßig für die Wege zwischen Wohnung und erster Tätigkeitsstätte benutzt wird. Eine mögliche, aber vom Steuerpflichtigen nicht tatsächlich benutzte Straßenverbindung kann der Berechnung der Entfernungspauschale nicht zugrunde gelegt werden. Diese Grundsätze gelten auch, wenn der Arbeitnehmer ein öffentliches Verkehrsmittel benutzt, dessen Linienführung direkt über die verkehrsgünstigere Straßenverbindung erfolgt (z. B. Bus). Eine von der kürzesten Straßenverbindung abweichende Strecke ist verkehrsgünstiger, wenn der Arbeitnehmer die erste Tätigkeitsstätte – trotz gelegentlicher Verkehrsstörungen – in der Regel schneller und pünktlicher erreicht (BFH v. 10. 10. 1975 – VI R 33/74, BStBl. II S. 852, BeckRS 1975, 22 003 378 sowie BFH v. 16. 11. 2011 – VI R 46/10, BStBl. II S. 470, DstRE 2012, 336 und VI R 19/11, BStBl. 2012 II S. 520, DStR 2012, 276). Teilstrecken mit steuerfreier Sammelbeförderung sind nicht in die Entfernungsermittlung einzubeziehen.

13 Eine Fährverbindung ist sowohl bei der Ermittlung der kürzesten Straßenverbindung als auch bei der Ermittlung der verkehrsgünstigsten Straßenverbindung einzubeziehen, soweit ihre Nutzung zumutbar erscheint und wirtschaftlich sinnvoll ist. Die Fahrtstrecke der Fähre selbst ist dann jedoch nicht Teil der maßgebenden Entfernung. An ihrer Stelle können die tatsächlichen Fährkosten berücksichtigt werden.

14 Die kürzeste Straßenverbindung ist auch dann maßgeblich, wenn diese mautpflichtig ist oder mit dem vom Arbeitnehmer tatsächlich verwendeten Verkehrsmittel straßenverkehrsrechtlich nicht benutzt werden darf (vgl. BFH v. 24. 9. 2013 – VI R 20/13, BStBl. 2014 II S. 259). Gebühren für die Benutzung eines Straßentunnels oder einer mautpflichtigen Straße dürfen dagegen nicht neben der Entfernungspauschale berücksichtigt werden, weil sie nicht für die Benutzung eines Verkehrsmittels entstehen.

15 Fallen die Hin- und Rückfahrt zur ersten Tätigkeitsstätte auf verschiedene Arbeitstage, ist nur die Hälfte der Entfernungspauschale je Entfernungskilometer und Arbeitstag als Werbungskosten zu berücksichtigen (vgl. H 9.10 „Fahrtkosten – bei einfacher Fahrt" LStH 2021[1]).

Beispiel 3:

Ein Arbeitnehmer fährt mit der U-Bahn zur ersten Tätigkeitsstätte. Einschließlich der Fußwege beträgt die zurückgelegte Entfernung 15 km. Die kürzeste Straßenverbindung beträgt 10,6 km.
Für die Ermittlung der Entfernungspauschale ist eine Entfernung von 10 km anzusetzen.

Beispiel 4:

Ein Arbeitnehmer wohnt an einem Fluss und hat seine erste Tätigkeitsstätte auf der anderen Flussseite. Die Entfernung zwischen Wohnung und erster Tätigkeitsstätte beträgt über die nächstgelegene Brücke 60 km und bei Benutzung einer Autofähre 19 km zuzüglich einer Fährstrecke von 1,6 km. Die Fährkosten betragen 650 € jährlich.
Für die Entfernungspauschale ist eine Entfernung von 19 km anzusetzen. Daneben können die Fährkosten berücksichtigt werden (vgl. auch Rz. 22 Bsp. 9).

1.5. Fahrgemeinschaften

107 **16** Unabhängig von der Art der Fahrgemeinschaft ist bei jedem Teilnehmer der Fahrgemeinschaft die Entfernungspauschale entsprechend der für ihn maßgebenden Entfernungsstrecke anzusetzen. Umwegstrecken, insbesondere zum Abholen von Mitfahrern, sind jedoch nicht in die Entfernungsermittlung einzubeziehen.

17 Der Höchstbetrag für die Entfernungspauschale von 4 500 € greift auch bei einer wechselseitigen Fahrgemeinschaft, und zwar für die Mitfahrer der Fahrgemeinschaft an den Arbeitstagen, an denen sie ihren eigenen oder zur Nutzung überlassenen Kraftwagen nicht einsetzen.

18 Bei wechselseitigen Fahrgemeinschaften kann der Höchstbetrag von 4 500 € zunächst durch die Wege an den Arbeitstagen ausgeschöpft werden, an denen der Arbeitnehmer mitgenommen wurde. Deshalb ist zunächst die (auf 4 500 € begrenzte) anzusetzende Entfernungspauschale für diese Tage zu berechnen. Anschließend ist die anzusetzende (unbegrenzte) Entfernungspauschale für die Tage zu ermitteln, an denen der Arbeitnehmer seinen eigenen Kraftwagen benutzt hat. Beide Beträge zusammen ergeben die insgesamt anzusetzende Entfernungspauschale.

Beispiel 5:

Bei einer aus drei Arbeitnehmern bestehenden wechselseitigen Fahrgemeinschaft beträgt die Entfernung zwischen Wohnung und erster Tätigkeitsstätte für jeden Arbeitnehmer im Kalenderjahr 2021 90 km. Bei tatsächlichen 210 Arbeitstagen benutzt jeder Arbeitnehmer seinen eigenen Kraftwagen an 70 Tagen für die Fahrten zwischen Wohnung und erster Tätigkeitsstätte.
Die Entfernungspauschale ist für jeden Teilnehmer der Fahrgemeinschaft wie folgt zu ermitteln:
Zunächst ist die Entfernungspauschale für die Fahrten und Tage zu ermitteln, an denen der Arbeitnehmer mitgenommen wurde:

140 Arbeitstage × 20 km × 0,30 €	= 840 €
140 Arbeitstage × 70 km × 0,35 €	= 3 430 €
(Höchstbetrag von 4 500 € ist nicht überschritten)	4 270 €

Anschließend ist die Entfernungspauschale für die Fahrten und Tage zu ermitteln, an denen der Arbeitnehmer seinen eigenen Kraftwagen benutzt hat:

---

[1] **[Amtl. Anm.:]** Jetzt LStH 2025.

Anl zu LStH 9.10

70 Arbeitstage × 20 km × 0,30 €	= 420 €		
70 Arbeitstage × 70 km × 0,35 €	= 1 715 €		
abziehbar (unbegrenzt)		2 135 €	
anzusetzende Entfernungspauschale		= 6 405 €	

19 Setzt bei einer Fahrgemeinschaft nur ein Teilnehmer seinen Kraftwagen ein, kann er die Entfernungspauschale ohne Begrenzung auf den Höchstbetrag von 4 500 € für seine Entfernung zwischen Wohnung und erster Tätigkeitsstätte geltend machen; eine Umwegstrecke zum Abholen der Mitfahrer ist nicht in die Entfernungsermittlung einzubeziehen. Bei den Mitfahrern wird gleichfalls die Entfernungspauschale angesetzt, allerdings bei ihnen begrenzt auf den Höchstbetrag von 4 500 €.

1.6. Benutzung verschiedener Verkehrsmittel

20 Arbeitnehmer legen die Wege zwischen Wohnung und erster Tätigkeitsstätte oftmals auf unterschiedliche Weise zurück, d. h. für eine Teilstrecke werden der Kraftwagen und für die weitere Teilstrecke öffentliche Verkehrsmittel benutzt (Park & Ride) oder es werden für einen Teil des Jahres der eigene Kraftwagen und für den anderen Teil öffentliche Verkehrsmittel benutzt. In derartigen Mischfällen ist zunächst die maßgebende Entfernung anhand der kürzesten Straßenverbindung der Gesamtstrecke von der Wohnung zur ersten Tätigkeitsstätte zu ermitteln (Rz. 12 bis 15). Diese ist im nächsten Schritt in die Teilstrecken der jeweiligen Verkehrsmittel aufzuteilen. **108**

21 Die Teilstrecke, die mit dem eigenen Kraftwagen zurückgelegt wird, ist in voller Höhe anzusetzen; für diese Teilstrecke kann Rz. 12 zur verkehrsgünstigeren Strecke angewandt werden. Der verbleibende Teil der maßgebenden Entfernung ist die Teilstrecke, die auf öffentliche Verkehrsmittel entfällt. Die anzusetzende Entfernungspauschale ist sodann für die Teilstrecke und Arbeitstage zu ermitteln, an denen der Arbeitnehmer seinen eigenen oder ihm zur Nutzung überlassenen Kraftwagen eingesetzt hat. Anschließend ist die anzusetzende Entfernungspauschale für die Teilstrecke und Arbeitstage zu ermitteln, an denen der Arbeitnehmer öffentliche Verkehrsmittel benutzt. Beide Beträge ergeben die insgesamt anzusetzende Entfernungspauschale, so dass auch in Mischfällen ein höherer Betrag als 4 500 € angesetzt werden kann.

22 In den Kalenderjahren 2021 bis 2026 ist zu berücksichtigen

- die erhöhte Entfernungspauschale ab dem 21. Entfernungskilometer vorrangig bei der Teilstrecke, die mit einem eigenen oder zur Nutzung überlassenen Kraftwagen zurückgelegt wird, da für diese der Höchstbetrag von 4 500 € nicht gilt, und
- die Entfernungspauschale von 0,30 € für die ersten 20 km vorrangig bei der Teilstrecke der öffentlichen Verkehrsmittel.

Beispiel 6:

Ein Arbeitnehmer fährt an 220 Arbeitstagen im Jahr 2021 mit dem eigenen Kraftwagen 30 km zur nächsten Bahnstation und von dort 100 km mit der Bahn zur ersten Tätigkeitsstätte. Die kürzeste maßgebende Entfernung (Straßenverbindung) beträgt 100 km. Die Aufwendungen für die Bahnfahrten betragen 2160 € (monatlich 180 € × 12) im Jahr.

Von der maßgebenden Entfernung von 100 km entfällt eine Teilstrecke von 30 km auf Fahrten mit dem eigenen Kraftwagen und eine Teilstrecke von 70 km auf Fahrten mit der Bahn.

Für die Teilstrecke mit der Bahn (100 km – 30 km) errechnet sich eine Entfernungspauschale von 220 Arbeitstagen × 20 km × 0,30 € = 1320 € zuzüglich 220 Arbeitstage × 50 km × 0,35 € = 3850 €; in der Summe 5170 €. Hierfür ist der Höchstbetrag von 4500 € anzusetzen.

Für die Teilstrecke mit dem Kraftwagen errechnet sich eine Entfernungspauschale von 220 Arbeitstagen × 30 km × 0,35 € = 2310 €, so dass sich eine insgesamt anzusetzende Entfernungspauschale von 6.810 € (4500 € + 2310 €) ergibt.

Die tatsächlichen Aufwendungen für die Bahnfahrten i. H. v. 2160 € bleiben unberücksichtigt, weil sie unterhalb der für das Kalenderjahr insgesamt anzusetzenden Entfernungspauschale liegen.

Beispiel 7:

Ein Arbeitnehmer fährt an 220 Arbeitstagen im Jahr 2021 mit dem eigenen Kraftwagen 3 km zu einer verkehrsgünstig gelegenen Bahnstation und von dort noch 30 km mit der Bahn zur ersten Tätigkeitsstätte. Die kürzeste maßgebende Straßenverbindung beträgt 25 km. Die Jahreskarte für die Bahn kostet 1746 €.

Von der maßgebenden Entfernung von 25 km entfällt eine Teilstrecke von 3 km auf Fahrten mit dem eigenen Kraftwagen und eine Teilstrecke von 22 km auf Fahrten mit der Bahn.

Für die Teilstrecke mit der Bahn (25 km – 3 km) errechnet sich eine Entfernungspauschale von 220 Arbeitstagen × 20 km × 0,30 € = 1320 € zuzüglich 220 Arbeitstage × 2 km × 0,35 € = 154 €; in der Summe 1474 €.

Für die Teilstrecke mit dem Kraftwagen errechnet sich eine Entfernungspauschale von 220 Arbeitstagen × 3 km × 0,35 € = 231 €, so dass sich eine insgesamt anzusetzende Entfernungspauschale von 1705 € (1474 € + 231 €) ergibt.

Da die tatsächlichen Aufwendungen für die Bahnfahrten iHv 1746 € höher sind als die für das Kalenderjahr insgesamt anzusetzende Entfernungspauschale, kann zusätzlich der die Entfernungspauschale übersteigende Betrag angesetzt werden; insgesamt also 1746 €.

Beispiel 8:

Ein Arbeitnehmer fährt im Kalenderjahr 2021 die ersten drei Monate mit dem eigenen Kraftwagen und die letzten neun Monate mit öffentlichen Verkehrsmitteln zur 120 km entfernten ersten Tätigkeitsstätte. Die entsprechende Monatskarte kostet 190 €.

Die Entfernungspauschale ist für die beiden Zeiträume jeweils gesondert zu ermitteln, da bei Benutzung des eigenen Kraftwagens die Begrenzung auf den Höchstbetrag von 4 500 € nicht greift. Die anzusetzende Entfernungspauschale ist bei Zugrundelegung von insgesamt 220 Arbeitstagen wie folgt zu ermitteln:

165 Arbeitstage × 20 km × 0,30 €	= 990 €	
165 Arbeitstage × 100 km × 0,35 €	= 5 775 €	
	6 765 €	
Begrenzt auf den Höchstbetrag von		4 500 €
zuzüglich		
55 Arbeitstage × 20 km × 0,30 €	= 330 €	
55 Arbeitstage × 100 km × 0,35 €	= 1 925 €	
	2 255 €	
anzusetzende Entfernungspauschale insgesamt		6 755 €

Anl zu LStH 9.10

Die tatsächlichen Kosten für die Benutzung der öffentlichen Verkehrsmittel (9 × 190 € = 1 710 €) sind niedriger; anzusetzen ist also die Entfernungspauschale i. H. v. 6 755 €.

Beispiel 9:

Ein Arbeitnehmer wohnt in Konstanz und hat seine erste Tätigkeitsstätte auf der anderen Seite des Bodensees. Für die Fahrt zur ersten Tätigkeitsstätte benutzt er im Jahr 2021 seinen Kraftwagen und die Fähre von Konstanz nach Meersburg. Die Fahrtstrecke einschließlich der Fährstrecke von 4,2 km beträgt insgesamt 15 km. Die Monatskarte für die Fähre kostet 122,50 €. Bei 220 Arbeitstagen im Jahr ergibt sich eine Entfernungspauschale von:

220 Arbeitstage × 10 km × 0,30 € =	660 €
zuzüglich	
Fährkosten (12 × 122,50 €) =	1 470 €
Insgesamt zu berücksichtigen	2 130 €

1.7. Mehrere Wege an einem Arbeitstag

23 Die Entfernungspauschale kann für die Wege zu derselben ersten Tätigkeitsstätte für jeden Arbeitstag nur einmal angesetzt werden.

1.8. Mehrere Dienstverhältnisse

109 **24** Bei Arbeitnehmern, die in mehreren Dienstverhältnissen stehen und denen Aufwendungen für die Wege zu mehreren auseinanderliegenden ersten Tätigkeitsstätten entstehen, ist die Entfernungspauschale für jeden Weg zur ersten Tätigkeitsstätte anzusetzen, wenn der Arbeitnehmer am Tag zwischenzeitlich in die Wohnung zurückkehrt. Die erhöhte Entfernungspauschale (0,35 € bzw. 0,38 €) ist für jeden Weg zur ersten Tätigkeitsstätte erst ab dem 21. Entfernungskilometer zu berücksichtigen. Die Einschränkung, dass täglich nur eine Fahrt zu berücksichtigen ist, gilt nur für den Fall einer, nicht aber für den Fall mehrerer erster Tätigkeitsstätten. Werden täglich mehrere erste Tätigkeitsstätten ohne Rückkehr zur Wohnung nacheinander angefahren, so ist für die Entfernungsermittlung der Weg zur zuerst aufgesuchten ersten Tätigkeitsstätte als Umwegstrecke zur nächsten ersten Tätigkeitsstätte zu berücksichtigen; die für die Ermittlung der Entfernungspauschale anzusetzende Entfernung darf höchstens die Hälfte der Gesamtstrecke betragen.

Beispiel 10:

Ein Arbeitnehmer fährt im Jahr 2021 mit öffentlichen Verkehrsmitteln an 220 Arbeitstagen vormittags von seiner Wohnung A zur ersten Tätigkeitsstätte B, mittags zur Wohnung A, nachmittags zu einer anderen ersten Tätigkeitsstätte C und abends zur Wohnung A zurück. Die Entfernungen betragen zwischen A und B 30 km und zwischen A und C 40 km. Die Monatskarte für die öffentlichen Verkehrsmittel kostet 300 € monatlich.
Da die erhöhte Entfernungspauschale (0,35 € bzw. 0,38 €) für jeden Weg zur ersten Tätigkeitsstätte erst ab dem 21. Entfernungskilometer zu berücksichtigen ist, betragen die Entfernungspauschalen

a)für die Fahrten zur ersten Tätigkeitsstätte in B

220 Tage × 20 km × 0,30 €	= 1 320 €
220 Tage × 10 km × 0,35 €	= 770 €
Insgesamt	= 2 090 €

b) für die Fahrten zur ersten Tätigkeitsstätte in C

220 Tage × 20 km × 0,30 €	= 1 320 €
220 Tage × 20 km × 0,35 €	= 1 540 €
Insgesamt	= 2 860 €

Die Summe der Entfernungspauschalen beträgt 4 950 € (2 090 € + 2 860 €), begrenzt auf den Höchstbetrag von 4 500 €.

Beispiel 11:

Ein Arbeitnehmer fährt im Jahr 2021 an 220 Tagen vormittags von seiner Wohnung A zur ersten Tätigkeitsstätte B, nachmittags weiter zur ersten Tätigkeitsstätte C und abends zur Wohnung in A zurück. Die Entfernungen betragen zwischen A und B 30 km, zwischen B und C 40 km und zwischen C und A 50 km.
Die Gesamtstrecke beträgt 30 km + 40 km + 50 km = 120 km, die Entfernung zwischen der Wohnung und den beiden ersten Tätigkeitsstätten 30 km + 50 km = 80 km. Da dies mehr als die Hälfte der Gesamtstrecke ist, sind (120 km : 2) = 60 km für die Ermittlung der Entfernungspauschale anzusetzen.
Da die erhöhte Entfernungspauschale (0,35 € bzw. 0,38 €) für jeden Weg zur ersten Tätigkeitsstätte erst ab dem 21. Entfernungskilometer zu berücksichtigen ist, beträgt die Entfernungspauschale für die Fahrten zur ersten Tätigkeitsstätte in B und C

220 Tage × 20 km × 0,30 €	= 1 320 €
220 Tage × 20 km × 0,30 €	= 1 320 €
220 Tage × 20 km × 0,35 €	= 1 540 €
insgesamt	= 4 180 €.

1.9. Anrechnung von Arbeitgeberleistungen auf die Entfernungspauschale

110 **25** Jeder Arbeitnehmer erhält die Entfernungspauschale unabhängig von der Höhe seiner Aufwendungen für die Wege zwischen Wohnung und erster Tätigkeitsstätte. Nach § 9 Abs. 1 Satz 3 Nr. 4 EStG gilt dies auch dann, wenn der Arbeitgeber dem Arbeitnehmer einen Kraftwagen oder ein anderes Fahrzeug für die Wege zwischen Wohnung und erster Tätigkeitsstätte überlässt und diese Arbeitgeberleistung nach § 8 Abs. 3 EStG (Rabattfreibetrag) steuerfrei ist, z. B. wenn ein Mietwagenunternehmen dem Arbeitnehmer einen Mietwagen für die Fahrten zwischen Wohnung und erster Tätigkeitsstätte überlässt. Steuerfreie Sachbezüge nach § 3 Nr. 37 EStG mindern die Entfernungspauschale nicht (§ 9 Abs. 1 Satz 3 Nr. 4 Satz 7 EStG). Entsprechendes gilt für pauschal besteuerte Arbeitgeberleistungen nach § 40 Abs. 2 Satz 2 Nr. 2 EStG.

26 Die folgenden steuerfreien bzw. pauschal besteuerten Arbeitgeberleistungen sind jedoch auf die anzusetzende und ggf. auf 4 500 € begrenzte Entfernungspauschale anzurechnen:

Anl zu LStH 9.10

- nach § 3 Nr. 15 EStG steuerfreie Arbeitgeberleistungen (vgl. Rz. 27 ff. des BMF v. 15. 8. 2019, BStBl. I S. 875)[1]
- nach § 8 Abs. 2 Satz 11 EStG (50 €-Freigrenze; bis 31. 12. 2021 = 44 €-Freigrenze) steuerfreie Sachbezüge für die Wege zwischen Wohnung und erster Tätigkeitsstätte,
- nach § 8 Abs. 3 EStG steuerfreie Sachbezüge für Fahrten zwischen Wohnung und erster Tätigkeitsstätte bis höchstens 1 080 € (Rabattfreibetrag),
- die nach § 40 Abs. 2 Satz 2 Nr. 1 EStG pauschal besteuerten Arbeitgeberleistungen bis zur Höhe der abziehbaren Entfernungspauschale (vgl. Rz. 31 ff.).

27 Die vorgenannten steuerfreien oder pauschal besteuerten Arbeitgeberleistungen sind vom Arbeitgeber zu bescheinigen (§ 41 b Abs. 1 Satz 2 Nr. 6 und 7 EStG).

2. Entfernungspauschale für Familienheimfahrten bei doppelter Haushaltsführung (§ 9 Abs. 1 Satz 3 Nr. 5 EStG)

28 Auf die Entfernungspauschale für Familienheimfahrten bei doppelter Haushaltsführung (§ 9 Abs. 1 Satz 3 Nr. 5 Satz 5 bis 9 EStG) sind die Rz. 1 bis 5 und Rz. 12 ff. entsprechend anzuwenden. Die Begrenzung auf den Höchstbetrag von 4 500 € gilt bei Familienheimfahrten nicht. Für Flugstrecken und bei verbilligter Sammelbeförderung durch den Arbeitgeber nach § 3 Nr. 32 EStG sind die tatsächlichen Aufwendungen des Arbeitnehmers anzusetzen. Arbeitgeberleistungen für Familienheimfahrten, die nach § 3 Nr. 13 oder 16 EStG steuerfrei sind, sind nach § 3 c Abs. 1 EStG auf die für die Familienheimfahrten anzusetzende Entfernungspauschale anzurechnen. **111**

3. Menschen mit Behinderungen

29 Nach § 9 Abs. 2 Satz 3 EStG können Menschen mit Behinderungen für die Wege zwischen Wohnung und erster Tätigkeitsstätte an Stelle der Entfernungspauschale die tatsächlichen Aufwendungen ansetzen. Bei Benutzung eines privaten Fahrzeugs können die Fahrtkosten aus Vereinfachungsgründen auch mit den pauschalen Kilometersätzen gemäß § 9 Abs. 1 Satz 3 Nr. 4 a EStG angesetzt werden, die für das jeweils benutzte Beförderungsmittel als höchste Wegstreckenentschädigung nach dem Bundesreisekostengesetz festgesetzt sind (vgl. auch Rz. 37 des BMF zur Reform des steuerlichen Reisekostenrechts v. 25. 11. 2020, BStBl. I S. 1228[2]). Bei Benutzung eines eigenen oder zur Nutzung überlassenen Kraftwagens kann danach ohne Einzelnachweis der Kilometersatz von 0,30 € je gefahrenen Kilometer angesetzt werden. Unfallkosten, die auf einer Fahrt zwischen Wohnung und erster Tätigkeitsstätte entstanden sind, können neben dem pauschalen Kilometersatz nach § 9 Abs. 1 Satz 1 EStG berücksichtigt werden (vgl. Rz. 30). Werden die Wege zwischen Wohnung und erster Tätigkeitsstätte mit verschiedenen Verkehrsmitteln zurückgelegt, kann das Wahlrecht – Entfernungspauschale oder tatsächliche Kosten – für beide zurückgelegten Teilstrecken nur einheitlich ausgeübt werden (BFH v. 5. 5. 2009 – VI R 77/06, BStBl. II S. 729, DStR 2009, 1189).

Beispiel 12:

Ein Arbeitnehmer A (Grad der Behinderung von 90) fährt an 220 Arbeitstagen im Jahr 2021 mit dem eigenen Kraftwagen 17 km zu einem behindertengerechten Bahnhof und von dort 82 km mit der Bahn zur ersten Tätigkeitsstätte. Die tatsächlichen Bahnkosten betragen 240 € im Monat.

A wählt das günstigste Ergebnis, das sich aufgrund der Höchstgrenze von 4.500 € der Entfernungspauschale für die Teilstrecke mit der Bahn ergibt. Dies erreicht er mit dem Ansatz der Entfernungspauschale für 162 Tage (4.500 € Höchstbetrag : tägliche Entfernungspauschale für 82 km von 27,70 € [20 km × 0,30 € = 6 € zuzüglich 62 km × 0,35 € = 21,70 €] = 162 Tage) und dem Ansatz der tatsächlichen Kosten für 58 Tage.

a) Ermittlung der Entfernungspauschale 162 Tage (erhöhte Entfernungspauschale vorrangig auf die Teilstrecke mit dem eigenen Kraftwagen, vgl. Rz. 22)
   Für die Teilstrecke mit dem eigenen Kraftwagen errechnet sich eine Entfernungspauschale von 162 Arbeitstagen × 17 km × 0,35 € = 963,90 €.
   Für die Teilstrecke mit der Bahn beträgt die Entfernungspauschale 162 Arbeitstage × 20 km × 0,30 € = 972 € zuzüglich 162 Arbeitstage × 62 km × 0,35 € = 3.515,40 €, insgesamt 4487,40 €, so dass sich eine insgesamt anzusetzende Entfernungspauschale von 5451,30 € (963,90 € + 4487,40 €) ergibt.
b) Ermittlung der tatsächlichen Kosten für 58 Tage
   Für die Teilstrecke mit dem eigenen Kraftwagen sind nunmehr 58 Arbeitstage × 17 km × 2 x 0,30 € = 591,60 € anzusetzen (= tatsächliche Aufwendungen mit pauschalem Kilometersatz je Fahrtkilometer).
   Für die verbleibende Teilstrecke mit der Bahn sind die anteiligen tatsächlichen Kosten von 759,27 € (240 € × 12 Monate = 2880 € : 220 Tage × 58 Tage) anzusetzen, so dass sich insgesamt ein Betrag von 1350,87 € (591,60 € + 759,27 €) ergibt.

Insgesamt kann somit ein Betrag von 6803 € (5451,30 € + 1350,87 €) abgezogen werden.

Beispiel 13:

Ein Arbeitnehmer A fährt an 220 Arbeitstagen im Jahr mit dem eigenen Kraftwagen 17 km zum Bahnhof und von dort 82 km mit der Bahn zur ersten Tätigkeitsstätte. Die tatsächlichen Bahnkosten betragen 240 € im Monat. Mitte des Jahres 2021 (110 Arbeitstage) tritt eine Behinderung ein (Grad der Behinderung von 90).

A wählt wieder das günstigste Ergebnis (für 162 Tage die Entfernungspauschale und für 58 Tage während des Zeitraums der Behinderung den Ansatz der tatsächlichen Kosten).

a) Ermittlung der Entfernungspauschale
   Für die Teilstrecke mit dem eigenen Kraftwagen errechnet sich eine Entfernungspauschale von 162 Arbeitstagen × 17 km × 0,35 € = 963,90 €.
   Für die Teilstrecke mit der Bahn errechnet sich eine Entfernungspauschale von 162 Arbeitstagen × 20 km × 0,30 € = 972 € zuzüglich 162 Arbeitstagen × 62 km × 0,35 € = 3515,40 €, insgesamt 4487,40 €, so dass sich eine insgesamt anzusetzende Entfernungspauschale von 5451,30 € (963,90 € + 4487,40 €) ergibt.
b) Ermittlung der tatsächlichen Kosten

[1] Abgedruckt als Anlage zu LStH 3.15.
[2] Abgedruckt als Anlage zu LStH 9.4.

Anl zu LStH 9.10

Für die Teilstrecke mit dem eigenen Kraftwagen sind nunmehr 58 Arbeitstage × 17 km × 2 x 0,30 € = 591,60 € anzusetzen (= tatsächliche Aufwendungen mit pauschalem Kilometersatz).

Für die verbleibende Teilstrecke mit der Bahn sind die anteiligen tatsächlichen Kosten von 759,27 € (240 € × 12 Monate = 2880 € : 220 Tage × 58 Tage) anzusetzen, so dass sich insgesamt ein Betrag von 1350,87 € (591,60 € + 759,27 €) ergibt.

Insgesamt kann auch in diesem Fall ein Betrag von 6803 € (162 Tage Entfernungspauschale und 58 Tage tatsächliche Kosten) abgezogen werden.

4. Abgeltungswirkung der Entfernungspauschalen

112 **30** Nach § 9 Abs. 2 Satz 1 EStG sind durch die Entfernungspauschale sämtliche Aufwendungen abgegolten, die durch die Wege zwischen Wohnung und erster Tätigkeitsstätte und Familienheimfahrten entstehen. Dies gilt z. B. auch für Parkgebühren für das Abstellen des Kraftwagens während der Arbeitszeit, für Finanzierungskosten (vgl. auch BFH v. 15. 4. 2010 – VI R 20/08, BStBl. II S. 805, DStR 2010, 1328), Beiträge für Kraftfahrerverbände, Versicherungsbeiträge für einen Insassenunfallschutz, Aufwendungen infolge Diebstahls sowie für die Kosten eines Austauschmotors anlässlich eines Motorschadens auf einer Fahrt zwischen Wohnung und erster Tätigkeitsstätte oder einer Familienheimfahrt. Unfallkosten, die auf einer Fahrt zwischen Wohnung und erster Tätigkeitsstätte oder auf einer zu berücksichtigenden Familienheimfahrt entstehen, sind als außergewöhnliche Aufwendungen im Rahmen der allgemeinen Werbungskosten nach § 9 Abs. 1 Satz 1 EStG weiterhin neben der Entfernungspauschale zu berücksichtigen (vgl. BT-Drs. 16/12 099, 6). Zu den neben der Entfernungspauschale berücksichtigungsfähigen Unfallkosten gehören sowohl fahrzeug- und wegstreckenbezogene Aufwendungen (entgegen BFH v. 19. 12. 2019 – VI R 8/18, BStBl. 2020 II S. 291) als auch Aufwendungen im Zusammenhang mit der Beseitigung oder Linderung von Körperschäden, die durch einen Unfall auf einer beruflich veranlassten Fahrt zwischen Wohnung und erster Tätigkeitsstätte eingetreten sind.

5. Pauschalbesteuerung nach § 40 Abs. 2 EStG in der ab 1. 1.2021 geltenden Fassung

5.1. Allgemeines

113 **31** Mit dem Gesetz zur weiteren steuerlichen Förderung der Elektromobilität und zur Änderung weiterer steuerlicher Vorschriften (BGBl. I S. 2451) wurde § 40 Abs. 2 Satz 2 und 3 EStG an die Steuerbefreiung des § 3 Nr. 15 EStG angepasst. Zur Anwendung des § 3 Nr. 15 EStG wird auf das BMF-Schreiben v. 15. 8. 2019 (BStBl. I S. 875)[1] verwiesen. Darüber hinaus gilt Folgendes:

32 Der Arbeitgeber kann die Lohnsteuer für Sachbezüge in Form der unentgeltlichen oder verbilligten Beförderung eines Arbeitnehmers zwischen Wohnung und erster Tätigkeitsstätte oder Fahrten nach § 9 Abs. 1 Satz 3 Nr. 4 a Satz 3 EStG sowie für zusätzlich zum ohnehin geschuldeten Arbeitslohn gezahlte Zuschüsse zu den Aufwendungen des Arbeitnehmers für Fahrten zwischen Wohnung und erster Tätigkeitsstätte sowie Fahrten nach § 9 Abs. 1 Satz 3 Nr. 4 a Satz 3 EStG pauschal mit 15% erheben, soweit diese den Betrag nicht übersteigen, den der Arbeitnehmer nach § 9 Abs. 1 Satz 3 Nr. 4 und Abs. 2 EStG als Werbungskosten geltend machen kann. Ausschlaggebend für die Höhe des pauschal besteuerbaren Betrags ist demnach der Betrag, den der Arbeitnehmer für die Fahrten zwischen Wohnung und erster Tätigkeitsstätte oder Fahrten nach § 9 Abs. 1 Satz 3 Nr. 4 a Satz 3 EStG als Werbungskosten geltend machen kann.

33 Die Pauschalbesteuerung durch den Arbeitgeber entfaltet keine Bindungswirkung für das Veranlagungsverfahren, soweit die pauschal besteuerten Beträge den Betrag übersteigen, den der Arbeitnehmer nach § 9 Abs. 1 Satz 3 Nr. 4 und Abs. 2 EStG als Werbungskosten geltend machen kann; dies gilt für alle noch nicht bestandskräftigen Fälle.

34 Für die Ermittlung der Höhe der pauschal besteuerbaren Sachbezüge oder Zuschüsse nach § 40 Abs. 2 Satz 2 Nr. 1 EStG sind für die Jahre 2021 bis 2026 die jeweils gültigen Entfernungspauschalen nach § 9 Abs. 1 Satz 3 Nr. 4 Satz 8 EStG anzuwenden. Das bedeutet, dass bei Entfernungen ab 21 Kilometern zwischen Wohnung und erster Tätigkeitsstätte die Kilometer aufzuteilen und ab dem 21. Kilometer die erhöhte Entfernungspauschale zu berücksichtigen ist.

35 Durch die Entfernungspauschale für die Wege zwischen Wohnung und erster Tätigkeitsstätte werden arbeitstäglich zwei Wege (ein Hin- und ein Rückweg) abgegolten. Legt der Arbeitnehmer an dem jeweiligen Arbeitstag nur einen Weg zwischen Wohnung und erster Tätigkeitsstätte zurück, darf auch für die Höhe der nach § 40 Abs. 2 Satz 2 Nr. 1 EStG pauschal besteuerbaren Sachbezüge oder Zuschüsse nur die Hälfte der Entfernungspauschale je Entfernungskilometer und Arbeitstag berücksichtigt werden.

5.2. Höhe der pauschal besteuerbaren Sachbezüge und Zuschüsse

Nutzung eines Kraftwagens

36 Bei ausschließlicher Benutzung eines eigenen oder zur Nutzung überlassenen Kraftwagens ist die Höhe der pauschal besteuerbaren Sachbezüge und Zuschüsse des Arbeitgebers auf die Höhe der nach § 9 Abs. 1 Satz 3 Nr. 4 EStG als Werbungskosten abziehbaren Entfernungspauschale beschränkt, ohne Begrenzung auf den Höchstbetrag von 4 500 €. Aus Vereinfachungsgründen kann im Lohnsteuerabzugsverfahren davon ausgegangen werden, dass monatlich an 15 Arbeitstagen Fahrten zwischen Wohnung und erster Tätigkeitsstätte oder Fahrten nach § 9 Abs. 1 Satz 3 Nr. 4 a Satz 3 EStG erfolgen.

Nutzung anderer motorisierter Fahrzeuge

37 Bei ausschließlicher Benutzung anderer motorisierter Fahrzeuge (wie z. B. eines Motorrads, Motorrollers, Mopeds, Mofas, Pedelecs, E-Bikes) sind die pauschal besteuerbaren Sachbezüge und Zuschüsse des Arbeitgebers auf die Höhe der nach § 9 Abs. 1 Satz 3 Nr. 4 EStG als Werbungskosten ab-

[1] Abgedruckt als Anlage zu LStH 3.15.

ziehbaren Entfernungspauschale, begrenzt auf den Höchstbetrag von 4500 €, beschränkt. Aus Vereinfachungsgründen kann im Lohnsteuerabzugsverfahren hier ebenfalls davon ausgegangen werden, dass monatlich an 15 Arbeitstagen Fahrten zwischen Wohnung und erster Tätigkeitsstätte oder Fahrten nach § 9 Abs. 1 Satz 3 Nr. 4 a Satz 3 EStG erfolgen. Anl zu LStH 9.10

Nutzung öffentlicher Verkehrsmittel und Sammelbeförderung

38 Bei ausschließlicher Benutzung öffentlicher Verkehrsmittel, bei verbilligter Sammelbeförderung nach § 3 Nr. 32 EStG, für Flugstrecken sowie bei Menschen mit Behinderungen ist eine Pauschalbesteuerung der Sachbezüge und Zuschüsse in Höhe der tatsächlichen Aufwendungen des Arbeitnehmers (§ 9 Abs. 1 Satz 3 Nr. 4 und Abs. 2 EStG) für die Fahrten zwischen Wohnung und erster Tätigkeitsstätte oder Fahrten nach § 9 Abs. 1 Satz 3 Nr. 4 a Satz 3 EStG zulässig.

Nutzung verschiedener Verkehrsmittel (sog. Park & Ride)

39 Bei der Benutzung verschiedener Verkehrsmittel (insbesondere sog. Park & Ride-Fälle) ist die Höhe der pauschal besteuerbaren Sachbezüge und Zuschüsse des Arbeitgebers auf die Höhe der nach § 9 Abs. 1 Satz 3 Nr. 4 und Abs. 2 EStG als Werbungskosten abziehbaren Entfernungspauschale beschränkt. Eine Pauschalbesteuerung in Höhe der tatsächlichen Aufwendungen des Arbeitnehmers für die Nutzung öffentlicher Verkehrsmittel kommt erst dann in Betracht, wenn diese die insgesamt im Kalenderjahr anzusetzende Entfernungspauschale, ggf. begrenzt auf den Höchstbetrag von 4.500 €, übersteigen. Aus Vereinfachungsgründen kann im Lohnsteuerabzugsverfahren auch in diesen Fällen davon ausgegangen werden, dass monatlich an 15 Arbeitstagen Fahrten zwischen Wohnung und erster Tätigkeitsstätte oder Fahrten nach § 9 Abs. 1 Satz 3 Nr. 4 a Satz 3 EStG erfolgen.

Ausnahmen von der Vereinfachungsregelung in Rz. 36, 37 und 39

40 Die Vereinfachungsregelung (15-Tage-Regel) in Rz. 36 ist nicht anzuwenden, wenn der Arbeitgeber bei der Überlassung eines Kraftwagens bei der Ermittlung des Sachbezugs die tatsächliche Anzahl der Fahrten zwischen Wohnung und erster Tätigkeitsstätte zugrunde gelegt hat.

41 Bei Anwendung der Vereinfachungsregelung (15-Tage-Regelung) in Rz. 36, 37 und 39 wird davon ausgegangen, dass bei einer 5-Tage-Woche monatlich an 15 Arbeitstagen Fahrten zwischen Wohnung und erster Tätigkeitsstätte oder Fahrten nach § 9 Abs. 1 Satz 3 Nr. 4 a Satz 3 EStG erfolgen. Die Anzahl dieser Fahrten mindert sich daher verhältnismäßig, wenn der Arbeitnehmer bei einer in die Zukunft gerichteten Prognose an der ersten Tätigkeitsstätte typischerweise an weniger als 5 Arbeitstagen in der Kalenderwoche nach den dienst- oder arbeitsrechtlichen Festlegungen beruflich tätig werden soll (z. B. bei Teilzeitmodellen, Homeoffice, Telearbeit, mobilem Arbeiten). So kann z. B. bei einer 3-Tage-Woche aus Vereinfachungsgründen davon ausgegangen werden, dass monatlich an 9 Arbeitstagen ($^3/_5$ von 15 Tagen) Fahrten zwischen Wohnung und erster Tätigkeitsstätte oder Fahrten nach § 9 Abs. 1 Satz 3 Nr. 4 a Satz 3 EStG erfolgen.

5.2.1 Pauschale Besteuerung von Sachbezügen in Form einer unentgeltlichen oder verbilligten Beförderung zwischen Wohnung und erster Tätigkeitsstätte (§ 40 Abs. 2 Satz 2 Nr. 1 Buchst. a EStG)

42 Der Arbeitgeber kann die Lohnsteuer für Sachbezüge in Form einer unentgeltlichen oder verbilligten Beförderung zwischen Wohnung und erster Tätigkeitsstätte oder für die Fahrten nach § 9 Abs. 1 Satz 3 Nr. 4 a Satz 3 EStG pauschal mit 15% erheben, soweit die Bezüge den Betrag nicht übersteigen, den der Arbeitnehmer als Werbungskosten geltend machen könnte. Die nach § 40 Abs. 2 Satz 2 Nr. 1 Buchst. a EStG pauschal besteuerten Bezüge mindern die nach § 9 Abs. 1 Satz 3 Nr. 4 Satz 2 und 8 und Abs. 2 EStG abziehbaren Werbungskosten.

Beispiel 14:

A nutzt für die Fahrten zwischen Wohnung und erster Tätigkeitsstätte einen vom Arbeitgeber unentgeltlich überlassenen Firmenwagen (kein E-Auto, Bruttolistenpreis im Zeitpunkt der Erstzulassung 40.000 €). Die einfache Entfernung beträgt 25 km.

Der monatlich zu versteuernde geldwerte Vorteil für die Fahrten zwischen Wohnung und erster Tätigkeitsstätte beträgt 300 € (25 km × 0,03% × 40 000 €). Die Entfernungspauschale beträgt 116,25 € (0,30 € × 20 km × 15 Tage zuzüglich 0,35 € × 5 km × 15 Tage).

Der Arbeitgeber kann den geldwerten Vorteil aus der unentgeltlichen Beförderung für die Fahrten zwischen Wohnung und erster Tätigkeitsstätte i. H. v. 116,25 € mit 15% pauschal besteuern. Insoweit werden die abziehbaren Werbungskosten gekürzt. Der Differenzbetrag i. H. v. 183,75 € (300 € abzüglich 116,25 €) ist dem (mit dem individuellen Steuersatz zu versteuernden) Bruttoarbeitslohn hinzuzurechnen.

Die pauschal besteuerten Bezüge sind nach Maßgabe des § 4 Abs. 1 Nr. 8 LStDV[1] im Lohnkonto aufzuzeichnen und nach § 41 b Abs. 1 Satz 2 Nr. 7 EStG in der Zeile 18 der Lohnsteuerbescheinigung[2] auszuweisen.

Beispiel 15:

A pendelt werktags regelmäßig mit dem ICE von Stuttgart zur ersten Tätigkeitsstätte nach Karlsruhe. Der Arbeitgeber stellt A zusätzlich zum ohnehin geschuldeten Arbeitslohn eine Bahncard 100 zur Verfügung, die A auch privat uneingeschränkt nutzen darf. Die Bahncard 100 kostet 4 400 €. Der reguläre Preis einer Jahresfahrkarte auf dieser Strecke beträgt 3 000 €. Dienstreisen unternimmt A nicht; eine Pauschalbesteuerung nach § 40 Abs. 2 Satz 2 Nr. 2 EStG erfolgt nicht.

Nach § 3 Nr. 15 EStG sind 3 000 € steuerfrei (Preis einer Jahresfahrkarte für die Strecke zwischen Wohnung und erster Tätigkeitsstätte, vgl. Rn. 13 des BMF v. 15. 8. 2019, BStBl. I S. 875).[3] Der übersteigende Betrag i. H. v. 1 400 € ist steuerpflichtig; er kann nicht nach § 40 Abs. 2 Satz 2 Nr. 1Buchst. a EStG pauschal besteuert werden, da es sich insoweit nicht um einen Sachbezug für die Wege zwischen Wohnung und erster Tätigkeitsstätte handelt. Bleiben im Lohnsteuer-

[1] Abgedruckt bei § 41 EStG.
[2] Abgedruckt als Anlage b zu LStH 41 b.
[3] Abgedruckt als Anlage zu LStH 3.15.

Anl zu LStH 9.10

abzugsverfahren die 3 000 € nach § 3 Nr. 15 EStG steuerfrei, vermindert sich insoweit die Entfernungspauschale des Arbeitnehmers im Veranlagungsverfahren. Wird im Lohnsteuerabzugsverfahren auf die Steuerbefreiung des § 3 Nr. 15 EStG verzichtet und der Arbeitgeber besteuert freiwillig pauschal den Betrag von 3 000 € nach § 40 Abs. 2 Satz 2 Nr. 2 EStG mit 25%, ist eine Kürzung der abziehbaren Entfernungspauschale im Veranlagungsverfahren sowie ein individueller Ausweis auf der Lohnsteuerbescheinigung[1] des Arbeitnehmers nicht vorzunehmen, vgl. hierzu Rn. 44.

5.2.2 Pauschale Besteuerung von Zuschüssen zu Fahrten zwischen Wohnung und erster Tätigkeitsstätte (§ 40 Abs. 2 Satz 2 Nr. 1 Buchst. b EStG)

43 Der Arbeitgeber kann die Lohnsteuer für zusätzlich zum ohnehin geschuldeten Arbeitslohn gezahlte Zuschüsse zu den Aufwendungen des Arbeitnehmers für Fahrten zwischen Wohnung und erster Tätigkeitsstätte sowie Fahrten nach § 9 Abs. 1 Satz 3 Nr. 4 a Satz 3 EStG, die nicht nach § 3 Nr. 15 EStG steuerbefreit sind, pauschal mit 15% erheben, soweit die Zuschüsse den Betrag nicht übersteigen, den der Arbeitnehmer als Werbungskosten geltend machen könnte. Die pauschal besteuerten Zuschüsse mindern die nach § 9 Abs. 1 Satz 3 Nr. 4 Satz 2 und Abs. 2 EStG abziehbaren Werbungskosten.

Beispiel 16:

A fährt arbeitstäglich mit seinem privaten Kraftwagen die einfache Entfernung von 30 km zur ersten Tätigkeitsstätte. Der Arbeitgeber leistet für diese Fahrten zusätzlich zum ohnehin geschuldeten Arbeitslohn einen Zuschuss von 150 € pro Monat.

Zuschüsse zu Fahrtkosten mit dem eigenen Pkw fallen nicht unter § 3 Nr. 15 EStG. Der Arbeitgeber kann im Lohnsteuerabzugsverfahren aus Vereinfachungsgründen (vgl. Rz. 36) davon ausgehen, dass die abziehbare Entfernungspauschale pro Monat 142,50 € beträgt (20 km × 0,30 € × 15 Tage zuzüglich 10 km × 0,35 € × 15 Tage). Der Arbeitgeber kann den Zuschuss folglich i. H. v. 142,50 € nach § 40 Abs. 2 Satz 2 Nr. 1 Buchst. b EStG pauschal besteuern. Der übersteigende Betrag des Zuschusses von 7,50 € pro Monat erhöht den (mit dem individuellen Steuersatz zu versteuernden) Bruttoarbeitslohn.

Die pauschal besteuerten Bezüge sind nach Maßgabe des § 4 Abs. 1 Nr. 8 LStDV[2] im Lohnkonto aufzuzeichnen und nach § 41 b Abs. 1 Satz 2 Nr. 7 EStG in der Zeile 18 der Lohnsteuerbescheinigung[3] auszuweisen.

Beispiel 17:

A soll laut seinem Arbeitsvertrag an 3 Tagen pro Woche im Homeoffice und einen Tag pro Woche an der ersten Tätigkeitsstätte beruflich tätig werden. Die einfache Entfernung von 30 km zur ersten Tätigkeitsstätte legt A mit seinem privaten Kraftwagen zurück. Der Arbeitgeber leistet für diese Fahrten zusätzlich zum ohnehin geschuldeten Arbeitslohn einen Zuschuss von 150 € pro Monat.

Der Arbeitgeber kann bei einem Tag pro Woche beruflicher Tätigkeit an der ersten Tätigkeitsstätte im Lohnsteuerabzugsverfahren aus Vereinfachungsgründen (vgl. Rz. 36 und 41) davon ausgehen, dass an $^1/_5$ von 15 Tagen (= 3 Tage/Monat) Fahrten zwischen Wohnung und erster Tätigkeitsstätte oder Fahrten nach § 9 Abs. 1 Satz 3 Nr. 4 a Satz 3 EStG erfolgen und die abziehbare Entfernungspauschale pro Monat somit 28,50 € beträgt (20 km × 0,30 € × 3 Tage zuzüglich 10 km × 0,35 € × 3 Tage). Der Arbeitgeber kann den Zuschuss folglich i. H. v. 28,50 € nach § 40 Abs. 2 Satz 2 Nr. 1 Buchst. b EStG mit 15% pauschal besteuern. Der übersteigende Betrag des Zuschusses von 121,50 € pro Monat erhöht den (mit dem individuellen Steuersatz zu versteuernden) Bruttoarbeitslohn.

Die pauschal besteuerten Bezüge sind nach Maßgabe des § 4 Abs. 1 Nr. 8 LStDV[4] im Lohnkonto aufzuzeichnen und nach § 41 b Abs. 1 Satz 2 Nr. 7 EStG in der Zeile 18 der Lohnsteuerbescheinigung[5] auszuweisen.

5.2.3 Pauschale Besteuerung von Sachbezügen und Zuschüssen i. S. d. § 3 Nr. 15 EStG (§ 40 Abs. 2 Satz 2 Nr. 2 EStG)

44 Anstelle der Steuerbefreiung nach § 3 Nr. 15 EStG kann der Arbeitgeber die Lohnsteuer für alle dort genannten Bezüge eines Kalenderjahres mit einem Pauschsteuersatz von 25% erheben. Der Arbeitgeber kann auch dann die Pauschalbesteuerung wählen, wenn die Bezüge dem Arbeitnehmer nicht zusätzlich zum ohnehin geschuldeten Arbeitslohn gewährt werden. Mit Ausnahme der Zusätzlichkeitsvoraussetzung müssen die übrigen Voraussetzungen des § 3 Nr. 15 EStG erfüllt sein. Bemessungsgrundlage sind die Aufwendungen des Arbeitgebers einschließlich Umsatzsteuer (§ 40 Abs. 2 Satz 4 EStG).

Bezüge, die nach § 40 Abs. 2 Satz 2 Nr. 2 EStG besteuert wurden, mindern die abziehbaren Werbungskosten nicht.

Beispiel 18:

Arbeitgeber A schließt mit einem regionalen Verkehrsträger einen Vertrag, wonach alle 100 Arbeitnehmer eine Fahrberechtigung für den gesamten Verkehrsverbund erhalten können. Hierfür zahlt A 80 000 € (einschließlich Umsatzsteuer) an den Verkehrsträger (pro Arbeitnehmer pauschal 800 €).

Die Überlassung der Fahrberechtigung ist nach § 3 Nr. 15 EStG steuerfrei, da es sich um eine Fahrberechtigung für den öffentlichen Personennahverkehr handelt (vgl. Rz. 8 des BMF v. 15. 8. 2019, BStBl. I S. 875).[6]

A kann bei jedem Arbeitnehmer, der die Fahrberechtigung annimmt (zum möglichen „Nutzungsverzicht" vgl. Rz. 38 des BMF v. 15. 8. 2019, BStBl. I S. 875),[7] anstelle der Steuerbefreiung nach § 3 Nr. 15 EStG den geldwerten Vorteil aus der Überlassung der unentgeltlichen Fahrberechtigung nach § 40 Abs. 2 Satz 2 Nr. 2 EStG auch mit 25% pauschal besteuern. Eine Kürzung der abziehbaren Entfernungspauschale sowie ein individueller Ausweis auf der Lohnsteuerbescheinigung ist bei diesen Arbeitnehmern dann nicht vorzunehmen. Die pauschal besteuerten Bezüge sind nach Maßgabe des § 4 Abs. 1 Nr. 8 LStDV im Lohnkonto aufzuzeichnen.

6. Anwendungsregelung

45 Vorbehaltlich der besonderen Regelungen in Rz. 33 ist dieses Schreiben mit Wirkung ab 1. 1. 2021 anzuwenden; es ist jedoch nicht zu beanstanden, wenn die Ausnahme von der Vereinfachungsregelung (15-Tage-Regelung) in Rz. 41 erst ab 1. 1. 2022 angewendet wird.

[1] Abgedruckt als Anlage b zu LStH 41 b.
[2] Abgedruckt bei § 41 EStG.
[3] Abgedruckt als Anlage b zu LStH 41 b.
[4] Abgedruckt bei § 41 EStG.
[5] Abgedruckt als Anlage b zu LStH 41 b.
[6] Abgedruckt als Anlage zu LStH 3.15.
[7] Abgedruckt als Anlage zu LStH 3.15.

Anl zu LStH 9.10

46 Das BMF-Schreiben zu den Entfernungspauschalen v. 31. 10. 2013 (BStBl. I S. 1376)[1] ist letztmals für den Veranlagungszeitraum 2020 anzuwenden. Beim Steuerabzug vom Arbeitslohn gilt dies mit der Maßgabe, dass die Fassung des BMF v. 31. 10. 2013 letztmals auf den laufenden Arbeitslohn anzuwenden ist, der für einen bis zum 31. 12. 2020 endenden Lohnzahlungszeitraum gezahlt wird, und auf sonstige Bezüge, die bis zum 31. 12. 2020 zufließen.

LStR 9.11 (1–4)

R 9.11 Mehraufwendungen bei doppelter Haushaltsführung

R 9.11 (1–4)

Doppelte Haushaltsführung

(1) ① Eine doppelte Haushaltsführung liegt nur vor, wenn der Arbeitnehmer außerhalb des Ortes seiner ersten Tätigkeitsstätte einen eigenen Hausstand unterhält (Hauptwohnung) und auch am Ort der ersten Tätigkeitsstätte wohnt (Zweitwohnung); die Anzahl der Übernachtungen ist dabei unerheblich. ② Eine doppelte Haushaltsführung liegt nicht vor, solange die auswärtige Beschäftigung als Auswärtstätigkeit anzuerkennen ist. **117**

Berufliche Veranlassung

(2) ① Das Beziehen einer Zweitwohnung ist regelmäßig bei einem Wechsel des Ortes der ersten Tätigkeitsstätte aufgrund einer Versetzung, des Wechsels oder der erstmaligen Begründung eines Dienstverhältnisses beruflich veranlasst. ② Beziehen beiderseits berufstätige Ehegatten am Ort der ersten Tätigkeitsstätte eine gemeinsame Zweitwohnung, liegt ebenfalls eine berufliche Veranlassung vor. ③ Auch die Mitnahme des nicht berufstätigen Ehegatten an den Ort der ersten Tätigkeitsstätte steht der beruflichen Veranlassung einer doppelten Haushaltsführung nicht entgegen. ④ Bei Zuzug aus dem Ausland kann das Beziehen einer Zweitwohnung auch dann beruflich veranlasst sein, wenn der Arbeitnehmer politisches Asyl beantragt oder erhält. ⑤ Eine aus beruflichem Anlass begründete doppelte Haushaltsführung liegt auch dann vor, wenn ein Arbeitnehmer seinen Haupthausstand aus privaten Gründen vom Beschäftigungsort wegverlegt und er darauf in einer Wohnung am Ort der ersten Tätigkeitsstätte einen Zweithaushalt begründet, um von dort seiner Beschäftigung weiter nachgehen zu können. ⑥ In den Fällen, in denen bereits zum Zeitpunkt der Wegverlegung des Lebensmittelpunktes vom Ort der ersten Tätigkeitsstätte ein Rückumzug an den Ort der ersten Tätigkeitsstätte geplant ist oder feststeht, handelt es sich hingegen nicht um eine doppelte Haushaltsführung i. S. d. § 9 Abs. 1 Satz 3 Nr. 5 EStG. **118**

Eigener Hausstand

(3) ① Ein eigener Hausstand setzt eine eingerichtete, den Lebensbedürfnissen entsprechende Wohnung des Arbeitnehmers sowie die finanzielle Beteiligung an den Kosten der Lebensführung (laufende Kosten der Lebensführung)[2] voraus. ② In dieser Wohnung muss der Arbeitnehmer einen Haushalt unterhalten, das heißt, er muss die Haushaltsführung bestimmen oder wesentlich mitbestimmen. ③ Es ist nicht erforderlich, dass in der Wohnung am Ort des eigenen Hausstands hauswirtschaftliches Leben herrscht, z. B. wenn der Arbeitnehmer seinen nicht berufstätigen Ehegatten an den auswärtigen Ort der ersten Tätigkeitsstätte mitnimmt oder der Arbeitnehmer nicht verheiratet ist. ④ Die Wohnung muss außerdem der auf Dauer angelegte Mittelpunkt der Lebensinteressen des Arbeitnehmers sein. ⑤ Bei größerer Entfernung zwischen dieser Wohnung und der Zweitwohnung, insbesondere bei einer Wohnung im Ausland, reicht bereits eine Heimfahrt im Kj. Aus, um diese als Lebensmittelpunkt anzuerkennen, wenn in der Wohnung auch bei Abwesenheit des Arbeitnehmers hauswirtschaftliches Leben herrscht, an dem sich der Arbeitnehmer sowohl durch persönliche Mitwirkung als auch finanziell maßgeblich beteiligt. ⑥ Bei Arbeitnehmern mit einer Wohnung in weit entfernt liegenden Ländern, z. B. Australien, Indien, Japan, Korea, Philippinen, gilt Satz 5 mit der Maßgabe, dass innerhalb von zwei Jahren mindestens eine Heimfahrt unternommen wird. **119**

Ort der Zweitwohnung

(4) Eine Zweitwohnung in der Nähe des Ortes der ersten Tätigkeitsstätte steht einer Zweitwohnung am Ort der ersten Tätigkeitsstätte gleich. **120**

LStH 9.11 (1–4)

H 9.11 (1–4)

Beibehaltung der Wohnung

121

– Ist der doppelte Haushalt beruflich begründet worden, ist es unerheblich, ob in der Folgezeit auch die Beibehaltung beider Wohnungen beruflich veranlasst ist (→ BFH vom 30. 9. 1988 – BStBl. 1989 II S. 103) oder ob der gemeinsame Wohnsitz beiderseits berufstätiger Ehegatten/Lebenspartner über die Jahre gleich bleibt oder verändert wird (→ BFH vom 30. 10. 2008 – BStBl. 2009 II S. 153).
– Nach einer mehrmonatigen Beurlaubung kann in der alten Wohnung am früheren Beschäftigungsort auch erneut eine doppelte Haushaltsführung begründet werden (→ BFH vom 8. 7. 2010 – BStBl. 2011 II S. 47).

[1] Abgedruckt im *„Handbuch zur Lohnsteuer 2021"* als Anlage zu LStH 9.10.
[2] Siehe auch BFH vom 12. 1. 2023 (BStBl. II S. 747).

LStH 9.11 (1–4)

Berufliche Veranlassung

– → R 9.11 Abs. 2 und BMF vom 25. 11. 2020 (BStBl. I S. 1228),[1] Rz. 104.

– Eine beruflich begründete doppelte Haushaltsführung liegt vor, wenn aus beruflicher Veranlassung in einer Wohnung am Beschäftigungsort ein zweiter (doppelter) Haushalt zum Hausstand des Stpfl. hinzutritt. Der Haushalt in der Wohnung am Beschäftigungsort ist beruflich veranlasst, wenn ihn der Stpfl. nutzt, um seinen Arbeitsplatz von dort aus erreichen zu können (→ BFH vom 5. 3. 2009 – BStBl. II S. 1012 und 1016).

– Eine aus beruflichem Anlass begründete doppelte Haushaltsführung kann auch dann vorliegen, wenn ein Stpfl. seinen Haupthausstand aus privaten Gründen vom Beschäftigungsort wegverlegt und er darauf in einer Wohnung am Beschäftigungsort einen Zweithaushalt begründet, um von dort seiner bisherigen Beschäftigung weiter nachgehen zu können (→ BFH vom 5. 3. 2009 – BStBl. II S. 1012 und 1016).

– Der berufliche Veranlassungszusammenhang einer doppelten Haushaltsführung wird nicht allein dadurch beendet, dass ein Arbeitnehmer seinen Familienhausstand innerhalb desselben Ortes verlegt (→ BFH vom 4. 4. 2006 – BStBl. II S. 714).

Beschäftigung am Hauptwohnsitz. Aufwendungen eines Arbeitnehmers für eine Zweitwohnung an einem auswärtigen Beschäftigungsort sind auch dann wegen doppelter Haushaltsführung als Werbungskosten abziehbar, wenn der Arbeitnehmer zugleich am Ort seines Hausstandes beschäftigt ist (→ BFH vom 24. 5. 2007 – BStBl. II S. 609).

Ehegatten/Lebenspartner. Bei verheirateten Arbeitnehmern kann für jeden Ehegatten eine doppelte Haushaltsführung beruflich veranlasst sein, wenn die Ehegatten außerhalb des Ortes ihres gemeinsamen Hausstands an verschiedenen Orten beschäftigt sind und am jeweiligen Beschäftigungsort eine Zweitwohnung beziehen (→ BFH vom 6. 10. 1994 – BStBl. 1995 II S. 184). Entsprechendes gilt für Lebenspartnerschaften (→ § 2 Abs. 8 EStG).

Eheschließung/Begründung einer Lebenspartnerschaft. Eine beruflich veranlasste doppelte Haushaltsführung liegt auch in den Fällen vor, in denen der eigene Hausstand nach der Eheschließung am Beschäftigungsort des ebenfalls berufstätigen Ehegatten begründet (→ BFH vom 6. 9. 1977 – BStBl. 1978 II S. 32, vom 20. 3. 1980 – BStBl. II S. 455 und vom 4. 10. 1989 – BStBl. 1990 II S. 321) oder wegen der Aufnahme einer Berufstätigkeit des Ehegatten an dessen Beschäftigungsort verlegt und am Beschäftigungsort eine Zweitwohnung des Arbeitnehmers begründet worden ist (→ BFH vom 2. 10. 1987 – BStBl. II S. 852). Entsprechendes gilt für Lebenspartnerschaften (→ § 2 Abs. 8 EStG).

Eigener Hausstand

– Die Wohnung muss aus eigenem Recht, z. B. als Eigentümer oder als Mieter genutzt werden, wobei auch ein gemeinsames oder abgeleitetes Nutzungsrecht ausreichen kann (→ BFH vom 5. 10. 1994 – BStBl. 1995 II S. 180 und BMF vom 25. 11. 2020 – BStBl. I S. 1228,[2] Rz. 101). Ein eigener Hausstand wird auch anerkannt, wenn die Wohnung zwar allein vom Lebensgefährten des Arbeitnehmers angemietet wurde, dieser sich aber mit Duldung seines Lebensgefährten dauerhaft dort aufhält und sich finanziell in einem Umfang an der Haushaltsführung beteiligt, dass daraus auf eine gemeinsame Haushaltsführung geschlossen werden kann (→ BFH vom 12. 9. 2000 – BStBl. 2001 II S. 29).

– Bei einem alleinstehenden Arbeitnehmer ist zu prüfen, ob er einen eigenen Hausstand unterhält oder in einen fremden Haushalt eingegliedert ist; er muss sich an den Kosten auch finanziell beteiligen (→ BMF vom 25. 11. 2020 – BStBl. I S. 1228,[3] Rz. 101).

– Ein eigener Hausstand liegt nicht vor bei Arbeitnehmern, die – wenn auch gegen Kostenbeteiligung – in den Haushalt der Eltern eingegliedert sind oder in der Wohnung der Eltern lediglich ein Zimmer bewohnen (→ BFH vom 5. 10. 1994 – BStBl. 1995 II S. 180).

– Ein Vorbehaltsnießbrauch zugunsten der Eltern an einem Zweifamilienhaus eines unverheirateten Arbeitnehmers schließt nicht aus, dass dieser dort einen eigenen Hausstand als Voraussetzung für eine doppelte Haushaltsführung unterhält, wenn gesichert ist, dass er die Wohnung nicht nur vorübergehend nutzen kann; bei dieser Prüfung kommt es auf den Fremdvergleich nicht an (→ BFH vom 4. 11. 2003 – BStBl. 2004 II S. 16).

– Unterhält ein unverheirateter Arbeitnehmer am Ort des Lebensmittelpunkts seinen Haupthausstand, so kommt es für das Vorliegen einer doppelten Haushaltsführung nicht darauf an, ob die ihm dort zur ausschließlichen Nutzung zur Verfügung stehenden Räumlichkeiten den bewertungsrechtlichen Anforderungen an eine Wohnung gerecht werden (→ BFH vom 14. 10. 2004 – BStBl. 2005 II S. 98).

Mittelpunkt der Lebensinteressen. Ob die außerhalb des Beschäftigungsortes belegene Wohnung des Arbeitnehmers als Mittelpunkt seiner Lebensinteressen anzusehen ist und deshalb seinen Hausstand darstellt, ist anhand einer Gesamtwürdigung aller Umstände des Einzelfalls festzustellen (→ BFH vom 8. 10. 2014 – BStBl. 2015 II S. 511 zu beiderseits berufstätigen Lebensgefährten).

[1] Abgedruckt als Anlage zu LStH 9.4.
[2] Abgedruckt als Anlage zu LStH 9.4.
[3] Abgedruckt als Anlage zu LStH 9.4.

LStH 9.11 (1–4)

Nutzung der Zweitwohnung. Es ist unerheblich, wie oft der Arbeitnehmer tatsächlich in der Zweitwohnung übernachtet (→ BFH vom 9. 6. 1988 – BStBl. II S. 990).

Private Veranlassung → R 9.11 Abs. 2 Satz 6.

Zeitlicher Zusammenhang. Es ist gleichgültig, ob die → Zweitwohnung in zeitlichem Zusammenhang mit dem Wechsel des Beschäftigungsorts, nachträglich (→ BFH vom 9. 3. 1979 – BStBl. II S. 520) oder im Rahmen eines Umzugs aus einer privat begründeten → Zweitwohnung (→ BFH vom 26. 8. 1988 – BStBl. 1989 II S. 89) bezogen worden ist.

Zweitwohnung am Beschäftigungsort

– Als Zweitwohnung am Beschäftigungsort kommt jede dem Arbeitnehmer entgeltlich oder unentgeltlich zur Verfügung stehende Unterkunft in Betracht, z. B. auch eine Eigentumswohnung, ein möbliertes Zimmer, ein Hotelzimmer, eine Gemeinschaftsunterkunft (→ BFH vom 3. 10. 1985 – BStBl. 1986 II S. 369) oder bei Soldaten die Unterkunft in der Kaserne (→ BFH vom 20. 12. 1982 – BStBl. 1983 II S. 269).

– → BMF vom 25. 11. 2020 (BStBl. I S. 1228),[1] Rz. 103 f.

R 9.11 (5–10)

LStR 9.11 (5–10)

Notwendige Mehraufwendungen

(5) ① Als notwendige Mehraufwendungen wegen einer doppelten Haushaltsführung kommen in Betracht: **122**

1. die Fahrtkosten aus Anlass der Wohnungswechsel zu Beginn und am Ende der doppelten Haushaltsführung sowie für wöchentliche Heimfahrten an den Ort des eigenen Hausstands (→ Absatz 6) oder Aufwendungen für wöchentliche Familien-Ferngespräche,
2. Verpflegungsmehraufwendungen (→ Absatz 7),
3. Aufwendungen für die Zweitwohnung (→ Absatz 8) und
4. Umzugskosten (→ Absatz 9).

② Führt der Arbeitnehmer mehr als eine Heimfahrt wöchentlich durch, kann er wählen, ob er die nach Satz 1 in Betracht kommenden Mehraufwendungen wegen doppelter Haushaltsführung oder die Fahrtkosten nach R 9.10 geltend machen will. ③ Der Arbeitnehmer kann das Wahlrecht bei derselben doppelten Haushaltsführung für jedes Kj. Nur einmal ausüben. ④ Hat der Arbeitgeber die Zweitwohnung unentgeltlich oder teilentgeltlich zur Verfügung gestellt, sind die abziehbaren Fahrtkosten um diesen Sachbezug mit dem nach R 8.1 Abs. 5 und 6 maßgebenden Wert zu kürzen.

Notwendige Fahrtkosten

(6) Als notwendige Fahrtkosten sind anzuerkennen **123**

1. die tatsächlichen Aufwendungen für die Fahrten anlässlich der Wohnungswechsel zu Beginn und am Ende der doppelten Haushaltsführung. ② Für die Ermittlung der Fahrtkosten ist § 9 Abs. 1 Satz 3 Nr. 4 a Satz 1 und 2 EStG, R 9.5 Abs. 1 anzuwenden; zusätzlich können etwaige Nebenkosten nach Maßgabe von R 9.8 berücksichtigt werden,
2. die Entfernungspauschale nach § 9 Abs. 1 Satz 3 Nr. 5 Satz 9 EStG für jeweils eine tatsächlich durchgeführte Heimfahrt wöchentlich. ② Aufwendungen für Fahrten mit einem im Rahmen des Dienstverhältnisses zur Nutzung überlassenen Kfz können nicht angesetzt werden (→ Absatz 10 Satz 7 Nr. 1). ③ Aufwendungen für Besuchsfahrten der mit dem Arbeitnehmer in der Hauptwohnung lebenden Personen an den Ort der ersten Tätigkeitsstätte des den doppelten Haushalt führenden Arbeitnehmers sind Werbungskosten, wenn der Arbeitnehmer aus beruflichen Gründen an einer Familienheimfahrt gehindert ist.

Notwendige Verpflegungsmehraufwendungen

(7) ① Die dem Arbeitnehmer im Rahmen einer doppelten Haushaltsführung tatsächlich entstandenen, beruflich veranlassten Mehraufwendungen für Verpflegung sind unter den Voraussetzungen des § 9 Abs. 4 a Satz 12 und 13 EStG mit den dort genannten Pauschbeträgen anzusetzen. ② Ist der Tätigkeit am Ort der ersten Tätigkeitsstätte eine Auswärtstätigkeit an diesem Ort der ersten Tätigkeitsstätte unmittelbar vorausgegangen, ist deren Dauer auf die Dreimonatsfrist anzurechnen (§ 9 Abs. 4 a Satz 13 EStG). **124**

Notwendige Aufwendungen für die Zweitwohnung

(8) ① Bei einer doppelten Haushaltsführung im Inland sind die tatsächlichen Kosten für die Zweitwohnung im Rahmen des Höchstbetrags nach § 9 Abs. 1 Satz 3 Nr. 5 Satz 4 EStG anzuerkennen. ② Aufwendungen für eine im Ausland gelegene Zweitwohnung sind zu berücksichtigen, soweit sie notwendig und angemessen sind. ③ Steht die Zweitwohnung im Ausland im Eigentum des Arbeitnehmers, sind die Aufwendungen in der Höhe als notwendig anzusehen, in der sie der Arbeitnehmer als Mieter für eine nach Größe, Ausstattung und Lage angemessene Wohnung tragen müsste. **125**

[1] Abgedruckt als Anlage zu LStH 9.4.

LStR 9.11 (5–10)

Umzugskosten

126 (9) ① Umzugskosten anlässlich der Begründung, Beendigung oder des Wechsels einer doppelten Haushaltsführung sind vorbehaltlich des Satzes 4 Werbungskosten, wenn der Umzug beruflich veranlasst ist. ② Der Nachweis der Umzugskosten i. S. d. § 10 BUKG[1] ist notwendig, weil für sie keine Pauschalierung möglich ist. ③ Dasselbe gilt für die sonstigen Umzugsauslagen i. S. d. § 18 AUV[2] bei Beendigung einer doppelten Haushaltsführung durch den Rückumzug eines Arbeitnehmers in das Ausland. ④ Verlegt der Arbeitnehmer seinen Lebensmittelpunkt i. S. d. Absatzes 3 aus privaten Gründen (→ Absatz 2 Satz 5) vom Ort der ersten Tätigkeitsstätte weg und begründet in seiner bisherigen Wohnung am Ort der ersten Tätigkeitsstätte einen Zweithaushalt, um von dort seiner Beschäftigung weiter nachgehen zu können, sind diese Umzugskosten keine Werbungskosten, sondern Kosten der privaten Lebensführung. ⑤ Entsprechendes gilt für Umzugskosten, die nach Wegverlegung des Lebensmittelpunktes vom Ort der ersten Tätigkeitsstätte durch die endgültige Aufgabe der Zweitwohnung am Ort der ersten Tätigkeitsstätte entstehen; es sei denn, dass dieser Umzug wie z. B. im Falle eines Arbeitsplatzwechsels ausschl. beruflich veranlasst ist. ⑥ Für Umzugskosten, die nach Wegverlegung des Lebensmittelpunktes vom Ort der ersten Tätigkeitsstätte für den Umzug in eine andere, ausschl. aus beruflichen Gründen genutzte Zweitwohnung am Ort der ersten Tätigkeitsstätte entstehen, gelten die Sätze 1 bis 3 entsprechend.

Erstattung durch den Arbeitgeber oder Werbungskostenabzug

127 (10) ① Die notwendigen Mehraufwendungen nach den Absätzen 5 bis 9 können als Werbungskosten abgezogen werden, soweit sie nicht vom Arbeitgeber nach den folgenden Regelungen steuerfrei erstattet werden. ② Die Erstattung der Mehraufwendungen bei doppelter Haushaltsführung durch den Arbeitgeber ist nach § 3 Nr. 13 oder 16 EStG steuerfrei, soweit keine höheren Beträge erstattet werden, als nach Satz 1 als Werbungskosten abgezogen werden können. ③ Dabei kann der Arbeitgeber bei Arbeitnehmern in den Steuerklassen III, IV oder V ohne weiteres unterstellen, dass sie einen eigenen Hausstand haben, an dem sie sich auch finanziell beteiligen. ④ Bei anderen Arbeitnehmern darf der Arbeitgeber einen eigenen Hausstand nur dann anerkennen, wenn sie schriftlich erklären, dass sie neben einer Zweitwohnung am Ort der ersten Tätigkeitsstätte außerhalb des Ortes der ersten Tätigkeitsstätte einen eigenen Hausstand unterhalten, an dem sie sich auch finanziell beteiligen, und die Richtigkeit dieser Erklärung durch Unterschrift bestätigen. ⑤ Diese Erklärung ist als Beleg zum Lohnkonto aufzubewahren. ⑥ Das Wahlrecht des Arbeitnehmers nach Absatz 5 hat der Arbeitgeber nicht zu beachten. ⑦ Darüber hinaus gilt Folgendes:

1. Hat der Arbeitgeber oder für dessen Rechnung ein Dritter dem Arbeitnehmer ein Kfz zur Durchführung der Heimfahrten unentgeltlich überlassen, kommen ein Werbungskostenabzug und eine Erstattung von Fahrtkosten nicht in Betracht.
2. Verpflegungsmehraufwendungen dürfen nur bis zu den nach Absatz 7 maßgebenden Pauschbeträgen steuerfrei erstattet werden.
3. ① Die notwendigen Aufwendungen für die Zweitwohnung an einem Ort der ersten Tätigkeitsstätte im Inland dürfen ohne Einzelnachweis für einen Zeitraum von drei Monaten mit einem Pauschbetrag von 20 € und für die Folgezeit mit einem Pauschbetrag von 5 € je Übernachtung steuerfrei erstattet werden, wenn dem Arbeitnehmer die Zweitwohnung nicht unentgeltlich oder teilentgeltlich zur Verfügung gestellt worden ist. ② Bei einer Zweitwohnung im Ausland können die notwendigen Aufwendungen ohne Einzelnachweis für einen Zeitraum von drei Monaten mit dem für eine Auswärtstätigkeit geltenden ausländischen Übernachtungspauschbetrag[3] und für die Folgezeit mit 40 % dieses Pauschbetrags steuerfrei erstattet werden.
4. Bei der Erstattung der Mehraufwendungen durch den Arbeitgeber dürfen unter Beachtung von Nummer 1 bis 3 die einzelnen Aufwendungsarten zusammengefasst werden; in diesem Falle ist die Erstattung steuerfrei, soweit sie die Summe der nach Absatz 5 Nr. 1 bis 4 zulässigen Einzelerstattungen nicht übersteigt.

LStH 9.11 (5–10)

H 9.11 (5–10)

131 **Drittaufwand.** Der Abzug der Aufwendungen für die Zweitwohnung ist ausgeschlossen, wenn die Aufwendungen aufgrund eines Dauerschuldverhältnisses (z. B. Mietvertrag) von einem Dritten getragen werden (→ BFH vom 13. 3. 1996 – BStBl. II S. 375 und vom 24. 2. 2000 – BStBl. II S. 314).

Eigene Zweitwohnung. Bei einer im Eigentum des Arbeitnehmers stehenden Zweitwohnung gilt Folgendes:
- Zu den Aufwendungen gehören auch die AfA, Hypothekenzinsen und Reparaturkosten (→ BFH vom 3. 12. 1982 – BStBl. 1983 II S. 467).
- → BMF vom 25. 11. 2020 (BStBl. I S. 1228),[4] Rz. 107 ff.

---

[1] Abgedruckt in Anhang **I 9**.
[2] Abgedruckt in Anhang **I 9 a**.
[3] Abgedruckt als Anlage zu LStH 9.6.
[4] Abgedruckt als Anlage zu LStH 9.4.

LStH 9.11 (5–10)

Erstattung durch den Arbeitgeber
- Steuerfrei → § 3 Nr. 13, 16 EStG, → R 3.13, 3.16 und BMF vom 25. 11. 2020 (BStBl. I S. 1228),[1] Rz. 113.
- Steuerfreie Arbeitgebererstattungen mindern die abziehbaren Werbungskosten auch dann, wenn sie erst im Folgejahr geleistet werden (→ BFH vom 20. 9. 2006 – BStBl. 2007 II S. 756).

Familienheimfahrten
- Tritt der den doppelten Haushalt führende Ehegatte die wöchentliche Familienheimfahrt **aus privaten Gründen** nicht an, sind die Aufwendungen für die stattdessen durchgeführte Besuchsfahrt des anderen Ehegatten zum Beschäftigungsort keine Werbungskosten (→ BFH vom 2. 2. 2011 – BStBl. II S. 456).
- Zu beruflich veranlassten Besuchsfahrten → R 9.11 Abs. 6 Nr. 2 Satz 3.
- Die Entfernungspauschale für eine wöchentliche Familienheimfahrt im Rahmen einer doppelten Haushaltsführung kann aufwandsunabhängig in Anspruch genommen werden. Steuerfrei geleistete Reisekostenvergütungen und steuerfrei gewährte Freifahrten sind jedoch mindernd auf die Entfernungspauschale anzurechnen (→ BFH vom 18. 4. 2013 – BStBl. II S. 735).
- Aufwendungen für Familienheimfahrten des Arbeitnehmers mit einem vom Arbeitgeber überlassenen Dienstwagen berechtigen nach § 9 Abs. 1 Satz 3 Nr. 5 Satz 8 EStG nicht zum Werbungskostenabzug (→ BFH vom 28. 2. 2013 – BStBl. II S. 629). Dies gilt auch, wenn der Arbeitnehmer hierfür ein Nutzungsentgelt leisten muss oder individuelle Kfz-Kosten zu tragen hat (→ BFH vom 4. 8. 2022 – BStBl. II S. 802).
- Wird bei Menschen mit Behinderungen der Grad der Behinderung herabgesetzt und liegen die Voraussetzungen des § 9 Abs. 2 Satz 3 EStG nach der Herabsetzung nicht mehr vor, ist dies ab dem im Bescheid genannten Zeitpunkt zu berücksichtigen. Aufwendungen für Familienheimfahrten können daher ab diesem Zeitpunkt nicht mehr nach § 9 Abs. 2 Satz 3 EStG bemessen werden (→ BFH vom 11. 3. 2014 – BStBl. II S. 525).

Kostenarten. Zu den einzelnen Kostenarten bei Vorliegen einer doppelten Haushaltsführung → BFH vom 4. 4. 2006 (BStBl. II S. 567).

Pauschbeträge bei doppelter Haushaltsführung im Ausland. → BMF vom 2. 12. 2024 (BStBl. I S. 1549)[2] ab 1. 1. 2025; zur Begrenzung auf 40% → R 9.11 Abs. 10 Satz 7 Nr. 3 Satz 2.

Telefonkosten. Anstelle der Aufwendungen für eine Heimfahrt an den Ort des eigenen Hausstands können die Gebühren für ein Ferngespräch bis zu einer Dauer von 15 Minuten mit Angehörigen, die zum eigenen Hausstand des Arbeitnehmers gehören, berücksichtigt werden (→ BFH vom 18. 3. 1988 – BStBl. II S. 988).

Übernachtungskosten. Die Übernachtungskosten sind für den Werbungskostenabzug i. d. R. im Einzelnen nachzuweisen. Sie können geschätzt werden, wenn sie dem Grunde nach zweifelsfrei entstanden sind (→ BFH vom 12. 9. 2001 – BStBl. II S. 775).

Umzugskosten
- → R 9.11 Abs. 9.
- Zu den notwendigen Mehraufwendungen einer doppelten Haushaltsführung gehören auch die durch das Beziehen oder die Aufgabe der Zweitwohnung verursachten tatsächlichen Umzugskosten (→ BFH vom 29. 4. 1992 – BStBl. II S. 667).
- → H 9.9 (Doppelter Mietaufwand).

Unfallschäden → H 9.10.

Unterkunftskosten
- bei doppelter Haushaltsführung **im Inland** → BMF vom 25. 11. 2020 (BStBl. I S. 1228),[3] Rz. 106 ff.
- bei doppelter Haushaltsführung **im Ausland** sind die tatsächlichen Mietkosten anzusetzen, soweit sie nicht überhöht sind (→ BFH vom 16. 3. 1979 – BStBl. II S. 473). Entsprechendes gilt für die tatsächlich angefallenen Unterkunftskosten im eigenen Haus (→ BFH vom 24. 5. 2000 – BStBl. II S. 474). Nicht überhöht sind Aufwendungen, die sich für eine Wohnung von 60 qm bei einem ortsüblichen Mietzins je qm für eine nach Lage und Ausstattung durchschnittliche Wohnung (Durchschnittsmietzins) ergeben würden (→ BFH vom 9. 8. 2007 – BStBl. II S. 820).
- Ein **häusliches Arbeitszimmer** in der Zweitwohnung am Beschäftigungsort ist bei der Ermittlung der abziehbaren Unterkunftskosten nicht zu berücksichtigen; der Abzug der hierauf entfallenden Aufwendungen richtet sich nach § 4 Abs. 5 Satz 1 Nr. 6b EStG (→ BFH vom 9. 8. 2007 – BStBl. 2009 II S. 722).
- Die Vorschriften über den Abzug notwendiger Mehraufwendungen wegen einer aus beruflichem Anlass begründeten doppelten Haushaltsführung stehen dem allgemeinen Werbungs-

[1] Abgedruckt als Anlage zu LStH 9.4.
[2] Abgedruckt als Anlage zu LStH 9.6.
[3] Abgedruckt als Anlage zu LStH 9.4.

LStH 9.11 (5–10)

kostenabzug umzugsbedingt geleisteter Mietzahlungen nicht entgegen (→ BFH vom 13.7. 2011, BStBl. 2012 II S. 104); → H 9.9 (Doppelter Mietaufwand).

Verpflegungsmehraufwendungen

– → R 9.11 Abs. 7 und BMF vom 25. 11. 2020 (BStBl. I S. 1228),[1] Rz. 57.
– Die Begrenzung des Abzugs von Mehraufwendungen für die Verpflegung auf drei Monate bei einer aus beruflichem Anlass begründeten doppelten Haushaltsführung ist verfassungsgemäß (→ BFH vom 8. 7. 2010 – BStBl. 2011 II S. 32).
– Verlegt ein Arbeitnehmer seinen Haupthausstand aus privaten Gründen vom Beschäftigungsort weg und nutzt daraufhin eine bereits vorhandene Wohnung am Beschäftigungsort aus beruflichen Gründen als Zweithaushalt (sog. Wegverlegungsfall), wird die doppelte Haushaltsführung mit Umwidmung der bisherigen Wohnung in einen Zweithaushalt begründet. Mit dem Zeitpunkt der Umwidmung beginnt in sog. Wegverlegungsfällen die Dreimonatsfrist für die Abzugsfähigkeit von Verpflegungsmehraufwendungen (→ BFH vom 8. 10. 2014 – BStBl. 2015 II S. 336).

Wahlrecht. Wählt der Arbeitnehmer den Abzug der Fahrtkosten nach R 9.10, kann er Verpflegungsmehraufwendungen nach R 9.11 Abs. 7 und Aufwendungen für die Zweitwohnung nach R 9.11 Abs. 8 auch dann nicht geltend machen, wenn ihm Fahrtkosten nicht an jedem Arbeitstag entstanden sind, weil er sich in Rufbereitschaft zu halten oder mehrere Arbeitsschichten nacheinander abzuleisten hatte (→ BFH vom 2. 10. 1992 – BStBl. 1993 II S. 113).

LStR 9.12

R 9.12 Arbeitsmittel

134 ① Die Anschaffungs- oder Herstellungskosten von Arbeitsmitteln einschließl. der Umsatzsteuer können im Jahr der Anschaffung oder Herstellung in voller Höhe als Werbungskosten abgesetzt werden, wenn sie ausschließl. der Umsatzsteuer für das einzelne Arbeitsmittel die Grenze für geringwertige Wirtschaftsgüter nach § 9 Abs. 1 Satz 3 Nr. 7 Satz 2 EStG nicht übersteigen. ② Höhere Anschaffungs- oder Herstellungskosten sind auf die Kj. der voraussichtlichen gesamten Nutzungsdauer des Arbeitsmittels zu verteilen und in jedem dieser Jahre anteilig als Werbungskosten zu berücksichtigen. ③ Wird ein als Arbeitsmittel genutztes Wirtschaftsgut veräußert, ist ein sich eventuell ergebender Veräußerungserlös bei den Einkünften aus nichtselbständiger Arbeit nicht zu erfassen.

LStH 9.12

H 9.12

Absetzung für Abnutzung

135 – Außergewöhnliche technische oder wirtschaftliche Abnutzungen sind zu berücksichtigen (→ BFH vom 29. 4. 1983 – BStBl. II S. 586 – im Zusammenhang mit einem Diebstahl eingetretene Beschädigung an einem als Arbeitsmittel anzusehenden Pkw).
– Eine technische Abnutzung kann auch dann in Betracht kommen, wenn wirtschaftlich kein Wertverzehr eintritt (→ BFH vom 31. 1. 1986 – BStBl. II S. 355 – als Arbeitsmittel ständig in Gebrauch befindliche Möbelstücke, → BFH vom 26. 1. 2001 – BStBl. II S. 194 – im Konzertalltag regelmäßig bespielte Meistergeige).
– Wird ein Wirtschaftsgut nach einer Nutzung außerhalb der Einkunftsarten als Arbeitsmittel verwendet, so sind die weiteren AfA von den Anschaffungs- oder Herstellungskosten einschließlich Umsatzsteuer nach der voraussichtlichen gesamten Nutzungsdauer des Wirtschaftsguts in gleichen Jahresbeträgen zu bemessen. Der auf den Zeitraum vor der Verwendung als Arbeitsmittel entfallende Teil der Anschaffungs- oder Herstellungskosten des Wirtschaftsguts (fiktive AfA) gilt als abgesetzt (→ BFH vom 14. 2. 1989 – BStBl. II S. 922 und vom 2. 2. 1990 – BStBl. II S. 684). Dies gilt auch für geschenkte Wirtschaftsgüter (→ BFH vom 16. 2. 1990 – BStBl. II S. 883).
– Der Betrag, der nach Umwidmung eines erworbenen oder geschenkten Wirtschaftsguts zu einem Arbeitsmittel nach Abzug der fiktiven AfA von den Anschaffungs- oder Herstellungskosten einschließlich Umsatzsteuer verbleibt, kann aus Vereinfachungsgründen im Jahr der erstmaligen Verwendung des Wirtschaftsguts als Arbeitsmittel in voller Höhe als Werbungskosten abgezogen werden, wenn er 800 Euro (für Anschaffungen nach dem 31. 12. 2017) nicht übersteigt (→ BFH vom 16. 2. 1990 – BStBl. II S. 883).
– Bei Computerhardware und Software zur Dateneingabe und -verarbeitung kann eine betriebsgewöhnliche Nutzungsdauer von einem Jahr zugrunde gelegt werden (→ BMF vom 22. 2. 2022 – BStBl. I S. 187).

Angemessenheit. Aufwendungen für ein Arbeitsmittel können auch dann Werbungskosten sein, wenn sie zwar ungewöhnlich hoch, aber bezogen auf die berufliche Stellung und die Höhe der Einnahmen nicht unangemessen sind. → BFH vom 10. 3. 1978 (BStBl. II S. 459) – Anschaffung eines Flügels durch eine am Gymnasium Musik unterrichtende Lehrerin; → BFH vom 21. 10. 1988 (BStBl. 1989 II S. 356) – Anschaffung eines Flügels durch eine Musikpädagogin.

---

[1] Abgedruckt als Anlage zu LStH 9.4.

Aufteilung der Anschaffungs- oder Herstellungskosten LStH 9.12

- Betreffen Wirtschaftsgüter sowohl den beruflichen als auch den privaten Bereich des Arbeitnehmers, ist eine Aufteilung der Anschaffungs- oder Herstellungskosten in nicht abziehbare Aufwendungen für die Lebensführung und in Werbungskosten nur zulässig, wenn objektive Merkmale und Unterlagen eine zutreffende und leicht nachprüfbare Trennung ermöglichen und wenn außerdem der berufliche Nutzungsanteil nicht von untergeordneter Bedeutung ist (→ BFH vom 19. 10. 1970 – BStBl. 1971 II S. 17).
- Die Aufwendungen sind voll abziehbar, wenn die Wirtschaftsgüter ausschließlich oder ganz überwiegend der Berufsausübung dienen. → BFH vom 18. 2. 1977 (BStBl. II S. 464) – Schreibtisch im Wohnraum eines Gymnasiallehrers; → BFH vom 21. 10. 1988 (BStBl. 1989 II S. 356) – Flügel einer Musikpädagogin.
- Ein privat angeschaffter und in der privaten Wohnung aufgestellter PC kann ein Arbeitsmittel sein. Eine private Mitbenutzung ist unschädlich, soweit sie einen Nutzungsanteil von etwa 10% nicht übersteigt. Die Kosten eines gemischt genutzten PC sind aufzuteilen. § 12 Nr. 1 Satz 2 EStG steht einer solchen Aufteilung nicht entgegen (→ BFH vom 19. 2. 2004 – BStBl. II S. 958).

Ausstattung eines häuslichen Arbeitszimmers mit Arbeitsmitteln → BMF vom 15. 8. 2023 (BStBl. I S. 1551).[1]

Berufskleidung

- Begriff der typischen Berufskleidung → R 3.31.
- Reinigung von typischer Berufskleidung in privater Waschmaschine. Werbungskosten sind neben den unmittelbaren Kosten des Waschvorgangs (Wasser- und Energiekosten, Wasch- und Spülmittel) auch die Aufwendungen in Form der Abnutzung sowie Instandhaltung und Wartung der für die Reinigung eingesetzten Waschmaschine. Die Aufwendungen können ggf. geschätzt werden (→ BFH vom 29. 6. 1993 – BStBl. II S. 837 und 838).

Diensthund. Die Aufwendungen eines Polizei-Hundeführers für den ihm anvertrauten Diensthund sind Werbungskosten (→ BFH vom 30. 6. 2010 – BStBl. 2011 II S. 45).

Fachbücher und Fachzeitschriften. Bücher und Zeitschriften sind Arbeitsmittel, wenn sichergestellt ist, dass die erworbenen Bücher und Zeitschriften ausschließlich oder ganz überwiegend beruflichen Zwecken dienen.

Die allgemeinen Grundsätze zur steuerlichen Behandlung von Arbeitsmitteln gelten auch, wenn zu entscheiden ist, ob Bücher als Arbeitsmittel eines Lehrers zu würdigen sind. Die Eigenschaft eines Buchs als Arbeitsmittel ist bei einem Lehrer nicht ausschließlich danach zu bestimmen, in welchem Umfang der Inhalt eines Schriftwerks in welcher Häufigkeit Eingang in den abgehaltenen Unterricht gefunden hat. Auch die Verwendung der Literatur zur Unterrichtsvorbereitung oder die Anschaffung von Büchern und Zeitschriften für eine Unterrichtseinheit, die nicht abgehalten worden ist, kann eine ausschließliche oder zumindest weitaus überwiegende berufliche Nutzung der Literatur begründen (→ BFH vom 20. 5. 2010 – BStBl. 2011 II S. 723).

Medizinische Hilfsmittel. Aufwendungen für die Anschaffung medizinischer Hilfsmittel sind selbst dann nicht als Werbungskosten abziehbar, wenn sie ausschließlich am Arbeitsplatz benutzt werden; → BFH vom 23. 10. 1992 (BStBl. 1993 II S. 193) – Bildschirmbrille.

Nachweis der beruflichen Nutzung. Bei der Anschaffung von Gegenständen, die nach der Lebenserfahrung ganz überwiegend zu Zwecken der Lebensführung angeschafft werden, gelten erhöhte Anforderungen an den Nachweis der beruflichen Nutzung. → BFH vom 27. 9. 1991 (BStBl. 1992 II S. 195) – Videorecorder; → BFH vom 15. 1. 1993 (BStBl. II S. 348) – Spielecomputer.

Schulhund. Aufwendungen für einen Schulhund können bei Lehrern bis zu 50 % als Werbungskosten abgezogen werden, wenn der Hund innerhalb einer regelmäßig fünftägigen Unterrichtswoche arbeitstäglich in der Schule eingesetzt wird. Aufwendungen für die Ausbildung eines Schulhundes zum Therapiehund sind regelmäßig in voller Höhe beruflich veranlasst und damit als Werbungskosten abziehbar (→ BFH vom 14. 1. 2021 – BStBl. II S. 453).

Transport. Anteilige Aufwendungen für den Transport von Arbeitsmitteln bei einem privat veranlassten Umzug sind nicht als Werbungskosten abziehbar (→ BFH vom 21. 7. 1989 – BStBl. II S. 972).

R 9.13 Werbungskosten bei Heimarbeitern

LStR 9.13

137 (1) Bei Heimarbeitern i. S. d. Heimarbeitsgesetzes können Aufwendungen, die unmittelbar durch die Heimarbeit veranlasst sind, z. B. Miete und Aufwendungen für Heizung und Beleuchtung der Arbeitsräume, Aufwendungen für Arbeitsmittel und Zutaten sowie für den Transport des Materials und der fertig gestellten Waren, als Werbungskosten anerkannt werden, soweit sie die Heimarbeiterzuschläge nach Absatz 2 übersteigen.

(2) ① Lohnzuschläge, die den Heimarbeitern zur Abgeltung der mit der Heimarbeit verbundenen Aufwendungen neben dem Grundlohn gezahlt werden, sind insgesamt aus Vereinfachungs-

[1] Abgedruckt als Anlage zu LStH 9.14.

gründen nach § 3 Nr. 30 und 50 EStG steuerfrei, soweit sie 10 % des Grundlohns nicht übersteigen. ② Die oberste Finanzbehörde eines Landes kann mit Zustimmung des BMF den Prozentsatz für bestimmte Gruppen von Heimarbeitern an die tatsächlichen Verhältnisse anpassen.

LStH 9.14

H 9.14 Häusliches Arbeitszimmer

Allgemeine Grundsätze → BMF vom 15. 8. 2023 (BStBl. I S. 1551).[1]

139 **Drittaufwand** → H 4.7 (Drittaufwand) und (Eigenaufwand für ein fremdes Wirtschaftsgut) EStH.

Vermietung an den Arbeitgeber → BMF vom 18. 4. 2019 (BStBl. I S. 461).[2]

Anl zu LStH 9.14

Schreiben betr. ertragsteuerliche Beurteilung der betrieblichen und beruflichen Betätigung in der häuslichen Wohnung nach § 4 Abs. 5 Satz 1 Nr. 6 b und 6 c, § 9 Abs. 5 Satz 1 und § 10 Abs. 1 Nr. 7 Satz 4 EStG; Neuregelung durch das Jahressteuergesetz 2022 (JStG 2022) vom 16. Dezember 2022 (BGBl. I S. 2294, BStBl. 2023 I S. 7)

Vom 15. August 2023 (BStBl. I S. 1551)

(BMF IV C 6 – S 2145/19/10006 :027; DOK 2023/0007603)

Dieses Schreiben ergeht zur Neuregelung des § 4 Abs. 5 Satz 1 Nr. 6 b und 6 c EStG in der Fassung des Jahressteuergesetzes 2022. Die Neuregelung ist für nach dem 31. Dezember 2022 in der häuslichen Wohnung ausgeübte Tätigkeiten anzuwenden (§ 52 Abs. 6 Satz 12 EStG[3]). Das BMF-Schreiben vom 6. Oktober 2017 (BStBl. I S. 1320)[4] ist für die zuvor geltende Rechtslage weiterhin anzuwenden.

Inhaltsverzeichnis

	Rn.
I. Abzug der Aufwendungen für ein häusliches Arbeitszimmer	1–26
1. Grundsatz	1
2. Anwendungsbereich der gesetzlichen Regelung	2
3. Begriff des häuslichen Arbeitszimmers	3–6
4. Betroffene Aufwendungen	7–11
5. Mittelpunkt der gesamten betrieblichen und beruflichen Betätigung	12–16
6. Nutzung des häuslichen Arbeitszimmers zur Erzielung unterschiedlicher Einkünfte	17, 18
7. Nutzung des häuslichen Arbeitszimmers durch mehrere Steuerpflichtige	19, 20
8. Nicht ganzjährige Nutzung des häuslichen Arbeitszimmers als Mittelpunkt der gesamten betrieblichen und beruflichen Betätigung	21, 22
9. Nutzung eines häuslichen Arbeitszimmers in Zeiten der Nichtbeschäftigung	23
10. Vermietung eines häuslichen Arbeitszimmers	24
11. Besondere Aufzeichnungspflichten	25, 26
II. Abzug der Tagespauschale	27–40
1. Grundsatz	27–30
2. Für die betriebliche oder berufliche Betätigung steht dauerhaft kein anderer Arbeitsplatz zur Verfügung	31–37
3. Doppelte Haushaltsführung	38
4. Verhältnis zum Abzug von Aufwendungen für ein häusliches Arbeitszimmer oder der Jahrespauschale	39
5. Besondere Aufzeichnungspflichten	40
III. Nutzung der häuslichen Wohnung für Ausbildungszwecke	41

Die ertragsteuerliche Berücksichtigung der betrieblichen und beruflichen Betätigung in der häuslichen Wohnung nach § 4 Abs. 5 Satz 1 Nr. 6 b und 6 c, § 9 Abs. 5 Satz 1 und § 10 Abs. 1 Nr. 7 Satz 4 EStG wurde durch das Jahressteuergesetz 2022 (JStG 2022) vom 16. Dezember 2022 (BGBl. I S. 2294, BStBl. 2023 I S. 7) neu geregelt. Die Neuregelung setzt auf dem bisherigen Begriffsverständnis auf. Die Begriffe des häuslichen Arbeitszimmers und des Mittelpunktes der gesamten betrieblichen und beruflichen Betätigung i. S. d. § 4 Abs. 5 Satz 1 Nr. 6 b EStG in der Fassung des JStG 2022 (BGBl. I S. 2294, BStBl. 2023 I S. 7) entsprechen den bisher geltenden Begriffen gemäß der zuvor geltenden Rechtslage. Die Begriffe werden insoweit unverändert auch in diesem Schreiben verwendet. Nach Erörterung mit den obersten Finanzbehörden der Länder gilt hierzu Folgendes:

I. Abzug der Aufwendungen für ein häusliches Arbeitszimmer

1. Grundsatz

140 1 Aufwendungen für ein häusliches Arbeitszimmer sowie die Kosten der Ausstattung dürfen grundsätzlich nicht als Betriebsausgaben oder Werbungskosten abgezogen werden (§ 4 Abs. 5 Satz 1 Nr. 6 b Satz 1 und § 9 Abs. 5 Satz 1 EStG). Die Aufwendungen können aber abgezogen werden, wenn das häusliche Arbeitszimmer den Mittelpunkt der gesamten betrieblichen und beruflichen Betätigung bildet (§ 4 Abs. 5 Satz 1 Nr. 6 b Satz 2 EStG). Wenn das häusliche Arbeitszimmer den Mittelpunkt der gesamten betrieblichen und beruflichen Betätigung bildet, kann anstelle der tatsächlichen Aufwendungen pau-

[1] Nachfolgend abgedruckt als Anlage zu LStH 9.14.
[2] Abgedruckt als Anlage d zu LStH 19.3.
[3] **[Amtl. Anm.:]** Jetzt § 52 Abs. 6 Satz 13 EStG.
[4] Abgedruckt im *„Handbuch zur Lohnsteuer 2023"* als Anlage zu LStH 9.14.

schal ein Betrag von 1260 € (Jahrespauschale) für das Wirtschafts- oder Kalenderjahr abgezogen werden (Wahlrecht – § 4 Abs. 5 Satz 1 Nr. 6 b Satz 3 EStG). Für jeden vollen Kalendermonat, in dem die Voraussetzungen für den Abzug der Aufwendungen für das häusliche Arbeitszimmer nicht vorliegen, ermäßigt sich die Jahrespauschale von 1260 € um ein Zwölftel (§ 4 Abs. 5 Satz 1 Nr. 6 b Satz 4 EStG, vgl. Rn. 21). Der Betrag von 1260 € ist ein Pauschbetrag, mit dem die Aufwendungen für die gesamte betriebliche und berufliche Betätigung im häuslichen Arbeitszimmer abgegolten sind. Das Wahlrecht zum Abzug der Jahrespauschale anstelle der Aufwendungen kann nur einheitlich für das gesamte Wirtschafts- oder Kalenderjahr ausgeübt werden. Die Ausübung des Wahlrechts ist bis zur Unanfechtbarkeit der Steuerfestsetzung möglich. Die Jahrespauschale ist personenbezogen anzuwenden. Sie kann nicht mehrfach für verschiedene Tätigkeiten in Anspruch genommen werden, sondern ist ggf. auf die unterschiedlichen Tätigkeiten aufzuteilen (vgl. Rn. 17 bis 18). Auch bei der Nutzung mehrerer häuslicher Arbeitszimmer ist die Jahrespauschale aufgrund ihrer Personenbezogenheit (vgl. Rn. 20) nur einmal anzuwenden. Ein Abzug der Tagespauschale nach § 4 Abs. 5 Satz 1 Nr. 6 c EStG ist zusätzlich zu den Aufwendungen für ein häusliches Arbeitszimmer oder zur (anteiligen) Jahrespauschale für denselben Zeitraum nicht zulässig (§ 4 Abs. 5 Satz 1 Nr. 6 c Satz 3 EStG, vgl. Rn. 39).

Anl zu LStH 9.14

2. Anwendungsbereich der gesetzlichen Regelung

2 Unter die Regelung des § 4 Abs. 5 Satz 1 Nr. 6 b und § 9 Abs. 5 Satz 1 EStG fällt die Nutzung eines häuslichen Arbeitszimmers zur Erzielung von Einkünften aus sämtlichen Einkunftsarten des § 2 Abs. 1 Satz 1 Nr. 1 bis 7 EStG. **141**

3. Begriff des häuslichen Arbeitszimmers

3 Ein häusliches Arbeitszimmer ist ein Raum, der seiner Lage, Funktion und Ausstattung nach in die häusliche Sphäre des Steuerpflichtigen eingebunden ist, vorwiegend der Erledigung gedanklicher, schriftlicher, verwaltungstechnischer oder -organisatorischer Arbeiten dient (BFH-Urteile vom 19. September 2002 VI R 70/01, BStBl. 2003 II S. 139 und vom 16. Oktober 2002 XI R 89/00, BStBl. 2003 II S. 185) und ausschließlich oder nahezu ausschließlich zu betrieblichen und/oder beruflichen Zwecken genutzt wird (BFH-Urteile vom 22. März 2016 VIII R 10/12, BStBl. II S. 881, VIII R 24/12, BStBl. II S. 884 und vom 8. September 2016 III R 62/11, BStBl. 2017 II S. 163); eine untergeordnete private Mitbenutzung (< 10 %) ist unschädlich (BFH-Beschluss vom 27. Juli 2015 GrS 1/14, BStBl. 2016 II S. 265). Es muss sich nicht zwingend um Arbeiten büromäßiger Art handeln; ein häusliches Arbeitszimmer kann auch bei geistiger, künstlerischer oder schriftstellerischer Betätigung gegeben sein. In die häusliche Sphäre eingebunden ist ein als Arbeitszimmer genutzter Raum regelmäßig dann, wenn er zur privaten Wohnung oder zum Wohnhaus des Steuerpflichtigen gehört. Dies betrifft nicht nur die Wohnräume, sondern ebenso Zubehörräume (BFH-Urteile vom 26. Februar 2003 VI R 130/01, BStBl. 2004 II S. 74 und vom 19. September 2002 VI R 70/01, BStBl. 2003 II S. 139). So kann auch ein Raum z. B. im Keller (BFH-Urteil vom 11. November 2014 VIII R 3/12, BStBl. 2015 II S. 382) oder unter dem Dach (Mansarde) des Wohnhauses, in dem die Wohnung des Steuerpflichtigen liegt, ein häusliches Arbeitszimmer sein, wenn die Räumlichkeiten aufgrund der unmittelbaren Nähe mit den privaten Wohnräumen des Steuerpflichtigen als gemeinsame Wohneinheit verbunden sind. **142**

4 Ein in die häusliche Sphäre eingebundener Raum, der mit einem nicht unerheblichen Teil seiner Fläche auch privat genutzt wird (sog. „Arbeitsecke"), ist kein häusliches Arbeitszimmer (BFH-Beschluss vom 27. Juli 2015 GrS 1/14, BStBl. 2016 II S. 265). Hierfür können Aufwendungen oder die Jahrespauschale nicht als Betriebsausgaben oder Werbungskosten nach § 4 Abs. 5 Satz 1 Nr. 6 b und § 9 Abs. 5 Satz 1 EStG abgezogen werden. Zum Abzug der Tagespauschale nach § 4 Abs. 5 Satz 1 Nr. 6 c EStG vgl. unter II.

5 Dagegen kann es sich bei einem im Keller oder Dachgeschoss eines Mehrfamilienhauses befindlichen Raum, der nicht zur Privatwohnung des Steuerpflichtigen gehört, sondern zusätzlich angemietet wurde, um ein außerhäusliches Arbeitszimmer handeln (BFH-Urteile vom 26. Februar 2003 VI R 160/99, BStBl. II S. 515 und vom 18. August 2005 VI R 39/04, BStBl. 2006 II S. 428). Maßgebend ist, ob eine innere häusliche Verbindung des Arbeitszimmers mit der privaten Lebenssphäre des Steuerpflichtigen besteht. Dabei ist das Gesamtbild der Verhältnisse im Einzelfall entscheidend. Für die Anwendung des § 4 Abs. 5 Satz 1 Nr. 6 b, § 9 Abs. 5 Satz 1 und § 10 Abs. 1 Nr. 7 Satz 4 EStG ist es ohne Bedeutung, ob die Wohnung, zu der das häusliche Arbeitszimmer gehört, gemietet ist oder ob sie sich im Eigentum des Steuerpflichtigen befindet. Auch mehrere Räume können als ein häusliches Arbeitszimmer anzusehen sein; die Abtrennung der Räumlichkeiten vom übrigen Wohnbereich ist erforderlich.

6 Nicht unter die Abzugsbeschränkung des § 4 Abs. 5 Satz 1 Nr. 6 b und § 9 Abs. 5 Satz 1 EStG fallen Räume, die ihrer Ausstattung und Funktion nach nicht einem Büro entsprechen (z. B. Betriebsräume, Lagerräume, Ausstellungsräume), selbst wenn diese ihrer Lage nach mit dem Wohnraum des Steuerpflichtigen verbunden und so in dessen häusliche Sphäre eingebunden sind (BFH-Urteile vom 28. August 2003 IV R 53/01, BStBl. 2004 II S. 55 und vom 26. März 2009 VI R 15/07, BStBl. II S. 598). Unschädlich für die Abzugsfähigkeit der Aufwendungen ist eine nur untergeordnete private Mitbenutzung (BFH-Urteil vom 22. März 2016 VIII R 24/12, BStBl. II S. 884).

Beispiele:

a) Dem Grunde nach liegt ein häusliches Arbeitszimmer in folgenden Fällen regelmäßig vor:
- Bei einem häuslichen Büro eines selbständigen Handelsvertreters, eines selbständigen Übersetzers oder eines selbständigen Journalisten.
- Bei Anmietung einer unmittelbar angrenzenden oder unmittelbar gegenüberliegenden Zweitwohnung in einem Mehrfamilienhaus (BFH-Urteile vom 26 Februar 2003 VI R 124/01 und VI R 125/01, BStBl. 2004 II S. 69 und 72).
- Beim häuslichen, ausschließlich betrieblich genutzten Musikzimmer einer freiberuflich tätigen Konzertpianistin, in dem diese Musikunterricht erteilt.

Anl zu LStH 9.14

– Bei einem zugleich als Büroarbeitsplatz und als Warenlager betrieblich genutzten Raum, wenn dieser nach dem Gesamtbild der Verhältnisse, vor allem aufgrund seiner Ausstattung und Funktion, ein typisches häusliches Büro ist und die Ausstattung und Funktion als Lager dahinter zurücktritt (BFH-Urteil vom 22. November 2006 X R 1/05, BStBl. 2007 II S. 304).
– Bei einem Raum, in dem der Steuerpflichtige einen Telearbeitsplatz unterhält und der dem Typus des häuslichen Arbeitszimmers entspricht (BFH-Urteil vom 26. Februar 2014 VI R 40/12, BStBl. II S. 568).
– Bei betrieblich oder beruflich genutzten Räumen in einem ausschließlich vom Steuerpflichtigen genutzten Zweifamilienhaus, wenn der Steuerpflichtige auf dem Weg dazwischen keine der Allgemeinheit zugängliche oder von fremden Dritten benutzte Verkehrsfläche betreten muss (BFH-Urteil vom 15. Januar 2013 VIII R 7/10, BStBl. II S. 374).

b) Kein häusliches Arbeitszimmer, sondern betrieblich genutzte Räume liegen regelmäßig in folgenden Fällen vor:
– Eine Arzt-, Steuerberater- oder Anwaltspraxis grenzt an das Einfamilienhaus an oder befindet sich im selben Gebäude wie die Privatwohnung, wenn diese Räumlichkeiten für einen intensiven und dauerhaften Publikumsverkehr geöffnet und z. B. bei häuslichen Arztpraxen für Patientenbesuche und -untersuchungen eingerichtet sind (BFH-Urteil vom 5. Dezember 2002 IV R 7/01, BStBl. 2003 II S. 463 zu einer Notfallpraxis und Negativabgrenzung im BFH-Urteil vom 23. Januar 2003 IV R 71/00, BStBl. 2004 II S. 43 zur Gutachtertätigkeit einer Ärztin). Allein der Umstand, dass die Patienten den Behandlungsraum nur über einen dem privaten Bereich zuzuordnenden Flur erreichen können, begründet keine Abzugsbeschränkung gemäß § 4 Abs. 5 Satz 1 Nr. 6 b EStG (BFH-Urteil vom 29. Januar 2020 VIII R 11/17, BStBl. II S. 445).
– In einem Geschäftshaus befinden sich neben der Wohnung des Bäckermeisters die Backstube, der Verkaufsraum, ein Aufenthaltsraum für das Verkaufspersonal und das Büro, in dem die Buchhaltungsarbeiten durchgeführt werden. Das Büro ist in diesem Fall aufgrund der Nähe zu den übrigen Betriebsräumen nicht als häusliches Arbeitszimmer zu werten.
– Im Keller ist ein Arbeitsraum belegen, der – anders als z. B. ein Archiv (BFH-Urteil vom 19. September 2002 VI R 70/01, BStBl. 2003 II S. 139) – keine (Teil-)Funktionen erfüllt, die typischerweise einem häuslichen Arbeitszimmer zukommen, z. B. Lager für Waren und Werbematerialien.

4. Betroffene Aufwendungen

143 **7** Zu den Aufwendungen für ein häusliches Arbeitszimmer gehören insbesondere die Aufwendungen für die Ausstattung des Zimmers, wie z. B. Tapeten, Teppiche, Fenstervorhänge, Gardinen und Lampen (zu Einrichtungsgegenständen, die zugleich Arbeitsmittel sind, vgl. Rn. 11), sowie der auf das häusliche Arbeitszimmer entfallende Anteil an den Gesamtaufwendungen für die Wohnung oder für das Gebäude für:
– Miete,
– Gebäude-AfA, Absetzungen für außergewöhnliche technische oder wirtschaftliche Abnutzung, Sonderabschreibungen,
– Schuldzinsen für Kredite, die zur Anschaffung, Herstellung oder Reparatur des Gebäudes oder der Eigentumswohnung verwendet worden sind,
– Aufwendungen für Wasser- und Energie,
– Reinigungsaufwendungen,
– Grundsteuer, Müllabfuhrgebühren, Schornsteinfegergebühren, Gebäudeversicherungen.

8 Renovierungsaufwendungen, die ausschließlich das häusliche Arbeitszimmer betreffen, sind in voller Höhe zu berücksichtigen. Aufwendungen für die Renovierung der sog. Allgemeinflächen (z. B. Treppenhaus) oder des Gesamtgebäudes (z. B. Erneuerung der Heizungsanlage, Austausch von Fenstern und Türen, Sanierung des Daches) sind anteilig zu berücksichtigen. Renovierungs- und Umbauaufwendungen, die für einen Raum anfallen, der ausschließlich oder mehr als in nur untergeordnetem Umfang privaten Wohnzwecken dient (z. B. Räume wie Küche, Bad und Flur), sind nicht als allgemeine Gebäudeaufwendungen über den Flächenanteil des häuslichen Arbeitszimmers zu berücksichtigen (BFH-Urteil vom 14. Mai 2019 VIII R 16/15, BStBl. II S. 510).

Die Aufwendungen für eine Gartenerneuerung sind anteilig den Kosten des häuslichen Arbeitszimmers zuzurechnen, wenn bei einer Reparatur des Gebäudes Schäden am Garten verursacht worden sind. Den Aufwendungen des häuslichen Arbeitszimmers zuzurechnen sind allerdings nur diejenigen Aufwendungen, die der Wiederherstellung des ursprünglichen Zustandes dienen (BFH-Urteil vom 6. Oktober 2004 VI R 27/01, BStBl. II S. 1071).

9 Die auf ein häusliches Arbeitszimmer anteilig entfallenden Aufwendungen sind regelmäßig nach dem Verhältnis der Fläche des häuslichen Arbeitszimmers zu der nach §§ 42 bis 44 der Zweiten Berechnungsverordnung oder nach der Wohnflächenverordnung berechneten Wohnfläche der Wohnung (einschließlich des häuslichen Arbeitszimmers) zu ermitteln. Die Wohnfläche einer Wohnung umfasst die Grundfläche der Räume, die ausschließlich zu dieser Wohnung gehören. Nicht zur Wohnfläche gehören hingegen die Grundflächen von Zubehörräumen. Bei einem im Keller belegenen häuslichen Arbeitszimmer ist entscheidend, ob es sich um einen zur Wohnfläche gehörenden Hauptraum oder um einen nicht zur Wohnfläche gehörenden Nebenraum handelt. Dient ein Raum unmittelbar seiner Funktion nach dem Wohnen und ist er nach seiner baulichen Beschaffenheit (z. B. Vorhandensein von Fenstern), Lage (unmittelbare Verbindung zu den übrigen Wohnräumen) und Ausstattung (Wand- und Bodenbelag, Beheizbarkeit, Einrichtung mit Mobiliar) dem Standard eines Wohnraumes und nicht dem eines Zubehörraumes vergleichbar und zum dauernden Aufenthalt von Menschen tatsächlich geeignet und bestimmt, ist für die rechtliche Beurteilung nicht von Bedeutung, dass der Raum im Kellergeschoss liegt (BFH-Urteil vom 11. November 2014 VIII R 3/12, BStBl. 2015 II S. 382). Werden Aufwendungen für betrieblich oder beruflich genutzte Nebenräume in die Aufwandsberechnung einbezogen, sind die abziehbaren Aufwendungen nach dem Verhältnis des gesamten betrieblich oder beruflich genutzten Bereiches (betrieblich oder beruflich genutzte Haupt- und Nebenräume) zu der Gesamtfläche aller Räume des Gebäudes aufzuteilen.

10 Aufwendungen für Luxusgegenstände wie z. B. Kunstgegenstände, die vorrangig der Ausschmückung des häuslichen Arbeitszimmers dienen, gehören zu den nach § 12 Nr. 1 EStG nicht abziehbaren Aufwendungen (BFH-Urteil vom 30. Oktober 1990 VIII R 42/87, BStBl. 1991 II S. 340).

Anl zu LStH 9.14

11 Keine Aufwendungen i. S. d. § 4 Abs. 5 Satz 1 Nr. 6b EStG sind die Aufwendungen für Arbeitsmittel (BFH-Urteil vom 21. November 1997 VI R 4/97, BStBl. 1998 II S. 351) sowie betrieblich oder beruflich veranlasste Aufwendungen für Telefon- und Internet. Diese werden daher von § 4 Abs. 5 Satz 1 Nr. 6b EStG auch dann nicht umfasst, wenn anstelle der Aufwendungen für das häusliche Arbeitszimmer die Jahrespauschale abgezogen wird.

5. Mittelpunkt der gesamten betrieblichen und beruflichen Betätigung

12 Ein häusliches Arbeitszimmer bildet den Mittelpunkt der gesamten betrieblichen und beruflichen Betätigung des Steuerpflichtigen, wenn nach Würdigung des Gesamtbildes der Verhältnisse und der Tätigkeitsmerkmale dort diejenigen Handlungen vorgenommen und Leistungen erbracht werden, die für die konkret ausgeübte betriebliche oder berufliche Tätigkeit wesentlich und prägend sind. Bei der Gesamtbetrachtung zur Beurteilung des Mittelpunktes der gesamten betrieblichen und beruflichen Betätigung sind nur solche Einkünfte zu berücksichtigen, die grundsätzlich ein Tätigwerden des Steuerpflichtigen im jeweiligen Veranlagungszeitraum erfordern; Versorgungsbezüge bleiben bei dieser Betrachtung daher außen vor (BFH-Urteil vom 11. November 2014 VIII R 3/12, BStBl. 2015 II S. 382). Der Mittelpunkt der gesamten betrieblichen und beruflichen Betätigung i. S. d. § 4 Abs. 5 Satz 1 Nr. 6b Satz 2 EStG bestimmt sich nach dem inhaltlichen (qualitativen) Schwerpunkt der betrieblichen und beruflichen Betätigung des Steuerpflichtigen. **144**

13 Dem zeitlichen (quantitativen) Umfang der Nutzung des häuslichen Arbeitszimmers kommt im Rahmen dieser Würdigung lediglich eine indizielle Bedeutung zu; das zeitliche Überwiegen der außerhäuslichen Tätigkeit schließt einen unbeschränkten Abzug der Aufwendungen für das häusliche Arbeitszimmer nicht von vornherein aus (BFH-Urteile vom 13. November 2002 VI R 82/01, BStBl. 2004 II S. 62, VI R 104/01, BStBl. 2004 II S. 65 und VI R 28/02, BStBl. 2004 II S. 59). In Fällen, in denen die das Berufsbild prägende Tätigkeit außerhalb des häuslichen Arbeitszimmers stattfindet, kann auch eine zeitlich weit überwiegende Nutzung des häuslichen Arbeitszimmers keine Verlagerung des Mittelpunktes der gesamten betrieblichen und beruflichen Betätigung bewirken. In diesen Fällen erübrigen sich Feststellungen zum jeweiligen zeitlichen Umfang der betrieblichen oder beruflichen Nutzung eines häuslichen Arbeitszimmers (BFH-Urteil vom 27. Oktober 2011 VI R 71/10, BStBl. 2012 II S. 234).

14 Übt ein Steuerpflichtiger nur eine betriebliche oder berufliche Tätigkeit aus, die in qualitativer Hinsicht gleichwertig sowohl im häuslichen Arbeitszimmer als auch am außerhäuslichen Arbeitsort erbracht wird, so liegt der Mittelpunkt der gesamten betrieblichen und beruflichen Betätigung dann im häuslichen Arbeitszimmer, wenn der Steuerpflichtige mehr als die Hälfte der Arbeitszeit im häuslichen Arbeitszimmer tätig wird (BFH-Urteil vom 23. Mai 2006 VI R 21/03, BStBl. II S. 600).

15 Übt ein Steuerpflichtiger mehrere betriebliche und berufliche Tätigkeiten nebeneinander aus, ist nicht auf eine Einzelbetrachtung der jeweiligen Betätigung abzustellen; vielmehr sind alle Tätigkeiten in ihrer Gesamtheit zu erfassen. Es lassen sich folgende Fallgruppen unterscheiden:

- Bilden bei allen Erwerbstätigkeiten – jeweils – die im häuslichen Arbeitszimmer verrichteten Arbeiten den qualitativen Schwerpunkt, so liegt dort auch der Mittelpunkt der Gesamttätigkeit.
- Bilden hingegen die außerhäuslichen Tätigkeiten – jeweils – den qualitativen Schwerpunkt der Einzeltätigkeiten oder lassen sich diese keinem Schwerpunkt zuordnen, so kann das häusliche Arbeitszimmer auch nicht durch die Summe der darin verrichteten Arbeiten zum Mittelpunkt der Gesamttätigkeit werden.
- Bildet das häusliche Arbeitszimmer den qualitativen Mittelpunkt lediglich einer Einzeltätigkeit, nicht jedoch im Hinblick auf die übrigen Tätigkeiten, ist regelmäßig davon auszugehen, dass das häusliche Arbeitszimmer nicht den Mittelpunkt der Gesamttätigkeit bildet.

Der Steuerpflichtige hat jedoch die Möglichkeit, anhand konkreter Umstände des Einzelfalls glaubhaft zu machen oder nachzuweisen, dass die Gesamttätigkeit gleichwohl einem einzelnen qualitativen Schwerpunkt zugeordnet werden kann und dass dieser im häuslichen Arbeitszimmer liegt. Abzustellen ist dabei auf das Gesamtbild der Verhältnisse und auf die Verkehrsanschauung, nicht auf die Vorstellung des Steuerpflichtigen (BFH-Urteile vom 13. Oktober 2003 VI R 27/02, BStBl. 2004 II S. 771 und vom 16. Dezember 2004 IV R 19/03, BStBl. 2005 II S. 212).

16 Das häusliche Arbeitszimmer und der außerhäusliche Arbeitsort können nicht gleichermaßen „Mittelpunkt" der gesamten betrieblichen und beruflichen Betätigung eines Steuerpflichtigen i. S. d. § 4 Abs. 5 Satz 1 Nr. 6b Satz 2 EStG sein (BFH-Urteil vom 21. Februar 2003 VI R 14/02, BStBl. 2004 II S. 68).

Beispiele, in denen das häusliche Arbeitszimmer den Mittelpunkt der gesamten betrieblichen und beruflichen Betätigung bilden kann:

- Bei einem Verkaufsleiter, der zur Überwachung von Mitarbeitern und zur Betreuung von Großkunden auch im Außendienst tätig ist, kann das häusliche Arbeitszimmer Mittelpunkt der beruflichen Betätigung sein, wenn er dort die für den Beruf wesentlichen Leistungen (z. B. Organisation der Betriebsabläufe) erbringt (BFH-Urteil vom 13. November 2002 VI R 104/01, BStBl. 2004 II S. 65).
- Bei einem Ingenieur, dessen Tätigkeit durch die Erarbeitung theoretischer, komplexer Problemlösungen im häuslichen Arbeitszimmer geprägt ist, kann das häusliche Arbeitszimmer auch dann der Mittelpunkt der beruflichen Betätigung sein, wenn die Betreuung von Kunden im Außendienst ebenfalls zu seinen Aufgaben gehört (BFH-Urteil vom 13. November 2002 VI R 28/02, BStBl. 2004 II S. 59).
- Bei einem Praxis-Konsultant, der ärztliche Praxen in betriebswirtschaftlichen Fragen berät, betreut und unterstützt, kann das häusliche Arbeitszimmer auch dann den Mittelpunkt der gesamten beruflichen Betätigung bilden, wenn er einen nicht unerheblichen Teil seiner Arbeitszeit im Außendienst verbringt (BFH-Urteil vom 29. April 2003 VI R 78/02, BStBl. 2004 II S. 76).

Beispiele, in denen das häusliche Arbeitszimmer nicht den Mittelpunkt der gesamten betrieblichen und beruflichen Betätigung bildet:

- Bei einem – freien oder angestellten – Handelsvertreter liegt der Tätigkeitsschwerpunkt außerhalb des häuslichen Arbeitszimmers, wenn die Tätigkeit nach dem Gesamtbild der Verhältnisse durch die Arbeit im Außendienst geprägt

Anl zu LStH 9.14

ist, auch wenn die im häuslichen Arbeitszimmer verrichteten Tätigkeiten zur Erfüllung der betrieblichen oder beruflichen Aufgaben unerlässlich sind (BFH-Urteil vom 13. November 2002 VI R 82/01, BStBl. 2004 II S. 62).
- Ein kaufmännischer Angestellter eines Industrieunternehmens ist nebenbei als Mitarbeiter für einen Lohnsteuerhilfeverein selbständig tätig. Für letztere Tätigkeit nutzt er sein häusliches Arbeitszimmer als „Beratungsstelle", in dem er Steuererklärungen erstellt, Beratungsgespräche führt und Rechtsbehelfe bearbeitet. Für diese Nebentätigkeit ist das häusliche Arbeitszimmer zwar der Tätigkeitsmittelpunkt. Aufgrund der erforderlichen Gesamtbetrachtung ist das häusliche Arbeitszimmer jedoch nicht Mittelpunkt seiner gesamten betrieblichen und beruflichen Betätigung (BFH-Urteil vom 23. September 1999 VI R 74/98, BStBl. 2000 II S. 7).
- Bei einer Ärztin, die Gutachten über die Einstufung der Pflegebedürftigkeit erstellt und dazu ihre Patienten ausschließlich außerhalb des häuslichen Arbeitszimmers untersucht und dort (vor Ort) alle erforderlichen Befunde erhebt, liegt der qualitative Schwerpunkt nicht im häuslichen Arbeitszimmer, in welchem lediglich die Tätigkeit begleitende Aufgaben erledigt werden (BFH-Urteil vom 23. Januar 2003 IV R 71/00, BStBl. 2004 II S. 43).
- Bei einem Architekten, der neben der Planung auch mit der Ausführung der Bauwerke (Bauüberwachung) betraut ist, kann diese Gesamttätigkeit keinem konkreten Tätigkeitsschwerpunkt zugeordnet werden. Das häusliche Arbeitszimmer bildet in diesem Fall nicht den Mittelpunkt der gesamten betrieblichen und beruflichen Betätigung (BFH-Urteil vom 26. Juni 2003 IV R 9/03, BStBl. 2004 II S. 50).
- Bei Lehrern befindet sich der Mittelpunkt der beruflichen Betätigung regelmäßig nicht im häuslichen Arbeitszimmer, weil die berufsprägenden Merkmale eines Lehrers im Unterrichten bestehen und diese Leistungen in der Schule o. Ä. erbracht werden (BFH-Urteil vom 26. Februar 2003 VI R 125/01, BStBl. 2004 II S. 72). Deshalb sind die Aufwendungen für das häusliche Arbeitszimmer oder die Jahrespauschale nach § 4 Abs. 5 Satz 1 Nr. 6 b und § 9 Abs. 5 Satz 1 EStG auch dann nicht abziehbar, wenn die überwiegende Arbeitszeit auf die Vor- und Nachbereitung des Unterrichts verwendet und diese Tätigkeit im häuslichen Arbeitszimmer ausgeübt wird. Auch bei einem Hochschullehrer ist das häusliche Arbeitszimmer grundsätzlich nicht der Mittelpunkt der beruflichen Tätigkeit (BFH-Urteil vom 27. Oktober 2011 VI R 71/10, BStBl. 2012 II S. 234).
- Bei einem Richter liegt der Mittelpunkt der beruflichen Tätigkeit im Gericht (BFH-Urteil vom 8. Dezember 2011 VI R 13/11, BStBl. 2012 II S. 236).

6. Nutzung des häuslichen Arbeitszimmers zur Erzielung unterschiedlicher Einkünfte

145 **17** Übt ein Steuerpflichtiger mehrere betriebliche und berufliche Tätigkeiten nebeneinander aus und bildet das häusliche Arbeitszimmer den Mittelpunkt der gesamten betrieblichen und beruflichen Betätigung, so sind die Aufwendungen für das häusliche Arbeitszimmer oder die wahlweise in Anspruch genommene Jahrespauschale entsprechend dem Nutzungsumfang den darin ausgeübten Tätigkeiten zuzuordnen. Liegt dabei der Mittelpunkt einzelner Tätigkeiten außerhalb des häuslichen Arbeitszimmers, ist der Abzug der anteiligen Aufwendungen oder der Jahrespauschale auch für diese Tätigkeiten zulässig. Es ist nicht zu beanstanden, wenn der Steuerpflichtige auf eine Aufteilung der Aufwendungen oder der Jahrespauschale auf die verschiedenen Tätigkeiten verzichtet und diese insgesamt einer Tätigkeit zuordnet.

18 Eine Vervielfachung der Jahrespauschale entsprechend der Anzahl der im häuslichen Arbeitszimmer ausgeübten Tätigkeiten ist ausgeschlossen.

Beispiel:

A nutzt das häusliche Arbeitszimmer zu 60 % für eine nichtselbständige Tätigkeit und zu 40 % für eine gewerbliche Nebentätigkeit. Der Mittelpunkt der gesamten betrieblichen und beruflichen Betätigung liegt im häuslichen Arbeitszimmer. A verzichtet auf die Ermittlung der tatsächlichen Gesamtaufwendungen und zieht stattdessen die Jahrespauschale ab. Die Abzugsvoraussetzungen liegen für das ganze Kalenderjahr vor. Die Jahrespauschale von 1 260 € ist nach dem Nutzungsverhältnis aufzuteilen. Auf die nichtselbständige Tätigkeit entfallen 60 % von 1260 € = 756 €, die als Werbungskosten abgezogen werden können. Auf die gewerbliche Nebentätigkeit entfallen 40 % von 1260 € = 504 €, die als Betriebsausgaben abgezogen werden können. Aus Vereinfachungsgründen kann A die Jahrespauschale auch insgesamt bei der nichtselbständigen Tätigkeit oder der gewerblichen Nebentätigkeit abziehen.

7. Nutzung des häuslichen Arbeitszimmers durch mehrere Steuerpflichtige

146 **19** Nutzen mehrere Personen, wie z. B. Ehegatten, ein häusliches Arbeitszimmer gemeinsam, sind die Voraussetzungen des § 4 Abs. 5 Satz 1 Nr. 6 b Satz 2 EStG bezogen auf die einzelne steuerpflichtige Person zu prüfen (BFH-Urteile vom 15. Dezember 2016 VI R 53/12, BStBl. 2017 II S. 938 und VI R 86/13, BStBl. 2017 II S. 941). Liegen diese Voraussetzungen jeweils vor, kann jeder das häusliche Arbeitszimmer Nutzende die Aufwendungen abziehen, die dieser getragen hat oder die ihm im Wege des abgekürzten Zahlungsweges zuzurechnen sind, weil ein Dritter die Schuld des Nutzenden erfüllt. Bei der Zahlung von einem gemeinsamen Konto sind die grundstücksorientierten Aufwendungen (z. B. Absetzung für Abnutzung, Schuldzinsen) beim Nutzenden als Betriebsausgaben oder Werbungskosten abziehbar, wenn sie von ihm geschuldet werden (BFH-Urteil vom 6. Dezember 2017 VI R 41/15, BStBl. 2018 II S. 355). Dasselbe gilt für Mietzahlungen für eine gemeinsam gemietete Wohnung (BFH-Urteil vom 15. Dezember 2016 VI R 86/13, BStBl. 2017 II S. 941) unabhängig davon, ob es sich um Ehegatten, Lebenspartner oder nichteheliche Lebensgemeinschaften handelt. Die nutzungsorientierten Aufwendungen (z. B. für Energie, Wasser und Reinigung) sind in voller Höhe zu berücksichtigen, soweit sie auf die Nutzung des häuslichen Arbeitszimmers entfallen.

Beispiel 1:

A und B nutzen gemeinsam ein häusliches Arbeitszimmer jeweils zu 50 % (zeitlicher Nutzungsanteil). Nur für A bildet das häusliche Arbeitszimmer den Mittelpunkt der gesamten betrieblichen und beruflichen Betätigung. Die Gesamtaufwendungen betragen 4 000 €, und werden entsprechend dem Nutzungsanteil getragen.
A kann 2000 € als Betriebsausgaben oder Werbungskosten abziehen. B kann für die im häuslichen Arbeitszimmer ausgeübte betriebliche oder berufliche Tätigkeit keine Aufwendungen für ein häusliches Arbeitszimmer abziehen. Bei Vorliegen der Voraussetzungen des § 4 Abs. 5 Satz 1 Nr. 6 c EStG kann B die Tagespauschale von 6 € pro Tag als Betriebsausgaben oder Werbungskosten abziehen.

Beispiel 2:

A und B nutzen gemeinsam ein häusliches Arbeitszimmer jeweils zu 50 % (zeitlicher Nutzungsanteil) in der von B gemieteten Wohnung. Nur für A bildet das häusliche Arbeitszimmer den Mittelpunkt der gesamten betrieblichen und be-

ruflichen Betätigung. Die Gesamtaufwendungen betragen 3000 € für die Miete und 1000 € für die nutzungsorientierten Aufwendungen. Sie werden vom gemeinsamen Konto bezahlt.
A kann nur 500 € (die Hälfte der nutzungsorientierten Aufwendungen) oder die Jahrespauschale als Betriebsausgaben oder Werbungskosten abziehen.
B sind die Mietaufwendungen als grundstücksorientierte Aufwendungen zuzurechnen, da B die Miete vertraglich schuldet. Für die im häuslichen Arbeitszimmer ausgeübte betriebliche oder berufliche Tätigkeit kann B keine Aufwendungen für ein häusliches Arbeitszimmer abziehen. Bei Vorliegen der Voraussetzungen des § 4 Abs. 5 Satz 1 Nr. 6 c EStG kann B die Tagespauschale von 6 € pro Tag als Betriebsausgaben oder Werbungskosten abziehen.

Abwandlung zu Beispiel 2

Die Miete wird vom Konto des A beglichen. Weil A die Miete selbst getragen hat, sind auch die grundstücksorientierten Aufwendungen von 1500 € bezogen auf seinen Nutzungsanteil von 50 % als Betriebsausgaben oder Werbungskosten abziehbar.

20 Die Jahrespauschale ist personenbezogen anzuwenden. Wird dieser Abzug gewählt, kommt es nicht darauf an, wie viele Personen das häusliche Arbeitszimmer nutzen.

Beispiel:

A und B nutzen gemeinsam ein häusliches Arbeitszimmer, das für beide während des gesamten Kalenderjahres den Mittelpunkt der gesamten betrieblichen und beruflichen Betätigung bildet. Sie verzichten auf die Ermittlung der dafür angefallenen Aufwendungen und können jeweils die Jahrespauschale von 1260 € als Betriebsausgaben oder Werbungskosten abziehen

8. Nicht ganzjährige Nutzung des häuslichen Arbeitszimmers als Mittelpunkt der gesamten betrieblichen und beruflichen Betätigung

21 Ändern sich die Nutzungsverhältnisse innerhalb eines Wirtschafts- oder Kalenderjahres, können nur die auf den Zeitraum entfallenden Aufwendungen abgezogen werden, in dem das häusliche Arbeitszimmer den Mittelpunkt der gesamten betrieblichen und beruflichen Betätigung bildet. Dementsprechend ermäßigt sich auch die Jahrespauschale von 1260 € für jeden vollen Kalendermonat, in dem das häusliche Arbeitszimmer nicht den Mittelpunkt der gesamten betrieblichen und beruflichen Betätigung bildet, um ein Zwölftel. Für den Zeitraum in dem das häusliche Arbeitszimmer nicht den Mittelpunkt der gesamten betrieblichen und beruflichen Betätigung bildet, kommt ggf. ein Abzug der Tagespauschale nach § 4 Abs. 5 Satz 1 Nr. 6 c EStG in Betracht (vgl. unter II.). **147**

Beispiel:

A hat ab dem 15. Juni den Mittelpunkt der gesamten betrieblichen und beruflichen Betätigung im häuslichen Arbeitszimmer. Die tatsächlichen Gesamtaufwendungen ermittelt A nicht.
Stattdessen macht A die Jahrespauschale geltend. A kann für sieben Monate (Juni bis Dezember) die zeitanteilige Jahrespauschale abziehen, d. h. sieben Zwölftel von 1260 € = 735 €. Für den Zeitraum bis zum 31. Mai kann A die Tagespauschale abziehen, wenn die Abzugsvoraussetzungen dafür vorliegen.

22 Wird das häusliche Arbeitszimmer für eine spätere Nutzung vorbereitet, bei der der Mittelpunkt der gesamten betrieblichen und beruflichen Betätigung im häuslichen Arbeitszimmer liegt und liegen die übrigen Abzugsvoraussetzungen vor, sind die darauf entfallenden Aufwendungen entsprechend zu berücksichtigen (BFH-Urteil vom 23. Mai 2006 VI R 21/03, BStBl. II S. 600).

9. Nutzung eines häuslichen Arbeitszimmers in Zeiten der Nichtbeschäftigung

23 Die Aufwendungen für ein häusliches Arbeitszimmer oder die Jahrespauschale können in Zeiten der Nichtbeschäftigung (z. B. Erwerbslosigkeit, Mutterschutz, Elternzeit) nach den Regeln zu vorweggenommenen Betriebsausgaben oder Werbungskosten abgezogen werden, wenn und soweit dem Steuerpflichtigen der Abzug der Aufwendungen oder der Jahrespauschale auch unter den zu erwartenden Umständen der späteren betrieblichen oder beruflichen Tätigkeit zustehen würde (BFH-Urteil vom 2. Dezember 2005 VI R 63/03, BStBl. 2006 II S. 329). **148**

10. Vermietung eines häuslichen Arbeitszimmers

24 Zur Vermietung eines Büroraums an den Arbeitgeber wird auf das BMF-Schreiben vom 18. April 2019 (BStBl. I S. 461) und zur Vermietung eines häuslichen Arbeitsraums an den Auftraggeber eines Gewerbetreibenden wird auf das BFH-Urteil vom 13. Dezember 2016 X R 18/12 (BStBl. 2017 II S. 450) hingewiesen. **149**

11. Besondere Aufzeichnungspflichten

25 Nach § 4 Abs. 7 EStG dürfen Aufwendungen für ein häusliches Arbeitszimmer bei der Gewinnermittlung nur berücksichtigt werden, wenn sie besonders aufgezeichnet werden. Es bestehen keine Bedenken, wenn die auf das häusliche Arbeitszimmer anteilig entfallenden Finanzierungsaufwendungen im Wege der Schätzung ermittelt werden und nach Ablauf des Wirtschafts- oder Kalenderjahres eine Aufzeichnung aufgrund der Jahresabrechnung des Kreditinstitutes erfolgt. Entsprechendes gilt für die verbrauchsabhängigen Aufwendungen wie z. B. für Wasser und Energie. Es ist ausreichend, Abschreibungsbeträge einmal jährlich – zeitnah nach Ablauf des Kalender- oder Wirtschaftsjahres – aufzuzeichnen. **150**

26 Beim Abzug der Jahrespauschale bestehen die besonderen Aufzeichnungspflichten nach § 4 Abs. 7 EStG nicht.

II. Abzug der Tagespauschale

1. Grundsatz

27 Die Tagespauschale kann für jeden Kalendertag abgezogen werden, an dem die betriebliche oder berufliche Tätigkeit überwiegend in der häuslichen Wohnung ausgeübt und keine außerhalb der häusli- **151**

Anl zu LStH 9.14

chen Wohnung belegene erste Tätigkeitsstätte aufgesucht wird (§ 4 Abs. 5 Satz 1 Nr. 6 c Satz 1 EStG). In diesen Fällen kommt es für den Abzug nicht darauf an, ob dem Steuerpflichtigen ein anderer Arbeitsplatz zur Verfügung steht. Eine Auswärtstätigkeit am selben Tag ist unschädlich, wenn der Steuerpflichtige an diesem Tag seine betriebliche oder berufliche Tätigkeit überwiegend in der häuslichen Wohnung ausübt. „Überwiegend" ist eine zeitliche Bestimmung. Danach muss mehr als die Hälfte der tatsächlichen täglichen Arbeitszeit in der häuslichen Wohnung verrichtet werden.

Beispiel 1:

Der angestellte Bauingenieur B fährt an einem Tag erst zur Baustelle (Auswärtstätigkeit). Anschließend erledigt B die Büroarbeiten nicht am Arbeitsplatz des Arbeitgebers (erste Tätigkeitsstätte), sondern in der häuslichen Wohnung. B kann für diesen Tag sowohl Reisekosten für die Fahrt zur Baustelle als auch die Tagespauschale abziehen, wenn die Arbeit zeitlich überwiegend in der häuslichen Wohnung ausgeübt wird, d. h. die Arbeitszeit in der häuslichen Wohnung mehr als die Hälfte der Gesamtarbeitszeit des Tages beträgt.

Beispiel 2:

V ist angestellter Versicherungsmakler. An einem Tag fährt V zunächst zu einem Kunden (eine Stunde Fahrtzeit) und berät diesen in dessen Wohnung (Dauer: zwei Stunden).
Anschließend fährt V wieder nach Hause (eine Stunde Fahrtzeit). Von dort aus übt V an seinem Küchentisch weitere berufliche Tätigkeiten in der häuslichen Wohnung aus (drei Stunden). V steht im Büro seines Arbeitgebers (erste Tätigkeitsstätte) ein anderer Arbeitsplatz zur Verfügung. V wird nicht überwiegend in seiner häuslichen Wohnung tätig. Die Fahrtzeiten (Hin- und Rückweg insgesamt zwei Stunden) und die Beratung beim Kunden (zwei Stunden) übersteigen zusammen die Arbeitszeit in der häuslichen Wohnung (drei Stunden). V hat keinen Anspruch auf die Tagespauschale.

28 Die Tagespauschale beträgt 6 € pro Kalendertag, höchstens 1260 € im Wirtschafts- oder Kalenderjahr. Mit ihr sind alle Aufwendungen abgegolten, die dem Steuerpflichtigen durch die betriebliche oder berufliche Betätigung in der häuslichen Wohnung entstehen. Die Aufwendungen für Arbeitsmittel sind davon nicht umfasst (vgl. Rn. 11).

29 Die Tagespauschale von 6 € bezieht sich auf den Kalendertag und erhöht sich auch dann nicht, wenn an einem Kalendertag verschiedene betriebliche oder berufliche Betätigungen ausgeübt werden, für die jeweils die Abzugsvoraussetzungen vorliegen. Es ist nicht zu beanstanden, wenn der Steuerpflichtige auf eine Aufteilung der Tagespauschale auf die verschiedenen Tätigkeiten verzichtet und diese insgesamt einer Tätigkeit zuordnet, für die die Voraussetzungen für den Abzug der Tagespauschale vorliegen.

30 Die Kalendertage, an denen die Voraussetzungen für die Inanspruchnahme der Tagespauschale erfüllt sind, sind vom Steuerpflichtigen aufzuzeichnen und in geeigneter Form glaubhaft zu machen.

2. Für die betriebliche oder berufliche Betätigung steht dauerhaft kein anderer Arbeitsplatz zur Verfügung

152 **31** Steht für die betriebliche oder berufliche Tätigkeit dauerhaft kein anderer Arbeitsplatz zur Verfügung und wird der Steuerpflichtige auch in der häuslichen Wohnung tätig, ist ein Abzug der Tagespauschale auch dann zulässig, wenn die Tätigkeit am selben Kalendertag auswärts oder an der ersten Tätigkeitsstätte ausgeübt wird (§ 4 Abs. 5 Satz 1 Nr. 6 c Satz 2 EStG). In diesen Fällen ist zwar ein Tätigwerden, aber kein zeitlich überwiegendes Tätigwerden in der häuslichen Wohnung i. S. d. § 4 Abs. 5 Satz 1 Nr. 6 c Satz 1 EStG für den Abzug der Tagespauschale erforderlich.

Beispiel:

A ist Lehrer und unterrichtet täglich von 8:00 Uhr bis 13:00 Uhr an der Schule und erledigt nachmittags von 15:00 Uhr bis 18:00 Uhr in der häuslichen Wohnung die Vor- und Nachbereitung des Unterrichts und korrigiert Klassenarbeiten. Für die Unterrichtsvor- und -nachbereitung steht A in der Schule kein anderer Arbeitsplatz zur Verfügung. A kann neben der Entfernungspauschale für die Fahrten zur Schule (erste Tätigkeitsstätte) auch die Tagespauschale für die berufliche Tätigkeit in der häuslichen Wohnung abziehen.

32 Anderer Arbeitsplatz i. S. d. § 4 Abs. 5 Satz 1 Nr. 6 c Satz 2 EStG ist grundsätzlich jeder Arbeitsplatz, der zur Erledigung büromäßiger Arbeiten geeignet ist (BFH-Urteil vom 7. August 2003 VI R 17/01, BStBl. 2004 II S. 78). Weitere Anforderungen an die Beschaffenheit des Arbeitsplatzes werden nicht gestellt. Unbeachtlich sind mithin grundsätzlich die konkreten Arbeitsbedingungen und Umstände, wie beispielsweise Lärmbelästigung oder Publikumsverkehr (BFH-Urteil vom 7. August 2003 VI R 162/00, BStBl. 2004 II S. 83). Voraussetzung ist auch nicht das Vorhandensein eines eigenen, räumlich abgeschlossenen Arbeitsbereiches oder eines individuell zugeordneten Arbeitsplatzes, so dass auch ein Arbeitsplatz in einem Großraumbüro oder in der Schalterhalle einer Bank ein anderer Arbeitsplatz im Sinne der Vorschrift ist (BFH-Urteile vom 7. August 2003 VI R 17/01, BStBl. 2004 II S. 78 und VI R 162/00, BStBl. 2004 II S. 83). Die Ausstattung mit Arbeitsmitteln, die im Betrieb oder an dem vom Arbeitgeber zur Verfügung gestellten Arbeitsplatz nicht vorhanden sind, ist ohne Bedeutung. Ob ein anderer Arbeitsplatz vorliegt, ist nach objektiven Gesichtspunkten zu beurteilen. Subjektive Erwägungen des Steuerpflichtigen zur Annehmbarkeit des Arbeitsplatzes sind unbeachtlich.

33 Ein anderer Arbeitsplatz steht dem Steuerpflichtigen dann zur Verfügung, wenn dieser ihn in dem konkret erforderlichen Umfang und in der konkret erforderlichen Art und Weise tatsächlich nutzen kann. Der Arbeitsplatz muss grundsätzlich so beschaffen sein, dass der Steuerpflichtige auf die häusliche Tätigkeit nicht angewiesen ist (BFH-Urteil vom 7. August 2003 VI R 17/01, BStBl. 2004 II S. 78). Ein anderer Arbeitsplatz steht auch dann zur Verfügung, wenn dieser außerhalb der üblichen Arbeitszeiten, wie z. B. am Wochenende oder in den Ferien, nicht zugänglich ist.

34 Geht ein Steuerpflichtiger nur einer betrieblichen oder beruflichen Tätigkeit nach, muss ein vorhandener anderer Arbeitsplatz auch tatsächlich für alle Aufgabenbereiche dieser Erwerbstätigkeit genutzt werden können. Der Steuerpflichtige ist auch dann auf die Betätigung in der häuslichen Wohnung angewiesen, wenn er dort einen nicht unerheblichen Teil seiner betrieblichen oder beruflichen Tätigkeit verrichten muss. Es genügt allerdings nicht, wenn er in der häuslichen Wohnung Arbeiten verrichtet, die er grundsätzlich auch an einem anderen Arbeitsplatz verrichten könnte (BFH-Urteil vom 7. August 2003 VI R 17/01, BStBl. 2004 II S. 78). Anl zu LStH 9.14

Beispiele (kein anderer Arbeitsplatz vorhanden):

- Ein Lehrer hat für die Unterrichtsvorbereitung in der Schule keinen Schreibtisch. Das jeweilige Klassen- oder Lehrerzimmer stellt keinen anderen Arbeitsplatz dar.
- Ein angestellter oder selbständiger Orchestermusiker hat im Konzertsaal keine Möglichkeit zu üben. Hierfür wird die häusliche Wohnung genutzt.
- Kein anderer Arbeitsplatz steht zur Verfügung, wenn der dem Steuerpflichtigen zur Verfügung gestellte Arbeitsplatz wegen Gesundheitsgefahr nicht nutzbar ist (BFH-Urteil vom 26. Februar 2014 VI R 11/12, BStBl. II S. 674).

Beispiele (vorhandener anderer Arbeitsplatz steht nicht in dem konkret erforderlichen Umfang und in der konkret erforderlichen Art und Weise für alle Aufgabenbereiche der Erwerbstätigkeit zur Verfügung):

- Ein EDV-Berater übt außerhalb der regulären Arbeitszeit in der häuslichen Wohnung Bereitschaftsdienst aus und kann dafür den Arbeitsplatz beim Arbeitgeber tatsächlich nicht nutzen (BFH-Urteil vom 7. August 2003 VI R 41/98, BStBl. 2004 II S. 80).
- Einem Grundschulleiter, der zu 50 % von der Unterrichtsverpflichtung freigestellt ist, steht für die Verwaltungstätigkeit ein Dienstzimmer von 11 qm zur Verfügung. Das Dienstzimmer bietet keinen ausreichenden Platz zur Unterbringung der für die Vor- und Nachbereitung des Unterrichts erforderlichen Gegenstände (BFH-Urteil vom 7. August 2003 VI R 16/01, BStBl. 2004 II S. 77).

35 Ein anderer Arbeitsplatz darf dauerhaft nicht zur Verfügung stehen (§ 4 Abs. 5 Satz 1 Nr. 6c Satz 2 EStG). Bei der Beurteilung des Kriteriums der Dauerhaftigkeit ist für die voraussichtliche Dauer der jeweiligen Tätigkeit und unter Berücksichtigung der Umstände des Einzelfalles (z. B. Sachverhalt, dienst- oder arbeitsrechtliche Vereinbarungen sowie Weisungen und Absprachen) anhand einer Prognose zu entscheiden, ob dem Steuerpflichtigen ein anderer Arbeitsplatz zur Verfügung steht. Ändern sich die Verhältnisse (z. B. aufgrund eines Arbeitsplatzwechsels oder geänderter dienst- oder arbeitsrechtlicher Vereinbarungen), ist der Sachverhalt ab diesem Zeitpunkt neu zu würdigen und eine neue Prognoseentscheidung zu treffen. Steht dem Steuerpflichtigen regelmäßig nur tage- oder wochenweise kein anderer Arbeitsplatz zur Verfügung (z. B. Poolarbeitsplatz), ist ein Abzug der Tagespauschale nur für solche Tage zulässig, an denen der Steuerpflichtige die (erste) Betriebsstätte oder erste Tätigkeitsstätte nicht aufsucht und zeitlich überwiegend in der häuslichen Wohnung tätig wird (§ 4 Abs. 5 Satz 1 Nr. 6c Satz 1 EStG). Dabei kommt es nicht darauf an, ob zeitlich überwiegend kein anderer Arbeitsplatz zur Verfügung steht. Ein anderer Arbeitsplatz darf generell nicht zur Verfügung stehen. Steht für einen Zeitraum von mindestens einem Monat kein anderer Arbeitsplatz zur Verfügung, ist es nicht zu beanstanden, wenn für diesen Zeitraum von einer Dauerhaftigkeit i. S. d. § 4 Abs. 5 Satz 1 Nr. 6c Satz 2 EStG ausgegangen wird.

Beispiel 1:

A ist Lehrer. Der Mittelpunkt der Tätigkeit liegt in der Schule (erste Tätigkeitsstätte).
Die Vor- und Nachbereitung des Unterrichts erledigt A im häuslichen Arbeitszimmer, weil A für diese Tätigkeiten in der Schule dauerhaft kein anderer Arbeitsplatz zur Verfügung steht. Die Aufwendungen für die Tätigkeit im häuslichen Arbeitszimmer kann A nur in Form der Tagespauschale abziehen (kein Mittelpunkt der gesamten betrieblichen und beruflichen Betätigung), dies aber auch für die Tage, an denen er zuvor oder danach in der Schule als seiner ersten Tätigkeitsstätte gearbeitet hat.

Beispiel 2:

B ist Betriebsprüfer. Im Finanzamt (erste Tätigkeitsstätte) steht B an einem Tag in der Woche ein Arbeitsplatz in einem Gemeinschaftsbüro (Desk-Sharing) zur Verfügung. B arbeitet entweder im Außendienst, in der häuslichen Wohnung oder an der ersten Tätigkeitsstätte. B steht nicht dauerhaft kein anderer Arbeitsplatz für seine berufliche Tätigkeit zur Verfügung. B kann die Tagespauschale für Kalendertage abziehen, an denen B überwiegend in der häuslichen Wohnung gearbeitet und die erste Tätigkeitsstätte nicht aufgesucht hat.

36 Übt ein Steuerpflichtiger mehrere betriebliche oder berufliche Tätigkeiten nebeneinander aus, sind die Voraussetzungen für den Abzug der Tagespauschale tätigkeitsbezogen zu prüfen. Eine Tagespauschale kann danach abgezogen werden, wenn

1. der Steuerpflichtige bezogen auf die jeweilige Tätigkeit zeitlich überwiegend in der häuslichen Wohnung gearbeitet und keine erste Tätigkeitsstätte aufgesucht hat (§ 4 Abs. 5 Satz 1 Nr. 6c Satz 1 EStG) oder
2. dem Steuerpflichtigen bezogen auf die jeweilige Tätigkeit dauerhaft kein anderer Arbeitsplatz zur Verfügung steht und der Steuerpflichtige diese Tätigkeit in der häuslichen Wohnung ausgeübt hat (§ 4 Abs. 5 Satz 1 Nr. 6c Satz 2 EStG).

Die Tagespauschale kann auch bei mehreren betrieblichen oder beruflichen Tätigkeiten in der häuslichen Wohnung je Kalendertag nur einmal abgezogen werden. Zur Zuordnung zu einer Einkunftsart vgl. Rn. 29.

Beispiel:

Z ist Busfahrer. Neben der nichtselbständigen Tätigkeit ist Z freiberuflich als Schriftsteller tätig; zudem erzielt Z Einkünfte aus Vermietung und Verpachtung. Z nutzt für seine selbständige Tätigkeit und die Vermietungstätigkeit die häusliche Wohnung; ein anderer Arbeitsplatz steht Z dafür dauerhaft nicht zur Verfügung. Daher kann Z für jeden Tag, an dem Z die schriftstellerische Tätigkeit und/oder die durch die Vermietung veranlassten Tätigkeiten in der häuslichen Wohnung ausübt, eine Tagespauschale von 6 €, insgesamt höchstens 1260 € im Kalenderjahr abziehen. Dass Z am selben Tag auch der nichtselbständigen Tätigkeit nachgeht, ist für den Abzug der Tagespauschale für die weiteren Tätigkeiten unschädlich. Z kann die Tagespauschale anteilig den Einkünften aus freiberuflicher Tätigkeit und den Einkünften aus Vermietung und Verpachtung oder einer dieser beiden Einkunftsarten in voller Höhe zuordnen.

37 Der Steuerpflichtige muss konkret darlegen, dass ihm dauerhaft kein anderer Arbeitsplatz für die jeweilige betriebliche oder berufliche Tätigkeit zur Verfügung steht. Die Art der Tätigkeit kann hierfür

Anl zu LStH 9.14

Anhaltspunkte bieten. Zusätzliches Indiz kann eine entsprechende Bescheinigung des Arbeitgebers sein.

3. Doppelte Haushaltsführung

153 **38** Können für eine Zweitwohnung Unterkunftskosten im Rahmen einer doppelten Haushaltsführung nach § 4 Abs. 5 Satz 1 Nr. 6 a EStG als Betriebsausgaben oder nach § 9 Abs. 1 Satz 3 Nr. 5 EStG als Werbungskosten abgezogen oder vom Arbeitgeber steuerfrei nach § 3 Nr. 13 oder Nr. 16 EStG erstattet werden, ist ein Abzug der Tagespauschale insoweit nicht zulässig (§ 4 Abs. 5 Satz 1 Nr. 6 c Satz 3, § 3 c Abs. 1 EStG). Wird dagegen die betriebliche oder berufliche Tätigkeit am Ort des eigenen Hausstandes ausgeübt, ist ein Abzug der Tagespauschale zulässig, soweit die weiteren Abzugsvoraussetzungen vorliegen.

Beispiel:

H unterhält ganzjährig eine beruflich veranlasste doppelte Haushaltsführung, so dass H die notwendigen Aufwendungen für die Zweitwohnung am Ort der ersten Tätigkeitsstätte als Werbungskosten abziehen kann. H arbeitet an 40 Tagen im Homeoffice in seiner Zweitwohnung und an 60 Tagen am Ort des eigenen Hausstandes, dem Familienwohnsitz. Die Unterkunftskosten am Ort der ersten Tätigkeitsstätte betragen monatlich

a) 750 € und

b) 1015 €.

Im Fall a) kann H die Tagespauschale nur für die 60 Tage abziehen, an denen H in der Wohnung des Familienwohnsitzes überwiegend gearbeitet hat. Hierfür besteht keine Abzugseinschränkung. Für die 40 Tage, an denen H die Tätigkeit im Homeoffice seines Hausstandes am Ort der ersten Tätigkeitsstätte ausgeübt hat, darf keine Tagespauschale abgezogen werden, weil die monatlichen Unterkunftskosten von 750 € bereits in voller Höhe als Werbungskosten nach § 9 Abs. 1 Satz 3 Nr. 5 EStG abgezogen werden können.

Im Fall b) kann H zusätzlich für 40 Tage die Tagespauschale abziehen, da nach Abzug der Unterkunftskosten für die doppelte Haushaltsführung ein nicht abziehbarer Aufwand verbleibt. Eine weitere Deckelung auf die tatsächlichen Unterkunftskosten ist nicht vorzunehmen.

4. Verhältnis zum Abzug von Aufwendungen für ein häusliches Arbeitszimmer oder der Jahrespauschale

154 **39** Ein Abzug der Tagespauschale ist für solche Zeiträume nicht zulässig, für die Aufwendungen oder die Jahrespauschale für ein häusliches Arbeitszimmer nach § 4 Abs. 5 Satz 1 Nr. 6 b EStG abgezogen werden. Liegen für einen Teilzeitraum die Abzugsvoraussetzungen nach § 4 Abs. 5 Satz 1 Nr. 6 b EStG nicht vor, kann für diesen Zeitraum der Abzug der Tagespauschale in Betracht kommen (§ 4 Abs. 5 Satz 1 Nr. 6 c Satz 3 EStG).

5. Besondere Aufzeichnungspflichten

155 **40** Beim Abzug der Tagespauschale bestehen die besonderen Aufzeichnungspflichten nach § 4 Abs. 7 EStG nicht.

III. Nutzung der häuslichen Wohnung für Ausbildungszwecke

156 **41** Bei der Ermittlung der Aufwendungen für die eigene Berufsausbildung nach § 10 Abs. 1 Nr. 7 Satz 4 EStG sind die Regelungen des § 4 Abs. 5 Satz 1 Nr. 6 b und 6 c EStG anzuwenden, wenn die häusliche Wohnung für eine eigene erstmalige Berufsausbildung oder im Rahmen eines Erststudiums, das zugleich eine Erstausbildung vermittelt und nicht im Rahmen eines Dienstverhältnisses stattfindet, genutzt wird. Erstausbildungskosten können jedoch in jedem Fall nur bis zu insgesamt 6000 € als Sonderausgaben abgezogen werden (§ 10 Abs. 1 Nr. 7 Satz 1 EStG). Wird das häusliche Arbeitszimmer auch zur Einkunftserzielung genutzt, sind für die Aufteilung der Aufwendungen Rn. 17 und 18 entsprechend anzuwenden. Wird für eine betriebliche oder berufliche Tätigkeit in der häuslichen Wohnung die Tagespauschale als Betriebsausgaben oder Werbungskosten abgezogen (§ 4 Abs. 5 Satz 1 Nr. 6 c und § 9 Abs. 5 Satz 1 EStG), kommt daneben ein weiterer Abzug als Sonderausgaben nicht in Betracht. Für die Zuordnung der Tagespauschale ist Rn. 29 entsprechend anzuwenden.

§ 9a Pauschbeträge für Werbungskosten

EStG

① Für Werbungskosten sind bei der Ermittlung der Einkünfte die folgenden Pauschbeträge abzuziehen, wenn nicht höhere Werbungskosten nachgewiesen werden: 1

1. a) von den Einnahmen aus nichtselbständiger Arbeit vorbehaltlich Buchstabe b: ein Arbeitnehmer-Pauschbetrag von 1 230 Euro;

b) von den Einnahmen aus nichtselbständiger Arbeit, soweit es sich um Versorgungsbezüge im Sinne des § 19 Absatz 2 handelt: ein Pauschbetrag von 102 Euro;

2. *(weggefallen)*

3. von den Einnahmen im Sinne des § 22 Nummer 1, 1 a und 5: ein Pauschbetrag von insgesamt 102 Euro.

② Der Pauschbetrag nach Satz 1 Nummer 1 Buchstabe b darf nur bis zur Höhe der um den Versorgungsfreibetrag einschließlich des Zuschlags zum Versorgungsfreibetrag (§ 19 Absatz 2) geminderten Einnahmen, die Pauschbeträge nach Satz 1 Nummer 1 Buchstabe a und Nummer 3 dürfen nur bis zur Höhe der Einnahmen abgezogen werden. 2

H 9a

LStH 9 a

Allgemeines 3

– → R 9 a EStR, H 9 a EStH.

– Der Arbeitnehmer-Pauschbetrag ist auch dann nicht zu kürzen, wenn feststeht, dass keine oder nur geringe Werbungskosten angefallen sind (→ BFH vom 10. 6. 2008 – BStBl. II S. 937).

– EStR/EStH abgedruckt in Anhang II –

EStG

5. Sonderausgaben

§ 10 [Sonderausgaben]

(1) Sonderausgaben sind die folgenden Aufwendungen, wenn sie weder Betriebsausgaben noch Werbungskosten sind oder wie Betriebsausgaben oder Werbungskosten behandelt werden:

1 **1. bis 1 b.** *(aufgehoben)*

4 **2.[1] a) Beiträge zu den gesetzlichen Rentenversicherungen oder zur landwirtschaftlichen Alterskasse sowie zu berufsständischen Versorgungseinrichtungen,[2] die den gesetzlichen Rentenversicherungen vergleichbare Leistungen erbringen;**

b) Beiträge des Steuerpflichtigen

aa) zum Aufbau einer eigenen kapitalgedeckten Altersversorgung, wenn der Vertrag nur die Zahlung einer monatlichen, auf das Leben des Steuerpflichtigen bezogenen lebenslangen Leibrente nicht vor Vollendung des 62. Lebensjahres oder zusätzlich die ergänzende Absicherung des Eintritts der Berufsunfähigkeit (Berufsunfähigkeitsrente), der verminderten Erwerbsfähigkeit (Erwerbsminderungsrente) oder von Hinterbliebenen (Hinterbliebenenrente) vorsieht. ② Hinterbliebene in diesem Sinne sind der Ehegatte des Steuerpflichtigen und die Kinder, für die er Anspruch auf Kindergeld oder auf einen Freibetrag nach § 32 Absatz 6 hat. ③ Der Anspruch auf Waisenrente darf längstens für den Zeitraum bestehen, in dem der Rentenberechtigte die Voraussetzungen für die Berücksichtigung als Kind im Sinne des § 32 erfüllt;

bb) für seine Absicherung gegen den Eintritt der Berufsunfähigkeit oder der verminderten Erwerbsfähigkeit (Versicherungsfall), wenn der Vertrag nur die Zahlung einer monatlichen, auf das Leben des Steuerpflichtigen bezogenen lebenslangen Leibrente für einen Versicherungsfall vorsieht, der bis zur Vollendung des 67. Lebensjahres eingetreten ist. ② Der Vertrag kann die Beendigung der Rentenzahlung wegen eines medizinisch begründeten Wegfalls der Berufsunfähigkeit oder der verminderten Erwerbsfähigkeit vorsehen. ③ Die Höhe der zugesagten Rente kann vom Alter des Steuerpflichtigen bei Eintritt des Versicherungsfalls abhängig gemacht werden, wenn der Steuerpflichtige das 55. Lebensjahr vollendet hat.

② Die Ansprüche nach Buchstabe b dürfen nicht vererblich, nicht übertragbar, nicht beleihbar, nicht veräußerbar und nicht kapitalisierbar sein. ③ Anbieter und Steuerpflichtiger können vereinbaren, dass bis zu zwölf Monatsleistungen in einer Auszahlung zusammengefasst werden oder eine Kleinbetragsrente im Sinne von § 93 Absatz 3 Satz 2 oder 4 abgefunden wird. ④ Bei der Berechnung der Kleinbetragsrente sind alle bei einem Anbieter bestehenden Verträge des Steuerpflichtigen jeweils nach Buchstabe b Doppelbuchstabe aa oder Doppelbuchstabe bb zusammenzurechnen. ⑤ Neben den genannten Auszahlungsformen darf kein weiterer Anspruch auf Auszahlungen bestehen. ⑥ Zu den Beiträgen nach den Buchstaben a und b ist der nach § 3 Nummer 62 steuerfreie Arbeitgeberanteil zur gesetzlichen Rentenversicherung und ein diesem gleichgestellter steuerfreier Zuschuss des Arbeitgebers hinzuzurechnen. ⑦ Beiträge nach § 168 Absatz 1 Nummer 1 b oder 1 c oder nach § 172 Absatz 3 oder 3 a des Sechsten Buches Sozialgesetzbuch werden abweichend von Satz 6 nur auf Antrag des Steuerpflichtigen hinzugerechnet;

5 **3.[3] Beiträge zu**

a) Krankenversicherungen, soweit diese zur Erlangung eines durch das Zwölfte Buch Sozialgesetzbuch bestimmten sozialhilfegleichen Versorgungsniveaus erforderlich sind und sofern auf die Leistungen ein Anspruch besteht. ② Für Beiträge zur gesetzlichen Krankenversicherung sind dies die nach dem Dritten Titel des Ersten Abschnitts des Achten Kapitels des Fünften Buches Sozialgesetzbuch oder die nach dem Sechsten Abschnitt des Zweiten Gesetzes über die Krankenversicherung der Landwirte festgesetzten Beiträge. ③ Für Beiträge zu einer privaten Krankenversicherung sind dies die Beitragsanteile, die auf Vertragsleistungen entfallen, die, mit Ausnahme der auf das Krankengeld entfallenden Beitragsanteile, in Art, Umfang und Höhe den Leistungen nach dem Dritten Kapitel des Fünften Buches Sozialgesetzbuch vergleichbar sind; § 158 Absatz 2 des Versicherungsauf-

[1] Zur Anwendung des Sonderausgabenabzugs für Beiträge nach § 10 Abs. 1 Nr. 2 und 3 EStG vgl. auch das *BMF-Schreiben vom 24. 5. 2017(BStBl. I S. 820),* abgedruckt als Anlage b zu § 10 EStG.

[2] Eine Liste der vergleichbaren berufsständischen Versorgungseinrichtungen ist im *BMF-Schreiben vom 19. 6. 2020 (BStBl. I S. 617)* veröffentlicht worden.

[3] Zur Anwendung des Sonderausgabenabzugs für Beiträge nach § 10 Abs. 1 Nr. 2 und 3 EStG vgl. auch das *BMF-Schreiben vom 24. 5.2017 (BStBl. I S. 820),* abgedruckt als Anlage b zu § 10 EStG.

sichtsgesetzes gilt entsprechend. ④ Wenn sich aus den Krankenversicherungsbeiträgen nach Satz 2 ein Anspruch auf Krankengeld oder ein Anspruch auf eine Leistung, die anstelle von Krankengeld gewährt wird, ergeben kann, ist der jeweilige Beitrag um 4 Prozent zu vermindern;

b) gesetzlichen Pflegeversicherungen (soziale Pflegeversicherung und private Pflege-Pflichtversicherung).

② Als eigene Beiträge des Steuerpflichtigen können auch eigene Beiträge im Sinne der Buchstaben a oder b eines Kindes behandelt werden, wenn der Steuerpflichtige die Beiträge des Kindes, für das ein Anspruch auf einen Freibetrag nach § 32 Absatz 6 oder auf Kindergeld besteht, durch Leistungen in Form von Bar- oder Sachunterhalt wirtschaftlich getragen hat, unabhängig von Einkünften oder Bezügen des Kindes; Voraussetzung für die Berücksichtigung beim Steuerpflichtigen ist die Angabe der erteilten Identifikationsnummer (§ 139 b der Abgabenordnung) des Kindes in der Einkommensteuererklärung des Steuerpflichtigen. ③ Satz 2 gilt entsprechend, wenn der Steuerpflichtige die Beiträge für ein unterhaltsberechtigtes Kind trägt, welches nicht selbst Versicherungsnehmer ist, sondern der andere Elternteil. ④ Hat der Steuerpflichtige in den Fällen des Absatzes 1 a Nummer 1 eigene Beiträge im Sinne des Buchstaben a oder des Buchstaben b zum Erwerb einer Krankenversicherung oder gesetzlichen Pflegeversicherung für einen geschiedenen oder dauernd getrennt lebenden unbeschränkt einkommensteuerpflichtigen Ehegatten geleistet, dann werden diese abweichend von Satz 1 als eigene Beiträge des geschiedenen oder dauernd getrennt lebenden unbeschränkt einkommensteuerpflichtigen Ehegatten behandelt. ⑤ Beiträge, die für nach Ablauf des Veranlagungszeitraums beginnende Beitragsjahre geleistet werden und in der Summe das Dreifache der auf den Veranlagungszeitraum entfallenden Beiträge überschreiten, sind in dem Veranlagungszeitraum anzusetzen, für den sie geleistet wurden;

3 a.[1] Beiträge zu Kranken- und Pflegeversicherungen, soweit diese nicht nach Nummer 3 zu berücksichtigen sind; Beiträge zu Versicherungen gegen Arbeitslosigkeit, zu Erwerbs- und Berufsunfähigkeitsversicherungen, die nicht unter Nummer 2 Satz 1 Buchstabe b fallen, zu Unfall- und Haftpflichtversicherungen sowie zu Risikoversicherungen, die nur für den Todesfall eine Leistung vorsehen; Beiträge zu Versicherungen im Sinne des § 10 Absatz 1 Nummer 2 Buchstabe b Doppelbuchstabe bb bis dd in der am 31. Dezember 2004 geltenden Fassung, wenn die Laufzeit dieser Versicherungen vor dem 1. Januar 2005 begonnen hat und ein Versicherungsbeitrag bis zum 31. Dezember 2004 entrichtet wurde; § 10 Absatz 1 Nummer 2 Satz 2 bis 6 und Absatz 2 Satz 2 in der am 31. Dezember 2004 geltenden Fassung ist in diesen Fällen weiter anzuwenden; 6

4. gezahlte Kirchensteuer;[2] dies gilt nicht, soweit die Kirchensteuer als Zuschlag zur Kapitalertragsteuer oder als Zuschlag auf die nach dem gesonderten Tarif des § 32 d Absatz 1 ermittelte Einkommensteuer gezahlt wurde; 7

5.[3] 80 Prozent der Aufwendungen, höchstens 4 800 Euro je Kind, für Dienstleistungen zur Betreuung eines zum Haushalt des Steuerpflichtigen gehörenden Kindes im Sinne des § 32 Absatz 1, welches das 14. Lebensjahr noch nicht vollendet hat oder wegen einer vor Vollendung des 25. Lebensjahres eingetretenen körperlichen, geistigen oder seelischen Behinderung außerstande ist, sich selbst zu unterhalten. ② Dies gilt nicht für Aufwendungen für Unterricht, die Vermittlung besonderer Fähigkeiten sowie für sportliche und andere Freizeitbetätigungen. ③ Ist das zu betreuende Kind nicht nach § 1 Absatz 1 oder Absatz 2 unbeschränkt einkommensteuerpflichtig, ist der in Satz 1 genannte Betrag zu kürzen, soweit es nach den Verhältnissen im Wohnsitzstaat des Kindes notwendig und angemessen ist. ④ Voraussetzung für den Abzug der Aufwendungen nach Satz 1 ist, dass der Steuerpflichtige für die Aufwendungen eine Rechnung erhalten hat und die Zahlung auf das Konto des Erbringers der Leistung erfolgt ist;

6. *(weggefallen)*

7. Aufwendungen für die eigene Berufsausbildung bis zu 6 000 Euro im Kalenderjahr. ② Bei Ehegatten, die die Voraussetzungen des § 26 Absatz 1 Satz 1 erfüllen, gilt Satz 1 für jeden Ehegatten. ③ Zu den Aufwendungen im Sinne des Satzes 1 gehören auch Aufwendungen für eine auswärtige Unterbringung. ④ § 4 Absatz 5 Satz 1 Nummer 6 b und 6 c sowie § 9 Absatz 1 Satz 3 Nummer 4 und 5, Absatz 2, 4 Satz 8 und Absatz 4 a sind bei der Ermittlung der Aufwendungen anzuwenden; 8

8. *(weggefallen)*

---

[1] Die Regelung über die beschränkte Abziehbarkeit von sonstigen Vorsorgeaufwendungen (§ 10 Abs. 1 Nr. 3 a EStG i. d. F. des BürgEntlG KV) ist verfassungsrechtlich nicht zu beanstanden *(BFH-Urteil vom 9. 9. 2015 – BStBl. II S. 1043)*.

[2] Zum Sonderausgabenabzug an den Arbeitgeber erstatteter Lohnkirchensteuer siehe BFH vom 23. 8. 2023, X R 16/21, BStBl. II 2024, 58.

[3] Zur Anwendung von § 10 Abs. 1 Nr. 5 siehe § 52 Abs. 18 Satz 3.

EStg

9 **9. 30 Prozent des Entgelts, höchstens 5 000 Euro, das der Steuerpflichtige für ein Kind, für das er Anspruch auf einen Freibetrag nach § 32 Absatz 6 oder auf Kindergeld hat, für dessen Besuch einer Schule in freier Trägerschaft oder einer überwiegend privat finanzierten Schule entrichtet, mit Ausnahme des Entgelts für Beherbergung, Betreuung und Verpflegung. ② Voraussetzung ist, dass die Schule in einem Mitgliedstaat der Europäischen Union oder in einem Staat belegen ist, auf den das Abkommen über den Europäischen Wirtschaftsraum Anwendung findet, und die Schule zu einem von dem zuständigen inländischen Ministerium eines Landes, von der Kultusministerkonferenz der Länder oder von einer inländischen Zeugnisanerkennungsstelle anerkannten oder einem inländischen Abschluss an einer öffentlichen Schule als gleichwertig anerkannten allgemein bildenden oder berufsbildenden Schul-, Jahrgangs- oder Berufsabschluss führt. ③ Der Besuch einer anderen Einrichtung, die auf einen Schul-, Jahrgangs- oder Berufsabschluss im Sinne des Satzes 2 ordnungsgemäß vorbereitet, steht einem Schulbesuch im Sinne des Satzes 1 gleich. ④ Der Besuch einer Deutschen Schule im Ausland steht dem Besuch einer solchen Schule gleich, unabhängig von ihrer Belegenheit. ⑤ Der Höchstbetrag nach Satz 1 wird für jedes Kind, bei dem die Voraussetzungen vorliegen, je Elternpaar nur einmal gewährt.**

9a (1 a) **Sonderausgaben sind auch die folgenden Aufwendungen:**

1. Unterhaltsleistungen an den geschiedenen oder dauernd getrennt lebenden unbeschränkt einkommensteuerpflichtigen Ehegatten, wenn der Geber dies mit Zustimmung des Empfängers beantragt, bis zu 13 805 Euro im Kalenderjahr. ② Der Höchstbetrag nach Satz 1 erhöht sich um den Betrag der im jeweiligen Veranlagungszeitraum nach Absatz 1 Nummer 3 für die Absicherung des geschiedenen oder dauernd getrennt lebenden unbeschränkt einkommensteuerpflichtigen Ehegatten aufgewandten Beiträge. ③ Der Antrag kann jeweils nur für ein Kalenderjahr gestellt und nicht zurückgenommen werden. ④ Die Zustimmung ist mit Ausnahme der nach § 894 der Zivilprozessordnung als erteilt geltenden bis auf Widerruf wirksam. ⑤ Der Widerruf ist vor Beginn des Kalenderjahres, für das die Zustimmung erstmals nicht gelten soll, gegenüber dem Finanzamt zu erklären. ⑥ Die Sätze 1 bis 5 gelten für Fälle der Nichtigkeit oder der Aufhebung der Ehe entsprechend. ⑦ Voraussetzung für den Abzug der Aufwendungen ist die Angabe der erteilten Identifikationsnummer (§ 139 b der Abgabenordnung) der unterhaltenen Person in der Steuererklärung des Unterhaltsleistenden, wenn die unterhaltene Person der unbeschränkten oder beschränkten Steuerpflicht unterliegt. ⑧ Die unterhaltene Person ist für diese Zwecke verpflichtet, dem Unterhaltsleistenden ihre erteilte Identifikationsnummer (§ 139 b der Abgabenordnung) mitzuteilen. ⑨ Kommt die unterhaltene Person dieser Verpflichtung nicht nach, ist der Unterhaltsleistende berechtigt, bei der für ihn zuständigen Finanzbehörde die Identifikationsnummer der unterhaltenen Person zu erfragen;

2.[1] auf besonderen Verpflichtungsgründen beruhende, lebenslange und wiederkehrende Versorgungsleistungen, die nicht mit Einkünften in wirtschaftlichem Zusammenhang stehen, die bei der Veranlagung außer Betracht bleiben, wenn der Empfänger unbeschränkt einkommensteuerpflichtig ist. ② Dies gilt nur für

a) Versorgungsleistungen im Zusammenhang mit der Übertragung eines Mitunternehmeranteils an einer Personengesellschaft, die eine Tätigkeit im Sinne der §§ 13, 15 Absatz 1 Satz 1 Nummer 1 oder des § 18 Absatz 1 ausübt,

b) Versorgungsleistungen im Zusammenhang mit der Übertragung eines Betriebs oder Teilbetriebs, sowie

c) Versorgungsleistungen im Zusammenhang mit der Übertragung eines mindestens 50 Prozent betragenden Anteils an einer Gesellschaft mit beschränkter Haftung, wenn der Übergeber als Geschäftsführer tätig war und der Übernehmer diese Tätigkeit nach der Übertragung übernimmt.

③ Satz 2 gilt auch für den Teil der Versorgungsleistungen, der auf den Wohnteil eines Betriebs der Land- und Forstwirtschaft entfällt. ④ Voraussetzung für den Abzug der Aufwendungen ist die Angabe der erteilten Identifikationsnummer (§ 139 b der Abgabenordnung) des Empfängers in der Steuererklärung des Leistenden; Nummer 1 Satz 8 und 9 gilt entsprechend;

3.[2] Ausgleichsleistungen zur Vermeidung eines Versorgungsausgleichs nach § 6 Absatz 1 Satz 2 Nummer 2 und § 23 des Versorgungsausgleichsgesetzes sowie § 1408 Absatz 2 und § 1587 des Bürgerlichen Gesetzbuchs, soweit der Verpflichtete dies mit

[1] Zur einkommensteuerrechtlichen Behandlung von wiederkehrenden Leistungen im Zusammenhang mit einer Vermögensübertragung siehe *BMF-Schreiben vom 11. 3. 2010, BStBl. I S. 227, geändert durch BMF-Schreiben vom 6. 5. 2016, BStBl. I S. 476.*

[2] Zur einkommensteuerrechtlichen Behandlung von Leistungen im Zusammenhang mit einem Versorgungsausgleich nach § 10 Abs. 1 a Nr. 3 und 4 EStG sowie § 22 Nr. 1 a EStG siehe auch das BMF-Schreiben vom 21.3. 2023 (BStBl. 2023 I S. 611).

EStG

Zustimmung des Berechtigten beantragt und der Berechtigte unbeschränkt einkommensteuerpflichtig ist. ② Nummer 1 Satz 3 bis 5 gilt entsprechend. ③ Voraussetzung für den Abzug der Aufwendungen ist die Angabe der erteilten Identifikationsnummer (§ 139 b der Abgabenordnung) des Berechtigten in der Steuererklärung des Verpflichteten; Nummer 1 Satz 8 und 9 gilt entsprechend;

4.[1] Ausgleichszahlungen im Rahmen des Versorgungsausgleichs nach den §§ 20 bis 22 und 26 des Versorgungsausgleichsgesetzes und nach den §§ 1587 f, 1587 g und 1587 i des Bürgerlichen Gesetzbuchs in der bis zum 31. August 2009 geltenden Fassung sowie nach § 3 a des Gesetzes zur Regelung von Härten im Versorgungsausgleich, soweit die ihnen zu Grunde liegenden Einnahmen bei der ausgleichspflichtigen Person der Besteuerung unterliegen, wenn die ausgleichsberechtigte Person unbeschränkt einkommensteuerpflichtig ist. ② Nummer 3 Satz 3 gilt entsprechend.

(2) ① Voraussetzung für den Abzug der in Absatz 1 Nummer 2, 3 und 3 a bezeichneten Beträge (Vorsorgeaufwendungen) ist, dass sie 10

1.[2] nicht in unmittelbarem wirtschaftlichen Zusammenhang mit steuerfreien Einnahmen stehen; ungeachtet dessen sind Vorsorgeaufwendungen im Sinne des Absatzes 1 Nummer 2, 3 und 3 a zu berücksichtigen, soweit

a)[3] sie in unmittelbarem wirtschaftlichen Zusammenhang mit in einem Mitgliedstaat der Europäischen Union oder einem Vertragsstaat des Abkommens über den Europäischen Wirtschaftsraum oder in der Schweizerischen Eidgenossenschaft erzielten Einnahmen stehen,

b) diese Einnahmen nach einem Abkommen zur Vermeidung der Doppelbesteuerung im Inland steuerfrei sind und

c)[4] der andere Staat keinerlei steuerliche Berücksichtigung von Vorsorgeaufwendungen im Rahmen der Besteuerung dieser Einnahmen zulässt;

steuerfreie Zuschüsse zu einer Kranken- oder Pflegeversicherung stehen insgesamt in unmittelbarem wirtschaftlichen Zusammenhang mit den Vorsorgeaufwendungen im Sinne des Absatzes 1 Nummer 3,

2. geleistet werden an 11

a) Versicherungsunternehmen,

aa) die ihren Sitz oder ihre Geschäftsleitung in einem Mitgliedstaat der Europäischen Union oder einem Vertragsstaat des Abkommens über den Europäischen Wirtschaftsraum haben und das Versicherungsgeschäft im Inland betreiben dürfen, oder

bb) denen die Erlaubnis zum Geschäftsbetrieb im Inland erteilt ist.

② Darüber hinaus werden Beiträge nur berücksichtigt, wenn es sich um Beträge im Sinne des Absatzes 1 Nummer 3 Satz 1 Buchstabe a an eine Einrichtung handelt, die eine anderweitige Absicherung im Krankheitsfall im Sinne des § 5 Absatz 1 Nummer 13 des Fünften Buches Sozialgesetzbuch oder eine der Beihilfe oder freien Heilfürsorge vergleichbare Absicherung im Sinne des § 193 Absatz 3 Satz 2 Nummer 2 des Versicherungsvertragsgesetzes gewährt. ③ Dies gilt entsprechend, wenn ein Steuerpflichtiger, der weder seinen Wohnsitz noch seinen gewöhnlichen Aufenthalt im Inland hat, mit den Beiträgen einen Versicherungsschutz im Sinne des Absatzes 1 Nummer 3 Satz 1 erwirbt,

b) berufsständische Versorgungseinrichtungen,

c) einen Sozialversicherungsträger oder

d) einen Anbieter im Sinne des § 80.

② Vorsorgeaufwendungen nach Absatz 1 Nummer 2 Buchstabe b werden nur berücksichtigt, wenn die Beiträge zugunsten eines Vertrags geleistet wurden, der nach § 5 a des Altersvorsorgeverträge-Zertifizierungsgesetzes zertifiziert ist, wobei die Zertifizierung Grundlagenbescheid im Sinne des § 171 Absatz 10 der Abgabenordnung ist.

(2 a) ① Bei Vorsorgeaufwendungen nach Absatz 1 Nummer 2 Buchstabe b hat der Anbieter als mitteilungspflichtige Stelle nach Maßgabe des § 93 c der Abgabenordnung und unter Angabe der Vertrags- oder der Versicherungsdaten die Höhe der im jeweiligen Beitragsjahr geleisteten Beiträge und die Zertifizierungsnummer an die zentrale Stelle (§ 81) zu übermitteln. ② § 22 a Absatz 2 gilt entsprechend. ③ § 72 a Absatz 4 und § 93 c Absatz 4 der Abgabenordnung finden keine Anwendung. 12

(2 b) ① Bei Vorsorgeaufwendungen nach Absatz 1 Nummer 3 hat das Versicherungsunternehmen, der Träger der gesetzlichen Kranken- und Pflegeversicherung, die Künstlersozialkasse oder eine Einrichtung im Sinne des Absatzes 2 Satz 1 Nummer 2 Buchstabe a Satz 2 als mitteilungspflichtige Stelle nach Maßgabe des § 93 c der Abga- 13

---

[1] Zur einkommensteuerrechtlichen Behandlung von Leistungen im Zusammenhang mit einem Versorgungsausgleich nach § 10 Abs. 1 a Nr. 3 und 4 EStG sowie § 22 Nr. 1 a EStG siehe auch das BMF-Schreiben vom 21. 3. 2023 (BStBl. 2023 I S. 611).

[2] Zur Anwendung von § 10 Abs. 2 Satz 1 Nr. 1 in allen offenen Fällen siehe § 52 Abs. 18 Satz 4.

[3] Zur Anwendung von § 10 a Abs. 2 Satz 1 Nr. 1 Buchst. a siehe § 52 Abs. 18 Satz 4.

[4] Zur Anwendung von § 10 a Abs. 2 Satz 1 Nr. 1 Buchst. c siehe § 52 Abs. 18 Satz 4.

EStG

benordnung und unter Angabe der Vertrags- oder der Versicherungsdaten die Höhe der im jeweiligen Beitragsjahr geleisteten und erstatteten Beiträge sowie die in § 93 c Absatz 1 Nummer 2 Buchstabe c der Abgabenordnung genannten Daten mit der Maßgabe, dass insoweit als Steuerpflichtiger die versicherte Person gilt, an die zentrale Stelle (§ 81) zu übermitteln; sind Versicherungsnehmer und versicherte Person nicht identisch, sind zusätzlich die Identifikationsnummer und der Tag der Geburt des Versicherungsnehmers anzugeben. ② Auf der Grundlage des § 65 a des Fünften Buches Sozialgesetzbuch nach den Satzungen der gesetzlichen Krankenkassen erbrachte Bonusleistungen gelten bis zu einer Höhe von 150 Euro pro versicherter Person und Beitragsjahr nicht als Beitragserstattung; diese Summe übersteigende Bonusleistungen gelten stets als Beitragserstattung. ③ Der Steuerpflichtige kann nachweisen, dass Bonusleistungen in Höhe des übersteigenden Betrags nicht als Beitragserstattung zu qualifizieren sind. ④ Satz 1 gilt nicht, soweit diese Daten mit der elektronischen Lohnsteuerbescheinigung (§ 41 b Absatz 1 Satz 2) oder der Rentenbezugsmitteilung (§ 22 a Absatz 1 Satz 1 Nummer 4) zu übermitteln sind. ⑤ § 22 a Absatz 2 gilt entsprechend. ⑥ Zuständige Finanzbehörde im Sinne des § 72 a Absatz 4 und des § 93 c Absatz 4 der Abgabenordnung ist das Bundeszentralamt für Steuern. ⑦ Wird in den Fällen des § 72 a Absatz 4 der Abgabenordnung eine unzutreffende Höhe der Beiträge übermittelt, ist die entgangene Steuer mit 30 Prozent des zu hoch ausgewiesenen Betrags anzusetzen.

(2 c)[1] **① Bei Vorsorgeaufwendungen nach Absatz 1 Nummer 2 Buchstabe a hat der Träger der gesetzlichen Rentenversicherung, die landwirtschaftliche Alterskasse oder die berufsständische Versorgungseinrichtung als mitteilungspflichtige Stelle nach Maßgabe des § 93 c der Abgabenordung unter Angabe der Versicherungsdaten die Höhe der im jeweiligen Beitragsjahr geleisteten und erstatteten Beiträge an die zentrale Stelle (§ 81) zu übermitteln. ② Satz 1 gilt nicht, soweit diese Daten mit der elektronischen Lohnsteuerbescheinigung (§ 41 b Absatz 1 Satz 2) zu übermitteln sind. ③ § 22 a Absatz 2 gilt entsprechend. ④ § 72 a Absatz 4 und § 93 c Absatz 4 der Abgabenordnung finden keine Anwendung.**

14 (3) **① Vorsorgeaufwendungen nach Absatz 1 Nummer 2 sind bis zu dem Höchstbetrag zur knappschaftlichen Rentenversicherung, aufgerundet auf einen vollen Betrag in Euro, zu berücksichtigen. ② Bei zusammenveranlagten Ehegatten verdoppelt sich der Höchstbetrag. ③ Der Höchstbetrag nach Satz 1 oder 2 ist bei Steuerpflichtigen, die**

1. Arbeitnehmer sind und die während des ganzen oder eines Teils des Kalenderjahres
   a) in der gesetzlichen Rentenversicherung versicherungsfrei oder auf Antrag des Arbeitgebers von der Versicherungspflicht befreit waren und denen für den Fall ihres Ausscheidens aus der Beschäftigung auf Grund des Beschäftigungsverhältnisses eine lebenslängliche Versorgung oder an deren Stelle eine Abfindung zusteht oder die in der gesetzlichen Rentenversicherung nachzuversichern sind oder
   b) nicht der gesetzlichen Rentenversicherungspflicht unterliegen, eine Berufstätigkeit ausgeübt und im Zusammenhang damit auf Grund vertraglicher Vereinbarungen Anwartschaftsrechte auf eine Altersversorgung erworben haben, oder

2. Einkünfte im Sinne des § 22 Nummer 4 erzielen und die ganz oder teilweise ohne eigene Beitragsleistung einen Anspruch auf Altersversorgung erwerben,

um den Betrag zu kürzen, der, bezogen auf die Einnahmen aus der Tätigkeit, die die Zugehörigkeit zum genannten Personenkreis begründen, dem Gesamtbeitrag (Arbeitgeber- und Arbeitnehmeranteil) zur allgemeinen Rentenversicherung entspricht. ④ Im Kalenderjahr 2013 sind 76 Prozent der nach den Sätzen 1 bis 3 ermittelten Vorsorgeaufwendungen anzusetzen. ⑤ Der sich danach ergebende Betrag, vermindert um den nach § 3 Nummer 62 steuerfreien Arbeitgeberanteil zur gesetzlichen Rentenversicherung und einen diesem gleichgestellten steuerfreien Zuschuss des Arbeitgebers, ist als Sonderausgabe abziehbar. ⑥ Der Prozentsatz in Satz 4 erhöht sich in den folgenden Kalenderjahren bis zum Kalenderjahr 2022 um je 2 Prozentpunkte je Kalenderjahr; ab dem Kalenderjahr 2023 beträgt er 100 Prozent. ⑦ Beiträge nach § 168 Absatz 1 Nummer 1 b oder 1 c oder nach § 172 Absatz 3 oder 3 a des Sechsten Buches Sozialgesetzbuch vermindern den abziehbaren Betrag nach Satz 5 nur, wenn der Steuerpflichtige die Hinzurechnung dieser Beiträge zu den Vorsorgeaufwendungen nach Absatz 1 Nummer 2 Satz 7 beantragt hat.

15 (4) **① Vorsorgeaufwendungen im Sinne des Absatzes 1 Nummer 3 und 3 a können je Kalenderjahr insgesamt bis 2 800 Euro abgezogen werden. ② Der Höchstbetrag beträgt 1 900 Euro bei Steuerpflichtigen, die ganz oder teilweise ohne eigene Aufwendungen einen Anspruch auf vollständige oder teilweise Erstattung oder Übernahme von Krankheitskosten haben oder für deren Krankenversicherung Leistungen im Sinne des § 3 Nummer 9, 14, 57 oder 62 erbracht werden. ③ Bei zusammen veranlagten Ehegatten bestimmt sich der gemeinsame Höchstbetrag aus der Summe der jedem Ehegatten**

[1] Zur Anwendung von § 10 Abs. 2 c siehe § 52 Abs. 18 Satz 5 und Abs. 30 b Sätze 3 bis 5.

unter den Voraussetzungen von Satz 1 und 2 zustehenden Höchstbeträge. ④ Übersteigen die Vorsorgeaufwendungen im Sinne des Absatzes 1 Nummer 3 die nach den Sätzen 1 bis 3 zu berücksichtigenden Vorsorgeaufwendungen, sind diese abzuziehen und ein Abzug von Vorsorgeaufwendungen im Sinne des Absatzes 1 Nummer 3 a scheidet aus.

16 (4 a) **① Ist in den Kalenderjahren 2013 bis 2019 der Abzug der Vorsorgeaufwendungen nach Absatz 1 Nummer 2 Buchstabe a, Absatz 1 Nummer 3 und Nummer 3 a in der für das Kalenderjahr 2004 geltenden Fassung des § 10 Absatz 3 mit folgenden Höchstbeträgen für den Vorwegabzug**

Kalender-jahr	Vorwegabzug für den Steuerpflichtigen	Vorwegabzug im Fall der Zusammenveranlagung von Ehegatten
2013	2100	4200
2014	1800	3600
2015	1500	3000
2016	1200	2400
2017	900	1800
2018	600	1200
2019	300	600

zuzüglich des Erhöhungsbetrags nach Satz 3 günstiger, ist der sich danach ergebende Betrag anstelle des Abzugs nach Absatz 3 und 4 anzusetzen. ② Mindestens ist bei Anwendung des Satzes 1 der Betrag anzusetzen, der sich ergeben würde, wenn zusätzlich noch die Vorsorgeaufwendungen nach Absatz 1 Nummer 2 Buchstabe b in die Günstigerprüfung einbezogen werden würden; der Erhöhungsbetrag nach Satz 3 ist nicht hinzuzurechnen. ③ Erhöhungsbetrag sind die Beiträge nach Absatz 1 Nummer 2 Buchstabe b, soweit sie nicht den um die Beiträge nach Absatz 1 Nummer 2 Buchstabe a und den nach § 3 Nummer 62 steuerfreien Arbeitgeberanteil zur gesetzlichen Rentenversicherung und einen diesem gleichgestellten steuerfreien Zuschuss verminderten Höchstbetrag nach Absatz 3 Satz 1 bis 3 überschreiten; Absatz 3 Satz 4 und 6 gilt entsprechend.

17 (4 b) **① Erhält der Steuerpflichtige für die von ihm für einen anderen Veranlagungszeitraum geleisteten Aufwendungen im Sinne des Satzes 2 einen steuerfreien Zuschuss, ist dieser den erstatteten Aufwendungen gleichzustellen. ② Übersteigen bei den Sonderausgaben nach Absatz 1 Nummer 2 bis 3 a die im Veranlagungszeitraum erstatteten Aufwendungen die geleisteten Aufwendungen (Erstattungsüberhang), ist der Erstattungsüberhang mit anderen im Rahmen der jeweiligen Nummer anzusetzenden Aufwendungen zu verrechnen. ③ Ein verbleibender Betrag des sich bei den Aufwendungen nach Absatz 1 Nummer 3 und 4 ergebenden Erstattungsüberhangs ist dem Gesamtbetrag der Einkünfte hinzuzurechnen. ④ Nach Maßgabe des § 93 c der Abgabenordnung haben Behörden im Sinne des § 6 Absatz 1 der Abgabenordnung und andere öffentliche Stellen, die einem Steuerpflichtigen für die von ihm geleisteten Beiträge im Sinne des Absatzes 1 Nummer 2, 3 und 3 a steuerfreie Zuschüsse gewähren oder Vorsorgeaufwendungen im Sinne dieser Vorschrift erstatten als mitteilungspflichtige Stellen, neben den nach § 93 c Absatz 1 der Abgabenordnung erforderlichen Angaben, die zur Gewährung und Prüfung des Sonderausgabenabzugs nach § 10 erforderlichen Daten an die zentrale Stelle zu übermitteln. ⑤ § 22 a Absatz 2 gilt entsprechend. ⑥ § 72 a Absatz 4 und § 93 c Absatz 4 der Abgabenordnung finden keine Anwendung.**

18 (5) **Durch Rechtsverordnung wird bezogen auf den Versicherungstarif bestimmt, wie der nicht abziehbare Teil der Beiträge zum Erwerb eines Krankenversicherungsschutzes im Sinne des Absatzes 1 Nummer 3 Buchstabe a Satz 3 durch einheitliche prozentuale Abschläge auf die zugunsten des jeweiligen Tarifs gezahlte Prämie zu ermitteln ist, soweit der nicht abziehbare Beitragsteil nicht bereits als gesonderter Tarif oder Tarifbaustein ausgewiesen wird.**

19 (6) **Absatz 1 Nummer 2 Buchstabe b Doppelbuchstabe aa ist für Vertragsabschlüsse vor dem 1. Januar 2012 mit der Maßgabe anzuwenden, dass der Vertrag die Zahlung der Leibrente nicht vor der Vollendung des 60. Lebensjahres vorsehen darf.**

Übersicht

Rz.

Anlagen:

a) Krankenversicherungsbeitragsanteil-Ermittlungsverordnung (KVBEVO) vom 11. 8. 2009 20–22

b) Schreiben betr. einkommensteuerrechtliche Behandlung von Vorsorgeaufwendungen vom 24. 5. 2017 26–29

Rz.
c) Schreiben betr. Aufteilung eines einheitlichen Sozialversicherungsbeitrags (Globalbeitrag); Anpassung der Aufteilungsmaßstäbe für den VZ 2025 vom 28. 11. 2024 30
d) Schreiben betr. steuerliche Behandlung von Kirchensteuer nach § 10 Abs. 1 Nr. 4 EStG an Religionsgemeinschaften, die in anderen EU-/EWR-Staaten ansässig sind vom 16. 11. 2010 31
e) Schreiben betr. steuerliche Berücksichtigung von Kinderbetreuungskosten ab dem VZ 2012 (§ 10 Abs. 1 Nr. 5 EStG); Anwendungsschreiben vom 14. 3. 2012 33–37
f) Schreiben betr. Berücksichtigung von Schulgeldzahlungen als Sonderausgaben nach § 10 Abs. 1 Nr. 9 EStG; Änderungen durch das JStG 2009 vom 9. 3. 2009 38
LStH 10 41

Anl a zu § 10

a) Verordnung zur tarifbezogenen Ermittlung der steuerlich berücksichtigungsfähigen Beiträge zum Erwerb eines Krankenversicherungsschutzes im Sinne des § 10 Absatz 1 Nummer 3 Buchstabe a des Einkommensteuergesetzes (Krankenversicherungsbeitragsanteil-Ermittlungsverordnung – KVBEVO)

Vom 11. August 2009 (BGBl. I S. 2730)

Geändert durch Gesetz vom 1. 4. 2015 (BGBl. I S. 434)

20 **§ 1 Anwendungsbereich und Grundsätze**

(1) Durch diese Verordnung wird bezogen auf den Tarif bestimmt, wie der Teil der Beiträge zum Erwerb eines Krankenversicherungsschutzes, der auf das Krankentagegeld und auf Leistungen entfällt, auf die ein Anspruch besteht und die in Art, Umfang oder Höhe den Leistungen nach dem Dritten Kapitel des Fünften Buches Sozialgesetzbuch nicht vergleichbar sind, durch einheitliche prozentuale Abschläge auf den zugunsten des jeweiligen Tarifs gezahlten Beitrag zu ermitteln ist, soweit diese Versicherungsleistung nicht bereits als gesonderter Tarif ausgewiesen wird.

(2) Werden in einem gesonderten Tarif ausschließlich Krankentagegeld oder Leistungen ausgewiesen, auf die ein Anspruch besteht und die in Art, Umfang oder Höhe den Leistungen nach dem Dritten Kapitel des Fünften Buches Sozialgesetzbuch nicht vergleichbar sind, ist der für diesen Tarif entrichtete Beitrag insgesamt nicht abziehbar. Im Übrigen ist der nicht abziehbare Beitragsanteil nach § 3 zu ermitteln, wenn Leistungen im Sinne des § 2 Absatz 1 Nummer 1 bis Nummer 5 oder Krankentagegeldleistungen oder Krankenhaustagegeldleistungen versichert sind.

21 **§ 2 Definitionen und Leistungsbestimmungen**

(1) Leistungen im Sinne des § 1 Absatz 1 liegen insbesondere vor bei

1. ambulanten Leistungen durch einen Heilpraktiker im Sinne des Heilpraktikergesetzes in der im Bundesgesetzblatt Teil III, Gliederungsnummer 2122-2, veröffentlichten bereinigten Fassung, das zuletzt durch Artikel 15 des Gesetzes vom 23. Oktober 2001 (BGBl. I S. 2702) geändert worden ist,
2. der Erstattung von Aufwendungen für ein Einbettzimmer,
3. der Erstattung von Aufwendungen für Chefarztbehandlungen oder eines Zweibettzimmers,
4. Leistungen für Zahnersatz oder implantologische Leistungen,
5. kieferorthopädischen Leistungen.

(2) Ein Tarif sieht ein einheitliches Leistungsversprechen für alle in ihm Versicherten vor und umfasst Leistungen der privaten Krankenversicherung.

(3) Der Beitrag ist das Entgelt, welches für das dem Tarif zugrunde liegende Leistungsversprechen entrichtet wird.

(4) Krankentagegeld ist eine Leistung, die den Verdienstausfall ersetzt, der durch Arbeitsunfähigkeit als Folge von Krankheit oder Unfall entsteht. Krankenhaustagegeld ist eine in vertraglich festgelegter Höhe gezahlte Leistung für den Zeitraum einer medizinisch notwendigen stationären Heilbehandlung.

22 **§ 3 Ermittlung des Abschlags**

(1) Zur Ermittlung des nicht abziehbaren Teils des Beitrags ist die Summe der Absatz 2 zu entnehmenden Punkte für die im Tarif vereinbarten Leistungen im Sinne des § 2 Absatz 1 Nummer 1 bis Nummer 5 zu ermitteln. Die nach Satz 1 ermittelte Summe ist durch die Summe der Absatz 2 zu entnehmenden Punkte für die im Tarif insgesamt versicherten Leistungen zu teilen. Das Ergebnis ist auf die vierte Nachkommastelle zu runden und mit dem vom Steuerpflichtigen geleisteten Beitrag zu multiplizieren. Der sich ergebende Betrag ist auf die zweite Nachkommastelle zu runden.

(2) Den in einem Tarif versicherten Leistungen sind folgende Punkte zuzuordnen:

1. ambulante Leistungen, ohne Leistungen im Sinne des § 2 Absatz 1 Nummer 1 — 54,60 Punkte
2. Leistungen im Sinne des § 2 Absatz 1 Nummer 1 — 1,69 Punkte
3. stationäre Leistungen, ohne Leistungen im Sinne des § 2 Absatz 1 Nummer 2 und Nummer 3 — 15,11 Punkte
4. Leistungen im Sinne des § 2 Absatz 1 Nummer 2 — 3,64 Punkte

5. Leistungen im Sinne des § 2 Absatz 1 Nummer 3 9,24 Punkte
6. zahnärztliche Leistungen, ohne Leistungen im Sinne des § 2 Absatz 1 Nummer 4 und Nummer 5 9,88 Punkte
7. Leistungen im Sinne des § 2 Absatz 1 Nummer 4 5,58 Punkte
8. Leistungen im Sinne des § 2 Absatz 1 Nummer 5 0,26 Punkte

Anl a zu § 10

(3) Sieht ein erstmals nach dem 1. Mai 2009 für das Neugeschäft angebotener Versicherungstarif weder die Erstattung von Aufwendungen für allgemeine Krankenhausleistungen, für ambulante Arztbehandlungen noch für Zahnbehandlungen vor, ist vom geleisteten Beitrag ungeachtet der Absätze 1 und 2 ein Abschlag von 99 Prozent vorzunehmen. Gleiches gilt, wenn in einem Tarif Krankentagegeld oder Krankenhaustagegeld zusammen mit anderen Leistungen versichert ist. § 1 Absatz 2 Satz 1 bleibt unberührt. Für Krankentagegeld, das zusammen mit anderen Leistungen in dem Basistarif im Sinne des § 152 Absatz 1 des Versicherungsaufsichtsgesetzes versichert ist, ist ungeachtet der vorstehenden Regelungen von dem für den Basistarif geleisteten Beitrag ein Abschlag in Höhe von vier Prozent vorzunehmen.

§ 4 Inkrafttreten

Diese Verordnung tritt am 1. Januar 2010 in Kraft.

b) Schreiben betr. einkommensteuerrechtliche Behandlung von Vorsorgeaufwendungen

Anl b zu § 10

Vom 24. Mai 2017 (BStBl. I S. 820)

(BMF IV C 3 – S 2221/16/10001 :004; DOK 2017/0392623)

Geändert durch BMF v. 6. 11. 2017 (BStBl. I S. 1445), BMF v. 28. 9. 2021 (BStBl. I S. 1833), BMF v. 16. 12. 2021 (BStBl. 2022 I S. 155) und BMF v. 28. 12. 2023 (BStBl. 2024 I S. 209)

Zum Sonderausgabenabzug für Beiträge nach § 10 Abs. 1 Nr. 2, 3 und 3 a Einkommensteuergesetz (EStG) gilt im Einvernehmen mit den obersten Finanzbehörden der Länder Folgendes:

Inhaltsübersicht

Rz.
A. Abzug von Vorsorgeaufwendungen – § 10 EStG – 1–210
I. Sonderausgabenabzug für Altersvorsorgeaufwendungen nach § 10 Absatz 1 Nummer 2 EStG (Basisversorgung) 1–79
1. Begünstigte Beiträge 1–58
1.1 Beiträge i. S. d. § 10 Absatz 1 Nummer 2 Satz 1 Buchstabe a EStG (gesetzliche Altersvorsorge) 1–9
1.1.1 Beiträge zu den gesetzlichen Rentenversicherungen 1–5
1.1.2 Beiträge zur landwirtschaftlichen Alterskasse 6–7
1.1.3 Beiträge zu berufsständischen Versorgungseinrichtungen 8–9
1.2 Beiträge i. S. d. § 10 Absatz 1 Nummer 2 Satz 1 Buchstabe b EStG (private Basisrente) 10–55
a) Allgemeines 10–15
b) Voraussetzungen der vertraglichen Vereinbarungen 16–34
aa) Monatliche Zahlung 16
bb) Gleichbleibende oder steigende Leibrente 17–19
cc) Lebenslange Leibrente 20–22
dd) Nichtvererblichkeit 23–27
ee) Nichtübertragbarkeit 28–30
ff) Nichtbeleihbarkeit 31
gg) Nichtveräußerbarkeit 32
hh) Nichtkapitalisierbarkeit 33–34
1.2.1 Beiträge i. S. d. § 10 Abs. 1 Nummer 2 Satz 1 Buchstabe b Doppelbuchstabe aa EStG (Basisrente-Alter) 36–44
a) Allgemeines 35–36
b) Ergänzende Absicherung von Berufsunfähigkeit, verminderter Erwerbsfähigkeit und Hinterbliebenen 37–44
1.2.2 Beiträge i. S. d. § 10 Absatz 1 Nummer 2 Satz 1 Buchstabe b Doppelbuchstabe bb EStG i. V. m. § 2 Absatz 1 a AltZertG (Basisrente-Erwerbsminderung) 45–55
1.3 Steuerfreie Zuschüsse und Beitragsrückerstattungen 56–57
1.4 Beitragsempfänger 58
2. Ermittlung des Abzugsbetrags nach § 10 Absatz 3 EStG 59–79
2.1 Höchstbetrag 59–60
2.2 Kürzung des Höchstbetrags nach § 10 Absatz 3 Satz 3 EStG 61–71
2.2.1 Kürzung des Höchstbetrags beim Personenkreis des § 10 Absatz 3 Satz 3 Nummer 1 Buchstabe a EStG 65
2.2.2 Kürzung des Höchstbetrags beim Personenkreis des § 10 Absatz 3 Satz 3 Nummer 1 Buchstabe b EStG 66–68
2.2.3 Kürzung des Höchstbetrags beim Personenkreis des § 10 Absatz 3 Satz 3 Nummer 2 EStG 69–71
2.3 Kürzung des Höchstbetrags bei Ehegatten und Lebenspartnern[1] 72
2.4 Übergangsregelung (bis 2024) 73
2.5 Kürzung des Abzugsbetrags bei Arbeitnehmern nach § 10 Absatz 3 Satz 5 EStG 74

[1] **[Amtl. Anm.:]** Der Begriff „Lebenspartner" bezeichnet in diesem BMF-Schreiben Lebenspartner einer eingetragenen Lebenspartnerschaft.

Anl b zu § 10

		Rz.
2.6	Beispiele	75–79
II.	Sonderausgabenabzug für sonstige Vorsorgeaufwendungen nach § 10 Absatz 1 Nummer 3 und 3 a EStG	80–180
1.	Allgemeines	80–82
2.	Sonstige Vorsorgeaufwendungen	83–124
2.1	Beiträge zur Basiskrankenversicherung (§ 10 Absatz 1 Nummer 3 Satz 1 Buchstabe a EStG)	83–116
	a) Allgemeines	83–85
	b) Steuerfreie Zuschüsse und Beitragsrückerstattungen	86–94
	c) Beiträge an ausländische Versicherungsunternehmen (§ 10 Absatz 2 Satz 1 Nummer 2 Buchstabe a EStG)	95–98
2.1.1	Beiträge zur gesetzlichen Krankenversicherung	99–109
	a) Allgemeines	99–100
	b) Kürzung der Beiträge bei Anspruch auf Krankengeld	101–109
2.1.2	Beiträge zur privaten Krankenversicherung	110–116
2.2	Beiträge zur gesetzlichen Pflegeversicherung (§ 10 Absatz 1 Nummer 3 Satz 1 Buchstabe b EStG)	117–120
	a) Allgemeines	117, 118
	b) Steuerfreie Zuschüsse und Beitragsrückerstattungen	119, 120
2.3	Weitere sonstige Vorsorgeaufwendungen (§ 10 Absatz 1 Nummer 3 a EStG)	121–124
3.	Ermittlung des Abzugsbetrags	125–133
3.1	Höchstbetrag nach § 10 Absatz 4 EStG	125–128
3.2	Mindestansatz	129
3.3	Abzugsbetrag bei Ehegatten und Lebenspartnern	130–133
	a) Zusammenveranlagung nach § 26 b EStG	130
	b) Einzelveranlagung nach § 26 a EStG und „Patchwork-Familien"	131–133
4.	Beitragsvorauszahlungen	134–158
4.1	Anwendungsbereich	134–136
4.2	Zeitliche Zuordnung der Beitragsvorauszahlungen	137–146
	a) Ermittlung des zulässigen Vorauszahlungsvolumens	139–143
	b) Summe der geleisteten Beitragsvorauszahlungen	144–146
4.3	Rechtsfolge	147–158
	a) Allgemein	147–152
	b) Vorauszahlungen vs. regelmäßig wiederkehrende Zahlungen	153–158
5.	Verfahren	159–180
5.1	Gesetzlich Versicherte	162–176
	a) Pflichtversicherte Arbeitnehmer	167, 168
	b) Freiwillig gesetzlich versicherte Arbeitnehmer	169, 170
	c) Freiwillig gesetzlich versicherte Selbständige	171
	d) Pflichtversicherte selbständige Künstler und Publizisten	172
	e) Freiwillig gesetzlich versicherte Künstler und Publizisten	173
	f) Pflichtversicherte Rentner	174
	g) Pflichtversicherte Empfänger einer Kapitalleistung aus der betrieblichen Altersversorgung	175
	h) Freiwillig gesetzlich versicherte Rentner	176
5.2	Privat Versicherte	177–180
	a) Privat versicherte Arbeitnehmer	177, 178
	b) Privat versicherte Künstler und Publizisten	179
	c) Privat versicherte Rentner	180
III.	Gemeinsame Regelungen	181–206
1.	Datenübermittlung	181–185
2.	Einwilligung in die Datenübermittlung	186–192
	a) Allgemeines	186–190
	b) Einwilligungsfiktion bei Kranken- und Pflegeversicherungsbeiträgen	191, 192
3.	Nachweis bei fehlgeschlagener Datenübermittlung	193, 194
	a) Kranken- und Pflegeversicherungsbeiträge	193
	b) Beiträge zur Basisrente	194
4.	Zufluss- und Abflussprinzip (§ 11 EStG)	195–198
5.	Zusammenhang mit steuerfreien Einnahmen	199–202
6.	Erstattungsüberhänge	203–204
7.	Globalbeiträge	205
8.	Änderungsnorm	206
IV.	Günstigerprüfung nach § 10 Absatz 4 a EStG	207–210
B.	Anwendungsregelung	211, 212

A. Abzug von Vorsorgeaufwendungen – § 10 EStG –

26

I. Sonderausgabenabzug für Altersvorsorgeaufwendungen nach § 10 Abs. 1 Nr. 2 EStG (Basisversorgung)

1. Begünstigte Beiträge

1.1. Beiträge i. S. d. § 10 Abs. 1 Nr. 2 Satz 1 Buchst. a EStG (gesetzliche Altersvorsorge)

1.1.1. Beiträge zu den gesetzlichen Rentenversicherungen

1 Begünstigt sind nach § 10 Abs. 1 Nr. 2 Satz 1 Buchst. a EStG Beiträge an folgende Träger der gesetzlichen Rentenversicherung (RV):
- *Deutsche* Rentenversicherung Bund,
- Deutsche Rentenversicherung Knappschaft-Bahn-See,
- Deutsche Rentenversicherung Regionalträger.

Die Künstlersozialkasse fungiert dagegen nicht als Träger der gesetzlichen RV, sondern lediglich als Einzugsstelle der Beiträge.

Anl b zu § 10

2 Die Beiträge können wie folgt erbracht und nachgewiesen werden:

Art der Beitragsleistung	Nachweis durch
Pflichtbeiträge aufgrund einer abhängigen Beschäftigung einschließlich des nach § 3 Nr. 62 EStG steuerfreien Arbeitgeberanteils	Lohnsteuerbescheinigung
Pflichtbeiträge aufgrund einer selbständigen Tätigkeit	Beitragsbescheinigung des Rentenversicherungsträgers oder der Künstlersozialkasse
freiwillige Beiträge/Nachzahlung von freiwilligen Beiträgen	Beitragsbescheinigung des Rentenversicherungsträgers
freiwillige Zahlung von Beiträgen zum Ausgleich einer Rentenminderung (bei vorzeitiger Inanspruchnahme einer Altersrente), § 187 a des Sechsten Buches Sozialgesetzbuch (SGB VI)	Lohnsteuerbescheinigung oder Beitragsbescheinigung des Rentenversicherungsträgers
freiwillige Zahlung von Beiträgen zum Auffüllen von Rentenanwartschaften, die durch einen Versorgungsausgleich gemindert worden sind, § 187 SGB VI[1]	Besondere Beitragsbescheinigung des Rentenversicherungsträgers
Abfindung von Anwartschaften auf betriebliche Altersversorgung, § 187 b SGB VI	Besondere Beitragsbescheinigung des Rentenversicherungsträgers

3 Selbständige Künstler und Publizisten, die nach dem Künstlersozialversicherungsgesetz versicherungspflichtig sind, entrichten die Hälfte des zu entrichtenden Gesamtbeitrags an die Künstlersozialkasse. Dieser Anteil am Gesamtbeitrag ist als Beitrag zur gesetzlichen RV nach § 10 Abs. 1 Nr. 2 EStG zu berücksichtigen. Der übrige Beitragsanteil wird in der Regel von der Künstlersozialkasse aufgebracht und setzt sich aus der Künstlersozialabgabe und einem Zuschuss des Bundes zusammen. Dieser von der Künstlersozialkasse gezahlte Beitragsanteil ist nicht als Beitrag des Steuerpflichtigen i. S. d. § 10 Abs. 1 Nr. 2 EStG zu berücksichtigen.

4 Zu den Beiträgen nach § 10 Abs. 1 Nr. 2 Satz 1 Buchst. a EStG gehören auch Beiträge an ausländische gesetzliche Rentenversicherungsträger (vgl. BFH vom 24. Juni 2009, BStBl. II S. 1000); die inländischen Beitragsbemessungsgrenzen zur gesetzlichen RV sind insoweit nicht maßgebend. Zur Aufteilung von Globalbeiträgen wird auf Rz. 205 verwiesen. Der Beitrag eines inländischen Arbeitgebers an eine ausländische RV ist dem Arbeitnehmer zuzurechnen, wenn die Abführung auf vertraglicher und nicht auf gesetzlicher Grundlage erfolgte (BFH vom 18. Mai 2004, BStBl. II S. 1014). § 3 Nr. 62 EStG greift in diesen Fällen nicht.

5 Die Übertragung von Anrechten auf eine zwischen- oder überstaatliche Einrichtung aufgrund eines Abkommens zur Begründung von Anrechten auf Altersversorgung ist steuerfrei nach § 3 Nr. 55 e EStG. Das übertragene Vermögen ist nicht als Beitrag nach § 10 Abs. 1 Nr. 2 Satz 1 Buchst. a EStG zu berücksichtigen.

1.1.2. Beiträge zur landwirtschaftlichen Alterskasse

6 In der Alterssicherung der Landwirte können der Landwirt, sein Ehegatte, sein Lebenspartner oder in bestimmten Fällen mitarbeitende Familienangehörige versichert sein.

7 Beiträge zur landwirtschaftlichen Alterskasse können, soweit sie zum Aufbau einer eigenen Altersversorgung führen, von dem zur Zahlung Verpflichteten als Beiträge i. S. d. § 10 Abs. 1 Nr. 2 Satz 1 Buchst. a EStG geltend gemacht werden.

1.1.3. Beiträge zu berufsständischen Versorgungseinrichtungen

8 Berufsständische Versorgungseinrichtungen im steuerlichen Sinne sind öffentlich-rechtliche Versicherungs- oder Versorgungseinrichtungen für Beschäftigte und selbständig tätige Angehörige der kammerfähigen freien Berufe, die den gesetzlichen RV vergleichbare Leistungen erbringen. Welche berufsständischen Versorgungseinrichtungen diese Voraussetzung erfüllen, wird jeweils durch gesondertes BMF-Schreiben bekannt gegeben (vgl. zuletzt BMF-Schreiben vom 8. Juli 2014, BStBl. I S. 1098)[2].

9 Die Mitgliedschaft in der berufsständischen Versorgungseinrichtung ist bei Aufnahme der betreffenden Berufstätigkeit gesetzlich verpflichtend. Sie führt in den in § 6 Abs. 1 SGB VI genannten Fällen auf Antrag zu einer Befreiung von der gesetzlichen Rentenversicherungspflicht.

1.2. Beiträge i. S. d. § 10 Abs. 1 Nr. 2 Satz 1 Buchst. b EStG (private Basisrente)

a) Allgemeines

10 Eine Basisrente i. S. d. § 10 Abs. 1 Nr. 2 Satz 1 Buchst. b EStG i. V. m. dem Altersvorsorgeverträge-Zertifizierungsgesetz (AltZertG) liegt vor bei einem Vertrag zum Aufbau einer eigenen kapitalgedeckten Altersversorgung (Basisrente-Alter), ggf. ergänzt um eine Absicherung des Eintritts der verminderten Erwerbsfähigkeit, der Berufsunfähigkeit oder von Hinterbliebenen oder zur Absicherung gegen den Eintritt

[1] **[Amtl. Anm.:]** Zur einkommensteuerlichen Berücksichtigung siehe BFH vom 19. 8. 2021 (BStBl. II 2022 S. 256).
[2] **[Amtl. Anm.:]** Jetzt BMF vom 19. 6. 2020 (BStBl. I S. 617).

Anl b zu § 10

der verminderten Erwerbsfähigkeit im Versicherungsfall (Basisrente-Erwerbsminderung), ggf. verbunden mit einer Absicherung gegen den Eintritt der Berufsunfähigkeit.

11 Nach § 10 Abs. 1 Nr. 2 Satz 1 Buchst. b EStG sind nur die eigenen Beiträge des Versicherten abziehbar. Dies setzt Personenidentität zwischen dem Beitragszahler, der versicherten Person und dem Leistungsempfänger voraus (bei Ehegatten siehe R 10.1 EStR 2016 – bei Lebenspartnern entsprechend). Dies gilt nicht für Beiträge zu einer die Basisrente-Alter ergänzenden Hinterbliebenenabsicherung; insoweit ist ein abweichender Leistungsempfänger zulässig.

12 Der Anbieter kann davon ausgehen, dass die zugunsten des Vertrags geleisteten Beiträge der Person zuzurechnen sind, die einen vertraglichen Anspruch auf die Leistung hat. Ihn trifft keine Verpflichtung zur Feststellung der Mittelherkunft.

13 Auch Beiträge an Pensionsfonds, Pensionskassen und für Direktversicherungen, die im Rahmen der betrieblichen Altersversorgung erbracht werden, können nach § 10 Abs. 1 Nr. 2 Satz 1 Buchst. b EStG begünstigt sein, sofern es sich um Beiträge zu einem zertifizierten Vertrag handelt (vgl. Rz. 15). Nicht zu berücksichtigen sind dagegen steuerfreie Beiträge, pauschal besteuerte Beiträge und Beiträge, die aufgrund einer Altzusage geleistet werden (vgl. Rz. 349 ff., 374 und 376 des BMF-Schreibens vom 24. Juli 2013, BStBl. I S. 1022, geändert durch BMF-Schreiben vom 13. Januar 2014, BStBl. I S. 97 und BMF-Schreiben vom 13. März 2014, BStBl. I S. 554).[1]

14 Beinhaltet ein Vorsorgevertrag u. a. folgende Möglichkeiten, liegen keine Beiträge nach § 10 Abs. 1 Nr. 2 Satz 1 Buchst. b EStG vor:
- Kapitalwahlrecht,
- Anspruch bzw. Optionsrecht auf (Teil-)Auszahlung nach Eintritt des Versorgungsfalls,
- Zahlung eines Sterbegeldes,
- Abfindung einer Rente – Abfindungsansprüche und Beitragsrückerstattungen im Fall einer Kündigung des Vertrags; dies gilt nicht für gesetzliche Abfindungsansprüche (z. B. § 3 Betriebsrentengesetz – BetrAVG)[2] oder die Abfindung einer Kleinbetragsrente (vgl. Rz. 34).

15 Voraussetzung für den Sonderausgabenabzug nach § 10 Abs. 1 Nr. 2 Satz 1 Buchst. b EStG ist u. a., dass
- die Beiträge zugunsten eines Vertrags geleistet wurden, der nach § 5 a AltZertG zertifiziert ist (Grundlagenbescheid i. S. d. § 171 Abs. 10 Abgabenordnung – AO), und
- der Steuerpflichtige gegenüber dem Anbieter in die Datenübermittlung nach § 10 Abs. 2 a EStG eingewilligt hat (vgl. Rz. 186 ff.).

b) Voraussetzungen der vertraglichen Vereinbarungen

aa) Monatliche Zahlung

16 Der Vertrag darf nur die Zahlung einer monatlichen Leibrente vorsehen. Abweichend hiervon ist eine vertragliche Vereinbarung, wonach bis zu zwölf Monatsleistungen in einer Auszahlung zusammengefasst werden können, zulässig.

bb) Gleichbleibende oder steigende Leibrente

17 Der Vertrag darf nur die Zahlung einer gleichbleibenden oder steigenden Leibrente vorsehen.

18 Ein planmäßiges Sinken der Rentenhöhe ist nicht zulässig. Geringfügige Schwankungen in der Rentenhöhe sind jedoch unschädlich, sofern diese Schwankungen auf in einzelnen Jahren unterschiedlich hohen Überschussanteilen während der Rentenzahlung beruhen, die für die ab Leistungsbeginn garantierten Rentenleistungen gewährt werden. Für die Basisrente-Alter bedeutet dies z. B., dass der auf Basis des zu Beginn der Auszahlungsphase garantierten Kapitals zzgl. der unwiderruflich zugeteilten Überschüsse zu errechnende Rentenbetrag während der gesamten Auszahlungsphase nicht unterschritten werden darf.

19 Um das Vorliegen der Voraussetzungen für eine Leibrente i. S. d. § 10 Abs. 1 Nr. 2 Satz 1 Buchst. b Doppelbuchst. aa EStG sicherzustellen, insbesondere dass die Rente während ihrer Laufzeit nicht sinken kann, muss der Vertrag die Verpflichtung des Anbieters enthalten, vor Rentenbeginn die Leibrente auf Grundlage einer anerkannten Sterbetafel zu berechnen und dabei den während der Laufzeit der Rente geltenden Zinsfaktor festzulegen.

cc) Lebenslange Leibrente

20 Der Vertrag darf nur die Zahlung einer lebenslangen Leibrente vorsehen.

21 Eine Auszahlung durch die regelmäßige Gutschrift einer gleichbleibenden oder steigenden Anzahl von Investmentanteilen sowie die Auszahlung von regelmäßigen Raten im Rahmen eines Auszahlungsplans sind keine lebenslange Leibrente i. S. d. § 10 Abs. 1 Nr. 2 Satz 1 Buchst. b EStG.

22 Hierbei wird nur ein bestimmtes Kapital über eine gewisse Laufzeit verteilt. Nach Laufzeitende ist das Kapital aufgebraucht, so dass die Zahlungen dann enden. Insoweit ist eine lebenslange Auszahlung nicht gewährleistet. Eine andere Wertung ergibt sich auch nicht durch eine Kombination eines Auszahlungsplans mit einer sich anschließenden Teilkapitalverrentung. Begrifflich ist die „Teilverrentung" zwar eine Leibrente, allerdings wird der Auszahlungsplan durch die Verknüpfung mit einer Rente nicht selbst zu einer Leibrente.

---

[1] Abgedruckt im *„Handbuch zur Lohnsteuer 2017"* im Anhang I 15 b. Siehe nunmehr auch Rz. 85 des BMF-Schreibens vom 12. 8. 2021, abgedruckt im Anhang **I 15 b.**

[2] Abgedruckt im Anhang **I 15.**

dd) Nichtvererblichkeit

23 Die Vertragsbedingungen dürfen eine Auszahlung an die Erben im Todesfall nicht vorsehen. Das vorhandene Vermögen kommt dann der Versichertengemeinschaft bzw. der Gemeinschaft der verbleibenden Vorsorgesparer zugute.

24 Die Nichtvererblichkeit wird nicht berührt durch gesetzlich zugelassene Hinterbliebenenleistungen im Rahmen der ergänzenden Hinterbliebenenabsicherung (Rz. 37 ff.) bei der Basisrente-Alter oder durch Rentenzahlungen an die Erben für den Zeitraum bis zum Ablauf des Todesmonats der versicherten Person.

25 Eine Rentengarantiezeit – also die Vereinbarung, dass die Rente unabhängig vom Tod der versicherten Person mindestens bis zum Ablauf einer vereinbarten Garantiezeit gezahlt wird – widerspricht der im EStG geforderten Nichtvererblichkeit.

26 Im Rahmen von Fondsprodukten (Publikumsfonds) kann die Nichtvererblichkeit bei der Basisrente-Alter dadurch sichergestellt werden, dass keine erbrechtlich relevanten Vermögenswerte aufgrund des Basisrentenvertrags beim Steuerpflichtigen vorhanden sind. Diese Voraussetzung kann entweder über eine auflösend bedingte Ausgestaltung des schuldrechtlichen Leistungsanspruchs („Treuhandlösung") oder im Wege spezieller Sondervermögen erfüllt werden, deren Vertragsbedingungen vorsehen, dass im Falle des Todes des Anlegers dessen Anteile zugunsten des Sondervermögens eingezogen werden („Fondslösung"). Ebenso kann diese Voraussetzung durch eine vertragliche Vereinbarung zwischen dem Anbieter und dem Steuerpflichtigen erfüllt werden, nach der im Falle des Todes des Steuerpflichtigen der Gegenwert seiner Fondsanteile der Sparergemeinschaft zugutekommt („vertragliche Lösung").

27 Für die bei einem fondsbasierten Basis-/Rürup-Rentenprodukt im Rahmen der „vertraglichen Lösung" anfallenden „Sterblichkeitsgewinne" sowie für den Einzug der Anteile am Sondervermögen und die anschließende Verteilung bei der „Treuhandlösung" fällt mit Blick auf die persönlichen Freibeträge der Erwerber keine Erbschaftsteuer an.

ee) Nichtübertragbarkeit

28 Der Vertrag muss die Möglichkeit zur Übertragung der Ansprüche des Leistungsempfängers auf eine andere Person (z. B. im Wege der Schenkung) ausschließen; die Pfändbarkeit nach den Vorschriften der Zivilprozessordnung (ZPO) steht dem nicht entgegen.

29 Der Vertrag darf zulassen, dass die Ansprüche des Leistungsempfängers aus dem Vertrag unmittelbar auf einen nach § 5 a AltZertG zertifizierten Vertrag (vgl. Rz. 15) des Leistungsempfängers auch bei einem anderen Unternehmen übertragen werden. Dabei ist lediglich die Übertragung innerhalb der jeweiligen Produktgruppe (Basisrente-Alter oder Basisrente-Erwerbsminderung) zulässig. Dieser Vorgang ist steuerfrei nach § 3 Nr. 55 d EStG. Das übertragene Vermögen ist nicht als Beitrag nach § 10 Abs. 1 Nr. 2 Satz 1 Buchst. b EStG zu berücksichtigen.

30 Die Übertragung von Anrechten aus einem Basisrentenvertrag i. S. d. § 10 Abs. 1 Nr. 2 Satz 1 Buchst. b Doppelbuchst. aa EStG zur Regelung von Scheidungsfolgen nach dem Versorgungsausgleichsgesetz (VersAusglG) vom 3. April 2009 (BGBl. I 2009 S. 700), insbesondere im Rahmen einer internen (§ 10 VersAusglG) oder externen Teilung (§ 14 VersAusglG), ist unschädlich.

ff) Nichtbeleihbarkeit

31 Es muss vertraglich ausgeschlossen sein, dass die Ansprüche – z. B. sicherungshalber – abgetreten oder verpfändet werden können.

gg) Nichtveräußerbarkeit

32 Der Vertrag muss so gestaltet sein, dass die Ansprüche nicht an einen Dritten veräußert werden können.

hh) Nichtkapitalisierbarkeit

33 Vertraglich darf kein Recht auf Kapitalisierung des Rentenanspruchs vorgesehen sein.

34 Eine Ausnahme gilt bei der Abfindung einer Kleinbetragsrente in Anlehnung an § 93 Abs. 3 Satz 2 und 3 EStG. Die Abfindungsmöglichkeit besteht bei einer Altersrente i. S. d. § 10 Abs. 1 Nr. 2 Satz 1 Buchst. b Doppelbuchst. aa EStG erst mit dem Beginn der Auszahlungsphase, frühestens mit Vollendung des 62. Lebensjahres des Leistungsempfängers (bei vor dem 1. Januar 2012 abgeschlossenen Verträgen ist grundsätzlich die Vollendung des 60. Lebensjahres maßgebend, vgl. Rz. 35). Bei Renten aus einem Basisrentenvertrag (Basisrente-Alter oder Basisrente-Erwerbsminderung) wegen Berufsunfähigkeit, verminderter Erwerbsfähigkeit und an Hinterbliebene ist die Abfindung einer Kleinbetragsrente schon im Versicherungsfall möglich.

1.2.1. Beiträge i. S. d. § 10 Abs. 1 Nr. 2 Satz 1 Buchst. b Doppelbuchst. aa EStG (Basisrente-Alter)

a) Allgemeines

35 Beiträge zur Basisrente-Alter können nur berücksichtigt werden, wenn die Laufzeit des Vertrags nach dem 31. Dezember 2004 beginnt (zu Laufzeitbeginn und mindestens einer Beitragsleistung vor dem 1. Januar 2005 vgl. Rz. 122) und der Vertrag eine Leibrente vorsieht, die nicht vor Vollendung des 62. Lebensjahres des Steuerpflichtigen beginnt (bei vor dem 1. Januar 2012 abgeschlossenen Verträgen ist regelmäßig die Vollendung des 60. Lebensjahres maßgebend).

36 Voraussetzung für den Abzug nach § 10 Abs. 1 Nr. 2 Satz 1 Buchst. b Doppelbuchst. aa EStG ist seit dem Veranlagungszeitraum (VZ) 2010, dass der Vertrag zertifiziert ist (vgl. Rz. 15).

Anl b zu § 10

b) Ergänzende Absicherung von Berufsunfähigkeit, verminderter Erwerbsfähigkeit und Hinterbliebenen

37 Bei der Basisrente-Alter können ergänzend der Eintritt der Berufsunfähigkeit, der verminderten Erwerbsfähigkeit oder auch Hinterbliebene abgesichert werden, wenn die Zahlung einer Rente vorgesehen ist. Eine zeitliche Befristung einer Berufsunfähigkeits- oder Erwerbsminderungsrente ist ausschließlich im Hinblick auf die entfallende Versorgungsbedürftigkeit (Verbesserung der Gesundheitssituation oder Erreichen der Altersgrenze für den Bezug der Altersrente aus dem entsprechenden Vertrag) nicht zu beanstanden. Ebenso ist es unschädlich, wenn der Vertrag bei Eintritt der Berufsunfähigkeit oder der verminderten Erwerbsfähigkeit anstelle oder ergänzend zu einer Rentenzahlung eine Beitragsfreistellung vorsieht.

38 Die ergänzende Absicherung ist nur dann unschädlich, wenn mehr als 50% der Beiträge auf die eigene Altersversorgung des Steuerpflichtigen entfallen. Für das Verhältnis der Beitragsanteile zueinander ist regelmäßig auf den konkret vom Steuerpflichtigen zu zahlenden (Gesamt-)Beitrag abzustellen. Dabei dürfen die Überschussanteile aus den entsprechenden Risiken die darauf entfallenden Beiträge mindern.

39 Sieht der Basisrentenvertrag vor, dass der Steuerpflichtige bei Eintritt der Berufsunfähigkeit oder einer verminderten Erwerbsfähigkeit von der Verpflichtung zur Beitragszahlung für diesen Vertrag – vollständig oder teilweise – freigestellt wird, sind die insoweit auf die Absicherung dieses Risikos entfallenden Beitragsanteile der Altersvorsorge zuzuordnen. Das gilt jedoch nur, wenn sie der Finanzierung der vertraglich vereinbarten lebenslangen Leibrente i. S. d. § 10 Abs. 1 Nr. 2 Satz 1 Buchst. b Doppelbuchst. aa EStG dienen und aus diesen Beitragsanteilen keine Leistungen wegen Berufsunfähigkeit oder verminderter Erwerbsfähigkeit gezahlt werden, d. h., es wird lediglich der Anspruch auf eine Altersversorgung weiter aufgebaut. Eine Zuordnung zur Altersvorsorge erfolgt jedoch nicht, wenn der Steuerpflichtige vertragsgemäß wählen kann, ob er eine Rente wegen Berufsunfähigkeit oder verminderter Erwerbsfähigkeit erhält oder die Beitragsfreistellung in Anspruch nimmt.

40 Sieht der Basisrentenvertrag vor, dass der Steuerpflichtige eine Altersrente und nach seinem Tode der überlebende Ehegatte oder Lebenspartner seinerseits eine lebenslange gleichbleibende oder steigende Leibrente i. S. d. § 10 Abs. 1 Nr. 2 Satz 1 Buchst. b Doppelbuchst. aa EStG (insbesondere nicht vor Vollendung seines 62. bzw. 60. Lebensjahres; vgl. Rz. 35) erhält, handelt es sich nicht um eine ergänzende Hinterbliebenenabsicherung, sondern insgesamt um eine Altersvorsorge. Der Beitrag ist in diesen Fällen in vollem Umfang der Altersvorsorge zuzurechnen. Erfüllt dagegen die zugesagte Rente für den hinterbliebenen Ehegatten oder Lebenspartner nicht die Voraussetzungen des § 10 Abs. 1 Nr. 2 Satz 1 Buchst. b Doppelbuchst. aa EStG (insbesondere im Hinblick auf das Mindestalter für den Beginn der Rentenzahlung), liegt eine ergänzende Hinterbliebenenabsicherung vor. Die Beitragsanteile, die nach versicherungsmathematischen Grundsätzen auf das Risiko der Rentenzahlung an den hinterbliebenen Ehegatten oder Lebenspartner entfallen, sind daher der ergänzenden Hinterbliebenenabsicherung zuzuordnen.

41 Wird die Hinterbliebenenversorgung ausschließlich aus dem bei Tod des Steuerpflichtigen vorhandenen Altersvorsorge-(Rest)kapitals finanziert, ist die Hinterbliebenenabsicherung keine Risikoabsicherung und der Beitrag ist insoweit der Altersvorsorge zuzurechnen. Das gilt auch, wenn der Steuerpflichtige eine entsprechend gestaltete Absicherung des Ehegatten oder Lebenspartners als besondere Komponente im Rahmen seines (einheitlichen) Basisrentenvertrags hinzu- oder später wieder abwählen kann (z. B. bei Scheidung, Wiederheirat etc.).

42 Sowohl die Altersversorgung als auch die ergänzenden Absicherungen müssen in einem einheitlichen Vertrag geregelt sein. Andernfalls handelt es sich nicht um ergänzende Absicherungen zu einem Basisrentenvertrag, sondern um eigenständige Versicherungen. Die Aufwendungen hierfür sind bei Vorliegen der Voraussetzungen nach § 10 Abs. 1 Nr. 3 a EStG als sonstige Vorsorgeaufwendungen zu berücksichtigen (Rz. 121 ff.). Erfüllt die Absicherung der verminderten Erwerbsfähigkeit jedoch die Voraussetzungen des § 10 Abs. 1 Nr. 2 Satz 1 Buchst. b Doppelbuchst. bb EStG, ist auch ein Abzug der Aufwendungen nach § 10 Abs. 1 Nr. 2 Satz 1 Buchst. b EStG möglich.

43 Bei einem Basisrentenvertrag auf Grundlage von Investmentfonds kann der Einschluss einer ergänzenden Absicherung des Eintritts der Berufsunfähigkeit, der verminderten Erwerbsfähigkeit oder einer zusätzlichen Hinterbliebenenrente im Wege eines einheitlichen Vertrags zugunsten Dritter gem. §§ 328 ff. des Bürgerlichen Gesetzbuchs (BGB) erfolgen. Hierbei ist die Kapitalanlagegesellschaft Versicherungsnehmer (VN), während der Steuerpflichtige die versicherte Person ist und den eigentlichen (Renten-)Anspruch gegen das entsprechende Versicherungsunternehmen erhält. Dies wird im Fall der Vereinbarung einer Berufsunfähigkeits- bzw. Erwerbsunfähigkeitsrente in den Vertragsbedingungen durch Abtretung des Bezugsrechts an den Steuerpflichtigen ermöglicht. Im Falle der Vereinbarung einer zusätzlichen Hinterbliebenenrente erfolgt die Abtretung des Bezugsrechts an den privilegierten Hinterbliebenen. Die Kapitalanlagegesellschaft leitet die Beiträge des Steuerpflichtigen, soweit sie für die ergänzende Absicherung bestimmt sind, an den Versicherer weiter.

44 Zu den Hinterbliebenen, die zusätzlich abgesichert werden können, gehören nur der Ehegatte oder der Lebenspartner des Steuerpflichtigen und Kinder i. S. d. § 32 EStG. Der Anspruch auf Waisenrente ist dabei auf den Zeitraum zu begrenzen, in dem das Kind die Voraussetzungen des § 32 EStG erfüllt. Es ist nicht zu beanstanden, wenn die Waisenrente auch für den Zeitraum gezahlt wird, in dem das Kind nur die Voraussetzungen nach § 32 Abs. 4 Satz 1 EStG erfüllt. Für die vor dem 1. Januar 2007 abgeschlossenen Verträge gilt für das Vorliegen einer begünstigten Hinterbliebenenversorgung die Altersgrenze des § 32 EStG in der bis zum 31. Dezember 2006 geltenden Fassung (§ 52 Abs. 32 Satz 3 EStG). In diesen Fällen können z. B. Kinder in Berufsausbildung in der Regel bis zur Vollendung des 27. Lebensjahres berücksichtigt werden.

1.2.2. Beiträge i. S. d. § 10 Abs. 1 Nr. 2 Satz 1 Buchst. b Doppelbuchst. bb EStG i. V. m. § 2 Abs. 1 a AltZertG (Basisrente-Erwerbsminderung)

Anl b zu § 10

45 Beiträge zur Basisrente-Erwerbsminderung können nur berücksichtigt werden, wenn diese auf einen nach § 5 a AltZertG zertifizierten Vertrag eingezahlt werden (vgl. Rz. 15). Zertifizierungen können auf Antrag des Anbieters erstmalig mit Wirkung zum 1. Januar 2014 erteilt werden. Demnach sind Beiträge zur Basisrente-Erwerbsminderung grundsätzlich ab dem VZ 2014 abziehbar.

46 Der Vertrag muss nach § 2 Abs. 1 a Nr. 1 AltZertG zwingend eine Absicherung gegen den Eintritt der teilweisen oder vollen Erwerbsminderung vorsehen. Eine Erwerbsminderung liegt vor, wenn der VN voraussichtlich für mindestens zwölf Monate aufgrund von Krankheit, Körperverletzung oder Behinderung nicht in der Lage ist, unter den üblichen Bedingungen des allgemeinen Arbeitsmarktes voll erwerbstätig zu sein. Dabei ist von einer teilweisen Erwerbsminderung auszugehen, wenn der VN nicht imstande ist, mindestens sechs Stunden täglich erwerbstätig zu sein. Eine volle Erwerbsminderung liegt dagegen vor, wenn er hierzu nicht mindestens drei Stunden täglich in der Lage ist. Für die Beurteilung, ob eine Beschäftigung unter den üblichen Bedingungen des allgemeinen Arbeitsmarktes möglich und zumutbar ist, kommt es ausschließlich auf die gesundheitlichen Einschränkungen des Versicherten an. Die allgemeine Arbeitsmarktlage ist nicht zu beachten.

47 Neben der Absicherung gegen den Eintritt der verminderten Erwerbsfähigkeit darf ein Basisrentenvertrag-Erwerbsminderung zusätzlich auch die Absicherung gegen den Eintritt der Berufsunfähigkeit enthalten. Es handelt sich in diesen Fällen weiterhin um einen einheitlichen Vertrag. Die verschiedenen Vertragskomponenten können versicherungsrechtlich sowohl der Haupt- als auch der Zusatzversicherung zugeordnet werden. Tritt der Versicherungsfall (Erwerbsminderung oder ggf. Berufsunfähigkeit) im versicherten Zeitraum, spätestens bis zur Vollendung des 67. Lebensjahres ein, hat der Anbieter eine lebenslange gleichbleibende oder steigende Leibrente vorzusehen.

48 Eine zeitliche Befristung der Erwerbsminderungs- oder Berufsunfähigkeitsrente ist nur dann nicht zu beanstanden, wenn die Erwerbsminderung oder Berufsunfähigkeit bis zur Vollendung des 67. Lebensjahres weggefallen ist. Der Wegfall ist medizinisch zu begründen. Ein medizinisch begründeter Wegfall der Berufsunfähigkeit kann – wenn dies vereinbart wurde – auch dann vorliegen, wenn der VN eine andere Tätigkeit ausübt oder ausüben kann, die zu übernehmen er aufgrund seiner Ausbildung und Fähigkeiten in der Lage ist und die seiner bisherigen Lebensstellung entspricht.

49 Sofern der Steuerpflichtige bei Eintritt des Versicherungsfalls das 55. Lebensjahr vollendet hat, darf die zugesagte Rente in ihrer Höhe vom Alter des Steuerpflichtigen bei Eintritt des Versicherungsfalls abhängig gemacht werden. Es muss allerdings auch bei Eintritt des Versicherungsfalls zwischen dem 55. und 67. Lebensjahr eine gleichbleibende oder steigende lebenslange Leibrente (> 0 €) gezahlt werden (vgl. aber Rz. 33 f.).

50 Für die Absicherung gegen den Eintritt der Berufsunfähigkeit sind die allgemeinen versicherungsvertraglichen Grundsätze zu beachten. Daneben müssen für die Absicherung gegen den Eintritt der verminderten Erwerbsfähigkeit folgende Regelungen nach § 2 Abs. 1 a AltZertG im Vertrag vorgesehen werden:

51 – Leistungsumfang:
Sieht der Vertrag sowohl eine Absicherung des Eintritts der vollen als auch teilweisen Erwerbsminderung vor, hat der Anbieter bei Eintritt der teilweisen Erwerbsminderung mindestens die Hälfte der versicherten Leistung zu gewähren.

52 – Leistungsbeginn:
Die Leistung ist spätestens ab Beginn des Kalendermonats zu gewähren, der dem Kalendermonat folgt, in dem die teilweise oder volle Erwerbsminderung eingetreten ist. Dies gilt, wenn die Leistung bis zum Ende des 36. Kalendermonats nach Ablauf des Monats des Eintritts der teilweisen oder vollen Erwerbsminderung beantragt wird. Wird der Antrag zu einem späteren Zeitpunkt gestellt, hat der Anbieter spätestens ab Beginn des Kalendermonats zu leisten, der 36 Monate vor dem Monat der Beantragung liegt, frühestens jedoch ab Vertragsbeginn.

53 – Beitragsstundung:
Die Beiträge (Beitragsanteile) zur Absicherung des Risikos „verminderte Erwerbsfähigkeit" sind auf Antrag des Steuerpflichtigen ab dem Zeitpunkt der Rentenantragstellung wegen teilweiser oder voller Erwerbsminderung bis zur endgültigen Entscheidung über die Leistungspflicht zinslos und ohne andere Auflagen zu stunden.

54 – Kündigungs- und Abänderungsverzicht:
Verletzt der Steuerpflichtige (Vertragspartner) schuldlos seine Pflicht, ihm bekannte erhebliche Gefahrumstände anzuzeigen, die für den Versicherer hinsichtlich der Entscheidung zum Abschluss des Vertrags entscheidend sein können, hat der Anbieter auf sein Kündigungsrecht nach § 19 Abs. 3 Satz 2 Versicherungsvertragsgesetz (VVG) und das Abänderungsrecht nach § 19 Abs. 4 VVG zu verzichten.

55 – Begrenzung der medizinischen Mitwirkungspflicht des Steuerpflichtigen:
Die Verpflichtung des Steuerpflichtigen zur medizinischen Mitwirkung muss nicht nur auf medizinisch indizierte, sondern auch auf zumutbare ärztliche Untersuchungs- und Behandlungsleistungen begrenzt sein. Dies gilt sowohl zur als auch nach der Feststellung der teilweisen oder vollen Erwerbsminderung.

1.3. Steuerfreie Zuschüsse und Beitragsrückerstattungen

56 Steuerfreie Beitragszuschüsse und Beitragsrückerstattungen mindern den Sonderausgabenabzug für Altersvorsorgeaufwendungen, z. B. bei

Anl b zu § 10

– steuerfrei gezahlten Zuschüssen zum Beitrag nach § 32 des Gesetzes über die Alterssicherung der Landwirte (§ 3 Nr. 17 EStG),
– steuerfreien Zuschüssen und geleisteten Erstattungen von Behörden i. S. d. § 6 Abs. 1 AO und anderen öffentlichen Stellen (z. B. vom Jugendamt; § 23 Abs. 2 Satz 1 Nr. 3 des Achten Buches Sozialgesetzbuch – SGB VIII – i. V. m. § 3 Nr. 9 EStG).

56 a Leistungen, die nach § 22 Nr. 1 S. 3 Buchst. a Doppelbuchst. aa EStG steuerbare Einkünfte darstellen, mindern die als Sonderausgaben abzugsfähigen Altersvorsorgeaufwendungen nicht (vgl. BFH v. 7. 7. 2020, BStBl. II 2021, 750). § 10 Abs. 4 b EStG ist in diesen Fällen nicht anzuwenden.[1]

57 Auch bei Rückzahlung von zu Unrecht geleisteten Beiträgen infolge einer rückwirkenden Vertragsänderung oder aufgrund einer Erstattung nach § 26 SGB IV mindern diese als Beitragsrückerstattung die im Jahr des Zuflusses geleisteten Rentenversicherungsbeiträge und sind nach § 10 Abs. 4 b Satz 4 EStG zu melden. Für unterjährige Beitragsrückerstattungen, die Beiträge desselben VZ betreffen, ist in der Beitragsbescheinigung der saldierte Wert anzugeben.[2]

57 a Abweichend von Rz. 57 kann es bei Basisrenten nicht zu einer Beitragsrückerstattung kommen, da eine Kapitalisierung nicht zulässig ist (vgl. Rz. 33). Soweit zu Unrecht geleistete bzw. zivilrechtlich nicht geschuldete Beträge (z. B. bei einem Widerruf des Vertrages) zurückgezahlt werden, hat die mitteilungspflichtige Stelle eine Datensatzstornierung bzw. -korrektur der betreffenden Jahre vorzunehmen.[3]

1.4. Beitragsempfänger

58 Zu den Beitragsempfängern i. S. d. § 10 Abs. 2 Satz 1 Nr. 2 EStG gehören auch Pensionsfonds, die wie Versicherungsunternehmen den aufsichtsrechtlichen Regelungen des Versicherungsaufsichtsgesetzes (VAG) unterliegen und – seit 1. Januar 2006 – Anbieter i. S. d. § 80 EStG. Die Produktvoraussetzungen für das Vorliegen einer Basisrente (§ 10 Abs. 1 Nr. 2 Satz 1 Buchst. b EStG) werden dadurch nicht erweitert.

2. Ermittlung des Abzugsbetrags nach § 10 Abs. 3 EStG

2.1. Höchstbetrag

59 Die begünstigten Beiträge sind nach § 10 Abs. 3 EStG bis zu dem Höchstbetrag zur knappschaftlichen RV (West) – aufgerundet auf einen vollen Betrag in Euro – als Sonderausgaben abziehbar (gültig ab VZ 2015: 22 172 €; für VZ 2016: 22 767 €)[4]. Dieser ergibt sich aus der von der Bundesregierung zu erlassenen Verordnung über maßgebende Rechengrößen der Sozialversicherung und der Verordnung zur Bestimmung der Beitragssätze in der gesetzlichen RV unter Anwendung des jeweiligen Beitragssatzes auf die Beitragsbemessungsgrenze der knappschaftlichen RV (West).[5]

60 Im Falle der Zusammenveranlagung von Ehegatten oder Lebenspartnern verdoppelt sich der Betrag nach Rz. 59, unabhängig davon, wer von den Ehegatten oder Lebenspartnern die begünstigten Beiträge entrichtet hat.

2.2. Kürzung des Höchstbetrags nach § 10 Abs. 3 Satz 3 EStG

61 Der Höchstbetrag nach § 10 Abs. 3 Satz 1 EStG ist bei Steuerpflichtigen, die zum Personenkreis des § 10 Abs. 3 Satz 3 Nr. 1 oder 2 EStG gehören, um den Betrag zu kürzen, der dem (fiktiven) Gesamtbeitrag (Arbeitgeber- und Arbeitnehmeranteil) zur allgemeinen RV entspricht.

62 Der (fiktive) Gesamtbeitrag ist anhand der erzielten steuerpflichtigen Einnahmen aus der Tätigkeit zu ermitteln, die die Zugehörigkeit zum genannten Personenkreis begründen (Bemessungsgrundlage für den Kürzungsbetrag). Dabei ist unerheblich, ob die Zahlungen insgesamt beitragspflichtig gewesen wären, wenn Versicherungspflicht in der gesetzlichen RV bestanden hätte.

63 Bei der Berechnung des Kürzungsbetrags ist einheitlich höchstens auf die Beitragsbemessungsgrenze (Ost)[6] in der allgemeinen RV abzustellen.

64 Für die Berechnung des Kürzungsbetrags ist der zu Beginn des jeweiligen Kalenderjahres geltende Beitragssatz in der allgemeinen RV maßgebend.

2.2.1. Kürzung des Höchstbetrags beim Personenkreis des § 10 Abs. 3 Satz 3 Nr. 1 Buchst. a EStG

65 Zum Personenkreis des § 10 Abs. 3 Satz 3 Nr. 1 Buchst. a EStG gehören u. a.:
– Beamte, Richter, Berufssoldaten, Soldaten auf Zeit, Amtsträger,
– Arbeitnehmer, die nach § 5 Abs. 1 Satz 1 Nr. 2 und 3 SGB VI oder § 230 SGB VI versicherungsfrei sind (z. B. Beschäftigte bei Trägern der Sozialversicherung, Geistliche der als öffentlich-rechtliche Körperschaften anerkannten Religionsgemeinschaften),

---

[1] **[Amtl. Anm.:]** Rz. 56 a wurde durch BMF vom 28. 9. 2021 (BStBl. I S. 1833) eingefügt und ist in allen offenen Fällen anzuwenden.

[2] Rz. 57 ist erstmals für VZ 2017 anzuwenden, vgl. Rz. 211.

[3] Rz. 57 a eingef. durch BMF v. 6. 11. 2017, BStBl. I S. 1455 (BeckVerw 348240), anzuwenden ab 27. 11. 2017 (Tag der Bekanntgabe im BStBl.).

[4] **[Amtl. Anm.:]** Für den VZ 2017 23 362 €, für den VZ 2018 23 712 €, für den VZ 2019 24 305 €, für den VZ 2020 25 046 €, für den VZ 2021 25 787 €, für den VZ 2022 25 639 €, für den VZ 2023 26 528 €, für den VZ 2024 27 566 €, für den VZ 2025 29 344 €.

[5] VZ 2018: 24,7% von 96 000 Euro = 23 712 Euro; VZ 2019: 24,7% von 98 400 Euro = 24 305 Euro; VZ 2020: 24,7% von 101 400 Euro = 25 046 Euro; VZ 2021: 24,7% von 104 400 Euro = 25 787 Euro; VZ 2022: 24,7% von 103 800 Euro = 25 639 Euro, VZ 2023: 24,7 % von 107 400 Euro = 26 528 Euro, VZ 2024: 24,7 % von 111 600 Euro = 27 566 Euro, VZ 2025: 24,7 % von 118 800 Euro = 29 344 Euro.

[6] VZ 2021: 80 400 Euro; VZ 2022: 81 000 Euro; VZ 2023: 85 200 Euro.; VZ 2024: 89 400 Euro; VZ 2025: bundeseinheitlich 96 600 Euro.

– Arbeitnehmer, die auf Antrag des Arbeitgebers von der gesetzlichen Rentenversicherungspflicht befreit worden sind, z. B. eine Lehrkraft an nicht öffentlichen Schulen, bei der eine Altersversorgung nach beamtenrechtlichen oder entsprechenden kirchenrechtlichen Grundsätzen gewährleistet ist.

2.2.2. Kürzung des Höchstbetrags beim Personenkreis des § 10 Abs. 3 Satz 3 Nr. 1 Buchst. b EStG

66 Zum Personenkreis des § 10 Abs. 3 Satz 3 Nr. 1 Buchst. b EStG gehören seit dem VZ 2008 Arbeitnehmer, die während des ganzen oder eines Teils des Kalenderjahres nicht der gesetzlichen Rentenversicherungspflicht unterliegen und denen eine betriebliche Altersversorgung im Zusammenhang mit einem im betreffenden VZ bestehenden Dienstverhältnis zugesagt worden ist. Hierzu können insbesondere beherrschende Gesellschafter-Geschäftsführer einer GmbH oder Vorstandsmitglieder einer Aktiengesellschaft gehören (für VZ 2005 bis 2007 vgl. BMF-Schreiben vom 22. Mai 2007, BStBl. I S. 493).[1]

67 Für die Beurteilung der Zugehörigkeit zum Personenkreis sind alle Formen der betrieblichen Altersversorgung zu berücksichtigen. Ohne Bedeutung sind dabei die Art der Finanzierung, die Höhe der Versorgungszusage und die Art des Durchführungswegs. Ebenso ist unerheblich, ob im betreffenden VZ Beiträge erbracht wurden oder die Versorgungsanwartschaft angewachsen ist.

68 Für die Beurteilung, ob eine Kürzung vorzunehmen ist, ist auf das konkrete Dienstverhältnis in dem jeweiligen VZ abzustellen. Nicht einzubeziehen sind Anwartschaftsrechte aus einer im gesamten VZ privat fortgeführten Direktversicherung, bei der der Arbeitnehmer selbst VN ist.

2.2.3. Kürzung des Höchstbetrags beim Personenkreis des § 10 Abs. 3 Satz 3 Nr. 2 EStG

69 Zu den Steuerpflichtigen mit Einkünften nach § 22 Nr. 4 EStG gehören u. a.
– Bundestagsabgeordnete,
– Landtagsabgeordnete,
– Abgeordnete des Europaparlaments.

70 Nicht zu diesem Personenkreis gehören z. B.
– ehrenamtliche Mitglieder kommunaler Vertretungen,
– kommunale Wahlbeamte wie Landräte und Bürgermeister.

71 Eine Kürzung des Höchstbetrags nach § 10 Abs. 3 Satz 3 Nr. 2 EStG ist vorzunehmen, wenn der Steuerpflichtige zum genannten Personenkreis gehört und ganz oder teilweise ohne eigene Beitragsleistung einen Anspruch auf Altersversorgung nach dem Abgeordnetengesetz, dem Europaabgeordnetengesetz oder entsprechenden Gesetzen der Länder erwirbt.

2.3. Kürzung des Höchstbetrags bei Ehegatten und Lebenspartnern

72 Bei Ehegatten ist jeweils gesondert zu prüfen, ob und in welcher Höhe der gemeinsame Höchstbetrag nach § 10 Abs. 3 Satz 2 EStG zu kürzen ist (Rz. 61 ff.). Dies gilt für Lebenspartner entsprechend.

2.4. Übergangsregelung (bis 2024)[2]

73 Bis 2024 sind die nach Rz. 1 bis 42 und 44 bis 72 zu berücksichtigenden Aufwendungen mit dem sich aus § 10 Abs. 3 Satz 4 und 6 EStG ergebenden Prozentsatz anzusetzen:

Jahr	Prozentsatz
2012	74
2013	76
2014	78
2015	80
2016	82
2017	84
2018	86
2019	88
2020	90
2021	92
2022	94
2023	96
2024	98
ab 2025	100

2.5. Kürzung des Abzugsbetrags bei Arbeitnehmern nach § 10 Abs. 3 Satz 5 EStG

74 Bei Arbeitnehmern, die steuerfreie Arbeitgeberleistungen nach § 3 Nr. 62 EStG oder diesen gleichgestellte steuerfreie Zuschüsse des Arbeitgebers erhalten haben, ist der sich nach Rz. 73 ergebende Abzugsbetrag um diese Beträge zu kürzen (maximal bis 0 €). Haben beide Ehegatten oder beide Lebenspartner steuerfreie Arbeitgeberleistungen erhalten, ist der Abzugsbetrag um beide Beträge zu kürzen.

2.6. Beispiele

75 Bei der Berechnung der Beispiele wurde ein Beitragssatz zur allgemeinen RV i. H. v. 18,7%[3] herangezogen.

---

[1] Hier nicht mehr abgedruckt, da ab VZ 2018 nicht mehr gültig.
[2] Nach § 10 Abs. 3 Satz 6 EStG i. d. F. des JStG 2022 beträgt der Abzug ab dem VZ 2023 100 %.
[3] RV-Beitragssatz ab 2019: 18,6%.

Anl b zu § 10

Beispiel 1:

76 Ein lediger Arbeitnehmer zahlt im Jahr 2016 einen Arbeitnehmeranteil zur allgemeinen RV i. H. v. 4000 €. Zusätzlich wird ein steuerfreier Arbeitgeberanteil in gleicher Höhe gezahlt. Daneben hat der Arbeitnehmer noch Beiträge in einen Basisrentenvertrag i. S. d. § 10 Abs. 1 Nr. 2 Satz 1 Buchst. b EStG i. H. v. 3000 € eingezahlt.
Im Jahr 2016 können Altersvorsorgeaufwendungen i. H. v. 5020 € als Sonderausgaben nach § 10 Abs. 1 Nr. 2 i. V. m. Abs. 3 EStG abgezogen werden:

Arbeitnehmerbeitrag	4000 €	
Basisrentenvertrag	4000 €	
Arbeitgeberbeitrag	3000 €	
insgesamt	11 000 €	
Höchstbetrag (91 800 € × 24,8%)	22 767 €	
82% des geringeren Betrags		9020 €
abzügl. steuerfreier Arbeitgeberanteil		4000 €
verbleibender Betrag		5020 €

Zusammen mit dem steuerfreien Arbeitgeberbeitrag werden Altersvorsorgeaufwendungen i. H. v. 9020 € von der Besteuerung freigestellt. Dies entspricht 82% der insgesamt geleisteten Beiträge.

Beispiel 2:

77 Ein lediger Beamter zahlt 3000 € in einen begünstigten Basisrentenvertrag i. S. d. § 10 Abs. 1 Nr. 2 Satz 1 Buchst. b EStG, um zusätzlich zu seinem Pensionsanspruch eine Altersversorgung zu erwerben. Seine Einnahmen aus dem Beamtenverhältnis betragen 42 781 €.
Im Jahr 2016 können Altersvorsorgeaufwendungen i. H. v. 2460 € als Sonderausgaben abgezogen werden:

Basisrentenvertrag		3000 €
Höchstbetrag (91 800 € × 24,8%)	22 767 €	
abzügl. fiktiver Gesamtbeitrag RV (42 781 € × 18,7%)	8000 €	
gekürzter Höchstbetrag		14 767 €
82% des geringeren Betrags		2460 €

Damit werden 82% der Beiträge des Steuerpflichtigen von der Besteuerung freigestellt.

Beispiel 3:

78 Die Eheleute A und B zahlen im Jahr 2016 jeweils 8000 € für einen Basisrentenvertrag i. S. d. § 10 Abs. 1 Nr. 2 Satz 1 Buchst. b EStG. A ist im Jahr 2016 als selbständiger Steuerberater tätig und zahlt darüber hinaus 15 000 € in die berufsständische Versorgungseinrichtung der Steuerberater, die der gesetzlichen RV vergleichbare Leistungen erbringt. B ist Beamtin ohne eigene Aufwendungen für ihre künftige Pension. Ihre Einnahmen aus dem Beamtenverhältnis betragen 42 781 €.
Im Jahr 2016 können Altersvorsorgeaufwendungen i. H. v. 25 420 € als Sonderausgaben abgezogen werden:

berufsständische Versorgungseinrichtung	15 000 €	
Basisrentenverträge	16 000 €	
insgesamt		31 000 €
Höchstbetrag	45 534 €	
abzügl. fiktiver Gesamtbeitrag RV (42 781 € × 18,7%)	8000 €	
gekürzter Höchstbetrag		37 534 €
82% des geringeren Betrags		25 420 €

79 Die Beiträge nach § 168 Abs. 1 Nr. 1 b oder 1 c SGB VI (geringfügig versicherungspflichtig Beschäftigte) oder nach § 172 Abs. 3 oder 3 a SGB VI (versicherungsfrei geringfügig Beschäftigte) vermindern den abziehbaren Betrag nur, wenn der Steuerpflichtige die Hinzurechnung dieser Beiträge zu den Vorsorgeaufwendungen nach § 10 Abs. 1 Nr. 2 Satz 7 EStG beantragt hat. Dies gilt, obwohl der Arbeitgeberbeitrag nach § 3 Nr. 62 EStG steuerfrei ist.

II. Sonderausgabenabzug für sonstige Vorsorgeaufwendungen nach § 10 Abs. 1 Nr. 3 und 3 a EStG

1. Allgemeines

27 **80** Mit dem Gesetz zur verbesserten steuerlichen Berücksichtigung von Vorsorgeaufwendungen (Bürgerentlastungsgesetz Krankenversicherung vom 16. Juli 2009) hat der Gesetzgeber die steuerliche Berücksichtigung von Kranken- und Pflegeversicherungsbeiträgen zum 1. Januar 2010 neu geregelt. Die vom Steuerpflichtigen tatsächlich geleisteten Beiträge für eine Absicherung auf sozialhilfegleichem Versorgungsniveau (Basisabsicherung) zur privaten und gesetzlichen Krankenversicherung und zur gesetzlichen Pflegeversicherung werden in vollem Umfang steuerlich berücksichtigt. Ab dem VZ 2010 ist deshalb innerhalb der sonstigen Vorsorgeaufwendungen zwischen den Basiskrankenversicherungsbeiträgen (Rz. 83 ff.) und den Beiträgen zur gesetzlichen Pflegeversicherung in § 10 Abs. 1 Nr. 3 EStG (Rz. 117 ff.) sowie den weiteren sonstigen Vorsorgeaufwendungen in § 10 Abs. 1 Nr. 3 a EStG (Rz. 121 ff.) zu unterscheiden.

1 Die Beiträge zur Basisabsicherung können grundsätzlich bei der Veranlagung des wirtschaftlich belasteten VN (Beitragsschuldner) als Sonderausgaben berücksichtigt werden, unabhängig davon, wer die versicherte Person ist. In den Fällen des § 10 Abs. 1 Nr. 3 Satz 2 EStG[1] können sie abweichend aber auch vom Unterhaltsverpflichteten geltend gemacht werden, wenn dieser die eigenen Beiträge eines Kindes, für da sein Anspruch auf einen Kinderfreibetrag oder auf Kindergeld besteht, wirtschaftlich ge-

[1] **[Amtl. Anm.:]** § 10 Abs. 1 Nr. 3 Satz 2 wurde durch das Gesetz zur weiteren steuerlichen Förderung der Elektromobilität und zur Änderung weiterer steuerlicher Vorschriften vom 12. 12. 2019 (BGBl. I S. 2451) geändert.

tragen hat. Hierbei kommt es nicht darauf an, ob die Beiträge in Form von Bar- oder Sachunterhaltsleistungen getragen wurden. Die Beiträge können zwischen den Eltern und dem Kind aufgeteilt, im Ergebnis aber nur einmal – entweder beiden Eltern oder beim Kind – als Vorsorgeaufwendungen berücksichtigt werden (Grundsatz der Einmalberücksichtigung). Die Einkünfte und Bezüge des Kindes haben keinen Einfluss auf die Höhe der beiden Eltern zu berücksichtigen den Vorsorgeaufwendungen. Die Berücksichtigung der Kranken- und Pflegeversicherungsbeiträge des Kindes bei der Grenzbetragsprüfung nach § 32 Abs. 4 Satz 2 EStG in der bis zum VZ 2012 geltenden Fassung steht einer Berücksichtigung der Beiträge zur Basisabsicherung als Sonderausgaben bei den Eltern nicht entgegen.

82 Keine Beiträge i. S. d. § 10 Abs. 1 Nr. 3 und 3 a EStG sind
- Prämienzuschläge nach § 193 Abs. 4 VVG. Diese werden erhoben, wenn sich Personen nicht bereits bei Eintritt der Versicherungspflicht, sondern verspätet versichern. Sie sind ein reines Sanktionsmittel, welches dem Ausgleich materieller Vorteile dient. Durch die Zahlung des Prämienzuschlags wird rückwirkend kein Versicherungsschutz begründet.
- selbst getragene Eigenleistungen für Vorsorgeuntersuchungen.
- selbst getragene Krankheitskosten aufgrund eines tariflichen Selbstbehalts oder wegen der Wahl einer Beitragsrückerstattung[1] (BFH vom 1. Juni 2016, BStBl. 2017 II S. 55).

2. Sonstige Vorsorgeaufwendungen

2.1. Beiträge zur Basiskrankenversicherung (§ 10 Abs. 1 Nr. 3 Satz 1 Buchst. a EStG)

a) Allgemeines

83 Begünstigt sind nach § 10 Abs. 1 Nr. 3 Satz 1 Buchst. a EStG Beiträge zur Krankenversicherung, soweit diese zur Erlangung eines durch das Zwölfte Buch Sozialgesetzbuch (SGB XII) bestimmten sozialhilfegleichen Versorgungsniveaus erforderlich sind (Basiskrankenversicherung) und sofern auf die Leistungen ein (Rechts-)Anspruch besteht:
- Für Beiträge zur gesetzlichen Krankenversicherung (GKV) sind dies die nach dem Dritten Titel des Ersten Abschnitts des Achten Kapitels des Fünften Buches Sozialgesetzbuch (SGB V) oder die nach dem Sechsten Abschnitt des Zweiten Gesetzes über die Krankenversicherung der Landwirte festgesetzten Beiträge. Soweit sich aus den Beiträgen ein Anspruch auf Krankengeld oder ein Anspruch auf eine Leistung, die anstelle von Krankengeld gewährt wird, ergeben kann, sind diese für die Ermittlung der Basisabsicherung um 4% zu mindern.
- Für Beiträge zu einer privaten Krankenversicherung (PKV) sind dies die Beitragsanteile, die auf Vertragsleistungen entfallen, die – mit Ausnahme der auf das Krankengeld entfallenden Beitragsanteile – in Art, Umfang und Höhe den Leistungen nach dem Dritten Kapitel des SGB V vergleichbar sind, auf die ein Anspruch besteht (vgl. Rz. 110 ff.).
- Bei einer bestehenden Basisabsicherung durch die GKV ist eine zeitgleiche zusätzliche private Krankheitskostenvollversicherung zur Basisabsicherung nicht erforderlich. In diesen Fällen sind bei Pflichtversicherten ausschließlich die Beiträge zur GKV[2] und bei freiwillig Versicherten die höheren Beiträge als Beiträge für eine Basisabsicherung anzusetzen. Aus verwaltungsökonomischen Gründen ist der Sonderausgabenabzug für Beiträge an eine PKV als Basisabsicherung zu gewähren, wenn zeitgleich eine beitragsfreie Familienversicherung in der GKV gegeben ist. Werden Beiträge zu einer Anwartschaftsversicherung in der PKV neben den Beiträgen zu einer bestehenden Versicherung in der GKV geleistet, sind sowohl die Beiträge zur GKV als auch die Beiträge zur Anwartschaftsversicherung nach § 10 Abs. 1 Nr. 3 Satz 1 Buchst. a EStG abziehbar, soweit diese nach Rz. 114 einer Basisabsicherung dienen.

84 Keine Beiträge i. S. d. § 10 Abs. 1 Nr. 3 Satz 1 Buchst. a EStG sind Beiträge zu einer Auslandskrankenversicherung (Reisekrankenversicherung), die zusätzlich zu einem bestehenden Versicherungsschutz in der GKV oder PKV ohne eingehende persönliche Risikoprüfung abgeschlossen wird (vgl. Rz. 121).

85 Die im einkommensteuerrechtlichen Zusammenhang verwendeten Begriffe Basisabsicherung und Basiskrankenversicherung sind vom Basistarif i. S. d. § 152 Abs. 1 VAG (vormals § 12 Abs. 1 a VAG) abzugrenzen. Der Basistarif wurde zum 1. Januar 2009 eingeführt und ist ein besonders gestalteter Tarif. Dieser muss grundsätzlich von jedem privaten Krankenversicherungsunternehmen angeboten werden. Die Leistungen des Basistarifs entsprechenden Pflichtleistungen der GKV. Die sogenannte Basisabsicherung i. S. d. Einkommensteuerrechts ist jedoch kein spezieller Tarif, sondern die Absicherung der Leistungen auf dem Niveau der GKV (mit Ausnahme des Krankengeldes), die auch in jedem anderen Tarif als dem Basistarif enthalten sein kann. Für die Absicherung solcher Leistungen gezahlte Beitragsanteile können nach § 10 Abs. 1 Nr. 3 Satz 1 Buchst. a EStG steuerlich geltend gemacht werden.

---

[1] **[Amtl. Anm.:]** Bestätigt durch *BFH-Urteil vom 29. 11. 2017 (BStBl. 2018 II S. 384):* Verzichtet ein Steuerpflichtiger auf die Erstattung seiner Krankheitskosten, um von seiner privaten Krankenversicherung eine Beitragserstattung zu erhalten, können diese Kosten nicht von den erstatteten Beiträgen abgezogen werden, die ihrerseits die Höhe der abziehbaren Krankenversicherungsbeiträge gemäß § 10 Abs. 1 Nr. 3 S. 1 Buchst. a S. 3 EStG reduzieren (Anschluss an die Senatsrechtsprechung zum Selbstbehalt, vgl. Urteile v. 18. 7. 2012 – X R 41/11, BFHE 238, 103, BStBl. II 2012, 821, DStR 2012, 1696, und v. 1. 6. 2016 – X R 43/14, BFHE 254, 536, BStBl. II 2017, 55, DStR 2016, 2631).

[2] **[Amtl. Anm.:]** Bestätigt durch BFH-Urteil vom 29. 11. 2017 (BStBl. 2018 II S. 230): Ist ein Steuerpflichtiger sowohl Pflichtmitglied in einer gesetzlichen Krankenkasse als auch freiwillig privat krankenversichert, kann er lediglich die Beiträge gemäß § 10 Abs. 1 Nr. 3 S. 1 Buchst. a EStG abziehen, die er an die gesetzliche Krankenversicherung entrichtet. Der Abzug der nicht als Sonderausgaben abziehbaren Krankenversicherungsbeiträge als außergewöhnliche Belastung scheidet ebenfalls aus.

Anl b zu § 10

b) Steuerfreie Zuschüsse und Beitragsrückerstattungen

86 Steuerfreie Beitragszuschüsse zur Krankenversicherung mindern den als Sonderausgaben abzugsfähigen Betrag, z. B. bei
- steuerfrei gezahlten Arbeitgeberzuschüssen (§ 3 Nr. 62 EStG; Rz. 115),
- von der Künstlersozialkasse (an Stelle eines steuerfreien Arbeitgeberanteils) gewährten Zuschüssen (§ 3 Nr. 57 EStG),
- steuerfrei gezahlten Zuschüssen des Rentenversicherungsträgers (§ 3 Nr. 14 EStG),
- steuerfreien Zuschüssen und geleisteten Erstattungen von Behörden i. S. d. § 6 Abs. 1 AO und anderen öffentlichen Stellen (z. B. Zuschüsse des Jugendamtes zu Vorsorgeaufwendungen von Tagespflegepersonen; § 3 Nr. 9 EStG),
- steuerfreien Zuschüssen aufgrund des Abgeordnetengesetzes oder entsprechender Gesetze der Länder (§ 22 Nr. 4 Satz 4 Buchst. a EStG).

87 Beitragsrückerstattungen mindern, soweit sie auf die Basisabsicherung entfallen – unabhängig von ihrer Bezeichnung, z. B. als Pauschalleistung –, die nach § 10 Abs. 1 Nr. 3 Satz 1 Buchst. a EStG abziehbaren Krankenversicherungsbeiträge in dem Jahr, in dem sie zufließen. Die Minderung erfolgt unabhängig davon, ob oder in welcher Höhe sich die Beiträge im Abflussjahr steuerlich ausgewirkt haben (BFH vom 6. Juli 2016, BStBl. II S. 933). Zur Ermittlung der auf die Basisabsicherung entfallenden Höhe der Beitragsrückerstattung ist der Vertragsstand zugrunde zu legen, der den erstatteten Beitragszahlungen zugrunde lag, unabhängig vom Vertragsstand zum Zuflusszeitpunkt der Beitragsrückerstattung (zu Erstattungsüberhängen vgl. Rz. 203 f.). Aus Vereinfachungsgründen kann auf den Vertragsstand zum 31. Dezember des Jahres abgestellt werden, welcher der erstatteten Beitragszahlung zugrunde lag.

88 Beitragsrückerstattungen in diesem Sinne sind z. B. auch Prämienzahlungen nach § 53 SGB V und Bonusleistungen nach § 65 a SGB V, soweit diese Bonusleistungen nicht eine Leistung der GKV darstellen (vgl. Rz. 89). Beitragsrückerstattungen aus Bonusprogrammen sind zu dem Zeitpunkt zu melden, zu dem der Vorteil aus der Bonusleistung dem Grunde nach verfügbar ist (Zufluss). Als Zufluss gilt bei
- Geldprämien der Zeitpunkt der Auszahlung des Geldbetrags,
- Sachprämien der Zeitpunkt der Ausgabe der Sachprämie,
- einer Gutschrift auf dem Bonuskonto der Zeitpunkt der Gutschrift,
- Verzicht auf eine Bonusleistung der Zeitpunkt des Verzichts.

Wird der Vorteil z. B. in Form von Bonuspunkten gewährt, sind diese in Euro umzurechnen und als Beitragsrückerstattung zu melden. Boni für familienversicherte Bonusprogrammteilnehmer sind dem Stammversicherten zuzurechnen. Aus Vereinfachungsgründen kann die Beitragsrückerstattung aus Bonusprogrammen, bei denen der Bonuskontoinhaber erst mit dem Erfüllen bestimmter Mindestvoraussetzungen – z. B. nach einem gewissen Zeitablauf oder nach Erreichen einer bestimmten Anzahl von Bonuspunkten – über fortlaufend angesammelte und dem Bonuskonto gutgeschriebene Bonuspunkte verfügen kann, erst in dem Jahr gemeldet werden, in dem die Bonuspunkte in Form einer Sach- oder Geldprämie an den Versicherten ausgezahlt bzw. ausgegeben werden oder auf die Bonusleistung verzichtet wird. Die Meldung hat in den Fällen, in denen die Versicherten ein Wahlrecht haben, ob sie eine Geldprämie oder eine Sachprämie in Anspruch nehmen, erst für das Jahr der Ausübung des Wahlrechts zu erfolgen.[1]

89 Werden von der GKV im Rahmen eines Bonusprogramms nach § 65 a SGB V Kosten für Gesundheitsmaßnahmen erstattet bzw. bonifiziert, die nicht im regulären Versicherungsumfang des Basiskrankenversicherungsschutzes enthalten sind (z. B. Osteopathie-Behandlung) bzw. der Förderung gesundheitsbewussten Verhaltens dienen (z. B. Mitgliedschaft in einem Sportverein oder einem Fitnessstudio) und von den Versicherten privat finanziert werden bzw. worden sind, handelt es sich um eine nicht steuerbare Leistung der Krankenkasse und nicht um eine Beitragsrückerstattung (BFH vom 6. Mai 2020, BStBl. II, S. 109). Die als Sonderausgaben abziehbaren Krankenversicherungsbeiträge sind daher nicht um den Betrag der Kostenerstattung bzw. des darauf entfallenden Bonus zu mindern. Auf den Zeitpunkt des Abflusses der Kosten kommt es nicht an (§ 11 Absatz 2 EStG). Eine pauschale Bonusleistung muss die tatsächlich entstandenen bzw. entstehenden Kosten nicht exakt abdecken.[2]

89a Eine Beitragsrückerstattung liegt vor, wenn sich ein Bonus der GKV auf eine Maßnahme bezieht, die vom Basiskrankenversicherungsschutz umfasst ist (insbesondere gesundheitliche Vorsorge- oder Schutzmaßnahmen, z. B. zur Früherkennung bestimmter Krankheiten) oder für aufwandsunabhängiges Verhalten (z. B. Nichtraucherstatus, gesundes Körpergewicht) gezahlt wird.[3]

89b Aus Vereinfachungsgründen wird davon ausgegangen, dass Bonuszahlungen auf der Grundlage von § 65 a SGB V bis zur Höhe von 150 EUR pro versicherte Person Leistungen der GKV darstellen. Übersteigen die Bonuszahlungen diesen Betrag, liegt in Höhe des übersteigenden Betrags eine Beitragsrückerstattung vor. Etwas anderes gilt nur, soweit der Steuerpflichtige nachweist, dass Bonuszahlungen von mehr als 150 Euro auf Leistungen der GKV gemäß Rz. 89 beruhen. Diese Regelung gilt für bis zum 31. Dezember 2024 geleistete Zahlungen.[4]

90 Auch bei Rückzahlung von zu Unrecht oder rechtsgrundlos geleisteten Beiträgen aus Vorjahren, z. B. infolge einer rückwirkenden Vertragsänderung oder aufgrund einer Erstattung nach § 26 des Vierten Buches Sozialgesetzbuch (SGB IV), mindern diese als Beitragsrückerstattung die im Jahr des Zuflusses geleisteten Kranken- und Pflegeversicherungsbeiträge. Unerheblich ist, auf welcher Rechtsgrundlage

[1] Rz. 88 neu gef. durch BMF v. 16. 12. 2021, BStBl. II 2022 S. 155 und ist in allen offenen Fällen anzuwenden.
[2] Rz. 89 neu gef. durch BMF v. 16. 12. 2021, BStBl. II 2022 S. 155 und ist in allen offenen Fällen anzuwenden.
[3] Rz. 89 a eingef. durch BMF v. 16. 12. 2021, BStBl. II 2022 S. 155 und ist in allen offenen Fällen anzuwenden.
[4] Rz. 89 b geändert durch BMF v. 28. 12. 2023, BStBl. I 2024, 209 und ist in allen offenen Fällen anzuwenden.

die Erstattung beruht und/oder ob der der Erstattung zugrunde liegende Beitrag materiell zu Recht oder zu Unrecht geleistet wurde (BFH vom 28. Mai 1998, BStBl. 1999 II S. 95; bestätigt durch BFH vom 3. August 2016, n. v.).[1] Anl b zu § 10

Beispiel 1:

91 Eine Steuerpflichtige ist grundsätzlich über ihren Ehemann beihilfeberechtigt und privat krankenversichert. Sie war im VZ 00 zeitweise als Geringverdienerin nichtselbständig tätig und damit in der GKV pflichtversichert. Auf Antrag kann die Steuerpflichtige die an die PKV geleisteten Beiträge, die auf Zeiträume der nichtselbständigen Tätigkeit entfallen, anteilig erstattet bekommen, indem der bisherige Tarif Vollversicherung auf den Tarif Anwartschaftsversicherung umgestellt wird. Werden diese anteiligen Beiträge von der PKV für 00 im Kalenderjahr 01 erstattet, handelt es sich um eine Rückzahlung von zu Unrecht geleisteten Beiträgen aus dem Vorjahr infolge einer rückwirkenden Vertragsänderung und damit um eine Beitragsrückerstattung.

Abwandlung zu Beispiel 1:

Der sich aufgrund der Umstellung des Tarifs ergebende Erstattungsanspruch der Ehefrau wird durch eine Verrechnung mit dem laufenden Krankenversicherungsbeitrag 01 anstelle einer Auszahlung des Guthabens beglichen. Entsprechend der Lösung zum Beispiel 1 veranlasst auch die Abwicklung über eine Ver-/Aufrechnung die Meldung einer Beitragsrückerstattung in 01.

Beispiel 2:

92 Aufgrund einer gerichtlich festgestellten Scheinselbständigkeit wurden Beiträge zur freiwilligen Kranken- und Pflegeversicherung von der GKV für die Jahre 00 bis 05 in 06 erstattet. Die Steuerpflichtige sei laut Gerichtsurteil seit 00 nicht (mehr) freiwillig krankenversichert, sondern pflichtversichert. Werden die Beiträge für 00 bis 05 in 06 erstattet, handelt es sich um eine Rückzahlung wegen zu Unrecht geleisteter Beiträge nach § 26 SGB IV und damit um eine Beitragsrückerstattung.

Beispiel 3:

93 Ein gesetzlich Krankenversicherter erhält von der GKV in 01 eine Erstattung zu viel gezahlter Beiträge für 00, da aufgrund des Zusammentreffens mehrerer Einnahmearten insgesamt beitragspflichtige Einnahmen über der Beitragsbemessungsgrenze hinaus zu Beiträgen herangezogen worden sind (§ 231 SGB V). In Höhe des Auszahlungsbetrags handelt es sich um eine Rückzahlung von zu Unrecht geleisteten Beiträgen und damit um eine Beitragsrückerstattung.

94 Keine Beitragsrückerstattung ist das sog. „Ersatz"-Krankenhaustagegeld. Diese Leistung erhält der Versicherte aufgrund vertraglicher Vereinbarungen, wenn während eines Krankenhausaufenthaltes auf die Inanspruchnahme bestimmter Wahlleistungen verzichtet wird.

c) Beiträge an ausländische Versicherungsunternehmen (§ 10 Abs. 2 Satz 1 Nr. 2 Buchst. a EStG)

95 Bei Versicherungsunternehmen innerhalb eines Mitgliedstaates der Europäischen Union bzw. eines Vertragsstaates des Abkommens über den Europäischen Wirtschaftsraum kann regelmäßig davon ausgegangen werden, dass deren Erlaubnis für das Gebiet aller Mitglied- und Vertragsstaaten – und damit zum Geschäftsbetrieb im Inland – gilt. Welche Unternehmen eine Erlaubnis besitzen, notifiziert sind oder eine Repräsentanz in Deutschland unterhalten, kann unter folgendem Link ermittelt werden: https://portal.mvp.bafin.de/database/InstInfo/.

96 § 10 Abs. 2 Satz 1 Nr. 2 Buchst. a Satz 2 EStG gilt rückwirkend ab dem VZ 2010.

97 Wird durch eine Bestätigung des jeweiligen Staates oder eine andere geeignete Quelle (z. B. Dachverband der Versicherungen im jeweiligen Land) nachgewiesen, dass es sich beim Empfänger der Beiträge um einen ausländischen Sozialversicherungsträger handelt, sind diese Beiträge für eine Absicherung im Krankheitsfall nach § 10 Abs. 1 Nr. 3 Satz 1 Buchst. a EStG bzw. § 10 Abs. 1 Nr. 3a EStG i. V. m. § 10 Abs. 2 Satz 1 Nr. 2 Buchst. c EStG als Sonderausgaben abziehbar (http://ec.europa.eu/employment_social/social-security-directory/welcome.seam?langId=de&cid=109205).

98 Beiträge in ausländischer Währung sind nach dem Jahresdurchschnitt der monatlich festgesetzten und im BStBl. I veröffentlichten Umsatzsteuer-Umrechnungskurse zu berechnen. Zur Aufteilung von Globalbeiträgen wird auf Rz. 205 verwiesen.

2.1.1. Beiträge zur gesetzlichen Krankenversicherung

a) Allgemeines

99 Beiträge zur GKV sowie Beiträge zur landwirtschaftlichen Krankenkasse gehören grundsätzlich zu den Beiträgen für eine Basiskrankenversicherung. Hierzu zählt auch ein eventuell von der Krankenkasse erhobener kassenindividueller Zusatzbeitrag i. S. d. § 242 SGB V. Seit dem 1. Januar 2015 wird der Zusatzbeitrag von der Krankenkasse anstelle eines bisher einkommensunabhängigen Beitrags, als Prozentsatz der beitragspflichtigen Einnahmen (einkommensabhängig) erhoben. Dieser ist kein vom Hauptbeitrag unabhängig erhobener Geldbetrag mehr, sondern originärer Bestandteil des Krankenversicherungsbeitrags (vgl. § 220 Abs. 1 Satz 1 zweiter Halbsatz SGB V – „Nebenleistung" teilt Schicksal der „Hauptleistung"). Soweit im Folgenden auf den „GKV-Beitrag" Bezug genommen wird, umfasst dieser sowohl den allgemeinen Beitrag zur Krankenversicherung nach §§ 241 und 243 ff. SGB V als auch den ab 1. Januar 2015 gültigen Zusatzbeitrag nach § 242 SGB V n. F.

100 Beiträge, die über die Pflichtleistungen der GKV hinausgehende Leistungen absichern, sind nicht der Basisabsicherung i. S. d. § 10 Abs. 1 Nr. 3 Satz 1 EStG zuzurechnen, da sie nicht zur Erlangung des sozialhilfegleichen Versorgungsniveaus erforderlich sind. Hierzu gehören Beiträge für Wahl- und Zusatztarife, die z. B. Leistungen wie Chefarztbehandlung oder Einbettzimmer abdecken.

b) Kürzung der Beiträge bei Anspruch auf Krankengeld

101 Auch nicht der Basisabsicherung zuzurechnen ist der Beitragsanteil, der der Finanzierung des Krankengeldes dient. Dieser Anteil wird mit einem pauschalen Abschlag i. H. v. 4% bemessen und von

[1] Rz. 90 ist erstmals für VZ 2017 anzuwenden, vgl. Rz. 211.

Anl b zu § 10

der Finanzverwaltung von den – ggf. um steuerfreie Beitragszuschüsse und Beitragsrückerstattungen geminderten – übermittelten Beträgen abgezogen.

102 Der ab 1. Januar 2015 erhobene Zusatzbeitrag i. S. d. § 242 SGB V ist in die Bemessungsgrundlage für die Ermittlung des 4%-Abschlags einzubeziehen. Vom kassenindividuellen Zusatzbeitrag i. S. d. § 242 SGB V in der bis 31. Dezember 2014 geltenden Fassung war hingegen kein Abschlag vorzunehmen.

103 Der Abschlag ist allerdings nur dann vorzunehmen, wenn sich aus dem GKV-Beitrag für den Steuerpflichtigen im Krankheitsfall ein Anspruch auf Krankengeldzahlung oder ein Anspruch auf eine Leistung ergeben kann, die anstelle von Krankengeld gewährt wird.

104 Der GKV-Beitrag eines pflichtversicherten Arbeitnehmers ist grundsätzlich um 4% zu mindern, es sei denn, der Finanzverwaltung ist bekannt, dass sich im Einzelfall aus den Beiträgen kein Anspruch auf Krankengeld bzw. auf eine Leistung, die anstelle von Krankengeld gewährt wird, ergeben kann.

105 Der GKV-Beitrag ist auch um 4% zu mindern
a) bei freiwillig gesetzlich versicherten Arbeitnehmern (Firmenzahler und Selbstzahler), Versorgungsempfängern, Selbständigen oder Künstlern und Publizisten,
b) bei pflichtversicherten selbständigen Künstlern und Publizisten,
wenn sich grundsätzlich ein Anspruch auf Krankengeld oder auf eine Leistung ergeben kann, die anstelle von Krankengeld gewährt wird.

106 Bezieht ein gesetzlich Versicherter Teilrentner (Teilrente wegen Alters, teilweiser Erwerbsminderung oder Berufsunfähigkeit) neben der Rente noch andere Einkünfte und kann sich im Zusammenhang mit diesen anderen Einkünften ein Anspruch auf Krankengeld oder ein Anspruch auf eine Leistung ergeben, die anstelle von Krankengeld gewährt wird, ist der GKV-Beitrag um 4% zu mindern.

107 Der von pflichtversicherten Rentnern im Rahmen der Krankenversicherung der Rentner (KVdR) erhobene Beitrag ist nicht um 4% zu mindern.

108 Bezieht ein gesetzlich Versicherter Vollrentner (Rente wegen Alters, voller Erwerbsminderung oder Erwerbsunfähigkeit und Ruhegehalt) neben der Rente noch andere Einkünfte, ist der GKV-Beitrag ebenfalls nicht um 4% zu mindern, da sich im Zusammenhang mit diesen anderen Einkünften kein Anspruch auf Krankengeld oder ein Anspruch auf eine Leistung, die anstelle von Krankengeld gewährt wird, ergeben kann.

109 Ermittelt sich bei einem freiwillig Versicherten der Beitrag unter Berücksichtigung mehrerer Einkunftsarten nach einem einheitlichen Beitragssatz, ist die Kürzung um 4% für den gesamten GKV-Beitrag vorzunehmen, auch wenn nur ein Teil der Einkünfte bei der Bemessung der Höhe des Krankengeldes berücksichtigt wird.

2.1.2. Beiträge zur privaten Krankenversicherung

110 Der Basisabsicherung in einer PKV dienen die jeweiligen Beitragsanteile, mit denen Versicherungsleistungen finanziert werden, die in Art, Umfang und Höhe den Leistungen nach dem Dritten Kapitel des SGB V – also den Pflichtleistungen der GKV – vergleichbar sind und auf die ein Anspruch besteht. Nicht zur Basisabsicherung gehören – wie bei der GKV – Beitragsanteile, die der Finanzierung von Wahlleistungen i. S. d. §§ 1 Abs. 1 i. V. m. 2 Abs. 1 der Verordnung zur tarifbezogenen Ermittlung der steuerlich berücksichtigungsfähigen Beiträge zum Erwerb eines Krankenversicherungsschutzes i. S. d. § 10 Abs. 1 Nr. 3 Satz 1 Buchst. a des Einkommensteuergesetzes (Krankenversicherungsbeitragsanteil-Ermittlungsverordnung; KVBEVO;[1] BGBl. 2009 I S. 2730; z. B. Chefarztbehandlung, Einbettzimmer), des Krankenhaustagegeldes oder des Krankentagegeldes dienen.

111 Sind in einem Versicherungstarif sowohl begünstigte als auch nicht begünstigte Versicherungsleistungen abgesichert, muss der vom VN geleistete Beitrag durch das Krankenversicherungsunternehmen aufgeteilt werden. Wie diese Aufteilung in typisierender Weise zu erfolgen hat, wird durch die KVBEVO[2] geregelt. Die wesentlichen Grundsätze der Beitragsaufteilung lassen sich wie folgt zusammenfassen:
- Enthält ein Tarif nur Leistungen, mit denen eine Basisabsicherung gewährleistet wird, ist eine tarifbezogene Beitragsaufteilung nicht erforderlich. Der für diesen Tarif geleistete Beitrag ist insgesamt abziehbar. Dies gilt auch für Beiträge zum Basistarif i. S. d. § 152 Abs. 1 VAG (vormals § 12 Abs. 1 a VAG). Kann sich im Rahmen des Basistarifs ein Anspruch auf Krankengeld ergeben, ist vom Beitrag ein Abschlag von 4% vorzunehmen.
- Enthält ein Tarif nur Wahlleistungen, ist eine tarifbezogene Beitragsaufteilung nicht durchzuführen. Der für diesen Tarif geleistete Beitrag ist insgesamt nicht nach § 10 Abs. 1 Nr. 3 EStG abziehbar.
- Enthält ein Tarif sowohl Leistungen, mit denen eine Basisabsicherung gewährleistet wird, als auch solche, die darüber hinausgehen, hat das Krankenversicherungsunternehmen nach den Vorschriften der KVBEVO[3] den nicht nach § 10 Abs. 1 Nr. 3 EStG abziehbaren Beitragsanteil zu ermitteln.
- Enthält ein erstmals nach dem 1. Mai 2009 für das Neugeschäft angebotener Tarif nur in geringerem Umfang Leistungen, mit denen eine Basisabsicherung gewährleistet wird, und im Übrigen Leistungen, die diesem Niveau nicht entsprechen, hat das Krankenversicherungsunternehmen vom geleisteten Beitrag einen Abschlag i. H. v. 99% vorzunehmen. Gleiches gilt, wenn – mit Ausnahme des Basistarifs i. S. d. § 152 Abs. 1 VAG (vormals § 12 Abs. 1 a VAG) – Krankentagegeld oder Krankenhaustagegeld zusammen mit anderen Leistungen in einem Tarif abgesichert ist. Bei der zum 21. Dezember 2012 eingeführten verpflichtenden Umstellung eines Bisextarifs auf einen Unisextarif, handelt es sich nicht

[1] Abgedruckt als Anlage a zu § 10 EStG.
[2] Abgedruckt als Anlage a zu § 10 EStG.
[3] Abgedruckt als Anlage a zu § 10 EStG.

um einen für das Neugeschäft angebotenen Tarif, wenn das Leistungsversprechen tariflich unverändert geblieben ist.

112 Zur Vorsorge für die mit dem Alter steigende Inanspruchnahme von Gesundheitskosten wird von den Krankenkassen ein Zuschlag auf die Tarifprämie des Versicherten erhoben und als sog. Alterungsrückstellung nach § 149 VAG (vormals § 12 Abs. 4 a VAG) angelegt. Der für die Bildung der Alterungsrückstellung abgeführte Beitragsanteil ist – soweit auf die Basisabsicherung entfallend – nach § 10 Abs. 1 Nr. 3 Satz 1 Buchst. a EStG in Einheit mit dem regulären Versicherungsbeitrag abziehbar.

113 Zahlt der Versicherte im Rahmen eines freiwillig vertraglich vereinbarten sog. Beitragsentlastungstarifs einen erhöhten Beitrag, um ab einem bestimmten Alter eine zuvor vereinbarte zeitlich unbefristete Beitragsentlastung für seine Basisabsicherung zu erhalten, ist der auf die Basisabsicherung entfallende Beitragsanteil nach § 10 Abs. 1 Nr. 3 Satz 1 Buchst. a EStG abziehbar.

114 Mit Beiträgen zugunsten einer sog. Anwartschaftsversicherung erwirbt der VN den Anspruch, zu einem späteren Zeitpunkt eine PKV zu einem ermäßigten Beitrag zu erhalten. Der VN wird dabei hinsichtlich seines der Beitragsbemessung zugrunde gelegten Gesundheitszustands und ggf. auch hinsichtlich der Alterungsrückstellung so gestellt, als sei der Krankenversicherungsvertrag bereits zu einem früheren Zeitpunkt abgeschlossen worden. Bis zu einem Betrag von 100 € jährlich sind Beiträge für eine Anwartschaftsversicherung aus Billigkeitsgründen insgesamt wie Beiträge zu einer Basiskrankenversicherung zu behandeln. Darüber hinaus sind sie nur insoweit wie Beiträge zu einer Basiskrankenversicherung zu behandeln, als sie auf die Minderung von Beitragsbestandteilen gerichtet sind, die der Basiskrankenversicherung zuzurechnen sind.

115 Hat ein Arbeitnehmer mit dem Lohn einen steuerfreien Zuschuss für seine Krankenversicherung erhalten, steht dieser insgesamt in unmittelbarem Zusammenhang mit den Vorsorgeaufwendungen i. S. d. § 10 Abs. 1 Nr. 3 EStG (§ 10 Abs. 2 Satz 1 Nr. 1 EStG). Dies gilt auch, wenn der Arbeitnehmer Wahlleistungen abgesichert hat. Der Zuschuss mindert in vollem Umfang die Beiträge zur Basisabsicherung (BFH vom 2. September 2014, BStBl. 2015 II S. 257).

Beispiel:

116 A ist privat krankenversicherter Arbeitnehmer und hat für seine Krankenversicherung einen Beitrag i. H. v. insgesamt 6000 € jährlich zu leisten. Darin enthalten sind 500 € für einen Tarif, der ausschließlich Wahlleistungen abdeckt, und ein Beitrag i. H. v. 5500 € für einen Tarif, der sowohl Leistungen abdeckt, die der Basisabsicherung dienen, als auch darüber hinausgehende Leistungen. A erhält von seinem Arbeitgeber jährlich einen steuerfreien Zuschuss i. H. v. 3000 € zu seinem Krankenversicherungsbeitrag.

Der Beitrag i. H. v. 5500 € ist durch das Versicherungsunternehmen nach der KVBEVO[1] aufzuteilen. Nach der Aufteilung ergibt sich für die Absicherung von Leistungen, die der Basisabsicherung dienen, ein Beitragsanteil i. H. v. 4500 € und für die Absicherung von Leistungen, die nicht der Basisabsicherung dienen, ein Beitragsanteil i. H. v. 1000 €. Das Versicherungsunternehmen übermittelt einen Beitrag für die Basisabsicherung i. H. v. 4500 € an die Finanzverwaltung.

Der übermittelte Beitrag wird von der Finanzverwaltung um den vom Arbeitgeber steuerfrei gezahlten Zuschuss i. H. v. 3000 € vermindert. Es verbleibt danach ein Beitrag i. H. v. 1500 €, der als Vorsorgeaufwendungen i. S. d. § 10 Abs. 1 Nr. 3 EStG in vollem Umfang abzugsfähig ist. Die nicht nach § 10 Abs. 1 Nr. 3 EStG abzugsfähigen Beiträge sind als Vorsorgeaufwendungen nach § 10 Abs. 1 Nr. 3 a EStG bis zum Höchstbetrag nach § 10 Abs. 4 EStG zu berücksichtigen.

2.2. Beiträge zur gesetzlichen Pflegeversicherung (§ 10 Abs. 1 Nr. 3 Satz 1 Buchst. b EStG)

a) Allgemeines

117 Begünstigt sind nach § 10 Abs. 1 Nr. 3 Satz 1 Buchst. b EStG Beiträge zur gesetzlichen Pflegeversicherung, d. h. zur sozialen Pflegeversicherung und zur privaten Pflege-Pflichtversicherung.

118 Für Beiträge zugunsten einer Anwartschaftsversicherung zur Pflegeversicherung gilt Rz. 114 entsprechend.

b) Steuerfreie Zuschüsse und Beitragsrückerstattungen

119 Die Beiträge zur gesetzlichen Pflegeversicherung sind nach Abzug des steuerfreien Arbeitgeberzuschusses (§ 3 Nr. 62 EStG) bzw. des an Stelle des steuerfreien Arbeitgeberzuschusses gezahlten Betrags, z. B. von der Künstlersozialkasse, ungekürzt anzusetzen.

120 Beitragsrückerstattungen mindern die nach § 10 Abs. 1 Nr. 3 Satz 1 Buchst. b EStG abziehbaren Pflegeversicherungsbeiträge in dem Jahr, in dem sie zufließen.

2.3. Weitere sonstige Vorsorgeaufwendungen (§ 10 Abs. 1 Nr. 3 a EStG)

121 Begünstigt sind nach § 10 Abs. 1 Nr. 3 a EStG Beiträge zu

- gesetzlichen oder privaten Kranken- und Pflegeversicherungen, soweit diese nicht nach § 10 Abs. 1 Nr. 3 EStG zu berücksichtigen sind; hierzu zählen z. B. Beitragsanteile, die auf Wahlleistungen entfallen oder der Finanzierung des Krankengeldes dienen, Beiträge zu einer Reisekrankenversicherung (vgl. Rz. 84), Beiträge zur freiwilligen privaten Pflegeversicherung oder Basiskrankenversicherungsbeiträge und Beiträge zur gesetzlichen Pflegeversicherung bei fehlender Einwilligung nach § 10 Abs. 2 a EStG (vgl. Rz. 186 ff.),
- Versicherungen gegen Arbeitslosigkeit (gesetzliche Beiträge an die Bundesagentur für Arbeit und Beiträge zu privaten Versicherungen),
- Erwerbs- und Berufsunfähigkeitsversicherungen, die nicht Bestandteil einer Versicherung i. S. d. § 10 Abs. 1 Nr. 2 Satz 1 Buchst. b EStG sind; dies gilt auch für Beitragsbestandteile einer kapitalbildenden Lebensversicherung i. S. d. § 20 Abs. 1 Nr. 6 EStG, die bei der Ermittlung des steuerpflichtigen Ertrags nicht abgezogen werden dürfen,
- Unfallversicherungen, wenn es sich nicht um eine Unfallversicherung mit garantierter Beitragsrückzahlung handelt, die insgesamt als RV oder Kapitalversicherung behandelt wird,

[1] Abgedruckt als Anlage a zu § 10 EStG.

Anl b zu § 10

– Haftpflichtversicherungen,
– Lebensversicherungen, die nur für den Todesfall eine Leistung vorsehen (Risikolebensversicherung).

122 Beiträge zu nachfolgenden Versicherungen sind ebenfalls nach § 10 Abs. 1 Nr. 3 a EStG begünstigt, wenn die Laufzeit dieser Versicherungen vor dem 1. Januar 2005 begonnen hat und mindestens ein Versicherungsbeitrag bis zum 31. Dezember 2004 entrichtet wurde; auf den Zeitpunkt des Vertragsabschlusses kommt es insoweit nicht an:
– RV ohne Kapitalwahlrecht, die die Voraussetzungen des § 10 Abs. 1 Satz 1 Nr. 2 EStG nicht erfüllen,
– RV mit Kapitalwahlrecht gegen laufende Beitragsleistungen, wenn das Kapitalwahlrecht nicht vor Ablauf von zwölf Jahren seit Vertragsabschluss ausgeübt werden kann,
– Kapitalversicherungen gegen laufende Beitragsleistungen mit Sparanteil, wenn der Vertrag für die Dauer von mindestens zwölf Jahren abgeschlossen worden ist.

123 Ein Versicherungsbeitrag ist bis zum 31. Dezember 2004 entrichtet, wenn nach § 11 Abs. 2 EStG der Beitrag einem Kalenderjahr vor 2005 zuzuordnen ist. Für Beiträge im Rahmen der betrieblichen Altersversorgung an einen Pensionsfonds, an eine Pensionskasse oder für eine Direktversicherung gilt Rz. 330[1] des BMF-Schreibens vom 24. Juli 2013, BStBl. I S. 1022, geändert durch BMF-Schreiben vom 13. Januar 2014, BStBl. I S. 97 und BMF-Schreiben vom 13. März 2014, BStBl. I S. 554.

124 Für die Berücksichtigung von diesen Beiträgen (Rz. 122) gelten außerdem die bisherigen Regelungen des § 10 Abs. 1 Nr. 2 Buchst. b Satz 2 bis 6 und Abs. 2 Satz 2 EStG in der am 31. Dezember 2004 geltenden Fassung.

3. Ermittlung des Abzugsbetrags

3.1. Höchstbetrag nach § 10 Abs. 4 EStG

125 Vorsorgeaufwendungen i. S. d. § 10 Abs. 1 Nr. 3 und Nr. 3 a EStG können vorbehaltlich des Mindestansatzes (siehe Rz. 129) und der Günstigerprüfung (siehe Rz. 207 ff.) gem. § 10 Abs. 4 EStG grundsätzlich bis zur Höhe von 2800 € abgezogen werden.

126 Bei einem Steuerpflichtigen, der ganz oder teilweise ohne eigene Aufwendungen einen Anspruch auf vollständige oder teilweise Erstattung oder Übernahme von Krankheitskosten hat oder für dessen Krankenversicherung Leistungen i. S. d. § 3 Nr. 9, 14, 57 oder 62 EStG erbracht werden, vermindert sich der Höchstbetrag auf 1900 €. Dies gilt auch, wenn die Voraussetzungen dafür nur in einem Teil des Kalenderjahres vorliegen. Ohne Bedeutung ist hierbei, ob aufgrund eines Anspruchs tatsächlich Leistungen erbracht werden und wie hoch der Anspruch ist. Ein vom Arbeitgeber im Rahmen einer geringfügigen Beschäftigung erbrachter pauschaler Beitrag zur GKV führt nicht zum Ansatz des verminderten Höchstbetrags.

127 Der verminderte Höchstbetrag i. H. v. 1900 € gilt z. B. für
– sozialversicherungspflichtige Arbeitnehmer, für die der Arbeitgeber nach § 3 Nr. 62 EStG steuerfreie Beiträge zur Krankenversicherung leistet; das gilt auch dann, wenn der Arbeitslohn aus einer Auslandstätigkeit aufgrund eines Doppelbesteuerungsabkommens (DBA) steuerfrei gestellt wird,
– Besoldungsempfänger oder gleichgestellte Personen, die von ihrem Arbeitgeber nach § 3 Nr. 11 EStG steuerfreie Beihilfen zu Krankheitskosten erhalten,
– Rentner, die aus der gesetzlichen RV nach § 3 Nr. 14 EStG steuerfreie Zuschüsse zu den Krankenversicherungsbeiträgen erhalten,
– Rentner, bei denen der Träger der gesetzlichen RV Beiträge an die GKV zahlt,
– den Ehegatten oder Lebenspartner des Arbeitnehmers, wenn der Arbeitgeber Leistungen i. S. d. § 3 Nr. 62 EStG auch für Ehegatten oder Lebenspartner erbringt (BFH vom 23. Januar 2013, BStBl. II S. 608),
– im VZ beihilferechtlich berücksichtigungsfähige Ehegatten oder Lebenspartner (BFH vom 23. Januar 2013, BStBl. II S. 608),
– Beamte, die in der GKV freiwillig versichert sind und deshalb keine Beihilfe zu ihren Krankheitskosten – trotz eines grundsätzlichen Anspruchs – erhalten,
– Versorgungsempfänger im öffentlichen Dienst mit Beihilfeanspruch oder gleichgestellte Personen,
– in der GKV ohne eigene Beiträge familienversicherte Angehörige,
– Personen, für die steuerfreie Leistungen der Künstlersozialkasse nach § 3 Nr. 57 EStG erbracht werden,
– Beamte, bei denen der Dienstherr seine Fürsorgeverpflichtung dadurch erfüllt, dass er statt der Gewährung eines Beihilfeanspruchs einen Zuschuss zur Krankenversorgung leistet.

128 Der nach § 3 Nr. 62 EStG steuerfreie Arbeitgeberanteil zur gesetzlichen Kranken- und Pflegeversicherung ist bei der Ermittlung des Höchstbetrags nach § 10 Abs. 4 EStG nicht zu berücksichtigen. Dies gilt auch für den von der Künstlersozialkasse getragenen steuerfreien Beitragsanteil (§ 3 Nr. 57 EStG).

3.2. Mindestansatz

129 Übersteigen die vom Steuerpflichtigen geleisteten Beiträge für die Basisabsicherung (Basiskrankenversicherung – Rz. 83 ff. – und gesetzliche Pflegeversicherung – Rz. 117 ff. –) den Höchstbetrag von 2800 €/1900 €, sind diese Beiträge als Sonderausgaben anzusetzen. Eine betragsmäßige Deckelung auf den Höchstbetrag erfolgt in diesen Fällen nicht. Ein zusätzlicher Abzug von Beiträgen nach § 10 Abs. 1 Nr. 3 a EStG ist daneben nicht möglich (vorbehaltlich der Günstigerprüfung, Rz. 207 ff.).

[1] Jetzt Rz. 66 des BMF-Schreibens vom 12. 8. 2021, abgedruckt im Anhang **I 15 b.**

3.3. Abzugsbetrag bei Ehegatten und Lebenspartnern

a) Zusammenveranlagung nach § 26b EStG

130 Bei zusammen veranlagten Ehegatten oder Lebenspartnern ist zunächst für jeden Ehegatten oder Lebenspartner nach dessen persönlichen Verhältnissen der ihm zustehende Höchstbetrag zu bestimmen. Die Summe der beiden Höchstbeträge ist der gemeinsame Höchstbetrag (§ 10 Abs. 4 Satz 3 EStG). Übersteigen die von den Ehegatten oder Lebenspartnern geleisteten Beiträge für die Basisabsicherung in der Summe den gemeinsamen Höchstbetrag, sind diese Beiträge als Sonderausgaben zu berücksichtigen. Eine betragsmäßige Deckelung auf den gemeinsamen Höchstbetrag erfolgt in diesen Fällen nicht. Ein zusätzlicher Abzug von Beiträgen nach § 10 Abs. 1 Nr. 3a EStG ist – vorbehaltlich der Günstigerprüfung (Rz. 207 ff.) – daneben nicht möglich.

b) Einzelveranlagung nach § 26a EStG und „Patchwork-Familien"

131 Wird von den Ehegatten oder Lebenspartnern die Einzelveranlagung beantragt, wird der Höchstbetrag sowie der Mindestansatz für jeden Ehegatten oder Lebenspartner gesondert ermittelt. Für die Berechnung des Mindestansatzes ist bei jedem Ehegatten oder Lebenspartner der von ihm als VN geleistete Beitrag zur Basisabsicherung anzusetzen. Ist ein Kind VN (vgl. Rz. 81), werden die Beiträge zur Kranken- und Pflegeversicherung i. S. d. § 10 Abs. 1 Nr. 3 Satz 2 EStG jedoch von Unterhaltsverpflichteten getragen, sind die Beiträge von dem jeweiligen unterhaltsverpflichteten Elternteil zu beantragen und anzusetzen, der sie wirtschaftlich getragen hat (Grundsatz der Einmalberücksichtigung). Innerhalb der Ehe bzw. Lebenspartnerschaft folgt die weitere Zuordnung den Regelungen des § 26a Abs. 2 EStG.

Beispiel 1:

132 Ehemann A ist selbständig tätig und privat versichert. Er leistet als VN für seine Basiskrankenversicherung einen Jahresbeitrag i. H. v. 6000 € bei Versicherung X. Seine Ehefrau B ist Beamtin und privat versichert bei Versicherung Y. Der von B als VN zu leistende Jahresbeitrag zur Basiskrankenversicherung beträgt 3500 €. Der gemeinsame Sohn S ist im Vertrag von B mitversichert. Der hierfür zu leistende und von B getragene Jahresbeitrag zur Basiskrankenversicherung beträgt 1000 €. Die Tochter T – steuerlich als Kind i. S. d. § 10 Abs. 1 Nr. 3 Satz 2 EStG zu berücksichtigen – ist in der studentischen Krankenversicherung (KVdS) versichert und zahlt als VN einen Jahresbeitrag zu ihrer Basiskrankenversicherung i. H. v. 2000 €. A und B erstatten T den von ihr geleisteten Jahresbeitrag im Rahmen ihrer Unterhaltsverpflichtung. Die Eheleute A und B beantragen die Einzelveranlagung, wobei § 26a Abs. 2 Satz 1 EStG Anwendung finden soll.

Nach § 10 Abs. 4 Satz 1 EStG kann A Vorsorgeaufwendungen grundsätzlich bis zu einem Höchstbetrag von 2800 € abziehen, da er seine Krankenversicherung vollständig aus eigenen Mitteln finanziert und auch keine steuerfreien Leistungen zu seinen Krankheitskosten erhält. Für B mindert sich der Höchstbetrag nach § 10 Abs. 4 Satz 2 EStG auf 1900 €, da B einen Anspruch auf steuerfreie Beihilfen zu ihren Krankheitskosten hat. Dem für jeden Ehegatten gesondert ermittelten Höchstbetrag sind die jeweils von A bzw. von B als VN geleisteten Jahresbeiträge zur Basiskrankenversicherung gegenüberzustellen. Sowohl bei A als auch bei B übersteigen die als VN geleisteten Jahresbeiträge zur Basiskrankenversicherung die Höchstbeträge nach § 10 Abs. 4 EStG. Daher sind jeweils die Beiträge zur Basiskrankenversicherung anzusetzen (Mindestansatz, vgl. Rz. 129).

A kann seinen Beitrag i. H. v. 6000 € geltend machen. B kann in ihrer Veranlagung den von ihr als VN geleisteten Beitrag i. H. v. 3500 € zzgl. des von ihr getragenen Beitrags für S i. H. v. 1000 € (= 4500 €) ansetzen. Den von A und B an T erstatteten Krankenversicherungsbeitrag i. H. v. 2000 € können A und B jeweils zu 1000 € im Rahmen der Sonderausgaben geltend machen.

Beispiel 2:

133 A und B sind verheiratet. B ist die leibliche Mutter des Kindes K. Der Kindesvater ist C. K ist selbst VN seiner Kranken- und Pflegeversicherung. Im Rahmen ihrer Unterhaltspflicht haben C und B die Beiträge des K wirtschaftlich getragen – C zu 20% und B zu 80%. A und B beantragen die Einzelveranlagung nach § 26a EStG, wobei § 26a Abs. 2 Satz 2 EStG Anwendung finden soll.

Gem. § 10 Abs. 1 Nr. 3 Satz 2 EStG werden entsprechend der wirtschaftlichen Belastung 20% bei C und 80% bei B der jeweils für K getragenen Krankenversicherungsbeiträge wie eigene Beiträge behandelt. Nach der Verteilungsregelung des § 26a Abs. 2 Satz 2 EStG werden bei A und B sämtliche Sonderausgaben – und damit auch die der B nach § 10 Abs. 1 Nr. 3 Satz 2 EStG zugewiesenen Beiträge des K – jeweils hälftig abgezogen, so dass im Ergebnis A und B jeweils 40% der Beiträge des K absetzen können. Dass bei A keine Unterhaltsverpflichtung gegenüber K besteht, da es sich nicht um sein leibliches Kind handelt, ist für die Verteilung durch § 26a Abs. 2 Satz 2 EStG ohne Belang.

4. Beitragsvorauszahlungen

4.1. Anwendungsbereich

134 § 10 Abs. 1 Nr. 3 Satz 4 EStG begrenzt ab dem VZ 2011 die innerhalb eines VZ als Sonderausgaben abziehbaren Basiskranken- und gesetzlichen Pflegeversicherungsbeiträge, soweit diese für nach Ablauf des VZ beginnende Beitragsjahre geleistet werden (Beitragsvorauszahlungen). Beitragsvorauszahlungen, die in der Summe das Zweieinhalbfache der im VZ vertraglich geschuldeten Beiträge überschreiten, sind nicht im Jahr der Verausgabung, sondern in dem VZ anzusetzen, für den sie geleistet wurden (Einschränkung des Abflussprinzips gem. § 11 Abs. 2 Satz 1 EStG). Die Einhaltung der Regelung wird durch die Finanzverwaltung überprüft.

135 Soweit Basiskranken- und gesetzliche Pflegeversicherungsbeiträge im Rahmen eines freiwillig vertraglich vereinbarten sog. Beitragsentlastungstarifs zur unbefristeten Beitragsminderung frühestens nach Vollendung des 62. Lebensjahres (Rz. 113) für nach Ablauf des VZ beginnende Beitragsjahre gezahlt werden, stellen diese keine Vorauszahlungen i. S. d. § 10 Abs. 1 Nr. 3 Satz 4 EStG dar. Sie sind gem. § 10 Abs. 1 Nr. 3 Satz 4 zweiter Halbsatz EStG stets im VZ der Zahlung abziehbar.

136 Die Vorschrift gilt für Beiträge zur freiwilligen gesetzlichen und zur privaten Kranken- und Pflegeversicherung gleichermaßen. Für die Beiträge zur Pflegeversicherung und für die Beiträge zur Krankenversicherung sind jeweils getrennte Berechnungen durchzuführen.

Anl b zu § 10

4.2. Zeitliche Zuordnung der Beitragsvorauszahlungen

137 Die zeitliche Zuordnung der geleisteten Beiträge ist in Abhängigkeit von zwei Berechnungsgrößen zu ermitteln:
- das Zweieinhalbfache der im VZ vertraglich geschuldeten Beiträge (zulässiges Vorauszahlungsvolumen) und
- die Summe der für nach Ablauf des VZ beginnende Beitragsjahre geleisteten Beiträge (Summe der geleisteten Beitragsvorauszahlungen).

138 In den Fällen des § 10 Abs. 1 Nr. 3 Satz 2 und Satz 3 EStG ist für die Ermittlung des zulässigen Vorauszahlungsvolumens und die Summe der geleisteten Beitragsvorauszahlungen auf die Verhältnisse des VN abzustellen.

a) Ermittlung des zulässigen Vorauszahlungsvolumens

139 Zunächst sind die für den VZ der Zahlung vertraglich geschuldeten Beiträge zur Basiskranken- bzw. zur gesetzlichen Pflegeversicherung – jeweils gesondert – zu ermitteln. Auf die tatsächlich gezahlten Beiträge kommt es hierbei nicht an. Das Ergebnis ist jeweils mit 2,5 zu multiplizieren.

140 Wird das Versicherungsunternehmen im Laufe eines VZ gewechselt, sind die für den VZ vertraglich geschuldeten Basiskranken- bzw. gesetzlichen Pflegeversicherungsbeiträge aller betroffenen Versicherungsunternehmen einzubeziehen.

141 Schuldet der Steuerpflichtige für den VZ keine eigenen Beiträge, z. B. weil er als Kind in einer Familienversicherung mitversichert war, beträgt das zulässige Vorauszahlungsvolumen 0 €. Dagegen erhöht der von den Eltern im laufenden VZ letztmalig für das Kind geleistete Beitrag deren zulässiges Vorauszahlungsvolumen, obwohl insoweit die Beitragsverpflichtung im Folge-VZ nicht mehr besteht.

142 Steuerfreie Zuschüsse und Beitragsrückerstattungen bleiben bei der Ermittlung des zulässigen Vorauszahlungsvolumens außer Betracht. Auch die in einem späteren VZ zufließenden Beitragsrückerstattungen oder die dann gewährten steuerfreien Zuschüsse ändern nicht das zulässige Vorauszahlungsvolumen.

143 Beitragsanteile aufgrund eines freiwillig vertraglich vereinbarten sog. Beitragsentlastungstarifs zur unbefristeten Beitragsminderung frühestens nach Vollendung des 62. Lebensjahres (Rz. 113, 135) sind bei der Ermittlung der vertraglich geschuldeten Beiträge nicht zu berücksichtigen. Dagegen erhöhen die Beitragsanteile, die der sog. Alterungsrückstellung nach § 149 VAG (vormals § 12 Abs. 4 a VAG) (Rz. 112) zugeführt werden, in Einheit mit dem Gesamtversicherungsbeitrag die vertraglich geschuldeten Beiträge.

b) Summe der geleisteten Beitragsvorauszahlungen

144 In die Summe der Beitragsvorauszahlungen sind sämtliche im VZ abgeflossenen Basiskranken- bzw. gesetzlichen Pflegeversicherungsbeiträge – jeweils gesondert – einzubeziehen, die für nach dem VZ beginnende Beitragsjahre geleistet werden.

145 Keine Vorauszahlungen und somit nicht einzubeziehen sind jedoch Beiträge, die entsprechend ihrer wirtschaftlichen Zugehörigkeit gem. § 11 Abs. 2 Satz 2 EStG ohnehin erst im folgenden VZ anzusetzen sind (vgl. Beispiele 3 und 4, Rz. 157 f.; Rz. 195 ff.).

146 Beitragsanteile aufgrund eines sog. Beitragsentlastungstarifs zur unbefristeten Beitragsminderung frühestens nach Vollendung des 62. Lebensjahres (Rz. 113, 135) sind bei der Ermittlung der geleisteten Beitragsvorauszahlungen nicht zu berücksichtigen. Dagegen erhöhen die Beitragsanteile, die der sog. Alterungsrückstellung nach § 149 VAG (vormals § 12 Abs. 4 a VAG) (Rz. 112) zugeführt werden, in Einheit mit dem Gesamtversicherungsbeitrag die geleisteten Beitragsvorauszahlungen.

4.3. Rechtsfolge

a) Allgemein

147 Basiskranken- und Pflegeversicherungsbeiträge, die der Steuerpflichtige als Vorauszahlungen leistet, sind im VZ der Zahlung abziehbar, soweit sie das Zweieinhalbfache der für das Zahlungsjahr geschuldeten Beiträge nicht übersteigen.

148 Abweichend vom Jahr der Zahlung sind die das Zweieinhalbfache übersteigenden Beiträge in dem VZ anzusetzen, für den sie geleistet wurden. Die Zuordnung der vorausbezahlten Beiträge zu den Zeiträumen, für die sie geleistet wurden, erfolgt gemäß ihrer zeitlichen Abfolge. Vom zulässigen Vorauszahlungsvolumen sind dabei die Beiträge für jene VZ gedeckt, die zeitlich am nächsten am Kalenderjahr der Zahlung liegen.

Beispiel 1:

149 Der für das Kalenderjahr 00 zu leistende Beitrag beträgt 1000 €. Der Steuerpflichtige leistet am 10. Dezember 00 für die Jahre 01 bis 04 jeweils 1000 € im Voraus.
Das zulässige Vorauszahlungsvolumen für 00 ist mit 2,5 × 1000 € = 2500 € zu bemessen. Die geleisteten Beitragsvorauszahlungen betragen in der Summe 4 × 1000 € = 4000 €. Der in 00 absetzbare Teil der Vorauszahlungen i. H. v. 2500 € ist den Jahren 01, 02 (jeweils i. H. v. 1000 €) und i. H. v. 500 € dem Jahr 03 chronologisch zuzuordnen. Der verbleibende Betrag i. H. v. 1500 € ist mit 500 € in 03 und mit 1000 € in 04 anzusetzen.

Abwandlung 1 zu Beispiel 1:

150 In dem Beitrag i. H. v. 1000 € sind 100 € für einen Beitragsentlastungstarif zur unbefristeten Beitragsminderung frühestens nach Vollendung des 62. Lebensjahres enthalten.
Die Vorauszahlungen auf den Beitragsentlastungstarif i. H. v. 400 € sind im VZ der Zahlung (00) anzusetzen. Für die übrigen Vorauszahlungen i. H. v. 3600 € gilt:
Das zulässige Vorauszahlungsvolumen für 00 ist mit 2,5 × 900 € = 2250 € zu bemessen. Der in 00 absetzbare Teil der Vorauszahlungen i. H. v. 2250 € ist den Jahren 01, 02 (jeweils i. H. v. 900 €) und i. H. v. 450 € dem Jahr 03 chronologisch zuzuordnen. Der verbleibende Betrag i. H. v. 1350 € ist mit 450 € in 03 und mit 900 € in 04 anzusetzen.

Abwandlung 2 zu Beispiel 1:

151 Im Beitrag i. H. v. 1000 € sind 100 € für einen Beitragsentlastungstarif zur unbefristeten Beitragsminderung frühestens nach Vollendung des 60. Lebensjahres enthalten.
Lösung wie zu Beispiel 1.

152 Für die vom VN vorausbezahlten Beiträge findet die Rechtsfolge des § 10 Abs. 1 Nr. 3 Satz 4 EStG in den Fällen des § 10 Abs. 1 Nr. 3 Satz 2 EStG beim unterhaltsverpflichteten Steuerpflichtigen und in den Fällen des § 10 Abs. 1 Nr. 3 Satz 3 EStG beim Unterhaltsberechtigten Anwendung.

b) Vorauszahlungen vs. regelmäßig wiederkehrende Zahlungen (vgl. Rz. 195 ff.)

153 Regelmäßig wiederkehrende Ausgaben, die kurze Zeit vor Beginn oder kurze Zeit nach Beendigung des Kalenderjahres, zu dem sie wirtschaftlich gehören, abgeflossen und fällig geworden sind, werden dem Kalenderjahr zugeordnet, zu dem sie wirtschaftlich gehören (§ 11 Abs. 2 Satz 2 . V. m. Abs. 1 Satz 2 EStG). Für im Voraus entrichtete Beiträge bedeutet „kurze Zeit", dass die Zahlung innerhalb des Zeitraums vom 22. Dezember bis 31. Dezember vorgenommen wird und die Beiträge entsprechend der vertraglichen Vereinbarung innerhalb des Zeitraums vom 22. Dezember bis 10. Januar fällig werden.

154 Rz. 153 gilt auch für Kranken- und Pflegeversicherungsbeiträge, die kumuliert für mehrere Monate oder Jahre in einer Zahlung geleistet werden. Sind die Voraussetzungen des § 11 Abs. 2 Satz 2 i. V. m. Abs. 1 Satz 2 EStG erfüllt, wird der für das folgende Jahr geleistete Beitrag steuerlich im Folgejahr berücksichtigt.

155 § 10 Abs. 1 Nr. 3 Satz 4 EStG greift nicht, soweit aufgrund der Anwendbarkeit des § 11 Abs. 2 Satz 2 i. V. m. Abs. 1 Satz 2 EStG keine Vorauszahlungen i. S. d. Rz. 144 vorliegen (vgl. auch Rz. 145).

Beispiel 2:

156 Am 28. Dezember 00 leistet der Steuerpflichtige in einer Zahlung die Beiträge für die Jahre 01 und 02. Der Jahresbeitrag ist regelmäßig am 1. Januar des jeweiligen Beitragsjahres fällig. Insgesamt überschreitet die Summe der geleisteten Beitragsvorauszahlungen das Zweieinhalbfache der für den VZ 00 geschuldeten Beiträge nicht.
Der in 00 geleistete Beitrag für das Beitragsjahr 01 ist gem. § 11 Abs. 2 Satz 2 i. V. m. Abs. 1 Satz 2 EStG abweichend vom Zahlungsjahr im Jahr der wirtschaftlichen Zugehörigkeit – 01 – zu berücksichtigen. Insoweit liegen keine Vorauszahlungen i. S. d. § 10 Abs. 1 Nr. 3 Satz 4 EStG vor. Der vorausgezahlte Betrag für das Beitragsjahr 02 ist im Jahr 00 anzusetzen.

Beispiel 3:

157 Am 28. Dezember 00 leistet der Steuerpflichtige in einer Zahlung die Beiträge für die Jahre 01 bis 04. Der Jahresbeitrag ist regelmäßig am 1. Januar des jeweiligen Beitragsjahres fällig. Für das Kalenderjahr 00 bis 04 beträgt der zu leistende Beitrag jeweils 1000 €.
Der zum Jahreswechsel geleistete Beitrag für das Jahr 01 i. H. v. 1000 € ist gem. § 11 Abs. 2 Satz 2 i. V. m. Abs. 1 Satz 2 EStG im VZ 01 zu berücksichtigen. Insoweit liegen keine Vorauszahlungen i. S. d. § 10 Abs. 1 Nr. 3 Satz 4 EStG vor.
Die Summe der geleisteten Beitragsvorauszahlungen i. H. v. 3000 € für die Jahre 02 bis 04 überschreitet das zulässige Vorauszahlungsvolumen von 2500 € um 500 €. Die Vorauszahlungen sind somit aufzuteilen und, soweit das zulässige Vorauszahlungsvolumen überschritten ist, den künftigen VZ chronologisch zuzuordnen. Bis zur Höhe des zulässigen Vorauszahlungsvolumens i. H. v. 2500 € ist der Beitrag für 02, 03 und ein Betrag i. H. v. 500 € für das Kalenderjahr 04 in 00 anzusetzen. Der das zulässige Vorauszahlungsvolumen überschreitende Betrag von 500 € ist gem. § 10 Abs. 1 Nr. 3 Satz 4 EStG im VZ 04 anzusetzen.

Beispiel 4:

158 Der Steuerpflichtige leistet regelmäßig zum Monatsende den für den Folgemonat geschuldeten Beitrag, der jeweils am ersten Tag des Monats fällig ist. Am 28. Dezember 00 leistet er die Beiträge für die Jahre 01 bis 06 im Voraus. Der monatlich zu leistende Beitrag beträgt in allen Kalenderjahren 100 € (Jahresbeitrag jeweils 1200 €).
Der Beitrag für Januar 01 ist nach der Regelung in § 11 Abs. 2 Satz 2 i. V. m. Abs. 1 Satz 2 EStG abweichend vom Zahlungsjahr 00 im Jahr 01 zu berücksichtigen. Somit ist dieser nicht in die Summe der geleisteten Beitragsvorauszahlungen mit einzubeziehen.
Die Summe der geleisteten Beitragsvorauszahlungen (Februar bis Dezember 01: 1100 € + 02 bis 06: 6000 € = 7100 €) überschreitet das zulässige Vorauszahlungsvolumen von 3000 € (= 2,5 × 1200 €) um 4100 €. Bis zur Höhe des zulässigen Vorauszahlungsvolumens i. H. v. 3000 € können die Beiträge für Februar 01 bis Juli 03 (1100 € für 01, 1200 € für 02, 700 € für 03) in 00 als Sonderausgaben angesetzt werden. Der das zulässige Vorauszahlungsvolumen überschreitende Betrag i. H. v. 4100 € ist aufzuteilen und gem. § 10 Abs. 1 Nr. 3 Satz 4 EStG im jeweiligen Kalenderjahr, für das er gezahlt wurde, abzuziehen. In 03 sind daher 500 €, in 04 bis 06 jeweils 1200 € als Sonderausgaben anzusetzen.

5. Verfahren

159 Die mitteilungspflichtigen Stellen haben die geleisteten und erstatteten Beiträge i. S. d. § 10 Abs. 1 Nr. 3 EStG sowie die weiteren nach § 10 Abs. 2a Satz 4 Nr. 2 EStG erforderlichen Daten an die Finanzverwaltung (Zentrale Zulagenstelle für Altersvermögen – ZfA) zu übermitteln; wegen Einzelheiten vgl. die Ausführungen unter Rz. 181 ff.

160 Der Abzug der steuerfreien Zuschüsse zu den Kranken- und Pflegeversicherungsbeiträgen (vgl. Rz. 86) sowie die Minderung um 4% bei den Beiträgen zur GKV (im Einzelnen vgl. Rz. 101 ff.) werden von der Finanzverwaltung vorgenommen. Die Beiträge zu einer PKV werden bereits durch das Versicherungsunternehmen um einen Beitragsanteil, der auf Krankentagegeld entfällt, gemindert, so dass die Finanzverwaltung hier nur noch ggf. gewährte Zuschüsse abziehen muss.

161 Werden Beitragsvorauszahlungen (siehe Rz. 134) geleistet, sind die vertraglich geschuldeten Beiträge zur Basiskranken- und gesetzlichen Pflegeversicherung des Beitragsjahres als Bestandteil der Vertrags- bzw. Versicherungsdaten i. S. d. § 10 Abs. 2a Satz 4 EStG in den Datensatz aufzunehmen. Nicht dazu gehören Beiträge, die der unbefristeten Beitragsminderung frühestens ab Vollendung des 62. Lebensjahres im Rahmen eines freiwillig vertraglich vereinbarten sog. Beitragsentlastungstarifs dienen (Rz. 113). Eine Übermittlung der vertraglich geschuldeten Beiträge ist aus Vereinfachungsgründen nicht erforderlich, sofern es sich lediglich um eine Vorauszahlung für den Monat Januar des Folgejahres handelt. Im Datensatz ist anzugeben, ob sich aus den Beiträgen ein Anspruch auf Krankengeld oder ein

Anl b zu § 10

Anspruch auf eine Leistung ergeben kann, die anstelle von Krankengeld gewährt wird. Auf der Grundlage der übermittelten Daten ermittelt die Finanzverwaltung die sofort abziehbaren Vorauszahlungen nach § 10 Abs. 1 Nr. 3 Satz 4 EStG.

5.1. Gesetzlich Versicherte

162 Bei Vorliegen einer Familienversicherung i. S. d. § 10 SGB V ist für die mitversicherte Person mangels eigener Beitragsleistung kein Datensatz zu übermitteln.

163 Kann sich für
- einen freiwillig gesetzlich versicherten Arbeitnehmer (Selbstzahler), Selbständigen, Künstler oder Publizisten,
- einen pflichtversicherten selbständigen Künstler und Publizisten

aus der GKV ein Anspruch auf Krankengeld bzw. eine Leistung ergeben, die anstelle von Krankengeld gewährt wird, ist dies bei der Übermittlung der Daten anzugeben.

164 Falls die Kranken- und Pflegeversicherungsbeiträge von einem Dritten, der nicht zur Datenübermittlung mittels elektronischer Lohnsteuerbescheinigung oder im Rentenbezugsmitteilungsverfahren verpflichtet ist, einbehalten und per Sammelüberweisung an die Krankenkassen überwiesen werden, ist – mit Ausnahme der in Rz. 184 geregelten Fälle – grundsätzlich die GKV zur Datenübermittlung verpflichtet.

Beispiel 1:

165 Selbständig tätige Knappschaftsärzte, die im Rahmen ihrer Berufstätigkeit auch für die Knappschaft-Bahn-See tätig sind, beziehen aus der gesamten Tätigkeit Einkünfte aus selbständiger Tätigkeit nach § 18 EStG. Die Alters- und Hinterbliebenenbezüge, die nach Abschluss der aktiven selbständigen Tätigkeit von der Knappschaft-Bahn-See an die Knappschaftsärzte geleistet werden, sind als betriebliche Versorgungsrenten in voller Höhe nach § 24 Nr. 2 EStG als nachträgliche Einkünfte aus der selbständigen Tätigkeit zu erfassen. Die Knappschaft behält Beiträge zur gesetzlichen Kranken- und Pflegeversicherung ein und führt diese im sog. Zahlstellenverfahren (§ 256 SGB V) an den Träger der GKV ab.
Nach § 10 Abs. 2 a Satz 4 EStG ist die GKV zur Datenübermittlung der Basiskranken- und gesetzlichen Pflegeversicherungsbeiträge i. S. d. § 10 Abs. 1 Nr. 3 Satz 1 EStG an die Finanzverwaltung verpflichtet. Gründe, aus denen die Daten bereits mit der elektronischen Lohnsteuerbescheinigung oder im Rentenbezugsmitteilungsverfahren zu melden sind (vgl. Rz. 183), liegen nicht vor. Eine Verpflichtung zur Datenübermittlung aufgrund des Einbehaltens der Sozialversicherungsbeiträge und anschließender Sammelüberweisung an die Krankenkasse ergibt sich für die Knappschaft-Bahn-See („Dritter") nicht.

Beispiel 2:

166 Honorare der freien Mitarbeiter des Hessischen Rundfunks (und auch der Synchronsprecher) sind einkommensteuerrechtlich im Einzelfall als Einkünfte aus selbständiger Tätigkeit nach § 18 Abs. 1 Nr. 1 EStG zu beurteilen. Sozialversicherungsrechtlich können die freien Mitarbeiter jedoch als sozialversicherungspflichtige abhängig Beschäftigte eingestuft werden. Entsprechend behält der Hessische Rundfunk dann die Kranken- und Pflegeversicherungsbeiträge von den Honoraren ein und führt sie an den Träger der GKV ab.
Aufgrund der steuerrechtlichen Qualifikation als Einkünfte aus selbständiger Tätigkeit werden die von den Einkünften aus der sozialversicherungspflichtigen abhängigen Beschäftigung einbehaltenen Kranken- und Pflegeversicherungsbeiträge nicht im Lohnsteuerbescheinigungsverfahren übermittelt. Der Hessische Rundfunk ist keine Einrichtung i. S. d. § 10 Abs. 2 a Satz 1 EStG und somit keine mitteilungspflichtige Stelle. Nach § 10 Abs. 2 a Satz 4 EStG ist daher die GKV zur Datenübermittlung der Basiskranken- und gesetzlichen Pflegeversicherungsbeiträge i. S. d. § 10 Abs. 1 Nr. 3 Satz 1 EStG an die Finanzverwaltung verpflichtet.

a) Pflichtversicherte Arbeitnehmer

167 Der vom Arbeitgeber einbehaltene und abgeführte GKV- und Pflegeversicherungsbeitrag des Arbeitnehmers wird im Rahmen der elektronischen Lohnsteuerbescheinigung an die Finanzverwaltung übermittelt. Erstattet die GKV Beiträge, sind diese – sofern sie auf die Basisabsicherung entfallen – unmittelbar von der GKV an die Finanzverwaltung zu übermitteln.

168 Der vom Arbeitgeber einbehaltene und abgeführte GKV- und Pflegeversicherungsbeitrag des Arbeitnehmers, welcher nicht im Rahmen der elektronischen Lohnsteuerbescheinigung an die Finanzverwaltung übermittelt wird (z. B. Fälle der Pauschalbesteuerung nach § 40 a Abs. 2 a EStG), ist von der GKV an die Finanzverwaltung zu übermitteln. Erstattet die GKV Beiträge, sind diese – sofern sie auf die Basisabsicherung entfallen – ebenfalls unmittelbar von der GKV an die Finanzverwaltung zu übermitteln.

b) Freiwillig gesetzlich versicherte Arbeitnehmer

169 Für Arbeitnehmer, bei denen der Arbeitgeber den Gesamtbeitrag zur Kranken- und Pflegeversicherung an die GKV abführt (Firmenzahler), hat der Arbeitgeber in der elektronischen Lohnsteuerbescheinigung der Finanzverwaltung den abgeführten GKV-Beitrag und den geleisteten steuerfreien Arbeitgeberzuschuss (§ 3 Nr. 62 EStG) mitzuteilen. Erstattet die GKV Beiträge, sind diese – sofern sie auf die Basisabsicherung entfallen – unmittelbar von der GKV an die Finanzverwaltung zu übermitteln.

170 Für Arbeitnehmer, bei denen der Kranken- und Pflegeversicherungsbeitrag an die GKV vom Arbeitnehmer selbst gezahlt wird (Selbstzahler), hat der Arbeitgeber in der elektronischen Lohnsteuerbescheinigung den geleisteten steuerfreien Arbeitgeberzuschuss (§ 3 Nr. 62 EStG) mitzuteilen. Die vom Arbeitnehmer unmittelbar an die GKV geleisteten oder von der GKV erstatteten Beiträge sind – sofern sie auf die Basisabsicherung entfallen – von der GKV an die Finanzverwaltung zu übermitteln.

c) Freiwillig gesetzlich versicherte Selbständige

171 An die GKV geleistete oder von der GKV erstattete Beiträge sind – sofern sie auf die Basisabsicherung entfallen – von der GKV an die Finanzverwaltung zu übermitteln.

d) Pflichtversicherte selbständige Künstler und Publizisten

172 Die Künstlersozialkasse übermittelt nach § 10 Abs. 2 a Satz 4 Nr. 2 EStG die Höhe des eigenen Anteils des Künstlers oder Publizisten am GKV- und Pflegeversicherungsbeitrag, nicht aber die von der Künstlersozialkasse getragenen steuerfreien Beitragsanteile an die Finanzverwaltung. Erstattet die GKV Beiträge, sind diese – sofern sie auf die Basisabsicherung entfallen – als Beitragsrückerstattung von der GKV an die Finanzverwaltung zu übermitteln.

e) Freiwillig gesetzlich versicherte Künstler und Publizisten

173 An die GKV geleistete oder von der GKV erstattete Beiträge sind – sofern sie auf die Basisabsicherung entfallen – von der GKV an die Finanzverwaltung zu übermitteln. Die Künstlersozialkasse übermittelt zudem die Höhe des an den Künstler oder Publizisten steuerfrei gezahlten Beitragszuschusses.

f) Pflichtversicherte Rentner

174 Bei den Empfängern einer Rente aus der gesetzlichen RV oder aus einer betrieblichen Altersversorgung wird in der Regel der GKV- und Pflegeversicherungsbeitrag unmittelbar vom Rentenversicherungs-/Versorgungsträger einbehalten und abgeführt. Die entsprechenden Daten werden zusammen mit der Rentenbezugsmitteilung vom Träger der gesetzlichen RV bzw. vom Versorgungsträger an die Finanzverwaltung übermittelt. Erstattet die GKV Beiträge, sind diese – sofern sie auf die Basisabsicherung entfallen – unmittelbar von der GKV an die Finanzverwaltung zu übermitteln.

g) Pflichtversicherte Empfänger einer Kapitalleistung aus der betrieblichen Altersversorgung

175 Die vom Empfänger einer Kapitalleistung aus der betrieblichen Altersversorgung unmittelbar an die GKV geleisteten oder von der GKV erstatteten Kranken- und Pflegeversicherungsbeiträge sind von der GKV an die Finanzverwaltung zu übermitteln.

h) Freiwillig gesetzlich versicherte Rentner

176 An die GKV geleistete oder von der GKV erstattete GKV- und Pflegeversicherungsbeiträge sind – sofern sie auf die Basisabsicherung entfallen – von der GKV an die Finanzverwaltung zu übermitteln. Die Höhe des von der mitteilungspflichtigen Stelle i. S. d. § 22 a Abs. 1 Satz 1 EStG (z. B. Träger der gesetzlichen RV) gewährten steuerfreien Zuschusses zu den Krankenversicherungsbeiträgen ist im Rahmen der Rentenbezugsmitteilung an die Finanzverwaltung zu übermitteln.

5.2. Privat Versicherte

a) Privat versicherte Arbeitnehmer

177 Das Versicherungsunternehmen übermittelt die Höhe der geleisteten und erstatteten Beiträge zur Basiskrankenversicherung und zur privaten Pflege-Pflichtversicherung an die Finanzverwaltung.

178 Bei Arbeitnehmern, denen mit dem Lohn ein steuerfreier Zuschuss gezahlt wird, hat der Arbeitgeber in der elektronischen Lohnsteuerbescheinigung die Höhe des geleisteten steuerfreien Arbeitgeberzuschusses mitzuteilen.

b) Privat versicherte Künstler und Publizisten

179 Unmittelbar an die PKV geleistete oder von der PKV erstattete Kranken- und Pflegeversicherungsbeiträge sind von der PKV an die Finanzverwaltung zu übermitteln. Bei Künstlern und Publizisten, für die von der Künstlersozialkasse ein Zuschuss zur Krankenversicherung abgeführt wird, hat die Künstlersozialkasse der Finanzverwaltung die Höhe des Zuschusses mitzuteilen.

c) Privat versicherte Rentner

180 Unmittelbar an die PKV geleistete oder von der PKV erstattete Kranken- und Pflegeversicherungsbeiträge sind von der PKV an die Finanzverwaltung zu übermitteln. Der von der mitteilungspflichtigen Stelle i. S. d. § 22 a Abs. 1 Satz 1 EStG (z. B. Träger der gesetzlichen RV) gewährte steuerfreie Zuschuss zu den Krankenversicherungsbeiträgen ist im Rahmen der Rentenbezugsmitteilung an die Finanzverwaltung zu übermitteln.

III. Gemeinsame Regelungen

1. Datenübermittlung

181 Die erforderlichen Daten nach § 10 Abs. 1 Nr. 2 Satz 1 Buchst. b und Nr. 3 EStG sowie § 10 **28**
Abs. 4 b Satz 4 EStG (ab VZ 2016) werden von den mitteilungspflichtigen Stellen nach amtlich vorgeschriebenem Datensatz durch Datenfernübertragung unter Angabe der steuerlichen Identifikationsnummer (§ 139 b AO) und der Vertragsdaten an die ZfA (§ 81 EStG) übermittelt.

182 Mitteilungspflichtige Stellen sind in den Fällen des

- § 10 Abs. 1 Nr. 2 Satz 1 Buchst. b EStG der Anbieter,
- § 10 Abs. 1 Nr. 3 EStG das Versicherungsunternehmen, der Träger der gesetzlichen Kranken- und Pflegeversicherung, die Künstlersozialkasse und Einrichtungen i. S. d. § 10 Abs. 2 Satz 1 Nr. 2 Buchst. a Satz 2 EStG,
- § 10 Abs. 4 b Satz 4 EStG die Behörden i. S. d. § 6 Abs. 1 AO und andere öffentliche Stellen, die entsprechende Zuschüsse/Erstattungen gewährt haben.

183 In den Fällen des § 10 Abs. 1 Nr. 3 EStG ist eine Datenübermittlung durch die mitteilungspflichtigen Stellen nicht vorzunehmen, soweit die Daten bereits mit der elektronischen Lohnsteuerbescheinigung oder der Rentenbezugsmitteilung übermittelt werden. Wurden die auf eine Rente entfallenden Beiträge i. S. d. § 10 Abs. 1 Satz 1 Nr. 3 Buchst. a Satz 1 und 2 und Buchst. b EStG bereits mit einer elektronischen Lohnsteuerbescheinigung übermittelt, sind diese insoweit nicht in die Rentenbezugsmit-

Anl b zu § 10

teilung nach § 22 a Abs. 1 Satz 1 EStG aufzunehmen (vgl. Rz. 97 des BMF-Schreibens vom 7. Dezember 2011, BStBl. I S. 1223). In den Fällen des § 10 Abs. 4 b Satz 4 EStG besteht eine Mitteilungspflicht nicht, wenn die mitteilungspflichtige Stelle der Finanzverwaltung die Zahlung der geleisteten und zurückgeforderten steuerfreien Zuschüsse und der erstatteten Vorsorgeaufwendungen bereits aufgrund anderer Vorschriften elektronisch mitzuteilen hat (§ 24 Satz 2 Altersvorsorge-Durchführungsverordnung – AltvDV).

184 Abweichend vom allgemeingültigen Verfahren zur Datenübermittlung gilt folgende Ausnahmeregelung:
Werden Kranken- und Pflegeversicherungsbeiträge aufgrund unterschiedlicher Einkunftsarten insgesamt an eine Zahlstelle entrichtet, welche eine mitteilungspflichtige Stelle i. S. d. § 22 a Abs. 1 Satz 1 EStG darstellt und welche den Gesamtbeitrag im sog. Zahlstellenverfahren (§ 256 SGB V) an den Träger der GKV abzuführen hat, erfolgt die Datenübermittlung für den Gesamtbeitrag insgesamt durch diese Zahlstelle. Eine Datenübermittlung nach § 10 Abs. 2 a Satz 4 EStG durch die GKV darf insoweit nicht zusätzlich vorgenommen werden.

Beispiel:

185 Ein ehemals selbständiger Versicherungsmakler der X-AG erhält vom Vertreterversorgungswerk sowohl Versorgungsleistungen, die nach §§ 15, 24 Nr. 2 EStG als nachträgliche gewerbliche Einkünfte zu versteuern sind, als auch eine nach § 22 EStG zu erfassende Leibrente. Die X-AG (= hier mitteilungspflichtige Stelle nach § 22 a Abs. 1 Satz 1 EStG) ermittelt anhand der gesamten erzielten Einkünfte die zu entrichtenden Kranken- und Pflegeversicherungsbeiträge, behält diese ein und führt sie im sog. Zahlstellenverfahren an den Träger der GKV (= hier mitteilungspflichtige Stelle nach § 10 Abs. 2 a Satz 1 EStG) ab.
Ohne Berücksichtigung der Rz. 184 würde die X-AG nur in Bezug auf die Leibrente eine Rentenbezugsmitteilung nach § 22 a EStG übermitteln, in der die anteilig auf die Einnahmen aus § 22 EStG entfallenden und geleisteten Kranken- und Pflegeversicherungsbeiträge mitgeteilt werden. Für die Versicherungsbeiträge, die auf dem Teil der Vertreterversorgung basieren, müsste der Träger der GKV – bei Vorliegen einer entsprechenden Einwilligung – die Beiträge an die Finanzverwaltung übermitteln.
Unter Berücksichtigung der Vereinfachungsregelung in Rz. 184 sind der Finanzverwaltung die gesamten von der X-AG abgeführten Kranken- und Pflegeversicherungsbeiträge durch sie als Zahlstelle mitzuteilen. Eine teilweise Datenübermittlung nach § 10 Abs. 2 a Satz 4 EStG durch den Träger der GKV ist insoweit nicht zusätzlich vorzunehmen (vgl. Rz. 183).

2. Einwilligung in die Datenübermittlung[1]

a) Allgemeines

186 Voraussetzung für den Sonderausgabenabzug nach § 10 Abs. 1 Nr. 2 Satz 1 Buchst. b und Nr. 3 EStG ist, dass der Steuerpflichtige (= VN) gegenüber der mitteilungspflichtigen Stelle in die Übermittlung der erforderlichen Daten schriftlich einwilligt bzw. nicht widersprochen hat, als die mitteilungspflichtige Stelle ihn informierte, dass sie von seinem Einverständnis ausgeht (§ 10 Abs. 6 Satz 2 EStG). Die Einwilligung in die Übermittlung der Beiträge umfasst die das gesamte Versicherungsverhältnis betreffenden Daten aller mitversicherten Personen sowie Beitragsrückerstattungen.

187 Der VN kann die Entscheidung, ob die Datenübermittlung erfolgen darf, nur einheitlich für ein Beitragsjahr treffen. Die Einwilligung muss der mitteilungspflichtigen Stelle spätestens bis zum Ablauf des zweiten Kalenderjahres vorliegen, das auf das Beitragsjahr folgt. Die Einwilligung gilt auch für die folgenden Beitragsjahre, wenn der Steuerpflichtige sie nicht gegenüber der mitteilungspflichtigen Stelle schriftlich widerruft.

188 Widerruft der Steuerpflichtige seine Einwilligung, so muss der Widerruf der mitteilungspflichtigen Stelle vor Beginn des Beitragsjahres, für das die Einwilligung erstmals nicht mehr gelten soll, vorliegen.

189 Wurde eine Einwilligung erteilt (oder gilt diese nach § 10 Abs. 6 Satz 2 EStG als erteilt) und wurde diese nicht widerrufen, hat ein zwischenzeitlicher Statuswechsel (z. B. ein privat krankenversicherter Selbständiger ist vorübergehend als gesetzlich Versicherter Arbeitnehmer tätig) auf den Sonderausgabenabzug von Basiskranken- und gesetzlichen Pflegeversicherungsbeiträgen keinen Einfluss.

190 Die mitteilungspflichtige Stelle hat die Daten auch dann zu übermitteln, wenn die Einwilligung offenbar verspätet erteilt wurde. Ob die Frist eingehalten wurde, ist vom Finanzamt als materiell-rechtliche Grundlage für den Sonderausgabenabzug zu prüfen.

b) Einwilligungsfiktion bei Kranken- und Pflegeversicherungsbeiträgen

191 Im Lohnsteuerabzugs- und Rentenbezugsmitteilungsverfahren gilt für den Zeitraum der Datenübermittlung im Rahmen dieser Verfahren die Einwilligung für alle sich aus dem Versicherungsverhältnis ergebenden Zahlungsverpflichtungen (einschließlich Beitragsrückerstattungen) als erteilt.

192 Bei Beiträgen an ein ausländisches Versicherungsunternehmen oder den Träger einer ausländischen GKV ist die Einwilligung mangels Datenübermittlung irrelevant. Hat der Steuerpflichtige seine Beiträge in geeigneter Form nachgewiesen, werden die nach § 10 Abs. 1 Nr. 3 Buchst. a EStG abziehbaren Beiträge nach den Regelungen der KVBEVO ermittelt.

3. Nachweis bei fehlgeschlagener Datenübermittlung

a) Kranken- und Pflegeversicherungsbeiträge

193 Werden die erforderlichen Daten aus Gründen, die der Steuerpflichtige nicht zu vertreten hat (z. B. technische Probleme), von der mitteilungspflichtigen Stelle nach § 10 Abs. 2 a Satz 1 EStG und nach § 22 a Abs. 1 Satz 1 EStG oder dem Arbeitgeber nicht übermittelt, kann der Steuerpflichtige den Nachweis über die geleisteten und erstatteten Beiträge i. S. v. § 10 Abs. 1 Nr. 3 EStG auch in anderer Weise erbringen. Die mitteilungspflichtigen Stellen haben die Datenübermittlung gleichwohl unverzüglich nachzuholen.

[1] Ausführungen z. T. überholt (vgl. z. B. Art. 74 des 2. DSAnpUG-EU vom 20. 11. 2019, BGBl. I S. 1626).

Anl b zu § 10

b) Beiträge zur Basisrente

194 Liegen die in § 10 Abs. 2 Satz 2 EStG genannten Voraussetzungen vor und kann der vorgegebene Übermittlungstermin durch den Anbieter, z. B. wegen technischer Probleme, nicht eingehalten werden, hat er dem Steuerpflichtigen die für den Sonderausgabenabzug erforderlichen Daten nach dem mit BMF-Schreiben vom 18. August 2011 (BStBl. I S. 788) bekannt gegebenen Vordruckmuster grundsätzlich bis zum 31. März des dem Beitragsjahr folgenden Kalenderjahres zu bescheinigen. Die Bescheinigung entbindet den Anbieter nicht von seiner Verpflichtung zur Datenübermittlung. Er hat diese unverzüglich nachzuholen. Bei fristgerechter Datenübermittlung hat der Anbieter keine solche Bescheinigungspflicht, selbst wenn dem Finanzamt im Zeitpunkt der Veranlagung die erforderlichen Daten für den Sonderausgabenabzug (noch) nicht vorliegen.

4. Zufluss- und Abflussprinzip (§ 11 EStG)

195 Regelmäßig wiederkehrende Ausgaben (z. B. Versicherungsbeiträge) sind im Rahmen des Sonderausgabenabzugs grundsätzlich in dem Kalenderjahr anzusetzen, in dem sie geleistet wurden (allgemeines Abflussprinzip des § 11 Abs. 2 Satz 1 EStG). Eine Ausnahme von diesem Grundsatz wird durch § 11 Abs. 2 Satz 2 EStG normiert. Danach sind regelmäßig wiederkehrende Ausgaben, die kurze Zeit (Zeitraum von bis zu 10 Tagen) vor oder nach Beendigung des Kalenderjahres geleistet werden, abweichend vom Jahr des tatsächlichen Abflusses dem Jahr der wirtschaftlichen Zugehörigkeit zuzuordnen, wenn die Ausgaben kurze Zeit vor oder nach dem Jahreswechsel fällig werden (vgl. H 11 EStH „Allgemeines", Rz. 153 ff.).

Beispiel 1:

196 Der am 1. Januar 01 fällige Beitrag für den Monat Dezember 00 wird am 10. Januar 01 geleistet.
Grundsätzlich wäre der Beitrag im Kalenderjahr 01 (Zahlung im Jahr 01) anzusetzen. Da die laufenden Beitragszahlungen aber regelmäßig wiederkehrend sind und die hier aufgeführte Zahlung innerhalb des Zeitraums vom 22. Dezember bis 10. Januar fällig war und geleistet wurde, ist sie abweichend vom Jahr der Zahlung (01) dem Jahr der wirtschaftlichen Zugehörigkeit 00 zuzuordnen.

Beispiel 2:

197 Der am 15. Januar 01 fällige Beitrag für den Monat Dezember 00 wird am 5. Januar 01 geleistet.
Da die Fälligkeit des Dezemberbeitrags außerhalb des sog. „10-Tageszeitraums" liegt, ist die Zahlung vom 5. Januar 01 steuerlich dem Jahr 01 zuzuordnen.

198 Bei Erstellung der Datensätze haben die mitteilungspflichtigen Stellen für die zeitliche Zuordnung § 11 EStG zu beachten (vgl. in diesem Zusammenhang auch H 11 EStH).

5. Zusammenhang mit steuerfreien Einnahmen

199 Voraussetzung für die Berücksichtigung von Vorsorgeaufwendungen i. S. d. § 10 EStG ist, dass sie nicht in unmittelbarem wirtschaftlichen Zusammenhang mit steuerfreien Einnahmen[1] stehen. Dieser Zusammenhang ist z. B. in folgenden Fällen gegeben:

- Gesetzliche Arbeitnehmeranteile, die auf steuerfreien Arbeitslohn entfallen (z. B. nach dem Auslandstätigkeitserlass,[2] aufgrund eines DBA[3·4] oder aufgrund des zusätzlichen Höchstbetrags von 1800 € nach § 3 Nr. 63 Satz 3 EStG),[5]
- Aufwendungen aus Mitteln, die nach ihrer Zweckbestimmung zur Leistung der Vorsorgeaufwendungen dienen:
  - Steuerfreie Zuschüsse zur Krankenversicherung der Rentner, z. B. nach § 106 SGB VI,
  - steuerfreie Beträge, die Land- und Forstwirte nach dem Gesetz über die Alterssicherung der Landwirte zur Entlastung von Vorsorgeaufwendungen i. S. d. § 10 Abs. 1 Nr. 2 Satz 1 Buchst. a EStG erhalten,
- Krankenversicherungsbeiträge, soweit sie auf steuerfrei ausgezahlte Erträge einer Kapitalleistung aus der betrieblichen Altersversorgung entfallen. Ausgenommen sind Beitragsanteile, soweit sie auf die Rückzahlung der eingezahlten Beiträge in die betriebliche Altersversorgung entfallen. Die Kapitalauszahlung unterliegt insgesamt nicht der Besteuerung, wenn diese nach Ablauf von 12 Jahren seit Vertragsabschluss eines vor dem 1. Januar 2005 abgeschlossenen Versicherungsvertrags erfolgt und der Vertrag die weiteren Voraussetzungen des § 10 Abs. 1 Nr. 2 EStG in der am 31. Dezember 2004 geltenden Fassung erfüllt (§ 52 Abs. 28 Satz 5 EStG).

Beiträge in unmittelbarem wirtschaftlichen Zusammenhang mit steuerfreiem Arbeitslohn sind nicht als Sonderausgaben abziehbar (BFH vom 18. April 2012, BStBl. II S. 721). Dies gilt nicht, wenn der Arbeitslohn nicht zum Zufluss von Arbeitslohn führt, jedoch beitragspflichtig ist (z. B. Umwandlung zugunsten einer Direktzusage oberhalb von 4% der Beitragsbemessungsgrenze in der allgemeinen RV).[6] Die Hinzurechnung des nach § 3 Nr. 62 EStG steuerfreien Arbeitgeberanteils zur gesetzlichen RV oder eines gleichgestellten steuerfreien Zuschusses des Arbeitgebers nach § 10 Abs. 1 Nr. 2 Satz 2 EStG und die Verminderung um denselben nach § 10 Abs. 3 Satz 5 EStG bleiben hiervon unberührt; dies gilt nicht, soweit der steuerfreie Arbeitgeberanteil auf steuerfreien Arbeitslohn entfällt.

200 Die von einem Rentner gezahlten Kranken- und Pflegeversicherungsbeiträge sind – trotz der nur anteiligen steuerlichen Erfassung der Rente im Rahmen der Kohortenbesteuerung – ungekürzt bei den Sonderausgaben zu berücksichtigen.

---

[1] Zur Unionsrechtsmäßigkeit siehe § 10 Abs. 2 Satz 1 Nr. 1 EStG.
[2] Abgedruckt als Anlage a zu LStH 39.5.
[3] Länderübersicht abgedruckt als Anlage b zu LStH 39.5.
[4] Siehe auch BFH vom 14. 12. 2022, X R 25/21, DStR 2023, 927.
[5] Ab 2018: 4% des RV-BBG-Werts.
[6] RV-BBG 2025: bundeseinheitlich 96 600 Euro.

Anl b zu § 10

Beispiel 1:

201 Der alleinstehende 57-jährige Steuerpflichtige ist arbeitslos und bezieht Arbeitslosengeld i. H. v. 1150 € monatlich. Da der Steuerpflichtige freiwillig in der gesetzlichen RV und privat kranken- und pflegeversichert ist, übernimmt die Bundesagentur für Arbeit während des Bezugs des Arbeitslosengelds seine freiwillig an die gesetzliche RV gezahlten Beiträge i. H. v. 130 € und seine Beiträge zur privaten Kranken- und Pflegeversicherung i. H. v. 270 €.
Die von der Bundesagentur für Arbeit übernommenen freiwilligen Beiträge zur gesetzlichen RV sowie die Beiträge zur privaten Kranken- und Pflegeversicherung stehen mit dem nach § 3 Nr. 2 EStG steuerfreien Arbeitslosengeld in einem unmittelbaren wirtschaftlichen Zusammenhang. Daher sind diese Beiträge nicht als Sonderausgaben nach § 10 Abs. 1 Nr. 2, 3 und 3 a EStG zu berücksichtigen.

Beispiel 2:

202 Der Steuerpflichtige erhält im Jahr 2016 nach Ablauf von 22 Jahren eine Kapitalauszahlung aus einer pauschal besteuerten Direktversicherung i. H. v. 50 000 €. Die pauschal besteuerten Beiträge betragen 40 000 €. Zur Berechnung der Kranken- und Pflegeversicherungsbeiträge wird die Kapitalleistung auf 120 Monate verteilt. Es ergibt sich eine jährliche Bemessungsgrundlage von 5000 € (416,67 € × 12 Monate). Die Kranken- und Pflegeversicherungsbeiträge betragen hierfür für das Jahr 2016 902,50 € (Krankenversicherung: 14,6% zzgl. – angenommen – 1,1% und Pflegeversicherung 2,35% = 18,05% von 5000 €).
Die Kranken- und Pflegeversicherungsbeiträge sind i. H. v. 722 € jährlich als Sonderausgaben abziehbar (entspricht dem Verhältnis der eingezahlten Beiträge zur Kapitalleistung = $^4/_5$ von 902,50 €, $^1/_5$ beruht auf „steuerfreien" Erträgen).

6. Erstattungsüberhänge

203 Übersteigen die vom Steuerpflichtigen erhaltenen Erstattungen zzgl. steuerfreier Zuschüsse die im VZ geleisteten Aufwendungen i. S. d. § 10 Absatz 1 Nummer 2 bis 3 a EStG, sind – soweit § 10 Absatz 4 b EStG anzuwenden ist (siehe Rz. 56 a) – die Aufwendungen mit null anzusetzen. Für den insoweit entstandenen Erstattungsüberhang ist entsprechend § 10 Absatz 4 b Satz 2 und 3 EStG zu verfahren (gültig ab VZ 2012).[1] Ein Erstattungsüberhang, der sich bei den Aufwendungen nach § 10 Absatz 1 Nummer 2 und 3 a EStG ergibt, ist in den VZ der Zahlung zurückzutragen (§ 175 Absatz 1 Satz 1 Nummer 2 AO).[2]

Beispiel:

204 A ist nichtselbständig tätig und privat krankenversichert. Folgende Beiträge hat A im Jahr 01 entrichtet:

- Krankenversicherung 1500 €
  - davon für Basisabsicherung 1200 €
  - davon für Wahlleistungen 300 €
- Pflege-Pflichtversicherung 300 €
- gesetzliche RV 800 €
- Kirchensteuer 200 €

Für das Vorjahr 00 erhält er folgende Beitragsrückerstattungen:

- Krankenversicherung 2000 €
  - davon für Basisabsicherung 1600 €
- gesetzliche RV (Erstattung von zu Unrecht geleisteten Beiträgen nach § 26 SGB IV, siehe Rz. 57)[3] 500 €
- Kirchensteuer 1500 €

Die im VZ erhaltenen Erstattungen sind mit den geleisteten Zahlungen wie folgt zu verrechnen:

	Zahlungen im VZ 2012	Erstattungen im VZ 2012	Erstattungs- bzw. Zahlungsüberhang	Verrechnung innerhalb der Nummern (§ 10 Abs. 4 b Satz 2 EStG)	Hinzurechnung des Erstattungsüberhangs zum Gesamtbetrag der Einkünfte (§ 10 Abs. 4 b Satz 3 EStG)
Rentenversicherung § 10 Abs. 1 Nr. 2 Satz 1 Buchst. a EStG	800 €	500 €	+ 300 €	–	–
Krankenversicherung § 10 Abs. 1 Nr. 3 Satz 1 Buchst. a EStG	1200 €	1600 €	- 400 €	- 400 €	100 €
Gesetzliche Pflegeversicherung § 10 Abs. 1 Nr. 3 Satz 1 Buchst. b EStG	300 €	0 €	+ 300 €	+ 300 € = – 100 €	
Krankenversicherung § 10 Abs. 1 Nr. 3 a EStG	300 €	400 €	–100 €	Keine Verrechnung	Keine Hinzurechnung
Kirchensteuer § 10 Abs. 1 Nr. 4 EStG	200	1500 €	– 1300 €	Keine Verrechnung	1300 €

Gem. § 10 Abs. 4 b Satz 2 EStG ist ein Erstattungsüberhang bei den Sonderausgaben nach § 10 Abs. 1 Nr. 2 bis 3 a EStG im Rahmen der jeweiligen Nummer zu verrechnen. Daher ist der Erstattungsüberhang aus den Krankenversicherungsbeiträgen zur Absicherung von Basisleistungen mit den Beiträgen zur gesetzlichen Pflegeversicherung zu verrechnen. Eine Verrechnung des Erstattungsüberhangs aus den Krankenversicherungsbeiträgen für die Absicherung von Wahlleistungen ist mangels anderer

[1] **[Amtl. Anm.:]** Die Hinzurechnung nach § 10 Abs. 4 b Satz 3 erfolgt auch dann, wenn sich die erstattete Zahlung im Zahlungsjahr nicht steuermindernd ausgewirkt hat (siehe BFH vom 12. 3. 2019, BStBl. II S. 658).
[2] Rz. 203 neu gef. durch BMF v. 28. 9. 2021, BStBl. I S. 1833 und ist in allen offenen Fällen anzuwenden.
[3] Rz. 204 geänd. durch BMF v. 28. 9. 2021, BStBl. I S. 1833 und ist in allen offenen Fällen anzuwenden.

Beiträge nach § 10 Abs. 1 Nr. 3a EStG nicht möglich. Für die Kirchensteuer sieht § 10 Abs. 4b Satz 2 EStG keine Verrechnungsmöglichkeit mit Sonderausgaben nach § 10 Abs. 1 Nr. 2 bis 3a EStG vor (BFH vom 21. Juli 2009, BStBl. 2010 II S. 38). Anl b zu § 10

Nach § 10 Abs. 4b Satz 3 EStG ist ein sich aus § 10 Abs. 1 Nr. 3 und 4 EStG ergebender Erstattungsüberhang dem Gesamtbetrag der Einkünfte (§ 2 Abs. 3 EStG) hinzuzurechnen. Deshalb sind die Erstattungsüberhänge aus den Krankenversicherungsbeiträgen zur Absicherung von Basisleistungen und aus der Kirchensteuer dem Gesamtbetrag der Einkünfte hinzuzurechnen. Der Erstattungsüberhang aus den Krankenversicherungsbeiträgen für die Absicherung von Wahlleistungen nach § 10 Abs. 1 Nr. 3a EStG ist dagegen mit den entsprechenden Beiträgen im VZ 00 zu verrechnen. Der Bescheid für den VZ 00 ist diesbezüglich nach § 175 Abs. 1 Satz 1 Nr. 2 AO zu ändern.

7. Globalbeiträge

205 Anders als bei der inländischen gesetzlichen Sozialversicherung gibt es einige ausländische Sozialversicherungen, in denen – bezogen auf die Beitragsleistung – nicht nach den verschiedenen Sozialversicherungszweigen unterschieden und ein einheitlicher Sozialversicherungsbeitrag (Globalbeitrag) erhoben wird. Mit dem Globalbeitrag werden Leistungen u. a. bei Arbeitslosigkeit, Krankheit, Mutterschutz, Invalidität, Alter und Tod finanziert. Wie die vom Steuerpflichtigen geleisteten Globalbeiträge zur Ermittlung der steuerlich berücksichtigungsfähigen Vorsorgeaufwendungen (u. a. Beiträge an einen ausländischen gesetzlichen Rentenversicherungsträger) aufzuteilen sind, wird für jeden VZ durch gesondertes BMF-Schreiben bekannt gegeben:

- für den VZ 2011 und früher:
  BMF-Schreiben vom 5. Juli 2011, BStBl. I S. 711,
- für den VZ 2012 und teilweise auch für den VZ 2011:
  BMF-Schreiben vom 26. Januar 2012, BStBl. I S. 169,
- für den VZ 2013:
  BMF-Schreiben vom 29. Oktober 2012, BStBl. I S. 1013,
- für den VZ 2014:
  BMF-Schreiben vom 8. Oktober 2013, BStBl. I S. 1266,
- für den VZ 2015:
  BMF-Schreiben vom 3. Dezember 2014, BStBl. I S. 1606,
- für den VZ 2016:
  BMF-Schreiben vom 28. August 2015, BStBl. I S. 632,
- für den VZ 2017:
  BMF-Schreiben vom 22. August 2016, BStBl. I S. 804.[1]

8. Änderungsnorm

206 Ein Steuerbescheid ist nach § 10 Abs. 2a Satz 8 EStG zu ändern, soweit Daten bis einschließlich VZ 2016 betroffen sind. Ab VZ 2017 enthält § 175b AO die im Grundsatz bislang in § 10 Abs. 2a Satz 8 EStG verortete Änderungsvorschrift, welche für alle Fälle gilt, in denen sich die Datenübermittlung nach § 93c Abs. 1 AO richtet.

IV. Günstigerprüfung nach § 10 Abs. 4a EStG[2]

207 Die Regelungen zum Abzug von Vorsorgeaufwendungen nach § 10 Abs. 1 Nr. 2, 3 und 3a EStG sind in bestimmten Fällen ungünstiger als nach der für das Kalenderjahr 2004 geltenden Fassung des § 10 Abs. 3 EStG. Zur Vermeidung einer Schlechterstellung wird in diesen Fällen der höhere Betrag berücksichtigt. Die Überprüfung erfolgt von Amts wegen. Einbezogen in die Überprüfung werden nur Vorsorgeaufwendungen, die nach dem ab 2005 geltenden Recht abziehbar sind. Hierzu gehört nicht der nach § 10 Abs. 1 Nr. 2 Satz 2 EStG hinzuzurechnende Betrag (steuerfreier Arbeitgeberanteil zur gesetzlichen RV und ein diesem gleichgestellter steuerfreier Zuschuss des Arbeitgebers). 29

208 Für die Jahre bis 2019 werden bei der Anwendung des § 10 Abs. 3 EStG in der für das Kalenderjahr 2004 geltenden Fassung die Höchstbeträge für den Vorwegabzug schrittweise gekürzt; Einzelheiten ergeben sich aus der Tabelle zu § 10 Abs. 4a EStG.

209 In die Günstigerprüfung nach § 10 Abs. 4a Satz 1 EStG werden zunächst nur die Vorsorgeaufwendungen ohne die Beiträge nach § 10 Abs. 1 Nr. 2 Satz 1 Buchst. b EStG einbezogen. Die Beiträge zu einer eigenen kapitalgedeckten Altersversorgung i. S. d. § 10 Abs. 1 Nr. 2 Satz 1 Buchst. b EStG (siehe Rz. 10 bis 55) werden gesondert, und zwar stets mit dem sich aus § 10 Abs. 3 Satz 4 und 6 EStG ergebenden Prozentsatz berücksichtigt. Hierfür erhöhen sich die nach der Günstigerprüfung als Sonderausgaben zu berücksichtigenden Beträge um einen Erhöhungsbetrag (§ 10 Abs. 4a Satz 1 und 3 EStG) für Beiträge nach § 10 Abs. 1 Nr. 2 Satz 1 Buchst. b EStG. Es ist jedoch im Rahmen der Günstigerprüfung mindestens der Betrag anzusetzen, der sich ergibt, wenn auch die Beiträge nach § 10 Abs. 1 Nr. 2 Satz 1 Buchst. b EStG in die Günstigerprüfung nach § 10 Abs. 4a Satz 1 EStG einbezogen werden, allerdings ohne Hinzurechnung des Erhöhungsbetrags nach § 10 Abs. 4a Satz 1 und 3 EStG. Der jeweils höhere Betrag (Vorsorgeaufwendungen nach dem seit 2010 geltenden Recht, Vorsorgeaufwendungen nach dem für das Jahr 2004 geltenden Recht zzgl. Erhöhungsbetrag oder Vorsorgeaufwendungen nach dem

---

[1] Für den VZ 2019 das BMF-Schreiben vom 17. 9. 2018 (BStBl. I S. 1024), für den VZ 2020 das BMF-Schreiben vom 15. 10. 2019 (BStBl. I S. 985), für den VZ 2021 das BMF-Schreiben vom 13. 11. 2020 (BStBl. I S. 1215), für den VZ 2022 das BMF-Schreiben vom 19. 11. 2021 (BStBl. I S. 2275), für den VZ 2023 das BMF-Schreiben vom 22. 11. 2022 (BStBl. I S. 1632), für den VZ 2024 das BMF-Schreiben vom 24. 11. 2023 (BStBl. I S. 2047) und für den VZ 2025 das BMF-Schreiben vom 28. 11. 2024 (BStBl. I S. 1430), abgedruckt als Anlage c zu § 10 EStG.

[2] Die Günstigerprüfung galt nur bis 2019 und ist ab VZ 2020 obsolet.

für das Jahr 2004 geltenden Recht einschließlich Beiträge nach § 10 Abs. 1 Nr. 2 Satz 1 Buchst. b EStG) wird dann als Sonderausgaben berücksichtigt.

Beispiel:

210 Die Eheleute A (Gewerbetreibender) und B (Hausfrau) zahlen im Jahr 2016 folgende Versicherungsbeiträge:

Basisrente (§ 10 Abs. 1 Nr. 2 Satz 1 Buchst. b EStG)	2000 €
PKV (Basisabsicherung – § 10 Abs. 1 Nr. 3 Satz 1 Buchst. a EStG)	5000 €
PKV (Wahlleistungen – § 10 Abs. 1 Nr. 3 a EStG)	500 €
Beiträge zur gesetzlichen Pflegeversicherung	500 €
Haftpflichtversicherungen	1200 €
Kapitalversicherung (Versicherungsbeginn 1995, Laufzeit 25 Jahre)	3600 €
Kapitalversicherung (Versicherungsbeginn 2005, Laufzeit 20 Jahre)	2400 €
Insgesamt	15 200 €

Die Beiträge zu der Kapitalversicherung mit Versicherungsbeginn im Jahr 2005 sind nicht zu berücksichtigen, weil sie nicht die Voraussetzungen des § 10 Abs. 1 Nr. 2 und 3 a EStG erfüllen.

Abziehbar nach § 10 Abs. 1 Nr. 2 EStG i. V. m. § 10 Abs. 3 EStG und § 10 Abs. 1 Nr. 3 und 3 a EStG i. V. m. § 10 Abs. 4 EStG (abziehbare Vorsorgeaufwendungen nach dem seit 2010 geltenden Recht):

a)	Beiträge zur Altersversorgung:	2000 €	
	Höchstbetrag (ungekürzt)	45 534 €	
	zu berücksichtigen		2000 €
	davon 82%		1640 €
b)	sonstige Vorsorgeaufwendungen:		
	PKV (Basisabsicherung – § 10 Abs. 1 Nr. 3 Satz 1 Buchst. a EStG)		5000 €
	PKV (Wahlleistungen – § 10 Abs. 1 Nr. 3 a EStG)		500 €
	Gesetzliche Pflegepflichtversicherung		500 €
	Haftpflichtversicherungen		1200 €
	Kapitalversicherung (88% von 3600 €)		3168 €
	Zwischensumme		10 368 €
	Höchstbetrag nach § 10 Abs. 4 EStG:		5600 €
	Beiträge nach § 10 Abs. 1 Nr. 3 EStG (Basisabsicherung + gesetzliche Pflegeversicherung)		5500 €
	anzusetzen somit		5600 €
c)	abziehbar insgesamt		7240 €

Günstigerprüfung nach § 10 Abs. 4 a Satz 1 EStG:

Abziehbare Vorsorgeaufwendungen in der für das Kalenderjahr 2004 geltenden Fassung des § 10 Abs. 3 EStG (ohne Beiträge i. S. d. § 10 Abs. 1 Nr. 2 Satz 1 Buchst. b EStG) zzgl. Erhöhungsbetrag nach § 10 Abs. 4 a Satz 3 EStG:

a)	PKV (Basisabsicherung – § 10 Abs. 1 Nr. 3 Satz 1 Buchst. a EStG)	5000 €		
	PKV (Wahlleistungen – § 10 Abs. 1 Nr. 3 a EStG)	500 €		
	Gesetzliche Pflegepflichtversicherung	500 €		
	Haftpflichtversicherungen	1200 €		
	Kapitalversicherung	3168 €		
	Summe	10 368 €		
	davon abziehbar:			
	Vorwegabzug	2400 €	2400 €	
	verbleibende Aufwendungen	7968 €		
	Grundhöchstbetrag	2668 €	2668 €	
	verbleibende Aufwendungen	5300 €		
	hälftige Aufwendungen	2650 €		
	hälftiger Höchstbetrag	1334 €	1334 €	
	Zwischensumme			6402 €
b)	zuzüglich Erhöhungsbetrag nach § 10 Abs. 4 a Satz 3 EStG/Basisrente (§ 10 Abs. 1 Nr. 2 Satz 1 Buchst. b EStG)	2000 €		
	davon 82%	1640 €		
	Erhöhungsbetrag			1640 €
c)	Abzugsvolumen nach § 10 Abs. 4 a Satz 1 EStG somit:			8042 €

Ermittlung des Mindestbetrags nach § 10 Abs. 4 a Satz 2 EStG:

Nach § 10 Abs. 4 a Satz 2 EStG ist bei Anwendung der Günstigerprüfung aber mindestens der Betrag anzusetzen, der sich ergibt, wenn auch die Beiträge zur Basisrente (§ 10 Abs. 1 Nr. 2 Satz 1 Buchst. b EStG) in die Berechnung des Abzugsvolumens nach dem bis 2004 geltenden Recht einbezogen werden.

a)	Basisrente	2000 €	
	PKV (Basisabsicherung – § 10 Abs. 1 Nr. 3 Satz 1 Buchst. a EStG)	5000 €	
	PKV (Wahlleistungen – § 10 Abs. 1 Nr. 3 a EStG)	500 €	
	Gesetzliche Pflegepflichtversicherung	500 €	
	Haftpflichtversicherungen	1200 €	
	Kapitalversicherung	3168 €	
	Summe	12 368 €	
	davon abziehbar:		
	Vorwegabzug	2400 €	2400 €
	verbleibende Aufwendungen	9968 €	
	Grundhöchstbetrag	2668 €	2668 €

Anl b zu § 10

verbleibende Aufwendungen	7300 €	
hälftige Aufwendungen	3650 €	
hälftiger Höchstbetrag	1334 €	1334 €
Zwischensumme		6402 €
b) Mindestabzugsvolumen nach § 10 Abs. 4 a Satz 2 EStG		6402 €

Zusammenstellung:

Abzugsvolumen nach neuem Recht	7240 €
Günstigerprüfung nach § 10 Abs. 4 a Satz 1 EStG	8042 €
Mindestabzugsvolumen nach § 10 Abs. 4 a Satz 2 EStG	6402 €

Die Eheleute können somit für das Jahr 2016 einen Betrag von 8042 € als Vorsorgeaufwendungen abziehen.

B. Anwendungsregelung

211 Dieses Schreiben ist ab dem Zeitpunkt seiner Bekanntgabe im Bundessteuerblatt auf alle offenen Fälle anzuwenden. Abweichend hiervon gelten die Rz. 57, 90 und 184 erstmals für den VZ 2017.

212 Teil A des BMF-Schreibens vom 19. August 2013 IV C 3 – S 2221/12/10010 :004/IV C 5 – S 2345/08/0001, DOK 2013/0760735 (BStBl. I S. 1087),[1] geändert durch BMF-Schreiben vom 10. Januar 2014 (BStBl. I S. 70), durch BMF-Schreiben vom 10. April 2015 (BStBl. I S. 256), durch BMF-Schreiben vom 1. Juni 2015 (BStBl. I S. 475), durch BMF-Schreiben vom 4. Juli 2016 (BStBl. I S. 645), durch BMF-Schreiben vom 6. Dezember 2016 (BStBl. I S. 1426) und durch das BMF-Schreiben vom 19. Dezember 2016 (BStBl. I S. 1433) wird zum Zeitpunkt der Bekanntgabe dieses Schreibens im Bundessteuerblatt aufgehoben.

Anl c zu § 10

c) Schreiben betr. Aufteilung eines einheitlichen Sozialversicherungsbeitrags (Globalbeitrag); Anpassung der Aufteilungsmaßstäbe für den Veranlagungszeitraum 2025

Vom 28. November 2024 (BStBl. I S. 1430)

(BMF IV C 4 – S 2221/20/10002 :006; DOK 2024/0944936)

Bezug: BMF-Schreiben vom 24. November 2023 (BStBl. I S. 2047)

Unter Bezugnahme auf das Ergebnis der Erörterungen mit den obersten Finanzbehörden der Länder sind zur Ermittlung der steuerlich berücksichtigungsfähigen Vorsorgeaufwendungen die vom Steuerpflichtigen geleisteten einheitlichen Sozialversicherungsbeiträge (Globalbeiträge) staatenbezogen wie folgt aufzuteilen:[2] **30**

Vorsorgeaufwendungen nach	Belgien	Irland	Lettland	Malta	Norwegen
§ 10 Absatz 1 Nummer 2 Buchstabe a EStG	51,96%	73,81%	76,86%	51,96%	51,96%
§ 10 Absatz 1 Nummer 3 Satz 1 Buchstabe a und b EStG (ohne Krankengeldanteil)	39,11%	13,49%	2,93%	39,11%	39,11%
§ 10 Absatz 1 Nummer 3 a EStG (Anteil vom Globalbeitrag für Krankengeld)	8,94% (1,68%)	12,70% (2,38%)	16,81% (10,18%)	8,94% (1,68%)	8,94% (1,68%)
Gesamtaufwand	100,00%[3]	100,00%	96,60% (3,40% sonstige nicht Abziehbare)	100,00%[4]	100,00%[5]
Für Höchstbetragsberechnung gemäß § 10 Absatz 3 EStG anzusetzender Arbeitgeberanteil	99,07%	162,38%	172,68%	51,96%	93,93%

Vorsorgeaufwendungen nach	Portugal	Spanien	Zypern
§ 10 Absatz 1 Nummer 2 Buchstabe a EStG	85,32%	96,88%	85,32%
§ 10 Absatz 1 Nummer 3 Satz 1 Buchstabe a und b EStG (ohne Krankengeldanteil)	–	–	–
§ 10 Absatz 1 Nummer 3 a EStG (Anteil vom Globalbeitrag für Krankengeld)	14,68% (2,75%)	3,12% (3,12%)	14,68% (2,75%)
Gesamtaufwand	100,00%	100,00%	100,00%
Für Höchstbetragsberechnung gemäß § 10 Absatz 3 EStG anzusetzender Arbeitgeberanteil	184,21%	486,01%	85,32%

Anwendungsbeispiel:

Der ledige Arbeitnehmer A leistet für das Jahr 2025 in Belgien einen Globalbeitrag i. H. v. 1000 €.

---

[1] Abgedruckt im *„Handbuch zur Lohnsteuer 2019"* als Anlage b zu § 10 EStG.

[2] **[Amtl. Anm.:]** Angaben in Prozent des vom Arbeitnehmer geleisteten Globalbeitrags.

[3] **[Amtl. Anm.:]** Die Abweichung in der Summe beruht auf der Rundung der Einzelwerte.

[4] **[Amtl. Anm.:]** Die Abweichung in der Summe beruht auf der Rundung der Einzelwerte.

[5] **[Amtl. Anm.:]** Die Abweichung in der Summe beruht auf der Rundung der Einzelwerte.

Anl c zu § 10

Lösung:
A kann an Vorsorgeaufwendungen geltend machen:
- Altersvorsorgeaufwendungen i. S. d. § 10 Absatz 1 Nummer 2 Buchstabe a EStG i. H. v. 519,60 € (= 51,96 % von 1000 €),
- Beiträge zur Basiskranken- und gesetzlichen Pflegeversicherung i. S. d. § 10 Absatz 1 Nummer 3 Satz 1 Buchstabe a und Buchstabe b EStG i. H. v. 391,10 € (= 39,11 % von 1000 €),
- Beiträge für sonstige Vorsorgeaufwendungen i. S. d. § 10 Absatz 1 Nummer 3 a EStG i. H. v. 89,40 € (= 8,94 % von 1000 €, darin enthalten 16,80 € = 1,68 % von 1000 € für Krankengeld und 72,60 € = 7,26 % von 1000 € für die weiteren sonstigen Vorsorgeaufwendungen).

Im Rahmen der Höchstbetragsberechnung gemäß § 10 Absatz 3 EStG ist ein Arbeitgeberanteil i. H. v. 990,70 € (= 99,07 % von 1000 €) anzusetzen.

Eine entsprechende Aufteilung ist hinsichtlich der Altersvorsorgeaufwendungen auch bei der Ausstellung von elektronischen Lohnsteuerbescheinigungen und Besonderen Lohnsteuerbescheinigungen durch den Arbeitgeber für das Kalenderjahr 2025 vorzunehmen (s. Abschnitt I Tz. 15 Buchstabe a des für Kalenderjahre ab 2025 maßgeblichen BMF-Schreibens vom 5. September 2024 [BStBl. I S. 1255][1]).

Die Tabelle ist für den Veranlagungszeitraum 2025 anzuwenden. Sie gilt für den gesamten Veranlagungszeitraum.

Die Aufteilung von Globalbeiträgen, die an Sozialversicherungsträger in Ländern außerhalb Europas geleistet werden, ist nach den Umständen des Einzelfalls vorzunehmen.

Anl d zu § 10

d) Schreiben betr. steuerliche Behandlung von Kirchensteuer nach § 10 Absatz 1 Nummer 4 EStG an Religionsgemeinschaften, die in anderen EU-/EWR-Staaten ansässig sind

Vom 16. November 2010 (BStBl. I S. 1311)

(BMF IV C 4 – S 2221/07/0004 :001; DOK 2010/0898504)

31 Unter Bezugnahme auf das Ergebnis der Erörterungen zwischen den obersten Finanzbehörden des Bundes und der Länder wird an der bisherigen Verwaltungsauffassung, nach der ausschließlich Kirchensteuer an **inländische** Körperschaften des öffentlichen Rechts von § 10 Absatz 1 Nummer 4 EStG erfasst war, nicht mehr festgehalten.

Auch Kirchensteuerzahlungen an Religionsgemeinschaften, die in einem anderen Mitgliedstaat der Europäischen Union (EU) oder in einem Staat belegen sind, auf den das Abkommen über den Europäischen Wirtschaftsraum (EWR) angewendet wird, und die bei Inlandsansässigkeit als Körperschaften des öffentlichen Rechts anzuerkennen wären, sind als Sonderausgabe nach § 10 Absatz 1 Nummer 4 EStG abziehbar. Hierzu wird auf die Auflistung der übrigen EU-/EWR-Staaten, die Kirchensteuer erheben (Stand: 14. Oktober 2010), in der beigefügten Anlage verwiesen. Soweit Religionsgemeinschaften zwar in den aufgeführten EU-/EWR-Staaten ansässig, jedoch nicht in der Anlage aufgeführt sind, sind für die fiktive Einordnung als Körperschaft des öffentlichen Rechts die zuständigen Innen- oder Kultusbehörden einzubeziehen. Dieses Schreiben ist ab sofort auf alle noch nicht bestandskräftigen Veranlagungen anzuwenden.

Anlage

Übersicht über EU-/EWR-Staaten, in denen Kirchensteuer im Sinne des § 10 Absatz 1 Nummer 4 EStG erhoben wird (Stand 14. 10. 2010)

EU-/EWR-Staat	Name der nationalen Kirchensteuer	Staatlich anerkannte Religionsgemeinschaften
Dänemark	Kirkeskat	Evangelisch-lutherische Staatskirche – Folkekirken
Finnland	Kirkollisvero/Kyrkoskatt	Evangelisch-lutherische und orthodoxe Staatskirche

Anl e zu § 10

e) Schreiben betr. steuerliche Berücksichtigung von Kinderbetreuungskosten ab dem Veranlagungszeitraum 2012 (§ 10 Abs. 1 Nr. 5 EStG); Anwendungsschreiben

Vom 14. März 2012 (BStBl. I S. 307)

(BMF IV C 4 – S 2221/07/0012 :012; DOK 2012/0204082)

Im Einvernehmen mit den obersten Finanzbehörden der Länder gilt für die steuerliche Berücksichtigung von Kinderbetreuungskosten ab dem Veranlagungszeitraum 2012 Folgendes:

I. Änderung des Einkommensteuergesetzes durch das Steuervereinfachungsgesetz 2011

33 **1** Die mit Wirkung vom Veranlagungszeitraum 2006 eingeführten und seit 2009 in § 9 c EStG zusammengeführten Regelungen zum Abzug von erwerbsbedingten und nicht erwerbsbedingten Kinderbetreuungskosten bis zu einem Höchstbetrag von 4000 Euro[2] je Kind sind – unter Verringerung der Anspruchsvoraussetzungen – mit Wirkung ab dem Veranlagungszeitraum 2012 in den neuen § 10 Abs. 1 Nr. 5 EStG übernommen worden. Die Unterscheidung nach erwerbsbedingten und nicht erwerbsbe-

[1] Abgedruckt als Anlage a zu LStH 41 b.
[2] Ab VZ 2025 Höchstbetrag 4800 Euro.

Anl e zu § 10

dingten Kinderbetreuungskosten entfällt. Auf die persönlichen Anspruchsvoraussetzungen bei den steuerpflichtigen Eltern, wie z. B. Erwerbstätigkeit oder Ausbildung, kommt es nicht mehr an. Aus diesem Grund können Betreuungskosten für Kinder im Sinne des § 32 Abs. 1 EStG ab dem Veranlagungszeitraum 2012 ab Geburt des Kindes bis zur Vollendung seines 14. Lebensjahres berücksichtigt werden. Darüber hinaus können solche Aufwendungen für Kinder berücksichtigt werden, die wegen einer vor Vollendung des 25. Lebensjahres eingetretenen körperlichen, geistigen oder seelischen Behinderung außerstande sind, sich selbst zu unterhalten. Das gilt auch für Kinder, die wegen einer vor dem 1. Januar 2007 in der Zeit ab Vollendung des 25. Lebensjahres und vor Vollendung des 27. Lebensjahres eingetretenen körperlichen, geistigen oder seelischen Behinderung außerstande sind, sich selbst zu unterhalten (§ 52 Abs. 24 a Satz 2 EStG).[1]

2 Kinderbetreuungskosten sind ab Veranlagungszeitraum 2012 einheitlich als Sonderausgaben abziehbar. Der Abzug wie Betriebsausgaben oder Werbungskosten ist ab diesem Zeitraum entfallen. Soweit es sich um Kinderbetreuungskosten handelt, die unter den Voraussetzungen der bis einschließlich 2011 geltenden gesetzlichen Regelung des § 9 c EStG wie Betriebsausgaben oder Werbungskosten abgezogen werden konnten, kann die Neuregelung Auswirkungen haben, soweit außersteuerliche Rechtsnormen an steuerliche Einkommensbegriffe anknüpfen, wie z. B. § 14 Abs. 1 Wohngeldgesetz. Diese Auswirkungen werden durch den mit dem Steuervereinfachungsgesetz 2011 eingefügten § 2 Abs. 5 a Satz 2 EStG vermieden: Knüpfen außersteuerliche Rechtsnormen an die Begriffe „Einkünfte", „Summe der Einkünfte" oder „Gesamtbetrag der Einkünfte" an, mindern sich für deren Zwecke diese Größen um die nach § 10 Abs. 1 Nr. 5 EStG abziehbaren Kinderbetreuungskosten. Auch bei Anwendung dieser Regelung wird nicht danach unterschieden, ob die Kinderbetreuungskosten erwerbsbedingt oder nicht erwerbsbedingt angefallen sind.

II. Allgemeine Voraussetzungen

1. Dienstleistungen zur Betreuung

3 Betreuung im Sinne des § 10 Abs. 1 Nr. 5 EStG ist die behütende oder beaufsichtigende Betreuung, **34**
d. h. die persönliche Fürsorge für das Kind muss der Dienstleistung erkennbar zugrunde liegen. Berücksichtigt werden können danach z. B. Aufwendungen für

- die Unterbringung von Kindern in Kindergärten, Kindertagesstätten, Kinderhorten, Kinderheimen und Kinderkrippen sowie bei Tagesmüttern, Wochenmüttern und in Ganztagespflegestellen,
- die Beschäftigung von Kinderpflegern und Kinderpflegerinnen oder -schwestern, Erziehern und Erzieherinnen,
- die Beschäftigung von Hilfen im Haushalt, soweit sie ein Kind betreuen,
- die Beaufsichtigung des Kindes bei Erledigung seiner häuslichen Schulaufgaben (BFH-Urteil vom 17. November 1978, BStBl. 1979 II S. 142).

4 Aufwendungen für Kinderbetreuung durch Angehörige des Steuerpflichtigen können nur berücksichtigt werden, wenn den Leistungen klare und eindeutige Vereinbarungen zugrunde liegen, die zivilrechtlich wirksam zustande gekommen sind, inhaltlich dem zwischen Fremden Üblichen entsprechen, tatsächlich so auch durchgeführt werden und die Leistungen nicht üblicherweise auf familienrechtlicher Grundlage unentgeltlich erbracht werden. So können z. B. Aufwendungen für eine Mutter, die zusammen mit dem gemeinsamen Kind im Haushalt des Steuerpflichtigen lebt, nicht berücksichtigt werden (BFH-Urteil vom 6. November 1997, BStBl. 1998 II S. 187). Auch bei einer eheähnlichen Lebensgemeinschaft oder einer Lebenspartnerschaft zwischen dem Steuerpflichtigen und der Betreuungsperson ist eine Berücksichtigung von Kinderbetreuungskosten nicht möglich. Leistungen an eine Person, die für das betreute Kind Anspruch auf einen Freibetrag nach § 32 Abs. 6 EStG oder auf Kindergeld hat, können nicht als Kinderbetreuungskosten anerkannt werden.

2. Aufwendungen[2]

5 Zu berücksichtigen sind Ausgaben in Geld oder Geldeswert (Wohnung, Kost, Waren, sonstige Sachleistungen) für Dienstleistungen zur Betreuung eines Kindes einschließlich der Erstattungen an die Betreuungsperson (z. B. Fahrtkosten), wenn die Leistungen im Einzelnen in der Rechnung oder im Vertrag aufgeführt werden. Wird z. B. bei einer ansonsten unentgeltlich erbrachten Betreuung ein Fahrtkostenersatz gewährt, so ist dieser zu berücksichtigen, wenn hierüber eine Rechnung erstellt wird. Aufwendungen für Fahrten des Kindes zur Betreuungsperson sind nicht zu berücksichtigen (BFH-Urteil vom 29. August 1986, BStBl. 1987 II S. 167). Eine Gehaltsreduzierung, die dadurch entsteht, dass der Steuerpflichtige seine Arbeitszeit zugunsten der Betreuung seines Kindes kürzt, stellt keinen Aufwand für Kinderbetreuung dar. Für Sachleistungen gilt § 8 Abs. 2 EStG entsprechend.

6 Wird ein einheitliches Entgelt sowohl für Betreuungsleistungen als auch für andere Leistungen gezahlt, ist mit Ausnahme der in Randnr. 9 bezeichneten Fälle gegebenenfalls eine Aufteilung im Schätzungswege vorzunehmen. Von einer Aufteilung ist abzusehen, wenn die anderen Leistungen von untergeordneter Bedeutung sind.

7 Bei Aufnahme eines Au-pairs in eine Familie fallen in der Regel sowohl Aufwendungen für die Betreuung der Kinder als auch für leichte Hausarbeiten an. Wird in einem solchen Fall der Umfang der

[1] Jetzt § 52 Abs. 18 Satz 3 EStG.

[2] Als Sonderausgaben abziehbare Kinderbetreuungskosten sind um steuerfreie Arbeitgeberzuschüsse zu kürzen. Der Abzug von Sonderausgaben setzt Aufwendungen voraus, durch die der Steuerpflichtige tatsächlich und endgültig wirtschaftlich belastet wird. Der Steuerpflichtige wird durch Beiträge in dem Umfang nicht belastet, die der Arbeitgeber hierfür durch einen zweckgebundenen Zuschuss gewährt. Die Anrechnung der steuerfreien Leistungen nach § 3 Nr. 33 EStG auf die Sonderausgaben nach § 10 Abs. 1 Nr. 5 EStG steht im Einklang mit dem Gesetzeszweck (vgl. BFH vom 14. 4. 2021, III R 30/20, BStBl. II S. 772).

Kinderbetreuungskosten nicht nachgewiesen (z. B. durch Festlegung der Tätigkeiten im Vertrag und entsprechende Aufteilung des Entgelts), kann ein Anteil von 50 Prozent der Gesamtaufwendungen als Kinderbetreuungskosten berücksichtigt werden.

8 Aufwendungen für Unterricht (z. B. Schulgeld, Nachhilfe oder Fremdsprachenunterricht), die Vermittlung besonderer Fähigkeiten (z. B. Musikunterricht, Computerkurse) oder für sportliche und andere Freizeitbetätigungen (z. B. Mitgliedschaft in Sportvereinen oder anderen Vereinen, Tennis- oder Reitunterricht) sind nicht zu berücksichtigen. Auch Aufwendungen für die Verpflegung des Kindes sind nicht zu berücksichtigen (BFH-Urteil vom 28. November 1986, BStBl. 1987 II S. 490).

9 Werden für eine Nachmittagsbetreuung in der Schule Elternbeiträge erhoben und umfassen diese nicht nur eine Hausaufgabenbetreuung, sind Entgeltanteile, die z. B. auf Nachhilfe oder bestimmte Kurse (z. B. Computerkurs) oder auf eine etwaige Verpflegung entfallen, nicht zu berücksichtigen. Ein Abzug von Kinderbetreuungskosten ist nur möglich, wenn eine entsprechende Aufschlüsselung der Beiträge vorliegt.

10 Die Zuordnung von Kinderbetreuungskosten zu einem Veranlagungszeitraum richtet sich nach § 11 EStG.

11 Bei beschränkter Steuerpflicht ist ein Abzug von Kinderbetreuungskosten ausgeschlossen (§ 50 Abs. 1 Satz 3 EStG).

3. Haushaltszugehörigkeit

12 Ein Kind gehört zum Haushalt des jeweiligen Elternteils, in dessen Wohnung es dauerhaft lebt oder mit dessen Einwilligung es vorübergehend auswärtig untergebracht ist. Auch in Fällen, in denen dieser Elternteil mit dem Kind in der Wohnung seiner Eltern oder Schwiegereltern oder in Wohngemeinschaft mit anderen Personen lebt, ist die Haushaltszugehörigkeit des Kindes als gegeben anzusehen. Haushaltszugehörigkeit erfordert ferner eine Verantwortung für das materielle (Versorgung, Unterhaltsgewährung) und immaterielle Wohl (Fürsorge, Betreuung) des Kindes. Eine Heimunterbringung ist unschädlich, wenn die Wohnverhältnisse in der Familienwohnung die speziellen Bedürfnisse des Kindes berücksichtigen und es sich im Haushalt dieses Elternteils regelmäßig aufhält (BFH-Urteil vom 14. November 2001, BStBl. 2002 II S. 244). Bei nicht zusammenlebenden Elternteilen ist grundsätzlich die Meldung des Kindes maßgebend.

13 Ein Kind kann ausnahmsweise zum Haushalt des Elternteils gehören, bei dem es nicht gemeldet ist, wenn der Elternteil dies nachweist oder glaubhaft macht. Die Zahlung des Kindergeldes an einen Elternteil ist ein weiteres Indiz für die Zugehörigkeit des Kindes zu dessen Haushalt. In Ausnahmefällen kann ein Kind auch zu den Haushalten beider getrennt lebender Elternteile gehören (BFH-Beschluss vom 14. Dezember 2004, BStBl. 2008 II S. 762; BFH-Urteil vom 28. April 2010, BStBl. 2011 II S. 30).

4. Berechtigter Personenkreis

14 Zum Abzug von Kinderbetreuungskosten ist grundsätzlich nur der Elternteil berechtigt, der die Aufwendungen getragen hat (BFH-Urteil vom 25. November 2010, BStBl. 2011 II S. 450) und zu dessen Haushalt das Kind gehört. Trifft dies auf beide Elternteile zu, kann jeder seine tatsächlichen Aufwendungen grundsätzlich nur bis zur Höhe des hälftigen Abzugshöchstbetrages geltend machen. Zur Zuordnung der Aufwendungen siehe im Übrigen Randnrn. 25 bis 29.

15 Aufwendungen zur Betreuung von Stiefkindern und Enkelkindern können nicht berücksichtigt werden, da es sich insoweit nicht um Kinder im Sinne des § 32 Abs. 1 EStG handelt.

5. Höchstbetrag

16 Kinderbetreuungskosten sind in Höhe von zwei Dritteln[1] der Aufwendungen, höchstens 4000 Euro[2] je Kind und Kalenderjahr abziehbar.

17 Der Höchstbetrag beläuft sich auch bei einem Elternpaar, das entweder gar nicht oder nur zeitweise zusammengelebt hat, auf 4000 Euro[3] je Kind für das gesamte Kalenderjahr. Eine Aufteilung auf die Zeiträume des gemeinsamen Haushalts bzw. der getrennten Haushalte ist nicht vorzunehmen. Haben beide Elternteile entsprechende Aufwendungen getragen, sind diese bei jedem Elternteil grundsätzlich nur bis zu einem Höchstbetrag von 2000 Euro[4] zu berücksichtigen. Siehe im Übrigen Randnrn. 25 bis 29.

18 Der Höchstbetrag ist ein Jahresbetrag. Eine zeitanteilige Aufteilung findet auch dann nicht statt, wenn für das Kind nicht im gesamten Kalenderjahr Betreuungskosten angefallen sind.

Beispiel: Das Kind eines verheirateten Elternpaares geht von Januar bis Juni 2012 in den Kindergarten. Die Sommermonate Juli bis zu seiner Einschulung Ende September 2012 verlebt es bei seinen Großeltern. Ab der Einschulung geht es nachmittags in den Kinderhort. Den Eltern sind 2012 Kinderbetreuungskosten in Höhe von insgesamt 3600 Euro entstanden. Davon können sie zwei Drittel, also 2400 Euro als Sonderausgaben geltend machen.[5] Es findet keine zeitanteilige Kürzung statt.

19 Ist das zu betreuende Kind nicht unbeschränkt einkommensteuerpflichtig, ist der Höchstbetrag zu kürzen, soweit es nach den Verhältnissen im Wohnsitzstaat des Kindes notwendig und angemessen ist. Die für die einzelnen Staaten in Betracht kommenden Kürzungen ergeben sich aus der Ländergruppeneinteilung, die durch BMF-Schreiben bekannt gemacht wird, zuletzt durch BMF-Schreiben vom 4. Oktober 2011 (BStBl. I S. 961).[6]

---

[1] Ab VZ 2025 80 Prozent.
[2] Ab VZ 2025 Höchstbetrag 4800 Euro.
[3] Ab VZ 2025 Höchstbetrag 4800 Euro.
[4] Ab VZ 2025 Höchstbetrag 2400 Euro.
[5] Lösung des Beispiels ab VZ 2025: 80 Prozent von 3600 Euro = 2880 Euro.
[6] Aktuelles Schreiben abgedruckt als Anlage d zu § 33 a EStG.

Anl e zu § 10

III. Nachweis

1. Rechnung

20 Der Abzug von Kinderbetreuungskosten setzt nach § 10 Abs. 1 Nr. 5 Satz 4 EStG voraus, dass der Steuerpflichtige für die Aufwendungen eine Rechnung erhalten hat und die Zahlung auf das Konto des Erbringers der Leistung erfolgt ist. Die Rechnung sowie die Zahlungsnachweise sind nur auf Verlangen des Finanzamts vorzulegen. Es muss sich nicht um eine Rechnung im Sinne des Umsatzsteuergesetzes handeln. 35

21 Einer Rechnung stehen gleich:
- bei einem sozialversicherungspflichtigen Beschäftigungsverhältnis oder einem Minijob der zwischen dem Arbeitgeber und dem Arbeitnehmer abgeschlossene schriftliche (Arbeits-)Vertrag,
- bei Au-pair-Verhältnissen ein Au-pair-Vertrag, aus dem ersichtlich ist, dass ein Anteil der Gesamtaufwendungen auf die Kinderbetreuung entfällt,
- bei der Betreuung in einem Kindergarten oder Hort der Bescheid des öffentlichen oder privaten Trägers über die zu zahlenden Gebühren,
- eine Quittung, z. B. über Nebenkosten zur Betreuung, wenn die Quittung genaue Angaben über die Art und die Höhe der Nebenkosten enthält. Ansonsten sind Nebenkosten nur zu berücksichtigen, wenn sie in den Vertrag oder die Rechnung aufgenommen worden sind.

2. Zahlungsarten

22 Die Zahlung auf das Konto des Erbringers der Leistung erfolgt in der Regel durch Überweisung. Beträge, für deren Begleichung ein Dauerauftrag eingerichtet worden ist oder die durch eine Einzugsermächtigung abgebucht oder im Wege des Online-Bankings überwiesen wurden, können in Verbindung mit dem Kontoauszug, der die Abbuchung ausweist, anerkannt werden. Das gilt auch bei Übergabe eines Verrechnungsschecks oder der Teilnahme am Electronic-Cash-Verfahren oder an elektronischen Lastschriftverfahren.

3. Keine Barzahlung[1]

23 Barzahlungen einschließlich Baranzahlungen oder Barteilzahlungen sowie Barschecks können in keinem Fall anerkannt werden. Das gilt selbst dann, wenn die Barzahlung von dem Erbringer der Betreuungsleistung tatsächlich ordnungsgemäß verbucht worden ist und der Steuerpflichtige einen Nachweis über die ordnungsgemäße Buchung erhalten hat oder wenn eine Barzahlung durch eine später veranlasste Zahlung auf das Konto des Erbringers der Leistung ersetzt wird.

4. Konto eines Dritten

24 Der Sonderausgabenabzug durch den Steuerpflichtigen ist auch möglich, wenn die Betreuungsleistung, für die der Steuerpflichtige eine Rechnung erhalten hat, von dem Konto eines Dritten bezahlt worden ist (abgekürzter Zahlungsweg). Siehe auch Randnr. 29.

IV. Zuordnung der Aufwendungen

1. Verheiratete Eltern, welche die Voraussetzungen des § 26 Abs. 1 Satz 1 EStG erfüllen

a) Zusammenveranlagung

25 Für den Abzug von Kinderbetreuungskosten als Sonderausgaben kommt es bei verheirateten Eltern, die nach § 26 b EStG zusammen zur Einkommensteuer veranlagt werden, nicht darauf an, welcher Elternteil die Aufwendungen geleistet hat oder ob sie von beiden getragen wurden. 36

b) Getrennte Veranlagung 2012

26 Mangels einer ausdrücklichen gesetzlichen Regelung für den Sonderausgabenabzug von Kinderbetreuungskosten im Fall der getrennten Veranlagung von Ehegatten im Veranlagungszeitraum 2012 sind die Sonderausgaben demjenigen Ehegatten zuzurechnen, der die Aufwendungen getragen hat. Trifft dies auf beide Ehegatten zu, kann jeder seine tatsächlichen Aufwendungen grundsätzlich nur bis zur Höhe des hälftigen Abzugshöchstbetrages geltend machen. Etwas anderes gilt nur dann, wenn die Ehegatten einvernehmlich gegenüber dem Finanzamt eine anderweitige Aufteilung des Höchstbetrages wählen. Abweichend davon können die Kinderbetreuungskosten aus Billigkeitsgründen auf übereinstimmenden Antrag der Ehegatten von diesen jeweils zur Hälfte abgezogen werden. Der Abzug ist dabei bei jedem Ehegatten auf den hälftigen Abzugshöchstbetrag beschränkt.

c) Einzelveranlagung ab 2013

27 Mit Wirkung ab dem Veranlagungszeitraum 2013 wird die getrennte Veranlagung durch die Einzelveranlagung von Ehegatten nach § 26 a EStG in der Fassung des Steuervereinfachungsgesetzes 2011 ersetzt (§ 52 Abs. 1, 68 Satz 1 EStG i. V. m. Art. 18 Abs. 1 des Steuervereinfachungsgesetzes 2011). Nach § 26 a Abs. 2 Satz 1 EStG sind Sonderausgaben demjenigen Ehegatten zuzurechnen, der die Aufwendungen wirtschaftlich getragen hat. Trifft dies auf beide Ehegatten zu, kann jeder seine tatsächlichen Aufwendungen grundsätzlich bis zur Höhe des hälftigen Abzugshöchstbetrages geltend machen. Etwas anderes gilt nur dann, wenn die Ehegatten einvernehmlich gegenüber dem Finanzamt eine anderweitige Aufteilung des Abzugshöchstbetrages wählen. Abweichend davon können die Kinderbetreuungskosten auf übereinstimmenden Antrag der Ehegatten von diesen jeweils zur Hälfte abgezogen werden (§ 26 a Abs. 2 Satz 2 EStG). Der Abzug ist dabei bei jedem Ehegatten auf den hälftigen Abzugshöchstbetrag beschränkt. In begründeten Einzelfällen reicht der Antrag desjenigen Ehegatten, der die Aufwendungen

[1] § 10 Abs. 1 Nr. 5 Satz 4 EStG; siehe auch FinBeh Hamburg, Erlass vom 31. 7. 2015 (DStR 2016 S. 478).

Anl e zu § 10

wirtschaftlich getragen hat, aus (§ 26 a Abs. 2 Satz 3 EStG). Die Wahl des Abzugs wird durch Angabe in der Steuererklärung getroffen (§ 26 a Abs. 2 Satz 4 i. V. m. § 26 Abs. 2 Satz 3 EStG).

2. Nicht verheiratete, dauernd getrennt lebende oder geschiedene Eltern

28 Bei nicht verheirateten, dauernd getrennt lebenden oder geschiedenen Eltern ist derjenige Elternteil zum Abzug von Kinderbetreuungskosten berechtigt, der die Aufwendungen getragen hat (BFH-Urteil vom 25. November 2010, BStBl. 2011 II S. 450) und zu dessen Haushalt das Kind gehört. Trifft dies auf beide Elternteile zu, kann jeder seine tatsächlichen Aufwendungen grundsätzlich nur bis zur Höhe des hälftigen Abzugshöchstbetrages geltend machen. Etwas anderes gilt nur dann, wenn die Eltern einvernehmlich eine abweichende Aufteilung des Abzugshöchstbetrages wählen und dies gegenüber dem Finanzamt anzeigen.

29 Wenn von den zusammenlebenden, nicht miteinander verheirateten Eltern nur ein Elternteil den Kinderbetreuungsvertrag (z. B. mit der Kindertagesstätte) abschließt und das Entgelt von seinem Konto zahlt, kann dieses weder vollständig noch anteilig dem anderen Elternteil als von ihm getragener Aufwand zugerechnet werden (BFH-Urteil vom 25. November 2010, BStBl. 2011 II S. 450).

V. Ausschluss eines weiteren Abzugs

37 **30** Erfüllen Kinderbetreuungskosten grundsätzlich die Voraussetzungen für einen Abzug als Sonderausgaben, kommt für diese Aufwendungen eine Steuerermäßigung nach § 35 a EStG nicht in Betracht (§ 35 a Abs. 5 Satz 1, 2. Halbsatz EStG). Auf den tatsächlichen Abzug als Sonderausgaben kommt es dabei nicht an. Dies gilt sowohl für das nicht abziehbare Drittel[1] der Aufwendungen, als auch für die Aufwendungen, die den Höchstbetrag von 4000 Euro[2] je Kind übersteigen.

VI. Abweichendes Wirtschaftsjahr

31 Für Steuerpflichtige mit abweichendem Wirtschaftsjahr, die Kinderbetreuungskosten bis einschließlich 31. Dezember 2011 wie Betriebsausgaben abziehen können, gilt Folgendes: Die auf die Zeit vom Beginn des abweichenden Wirtschaftsjahrs 2011 bis zum 31. Dezember 2011 entfallenden Kinderbetreuungskosten können bis zu dem zeitanteiligen Höchstbetrag wie Betriebsausgaben abgezogen werden. Die ab 1. Januar 2012 anfallenden Kinderbetreuungskosten können nur als Sonderausgaben nach Maßgabe des § 10 Abs. 1 Nr. 5 EStG in der Fassung des Steuervereinfachungsgesetzes 2011 geltend gemacht werden.

Beispiel:

Ein Ehepaar betreibt gemeinsam einen land- und forstwirtschaftlichen Betrieb mit abweichendem Wirtschaftsjahr 1. Juli bis 30. Juni. Die im Jahr 2011 anfallenden Kinderbetreuungskosten können beide wie Betriebsausgaben abziehen. Der auf die Zeit vom 1. Juli bis 31. Dezember 2011 entfallende Höchstbetrag beträgt zeitanteilig zwei Drittel der Aufwendungen, maximal 2000 Euro.

VII. Anwendungsregelungen

32 Dieses BMF-Schreiben ist mit Ausnahme der Randnrn. 27 und 31 ab dem Veranlagungszeitraum 2012 anzuwenden.

33 Randnr. 27 ist ab dem Veranlagungszeitraum 2013 und Randnr. 31 ist nur für die Veranlagungszeiträume 2011 und 2012 anzuwenden.

34 Für die Veranlagungszeiträume 2006 bis 2011 ist das BMF-Schreiben vom 19. Januar 2007 (BStBl. I S. 184)[3] weiter anzuwenden.

Anl f zu § 10

f) Schreiben betr. Berücksichtigung von Schulgeldzahlungen als Sonderausgaben nach § 10 Abs. 1 Nr. 9 EStG; Änderungen durch das Jahressteuergesetz 2009

Vom 9. März 2009 (BStBl. I S. 487)

(BMF IV C 4 – S 2221/07/0007; DOK 2009/0158048)

38 Aufgrund der Änderungen durch das Jahressteuergesetz 2009 (JStG 2009) vom 19. Dezember 2008 (BGBl. I S. 2794 vom 24. Dezember 2008, BStBl. I S. 74) gilt in Abstimmung mit den obersten Finanzbehörden der Länder für die Berücksichtigung von Schulgeldzahlungen als Sonderausgaben nach § 10 Abs. 1 Nr. 9 EStG Folgendes:

1. Ab dem Veranlagungszeitraum 2008 ist die Klassifizierung der Schule (z. B. als Ersatz- oder Ergänzungsschule) für die Berücksichtigung von Schulgeldzahlungen nicht mehr von Bedeutung. Vielmehr kommt es nunmehr – auch für Schulgeldzahlungen an inländische Schulen – allein auf den erreichten oder beabsichtigten Abschluss an. Führt eine in der Europäischen Union bzw. im Europäischen Wirtschaftsraum (EU/EWR-Raum) belegene Privatschule oder eine Deutsche Schule im Ausland zu einem anerkannten Schul-, Jahrgangs- oder Berufsabschluss oder bereitet sie hierauf vor, kommt ein Sonderausgabenabzug der Schulgeldzahlungen in Betracht. Daher sind im Inland nicht nur wie bisher Entgelte an staatlich genehmigte oder nach Landesrecht erlaubte allgemein bildende und berufsbildende Ersatzschulen sowie an allgemein bildende anerkannte Ergänzungsschulen einbezogen, sondern erstmalig auch solche an andere Schulen (z. B. berufsbildende Ergänzungsschulen einschließlich der Schulen des

[1] Ab VZ 2025: nicht abziehbar 20 Prozent.
[2] Ab VZ 2025 Höchstbetrag 4800 Euro.
[3] Abgedruckt im *„Handbuch zur Lohnsteuer 2012"* als Anlage e zu § 10.

Anl f zu § 10

Gesundheitswesens) und solche Einrichtungen, die auf einen Beruf oder einen allgemein bildenden Abschluss vorbereiten (s. Nr. 2). Die Prüfung und Feststellung der schulrechtlichen Kriterien obliegt allein dem zuständigen inländischen Landesministerium (z. B. dem Schul- oder Kultusministerium), der Kultusministerkonferenz der Länder oder der zuständigen inländischen Zeugnisanerkennungsstelle. Die Finanzverwaltung ist – wie bisher – an deren Entscheidung gebunden und führt keine eigenen Prüfungen durch.[1]

2. Zu den Einrichtungen, die auf einen Schul-, Jahrgangs- oder Berufsabschluss ordnungsgemäß vorbereiten, gehören solche, die nach einem staatlich vorgegebenen, genehmigten oder beaufsichtigten Lehrplan ausbilden. Hierzu gehören auch Volkshochschulen und Einrichtungen der Weiterbildung in Bezug auf die Kurse zur Vorbereitung auf die Prüfungen für Nichtschülerinnen und Nichtschüler zum Erwerb des Haupt- oder Realschulabschlusses, der Fachhochschulreife oder des Abiturs, wenn die Kurse hinsichtlich der angebotenen Fächer sowie in Bezug auf Umfang und Niveau des Unterrichts den Anforderungen und Zielsetzungen der für die angestrebte Prüfung maßgeblichen Prüfungsordnung entsprechen. Dagegen sind Besuche von Nachhilfeeinrichtungen, Musikschulen, Sportvereinen, Ferienkursen (z. B. Feriensprachkursen) und Ähnlichem nicht einbezogen.

3. Auch Entgelte an private Grundschulen können von § 10 Abs. 1 Nr. 9 EStG erfasst sein; der Schulbesuch von Grund- oder Förderschulen wird von der Norm durch den Verweis auf Jahrgangsabschlüsse umfasst. Dies gilt aber regelmäßig erst ab Beginn der öffentlich-rechtlichen Schulpflicht (vgl. BFH-Urteil vom 16. November 2005 XI R 79/03, BStBl. 2006 II S. 377).

4. Hochschulen, einschließlich der Fachhochschulen und die ihnen im EU/EWR-Ausland gleichstehenden Einrichtungen, sind keine Schulen im Sinne des § 10 Abs. 1 Nr. 9 EStG, so dass Entgelte für den Besuch dieser Einrichtungen nicht berücksichtigt werden. Ein Abzug von Studiengebühren ist somit ausgeschlossen.

5. Der Höchstbetrag beläuft sich auch bei einem Elternpaar, das nicht zusammen zur Einkommensteuer veranlagt wird, auf 5000 Euro je Kind. Die Schulgeldzahlungen sind dabei grundsätzlich bei dem Elternteil zu berücksichtigen, der sie getragen hat. Haben beide Elternteile entsprechende Aufwendungen getragen, sind sie bei jedem Elternteil nur bis zu einem Höchstbetrag von 2500 Euro zu berücksichtigen, es sei denn, die Eltern beantragen einvernehmlich eine andere Aufteilung. Eine abweichende Aufteilung kommt z. B. in Betracht, wenn die von einem Elternteil getragenen Aufwendungen den anteiligen Höchstbetrag von 2500 Euro überschreiten, während die von dem anderen Elternteil getragenen Aufwendungen den anteiligen Höchstbetrag nicht erreichen.

6. Übergangsregelung für Veranlagungszeiträume bis einschließlich 2007

Für Schulgeldzahlungen an inländische Privatschulen für Veranlagungszeiträume bis einschließlich 2007 gilt weiterhin H 10.10 in der Fassung des Einkommensteuerhandbuchs (EStH) 2007. Für Schulgeldzahlungen, die vor 2008 an Privatschulen geleistet wurden, die in einem anderen Mitgliedstaat der Europäischen Union oder in einem Staat belegen sind, auf den das Abkommen über den Europäischen Wirtschaftsraum Anwendung findet, gilt bei Vorliegen der in § 52 Abs. 24 b Satz 2 EStG genannten Voraussetzungen die Rechtsfolge des § 10 Abs. 1 Nr. 9 EStG in der vor dem Jahressteuergesetz 2009 geltenden Fassung, also ohne Beschränkung auf einen absoluten Höchstbetrag, wenn bei Inkrafttreten des JStG 2009 am 25. Dezember 2008 noch keine bestandskräftige Steuerfestsetzung erfolgt war. Das Sonderungsverbot ist in diesen Fällen nicht mehr zu prüfen.

H 10

LStH 10

Sonderausgaben → R 10.1 bis 10.11 EStR, H 10.1 bis 10.11 EStH. 41

– EStR/EStH abgedruckt in Anhang II –

[1] Siehe aber BFH-Urteil vom 20. 6. 2017, X R 26/15 (BStBl. 2018 II S. 58).

EStG

§ 10a Zusätzliche Altersvorsorge[1]

1 (1) ① **In der inländischen gesetzlichen Rentenversicherung Pflichtversicherte[2] können Altersvorsorgebeiträge (§ 82) zuzüglich der dafür nach Abschnitt XI zustehenden Zulage jährlich bis zu 2 100 Euro als Sonderausgaben abziehen; das Gleiche gilt für**

1. Empfänger von inländischer Besoldung nach dem Bundesbesoldungsgesetz oder einem Landesbesoldungsgesetz,

2. Empfänger von Amtsbezügen aus einem inländischen Amtsverhältnis, deren Versorgungsrecht die entsprechende Anwendung des § 69 e Absatz 3 und 4 des Beamtenversorgungsgesetzes vorsieht,

3. die nach § 5 Absatz 1 Satz 1 Nummer 2 und 3 des Sechsten Buches Sozialgesetzbuch versicherungsfrei Beschäftigten, die nach § 6 Absatz 1 Satz 1 Nummer 2 oder nach § 230 Absatz 2 Satz 2 des Sechsten Buches Sozialgesetzbuch von der Versicherungspflicht befreiten Beschäftigten, deren Versorgungsrecht die entsprechende Anwendung des § 69 e Absatz 3 und 4 des Beamtenversorgungsgesetzes vorsieht,

4. Beamte, Richter, Berufssoldaten und Soldaten auf Zeit, die ohne Besoldung beurlaubt sind, für die Zeit einer Beschäftigung, wenn während der Beurlaubung die Gewährleistung einer Versorgungsanwartschaft unter den Voraussetzungen des § 5 Absatz 1 Satz 1 des Sechsten Buches Sozialgesetzbuch auf diese Beschäftigung erstreckt wird, und

5. Steuerpflichtige im Sinne der Nummern 1 bis 4, die beurlaubt sind und deshalb keine Besoldung, Amtsbezüge oder Entgelt erhalten, sofern sie eine Anrechnung von Kindererziehungszeiten nach § 56 des Sechsten Buches Sozialgesetzbuch in Anspruch nehmen könnten, wenn die Versicherungsfreiheit in der inländischen gesetzlichen Rentenversicherung nicht bestehen würde,

wenn sie spätestens bis zum Ablauf des Beitragsjahres (§ 88)[3] gegenüber der zuständigen Stelle (§ 81 a) schriftlich oder elektronisch eingewilligt[4] haben, dass diese der zentralen Stelle (§ 81) jährlich unter Angabe der Identifikationsnummer mitteilt, dass der Steuerpflichtige zum begünstigten Personenkreis gehört, dass die zuständige Stelle der zentralen Stelle die für die Ermittlung des Mindesteigenbeitrags (§ 86) und die Gewährung der Kinderzulage (§ 85) erforderlichen Daten übermittelt und die zentrale Stelle diese Daten für das Zulageverfahren verarbeiten darf. ② **Bei der Erteilung der Einwilligung ist der Steuerpflichtige darauf hinzuweisen, dass er die Einwilligung vor Beginn des Kalenderjahres, für das sie erstmals nicht mehr gelten soll, gegenüber der zuständigen Stelle widerrufen kann.** ③ **Versicherungspflichtige nach dem Gesetz über die Alterssicherung der Landwirte stehen Pflichtversicherten gleich; dies gilt auch für Personen, die**

1. eine Anrechnungszeit nach § 58 Absatz 1 Nummer 3 oder Nummer 6 des Sechsten Buches Sozialgesetzbuch in der gesetzlichen Rentenversicherung erhalten und

2. unmittelbar vor einer Anrechnungszeit nach § 58 Absatz 1 Nummer 3 oder Nummer 6 des Sechsten Buches Sozialgesetzbuch einer der im ersten Halbsatz, in Satz 1 oder in Satz 4 genannten begünstigten Personengruppen angehörten.

④ **Die Sätze 1 und 2 gelten entsprechend für Steuerpflichtige, die nicht zum begünstigten Personenkreis nach Satz 1 oder 3 gehören und eine Rente wegen voller Erwerbsminderung oder Erwerbsunfähigkeit oder eine Versorgung wegen Dienstunfähigkeit aus einem der in Satz 1 oder 3 genannten Alterssicherungssysteme beziehen, wenn unmittelbar vor dem Bezug der entsprechenden Leistungen der Leistungsbezieher einer der in Satz 1 oder 3 genannten begünstigten Personengruppen angehörte; dies gilt nicht, wenn der Steuerpflichtige das 67. Lebensjahr vollendet hat.** ⑤ **Bei der Ermittlung der dem Steuerpflichtigen zustehenden Zulage nach Satz 1 bleibt die Erhöhung der Grundzulage nach § 84 Satz 2 außer Betracht.**

1a (1 a) ① **Steuerpflichtige, die eine Kinderzulage für ein Kind beantragen oder auf den Ehegatten übertragen haben, das im Beitragsjahr sein viertes Lebensjahr noch nicht**

---

[1] Zur Anwendung von § 10 a Abs. 1 bis 5 siehe Abs. 6.

[2] Ein Steuerpflichtiger ist nicht berechtigt, seine Altersvorsorgebeiträge als Sonderausgaben gemäß § 10 a EStG abzuziehen, wenn er nicht mehr „aktiv", sondern lediglich in früheren Jahren in der gesetzlichen Rentenversicherung pflichtversichert gewesen ist. Eine Berechtigung zum zusätzlichen Sonderausgabenabzug ergibt sich ebenfalls nicht aus einer bestehenden Pflichtmitgliedschaft in einem berufsständischen Versorgungswerk. Die Abzugsberechtigung gemäß § 10 a EStG ist auch nicht daraus abzuleiten, dass der Steuerpflichtige über seinen Ehegatten gemäß § 79 Satz 2 EStG mittelbar einen Anspruch auf die Altersvorsorgezulage hat *(vgl. BFH-Urteil vom 29. 7. 2015, BStBl. 2016 II S. 18).*

[3] § 10 a Abs. 1 Satz 1 geänd. mWv 1. 1. 2019 durch BetrRentStG vom 17. 8. 2017 (BGBl. I S. 3214).

[4] Die gesetzliche Differenzierung zwischen Beamten und Rentenversicherungspflichtigen dahingehend, dass nur bei Beamten der Anspruch auf Altersvorsorgezulage zusätzlich von einer gegenüber dem Dienstherrn schriftlich zu erteilenden Einwilligung in die Übermittlung von Besoldungsdaten abhängig ist, ist verfassungsgemäß. Das betrifft auch die geltende Obliegenheit, die Einwilligung innerhalb von zwei Jahren nach Ablauf des Beitragsjahres zu erteilen *(vgl. BFH-Urteil vom 22. 10. 2014, BStBl. 2015 II S. 371).*

vollendet hat und für das gegenüber dem Steuerpflichtigen oder seinem Ehegatten Kindergeld festgesetzt worden ist, stehen einem in der inländischen gesetzlichen Rentenversicherung Pflichtversicherten gleich, wenn eine Anrechnung von Kindererziehungszeiten nach § 56 des Sechsten Buches Sozialgesetzbuch nur auf Grund eines fehlenden oder noch nicht beschiedenen Antrags auf Berücksichtigung von Kindererziehungszeiten bislang nicht erfolgt ist. ② Voraussetzung ist, dass der Steuerpflichtige spätestens am Tag nach der Vollendung des vierten Lebensjahres des Kindes die Kindererziehungszeiten beim zuständigen Träger der gesetzlichen Rentenversicherung beantragt. ③ Werden die Kindererziehungszeiten vom Träger der gesetzlichen Rentenversicherung nicht anerkannt, entfällt rückwirkend die Förderberechtigung nach Satz 1. ④ Wurde das Kind am 1. Januar geboren, gilt Satz 1 mit der Maßgabe, dass das fünfte Lebensjahr noch nicht vollendet sein darf.

(1 b) **① Sofern eine Zulagenummer (§ 90 Absatz 1 Satz 2) durch die zentrale Stelle oder eine Versicherungsnummer nach § 147 des Sechsten Buches Sozialgesetzbuch noch nicht vergeben ist, haben die in Absatz 1 Satz 1 Nummer 1 bis 5 genannten Steuerpflichtigen über die zuständige Stelle eine Zulagenummer bei der zentralen Stelle zu beantragen. ② Für Empfänger einer Versorgung im Sinne des Absatzes 1 Satz 4 gilt Satz 1 entsprechend.** 2

(2) **① Ist der Sonderausgabenabzug nach Absatz 1 für den Steuerpflichtigen günstiger als der Anspruch auf die Zulage nach Abschnitt XI, erhöht sich die unter Berücksichtigung des Sonderausgabenabzugs ermittelte tarifliche Einkommensteuer um den Anspruch auf Zulage. ② In den anderen Fällen scheidet der Sonderausgabenabzug aus. ③ Die Günstigerprüfung wird von Amts wegen vorgenommen.** 3

(2 a) *(aufgehoben)*

(3) **① Der Abzugsbetrag nach Absatz 1 steht im Fall der Veranlagung von Ehegatten nach § 26 Absatz 1 jedem Ehegatten unter den Voraussetzungen des Absatzes 1 gesondert zu. ② Gehört nur ein Ehegatte zu dem nach Absatz 1 begünstigten Personenkreis und ist der andere Ehegatte nach § 79 Satz 2 zulageberechtigt, sind bei dem nach Absatz 1 abzugsberechtigten Ehegatten die von beiden Ehegatten geleisteten Altersvorsorgebeiträge und die dafür zustehenden Zulagen bei der Anwendung der Absätze 1 und 2 zu berücksichtigen. ③ Der Höchstbetrag nach Absatz 1 Satz 1 erhöht sich in den Fällen des Satzes 2 um 60 Euro. ④ Dabei sind die von dem Ehegatten, der zu dem nach Absatz 1 begünstigten Personenkreis gehört, geleisteten Altersvorsorgebeiträge vorrangig zu berücksichtigen, jedoch mindestens 60 Euro der von dem anderen Ehegatten geleisteten Altersvorsorgebeiträge. ⑤ Gehören beide Ehegatten zu dem nach Absatz 1 begünstigten Personenkreis und liegt ein Fall der Veranlagung nach § 26 Absatz 1 vor, ist bei der Günstigerprüfung nach Absatz 2 der Anspruch auf Zulage beider Ehegatten anzusetzen.** 5

(4) **① Im Fall des Absatzes 2 Satz 1 stellt das Finanzamt die über den Zulageanspruch nach Abschnitt XI hinausgehende Steuerermäßigung gesondert fest und teilt diese der zentralen Stelle (§ 81) mit; § 10 d Absatz 4 Satz 3 bis 5 gilt entsprechend. ② Sind Altersvorsorgebeiträge zugunsten von mehreren Verträgen geleistet worden, erfolgt die Zurechnung im Verhältnis der nach Absatz 1 berücksichtigten Altersvorsorgebeiträge. ③ Ehegatten ist der nach Satz 1 festzustellende Betrag auch im Fall der Zusammenveranlagung jeweils getrennt zuzurechnen; die Zurechnung erfolgt im Verhältnis der nach Absatz 1 berücksichtigten Altersvorsorgebeiträge. ④ Werden Altersvorsorgebeiträge nach Absatz 3 Satz 2 berücksichtigt, die der nach § 79 Satz 2 zulageberechtigte Ehegatte zugunsten eines auf seinen Namen lautenden Vertrages geleistet hat, ist die hierauf entfallende Steuerermäßigung dem Vertrag zuzurechnen, zu dessen Gunsten die Altersvorsorgebeiträge geleistet wurden. ⑤ Die Übermittlung an die zentrale Stelle erfolgt unter Angabe der Vertragsnummer und der Identifikationsnummer (§ 139 b der Abgabenordnung) sowie der Zulage- oder Versicherungsnummer nach § 147 des Sechsten Buches Sozialgesetzbuch.** 6

(5) **① Nach Maßgabe des § 93 c der Abgabenordnung hat der Anbieter als mitteilungspflichtige Stelle auch unter Angabe der Vertragsdaten die Höhe der im jeweiligen Beitragsjahr zu berücksichtigenden Altersvorsorgebeiträge sowie die Zulage- oder die Versicherungsnummer nach § 147 des Sechsten Buches Sozialgesetzbuch an die zentrale Stelle zu übermitteln. ② § 22 a Absatz 2 gilt entsprechend. ③ § 72 a Absatz 4 der Abgabenordnung findet keine Anwendung. ④ Die übrigen Voraussetzungen für den Sonderausgabenabzug nach den Absätzen 1 bis 3 werden im Wege der Datenerhebung und des automatisierten Datenabgleichs nach § 91 überprüft. ⑤ Erfolgt eine Datenübermittlung nach Satz 1 und wurde noch keine Zulagenummer (§ 90 Absatz 1 Satz 2) durch die zentrale Stelle oder keine Versicherungsnummer nach § 147 des Sechsten Buches Sozialgesetzbuch vergeben, gilt § 90 Absatz 1 Satz 2 und 3 entsprechend.** 7

EStG

8 **(6) ① Für die Anwendung der Absätze 1 bis 5 stehen den in der inländischen gesetzlichen Rentenversicherung Pflichtversicherten nach Absatz 1 Satz 1 die Pflichtmitglieder in einem ausländischen gesetzlichen Alterssicherungssystem gleich, wenn diese Pflichtmitgliedschaft**

1. mit einer Pflichtmitgliedschaft in einem inländischen Alterssicherungssystem nach Absatz 1 Satz 1 oder 3 vergleichbar ist und

2. vor dem 1. Januar 2010 begründet wurde.

② Für die Anwendung der Absätze 1 bis 5 stehen den Steuerpflichtigen nach Absatz 1 Satz 4 die Personen gleich,

1. die aus einem ausländischen gesetzlichen Alterssicherungssystem eine Leistung erhalten, die den in Absatz 1 Satz 4 genannten Leistungen vergleichbar ist,

2. die unmittelbar vor dem Bezug der entsprechenden Leistung nach Satz 1 oder Absatz 1 Satz 1 oder 3 begünstigt waren und

3. die noch nicht das 67. Lebensjahr vollendet haben.

③ Als Altersvorsorgebeiträge (§ 82) sind bei den in Satz 1 oder 2 genannten Personen nur diejenigen Beiträge zu berücksichtigen, die vom Abzugsberechtigten zugunsten seines vor dem 1. Januar 2010 abgeschlossenen Vertrags geleistet wurden. ④ Endet die unbeschränkte Steuerpflicht eines Zulageberechtigten im Sinne des Satzes 1 oder 2 durch Aufgabe des inländischen Wohnsitzes oder gewöhnlichen Aufenthalts und wird die Person nicht nach § 1 Absatz 3 als unbeschränkt einkommensteuerpflichtig behandelt, so gelten die §§ 93 und 94 entsprechend; § 99 Absatz 1 in der am 31. Dezember 2008 geltenden Fassung ist anzuwenden.

(7) Soweit nichts anderes bestimmt ist, sind die Regelungen des § 10 a und des Abschnitts XI in der für das jeweilige Beitragsjahr geltenden Fassung anzuwenden.

Anl zu § 10 a

Schreiben betr. steuerliche Förderung der privaten Altersvorsorge

Vom 5. Oktober 2023 (BStBl. 2023 I S. 1726)

(BMF IV C 3 – S 2015/22/10001 :001; DOK 2023/0928995)

Vor dem Hintergrund insbesondere der Änderungen durch das Jahressteuergesetz 2022 vom 16. Dezember 2022 (BGBl. I S. 2294) sowie der Änderungen durch weitere Gesetze und aktueller BFH-Rechtsprechung nehme ich unter Bezugnahme auf das Ergebnis der Erörterungen mit den obersten Finanzbehörden der Länder zur steuerlichen Förderung der privaten Altersvorsorge wie folgt Stellung:

Für die Inanspruchnahme des Sonderausgabenabzugs nach § 10 a EStG wird hinsichtlich der Prüfungskompetenz der Finanzämter vorab auf § 10 a Abs. 5 Satz 5 EStG hingewiesen, wonach die vom Anbieter mitgeteilten übrigen Voraussetzungen für den Sonderausgabenabzug nach § 10 a Abs. 1 bis 3 EStG (z. B. die Zulageberechtigung oder die Art der Zulageberechtigung) in der Regel im Wege des automatisierten Datenabgleichs nach § 91 EStG durch die zentrale Stelle nach § 81 EStG (Zentrale Zulagenstelle für Altersvermögen – ZfA –) überprüft werden. Ab dem Beitragsjahr 2024 sind die von der ZfA unanfechtbar gesondert festgesetzten Besteuerungsgrundlagen für das Finanzamt bindend. Diese sind ungeprüft vom Finanzamt der gesonderten Feststellung nach § 10 a Abs. 4 EStG zu Grunde zu legen.

Die Änderungen gegenüber dem BMF-Schreiben vom 21. Dezember 2017, BStBl. 2018 I S. 93[1] sind durch Fettdruck hervorgehoben.[2]

Anwendungsregelung

| Dieses Schreiben ist ab dem Zeitpunkt seiner Bekanntgabe im Bundessteuerblatt Teil I[3] auf alle offenen Fälle anzuwenden und es ersetzt das BMF-Schreiben vom 21. Dezember 2017, BStBl. I 2018 S. 93, sowie die BMF-Schreiben vom 17. Februar 2020, BStBl. I S. 213, und vom 11. Februar 2022, BStBl. I S. 186. Soweit sich aufgrund eines späteren Inkrafttretens der gesetzlichen Regelungen (Artikel 6 JStG 2022, BGBl. I S. 2294 – Inkrafttreten: 1. Januar 2024 ggf. i. V. m. § 52 Abs. 1 EStG ab dem Beitragsjahr 2024) aus den nachfolgenden Randnummern etwas anderes ergibt, gelten die genannten BMF-Schreiben bis zum Inkrafttreten der gesetzlichen Regelungen – längstens bis zum 31. Dezember 2023 – zunächst weiter.

Inhaltsübersicht

	Rn.
A. Private Altersvorsorge	1–321
I. Förderung durch Zulage und Sonderausgabenabzug	1–127
1. Begünstigter Personenkreis	1–30
a) Allgemeines	1
b) Unmittelbar begünstigte Personen	2–24
aa) Pflichtversicherte in der inländischen gesetzlichen Rentenversicherung (§ 10 a Abs. 1 Satz 1 Halbsatz 1 EStG) und Pflichtversicherte nach dem Gesetz über die Alterssicherung der Landwirte (§ 10 a Abs. 1 Satz 3 EStG)	2, 3

[1] Abgedruckt im *„Handbuch zur Lohnsteuer 2023"* als Anlage zu § 10 a.
[2] Hier nicht dargestellt.
[3] **[Red. Anm.:]** Bekanntgabe im BStBl. 2023 I Nr. 20 v. 15. 11. 2023

	Rn.
bb) Empfänger von inländischer Besoldung und diesen gleichgestellte Personen (§ 10 a Abs. 1 Satz 1 Halbsatz 2 EStG)	4–9
cc) Pflichtversicherten gleichstehende Personen	10, 11
dd) Entsendete Pflichtversicherte und Beamte, denen eine Tätigkeit im Ausland zugewiesen wurde	12, 13
ee) Bezieher einer Rente wegen voller Erwerbsminderung oder Erwerbsunfähigkeit oder einer Versorgung wegen Dienstunfähigkeit	14–18
ff) Bestandsschutz ausländische Alterssicherungssysteme	19–24
(1) Pflichtversicherte in einer ausländischen gesetzlichen Rentenversicherung	20, 21
(2) Bezieher einer Rente wegen voller Erwerbsminderung oder Erwerbsunfähigkeit oder einer Versorgung wegen Dienstunfähigkeit aus einem ausländischen Alterssicherungssystem	22
(3) Beschäftigte internationaler Institutionen	23, 24
c) Nicht unmittelbar begünstigte Personen	25, 26
d) Mittelbar zulageberechtigte Personen	27–30
2. Altersvorsorgebeiträge (§ 82 EStG)	31–44
a) Private Altersvorsorgebeiträge	31–39
b) Beiträge im Rahmen der betrieblichen Altersversorgung	40
c) Altersvorsorgebeiträge nach Beginn der Auszahlungsphase	41
d) Beiträge, die über den Mindesteigenbeitrag hinausgehen	42, 43
e) Beiträge von Versicherten in einer ausländischen gesetzlichen Rentenversicherung	44
3. Altersvorsorgezulage (Zulage)	45–90
a) Grundzulage	45, 46
b) Kinderzulage	47–61
aa) Allgemeines	47–50
bb) Kinderzulageberechtigung bei Eltern, die miteinander verheiratet sind oder eine Lebenspartnerschaft führen	51–54
cc) Kinderzulageberechtigung in anderen Fällen	55–57
dd) Wechsel des Kindergeldempfängers im Laufe des Beitragsjahres	58–60
ee) Kindergeldrückforderung	61
c) Mindesteigenbeitrag	62–90
aa) Allgemeines	62–68
bb) Berechnungsgrundlagen	69–83
(1) Beitragspflichtige Einnahmen	70–73
(2) Besoldung und Amtsbezüge	74–76
(3) Land- und Forstwirte	77
(4) Bezieher einer Rente wegen voller Erwerbsminderung oder Erwerbsunfähigkeit oder einer Versorgung wegen Dienstunfähigkeit	78–80
(5) Elterngeld	81
(6) Sonderfälle	82, 83
cc) Besonderheiten bei Ehegatten/Lebenspartnern	84–88
dd) Kürzung der Zulage	89, 90
4. Sonderausgabenabzug	91–120
a) Umfang des Sonderausgabenabzugs bei Ehegatten/Lebenspartnern	100, 101
b) Günstigerprüfung	102–113
aa) Anrechnung des Zulageanspruchs	106
bb) Ehegatten/Lebenspartner	107–113
c) Gesonderte Feststellung der zusätzlichen Steuerermäßigung	114–120
5. Zusammentreffen mehrerer Verträge	121–127
a) Zulage	121–125
b) Sonderausgabenabzug	126, 127
II. Nachgelagerte Besteuerung nach § 22 Nr. 5 EStG	128–196
1. Allgemeines	128–132
2. Abgrenzung der geförderten und der nicht geförderten Beiträge	133–138
a) Geförderte Beiträge	133–135
b) Nicht geförderte Beiträge	136–138
3. Leistungen, die ausschließlich auf geförderten Altersvorsorgebeiträgen beruhen (§ 22 Nr. 5 Satz 1 EStG)	139, 140
4. Leistungen, die zum Teil auf geförderten, zum Teil auf nicht geförderten Altersvorsorgebeiträgen beruhen (§ 22 Nr. 5 Satz 1 und 2 EStG)	141–149
5. Leistungen, die ausschließlich auf nicht geförderten Altersvorsorgebeiträgen beruhen	150
6. Vertragswechsel	151–168
a) Steuerfreiheit nach § 3 Nr. 55 c EStG	152–154
b) Besteuerung beim überlebenden Ehegatten/Lebenspartner	155, 156
c) Übertragung von ungefördertem Altersvorsorgevermögen	157–168
aa) Ermittlung des nach § 3 Nr. 55 c EStG steuerfreien Betrags bei einem vor dem 1. Januar 2005 abgeschlossenen, versicherungsförmigen Altersvorsorgevertrag	158
bb) Besteuerung im Auszahlungszeitpunkt	159–168
7. Wohnförderkonto	169–189
8. Nachträgliche Änderung der Vertragsbedingungen	190, 191
9. Provisionserstattungen bei geförderten Altersvorsorgeverträgen	192
10. Bonusleistungen bei geförderten Altersvorsorgeverträgen	193
11. Vorweggenommene Werbungskosten	194
12. Bescheinigungs- und Mitteilungspflicht des Anbieters	195, 196
III. Schädliche Verwendung von Altersvorsorgevermögen	197–245
1. Allgemeines	197–216
2. Auszahlung von gefördertem Altersvorsorgevermögen	217–235

	Rn.
a) Möglichkeiten der schädlichen Verwendung	217
b) Folgen der schädlichen Verwendung	218–231
aa) Rückzahlung der Förderung	218–226
bb) Besteuerung nach § 22 Nr. 5 Satz 3 EStG	227–231
c) Übertragung begünstigten Altersvorsorgevermögens auf den überlebenden Ehegatten/Lebenspartner	232–235
3. Auszahlung von nicht gefördertem Altersvorsorgevermögen	236, 237
4. Sonderfälle der Rückzahlung	238–245
a) Rechtslage ab dem 1. Januar 2023	238, 239
b) Rechtslage bis zum 31. Dezember 2022	240–242
c) Anwendungsvorschriften für Stundungsfälle bis zum 31. Dezember 2022	243–245
IV. Altersvorsorge-Eigenheimbetrag und Tilgungsförderung für eine wohnungswirtschaftliche Verwendung	246–289
1. Allgemeines	246, 247
2. Zulageberechtigter als Entnahmeberechtigter	248
3. Entnehmbare Beträge	249–256
4. Begünstigte Verwendung (§ 92 a Abs. 1 EStG)	257–271
a) Unmittelbarkeit	258–260
b) Entschuldung	261
c) Genossenschaftsanteile	262–264
d) Barrierereduzierender Umbau oder energetische Sanierung in oder an einer Wohnung	265–271
5. Begünstigte Wohnung	272–276
6. Anschaffung oder Herstellung	277
7. Selbstnutzung (Nutzung zu eigenen Wohnzwecken)	278–283
8. Aufgabe der Selbstnutzung der eigenen Wohnung	284–289
V. Sonstiges	290–321
1. Pfändungsschutz (§ 97 EStG)	290–292
2. Verfahrensfragen	293–320
a) Zulageantrag	293–298
b) Festsetzung	299–304
c) Rückforderung von Zulagen	305–309
d) Festsetzungsfrist	310–316
e) Bescheinigungs- und Informationspflichten des Anbieters	317–320
3. Datenabgleich	321
B. Besonderheiten beim Versorgungsausgleich	322–360
I. Allgemeines	322–332
1. Gesetzliche Regelung des Versorgungsausgleichs	322–329
2. Besteuerungszeitpunkte	330–332
II. Interne Teilung (§ 10 VersAusglG)	333–336
1. Steuerfreiheit nach § 3 Nr. 55 a EStG	333
2. Besteuerung	334–336
III. Externe Teilung (§ 14 VersAusglG)	337–343
1. Steuerfreiheit nach § 3 Nr. 55 b EStG	337, 338
2. Besteuerung bei der ausgleichsberechtigten Person	339
3. Beispiele	340–342
4. Verfahren	343
IV. Steuerunschädliche Übertragung im Sinne des § 93 Abs. 1 a EStG	344–357
V. Leistungen an die ausgleichsberechtigte Person als Arbeitslohn	358–360
C. Schlussformel	

A. Private Altersvorsorge

I. Förderung durch Zulage und Sonderausgabenabzug[1]

1. Begünstigter Personenkreis

a) Allgemeines

9 **1** Die persönlichen Voraussetzungen müssen im jeweiligen Beitragsjahr (Veranlagungszeitraum) zumindest während eines Teils des Jahres vorgelegen haben.

b) Unmittelbar begünstigte Personen

aa) Pflichtversicherte in der inländischen gesetzlichen Rentenversicherung (§ 10 a Abs. 1 Satz 1 Halbsatz 1 EStG) und Pflichtversicherte nach dem Gesetz über die Alterssicherung der Landwirte (§ 10 a Abs. 1 Satz 3 EStG)

2 In der inländischen gesetzlichen Rentenversicherung pflichtversichert ist, wer nach §§ 1 bis 4, 229, 229 a und 230 SGB VI der Versicherungspflicht unterliegt. Hierzu gehört der in der Anlage 1 Abschnitt A aufgeführte Personenkreis. Allein die Zahlung von Pflichtbeiträgen zur inländischen gesetzlichen Rentenversicherung ohne Vorliegen einer Versicherungspflicht, beispielsweise von dritter Seite aufgrund eines Forderungsüberganges (Regressierung) wegen eines Schadensersatzanspruchs (§ 119 SGB X), begründet nicht die Zugehörigkeit zu dem nach § 10 a Abs. 1 Satz 1 EStG begünstigten Personenkreis. Die Entscheidung des Trägers der gesetzlichen Rentenversicherung ist nach § 14 Abs. 1 Satz 1 AltvDV für den Nachweis der Rentenversicherungspflicht maßgebend.

---

[1] **Anm. der Redaktion:** Die in Klammern nachgewiesenen Randziffern 1 bis 9 sind solche des BMF-Schreibens. Ab Rz. 10 sind die Rz. des Handbuchs identisch mit den Rz. des BMF-Schreibens und deshalb nicht zusätzlich im Text des Schreibens nachgewiesen.

Anl zu § 10a

3 Pflichtversicherte nach dem Gesetz über die Alterssicherung der Landwirte gehören, soweit sie nicht als Pflichtversicherte der inländischen gesetzlichen Rentenversicherung ohnehin bereits anspruchsberechtigt sind, in dieser Eigenschaft ebenfalls zum begünstigten Personenkreis. Darunter fallen insbesondere die in Anlage 1 Abschnitt B aufgeführten Personen.

bb) Empfänger von inländischer Besoldung und diesen gleichgestellte Personen (§ 10 a Abs. 1 Satz 1 Halbsatz 2 EStG)

4 Zum begünstigten Personenkreis nach § 10 a Abs. 1 Satz 1 Halbsatz 2 EStG gehören:

- Empfänger von inländischer Besoldung nach dem Bundesbesoldungsgesetz – BBesG – oder einem entsprechenden Landesbesoldungsgesetz (§ 10 a Abs. 1 Satz 1 Halbsatz 2 Nr. 1 EStG),
- Empfänger von Amtsbezügen aus einem inländischen Amtsverhältnis, deren Versorgungsrecht die entsprechende Anwendung des § 69 e Abs. 3 und 4 des Beamtenversorgungsgesetzes – BeamtVG – vorsieht (§ 10 a Abs. 1 Satz 1 Halbsatz 2 Nr. 2 EStG),
- die nach § 5 Abs. 1 Satz 1 Nr. 2 und 3 SGB VI versicherungsfrei Beschäftigten und die nach § 6 Abs. 1 Satz 1 Nr. 2 SGB VI oder nach § 230 Abs. 2 Satz 2 SGB VI von der Versicherungspflicht befreiten Beschäftigten, deren Versorgungsrecht die entsprechende Anwendung des § 69 e Abs. 3 und 4 BeamtVG vorsieht (§ 10 a Abs. 1 Satz 1 Halbsatz 2 Nr. 3 EStG),
- Beamte, Richter, Berufssoldaten und Soldaten auf Zeit, die ohne Besoldung beurlaubt sind, für die Zeit einer Beschäftigung, wenn während der Beurlaubung die Gewährleistung einer Versorgungsanwartschaft unter den Voraussetzungen des § 5 Abs. 1 Satz 1 SGB VI auf diese Beschäftigung erstreckt wird (§ 10 a Abs. 1 Satz 1 Halbsatz 2 Nr. 4 EStG) und
- Steuerpflichtige im Sinne von § 10 a Abs. 1 Satz 1 Nr. 1 bis 4 EStG, die beurlaubt sind und deshalb keine Besoldung, Amtsbezüge oder Entgelt erhalten, sofern sie eine Anrechnung von Kindererziehungszeiten nach § 56 SGB VI in Anspruch nehmen könnten, wenn die Versicherungsfreiheit in der inländischen gesetzlichen Rentenversicherung nicht bestehen würde (§ 10 a Abs. 1 Satz 1 Halbsatz 2 Nr. 5 EStG). Der formale Grund für die Beurlaubung ist insoweit ohne Bedeutung.

Einzelheiten ergeben sich aus der Anlage 2 zu diesem Schreiben.

5 Neben den vorstehend genannten Voraussetzungen ist für die steuerliche Förderung die schriftliche Einwilligung nach § 10 a Abs. 1 Satz 1 Halbsatz 2 EStG zur Weitergabe der für einen maschinellen Datenabgleich notwendigen Daten von der zuständigen Stelle (§ 81 a EStG) an die ZfA erforderlich. Die Einwilligung ist spätestens bis zum Ablauf des Beitragsjahres (bis zum Beitragsjahr 2018: bis zum Ablauf des zweiten Kalenderjahres, das auf das Beitragsjahr folgt) gegenüber der zuständigen Stelle zu erteilen. Im Falle einer verspätet oder nicht erteilten Einwilligung ist gleichwohl – bei Erfüllung der Voraussetzungen des § 79 Satz 2 EStG – eine mittelbare Zulageberechtigung möglich (vgl. auch BFH-Urteil vom 25. März 2015, BStBl. II S. 709).

6 Im Rahmen eines Festsetzungsverfahrens nach § 90 Abs. 4 EStG oder eines Einspruchs-verfahrens kann der Zulageberechtigte ab dem Beitragsjahr 2019 bis zum bestandskräftigen Abschluss des Festsetzungs- oder Einspruchsverfahrens eine nicht fristgerecht abgegebene Einwilligung gegenüber der zuständigen Stelle nachholen. Über die Nachholung hat er die ZfA unter Angabe des Datums der Erteilung der Einwilligung unmittelbar zu informieren. Hat der Zulageberechtigte im Rahmen des Festsetzungs- oder Einspruchsverfahrens eine wirksame Einwilligung gegenüber der zuständigen Stelle erteilt, wird er – für das Zulageverfahren und für die Inanspruchnahme des Sonderausgabenabzugs nach § 10 a EStG im Einkommensteuerfestsetzungsverfahren – so gestellt, als hätte er die Einwilligung innerhalb der Frist nach § 10 a Abs. 1 Satz 1 Halbsatz 2 EStG wirksam gestellt (§ 90 Abs. 5 EStG). Bei der Prüfung im Festsetzungs- oder Einspruchsverfahren, ob eine wirksame Einwilligung vorliegt, sind auch Einwilligungen zu berücksichtigen, die nach Ablauf der Frist nach § 10 a Abs. 1 Satz 1 Halbsatz 2 EStG und vor Stellung des Antrags auf Festsetzung oder Einlegung des Einspruchs erteilt wurden.

7 Die zuständigen Stellen haben die Daten nach § 10 a Abs. 1 Satz 1 EStG bis zum 31. März des dem Beitragsjahr folgenden Kalenderjahres an die ZfA zu übermitteln (§ 91 Abs. 2 Satz 1 EStG). Liegt die Einwilligung erst nach dieser Übermittlungsfrist vor, hat die zuständige Stelle die Daten nach § 10 a Abs. 1 Satz 1 EStG zeitnah – spätestens bis zum Ende des folgenden Kalendervierteljahres – nach Vorlage der Einwilligung an die ZfA zu übermitteln (§ 91 Abs. 2 Satz 2 EStG). Wechselt die zuständige Stelle, muss gegenüber der neuen zuständigen Stelle eine Einwilligung abgegeben werden.

8 Auch der Gesamtrechtsnachfolger (z. B. Witwe, Witwer) kann die Einwilligung innerhalb der gesetzlichen Frist (Rn. 5) oder im Rahmen eines Festsetzungs- oder Einspruchsverfahrens (Rn. 6) für den Erblasser/die Erblasserin nachholen.

9 Wenn ein Angehöriger des Personenkreises des § 10 a Abs. 1 Satz 1 Halbsatz 2 EStG keine Sozialversicherungsnummer hat, muss über die zuständige Stelle eine Zulagenummer bei der ZfA beantragt werden (§ 10 a Abs. 1 b EStG).

cc) Pflichtversicherten gleichstehende Personen

Nach § 10 a Abs. 1 Satz 3 EStG stehen den Pflichtversicherten der inländischen gesetzlichen Renten- **10**
versicherung Personen gleich, die eine Anrechnungszeit nach § 58 Abs. 1 Nr. 3 oder Nr. 6 SGB VI in der gesetzlichen Rentenversicherung erhalten und unmittelbar vor einer Anrechnungszeit nach § 58 Abs. 1 Nr. 3 oder Nr. 6 SGB VI zum begünstigten Personenkreis nach § 10 a Abs. 1 Satz 1, Satz 3 Halbsatz 1 oder Satz 4 EStG gehörten. Der unmittelbare zeitliche Zusammenhang ist gegeben, wenn im Veranlagungszeitraum vor dem Beginn der Anrechnungszeit eine Zugehörigkeit zum genannten begünstigten Personenkreis bestand. Anrechnungszeiten nach § 58 Abs. 1 Nr. 3 SGB VI erhalten Personen, die wegen Arbeitslosigkeit bei einer deutschen Agentur für Arbeit als Arbeitsuchende gemeldet waren und eine öffentlich-rechtliche Leistung bezogen oder nur wegen des zu berücksichtigenden Einkommens oder Vermögens nicht bezogen haben. Anrechnungszeiten nach § 58 Abs. 1 Nr. 6 SGB VI erhalten Personen,

Anl zu § 10a

die nach dem 31. Dezember 2022 Bürgergeld nach § 19 Abs. 1 Satz 1 SGB II (bis zum 31. Dezember 2022: Arbeitslosengeld II) bezogen haben; dies gilt nicht für Empfänger der Leistung,
- die Bürgergeld (oder Arbeitslosengeld II) nur darlehensweise oder
- nur Leistungen nach § 24 Abs. 3 Satz 1 SGB II bezogen haben oder
- die aufgrund von § 2 Abs. 1 a des Bundesausbildungsförderungsgesetzes keinen Anspruch auf Ausbildungsförderung gehabt haben oder
- deren Bedarf sich nach § 12 Abs. 1 Nr. 1 des Bundesausbildungsförderungsgesetzes, nach § 62 Abs. 1 oder § 124 Abs. 1 Nr. 1 SGB III bemessen hat oder
- die versicherungspflichtig beschäftigt oder versicherungspflichtig selbständig tätig gewesen sind oder eine Leistung bezogen haben, wegen der sie nach § 3 Satz 1 Nr. 3 SGB VI versicherungspflichtig gewesen sind.

Wird eine Anrechnungszeit in der Rentenversicherung nicht gewährt, weil
- durch die Zeit der Arbeitslosigkeit keine versicherungspflichtige Beschäftigung oder selbständige Tätigkeit im Sinne von § 58 Abs. 2 SGB VI unterbrochen worden ist oder
- die Anwartschaftszeiten in der Arbeitslosenversicherung nicht erfüllt waren oder
- sich der Arbeitslose nicht bei einer Agentur für Arbeit als Arbeitsuchender gemeldet hat,

besteht keine Förderberechtigung nach § 10 a Abs. 1 Satz 3 EStG.

11 Steuerpflichtige stehen ab dem Beitragsjahr 2023 einem in der inländischen gesetzlichen Rentenversicherung Pflichtversicherten zunächst gleich, wenn
- eine Anrechnung von Kindererziehungszeiten nach § 56 SGB VI in der inländischen gesetzlichen Rentenversicherung nur aufgrund eines fehlenden oder eines noch nicht beschiedenen Antrags bislang nicht erfolgt ist,
- der Steuerpflichtige eine Kinderzulage für ein Kind, für das gegenüber dem Steuerpflichtigen oder seinem Ehegatten oder Lebenspartner einer Lebenspartnerschaft nach dem Lebenspartnerschaftsgesetz (BGBl. I 2001 S. 266) – LPartG – (nachfolgend: Lebenspartner) Kindergeld festgesetzt worden ist, beantragt und
- das maßgebende Kind im Beitragsjahr sein viertes Lebensjahr noch nicht vollendet hat; bei Kindern, die am 1. Januar eines Jahres geboren sind, wird davon abweichend auf die Vollendung des fünften Lebensjahres abgestellt.

Spätestens am Tag nach der Vollendung des vierten Lebensjahres des maßgebenden Kindes hat der Steuerpflichtige die Kindererziehungszeiten beim zuständigen Träger der gesetzlichen Rentenversicherung zu beantragen. Werden die Kindererziehungszeiten – beispielsweise aufgrund eines Ausschlussgrundes – nicht anerkannt, entfällt rückwirkend die Förderberechtigung und die Zulagen sind zurückzufordern (vgl. Rn. 316). Die Entscheidung des Trägers der gesetzlichen Rentenversicherung ist nach § 14 Abs. 1 Satz 1 AltvDV maßgebend.

dd) Entsendete Pflichtversicherte und Beamte, denen eine Tätigkeit im Ausland zugewiesen wurde

12 Bei Pflichtversicherten in der inländischen gesetzlichen Rentenversicherung, die von ihrem Arbeitgeber entsendet werden, ergibt sich die Zugehörigkeit zum begünstigten Personenkreis unmittelbar aus § 10 a Abs. 1 Satz 1 Halbsatz 1 EStG.

13 Beamte, denen im dienstlichen oder öffentlichen Interesse vorübergehend eine Tätigkeit bei einer öffentlichen Einrichtung außerhalb der Bundesrepublik Deutschland zugewiesen wurde (§ 123 a BRRG) und die in ihrem bisherigen inländischen Alterssicherungssystem verbleiben, gehören unmittelbar zu der nach § 10 a Abs. 1 Satz 1 Nr. 1 EStG begünstigten Personengruppe.

ee) Bezieher einer Rente wegen voller Erwerbsminderung oder Erwerbsunfähigkeit oder einer Versorgung wegen Dienstunfähigkeit

14 Zum begünstigten Personenkreis nach § 10 a Abs. 1 Satz 4 EStG gehören Personen, die nicht nach § 10 a Abs. 1 Satz 1 oder 3 EStG begünstigt sind und eine Rente wegen voller Erwerbsminderung oder Erwerbsunfähigkeit oder eine Versorgung wegen Dienstunfähigkeit aus einem der in § 10 a Abs. 1 Satz 1 oder 3 EStG genannten inländischen Alterssicherungssysteme beziehen, wenn sie unmittelbar vor dem Bezug der Leistung einer in § 10 a Abs. 1 Satz 1 oder 3 EStG genannten Personengruppe angehörten. Eine vorangegangene Zugehörigkeit zu einer begünstigten Personengruppe ist auch anzunehmen, wenn eine Förderberechtigung nur wegen des Fehlens der Einwilligung (Rn. 5 f.) nicht bestand. Der Bezug einer Rente wegen teilweiser Erwerbsminderung oder einer Rente wegen Berufsunfähigkeit begründet keine Zugehörigkeit zum begünstigten Personenkreis nach § 10 a Abs. 1 Satz 4 EStG. Voraussetzung für die Inanspruchnahme der steuerlichen Förderung bei Beziehern einer Versorgung wegen Dienstunfähigkeit ist die Erteilung einer Einwilligungserklärung (Rn. 5 f.). Zum begünstigten Personenkreis gehören auch Bezieher einer Rente wegen voller Erwerbsminderung oder Erwerbsunfähigkeit oder einer Versorgung wegen Dienstunfähigkeit, deren Rente/Versorgung vor dem 1. Januar 2002 begonnen hat.

15 Ein tatsächlicher Bezug der Rente wegen voller Erwerbsminderung oder Erwerbsunfähigkeit oder Versorgung wegen Dienstunfähigkeit ist nicht erforderlich, wenn ein Anspruch dem Grunde nach besteht (einschließlich Antragstellung), aber die Rente oder Versorgung aufgrund von Anrechnungsvorschriften (z. B. § 93 Abs. 1 SGB VI, §§ 53 ff. BeamtVG) nicht geleistet wird.

16 Gehörte der Empfänger einer Versorgung wegen Dienstunfähigkeit vor Beginn der Versorgung zum begünstigten Personenkreis und wechselt die zuständige Stelle (§ 81 a EStG) wegen des Versorgungsbezugs, muss er gegenüber der die Versorgung anordnenden Stelle seine Einwilligung (vgl. Rn. 5) erklären.

17 Bei den Personen nach § 10 a Abs. 1 Satz 4 EStG ist der unmittelbare zeitliche Zusammenhang gegeben, wenn im Veranlagungszeitraum vor dem Eintritt der vollen Erwerbsminderung/Erwerbsunfähig-

keit oder Dienstunfähigkeit eine Zugehörigkeit zur Personengruppe nach § 10 a Abs. 1 Satz 1 oder 3 EStG bestand. Dies gilt entsprechend für den in Rn. 22 genannten Personenkreis.

18 Die Begünstigung nach § 10 a Abs. 1 Satz 4 EStG endet, wenn die anspruchsbegründende Leistung wegfällt oder in eine Altersrente umgestellt wird, spätestens jedoch mit der Vollendung des 67. Lebensjahres des Steuerpflichtigen. Rn. 1 findet Anwendung.

ff) Bestandsschutz ausländischer Alterssicherungssysteme

19 Aufgrund der Änderung durch das Gesetz zur Umsetzung steuerlicher EU-Vorgaben sowie zur Änderung steuerlicher Vorschriften (BGBl. I 2010 S. 386) gehören ab dem 1. Januar 2010 die in einem ausländischen Alterssicherungssystem Versicherten nicht mehr zum Kreis der nach § 10 a Abs. 1 EStG begünstigten Personen. Für Altfälle sieht das Gesetz eine Bestandsschutzregelung in § 10 a Abs. 6 EStG vor.

(1) Pflichtversicherte in einer ausländischen gesetzlichen Rentenversicherung

20 Zum begünstigten Personenkreis gehören nach § 10 a Abs. 6 Satz 1 EStG auch Pflichtmitglieder in einem ausländischen gesetzlichen Alterssicherungssystem, wenn diese Pflichtmitgliedschaft

- mit einer Pflichtmitgliedschaft in einem inländischen Alterssicherungssystem nach § 10 a Abs. 1 Satz 1 oder 3 EStG vergleichbar ist und
- vor dem 1. Januar 2010 begründet wurde,

sofern sie im Beitragsjahr unbeschränkt einkommensteuerpflichtig sind oder für das Beitragsjahr nach § 1 Abs. 3 EStG als unbeschränkt einkommensteuerpflichtig behandelt werden. Das gilt ebenso für den Fall der Arbeitslosigkeit, wenn die Pflichtversicherung in der ausländischen gesetzlichen Rentenversicherung fortbesteht. Endet die Pflichtmitgliedschaft in diesem ausländischen gesetzlichen Alterssicherungssystem oder wird sie für länger als ein Beitragsjahr unterbrochen, endet der Bestandsschutz des § 10 a Abs. 6 EStG.

21 Der Bestandsschutz des § 10 a Abs. 6 EStG besteht nur, wenn die in Rn. 20 genannten Voraussetzungen vorliegen und der Anleger vor dem 1. Januar 2010 einen Vertrag abgeschlossen hat. Wird der vom Anleger vor dem 1. Januar 2010 abgeschlossene Vertrag gekündigt, ist dieser für die Prüfung der Voraussetzungen der Bestandsschutzregelung des § 10 a Abs. 6 EStG nicht zu berücksichtigen. Ein nach dem 31. Dezember 2009 abgeschlossener Vertrag ist für die Prüfung der Voraussetzungen der Bestandsschutzregelung des § 10 a Abs. 6 EStG nicht zu berücksichtigen, selbst wenn Altersvorsorgevermögen von einem vor dem 1. Januar 2010 abgeschlossenen Vertrag auf diesen übertragen wird. Für die Anwendung des § 10 a/Abschnitt XI EStG im Rahmen der Bestandsschutzregelung werden nur Altersvorsorgebeiträge zugunsten eines vor dem 1. Januar 2010 abgeschlossenen Vertrags berücksichtigt (vgl. Rn. 44).

(2) Bezieher einer Rente wegen voller Erwerbsminderung oder Erwerbsunfähigkeit oder einer Versorgung wegen Dienstunfähigkeit aus einem ausländischen Alterssicherungssystem

22 Die Bestandsschutzregelung gilt auch für Personen,

- die aus einem vergleichbaren ausländischen gesetzlichen Alterssicherungssystem eine Leistung erhalten, die mit einer Rente wegen voller Erwerbsminderung oder Erwerbsunfähigkeit oder einer Versorgung wegen Dienstunfähigkeit aus einem der in § 10 a Abs. 1 Satz 1 oder 3 EStG genannten inländischen Alterssicherungssysteme vergleichbar ist,
- die unmittelbar vor dem Bezug dieser Leistung einer der in Rn. 2 bis 13, 20, 23 oder 24 genannten Personengruppen angehörten,
- das 67. Lebensjahr noch nicht vollendet haben und
- unbeschränkt einkommensteuerpflichtig sind oder für das Beitragsjahr nach § 1 Abs. 3 EStG als unbeschränkt einkommensteuerpflichtig behandelt werden.

(3) Beschäftigte internationaler Institutionen

23 Für die Anwendung der Bestandsschutzregelung des § 10 a Abs. 6 EStG sind die Alterssicherungssysteme der folgenden internationalen Organisationen als ein einem begünstigten inländischen Alterssicherungssystem vergleichbares Alterssicherungssystem anzusehen:

- Bank für Internationalen Zahlungsausgleich (BIZ),
- Europäische Agentur für Flugsicherheit (EASA),
- Europäische Investitionsbank (EIB),
- Europäische Kommission (KOM),
- Europäische Organisation für astronomische Forschung in der südlichen Hemisphäre, (ESO),
- Europäische Organisation für die Nutzung meteorologischer Satelliten (EUMETSAT),
- Europäische Organisation für Kernforschung (CERN),
- Europäische Organisation zur Sicherung der Luftfahrt (EUROCONTROL),
- Europäische Patentorganisation (EPO),
- Europäische Weltraumorganisation (ESA),
- Europäische Zentralbank (EZB),
- Europäischer Rechnungshof (EuRH),
- Europäisches Hochschulinstitut (EHI),
- Europäisches Laboratorium für Molekularbiologie (EMBL),
- Europäisches Patentamt (EPA),
- Europäisches Zentrum für mittelfristige Wettervorhersage (EZMV, engl. ECWMF),
- Europarat,
- Nordatlantikvertragsorganisation (NATO),
- Organisation für wirtschaftliche Zusammenarbeit und Entwicklung (OECD),
- Vereinte Nationen (VN) und
- Westeuropäische Union (WEU).

Anl zu § 10a

Das Alterssicherungssystem der Gemeinsamen Organisation der Rüstungskooperation (OCCAR) ist hingegen für die Anwendung der Bestandsschutzregelung des § 10 a Abs. 6 EStG nicht als ein einem begünstigten inländischen Alterssicherungssystem vergleichbares Alterssicherungssystem anzusehen.

24 Bedienstete der Europäischen Gemeinschaften (Beamte und sonstige Bedienstete) sind für die Beurteilung der Zugehörigkeit zum begünstigten Personenkreis so zu behandeln, als bestünde für sie eine Pflichtmitgliedschaft in einem ausländischen gesetzlichen Rentenversicherungssystem, die mit einer Pflichtmitgliedschaft in einem inländischen Alterssicherungssystem nach § 10 a Abs. 1 Satz 1 oder 3 EStG vergleichbar ist.

c) Nicht unmittelbar begünstigte Personen

25 Nicht unmittelbar begünstigt sind insbesondere die in Anlage 1 Abschnitt C aufgeführten Personengruppen.

26 Ein Steuerpflichtiger ist nicht berechtigt, seine Altersvorsorgebeiträge als Sonderausgaben gem. § 10 a EStG abzuziehen, wenn er im gesamten Beitragsjahr nicht mehr „aktiv", sondern lediglich in früheren Jahren in der gesetzlichen Rentenversicherung pflichtversichert gewesen ist. Eine Berechtigung zum zusätzlichen Sonderausgabenabzug ergibt sich ebenfalls nicht aus einer bestehenden Pflichtmitgliedschaft in einem berufsständischen Versorgungswerk und ist auch nicht daraus abzuleiten, dass der Steuerpflichtige über seinen Ehegatten/Lebenspartner gem. § 79 EStG mittelbar einen Anspruch auf die Zulage hat (vgl. BFH-Urteil vom 29. Juli 2015, BStBl. II 2016 S. 18).

d) Mittelbar zulageberechtigte Personen

27 Bei Ehegatten/Lebenspartnern von denen nur ein Ehegatte/Lebenspartner unmittelbar zulageberechtigt ist, ist auch der andere Ehegatte/Lebenspartner (mittelbar) zulageberechtigt, wenn

- die Ehegatten/Lebenspartner nicht dauernd getrennt gelebt haben (§ 26 Abs. 1 EStG),
- beide Ehegatten/Lebenspartner jeweils einen auf ihren Namen lautenden, nach § 5 des Altersvorsorgeverträge-Zertifizierungsgesetzes (AltZertG) zertifizierten Vertrag (Altersvorsorgevertrag) abgeschlossen haben oder der unmittelbar zulageberechtigte Ehegatte/Lebenspartner über eine förderbare Versorgung im Sinne des § 82 Abs. 2 EStG bei einer Pensionskasse, einem Pensionsfonds oder über eine nach § 82 Abs. 2 EStG förderbare Direktversicherung verfügt und der andere Ehegatte/Lebenspartner einen auf seinen Namen lautenden, nach § 5 AltZertG zertifizierten Vertrag abgeschlossen hat,
- sie ihren Wohnsitz oder gewöhnlichen Aufenthalt in einem Mitgliedstaat der Europäischen Union oder einem Staat gehabt haben, auf den das Abkommen über den Europäischen Wirtschaftsraum anwendbar ist, (EU-/EWR-Staat),
- der nicht unmittelbar zulageberechtigte Ehegatte/Lebenspartner Altersvorsorgebeiträge i. H. v. mindestens 60 € auf seinen Altersvorsorgevertrag geleistet hat. Eine anteilige Zahlung ist nicht ausreichend; dies gilt auch, wenn dieser Ehegatte/Lebenspartner innerhalb des Beitragsjahres verstirbt und
- 28 bei dem Altersvorsorgevertrag, für den die Zulage beansprucht wird, die Auszahlungsphase noch nicht begonnen hat.

Die Voraussetzungen für das Vorliegen einer mittelbaren Zulageberechtigung sind für jedes Beitragsjahr gesondert zu prüfen.

Es reicht nicht aus, wenn der nicht unmittelbar zulageberechtigte Ehegatte/Lebenspartner über eine förderbare Versorgung im Sinne des § 82 Abs. 2 EStG bei einer Pensionskasse, einem Pensionsfonds oder über eine nach § 82 Abs. 2 EStG förderbare Direktversicherung verfügt hat (BFH-Urteil vom 21. Juli 2009, BStBl. II S. 995). Zum Sonderausgabenabzug nach § 10 a EStG vgl. Rn. 101. Im Hinblick auf die Beantragung einer Zulagenummer wird auf § 89 Abs. 1 Satz 4 EStG verwiesen.

29 Die mittelbare Zulageberechtigung entfällt, wenn der mittelbar Zulageberechtigte unmittelbar zulageberechtigt wird oder die in Rn. 27 genannten Voraussetzungen im jeweiligen Beitragsjahr nicht mehr vorliegen.

30 Ein mittelbar zulageberechtigter Ehegatte/Lebenspartner verliert im Fall der Auflösung der Ehe bzw. der Aufhebung der Lebenspartnerschaft – auch wenn die Ehegatten/Lebenspartner nicht bereits während des ganzen Jahres getrennt gelebt haben – bereits für das Jahr der Auflösung der Ehe bzw. der Aufhebung der Lebenspartnerschaft seine Zulageberechtigung, wenn der unmittelbar Zulageberechtigte im selben Jahr wieder geheiratet hat bzw. eine neue Lebenspartnerschaft begründet hat und er und der neue Ehegatte/Lebenspartner nicht dauernd getrennt leben und ihren Wohnsitz oder gewöhnlichen Aufenthalt in einem EU-/EWR-Staat haben.

2. Altersvorsorgebeiträge (§ 82 EStG)

a) Private Altersvorsorgebeiträge

31 Altersvorsorgebeiträge im Sinne des § 82 Abs. 1 EStG sind die zugunsten eines auf den Namen des Zulageberechtigten lautenden nach § 5 AltZertG zertifizierten Vertrags (Altersvorsorgevertrag) bis zum Beginn der Auszahlungsphase geleisteten Beiträge und Tilgungsleistungen. Die dem Vertrag gutgeschriebenen oder zur Tilgung eingesetzten Zulagen stellen – anders als im AltZertG – keine Altersvorsorgebeiträge dar und sind daher selbst nicht zulagefähig. Erträge des Altersvorsorgevermögens sind keine Altersvorsorgebeiträge. Es reicht daher für eine Förderung nicht aus, wenn lediglich Zinsen und Erträge des Vorsorgevermögens dem Vertrag gutgeschrieben werden (BFH-Urteil vom 8. Juli 2015, BStBl. II 2016 S. 525). Beiträge zugunsten von Verträgen, bei denen mehrere Personen Vertragspartner sind, sind nicht begünstigt. Dies gilt auch für Verträge, die von Ehegatten/Lebenspartnern gemeinsam abgeschlossen werden. Der Notwendigkeit zum Abschluss eigenständiger Verträge steht jedoch nicht entgegen, wenn eine dritte Person oder der Ehegatte/Lebenspartner für das im Rahmen eines zertifizierten Altersvorsorgevertrags aufgenommene Darlehen mithaftet. Sämtliche Beträge, die bei den in § 3 Nr. 55 bis 55 c EStG genannten Übertragungsvorgängen übertragen werden, sind nach § 82 Abs. 4 Nr. 5 EStG für die Berücksichtigung als Altersvorsorgebeiträge ausgeschlossen. Dem Zulageberechtigten

bleibt es unbenommen, Zulageanträge innerhalb der Antragsfrist an den vorherigen Anbieter zu richten, an den die Altersvorsorgebeiträge gezahlt wurden. Ein abgebender Anbieter hat aufgrund seiner nachvertraglichen Pflichten diesen Antrag anzunehmen. Er kann den Zulageantrag ohne weitere Bearbeitung an den neuen Anbieter weiterreichen. Es wird jedoch nicht beanstandet, wenn der Zulageberechtigte für die im Jahr der Übertragung an den abgebenden Anbieter gezahlten Beiträge über den annehmenden Anbieter eine Zulage beantragt, sofern dem annehmenden Anbieter die Höhe der an den abgebenden Anbieter im laufenden Jahr gezahlten Beiträge bekannt ist.

Altersvorsorgebeiträge nach § 82 Abs. 1 Satz 1 Nr. 2 EStG sind die zugunsten eines auf den Namen **32** des Zulageberechtigten lautenden Altersvorsorgevertrags geleisteten Tilgungen für ein Darlehen, das der Zulageberechtigte ausschließlich für eine nach dem 31. Dezember 2007 vorgenommene wohnungswirtschaftliche Verwendung im Sinne des § 92 a Abs. 1 Satz 1 EStG eingesetzt hat (vgl. hierzu Rn. 257 bis 283). Dies gilt auch, wenn das für eine wohnungswirtschaftliche Verwendung im Sinne des § 92 a Abs. 1 Satz 1 Nr. 1 oder 2 EStG aufgenommene Darlehen später auf einen zertifizierten Altersvorsorgevertrag in Form eines Darlehensvertrags umgeschuldet wird; auch mehrfache Umschuldungen sind in den Fällen der wohnungswirtschaftlichen Verwendung im Sinne des § 92 a Abs. 1 Satz 1 Nr. 1 oder 2 EStG möglich. Es kommt nicht darauf an, ob das abgelöste Darlehen im Rahmen eines zertifizierten Altersvorsorgevertrags gewährt worden ist und ob der Zulageberechtigte alleiniger oder gemeinschaftlicher Darlehensnehmer des abgelösten Darlehens war. Die für die Tilgungsleistungen gezahlten Zulagen sind unmittelbar für die Tilgung des jeweiligen Darlehens zu verwenden. Bei Beiträgen zugunsten mehrerer Altersvorsorgeverträge vgl. Rn. 121, 122. Der Zulageberechtigte muss die vertragsgemäße Verwendung des Darlehens gegenüber seinem Anbieter nachweisen. Der Anbieter hat so lange ganz oder teilweise von nicht ordnungsgemäß verwendeten Darlehensbeträgen auszugehen, bis die ordnungsgemäße Verwendung nachgewiesen ist.

Setzt sich ein Altersvorsorgevertrag aus einer Vertragsgestaltung im Sinne des § 1 Abs. 1 AltZertG **33** und einem Rechtsanspruch auf Gewährung eines Darlehens zusammen (§ 1 Abs. 1 a Satz 1 Nr. 2 AltZertG), handelt es sich bei den geleisteten Beiträgen für den Vertragsteil, der nach § 1 Abs. 1 AltZertG ausgestaltet ist, um Altersvorsorgebeiträge nach § 82 Abs. 1 Satz 1 Nr. 1 EStG und bei den zur Tilgung des Darlehens geleisteten Zahlungen um Altersvorsorgebeiträge nach § 82 Abs. 1 Satz 1 Nr. 2 EStG.

Handelt es sich um Zahlungen zugunsten eines zertifizierten Altersvorsorgevertrags nach § 1 Abs. 1 a **34** Satz 1 Nr. 3 AltZertG, ist zu differenzieren: Zahlungen, die unmittelbar für die Tilgung des Darlehens eingesetzt werden, sind Tilgungsleistungen nach § 82 Abs. 1 Satz 1 Nr. 2 EStG. Wird mit den vom Zulageberechtigten geleisteten Zahlungen jedoch zunächst Altersvorsorgevermögen gebildet, welches zu einem späteren Zeitpunkt zur Tilgung des Darlehens eingesetzt wird und ist dies bereits bei Vertragsabschluss unwiderruflich vereinbart worden, dann gelten die geleisteten Zahlungen bereits im Zahlungszeitpunkt als Tilgungsleistungen nach § 82 Abs. 1 Satz 3 EStG.

Der in der zu zahlenden Kreditrate enthaltene Zinsanteil sowie die anfallenden Kosten und Gebühren **35** sind keine Altersvorsorgebeiträge und damit nicht nach § 10 a/Abschnitt XI EStG begünstigt. Die Förderung bezieht sich nur auf den in der gezahlten Kreditrate enthaltenen Tilgungsanteil.

Die während der Nichtnutzung aufgrund des beruflichen Umzugs geleisteten Tilgungsbeträge sind ab **36** dem Jahr nach Aufgabe der Selbstnutzung bis zum Jahr vor der Wiederaufnahme der Selbstnutzung keine Altersvorsorgebeiträge und damit nicht nach § 10 a/Abschnitt XI EStG begünstigt, auch wenn die weiteren steuerlichen Folgen (Besteuerung des Wohnförderkontos bzw. schädliche Verwendung im Sinne des § 93 EStG) wegen der Regelung des § 92 a Abs. 4 EStG nicht eintreten. Nach § 82 Abs. 1 Satz 5 EStG werden Tilgungsleistungen nur berücksichtigt, wenn das zugrunde liegende Darlehen für eine nach dem 31. Dezember 2007 vorgenommene wohnungswirtschaftliche Verwendung im Sinne des § 92 a Abs. 1 Satz 1 EStG eingesetzt wurde. Eine wohnungswirtschaftliche Verwendung im Sinne des § 92 a EStG liegt in der Zeit der berufsbedingten Nichtnutzung nicht vor, da die Wohnung in dieser Zeit weder die Hauptwohnung noch den Mittelpunkt der Lebensinteressen des Zulageberechtigten darstellt. Die ZfA hat den Anbieter durch Datensatz über eine Bescheiderteilung nach § 92 a Abs. 4 Satz 3 EStG, eine Wiederaufnahme der Selbstnutzung nach einem beruflichen Umzug sowie den Wegfall der Voraussetzungen nach § 92 a Abs. 4 EStG zu informieren.

Im Beitragsjahr der Aufgabe der Selbstnutzung gelten auch die nach der Aufgabe der Selbstnutzung **37** geleisteten Beiträge oder Tilgungsleistungen als Altersvorsorgebeiträge. Im Beitragsjahr einer Reinvestition in eine weitere begünstigte Wohnung (§ 92 a Abs. 3 Satz 9 Nr. 1 EStG) oder des Wiedereinzugs in dieselbe Wohnung nach einem beruflich bedingten Umzug (§ 82 Abs. 1 Satz 8 Nr. 2 EStG) gelten auch die vor der Reinvestition bzw. die vor dem Wiedereinzug geleisteten Beiträge oder Tilgungsleistungen als Altersvorsorgebeiträge.

Beispiel:

Z gibt die Selbstnutzung am 1. Mai 2022 auf und teilt gleichzeitig seine Reinvestitionsabsicht mit. Er zahlt für die Bei- **38** tragsjahre ab 2023 weiterhin Beiträge in seinen Altersvorsorgevertrag ein. Am 1. Mai 2026 nimmt er die Selbstnutzung einer neuen Wohnung auf. Lediglich die gezahlten Beiträge für die Beitragsjahre 2022 und 2026 sind Altersvorsorgebeiträge.

Wird gefördertes Altersvorsorgevermögen von einem Altersvorsorgevertrag im Sinne des § 1 Abs. 1 **39** oder Abs. 1 a Satz 1 Nr. 2 AltZertG in einen Altersvorsorgevertrag im Sinne des § 1 Abs. 1 a Satz 1 Nr. 3 AltZertG übertragen (§ 1 Abs. 1 Nr. 10 Buchstabe b AltZertG), sind ab dem Zeitpunkt der Übertragung des gebildeten Kapitals, frühestens ab der Inanspruchnahme des Vorfinanzierungsdarlehens oder des Zwischenkredits, die damit übertragenen und bereits geförderten Beiträge nicht mehr Beiträge im Sinne des § 82 Abs. 1 Satz 1 Nr. 1 EStG, sondern bereits geförderte Tilgungsleistungen nach § 82 Abs. 1 Satz 3 EStG. Dies gilt auch, wenn ein Altersvorsorgevertrag im Sinne des § 1 Abs. 1 a Satz 1 Nr. 3 AltZertG für eine Umschuldung im Sinne der Rn. 32 genutzt wird.

Anl zu § 10 a

b) Beiträge im Rahmen der betrieblichen Altersversorgung

40 Auf die Ausführungen in den Rn. 67 ff. des BMF-Schreibens vom 12. August 2021 (BStBl. I S. 1050)[1] wird hingewiesen.

c) Altersvorsorgebeiträge nach Beginn der Auszahlungsphase

41 Beiträge zugunsten eines Vertrags, die nach Beginn der Auszahlungsphase geleistet wurden, sind keine Altersvorsorgebeiträge im Sinne des § 82 EStG. D. h., für diese Beiträge kommt eine steuerliche Förderung nach § 10 a/Abschnitt XI EStG nicht in Betracht.

d) Beiträge, die über den Mindesteigenbeitrag hinausgehen

42 Auch Beiträge, die über den Mindesteigenbeitrag hinausgehen, sind Altersvorsorgebeiträge. Zum Begriff der Überzahlung wird auf Rn. 136 verwiesen.

43 Sieht der Altersvorsorgevertrag allerdings eine vertragliche Begrenzung auf einen festgelegten Höchstbetrag vor (z. B. den Betrag nach § 10 a EStG oder den nach § 86 EStG erforderlichen Mindesteigenbeitrag zuzüglich Zulageanspruch), handelt es sich bei Zahlungen, die darüber hinausgehen, um zivilrechtlich nicht geschuldete Beträge, hinsichtlich derer dem Anleger ein Rückerstattungsanspruch gegen den Anbieter zusteht. Diese Beträge stellen in der Regel keine Altersvorsorgebeiträge im Sinne des § 82 Abs. 1 EStG dar (Ausnahme vgl. Rn. 138). Der Anbieter darf diese Beträge daher nicht in den Datensatz nach § 10 a Abs. 5 Satz 1 EStG aufnehmen.

e) Beiträge von Versicherten in einer ausländischen gesetzlichen Rentenversicherung

44 Als Altersvorsorgebeiträge im Sinne des § 82 EStG sind bei den in Rn. 20 bis 24 genannten Personengruppen nur diejenigen Beiträge zu berücksichtigen, die vom Zulageberechtigten zugunsten eines vor dem 1. Januar 2010 abgeschlossenen Vertrags geleistet wurden.

3. Altersvorsorgezulage (Zulage)

a) Grundzulage

45 Jeder unmittelbar oder mittelbar Zulageberechtigte erhält auf Antrag für seine im abgelaufenen Beitragsjahr gezahlten Altersvorsorgebeiträge eine Grundzulage. Für die Zulagengewährung bei mittelbar zulageberechtigten Ehegatten/Lebenspartnern sind die Rn. 27 bis 30 zu beachten. Die Grundzulage beträgt ab dem Beitragsjahr 2018 jährlich 175 €.

46 Für unmittelbar Zulageberechtigte, die das 25. Lebensjahr noch nicht vollendet haben, erhöht sich die Grundzulage einmalig um einen Betrag von 200 € (sog. Berufseinsteiger-Bonus). Für die Erhöhung ist kein gesonderter Antrag erforderlich. Die erhöhte Grundzulage ist einmalig für das erste nach dem 31. Dezember 2007 beginnende Beitragsjahr zu zahlen, für das der Zulageberechtigte die Zulage beantragt, wenn er zu Beginn des betreffenden Beitragsjahres das 25. Lebensjahr noch nicht vollendet hat. Das Datum des Vertragsabschlusses ist insoweit unerheblich. Für die Berechnung des Mindesteigenbeitrags ist in dem ersten Beitragsjahr, in dem die Voraussetzungen für die Gewährung des Erhöhungsbetrags vorliegen, die erhöhte Grundzulage zu berücksichtigen. Erbringt der Zulageberechtigte nicht den erforderlichen Mindesteigenbeitrag (§ 86 Abs. 1 EStG), erfolgt eine entsprechende Kürzung der Zulage und damit auch des in der erhöhten Grundzulage enthaltenen einmalig zu gewährenden Erhöhungsbetrags (vgl. Rn. 89). Eine Nachholungsmöglichkeit des gekürzten Erhöhungsbetrags in späteren Beitragsjahren besteht nicht.

b) Kinderzulage

aa) Allgemeines

47 Anspruch auf Kinderzulage besteht für jedes Kind, für das gegenüber dem Zulageberechtigten für mindestens einen Monat des Beitragsjahres Kindergeld festgesetzt worden ist. Die Kinderzulage beträgt ab dem Jahr 2008 für jedes vor dem 1. Januar 2008 geborene Kind 185 € und für jedes nach dem 31. Dezember 2007 geborene Kind 300 € jährlich. Auf den Zeitpunkt der Auszahlung des Kindergeldes kommt es nicht an. Anspruch auf Kinderzulage besteht für ein Beitragsjahr auch dann, wenn das Kindergeld für dieses Jahr erst in einem späteren Kalenderjahr rückwirkend festgesetzt wurde. Wird ein Kind z. B. am Ende des Beitragsjahres geboren, so besteht der Anspruch auf Kinderzulage für das gesamte Jahr, auch wenn das Kindergeld für Dezember regelmäßig erst im nachfolgenden Kalenderjahr festgesetzt wird.

48 Die Festsetzung ist gegenüber der Auszahlung des Kindergeldes vorrangig.

Beispiel:

49 Für den kindergeldberechtigten Vater wird Kindergeld festgesetzt. Wegen der Unterbringung des Kindes in einem Heim stellt das Jugendamt einen Antrag auf Abzweigung des Kindergeldes, dem stattgegeben wird. Das Kindergeld wird nicht an den Vater, sondern an das Jugendamt ausgezahlt.
Anspruch auf Kinderzulage hat in diesem Fall der Vater.

50 Dem Kindergeld stehen andere Leistungen für Kinder im Sinne des § 65 Satz 1 EStG gleich (§ 65 Satz 2 EStG). Zu den mit dem Kindergeld vergleichbaren Leistungen im Sinne des § 65 Satz 1 Nr. 1 EStG wird auf das Schreiben des Bundeszentralamts für Steuern vom 16. Januar 2017 (BStBl. I S. 151) verwiesen.

bb) Kinderzulageberechtigung bei Eltern, die miteinander verheiratet sind oder eine Lebenspartnerschaft führen

51 Steht ein Kind zu beiden Ehegatten verschiedenen Geschlechts, die

[1] Abgedruckt in Anhang **I 15 b.**

– nicht dauernd getrennt leben (§ 26 Abs. 1 EStG) und
– ihren Wohnsitz oder gewöhnlichen Aufenthalt in einem EU-/EWR-Staat haben,
in einem Kindschaftsverhältnis (§ 32 Abs. 1 EStG), erhält in der Regel die Mutter die Kinderzulage. Die Eltern können gemeinsam für das jeweilige Beitragsjahr beantragen, dass der Vater die Zulage erhält. In beiden Fällen kommt es nicht darauf an, gegenüber welchem Elternteil das Kindergeld festgesetzt wurde. Die Übertragung der Kinderzulage muss auch in den Fällen beantragt werden, in denen die Mutter keinen Anspruch auf Zulage hat, weil sie beispielsweise keinen Altersvorsorgevertrag abgeschlossen hat. Eine Übertragungsmöglichkeit besteht nicht, wenn das Kind nur zu einem der Ehegatten in einem Kindschaftsverhältnis steht (vgl. Rn. 56).

Der Antrag kann 52
– für jedes einzelne Kind gestellt werden,
– nach Eingang beim Anbieter für abgelaufene Beitragsjahre nicht mehr widerrufen werden.

Hat der Vater seinem Anbieter eine Vollmacht (vgl. Rn. 295) zur formlosen Antragstellung erteilt, gilt der Antrag auf Übertragung der Kinderzulage von der Mutter auf ihn auch für die Folgejahre bis auf Widerruf als gestellt. Der Antrag kann bis zum Ablauf des Beitragsjahres, für das er erstmals nicht mehr gelten soll, gegenüber dem Anbieter des Vaters widerrufen werden. Eine gemeinsame Erklärung zur Übertragung der Kinderzulage verliert ihre Wirkung mit dem Beitragsjahr, in dem die Voraussetzungen des § 26 Abs. 1 EStG nicht mehr vorliegen. Dies ist beispielsweise der Fall, wenn die Ehegatten im gesamten Beitragsjahr dauernd getrennt gelebt haben. 53

Bei Eltern gleichen Geschlechts, die miteinander verheiratet sind oder eine Lebenspartnerschaft führen, nicht dauernd getrennt leben (§ 26 Abs. 1 EStG) und ihren Wohnsitz oder gewöhnlichen Aufenthalt in einem EU-/EWR-Staat haben, ist die Kinderzulage dem Elternteil zuzuordnen, gegenüber dem das Kindergeld festgesetzt wurde; auf Antrag beider Eltern dem anderen Elternteil. Eine Übertragungsmöglichkeit besteht nicht, wenn das Kind nur zu einem der Elternteile in einem Kindschaftsverhältnis steht (vgl. Rn. 56). 54

cc) Kinderzulageberechtigung in anderen Fällen

Sind die Eltern nicht miteinander verheiratet und führen keine Lebenspartnerschaft, leben sie dauernd getrennt oder haben sie ihren Wohnsitz oder gewöhnlichen Aufenthalt nicht in einem EU-/EWR-Staat, erhält der Elternteil die Kinderzulage, gegenüber dem das Kindergeld für das Kind festgesetzt wurde (§ 85 Abs. 1 Satz 1 EStG). Eine Übertragung der Kinderzulage nach § 85 Abs. 2 EStG ist in diesen Fällen nicht möglich. Dies gilt auch, wenn derjenige Elternteil, gegenüber dem das Kindergeld festgesetzt wurde, keine Grundzulage erhält. 55

Sind nicht beide Ehegatten/Lebenspartner Eltern des Kindes, ist eine Übertragung der Kinderzulage nach § 85 Abs. 2 EStG nicht zulässig. Wird beispielsweise gegenüber einem Zulageberechtigten Kindergeld für ein in seinen Haushalt aufgenommenes Kind seines Ehegatten (§ 63 Abs. 1 Satz 1 Nr. 2 EStG) festgesetzt, steht nur ihm die Kinderzulage nach § 85 Abs. 1 EStG zu. 56

Wird gegenüber einem Großelternteil im Sinne von § 64 Abs. 2 EStG das Kindergeld festgesetzt, steht nur ihm die Kinderzulage zu. 57

dd) Wechsel des Kindergeldberechtigten im Laufe des Beitragsjahres

Wurde während des Beitragsjahres gegenüber mehreren Zulageberechtigten für unterschiedliche Zeiträume Kindergeld festgesetzt, hat gem. § 85 Abs. 1 Satz 4 EStG in der Regel derjenige den Anspruch auf die Kinderzulage, dem gegenüber für den zeitlich frühesten Anspruchszeitraum im Beitragsjahr Kindergeld festgesetzt wurde. Dies gilt nicht bei einem Wechsel zwischen den in Rn. 51 genannten Elternteilen. 58

Beispiel:

Das Kind lebt mit den Großeltern und der unverheirateten Mutter in einem gemeinsamen Haushalt. Einem Großelternteil gegenüber wird das Kindergeld für die Monate Januar bis Mai 2023 festgesetzt. Ab Juni 2023 wird das Kindergeld gegenüber der Mutter festgesetzt. 59
Die Kinderzulage steht dem zulageberechtigten Großelternteil zu, da gegenüber diesem im Jahr 2023 zeitlich zuerst das Kindergeld festgesetzt wurde.

Hat der Kindergeldberechtigte keinen Kindergeldantrag gestellt, besteht nach § 85 Abs. 1 Satz 1 EStG selbst dann kein Anspruch auf die Kinderzulage, wenn vom Finanzamt der Kinderfreibetrag nach § 32 Abs. 6 Satz 1 EStG berücksichtigt wird. 60

ee) Kindergeldrückforderung

Stellt sich zu einem späteren Zeitpunkt heraus, dass die Festsetzung für das gesamte Kindergeld im Beitragsjahr aufzuheben ist und das Kindergeld für alle Monate des Beitragsjahres zurückgefordert wird, entfällt der Anspruch auf die Zulage gem. § 85 Abs. 1 Satz 3 EStG. Darf zu Unrecht festgesetztes und ausgezahltes Kindergeld aus verfahrensrechtlichen Gründen nicht zurückgefordert werden, bleibt der Anspruch auf die Zulage für das entsprechende Beitragsjahr bestehen. Wird Kindergeld teilweise (für nicht alle Monate des Beitragsjahres) zurückgefordert, bleibt der Anspruch auf Zulage für das entsprechende Beitragsjahr ebenfalls bestehen; allerdings ist in diesen Fällen Rn. 58 zu beachten. 61

c) Mindesteigenbeitrag

aa) Allgemeines

Die Zulage wird nur dann in voller Höhe gewährt, wenn der Berechtigte einen bestimmten Mindesteigenbeitrag zugunsten der begünstigten – maximal zwei – Verträge erbracht hat (§§ 86, 87 EStG). Zinsen und Erträge sind keine Beiträge (vgl. Rn. 31). 62

Der jährliche Mindesteigenbeitrag ermittelt sich wie folgt: 4 % der maßgebenden Einnahmen, maximal 2100 €, abzüglich der Zulage. 63

Anl zu § 10a

64 Der Mindesteigenbeitrag gem. Rn. 63 ist – auch bei Beiträgen zugunsten von Verträgen, die vor dem 1. Januar 2005 abgeschlossen wurden – mit dem Sockelbetrag nach § 86 Abs. 1 Satz 4 EStG zu vergleichen. Dieser beträgt jährlich einheitlich 60 €. Die Zulage wird nicht gekürzt, wenn der Berechtigte in dem maßgebenden Beitragsjahr den höheren der beiden Beträge als Eigenbeitrag zugunsten der begünstigten – maximal zwei – Verträge eingezahlt hat. Zu den Besonderheiten bei Ehegatten/Lebenspartnern vgl. Rn. 84 ff.

65 Hat der Zulageberechtigte in dem dem Beitragsjahr vorangegangenen Kalenderjahr keine maßgebenden Einnahmen (vgl. Rn. 69) erzielt, ist als Mindesteigenbeitrag immer der Sockelbetrag zugrunde zu legen.

Beispiel 1:

66 Der ledige A ohne Kinder erzielt Einkünfte aus nichtselbständiger Arbeit und ist in der inländischen gesetzlichen Rentenversicherung pflichtversichert. Für ihn ist die Beitragsbemessungsgrenze West maßgeblich. Er zahlt zugunsten seines Altersvorsorgevertrags im Jahr 2023 eigene Beiträge i. H. v. 1925 € ein. Im Jahr 2022 hatte er beitragspflichtige Einnahmen i. H. v. 53 000 €. Die beitragspflichtigen Einnahmen des A unterschreiten die Beitragsbemessungsgrenze in der allgemeinen Rentenversicherung (West) für das Kalenderjahr 2022 (84 600 €).

Beitragspflichtige Einnahmen	53 000 €	
4 %	2 120 €	
höchstens	2 100 €	
anzusetzen		2100 €
abzüglich Zulage		175 €
Mindesteigenbeitrag (§ 86 Abs. 1 Satz 2 EStG)		1925 €
Sockelbetrag (§ 86 Abs. 1 Satz 4 EStG)		60 €
67 maßgebend (§ 86 Abs. 1 Satz 5 EStG)		1925 €

Da A den Mindesteigenbeitrag erbracht hat, wird die Zulage von 175 € nicht gekürzt.

Abwandlung des Beispiels 1 in Rn. 66:

A erhält zudem zwei Kinderzulagen für seine in den Jahren 2004 und 2005 geborenen Kinder.

Beitragspflichtige Einnahmen	53 000 €	
4 %	2 120 €	
höchstens	2 100 €	
anzusetzen		2100 €
abzüglich Zulage (175 €+ 2 x 185 €)		545 €
Mindesteigenbeitrag (§ 86 Abs. 1 Satz 2 EStG)		1555 €
Sockelbetrag (§ 86 Abs. 1 Satz 4 EStG)		60 €
maßgebend (§ 86 Abs. 1 Satz 5 EStG)		1555 €

Die von A geleisteten Beiträge übersteigen den Mindesteigenbeitrag. Die Zulage wird nicht gekürzt.

68 **Beispiel 2:**

B werden in der gesetzlichen Rentenversicherung für das Jahr 2023 Kindererziehungszeiten (§ 56 SGB VI) angerechnet. Sie hat zwei Kinder, die in den Jahren 2016 und 2022 geboren worden sind, und zahlt zugunsten ihres Altersvorsorgevertrags im Jahr 2023 eigene Beiträge i. H. v. 30 € ein. Im Jahr 2023 hat sie keine beitragspflichtigen Einnahmen erzielt, 2022 erzielte sie aus einer rentenversicherungspflichtigen Beschäftigung beitragspflichtige Einnahmen i. H. v. insgesamt 4 800 €. Außerdem erhielt sie im Jahr 2022 Elterngeld i. H. v. 300 € (keine beitragspflichtigen Einnahmen, vgl. Rn. 81).

Elterngeld (kein Ansatz)	0 €		
Beitragspflichtige Einnahmen	4800 €		
4%	192 €		
höchstens	2100 €		
anzusetzen		192 €	
abzüglich Zulage (175 € + 2 x 300 €)		775 €	
Mindesteigenbeitrag (§ 86 Abs. 1 Satz 2 EStG)		0 €	
Sockelbetrag (§ 86 Abs. 1 Satz 4 EStG)		60 €	
maßgebend (§ 86 Abs. 1 Satz 5 EStG)			60 €
geleisteter Eigenbeitrag			30 €
Kürzungsfaktor (Eigenbeitrag / Mindesteigenbeitrag x 100)			50 %

Da B den Mindesteigenbeitrag (in Höhe des Sockelbetrags) nur zu 50 % geleistet hat, wird die Zulage von insgesamt 775 € um 50 % gekürzt, so dass lediglich eine Zulage i. H. v. 387,50 € gewährt werden kann.

bb) Berechnungsgrundlagen

69 Maßgebend für den individuell zu ermittelnden Mindesteigenbeitrag (Rn. 63) ist die Summe der in dem dem Beitragsjahr vorangegangenen Kalenderjahr erzielten beitragspflichtigen Einnahmen im Sinne des SGB VI, der bezogenen Besoldung und Amtsbezüge, in den Fällen des § 10 a Abs. 1 Satz 1 Halbsatz 2 Nr. 3 und 4 EStG der erzielten Einnahmen, die beitragspflichtig gewesen wären, wenn die Versicherungsfreiheit in der gesetzlichen Rentenversicherung nicht bestanden hätte und der bezogenen Bruttorente wegen voller Erwerbsminderung oder Erwerbsunfähigkeit oder bezogenen Versorgungsbezüge wegen Dienstunfähigkeit (maßgebende Einnahmen). Die entsprechenden Beträge sind auf volle Euro abzurunden, dies gilt auch für die Ermittlung des Mindesteigenbeitrags.

Zu Besonderheiten siehe Rn. 82 ff.

(1) Beitragspflichtige Einnahmen

70 Als „beitragspflichtige Einnahmen" im Sinne des SGB VI ist nur der Teil des Arbeitsentgelts zu erfassen, der die jeweils gültige Beitragsbemessungsgrenze nicht übersteigt. Insoweit ist auf diejenigen Einnahmen abzustellen, die im Rahmen des sozialrechtlichen Meldeverfahrens den Trägern der gesetzlichen Rentenversicherung gemeldet werden.

71 Die beitragspflichtigen Einnahmen ergeben sich

Anl zu § 10a

– bei Arbeitnehmern und Beziehern von Vorruhestandsgeld aus der Durchschrift der „Meldung zur Sozialversicherung nach der DEÜV" (Arbeitsentgelte) und
– bei rentenversicherungspflichtigen Selbständigen aus der vom Rentenversicherungsträger erstellten Bescheinigung.

Ausländische Einkünfte sind in der Regel nicht bei den maßgebenden Einnahmen zu berücksichtigen. Eine Ausnahme besteht nur dann, wenn der Zulageberechtigte in dem dem Beitragsjahr vorangegangenen Kalenderjahr die Voraussetzungen für die Bestandsschutzregelung nach § 10a Abs. 6 EStG erfüllt hat. Nach dieser Vorschrift gehören – unter bestimmten Voraussetzungen – auch Pflichtmitglieder in einem ausländischen gesetzlichen Alterssicherungssystem zum unmittelbar zulageberechtigten Personenkreis (vgl. Rn. 20 bis 24). In diesem Fall sind als maßgebende Einnahmen auch die Einnahmen aus der Tätigkeit zu berücksichtigen, die zur Erfüllung der Voraussetzungen nach § 10a Abs. 6 EStG führten. Freistellungen nach dem jeweiligen DBA sind bei der Bestimmung der beitragspflichtigen Einnahmen unbeachtlich. 72

Bei der Ermittlung der nach § 86 EStG maßgebenden Einnahmen ist auf die in dem dem Beitragsjahr vorangegangenen Kalenderjahr erzielten beitragspflichtigen Einnahmen im Sinne des SGB VI abzustellen. Dabei handelt es sich um diejenigen Einnahmen, die im Rahmen des sozialversicherungsrechtlichen Meldeverfahrens den Trägern der gesetzlichen Sozialversicherung gemeldet wurden. Für die Zuordnung der erzielten beitragspflichtigen Einnahmen zu den einzelnen Beitragsjahren ist auf die sozialversicherungsrechtlichen Wertungen abzustellen. Dies gilt auch, wenn der Steuerpflichtige in einem Beitragsjahr beitragspflichtige Einnahmen erzielt, die sozialversicherungsrechtlich einem von der tatsächlichen Zahlung abweichenden Jahr zuzurechnen sind. 73

(2) Besoldung und Amtsbezüge

Die Besoldung und die Amtsbezüge ergeben sich aus den Bezüge-/Besoldungsmitteilungen bzw. den Mitteilungen über die Amtsbezüge der die Besoldung bzw. die Amtsbezüge anordnenden Stelle. Für die Bestimmung der maßgeblichen Besoldung ist auf die in dem betreffenden Kalenderjahr zugeflossene Besoldung/zugeflossenen Amtsbezüge entsprechend der Besoldungsmitteilung/Mitteilung über die Amtsbezüge abzustellen. 74

Für die Mindesteigenbeitragsberechnung sind sämtliche Bestandteile der Besoldung oder Amtsbezüge außer der Auslandsbesoldung nach §§ 52 ff. BBesG oder entsprechenden Vorschriften der Länder zu berücksichtigen. Dabei ist es unerheblich, ob die Bestandteile 75
– beitragspflichtig wären, wenn die Versicherungsfreiheit in der gesetzlichen Rentenversicherung nicht bestünde,
– steuerfrei oder
– ruhegehaltfähig sind.

Besoldungsbestandteile sind u. a. das Grundgehalt, Leistungsbezüge an Hochschulen, der Familienzuschlag, Zulagen und Vergütungen, ferner Anwärterbezüge, vermögenswirksame Leistungen, jährliche Sonderzahlungen (Sonderzuwendung, Urlaubsgeld), der Altersteilzeitzuschlag und die Sachbezüge. Nicht zur Besoldung im Sinne der Vorschriften über den Mindesteigenbetrag[1] gehören Fürsorgeleistungen (z. B. Beihilfe, Zuschuss zur privaten Krankenversicherung bei Elternzeit), die zwar zum Teil zusammen mit der Besoldung ausgezahlt werden, aber auf gesetzlichen Regelungen mit anderer Zielsetzung beruhen.

Die Höhe der Amtsbezüge richtet sich nach den jeweiligen bundes- oder landesrechtlichen Vorschriften. 76

(3) Land- und Forstwirte

Bei einem Land- und Forstwirt, der nach dem Gesetz über die Alterssicherung der Landwirte pflichtversichert ist, ist für die Berechnung des Mindesteigenbeitrags auf die Einkünfte im Sinne des § 13 EStG des zweiten dem Beitragsjahr vorangegangenen Veranlagungszeitraums abzustellen (§ 86 Abs. 3 EStG). Ist dieser Land- und Forstwirt neben seiner land- und forstwirtschaftlichen Tätigkeit auch als Arbeitnehmer tätig und in der gesetzlichen Rentenversicherung pflichtversichert, sind die beitragspflichtigen Einnahmen des Vorjahres und die positiven Einkünfte im Sinne des § 13 EStG des zweiten dem Beitragsjahr vorangegangenen Veranlagungszeitraums zusammenzurechnen. Eine Saldierung mit negativen Einkünften im Sinne des § 13 EStG erfolgt nicht. 77

(4) Bezieher einer Rente wegen voller Erwerbsminderung oder Erwerbsunfähigkeit oder einer Versorgung wegen Dienstunfähigkeit

Der Bruttorentenbetrag ist der Jahresbetrag der Rente vor Abzug der einbehaltenen eigenen Beitragsanteile zur Kranken- und Pflegeversicherung. Nicht diesem Betrag hinzuzurechnen sind Zuschüsse zur Krankenversicherung. Leistungsbestandteile, wie z. B. der Auffüllbetrag nach § 315a SGB VI oder der Rentenzuschlag nach § 319a SGB VI sowie Steigerungsbeträge aus der Höherversicherung nach § 269 SGB VI zählen zum Bruttorentenbetrag. Es sind nur die Rentenzahlungen für die Mindesteigenbeitragsberechnung zu berücksichtigen, die zur unmittelbaren Zulageberechtigung führen. Private Renten oder Leistungen der betrieblichen Altersversorgung bleiben unberücksichtigt. 78

Hat der Bezieher einer Rente wegen voller Erwerbsminderung oder Erwerbsunfähigkeit oder einer Versorgung wegen Dienstunfähigkeit im maßgeblichen Bemessungszeitraum (auch) Einnahmen nach § 86 Abs. 1 Satz 2 Nr. 1 bis 3 EStG bezogen, sind diese Einnahmen bei der Mindesteigenbeitragsberechnung mit zu berücksichtigen. 79

Beispiel:

A erhält im April 2023 den Bescheid, mit dem ihm die Deutsche Rentenversicherung rückwirkend ab dem 1. Oktober 2022 eine Rente wegen voller Erwerbsminderung bewilligt. Das Krankengeld, das ihm bis zum Beginn der laufenden 80

[1] Richtig wohl: Mindesteigenbeitrag.

Rentenzahlung noch bis zum 31. Mai 2023 von seiner gesetzlichen Krankenkasse gezahlt wird, wird aufgrund deren Erstattungsanspruchs mit der Rentennachzahlung verrechnet.
In dem Beitragsjahr 2022, in das der Beginn der rückwirkend bewilligten Rente fällt, gehörte A noch aufgrund des Bezugs von Entgeltersatzleistungen zum begünstigten Personenkreis nach § 10 a Abs. 1 Satz 1 EStG. Als Bemessungsgrundlage für den für 2022 zu zahlenden Mindesteigenbeitrag wären hier entweder die in 2021 berücksichtigten beitragspflichtigen Einnahmen oder das ggf. niedrigere tatsächlich bezogene Krankengeld heranzuziehen (vgl. Rn. 83).
Ab Beginn des Beitragsjahres 2023 liegt der Tatbestand des Leistungsbezuges vor, aus dem sich die Zugehörigkeit zum begünstigten Personenkreis nach § 10 a Abs. 1 Satz 4 EStG begründet. Die Bemessungsgrundlage für den im Kalenderjahr 2023 zu leistenden Mindesteigenbeitrag bildet damit die Rente, die am 1. Oktober 2022 begonnen hat, und das im Zeitraum vom 1. Januar bis zum 30. September 2022 bezogene Krankengeld.

(5) Elterngeld

81 Das Elterngeld ist keine maßgebende Einnahme im Sinne des § 86 EStG. Eine Berücksichtigung in der Mindesteigenbeitragsberechnung scheidet daher aus.

(6) Sonderfälle

82 In der gesetzlichen Rentenversicherung werden für bestimmte pflichtversicherte Personen abweichend vom tatsächlich erzielten Entgelt (§ 14 SGB IV) oder von der Entgeltersatzleistung andere Beträge als beitragspflichtige Einnahmen berücksichtigt. Beispielhaft sind folgende Personen zu nennen:

- zu ihrer Berufsausbildung Beschäftigte,
- Menschen mit Behinderung, die z. B. in Einrichtungen der Jugendhilfe oder in anerkannten Werkstätten (§ 219 SGB IX) beschäftigt werden,
- Personen, die für eine Erwerbstätigkeit befähigt werden sollen,
- Bezieher von Kurzarbeiter- oder Winterausfallgeld,
- Beschäftigte, die in einem Altersteilzeitarbeitsverhältnis stehen,
- Bezieher von Vorruhestandsgeld, Krankengeld, Arbeitslosengeld, Unterhaltsgeld, Übergangsgeld, Verletztengeld oder Versorgungskrankengeld,
- wehr- oder zivildienstleistende Versicherte,
- Versicherte, die für Zeiten der Arbeitsunfähigkeit oder Rehabilitation ohne Anspruch auf Krankengeld versichert sind,
- Personen, die ab dem 1. Januar 2017 eine oder mehrere pflegebedürftige Personen mit mindestens Pflegegrad 2 wenigstens zehn Stunden wöchentlich, verteilt auf regelmäßig mindestens zwei Tage in der Woche, in ihrer häuslichen Umgebung nicht erwerbsmäßig pflegen, wenn der Pflegebedürftige Anspruch auf Leistungen aus der sozialen Pflegeversicherung oder einer privaten Pflege-Pflichtversicherung hat (§ 3 Satz 1 Nr. 1 a SGB VI) (vgl. Anlage 1 Abschnitt A Nrn. 25 und 26).

83 Sind die rentenrechtlich berücksichtigten beitragspflichtigen Einnahmen in den genannten Fallgestaltungen höher als das tatsächlich erzielte Entgelt oder der Zahlbetrag der Entgeltersatzleistung (z. B. das Arbeitslosengeld oder Krankengeld), dann sind die tatsächlichen Einnahmen anstelle der rentenrechtlich berücksichtigten Einnahmen für die Berechnung des individuellen Mindesteigenbeitrags zugrunde zu legen. Bei Altersteilzeitarbeit ist das aufgrund der abgesenkten Arbeitszeit erzielte Arbeitsentgelt – ohne Aufstockungs- und Unterschiedsbetrag – maßgebend. Bei Personen, die einen Pflegebedürftigen nicht erwerbsmäßig pflegen, ist für die Pflegetätigkeit ein tatsächlich erzieltes Entgelt von 0 € zu berücksichtigen.

cc) Besonderheiten bei Ehegatten/Lebenspartnern

84 Gehören beide Ehegatten/Lebenspartner zum unmittelbar begünstigten Personenkreis, ist für jeden Ehegatten/Lebenspartner anhand seiner jeweiligen maßgebenden Einnahmen (Rn. 69 bis 83) ein eigener Mindesteigenbeitrag nach Maßgabe der Rn. 63 und 65 zu berechnen.

85 Die Grundsätze zur Zuordnung der Kinderzulage (Rn. 51 ff.) gelten auch für die Ermittlung des Mindesteigenbeitrags.

86 Ist nur ein Ehegatte/Lebenspartner unmittelbar und der andere mittelbar begünstigt, ist die Mindesteigenbeitragsberechnung nur für den unmittelbar begünstigten Ehegatten/Lebenspartner durchzuführen. Berechnungsgrundlage sind seine Einnahmen im Sinne der Rn. 69 bis 83. Der sich ergebende Betrag (4 % der maßgebenden Einnahmen, höchstens 2100 €) ist um die den Ehegatten/Lebenspartnern insgesamt zustehenden Zulagen zu vermindern.

87 Hat der unmittelbar begünstigte Ehegatte/Lebenspartner den erforderlichen geförderten Mindesteigenbeitrag zugunsten seines Altersvorsorgevertrags oder einer förderbaren Versorgung im Sinne des § 82 Abs. 2 EStG bei einer Pensionskasse, einem Pensionsfonds oder einer nach § 82 Abs. 2 EStG förderbaren Direktversicherung erbracht, erhält auch der Ehegatte/Lebenspartner mit dem mittelbaren Zulageanspruch (vgl. Rn. 27 ff.) die Zulage ungekürzt.

Beispiel:

88 A und B sind verheiratet und haben drei Kinder, die in den Jahren 2010, 2014 und 2016 geboren wurden. A erzielt Einkünfte aus nichtselbständiger Arbeit und ist in der inländischen gesetzlichen Rentenversicherung pflichtversichert. Für A ist die Beitragsbemessungsgrenze West maßgeblich. Im Jahr 2022 betragen seine beitragspflichtigen Einnahmen 60 000 €.
B erzielt keine Einkünfte und hat für das Beitragsjahr auch keinen Anspruch auf Kindererziehungszeiten mehr. B ist nur mittelbar zulageberechtigt. Beide haben in 2008 einen eigenen Altersvorsorgevertrag abgeschlossen. A zahlt einen eigenen jährlichen Beitrag von 850 € zugunsten seines Vertrags ein. B erbringt den Mindestbeitrag zur Erlangung der mittelbaren Zulageberechtigung i. H. v. 60 €. Daneben fließen B die ihr zustehende Grundzulage und die Kinderzulagen für drei Kinder auf ihren Vertrag.

Anl zu § 10 a

Mindesteigenbeitragsberechnung für A für 2023:

Beitragspflichtige Einnahmen	60 000 €	
4 %	2 400 €	
höchstens	2 100 €	
anzusetzen		2100 €
abzüglich Zulage (2 × 175 € + 3 × 300 €)		1250 €
Mindesteigenbeitrag (§ 86 Abs. 1 Satz 2 EStG)		850 €
Sockelbetrag (§ 86 Abs. 1 Satz 4 EStG)		60 €
maßgebend (§ 86 Abs. 1 Satz 5 EStG)		850 €

Beide Ehegatten haben Anspruch auf die volle Zulage, da B den Mindestbeitrag zur Erlangung der mittelbaren Zulageberechtigung i. H. v. 60 € und A seinen Mindesteigenbeitrag von 850 € erbracht hat, der sich auch unter Berücksichtigung der B zustehenden Kinder- und Grundzulage errechnet.

dd) Kürzung der Zulage

Erbringt der unmittelbar Begünstigte in einem Beitragsjahr nicht den erforderlichen Mindesteigenbeitrag, ist die für dieses Beitragsjahr zustehende Zulage (Grundzulage und Kinderzulage) nach dem Verhältnis der geleisteten Altersvorsorgebeiträge zum erforderlichen Mindesteigenbeitrag zu kürzen. Der Kürzungsfaktor wird hierbei auf neun Nachkommastellen gerundet und einzeln auf jede maximale Teilzulage angewendet. Das Produkt wird auf zwei Nachkommastellen gerundet. Für den mittelbar zulageberechtigten Ehegatten/Lebenspartner gilt dieser Kürzungsmaßstab auch für seinen Zulageanspruch (§ 86 Abs. 2 Satz 1 EStG); der vom mittelbar zulageberechtigten Ehegatten/Lebenspartner zu leistende Mindestbeitrag wird nicht als Altersvorsorgebeitrag des unmittelbar berechtigten Ehegatten/Lebenspartners berücksichtigt. 89

Beispiel:

Wie Beispiel in Rn. 88, allerdings haben A und B im Beitragsjahr 2023 zugunsten ihrer Verträge jeweils folgende Beiträge geleistet: 90

A	800 €
B	150 €

Mindesteigenbeitragsberechnung für A für 2023:

Beitragspflichtige Einnahmen	60 000 €	
4 %	2 400 €	
höchstens	2 100 €	
anzusetzen		2100 €
abzüglich Zulage (2 x 175 € + 3 x 300 €)		1250 €
Mindesteigenbeitrag (§ 86 Abs. 1 Satz 2 EStG)		850 €
Sockelbetrag (§ 86 Abs. 1 Satz 4 EStG)		60 €
maßgebend (§ 86 Abs. 1 Satz 5 EStG)		850 €
tatsächlich geleisteter Eigenbeitrag		800 €
dies entspricht 94,117 647 059 % des Mindesteigenbeitrags (800 / 850 × 100)		
Zulageanspruch A:		
94,117 647 059 % von 175 €	164,71 €	
Zulageanspruch B:		
94,117 647 059 % von 175 €	164,71 €	
94,117 647 059 % von 300 €	282,35 €	
94,117 647 059 % von 300 €	282,35 €	
94,117 647 059 % von 300 €	282,35 €	
Zulageansprüche insgesamt	1176,47 €	

Die eigenen Beiträge von B haben keine Auswirkung auf die Berechnung der Zulageansprüche, können aber von A im Rahmen seines Sonderausgabenabzugs nach § 10 a Abs. 1 EStG (vgl. Rn. 101) geltend gemacht werden (800 € + 150 € + Zulageansprüche von A und B 1176,47 € = 2126,47 €).

4. Sonderausgabenabzug

Neben der Zulageförderung nach Abschnitt XI EStG können die zum begünstigten Personenkreis gehörenden Steuerpflichtigen ihre Altersvorsorgebeiträge (vgl. Rn. 31 bis 44) bis zu bestimmten Höchstbeträgen als Sonderausgaben geltend machen (§ 10 a Abs. 1 EStG). Bei Ehegatten/Lebenspartnern, die nach § 26 b EStG zusammen zur Einkommensteuer veranlagt werden, kommt es nicht darauf an, ob der Ehemann oder die Ehefrau bzw. welcher der Ehegatten/Lebenspartner die Altersvorsorgebeiträge geleistet hat. Altersvorsorgebeiträge gelten auch dann als eigene Beiträge des Steuerpflichtigen, wenn sie im Rahmen der betrieblichen Altersversorgung direkt vom Arbeitgeber an die Versorgungseinrichtung gezahlt werden. 91

Zu den abziehbaren Sonderausgaben gehören die im Veranlagungszeitraum geleisteten Altersvorsorgebeiträge (siehe Rn. 67 ff. des BMF-Schreibens vom 12. August 2021, BStBl. I S. 1050).[1] Außerdem ist die dem Steuerpflichtigen zustehende Zulage (Grund- und Kinderzulage) zu berücksichtigen. Hierbei ist abweichend von § 11 Abs. 2 EStG der für das Beitragsjahr (= Kalenderjahr) entstandene Anspruch auf Zulage für die Höhe des Sonderausgabenabzugs maßgebend (§ 10 a Abs. 1 Satz 1 EStG). Ob und wann die Zulage dem begünstigten Vertrag gutgeschrieben wird, ist unerheblich. Bei der Ermittlung des nach § 10 a Abs. 1 EStG anzusetzenden Anspruchs auf Zulage ist der Erhöhungsbetrag nach § 84 Satz 2 EStG nicht zu berücksichtigen. 92

Die Höhe der vom Steuerpflichtigen geleisteten Altersvorsorgebeiträge ist durch einen entsprechenden Datensatz des Anbieters nachzuweisen. Hierzu hat der Anbieter die im jeweiligen Beitragsjahr zu berücksichtigenden Altersvorsorgebeiträge unter Angabe der steuerlichen Identifikationsnummer (§ 139 b AO) an die ZfA zu übermitteln. 93

[1] Abgedruckt in Anhang **I 15 b.**

Anl zu § 10 a

94 Der Zulageberechtigte hat ab dem Beitragsjahr 2021 die Möglichkeit, seinem Anbieter zu erklären, dass er eine steuerliche Berücksichtigung seiner Altersvorsorgebeiträge für den jeweiligen Vertrag bei der Ermittlung der abziehbaren Sonderausgaben nach § 10 a EStG durch die Finanzbehörden nicht beabsichtigt (§ 10 Abs. 4 AltvDV). Liegt dem Anbieter eine solche Erklärung eines Zulageberechtigten vor, hat er ein gesondertes Merkmal in dem amtlich vorgeschriebenen Datensatz (§ 10 a Abs. 5 EStG) aufzunehmen. Nach § 150 Abs. 7 Satz 2 AO gelten die von den mitteilungspflichtigen Stellen nach Maßgabe des § 93 c AO übermittelten Daten als die erklärten Daten des Steuerpflichtigen, soweit sie in den Steuererklärungsformularen als eDaten gekennzeichnet sind oder bei nach amtlich vorgeschriebenem Datensatz durch Datenfernübertragung übermittelten Steuererklärungen für den Belegabruf bereitgestellt werden und er nicht in einem dafür vorgesehenen Abschnitt oder Datenfeld der Steuererklärung abweichende Angaben macht. Übermittelt der Anbieter das gesonderte Merkmal mit dem Datensatz für den jeweiligen Vertrag, unterbleibt im Veranlagungsverfahren die automatisierte Berücksichtigung des Sonderausgabenabzugs für die vom Anbieter übermittelten Altersvorsorgebeiträge zu diesem Vertrag, es sei denn, der Zulageberechtigte beantragt im Veranlagungsverfahren mit der Anlage AV den Sonderausgabenabzug für den jeweiligen Vertrag abweichend von seiner früheren, gegenüber dem Anbieter erklärten Absicht. Um etwaige Korrekturmeldungen durch den Anbieter zu vermeiden, gilt sowohl die Erklärung des Zulageberechtigten als auch der Widerruf der Erklärung erst ab dem Veranlagungsjahr, das dem Jahr folgt, in welchem die Erklärung bzw. deren Widerruf gegenüber dem Anbieter abgegeben wird (§ 10 Abs. 4 Satz 3 und 4 AltvDV). Wird die Erklärung im Jahr des Vertragsabschlusses abgegeben, so gilt sie abweichend hiervon schon für das Jahr des Vertragsabschlusses (§ 10 Abs. 4 Satz 5 AltvDV).

95 Der Anbieter hat die nach § 10 a Abs. 5 EStG erforderlichen Daten an die ZfA zu übermitteln. Zu diesen Daten zählt u. a. die Versicherungsnummer nach § 147 SGB VI oder die Zulagenummer. Soweit noch keine Versicherungs- oder Zulagenummer vergeben wurde, vergibt die ZfA eine Zulagenummer (§ 10 a Abs. 5 Satz 6 EStG i. V. m. § 90 Abs. 1 Satz 2 EStG). Der Anbieter hat den Zulageberechtigten über die erfolgte Datenübermittlung in der Bescheinigung nach § 92 EStG bis zum Ablauf des auf das Beitragsjahr folgenden Jahres zu informieren. Werden die erforderlichen Daten aus Gründen, die der Steuerpflichtige nicht zu vertreten hat (z. B. technische Probleme), vom Anbieter nicht übermittelt, kann der Steuerpflichtige den Nachweis über die geleisteten Altersvorsorgebeiträge auch in anderer Weise erbringen. Liegen die in § 10 a Abs. 5 Satz 1 EStG genannten Voraussetzungen vor und kann die vorgegebene Übermittlungsfrist durch den Anbieter, z. B. wegen technischer Probleme, nicht eingehalten werden, hat er dem Steuerpflichtigen die für den Sonderausgabenabzug erforderlichen Daten nach dem mit BMF-Schreiben vom 18. August 2011 (BStBl. I S. 788) bekannt gegebenen Vordruckmuster bis zum 31. März des dem Beitragsjahr folgenden Kalenderjahres zu bescheinigen. Die Bescheinigung entbindet den Anbieter nicht von der Verpflichtung einer Datenübermittlung. Er hat diese unverzüglich nachzuholen. Bei fristgerechter Datenübermittlung hat der Anbieter keine solche Bescheinigungspflicht, selbst wenn dem Finanzamt im Zeitpunkt der Veranlagung die erforderlichen Daten für den Sonderausgabenabzug (noch) nicht vorliegen.

96 Die übrigen Tatbestandsvoraussetzungen für die Inanspruchnahme des Sonderausgabenabzugs nach § 10 a EStG – insbesondere die Zulageberechtigung – werden in der Regel im Wege des Datenabgleichs nach § 91 EStG durch die ZfA überprüft. Liegen dem zuständigen Finanzamt nicht erklärbare, von der ZfA abweichende Daten vor, kann das zuständige Finanzamt ab dem Beitragsjahr 2024 die ZfA um eine Festsetzung der Zulage von Amts wegen bitten (§ 90 Abs. 4 Satz 1 Nr. 4 EStG i. d. F. vom 16. Dezember 2022; vgl. Rn. 302).

97 Hat das Finanzamt aufgrund einer Mitteilung der ZfA (z. B. wegen fehlender Zulageberechtigung) den Sonderausgabenabzug nach § 91 Abs. 1 Satz 4 EStG korrigiert, entfällt die Steuerermäßigung (vgl. Rn. 114). Erfolgt danach eine schädliche Verwendung (z. B. wegen einer Vertragskündigung), kann es in Einzelfällen zusätzlich zu einer Rückforderung dieser Steuerermäßigung durch die ZfA kommen. In diesen Fällen verbleibt es bei der geänderten Steuerfestsetzung. Die ZfA wird über die Änderung der Steuerermäßigung im Rahmen des Datenaustauschs informiert und erstattet zu Unrecht zurückgezahlte Beträge.

98 Der für die Übersendung des Datensatzes nach § 10 a Abs. 5 EStG erforderliche amtlich vorgeschriebene Datensatz ist auf der Internetseite des Bundeszentralamtes für Steuern – BZSt –(www.bzst.bund.de) veröffentlicht (vgl. BMF-Schreiben vom 13. September 2007, BStBl. I S. 700). Die für die Datenübermittlung erforderliche Schnittstelle und die dazugehörige Dokumentation werden von der ZfA in einem geschützten Bereich des Internets unter www.zfa.deutsche-rentenversicherung-bund.de zur Verfügung gestellt.

99 Rechtslage für Veranlagungszeiträume vor 2019: Der Steuerpflichtige hatte gegenüber dem Anbieter schriftlich darin einzuwilligen, dass dieser die im jeweiligen Beitragsjahr zu berücksichtigenden Altersvorsorgebeiträge unter Angabe der steuerlichen Identifikationsnummer (§ 139 b AO) an die ZfA übermittelt. Die Einwilligung musste dem Anbieter spätestens bis zum Ablauf des zweiten Kalenderjahres, das auf das Beitragsjahr folgt, vorliegen. Die Einwilligung galt auch für folgende Beitragsjahre, wenn der Steuerpflichtige sie nicht gegenüber seinem Anbieter schriftlich widerrief. Waren beide Ehegatten/Lebenspartner unmittelbar zulageberechtigt oder war ein Ehegatte/Lebenspartner unmittelbar zulageberechtigt und ein Ehegatte/Lebenspartner mittelbar berechtigt, mussten beide Ehegatten/Lebenspartner die Einwilligungserklärung abgeben. Die Einwilligung galt auch ohne gesonderte Erklärung als erteilt, wenn

- der Zulageberechtigte seinen Anbieter bevollmächtigt hatte, für ihn den Zulageantrag zu stellen (Rn. 295), oder
- dem Anbieter für das betreffende Beitragsjahr ein Zulageantrag vorlag.

Lag eine solche Einwilligungsfiktion vor, war ein Widerruf der Einwilligung nicht möglich. Eine Einwilligungsfiktion entfiel, wenn der Zulageberechtigte seine Bevollmächtigung nach § 89 Abs. 1 a EStG widerrief bzw. seinen Zulageantrag zurückgenommen hatte. Der Zulageberechtigte konnte in diesen Fällen die Einwilligung zur Datenübermittlung nach § 10 a Abs. 5 EStG gesondert erteilen, wenn er eine Steuerermäßigung beanspruchen wollte. Wurde der Zulageantrag zurückgenommen und eine gesonderte Einwilligung nicht erteilt, war ein bereits übermittelter Datensatz nach § 10 a Abs. 5 EStG vom Anbieter zu stornieren. Bei Vorliegen der Einwilligung hatte der Anbieter die nach § 10 a Abs. 5 EStG erforderlichen Daten an die ZfA zu übermitteln. Der Anbieter hatte die Daten auch dann zu übermitteln, wenn die Einwilligung offenbar verspätet erteilt wurde. Die Einhaltung von Fristen war insoweit vom Finanzamt als materiell-rechtliche Grundlage für den Sonderausgabenabzug zu prüfen. Bei fehlender Einwilligung durfte der Anbieter keine Bescheinigung nach dem mit BMF-Schreiben vom 18. August 2011 (BStBl. I S. 788) bekannt gegebenen Vordruckmuster erstellen.

a) Umfang des Sonderausgabenabzugs bei Ehegatten/Lebenspartnern

Für Ehegatten/Lebenspartner, die beide unmittelbar begünstigt sind, ist die Begrenzung auf den Höchstbetrag nach § 10 a Abs. 1 EStG jeweils gesondert vorzunehmen. Ein nicht ausgeschöpfter Höchstbetrag eines Ehegatten/Lebenspartners kann dabei nicht auf den anderen Ehegatten/Lebenspartner übertragen werden. **100**

Ist nur ein Ehegatte/Lebenspartner nach § 10 a Abs. 1 EStG unmittelbar begünstigt, kommt ein Sonderausgabenabzug bis zu der in § 10 a Abs. 1 EStG genannten Höhe in der Regel nur für seine Altersvorsorgebeiträge sowie die ihm und dem mittelbar zulageberechtigten Ehegatten/Lebenspartner zustehenden Zulagen in Betracht. Der Höchstbetrag erhöht sich um 60 €, wenn der andere Ehegatte/Lebenspartner die Voraussetzungen der mittelbaren Zulageberechtigung (§ 79 Satz 2 EStG) erfüllt. Die vom mittelbar zulageberechtigten Ehegatten/Lebenspartner zugunsten seines Altersvorsorgevertrags geleisteten Altersvorsorgebeiträge können beim Sonderausgabenabzug des unmittelbar zulageberechtigten Ehegatten/Lebenspartners berücksichtigt werden, wenn der Höchstbetrag durch die vom unmittelbar Zulageberechtigten geleisteten Altersvorsorgebeiträge sowie die zu berücksichtigenden Zulagen nicht ausgeschöpft wird. Dabei sind die vom unmittelbar zulageberechtigten Ehegatten/Lebenspartner geleisteten Altersvorsorgebeiträge vorrangig zu berücksichtigen, jedoch mindestens 60 € der vom mittelbar zulageberechtigten Ehegatten/Lebenspartner geleisteten Altersvorsorgebeiträge. Auf das Beispiel in Rn. 90 wird hingewiesen. **101**

b) Günstigerprüfung

Ein Sonderausgabenabzug nach § 10 a Abs. 1 EStG wird nur gewährt, wenn er für den Steuerpflichtigen einkommensteuerlich günstiger ist als der Anspruch auf Zulage nach Abschnitt XI EStG (§ 10 a Abs. 2 Satz 1 und 2 EStG). Bei der Veranlagung zur Einkommensteuer wird diese Prüfung von Amts wegen vorgenommen. Voraussetzung hierfür ist allerdings, dass der Steuerpflichtige die weiteren für den Sonderausgabenabzug erforderlichen Angaben in der Anlage AV zur Einkommensteuererklärung oder formlos erklärt oder dies bis zum Eintritt der Bestandskraft des Steuerbescheids nachholt (vgl. BFH-Urteil vom 19. Januar 2022, BStBl. II S. 617). Der Nachweis über die Höhe der geleisteten Beiträge erfolgt dann durch den entsprechenden Datensatz des Anbieters. Bei der Günstigerprüfung sind alle Riester-Verträge einzubeziehen, die bei der Ermittlung der abziehbaren Sonderausgaben nach § 10 a EStG berücksichtigt werden. **102**

Bei der Günstigerprüfung wird stets auf den sich nach den erklärten Angaben ergebenden höchstmöglichen Zulageanspruch abgestellt. Dieser wird aus den zwei Verträgen mit den höchsten Altersvorsorgebeiträgen (§ 89 Abs. 1 Satz 3 EStG) ermittelt, soweit diese Verträge bei der Günstigerprüfung nach Rn. 102 berücksichtigt werden. Daher ist es für die Höhe des beim Sonderausgabenabzug zu berücksichtigenden Zulageanspruchs unerheblich, ob ein Zulageantrag gestellt worden ist. Der Erhöhungsbetrag nach § 84 Satz 2 EStG bleibt bei der Ermittlung der dem Steuerpflichtigen zustehenden Zulage außer Betracht. **103**

Ein Steuerbescheid ist nach § 175 b Abs. 1 AO aufzuheben oder zu ändern, soweit rechtserheblich nachträglich übermittelte Daten im Sinne des § 93 c AO **104**

– erstmals übermittelt oder
– zwecks Korrektur erneut übermittelt oder storniert

worden sind und diese Daten oder Stornierungen bei der bisherigen Steuerfestsetzung nicht berücksichtigt wurden. Dies gilt auch dann, wenn die Daten oder Stornierungen im zu ändernden Einkommensteuerbescheid bereits hätten berücksichtigt werden können. Auf die Kenntnis des Bearbeiters kommt es insoweit nicht an. Für Veranlagungszeiträume bis einschließlich 2016 gilt abweichend hiervon weiterhin die Regelung in § 10 Abs. 2 a Satz 8 EStG a. F. (z. B. bei der Auswertung einer korrigierten Mitteilung des VZ 2016 im Laufe des Jahres 2018).

Rechtslage für Veranlagungszeiträume vor 2019: Ein Steuerbescheid ist nach § 175 b Abs. 3 AO zu ändern, wenn das Finanzamt feststellt, dass der Steuerpflichtige für Veranlagungszeiträume bis einschließlich 2018 die Einwilligung in die Datenübermittlung nach § 10 a Abs. 2 a Satz 1 EStG a. F. innerhalb der hierfür maßgeblichen Frist (§ 10 a Abs. 2 a Satz 2 i. V. m. § 10 Abs. 2 a Satz 1 EStG a. F.) nicht erteilt hat. Ohne diese Einwilligung sind die Voraussetzungen für den Sonderausgabenabzug nicht gegeben. Auf eine Verletzung der Mitwirkungspflichten seitens des Steuerpflichtigen oder der Ermittlungspflichten durch die Finanzbehörde kommt es in den Fällen des § 175 b AO nicht an. **105**

aa) Anrechnung des Zulageanspruchs

Erfolgt aufgrund der Günstigerprüfung ein Sonderausgabenabzug, erhöht sich die unter Berücksichtigung des Sonderausgabenabzugs ermittelte tarifliche Einkommensteuer um den Anspruch auf Zulage (§ 10 a Abs. 2 EStG i. V. m. § 2 Abs. 6 Satz 2 EStG). Durch diese Hinzurechnung wird erreicht, dass dem Steuerpflichtigen bei der Einkommensteuerveranlagung nur die über den Zulageanspruch hinausgehende Steuerermäßigung gewährt wird. Der Erhöhungsbetrag nach § 84 Satz 2 EStG bleibt bei der Ermittlung der dem Steuerpflichtigen zustehenden Zulage außer Betracht. Um die volle Förderung sicher- **106** zustellen, muss stets die Zulage beantragt werden. Über die zusätzliche Steuerermäßigung kann der Steuerpflichtige verfügen; sie wird nicht Bestandteil des Altersvorsorgevermögens. Die Zulage verbleibt auch dann auf dem Altersvorsorgevertrag, wenn die Günstigerprüfung ergibt, dass der Sonderausgabenabzug für den Steuerpflichtigen günstiger ist.

bb) Ehegatten/Lebenspartner

107 Wird bei einer Zusammenveranlagung von Ehegatten/Lebenspartnern der Sonderausgabenabzug beantragt, gilt für die Günstigerprüfung Folgendes:

108 Ist nur ein Ehegatte/Lebenspartner unmittelbar begünstigt und hat der andere Ehegatte/Lebenspartner keinen Altersvorsorgevertrag abgeschlossen, wird die Steuerermäßigung für die Aufwendungen nach § 10 a Abs. 1 EStG des berechtigten Ehegatten/Lebenspartners mit seinem Zulageanspruch verglichen.

109 Ist nur ein Ehegatte/Lebenspartner unmittelbar begünstigt und hat der andere Ehegatte/Lebenspartner einen Anspruch auf Zulage aufgrund seiner mittelbaren Zulageberechtigung nach § 79 Satz 2 EStG, wird die Steuerermäßigung für die im Rahmen des § 10 a Abs. 1 EStG berücksichtigten Aufwendungen beider Ehegatten/Lebenspartner einschließlich der hierfür zustehenden Zulagen mit dem den Ehegatten/Lebenspartnern insgesamt zustehenden Zulageanspruch verglichen (§ 10 a Abs. 3 Satz 2 bis 4 i. V. m. Abs. 2 EStG; vgl. auch das Beispiel in Rn. 113).

110 Haben beide unmittelbar begünstigten Ehegatten/Lebenspartner Altersvorsorgebeiträge geleistet, wird die Steuerermäßigung für die Summe der für jeden Ehegatten/Lebenspartner nach § 10 a Abs. 1 EStG anzusetzenden Aufwendungen mit dem den Ehegatten/Lebenspartnern insgesamt zustehenden Zulageanspruch verglichen (§ 10 a Abs. 3 Satz 1 i. V. m. Abs. 2 EStG; vgl. auch das Beispiel in Rn. 112). Auch wenn nur für die von einem Ehegatten/Lebenspartner geleisteten Altersvorsorgebeiträge ein Sonderausgabenabzug nach § 10 a Abs. 1 EStG beantragt wird, wird bei der Ermittlung der über den Zulageanspruch hinausgehenden Steuerermäßigung der beiden Ehegatten/Lebenspartnern zustehende Zulageanspruch berücksichtigt (§ 10 a Abs. 3 Satz 5 EStG).

111 Im Fall der Einzelveranlagung von Ehegatten/Lebenspartnern nach § 26 a EStG (bis 31. Dezember 2012: getrennte Veranlagung nach § 26 a EStG oder besondere Veranlagung nach § 26 c EStG) ist Rn. 108 oder Rn. 109 entsprechend anzuwenden; sind beide Ehegatten/Lebenspartner unmittelbar begünstigt, erfolgt die Günstigerprüfung für jeden Ehegatten/Lebenspartner wie bei einer Einzelveranlagung. Es wird daher nur der dem jeweiligen Ehegatten/Lebenspartner zustehende Zulageanspruch angesetzt.

Beispiel:

112 Ehegatten, die beide unmittelbar begünstigt sind, haben im Jahr 2023 ein zu versteuerndes Einkommen i. H. v. 150 000 € (ohne Sonderausgabenabzug nach § 10 a EStG). Darin sind Einkünfte aus unterschiedlichen Einkunftsarten enthalten. Sie haben mit den Beiträgen i. H. v. 2300 € (Ehemann) / 900 € (Ehefrau) zugunsten ihrer Verträge mehr als die erforderlichen Mindesteigenbeiträge gezahlt und daher für das Beitragsjahr 2023 jeweils einen Zulageanspruch von 175 €.

Ehemann		Ehefrau	
Eigenbeitrag	2300 €	Eigenbeitrag	900 €
davon gefördert		davon gefördert	
höchstens (2100 € – 175 €)	1925 €	höchstens (2100 € – 175 €)	1925 €
gefördert somit	1925 €	gefördert somit	900 €
			900 €
Abziehbare Sonderausgaben		Abziehbare Sonderausgaben	
(1925 € + 175 € =)	2100 €	(900 € + 175 € =)	1075 €

zu versteuerndes Einkommen (bisher)		150 000 €
abzüglich Sonderausgaben Ehemann	2100 €	
abzüglich Sonderausgaben Ehefrau	1075 €	
		3175 €
zu versteuerndes Einkommen (neu)		146 825 €
Einkommensteuer auf 150 000 €		43 054 €
Einkommensteuer auf 146 825 €		41 720 €
Differenz		1 334 €
abzüglich Zulageansprüche insgesamt (2 × 175 €)		350 €
zusätzliche Steuerermäßigung insgesamt		984 €

Der Sonderausgabenabzug nach § 10 a EStG ergibt für die Ehegatten eine zusätzliche Steuerermäßigung i. H. v. 984 €. Zur Zurechnung der auf den einzelnen Ehegatten entfallenden Steuerermäßigung vgl. Rn. 119.

Beispiel:

113 Ehegatten haben im Jahr 2023 ein zu versteuerndes Einkommen i. H. v. 150 000 € (ohne Sonderausgabenabzug nach § 10 a EStG). Darin sind Einkünfte aus unterschiedlichen Einkunftsarten enthalten. Nur der Ehemann ist unmittelbar begünstigt; er hat den erforderlichen Mindesteigenbeitrag erbracht. Seine Ehefrau hat einen eigenen Altersvorsorgevertrag abgeschlossen und den Mindestbeitrag von 60 € erbracht. Sie ist daher mittelbar zulageberechtigt. Sie haben Beiträge i. H. v. 1700 € (Ehemann) bzw. 250 € (Ehefrau) zugunsten ihrer Verträge gezahlt und – da der Ehemann den erforderlichen Mindesteigenbeitrag geleistet hat – für das Beitragsjahr 2023 jeweils einen Zulageanspruch von 175 €.

Ehemann		Ehefrau	
Eigenbeitrag	1700 €	Eigenbeitrag	250 €
davon gefördert	1700 €		
durch den unmittelbar Zulageberechtigten ausgeschöpftes Abzugsvolumen:			
Eigenbeitrag des Ehemanns	1700 €		
Zulageanspruch Ehemann	.175 €		
Zulageanspruch Ehefrau	.175 €		
			60 €

Anl zu § 10a

ausgeschöpft somit	2050 €		
Abzugsvolumen	2100 €		
noch nicht ausgeschöpft	50 €		
von der Ehefrau noch nutzbares			50 €
Abzugsvolumen			110 €
Abzugsvolumen Ehefrau			250 €
Eigenbeitrag Ehefrau			110 €
davon abziehbar			
förderbar (1700 € + 175 € + 175 € =) 2050 €		förderbar	110 €
Abziehbare Sonderausgaben der Ehegatten insgesamt (1700 € + 110 € + 175 € + 175 € =) 2160 €			
zu versteuerndes Einkommen (bisher)			150 000 €
abzüglich Sonderausgaben Ehemann/Ehefrau			2 160 €
zu versteuerndes Einkommen (neu)			147 840 €
Einkommensteuer auf 150 000 €			43 054 €
Einkommensteuer auf 147 840 €			42 146 €
Differenz			908 €
abzüglich Zulageansprüche insgesamt (2 × 175€)			350 €
zusätzliche Steuerermäßigung insgesamt			558 €

Der Sonderausgabenabzug nach § 10 a EStG ergibt für die Ehegatten eine zusätzliche Steuerermäßigung i. H. v. 558 €. Zur Zurechnung der auf den einzelnen Ehegatten entfallenden Steuerermäßigung vgl. Rn. 120.

c) Gesonderte Feststellung der zusätzlichen Steuerermäßigung

Eine gesonderte Feststellung der zusätzlichen Steuerermäßigung nach § 10 a Abs. 4 Satz 1 EStG ist nur durchzuführen, wenn der Sonderausgabenabzug nach § 10 a Abs. 1 EStG günstiger ist als der Zulageanspruch nach Abschnitt XI EStG. Das Wohnsitzfinanzamt stellt in diesen Fällen die über den Zulageanspruch hinausgehende Steuerermäßigung fest und teilt sie der ZfA mit. Wirkt sich eine Änderung der Einkommensteuerfestsetzung auf die Höhe der Steuerermäßigung aus, ist die Feststellung nach § 10 a Abs. 4 Satz 1 i. V. m. § 10 d Abs. 4 Satz 4 EStG ebenfalls zu ändern. **114**

Ehegatten/Lebenspartner, bei denen die Voraussetzungen des § 26 Abs. 1 EStG vorliegen, ist die über den Zulageanspruch hinausgehende Steuerermäßigung – unabhängig von der gewählten Veranlagungsart – jeweils getrennt zuzurechnen (§ 10 a Abs. 4 Satz 3 EStG). Hierbei gilt Folgendes: **115**

Gehören beide Ehegatten/Lebenspartner zu dem nach § 10 a Abs. 1 EStG begünstigten Personenkreis, ist ihnen die über den Zulageanspruch hinausgehende Steuerermäßigung jeweils getrennt zuzurechnen (§ 10 a Abs. 4 Satz 3 EStG). Die Zurechnung erfolgt im Verhältnis der als Sonderausgaben berücksichtigten Altersvorsorgebeiträge (geförderte Eigenbeiträge; § 10 a Abs. 4 Satz 3 Halbsatz 2 EStG). **116**

Gehört nur ein Ehegatte/Lebenspartner zu dem nach § 10 a Abs. 1 EStG begünstigten Personenkreis und ist der andere Ehegatte/Lebenspartner nicht nach § 79 Satz 2 EStG zulageberechtigt, weil er keinen eigenen Altersvorsorgevertrag abgeschlossen oder weniger als 60 € im Beitragsjahr zugunsten seines Altersvorsorgevertrags geleistet hat, ist die Steuerermäßigung dem Ehegatten/Lebenspartner zuzurechnen, der zum unmittelbar begünstigten Personenkreis gehört. **117**

Gehört nur ein Ehegatte/Lebenspartner zu dem nach § 10 a Abs. 1 EStG begünstigten Personenkreis und ist der andere Ehegatte/Lebenspartner nach § 79 Satz 2 EStG zulageberechtigt, ist die Steuerermäßigung den Ehegatten/Lebenspartnern getrennt zuzurechnen. Die Zurechnung erfolgt im Verhältnis der als Sonderausgaben berücksichtigten Altersvorsorgebeiträge (geförderte Eigenbeiträge; § 10 a Abs. 4 Satz 3 und 4 EStG). **118**

Fortführung des Beispiels aus Rn. 112:

Die zusätzliche Steuerermäßigung von 984 € ist den Ehegatten für die gesonderte Feststellung nach § 10 a Abs. 4 Satz 2 EStG getrennt zuzurechnen. Aufteilungsmaßstab hierfür sind die nach § 10 a Abs. 1 EStG berücksichtigten Eigenbeiträge. **119**

Zusätzliche Steuerermäßigung insgesamt		984,00 €
davon Ehemann	(1925 € / 2825 € × 100 = 68,14%)	670,50 €
davon Ehefrau	(900 € / 2825 € × 100 = 31,86%)	313,50 €

Diese Beträge und die Zuordnung zu den jeweiligen Verträgen sind nach § 10 a Abs. 4 EStG gesondert festzustellen und der ZfA – als den jeweiligen Verträgen zugehörig – mitzuteilen.

Fortführung des Beispiels aus Rn. 113:

Die zusätzliche Steuerermäßigung von 558 € ist den Ehegatten für die gesonderte Feststellung nach § 10 a Abs. 4 Satz 4 EStG getrennt zuzurechnen. Aufteilungsmaßstab hierfür ist das Verhältnis der Eigenbeiträge des unmittelbar zulageberechtigten Ehegatten zu den wegen der Nichtausschöpfung des Höchstbetrags berücksichtigten Eigenbeiträgen des mittelbar zulageberechtigten Ehegatten. **120**

Zusätzliche Steuerermäßigung insgesamt		558,00 €
davon Ehemann	(1700 € / 1810 € × 100 = 93,92%)	524,07 €
davon Ehefrau	(110 € / 1810 € × 100 = 6,08%)	33,93 €

Diese Beträge und die Zuordnung zu den jeweiligen Verträgen sind nach § 10 a Abs. 4 EStG gesondert festzustellen und der ZfA – als den jeweiligen Verträgen zugehörig – mitzuteilen.

5. Zusammentreffen mehrerer Verträge

a) Zulage

Die Zulage wird bei einem unmittelbar Zulageberechtigten höchstens für zwei Verträge gewährt (§ 87 Abs. 1 Satz 1 EStG). Der Zulageberechtigte kann mit dem Zulageantrag jährlich neu bestimmen, auf welche Verträge die Zulage überwiesen werden soll (§ 89 Abs. 1 Satz 2 EStG). Wurde nicht der gesamte nach § 86 EStG erforderliche Mindesteigenbeitrag zugunsten dieser Verträge geleistet, wird die Zulage entsprechend gekürzt (§ 86 Abs. 1 Satz 6 EStG). Die zu gewährende Zulage wird entsprechend dem Verhältnis der zugunsten dieser beiden Verträge geleisteten Altersvorsorgebeiträge verteilt. Es steht dem Zulageberechtigten allerdings frei, auch wenn er mehrere Verträge abgeschlossen hat, die Förderung nur für einen Vertrag in Anspruch zu nehmen. **121**

Anl zu § 10a

Erfolgt bei mehreren Verträgen keine Bestimmung oder wird die Zulage für mehr als zwei Verträge beantragt, wird die Zulage nur für die zwei Verträge gewährt, für die im Beitragsjahr die höchsten Altersvorsorgebeiträge geleistet wurden (§ 89 Abs. 1 Satz 3 EStG).

122 **Beispiel:**

123 Der Zulageberechtigte zahlt im Jahr 2023 800 €, 800 € und 325 € zugunsten von drei verschiedenen Altersvorsorgeverträgen (ohne Zulage). Sein Mindesteigenbeitrag beträgt 1461 €.
Der Zulageberechtigte beantragt die Zulage für die Verträge 1 und 2:

	Vertrag 1	Vertrag 2	Vertrag 3
Beiträge	800 €	800 €	325 €
Zulage	87,50 € (800 € / 1600 € × 175 €)	87,50 € (800 € / 1600 € × 175 €)	–

Er erhält die ungekürzte Zulage von 175 €, da zugunsten der Verträge 1 und 2 in der Summe der erforderliche Mindesteigenbeitrag geleistet worden ist.

Abwandlung:

124 Wie oben, der Zulageberechtigte zahlt die Beiträge (ohne Zulage) jedoch i. H. v. 650 €, 650 € und 325 € zugunsten von drei verschiedenen Altersvorsorgeverträgen.
Weil der Zulageberechtigte mit den Einzahlungen zugunsten der zwei Verträge, für die die Zulage beantragt wird, nicht den Mindesteigenbeitrag von 1461 € erreicht, wird die Zulage von 175 € im Verhältnis der Altersvorsorgebeiträge zum Mindesteigenbeitrag gekürzt (§ 86 Abs. 1 Satz 6 EStG). Die Zulage beträgt 175 € × 1300 € / 1461 € = 155,72 €, sie wird den Verträgen 1 und 2 mit jeweils 77,86 € gutgeschrieben:

	Vertrag 1	Vertrag 2	Vertrag 3
Beiträge	650 €	650 €	325 €
Zulage	77,86 € (650 € / 1300 € × 155,72 €)	77,86 € (650 € / 1300 € × 155,72 €)	–

125 Der nach § 79 Satz 2 EStG mittelbar Zulageberechtigte kann die Zulage für das jeweilige Beitragsjahr nicht auf mehrere Verträge verteilen (§ 87 Abs. 2 EStG). Es ist nur der Vertrag begünstigt, für den zuerst die Zulage beantragt wird.

b) Sonderausgabenabzug

126 Für den Sonderausgabenabzug nach § 10 a Abs. 1 EStG ist keine Begrenzung der Anzahl der zu berücksichtigenden Verträge vorgesehen. Der Steuerpflichtige kann im Rahmen des Höchstbetrags nach § 10 a Abs. 1 Satz 1 EStG auch Altersvorsorgebeiträge für Verträge geltend machen, für die keine Zulage beantragt wurde oder aufgrund des § 87 Abs. 1 EStG keine Zulage gewährt wird. In dem Umfang, in dem eine Berücksichtigung nach § 10 a EStG erfolgt, gelten die Beiträge als steuerlich gefördert. Die Zurechnung der über den Zulageanspruch nach Abschnitt XI EStG hinausgehenden Steuerermäßigung erfolgt hierbei im Verhältnis der berücksichtigten Altersvorsorgebeiträge (§ 10 a Abs. 4 Satz 2 EStG).

Beispiel:

127 Der Steuerpflichtige zahlt im Jahr 2023 insgesamt 2400 € Beiträge (ohne Zulage von 175 €) auf vier verschiedene Altersvorsorgeverträge ein (800 €, 800 €, 400 €, 400 €). Sein Mindesteigenbeitrag beträgt 1461 €. Die Zulage wird für die beiden Verträge mit je 800 € Beitragsleistung beantragt. Die zusätzliche Steuerermäßigung für den Sonderausgabenabzug nach § 10 a Abs. 1 EStG beträgt 270 €.
Obwohl die Altersvorsorgebeiträge für die Verträge 3 und 4 sich nicht auf die Zulagegewährung auswirken (§ 87 Abs. 1 Satz 1 EStG), gehören die auf diese Beiträge entfallenden Leistungen aus diesen Verträgen in der Auszahlungsphase ebenfalls zu den sonstigen Einkünften nach § 22 Nr. 5 Satz 1 EStG, soweit sie als Sonderausgaben berücksichtigt wurden. In folgender Höhe sind die Beiträge steuerlich begünstigt worden:

	Vertrag 1	Vertrag 2	Vertrag 3	Vertrag 4
Sonderausgabenhöchstbetrag abzüglich Zulage (2100 € – 175 € = 1925 €) im Verhältnis zu den geleisteten Beiträgen	641,67 € (1925 € / 2400 € × 800 €)	641,67 € (1925 € / 2400 € × 800 €)	320,83 € (1925 € / 2400 € × 400 €)	320,83 € (1925 € / 2400 € × 400 €)
Zulage	87,50 €	87,50 €	–	–
bei den einzelnen Verträgen sind somit die folgenden Beträge steuerlich begünstigt (729,17 € + 729,17 € + 320,83 € + 320,83 € = 2100,00 €)	729,17 €	729,17 €	320,83 €	320,83 €

Die Steuerermäßigung ist den vier Verträgen wie folgt zuzurechnen:

	Vertrag 1	Vertrag 2	Vertrag 3	Vertrag 4
Beiträge	800 €	800 €	400 €	400 €
Zulage	87,50 €	87,50 €	–	–
Zusätzliche Steuerermäßigung	90 € (641,67 € / 1925 € × 270 €)	90 € (641,67 € / 1925 € × 270 €)	45 € (320,83 € / 1925 € × 270 €)	45 € (320,83 € / 1925 € × 270 €)

II. Nachgelagerte Besteuerung nach § 22 Nr. 5 EStG

1. Allgemeines

§ 22 Nr. 5 EStG ist anzuwenden auf Leistungen aus Altersvorsorgeverträgen im Sinne des § 82 Abs. 1 EStG sowie auf Leistungen aus Pensionsfonds, Pensionskassen und Direktversicherungen. Korrespondierend mit der Freistellung der Beiträge, Zahlungen, Erträge und Wertsteigerungen von steuerlichen Belastungen in der Ansparphase werden die Leistungen erst in der Auszahlungsphase besteuert (nachgelagerte Besteuerung; zu Ausnahmen vgl. Rn. 197 ff.), und zwar auch dann, wenn zugunsten des Vertrags ausschließlich Beiträge geleistet wurden, die nicht nach § 10 a/Abschnitt XI EStG gefördert worden sind. § 22 Nr. 5 EStG ist gegenüber anderen Vorschriften des EStG und des InvStG eine vorrangige Spezialvorschrift. Dies bedeutet auch, dass die ab dem 1. Januar 2009 geltende Abgeltungsteuer in diesen Fällen keine Anwendung findet. **128**

Während der Ansparphase erfolgt bei zertifizierten Altersvorsorgeverträgen keine Besteuerung von Erträgen und Wertsteigerungen. Dies gilt unabhängig davon, ob oder in welchem Umfang die Altersvorsorgebeiträge nach § 10 a/Abschnitt XI EStG gefördert wurden. **129**

Die Regelungen über die Erhebung der Kapitalertragsteuer sind nicht anzuwenden. In der Ansparphase fallen keine kapitalertragsteuerpflichtigen Kapitalerträge an; die Leistungen in der Auszahlungsphase unterliegen nach § 22 Nr. 5 EStG der Besteuerung im Rahmen der Einkommensteuerveranlagung, so dass auch in der Auszahlungsphase kein Kapitalertragsteuerabzug vorzunehmen ist. Da es sich um Einkünfte nach § 22 Nr. 5 EStG handelt, ist kein Sparer-Pauschbetrag nach § 20 Abs. 9 EStG anzusetzen. Der Pauschbetrag für Werbungskosten bestimmt sich nach § 9 a Satz 1 Nr. 3 EStG. **130**

Der Umfang der Besteuerung der Leistungen in der Auszahlungsphase richtet sich danach, inwieweit die Beiträge in der Ansparphase steuerfrei gestellt (§ 3 Nr. 63, 63 a und 66 EStG), nach § 10 a/Abschnitt XI EStG (Sonderausgabenabzug und Zulage) gefördert worden sind, durch steuerfreie Zuwendungen nach § 3 Nr. 56 EStG oder durch die nach § 3 Nr. 55 b Satz 1 oder § 3 Nr. 55 c EStG steuerfreien Leistungen aus einem neu begründeten Anrecht erworben wurden. Dies gilt auch für Leistungen aus einer ergänzenden Absicherung der verminderten Erwerbsfähigkeit oder Dienstunfähigkeit und einer zusätzlichen Absicherung der Hinterbliebenen. Dabei ist von einer einheitlichen Behandlung der Beitragskomponenten für Alter und Zusatzrisiken auszugehen. An den Leistungsempfänger auszuzahlende Anteile an den Bewertungsreserven sind steuerlich so zu behandeln wie die zu Grunde liegende Hauptleistung. Negative Einkünfte nach § 22 Nr. 5 EStG können mit anderen Einkünften im Sinne des § 22 EStG und positiven Einkünften anderer Einkunftsarten verrechnet werden (horizontaler und vertikaler Verlustausgleich). Bei Leistungen in Form von Teil- bzw. Einmalkapitalauszahlungen handelt es sich nicht um außerordentliche Einkünfte im Sinne des § 34 Abs. 2 EStG (vgl. auch BFH-Urteil vom 20. September 2016, BStBl. II 2017 S. 347). Eine Anwendung der Fünftelregelung des § 34 EStG auf diese Zahlungen kommt daher nicht in Betracht, es sei denn, es handelt sich um eine Kleinbetragsrentenabfindung nach § 93 Abs. 3 EStG (vgl. Rn. 202 ff.), auf die § 34 Abs. 1 EStG nach § 22 Nr. 5 Satz 13 EStG entsprechend anzuwenden ist. Die Abgrenzung von geförderten und nicht geförderten Beiträgen im Fall einer internen Teilung nach § 10 des Versorgungsausgleichsgesetzes – VersAusglG – (BGBl. I 2009 S. 700) ist bei der ausgleichsberechtigten Person genauso vorzunehmen, wie sie bei der ausgleichspflichtigen Person erfolgt wäre, wenn die interne Teilung nicht stattgefunden hätte. **131**

Zu den Einzelheiten zur Besteuerung der Leistungen aus Pensionsfonds, Pensionskassen und Direktversicherungen vgl. Rn. 148 ff. des BMF-Schreibens vom 12. August 2021 (BStBl. I S. 1050).[1] **132**

2. Abgrenzung der geförderten und der nicht geförderten Beiträge

a) Geförderte Beiträge

Zu den geförderten Beiträgen gehören die geleisteten Eigenbeiträge zuzüglich der für das Beitragsjahr zustehenden oder gezahlten Zulage, soweit sie den Höchstbetrag nach § 10 a EStG nicht übersteigen, mindestens jedoch die gewährten Zulagen und die geleisteten Sockelbeträge im Sinne des § 86 Abs. 1 Satz 4 EStG. Bei mehreren Verträgen ist der Höchstbetrag für diese insgesamt nur einmal anzuwenden; die Aufteilung erfolgt entsprechend dem Verhältnis der zugunsten dieser Verträge geleisteten Altersvorsorgebeiträge (vgl. Rn. 126 f.). Eine zu Unrecht gewährte Förderung, deren Rückforderung nicht mehr möglich ist, kann zu einer Steuerverstrickung über den Höchstbetrag hinaus führen. Zu den im Rahmen der betrieblichen Altersversorgung im Sinne des § 22 Nr. 5 EStG geförderten Beiträgen vgl. BMF-Schreiben vom 12. August 2021 (BStBl. I S. 1050).[2] **133**

Soweit Altersvorsorgebeiträge zugunsten eines zertifizierten Altersvorsorgevertrags, für den keine Zulage beantragt wird oder der als weiterer Vertrag nicht mehr zulagebegünstigt ist (§ 87 Abs. 1 Satz 1 EStG), als Sonderausgaben im Sinne des § 10 a EStG berücksichtigt werden, gehören die Beiträge bis zum Höchstbetrag nach § 10 a EStG ebenfalls zu den geförderten Beiträgen. Rn. 133 gilt entsprechend. **134**

Bei einem mittelbar zulageberechtigten Ehegatten/Lebenspartner gehören die im Rahmen des Sonderausgabenabzugs nach § 10 a Abs. 1 EStG berücksichtigten Altersvorsorgebeiträge (vgl. Rn. 101, 113 und 118) und die für dieses Beitragsjahr zustehende Zulage zu den geförderten Beiträgen. **135**

b) Nicht geförderte Beiträge

Zu den nicht geförderten Beiträgen gehören Beträge, **136**

- die zugunsten eines zertifizierten Altersvorsorgevertrags in einem Beitragsjahr eingezahlt werden, in dem der Anleger nicht zum begünstigten Personenkreis gehört,
- für die er keine Zulage und keinen steuerlichen Vorteil aus dem Sonderausgabenabzug nach § 10 a EStG erhalten hat oder

[1] Abgedruckt in Anhang **I 15 b.**
[2] Abgedruckt in Anhang **I 15 b.**

Anl zu § 10a

– die den Höchstbetrag nach § 10 a EStG abzüglich der individuell für das Beitragsjahr zustehenden Zulage übersteigen („Überzahlungen"), sofern es sich nicht um den Sockelbetrag handelt.

137 Erträge und Wertsteigerungen, die auf zu Unrecht gezahlte und dementsprechend später zurückgeforderte Zulagen entfallen, sind als ungefördertes Altersvorsorgevermögen zu behandeln.

138 Sieht der zertifizierte Altersvorsorgevertrag vertraglich die Begrenzung auf einen festgelegten Höchstbetrag (z. B. den Betrag nach § 10 a EStG, den Mindestbetrag nach § 79 Satz 2 EStG oder den nach § 86 EStG erforderlichen Mindesteigenbeitrag zuzüglich Zulageanspruch) vor, handelt es sich bei Zahlungen, die darüber hinausgehen, um zivilrechtlich nicht geschuldete Beträge und damit nicht um Altersvorsorgebeiträge, für die eine Förderung beansprucht werden kann. Das Gleiche gilt für andere gezahlte Beträge, die zivilrechtlich nicht geschuldet waren. Der Anleger kann sie entweder nach den allgemeinen zivilrechtlichen Vorschriften vom Anbieter zurückfordern oder in Folgejahren mit geschuldeten Beiträgen verrechnen lassen. Diese Beträge sind erst für das Jahr der Verrechnung als Altersvorsorgebeiträge zu behandeln.

3. Leistungen, die ausschließlich auf geförderten Altersvorsorgebeiträgen beruhen (§ 22 Nr. 5 Satz 1 EStG)

139 Die Leistungen in der Auszahlungsphase unterliegen in vollem Umfang der Besteuerung nach § 22 Nr. 5 Satz 1 EStG, wenn
- die gesamten Altersvorsorgebeiträge in der Ansparphase nach § 10 a/Abschnitt XI EStG gefördert worden sind,
- sie auf einem nach § 3 Nr. 55 b Satz 1 oder § 3 Nr. 55 c EStG vollständig steuerfrei begründeten Anrecht beruhen oder
- die gesamten Beiträge nach § 3 Nr. 63, § 3 Nr. 63 a oder Abschnitt XII EStG gefördert worden sind.

Dies gilt auch, soweit die Leistungen auf gutgeschriebenen Zulagen sowie den erzielten Erträgen und Wertsteigerungen beruhen.

Beispiel:

140 Der Steuerpflichtige hat über 25 Jahre einschließlich der Zulagen immer genau die förderbaren Höchstbeiträge zugunsten eines begünstigten Altersvorsorgevertrags eingezahlt. Er erhält ab Vollendung des 65. Lebensjahres eine monatliche Rente i. H. v. 500 €.

Die Rentenzahlung ist mit 12 x 500 € = 6000 € im Rahmen der Einkommensteuerveranlagung nach § 22 Nr. 5 Satz 1 EStG voll steuerpflichtig.

4. Leistungen, die zum Teil auf geförderten, zum Teil auf nicht geförderten Altersvorsorgebeiträgen beruhen (§ 22 Nr. 5 Satz 1 und 2 EStG)

141 Hat der Steuerpflichtige in der Ansparphase sowohl geförderte als auch nicht geförderte Beiträge zugunsten des Vertrags geleistet, sind die Leistungen in der Auszahlungsphase aufzuteilen.

142 Soweit Beiträge in der Ansparphase gefördert oder steuerfrei gestellt (z. B. Rn. 152 ff.) worden sind, sind die Leistungen nach § 22 Nr. 5 Satz 1 EStG voll zu besteuern. Insoweit gilt Rn. 139 entsprechend.

143 Aufteilungsfälle liegen z. B. vor, wenn
- ein zertifizierter Altersvorsorgevertrag nicht in der gesamten Ansparphase gefördert worden ist, weil z. B. in einigen Jahren die persönlichen Fördervoraussetzungen nicht vorgelegen haben, aber weiterhin Beiträge eingezahlt worden sind,
- der Begünstigte höhere Beiträge eingezahlt hat, als im einzelnen Beitragsjahr nach § 10 a EStG begünstigt waren.

Für die Frage des Aufteilungsmaßstabs sind die Grundsätze des BMF-Schreibens vom 11. November 2004 (BStBl. I S. 1061) unter Berücksichtigung der Änderungen durch das BMF-Schreiben vom 14. März 2012 (BStBl. I S. 311) anzuwenden. Beiträge, die nach dem 31. Dezember 2001 zugunsten eines zertifizierten Altersvorsorgevertrags geleistet wurden, sind danach getrennt aufzuzeichnen und die sich daraus ergebenden Leistungen einschließlich zugeteilter Erträge getrennt zu ermitteln. Dabei scheidet die Anwendung eines beitragsproportionalen Verfahrens für einen längeren Zeitraum – mehr als zwei Beitragsjahre – zur Ermittlung der sich aus den entsprechenden Beiträgen ergebenden Leistungen und Erträge aus.

144 Wird vom Anbieter zur Erfüllung der Beitragserhaltungszusage (§ 1 Abs. 1 Satz 1 Nr. 3 AltZertG) zu Beginn der Auszahlungsphase ein Betrag auf den Altersvorsorgevertrag eingezahlt, ist dieser im gleichen Verhältnis in einen geförderten und einen ungeförderten Teil aufzuteilen, in dem das zu Beginn der Auszahlungsphase auf dem Altersvorsorgevertrag vorhandene geförderte Kapital zum ungeförderten Kapital ohne Berücksichtigung des vom Anbieter eingezahlten Betrags zur Erfüllung der Beitragserhaltungszusage steht.

145 Die Besteuerung von Leistungen, die auf nicht geförderten Beiträgen beruhen, richtet sich nach der Art der Leistung. Es werden insoweit drei Gruppen unterschieden:
- Leistungen in Form einer lebenslangen Rente oder einer Berufsunfähigkeits-, Erwerbsminderungs- und Hinterbliebenenrente, § 22 Nr. 5 Satz 2 Buchstabe a EStG (Rn. 146)
- andere Leistungen aus Altersvorsorgeverträgen (zertifizierten Versicherungsverträgen), Pensionsfonds, Pensionskassen und Direktversicherungen, § 22 Nr. 5 Satz 2 Buchstabe b EStG (Rn. 147)
- übrige Leistungen (z. B. aus zertifizierten Bank- oder Fondssparplänen oder aus zertifizierten Bausparverträgen), § 22 Nr. 5 Satz 2 Buchstabe c EStG (Rn. 148).

146 Soweit es sich um eine lebenslange Rente oder eine Berufsunfähigkeits-, Erwerbsminderungs- und Hinterbliebenenrente handelt, die auf nicht geförderten Beiträgen beruht, erfolgt die Besteuerung in der Regel nach § 22 Nr. 5 Satz 2 Buchstabe a i. V. m. § 22 Nr. 1 Satz 3 Buchstabe a Doppelbuchstabe bb EStG mit dem entsprechenden Ertragsanteil. Leistungen aus einem Pensionsfonds, einer Pensionskasse (inkl. Versorgungsausgleichskasse) oder aus einer Direktversicherung, die auf nicht gefördertem Kapital beruhen und für die die Voraussetzungen der Basisrente erfüllt sind (zertifiziert nach § 5 a AltZertG),

werden hingegen nach § 22 Nr. 5 Satz 2 Buchstabe a i. V. m. § 22 Nr. 1 Satz 3 Buchstabe a Doppelbuchstabe aa EStG mit dem Besteuerungsanteil besteuert. Werden neben einer Grundrente Überschussbeteiligungen in Form einer Bonusrente gezahlt, so ist der gesamte Auszahlungsbetrag mit einem einheitlichen Ertragsanteil der Besteuerung zu unterwerfen. R 22.4 Abs. 1 Satz 1 EStR ist in diesen Fällen nicht einschlägig, da mit der Überschussbeteiligung in Form einer Bonusrente kein neues Rentenrecht begründet wird. In der Mitteilung nach § 22 Nr. 5 EStG ist der Betrag von Grund- und Bonusrente in einer Summe auszuweisen.

Wird auf nicht geförderten Beiträgen beruhendes Kapital aus einem zertifizierten Versicherungsvertrag ausgezahlt, ist nach § 22 Nr. 5 Satz 2 Buchstabe b EStG die Regelung des § 20 Abs. 1 Nr. 6 EStG in der für den zugrunde liegenden Vertrag geltenden Fassung entsprechend anzuwenden. Erfolgt bei einem vor dem 1. Januar 2005 abgeschlossenen Versicherungsvertrag die Kapitalauszahlung erst nach Ablauf von zwölf Jahren seit Vertragsabschluss und erfüllt der Vertrag die weiteren Voraussetzungen des § 10 Abs. 1 Nr. 2 EStG in der am 31. Dezember 2004 geltenden Fassung, unterliegt die Kapitalauszahlung insgesamt nicht der Besteuerung (§ 52 Abs. 28 Satz 5 EStG). Liegen die genannten Voraussetzungen nicht vor, unterliegen die rechnungsmäßigen und außerrechnungsmäßigen Zinsen der Besteuerung (§ 52 Abs. 28 Satz 5 EStG). Bei einem nach dem 31. Dezember 2004 abgeschlossenen Versicherungsvertrag, der die Voraussetzungen des § 20 Abs. 1 Nr. 6 EStG erfüllt, unterliegt bei Kapitalauszahlungen der Unterschiedsbetrag zwischen der Versicherungsleistung und der Summe der auf sie entrichteten Beiträge der Besteuerung. Erfolgt die Auszahlung erst nach Vollendung des 60. Lebensjahres des Steuerpflichtigen und hat der Vertrag im Zeitpunkt der Auszahlung mindestens zwölf Jahre bestanden, ist nur die Hälfte dieses Unterschiedsbetrags der Besteuerung zu Grunde zu legen. Für nach dem 31. Dezember 2011 abgeschlossene Verträge ist grundsätzlich auf die Vollendung des 62. Lebensjahres abzustellen. **147**

Erhält der Steuerpflichtige in der Auszahlungsphase gleichbleibende oder steigende monatliche (Teil-)Raten, variable Teilraten oder eine Kapitalauszahlung, auf die § 22 Nr. 5 Satz 2 Buchstabe b EStG nicht anzuwenden ist (z. B. Teilkapitalauszahlung aus einem Altersvorsorgevertrag in der Form eines zertifizierten Bank-/Fondssparplans oder Bausparvertrags), gilt § 22 Nr. 5 Satz 2 Buchstabe c EStG. Zu versteuern ist der Unterschiedsbetrag zwischen der ausgezahlten Leistung und den auf sie entrichteten Beiträgen. Erfolgt die Auszahlung der Leistung nach Vollendung des 60. Lebensjahres des Leistungsempfängers und hatte der Vertrag eine Laufzeit von mehr als zwölf Jahren, ist nur die Hälfte des Unterschiedsbetrags zu versteuern. Für nach dem 31. Dezember 2011 abgeschlossene Verträge ist auf die Vollendung des 62. Lebensjahres abzustellen. Für die Berechnung des Unterschiedsbetrags ist das BMF-Schreiben vom 1. Oktober 2009 (BStBl. I S. 1172), zuletzt geändert durch BMF-Schreiben vom 9. August 2019 (BStBl. I S. 829), entsprechend anzuwenden. **148**

Beispiel:

A (geb. im Januar 1961) hat einen Altersvorsorgevertrag abgeschlossen und zugunsten dieses Vertrags ausschließlich geförderte Beiträge eingezahlt (§ 10 a EStG/Abschnitt XI EStG). Der Vertrag sieht vor, dass 10 % der geleisteten Beiträge zur Absicherung der verminderten Erwerbsfähigkeit eingesetzt werden. **149**

Im Januar 2020 wird A vermindert erwerbsfähig und erhält aus dem Altersvorsorgevertrag eine Erwerbsminderungsrente i. H. v. 100 € monatlich ausgezahlt. Die Zahlung der Erwerbsminderungsrente steht unter der auflösenden Bedingung des Wegfalls der Erwerbsminderung. Der Versicherer hat sich vorbehalten, die Voraussetzungen für die Rentengewährung alle zwei Jahre zu überprüfen. Diese Rente endet mit Ablauf des Jahres 2025. Ab dem Jahr 2026 erhält A aus dem Vertrag eine Altersrente i. H. v. monatlich 150 €.

Die Erwerbsminderungsrente ist im Jahr 2020 i. H. v. 1200 € (12 x 100 €) im Rahmen der Einkünfte aus § 22 Nr. 5 Satz 1 EStG zu erfassen. Dies gilt entsprechend für die Jahre 2021 bis 2025. Ab dem Jahr 2026 erfolgt eine Erfassung der Altersrente i. H. v. 1800 € (12 x 150 €) nach § 22 Nr. 5 Satz 1 EStG.

Abwandlung:

A leistet ab dem Jahr 2008 einen jährlichen Beitrag i. H. v. insgesamt 1000 €. Er ist in den Jahren 2008 bis 2017 (zehn Jahre) unmittelbar förderberechtigt. Die von ihm geleisteten Beiträge werden nach § 10 a EStG/Abschnitt XI EStG gefördert. Im Jahr 2018 und 2019 ist er hingegen nicht förderberechtigt. Er zahlt in den Jahren jedoch – trotz der fehlenden Förderung – weiterhin einen jährlichen Beitrag i. H. v. 1000 €. Ende des Jahres 2019 beträgt das von A geförderte Altersvorsorgevermögen 15 000 €. Das Gesamtvermögen beläuft sich auf 18 000 €.

Die Erwerbsminderungsrente ist im Jahr 2020 i. H. v. 1000 € (1200 € x 15/18) im Rahmen der Einkünfte aus § 22 Nr. 5 Satz 1 EStG zu erfassen. Die verbleibenden 200 € sind nach § 22 Nr. 5 Satz 2 Buchstabe a EStG i. V. m. § 22 Nr. 1 Satz 3 Buchstabe a Doppelbuchstabe bb Satz 5 EStG i. V. m. § 55 EStDV mit einem Ertragsanteil i. H. v. 7% (bemessen nach einer voraussichtlichen Laufzeit von sechs Jahren) steuerlich zu erfassen. Der Ertragsanteil bemisst sich in der Regel nach der Zeitspanne zwischen dem Eintritt des Versicherungsfalls (Begründung der Erwerbsminderung) und dem voraussichtlichen Leistungsende (hier: Erreichen der für die Hauptversicherung vereinbarten Altersgrenze). Steht der Anspruch auf Rentengewährung unter der auflösenden Bedingung des Wegfalls der Erwerbsminderung und lässt der Versicherer das Fortbestehen der Erwerbsminderung in mehr oder minder regelmäßigen Abständen prüfen, wird hierdurch die zu berücksichtigende voraussichtliche Laufzeit nicht berührt. Ab dem Jahr 2026 erfolgt eine Erfassung der Altersrente i. H. v. 1500 € (1800 € x 15/18) nach § 22 Nr. 5 Satz 1 EStG. Der verbleibende Rentenbetrag i. H. v. 300 € wird mit dem vom Alter des Rentenberechtigten bei Beginn der Altersrente abhängigen Ertragsanteil nach § 22 Nr. 5 Satz 2 Buchstabe a EStG i. V. m. § 22 Nr. 1 Satz 3 Buchstabe a Doppelbuchstabe bb EStG erfasst.

5. Leistungen, die ausschließlich auf nicht geförderten Altersvorsorgebeiträgen beruhen

Hat der Steuerpflichtige in der Ansparphase ausschließlich nicht geförderte Beiträge zugunsten eines zertifizierten Altersvorsorgevertrags eingezahlt, gelten für die gesamte Auszahlungsleistung die Ausführungen in Rn. 145 bis 149. **150**

6. Vertragswechsel

Die Übertragung von Altersvorsorgevermögen auf einen anderen Altersvorsorgevertrag führt in der Regel zu einem steuerpflichtigen Zufluss, bei dem die Leistungen nach § 22 Nr. 5 EStG zu besteuern sind. **151**

Unter den nachfolgenden Voraussetzungen ist eine steuerfreie Übertragung möglich:

Anl zu § 10a

a) Steuerfreiheit nach § 3 Nr. 55 c EStG

152 Nach § 3 Nr. 55 c EStG sind Übertragungen von Altersvorsorgevermögen auf einen anderen auf den Namen des Zulageberechtigten lautenden Altersvorsorgevertrag (§ 1 Abs. 1 Satz 1 Nr. 10 Buchstabe b AltZertG) steuerfrei, soweit die Leistungen zu steuerpflichtigen Einkünften nach § 22 Nr. 5 EStG führen würden.

153 Dies gilt entsprechend, wenn

- Anwartschaften aus einer betrieblichen Altersversorgung, die über einen Pensionsfonds, eine Pensionskasse oder ein Unternehmen der Lebensversicherung (Direktversicherung) durchgeführt wird, lediglich auf einen anderen Träger einer betrieblichen Altersversorgung in Form eines Pensionsfonds, einer Pensionskasse oder eines Unternehmens der Lebensversicherung (Direktversicherung) übertragen werden, soweit keine Zahlungen unmittelbar an den Arbeitnehmer erfolgen (vgl. Rn. 63 des BMF-Schreibens vom 12. August 2021, BStBl. I S. 1050)[1] oder
- Anwartschaften der betrieblichen Altersversorgung abgefunden werden, soweit das Altersvorsorgevermögen zugunsten eines auf den Namen des Zulageberechtigten lautenden Altersvorsorgevertrags geleistet wird oder
- im Fall des Todes des Zulageberechtigten das Altersvorsorgevermögen auf einen auf den Namen des Ehegatten/Lebenspartners lautenden Altersvorsorgevertrag übertragen wird, wenn die Ehegatten/Lebenspartner im Zeitpunkt des Todes des Zulageberechtigten nicht dauernd getrennt gelebt haben (§ 26 Abs. 1 EStG) und ihren Wohnsitz oder gewöhnlichen Aufenthalt in einem EU-/EWR-Staat hatten. Dies gilt auch, wenn die Ehegatten/Lebenspartner ihren vor dem 1. Januar 2021 (Zeitpunkt, ab dem das Vereinigte Königreich Großbritannien und Nordirland nicht mehr Mitgliedstaat der Europäischen Union ist und auch nicht wie ein solcher zu behandeln ist) begründeten Wohnsitz oder gewöhnlichen Aufenthalt im Vereinigten Königreich Großbritannien und Nordirland hatten und der Vertrag vor dem 23. Juni 2016 abgeschlossen worden ist.

154 Soweit die Übertragung im Rahmen des Vertragswechsels nicht zu Einkünften im Sinne des EStG führt, bedarf es keiner Steuerfreistellung nach § 3 Nr. 55 c EStG.

b) Besteuerung beim überlebenden Ehegatten/Lebenspartner

155 Für die Besteuerung der Leistungen bei dem überlebenden Ehegatten/Lebenspartner ist unerheblich, zu welchen Einkünften die Leistungen aus dem übertragenen Altersvorsorgevermögen bei dem verstorbenen Zulageberechtigten geführt hätten, da mit der Übertragung des Altersvorsorgevermögens ein neues Anrecht begründet wird. Bei dem überlebenden Ehegatten/Lebenspartner unterliegen die Leistungen aus dem Altersvorsorgevertrag, die auf dem nach § 3 Nr. 55 c EStG steuerfreien Betrag beruhen, insoweit in vollem Umfang der nachgelagerten Besteuerung nach § 22 Nr. 5 Satz 1 EStG.

Beispiel:

156 A hat am 1. Januar 2002 einen versicherungsförmigen Altersvorsorgevertrag abgeschlossen, auf den geförderte und ungeförderte Beiträge eingezahlt wurden. Im Jahr 2012 verstirbt A. Das Altersvorsorgevermögen wird auf den im Jahr 2012 abgeschlossenen Altersvorsorgevertrag (Fondssparplan) seiner überlebenden Ehefrau B übertragen.

Das übertragene geförderte Altersvorsorgevermögen wird nach § 3 Nr. 55 c EStG steuerfrei gestellt, da die Leistungen, die auf dem geförderten Altersvorsorgevermögen beruhen, im Zeitpunkt der Übertragung zu steuerpflichtigen Einkünften nach § 22 Nr. 5 EStG führen würden. Eine Steuerfreistellung des übertragenen ungeförderten Altersvorsorgevermögens erfolgt nicht, da die Leistungen bei einer unterstellten Auszahlung im Todesfall nach § 22 Nr. 5 Satz 2 Buchstabe b EStG i. V. m. § 20 Abs. 1 Nr. 6 EStG in der am 31. Dezember 2004 geltenden Fassung nicht der Besteuerung unterlegen hätten (kein Erlebensfall oder Rückkauf).

Zwei Jahre nach der Übertragung des Altersvorsorgevermögens beginnt die Auszahlungsphase des Altersvorsorgevertrags von B. Das geförderte Kapital wird im Rahmen eines Auszahlungsplans mit einer Teilkapitalverrentung ab dem 85. Lebensjahr ausgezahlt. Das ungeförderte Kapital erhält B als Einmalauszahlung.

	Gefördertes AV in €	Ungefördertes AV in €
Beiträge des A	23 012	10 460
Zulagen des A	3 388	
Erträge des A	8 000	3 000
Altersvorsorgevermögen zum Zeitpunkt der Kapitalübertragung wegen Todes	34 400	13 460
Nach § 3 Nr. 55 c EStG gefördertes Altersvorsorgevermögen (bisher nach anderen Vorschriften gefördert)	34 400	
Bisher ungefördertes jetzt gefördertes Altersvorsorgevermögen (§ 3 Nr. 55 c EStG)	–	–
Altersvorsorgevermögen nach dem Zeitpunkt der Kapitalübertragung	34 400	13 460
Erträge nach der Kapitalübertragung	1 400	550
Tatsächliche Auszahlung	35 800	14 010

Die Auszahlung des übertragenen geförderten Kapitals im Rahmen eines Auszahlungsplans mit einer Teilkapitalverrentung ab dem 85. Lebensjahr ist wegen der Steuerfreistellung nach § 3 Nr. 55 c EStG steuerpflichtig nach § 22 Nr. 5 Satz 1 EStG. Die Besteuerung der Einmalauszahlung aus dem übertragenen ungeförderten Kapital erfolgt nach § 22 Nr. 5 Satz 2 Buchstabe c EStG. Danach ist der steuerpflichtige Unterschiedsbetrag zwischen der Leistung und der Summe der auf sie entrichteten Beiträge wie folgt zu ermitteln: 14 010 € – 13 460 € = 550 €. Die Anwendung des hälftigen Unterschiedsbetrags (§ 22 Nr. 5 Satz 2 Buchstabe c i. V. m. § 20 Abs. 1 Nr. 6 Satz 2 EStG) kommt nicht in Betracht, da die Laufzeit des Vertrags von B nur zwei Jahre betragen hat.

c) Übertragung von ungefördertem Altersvorsorgevermögen

157 Um beim Vertragswechsel die praktische Umsetzung zu gewährleisten gilt im Hinblick auf die Übertragung von ungefördertem Altersvorsorgevermögen von einem zertifizierten Altersvorsorgevertrag auf einen anderen zertifizierten Altersvorsorgevertrag des Zulageberechtigten Folgendes:

[1] Abgedruckt in Anhang **I 15 b.**

Anl zu § 10a

aa) Ermittlung des nach § 3 Nr. 55c EStG steuerfreien Betrags bei einem vor dem 1. Januar 2005 abgeschlossenen, versicherungsförmigen Altersvorsorgevertrag

Bei einer Übertragung eines vor dem 1. Januar 2005 abgeschlossenen, versicherungsförmigen Altersvorsorgevertrags im Sinne der Rn. 152 ist § 3 Nr. 55c EStG anzuwenden, wenn die Leistungen bei einer unterstellten Auszahlung an den Zulageberechtigten im Zeitpunkt der Kapitalübertragung zu steuerpflichtigen Einkünften geführt hätten (§ 22 Nr. 5 Satz 2 Buchstabe b i. V. m. § 20 Abs. 1 Nr. 6 EStG in der am 31. Dezember 2004 geltenden Fassung). Für die Ermittlung des insoweit steuerfrei zu stellenden Betrags ist aus Vereinfachungsgründen auf den Unterschiedsbetrag zwischen dem ungeförderten Teil des übertragenen Altersvorsorgevermögens und der Summe der auf ihn entrichteten Beiträge statt auf die rechnungsmäßigen und außerrechnungsmäßigen Zinsen im Sinne des § 20 Abs. 1 Nr. 6 EStG in der am 31. Dezember 2004 geltenden Fassung abzustellen. Dies gilt auch, wenn die Übertragung von einem vor dem 1. Januar 2005 abgeschlossenen versicherungsförmigen Altersvorsorgevertrag auf einen vor dem 1. Januar 2005 abgeschlossenen versicherungsförmigen Altersvorsorgevertrag erfolgt. Die Sätze 2 und 3 sind auch bei Übertragungen im Sinne des § 3 Nr. 55a oder 55b EStG von einem versicherungsförmigen Altersvorsorgevertrag anzuwenden. 158

bb) Besteuerung im Auszahlungszeitpunkt

Die auf den nach § 3 Nr. 55c EStG steuerfrei gestellten Beträgen (einschließlich ihrer Erträge und Wertsteigerungen) beruhenden Leistungen werden bei der Auszahlung an den Zulageberechtigten nach § 22 Nr. 5 Satz 1 EStG besteuert. Sie sind vom aufnehmenden Anbieter entsprechend in die Mitteilung nach § 22 Nr. 5 Satz 7 EStG aufzunehmen und mit der Rentenbezugsmitteilung nach § 22a EStG zu melden (vgl. Rn. 195). 159

Hat der abgebende Anbieter dem aufnehmenden Anbieter einen nach § 3 Nr. 55c EStG freizustellenden Betrag für den ungeförderten Teil des übertragenen Altersvorsorgevermögens i. H. v. 0 € gemeldet, weil z. B. bei einer unterstellten Auszahlung an den Zulageberechtigten im Zeitpunkt der Kapitalübertragung nach § 22 Nr. 5 Satz 2 i. V. m. § 20 Abs. 1 Nr. 6 EStG in der am 31. Dezember 2004 geltenden Fassung die Leistungen nicht der Besteuerung unterlägen hätten, dann wird dieser Teil des übertragenen Kapitals im Zeitpunkt der Auszahlung an den Zulageberechtigten nicht besteuert. Die sich aus dem übertragenen ungeförderten Kapital beim aufnehmenden Anbieter ergebenden Erträge und Wertsteigerungen werden nach § 22 Nr. 5 Satz 2 EStG steuerlich erfasst. Sie sind vom aufnehmenden Anbieter entsprechend in die Mitteilung nach § 22 Nr. 5 Satz 7 EStG aufzunehmen und mit der Rentenbezugsmitteilung nach § 22a EStG zu melden (vgl. Rn. 195). 160

Eine Kapitalübertragung im Sinne des § 3 Nr. 55c EStG löst in der Regel eine Vertragsänderung im Sinne der Rn. 67 ff. des BMF-Schreibens vom 1. Oktober 2009 (BStBl. I S. 1172), zuletzt geändert durch BMF-Schreiben vom 9. August 2019 (BStBl. I S. 829), aus. Die vertraglichen Vereinbarungen des aufnehmenden Vertrags (z. B. zum frühestmöglichen Beginn der Auszahlungsphase) bleiben unberührt. 161

Beispiel 1:

A hat am 1. Januar 2008 einen versicherungsförmigen Altersvorsorgevertrag und einen Altersvorsorgevertrag in Form eines Fondssparplans abgeschlossen. Am 1. Januar 2011 erfolgt eine Kapitalübertragung des bisher auf dem versicherungsförmigen Altersvorsorgevertrag angesparten, ausschließlich ungeförderten Altersvorsorgevermögens i. H. v. 3000 € auf den bestehenden Altersvorsorgevertrag in Form eines Fondssparplans. Im Übertragungswert sind 2900 € an Beiträgen sowie Erträge enthalten. Mit der Vollendung seines 61. Lebensjahres am 1. April 2022 lässt sich A das auf seinem Altersvorsorgevertrag in Form eines Fondssparplans angesparte, ausschließlich ungeförderte Altersvorsorgevermögen i. H. v. insgesamt 30 000 € in einer Summe auszahlen. Darin enthalten sind 20 000 € Eigenbeiträge, 3000 € Übertragungswert sowie Erträge. Von den Erträgen sind 800 € für den Übertragungswert nach der Kapitalübertragung angefallen. 162

Betrag, auf den nach § 22 Nr. 5 Satz 2 Buchstabe c i. V. m. § 20 Abs. 1 Nr. 6 EStG der hälftige Unterschiedsbetrag anzuwenden ist:

Altersvorsorgevermögen	30 000 €
abzügl. Übertragungswert	3 000 €
abzügl. für den Übertragungswert nach der Übertragung angefallene Erträge	800 €
abzügl. Eigenbeiträge	20 000 €
=	6 200 €

Da der Altersvorsorgevertrag in Form eines Fondssparplans vor dem 1. Januar 2012 abgeschlossen wurde und die Auszahlung nach dem 60. Lebensjahr des Steuerpflichtigen und nach Ablauf von zwölf Jahren seit dem Vertragsabschluss erfolgte, ist die Hälfte von den 6200 €, also 3100 € zu versteuern.

Betrag, auf den nach § 22 Nr. 5 Satz 2 Buchstabe c i. V. m. § 20 Abs. 1 Nr. 6 EstG der volle Unterschiedsbetrag anzuwenden ist:

Übertragungswert	3 000 €
zuzügl. für den Übertragungswert nach der Übertragung angefallene Erträge	800 €
abzügl. Eigenbeiträge im Übertragungswert	2 900 €
=	900 €

Da der Übertragungswert als Neuvertrag zu behandeln ist und die Auszahlung vor dem Ablauf von 12 Jahren seit dem Vertragsabschluss dieses Neuvertrags erfolgt, sind bezogen auf diesen Neuvertrag die 900 € voll zu versteuern.
Insgesamt sind somit 3100 € + 900 € = 4000 € zu versteuern.

Beispiel 2:

B hat am 1. Januar 2008 einen versicherungsförmigen Altersvorsorgevertrag und einen Altersvorsorgevertrag in Form eines Banksparplans abgeschlossen. Am 1. Januar 2013 erfolgt eine Kapitalübertragung des bisher auf dem versicherungsförmigen Altersvorsorgevertrag angesparten, ausschließlich geförderten Altersvorsorgevermögens i. H. v. 3250 € auf den bestehenden Altersvorsorgevertrag in Form eines Banksparplans. Im Übertragungswert sind 2919 € an Beiträgen, 231 € an Zulagen sowie Erträge enthalten. Mit der Vollendung seines 61. Lebensjahres am 1. April 2025 lässt sich B das auf seinem Altersvorsorgevertrag in Form eines Banksparplans angesparte, ausschließlich geförderte Altersvorsorgevermögen i. H. v. insgesamt 36 000 € in einer Summe auszahlen. Darin enthalten sind 26 800 € Eigenbeiträge, 1848 € Zulagen (ohne die Zulagen aus dem Übertragungswert), 3250 € Übertragungswert sowie Erträge. Von den Erträ- 163

gen sind 800 € für den Übertragungswert nach der Kapitalübertragung angefallen. Für das geförderte Altersvorsorgevermögen hat er insgesamt einen Steuervorteil von 2200 € erhalten.
Zur Auszahlung gelangen:

Altersvorsorgevermögen	36 000 €
abzüglich Zulagen (einschließlich der Zulagen aus dem Übertragungswert)	2 079 €
abzüglich Steuervorteil	2 200 €
=	31 721 €

Betrag auf den nach § 22 Nr. 5 Satz 3 i. V. m. § 22 Nr. 5 Satz 2 Buchstabe c i. V. m. § 20 Abs. 1 Nr. 6 EStG der hälftige Unterschiedsbetrag anzuwenden ist: Altersvorsorgevermögen 36 000 €

abzügl. Zulagen (ohne Zulagen aus dem Übertragungswert)	1 848 €
abzügl. Übertragungswert	3 250 €
abzügl. für den Übertragungswert nach der Übertragung angefallene Erträge	800 €
abzügl. Eigenbeiträge	26 800 €
=	3 302 €

Da der Altersvorsorgevertrag in Form eines Banksparplans vor dem 1. Januar 2012 abgeschlossen wurde und die Auszahlung nach dem 60. Lebensjahr des Steuerpflichtigen und nach Ablauf von zwölf Jahren seit dem Vertragsabschluss erfolgte, ist die Hälfte von den 3302 €, also 1651 € zu versteuern.
Betrag auf den nach § 22 Nr. 5 Satz 3 i. V. m. § 22 Nr. 5 Satz 2 Buchstabe c i. V. m. § 20 Abs. 1 Nr. 6 EStG der volle Unterschiedsbetrag anzuwenden ist:

Übertragungswert	3 250 €
zuzügl. für den Übertragungswert nach der Übertragung angefallene Erträge	800 €
abzügl. Zulagen im Übertragungswert	231 €
abzügl. Eigenbeiträge im Übertragungswert	2 919 €
=	900 €

Da der Übertragungswert als Neuvertrag zu behandeln ist und dieser Neuvertrag nach dem 31. Dezember 2011 abgeschlossen wurde, sind bezogen auf diesen Neuvertrag die 900 € voll zu versteuern, weil die Auszahlung vor dem 62. Lebensjahr des Steuerpflichtigen erfolgte.
Insgesamt sind somit 1651 € + 900 € = 2551 € zu versteuern.

164 Ergibt sich nach der Kapitalübertragung eine Änderung, die Auswirkung auf die Aufteilung des übertragenen Altersvorsorgevermögens in einen geförderten und einen ungeförderten Anteil hat, so hat der aufnehmende Anbieter eine neue Aufteilung des übertragenen Altersvorsorgevermögens vorzunehmen. Erfolgte die Kapitalübertragung vor dem 8. August 2012 und liegen dem aufnehmenden Anbieter keine jahresbezogenen Aufteilungen hinsichtlich des geförderten und ungeförderten übertragenen Altersvorsorgevermögens vor, wird es nicht beanstandet, wenn eine für diesen Zeitraum erforderliche neue Aufteilung nach einem beitragsproportionalen Verfahren vorgenommen wird. Bei der späteren Leistungsauszahlung hat der Anbieter den entsprechend angepassten nach § 3 Nr. 55 c Satz 1 EStG steuerfreien Betrag bei der Mitteilung nach § 22 Nr. 5 Satz 7 EStG und der Rentenbezugsmitteilung nach § 22 a EStG zu berücksichtigen (vgl. Rn. 195).

Beispiel 1:

165 A hat am 1. Januar 2002 einen versicherungsförmigen Altersvorsorgevertrag abgeschlossen. Im Jahr 2013 wird das Altersvorsorgevermögen auf seinen im Jahr 2013 abgeschlossenen Altersvorsorgevertrag in Form eines Fondssparplans übertragen.
Das übertragene geförderte Altersvorsorgevermögen wird nach § 3 Nr. 55 c EStG steuerfrei gestellt, da die Leistungen, die auf dem geförderten Altersvorsorgevermögen beruhen, im Zeitpunkt der Übertragung zu steuerpflichtigen Einkünften nach § 22 Nr. 5 EStG führen würden. Vom übertragenen ungeförderten Altersvorsorgevermögen wird der Unterschiedsbetrag zwischen der Leistung und der Summe der auf sie entrichteten Beiträge nach § 3 Nr. 55 c EStG steuerfrei gestellt (vgl. Rn. 158).
Zwei Jahre nach der Übertragung des Altersvorsorgevermögens beginnt die Auszahlungsphase des Altersvorsorgevertrags. Das geförderte Kapital wird im Rahmen eines Auszahlungsplans mit einer Teilkapitalverrentung ab dem 85. Lebensjahr ausgezahlt. Das ungeförderte Kapital erhält A als Einmalauszahlung.

	Gefördertes AV in €	Ungefördertes AV in €
Beiträge 1. Vertrag	23 012	10 460
Zulagen 1. Vertrag	3 388	
Erträge 1. Vertrag	8 000	3 000
Altersvorsorgevermögen zum Zeitpunkt der Kapitalübertragung	34 400	13 460
Nach § 3 Nr. 55 c EStG gefördertes Altersvorsorgevermögen (bisher nach anderen Vorschriften gefördert)	34 400	
Bisher ungefördertes jetzt gefördertes Altersvorsorgevermögen (§ 3 Nr. 55 c EStG)	3 000	– 3000
Altersvorsorgevermögen nach dem Zeitpunkt der Kapitalübertragung	37 400	10 460
Erträge nach Kapitalübertragung	(1400 + 122 =) 1 522	428
Tatsächliche Auszahlung	38 922	10 888

Die Auszahlung des übertragenen geförderten Kapitals im Rahmen eines Auszahlungsplans mit einer Teilkapitalverrentung ab dem 85. Lebensjahr ist wegen der Steuerfreistellung nach § 3 Nr. 55 c EStG steuerpflichtig nach § 22 Nr. 5 Satz 1 EStG. Die Besteuerung der Einmalauszahlung aus dem übertragenen ungeförderten Kapital erfolgt nach § 22 Nr. 5 Satz 2 Buchstabe c EStG. Danach ist der steuerpflichtige Unterschiedsbetrag zwischen der Leistung und der Summe der auf sie entrichteten Beiträge wie folgt zu ermitteln: 10 888 € – 10 460 € = 428 €. Die Anwendung des hälftigen Unterschiedsbetrags (§ 22 Nr. 5 Satz 2 Buchstabe c i. V. m. § 20 Abs. 1 Nr. 6 Satz 2 EStG) kommt nicht in Betracht, da die Laufzeit des zweiten Vertrags von A nur zwei Jahre betragen hat.

Anl zu § 10a

Beispiel 2: 166

A hat am 1. Januar 2002 einen Altersvorsorgevertrag in Form eines Fondssparplans abgeschlossen. Im Jahr 2013 wird das Altersvorsorgevermögen auf seinen im Jahr 2013 abgeschlossenen Altersvorsorgevertrag in Form eines Banksparplans übertragen.
Das übertragene geförderte Altersvorsorgevermögen wird nach § 3 Nr. 55 c EStG steuerfrei gestellt, da die Leistungen, die auf dem geförderten Altersvorsorgevermögen beruhen, im Zeitpunkt der Übertragung zu steuerpflichtigen Einkünften nach § 22 Nr. 5 EStG führen würden. Vom übertragenen ungeförderten Altersvorsorgevermögen wird der Unterschiedsbetrag zwischen der Leistung und der Summe der auf sie entrichteten Beiträge nach § 3 Nr. 55 c EStG steuerfrei gestellt. Da A einen Verlust erzielt hat, sind negative Erträge zu berücksichtigen.

	Gefördertes AV in €	Ungefördertes AV in €
Beiträge 1. Vertrag	23 012	10 460
Zulagen 1. Vertrag	3 388	
Erträge 1. Vertrag	– 80	– 30
Altersvorsorgevermögen zum Zeitpunkt der Kapitalübertragung	26 320	10 430
Nach § 3 Nr. 55 c EStG gefördertes Altersvorsorgevermögen (bisher nach anderen Vorschriften gefördert)	26 320	
Bisher ungefördertes jetzt gefördertes Altersvorsorgevermögen (§ 3 Nr. 55 c EStG)	0	0
Verlustverrechnung	– 30	30
Altersvorsorgevermögen nach dem Zeitpunkt der Kapitalübertragung	26 290	10 460
Erträge nach Kapitalübertragung	1060	428
Tatsächliche Auszahlung	27 350	10 888

Die Auszahlung des übertragenen geförderten Kapitals im Rahmen eines Auszahlungsplans mit einer Teilkapitalverrentung ab dem 85. Lebensjahr ist wegen der Steuerfreistellung nach § 3 Nr. 55 c EStG steuerpflichtig nach § 22 Nr. 5 Satz 1 EStG. Die Besteuerung der Einmalauszahlung aus dem übertragenen ungeförderten Kapital erfolgt nach § 22 Nr. 5 Satz 2 Buchstabe c EStG. Danach ist der steuerpflichtige Unterschiedsbetrag zwischen der Leistung und der Summe der auf sie entrichteten Beiträge wie folgt zu ermitteln: 10 888 € – 10 460 € = 428 €. Die Anwendung des hälftigen Unterschiedsbetrags (§ 22 Nr. 5 Satz 2 Buchstabe c i. V. m. § 20 Abs. 1 Nr. 6 Satz 2 EStG) kommt nicht in Betracht, da die Laufzeit des zweiten Vertrags von A nur zwei Jahre betragen hat.

Beispiel 3:

Der 1957 geborene A hat am 1. Januar 2005 einen versicherungsförmigen Altersvorsorgevertrag abgeschlossen. Im Jahr 2018 wird das Altersvorsorgevermögen auf seinen im Jahr 2018 abgeschlossenen Altersvorsorgevertrag in Form eines Fondssparplans übertragen. Das übertragene geförderte Altersvorsorgevermögen wird nach § 3 Nr. 55 c EStG steuerfrei gestellt, da die Leistungen, die auf dem geförderten Altersvorsorgevermögen beruhen, im Zeitpunkt der Übertragung zu steuerpflichtigen Einkünften nach § 22 Nr. 5 EStG führen würden. Vom übertragenen ungeförderten Altersvorsorgevermögen wird der hälftige Unterschiedsbetrag zwischen der Leistung und der Summe der auf sie entrichteten Beiträge nach § 3 Nr. 55 c EStG steuerfrei gestellt, weil der ursprüngliche Altersvorsorgevertrag zum Zeitpunkt der Übertragung bereits eine Laufzeit von 12 Jahren erreicht und A sein 60. Lebensjahr bereits vollendet hatte.
Zwei Jahre nach der Übertragung des Altersvorsorgevermögens beginnt die Auszahlungsphase des Altersvorsorgevertrags. Das geförderte Kapital wird im Rahmen eines Auszahlungsplans mit einer Teilkapitalverrentung ab dem 85. Lebensjahr ausgezahlt. Das ungeförderte Kapital erhält A als Einmalauszahlung.

	Gefördertes AV in €	Ungefördertes AV in €
Beiträge 1. Vertrag	23 012	10 460
Zulagen 1. Vertrag	3 388	
Erträge 1. Vertrag	8 000	3 000
Altersvorsorgevermögen zum Zeitpunkt der Kapitalübertragung	34 400	13 460
Nach § 3 Nr. 55 c EStG gefördertes Altersvorsorgevermögen (bisher nach anderen Vorschriften gefördert)	34 400	
Bisher ungefördertes jetzt gefördertes Altersvorsorgevermögen (§ 3 Nr. 55 c EStG)	1 500	– 1 500
Altersvorsorgevermögen nach dem Zeitpunkt der Kapitalübertragung	35 900	11 960
Erträge nach Kapitalübertragung	(1 400 + 61 =) 1 461	489
Tatsächliche Auszahlung	37 361	12 449

Die Auszahlung des übertragenen geförderten Kapitals im Rahmen eines Auszahlungsplans mit einer Teilkapitalverrentung ab dem 85. Lebensjahr ist wegen der Steuerfreistellung nach § 3 Nr. 55 c EStG steuerpflichtig nach § 22 Nr. 5 Satz 1 EStG. Die Besteuerung der Einmalauszahlung aus dem übertragenen ungeförderten Kapital erfolgt nach § 22 Nr. 5 Satz 2 Buchstabe c EStG. Danach ist der steuerpflichtige Unterschiedsbetrag zwischen der Leistung und der Summe der auf sie entrichteten Beiträge wie folgt zu ermitteln: 12 449 € – 11 960 € = 489 €. Die Anwendung des hälftigen Unterschiedsbetrags (§ 22 Nr. 5 Satz 2 Buchstabe c i. V. m. § 20 Abs. 1 Nr. 6 Satz 2 EStG) kommt nicht in Betracht, da die Laufzeit des zweiten Vertrags von A nur zwei Jahre betragen hat.

Die Regelungen der Rn. 152 bis 167 können auch für vor dem 14. Dezember 2011 (Inkrafttreten des Beitreibungsrichtlinien-Umsetzungsgesetzes) durchgeführte Vertragswechsel angewendet werden. **168**

7. Wohnförderkonto

Das im Wohneigentum gebundene steuerlich geförderte Altersvorsorgekapital wird nach § 22 Nr. 5 EStG nachgelagert besteuert und zu diesem Zweck in einem vertragsbezogenen Wohnförderkonto erfasst (Altersvorsorgevertrag mit Wohnförderkonto). Das Wohnförderkonto wird unabhängig vom Zeitpunkt der Eröffnung durch die ZfA geführt. Im Wohnförderkonto hat die ZfA die geförderten Tilgungsbeiträge (vgl. Rn. 32 bis 37 und 39), die hierfür gewährten Zulagen sowie den entnommenen Altersvorsorge-Eigenheimbetrag zu erfassen. Die ZfA teilt dem Anbieter eines Altersvorsorgevertrags, zu dem sie ein Wohnförderkonto führt, jährlich den Stand des Wohnförderkontos mit. **169**

Anl zu § 10 a

170 Die Tilgungsleistungen für ein zur wohnungswirtschaftlichen Verwendung in Anspruch genommenes Darlehen werden in das Wohnförderkonto eingestellt, wenn die ZfA die Steuerverstrickung dieser Tilgungsleistungen (§ 90 Abs. 2 Satz 6 EStG) dem Anbieter mitteilt. Die Zulagen für Tilgungsleistungen werden in das Wohnförderkonto eingestellt, wenn die ZfA die Auszahlung an den Anbieter zur Gutschrift auf den Altersvorsorgevertrag veranlasst. Zulagen für Tilgungsleistungen, die erst nach der vollständigen Tilgung des Darlehens ausgezahlt werden, müssen vom Anbieter unmittelbar an den Zulageberechtigten weitergereicht werden. Diese Zulagen werden im Wohnförderkonto erfasst. Zulagen für Tilgungsleistungen, die erst nach Beginn der Auszahlungsphase ausgezahlt werden, müssen vom Anbieter an den Anleger weitergereicht werden. In diesem Fallwerden diese Zulagen nicht im Wohnförderkonto erfasst. Die dazugehörigen Tilgungsleistungen werden rückwirkend zum letzten Tag vor Beginn der Auszahlungsphase in das Wohnförderkonto eingestellt.

171 Beiträge, die nach § 82 Abs. 1 Satz 3 EStG als Tilgungsleistungen gelten (Rn. 34 und 39), werden erst im Zeitpunkt der unmittelbaren Darlehenstilgung einschließlich der zur Tilgung eingesetzten Zulagen und Erträge in das Wohnförderkonto eingestellt (§ 92 a Abs. 2 Satz 2 EStG). Der Anbieter hat spätestens bis zum Ablauf des zweiten Monats, der auf den Monat der unmittelbaren Darlehenstilgung folgt, das zur Ablösung verwendete geförderte Altersvorsorgevermögen an die ZfA zu melden. Die zur Tilgung eingesetzten ungeförderten Beiträge einschließlich der darauf entfallenden Erträge fließen dem Zulageberechtigten im Zeitpunkt der Ablösung des Vorfinanzierungsdarlehens zu; die Erträge unterliegen der Besteuerung (Rn. 136 ff.).

172 Wird vor dem Zeitpunkt der Darlehenstilgung die Selbstnutzung der geförderten Wohnung aufgegeben, sind die als Tilgungsleistungen behandelten Beiträge (§ 82 Abs. 1 Satz 3 EStG), die dafür gewährten Zulagen und die entsprechenden Erträge vom Anbieter an die ZfA zu melden und in das Wohnförderkonto aufzunehmen; anschließend sind die Regelungen des § 92 a Abs. 3 EStG (vgl. Rn. 287) anzuwenden (§ 92 a Abs. 3 Satz 8 EStG; vgl. Rn. 288). Der Anbieter hat im Zeitpunkt der unmittelbaren Darlehenstilgung die als Tilgungsleistung geltenden Beiträge an die ZfA zu melden. Hinsichtlich des ungeförderten Altersvorsorgevermögens ist Rn. 191 Satz 1 entsprechend anzuwenden.

173 Der sich aus dem Wohnförderkonto ergebende Gesamtbetrag ist in der Ansparphase jährlich um 2 % zu erhöhen. Diese Erhöhung erfolgt – unabhängig vom Zeitpunkt der Einstellung der entsprechenden Beträge ins Wohnförderkonto – nach Ablauf des jeweiligen Beitragsjahres; letztmals ist sie im Zeitpunkt des Beginns der Auszahlungsphase vorzunehmen.

Beispiel:

174 Der am 5. Februar 1970 geborene Zulageberechtigte hat in seinem zertifizierten Darlehensvertrag mit dem Anbieter vereinbart, dass die Auszahlungsphase am 1. Februar 2035 beginnt. Das Darlehen wurde im Jahr 2033 vollständig getilgt. Der Gesamtbetrag des Wohnförderkontos am 31. Dezember 2034 beträgt nach der Erhöhung um 2 % 30 000 €.

Das Wohnförderkonto wird letztmals zum 1. Februar 2035 für 2035 um 2 % auf 30 600 € erhöht. Im Fall der jährlichen Teilauflösung (Rn. 178) ist dieser Betrag in den Veranlagungszeiträumen 2035 bis 2055 i. H. v. $^1/_{21}$ von 30 600 € = 1457,14 € zu versteuern. Wählt der Zulageberechtigte die Auflösung des Wohnförderkontos (Rn. 181), werden im Veranlagungszeitraum 2035 70 % von 30 600 € = 21 420 € versteuert.

175 Das Wohnförderkonto wird vermindert um Zahlungen des Zulageberechtigten, die dieser – soweit Vertragsvereinbarungen nicht entgegenstehen – bis zum Beginn der Auszahlungsphase auf einen auf seinen Namen lautenden Altersvorsorgevertrag zur Minderung der in das Wohnförderkonto eingestellten Beträge leistet. Die zur Minderung des Wohnförderkontos geleisteten Beträge (Minderungsbeträge) sind keine Altersvorsorgebeiträge (§ 82 Abs. 4 Nr. 4 EStG); insoweit kann keine erneute Förderung beansprucht werden. Sie stellen jedoch gefördertes Altersvorsorgevermögen dar, welches im Fall einer schädlichen Verwendung bei der Berechnung des Rückzahlungsbetrags (§ 94 EStG) zu berücksichtigen ist. Hierbei bestimmt sich der Rückzahlungsbetrag nach der Förderung, die für die in das Wohnförderkonto eingestellten und durch die Zahlung getilgten Beträge gewährt wurde. Für die Anwendung des § 22 Nr. 5 Satz 2 EStG ist auf die Art des Vertrags abzustellen, aus welchem die schädliche Verwendung des Altersvorsorgevermögens erfolgte.

Beispiel:

176 Der Stand des Wohnförderkontos des Zulageberechtigten beträgt 10 000 €. Dieser Betrag setzt sich aus eingestellten Zulagen (4000 €), Tilgungsleistungen (5000 €) und dem Erhöhungsbetrag (1000 €) zusammen. Neben den Zulagen hat der Zulageberechtigte noch einen über die Zulage hinausgehenden Steuervorteil (§ 10 a EStG) i. H. v. 800 € erhalten. Der Zulageberechtigte entscheidet sich, Einzahlungen auf einen zertifizierten Altersvorsorgevertrag in Form eines Fondssparplans zur Minderung seines Wohnförderkontos i. H. v. 5000 € vorzunehmen. Auf dem Wohnförderkonto verbleiben somit 5000 €. Auf dem neu abgeschlossenen Altersvorsorgevertrag gehen in den nächsten zehn Jahren keine zusätzlichen Einzahlungen ein. Das angesparte Altersvorsorgevermögen einschließlich der Erträge beläuft sich nach zehn Jahren auf insgesamt 6100 €. Jetzt verwendet der Zulageberechtigte das geförderte Altersvorsorgevermögen schädlich.

Zur Auszahlung gelangen:

Altersvorsorgevermögen	6100 €
abzüglich Zulagen	2000 €
abzüglich Steuervorteil	400 €
=	3700 €

Betrag nach § 22 Nr. 5 Satz 3 EStG	
Altersvorsorgevermögen	6100 €
abzüglich Zulagen	2000 €
=	4100 €

Auf diesen Betrag ist § 22 Nr. 5 Satz 2 Buchstabe c EStG anzuwenden.

Maßgebender Betrag	4100 €
abzüglich eingezahlter Beträge (Tilgungsleistungen)	2500 €
=	1600 €

Anl zu § 10a

Nach § 22 Nr. 5 Satz 2 Buchstabe c EStG sind 1600 € zu versteuern.
Das Wohnförderkonto bleibt von der schädlichen Verwendung unberührt.

Der Anbieter hat die Einzahlung von Minderungsbeträgen der ZfA mitzuteilen; die ZfA teilt dem Anbieter daraufhin den von ihr als Minderungsbetrag verwendeten Betrag mit. Der Zulageberechtigte kann die Einzahlung auch an einen anderen Anbieter leisten als an den, für dessen Altersvorsorgevertrag die ZfA das Wohnförderkonto führt. In diesem Fall hat der Zulageberechtigte dem Anbieter, an den die Einzahlung erfolgt, die Vertragsdaten des Altersvorsorgevertrags mit Wohnförderkonto mitzuteilen. Diese Daten hat der Anbieter im Rahmen seiner Datenübermittlung über die erfolgte Einzahlung der ZfA mitzuteilen. Die ZfA schließt das bisherige Wohnförderkonto und führt es ab dem Zeitpunkt der Einzahlung für den Altersvorsorgevertrag weiter, auf dem die Einzahlung erfolgt ist. Die Schließung des Wohnförderkontos teilt sie dem Anbieter des bisherigen Vertrags mit Wohnförderkonto mit. Dies gilt entsprechend für Zahlungen nach § 92 a Abs. 3 Satz 9 Nr. 2 EStG (Einzahlung der in das Wohnförderkonto eingestellten Beträge bei Aufgabe der Selbstnutzung). **177**

Eine weitere Verminderung des Wohnförderkontos erfolgt durch den jährlichen Verminderungsbetrag (§ 92 a Abs. 2 Satz 5 EStG), der nachgelagert besteuert wird (§ 22 Nr. 5 Satz 4 EStG). Dieser Betrag stellt eine jährliche Teilauflösung des Wohnförderkontos dar. Er ergibt sich, indem zu Beginn der Auszahlungsphase der im Wohnförderkonto eingestellte Gesamtbetrag einschließlich des darin enthaltenen Erhöhungsbetrags zu gleichen Teilen auf die Jahre bis zur Vollendung des 85. Lebensjahres verteilt wird (vgl. auch Beispiel unter Rn. 174). **178**

Der Beginn der Auszahlungsphase ergibt sich in der Regel aus den vertraglichen Vereinbarungen. Er muss zwischen der Vollendung des 60. und des 68. Lebensjahres des Zulageberechtigten liegen (§ 92 a Abs. 2 Satz 5 EStG). Der vereinbarte Zeitpunkt kann zwischen Anbieter und Zulageberechtigtem einvernehmlich bis zum Beginn der Auszahlungsphase geändert werden. Soweit der Vertrag keine anders lautende Vereinbarung enthält, gilt als Beginn der Auszahlungsphase die Vollendung des 67. Lebensjahres. Sieht der Altersvorsorgevertrag einen von § 92 a Abs. 2 Satz 5 EStG abweichenden Auszahlungsbeginn vor, dann handelt es sich bei einer entsprechenden Kapitalentnahme nicht um eine Verwendung im Sinne des § 92 a EStG, sondern um eine schädliche Verwendung im Sinne des § 93 EStG. Dies gilt ggf. auch rückwirkend, wenn nach der Entnahme der Beginn der Auszahlungsphase auf einen Zeitpunkt nach Vollendung des 68. Lebensjahres geändert wird. **179**

Für neu zertifizierte Verträge ab 2018 gilt: Eine Verschiebung des Beginns der Auszahlungsphase über das 68. Lebensjahr des Zulageberechtigten hinaus ist unschädlich, sofern es sich um eine Verschiebung im Zusammenhang mit der Abfindung einer Kleinbetragsrente auf Grund der Regelung nach § 1 Abs. 1 Satz 1 Nr. 4 Buchstabe a AltZertG handelt (§ 92 a Abs. 2 Satz 5 letzter Halbsatz EStG).

Beispiel 1:

Z entnimmt im Jahr 2022 einen Altersvorsorge-Eigenheimbetrag i. H. v. 20 000 € aus seinem geförderten Altersvorsorgevermögen. Der Beginn der Auszahlungsphase war auf die Vollendung des 67. Lebensjahres festgelegt. Im Jahr 2024 entscheidet sich Z, den Beginn der Auszahlungsphase auf die Vollendung des 70. Lebensjahres zu verschieben.
Dies führt rückwirkend zu einer schädlichen Verwendung des entnommenen Betrags, da die Bedingungen des § 92 a Abs. 2 Satz 5 EStG nicht mehr eingehalten werden.

Beispiel 2:

Z entnimmt einen Altersvorsorge-Eigenheimbetrag i. H. v. 20 000 € aus seinem geförderten Altersvorsorgevermögen. Der Beginn der Auszahlungsphase war auf die Vollendung des 68. Lebensjahres festgelegt. Der Anbieter teilt Z kurz vor Beginn der Auszahlungsphase mit, dass das im Altersvorsorgevertrag verbliebene Altersvorsorgevermögen nur eine Kleinbetragsrente ergeben wird und deshalb der Anspruch durch eine Einmalzahlung abgefunden wird. Z entscheidet sich fristgemäß innerhalb von 4 Wochen dazu, sich die Einmalzahlung erst im darauffolgenden Jahr (1. Januar) auszahlen zu lassen. Dies führt dazu, dass der Beginn der Auszahlungsphase auf einen Zeitpunkt nach Vollendung des 68. Lebensjahres verschoben wird. Die Verschiebung ergibt sich aus der Ausübung seines Wahlrechts und ist hier unschädlich, da die Bedingungen des § 92 a Abs. 2 Satz 5 letzter Halbsatz EStG eingehalten werden.

Gibt der Zulageberechtigte die Selbstnutzung der geförderten Wohnung nicht nur vorübergehend auf (Rn. 284), ist das Wohnförderkonto aufzulösen. Dies gilt auch für den Fall der Aufgabe der Reinvestitionsabsicht im Sinne des § 92 a Abs. 3 Satz 9 Nr. 1 und 2 i. V. m. Satz 10 EStG (vgl. Abschnitt IV). Gleiches gilt, wenn der Zulageberechtigte in der Auszahlungsphase stirbt und das Wohnförderkonto noch nicht vollständig zurückgeführt worden ist. Der Auflösungsbetrag (§ 92 a Abs. 3 Satz 5 EStG) gilt im Zeitpunkt der Aufgabe der Selbstnutzung als Leistung im Sinne des § 22 Nr. 5 Satz 1 EStG (§ 22 Nr. 5 Satz 4 EStG). Im Fall des Todes des Zulageberechtigten ist der Auflösungsbetrag noch dem Erblasser zuzurechnen, so dass in dessen letzter Einkommensteuererklärung die nachgelagerte Besteuerung vorgenommen wird. **180**

Anstelle der sukzessiven Besteuerung durch Verminderung des Wohnförderkontos kann der Steuerpflichtige die einmalige Besteuerung wählen. Hierfür kann er schon vor Beginn der Auszahlungsphase für einen Zeitpunkt ab Beginn der Auszahlungsphase als auch jederzeit in der Auszahlungsphase verlangen, dass das Wohnförderkonto vollständig aufgelöst wird. Der Antrag ist bei der ZfA zu stellen. Im Fall eines wirksamen Antrags wird der Auflösungsbetrag (§ 92 a Abs. 2 Satz 6 EStG) als der im Wohnförderkonto eingestellte Gesamtbetrag einschließlich des darin enthaltenen Erhöhungsbetrags zu 70 % der Besteuerung unterworfen (§ 22 Nr. 5 Satz 5 EStG; vgl. auch Beispiel unter Rn. 174). **181**

Gibt der Zulageberechtigte die Selbstnutzung noch in dem Jahr auf, in dem er zuvor die vollständige Auflösung des Wohnförderkontos bei der ZfA beantragt hat, so ist der Auflösungsbetrag nicht zu 70 % der Besteuerung nach § 22 Nr. 5 Satz 5 EStG, sondern als Auflösungsbetrag nach § 92 a Abs. 3 Satz 5 EStG zu 100 % als Leistung nach § 22 Nr. 5 Satz 1 EStG zu erfassen. Der Bescheid nach § 92 b Abs. 3 EStG ist zu korrigieren. **182**

Gibt der Zulageberechtigte die Selbstnutzung der geförderten Wohnung nach der Einmalbesteuerung innerhalb einer Frist von 20 Jahren nicht nur vorübergehend auf, ist der bisher noch nicht besteuerte **183**

Anl zu § 10a

Betrag gestaffelt nach der Haltedauer im Zeitpunkt der Aufgabe der Selbstnutzung eineinhalbfach (innerhalb eines Zeitraums von zehn Jahren ab Beginn der Auszahlungsphase) oder einfach (in den nachfolgenden zehn Jahren) mit dem individuellen Steuersatz der Besteuerung zu unterwerfen (§ 22 Nr. 5 Satz 6 EStG). Der Tod des Zulageberechtigten führt hingegen nicht zu einer nachgelagerten Besteuerung des noch nicht erfassten Betrags.

Beispiel:

184 Der Zulageberechtigte bestimmt zum Beginn der Auszahlungsphase, die am 1. Juli 2034 beginnt, die Auflösung des Wohnförderkontos. Bei einer Aufgabe der Selbstnutzung in der Zeit vom 1. Januar 2035 bis einschließlich 30. Juni 2044 ist der bisher noch nicht besteuerte Betrag mit dem Eineinhalbfachen der Besteuerung zu unterwerfen, in der Zeit vom 1. Juli 2044 bis einschließlich 30. Juni 2054 mit dem Einfachen.

185 Geht im Rahmen der Regelung von Scheidungsfolgen bzw. der Aufhebung der Lebenspartnerschaft der Eigentumsanteil des Zulageberechtigten an der geförderten Wohnung ganz oder teilweise auf den anderen Ehegatten/Lebenspartner über, geht auch das Wohnförderkonto in Höhe des Anteils, der dem Verhältnis des übergegangenen Eigentumsanteils zum ursprünglichen Eigentumsanteil entspricht, mit allen Rechten und Pflichten auf den anderen Ehegatten/Lebenspartner über.

Beispiel:

186 Den Eheleuten A und B gehört die geförderte Wohnung (Einfamilienhaus) jeweils zu 50 %. Bei der Scheidung wird der Eigentumsanteil von A zur Hälfte auf B übertragen; A wohnt auch nach der Scheidung weiterhin neben B in dem Haus. A und B haben jeweils ein Wohnförderkonto mit einem Stand von je 50 000 € zum Zeitpunkt der Scheidung. Mit dem Übergang des Eigentumsanteils geht auch das hälftige Wohnförderkonto – 25 000 € – auf B über.

187 Der Beginn der Besteuerung des auf den anderen Ehegatten/Lebenspartner übergegangenen Wohnförderkontos richtet sich nach dessen Lebensalter bzw. nach dem Beginn der Auszahlungsphase seines Vertrags. Hat der andere Ehegatte/Lebenspartner das Lebensalter für den vertraglich vereinbarten Beginn der Auszahlungsphase oder, soweit kein Beginn der Auszahlungsphase vereinbart wurde, das 67. Lebensjahr im Zeitpunkt des Übergangs des Wohnförderkontos bereits überschritten, so gilt als Beginn der Auszahlungsphase der Zeitpunkt des Übergangs des Wohnförderkontos.

188 Die Rn. 185 bis 187 gelten entsprechend für Ehegatten/Lebenspartner, die im Zeitpunkt des Todes des Zulageberechtigten

- nicht dauernd getrennt gelebt haben (§ 26 Abs. 1 EStG) und
- ihren Wohnsitz oder gewöhnlichen Aufenthalt in einem EU-/EWR-Staat hatten oder
- ihren vor dem 1. Januar 2021 (Zeitpunkt, ab dem das Vereinigte Königreich Großbritannien und Nordirland nicht mehr Mitgliedstaat der Europäischen Union ist und auch nicht wie ein solcher zu behandeln ist) begründeten Wohnsitz oder gewöhnlichen Aufenthalt im Vereinigten Königreich Großbritannien und Nordirland hatten und der Altersvorsorgevertrag vor dem 23. Juni 2016 abgeschlossen worden ist.

189 Die ZfA stellt zu Beginn der vertraglich vereinbarten Auszahlungsphase oder, soweit kein Beginn der Auszahlungsphase vereinbart wurde, mit Vollendung des 67. Lebensjahres den Stand des Wohnförderkontos sowie den Verminderungsbetrag oder den Auflösungsbetrag (vgl. Rn. 181) von Amts wegen gesondert fest. Hierzu hat ihr der Anbieter zu Beginn der Auszahlungsphase den vertraglich vereinbarten Auszahlungszeitpunkt mittels amtlich vorgeschriebenem Datensatz mitzuteilen. Der Anbieter muss die Mitteilung spätestens bis zum Ablauf des zweiten Monats, der auf den Monat der unmittelbaren Darlehenstilgung oder des Beginns der Auszahlungsphase folgt, übersenden.

8. Nachträgliche Änderung der Vertragsbedingungen

190 Erfüllt ein Altersvorsorgevertrag aufgrund nachträglicher Änderungen nicht mehr die Zertifizierungskriterien nach dem AltZertG, gilt im Zeitpunkt der Vertragsänderung das Altersvorsorgevermögen als zugeflossen. Wird bei einem Altersvorsorgevertrag nach § 1 Abs. 1 a AltZertG das Darlehen nicht wohnungswirtschaftlich im Sinne des § 92 a Abs. 1 Satz 1 EStG verwendet, erfolgt kein Zufluss, soweit das Altersvorsorgevermögen innerhalb eines Jahres nach Ablauf des Veranlagungszeitraumes, in dem die Darlehensauszahlung erfolgt, auf einen weiteren auf den Namen des Zulageberechtigten lautenden zertifizierten Vertrag übertragen wird.

191 Soweit ungefördertes Altersvorsorgevermögen zufließt, gelten die Ausführungen in Rn. 130, 145 bis 149. Soweit gefördertes Altersvorsorgevermögen zufließt, finden die Regelungen der schädlichen Verwendung Anwendung (vgl. Rn. 218 ff.).

9. Provisionserstattungen bei geförderten Altersvorsorgeverträgen

192 Abschluss- und Vertriebskosten eines Altersvorsorgevertrags, die dem Steuerpflichtigen erstattet werden, unterliegen der Besteuerung nach § 22 Nr. 5 Satz 8 EStG unabhängig davon, ob der Erstattungsbetrag auf den Altersvorsorgevertrag eingezahlt oder an den Steuerpflichtigen ausgezahlt wird.

10. Bonusleistungen bei geförderten Altersvorsorgeverträgen

193 Bonusleistungen, die im Zusammenhang mit einem Altersvorsorgevertrag stehen, z. B. Sonderauszahlungen oder Zins-Boni für die Nichtinanspruchnahme eines Bau-Darlehens, unterliegen ebenfalls der Besteuerung nach § 22 Nr. 5 EStG.

11. Vorweggenommene Werbungskosten

194 Die aus den Altersvorsorgebeiträgen geleisteten Aufwendungen eines Altersvorsorgevertrags (z. B. Abschluss-, Verwaltungskosten, Depotgebühren) mindern das Altersvorsorgevermögen und können nicht zusätzlich als vorweggenommene Werbungskosten in Zusammenhang mit Einkünften nach § 22 Nr. 5 EStG geltend gemacht werden.

Anl zu § 10a

12. Bescheinigungs- und Mitteilungspflicht des Anbieters[1]

195 Nach § 22 Nr. 5 Satz 7 EStG hat der Anbieter beim erstmaligen Bezug von Leistungen sowie bei Änderung der im Kalenderjahr auszuzahlenden Leistungen dem Steuerpflichtigen nach amtlich vorgeschriebenem Muster den Betrag der im abgelaufenen Kalenderjahr zugeflossenen Leistungen nach § 22 Nr. 5 Satz 1 bis 3 EStG zu bescheinigen. Mit Einverständnis des Steuerpflichtigen kann die Mitteilung auch elektronisch bereitgestellt werden. In dieser Bescheinigung sind die Leistungen entsprechend den Grundsätzen in Rn. 141 bis 193 gesondert auszuweisen. Zusätzlich hat der Anbieter bis zum Ablauf des zweiten Kalendermonats des Jahres, das auf das Jahr folgt, in dem eine Leistung nach § 22 Nr. 5 EStG einem Leistungsempfänger zugeflossen ist, unter Beachtung der im Bundessteuerblatt veröffentlichten Auslegungsvorschriften der Finanzverwaltung eine Rentenbezugsmitteilung nach § 22 a EStG zu übermitteln (hierzu ausführlich: BMF-Schreiben vom 19. August 2013, BStBl. I S. 1087, zuletzt geändert durch BMF-Schreiben vom 10. Januar 2022, BStBl. I S. 36 und BMF-Schreiben vom 7. Dezember 2011, BStBl. I S. 1223).

196 Wird bei einem Altersvorsorgevertrag nach Beginn der Auszahlungsphase noch eine Förderung gewährt oder eine gewährte Förderung zurückgefordert, ist die Aufteilung der Leistung hinsichtlich des Beruhens auf geförderten/nicht geförderten Beiträgen neu vorzunehmen. Die Bescheinigung(en) nach § 22 Nr. 5 Satz 7 EStG sowie die Rentenbezugsmitteilung(en) nach § 22 a EStG sind ab Beginn der Auszahlungsphase zu korrigieren. Aus steuerrechtlicher Sicht bestehen keine Bedenken, wenn bei einer Rückforderung der Zulage nach Beginn der Auszahlungsphase im Einvernehmen zwischen dem Zulageberechtigten und dem Anbieter auf eine Neuberechnung der (Gesamt)Leistungshöhe verzichtet wird. In diesem Fall muss zwischen beiden Einigkeit bestehen, dass die vom Anbieter an die ZfA zurückgezahlte Zulage vom Zulageberechtigten beim Anbieter durch eine entsprechende Einzahlung oder durch eine Verrechnung mit auszuzahlenden Leistungen ausgeglichen wird.

III. Schädliche Verwendung von Altersvorsorgevermögen

1. Allgemeines

197 Nach den Regelungen des AltZertG und des § 93 EStG darf gefördertes Altersvorsorgevermögen, auf das § 10 a/Abschnitt XI des EStG angewandt wurde, nur wie folgt ausgezahlt werden:

frühestens
- mit Vollendung des 62. Lebensjahres (bei vor dem 1. Januar 2012 abgeschlossenen Verträgen mit Vollendung des 60. Lebensjahres – § 14 Abs. 2 AltZertG)
  oder
- mit Beginn der Altersrente
  - aus der gesetzlichen Rentenversicherung
  oder
  - nach dem Gesetz über die Alterssicherung der Landwirte
  oder
- mit Beginn einer Versorgung nach beamten- oder soldatenversorgungsrechtlichen Regelungen wegen Erreichens der Altersgrenze

in monatlichen Leistungen in Form
- einer lebenslangen gleichbleibenden oder steigenden monatlichen Leibrente (§ 1 Abs. 1 Satz 1 Nr. 2 und 4 Buchstabe a AltZertG)
  oder
- eines Auszahlungsplans mit gleichbleibenden oder steigenden Raten und unmittelbar anschließender lebenslanger Teilkapitalverrentung spätestens ab dem 85. Lebensjahr des Zulageberechtigten (§ 1 Abs. 1 Satz 1 Nr. 4 Buchstabe a AltZertG)
  oder
- einer lebenslangen Verminderung des monatlichen Nutzungsentgelts für eine vom Zulageberechtigten selbst genutzte Genossenschaftswohnung (§ 1 Abs. 1 Satz 1 Nr. 4 Buchstabe b AltZertG)
  oder
- einer zeitlich befristeten Verminderung des monatlichen Nutzungsentgelts für eine vom Zulageberechtigten selbst genutzte Genossenschaftswohnung mit einer anschließenden Teilkapitalverrentung ab spätestens dem 85. Lebensjahr des Zulageberechtigten (§ 1 Abs. 1 Satz 1 Nr. 4 Buchstabe b AltZertG)
  oder
- einer Hinterbliebenenrente (§ 1 Abs. 1 Satz 1 Nr. 2 AltZertG)
  oder
- einer Rente wegen verminderter Erwerbsfähigkeit oder Dienstunfähigkeit (§ 1 Abs. 1 Satz 1 Nr. 2 AltZertG)

außerhalb der monatlichen Leistungen
- in Form eines zusammengefassten Auszahlungsbetrags i. H. v. bis zu 12 Monatsleistungen (§ 1 Abs. 1 Satz 1 Nr. 4 Buchstabe a und b AltZertG; dies gilt auch bei einer Hinterbliebenen- oder Erwerbsminderungsrente)
  oder
- die in der Auszahlungsphase anfallenden Zinsen und Erträge (§ 1 Abs. 1 Satz 1 Nr. 4 Buchstabe a und b AltZertG); hierbei handelt es sich um die bereits erwirtschafteten Zinsen und Erträge
  oder
- in Form einer Auszahlung zur Abfindung einer Kleinbetragsrente im Sinne des § 93 Abs. 3 EStG (§ 1 Abs. 1 Satz 1 Nr. 4 Buchstabe a und b AltZertG; dies gilt auch bei einer Hinterbliebenen- oder Erwerbsminderungsrente); vgl. Rn. 202

---

[1] Amtliches Muster ab 2020 vgl. BMF-Schreiben vom 9. 11. 2020 (BStBl. I S. 1061).

Anl zu § 10a

oder
– in Form einer einmaligen Teilkapitalauszahlung von bis zu 30 % des zu Beginn der Auszahlungsphase zur Verfügung stehenden Kapitals (§ 1 Abs. 1 Satz 1 Nr. 4 Buchstabe a und b AltZertG)
oder
– wenn der Vertrag im Verlauf der Ansparphase gekündigt und das gebildete geförderte Kapital auf einen anderen auf den Namen des Zulageberechtigten lautenden Altersvorsorgevertrag übertragen wird (§ 1 Abs. 1 Satz 1 Nr. 10 Buchstabe b AltZertG)
oder
– wenn im Fall der Aufgabe der Selbstnutzung der Genossenschaftswohnung, des Ausschlusses, des Ausscheidens des Mitglieds aus der Genossenschaft oder der Auflösung der Genossenschaft mindestens die eingezahlten Eigenbeiträge, Zulagen und die gutgeschriebenen Erträge auf einen auf den Namen des Zulageberechtigten lautenden Altersvorsorgevertrag übertragen werden (§ 1 Abs. 1 Satz 1 Nr. 5 Buchstabe a AltZertG)
oder
– wenn im Fall der Verminderung des monatlichen Nutzungsentgelts für eine vom Zulageberechtigten selbst genutzte Genossenschaftswohnung der Vertrag bei Aufgabe der Selbstnutzung der Genossenschaftswohnung in der Auszahlungsphase gekündigt wird und das noch nicht verbrauchte Kapital auf einen anderen auf den Namen des Zulageberechtigten lautenden Altersvorsorgevertrag desselben oder eines anderen Anbieters übertragen wird (§ 1 Abs. 1 Satz 1 Nr. 11 AltZertG)
oder
– wenn im Fall des Versorgungsausgleichs aufgrund einer internen oder externen Teilung nach den §§ 10 oder 14 VersAusglG gefördertes Altersvorsorgevermögen auf einen auf den Namen der ausgleichsberechtigten Person lautenden Altersvorsorgevertrag oder eine nach § 82 Abs. 2 EStG begünstigte betriebliche Altersversorgung (einschließlich der Versorgungsausgleichskasse nach dem Gesetz über die Versorgungsausgleichskasse) übertragen wird (§ 93 Abs. 1 a Satz 1 EStG)
oder
– wenn im Fall des Todes des Zulageberechtigten das geförderte Altersvorsorgevermögen auf einen auf den Namen des Ehegatten/Lebenspartners lautenden Altersvorsorgevertrag übertragen wird, wenn die Ehegatten/Lebenspartner im Zeitpunkt des Todes des Zulageberechtigten nicht dauernd getrennt gelebt haben (§ 26 Abs. 1 EStG) und ihren Wohnsitz oder gewöhnlichen Aufenthalt in einem EU-/EWR-Staat hatten; dies gilt auch, wenn die Ehegatten/Lebenspartner ihren vor dem 1. Januar 2021 (Zeitpunkt, ab dem das Vereinigte Königreich Großbritannien und Nordirland nicht mehr Mitgliedstaat der Europäischen Union ist und auch nicht wie ein solcher zu behandeln ist) begründeten Wohnsitz oder gewöhnlichen Aufenthalt im Vereinigten Königreich Großbritannien und Nordirland hatten und der Vertrag vor dem 23. Juni 2016 abgeschlossen worden ist oder
– im Verlauf der Ansparphase als Altersvorsorge-Eigenheimbetrag im Sinne des § 92 a EStG (§ 1 Abs. 1 Satz 1 Nr. 10 Buchstabe c AltZertG).

198 Der gesetzliche Forderungs- und Vermögensübergang nach § 9 BetrAVG und die gesetzlich vorgesehenen schuldbefreienden Übertragungen nach § 8 Abs. 1 BetrAVG sind ebenfalls förderunschädlich (vgl. § 93 Abs. 2 Satz 4 EStG).

199 Bei einem Altersvorsorgevertrag, bei dem die Auszahlung in Form eines Auszahlungsplans mit anschließender Teilkapitalverrentung vorgesehen ist, ist die Höhe der über die gesamte Auszahlungsphase (Auszahlungsplan und Teilkapitalverrentung) mindestens auszuzahlenden monatlichen Leistung wie folgt zu bestimmen:
– Auszahlungsplan:
Das gesamte zu Beginn der Auszahlungsphase zur Verfügung stehende Kapital ist durch die Anzahl der Monate vom Beginn der Auszahlungsphase bis zum Beginn der Teilkapitalverrentung zu teilen. Das zu Beginn der Auszahlungsphase zur Verfügung stehende Kapital ist zu vermindern, um
• das für die Teilkapitalverrentung spätestens ab dem 85. Lebensjahr eingesetzte Kapital,
• den Betrag einer Einmalauszahlung von maximal 30 % sowie
• den Betrag, der zur Entschuldung einer begünstigten Wohnung entnommen wurde.
Wird vom Anbieter eine Mindestverzinsung garantiert, ist der errechnete monatliche Betrag um diese Mindestverzinsung zu erhöhen.
– Teilkapitalverrentung:
Die monatliche Rente aus der Teilkapitalverrentung muss mindestens so hoch sein, wie die errechnete monatliche Leistung aus dem Auszahlungsplan.

200 Geringfügige Schwankungen in der Höhe der Altersleistungen sind unschädlich, sofern diese Schwankungen auf in einzelnen Jahren unterschiedlich hohen Überschussanteilen, Zinsen oder Erträgen beruhen. D. h., der auf Basis des zu Beginn der Auszahlungsphase garantierten Kapitals zzgl. der unwiderruflich zugeteilten Überschüsse bzw. zugesagten Zinsen oder Erträge zu errechnende Leistungsbetrag darf während der gesamten Auszahlungsphase nicht unterschritten werden. Aus Vereinfachungsgründen können darüber hinausgehende Leistungen auch außerhalb der monatlichen Leistungen ausgezahlt werden, unabhängig davon, ob es sich um Zinsen, Erträge, Überschussanteile, Wertsteigerungen oder Verkaufserlöse aus Fonds handelt.

201 Soweit der Vertrag Leistungen für den Fall der Erwerbsminderung oder eine Hinterbliebenenrente im Sinne des § 1 Abs. 1 Satz 1 Nr. 2 AltZertG vorsieht, dürfen diese im Versicherungsfall schon vor Erreichen der Altersgrenze zur Auszahlung kommen.

202 Nach § 93 Abs. 3 Satz 1 EStG sind Auszahlungen zur Abfindung einer Kleinbetragsrente keine schädliche Verwendung. Die steuerunschädliche Kleinbetragsrentenabfindung ist jedoch ausschließlich zulässig
– zum ursprünglich vereinbarten Beginn der Auszahlungsphase,

Anl zu § 10a

– (für ab 1. Januar 2018 zertifizierte Verträge) zum nach § 1 Abs. 1 Satz 1 Nr. 4 Buchstabe a AltZertG verschobenen Beginn der Auszahlungsphase auf den 1. Januar des darauffolgenden Jahres oder
– wenn nach dem Beginn der Auszahlungsphase ein Versorgungsausgleich durchgeführt wird und sich dadurch die Rente verringert.

Hat die Auszahlungsphase bereits begonnen, ist im Übrigen keine steuerunschädliche Kleinbetragsrentenabfindung mehr zulässig, selbst wenn die sonstigen Voraussetzungen für eine Kleinbetragsrentenabfindung zu diesem späteren Zeitpunkt (noch) vorliegen. Eine Kleinbetragsrente nach § 93 Abs. 3 EStG liegt vor, wenn bei gleichmäßiger Verteilung des zu Beginn der Auszahlungsphase zur Verfügung stehenden geförderten Kapitals – einschließlich einer eventuellen Teilkapitalauszahlung, jedoch ohne einen eventuellen Altersvorsorge-Eigenheimbetrag – über die gesamte Auszahlungsphase der Wert von 1 % der monatlichen Bezugsgröße (West) nach § 18 SGB IV nicht überschritten wird. Die monatliche Bezugsgröße zum 1. Januar 2023 beträgt 3395 €, so dass im Jahr 2023 eine Kleinbetragsrente bei einem monatlichen Rentenbetrag von nicht mehr als 33,95 € vorliegt. Das geförderte Altersvorsorgevermögen von sämtlichen Verträgen bei einem Anbieter ist für die Berechnung zusammenzufassen.

Bestehen bei einem Anbieter mehrere Verträge, aus denen sich unterschiedliche Auszahlungstermine **203** ergeben, liegt eine Kleinbetragsrente vor, wenn alle für die Altersversorgung zur Auszahlung kommenden Leistungen, die auf geförderten Altersvorsorgebeiträgen beruhen, den Wert von 1 % der monatlichen Bezugsgröße nach § 18 SGB IV nicht übersteigen. Stichtag für die Berechnung, ob die Voraussetzungen für das Vorliegen einer Kleinbetragsrente gegeben sind, ist der Tag des Beginns der Auszahlungsphase für den abzufindenden Vertrag. Bei Beginn der Auszahlung aus dem ersten Vertrag ist zu prognostizieren und festzuhalten, in welcher Höhe zukünftig Leistungen monatlich anfallen würden. Wird der Höchstwert nicht überschritten, liegen insgesamt Kleinbetragsrenten vor, die unschädlich abgefunden werden können. Wird der Höchstwert bei Auszahlung der weiteren Leistungen dennoch überschritten, z. B. wegen günstiger Konditionen am Kapitalmarkt, verbleibt es für die bereits abgefundenen Verträge bei der ursprünglichen Prognose; eine schädliche Verwendung tritt insoweit nicht ein. Für den bei Feststellung der Überschreitung des Höchstwerts zur Auszahlung anstehenden und alle weiteren Verträge mit späterem Auszahlungsbeginn kommt eine Abfindung nicht mehr in Betracht.

Für die Zusammenfassung (§ 93 Abs. 3 Satz 3 EStG) ist auf die sich aus der entsprechenden Absi- **204** cherung des jeweiligen biometrischen Risikos ergebende Leistung abzustellen, wenn für dieses Risiko ein eigenes Deckungskapital gebildet wurde. Für die Prüfung, ob eine Kleinbetragsrente vorliegt, erfolgt die Zusammenfassung getrennt nach dem jeweils abgesicherten Risiko und dem jeweiligen Deckungskapital. In die Prüfung, ob eine Kleinbetragsrente vorliegt, sind nur die Leistungen einzubeziehen, die für den entsprechenden Versicherungsfall zur Auszahlung kommen. Eine nachträgliche Verschiebung von Deckungskapital mit dem Ziel, das Vorliegen der Voraussetzungen für eine Kleinbetragsrente herbeizuführen, ist nicht zulässig.

Für die Abfindung einer Altersrente kann eine solche Betrachtung erst zu Beginn der Auszahlungs- **205** phase dieser Rente vorgenommen werden. Verschiebt der Zulageberechtigte den Beginn der Auszahlung der Kleinbetragsrentenabfindung nach der Regelung des § 1 Abs. 1 Satz 1 Nr. 4 Buchstabe a AltZertG (für ab 1. Januar 2018 zertifizierte Verträge) auf den 1. Januar des Folgejahres, ist nicht erneut zu prüfen, ob die Voraussetzungen für eine Kleinbetragsrentenabfindung vorliegen (§ 93 Abs. 3 Satz 1 EStG). Dies gilt nicht, wenn zwischen dem ursprünglich vereinbarten und dem verschobenen Beginn der Auszahlungsphase eine Kapitalübertragung zugunsten des abzufindenden Vertrages stattfindet; in diesem Fall ist eine erneute Überprüfung des Vorliegens der Voraussetzungen für eine Kleinbetragsrentenabfindung auf den Stichtag des verschobenen Beginns der Auszahlungsphase vorzunehmen. Die Auszahlung der Abfindung einer Kleinbetragsrente aus der Altersrente bereits vor Beginn der Auszahlungsphase ist eine schädliche Verwendung im Sinne des § 93 EStG. Bei Leistungen für den Fall der Erwerbsminderung oder bei Hinterbliebenenrenten im Sinne des § 1 Abs. 1 Satz 1 Nr. 2 AltZertG ist für den Beginn der Auszahlungsphase Rn. 201 zu beachten.

Geht nach der Auszahlung der Kleinbetragsrentenabfindung beim Anbieter eine Zulagezahlung für den **206** Anleger ein, hat dies keinen Einfluss auf das Vorliegen einer Kleinbetragsrente. Diese Zulage gehörte im Zeitpunkt des Beginns der Auszahlungsphase noch nicht zum zur Verfügung stehenden Altersvorsorgevermögen und ist daher nicht in die Berechnung des Höchstbetrags für die Kleinbetragsrentenabfindung einzubeziehen.

Die Zulage kann im Fall einer abgefundenen Altersrente vom Anbieter unmittelbar an den Zulagebe- **207** rechtigten weitergereicht werden. Sie ist in diesem Fall nicht in die Bescheinigung nach § 92 EStG als dem Vertrag gutgeschriebene Zulage aufzunehmen. Der Anbieter hat diese Zulage als Leistung nach § 22 Nr. 5 Satz 1 EStG zu behandeln und entsprechend nach § 22 a EStG zu melden (vgl. Rn. 195). Ist der Zulageberechtigte zwischenzeitlich verstorben, ist die nachlaufende Zulage – unter den Voraussetzungen des vorhergehenden Satzes – an die Erben auszuzahlen; dies führt nicht zu einer schädlichen Verwendung im Sinne des § 93 EStG.

Zulagen, die nach der Auszahlung der Kleinbetragsrentenabfindung wegen Erwerbsminderung beim **208** Anbieter eingehen, sind dem Altersvorsorgevertrag für die Alters- und ggf. Hinterbliebenenabsicherung gutzuschreiben und nicht unmittelbar an den Zulageberechtigten oder die Erben (bei Tod des Zulageberechtigten) weiterzureichen.

Wird eine Hinterbliebenenrente aus einer zusätzlichen Hinterbliebenenrisikoabsicherung ohne Kapi- **209** talbildung gezahlt oder als Kleinbetragsrente abgefunden, darf eine nach dem Beginn der Auszahlungsphase für diese Hinterbliebenenrisikorente ermittelte Zulage nicht mehr an den/die Hinterbliebenen ausgezahlt werden. Sie fällt dem bisherigen Altersvorsorgekapital zu.

Etwas anderes gilt für den Teil der Zulagen, der auf nach § 1 Abs. 1 Nr. 2 AltZertG angespartes geför- **210** dertes Altersvorsorgevermögen entfällt, das in Form einer Hinterbliebenenrente oder Abfindung einer Hinterbliebenenkleinbetragsrente an die in § 1 Abs. 1 Nr. 2 AltZertG genannten Hinterbliebenen ausgezahlt wird (d. h., für die Hinterbliebenenrente wird das bei Risikoeintritt vorhandene Kapital eingesetzt).

Anl zu § 10a

Dieser Teil der Zulagen darf nach Beginn der Auszahlungsphase der Hinterbliebenenrente(n) an den/die Hinterbliebenen weitergereicht werden. Der Anbieter hat diesen Teil der Zulage als Leistung nach § 22 Nr. 5 Satz 1 EStG zu behandeln und entsprechend nach § 22 a EStG zu melden (vgl. Rn. 195).

211 Die Rn. 202 bis 210 gelten in den Fällen des § 93 Abs. 3 Satz 4 EStG entsprechend mit der Maßgabe, dass an die Stelle des Beginns der Auszahlungsphase der Zeitpunkt der Durchführung des Versorgungsausgleichs tritt.

212 Die Entnahme des Teilkapitalbetrags von bis zu 30 % des zur Verfügung stehenden Kapitals aus dem Vertrag hat zu Beginn der Auszahlungsphase zu erfolgen. Eine Verteilung über mehrere Auszahlungszeitpunkte ist nicht möglich. Eine Kombination mit der Entnahme eines Altersvorsorge-Eigenheimbetrags zu Beginn der Auszahlungsphase ist zulässig, solange die Einschränkung der Entnahmemöglichkeit im Hinblick auf die Mindestentnahme- bzw. Restbeträge nach § 92 a Abs. 1 Satz 1 EStG beachtet wird.

Beispiel:

213 Der Altersvorsorgevertrag des A enthält zu Beginn der Auszahlungsphase ein Altersvorsorgevermögen von 10 000 €, davon sind 7000 € gefördert und 3000 € ungefördert. Lässt sich A die maximal steuerunschädlich zulässige Teilkapitalauszahlung von 3000 € (30 % von 10 000 €) auszahlen, kann er maximal 4000 € als Altersvorsorge-Eigenheimbetrag entnehmen, weil bei einer solchen Teilentnahme mindestens 3000 € im Altersvorsorgevertrag verbleiben müssen.

214 Soweit gefördertes Altersvorsorgevermögen, auf das § 10 a/Abschnitt XI des EStG angewandt wurde, nicht diesen gesetzlichen Regelungen entsprechend ausgezahlt wird, liegt eine schädliche Verwendung (§ 93 EStG) vor.

215 Erfolgt die Auszahlung des geförderten Altersvorsorgevermögens abweichend von den in Rn. 197 aufgeführten Möglichkeiten in Raten, z. B. als Rentenzahlung im Rahmen einer vereinbarten Rentengarantiezeit im Fall des Todes des Zulageberechtigten, so stellt jede Teilauszahlung eine anteilige schädliche Verwendung dar.

216 Wird nicht gefördertes Altersvorsorgevermögen (zur Abgrenzung von geförderten und nicht geförderten Beiträgen vgl. Rn. 133 ff.) abweichend von den in Rn. 197 aufgeführten Möglichkeiten verwendet, liegt keine schädliche Verwendung vor (Rn. 236 f.).

2. Auszahlung von gefördertem Altersvorsorgevermögen

a) Möglichkeiten der schädlichen Verwendung

217 Eine schädliche Verwendung von gefördertem Altersvorsorgevermögen liegt beispielsweise in folgenden Fällen vor:

- (Teil-)Kapitalauszahlung aus einem geförderten Altersvorsorgevertrag an den Zulageberechtigten während der Ansparphase oder nach Beginn der Auszahlungsphase (§ 93 Abs. 1 Satz 1 und 2 EStG), soweit das Kapital nicht als Altersvorsorge-Eigenheimbetrag (§ 1 Abs. 1 Satz 1 Nr. 10 Buchstabe c AltZertG i. V. m. § 93 Abs. 1 Satz 1 EStG), im Rahmen einer Rente, eines Auszahlungsplans oder einer Verminderung des monatlichen Nutzungsentgelts für eine vom Zulageberechtigten selbst genutzte Genossenschaftswohnung im Sinne des § 1 Abs. 1 Satz 1 Nr. 4 Buchstabe a und b AltZertG oder als Abfindung einer Kleinbetragsrente ausgezahlt wird;
- (Teil-)Kapitalauszahlung aus gefördertem Altersvorsorgevermögen bei einer externen Teilung (§ 14 VersAusglG) im Rahmen des Versorgungsausgleichs, soweit das Kapital nicht unmittelbar zur Begründung eines Anrechts in einem Altersvorsorgevertrag oder in einer nach § 82 Abs. 2 EStG begünstigten betrieblichen Altersversorgung (einschließlich Versorgungsausgleichskasse) verwendet wird (vgl. Rn. 223);
- Weiterzahlung der Raten oder Renten aus gefördertem Altersvorsorgevermögen an die Erben im Fall des Todes des Zulageberechtigten nach Beginn der Auszahlungsphase (§ 93 Abs. 1 Satz 2 EStG), sofern es sich nicht um eine Hinterbliebenenversorgung im Sinne des § 1 Abs. 1 Satz 1 Nr. 2 AltZertG handelt (§ 93 Abs. 1 Satz 4 Buchstabe a EStG); zu Heilungsmöglichkeiten für den überlebenden Ehegatten/Lebenspartner vgl. Rn. 232 ff.;
- (Teil-)Kapitalauszahlung aus gefördertem Altersvorsorgevermögen im Fall des Todes des Zulageberechtigten an die Erben (§ 93 Abs. 1 Satz 2 EStG; zu Heilungsmöglichkeiten für den überlebenden Ehegatten/Lebenspartner vgl. Rn. 232 ff.).

b) Folgen der schädlichen Verwendung

aa) Rückzahlung der Förderung

218 Liegt eine schädliche Verwendung von gefördertem Altersvorsorgevermögen vor, sind die darauf entfallenden während der Ansparphase gewährten Zulagen und die nach § 10 a Abs. 4 EStG gesondert festgestellten Steuerermäßigungen zurückzuzahlen (Rückzahlungsbetrag § 94 Abs. 1 EStG; vgl. Beispiel in Rn. 228). Der Anbieter darf Kosten und Gebühren, die durch die schädliche Verwendung entstehen (z. B. Kosten für die Vertragsbeendigung), nicht mit diesem Rückzahlungsbetrag verrechnen. Abschluss- und Vertriebskosten im Sinne des § 1 Abs. 1 Satz 1 Nr. 8 AltZertG sowie bis zur schädlichen Verwendung angefallene Kosten im Sinne des § 7 Abs. 1 Satz 2 Nr. 9 AltZertG und Beitragsanteile zur Absicherung der verminderten Erwerbsfähigkeit oder der Hinterbliebenenabsicherung im Sinne des § 1 Abs. 1 Satz 1 Nr. 3 AltZertG können dagegen vom Anbieter berücksichtigt werden, soweit sie auch angefallen wären, wenn die schädliche Verwendung nicht stattgefunden hätte.

219 Wurde für ein Beitragsjahr bereits eine Zulage zugunsten eines Vertrags ausgezahlt, dessen steuerlich gefördertes Altersvorsorgevermögen anschließend schädlich verwendet wird, und gehen während der Antragsfrist noch weitere Zulageanträge für zugunsten anderer Verträge geleistete Beiträge ein, so werden neben dem Antrag zu dem zwischenzeitlich schädlich verwendeten Vertrag alle für dieses Beitragsjahr eingehenden rechtswirksamen Zulageanträge in die Zulageermittlung nach den Verteilungsvorschriften gem. § 87 Abs. 1 und § 89 Abs. 1 Satz 3 EStG einbezogen.

Eine Rückzahlungsverpflichtung besteht nicht für den Teil der Zulagen, der auf nach § 1 Abs. 1 Satz 1 Nr. 2 AltZertG angespartes gefördertes Altersvorsorgevermögen entfällt, wenn es in Form einer Hinterbliebenenrente an die dort genannten Hinterbliebenen ausgezahlt wird. Dies gilt auch für den entsprechenden Teil der Steuerermäßigung. **220**

221 Im Fall der schädlichen Verwendung besteht ebenfalls keine Rückzahlungsverpflichtung für den Teil der Zulagen oder der Steuerermäßigung, der den Beitragsanteilen zuzuordnen ist, die für die Absicherung der verminderten Erwerbsfähigkeit und einer zusätzlichen Hinterbliebenenabsicherung ohne Kapitalbildung eingesetzt worden sind.

222 Für den Fall der schädlichen Verwendung sowie für die Beitragserhaltungszusage nach § 1 Abs. 1 Satz 1 Nr. 3 AltZertG ist zu beachten, dass nach dem Beginn der Auszahlungsphase einer Rente wegen Erwerbsminderung oder einer Abfindung einer Kleinbetragsrente wegen Erwerbsminderung keine Beitragsanteile mehr der Absicherung der verminderten Erwerbsfähigkeit zuzuordnen sind.

223 Erfolgt aufgrund des § 6 VersAusglG eine Auszahlung aus gefördertem Altersvorsorgevermögen oder wird gefördertes Altersvorsorgevermögen aufgrund einer externen Teilung nach § 14 VersAusglG nicht im Rahmen des § 93 Abs. 1 a Satz 1 EStG übertragen, treten die Folgen der schädlichen Verwendung zu Lasten der ausgleichspflichtigen Person ein. Dies gilt selbst dann, wenn die ausgleichsberechtigte Person das an sie im Rahmen einer Vereinbarung nach § 6 VersAusglG ausgezahlte Kapital wieder auf einen Altersvorsorgevertrag oder in eine nach § 82 Abs. 2 EStG begünstigte betriebliche Altersversorgung (einschließlich Versorgungsausgleichskasse) einzahlt. Die auf das ausgezahlte geförderte Altersvorsorgevermögen entfallenden Zulagen und die nach § 10 a Abs. 4 EStG gesondert festgestellten Beträge sind zurückzuzahlen.

224 Werden dem Zulageberechtigten Raten im Rahmen eines Auszahlungsplans mit einer anschließenden Teilkapitalverrentung ab spätestens dem 85. Lebensjahr gezahlt und lässt er sich nach Beginn der Auszahlungsphase, aber vor Beginn der Teilkapitalverrentung, das gesamte für den Auszahlungsplan noch vorhandene Kapital auszahlen, handelt es sich um eine schädliche Verwendung des gesamten noch vorhandenen geförderten Altersvorsorgevermögens. Dies gilt selbst dann, wenn dem Anleger aus dem Teil des Kapitals, das als Einmalbetrag in eine Rentenversicherung eingezahlt wurde, ab spätestens dem 85. Lebensjahr eine Rente gezahlt wird. Deshalb sind auch die auf das gesamte zum Zeitpunkt der Teil-Kapitalentnahme noch vorhandene geförderte Altersvermögen entfallenden Zulagen und die nach § 10 a Abs. 4 EStG gesondert festgestellten Beträge zurückzuzahlen.

225 Die Rückforderung erfolgt sowohl für die Zulagen als auch für die gesondert festgestellten Steuerermäßigungen durch die ZfA (siehe auch Rn. 97). Die Rückforderung zieht keine Änderung von Einkommensteuer- oder Feststellungsbescheiden im Sinne des § 10 a Abs. 4 EStG nach sich.

226 Verstirbt der Zulageberechtigte und wird steuerlich gefördertes Altersvorsorgevermögen schädlich verwendet (Rn. 217), hat die Rückzahlung (Rn. 218) vor der Auszahlung des Altersvorsorgevermögens an die Erben oder Vermächtnisnehmer zu erfolgen.

bb) Besteuerung nach § 22 Nr. 5 Satz 3 EStG

227 § 22 Nr. 5 Satz 3 EStG regelt die Besteuerung in den Fällen, in denen das ausgezahlte geförderte Altersvorsorgevermögen steuerschädlich verwendet wird (§ 93 EStG). Der Umfang der steuerlichen Erfassung richtet sich insoweit nach der Art der ausgezahlten Leistung (§ 22 Nr. 5 Satz 2 EStG). Hierbei sind Rn. 145 bis 168 zu beachten. Als ausgezahlte Leistung im Sinne des § 22 Nr. 5 Satz 2 EStG gilt das geförderte Altersvorsorgevermögen nach Abzug der Zulagen im Sinne des Abschnitts XI EStG. Die insoweit nach § 10 a Abs. 4 EStG gesondert festgestellten, zurückgezahlten Beträge sind nicht in Abzug zu bringen. Ein negativer Unterschiedsbetrag stellt dabei negative Einkünfte im Sinne des § 22 EStG dar, welche sowohl mit anderen Einkünften im Sinne des § 22 EStG als auch mit Einkünften aus anderen Einkunftsarten verrechnet werden können (horizontaler und vertikaler Verlustausgleich). Der negative Leistungsbetrag ist in der Rentenbezugsmitteilung anzugeben (vgl. Rz. 38 des BMF-Schreibens vom 7. Dezember 2011, BStBl. I S. 1223).

Beispiel 1:

228 Der 50-jährige Steuerpflichtige hat zugunsten eines Altersvorsorgevertrags ausschließlich geförderte Beiträge (insgesamt 38 000 €) eingezahlt. Zum Zeitpunkt der schädlichen Verwendung (Kapitalauszahlung aus einem zertifizierten Banksparplan) beträgt das Altersvorsorgevermögen 55 000 €. Dem Altersvorsorgevertrag wurden Zulagen i. H. v. insgesamt 3500 € gutgeschrieben. Die Steuerermäßigungen nach § 10 a EStG wurden i. H. v. 5000 € festgestellt.

Zur Auszahlung gelangen:	
Altersvorsorgevermögen	55 000 €
abzüglich Zulagen	3 500 €
abzüglich Steuervorteil	5 000 €
=	46 500 €
Betrag nach § 22 Nr. 5 Satz 3 EStG	
Altersvorsorgevermögen	55 000 €
abzüglich Zulagen	3 500 €
=	51 500 €

Auf diesen Betrag ist § 22 Nr. 5 Satz 2 Buchstabe c EStG anzuwenden.

Maßgebender Betrag	51 500 €
abzüglich Eigenbeiträge	38 000 €
	13 500 €

Nach § 22 Nr. 5 Satz 2 Buchstabe c EStG sind 13 500 € zu versteuern.

Beispiel 2:

A hat zum 1. Januar 2023 einen Altersvorsorgevertrag (Fondssparplan) abgeschlossen und zugunsten dieses Vertrags jährliche Beiträge i. H. v. jeweils 1000 € eingezahlt, die nach § 10 a/Abschnitt XI EStG gefördert wurden. Der Anbieter

Anl zu § 10 a

verteilt die Abschluss- und Vertriebskosten i. H. v. insgesamt 500 € auf fünf Jahre. Zum 31. Dezember 2025 wird der Vertrag von A gekündigt. Die von den Beiträgen abzüglich der anteiligen Abschluss- und Vertriebskosten erworbenen Fondsanteile sind auf einen Wert von 2500 € gesunken. Kosten für die Kündigung werden vom Anbieter nicht erhoben. Die Besteuerung erfolgt nach § 22 Nr. 5 Satz 2 Buchstabe c EStG mit dem Unterschiedsbetrag zwischen der Leistung und der Summe der auf sie entrichteten Beiträge:

Leistung (nach Abzug der Zulagen)	2500 €
abzüglich geleistete Beiträge	3000 €
negativer Leistungsbetrag	– 500 €

Es liegen negative Einkünfte i. H. v. 500 € vor.

229 Verstirbt der Zulageberechtigte und wird steuerlich gefördertes Altersvorsorgevermögen außerhalb einer zulässigen Hinterbliebenenabsicherung an die Erben ausgezahlt, sind die Erträge von den Erben zu versteuern.

Abwandlung des Beispiels 1 zu Rn. 228:

230 Der 62-jährige Steuerpflichtige hat zugunsten eines seit 20 Jahren laufenden Altersvorsorgevertrags (zertifizierter Banksparplan) ausschließlich geförderte Beiträge (insgesamt 38 000 €) eingezahlt. Dem Altersvorsorgevertrag wurden Zulagen i. H. v. insgesamt 3500 € gutgeschrieben. Die Steuerermäßigungen nach § 10 a EStG wurden i. H. v. 5000 € festgestellt. Bevor die Auszahlung beginnt, verstirbt er. Im Zeitpunkt seines Todes beträgt das angesparte Altersvorsorgevermögen 55 000 €. Bis es im Wege der Einmalkapitalauszahlung zur Auszahlung des Altersvorsorgevermögens an die 42-jährige Tochter kommt, beträgt das Vermögen 55 500 €.
Zur Auszahlung gelangen:

Altersvorsorgevermögen	55 500 €
abzüglich Zulagen	3 500 €
abzüglich Steuervorteil	5 000 €
=	47 000 €
Betrag nach § 22 Nr. 5 Satz 3 EStG	
Altersvorsorgevermögen	55 500 €
abzüglich Zulagen	3 500 €
=	52 000 €

Auf diesen Betrag ist § 22 Nr. 5 Satz 2 Buchstabe c EStG anzuwenden.

Maßgebender Betrag	52 000 €
abzüglich Eigenbeiträge	38 000 €
Unterschiedsbetrag	14 000 €

Bei der Tochter unterliegen 14 000 € der Besteuerung nach § 22 Nr. 5 Satz 3 i. V. m. Satz 2 Buchstabe c EStG.

231 Die als Einkünfte nach § 22 Nr. 5 Satz 3 i. V. m. § 22 Nr. 5 Satz 2 EStG zu besteuernden Beträge muss der Anbieter gem. § 22 Nr. 5 Satz 7 EStG dem Zulageberechtigten bescheinigen und im Wege des Rentenbezugsmitteilungsverfahrens (§ 22 a EStG) mitteilen (vgl. Rn. 195). Ergeben sich insoweit steuerpflichtige Einkünfte nach § 22 Nr. 5 Satz 3 EStG für einen anderen Leistungsempfänger (z. B. Erben), ist für diesen eine entsprechende Rentenbezugsmitteilung der ZfA zu übermitteln.

c) Übertragung begünstigten Altersvorsorgevermögens auf den überlebenden Ehegatten/Lebenspartner

232 Die Folgen der schädlichen Verwendung treten nicht ein, wenn die Ehegatten/Lebenspartner im Zeitpunkt des Todes des Zulageberechtigten

- nicht dauernd getrennt gelebt haben (§ 26 Abs. 1 EStG) und
- ihren Wohnsitz oder gewöhnlichen Aufenthalt in einem EU-/EWR-Staat
  oder
  ihren vor dem 1. Januar 2021 (Zeitpunkt, ab dem das Vereinigte Königreich Großbritannien und Nordirland nicht mehr Mitgliedstaat der Europäischen Union ist und auch nicht wie ein solcher zu behandeln ist) begründeten Wohnsitz oder gewöhnlichen Aufenthalt im Vereinigten Königreich Großbritannien und Nordirland und ihren Vertrag vor dem 23. Juni 2016 abgeschlossen hatten und
- das geförderte Altersvorsorgevermögen des verstorbenen Ehegatten/Lebenspartners zugunsten eines auf den Namen des überlebenden Ehegatten/Lebenspartners lautenden zertifizierten Altersvorsorgevertrags übertragen wird (§ 93 Abs. 1 Satz 4 Buchstabe c EStG).

Eine solche Übertragung kann beispielsweise durch Abtretung eines Auszahlungsanspruchs erfolgen. Der Anbieter des verstorbenen Zulageberechtigten hat sich vor der Kapitalübertragung durch eine Erklärung des überlebenden Ehegatten/Lebenspartners bestätigen zu lassen, dass die Voraussetzungen für eine steuerunschädliche Übertragung (§ 26 Abs. 1 EStG und Wohnsitz EU/EWR oder im Vereinigten Königreich Großbritannien und Nordirland) im Zeitpunkt des Todes vorgelegen haben. Es ist unerheblich, ob der Vertrag des überlebenden Ehegatten/Lebenspartners bereits bestand oder im Zuge der Kapitalübertragung neu abgeschlossen wird und ob der überlebende Ehegatte/Lebenspartner selbst zum begünstigten Personenkreis gehört oder nicht. Die Auszahlung von Leistungen aus diesem Altersvorsorgevertrag richtet sich nach § 1 Abs. 1 AltZertG. Zur steuerlichen Behandlung der auf dem übertragenen Altersvorsorgevermögen beruhenden Leistungen an den überlebenden Ehegatten/Lebenspartner vgl. Rn. 155 f.

233 Hat der verstorbene Ehegatte/Lebenspartner einen Altersvorsorgevertrag mit einer Rentengarantiezeit abgeschlossen, treten die Folgen einer schädlichen Verwendung auch dann nicht ein, wenn die jeweiligen Rentengarantieleistungen fortlaufend mit dem jeweiligen Auszahlungsanspruch und nicht kapitalisiert unmittelbar zugunsten eines zertifizierten Altersvorsorgevertrags des überlebenden Ehegatten/Lebenspartners übertragen werden. Im Fall der Kapitalisierung des Auszahlungsanspruchs gilt Rn. 232 entsprechend.

Anl zu § 10 a

Steht das Altersvorsorgevermögen nicht dem überlebenden Ehegatten/Lebenspartner allein zu, sondern beispielsweise einer aus dem überlebenden Ehegatten/Lebenspartner und den Kindern bestehenden Erbengemeinschaft, treten ebenfalls die in Rn. 232 genannten Rechtsfolgen ein, wenn das gesamte geförderte Altersvorsorgevermögen zugunsten eines auf den Namen des überlebenden Ehegatten/Le- 234
benspartners lautenden zertifizierten Altersvorsorgevertrags übertragen wird. Es ist unschädlich, wenn die übrigen Erben für den über die Erbquote des überlebenden Ehegatten/Lebenspartners hinausgehenden Kapitalanteil einen Ausgleich erhalten. Satz 1 und 2 gelten entsprechend, wenn Rentengarantieleistungen im Sinne der Rn. 233 der Erbengemeinschaft zustehen und diese unmittelbar mit dem jeweiligen Auszahlungsanspruch zugunsten eines zertifizierten Altersvorsorgevertrags des überlebenden Ehegatten/Lebenspartners übertragen werden.

Die Verwendung des geförderten geerbten Altersvorsorgevermögens zur Begleichung der durch den Erbfall entstehenden Erbschaftsteuer stellt auch beim überlebenden Ehegatten/Lebenspartner eine schädliche Verwendung dar. 235

3. Auszahlung von nicht gefördertem Altersvorsorgevermögen

Die Auszahlung von Altersvorsorgevermögen, das aus nicht geförderten Beiträgen (vgl. Rn. 136 ff.) stammt, stellt keine schädliche Verwendung im Sinne von § 93 EStG dar. Bei Teilauszahlungen aus einem zertifizierten Altersvorsorgevertrag gilt das nicht geförderte Kapital als zuerst ausgezahlt (Meistbegünstigung). Dies schließt jedoch nicht aus, dass sich der Zulageberechtigte aktiv dafür entscheiden kann, dass das geförderte Kapital zuerst ausgezahlt werden soll (mit den entsprechenden Konsequenzen einer schädlichen Verwendung). 236

Beispiel:

A, ledig, hat ab 2018 über 20 Jahre jährlich (einschließlich der Grundzulage von 175 €) 2100 € geförderte Beiträge zugunsten eines Fondssparplans eingezahlt. Zusätzlich hat er jährlich 500 € nicht geförderte Beiträge geleistet. Zusätzlich zur Zulage von 3500 € hat A über die gesamte Ansparphase insgesamt einen – gesondert festgestellten – Steuervorteil i. H. v. 12 500 € erhalten (§ 10 a EStG). Am 31. Dezember 2037 beträgt das Kapital, das aus nicht geförderten Beiträgen besteht, 14 000 €. A entnimmt einen Betrag von 12 000 €. 237

Nach Rn. 236 ist davon auszugehen, dass A das nicht geförderte Altersvorsorgevermögen entnommen hat. Aus diesem Grund kommt es nicht zur Rückforderung der gewährten Zulagen und Steuerermäßigungen. Allerdings hat A nach § 22 Nr. 5 Satz 2 Buchstabe c EStG den Unterschiedsbetrag zwischen der Leistung (Auszahlung) und der Summe der auf sie entrichteten Beiträge zu versteuern.

4. Sonderfälle der Rückzahlung

a) Rechtslage ab dem 1. Januar 2023

Ab Beginn der Auszahlungsphase treten bei Wohnsitznahme außerhalb eines EU-/EWR-Staates in der Regel die Folgen der schädlichen Verwendung ein. Eine Wohnsitznahme außerhalb eines EU-/EWR-Staates liegt vor, wenn 238

- sich der Wohnsitz oder gewöhnliche Aufenthalt des Zulageberechtigten außerhalb der EU-/EWR-Staaten befindet oder
- sich der Wohnsitz oder gewöhnliche Aufenthalt zwar in einem EU-/EWR-Staat befindet, der Zulageberechtigte aber nach einem DBA als außerhalb eines EU-/EWR-Staates ansässig gilt.

Dies gilt jedoch nicht, sofern sich der Wohnsitz oder gewöhnliche Aufenthalt des Zulageberechtigten bereits seit dem 22. Juni 2016 ununterbrochen im Vereinigten Königreich Großbritannien und Nordirland befindet und der Vertrag vor dem 23. Juni 2016 abgeschlossen worden ist.
Der Rückzahlungsbetrag ist im üblichen Verfahren nach § 94 EStG von der ZfA zurückzufordern. Es gelten die allgemeinen Stundungsregelungen der AO.

Während der Ansparphase bleibt die Wohnsitznahme außerhalb eines EU-/EWR-Staates ohne Folgen. Besondere Mitteilungspflichten oder Fristen sind insoweit nicht zu beachten. Eine schädliche Verwendung im Sinne des § 93 EStG bleibt hiervon unberührt. 239

b) Rechtslage bis zum 31. Dezember 2022

Nach der bis zum 31. Dezember 2022 geltenden Rechtslage traten die Folgen der schädlichen Verwendung bereits zu dem Zeitpunkt ein, zu dem 240

- eine Wohnsitznahme außerhalb eines EU-/EWR-Staates (Rn. 238) erfolgte und
- die Zulageberechtigung endete oder der Vertrag in der Auszahlungsphase war.

Auf Antrag des Zulageberechtigten konnte der Rückzahlungsbetrag bis zum Beginn der Auszahlungsphase gestundet werden, wenn keine vorzeitige Auszahlung von gefördertem Altersvorsorgevermögen erfolgte (§ 95 Abs. 2 EStG a. F.). Bei Beginn der Auszahlungsphase war die Stundung auf Antrag des Zulageberechtigten zu verlängern bzw. erstmalig zu gewähren, wenn der Rückzahlungsbetrag mit mindestens 15 % der Leistungen aus dem Altersvorsorgevertrag getilgt wurde bzw. derzeit noch getilgt wird. Für die Dauer der gewährten Stundung waren bzw. sind Stundungszinsen nach § 234 AO zu erheben. 241

Wurde der Rückzahlungsbetrag gestundet und 242

- verlegt der ehemals Zulageberechtigte seinen ausschließlichen Wohnsitz oder gewöhnlichen Aufenthalt in einen EU-/EWR-Staat oder
- wird der ehemals Zulageberechtigte erneut zulageberechtigt,

sind der Rückzahlungsbetrag und die bereits entstandenen Stundungszinsen von der ZfA zu erlassen (§ 95 Abs. 3 EStG a. F.).

c) Anwendungsvorschriften für Stundungsfälle bis zum 31. Dezember 2022

Auf Stundungsfälle, bei denen der Beginn der Auszahlungsphase vor dem 1. Januar 2023 liegt, findet § 95 Abs. 2 Satz 2 bis 5 EStG in der bis zum 31. Dezember 2022 geltenden Fassung weiter Anwendung (§ 52 Abs. 51 a Satz 1 EStG). Bei Stundungsfällen, bei denen der Rückzahlungsbetrag nach § 95 Abs. 2 243

Anl zu § 10 a

Satz 1 EStG in der bis zum 31. Dezember 2022 geltenden Fassung gestundet wurde und der Beginn der Auszahlungsphase nach dem 31. Dezember 2022 liegt, sind die Stundungszinsen zu erlassen und § 95 EStG in der jeweils geltenden Fassung anzuwenden (§ 52 Abs. 51 a Satz 2 EStG), d. h., dass der Rückzahlungsbetrag zu Beginn der Auszahlungsphase in einer Summe im üblichen Verfahren nach § 94 EStG von der ZfA zurückzufordern ist. Es gelten nur noch die allgemeinen Stundungsregelungen der AO.

244 **Beispiel 1:**

Ende der Zulageberechtigung bei Wohnsitz außerhalb eines EU-/EWR-Staats am	31. 12. 2020
Beginn der Auszahlungsphase am	1. 2. 2022

Das Altersvorsorgevermögen wird nicht vorzeitig ausgezahlt.

Summe der zurückzuzahlenden Zulagen und Steuervorteile:	1500 €
Monatliche Leistung aus dem Altersvorsorgevertrag ab 1. 2. 2022:	100 €

Der Rückzahlungsbetrag i. H. v. 1500 € wurde bis zum 31. Januar 2022 gestundet. Die Stundung ist zu verlängern, wenn der Rückzahlungsbetrag vom 1. Februar 2022 an mit 15 € pro Monat getilgt wird. Für die Dauer der gewährten Stundung sind Stundungszinsen nach § 234 AO zu erheben. Die Stundungszinsen werden mit Ablauf des Kalenderjahres, in dem die Stundung geendet hat, festgesetzt (§ 239 Abs. 1 Satz 2 Nr. 2 AO).

245 **Beispiel 2:**

Ende der Zulageberechtigung bei Wohnsitz außerhalb eines EU-/EWR-Staats am	31. 12. 2020
Beginn der Auszahlungsphase am	1. 2. 2024

Das Altersvorsorgevermögen wird nicht vorzeitig ausgezahlt.

Summe der zurückzuzahlenden Zulagen und Steuervorteile:	1500 €
Monatliche Leistung aus dem Altersvorsorgevertrag aus ungefördertem Kapital ab 1. 2. 2024:	100 €

Der Rückzahlungsbetrag i. H. v. 1500 € wird bis zum 31. Januar 2024 gestundet. Zu Beginn der Auszahlungsphase fordert die ZfA den Rückzahlungsbetrag zurück. Die Stundungszinsen sind zu erlassen.

IV. Altersvorsorge-Eigenheimbetrag und Tilgungsförderung für eine wohnungswirtschaftliche Verwendung

1. Allgemeines

246 Die Auszahlung eines Altersvorsorge-Eigenheimbetrags ist nur aus einem zertifizierten Altersvorsorgevertrag und die Tilgungsförderung nur bei Zahlung von Tilgungsleistungen auf einen zertifizierten Altersvorsorgevertrag möglich. Diese Möglichkeiten bestehen jedoch nur bis zum Beginn der Auszahlungsphase des Altersvorsorgevertrags. Der vereinbarte Beginn der Auszahlungsphase darf dabei nicht nach der Vollendung des 68. Lebensjahres des Zulageberechtigten liegen. Es kommt ggf. auch rückwirkend zu einer schädlichen Verwendung, wenn nach einer Entnahme des Altersvorsorge-Eigenheimbetrags die Vereinbarung zum Beginn der Auszahlungsphase auf einen Zeitpunkt nach der Vollendung des 68. Lebensjahres des Zulageberechtigten geändert wird (vgl. dazu auch Rn. 179). Für den Bereich der betrieblichen Altersversorgung sind diese Möglichkeiten gesetzlich nicht vorgesehen. Dies gilt auch, wenn das Altersvorsorgevermögen aus Beiträgen im Sinne des § 82 Abs. 2 EStG gebildet worden ist.

247 Das angesparte Kapital kann als Altersvorsorge-Eigenheimbetrag vollständig oder teilweise entnommen werden. Bei einer teilweisen Entnahme müssen mindestens 3000 € Restkapital im Vertrag verbleiben. Der im Rahmen der Entnahme zu beachtende Restbetrag nach § 92 a Abs. 1 Satz 1 EStG bezieht sich nur auf das nach § 10 a/Abschnitt XI EStG geförderte Altersvorsorgevermögen einschließlich der erwirtschafteten Erträge, Wertsteigerungen und Zulagen. Der Mindestentnahmebetrag nach § 92 a Abs. 1 Satz 1 EStG bezieht sich auf das gesamte geförderte und ungeförderte Altersvorsorgevermögen. Der Altersvorsorgevertrag darf vorsehen, dass nur eine vollständige Auszahlung des gebildeten Kapitals für eine Verwendung im Sinne des § 92 a EStG verlangt werden kann. Nicht gefördertes Kapital kann unbegrenzt ausgezahlt werden, wenn der Vertrag dies zulässt; insoweit sind die in der Auszahlung enthaltenen Erträge im Rahmen des § 22 Nr. 5 Satz 2 EStG zu besteuern.

2. Zulageberechtigter als Entnahmeberechtigter

248 Entnahmeberechtigt im Sinne des § 92 a Abs. 1 Satz 1 EStG sind Personen, denen das in einem Altersvorsorgevertrag gebildete Altersvorsorgevermögen, das nach § 10 a/Abschnitt XI EStG gefördert wurde, zugerechnet wird. Eine Zulageberechtigung nach § 79 EStG muss im Zeitpunkt der Entnahme und der wohnungswirtschaftlichen Verwendung nicht bestehen.

3. Entnehmbare Beträge

249 Der Altersvorsorge-Eigenheimbetrag oder die Summe der Altersvorsorge-Eigenheimbeträge darf die Herstellungs- oder Anschaffungskosten der Wohnung inklusive der Anschaffungsnebenkosten (z. B. Notargebühren, Grunderwerbsteuer) zuzüglich der Anschaffungskosten für den dazugehörenden Grund und Boden nicht überschreiten (vgl. Rn. 273).

250 Für den barrierereduzierenden Umbau oder ab 1. Januar 2024 für die energetische Sanierung einer vom Zulageberechtigten selbst genutzten Wohnung darf der Altersvorsorge-Eigenheimbetrag die vom Zulageberechtigten getragenen Umbaukosten nicht übersteigen. Die Höhe des Miteigentumsanteils an der Wohnung ist hierbei unbeachtlich.

251 Hat der Zulageberechtigte mehrere Altersvorsorgeverträge, kann er die Entnahmemöglichkeit für jeden dieser Verträge nutzen. Dabei muss der Zeitpunkt der Entnahme aus den einzelnen Verträgen nicht identisch sein. Es ist auch eine mehrmalige Entnahme aus demselben Vertrag zulässig. Jede Entnahme muss jedoch unmittelbar (vgl. Rn. 258) mit einer wohnungswirtschaftlichen Verwendung nach § 92 a Abs. 1 Satz 1 EStG zusammenhängen. Auch eine Entnahme in mehreren Teilbeträgen, beispielsweise in Ab-

hängigkeit vom Baufortschritt, ist zulässig, solange die Einschränkung der Entnahmemöglichkeit im Hinblick auf die Mindestentnahme- bzw. Restbeträge nach § 92 a Abs. 1 Satz 1 EStG beachtet wird. Anl zu § 10 a

Bei der Ermittlung des Restkapitals im Zuge der Auszahlung ist auf den Stand des geförderten Altersvorsorgevermögens zum Ablauf des Tages (Stichtag) abzustellen, an dem die ZfA den Bescheid über die Höhe der wohnungswirtschaftlichen Verwendung ausgestellt und den Anbieter darüber informiert hat (§ 92 b Abs. 1 Satz 3 EStG). 252

Die Mindesthöhe für die Entnahme kann, soweit die Vertragsvereinbarungen dies nicht ausschließen, auch durch die Entnahme aus mehreren Verträgen erreicht werden. Der Mindestentnahmebetrag ist innerhalb von zwölf Monaten nach dem Zeitpunkt der erstmaligen Auszahlung zu entnehmen. Der Mindestbetrag ist auch bei einem Darlehen nach § 1 Abs. 1 a AltZertG zu beachten. Wird ein Darlehen nach § 1 Abs. 1 a AltZertG in Höhe des Mindestbetrags für eine wohnungswirtschaftliche Verwendung nach § 92 a EStG genutzt, dieses aber auch mit ungefördertem Vermögen getilgt (z. B. durch Tilgungsleistungen oberhalb der Förderhöchstgrenze des § 10 a EStG), ist dies unschädlich. Es ist ausreichend, wenn der Mindestbetrag für eine wohnungswirtschaftliche Verwendung insgesamt durch die Kombination aus Altersvorsorge-Eigenheimbeträgen und Darlehen nach § 1 Abs. 1 a AltZertG erreicht wird. 253

Beispiel:

Der barrierereduzierende Umbau des selbst genutzten Hauses von R kostet insgesamt 20 000 €. R hat auf seinem Altersvorsorgevertrag bei Anbieter A bisher 15 000 € angespart. R beantragt im Januar 2014 unter Vorlage der notwendigen Nachweise die Entnahme der 15 000 € bei der ZfA. Gleichzeitig schließt er bei Anbieter B ein zertifiziertes Darlehen zur Finanzierung der Umbaumaßnahmen über 5000 € ab. Die ZfA bestätigt nach § 92 b Abs. 1 Satz 3 EStG eine wohnungswirtschaftliche Verwendung i. H. v. 20 000 €. Damit die Anbieter die Erfüllung der Voraussetzungen prüfen können, muss R Anbieter A Nachweise zum Darlehen bei Anbieter B und Anbieter B Nachweise zur Entnahme bei Anbieter A vorlegen. 254

Hat der Zulageberechtigte 100 % des geförderten Altersvorsorgevermögens entnommen, gehören auch die Zulagen, die nach erfolgter Entnahme für die entnommenen Beiträge noch auf den Altersvorsorgevertrag ausgezahlt werden, zum entnehmbaren Betrag. Dies gilt auch dann, wenn die Auszahlung dieser Zulagen nicht mehr im unmittelbar zeitlichen Zusammenhang mit der wohnungswirtschaftlichen Verwendung steht. Ein gesonderter Entnahmeantrag ist hierfür nicht erforderlich. 255

Ändert sich nach Erteilung des Bescheides über die Höhe der wohnungswirtschaftlichen Verwendung rückwirkend der Umfang der steuerlichen Förderung, gilt das nicht geförderte Kapital als zuerst entnommen (vgl. Rn. 236), soweit es nicht vom Anbieter für die Rückforderung einer Zulage verwendet wurde. Das Wohnförderkonto ist entsprechend zu korrigieren. 256

4. Begünstigte Verwendung (§ 92 a Abs. 1 EStG)

Für den Altersvorsorge-Eigenheimbetrag sieht der Gesetzgeber drei verschiedene begünstigte Verwendungsarten vor: 257

1. bis zum Beginn der Auszahlungsphase unmittelbar für die Anschaffung oder Herstellung einer Wohnung oder zur Tilgung eines zu diesem Zweck aufgenommenen Darlehens, wenn das dafür entnommene Kapital mindestens 3000 € beträgt (§ 92 a Abs. 1 Satz 1 Nr. 1 EStG),
2. bis zum Beginn der Auszahlungsphase unmittelbar für den Erwerb von Pflicht-Geschäftsanteilen an einer eingetragenen Genossenschaft für die Selbstnutzung einer Genossenschaftswohnung oder zur Tilgung eines zu diesem Zweck aufgenommenen Darlehens, wenn das dafür entnommene Kapital mindestens 3000 € beträgt (§ 92 a Abs. 1 Satz 1 Nr. 2 EStG), oder
3. bis zum Beginn der Auszahlungsphase unmittelbar für die Finanzierung von Umbaumaßnahmen zur Reduzierung von Barrieren oder ab 1. Januar 2024 für die Finanzierung der energetischen Sanierung in oder an einer Wohnung; zu den weiteren Voraussetzungen wird auf die Rn. 265 ff. verwiesen (§ 92 a Abs. 1 Satz 1 Nr. 3 EStG).

Andere begünstigte Verwendungsarten sieht das Gesetz nicht vor. Reine Zinszahlungen oder auch Sparleistungen, durch die ein Guthaben begründet oder erhöht wird, sind nicht als begünstigte Tilgung eines Darlehens im Sinne des § 92 a Abs. 1 Satz 1 Nr. 1 EStG anzusehen (vgl. BFH-Urteil vom 16. Februar 2022, BStBl. II S. 622, X R 20/20).

a) Unmittelbarkeit

Der Entnahmevorgang und die Verwendungsarten nach Rn. 257 müssen in einem unmittelbaren zeitlichen Zusammenhang erfolgen. Dies gilt auch im Fall der Verwendung des geförderten Altersvorsorgekapitals zur Tilgung eines Darlehens nach § 92 a Abs. 1 Satz 1 Nr. 1 EStG (vgl. BFH-Urteil vom 16. Februar 2022, BStBl. II S. 611, X R 26/20). Von einer unmittelbaren Verwendung ist auszugehen, wenn innerhalb von sechs Monaten vor Antragstellung bei der ZfA und bis zwölf Monate nach Auszahlung des geförderten Altersvorsorgekapitals entsprechende Aufwendungen für eine Verwendungsart nach Rn. 257 entstanden sind. Aufwendungen, für die der Zulageberechtigte bereits eine vertragsmäßige Verwendung im Sinne des WoPG erklärt hat, bleiben unberücksichtigt 258

Wird die Wohnung nach dem Anschaffungszeitpunkt zunächst durch einen Dritten/Mieter genutzt, kann von einer wohnungswirtschaftlichen Verwendung ab Beginn der Selbstnutzung durch den Zulageberechtigten ausgegangen werden, wenn 259

- der Zulageberechtigte innerhalb eines Monats nach der Eintragung seiner Eigentümerstellung im Grundbuch der Wohnung die beabsichtigte Selbstnutzung durch eine schriftliche Kündigung des Mietverhältnisses zum nächstmöglichen Zeitpunkt nachweist und
- die Selbstnutzung des Zulageberechtigten innerhalb von sechs Monaten nach Auszug des Dritten/Mieters aufgenommen wird.

Andernfalls ist keine Unmittelbarkeit gegeben.

Anl zu § 10a

Der Antrag nach § 92 b Abs. 1 EStG ist unter Vorlage der notwendigen Nachweise vom Zulageberechtigten spätestens zehn Monate vor dem Beginn der Auszahlungsphase bei der ZfA zu stellen. Der Zulageberechtigte kann den Anbieter hierzu bevollmächtigen. Im Rahmen eines einheitlichen Vertrags nach
260 § 1 Abs. 1 a AltZertG ist nicht zu beanstanden, wenn der Anbieter die für die Prüfung der Entnahmevoraussetzungen erforderlichen Daten an die ZfA übermittelt und das Vorliegen der den Daten zugrunde liegenden Nachweise bestätigt.

b) Entschuldung

261 Der Altersvorsorge-Eigenheimbetrag kann auch zur vollständigen oder teilweisen Ablösung eines für die Finanzierung der Anschaffungs-/Herstellungskosten der selbst genutzten Wohnung oder für den Erwerb von Pflicht-Geschäftsanteilen an einer eingetragenen Genossenschaft eingesetzten Darlehens (Entschuldung) verwendet werden. Diese Entschuldung ist eine wohnungswirtschaftliche Verwendung im Sinne des § 92 a Abs. 1 EStG. Auf den Anschaffungs-/Herstellungszeitpunkt der Wohnung kommt es insoweit nicht an. Von einer Finanzierung von Anschaffungs- und Herstellungskosten einer selbst genutzten Wohnung kann insoweit ausgegangen werden, als das ursprüngliche Darlehen im zeitlichen Kontext (Zeitraum von drei Jahren vor und nach der Anschaffung bzw. Herstellung) aufgenommen wurde. Eine Entschuldung im Sinne des § 92 a Abs. 1 EStG liegt auch dann vor, wenn das abzulösende Darlehen unmittelbar und ausschließlich zur Umschuldung des ursprünglichen Anschaffungs- oder Herstellungsdarlehens diente. Dies gilt auch bei mehrfacher Umschuldung des ursprünglichen Darlehens. Soweit das Darlehen zur Finanzierung von Modernisierungs- bzw. Renovierungsaufwendungen aufgenommen wurde, auch wenn es sich um Umbaumaßnahmen im Sinne des § 92 a Abs. 1 Satz 1 Nr. 3 EStG handelt, und keine anschaffungsnahen Herstellungskosten vorliegen, ist die Entnahme von gefördertem Kapital zur Entschuldung dieses Teils des Darlehens eine schädliche Verwendung. Im Zeitpunkt der Entschuldung muss eine Selbstnutzung vorliegen, eine vorangegangene Vermietung ist unerheblich. Rn. 260 Satz 1 und 2 gilt entsprechend.

c) Genossenschaftsanteile

262 Eine weitere begünstigte Verwendung für den Altersvorsorge-Eigenheimbetrag ist – bis zum Beginn der Auszahlungsphase – der Erwerb von Geschäftsanteilen (Pflichtanteilen) an einer eingetragenen Genossenschaft für die Selbstnutzung einer Genossenschaftswohnung (§ 92 a Abs. 1 Satz 1 Nr. 2 EStG). Der Pflichtanteil ist der Anteil, den der Zulageberechtigte erwerben muss, um eine Genossenschaftswohnung selbst beziehen zu können. Hiervon abzugrenzen ist der Erwerb von weiteren Geschäftsanteilen an einer eingetragenen Genossenschaft.

263 Die Wohnungsgenossenschaft muss in diesen Fällen nicht die im AltZertG genannten Voraussetzungen für das Anbieten von Altersvorsorgeverträgen erfüllen, da eine entsprechende Bezugnahme in § 92 a Abs. 1 Satz 1 Nr. 2 EStG fehlt. Erforderlich ist lediglich, dass es sich um eine in das Genossenschaftsregister eingetragene Genossenschaft handelt.

264 Rn. 260 Satz 1 und 2 und Rn. 278 gelten entsprechend.

d) Barrierereduzierender Umbau oder energetische Sanierung in oder an einer Wohnung

265 Der Altersvorsorge-Eigenheimbetrag kann auch für die Finanzierung eines barrierereduzierenden Umbaus oder ab 1. Januar 2024 für energetische Sanierungsmaßnahmen in oder an einer selbst genutzten Wohnung verwendet werden (§ 92 a Abs. 1 Satz 1 Nr. 3 EStG). Das für den barrierereduzierenden Umbau oder die energetische Sanierung entnommene Kapital muss mindestens 6.000 € betragen, wenn die Maßnahmen innerhalb eines Zeitraums von drei Jahren nach der Anschaffung oder Herstellung der Wohnung vorgenommen werden. Im Hinblick auf den Mindestentnahmebetrag ist es ausreichend, wenn die Maßnahmen innerhalb dieses Zeitraumes begonnen werden. Werden die begünstigten Maßnahmen nach diesem Zeitraum aufgenommen, muss das entnommene Kapital mindestens 20.000 € betragen.

266 Das für den barrierereduzierenden Umbau entnommene Kapital muss mindestens zu 50% für Maßnahmen verwendet werden, die den Vorgaben der DIN 18 040 Teil 2, Ausgabe September 2011, entsprechen, soweit baustrukturell möglich. Der verbleibende Teil des entnommenen Kapitals ist für die Reduzierung von Barrieren in oder an der Wohnung zu verwenden. Die technischen Mindestanforderungen für die Reduzierung von Barrieren in oder an der Wohnung nach § 92 a Abs. 1 Satz 1 Nr. 3 Buchstabe b EStG wurden im Bundesbaublatt (BundesBauBlatt 2013 S. 59 ff.) veröffentlicht.

267 Der Zulageberechtigte hat beim barrierereduzierenden Umbau die zweckgerechte Verwendung durch einen Sachverständigen bestätigen zu lassen. Als Sachverständige sind hierfür neben den nach Landesrecht Bauvorlageberechtigten (z. B. Architekten und Bauingenieure) auch nach § 91 Abs. 1 Nr. 8 der Handwerksordnung öffentlich bestellte und vereidigte Sachverständige zugelassen. Voraussetzung ist, dass die Sachverständigen für ein Sachgebiet bestellt sind, das die Barrierefreiheit und Barrierereduzierung in Wohngebäuden umfasst. Des Weiteren müssen sie eine besondere Sachkunde oder ergänzende Fortbildung auf diesem Gebiet nachweisen. Die Kosten für die Bestätigung des Sachverständigen gehören zu den förderunschädlich entnehmbaren Beträgen.

268 Förderfähige energetische Maßnahmen sind nur solche im Sinne des § 35 c Abs. 1 Satz 3 EStG, die von einem Fachunternehmen ausgeführt werden. Darunter zählt z. B. die Erneuerung von Heizungsanlagen, die Wärmedämmung von Wänden und Dachflächen oder die Erneuerung von Fenstern und Außentüren in oder an einer selbst genutzten Wohnung. § 35 c Abs. 1 Satz 4, 6 und 7 EStG gelten entsprechend. Zu den förderunschädlich entnehmbaren Beträgen (Aufwendungen) gehören somit auch die Kosten für Energieberater, die mit der planerischen Begleitung oder Beaufsichtigung der energetischen Maßnahmen beauftragt worden sind. Der Zulageberechtigte muss der ZfA eine Bescheinigung über die Einhaltung der technischen Anforderungen nach § 35 c Abs. 1 Satz 3 EStG und der Rechtsverordnung nach § 35 c Abs. 7 EStG (Energetische Sanierungsmaßnahmen-Verordnung vom 2. Januar 2020, BGBl. I S. 3, zuletzt geändert durch Artikel 1 der Verordnung vom 19. Dezember 2022, BGBl. I S. 2414) vorlegen. Hierfür hat das Bundesministerium der Finanzen in Abstimmung mit den Ländern Musterbeschei-

nigungen veröffentlicht (BMF-Schreiben vom 26. Januar 2023, BStBl. I S. 218). Neben den ausführenden Fachunternehmen sind unter den Voraussetzungen des § 2 Abs. 2 der vorgenannten Verordnung auch Personen mit Ausstellungsberechtigung nach § 88 des Gebäudeenergiegesetzes (insbesondere Energieberater) zur Ausstellung der Bescheinigung berechtigt. Weitere Einzelheiten hierzu regelt das BMF-Schreiben vom 14. Januar 2021 (BStBl. I S. 103).

Der Zulageberechtigte hat schriftlich zu bestätigen, dass weder er selbst noch ein Mitnutzer der Wohnung für die Umbau- oder Sanierungskosten **269**

– eine Förderung durch Zuschüsse oder
– eine Steuerermäßigung nach §§ 35 a oder 35 c EStG oder
– eine Berücksichtigung als Betriebsausgaben, Werbungskosten, Sonderausgaben oder außergewöhnliche Belastung nach § 33 EStG

beantragt hat oder beantragen wird. Diese Bestätigung ist bei der Antragstellung (vgl. Rn. 260) gegenüber der ZfA abzugeben. Wird zur Finanzierung des barrierereduzierenden Umbaus oder ab 1. Januar 2024 zur Finanzierung der energetischen Sanierungsmaßnahmen ein Darlehen im Rahmen eines Altersvorsorgevertrags nach § 1 Abs. 1 a AltZertG aufgenommen, hat der Zulageberechtigte diese Bestätigung gegenüber seinem Anbieter abzugeben. Zu den jeweiligen Umbau- oder Sanierungskosten gehören neben den Materialkosten auch die anteiligen Lohnkosten für die entsprechende Maßnahme. Für darüber hinaus gehende Kosten, für die keine Entnahme nach § 92 a Abs. 1 Satz 1 Nr. 3 EStG erfolgt und für die kein Darlehen nach § 1 Abs. 1 a AltZertG in Anspruch genommen wird, gelten keine Beschränkungen.

Rn. 260 sowie Rn. 278 gelten entsprechend. **270**

Geht ab dem 1. Januar 2024 bei der ZfA ein Antrag auf Entnahme des Altersvorsorge-Eigenheimbetrags für Aufwendungen von energetischen Sanierungsmaßnahmen von Seiten des Zulageberechtigten ein, so ist es nicht zu beanstanden, wenn Aufwendungen hierfür maximal 6 Monate davor (vgl. Rn. 258), frühestens jedoch ab dem 1. Juli 2023 entstanden sind. **271**

Von einer Prüfung der Antragsfrist von 10 Monaten vor Beginn der Auszahlungsphase (vgl. Rn. 260) wird für Fälle abgesehen, in denen die Auszahlungsphase im Laufe des Jahres 2024 beginnt und eine Entnahme für energetische Sanierungsmaßnahmen beantragt wird.

5. Begünstigte Wohnung

Als begünstigte Wohnung nach § 92 a Abs. 1 Satz 5 EStG zählt **272**

– eine Wohnung in einem eigenen Haus (dies kann auch ein Mehrfamilienhaus sein),
– eine eigene Eigentumswohnung,
– eine Genossenschaftswohnung einer in das Genossenschaftsregister eingetragenen Genossenschaft oder
– ein eigentumsähnliches oder lebenslanges Dauerwohnrecht.

Die Wohnung muss in einem EU-/EWR-Staat liegen und mit Beginn der Selbstnutzung die Hauptwohnung oder den Mittelpunkt der Lebensinteressen des Zulageberechtigten darstellen. Nicht begünstigt sind somit Ferien- oder Wochenendwohnungen.

Als begünstigte Wohnung gilt auch eine im Vereinigten Königreich Großbritannien und Nordirland belegene Wohnung, die vor dem 1. Januar 2021 (Zeitpunkt, ab dem das Vereinigte Königreich Großbritannien und Nordirland nicht mehr Mitgliedstaat der Europäischen Union ist und auch nicht wie ein solcher zu behandeln ist) bereits begünstigt war, soweit für diese Wohnung bereits vor diesem Zeitpunkt eine Verwendung nach § 92 a Abs. 1 Satz 1 EStG erfolgt ist und keine erneute wohnungs-wirtschaftliche Verwendung beantragt wird.

Der Zulageberechtigte muss wirtschaftlicher Eigentümer (§ 39 Abs. 2 Nr. 1 Satz 1 AO) der begünstigten Wohnung sein. Er muss nicht Alleineigentümer der Wohnung werden, ein Miteigentumsanteil ist ausreichend. Die Höhe des Eigentumsanteils ist insoweit von nachrangiger Bedeutung. Der Entnahmebetrag darf jedoch die Anschaffungs-/Herstellungskosten des Miteigentumsanteils nicht übersteigen. **273**

Im Fall der Entschuldung gilt Rn. 273 sinngemäß mit der Maßgabe, dass der Entnahmebetrag auf die Höhe der auf den Miteigentumsanteil entfallenden originären Anschaffungs-/Herstellungskosten beschränkt ist. Sind Ehegatten/Lebenspartner gesamtschuldnerische Darlehensnehmer, kann der Zulageberechtigte das Darlehen bis zur Höhe seiner anteiligen originären Anschaffungs-/Herstellungskosten ablösen. Wurden mit dem umzuschuldenden Darlehen sowohl Anschaffungs-/Herstellungskosten der begünstigten Wohnung als auch andere Kosten finanziert, kann der Zulageberechtigte das Darlehen bis zur Höhe seiner anteiligen originären Anschaffungs-/Herstellungskosten ablösen. **274**

Der Erwerb eines eigentumsähnlichen (unbefristeten und vererbbaren) oder lebenslangen (befristeten und nicht vererbbaren) Dauerwohnrechts nach § 33 Wohnungseigentumsgesetz wird bei der Verwendung des Altersvorsorge-Eigenheimbetrags dem Wohneigentum gleichgestellt, soweit Vereinbarungen im Sinne des § 39 Wohnungseigentumsgesetz getroffen werden, die den Fortbestand des Dauerwohnrechts auch im Fall einer Zwangsversteigerung sicherstellen. **275**

Für den Begriff der Wohnung im Sinne des § 92 a Abs. 1 Satz 5 EStG gelten die bewertungs-rechtlichen Abgrenzungsmerkmale, die nach der ständigen BFH-Rechtsprechung, insbesondere zur Abgeschlossenheit und zum eigenen Zugang, maßgebend sind (grundlegend BFH-Urteil vom 5. Oktober 1984, BStBl. II 1985 S. 151). Auf die Art des Gebäudes, in dem sich die Wohnung befindet, kommt es nicht an. **276**

6. Anschaffung oder Herstellung

Es gelten die allgemeinen einkommensteuerlichen Grundsätze zur Anschaffung oder Herstellung. **277**

7. Selbstnutzung (Nutzung zu eigenen Wohnzwecken)

Eine Wohnung wird nur zu eigenen Wohnzwecken genutzt, wenn sie tatsächlich bewohnt wird. Der Zulageberechtigte muss nicht Alleinnutzer der Wohnung sein. Ein Ehegatte/Lebenspartner nutzt eine ihm gehörende Wohnung, die er zusammen mit dem anderen Ehegatten/Lebenspartner bewohnt, auch **278**

Anl zu § 10a

dann zu eigenen Wohnzwecken, wenn der andere Ehegatte/Lebenspartner ein Wohnrecht an der gesamten Wohnung hat. Eine Nutzung zu eigenen Wohnzwecken liegt regelmäßig auch vor, wenn die Wohnung in der Form des betreuten Wohnens genutzt wird.

279 Eine Wohnung im eigenen Haus oder eine Eigentumswohnung dient nicht eigenen Wohnzwecken, wenn sie in vollem Umfang betrieblich oder beruflich genutzt oder unentgeltlich überlassen oder vermietet wird. Die unentgeltliche Überlassung an Angehörige im Sinne des § 15 AO dient ebenfalls nicht den eigenen Wohnzwecken des Zulageberechtigten. Dient die Wohnung teilweise beruflichen oder betrieblichen Zwecken oder werden Teile der Wohnung unentgeltlich überlassen oder vermietet, liegt insoweit keine Nutzung zu eigenen Wohnzwecken vor.

280 Sofern der Zulageberechtigte die Anschaffungs- oder Herstellungskosten einer Wohnung ganz oder teilweise unmittelbar durch ein Darlehen finanziert, liegt eine wohnungswirtschaftliche Verwendung ab dem Beginn der Darlehensauszahlung vor,
- wenn die Selbstnutzung des Zulageberechtigten innerhalb von sechs Monaten nach dem Anschaffungs- oder Herstellungszeitpunkt aufgenommen wird und
- die Wohnung zwischenzeitlich nicht von einem Dritten/Mieter genutzt wird.

281 Nimmt der Zulageberechtigte, der das Darlehen eines Altersvorsorgevertrags nach § 1 Abs. 1 a AltZertG ausgezahlt bekommen hat, die Selbstnutzung nicht innerhalb der in Rn. 280 genannten Frist, aber innerhalb eines Jahres nach Ablauf des Veranlagungszeitraums, in dem die Darlehensauszahlung erfolgt ist, auf und wird die Wohnung zwischenzeitlich nicht von einem Dritten/Mieter genutzt, ist der Vertrag bis zur Aufnahme der Selbstnutzung jedoch längstens bis zum Ablauf der Jahresfrist wie ein zertifizierter Altersvorsorgevertrag zu behandeln. Die zugunsten des Vertrags bis zur Aufnahme der Selbstnutzung geleisteten Beträge sind nach § 82 Abs. 1 Satz 5 EStG in der Regel keine förderbaren Altersvorsorgebeiträge.

282 Nimmt der Zulageberechtigte die Selbstnutzung innerhalb der Jahresfrist auf, ist jedoch § 82 Abs. 1 Satz 7 EStG analog anzuwenden. D. h., im Beitragsjahr der Aufnahme der Selbstnutzung gelten auch die davor geleisteten Tilgungsleistungen als Altersvorsorgebeiträge nach § 82 Abs. 1 Satz 1 EStG.

283 Nimmt der Zulageberechtigte die Selbstnutzung nicht innerhalb der Jahresfrist auf, ist der Vertrag rückwirkend wie ein nicht zertifizierter Vertrag zu behandeln. Ggf. auf Sparleistungen beruhende Erträge unterliegen (nachträglich) nach den allgemeinen Grundsätzen der Abgeltungsteuer.

8. Aufgabe der Selbstnutzung der eigenen Wohnung

284 Die Auflösung des Wohnförderkontos und Besteuerung des Auflösungsbetrags erfolgt, wenn der Zulageberechtigte die Selbstnutzung der geförderten Wohnung nicht nur vorübergehend oder das Eigentum an der geförderten Wohnung vollständig aufgibt. Bei anteiliger Aufgabe des Eigentums erfolgt die Auflösung des Wohnförderkontos und die Besteuerung des Auflösungsbetrags, soweit der Stand des Wohnförderkontos die auf den verbleibenden Miteigentumsanteil entfallenden originären Anschaffungs-/Herstellungskosten übersteigt. Von einer nur vorübergehenden Aufgabe der Selbstnutzung kann nach Würdigung des Einzelfalls bei einem Zeitraum von bis zu einem Jahr ausgegangen werden. Bei einer anteiligen Aufgabe der Selbstnutzung kommt es nur insoweit zu den Rechtsfolgen des § 92 a Abs. 3 EStG, als die Anschaffungs-/Herstellungskosten des verbleibenden selbst genutzten Anteils geringer sind als der Stand des Wohnförderkontos.

285 In den Fällen, in denen der Zulageberechtigte sein Eigentum an der begünstigten Wohnung überträgt und im Gegenzug ein Dauerwohnrecht im Sinne des § 92 a Abs. 1 Satz 6 EStG an dieser Wohnung erhält, gilt Folgendes: Das Wohnförderkonto ist nur insoweit aufzulösen, als sein Stand zum Zeitpunkt der Eigentumsübertragung den Wert des eingetragenen Dauerwohnrechts übersteigt. Die Begründung lediglich eines Nießbrauchs- oder Wohnrechts löst eine Auflösung des Wohnförderkontos aus.

286 Sofern das Wohnförderkonto noch nicht vollständig zurückgeführt ist oder es bei einer Einmalbesteuerung des Wohnförderkontos zu einer Nachversteuerungspflicht nach § 22 Nr. 5 Satz 6 EStG kommt, hat der Zulageberechtigte dem Anbieter des Altersvorsorgevertrags mit Wohnförderkonto unverzüglich den Zeitpunkt der Aufgabe der Selbstnutzung oder des Eigentumsübergangs anzuzeigen. Der Anbieter hat dies der ZfA nach amtlich vorgeschriebenem Datensatz spätestens bis zum Ablauf des zweiten Monats, der auf den Monat der Anzeige des Zulageberechtigten folgt, mitzuteilen. Erfolgt die Aufgabe der Selbstnutzung in der Auszahlungsphase, so hat der Zulageberechtigte dies der ZfA anzuzeigen. Im Fall des Todes des Zulageberechtigten besteht diese Anzeigepflicht für den Rechtsnachfolger.

287 Eine Auflösung des Wohnförderkontos in den Fällen der Rn. 284 unterbleibt,

a) wenn der Zulageberechtigte einen Betrag in Höhe des Stands des Wohnförderkontos innerhalb von zwei Jahren vor dem Veranlagungszeitraum und von fünf Jahren nach Ablauf des Veranlagungszeitraums, in dem die Nutzung zu eigenen Wohnzwecken aufgegeben wurde, für eine weitere förderbare Wohnung verwendet (§ 92 a Abs. 3 Satz 9 Nr. 1 EStG). In diesem Fall hat der Zulageberechtigte dem Anbieter des Altersvorsorgevertrags mit Wohnförderkonto, in der Auszahlungsphase der ZfA, seine Absicht anzuzeigen, in eine weitere selbst genutzte Wohnung zu investieren. Übersteigt der Stand des Wohnförderkontos die auf den Eigentumsanteil des Zulageberechtigten entfallenden Anschaffungs- oder Herstellungskosten für die weitere Wohnung, erfolgt zum Zeitpunkt der Reinvestition die Teilauflösung und Besteuerung des den reinvestierten Betrag übersteigenden Anteils des Wohnförderkontos. Buchstabe b gilt entsprechend. Gibt er die Reinvestitionsabsicht auf, hat er dies seinem Anbieter, in der Auszahlungsphase der ZfA, anzuzeigen. Zu diesem Zeitpunkt erfolgt die Auflösung des Wohnförderkontos und Besteuerung des Auflösungsbetrags;

b) wenn der Zulageberechtigte innerhalb eines Jahres nach Ablauf des Veranlagungszeitraums, in dem die Nutzung zu eigenen Wohnzwecken aufgegeben wurde, einen Betrag in Höhe des Stands des Wohnförderkontos auf einen auf seinen Namen lautenden Altersvorsorgevertrag zahlt (§ 92 a Abs. 3 Satz 9 Nr. 2 EStG). In diesem Fall hat der Zulageberechtigte dem Anbieter seine Absicht anzuzeigen, in einen Altersvorsorgevertrag zu investieren. In der Auszahlungsphase hat er dies der ZfA anzuzeigen. Erfolgt die Einzahlung nicht auf den Altersvorsorgevertrag mit Wohnförderkonto, hat der Zulageberechtigte dem Anbieter, bei dem die Einzahlung erfolgt, die Vertragsdaten des Altersvorsorgevertrags mit Wohnförderkonto mitzuteilen. Diese Daten hat der Anbieter im Rahmen seiner Datenübermittlung über die erfolgte Einzahlung der ZfA mitzuteilen. Ist der reinvestierte Betrag geringer als der Stand des Wohnförderkontos, erfolgt zum Zeitpunkt der Reinvestition die Teilauflösung und Besteuerung des den reinvestierten Betrag übersteigenden Anteils des Wohnförderkontos. Gibt der Zulageberechtigte die Reinvestitionsabsicht auf, hat er dies seinem Anbieter, in der Auszahlungsphase der ZfA, anzuzeigen. Zu diesem Zeitpunkt erfolgt die Auflösung des Wohnförderkontos und Besteuerung des Auflösungsbetrags;

c) solange die Ehewohnung aufgrund einer richterlichen Entscheidung nach § 1361 b BGB oder nach der Verordnung über die Behandlung der Ehewohnung und des Hausrats dem Ehegatten/Lebenspartner des Zulageberechtigten zugewiesen und von diesem selbst genutzt wird (§ 92 a Abs. 3 Satz 9 Nr. 3 EStG). Hierbei wird das Wohnförderkonto für den Zulageberechtigten weitergeführt;

d) wenn der Zulageberechtigte krankheits- oder pflegebedingt die Wohnung nicht mehr bewohnt, sofern er Eigentümer dieser Wohnung bleibt, sie ihm weiterhin zur Selbstnutzung zur Verfügung steht und sie nicht von Dritten, mit Ausnahme seines Ehegatten/Lebenspartners, genutzt wird (§ 92 a Abs. 3 Satz 9 Nr. 4 EStG);

e) auf Antrag des Zulageberechtigten bei der ZfA, wenn er die eigene Wohnung aufgrund eines beruflich bedingten Umzugs für die Dauer der beruflich bedingten Abwesenheit nicht mehr selbst nutzt und beabsichtigt, die Selbstnutzung wieder aufzunehmen. Ein beruflich bedingter Umzug liegt auch dann vor, wenn die Ursache des Umzugs in den Berufsbereich des Ehegatten/Lebenspartners des Zulageberechtigten fällt; die Zulageberechtigung dieses Ehegatten/Lebenspartners ist unerheblich. Die Selbstnutzung muss bei Beendigung der beruflich bedingten Abwesenheit, spätestens mit der Vollendung des 67. Lebensjahres des Zulageberechtigten wieder aufgenommen werden. Wird während der beruflich bedingten Abwesenheit mit einer anderen Person ein Nutzungsrecht vereinbart, muss die Vereinbarung von vorneherein entsprechend befristet werden (§ 92 a Abs. 4 EStG). Gibt der Zulageberechtigte seine Absicht, die Selbstnutzung wieder aufzunehmen, auf oder hat er die Selbstnutzung bis zur Vollendung seines 67. Lebensjahres nicht wieder aufgenommen, erfolgt die Auflösung des Wohnförderkontos und Besteuerung des Auflösungsbetrags; es sei denn, es handelt sich um einen Fall der Buchstaben a bis d. Dies gilt auch für den Fall, dass die Selbstnutzung nach einem Wegfall der berufsbedingten Abwesenheitsgründe nicht wieder aufgenommen wird;

f) wenn der Zulageberechtigte innerhalb von fünf Jahren nach Ablauf des Veranlagungszeitraums, in dem er die Wohnung letztmals zu eigenen Wohnzwecken genutzt hat, die Selbstnutzung dieser Wohnung wieder aufnimmt (§ 92 a Abs. 3 Satz 9 Nr. 5 EStG). In diesem Fall hat der Zulageberechtigte dem Anbieter, in der Auszahlungsphase der ZfA, die Absicht der fristgerechten Wiederaufnahme anzuzeigen.

In den Fällen des Buchstabens c und des § 92 a Abs. 2 a EStG tritt der andere, geschiedene, frühere oder überlebende Ehegatte/Lebenspartner für die Anwendung der Regelungen des § 92 a EStG an die Stelle des Zulageberechtigten.

Eine Teilreinvestition des Betrags des Wohnförderkontos in einen Altersvorsorgevertrag nach § 92 a Abs. 3 Satz 9 Nr. 2 EStG (vgl. Buchstabe b) vor einer Reinvestition in eine selbst genutzte Wohnung nach § 92 a Abs. 3 Satz 9 Nr. 1 EStG (vgl. Buchstabe a) ist zulässig.

Geförderte Beiträge, 288

- die nach § 82 Abs. 1 Satz 3 EStG wie Tilgungsleistungen behandelt wurden, weil sie zugunsten eines Altersvorsorgevertrags im Sinne des § 1 Abs. 1 a Satz 1 Nr. 3 AltZertG erbracht und zur Tilgung eines im Rahmen des Altersvorsorgevertrags abgeschlossenen Darlehens abgetreten worden sind,
- die aber noch nicht in das Wohnförderkonto eingestellt wurden, weil die unmittelbare Darlehenstilgung noch nicht erfolgt ist,

sind einschließlich der darauf entfallenden Zulagen und Erträge in ein Wohnförderkonto aufzunehmen, wenn der Zulageberechtigte die Selbstnutzung der geförderten Wohnung nicht nur vorübergehend oder das Eigentum an der Wohnung vollständig aufgibt. Rn. 284 und 287 gelten entsprechend. Von einer Zahlung des Zulageberechtigten im Sinne der Rn. 287 Buchstabe b ist in diesem Zusammenhang auszugehen, wenn der Zulageberechtigte und der Anbieter innerhalb eines Jahres nach Ablauf des Veranlagungszeitraums, in dem die Nutzung zu eigenen Wohnzwecken aufgegeben wurde, eine Trennung des Altersvorsorgevertrags nach § 1 Abs. 1 a Satz 1 Nr. 3 AltZertG in einen Altersvorsorgevertrag nach § 1 Abs. 1 a Satz 1 Nr. 2 AltZertG und ein nicht zertifiziertes Darlehen vereinbaren (Trennungsvereinbarung). Wurde für diese Beiträge noch keine Förderung gewährt, fließen sie einschließlich der darauf entfallenden Erträge dem Zulageberechtigten zu dem Zeitpunkt zu, zu dem die Tilgungsleistungen nach § 82 Abs. 1 Satz 3 EStG in das Wohnförderkonto eingestellt werden. Dies gilt auch im Fall des Todes des Zulageberechtigten. Der Anbieter hat dies der ZfA nach amtlich vorgeschriebenem Datensatz mitzuteilen, sobald er davon Kenntnis erlangt (vgl. Rn. 286).

Im Beitragsjahr der Aufgabe der Selbstnutzung gelten auch die nach der Aufgabe der Selbstnutzung geleisteten Beiträge oder Tilgungsleistungen als Altersvorsorgebeiträge. Im Beitragsjahr einer Reinvestition in eine weitere begünstigte Wohnung (§ 92 a Abs. 3 Satz 9 Nr. 1 EStG) gelten auch die vor der Reinvestition geleisteten Beiträge oder Tilgungsleistungen als Altersvorsorgebeiträge. 289

V. Sonstiges

1. Pfändungsschutz (§ 97 EStG)

Gem. § 97 EStG sind das geförderte Altersvorsorgevermögen einschließlich der hierauf entfallenden Erträge und Wertzuwächse, die geförderten laufenden Altersvorsorgebeiträge und der Anspruch auf Zulage nicht übertragbar. Dieses Vermögen ist daher unpfändbar; dies gilt auch für den Fall einer Verbraucherinsolvenz (§ 851 Abs. 1 Zivilprozessordnung – ZPO – sowie §§ 4 und 304 ff. InsO). Der Pfändungs- 290

Anl zu § 10a

schutz erstreckt sich nicht auf Kapital, das auf nicht geförderten Beiträgen (vgl. Rn. 136 ff.) einschließlich der hierauf entfallenden Erträge und Wertzuwächse beruht, und auch nicht auf das in einer Wohnung gebundene geförderte Vermögen. Der Pfändung des steuerlich nicht geförderten Altersvorsorgevermögens steht ein vertragliches Abtretungs- und Übertragungsverbot nicht entgegen. Im Fall einer Pfändung tritt insoweit keine schädliche Verwendung im Sinne des § 93 EStG ein.

291 Der Einsatz des geförderten Altersvorsorgevermögens zur Tilgung des Darlehens, zur Verpfändung, zur Sicherungsabtretung und zur Aufrechnung bei Altersvorsorgeverträgen nach § 1 Abs. 1 a Satz 1 Nr. 3 AltZertG stellt keine Übertragung im Sinne des § 97 EStG dar. Das Übertragungsverbot des § 97 EStG findet auf gefördertes Altersvorsorgevermögen, das im Rahmen eines Altersvorsorgevertrags nach § 1 Abs. 1 a Satz 1 Nr. 3 AltZertG gebildet wurde, im Verhältnis der Vertragspartner untereinander keine Anwendung. Da es sich um einen einheitlichen Vertrag handeln muss, erfolgt lediglich eine Umbuchung innerhalb des Vertrags.

292 Die in der Auszahlungsphase an den Vertragsinhaber zu leistenden Beträge unterliegen nicht dem Pfändungsschutz nach § 97 EStG. Insoweit sind ausschließlich die zivilrechtlichen Regelungen (z. B. §§ 850 ff. ZPO) maßgeblich.

2. Verfahrensfragen

a) Zulageantrag[1]

293 Die Zulage wird nur auf Antrag gewährt. Ein rechtswirksamer Antrag setzt nach § 89 Abs. 1 EStG voraus, dass der Steuerpflichtige die Zulage nach amtlich vorgeschriebenem Vordruck beantragt. Der Vordruck muss innerhalb der Antragsfrist des § 89 Abs. 1 Satz 1 EStG beim Anbieter eingehen und bis dahin vom Antragsteller eigenhändig unterschrieben sein. Zudem muss erkennbar sein, wer Antragsteller ist; dies setzt voraus, dass die üblichen Personaldaten angegeben werden. Dem Antrag muss ferner entnommen werden können, dass eine Grundzulage und ggf. auch eine Kinderzulage vom Steuerpflichtigen beantragt werden. Der Zulageantrag ersetzt nicht den Antrag auf Festsetzung nach § 90 Abs. 4 Satz 1 Nr. 3 EStG i. d. F. vom 16. Dezember 2022.

294 Ist bei Tilgungsleistungen eines Zulageberechtigten aus Sicht des Anbieters die wohnungswirtschaftliche Verwendung nicht gegeben, hat er dennoch den Antrag auf Zulage an die ZfA weiterzuleiten und die Altersvorsorgebeiträge insoweit mit 0 € zu übermitteln.

295 Der Zulageberechtigte hat die Möglichkeit, dem jeweiligen Anbieter eine schriftliche Vollmacht zu erteilen, für ihn den Antrag – bis auf Widerruf – zu stellen (§ 89 Abs. 1 a EStG). Die Vollmacht kann im Rahmen des Zulageantrags oder formlos erteilt werden und ist auch für zurückliegende Beitragsjahre, für die noch kein Zulageantrag gestellt worden ist, möglich. Bestimmte Personengruppen (z. B. Grenzgänger), die am Dauerzulageverfahren teilnehmen, müssen zusätzlich jährlich dem Anbieter die zur Berechnung des Mindesteigenbeitrags erforderlichen Einnahmen (z. B. ausländischer Arbeitslohn) mitteilen.

296 Die Antragsfrist endet mit Ablauf des zweiten Kalenderjahres nach Ablauf des Beitragsjahres. Maßgebend ist der Zeitpunkt, in dem der Zulageantrag beim Anbieter eingeht (§ 89 Abs. 1 EStG). Hat der Zulageberechtigte dem Anbieter seines Vertrags eine schriftliche Vollmacht zur formlosen Antragstellung erteilt (§ 89 Abs. 1 a EStG), gilt als Antragseingang die Erstellung des Datensatzes durch den Anbieter.

297 Der Zulageberechtigte kann in der Regel auf Angaben zu den beitragspflichtigen Einnahmen und zur Höhe seiner Bruttorente im Zulageantrag verzichten. In diesen Fällen darf die ZfA die Angaben bei den Trägern der gesetzlichen Rentenversicherung erheben. Dies gilt nicht, wenn der Zulageberechtigte nicht der deutschen Rentenversicherung unterliegt. Für die Bezieher einer Rente wegen voller Erwerbsminderung nach dem Gesetz über die Alterssicherung der Landwirte darf die ZfA bei fehlender Angabe im Zulageantrag die Höhe der Bruttorente bei der landwirtschaftlichen Alterskasse erheben. Sind die der gesetzlichen Rentenversicherung zugrunde liegenden beitragspflichtigen Einnahmen höher als das tatsächlich erzielte Entgelt oder ein Zahlbetrag von Entgeltersatzleistungen des Zulageberechtigten (siehe Rn. 82 f.), sollte dies im Zulageantrag angegeben werden. Andernfalls werden die höheren – beim Rentenversicherungsträger erhobenen – beitragspflichtigen Einnahmen der Mindesteigenbeitragsberechnung zugrunde gelegt, es sei denn, die ZfA kann die tatsächlichen Zahlbeträge bei der Finanzverwaltung erheben. Bei einem Begünstigten nach § 10 a Abs. 1 Satz 1 Halbsatz 2 EStG werden die erforderlichen Daten von den zuständigen Stellen an die ZfA übermittelt.

298 Zur Durchführung des Verfahrens ist es erforderlich, dass der Anleger dem Anbieter die Änderungen der folgenden Verhältnisse mitteilt:

1. Änderung der Art der Zulageberechtigung (mittelbar/unmittelbar),
2. Änderung des Familienstandes,
3. Änderung der Daten zur Ermittlung des Mindesteigenbeitrags, sofern diese im Antrag angegeben worden sind (z. B. tatsächliches Entgelt),
4. Wegfall des Kindergeldes für ein Kind, für das eine Kinderzulage beantragt wird,
5. Änderung der Zuordnung der Kinder.

In seinem eigenen Interesse sollte der Anleger darüber hinaus auch die Änderungen der folgenden Tatbestände anzeigen:

1. Änderung bei der Verteilung der Zulage auf mehrere Verträge,
2. Änderung des beruflichen Status (z. B. Beamter wird Angestellter oder umgekehrt),
3. Erhöhung der Anzahl der Kinder, für die eine Kinderzulage beantragt werden soll.

[1] Vgl. Anhang **I 15 c.**

b) Festsetzung

Ab dem Beitragsjahr 2024 erfolgt eine Festsetzung der Zulage 299
- von Amts wegen (§ 90 Abs. 4 Satz 1 Nr. 1 und 2 EStG i. d. F. vom 16. Dezember 2022),
- auf besonderen Antrag des Zulageberechtigten (§ 90 Abs. 4 Satz 1 Nr. 3 EStG i. d. F. vom 16. Dezember 2022) oder
- auf Anforderung des zuständigen Finanzamtes (§ 90 Abs. 4 Satz 1 Nr. 4 EStG i. d. F. vom 16. Dezember 2022).

Eine Festsetzung von Amts wegen hat die ZfA in folgenden Fällen vorzunehmen: 300
- Die von der ZfA berechnete Zulage weicht von der beantragten Zulage ab. Die Fälle der bei einer Erstberechnung gekürzten Zulagen wegen nicht erreichtem Mindesteigenbeitrag sind davon nicht betroffen.
- Zu Unrecht gutgeschriebene oder ausgezahlte Zulagen werden zurückgefordert.

Sofern nicht bereits eine Festsetzung von Amts wegen erfolgt ist, kann eine Festsetzung auf besonderen Antrag des Zulageberechtigten erfolgen. Der Antrag ist schriftlich oder elektronisch innerhalb eines Jahres vom Zulageberechtigten an die ZfA zu richten. Die Frist beginnt mit der Erteilung der Bescheinigung nach § 92 EStG, die die Ermittlungsergebnisse für das Beitragsjahr enthält, für das eine Festsetzung der Zulage erfolgen soll. Geht ab dem 1. Januar 2024 ein Antrag des Zulageberechtigten auf Festsetzung (schriftlich oder elektronisch) für ein Beitragsjahr vor 2024 statt beim Anbieter unmittelbar bei der ZfA ein, ist dies nicht zu beanstanden. Der Anbieter hat in diesen Fällen auf Anforderung der ZfA eine Stellungnahme und die zur Festsetzung erforderlichen Unterlagen nachzureichen. 301

Eine Festsetzung hat die ZfA auch vorzunehmen, wenn das zuständige Finanzamt diese aufgrund nicht erklärbarer, abweichender Daten anfordert und bisher keine Festsetzung erfolgt ist. Das Finanzamt erhält eine Mitteilung über den Ausgang des Verfahrens und hat die festgesetzten Daten seiner Berechnung zugrunde zu legen (§ 91 Abs. 1 Satz 4 EStG). 302

Eine Festsetzung auf Anforderung des Finanzamtes unterbleibt, 303
- wenn die Zulage nicht oder nicht fristgerecht beantragt worden ist und der ZfA insoweit keine Daten vorliegen oder
- wenn die Frist nach § 90 Abs. 3 Satz 1 EStG bereits abgelaufen ist, die ZfA in diesem Fall zu Unrecht gutgeschriebene oder ausgezahlte Zulagen nicht mehr zurückfordern kann und daher eine Änderung ihrer Daten nicht mehr möglich ist.

Die ZfA teilt dies dem Finanzamt mit. In diesem Fall hat das Finanzamt eine eigene Prüfkompetenz (BFH-Urteil vom 8. September 2020, BStBl. II 2022 S. 157).

Bis zum Beitragsjahr 2023 erfolgt eine Festsetzung der Zulage nur auf besonderen Antrag des Zulageberechtigten (§ 90 Abs. 4 EStG a. F.). 304

c) Rückforderung von Zulagen

Erkennt die ZfA, dass der Zulageanspruch ganz oder teilweise nicht besteht oder weggefallen ist, hat sie zu Unrecht gutgeschriebene oder ausgezahlte Zulagen mittels Datensatz vom Anbieter zurückzufordern. Hierbei gelten folgende Fristen: 305
- Beitragsjahre 2018 oder älter: Es gelten die allgemeinen Fristen der AO.
- Beitragsjahre 2019 bis 2023: Die Überprüfung des Zulageanspruchs hat bis zum Ende des zweiten auf die Ermittlung der Zulage folgenden Jahres und die Rückforderung bis zum Ablauf eines Jahres nach Kenntnis des Rückforderungsgrundes zu erfolgen.
- Ab dem Beitragsjahr 2024: Die ZfA zahlt die Zulage erst nach erfolgter Berechnung und Überprüfung nach § 91 EStG aus. Aufgrund neuer, berichtigter oder stornierter Daten, die bis zum Ende des zweiten auf die Ermittlung der Zulage folgenden Jahres nachträglich der ZfA übermittelt werden, hat die ZfA eine Rückforderung bis zum Ablauf eines Jahres nach Kenntnis des Rückforderungsgrundes vorzunehmen. Hierunter fällt auch eine Mitteilung der Familienkasse nach § 9 AltvDV. § 90 EStG ist insoweit lex specialis und hat Vorrang vor den Änderungsvorschriften der AO.

Dem Zulageberechtigten wird die Rückforderung nach § 90 Abs. 3 Satz 1 EStG i. d. F. vom 16. Dezember 2022 ab dem Beitragsjahr 2024 durch Bescheid nach § 90 Abs. 4 Satz 1 Nr. 2 EStG i. d. F. vom 16. Dezember 2022 mitgeteilt; der Anbieter erlangt hiervon Kenntnis durch Datensatz. Der Anbieter führt die ihm mitgeteilten Rückforderungsbeträge an die ZfA ab, indem er das Vertragskonto des Zulageberechtigten entsprechend belastet. Ist die Geschäftsbeziehung im Hinblick auf den Altersvorsorgevertrag zwischen dem Zulageberechtigten und dem Anbieter beendet, beispielsweise nach Abfindung einer Kleinbetragsrente, fordert die ZfA die Zulage vom Anleger zurück. 306

Erfolgt nach einem durchgeführten Versorgungsausgleich eine Rückforderung zu Unrecht gezahlter Zulagen, fordert die ZfA diese Zulagen vom Zulageberechtigten zurück, soweit 307
- das Guthaben auf dem Vertrag des Zulageberechtigten zur Zahlung des Rückforderungsbetrags nach § 90 Abs. 3 Satz 1 EStG nicht ausreicht und
- im Rückforderungsbetrag ein Zulagebetrag enthalten ist, der in der Ehe-/Lebenspartnerschaftszeit ausgezahlt wurde.

In diesen Fällen setzt die ZfA den Rückforderungsbetrag gem. § 90 Abs. 3 a EStG, ggf. unter Anrechnung bereits vom Anbieter einbehaltener und abgeführter Beträge, gegenüber dem Zulageberechtigten fest.

Dies gilt auch in den Fällen, in denen nach einer Inanspruchnahme eines Altersvorsorge-Eigenheimbetrags oder während einer Darlehenstilgung bei Altersvorsorgeverträgen nach § 1 Abs. 1 a AltZertG eine Rückforderung zu Unrecht gezahlter Zulagen erfolgt. In diesen Fällen setzt die ZfA den Rückforderungsbetrag, ggf. unter Anrechnung bereits vom Anbieter einbehaltener und abgeführter Beträge, gem. § 90 Abs. 3 a EStG gegenüber dem Zulageberechtigten fest, soweit das Guthaben auf dem Vertrag des Zulageberechtigten zur Zahlung des Rückforderungsbetrags nicht ausreicht. 308

Anl zu § 10a

Beispiel:

309 A hat im Jahr 2022 Altersvorsorgebeiträge i. H. v. 1925 € auf seinen Altersvorsorgevertrag eingezahlt. Für die Beiträge des Jahres 2022 werden dem Vertrag am 31. Dezember 2022 38 € an Erträgen gutgeschrieben. Anfang des Jahres 2023 erhält er für die Altersvorsorgebeiträge des Jahres 2022 175 € Zulage. Das Kapital in seinem Altersvorsorgevertrag beträgt mit den in den Vorjahren angesparten Beträgen insgesamt 12 154 €, davon sind 12 154 € gefördert und 0 € ungefördert. Weitere Beiträge zahlt er nicht ein.

Mitte des Jahres 2023 entnimmt er 100 % des geförderten Vermögens als Altersvorsorge-Eigenheimbetrag. Es werden 12 154 € ins Wohnförderkonto eingestellt. Die Geschäftsbeziehung im Hinblick auf diesen Altersvorsorgevertrag zwischen dem Zulageberechtigten und dem Anbieter endet.

Im Herbst des Jahres 2023 stellt die ZfA fest, dass A für das Jahr 2022 keinen Zulageanspruch hatte. Sie teilt dem Anbieter das geänderte Ermittlungsergebnis mit und fordert die Zulage i. H. v. 175 € unmittelbar vom Anleger zurück.

Rückwirkend zum Zeitpunkt der Entnahme betrachtet, entfallen vom Altersvorsorge-Eigenheimbetrag (12 154 – 1925 – 175 – 38 =) 10 016 € auf gefördertes Altersvorsorgevermögen. Das Wohnförderkonto wird von der ZfA nach der Übermittlung der geänderten Meldung zur Auszahlung des Altersvorsorge-Eigenheimbetrags auf 10 016 € korrigiert.

Zu beachten ist, dass die in dem nunmehr ungeförderten Vermögen enthaltenen Erträge nach § 22 Nr. 5 Satz 2 EStG zum Zeitpunkt der Entnahme zu versteuern sind. Hierzu gehören neben den für 2022 auf die Beiträge gutgeschriebenen Erträgen in Höhe von 38 € auch die auf die von der ZfA zurückgeforderte Zulage für den Zeitraum von Anfang 2023 bis zur Rückforderung der Zulage entfallenden Erträge.

d) Festsetzungsfrist

310 Die reguläre Frist für die Berechnung bzw. Festsetzung der Zulage beträgt vier Jahre (§ 169 Abs. 2 Satz 1 Nr. 2 AO) und beginnt mit Ablauf des Jahres, in dem sie entstanden ist, d. h. mit Ablauf des Beitragsjahres (§ 88 EStG i. V. m. § 170 Abs. 1 AO).

311 Die Festsetzungsfrist für die Rückforderung der Zulage nach § 90 Abs. 3 EStG sowie für die Aufhebung, Änderung oder Berichtigung der Zulagefestsetzung nach einer Festsetzung im Sinne des § 90 Abs. 4 EStG beginnt nach § 170 Abs. 3 AO nicht vor Ablauf des Jahres, in dem der Antrag nach § 89 EStG gestellt worden ist. Ab dem Beitragsjahr 2019 richtet sich die zulässige Rückforderungsfrist alleine nach § 90 Abs. 3 Satz 1 EStG.

Beispiel:

312 Der Zulageantrag für das Beitragsjahr 2019 geht im Jahr 2021 beim Anbieter ein und wird von diesem im Dezember 2021 per Datenübertragung an die ZfA übermittelt. Die ZfA ermittelt die Zulage und überweist sie im Jahr 2022 an den Anbieter. Die ZfA kann nach § 90 Abs. 3 Satz 1 EStG die Gewährung der Zulage nur bis zum Ablauf des Jahres 2024 überprüfen und muss innerhalb eines Jahres ab Kenntnis des Rückforderungsgrundes die Zulage zurückfordern.

313 Die Festsetzungsfrist für die Berechnung der Zulage (einschließlich der Rückforderung nach § 90 Abs. 3 EStG für Beitragsjahre bis einschließlich 2018) endet frühestens in dem Zeitpunkt, in dem über den Zulageantrag unanfechtbar entschieden worden ist (§ 171 Abs. 3 AO). Sofern der Zulageberechtigte innerhalb der Jahresfrist keinen Antrag auf Festsetzung nach § 90 Abs. 4 Satz 2 EStG gestellt hat, ist über den Zulageantrag mit Ablauf eines Jahres nach Erteilung der Bescheinigung nach § 92 EStG durch den Anbieter unanfechtbar entschieden.

314 Korrigiert die ZfA die Berechnung der Zulage nach § 90 Abs. 3 EStG, hat die erneute Bescheinigung nach § 92 EStG über das korrigierte Ergebnis keine Auswirkung auf die Festsetzungsfrist.

315 Beantragt der Zulageberechtigte die förmliche Festsetzung der Zulage (Rn. 301), tritt insoweit eine weitere Ablaufhemmung nach § 171 Abs. 3 AO ein.

316 Ab dem Beitragsjahr 2023 gilt nach § 90 Abs. 3 Satz 6 und 7 EStG davon abweichend eine längere Festsetzungsfrist hinsichtlich der Rückforderung bei Kindererziehenden. Wenn die Kindererziehungszeiten, beispielsweise aufgrund eines Ausschlussgrundes, vom Träger der gesetzlichen Rentenversicherung nicht anerkannt werden, hat die ZfA die Zulage bis zur Vollendung des fünften Lebensjahres des maßgebenden Kindes zurückzufordern. Es ist das Lebensalter des Kindes maßgebend, das für die Anerkennung der Förderberechtigung nach § 10 a Abs. 1 a EStG maßgebend war. Hat ein Zulageberechtigter Kindererziehungszeiten innerhalb der in § 10 a Abs. 1 a EStG genannten Frist beantragt, der zuständige Träger der gesetzlichen Rentenversicherung aber nicht innerhalb der Ausschlussfrist darüber abschließend beschieden, verlängert sich die Ausschlussfrist um drei Monate nach Kenntniserlangung der ZfA vom Erlass des Bescheides.

e) Bescheinigungs- und Informationspflichten des Anbieters

317 Hat der Anleger im abgelaufenen Beitragsjahr Altersvorsorgebeiträge auf den Vertrag eingezahlt oder wurde der Anbieter von der ZfA über die Ermittlungsergebnisse im abgelaufenen Beitragsjahr oder über den Stand des Wohnförderkontos informiert oder hat sich im abgelaufenen Beitragsjahr der Stand des Altersvorsorgevermögens oder der Stand des Wohnförderkontos geändert, ist der Anbieter verpflichtet, dem Anleger bis zum Ablauf des auf das Beitragsjahr folgenden Jahres eine Bescheinigung nach § 92 EStG auszustellen. Dies gilt auch nach einer vollständigen schädlichen Verwendung (§ 93 Abs. 1 EStG), nach Eintritt der Voraussetzungen des § 95 EStG, nach Abfindung einer Kleinbetragsrente nach § 93 Abs. 3 EStG, nach einer Übertragung von gefördertem Altersvorsorgevermögen nach § 93 Abs. 1 a EStG und in der Auszahlungsphase. Sofern sich allein der Stand des Altersvorsorgevermögens aufgrund von Auszahlungen im Rahmen eines Auszahlungsplans ändert, muss der Anbieter keine Bescheinigung nach § 92 EStG ausstellen. Die Übertragung nach § 93 Abs. 1 a EStG stellt bei der ausgleichsberechtigten Person keine zu bescheinigende Einzahlung von Altersvorsorgebeiträgen dar. Wie bei der ausgleichspflichtigen Person ist ein geänderter Stand des Altersvorsorgevermögens zu bescheinigen.

318 Bei der Ermittlung des Stands des Altersvorsorgevermögens ist auch der Wert des in eine aufschiebend bedingte bzw. sofort beginnende Rentenversicherung investierten Kapitals mit in die Bescheinigung aufzunehmen. Bezogen auf den Teil des Altersvorsorgevermögens, der in eine aufschiebende oder sofort beginnende Rentenversicherung investiert worden ist, ist das von der Versicherung jährlich neu errechnete Deckungskapital der Rentenversicherung mit einzubeziehen.

Anl zu § 10a

Soweit kein Fall des § 92 Satz 2 EStG vorliegt, besteht die jährliche Bescheinigungspflicht nach § 92 EStG (Rn. 317) für den Anbieter auch dann, wenn die Geschäftsbeziehung zwischen dem Anbieter und dem Zulageberechtigten im Hinblick auf den jeweiligen Altersvorsorgevertrag wegen vollständiger Kapitalentnahme oder nach vollständiger Darlehenstilgung beendet wurde. Soweit sich jedoch diese Bescheinigungspflicht allein aus der Mitteilung der ZfA zum Stand des Wohnförderkontos ergibt (vgl. Rn. 169), bedarf es keiner jährlichen Bescheinigung, wenn der Anbieter dem Zulageberechtigten in einer Bescheinigung nach § 92 EStG Folgendes mitgeteilt hat: „Das Wohnförderkonto erhöht sich bis zum Beginn der Auszahlungsphase jährlich um zwei Prozent, solange Sie keine Zahlungen zur Minderung des Wohnförderkontos leisten.“ **319**

Die jährliche Information nach dem AltZertG hat zu erfolgen, solange der Vertrag besteht, d. h. auch in der Auszahlungsphase. Auch wenn das gebildete Kapital oder ein Teil davon für eine sofort beginnende oder für eine aufgeschobene Rente (Teilkapitalverrentung ab dem vollendeten 85. Lebensjahr) an ein Versicherungsunternehmen übertragen worden ist, besteht die Informationspflicht des Anbieters wegen der Einheitlichkeit des Vertrags fort. Er muss sich in diesem Fall die Daten, die er für die Erfüllung seiner Informationspflichten benötigt, von dem Versicherungsunternehmen mitteilen lassen. **320**

3. Datenabgleich

Ergibt die Prüfung der ZfA nach § 91 Abs. 1 EStG eine Abweichung von dem in der Steuerfestsetzung berücksichtigten Sonderausgabenabzug nach § 10 a EStG, teilt die ZfA dies dem Finanzamt mit. Der Einkommensteuerbescheid oder die gesonderte Feststellung (§ 10 a Abs. 4 Satz 1 EStG) sind daraufhin insoweit nach § 91 Abs. 1 Satz 3 Halbsatz 2 EStG (bis Beitragsjahr 2023: § 91 Abs. 1 Satz 4 Halbsatz 2 EStG) zu ändern, sofern diese Mitteilung materiell-rechtlich nicht fehlerhaft ist. Die Mitteilung stellt keinen Grundlagenbescheid dar (BFH-Urteil vom 8. September 2020, BStBl. 2022 II S. 157). Ist jedoch die Zulage nach § 90 Abs. 4 EStG von der ZfA unanfechtbar festgesetzt worden, sind ab dem Beitragsjahr 2024 die gesondert festgesetzten Besteuerungsgrundlagen für das Finanzamt bindend und ungeprüft vom Finanzamt der gesonderten Feststellung nach § 10 a Abs. 4 EStG zu Grunde zu legen (§ 91 Abs. 1 Satz 4 EStG). **321**

B. Besonderheiten beim Versorgungsausgleich

I. Allgemeines

1. Gesetzliche Regelung des Versorgungsausgleichs

Mit der am 1. September 2009 in Kraft getretenen Strukturreform des Versorgungsausgleichs wurden die Vorschriften zum Versorgungsausgleich grundlegend geändert. Seitdem gilt nach dem Versorgungsausgleichsgesetz (VersAusglG) für alle ausgleichsreifen Anrechte auf eine Versorgung wegen Alters oder Invalidität der Grundsatz der internen Teilung. Bis dahin wurden alle von den Ehegatten/Lebenspartnern während der Ehe/Lebenspartnerschaftszeit erworbenen Anrechte auf eine Versorgung wegen Alters und Invalidität bewertet und nach Saldierung im Wege eines Einmalausgleichs ausgeglichen, vorrangig über die gesetzliche Rentenversicherung. **322**

Das VersAusglG sieht den Grundsatz der internen Teilung auch für alle Systeme der betrieblichen Altersversorgung und privaten Altersvorsorge vor. Mit Durchführung des Versorgungsausgleichs werden die von den Ehegatten/Lebenspartnern in der Ehezeit/während der Lebenspartnerschaftszeit in den unterschiedlichen Altersversorgungssystemen erworbenen Anrechte innerhalb des jeweiligen Systems geteilt und für den ausgleichsberechtigten Ehegatten/Lebenspartner eigenständige Versorgungsanrechte geschaffen, die unabhängig von den Versorgungsanrechten des ausgleichspflichtigen Ehegatten/Lebenspartners im jeweiligen System gesondert weitergeführt werden. **323**

Zu einem Ausgleich über ein anderes Versorgungssystem (externe Teilung) kommt es nur noch in den in den §§ 14 bis 17 VersAusglG geregelten Ausnahmefällen. Bei einer externen Teilung hat die ausgleichsberechtigte Person ein Wahlrecht bezüglich der Zielversorgung. Sie kann also wählen, in welches Versorgungssystem der Ausgleichswert transferiert werden soll (ggf. Aufstockung eines bestehenden Anrechts, ggf. Neubegründung eines Anrechts). Dabei darf die Zahlung des Kapitalbetrags an die gewählte Zielversorgung nicht zu nachteiligen steuerlichen Folgen bei der ausgleichspflichtigen Person führen, es sei denn, sie stimmt der Wahl der Zielversorgung zu. **324**

Die gesetzliche Rentenversicherung ist Auffang-Zielversorgung, wenn die ausgleichsberechtigte Person ihr Wahlrecht nicht ausübt und es sich nicht um eine betriebliche Altersversorgung handelt. Bei einer betrieblichen Altersversorgung wird bei fehlender Ausübung des Wahlrechts ein Anspruch in der Versorgungsausgleichskasse begründet. **325**

Verbunden ist die externe Teilung mit der Leistung eines Kapitalbetrags in Höhe des Ausgleichswerts, der vom Versorgungsträger der ausgleichspflichtigen Person an den Versorgungsträger der ausgleichsberechtigten Person gezahlt wird. (Ausnahme: Externe Teilung von Versorgungen aus einem öffentlich-rechtlichen Dienst- oder Amtsverhältnis nach § 16 VersAusglG, solange der Versorgungsträger – anders als bei der Bundesbeamtenversorgung – noch keine interne Teilung vorsieht: Hier findet wie nach dem bisherigen Quasi-Splitting zwischen der gesetzlichen Rentenversicherung und dem Träger der Beamtenversorgung ein Erstattungsverfahren im Leistungsfall statt.) **326**

Ist ein Anrecht zum Zeitpunkt des Versorgungsausgleichs nicht ausgleichsreif (§ 19 VersAusglG),z. B. ein Anrecht bei einem ausländischen, zwischenstaatlichen oder überstaatlichen Versorgungsträger oder ein Anrecht im Sinne des BetrAVG, das noch verfallbar ist, findet insoweit ein Wertausgleich bei der Scheidung nicht statt. In diesem Fall bestehen aber Ausgleichsansprüche nach der Scheidung (§§ 20 ff. VersAusglG, sog. Schuldrechtlicher Versorungsausgleich). Zur steuerlichen Behandlung der Ausgleichsansprüche nach der Scheidung vgl. BMF-Schreiben vom 21. März 2023 (BStBl. I S. 611). **327**

Nach § 20 LPartG findet, wenn eine Lebenspartnerschaft aufgehoben wird, in entsprechender Anwendung des VersAusglG ein Ausgleich von im In- oder Ausland bestehenden Anrechten (§ 2 Abs. 1 Vers- **328**

Anl zu § 10a

AusglG) statt, soweit sie in der Lebenspartnerschaftszeit begründet oder aufrechterhalten worden sind. Schließen die Lebenspartner in einem Lebenspartnerschaftsvertrag (§ 7 LPartG) Vereinbarungen über den Versorgungsausgleich, so sind die §§ 6 bis 8 VersAusglG entsprechend anzuwenden. Die Ausführungen zum VersAusglG gelten dementsprechend auch in diesen Fällen. An die Stelle der Ehezeit nach § 3 Abs. 1 VersAusglG tritt insoweit die Lebenspartnerschaftszeit (§ 20 Abs. 2 LPartG). Ergibt sich nach dem durchgeführten Versorgungsausgleich ein Härtefall, können die Folgen des Versorgungsausgleichs unter bestimmten Voraussetzungen durch eine Anpassung nach Rechtskraft (§§ 32 bis 38 VersAusglG) abgemildert oder beseitigt werden.

329 Von den nachfolgenden Ausführungen unberührt bleiben steuerliche Auswirkungen, die sich in Zusammenhang mit Pensionszusagen ergeben, die durch Körperschaften an ihre Gesellschafter erteilt wurden und die ganz oder teilweise gesellschaftsrechtlich veranlasst sind.

2. Besteuerungszeitpunkte

330 Bei der steuerlichen Beurteilung des Versorgungsausgleichs ist zwischen dem Zeitpunkt der Teilung eines Anrechts im Versorgungsausgleich durch gerichtliche Entscheidung und dem späteren Zufluss der Leistungen aus den unterschiedlichen Versorgungssystemen zu unterscheiden.

331 Bei der internen Teilung wird die Übertragung der Anrechte auf die ausgleichsberechtigte Person zum Zeitpunkt des Versorgungsausgleichs für beide Ehegatten/Lebenspartner nach § 3 Nr. 55 a EStG steuerfrei gestellt, weil auch bei den im Rahmen eines Versorgungsausgleichs übertragenen Anrechten auf eine Alters- und Invaliditätsversorgung das Prinzip der nachgelagerten Besteuerung eingehalten wird. Die Besteuerung erfolgt erst während der Auszahlungsphase. Die später zufließenden Leistungen gehören dabei bei beiden Ehegatten/Lebenspartnern zur gleichen Einkunftsart, da die Versorgungsanrechte innerhalb des jeweiligen Systems geteilt wurden. Ein Wechsel des Versorgungssystems und ein damit möglicherweise verbundener Wechsel der Besteuerung weg von der nachgelagerten Besteuerung haben nicht stattgefunden. Lediglich die individuellen Merkmale für die Besteuerung sind bei jedem Ehegatten/Lebenspartner gesondert zu ermitteln.

332 Bei einer externen Teilung kann dagegen die Übertragung der Anrechte zu einer Besteuerung führen, da sie mit einem Wechsel des Versorgungsträgers und damit regelmäßig mit einem Wechsel des Versorgungssystems verbunden ist. § 3 Nr. 55 b Satz 1 EStG stellt deshalb die Leistung des Ausgleichswerts in den Fällen der externen Teilung für beide Ehegatten/Lebenspartner steuerfrei, soweit das Prinzip der nachgelagerten Besteuerung insgesamt eingehalten wird. Soweit die späteren Leistungen bei der ausgleichsberechtigten Person jedoch nicht der nachgelagerten Besteuerung unterliegen werden (z. B. Besteuerung nach § 20 Abs. 1 Nr. 6 EStG oder nach § 22 Nr. 1 Satz 3 Buchstabe a Doppelbuchstabe bb EStG mit dem Ertragsanteil), greift die Steuerbefreiung gem. § 3 Nr. 55 b Satz 2 EStG nicht, und die Leistung des Ausgleichswerts ist bereits im Zeitpunkt der Übertragung beim ausgleichspflichtigen Ehegatten/Lebenspartner zu besteuern. Die Besteuerung der später zufließenden Leistungen erfolgt bei jedem Ehegatten/Lebenspartner unabhängig davon, zu welchen Einkünften die Leistungen beim jeweils anderen Ehegatten/Lebenspartner führen, und richtet sich danach, aus welchem Versorgungssystem sie jeweils geleistet werden.

II. Interne Teilung (§ 10 VersAusglG)

1. Steuerfreiheit nach § 3 Nr. 55 a EStG

333 § 3 Nr. 55 a EStG stellt klar, dass die aufgrund einer internen Teilung durchgeführte Übertragung von Anrechten steuerfrei ist; dies gilt sowohl für die ausgleichspflichtige als auch für die ausgleichsberechtigte Person.

2. Besteuerung

334 Die Leistungen aus den übertragenen Anrechten gehören bei der ausgleichsberechtigten Person zu den Einkünften, zu denen die Leistungen bei der ausgleichspflichtigen Person gehören würden, wenn die interne Teilung nicht stattgefunden hätte. Die (späteren) Versorgungsleistungen sind daher (weiterhin) Einkünfte aus nichtselbständiger Arbeit (§ 19 EStG), aus Kapitalvermögen (§ 20 EStG) oder sonstige Einkünfte (§ 22 EStG). Ausgleichspflichtige Person und ausgleichsberechtigte Person versteuern beide die ihnen jeweils zufließenden Leistungen. Liegen Einkünfte aus nichtselbständiger Arbeit vor, gilt Rn. 147 des BMF-Schreibens vom 12. August 2021 (BStBl. I S. 1050)[1] unter Berücksichtigung der Änderungen durch das BMF-Schreiben vom 18. März 2022 (BStBl. I S. 333) auch für die ausgleichberechtigte Person.

335 Für die Ermittlung des Versorgungsfreibetrags und des Zuschlags zum Versorgungsfreibetrag nach § 19 Abs. 2 EStG, des Besteuerungsanteils nach § 22 Nr. 1 Satz 3 Buchstabe a Doppelbuchstabe aa EStG sowie des Ertragsanteils nach § 22 Nr. 1 Satz 3 Buchstabe a Doppelbuchstabe bb EStG bei der ausgleichsberechtigten Person ist auf deren Versorgungsbeginn, deren Rentenbeginn bzw. deren Lebensalter abzustellen. Die Art einer Versorgungszusage (Alt-/Neuzusage) bei der ausgleichsberechtigten Person entspricht in der Regel der Art der Versorgungszusage der ausgleichspflichtigen Person. Dies gilt auch bei einer Änderung des Leistungsspektrums nach § 11 Abs. 1 Nr. 3 VersAusglG. Bei einer Hinterbliebenenversorgung zugunsten von Kindern ändert sich die bisher maßgebende Altersgrenze (Rn. 4 des BMF-Schreibens vom 12. August 2021, BStBl. I S. 1050)[2] nicht. Die Aufstockung eines zugesagten Sterbegeldes (vgl. Rn. 5 des BMF-Schreibens vom 12. August 2021, BStBl. I S. 1050)[3] ist möglich. Sofern die Leistungen bei der ausgleichsberechtigten Person nach § 22 Nr. 5 EStG zu besteuern sind, ist

[1] Abgedruckt in Anhang **I 15 b.**
[2] Abgedruckt in Anhang **I 15 b.**
[3] Abgedruckt in Anhang **I 15 b.**

für die Besteuerung auf die der ausgleichspflichtigen Person gewährte Förderung abzustellen, soweit diese auf die übertragene Anwartschaft entfällt (vgl. Rn. 131).

336 Wird das Anrecht aus einem Altersvorsorgevertrag oder einem Direktversicherungsvertrag intern geteilt und somit ein eigenes Anrecht der ausgleichsberechtigten Person begründet, gilt der Altersvorsorge- oder Direktversicherungsvertrag der ausgleichsberechtigten Person insoweit zu dem gleichen Zeitpunkt als abgeschlossen wie derjenige der ausgleichspflichtigen Person (§ 52 Abs. 28 Satz 9 EStG). Dies gilt entsprechend, wenn die Leistungen bei der ausgleichsberechtigten Person nach § 22 Nr. 5 Satz 2 Buchstabe c i. V. m. § 20 Abs. 1 Nr. 6 EStG zu besteuern sind.

III. Externe Teilung (§ 14 VersAusglG)

1. Steuerfreiheit nach § 3 Nr. 55 b EStG

337 Nach § 3 Nr. 55 b Satz 1 EStG ist der aufgrund einer externen Teilung an den Träger der Zielversorgung geleistete Ausgleichswert in der Regel steuerfrei, soweit die späteren Leistungen aus den dort begründeten Anrechten zu steuerpflichtigen Einkünften bei der ausgleichsberechtigten Person führen würden. Soweit die Übertragung von Anrechten im Rahmen des Versorgungsausgleichs zu keinen Einkünften im Sinne des EStG führt, bedarf es keiner Steuerfreistellung nach § 3 Nr. 55 b EStG. Die Steuerfreiheit nach § 3 Nr. 55 b Satz 1 EStG greift gem. § 3 Nr. 55 b Satz 2 EStG nicht, soweit Leistungen, die auf dem begründeten Anrecht beruhen, bei der ausgleichsberechtigten Person zu Einkünften nach § 20 Abs. 1 Nr. 6 EStG oder § 22 Nr. 1 Satz 3 Buchstabe a Doppelbuchstabe bb EStG führen würden.

338 Wird bei der externen Teilung einer betrieblichen Altersversorgung für die ausgleichsberechtigte Person ein Anrecht in einer betrieblichen Altersversorgung begründet, richtet sich die Art der Versorgungszusage (Alt-/Neuzusage) bei der ausgleichsberechtigten Person in der Regel nach der Art der Versorgungszusage der ausgleichspflichtigen Person. Dies gilt auch bei einer Änderung des Leistungsspektrums nach § 11 Abs. 1 Satz 2 Nr. 3 VersAusglG. Bei einer Hinterbliebenenversorgung zugunsten von Kindern ändert sich die bisher maßgebende Altersgrenze (Rn 4 des BMF-Schreibens vom 12. August 2021, BStBl. I S. 1050)[1] nicht. Die Aufstockung eines zugesagten Sterbegeldes (vgl. Rn. 5 des BMF-Schreibens vom 12. August 2021, BStBl. I S. 1050)[2] ist möglich. Wird im Rahmen der externen Teilung eine bestehende Versorgungszusage der ausgleichsberechtigten Person aufgestockt, richtet sich die Art der Versorgungszusage nach Rn. 85 des BMF-Schreibens vom 12. August 2021 (BStBl. I S. 1050)[3] unter Berücksichtigung der Änderungen durch das BMF-Schreiben vom 18. März 2022 (BStBl. I S. 333).

2. Besteuerung bei der ausgleichsberechtigten Person

339 Für die Besteuerung bei der ausgleichsberechtigten Person ist unerheblich, zu welchen Einkünften die Leistungen aus dem übertragenen Anrecht bei der ausgleichspflichtigen Person geführt hätten, da mit der externen Teilung ein neues Anrecht begründet wird. Bei der ausgleichsberechtigten Person unterliegen Leistungen aus Altersvorsorgeverträgen, Pensionsfonds, Pensionskassen oder Direktversicherungen, die auf dem nach § 3 Nr. 55 b Satz 1 EStG steuerfrei geleisteten Ausgleichswert beruhen, insoweit in vollem Umfang der nachgelagerten Besteuerung nach § 22 Nr. 5 Satz 1 EStG.

3. Beispiele

Beispiel 1:

340 Im Rahmen einer externen Teilung zahlt das Versicherungsunternehmen X, bei dem der Arbeitnehmerehegatte A eine betriebliche Altersversorgung über eine Direktversicherung (Kapitalversicherung mit Sparanteil) aufgebaut hat, den vom Familiengericht festgesetzten Ausgleichswert an das Versicherungsunternehmen Y zugunsten von Ehegatte B in einen zertifizierten Altersvorsorgevertrag in Form einer Rentenversicherung. Die Beiträge an das Versicherungsunternehmen X wurden in der Vergangenheit ausschließlich pauschal besteuert (§ 40 b Abs. 1 und 2 EStG in der am 31. Dezember 2004 geltenden Fassung i. V. m. § 52 Abs. 40 EStG).

Der Ausgleichswert führt nicht zu steuerbaren Einkünften, da kein Erlebensfall oder Rückkauf vorliegt (§ 22 Nr. 5 Satz 2 Buchstabe b i. V. m. § 20 Abs. 1 Nr. 6 EStG). Der Steuerbefreiung nach § 3 Nr. 55 b EStG bedarf es daher nicht. Die spätere durch die externe Teilung gekürzte Kapitalleistung unterliegt bei A der Besteuerung nach § 22 Nr. 5 Satz 2 Buchstabe b i. V. m. § 20 Abs. 1 Nr. 6 EStG (ggf. steuerfrei, wenn die Direktversicherung vor dem 1. Januar 2005 abgeschlossen wurde, § 52 Abs. 28 Satz 5 EStG i. V. m. § 20 Abs. 1 Nr. 6 Satz 2 EStG a. F.). Die Leistungen aus dem zertifizierten Altersvorsorgevertrag, die auf dem eingezahlten Ausgleichswert beruhen, unterliegen bei B der Besteuerung nach § 22 Nr. 5 Satz 2 EStG (vgl. Rn. 145 bis 150).

Beispiel 2:

341 Im Rahmen einer externen Teilung zahlt ein Versicherungsunternehmen X, bei dem der Arbeitnehmerehegatte A eine betriebliche Altersversorgung über eine Direktversicherung (Rentenversicherung) aufgebaut hat, einen Ausgleichswert an das Versicherungsunternehmen Y zugunsten von Ehegatte B in einen zertifizierten Altersvorsorgevertrag. Die Beiträge an das Versicherungsunternehmen X waren steuerfrei (§ 3 Nr. 63 EStG).

Der Ausgleichswert ist steuerfrei nach § 3 Nr. 55 b EStG. Die spätere geminderte Leistung unterliegt bei A der Besteuerung nach § 22 Nr. 5 Satz 1 EStG. Die Leistung bei B unterliegt – soweit diese auf dem eingezahlten Ausgleichswert beruht – ebenfalls der Besteuerung nach § 22 Nr. 5 Satz 1 EStG (vgl. Rn. 139 ff.).

Beispiel 3:

342 Im Rahmen einer externen Teilung zahlt der Arbeitgeber des Arbeitnehmerehegatten A mit dessen Zustimmung (§§ 14 Abs. 4 i. V. m. 15 Abs. 3 VersAusglG) den hälftigen Kapitalwert aus einer Direktzusage in einen privaten Rentenversicherungsvertrag ohne Kapitalwahlrecht des Ehegatten B ein.

Der Ausgleichswert ist steuerpflichtig, da die späteren Leistungen aus dem Rentenversicherungsvertrag zu lediglich mit dem Ertragsanteil steuerpflichtigen Einkünften beim Ehegatten B führen (§ 3 Nr. 55 b Satz 2 EStG). Beim Ausgleichswert handelt es sich um steuerpflichtigen – ggf. nach der Fünftelregelung ermäßigt zu besteuernden – Arbeitslohn des Arbeitnehmerehegatten A.

---

[1] Abgedruckt in Anhang **I 15 b.**
[2] Abgedruckt in Anhang **I 15 b.**
[3] Abgedruckt in Anhang **I 15 b.**

4. Verfahren

343 Der Versorgungsträger der ausgleichspflichtigen Person hat den Versorgungsträger der ausgleichsberechtigten Person über die für die Besteuerung der Leistungen erforderlichen Grundlagen zu informieren. Andere Mitteilungs-, Informations- und Aufzeichnungspflichten bleiben hiervon unberührt.

IV. Steuerunschädliche Übertragung im Sinne des § 93 Abs. 1 a EStG

344 Eine steuerunschädliche Übertragung im Sinne des § 93 Abs. 1 a Satz 1 EStG liegt vor, wenn aufgrund einer Entscheidung des Familiengerichts im Wege der internen Teilung nach § 10 VersAusglG oder externen Teilung nach § 14 VersAusglG während der Ehezeit (§ 3 Abs. 1 VersAusglG) gebildetes gefördertes Altersvorsorgevermögen auf einen zertifizierten Altersvorsorgevertrag oder in eine nach § 82 Abs. 2 EStG begünstigte betriebliche Altersversorgung (einschließlich der Versorgungsausgleichskasse) übertragen wird. Dies ist bei der internen Teilung immer der Fall. Es ist unerheblich, ob die ausgleichsberechtigte Person selbst zulageberechtigt ist. Werden die bei einer internen Teilung entstehenden Kosten mit dem Altersvorsorgevermögen verrechnet (§ 13 VersAusglG), liegt insoweit keine schädliche Verwendung vor. Im Fall der Verrechnung reduziert sich die Beitragserhaltungszusage (§ 1 Abs. 1 Satz 1 Nr. 3 AltZertG) des Anbieters entsprechend dem Verhältnis von Verrechnungsbetrag zu dem unmittelbar vor der Verrechnung vorhandenen Altersvorsorgekapital.

345 Die Übertragung aufgrund einer internen Teilung nach § 10 VersAusglG oder einer externen Teilung nach § 14 VersAusglG auf einen Altersvorsorgevertrag oder eine nach § 82 Abs. 2 EStG begünstigte betriebliche Altersversorgung (einschließlich Versorgungsausgleichskasse) der ausgleichsberechtigten Person führt nicht zu steuerpflichtigen Einnahmen.

346 Beruht das auf die Ehezeit entfallende, aufzuteilende Altersvorsorgevermögen auf geförderten und ungeförderten Beiträgen, ist das zu übertragende Altersvorsorgevermögen entsprechend dem Verhältnis der hierin enthaltenen geförderten und ungeförderten Beiträge aufzuteilen und anteilig zu übertragen.

347 Wird aufgrund einer internen Teilung nach § 10 VersAusglG oder einer externen Teilung nach § 14 VersAusglG ausschließlich ungefördertes Altersvorsorgevermögen übertragen, stellt dies eine mit einer Übertragung im Sinne des § 93 Abs. 1 a EStG vergleichbare Übertragung dar. Insoweit gelten die Rn. 349 und 350 entsprechend. Die in § 93 Abs. 1 a EStG geregelten Rechtsfolgen und Mitteilungsgründe treten aber nicht ein.

348 Erfolgt jedoch in dem Fall nachträglich eine steuerliche Förderung von Altersvorsorgebeiträgen für ein in der Ehezeit liegendes Beitragsjahr, liegt rückwirkend betrachtet eine Übertragung im Sinne des § 93 Abs. 1 a Satz 1 EStG vor, die auch die damit verbundenen weiteren Rechts- und Verfahrensfolgen auslöst. Hinsichtlich der Ermittlung und Auszahlung der nachträglich gewährten Zulage und der Zuordnung der Steuerverstrickung wird auf Rn. 356 verwiesen.

349 Im Fall der Übertragung im Sinne des § 93 Abs. 1 a Satz 1 EStG erfolgt die Mitteilung über die Durchführung der Kapitalübertragung nach dem Verfahren gem. § 11 AltvDV. Bei der internen Teilung entfällt der Datenaustausch zwischen den Anbietern nach § 11 Abs. 1 bis 3 AltvDV. Der Anbieter der ausgleichspflichtigen Person teilt der ZfA in seiner Meldung zur Kapitalübertragung (§ 11 Abs. 3 AltvDV) neben dem Prozentsatz des geförderten Altersvorsorgekapitals, das übertragen wird, auch die vom Familiengericht angegebene Ehezeit im Sinne des § 3 Abs. 1 VersAusglG mit.

350 Zu den Daten, die im Rahmen des Verfahrens gem. § 11 AltvDV der ZfA mitzuteilen sind, zählen auch die Daten, die von der ZfA benötigt werden, um die gemeldete ausgleichsberechtigte Person eindeutig zu identifizieren und ggf. für diese eine Zulagenummer zu vergeben bzw. ein Zulagekonto anlegen zu können. Aus dem Tatbestand, dass die ausgleichsberechtigte Person die Übertragung in eine förderbare Zielversorgung gewählt hat, für die die Verfahrensgrundsätze des Abschnitts XI EStG gelten, leitet sich neben der Antragsfiktion für die Vergabe einer Zulagenummer auch die Berechtigung des Anbieters zur Erhebung der hierfür notwendigen Daten her.

351 Erfolgt die interne Teilung und damit verbunden die Übertragung eines Anrechts im Bereich der betrieblichen Altersversorgung, erlangt die ausgleichsberechtigte Person die versorgungsrechtliche Stellung eines ausgeschiedenen Arbeitnehmers im Sinne des BetrAVG (§ 12 VersAusglG). Damit erlangt sie bei einem Pensionsfonds, einer Pensionskasse oder einer Direktversicherung auch das Recht zur Fortsetzung der betrieblichen Versorgung mit eigenen Beiträgen, die nach § 82 Abs. 2 Satz 1 Buchstabe b EStG zu den Altersvorsorgebeiträgen gehören können, wenn ein Fortsetzungsrecht bei der ausgleichspflichtigen Person für die Versorgung bestanden hätte. Rn. 71 ff. des BMF-Schreibens vom 12. August 2021 (BStBl. I S. 1050)[1] gelten entsprechend.

352 Die ZfA teilt der ausgleichspflichtigen Person nach § 93 Abs. 1 a Satz 3 EStG den Umfang der auf die Ehezeit entfallenden steuerlichen Förderung nach § 10 a/Abschnitt XI EStG mit. Diese Mitteilung beinhaltet die beitragsjahrbezogene Auflistung der ermittelten Zulagen sowie die nach § 10 a Abs. 4 EStG gesondert festgestellten Beträge, soweit der ZfA diese bekannt sind, für die innerhalb der Ehezeit liegenden Beitragsjahre. Für die Beitragsjahre, in die der Beginn oder das Ende der Ehezeit fällt, wird die Förderung monatsweise zugeordnet, indem jeweils ein Zwölftel der für das betreffende Beitragsjahr gewährten Förderung den zu der Ehezeit zählenden Monaten zugerechnet wird. Die monatsweise Zuordnung erfolgt unabhängig davon, ob die für diese Beitragsjahre gezahlten Beiträge vor, nach oder während der Ehezeit auf den Altersvorsorgevertrag eingezahlt wurden. Die Mitteilung der Höhe der für den Vertrag insgesamt gewährten Förderung ist kein Verwaltungsakt.

353 Soweit das während der Ehezeit gebildete geförderte Altersvorsorgevermögen im Rahmen des § 93 Abs. 1 a Satz 1 EStG übertragen wird, geht die steuerliche Förderung mit allen Rechten und Pflichten auf die ausgleichsberechtigte Person über. Dies hat zur Folge, dass im Fall einer schädlichen Verwendung des geförderten Altersvorsorgevermögens derjenige Ehegatte/Lebenspartner die Förderung zu-

[1] Abgedruckt in Anhang **I 15 b**.

rückzahlen muss, der über das ihm zugerechnete geförderte Altersvorsorgevermögen schädlich verfügt. Leistungen aus dem geförderten Altersvorsorgevermögen sind beim Leistungsempfänger nachgelagert zu besteuern. Die Feststellung der geänderten Zuordnung der steuerlichen Förderung erfolgt beitragsjahrbezogen durch die ZfA. Sie erteilt sowohl der ausgleichspflichtigen als auch der ausgleichsberechtigten Person einen Feststellungsbescheid nach § 93 Abs. 1 a Satz 5 EStG über die Zuordnung der nach § 10 a Abs. 4 EStG gesondert festgestellten Beträge sowie der ermittelten Zulagen. Einwände gegen diese Bescheide können nur erhoben werden, soweit sie sich gegen die geänderte Zuordnung der steuerlichen Förderung richten. Nach Eintritt der Unanfechtbarkeit dieser Feststellungsbescheide werden auch die Anbieter durch einen Datensatz nach § 90 Abs. 2 Satz 6 EStG von der ZfA über die geänderte Zuordnung informiert.

Die ZfA kann die Mitteilung über den Umfang der auf die Ehezeit entfallenden steuerlichen Förderung (vgl. Rn. 352) und den Feststellungsbescheid über die geänderte Zuordnung der steuerlichen Förderung (vgl. Rn. 353) an die ausgleichspflichtige Person in einem Schreiben zusammenfassen, sofern deutlich wird, dass ein Einspruch nur zulässig ist, soweit er sich gegen die Zuordnung der steuerlichen Förderung richtet. **354**

Bei der Übertragung im Sinne des § 93 Abs. 1 a EStG ist das übertragene Altersvorsorgevermögen zunächst als Kapitalbetrag ohne steuerliche Zuordnung zu behandeln. Bei Eingang der Mitteilung der ZfA über die geänderte Zuordnung für die Ehezeit hat der Anbieter diese Zuordnung in die steuerliche Bestandsführung zu übernehmen. In der Zeit von der Übertragung des Altersvorsorgevermögens bis zur Mitteilung der ZfA über die steuerliche Neuzuordnung der Förderung sind Auszahlungen aus dem Vertrag nur insoweit zulässig, als für ggf. zurückzuzahlende Förderungen noch ausreichend Kapital zur Verfügung steht. **355**

Stellt die ausgleichspflichtige Person nach der Übertragung im Sinne des § 93 Abs. 1 a Satz 1 EStG einen Antrag auf Zulage für ein Beitragsjahr in der Ehezeit, sind bei der Ermittlung des Zulageanspruchs die gesamten von der ausgleichspflichtigen Person gezahlten Altersvorsorgebeiträge des Beitragsjahres – also auch der übertragene Teil der Altersvorsorgebeiträge – zugrunde zu legen. Die Zulage wird vollständig dem Vertrag der ausgleichspflichtigen Person gutgeschrieben. Die Zuordnung der Steuerverstrickung auf die ausgleichspflichtige und die ausgleichsberechtigte Person erfolgt, als wenn die Zulage bereits vor der Übertragung dem Vertrag gutgeschrieben worden wäre. **356**

Werden nach Erteilung der Mitteilung über den Umfang der auf die Ehezeit entfallenden steuerlichen Förderung und der Feststellungsbescheide über die geänderte Zuordnung der steuerlichen Förderung für die Ehezeit Ermittlungsergebnisse getroffen, aufgehoben oder geändert, so hat die ZfA eine geänderte Mitteilung über den Umfang der auf die Ehezeit entfallenden steuerlichen Förderung zu erteilen und die Feststellungsbescheide über die geänderte Zuordnung der steuerlichen Förderung nach § 175 Abs. 1 Satz 1 Nr. 2 AO zu ändern. Dies gilt auch, wenn die ZfA nachträglich eine Mitteilung des Finanzamtes über gesondert festgestellte Beträge nach § 10 a Abs. 4 EStG für Veranlagungszeiträume in der Ehezeit erhält. Nach Eintritt der Unanfechtbarkeit dieser geänderten Feststellungsbescheide werden auch die Anbieter durch einen Datensatz nach § 90 Abs. 2 Satz 6 EStG von der ZfA über die geänderte Zuordnung informiert. **357**

V. Leistungen an die ausgleichsberechtigte Person als Arbeitslohn

Nach § 19 Abs. 1 Satz 1 Nr. 2 EStG sind Leistungen, die die ausgleichsberechtigte Person aufgrund der internen oder externen Teilung später aus einer Direktzusage oder von einer Unterstützungskasse erhält, Einkünfte aus nichtselbständiger Arbeit; Rn. 147 des BMF-Schreibens vom 12. August 2021 (BStBl. I S. 1050)[1] unter Berücksichtigung der Änderungen durch das BMF-Schreiben vom 18. März 2022 (BStBl. I S. 333) gilt entsprechend. Sie unterliegen der Lohnsteuererhebung nach den allgemeinen Regelungen. Bei der ausgleichspflichtigen Person liegen Einkünfte aus nichtselbständiger Arbeit nur hinsichtlich der durch die Teilung gekürzten Leistungen vor. **358**

Sowohl bei der ausgleichspflichtigen Person als auch bei der ausgleichsberechtigten Person werden der Arbeitnehmer-Pauschbetrag (§ 9 a Satz 1 Nr. 1 Buchstabe a EStG) oder, soweit die Voraussetzungen dafür jeweils vorliegen, der Pauschbetrag für Werbungskosten (§ 9 a Satz 1 Nr. 1 Buchstabe b EStG), der Versorgungsfreibetrag und der Zuschlag zum Versorgungsfreibetrag (§ 19 Abs. 2 EStG) berücksichtigt. Die steuerlichen Abzugsbeträge sind nicht auf die ausgleichspflichtige Person und die ausgleichsberechtigte Person aufzuteilen. **359**

Zur Neuberechnung des Versorgungsfreibetrags und des Zuschlags zum Versorgungsfreibetrag vgl. Rn. 335. **360**

C. Schlussformel

Dieses Schreiben wird im Bundessteuerblatt Teil I veröffentlicht. Es steht für eine Übergangszeit auf den Internet-Seiten des Bundesministeriums der Finanzen (www.bundesfinanzministerium.de) zur Ansicht und zum Abruf bereit.

[1] Abgedruckt in Anhang **I 15 b.**

Anl zu § 10a

Anlage 1

Pflichtversicherte in der inländischen gesetzlichen Rentenversicherung (§ 10 a Abs. 1 Satz 1 Halbsatz 1 EStG) und Pflichtversicherte nach dem Gesetz über die Alterssicherung der Landwirte (§ 10 a Abs. 1 Satz 3 EStG)/ Nicht begünstigter Personenkreis

A. Pflichtversicherte in der inländischen gesetzlichen Rentenversicherung (§ 10 a Abs. 1 Satz 1 Halbsatz 1 EStG)

1. Personen, die gegen Arbeitsentgelt oder zu ihrer Berufsausbildung beschäftigt sind (§ 1 Satz 1 Nr. 1 SGB VI).
   Hierzu gehören auch geringfügig beschäftigte Personen im Sinne des § 8 Abs. 1 Nr. 1 oder § 8 a i. V. m. § 8 Abs. 1 Nr. 1 SGB IV, die nicht von der Versicherungspflicht nach § 6 Abs. 1 b SGB VI befreit sind.
   Hierzu gehörten bis zum 31. Dezember 2012 ferner geringfügig beschäftigte Personen im Sinne des § 8 Abs. 1 Nr. 1 SGB IV, die auf die Versicherungsfreiheit nach § 5 Abs. 2 Satz 2 SGB VI (i. d. F. bis 31. Dezember 2012) verzichtet und den pauschalen Arbeitgeberbeitrag zur gesetzlichen Rentenversicherung auf den vollen Beitragssatz aufgestockt haben (zum Übergangsrecht siehe Nr. 35 und 42).
   Auch während des Bezuges von Kurzarbeitergeld nach dem SGB III besteht die Versicherungspflicht fort.
2. Menschen mit Behinderung, die in anerkannten Werkstätten für behinderte Menschen oder in Blindenwerkstätten im Sinne des § 143 SGB IX oder für diese Einrichtungen in Heimarbeit tätig sind (§ 1 Satz 1 Nr. 2 Buchstabe a SGB VI).
3. Menschen mit Behinderung, die in Anstalten, Heimen oder gleichartigen Einrichtungen in gewisser Regelmäßigkeit eine Leistung erbringen, die einem Fünftel der Leistung eines voll erwerbsfähigen Beschäftigten in gleichartiger Beschäftigung entspricht; hierzu zählen auch Dienstleistungen für den Träger der Einrichtung (§ 1 Satz 1 Nr. 2 Buchstabe b SGB VI).
4. Personen, die in Einrichtungen der Jugendhilfe oder in Berufsbildungswerken oder ähnlichen Einrichtungen für behinderte Menschen für eine Erwerbstätigkeit befähigt werden sollen; dies gilt auch für Personen während der betrieblichen Qualifizierung im Rahmen der Unterstützten Beschäftigung nach § 55 SGB IX (§ 1 Satz 1 Nr. 3 SGB VI).
5. Mitglieder geistlicher Genossenschaften, Diakonissen und Angehörige ähnlicher Gemeinschaften während ihres Dienstes für die Gemeinschaft und während der Zeit ihrer außerschulischen Ausbildung (§ 1 Satz 1 Nr. 4 SGB VI).
6. Die folgenden Personen stehen den Beschäftigten zur Berufsausbildung im Sinne des § 1 Satz 1 Nr. 1 SGB VI gleich (§ 1 Satz 5 SGB VI):
   a) Auszubildende, die in einer außerbetrieblichen Einrichtung im Rahmen eines Berufsausbildungsvertrages nach dem Berufsbildungsgesetz ausgebildet werden,
   b) Teilnehmer an dualen Studiengängen und
   c) Teilnehmer an Ausbildungen mit Abschnitten des schulischen Unterrichts und der praktischen Ausbildung, für die ein Ausbildungsvertrag und Anspruch auf Ausbildungsvergütung besteht (praxisintegrierte Ausbildungen).
7. Schwestern vom Deutschen Roten Kreuz.
8. Helfer im freiwilligen sozialen Jahr nach dem Jugendfreiwilligendienstegesetz.
9. Helfer im freiwilligen ökologischen Jahr nach dem Jugendfreiwilligendienstegesetz.
10. Helfer im Bundesfreiwilligendienst.
11. Heimarbeiter.
12. Seeleute (Mitglieder der Schiffsbesatzung von Binnenschiffen oder deutschen Seeschiffen).
13. Bezieher von Ausgleichsgeld nach dem Gesetz zur Förderung der Einstellung der landwirtschaftlichen Erwerbstätigkeit.
14. Selbständig tätige Lehrer und Erzieher, die im Zusammenhang mit ihrer selbständigen Tätigkeit regelmäßig keinen versicherungspflichtigen Arbeitnehmer beschäftigen (§ 2 Satz 1 Nr. 1 SGB VI).
15. Pflegepersonen, die in der Kranken-, Wochen-, Säuglings- oder Kinderpflege tätig sind und im Zusammenhang mit ihrer selbständigen Tätigkeit regelmäßig keinen versicherungspflichtigen Arbeitnehmer beschäftigen (§ 2 Satz 1 Nr. 2 SGB VI).
16. Selbständig tätige Hebammen und Entbindungspfleger (§ 2 Satz 1 Nr. 3 SGB VI).
17. Selbständig tätige Seelotsen der Reviere im Sinne des Gesetzes über das Seelotswesen (§ 2 Satz 1 Nr. 4 SGB VI).
18. Selbständige Künstler und Publizisten (§ 2 Satz 1 Nr. 5 SGB VI), wenn sie die künstlerische oder publizistische Tätigkeit erwerbsmäßig und nicht nur vorübergehend ausüben und im Zusammenhang mit der künstlerischen oder publizistischen Tätigkeit nicht mehr als einen Arbeitnehmer beschäftigen, es sei denn, die Beschäftigung erfolgt zur Berufsausbildung oder ist geringfügig im Sinne des § 8 SGB IV.
19. Selbständig tätige Hausgewerbetreibende (§ 2 Satz 1 Nr. 6 SGB VI).
20. Selbständig tätige Küstenschiffer und Küstenfischer, die zur Besatzung ihres Fahrzeuges gehören oder als Küstenfischer ohne Fahrzeug fischen und regelmäßig nicht mehr als vier versicherungspflichtige Arbeitnehmer beschäftigen (§ 2 Satz 1 Nr. 7 SGB VI).
21. Gewerbetreibende, die in die Handwerksrolle eingetragen sind und in ihrer Person die für die Eintragung in die Handwerksrolle erforderlichen Voraussetzungen erfüllen, wobei Handwerksbetriebe im Sinne der §§ 2 und 3 der Handwerksordnung sowie Betriebsfortführungen aufgrund von § 4 der Handwerksordnung außer Betracht bleiben; ist eine rechtsfähige Personengesellschaft in die Hand-

werksrolle eingetragen, gilt als Gewerbetreibender, wer als Gesellschafter in seiner Person die Voraussetzungen für die Eintragung in die Handwerksrolle erfüllt (§ 2 Satz 1 Nr. 8 SGB VI).

22. Personen, die im Zusammenhang mit ihrer selbständigen Tätigkeit regelmäßig keinen versicherungspflichtigen Arbeitnehmer beschäftigen und auf Dauer und im Wesentlichen nur für einen Auftraggeber tätig sind; bei Gesellschaftern gelten als Auftraggeber die Auftraggeber der Gesellschaft (§ 2 Satz 1 Nr. 9 SGB VI).
23. Personen, die eine Vollrente wegen Alters nach Erreichen der Regelaltersgrenze beziehen (§ 5 Abs. 4 Satz 1 Nr. 1 SGB VI), Personen, die nach beamtenrechtlichen Vorschriften oder Grundsätzen oder entsprechenden kirchenrechtlichen Regelungen oder einer berufsständischen Versorgungseinrichtung eine Versorgung nach Erreichen einer Altersgrenze beziehen oder die in der Gemeinschaft übliche Versorgung im Alter erhalten (§ 5 Abs. 4 Satz 1 Nr. 2 SGB VI) sowie Personen, die bis zum Erreichen der Regelaltersgrenze nicht in der gesetzlichen Rentenversicherung versichert waren oder nach Erreichen der Regelaltersgrenze eine Beitragserstattung aus ihrer Versicherung bei der inländischen gesetzlichen Rentenversicherung erhalten haben (§ 5 Abs. 4 Satz 1 Nr. 3 SGB VI) und in einer Beschäftigung oder selbständigen Tätigkeit auf die Versicherungsfreiheit nach § 5 Abs. 4 Sätze 2 bis 4 SGB VI verzichtet haben.

Versicherungspflichtig sind ferner Personen in der Zeit,

24. für die ihnen Kindererziehungszeiten anzurechnen sind (§ 3 Satz 1 Nr. 1 SGB VI).
Versicherungspflicht wegen Kindererziehung besteht für die ersten 36 Kalendermonate nach dem Geburtsmonat des Kindes (§ 56 Abs. 5 SGB VI). Werden innerhalb des 36-Kalendermonatszeitraumes mehrere Kinder erzogen (z. B. bei Mehrlingsgeburten), verlängert sich die Zeit der Versicherung um die Anzahl an Kalendermonaten, in denen gleichzeitig mehrere Kinder erzogen werden. Dies gilt auch für Elternteile, die während der Erziehungszeit in einem anderen Alterssicherungssystem Anwartschaften auf Versorgung im Alter aufgrund der Erziehung erworben haben, die systembezogen nicht annähernd gleichwertig berücksichtigt wird wie die Kindererziehung nach dem SGB VI. Eine Versorgung nach beamtenrechtlichen Vorschriften oder Grundsätzen oder entsprechenden kirchenrechtlichen Regelungen gilt stets als annähernd gleichwertig und schließt die Anrechnung von Kindererziehungszeiten generell aus.
25. in der sie bis zum 31. Dezember 2016 einen Pflegebedürftigen im Sinne des § 14 SGB XI nicht erwerbsmäßig wenigstens 14 Stunden wöchentlich in seiner häuslichen Umgebung pflegen, wenn der Pflegebedürftige Anspruch auf Leistungen aus der sozialen oder einer privaten Pflegeversicherung hat; dies gilt ab 1. Januar 2013 auch, wenn die Mindeststundenzahl nur durch die Pflege mehrerer Pflegebedürftiger erreicht wird (nicht erwerbsmäßig tätige Pflegepersonen – § 3 Satz 1 Nr. 1 a SGB VI).
26. in der sie ab 1. Januar 2017 einen oder mehrere pflegebedürftige Personen mit mindestens Pflegegrad 2 wenigstens zehn Stunden wöchentlich, verteilt auf regelmäßig mindestens zwei Tage in der Woche, in ihrer häuslichen Umgebung nicht erwerbsmäßig pflegen, wenn der Pflegebedürftige Anspruch auf Leistungen aus der sozialen Pflegeversicherung oder einer privaten Pflege-Pflichtversicherung hat (§ 3 Satz 1 Nr. 1 a SGB VI).
27. in der sie aufgrund gesetzlicher Pflicht Wehrdienst oder Zivildienst (längstens bis 31. Dezember 2011) leisten (§ 3 Satz 1 Nr. 2 SGB VI). Der zum 1. Juli 2011 neu eingeführte freiwillige Wehrdienst (für Männer und Frauen) führt zur Versicherungspflicht nach dieser Vorschrift.
28. in der sie sich in einem Wehrdienstverhältnis besonderer Art nach § 6 des Einsatz-Weiterverwendungsgesetzes befinden, wenn sich der Einsatzunfall während einer Zeit ereignet hat, in der sie nach § 3 Satz 1 Nr. 2 SGB VI versicherungspflichtig waren; sind zwischen dem Einsatzunfall und der Einstellung in ein Wehrdienstverhältnis besonderer Art nicht mehr als sechs Wochen vergangen, gilt das Wehrdienstverhältnis besonderer Art als mit dem Tag nach Ende einer Versicherungspflicht nach § 3 Satz 1 Nr. 2 SGB VI begonnen (§ 3 Satz 1 Nr. 2 a SGB VI).
29. in der sie als ehemalige Soldaten auf Zeit Übergangsgebührnisse beziehen, es sei denn, sie sind für die Zeiten als Soldaten auf Zeit nach § 186 SGB VI nachversichert worden (§ 3 Satz 1 Nr. 2 b SGB VI).
30. für die sie von einem Leistungsträger Krankengeld (seit 1. August 2012 auch Krankengeld bei Spende von Organen oder Geweben sowie seit 23. Juli 2015 auch Krankengeld bei Spende von Blut zur Separation von Blutstammzellen oder anderen Blutbestandteilen), Verletztengeld, Versorgungskrankengeld, Übergangsgeld, Arbeitslosengeld oder seit dem 1. Januar 2015 von der sozialen oder einer privaten Pflegeversicherung Pflegeunterstützungsgeld beziehen, wenn sie im letzten Jahr vor Beginn der Leistung zuletzt versicherungspflichtig waren; der Zeitraum von einem Jahr verlängert sich um Anrechnungszeiten wegen des Bezugs von Arbeitslosengeld II (§ 3 Satz 1 Nr. 3 SGB VI) oder nach dem 31. Dezember 2022 um Anrechnungszeiten wegen des Bezugs von Bürgergeld nach § 19 Abs. 1 Satz 1 SGB II.
31. für die sie ab 1. August 2012 von einem privaten Krankenversicherungsunternehmen, von einem Beihilfeträger des Bundes, von einem sonstigen öffentlich-rechtlichen Träger von Kosten in Krankheitsfällen auf Bundesebene, von dem Träger der Heilfürsorge im Bereich des Bundes, von dem Träger der truppenärztlichen Versorgung oder von einem öffentlich-rechtlichen Träger von Kosten in Krankheitsfällen auf Landesebene, soweit das Landesrecht dies vorsieht, Leistungen für den Ausfall von Arbeitseinkünften im Zusammenhang mit einer nach den §§ 8 und 8 a des Transplantationsgesetzes erfolgenden Spende von Organen oder Geweben oder seit 23. Juli 2015 im Zusammenhang mit einer im Sinne von § 9 des Transfusionsgesetzes erfolgenden Spende von Blut zur Separation von Blutstammzellen oder anderen Blutbestandteilen beziehen, wenn sie im letzten Jahr vor Beginn dieser Zahlung zuletzt versicherungspflichtig waren; der Zeitraum von einem Jahr verlängert sich um Anrechnungszeiten wegen des Bezugs von Arbeitslosengeld II (§ 3 Satz 1 Nr. 3 a SGB VI) oder nach dem 31. Dezember 2022 um Anrechnungszeiten wegen des Bezugs von Bürgergeld nach § 19 Abs. 1 Satz 1 SGB II.

Anl zu § 10a

32. für die sie Vorruhestandsgeld beziehen, wenn sie unmittelbar vor Beginn der Leistung versicherungspflichtig waren (§ 3 Satz 1 Nr. 4 SGB VI).

Nach Übergangsrecht im SGB VI bleiben in dieser Beschäftigung oder Tätigkeit weiterhin versicherungspflichtig:

33. Mitglieder des Vorstands einer Aktiengesellschaft, die am 31. Dezember 1991 versicherungspflichtig waren (§ 229 Abs. 1 Satz 1 Nr. 1 SGB VI).
34. Selbständig tätige Lehrer, Erzieher oder Pflegepersonen, die am 31. Dezember 1991 im Zusammenhang mit ihrer selbständigen Tätigkeit keinen Angestellten, aber mindestens einen Arbeiter beschäftigt haben (§ 229 Abs. 1 Satz 1 Nr. 2 SGB VI).
35. Mitglieder des Vorstands einer Aktiengesellschaft, die am 6. November 2003 in einer weiteren Beschäftigung oder selbständigen Tätigkeit nicht versicherungspflichtig waren und die Versicherungspflicht bis zum 31. Dezember 2004 beantragt haben (§ 229 Abs. 1 a Satz 2 SGB VI).
36. Personen, die am 28. Juni 2011 aufgrund einer Beschäftigung im Ausland bei einer amtlichen Vertretung des Bundes oder der Länder oder bei deren Leitern, deutschen Mitgliedern oder Bediensteten versicherungspflichtig waren und keine Beendigung der Versicherungspflicht beantragt haben (§ 229 Abs. 1 b SGB VI).
37. Handwerker, die am 31. Dezember 2003 versicherungspflichtig waren und in dieser Tätigkeit weiterhin versicherungspflichtig sind (§ 229 Abs. 2 a SGB VI).
38. Bezieher von Sozialleistungen, die am 31. Dezember 1995 auf Antrag versicherungspflichtig waren und nach § 4 Abs. 3 a SGB VI die Voraussetzungen für die Versicherungspflicht nicht mehr erfüllen (§ 229 Abs. 4 SGB VI).
39. Personen, die am 31. Dezember 2012 als Beschäftigte nach § 5 Abs. 2 Satz 2 SGB VI i. d. F. bis 31. Dezember 2012 wegen Verzichts auf die Versicherungsfreiheit in einer geringfügigen Beschäftigung oder mehreren geringfügigen Beschäftigungen versicherungspflichtig waren (§ 229 Abs. 5 Satz 1 SGB VI) und den Arbeitgeberbeitrag i. H. v. 15 % zur Rentenversicherung durch eigene Beiträge aufstocken.
40. nach dem Recht ab 1. April 2003 geringfügig Beschäftigte oder selbständig Tätige, die nach dem bis 31. März 2003 geltenden Recht ohne Verzicht auf die Versicherungsfreiheit (§ 5 Abs. 2 Satz 2 SGB VI i. d. F. bis 31. Dezember 2012) versicherungspflichtig waren, wenn sie nicht die Befreiung von der Versicherungspflicht beantragt haben (§ 229 Abs. 6 SGB VI).
41. Selbständig Tätige, die am 31. Dezember 2012 versicherungspflichtig waren und deren Tätigkeit die Merkmale einer geringfügigen Tätigkeit in der ab dem 1. Januar 2013 geltenden Fassung erfüllt, bleiben in dieser selbständigen Tätigkeit bis zum 31. Dezember 2014 versicherungspflichtig (§ 229 Abs. 7 Satz 2 SGB VI).
42. Personen, die am 31. Dezember 1991 im Beitrittsgebiet versicherungspflichtig waren, nicht ab 1. Januar 1992 nach den §§ 1 bis 3 SGB VI versicherungspflichtig geworden sind und nicht bis zum 31. Dezember 1994 beantragt haben, dass die Versicherungspflicht enden soll, bleiben in der jeweiligen Tätigkeit oder für die Zeit des jeweiligen Leistungsbezugs versicherungspflichtig (§ 229 a Abs. 1 SGB VI).
43. Selbständig tätige Landwirte im Beitrittsgebiet, die die Voraussetzungen des § 2 Abs. 1 Nr. 1 des Zweiten Gesetzes über die Krankenversicherung der Landwirte erfüllt haben, in der Krankenversicherung der Landwirte als Unternehmer versichert waren und am 1. Januar 1995 versicherungspflichtig waren, blieben in dieser Tätigkeit versicherungspflichtig (§ 229 a Abs. 2 SGB VI).
44. Personen, die am 31. Dezember 1991 als Beschäftigte von Körperschaften, Anstalten oder Stiftungen des öffentlichen Rechts oder ihrer Verbände versicherungspflichtig waren (§ 230 Abs. 2 Nr. 1 SGB VI).
45. Personen, die am 31. Dezember 1991 als satzungsgemäße Mitglieder geistlicher Genossenschaften, Diakonissen oder Angehörige ähnlicher Gemeinschaften versicherungspflichtig waren (§ 230 Abs. 2 Nr. 2 SGB VI).
46. Geringfügig beschäftigte Personen, die am 31. Dezember 2012 nach § 5 Abs. 2 Satz 1 Nr. 1 SGB VI i. d. F. bis zum 31. Dezember 2012 versicherungsfrei waren, nach dem 31. Dezember 2012 auf die Versicherungsfreiheit verzichtet haben (§ 230 Abs. 8 Satz 2 SGB VI) und den Arbeitsgeberbeitrag i. H. v. 15 % zur Rentenversicherung durch eigene Beiträge aufstocken.
47. Bezieher einer Vollrente wegen Alters vor Erreichen der Regelaltersgrenze, die am 31. Dezember 2016 in einer Beschäftigung oder selbständigen Tätigkeit versicherungsfrei waren und nach dem 31. Dezember 2016 in dieser Beschäftigung oder selbständigen Tätigkeit auf die Versicherungsfreiheit verzichtet haben (§ 230 Abs. 9 Sätze 2 bis 4 SGB VI).

Auf Antrag sind versicherungspflichtig:

48. Entwicklungshelfer im Sinne des Entwicklungshelfer-Gesetzes, die Entwicklungsdienst oder Vorbereitungsdienst leisten (§ 4 Abs. 1 Satz 1 Nr. 1 SGB VI).
49. Angehörige eines Mitgliedstaates der Europäischen Union, Angehörige eines Vertragsstaates des Abkommens über den Europäischen Wirtschaftsraum oder Staatsangehörige der Schweiz, die für eine begrenzte Zeit im Ausland beschäftigt sind (§ 4 Abs. 1 Satz 1 Nr. 2 SGB VI).
50. sekundierte Personen nach dem Sekundierungsgesetz (§ 4 Abs. 1 Satz 1 Nr. 3 SGB VI).
51. Angehörige eines Mitgliedstaates der Europäischen Union, Angehörige eines Vertragsstaates des Abkommens über den Europäischen Wirtschaftsraum oder Staatsangehörige der Schweiz, die im Ausland bei einer amtlichen Vertretung des Bundes oder der Länder oder bei einem Leiter, Mitglied oder Bediensteten einer amtlichen Vertretung des Bundes oder der Länder beschäftigt sind (§ 4 Abs. 21 Satz 2 SGB VI).
52. Personen, die nicht nur vorübergehend selbständig tätig sind, wenn sie die Versicherungspflicht innerhalb von fünf Jahren nach der Aufnahme der selbständigen Tätigkeit oder dem Ende der Versicherungspflicht aufgrund dieser Tätigkeit beantragen (§ 4 Abs. 2 SGB VI).

Anl zu § 10a

53. Personen, die eine der in § 3 Satz 1 Nr. 3 SGB VI genannten Sozialleistungen oder Leistungen für den Ausfall von Arbeitseinkünften nach § 3 Satz 1 Nr. 3 a SGB VI beziehen und nicht nach diesen Vorschriften versicherungspflichtig sind (§ 4 Abs. 3 Satz 1 Nr. 1 SGB VI).
54. Personen, die nur deshalb keinen Anspruch auf Krankengeld haben, weil sie nicht in der gesetzlichen Krankenversicherung versichert sind oder in der gesetzlichen Krankenversicherung ohne Anspruch auf Krankengeld versichert sind, u. a. für die Zeit der Arbeitsunfähigkeit oder der Ausführung von Leistungen zur medizinischen Rehabilitation oder zur Teilhabe am Arbeitsleben, wenn sie im letzten Jahr vor Beginn der Arbeitsunfähigkeit oder der Ausführung von Leistungen zur medizinischen Rehabilitation oder zur Teilhabe am Arbeitsleben zuletzt versicherungspflichtig waren, längstens jedoch für 18 Monate (§ 4 Abs. 3 Satz 1 Nr. 2 SGB VI).

B. Pflichtversicherte nach dem Gesetz über die Alterssicherung der Landwirte (§ 10 a Abs. 1 Satz 3 EStG)

Hierzu gehören insbesondere
1. versicherungspflichtige Landwirte,
2. versicherungspflichtige Ehegatten/Lebenspartner von Landwirten,
3. versicherungspflichtige mitarbeitende Familienangehörige,
4. ehemalige Landwirte, die nach Übergangsrecht weiterhin unabhängig von einer Tätigkeit als Landwirt oder mitarbeitender Familienangehöriger versicherungspflichtig sind.

C. Nicht begünstigter Personenkreis

Nicht zum Kreis der zulageberechtigten Personen gehören:
1. Freiwillig Versicherte in der gesetzlichen Rentenversicherung (vgl. §§ 7, 232 SGB VI).
2. Von der Versicherungspflicht in der gesetzlichen Rentenversicherung befreite Personen für die Zeit der Befreiung; das sind insbesondere
   a) Angestellte und selbständig Tätige für die Beschäftigung oder selbständige Tätigkeit, wegen der sie aufgrund einer durch Gesetz angeordneten oder auf Gesetz beruhenden Verpflichtung Mitglied einer öffentlich-rechtlichen Versicherungseinrichtung oder Versorgungseinrichtung ihrer Berufsgruppe (berufsständische Versorgungseinrichtung für z. B. Ärzte, Architekten, Rechtsanwälte) und zugleich kraft gesetzlicher Verpflichtung Mitglied einer berufsständischen Kammer sind. Für die Befreiung sind weitere Voraussetzungen zu erfüllen (§ 6 Abs. 1 Satz 1 Nr. 1 SGB VI),
   b) Lehrer oder Erzieher an nicht-öffentlichen Schulen, wenn ihnen nach beamtenrechtlichen Grundsätzen oder entsprechenden kirchenrechtlichen Regelungen Anwartschaft auf Versorgung bei verminderter Erwerbsfähigkeit und im Alter sowie auf Hinterbliebenenversorgung gewährleistet und die Erfüllung der Gewährleistung gesichert ist und wenn diese Personen die Voraussetzungen nach § 5 Abs. 1 Satz 2 Nr. 1 und 2 SGB VI erfüllen (§ 6 Abs. 1 Satz 1 Nr. 2, § 231 Abs. 7 und 8 SGB VI),
   c) nichtdeutsche Besatzungsmitglieder deutscher Seeschiffe, die ihren Wohnsitz oder gewöhnlichen Aufenthalt nicht in einem Mitgliedstaat der Europäischen Union, einem Vertragsstaat des Abkommens über den Europäischen Wirtschaftsraum oder der Schweiz haben (§ 6 Abs. 1 Satz 1 Nr. 3 SGB VI),
   d) Gewerbetreibende in Handwerksbetrieben, wenn für sie mindestens 18 Jahre lang Pflichtbeiträge gezahlt worden sind (§ 6 Abs. 1 Satz 1 Nr. 4 SGB VI),
   e) Selbständige für einen Zeitraum von drei Jahren nach erstmaliger Aufnahme einer selbständigen Tätigkeit, die die Merkmale des § 2 Satz 1 Nr. 9 SGB VI erfüllt (§ 6 Abs. 1 a Nr. 1 SGB VI),
   f) Personen nach Vollendung des 58. Lebensjahres, wenn sie nach einer zuvor ausgeübten selbständigen Tätigkeit erstmals nach § 2 Satz 1 Nr. 9 SGB VI versicherungspflichtig werden (§ 6 Abs. 1 a Nr. 2 SGB VI),
   g) Personen, die eine geringfügige Beschäftigung im Sinne des § 8 Abs. 1 Nr. 1 oder § 8 a i. V. m. § 8 Abs. 1 Nr. 1 SGB IV ausüben und nach § 6 Abs. 1 b SGB VI von der Versicherungspflicht befreit sind,
   h) Personen, die am 31. Dezember 1991 von der Versicherungspflicht befreit waren (§ 231 Abs. 1 SGB VI),
   i) Selbständige mit einem Auftraggeber, die bereits am 31. Dezember 1998 diese Tätigkeit ausübten und weitere Voraussetzungen erfüllen (§ 231 Abs. 5 SGB VI),
   j) Selbständige (z. B. Lehrer, Erzieher, Pflegepersonen, Hebammen und Entbindungspfleger), die bereits am 31. Dezember 1998 nach § 2 Satz 1 Nr. 1 bis 3, § 229 a Abs. 1 SGB VI versicherungspflichtig waren und weitere Voraussetzungen erfüllen (§ 231 Abs. 6 SGB VI),
   k) selbständig Tätige, die am 31. Dezember 1991 im Beitrittsgebiet aufgrund eines Versicherungsvertrages von der Versicherungspflicht befreit waren, es sei denn sie haben bis zum 31. Dezember 1994 erklärt, dass die Befreiung von der Versicherungspflicht enden soll (§ 231 a SGB VI).
3. In der gesetzlichen Rentenversicherung versicherungsfreie Personen; das sind insbesondere
   a) geringfügig Beschäftigte, die den Arbeitgeberbeitrag i. H. v. 15 % zur Rentenversicherung nicht durch eigene Beiträge aufstocken (§ 5 Abs. 2 Satz 1 Nr. 1 SGB VI i. V. m. §§ 8 Abs. 1, 8 a SGB IV [bis zum 31. Dezember 2012], § 230 Abs. 8 Satz 1 SGB VI [ab 1. Januar 2013]),
   b) selbständig Tätige, die wegen der Geringfügigkeit der Tätigkeit versicherungsfrei sind (§ 5 Abs. 2 Satz 1 Nr. 2 SGB VI i. V. m. § 8 Abs. 3 SGB IV),
   c) Personen, die eine geringfügige nicht erwerbsmäßige Pflegetätigkeit ausüben (§ 5 Abs. 2 Satz 1 Nr. 3 SGB VI; diese Regelung wurde mit Wirkung vom 1. 1. 2017 an aufgehoben),
   d) Personen, die während der Dauer eines Studiums als ordentliche Studierende einer Fachschule oder Hochschule ein Praktikum ableisten, das in ihrer Studienordnung oder Prüfungsordnung vorgeschrieben ist (§ 5 Abs. 3 SGB VI),

Anl zu § 10 a

e) Bezieher einer Vollrente wegen Alters nach Erreichen der Regelaltersgrenze (§ 5 Abs. 4 Nr. 1 SGB VI) ohne Verzicht auf diese Versicherungsfreiheit nach § 5 Abs. 4 Sätze 2 bis 4 SGB VI (bis zum 31. Dezember 2016 waren Bezieher einer Altersrente versicherungsfrei [§ 5 Abs. 4 Nr. 1 SGB VI i. d. F. bis 31. Dezember 2016]),
f) Personen, die nach beamtenrechtlichen Vorschriften oder Grundsätzen oder entsprechenden kirchenrechtlichen Regelungen oder einer berufsständischen Versorgungseinrichtung eine Versorgung nach Erreichen einer Altersgrenze beziehen oder die in der Gemeinschaft übliche Versorgung im Alter erhalten (§ 5 Abs. 4 Satz 1 Nr. 2 SGB VI) und nicht auf diese Versicherungsfreiheit nach § 5 Abs. 4 Sätze 2 bis 4 SGB VI verzichtet haben,
g) Personen, die bis zum Erreichen der Regelaltersgrenze nicht in der gesetzlichen Rentenversicherung versichert waren oder nach Erreichen der Regelaltersgrenze eine Beitragserstattung aus ihrer Versicherung bei der inländischen gesetzlichen Rentenversicherung erhalten haben (§ 5 Abs. 4 Nr. 3 SGB VI) und nicht auf diese Versicherungsfreiheit nach § 5 Abs. 4 Sätze 2 bis 4 SGB VI verzichtet haben,
h) Polizeivollzugsbeamte auf Widerruf, Handwerker, Mitglieder der Pensionskasse deutscher Eisenbahnen und Straßenbahnen sowie Versorgungsbezieher, die am 31. Dezember 1991 versicherungsfrei waren (§ 230 Abs. 1 SGB VI),
i) Personen, die am 31. Dezember 2016 wegen des Bezugs einer Vollrente wegen Alters vor Erreichen der Regelaltersgrenze in einer Beschäftigung oder selbständigen Tätigkeit versicherungsfrei waren und nicht auf die Versicherungsfreiheit in dieser Beschäftigung oder selbständigen Tätigkeit verzichtet haben (§ 230 Abs. 9 Satz 1 SGB VI).

4. Ohne Vorliegen von Versicherungspflicht in der gesetzlichen Rentenversicherung
a) nicht versicherungspflichtige selbständig Tätige,
b) selbständig tätige Handwerker, die am 31. Dezember 1991 in ihrer Tätigkeit nicht versicherungspflichtig waren (§ 229 Abs. 2 SGB VI),
c) selbständig Tätige, die am 31. Dezember 2012 nicht versicherungspflichtig waren, weil sie versicherungspflichtige Arbeitnehmer beschäftigt haben, bleiben in dieser Tätigkeit nicht versicherungspflichtig, wenn der beschäftigte Arbeitnehmer nicht geringfügig beschäftigt in der bis zum 31. Dezember 2012 geltenden Fassung ist (§ 229 Abs. 7 Satz 1 SGB VI),
d) Vorstandsmitglieder von Aktiengesellschaften in der Beschäftigung als Vorstand und weiteren Beschäftigungen in Konzernunternehmen (§ 1 Satz 3 [bis zum 28. Juni 2011 Satz 4] SGB VI). Bis zum 31. Dezember 2003 waren Vorstandsmitglieder von Aktiengesellschaften in allen Beschäftigungen, d. h. auch außerhalb des Konzerns, nicht versicherungspflichtig. Seit dem 1. Januar 2004 besteht in Nebenbeschäftigungen außerhalb des Konzerns nur dann keine Versicherungspflicht, wenn die Nebenbeschäftigung bereits am 6. November 2003 ausgeübt wurde (§ 229 Abs. 1 a Satz 1 SGB VI),
e) Mitglieder des Deutschen Bundestages, der Landtage sowie des Europäischen Parlaments.

Anlage 2

Begünstigter Personenkreis nach § 10 a Abs. 1 Satz 1 Halbsatz 2 EStG/Nicht begünstigter Personenkreis nach § 10 a Abs. 1 Satz 1 Halbsatz 2 EStG

A. Begünstigter Personenkreis nach § 10 a Abs. 1 Satz 1 Halbsatz 2 EStG

1. Empfänger von inländischer Besoldung nach dem Bundesbesoldungsgesetz oder einem entsprechenden Landesbesoldungsgesetz (§ 10 a Abs. 1 Satz 1 Halbsatz 2 Nr. 1 EStG), insbesondere:
a) Bundesbeamte, Beamte der Länder, der Gemeinden, der Gemeindeverbände sowie der sonstigen der Aufsicht eines Landes unterstehenden Körperschaften, Anstalten und Stiftungen des öffentlichen Rechts; hierzu gehören nicht die Ehrenbeamten,
b) Richter des Bundes und der Länder; hierzu gehören nicht die ehrenamtlichen Richter,
c) Berufssoldaten und Soldaten auf Zeit.
2. Empfänger von Amtsbezügen aus einem inländischen Amtsverhältnis (§ 10 a Abs. 1 Satz 1 Halbsatz 2 Nr. 2 EStG)
In einem öffentlich-rechtlichen Amtsverhältnis stehen z. B. die Mitglieder der Regierung des Bundes oder eines Landes (z. B. § 1 Bundesministergesetz) sowie die Parlamentarischen Staatssekretäre auf Bundes- und Landesebene (z. B. § 1 Abs. 3 des Gesetzes über die Rechtsverhältnisse der Parlamentarischen Staatssekretäre).
3. Sonstige Beschäftigte von Körperschaften, Anstalten oder Stiftungen des öffentlichen Rechts, deren Verbänden einschließlich der Spitzenverbände oder ihrer Arbeitsgemeinschaften (§ 10 a Abs. 1 Satz 1 Halbsatz 2 Nr. 3 EStG), wenn ihnen nach beamtenrechtlichen Vorschriften oder Grundsätzen oder entsprechenden kirchenrechtlichen Regelungen Anwartschaft auf Versorgung bei verminderter Erwerbsfähigkeit und im Alter sowie auf Hinterbliebenenversorgung gewährleistet und die Gewährleistung gesichert ist, u. a. rentenversicherungsfreie Kirchenbeamte und Geistliche in öffentlich-rechtlichen Dienstverhältnissen.
4. Satzungsmäßige Mitglieder geistlicher Genossenschaften, Diakonissen oder Angehörige ähnlicher Gemeinschaften (§ 10 a Abs. 1 Satz 1 Halbsatz 2 Nr. 3 EStG), wenn ihnen nach den Regeln der Gemeinschaft Anwartschaft auf die in der Gemeinschaft übliche Versorgung bei verminderter Erwerbsfähigkeit und im Alter gewährleistet und die Gewährleistung gesichert ist.
5. Lehrer oder Erzieher, die an nicht-öffentlichen Schulen oder Anstalten beschäftigt sind (§ 10 a Abs. 1 Satz 1 Halbsatz 2 Nr. 3 EStG), wenn ihnen nach beamtenrechtlichen Vorschriften oder Grundsätzen

Anl zu § 10a

oder entsprechenden kirchenrechtlichen Regelungen Anwartschaft auf Versorgung bei verminderter Erwerbsfähigkeit und im Alter sowie auf Hinterbliebenenversorgung gewährleistet und die Gewährleistung gesichert ist.

6. Beamte, Richter, Berufssoldaten und Soldaten auf Zeit, die ohne Besoldung beurlaubt sind, für die Zeit einer Beschäftigung, wenn während der Beurlaubung die Gewährleistung einer Versorgungsanwartschaft unter den Voraussetzungen des § 5 Abs. 1 Satz 1 SGB VI auf diese Beschäftigung erstreckt wird (§ 10 a Abs. 1 Satz 1 Halbsatz 2 Nr. 4 EStG).
7. Steuerpflichtige im Sinne der oben unter Ziffer 1. bis 6. aufgeführten, die beurlaubt sind und deshalb keine Besoldung, Amtsbezüge oder Entgelt erhalten, sofern sie eine Anrechnung von Kindererziehungszeiten nach § 56 SGB VI (d. h. im Sinne der inländischen gesetzlichen Rentenversicherung) in Anspruch nehmen könnten, wenn die Versicherungsfreiheit in der inländischen gesetzlichen Rentenversicherung nicht bestehen würde.

In den Fällen der Nummern 2 bis 5 muss das Versorgungsrecht jedoch die Absenkung des Versorgungsniveaus in entsprechender Anwendung des § 69 e Abs. 3 Satz 1 und Abs. 4 des Beamtenversorgungsgesetzes vorsehen.

B. Nicht begünstigter Personenkreis nach § 10 a Abs. 1 Satz 1 Halbsatz 2 EStG

1. Beamte, Richter und Berufssoldaten im einstweiligen Ruhestand, sofern sie keine inländische Besoldung mehr nach dem Bundesbesoldungsgesetz oder einem entsprechenden Landesbesoldungsgesetz empfangen.

EStG

§ 10b Steuerbegünstigte Zwecke

1 (1) ① **Zuwendungen (Spenden und Mitgliedsbeiträge) zur Förderung steuerbegünstigter Zwecke im Sinne der §§ 52 bis 54 der Abgabenordnung können insgesamt bis zu**

1. 20 Prozent des Gesamtbetrags der Einkünfte oder

2. 4 Promille der Summe der gesamten Umsätze und der im Kalenderjahr aufgewendeten Löhne und Gehälter

als Sonderausgaben abgezogen werden. ② **Voraussetzung für den Abzug ist, dass diese Zuwendungen**

1. an eine juristische Person des öffentlichen Rechts oder an eine öffentliche Dienststelle, die in einem Mitgliedstaat der Europäischen Union oder in einem Staat belegen ist, auf den das Abkommen über den Europäischen Wirtschaftsraum (EWR-Abkommen) Anwendung findet, oder

2. an eine nach § 5 Absatz 1 Nummer 9 des Körperschaftsteuergesetzes steuerbefreite Körperschaft, Personenvereinigung oder Vermögensmasse oder

3. an eine Körperschaft, Personenvereinigung oder Vermögensmasse, die in einem Mitgliedstaat der Europäischen Union oder in einem Staat belegen ist, auf den das Abkommen über den Europäischen Wirtschaftsraum (EWR-Abkommen) Anwendung findet, und die nach § 5 Absatz 1 Nummer 9 des Körperschaftsteuergesetzes in Verbindung mit § 5 Absatz 2 Nummer 2 zweiter Halbsatz des Körperschaftsteuergesetzes steuerbefreit wäre, wenn sie inländische Einkünfte erzielen würde,

geleistet werden. ③ **Für nicht im Inland ansässige Zuwendungsempfänger nach Satz 2 ist weitere Voraussetzung, dass durch diese Staaten Amtshilfe und Unterstützung bei der Beitreibung geleistet werden.** ④ **Amtshilfe ist der Auskunftsaustausch im Sinne oder entsprechend der Amtshilferichtlinie gemäß § 2 Absatz 2 des EU-Amtshilfegesetzes.**[1] ⑤ **Beitreibung ist die gegenseitige Unterstützung bei der Betreibung von Forderungen im Sinne oder entsprechend der Beitreibungsrichtlinie einschließlich der in diesem Zusammenhang anzuwendenden Durchführungsbestimmungen in den für den jeweiligen Veranlagungszeitraum geltenden Fassungen oder eines entsprechenden Nachfolgerechtsaktes.** ⑥ **Werden die steuerbegünstigten Zwecke des Zuwendungsempfängers im Sinne von Satz 2 Nummer 1 nur im Ausland verwirklicht, ist für den Sonderausgabenabzug Voraussetzung, dass natürliche Personen, die ihren Wohnsitz oder ihren gewöhnlichen Aufenthalt im Geltungsbereich dieses Gesetzes haben, gefördert werden oder dass die Tätigkeit dieses Zuwendungsempfängers neben der Verwirklichung der steuerbegünstigten Zwecke auch zum Ansehen der Bundesrepublik Deutschland beitragen kann.** ⑦ **Abziehbar sind auch Mitgliedsbeiträge an Körperschaften, die Kunst und Kultur gemäß § 52 Absatz 2 Satz 1 Nummer 5 der Abgabenordnung fördern, soweit es sich nicht um Mitgliedsbeiträge nach Satz 8 Nummer 2 handelt, auch wenn den Mitgliedern Vergünstigungen gewährt werden.** ⑧ [2]**Nicht abziehbar sind Mitgliedsbeiträge an Körperschaften,**

1. die den Sport (§ 52 Absatz 2 Satz 1 Nummer 21 der Abgabenordnung),

2. die kulturelle Betätigungen, die in erster Linie der Freizeitgestaltung dienen,

3. die Heimatpflege und Heimatkunde (§ 52 Absatz 2 Satz 1 Nummer 22 der Abgabenordnung),

4. die Zwecke im Sinne des § 52 Absatz 2 Satz 1 Nummer 23 der Abgabenordnung fördern oder

5. deren Zweck nach § 52 Absatz 2 Satz 2 der Abgabenordnung für gemeinnützig erklärt worden ist, weil deren Zweck die Allgemeinheit auf materiellem, geistigem oder sittlichem Gebiet entsprechend einem Zweck nach den Nummern 1 bis 4 fördert.

⑨ **Abziehbare Zuwendungen, die die Höchstbeträge nach Satz 1 überschreiten oder die den um die Beträge nach § 10 Absatz 3 und 4, § 10 c und § 10 d verminderten Gesamtbetrag der Einkünfte übersteigen, sind im Rahmen der Höchstbeträge in den folgenden Veranlagungszeiträumen als Sonderausgaben abzuziehen.** ⑩ **§ 10 d Absatz 4 gilt entsprechend.**

2 (1 a) ① **Spenden zur Förderung steuerbegünstigter Zwecke im Sinne der §§ 52 bis 54 der Abgabenordnung in das zu erhaltende Vermögen (Vermögensstock) einer Stiftung, welche die Voraussetzungen des Absatzes 1 Satz 2 bis 6 erfüllt, können auf Antrag des Steuerpflichtigen im Veranlagungszeitraum der Zuwendung und in den folgenden**

[1] EUAHiG v. 26. 6. 2013 (BGBl. I S. 1809).

[2] Zur erstmaligen Anwendung von § 10 b Abs. 1 Satz 8 auf Mitgliedsbeiträge, die nach dem 31. 12. 2019 gezahlt werden, siehe § 52 Abs. 18 a.

EStG

neun Veranlagungszeiträumen bis zu einem Gesamtbetrag von 1 Million Euro, bei Ehegatten, die nach den §§ 26, 26b zusammen veranlagt werden, bis zu einem Gesamtbetrag von 2 Millionen Euro, zusätzlich zu den Höchstbeträgen nach Absatz 1 Satz 1 abgezogen werden. ② Nicht abzugsfähig nach Satz 1 sind Spenden in das verbrauchbare Vermögen einer Stiftung. ③ Der besondere Abzugsbetrag nach Satz 1 bezieht sich auf den gesamten Zehnjahreszeitraum und kann der Höhe nach innerhalb dieses Zeitraums nur einmal in Anspruch genommen werden. ④ § 10d Absatz 4 gilt entsprechend.

(2) **① Zuwendungen an politische Parteien im Sinne des § 2 des Parteiengesetzes sind, sofern die jeweilige Partei nicht gemäß § 18 Absatz 7 des Parteiengesetzes von der staatlichen Teilfinanzierung ausgeschlossen ist, bis zur Höhe von insgesamt 1 650 Euro und im Fall der Zusammenveranlagung von Ehegatten bis zur Höhe von insgesamt 3 300 Euro im Kalenderjahr abzugsfähig. ② Sie können nur insoweit als Sonderausgaben abgezogen werden, als für sie nicht eine Steuerermäßigung nach § 34g gewährt worden ist.** 3

(3) **① Als Zuwendung im Sinne dieser Vorschrift gilt auch die Zuwendung von Wirtschaftsgütern mit Ausnahme von Nutzungen und Leistungen. ② Ist das Wirtschaftsgut unmittelbar vor seiner Zuwendung einem Betriebsvermögen entnommen worden, so bemisst sich die Zuwendungshöhe nach dem Wert, der bei der Entnahme angesetzt wurde und nach der Umsatzsteuer, die auf die Entnahme entfällt. ③ Ansonsten bestimmt sich die Höhe der Zuwendung nach dem gemeinen Wert des zugewendeten Wirtschaftsguts, wenn dessen Veräußerung im Zeitpunkt der Zuwendung keinen Besteuerungstatbestand erfüllen würde. ④ In allen übrigen Fällen dürfen bei der Ermittlung der Zuwendungshöhe die fortgeführten Anschaffungs- oder Herstellungskosten nur überschritten werden, soweit eine Gewinnrealisierung stattgefunden hat. ⑤ Aufwendungen zugunsten einer Körperschaft, die zum Empfang steuerlich abziehbarer Zuwendungen berechtigt ist, können nur abgezogen werden, wenn ein Anspruch auf die Erstattung der Aufwendungen durch Vertrag oder Satzung eingeräumt und auf die Erstattung verzichtet worden ist. ⑥ Der Anspruch darf nicht unter der Bedingung des Verzichts eingeräumt worden sein.** 4

(4) **① Der Steuerpflichtige darf auf die Richtigkeit der Bestätigung über Spenden und Mitgliedsbeiträge vertrauen, es sei denn, dass er die Bestätigung durch unlautere Mittel oder falsche Angaben erwirkt hat oder dass ihm die Unrichtigkeit der Bestätigung bekannt oder infolge grober Fahrlässigkeit nicht bekannt war. ② Wer vorsätzlich oder grob fahrlässig eine unrichtige Bestätigung ausstellt oder veranlasst, dass Zuwendungen nicht zu den in der Bestätigung angegebenen steuerbegünstigten Zwecken verwendet werden, haftet für die entgangene Steuer. ③ Diese ist mit 30 Prozent des zugewendeten Betrags anzusetzen. ④ In den Fällen des Satzes 2 zweite Alternative (Veranlasserhaftung) ist vorrangig der Zuwendungsempfänger in Anspruch zu nehmen; die in diesen Fällen für den Zuwendungsempfänger handelnden natürlichen Personen sind nur in Anspruch zu nehmen, wenn die entgangene Steuer nicht nach § 47 der Abgabenordnung erloschen ist und Vollstreckungsmaßnahmen gegen den Zuwendungsempfänger nicht erfolgreich sind. ⑤ Die Festsetzungsfrist für Haftungsansprüche nach Satz 2 läuft nicht ab, solange die Festsetzungsfrist für von dem Empfänger der Zuwendung geschuldete Körperschaftsteuer für den Veranlagungszeitraum nicht abgelaufen ist, in dem die unrichtige Bestätigung ausgestellt worden ist oder veranlasst wurde, dass die Zuwendung nicht zu den in der Bestätigung angegebenen steuerbegünstigten Zwecken verwendet worden ist; § 191 Absatz 5 der Abgabenordnung ist nicht anzuwenden.** 5

Übersicht

	Rz.
§§ 52–54 AO	10–12
§ 50 EStDV Zuwendungsbestätigung	13
Anlagen:	
a) Schreiben betr. Muster für Zuwendungsbestätigungen (§ 10b EStG) vom 7. 11. 2013	14–33
b) Schreiben betr. steuerliche Anerkennung von Spenden durch den Verzicht auf einen zuvor vereinbarten Aufwendungsersatz (Aufwandsspende) bzw. einen sonstigen Anspruch (Rückspende) vom 25. 11. 2014	34
c) Schreiben betr. steuerbegünstigte Zwecke (§ 10b EStG); Gesetz zur weiteren Stärkung des bürgerschaftlichen Engagements vom 10. 10. 2007; Anwendungsschreiben zu § 10b EStG vom 18. 12. 2008	35
d) Schreiben betr. steuerbegünstigte Zwecke (§ 10b EStG); Gesetz zur Stärkung des Ehrenamtes (Ehrenamtsstärkungsgesetz) vom 21. 3. 2013; Anwendungsschreiben zu § 10b Abs. 1a EStG vom 15. 9. 2014	38
e) Schreiben betr. spendenrechtliche Beurteilung von „Crowdfunding" (§ 10b EStG) vom 15. 12. 2017	40, 41

AO

Abgabenordnung (AO)

In der Fassung der Bekanntmachung vom 1. 10. 2002 (BGBl. I S. 3866), zuletzt geändert durch das Jahressteuergesetz (JStG 2024) vom 2. 12. 2024 (BGBl. 2024 I Nr. 387)

– Auszug –

§ 52 Gemeinnützige Zwecke

10 (1) ① Eine Körperschaft verfolgt gemeinnützige Zwecke, wenn ihre Tätigkeit darauf gerichtet ist, die Allgemeinheit auf materiellem, geistigem oder sittlichem Gebiet selbstlos zu fördern. ② Eine Förderung der Allgemeinheit ist nicht gegeben, wenn der Kreis der Personen, dem die Förderung zugute kommt, fest abgeschlossen ist, zum Beispiel Zugehörigkeit zu einer Familie oder zur Belegschaft eines Unternehmens, oder infolge seiner Abgrenzung, insbesondere nach räumlichen oder beruflichen Merkmalen, dauernd nur klein sein kann. ③ Eine Förderung der Allgemeinheit liegt nicht allein deswegen vor, weil eine Körperschaft ihre Mittel einer Körperschaft des öffentlichen Rechts zuführt.

(2) ① Unter den Voraussetzungen des Absatzes 1 sind als Förderung der Allgemeinheit anzuerkennen:

1. die Förderung von Wissenschaft und Forschung;
2. die Förderung der Religion;
3. die Förderung des öffentlichen Gesundheitswesens und der öffentlichen Gesundheitspflege, insbesondere die Verhütung und Bekämpfung von übertragbaren Krankheiten, auch durch Krankenhäuser im Sinne des § 67, und von Tierseuchen;
4. die Förderung der Jugend- und Altenhilfe;
5. die Förderung von Kunst und Kultur;
6. die Förderung des Denkmalschutzes und der Denkmalpflege;
7. die Förderung der Erziehung, Volks- und Berufsbildung einschließlich der Studentenhilfe;
8. die Förderung des Naturschutzes und der Landschaftspflege im Sinne des Bundesnaturschutzgesetzes und der Naturschutzgesetze der Länder, des Umweltschutzes, einschließlich des Klimaschutzes, des Küstenschutzes und des Hochwasserschutzes;
9. die Förderung des Wohlfahrtswesens, insbesondere der Zwecke der amtlich anerkannten Verbände der freien Wohlfahrtspflege (§ 23 der Umsatzsteuer-Durchführungsverordnung), ihrer Unterverbände und ihrer angeschlossenen Einrichtungen und Anstalten;
10. die Förderung der Hilfe für politisch, rassistisch oder religiös Verfolgte, für Flüchtlinge, Vertriebene, Aussiedler, Spätaussiedler, Kriegsopfer, Kriegshinterbliebene, Kriegsbeschädigte und Kriegsgefangene, Zivilbeschädigte und Behinderte sowie Hilfe für Opfer von Straftaten; Förderung des Andenkens an Verfolgte, Kriegs- und Katastrophenopfer; Förderung des Suchdienstes für Vermisste, Förderung der Hilfe für Menschen, die auf Grund ihrer geschlechtlichen Identität oder ihrer geschlechtlichen Orientierung diskriminiert werden;
11. die Förderung der Rettung aus Lebensgefahr;
12. die Förderung des Feuer-, Arbeits-, Katastrophen- und Zivilschutzes sowie der Unfallverhütung;
13. die Förderung internationaler Gesinnung, der Toleranz auf allen Gebieten der Kultur und des Völkerverständigungsgedankens;
14. die Förderung des Tierschutzes;
15. die Förderung der Entwicklungszusammenarbeit;
16. die Förderung von Verbraucherberatung und Verbraucherschutz;
17. die Förderung der Fürsorge für Strafgefangene und ehemalige Strafgefangene;
18. die Förderung der Gleichberechtigung von Frauen und Männern;
19. die Förderung des Schutzes von Ehe und Familie;
20. die Förderung der Kriminalprävention;
21. die Förderung des Sports (Schach gilt als Sport);
22. die Förderung der Heimatpflege, Heimatkunde und der Ortsverschönerung;
23. die Förderung der Tierzucht, der Pflanzenzucht, der Kleingärtnerei, des traditionellen Brauchtums einschließlich des Karnevals, der Fastnacht und des Faschings, der Soldaten- und Reservistenbetreuung, des Amateurfunkens, des Freifunks, des Modellflugs und des Hundesports;
24. die allgemeine Förderung des demokratischen Staatswesens im Geltungsbereich dieses Gesetzes; hierzu gehören nicht Bestrebungen, die nur bestimmte Einzelinteressen staatsbürgerlicher Art verfolgen oder die auf den kommunalpolitischen Bereich beschränkt sind;

25. die Förderung des bürgerschaftlichen Engagements zugunsten gemeinnütziger, mildtätiger und kirchlicher Zwecke; AO
26. die Förderung der Unterhaltung und Pflege von Friedhöfen und die Förderung der Unterhaltung von Gedenkstätten für nichtbestattungspflichtige Kinder und Föten,
27. die Förderung wohngemeinnütziger Zwecke; dies ist die vergünstigte Wohnraumüberlassung an Personen im Sinne des § 53. ② § 53 Nummer 2 ist mit der Maßgabe anzuwenden, dass die Bezüge nicht höher sein dürfen als das Fünffache des Regelsatzes der Sozialhilfe im Sinne des § 28 des Zwölften Buches Sozialgesetzbuch; beim Alleinstehenden oder Alleinerziehenden tritt an die Stelle des Fünffachen das Sechsfache des Regelsatzes. ③ Die Hilfebedürftigkeit muss zu Beginn des jeweiligen Mietverhältnisses vorliegen.

② Sofern der von der Körperschaft verfolgte Zweck nicht unter Satz 1 fällt, aber die Allgemeinheit auf materiellem, geistigem oder sittlichem Gebiet entsprechend selbstlos gefördert wird, kann dieser Zweck für gemeinnützig erklärt werden. ③ Die obersten Finanzbehörden der Länder haben jeweils eine Finanzbehörde im Sinne des Finanzverwaltungsgesetzes zu bestimmen, die für Entscheidungen nach Satz 2 zuständig ist.

§ 53 Mildtätige Zwecke

Eine Körperschaft verfolgt mildtätige Zwecke, wenn ihre Tätigkeit darauf gerichtet ist, Personen selbstlos zu unterstützen, 11

1. die infolge ihres körperlichen, geistigen oder seelischen Zustands auf die Hilfe anderer angewiesen sind oder
2. deren Bezüge nicht höher sind als das Vierfache des Regelsatzes der Sozialhilfe im Sinne des § 28 des Zwölften Buches Sozialgesetzbuch; beim Alleinstehenden oder Alleinerziehenden tritt an die Stelle des Vierfachen das Fünffache des Regelsatzes. ② Dies gilt nicht für Personen, deren Vermögen zur nachhaltigen Verbesserung ihres Unterhalts ausreicht und denen zugemutet werden kann, es dafür zu verwenden. ③ Bezüge im Sinne dieser Vorschrift sind
   a) Einkünfte im Sinne des § 2 Abs. 1 des Einkommensteuergesetzes und
   b) andere zur Bestreitung des Unterhalts bestimmte oder geeignete Bezüge,

   aller Haushaltsangehörigen. ④ Zu berücksichtigen sind auch gezahlte und empfangene Unterhaltsleistungen. ⑤ Die wirtschaftliche Hilfebedürftigkeit im vorstehenden Sinne ist bei Empfängern von Leistungen nach dem Zweiten oder Zwölften Buch Sozialgesetzbuch, des Wohngeldgesetzes, bei Empfängern von Leistungen nach § 27 a des Bundesversorgungsgesetzes oder nach § 6 a des Bundeskindergeldgesetzes als nachgewiesen anzusehen. ⑥ Die Körperschaft kann den Nachweis mit Hilfe des jeweiligen Leistungsbescheids, der für den Unterstützungszeitraum maßgeblich ist, oder mit Hilfe der Bestätigung des Sozialleistungsträgers führen. ⑦ Auf Antrag der Körperschaft kann auf einen Nachweis der wirtschaftlichen Hilfebedürftigkeit verzichtet werden, wenn auf Grund der besonderen Art der gewährten Unterstützungsleistung sichergestellt ist, dass nur wirtschaftlich hilfebedürftige Personen im vorstehenden Sinne unterstützt werden; für den Bescheid über den Nachweisverzicht gilt § 60 a Absatz 3 und 5 entsprechend oder
3. deren wirtschaftliche Lage aus besonderen Gründen zu einer Notlage geworden ist. ② Als besondere Gründe gelten insbesondere Katastrophen, die durch Erlass des Bundesministeriums der Finanzen oder einer obersten Finanzbehörde der Länder festgestellt wurden. ③ In diesen Fällen reicht es für den Nachweis der Hilfebedürftigkeit aus, wenn die durch die Katastrophe entstandene Notlage sowie die Mehraufwendungen glaubhaft gemacht werden.

§ 54 Kirchliche Zwecke

(1) Eine Körperschaft verfolgt kirchliche Zwecke, wenn ihre Tätigkeit darauf gerichtet ist, eine Religionsgemeinschaft, die Körperschaft des öffentlichen Rechts ist, selbstlos zu fördern. 12

(2) Zu diesen Zwecken gehören insbesondere die Errichtung, Ausschmückung und Unterhaltung von Gotteshäusern und kirchlichen Gemeindehäusern, die Abhaltung von Gottesdiensten, die Ausbildung von Geistlichen, die Erteilung von Religionsunterricht, die Beerdigung und die Pflege des Andenkens der Toten, ferner die Verwaltung des Kirchenvermögens, die Besoldung der Geistlichen, Kirchenbeamten und Kirchendiener, die Alters- und Behindertenversorgung für diese Personen und die Versorgung ihrer Witwen und Waisen.

EStDV

Einkommensteuer-Durchführungsverordnung (EStDV 2000)

In der Fassung der Bekanntmachung vom 10. Mai 2000 (BGBl. I S. 717), zuletzt geändert durch das Jahressteuergesetz 2024 (JStG 2024) vom 2. 12. 2024 (BGBl. 2024 I Nr. 387)

– Auszug –

§ 50 Zuwendungsbestätigung[1]

13 (1)[2] ① Zuwendungen im Sinne der §§ 10 b und 34 g des Gesetzes dürfen vorbehaltlich des Absatzes 2 nur abgezogen werden, wenn der Zuwendende eine Zuwendungsbestätigung, die der Zuwendungsempfänger unter Berücksichtigung des § 63 Absatz 5 der Abgabenordnung nach amtlich vorgeschriebenem Vordruck[3] ausgestellt hat, oder die in den Absätzen 4 bis 6 bezeichneten Unterlagen erhalten hat. ② Zuwendungen an einen nicht im Inland ansässigen Zuwendungsempfänger nach § 10 b Absatz 1 Satz 2 Nummer 1 und 3 des Gesetzes dürfen nur abgezogen werden, wenn dieser eine Zuwendungsbestätigung nach amtlich vorgeschriebenem Vordruck ausgestellt hat. ③ Der nicht im Inland ansässige Zuwendungsempfänger darf eine Zuwendungsbestätigung nur ausstellen, wenn er im Zuwendungsempfängerregister nach § 60 b der Abgabenordnung aufgenommen ist.

(2) ① Der Zuwendende kann den Zuwendungsempfänger bevollmächtigen, die Zuwendungsbestätigung der für seine Besteuerung nach dem Einkommen zuständigen Finanzbehörde nach amtlich vorgeschriebenem Datensatz durch Datenfernübertragung nach Maßgabe des § 93 c der Abgabenordnung zu übermitteln. ② Der Zuwendende hat dem Zuwendungsempfänger zu diesem Zweck seine Identifikationsnummer (§ 139 b der Abgabenordnung) mitzuteilen. ③ Die Vollmacht kann nur mit Wirkung für die Zukunft widerrufen werden. ④ Der Zuwendungsempfänger hat dem Zuwendenden die nach Satz 1 übermittelten Daten elektronisch oder auf dessen Wunsch als Ausdruck zur Verfügung zu stellen; in beiden Fällen ist darauf hinzuweisen, dass die Daten der Finanzbehörde übermittelt worden sind. ⑤ § 72 a Absatz 4 der Abgabenordnung findet keine Anwendung.

(3)[4] ① In den Fällen des Absatzes 2 ist für die Anwendung des § 93 c Absatz 4 Satz 1 der Abgabenordnung das Finanzamt zuständig, in dessen Bezirk sich die Geschäftsleitung (§ 10 der Abgabenordnung) des Zuwendungsempfängers im Inland befindet; für Zuwendungsempfänger nach Absatz 1 Satz 2 ist das Bundeszentralamt für Steuern zuständig. ② Die nach Absatz 2 übermittelten Daten können durch dieses Finanzamt zum Zweck der Anwendung des § 93 c Absatz 4 Satz 1 der Abgabenordnung bei den für die Besteuerung der Zuwendenden nach dem Einkommen zuständigen Finanzbehörden abgerufen und verwendet werden.

(4) ① Statt einer Zuwendungsbetätigung genügt der Bareinzahlungsbeleg oder die Buchungsbestätigung eines Kreditinstituts, wenn

1. die Zuwendung zur Hilfe in Katastrophenfällen:
   a) innerhalb eines Zeitraums, den die obersten Finanzbehörden der Länder im Benehmen mit dem Bundesministerium der Finanzen bestimmen, auf ein für den Katastrophenfall eingerichtetes Sonderkonto einer inländischen juristischen Person des öffentlichen Rechts, einer inländischen öffentlichen Dienststelle oder eines inländischen amtlich anerkannten Verbandes der freien Wohlfahrtspflege einschließlich seiner Mitgliedsorganisationen eingezahlt worden ist oder
   b) bis zur Einrichtung des Sonderkontos auf ein anderes Konto der genannten Zuwendungsempfänger eingezahlt wird; wird die Zuwendung über ein als Treuhandkonto geführtes Konto eines Dritten auf eines der genannten Sonderkonten eingezahlt, genügt der Bareinzahlungsbeleg oder die Buchungsbestätigung des Kreditinstituts des Zuwendenden zusammen mit einer Kopie des Barzahlungsbelegs oder der Buchungsbestätigung des Kreditinstituts des Dritten, oder
2. die Zuwendung 300 Euro[5] nicht übersteigt und
   a) der Empfänger eine inländische juristische Person des öffentlichen Rechts oder eine inländische öffentliche Dienststelle ist oder

[1] Zur Anwendung von § 50 EStDV siehe § 84 Abs. 2 c EStDV: „§ 50 in der am 1. Januar 2017 geltenden Fassung ist erstmals auf Zuwendungen anzuwenden, die dem Zuwendungsempfänger nach dem 31. Dezember 2016 zufließen."

[2] § 50 Abs. 1 Satz 2 aufgeh. **mWv VZ 2025** durch JStG 2020 v. 21. 12. 2020 (BGBl. I S. 3096); zur Anwendung siehe § 84 Abs. 2 d EStDV: *„(2 d) § 50 in der Fassung des Artikels 7 des Gesetzes vom 21. Dezember 2020 (BGBl. I S. 3096) ist erstmals auf Zuwendungen anzuwenden, die dem Zuwendungsempfänger nach dem 31. Dezember 2024 zufließen."* neue Sätze 2 und 3 angef. mWv VZ 2025 durch G v. 27. 3. 2024 (BGBl. 2024 I Nr. 108); zur Anwendung siehe § 84 Abs. 2 d.

[3] Zuwendungsempfänger, die dem zuständigen Finanzamt die Nutzung eines Verfahrens zur maschinellen Erstellung von Zuwendungsbestätigungen gemäß R 10 b.1 Abs. 4 EStR angezeigt haben, können die maschinell erstellten Zuwendungsbestätigungen auf elektronischem Weg in Form schreibgeschützter Dokumente an die Zuwendenden übermitteln. *(BMF-Schreiben vom 6. 2. 2017, BStBl. I S. 287).*

[4] § 50 Abs. 3 Satz 1 Hs. 2 angef. mWv VZ 2025 durch G v. 27. 3. 2024 (BGBl. 2024 I Nr. 108); zur Anwendung siehe § 84 Abs. 2 d.

[5] Euro-Betrag erhöht ab VZ 2020. Zur Anwendung siehe § 84 Abs. 2 c EStDV.

EStDV

b) der Empfänger eine Körperschaft, Personenvereinigung oder Vermögensmasse im Sinne des § 5 Absatz 1 Nummer 9 des Körperschaftsteuergesetzes ist, wenn der steuerbegünstigte Zweck, für den die Zuwendung verwendet wird, und die Angaben über die Freistellung des Empfängers von der Körperschaftsteuer auf einem von ihm hergestellten Beleg aufgedruckt sind und darauf angegeben ist, ob es sich bei der Zuwendung um eine Spende oder einen Mitgliedsbeitrag handelt, oder

c) der Empfänger eine politische Partei im Sinne des § 2 des Parteiengesetzes ist, die nicht gemäß § 18 Absatz 7 des Parteiengesetzes von der staatlichen Teilfinanzierung ausgeschlossen ist, und bei Spenden der Verwendungszweck auf dem vom Empfänger hergestellten Beleg aufgedruckt ist.

② Aus der Buchungsbestätigung müssen der Name und die Kontonummer oder ein sonstiges Identifizierungsmerkmal des Auftraggebers und des Empfängers, der Betrag, der Buchungstag sowie die tatsächliche Durchführung der Zahlung ersichtlich sein. ③ In den Fällen des Satzes 1 Nummer 2 Buchstabe b hat der Zuwendende zusätzlich den vom Zuwendungsempfänger hergestellten Beleg aufzubewahren.

(5) Bei Zuwendungen zur Hilfe in Katastrophenfällen innerhalb eines Zeitraums, den die obersten Finanzbehörden der Länder im Benehmen mit dem Bundesministerium der Finanzen bestimmen, die über ein Konto eines Dritten an eine inländische juristische Person des öffentlichen Rechts, an eine inländische öffentliche Dienststelle oder an eine nach § 5 Absatz 1 Nummer 9 des Körperschaftsteuergesetzes steuerbefreite Körperschaft, Personenvereinigung oder Vermögensmasse geleistet werden, genügt das Erhalten einer auf den jeweiligen Zuwendenden ausgestellten Zuwendungsbestätigung des Zuwendungsempfängers, wenn das Konto des Dritten als Treuhandkonto geführt wurde, die Zuwendung von dort an den Zuwendungsempfänger weitergeleitet wurde und diesem eine Liste mit den einzelnen Zuwendenden und ihrem jeweiligen Anteil an der Zuwendungssumme übergeben wurde.

(6) Bei Zahlungen von Mitgliedsbeiträgen an politische Parteien im Sinne des § 2 des Parteiengesetzes genügen statt Zuwendungsbestätigungen Bareinzahlungsbelege, Buchungsbestätigungen oder Beitragsquittungen.

(7) ① Eine in § 5 Absatz 1 Nummer 9 des Körperschaftsteuergesetzes bezeichnete Körperschaft, Personenvereinigung oder Vermögensmasse hat die Vereinnahmung der Zuwendung und ihre zweckentsprechende Verwendung ordnungsgemäß aufzuzeichnen und ein Doppel der Zuwendungsbestätigung aufzubewahren. ② Diese Aufbewahrungspflicht entfällt in den Fällen des Absatzes 2. ③ Bei Sachzuwendungen und beim Verzicht auf die Erstattung von Aufwand müssen sich aus den Aufzeichnungen auch die Grundlagen für den vom Empfänger bestätigten Wert der Zuwendung ergeben.

(8) ① Die in den Absätzen 1, 4, 5 und 6 bezeichneten Unterlagen sind vom Zuwendenden auf Verlangen der Finanzbehörde vorzulegen. ② Soweit der Zuwendende sie nicht bereits auf Verlangen der Finanzbehörde vorgelegt hat, sind sie vom Zuwendenden bis zum Ablauf eines Jahres nach Bekanntgabe der Steuerfestsetzung aufzubewahren.

Anl a zu § 10b

a) Schreiben betr. Muster für Zuwendungsbestätigungen (§ 10b EStG)[1]

Vom 7. November 2013 (BStBl. I S. 1333)

(BMF IV C 4 – S 2223/07/0018 :005; DOK 2013/239390)

Im Einvernehmen mit den obersten Finanzbehörden der Länder sind die in der Anlage beigefügten Muster für Zuwendungen an inländische Zuwendungsempfänger zu verwenden. **14**

Für die Verwendung der aktualisierten Muster für Zuwendungsbestätigungen gilt Folgendes:

1. Die in der Anlage beigefügten Muster für Zuwendungsbestätigungen sind verbindliche Muster (vgl. § 50 Abs. 1 EStDV). Die Zuwendungsbestätigungen können weiterhin vom jeweiligen Zuwendungsempfänger anhand dieser Muster selbst hergestellt werden. In einer auf einen bestimmten Zuwendungsempfänger zugeschnittenen Zuwendungsbestätigung müssen nur die Angaben aus den veröffentlichten Mustern übernommen werden, die im Einzelfall einschlägig sind. Die in den Mustern vorgesehenen Hinweise zu den haftungsrechtlichen Folgen der Ausstellung einer unrichtigen Zuwendungsbestätigung und zur steuerlichen Anerkennung der Zuwendungsbestätigung sind stets in die Zuwendungsbestätigungen zu übernehmen.
2. Die Wortwahl und die Reihenfolge der vorgegebenen Textpassagen in den Mustern sind beizubehalten, Umformulierungen sind unzulässig. Auf der Zuwendungsbestätigung dürfen weder Danksagungen an den Zuwendenden noch Werbung für die Ziele der begünstigten Einrichtung angebracht werden. Entsprechende Texte sind jedoch auf der Rückseite zulässig. Die Zuwendungsbestätigung darf die Größe einer DIN-A4-Seite nicht überschreiten.
3. Gegen optische Hervorhebungen von Textpassagen beispielsweise durch Einrahmungen und/oder vorangestellte Ankreuzkästchen bestehen keine Bedenken. Ebenso ist es zulässig, den Namen des Zuwendenden und dessen Adresse so untereinander anzuordnen, dass die gleichzeitige Nutzung als Anschriftenfeld möglich ist. Fortlaufende alphanumerische Zeichen mit einer oder mehreren Rei-

[1] Zur Übergangsfrist und Verwendung der Muster siehe auch BMF-Schreiben vom 26. 3. 2014, BStBl. I S. 791.

Anl a zu § 10b

hen, die zur Identifizierung der Zuwendungsbestätigung geeignet sind, können vergeben werden; die Verwendung eines Briefpapiers mit einem Logo, Emblem oder Wasserzeichen der Einrichtung ist zulässig.

4. Es bestehen keine Bedenken, wenn der Zuwendungsempfänger in seinen Zuwendungsbestätigungen alle ihn betreffenden steuerbegünstigten Zwecke nennt. Aus steuerlichen Gründen bedarf es keiner Kenntlichmachung, für welchen konkreten steuerbegünstigten Zweck die Zuwendung erfolgt bzw. verwendet wird.

5. Der zugewendete Betrag ist sowohl in Ziffern als auch in Buchstaben zu benennen. Für die Benennung in Buchstaben ist es nicht zwingend erforderlich, dass der zugewendete Betrag in einem Wort genannt wird; ausreichend ist die Buchstabenbenennung der jeweiligen Ziffern. So kann z. B. ein Betrag in Höhe von 1322 Euro als „eintausenddreihundertzweiundzwanzig" oder „eins – drei – zwei – zwei" bezeichnet werden. In diesen Fällen sind allerdings die Leerräume vor der Nennung der ersten Ziffer und hinter der letzten Ziffer in geeigneter Weise (z. B. durch „X") zu entwerten.

6. Handelt es sich um eine Sachspende, so sind in die Zuwendungsbestätigung genaue Angaben über den zugewendeten Gegenstand aufzunehmen (z. B. Alter, Zustand, historischer Kaufpreis usw.). Für die Sachspende zutreffende Sätze sind in den entsprechenden Mustern anzukreuzen.
Sachspende aus dem Betriebsvermögen:
Stammt die Sachzuwendung nach den Angaben des Zuwendenden aus dessen Betriebsvermögen, bemisst sich die Zuwendungshöhe nach dem Wert, der bei der Entnahme angesetzt wurde und nach der Umsatzsteuer, die auf die Entnahme entfällt (§ 10b Abs. 3 Satz 2 EStG). In diesen Fällen braucht der Zuwendungsempfänger keine zusätzlichen Unterlagen in seine Buchführung aufzunehmen, ebenso sind Angaben über die Unterlagen, die zur Wertermittlung gedient haben, nicht erforderlich. Der Entnahmewert ist grundsätzlich der Teilwert. Der Entnahmewert kann auch der Buchwert sein, wenn das Wirtschaftsgut unmittelbar nach der Entnahme für steuerbegünstigte Zwecke gespendet wird (sog. Buchwertprivileg, § 6 Abs. 1 Nr. 4 Satz 4 und 5 EStG).
Sachspende aus dem Privatvermögen:
Handelt es sich um eine Sachspende aus dem Privatvermögen des Zuwendenden, ist der gemeine Wert des gespendeten Wirtschaftsguts maßgebend, wenn dessen Veräußerung im Zeitpunkt der Zuwendung keinen Besteuerungstatbestand erfüllen würde (§ 10b Abs. 3 Satz 3 EStG). Ansonsten sind die fortgeführten Anschaffungs- oder Herstellungskosten als Wert der Zuwendung auszuweisen. Dies gilt insbesondere bei Veräußerungstatbeständen, die unter § 17 oder § 23 EStG fallen (z. B. Zuwendung einer mindestens 1%igen Beteiligung an einer Kapitalgesellschaft (§ 17 EStG), einer Immobilie, die sich weniger als zehn Jahre im Eigentum des Spenders befindet (§ 23 Abs. 1 Satz 1 Nr. 1 EStG), eines anderen Wirtschaftsguts im Sinne des § 23 Abs. 1 Satz 1 Nr. 2 EStG mit einer Eigentumsdauer von nicht mehr als einem Jahr). Der Zuwendungsempfänger hat anzugeben, welche Unterlagen er zur Ermittlung des angesetzten Wertes herangezogen hat. In Betracht kommt in diesem Zusammenhang z. B. ein Gutachten über den aktuellen Wert der zugewendeten Sache oder der sich aus der ursprünglichen Rechnung ergebende historische Kaufpreis unter Berücksichtigung einer Absetzung für Abnutzung. Diese Unterlagen hat der Zuwendungsempfänger zusammen mit der Zuwendungsbestätigung in seine Buchführung aufzunehmen.

7. Die Zeile: „Es handelt sich um den Verzicht auf die Erstattung von Aufwendungen Ja □ Nein □" ist stets in die Zuwendungsbestätigungen über Geldzuwendungen/Mitgliedsbeiträge zu übernehmen und entsprechend anzukreuzen. Dies gilt auch für Sammelbestätigungen und in den Fällen, in denen ein Zuwendungsempfänger grundsätzlich keine Zuwendungsbestätigungen für die Erstattung von Aufwendungen ausstellt.

8. Werden Zuwendungen an eine juristische Person des öffentlichen Rechts von dieser an andere juristische Personen des öffentlichen Rechts weitergeleitet und werden von diesen die steuerbegünstigten Zwecke verwirklicht, so hat der „Erstempfänger" die in den amtlichen Vordrucken enthaltene Bestätigung wie folgt zu fassen:
„Die Zuwendung wird entsprechend den Angaben des Zuwendenden an
……
[Name des Letztempfängers verbunden mit dem Hinweis auf dessen öffentlich-rechtliche Organisationsform] weitergeleitet."

9. Erfolgt der Nachweis in Form der Sammelbestätigung, so ist der bescheinigte Gesamtbetrag auf der zugehörigen Anlage in sämtliche Einzelzuwendungen aufzuschlüsseln. Es bestehen keine Bedenken, auf der Anlage zur Sammelbestätigung entweder den Namen des Zuwendenden oder ein fortlaufendes alphanumerisches Zeichen anzubringen, um eine sichere Identifikation zu gewährleisten.

10. Für maschinell erstellte Zuwendungsbestätigungen ist R 10b.1 Abs. 4 EStR zu beachten.

11. Nach § 50 Abs. 4 EStDV hat die steuerbegünstigte Körperschaft ein Doppel der Zuwendungsbestätigung aufzubewahren. Es ist in diesem Zusammenhang zulässig, das Doppel in elektronischer Form zu speichern. Die Grundsätze ordnungsmäßiger DV-gestützter Buchführungssysteme (BMF-Schreiben vom 7. November 1995, BStBl. I S. 738) sind zu beachten.

12. Für Zuwendungen nach dem 31. Dezember 1999 ist das Durchlaufspendenverfahren keine zwingende Voraussetzung mehr für die steuerliche Begünstigung von Spenden. Seit 1. Januar 2000 sind alle steuerbegünstigten Körperschaften im Sinne des § 5 Abs. 1 Nr. 9 KStG zum unmittelbaren Empfang und zur Bestätigung von Zuwendungen berechtigt. Dennoch dürfen juristische Personen des öffentlichen Rechts oder öffentliche Dienststellen auch weiterhin als Durchlaufstelle auftreten und Zuwendungsbestätigungen ausstellen (vgl. R 10b.1 Abs. 2 EStR). Sie unterliegen dann aber auch –

Anlage 1

Anl a zu § 10b Muster 1

16

Aussteller (Bezeichnung und Anschrift der inländischen juristischen Person des öffentlichen Rechts oder der inländischen öffentlichen Dienststelle)

Bestätigung über Geldzuwendungen

im Sinne des § 10 b des Einkommensteuergesetzes an inländische juristische Personen des öffentlichen Rechts oder inländische öffentliche Dienststellen

Name und Anschrift des Zuwendenden:

Betrag der Zuwendung – in Ziffern –	– in Buchstaben –	Tag der Zuwendung:

Es wird bestätigt, dass die Zuwendung nur zur Förderung (Angabe des begünstigten Zwecks/der begünstigten Zwecke)
verwendet wird.

Es handelt sich um den Verzicht auf Erstattung von Aufwendungen Ja ☐ Nein ☐

Die Zuwendung wird

☐ von uns unmittelbar für den angegebenen Zweck verwendet.

☐ entsprechend den Angaben des Zuwendenden an .... weitergeleitet, die/der vom Finanzamt .... StNr. .... mit Freistellungsbescheid bzw. nach der Anlage zum Körperschaftsteuerbescheid vom .... von der Körperschaftsteuer und Gewerbesteuer befreit ist.

☐ entsprechend den Angaben des Zuwendenden an .... weitergeleitet, der/dem das Finanzamt .... StNr. .... mit **Feststellungsbescheid** vom .... **die Einhaltung der satzungsmäßigen Voraussetzungen nach § 60 a AO festgestellt hat.**

(Ort, Datum und Unterschrift des Zuwendungsempfängers)

Hinweis:

Wer vorsätzlich oder grob fahrlässig eine unrichtige Zuwendungsbestätigung erstellt oder veranlasst, dass Zuwendungen nicht zu den in der Zuwendungsbestätigung angegebenen steuerbegünstigten Zwecken verwendet werden, haftet für die entgangene Steuer (§ 10 b Abs. 4 EStG, § 9 Abs. 3 KStG, § 9 Nr. 5 GewStG).

Nur in den Fällen der Weiterleitung an steuerbegünstigte Körperschaften im Sinne von § 5 Abs. 1 Nr. 9 KStG: Diese Bestätigung wird nicht als Nachweis für die steuerliche Berücksichtigung der Zuwendung anerkannt, wenn das Datum des Freistellungsbescheides länger als 5 Jahre bzw. **das Datum der Feststellung der Einhaltung der satzungsmäßigen Voraussetzungen nach § 60 a Abs. 1 AO länger als 3 Jahre seit Ausstellung des Bescheides zurückliegt (§ 63 Abs. 5 AO).**

Anl a zu § 10 b Muster 2

17

Anlage 2

Aussteller (Bezeichnung und Anschrift der inländischen juristischen Person des öffentlichen Rechts oder der inländischen öffentlichen Dienststelle)

Bestätigung über Sachzuwendungen

im Sinne des § 10 b des Einkommensteuergesetzes an inländische juristische Personen des öffentlichen Rechts oder inländische öffentliche Dienststellen

Name und Anschrift des Zuwendenden:

Wert der Zuwendung – in Ziffern –	– in Buchstaben –	Tag der Zuwendung:

Genaue Bezeichnung der Sachzuwendung mit Alter, Zustand, Kaufpreis usw.

☐ Die Sachzuwendung stammt nach den Angaben des Zuwendenden aus dem Betriebsvermögen. **Die Zuwendung wurde nach dem Wert der Entnahme (ggf. mit dem niedrigeren gemeinen Wert) und nach der Umsatzsteuer, die auf die Entnahme entfällt, bewertet.**

☐ Die Sachzuwendung stammt nach den Angaben des Zuwendenden aus dem Privatvermögen.

☐ Der Zuwendende hat trotz Aufforderung keine Angaben zur Herkunft der Sachzuwendung gemacht.

☐ Geeignete Unterlagen, die zur Wertermittlung gedient haben, z. B. Rechnung, Gutachten, liegen vor.

Es wird bestätigt, dass die Zuwendung nur zur Förderung (Angabe des begünstigten Zwecks/der begünstigten Zwecke) verwendet wird.

Die Zuwendung wird

☐ von uns unmittelbar für den angegebenen Zweck verwendet.

☐ entsprechend den Angaben des Zuwendenden an .... weitergeleitet, die/der vom Finanzamt .... StNr. .... mit Freistellungsbescheid bzw. nach der Anlage zum Körperschaftsteuerbescheid vom .... von der Körperschaftsteuer und Gewerbesteuer befreit ist.

☐ entsprechend den Angaben des Zuwendenden an .... weitergeleitet, der/dem das Finanzamt .... StNr. .... mit **Feststellungsbescheid** vom .... **die Einhaltung der satzungsmäßigen Voraussetzungen nach § 60 a AO festgestellt hat.**

(Ort, Datum und Unterschrift des Zuwendungsempfängers)

Hinweis:
Wer vorsätzlich oder grob fahrlässig eine unrichtige Zuwendungsbestätigung erstellt oder veranlasst, dass Zuwendungen nicht zu den in der Zuwendungsbestätigung angegebenen steuerbegünstigten Zwecken verwendet werden, haftet für die entgangene Steuer (§ 10 b Abs. 4 EStG, § 9 Abs. 3 KStG, § 9 Nr. 5 GewStG).

Nur in den Fällen der Weiterleitung an steuerbegünstigte Körperschaften im Sinne von § 5 Abs. 1 Nr. 9 KStG: Diese Bestätigung wird nicht als Nachweis für die steuerliche Berücksichtigung der Zuwendung anerkannt, wenn das Datum des Freistellungsbescheides länger als 5 Jahre bzw. **das Datum der Feststellung der Einhaltung der satzungsmäßigen Voraussetzungen nach § 60 a Abs. 1 AO länger als 3 Jahre seit Ausstellung des Bescheides zurückliegt (§ 63 Abs. 5 AO).**

Anlage 3

Anl a zu § 10b Muster 3

18

Aussteller (Bezeichnung und Anschrift der steuerbegünstigten Einrichtung)

Bestätigung über Geldzuwendungen/Mitgliedsbeitrag

im Sinne des § 10 b des Einkommensteuergesetzes an eine der in § 5 Abs. 1 Nr. 9 des Körperschaftsteuergesetzes bezeichneten Körperschaften, Personenvereinigungen oder Vermögensmassen

Name und Anschrift des Zuwendenden:

Betrag der Zuwendung – in Ziffern –	– in Buchstaben –	Tag der Zuwendung:

Es handelt sich um den Verzicht auf Erstattung von Aufwendungen Ja ☐ Nein ☐

☐ Wir sind wegen Förderung (Angabe des begünstigten Zwecks/der begünstigten Zwecke) .... **nach dem** Freistellungsbescheid bzw. der Anlage zum Körperschaftsteuerbescheid des Finanzamtes ...., StNr. ...., vom .... **für den letzten Veranlagungszeitraum** .... nach § 5 Abs. 1 Nr. 9 des Körperschaftsteuergesetzes von der Körperschaftsteuer und nach § 3 Nr. 6 des Gewerbesteuergesetzes von der Gewerbesteuer befreit.

☐ **Die Einhaltung der satzungsmäßigen Voraussetzungen nach den §§ 51, 59, 60 und 61 AO wurde vom Finanzamt ...., StNr. .... mit Bescheid vom .... nach § 60 a AO gesondert festgestellt. Wir fördern nach unserer Satzung (Angabe des begünstigten Zwecks/der begünstigen Zwecke) ....**

Es wird bestätigt, dass die Zuwendung nur zur Förderung (Angabe des begünstigten Zwecks/der begünstigten Zwecke)

verwendet wird.

Nur für steuerbegünstigte Einrichtungen, bei denen die Mitgliedsbeiträge steuerlich nicht abziehbar sind:

☐ Es wird bestätigt, dass es sich nicht um einen Mitgliedsbeitrag handelt, dessen Abzug nach § 10 b Abs. 1 des Einkommensteuergesetzes ausgeschlossen ist.

(Ort, Datum und Unterschrift des Zuwendungsempfängers)

Hinweis:

Wer vorsätzlich oder grob fahrlässig eine unrichtige Zuwendungsbestätigung erstellt oder veranlasst, dass Zuwendungen nicht zu den in der Zuwendungsbestätigung angegebenen steuerbegünstigten Zwecken verwendet werden, haftet für die entgangene Steuer (§ 10 b Abs. 4 EStG, § 9 Abs. 3 KStG, § 9 Nr. 5 GewStG).

Diese Bestätigung wird nicht als Nachweis für die steuerliche Berücksichtigung der Zuwendung anerkannt, wenn das Datum des Freistellungsbescheides länger als 5 Jahre bzw. **das Datum der Feststellung der Einhaltung der satzungsmäßigen Voraussetzungen nach § 60 a Abs. 1 AO länger als 3 Jahre seit Ausstellung des Bescheides zurückliegt (§ 63 Abs. 5 AO).**

Anl a zu § 10b Muster 4

19

Anlage 4

Aussteller (Bezeichnung und Anschrift der steuerbegünstigten Einrichtung)

Bestätigung über Sachzuwendungen

im Sinne des § 10b des Einkommensteuergesetzes an eine der in § 5 Abs. 1 Nr. 9 des Körperschaftsteuergesetzes bezeichneten Körperschaften, Personenvereinigungen oder Vermögensmassen

Name und Anschrift des Zuwendenden:

Wert der Zuwendung – in Ziffern –	– in Buchstaben –	Tag der Zuwendung:

Genaue Bezeichnung der Sachzuwendung mit Alter, Zustand, Kaufpreis usw.

☐ Die Sachzuwendung stammt nach den Angaben des Zuwendenden aus dem Betriebsvermögen. **Die Zuwendung wurde nach dem Wert der Entnahme (ggf. mit dem niedrigeren gemeinen Wert) und nach der Umsatzsteuer, die auf die Entnahme entfällt, bewertet.**

☐ Die Sachzuwendung stammt nach den Angaben des Zuwendenden aus dem Privatvermögen.

☐ Der Zuwendende hat trotz Aufforderung keine Angaben zur Herkunft der Sachzuwendung gemacht.

☐ Geeignete Unterlagen, die zur Wertermittlung gedient haben, z. B. Rechnung, Gutachten, liegen vor.

☐ Wir sind wegen Förderung (Angabe des begünstigten Zwecks/der begünstigten Zwecke) .... nach dem Freistellungsbescheid bzw. nach der Anlage zum Körperschaftsteuerbescheid des Finanzamtes .... StNr. .... vom .... **für den letzten Veranlagungszeitraum** .... nach § 5 Abs. 1 Nr. 9 des Körperschaftsteuergesetzes von der Körperschaftsteuer und nach § 3 Nr. 6 des Gewerbesteuergesetzes von der Gewerbesteuer befreit.

☐ **Die Einhaltung der satzungsmäßigen Voraussetzungen nach den §§ 51, 59, 60 und 61 AO wurde vom Finanzamt ...., StNr. .... mit Bescheid vom .... nach § 60 a AO gesondert festgestellt. Wir fördern nach unserer Satzung (Angabe des begünstigten Zwecks/der begünstigen Zwecke) ....**

Es wird bestätigt, dass die Zuwendung nur zur Förderung (Angabe des begünstigten Zwecks/der begünstigten Zwecke)   verwendet wird.

(Ort, Datum und Unterschrift des Zuwendungsempfängers)

Hinweis:

Wer vorsätzlich oder grob fahrlässig eine unrichtige Zuwendungsbestätigung erstellt oder veranlasst, dass Zuwendungen nicht zu den in der Zuwendungsbestätigung angegebenen steuerbegünstigten Zwecken verwendet werden, haftet für die entgangene Steuer (§ 10b Abs. 4 EStG, § 9 Abs. 3 KStG, § 9 Nr. 5 GewStG).

Diese Bestätigung wird nicht als Nachweis für die steuerliche Berücksichtigung der Zuwendung anerkannt, wenn das Datum des Freistellungsbescheides länger als 5 Jahre bzw. **das Datum der Feststellung der Einhaltung der satzungsmäßigen Voraussetzungen nach § 60 a Abs. 1 AO länger als 3 Jahre seit Ausstellung des Bescheides zurückliegt (§ 63 Abs. 5 AO).**

Anlage 5

Anl a zu § 10b Muster 5

20

Bezeichnung und Anschrift der Partei

Bestätigung über Geldzuwendungen/Mitgliedsbeitrag

im Sinne des § 34 g, § 10 b des Einkommensteuergesetzes an politische Parteien im Sinne des Parteiengesetzes

Name und Anschrift des Zuwendenden:

Betrag der Zuwendung – in Ziffern –	– in Buchstaben –	Tag der Zuwendung:

Es handelt sich um den Verzicht auf die Erstattung von Aufwendungen Ja ☐ Nein ☐

Es wird bestätigt, dass diese Zuwendung ausschließlich für die satzungsgemäßen Zwecke verwendet wird.

(Ort, Datum, Unterschrift(en) und Funktion(en))

Hinweis:
Wer vorsätzlich oder grob fahrlässig eine unrichtige Zuwendungsbestätigung erstellt oder wer veranlasst, dass Zuwendungen nicht zu den in der Zuwendungsbestätigung angegebenen steuerbegünstigten Zwecken verwendet werden, haftet für die entgangene Steuer (§ 34 g Satz 3, § 10 b Abs. 4 EStG).

Anl a zu § 10 b Muster 6

21 **Anlage 6**

Bezeichnung und Anschrift der Partei

Bestätigung über Sachzuwendungen

im Sinne des § 34 g, § 10 b des Einkommensteuergesetzes an politische Parteien im Sinne des Parteiengesetzes

Name und Anschrift des Zuwendenden:

Wert der Zuwendung – in Ziffern –	– in Buchstaben –	Tag der Zuwendung:

Genaue Bezeichnung der Sachzuwendung mit Alter, Zustand, Kaufpreis usw.

☐ Die Sachzuwendung stammt nach den Angaben des Zuwendenden aus dem Betriebsvermögen. **Die Zuwendung wurde nach dem Wert der Entnahme (ggf. mit dem niedrigeren gemeinen Wert) und nach der Umsatzsteuer, die auf die Entnahme entfällt, bewertet.**

☐ Die Sachzuwendung stammt nach den Angaben des Zuwendenden aus dem Privatvermögen.

☐ Der Zuwendende hat trotz Aufforderung keine Angaben zur Herkunft der Sachzuwendung gemacht.

☐ Geeignete Unterlagen, die zur Wertermittlung gedient haben, z. B. Rechnung, Gutachten, liegen vor.

Es wird bestätigt, dass diese Zuwendung ausschließlich für die satzungsgemäßen Zwecke verwendet wird.

____

(Ort, Datum, Unterschrift(en) und Funktion(en))

Hinweis:

Wer vorsätzlich oder grob fahrlässig eine unrichtige Zuwendungsbestätigung erstellt oder veranlasst, dass Zuwendungen nicht zu den in der Zuwendungsbestätigung angegebenen steuerbegünstigten Zwecken verwendet werden, haftet für die entgangene Steuer (§ 34 g Satz 3, § 10 b Abs. 4 EStG).

Anlage 7

Anl a zu § 10b Muster 7

22

Bezeichnung und Anschrift der unabhängigen Wählervereinigung

Bestätigung über Geldzuwendungen/Mitgliedsbeitrag

im Sinne des § 34g des Einkommensteuergesetzes an unabhängige Wählervereinigungen

Name und Anschrift des Zuwendenden:

Betrag der Zuwendung – in Ziffern –	– in Buchstaben –	Tag der Zuwendung:

Es handelt sich um den Verzicht auf die Erstattung von Aufwendungen Ja ☐ Nein ☐

Wir sind ein ☐ rechtsfähiger ☐ nicht rechtsfähiger Verein ohne Parteicharakter.

Der Zweck unseres Vereins ist ausschließlich darauf gerichtet, durch Teilnahme mit eigenen Wahlvorschlägen bei der politischen Willensbildung mitzuwirken, und zwar an Wahlen auf

☐ Bundesebene ☐ Landesebene ☐ Kommunalebene.

Wir bestätigen, dass wir die Zuwendung nur für diesen Zweck verwenden werden.

☐ Wir sind mit mindestens einem Mandat im (Parlament/Rat) vertreten.

☐ Wir haben der Wahlbehörde/dem Wahlorgan der .... am ...... angezeigt, dass wir uns an der .... (folgenden Wahl) .... am ...... mit eigenen Wahlvorschlägen beteiligen werden.

☐ An der letzten .... (Wahl) .... am ...... haben wir uns mit eigenen Wahlvorschlägen beteiligt.

☐ An der letzten oder einer früheren Wahl haben wir uns nicht mit eigenen Wahlvorschlägen beteiligt und eine Beteiligung der zuständigen Wahlbehörde/dem zuständigen Wahlorgan auch nicht angezeigt.

☐ Wir sind beim Finanzamt .... StNr. .... erfasst.

☐ Wir sind steuerlich nicht erfasst.

(Ort, Datum, Unterschrift(en) und Funktion(en))

Hinweis:

Wer vorsätzlich oder grob fahrlässig eine unrichtige Zuwendungsbestätigung erstellt oder veranlasst, dass Zuwendungen nicht zu den in der Zuwendungsbestätigung angegebenen steuerbegünstigten Zwecken verwendet werden, haftet für die entgangene Steuer (§ 34g Satz 3, § 10b Abs. 4 EStG).

Anl a zu § 10b Muster 8

23

Anlage 8

Bezeichnung und Anschrift der unabhängigen Wählervereinigung

Bestätigung über Sachzuwendungen

im Sinne des § 34 g des Einkommensteuergesetzes an unabhängige Wählervereinigungen

Name und Anschrift des Zuwendenden:

Wert der Zuwendung – in Ziffern –	– in Buchstaben –	Tag der Zuwendung:

Genaue Bezeichnung der Sachzuwendung mit Alter, Zustand, Kaufpreis usw.

☐ Die Sachzuwendung stammt nach den Angaben des Zuwendenden aus dem Betriebsvermögen. **Die Zuwendung wurde nach dem Wert der Entnahme (ggf. mit dem niedrigeren gemeinen Wert) und nach der Umsatzsteuer, die auf die Entnahme entfällt, bewertet.**

☐ Die Sachzuwendung stammt nach den Angaben des Zuwendenden aus dem Privatvermögen.

☐ Der Zuwendende hat trotz Aufforderung keine Angaben zur Herkunft der Sachzuwendung gemacht.

☐ Geeignete Unterlagen, die zur Wertermittlung gedient haben, z. B. Rechnung, Gutachten, liegen vor.

Wir sind ein ☐ rechtsfähiger ☐ nicht rechtsfähiger Verein ohne Parteicharakter.

Der Zweck unseres Vereins ist ausschließlich darauf gerichtet, durch Teilnahme mit eigenen Wahlvorschlägen bei der politischen Willensbildung mitzuwirken, und zwar an Wahlen auf

☐ Bundesebene ☐ Landesebene ☐ Kommunalebene.

Wir bestätigen, dass wir die Zuwendung nur für diesen Zweck verwenden werden.

☐ Wir sind mit mindestens einem Mandat im (Parlament/Rat) vertreten.

☐ Wir haben der Wahlbehörde/dem Wahlorgan der .... am .... angezeigt, dass wir uns an der .... (folgenden Wahl) .... am .... mit eigenen Wahlvorschlägen beteiligen werden.

☐ An der letzten .... (Wahl) .... am .... haben wir uns mit eigenen Wahlvorschlägen beteiligt.

☐ An der letzten oder einer früheren Wahl haben wir uns nicht mit eigenen Wahlvorschlägen beteiligt und eine Beteiligung der zuständigen Wahlbehörde/dem zuständigen Wahlorgan auch nicht angezeigt.

☐ Wir sind beim Finanzamt .... StNr. .... erfasst.

☐ Wir sind steuerlich nicht erfasst.

____

(Ort, Datum, Unterschrift(en) und Funktion(en))

Hinweis:

Wer vorsätzlich oder grob fahrlässig eine unrichtige Zuwendungsbestätigung erstellt oder veranlasst, dass Zuwendungen nicht zu den in der Zuwendungsbestätigung angegebenen steuerbegünstigten Zwecken verwendet werden, haftet für die entgangene Steuer (§ 34 g Satz 3, § 10 b Abs. 4 EStG).

Anlage 9

Anl a zu § 10b Muster 9

24

Aussteller (Bezeichnung und Anschrift der inländischen Stiftung des öffentlichen Rechts)

Bestätigung über Geldzuwendungen

im Sinne des § 10 b des Einkommensteuergesetzes an inländische Stiftungen des öffentlichen Rechts

Name und Anschrift des Zuwendenden:

Betrag der Zuwendung – in Ziffern –	– in Buchstaben –	Tag der Zuwendung:

Es wird bestätigt, dass die Zuwendung nur zur Förderung (Angabe des begünstigten Zwecks/ der begünstigten Zwecke)
verwendet wird.

Es handelt sich um den Verzicht auf Erstattung von Aufwendungen Ja ☐ Nein ☐

☐ Die Zuwendung erfolgte **in das zu erhaltende Vermögen (Vermögensstock).**

☐ Es handelt sich **nicht** um Zuwendungen **in das verbrauchbare Vermögen** einer Stiftung.

Die Zuwendung wird

☐ von uns unmittelbar für den angegebenen Zweck verwendet.

☐ entsprechend den Angaben des Zuwendenden an .... weitergeleitet, die/der vom Finanzamt ....StNr............. mit Freistellungsbescheid bzw. nach der Anlage zum Körperschaftsteuerbescheid vom ....von der Körperschaft- und Gewerbesteuer befreit ist.

☐ **entsprechend den Angaben des Zuwendenden an .... weitergeleitet, der/dem das Finanzamt .... StNr............. mit Feststellungsbescheid vom .... die Einhaltung der satzungsmäßigen Voraussetzungen nach § 60 a AO festgestellt hat.**

(Ort, Datum und Unterschrift des Zuwendungsempfängers)

Hinweis:

Wer vorsätzlich oder grob fahrlässig eine unrichtige Zuwendungsbestätigung erstellt oder veranlasst, dass Zuwendungen nicht zu den in der Zuwendungsbestätigung angegebenen steuerbegünstigten Zwecken verwendet werden, haftet für die entgangene Steuer (§ 10 b Abs. 4 EStG, § 9 Abs. 3 KStG, § 9 Nr. 5 GewStG).

Nur in Fällen der Weiterleitung an steuerbegünstigte Körperschaften im Sinne von § 5 Abs. 1 Nr. 9 KStG: Diese Bestätigung wird nicht als Nachweis für die steuerliche Berücksichtigung der Zuwendung anerkannt, wenn das Datum des Freistellungsbescheides länger als 5 Jahre bzw. **das Datum der Feststellung der Einhaltung der satzungsmäßigen Voraussetzungen nach § 60 a Abs. 1 AO länger als 3 Jahre seit Ausstellung des Bescheides zurückliegt (§ 63 Abs. 5 AO).**

Anl a zu § 10 b Muster 10

25

Anlage 10

Aussteller (Bezeichnung und Anschrift der inländischen Stiftung des öffentlichen Rechts)

Bestätigung über Sachzuwendungen

im Sinne des § 10 b des Einkommensteuergesetzes an inländische Stiftungen des öffentlichen Rechts

Name und Anschrift des Zuwendenden:

Wert der Zuwendung – in Ziffern –	– in Buchstaben –	Tag der Zuwendung:

Genaue Bezeichnung der Sachzuwendung mit Alter, Zustand, Kaufpreis usw.

☐ Die Sachzuwendung stammt nach den Angaben des Zuwendenden aus dem Betriebsvermögen. **Die Zuwendung wurde nach dem Wert der Entnahme (ggf. mit dem niedrigeren gemeinen Wert) und nach der Umsatzsteuer, die auf die Entnahme entfällt, bewertet.**

☐ Die Sachzuwendung stammt nach den Angaben des Zuwendenden aus dem Privatvermögen.

☐ Der Zuwendende hat trotz Aufforderung keine Angaben zur Herkunft der Sachzuwendung gemacht.

☐ Geeignete Unterlagen, die zur Wertermittlung gedient haben, z. B. Rechnung, Gutachten, liegen vor.

Es wird bestätigt, dass die Zuwendung nur zur Förderung (Angabe des begünstigten Zwecks/ der begünstigten Zwecke) verwendet wird.

☐ Die Zuwendung erfolgte **in das zu erhaltende Vermögen (Vermögensstock).**

☐ Es handelt sich **nicht** um Zuwendungen **in das verbrauchbare Vermögen** einer Stiftung.

Die Zuwendung wird

☐ von uns unmittelbar für den angegebenen Zweck verwendet.

☐ entsprechend den Angaben des Zuwendenden an .... weitergeleitet, die/der vom Finanzamt .... StNr. .... mit Freistellungsbescheid bzw. nach der Anlage zum Körperschaftsteuerbescheid vom .... von der Körperschaft- und Gewerbesteuer befreit ist.

☐ **entsprechend den Angaben des Zuwendenden an .... weitergeleitet, der/dem das Finanzamt .... StNr. .... mit Feststellungsbescheid vom .... die Einhaltung der satzungsmäßigen Voraussetzungen nach § 60 a AO festgestellt hat.**

(Ort, Datum und Unterschrift des Zuwendungsempfängers)

Hinweis:

Wer vorsätzlich oder grob fahrlässig eine unrichtige Zuwendungsbestätigung erstellt oder veranlasst, dass Zuwendungen nicht zu den in der Zuwendungsbestätigung angegebenen steuerbegünstigten Zwecken verwendet werden, haftet für die entgangene Steuer (§ 10 b Abs. 4 EStG, § 9 Abs. 3 KStG, § 9 Nr. 5 GewStG).

Nur in Fällen der Weiterleitung an steuerbegünstigte Körperschaften im Sinne von § 5 Abs. 1 Nr. 9 KStG: Diese Bestätigung wird nicht als Nachweis für die steuerliche Berücksichtigung der Zuwendung anerkannt, wenn das Datum des Freistellungsbescheides länger als 5 Jahre bzw. **das Datum der Feststellung der Einhaltung der satzungsmäßigen Voraussetzungen nach § 60 a Abs. 1 AO länger als 3 Jahre seit Ausstellung des Bescheides zurückliegt (§ 63 Abs. 5 AO).**

Anlage 11

Anl a zu § 10b Muster 11

26

Aussteller (Bezeichnung und Anschrift der inländischen Stiftung des privaten Rechts)

Bestätigung über Geldzuwendungen

im Sinne des § 10 b des Einkommensteuergesetzes an inländische Stiftungen des privaten Rechts

Name und Anschrift des Zuwendenden:

Betrag der Zuwendung – in Ziffern –	– in Buchstaben –	Tag der Zuwendung:

Es handelt sich um den Verzicht auf Erstattung von Aufwendungen Ja ☐ Nein ☐

☐ Wir sind wegen Förderung (Angabe des begünstigten Zwecks/der begünstigten Zwecke) .... **nach dem** Freistellungsbescheid bzw. nach der Anlage zum Körperschaftsteuerbescheid des Finanzamtes ...., StNr. ...., vom .... **für den letzten Veranlagungszeitraum** .... nach § 5 Abs. 1 Nr. 9 des Körperschaftsteuergesetzes von der Körperschaftsteuer und nach § 3 Nr. 6 des Gewerbesteuergesetzes von der Gewerbesteuer befreit.

☐ **Die Einhaltung der satzungsmäßigen Voraussetzungen nach den §§ 51, 59, 60 und 61 AO wurde vom Finanzamt ...., StNr. .... mit Bescheid vom .... nach § 60 a AO gesondert festgestellt. Wir fördern nach unserer Satzung (Angabe des begünstigten Zwecks/der begünstigen Zwecke) ....**

Es wird bestätigt, dass die Zuwendung nur zur Förderung (Angabe des begünstigten Zwecks/ der begünstigten Zwecke)   verwendet wird.

☐ Die Zuwendung erfolgte **in das zu erhaltende Vermögen (Vermögensstock).**

☐ Es handelt sich **nicht** um Zuwendungen **in das verbrauchbare Vermögen** einer Stiftung.

(Ort, Datum und Unterschrift des Zuwendungsempfängers)

Hinweis:

Wer vorsätzlich oder grob fahrlässig eine unrichtige Zuwendungsbestätigung erstellt oder veranlasst, dass Zuwendungen nicht zu den in der Zuwendungsbestätigung angegebenen steuerbegünstigten Zwecken verwendet werden, haftet für die entgangene Steuer (§ 10 b Abs. 4 EStG, § 9 Abs. 3 KStG, § 9 Nr. 5 GewStG).

Diese Bestätigung wird nicht als Nachweis für die steuerliche Berücksichtigung der Zuwendung anerkannt, wenn das Datum des Freistellungsbescheides länger als 5 Jahre bzw. **das Datum der Feststellung der Einhaltung der satzungsmäßigen Voraussetzungen nach § 60 a Abs. 1 AO länger als 3 Jahre seit Ausstellung des Bescheides zurückliegt (§ 63 Abs. 5 AO).**

Anl a zu § 10 b Muster 12

27

Anlage 12

Aussteller (Bezeichnung und Anschrift der inländischen Stiftung des privaten Rechts)

Bestätigung über Sachzuwendungen

im Sinne des § 10 b des Einkommensteuergesetzes an inländische Stiftungen des privaten Rechts

Name und Anschrift des Zuwendenden:

Wert der Zuwendung – in Ziffern –	– in Buchstaben –	Tag der Zuwendung:

Genaue Bezeichnung der Sachzuwendung mit Alter, Zustand, Kaufpreis usw.

☐ Die Sachzuwendung stammt nach den Angaben des Zuwendenden aus dem Betriebsvermögen. **Die Zuwendung wurde nach dem Wert der Entnahme (ggf. mit dem niedrigeren gemeinen Wert) und nach der Umsatzsteuer, die auf die Entnahme entfällt, bewertet.**

☐ Die Sachzuwendung stammt nach den Angaben des Zuwendenden aus dem Privatvermögen.

☐ Der Zuwendende hat trotz Aufforderung keine Angaben zur Herkunft der Sachzuwendung gemacht.

☐ Geeignete Unterlagen, die zur Wertermittlung gedient haben, z. B. Rechnung, Gutachten, liegen vor.

☐ Wir sind wegen Förderung (Angabe des begünstigten Zwecks/der begünstigten Zwecke) .... **nach dem** Freistellungsbescheid bzw. nach der Anlage zum Körperschaftsteuerbescheid des Finanzamtes ...., StNr. ...., vom .... **für den letzten Veranlagungszeitraum** .... nach § 5 Abs. 1 Nr. 9 des Körperschaftsteuergesetzes von der Körperschaftsteuer und nach § 3 Nr. 6 des Gewerbesteuergesetzes von der Gewerbesteuer befreit.

☐ **Die Einhaltung der satzungsmäßigen Voraussetzungen nach den §§ 51, 59, 60 und 61 AO wurde vom Finanzamt ...., StNr. .... mit Bescheid vom .... nach § 60 a AO gesondert festgestellt. Wir fördern nach unserer Satzung (Angabe des begünstigten Zwecks/der begünstigen Zwecke) ....**

Es wird bestätigt, dass die Zuwendung nur zur Förderung (Angabe des begünstigten Zwecks/ der begünstigten Zwecke) verwendet wird.

☐ Die Zuwendung erfolgte **in das zu erhaltende Vermögen (Vermögensstock).**

☐ Es handelt sich **nicht** um Zuwendungen **in das verbrauchbare Vermögen** einer Stiftung.

____

(Ort, Datum und Unterschrift des Zuwendungsempfängers)

Hinweis:

Wer vorsätzlich oder grob fahrlässig eine unrichtige Zuwendungsbestätigung erstellt oder veranlasst, dass Zuwendungen nicht zu den in der Zuwendungsbestätigung angegebenen steuerbegünstigten Zwecken verwendet werden, haftet für die entgangene Steuer (§ 10 b Abs. 4 EStG, § 9 Abs. 3 KStG, § 9 Nr. 5 GewStG).

Diese Bestätigung wird nicht als Nachweis für die steuerliche Berücksichtigung der Zuwendung anerkannt, wenn das Datum des Freistellungsbescheides länger als 5 Jahre bzw. **das Datum der Feststellung der Einhaltung der satzungsmäßigen Voraussetzungen nach § 60 a Abs. 1 AO länger als 3 Jahre seit Ausstellung des Bescheides zurückliegt (§ 63 Abs. 5 AO).**

Anlage 13

28

Aussteller (Bezeichnung und Anschrift der inländischen juristischen Person des öffentlichen Rechts oder der inländischen öffentlichen Dienststelle)

Sammelbestätigung über Geldzuwendungen
im Sinne des § 10 b des Einkommensteuergesetzes an inländische juristische Person des öffentlichen Rechts oder inländische öffentliche Dienststellen

Name und Anschrift des Zuwendenden:

Gesamtbetrag der Zuwendung – in Ziffern –	– in Buchstaben –	Zeitraum der Sammelbestätigung:

Es wird bestätigt, dass die Zuwendung nur zur Förderung (Angabe des begünstigten Zwecks/ der begünstigten Zwecke) verwendet wird.

Die Zuwendung wird

☐ von uns unmittelbar für den angegebenen Zweck verwendet.

☐ entsprechend den Angaben des Zuwendenden an .... weitergeleitet, die/der vom Finanzamt ....StNr. .... mit Freistellungsbescheid bzw. nach der Anlage zum Körperschaftsteuerbescheid vom .... von der Körperschaftsteuer und Gewerbesteuer befreit ist.

☐ **entsprechend den Angaben des Zuwendenden an .... weitergeleitet, der/dem das Finanzamt .... StNr. .... mit Feststellungsbescheid vom .... die Einhaltung der satzungsmäßigen Voraussetzungen nach § 60 a AO festgestellt hat.**

Es wird bestätigt, dass über die in der Gesamtsumme enthaltenen Zuwendungen keine weiteren Bestätigungen, weder formelle Zuwendungsbestätigungen noch Beitragsquittungen oder Ähnliches ausgestellt wurden und werden.

Ob es sich um den Verzicht auf Erstattung von Aufwendungen handelt, ist der Anlage zur Sammelbestätigung zu entnehmen.

(Ort, Datum und Unterschrift des Zuwendungsempfängers)

Hinweis:

Wer vorsätzlich oder grob fahrlässig eine unrichtige Zuwendungsbestätigung erstellt oder veranlasst, dass Zuwendungen nicht zu den in der Zuwendungsbestätigung angegebenen steuerbegünstigten Zwecken verwendet werden, haftet für die entgangene Steuer (§ 10 b Abs. 4 EStG, § 9 Abs. 3 KStG, § 9 Nr. 5 GewStG).

Nur in den Fällen der Weiterleitung an steuerbegünstigte Körperschaften im Sinne von § 5 Abs. 1 Nr. 9 KStG: Diese Bestätigung wird nicht als Nachweis für die steuerliche Berücksichtigung der Zuwendung anerkannt, wenn das Datum des Freistellungsbescheides länger als 5 Jahre bzw. **das Datum der Feststellung der Einhaltung der satzungsmäßigen Voraussetzungen nach § 60 a Abs. 1 AO länger als 3 Jahre seit Ausstellung des Bescheides zurückliegt (§ 63 Abs. 5 AO).**

Anlage zur Sammelbestätigung

Datum der Zuwendung	Verzicht auf die Erstattung von Aufwendungen (ja/nein)	Betrag

Gesamtsumme €

Anl a zu § 10b Muster 14

29

Anlage 14

Aussteller (Bezeichnung und Anschrift der steuerbegünstigten Einrichtung)

Sammelbestätigung über Geldzuwendungen/Mitgliedsbeiträge

im Sinne des § 10b des Einkommensteuergesetzes an eine der in § 5 Abs. 1 Nr. 9 des Körperschaftsteuergesetzes bezeichneten Körperschaften, Personenvereinigungen oder Vermögensmassen

Name und Anschrift des Zuwendenden:

Gesamtbetrag der Zuwendung – in Ziffern –	– in Buchstaben –	Zeitraum der Sammelbestätigung:

☐ Wir sind wegen Förderung (Angabe des begünstigten Zwecks/der begünstigten Zwecke) .... **nach dem** Freistellungsbescheid bzw. nach der Anlage zum Körperschaftsteuerbescheid des Finanzamtes ...., StNr. ...., vom .... **für den letzten Veranlagungszeitraum** .... nach § 5 Abs. 1 Nr. 9 des Körperschaftsteuergesetzes von der Körperschaftsteuer und nach § 3 Nr. 6 des Gewerbesteuergesetzes von der Gewerbesteuer befreit.

☐ **Die Einhaltung der satzungsmäßigen Voraussetzungen nach den §§ 51, 59, 60 und 61 AO wurde vom Finanzamt ...., StNr. .... mit Bescheid vom .... nach § 60 a AO gesondert festgestellt. Wir fördern nach unserer Satzung (Angabe des begünstigten Zwecks/der begünstigen Zwecke) ....**

Es wird bestätigt, dass die Zuwendung nur zur Förderung (Angabe des begünstigten Zwecks/der begünstigten Zwecke)

verwendet wird.

Nur für steuerbegünstigte Einrichtungen, bei denen die Mitgliedsbeiträge steuerlich nicht abziehbar sind:

☐ Es wird bestätigt, dass es sich nicht um einen Mitgliedsbeitrag handelt, dessen Abzug nach § 10 b Abs. 1 des Einkommensteuergesetzes ausgeschlossen ist.

Es wird bestätigt, dass über die in der Gesamtsumme enthaltenen Zuwendungen keine weiteren Bestätigungen, weder formelle Zuwendungsbestätigungen noch Beitragsquittungen oder Ähnliches ausgestellt wurden und werden.

Ob es sich um den Verzicht auf Erstattung von Aufwendungen handelt, ist der Anlage zur Sammelbestätigung zu entnehmen.

(Ort, Datum und Unterschrift des Zuwendungsempfängers)

Hinweis:
Wer vorsätzlich oder grob fahrlässig eine unrichtige Zuwendungsbestätigung erstellt oder veranlasst, dass Zuwendungen nicht zu den in der Zuwendungsbestätigung angegebenen steuerbegünstigten Zwecken verwendet werden, haftet für die entgangene Steuer (§ 10 b Abs. 4 EStG, § 9 Abs. 3 KStG, § 9 Nr. 5 GewStG).

Diese Bestätigung wird nicht als Nachweis für die steuerliche Berücksichtigung der Zuwendung anerkannt, wenn das Datum des Freistellungsbescheides länger als 5 Jahre bzw. **das Datum der Feststellung der Einhaltung der satzungsmäßigen Voraussetzungen nach § 60 a Abs. 1 AO länger als 3 Jahre seit Ausstellung des Bescheides zurückliegt (§ 63 Abs. 5 AO).**

Anlage zur Sammelbestätigung

Datum der Zuwendung	Art der Zuwendung (Geldspende/ Mitgliedsbeitrag)	Verzicht auf die Erstattung von Aufwendungen (ja/nein)	Betrag

Gesamtsumme €

Anlage 15

Anl a zu § 10 b Muster 15

30

Bezeichnung und Anschrift der Partei

Sammelbestätigung über Geldzuwendungen/Mitgliedsbeiträge

im Sinne des § 34 g, § 10 b des Einkommensteuergesetzes an politische Parteien im Sinne des Parteiengesetzes

Name und Anschrift des Zuwendenden:

Gesamtbetrag der Zuwendung – in Ziffern –	– in Buchstaben –	Zeitraum der Sammelbestätigung:

Es wird bestätigt, dass diese Zuwendung ausschließlich für die satzungsgemäßen Zwecke verwendet wird.

Es wird bestätigt, dass über die in der Gesamtsumme enthaltenen Zuwendungen keine weiteren Bestätigungen, weder formelle Zuwendungsbestätigungen noch Beitragsquittungen oder Ähnliches ausgestellt wurden und werden.

Ob es sich um den Verzicht auf Erstattung von Aufwendungen handelt, ist der Anlage zur Sammelbestätigung zu entnehmen.

(Ort, Datum, Unterschrift(en) und Funktion(en))

Hinweis:
Wer vorsätzlich oder grob fahrlässig eine unrichtige Zuwendungsbestätigung erstellt oder veranlasst, dass Zuwendungen nicht zu den in der Zuwendungsbestätigung angegebenen steuerbegünstigten Zwecken verwendet werden, haftet für die entgangene Steuer (§ 34 g Satz 3, § 10 b Abs. 4 EStG).

Anlage zur Sammelbestätigung

Datum der Zuwendung	Art der Zuwendung **(Geldzuwendung/ Mitgliedsbeitrag)**	Verzicht auf die Erstattung von Aufwendungen (ja/nein)	Betrag

Gesamtsumme €

Anl a zu § 10 b Muster 16

31

Anlage 16

Bezeichnung und Anschrift der unabhängigen Wählervereinigung

Sammelbestätigung über Geldzuwendungen/Mitgliedsbeiträge

im Sinne des § 34 g des Einkommensteuergesetzes an unabhängige Wählervereinigungen

Name und Anschrift des Zuwendenden:

Gesamtbetrag der Zuwendung – in Ziffern –	– in Buchstaben –	Zeitraum der Sammelbestätigung:

Wir sind ein ☐ rechtsfähiger ☐ nicht rechtsfähiger Verein ohne Parteicharakter.
Der Zweck unseres Vereins ist ausschließlich darauf gerichtet, durch Teilnahme mit eigenen Wahlvorschlägen bei der politischen Willensbildung mitzuwirken, und zwar an Wahlen auf

☐ Bundesebene ☐ Landesebene ☐ Kommunalebene.

Wir bestätigen, dass wir die Zuwendung nur für diesen Zweck verwenden werden.

☐ Wir sind mit mindestens einem Mandat im (Parlament/Rat) vertreten.

☐ Wir haben der Wahlbehörde/dem Wahlorgan der .... am .... angezeigt, dass wir uns an der .... (folgenden Wahl) .... am .... mit eigenen Wahlvorschlägen beteiligen werden.

☐ An der letzten .... (Wahl) .... am .... haben wir uns mit eigenen Wahlvorschlägen beteiligt.

☐ An der letzten oder einer früheren Wahl haben wir uns nicht mit eigenen Wahlvorschlägen beteiligt und eine Beteiligung der zuständigen Wahlbehörde/dem zuständigen Wahlorgan auch nicht angezeigt.

☐ Wir sind beim Finanzamt .... StNr. .... erfasst.

☐ Wir sind steuerlich nicht erfasst.

Es wird bestätigt, dass über die in der Gesamtsumme enthaltenen Zuwendungen keine weiteren Bestätigungen, weder formelle Zuwendungsbestätigungen noch Beitragsquittungen oder Ähnliches ausgestellt wurden und werden.

Ob es sich um den Verzicht auf Erstattung von Aufwendungen handelt, ist der Anlage zur Sammelbestätigung zu entnehmen.

____

(Ort, Datum, Unterschrift(en) und Funktion(en))

Hinweis:

Wer vorsätzlich oder grob fahrlässig eine unrichtige Zuwendungsbestätigung erstellt oder veranlasst, dass Zuwendungen nicht zu den in der Zuwendungsbestätigung angegebenen steuerbegünstigten Zwecken verwendet werden, haftet für die entgangene Steuer (§ 34 g Satz 3, § 10 b Abs. 4 EStG).

Anlage zur Sammelbestätigung

Datum der Zuwendung	Art der Zuwendung **(Geldzuwendung/ Mitgliedsbeitrag)**	Verzicht auf die Erstattung von Aufwendungen (ja/nein)	Betrag

Gesamtsumme ____________ €

Anlage 17

Anl a zu § 10b Muster 17

Aussteller (Bezeichnung und Anschrift der inländischen Stiftung des öffentlichen Rechts)

Sammelbestätigung über Geldzuwendungen 32

im Sinne des § 10 b des Einkommensteuergesetzes an inländische Stiftungen des öffentlichen Rechts

Name und Anschrift des Zuwendenden:

Gesamtbetrag der Zuwendung – in Ziffern –	– in Buchstaben –	Zeitraum der Sammelbestätigung:

Es wird bestätigt, dass die Zuwendung nur zur Förderung (Angabe des begünstigten Zwecks/ der begünstigten Zwecke) verwendet wird.

☐ Es handelt sich **nicht** um Zuwendungen **in das verbrauchbare Vermögen** einer Stiftung.

Die Zuwendung wird

☐ von uns unmittelbar für den angegebenen Zweck verwendet.

☐ entsprechend den Angaben des Zuwendenden an .... weitergeleitet, die/der vom Finanzamt .... StNr. .... mit Freistellungsbescheid bzw. nach der Anlage zum Körperschaftsteuerbescheid vom .... von der Körperschaft- und Gewerbesteuer befreit ist.

☐ **entsprechend den Angaben des Zuwendenden an .... weitergeleitet, der/dem das Finanzamt .... StNr. .... mit Feststellungsbescheid vom .... die Einhaltung der satzungsmäßigen Voraussetzungen nach § 60 a AO festgestellt hat.**

Es wird bestätigt, dass über die in der Gesamtsumme enthaltenen Zuwendungen keine weiteren Bestätigungen, weder formelle Zuwendungsbestätigungen noch Beitragsquittungen oder Ähnliches ausgestellt wurden und werden.

Ob es sich um den Verzicht auf Erstattung von Aufwendungen handelt, ist der Anlage zur Sammelbestätigung zu entnehmen.

Ob die Zuwendung in das zu erhaltende Vermögen (Vermögensstock) erfolgt ist, ist der Anlage zur Sammelbestätigung zu entnehmen.

____

(Ort, Datum und Unterschrift des Zuwendungsempfängers)

Hinweis:

Wer vorsätzlich oder grob fahrlässig eine unrichtige Zuwendungsbestätigung erstellt oder veranlasst, dass Zuwendungen nicht zu den in der Zuwendungsbestätigung angegebenen steuerbegünstigten Zwecken verwendet werden, haftet für die entgangene Steuer (§ 10 b Abs. 4 EStG, § 9 Abs. 3 KStG, § 9 Nr. 5 GewStG).

Nur in den Fällen der Weiterleitung an steuerbegünstigte Körperschaften im Sinne von § 5 Abs. 1 Nr. 9 KStG: Diese Bestätigung wird nicht als Nachweis für die steuerliche Berücksichtigung der Zuwendung anerkannt, wenn das Datum des Freistellungsbescheides länger als 5 Jahre bzw. **das Datum der Feststellung der Einhaltung der satzungsmäßigen Voraussetzungen nach § 60 a Abs. 1 AO länger als 3 Jahre seit Ausstellung des Bescheides zurückliegt (§ 63 Abs. 5 AO).**

Anlage zur Sammelbestätigung

Datum der Zuwendung	Zuwendung erfolgte in das zu erhaltende Vermögen (Vermögensstock) (ja/nein)	Verzicht auf die Erstattung von Aufwendungen (ja/nein)	Betrag

Gesamtsumme ____________ €

Anl a zu § 10 b Muster 18

Anlage 18

Aussteller (Bezeichnung und Anschrift der inländischen Stiftung des privaten Rechts)

33 **Sammelbestätigung über Geldzuwendungen**

im Sinne des § 10 b des Einkommensteuergesetzes an inländische Stiftungen des privaten Rechts

Name und Anschrift des Zuwendenden:

Gesamtbetrag der Zuwendung – in Ziffern –	– in Buchstaben –	Zeitraum der Sammelbestätigung:

☐ Wir sind wegen Förderung (Angabe des begünstigten Zwecks/der begünstigten Zwecke) .... **nach dem** Freistellungsbescheid bzw. nach der Anlage zum Körperschaftsteuerbescheid des Finanzamtes ...., StNr. ...., vom .... **für den letzten Veranlagungszeitraum** .... nach § 5 Abs. 1 Nr. 9 des Körperschaftsteuergesetzes von der Körperschaftsteuer und nach § 3 Nr. 6 des Gewerbesteuergesetzes von der Gewerbesteuer befreit.

☐ **Die Einhaltung der satzungsmäßigen Voraussetzungen nach den §§ 51, 59, 60 und 61 AO wurde vom Finanzamt ...., StNr. .... mit Bescheid vom .... nach § 60 a AO gesondert festgestellt. Wir fördern nach unserer Satzung (Angabe des begünstigten Zwecks/der begünstigten Zwecke) ....**

Es wird bestätigt, dass die Zuwendung nur zur Förderung (Angabe des begünstigten Zwecks/der begünstigten Zwecke) verwendet wird.

☐ Es handelt sich **nicht** um Zuwendungen in das verbrauchbare Vermögen einer Stiftung.

Es wird bestätigt, dass über die in der Gesamtsumme enthaltenen Zuwendungen keine weiteren Bestätigungen, weder formelle Zuwendungsbestätigungen noch Beitragsquittungen oder Ähnliches ausgestellt wurden und werden.

Ob es sich um den Verzicht auf Erstattung von Aufwendungen handelt, ist der Anlage zur Sammelbestätigung zu entnehmen.

Ob die Zuwendung in das zu erhaltende Vermögen (Vermögensstock) erfolgt ist, ist der Anlage zur Sammelbestätigung zu entnehmen.

____

(Ort, Datum und Unterschrift des Zuwendungsempfängers)

Hinweis:

Wer vorsätzlich oder grob fahrlässig eine unrichtige Zuwendungsbestätigung erstellt oder veranlasst, dass Zuwendungen nicht zu den in der Zuwendungsbestätigung angegebenen steuerbegünstigten Zwecken verwendet werden, haftet für die entgangene Steuer (§ 10 b Abs. 4 EStG, § 9 Abs. 3 KStG, § 9 Nr. 5 GewStG).

Diese Bestätigung wird nicht als Nachweis für die steuerliche Berücksichtigung der Zuwendung anerkannt, wenn das Datum des Freistellungsbescheides länger als 5 Jahre bzw. **das Datum der Feststellung der Einhaltung der satzungsmäßigen Voraussetzungen nach § 60 a Abs. 1 AO länger als 3 Jahre seit Ausstellung des Bescheides zurückliegt (§ 63 Abs. 5 AO).**

Anlage zur Sammelbestätigung

Datum der Zuwendung	Zuwendung erfolgte in das zu erhaltende Vermögen (Vermögensstock) (ja/nein)	Verzicht auf die Erstattung von Aufwendungen (ja/nein)	Betrag

Gesamtsumme ____________ €

Anl b zu § 10 b

b) Schreiben betr. steuerliche Anerkennung von Spenden durch den Verzicht auf einen zuvor vereinbarten Aufwendungsersatz (Aufwandsspende) bzw. einen sonstigen Anspruch (Rückspende)

Vom 25. November 2014 (BStBl. I S. 1584)

(BMF IV C 4 – S 2223/07/0010 :005; DOK 2014/766502)

Geändert durch BMF vom 24. 8. 2016 (BStBl. I S. 994)

Im Einvernehmen mit den obersten Finanzbehörden der Länder gilt zur steuerlichen Anerkennung von Aufwandsspenden und Rückspenden als Sonderausgabe nach § 10 b EStG Folgendes: 34

1. Aufwendungsersatzansprüche können Gegenstand sogenannter Aufwandsspenden gemäß § 10 b Abs. 3 Satz 5 und 6 EStG sein. Das gilt auch im Verhältnis eines Zuwendungsempfängers zu seinen ehrenamtlich tätigen Mitgliedern. Nach den Erfahrungen spricht aber eine tatsächliche Vermutung dafür, dass Leistungen ehrenamtlich tätiger Mitglieder und Förderer des Zuwendungsempfängers unentgeltlich und ohne Aufwendungsersatzanspruch erbracht werden. Diese Vermutung ist allerdings widerlegbar. Dafür ist bei vertraglichen Ansprüchen eine schriftliche Vereinbarung zwischen Zuwendendem und Zuwendungsempfänger vorzulegen, die vor der zum Aufwand führenden Tätigkeit getroffen sein muss.

2. Hat der Zuwendende einen Aufwendungsersatzanspruch gegenüber dem Zuwendungsempfänger und verzichtet er darauf, ist ein Spendenabzug nach § 10 b Abs. 3 Satz 5 EStG allerdings nur dann rechtlich zulässig, wenn der entsprechende Aufwendungsersatzanspruch durch einen Vertrag oder die Satzung eingeräumt worden ist, und zwar bevor die zum Aufwand führende Tätigkeit begonnen worden ist. Die Anerkennung eines Aufwendungsersatzanspruches ist auch in den Fällen eines rechtsgültigen Vorstandsbeschlusses möglich, wenn der Vorstand dazu durch eine Regelung in der Satzung ermächtigt wurde. Eine nachträgliche rückwirkende Begründung von Ersatzpflichten des Zuwendungsempfängers, zum Beispiel durch eine rückwirkende Satzungsänderung, reicht nicht aus. Aufwendungsersatzansprüche aus einer auf einer entsprechenden Satzungsermächtigung beruhenden Vereinsordnung (z. B. Reisekostenordnung) sind Ansprüche aus einer Satzung im Sinne des § 10 b Abs. 3 Satz 5 EStG. Der Verzicht auf bestehende sonstige Ansprüche (Rückspende), wie z. B. Lohn- oder Honorarforderungen oder gesetzliche Ansprüche (die keine Aufwendungsersatzansprüche sind), ist unter den nachstehend unter 3. aufgeführten Voraussetzungen als Spende im Sinne des § 10 b EStG abziehbar.

3.[1] Ansprüche auf einen Aufwendungsersatz oder auf eine Vergütung müssen ernsthaft eingeräumt sein und dürfen nicht von vornherein unter der Bedingung des Verzichts stehen. Wesentliche Indizien für die Ernsthaftigkeit von Ansprüchen auf Aufwendungsersatz oder auf eine Vergütung sind auch die zeitliche Nähe der Verzichtserklärung zur Fälligkeit des Anspruchs und die wirtschaftliche Leistungsfähigkeit des Zuwendungsempfängers. Die Verzichtserklärung ist dann noch zeitnah, wenn bei einmaligen Ansprüchen innerhalb von drei Monaten und bei Ansprüchen aus einer regelmäßigen Tätigkeit innerhalb eines Jahres nach Fälligkeit des Anspruchs der Verzicht erklärt wird. Regelmäßig ist eine Tätigkeit, wenn sie gewöhnlich monatlich ausgeübt wird. Die wirtschaftliche Leistungsfähigkeit ist anzunehmen, wenn der Zuwendungsempfänger ungeachtet eines späteren Verzichts durch den Zuwendenden bei prognostischer Betrachtung zum Zeitpunkt der Einräumung des Anspruchs auf den Aufwendungsersatz oder die Vergütung wirtschaftlich in der Lage ist, die eingegangene Verpflichtung zu erfüllen. Wird auf einen Anspruch verzichtet, muss dieser auch im Zeitpunkt des Verzichts tatsächlich werthaltig sein. Nur dann kommt ein Abzug als steuerbegünstigte Zuwendung in Betracht.

Sofern der Verein im Zeitpunkt der Einräumung des Anspruchs auf einen Aufwendungsersatz oder eine Vergütung wirtschaftlich in der Lage ist, die eingegangene Verpflichtung zu erfüllen, kann regelmäßig davon ausgegangen werden, dass der Anspruch im Zeitpunkt des Verzichts noch werthaltig ist. Etwas anderes gilt nur dann, wenn sich die finanziellen Verhältnisse des Vereins im Zeitraum zwischen der Einräumung des Anspruchs und dem Verzicht wesentlich verschlechtert haben.

Von der wirtschaftlichen Leistungsfähigkeit ist immer dann auszugehen, wenn die Körperschaft offensichtlich über genügend liquide Mittel bzw. sonstiges Vermögen verfügt, das zur Begleichung der eingegangenen Verpflichtung herangezogen wird. Dabei ist keine Differenzierung nach steuerbegünstigtem Tätigkeitsbereich (ideelle Tätigkeit, Zweckbetrieb), steuerfreier Vermögensverwaltung oder steuerpflichtigem wirtschaftlichen Geschäftsbetrieb vorzunehmen.

4. Der Abzug einer Spende gemäß § 10 b EStG setzt voraus, dass die Ausgabe beim Spender zu einer endgültigen wirtschaftlichen Belastung führt. Eine endgültige wirtschaftliche Belastung liegt nicht vor, soweit der Wertabgabe aus dem Vermögen des Steuerpflichtigen ein entsprechender Zufluss – im Falle der Zusammenveranlagung auch beim anderen Ehegatten/Lebenspartner – gegenübersteht (BFH-Urteil vom 20. Februar 1991, BStBl. II S. 690). Die von der spendenempfangsberechtigten Einrichtung erteilten Aufträge und die mit deren Ausführung entstehenden Aufwendungen dürfen nicht, auch nicht zum Teil, im eigenen Interesse des Zuwendenden ausgeführt bzw. getätigt werden. Die Auszahlung von Aufwendungsersatz an den Spender führt insoweit nicht zu einem schädlichen Rückfluss, als der Aufwendungsersatz aufgrund eines ernsthaft eingeräumten Ersatzanspruchs geleistet wird, der nicht unter der Bedingung einer vorhergehenden Spende steht.

5. Bei dem nachträglichen Verzicht auf den Ersatz der Aufwendungen bzw. auf einen sonstigen Anspruch handelt es sich um eine Geldspende, bei der entbehrlich ist, dass Geld zwischen dem Zuwen-

[1] Textziffer 3 neu gefasst durch BMF-Schreiben vom 24. 8. 2016 (BStBl. I S. 994).

Anl b zu § 10b

dungsempfänger und dem Zuwendenden tatsächlich hin und her fließt. Dem Zuwendenden ist deshalb eine Zuwendungsbestätigung über eine Geldzuwendung zu erteilen, in der auch ausdrückliche Angaben darüber zu machen sind, ob es sich um den Verzicht auf die Erstattung von Aufwendungen handelt.

6. Eine Zuwendungsbestätigung darf nur erteilt werden, wenn sich der Ersatzanspruch auf Aufwendungen bezieht, die zur Erfüllung der satzungsmäßigen Zwecke des Zuwendungsempfängers erforderlich waren. Für die Höhe der Zuwendung ist der vereinbarte Ersatzanspruch maßgeblich; allerdings kann ein unangemessen hoher Ersatzanspruch zum Verlust der Gemeinnützigkeit des Zuwendungsempfängers führen (§ 55 Absatz 1 Nummer 3 AO). Der Zuwendungsempfänger muss die zutreffende Höhe des Ersatzanspruchs, über den er eine Zuwendungsbestätigung erteilt hat, durch geeignete Unterlagen im Einzelnen belegen können.

7. Dieses BMF-Schreiben ist ab 1. Januar 2015 anzuwenden.
Das BMF-Schreiben vom 7. Juni 1999 IV C 4 – S 2223 – 111/99 (BStBl. I S. 591)[1] findet weiter Anwendung auf alle Zusagen auf Aufwendungsersatz sowie auf alle Zusagen auf Vergütungen, die bis zum 31. Dezember 2014 erteilt werden.
Wird bei einer Körperschaft, die vor dem 1. Januar 2015 gegründet wurde, Aufwendungsersatz lediglich aufgrund eines rechtsgültigen Vorstandsbeschlusses ohne ausdrückliche Satzungsermächtigung eingeräumt, so muss die Satzung nicht allein zur Einräumung dieser Ermächtigung geändert werden.

Anl c zu § 10b

c) Schreiben betr. steuerbegünstigte Zwecke (§ 10 b EStG); Gesetz zur weiteren Stärkung des bürgerschaftlichen Engagements vom 10. Oktober 2007; Anwendungsschreiben zu § 10 b EStG

Vom 18. Dezember 2008 (BStBl. 2009 I S. 16)

(BMF IV C 4 – S 2223/07/0020; 2008/731361)

35 **1** Durch das Gesetz zur weiteren Stärkung des bürgerschaftlichen Engagements vom 10. Oktober 2007 (BGBl. I S. 2332, BStBl. I S. 815) haben sich u. a. Änderungen im Spendenrecht ergeben, die grundsätzlich rückwirkend zum 1. Januar 2007 gelten.

Die Neuregelungen sind auf Zuwendungen anzuwenden, die nach dem 31. Dezember 2006 geleistet werden. Für Zuwendungen, die im Veranlagungszeitraum 2007 geleistet werden, gilt auf Antrag des Steuerpflichtigen § 10 b Abs. 1 EStG in der für den Veranlagungszeitraum 2006 geltenden Fassung (vgl. § 52 Abs. 24 d Satz 2 und 3 EStG).

Unter Bezugnahme auf das Ergebnis der Erörterungen mit den obersten Finanzbehörden der Länder gilt für die Anwendung des § 10 b EStG ab dem Veranlagungszeitraum 2007 Folgendes:

1. Großspenden

2 Nach der bisherigen Großspendenregelung waren Einzelzuwendungen von mindestens 25 565 Euro zur Förderung wissenschaftlicher, mildtätiger oder als besonders förderungswürdig anerkannter kultureller Zwecke, die die allgemeinen Höchstsätze überschreiten, im Rahmen der Höchstsätze im Jahr der Zuwendung, im vorangegangenen und in den fünf folgenden Veranlagungszeiträumen abzuziehen.

Für den verbleibenden Großspendenvortrag zum 31. Dezember 2006 gilt damit die alte Regelung fort, d. h. dieser Vortrag ist weiterhin verbunden mit der Anwendung der alten Höchstbeträge und der zeitlichen Begrenzung. Dies bedeutet, dass bei vorhandenen Großspenden ggf. noch für fünf Veranlagungszeiträume altes Recht neben neuem Recht anzuwenden ist.

Für im Veranlagungszeitraum 2007 geleistete Spenden kann auf Antrag § 10 b Abs. 1 EStG a. F. in Anspruch genommen werden. Dann gilt für diese Spenden auch der zeitlich begrenzte Großspendenvortrag nach altem Recht.

Im Hinblick auf die Abzugsreihenfolge ist der zeitlich begrenzte Altvortrag von verbleibenden Großspenden mit entsprechender Anwendung der Höchstbeträge vorrangig.

2. Zuwendungen an Stiftungen

3 Durch das Gesetz zur weiteren Stärkung des bürgerschaftlichen Engagements vom 10. Oktober 2007 (a. a. O.) wurden die Regelungen zur steuerlichen Berücksichtigung von Zuwendungen vereinfacht. Differenziert werden muss nur noch, ob es sich bei einer Zuwendung zur Förderung steuerbegünstigter Zwecke im Sinne der §§ 52 bis 54 AO um eine Zuwendung in den Vermögensstock einer Stiftung handelt oder nicht. Der Höchstbetrag für Zuwendungen an Stiftungen in Höhe von 20 450 Euro ist entfallen, hier gelten wie für alle anderen Zuwendungen die Höchstbeträge von 20 Prozent des Gesamtbetrags der Einkünfte oder 4 Promille der Summe der gesamten Umsätze und der im Kalenderjahr aufgewendeten Löhne und Gehälter. Dafür wurden die Regelungen zur steuerlichen Berücksichtigung von Zuwendungen in den Vermögensstock einer Stiftung ausgeweitet (siehe Ausführungen zu 3.)

Für im Veranlagungszeitraum 2007 geleistete Spenden kann auf Antrag § 10 b Abs. 1 EStG a. F. in Anspruch genommen werden.

3. Vermögensstockspenden

4 Der Sonderausgabenabzug nach § 10 b Abs. 1 a EStG ist nur auf Antrag des Steuerpflichtigen vorzunehmen; stellt der Steuerpflichtige keinen Antrag, gelten auch für Vermögensstockspenden die allgemeinen Regelungen nach § 10 b Abs. 1 EStG. Im Antragsfall kann die Vermögensstockspende nach § 10 b Abs. 1 a EStG innerhalb eines Zeitraums von 10 Jahren vom Spender beliebig auf die einzelnen

[1] Abgedruckt im *„Handbuch zur Lohnsteuer 2014"* als Anlage b zu § 10b.

Jahre verteilt werden. Der bisherige Höchstbetrag von 307 000 Euro wurde auf 1 Mio. Euro angehoben und die Voraussetzung, dass die Spende anlässlich der Neugründung der Stiftung geleistet werden muss, ist entfallen, so dass auch Spenden in den Vermögensstock bereits bestehender Stiftungen (sog. Zustiftungen) begünstigt sind.

Der Steuerpflichtige beantragt in seiner Einkommensteuererklärung erstens, in welcher Höhe die Zuwendung als Vermögensstockspende im Sinne von § 10 b Abs. 1 a EStG behandelt werden soll, **und** zweitens, in welcher Höhe er im entsprechenden Zeitraum eine Berücksichtigung wünscht. Leistet ein Steuerpflichtiger im VZ 2008 beispielsweise 100 000 Euro in den Vermögensstock, entscheidet er im Rahmen seiner Einkommensteuererklärung 2008 über den Betrag, der als Vermögensstockspende nach § 10 b Abs. 1 a EStG behandelt werden soll – z. B. 80 000 Euro –, dann sind die übrigen 20 000 Euro Spenden im Rahmen der Höchstbeträge nach § 10 b Abs. 1 EStG zu berücksichtigen. Leistet ein Steuerpflichtiger einen höheren Betrag als 1 Mio. Euro in den Vermögensstock einer Stiftung, kann er den 1 Mio. Euro übersteigenden Betrag ebenfalls nach § 10 b Abs. 1 EStG geltend machen. Im zweiten Schritt entscheidet der Steuerpflichtige über den Anteil der Vermögensstockspende, die er im VZ 2008 abziehen möchte. Innerhalb des 10-Jahreszeitraums ist ein Wechsel zwischen § 10 b Abs. 1 a EStG und § 10 b Abs. 1 EStG nicht zulässig.

Durch das Gesetz zur weiteren Stärkung des bürgerschaftlichen Engagements vom 10. Oktober 2007 (a. a. O.) wurde kein neuer 10-Jahreszeitraum im Sinne des § 10 b Abs. 1 a Satz 2 EStG geschaffen. Wurde also bereits vor 2007 eine Vermögensstockspende geleistet, beginnt der 10-jährige-Abzugszeitraum im Sinne des § 10 b Abs. 1 a Satz 1 EStG entsprechend früher. Mit jeder Spende in den Vermögensstock beginnt ein neuer 10-jähriger-Abzugszeitraum. Mehrere Vermögensstockspenden einer Person innerhalb eines Veranlagungszeitraums sind zusammenzufassen.

Beispiel:

Ein Stpfl. hat im Jahr 2005 eine Zuwendung i. H. v. 300 000 Euro in den Vermögensstock einer neu gegründeten Stiftung geleistet. Diese wurde antragsgemäß mit je 100 000 Euro im VZ 2005 und 2006 gemäß § 10 b Abs. 1 a Satz 1 EStG a. F. abgezogen. Im Jahr 2007 leistet der Stpfl. eine Vermögensstockspende i. H. v. 1 200 000 Euro und beantragt 900 000 Euro im Rahmen des § 10 b Abs. 1 a EStG zu berücksichtigen. Im VZ 2007 beantragt er einen Abzugsbetrag nach § 10 b Abs. 1 a EStG i. H. v. 800 000 Euro (100 000 Euro zuzüglich 700 000 Euro). Die verbleibenden 200 000 Euro (900 000 Euro abzüglich 700 000 Euro) sollen im Rahmen des § 10 b Abs. 1 a EStG in einem späteren VZ abgezogen werden.

Die übrigen 300 000 Euro (1 200 000 Euro abzüglich 900 000 Euro) fallen unter die allgemeinen Regelungen nach § 10 b Abs. 1 EStG.

VZ 2005	§ 10 b Abs. 1 a EStG a. F.	100 000 Euro	
VZ 2006	§ 10 b Abs. 1 a EStG a. F.	100 000 Euro	
VZ 2007	§ 10 b Abs. 1 a EStG n. F.	800 000 Euro	(= 100 000 aus VZ 2005 + 700 000 aus VZ 2007)

- Beginn des ersten 10 jährigen-Abzugszeitraums ist der VZ 2005 und dessen Ende der VZ 2014; somit ist für die Jahre 2008 bis 2014 der Höchstbetrag von 1 000 000 Euro durch die Inanspruchnahme der 800 000 Euro im VZ 2007 ausgeschöpft.
- Beginn des zweiten 10 jährigen-Abzugszeitraums ist der VZ 2007 und dessen Ende der VZ 2016. In den VZ 2015 und 2016 verbleiben daher maximal noch 200 000 Euro als Abzugsvolumen nach § 10 b Abs. 1 a EStG (1 000 000 Euro abzüglich 800 000 Euro, siehe VZ 2007). Die verbleibenden Vermögensstockspenden i. H. v. 200 000 Euro aus der Zuwendung im VZ 2007 können somit entsprechend dem Antrag des Stpfl. in den VZ 2015 und/oder 2016 abgezogen werden.
- Stellt der Stpfl. (z. B. aufgrund eines negativen GdE) in den VZ 2015 und 2016 keinen Antrag zum Abzug der verbleibenden Vermögensstockspenden, gehen diese zum 31. 12. 2016 in den allgemeinen unbefristeten Spendenvortrag nach § 10 b Abs. 1 EStG über.

4. Zuwendungsvortrag

a) Vortrag von Vermögensstockspenden

5 Vermögensstockspenden, die nicht innerhalb des 10-jährigen-Abzugszeitraums nach § 10 b Abs. 1 a Satz 1 EStG verbraucht wurden, gehen in den allgemeinen unbefristeten Spendenvortrag nach § 10 b Abs. 1 EStG über.

Die Vorträge von Vermögensstockspenden sind für jeden Ehegatten getrennt festzustellen.

b) Großspendenvortrag

Für den Übergangszeitraum von maximal sechs Jahren ist neben der Feststellung des Vortrages von Vermögensstockspenden und der Feststellung des allgemeinen unbefristeten Spendenvortrags ggf. auch eine Feststellung des befristeten Großspendenvortrags nach altem Recht vorzunehmen. Verbleibt nach Ablauf der fünf Vortragsjahre ein Restbetrag, geht dieser nicht in den allgemeinen unbefristeten Spendenvortrag über, sondern ist verloren.

c) Allgemeiner unbefristeter Spendenvortrag

In den allgemeinen unbefristeten Spendenvortrag werden die abziehbaren Zuwendungen aufgenommen, die die Höchstbeträge im Veranlagungszeitraum der Zuwendung überschreiten oder die den um die Beträge nach § 10 Abs. 3 und 4, § 10 c und § 10 d verminderten Gesamtbetrag der Einkünfte übersteigen und nicht dem Vortrag von Vermögensstockspenden bzw. dem Großspendenvortrag zuzuordnen sind. Die Beträge nach § 10 Abs. 4 a EStG stehen den Beträgen nach Absatz 3 und 4 gleich.

Der am Schluss eines Veranlagungszeitraums verbleibende Spendenvortrag ist entsprechend § 10 d Abs. 4 EStG für die verschiedenen Vorträge – Vortrag von Vermögensstockspenden, Großspendenvortrag und allgemeiner unbefristeter Spendenvortrag – gesondert festzustellen.

Ein Wechsel zwischen den verschiedenen Zuwendungsvorträgen, mit Ausnahme des unter a) genannten Übergangs vom Vortrag für Vermögensstockspenden zum allgemeinen unbefristeten Zuwendungsvortrag, ist nicht möglich.

Anl c zu § 10b

5. Übergang von altem in neues Recht

6 Die Änderungen des § 10b Abs. 1 und 1a EStG gelten rückwirkend ab dem 1. Januar 2007.

§ 52 Abs. 24d Satz 3 EStG eröffnet dem Spender die Möglichkeit, hinsichtlich der Regelungen des § 10b Abs. 1 EStG für den Veranlagungszeitraum 2007 die Anwendung des bisherigen Rechts zu wählen. Wenn er sich hierzu entschließt, gilt dies einheitlich für den gesamten Spendenabzug im Jahr 2007.

6. Haftungsregelung

7 Maßgeblicher Zeitpunkt für die Haftungsreduzierung im Sinne des § 10b Abs. 4 EStG durch das Gesetz zur weiteren Stärkung des bürgerschaftlichen Engagements vom 10. Oktober 2007 (BGBl. I S. 2332, BStBl. I S. 815) von 40% auf 30% des zugewendeten Betrags ist der Zeitpunkt der Haftungsinanspruchnahme, somit der Zeitpunkt der Bekanntgabe des Haftungsbescheids. Dies ist unabhängig davon, für welchen Veranlagungszeitraum die Haftungsinanspruchnahme erfolgt.

7. Anwendungsregelung

Dieses Schreiben ist ab dem Veranlagungszeitraum 2007 anzuwenden.

Anl d zu § 10b

d) Schreiben betr. steuerbegünstigte Zwecke (§ 10b EStG); Gesetz zur Stärkung des Ehrenamtes (Ehrenamtsstärkungsgesetz) vom 21. März 2013; Anwendungsschreiben zu § 10b Abs. 1a EStG

Vom 15. September 2014 (BStBl. I S. 1278)

(BMF IV C 4 – S 2223/07/0006 :005; DOK 2014/761691)

Unter Bezugnahme auf das Ergebnis der Erörterungen mit den obersten Finanzbehörden der Länder gilt für die Anwendung des § 10b Abs. 1a EStG ab dem Veranlagungszeitraum 2013 Folgendes:

38 **1. Spenden in das zu erhaltende Vermögen**

a) Zu erhaltendes Vermögen (Vermögensstock)

aa) Definition

Zum zu erhaltenden Vermögen einer Stiftung zählen insbesondere:

- Vermögenswerte, die anlässlich der Errichtung der Stiftung zugewendet werden und die nicht zum Verbrauch bestimmt sind,
- Zuwendungen nach Errichtung der Stiftung mit der ausdrücklichen Bestimmung, dass die Zuwendung der Vermögensausstattung zugutekommen soll (Zustiftungen).

Entscheidend ist die Zweckbestimmung zur dauerhaften Ausstattung bzw. Erhöhung des Stiftungsvermögens.

bb) Verbrauchsstiftung

Verbrauchsstiftungen verfügen nicht über zu erhaltendes Vermögen i. S. d. § 10b Abs. 1a EStG, da das Vermögen der Stiftung zum Verbrauch innerhalb eines vorgegebenen Zeitraums bestimmt ist.

Spenden in das Vermögen einer Verbrauchsstiftung sind nach den allgemeinen Grundsätzen des § 10b Abs. 1 EStG zu behandeln.

cc) Besonderheiten

Gliedert sich das Vermögen einer Stiftung in einen Teil, der zu erhalten ist, und einen Teil, der verbraucht werden kann, dann gilt Folgendes:

Die Spenden in den Teil des Vermögens, der zu erhalten ist und nicht für den Verbrauch bestimmt ist, sind nach § 10b Abs. 1a EStG abziehbar. Die Spenden in den Teil des Vermögens, der verbraucht werden kann, sind dagegen nach § 10b Abs. 1 EStG abziehbar. Der Spender muss daher gegenüber der Stiftung deutlich machen, für welchen Teil des Vermögens seine Zuwendung erfolgt.

Enthält die Satzung der Stiftung eine Klausel, nach der das zu erhaltende Vermögen in Ausnahmefällen vorübergehend zur Verwirklichung der steuerbegünstigten Zwecke verwendet werden kann, aber der Betrag dem zu erhaltenden Vermögen unverzüglich wieder zugeführt werden muss, liegt kein verbrauchbares Vermögen vor. Das gilt auch dann, wenn die Stiftungsaufsicht den Verbrauch des Vermögens unter der Bedingung des unverzüglichen Wiederaufholens genehmigt.

Sind in der Stiftungssatzung Gründe verankert, die eine Auflösung der Stiftung und den anschließenden Verbrauch des Vermögens für die steuerbegünstigten satzungsmäßigen Zwecke der Stiftung bestimmen, so liegt kein verbrauchbares Vermögen vor.

b) Zuwendungen von Ehegatten/Lebenspartnern

Werden Ehegatten/Lebenspartner nach §§ 26, 26b EStG zusammenveranlagt, gilt für diese ein Höchstbetrag von 2 Mio. Euro. Es muss dabei nicht nachgewiesen werden, dass die Spende von beiden wirtschaftlich getragen wurde.

Wird innerhalb des 10-Jahreszeitraums zur Einzelveranlagung gewechselt, dann ist der verbleibende Spendenvortrag aufzuteilen. Maßgeblich ist dabei, wer die Spende wirtschaftlich getragen hat. Die bisher abgezogenen Beträge werden dem Ehegatten/Lebenspartner zugerechnet, der die Spende wirtschaftlich getragen hat. Überstieg die Spende den Höchstbetrag für Einzelveranlagte, ist der davon noch verbleibende Anteil nach § 10b Abs. 1 EStG abzuziehen.

2. Anwendungsregelung

Dieses Schreiben ist ab dem Veranlagungszeitraum 2013 anzuwenden.

Anl e zu § 10 b

e) Schreiben betr. spendenrechtliche Beurteilung von „Crowdfunding" (§ 10 b EStG)

Vom 15. Dezember 2017 (BStBl. I 2018 S. 246)

(BMF IV C 4 – S 2223/17/10001; DOK 2017/1028173)

I. Allgemeines

Crowdfunding bezeichnet eine Form der Mittelakquise unter Nutzung internetbasierter Strukturen, die die Beteiligung einer Vielzahl von Personen (der „Crowd") ermöglicht. Dabei werden die einzelnen durch einen Dritten („Projektveranstalter") durchzuführenden Projekte oder zu entwickelnden Produkte auf einer Internetplattform (sog. „Crowdfunding-Portal") vorgestellt und gezielt Gelder zur Erreichung eines häufig festen Finanzierungsziels eingeworben. Organisation und Abwicklung der einzelnen Akquisemethoden können dabei sehr unterschiedlich gestaltet sein. 40

Im Einvernehmen mit den obersten Finanzbehörden der Länder gilt für die Frage der spenden- rechtlichen Beurteilung von Zahlungen, die im Rahmen eines Crowdfunding geleistet werden, Folgendes:

II. Klassisches Crowdfunding

Bei den jeweiligen Projektveranstaltern handelt es sich in der Regel um sog. Start-Up-Unternehmen, die das sog. „klassische Crowdfunding" nutzen, um eine möglichst effiziente Form der Anlauffinanzierung zu erreichen. Die Unterstützer dieses „klassischen Crowdfunding" erhalten für ihren Beitrag zur Erreichung des Finanzierungsziels eine Gegenleistung. Diese besteht regelmäßig in der Überlassung einer Ausfertigung des jeweiligen Projektergebnisses nach Beendigung der Projektphase (z. B. in Form eines technischen Wirtschaftsguts).

Zahlungen im Rahmen eines „klassischen Crowdfunding" sind nicht als „Spende" abziehbar. Eine Spende muss ohne die Erwartung eines besonderen Vorteils an einen begünstigten Zuwendungsempfänger im Sinne des § 10 b Absatz 1 Satz 2 EStG gegeben werden und die Spendenmotivation im Vordergrund stehen. Die Unentgeltlichkeit ist für die Spende und damit für den Spendenabzug nach den §§ 10 b EStG, 9 Absatz 1 Nummer 2 KStG, 9 Nummer 5 GewStG konstitutives Merkmal. Die steuerliche Entlastung der Spende ist nur gerechtfertigt, wenn sie ausschließlich fremdnützig, d. h. zur Förderung des Gemeinwohls, verwendet wird. Ein Spendenabzug ist daher ausgeschlossen, wenn die Ausgaben des Zuwendenden zur Erlangung einer Gegenleistung durch den Zuwendungsempfänger erbracht werden, ohne dass der Vorteil unmittelbar wirtschaftlicher Natur sein muss. Eine Aufteilung der Zahlung in ein angemessenes Entgelt und eine den Nutzen übersteigende „unentgeltliche" Leistung scheidet bei einer einheitlichen Gegenleistung aus, denn auch im Falle einer Teilentgeltlichkeit fehlt der Zuwendung insgesamt die geforderte Uneigennützigkeit (vgl. BFH-Urteil vom 2. August 2006, XI R 6/03, BStBl. II 2007 S. 8).

Ein Spendenabzug scheitert beim „klassischen Crowdfunding" regelmäßig deswegen, weil der Zuwendungsempfänger entweder nicht steuerbegünstigt ist oder weil der Zuwendende für seine Leistung eine Gegenleistung erhält – auf das Verhältnis von Leistung oder Gegenleistung kommt es dabei nicht an (vgl. BFH-Urteile vom 25. August 1987, IX R 24/85, BStBl. II 1987 S. 850 und vom 12. August 1999, XI R 65/98, BStBl. II 2000 S. 65).

III. Spenden Crowdfunding

Als sog. „Spenden Crowdfunding" werden anlassbezogene Spendensammlungen organisiert, die in der Regel ein festes Sammlungsziel haben. Nur bei Erreichen des Sammlungsziels in der vorgegebenen Höhe und Zeit leitet das Crowdfunding-Portal die eingesammelten Mittel an die jeweiligen Projektveranstalter weiter. Weder die einzelnen Zuwendenden noch das Crowdfunding-Portal erhalten für diese Zuwendung eine Gegenleistung. Wird das Sammlungsziel nicht erreicht, dann erhalten die zuwendenden Personen in einigen Fällen ihre Einzahlung ohne Abzüge zurück (sog. „Alles-oder-Nichts-Prinzip"). Wenn der Empfänger der Finanzierungsmittel aus dem Crowdfunding eine nach § 5 Absatz 1 Nummer 9 KStG i. V. m. §§ 51 ff. AO steuerbegünstigte Körperschaft oder juristische Person des öffentlichen Rechts ist, dann ist diese nach den allgemeinen gemeinnützigkeits- und spendenrechtlichen Regelungen berechtigt, für die erhaltenen Mittel Zuwendungsbestätigungen nach § 50 Absatz 1 EStDV auszustellen. Die Zulässigkeit eines steuerlichen Spendenabzugs hängt dabei von den Eigenschaften der Beteiligten und den zwischen ihnen bestehenden rechtlichen Verbindungen ab. 41

1. Das Crowdfunding-Portal als Treuhänder

Tritt das Crowdfunding-Portal als Treuhänder für den Projektveranstalter auf und leitet es die vereinnahmten Zuwendungsmittel an diesen weiter, dann ist der Projektveranstalter zur Ausstellung von Zuwendungsbestätigungen befugt, wenn

- es sich bei ihm um eine nach § 5 Absatz 1 Nummer 9 KStG i. V. m. §§ 51 ff. AO steuerbegünstigte Körperschaft oder um eine juristische Person des öffentlichen Rechts handelt,
- die Unterstützer des Projekts für ihre Zuwendung keine Gegenleistung erhalten, sondern allenfalls ein rein symbolisches „Dankeschön" (z. B. Übermittlung eines Rechenschaftsberichts über die Durchführung des finanzierten Projekts),
- das finanzierte Projekt in Verwirklichung seiner steuerbegünstigten, satzungsmäßigen Zwecke durchgeführt wird und
- eine zweifelsfreie Zuordnung der Spenden zum jeweiligen Zuwendenden möglich ist. Zweifelsfrei zuordenbar sind die Zuwendungen dann, wenn das Crowdfunding-Portal Angaben über den Namen und die Adresse der Spender sowie die Höhe des jeweiligen Spendenbetrags in Form einer Spenderliste dokumentiert und gemeinsam mit den Spendenmitteln an den Projektveranstalter übermittelt hat. Die

Summe der in der Liste aufgeführten Beträge darf dabei den tatsächlich zugewandten Betrag nicht überschreiten.

Bei treuhänderischen Crowdfunding-Spenden scheidet die Möglichkeit der vereinfachten Nachweisführung des § 50 Absatz 4 Satz 1 Nummer 2 EStDV aus. Die normierte Nachweiserleichterung ist ausschließlich auf den Zahlungsverkehr zwischen zwei Beteiligten (Zuwendender und Zuwendungsempfänger) und nicht für Treuhandverhältnisse anwendbar.

2. Das Crowdfunding-Portal als Förderkörperschaft nach § 58 Nummer 1 AO

Liegen die unter III.1. genannten allgemeinen Voraussetzungen zum Zuwendungsabzug vor und handelt es sich bei dem Crowdfunding-Portal um eine nach § 58 Nummer 1 AO steuerbegünstigte Förderkörperschaft, welche die Zuwendungsmittel für eigene Rechnung vereinnahmt und in Verwirklichung der eigenen satzungsmäßigen Zwecke an nach § 5 Absatz 1 Nummer 9 KStG i. V. m. §§ 51 ff. AO steuerbegünstigte Körperschaften (z. B. Projektveranstalter) oder juristische Personen des öffentlichen Rechts weiterleitet, dann ist diese nach den allgemeinen gemeinnützigkeits- und spendenrechtlichen Regelungen berechtigt, für die erhaltenen Mittel Zuwendungsbestätigungen nach § 50 Absatz 1 EStDV an die Spender auszustellen.

In diesen Fällen ist eine vereinfachte Nachweisführung gemäß § 50 Absatz 4 Satz 1 Nummer 2 EStDV unter den dort geregelten Voraussetzungen möglich.

3. Das Crowdfunding-Portal als steuerbegünstigter Zuwendungsempfänger

Ist das Crowdfunding-Portal selbst Projektveranstalter und eine nach § 5 Absatz 1 Nummer 9 KStG i. V. m. §§ 51 ff. AO steuerbegünstigte Körperschaft oder eine juristische Person des öffentlichen Rechts, ist es selbst zur Ausstellung von Zuwendungsbestätigungen nach § 50 Absatz 1 EStDV berechtigt. Dies gilt auch für den vereinfachten Zuwendungsnachweis nach § 50 Absatz 4 Satz 1 Nummer 2 EStDV.

IV. Crowdinvesting, -lending

Bei dem Modell des sog. „Crowdinvesting" werden die Mitglieder der Crowd finanziell an dem Projekterfolg beteiligt, indem ihre Investitionen eigenkapitalähnlichen Charakter besitzen. Beim sog. „Crowdlending" vergibt die Crowd als Alternative zu einem klassischen Bankkredit über eine feste Laufzeit ein Darlehen zu einem vereinbarten Zins mit dem jeweiligen Projektveranstalter als Darlehensnehmer.

Soweit die Projektunterstützer ihr Vermögen in der vorgenannten Weise lediglich umschichten, scheidet ein Spendenabzug aus. Denn eine Ausgabe im Sinne des § 10 b Absatz 1 Satz 1 EStG setzt die endgültige wirtschaftliche Belastung des jeweiligen Geldgebers voraus (vgl. BFH-Urteil vom 20. Februar 1991, X R 191/87, BStBl. II S. 690).

§ 10c Sonderausgaben-Pauschbetrag

EStG

① Für Sonderausgaben nach § 10 Absatz 1 Nummer 4, 5, 7 und 9 sowie Absatz 1 a und nach § 10 b wird ein Pauschbetrag von 36 Euro abgezogen (Sonderausgaben-Pauschbetrag), wenn der Steuerpflichtige nicht höhere Aufwendungen nachweist. ② Im Fall der Zusammenveranlagung von Ehegatten verdoppelt sich der Sonderausgaben-Pauschbetrag. 1

EStG

§ 10d Verlustabzug

1 (1) ① Negative Einkünfte, die bei der Ermittlung des Gesamtbetrags der Einkünfte nicht ausgeglichen werden, sind bis zu einem Betrag von 1 000 000 Euro, bei Ehegatten, die nach den §§ 26, 26 b zusammenveranlagt werden, bis zu einem Betrag von 2 000 000 Euro vom Gesamtbetrag der Einkünfte des unmittelbar vorangegangenen Veranlagungszeitraums vorrangig vor Sonderausgaben, außergewöhnlichen Belastungen und sonstigen Abzugsbeträgen abzuziehen (Verlustrücktrag). ② Soweit ein Ausgleich der negativen Einkünfte nach Satz 1 nicht möglich ist, sind diese vom Gesamtbetrag der Einkünfte des zweiten dem Veranlagungszeitraum vorangegangenen Veranlagungszeitraums vorrangig vor Sonderausgaben, außergewöhnlichen Belastungen und sonstigen Abzugsbeträgen abzuziehen. ③ Dabei wird der Gesamtbetrag der Einkünfte des unmittelbar vorangegangenen Veranlagungszeitraums und des zweiten dem Veranlagungszeitraum vorangegangenen Veranlagungszeitraums um die Begünstigungsbeträge nach § 34 a Absatz 3 Satz 1 gemindert. ④ Ist für den unmittelbar vorangegangenen Veranlagungszeitraum oder den zweiten dem Veranlagungszeitraum vorangegangenen Veranlagungszeitraum bereits ein Steuerbescheid erlassen worden, so ist er insoweit zu ändern, als der Verlustrücktrag zu gewähren oder zu berichtigen ist. ⑤ Das gilt auch dann, wenn der Steuerbescheid unanfechtbar geworden ist; die Festsetzungsfrist endet insoweit nicht, bevor die Festsetzungsfrist für den Veranlagungszeitraum abgelaufen ist, in dem die negativen Einkünfte nicht ausgeglichen werden. ⑥ Auf Antrag des Steuerpflichtigen ist von der Anwendung des Verlustrücktrags nach den Sätzen 1 und 2 insgesamt abzusehen.

2 (2) ① Nicht ausgeglichene negative Einkünfte, die nicht nach Absatz 1 abgezogen worden sind, sind in den folgenden Veranlagungszeiträumen bis zu einem Gesamtbetrag der Einkünfte von 1 Million Euro unbeschränkt, darüber hinaus bis zu 70 Prozent[1] des 1 Million Euro übersteigenden Gesamtbetrags der Einkünfte vorrangig vor Sonderausgaben, außergewöhnlichen Belastungen und sonstigen Abzugsbeträgen abzuziehen (Verlustvortrag). ② Bei Ehegatten, die nach den §§ 26, 26 b zusammenveranlagt werden, tritt an die Stelle des Betrags von 1 Million Euro ein Betrag von 2 Millionen Euro. ③ Der Abzug ist nur insoweit zulässig, als die Verluste nicht nach Absatz 1 abgezogen worden sind und in den vorangegangenen Veranlagungszeiträumen nicht nach Satz 1 und 2 abgezogen werden konnten.

(3) *(weggefallen)*

4 (4) ① Der am Schluss eines Veranlagungszeitraums verbleibende Verlustvortrag ist gesondert festzustellen. ② Verbleibender Verlustvortrag sind die bei der Ermittlung des Gesamtbetrags der Einkünfte nicht ausgeglichenen negativen Einkünfte, vermindert um die nach Absatz 1 abgezogenen und die nach Absatz 2 abziehbaren Beträge und vermehrt um den auf den Schluss des vorangegangenen Veranlagungszeitraums festgestellten verbleibenden Verlustvortrag. ③ Zuständig für die Feststellung ist das für die Besteuerung zuständige Finanzamt. ④ Bei der Feststellung des verbleibenden Verlustvortrags sind die Besteuerungsgrundlagen so zu berücksichtigen, wie sie den Steuerfestsetzungen des Veranlagungszeitraums, auf dessen Schluss der verbleibende Verlustvortrag festgestellt wird, und des Veranlagungszeitraums, in dem ein Verlustrücktrag vorgenommen werden kann, zu Grunde gelegt worden sind; § 171 Absatz 10, § 175 Absatz 1 Satz 1 Nummer 1 und § 351 Absatz 2 der Abgabenordnung sowie § 42 der Finanzgerichtsordnung gelten entsprechend. ⑤ Die Besteuerungsgrundlagen dürfen bei der Feststellung nur insoweit abweichend von Satz 4 berücksichtigt werden, wie die Aufhebung, Änderung oder Berichtigung der Steuerbescheide ausschließlich mangels Auswirkung auf die Höhe der festzusetzenden Steuer unterbleibt. ⑥ Die Feststellungsfrist endet nicht, bevor die Festsetzungsfrist für den Veranlagungszeitraum abgelaufen ist, auf dessen Schluss der verbleibende Verlustvortrag gesondert festzustellen ist; § 181 Absatz 5 der Abgabenordnung ist nur anzuwenden, wenn die zuständige Finanzbehörde die Feststellung des Verlustvortrags pflichtwidrig unterlassen hat.

---

[1] § 10 d Abs. 2 Satz 1 geänd. **mWv VZ 2028** durch WachstumschancenG v. 27. 3. 2024 (BGBl. I Nr. 108); siehe *Geschlossene Wiedergabe.* Zur Anwendung von § 10 d Abs. 2 Satz 1 siehe § 52 Abs. 18 b Sätze 3 und 4.

6. Vereinnahmung und Verausgabung

EStG

§ 11 [Vereinnahmung und Verausgabung]

(1) ① **Einnahmen sind innerhalb des Kalenderjahres bezogen, in dem sie dem Steuerpflichtigen zugeflossen sind.** ② **Regelmäßig wiederkehrende Einnahmen, die dem Steuerpflichtigen kurze Zeit vor Beginn oder kurze Zeit nach Beendigung des Kalenderjahres, zu dem sie wirtschaftlich gehören, zugeflossen sind, gelten als in diesem Kalenderjahr bezogen.** ③ **Der Steuerpflichtige kann Einnahmen, die auf einer Nutzungsüberlassung im Sinne des Absatzes 2 Satz 3 beruhen, insgesamt auf den Zeitraum gleichmäßig verteilen, für den die Vorauszahlung geleistet wird.** ④ **Für Einnahmen aus nichtselbständiger Arbeit gilt § 38 a Absatz 1 Satz 2 und 3 und § 40 Absatz 3 Satz 2.** ⑤ **Die Vorschriften über die Gewinnermittlung (§ 4 Absatz 1, § 5) bleiben unberührt.** 1

(2) ① **Ausgaben sind für das Kalenderjahr abzusetzen, in dem sie geleistet worden sind.** ② **Für regelmäßig wiederkehrende Ausgaben gilt Absatz 1 Satz 2 entsprechend.** ③ ***Werden Ausgaben für eine Nutzungsüberlassung von mehr als fünf Jahren im Voraus geleistet, sind sie insgesamt auf den Zeitraum gleichmäßig zu verteilen, für den die Vorauszahlung geleistet wird.***[1] ④ **Satz 3 ist auf ein Damnum oder Disagio nicht anzuwenden, soweit dieses marktüblich ist.** ⑤ **§ 42 der Abgabenordnung bleibt unberührt.** ⑥ **Die Vorschriften über die Gewinnermittlung (§ 4 Absatz 1, § 5) bleiben unberührt.** 2

H 11

LStH 11

Allgemeines → H 11 EStH. 4

Rückzahlung von Arbeitslohn. Arbeitslohnrückzahlungen sind nur dann anzunehmen, wenn der Arbeitnehmer an den Arbeitgeber die Leistungen, die bei ihm als Lohnzahlungen zu qualifizieren waren, zurückzahlt (→ BFH vom 10. 8. 2010 – BStBl. II S. 1074). Zurückgezahlter Arbeitslohn ist erst im Zeitpunkt des Abflusses steuermindernd zu berücksichtigen (→ BFH vom 4. 5. 2006 – BStBl. II S. 830 und S. 832); das gilt auch dann, wenn sich die Rückzahlung im Folgejahr steuerlich nicht mehr auswirkt (→ BFH vom 7. 11. 2006 – BStBl. 2007 II S. 315). Auch bei beherrschenden Gesellschaftern ist der Abfluss einer Arbeitslohnrückzahlung erst im Zeitpunkt der Leistung und nicht bereits im Zeitpunkt der Fälligkeit der Rückforderung anzunehmen (→ BFH vom 14. 4. 2016 – BStBl. II S. 778).

Zufluss von Arbeitslohn → R 38.2.

– EStR/EStH abgedruckt in Anhang II –

---

[1] Zur Anwendbarkeit von § 11 Abs. 2 Satz 3 beachte BVerfG v. 25. 3. 2021 – 2 BvL 1/11 (BGBl. I S. 1800).

EStG

7. Nicht abzugsfähige Ausgaben

§ 12 [Nicht abzugsfähige Ausgaben]

Soweit in § 10 Absatz 1 Nummer 2 bis 5, 7 und 9 sowie Absatz 1 a Nummer 1, den §§ 10 a, 10 b und den §§ 33 bis 33 b nichts anderes bestimmt ist, dürfen weder bei den einzelnen Einkunftsarten noch vom Gesamtbetrag der Einkünfte abgezogen werden

1 **1. die für den Haushalt des Steuerpflichtigen und für den Unterhalt seiner Familienangehörigen aufgewendeten Beträge. ② Dazu gehören auch die Aufwendungen für die Lebensführung,[1] die die wirtschaftliche oder gesellschaftliche Stellung des Steuerpflichtigen mit sich bringt, auch wenn sie zur Förderung des Berufs oder der Tätigkeit des Steuerpflichtigen erfolgen;**

2 **2. freiwillige Zuwendungen, Zuwendungen auf Grund einer freiwillig begründeten Rechtspflicht und Zuwendungen an eine gegenüber dem Steuerpflichtigen oder seinem Ehegatten gesetzlich unterhaltsberechtigte Person oder deren Ehegatten, auch wenn diese Zuwendungen auf einer besonderen Vereinbarung beruhen;**

3 **3. die Steuern vom Einkommen und sonstige Personensteuern sowie die Umsatzsteuer für Umsätze, die Entnahmen sind, und die Vorsteuerbeträge auf Aufwendungen, für die das Abzugsverbot der Nummer 1 oder des § 4 Absatz 5 Satz 1 Nummer 1 bis 5, 7 oder Absatz 7 gilt; das gilt auch für die auf diese Steuern entfallenden Nebenleistungen;**

4 **4.[2] in einem Strafverfahren festgesetzte Geldstrafen, sonstige Rechtsfolgen vermögensrechtlicher Art, bei denen der Strafcharakter überwiegt, und Leistungen zur Erfüllung von Auflagen oder Weisungen, soweit die Auflagen oder Weisungen nicht lediglich der Wiedergutmachung des durch die Tat verursachten Schadens dienen sowie damit zusammenhängende Aufwendungen.**

5. *(aufgehoben)*

Anl zu § 12

Schreiben betr. Zuordnung der Steuerberatungskosten zu den Betriebsausgaben, Werbungskosten oder Kosten der Lebensführung

Vom 21. Dezember 2007 (BStBl. 2008 I S. 256)

(BMF IV B 2 – S 2144/07/0002; DOK 2007/586772)

8 Durch das Gesetz zum Einstieg in ein steuerliches Sofortprogramm vom 22. Dezember 2005 (BGBl. I S. 3682, BStBl. 2006 I S. 79) wurde der Abzug von Steuerberatungskosten als Sonderausgaben ausgeschlossen. Steuerberatungskosten sind nur noch zu berücksichtigen, wenn sie Betriebsausgaben oder Werbungskosten darstellen. Im Einvernehmen mit den obersten Finanzbehörden der Länder gilt für die Zuordnung der Steuerberatungskosten zu den Betriebsausgaben, Werbungskosten oder den nicht abziehbaren Kosten der Lebensführung Folgendes:

1. Begriffsbestimmung

1 Steuerberatungskosten umfassen alle Aufwendungen, die in sachlichem Zusammenhang mit dem Besteuerungsverfahren stehen. Hierzu zählen insbesondere solche Aufwendungen, die dem Steuerpflichtigen durch die Inanspruchnahme eines Angehörigen der steuerberatenden Berufe zur Erfüllung seiner steuerlichen Pflichten und zur Wahrung seiner steuerlichen Rechte entstehen (§§ 1 und 2 StBerG). Dazu gehören auch die damit zwangsläufig verbundenen und durch die Steuerberatung veranlassten Nebenkosten (BFH v. 12. Juli 1989, BStBl. II S. 967), wie Fahrtkosten zum Steuerberater und Unfallkosten auf dem Weg zum Steuerberater. Steuerberatungskosten sind u. a. auch Beiträge zu Lohnsteuerhilfevereinen, Aufwendungen für Steuerfachliteratur und sonstige Hilfsmittel (z. B. Software).

2 Nicht zu den Steuerberatungskosten zählen u. a. Rechtsanwaltskosten, die der Steuerpflichtige aufwendet, um die Zustimmung seines geschiedenen oder dauernd getrennt lebenden unbeschränkt steuerpflichtigen Ehegatten zum begrenzten Realsplitting zu erlangen oder die für die Verteidigung in einem Steuerstrafverfahren (BFH v. 20. September 1989, BStBl. 1990 II S. 20) anfallen.

2. Zuordnung zu den Betriebsausgaben/Werbungskosten

3 Steuerberatungskosten sind als Betriebsausgaben oder Werbungskosten abzuziehen, wenn und soweit sie bei der Ermittlung der Einkünfte anfallen (BFH v. 18. November 1965, BStBl. 1966 III S. 190) oder im Zusammenhang mit Betriebssteuern (z. B. Gewerbesteuer, Umsatzsteuer, Grundsteuer für Betriebsgrundstücke) oder Investitionszulagen für Investitionen im einkünfterelevanten Bereich stehen. Die Ermittlung der Einkünfte umfasst die Kosten der Buchführungsarbeiten und der Überwachung der Buchführung, die Ermittlung von Ausgaben oder Einnahmen, die Anfertigung von Zusammenstellungen, die Aufstellung von Bilanzen oder von Einnahmenüberschussrechnungen, die Beantwortung der sich dabei ergebenden Steuerfragen, soweit es sich nicht um Nebenleistungen nach § 12 Nr. 3 EStG handelt und

[1] Zur steuerlichen Berücksichtigung gemischter Aufwendungen siehe auch Anlage a zu LStH 9.1.
[2] Zur erstmaligen Anwendung von § 12 Nr. 4 siehe § 52 Abs. 20.

die Kosten der Beratung. Zur Ermittlung der Einkünfte zählt auch das Ausfüllen des Vordrucks Einnahmenüberschussrechnung (EÜR).

Anl zu § 12

3. Zuordnung zu den Kosten der Lebensführung

4 Das Übertragen der Ergebnisse aus der jeweiligen Einkunftsermittlung in die entsprechende Anlage zur Einkommensteuererklärung und das übrige Ausfüllen der Einkommensteuererklärung gehören nicht zur Einkunftsermittlung. Die hierauf entfallenden Kosten sowie Aufwendungen, die die Beratung in Tarif- oder Veranlagungsfragen betreffen oder im Zusammenhang mit der Ermittlung von Sonderausgaben und außergewöhnlichen Belastungen stehen, sind als Kosten der privaten Lebensführung gemäß § 12 Nr. 1 EStG steuerlich nicht zu berücksichtigen (BFH v. 12. Juli 1989, BStBl. II S. 967).

5 Zu den der Privatsphäre zuzurechnenden Aufwendungen zählen auch die Steuerberatungskosten, die:
- durch haushaltsnahe Beschäftigungsverhältnisse veranlasst sind,
- im Zusammenhang mit der Inanspruchnahme haushaltsnaher Dienstleistungen oder der steuerlichen Berücksichtigung von Kinderbetreuungskosten stehen,
- die Erbschaft- oder Schenkungsteuer,
- das Kindergeld oder
- die Eigenheimzulage betreffen.

4. Zuordnung zur Betriebs-/Berufssphäre oder zur Privatsphäre

6 Steuerberatungskosten, die für Steuern entstehen, die sowohl betrieblich/beruflich als auch privat verursacht sein können, sind anhand ihrer Veranlassung den Aufwendungen nach Rdnr. 3 oder 4 zuzuordnen (z. B. Grundsteuer, Kraftfahrzeugsteuer, Zweitwohnungssteuer, Gebühren für verbindliche Auskünfte nach § 89 Abs. 3 bis 5 AO). Als Aufteilungsmaßstab dafür ist grundsätzlich die Gebührenrechnung des Steuerberaters heranzuziehen.

5. Zuordnung gemischt veranlasster Aufwendungen

7 Entstehen dem Steuerpflichtigen Aufwendungen, die unter Berücksichtigung der Ausführungen zu den Rdnrn. 3 und 4 sowohl betrieblich/beruflich als auch privat veranlasst sind, wie z. B. Beiträge an Lohnsteuerhilfevereine, Anschaffungskosten für Steuerfachliteratur zur Ermittlung der Einkünfte und des Einkommens, Beratungsgebühren für einen Rechtsstreit, der sowohl die Ermittlung von Einkünften als auch z. B. den Ansatz von außergewöhnlichen Belastungen umfasst, ist im Rahmen einer sachgerechten Schätzung eine Zuordnung zu den Betriebsausgaben, Werbungskosten oder Kosten der Lebensführung vorzunehmen. Dies gilt auch in den Fällen einer Vereinbarung einer Pauschalvergütung nach § 14 der *StBGebV*.[1]

8 Bei Beiträgen an Lohnsteuerhilfevereine, Aufwendungen für steuerliche Fachliteratur und Software wird es nicht beanstandet, wenn diese Aufwendungen i. H. v. 50 Prozent den Betriebsausgaben oder Werbungskosten zugeordnet werden. Dessen ungeachtet ist aus Vereinfachungsgründen der Zuordnung des Steuerpflichtigen bei Aufwendungen für gemischte Steuerberatungskosten bis zu einem Betrag von 100 Euro im Veranlagungszeitraum zu folgen.[2]

Beispiel: Der Steuerpflichtige zahlt in 01 einen Beitrag an einen Lohnsteuerhilfeverein i. H. v. 120 Euro. Davon ordnet er 100 Euro den Werbungskosten zu; diese Zuordnung ist nicht zu beanstanden.

6. Zuordnung der Steuerberatungskosten bei Körperschaften

9 Auf Körperschaften findet § 12 EStG keine Anwendung. Den Körperschaften im Sinne des § 1 Abs. 1 Nr. 1 bis 3 KStG entstehende Steuerberatungskosten sind in vollem Umfang als Betriebsausgaben abziehbar. Für Körperschaften, die auch andere als gewerbliche Einkünfte erzielen, ist zwischen einkunftsbezogenen und nicht einkunftsbezogenen Aufwendungen zu unterscheiden. Den einzelnen Einkunftsarten zuzuordnende Steuerberatungskosten sind als Betriebsausgaben oder Werbungskosten abziehbar.

7. Anwendungszeitpunkt

10 Steuerberatungskosten, die den Kosten der Lebensführung zuzuordnen sind, sind ab dem 1. Januar 2006 nicht mehr als Sonderausgaben zu berücksichtigen. Maßgebend dafür ist der Zeitpunkt des Abflusses der Aufwendungen (§ 11 Abs. 2 Satz 1 EStG). Werden Steuerberatungskosten für den Veranlagungszeitraum 2005 vorschussweise (§ 8 StBGebV)[3] bereits in 2005 gezahlt, so sind sie dem Grunde nach abziehbar. Eine spätere Rückzahlung aufgrund eines zu hohen Vorschusses mindert die abziehbaren Aufwendungen des Veranlagungszeitraumes 2005. Ein bereits bestandskräftiger Bescheid ist nach § 175 Abs. 1 Satz 1 Nr. 2 AO zu ändern (BFH v. 28. Mai 1998, BStBl. 1999 II S. 95).

---

[1] Jetzt § 14 StBVV.
[2] Die Nichtbeanstandungsgrenze von 100 € ist veranlagungsbezogen und nicht ehegattenbezogen anzuwenden (vgl. Verfügung der OFD Koblenz vom 5. 3. 2008, DB S. 896).
[3] Entspricht § 8 StBVV.

EStG

8. Die einzelnen Einkunftsarten

d) Nichtselbständige Arbeit (§ 2 Absatz 1 Satz 1 Nummer 4)

§ 19 [Nichtselbständige Arbeit]

1 (1) ① **Zu den Einkünften aus nichtselbständiger Arbeit gehören**

1. Gehälter, Löhne, Gratifikationen, Tantiemen und andere Bezüge und Vorteile für eine Beschäftigung im öffentlichen oder privaten Dienst;

1 a. Zuwendungen des Arbeitgebers an seinen Arbeitnehmer und dessen Begleitpersonen anlässlich von Veranstaltungen auf betrieblicher Ebene mit gesellschaftlichem Charakter (Betriebsveranstaltung). ② Zuwendungen im Sinne des Satzes 1 sind alle Aufwendungen des Arbeitgebers einschließlich Umsatzsteuer unabhängig davon, ob sie einzelnen Arbeitnehmern individuell zurechenbar sind oder ob es sich um einen rechnerischen Anteil an den Kosten der Betriebsveranstaltung handelt, die der Arbeitgeber gegenüber Dritten für den äußeren Rahmen der Betriebsveranstaltung aufwendet. ③ Soweit solche Zuwendungen den Betrag von 110 Euro je Betriebsveranstaltung und teilnehmenden Arbeitnehmer nicht übersteigen, gehören sie nicht zu den Einkünften aus nichtselbständiger Arbeit, wenn die Teilnahme an der Betriebsveranstaltung allen Angehörigen des Betriebs oder eines Betriebsteils offensteht. ④ Satz 3 gilt für bis zu zwei Betriebsveranstaltungen jährlich. ⑤ Die Zuwendungen im Sinne des Satzes 1 sind abweichend von § 8 Absatz 2 mit den anteilig auf den Arbeitnehmer und dessen Begleitpersonen entfallenden Aufwendungen des Arbeitgebers im Sinne des Satzes 2 anzusetzen;

2. Wartegelder, Ruhegelder, Witwen- und Waisengelder und andere Bezüge und Vorteile aus früheren Dienstleistungen, auch soweit sie von Arbeitgebern ausgleichspflichtiger Personen an ausgleichsberechtigte Personen infolge einer nach § 10 oder § 14 des Versorgungsausgleichsgesetzes durchgeführten Teilung geleistet werden;

3.[1] laufende Beiträge und laufende Zuwendungen des Arbeitgebers aus einem bestehenden Dienstverhältnis an einen Pensionsfonds, eine Pensionskasse oder für eine Direktversicherung für eine betriebliche Altersversorgung. ②[2] Zu den Einkünften aus nichtselbständiger Arbeit gehören auch Sonderzahlungen, die der Arbeitgeber neben den laufenden Beiträgen und Zuwendungen an eine solche Versorgungseinrichtung leistet, mit Ausnahme der Zahlungen des Arbeitgebers

a) zur erstmaligen Bereitstellung der Kapitalausstattung zur Erfüllung der Solvabilitätskapitalanforderung nach den §§ 89, 213, 234 g oder 238 des Versicherungsaufsichtsgesetzes,

b) zur Wiederherstellung einer angemessenen Kapitalausstattung nach unvorhersehbaren Verlusten oder zur Finanzierung der Verstärkung der Rechnungsgrundlagen auf Grund einer unvorhersehbaren und nicht nur vorübergehenden Änderung der Verhältnisse, wobei die Sonderzahlungen nicht zu einer Absenkung des laufenden Beitrags führen oder durch die Absenkung des laufenden Beitrags Sonderzahlungen ausgelöst werden dürfen,

c) in der Rentenbezugszeit nach § 236 Absatz 2 des Versicherungsaufsichtsgesetzes oder

d) in Form von Sanierungsgeldern;

Sonderzahlungen des Arbeitgebers sind insbesondere Zahlungen an eine Pensionskasse anlässlich

a) seines Ausscheidens aus einer nicht im Wege der Kapitaldeckung finanzierten betrieblichen Altersversorgung oder

b) des Wechsels von einer nicht im Wege der Kapitaldeckung zu einer anderen nicht im Wege der Kapitaldeckung finanzierten betrieblichen Altersversorgung.

③ Von Sonderzahlungen im Sinne des Satzes 2 zweiter Halbsatz Buchstabe b ist bei laufenden und wiederkehrenden Zahlungen entsprechend dem periodischen Bedarf nur auszugehen, soweit die Bemessung der Zahlungsverpflichtungen des Arbeitgebers in das Versorgungssystem nach dem Wechsel die Bemessung der Zahlungsverpflichtung zum Zeitpunkt des Wechsels übersteigt. ④ Sanierungsgelder sind Sonderzahlungen des Arbeitgebers an eine Pensionskasse anlässlich der Systemumstellung einer nicht im Wege der Kapitaldeckung finanzierten betrieblichen Altersversorgung auf der Finanzierungs- oder Leistungsseite, die der Finanzierung der zum Zeitpunkt der Umstellung bestehenden Versorgungsverpflichtungen oder Versor-

[1] Zur Anwendung des § 19 Abs. 1 Satz 1 Nr. 3 EStG vgl. auch *BMF-Schreiben vom 12. 8. 2021 (BStBl. 2021 I S. 1050), Rz. 14ff.*, abgedruckt im Anhang **I 15 b**.

[2] Zur Frage der Verfassungsmäßigkeit der zwangsweisen Pauschalversteuerung von Sonderzulagen i. S. d. § 19 Abs. 1 Satz 1 Nr. 3 Satz 2 EStG siehe auch BFH-Vorlagebeschlüsse vom 14. 11. 2013 VI R 49/12 und VI R 50/12 (BFH/NV 2014 S. 418 u. 426).

gungsanwartschaften dienen; bei laufenden und wiederkehrenden Zahlungen entsprechend dem periodischen Bedarf ist nur von Sanierungsgeldern auszugehen, soweit die Bemessung der Zahlungsverpflichtungen des Arbeitgebers in das Versorgungssystem nach der Systemumstellung die Bemessung der Zahlungsverpflichtung zum Zeitpunkt der Systemumstellung übersteigt. EStG

② Es ist gleichgültig, ob es sich um laufende oder um einmalige Bezüge handelt und ob ein Rechtsanspruch auf sie besteht.

(2)[1] **① Von Versorgungsbezügen bleiben ein nach einem Prozentsatz ermittelter, auf einen Höchstbetrag begrenzter Betrag (Versorgungsfreibetrag) und ein Zuschlag zum Versorgungsfreibetrag steuerfrei. ② Versorgungsbezüge sind** 2

1. das Ruhegehalt, Witwen- oder Waisengeld, der Unterhaltsbeitrag oder ein gleichartiger Bezug 3
a) auf Grund beamtenrechtlicher oder entsprechender gesetzlicher Vorschriften,
b) nach beamtenrechtlichen Grundsätzen von Körperschaften, Anstalten oder Stiftungen des öffentlichen Rechts oder öffentlich-rechtlichen Verbänden von Körperschaften
oder

2. in anderen Fällen Bezüge und Vorteile aus früheren Dienstleistungen wegen Erreichens einer Altersgrenze, verminderter Erwerbsfähigkeit oder Hinterbliebenenbezüge; Bezüge wegen Erreichens einer Altersgrenze gelten erst dann als Versorgungsbezüge, wenn der Steuerpflichtige das 63. Lebensjahr oder, wenn er schwerbehindert ist, das 60. Lebensjahr vollendet hat. 4

③ Der maßgebende Prozentsatz, der Höchstbetrag des Versorgungsfreibetrags und der Zuschlag zum Versorgungsfreibetrag sind der nachstehenden Tabelle zu entnehmen:

Jahr des Versorgungsbeginns	Versorgungsfreibetrag		Zuschlag zum Versorgungsfreibetrag in Euro
	in % der Versorgungsbezüge	Höchstbetrag in Euro	
bis 2005	40,0	3 000	900
ab 2006	38,4	2 880	864
2007	36,8	2 760	828
2008	35,2	2 640	792
2009	33,6	2 520	756
2010	32,0	2 400	720
2011	30,4	2 280	684
2012	28,8	2 160	648
2013	27,2	2 040	612
2014	25,6	1 920	576
2015	24,0	1 800	540
2016	22,4	1 680	504
2017	20,8	1 560	468
2018	19,2	1 440	432
2019	17,6	1 320	396
2020	16,0	1 200	360
2021	15,2	1 140	342
2022	14,4	1 080	324
2023	14,0	1 050	315
2024	13,6	1 020	306
2025	13,2	990	297
2026	12,8	960	288
2027	12,4	930	279
2028	12,0	900	270
2029	11,6	870	261
2030	11,2	840	252
2031	10,8	810	243
2032	10,4	780	234

[1] Zur Berechnung des Versorgungsfreibetrags vgl. *BMF-Schreiben vom 19. 8. 2013 (BStBl. I S. 1087), zuletzt geändert durch BMF-Schreiben vom 10. 1. 2022 (BStBl. I S. 36),* abgedruckt als Anlage zu LStH 19.8. Zur Anwendung von § 19 Abs. 2 Satz 3 siehe § 52 Abs. 26 a.

EStG

Jahr des Versorgungs-beginns	Versorgungsfreibetrag		Zuschlag zum Versorgungs-freibetrag in Euro
	in % der Versorgungs-bezüge	Höchstbetrag in Euro	
2033	10,0	750	225
2034	9,6	720	216
2035	9,2	690	270
2036	8,8	660	198
2037	8,4	630	189
2038	8,0	600	180
2039	7,6	570	171
2040	7,2	540	162
2041	6,8	510	153
2042	6,4	480	144
2043	6,0	450	135
2044	5,6	420	126
2045	5,2	390	117
2046	4,8	360	108
2047	4,4	330	99
2048	4,0	300	90
2049	3,6	270	81
2050	3,2	240	72
2051	2,8	210	63
2052	2,4	180	54
2053	2,0	150	45
2054	1,6	120	36
2055	1,2	90	27
2056	0,8	60	18
2057	0,4	30	9
2058	0,0	0	0

④ Bemessungsgrundlage für den Versorgungsfreibetrag ist
a) bei Versorgungsbeginn vor 2005
das Zwölffache des Versorgungsbezugs für Januar 2005,
b) bei Versorgungsbeginn ab 2005
das Zwölffache des Versorgungsbezugs für den ersten vollen Monat,
jeweils zuzüglich voraussichtlicher Sonderzahlungen im Kalenderjahr, auf die zu diesem Zeitpunkt ein Rechtsanspruch besteht. ⑤ Der Zuschlag zum Versorgungsfreibetrag darf nur bis zur Höhe der um den Versorgungsfreibetrag geminderten Bemessungsgrundlage berücksichtigt werden. ⑥ Bei mehreren Versorgungsbezügen mit unterschiedlichem Bezugsbeginn bestimmen sich der insgesamt berücksichtigungsfähige Höchstbetrag des Versorgungsfreibetrags und der Zuschlag zum Versorgungsfreibetrag nach dem Jahr des Beginns des ersten Versorgungsbezugs. ⑦ Folgt ein Hinterbliebenenbezug einem Versorgungsbezug, bestimmen sich der Prozentsatz, der Höchstbetrag des Versorgungsfreibetrags und der Zuschlag zum Versorgungsfreibetrag für den Hinterbliebenenbezug nach dem Jahr des Beginns des Versorgungsbezugs. ⑧ Der nach den Sätzen 3 bis 7 berechnete Versorgungsfreibetrag und Zuschlag zum Versorgungsfreibetrag gelten für die gesamte Laufzeit des Versorgungsbezugs. ⑨ Regelmäßige Anpassungen des Versorgungsbezugs führen nicht zu einer Neuberechnung. ⑩ Abweichend hiervon sind der Versorgungsfreibetrag und der Zuschlag zum Versorgungsfreibetrag neu zu berechnen, wenn sich der Versorgungsbezug wegen Anwendung von Anrechnungs-, Ruhens-, Erhöhungs- oder Kürzungsregelungen erhöht oder vermindert. ⑪ In diesen Fällen sind die Sätze 3 bis 7 mit dem geänderten Versorgungsbezug als Bemessungsgrundlage im Sinne des Satzes 4 anzuwenden; im Kalenderjahr der Änderung sind der höchste Versorgungsfreibetrag und Zuschlag zum Versorgungsfreibetrag maßgebend. ⑫ Für jeden vollen Kalendermonat, für den keine Versorgungsbezüge gezahlt werden, ermäßigen sich der Versorgungsfreibetrag und der Zuschlag zum Versorgungsfreibetrag in diesem Kalenderjahr um je ein Zwölftel.

(3) **① Die Energiepreispauschale nach dem Versorgungsrechtlichen Energiepreispauschalen-Gewährungsgesetz oder vergleichbare Leistungen zum Ausgleich gestiegener Energiepreise nach Landesrecht sind als Einnahmen nach Absatz 2 zu berücksichtigen. ② Sie gelten nicht als Sonderzahlung im Sinne von Absatz 2 Satz 4, jedoch als regel-**

mäßige Anpassung des Versorgungsbezugs im Sinne von Absatz 2 Satz 9. ③ Im Lohnsteuerabzugsverfahren sind die Energiepreispauschale und vergleichbare Leistungen bei der Berechnung einer Vorsorgepauschale nach § 39 b Absatz 2 Satz 5 Nummer 3 Buchstabe b und c nicht zu berücksichtigen. ④ In den Fällen des Satzes 1 sind die §§ 3 und 24 a nicht anzuwenden. EStG

Übersicht

	Rz.
§ 1 LStDV Arbeitnehmer, Arbeitgeber	10
§ 2 LStDV Arbeitslohn	11
Anlage: Schreiben betr. Steuerabzug vom Arbeitslohn bei unbeschränkt einkommensteuer-(lohnsteuer-)pflichtigen Künstlern und verwandten Berufen vom 5. 10. 1990	12–23
LStH 19.0 Arbeitnehmer	25
Anlagen: Schreiben betr. steuerrechtliche Behandlung von Aufwendungen des Arbeitgebers für die betriebliche Altersversorgung des im Betrieb mitarbeitenden Ehegatten	
a) vom 4. 9. 1984	26–30
b) vom 9. 1. 1986	32
LStR 19.1 Arbeitgeber; H 19.1	34, 35
LStR 19.2 Nebentätigkeit und Aushilfstätigkeit; H 19.2	36, 37
LStR 19.3 Arbeitslohn; H 19.3	41–44
Anlagen:	
a) Schreiben betr. lohnsteuerliche Behandlung der Aufwendungen des Arbeitgebers für sicherheitsgefährdete Arbeitnehmer; Sicherheitsmaßnahmen vom 11. 11. 2024	46
b) Erlass betr. lohn- und einkommensteuerrechtliche Behandlung der Beiträge zu Directors & Officers-Versicherungen (D & O-Versicherung) vom 25. 1. 2002	48
c) Erlass betr. lohnsteuerliche Behandlung der Aufwendungen des Arbeitgebers für einen Geburtstagsempfang seines Arbeitnehmers vom 24. 2. 2004	49
d) Schreiben betr. Vermietung eines Arbeitszimmers oder einer als Homeoffice genutzten Wohnung an den Arbeitgeber; Anwendung der BFH-Urteile vom 16. 9. 2004 (BStBl. 2006 II S. 10) und vom 17. 4. 2018 (BStBl. 2019 II S. 219) vom 18. 4. 2019	50
LStR 19.4 Vermittlungsprovisionen; H 19.4	54–56
LStR *19.5 Zuwendungen bei Betriebsveranstaltungen (unbesetzt);* H 19.5	57, 62
Anlage: Schreiben betr. lohn- und umsatzsteuerliche Behandlung von Betriebsveranstaltungen; Rechtslage nach dem „Gesetz zur Anpassung der Abgabenordnung an den Zollkodex der Union und zur Änderung weiterer steuerlicher Vorschriften" vom 14. 10. 2015	62a
LStR 19.6 Aufmerksamkeiten; H 19.6	63, 64
LStR 19.7 Berufliche Fort- oder Weiterbildungsleistungen des Arbeitgebers; H 19.7	70–73
Anlagen:	
a) Schreiben betr. ertragsteuerliche Behandlung von Incentive-Reisen vom 14. 10. 1996	74
b) Schreiben betr. lohnsteuerliche Behandlung der Übernahme von Studiengebühren für ein berufsbegleitendes Studium durch den Arbeitgeber vom 13. 4. 2012	76
c) Schreiben betr. lohnsteuerliche Behandlung von Deutschkursen für Flüchtlinge vom 4. 7. 2017	77
LStR 19.8 Versorgungsbezüge; H 19.8	78, 79
Anlage: Schreiben betr. einkommensteuerrechtliche Behandlung von Vorsorgeaufwendungen und Altersbezügen – Auszug – vom 19. 8. 2013	80–88
LStR 19.9 Zahlung von Arbeitslohn an die Erben oder Hinterbliebenen eines verstorbenen Arbeitnehmers; H 19.9	90–93

Lohnsteuer-Durchführungsverordnung (LStDV 1990)

LStDV

In der Fassung der Bekanntmachung vom 10. 10. 1989 (BGBl. I S. 1848)

zuletzt geändert durch Fünfte Verordnung zur Änderung steuerlicher Verordnungen vom 25. 6. 2020 (BGBl. I S. 1495)

§ 1 Arbeitnehmer, Arbeitgeber

(1) ① Arbeitnehmer sind Personen, die in öffentlichem oder privatem Dienst angestellt oder beschäftigt sind oder waren und die aus diesem Dienstverhältnis oder einem früheren Dienstverhältnis Arbeitslohn beziehen. ② Arbeitnehmer sind auch die Rechtsnachfolger dieser Personen, soweit sie Arbeitslohn aus dem früheren Dienstverhältnis ihres Rechtsvorgängers beziehen. **10**

(2) ① Ein Dienstverhältnis (Absatz 1) liegt vor, wenn der Angestellte (Beschäftigte) dem Arbeitgeber (öffentliche Körperschaft, Unternehmer, Haushaltsvorstand) seine Arbeitskraft schuldet. ② Dies ist der Fall, wenn die tätige Person in der Betätigung ihres geschäftlichen Willens unter der Leitung des Arbeitgebers steht oder im geschäftlichen Organismus des Arbeitgebers dessen Weisungen zu folgen verpflichtet ist.

(3) Arbeitnehmer ist nicht, wer Lieferungen und sonstige Leistungen innerhalb der von ihm selbständig ausgeübten gewerblichen oder beruflichen Tätigkeit im Inland gegen Entgelt ausführt, soweit es sich um die Entgelte für diese Lieferungen und sonstigen Leistungen handelt.

LStDV

§ 2 Arbeitslohn

11 (1) ① Arbeitslohn sind alle Einnahmen, die dem Arbeitnehmer aus dem Dienstverhältnis zufließen. ② Es ist unerheblich, unter welcher Bezeichnung oder in welcher Form die Einnahmen gewährt werden.

(2) Zum Arbeitslohn gehören auch

1. Einnahmen im Hinblick auf ein künftiges Dienstverhältnis;
2. Einnahmen aus einem früheren Dienstverhältnis, unabhängig davon, ob sie dem zunächst Bezugsberechtigten oder seinem Rechtsnachfolger zufließen. ② Bezüge, die ganz oder teilweise auf früheren Beitragsleistungen des Bezugsberechtigten oder seines Rechtsvorgängers beruhen, gehören nicht zum Arbeitslohn, es sei denn, daß die Beitragsleistungen Werbungskosten gewesen sind;
3. Ausgaben, die ein Arbeitgeber leistet, um einen Arbeitnehmer oder diesem nahestehende Personen für den Fall der Krankheit, des Unfalls, der Invalidität, des Alters oder des Todes abzusichern (Zukunftssicherung). ② Voraussetzung ist, daß der Arbeitnehmer der Zukunftssicherung ausdrücklich oder stillschweigend zustimmt. ③ Ist bei einer Zukunftssicherung für mehrere Arbeitnehmer oder diesen nahestehende Personen in Form einer Gruppenversicherung oder Pauschalversicherung der für den einzelnen Arbeitnehmer geleistete Teil der Ausgaben nicht in anderer Weise zu ermitteln, so sind die Ausgaben nach der Zahl der gesicherten Arbeitnehmer auf diese aufzuteilen. ④ Nicht zum Arbeitslohn gehören Ausgaben, die nur dazu dienen, dem Arbeitgeber die Mittel zur Leistung einer dem Arbeitnehmer zugesagten Versorgung zu verschaffen;
4. Entschädigungen, die dem Arbeitnehmer oder seinem Rechtsnachfolger als Ersatz für entgangenen oder entgehenden Arbeitslohn oder für die Aufgabe oder Nichtausübung einer Tätigkeit gewährt werden;
5. besondere Zuwendungen, die auf Grund des Dienstverhältnisses oder eines früheren Dienstverhältnisses gewährt werden, zum Beispiel Zuschüsse im Krankheitsfall;
6. besondere Entlohnungen für Dienste, die über die regelmäßige Arbeitszeit hinaus geleistet werden, wie Entlohnung für Überstunden, Überschichten, Sonntagsarbeit;
7. Lohnzuschläge, die wegen der Besonderheit der Arbeit gewährt werden;
8. Entschädigungen für Nebenämter und Nebenbeschäftigungen im Rahmen eines Dienstverhältnisses.

Anl zu §§ 1 und 2 LStDV

Schreiben betr. Steuerabzug vom Arbeitslohn bei unbeschränkt einkommensteuer-(lohnsteuer-)pflichtigen Künstlern und verwandten Berufen[1]

Vom 5. Oktober 1990 (BStBl. I S. 638)

(BMF IV B 6 – S 2332 – 73/90)

Anlage geändert durch BMF-Schreiben vom 9. 7. 2014 (BStBl. I S. 1103)

Unter Bezugnahme auf das Ergebnis der Erörterung mit den obersten Finanzbehörden der Länder gilt bei Künstlern und verwandten Berufen, soweit sie eine unmittelbare Vertragsbeziehung zum Arbeitgeber/Auftraggeber begründen, zur Abgrenzung zwischen selbständiger Tätigkeit und nichtselbständiger Arbeit sowie für den Steuerabzug bei Annahme einer nichtselbständigen Arbeit folgendes:

12 **1. Abgrenzung zwischen selbständiger Tätigkeit und nichtselbständiger Arbeit**

Für die Annahme einer nichtselbständigen Arbeit sind die in § 1 LStDV aufgestellten Merkmale maßgebend. Danach liegt eine nichtselbständige Arbeit vor, wenn die tätige Person in der Betätigung ihres geschäftlichen Willens unter der Leitung eines Arbeitgebers steht oder in den geschäftlichen Organismus des Arbeitgebers eingegliedert und dessen Weisungen zu folgen verpflichtet ist. Dagegen ist nicht Arbeitnehmer, wer Lieferungen und sonstige Leistungen innerhalb der von ihm selbständig ausgeübten gewerblichen und beruflichen Tätigkeit im Inland gegen Entgelt ausführt, soweit es sich um die Entgelte für diese Lieferungen und sonstigen Leistungen handelt. Im übrigen kommt es bei der Abgrenzung zwischen selbständiger Tätigkeit und nichtselbständiger Arbeit nicht so sehr auf die formelle vertragliche Gestaltung, z. B. auf die Bezeichnung als freies Mitarbeiterverhältnis, als vielmehr auf die Durchführung der getroffenen Vereinbarung an (BFH-Urteil vom 29. September 1967 – BStBl. 1968 II S. 84). Dies führt bei künstlerischen und verwandten Berufen im allgemeinen zu folgenden Ergebnissen:

13 **1.1. Tätigkeit bei Theaterunternehmen**

1.1.1. Spielzeitverpflichtete Künstler

Künstler und Angehörige von verwandten Berufen, die auf Spielzeit- oder Teilspielzeitvertrag angestellt sind, sind in den Theaterbetrieb eingegliedert und damit nichtselbständig. Dabei spielt es keine

[1] Zur Besteuerung der Einkünfte bei beschränkt einkommensteuerpflichtigen Künstlern wird auf die Anlage zu LStH 39.4 hingewiesen.

Rolle, ob der Künstler gleichzeitig eine Gastspielverpflichtung bei einem anderen Unternehmen eingegangen ist.

Anl zu §§ 1 und 2 LStDV

1.1.2. Gastspielverpflichtete Künstler

Bei gastspielverpflichteten Künstlern und Angehörigen von verwandten Berufen erstreckt sich der Vertrag in der Regel auf eine bestimmte Anzahl von Aufführungen.

Für die Annahme einer nichtselbständigen Tätigkeit kommt es darauf an, ob das Gastspieltheater während der Dauer des Vertrages im wesentlichen über die Arbeitskraft des Gastkünstlers verfügt (BFH-Urteil vom 24. Mai 1973 – BStBl. II S. 636). Dies hängt von dem Maß der Einbindung in den Theaterbetrieb (nicht in das Ensemble) ab. Ob ein Künstler allein (Solokünstler) oder in einer Gruppe (z. B. Chor) auftritt und welchen künstlerischen Rang er hat, spielt für die Abgrenzung keine entscheidende Rolle. Auch kommt es nicht darauf an, wie das für die Veranlagung des Künstlers zuständige Finanzamt eine vergleichbare Tätigkeit des Künstlers bei Hörfunk und Fernsehen bewertet und ob es hierfür eine entsprechende Bescheinigung erteilt hat. Im einzelnen gilt deshalb:

Gastspielverpflichtete Regisseure, Choreographen, Bühnenbildner und Kostümbildner sind selbständig. Gastspielverpflichtete Dirigenten üben dagegen eine nichtselbständige Tätigkeit aus; sie sind ausnahmsweise selbständig, wenn sie nur für kurze Zeit einspringen.

Gastspielverpflichtete Schauspieler, Sänger, Tänzer und andere Künstler sind in den Theaterbetrieb eingegliedert und deshalb nichtselbständig, wenn sie eine Rolle in einer Aufführung übernehmen und gleichzeitig eine Probenverpflichtung zur Einarbeitung in die Rolle oder eine künstlerische Konzeption eingehen. Stell- oder Verständigungsproben reichen nicht aus. Voraussetzung ist außerdem, daß die Probenverpflichtung tatsächlich erfüllt wird. Die Zahl der Aufführungen ist nicht entscheidend.

Aushilfen für Chor und Orchester sind selbständig, wenn sie nur für kurze Zeit einspringen.

Gastspielverpflichtete Künstler einschließlich der Instrumentalsolisten sind selbständig, wenn sie an einer konzertanten Opernaufführung, einem Oratorium, Liederabend oder dergleichen mitwirken.

1.2. Tätigkeit bei Kulturorchestern 14

Sämtliche gastspielverpflichteten (vgl. Tz. 1.1.2 Abs. 1) Künstler, z. B. Dirigenten, Vokal- und Instrumentalsolisten, sind stets und ohne Rücksicht auf die Art und Anzahl der Aufführungen selbständig. Orchesteraushilfen sind ebenfalls selbständig, wenn sie nur für kurze Zeit einspringen.

1.3. Tätigkeit bei Hörfunk und Fernsehen 15

Für die neben dem ständigen Personal beschäftigten Künstler und Angehörigen von verwandten Berufen, die in der Regel auf Grund von Honorarverträgen tätig werden und im allgemeinen als freie Mitarbeiter bezeichnet werden, gilt vorbehaltlich der Tz. 1.4 folgendes:

1.3.1. Die freien Mitarbeiter sind grundsätzlich nichtselbständig.

1.3.2. Im allgemeinen sind nur die folgenden Gruppen von freien Mitarbeitern selbständig, soweit sie nur für einzelne Produktionen (z. B. ein Fernsehspiel, eine Unterhaltungssendung oder einen aktuellen Beitrag) tätig werden („Negativkatalog"):

Architekten
Arrangeure
Artisten[1]
Autoren
Berichterstatter
Bildhauer
Bühnenbildner
Choreographen
Chorleiter[2]
Darsteller[3]
Dirigenten[4]
Diskussionsleiter
Dolmetscher
Fachberater
Fotografen
Gesprächsteilnehmer
Grafiker
Interviewpartner
Journalisten
Kommentatoren
Komponisten
Korrespondenten
Kostümbildner
Kunstmaler
Lektoren
Moderatoren[5]

---

[1] **[Amtl. Anm.:]** Die als Gast außerhalb eines Ensembles oder einer Gruppe eine Sololeistung erbringen.

[2] **[Amtl. Anm.:]** Soweit sie als Gast mitwirken oder Träger des Chores/Klangkörpers oder Arbeitgeber der Mitglieder des Chores/Klangkörpers sind.

[3] **[Amtl. Anm.:]** Die als Gast in einer Sendung mit Live-Charakter mitwirken.

[4] **[Amtl. Anm.:]** Soweit sie als Gast mitwirken oder Träger des Chores/Klangkörpers oder Arbeitgeber der Mitglieder des Chores/Klangkörpers sind.

[5] **[Amtl. Anm.:]** Wenn der eigenschöpferische Teil der Leistung überwiegt.

Anl zu §§ 1 und 2 LStDV

musikalische Leiter[1]
Quizmaster
Realisatoren[2]
Regisseure
Solisten (Gesang, Musik, Tanz)[3]
Schriftsteller
Übersetzer

1.3.3. Eine von vornherein auf Dauer angelegte Tätigkeit eines freien Mitarbeiters ist nichtselbständig, auch wenn für sie mehrere Honorarverträge abgeschlossen werden.

Beispiele:

a) Ein Journalist reist in das Land X, um in mehreren Beiträgen über kulturelle Ereignisse zu berichten. Eine Rundfunkanstalt verpflichtet sich vor Reiseantritt, diese Beiträge abzunehmen.
Die Tätigkeit ist nichtselbständig, weil sie von vornherein auf Dauer angelegt ist und die Berichte auf Grund einer vorher eingegangenen Gesamtverpflichtung geliefert werden. Dies gilt auch, wenn diese Beiträge einzeln abgerechnet werden.

b) Ein Journalist wird von einer Rundfunkanstalt für kulturpolitische Sendungen um Beiträge gebeten. Die Beiträge liefert er auf Grund von jeweils einzeln abgeschlossenen Vereinbarungen.
Die Tätigkeit ist selbständig, weil sie nicht von vornherein auf Dauer angelegt ist.

1.3.4. Wird der freie Mitarbeiter für denselben Auftraggeber in mehreren zusammenhängenden Leistungsbereichen tätig, von denen der eine als selbständig und der andere als nichtselbtändig zu beurteilen ist, ist die gesamte Tätigkeit einheitlich als selbständige oder als nichtselbständige Tätigkeit zu behandeln. Die Einordnung dieser Mischtätigkeit richtet sich nach der überwiegenden Tätigkeit, die sich aus dem Gesamterscheinungsbild ergibt. Für die Frage des Überwiegens kann auch auf die Höhe des aufgeteilten Honorars abgestellt werden.

1.3.5. Übernimmt ein nichtselbständiger Mitarbeiter für seinen Arbeitgeber zusätzliche Aufgaben, die nicht zu den Nebenpflichten aus seiner Haupttätigkeit gehören, so ist nach den allgemeinen Abgrenzungskriterien zu prüfen, ob die Nebentätigkeit selbständig oder nichtselbständig ausgeübt wird (siehe Abschn. 68 LStR[4] und BFH-Urteil vom 25. November 1971 – BStBl. 1972 II S. 212).

1.3.6. Gehört ein freier Mitarbeiter nicht zu einer der im Negativkatalog (Tz. 1.3.2) genannten Berufsgruppen, so kann auf Grund besonderer Verhältnisse des Einzelfalls die Tätigkeit gleichwohl selbständig sein. Das Wohnsitzfinanzamt erteilt dem Steuerpflichtigen nach eingehender Prüfung ggf. eine Bescheinigung nach beiliegendem Muster. Die Bescheinigung bezieht sich auf die Tätigkeit des freien Mitarbeiters für einen bestimmten Auftraggeber. Das Finanzamt hat seine Entscheidung grundsätzlich mit dem Betriebsstättenfinanzamt des Auftraggebers abzustimmen.

1.3.7. Gehört ein freier Mitarbeiter zu einer der in Tz. 1.3.2 genannten Berufsgruppen, so kann er auf Grund besonderer Verhältnisse des Einzelfalls gleichwohl nichtselbständig sein.

1.3.8. Aushilfen für Chor und Orchester sind selbständig, wenn sie nur für kurze Zeit einspringen.

16 **1.4. Tätigkeit bei Film- und Fernsehfilmproduzenten (Eigen- und Auftragsproduktion) einschl. Synchronisierung**

Filmautoren, Filmkomponisten und Fachberater sind im allgemeinen nicht in den Organismus des Unternehmens eingegliedert, so daß ihre Tätigkeit in der Regel selbständig ist. Schauspieler, Regisseure, Kameraleute, Regieassistenten und sonstige Mitarbeiter in der Film- und Fernsehfilmproduktion sind dagegen im allgemeinen nichtselbständig (BFH-Urteil vom 6. Oktober 1971 – BStBl. 1972 II S. 88). Das gilt auch für Mitarbeiter bei der Herstellung von Werbefilmen.[5]

Synchronsprecher sind in der Regel selbständig (BFH-Urteil vom 12. Oktober 1978 – BStBl. 1981 II S. 706). Das gilt nicht nur für Lippensynchronsprecher, sondern auch für Synchronsprecher für besondere Filme (z. B. Kultur-, Lehr- und Werbefilme), bei denen der in eine andere Sprache zu übertragende Begleittext zu sprechen ist. Diese Grundsätze gelten für Synchronregisseure entsprechend.

17 **1.5. Wiederholungshonorare**[6]

Wiederholungshonorare sind der Einkunftsart zuzuordnen, zu welcher das Ersthonorar gehört hat. Dies gilt auch dann, wenn das Wiederholungshonorar nicht vom Schuldner des Ersthonorars gezahlt wird. Ist das Ersthonorar im Rahmen der Einkünfte aus nichtselbständiger Arbeit zugeflossen und wird das Wiederholungshonorar durch einen Dritten gezahlt, so ist ein Lohnsteuerabzug nicht vorzunehmen.

18 **2. Steuerabzug vom Arbeitslohn**[7]

2.1. Bei Annahme einer nichtselbständigen Tätigkeit ist der Arbeitgeber zur Einbehaltung und Abführung der Lohnsteuer verpflichtet. Die Höhe der einzubehaltenden Lohnsteuer richtet sich dabei nach der für den jeweiligen Lohnzahlungszeitraum maßgebenden Lohnsteuertabelle.

---

[1] **[Amtl. Anm.:]** Soweit sie als Gast mitwirken oder Träger des Chores/Klangkörpers oder Arbeitgeber der Mitglieder des Chores/Klangkörpers sind.

[2] **[Amtl. Anm.:]** Wenn der eigenschöpferische Teil der Leistung überwiegt.

[3] **[Amtl. Anm.:]** Die als Gast außerhalb eines Ensembles oder einer Gruppe eine Sololeistung erbringen.

[4] **[Amtl. Anm.:]** Jetzt: R 19.2 LStR.

[5] **[Amtl. Anm.:]** Ausländische Fotomodelle, die zur Produktion von Werbefilmen kurzfristig im Inland tätig werden, können selbständig tätig sein (siehe BFH vom 14. 6. 2007 – BStBl. 2009 II S. 931).

[6] **[Amtl. Anm.:]** Nach BFH vom 26. 7. 2006 (BStBl. II S. 917) sind Wiederholungshonorare an Künstler für nochmalige Ausstrahlung von Fernseh- und Hörfunkproduktionen kein Arbeitslohn. Sie führen regelmäßig zu Einkünften aus § 18.

[7] **[Amtl. Anm.:]** Die nachfolgenden Regelungen gelten i. d. R. auch im ELStAM-Verfahren.

Anl zu §§ 1 und 2 LStDV

2.2. Bei täglicher Zahlung des Honorars ist grundsätzlich die Lohnsteuertabelle für tägliche Lohnzahlungen anzuwenden. Stellt sich die tägliche Lohnzahlung lediglich als Abschlagszahlung auf ein für einen längeren Lohnabrechnungszeitraum vereinbartes Honorar dar, so ist der Lohnabrechnungszeitraum als Lohnzahlungszeitraum zu betrachten (§ 39 b Abs. 5 EStG). Können die Honorare nicht als Abschlagszahlungen angesehen werden, bestehen keine Bedenken, wenn eines der folgenden Verfahren angewendet wird:

2.2.1. Erweiterter Lohnzahlungszeitraum 19

Der Lohnzahlungszeitraum wird auf die vor der tatsächlichen Beschäftigung liegende Zeit ausgedehnt, soweit dieser Zeitraum nach der auf der Lohnsteuerkarte vermerkten Lohnsteuerbescheinigung nicht schon belegt ist. Dabei gilt jedoch die Einschränkung, daß für je zwei Tage der tatsächlichen Beschäftigung nur eine Woche, insgesamt jedoch höchstens ein Monat bescheinigt werden kann.

Beispiel:

a) Beschäftigung vom 26. bis 31. März (6 Tage). Letzte Eintragung auf der Lohnsteuerkarte 2. bis 5. März. Für 6 Tage Beschäftigung Eintragung von 3 Wochen = 21 Tage. Es kommt demnach ein erweiterter Lohnzahlungszeitraum für die Zeit vom 11. bis 31. März (21 Tage) in Betracht.
Würde sich im vorstehenden Beispiel die letzte Eintragung auf der Lohnsteuerkarte statt auf die Zeit vom 2. bis 5. März auf die Zeit vom 15. bis 18. März erstrecken, dann käme als erweiterter Lohnzahlungszeitraum nur die Zeit vom 19. bis 31. März in Betracht.

b) Beschäftigung vom 10. bis 19. März (10 Tage). Letzte Eintragung auf der Lohnsteuerkarte vom 2. bis 7. Februar. Für 10 Tage Beschäftigung Eintragung von 5 Wochen, höchstens jedoch ein Monat. Es kommt demnach ein erweiterter Lohnzahlungszeitraum für die Zeit vom 20. Februar bis 19. März in Betracht.
Würde im vorstehenden Beispiel die Beschäftigung statt vom 10. bis 19. März vom 10. März bis 15. April, also mindestens einen Monat dauern, so kommt die Anwendung des erweiterten Lohnzahlungszeitraums nicht in Betracht.

Ist die Zahl der tatsächlichen Beschäftigungstage nicht durch zwei teilbar und verbleibt demnach ein Rest von einem Tag oder beträgt die tatsächliche Beschäftigungsdauer nur einen Tag, so kann hierfür – im Rahmen des Höchstzeitraums von einem Monat – ebenfalls eine Woche bescheinigt werden.

Beispiel:

Beschäftigung vom 10. bis 12. März (3 Tage). Letzte Eintragung auf der Lohnsteuerkarte 2. bis 7. Februar. Für 3 Tage Beschäftigung Eintragung von 2 Wochen = 14 Tage. Es kommt demnach ein erweiterter Lohnzahlungszeitraum für die Zeit vom 27. Februar bis 12. März (14 Tage) in Betracht.
Würde im vorstehenden Beispiel die Beschäftigung statt vom 10. bis 12. März vom 10. bis 18. März dauern, so würden nach dieser Berechnung zwar 5 Wochen in Betracht kommen. Es kann aber nur höchstens ein Monat als Lohnzahlungszeitraum angesetzt werden, also die Zeit vom 19. Februar bis 18. März.

Bei Eintragung voller Wochen ist die Wochentabelle auf jeweils das auf die Anzahl der Wochen aufgeteilte Honorar, bei Eintragung eines Monats die Monatstabelle anzuwenden.

Beispiel:

Das Honorar für eine Beschäftigung von 5 Tagen beträgt 900 DM. Bei einem erweiterten Lohnzahlungszeitraum von ist die Wochentabelle jeweils auf ein Drittel des Honorars = 300 DM anzuwenden.

Der Arbeitgeber hat in der Lohnsteuerbescheinigung in die zu bescheinigende Dauer des Dienstverhältnisses auch die Tage einzubeziehen, um die nach vorstehenden Verfahren Lohnzahlungszeiträume erweitert worden sind. Im Lohnkonto hat der Arbeitgeber neben den sonstigen Angaben, zu denen er verpflichtet ist, den Zeitraum der tatsächlichen Beschäftigung, den nach vorstehendem Verfahren erweiterten Lohnzahlungszeitraum sowie den auf der Lohnsteuerkarte vermerkten vorangegangenen Beschäftigungszeitraum sowie Name und Anschrift des früheren Arbeitgebers einzutragen.

Händigt der Arbeitgeber dem Arbeitnehmer die Lohnsteuerkarte vorübergehend aus (§ 39 b Abs. 1 Satz 3 EStG), so hat er zuvor auf der Rückseite der Lohnsteuerkarte bereits die für eine spätere Lohnsteuerbescheinigung vorgesehene letzte Spalte (Anschrift und Steuer-Nr. des Arbeitgebers, ggf. Firmenstempel, mit Unterschrift) auszufüllen. Ein anderer Arbeitgeber, dem eine derart gekennzeichnete Lohnsteuerkarte vorgelegt wird, darf diese nicht seiner Lohnsteuerberechnung zugrunde legen; er hat vielmehr der Berechnung der Lohnsteuerbeträge die tatsächliche Zahl der Arbeitstage nach § 39 b Abs. 4 EStG[1] zugrunde zu legen und die Lohnsteuer nach § 39 c Abs. 1 EStG zu errechnen.

2.2.2. Verlängerung des Lohnzahlungszeitraums auf einen Monat 20

Der Arbeitgeber vereinbart mit dem Arbeitnehmer, daß für das in einem Monat anfallende Honorar der Monat als Lohnzahlungszeitraum angesehen wird und die Zahlungen zunächst als Abschlag behandelt werden. Die in dem Monat gezahlten Abschläge werden innerhalb von drei Wochen nach Ablauf des Monats als Monatshonorare abgerechnet. Die Lohnsteuer wird dem Lohnzahlungszeitraum entsprechend nach der Monatstabelle einbehalten. Auf den Zeitpunkt der Leistung des Arbeitnehmers und die Dauer seiner Beschäftigung wird dabei nicht besonders abgestellt.

Dem Lohnsteuerabzug wird die dem Arbeitgeber vorgelegte Lohnsteuerkarte zugrunde gelegt. Voraussetzung für die Anwendung dieses Verfahrens ist, daß die für den Lohnsteuerabzug maßgebende Lohnsteuerkarte für den betreffenden Monat noch keine Eintragung enthält und mindestens für den Monat, in dem das Honorar anfällt, beim Arbeitgeber verbleibt.

Vor der Aushändigung der Lohnsteuerkarte wird die Lohnsteuerbescheinigung (§ 41 b Abs. 1 EStG) eingetragen. Diese ist dem Lohnabrechnungszeitraum entsprechend jeweils für abgeschlossene Kalendermonate zu erteilen. Als Dauer des Dienstverhältnisses wird der Zeitraum eingetragen, in dem die Lohnsteuerkarte dem Arbeitgeber vorgelegen hat.

[1] [Amtl. Anm.:] Weggefallen.

Anl zu §§ 1 und 2 LStDV

Verlangt ein Arbeitnehmer schon im Laufe des Kalenderjahrs die Aushändigung der Lohnsteuerkarte, weil er nicht mehr für den Arbeitgeber tätig ist oder einen Steuerkartenwechsel (z. B. wegen Verlagerung seiner Haupteinnahmequelle zu einem anderen Arbeitgeber; vgl. *Abschn. 114 Abs. 3 Satz 1 LStR*)[1] vornehmen will, wird diese Lohnsteuerkarte noch bis zum Ende des laufenden Lohnabrechnungszeitraums dem Steuerabzug zugrunde gelegt. Kann die Lohnsteuerkarte nach Ablauf des Lohnabrechnungszeitraums infolge einer maschinellen Lohnabrechnung nicht sofort ausgehändigt werden, erhält der neue Arbeitgeber unmittelbar oder über den Arbeitnehmer eine vorläufige Bescheinigung – Zwischenbescheinigung – (§ 41 b Abs. 1 Satz 6 EStG),[2] so daß er ab Beginn des neuen Lohnabrechnungszeitraums (z. B. Monat) die sich daraus ergebende Steuerklasse anwenden kann.

Auf die bei Abschluß des Lohnsteuerabzugs nach § 41 b Abs. 1 EStG auszuschreibende Bescheinigung wird besonders hingewiesen.

Enthält die Lohnsteuerkarte für einen Teil des Monats bereits eine Eintragung oder händigt der Arbeitgeber dem Arbeitnehmer die Lohnsteuerkarte vor Ablauf des Monats aus, in dem das Honorar anfällt, so ist der Steuerabzug vom Arbeitslohn für diesen Monat nach den allgemeinen Vorschriften oder nach dem in der nachfolgenden Tz. 2.2.3 zugelassenen Verfahren vorzunehmen. Bei Aushändigung der Lohnsteuerkarte im Laufe des Monats, in dem das Honorar anfällt, ist § 41 c EStG zu beachten.

Sofern dem Arbeitgeber eine Lohnsteuerkarte nicht vorliegt, wird nach § 39 c Abs. 1 und 2 EStG verfahren.

21 **2.2.3. Permanente Monatsabrechnung**

Liegen die Voraussetzungen der Tz. 2.2.2 vor, so kann der Steuerabzug vom Arbeitslohn für die während eines Monats anfallenden Lohnzahlungen nach der Monatstabelle auch in der Weise vorgenommen werden, daß die früheren Lohnzahlungen desselben Monats mit in die Steuerberechnung für den betreffenden Monat einbezogen werden. Dieses Verfahren kann grundsätzlich unabhängig von der auf der Lohnsteuerkarte eingetragenen Steuerklasse angewendet werden. Es gilt also auch bei Vorlage einer Lohnsteuerkarte mit der Steuerklasse VI, nicht hingegen, wenn wegen fehlender Lohnsteuerkarte der Steuerabzug nach der Steuerklasse VI vorzunehmen ist. Die mehrmalige Anwendung der Monatstabelle innerhalb eines Monats ohne Einbeziehung früherer Zahlungen desselben Monats ist auf keinen Fall zulässig.

Beispiel:

Ein Arbeitnehmer, der dem Arbeitgeber eine Lohnsteuerkarte mit der Steuerklasse I vorgelegt hat, erhält am 8. August 1990 für eine eintägige Beschäftigung 400 DM. Die Lohnsteuer hierauf beträgt nach der Monatstabelle 0,– DM. (Wenn der Arbeitnehmer eine Lohnsteuerkarte mit der Steuerklasse VI vorgelegt hat, beträgt die Lohnsteuer nach der Monatstabelle 75,16 DM.) Erhält der Arbeitnehmer im August 1990 von diesem Arbeitgeber keine weiteren Lohnzahlungen, so beträgt die Lohnsteuer für die am 8. August 1990 gezahlte Vergütung in Höhe von 400 DM nach Steuerklasse I 0,– DM. Erhält der Arbeitnehmer am 13. August 1990 und am 27. August 1990 vom selben Arbeitgeber nochmals jeweils 500 DM, so berechnet der Arbeitgeber die Lohnsteuer für diese Lohnzahlungen wie folgt (in der 2. Spalte ist vergleichsweise die Steuerberechnung bei Vorlage einer Lohnsteuerkarte mit der Steuerklasse VI aufgeführt):

a) Lohnzahlung am 13. August 1990:

	Steuerklasse I	Steuerklasse VI
Bis 13. August 1990 bereits gezahlter Arbeitslohn	400 DM	
zuzüglich für den 13. August 1990 zu zahlender Arbeitslohn	500 DM	
insgesamt	900 DM	
Lohnsteuer hierauf nach der Monatstabelle	17,08 DM	177,33 DM
abzüglich:		
Lohnsteuer, die vom bereits gezahlten Arbeitslohn einbehalten wurde	0,00 DM	75,16 DM
Für die Lohnzahlung am 13. Aug. 1990 einzubehaltende Lohnsteuer	17,08 DM	102,17 DM

b) Lohnzahlung am 27. August 1990:

	Steuerklasse I	Steuerklasse VI
Bis 27. August 1990 bereits gezahlter Arbeitslohn	900 DM	
zuzüglich für den 27. August 1990 zu zahlender Arbeitslohn	500 DM	
insgesamt	1 400 DM	
Lohnsteuer hierauf nach der Monatstabelle	97,33 DM	303,00 DM
abzüglich:		
Lohnsteuer, die vom bereits gezahlten Arbeitslohn einbehalten wurde	17,08 DM	177,33 DM
Für die Lohnzahlung am 27. Aug. 1990 einzubehaltende Lohnsteuer	80,25 DM	125,67 DM

Hat der Arbeitnehmer dem Arbeitgeber keine Lohnsteuerkarte vorgelegt, so ist für die am 8., 13. und 27. August gezahlten Beträge die Lohnsteuer jeweils nach der Tagestabelle zu ermitteln.

2.2.4. Permanenter Lohnsteuer-Jahresausgleich

22 Der Steuerabzug vom Arbeitslohn kann unter den in § 39 b Abs. 2 Satz 7 EStG[3] bzw. in Abschn. 121 Abs. 2 LStR[4] genannten Voraussetzungen auch nach dem voraussichtlichen Jahresarbeitslohn unter

[1] **[Amtl. Anm.:]** Jetzt R 39 b.1 Abs. 2 Satz 1 LStR.
[2] [Amtl. Anm.:] Weggefallen.
[3] **[Amtl. Anm.:]** Jetzt § 39 b Abs. 2 Satz 12.
[4] **[Amtl. Anm.:]** Jetzt R 39 b.8 LStR.

Anl zu §§ 1 und 2 LStDV

Anwendung der Jahreslohnsteuertabelle unabhängig davon vorgenommen werden, welche Steuerklasse auf der Lohnsteuerkarte des Arbeitnehmers eingetragen ist.

Dieses Schreiben tritt an die Stelle der BMF-Schreiben vom 27. Juni 1975 – IV B 6 – S 2365 – 8/75 – (BStBl. I S. 923), vom 20. Juli 1976 – IV B 6 – S 2367 – 22/76 –, vom 22. Juni 1977 – IV B 6 – S 2367 – 10/77 – und vom 23. September 1981 – IV B 6 – S 2367 – 13/81 –.

[Anlage] [1] 23

Finanzamt ....

Steuernummer ....

Bescheinigung

Herrn/Frau .... geb. am ....

wohnhaft ....

wird bescheinigt, dass er/sie hier unter der Steuernummer ....
zur Einkommensteuer veranlagt wird.

Aufgrund des/der vorgelegten Vertrages/Verträge,

Prod.-Nr. .... vom ....
der zwischen ihm/ihr und

....

über die Tätigkeit als ....

geschlossen wurde, werden die Honorareinnahmen unter dem Vorbehalt des jederzeitigen Widerrufs als
– Einkünfte aus selbständiger Arbeit i. S. des § 18 EStG*
– Einkünfte aus Gewerbebetrieb i. S. des § 15 EStG*

behandelt.

Im Auftrag

....

* Nichtzutreffendes bitte streichen.

H 19.0 Arbeitnehmer

LStH 19.0

25

Allgemeines. Wer Arbeitnehmer ist, ist unter Beachtung der Vorschriften des § 1 LStDV nach dem Gesamtbild der Verhältnisse zu beurteilen. Die arbeitsrechtliche und sozialversicherungsrechtliche Behandlung ist unmaßgeblich (→ BFH vom 2. 12. 1998 – BStBl. 1999 II S. 534). Wegen der Abgrenzung der für einen Arbeitnehmer typischen fremdbestimmten Tätigkeit von selbständiger Tätigkeit → BFH vom 14. 6. 1985 (BStBl. II S. 661) und vom 18. 1. 1991 (BStBl. II S. 409). Danach können für eine Arbeitnehmereigenschaft insbesondere folgende Merkmale sprechen:
- persönliche Abhängigkeit,
- Weisungsgebundenheit hinsichtlich Ort, Zeit und Inhalt der Tätigkeit,
- feste Arbeitszeiten,
- Ausübung der Tätigkeit gleichbleibend an einem bestimmten Ort,
- feste Bezüge,
- Urlaubsanspruch,
- Anspruch auf sonstige Sozialleistungen,
- Fortzahlung der Bezüge im Krankheitsfall,
- Überstundenvergütung,
- zeitlicher Umfang der Dienstleistungen,
- Unselbständigkeit in Organisation und Durchführung der Tätigkeit,
- kein Unternehmerrisiko,
- keine Unternehmerinitiative,
- kein Kapitaleinsatz,
- keine Pflicht zur Beschaffung von Arbeitsmitteln,
- Notwendigkeit der engen ständigen Zusammenarbeit mit anderen Mitarbeitern,
- Eingliederung in den Betrieb,
- Schulden der Arbeitskraft und nicht eines Arbeitserfolges,
- Ausführung von einfachen Tätigkeiten, bei denen eine Weisungsabhängigkeit die Regel ist.

Diese Merkmale ergeben sich regelmäßig aus dem der Beschäftigung zugrunde liegenden Vertragsverhältnis, sofern die Vereinbarungen ernsthaft gewollt sind und tatsächlich durchgeführt werden (→ BFH vom 14. 12. 1978 – BStBl. 1979 II S. 188, vom 20. 2. 1979 – BStBl. II S. 414

[1] **[Amtl. Anm.:]** Die Anlage wurde durch BMF vom 9. 7. 2014 (BStBl. I S. 1103) geändert.

LStH 19.0 und vom 24. 7. 1992 – BStBl. 1993 II S. 155). Dabei sind die für oder gegen ein Dienstverhältnis sprechenden Merkmale ihrer Bedeutung entsprechend gegeneinander abzuwägen. Die arbeitsrechtliche Fiktion eines Dienstverhältnisses ist steuerrechtlich nicht maßgebend (→ BFH vom 8. 5. 2008 – BStBl. II S. 868).

Arbeitnehmereigenschaft

a) **Beispiele für Arbeitnehmereigenschaft**

Amateursportler können Arbeitnehmer sein, wenn die für den Trainings- und Spieleinsatz gezahlten Vergütungen nach dem Gesamtbild der Verhältnisse als Arbeitslohn zu beurteilen sind (→ BFH vom 23. 10. 1992 – BStBl. 1993 II S. 303),

Apothekervertreter; ein selbständiger Apotheker, der als Urlaubsvertreter eines anderen selbständigen Apothekers gegen Entgelt tätig wird, ist Arbeitnehmer (→ BFH vom 20. 2. 1979 – BStBl. II S. 414),

Artist ist Arbeitnehmer, wenn er seine Arbeitskraft einem Unternehmer für eine Zeitdauer, die eine Reihe von Veranstaltungen umfasst – also nicht lediglich für einige Stunden eines Abends – ausschließlich zur Verfügung stellt (→ BFH vom 16. 3. 1951 – BStBl. III S. 97),

AStA-Mitglieder → BFH vom 22. 7. 2008 (BStBl. II S. 981),

Buchhalter → BFH vom 6. 7. 1955 (BStBl. III S. 256) und vom 13. 2. 1980 (BStBl. II S. 303),

Büfettier → BFH vom 31. 1. 1963 (BStBl. III S. 230),

Chefarzt; ein angestellter Chefarzt, der berechtigt ist, Privatpatienten mit eigenem Liquidationsrecht ambulant zu behandeln und die wahlärztlichen Leistungen im Rahmen seines Dienstverhältnisses erbringt (→ BFH vom 5. 10. 2005 – BStBl. 2006 II S. 94),

Gelegenheitsarbeiter, die zu bestimmten, unter Aufsicht durchzuführenden Verlade- und Umladearbeiten herangezogen werden, sind auch dann Arbeitnehmer, wenn sie die Tätigkeit nur für wenige Stunden ausüben (→ BFH vom 18. 1. 1974 – BStBl. II S. 301),

Heimarbeiter → R 15.1 Abs. 2 EStR,

Helfer von Wohlfahrtsverbänden; ehrenamtliche Helfer, die Kinder und Jugendliche auf Ferienreisen betreuen, sind Arbeitnehmer (→ BFH vom 28. 2. 1975 – BStBl. 1976 II S. 134),

Musiker; nebenberuflich tätige Musiker, die in Gaststätten auftreten, sind nach der allgemeinen Lebenserfahrung Arbeitnehmer des Gastwirts; dies gilt nicht, wenn die Kapelle gegenüber Dritten als selbständige Gesellschaft oder der Kapellenleiter als Arbeitgeber der Musiker auftritt bzw. der Musiker oder die Kapelle nur gelegentlich spielt (→ BFH vom 10. 9. 1976 – BStBl. 1977 II S. 178),

Oberarzt; ein in einer Universitätsklinik angestellter Oberarzt ist hinsichtlich der Mitarbeit in der Privatpraxis des Chefarztes dessen Arbeitnehmer (→ BFH vom 11. 11. 1971 – BStBl. 1972 II S. 213),

Reisevertreter kann auch dann Arbeitnehmer sein, wenn er erfolgsabhängig entlohnt wird und ihm eine gewisse Bewegungsfreiheit eingeräumt ist, die nicht Ausfluss seiner eigenen Machtvollkommenheit ist (→ BFH vom 7. 12. 1961 – BStBl. 1962 III S. 149); → H 15.1 (Reisevertreter) EStH,

Sanitätshelfer des Deutschen Roten Kreuzes sind Arbeitnehmer, wenn die gezahlten Entschädigungen nicht mehr als pauschale Erstattung der Selbstkosten beurteilt werden können, weil sie die durch die ehrenamtliche Tätigkeit veranlassten Aufwendungen der einzelnen Sanitätshelfer regelmäßig nicht nur unwesentlich übersteigen (→ BFH vom 4. 8. 1994 – BStBl. II S. 944),

Servicekräfte in einem Warenhaus → BFH vom 20. 11. 2008 (BStBl. 2009 II S. 374),

Stromableser können auch dann Arbeitnehmer sein, wenn die Vertragsparteien „freie Mitarbeit" vereinbart haben und das Ablesen in Ausnahmefällen auch durch einen zuverlässigen Vertreter erfolgen darf (→ BFH vom 24. 7. 1992 – BStBl. 1993 II S. 155),

Telefoninterviewer → BFH vom 29. 5. 2008 (BStBl. II S. 933) und BFH vom 18. 6. 2015 (BStBl. II S. 903),

Vorstandsmitglied einer Aktiengesellschaft → BFH vom 11. 3. 1960 (BStBl. III S. 214),

Vorstandsmitglied einer Familienstiftung → BFH vom 31. 1. 1975 (BStBl. II S. 358),

Vorstandsmitglied einer Genossenschaft → BFH vom 2. 10. 1968 (BStBl. 1969 II S. 185).

b) **Beispiele für fehlende Arbeitnehmereigenschaft**

Arztvertreter → BFH vom 10. 4. 1953 (BStBl. III S. 142),

Beratungsstellenleiter eines Lohnsteuerhilfevereins ist kein Arbeitnehmer, wenn er die Tätigkeit als freier Mitarbeiter ausübt (→ BFH vom 10. 12. 1987 – BStBl. 1988 II S. 273),

Bezirksstellenleiter bei Lotto- und Totogesellschaften → BFH vom 14. 9. 1967 (BStBl. 1968 II S. 193),

Diakonissen sind keine Arbeitnehmerinnen des Mutterhauses (→ BFH vom 30. 7. 1965 – BStBl. III S. 525),

Fahrlehrer, die gegen eine tätigkeitsbezogene Vergütung unterrichten, sind i. d. R. keine Arbeitnehmer, auch wenn ihnen keine Fahrschulerlaubnis erteilt worden ist → BFH vom 17. 10. 1996 (BStBl. 1997 II S. 188),

LStH 19.0

Fotomodell; ein Berufsfotomodell ist kein Arbeitnehmer, wenn es nur von Fall zu Fall vorübergehend zu Aufnahmen herangezogen wird (→ BFH vom 8. 6. 1967 – BStBl. III S. 618); Entsprechendes gilt für ausländische Fotomodelle, die zur Produktion von Werbefilmen kurzfristig im Inland tätig werden (→ BFH vom 14. 6. 2007 – BStBl. 2009 II S. 931),
Gerichtsreferendar, der neben der Tätigkeit bei Gericht für einen Rechtsanwalt von Fall zu Fall tätig ist, steht zu dem Anwalt i. d. R. nicht in einem Arbeitsverhältnis (→ BFH vom 22. 3. 1968 – BStBl. II S. 455),
Gutachter → BFH vom 22. 6. 1971 (BStBl. II S. 749),
Hausgewerbetreibender → R 15.1 Abs. 2 EStR,
Hausverwalter, die für eine Wohnungseigentümergemeinschaft tätig sind, sind keine Arbeitnehmer (→ BFH vom 13. 5. 1966 – BStBl. III S. 489),
Knappschaftsarzt → BFH vom 3. 7. 1959 (BStBl. III S. 344),
Künstler; zur Frage der Selbständigkeit von Künstlern und verwandten Berufen → BMF vom 5. 10. 1990 (BStBl. I S. 638),[1]
Lehrbeauftragte → BFH vom 17. 7. 1958 (BStBl. III S. 360),
Lotsen → BFH vom 21. 5. 1987 (BStBl. II S. 625),
Nebenberufliche Lehrkräfte sind i. d. R. keine Arbeitnehmer (→ BFH vom 4. 10. 1984 – BStBl. 1985 II S. 51); zur Abgrenzung zwischen nichtselbständiger und selbständiger Arbeit → R 19.2 und H 19.2 (Nebenberufliche Lehrtätigkeit),
Notariatsverweser → BFH vom 12. 9. 1968 (BStBl. II S. 811),
Rundfunkermittler, die im Auftrage einer Rundfunkanstalt Schwarzhörer aufspüren, sind keine Arbeitnehmer, wenn die Höhe ihrer Einnahmen weitgehend von ihrem eigenen Arbeitseinsatz abhängt und sie auch im Übrigen – insbesondere bei Ausfallzeiten – ein Unternehmerrisiko in Gestalt des Entgeltrisikos tragen. Dies gilt unabhängig davon, dass sie nur für einen einzigen Vertragspartner tätig sind (→ BFH vom 2. 12. 1998 – BStBl. 1999 II S. 534),
Schwarzarbeiter; ein Bauhandwerker ist bei nebenberuflicher „Schwarzarbeit" i. d. R. kein Arbeitnehmer des Bauherrn (→ BFH vom 21. 3. 1975 – BStBl. II S. 513),
Tutoren → BFH vom 21. 7. 1972 (BStBl. II S. 738) und vom 28. 2. 1978 (BStBl. II S. 387),
Versicherungsvertreter ist selbständig tätig und kein Arbeitnehmer, wenn er ein ins Gewicht fallendes Unternehmerrisiko trägt; die Art seiner Tätigkeit, ob werbende oder verwaltende, ist i. d. R. nicht von entscheidender Bedeutung (→ BFH vom 19. 2. 1959 – BStBl. III S. 425, vom 10. 9. 1959 – BStBl. III S. 437, vom 3. 10. 1961 – BStBl. III S. 567 und vom 13. 4. 1967 – BStBl. III S. 398); → R 15.1 Abs. 1 EStR, H 15.1 (Generalagent, Versicherungsvertreter) EStH,
Vertrauensleute einer Buchgemeinschaft; nebenberufliche Vertrauensleute einer Buchgemeinschaft sind keine Arbeitnehmer des Buchclubs (→ BFH vom 11. 3. 1960 – BStBl. III S. 215),
Werbedamen, die von ihren Auftraggebern von Fall zu Fall für jeweils kurzfristige Werbeaktionen beschäftigt werden, können selbständig sein (→ BFH vom 14. 6. 1985 – BStBl. II S. 661).

Ehegatten-Arbeitsverhältnis[2] → R 4.8 EStR und H 4.8 EStH.

Einkunftserzielungsabsicht. Zur Abgrenzung der Einkunftserzielungsabsicht von einer einkommensteuerrechtlich unbeachtlichen Liebhaberei → BFH vom 28. 8. 2008 (BStBl. 2009 II S. 243).

Eltern-Kind-Arbeitsverhältnis. Zur steuerlichen Anerkennung von Dienstverhältnissen zwischen Eltern und Kindern → BFH vom 9. 12. 1993 (BStBl. 1994 II S. 298), → R 4.8 Abs. 3 EStR.

Gesellschafter-Geschäftsführer. Ein Gesellschafter-Geschäftsführer einer Kapitalgesellschaft ist nicht allein aufgrund seiner Organstellung Arbeitnehmer. Es ist anhand der allgemeinen Merkmale (→ Allgemeines) zu entscheiden, ob die Geschäftsführungsleistung selbständig oder nichtselbständig erbracht wird (→ BMF vom 31. 5. 2007 – BStBl. I S. 503 unter Berücksichtigung der Änderungen durch BMF vom 2. 5. 2011 – BStBl. I S. 490).

Mitunternehmer. Zur Frage, unter welchen Voraussetzungen ein Arbeitnehmer Mitunternehmer i. S. d. § 15 Abs. 1 Nr. 2 EStG ist, → H 15.8 Abs. 1 (Verdeckte Mitunternehmerschaft) EStH.

Nichteheliche Lebensgemeinschaft
- → H 4.8 EStH.
- Ein hauswirtschaftliches Beschäftigungsverhältnis mit der nichtehelichen Lebensgefährtin kann nicht anerkannt werden, wenn diese zugleich Mutter des gemeinsamen Kindes ist (→ BFH vom 19. 5. 1999 – BStBl. II S. 764).

Selbständige Arbeit. Zur Abgrenzung einer Tätigkeit als Arbeitnehmer von einer selbständigen Tätigkeit → R 15.1 und 18.1 EStR.

---

[1] Vorstehend abgedruckt als Anlage zu §§ 1 und 2 LStDV.
[2] **[Amtl. Anm.:]** Die dort aufgeführten Grundsätze gelten bei Lebenspartnern entsprechend (§ 2 Abs. 8 EStG).

LStH 19.0

Weisungsgebundenheit. Die in § 1 Abs. 2 LStDV genannte Weisungsgebundenheit kann auf einem besonderen öffentlich-rechtlichen Gewaltverhältnis beruhen, wie z. B. bei Beamten und Richtern, oder Ausfluss des Direktionsrechts sein, mit dem ein Arbeitgeber die Art und Weise, Ort, Zeit und Umfang der zu erbringenden Arbeitsleistung bestimmt. Die Weisungsbefugnis kann eng, aber auch locker sein, wie z. B. bei einem angestellten Chefarzt, der fachlich weitgehend eigenverantwortlich handelt; entscheidend ist, ob die beschäftigte Person einer etwaigen Weisung bei der Art und Weise der Ausführung der geschuldeten Arbeitsleistung zu folgen verpflichtet ist oder ob ein solches Weisungsrecht nicht besteht. Maßgebend ist das Innenverhältnis; die Weisungsgebundenheit muss im Auftreten der beschäftigten Person nach außen nicht erkennbar werden (→ BFH vom 15. 7. 1987 – BStBl. II S. 746). Die Eingliederung in einen Betrieb kann auch bei einer kurzfristigen Beschäftigung gegeben sein, wie z. B. bei einem Apothekervertreter als Urlaubsvertretung. Sie ist aber eher bei einfachen als bei gehobenen Arbeiten anzunehmen, z. B. bei einem Gelegenheitsarbeiter, der zu bestimmten unter Aufsicht durchzuführenden Arbeiten herangezogen wird. Die vorstehenden Kriterien gelten auch für die Entscheidung, ob ein so genannter Schwarzarbeiter Arbeitnehmer des Auftraggebers ist.

– EStR/EStH abgedruckt in Anhang II –

Anl a zu LStH 19.0

a) Schreiben betr. steuerrechtliche Behandlung von Aufwendungen des Arbeitgebers für die betriebliche Altersversorgung des im Betrieb mitarbeitenden Ehegatten[1]

Vom 4. September 1984 (BStBl. I S. 495)

(BMF IV B 1 – S 2176 – 85/84)

Unter Bezugnahme auf das Ergebnis der Erörterungen mit den obersten Finanzbehörden der Länder gilt für die steuerliche Behandlung von Aufwendungen des Arbeitgebers für die betriebliche Altersversorgung des im Betrieb mitarbeitenden Ehegatten auf der Grundlage des Beschlusses des Bundesverfassungsgerichts vom 22. 7. 1970 – BStBl. II S. 652 – (vgl. auch BFH-Urteil vom 16. 12. 1970 – BStBl. 1971 II S. 178) und der BFH-Urteile vom 15. 7. 1976 (BStBl. 1977 II S. 112), 10. 11. 1982 (BStBl. 1983 II S. 173), 26. 10. 1982 (BStBl. 1983 II S. 209), 24. 11. 1982 (BStBl. 1983 II S. 405 und 406), 30. 3. 1983 (BStBl. II S. 500 und 664), 18. 5. 1983 (BStBl. II S. 562) und vom 28. 7. 1983 (BStBl. 1984 II S. 60) folgendes:[2]

I. Voraussetzungen für die steuerliche Anerkennung von Pensionszusagen[3]

26 (1) Für Pensionszusagen, die im Rahmen eines steuerlich anzuerkennenden Arbeitsverhältnisses dem Arbeitnehmer-Ehegatten gegeben werden, können Pensionsrückstellungen nach Maßgabe des § 6 a EStG gebildet werden, wenn

1. eine ernstlich gewollte, klar und eindeutig vereinbarte Verpflichtung vorliegt,
2. die Zusage dem Grunde nach angemessen ist und
3. der Arbeitgeber-Ehegatte tatsächlich mit der Inanspruchnahme aus der gegebenen Pensionszusage rechnen muß.

Liegen diese Voraussetzungen vor, sind Pensionsrückstellungen insoweit anzuerkennen, als die Pensionszusage der Höhe nach angemessen ist (vgl. BFH-Urteile vom 30. 3. 1983 – BStBl. II S. 500 und 664).

Für die Bildung der Pensionsrückstellung bei Pensionszusagen zwischen Ehegatten in Einzelunternehmen kommt nur eine Zusage auf Alters-, Invaliden- und Waisenrente in Betracht. Eine Zusage auf Witwen-/Witwerversorgung ist im Rahmen von Ehegatten-Pensionszusagen nicht rückstellungsfähig, da hier bei Eintritt des Versorgungsfalls Anspruch und Verpflichtung in einer Person zusammentreffen. Sagt hingegen eine Personengesellschaft einem Arbeitnehmer, dessen Ehegatte Mitunternehmer der Personengesellschaft ist, eine Witwen-/Witwerrente zu, so kann sie hierfür eine Pensionsrückstellung bilden (vgl. BFH-Urteil vom 29. 1. 1976 – BStBl. II S. 372 – und Abschnitt 174 a Abs. 4 Sätze 8 und 9 sowie Abs. 5 Satz 1 EStR 1981).[4] Aufwendungen für die Pensionszusage einer Personengesellschaft an den Ehegatten des Mitunternehmers, wenn mit dem Ehegatten ein steuerlich anzuerkennendes Arbeitsverhältnis besteht, sind als Betriebsausgaben abzugsfähig, wenn sie betrieblich veranlaßt sind. Für die Beurteilung der Frage, ob die Aufwendungen betrieblich veranlaßt sind, gelten die gleichen Rechtsgrundsätze, die auch bei einer Altersversorgung des Arbeitnehmer-Ehegatten eines Einzelunternehmers anzuwenden sind; es sei denn, der Mitunternehmer-Ehegatte hat in der Personengesellschaft keine beherrschende Stellung und sein Ehegatte wird in der Gesellschaft wie ein fremder Arbeitnehmer beschäftigt (vgl. Abschnitt 174 a Abs. 5 Satz 2 EStR 1981).[5]

---

[1] Es ist derzeit noch offen, inwieweit dieses Schreiben geändert wird (vgl. auch *BMF-Schreiben vom 3. 11. 2004, BStBl. I S. 1045*).

[2] Vgl. auch BFH-Urteil vom 8. 10. 1986 (BStBl. II 1987 S. 205), vom 14. 7. 1989 (BStBl. II S. 909), vom 16. 5. 1990 (BStBl. II S. 1044) und vom 10. 12. 1992 (BStBl. II 1994 S. 381).

[3] Siehe auch EStH 6 a Abs. 9.

[4] Vgl. jetzt EStH 6 a Abs. 1.

[5] Vgl. jetzt EStR 4.8 Abs. 2 Satz 2.

Anl a zu LStH 19.0

(2) Eine ernstlich gewollte und dem Grunde nach angemessene Pensionszusage an den Arbeitnehmer-Ehegatten kann regelmäßig angenommen werden, wenn familienfremden Arbeitnehmern eine vergleichbare Pensionszusage eingeräumt oder zumindest ernsthaft angeboten worden ist und diese Arbeitnehmer

1. nach ihren Tätigkeits- und Leistungsmerkmalen mit dem Arbeitnehmer-Ehegatten vergleichbar sind oder eine geringerwertige Tätigkeit als der Arbeitnehmer-Ehegatte ausüben,
2. im Zeitpunkt der Pensionszusage oder des entsprechenden ernsthaften Angebots dem Betrieb nicht wesentlich länger angehört haben als der Arbeitnehmer-Ehegatte in dem Zeitpunkt, in dem ihm die Pensionszusage erteilt wird und
3. kein höheres Pensionsalter als der Arbeitnehmer-Ehegatte haben.

Die Pensionszusage an den Arbeitnehmer-Ehegatten ist nicht anzuerkennen, wenn sie zu einem Lebensalter erteilt wird, zu dem einem familienfremden Arbeitnehmer keine Pensionszusage mehr eingeräumt oder ernsthaft angeboten würde, weil seine aktive Dienstzeit in absehbarer Zeit endet.

Ein ernsthaftes Angebot liegt vor, wenn das Angebot an den familienfremden Arbeitnehmer eindeutige und objektive Bestimmungen enthält und der Arbeitnehmer durch Annahme des Angebots einen Rechtsanspruch auf Zahlung einer betrieblichen Altersversorgung erlangen würde (z. B. Angebot der betrieblichen Altersversorgung als zusätzliche Entlohnung, nicht als Ausgleich für den Verzicht auf einen Teil des Gehalts, BFH-Urteil vom 24. 11. 1982 – BStBl. 1983 II S. 406; Gleichbehandlung des mitarbeitenden Ehegatten und der familienfremden Arbeitnehmer bei der Festlegung der Voraussetzungen zur Erlangung der betrieblichen Altersversorgung).

Werden neben dem Arbeitnehmer-Ehegatten keine weiteren Arbeitnehmer beschäftigt oder wird eine der Tätigkeit des Arbeitnehmer-Ehegatten gleichwertige Tätigkeit von anderen Arbeitnehmern im Betrieb nicht ausgeübt und Arbeitnehmern mit geringerwertiger Tätigkeit keine Pensionszusage gewährt oder ernsthaft angeboten, so ist die Pensionszusage an den Arbeitnehmer-Ehegatten in der Regel als ernstlich gewollt und dem Grunde nach angemessen anzuerkennen, wenn nach Würdigung der Gesamtumstände eine hohe Wahrscheinlichkeit dafür spricht, daß der Steuerpflichtige auch einem fremden Arbeitnehmer mit den Funktions- und Leistungsmerkmalen des tätigen Ehegatten eine solche Versorgung eingeräumt haben würde. Hiervon kann z. B. ausgegangen werden, wenn der Arbeitnehmer-Ehegatte die Tätigkeit eines ausgeschiedenen fremden Arbeitnehmers ausübt, dem der Steuerpflichtige eine Pensionszusage gewährt oder ernsthaft angeboten hatte. Das gleiche gilt, wenn zwar der Arbeitnehmer-Ehegatte für eine Zwischenzeit aus dem Betrieb ausgeschieden ist, aber dem dafür eingestellten fremden Arbeitnehmer eine entsprechende Versorgung eingeräumt oder ernsthaft angeboten worden ist. Die Pensionszusage ist nicht anzuerkennen, wenn als Pensionsaltersgrenze, sofern der Ehemann der Arbeitnehmer-Ehegatte ist, ein Alter unter 63 Jahren und, sofern die Ehefrau der Arbeitnehmer-Ehegatte ist, ein Alter unter 60 Jahren festgelegt ist, es sei denn, daß ein niedrigeres Pensionsalter bei familienfremden Arbeitnehmern im Betrieb üblich ist. Bei Pensionszusagen an Schwerbehinderte ist das BMF-Schreiben vom 10. 8. 1982 (BStBl. I S. 667)[1] anzuwenden.

(3) Absatz 2 gilt auch bei Teilzeitbeschäftigung, wenn Pensionszusagen an Teilzeitbeschäftigte im Betrieb eingeräumt oder ernsthaft angeboten worden sind oder wenn im Falle des Absatzes 2 Satz 4 nach Würdigung der Gesamtumstände eine hohe Wahrscheinlichkeit dafür spricht, daß der Steuerpflichtige eine solche Versorgung einem teilzeitbeschäftigten fremden Arbeitnehmer erteilt haben würde, mit dem ihn keine familiären Beziehungen verbinden. Bei Aushilfs- oder Kurzbeschäftigung des Arbeitnehmer-Ehegatten ist eine ihm gegebene Pensionszusage dem Grunde nach nicht anzuerkennen, da bei einer derartigen Beschäftigung Pensionszusagen nicht üblich sind.

(4) Die Angemessenheit der Pensionszusagen an den Arbeitnehmer-Ehegatten der Höhe nach ist ebenfalls regelmäßig durch Vergleich mit Pensionszusagen oder den entsprechenden ernsthaften Angeboten an familienfremde Arbeitnehmer zu prüfen. Werden keine familienfremden Arbeitnehmer beschäftigt oder wird familienfremden Arbeitnehmern mit einer geringerwertigen Tätigkeit als der des Arbeitnehmer-Ehegatten keine oder eine gegenüber dem Arbeitnehmer-Ehegatten niedrigere Pensionszusage gegeben, so ist die Pensionszusage der Höhe nach nur dann angemessen, wenn die zugesagten Leistungen der betrieblichen Altersversorgung zusammen mit einer zu erwartenden Sozialversicherungsrente 75 v. H. des letzten steuerlich anzuerkennenden Arbeitslohns des Arbeitnehmer-Ehegatten nicht übersteigen. Bei der Ermittlung des Arbeitslohns ist auf die Verhältnisse am jeweiligen Bilanzstichtag abzustellen. Zur Ermittlung der zu erwartenden Sozialversicherungsrente wird auf Abschnitt 41 Abs. 15 EStR 1981[2] hingewiesen. In Fällen, in denen eine gesetzliche Rentenversicherung besteht, kann aus Vereinfachungsgründen von der Einhaltung der 75-v. H.-Grenze ausgegangen werden, wenn die zugesagten Leistungen der betrieblichen Altersversorgung 30 v. H.[3] des letzten steuerlich anzuerkennenden Arbeitslohns nicht übersteigen.

(5) Die in Absatz 1 Nr. 3 genannte Voraussetzung für die Rückstellungsbildung, daß der Arbeitgeber-Ehegatte aller Voraussicht nach tatsächlich aus der Pensionszusage in Anspruch genommen werden wird, liegt bei Einzelunternehmen, die nach ihrer Art und Größe weitgehend von der Arbeitskraft des

[1] Aufgehoben durch BMF-Schreiben vom 29. 3. 2007 (BStBl. I S. 369).

[2] Jetzt EStR 6 a Abs. 14.

[3] Im Hinblick auf den seit dem 1. 1. 2002 bestehenden Anspruch auf betriebliche Altersversorgung durch Entgeltumwandlung (§ 1 a BetrAVG) wird für lohnsteuerliche Zwecke nicht mehr an der 30%-Regelung festgehalten (vgl. *FinMin Saarland, Erlass vom 7. 3. 2005, DStR 2005 S. 829*). Wird in einem steuerlich anzuerkennenden Arbeitsverhältnis zwischen Ehegatten ein Teil des bis dahin bestehenden angemessenen Lohnanspruchs in einen Direktversicherungsschutz umgewandelt ohne Veränderung des Arbeitsverhältnisses im Übrigen (sog. echte Barlohnumwandlung), sind die Versicherungsbeiträge betrieblich veranlasst und regelmäßig ohne Prüfung einer sog. Überversorgung als Betriebsausgabe zu berücksichtigen *(BFH-Urteil vom 10. 6. 2008, VIII R 68/06, BStBl. II S. 973).*

Anl a zu LStH 19.0

Arbeitgeber-Ehegatten abhängen, nur vor, wenn die späteren Pensionszahlungen nach Einstellung des Einzelunternehmens oder nach Aufgabe der Unternehmenstätigkeit des Arbeitgeber-Ehegatten sichergestellt sind. Anhaltspunkte für die Sicherstellung späterer Pensionszahlungen können der Abschluß einer Rückdeckungsversicherung, die vertragliche Vereinbarung über die Leistung von Pensionszahlungen durch den Nachfolger des Unternehmens oder für den Fall vorzeitiger Betriebsbeendigung die Vereinbarung einer Kapitalabfindung statt laufender Pensionszahlungen sein (vgl. BFH-Urteile vom 15. 7. 1976 – BStBl. 1977 II S. 112 – und vom 26. 10. 1982 – BStBl. 1983 II S. 209).

II. Rückdeckungsversicherung

27 Prämienzahlungen für eine Rückdeckungsversicherung einer Pensionszusage an den Arbeitnehmer-Ehegatten können als Betriebsausgaben behandelt werden, soweit auch die Pensionszusage nach Abschnitt I als rückstellungsfähig anerkannt wird. Wegen der Aktivierung des Rückdeckungsanspruchs gilt Abschnitt 41 Abs. 25 EStR 1981.[1]

III. Voraussetzungen für die Anerkennung von Direktversicherungsbeiträgen als Betriebsausgaben

28 (1) Im Rahmen eines steuerlich anzuerkennenden Arbeitsverhältnisses sind Beiträge des Arbeitgebers zu einer Direktversicherung zugunsten des im Betrieb mitarbeitenden Ehegatten als Betriebsausgaben abziehbar, wenn

1. die Verpflichtung aus der Zusage der Direktversicherung ernstlich gewollt sowie klar und eindeutig vereinbart und
2. die Zusage dem Grunde nach angemessen ist.

Liegen diese Voraussetzungen vor, sind die Versicherungsbeiträge insoweit abziehbar, als sie der Höhe nach angemessen sind (vgl. BFH-Urteil vom 30. 3. 1983 – BStBl. II S. 664).

(2) Eine ernstlich gewollte und dem Grunde nach angemessene Versorgungszusage kann regelmäßig angenommen werden, wenn auch familienfremden Arbeitnehmern, die

1. nach ihren Tätigkeits- und Leistungsmerkmalen mit dem Arbeitnehmer-Ehegatten vergleichbar sind oder eine geringerwertige Tätigkeit als der Arbeitnehmer-Ehegatte ausüben und
2. im Zeitpunkt des Abschlusses oder des ernsthaften Angebots der Versicherung auf ihr Leben dem Betrieb nicht wesentlich länger angehört haben als der Arbeitnehmer-Ehegatte in dem Zeitpunkt, in dem die Versicherung auf sein Leben abgeschlossen wird,

eine vergleichbare Direktversicherung eingeräumt oder ernsthaft angeboten worden ist. Wird z. B. eine Direktversicherung zugunsten des Arbeitnehmer-Ehegatten bei Beginn des Ehegatten-Arbeitsverhältnisses abgeschlossen, zugunsten familienfremder Arbeitnehmer aber erst nach längerer Betriebszugehörigkeit, so kann die Direktversicherung zugunsten des Ehegatten steuerlich nicht anerkannt werden. Die Direktversicherung muß dem familienfremden Arbeitnehmer als eine zusätzliche Entlohnung eingeräumt oder ernsthaft angeboten worden sein. Eine eingeräumte oder angebotene Direktversicherung etwa unter der Bedingung, einen Teil des Gehalts für die Beiträge zu einer Direktversicherung einzubehalten, ist beim betrieblichen Vergleich nicht zu berücksichtigen (BFH-Urteil vom 24. 11. 1982 – BStBl. 1983 II S. 406). Die Ausführungen in Abschnitt I Abs. 2 Sätze 2 bis 6 sind entsprechend anzuwenden. Abschnitt I Abs. 2 Satz 7 gilt entsprechend mit der Maßgabe, daß an die Stelle der dort genannten Altersgrenze von 63 Jahren für Direktversicherungen eine Altersgrenze von 60 Jahren tritt.

(3) Die Ausführungen in Absatz 2 gelten auch bei Teilzeitbeschäftigung des Arbeitnehmer-Ehegatten, soweit Direktversicherungen an Teilzeitbeschäftigte im Betrieb eingeräumt oder ernsthaft angeboten worden sind oder wenn nach Würdigung der Gesamtumstände eine hohe Wahrscheinlichkeit dafür spricht, daß der Steuerpflichtige eine solche Versorgung einem teilzeitbeschäftigten fremden Arbeitnehmer erteilt haben würde, mit dem ihn keine familiären Beziehungen verbinden. Bei Aushilfs- oder Kurzbeschäftigung des Arbeitnehmer-Ehegatten ist eine zu seinen Gunsten abgeschlossene Direktversicherung steuerlich nicht anzuerkennen, da bei einer derartigen Beschäftigung Direktversicherungen nicht üblich sind.

(4) Die Angemessenheit der Beiträge zu einer Direktversicherung zugunsten des Arbeitnehmer-Ehegatten der Höhe nach ist regelmäßig durch Vergleich mit Beiträgen zu Direktversicherungen oder den entsprechenden ernsthaften Angeboten auf Abschluß einer Direktversicherung zugunsten familienfremder Arbeitnehmer zu prüfen. Werden keine familienfremden Arbeitnehmer beschäftigt oder werden nur Arbeitnehmer beschäftigt, deren Tätigkeits- und Leistungsmerkmale nicht mit denen des Arbeitnehmer-Ehegatten vergleichbar sind und ist für diese keine Direktversicherung abgeschlossen oder ernsthaft angeboten worden, so ist die Angemessenheit der Versicherungsbeiträge der Höhe nach zu bejahen, wenn

- die geleisteten Beiträge für die Direktversicherung – im Falle einer Einmalprämie der auf das Kalenderjahr entfallende Teil – zusammen mit dem tatsächlich gezahlten Arbeitsentgelt insgesamt nicht zu einer überhöhten Lohnzahlung führen (vgl. BFH-Urteil vom 30. 3. 1983 – BStBl. II S. 664) und
- die Leistungen der betrieblichen Altersversorgung (bei einem Kapitalbetrag der Jahreswert der vergleichbaren Rente, der aus Vereinfachungsgründen unter Berücksichtigung des Fälligkeitstermins durch Anwendung der Anlage 9 zu § 14 BewG umgerechnet werden kann) zusammen mit einer zu erwartenden Sozialversicherungsrente 75 v. H. des letzten steuerlich anzuerkennenden Arbeitslohns des Arbeitnehmer-Ehegatten nicht übersteigen. Bei der Ermittlung des Arbeitslohns ist auf die Verhältnisse am jeweiligen Bilanzstichtag abzustellen. Zur Ermittlung der zu erwartenden Sozialversiche-

[1] Jetzt EStR 6 a Abs. 23.

rungsrente wird auf Abschnitt 41 Abs. 15 EStR 1981[1] hingewiesen. Die Ausführungen in Abschnitt I Abs. 4 Satz 5 sind entsprechend anzuwenden. Anl a zu LStH 19.0

Künftige Beitragsrückerstattungen, die die Versicherungsleistung (Kapital oder Rente) erhöhen, sind wegen des Stichtagsprinzips nicht zu berücksichtigen.

(5) Der Versicherungsanspruch einer nach Absatz 1 anzuerkennenden Direktversicherung ist auch bei Ehegatten-Arbeitsverhältnissen insoweit zu aktivieren, als in einem Betrieb die Versicherungsverträge zugunsten familienfremder verheirateter Arbeitnehmer den Arbeitgeber als Bezugsberechtigten bezeichnen (Abschnitt 26 Abs. 2 EStR 1981).[2] Bei Beleihung oder Abtretung der Ansprüche aus dem zugunsten des Arbeitnehmer-Ehegatten abgeschlossenen Versicherungsvertrags gilt Abschnitt 26 Abs. 4 und 5 EStR 1981.[3]

IV. Andere Formen der Zukunftssicherung

Die Ausführungen in den Abschnitten I und III gelten sinngemäß für Zuwendungen des Arbeitgeber- **29**
Ehegatten an eine Pensions- oder Unterstützungskasse zugunsten eines Arbeitnehmer-Ehegatten sowie für die Übernahme von Beiträgen zur freiwilligen Höherversicherung und Weiterversicherung in der gesetzlichen Rentenversicherung.

V. Erstmalige Anwendung

Die Regelungen in den Abschnitten I bis IV sind für alle noch nicht bestandskräftigen Veranlagungen **30**
anzuwenden. Das BMF-Schreiben vom 1. 2. 1977 – IV B 1 – S 2176 – 6/77 – wird aufgehoben.

b) Schreiben betr. steuerrechtliche Behandlung von Aufwendungen des Arbeitgebers für die betriebliche Altersversorgung des im Betrieb mitarbeitenden Ehegatten

Anl b zu LStH 19.0

Vom 9. Januar 1986 (BStBl. I S. 7)[4, 5]

(BMF IV B 1 – S 2176 – 2/86)

Unter Bezugnahme auf das Ergebnis der Erörterungen mit den obersten Finanzbehörden der Länder **32**
sind seit der Veröffentlichung des BMF-Schreibens vom 4. 9. 1984 – BStBl. I S. 495[6] – aufgetretene weitere Fragen zur betrieblichen Altersversorgung des im Betrieb mitarbeitenden Ehegatten steuerrechtlich wie folgt zu behandeln (zum besseren Verständnis wird auf die entsprechenden Abschnitte des o. a. BMF-Schreibens Bezug genommen):

Zu Abschnitt I Absatz 2 Satz 3:

Die betriebliche Altersversorgung des mitarbeitenden Ehegatten in Form einer Gehaltsumwandlung ist dem Grunde nach anzuerkennen, wenn die Altersversorgung den im Betrieb beschäftigten, mit dem Arbeitnehmer-Ehegatten vergleichbaren familienfremden Arbeitnehmern ernsthaft angeboten wird. Wird die Altersversorgung den familienfremden Arbeitnehmern in Form einer Gehaltsumwandlung, dem Arbeitnehmer-Ehegatten aber als zusätzliche Entlohnung angeboten, so ist die Anerkennung der betrieblichen Altersversorgung für den mitarbeitenden Arbeitnehmer-Ehegatten zu versagen (vgl. Abschnitt I Absatz 2 Satz 3 des BMF-Schreibens vom 4. 9. 1984).[7] Werden im Betrieb keine oder keine mit dem Arbeitnehmer-Ehegatten vergleichbaren familienfremden Arbeitnehmer beschäftigt, ist die Zusage einer Altersversorgung für den Arbeitnehmer-Ehegatten im Falle der Gehaltsumwandlung als betrieblich veranlaßt anzuerkennen, wenn die Zusage nach den Grundsätzen des BMF-Schreibens vom 4. 9. 1984[8] ernstlich gewollt und dem Grunde und der Höhe nach angemessen ist.

Zu Abschnitt I Absatz 2 Satz 7:

Der steuerlichen Anerkennung einer Pensionszusage an den Arbeitnehmer-Ehegatten steht es nicht entgegen, wenn die Leistung der Versorgungsbezüge, sofern der Ehemann der Arbeitnehmer-Ehegatte ist, nach Vollendung des 62. Lebensjahrs und, sofern die Ehefrau der Arbeitnehmer-Ehegatte ist, nach Vollendung des 59. Lebensjahrs vereinbart worden ist.

Zu Abschnitt III Absatz 2 letzter Satz:

Der steuerlichen Anerkennung von Direktversicherungsbeiträgen steht nicht entgegen, wenn die Versicherung auf den Erlebensfall nach Vollendung des 59. Lebensjahrs abgeschlossen worden ist.

Zu Abschnitt III Absatz 4 2. Tiret:

Der Begriff des „letzten steuerlich anzuerkennenden Arbeitslohns" bestimmt sich nach § 19 Abs. 1 EStG und § 2 LStDV. Deshalb sind auch neben dem normalen Arbeitslohn steuerpflichtige sonstige Bezüge und Vorteile (z. B. Weihnachtszuwendungen, Urlaubsgeld, Erfolgsprämien usw.) einzubeziehen. Dies gilt auch für Zukunftssicherungsleistungen, die nach §§ 40 a und 40 b EStG pauschal besteuert

[1] Jetzt EStR 6 a Abs. 14.
[2] Jetzt EStR 4 b Abs. 2.
[3] Jetzt EStR 4 b Abs. 4 und EStH 4 b.
[4] Siehe auch BFH-Urteil vom 8. 10. 1986 (BStBl. 1987 II S. 205).
[5] Es ist immer noch offen, inwieweit dieses Schreiben geändert wird (vgl. auch *BMF-Schreiben vom 3. 11. 2004, BStBl. I S. 1045*).
[6] Vorstehend abgedruckt als Anlage a zu LStH 19.0.
[7] Vorstehend abgedruckt als Anlage a zu LStH 19.0.
[8] Vorstehend abgedruckt als Anlage a zu LStH 19.0.

Anl b zu LStH 19.0

werden – abzüglich des steuerfreien Betrags von 312,– DM[1] jährlich nach § 3 Nr. 62 EStG bzw. § 2 Abs. 3 Nr. 2 LStDV (vgl. § 2 Abs. 2 LStDV). Anders ist es, wenn der Arbeitnehmer-Ehegatte von der Sozialversicherung befreit ist und die Direktversicherung an die Stelle der gesetzlichen Rentenversicherung zur Altersversorgung tritt. In diesem Fall sind für die Berechnung der Angemessenheit der Höhe nach die Beiträge zur Lebensversicherung grundsätzlich je zur Hälfte aufzuteilen in Arbeitgeber- und Arbeitnehmerbeiträge. Soweit die anteiligen Prämien die Funktion der Arbeitnehmerbeiträge erfüllen, stellen sie – unbeschadet ihrer lohnsteuerrechtlichen Behandlung – zusätzlich laufenden Arbeitslohn dar. Die Beiträge, die anstelle der Arbeitgeberbeiträge aufgewendet werden, sind demnach nicht als zusätzlicher laufender Arbeitslohn zu behandeln (vgl. BFH-Urteil vom 30. 3. 1983 – BStBl. II S. 664).

LStR 19.1

R 19.1 Arbeitgeber

34 ① Neben den in § 1 Abs. 2 LStDV genannten Fällen kommt als Arbeitgeber auch eine natürliche oder juristische Person, ferner eine Personenvereinigung oder Vermögensmasse in Betracht, wenn ihr gegenüber die Arbeitskraft geschuldet wird. ② Die Nachfolgeunternehmen der Deutschen Bundespost sind Arbeitgeber der bei ihnen Beschäftigten. ③ Arbeitgeber ist auch, wer Arbeitslohn aus einem früheren oder für ein künftiges Dienstverhältnis zahlt. ④ Bei internationaler Arbeitnehmerentsendung ist das in Deutschland ansässige aufnehmende Unternehmen inländischer Arbeitgeber, wenn es den Arbeitslohn für die ihm geleistete Arbeit wirtschaftlich trägt oder nach dem Fremdvergleichsgrundsatz hätte tragen müssen. ⑤ Arbeitgeber ist i. d. R. auch, wer einem Dritten (Entleiher) einen Arbeitnehmer (Leiharbeitnehmer) zur Arbeitsleistung überlässt (Verleiher). ⑥ Zahlt im Falle unerlaubter Arbeitnehmerüberlassung der Entleiher anstelle des Verleihers den Arbeitslohn an den Arbeitnehmer, ist der Entleiher regelmäßig nicht Dritter, sondern Arbeitgeber i. S. d. § 38 Abs. 1 Satz 1 Nr. 1 EStG (→ R 42d.2 Abs. 1). ⑦ Im Übrigen kommt es nicht darauf an, ob derjenige, dem die Arbeitskraft geschuldet wird, oder ein Dritter Arbeitslohn zahlt (→ R 38.4).

LStH 19.1

H 19.1

Arbeitgeber

35
- Eine **GbR** kann Arbeitgeber im lohnsteuerlichen Sinne sein (→ BFH vom 17. 2. 1995 – BStBl. II S. 390).
- Ein **Sportverein** kann Arbeitgeber der von ihm eingesetzten Amateursportler sein (→ BFH vom 23. 10. 1992 – BStBl. 1993 II S. 303).
- Ein **Verein** ist auch dann Arbeitgeber, wenn nach der Satzung des Vereins Abteilungen mit eigenem Vertreter bestehen und diesen eine gewisse Selbständigkeit eingeräumt ist, so genannter Verein im Verein (→ BFH vom 13. 3. 2003 – BStBl. II S. 556).
- Arbeitgeber **kraft gesetzlicher Fiktion** ist für die in § 3 Nr. 65 Satz 2 und 3 EStG bezeichneten Leistungen die sie erbringende Pensionskasse oder das Unternehmen der Lebensversicherung (→ § 3 Nr. 65 Satz 4 EStG) und in den Fällen des § 3 Nr. 53 EStG die Deutsche Rentenversicherung Bund (→ § 38 Abs. 3 Satz 3 EStG).
- Arbeitslohn auszahlende **öffentliche Kasse** → § 38 Abs. 3 Satz 2 EStG.
- Bei **Arbeitnehmerentsendung** ist Arbeitgeber das in Deutschland ansässige aufnehmende Unternehmen, das den Arbeitslohn für die ihm geleistete Arbeit wirtschaftlich trägt oder nach dem Fremdvergleichsgrundsatz hätte tragen müssen → § 38 Abs. 1 Satz 2 EStG.

Kein Arbeitgeber. Die **Obergesellschaft eines Konzerns** (Organträger) ist auch dann nicht Arbeitgeber der Arbeitnehmer ihrer Tochtergesellschaften, wenn sie diesen Arbeitnehmern Arbeitslohn zahlt (→ BFH vom 21. 2. 1986 – BStBl. II S. 768).

LStR 19.2

R 19.2 Nebentätigkeit und Aushilfstätigkeit

36 ① Bei einer nebenberuflichen Lehrtätigkeit an einer Schule oder einem Lehrgang mit einem allgemein feststehenden und nicht nur von Fall zu Fall aufgestellten Lehrplan sind die nebenberuflich tätigen Lehrkräfte i. d. R. Arbeitnehmer, es sei denn, dass sie in den Schul- oder Lehrgangsbetrieb nicht fest eingegliedert sind. ② Hat die Lehrtätigkeit nur einen geringen Umfang, kann das ein Anhaltspunkt dafür sein, dass eine feste Eingliederung in den Schul- oder Lehrgangsbetrieb nicht vorliegt. ③ Ein geringer Umfang in diesem Sinne kann stets angenommen werden, wenn die nebenberuflich tätige Lehrkraft bei der einzelnen Schule oder dem einzelnen Lehrgang in der Woche durchschnittlich nicht mehr als sechs Unterrichtsstunden erteilt. ④ Auf nebenberuflich tätige Übungsleiter, Ausbilder, Erzieher, Betreuer oder ähnliche Personen sind die Sätze 1 bis 3 sinngemäß anzuwenden.

LStH 19.2

H 19.2

Allgemeines

37
- Ob eine Nebentätigkeit oder Aushilfstätigkeit in einem Dienstverhältnis oder selbständig ausgeübt wird, ist nach den allgemeinen Abgrenzungsmerkmalen (§ 1 Abs. 1 und 2 LStDV)

[1] Der steuerfreie Betrag von 312 DM ist ab 1. 1. 1990 weggefallen.

LStH 19.2

zu entscheiden. Dabei ist die Nebentätigkeit oder Aushilfstätigkeit i. d. R. für sich allein zu beurteilen. Die Art einer etwaigen Haupttätigkeit ist für die Beurteilung nur wesentlich, wenn beide Tätigkeiten unmittelbar zusammenhängen (→ BFH vom 24. 11. 1961 – BStBl. 1962 III S. 37).

– Zu der Frage, ob eine nebenberufliche oder ehrenamtliche Tätigkeit mit Überschusserzielungsabsicht ausgeübt wird, → BFH vom 23. 10. 1992 (BStBl. 1993 II S. 303 – Amateurfußballspieler) und vom 4. 8. 1994 (BStBl. II S. 944 – Sanitätshelfer).

– Gelegenheitsarbeiter, die zu bestimmten, unter Aufsicht durchzuführenden Arbeiten herangezogen werden, sind auch dann Arbeitnehmer, wenn sie die Tätigkeit nur für einige Stunden ausüben (→ BFH vom 18. 1. 1974 – BStBl. II S. 301).

– Bei nebenberuflich tätigen Musikern, die in Gaststätten auftreten, liegt ein Arbeitsverhältnis zum Gastwirt regelmäßig nicht vor, wenn der einzelne Musiker oder die Kapelle, der er angehört, nur gelegentlich – etwa nur für einen Abend oder an einem Wochenende – von dem Gastwirt verpflichtet wird. Ein Arbeitsverhältnis zum Gastwirt ist i. d. R. auch dann zu verneinen, wenn eine Kapelle selbständig als Gesellschaft oder der Kapellenleiter als Arbeitgeber der Musiker aufgetreten ist (→ BFH vom 10. 9. 1976 – BStBl. 1977 II S. 178).

Nebenberufliche Lehrtätigkeit

– Bei **Lehrkräften,** die im Hauptberuf eine nichtselbständige Tätigkeit ausüben, liegt eine Lehrtätigkeit im Nebenberuf nur vor, wenn diese Lehrtätigkeit nicht zu den eigentlichen Dienstobliegenheiten des Arbeitnehmers aus dem Hauptberuf gehört. Die Ausübung der Lehrtätigkeit im Nebenberuf ist i. d. R. als Ausübung eines freien Berufs anzusehen (→ BFH vom 24. 4. 1959 – BStBl. III S. 193), es sei denn, dass gewichtige Anhaltspunkte – z. B. Arbeitsvertrag unter Zugrundelegung eines Tarifvertrags, Anspruch auf Urlaubs- und Feiertagsvergütung – für das Vorliegen einer Arbeitnehmertätigkeit sprechen (→ BFH vom 28. 4. 1972 – BStBl. II S. 617 und vom 4. 5. 1972 – BStBl. II S. 618).

– Auch bei nur geringem Umfang der Nebentätigkeit sind die **Lehrkräfte** als Arbeitnehmer anzusehen, wenn sie aufgrund eines als Arbeitsvertrag ausgestalteten Vertrags tätig werden oder wenn eine an einer Schule vollbeschäftigte Lehrkraft zusätzliche Unterrichtsstunden an derselben Schule oder an einer Schule gleicher Art erteilt (→ BFH vom 4. 12. 1975 – BStBl. 1976 II S. 291 und 292).

– Die nebenberufliche Lehrtätigkeit von **selbständigen Handwerksmeistern** an Berufs- und Meisterschulen ist i. d. R. keine nichtselbständige Tätigkeit (→ BFH vom 27. 1. 1955 – BStBl. III S. 229).

– Bei **Angehörigen der freien Berufe** stellt eine Nebentätigkeit als Lehrbeauftragte an Hochschulen regelmäßig eine selbständige Tätigkeit dar (→ BFH vom 4. 10. 1984 – BStBl. 1985 II S. 51).

Nebenberufliche Prüfungstätigkeit. Eine Prüfungstätigkeit als Nebentätigkeit ist i. d. R. als Ausübung eines freien Berufs anzusehen (→ BFH vom 14. 3. 1958 – BStBl. III S. 255, vom 2. 4. 1958 – BStBl. III S. 293 und vom 29. 1. 1987 – BStBl. II S. 783 wegen nebenamtlicher Prüfungstätigkeit eines Hochschullehrers).

Nebentätigkeit bei demselben Arbeitgeber. Einnahmen aus der Nebentätigkeit eines Arbeitnehmers, die er im Rahmen des Dienstverhältnisses für denselben Arbeitgeber leistet, für den er die Haupttätigkeit ausübt, sind Arbeitslohn, wenn dem Arbeitnehmer aus seinem Dienstverhältnis Nebenpflichten obliegen, die zwar im Arbeitsvertrag nicht ausdrücklich vorgesehen sind, deren Erfüllung der Arbeitgeber aber nach der tatsächlichen Gestaltung des Dienstverhältnisses und nach der Verkehrsauffassung erwarten darf, auch wenn er die zusätzlichen Leistungen besonders vergüten muss (→ BFH vom 25. 11. 1971 – BStBl. 1972 II S. 212).

Vermittlungsprovisionen → R 19.4.

Zuordnung in Einzelfällen

– Vergütungen, die **Angestellte eines Notars** für die Übernahme der Auflassungsvollmacht von den Parteien eines beurkundeten Grundstücksgeschäfts erhalten, können Arbeitslohn aus ihrem Dienstverhältnis sein (→ BFH vom 9. 12. 1954 – BStBl. 1955 III S. 55).

– Die Tätigkeit der bei Universitätskliniken angestellten **Assistenzärzte als Gutachter** ist unselbständig, wenn die Gutachten den Auftraggebern als solche der Universitätsklinik zugehen (→ BFH vom 19. 4. 1956 – BStBl. III S. 187).

– **Gemeindedirektor,** der aufgrund des Gesetzes betreffend die Oldenburgische Landesbrandkasse vom 6. 8. 1938 Mitglied der **Schätzungskommission** ist, bezieht aus dieser Tätigkeit keine Einkünfte aus nichtselbständiger Arbeit (→ BFH vom 8. 2. 1972 – BStBl. II S. 460).

– **Orchestermusiker,** die neben ihrer nichtselbständigen Haupttätigkeit im Orchester gelegentlich für ihren Arbeitgeber eine künstlerische Nebentätigkeit ausüben, können insoweit Einkünfte aus selbständiger Arbeit haben, als die Tätigkeit nicht zu den Nebenpflichten aus dem Dienstvertrag gehört (→ BFH vom 25. 11. 1971 – BStBl. 1972 II S. 212).

– Übernimmt ein **Richter** ohne Entlastung in seinem Amt zusätzlich die **Leitung einer Arbeitsgemeinschaft** für Rechtsreferendare, so besteht zwischen Haupt- und Nebentätigkeit kein unmittelbarer Zusammenhang. Ob die Nebentätigkeit selbständig ausgeübt wird, ist des-

LStH 19.2

halb nach dem Rechtsverhältnis zu beurteilen, aufgrund dessen sie ausgeübt wird (→ BFH vom 7. 2. 1980 – BStBl. II S. 321).

- Einnahmen, die angestellte **Schriftleiter** aus freiwilliger **schriftstellerischer Nebentätigkeit** für ihren Arbeitgeber erzielen, können Einnahmen aus selbständiger Tätigkeit sein (→ BFH vom 3. 3. 1955 – BStBl. III S. 153).
- Das **Honorar,** das ein (leitender) Angestellter von seinem Arbeitgeber dafür erhält, dass er diesen bei **Verhandlungen über den Verkauf des Betriebes** beraten hat, gehört zu den Einnahmen aus nichtselbständiger Tätigkeit (→ BFH vom 20. 12. 2000 – BStBl. 2001 II S. 496).
- Prämien, die ein Verlagsunternehmen seinen **Zeitungsausträgern** für die **Werbung neuer Abonnenten** gewährt, sind dann kein Arbeitslohn, wenn die Zeitungsausträger weder rechtlich noch faktisch zur Anwerbung neuer Abonnenten verpflichtet sind (→ BFH vom 22. 11. 1996 – BStBl. 1997 II S. 254).

LStR 19.3

R 19.3 Arbeitslohn

41 (1) ① Arbeitslohn ist die Gegenleistung für das Zurverfügungstellen der individuellen Arbeitskraft. ② Zum Arbeitslohn gehören deshalb auch

1. die Lohnzuschläge für Mehrarbeit und Erschwerniszuschläge, wie Hitzezuschläge, Wasserzuschläge, Gefahrenzuschläge, Schmutzzulagen usw.,
2. Entschädigungen, die für nicht gewährten Urlaub gezahlt werden,
3. der aufgrund des § 7 Abs. 5 SVG gezahlte Einarbeitungszuschuss,
4. pauschale Fehlgeldentschädigungen, die Arbeitnehmern im Kassen- und Zähldienst gezahlt werden, soweit sie 16 € im Monat übersteigen,
5. Trinkgelder, Bedienungszuschläge und ähnliche Zuwendungen, auf die der Arbeitnehmer einen Rechtsanspruch hat.

42 (2) Nicht als Gegenleistung für das Zurverfügungstellen der individuellen Arbeitskraft und damit nicht als Arbeitslohn sind u. a. anzusehen

1. der Wert der unentgeltlich zur beruflichen Nutzung überlassenen Arbeitsmittel,
2. die vom Arbeitgeber aufgrund gesetzlicher Verpflichtung nach § 3 Abs. 2 Nr. 1 und Abs. 3 ArbSchG i. V. m. der ArbMedVV übernommenen angemessenen Kosten für eine spezielle Sehhilfe, wenn aufgrund einer Untersuchung der Augen und des Sehvermögens durch eine fachkundige Person i. S. d. ArbMedVV die spezielle Sehhilfe notwendig ist, um eine ausreichende Sehfähigkeit in den Entfernungsbereichen des Bildschirmarbeitsplatzes zu gewährleisten,[1]
3. übliche Sachleistungen des Arbeitgebers aus Anlass der Diensteinführung, eines Amts- oder Funktionswechsels, eines runden Arbeitnehmerjubiläums oder der Verabschiedung eines Arbeitnehmers; betragen die Aufwendungen des Arbeitgebers einschl. Umsatzsteuer mehr als 110 € je teilnehmender Person, sind die Aufwendungen dem Arbeitslohn des Arbeitnehmers hinzuzurechnen; auch Geschenke bis zu einem Gesamtwert von 60 € sind in die 110-€-Grenze einzubeziehen,
4.[2] übliche Sachleistungen bei einem Empfang anlässlich eines runden Geburtstages eines Arbeitnehmers, wenn es sich unter Berücksichtigung aller Umstände des Einzelfalles um ein Fest des Arbeitgebers (betriebliche Veranstaltung) handelt. ② Die anteiligen Aufwendungen des Arbeitgebers, die auf den Arbeitnehmer selbst, seine Familienangehörigen sowie private Gäste des Arbeitnehmers entfallen, gehören jedoch zum steuerpflichtigen Arbeitslohn, wenn die Aufwendungen des Arbeitgebers mehr als 110 € je teilnehmender Person betragen; auch Geschenke bis zu einem Gesamtwert von 60 € sind in die 110-€-Grenze einzubeziehen,
5. pauschale Zahlungen des Arbeitgebers an ein Dienstleistungsunternehmen, das sich verpflichtet, alle Arbeitnehmer des Auftraggebers kostenlos in persönlichen und sozialen Angelegenheiten zu beraten und zu betreuen, bspw. durch die Übernahme der Vermittlung von Betreuungspersonen für Familienangehörige; im Gegensatz dazu führen individuelle Zahlungen des Arbeitgebers zu Arbeitslohn und sind im Rahmen des § 3 Nr. 34 a EStG steuerfrei.

43 (3) ① Leistungen des Arbeitgebers, mit denen er Werbungskosten des Arbeitnehmers ersetzt, sind nur steuerfrei, soweit dies gesetzlich bestimmt ist. ② Somit sind auch steuerpflichtig

1. Vergütungen des Arbeitgebers zum Ersatz der dem Arbeitnehmer berechneten Kontoführungsgebühren,
2. Vergütungen des Arbeitgebers zum Ersatz der Aufwendungen des Arbeitnehmers für Fahrten zwischen Wohnung und erster Tätigkeitsstätte.

---

[1] Fachkundige Person in diesem Sinne ist nur ein Arzt, nicht jedoch ein Optiker (vgl. FinSen Berlin, Erlass vom 28. 9. 2009, III B – S 2332 – 10/2008, StEd S. 681).

[2] Vgl. Anlage c zu LStH 19.3.

LStH 19.3

H 19.3

Abgrenzung zu anderen Einkunftsarten 44
– Abgrenzung des Arbeitslohns von den Einnahmen aus Kapitalvermögen → BFH vom 31. 10. 1989 (BStBl. 1990 II S. 532).
– Zahlungen im Zusammenhang mit einer fehlgeschlagenen Hofübergabe sind kein Arbeitslohn, sondern Einkünfte nach § 22 Nr. 3 EStG (→ BFH vom 8. 5. 2008 – BStBl. II S. 868).
– Abgrenzung von Arbeitslohn und privater Vermögensebene bei einem Gesellschafter-Geschäftsführer → BFH vom 19. 6. 2008 (BStBl. II S. 826).
– Veräußerungsgewinn aus einer Kapitalbeteiligung an einem Unternehmen des Arbeitgebers → BFH vom 17. 6. 2009 (BStBl. 2010 II S. 69) und BFH vom 4. 10. 2016 (BStBl. 2017 II S. 790).
– Veräußerungsverluste aus einer Kapitalbeteiligung am Unternehmen des Arbeitgebers sind keine negativen Einnahmen bei den Einkünften aus nichtselbständiger Arbeit, wenn es an einem Veranlassungszusammenhang zum Dienstverhältnis mangelt (→ BFH vom 17. 9. 2009 – BStBl. 2010 II S. 198).
– Arbeitslohn im Zusammenhang mit der Veräußerung von GmbH-Anteilen → BFH vom 30. 6. 2011 (BStBl. II S. 948).
– Abgrenzung zwischen Arbeitslohn und gewerblichen Einkünften eines Fußballspielers → BFH vom 22. 2. 2012 (BStBl. II S. 511).
– Abgrenzung zwischen einer verdeckten Gewinnausschüttung und Arbeitslohn bei vertragswidriger Kraftfahrzeugnutzung durch den Gesellschafter-Geschäftsführer einer Kapitalgesellschaft → BMF vom 3. 4. 2012 (BStBl. I S. 478).[1]
– Abgrenzung des Arbeitslohns von den Einnahmen aus Kapitalvermögen beim Rückverkauf von Genussrechten im Zusammenhang mit der Beendigung des Dienstverhältnisses → BFH vom 5. 11. 2013 (BStBl. 2014 II S. 275).
– Aufteilung einer Zahlung in Arbeitslohn und sonstige Einkünfte → BFH vom 11. 7. 2017 (BStBl. 2018 II S. 86).

Allgemeines zum Arbeitslohnbegriff. Welche Einnahmen zum Arbeitslohn gehören, ist unter Beachtung der Vorschriften des § 19 Abs. 1 EStG und § 2 LStDV sowie der hierzu ergangenen Rechtsprechung zu entscheiden. Danach sind Arbeitslohn grundsätzlich alle Einnahmen in Geld oder Geldeswert, die durch ein individuelles Dienstverhältnis veranlasst sind. Ein **Veranlassungszusammenhang zwischen Einnahmen und einem Dienstverhältnis** ist anzunehmen, wenn die Einnahmen dem Empfänger nur mit Rücksicht auf das Dienstverhältnis zufließen und sich als Ertrag seiner nichtselbständigen Arbeit darstellen. Die letztgenannte Voraussetzung ist erfüllt, wenn sich die Einnahmen im weitesten Sinne als Gegenleistung für das Zurverfügungstellen der individuellen Arbeitskraft erweisen (→ BFH vom 24. 9. 2013 – BStBl. 2014 II S. 124). Eine solche Gegenleistung liegt nicht vor, wenn die Vergütungen die mit der Tätigkeit zusammenhängenden Aufwendungen nur unwesentlich übersteigen (→ BFH vom 23. 10. 1992 – BStBl. 1993 II S. 303). Die Zurechnung des geldwerten Vorteils zu einem erst künftigen Dienstverhältnis ist zwar nicht ausgeschlossen, bedarf aber der Feststellung eines eindeutigen Veranlassungszusammenhangs, wenn sich andere Ursachen für die Vorteilsgewährung als Veranlassungsgrund aufdrängen (→ BFH vom 20. 5. 2010 – BStBl. II S. 1069).
Ebenfalls keine Gegenleistung sind Vorteile, die sich bei objektiver Würdigung aller Umstände nicht als Entlohnung, sondern lediglich als notwendige Begleiterscheinung betriebsfunktionaler Zielsetzungen erweisen. Ein rechtswidriges Tun ist keine beachtliche Grundlage einer solchen betriebsfunktionalen Zielsetzung (→ BFH vom 14. 11. 2013 – BStBl. 2014 II S. 278). Vorteile besitzen danach keinen Arbeitslohncharakter, wenn sie im ganz überwiegend eigenbetrieblichen Interesse des Arbeitgebers gewährt werden. Das ist der Fall, wenn sich aus den Begleitumständen wie zum Beispiel Anlass, Art und Höhe des Vorteils, Auswahl der Begünstigten, freie oder nur gebundene Verfügbarkeit, Freiwilligkeit oder Zwang zur Annahme des Vorteils und seine besondere Geeignetheit für den jeweils verfolgten betrieblichen Zweck ergibt, dass diese Zielsetzung ganz im Vordergrund steht und ein damit einhergehendes eigenes Interesse des Arbeitnehmers, den betreffenden Vorteil zu erlangen, vernachlässigt werden kann (→ BFH vom 24. 9. 2013 – BStBl. 2014 II S. 124 und die dort zitierte Rechtsprechung). Im Ergebnis handelt es sich um Leistungen des Arbeitgebers, die er im ganz überwiegenden betrieblichen Interesse erbringt. Ein ganz überwiegendes betriebliches Interesse muss über das an jeder Lohnzahlung bestehende betriebliche Interesse deutlich hinausgehen (→ BFH vom 2. 2. 1990 – BStBl. II S. 472). Gemeint sind Fälle, z. B. in denen ein Vorteil der Belegschaft als Gesamtheit zugewendet wird oder in denen dem Arbeitnehmer ein Vorteil aufgedrängt wird, ohne dass ihm eine Wahl bei der Annahme des Vorteils bleibt und ohne dass der Vorteil eine Marktgängigkeit besitzt (→ BFH vom 25. 7. 1986 – BStBl. II S. 868).

[1] Abgedruckt als Anlage d zu LStH 8.1.

LStH 19.3

Beispiele:

Zum Arbeitslohn gehören

- der verbilligte Erwerb von **Aktien vom Arbeitgeber** (oder einem Dritten), wenn der Vorteil dem Arbeitnehmer oder einem Dritten für die Arbeitsleistung des Arbeitnehmers gewährt wird (→ BFH vom 7. 5. 2014 – BStBl. II S. 904),
- die Übernahme der Umlage für die Einrichtung des besonderen elektronischen **Anwaltspostfachs** einer angestellten Rechtsanwältin durch den Arbeitgeber (→ BFH vom 1. 10. 2020 – BStBl. 2021 II S. 352),
- die vom Arbeitgeber übernommenen Beiträge einer angestellten Rechtsanwältin zum deutschen **Anwaltverein** (→ BFH vom 12. 2. 2009 – BStBl. II S. 462),
- **Arbeitnehmeranteile** zur Arbeitslosen-, Kranken-, Pflege- und Rentenversicherung (Gesamtsozialversicherung), wenn der Arbeitnehmer hierdurch einen eigenen Anspruch gegen einen Dritten erwirbt (→ BFH vom 16. 1. 2007 – BStBl. II S. 579),
- die vom Arbeitgeber übernommenen Beiträge zur **Berufshaftpflichtversicherung** von Rechtsanwälten (→ BFH vom 26. 7. 2007 – BStBl. II S. 892). Übernimmt eine Rechtsanwaltssozietät den Versicherungsbeitrag einer angestellten Rechtsanwältin, die im Außenverhältnis nicht für eine anwaltliche Pflichtverletzung haftet, liegt Arbeitslohn regelmäßig nur in Höhe des übernommenen Prämienanteils vor, der auf die in § 51 Abs. 4 BRAO vorgeschriebene Mindestversicherungssumme entfällt und den die Rechtsanwältin zur Erfüllung ihrer Versicherungspflicht nach § 51 Abs. 1 Satz 1 BRAO benötigt (→ BFH vom 1. 10. 2020 – BStBl. 2021 II S. 352 und S. 356),
- der geldwerte Vorteil aus dem verbilligten Erwerb einer GmbH-Beteiligung durch einen leitenden Arbeitnehmer des Arbeitgebers, selbst wenn nicht der Arbeitgeber, sondern ein Gesellschafter des Arbeitgebers die **Beteiligung** veräußert (→ BFH vom 15. 3. 2018 – BStBl. II S. 550); zur Bewertung → H 8.1 (1–4) GmbH-Anteile. Gleiches gilt für den verbilligten Erwerb einer Beteiligung, der im Hinblick auf eine spätere Beschäftigung als Geschäftsführer gewährt wird (→ BFH vom 26. 6. 2014 – BStBl. II S. 864) sowie den verbilligten Erwerb einer GmbH-Beteiligung durch eine vom Geschäftsführer des Arbeitgebers beherrschte GmbH, wenn nicht der Arbeitgeber selbst, sondern ein Gesellschafter des Arbeitgebers die Beteiligung veräußert (→ BFH vom 1. 9. 2016 – BStBl. 2017 II S. 69),
- die vom Arbeitgeber übernommenen **Bußgelder,** die gegen bei ihm angestellte Fahrer wegen Verstoßes gegen die Lenk- und Ruhezeit verhängt worden sind (→ BFH vom 14. 11. 2013 – BStBl. 2014 II S. 278),
- der allein vom Bestehen der Abschlussprüfung abhängige Teilerlass eines nach dem Aufstiegsfortbildungsförderungsgesetz geförderten Darlehens (→ BFH vom 23. 11. 2023 – BStBl. 2024 II S. 718),
- die unentgeltliche bzw. verbilligte **Überlassung eines Dienstwagens** durch den Arbeitgeber an den Arbeitnehmer für dessen Privatnutzung (→ BFH vom 29. 1. 2009 – BStBl. 2010 II S. 1067),
- **Entschädigungszahlungen,** die ein Feuerwehrbeamter für rechtswidrig geleistete Mehrarbeit erhält (→ BFH vom 14. 6. 2016 – BStBl. II S. 901),
- der **Forderungsverzicht** eines Gesellschafters einer Kapitalgesellschaft auf eine erdiente und werthaltige Pensionsanwartschaft in Höhe des Teilwerts, soweit mit dem Verzicht eine verdeckte Einlage erbracht wird (→ BFH vom 9. 6. 1997 – BStBl. 1998 II S. 307 und BFH vom 23. 8. 2017 – BStBl. 2018 II S. 208),
- die vom Arbeitgeber übernommenen **Geldbußen und Geldauflagen** bei nicht ganz überwiegend eigenbetrieblichem Interesse (→ BFH vom 22. 7. 2008 – BStBl. 2009 II S. 151),
- die vom Arbeitgeber übernommenen Beiträge für die Mitgliedschaft in einem **Golfclub** (→ BFH vom 21. 3. 2013 – BStBl. II S. 700); zur Abgrenzung → BFH vom 17. 7. 2014 (BStBl. 2015 II S. 41),
- Beiträge des Arbeitgebers zu einer privaten **Gruppenkrankenversicherung,** wenn der Arbeitnehmer einen eigenen unmittelbaren und unentziehbaren Rechtsanspruch gegen den Versicherer erlangt (→ BFH vom 14. 4. 2011 – BStBl. II S. 767),
- die vom Arbeitgeber übernommenen **Kammerbeiträge** für Geschäftsführer von Wirtschaftsprüfungs-/Steuerberatungsgesellschaften (→ BFH vom 17. 1. 2008 – BStBl. II S. 378),
- die kostenlose oder verbilligte Überlassung von qualitativ und preislich **hochwertiger Kleidungsstücke** durch den Arbeitgeber (→ BFH vom 11. 4. 2006 – BStBl. II S. 691), soweit es sich nicht um typische Berufskleidung handelt → R 3.31 Abs. 1; zum überwiegend eigenbetrieblichen Interesse bei Überlassung einheitlicher Kleidung → BFH vom 22. 6. 2006 (BStBl. II S. 915),
- monatliche Zahlungen nach einer Betriebsvereinbarung (Sozialplan) zum **Ausgleich der durch Kurzarbeit** entstehenden Nachteile (→ BFH vom 20. 7. 2010 – BStBl. 2011 II S. 218); Entsprechendes gilt für den Zuschuss einer Beschäftigungsgesellschaft zum Transferkurzarbeitergeld (→ BFH vom 12. 3. 2019 – BStBl. II S. 574),
- die innerhalb eines Dienstverhältnisses erzielten **Liquidationseinnahmen** eines angestellten Chefarztes aus einem eingeräumten Liquidationsrecht für gesondert berechenbare wahlärztliche Leistungen (→ BFH vom 5. 10. 2005 – BStBl. 2006 II S. 94),

LStH 19.3

– **Lohnsteuerbeträge,** soweit sie vom Arbeitgeber übernommen werden und kein Fall des § 40 Abs. 3 EStG vorliegt (→ BFH vom 28. 2. 1992 – BStBl. II S. 733). Bei den ohne entsprechende Nettolohnvereinbarung übernommenen Lohnsteuerbeträgen handelt es sich um Arbeitslohn des Kalenderjahres, in dem sie entrichtet worden sind und der Arbeitgeber auf den Ausgleichsanspruch gegen den Arbeitnehmer verzichtet (→ BFH vom 29. 10. 1993 – BStBl. 1994 II S. 197). Entsprechendes gilt für übernommene Kirchensteuerbeträge sowie für vom Arbeitgeber zu Unrecht angemeldete und an das Finanzamt endgültig abgeführte Lohnsteuerbeträge (→ BFH vom 17. 6. 2009 – BStBl. 2010 II S. 72),
– vom Arbeitgeber **nachträglich** an das Finanzamt **abgeführte Lohnsteuer** für zunächst als steuerfrei behandelten Arbeitslohn (→ BFH vom 29. 11. 2000 – BStBl. 2001 II S. 195),
– freiwillige Zahlungen von Notaren an **Notarassessoren** für deren Vertretungstätigkeit (→ BFH vom 10. 3. 2015 – BStBl. II S. 767),
– von einem Dritten verliehene **Preise,** die den Charakter eines leistungsbezogenen Entgelts haben und nicht eine Ehrung der Persönlichkeit des Preisträgers darstellen (→ BFH vom 23. 4. 2009 – BStBl. II S. 668),
– die vom Arbeitgeber übernommenen Kosten einer **Regenerationskur;** keine Aufteilung einer einheitlich zu beurteilenden Zuwendung (→ BFH vom 11. 3. 2010 – BStBl. II S. 763),
– geldwerte Vorteile anlässlich von **Reisen** (→ H 19.7),
– **Zuschüsse,** die eine AG Vorstandsmitgliedern zur freiwilligen **Weiterversicherung** in der gesetzlichen **Rentenversicherung** oder einem **Versorgungswerk** gewährt (→ BFH vom 24. 9. 2013 – BStBl. 2014 II S. 124),
– Überschüsse aus dem **Rückverkauf** der vom Arbeitgeber erworbenen **Genussrechte,** wenn der Arbeitnehmer sie nur an den Arbeitgeber veräußern kann (→ BFH vom 5. 11. 2013 – BStBl. 2014 II S. 275),
– **Sachbezüge,** soweit sie zu geldwerten Vorteilen des Arbeitnehmers aus seinem Dienstverhältnis führen (→ R 8.1 und 8.2),
– der **Erlass einer Schadensersatzforderung** des Arbeitgebers (→ BFH vom 27. 3. 1992 – BStBl. II S. 837), → auch H 8.1 (9–10) Verzicht auf Schadensersatz,
– überobligatorische Arbeitgeberbeiträge an eine schweizerische öffentlich-rechtliche Pensionskasse (→ BFH vom 12. 10. 2023 – BStBl. 2024 II S. 297), → auch H 3.62 Schweizerische öffentlich-rechtliche Pensionskasse,
– Aufwendungen des Arbeitgebers für eine **„Sensibilisierungswoche"** der Arbeitnehmer (→ BFH vom 21. 11. 2018 – BStBl. 2019 II S. 404),
– Aufwendungen des Arbeitgebers für **Sicherheitsmaßnahmen** bei abstrakter berufsbedingter Gefährdung (→ BFH vom 5. 4. 2006 – BStBl. II S. 541); → aber BMF vom 30. 6. 1997 (BStBl. I S. 696),[1]
– vom Arbeitgeber übernommene **Steuerberatungskosten** → BMF vom 12. 12. 2023 (BStBl. I S. 2179), Rn. 344;[2] anders aber bei Steuerberatungskosten im Rahmen einer Nettolohnvereinbarung → BMF vom 12. 12. 2023 (BStBl. I S. 2179), Rn. 345,[3]
– **Surrogatleistungen** des Arbeitgebers aufgrund des Wegfalls von Ansprüchen im Rahmen der betrieblichen Altersversorgung (→ BFH vom 7. 5. 2009 – BStBl. 2010 II S. 130),
– die vom Arbeitgeber übernommenen festen und laufenden Kosten für einen **Telefonanschluss** in der Wohnung des Arbeitnehmers oder für ein **Mobiltelefon,** soweit kein betriebliches Gerät genutzt wird (→ R 3.45), es sich nicht um Auslagenersatz nach R 3.50 handelt und die Telefonkosten nicht zu den Reisenebenkosten (→ R 9.8), Umzugskosten (→ R 9.9) oder Mehraufwendungen wegen doppelter Haushaltsführung (→ R 9.11) gehören,
– die Nutzung vom Arbeitgeber gemieteter **Tennis- und Squashplätze** (→ BFH vom 27. 9. 1996 – BStBl. 1997 II S. 146),
– **Umlagezahlungen** des Arbeitgebers an die Versorgungsanstalt des Bundes und der Länder (→ BFH vom 7. 5. 2009 – BStBl. 2010 II S. 194),
– ggf. Beiträge für eine und Leistungen aus einer **Unfallversicherung** (→ BMF vom 28. 10. 2009 – BStBl. I S. 1275),[4]
– Leistungen aus **Unterstützungskassen** (→ BFH vom 28. 3. 1958 – BStBl. III S. 268), soweit sie nicht nach R 3.11 Abs. 2 steuerfrei sind,
– **Vermittlungsprovisionen** (→ R 19.4),
– **Verzinsungen von Genussrechten,** wenn die Höhe der Verzinsung völlig unbestimmt ist und von einem aus Arbeitgeber und einem Vertreter der Arbeitnehmer bestehenden Partnerschaftsausschuss bestimmt wird (→ BFH vom 21. 10. 2014 – BStBl. 2015 II S. 593),
– Ausgleichszahlungen, die der Arbeitnehmer für seine in der Arbeitsphase erbrachten **Vorleistungen** erhält, wenn ein im Blockmodell geführtes Altersteilzeitarbeitsverhältnis vor Ablauf der vertraglich vereinbarten Zeit beendet wird (→ BFH vom 15. 12. 2011 – BStBl. 2012 II S. 415).

---

[1] Jetzt BMF vom 11. 11. 2024 (BStBl. I 2024 S. 1412), nachfolgend abgedruckt als Anlage a zu LStH 19.3.
[2] Abgedruckt als Anlage c zu LStH 39.5.
[3] Abgedruckt als Anlage c zu LStH 39.5.
[4] Abgedruckt als Anlage a zu LStH 40 b.1.

LStH 19.3

– Entgelte für Werbung des Arbeitgebers auf dem Kennzeichenhalter des privaten Pkw des Arbeitnehmers, wenn dem mit dem Arbeitnehmer abgeschlossenen „Werbemietvertrag" kein eigenständiger wirtschaftlicher Gehalt zukommt (→ BFH vom 21. 6. 2022 – BStBl. 2023 II S. 87).

Nicht zum Arbeitslohn gehören[1]

– **Aufmerksamkeiten** (→ R 19.6),
– **Arbeitnehmeranteile am Gesamtsozialversicherungsbeitrag,** die der Arbeitgeber wegen der gesetzlichen Beitragslastverschiebung nachzuentrichten und zu übernehmen hat (§ 3 Nr. 62 EStG), es sei denn, dass Arbeitgeber und Arbeitnehmer eine Nettolohnvereinbarung getroffen haben oder der Arbeitgeber zwecks Steuer- und Beitragshinterziehung die Unmöglichkeit einer späteren Rückbelastung beim Arbeitnehmer bewusst in Kauf genommen hat (→ BFH vom 29. 10. 1993 – BStBl. 1994 II S. 194 und vom 13. 9. 2007 – BStBl. 2008 II S. 58),
– aufgrund eines Summenbescheids nach § 28 f Abs. 2 SGB IV durch den Arbeitgeber (nach-)entrichtete Beiträge zur Gesamtsozialversicherung (→ BFH vom 15. 6. 2023 – BStBl. II S. 1066),
– Beiträge zur eigenen **Berufshaftpflichtversicherung** des Arbeitgebers (→ BFH vom 19. 11. 2015 – BStBl. 2016 II S. 301 zur Betriebshaftpflichtversicherung eines Krankenhauses, → BFH vom 19. 11. 2015 – BStBl. 2016 II S. 303 zur Berufshaftpflichtversicherung einer Rechtsanwalts-GmbH und → BFH vom 10. 3. 2016 – BStBl. II S. 621 zur Berufshaftpflichtversicherung einer Rechtsanwalts-GbR),
– Beiträge des Bundes nach **§ 15 FELEG** (→ BFH vom 14. 4. 2005 – BStBl. II S. 569),
– **Fort- oder Weiterbildungsleistungen** (→ R 19.7),
– Kostenerstattungen eines kirchlichen Arbeitgebers an seine Beschäftigten für die Erteilung erweiteter Führungszeugnisse, zu deren Einholung der Arbeitgeber kirchenrechtlich verpflichtet ist (→ BFH vom 8. 2. 2024 – BStBl. II S. 527),
– **Gestellung einheitlicher,** während der Arbeitszeit zu tragender bürgerlicher **Kleidung,** wenn das eigenbetriebliche Interesse des Arbeitgebers im Vordergrund steht bzw. kein geldwerter Vorteil des Arbeitnehmers anzunehmen ist (→ BFH vom 22. 6. 2006 – BStBl. II S. 915); zur Überlassung hochwertiger Kleidung → BFH vom 11. 4. 2006 (BStBl. II S. 691),
– **Leistungen zur Verbesserung der Arbeitsbedingungen,** z. B. die Bereitstellung von Aufenthalts- und Erholungsräumen sowie von betriebseigenen Dusch- und Badeanlagen; sie werden der Belegschaft als Gesamtheit und damit in überwiegendem betrieblichen Interesse zugewendet (→ BFH vom 25. 7. 1986 – BStBl. II S. 868),[2]
– der aus einer Managementbeteiligung an einer Kapitalgesellschaft erzielte Veräußerungserlös, wenn die Beteiligung als eine eigenständige Erwerbsgrundlage zur Erzielung von Einkünften anzusehen ist (→ BFH vom 1. 12. 2020 – BStBl. 2024 II S. 384),
– **Maßnahmen** des Arbeitgebers zur Vorbeugung spezifisch berufsbedingter Beeinträchtigungen der **Gesundheit,** wenn die Notwendigkeit der Maßnahmen zur Verhinderung krankheitsbedingter Arbeitsausfälle durch Auskünfte des medizinischen Dienstes einer Krankenkasse bzw. Berufsgenossenschaft oder durch Sachverständigengutachten bestätigt wird (→ BFH vom 30. 5. 2001 – BStBl. II S. 671),
– **Mietzahlungen** des Arbeitgebers für ein im Haus bzw. in der Wohnung des Arbeitnehmers gelegenes Arbeitszimmer, das der Arbeitnehmer für die Erbringung seiner Arbeitsleistung nutzt, wenn die Nutzung des Arbeitszimmers in vorrangigem Interesse des Arbeitgebers erfolgt (→ BMF vom 18. 4. 2019 – BStBl. I S. 461),[3]
– Gewinne aus der marktüblichen Veräußerung einer Mitarbeiterbeteiligung (→ BFH vom 14. 12. 2023 – BStBl. 2024 II S. 387),
– **Nutzungsentgelt** für eine dem Arbeitgeber überlassene eigene **Garage,** in der ein Dienstwagen untergestellt wird (→ BFH vom 7. 6. 2002 – BStBl. II S. 829),
– **Rabatte,** die der Arbeitgeber nicht nur seinen Arbeitnehmern, sondern **auch fremden Dritten** üblicherweise einräumt (→ BFH vom 26. 7. 2012 – BStBl. 2013 II S. 402 zu Mitarbeiterrabatten in der Automobilbranche und BFH vom 10. 4. 2014 – BStBl. 2015 II S. 191 zu Rabatten beim Abschluss von Versicherungsverträgen),
– **übliche Sachleistungen** des Arbeitgebers anlässlich einer betrieblichen Veranstaltung im Zusammenhang mit einem runden Geburtstag des Arbeitnehmers im Rahmen des R 19.3 Abs. 2 Nr. 4 LStR; zur Abgrenzung einer betrieblichen Veranstaltung von einem privaten Fest des Arbeitnehmers → BFH vom 28. 1. 2003 (BStBl. II S. 724),
– **Schadensersatzleistungen,** soweit der Arbeitgeber zur Leistung gesetzlich verpflichtet ist oder soweit der Arbeitgeber einen zivilrechtlichen Schadensersatzanspruch des Arbeitnehmers wegen schuldhafter Verletzung arbeitsvertraglicher Fürsorgepflichten erfüllt (→ BFH vom 20. 9. 1996 – BStBl. 1997 II S. 144) und BFH vom 25. 4. 2018 – BStBl. II S. 600); zur

[1] Arbeitgeberleistungen auf einen Summenbescheid nach § 28 f Abs. 2 SGB IV (BFH vom 15. 6. 2023, BStBl. II S. 1066).
[2] Zur Überlassung von Parkplätzen durch den Arbeitgeber als nicht zum Arbeitslohn gehörend vgl. FinMin Nordrhein-Westfalen, Erlass vom 28. 9. 2006 (StEK EStG § 8 Nr. 527) und OFD Münster, Verfügung vom 25. 6. 2007 (DStR S. 1677).
[3] Nachstehend abgedruckt als Anlage d zu LStH 19.3.

LStH 19.3

Aufteilung einer einheitlichen Zahlung in Arbeitslohn und Schadensersatz → BFH vom 9. 1. 2018 (BStBl. II S. 582),

– **Steuerberatungskosten,** die der Arbeitgeber, der mit dem Arbeitnehmer unter Abtretung der Steuererstattungsansprüche eine Nettolohnvereinbarung abgeschlossen hat, für die Erstellung der Einkommensteuererklärungen des Arbeitnehmers übernimmt (→ BMF vom 12. 12. 2023 – BStBl. I S. 2179, Rn. 345 f.),[1]
– **Vergütungen eines Sportvereins an Amateursportler,** wenn die Vergütungen die mit der Tätigkeit zusammenhängenden Aufwendungen nur unwesentlich übersteigen (→ BFH vom 23. 10. 1992 – BStBl. 1993 II S. 303),
– **Vergütungen für Sanitätshelfer des DRK,** wenn sie als pauschale Erstattung der Selbstkosten beurteilt werden können, weil sie die durch die ehrenamtliche Tätigkeit veranlassten Aufwendungen regelmäßig nur unwesentlich übersteigen (→ BFH vom 4. 8. 1994 – BStBl. II S. 944),
– vom Arbeitnehmer **veruntreute Beträge** (→ BFH vom 13. 11. 2012 – BStBl. 2013 II S. 929),
– vom Arbeitgeber gezahlte **Verwarnungsgelder**, die er gem. § 56 Abs. 1 Satz 1 OWiG (Halterhaftung) als eigene Schuld leistet (→ BFH vom 13. 8. 2020 – BStBl. 2021 II S. 103),
– **Vorsorgeuntersuchungen leitender Angestellter** → BFH vom 17. 9. 1982 (BStBl. 1983 II S. 39),
– **Zuwendungen aus persönlichem Anlass** (→ R 19.6).

Steuerfrei sind

– die Leistungen nach dem **AltTZG**[2] nach § 3 Nr. 28 EStG (→ R 3.28),
– **Aufwandsentschädigungen** nach § 3 Nr. 12 (→ R 3.12) und Einnahmen bis zum Höchstbetrag nach § 3 Nr. 26 und 26 a EStG (→ R 3.26),
– durchlaufende Gelder und **Auslagenersatz** nach § 3 Nr. 50 EStG (→ R 3.50),
– **Beihilfen und Unterstützungen,** die wegen Hilfsbedürftigkeit gewährt werden nach § 3 Nr. 11 EStG (→ R 3.11),
– der Wert der unentgeltlich oder verbilligt überlassenen **Berufskleidung** sowie die Barablösung des Anspruchs auf Gestellung typischer Berufskleidung nach § 3 Nr. 31 EStG (→ R 3.31),
– die Erstattung von Mehraufwendungen bei **doppelter Haushaltsführung** nach § 3 Nr. 13 und 16 EStG (→ R 3.13, 3.16 und 9.11),
– **Arbeitgeberleistungen für Fahrten i. S. d. § 3 Nr. 15 EStG,**
– **Fürsorgeleistungen** des Arbeitgebers zur besseren Vereinbarkeit von Familie und Beruf nach § 3 Nr. 34 a EStG,
– die Maßnahmen der **Gesundheitsförderung** bis zum Höchstbetrag nach § 3 Nr. 34 EStG,
– der **Kaufkraftausgleich** nach § 3 Nr. 64 EStG (→ R 3.64),
– Leistungen des Arbeitgebers für die Unterbringung und Betreuung von nicht schulpflichtigen **Kindern** nach § 3 Nr. 33 EStG (→ R 3.33),
– der Ersatz von **Reisekosten** nach § 3 Nr. 13 und 16 EStG (→ R 3.13, 3.16 und 9.4 bis 9.8),
– die betrieblich notwendige **Sammelbeförderung** des Arbeitnehmers nach § 3 Nr. 32 EStG (→ R 3.32),
– **Studienbeihilfen und Stipendien** nach § 3 Nr. 11 und 44 EStG (→ R 4.1 und R 3.44 EStR),
– vom Arbeitgeber nach R 3.50 Abs. 2 ersetzte Aufwendungen für **Telekommunikation,**
– geldwerte Vorteile aus der privaten Nutzung betrieblicher PC und **Datenverarbeitungsgeräte** nach § 3 Nr. 45 EStG (→ R 3.45),
– **Trinkgelder** nach § 3 Nr. 51 EStG,
– der Ersatz von **Umzugskosten** nach § 3 Nr. 13 und 16 EStG (→ R 3.13, 3.16 und 9.9),
– der Ersatz von **Unterkunftskosten** sowie die unentgeltliche oder teilentgeltliche Überlassung einer Unterkunft nach
  § 3 Nr. 13 EStG (→ R 3.13),
  § 3 Nr. 16 EStG (→ R 9.7 und 9.11),
– der Ersatz von **Verpflegungskosten** nach
  § 3 Nr. 4 Buchstabe c EStG (→ R 3.4),
  § 3 Nr. 12 EStG (→ R 3.12),
  § 3 Nr. 13 EStG (→ R 3.13),
  § 3 Nr. 16 EStG (→ R 9.6 und 9.11),
  § 3 Nr. 26 EStG (→ R 3.26),
– **Werkzeuggeld** nach § 3 Nr. 30 EStG (→ R 3.30),
– **Zukunftssicherungsleistungen** des Arbeitgebers aufgrund gesetzlicher Verpflichtung und gleichgestellte Zuschüsse nach § 3 Nr. 62 EStG (→ § 2 Abs. 2 Nr. 3 LStDV[3] und R 3.62),
– **Zuschläge** für Sonntags-, Feiertags- oder Nachtarbeit nach § 3 b EStG (→ R 3 b).

[1] Abgedruckt als Anlage c zu LStH 39.5.
[2] Abgedruckt in Anhang **I 14**.
[3] Vorstehend abgedruckt bei § 19 EStG.

LStH 19.3

Gehaltsverzicht → R 3.33 und 38.2.

Lohnverwendungsabrede. Arbeitslohn fließt nicht nur dadurch zu, dass der Arbeitgeber den Lohn auszahlt oder überweist, sondern auch dadurch, dass der Arbeitgeber eine mit dem Arbeitnehmer getroffene Lohnverwendungsabrede (eine konstitutive Verwendungsauflage) erfüllt. Keinen Lohn erhält der Arbeitnehmer hingegen dann, wenn der Arbeitnehmer auf Lohn verzichtet und keine Bedingungen an die Verwendung der freigewordenen Mittel knüpft (→ BFH vom 23. 9. 1998 – BStBl. 1999 II S. 98).

Lohnzahlung durch Dritte. Die Zuwendung eines Dritten kann Arbeitslohn sein, wenn sie als Entgelt für eine Leistung beurteilt werden kann, die der Arbeitnehmer im Rahmen seines Dienstverhältnisses für seinen Arbeitgeber erbringt, erbracht hat oder erbringen soll (→ BFH vom 28. 2. 2013 – BStBl. II S. 642). Bei Zuflüssen von dritter Seite können die Einnahmen insbesondere dann Ertrag der nichtselbständigen Arbeit sein, wenn sie
- aufgrund konkreter Vereinbarungen mit dem Arbeitgeber beruhen (→ BFH vom 28. 3. 1958 – BStBl. III S. 268 und vom 27. 1. 1961 – BStBl. III S. 167 zu Leistungen aus einer **Unterstützungskasse**),
- aufgrund gesellschaftsrechtlicher oder geschäftlicher Beziehungen des Dritten zum Arbeitgeber gewährt werden (→ BFH vom 21. 2. 1986 – BStBl. II S. 768 zur unentgeltlichen oder teilentgeltlichen Überlassung von **Belegschaftsaktien** an Mitarbeiter verbundener Unternehmen und vom 1. 9. 2016 – BStBl. 2017 II S. 69 zum verbilligten Erwerb einer GmbH-Beteiligung durch eine vom Geschäftsführer des Arbeitgebers beherrschte GmbH),
- dem Empfänger mit Rücksicht auf das Dienstverhältnis zufließen (→ BFH vom 19. 8. 2004 – BStBl. II S. 1076 zur **Wohnungsüberlassung**),
- → H 38.4 (Lohnzahlung durch Dritte).

Negativer Arbeitslohn. Wird ein fehlgeschlagenes Mitarbeiterbeteiligungsprogramm rückgängig gemacht, indem zuvor vergünstigt erworbene Aktien an den Arbeitgeber zurückgegeben werden, liegen negative Einnahmen bzw. Werbungskosten vor (→ BFH vom 17. 9. 2009 – BStBl. 2010 II S. 299).

Pensionszusage, Ablösung → BMF vom 4. 7. 2017 (BStBl. I S. 883);[1] zur Übertragung der betrieblichen Altersversorgung → § 3 Nr. 55, Nr. 65 und Nr. 66 EStG und BMF vom 12. 8. 2021 (BStBl. I S. 1050) unter Berücksichtigung der Änderungen durch BMF vom 18. 3. 2022 (BStBl. I S. 333), Rn. 53 ff.[2]

Rabattgewährung durch Dritte → BMF vom 20. 1. 2015 (BStBl. I S. 143).[3]

Rückzahlung von Arbeitslohn. Arbeitslohnrückzahlungen sind nur dann anzunehmen, wenn der Arbeitnehmer an den Arbeitgeber die Leistungen, die bei ihm als Lohnzahlungen zu qualifizieren waren, zurückzahlt. Der Veranlassungszusammenhang zum Arbeitsverhältnis darf aber nicht beendet worden sein (→ BFH vom 10. 8. 2010 – BStBl. II S. 1074 zum fehlgeschlagenen Grundstückserwerb vom Arbeitgeber); → H 11.

Zinsen. Soweit die Arbeitnehmer von Kreditinstituten und ihre Angehörigen auf ihre Einlagen beim Arbeitgeber höhere Zinsen erhalten als betriebsfremde Anleger, sind die zusätzlichen Zinsen durch das Dienstverhältnis veranlasst und dem Lohnsteuerabzug zu unterwerfen. Aus Vereinfachungsgründen ist es jedoch nicht zu beanstanden, wenn der Zusatzzins als Einnahmen aus Kapitalvermögen behandelt wird, sofern der dem Arbeitnehmer und seinen Angehörigen eingeräumte Zinssatz nicht mehr als 1 Prozentpunkt über dem Zinssatz liegt, den die kontoführende Stelle des Arbeitgebers betriebsfremden Anlegern im allgemeinen Geschäftsverkehr anbietet (→ BMF vom 2. 3. 1990 – BStBl. I S. 141).[4]

Zufluss von Arbeitslohn → R 38.2.

Zum Lohnsteuerabzug → R 38.4.

– EStR/EStH abgedruckt in Anhang II –

Anl a zu LStH 19.3

a) Schreiben betr. lohnsteuerliche Behandlung der Aufwendungen des Arbeitgebers für sicherheitsgefährdete Arbeitnehmer; Sicherheitsmaßnahmen

Vom 11. November 2024 (BStBl. I S. 1412)

(BMF IV C 5 – S 2332/23/10006 :001; DOK 2024/0993358)

46 **Anwendungsregelung**

Dieses Schreiben ist in allen offenen Fällen anzuwenden und ersetzt das BMF-Schreiben vom 30. Juni 1997 (BStBl. I Seite 696)[5]. In den Fällen einer nicht konkreten Positionsgefährdung sind die Grundsätze

[1] Abgedruckt im Anhang **I 15 d**.
[2] Abgedruckt im Anhang **I 15 b**.
[3] Abgedruckt als Anlage a zu LStH 8.2.
[4] Nicht abgedruckt, da LStH den Inhalt des BMF-Schreibens wiedergeben.
[5] Abgedruckt im *„Handbuch zur Lohnsteuer 2024"* als Anlage a zu LStH 19.3.

des BMF-Schreibens vom 30. Juni 1997 (BStBl. I Seite 696) letztmalig auf den laufenden Arbeitslohn anzuwenden, der für einen vor dem 1. Januar 2025 endenden Lohnzahlungszeitraum gezahlt wird, und auf sonstige Bezüge, die vor dem 1. Januar 2025 zufließen.

Es ist gefragt worden, wie die vom Arbeitgeber getragenen oder ersetzten Aufwendungen für Sicherheitsmaßnahmen bei Arbeitnehmern, die aufgrund ihrer beruflichen Position einer konkreten Positionsgefährdung ausgesetzt sind, lohnsteuerlich zu behandeln sind. Unter Bezugnahme auf das Ergebnis der Erörterungen mit den obersten Finanzbehörden der Länder gilt zur einkommen- und lohnsteuerlichen Behandlung der Aufwendungen Folgendes:

1. Personenschutz

1 Aufwendungen des Arbeitgebers für das ausschließlich mit dem Personenschutz befasste Personal (z. B. Leibwächter, Personenschützer) führen nicht zu steuerpflichtigem Arbeitslohn der konkret zu schützenden Person, weil diese Vorteile im ganz überwiegend eigenbetrieblichen Interesse des Arbeitgebers gewährt werden.

2. Einbau von Sicherheitseinrichtungen

2 Bei den Aufwendungen des Arbeitgebers für den Einbau von Sicherheitseinrichtungen (Grund- und Spezialschutz) in eine Mietwohnung oder in ein zu eigenen Wohnzwecken genutztes Wohneigentum zum Schutze konkret positionsgefährdeter Arbeitnehmer beurteilt sich die Frage, ob diese Vorteile steuerpflichtiger Arbeitslohn sind oder im ganz überwiegend eigenbetrieblichen Interesse des Arbeitgebers gewährt werden, nach dem Maß der Gefährdung des einzelnen Arbeitnehmers. Für die lohnsteuerliche Behandlung ist es unerheblich, ob die Sicherheitseinrichtungen in das Eigentum des Arbeitnehmers übergehen oder nicht. Die dem Arbeitgeber entstehenden Betriebs- und Wartungskosten teilen steuerlich das Schicksal der Einbaukosten. Sie sind gegebenenfalls nur anteilig nach dem Verhältnis des steuerpflichtigen Anteils an den Gesamteinbaukosten steuerpflichtig.

3. Arbeitnehmer mit konkreter Positionsgefährdung

3 Bei Arbeitnehmern, die durch eine für die Gefährdungsanalyse zuständige Behörde (Sicherheitsbehörde) in die Gefährdungsstufen 1 bis 3 eingeordnet sind, ergibt sich durch den Einbau der Sicherheitseinrichtungen in der Regel kein steuerpflichtiger Arbeitslohn, weil Vorteile aus dem Einbau im ganz überwiegend eigenbetrieblichen Interesse des Arbeitgebers gewährt werden. Bei Arbeitnehmern der Gefährdungsstufe 3 gilt dies allerdings in der Regel nur bis zu dem Betrag, der vergleichbaren Bundesbediensteten als Regelbetrag zur Verfügung gestellt wird; dieser beträgt 30.000 Euro. Bei höheren Aufwendungen ist von einem ganz überwiegend eigenbetrieblichen Interesse des Arbeitgebers auszugehen, soweit sie den Einbau von Sicherheitseinrichtungen betreffen, die von der Sicherheitsbehörde empfohlen worden sind.

4 Bei Arbeitnehmern, für die keine konkrete Gefährdungslage im Sinne der Rn. 3 vorliegt, handelt es sich bei den Aufwendungen des Arbeitgebers um steuerpflichtigen Arbeitslohn.

4. Zuflusszeitpunkt

5 Der in Rn. 3 bezeichnete Höchstbetrag gilt auch, wenn die Aufwendungen in verschiedenen Veranlagungszeiträumen angefallen sind. Die steuerpflichtigen Vorteile fließen dem Arbeitnehmer beim Einbau sofort als Arbeitslohn zu.

5. Änderung der Gefährdungsstufe

6 Eine spätere Änderung der Gefährdungsstufe löst keine steuerlichen Konsequenzen aus (z. B. die Erfassung eines Vorteils nach Herabsetzung, kein negativer Arbeitslohn bei Heraufsetzung der Gefährdungsstufe), es sei denn, sie erfolgt noch innerhalb des Jahres, in dem die Sicherheitseinrichtungen eingebaut worden sind.

6. Ersatz von Aufwendungen für den Einbau von Sicherheitseinrichtungen

7 Ersetzt der Arbeitgeber dem Arbeitnehmer Aufwendungen für den Einbau von Sicherheitseinrichtungen oder mit diesen Sicherheitseinrichtungen verbundene laufende Betriebs- oder Wartungskosten, ist der Ersatz unter den Voraussetzungen der Rn. 3 ebenfalls kein steuerpflichtiger Arbeitslohn, gegebenenfalls nur anteilig nach dem Verhältnis des nicht steuerpflichtigen Anteils an den Gesamteinbaukosten. Dies gilt allerdings nur dann, wenn die Aufwendungen in zeitlichem Zusammenhang mit dem Einbau oder der Zahlung laufender Betriebs- oder Wartungskosten durch den Arbeitnehmer ersetzt werden; andernfalls ist der Aufwendungsersatz steuerpflichtiger Arbeitslohn.

8 Nicht vom Arbeitgeber ersetzte Aufwendungen des konkret gefährdeten Arbeitnehmers für Sicherheitseinrichtungen sind als Werbungskosten bei den Einkünften aus nichtselbständiger Arbeit abziehbar. Aufwendungen eines nicht konkret gefährdeten Arbeitnehmers für Sicherheitseinrichtungen gehören zu den Kosten der privaten Lebensführung (BFH vom 5. April 2006, BStBl. II S. 541).

7. Sicherheitsgeschützte Kraftfahrzeuge

9 Zur Überlassung eines sicherheitsgeschützten Kraftfahrzeugs zur privaten Nutzung vgl. R 8.1 Absatz 9 Nummer 1 Satz 7 LStR und Absatz 10 Satz 3 Nummer 4 sowie Rn. 38 des BMF-Schreibens vom 3. März 2022 (BStBl. I S. 232)[1].

---

[1] Abgedruckt als Anlage c zu LStH 8.1.

Anl b zu LStH 19.3

b) Erlass betr. lohn- und einkommensteuerrechtliche Behandlung der Beiträge zu Directors & Officers-Versicherungen (D & O-Versicherung)

Vom 25. Januar 2002 (DStR S. 678)

(FinMin Niedersachsen S 2332-161-35, S 2245-21-31 2)

48 Zu der Frage, wie Beiträge an eine D&O-Versicherung lohn- und einkommensteuerlich zu behandeln sind, wird gebeten, folgende Auffassung zu vertreten:

Bei Versicherten, die Arbeitnehmer sind, ist von einem überwiegend eigenbetrieblichen Interesse des Arbeitgebers auszugehen, so dass die Beitrage nicht zum Arbeitslohn der versicherten Arbeitnehmer gehören, wenn

- es sich bei der D&O-Versicherung um eine Vermögensschaden-Haftpflichtversicherung handelt, die in erster Linie der Absicherung des Unternehmens oder des Unternehmenswerts gegen Schadenersatzforderungen Dritten gegenüber dem Unternehmen dient, die ihren Grund in dem Tätigwerden oder Untätigbleiben der für das Unternehmen verantwortlich handelnden und entscheidenden Organe und Leitungsverantwortlichen haben,
- die D&O-Verträge besondere Klauseln zur Firmenhaftung oder sog. Company Reimbursement enthalten, die im Ergebnis dazu führen, dass der Versicherungsanspruch aus der Versicherungsleistung dem Unternehmen als Versicherungsnehmer zusteht,
- des Weiteren die D&O-Versicherung dadurch gekennzeichnet ist, dass
  - regelmäßig das Management als Ganzes versichert ist und Versicherungsschutz für einzelne Personen nicht in Betracht kommt,
  - Basis der Prämienkalkulation nicht individuelle Merkmale der versicherten Organmitglieder sind, sondern Betriebsdaten des Unternehmens und dabei die Versicherungssummen deutlich höher sind als typischerweise Privatvermögen.

Ein überwiegend eigenbetriebliches Interesse des Arbeitgebers ist hingegen zu verneinen, wenn Risiken versichert werden, die üblicherweise durch eine individuelle Berufshaftpflichtversicherung abgedeckt werden. In diesem Fall sind die Beiträge als Arbeitslohn zu versteuern. In gleicher Höhe liegen beim Arbeitnehmer jedoch Werbungskosten vor, auf die der Arbeitnehmer-Pauschbetrag anzurechnen ist.

Bei Versicherten, die nicht Arbeitnehmer sind (Aufsichtsratsmitglieder), ist entsprechend zu verfahren. Daher führt die Zahlung von Versicherungsprämien für D&O-Versicherungen durch die Gesellschaft weder zu Betriebseinnahmen noch zu Betriebsausgaben des versicherten Aufsichtsratsmitglieds, wenn die oben genannten Voraussetzungen vorliegen.

Dieser Erlass ergeht im Einvernehmen mit dem Bundesministerium der Finanzen und den obersten Finanzbehörden der anderen Länder.

Anl c zu LStH 19.3

c) Erlass betr. lohnsteuerliche Behandlung der Aufwendungen des Arbeitgebers für einen Geburtstagsempfang seines Arbeitnehmers

Vom 24. Februar 2004 (DStR 2004 S. 557)

(FinMin Hessen S 2332 A – 110 – II 3 b)

49 Zur Anwendung der Neuregelung in R 70 Abs. 2 Nr. 3 LStR 2004[1] wird im Einvernehmen mit den obersten Finanzbehörden des Bundes und der anderen Länder folgende Auffassung vertreten:

Lädt ein Arbeitgeber anlässlich eines Geburtstags eines Arbeitnehmers Geschäftsfreunde, Repräsentanten des öffentlichen Lebens, Vertreter von Verbänden und Berufsorganisationen sowie Mitarbeiter zu einem Empfang ein, so ist unter Berücksichtigung aller Umstände des Einzelfalls zu entscheiden, ob es sich um ein Fest des Arbeitgebers (betriebliche Veranstaltung, aber keine Betriebsveranstaltung i. S. des R 72 LStR)[2] oder um ein privates Fest des Arbeitnehmers handelt (BFH v. 28. 1. 2003, VI R 48/99, BStBl. II 2004 S. 724). Dieser Grundsatz gilt sowohl für Veranstaltungen (Empfänge) privater als auch öffentlicher Arbeitgeber.

1. Bei einem *privaten Fest des Arbeitnehmers* sind sämtliche vom Arbeitgeber getragenen Aufwendungen dem steuerpflichtigen Arbeitslohn dieses Arbeitnehmers zuzurechnen.
2. Bei einem *Fest des Arbeitgebers* (betriebliche Veranstaltung) anlässlich eines runden Geburtstages eines Arbeitnehmers (z. B. Vollendung des 50., 60. oder 65. Lebensjahres) sind die anteiligen Aufwendungen des Arbeitgebers, die auf den Arbeitnehmer selbst, seine Familienangehörigen sowie private Gäste des Arbeitnehmers entfallen, dem steuerpflichtigen Arbeitslohn des Arbeitnehmers hinzuzurechnen, wenn die Aufwendungen des Arbeitgebers einschließlich Umsatzsteuer mehr als 110 Euro je teilnehmender Person betragen (R 70 Abs. 2 Nr. 3 LStR 2004).[3]

Beispiele:

a) Die Bruttoaufwendungen bei einem Fest des Arbeitgebers (betriebliche Veranstaltung) für einen Empfang anlässlich des 60. Geburtstags des Arbeitnehmers A betragen 8000 Euro. Unter den 80 teilnehmenden Gästen sind neben dem Arbeitnehmer auch seine Ehefrau, seine beiden Kinder und vier weitere private Gäste.
Da die Aufwendungen je teilnehmender Person 100 Euro betragen (8000 Euro : 80 Gäste = 100 Euro), sind sie nicht – auch nicht anteilig – dem Arbeitslohn des A hinzuzurechnen.

b) Die Bruttoaufwendungen des Arbeitgebers betragen 9600 Euro. Je teilnehmender Person betragen die Bruttoaufwendungen des Arbeitgebers 120 Euro (9600 Euro: 80 Gäste). Die auf A, seine Ehefrau, seine beiden Kinder und die auf

[1] Vgl. jetzt LStR 19.3 Abs. 2 Nr. 3 und 4.
[2] Jetzt § 19 Abs. 1 Satz 1 Nr. 1 a EStG.
[3] Vgl. jetzt LStR 19.3 Abs. 2 Nr. 3 und 4.

seine vier privaten Gäste entfallenden Aufwendungen i. H. von 960 Euro (8 Personen á 120 Euro) sind dem Arbeitslohn des A hinzuzurechnen. Für die auf die übrigen 72 teilnehmenden Personen entfallenden Aufwendungen ist kein geldwerter Vorteil anzusetzen (R 31 Abs. 8 Nr. 1 LStR).[1] Die gesamten Aufwendungen unterliegen beim Arbeitgeber der Abzugsbeschränkung für Bewirtungsaufwendungen nach § 4 Abs. 5 Nr. 2 EStG. Anl c zu LStH 19.3

Für ein Fest des Arbeitgebers (betriebliche Veranstaltung) spricht, dass

- dieser als Gastgeber auftritt,
- er die Gästeliste nach geschäftsbezogenen Gesichtspunkten bestimmt,
- er in seine Geschäftsräume einlädt und
- das Fest den Charakter einer betrieblichen Veranstaltung und nicht einer privaten Feier des Arbeitnehmers hat.

Der Geburtstag des Arbeitnehmers darf also nicht das tragende Element der Veranstaltung sein, sondern lediglich den „Aufhänger" für die ansonsten im Vordergrund stehende Repräsentation des Unternehmens bilden. Unschädlich ist, wenn der Arbeitnehmer einen begrenzten Kreis der teilnehmenden Personen selbst benennen kann (sog. private Gäste).

3. Handelt es sich nicht um eine betriebliche Veranstaltung, weil der Arbeitgeber nicht in erster Linie Geschäftsfreunde, Repräsentanten des öffentlichen Lebens oder Verbandsvertreter eingeladen hat, und ist die Veranstaltung auf Grund ihrer Ausgestaltung auch nicht als privates Fest des Arbeitnehmers anzusehen, kann es sich um eine Betriebsveranstaltung i. S. des R 72 LStR[2] handeln.

Anl d zu LStH 19.3

d) Schreiben betr. Vermietung eines Arbeitszimmers oder einer als Homeoffice genutzten Wohnung an den Arbeitgeber; Anwendung der BFH-Urteile vom 16. September 2004 (BStBl. 2006 II S. 10) und vom 17. April 2018 (BStBl. 2019 II S. 219)

Vom 18. April 2019 (BStBl. I S. 461)

(BMF IV C 1 – S 2211/16/10003 :005; DOK 2019/46116)

Zur einkommensteuerrechtlichen Beurteilung der Vermietung eines Arbeitszimmers oder einer als Homeoffice genutzten Wohnung durch einen Arbeitnehmer an seinen Arbeitgeber gelten unter Bezugnahme auf das Ergebnis der Erörterungen mit den obersten Finanzbehörden der Länder und unter Berücksichtigung der Urteile des BFH vom 19. Oktober 2001 (BStBl. 2002 II S. 300), 20. März 2003 (BStBl. II S. 519), 16. September 2004 (BStBl. 2006 II S. 10) und 17. April 2018 (BStBl. 2019 II S. 219) die folgenden Grundsätze: 50

Die Beurteilung von Leistungen des Arbeitgebers für ein im Haus oder in der Wohnung des Arbeitnehmers gelegenes Arbeitszimmer oder für eine Wohnung des Arbeitnehmers, die dieser zweckfremd als Homeoffice nutzt, als Arbeitslohn oder als Einnahmen aus Vermietung und Verpachtung ist daran auszurichten, in wessen vorrangigem Interesse die Nutzung erfolgt.

I. Einkünfte aus nichtselbständiger Arbeit

Zu den Einkünften aus nichtselbständiger Arbeit gehören nach § 19 Abs. 1 Satz 1 Nr. 1 EStG auch andere Bezüge und Vorteile, die durch das individuelle Dienstverhältnis des Arbeitnehmers veranlasst sind. Hieran fehlt es, wenn der Arbeitgeber dem Arbeitnehmer Bezüge und Vorteile aufgrund einer anderen, neben dem Dienstverhältnis gesondert bestehenden Rechtsbeziehung – beispielsweise einem Mietverhältnis – zuwendet.

Dient das Arbeitszimmer oder die als Homeoffice genutzte Wohnung in erster Linie dem Interesse des Arbeitnehmers, ist davon auszugehen, dass die Leistungen des Arbeitgebers als Gegenleistung für das Zurverfügungstellen der individuellen Arbeitskraft des Arbeitnehmers erfolgen. Die Einnahmen sind als Arbeitslohn zu beurteilen. Einkünfte aus Vermietung und Verpachtung liegen dann nicht vor (§ 21 Abs. 3 EStG).

Ein für den Arbeitslohncharakter der Leistungen des Arbeitgebers an den Arbeitnehmer sprechendes gewichtiges Indiz liegt vor, wenn der Arbeitnehmer im Betrieb des Arbeitgebers über einen weiteren Arbeitsplatz verfügt und die Nutzung des Arbeitszimmers oder der als Homeoffice genutzten Wohnung vom Arbeitgeber lediglich gestattet oder geduldet wird. In diesem Fall ist grundsätzlich von einem vorrangigen Interesse des Arbeitnehmers an der Nutzung auszugehen. Zur Widerlegung dieser Annahme muss der Steuerpflichtige das vorrangige Interesse seines Arbeitgebers am zusätzlichen Arbeitsplatz, hinter welches das Interesse des Steuerpflichtigen zurücktritt, nachweisen. Ein etwa gleichgerichtetes Interesse von Arbeitgeber und Arbeitnehmer reicht nicht aus.

II. Einkünfte aus Vermietung und Verpachtung

Eine für die Zuordnung der Leistungen des Arbeitgebers an den Arbeitnehmer zu den Einkünften aus Vermietung und Verpachtung i. S. v. § 21 Abs. 1 Satz 1 Nr. 1 EStG erforderliche, neben dem Dienstverhältnis gesondert bestehende Rechtsbeziehung setzt voraus, dass das Arbeitszimmer oder die als Homeoffice genutzte Wohnung vorrangig im betrieblichen Interesse des Arbeitsgebers genutzt wird und dieses Interesse über die Entlohnung des Arbeitnehmers sowie über die Erbringung der jeweiligen Arbeitsleistung hinausgeht. Die Ausgestaltung der Vereinbarung zwischen Arbeitgeber und Arbeitnehmer als auch die tatsächliche Nutzung des angemieteten Arbeitszimmers oder der als Homeoffice genutzten Wohnung des Arbeitnehmers müssen maßgeblich und objektiv nachvollziehbar von den Bedürfnissen des Arbeitgebers geprägt sein.

---

[1] Jetzt LStR 8.1 Abs. 8 Nr. 1.
[2] Jetzt § 19 Abs. 1 Satz 1 Nr. 1 a EStG.

Anl d zu LStH 19.3

Für das Vorliegen eines betrieblichen Interesses des Arbeitgebers sprechen beispielsweise folgende Anhaltspunkte:

- Für den Arbeitnehmer ist im Unternehmen kein geeigneter Arbeitsplatz vorhanden; die Versuche des Arbeitgebers, entsprechende Räume von fremden Dritten anzumieten, sind erfolglos geblieben.
- Der Arbeitgeber hat für andere Arbeitnehmer des Betriebs, die über keine für ein Arbeitszimmer geeignete Wohnung verfügen, entsprechende Rechtsbeziehungen mit fremden Dritten begründet, die nicht in einem Dienstverhältnis zu ihm stehen.
- Es wurde eine ausdrückliche, schriftliche Vereinbarung über die Bedingungen der Nutzung der überlassenen Räumlichkeiten abgeschlossen.

Allerdings muss der Steuerpflichtige auch in diesen Fällen das vorrangige betriebliche Interesse seines Arbeitgebers nachweisen, ansonsten sind die Leistungen als Arbeitslohn entsprechend den Ausführungen zu I. zu beurteilen.

Für das Vorliegen eines betrieblichen Interesses kommt es nicht darauf an,

- ob ein entsprechendes Nutzungsverhältnis zu gleichen Bedingungen auch mit einem fremden Dritten hätte begründet werden können,
- ob der vereinbarte Mietzins die Höhe der ortsüblichen Marktmiete unterschreitet, denn das geforderte betriebliche Interesse an der Nutzung der betreffenden Räumlichkeiten wird durch eine für den Arbeitgeber vorteilhafte Gestaltung der zugrunde liegenden Rechtsbeziehung grundsätzlich nicht in Frage gestellt.

Bei der zweckentfremdeten Vermietung von Wohnraum an den Arbeitgeber zu dessen betrieblichen Zwecken (z. B. Arbeitszimmer, als Homeoffice genutzte Wohnung) handelt es sich um Gewerbeimmobilien, für die die Einkünfteerzielungsabsicht ohne typisierende Vermutung durch objektbezogene Überschussprognose festzustellen ist (vgl. BFH vom 17. April 2018, BStBl. 2019 II S. 219).

Ist das vorrangige betriebliche Interesse des Arbeitgebers an der Vermietung des Arbeitszimmers oder der als Homeoffice genutzten Wohnung vom Arbeitnehmer an den Arbeitgeber nachgewiesen, mangelt es aber an der Einkünfteerzielungsabsicht nach § 21 Abs. 1 Satz 1 Nr. 1 EStG infolge negativer Überschussprognose, handelt es sich um einen steuerlich unbeachtlichen Vorgang auf der privaten Vermögensebene. Eine Zuordnung der Leistungen des Arbeitgebers an den Arbeitnehmer als Arbeitslohn kommt dann im Hinblick auf § 21 Abs. 3 EStG nicht mehr in Betracht.

III. Werbungskostenabzug für das Arbeitszimmer oder die als Homeoffice genutzte Wohnung des Arbeitnehmers

Liegen die Voraussetzungen für die Zuordnung der Leistungen des Arbeitgebers an den Arbeitnehmer zu den Einkünften aus Vermietung und Verpachtung vor, sind die das Arbeitszimmer oder die als Homeoffice genutzte Wohnung betreffenden Aufwendungen in vollem Umfang als Werbungskosten bei den Einkünften aus Vermietung und Verpachtung zu berücksichtigen. Sie fallen nicht unter die Abzugsbeschränkung des § 4 Abs. 5 Satz 1 Nr. 6 b EStG.

Sind die Leistungen des Arbeitgebers an den Arbeitnehmer hingegen als Arbeitslohn zu erfassen, unterliegt der Abzug der Aufwendungen für das Arbeitszimmer oder die als Homeoffice genutzte Wohnung ggf. der Abzugsbeschränkung des § 4 Abs. 5 Satz 1 Nr. 6 b EStG.

Dieses Schreiben findet auf alle offenen Fälle Anwendung. Das BMF-Schreiben vom 13. Dezember 2005 (BStBl. 2006 I S. 4)[1] wird aufgehoben.

Es wird für vor dem 1. Januar 2019 abgeschlossene Mietverträge nicht beanstandet, wenn bei den Einkünften aus Vermietung und Verpachtung nach § 21 Abs. 1 Satz 1 Nr. 1 EStG unverändert entsprechend den Grundsätzen des BFH-Urteils vom 16. September 2004 (BStBl. 2006 II S. 10) eine Einkünfteerzielungsabsicht typisierend angenommen wird.

LStR 19.4

R 19.4 Vermittlungsprovisionen

54 (1) ① Erhalten Arbeitnehmer von ihren Arbeitgebern Vermittlungsprovisionen, sind diese Arbeitslohn. ② Das Gleiche gilt für Provisionen, die ein Dritter an den Arbeitgeber zahlt und dieser an den Arbeitnehmer weiterleitet.

55 (2) ① Provisionszahlungen einer Bausparkasse oder eines Versicherungsunternehmens an Arbeitnehmer der Kreditinstitute für Vertragsabschlüsse, die während der Arbeitszeit vermittelt werden, sind als Lohnzahlungen Dritter dem Lohnsteuerabzug zu unterwerfen. ② Wenn zum Aufgabengebiet des Arbeitnehmers der direkte Kontakt mit dem Kunden des Kreditinstituts gehört, z. B. bei einem Kunden- oder Anlageberater, gilt dies auch für die Provisionen der Vertragsabschlüsse außerhalb der Arbeitszeit.

LStH 19.4

H 19.4

Lohnsteuerabzug bei Vermittlungsprovisionen von Dritten → R 38.4.

56 **Provisionen für Vertragsabschlüsse mit dem Arbeitnehmer**

- Preisnachlässe des Arbeitgebers bei Geschäften, die mit dem Arbeitnehmer als Kunden abgeschlossen werden, sind als Preisvorteile nach § 8 Abs. 3 EStG zu erfassen, auch wenn sie als Provisionszahlungen bezeichnet werden (→ BFH vom 22. 5. 1992 – BStBl. II S. 840).
- Provisionszahlungen einer Bausparkasse oder eines Versicherungsunternehmens an Arbeitnehmer der Kreditinstitute bei Vertragsabschlüssen im Verwandtenbereich und für eigene Ver-

[1] Abgedruckt im *„Handbuch zur Lohnsteuer 2019“* als Anlage d zu LStH 19.3.

LStH 19.4

träge unterliegen als Rabatte von dritter Seite dem Lohnsteuerabzug (→ BMF vom 20. 1. 2015 – BStBl. I S. 143).[1]

Provisionen für im Innendienst Beschäftigte. Provisionen, die Versicherungsgesellschaften ihren im Innendienst beschäftigten Arbeitnehmern für die gelegentliche Vermittlung von Versicherungen zahlen, und Provisionen im Bankgewerbe für die Vermittlung von Wertpapiergeschäften sind Arbeitslohn, wenn die Vermittlungstätigkeit im Rahmen des Dienstverhältnisses ausgeübt wird (→ BFH vom 7. 10. 1954 – BStBl. 1955 III S. 17).

LStR 19.5

R 19.5 *Zuwendungen bei Betriebsveranstaltungen (unbesetzt)* 57

LStH 19.5

H 19.5

Allgemeines → BMF vom 14. 10. 2015 (BStBl. I S. 832).[2]

Gemischt veranlasste Veranstaltung. Sachzuwendungen an Arbeitnehmer anlässlich einer Veranstaltung, die sowohl Elemente einer Betriebsveranstaltung als auch einer sonstigen betrieblichen Veranstaltung enthält, sind grundsätzlich aufzuteilen (→ BFH vom 16. 11. 2005 – BStBl. 2006 II S. 444 und vom 30. 4. 2009 – BStBl. II S. 726). 62

Incentive-Reisen. Incentive-Reisen, die der Arbeitgeber veranstaltet, um bestimmte Arbeitnehmer für besondere Leistungen zu entlohnen und zu weiteren Leistungen zu motivieren, sind keine Betriebsveranstaltungen (→ BFH vom 9. 3. 1990 – BStBl. II S. 711).

Verlosungsgewinne. Gewinne aus einer Verlosung, die gelegentlich in einer Betriebsveranstaltung durchgeführt wurde, gehören zum Arbeitslohn, wenn an der Verlosung nicht alle an der Betriebsveranstaltung teilnehmenden Arbeitnehmer beteiligt werden, sondern die Verlosung nur einem bestimmten, herausgehobenen Personenkreis vorbehalten ist (→ BFH vom 25. 11. 1993 – BStBl. 1994 II S. 254).

Zuschuss

Beispiel:

Die Arbeitnehmer organisieren als einzige Betriebsveranstaltung in diesem Jahr ein Sommerfest, an dem 100 Arbeitnehmer teilnehmen; der Arbeitgeber zahlt dafür als Zuschuss 10 000 € in die Gemeinschaftskasse der Arbeitnehmer ein. Bei einer Verteilung des Zuschusses ergibt sich ein Pro-Kopf-Anteil von 100 €, der nach § 19 Abs. 1 Satz 1 Nr. 1 a Satz 3 EStG nicht zu versteuern ist (→ BFH vom 16. 11. 2005 – BStBl. 2006 II S. 437).

Anl zu LStH 19.5

Schreiben betr. lohn- und umsatzsteuerliche Behandlung von Betriebsveranstaltungen; Rechtslage nach dem „Gesetz zur Anpassung der Abgabenordnung an den Zollkodex der Union und zur Änderung weiterer steuerlicher Vorschriften"

Vom 14. Oktober 2015 (BStBl. I S. 832)

(BMF IV C 5 – S 2332/15/10001; DOK 2015/581477)

Mit dem Gesetz zur Anpassung der Abgabenordnung an den Zollkodex der Union und zur Änderung weiterer steuerlicher Vorschriften vom 22. Dezember 2014 (BGBl. I S. 2417, BStBl. 2015 I S. 58) wurde die Besteuerung von Zuwendungen an Arbeitnehmer im Rahmen von Betriebsveranstaltungen gesetzlich geregelt. Unter Bezugnahme auf das Ergebnis der Erörterungen mit den obersten Finanzbehörden der Länder gelten bei der Anwendung des am 1. Januar 2015 in Kraft getretenen § 19 Abs. 1 Satz 1 Nr. 1 a EStG die folgenden Grundsätze: 62a

1. Begriff der Betriebsveranstaltung

Betriebsveranstaltungen sind Veranstaltungen auf betrieblicher Ebene mit gesellschaftlichem Charakter, z. B. Betriebsausflüge, Weihnachtsfeiern, Jubiläumsfeiern. Ob die Veranstaltung vom Arbeitgeber, Betriebsrat oder Personalrat durchgeführt wird, ist unerheblich. Eine Betriebsveranstaltung liegt nur vor, wenn der Teilnehmerkreis sich überwiegend aus Betriebsangehörigen, deren Begleitpersonen und gegebenenfalls Leiharbeitnehmern oder Arbeitnehmern anderer Unternehmen im Konzernverbund zusammensetzt.

Die Ehrung eines einzelnen Jubilars oder eines einzelnen Arbeitnehmers z. B. bei dessen Ausscheiden aus dem Betrieb, auch unter Beteiligung weiterer Arbeitnehmer, ist keine Betriebsveranstaltung; zu Sachzuwendungen aus solchem Anlass vgl. R 19.3 Abs. 2 Nr. 3 und 4 LStR. Auch ein so genanntes Arbeitsessen (R 19.6 Abs. 2 LStR) ist keine Betriebsveranstaltung.

Erfüllt eine Veranstaltung des Arbeitgebers nicht den Begriff der Betriebsveranstaltung, ist nach allgemeinen Grundsätzen zu prüfen, ob es sich bei geldwerten Vorteilen, die der Arbeitgeber seinen Arbeitnehmern im Rahmen dieser Veranstaltung gewährt, um Arbeitslohn nach § 19 EStG handelt.

2. Begriff der Zuwendung

Zuwendungen anlässlich einer Betriebsveranstaltung sind alle Aufwendungen des Arbeitgebers einschließlich Umsatzsteuer unabhängig davon, ob sie einzelnen Arbeitnehmern individuell zurechenbar

[1] Abgedruckt als Anlage a zu LStH 8.2.
[2] Nachfolgend abgedruckt als Anlage zu LStH 19.5.

Anl zu LStH 19.5

sind oder ob es sich um einen rechnerischen Anteil an den Kosten der Betriebsveranstaltung handelt, die der Arbeitgeber gegenüber Dritten für den äußeren Rahmen der Betriebsveranstaltung aufwendet.[1]

Zuwendungen anlässlich einer Betriebsveranstaltung sind insbesondere:
a) Speisen, Getränke, Tabakwaren und Süßigkeiten,
b) die Übernahme von Übernachtungs- und Fahrtkosten (siehe auch Tz. 6),
c) Musik, künstlerische Darbietungen sowie Eintrittskarten für kulturelle und sportliche Veranstaltungen, wenn sich die Veranstaltung nicht im Besuch der kulturellen oder sportlichen Veranstaltung erschöpft,
d) Geschenke.[2] Dies gilt auch für die nachträgliche Überreichung der Geschenke an solche Arbeitnehmer, die aus betrieblichen oder persönlichen Gründen nicht an der Betriebsveranstaltung teilnehmen konnten, nicht aber für eine deswegen gewährte Barzuwendung,
e) Zuwendungen an Begleitpersonen des Arbeitnehmers,
f) Barzuwendungen, die statt der in a) bis c) genannten Sachzuwendungen gewährt werden, wenn ihre zweckentsprechende Verwendung sichergestellt ist,
g) Aufwendungen für den äußeren Rahmen, z. B. für Räume, Beleuchtung oder Eventmanager.

Als Aufwendungen für den äußeren Rahmen sind auch die Kosten zu erfassen, die nur zu einer abstrakten Bereicherung des Arbeitnehmers führen, wie z. B. Kosten für anwesende Sanitäter, für die Erfüllung behördlicher Auflagen, Stornokosten oder Trinkgelder. Keine Aufwendungen für den äußeren Rahmen nach Tz. 2 Buchst. g) sind die rechnerischen Selbstkosten des Arbeitgebers, wie z. B. die anteiligen Kosten der Lohnbuchhaltung für die Erfassung des geldwerten Vorteils der Betriebsveranstaltung oder die anteilige AfA sowie Kosten für Energie- und Wasserverbrauch bei einer Betriebsveranstaltung in den Räumlichkeiten des Arbeitgebers.

Die gesetzliche Regelung stellt nicht darauf ab, ob es sich um übliche Zuwendungen handelt. Auch unübliche Zuwendungen, wie z. B. Geschenke, deren Wert je Arbeitnehmer 60 Euro übersteigt, oder Zuwendungen an einzelne Arbeitnehmer aus Anlass – nicht nur bei Gelegenheit – einer Betriebsveranstaltung unterfallen daher § 19 Abs. 1 Satz 1 Nr. 1 a EStG.

3. Arbeitnehmer

§ 19 Abs. 1 Satz 1 Nr. 1 a EStG erfasst Zuwendungen des Arbeitgebers an seine aktiven Arbeitnehmer, seine ehemaligen Arbeitnehmer, Praktikanten, Referendare, ähnliche Personen sowie Begleitpersonen.

Aus Vereinfachungsgründen wird es nicht beanstandet, wenn auch Leiharbeitnehmer bei Betriebsveranstaltungen des Entleihers sowie Arbeitnehmer anderer konzernangehöriger Unternehmen einbezogen werden.

Die Anwendbarkeit der Regelung auf Leiharbeitnehmer und Arbeitnehmer anderer konzernangehöriger Unternehmen setzt voraus, dass hinsichtlich dieser Personengruppen die weiteren Voraussetzungen (Offenstehen der Betriebsveranstaltung für alle Angehörigen dieser Personengruppe) des § 19 Abs. 1 Satz 1 Nr. 1 a EStG erfüllt sind.

4. Freibetrag

Soweit die unter Tz. 2 aufgeführten Zuwendungen den Betrag von 110 Euro je Betriebsveranstaltung und teilnehmendem Arbeitnehmer nicht übersteigen, gehören sie nicht zu den Einkünften aus nichtselbständiger Arbeit, wenn die Teilnahme an der Betriebsveranstaltung allen Angehörigen des Betriebs oder eines Betriebsteils offensteht. Dies gilt für bis zu zwei Betriebsveranstaltungen jährlich.

a) Berechnung des Freibetrags

Die Höhe der dem einzelnen Arbeitnehmer gewährten Zuwendungen berechnet sich wie folgt:

Alle nach der Tz. 2. zu berücksichtigenden Aufwendungen sind zu gleichen Teilen auf alle bei der Betriebsveranstaltung anwesenden Teilnehmer aufzuteilen.[3] Sodann ist der auf eine Begleitperson entfallende Anteil der Aufwendungen dem jeweiligen Arbeitnehmer zuzurechnen. Für die Begleitperson ist kein zusätzlicher Freibetrag von 110 Euro anzusetzen.

Beispiel:

Die Aufwendungen für eine Betriebsveranstaltung betragen 10 000 Euro. Der Teilnehmerkreis setzt sich aus 75 Arbeitnehmern zusammen, von denen 25 von je einer Person begleitet werden.
Die Aufwendungen sind auf 100 Personen zu verteilen, so dass auf jede Person ein geldwerter Vorteil von 100 Euro entfällt. Sodann ist der auf die Begleitperson entfallende geldwerte Vorteil dem jeweiligen Arbeitnehmer zuzurechnen. 50 Arbeitnehmer haben somit einen geldwerten Vorteil von 100 Euro, der den Freibetrag von 110 Euro nicht übersteigt und daher nicht steuerpflichtig ist. Bei 25 Arbeitnehmern beträgt der geldwerte Vorteil 200 Euro; nach Abzug des Freibetrags von 110 Euro ergibt sich für diese Arbeitnehmer ein steuerpflichtiger geldwerter Vorteil von jeweils 90 Euro.

Die 44-Euro-Freigrenze[4] des § 8 Abs. 2 Satz 11 EStG ist für Zuwendungen anlässlich von Betriebsveranstaltungen nicht anwendbar.

b) Offenstehen der Betriebsveranstaltung für alle Arbeitnehmer

Voraussetzung für die Gewährung des Freibetrags ist, dass die Betriebsveranstaltung allen Angehörigen des Betriebs oder eines Betriebsteils offensteht. Veranstaltungen, die nur für einen beschränkten

---

[1] **[Amtl. Anm.:]** Bestätigt durch BFH vom 29. 4. 2021 (BStBl. II S. 606).

[2] **[Amtl. Anm.:]** Auszug aus dem Antwortschreiben des BMF vom 7. 12. 2016, IV C 5 – S 2332/15/1001, an die acht Spitzenverbände der gewerblichen Wirtschaft: „Geschenke, deren Wert je Arbeitnehmer 60 Euro nicht übersteigt, können als Zuwendungen anlässlich einer Betriebsveranstaltung in die Bemessungsgrundlage für die Ermittlung des Freibetrags nach Tz. 4 einbezogen werden; bei Geschenken, deren Wert je Arbeitnehmer 60 Euro übersteigt, ist im Einzelfall zu prüfen, ob sie „anlässlich" oder „nur bei Gelegenheit" einer Betriebsveranstaltung zugewendet werden."

[3] **[Amtl. Anm.:]** Bestätigt durch BFH vom 29. 4. 2021 (BStBl. II S. 606).

[4] **[Amtl. Anm.:]** Die Sachbezugsfreigrenze wurde zum 1. 1. 2022 auf 50 € erhöht.

Anl zu LStH 19.5

Kreis der Arbeitnehmer von Interesse sind, sind nach § 19 Abs. 1 Satz 1 Nr. 1 a Satz 3 EStG begünstigte Betriebsveranstaltungen, wenn sich die Begrenzung des Teilnehmerkreises nicht als eine Bevorzugung bestimmter Arbeitnehmergruppen darstellt. Als begünstigte Betriebsveranstaltungen sind deshalb auch solche Veranstaltungen anzuerkennen, die z. B.

- jeweils nur für eine Organisationseinheit des Betriebs, z. B. Abteilung, durchgeführt werden, wenn alle Arbeitnehmer dieser Organisationseinheit an der Veranstaltung teilnehmen können,
- nur für alle im Ruhestand befindlichen früheren Arbeitnehmer des Unternehmens veranstaltet werden (Pensionärstreffen),
- nur für solche Arbeitnehmer durchgeführt werden, die bereits im Unternehmen ein rundes (10-, 20-, 25-, 30-, 40-, 50-, 60-jähriges) Arbeitnehmerjubiläum gefeiert haben oder i. V. m. der Betriebsveranstaltung feiern (Jubilarfeiern). Dabei ist es unschädlich, wenn neben den Jubilaren auch ein begrenzter Kreis anderer Arbeitnehmer, wie z. B. die engeren Mitarbeiter und Abteilungsleiter des Jubilars, Betriebsrats-/Personalratsvertreter oder auch die Familienangehörigen des Jubilars eingeladen werden. Der Annahme eines 40-, 50- oder 60-jährigen Arbeitnehmerjubiläums steht nicht entgegen, wenn die Jubilarfeier zu einem Zeitpunkt stattfindet, der höchstens fünf Jahre vor den bezeichneten Jubiläumsdienstzeiten liegt.

c) Freibetrag für maximal zwei Betriebsveranstaltungen jährlich

Der Freibetrag gilt für bis zu zwei Betriebsveranstaltungen jährlich. Nimmt der Arbeitnehmer an mehr als zwei Betriebsveranstaltungen teil, können die beiden Veranstaltungen, für die der Freibetrag gelten soll, ausgewählt werden. Dient die Teilnahme eines Arbeitnehmers an einer Betriebsveranstaltung der Erfüllung beruflicher Aufgaben, z. B. wenn der Personalchef oder Betriebsrats-/Personalratsmitglieder die Veranstaltungen mehrerer Abteilungen besuchen, ist der auf diesen Arbeitnehmer entfallende Anteil an den Gesamtaufwendungen kein Arbeitslohn.

5. Besteuerung der Zuwendungen

Für die Erhebung der Lohnsteuer gelten die allgemeinen Vorschriften; § 40 Abs. 2 EStG ist anwendbar. Das gilt für alle steuerpflichtigen Zuwendungen an Arbeitnehmer aus Anlass – nicht nur bei Gelegenheit – einer Betriebsveranstaltung.

Arbeitslohn aus Anlass von Betriebsveranstaltungen i. S. der Tz. 4 Buchst. b kann mit 25% pauschal besteuert werden (§ 40 Abs. 2 Satz 1 Nr. 2 EStG)[1]. Eine solche Pauschalierung der Lohnsteuer kommt von vornherein nicht in Betracht, wenn es sich bei der Veranstaltung nicht um eine Betriebsveranstaltung im Sinne der Tz. 1 handelt.

R 40.2 Abs. 1 Nr. 2 LStR ist ab dem Jahr 2015 insoweit überholt, als dort eine gesonderte Pauschalierung der Lohnsteuer bei nicht üblichen Zuwendungen vorgesehen ist.[2] Auch nicht übliche Zuwendungen gehören zu den maßgebenden Gesamtkosten einer Betriebsveranstaltung.

Zuwendungen aus Anlass von Betriebsveranstaltungen an Arbeitnehmer von anderen Unternehmen im Konzernverbund sowie an Leiharbeitnehmer durch den Entleiher können wahlweise vom Zuwendenden oder vom Arbeitgeber versteuert werden. § 40 Abs. 2 Satz 1 Nr. 2 EStG ist auch insoweit anwendbar. Wendet der Zuwendende die Freibetragsregelung an, hat sich der Zuwendende beim Arbeitgeber zu vergewissern, dass für den Arbeitnehmer die unter Tz. 4 Buchst. c) dieses Schreibens dargestellten Voraussetzungen erfüllt sind.

6. Reisekosten

Reisekosten liegen ausnahmsweise vor, wenn die Betriebsveranstaltung außerhalb der ersten Tätigkeitsstätte des Arbeitnehmers stattfindet, die Anreise der Teilnahme an der Veranstaltung dient und die Organisation dem Arbeitnehmer obliegt. Steuerfreie Erstattungen durch den Arbeitgeber sind nach den Grundsätzen des § 3 Nr. 13 oder 16 EStG zulässig.

Beispiel 1:

Arbeitgeber A veranstaltet einen Betriebsausflug. Mitarbeiter, die an einem anderen Standort tätig sind, reisen für den Betriebsausflug zunächst zur Unternehmenszentrale an. Diese Fahrtkosten – sowie ggf. im Zusammenhang mit der An- und Abreise entstehende Verpflegungspauschalen und Übernachtungskosten – gehören nicht zu den Zuwendungen anlässlich der Betriebsveranstaltung, sondern können als Reisekosten vom Arbeitgeber steuerfrei erstattet werden.

Beispiel 2:

Arbeitgeber A veranstaltet einen Betriebsausflug. Für die Fahrt vom Unternehmen zum Ausflugsziel organisiert er eine gemeinsame Busfahrt. Die Kosten hierfür zählen zu den Zuwendungen anlässlich der Betriebsveranstaltung.

Beispiel 3:

Der Betriebsausflug beginnt mit einer ganztägigen Fahrt auf einem Fahrgastschiff. Am nächsten Tag wird die Betriebsveranstaltung am Zielort fortgesetzt. Sowohl die übernommenen Fahrtkosten als auch die Übernachtungskosten gehören zu den Zuwendungen anlässlich der Betriebsveranstaltung.

7. Auswirkungen der gesetzlichen Änderung auf die Umsatzsteuer

Die gesetzlichen Änderungen, insbesondere die Ersetzung der bisherigen lohnsteuerlichen Freigrenze durch einen Freibetrag, haben grundsätzlich keine Auswirkungen auf die umsatzsteuerrechtlichen Regelungen.

Ob eine Betriebsveranstaltung vorliegt und wie die Kosten, die auf den einzelnen Arbeitnehmer entfallen, zu berechnen sind, bestimmt sich nach den o. g. lohnsteuerrechtlichen Grundsätzen.

---

[1] **[Amtl. Anm.:]** Eine Betriebsveranstaltung i. S. d. § 40 Abs. 2 Satz 1 Nr. 2 EStG kann auch dann vorliegen, wenn sie nicht allen Angehörigen eines Betriebs oder Betriebsteils offensteht (siehe BFH vom 27. 3. 2024 – BStBl. II S. 748).

[2] **[Amtl. Anm.:]** LStR 2023 wurden an die neue Rechtslage ab 2015 angepasst.

Anl zu LStH 19.5

Von einer überwiegend durch das unternehmerische Interesse des Arbeitgebers veranlassten, üblichen Zuwendung ist umsatzsteuerrechtlich im Regelfall auszugehen, wenn der Betrag je Arbeitnehmer und Betriebsveranstaltung 110 € einschließlich Umsatzsteuer nicht überschreitet. Übersteigt dagegen der Betrag, der auf den einzelnen Arbeitnehmer entfällt, pro Veranstaltung die Grenze von 110 € einschließlich Umsatzsteuer, ist von einer überwiegend durch den privaten Bedarf des Arbeitnehmers veranlassten unentgeltlichen Zuwendung auszugehen.

Durch die LStÄR 2015 vom 22. Oktober 2014 (BStBl. I S. 1344) wurde die sog. Aufmerksamkeitsgrenze auf 60 € erhöht. Zur Wahrung einer einheitlichen Rechtsanwendung wird dieser Betrag auch in Abschn. 1.8 Abs. 3 Satz 2 UStAE übernommen.

Unter Bezugnahme auf das Ergebnis der Erörterungen mit den obersten Finanzbehörden der Länder wird der Umsatzsteuer-Anwendungserlass (UStAE) vom 1. Oktober 2010, BStBl. I S. 846, der zuletzt durch das BMF-Schreiben vom 7. Oktober 2015 III C 2 – S 7282/13/10 001, DOK 2015/0 874 602, BStBl. I S. 782, geändert worden ist, wie folgt geändert:

1. Abschn. 1.8 wird wie folgt geändert:
   a) In Abs. 3 Satz 2 UStAE wird die Betragsangabe „40 €" durch die Betragsangabe „**60 €**" ersetzt.
   b) In Abs. 4 Satz 3 Nr. 6 Satz 4 UStAE wird der Klammerzusatz gestrichen.

2. In Abschn. 15.15 Abs. 2 wird das Beispiel 3 wie folgt gefasst:

„**Beispiel 3:**[1]

① Unternehmer U mit zur Hälfte steuerfreien, den Vorsteuerabzug ausschließenden Ausgangsumsätzen bezieht Leistungen für die Durchführung eines Betriebsausfluges. ② Die Kosten pro Arbeitnehmer betragen

a) 80 €

b) 200 €

Zu a)

① Die Aufwendungen für den Betriebsausflug stellen Aufmerksamkeiten dar, weil sie **den Betrag** von 110 € nicht übersteigen (vgl. **Abschn. 1.8 Abs. 4 Satz 3 Nr. 6**). ② Da die Überlassung dieser Aufmerksamkeiten keinen Wertabgabentatbestand erfüllt, fehlt es an einem steuerbaren Ausgangsumsatz, dem die Leistungsbezüge direkt und unmittelbar zugeordnet werden können. ③ Für den Vorsteuerabzug ist deshalb die Gesamttätigkeit des U maßgeblich. ④ U kann daher die Hälfte der Aufwendungen als Vorsteuer abziehen.

Zu b)

① Die Aufwendungen für den Betriebsausflug stellen **grundsätzlich** keine Aufmerksamkeiten dar, weil sie **den Betrag von 110 €** übersteigen **(vgl. Abschn. 1.8 Abs. 4 Satz 3 Nr. 6).** ② Es liegt eine Mitveranlassung durch die Privatsphäre der Arbeitnehmer vor. ③ Bei Überschreiten **des Betrags** von 110 € besteht für U kein Anspruch auf Vorsteuerabzug, sofern die Verwendung bereits bei Leistungsbezug beabsichtigt ist. ④ Dementsprechend unterbleibt eine Wertabgabenbesteuerung. ⑤ Maßgeblich ist hierfür, dass sich ein Leistungsbezug zur Entnahme für unternehmensfremde Privatzwecke und ein Leistungsbezugs für das Unternehmen gegenseitig ausschließen. ⑥ Der nur mittelbar verfolgte Zweck, das Betriebsklima zu fördern, ändert hieran nichts (vgl. BFH-Urteil vom 9. 12. 2010 V R 17/10, BStBl. 2012 II S. 53)."

8. Zeitliche Anwendung

Dieses Schreiben gilt im Hinblick auf die lohn- und einkommensteuerlichen Regelungen für alle nach dem 31. Dezember 2014 endenden Lohnzahlungszeiträume sowie für nach dem 31. Dezember 2014 beginnende Veranlagungszeiträume. R 19.5 LStR 2015 ist für diese Zeiträume nicht mehr anzuwenden.

Die Grundsätze dieses Schreibens gelten für die Umsatzbesteuerung von Sachzuwendungen und Betriebsveranstaltungen, die nach dem 31. Dezember 2014 ausgeführt wurden. Aus Vereinfachungsgründen ist es nicht zu beanstanden, wenn die Grundsätze dieses Schreibens erst auf die Umsatzbesteuerung von Sachzuwendungen und Betriebsveranstaltungen angewendet werden, die ab dem Tag nach der Veröffentlichung des Schreibens im Bundessteuerblatt Teil I ausgeführt werden.[2]

LStR 19.6

R 19.6 Aufmerksamkeiten

63 (1) ① Sachleistungen des Arbeitgebers, die auch im gesellschaftlichen Verkehr üblicherweise ausgetauscht werden und zu keiner ins Gewicht fallenden Bereicherung der Arbeitnehmer führen, gehören als bloße Aufmerksamkeiten nicht zum Arbeitslohn. ② Aufmerksamkeiten sind Sachzuwendungen bis zu einem Wert von 60 €, z. B. Blumen, Genussmittel, ein Buch oder ein Tonträger, die dem Arbeitnehmer oder in seinem Haushalt lebenden Angehörigen aus Anlass eines besonderen persönlichen Ereignisses zugewendet werden. ③ Geldzuwendungen gehören stets zum Arbeitslohn, auch wenn ihr Wert gering ist.

(2) ① Als Aufmerksamkeiten gehören auch Getränke und Genussmittel, die der Arbeitgeber den Arbeitnehmern zum Verzehr im Betrieb unentgeltlich oder teilentgeltlich überlässt, nicht zum Arbeitslohn. ② Dasselbe gilt für Speisen, die der Arbeitgeber den Arbeitnehmern anlässlich und während eines außergewöhnlichen Arbeitseinsatzes, z. B. während einer außergewöhnlichen betrieblichen Besprechung oder Sitzung, im ganz überwiegenden betrieblichen Interesse an einer günstigen Gestaltung des Arbeitsablaufes unentgeltlich oder teilentgeltlich überlässt und deren Wert 60 € nicht überschreitet.

---

[1] **[Amtl. Anm.:]** Geändert durch BMF vom 17. 12. 2021 (BStBl I S. 2504).

[2] **[Amtl. Anm.:]** Veröffentlichung erfolgte am 9. 11. 2015.

H 19.6

LStH 19.6

Bewitterung von Arbeitnehmern

64

- Zur Gewichtung des Arbeitgeberinteresses an der Überlassung von Speisen und Getränken anlässlich und während eines außergewöhnlichen Arbeitseinsatzes (→ BFH vom 5. 5. 1994 – BStBl. II S. 771).
- Ein mit einer gewissen Regelmäßigkeit stattfindendes Arbeitsessen in einer Gaststätte am Sitz des Unternehmens führt bei den teilnehmenden Arbeitnehmern zu einem Zufluss von Arbeitslohn (→ BFH vom 4. 8. 1994 – BStBl. 1995 II S. 59).
- Zur Erfassung und Bewertung von Mahlzeiten, die der Arbeitgeber oder auf dessen Veranlassung ein Dritter aus besonderem Anlass an Arbeitnehmer abgibt (→ R 8.1 Abs. 8).
- Die Verpflegung der Besatzungsmitglieder an Bord eines Flusskreuzfahrtschiffes ist dann kein Arbeitslohn, wenn das eigenbetriebliche Interesse des Arbeitgebers an einer Gemeinschaftsverpflegung wegen besonderer betrieblicher Abläufe den Vorteil der Arbeitnehmer bei weitem überwiegt (→ BFH vom 21. 1. 2010 – BStBl. II S. 700).
- Stellt der Arbeitgeber seinen Arbeitnehmern unbelegte Backwaren nebst Heißgetränken zum sofortigen Verzehr im Betrieb bereit, handelt es sich bei den zugewandten Vorteilen um nicht steuerbare Aufmerksamkeiten (→ BFH vom 3. 7. 2019 – BStBl. 2020 II S. 788).

Gelegenheitsgeschenke.

- Freiwillige Sonderzuwendungen (z. B. Lehrabschlussprämien) des Arbeitgebers an einzelne Arbeitnehmer gehören i. d. R. zum Arbeitslohn, und zwar auch dann, wenn mit ihnen soziale Zwecke verfolgt werden oder wenn sie dem Arbeitnehmer anlässlich besonderer persönlicher Ereignisse zugewendet werden; das gilt sowohl für Geld- als auch für Sachgeschenke (→ BFH vom 22. 3. 1985 – BStBl. II S. 641).
- Zur Behandlung von Sachgeschenken als bloße Aufmerksamkeit → R 19.6 Abs. 1

Beispiel:

Ein Auszubildender erhält von seinem Arbeitgeber nach bestandener Abschlussprüfung ein Buchgeschenk im Wert von 45 €.

Lösung:

Es handelt sich um eine steuerfreie Aufmerksamkeit, da der Wert der Sachzuwendung 60 € nicht übersteigt. Unmaßgeblich ist, dass das besondere persönliche Ereignis im beruflichen Bereich eingetreten ist.

R 19.7 Berufliche Fort- oder Weiterbildungsleistungen des Arbeitgebers

LStR 19.7

(1) ① Berufliche Fort- oder Weiterbildungsleistungen des Arbeitgebers führen nicht zu Arbeitslohn, wenn diese Bildungsmaßnahmen im ganz überwiegenden betrieblichen Interesse des Arbeitgebers durchgeführt werden. ② Dabei ist es gleichgültig, ob die Bildungsmaßnahmen am Arbeitsplatz, in zentralen betrieblichen Einrichtungen oder in außerbetrieblichen Einrichtungen durchgeführt werden. ③ Sätze 1 und 2 gelten auch für Bildungsmaßnahmen fremder Unternehmer, die für Rechnung des Arbeitgebers erbracht werden. ④ Ist der Arbeitnehmer Rechnungsempfänger, ist dies für ein ganz überwiegend betriebliches Interesse des Arbeitgebers unschädlich, wenn der Arbeitgeber die Übernahme bzw. den Ersatz der Aufwendungen allgemein oder für die besondere Bildungsmaßnahme vor Vertragsabschluss schriftlich zugesagt hat. 70

(2)[1] ① Bei einer Bildungsmaßnahme ist ein ganz überwiegendes betriebliches Interesse des Arbeitgebers anzunehmen, wenn sie die Einsatzfähigkeit des Arbeitnehmers im Betrieb des Arbeitgebers erhöhen soll. ② Für die Annahme eines ganz überwiegenden betrieblichen Interesses des Arbeitgebers ist nicht Voraussetzung, dass der Arbeitgeber die Teilnahme an der Bildungsmaßnahme zumindest teilweise auf die Arbeitszeit anrechnet. ③ Rechnet er die Teilnahme an der Bildungsmaßnahme zumindest teilweise auf die Arbeitszeit an, ist die Prüfung weiterer Voraussetzungen eines ganz überwiegenden betrieblichen Interesses des Arbeitgebers entbehrlich, es sei denn, es liegen konkrete Anhaltspunkte für den Belohnungscharakter der Maßnahme vor. ④ Auch sprachliche Bildungsmaßnahmen sind unter den genannten Voraussetzungen dem ganz überwiegenden betrieblichen Interesse zuzuordnen, wenn der Arbeitgeber die Sprachkenntnisse in dem für den Arbeitnehmer vorgesehenen Aufgabengebiet verlangt. ⑤ Von einem ganz überwiegenden betrieblichen Interesse ist auch bei den SGB III entsprechenden Qualifikations- und Trainingsmaßnahmen auszugehen, die der Arbeitgeber oder eine zwischengeschaltete Beschäftigungsgesellschaft im Zusammenhang mit Auflösungsvereinbarungen erbringt. ⑥ Bildet sich der Arbeitnehmer nicht im ganz überwiegenden betrieblichen Interesse des Arbeitgebers fort, gehört der nach § 8 Abs. 2 EStG zu ermittelnde Wert der vom Arbeitgeber erbrachten Fort- oder Weiterbildungsleistung zum Arbeitslohn, der ggf. steuerfrei nach § 3 Nr. 19 EStG ist. ⑦ Der Arbeitnehmer kann ggf. den Wert einer beruflichen Fort- und Weiterbildung im Rahmen des § 9 Abs. 1 Satz 1 EStG als Werbungskosten (→ R 9.2) oder im Rahmen des § 10 Abs. 1 Nr. 7 EStG als Sonderausgaben geltend machen. 71

(3) Auch wenn Fort- oder Weiterbildungsleistungen nach den vorstehenden Regelungen nicht zu Arbeitslohn führen, können die Aufwendungen des Arbeitgebers, wie z. B. Reisekosten, die 72

[1] Bzgl. der lohnsteuerlichen Behandlung der Übernahme von Studiengebühren durch den Arbeitgeber vgl. Anlage b zu LStH 19.7.

LStR 19.7

neben den Kosten für die eigentliche Fort- oder Weiterbildungsleistung anfallen und durch die Teilnahme des Arbeitnehmers an der Bildungsveranstaltung veranlasst sind, nach § 3 Nr. 13, 16 EStG (→ R 9.4 bis R 9.8 und R 9.11) zu behandeln sein.

LStH 19.7

H 19.7

73 **Deutschkurse.** Berufliche Fort- oder Weiterbildungsleistungen des Arbeitgebers führen nach R 19.7 nicht zu Arbeitslohn, wenn diese Bildungsmaßnahmen im ganz überwiegenden betrieblichen Interesse des Arbeitgebers durchgeführt werden. Bei Flüchtlingen und anderen Arbeitnehmern, deren Muttersprache nicht Deutsch ist, sind Bildungsmaßnahmen zum Erwerb oder zur Verbesserung der deutschen Sprache dem ganz überwiegenden betrieblichen Interesse des Arbeitgebers zuzuordnen, wenn der Arbeitgeber die Sprachkenntnisse in dem für den Arbeitnehmer vorgesehenen Aufgabengebiet verlangt. Arbeitslohn kann bei solchen Bildungsmaßnahmen nur dann vorliegen, wenn konkrete Anhaltspunkte für den Belohnungscharakter der Maßnahme vorliegen (→ BMF vom 4. 7. 2017 – BStBl. I S. 882).[1]

Fort- oder Weiterbildungsmaßnahmen. Als Arbeitslohn erfasste Leistungen des Arbeitgebers zur Fort- oder Weiterbildung können steuerfrei sein → § 3 Nr. 19.

Incentive-Reisen

– Veranstaltet der Arbeitgeber so genannte Incentive-Reisen, um bestimmte Arbeitnehmer für besondere Leistungen zu belohnen und zu weiteren Leistungssteigerungen zu motivieren, erhalten die Arbeitnehmer damit einen steuerpflichtigen geldwerten Vorteil, wenn auf den Reisen ein Besichtigungsprogramm angeboten wird, das einschlägigen Touristikreisen entspricht, und der Erfahrungsaustausch zwischen den Arbeitnehmern demgegenüber zurücktritt (→ BFH vom 9. 3. 1990 – BStBl. II S. 711).
– Ein geldwerter Vorteil entsteht nicht, wenn die Betreuungsaufgaben das Eigeninteresse des Arbeitnehmers an der Teilnahme des touristischen Programms in den Hintergrund treten lassen (→ BFH vom 5. 9. 2006 – BStBl. 2007 II S. 312).
– Selbst wenn ein Arbeitnehmer bei einer von seinem Arbeitgeber veranstalteten so genannten Händler-Incentive-Reise Betreuungsaufgaben hat, ist die Reise Arbeitslohn, wenn der Arbeitnehmer auf der Reise von seinem Ehegatten/Lebenspartner begleitet wird (→ BFH vom 25. 3. 1993 – BStBl. II S. 639).
– Eine Aufteilung von Sachzuwendungen an Arbeitnehmer in Arbeitslohn und Zuwendungen im eigenbetrieblichen Interesse ist i. d. R. möglich (→ BFH vom 18. 8. 2005 – BStBl. 2006 II S. 30).
– → BMF vom 14. 10. 1996 (BStBl. I S. 1192).[2]
– Zum Begriff der Incentive-Reise → BMF vom 19. 5. 2015 (BStBl. I S. 468),[3] Rdnr. 10.

Studiengebühren. Zur lohnsteuerlichen Behandlung der Übernahme von Studiengebühren für ein berufsbegleitendes Studium durch den Arbeitgeber → BMF vom 13. 4. 2012 (BStBl. I S. 531).[4]

Studienreisen, Fachkongresse → R 12.2 EStR, H 12.2 EStH.

– EStR/EStH abgedruckt in Anhang II –

Anl a zu LStH 19.7

a) Schreiben betr. ertragsteuerliche Behandlung von Incentive-Reisen[5]

Vom 14. Oktober 1996 (BStBl. I S. 1192)

(BMF IV B 2 – S 2143 – 23/96)

74 Im Einvernehmen mit den obersten Finanzbehörden der Länder nehme ich zur ertragsteuerlichen Behandlung von Incentive-Reisen bei den Unternehmen, die die Leistungen gewähren, und den Empfängern der Leistungen wie folgt Stellung:

Incentive-Reisen werden von einem Unternehmen gewährt, um Geschäftspartner oder Arbeitnehmer des Betriebs für erbrachte Leistungen zu belohnen und zu Mehr- oder Höchstleistungen zu motivieren. Reiseziel, Unterbringung, Transportmittel und Teilnehmerkreis werden von dem die Reiseleistung gewährenden Unternehmen festgelegt. Der Ablauf der Reise und die einzelnen Veranstaltungen dienen allgemein-touristischen Interessen.

1. Behandlung der Aufwendungen bei dem die Reiseleistung gewährenden Unternehmen:

a) Aufwendungen für Geschäftspartner

Wird eine Incentive-Reise mit Geschäftspartnern des Steuerpflichtigen durchgeführt, ist bei der Beurteilung der steuerlichen Abzugsfähigkeit der für die Reise getätigten Aufwendungen danach zu unter-

[1] Nachstehend abgedruckt als Anlage c zu LStH 19.7.
[2] Nachstehend abgedruckt als Anlage a zu LStH 19.7.
[3] Abgedruckt als Anlage zu § 37 b EStG.
[4] Nachstehend abgedruckt als Anlage b zu LStH 19.7.
[5] Siehe auch § 37 b EStG.

scheiden, ob die Reise als Belohnung zusätzlich zum vereinbarten Entgelt oder zur Anknüpfung, Sicherung oder Verbesserung von Geschäftsbeziehungen gewährt wird.

Wird die Reise in sachlichem und zeitlichem Zusammenhang mit den Leistungen des Empfängers als – zusätzliche – Gegenleistung gewährt, sind die tatsächlich entstandenen Fahrtkosten sowie die Unterbringungskosten in vollem Umfang als Betriebsausgaben abzugsfähig. Nutzt der Unternehmer allerdings ein eigenes Gästehaus, das sich nicht am Ort des Betriebs befindet, dürfen die Aufwendungen für die Unterbringung den Gewinn nicht mindern (§ 4 Abs. 5 Satz 1 Nr. 3 EStG). Die Aufwendungen für die Gewährung von Mahlzeiten sind als Bewirtungskosten in Höhe von *80 v. H.*[1] der angemessenen und nachgewiesenen Kosten abzugsfähig (§ 4 Abs. 5 Satz 1 Nr. 2 EStG).

Wird die Reise mit gegenwärtigen oder zukünftigen Geschäftspartnern durchgeführt, um allgemeine Geschäftsbeziehungen erst anzuknüpfen, zu erhalten oder zu verbessern, handelt es sich um ein Geschenk (§ 4 Abs. 5 Satz 1 Nr. 1 EStG). Fahrt- und Unterbringungskosten dürfen dann den Gewinn nicht mindern (BFH-Urteil vom 23. Juni 1993, BStBl. II S. 806); Aufwendungen für die Bewirtung sind nach § 4 Abs. 5 Satz 1 Nr. 2 EStG zu beurteilen.

b) Aufwendungen für Arbeitnehmer

Wird die Reise mit Arbeitnehmern des Betriebs durchgeführt, sind die hierdurch veranlaßten Aufwendungen als Betriebsausgaben in voller Höhe berücksichtigungsfähig; die Abzugsbeschränkungen nach § 4 Abs. 5 Satz 1 Nr. 1, 2 und 3 EStG greifen nicht ein.

2. Behandlung der Reise beim Empfänger

a) Gewährung der Reiseleistungen an Geschäftspartner

aa) Erfassung als Betriebseinnahmen

Wendet der Unternehmer einem Geschäftspartner, der in einem Einzelunternehmen betriebliche Einkünfte erzielt, eine Icentive-Reise zu, hat der Empfänger den Wert der Reise im Rahmen seiner steuerlichen Gewinnermittlung als Betriebseinnahme zu erfassen (BFH-Urteile vom 22. Juli 1988, BStBl. II S. 995; vom 20. April 1989, BStBl. II S. 641). Wird der Wert der Incentive-Reise einer Personengesellschaft oder einer Kapitalgesellschaft zugewandt, haben sie in Höhe des Sachwerts der Reise eine Betriebseinnahme anzusetzen. Der Wert einer Reise ist auch dann als Betriebseinnahme anzusetzen, wenn das die Reiseleistungen gewährende Unternehmen die Aufwendungen nicht als Betriebsausgaben abziehen darf (BFH-Urteil vom 26. September 1995, BStBl. II 1996 S. 273).

bb) Verwendung der erhaltenen Reiseleistungen

Mit der Teilnahme an der Reise wird eine Entnahme verwirklicht, da mit der Reise regelmäßig allgemein-touristische Interessen befriedigt werden. Dies gilt auch, wenn eine Personengesellschaft die empfangene Reiseleistung an ihre Gesellschafter weiterleitet (BFH-Urteil vom 26. September 1995 a. a. O.). Leitet die Kapitalgesellschaft die erhaltene Reiseleistung an ihre Gesellschafter weiter, so liegt hierin grundsätzlich eine verdeckte Gewinnausschüttung.

b) Gewährung der Reiseleistungen an Arbeitnehmer

Wird Arbeitnehmern des Unternehmers eine Incentive-Reise gewährt, liegt steuerpflichtiger Arbeitslohn vor (BFH-Urteil vom 9. März 1990, BStBl. II S. 711), der unter den Voraussetzungen des § 40 Abs. 1 EStG pauschal versteuert werden kann.

c) Wert der Reise

Die Gewährung der Reise ist steuerlich in ihrer Gesamtheit zu beurteilen. Ihr Wert entspricht nach ihren Leistungsmerkmalen und ihrem Erlebniswert regelmäßig einer am Markt angebotenen Gruppenreise, bei der Reiseziel, Reiseprogramm und Reisedauer festgelegt und der Teilnehmerkreis begrenzt sind; deshalb können einzelne Teile der Durchführung und der Organisation aus der Sicht des Empfängers nur im Zusammenhang gesehen werden (vgl. BFH-Beschluß vom 27. November 1978, BStBl. II 1979 S. 213). Bei der Wertermittlung ist weder den tatsächlichen Aufwendungen des zuwendenden Unternehmers noch der subjektiven Vorstellung des Empfängers entscheidende Bedeutung beizumessen (BFH-Urteil vom 22. Juli 1988, a. a. O.); ihr Wert kann daher grundsätzlich nicht aus den Aufwendungen – auch nicht vermindert um einen pauschalen Abschlag bei über das übliche Maß hinausgehenden Aufwendungen – abgeleitet werden. Der Wert der zugewandten Reise ist daher in ihrer Gesamtheit mit dem üblichen Endpreis am Abgabeort anzusetzen (§ 8 Abs. 2 EStG). Er entspricht regelmäßig dem Preis der von Reiseveranstaltern am Markt angebotenen Gruppenreisen mit vergleichbaren Leistungsmerkmalen (z. B. Hotelkategorie, Besichtigungsprogramme); eine Wertminderung wegen des vom zuwendenden Unternehmen festgelegten Reiseziels, des Reiseprogramms, der Reisedauer und des fest umgrenzten Teilnehmerkreises kommt nicht in Betracht. Rabatte, die dem die Leistung gewährenden Unternehmen eingeräumt werden, bleiben für die Bewertung beim Empfänger ebenfalls außer Betracht; gleiches gilt für Preisaufschläge, die das Unternehmen speziell für die Durchführung der Reise aufwenden muß.

d) Aufwendungen des Empfängers der Reiseleistungen

Aufwendungen, die im Zusammenhang mit der Teilnahme an der Reise stehen, darf der Empfänger nicht als Betriebsausgaben oder Werbungskosten abziehen, da die Teilnahme an der Reise durch private Interessen, die nicht nur von untergeordneter Bedeutung sind, veranlaßt ist (BFH-Urteil vom 22. Juli 1988 a. a. O.; vgl. auch R 117 a EStR).[2] Zur Berücksichtigung von einzelnen Aufwendungen als Betriebsaus-

[1] Ab 1. 1. 2004: 70%.
[2] Jetzt EStR 12.2.

Anl a zu LStH 19.7

gaben wird auf H 117 a („Einzelaufwendungen") EStH[1] hingewiesen; hinsichtlich des Werbungskostenabzugs wird ergänzend auf Abschnitt 35 LStR[2] verwiesen.

Anl b zu LStH 19.7

b) Schreiben betr. lohnsteuerliche Behandlung der Übernahme von Studiengebühren für ein berufsbegleitendes Studium durch den Arbeitgeber

Vom 13. April 2012 (BStBl. I S. 531)

(BMF IV C 5 – S 2332/07/0001; DOK 2012/322945)

76 Im Einvernehmen mit den obersten Finanzbehörden der Länder gilt zur lohnsteuerlichen Behandlung der Übernahme von Studiengebühren für ein berufsbegleitendes Studium durch den Arbeitgeber Folgendes:

Grundsätzlich gehören nach § 19 Abs. 1 Satz 1 Nr. 1 EStG i. V. m. mit § 8 Abs. 1 EStG alle Einnahmen in Geld oder Geldeswert, die durch ein individuelles Dienstverhältnis veranlasst sind, zu den Einkünften aus nichtselbständiger Arbeit. Dies gilt – vorbehaltlich der weiteren Ausführungen – auch für vom Arbeitgeber übernommene Studiengebühren für ein berufsbegleitendes Studium des Arbeitnehmers.

1. Ausbildungsdienstverhältnis

Ein berufsbegleitendes Studium findet im Rahmen eines Ausbildungsdienstverhältnisses statt, wenn die Ausbildungsmaßnahme Gegenstand des Dienstverhältnisses ist (vgl. R 9.2 LStR 2011[3] und H 9.2 „Ausbildungsdienstverhältnis" LStH 2012[4] sowie die dort angeführte Rechtsprechung des BFH). Voraussetzung ist, dass die Teilnahme an dem berufsbegleitenden Studium zu den Pflichten des Arbeitnehmers aus dem Dienstverhältnis gehört.

Ein berufsbegleitendes Studium findet insbesondere nicht im Rahmen eines Ausbildungsdienstverhältnisses statt, wenn

a) das Studium nicht Gegenstand des Dienstverhältnisses ist, auch wenn das Studium seitens des Arbeitgebers durch Hingabe von Mitteln, z. B. eines Stipendiums, gefördert wird oder

b) Teilzeitbeschäftigte ohne arbeitsvertragliche Verpflichtung ein berufsbegleitendes Studium absolvieren und das Teilzeitarbeitsverhältnis lediglich das Studium ermöglicht.

1.1. Arbeitgeber ist Schuldner der Studiengebühren

Ist der Arbeitgeber im Rahmen eines Ausbildungsdienstverhältnisses Schuldner der Studiengebühren, wird ein ganz überwiegend eigenbetriebliches Interesse des Arbeitgebers unterstellt und steuerrechtlich kein Vorteil mit Arbeitslohncharakter angenommen. So sind auch Studiengebühren kein Arbeitslohn, die der Arbeitgeber bei einer im dualen System durchgeführten Ausbildung aufgrund einer Vereinbarung mit der Bildungseinrichtung als unmittelbarer Schuldner trägt.

1.2. Arbeitnehmer ist Schuldner der Studiengebühren

Ist der Arbeitnehmer im Rahmen eines Ausbildungsdienstverhältnisses Schuldner der Studiengebühren und übernimmt der Arbeitgeber die Studiengebühren, wird ein ganz überwiegend eigenbetriebliches Interesse des Arbeitgebers unterstellt und steuerrechtlich kein Vorteil mit Arbeitslohncharakter angenommen, wenn

a) sich der Arbeitgeber arbeitsvertraglich zur Übernahme der Studiengebühren verpflichtet und

b) der Arbeitgeber die übernommenen Studiengebühren vom Arbeitnehmer arbeitsvertraglich oder aufgrund einer anderen arbeitsrechtlichen Rechtsgrundlage zurückfordern kann, sofern der Arbeitnehmer das ausbildende Unternehmen auf eigenen Wunsch innerhalb von zwei Jahren nach dem Studienabschluss verlässt.

Ein ganz überwiegend eigenbetriebliches Interesse des Arbeitgebers kann auch dann angenommen werden, wenn der Arbeitgeber die übernommenen Studiengebühren nach arbeitsrechtlichen Grundsätzen nur zeitanteilig zurückfordern kann. Scheidet der Arbeitnehmer zwar auf eigenen Wunsch aus dem Unternehmen aus, fällt der Grund für das Ausscheiden aus dem Arbeitsverhältnis aber allein in die Verantwortungs- oder Risikosphäre des Arbeitgebers (Beispiele: Der vertraglich zugesagte Arbeitsort entfällt, weil der Arbeitgeber den Standort schließt. Der Arbeitnehmer nimmt das Angebot eines Ausweicharbeitsplatzes nicht an und kündigt.), kann eine vereinbarte Rückzahlungsverpflichtung nach arbeitsrechtlichen Grundsätzen hinfällig sein. In diesen Fällen genügt die Vereinbarung der Rückzahlungsverpflichtung für die Annahme eines überwiegenden eigenbetrieblichen Interesses an der Übernahme der Studiengebühren.

Der Arbeitgeber hat auf der ihm vom Arbeitnehmer zur Kostenübernahme vorgelegten Originalrechnung die Kostenübernahme sowie deren Höhe anzugeben. Eine Ablichtung der insoweit ergänzten Originalrechnung ist als Beleg zum Lohnkonto aufzubewahren.

2. Berufliche Fort- und Weiterbildungsleistung

Ein berufsbegleitendes Studium kann als berufliche Fort- und Weiterbildungsleistung des Arbeitgebers im Sinne der Richtlinie R 19.7 LStR 2011[5] anzusehen sein, wenn es die Einsatzfähigkeit des Arbeitnehmers im Betrieb erhöhen soll. Ist dies der Fall, führt die Übernahme von Studiengebühren für dieses

[1] Thematik nicht mehr in EStH enthalten.
[2] Thematik nicht mehr in LStR enthalten.
[3] **[Amtl. Anm.:]** Jetzt LStR 2023.
[4] **[Red. Anm.:]** Jetzt LStH 2025.
[5] **[Amtl. Anm.:]** Jetzt LStR 2023.

Studium durch den Arbeitgeber nicht zu Arbeitslohn, denn sie wird im ganz überwiegend eigenbetrieblichen Interesse des Arbeitgebers durchgeführt. Die lohnsteuerliche Beurteilung, ob das berufsbegleitende Studium als berufliche Fort- und Weiterbildungsleistung des Arbeitgebers im Sinne der Richtlinie R 19.7 LStR 2011[1] anzusehen ist, ist nach den konkreten Umständen des Einzelfalls vorzunehmen. Hierbei ist Folgendes zu beachten: Anl b zu LStH 19.7

2.1. Schuldner der Studiengebühren

Es kommt für die Annahme eines ganz überwiegend eigenbetrieblichen Interesses des Arbeitgebers nicht darauf an, ob der Arbeitgeber oder der Arbeitnehmer Schuldner der Studiengebühren ist. Ist der Arbeitnehmer Schuldner der Studiengebühren, ist nur insoweit die Annahme eines ganz überwiegend eigenbetrieblichen Interesses des Arbeitgebers möglich, wie der Arbeitgeber vorab die Übernahme der zukünftig entstehenden Studiengebühren schriftlich zugesagt hat (R 19.7 Absatz 1 Satz 3 und 4 LStR 2011)[2]. Der Arbeitgeber hat auf der ihm vom Arbeitnehmer zur Kostenübernahme vorgelegten Originalrechnung die Kostenübernahme sowie deren Höhe anzugeben. Eine Ablichtung der insoweit ergänzten Originalrechnung ist als Beleg zum Lohnkonto aufzubewahren.

2.2. Rückforderungsmöglichkeit des Arbeitgebers

Für die Annahme eines ganz überwiegend eigenbetrieblichen Interesses des Arbeitgebers ist es nicht erforderlich, dass der Arbeitgeber die übernommenen Studiengebühren vom Arbeitnehmer arbeitsvertraglich oder aufgrund einer anderen arbeitsrechtlichen Rechtsgrundlage zurückfordern kann.

2.3. Übernahme von Studienkosten durch den Arbeitgeber im Darlehenswege

Bei einer Übernahme von Studienkosten durch den Arbeitgeber im Darlehenswege, bei der marktübliche Vereinbarungen über Verzinsung, Kündigung und Rückzahlung getroffen werden, führt weder die Hingabe noch die Rückzahlung der Mittel zu lohnsteuerlichen Folgerungen.

Ist das Arbeitgeberdarlehen nach den getroffenen Vereinbarungen nur dann tatsächlich zurückzuzahlen, wenn der Arbeitnehmer aus Gründen, die in seiner Person liegen, vor Ablauf des vertraglich festgelegten Zeitraums (in der Regel zwei bis fünf Jahre) aus dem Arbeitsverhältnis ausscheidet, oder ist der marktübliche Zinssatz unterschritten, ist zu prüfen, ob im Zeitpunkt der Einräumung des Arbeitgeberdarlehens die Voraussetzungen des R 19.7 LStR 2011[3] vorliegen. Wird dies bejaht, ist der Verzicht auf die Darlehensrückzahlung oder der Zinsvorteil eine Leistung des Arbeitgebers im ganz überwiegend eigenbetrieblichen Interesse.[4]

Liegen die Voraussetzungen des R 19.7 LStR 2011[5] nicht vor, stellt der (Teil-)Erlass des Darlehens einen Vorteil mit Arbeitslohncharakter für den Arbeitnehmer dar. Gleiches gilt für einen Zinsvorteil nach Maßgabe des BMF-Schreibens vom 1. Oktober 2008 (BStBl. I S. 892).[6] Der Arbeitslohn fließt dem Arbeitnehmer bei einem Darlehens(teil-)erlass in dem Zeitpunkt zu, in dem der Arbeitgeber zu erkennen gibt, dass er auf die (Teil-)Rückzahlung des Darlehens verzichtet (BFH-Urteil vom 27. März 1992, BStBl. II S. 837).

2.4. Prüfschema

Es ist nicht zu beanstanden, wenn die lohnsteuerliche Beurteilung nach folgendem Prüfschema vorgenommen wird:

1. **Liegt eine erstmalige Berufsausbildung oder ein Erststudium als Erstausbildung außerhalb eines Ausbildungsdienstverhältnisses im Sinne von *§ 9 Abs. 6 und § 12 Nr. 5 EStG* vor?**[7, 8]
   Wenn ja:
   → Es liegen weder Werbungskosten des Arbeitnehmers noch ein ganz überwiegend eigenbetriebliches Interesse des Arbeitgebers vor. Die Übernahme von Studiengebühren durch den Arbeitgeber führt zu Arbeitslohn.
   Wenn nein:
2. **Ist eine berufliche Veranlassung gegeben?**
   Wenn nein:
   → Es liegen weder Werbungskosten des Arbeitnehmers noch ein ganz überwiegend eigenbetriebliches Interesse des Arbeitgebers vor. Die Übernahme von Studiengebühren durch den Arbeitgeber führt zu Arbeitslohn.
   Wenn ja:
3. **Sind die Voraussetzungen der Richtlinie R 19.7 LStR 2011[9] (vgl. auch Tz. 2.1. bis 2.3.) erfüllt?**
   Wenn nein:
   → Es liegen Werbungskosten des Arbeitnehmers, aber kein ganz überwiegend eigenbetriebliches Interesse des Arbeitgebers vor. Die Übernahme von Studiengebühren durch den Arbeitgeber führt zu Arbeitslohn.

---

[1] **[Amtl. Anm.:]** Jetzt LStR 2023.
[2] **[Amtl. Anm.:]** Jetzt LStR 2023.
[3] **[Amtl. Anm.:]** Jetzt LStR 2023.
[4] Kein überwiegend eigenbetriebliches Interesse, wenn eine Übernahme der Rückstellungsverpflichtung durch den **neuen** Arbeitgeber bei Arbeitgeberwechsel erfolgt *(SenFin Berlin, Kurzinformation vom 16. 1. 2015, DStR S. 699)*.
[5] **[Amtl. Anm.:]** Jetzt LStR 2023.
[6] **[Amtl. Anm.:]** Jetzt BMF vom 19. 5. 2015 (BStBl. I S. 484) abgedruckt als Anlage b zu LStH 8.1.
[7] **[Amtl. Anm.:]** Vgl. auch BMF vom 22. 9. 2010 (BStBl. I S. 721), abgedruckt als Anlage a zu LStH 9.2.
[8] **[Amtl. Anm.:]** Ab dem VZ 2015 gelten neue gesetzliche Regelungen zur Definition einer Erstausbildung (§ 9 Abs. 6 i. d. F. des Gesetzes zur Anpassung der Abgabenordnung an den Zollkodex der Union und zur Änderung weiterer steuerlicher Vorschriften).
[9] **[Amtl. Anm.:]** Jetzt LStR 2023.

Anl b zu LStH 19.7

Wenn ja:

→ Es liegt eine Leistung des Arbeitgebers im ganz überwiegend eigenbetrieblichen Interesse vor. Die Übernahme von Studiengebühren durch den Arbeitgeber führt nicht zu Arbeitslohn. Zur Übernahme von weiteren durch die Teilnahme des Arbeitnehmers an dem berufsbegleitenden Studium veranlassten Kosten durch den Arbeitgeber vgl. R 19.7 Absatz 3 LStR 2011.[1]

Anl c zu LStH 19.7

c) Schreiben betr. lohnsteuerliche Behandlung von Deutschkursen für Flüchtlinge

Vom 4. Juli 2017 (BStBl. I S. 882)

(BMF IV C 5 – S 2332/09/10005; DOK 2017/578781)

77 Zur Frage, ob Arbeitgeberleistungen für Deutschkurse zur beruflichen Integration von Flüchtlingen zu Arbeitslohn führen, gilt im Einvernehmen mit den obersten Finanzbehörden der Länder Folgendes:

Berufliche Fort- oder Weiterbildungsleistungen des Arbeitgebers führen nach R 19.7 LStR nicht zu Arbeitslohn, wenn diese Bildungsmaßnahmen im ganz überwiegenden betrieblichen Interesse des Arbeitgebers durchgeführt werden. Bei Flüchtlingen und anderen Arbeitnehmern, deren Muttersprache nicht deutsch ist, sind Bildungsmaßnahmen zum Erwerb oder zur Verbesserung der deutschen Sprache dem ganz überwiegenden betrieblichen Interesse des Arbeitgebers zuzuordnen, wenn der Arbeitgeber die Sprachkenntnisse in dem für den Arbeitnehmer vorgesehenen Aufgabengebiet verlangt.

Arbeitslohn kann bei solchen Bildungsmaßnahmen nur dann vorliegen, wenn konkrete Anhaltspunkte für den Belohnungscharakter der Maßnahme vorliegen.

Dieses Schreiben ist in allen offenen Fällen anzuwenden.

LStR 19.8

R 19.8 Versorgungsbezüge[2]

(1) Zu den nach § 19 Abs. 2 EStG steuerbegünstigten Versorgungsbezügen gehören auch:

78
1. Sterbegeld i. S. d. § 18 Abs. 1, Abs. 2 Nr. 1 und Abs. 3 BeamtVG sowie entsprechende Bezüge im privaten Dienst. ② Nicht zu den steuerbegünstigten Versorgungsbezügen gehören Bezüge, die für den Sterbemonat aufgrund des Arbeitsvertrages als Arbeitsentgelt gezahlt werden; besondere Leistungen an Hinterbliebene, die über das bis zum Erlöschen des Dienstverhältnisses geschuldete Arbeitsentgelt hinaus gewährt werden, sind dagegen Versorgungsbezüge,
2. Übergangsversorgung, die nach dem BAT oder diesen ergänzenden, ändernden oder ersetzenden Tarifverträgen sowie Übergangszahlungen nach § 47 Nr. 3 TV-L an Angestellte im militärischen Flugsicherungsdienst, bei der Bundesanstalt für Flugsicherung im Flugsicherungsdienst, im Justizvollzugsdienst und im kommunalen feuerwehrtechnischen Dienst sowie an Luftfahrzeugführer von Messflugzeugen und an technische Luftfahrzeugführer gezahlt wird, einschl. des an Hinterbliebene zu zahlenden monatlichen Ausgleichsbetrages und einschl. des Ausgleichs, der neben der Übergangsversorgung zu zahlen ist, sowie die Übergangsversorgung, die nach § 7 des Tarifvertrags vom 30. 11. 1991 über einen sozialverträglichen Personalabbau im Bereich des Bundesministeriums der Verteidigung gezahlt wird,
3. die Bezüge der Beamten im einstweiligen Ruhestand,
4. die nach § 47 Abs. 4 Satz 2 BBG sowie entsprechenden Vorschriften der Beamtengesetze der Länder gekürzten Dienstbezüge,
5. die Unterhaltsbeiträge nach den §§ 15 und 26 BeamtVG sowie nach § 69 BeamtVG oder entsprechenden landesrechtlichen Vorschriften,
6. die Versorgungsbezüge der vorhandenen, ehemals unter das G 131 und das BWGöD fallenden früheren Angehörigen des öffentlichen Dienstes und ihrer Hinterbliebenen nach § 2 Abs. 1 Nr. 1 DKfAG i. V. m. den §§ 69, 69 a BeamtVG,
7. die Versorgungsbezüge der politischen Wahlbeamten auf Zeit,
8. das Ruhegehalt und der Ehrensold der ehemaligen Regierungsmitglieder einschließl. der entsprechenden Hinterbliebenenbezüge, nicht dagegen das Übergangsgeld nach § 14 des Bundesministergesetzes sowie entsprechende Leistungen aufgrund von Gesetzen der Länder,
9. *(unbesetzt)*
10. Verschollenheitsbezüge nach § 29 Abs. 2 BeamtVG sowie entsprechende Leistungen nach den Beamtengesetzen der Länder,
11. Abfindungsrenten nach § 69 BeamtVG oder entsprechenden landesrechtlichen Vorschriften,
12. Unterhaltsbeihilfen nach den §§ 5 und 6 des baden-württembergischen Gesetzes zur einheitlichen Beendigung der politischen Säuberung vom 13. 7. 1953 (GBl. S. 91),
13. Ehrensold der früheren ehrenamtlichen Bürgermeister und ihrer Hinterbliebenen nach § 6 des baden-württembergischen Gesetzes über die Aufwandsentschädigung der ehrenamtlichen Bürgermeister und der ehrenamtlichen Ortsvorsteher vom 19. 6. 1987 (GBl. S. 281),

[1] **[Amtl. Anm.:]** Jetzt LStR 2023.

[2] Zur Berechnung des Versorgungsfreibetrags vgl. *BMF-Schreiben vom 19. 8. 2013 (BStBl. I S. 1087)*, nachfolgend abgedruckt als Anlage zu LStH 19.8.

14. Ehrensold der früheren Bürgermeister und früheren Bezirkstagspräsidenten nach Artikel 59 des bayerischen Gesetzes über kommunale Wahlbeamte und Wahlbeamtinnen, LStR 19.8
15. das Ruhegeld der vorhandenen, ehemals unter das G 131 und das BWGöD fallenden früheren Angestellten und Arbeiter der Freien und Hansestadt Hamburg nach § 2 Abs. 1 Nr. 5 DKfAG i. V. m. dem Hamburgischen Zusatzversorgungsgesetz,
16. Ehrensold der früheren ehrenamtlichen Bürgermeister und Kassenverwalter sowie ihrer Hinterbliebenen nach der hessischen Verordnung über die Aufwandsentschädigung und den Ehrensold der ehrenamtlichen Bürgermeisterinnen und ehrenamtlichen Bürgermeister vom 7. 12. 2016 (GVBl. I S. 242),
17. Ehrensold der früheren ehrenamtlichen Bürgermeister, Beigeordneten und Ortsvorsteher nach dem rheinland-pfälzischen Ehrensoldgesetz vom 18. 12. 1972 (GVBl. S. 376),
18. Ruhegehalt und Versorgungsbezüge, die aufgrund des Artikels 3 der Anlage 1 des Saarvertrags (BGBl. 1956 II S. 1587) an Personen gezahlt werden, die aus Anlass der Rückgliederung des Saarlandes in den Ruhestand versetzt worden sind,
19. die Bezüge der im Saarland nach dem 8. 5. 1945 berufenen Amtsbürgermeister und Verwaltungsvorsteher, die nach dem Gesetz zur Ergänzung der Gemeindeordnung vom 10. 7. 1953 (Amtsbl. S. 415) in den Ruhestand versetzt worden sind,
20. Ehrensold der früheren ehrenamtlichen Bürgermeister, Beigeordneten und Amtsvorsteher nach dem saarländischen Gesetz Nr. 987 vom 6. 3. 1974 (Amtsbl. S. 357),
21. Vorruhestandsleistungen, z. B. i. S. d. Vorruhestandsgesetzes, soweit der Arbeitnehmer im Lohnzahlungszeitraum das 63., bei Schwerbehinderten das 60. Lebensjahr vollendet hat,
22. Ehrensold der früheren ehrenamtlichen Bürgermeister nach § 155b des Sächsischen Beamtengesetzes,
23. Ehrensold der früheren ehrenamtlichen Bürgermeister nach § 8 des Thüringer Gesetzes über kommunale Wahlbeamte.

(2) Nicht zu den nach § 19 Abs. 2 EStG steuerbegünstigten Versorgungsbezügen gehören insbesondere

1. das Übergangsgeld nach § 47 BeamtVG i. V. m. dessen § 67 Abs. 4 und entsprechende Leistungen aufgrund der Beamtengesetze der Länder sowie das Übergangsgeld nach § 47 a BeamtVG,
2. das Übergangsgeld nach § 14 des Bundesministergesetzes und entsprechende Leistungen aufgrund der Gesetze der Länder.

(3) ① Bezieht ein Versorgungsberechtigter Arbeitslohn aus einem gegenwärtigen Dienstverhältnis und werden deshalb, z. B. nach § 53 BeamtVG, die Versorgungsbezüge gekürzt, sind nur die gekürzten Versorgungsbezüge nach § 19 Abs. 2 EStG steuerbegünstigt; das Gleiche gilt, wenn Versorgungsbezüge nach der Ehescheidung gekürzt werden (§ 57 BeamtVG). ② Nachzahlungen von Versorgungsbezügen an nichtversorgungsberechtigte Erben eines Versorgungsberechtigten sind nicht nach § 19 Abs. 2 EStG begünstigt.

H 19.8

LStH 19.8 79

Altersgrenze. Die in § 19 Abs. 2 Satz 2 Nr. 2 Halbsatz 2 EStG für Versorgungsbezüge im privaten Dienst vorgesehenen Altersgrenzen sind verfassungsgemäß (→ BFH vom 7. 2. 2013 – BStBl. II S. 576).

Altersteilzeit. Bezüge, die in der Freistellungsphase im Rahmen der Altersteilzeit nach dem sog. Blockmodell erzielt werden, sind keine Versorgungsbezüge (→ BFH vom 21. 3. 2013 – BStBl. II S. 611).

Beamte – vorzeitiger Ruhestand. Bezüge nach unwiderruflicher Freistellung vom Dienst bis zur Versetzung in den Ruhestand gehören zu den Versorgungsbezügen (→ BFH vom 12. 2. 2009 – BStBl. II S. 460).

Beamtenrechtliche Grundsätze. Eine Versorgung nach beamtenrechtlichen Grundsätzen gem. § 19 Abs. 2 Satz 2 Nr. 1 Buchst. b EStG liegt vor, wenn dem Arbeitnehmer nach einer Ruhelohnordnung, Satzung, Dienstordnung oder einem (Tarif-)Vertrag von einer öffentlich-rechtlichen Körperschaft eine lebenslängliche Alters- oder Dienstunfähigkeits- und Hinterbliebenenversorgung auf der Grundlage seines Arbeitsentgelts und der Dauer seiner Dienstzeit gewährt wird; die zugesagte Versorgung muss nach Voraussetzung, Art und Umfang ungeachtet gewisser Abweichungen einer beamtenrechtlichen Versorgung in wesentlichen Grundzügen gleichstehen; Versorgungsbezüge nach § 19 Abs. 2 Satz 2 Nr. 1 Buchst. b EStG setzen nicht voraus, dass auch das vorangegangene Dienstverhältnis beamtenrechtlichen Grundsätzen entsprach (→ BFH vom 16. 2. 2020 – BStBl. 2021 II S. 399).

Beihilfen. Die an nichtbeamtete Versorgungsempfänger gezahlten Beihilfen im Krankheitsfall sind bei Erfüllung der altersmäßigen Voraussetzungen Versorgungsbezüge i. S. d. § 19 Abs. 2 Satz 2 Nr. 2 EStG (→ BFH vom 6. 2. 2013 – BStBl. II S. 572).

LStH 19.8

Emeritenbezüge entpflichteter Hochschullehrer. Zu den Versorgungsbezügen gehören auch Emeritenbezüge entpflichteter Hochschullehrer (→ BFH vom 19. 6. 1974 – BStBl. 1975 II S. 23 und vom 5. 11. 1993 – BStBl. 1994 II S. 238).

Fahrvergünstigungen. Fahrvergünstigungen für Ruhestandsbeamte des Bundeseisenbahnvermögens sind Versorgungsbezüge, da sie keine Gegenleistung für Dienstleistungen des Ruhestandsbeamten darstellen, die im gleichen Zeitraum geschuldet und erbracht werden. Dies gilt auch, wenn die Fahrvergünstigungen aufgrund eines vor Erreichens der Altersgrenze abgeschlossenen privatrechtlichen Vertrags geleistet werden (→ BFH vom 11. 3. 2020 – BStBl. II S. 565).

Internationale Organisationen. Zu der Frage, welche Zahlungen internationaler Organisationen zu den Versorgungsbezügen gehören → BMF vom 19. 8. 2013 (BStBl. I S. 1087) unter Berücksichtigung der Änderungen durch BMF vom 10. 1. 2022 (BStBl. I S. 36), Rz. 168.[1]

NATO-Bedienstete. Ruhegehaltsbezüge an ehemalige NATO-Bedienstete sind Versorgungsbezüge (→ BFH vom 22. 11. 2006 – BStBl. 2007 II S. 402).

Sterbegeld. Das nach den tarifvertraglichen und beamtenrechtlichen Vorschriften im öffentlichen Dienst gezahlte Sterbegeld ist ein Versorgungsbezug (→ BFH vom 8. 2. 1974 – BStBl. II S. 303 und vom 19 4. 2021 – BStBl. II S. 909).

Übergangsgeld. Übergangsgeld, das nach den tarifvertraglichen Vorschriften im öffentlichen Dienst gewährt wird, ist ein Versorgungsbezug, wenn es wegen Berufsunfähigkeit oder Erwerbsunfähigkeit oder wegen Erreichens der tariflichen oder der so genannten flexiblen Altersgrenze gezahlt wird; beim Übergangsgeld, das wegen Erreichens einer Altersgrenze gezahlt wird, ist Voraussetzung, dass der Angestellte im Zeitpunkt seines Ausscheidens das 63., bei Schwerbehinderten das 60. Lebensjahr vollendet hat (→ BFH vom 21. 8. 1974 – BStBl. 1975 II S. 62).

Umfang der Besteuerung. Versorgungsbezüge sind in voller Höhe und nicht nur mit einem niedrigeren Betrag (z. B. Besteuerungsanteil nach § 22 EStG) als Arbeitslohn anzusetzen (→ BFH vom 7. 2. 2013 – BStBl. II S. 573).

Versorgungsbeginn → BMF vom 19. 8. 2013 (BStBl. I S. 1087), geändert durch BMF vom 10. 4. 2015 (BStBl. I S. 256), Rz. 171 a und 185.[2]

Versorgungsbezüge

– Bezüge und Vorteile aus früheren Dienstleistungen wegen Erreichens einer Altersgrenze i. S. d. § 19 Abs. 2 Satz 2 Nr. 2 EStG setzen voraus, dass der Steuerpflichtige wegen Erreichens der Altersgrenze von der Verpflichtung zu Dienstleistungen entbunden ist (→ BFH vom 11. 3.2020 – BStBl. II S. 565).

– → BMF vom 19. 8. 2013 (BStBl. I S. 1087),[3] unter Berücksichtigung der Änderungen durch BMF vom 10. 4. 2015 (BStBl. I S. 256) und vom 10. 1. 2022 (BStBl. I S. 36), Rz. 168 ff.

Versorgungsfreibetrag

Beispiel zur Bemessungsgrundlage des Versorgungsfreibetrags bei Sachbezügen:

Ein Arbeitnehmer scheidet zum 31. 3. aus dem aktiven Dienst aus und erhält ab dem 1. 4. eine Werkspension von 300 €. Im April erhält er zusätzlich einen einmaligen Sachbezug von 400 €.

Sachbezüge, die ein Arbeitnehmer nach dem Ausscheiden aus dem aktiven Dienst zusammen mit dem Ruhegehalt erhält, gehören zu den Versorgungsbezügen i. S. d. § 19 Abs. 2 Satz 2 EStG. Die Bemessungsgrundlage beträgt:

laufender Bezug im ersten Versorgungsmonat 300 € × 12 Monate	3600 €
Sachbezug	400 €
Bemessungsgrundlage	4000 €

Anl zu LStH 19.8

Schreiben betr. einkommensteuerrechtliche Behandlung von Vorsorgeaufwendungen und Altersbezügen

Vom 19. August 2013 (BStBl. I S. 1087)

(BMF IV C 3 – S 2221/12/10010 :004/IV C 5 – S 2345/08/0001; DOK 2013/760735) geändert durch BMF-Schreiben vom 10. 1. 2014 (BStBl. I S. 70), vom 10. 4. 2015 (BStBl. I S. 256), vom 1. 6. 2015 (BStBl. I S. 475), vom 4. 7. 2016 (BStBl. I S. 645), vom 6. 12. 2016 (BStBl. I S. 1425), vom 19. 12. 2016 (BStBl. I S. 1433), vom 24. 5. 2017 (BStBl. I S. 820), vom 28. 9. 2021 (BStBl. I S. 1831) und vom 10. 1. 2022 (BStBl. I S. 36)

– Auszug –

Zum Sonderausgabenabzug für Beiträge nach § 10 Abs. 1 und zur Besteuerung von Versorgungsbezügen nach § 19 Abs. 2 sowie von Einkünften nach § 22 Nr. 1 Satz 3 Buchst. a des Einkommensteuergesetzes (EStG) gilt im Einvernehmen mit den obersten Finanzbehörden der Länder Folgendes:

[1] Nachstehend abgedruckt als Anlage zu LStH 19.8.
[2] Nachstehend abgedruckt als Anlage zu LStH 19.8.
[3] Nachstehend abgedruckt als Anlage zu LStH 19.8.

Anl zu LStH 19.8

Inhaltsübersicht

(...)[1] Rz.
B. Besteuerung von Versorgungsbezügen – § 19 Abs. 2 EStG – ... 168–189
I. Von internationalen Organisationen gezahlte Pensionen ... 168
II. Arbeitnehmer-/Werbungskosten-Pauschbetrag/Zuschlag zum Versorgungsfreibetrag ... 169
III. Versorgungsfreibetrag/Zuschlag zum Versorgungsfreibetrag ... 170–188
1. Allgemeines ... 170
2. Berechnung des Versorgungsfreibetrags und des Zuschlags zum Versorgungsfreibetrag ... 171, 171 a
3. Festschreibung des Versorgungsfreibetrags und des Zuschlags zum Versorgungsfreibetrag ... 172
4. Neuberechnung des Versorgungsfreibetrags und des Zuschlags zum Versorgungsfreibetrag ... 173–175
5. Zeitanteilige Berücksichtigung des Versorgungsfreibetrags und des Zuschlags zum Versorgungsfreibetrag ... 176
6. Mehrere Versorgungsbezüge ... 177–179
7. Hinterbliebenenversorgung ... 180–183
8. Berechnung des Versorgungsfreibetrags im Falle einer Kapitalauszahlung/Abfindung ... 184–187
9. Zusammentreffen von Versorgungsbezügen (§ 19 EStG) und Rentenleistungen (§ 22 EStG) ... 188
IV. Aufzeichnungs- und Bescheinigungspflichten ... 189
(...)
D. Besonderheiten beim Versorgungsausgleich ... 270–288
I. Allgemeines ... 270–278
1. Gesetzliche Neuregelung des Versorgungsausgleichs ... 270–275
2. Besteuerungszeitpunkte ... 276–278
II. Interne Teilung (§ 10 VersAusglG) ... 279–282
1. Steuerfreiheit des Teilungsvorgangs nach § 3 Nr. 55 a EStG ... 279
2. Besteuerung bei der ausgleichsberechtigten Person ... 280–282
III. Externe Teilung (§ 14 VersAusglG) ... 283–287
1. Steuerfreiheit nach § 3 Nr. 55 b EStG ... 283
2. Besteuerung bei der ausgleichsberechtigten Person ... 284
3. Beispiele ... 285, 286
4. Verfahren ... 287
IV. Neuberechnung des Versorgungsfreibetrags und des Zuschlags zum Versorgungsfreibetrag ... 288
E. Anwendungsregelung ... 289, 290
(...)

B. Besteuerung von Versorgungsbezügen – § 19 Abs. 2 EStG –

I. Von internationalen Organisationen gezahlte Pensionen

168[2] Bei von folgenden internationalen Organisationen gezahlten Pensionen einschl. der Zulagen (Steuerausgleichszahlung, Familienzulagen und andere) handelt es sich um Versorgungsbezüge i. S. d. § 19 Abs. 2 EStG: **80**

- Koordinierte Organisationen:
  - Europäische Weltraumorganisation (ESA),
  - Europarat,
  - Nordatlantikvertragsorganisation (NATO),
  - Organisation für wirtschaftliche Zusammenarbeit und Entwicklung (OECD),
  - Westeuropäische Union (WEU),
  - Europäisches Zentrum für mittelfristige Wettervorhersage (EZMV, engl. ECWMF),
- Europäische Organisation zur Sicherung der Luftfahrt (EUROCONTROL),
- Europäische Patentorganisation (EPO) einschließlich der Dienststellen des Europäischen Patentamts (EPA),[3]
- Europäisches Hochschulinstitut (EHI),
- Europäische Organisation für die Nutzung meteorologischer Satelliten (EUMETSAT).

Die Zulässigkeit der Besteuerung von an ehemalige Bedienstete internationaler Organisationen gezahlten Pensionen und Ruhegehältern in Deutschland ist davon abhängig, welche Bestimmungen das für die jeweilige internationale Organisation geltende Abkommen oder Privilegienprotokoll enthält. In der Regel lässt dieses Abkommen bzw. Privilegienprotokoll das deutsche Besteuerungsrecht für die Pensionen oder Ruhegehälter unberührt. Eine Ausnahme hiervon stellt das Protokoll über die Vorrechte und Befreiungen der Europäischen Union (ABl. C 202 vom 7. Juni 2016, S. 266–272) dar. Gemäß Artikel 12 dieses Protokolls unterliegen die „Gehälter, Löhne und anderen Bezüge" der Steuer der Europäischen Union gemäß Verordnung Nummer 260/68 des Rates vom 29. Februar 1968 und sind von „innerstaatlichen Steuern" insoweit befreit; d. h. Pensionen und Ruhegehälter ehemaliger Bediensteter von Organisationen, auf die dieses Protokoll anzuwenden ist, sind von innerstaatlichen Steuern ab dem Zeitpunkt befreit, ab dem eine EU-interne Steuer erhoben wird.

---

[1] **[Amtl. Anm.:]** Teil A neugefasst durch BMF vom 24. 5. 2017 (BStBl. I S. 820); abgedruckt als Anlage b zu § 10 EStG.
[2] **[Amtl. Anm.:]** Rz. 168 wurde durch BMF vom 10. 1. 2022 (BStBl. I S. 36) neu gefasst und ist in allen offenen Fällen anzuwenden.
[3] **[Amtl. Anm.:]** Bestätigt durch BFH vom 23. 2. 2017 (BStBl. II S. 636); zur Aufteilung von Alterseinkünften eines Ruhestandsbeamten des Europäischen Patentamts siehe BFH vom 15. 12. 2021 (BStBl. II S. 894).

Anl zu LStH 19.8

II. Arbeitnehmer-/Werbungskosten-Pauschbetrag/ Zuschlag zum Versorgungsfreibetrag

81 **169** Ab 2005 ist der Arbeitnehmer-Pauschbetrag (§ 9a Satz 1 Nr. 1 Buchst. a EStG) bei Versorgungsbezügen i. S. d. § 19 Abs. 2 EStG nicht mehr anzuwenden. Stattdessen wir – wie auch bei den Rente – ein Werbungskosten-Pauschbetrag von 102 € berücksichtigt (§ 9a Satz 1 Nr. 1 Buchst. b EStG). Als Ausgleich für den Wegfall des Arbeitnehmer-Pauschbetrags wird dem Versorgungsfreibetrag ein Zuschlag von zunächst 900 € hinzugerechnet, der für jeden ab 2006 neu in den Ruhestand tretenden Jahrgang abgeschmolzen wird (§ 19 Abs. 2 Satz 3 EStG). Werden neben Versorgungsbezügen i. S. d. § 19 Abs. 2 EStG auch Einnahmen aus nichtselbständiger Arbeit i. S. d. § 19 Abs. 1 EStG bezogen, kommen der Arbeitnehmer-Pauschbetrag und der Werbungskosten-Pauschbetrag nebeneinander zur Anwendung. Bei den Versorgungsbezügen i. S. d. § 19 Abs. 2 EStG ist der Werbungskosten-Pauschbetrag auch dann zu berücksichtigen, wenn bei Einnahmen aus nichtselbständiger Arbeit i. S. d. § 19 Abs. 1 EStG höhere Werbungskosten als der Arbeitnehmer-Pauschbetrag anzusetzen sind.

III. Versorgungsfreibetrag/Zuschlag zum Versorgungsfreibetrag

1. Allgemeines

82 **170** Der maßgebende Prozentsatz für den steuerfreien Teil der Versorgungsbezüge und der Höchstbetrag des Versorgungsfreibetrags sowie der Zuschlag zum Versorgungsfreibetrag bestimmen sich ab 2005 nach dem Jahr des Versorgungsbeginns (§ 19 Abs. 2 Satz 3 EStG). Sie werden für jeden ab 2006 neu in den Ruhestand tretenden Jahrgang abgeschmolzen.

2. Berechnung des Versorgungsfreibetrags und des Zuschlags zum Versorgungsfreibetrag

171 Der Versorgungsfreibetrag und der Zuschlag zum Versorgungsfreibetrag (Freibeträge für Versorgungsbezüge) berechnen sich auf der Grundlage des Versorgungsbezugs für Januar 2005 bei Versorgungsbeginn vor 2005 bzw. des Versorgungsbezugs für den ersten vollen Monat bei Versorgungsbeginn ab 2005; wird der Versorgungsbezug insgesamt nicht für einen vollen Monat gezahlt (z. B. wegen Todes des Versorgungsempfängers), ist der Bezug des Teilmonats auf einen Monatsbetrag hochzurechnen. Bei einer nachträglichen Festsetzung von Versorgungsbezügen ist der Monat maßgebend, für den die Versorgungsbezüge erstmals festgesetzt werden; auf den Zahlungstermin kommt es nicht an. Bei Bezügen und Vorteilen aus früheren Dienstleistungen i. S. d. § 19 Abs. 2 Satz 2 Nr. 2 EStG, die wegen Erreichens einer Altersgrenze gezahlt werden, ist der Monat maßgebend, in dem der Steuerpflichtige das 63. Lebensjahr oder, wenn er schwerbehindert ist, das 60. Lebensjahr vollendet hat, da die Bezüge erst mit Erreichen dieser Altersgrenzen als Versorgungsbezüge gelten. Der maßgebende Monatsbetrag ist jeweils mit zwölf zu vervielfältigen und um Sonderzahlungen zu erhöhen, auf die zu diesem Zeitpunkt (erster voller Monat bzw. Januar 2005) ein Rechtsanspruch besteht (§ 19 Abs. 2 Satz 4 EStG). Die Sonderzahlungen (z. B. Urlaubs- oder Weihnachtsgeld) sind mit dem Betrag anzusetzen, auf den bei einem Bezug von Versorgungsbezügen für das ganze Jahr des Versorgungsbeginns ein Rechtsanspruch besteht. Bei Versorgungsempfängern, die schon vor dem 1. Januar 2005 in Ruhestand gegangen sind, können aus Vereinfachungsgründen die Sonderzahlungen 2004 berücksichtigt werden.

171 a[1] Das Jahr des Versorgungsbeginns (§ 19 Abs. 2 Satz 3 EStG) ist grundsätzlich das Jahr, in dem der Anspruch auf die Versorgungsbezüge (§ 19 Abs. 2 Satz 2 EStG) entstanden ist.

Bei Bezügen wegen Erreichens einer Altersgrenze im Sinne des § 19 Abs. 2 Satz 2 Nr. 2 EStG ist das Jahr des Versorgungsbeginns das Jahr, in dem erstmals zum einen der Anspruch auf die Bezüge besteht und zum anderen das 60. bzw. 63. Lebensjahr vollendet ist. Der Versorgungsbeginn tritt dagegen nicht ein, solange der Arbeitnehmer von einer bloßen Option, Versorgungsleistungen für einen Zeitraum ab dem Erreichen der maßgeblichen Altersgrenze zu beanspruchen, tatsächlich keinen Gebrauch macht, z. B. weil er die Leistungen erst ab einem späteren Zeitpunkt in Anspruch nehmen will.

3. Festschreibung des Versorgungsfreibetrags und des Zuschlags zum Versorgungsfreibetrag

172 Der nach Rz. 171 ermittelte Versorgungsfreibetrag und der Zuschlag zum Versorgungsfreibetrag gelten grundsätzlich für die gesamte Laufzeit des Versorgungsbezugs (§ 19 Abs. 2 Satz 8 EStG).

4. Neuberechnung des Versorgungsfreibetrags und des Zuschlags zum Versorgungsfreibetrag

173 Regelmäßige Anpassungen des Versorgungsbezugs (laufender Bezug und Sonderzahlungen) führen nicht zu einer Neuberechnung (§ 19 Abs. 2 Satz 9 EStG). Zu einer Neuberechnung führen nur Änderungen des Versorgungsbezugs, die ihre Ursache in der Anwendung von Anrechnungs-, Ruhens-, Erhöhungs- oder Kürzungsregelungen haben (§ 19 Abs. 2 Satz 10 EStG), z. B. Wegfall, Hinzutreten oder betragsmäßige Änderungen. Dies ist insbesondere der Fall, wenn der Versorgungsempfänger neben seinen Versorgungsbezügen

- Erwerbs- oder Erwerbsersatzeinkommen (§ 53 des Beamtenversorgungsgesetzes – BeamtVG –),
- andere Versorgungsbezüge (§ 54 BeamtVG),
- Renten (§ 55 BeamtVG) oder
- Versorgungsbezüge aus zwischenstaatlicher und überstaatlicher Verwendung (§ 56 BeamtVG)

erzielt, wenn sich die Voraussetzungen für die Gewährung des Familienzuschlags oder des Unterschiedsbetrags nach § 50 BeamtVG ändern oder wenn ein Witwen- oder Waisengeld nach einer Unterbrechung der Zahlung wieder bewilligt wird (zur Neuberechnung beim Versorgungsausgleich siehe Rz. 288). Gleiches gilt für entsprechende Leistungen aufgrund landesrechtlicher Beamtenversorgungsgesetze. Ändert sich der anzurechnende Betrag aufgrund einer einmaligen Sonderzahlung und hat dies nur eine einmalige Minderung des Versorgungsbezugs zur Folge, so kann auf eine Neuberechnung ver-

[1] **[Amtl. Anm.:]** Rz. 171 a wurde durch BMF-Schreiben vom 10. 4. 2015 (BStBl. I S. 256) eingefügt und ist in allen offenen Fällen anzuwenden.

zichtet werden. Auf eine Neuberechnung kann aus Vereinfachungsgründen auch verzichtet werden, wenn der Versorgungsbezug, der bisher Bemessungsgrundlage für den Versorgungsfreibetrag war, vor und nach einer Anpassung aufgrund von Anrechnungs-, Ruhens-, Erhöhungs- und Kürzungsregelungen mindestens 7500 € jährlich/625 € monatlich beträgt, also die Neuberechnung zu keiner Änderung der Freibeträge für Versorgungsbezüge führen würde.

174 In den Fällen einer Neuberechnung ist der geänderte Versorgungsbezug, ggf. einschließlich zwischenzeitlicher Anpassungen, Bemessungsgrundlage für die Berechnung der Freibeträge für Versorgungsbezüge (§ 19 Abs. 2 Satz 11 EStG).

175 Bezieht ein Steuerpflichtiger zunächst Versorgungsbezüge wegen verminderter Erwerbsfähigkeit, bestimmen sich der Prozentsatz, der Höchstbetrag des Versorgungsfreibetrags und der Zuschlag zum Versorgungsfreibetrag nach dem Jahr des Beginns dieses Versorgungsbezugs. Wird der Versorgungsbezug wegen verminderter Erwerbsfähigkeit mit Vollendung des 63. Lebensjahres des Steuerpflichtigen oder, wenn er schwerbehindert ist, mit Vollendung des 60. Lebensjahres, in einen Versorgungsbezug wegen Erreichens der Altersgrenze umgewandelt, bestimmen sich der Prozentsatz, der Höchstbetrag des Versorgungsfreibetrags und der Zuschlag zum Versorgungsfreibetrag weiterhin nach dem Jahr des Beginns des Versorgungsbezugs wegen verminderter Erwerbsfähigkeit. Da es sich bei der Umwandlung des Versorgungsbezugs nicht um eine regelmäßige Anpassung handelt, ist eine Neuberechnung des Versorgungsfreibetrags erforderlich.

5. Zeitanteilige Berücksichtigung des Versorgungsfreibetrags und des Zuschlags zum Versorgungsfreibetrag

176 Werden Versorgungsbezüge nur für einen Teil des Kalenderjahres gezahlt, so ermäßigen sich der Versorgungsfreibetrag und der Zuschlag zum Versorgungsfreibetrag für jeden vollen Kalendermonat, für den keine Versorgungsbezüge geleistet werden, in diesem Kalenderjahr um ein Zwölftel (§ 19 Abs. 2 Satz 12 EStG). Bei Zahlung mehrerer Versorgungsbezüge erfolgt eine Kürzung nur für Monate, für die keiner der Versorgungsbezüge geleistet wird. Ändern sich der Versorgungsfreibetrag und/oder der Zuschlag zum Versorgungsfreibetrag im Laufe des Kalenderjahrs aufgrund einer Neuberechnung nach Rz. 173f., sind in diesem Kalenderjahr die höchsten Freibeträge für Versorgungsbezüge maßgebend (§ 19 Abs. 2 Satz 11 2. Halbsatz EStG); eine zeitanteilige Aufteilung ist nicht vorzunehmen. Die Änderung der Freibeträge für Versorgungsbezüge kann im Lohnsteuerabzugsverfahren berücksichtigt werden.

6. Mehrere Versorgungsbezüge

177 Bei mehreren Versorgungsbezügen bestimmen sich der maßgebende Prozentsatz für den steuerfreien Teil der Versorgungsbezüge und der Höchstbetrag des Versorgungsfreibetrags sowie der Zuschlag zum Versorgungsfreibetrag nach dem Beginn des jeweiligen Versorgungsbezugs. Die Summe aus den jeweiligen Freibeträgen für Versorgungsbezüge wird nach § 19 Abs. 2 Satz 6 EStG auf den Höchstbetrag des Versorgungsfreibetrags und den Zuschlag zum Versorgungsfreibetrag nach dem Beginn des ersten Versorgungsbezugs begrenzt. Fällt der maßgebende Beginn mehrerer laufender Versorgungsbezüge in dasselbe Kalenderjahr, können die Bemessungsgrundlagen aller Versorgungsbezüge zusammengerechnet werden, da in diesen Fällen für sie jeweils dieselben Höchstbeträge gelten.

178 Werden mehrere Versorgungsbezüge von unterschiedlichen Arbeitgebern gezahlt, ist die Begrenzung der Freibeträge für Versorgungsbezüge im Lohnsteuerabzugsverfahren nicht anzuwenden; die Gesamtbetrachtung und ggf. die Begrenzung erfolgt im Veranlagungsverfahren. Treffen mehrere Versorgungsbezüge bei demselben Arbeitgeber zusammen, ist die Begrenzung auch im Lohnsteuerabzugsverfahren zu beachten.

Beispiel:

179 Zwei Ehegatten erhalten jeweils eigene Versorgungsbezüge. Der Versorgungsbeginn des einen Ehegatten liegt im Jahr 2008, der des anderen im Jahr 2009. Im Jahr 2013 verstirbt der Ehegatte, der bereits seit 2008 Versorgungsbezüge erhalten hatte. Dem überlebenden Ehegatten werden ab 2013 zusätzlich zu seinen eigenen Versorgungsbezügen i. H. v. monatlich 400 € Hinterbliebenenbezüge i. H. v. monatlich 250 € gezahlt.

Für die eigenen Versorgungsbezüge des überlebenden Ehegatten berechnen sich die Freibeträge für Versorgungsbezüge nach dem Jahr des Versorgungsbeginns 2009. Der Versorgungsfreibetrag beträgt demnach 33,6% von 4800 € (= 400 € Monatsbezug × 12) = 1613 € (aufgerundet); der Zuschlag zum Versorgungsfreibetrag beträgt 756 €.

Für den Hinterbliebenenbezug sind mit Versorgungsbeginn im Jahr 2013 die Freibeträge für Versorgungsbezüge nach § 19 Abs. 2 Satz 7 EStG unter Zugrundelegung des maßgeblichen Prozentsatzes, des Höchstbetrags und des Zuschlags zum Versorgungsfreibetrag des verstorbenen Ehegatten zu ermitteln (siehe dazu Rz. 180 bis 183). Für die Berechnung sind also die Beträge des maßgebenden Jahres 2008 zugrunde zu legen. Der Versorgungsfreibetrag für die Hinterbliebenenbezüge beträgt demnach 35,2% von 3000 € (= 250 € Monatsbezug × 12) = 1056 €; der Zuschlag zum Versorgungsfreibetrag beträgt 792 €.

Die Summe der Versorgungsfreibeträge ab 2013 beträgt (1613 € zuzügl. 1056 €) 2669 €.

Der insgesamt berücksichtigungsfähige Höchstbetrag bestimmt sich nach dem Jahr des Beginns des ersten Versorgungsbezugs (2008: 2640 €). Da der Höchstbetrag überschritten ist, ist der Versorgungsfreibetrag auf insgesamt 2640 € zu begrenzen. Auch die Summe der Zuschläge zum Versorgungsfreibetrag (756 € zuzügl. 792 €) 1548 € ist nach dem maßgebenden Jahr des Versorgungsbeginns (2008) auf insgesamt 792 € zu begrenzen.

7. Hinterbliebenenversorgung

180 Folgt ein Hinterbliebenenbezug einem Versorgungsbezug, bestimmen sich der Prozentsatz, der Höchstbetrag des Versorgungsfreibetrags und der Zuschlag zum Versorgungsfreibetrag für den Hinterbliebenenbezug nach dem Jahr des Beginns des Versorgungsbezugs des Verstorbenen (§ 19 Abs. 2 Satz 7 EStG). Bei Bezug von Witwen- oder Waisengeld ist für die Berechnung der Freibeträge für Versorgungsbezüge das Jahr des Versorgungsbeginns des Verstorbenen maßgebend, der diesen Versorgungsanspruch zuvor begründete.

Anl zu LStH 19.8

Beispiel:

181 Im Oktober 2012 verstirbt ein 67-jähriger Ehegatte, der seit dem 63. Lebensjahr Versorgungsbezüge erhalten hat. Der überlebende Ehegatte erhält ab November 2012 Hinterbliebenenbezüge.
Für den verstorbenen Ehegatten sind die Freibeträge für Versorgungsbezüge bereits mit der Pensionsabrechnung für Januar 2008 (35,2% der voraussichtlichen Versorgungsbezüge 2008, maximal 2640 € zuzügl. 792 € Zuschlag) festgeschrieben worden. Im Jahr 2012 sind die Freibeträge für Versorgungsbezüge des verstorbenen Ehegatten mit zehn Zwölfteln zu berücksichtigen. Für den überlebenden Ehegatten sind mit der Pensionsabrechnung für November 2012 eigene Freibeträge für Versorgungsbezüge zu ermitteln. Zugrunde gelegt werden dabei die hochgerechneten Hinterbliebenenbezüge (einschl. Sonderzahlungen). Darauf sind nach § 19 Abs. 2 Satz 7 EStG der maßgebliche Prozentsatz, der Höchstbetrag und der Zuschlag zum Versorgungsfreibetrag des verstorbenen Ehegatten (35,2%, maximal 2640 € zuzügl. 792 € Zuschlag) anzuwenden. Im Jahr 2012 sind die Freibeträge für Versorgungsbezüge des überlebenden Ehegatten mit zwei Zwölfteln zu berücksichtigen.

182 Erhält ein Hinterbliebener Sterbegeld, stellt dieses gem. R 19.8 Abs. 1 Nr. 1 und R 19.9 Abs. 3 Nr. 3 LStR ebenfalls einen Versorgungsbezug dar. Für das Sterbegeld gelten zur Berechnung der Freibeträge für Versorgungsbezüge ebenfalls der Prozentsatz, der Höchstbetrag und der Zuschlag zum Versorgungsfreibetrag des Verstorbenen. Das Sterbegeld darf als Leistung aus Anlass des Todes die Berechnung des Versorgungsfreibetrags für etwaige sonstige Hinterbliebenenbezüge nicht beeinflussen und ist daher nicht in deren Berechnungsgrundlage einzubeziehen. Das Sterbegeld ist vielmehr als eigenständige – zusätzliche – Versorgungsbezug zu behandeln. Die Zwölftelungsregelung ist für das Sterbegeld nicht anzuwenden. Als Bemessungsgrundlage für die Freibeträge für Versorgungsbezüge ist die Höhe des Sterbegeldes im Kalenderjahr anzusetzen, unabhängig von der Zahlungsweise und Berechnungsart.

Beispiel:

183 Im April 2012 verstirbt ein Ehegatte, der zuvor seit 2007 Versorgungsbezüge i. H. v. 1500 € monatlich erhalten hat. Der überlebende Ehegatte erhält ab Mai 2012 laufende Hinterbliebenenbezüge i. H. v. 1200 € monatlich. Daneben wird ihm einmalig Sterbegeld i. H. v. zwei Monatsbezügen des verstorbenen Ehegatten, also 3000 € gezahlt.

Laufender Hinterbliebenenbezug: Monatsbetrag 1200 € × 12 = 14 400 €. Auf den hochgerechneten Jahresbetrag werden der für den Verstorbenen maßgebende Prozentsatz und Höchstbetrag des Versorgungsfreibetrags (2007), zuzügl. des Zuschlags von 828 € angewandt. Das bedeutet im vorliegenden Fall 14 400 € × 36,8% = 5300 € (aufgerundet), höchstens 2760 €. Da der laufende Hinterbliebenenbezug nur für acht Monate gezahlt wurde, erhält der überlebende Ehegatte 8/12 dieses Versorgungsfreibetrags, 2760 € : 12 = 230 € × 8 = 1840 €. Der Versorgungsfreibetrag für den laufenden Hinterbliebenenbezug beträgt somit 1840 €, der Zuschlag zum Versorgungsfreibetrag 552 € (8/12 von 828 €).

Sterbegeld: Gesamtbetrag des Sterbegelds 2 × 1500 € = 3000 €. Auf diesen Gesamtbetrag von 3000 € werden ebenfalls der für den Verstorbenen maßgebende Prozentsatz und Höchstbetrag des Versorgungsfreibetrags (2007), zuzügl. des Zuschlags von 828 € angewandt, 3000 € × 36,8% = 1104 €. Der Versorgungsfreibetrag für das Sterbegeld beträgt 1104 €, der Zuschlag zum Versorgungsfreibetrag 828 €.
Beide Versorgungsfreibeträge ergeben zusammen einen Betrag von 2944 €, auf den der insgesamt berücksichtigungsfähige Höchstbetrag nach dem maßgebenden Jahr 2007 anzuwenden ist. Der Versorgungsfreibetrag für den laufenden Hinterbliebenenbezug und das Sterbegeld zusammen beträgt damit 2760 €. Dazu kommt der Zuschlag zum Versorgungsfreibetrag von insgesamt 828 €.

8. Berechnung des Versorgungsfreibetrags im Falle einer Kapitalauszahlung/Abfindung

184 Wird anstelle eines monatlichen Versorgungsbezugs eine Kapitalauszahlung/Abfindung an den Versorgungsempfänger gezahlt, so handelt es sich um einen sonstigen Bezug. Für die Ermittlung der Freibeträge für Versorgungsbezüge ist das Jahr des Versorgungsbeginns zugrunde zu legen, die Zwölftelungsregelung ist für diesen sonstigen Bezug nicht anzuwenden. Bemessungsgrundlage ist der Betrag der Kapitalauszahlung/Abfindung im Kalenderjahr.

185 Beispiel 1:

Dem Versorgungsempfänger wird im Jahr 2012 eine Abfindung i. H. v. 10 000 € gezahlt. Der Versorgungsfreibetrag beträgt (28,8% von 10 000 € = 2880 €, höchstens) 2160 €; der Zuschlag zum Versorgungsfreibetrag beträgt 648 €.

Beispiel 2:[1]

Der Versorgungsempfänger vollendet sein 63. Lebensjahr am 1. September 2015. Bereits seit August 2012 bezieht er Versorgungsleistungen des Arbeitgebers aus einer Direktzusage. Die Versorgungsbezüge werden als (Teil-)Kapitalauszahlungen in jährlichen Raten von 4800 € gewährt, erstmals am 1. August 2012.
Das Jahr des Versorgungsbeginns ist das Jahr 2015, denn erstmals in 2015 besteht kumulativ ein Anspruch auf die Bezüge und das 63. Lebensjahr ist vollendet (vgl. Rz. 171 a). Für 2015 sind jedoch keine Freibeträge für Versorgungsbezüge zu berücksichtigen, da die Ratenzahlung am 1. August 2015 vor Vollendung des 63. Lebensjahres geleistet wird. Der nach dem Versorgungsbeginn in 2015 maßgebende und ab 2016 zu berücksichtigende Versorgungsfreibetrag beträgt 1152 € (24,0% von 4800 €, höchstens 1800 €); der ab 2016 zu berücksichtigende Zuschlag zum Versorgungsfreibetrag beträgt 540 €; eine Zwölftelung ist nicht vorzunehmen, da es sich bei den Versorgungsbezügen um (Teil-)Kapitalauszahlungen handelt (vgl. Rz. 184). In den Jahren 2012 bis 2015 werden keine Freibeträge für Versorgungsbezüge berücksichtigt, da der Versorgungsempfänger erst im Jahr 2016 im Zeitpunkt der Zahlung der Ratenzahlung am 1. August 2016 sein 63. Lebensjahr vollendet hat.

Beispiel 3:

Der Versorgungsempfänger vollendet sein 63. Lebensjahr am 1. August 2014. Er könnte ab diesem Zeitpunkt monatliche Versorgungsleistungen des Arbeitgebers aus einer Direktzusage beziehen. Der Versorgungsempfänger entscheidet sich stattdessen für jährliche (Teil-)Kapitalauszahlungen von 4800 €. Die erste Rate wird am 1. Februar 2015 ausgezahlt.
Das Jahr des Versorgungsbeginns ist das Jahr 2014, denn erstmals in 2014 besteht kumulativ ein Anspruch auf die Bezüge und das 63. Lebensjahr ist vollendet (vgl. Rz. 171 a). Der ab 2015 zu berücksichtigende Versorgungsfreibetrag beträgt aufgerundet 1229 € (25,6% von 4800 €, höchstens 1920 €); der ab 2015 zu berücksichtigende Zuschlag zum Versorgungsfreibetrag beträgt 576 €; eine Zwölftelung ist nicht vorzunehmen, da es sich bei den Versorgungsbezügen

[1] **[Amtl. Anm.:]** In Rz. 185 wurden durch BMF-Schreiben vom 10. 4. 2015 (BStBl I S. 256) die Beispiele 2 bis 4 eingefügt. Sie sind in allen offenen Fällen anzuwenden.

Anl zu LStH 19.8

um (Teil-)Kapitalauszahlungen handelt (vgl. Rz. 184). Im Jahr 2014 werden mangels Zuflusses keine Freibeträge für Versorgungsbezüge berücksichtigt.

Beispiel 4:

Der Versorgungsempfänger vollendet sein 63. Lebensjahr am 1. August 2014. Er könnte ab diesem Zeitpunkt monatliche Versorgungsleistungen des Arbeitgebers aus einer Direktzusage beziehen. Der Versorgungsempfänger entscheidet sich jedoch dafür, die Versorgungsleistungen erst ab dem 1. August 2015 in Anspruch zu nehmen, um höhere Versorgungsleistungen zu erhalten. Er wählt dabei jährliche (Teil-)Kapitalauszahlungen von 4800 €. Die erste Rate wird am 1. Februar 2016 ausgezahlt.
Das Jahr des Versorgungsbeginns ist das Jahr 2015, denn erstmals im Jahr 2015 besteht kumulativ ein Anspruch auf die Bezüge und das 63. Lebensjahr ist vollendet (vgl. Rz. 171 a). Der ab 2016 zu berücksichtigende Versorgungsfreibetrag beträgt aufgerundet 1152 € (24% von 4800 €, höchstens 1800 €); der ab 2016 zu berücksichtigende Zuschlag zum Versorgungsfreibetrag beträgt 540 €; eine Zwölftelung ist nicht vorzunehmen, da es sich bei den Versorgungsbezügen um (Teil-)Kapitalauszahlungen handelt (vgl. Rz. 184). Im Jahr 2015 werden mangels Zuflusses keine Freibeträge für Versorgungsbezüge berücksichtigt.

186 Bei Zusammentreffen mit laufenden Bezügen darf der Höchstbetrag, der sich nach dem Jahr des Versorgungsbeginns bestimmt, nicht überschritten werden (siehe dazu Beispiele in Rz. 181 und 183 zum Sterbegeld).

187 Die gleichen Grundsätze gelten auch, wenn Versorgungsbezüge in einem späteren Kalenderjahr nachgezahlt oder berichtigt werden.

9. Zusammentreffen von Versorgungsbezügen (§ 19 EStG) und Rentenleistungen (§ 22 EStG)

188 Die Frei- und Pauschbeträge sind für jede Einkunftsart gesondert zu berechnen. Ein Lohnsteuerabzug ist nur für Versorgungsbezüge vorzunehmen.

IV. Aufzeichnungs- und Bescheinigungspflichten

189 Nach § 4 Abs. 1 Nr. 4 LStDV[1] hat der Arbeitgeber im Lohnkonto des Arbeitnehmers in den Fällen 83
des § 19 Abs. 2 EStG die für die zutreffende Berechnung des Versorgungsfreibetrags und des Zuschlags zum Versorgungsfreibetrag erforderlichen Angaben aufzuzeichnen. Aufzuzeichnen sind die Bemessungsgrundlage für den Versorgungsfreibetrag (Jahreswert, Rz. 171), das Jahr des Versorgungsbeginns und die Zahl der Monate (Zahl der Zwölftel), für die Versorgungsbezüge gezahlt werden. Bei mehreren Versorgungsbezügen sind die Angaben für jeden Versorgungsbezug getrennt aufzuzeichnen, soweit die maßgebenden Versorgungsbeginne in unterschiedliche Kalenderjahre fallen (vgl. Rz. 177). Demnach können z. B. alle Versorgungsbezüge mit Versorgungsbeginn bis zum Jahre 2005 zusammengefasst werden. Zu den Bescheinigungspflichten wird auf die jährlichen BMF-Schreiben zu den Lohnsteuerbescheinigungen hingewiesen.[2]

(…)

D. Besonderheiten beim Versorgungsausgleich

I. Allgemeines

1. Gesetzliche Neuregelung des Versorgungsausgleichs

270 Mit dem VersAusglG wurden die Vorschriften zum Versorgungsausgleich grundlegend geändert. 84
Es gilt künftig für alle ausgleichsreifen Anrechte auf Altersversorgung der Grundsatz der internen Teilung, der bisher schon bei der gesetzlichen Rentenversicherung zur Anwendung kam. Bisher wurden alle von den Ehegatten während der Ehe bzw. von den Lebenspartnern während der Lebenspartnerschaftszeit erworbenen Anrechte auf eine Versorgung wegen Alter und Invalidität bewertet und im Wege eines Einmalausgleichs ausgeglichen, vorrangig über die gesetzliche Rentenversicherung.

271 Das neue VersAusglG sieht dagegen die interne Teilung als Grundsatz des Versorgungsausgleichs auch für alle Systeme der betrieblichen Altersversorgung und privaten Altersvorsorge vor. Hierbei werden die von den Ehegatten oder Lebenspartnern (§ 20 des Lebenspartnerschaftsgesetzes) in den unterschiedlichen Altersversorgungssystemen erworbenen Anrechte zum Zeitpunkt der Scheidung innerhalb des jeweiligen Systems geteilt und für den ausgleichsberechtigten Ehegatten oder Lebenspartner eigenständige Versorgungsanrechte geschaffen, die unabhängig von den Versorgungsanrechten des ausgleichspflichtigen Ehegatten oder Lebenspartner im jeweiligen System gesondert weitergeführt werden.

272 Zu einem Ausgleich über ein anderes Versorgungssystem (externe Teilung) kommt es nur noch in den in §§ 14 bis 17 VersAusglG geregelten Ausnahmefällen. Bei einer externen Teilung entscheidet die ausgleichsberechtigte Person über die Zielversorgung. Sie bestimmt also, in welches Versorgungssystem der Ausgleichswert zu transferieren ist (ggf. Aufstockung einer bestehenden Anwartschaft, ggf. Neubegründung einer Anwartschaft). Dabei darf die Zahlung des Kapitalbetrags an die gewählte Zielversorgung nicht zu nachteiligen steuerlichen Folgen bei der ausgleichspflichtigen Person führen, es sei denn, sie stimmt der Wahl der Zielversorgung zu.

273 Die gesetzliche Rentenversicherung ist Auffang-Zielversorgung, wenn die ausgleichsberechtigte Person ihr Wahlrecht nicht ausübt und es sich nicht um eine betriebliche Altersversorgung handelt. Bei einer betrieblichen Altersversorgung wird bei fehlender Ausübung des Wahlrechts ein Anspruch in der Versorgungsausgleichskasse begründet.

274 Verbunden ist die externe Teilung mit der Leistung eines Kapitalbetrags in Höhe des Ausgleichswerts, der vom Versorgungsträger der ausgleichspflichtigen Person an den Versorgungsträger der aus-

[1] Abgedruckt bei § 41 EStG.
[2] Vgl. BMF-Schreiben vom 5. 9. 2024 (BStBl. I S. 1255) und vom 17. 2. 2025 (BStBl. I S. 650), abgedruckt als Anlage a und b zu LStH 41 b.

Anl zu LStH 19.8

gleichsberechtigten Person gezahlt wird (Ausnahme: Externe Teilung von Beamtenversorgungen nach § 16 VersAusglG; hier findet wie nach dem bisherigen Quasi-Splitting zwischen der gesetzlichen Rentenversicherung und dem Träger der Beamtenversorgung ein Erstattungsverfahren im Leistungsfall statt).

275 Kommt in Einzelfällen weder die interne Teilung noch die externe Teilung in Betracht, etwa weil ein Anrecht zum Zeitpunkt des Versorgungsausgleichs nicht ausgleichsreif ist (§ 19 VersAusglG), z. B. ein Anrecht bei einem ausländischen, zwischenstaatlichen oder überstaatlichen Versorgungsträger oder ein Anrecht i. S. d. Betriebsrentengesetzes, das noch verfallbar ist, kommt es zu Ausgleichsansprüchen nach der Scheidung (§§ 20 ff. VersAusglG). Zur steuerlichen Behandlung der Ausgleichsansprüche nach der Scheidung vgl. BMF-Schreiben vom 9. April 2010, BStBl. I S. 323.

2. Besteuerungszeitpunkte

276 Bei der steuerlichen Beurteilung des Versorgungsausgleichs ist zwischen dem Zeitpunkt der Teilung eines Anrechts im Versorgungsausgleich durch gerichtliche Entscheidung und dem späteren Zufluss der Leistungen aus den unterschiedlichen Versorgungssystemen zu unterscheiden.

277 Bei der internen Teilung wird die Übertragung der Anrechte auf die ausgleichsberechtigte Person zum Zeitpunkt des Versorgungsausgleichs für beide Ehegatten oder Lebenspartner nach § 3 Nr. 55 a EStG steuerfrei gestellt, weil auch bei den im Rahmen eines Versorgungsausgleichs übertragenen Anrechten auf eine Alters- und Invaliditätsversorgung das Prinzip der nachgelagerten Besteuerung eingehalten wird. Die Besteuerung erfolgt erst während der Auszahlungsphase. Die später zufließenden Leistungen gehören dabei bei beiden Ehegatten oder Lebenspartnern zur gleichen Einkunftsart, da die Versorgungsanrechte innerhalb des jeweiligen Systems geteilt wurden. Ein Wechsel des Versorgungssystems und ein damit möglicherweise verbundener Wechsel der Besteuerung weg von der nachgelagerten Besteuerung hat nicht stattgefunden. Lediglich die individuellen Merkmale für die Besteuerung sind bei jedem Ehegatten oder Lebenspartner gesondert zu ermitteln.

278 Bei einer externen Teilung kann dagegen die Übertragung der Anrechte zu einer Besteuerung führen, da sie mit einem Wechsel des Versorgungsträgers und damit regelmäßig mit einem Wechsel des Versorgungssystems verbunden ist. § 3 Nr. 55 b Satz 1 EStG stellt deshalb die Leistung des Ausgleichswerts in den Fällen der externen Teilung für beide Ehegatten oder Lebenspartner steuerfrei, soweit das Prinzip der nachgelagerten Besteuerung insgesamt eingehalten wird. Soweit die späteren Leistungen bei der ausgleichsberechtigten Person jedoch nicht der nachgelagerten Besteuerung unterliegen werden (z. B. Besteuerung nach § 20 Abs. 1 Nr. 6 EStG oder nach § 22 Nr. 1 Satz 3 Buchst. a Doppelbuchst. bb EStG mit dem Ertragsanteil), greift die Steuerbefreiung gem. § 3 Nr. 55 b Satz 2 EStG nicht, und die Leistung des Ausgleichswerts ist bereits im Zeitpunkt der Übertragung beim ausgleichspflichtigen Ehegatten oder Lebenspartner zu besteuern. Die Besteuerung der später zufließenden Leistungen erfolgt bei jedem Ehegatten oder Lebenspartner unabhängig davon, zu welchen Einkünften die Leistungen beim jeweils anderen Ehegatten oder Lebenspartner führen, und richtet sich danach, aus welchem Versorgungssystem sie jeweils geleistet werden.

II. Interne Teilung (§ 10 VersAusglG)

1. Steuerfreiheit des Teilungsvorgangs nach § 3 Nr. 55 a EStG

85 **279** § 3 Nr. 55 a EStG stellt klar, dass die aufgrund einer internen Teilung durchgeführte Übertragung von Anrechten steuerfrei ist; dies gilt sowohl für die ausgleichspflichtige als auch für die ausgleichsberechtigte Person.

2. Besteuerung bei der ausgleichsberechtigten Person

280 Die Leistungen aus den übertragenen Anrechten gehören bei der ausgleichsberechtigten Person zu den Einkünften, zu denen die Leistungen bei der ausgleichspflichtigen Person gehören würden, wenn die interne Teilung nicht stattgefunden hätte. Die (späteren) Versorgungsleistungen sind daher (weiterhin) Einkünfte aus nichtselbständiger Arbeit (§ 19 EStG) oder aus Kapitalvermögen (§ 20 EStG) oder sonstige Einkünfte (§ 22 EStG). Ausgleichspflichtige und ausgleichsberechtigte Person versteuern beide die ihnen jeweils zufließenden Leistungen.

281 Für die Ermittlung des Versorgungsfreibetrags und des Zuschlags zum Versorgungsfreibetrag nach § 19 Abs. 2 EStG, des Besteuerungsanteils nach § 22 Nr. 1 Satz 3 Buchst. a Doppelbuchst. aa EStG sowie des Ertragsanteils nach § 22 Nr. 1 Satz 3 Buchst. a Doppelbuchst. bb EStG bei der ausgleichsberechtigten Person ist auf deren Versorgungsbeginn, deren Rentenbeginn bzw. deren Lebensalter abzustellen.

282 Zu Besonderheiten bei der Öffnungsklausel s. Rz. 258 ff.

III. Externe Teilung (§ 14 VersAusglG)

1. Steuerfreiheit nach § 3 Nr. 55 b EStG

86 **283** Nach § 3 Nr. 55 b Satz 1 EStG ist der aufgrund einer externen Teilung an den Träger der Zielversorgung geleistete Ausgleichswert grundsätzlich steuerfrei, soweit die späteren Leistungen aus den dort begründeten Anrechten zu steuerpflichtigen Einkünften bei der ausgleichsberechtigten Person führen würden. Soweit die Übertragung von Anrechten im Rahmen des Versorgungsausgleichs zu keinen Einkünften i. S. d. EStG führt, bedarf es keiner Steuerfreistellung nach § 3 Nr. 55 b EStG. Die Steuerfreiheit nach § 3 Nr. 55 b Satz 1 EStG greift gem. § 3 Nr. 55 b Satz 2 EStG nicht, soweit Leistungen, die auf dem begründeten Anrecht beruhen, bei der ausgleichsberechtigten Person zu Einkünften nach § 20 Abs. 1 Nr. 6 EStG oder § 22 Nr. 1 Satz 3 Buchst. a Doppelbuchst. bb EStG führen würden.

Anl zu LStH 19.8

2. Besteuerung bei der ausgleichsberechtigten Person

284 Für die Besteuerung bei der ausgleichsberechtigten Person ist unerheblich, zu welchen Einkünften die Leistungen aus den übertragenen Anrechten bei der ausgleichspflichtigen Person geführt hätten, da mit der externen Teilung ein neues Anrecht begründet wird.

3. Beispiele

Beispiel 1:

285 Im Rahmen einer externen Teilung zahlt das Versicherungsunternehmen X, bei dem der ausgleichspflichtige Ehegatte A eine private Rentenversicherung mit Kapitalwahlrecht abgeschlossen hat, einen Ausgleichswert an das Versicherungsunternehmen Y zugunsten des ausgleichsberechtigten Ehegatten B in eine private Rentenversicherung, die dieser als Zielversorgung gewählt hat.

Der Ausgleichswert ist nicht steuerfrei nach § 3 Nr. 55 b Satz 1 EStG, da sich aus der Übertragung keine Einkünfte i. S. d. EStG ergeben (kein Fall des § 20 Abs. 1 Nr. 6 EStG, da es sich weder um einen Erlebensfall noch um einen Rückkauf handelt); mangels Anwendbarkeit von § 3 Nr. 55 b Satz 1 EStG kann auch kein Fall des Satzes 2 dieser Vorschrift vorliegen. Bei Ausübung des Kapitalwahlrechts unterliegt die spätere geminderte Kapitalleistung bei A der Besteuerung nach § 20 Abs. 1 Nr. 6 EStG (ggf. keine Besteuerung wegen § 52 Abs. 36 EStG);[1] Rentenleistungen sind bei A steuerpflichtig nach § 22 Nr. 1 Satz 3 Buchst. a Doppelbuchst. bb EStG. Die Leistungen werden bei B in gleicher Weise besteuert.

Beispiel 2:

286 Im Rahmen einer externen Teilung zahlt das Versicherungsunternehmen X, bei dem der ausgleichspflichtige Ehegatte A eine Basisrentenversicherung (§ 10 Abs. 1 Nr. 2 Satz 1 Buchst. b EStG) abgeschlossen hat, mit Zustimmung des A einen Ausgleichswert an das Versicherungsunternehmen Y zugunsten des ausgleichsberechtigten Ehegatten B in eine private Rentenversicherung, die dieser als Zielversorgung gewählt hat.

Der Ausgleichswert ist nicht steuerfrei nach § 3 Nr. 55 b Satz 2 EStG, denn die Leistungen, die auf dem begründeten Anrecht beruhen, würden bei der ausgleichsberechtigten Person zu Einkünften nach § 20 Abs. 1 Nr. 6 EStG (bei Ausübung eines Kapitalwahlrechts) oder nach § 22 Nr. 1 Satz 3 Buchst. a Doppelbuchst. bb EStG (bei Rentenzahlungen) führen. A hat im Zeitpunkt der Zahlung durch das Versicherungsunternehmen X einen Betrag in Höhe des Ausgleichswerts nach § 22 Nr. 1 Satz 3 Buchst. a Doppelbuchst. aa EStG zu versteuern. Die späteren durch den Versorgungsausgleich gekürzten Leistungen unterliegen bei A ebenfalls der Besteuerung nach § 22 Nr. 1 Satz 3 Buchst. a Doppelbuchst. aa EStG. Bei Ausübung des Kapitalwahlrechts unterliegt die spätere Kapitalleistung bei B der Besteuerung nach § 20 Abs. 1 Nr. 6 EStG; Rentenleistungen sind bei B steuerpflichtig nach § 22 Nr. 1 Satz 3 Buchst. a Doppelbuchst. bb EStG.

4. Verfahren

287 Der Versorgungsträger der ausgleichspflichtigen Person hat grundsätzlich den Versorgungsträger der ausgleichsberechtigten Person über die für die Besteuerung der Leistungen erforderlichen Grundlagen zu informieren. Andere Mitteilungs-, Informations- und Aufzeichnungspflichten bleiben hiervon unberührt.

IV. Neuberechnung des Versorgungsfreibetrags und des Zuschlags zum Versorgungsfreibetrag

288 Werden im Zeitpunkt der Wirksamkeit der Teilung bereits Versorgungsbezüge bezogen, erfolgt bei der ausgleichspflichtigen Person eine Neuberechnung des Versorgungsfreibetrags und des Zuschlags zum Versorgungsfreibetrag entsprechend § 19 Abs. 2 Satz 10 EStG. Bei der ausgleichsberechtigten Person sind der Versorgungsfreibetrag und der Zuschlag zum Versorgungsfreibetrag erstmals zu berechnen, da es sich um einen neuen Versorgungsbezug handelt. Dabei bestimmen sich der Prozentsatz, der Höchstbetrag des Versorgungsfreibetrags und der Zuschlag zum Versorgungsfreibetrag nach dem Jahr, für das erstmals Anspruch auf den Versorgungsbezug aufgrund der internen oder externen Teilung besteht. **87**

E. Anwendungsregelung

289 Vorbehaltlich besonderer Regelungen in den einzelnen Randziffern ist dieses Schreiben ab dem Zeitpunkt seiner Bekanntgabe im Bundessteuerblatt anzuwenden. **88**

290 Das BMF-Schreiben vom 13. September 2010 IV C – S 2222/09/10 041; IV C – S 2345/08/0001, DOK 2010/0 628 045, BStBl. I S. 681[2] wird zum Zeitpunkt der Bekanntgabe dieses Schreibens im Bundessteuerblatt aufgehoben.

R 19.9[3] Zahlung von Arbeitslohn an die Erben oder Hinterbliebenen eines verstorbenen Arbeitnehmers

LStR 19.9

(1) ① Arbeitslohn, der nach dem Tod des Arbeitnehmers gezahlt wird, darf i. d. R. unabhängig vom Rechtsgrund der Zahlung nicht mehr nach den steuerlichen Merkmalen des Verstorbenen versteuert werden. ② Bei laufendem Arbeitslohn, der im Sterbemonat oder für den Sterbemonat gezahlt wird, kann der Steuerabzug aus Vereinfachungsgründen noch nach den steuerlichen Merkmalen des Verstorbenen vorgenommen werden; die Lohnsteuerbescheinigung ist jedoch auch in diesem Falle für den Erben auszustellen und zu übermitteln. **90**

(2) ① Zahlt der Arbeitgeber den Arbeitslohn an einen Erben oder einen Hinterbliebenen aus, ist der Lohnsteuerabzug vorbehaltlich des Absatzes 1 Satz 2 nur nach dessen Besteuerungsmerk- **91**

---

[1] **[Amt. Anm.:]** Jetzt: § 52 Abs. 28 Satz 5.
[2] Abgedruckt in *„Handbuch zur Lohnsteuer 2013"* als Anlage zu LStH 19.8.
[3] Zur Berechnung des Versorgungsfreibetrags vgl. *BMF-Schreiben vom 19. 8. 2013 (BStBl. I S. 1087),* vorstehend abgedruckt als Anlage zu LStH 19.8.

LStR 19.9

malen durchzuführen. ② Die an die übrigen Anspruchsberechtigten weitergegebenen Beträge stellen im Kj. der Weitergabe negative Einnahmen dar. ③ Handelt es sich dabei um Versorgungsbezüge i. S. d. § 19 Abs. 2 EStG, ist für die Berechnung der negativen Einnahmen zunächst vom Bruttobetrag der an die anderen Anspruchsberechtigten weitergegebenen Beträge auszugehen; dieser Bruttobetrag ist sodann um den Unterschied zwischen den beim Lohnsteuerabzug berücksichtigten Freibeträgen für Versorgungsbezüge und den auf den verbleibenden Anteil des Zahlungsempfängers entfallenden Freibeträgen für Versorgungsbezüge zu kürzen. ④ Die Auseinandersetzungszahlungen sind bei den Empfängern – ggf. vermindert um die Freibeträge für Versorgungsbezüge (§ 19 Abs. 2 EStG) – als Einkünfte aus nichtselbständiger Arbeit im Rahmen einer Veranlagung zur Einkommensteuer zu erfassen (§ 46 Abs. 2 Nr. 1 EStG).

92 (3) Für den Steuerabzug durch den Arbeitgeber gilt im Übrigen Folgendes:

1. Beim Arbeitslohn, der noch für die aktive Tätigkeit des verstorbenen Arbeitnehmers gezahlt wird, ist, wie dies bei einer Zahlung an den Arbeitnehmer der Fall gewesen wäre, zwischen laufendem Arbeitslohn, z. B. Lohn für den Sterbemonat oder den Vormonat, und sonstigen Bezügen, z. B. Erfolgsbeteiligung, zu unterscheiden.
2. ① Der Arbeitslohn für den Sterbemonat stellt, wenn er arbeitsrechtlich für den gesamten Lohnzahlungszeitraum zu zahlen ist, keinen Versorgungsbezug i. S. d. § 19 Abs. 2 EStG dar. ② Besteht dagegen ein Anspruch auf Lohnzahlung nur bis zum Todestag, handelt es sich bei den darüber hinausgehenden Leistungen an die Hinterbliebenen um Versorgungsbezüge. ③ Dies gilt entsprechend für den Fall, dass die arbeitsrechtlichen Vereinbarungen für den Sterbemonat lediglich die Zahlung von Hinterbliebenenbezügen vorsehen oder keine vertraglichen Abmachungen über die Arbeitslohnbemessung bei Beendigung des Dienstverhältnisses im Laufe des Lohnzahlungszeitraums bestehen. ④ Auch in diesen Fällen stellt nur der Teil der Bezüge, der auf die Zeit nach dem Todestag entfällt, einen Versorgungsbezug dar. ⑤ In den Fällen des Absatzes 1 Satz 2 sind die Freibeträge für Versorgungsbezüge nicht zu berücksichtigen.
3. ① Das Sterbegeld ist ein Versorgungsbezug und stellt einen sonstigen Bezug dar. ② Dies gilt auch für den Fall, dass als Sterbegeld mehrere Monatsgehälter gezahlt werden, weil es sich hierbei dem Grunde nach nur um die ratenweise Zahlung eines Einmalbetrages handelt. ③ Die laufende Zahlung von Witwen- oder Hinterbliebenengeldern i. S. d. § 19 Abs. 1 Satz 1 Nr. 2 EStG durch den Arbeitgeber ist demgegenüber regelmäßig als laufender Arbeitslohn (Versorgungsbezug) zu behandeln.
4. ① Soweit es sich bei den Zahlungen an die Erben oder Hinterbliebenen nicht um Versorgungsbezüge handelt, ist zu prüfen, ob der Altersentlastungsbetrag (§ 24 a EStG) zum Ansatz kommt. ② Dabei ist auf das Lebensalter des jeweiligen Zahlungsempfängers abzustellen. ③ Absatz 2 ist entsprechend anzuwenden.
5. ① Soweit Zahlungen an im Ausland wohnhafte Erben oder Hinterbliebene erfolgen, bei denen die Voraussetzungen des § 1 Abs. 2 oder 3, § 1 a EStG nicht vorliegen, ist bei beschränkt steuerpflichtigen Arbeitnehmern beim Steuerabzug nach den für Lohnzahlungen geltenden Vorschriften zu verfahren; wegen der Besonderheiten wird auf § 38 b Abs. 1 Satz 2 Nr. 1 Buchst. b, § 39 Abs. 2 und 3, § 39 a Abs. 2 und 4, § 39 b Abs. 1 und 2, § 39 c Abs. 2 EStG hingewiesen. ② Dabei ist jedoch zu beachten, dass aufgrund eines DBA das Besteuerungsrecht dem Ansässigkeitsstaat zustehen kann.[1]

LStH 19.9

H 19.9

93 **Erben als Arbeitnehmer.** Durch die Zahlung von dem Erblasser zustehenden Arbeitslohn an die Erben oder Hinterbliebenen werden diese steuerlich zu Arbeitnehmern; der Lohnsteuerabzug ist nach den Lohnsteuerabzugsmerkmalen (ggf. Steuerklasse VI) der Erben oder Hinterbliebenen durchzuführen (§ 1 Abs. 1 Satz 2 LStDV).[2]

Weiterleitung von Arbeitslohn an Miterben

Beispiel:

Nach dem Tod des Arbeitnehmers A ist an die Hinterbliebenen B, C, D und E ein Sterbegeld von 4000 € zu zahlen. Der Arbeitgeber zahlt den Versorgungsbezug an B im Jahr 2025 aus. Dabei wurde die Lohnsteuer nach den Lohnsteuerabzugsmerkmalen des B unter Berücksichtigung der Freibeträge für Versorgungsbezüge von 825 € (13,2% von 4000 € = 528 € zzgl. 297 €) erhoben. B gibt im Jahr 2026 je 1/4 des Bruttoversorgungsbezugs an C, D und E weiter (insgesamt 3000 €).

Im Jahr 2025 ergeben sich lohnsteuerpflichtige Versorgungsbezüge:

Versorgungsbezüge	4000 €
./. Versorgungsfreibetrag	528 €
./. Zuschlag zum Versorgungsfreibetrag	297 €
lohnsteuerpflichtige Versorgungsbezüge	3175 €

Durch die Weiterleitung im Jahr 2026 verbleibt B ein Anteil an den Versorgungsbezügen von 1000 €. Hierauf entfällt ein Versorgungsfreibetrag von 132 € (13,2 % von 1000 €) zzgl. eines Zuschlags zum Versorgungsfreibetrag von 297 €, also steuerpflichtige Versorgungsbezüge von 571 €. Bei B sind in 2026 negative Einnahmen von 2604 € (3175 € ./. 571 €) anzusetzen.

[1] Alle DBA abgedruckt in der Loseblattsammlung Doppelbesteuerungsabkommen.
[2] Abgedruckt bei § 19 EStG.

EStG

§ 19a Sondervorschrift für Einkünfte aus nichtselbständiger Arbeit bei Vermögensbeteiligungen

(1) ① **Werden einem Arbeitnehmer von seinem Arbeitgeber oder einem Gesellschafter seines Arbeitgebers zusätzlich zum ohnehin geschuldeten Arbeitslohn Vermögensbeteiligungen im Sinne des § 2 Absatz 1 Nummer 1 Buchstabe a, b und f bis l und Absatz 2 bis 5 des Fünften Vermögensbildungsgesetzes an dem Unternehmen des Arbeitgebers unentgeltlich oder verbilligt übertragen, so unterliegt der Vorteil im Sinne des § 19 Absatz 1 Satz 1 Nummer 1 im Kalenderjahr der Übertragung nicht der Besteuerung.** ② **Dies gilt auch, wenn die Vermögensbeteiligungen mittelbar über Personengesellschaften gehalten werden.** ③ **Als Unternehmen des Arbeitgebers im Sinne des Satzes 1 gilt auch ein Unternehmen im Sinne des § 18 des Aktiengesetzes, wenn die Schwellenwerte des Absatzes 3 in Bezug auf die Gesamtheit aller Konzernunternehmen nicht überschritten werden und die Gründung keines Konzernunternehmens mehr als 20 Jahre zurückliegt.** ④ **Ein Vorteil im Sinne des Satzes 1 gilt in diesem Fall auch dann als zugeflossen, wenn es dem Arbeitnehmer rechtlich unmöglich ist, über die Vermögensbeteiligung zu verfügen.** ⑤ **Bei der Ermittlung des Vorteils im Sinne des Satzes 1 ist der Freibetrag nach § 3 Nummer 39 abzuziehen, wenn die Voraussetzungen vorliegen.** ⑥ **Ein nicht besteuerter Vorteil im Sinne des Satzes 1 ist bei der Berechnung der Vorsorgepauschale (§ 39 b Absatz 2 Satz 5 Nummer 3) einzubeziehen.** ⑦ **Die Anschaffungskosten sind mit dem gemeinen Wert der Vermögensbeteiligung anzusetzen.** 1

(2) ① **Die vorläufige Nichtbesteuerung nach Absatz 1 kann im Lohnsteuerabzugsverfahren nur mit Zustimmung des Arbeitnehmers angewendet werden.** ② **Eine Nachholung der vorläufigen Nichtbesteuerung im Rahmen der Veranlagung zur Einkommensteuer ist ausgeschlossen.**

(3) ① **Absatz 1 ist nur anzuwenden, wenn das Unternehmen des Arbeitgebers im Zeitpunkt der Übertragung der Vermögensbeteiligung betreffend den Jahresumsatz und die Jahresbilanzsumme das Doppelte und betreffend die Anzahl der beschäftigten Personen das Vierfache der in Artikel 2 Absatz 1 des Anhangs der Empfehlung der Kommission vom 6. Mai 2003 betreffend die Definition der Kleinstunternehmen sowie der kleinen und mittleren Unternehmen (ABl. L 124 vom 20. 5. 2003, S. 36) in der jeweils geltenden Fassung genannten Schwellenwerte nicht überschreitet oder in einem der sechs vorangegangenen Kalenderjahre nicht überschritten hat und seine Gründung nicht mehr als 20 Jahre zurückliegt.** ② **Die Ermittlung der Schwellenwerte nach Satz 1 erfolgt gemäß der Artikel 4 und 5 des Anhangs der Empfehlung.**

(4) ① **Der nach Absatz 1 nicht besteuerte Arbeitslohn unterliegt erst dann der Besteuerung nach § 19 und dem Lohnsteuerabzug als sonstiger Bezug, wenn**

1. **die Vermögensbeteiligung ganz oder teilweise entgeltlich oder unentgeltlich übertragen wird, insbesondere auch in den Fällen des § 17 Absatz 4 und des § 20 Absatz 2 Satz 2 oder bei Einlagen in ein Betriebsvermögen,**
2. **seit der Übertragung der Vermögensbeteiligung 15 Jahre vergangen sind oder**
3. **das Dienstverhältnis zu dem bisherigen Arbeitgeber beendet wird.** ② **Übernimmt der Arbeitgeber in diesem Fall die Lohnsteuer, ist der übernommene Abzugsbetrag nicht Teil des zu besteuernden Arbeitslohns.**

② **In den Fällen des Satzes 1 ist für die zu besteuernden Arbeitslöhne § 34 Absatz 1 entsprechend anzuwenden, wenn seit der Übertragung der Vermögensbeteiligung mindestens drei Jahre vergangen sind.** ③ **Die nach Satz 1 zu besteuernden Arbeitslöhne sind bei der Berechnung der Vorsorgepauschale (§ 39 b Absatz 2 Satz 5 Nummer 3) nicht einzubeziehen.** ④ **Ist in den Fällen des Satzes 1 der gemeine Wert der Vermögensbeteiligung abzüglich geleisteter Zuzahlungen des Arbeitnehmers bei der verbilligten Übertragung niedriger als der nach Absatz 1 nicht besteuerte Arbeitslohn, so unterliegt nur der gemeine Wert der Vermögensbeteiligung abzüglich geleisteter Zuzahlungen der Besteuerung; in den Fällen des Satzes 1 Nummer 3 tritt bei einem Rückerwerb der Vermögensbeteiligung durch den Arbeitgeber, einen Gesellschafter des Arbeitgebers oder ein Unternehmen im Sinne des § 18 des Aktiengesetzes an die Stelle des gemeinen Werts die vom Arbeitgeber gewährte Vergütung.** ⑤ **In den Fällen des Satzes 4 gilt neben den geleisteten Zuzahlungen nur der tatsächlich besteuerte Arbeitslohn als Anschaffungskosten im Sinne der §§ 17 und 20.** ⑥ **Die Sätze 4 und 5 sind nicht anzuwenden, soweit die Wertminderung nicht betrieblich veranlasst ist oder diese auf einer gesellschaftsrechtlichen Maßnahme, insbesondere einer Ausschüttung oder Einlagerückgewähr, beruht.**

(4 a) ① **Absatz 4 Satz 1 Nummer 2 und 3 ist nicht anzuwenden, wenn der Arbeitgeber spätestens mit der dem betreffenden Ereignis folgenden Lohnsteuer-Anmeldung unwiderruflich erklärt, bei Eintritt des in Absatz 4 Satz 1 Nummer 1 genannten Ereignisses für die betreffende Lohnsteuer zu haften (§ 42 d), ohne sich der Haftung durch**

EStG

eine Anzeige nach § 38 Absatz 4 Satz 2 in Verbindung mit § 42 d Absatz 2 entziehen zu können. ② Eine Haftungsinanspruchnahme erfordert dann keine weitere Ermessensprüfung mehr.

(5) **Das Betriebsstättenfinanzamt hat nach der Übertragung einer Vermögensbeteiligung im Rahmen einer Anrufungsauskunft (§ 42 e) den vom Arbeitgeber nicht besteuerten Vorteil im Sinne des Absatzes 1 zu bestätigen.**

(6) ① **Der nach Absatz 1 nicht besteuerte gemeine Wert der Vermögensbeteiligung und die übrigen Angaben des nach den vorstehenden Absätzen durchgeführten Besteuerungsverfahrens sind vom Arbeitgeber im Lohnkonto aufzuzeichnen. ② Die Aufbewahrungsfrist nach § 41 Absatz 1 Satz 9 endet insoweit nicht vor Ablauf von sechs Jahren nach der Besteuerung im Sinne des Absatzes 4 Satz 1.**

LStH 19a

H 19a

2 **Allgemeines** → BMF vom 1. 6. 2024 (BStBl. I S. 946).[1]

[1] Abgedruckt als Anlage zu LStH 3.39.

h) Gemeinsame Vorschriften

EStG

§ 24 [Entschädigungen u. ä.]

Zu den Einkünften im Sinne des § 2 Absatz 1 gehören auch 1

1. Entschädigungen, die gewährt worden sind
   a) als Ersatz für entgangene oder entgehende Einnahmen oder
   b) für die Aufgabe oder Nichtausübung einer Tätigkeit, für die Aufgabe einer Gewinnbeteiligung oder einer Anwartschaft auf eine solche;
   c) als Ausgleichszahlungen an Handelsvertreter nach § 89 b des Handelsgesetzbuchs;

2. Einkünfte aus einer ehemaligen Tätigkeit im Sinne des § 2 Absatz 1 Satz 1 Nummer 1 bis 4 oder aus einem früheren Rechtsverhältnis im Sinne des § 2 Absatz 1 Satz 1 Nummer 5 bis 7, und zwar auch dann, wenn sie dem Steuerpflichtigen als Rechtsnachfolger zufließen; 2

3. Nutzungsvergütungen für die Inanspruchnahme von Grundstücken für öffentliche Zwecke sowie Zinsen auf solche Nutzungsvergütungen und auf Entschädigungen, die mit der Inanspruchnahme von Grundstücken für öffentliche Zwecke zusammenhängen. 3

EStG

§ 24a[1] Altersentlastungsbetrag

1 ① Der Altersentlastungsbetrag ist bis zu einem Höchstbetrag im Kalenderjahr ein nach einem Prozentsatz ermittelter Betrag des Arbeitslohns und der positiven Summe der Einkünfte, die nicht solche aus nichtselbständiger Arbeit sind. ② Bei der Bemessung des Betrags bleiben außer Betracht:

1. Versorgungsbezüge im Sinne des § 19 Absatz 2;
2. Einkünfte aus Leibrenten im Sinne des § 22 Nummer 1 Satz 3 Buchstabe a;
3. Einkünfte im Sinne des § 22 Nummer 4 Satz 4 Buchstabe b;
4. Einkünfte im Sinne des § 22 Nummer 5 Satz 1, soweit § 22 Nummer 5 Satz 11 anzuwenden ist;
5. Einkünfte im Sinne des § 22 Nummer 5 Satz 2 Buchstabe a.

③ Der Altersentlastungsbetrag wird einem Steuerpflichtigen gewährt, der vor dem Beginn des Kalenderjahres, in dem er sein Einkommen bezogen hat, das 64. Lebensjahr vollendet hatte. ④ Im Fall der Zusammenveranlagung von Ehegatten zur Einkommensteuer sind die Sätze 1 bis 3 für jeden Ehegatten gesondert anzuwenden. ⑤ Der maßgebende Prozentsatz und der Höchstbetrag des Altersentlastungsbetrags sind der nachstehenden Tabelle zu entnehmen:

Das auf die Vollendung des 64. Lebensjahres folgende Kalenderjahr	Altersentlastungsbetrag	
	in % der Einkünfte	Höchstbetrag in Euro
2005	40,0	1900
2006	38,4	1824
2007	36,8	1748
2008	35,2	1672
2009	33,6	1596
2010	32,0	1520
2011	30,4	1444
2012	28,8	1368
2013	27,2	1292
2014	25,6	1216
2015	24,0	1140
2016	22,4	1064
2017	20,8	988
2018	19,2	912
2019	17,6	836
2020	16,0	760
2021	15,2	722
2022	14,4	684
2023	14,0	665
2024	13,6	646
2025	13,2	627
2026	12,8	608
2027	12,4	589
2028	12,0	570
2029	11,6	551
2030	11,2	532
2031	10,8	513
2032	10,4	494
2033	10,0	475
2034	9,6	456
2035	9,2	437
2036	8,8	418
2037	8,4	399
2038	8,0	380
2039	7,6	361
2040	7,2	342
2041	6,8	323
2042	6,4	304
2043	6,0	285
2044	5,6	266
2045	5,2	247

[1] Zur Anwendung von § 24a Satz 5 siehe § 52 Abs. 26a.

EStG

Das auf die Vollendung des 64. Lebensjahres folgende Kalenderjahr	Altersentlastungsbetrag	
	in % der Einkünfte	Höchstbetrag in Euro
2046	**4,8**	**228**
2047	**4,4**	**209**
2048	**4,0**	**190**
2049	**3,6**	**171**
2050	**3,2**	**152**
2051	**2,8**	**133**
2052	**2,4**	**114**
2053	**2,0**	**95**
2054	**1,6**	**76**
2055	**1,2**	**57**
2056	**0,8**	**38**
2057	**0,4**	**19**
2058	**0,0**	**0**

H 24a[1]

LStH 24a

2

Allgemeines → R 24a EStR, H 24a EStH.

– *EStR/EStH abgedruckt in Anhang II* –

[1] Der Altersentlastungsbetrag ist nicht auf steuerfreie Einkünfte anwendbar *(BFH-Urteil vom 26. 6. 2014, BStBl. 2015 II S. 39)*.

EStG

§ 24b Entlastungsbetrag für Alleinerziehende

1 **(1) ① Allein stehende Steuerpflichtige können einen Entlastungsbetrag von der Summe der Einkünfte abziehen, wenn zu ihrem Haushalt mindestens ein Kind gehört, für das ihnen ein Freibetrag nach § 32 Absatz 6 oder Kindergeld zusteht. ② Die Zugehörigkeit zum Haushalt ist anzunehmen, wenn das Kind in der Wohnung des allein stehenden Steuerpflichtigen gemeldet ist. ③ Ist das Kind bei mehreren Steuerpflichtigen gemeldet, steht der Entlastungsbetrag nach Satz 1 demjenigen Alleinstehenden zu, der die Voraussetzungen auf Auszahlung des Kindergeldes nach § 64 Absatz 2 Satz 1 erfüllt oder erfüllen würde in Fällen, in denen nur ein Anspruch auf einen Freibetrag nach § 32 Absatz 6 besteht. ④ Voraussetzung für die Berücksichtigung ist die Identifizierung des Kindes durch die an dieses Kind vergebene Identifikationsnummer (§ 139 b der Abgabenordnung). ⑤ Ist das Kind nicht nach einem Steuergesetz steuerpflichtig (§ 139 a Absatz 2 der Abgabenordnung), ist es in anderer geeigneter Weise zu identifizieren. ⑥ Die nachträgliche Vergabe der Identifikationsnummer wirkt auf Monate zurück, in denen die Voraussetzungen der Sätze 1 bis 3 vorliegen.**

(2) ① Gehört zum Haushalt des allein stehenden Steuerpflichtigen ein Kind im Sinne des Absatzes 1, beträgt der Entlastungsbetrag im Kalenderjahr 4 260 Euro. ② Für jedes weitere Kind im Sinne des Absatzes 1 erhöht sich der Betrag nach Satz 1 um 240 Euro je weiterem Kind.

2 **(3) ① Allein stehend im Sinne des Absatzes 1 sind Steuerpflichtige, die nicht die Voraussetzungen für die Anwendung des Splitting-Verfahrens (§ 26 Absatz 1) erfüllen oder verwitwet sind und keine Haushaltsgemeinschaft mit einer anderen volljährigen Person bilden, es sei denn, für diese steht ihnen ein Freibetrag nach § 32 Absatz 6 oder Kindergeld zu oder es handelt sich um ein Kind im Sinne des § 63 Absatz 1 Satz 1, das einen Dienst nach § 32 Absatz 5 Satz 1 Nummer 1 und 2 leistet oder eine Tätigkeit nach § 32 Absatz 5 Satz 1 Nummer 3 ausübt. ② Ist die andere Person mit Haupt- oder Nebenwohnsitz in der Wohnung des Steuerpflichtigen gemeldet, wird vermutet, dass sie mit dem Steuerpflichtigen gemeinsam wirtschaftet (Haushaltsgemeinschaft). ③ Diese Vermutung ist widerlegbar, es sei denn, der Steuerpflichtige und die andere Person leben in einer eheähnlichen oder lebenspartnerschaftsähnlichen Gemeinschaft.**

3 **(4) Für jeden vollen Kalendermonat, in dem die Voraussetzungen des Absatzes 1 nicht vorgelegen haben, ermäßigt sich der Entlastungsbetrag nach Absatz 2 um ein Zwölftel.**

LStH 24 b

H 24 b

4 **Allgemeine Grundsätze** → BMF vom 23. 11. 2022 (BStBl. I S. 1634).[1]

Freibetrag bei mehreren Kindern → H 39 a.1 (Beispiele).

Anl zu § 24 b

Anwendungsschreiben betr. Entlastungsbetrag für Alleinerziehende (§ 24 b EStG); Überarbeitung des BMF-Schreibens vom 23. Oktober 2017 (BStBl. I S. 1432)[2]

Vom 23. November 2022 (BStBl. I S. 1634)

(BMF IV C 8 – S 2265-a/22/10001; DOK 2022/1165370)

Dieses Schreiben ersetzt das Anwendungsschreiben vom 23. Oktober 2017 (BStBl. I S. 1432) und ist in Bezug auf die Änderungen durch das Zweite Corona-Steuerhilfegesetz vom 29. Juni 2020 (BGBl. I S. 1512)[3] und das Jahressteuergesetz 2020 vom 21. Dezember 2020 (BGBl. I S. 3096)[4] für Veranlagungszeiträume ab 2020, im Übrigen in allen noch offenen Fällen anzuwenden.

Nach den Erörterungen mit den obersten Finanzbehörden der Länder gilt Folgendes:

I. Allgemeines

1 Alleinerziehende Steuerpflichtige haben gemäß § 24 b EStG Anspruch auf einen Entlastungsbetrag. Ziel des Entlastungsbetrags ist es, die höheren Kosten für die eigene Lebens- bzw. Haushaltsführung der Alleinerziehenden abzugelten, die einen gemeinsamen Haushalt nur mit ihren Kindern und keiner anderen erwachsenen Person führen, die tatsächlich oder finanziell zum Haushalt beiträgt. Ab dem Veranlagungszeitraum 2020 beträgt der Entlastungsbetrag jährlich 4.008 €[5] und erhöht sich für jedes weitere Kind um jährlich 240 €.

2 Der Entlastungsbetrag für Alleinerziehende wird außerhalb des Familienleistungsausgleichs bei der Ermittlung des Gesamtbetrags der Einkünfte durch Abzug von der Summe der Einkünfte und beim Lohnsteuerabzug durch die Steuerklasse II berücksichtigt.

---

[1] Nachstehend abgedruckt als Anlage zu § 24 b.
[2] Abgedruckt im *Handbuch zur Lohnsteuer 2022* als Anlage zu § 24 b.
[3] **[Amtl. Anm.:]** BStBl. I S. 563.
[4] **[Amtl. Anm.:]** BStBl. 2021 I S. 6.
[5] **[Amtl. Anm.:]** Ab VZ 2023 4 260 €.

II. Anspruchsvoraussetzungen

Der Entlastungsbetrag für Alleinerziehende wird Steuerpflichtigen gewährt, die alleinstehend sind und zu deren Haushalt mindestens ein Kind gehört, für das ihnen ein Freibetrag nach § 32 Absatz 6 EStG oder Kindergeld zusteht (§ 24 b Absatz 1 Satz 1 EStG). 3

1. Alleinstehend

Alleinstehend i. S. d. § 24 b Absatz 1 EStG ist nach § 24 b Absatz 3 Satz 1 EStG in der Regel (Ausnahme s. Rn. 5) ein Steuerpflichtiger, der nicht die Voraussetzungen für die Anwendung des Splitting-Verfahrens (§ 26 Absatz 1 EStG) erfüllt oder verwitwet ist und keine Haushaltsgemeinschaft mit einer anderen volljährigen Person bildet. Eine Haushaltsgemeinschaft mit einem minderjährigen Kind ist stets unschädlich. 4

a) Kein Splitting-Verfahren

Als alleinstehend ist in der Regel nur ein Steuerpflichtiger anspruchsberechtigt, der nicht die Voraussetzungen für die Anwendung des Splitting-Verfahrens erfüllt. Nach § 2 Absatz 8 EStG sind die Regelungen des Splitting-Verfahrens auch auf Lebenspartner und Lebenspartnerschaften anzuwenden. Ausnahmsweise kann ein Steuerpflichtiger, der als Ehegatte/Lebenspartner nach §§ 26 ff. EStG einzeln oder zusammen zur Einkommensteuer veranlagt wird, den Entlastungsbetrag für Alleinerziehende im Jahr der Trennung oder der Eheschließung/Verpartnerung zeitanteilig in Anspruch nehmen, sofern er die übrigen Voraussetzungen des § 24 b EStG erfüllt (vgl. BFH-Urteile vom 28. Oktober 2021, III R 17/20 BStBl. II 2022 S. 797 und III R 57/20, BStBl. II 2022 S. 799). 5

Alleinstehend kann daher ein Steuerpflichtiger sein, 6
- der nicht verheiratet/verpartnert ist oder
- der verheiratet/verpartnert ist, aber dauernd getrennt lebt (siehe Rn. 25) oder
- der im Veranlagungszeitraum eine Ehe/Lebenspartnerschaft schließt (siehe Rn. 25 b) oder
- der verwitwet ist (siehe Rn. 25 c) oder
- dessen Ehegatte/Lebenspartner im Ausland lebt und nicht unbeschränkt einkommensteuerpflichtig i. S. d. § 1 Absatz 1 oder Absatz 2 oder des § 1 a EStG ist.

b) Keine Haushaltsgemeinschaft mit einer anderen volljährigen Person

Weitere Voraussetzung ist, dass der Steuerpflichtige keine Haushaltsgemeinschaft mit einer anderen volljährigen Person bildet. Es ist allerdings unschädlich, wenn es sich bei der anderen volljährigen Person um ein leibliches Kind, Adoptiv-, Pflege-, Stief- oder Enkelkind handelt, für das dem Steuerpflichtigen ein Freibetrag nach § 32 Absatz 6 EStG oder Kindergeld zusteht. 7

Eine Haushaltsgemeinschaft mit einer anderen volljährigen Person liegt vor, wenn der Steuerpflichtige und die andere Person in der gemeinsamen Wohnung gemeinsam wirtschaften (§ 24b Absatz 3 Satz 2 EStG). Ein gemeinsames Wirtschaften kann sowohl darin bestehen, dass die andere volljährige Person zu den Kosten des gemeinsamen Haushalts beiträgt, als auch in einer Entlastung durch tatsächliche Hilfe und Zusammenarbeit. Auf den Umfang der Hilfe oder des Anteils an den im Haushalt anfallenden Arbeiten kommt es in der Regel nicht an (vgl. BFH-Urteil vom 28. Juni 2012, III R 26/10, BStBl. II S. 815). 8

Ein gemeinsames Wirtschaften setzt nicht voraus, dass nur eine gemeinsame Kasse besteht und die zur Befriedigung jeglichen Lebensbedarfs dienenden Güter nur gemeinsam und aufgrund gemeinsamer Planung angeschafft werden. Es genügt eine mehr oder weniger enge Gemeinschaft mit nahem Beieinanderwohnen, bei der jedes Mitglied der Gemeinschaft tatsächlich oder finanziell seinen Beitrag zur Haushalts- bzw. Lebensführung leistet und an ihr teilnimmt (der gemeinsame Verbrauch der Lebensmittel oder Reinigungsmittel, die gemeinsame Nutzung des Kühlschrankes etc.). Auf die Zahlungswege kommt es nicht an. Es steht daher der Annahme einer Haushaltsgemeinschaft nicht entgegen, wenn z. B. eine Person die laufenden Kosten des Haushalts ohne Miete trägt und die andere Person dafür vereinbarungsgemäß die volle Miete bezahlt. 9

Es kommt auch nicht darauf an, dass der Steuerpflichtige und die andere Person in besonderer Weise materiell (Unterhaltsgewährung) und immateriell (Fürsorge und Betreuung) verbunden sind. Als Kriterien für eine Haushaltsgemeinschaft können auch der Zweck und die Dauer der Anwesenheit der anderen Person in der Wohnung des Steuerpflichtigen herangezogen werden. So liegt bei nur kurzfristiger Anwesenheit in der Wohnung, z. B. zu Besuchszwecken oder aus Krankheitsgründen eine Haushaltsgemeinschaft nicht vor. Andererseits bleibt eine Haushaltsgemeinschaft bestehen bei nur vorübergehender Abwesenheit von der Wohnung, z. B. wegen Krankenhausaufenthalt, Auslandsreise, Auslandsaufenthalt eines Montagearbeiters, doppelter Haushaltsführung aus beruflichen Gründen bei regelmäßiger Rückkehr in die gemeinsame Wohnung. Eine Haushaltsgemeinschaft liegt hingegen nicht mehr vor bei nicht nur vorübergehender Abwesenheit, z. B. wegen Strafvollzug, Meldung als vermisst, Auszug aus der gemeinsamen Wohnung, Unterhaltung einer zweiten Wohnung aus privaten Gründen. 10

Eine Haushaltsgemeinschaft ist insbesondere gegeben bei 11
- eheähnlichen Gemeinschaften,
- bei Wohngemeinschaften unter gemeinsamer Wirtschaftsführung mit einer sonstigen volljährigen Person, z. B.
  - einem Studierenden,
  - mit volljährigen Kindern, für die dem Steuerpflichtigen weder ein Freibetrag nach § 32 Absatz 6 EStG noch Kindergeld zusteht,
  - mit anderen Verwandten (vgl. BFH-Urteil vom 28. Juni 2012, III R 26/10, BStBl. II S. 815), oder
- bei nicht dauernd getrennt lebenden Ehegatten/Lebenspartnern, wenn keine Ehegatten-/Lebenspartnerbesteuerung in Betracht kommt, z. B. deutsche Ehegatten/Lebenspartner von Angehörigen der NATO-Streitkräfte.

Anl zu § 24 b

Eheähnliche Gemeinschaften – im Sinne einer auf Dauer angelegten Verantwortungs- und Einstehensgemeinschaft – können anhand der folgenden, aus dem Sozialrecht abgeleiteten Indizien festgestellt werden:

12 – Dauer des Zusammenlebens (z. B. von länger als einem Jahr),
– Versorgung gemeinsamer Kinder im selben Haushalt,
– Versorgung anderer Angehöriger im selben Haushalt,
– von beiden Partnern unterschriebener und auf Dauer angelegter Mietvertrag,
– gemeinsame Kontoführung,
– andere Verfügungsbefugnisse über Einkommen und Vermögen des Partners oder
– andere gemeinsame Verträge, z. B. über Unterhaltspflichten.

Beantragt ein Steuerpflichtiger den Abzug von Unterhaltsleistungen an die andere volljährige Person als außergewöhnliche Belastungen nach § 33 a Absatz 1 Satz 3 EStG, ist in der Regel vom Vorliegen einer eheähnlichen Gemeinschaft auszugehen.

13 Mit einer sonstigen volljährigen Person besteht keine Haushaltsgemeinschaft, wenn sie sich tatsächlich und finanziell nicht an der Haushaltsführung beteiligt. Das ist in der Regel nur dann der Fall, wenn diese einen vollständig getrennten Haushalt führt oder wenn – z. B. beim Zusammenleben mit einkommenslosen pflegebedürftigen Angehörigen – jedwede Unterstützungsleistung durch die andere Person ausgeschlossen erscheint. So fehlt die Fähigkeit, sich tatsächlich an der Haushaltsführung zu beteiligen, bei Personen, bei denen mindestens ein Schweregrad der Pflegebedürftigkeit i. S. d. §§ 14, 15 des Elften Buches Sozialgesetzbuch (Pflegegrade 1 bis 5) besteht, die blind oder hilflos i. S. d. § 33 b Absatz 3 Satz 4 EStG sind. Der Nachweis über den Pflegegrad und der gesundheitlichen Merkmale „Bl" („blind") und „H" („hilflos") richtet sich nach § 65 Einkommensteuer-Durchführungsverordnung. Bei rückwirkender Feststellung der Merkmale „Bl" und „H" oder der Pflegebedürftigkeit sind ggf. bestandskräftige Steuerfestsetzungen auch hinsichtlich des Entlastungsbetrags nach § 24 b EStG zu ändern. Die Fähigkeit, sich finanziell an der Haushaltsführung zu beteiligen, fehlt bei einer Person, die kein oder nur geringes Vermögen i. S. d. § 33 a Absatz 1 Satz 4 EStG besitzt und deren Einkünfte und Bezüge i. S. d. § 33 a Absatz 1 Satz 5 EStG den Unterhaltshöchstbetrag (§ 33 a Absatz 1 Satz 1 EStG) nicht übersteigen.

c) Gesetzliche Vermutung einer Haushaltsgemeinschaft

14 Die Annahme einer Haushaltsgemeinschaft setzt nicht die Meldung der anderen Person in der Wohnung des Steuerpflichtigen voraus. Neben der gesetzlichen Definition der Haushaltsgemeinschaft besteht auch die gesetzliche Vermutung für das Vorliegen einer Haushaltsgemeinschaft, wenn eine andere volljährige Person mit Haupt- oder Nebenwohnsitz in der Wohnung des Steuerpflichtigen gemeldet ist (§ 24 b Absatz 3 Satz 2 EStG). Eine nachträgliche Ab- bzw. Ummeldung ist insoweit unerheblich.

15 Die Vermutung ist widerlegbar (§ 24 b Absatz 3 Satz 3 EStG). Sie ist widerlegt, wenn die Gemeinde oder das Finanzamt positive Kenntnis davon haben, dass die tatsächlichen Verhältnisse von den melderechtlichen Verhältnissen zugunsten des Steuerpflichtigen abweichen. Der Steuerpflichtige kann die Vermutung der Haushaltsgemeinschaft mit einer in seiner Wohnung gemeldeten anderen volljährigen Person widerlegen, wenn er glaubhaft darlegt, dass eine Haushaltsgemeinschaft mit der anderen Person nicht vorliegt.

16 Leben der Steuerpflichtige und die andere volljährige Person in einer eheähnlichen Gemeinschaft (vgl. Rn. 11–12), ist die Vermutung, dass eine Haushaltsgemeinschaft vorliegt, unwiderlegbar (§ 24 b Absatz 3 Satz 3 2. Halbsatz EStG).

2. Haushaltszugehörigkeit eines Kindes

17 Weitere Anspruchsvoraussetzung ist, dass ein Kind, für das dem Steuerpflichtigen ein Freibetrag nach § 32 Absatz 6 EStG oder Kindergeld zusteht, zum Haushalt des Steuerpflichtigen gehört. Ein Kind gehört zum Haushalt des Steuerpflichtigen, wenn es in der Wohnung des Steuerpflichtigen gemeldet, dauerhaft in dessen Wohnung lebt oder mit seiner Einwilligung vorübergehend, z. B. zu Ausbildungszwecken, auswärtig untergebracht ist.

18 Haushaltszugehörigkeit erfordert außerdem eine Verantwortung für das materielle (Versorgung, Unterhaltsgewährung) und immaterielle Wohl (Fürsorge, Betreuung) des Kindes. Eine Heimunterbringung ist unschädlich, wenn die Wohnverhältnisse in der Familienwohnung die speziellen Bedürfnisse des Kindes berücksichtigen und es sich im Haushalt des Steuerpflichtigen regelmäßig aufhält (vgl. BFH-Urteil vom 14. November 2001, X R 24/99, BStBl. II 2002 S. 244). Die Haushaltszugehörigkeit ist selbst dann anzunehmen, wenn das Kind in der Wohnung des Steuerpflichtigen gemeldet ist, aber tatsächlich in einer eigenen Wohnung lebt. Diese Vermutung ist unwiderlegbar (vgl. BFH-Urteil vom 5. Februar 2015, III R 9/13, BStBl. II S. 926). Ist das Kind hingegen nicht in der Wohnung des Steuerpflichtigen gemeldet, trägt der Steuerpflichtige die Beweislast für das Vorliegen der Haushaltszugehörigkeit. Ist das Kind bei mehreren Steuerpflichtigen gemeldet oder gehört es unstreitig zum Haushalt des Steuerpflichtigen, ohne bei ihm gemeldet zu sein, steht der Entlastungsbetrag demjenigen Alleinstehenden zu, der das Kind tatsächlich in seinen Haushalt aufgenommen hat.

19 Ist ein Kind annähernd gleichwertig in die beiden Haushalte seiner alleinstehenden Eltern aufgenommen, können die Eltern – unabhängig davon, an welchen Berechtigten das Kindergeld ausgezahlt wird – untereinander bestimmen, wem der Entlastungsbetrag zustehen soll, es sei denn, einer der Berechtigten hat bei seiner Veranlagung oder durch Berücksichtigung der Steuerklasse II beim Lohnsteuerabzug den Entlastungsbetrag bereits in Anspruch genommen. Treffen die Eltern keine Bestimmung über die Zuordnung des Entlastungsbetrags, steht er demjenigen zu, an den das Kindergeld ausgezahlt wird (vgl. BFH-Urteil vom 28. April 2010, III R 79/08, BStBl. II 2011 S. 30).

20 Ist das Kind in den Wohnungen beider Elternteile gemeldet und ist nur ein Elternteil alleinstehend, ist diesem Elternteil der Entlastungsbetrag für Alleinerziehende unabhängig davon zu gewähren, ob dieser die Voraussetzungen für die Auszahlung des Kindergeldes erfüllt oder erfüllen würde.

EStG

§ 32 Kinder, Freibeträge für Kinder

(1) **Kinder sind** 1

1. im ersten Grad mit dem Steuerpflichtigen verwandte Kinder,

2. Pflegekinder (Personen, mit denen der Steuerpflichtige durch ein familienähnliches, auf längere Dauer berechnetes Band verbunden ist, sofern er sie nicht zu Erwerbszwecken in seinen Haushalt aufgenommen hat und das Obhuts- und Pflegeverhältnis zu den Eltern nicht mehr besteht).

(2) ① **Besteht bei einem angenommenen Kind das Kindschaftsverhältnis zu den leiblichen Eltern weiter, ist es vorrangig als angenommenes Kind zu berücksichtigen.** 2 ② **Ist ein im ersten Grad mit dem Steuerpflichtigen verwandtes Kind zugleich ein Pflegekind, ist es vorrangig als Pflegekind zu berücksichtigen.**

(3) **Ein Kind wird in dem Kalendermonat, in dem es lebend geboren wurde, und in jedem folgenden Kalendermonat, zu dessen Beginn es das 18. Lebensjahr noch nicht vollendet hat, berücksichtigt.** 3

(4) ① **Ein Kind, das das 18. Lebensjahr vollendet hat, wird berücksichtigt, wenn es** 4

1. noch nicht das 21. Lebensjahr vollendet hat, nicht in einem Beschäftigungsverhältnis steht und bei einer Agentur für Arbeit im Inland als Arbeitsuchender gemeldet ist oder

2. noch nicht das 25. Lebensjahr vollendet hat und
   a)[1] **für einen Beruf ausgebildet wird oder**
   b)[1] **sich in einer Übergangszeit von höchstens vier Monaten befindet, die zwischen zwei Ausbildungsabschnitten oder zwischen einem Ausbildungsabschnitt und der Ableistung des gesetzlichen Wehr- oder Zivildienstes, einer vom Wehr- oder Zivildienst befreienden Tätigkeit als Entwicklungshelfer oder als Dienstleistender im Ausland nach § 14 b des Zivildienstgesetzes oder der Ableistung des freiwilligen Wehrdienstes nach § 58 b des Soldatengesetzes oder der Ableistung eines freiwilligen Dienstes im Sinne des Buchstaben d liegt, oder**
   c) eine Berufsausbildung mangels Ausbildungsplatzes nicht beginnen oder fortsetzen kann oder
   d) einen der folgenden freiwilligen Dienste leistet:
      aa) ein freiwilliges soziales Jahr im Sinne des Jugendfreiwilligendienstegesetzes,
      bb) ein freiwilliges ökologisches Jahr im Sinne des Jugendfreiwilligendienstegesetzes,
      cc) einen Bundesfreiwilligendienst im Sinne des Bundesfreiwilligendienstgesetzes,
      dd) eine Freiwilligentätigkeit im Rahmen des Europäischen Solidaritätskorps im Sinne der Verordnung (EU) 2021/888 des Europäischen Parlaments und des Rates vom 20. Mai 2021 zur Aufstellung des Programms für das Europäische Solidaritätskorps und zur Aufhebung der Verordnungen (EU) 2018/1475 und (EU) Nr. 375/2014 (ABl. L 202 vom 8. 6. 2021, S. 32),
      ee) einen anderen Dienst im Ausland im Sinne von § 5 des Bundesfreiwilligendienstgesetzes,
      ff) einen entwicklungspolitischen Freiwilligendienst „weltwärts" im Sinne der Förderleitlinie des Bundesministeriums für wirtschaftliche Zusammenarbeit und Entwicklung vom 1. Januar 2016,
      gg) einen Freiwilligendienst aller Generationen im Sinne von § 2 Absatz 1 a des Siebten Buches Sozialgesetzbuch oder
      hh) einen Internationalen Jugendfreiwilligendienst im Sinne der Richtlinie des Bundesministeriums für Familie, Senioren, Frauen und Jugend vom 4. Januar 2021 (GMBl S. 77) oder

3. wegen körperlicher, geistiger oder seelischer Behinderung außerstande ist, sich selbst zu unterhalten; Voraussetzung ist, dass die Behinderung vor Vollendung des 25. Lebensjahres eingetreten ist.

② **Nach Abschluss einer erstmaligen Berufsausbildung oder eines Erststudiums wird ein Kind in den Fällen des Satzes 1 Nummer 2 nur berücksichtigt, wenn das Kind**

[1] Eine Berufsausbildung i. S. des § 32 Abs. 4 Satz 1 Nr. 2 Buchst. a EStG in Form eines Hochschulstudiums beginnt nicht schon mit der Bewerbung für dieses Studium, wenn zu diesem Zeitpunkt noch keine Ausbildungsmaßnahmen durchgeführt werden. Die Beendigung eines Hochschulstudiums setzt grundsätzlich voraus, dass das Kind die letzte nach der einschlägigen Prüfungsordnung erforderliche Prüfungsleistung erfolgreich erbracht hat und dass dem Kind sämtliche Prüfungsergebnisse bekannt gegeben worden sind. Die Bekanntgabe erfordert regelmäßig, dass das Kind entweder eine schriftliche Bestätigung über den erfolgreichen Abschluss und die erzielten Abschlussnoten erhalten hat oder jedenfalls objektiv in der Lage war, eine solche schriftliche Bestätigung über ein Online-Portal der Hochschule erstellen zu können. Entscheidend ist, welches Ereignis früher eingetreten ist. Eine Übergangszeit i. S. des § 32 Abs. 4 Satz 1 Nr. 2 Buchst. b EStG kann nicht dadurch begründet werden, dass sich ein Kind um eine Ausbildung bemüht und später diese beginnt (vgl. BFH vom 7.7. 2021, III R 40/19, BStBl. II S. 864).

EStG

keiner Erwerbstätigkeit nachgeht. ③ Eine Erwerbstätigkeit mit bis zu 20 Stunden regelmäßiger wöchentlicher Arbeitszeit, ein Ausbildungsdienstverhältnis oder ein geringfügiges Beschäftigungsverhältnis im Sinne der §§ 8 und 8a des Vierten Buches Sozialgesetzbuch sind unschädlich.

5 (5) ① In den Fällen des Absatzes 4 Satz 1 Nummer 1 oder Nummer 2 Buchstabe a und b wird ein Kind, das

1. den gesetzlichen Grundwehrdienst oder Zivildienst geleistet hat oder
2. sich anstelle des gesetzlichen Grundwehrdienstes freiwillig für die Dauer von nicht mehr als drei Jahren zum Wehrdienst verpflichtet hat, oder
3. eine vom gesetzlichen Grundwehrdienst oder Zivildienst befreiende Tätigkeit als Entwicklungshelfer im Sinne des § 1 Absatz 1 des Entwicklungshelfer-Gesetzes ausgeübt hat,

für einen der Dauer dieser Dienste oder der Tätigkeit entsprechenden Zeitraum, höchstens für die Dauer des inländischen gesetzlichen Grundwehrdienstes oder bei anerkannten Kriegsdienstverweigerern für die Dauer des inländischen gesetzlichen Zivildienstes über das 21. oder 25. Lebensjahr[1] hinaus berücksichtigt. ② Wird der gesetzliche Grundwehrdienst oder Zivildienst in einem Mitgliedstaat der Europäischen Union oder einem Staat, auf den das Abkommen über den Europäischen Wirtschaftsraum Anwendung findet, geleistet, so ist die Dauer dieses Dienstes maßgebend. ③ Absatz 4 Satz 2 und 3 gilt entsprechend.

6 (6)[2] ① Bei der Veranlagung zur Einkommensteuer wird für jedes zu berücksichtigende Kind des Steuerpflichtigen ein Freibetrag von 3 336[3] Euro für das sächliche Existenzminimum des Kindes (Kinderfreibetrag) sowie ein Freibetrag von 1 464 Euro für den Betreuungs- und Erziehungs- oder Ausbildungsbedarf des Kindes vom Einkommen abgezogen. ② Bei Ehegatten, die nach den §§ 26, 26b zusammen zur Einkommensteuer veranlagt werden, verdoppeln sich die Beträge nach Satz 1, wenn das Kind zu beiden Ehegatten in einem Kindschaftsverhältnis steht. ③ Die Beträge nach Satz 2 stehen dem Steuerpflichtigen auch dann zu, wenn

1. der andere Elternteil verstorben oder nicht unbeschränkt einkommensteuerpflichtig ist oder
2. der Steuerpflichtige allein das Kind angenommen hat oder das Kind nur zu ihm in einem Pflegekindschaftsverhältnis steht.

④ Für ein nicht nach § 1 Absatz 1 oder 2 unbeschränkt einkommensteuerpflichtiges Kind können die Beträge nach den Sätzen 1 bis 3 nur abgezogen werden, soweit sie nach den Verhältnissen seines Wohnsitzstaates notwendig und angemessen sind. ⑤ Für jeden Kalendermonat, in dem die Voraussetzungen für einen Freibetrag nach den Sätzen 1 bis 4 nicht vorliegen, ermäßigen sich die dort genannten Beträge um ein Zwölftel. ⑥ Abweichend von Satz 1 wird bei einem unbeschränkt einkommensteuerpflichtigen Elternpaar, bei dem die Voraussetzungen des § 26 Absatz 1 Satz 1 nicht vorliegen, auf Antrag eines Elternteils der dem anderen Elternteil zustehende Kinderfreibetrag auf ihn übertragen, wenn er, nicht jedoch der andere Elternteil, seiner Unterhaltspflicht gegenüber dem Kind für das Kalenderjahr im Wesentlichen nachkommt oder der andere Elternteil mangels Leistungsfähigkeit nicht unterhaltspflichtig ist; die Übertragung des Kinderfreibetrags führt stets auch zur Übertragung des Freibetrags für den Betreuungs- und Erziehungs- oder Ausbildungsbedarf. ⑦ Eine Übertragung nach Satz 6 scheidet für Zeiträume aus, für die Unterhaltsleistungen nach dem Unterhaltsvorschussgesetz gezahlt werden. ⑧ Bei minderjährigen Kindern wird der dem Elternteil, in dessen Wohnung das Kind nicht gemeldet ist, zustehende Freibetrag für den Betreuungs- und Erziehungs- oder Ausbildungsbedarf auf Antrag des anderen Elternteils auf diesen übertragen, wenn bei dem Elternpaar die Voraussetzungen des § 26 Absatz 1 Satz 1 nicht vorliegen. ⑨ Eine Übertragung nach Satz 8 scheidet aus, wenn der Übertragung widersprochen wird, weil der Elternteil, bei dem das Kind nicht gemeldet ist, Kinderbetreuungskosten trägt oder das Kind regelmäßig in einem nicht unwesentlichen Umfang betreut. ⑩ Die den Eltern nach den Sätzen 1 bis 9 zustehenden Freibeträge können auf Antrag auch auf einen Stiefelternteil oder Großelternteil übertragen werden, wenn dieser das Kind in seinen Haushalt aufgenommen hat oder dieser einer Unterhaltspflicht gegenüber dem Kind unterliegt. ⑪ Die Übertragung nach Satz 10 kann auch mit Zustimmung des berechtigten Elternteils erfolgen, die nur für künftige Kalenderjahre widerrufen werden kann. ⑫ Voraussetzung für die Berücksichtigung des Kinderfreibetrags sowie des Freibetrags für den Betreuungs- und Erziehungs- oder Ausbildungsbedarf des Kindes ist die Identifizierung des Kindes durch die an dieses Kind vergebene Identifikationsnummer (§ 139b der Abgabenordnung).

---

[1] Zur Anwendung der geänderten Altersgrenze siehe § 52 Abs. 40 Sätze 9 und 10 a. F.
[2] Zur Anwendung von § 32 Abs. 6 Satz 1 beim Lohnsteuerabzugsverfahren siehe § 2 Abs. 32 Satz 5.
[3] Betrag geänd. **mWv 1. 1. 2026** durch G v. 23. 12. 2024 (BGBl. I Nr. 449); siehe *Geschlossene Wiedergabe*.

EStG

⑬ Ist das Kind nicht nach einem Steuergesetz steuerpflichtig (§ 139a Absatz 2 der Abgabenordnung), ist es in anderer geeigneter Weise zu identifizieren. ⑭ Die nachträgliche Identifizierung oder nachträgliche Vergabe der Identifikationsnummer wirkt auf Monate zurück, in denen die übrigen Voraussetzungen für die Gewährung des Kinderfreibetrags sowie des Freibetrags für den Betreuungs- und Erziehungs- oder Ausbildungsbedarf des Kindes vorliegen.

Übersicht

	Rz.
LStH 32	10
Anlagen:	
a) Schreiben betr. steuerliche Berücksichtigung behinderter Kinder; Anwendungsschreiben zu § 32 Abs. 4 Satz 1 Nr. 3 EStG vom 22. 11. 2010	11–18
b) Schreiben betr. steuerliche Berücksichtigung volljähriger Kinder nach § 32 Abs. 4 Satz 2 und 3 EStG ab 2012 vom 8. 2. 2016	21–26
c) Schreiben betr. Übertragung der Freibeträge für Kinder; BMF-Schreiben zu § 32 Abs. 6 Satz 6 bis 11 EStG vom 28. 6. 2013	30–34
d) Schreiben betr. Familienleistungsausgleich; Lebenspartner und Freibeträge für Kinder vom 17. 1. 2014	38

H 32

LStH 32

10

Berücksichtigung von Kindern → R 32 EStR, H 32 EStH.

– EStR/EStH abgedruckt in Anhang II –

Anl a zu LStH 32

a) Schreiben betr. steuerliche Berücksichtigung behinderter Kinder; Anwendungsschreiben zu § 32 Absatz 4 Satz 1 Nummer 3 EStG[1]

Vom 22. November 2010 (BStBl. I S. 1346)

(BMF IV C 4 – S 2282/07/0006-01; DOK 2010/0912635)

Unter Bezugnahme auf das Ergebnis der Erörterungen mit den obersten Finanzbehörden der Länder gilt zur Anwendung der BFH-Urteile vom 4. November 2003 VIII R 43/02 (BStBl. 2010 II S. 1046), vom 24. August 2004 VIII R 59/01 (BStBl. 2010 II S. 1048) und VIII R 50/03 (BStBl. 2010 II S. 1052), vom 31. August 2006 III R 71/05 (BStBl. 2010 II S. 1054) sowie vom 19. November 2008 III R 105/07 (BStBl. 2010 II S. 1057) für die steuerliche Berücksichtigung von Kindern, die wegen körperlicher, geistiger oder seelischer Behinderung außerstande sind, sich selbst zu unterhalten, Folgendes:

I. Behinderte Kinder (Allgemeines)

Menschen sind behindert, wenn ihre körperliche Funktion, geistige Fähigkeit oder seelische Gesundheit mit hoher Wahrscheinlichkeit länger als sechs Monate von dem für das Lebensalter typischen Zustand abweichen und daher ihre Teilhabe am Leben in der Gesellschaft beeinträchtigt ist (§ 2 Absatz 1 Satz 1 SGB IX). Zu einer Behinderung können auch Suchtkrankheiten (z. B. Drogenabhängigkeit, Alkoholismus) führen (BFH vom 16. April 2002 BStBl. II S. 738). Nicht zu den Behinderungen zählen Krankheiten, deren Verlauf sich auf eine im Voraus abschätzbare Dauer beschränkt, insbesondere akute Erkrankungen. 11

Ein Kind, das wegen seiner Behinderung außerstande ist, sich selbst zu unterhalten, kann bei Vorliegen der sonstigen Voraussetzungen über das 25. Lebensjahr hinaus ohne altersmäßige Begrenzung berücksichtigt werden. Eine Berücksichtigung setzt voraus, dass die Behinderung, deretwegen das Kind nicht in der Lage ist, sich selbst zu unterhalten, vor Vollendung des 25. Lebensjahres eingetreten ist. Ein Kind kann auch berücksichtigt werden, wenn diese Behinderung bereits vor dem 1. Januar 2007 und vor Vollendung des 27. Lebensjahres eingetreten ist (§ 52 Absatz 40 Satz 8 EStG).[2]

II. Nachweis der Behinderung[3]

Der Nachweis einer Behinderung kann folgendermaßen erbracht werden: 12

1. bei einer Behinderung, deren Grad auf mindestens 50 festgestellt wurde, durch einen Ausweis nach dem SGB IX oder durch einen Bescheid der nach § 69 Absatz 1 SGB IX zuständigen Behörde,
2. bei einer Behinderung, deren Grad auf weniger als 50, aber mindestens 25 festgestellt ist,
   a) durch eine Bescheinigung der nach § 69 Absatz 1 SGB IX zuständigen Behörde auf Grund eines Feststellungsbescheides nach § 69 Absatz 1 SGB IX, die eine Äußerung darüber enthält, ob die Behinderung zu einer dauernden Einbuße der körperlichen Beweglichkeit geführt hat oder auf einer typischen Berufskrankheit beruht,
   b) wenn dem Kind wegen seiner Behinderung nach den gesetzlichen Vorschriften Renten oder andere laufende Bezüge zustehen, durch den Rentenbescheid oder einen entsprechenden Bescheid,

---

[1] Zur Entstehung eines Pflegekindschaftsverhältnisses i. S. v. § 32 Abs. 1 Nr. 2 EStG zu einer bereits volljährigen behinderten Person siehe *BFH-Urteil vom 9. 2. 2012 (BStBl. II S. 739).*

[2] Jetzt § 52 Abs. 32 EStG.

[3] Siehe auch § 65 EStDV, abgedruckt nach § 33b EStG.

Anl a zu LStH 32

3. bei einer Einstufung als schwerstpflegebedürftige Person in Pflegestufe III nach dem SGB XI oder diesem entsprechenden Bestimmungen durch den entsprechenden Bescheid.

Der Nachweis der Behinderung kann auch in Form einer Bescheinigung des behandelnden Arztes oder eines ärztlichen Gutachtens erbracht werden (BFH vom 16. April 2002, BStBl. II S. 738). Aus der Bescheinigung bzw. dem Gutachten muss Folgendes hervorgehen:
- Umfang der Behinderung,
- Beginn der Behinderung, soweit das Kind das 25. Lebensjahr vollendet hat und
- Auswirkungen der Behinderung auf die Erwerbstätigkeit des Kindes.

Für ein Kind, das wegen seiner Behinderung bereits länger als ein Jahr in einer Kranken- oder Pflegeeinrichtung untergebracht ist, genügt eine Bestätigung des für diese Einrichtung zuständigen Arztes hierüber; die Bescheinigung ist nach spätestens fünf Jahren zu erneuern.

III. Ursächlichkeit der Behinderung

13 Die Behinderung des Kindes muss ursächlich („wegen") für die mangelnde Fähigkeit zum Selbstunterhalt sein. Hiervon ist zur Vereinfachung des Verfahrens grundsätzlich auszugehen, wenn bei einem Kind der Grad der Behinderung 50 oder mehr beträgt und besondere Umstände hinzutreten, auf Grund derer eine Erwerbstätigkeit unter den üblichen Bedingungen des Arbeitsmarktes ausgeschlossen erscheint. Als besondere Umstände gelten beispielsweise die Unterbringung in einer Werkstatt für behinderte Menschen, der Bezug von Grundsicherungsleistungen nach dem SGB XII oder die Fortdauer einer Schul- oder Berufsausbildung eines Kindes auf Grund seiner Behinderung über das 25. Lebensjahr hinaus. Die Ursächlichkeit der Behinderung ist auch gegeben, wenn im Ausweis über die Eigenschaft als schwerbehinderter Mensch das Merkmal „H" (hilflos) eingetragen ist. Dem Merkzeichen „H" steht die Einstufung als Schwerstpflegebedürftiger in Pflegestufe III nach dem SGB XI oder diesem entsprechenden Bestimmungen gleich. Entsprechendes gilt bei einer Festsetzung einer vollen Erwerbsminderungsrente gegenüber dem Kind.

Bestehen Zweifel an der Ursächlichkeit der Behinderung, ist eine Stellungnahme der Agentur für Arbeit darüber einzuholen, ob die Voraussetzungen für eine Mehrfachanrechnung nach § 76 Absätze 1 oder 2 SGB IX erfüllt sind oder ob das Kind nach Art und Umfang seiner Behinderung in der Lage ist, eine arbeitslosenversicherungspflichtige, mindestens 15 Stunden wöchentlich umfassende Beschäftigung unter den üblichen Bedingungen des für das Kind in Betracht kommenden Arbeitsmarktes auszuüben. Liegen die Voraussetzungen für eine Mehrfachanrechnung vor, ist das Kind zu berücksichtigen, auch wenn es eine Erwerbstätigkeit von mehr als 15 Stunden wöchentlich ausüben könnte. Ist das Kind nicht in der Lage, eine mindestens 15 Stunden wöchentlich umfassende Beschäftigung unter den üblichen Bedingungen des für das Kind in Betracht kommenden Arbeitsmarktes auszuüben, kann unterstellt werden, dass die Ursächlichkeit der Behinderung gegeben ist.

Beträgt der Grad der Behinderung weniger als 50 und treten keine besonderen Umstände hinzu, ist die Behinderung grundsätzlich als nicht ursächlich für die mangelnde Fähigkeit zum Selbstunterhalt anzusehen.

Wird der Nachweis der Behinderung nicht durch einen Ausweis nach dem SGB IX oder über einen behördlichen Bescheid (z. B. Feststellungsbescheid des Versorgungsamtes bzw. der nach Landesrecht zuständigen Behörde, Rentenbescheid) geführt, ist für die Frage der Ursächlichkeit der Behinderung in jedem Fall die Stellungnahme der Agentur für Arbeit einzuholen (siehe vorstehende Ausführungen; vgl. im Übrigen DA-FamEStG 63.3.6.3 Absatz 3 – BStBl. 2009 I S. 1070);[1] hierzu kann der Vordruck KG 4 a des Bundeszentralamts für Steuern (http://www.bzst.de/DE/Steuern_National/Kindergeld_Fachaufsicht/Familienkassen/Formulare/Formulare_node.html) verwendet werden. In Zweifelsfällen ist zunächst die Familienkasse zu beteiligen (R 31 Absatz 4 EStR 2008[2]).

Die Behinderung muss bei der Prüfung der Ursächlichkeit nicht die einzige Ursache dafür sein, dass das Kind außerstande ist, sich selbst zu unterhalten. Eine Mitursächlichkeit ist ausreichend, wenn der Mitursächlichkeit nach den Gesamtumständen des Einzelfalls erhebliche Bedeutung zukommt (BFH vom 19. November 2008, BStBl. 2010 II S. 1057). Die Prüfung der Mitursächlichkeit kommt in den Fällen zum Tragen, in denen das Kind grundsätzlich in der Lage ist, eine Erwerbstätigkeit auf dem allgemeinen Arbeitsmarkt auszuüben (d. h. eine mindestens 15 Stunden wöchentlich umfassende Beschäftigung), die Behinderung einer Vermittlung einer Arbeitsstelle jedoch entgegensteht. Eine allgemein ungünstige Situation auf dem Arbeitsmarkt oder andere Umstände (z. B. mangelnde Mitwirkung bei der Arbeitsvermittlung, Ablehnung von Stellenangeboten), die zur Arbeitslosigkeit des Kindes und damit zur Unfähigkeit zum Selbstunterhalt führen, begründen hingegen keine Berücksichtigung nach § 32 Absatz 4 Satz 1 Nummer 3 EStG.

IV. Außerstande sein, sich selbst zu unterhalten[3]

14 Ein behindertes Kind ist außerstande, sich selbst zu unterhalten, wenn es mit den ihm zur Verfügung stehenden finanziellen Mitteln seinen gesamten notwendigen Lebensbedarf nicht bestreiten kann. Bei der Prüfung dieser Voraussetzung ist der Lebensbedarf zu ermitteln und den Einkünften und Bezügen (R 32.10 EStR 2008) sowie weiteren verfügbaren Mitteln des Kindes gegenüberzustellen. Da sich diese Ermittlung im Einzelfall recht aufwändig gestalten kann, ist in dieser Weise nur dann zu verfahren, wenn die Einkünfte und Bezüge des behinderten Kindes den Grenzbetrag des § 32 Absatz 4 Satz 2 EStG übersteigen. Zu den Bezügen eines behinderten Kindes zählen bei dieser vereinfachten Methode keine Leistungen, die dem Kind wegen eines behinderungsbedingten Bedarfs zweckgebunden zufließen, wie beispielsweise das Pflegegeld oder das Blindengeld. Unterschreiten die Einkünfte und Bezüge des Kin-

[1] Jetzt A 19.3 DA-KG 2024 (BZSt vom 30. 4. 2024, BStBl. I S. 736).
[2] Jetzt EStR 2012.
[3] Siehe auch Tz. 30 des *BMF-Schreibens vom 8. 2. 2016 (BStBl. I S. 226);* nachstehend abgedruckt als Anlage b zu LStH 32.

Anl a zu LStH 32

des den Grenzbetrag, ist ohne weiteres davon auszugehen, dass das Kind außerstande ist, sich selbst zu unterhalten (R 32.9 EStR 2008).

Übersteigen die Einkünfte und Bezüge des behinderten Kindes den Grenzbetrag des § 32 Absatz 4 Satz 2 EStG, ist bei der regulären Vergleichsberechnung nach den folgenden Grundsätzen zu verfahren: zunächst ist der existenzielle Lebensbedarf des behinderten Kindes zu ermitteln. Dieser setzt sich typischerweise aus dem allgemeinen Lebensbedarf (Grundbedarf) und dem individuellen behinderungsbedingten Mehrbedarf zusammen. Als Grundbedarf ist der Jahresgrenzbetrag des § 32 Absatz 4 Satz 2 EStG anzusetzen. Der behinderungsbedingte Mehrbedarf umfasst Aufwendungen, die nicht behinderte Kinder nicht haben (siehe Abschnitt V). Dem gesamten notwendigen Lebensbedarf des behinderten Kindes sind sodann dessen finanzielle Mittel (Einkünfte und Bezüge einschließlich der Leistungen, die dem Kind wegen eines behinderungsbedingten Bedarfs zweckgebunden zufließen) gegenüberzustellen. Zur Berechnung kann der Vordruck KG 4 c des Bundeszentralamts für Steuern (http://www.bzst.de/DE/Steuern_National/Kindergeld_Fachaufsicht/Familienkassen/Formulare/Formulare_node.html) verwendet werden (vgl. zur Berechnung auch die Beispiele in H 32.9 EStH 2009). Übersteigen die eigenen finanziellen Mittel des Kindes seinen Lebensbedarf nicht, ist es außerstande, sich selbst zu unterhalten und demzufolge als Kind zu berücksichtigen.

V. Behinderungsbedingter Mehrbedarf

a) Allgemeines

Zum behinderungsbedingten Mehrbedarf gehören alle mit einer Behinderung zusammenhängenden außergewöhnlichen Belastungen, z. B. Aufwendungen für die Hilfe bei den gewöhnlichen und regelmäßig wiederkehrenden Verrichtungen des täglichen Lebens, für die Pflege sowie für einen erhöhten Wäschebedarf. Sofern kein Einzelnachweis erfolgt, bemisst sich der behinderungsbedingte Mehrbedarf grundsätzlich nach dem Pauschbetrag für behinderte Menschen gemäß § 33 b Absatz 3 EStG. Daneben kann ein weiterer behinderungsbedingter Mehrbedarf angesetzt werden, soweit dieser nicht schon durch den Pauschbetrag erfasst ist. Zu den zusätzlich berücksichtigungsfähigen Aufwendungen gehören alle übrigen durch die Behinderung bedingten Aufwendungen wie z. B. Operationskosten und Heilbehandlungen, Kuren, Arzt- und Arzneikosten; bestehen Zweifel darüber, dass die Aufwendungen durch die Behinderung bedingt sind, ist eine ärztliche Bescheinigung hierüber vorzulegen. 15

Zu den zusätzlich berücksichtigungsfähigen Aufwendungen zählen auch ergänzende persönliche Betreuungsleistungen der Eltern, soweit sie über die durch das Pflegegeld abgedeckte Grundpflege und hauswirtschaftliche Verrichtungen hinausgehen und nach amtsärztlicher Bescheinigung unbedingt erforderlich sind. Der hierfür anzusetzende Stundensatz beträgt 8 Euro.[1] Unter bestimmten Voraussetzungen sind Fahrtkosten ebenfalls als Mehrbedarf zu berücksichtigen (H 33.1–33.4 Fahrtkosten behinderter Menschen EStH 2009[2]). Zusätzlich können Mehraufwendungen als behinderungsbedingter Mehrbedarf berücksichtigt werden, die einem behinderten Kind anlässlich einer Urlaubsreise durch Kosten für Fahrten, Unterbringung und Verpflegung einer Begleitperson entstehen, sofern die Notwendigkeit ständiger Begleitung nachgewiesen ist (siehe hierzu im Einzelnen DA-FamEStG 63.3.6.4 Absatz 3, BStBl. 2009 I S. 1071).[3]

Anstelle des Pauschbetrages für behinderte Menschen nach § 33 b Absatz 3 EStG kann das Pflegegeld als behinderungsbedingter Mehrbedarf angesetzt werden, wenn das Kind Pflegegeld aus der Pflegeversicherung erhält (BFH vom 24. August 2004, BStBl. 2010 II S. 1052). Dies gilt gleichermaßen für das Blindengeld (BFH vom 31. August 2006, BStBl. 2010 II S. 1054). Diese Regelung findet sowohl bei Kindern, die in eigener Wohnung (ohne Kostenbeteiligung Dritter) oder im Haushalt der Eltern leben, Anwendung als auch in Fällen teil- oder vollstationärer Unterbringung.

b) Behinderungsbedingter Mehrbedarf bei teilstationärer Unterbringung

Eine teilstationäre Unterbringung liegt beispielsweise dann vor, wenn ein Kind tagsüber in einer Werkstatt für behinderte Menschen betreut wird, ansonsten aber im Haushalt der Eltern lebt. Ohne Einzelnachweis bemisst sich der behinderungsbedingte Mehrbedarf bei Kindern, die teilstationäre Einrichtungen besuchen und entsprechende Leistungen im Rahmen der Eingliederungshilfe erhalten (z. B. für die Betreuung in einer Werkstatt für behinderte Menschen), nach dem Pauschbetrag für behinderte Menschen gemäß § 33 b Absatz 3 EStG. Zusätzlich kann ein weiterer behinderungsbedingter Mehrbedarf angesetzt werden. Dieser umfasst neben den im vorherigen Abschnitt aufgeführten Mehraufwendungen insbesondere die Kosten im Rahmen der Eingliederungshilfe (Kosten für die Beschäftigung in der Werkstatt für behinderte Menschen, Fahrten zur Werkstatt) abzüglich des nach der Sozialversicherungsentgeltverordnung zu ermittelnden Wertes der Verpflegung, da diese schon durch den Grundbedarf abgedeckt ist (vgl. Buchstabe A der Beispiele in H 32.9 Außerstande sein, sich selbst zu unterhalten EStH 2009[4]). 16

c) Behinderungsbedingter Mehrbedarf bei vollstationärer Unterbringung

Ein Kind ist vollstationär untergebracht, wenn es nicht im Haushalt der Eltern lebt, sondern anderweitig auf Kosten eines Dritten (im Regelfall der Sozialhilfeträger) untergebracht ist. Dabei kommt es nicht darauf an, ob das Kind in einem Heim untergebracht ist; es kann auch in einer eigenen Wohnung oder einer sonstigen Wohneinrichtung (z. B. betreutes Wohnen) leben. Eine vollstationäre Unterbringung liegt auch dann vor, wenn sich das Kind zwar zeitweise (z. B. am Wochenende oder in den Ferien) im Haushalt der Eltern aufhält, der Platz im Heim oder im Rahmen des betreuten Wohnens aber durchweg auch während dieser Zeit zur Verfügung steht. 17

---

[1] Jetzt 10 Euro vgl. A 19.4 Abs. 5 DA-KG 2024 *(BZSt vom 30. 4. 2024, BStBl. I S. 736).*
[2] Überholt ab VZ 2021 durch § 33 Abs. 2 a EStG in der Fassung des Gesetzes vom 9. 12. 2020 (BGBl. I S. 2770).
[3] Jetzt A 19 DA-KG 2024 (BZSt vom 30. 4. 2024, BStBl. I S. 736).
[4] Jetzt A 19.4 Abs. 7 DA-KG 2024.

Anl a zu LStH 32

In den Fällen der vollstationären Unterbringung eines behinderten Kindes erfolgt die Ermittlung des behinderungsbedingten Mehrbedarfs regelmäßig durch Einzelnachweis der Aufwendungen, indem die im Wege der Eingliederungshilfe übernommenen Kosten für die Unterbringung abzüglich des nach der Sozialversicherungsentgeltverordnung zu ermittelnden Wertes der Verpflegung angesetzt werden (BFH vom 15. Oktober 1999, BStBl. 2000 II S. 79; vgl. zur Berechnung Buchstabe B der Beispiele in H 32.9 Außerstande sein, sich selbst zu unterhalten EStH 2009[1]), die schon durch den Grundbedarf abgedeckt ist. Sofern kein Einzelnachweis erfolgt, bemisst sich der behinderungsbedingte Mehrbedarf auch bei Kindern, die vollstationär untergebracht sind, nach dem Pauschbetrag für behinderte Menschen gemäß § 33 b Absatz 3 EStG. Daneben kann ein weiterer behinderungsbedingter Mehrbedarf angesetzt werden, soweit dieser nicht schon durch den Pauschbetrag erfasst ist. Hierzu zählen die im Abschnitt a) aufgeführten Mehraufwendungen. Eine Berücksichtigung der Eingliederungshilfe neben dem Pauschbetrag für behinderte Menschen ist nicht möglich, da der Ansatz der Kosten für die Unterbringung bei vollstationärer Unterbringung einem Einzelnachweis entspricht.

VI. Monatsprinzip

18 Bei der Prüfung, ob ein volljähriges behindertes Kind behinderungsbedingt außerstande ist, sich selbst zu unterhalten, ist vom Grundsatz her auf den Kalendermonat abzustellen, da die für behinderte Kinder maßgebliche Vorschrift des § 32 Absatz 4 Satz 1 Nummer 3 EStG von der Jahresgrenzbetragsregelung in § 32 Absatz 4 Satz 2 EStG nicht erfasst wird (BFH vom 4. November 2003, BStBl. 2010 II S. 1046). Eine Jahresberechnung führt bei gleich bleibenden monatlichen Einnahmen und einem monatlich gleich bleibenden behinderungsbedingten Mehrbedarf während des gesamten Kalenderjahres jedoch zu demselben Ergebnis wie eine Monatsberechnung. Aus Vereinfachungsgründen ist deshalb in der Praxis bei der Ermittlung des individuellen behinderungsbedingten Mehrbedarfs sowie bei der Ermittlung der finanziellen Mittel des behinderten Kindes eine Monatsberechnung nur dann anzustellen, wenn ein nicht monatlich anfallender Sonderbedarf gegeben ist bzw. unregelmäßig anfallende Gratifikationen oder Sonderzuwendungen wie beispielsweise das Urlaubs- oder Weihnachtsgeld zugeflossen sind.

Der behinderungsbedingte Sonderbedarf, der nicht jeden Monat anfällt, ist nicht ausschließlich dem Monat zuzuordnen, in dem die Kosten angefallen sind. Die Fähigkeit zum Selbstunterhalt bleibt vielmehr auch dann bestehen, wenn die monatlichen Einnahmen eines längeren Zeitraumes so hoch gewesen sind, dass sie den nicht monatlich anfallenden behinderungsbedingten Mehrbedarf abdecken können. Es ist deshalb darauf abzustellen, ob bei einer vorausschauenden Bedarfsplanung unter Zugrundelegung einer monatlichen Durchschnittsbelastung der Mehrbedarf aufgefangen werden kann (BFH vom 24. August 2004, BStBl. 2010 II S. 1048). Der Mehrbedarf ist demzufolge gleichmäßig auf das Kalenderjahr zu verteilen.

Sonderzuwendungen, die nicht monatlich anfallen, und einmalige Einnahmen sind auf einen angemessenen Zeitraum aufzuteilen und monatlich mit einem entsprechenden Teilbetrag anzusetzen. Jährlich anfallende Einnahmen wie Weihnachts- oder Urlaubsgeld sind bei dieser monatsbezogenen Vergleichsberechnung nicht ausschließlich dem Monat des Zuflusses zuzuordnen, sondern auf den Zuflussmonat und die nachfolgenden elf Monate aufzuteilen (BFH vom 24. August 2004, BStBl. 2007 II S. 248).

Beispiel:

Die Tochter (28 Jahre, Grad der Behinderung 80) eines Steuerpflichtigen erhält Weihnachtsgeld im November 2009 in Höhe von 1200 Euro. Für die Monate November 2009 bis Oktober 2010 sind jeweils 100 Euro an Einnahmen anzusetzen.

Nachzahlungen für vorangegangene Kalenderjahre sind in voller Höhe im Jahr des Zuflusses zu erfassen (BFH vom 4. November 2003, BStBl. 2010 II S. 1046) und auf den Zuflussmonat und die nachfolgenden Monate des Zuflussjahres zu verteilen.

Das Monatsprinzip gilt lediglich für die Vergleichsberechnung zur Prüfung der wirtschaftlichen Leistungsfähigkeit (Lebensbedarf ./. finanzielle Mittel) eines behinderten Kindes. Die auf das gesamte Veranlagungsjahr bezogene Vergleichsberechnung des § 31 Satz 4 EStG ist hiervon nicht berührt.

Für den Fall, dass die finanziellen Mittel des behinderten Kindes dessen allgemeinen Lebensbedarf übersteigen, ist zu prüfen, ab welchem Monat das Kind in der Lage ist, selbst für seinen Lebensunterhalt zu sorgen. Dabei ist der Monat der Änderung der Verhältnisse ggf. wie ein Teilmonat zu behandeln, in dem das Kind berücksichtigt wird.

Anl b zu LStH 32

b) Schreiben betr. steuerliche Berücksichtigung volljähriger Kinder nach § 32 Abs. 4 Satz 2 und 3 EStG ab 2012

Vom 8. Februar 2016 (BStBl. I S. 226)

(BMF IV C 4 – S 2282/07/0001-01; DOK 2015/1175697)

Nach dem Ergebnis der Erörterungen mit den obersten Finanzbehörden der Länder gelten für die Berücksichtigung volljähriger Kinder im Familienleistungsausgleich die nachfolgenden Ausführungen.

1. Allgemeines

21 1 Für die steuerliche Berücksichtigung eines volljährigen Kindes sind ab 2012 dessen eigene Einkünfte und Bezüge unbeachtlich. Ein volljähriges Kind wird grundsätzlich bis zum Abschluss einer erstmaligen Berufsausbildung oder eines Erststudiums berücksichtigt. Darüber hinaus wird es nur noch berücksichtigt, wenn es einen der Grundtatbestände des § 32 Abs. 4 Satz 1 Nr. 2 erfüllt und keiner die Ausbildung hindernden Erwerbstätigkeit nachgeht. Diese Regelung gilt nicht für Kinder bis zur Vollendung des

[1] Jetzt EStH 2015.

21. Lebensjahrs, die bei einer Agentur für Arbeit als arbeitsuchend gemeldet sind (§ 32 Abs. 4 Satz 1 Nr. 1 EStG), sowie für behinderte Kinder, die nach § 32 Abs. 4 Satz 1 Nr. 3 EStG zu berücksichtigen sind. Anl b zu LStH 32

2 Nach Abschluss einer erstmaligen Berufsausbildung wie auch nach Abschluss eines Erststudiums gilt die gesetzliche Vermutung, dass ein volljähriges Kind in der Lage ist, sich selbst zu unterhalten. Dies hat zur Folge, dass das Kind, wenn es nicht als arbeitsuchend gemeldet (bis 21 Jahre) oder behindert ist, nicht mehr zu berücksichtigen ist. Die Vermutung des Gesetzgebers gilt als widerlegt, wenn der Nachweis erbracht wird, dass das Kind weiterhin für einen Beruf ausgebildet wird (§ 32 Abs. 4 Satz 1 Nr. 2 Buchst. a EStG) und tatsächlich keiner Erwerbstätigkeit nachgeht, die Zeit und Arbeitskraft des Kindes überwiegend beansprucht. Eine unschädliche Erwerbstätigkeit liegt vor, wenn diese 20 Stunden regelmäßiger wöchentlicher Arbeitszeit nicht übersteigt, ein Ausbildungsdienstverhältnis oder ein geringfügiges Beschäftigungsverhältnis im Sinne der §§ 8 und 8 a SGB IV darstellt. Entsprechendes gilt für die Berücksichtigungstatbestände des § 32 Abs. 4 Satz 1 Nr. 2 Buchst. b, c und d EStG.

2. Abschluss einer erstmaligen Berufsausbildung oder eines Erststudiums

2.1. Erstmalige Berufsausbildung

3 Das Tatbestandsmerkmal „Berufsausbildung" in § 32 Abs. 4 Satz 2 EStG ist enger gefasst als das Tatbestandsmerkmal „für einen Beruf ausgebildet werden" in § 32 Abs. 4 Satz 1 Nr. 2 Buchst. a EStG (siehe Rz. 21). Unter dem Begriff „Berufsausbildung" i. S. d. § 32 Abs. 4 Satz 2 EStG ist eine berufliche Ausbildung unter Ausschluss eines Studiums zu verstehen. Eine Berufsausbildung in diesem Sinne liegt vor, wenn das Kind durch eine berufliche Ausbildungsmaßnahme die notwendigen fachlichen Fertigkeiten und Kenntnisse erwirbt, die zur Aufnahme eines Berufs befähigen. Voraussetzung ist, dass der Beruf durch eine Ausbildung in einem öffentlich-rechtlich geordneten Ausbildungsgang erlernt wird (BFH vom 6. März 1992, BStBl. II S. 661) und der Ausbildungsgang durch eine Prüfung abgeschlossen wird. 22

4 Zur Berufsausbildung zählen insbesondere:

- Berufsausbildungsverhältnisse gemäß § 1 Abs. 3, §§ 4 bis 52 Berufsbildungsgesetz (BBiG) bzw. §§ 21 bis 40 Gesetz zur Ordnung des Handwerks (Handwerksordnung) in auf der Grundlage des BBiG bzw. der HwO anerkannten Ausbildungsberufen sowie anerkannte Lehr- und Anlernberufe oder vergleichbar geregelte Ausbildungsberufe aus der Zeit vor dem In-Kraft-Treten des BBiG (§ 104 BBiG). Der erforderliche Abschluss besteht hierbei in der erfolgreich abgelegten Abschlussprüfung im Sinne der § 37 BBiG und § 31 HwO. Gleiches gilt, wenn die Abschlussprüfung nach § 43 Abs. 2 BBiG ohne ein Ausbildungsverhältnis auf Grund einer entsprechenden schulischen Ausbildung abgelegt wird, die gemäß den Voraussetzungen des § 43 Abs. 2 BBiG als gleichwertig anerkannt ist;
- mit Berufsausbildungsverhältnissen vergleichbare betriebliche Ausbildungsgänge außerhalb des Geltungsbereichs des BBiG (z. B. die Ausbildung zum/zur Schiffsmechaniker/Schiffsmechanikerin nach der See-Berufsausbildungsverordnung – See-BAV) vom 10. 9. 2013, BGBl. I S. 3565, in der jeweils geltenden Fassung;
- die Ausbildung auf Grund der bundes- oder landesrechtlichen Ausbildungsregelungen für Berufe im Gesundheits- und Sozialwesen;
- landesrechtlich geregelte Berufsabschlüsse an Berufsfachschulen;
- die Berufsausbildung behinderter Menschen in anerkannten Berufsausbildungsberufen oder auf Grund von Regelungen der zuständigen Stellen in besonderen „Behinderten-Ausbildungsberufen";
- die Berufsausbildung in einem öffentlich-rechtlichen Dienstverhältnis und
- Maßnahmen zur Behebung von amtlich festgestellten Unterschieden zwischen einem im Ausland erworbenen Berufsabschluss und einem entsprechenden im Inland geregelten Berufsabschluss, z. B. Anpassungslehrgänge nach § 11 Berufsqualifikationsfeststellungsgesetz. Informationen zur Anerkennung ausländischer Berufsqualifikationen (z. B. zu den zuständigen Stellen) sind unter www.anerkennung-indeutschland.de und www.bq-portal.de zu finden. Handelt es sich bei dem im Ausland erworbenen Berufsabschluss um eine erstmalige Berufsausbildung, ist diese erst mit der Beendigung der inländischen Anpassungsqualifizierung abgeschlossen.

5 Andere Bildungsmaßnahmen werden einer Berufsausbildung gleichgestellt, wenn sie dem Nachweis einer Sachkunde dienen, die Voraussetzung zur Aufnahme einer fest umrissenen beruflichen Betätigung ist. Die Ausbildung muss in einem geordneten Ausbildungsgang erfolgen und durch eine staatliche oder staatlich anerkannte Prüfung abgeschlossen werden. Der erfolgreiche Abschluss der Prüfung muss Voraussetzung für die Aufnahme der beruflichen Betätigung sein. Die Ausbildung und der Abschluss müssen vom Umfang und Qualität der Ausbildungsmaßnahmen und Prüfungen her grundsätzlich mit den Anforderungen, die bei Berufsausbildungsmaßnahmen im Sinne der Randziffer 4 gestellt werden, vergleichbar sein. Dazu gehört z. B. die Ausbildung zu Berufspiloten auf Grund der JAR-FCL 1 deutsch vom 15. April 2003, Bundesanzeiger 2003 Nr. 80 a.

6 Die Berufsausbildung ist als erstmalige Berufsausbildung anzusehen, wenn ihr keine andere abgeschlossene Berufsausbildung beziehungsweise kein abgeschlossenes berufsqualifizierendes Hochschulstudium vorausgegangen ist. Wird ein Kind ohne entsprechende Berufsausbildung in einem Beruf tätig und führt es die zugehörige Berufsausbildung nachfolgend durch (nachgeholte Berufsausbildung), handelt es sich dabei um eine erstmalige Berufsausbildung (BFH vom 6. März 1992, BStBl. II S. 661).

7 Entsprechendes gilt für ausländische Berufsausbildungsabschlüsse, die inländischen Abschlüssen gleichgestellt sind. Bei Abschlüssen aus einem Mitgliedstaat der Europäischen Union (EU) oder einem Vertragsstaat des europäischen Wirtschaftsraums (EWR) oder der Schweiz ist in der Regel davon auszugehen, dass diese gleichgestellt sind.

2.2. Erststudium

8 Ein Studium i. S. d. § 32 Abs. 4 Satz 2 EStG liegt dann vor, wenn es sich um ein Studium an einer Hochschule im Sinne der Hochschulgesetze der Länder handelt. Hochschulen im Sinne dieser Vorschriften sind Universitäten, Pädagogische Hochschulen, Kunsthochschulen, Fachhochschulen und sonstige Einrichtungen des Bildungswesens, die nach dem jeweiligen Landesrecht staatliche Hochschulen sind. Gleichgestellt sind private und kirchliche Bildungseinrichtungen sowie Hochschulen des Bundes, die nach dem jeweiligen Landesrecht als Hochschule anerkannt sind. Studien können auch als Fernstudien durchgeführt werden. Welche schulischen Abschlüsse oder sonstigen Voraussetzungen den Zugang zum Studium eröffnet haben, ist dabei unerheblich.

9 Ein Studium stellt ein Erststudium i. S. d. § 32 Abs. 4 Satz 2 EStG dar, wenn es sich um eine Erstausbildung handelt. Es darf ihm kein anderes durch einen berufsqualifizierenden Abschluss beendetes Studium bzw. keine andere abgeschlossene nichtakademische Berufsausbildung im Sinne der Randziffern 4 bis 7 vorangegangen sein. Ein Studium wird – sofern zwischen Prüfung und Bekanntgabe des Prüfungsergebnisses noch keine Vollzeiterwerbstätigkeit im angestrebten Beruf ausgeübt wird – regelmäßig erst mit Bekanntgabe des Prüfungsergebnisses abgeschlossen.

10 Als Abschluss einer berufsqualifizierenden Hochschulprüfung kann ein Hochschulgrad verliehen werden. Hochschulgrade sind insbesondere der Bachelor-, der Master-, der Diplom-, der Magister- und der Bakkalaureusgrad. Nach dem jeweiligen Landesrecht können weitere Grade vorgesehen sein, insbesondere in künstlerischen Studiengängen oder in Studiengängen, die in Kooperation mit ausländischen Hochschulen durchgeführt werden. Zwischenprüfungen stellen keinen Abschluss eines Studiums i. S. d. § 32 Abs. 4 Satz 2 EStG dar.

11 Die von den Hochschulen angebotenen Studiengänge führen in der Regel zu einem berufsqualifizierenden Abschluss. Im Zweifel ist davon auszugehen, dass die entsprechenden Prüfungen berufsqualifizierend sind.

12 Studien- und Prüfungsleistungen an ausländischen Hochschulen, die zur Führung eines ausländischen akademischen Grades berechtigen, der nach dem Recht des Landes, in dem der Gradinhaber seinen inländischen Wohnsitz oder inländischen gewöhnlichen Aufenthalt hat, anerkannt wird, sowie Studien- und Prüfungsleistungen, die von Staatsangehörigen eines Mitgliedstaats der EU oder von Vertragsstaaten des EWR oder der Schweiz an Hochschulen dieser Staaten erbracht werden, sind nach diesen Grundsätzen inländischen Studien- und Prüfungsleistungen gleichzustellen. Der Steuerpflichtige hat die Berechtigung zur Führung des Grades nachzuweisen. Für die Gleichstellung von Studien- und Prüfungsleistungen werden die in der Datenbank „anabin" (www.anabin.kmk.org) der Zentralstelle für ausländisches Bildungswesen beim Sekretariat der Kultusministerkonferenz aufgeführten Bewertungsvorschläge zugrunde gelegt.

2.3. Abschluss einer erstmaligen Berufsausbildung oder eines Erststudiums

12a Eine erstmalige Berufsausbildung oder ein Erststudium sind grundsätzlich abgeschlossen, wenn sie das Kind zur Aufnahme eines Berufs befähigen. Wenn das Kind später eine weitere Ausbildung aufnimmt (z. B. Meisterausbildung nach mehrjähriger Berufstätigkeit auf Grund abgelegter Gesellenprüfung oder Masterstudium nach mehrjähriger Berufstätigkeit), handelt es sich um eine Zweitausbildung.

12b Ist auf Grund objektiver Beweisanzeichen erkennbar, dass das Kind sein angestrebtes Berufsziel noch nicht erreicht hat, kann auch eine weiterführende Ausbildung noch als Teil der Erstausbildung zu qualifizieren sein (BFH vom 3. Juli 2014, BStBl. 2015 II S. 152, sog. mehraktige Ausbildung). Abzustellen ist dabei darauf, ob die weiterführende Ausbildung in einem engen sachlichen Zusammenhang mit der nichtakademischen Ausbildung oder dem Erststudium steht und im engen zeitlichen Zusammenhang durchgeführt wird (BFH vom 15. April 2015 BStBl. 2016 II S. 163). Ein enger sachlicher Zusammenhang liegt vor, wenn die nachfolgende Ausbildung z. B. dieselbe Berufssparte oder denselben fachlichen Bereich betrifft. Ein enger zeitlicher Zusammenhang liegt vor, wenn das Kind die weitere Ausbildung zum nächstmöglichen Zeitpunkt aufnimmt oder sich bei mangelndem Ausbildungsplatz zeitnah zum nächstmöglichen Zeitpunkt für die weiterführende Ausbildung bewirbt. Unschädlich sind Verzögerungen, die z. B. aus einem zunächst fehlenden oder einem aus schul-, studien- oder betriebsorganisatorischen Gründen erst zu einem späteren Zeitpunkt verfügbaren Ausbildungsplatz resultieren. Unschädlich ist es auch, wenn das Kind infolge Erkrankung oder wegen eines Beschäftigungsverbots nach den §§ 3 und 6 Mutterschutzgesetz daran gehindert ist, die weitere Ausbildung aufzunehmen. Erst wenn die für das von Kind und Eltern bestimmte Berufsziel geeigneten Grundlagen erreicht sind, stellt eine weitere Ausbildung eine Weiterbildung oder eine Zweitausbildung dar.

12c Setzt das angestrebte Berufsziel keinen weiterführenden Abschluss voraus, handelt es sich bei weiteren Ausbildungsmaßnahmen nach Abschluss der erstmaligen Berufsausbildung um eine Weiterbildung oder eine Zweitausbildung. Eine Berücksichtigung des Kindes ist dann nach § 32 Abs. 4 Satz 2 EStG nur möglich, wenn das Kind keiner Erwerbstätigkeit nachgeht oder es sich bei den Ausbildungsmaßnahmen um ein Ausbildungsdienstverhältnis handelt (BFH vom 23. Juni 2015 BStBl. 2016 II S. 55).

12d Für die Frage, ob eine erstmalige Berufsausbildung oder ein Erststudium nach § 32 Abs. 4 Satz 2 EStG abgeschlossen sind, kommt es nicht darauf an, ob die Berufsausbildung bzw. das Studium die besonderen Voraussetzungen für eine Erstausbildung i. S. d. § 9 Abs. 6 EStG erfüllen.

2.4. Einzelfragen

13 Fachschulen:

Fachschulen sind Einrichtungen der beruflichen Weiterbildung, deren Besuch grundsätzlich eine berufliche Erstausbildung voraussetzt. Der Besuch einer Fachschule stellt daher ebenso wie ein nach dem Besuch einer Fachschule aufgenommenes Studium grundsätzlich keine Erstausbildung bzw. kein Erststudium i. S. d. § 32 Abs. 4 Satz 2 EStG dar. Dies gilt nicht, wenn der Fachschulbesuch Teil der mehraktigen Ausbildung ist (siehe Rz. 12 b).

14 Wechsel und Unterbrechung des Studiums:
Bei einem Wechsel des Studiums ohne Abschluss des zunächst betriebenen Studiengangs stellt das zunächst aufgenommene Studium kein abgeschlossenes Erststudium dar. Bei einer Unterbrechung eines Studiengangs ohne einen berufsqualifizierenden Abschluss und seiner späteren Weiterführung stellt der der Unterbrechung vorangegangene Studienteil kein abgeschlossenes Erststudium dar.

15 Mehrere Studiengänge:
Werden zwei (oder ggf. mehrere) Studiengänge parallel studiert, die zu unterschiedlichen Zeiten abgeschlossen werden, stellt der nach dem berufsqualifizierenden Abschluss eines der Studiengänge weiter fortgesetzte andere Studiengang vom Zeitpunkt des Abschlusses des einen Studienganges an kein Erststudium mehr dar. Etwas anderes gilt nur, wenn die Studiengänge in einem engen sachlichen Zusammenhang stehen.

16 Aufeinanderfolgende Abschlüsse unterschiedlicher Hochschultypen:
Da die Universitäten, Pädagogischen Hochschulen, Kunsthochschulen, Fachhochschulen sowie weitere entsprechende landesrechtliche Bildungseinrichtungen gleichermaßen Hochschulen im Sinne der Hochschulgesetze der Länder sind, stellt ein Studium an einer dieser Bildungseinrichtungen nach einem abgeschlossenen Studium an einer anderen dieser Bildungseinrichtungen kein Erststudium dar. So handelt es sich z. B. bei einem Universitätsstudium nach einem abgeschlossenen Fachhochschulstudium grundsätzlich nicht um ein Erststudium. Dies gilt nicht, wenn das Universitätsstudium Teil der mehraktigen Ausbildung ist (siehe Rz. 12 b).

17 Ergänzungs- und Aufbaustudien:
Postgraduale Zusatz-, Ergänzungs- und Aufbaustudiengänge setzen den Abschluss eines ersten Studiums voraus und stellen daher grundsätzlich kein Erststudium dar. Dies gilt nicht, wenn ein solches Zusatz-, Ergänzungs- oder Aufbaustudium auf dem ersten Studienabschluss des Kindes aufbaut und in einem engen zeitlichen Zusammenhang aufgenommen wird (siehe Rz. 12 b). In diesen Fällen ist von einem einheitlichen Erststudium auszugehen.

18 Vorbereitungsdienst:
Als berufsqualifizierender Studienabschluss gilt auch der Abschluss eines Studiengangs, durch den die fachliche Eignung für einen beruflichen Vorbereitungsdienst oder eine berufliche Einführung vermittelt wird. Daher ist z. B. mit dem ersten juristischen Staatsexamen die erstmalige Berufsausbildung grundsätzlich abgeschlossen. Ein in einem engen zeitlichen Zusammenhang aufgenommenes Referendariat zur Vorbereitung auf das zweite Staatsexamen ist jedoch Teil der erstmaligen Berufsausbildung (siehe Rz. 12 b).

19 Bachelor- und Masterstudiengänge:
Der Bachelor- oder Bakkalaureusgrad einer inländischen Hochschule ist ein berufsqualifizierender Abschluss. Daraus folgt, dass der Abschluss eines Bachelorstudiengangs den Abschluss eines Erststudiums darstellt und ein nachfolgender Studiengang grundsätzlich als weiteres Studium anzusehen ist. Wird hingegen ein Masterstudiengang besucht, der zeitlich und inhaltlich auf den vorangegangenen Bachelorstudiengang abgestimmt ist, so ist dieser Teil der Erstausbildung (BFH vom 3. September 2015 BStBl. 2016 II S. 166, siehe auch Rz. 12 b). Bei konsekutiven Masterstudiengängen an einer inländischen Hochschule ist von einem engen sachlichen Zusammenhang auszugehen.

20 Berufsakademien und andere Ausbildungseinrichtungen:
Nach Landesrecht kann vorgesehen werden, dass bestimmte an Berufsakademien oder anderen Ausbildungseinrichtungen erfolgreich absolvierte Ausbildungsgänge einem abgeschlossenen Studium an einer Fachhochschule gleichwertig sind und die gleichen Berechtigungen verleihen. Soweit dies der Fall ist, stellt ein entsprechendes Studium unter der Voraussetzung, dass ihm kein anderes abgeschlossenes Studium oder keine andere abgeschlossene Berufsausbildung vorangegangen ist, grundsätzlich ein Erststudium i. S. d. § 32 Abs. 4 Satz 2 EStG dar. Es kann ggf. auch Teil einer mehraktigen Ausbildung sein (siehe Rz. 12 b).

20 a Promotion:
Dem Promotionsstudium und der Promotion durch die Hochschule geht regelmäßig ein abgeschlossenes Studium voran, sodass die erstmalige Berufsausbildung grundsätzlich bereits abgeschlossen ist. Wird die Vorbereitung auf die Promotion jedoch in einem engen zeitlichen Zusammenhang mit dem Erststudium durchgeführt, ist sie noch Teil der erstmaligen Ausbildung (siehe Rz. 12 b).

2.5. Abgrenzung des Tatbestandsmerkmals „Berufsausbildung" zum Tatbestandsmerkmal „für einen Beruf ausgebildet werden"

21 Die eng gefasste Auslegung des Tatbestandsmerkmals „Berufsausbildung" in § 32 Abs. 4 Satz 2 EStG im Sinne eines öffentlich-rechtlich geordneten Ausbildungsganges führt nicht zu einer Einschränkung des Berücksichtigungstatbestandes des § 32 Abs. 4 Satz 1 Nr. 2 Buchst. a EStG. Bei der Auslegung des Tatbestandsmerkmals „für einen Beruf ausgebildet werden" ist weiterhin das BFH-Urteil vom 9. Juni 1999 (BStBl. II S. 701) anzuwenden. Hiernach wird für einen Beruf ausgebildet, wer sein Berufsziel noch nicht erreicht hat, sich aber ernstlich darauf vorbereitet. Der Vorbereitung auf ein Berufsziel dienen alle Maßnahmen, bei denen es sich um den Erwerb von Kenntnissen, Fähigkeiten und Erfahrungen handelt, die als Grundlagen für die Ausübung des angestrebten Berufs geeignet sind, und zwar unabhängig davon, ob die Ausbildungsmaßnahmen in einer Ausbildungsordnung oder Studienordnung vorgeschrieben sind. Der Besuch beispielsweise einer allgemein bildenden Schule führt demnach regelmäßig zu einer Berücksichtigung nach § 32 Abs. 4 Satz 1 Nr. 2 Buchst. a EStG, der Erwerb eines Schulabschlusses jedoch nicht zum „Verbrauch" der erstmaligen Berufsausbildung nach § 32 Abs. 4 Satz 2 EStG. Gleiches gilt für ein Volontariat (vgl. BFH vom 9. Juni 1999, BStBl. II S. 706) oder ein freiwilliges Berufspraktikum (vgl. BFH vom 9. Juni 1999, BStBl. II S. 713).

Anl b zu LStH 32

22 Der Abschluss einer erstmaligen Berufsausbildung oder eines Erststudiums führt dazu, dass ein volljähriges Kind danach nur berücksichtigt wird, wenn es keiner Erwerbstätigkeit i. S. d. § 32 Abs. 4 Satz 2 und 3 EStG nachgeht. Dies gilt auch, wenn die erstmalige Berufsausbildung vor Vollendung des 18. Lebensjahres abgeschlossen worden ist. Zu einzelnen Maßnahmen einer mehraktigen Ausbildung siehe Rz. 12 b.

3. Erwerbstätigkeit

23 23 Unter dem Begriff „Erwerbstätigkeit" ist nicht nur eine nichtselbständige Tätigkeit zu verstehen. Ein Kind ist vielmehr erwerbstätig, wenn es einer auf die Erzielung von Einkünften gerichteten Beschäftigung nachgeht, die den Einsatz seiner persönlichen Arbeitskraft erfordert (BFH vom 16. Mai 1975, BStBl. II S. 537). Hieraus folgt, dass der Begriff „Erwerbstätigkeit" auch durch eine land- und forstwirtschaftliche, eine gewerbliche und eine selbständige Tätigkeit erfüllt werden kann. Die Verwaltung eigenen Vermögens ist demgegenüber keine Erwerbstätigkeit.

24 Unschädlich ist eine Erwerbstätigkeit, wenn die regelmäßige wöchentliche Arbeitszeit insgesamt nicht mehr als 20 Stunden beträgt. Hierbei ist von der individuell vertraglich vereinbarten Arbeitszeit auszugehen. Eine vorübergehende (höchstens 2 Monate andauernde) Ausweitung der Beschäftigung auf mehr als 20 Stunden ist unbeachtlich, wenn während des Zeitraumes innerhalb eines Kalenderjahres, in dem einer der Grundtatbestände des § 32 Abs. 4 Satz 1 Nr. 2 EStG erfüllt ist, die durchschnittliche wöchentliche Arbeitszeit nicht mehr als 20 Stunden beträgt.

Beispiel:

Ein Kind schließt nach dem Abitur eine Lehre als Koch ab und studiert ab Oktober 2014 Medizin. Gemäß vertraglicher Vereinbarung ist das Kind ab dem 1. April 2015 mit einer wöchentlichen Arbeitszeit von 20 Stunden als Bürokraft beschäftigt. In den Semesterferien arbeitet das Kind – auf Grund einer zusätzlichen vertraglichen Vereinbarung – vom 1. August bis zur Kündigung am 30. September 2015 in Vollzeit mit 40 Stunden wöchentlich. Ab dem 1. November 2015 ist das Kind gemäß vertraglicher Vereinbarung mit einer wöchentlichen Arbeitszeit von 15 Stunden als Verkaufsaushilfe tätig. Somit ergeben sich folgende Arbeitszeiten pro voller Woche:
vom 1. April bis 31. Juli 2015 (17 Wochen): 20 Stunden pro Woche
vom 1. August bis 30. September 2015 (8 Wochen): 40 Stunden pro Woche (= Ausweitung der Beschäftigung)
vom 1. November bis 31. Dezember 2015 (8 Wochen): 15 Stunden pro Woche
Die durchschnittliche wöchentliche Arbeitszeit beträgt 15 Stunden; Berechnung:

$$\frac{(17 \text{ Wochen} \times 20 \text{ Std.}) + (8 \text{ Wochen} \times 40 \text{ Std.}) + (8 \text{ Wochen} \times 15 \text{ Std.})}{52 \text{ Wochen}} = 15 \text{ Std.}$$

Das Kind ist auf Grund des Studiums das gesamte Jahr 2015 nach § 32 Abs. 4 Satz 1 Nr. 2 Buchst. a EStG zu berücksichtigen. Das Studium wird jedoch nach Abschluss einer erstmaligen Berufsausbildung durchgeführt, sodass das Kind nach § 32 Abs. 4 Satz 2 und 3 EStG nur berücksichtigt werden kann, wenn die ausgeübte Erwerbstätigkeit unschädlich ist. Da die Ausweitung der Beschäftigung des Kindes lediglich vorübergehend ist und gleichzeitig während des Vorliegens des Grundtatbestandes nach § 32 Abs. 4 Satz 1 Nr. 2 EStG die durchschnittliche wöchentliche Arbeitszeit 20 Stunden nicht übersteigt, ist die Erwerbstätigkeit unschädlich. Das Kind ist während des gesamten Kalenderjahres zu berücksichtigen.

Variante:

Würde das Kind während der Semesterferien dagegen vom 1. Juli bis 30. September 2015 (= mehr als zwei Monate) vollzeiterwerbstätig sein, wäre die Ausweitung der Erwerbstätigkeit nicht nur vorübergehend und damit diese Erwerbstätigkeit als schädlich einzustufen. Dies gilt unabhängig davon, dass auch hier die durchschnittliche wöchentliche Arbeitszeit 20 Stunden nicht überschritten werden würde. Das Kind könnte demnach für die Monate Juli, August und September 2015 nicht berücksichtigt werden.

25 Ein Ausbildungsdienstverhältnis ist unschädlich. Es liegt vor, wenn die Ausbildungsmaßnahme Gegenstand des Dienstverhältnisses ist (vgl. R 9.2 LStR 2015 und H 9.2 „Ausbildungsdienstverhältnis" LStH 2015; BFH vom 23. Juni 2015, BStBl. 2016 II S. 55). Zu den Ausbildungsdienstverhältnissen zählen z. B. die Berufsausbildungsverhältnisse gemäß § 1 Abs. 3, §§ 4 bis 52 BBiG. Dementsprechend liegt kein Ausbildungsdienstverhältnis vor, wenn die Berufsausbildung oder das Studium nicht Gegenstand des Dienstverhältnisses ist, auch wenn die Berufsbildungsmaßnahme oder das Studium seitens des Arbeitgebers durch Hingabe von Mitteln, z. B. eines Stipendiums, gefördert wird. Eine neben einem Ausbildungsdienstverhältnis ausgeübte geringfügige Beschäftigung (Rz. 26) ist hingegen unschädlich.

26 Eine geringfügige Beschäftigung im Sinne der §§ 8 und 8 a SGB IV ist ebenfalls unschädlich. Bei der Beurteilung, ob ein geringfügiges Beschäftigungsverhältnis vorliegt, ist aus Vereinfachungsgründen die Einstufung des Arbeitgebers maßgeblich. Hierzu kann eine Bescheinigung des Arbeitgebers oder ein anderer Nachweis vorgelegt werden.

27 Eine geringfügige Beschäftigung kann neben einer Erwerbstätigkeit im Sinne der Rz. 24 nur ausgeübt werden, wenn dadurch insgesamt die 20-Stunden-Grenze nicht überschritten wird.

4. Monatsprinzip

24 28 Bei der Prüfung, ob die Voraussetzungen des § 32 Abs. 4 Satz 1 bis 3 EStG vorliegen, ist auf den Kalendermonat abzustellen. Es genügt, wenn in dem jeweiligen Monat an einem Tag die Anspruchsvoraussetzungen vorliegen.

Beispiel:

Ein Kind schließt nach dem Abitur zunächst eine Berufsausbildung mit der Gesellenprüfung als Elektroniker ab und studiert ab dem Jahr 2014 Soziologie. Ab dem 20. Juli 2016 nimmt es unbefristet eine Teilzeitbeschäftigung mit 30 Stunden pro Woche auf.
Auf Grund des Studiums ist das Kind nach § 32 Abs. 4 Satz 1 Nr. 2 Buchst. a EStG zu berücksichtigen. Das Studium wird jedoch nach Abschluss einer erstmaligen Berufsausbildung durchgeführt, sodass das Kind nach § 32 Abs. 4 Satz 2 EStG nur berücksichtigt werden kann, wenn es keiner Erwerbstätigkeit nachgeht. Die Erwerbstätigkeit des Kindes ist gemäß § 32 Abs. 4 Satz 3 EStG zwar grundsätzlich als schädlich einzustufen. Das Kind kann aber für jeden Kalender-

monat berücksichtigt werden, in dem wenigstens an einem Tage die Anspruchsvoraussetzungen – hier „keiner Erwerbstätigkeit nachgeht" – vorgelegen haben, somit für die Monate Januar bis Juli 2016. Für die Monate August bis Dezember 2016 kann das Kind nicht berücksichtigt werden. Anl b zu LStH 32

29 Werden die Grenzen für eine geringfügige Beschäftigung im Sinne der Rz. 26 und 27 während eines Monats überschritten und ist hierdurch die 20-Stunden-Grenze überschritten, kann das Kind ab dem auf das Überschreiten folgenden Monat nicht mehr berücksichtigt werden. Dies gilt, solange die Grenzen überschritten werden bzw. die entsprechende Beschäftigung ausgeübt wird.

5. Behinderte Kinder (§ 32 Abs. 4 Satz 1 Nr. 3 EStG)

30 Ein Kind ist zu berücksichtigen, wenn es wegen körperlicher, geistiger oder seelischer Behinderung außerstande ist, sich selbst zu unterhalten, d. h. wenn es mit den ihm zur Verfügung stehenden finanziellen Mitteln seinen gesamten notwendigen Lebensbedarf nicht bestreiten kann. Dieser notwendige Lebensbedarf setzt sich typischerweise aus dem allgemeinen Lebensbedarf (Grundbedarf) und dem individuellen behinderungsbedingten Mehrbedarf zusammen. Als Grundbedarf ist bei der Prüfung der Voraussetzungen der Grundfreibetrag nach § 32 a Abs. 1 Satz 2 Nr. 1 EStG anzusetzen. Die kindeseigenen finanziellen Mittel setzen sich aus dem verfügbaren Nettoeinkommen (siehe Rz. 31) und den Leistungen Dritter zusammen. **25**

31 Bei der Ermittlung des verfügbaren Nettoeinkommens sind alle steuerpflichtigen Einkünfte i. S. d. § 2 Abs. 1 EStG (Gewinneinkünfte im Sinne der §§ 13 bis 18 EStG, Überschusseinkünfte im Sinne der §§ 19 bis 23 EStG – auch unter Berücksichtigung privater Veräußerungsgeschäfte), alle steuerfreien Einnahmen (z. B. Leistungen nach dem SGB III und BEEG) sowie etwaige Steuererstattungen (Einkommensteuer, Kirchensteuer, Solidaritätszuschlag) zu berücksichtigen. Abzuziehen sind tatsächlich gezahlte Steuern (Steuervorauszahlungen und -nachzahlungen, Steuerabzugsbeträge) sowie die unvermeidbaren Vorsorgeaufwendungen (Beiträge zu einer Basiskranken- und Pflegepflichtversicherung, gesetzliche Sozialabgaben bei Arbeitnehmern). Von den steuerfreien Einnahmen ist – maximal bis zur Höhe der steuerfreien Einnahmen – eine Kostenpauschale von insgesamt 180 Euro im Kalenderjahr abzuziehen, wenn nicht höhere Aufwendungen im Zusammenhang mit den steuerfreien Einnahmen nachgewiesen oder glaubhaft gemacht werden (z. B. Kosten eines Rechtsstreits zur Erlangung der steuerfreien Einnahmen).

6. Anwendungszeitraum

32 Dieses Schreiben ersetzt das BMF-Schreiben vom 7. Dezember 2011 (BStBl. I S. 1243)[1] und ist ab dem Veranlagungszeitraum 2012 anzuwenden. Die Randziffern 12 a bis 12 d sowie 13 bis 20 a und 25 sind ab dem Veranlagungszeitraum 2015 und im Übrigen auf alle offenen Fälle anzuwenden. **26**

c) Schreiben betr. Übertragung der Freibeträge für Kinder; BMF-Schreiben zu § 32 Abs. 6 Satz 6 bis 11 EStG

Anl c zu LStH 32

Vom 28. Juni 2013 (BStBl. I S. 845)[2]

(BMF IV C 4 – S 2282-a/10/10002; DOK 2013/0518616)

Durch das Steuervereinfachungsgesetz 2011 vom 1. November 2011 (BGBl. I S. 2131)[3] sind die Voraussetzungen für die Übertragung der Freibeträge für Kinder (§ 32 Abs. 6 Satz 6 bis 11 EStG) sowie des Behinderten-Pauschbetrags (§ 33 b Abs. 5 Satz 2 EStG) mit Wirkung ab dem Veranlagungszeitraum 2012 geändert worden. Nach dem Ergebnis der Erörterungen mit den obersten Finanzbehörden der Länder gelten hierzu die nachfolgenden Ausführungen:

I. Übertragung des Kinderfreibetrags des anderen Elternteils (§ 32 Abs. 6 Satz 6 und 7 EStG)

1 Bei nicht verheirateten, geschiedenen oder dauernd getrennt lebenden unbeschränkt einkommensteuerpflichtigen Eltern wird auf Antrag eines Elternteils der Kinderfreibetrag des anderen Elternteils auf ihn übertragen, wenn er, nicht aber der andere Elternteil, seiner Unterhaltspflicht gegenüber dem Kind für das Kalenderjahr im Wesentlichen nachkommt (Rz. 2) oder der andere Elternteil mangels Leistungsfähigkeit nicht unterhaltspflichtig ist (Rz. 3). **30**

2 Ein Elternteil kommt seiner Barunterhaltsverpflichtung gegenüber dem Kind dann im Wesentlichen nach, wenn er sie mindestens zu 75% erfüllt. Der Elternteil, in dessen Obhut sich ein minderjähriges Kind befindet, erfüllt seine Unterhaltsverpflichtung in der Regel durch die Pflege und Erziehung des Kindes (§ 1606 Abs. 3 Satz 2 BGB).

3 Eine Unterhaltspflicht besteht für den anderen Elternteil dann nicht, wenn er mangels ausreichender eigener Mittel nicht leistungsfähig ist (§ 1603 Abs. 1 BGB). Freiwillige Leistungen des nicht leistungsfähigen Elternteils können die Übertragung nicht verhindern.

4 Eine Übertragung scheidet für solche Kalendermonate aus, für die Unterhaltsleistungen nach dem Unterhaltsvorschussgesetz gezahlt werden. Auf die Höhe der Unterhaltsleistungen kommt es nicht an. Nachzahlungen sind auf die Kalendermonate zu verteilen, für die sie bestimmt sind.

5 Die Übertragung des Kinderfreibetrags führt stets auch zur Übertragung des Freibetrags für den Betreuungs- und Erziehungs- oder Ausbildungsbedarf.

[1] Abgedruckt im *„Handbuch zur Lohnsteuer 2015"* als Anlage b zu LStH 32.
[2] Zum Abzug der Freibeträge für Kinder in Lebenspartnerschaften (§ 2 Abs. 8 EStG) siehe *BMF-Schreiben vom 17. 1. 2014 (BStBl. I S. 109),* abgedruckt als Anlage d zu LStH 32.
[3] **[Amtl. Anm.:]** BStBl. I S. 986.

Anl c zu LStH 32

II. Übertragung des Freibetrags für den Betreuungs- und Erziehungs- oder Ausbildungsbedarf (§ 32 Abs. 6 Satz 8 und 9 EStG)

31 **6** Bei minderjährigen Kindern von nicht verheirateten, geschiedenen oder dauernd getrennt lebenden unbeschränkt einkommensteuerpflichtigen Eltern wird auf Antrag des Elternteils, bei dem das Kind gemeldet ist, der Freibetrag für den Betreuungs- und Erziehungs- oder Ausbildungsbedarf des anderen Elternteils auf ihn übertragen, wenn das minderjährige Kind bei dem anderen Elternteil nicht gemeldet ist.

7 Der Elternteil, bei dem das Kind nicht gemeldet ist, kann der Übertragung widersprechen, wenn er Kinderbetreuungskosten (Rz. 8) trägt oder wenn er das Kind regelmäßig in einem nicht unwesentlichen Umfang (Rz. 9) betreut.

8 Als Kinderbetreuungskosten gelten nicht nur Aufwendungen für Dienstleistungen im Sinne des § 10 Abs. 1 Nr. 5 EStG, sondern alle Aufwendungen für die Betreuung, Erziehung oder Ausbildung des Kindes bis zur Vollendung seines 18. Lebensjahres. Hierzu zählen beispielsweise Aufwendungen für die regelmäßige Unterbringung an Wochenenden.

9 Maßgebend für eine regelmäßige Betreuung in einem nicht unwesentlichen Umfang ist ein nicht nur gelegentlicher Umgang mit dem Kind, der erkennen lässt, dass der Elternteil die Betreuung mit einer gewissen Nachhaltigkeit wahrnimmt, d. h. fortdauernd und immer wieder in Kontakt zum Kind steht. Bei lediglich kurzzeitigem, anlassbezogenem Kontakt, beispielsweise zum Geburtstag, zu Weihnachten und zu Ostern, liegt eine Betreuung in unwesentlichem Umfang vor. Von einem nicht unwesentlichen Umfang der Betreuung eines Kindes ist typischerweise auszugehen, wenn eine gerichtliche oder außergerichtliche Vereinbarung über einen regelmäßigen Umgang an Wochenenden und in den Ferien vorgelegt wird.

10 Widerspricht der andere Elternteil der Übertragung des Freibetrags, so hat das Finanzamt zu prüfen, ob dieser Einrede für das weitere Verfahren Bedeutung zukommt. Die Entscheidung hierüber wird nicht in einem eigenen Verwaltungsakt getroffen, sondern im jeweiligen Einkommensteuerbescheid.

11 Es ist ausreichend, wenn der Steuerpflichtige der Übertragung durch Einspruch gegen seinen eigenen Steuerbescheid mit dem Ziel widerspricht, dass bei ihm der Freibetrag neu oder wieder angesetzt wird. Ist diese widersprechende Einrede sachlich gerechtfertigt, so ist der Steuerbescheid desjenigen Elternteils, auf dessen Antrag zunächst der Freibetrag übertragen wurde, nach § 175 Abs. 1 Satz 1 Nr. 2 AO zu ändern.

III. Übertragung der Freibeträge für Kinder auf einen Stief- oder Großelternteil (§ 32 Abs. 6 Satz 10 und 11 EStG)

32 **12** Die den Eltern zustehenden Freibeträge für Kinder können auf Antrag auf einen Großelternteil übertragen werden, wenn dieser das Kind in seinen Haushalt aufgenommen hat oder einer Unterhaltspflicht gegenüber dem Kind unterliegt. Auf einen Stiefelternteil können diese Freibeträge auf Antrag übertragen werden, wenn dieser das Kind in seinen Haushalt aufgenommen hat. Da ein Stiefelternteil keiner gesetzlichen Unterhaltspflicht gegenüber seinem Stiefkind unterliegt, kommt eine Übertragung aus diesem Grund nicht in Betracht.

13 Eine Übertragung auf einen Großelternteil, der das Kind nicht in seinen Haushalt aufgenommen hat, ist nur möglich, wenn dieser einer konkreten Unterhaltsverpflichtung unterliegt. Dies ist insbesondere dann der Fall, wenn die Eltern des Kindes nicht leistungsfähig sind.

14 Die Tatsache, dass der die Übertragung beantragende Großelternteil die Unterhaltsverpflichtung gegenüber seinem Enkelkind erfüllt, ist in geeigneter Weise – zum Beispiel durch Vorlage von Zahlungsbelegen – nachzuweisen. Bei einer Haushaltsaufnahme erübrigt sich der Nachweis.

IV. Aufteilung des Behinderten-Pauschbetrags eines Kindes bei der Übertragung auf die Eltern (§ 33 b Abs. 5 Satz 2 EStG)

33 **15** Steht der Behinderten-Pauschbetrag oder der Hinterbliebenen-Pauschbetrag einem Kind zu, für das der Steuerpflichtige einen Anspruch auf einen Freibetrag nach § 32 Abs. 6 EStG oder auf Kindergeld hat, wird der Pauschbetrag auf Antrag auf den Steuerpflichtigen übertragen, wenn ihn das Kind nicht in Anspruch nimmt. Der Pauschbetrag wird auf die Elternteile je zur Hälfte aufgeteilt, es sei denn, der Kinderfreibetrag wurde auf den anderen Elternteil übertragen.

16 Bei einer Übertragung des Kinderfreibetrags ist stets der volle Behinderten-Pauschbetrag oder der volle Hinterbliebenen-Pauschbetrag zu übertragen. Eine Übertragung des vollen Pauschbetrags erfolgt auch dann, wenn der Kinderfreibetrag nur für einen Teil des Kalenderjahres übertragen wird.

V. Anwendungszeitraum

34 **17** Dieses Schreiben ist ab dem Veranlagungszeitraum 2012 anzuwenden.

Anl d zu LStH 32

d) Schreiben betr. Familienleistungsausgleich; Lebenspartner und Freibeträge für Kinder

Vom 17. Januar 2014 (BStBl. I S. 109)

(BMF IV C 4 – S 2282-a/0 :004; DOK 2014/0036473)

38 Nach § 2 Abs. 8 EStG sind die einkommensteuerrechtlichen Vorschriften zu Ehegatten und Ehen auch auf Lebenspartner und Lebenspartnerschaften anzuwenden. Nach dem Ergebnis der Erörterungen mit den obersten Finanzbehörden der Länder gilt für den Abzug der Freibeträge für Kinder in Lebenspartnerschaften Folgendes:

Anl d zu LStH 32

I. Leibliches Kind eines Lebenspartners, das vom anderen Lebenspartner adoptiert worden ist (Stiefkindadoption)

Hat ein Lebenspartner das leibliche Kind seines Lebenspartners adoptiert, besteht zu beiden Lebenspartnern ein Kindschaftsverhältnis. Demzufolge erhalten beide Lebenspartner jeweils die Freibeträge für Kinder; im Fall der Zusammenveranlagung haben die Lebenspartner einen Anspruch auf die verdoppelten Freibeträge (§ 32 Absatz 6 Satz 2 EStG).

II. Kind ohne leibliches Verwandtschaftsverhältnis zu beiden Lebenspartnern, das von einem Lebenspartner adoptiert worden ist

Hat ein Lebenspartner ein fremdes Kind adoptiert, besteht ein Kindschaftsverhältnis nur zu diesem Lebenspartner (Adoptiv-Elternteil). In diesem Fall erhält dieser Lebenspartner sowohl bei Einzel- als auch bei Zusammenveranlagung die verdoppelten Freibeträge für Kinder (§ 32 Absatz 6 Satz 3 Nummer 2 EStG).

III. Leibliches Kind eines Lebenspartners, das nicht vom anderen Lebenspartner adoptiert worden ist

Ist ein Lebenspartner leiblicher Elternteil eines Kindes, das sein Lebenspartner nicht adoptiert hat, besteht ein Kindschaftsverhältnis nur zum leiblichen Elternteil. Dieser Elternteil erhält als leiblicher Elternteil in folgenden Fällen ebenfalls die verdoppelten Freibeträge für Kinder:

– Der andere Elternteil des Kindes ist verstorben oder nicht unbeschränkt einkommensteuerpflichtig.
– Der Wohnsitz des anderen Elternteils ist nicht ermittelbar.
– Der Vater des Kindes ist amtlich nicht feststellbar; das ist auch dann der Fall, wenn unter Nutzung fortpflanzungsmedizinischer Verfahren der biologische Vater anonym bleibt.

Besteht eine Unterhaltspflicht eines anderen Elternteils, beispielsweise wenn eine Vaterschaft anerkannt oder gerichtlich festgestellt wurde, erfolgt keine Verdoppelung der Freibeträge bei den Lebenspartnern.

Bei einer bestehenden Unterhaltspflicht kann der Kinderfreibetrag nur dann vom anderen Elternteil auf den in einer Lebenspartnerschaft lebenden leiblichen Elternteil übertragen werden, wenn dieser, nicht aber der andere Elternteil seiner Unterhaltsverpflichtung im Wesentlichen nachgekommen ist oder wenn der andere Elternteil mangels Leistungsfähigkeit nicht unterhaltspflichtig ist (§ 32 Absatz 6 Satz 6 EStG).

IV. Übertragung der Freibeträge für Kinder auf einen Stiefelternteil

Auf Antrag können die Freibeträge für Kinder auf einen Stiefelternteil übertragen werden, wenn dieser das Kind in seinen Haushalt aufgenommen hat (§ 32 Absatz 6 Satz 10 EStG). Das gilt auch für Lebenspartner eines Elternteils.

V. Anwendung

Dieses Schreiben ergänzt das Schreiben vom 28. Juni 2013 (BStBl. I S. 845)[1] und ist in allen Fällen anzuwenden, in denen die Einkommensteuer noch nicht bestandskräftig festgesetzt ist.

---

[1] Vorstehend abgedruckt als Anlage c zu LStH 32.

EStG

§ 32a[1] Einkommensteuertarif

1 (1) ① **Die tarifliche Einkommensteuer bemisst sich nach dem auf volle Euro abgerundeten zu versteuernden Einkommen.** ② **Sie beträgt ab dem Veranlagungszeitraum 2025 vorbehaltlich der §§ 32 b, 32 d, 34, 34 a, 34 b und 34 c jeweils in Euro für zu versteuernde Einkommen**

1. bis 12 096 Euro (Grundfreibetrag):
0;

2. von 12 097 Euro bis 17 443 Euro:
(932,30 · y + 1 400) · y;

3. von 17 444 Euro bis 68 480 Euro:
(176,64 · z + 2 397) · z + 1 015,13;

4. von 68 481 Euro bis 277 825 Euro:
0,42 · x – 10 911,92;

5. von 277 826 Euro an:
0,45 · x – 19 246,67.

③ **Die Größe „y" ist ein Zehntausendstel des den Grundfreibetrag übersteigenden Teils des auf einen vollen Euro-Betrag abgerundeten zu versteuernden Einkommens.** ④ **Die Größe „z" ist ein Zehntausendstel des 17 443 Euro übersteigenden Teils des auf einen vollen Euro-Betrag abgerundeten zu versteuernden Einkommens.** ⑤ **Die Größe „x" ist das auf einen vollen Euro-Betrag abgerundete zu versteuernde Einkommen.** ⑥ **Der sich ergebende Steuerbetrag ist auf den nächsten vollen Euro-Betrag abzurunden.**

(2) **bis** (4) *(weggefallen)*

4 (5) **Bei Ehegatten, die nach den §§ 26, 26 b zusammen zur Einkommensteuer veranlagt werden, beträgt die tarifliche Einkommensteuer vorbehaltlich der §§ 32 b, 32 d, 34, 34 a, 34 b und 34 c das Zweifache des Steuerbetrags, der sich für die Hälfte ihres gemeinsam zu versteuernden Einkommens nach Absatz 1 ergibt (Splitting-Verfahren).**

5 (6) ① **Das Verfahren nach Absatz 5 ist auch anzuwenden zur Berechnung der tariflichen Einkommensteuer für das zu versteuernde Einkommen**

1. bei einem verwitweten Steuerpflichtigen für den Veranlagungszeitraum, der dem Kalenderjahr folgt, in dem der Ehegatte verstorben ist, wenn der Steuerpflichtige und sein verstorbener Ehegatte im Zeitpunkt seines Todes die Voraussetzungen des § 26 Absatz 1 Satz 1 erfüllt haben,

2. bei einem Steuerpflichtigen, dessen Ehe in dem Kalenderjahr, in dem er sein Einkommen bezogen hat, aufgelöst worden ist, wenn in diesem Kalenderjahr

a) der Steuerpflichtige und sein bisheriger Ehegatte die Voraussetzungen des § 26 Absatz 1 Satz 1 erfüllt haben,

b) der bisherige Ehegatte wieder geheiratet hat und

c) der bisherige Ehegatte und dessen neuer Ehegatte ebenfalls die Voraussetzungen des § 26 Absatz 1 Satz 1 erfüllen.

② **Voraussetzung für die Anwendung des Satzes 1 ist, dass der Steuerpflichtige nicht nach den §§ 26, 26 a einzeln zur Einkommensteuer veranlagt wird.**

---

[1] § 32 a Abs. 1 neu gef. **mWv VZ 2026** durch G v. 23. 12. 2024 (BGBl. I Nr. 449); siehe *Geschlossene Wiedergabe.*

EStG

§ 32b Progressionsvorbehalt

(1)[1] ① **Hat ein zeitweise oder während des gesamten Veranlagungszeitraums unbeschränkt Steuerpflichtiger oder ein beschränkt Steuerpflichtiger, auf den § 50 Absatz 2 Satz 2 Nummer 4 Anwendung findet,** 1

1. a) Arbeitslosengeld, Teilarbeitslosengeld, Zuschüsse zum Arbeitsentgelt, Kurzarbeitergeld, Insolvenzgeld, Übergangsgeld, Qualifizierungsgeld nach dem Dritten Buch Sozialgesetzbuch; Insolvenzgeld, das nach § 170 Absatz 1 des Dritten Buches Sozialgesetzbuch einem Dritten zusteht, ist dem Arbeitnehmer zuzurechnen,

b) Krankengeld, Mutterschaftsgeld, Verletztengeld, Übergangsgeld oder vergleichbare Lohnersatzleistungen nach dem Fünften, Sechsten oder Siebten Buch Sozialgesetzbuch, der Reichsversicherungsordnung, dem Gesetz über die Krankenversicherung der Landwirte oder dem Zweiten Gesetz über die Krankenversicherung der Landwirte,

c) Mutterschaftsgeld, Zuschuss zum Mutterschaftsgeld, die Sonderunterstützung nach dem Mutterschutzgesetz sowie den Zuschuss bei Beschäftigungsverboten für die Zeit vor oder nach einer Entbindung sowie für den Entbindungstag während einer Elternzeit nach beamtenrechtlichen Vorschriften,

d) Arbeitslosenbeihilfe nach dem Soldatenversorgungsgesetz,

e) Entschädigungen für Verdienstausfall nach dem Infektionsschutzgesetz vom 20. Juli 2000 (BGBl. I S. 1045),

f) Krankengeld der Sozialen Entschädigung, Übergangsgeld nach dem Vierzehnten Buch Sozialgesetzbuch, Krankengeld der Soldatenentschädigung oder Übergangsgeld nach dem Soldatenentschädigungsgesetz,

g) nach § 3 Nummer 28 steuerfreie Aufstockungsbeträge oder Zuschläge sowie nach § 3 Nummer 28 a steuerfreie Zuschüsse,

h) Leistungen an Arbeitnehmerinnen und Arbeitnehmer nach § 5 des Unterhaltssicherungsgesetzes,

i) nach § 3 Nummer 60 steuerfreie Anpassungsgelder,

j) Elterngeld nach dem Bundeselterngeld- und Elternzeitgesetz,

k) nach § 3 Nummer 2 Buchstabe e steuerfreie Leistungen, wenn vergleichbare Leistungen inländischer öffentlicher Kassen nach den Buchstaben a bis j dem Progressionsvorbehalt unterfallen, oder

2. ausländische Einkünfte, die im Veranlagungszeitraum nicht der deutschen Einkommensteuer unterlegen haben; dies gilt nur für Fälle der zeitweisen unbeschränkten Steuerpflicht einschließlich der in § 2 Absatz 7 Satz 3 geregelten Fälle; ausgenommen sind Einkünfte, die nach einem sonstigen zwischenstaatlichen Übereinkommen im Sinne der Nummer 4 steuerfrei sind und die nach diesem Übereinkommen nicht unter dem Vorbehalt der Einbeziehung bei der Berechnung der Einkommensteuer stehen,

3. Einkünfte, die nach einem Abkommen zur Vermeidung der Doppelbesteuerung steuerfrei sind,

4. Einkünfte, die nach einem sonstigen zwischenstaatlichen Übereinkommen unter dem Vorbehalt der Einbeziehung bei der Berechnung der Einkommensteuer steuerfrei sind,

5. Einkünfte, die bei Anwendung von § 1 Absatz 3 oder § 1 a oder § 50 Absatz 2 Satz 2 Nummer 4 im Veranlagungszeitraum bei der Ermittlung des zu versteuernden Einkommens unberücksichtigt bleiben, weil sie nicht der deutschen Einkommensteuer oder einem Steuerabzug unterliegen; ausgenommen sind Einkünfte, die nach einem sonstigen zwischenstaatlichen Übereinkommen im Sinne der Nummer 4 steuerfrei sind und die nach diesem Übereinkommen nicht unter dem Vorbehalt der Einbeziehung bei der Berechnung der Einkommensteuer stehen,

bezogen, so ist auf das nach § 32 a Absatz 1 zu versteuernde Einkommen ein besonderer Steuersatz anzuwenden. ② **Satz 1 Nummer 3 gilt nicht für Einkünfte**

1. aus einer anderen als in einem Drittstaat belegenen land- und forstwirtschaftlichen Betriebsstätte,

2. aus einer anderen als in einem Drittstaat belegenen gewerblichen Betriebsstätte, die nicht die Voraussetzungen des § 2 a Absatz 2 Satz 1 erfüllt,

3. aus der Vermietung oder der Verpachtung von unbeweglichem Vermögen oder von Sachinbegriffen, wenn diese in einem anderen Staat als in einem Drittstaat belegen sind, oder

[1] Zur Anwendung von § 32 b Abs. 1 Satz 3 in allen noch offenen Fällen siehe § 52 Abs. 33 Satz 2.

EStG

4. aus der entgeltlichen Überlassung von Schiffen, sofern diese ausschließlich oder fast ausschließlich in einem anderen als einem Drittstaat eingesetzt worden sind, es sei denn, es handelt sich um Handelsschiffe, die
a) von einem Vercharterer ausgerüstet überlassen oder
b) an in einem anderen als in einem Drittstaat ansässige Ausrüster, die die Voraussetzungen des § 510 Absatz 1 des Handelsgesetzbuchs erfüllen, überlassen oder
c) insgesamt nur vorübergehend an in einem Drittstaat ansässige Ausrüster, die die Voraussetzungen des § 510 Absatz 1 des Handelsgesetzbuchs erfüllen, überlassen worden sind, oder

5. aus dem Ansatz des niedrigeren Teilwerts oder der Übertragung eines zu einem Betriebsvermögen gehörenden Wirtschaftsguts im Sinne der Nummern 3 und 4.
③ § 2a Absatz 2a und § 15b sind sinngemäß anzuwenden.

1a (1a) **Als unmittelbar von einem unbeschränkt Steuerpflichtigen bezogene ausländische Einkünfte im Sinne des Absatzes 1 Nummer 3 gelten auch die ausländischen Einkünfte, die eine Organgesellschaft im Sinne des § 14 oder des § 17 des Körperschaftsteuergesetzes bezogen hat und die nach einem Abkommen zur Vermeidung der Doppelbesteuerung steuerfrei sind, in dem Verhältnis, in dem dem unbeschränkt Steuerpflichtigen das Einkommen der Organgesellschaft bezogen auf das gesamte Einkommen der Organgesellschaft im Veranlagungszeitraum zugerechnet wird.**

2 (2) **Der besondere Steuersatz nach Absatz 1 ist der Steuersatz, der sich ergibt, wenn bei der Berechnung der Einkommensteuer das nach § 32a Absatz 1 zu versteuernde Einkommen vermehrt oder vermindert wird um**
1. im Fall des Absatzes 1 Nummer 1 die Summe der Leistungen nach Abzug des Arbeitnehmer-Pauschbetrags (§ 9a Satz 1 Nummer 1), soweit er nicht bei der Ermittlung der Einkünfte aus nichtselbständiger Arbeit abziehbar ist;
2. im Fall des Absatzes 1 Nummer 2 bis 5 die dort bezeichneten Einkünfte, wobei die darin enthaltenen außerordentlichen Einkünfte mit einem Fünftel zu berücksichtigen sind. ② Bei der Ermittlung der Einkünfte im Fall des Absatzes 1 Nummer 2 bis 5
a) ist der Arbeitnehmer-Pauschbetrag (§ 9a Satz 1 Nummer 1 Buchstabe a) abzuziehen, soweit er nicht bei der Ermittlung der Einkünfte aus nichtselbständiger Arbeit abziehbar ist;
b) sind Werbungskosten nur insoweit abzuziehen, als sie zusammen mit den bei der Ermittlung der Einkünfte aus nichtselbständiger Arbeit abziehbaren Werbungskosten den Arbeitnehmer-Pauschbetrag (§ 9a Satz 1 Nummer 1 Buchstabe a) übersteigen;
c)[1] sind bei Gewinnermittlung nach § 4 Absatz 3 die Anschaffungs- oder Herstellungskosten für Wirtschaftsgüter des Umlaufvermögens im Zeitpunkt des Zuflusses des Veräußerungserlöses oder bei Entnahme im Zeitpunkt der Entnahme als Betriebsausgaben zu berücksichtigen. ② § 4 Absatz 3 Satz 5 gilt entsprechend.

3 (3)[2] **① Nach Maßgabe des § 93c der Abgabenordnung haben die Träger der Sozialleistungen im Sinne des Absatzes 1 Satz 1 Nummer 1 für jeden Leistungsempfänger der für seine Besteuerung nach dem Einkommen zuständigen Finanzbehörde neben den nach § 93c Absatz 1 der Abgabenordnung erforderlichen Angaben die Daten über die im Kalenderjahr gewährten Leistungen sowie die Dauer des Leistungszeitraums zu übermitteln, soweit die Leistungen nicht in der Lohnsteuerbescheinigung anzugeben sind (§ 41b Absatz 1 Satz 2 Nummer 5); § 41b Absatz 2 und § 22a Absatz 2 gelten entsprechend. ② Die mitteilungspflichtige Stelle hat den Empfänger der Leistungen auf die steuerliche Behandlung dieser Leistungen und seine Steuererklärungspflicht hinzuweisen. ③ In den Fällen des § 170 Absatz 1 des Dritten Buches Sozialgesetzbuch gilt als Empfänger des an Dritte ausgezahlten Insolvenzgeldes der Arbeitnehmer, der seinen Arbeitsentgeltanspruch übertragen hat.**

4 (4) **① In den Fällen des Absatzes 3 ist für die Anwendung des § 72a Absatz 4 und des § 93c Absatz 4 Satz 1 der Abgabenordnung das Betriebsstättenfinanzamt des Trägers der jeweiligen Sozialleistungen zuständig. ② Sind für ihn mehrere Betriebsstättenfinanzämter zuständig oder hat er keine Betriebsstätte im Sinne des § 41 Absatz 2, so ist das Finanzamt zuständig, in dessen Bezirk sich seine Geschäftsleitung nach § 10 der Abgabenordnung im Inland befindet.**

5 (5) **Die nach Absatz 3 übermittelten Daten können durch das nach Absatz 4 zuständige Finanzamt bei den für die Besteuerung der Leistungsempfänger nach dem Einkommen zuständigen Finanzbehörden abgerufen und zur Anwendung des § 72a Absatz 4 und des § 93c Absatz 4 Satz 1 der Abgabenordnung verarbeitet werden.**

---

[1] Zur Anwendung von § 32b Abs. 2 Satz 1 Nr. 2 Satz 2 Buchst. c siehe § 52 Abs. 33.
[2] Zur Ermittlung der steuerlichen Identifikationsnummer für die elektronische Übermittlung von Daten über Lohnersatzleistungen → BMF vom 28. 12. 2023 (BStBl. I 2024 S. 163).

H 32b

LStH 32b

Progressionsvorbehalt → R 32b EStR, H 32b EStH. 6

– EStR/EStH abgedruckt in Anhang II –

Anl zu § 32b

Schreiben betr. Datenübermittlung der dem Progressionsvorbehalt unterliegenden Leistungen nach § 32b Abs. 3 EStG; rückwirkende Verrechnung zwischen Trägern der Sozialleistungen

Vom 16. Juli 2013 (BStBl. I S. 922)

(BMF IV C 5 – S 2295/12/10007 :001; DOK 2013/0679038)

Im Einvernehmen mit den obersten Finanzbehörden der Länder gilt im Hinblick auf die Meldung von dem Progressionsvorbehalt unterliegenden Leistungen nach § 32b Abs. 3 EStG in Fällen der rückwirkenden Verrechnung zwischen Trägern der Sozialleistungen Folgendes: 8

Hat ein Leistungsträger (LT 1) Sozialleistungen erbracht und ist der Anspruch auf diese wegen der rückwirkenden Zubilligung einer anderen Sozialleistung nachträglich ganz oder teilweise entfallen, ist der für die andere Leistung zuständige Leistungsträger (LT 2) grundsätzlich erstattungspflichtig (vgl. §§ 102ff. SGB X). Es erfolgt insoweit regelmäßig kein Rückgriff beim Leistungsempfänger, sondern LT 2 erstattet LT 1 die an den Leistungsempfänger gezahlten Beträge. In diesen Fällen ist die ursprünglich von LT 1 gezahlte Sozialleistung in Höhe dieses Erstattungsanspruchs als Sozialleistung des LT 2 zu qualifizieren. Die von LT 2 gewährte Sozialleistung gilt in dieser Höhe im Zeitpunkt der Zahlung der ursprünglichen Leistung als dem Leistungsempfänger zugeflossen (vgl. BFH-Urteil vom 10. Juli 2002 X R 46/01, BStBl. 2003 II S. 391).

LT 2 hat den Leistungsbetrag und LT 1 hat den Minderungsbetrag (Stornierungsbetrag) jeweils in seiner Mitteilung nach § 32b Abs. 3 Satz 1 EStG für das Jahr zu berücksichtigen, in dem die ursprüngliche Leistung dem Leistungsempfänger zugeflossen ist. Eine zuvor bereits übersandte Mitteilung ist nach amtlich vorgeschriebenem Datensatz durch amtlich bestimmte Datenfernübertragung zu korrigieren. Der Steuerpflichtige ist nach § 32b Abs. 3 Satz 2 EStG zu informieren.

Diese Regelungen gelten für die zur Meldung nach § 32b Abs. 3 EStG verpflichteten Sozialleistungsträger unabhängig davon, ob die andere Sozialleistung auch dem Progressionsvorbehalt unterliegt, die andere Leistung als steuerfreie Sozialleistung nicht dem Progressionsvorbehalt unterliegt oder die andere Sozialleistung als Rente zu besteuern ist (zur entsprechenden Rechtslage bei Renten: vgl. R 32b Abs. 4 EStR 2008; BMF-Schreiben vom 13. September 2010, BStBl. I S. 681, Rz. 229).[1]

Sofern einzelne Träger der Sozialleistungen diese Rechtslage bei bisher erfolgten elektronischen Meldungen nicht berücksichtigt haben und es ihnen aufgrund technischer Gegebenheiten nicht möglich sein sollte, die für zutreffende elektronische Meldungen erforderlichen Daten für die Jahre vor 2014 zu ermitteln, haben diese dem Steuerpflichtigen auf dessen Bitte hin, Papierbescheinigungen mit den zutreffenden Beträgen auszustellen oder ihm Unterlagen zur Verfügung zu stellen, die es ihm ermöglichen, die korrekten Beträge zu ermitteln. Spätestens für das Jahr 2014 haben die Träger der Sozialleistungen korrekte elektronische Meldungen oder Korrekturmeldungen zu übermitteln.

---

[1] Jetzt *BMF-Schreiben vom 19. 8. 2013 (BStBl. I S. 1087),* Rz. 192. Abgedruckt als Anlage zu LStH 19.8.

EStG

§ 33 Außergewöhnliche Belastungen

(1) **Erwachsen einem Steuerpflichtigen zwangsläufig größere Aufwendungen als der überwiegenden Mehrzahl der Steuerpflichtigen gleicher Einkommensverhältnisse, gleicher Vermögensverhältnisse und gleichen Familienstands (außergewöhnliche Belastung), so wird auf Antrag die Einkommensteuer dadurch ermäßigt, dass der Teil der Aufwendungen, der die dem Steuerpflichtigen zumutbare Belastung (Absatz 3) übersteigt, vom Gesamtbetrag der Einkünfte abgezogen wird.**

2 (2) ① **Aufwendungen erwachsen dem Steuerpflichtigen zwangsläufig, wenn er sich ihnen aus rechtlichen, tatsächlichen oder sittlichen Gründen nicht entziehen kann und soweit die Aufwendungen den Umständen nach notwendig sind und einen angemessenen Betrag nicht übersteigen.** ② **Aufwendungen, die zu den Betriebsausgaben, Werbungskosten oder Sonderausgaben gehören, bleiben dabei außer Betracht; das gilt für Aufwendungen im Sinne des § 10 Absatz 1 Nummer 7 und 9 nur insoweit, als sie als Sonderausgaben abgezogen werden können.** ③ **Aufwendungen, die durch Diätverpflegung entstehen, können nicht als außergewöhnliche Belastung berücksichtigt werden.** ④ **Aufwendungen für die Führung eines Rechtsstreits (Prozesskosten) sind vom Abzug ausgeschlossen, es sei denn, es handelt sich um Aufwendungen ohne die der Steuerpflichtige Gefahr liefe, seine Existenzgrundlage zu verlieren und seine lebensnotwendigen Bedürfnisse in dem üblichen Rahmen nicht mehr befriedigen zu können.**

2a (2a) ① **Abweichend von Absatz 1 wird für Aufwendungen für durch eine Behinderung veranlasste Fahrten nur eine Pauschale gewährt (behinderungsbedingte Fahrtkostenpauschale).** ② **Die Pauschale erhalten:**

1. **Menschen mit einem Grad der Behinderung von mindestens 80 oder mit einem Grad der Behinderung von mindestens 70 und dem Merkzeichen „G",**
2. **Menschen mit dem Merkzeichen „aG", mit dem Merkzeichen „Bl", mit dem Merkzeichen „TBl" oder mit dem Merkzeichen „H".**

③ **Bei Erfüllung der Anspruchsvoraussetzungen nach Satz 2 Nummer 1 beträgt die Pauschale 900 Euro.** ④ **Bei Erfüllung der Anspruchsvoraussetzungen nach Satz 2 Nummer 2 beträgt die Pauschale 4 500 Euro.** ⑤ **In diesem Fall kann die Pauschale nach Satz 3 nicht zusätzlich in Anspruch genommen werden.** ⑥ **Über die Fahrtkostenpauschale nach Satz 1 hinaus sind keine weiteren behinderungsbedingten Fahrtkosten als außergewöhnliche Belastung nach Absatz 1 berücksichtigungsfähig.** ⑦ **Die Pauschale ist bei der Ermittlung des Teils der Aufwendungen im Sinne des Absatzes 1, der die zumutbare Belastung übersteigt, einzubeziehen.** ⑧ **Sie kann auch gewährt werden, wenn ein Behinderten-Pauschbetrag nach § 33 b Absatz 5 übertragen wurde.** ⑨ **§ 33 b Absatz 5 ist entsprechend anzuwenden.**

3 (3) ① **Die zumutbare Belastung**[1] **beträgt**

bei einem Gesamtbetrag der Einkünfte	bis 15 340 EUR	über 15 340 EUR bis 51 130 EUR	über 51 130 EUR
1. bei Steuerpflichtigen, die keine Kinder haben und bei denen die Einkommensteuer			
a) nach § 32 a Absatz 1,	**5**	**6**	**7**
b) nach § 32 a Absatz 5 oder 6 (Splitting-Verfahren)	**4**	**5**	**6**
zu berechnen ist;			
2. bei Steuerpflichtigen mit			
a) einem Kind oder zwei Kindern,	**2**	**3**	**4**
b) drei oder mehr Kindern	**1**	**1**	**2**
		Prozent des Gesamtbetrags der Einkünfte.	

② **Als Kinder des Steuerpflichtigen zählen die, für die er Anspruch auf einen Freibetrag nach § 32 Absatz 6 oder auf Kindergeld hat.**

4 (4) **Die Bundesregierung wird ermächtigt, durch Rechtsverordnung mit Zustimmung des Bundesrates die Einzelheiten des Nachweises von Aufwendungen nach Absatz 1 und der Anspruchsvoraussetzungen nach Absatz 2 a zu bestimmen.**

[1] Krankheitskosten einschließlich Zuzahlungen sind außergewöhnliche Belastungen. Es ist von Verfassungs wegen nicht geboten, bei der einkommensteuerlichen Berücksichtigung dieser Aufwendungen auf den Ansatz der zumutbaren Belastung zu verzichten *(BFH-Urteil vom 2. 9. 2015 – VI R 32/13, BStBl. 2016 II S. 151).* Der Ansatz der zumutbaren Belastung nach § 33 EStG bei sogenannten beihilfefähigen Krankheitskosten benachteiligt Steuerpflichtige ohne Beihilfeanspruch nicht in verfassungswidriger Weise gegenüber beihilfeberechtigten Beschäftigten im öffentlichen Dienst (vgl. BFH vom 1. 9. 2021, VI R 18/19, BeckRS 2021, 32 981).

Einkommensteuer-Durchführungsverordnung (EStDV 2000)

EStDV

In der Fassung der Bekanntmachung vom 10. Mai 2000 (BGBl. I S. 717),
zuletzt geändert durch das Jahressteuergesetz 2024 (JStG 2024) vom 2. 12. 2024 (BGBl. 2024 I Nr. 387)

– Auszug –

§ 64 Nachweis von Krankheitskosten[1] und der Voraussetzungen der behinderungsbedingten Fahrtkostenpauschale

(1)[2] Den Nachweis der Zwangsläufigkeit von Aufwendungen im Krankheitsfall hat der Steuerpflichtige zu erbringen: 5

1.[3] durch eine Verordnung eines Arztes oder Heilpraktikers für Arznei-, Heil- und Hilfsmittel (§§ 2, 23, 31 bis 33 des Fünften Buches Sozialgesetzbuch);

2. durch ein amtsärztliches Gutachten oder eine ärztliche Bescheinigung eines Medizinischen Dienstes der Krankenversicherung (§ 275 des Fünften Buches Sozialgesetzbuch) für
   a) eine Bade- oder Heilkur; bei einer Vorsorgekur ist auch die Gefahr einer durch die Kur abzuwendenden Krankheit, bei einer Klimakur der medizinisch angezeigte Kurort und die voraussichtliche Kurdauer zu bescheinigen,
   b) eine psychotherapeutische Behandlung; die Fortführung einer Behandlung nach Ablauf der Bezuschussung durch die Krankenversicherung steht einem Behandlungsbeginn gleich,
   c) eine medizinisch erforderliche auswärtige Unterbringung eines an Legasthenie oder einer anderen Behinderung leidenden Kindes des Steuerpflichtigen,
   d) die Notwendigkeit der Betreuung des Steuerpflichtigen durch eine Begleitperson, sofern sich diese nicht bereits aus dem Nachweis der Behinderung nach § 65 Absatz 1 Nummer 1 ergibt,
   e) medizinische Hilfsmittel, die als allgemeine Gebrauchsgegenstände des täglichen Lebens im Sinne von § 33 Absatz 1 des Fünften Buches Sozialgesetzbuch anzusehen sind,
   f)[4] wissenschaftlich nicht anerkannte Behandlungsmethoden, wie z. B. Frisch- und Trockenzellenbehandlungen, Sauerstoff-, Chelat- und Eigenbluttherapie.

   ② Der nach Satz 1 zu erbringende Nachweis muss vor Beginn der Heilmaßnahme oder dem Erwerb des medizinischen Hilfsmittels ausgestellt worden sein;[5]

3. durch eine Bescheinigung des behandelnden Krankenhausarztes für Besuchsfahrten zu einem für längere Zeit in einem Krankenhaus liegenden Ehegatten oder Kind des Steuerpflichtigen, in dem bestätigt wird, dass der Besuch des Steuerpflichtigen zur Heilung oder Linderung einer Krankheit entscheidend beitragen kann.

(2) Die zuständigen Gesundheitsbehörden haben auf Verlangen des Steuerpflichtigen die für steuerliche Zwecke erforderlichen Gesundheitszeugnisse, Gutachten oder Bescheinigungen auszustellen.

(3)[6] Für den Nachweis der Anspruchsvoraussetzungen zur behinderungsbedingten Fahrtkostenpauschale sind die Vorschriften des § 65 anzuwenden.

H 33

LStH 33

Außergewöhnliche Belastungen allgemeiner Art → R 33 EStR, H 33 EStH. 8

– EStR/EStH abgedruckt in Anhang II –

a) Schreiben betr. Aufwendungen eines Steuerpflichtigen für die krankheits- oder behinderungsbedingte Unterbringung in einem Alten(wohn)heim für ihn selbst oder einen nahen Angehörigen als außergewöhnliche Belastung

Anl a zu § 33

Vom 20. Januar 2003 (BStBl. I S. 89)

(BMF IV C 4 – S 2284 – 2/03)

Mit Urteil vom 18. April 2002 (III R 15/00)[7] hat der BFH entschieden, dass der Umfang der Berücksichtigung von Aufwendungen für die krankheits- oder behinderungsbedingte Unterbringung in einem Alten(wohn)heim als außergewöhnliche Belastung davon abhängt, ob bereits die Übersiedlung in das Al- 15

---

[1] Zum Nachweis der Zwangsläufigkeit von Aufwendungen im Krankheitsfall gemäß § 64 EStDV siehe auch *BFH-Urteil vom 19. 4. 2012 (BStBl. II S. 577).*

[2] Zur Anwendung von § 64 Abs. 1 EStDV in allen Fällen, in denen die Einkommensteuer nicht bestandskräftig festgesetzt ist siehe § 84 Abs. 3 f EStDV.

[3] Siehe hierzu auch BMF-Schreiben vom 26. 11. 2024, abgedruckt als Anlage b zu § 33 EStG.

[4] Siehe hierzu auch BFH-Urteil vom 26. 6. 2014, BStBl. II 2015 S. 9.

[5] Siehe auch BFH-Urteil vom 15. 1. 2015, VI R 89/13 (BStBl. II S. 586).

[6] § 64 Abs. 3 EStDV neu gef. **mWv VZ 2026** durch JStG 2024 v. 2. 12. 2024 (BGBl. 2024 I Nr. 387).

[7] BStBl. II 2004 S. 70.

Anl a zu § 33

ten(wohn)heim aus Krankheits- oder Behinderungsgründen erfolgt ist oder ob die Krankheit oder Behinderung erst zu einem späteren Zeitpunkt eingetreten ist.

Die Rechtsgrundsätze der Entscheidung sind über den entschiedenen Einzelfall hinaus nicht anzuwenden. Der Abzug von Aufwendungen eines Steuerpflichtigen für die eigene krankheits- oder behinderungsbedingte Unterbringung in einem Heim oder für eine entsprechende Unterbringung eines nahen Angehörigen ist ab dem Zeitpunkt der Feststellung mindestens der Pflegestufe I zulässig. Dabei ist es ohne Bedeutung, ob die betreffende Person bereits vorher in das Heim übergesiedelt ist.

Anl b zu § 33

b) Schreiben betr. außergewöhnliche Belastungen; Steuerliche Nachweisführung bei Krankheitskosten (hier: § 33 Absatz 4 EStG i. V. m. § 64 Absatz 1 Nummer 1 EStDV)

Vom 26. November 2024 (BStBl. I S. 1429)

(BMF IV C 3 – S 2284/20/10002 :005; DOK 2024/1047022)

16 Unter Bezugnahme auf das Ergebnis des schriftlichen Verfahrens mit den obersten Finanzbehörden der Länder gilt zur Anwendung des § 64 Absatz 1 Nummer 1 EStDV ab dem Veranlagungszeitraum 2024 Folgendes:

Der Nachweis der Zwangsläufigkeit nach § 64 Absatz 1 Nummer 1 EStDV ist im Falle eines eingelösten E-Rezepts durch den Kassenbeleg der Apotheke bzw. durch die Rechnung der Online-Apotheke oder bei Versicherten mit einer privaten Krankenversicherung alternativ durch den Kostenbeleg der Apotheke zu erbringen. Der Kassenbeleg (alternativ: die Rechnung der Online-Apotheke) muss folgende Angaben enthalten: Name der steuerpflichtigen Person, die Art der Leistung (zum Beispiel Name des Arzneimittels), den Betrag bzw. Zuzahlungsbetrag, Art des Rezeptes. Für den Veranlagungszeitraum 2024 wird es nicht beanstandet, wenn der Name der steuerpflichtigen Person nicht auf dem Kassenbeleg vermerkt ist.

EStG

§ 33a Außergewöhnliche Belastung in besonderen Fällen

(1) ① Erwachsen einem Steuerpflichtigen Aufwendungen für den Unterhalt und eine etwaige Berufsausbildung einer dem Steuerpflichtigen oder seinem Ehegatten gegenüber gesetzlich unterhaltsberechtigten Person, so wird auf Antrag die Einkommensteuer dadurch ermäßigt, dass die Aufwendungen bis zur Höhe des Grundfreibetrags nach § 32a Absatz 1 Satz 2 Nummer 1 im Kalenderjahr vom Gesamtbetrag der Einkünfte abgezogen werden. ② Der Höchstbetrag nach Satz 1 erhöht sich um den Betrag der im jeweiligen Veranlagungszeitraum nach § 10 Absatz 1 Nummer 3 für die Absicherung der unterhaltsberechtigten Person aufgewandten Beiträge; dies gilt nicht für Kranken- und Pflegeversicherungsbeiträge, die bereits nach § 10 Absatz 1 Nummer 3 Satz 1 anzusetzen sind. ③ Der gesetzlich unterhaltsberechtigten Person gleichgestellt ist eine Person, wenn bei ihr zum Unterhalt bestimmte inländische öffentliche Mittel mit Rücksicht auf die Unterhaltsleistungen des Steuerpflichtigen gekürzt werden. ④ Voraussetzung ist, dass weder der Steuerpflichtige noch eine andere Person Anspruch auf einen Freibetrag nach § 32 Absatz 6 oder auf Kindergeld für die unterhaltene Person hat und die unterhaltene Person kein oder nur ein geringes Vermögen besitzt; ein angemessenes Hausgrundstück im Sinne von § 90 Absatz 2 Nummer 8 des Zwölften Buches Sozialgesetzbuch bleibt unberücksichtigt. ⑤ Hat die unterhaltene Person andere Einkünfte oder Bezüge, so vermindert sich die Summe der nach Satz 1 und Satz 2 ermittelten Beträge um den Betrag, um den diese Einkünfte und Bezüge den Betrag von 624 Euro im Kalenderjahr übersteigen, sowie um die von der unterhaltenen Person als Ausbildungshilfe aus öffentlichen Mitteln oder von Förderungseinrichtungen, die hierfür öffentliche Mittel erhalten, bezogenen Zuschüsse; zu den Bezügen gehören auch steuerfreie Gewinne nach den §§ 14, 16 Absatz 4, § 17 Absatz 3 und § 18 Absatz 3, die nach § 19 Absatz 2 steuerfrei bleibenden Einkünfte sowie Sonderabschreibungen und erhöhte Absetzungen, soweit sie die höchstmöglichen Absetzungen für Abnutzung nach § 7 übersteigen. ⑥ Ist die unterhaltene Person nicht unbeschränkt einkommensteuerpflichtig, so können die Aufwendungen nur abgezogen werden, soweit sie nach den Verhältnissen des Wohnsitzstaates der unterhaltenen Person notwendig und angemessen sind, höchstens jedoch der Betrag, der sich nach den Sätzen 1 bis 5 ergibt; ob der Steuerpflichtige zum Unterhalt gesetzlich verpflichtet ist, ist nach inländischen Maßstäben zu beurteilen. ⑦ Werden die Aufwendungen für eine unterhaltene Person von mehreren Steuerpflichtigen getragen, so wird bei jedem der Teil des sich hiernach ergebenden Betrags abgezogen, der seinem Anteil am Gesamtbetrag der Leistungen entspricht. ⑧ Nicht auf Euro lautende Beträge sind entsprechend dem für Ende September des Jahres vor dem Veranlagungszeitraum von der Europäischen Zentralbank bekannt gegebenen Referenzkurs umzurechnen. ⑨ Voraussetzung für den Abzug der Aufwendungen ist die Angabe der erteilten Identifikationsnummer (§ 139b der Abgabenordnung) der unterhaltenen Person in der Steuererklärung des Unterhaltsleistenden, wenn die unterhaltene Person der unbeschränkten oder beschränkten Steuerpflicht unterliegt. ⑩ Die unterhaltene Person ist für diese Zwecke verpflichtet, dem Unterhaltsleistenden ihre erteilte Identifikationsnummer (§ 139b der Abgabenordnung) mitzuteilen. ⑪ Kommt die unterhaltene Person dieser Verpflichtung nicht nach, ist der Unterhaltsleistende berechtigt, bei der für ihn zuständigen Finanzbehörde die Identifikationsnummer der unterhaltenen Person zu erfragen. ⑫ Voraussetzung für den Abzug der Aufwendungen nach Satz 1 ist, dass bei Geldzuwendungen die Zahlung der Unterhaltsleistungen durch Überweisung auf das Konto der unterhaltenen Person erfolgt ist. 1

(2) ① Zur Abgeltung des Sonderbedarfs eines sich in Berufsausbildung befindenden, auswärtig untergebrachten, volljährigen Kindes, für das Anspruch auf einen Freibetrag nach § 32 Absatz 6 oder Kindergeld besteht, kann der Steuerpflichtige einen Freibetrag in Höhe von 1200 Euro je Kalenderjahr vom Gesamtbetrag der Einkünfte abziehen. ② Für ein nicht unbeschränkt einkommensteuerpflichtiges Kind mindert sich der vorstehende Betrag nach Maßgabe des Absatzes 1 Satz 6. ③ Erfüllen mehrere Steuerpflichtige für dasselbe Kind die Voraussetzungen nach Satz 1, so kann der Freibetrag insgesamt nur einmal abgezogen werden. ④ Jedem Elternteil steht grundsätzlich die Hälfte des Abzugsbetrags nach den Sätzen 1 und 2 zu. ⑤ Auf gemeinsamen Antrag der Eltern ist eine andere Aufteilung möglich. 2

(3) ① Für jeden vollen Kalendermonat, in dem die in den Absätzen 1 und 2 bezeichneten Voraussetzungen nicht vorgelegen haben, ermäßigen sich die dort bezeichneten Beträge um je ein Zwölftel; der sich daraus ergebende Betrag ist auf den nächsten vollen Euro-Betrag aufzurunden. ② Eigene Einkünfte und Bezüge der nach Absatz 1 unterhaltenen Person, die auf diese Kalendermonate entfallen, vermindern den nach Satz 1 ermäßigten Höchstbetrag nicht. ③ Als Ausbildungshilfe bezogene Zuschüsse der nach Absatz 1 unterhaltenen Person mindern nur den zeitanteiligen Höchstbetrag der Kalendermonate, für die sie bestimmt sind. 4

EStG

5 (4) **In den Fällen der Absätze 1 und 2 kann wegen der in diesen Vorschriften bezeichneten Aufwendungen der Steuerpflichtige eine Steuerermäßigung nach § 33 nicht in Anspruch nehmen.**

Übersicht

	Rz.
Anlagen:	
a) Schreiben betr. allgemeine Hinweise zur Berücksichtigung von Unterhaltsaufwendungen nach § 33 a Abs. 1 EStG als außergewöhnliche Belastung vom 6. 4. 2022	6–11
b) Schreiben betr. Berücksichtigung von Aufwendungen für den Unterhalt von Personen im Ausland als außergewöhnliche Belastung nach § 33 a Abs. 1 EStG vom 6. 4. 2022	12–20a
c) Schreiben betr. Unterhaltsleistungen nach § 33 a Abs. 1 EStG; Berücksichtigung von Personen mit einer Aufenthaltserlaubnis nach § 23 Aufenthaltsgesetz vom 27. 5. 2015	21
d) Schreiben betr. Berücksichtigung ausländischer Verhältnisse; Ländergruppeneinteilung ab 1. 1. 2024 vom 18. 12. 2023	22
e) Schreiben betr. Aufwendungen eines Steuerpflichtigen für die krankheits- oder behinderungsbedingte Unterbringung eines nahen Angehörigen in einem Heim als außergewöhnliche Belastung vom 2. 12. 2002	25
LStH 33 a	31

Anl a zu § 33 a

a) Schreiben betr. allgemeine Hinweise zur Berücksichtigung von Unterhaltsaufwendungen nach § 33 a Absatz 1 Einkommensteuergesetz (EStG) als außergewöhnliche Belastung; Überarbeitung des BMF-Schreibens vom 7. Juni 2010 (BStBl. I S. 582)[1]

vom 6. April 2022 (BStBl. I S. 617)

(BMF IV C 8 – S 2285/19/10003 :001; DOK 2022/25940)

Inhaltsübersicht

	Rz.
1. Begünstigter Personenkreis	1–3
1.1. Gesetzlich unterhaltsberechtigte Personen	1
1.2. Gleichgestellte Personen	2, 3
2. Besonderheiten bei gleichgestellten Personen	4–9
3. Bedürftigkeit des Unterhaltsempfängers	10
4. Begünstigte Unterhaltsaufwendungen	11–15
5. Abzugsbeschränkung/Ermittlung der abzugsfähigen Unterhaltsaufwendungen unter Berücksichtigung des verfügbaren Nettoeinkommens	16–28
5.1. Ermittlung des verfügbaren Nettoeinkommens	16–21
5.2. Anwendung der Opfergrenze auf das verfügbare Nettoeinkommen	22, 23
5.3. Ermittlung der abziehbaren Unterhaltsaufwendungen bei einer sozialrechtlichen Bedarfsgemeinschaft	24–28
6. Eigene Einkünfte und Bezüge der unterhaltenen Person	29–36
7. Nachweiserfordernisse	37
8. Anwendungsregelung	38

Unter Bezugnahme auf das Ergebnis der Erörterungen mit den obersten Finanzbehörden der Länder gelten für die steuerliche Behandlung von Unterhaltsaufwendungen als außergewöhnliche Belastung nach § 33 a Absatz 1 EStG die folgenden allgemeinen Grundsätze.

6 **1. Begünstigter Personenkreis**

1.1. Gesetzlich unterhaltsberechtigte Personen

1 Nach § 33 a Absatz 1 Satz 1 EStG sind Aufwendungen für den Unterhalt und die Berufsausbildung einer dem Steuerpflichtigen oder seinem Ehegatten gegenüber gesetzlich unterhaltsberechtigten Person bis zu dem vorgesehenen Höchstbetrag[2] als außergewöhnliche Belastung zu berücksichtigen. Gesetzlich unterhaltsberechtigt sind Personen, denen gegenüber der Steuerpflichtige nach dem Bürgerlichen Gesetzbuch (BGB) oder dem Lebenspartnerschaftsgesetz (LPartG) unterhaltsverpflichtet ist (siehe R 33 a.1 Absatz 1 EStR 2012 und H 33 a.1 „Unterhaltsanspruch der Mutter bzw. des Vaters eines nichtehelichen Kindes" und „Unterhaltsberechtigung" EStH 2020). Danach sind folgende Personen gegenüber dem Steuerpflichtigen unterhaltsberechtigt:

– Verwandte in gerader Linie (z. B. Kinder, Enkel, Eltern, Großeltern),
– Ehegatten und Lebenspartner einer eingetragenen Lebenspartnerschaft (siehe § 2 Absatz 8 EStG)[3],
– geschiedene Ehegatten und Lebenspartner einer aufgehobenen Lebenspartnerschaft,
– Mutter bzw. Vater eines nichtehelichen Kindes gegenüber dem anderen Elternteil.

Gehört die unterhaltsberechtigte Person zum Haushalt des Steuerpflichtigen, kann regelmäßig davon ausgegangen werden, dass ihm dafür Unterhaltsaufwendungen in Höhe des maßgeblichen Höchstbetrags erwachsen (vgl. R 33 a.1 Absatz 1 Satz 5 EStR 2012). Eine bestehende Zugehörigkeit der unterhaltsberechtigten Person zum Haushalt des Steuerpflichtigen wird durch eine auswärtige Ausbildung

[1] Abgedruckt im *Handbuch zur Lohnsteuer 2022* als Anlage a zu § 33 a EStG.
[2] **[Amtl. Anm.:]** Ab dem VZ 2022 entspricht der Höchstbetrag dem Grundfreibetrag nach § 32 a Abs. 1 Satz 2 Nr. 1 EStG.
[3] **[Amtl. Anm.:]** Nachfolgend Ehegatte.

oder durch ein auswärtiges Studium (z. B. durch die Unterbringung des studierenden Kindes am Studienort) in der Regel nicht aufgehoben. Eine gewisse räumliche Trennung ist unschädlich, wenn keine besonderen Umstände hinzukommen, die auf eine dauerhafte Trennung der unterhaltsberechtigten Person vom Haushalt des Steuerpflichtigen schließen lassen (z. B. wenn ein verheiratetes Kind mit seinem Ehegatten eine eigene Wohnung bezogen hat). Eine auswärtige Unterbringung der unterhaltsberechtigten Person (z. B. des Kindes), die nicht zu einer Beendigung der Haushaltszugehörigkeit führt, hat demzufolge keine Auswirkung auf die Annahme, dass Unterhaltsaufwendungen in Höhe des maßgeblichen Höchstbetrags erwachsen sind.

1.2. Gleichgestellte Personen

2 Den gesetzlich unterhaltsberechtigten Personen stehen nach § 33 a Absatz 1 Satz 3 EStG Personen gleich, bei denen die inländische öffentliche Hand ihre Leistungen (z. B. Arbeitslosengeld II nach dem Dritten Kapitel SGB II, Hilfe zum Lebensunterhalt nach dem Dritten Kapitel SGB XII, Grundsicherung im Alter und bei Erwerbsminderung nach dem Vierten Kapitel SGB XII) wegen der Unterhaltsleistungen des Steuerpflichtigen ganz oder teilweise nicht gewährt oder, wenn ein entsprechender Antrag gestellt würde, ganz oder teilweise nicht gewähren würde.[1]

Aufgrund dessen kann beim Vorliegen einer sozialrechtlichen Bedarfsgemeinschaft regelmäßig davon ausgegangen werden, dass der gleichgestellten Person i. S. d. § 33 a Absatz 1 Satz 3 EStG zum Unterhalt bestimmte inländische öffentliche Mittel mit Rücksicht auf die Unterhaltsleistungen des Steuerpflichtigen gekürzt werden (BFH-Urteil vom 9. März 2017, BStBl. II S. 890), vgl. hierzu Rz. 6. Ob eine Gemeinschaft in diesem Sinne vorliegt, ist ausschließlich nach sozialrechtlichen Kriterien zu beurteilen.

3 Als Personen, die i. S. d. Rz. 2 eine sozialrechtliche Bedarfsgemeinschaft bilden und demzufolge gesetzlich unterhaltsberechtigten Personen gleichstehen, kommen insbesondere Partner einer eheähnlichen Gemeinschaft (§ 7 Absatz 3 Nummer 3 Buchstabe c i. V. m. Absatz 3 a, § 9 Absatz 2 SGB II und § 20 Satz 1 SGB XII) in Betracht.

2. Besonderheiten bei gleichgestellten Personen 7

4 Unterhaltsleistungen des Steuerpflichtigen für seinen bedürftigen im Inland lebenden ausländischen Lebensgefährten können auch nach § 33 a Absatz 1 Satz 3 EStG abziehbar sein, wenn der Lebensgefährte bei Inanspruchnahme von Sozialhilfe damit rechnen müsste, keine Aufenthaltsgenehmigung zu erhalten oder ausgewiesen zu werden (BFH-Urteil vom 20. April 2006, BStBl. 2007 II S. 41).

5 Hat die unterhaltene Person Leistungen der inländischen öffentlichen Hand erhalten, die zur Bestreitung des Unterhalts bestimmt oder geeignet sind, sind diese Leistungen als Bezüge der unterhaltenen Person im Rahmen des § 33 a Absatz 1 Satz 5 EStG zu berücksichtigen. Bei Vorliegen einer sozialrechtlichen Bedarfsgemeinschaft zwischen der unterhaltenen Person und dem Steuerpflichtigen werden typischerweise Sozialleistungen gekürzt oder nicht gewährt, da bei Prüfung der Bedürftigkeit der unterhaltenen Person nicht nur deren eigenes Einkommen und Vermögen, sondern auch das Einkommen und Vermögen der mit ihr in der Bedarfsgemeinschaft lebenden Personen berücksichtigt wird.

6 Da die Vorschriften der § 7 Absatz 3 Nummer 3 Buchstabe c i. V. m. Absatz 3 a, § 9 Absatz 2 SGB II und des § 20 Satz 1 SGB XII die Partner von eheähnlichen Gemeinschaften faktisch wie Ehegatten behandeln, bestehen keine Bedenken, wenn in diesen Fällen grundsätzlich davon ausgegangen wird, dass bei der unterstützten Person die Voraussetzungen des § 33 a Absatz 1 Satz 3 EStG vorliegen, auch wenn sie keinen Antrag auf Arbeitslosengeld II nach dem Dritten Kapitel SGB II[2] oder Hilfe zum Lebensunterhalt nach dem Dritten Kapitel SGB XII oder Grundsicherung im Alter und bei Erwerbsminderung nach dem Vierten Kapitel SGB XII gestellt hat (bestätigt durch das BFH-Urteil vom 9. März 2017, BStBl. II S. 890).

7 Liegt ein Kürzungs- oder Ablehnungsbescheid nicht vor, setzt die steuermindernde Berücksichtigung der Unterhaltsleistungen voraus, dass die unterstützte Person schriftlich versichert,
- dass sie für den jeweiligen Veranlagungszeitraum keine zum Unterhalt bestimmten Mittel aus inländischen öffentlichen Kassen erhalten und auch keinen entsprechenden Antrag gestellt hat,
- dass im jeweiligen Veranlagungszeitraum eine eheähnliche Gemeinschaft (§ 7 Absatz 3 Nummer 3 Buchstabe c i. V. m. Absatz 3 a, § 9 Absatz 2 SGB II und des § 20 Satz 1 SGB XII) mit dem Steuerpflichtigen bestand, und darüber hinaus darlegt,
- über welche anderen zum Unterhalt bestimmten Einkünfte und Bezüge sowie über welches Vermögen sie verfügt hat.

8 Die oben genannte Erklärung ist vom Steuerpflichtigen vorzuhalten und der Finanzbehörde auf Anforderung vorzulegen. Dies schließt im Einzelfall nicht aus, dass die Finanzbehörde weitere Nachweise oder Auskünfte verlangen und ggf. ein Auskunftsersuchen an die zuständigen Behörden (§ 93 AO) stellen kann.

9 In entsprechender Anwendung der R 33 a.1 Absatz 1 Satz 5 EStR 2012 ist auch bei Unterhaltsaufwendungen an gleichgestellte Personen davon auszugehen, dass dem Steuerpflichtigen Unterhaltsaufwendungen in Höhe des maßgeblichen Höchstbetrags erwachsen sind. Wegen möglicher Abzugsbeschränkungen wird auf Rz. 23 ff. verwiesen.

3. Bedürftigkeit des Unterhaltsempfängers

10 Die Abziehbarkeit von Unterhaltsaufwendungen setzt – neben der Unterhaltsberechtigung – voraus, dass der Unterhaltsempfänger bedürftig ist, d. h., er darf kein oder nur ein geringes Vermögen besitzen

[1] **[Amtl. Anm.:]** Dies gilt nicht, wenn der Unterhaltsempfänger nicht wegen der Unterhaltsleistungen, sondern wegen des Bezugs von BAföG keinen Anspruch auf Sozialleistungen hat (siehe BFH vom 31. 3. 2021, BStBl. II S. 572).

[2] **[Amtl. Anm.:]** Ab 1. 1. 2023 insbesondere Bürgergeld.

Anl a zu § 33a

und kein ausreichendes Einkommen haben; vgl. hierzu R 33a.1 Absatz 2 und 3 EStR 2012 und H 33a.1 „Unterhaltsberechtigung" EStH 2020.

4. Begünstigte Unterhaltsaufwendungen

11 Abziehbare Aufwendungen i. S. d. § 33a Absatz 1 Satz 1 EStG sind solche für den typischen Unterhalt, d. h. die üblichen für den Lebensunterhalt bestimmten Leistungen, sowie Aufwendungen für eine Berufsausbildung. Typische Unterhaltsaufwendungen – insbesondere für Ernährung, Kleidung, Wohnung, Hausrat und notwendige Versicherungen – können nur nach § 33a Absatz 1 EStG berücksichtigt werden. Erwachsen dem Steuerpflichtigen außer Aufwendungen für den typischen Unterhalt und einer etwaigen Berufsausbildung Aufwendungen für einen besonderen Unterhaltsbedarf der unterhaltenen Person, z. B. Krankheitskosten, kommt dafür eine Ermäßigung nach § 33 EStG in Betracht (BFH-Urteil vom 19. Juni 2008, BStBl. 2009 II S. 365).

12 Aufwendungen für die krankheitsbedingte Unterbringung von Angehörigen in einem Altenpflegeheim fallen unter § 33 EStG, während Aufwendungen für deren altersbedingte Heimunterbringung nur nach § 33a Absatz 1 EStG berücksichtigt werden können (BFH-Urteil vom 30. Juni 2011, BStBl. 2012 II S. 876).

13 Ausbildungsunterhalt i. S. v. § 1610 BGB, zu dem auch Studiengebühren gehören können, ist typischer Unterhaltsaufwand (BFH-Urteil vom 17. Dezember 2009, BStBl. 2010 II S. 341).

14 Auch gelegentliche oder einmalige Leistungen können typische Unterhaltsaufwendungen sein, diese dürfen aber regelmäßig nicht als Unterhaltsleistungen für Vormonate und auch nicht zur Deckung des Unterhaltsbedarfs für das Folgejahr berücksichtigt werden (BFH-Urteil vom 5. Mai 2010, BStBl. 2011 II S. 164 und BFH-Urteil vom 11. November 2010, BStBl. 2011 II S. 966).

15 Die Abgrenzung der typischen von den untypischen Unterhaltsaufwendungen richtet sich nach deren Anlass und Zweckbestimmung, nicht nach deren Zahlungsweise. So kann eine Kapitalabfindung, mit der eine Unterhaltsverpflichtung abgelöst wird, nur im Rahmen des § 33a Absatz 1 EStG berücksichtigt werden (BFH-Urteil vom 19. Juni 2008, BStBl. 2009 II S. 365).

8 **5. Abzugsbeschränkung/Ermittlung der abzugsfähigen Unterhaltsaufwendungen unter Berücksichtigung des verfügbaren Nettoeinkommens**

5.1. Ermittlung des verfügbaren Nettoeinkommens

16 Eine Beschränkung der Abziehbarkeit von Aufwendungen für den Unterhalt kann sich durch die Berücksichtigung der Verhältnisse des Steuerpflichtigen selbst ergeben. Es ist zu prüfen, inwieweit der Steuerpflichtige zu Unterhaltsleistungen unter Berücksichtigung seiner persönlichen Einkommensverhältnisse verpflichtet ist bzw. bis zu welcher Höhe ihm die Übernahme der Unterhaltsleistungen überhaupt möglich ist. Hierfür ist es notwendig, das verfügbare Nettoeinkommen des Steuerpflichtigen zu ermitteln.

17 Bei der Ermittlung des verfügbaren Nettoeinkommens sind alle steuerpflichtigen Einkünfte i. S. d. § 2 Absatz 1 EStG, alle steuerfreien Einnahmen sowie etwaige Steuererstattungen (Einkommensteuer, Kirchensteuer, Solidaritätszuschlag) anzusetzen. Zu den Einkünften nach § 2 Absatz 1 EStG zählen sämtliche Gewinneinkünfte i. S. d. §§ 13 bis 18 EStG sowie sämtliche Überschusseinkünfte i. S. d. §§ 19 bis 23 EStG. Darüber hinaus sind Kapitalerträge nach § 32d Absatz 1 und § 43 Absatz 5 EStG (der Abgeltungsteuer unterliegende Kapitalerträge) ohne Abzug des Sparer-Pauschbetrages nach § 20 Absatz 9 EStG einzubeziehen. Steuerfreie Einnahmen sind z. B. das Kindergeld und vergleichbare Leistungen, Leistungen nach dem SGB II, SGB III und BEEG, die ausgezahlten Arbeitnehmer-Sparzulagen nach dem 5. VermBG, das Baukindergeld und der steuerfreie Teil der Rente. Wegen der Besonderheiten bei der Berücksichtigung von Kindergeld wird auch auf die Ausführungen unter Rz. 25 und 26 verwiesen.

18 Ein ggf. in Anspruch genommener Investitionsabzugsbetrag nach § 7g EStG ist dem Nettoeinkommen wieder hinzuzurechnen, da dem Abzugsbetrag mangels Investition keine Ausgaben bzw. kein Werteverzehr zugrunde liegen und somit die Leistungsfähigkeit des Steuerpflichtigen effektiv nicht beeinflusst wird (BFH-Urteil vom 6. Februar 2014, BStBl. II S. 619).

19 Abzuziehen sind die entsprechenden Steuervorauszahlungen und -nachzahlungen sowie die Steuerabzugsbeträge (Lohn- und Kirchensteuer, Kapitalertragsteuer, Solidaritätszuschlag). Ferner sind die unvermeidbaren Versicherungsbeiträge mindernd zu berücksichtigen (gesetzliche Sozialabgaben bei Arbeitnehmern, gesetzliche Kranken- und Pflegeversicherungsbeiträge bei Rentnern, für alle Übrigen die eigenen Beiträge zu einer Basiskranken- und Pflegepflichtversicherung).

20 Der Arbeitnehmer-Pauschbetrag ist auch dann abzuziehen, wenn der Steuerpflichtige keine Werbungskosten hatte (BFH-Urteil vom 11. Dezember 1997, BStBl. 1998 II S. 292). Entsprechendes gilt für den Abzug anderer Werbungskosten-Pauschbeträge nach § 9a EStG und des Sparer-Pauschbetrags nach § 20 Absatz 9 EStG (ausgenommen der Abgeltungsteuer unterliegende Kapitalerträge, vgl. Rz. 17) bei der Ermittlung der anderen Einkünfte.

21 Die Berechnung des verfügbaren Nettoeinkommens ist bei Steuerpflichtigen mit Gewinneinkünften i. S. d. §§ 13 bis 18 EStG regelmäßig auf Grundlage eines Dreijahreszeitraumes vorzunehmen. Steuerzahlungen sind dabei in dem Jahr abzuziehen, in dem sie gezahlt worden sind. Führen Steuerzahlungen für mehrere Jahre allerdings zu nicht unerheblichen Verzerrungen des unterhaltsrechtlich maßgeblichen Einkommens des Veranlagungszeitraumes, sind die im maßgeblichen Dreijahreszeitraum geleisteten durchschnittlichen Steuerzahlungen zu ermitteln und vom „Durchschnittseinkommen" des Veranlagungszeitraumes abzuziehen (vgl. BFH-Urteil vom 28. April 2016, BStBl. II S. 742).

Anl a zu § 33 a

5.2. Anwendung der Opfergrenze auf das verfügbare Nettoeinkommen

22 Unter Berücksichtigung seiner Verhältnisse ist ein Steuerpflichtiger nur insoweit zu Unterhaltsleistungen verpflichtet, als diese in einem vernünftigen Verhältnis zu seinen Einkünften stehen und ihm nach Abzug der Unterhaltsaufwendungen genügend Mittel zur Bestreitung des Lebensbedarfs für sich und 9
ggf. für seinen Ehegatten und seine Kinder verbleiben – sog. Opfergrenze (BFH-Urteil vom 27. September 1991, BStBl. 1992 II S. 35).

23 Soweit keine sozialrechtliche Bedarfsgemeinschaft i. S. d. Rz. 2 mit der unterhaltenen Person besteht, sind Unterhaltsaufwendungen im Allgemeinen höchstens insoweit als außergewöhnliche Belastung anzuerkennen, als sie einen bestimmten Prozentsatz des verfügbaren Nettoeinkommens nicht übersteigen. Dieser beträgt 1 Prozent je volle 500 Euro des verfügbaren Nettoeinkommens, höchstens 50 Prozent, und ist um je 5 Prozent für den (ggf. auch geschiedenen) Ehegatten und für jedes Kind, für das der Steuerpflichtige Anspruch auf Freibeträge für Kinder nach § 32 Absatz 6 EStG, Kindergeld (§ 66 EStG) oder eine andere Leistung für Kinder (§ 65 EStG) hat, zu kürzen, höchstens um 25 Prozent. Bei der Berechnung der Opfergrenze ist die kinderbezogene 5-Prozent-Pauschale monatsbezogen zu kürzen, wenn nur für einen Teil des Jahres Anspruch auf Freibeträge für Kinder nach § 32 Absatz 6 EStG, Kindergeld (§ 66 EStG) oder eine andere Leistung für Kinder (§ 65 EStG) besteht (BFH-Urteil vom 14. Dezember 2016, BStBl. 2017 II S. 454).

Die Opfergrenzenregelung gilt nicht bei Aufwendungen für den Unterhalt an den (ggf. auch geschiedenen) Ehegatten.

Beispiel 1:

Der ledige Steuerpflichtige A unterstützt seinen im Kalenderjahr 2021 nicht mit ihm in einem Haushalt lebenden Sohn B und zahlt für diesen zusätzlich begünstigte Beiträge zu dessen Basiskranken- und Pflegepflichtversicherung in Höhe von 1 200 Euro, die nicht im Rahmen des Sonderausgabenabzugs berücksichtigt werden. Für B besteht kein Anspruch auf einen Freibetrag nach § 32 Absatz 6 EStG oder Kindergeld.

A erzielte in den Kalenderjahren 2019 bis 2021 Einkünfte aus Gewerbebetrieb in Höhe von jährlich durchschnittlich 30 000 Euro.

Im Kalenderjahr 2021 erzielt A einen Verlust aus Vermietung und Verpachtung in Höhe von 5 000 Euro. Er entrichtet im Kalenderjahr 2021 Einkommensteuervorauszahlungen in Höhe von 5 000 Euro und eigene Beiträge zu einer Basiskranken- und Pflegepflichtversicherung in Höhe von 6 000 Euro.

Des Weiteren erhält A im April 2021 eine Einkommensteuererstattung für den Veranlagungszeitraum 2019 in Höhe von 1 000 Euro. B hat keine eigenen Einkünfte und Bezüge.

<u>Berechnung der außergewöhnlichen Belastung nach § 33 a Absatz 1 EStG:</u>

Höchstbetrag nach § 33 a Absatz 1 Satz 1 EStG:			9 744 Euro[1]
zuzüglich Beiträge zur Basiskranken- und Pflegepflichtversicherung des B nach § 33 a Absatz 1 Satz 2 EStG:			1 200 Euro
Gesamthöchstbetrag nach § 33 a Absatz 1 EStG:			10 944 Euro
Nettoeinkommen des A:			
Einkünfte aus Gewerbebetrieb	30 000 Euro		
abzüglich Verlust aus Vermietung und Verpachtung	– 5 000 Euro		
zuzüglich Einkommensteuererstattung	1 000 Euro		
abzüglich eigene Beiträge zur Basiskranken- und Pflegepflichtversicherung	– 6 000 Euro		
abzüglich Einkommensteuervorauszahlungen	– 5 000 Euro		
verfügbares Nettoeinkommen für die Berechnung der Opfergrenze:		15 000 Euro	
Opfergrenze: 1 % je volle 500 Euro des Nettoeinkommens (15 000 Euro : 500 Euro = 30)			
maßgebender Prozentsatz für die Berechnung der Opfergrenze		30 %	
30 % von 15 000 Euro			4 500 Euro

Es können maximal Unterhaltsleistungen in Höhe von 4 500 Euro als außergewöhnliche Belastung nach § 33 a Absatz 1 EStG berücksichtigt werden.

5.3. Ermittlung der abziehbaren Unterhaltsaufwendungen bei einer sozialrechtlichen Bedarfsgemeinschaft 10

24 Bei einer bestehenden sozialrechtlichen Bedarfsgemeinschaft mit der unterhaltenen Person ist die Opfergrenze nicht anzuwenden (BFH-Urteil vom 29. Mai 2008, BStBl. 2009 II S. 363). Für die Ermittlung der nach § 33 a Absatz 1 EStG maximal abziehbaren Unterhaltsaufwendungen sind die verfügbaren Nettoeinkommen des Unterhaltsleistenden und der unterhaltenen Person(en) zusammenzurechnen und dann nach Köpfen auf diese Person(en) zu verteilen (BFH-Urteil vom 17. Dezember 2009, BStBl. 2010 II S. 343).

25 Für zur sozialrechtlichen Bedarfsgemeinschaft gehörende *gemeinsame Kinder* (i. S. d. § 32 EStG) des Steuerpflichtigen und der unterhaltenen Person wird das hälftige Kindergeld sowie der hälftige Kinderbonus (Sonderzahlung in den Jahren 2020 und 2021 aufgrund der Corona-Pandemie, § 66 Absatz 1 Satz 2 ff. EStG i. d. F. vom 29. Juni 2020 bzw. 10. März 2021) jeweils dem Nettoeinkommen des Steuerpflichtigen und der unterhaltenen Person zugerechnet. Bei der Ermittlung der maximal abziehbaren Unterhaltsaufwendungen sind die den Eltern gemeinsam zur Verfügung stehenden Mittel um den nach § 1612 a BGB zu ermittelnden Mindestunterhalt der Kinder zu kürzen (BFH-Urteil vom 17. Dezember 2009, BStBl. 2010 II S. 343). Der verbleibende Betrag ist auf die Eltern nach Köpfen zu verteilen und ergibt die maximal abziehbaren Unterhaltsaufwendungen i. S. d. § 33 a Absatz 1 EStG.

26 Für zur sozialrechtlichen Bedarfsgemeinschaft gehörende *Kinder* (i. S. d. § 32 EStG) des *Steuerpflichtigen*, die zu der unterhaltenen Person in keinem Kindschaftsverhältnis stehen, wird bei der Be-

[1] Für VZ 2022: 10 347 Euro, für VZ 2023: 10 908 Euro, für VZ 2024: 11 784 Euro und für VZ 2025: 12 096 Euro.

rechnung des verfügbaren Nettoeinkommens das hälftige Kindergeld sowie der hälftige Kinderbonus (siehe Rz. 25) hinzugerechnet. Bei der Ermittlung der maximal abziehbaren Unterhaltsaufwendungen ist das gemeinsame verfügbare Nettoeinkommen um die Hälfte des nach § 1612 a BGB zu ermittelnden Mindestunterhalts für diese Kinder bzw. dieses Kind zu kürzen und der verbleibende Betrag nach Köpfen zu verteilen.

27 Gemäß § 1612 a BGB richtet sich der Mindestunterhalt nach dem steuerfrei zu stellenden sächlichen Existenzminimum eines Kindes. Er beträgt monatlich entsprechend dem Alter des Kindes für die Zeit bis zur Vollendung des sechsten Lebensjahres 87 Prozent (erste Altersstufe), für die Zeit vom siebten bis zur Vollendung des zwölften Lebensjahres 100 Prozent (zweite Altersstufe) und für die Zeit vom dreizehnten Lebensjahr an 117 Prozent (dritte Altersstufe) des steuerfrei zu stellenden sächlichen Existenzminimums des Kindes (siehe Düsseldorfer Tabelle).

28 Soweit zur sozialrechtlichen Bedarfsgemeinschaft bei einer eheähnlichen Gemeinschaft auch Kinder (i. S. d. § 32 EStG) des Lebensgefährten/der Lebensgefährtin gehören, die zum Steuerpflichtigen in keinem Kindschaftsverhältnis stehen und denen gegenüber der Steuerpflichtige nicht unterhaltsverpflichtet ist, ist aus Vereinfachungsgründen typisierend zu unterstellen, dass deren Unterhaltsbedarf in vollem Umfang durch das Kindergeld und die Unterhaltsaufwendungen des anderen Elternteils abgedeckt wird und sie damit nicht der sozialrechtlichen Bedarfsgemeinschaft angehören. Dies hat zur Folge, dass diese Kinder bei der Ermittlung und Verteilung des verfügbaren Nettoeinkommens nicht berücksichtigt werden. Kindergeld, das der unterhaltenen Person für ein solches Kind zufließt, ist demnach bei der Ermittlung des verfügbaren Nettoeinkommens nicht zu berücksichtigen.

Beispiel 2:

Der Steuerpflichtige A und dessen Lebensgefährtin B leben zusammen mit dem leiblichen Kind von B in eheähnlicher Gemeinschaft und bilden eine sozialrechtliche Bedarfsgemeinschaft. A ist nicht der leibliche Vater des Kindes. A unterstützt B und zahlt für B zusätzlich begünstigte Beiträge zu deren Basiskranken- und Pflegepflichtversicherung in Höhe von 1 200 Euro, die nicht im Rahmen des Sonderausgabenabzugs berücksichtigt werden.

Im Kalenderjahr 2021 erzielt A Einnahmen aus nichtselbständiger Arbeit in Höhe von 40 000 Euro und einen Verlust aus privaten Veräußerungsgeschäften in Höhe von 5 000 Euro.

Er entrichtet im Kalenderjahr 2021 Lohn- und Kirchensteuer in Höhe von 6300 Euro und gesetzliche Sozialabgaben in Höhe von 8 000 Euro. Des Weiteren erhält A im April 2021 eine Einkommensteuererstattung für den Veranlagungszeitraum 2019 in Höhe von 1 000 Euro. B erhält Kindergeld und hat darüber hinaus keine eigenen Einkünfte und Bezüge.

<u>Berechnung der außergewöhnlichen Belastung nach § 33 a Absatz 1 EStG:</u>

Höchstbetrag nach § 33 a Absatz 1 Satz 1 EStG:		9 744 Euro[1]
zuzüglich Beiträge zur Basiskranken- und Pflegepflichtversicherung der B nach § 33 a Absatz 1 Satz 2 EStG:		1 200 Euro
Gesamthöchstbetrag nach § 33 a Absatz 1 EStG:		10 944 Euro
Nettoeinkommen des A:		
Einnahmen aus nichtselbständiger Arbeit	40 000 Euro	
abzüglich Arbeitnehmer-Pauschbetrag	– 1 000 Euro[2]	
	39 000 Euro	
abzüglich Verlust aus privaten Veräußerungsgeschäften	– 5 000 Euro	
zuzüglich Einkommensteuererstattung	1 000 Euro	
abzüglich gesetzliche Sozialabgaben	– 8 000 Euro	
abzüglich Lohn- und Kirchensteuer	– 6 300 Euro	
Nettoeinkommen des A:	20 700 Euro	
Nettoeinkommen der B:	0 Euro	
gemeinsames verfügbares Nettoeinkommen:	20 700 Euro	
Aufteilung des Nettoeinkommens nach Köpfen	: 2	10 350 Euro

Es können maximal Unterhaltsleistungen in Höhe von 10 350 Euro als außergewöhnliche Belastung nach § 33 a Absatz 1 EStG anerkannt werden. Die Opfergrenze ist nicht anzuwenden. Bei der Ermittlung und Verteilung des verfügbaren Nettoeinkommens ist das Kind von B nicht zu berücksichtigen.

Beispiel 3:

Der Steuerpflichtige A lebt im Kalenderjahr 2021 mit seiner Lebensgefährtin B in einer eheähnlichen Gemeinschaft in einem gemeinsamen Haushalt. A hat zwei leibliche Kinder (Kind X vollendet im Juni 2021 das sechste Lebensjahr, Kind Y vollendet im Juni 2021 das fünfzehnte Lebensjahr) mit in den Haushalt gebracht, die zu B in keinem Kindschaftsverhältnis stehen. Die zwei von B mit in die Haushaltsgemeinschaft gebrachten Kinder stehen in keinem Kindschaftsverhältnis zu A. Für alle Kinder wird noch Kindergeld gezahlt. A unterstützt B und zahlt für diese zusätzlich begünstigte Beiträge zu deren Basiskranken- und Pflegepflichtversicherung in Höhe von 1 200 Euro, die nicht im Rahmen des Sonderausgabenabzugs berücksichtigt werden.

A erzielt im Kalenderjahr 2021 Einnahmen aus nichtselbständiger Arbeit in Höhe von 40 000 Euro sowie Einkünfte aus Vermietung und Verpachtung in Höhe von 1 000 Euro.

Er entrichtet im Kalenderjahr 2021 gesetzliche Sozialabgaben in Höhe von 7 900 Euro und Lohn- und Kirchensteuer in Höhe von 6 300 Euro.

Außerdem hat A im Kalenderjahr 2021 Einkommensteuervorauszahlungen in Höhe von 2 000 Euro und eine Einkommensteuernachzahlung für den Veranlagungszeitraum 2019 in Höhe von 4 000 Euro geleistet. B hat keine weiteren Einkünfte oder Bezüge und kein eigenes Vermögen.

Kind X:
monatlicher Mindestunterhalt von Januar bis Mai nach der ersten Altersstufe:
393 Euro (× 5 = gesamt 1 965 Euro)

[1] Für VZ 2022: 10 347 Euro, für VZ 2023: 10 908 Euro, für VZ 2024: 11 784 Euro und für VZ 2025: 12 096 Euro.
[2] Arbeitnehmer-Pauschbetrag für VZ 2022: 1200 Euro; ab VZ 2023: 1230 Euro.

monatlicher Mindestunterhalt von Juni bis Dezember nach der zweiten Altersstufe:
451 Euro (× 7 = gesamt 3 157 Euro)
Jahresmindestunterhalt für Kind X = 5 122 Euro
davon hälftiger Anteil des A = 2 561 Euro

Kind Y:
monatlicher Mindestunterhalt von Januar bis Dezember nach der dritten Altersstufe:
528 Euro (× 12 = gesamt 6 336 Euro)
Jahresmindestunterhalt für Kind Y = 6 336 Euro
davon hälftiger Anteil des A = 3 168 Euro

Berechnung der außergewöhnlichen Belastung nach § 33 a Absatz 1 EStG:

Höchstbetrag nach § 33 a Absatz 1 Satz 1 EStG:			9 744 Euro[1]
zuzüglich Beiträge zur Basiskranken- und Pflegepflichtversicherung der B nach § 33 a Absatz 1 Satz 2 EStG:			1 200 Euro
Gesamthöchstbetrag nach § 33 a Absatz 1 EStG:			10 944 Euro
Nettoeinkommen A:			
Einnahmen aus nichtselbständiger Arbeit	40 000 Euro		
abzüglich Arbeitnehmer-Pauschbetrag	– 1 000 Euro[2]		
		39 000 Euro	
abzüglich gesetzliche Sozialabgaben	– 7 900 Euro		
abzüglich Lohn- und Kirchensteuer	– 6 300 Euro		
Einkünfte aus Vermietung und Verpachtung	1 000 Euro		
abzüglich Einkommensteuernachzahlung	– 4 000 Euro		
abzüglich Einkommensteuervorauszahlungen	– 2 000 Euro		
zuzüglich hälftiges Kindergeld und Kinderbonus für die Kinder X und Y von A	2 778 Euro		
Nettoeinkommen A:		22 578 Euro	
Nettoeinkommen B:		0 Euro	
gemeinsames Nettoeinkommen von A und B:		22 578 Euro	
abzüglich Mindestunterhalt für die Kinder X und Y von A (2561 Euro + 3 168 Euro =)		– 5 729 Euro	
gemeinsames verfügbares Nettoeinkommen:		16 849 Euro	
Aufteilung des Nettoeinkommens nach Köpfen auf A und B		: 2	8 424 Euro

Es können maximal Unterhaltsleistungen in Höhe von 8 424 Euro als außergewöhnliche Belastung nach § 33 a Absatz 1 EStG anerkannt werden. Die Opfergrenze ist nicht anzuwenden. Bei der Ermittlung und Verteilung des verfügbaren Nettoeinkommens sind die leiblichen Kinder von B nicht zu berücksichtigen.

6. Eigene Einkünfte und Bezüge der unterhaltenen Person 11

29 Hat die unterhaltene Person andere eigene Einkünfte und Bezüge, die zur Bestreitung des Unterhalts bestimmt oder geeignet sind, so vermindert sich der Höchstbetrag um die eigenen Einkünfte und Bezüge, soweit diese den Betrag von insgesamt 624 Euro jährlich übersteigen, sowie um die vom Unterhaltsempfänger als Ausbildungshilfe aus öffentlichen Mitteln oder von Förderungseinrichtungen, die hierfür öffentliche Mittel erhalten, bezogenen Zuschüsse (§ 33 a Absatz 1 Satz 5 EStG).

30 Als anrechenbare „andere Einkünfte" i. S. d. § 33 a Absatz 1 Satz 5 EStG sind alle Einkünfte i. S. d. Einkommensteuergesetzes (§ 2 Absatz 1 EStG) zu verstehen;[3] Verlustabzüge nach § 10 d EStG, Sonderausgaben und außergewöhnliche Belastungen sind nicht zu berücksichtigen (BFH-Urteil vom 18. Juni 2015, BStBl. II S. 928). Fiktive Einkünfte sind nicht anzusetzen (vgl. BFH-Urteil vom 9. März 2017, BStBl. II S. 890).

31 Bezüge i. S. d. § 33 a Absatz 1 Satz 5 EStG sind alle Einnahmen in Geld oder Geldeswert, die nicht im Rahmen der einkommensteuerrechtlichen Einkünfteermittlung erfasst werden. Zu den Bezügen zählt in vollem Umfang auch das Elterngeld einschließlich des Sockelbetrags; § 2 Absatz 4 BEEG (vgl. BFH-Beschluss vom 20. Oktober 2016, BStBl. 2017 II S. 194).

32 Weitere Einzelheiten, welche Einkünfte und Bezüge angerechnet bzw. nicht angerechnet werden, sind in H 33 a.1 „Anrechnung eigener Einkünfte und Bezüge" EStH 2020 mit Verweis auf R 33 a.1 Absatz 3 EStR 2012 dargestellt.

33 Bei der Feststellung der anzurechnenden Bezüge sind aus Vereinfachungsgründen insgesamt 180 Euro im Kalenderjahr abzuziehen, wenn nicht höhere Aufwendungen, die im Zusammenhang mit dem Zufluss der entsprechenden Einnahmen stehen, geltend gemacht werden (vgl. R 33 a.1 Absatz 3 Satz 5 EStR 2012).

34 Die Kranken- und Pflegeversicherungsbeiträge, die der Mindestversorgung dienen, werden bei der Bemessung des Höchstbetrages berücksichtigt. Sie dürfen daher zur Vermeidung einer Doppelberücksichtigung nicht zusätzlich die Einkünfte der unterhaltenen Person mindern. Arbeitnehmerbeiträge zur gesetzlichen Renten- und Arbeitslosenversicherung sowie die Beiträge zur gesetzlichen Krankenversicherung für Leistungen, die über das sozialhilferechtliche Niveau hinausgehen, dürfen ebenfalls nicht abgezogen werden (BFH-Urteil vom 18. Juni 2015, BStBl. II S. 928).

35 Im Rahmen der Ermittlung der eigenen Einkünfte und Bezüge sind Kapitalerträge, soweit die tarifliche Einkommensteuer zur Anwendung kommt, unter Berücksichtigung des Sparer-Pauschbetrages nach § 20 Absatz 9 EStG als Einkünfte zu erfassen. Kapitalerträge, die nach § 32 d Absatz 1 und § 43

---

[1] Für VZ 2022: 10 347 Euro, für VZ 2023: 10 908 Euro, für VZ 2024: 11 784 Euro und für VZ 2025: 12 096 Euro.
[2] Arbeitnehmer-Pauschbetrag für VZ 2022: 1200 Euro; ab VZ 2023: 1230 Euro.
[3] **[Amtl. Anm.:]** Bestätigt durch BFH vom 8. 6. 2022 (BStBl. II 2023 S. 23).

Anl a zu § 33a

Absatz 5 EStG der Abgeltungsteuer unterliegen, sind als Bezüge ohne Abzug des Sparer-Pauschbetrages nach § 20 Absatz 9 EStG nach § 33a Absatz 1 Satz 5 EStG zu erfassen (vgl. R 33a.1 Absatz 3 Satz 4 Nr. 1 EStR 2012).

36 Eigene Einkünfte und Bezüge der unterhaltenen Person sind nur anzurechnen, soweit sie auf den Unterhaltszeitraum entfallen (§ 33a Absatz 3 Satz 2 EStG) (vgl. H 33a.3 „Allgemeines" EStH 2020).

7. Nachweiserfordernisse

37 Bei Bargeldzahlungen ist die Rz. 17 des BMF-Schreibens „Berücksichtigung von Aufwendungen für den Unterhalt von Personen im Ausland als außergewöhnliche Belastung nach § 33a Absatz 1 Einkommensteuergesetz (EStG)" vom 6. April 2022 (BStBl. I S. 623) sinngemäß anzuwenden.

8. Anwendungsregelung

38 Die vorstehenden Grundsätze sind ab sofort auf alle offenen Fälle anzuwenden und ersetzen das BMF-Schreiben vom 7. Juni 2010 (BStBl. I S. 582).[1]

Anl b zu § 33a

b) Schreiben betr. Berücksichtigung von Aufwendungen für den Unterhalt von Personen im Ausland als außergewöhnliche Belastung nach § 33a Absatz 1 Einkommensteuergesetz (EStG); Überarbeitung des BMF-Schreibens vom 7. Juni 2010 (BStBl. I S. 588)[2]

vom 6. April 2022 (BStBl. I S. 623)

(BMF IV C 8 – S 2285/19/10002 :001; DOK 2022/25379)

Inhaltsübersicht

	Rz.
1. Unterhaltsempfänger	1, 2
1.1. Zum Abzug berechtigende Unterhaltsempfänger	1
1.2. Zum Abzug nicht berechtigende Unterhaltsempfänger	2
2. Feststellungslast/Beweisgrundsätze/Erhöhte Mitwirkungspflicht und Beweisvorsorge des Steuerpflichtigen	3, 4
3. Allgemeiner Grundsatz zur Nachweiserbringung	5
4. Nachweis der Unterhaltsbedürftigkeit/Unterhaltserklärung	6–9
5. Unterstützung von Personen im erwerbsfähigen Alter (Erwerbsobliegenheit)	10–12
6. Nachweis von Aufwendungen für den Unterhalt	13–21
6.1. Überweisungen	13–16
6.2. Andere Zahlungswege	17–21
7. Aufteilung einheitlicher Unterhaltsleistungen auf mehrere Personen	22
8. Unterstützung durch mehrere Personen	23, 24
8.1. Unterstützung durch mehrere unbeschränkt einkommensteuerpflichtige Personen	23
8.2. Unterstützung durch eine im Inland nicht unbeschränkt einkommensteuerpflichtige Person	24
9. Zeitanteilige Ermäßigung des Höchstbetrags	25–30
9.1. Feststellung der Monate der Unterhaltszahlungen	25
9.2. Zeitliche Zuordnung der Unterhaltsaufwendungen	26–28
9.3. Vereinfachungsregelungen	29
9.4. Zeitpunkt des Abflusses der Unterhaltsleistung	30
10. Anrechnung eigener Bezüge der unterhaltenen Personen	31–34
10.1. Begriff der Bezüge	31
10.2. Umrechnung ausländischer Bezüge	32
10.3. Berücksichtigung der Kostenpauschale	33
10.4. Unterstützungszeitraum/Schwankende Bezüge	34
11. Abzugsbeschränkungen	35–38
11.1. Verhältnisse des Wohnsitzstaates (Ländergruppeneinteilung)	35–37
11.2. Opfergrenzenregelung	38
12. Anwendungsregelung	39

Unter Bezugnahme auf das Ergebnis der Erörterungen mit den obersten Finanzbehörden der Länder gelten für die Berücksichtigung von Unterhaltsaufwendungen an Personen im Ausland als außergewöhnliche Belastung die folgenden Grundsätze.

12 **1. Unterhaltsempfänger**

1.1. Zum Abzug berechtigende Unterhaltsempfänger

1 Aufwendungen für den Unterhalt an Personen im Ausland dürfen nur abgezogen werden, wenn diese Personen gegenüber dem Steuerpflichtigen oder seinem Ehegatten bzw. Partner einer eingetragenen Lebenspartnerschaft (§ 2 Absatz 8 EStG)[3] nach inländischem Recht gesetzlich unterhaltsberechtigt sind (§ 33a Absatz 1 Satz 1 und 6 2. Halbsatz EStG; BFH-Urteil vom 4. Juli 2002, BStBl. II S. 760, sowie vom 27. Juli 2011, BStBl. II S. 965). Die Voraussetzungen für eine Ehegattenveranlagung nach § 26 Absatz 1 Satz 1 EStG müssen nicht vorliegen (BFH-Urteil vom 27. Juli 2011, BStBl. II S. 965). Zur Berücksichtigung von Personen mit einer Aufenthaltserlaubnis nach § 23 Aufenthaltsgesetz siehe BMF-Schreiben vom 27. Mai 2015, BStBl. I S. 474.[4]

---

[1] Abgedruckt im *Handbuch zur Lohnsteuer 2022* als Anlage a zu § 33a EStG

[2] Abgedruckt im *Handbuch zur Lohnsteuer 2022* als Anlage b zu § 33a EStG.

[3] **[Amtl. Anm.:]** Nachfolgend Ehegatte.

[4] Nachstehend abgedruckt als Anlage c zu § 33a.

1.2. Zum Abzug nicht berechtigende Unterhaltsempfänger

2 Ein Abzug nach § 33 a Absatz 1 EStG kommt nicht in Betracht, wenn der Unterhaltsempfänger
- ein Kind ist, für das ein Anspruch auf Freibeträge für Kinder nach § 32 Absatz 6 EStG oder Kindergeld (§ 66 EStG) besteht (§ 33 a Absatz 1 Satz 4 EStG); andere Leistungen für Kinder und dem inländischen Kindergeld vergleichbare Familienbeihilfen nach ausländischem Recht stehen nach § 65 EStG dem Kindergeld gleich (BFH-Urteil vom 4. Dezember 2003, BStBl. 2004 II S. 275); eine Übersicht über im Ausland gewährte vergleichbare Leistungen gemäß § 65 Absatz 1 Satz 1 Nummer 2 EStG kann dem Schreiben des Bundeszentralamtes für Steuern (BZSt) vom 16. Januar 2017 (BStBl. I S. 151) entnommen werden;
- der nicht dauernd getrennt lebende und nicht unbeschränkt einkommensteuerpflichtige Ehegatte des Steuerpflichtigen ist und das Veranlagungswahlrecht nach § 26 Absatz 1 Satz 1 in Verbindung mit § 1 a Absatz 1 Nummer 2 EStG gegeben ist;
- der geschiedene oder dauernd getrennt lebende Ehegatte des Steuerpflichtigen ist und der Sonderausgabenabzug nach § 10 Absatz 1 a Nummer 1 i. V. m. § 1 a Absatz 1 Nummer 1 EStG vorgenommen wird;
- zwar nach ausländischem, aber nicht nach inländischem Recht unterhaltsberechtigt ist, selbst wenn die Unterhaltspflicht des Steuerpflichtigen aufgrund internationalen Privatrechts im Inland verbindlich ist (BFH-Urteil vom 4. Juli 2002, BStBl. II S. 760, sowie vom 27. Juli 2011, BStBl. II S. 965).

2. Feststellungslast/Beweisgrundsätze/Erhöhte Mitwirkungspflicht und Beweisvorsorge des Steuerpflichtigen 13

3 Der Steuerpflichtige trägt nach den im Steuerrecht geltenden allgemeinen Beweisgrundsätzen für Steuerermäßigungen die objektive Beweislast (Feststellungslast). Bei Sachverhalten im Ausland müssen sich die Steuerpflichtigen in besonderem Maße um Aufklärung und Beschaffung geeigneter, in besonderen Fällen auch zusätzlicher Beweismittel bemühen (§ 90 Absatz 2 AO). Danach trifft den Steuerpflichtigen bei der Gestaltung der tatsächlichen Verhältnisse eine Pflicht zur Beweisvorsorge. Aus den Unterlagen muss hervorgehen, dass Geldbeträge des Steuerpflichtigen tatsächlich verwendet worden und an den Unterhaltsempfänger gelangt sind. Der Steuerpflichtige muss, wenn er seine Aufwendungen steuerlich geltend machen will, dafür Sorge tragen, dass sichere und leicht nachprüfbare Belege oder Bescheinigungen vorliegen, die den Zugang und Abfluss der Geldbeträge erkennen lassen. Eigenerklärungen oder eidesstattliche Versicherungen sind allein keine ausreichenden Mittel zur Glaubhaftmachung (BFH-Urteil vom 3. Juni 1987, BStBl. II S. 675). Bei Unterlagen in ausländischer Sprache ist eine deutsche Übersetzung durch einen amtlich zugelassenen Dolmetscher, ein Konsulat oder eine sonstige zuständige (ausländische) Dienststelle notwendig. Hierfür anfallende Aufwendungen sind keine Unterhaltsaufwendungen.

4 Da die Erfüllung dieser Mitwirkungspflichten erforderlich, möglich, zumutbar und verhältnismäßig sein muss, können hinsichtlich der Beschaffung amtlicher Bescheinigungen aus Krisengebieten Beweiserleichterungen in Betracht kommen. Ist ein Steuerpflichtiger wegen der besonderen Situation im Wohnsitzstaat der unterhaltenen Person nicht in der Lage, beweisgeeignete Unterlagen zu erlangen, so ist ihm dies unter dem Gesichtspunkt des Beweisnotstands nur nach Würdigung der Gesamtumstände des Einzelfalls anzulasten. Ein Beweisnotstand kann beispielsweise in Betracht kommen, wenn wegen der sozialen oder politischen Verhältnisse (etwa im Falle eines Bürgerkriegs) im Heimatland des Empfängers die Beschaffung von beweiserheblichen Unterlagen nicht möglich oder für den Steuerpflichtigen mit erheblichen Schwierigkeiten verbunden und daher unzumutbar ist (BFH-Urteil vom 2. Dezember 2004, BStBl. 2005 II S. 483). Die Weigerung der zuständigen Heimatbehörde, die Angaben der unterstützten Person auf der Unterhaltserklärung zu bestätigen, stellt keinen Beweisnotstand dar (Hinweis auf Rz. 8).

3. Allgemeiner Grundsatz zur Nachweiserbringung

5 Der Steuerpflichtige hat die in den Rz. 6 bis 8 und 12 bis 21 bezeichneten Unterlagen und Nachweise nur auf Anforderung der Finanzbehörde zur Sachverhaltsaufklärung vorzulegen. Die Finanzbehörde kann nach den Umständen des Einzelfalls weitere Auskünfte oder Nachweise verlangen.

4. Nachweis der Unterhaltsbedürftigkeit/Unterhaltserklärung 14

6 Voraussetzung für den Abzug von Unterhaltsaufwendungen ist der Nachweis über die Unterhaltsbedürftigkeit der im Ausland lebenden unterhaltenen Person. Hierzu sind folgende Angaben des Steuerpflichtigen und der unterhaltenen Person erforderlich:
- das Verwandtschaftsverhältnis der unterhaltenen Person zum Steuerpflichtigen oder dessen Ehegatten,
- Name, Geburtsdatum und -ort, berufliche Tätigkeit, Anschrift, Familienstand der unterhaltenen Person sowie eine Aussage, ob zu ihrem Haushalt noch weitere Personen gehören; diese Angaben sind in der Regel durch eine Bestätigung der Heimatbehörde (Gemeinde-/Meldebehörde) der unterhaltenen Person nachzuweisen; die Bestätigung der Angaben kann auch durch einen öffentlich bestellten Notar erfolgen, sofern die Heimatbehörde diesen hiermit beauftragt hat,
- Angaben über Art und Umfang der eigenen Einnahmen (einschließlich Unterhaltsleistungen von dritter Seite) und des eigenen Vermögens der unterhaltenen Person im Kalenderjahr der Unterhaltsleistung sowie eine Aussage darüber, ob die unterhaltene Person nicht, gelegentlich oder regelmäßig beruflich tätig war und ob Unterstützungsleistungen aus öffentlichen Mitteln erbracht worden sind,
- bei erstmaliger Antragstellung sind außerdem detaillierte Angaben erforderlich, wie der Unterhalt bisher bestritten worden ist, welche jährlichen Einnahmen vor der Unterstützung bezogen worden sind, ob eigenes Vermögen vorhanden war und welcher Wert davon auf Hausbesitz entfällt (vgl. R 33 a.1 Absatz 2 Satz 4 Nummer 2 EStR 2012). Die Einnahmen sind durch geeignete Unterlagen (z. B. Steuer-

bescheide, Rentenbescheide, Verdienstbescheinigungen, Bescheide der ausländischen Arbeits- oder Sozialverwaltung) zu belegen,
– Angaben darüber, ob noch andere Personen zum Unterhalt beigetragen haben, welche Unterhaltsbeiträge sie geleistet haben und ab wann und aus welchen Gründen die unterhaltene Person nicht selbst für ihren Lebensunterhalt aufkommen konnte.

7 Zur Erleichterung und Vereinheitlichung der insoweit vorzunehmenden Sachverhaltsaufklärung und zur erleichterten Beweisführung werden zweisprachige Unterhaltserklärungen in den gängigsten Sprachen aufgelegt und im Formular-Management-System (FMS) der Bundesfinanzverwaltung (http://www.formulare-bfinv.de) zum Download bereitgestellt. Die Richtigkeit der darin zu den persönlichen und wirtschaftlichen Verhältnissen geforderten detaillierten Angaben ist durch Unterschrift der unterhaltenen Person zu bestätigen und durch geeignete Unterlagen (z. B. Steuerbescheide, Rentenbescheide, Verdienstbescheinigungen, Bescheide der ausländischen Arbeits- oder Sozialverwaltung) zu belegen. Für jede unterhaltene Person ist eine eigene Unterhaltserklärung auszufüllen.

8 Ist eine Unterhaltserklärung als Nachweis für die Bedürftigkeit der unterhaltenen Person nur unvollständig ausgefüllt, so ist grundsätzlich die Bedürftigkeit der sie betreffenden Person nicht anzunehmen (BFH-Urteil vom 2. Dezember 2004, BStBl. 2005 II S. 483). Weigert sich die Heimatbehörde, die Angaben auf der zweisprachigen Unterhaltserklärung zu bestätigen (vgl. hierzu auch Rz. 4), kann die behördliche Bestätigung zum Verwandtschaftsverhältnis, zu Name, Geburtsdatum und -ort, zur beruflichen Tätigkeit und Anschrift, zum Familienstand der unterhaltenen Person sowie zu Haushaltsmitgliedern auf anderen Dokumenten erbracht werden.

9 Der Abzug von Unterhaltsaufwendungen entfällt, wenn die Unterhaltsbedürftigkeit der unterhaltenen Person trotz entsprechender Unterhaltserklärung nicht glaubhaft ist. Dies ist der Fall, wenn die Unterhaltszahlungen nicht den gesamten Lebensbedarf der unterhaltenen Person abdecken (BFH-Urteil vom 11. November 2010, BStBl. 2011 II S. 966).

15 **5. Unterstützung von Personen im erwerbsfähigen Alter (Erwerbsobliegenheit)**

10 Bei Personen im erwerbsfähigen Alter ist davon auszugehen, dass sie ihren Lebensunterhalt durch eigene Arbeit verdienen (BFH-Urteile vom 2. Dezember 2004, BStBl. 2005 II S. 483, und vom 5. Mai 2010, BStBl. 2011 II S. 115). Hierzu hat die unterhaltene Person ihre Arbeitskraft als die ihr zur Bestreitung ihres Lebensunterhalts zur Verfügung stehende Quelle in ausreichendem Maße auszuschöpfen (sog. Erwerbsobliegenheit). Für Personen im erwerbsfähigen Alter sind daher – mangels Zwangsläufigkeit – Unterhaltsaufwendungen grundsätzlich nicht berücksichtigungsfähig. Die Erwerbsobliegenheit ist bei allen unterhaltsberechtigten Personen, die nicht unbeschränkt einkommensteuerpflichtig sind, zu prüfen. Die in R 33 a.1 Absatz 2 Satz 2 i. V. m. Absatz 1 Satz 4 EStR 2012 aufgeführte Vereinfachungsregelung gilt in diesen Fällen nicht. Lediglich bei Unterhaltszahlungen an den im Ausland lebenden Ehegatten ist im Rahmen einer bestehenden Ehegemeinschaft die Erwerbsobliegenheit nicht zu prüfen (BFH-Urteil vom 5. Mai 2010, BStBl. 2011 II S. 115).

11 Der Einsatz der eigenen Arbeitskraft darf nicht gefordert werden, wenn die unterhaltene Person aus gewichtigen Gründen keiner oder nur in geringem Umfang einer Beschäftigung gegen Entgelt nachgehen kann (BFH-Urteil vom 13. März 1987, BStBl. II S. 599). Als Gründe kommen beispielsweise in Betracht:
– Alter (ab Erreichen der Regelaltersgrenze), die Regelaltersgrenze richtet sich nach den Vorschriften des deutschen Sozialrechts (BFH-Urteil vom 15. April 2015, BStBl. 2016 II S. 148),
– Behinderung,
– schlechter Gesundheitszustand,
– die Erziehung oder Betreuung von Kindern unter 6 Jahren,
– ein ernsthaft und nachhaltig betriebenes Studium oder eine Berufsausbildung,
– die Pflege von Angehörigen mit Behinderungen. Dabei ist das jederzeitige Bereitstehen für einen eventuellen Pflegeeinsatz bei Angehörigen mit Behinderungen („Pflege auf Abruf") kein Umstand, der die generelle Erwerbsobliegenheit volljähriger, sich im erwerbsfähigen Alter befindender Personen entfallen lässt (BFH-Urteil vom 15. April 2015, BStBl. 2016 II S. 148).

Eine von der zuständigen Heimatbehörde bestätigte Arbeitslosigkeit der unterhaltenen Person stellt keinen gewichtigen Grund dar.

12 Bei Personen, die noch nicht die Regelaltersgrenze nach den Vorschriften des deutschen Sozialrechts erreicht haben, aber bereits eine Rente beziehen, kann auf den Einsatz der eigenen Arbeitskraft nur dann verzichtet werden, wenn die Rente auf Grund eines schlechten Gesundheitszustandes oder einer Behinderung gezahlt wird. An den Nachweis einer Behinderung oder den Nachweis eines schlechten Gesundheitszustandes sind im Regelfall strenge Anforderungen zu stellen. Der Nachweis ist durch eine Bescheinigung des behandelnden Arztes zu führen, die mindestens Ausführungen zur Art der Krankheit, zum Krankheitsbild und den dadurch bedingten dauernden Beeinträchtigungen bzw. dem Grad der Behinderung der unterstützten Person enthalten muss. Außerdem ist anzugeben, in welchem Umfang die unterstützte Person noch in der Lage ist, einer Erwerbstätigkeit nachzugehen. Entsprechend den in Rz. 3 genannten Grundsätzen ist den Unterlagen eine deutsche Übersetzung beizufügen. Die Finanzbehörde kann nach den Umständen des Einzelfalles weitere Auskünfte oder Nachweise verlangen.

16 **6. Nachweis von Aufwendungen für den Unterhalt**

6.1. Überweisungen

Post- und Bankbelege

13 Überweisungen sind grundsätzlich durch Post- oder Bankbelege (Buchungsbestätigungen oder Kontoauszüge) nachzuweisen, die die unterhaltene Person als Empfänger ausweisen. Durch solche Unterlagen wird in der Regel in hinreichendem Maße bewiesen, wann und wie viel Geld aus dem Vermögensbereich des Steuerpflichtigen abgeflossen ist, und es kann im Allgemeinen unterstellt werden, dass diese Beträge auch in den Verfügungsbereich des Adressaten gelangt, nämlich auf dessen Bankkonto im Ausland verbucht bzw. von der Post bar ausgehändigt worden sind (BFH-Urteil vom 14. Mai 1982, BStBl. II S. 772). Für den Geldtransfer anfallende Aufwendungen (Porto, Spesen und Bearbeitungsgebühren) sind keine Unterhaltsaufwendungen. Anl b zu § 33a

Mehrere Personen

14 Werden mehrere Personen, die in einem gemeinsamen Haushalt leben, unterhalten, so genügt es, wenn die Überweisungsbelege auf den Namen einer dieser Personen lauten.

Abweichender Kontoinhaber

15 Bei Überweisungen auf ein nicht auf den Namen der unterhaltenen Person lautendes Konto im Ausland ist neben den inländischen Zahlungsbelegen eine Bescheinigung der Bank über die Kontovollmacht und über den Zeitpunkt, die Höhe und den Empfänger der Auszahlung erforderlich.

Ersatzbelege

16 Sind Zahlungsbelege abhandengekommen, hat der Steuerpflichtige Ersatzbelege zu beschaffen. Die hierfür anfallenden Kosten sind keine Unterhaltsaufwendungen.

6.2. Andere Zahlungswege

Allgemeines

17 Der Steuerpflichtige kann auch einen anderen Zahlungsweg wählen, wenn die so erbrachte Unterhaltsleistung in hinreichender Form nachgewiesen wird (BFH-Urteil vom 14. Mai 1982, BStBl. II S. 774). Entsprechend den unter Rz. 3, 4 dargelegten Grundsätzen sind bei baren Unterhaltszahlungen sowie bei allen anderen Zahlungswegen erhöhte Beweisanforderungen zu erfüllen. Abhebungsnachweise und detaillierte Empfängerbestätigungen (vgl. Rz. 21) sind erforderlich. Zwischen der Abhebung und der jeweiligen Geldübergabe muss ein ausreichender Sachzusammenhang (Zeitraum von höchstens zwei Wochen) bestehen. Die Durchführung der Reise ist stets anhand von Fahrkarten, Tankquittungen, Grenzübertrittsvermerken, Flugscheinen, Visa usw. nachzuweisen.

Mitnahme von Bargeld bei Familienheimfahrten

18 Erleichterungen gelten bei Familienheimfahrten des Steuerpflichtigen zu seiner von ihm unterstützten und im Ausland lebenden Familie. Eine Familienheimfahrt liegt nur vor, wenn der Steuerpflichtige seinen im Ausland lebenden Ehegatten besucht, der dort weiter den Familienhaushalt aufrechterhält. Lebt auch der Ehegatte im Inland und besucht der Steuerpflichtige nur seine im Ausland lebenden Kinder oder die eigenen Eltern, liegt keine Familienheimfahrt vor mit der Folge, dass die allgemeinen Beweisgrundsätze gelten (BFH-Urteil vom 19. Mai 2004, BStBl. 2005 II S. 24).

19 Bei Arbeitnehmern kann grundsätzlich davon ausgegangen werden, dass der Steuerpflichtige je Familienheimfahrt einen Nettomonatslohn für den Unterhalt des Ehegatten, der Kinder und anderer im Haushalt des Ehegatten lebender Angehöriger mitnimmt. Diese Beweiserleichterung gilt nur für bis zu vier im Kalenderjahr nachweislich durchgeführte Familienheimfahrten. Im Rahmen der Beweiserleichterung kann aber höchstens ein Betrag geltend gemacht werden, der sich ergibt, wenn der vierfache Nettomonatslohn um die auf andere Weise erbrachten und nachgewiesenen oder glaubhaft gemachten Zahlungen gekürzt wird (vgl. BFH-Urteil vom 4. August 1994, BStBl. 1995 II S. 114). Macht der Steuerpflichtige höhere Aufwendungen als (pauschal) den vierfachen Nettomonatslohn geltend, müssen alle Zahlungen entsprechend den allgemeinen Grundsätzen nachgewiesen werden.

Beispiel 1:

Ein Arbeitnehmer hat seinen Familienhaushalt (Ehefrau, minderjähriges Kind, kein Anspruch auf Kindergeld oder vergleichbare Leistungen) in einem Land der Ländergruppe 1 (keine Kürzung). Er hat im Kalenderjahr 2021 nachweislich zwei Heimfahrten unternommen und macht die Mitnahme von Bargeld im Wert von jeweils 1 500 Euro geltend, ohne dies jedoch belegen zu können. Außerdem hat er drei Überweisungen in Höhe von jeweils 1 450 Euro nachgewiesen. Sein Nettomonatslohn beläuft sich auf 1 312 Euro. Die Opfergrenze kommt nicht zur Anwendung.

1. Aufwendungen für den Unterhalt:

Mitnahme von Bargeld (2 tatsächliche Familienheimfahrten × 1 312 Euro, Deckelung gemäß Rz. 19 Satz 1)	2 624 Euro
Überweisungen (3 × 1 450 Euro)	4 350 Euro
Summe	6 974 Euro

2. Berechnung der abziehbaren Unterhaltsaufwendungen:

vierfacher Nettomonatslohn (1 312 Euro × 4) (jährlich höchstens anzusetzen im Rahmen der Beweiserleichterung)	5 248 Euro
./. anderweitig nachgewiesene Zahlungen	4 350 Euro
verbleibender Betrag im Rahmen der Beweiserleichterung	898 Euro
abziehbare Unterhaltsaufwendungen (4 350 Euro + 898 Euro)	5 248 Euro

Geldtransfer durch eine Mittelsperson

20 Der Geldtransfer durch eine Mittelsperson (hierzu zählt auch ein neutrales gewerbliches Transportunternehmen) kann grundsätzlich nicht anerkannt werden. Dies gilt nicht, wenn wegen der besonderen Situation im Wohnsitzstaat (z. B. Krisengebiet) ausnahmsweise kein anderer Zahlungsweg möglich ist. In diesem Fall sind neben der Identität der Mittelsperson (Name und Anschrift) der genaue Reiseverlauf darzustellen sowie ein lückenloser Nachweis über die Herkunft des Geldes im Inland und über jeden einzelnen Schritt bis zur Übergabe an die unterhaltene Person zu erbringen. Die Durchführung der Reise durch eine private Mittelsperson ist stets durch Fahrkarten, Tankquittungen, Grenzübertrittsvermerke, Flugscheine, Visa usw. nachzuweisen.

Empfängerbestätigung

21 Eine Empfängerbestätigung muss für die Übergabe jedes einzelnen Geldbetrags ausgestellt werden. Sie muss den Namen und die Anschrift des Steuerpflichtigen und der unterhaltenen Person, das Datum der Ausstellung und die Unterschrift des Empfängers sowie den Ort und den Zeitpunkt der Geldübergabe enthalten. Um die ihr zugedachte Beweisfunktion zu erfüllen, muss sie Zug um Zug gegen Hingabe des Geldbetrags ausgestellt werden. Nachträglich ausgestellte oder zusammengefasste Empfängerbestätigungen erfüllen die Nachweisvoraussetzungen nicht.

17 **7. Aufteilung einheitlicher Unterhaltsleistungen auf mehrere Personen**

22 Werden Personen unterhalten, die in einem gemeinsamen Haushalt leben, sind die insgesamt nachgewiesenen bzw. glaubhaft gemachten Aufwendungen einheitlich nach Köpfen aufzuteilen, auch soweit unterhaltene Personen nicht zu den zum Abzug berechtigenden Unterhaltsempfängern (Rz. 2) gehören (BFH-Urteile vom 12. November 1993, BStBl. 1994 II S. 731, und vom 19. Juni 2002, BStBl. II S. 753). Eine Aufteilung einheitlicher Unterhaltszahlungen ist nur möglich, wenn die Unterhaltsempfänger gewissermaßen „aus einem Topf" wirtschaften (BFH-Urteil vom 30. Juni 2010, BStBl. 2011 II S. 267).

Beispiel 2:

Ein Steuerpflichtiger unterstützt im Kalenderjahr 2021 seine Ehefrau, sein minderjähriges Kind (Kindergeld wird gewährt), seine verwitwete Mutter und seine Schwester, die im Heimatland in einem gemeinsamen Haushalt leben, mit 6 000 Euro.

Von den Aufwendungen für den Unterhalt in Höhe von 6 000 Euro entfallen auf jede unterstützte Person 1 500 Euro (6 000 Euro : 4). Die Schwester des Steuerpflichtigen und das minderjährige Kind gehören nicht zu den zum Abzug berechtigenden Unterhaltsempfängern (Rz. 1). Abziehbar sind – vorbehaltlich anderer Abzugsbeschränkungen – lediglich die für die Ehefrau (1 500 Euro) und die Mutter (1 500 Euro) erbrachten Aufwendungen.

18 **8. Unterstützung durch mehrere Personen**

8.1. Unterstützung durch mehrere unbeschränkt einkommensteuerpflichtige Personen

23 Werden Aufwendungen für eine unterhaltene Person von mehreren unbeschränkt Einkommensteuerpflichtigen getragen, so wird bei jedem der Teil des sich hiernach ergebenden Betrags abgezogen, der seinem Anteil am Gesamtbetrag der Leistung entspricht (§ 33 a Absatz 1 Satz 7 EStG). Unterhaltsbeiträge von Personen, die die Voraussetzungen von § 33 a Absatz 1 Sätze 1 und 3 EStG nicht erfüllen, führen jedoch nicht zu einer anteiligen Kürzung des Höchstbetrags nach § 33 a Absatz 1 Satz 7 EStG. Sie sind als andere Einkünfte und Bezüge der unterhaltenen Person gemäß § 33 a Absatz 1 Satz 5 EStG zu berücksichtigen (BFH-Urteil vom 28. April 2020, BStBl. 2021 II S. 209).

Beispiel 3:

Vier Töchter A, B, C und D unterstützen ihren in einem Land der Ländergruppe 1 (keine Kürzung) lebenden bedürftigen Vater im Kalenderjahr 2021 mit jeweils 250 Euro monatlich.

Der Abzug der Aufwendungen für den Unterhalt von insgesamt 12 000 Euro ist auf den Höchstbetrag von 9 744 Euro[1] (§ 33 a Absatz 1 Satz 1 EStG)[2] beschränkt. Dieser ist entsprechend dem Anteil der Töchter am Gesamtbetrag der Leistungen mit jeweils 2 436 Euro (9 744 Euro : 4) abziehbar.

8.2. Unterstützung durch eine im Inland nicht unbeschränkt einkommensteuerpflichtige Person

24 Tragen mehrere Personen zum Unterhalt bei und ist eine davon im Inland nicht unbeschränkt einkommensteuerpflichtig, wird diese bei der Aufteilung des abziehbaren Betrags nicht berücksichtigt. Deren Unterhaltsleistungen sind bei der unterhaltenen Person als Bezüge (Rz. 31) zu erfassen.

Beispiel 4:

Sachverhalt wie Beispiel 3, die Tochter D lebt jedoch in Frankreich.

Höchstbetrag (§ 33 a Absatz 1 Satz 1 EStG):		9 744 Euro[3]
anrechenbare Bezüge (250 Euro × 12)	3 000 Euro	
Kostenpauschale	– 180 Euro	
	2 820 Euro	
anrechnungsfreier Betrag	– 624 Euro	
anzurechnende Bezüge	2 196 Euro	2 196 Euro
abziehbarer Höchstbetrag:		7 548 Euro

Bei den Töchtern A, B und C ist wegen ihrer Leistungen in gleicher Höhe jeweils ein Betrag von 2 516 Euro (7 548 Euro : 3) abzuziehen.

18a **9. Zeitanteilige Ermäßigung des Höchstbetrags**

9.1. Feststellung der Monate der Unterhaltszahlungen

25 Für jeden vollen Kalendermonat, in dem die allgemeinen Voraussetzungen für den Abzug von Aufwendungen für den Unterhalt nicht vorgelegen haben, ermäßigt sich der nach Rz. 34 in Betracht kommende Höchstbetrag um ein Zwölftel (§ 33 a Absatz 3 Satz 1 EStG). Es ist deshalb festzustellen, für welche Monate Zahlungen geleistet wurden.

Beispiel 5:

Der Steuerpflichtige unterstützt seine in einem Land der Ländergruppe 1 (keine Kürzung) lebende bedürftige 70 Jahre alte Mutter durch monatliche Überweisungen von Juni bis Dezember 2021 in Höhe von jeweils 800 Euro.

[1] Für VZ 2022: 10 347 Euro, für VZ 2023: 10 908 Euro, für VZ 2024: 11 784 Euro und für VZ 2025: 12 096 Euro.

[2] **[Amtl. Anm.:]** Ab dem VZ 2022 entspricht der Höchstbetrag dem Grundfreibetrag nach § 32 a Abs. 1 Satz 2 Nr. 1 EStG.

[3] Für VZ 2022: 10 347 Euro, für VZ 2023: 10 908 Euro, für VZ 2024: 11 784 Euro und für VZ 2025: 12 096 Euro.

Nachgewiesene Aufwendungen für den Unterhalt	5 600 Euro
Höchstbetrag (§ 33 a Absatz 1 Satz 1 EStG)	9 744 Euro[1]
zeitanteilige Ermäßigung des Höchstbetrags um 5/12 (§ 33 a Absatz 3 Satz 1 EStG, erste Zahlung im Juni)	– 4 060 Euro
abziehbare Aufwendungen für den Unterhalt (7/12)	5 684 Euro

Es sind maximal Unterhaltsaufwendungen i. H. v. 5 684 Euro abzuziehen.

9.2. Zeitliche Zuordnung der Unterhaltsaufwendungen

26 Unterhaltsaufwendungen können nur abgezogen werden, soweit sie dem laufenden Lebensbedarf der unterhaltenen Person im Kalenderjahr der Leistung dienen (BFH-Urteil vom 11. November 2010, BStBl. 2011 II S. 966).

27 Auch nur gelegentliche oder einmalige Leistungen im Kalenderjahr können Aufwendungen für den Unterhalt sein. Die Unterstützung und die Eignung der Leistungen zur Deckung des laufenden Unterhalts sind dabei besonders sorgfältig zu prüfen. Unterhaltsaufwendungen dürfen aber grundsätzlich nicht auf Monate vor ihrer Zahlung zurückbezogen werden. Dabei ist davon auszugehen, dass der Unterhaltsverpflichtete seine Zahlungen so einrichtet, dass sie zur Deckung des Lebensbedarfs der unterhaltenen Person bis zum Erhalt der nächsten Unterhaltszahlung dienen. Etwas anderes gilt, wenn damit Schulden getilgt werden, die der unterhaltenen Person in den vorangegangenen Monaten des Kalenderjahres durch Bestreitung von Lebenshaltungskosten entstanden sind, und wenn der Steuerpflichtige dies nachweist (BFH-Urteil vom 2. Dezember 2004, BStBl. 2005 II S. 483).

28 Soweit Zahlungen nicht ausschließlich dazu bestimmt sind, den Unterhaltsbedarf des laufenden, sondern auch des folgenden Kalenderjahres abzudecken, können die gesamten Unterhaltsaufwendungen nur im Kalenderjahr der Zahlung, nicht jedoch im folgenden Kalenderjahr berücksichtigt werden. Dabei wird zugunsten des Steuerpflichtigen unterstellt, dass die Zahlung der Bedarfsdeckung bis zum Ende des Kalenderjahres der Zahlung dient (BFH-Urteil vom 25. April 2018, BStBl. II S. 643).

Beispiel 6:

Der Steuerpflichtige überweist erstmals im Dezember 2021 einen Betrag von 3 000 Euro an seinen bedürftigen Vater in einem Land der Ländergruppe 1 (keine Kürzung). Die Zahlung ist für den Unterhalt bis zum 30. Juni 2022 bestimmt.

Die Unterhaltszahlung ist in 2021 abgeflossen (§ 11 Absatz 2 EStG). Die Unterhaltsaufwendungen sind mit 812 Euro ($^{1}/_{12}$ von 9 744 Euro) abziehbar. Eine Berücksichtigung in 2022 ist nicht möglich.

9.3. Vereinfachungsregelungen

29 Aus Vereinfachungsgründen kann davon ausgegangen werden, dass

- Unterhaltsleistungen an den Ehegatten stets zur Deckung des Lebensbedarfs des gesamten Kalenderjahrs bestimmt sind;
- bei Unterhaltsleistungen an andere unterhaltene Personen die einzelne Zahlung ohne Rücksicht auf die Höhe ab dem Zeitpunkt, in dem sie geleistet wurde, zur Deckung des Lebensbedarfs der unterhaltenen Person bis zur nächsten Zahlung reicht. Dies gilt auch, wenn einzelne Zahlungen den auf einen Monat entfallenden anteiligen Höchstbetrag nicht erreichen;
- die einzige oder letzte Unterhaltsleistung im Kalenderjahr der Bedarfsdeckung bis zum Schluss des Kalenderjahrs dient;
- bei jeder nachgewiesenen Familienheimfahrt Unterhalt geleistet wird (Rz. 18, 19);
- Unterhaltsleistungen an den Ehegatten auch zum Unterhalt anderer Personen bestimmt sind, die mit diesem in einem gemeinsamen Haushalt leben (Rz. 22).

Beispiel 7:

Der Steuerpflichtige unterstützt im Kalenderjahr 2021 seine in einem Land der Ländergruppe 1 (keine Kürzung) lebende bedürftige Ehefrau durch eine einmalige Zahlung im Monat Juli in Höhe von 5 000 Euro.

Es ist davon auszugehen, dass die Aufwendungen für den Unterhalt an die Ehefrau zur Deckung des Lebensbedarfs des gesamten Kalenderjahres bestimmt sind. Die Aufwendungen für den Unterhalt sind in voller Höhe (5 000 Euro) abziehbar.

Beispiel 8:

Der Steuerpflichtige unterstützt seinen in einem Land der Ländergruppe 2 (Kürzung des Höchstbetrages auf ¾ bzw. 7 308 Euro) lebenden bedürftigen schwerkranken Vater durch gelegentliche Überweisungen im Laufe des Kalenderjahres 2021 in Höhe von 3 200 Euro, und zwar im Februar mit 1200 Euro und im November mit 2 000 Euro.

Es ist aus Vereinfachungsgründen davon auszugehen, dass die Zahlung im Februar ohne Rücksicht auf die Höhe zur Deckung des Lebensbedarfs des Vaters bis zur nächsten Zahlung im November reicht. Die tatsächlich geleisteten Unterhaltszahlungen sind in voller Höhe (3 200 Euro) abziehbar, da sie unter dem anteiligen Höchstbetrag von 6 699 Euro ($^{11}/_{12}$ von 7 308 Euro) liegen.

Beispiel 9:

Der Steuerpflichtige unterstützt im Kalenderjahr 2021 seine in einem Land der Ländergruppe 1 (keine Kürzung) lebende bedürftige 80 Jahre alte Mutter durch eine einmalige Zahlung im Monat Juli in Höhe von 5 000 Euro.

Es ist davon auszugehen, dass die Aufwendungen für den Unterhalt an die Mutter der Bedarfsdeckung bis zum Schluss des Kalenderjahres dienen. Von den tatsächlichen Aufwendungen für den Unterhalt in Höhe von 5 000 Euro sind jedoch unter Berücksichtigung der zeitanteiligen Kürzung des Höchstbetrags nach § 33 a Absatz 3 Satz 1 EStG lediglich 4 872 Euro ($^{6}/_{12}$ von 9 744 Euro) abziehbar.

Beispiel 10:

Wie Beispiel 9, aber der Steuerpflichtige leistet vier Zahlungen in Höhe von insgesamt 10 000 Euro (je 2 500 Euro im Februar, Juni, August und November).

Es ist davon auszugehen, dass von Februar an (Zeitpunkt der ersten Unterhaltsleistung) Unterhalt erbracht wurde und dass die letzte Unterhaltsleistung der Bedarfsdeckung bis zum Ende des Kalenderjahrs dient. Die tatsächlichen Aufwen-

[1] Für VZ 2022: 10 347 Euro, für VZ 2023: 10 908 Euro, für VZ 2024: 11 604 784 und für VZ 2025: 12 096 Euro.

Anl b zu § 33a

dungen in Höhe von 10 000 Euro sind damit unter Berücksichtigung der zeitanteiligen Kürzung des Höchstbetrags nach § 33 a Absatz 3 Satz 1 EStG lediglich in Höhe von 8 932 Euro ($^{11}/_{12}$ von 9 744 Euro) abziehbar.

9.4. Zeitpunkt des Abflusses der Unterhaltsleistung

30 Eine Unterhaltsleistung ist in dem Zeitpunkt abgeflossen, in dem der Steuerpflichtige die wirtschaftliche Verfügungsmacht über das Geld verliert. Für Überweisungen bedeutet dies, dass die Leistung grundsätzlich mit der Abgabe des Überweisungsträgers bei der Überweisungsbank, spätestens jedoch mit der Lastschrift (Wertstellung) bei der unterstützenden Person abgeflossen ist (BFH-Urteil vom 6. März 1997, BStBl. II S. 509).

Beispiel 11:

Der Steuerpflichtige überweist mit Wertstellung 23. Dezember 2021 einen Betrag von 3 000 Euro an seine bedürftige Mutter in einem Land der Ländergruppe 3 (Kürzung des Höchstbetrages auf ½ bzw. 4 872 Euro). Das Geld wird am 6. Januar 2022 auf dem Konto der Mutter gutgeschrieben.

Die Unterhaltsleistung ist in 2021 abgeflossen (§ 11 Absatz 2 EStG). Daher sind die Unterhaltsaufwendungen als Leistungen des Monats Dezember 2021 in Höhe von 406 Euro zu berücksichtigen ($^{1}/_{12}$ von 4 872 Euro). Eine Berücksichtigung in 2022 ist nicht möglich.

19 **10. Anrechnung eigener Bezüge der unterhaltenen Personen**

10.1. Begriff der Bezüge

31 Bezüge sind alle Einnahmen in Geld oder Geldeswert, die nicht im Rahmen der einkommensteuerrechtlichen Einkunftsermittlung erfasst werden. Bezüge im Ausland, die – wenn sie im Inland anfielen – Einkünfte wären, sind wie inländische Einkünfte zu ermitteln. Unter Beachtung der Ländergruppeneinteilung (Rz. 35) sind Sachbezüge nach der jeweils geltenden Sozialversicherungsentgeltverordnung mit dem sich ergebenden Anteil anzusetzen. Die Kürzung nach der Ländergruppeneinteilung gilt nicht für die Werbungskosten-Pauschbeträge, den Sparer-Pauschbetrag und die Kostenpauschale (Rz. 33).

10.2. Umrechnung ausländischer Bezüge

32 Ausländische Bezüge sind in Euro umzurechnen (§ 33 a Absatz 1 Satz 8 EStG).

10.3. Berücksichtigung der Kostenpauschale

33 Bei Bezügen, die nicht wie inländische Einkünfte ermittelt werden, ist eine Kostenpauschale von 180 Euro (unabhängig von der Ländergruppeneinteilung) zu berücksichtigen, wenn nicht höhere Aufwendungen geltend gemacht werden.

Beispiel 12:

Ein Steuerpflichtiger unterstützt seine im Heimatland (Ländergruppe 2, Kürzung auf ¾) lebenden Eltern durch zwei Überweisungen am 3. April und am 6. September 2021 von jeweils 750 Euro. Der Vater erzielt im Kalenderjahr 2021 Bezüge aus gewerblicher Tätigkeit (Rz. 31) von – umgerechnet – 1 000 Euro. Die Mutter bezieht eine Rente von – umgerechnet – 1 440 Euro im Kalenderjahr.

1. Höhe der Aufwendungen für den Unterhalt		
nachgewiesene Zahlungen		1 500 Euro
2. Berechnung der Höchstbeträge		
Berechnung der Höchstbeträge: 9 744 Euro[1] × 2		19 488 Euro
zeitanteilige Ermäßigung auf $^{9}/_{12}$ (§ 33 a Absatz 3 Satz 1 EStG) (erste Zahlung im April)		14 616 Euro
Ermäßigung nach der Ländergruppeneinteilung auf ¾		10 962 Euro
3. Berechnung der anzurechnenden Bezüge		
3.1 Bezüge aus gewerblicher Tätigkeit (Vater) im Unterstützungszeitraum anteilig: $^{9}/_{12}$ (April bis Dezember, § 33 a Absatz 3 Satz 2 EStG)	1 000 Euro	750 Euro
3.2 Renteneinnahmen (Mutter) (Erfassung der Rente in voller Höhe)	1 440 Euro	
Werbungskosten-Pauschbetrag 102 Euro (für den sonstigen Einkünften vergleichbaren Rentenanteil)	– 102 Euro	
Kostenpauschale 180 Euro (für den Rentenanteil, der bei einer inländischen Rente als Bezug zu erfassen wäre)	– 180 Euro	
anzusetzende Rente	1 158 Euro	
im Unterstützungszeitraum angefallen: $^{9}/_{12}$ (April bis Dezember, § 33 a Absatz 3 Satz 2 EStG)		868 Euro
Summe der Bezüge		1 618 Euro
3.3 Summe der anteilig anzurechnenden Bezüge (April bis Dezember, § 33 a Absatz 3 Satz 2 EStG)		
anrechnungsfreier Betrag (§ 33 a Absatz 1 Satz 5 EStG): 624 Euro × 2	1 248 Euro	
Kürzung nach der Ländergruppeneinteilung auf ¾	936 Euro	
im Unterstützungszeitraum anteilig zu berücksichtigen: $^{9}/_{12}$		– 702 Euro
Summe der anzurechnenden Bezüge		916 Euro
4. Berechnung des abziehbaren Höchstbetrags		
ermäßigte zeitanteilige Höchstbeträge (Nr. 2)		10 962 Euro
anzurechnende Bezüge (Nr. 3)		– 916 Euro
abziehbarer Höchstbetrag		10 046 Euro

Abziehbar sind jedoch höchstens die nachgewiesenen Unterhaltsaufwendungen in Höhe von 1 500 Euro (Nr. 1).

[1] Für VZ 2022: 10 347 Euro, für VZ 2023: 10 908 Euro, für VZ 2024: 11 784 Euro und für VZ 2025: 12 096 Euro.

Anl b zu § 33a

10.4. Unterstützungszeitraum/Schwankende Bezüge

34 Bezüge der unterhaltenen Person, die auf Kalendermonate entfallen, in denen die Voraussetzungen für die Anerkennung von Aufwendungen für den Unterhalt nicht vorliegen, vermindern nicht den ermäßigten Höchstbetrag (§ 33 a Absatz 3 Satz 2 EStG). Bei schwankenden Bezügen ist aus Vereinfachungsgründen keine monatliche Betrachtungsweise bzw. Zuordnung vorzunehmen, sondern der jeweilige Unterstützungszeitraum als Ganzes zu sehen.

11. Abzugsbeschränkungen 20

11.1. Verhältnisse des Wohnsitzstaates (Ländergruppeneinteilung)

35 Aufwendungen für den Unterhalt können nur abgezogen werden, soweit sie nach den Verhältnissen des Wohnsitzstaates notwendig und angemessen sind (§ 33 a Absatz 1 Satz 6 EStG). Als Maßstab gilt grundsätzlich das Pro-Kopf-Einkommen der Bevölkerung.

36 Die Ländergruppeneinteilung und die sich hiernach ergebenden Kürzungen für die einzelnen Staaten werden durch BMF-Schreiben bekannt gegeben (zuletzt durch das BMF-Schreiben vom 11. November 2020, BStBl. I S. 1212).[1]

37 Der Höchstbetrag nach § 33 a Absatz 1 Satz 1 EStG und der anrechnungsfreie Betrag nach § 33 a Absatz1 Satz 5 EStG sind entsprechend der Ländergruppeneinteilung zu kürzen. Die Kürzung nach der Ländergruppeneinteilung gilt nicht für die zur Absicherung der unterhaltsberechtigten Person aufgewandten Beiträge zu einer Basiskranken- und Pflegeversicherung i. S. d. § 33 a Absatz 1 Satz 2 EStG.

11.2. Opfergrenzenregelung

38 Eine Abzugsbeschränkung von Unterhaltsaufwendungen kann sich auch durch die Berücksichtigung der Verhältnisse des Steuerpflichtigen selbst und die Anwendung der sog. Opfergrenze ergeben (vgl. hierzu Rz. 16 bis 21 des BMF-Schreibens „Allgemeine Hinweise zur Berücksichtigung von Unterhaltsaufwendungen nach § 33 a Absatz 1 Einkommensteuergesetz (EStG) als außergewöhnliche Belastung“ vom 6. April 2022, BStBl. I S. 617).

Beispiel 13:

Ein Steuerpflichtiger unterstützt im Kalenderjahr 2021 seine im Heimatland (Ländergruppe 1, keine Kürzung) in einem gemeinsamen Haushalt lebenden Angehörigen, und zwar seine Ehefrau, sein minderjähriges Kind (Kindergeld wird gewährt) und seine Schwiegereltern durch Unterhaltsleistungen in Höhe von 8 400 Euro. Die Unterhaltsbedürftigkeit der Ehefrau und der Schwiegereltern ist nachgewiesen. Alle Personen haben keine Bezüge. Der Steuerpflichtige hat Einnahmen (Bruttoarbeitslohn, Steuererstattungen, Kindergeld) in Höhe von 28 000 Euro. Die Steuerabzugsbeträge belaufen sich auf 2 500 Euro. Die Arbeitnehmerbeiträge zur Sozialversicherung belaufen sich auf 4 800 Euro. An Werbungskosten sind ihm 4 250 Euro entstanden.

1. Die Aufwendungen für den Unterhalt sind nach Köpfen auf alle unterstützten Personen aufzuteilen (Rz. 22). Hiernach entfallen auf jede unterstützte Person 2 100 Euro (8 400 Euro : 4).
2. Das minderjährige Kind, für das Kindergeld gewährt wird, gehört nicht zu den begünstigten Unterhaltsempfängern (Rz. 2). Insoweit kommt ein Abzug nicht in Betracht.
3. Für die Unterhaltsleistungen an die Ehefrau gilt die Opfergrenzenregelung nicht. Sie sind in voller Höhe (2 100 Euro) abziehbar.
4. Für die Unterhaltsleistungen an die Schwiegereltern (4 200 Euro) kann eine Begrenzung durch die Opfergrenzenregelung in Betracht kommen.

4.1	Berechnung des Nettoeinkommens:	
	verfügbare Einnahmen (Bruttoarbeitslohn, Steuererstattungen, Kindergeld)	28 000 Euro
	Steuerabzugsbeträge	– 2 500 Euro
	Arbeitnehmerbeiträge zur Sozialversicherung	– 4 800 Euro
	Werbungskosten	– 4 250 Euro
	verfügbares Nettoeinkommen für die Ermittlung der Opfergrenze	16 450 Euro
4.2	Berechnung der Opfergrenze:	
	1 % je volle 500 Euro des Nettoeinkommens 16 450 Euro abgerundet auf volle 500 Euro (16 000 Euro : 500 Euro = 32)	32 %
	abzgl. je 5 %-Punkte für Ehefrau und Kind	– 10 %
	maßgebender Prozentsatz für die Berechnung der Opfergrenze	22 %
	Die Opfergrenze liegt somit bei 3 619 Euro (22 % von 16 450 Euro).	
5.	Berechnung der Abzugsbeträge	
5.1	Aufwendungen für den Unterhalt an die Ehefrau: nachgewiesene Zahlungen (Nr. 3)	2 100 Euro
5.2.	Aufwendungen für den Unterhalt an die Schwiegereltern: nachgewiesene Zahlungen (Nr. 4): 4 200 Euro, davon höchstens zu berücksichtigen (Opfergrenze, Nr. 4.2)	3 619 Euro
	Summe der abziehbaren Unterhaltsaufwendungen	5 719 Euro

12. Anwendungsregelung 20a

39 Die vorstehenden Grundsätze gelten für alle offenen Fälle und ersetzen das BMF-Schreiben vom 7. Juni 2010, BStBl. I S. 588[2].

[1] **[Amtl. Anm.:]** Ab VZ 2024 siehe BMF vom 18. 12. 2023 (BStBl. I S. 2236), abgedruckt als Anlage d zu § 33 a.
[2] Abgedruckt im *Handbuch zur Lohnsteuer 2022* als Anlage b zu § 33 a.

Anl c zu § 33 a

c) Schreiben betr. Unterhaltsleistungen nach § 33 a Abs. 1 EStG; Berücksichtigung von Personen mit einer Aufenthaltserlaubnis nach § 23 Aufenthaltsgesetz

Vom 27. Mai 2015 (BStBl. I S. 474)

(BMF IV C 4 – S 2285/07/0003 :006; DOK 2015/0432662)

21 Ergänzend zu den BMF-Schreiben vom 7. Juni 2010 (BStBl. I S. 582[1] und S. 588[2]) gilt unter Bezugnahme auf das Ergebnis der Erörterungen mit den obersten Finanzbehörden der Länder bei Unterhaltsleistungen an Personen mit einer Aufenthalts- oder Niederlassungserlaubnis nach § 23 Aufenthaltsgesetz (AufenthG) Folgendes:

Aufwendungen für den Unterhalt von Personen, die eine Aufenthalts- oder Niederlassungserlaubnis nach § 23 AufenthG haben, können – unabhängig von einer gesetzlichen Unterhaltsverpflichtung – nach § 33 a Abs. 1 Satz 3 EStG berücksichtigt werden.

Voraussetzung ist, dass der Steuerpflichtige eine Verpflichtungserklärung nach § 68 AufenthG abgegeben hat und sämtliche Kosten zur Bestreitung des Unterhalts übernimmt. Die Gewährung von Leistungen bei Krankheit, Schwangerschaft und Geburt nach § 4 Asylbewerberleistungsgesetz (AsylbLG) ist unschädlich. Werden Kosten durch einen Dritten (z. B. Verein) ersetzt, ist dies mindernd zu berücksichtigen.

Ist die unterhaltene Person in den Haushalt des Steuerpflichtigen aufgenommen, kann regelmäßig davon ausgegangen werden, dass hierfür Unterhaltsaufwendungen in Höhe des maßgeblichen Höchstbetrags erwachsen.

Ist die unterhaltene Person gemäß § 1 Abs. 1 Satz 1 EStG unbeschränkt steuerpflichtig, so gelten im Hinblick auf ihre Erwerbsobliegenheit die allgemeinen Grundsätze der Richtlinie R 33 a.1 Abs. 1 Satz 4 EStR 2012. Ist die unterhaltene Person nicht gemäß § 1 Abs. 1 Satz 1 EStG unbeschränkt steuerpflichtig, so gelten die allgemeinen Grundsätze des BMF-Schreibens vom 7. Juni 2010, BStBl. I S. 588, Rz. 8 und 9.[3]

Bei einer Aufenthalts- oder Niederlassungserlaubnis nach § 23 AufenthG ordnet die oberste Landesbehörde bzw. das Bundesministerium des Innern aus völkerrechtlichen oder humanitären Gründen oder zur Wahrung politischer Interessen der Bundesrepublik Deutschland an, dass Ausländern aus bestimmten Staaten oder in sonstiger Weise bestimmten Ausländergruppen eine Aufenthalts- oder Niederlassungserlaubnis erteilt wird. Durch die behördliche Anordnung wird in besondere Weise zum Ausdruck gebracht, dass sich die Betroffenen in einer außerordentlichen Notlage befinden.

Dieses Schreiben ist ab dem Veranlagungszeitraum 2013 anzuwenden.

Anl d zu § 33 a

d) Schreiben betr. Berücksichtigung ausländischer Verhältnisse; Ländergruppeneinteilung ab 1. Januar 2024

Vom 18. 12. 2023 (BStBl. I S. 2236)

(BMF IV D 5 – S 2285/19/10001 :004; DOK 2023/1199561)

Bezug: BMF-Schreiben vom 11. November 2020 (BStBl. I S. 1212)[4]

22 Unter Bezugnahme auf das Ergebnis der Erörterung mit den obersten Finanzbehörden der Länder ist die Ländergruppeneinteilung ab dem Veranlagungszeitraum 2024 überarbeitet worden. Änderungen sind durch Fettdruck hervorgehoben. Gegenüber der Ländergruppeneinteilung zum 1. Januar 2021 ergeben sich insbesondere folgende Änderungen:

Äquatorialguinea: von Gruppe 3 nach Gruppe 4
Armenien: von Gruppe 4 nach Gruppe 3
Aserbaidschan: Von Gruppe 4 nach Gruppe 3
Bahamas: von Gruppe 1 nach Gruppe 2
Belize: Von Gruppe 4 nach Gruppe 3
Brunei Darussalam: Von Gruppe 1 nach Gruppe 2
Chile: Von Gruppe 2 nach Gruppe 3
Fidschi: Von Gruppe 3 nach Gruppe 4
Georgien: Von Gruppe 4 nach Gruppe 3
Guatemala: von Gruppe 4 nach Gruppe 3
Irak: Von Gruppe 3 nach Gruppe 4
Iran, Islamische Republik: von Gruppe 3 nach Gruppe 4
Kosovo: von Gruppe 4 nach Gruppe 3
Libanon: Von Gruppe 3 nach Gruppe 4
Malta: von Gruppe 2 nach Gruppe 1
Moldau, Republik: Von Gruppe 4 nach Gruppe 3
Namibia: Von Gruppe 3 nach Gruppe 4
Nauru: von Gruppe 3 nach Gruppe 2
Palau: von Gruppe 2 nach Gruppe 3
Seychellen: von Gruppe 2 nach Gruppe 3
Spanien: Von Gruppe 1 nach Gruppe 2
Suriname: Von Gruppe 3 nach Gruppe 4
Venezuela, Bolivarische Republik: von Gruppe 3 nach Gruppe 4

Die Beträge des § 1 Abs. 3 Satz 2, des § 10 Abs. 1 Nr. 5 Satz 3, des § 32 Abs. 6 Satz 4, des § 33 a Abs. 1 Satz 6 und Abs. 2 Satz 2 EStG sind ab dem Veranlagungszeitraum 2024 wie folgt anzusetzen:

[1] Aktuelles Schreiben abgedruckt als Anlage a zu § 33 a.
[2] Aktuelles Schreiben abgedruckt als Anlage b zu § 33 a.
[3] Aktuelles Schreiben abgedruckt als Anlage b zu § 33 a.
[4] Abgedruckt im *Handbuch zur Lohnsteuer 2020* als Anlage d zu § 33 a.

Anl d zu § 33 a

in voller Höhe	mit $^3/_4$	mit $^1/_2$	mit $^1/_4$
Wohnsitzstaat[1] oder -ort des Steuerpflichtigen bzw. der unterhaltenen Person			
1	2	3	4
Amerikanische Jungferninseln	Antigua und Barbuda	Albanien	Afghanistan
Andorra	Aruba	Amerikanisch-Samoa	Ägypten
Australien	**Bahamas**	Argentinien	Algerien
Belgien	Bahrain	**Armenien**	Angola
Bermuda	Barbados	**Aserbaidschan**	**Äquatorialguinea**
Britische Jungferninseln	**Brunei Darussalam**	Belarus	Äthiopien
Dänemark	Cookinseln	**Belize**	Bangladesch
Färöer	Curaçao	Bosnien und Herzegowina	Benin
Finnland	Estland	Botsuana	Bhutan
Frankreich	Französisch-Polynesien	Brasilien	Bolivien, Plurinationaler Staat
Gibraltar	Griechenland	Bulgarien	Burkina Faso
Grönland	Kroatien	**Chile**	Burundi
Guam	Lettland	China	Cabo Verde
Hongkong	Litauen	Costa Rica	Côte d'Ivoire
Insel Man	**Nauru**	Dominica	Dschibuti
Irland	Nördliche Marianen	Dominikanische Republik	El Salvador
Island	Oman	Ecuador	Eritrea
Israel	Panama	Gabun	Eswatini
Italien	Polen	**Georgien**	**Fidschi**
Japan	Portugal	Grenada	Gambia
Kaimaninseln	Puerto Rico	**Guatemala**	Ghana
Kanada	Saudi-Arabien	Guyana	Guinea
Kanalinseln	Slowakei	Jamaika	Guinea-Bissau
Katar	Slowenien	Kasachstan	Haiti
Korea, Republik	**Spanien**	Kolumbien	Honduras
Kuwait	St. Kitts und Nevis	**Kosovo**	Indien
Liechtenstein	St. Martin (französischer Teil)	Kuba	Indonesien
Luxemburg	St. Martin (niederländischer Teil)	Libyen	**Irak**
Macau	Trinidad und Tobago	Malaysia	**Iran, Islamische Republik**
Malta	Tschechien	Malediven	Jemen
Monaco	Turks- und Caicosinseln	Marshallinseln	Jordanien
Neukaledonien	Ungarn	Mauritius	Kambodscha
Neuseeland	Uruguay	Mexiko	Kamerun
Niederlande	Zypern	**Moldau, Republik**	Kenia
Norwegen		Montenegro	Kirgisistan
Österreich		Niue	Kiribati
Palästinensische Gebiete		Nordmazedonien	Komoren
San Marino		**Palau**	Kongo
Schweden		Paraguay	Kongo, Demokratische Republik
Schweiz		Peru	Korea, Demokratische Volksrepublik
Singapur		Rumänien	Laos, Demokratische Volksrepublik
Taiwan		Russische Föderation	Lesotho
Vatikanstadt		Serbien	**Libanon**
Vereinigte Arabische Emirate		**Seychellen**	Liberia
Vereinigte Staaten		St. Lucia	Madagaskar
Vereinigtes Königreich		St. Vincent und die Grenadinen	Malawi
		Südafrika	Mali
		Thailand	Marokko **(einschl. Westsahara)**
		Türkei	Mauretanien
		Turkmenistan	Mikronesien, Föderierte Staaten von
		Tuvalu	Mongolei

[1] **[Amtl. Anm.:]** Die Aufführung auf dieser Liste als „Wohnsitzstaat oder -ort" erfolgt allein zum Erhalt der Übersichtlichkeit und hat keinen Einfluss auf die Position der Bundesrepublik Deutschland hinsichtlich der Anerkennung von Staaten und/oder Regierungen.

Anl d zu § 33 a

in voller Höhe	mit 3/4	mit 1/2	mit 1/4
Wohnsitzstaat oder -ort des Steuerpflichtigen bzw. der unterhaltenen Person			
1	2	3	4
			Mosambik Myanmar **Namibia** Nepal Nicaragua Niger Nigeria Pakistan Papua Neuguinea Philippinen Ruanda Salomonen Sambia Samoa São Tomé und Príncipe Senegal Sierra Leone Simbabwe Somalia Sri Lanka Sudan Südsudan **Suriname** Syrien, Arabische Republik Tadschikistan Tansania, Vereinigte Republik Timor-Leste Togo Tonga Tschad Tunesien Uganda Ukraine Usbekistan Vanuatu **Venezuela, Bolivarische Republik** Vietnam Zentralafrikanische Republik

Dieses Schreiben ersetzt ab dem Veranlagungszeitraum 2024 das BMF-Schreiben vom 11. November 2020 (BStBl. I S. 1212).[1]

Anl e zu § 33 a

e) Schreiben betr. Aufwendungen eines Steuerpflichtigen für die krankheits- oder behinderungsbedingte Unterbringung eines nahen Angehörigen in einem Heim als außergewöhnliche Belastung

Vom 2. Dezember 2002 (BStBl. I S. 1389)

(BMF IV C 4 – S 2284 – 108/02)

25 Unter Bezugnahme auf das Ergebnis der Erörterungen mit den obersten Finanzbehörden der Länder gilt für die Anwendung der §§ 33 und 33 a Abs. 1 EStG auf Fälle, in denen einem Steuerpflichtigen Aufwendungen für die krankheits- oder behinderungsbedingte Unterbringung eines nahen Angehörigen in einem Heim entstehen, das Folgende:

Erwachsen einem oder mehreren Steuerpflichtigen zwangsläufig Aufwendungen für die krankheits- oder behinderungsbedingte Unterbringung eines nahen Angehörigen in einem Heim, gehören zu den Aufwendungen, die nach § 33 EStG zu berücksichtigen sind, die gesamten vom Heim in Rechnung gestellten Unterbringungskosten einschließlich der Kosten für die ärztliche Betreuung und Pflege, gemindert um eine Haushaltsersparnis entsprechend R 188 Abs. 2 EStR.[2] Eine zusätzliche Berücksichtigung des Abzugsbetrags *nach* § 33 a Abs. 3 Satz 2 Nr. 2 EStG ist nicht zulässig (BFH-Urteil vom 24. Februar 2000, BStBl. II S. 294).

[1] Abgedruckt in *Handbuch zur Lohnsteuer 2020* als Anlage d zu § 33 a.
[2] Jetzt EStR 33.3.

Anl e zu § 33 a

Die Übernahme der Kosten einer Heimunterbringung für einen nahen Angehörigen ist nur dann zwangsläufig, wenn die untergebrachte Person kein oder nur ein geringes Vermögen besitzt und soweit ihre eigenen Einkünfte und Bezüge zur Deckung dieser Kosten nicht ausreichen. Bei der Beurteilung, ob die eigenen Einkünfte und Bezüge nicht ausreichen, ist ein angemessener Betrag für einen zusätzlichen persönlichen Bedarf zu berücksichtigen. Als angemessen kann in Anlehnung an § 21 Abs. 3 BSHG regelmäßig der für den zusätzlichen persönlichen Bedarf erklärte Betrag anerkannt werden, soweit er 1550 € (bis zum Kalenderjahr 2001 einschließlich 3000 DM) jährlich nicht übersteigt.

Eine krankheits- oder behinderungsbedingte Unterbringung liegt nur dann vor, wenn eine Pflegestufe nach dem Elften Buch Sozialgesetzbuch festgestellt worden ist (R 188 Abs. 1 EStR).[1] Der Nachweis ist durch eine Bescheinigung der sozialen Pflegekasse oder des privaten Versicherungsunternehmens, das die private Pflegepflichtversicherung durchführt, oder nach § 65 Abs. 2 EStDV[2] zu erbringen. Dies gilt auch dann, wenn der nahe Angehörige bereits seit einem früheren Zeitpunkt aus anderen Gründen (z. B. wegen Alters) im Heim untergebracht ist. Werden die Kosten für eine behinderungsbedingte Unterbringung zum Teil vom Sozialhilfeträger übernommen (insbesondere durch die Gewährung einer Eingliederungshilfe nach § 39 BSHG), braucht die Notwendigkeit der Unterbringung nicht nachgewiesen zu werden, da regelmäßig von einer sorgfältigen, ordnungsgemäßen Prüfung durch den Sozialhilfeträger ausgegangen werden kann (BFH-Urteil vom 23. Mai 2002 – BStBl. II S. 567).

Aufwendungen in Höhe der Haushaltsersparnis können zusammen mit vom Steuerpflichtigen zusätzlich getragenen Kosten für die normale Lebensführung (z. B. Kleidung, Versicherung) entsprechend den Grundsätzen des § 33 a Abs. 1 EStG als Unterhaltsaufwendungen berücksichtigt werden.

Beispiel 1:

Der pflegebedürftige (Pflegestufe II) vermögenslose Vater A hat seinen eigenen Haushalt aufgelöst und ist während der gesamten Kalenderjahre 2001 und 2002 in einem Pflegeheim untergebracht.

Für die Heimunterbringung werden insgesamt 33 000 € (2001: 66 000 DM) in Rechnung gestellt. Die Pflegeversicherung übernimmt hiervon 15 348 € (2001: 30 000 DM). A zahlt aus seinen eigenen anrechenbaren Einkünften und Bezügen in Höhe von 4500 € (2001: 9000 DM) einen Betrag von 3300 € (2001: 6600 DM) auf die Heimkosten und behält einen Betrag von 1200 € (2001: 2400 DM) für zusätzlichen persönlichen Bedarf zurück. Die restlichen Heimkosten von 14 352 € (33 000 € – 15 348 € – 3300 €; im Jahr 2001: 66 000 DM – 30 000 DM – 6600 DM = 29 400 DM) trägt der Sohn B.

Die Abzugsbeträge für B berechnen sich wie folgt:

– nach § 33 a Abs. 1 EStG:

	2001	**2002**	**2001**	**2002**
Anteil für den typischen Unterhalt in Höhe der Haushaltsersparnis			14 040 DM	7 188 €[3]
anrechenbare Einkünfte und Bezüge des A	9 000 DM	4 500 €		
anrechnungsfreier Betrag	– 1 200 DM	– 624 €		
anzurechnende Einkünfte und Bezüge des A	7 800 DM	3 876 €	– 7 800 DM	– 3 876 €
zu berücksichtigender Betrag			**6 240 DM**	**3 312 €.**

Der Betrag von 6240 DM für 2001 und 3312 € für 2002 ist nach § 33 a Abs. 1 EStG in voller Höhe vom Gesamtbetrag der Einkünfte des B abzuziehen. Hiermit sind auch zusätzlich getragene Kosten wie z. B. Versicherungsbeiträge abgegolten.

– nach § 33 EStG:

			2001	**2002**
Heimkosten			66 000 DM	33 000 €
Pflegeversicherungsleistungen			– 30 000 DM	– 15 348 €
Anteil des A aufgrund seiner eigenen Einkünfte und Bezüge, mindestens aber die Haushaltsersparnis:				
	2001	**2002**		
eigene Einkünfte und Bezüge des A:	9 000 DM	4 500 €		
gemindert um einen angemessenen Betrag für den zusätzlichen persönlichen Bedarf (pauschal):	– 3 000 DM	– 1 550 €		
verbleibender Betrag	6 000 DM	2 950 €		
Dieser Betrag liegt unter der Haushaltsersparnis von	14 040 DM	7 188 €.[4]		
Daher ist die Haushaltsersparnis anzusetzen:			– 14 040 DM	– 7 188 €
Höchstbetrag der bei B zu berücksichtigenden Heimkosten:			**21 960 DM**	**10 464 €.**

Da die eigenen Einkünfte und Bezüge des A nicht ausreichen, um dessen Kosten für die normale Lebensführung einschließlich der krankheitsbedingten Heimunterbringung zu bestreiten, ist der von B getragene Anteil, vermindert um die bereits nach § 33 a Abs. 1 EStG berücksichtigten Aufwendungen, bis zur Höhe von 21 960 DM für 2001 und 10 464 € für 2002 abzuziehen.

	2001	**2002**
Von B getragene Heimkosten	29 400 DM	14 352 €
davon nach § 33 a Abs. 1 EStG berücksichtigt	– 6 240 DM	– 3 312 €
verbleibende Heimkosten	**23 160 DM**	**11 040 €.**

Der Höchstbetrag von 21 960 DM (2002: 10 464 €) ist nach Minderung um die zumutbare Belastung nach § 33 EStG vom Gesamtbetrag der Einkünfte des B abzuziehen.

---

[1] Jetzt EStR 33.3.

[2] Abgedruckt bei § 33 b EStG.

[3] Betrag für VZ 2022: 10 347 Euro, für VZ 2023: 10 908 Euro, für VZ 2024: 11 784 Euro, für VZ 2025: 12 096 Euro und für VZ 2026: 12 348 Euro.

[4] Betrag für VZ 2022: 10 347 Euro, für VZ 2023: 10 908 Euro, für VZ 2024: 11 784 Euro, für VZ 2025: 12 096 Euro und für VZ 2026: 12 348 Euro.

Anl e zu § 33 a

Beispiel 2:

Sachverhalt wie im ersten Beispiel, jedoch hat A anrechenbare Einkünfte und Bezüge von 18 000 € (2001: 36 000 DM). Er zahlt daraus auf die Gesamtkosten 15 000 € (2001: 30 000 DM) und behält 3000 € (2001: 6000 DM) für seinen zusätzlichen persönlichen Bedarf zurück. Die restlichen Heimkosten von 2652 € (33 000 € – 15 348 € – 15 000 €; im Jahr 2001: 66 000 DM – 30 000 DM – 30 000 DM = 6000 DM) trägt der Sohn B.

Da die anrechenbaren eigenen Einkünfte und Bezüge des A höher sind als die Summe aus Höchstbetrag und anrechnungsfreiem Betrag (7188 € + 624 € = 7812 €; im Jahr 2001: 14 040 DM + 1200 DM = 15 240 DM), scheidet ein Abzug nach § 33 a Abs. 1 EStG aus. Für B kommt nur ein Abzug nach § 33 EStG in Betracht. Dieser berechnet sich wie folgt:

			2001	2002
Heimkosten			66 000 DM	33 000 €
Pflegeversicherungsleistungen			– 30 000 DM	– 15 348 €
Anteil des A aufgrund seiner eigenen Einkünfte und Bezüge, mindestens aber die Haushaltsersparnis:				
eigene Einkünfte und Bezüge des A:	36 000 DM	18 000 €		
gemindert um einen angemessenen Betrag für den zusätzlichen Bedarf (pauschal):	– 3 000 DM	– 1 550 €		
verbleibender Betrag (mindestens Haushaltsersparnis)			– 33 000 DM	– 16 450 €
Höchstbetrag der bei B zu berücksichtigenden Heimkosten			**3 000 DM**	**1 202 €.**

Der Höchstbetrag von 3000 DM für 2001 und 1202 € für 2002, der niedriger ist als die von B getragenen Aufwendungen von 6000 DM in 2001 und 2652 € in 2002, ist nach Minderung um die zumutbare Belastung nach § 33 EStG vom Gesamtbetrag der Einkünfte des B abzuziehen.

Die vorstehenden Grundsätze sind in allen noch offenen Fällen anzuwenden.

Mein Schreiben vom 26. Februar 1999 – IV C 4 – S 2285 – 7/99 / IV C 4 – S 2284 – 9/99 – (BStBl. I S. 270) wird aufgehoben.

LStH 33a

31

H 33 a

Außergewöhnliche Belastung in besonderen Fällen → R 33 a EStR, H 33 a EStH.

– EStR/EStH abgedruckt in Anhang II –

EStG

§ 33b Pauschbeträge für Menschen mit Behinderungen, Hinterbliebene und Pflegepersonen

(1) ① **Wegen der Aufwendungen für die Hilfe bei den gewöhnlichen und regelmäßig wiederkehrenden Verrichtungen des täglichen Lebens, für die Pflege sowie für einen erhöhten Wäschebedarf können Menschen mit Behinderungen unter den Voraussetzungen des Absatzes 2 anstelle einer Steuerermäßigung nach § 33 einen Pauschbetrag nach Absatz 3 geltend machen (Behinderten-Pauschbetrag).** ② **Das Wahlrecht kann für die genannten Aufwendungen im jeweiligen Veranlagungszeitraum nur einheitlich ausgeübt werden.** 1

(2) **Einen Pauschbetrag erhalten Menschen, deren Grad der Behinderung auf mindestens 20 festgestellt ist, sowie Menschen, die hilflos im Sinne des Absatzes 3 Satz 4 sind.** 2

(3) ① **Die Höhe des Pauschbetrags nach Satz 2 richtet sich nach dem dauernden Grad der Behinderung.** ② **Als Pauschbetrag werden gewährt bei einem Grad der Behinderung von mindestens:** 3

20	**384 Euro,**
30	**620 Euro,**
40	**860 Euro,**
50	**1 140 Euro,**
60	**1 440 Euro,**
70	**1 780 Euro,**
80	**2 120 Euro,**
90	**2 460 Euro.**
100	**2 840 Euro.**

③ **Menschen, die hilflos im Sinne des Satzes 4 sind, Blinde und Taubblinde erhalten einen Pauschbetrag von 7 400 Euro; in diesem Fall kann der Pauschbetrag nach Satz 2 nicht zusätzlich in Anspruch genommen werden.** ④ **Hilflos ist eine Person, wenn sie für eine Reihe von häufig und regelmäßig wiederkehrenden Verrichtungen zur Sicherung ihrer persönlichen Existenz im Ablauf eines jeden Tages fremder Hilfe dauernd bedarf.** ⑤ **Diese Voraussetzungen sind auch erfüllt, wenn die Hilfe in Form einer Überwachung oder einer Anleitung zu den in Satz 4 genannten Verrichtungen erforderlich ist oder wenn die Hilfe zwar nicht dauernd geleistet werden muss, jedoch eine ständige Bereitschaft zur Hilfeleistung erforderlich ist.**

(4)[1] ① **Personen, denen laufende Hinterbliebenenbezüge bewilligt worden sind, erhalten auf Antrag einen Pauschbetrag von 370 Euro (Hinterbliebenen-Pauschbetrag), wenn die Hinterbliebenenbezüge geleistet werden** 4

1. **nach dem Vierzehnten Buch Sozialgesetzbuch oder einem anderen Gesetz, das die Vorschriften des Vierzehnten Buches Sozialgesetzbuch über Hinterbliebenenbezüge für entsprechend anwendbar erklärt, oder**
2. **nach den Vorschriften über die gesetzliche Unfallversicherung oder**
3. **nach den beamtenrechtlichen Vorschriften an Hinterbliebene eines an den Folgen eines Dienstunfalls verstorbenen Beamten oder**
4. **nach den Vorschriften des Bundesentschädigungsgesetzes über die Entschädigung für Schäden an Leben, Körper oder Gesundheit oder**
5. **nach den Vorschriften des Soldatenentschädigungsgesetzes.**

② **Der Pauschbetrag wird auch dann gewährt, wenn das Recht auf die Bezüge ruht oder der Anspruch auf die Bezüge durch Zahlung eines Kapitals abgefunden worden ist.**

(5) ① **Steht der Behinderten-Pauschbetrag oder der Hinterbliebenen-Pauschbetrag einem Kind zu, für das der Steuerpflichtige Anspruch auf einen Freibetrag nach § 32 Absatz 6 oder auf Kindergeld hat, so wird der Pauschbetrag auf Antrag auf den Steuerpflichtigen übertragen, wenn ihn das Kind nicht in Anspruch nimmt.** ② **Dabei ist der Pauschbetrag grundsätzlich auf beide Elternteile je zur Hälfte aufzuteilen, es sei denn, der Kinderfreibetrag wurde auf den anderen Elternteil übertragen.** ③ **Auf gemeinsamen Antrag der Eltern ist eine andere Aufteilung möglich.** ④ **In diesen Fällen besteht für Aufwendungen, für die der Behinderten-Pauschbetrag gilt, kein Anspruch auf eine Steuerermäßigung nach § 33.** ⑤ **Voraussetzung für die Übertragung nach Satz 1 ist die Angabe der erteilten Identifikationsnummer (§ 139 b der Abgabenordnung) des Kindes in der Einkommensteuererklärung des Steuerpflichtigen.** 5

---

[1] Zur Weitergeltung der alten Fassung von § 33 b Abs. 4 Satz 1 Nr. 1 EStG siehe § 52 Abs. 54 EStG. § 33 b Abs. 4 Satz 1 Nr. 5 angef. **mWv 1. 1. 2025** durch G v. 20. 8. 2021 (BGBl. I S. 3932). Zur zukünftigen Fassung siehe *Geschlossene Wiedergabe.*

EStG

6 **(6) ① Wegen der außergewöhnlichen Belastungen, die einem Steuerpflichtigen durch die Pflege einer Person erwachsen, kann er anstelle einer Steuerermäßigung nach § 33 einen Pauschbetrag geltend machen (Pflege-Pauschbetrag), wenn er dafür keine Einnahmen im Kalenderjahr erhält und der Steuerpflichtige die Pflege entweder in seiner Wohnung oder in der Wohnung des Pflegebedürftigen persönlich durchführt und diese Wohnung in einem Mitgliedstaat der Europäischen Union oder in einem Staat gelegen ist, auf den das Abkommen über den Europäischen Wirtschaftsraum anzuwenden ist. ② Zu den Einnahmen nach Satz 1 zählt unabhängig von der Verwendung nicht das von den Eltern eines Kindes mit Behinderungen für dieses Kind empfangene Pflegegeld. ③ Als Pflege-Pauschbetrag wird gewährt:**

1. bei Pflegegrad 2 600 Euro,
2. bei Pflegegrad 3 1 100 Euro,
3. bei Pflegegrad 4 oder 5 1 800 Euro.

④ Ein Pflege-Pauschbetrag nach Satz 3 Nummer 3 wird auch gewährt, wenn die gepflegte Person hilflos im Sinne des § 33 b Absatz 3 Satz 4 ist. ⑤ Bei erstmaliger Feststellung, Änderung oder Wegfall des Pflegegrads im Laufe des Kalenderjahres ist der Pflege-Pauschbetrag nach dem höchsten Grad zu gewähren, der im Kalenderjahr festgestellt war. ⑥ Gleiches gilt, wenn die Person die Voraussetzungen nach Satz 4 erfüllt. ⑦ Sind die Voraussetzungen nach Satz 4 erfüllt, kann der Pauschbetrag nach Satz 3 Nummer 1 und 2 nicht zusätzlich in Anspruch genommen werden. ⑧ Voraussetzung für die Gewährung des Pflege-Pauschbetrags ist die Angabe der erteilten Identifikationsnummer (§ 139 b der Abgabenordnung) der gepflegten Person in der Einkommensteuererklärung des Steuerpflichtigen. ⑨ Wird ein Pflegebedürftiger von mehreren Steuerpflichtigen im Veranlagungszeitraum gepflegt, wird der Pflege-Pauschbetrag nach der Zahl der Pflegepersonen, bei denen die Voraussetzungen der Sätze 1 bis 4 vorliegen, geteilt.

7 **(7)[1] Die Bundesregierung wird ermächtigt, durch Rechtsverordnung mit Zustimmung des Bundesrates zu bestimmen, wie nachzuweisen ist, dass die Voraussetzungen für die Inanspruchnahme der Pauschbeträge vorliegen.**

(8)[2] Die Vorschrift des § 33 b Absatz 6 ist ab Ende des Kalenderjahres 2026 zu evaluieren.

EStDV

Einkommensteuer-Durchführungsverordnung (EStDV 2000)

In der Fassung der Bekanntmachung vom 10. Mai 2000 (BGBl. I S. 717),
zuletzt geändert durch das Jahressteuergesetz 2024 (JStG 2024) vom 2. 12. 2024 (BGBl. 2024 I Nr. 387)

– Auszug –

§ 65 *Nachweis der Behinderung und des Pflegegrads*

10 (1) Den Nachweis einer Behinderung hat der Steuerpflichtige zu erbringen:

1. bei einer Behinderung, deren Grad auf mindestens 50 festgestellt ist, durch Vorlage eines Ausweises nach dem Neunten Buch Sozialgesetzbuch oder eines Bescheides der nach § 152 Absatz 1 des Neunten Buches Sozialgesetzbuch zuständigen Behörde,

2.[3] bei einer Behinderung, deren Grad auf weniger als 50, aber mindestens 20 festgestellt ist,
   a) durch eine Bescheinigung oder einen Bescheid der nach § 152 Absatz 1 des Neunten Buches Sozialgesetzbuch zuständigen Behörde oder,
   b) wenn ihm wegen seiner Behinderung nach den gesetzlichen Vorschriften Renten oder andere laufende Bezüge zustehen, durch den Rentenbescheid oder den die anderen laufenden Bezüge nachweisenden Bescheid.

11 (2) ① Die gesundheitlichen Merkmale „blind" und „hilflos" hat der Steuerpflichtige durch einen Ausweis nach dem Neunten Buch Sozialgesetzbuch, der mit den Merkzeichen „Bl" oder „H" gekennzeichnet ist, oder durch einen Bescheid der nach § 152 Absatz 1 des Neunten Buches Sozialgesetzbuch zuständigen Behörde, der die entsprechenden Feststellungen enthält, nachzuweisen. ② Dem Merkzeichen „H" steht die Einstufung als pflegebedürftige Person mit schwersten Beeinträchtigungen der Selbständigkeit oder der Fähigkeiten in die Pflegegrade 4 oder 5 nach dem

---

[1] § 33 b Abs. 7 Satz 2 angef. **mWv VZ 2026** durch JStG 2024 v. 2. 12. 2024 (BGBl. I Nr. 387); siehe Geschlossene Wiedergabe.

[2] Zur Anwendung von § 33 b Abs. 8 EStG siehe § 52 Abs. 33 c EStG.

[3] Zur Anwendung von Abs. 1 Nr. 2 siehe § 84 Abs. 3 g Sätze 1, 4 und 5.

Den Nachweis einer Behinderung hat der Steuerpflichtige bei einer Behinderung, deren Grad auf weniger als 50, aber mindestens 20 festgestellt worden ist, nach § 65 Abs. 1 Nr. 2 EStDV zu erbringen. Sofern dem Steuerpflichtigen wegen seiner Behinderung nach den gesetzlichen Vorschriften Renten oder andere laufende Bezüge zustehen, bestehen nach dem *BMF-Schreiben vom 1. 3. 2021 (BStBl. I S. 300)* keine Bedenken, wenn der Nachweis einer Behinderung alternativ durch den Rentenbescheid oder den die anderen laufenden Bezüge nachweisenden Bescheid erbracht wird (Beibehaltung der bis einschließlich VZ 2020 geltenden Regelung).

Elften Buch Sozialgesetzbuch, dem Zwölften Buch Sozialgesetzbuch oder diesen entsprechenden gesetzlichen Bestimmungen gleich.

(2 a) Den Nachweis der Einstufung in einen Pflegegrad nach dem Elften Buch Sozialgesetzbuch, dem Zwölften Buch Sozialgesetzbuch oder diesen entsprechenden gesetzlichen Bestimmungen hat der Steuerpflichtige durch Vorlage des entsprechenden Bescheides nachzuweisen. **12**

(3) ① Die Gewährung des Behinderten-Pauschbetrags setzt voraus, dass der Antragsteller Inhaber gültiger Unterlagen nach den Absätzen 1 und 2 ist. ② Bei erstmaliger Geltendmachung des Pauschbetrags oder bei Änderung der Verhältnisse hat der Steuerpflichtige die Unterlagen nach den Absätzen 1 und 2 zusammen mit seiner Steuererklärung oder seinem Antrag auf Lohnsteuerermäßigung, ansonsten auf Anforderung des Finanzamts vorzulegen.

(3 a)[1, 2] ① Die Gewährung des Behinderten-Pauschbetrags setzt voraus, dass die für die Feststellung einer Behinderung zuständige Stelle als mitteilungspflichtige Stelle ihre Feststellungen zur Behinderung nach den Absätzen 1 und 2 nach Maßgabe des § 93 c der Abgabenordnung an die für die Besteuerung des Antragstellers zuständige Finanzbehörde übermittelt hat. ② Die nach Satz 1 mitteilungspflichtige Stelle hat ihre Feststellungen auf schriftlichen oder elektronischen Antrag derjenigen Person, die diese Feststellungen begehrt, an die nach Satz 1 zuständige Finanzbehörde zu übermitteln. ③ Die Person hat der mitteilungspflichtigen Stelle zu diesem Zweck ihre Identifikationsnummer (§ 139 b der Abgabenordnung) mitzuteilen. ④ Neben den nach § 93 c Absatz 1 der Abgabenordnung zu übermittelnden Daten sind zusätzlich folgende Daten zu übermitteln: **12a**

1. der Grad der Behinderung,
2. die Feststellung weiterer gesundheitlicher Merkmale (Merkzeichen):
   a) G (erheblich gehbehindert),
   b) aG (außergewöhnlich gehbehindert),
   c) B (ständige Begleitung notwendig),
   d) H (hilflos),
   e) Bl (blind),
   f) Gl (gehörlos),
3. die Feststellung, dass die Behinderung zu einer dauernden Einbuße der körperlichen Beweglichkeit geführt hat,
4. die Feststellung, dass die Behinderung auf einer typischen Berufskrankheit beruht,
5. die Einstufung als pflegebedürftige Person mit schwersten Beeinträchtigungen der Selbständigkeit oder der Fähigkeiten in den Pflegegraden 4 oder 5,
6. die Dauer der Gültigkeit der Feststellung.

⑤ Die mitteilungspflichtige Stelle hat jede Änderung der Feststellungen nach Satz 4 abweichend von § 93 c Absatz 1 Nummer 1 der Abgabenordnung unverzüglich zu übermitteln. ⑥ § 72 a Absatz 4, § 93 c Absatz 1 Nummer 3 und Absatz 4 sowie § 203 a der Abgabenordnung finden keine Anwendung.

(4) ① Ist der Mensch mit Behinderungen verstorben und kann sein Rechtsnachfolger die Unterlagen nach den Absätzen 1 und 2 nicht vorlegen, so genügt zum Nachweis eine gutachtliche Stellungnahme der nach § 152 Absatz 1 des Neunten Buches Sozialgesetzbuch zuständigen Behörde. ② Diese Stellungnahme hat die Finanzbehörde einzuholen. **13**

§ 84 *Anwendungsvorschriften*

(1) Die vorstehende Fassung dieser Verordnung ist, soweit in den folgenden Absätzen nichts anderes bestimmt ist, erstmals für den Veranlagungszeitraum 2020 anzuwenden. **14**

(...)

(2 c) § 50 in der am 1. Januar 2020 geltenden Fassung ist erstmals auf Zuwendungen anzuwenden, die dem Zuwendungsempfänger nach dem 31. Dezember 2019 zufließen. **15**

(2 d) § 50 in der Fassung des Artikels 9 des Gesetzes vom 27. März 2024 (BGBl. 2024 I Nr. 108) ist erstmals auf Zuwendungen anzuwenden, die dem Zuwendungsempfänger nach dem 31. Dezember 2024 zufließen.

(...)

(3 g)[3] ① § 65 Absatz 1 in der Fassung des Artikels 10 des Gesetzes vom 2. Juni 2021 (BGBl. I S. 1259) ist erstmals für den Veranlagungszeitraum 2021 anzuwenden. ② § 65 Absatz 3 a ist erstmals für den Veranlagungszeitraum anzuwenden, der auf den Veranlagungszeitraum folgt, in dem die für die Anwendung erforderlichen Programmierarbeiten für das elektronische Datenübermittlungsverfahren abgeschlossen sind. ③ Das Bundesministerium der Finanzen gibt im Einvernehmen mit den obersten Finanzbehörden der Länder im Bundessteuerblatt Teil I den Veranlagungszeitraum bekannt, ab dem die Regelung des § 65 Absatz 3 a erstmals anzuwenden ist. ④ Mit der Anwendung **16**

[1] Zur erstmaligen Anwendung von § 65 Abs. 3 a siehe § 84 Abs. 3 g Sätze 2 und 3 EStDV, abgedruckt auf S. 753 unter Rn. 14 ff.

[2] § 65 Abs. 3 a EStDV neu gef. **mWv VZ 2026** durch JStG 2024 v. 2. 12. 2024 (BGBl. 2024 I Nr. 387).

[3] § 84 Abs. 3 g EStDV neu gef. **mWv VZ 2026** durch JStG 2024 v. 2. 12. 2024 (BGBl. 2024 I Nr. 387).

EStDV

von § 65 Absatz 3a ist § 65 Absatz 1 Nummer 1 und 2 Buchstabe a, Absatz 2 Satz 1 und 2 zweiter Halbsatz nicht weiter anzuwenden. ⑤ Der Anwendungsbereich des § 65 Absatz 3 wird auf die Fälle des § 65 Absatz 1 Nummer 2 Buchstabe b beschränkt. ⑥ Zu diesem Zeitpunkt noch gültige und dem Finanzamt vorliegende Feststellungen über eine Behinderung werden bis zum Ende ihrer Gültigkeit weiter berücksichtigt, es sei denn, die Feststellungen ändern sich vor Ablauf der Gültigkeit.

(…)

LStH 33b

H 33b

18 **Pauschbeträge für Menschen mit Behinderungen, Hinterbliebene und Pflegepersonen**
→ R 33b EStR, H 33b EStH.

– EStR/EStH abgedruckt in Anhang II –

§ 34 Außerordentliche Einkünfte

EStG

(1) ① **Sind in dem zu versteuernden Einkommen außerordentliche Einkünfte enthalten, so ist die auf alle im Veranlagungszeitraum bezogenen außerordentlichen Einkünfte entfallende Einkommensteuer nach den Sätzen 2 bis 4 zu berechnen.** ② **Die für die außerordentlichen Einkünfte anzusetzende Einkommensteuer beträgt das Fünffache des Unterschiedsbetrags zwischen der Einkommensteuer für das um diese Einkünfte verminderte zu versteuernde Einkommen (verbleibendes zu versteuerndes Einkommen) und der Einkommensteuer für das verbleibende zu versteuernde Einkommen zuzüglich eines Fünftels dieser Einkünfte.** ③ **Ist das verbleibende zu versteuernde Einkommen negativ und das zu versteuernde Einkommen positiv, so beträgt die Einkommensteuer das Fünffache der auf ein Fünftel des zu versteuernden Einkommens entfallenden Einkommensteuer.** ④ **Die Sätze 1 bis 3 gelten nicht für außerordentliche Einkünfte im Sinne des Absatzes 2 Nummer 1, wenn der Steuerpflichtige auf diese Einkünfte ganz oder teilweise § 6 b oder § 6 c anwendet.** 1

(2) **Als außerordentliche Einkünfte kommen nur in Betracht:** 2

1. **Veräußerungsgewinne im Sinne der §§ 14, 14 a Absatz 1, der §§ 16 und 18 Absatz 3 mit Ausnahme des steuerpflichtigen Teils der Veräußerungsgewinne, die nach § 3 Nummer 40 Buchstabe b in Verbindung mit § 3 c Absatz 2 teilweise steuerbefreit sind;**
2. **Entschädigungen im Sinne des § 24 Nummer 1;**
3. **Nutzungsvergütungen und Zinsen im Sinne des § 24 Nummer 3, soweit sie für einen Zeitraum von mehr als drei Jahren nachgezahlt werden;**
4. **Vergütungen für mehrjährige Tätigkeiten; mehrjährig ist eine Tätigkeit, soweit sie sich über mindestens zwei Veranlagungszeiträume erstreckt und einen Zeitraum von mehr als zwölf Monaten umfasst.**
5. *(aufgehoben)*

(3) ① **Sind in dem zu versteuernden Einkommen außerordentliche Einkünfte im Sinne des Absatzes 2 Nummer 1 enthalten, so kann auf Antrag abweichend von Absatz 1 die auf den Teil dieser außerordentlichen Einkünfte, der den Betrag von insgesamt 5 Millionen Euro nicht übersteigt, entfallende Einkommensteuer nach einem ermäßigten Steuersatz bemessen werden, wenn der Steuerpflichtige das 55. Lebensjahr vollendet hat oder wenn er im sozialversicherungsrechtlichen Sinne dauernd berufsunfähig ist.** ② **Der ermäßigte Steuersatz beträgt 56 Prozent des durchschnittlichen Steuersatzes, der sich ergäbe, wenn die tarifliche Einkommensteuer nach dem gesamten zu versteuernden Einkommen zuzüglich der dem Progressionsvorbehalt unterliegenden Einkünfte zu bemessen wäre, mindestens jedoch 14 Prozent.** ③ **Auf das um die in Satz 1 genannten Einkünfte verminderte zu versteuernde Einkommen (verbleibendes zu versteuerndes Einkommen) sind vorbehaltlich des Absatzes 1 die allgemeinen Tarifvorschriften anzuwenden.** ④ **Die Ermäßigung nach den Sätzen 1 bis 3 kann der Steuerpflichtige nur einmal im Leben in Anspruch nehmen.**[1] ⑤ **Erzielt der Steuerpflichtige in einem Veranlagungszeitraum mehr als einen Veräußerungs- oder Aufgabegewinn im Sinne des Satzes 1, kann er die Ermäßigung nach den Sätzen 1 bis 3 nur für einen Veräußerungs- oder Aufgabegewinn beantragen.** ⑥ **Absatz 1 Satz 4 ist entsprechend anzuwenden.** 3

Anl zu § 34

Schreiben betr. Zweifelsfragen im Zusammenhang mit der ertragsteuerlichen Behandlung von Entlassungsentschädigungen (§ 34 EStG)

Vom 1. November 2013 (BStBl. I S. 1326)

(BMF IV C 4 – S 2290/13/10002; DOK 2013/0929313)

Geändert durch BMF vom 4. 3. 2016 (BStBl. I S. 277)

Unter Bezugnahme auf das Ergebnis der Erörterungen mit den obersten Finanzbehörden der Länder nehme ich zu Fragen im Zusammenhang mit der ertragsteuerlichen Behandlung von Entlassungsentschädigungen wie folgt Stellung:

Inhaltsverzeichnis

	Rz.
I. Allgemeines	1–3
II. Lebenslängliche betriebliche Versorgungszusagen	4–7
1. Steuerliche Behandlung von Entlassungsentschädigungen bei Verzicht des Arbeitgebers auf die Kürzung einer lebenslänglichen Betriebsrente	5
2. Steuerliche Behandlung von Entlassungsentschädigungen bei vorgezogener lebenslänglicher Betriebsrente	6

[1] Zur Anwendung des Absatzes 3 Satz 4 siehe § 52 Abs. 47 Satz 8 i. d. F. vor dem Gesetz zur Anpassung des nationalen Steuerrechts an den Beitritt Kroatiens zur EU und zur Änderung weiterer steuerlicher Vorschriften → R 34.5 Abs. 2 Satz 2 EStR.

Anl zu § 34

Rz.
3. Steuerliche Behandlung von Entlassungsentschädigungen bei Umwandlung eines (noch) verfallbaren Anspruchs auf lebenslängliche Betriebsrente in einen unverfallbaren Anspruch ... 7
III. Zusammenballung von Einkünften i. S. d. § 34 EStG ... 8–15
1. Zusammenballung von Einkünften in einem VZ (1. Prüfung) ... 8
2. Zusammenballung von Einkünften unter Berücksichtigung der wegfallenden Einnahmen (2. Prüfung) ... 9–12
2.1. Zusammenballung i. S. d. § 34 EStG, wenn durch die Entschädigung die bis zum Jahresende wegfallenden Einnahmen überschritten werden ... 9
2.2. Zusammenballung i. S. d. § 34 EStG, wenn durch die Entschädigung nur ein Betrag bis zur Höhe der bis zum Jahresende wegfallenden Einnahmen abgegolten wird ... 10–12
a) Ermittlung der zu berücksichtigenden Einkünfte (mit Beispielen) ... 11
b) Anwendung im Lohnsteuerabzugsverfahren ... 12
3. Zusammenballung von Einkünften bei zusätzlichen Entschädigungsleistungen des Arbeitgebers ... 13–15
a) Zusätzliche Entschädigungsleistungen des Arbeitgebers ... 13
b) Zusammenballung von Einkünften bei zusätzlichen Entschädigungsleistungen des Arbeitgebers aus Gründen der sozialen Fürsorge in späteren VZ ... 14
c) Weitere Nutzung der verbilligten Wohnung ... 15
IV. Planwidriger Zufluss in mehreren VZ/Rückzahlung bereits empfangener Entschädigungen . 16–19
1. Versehentlich zu niedrige Auszahlung der Entschädigung ... 18
2. Nachzahlung nach Rechtsstreit ... 19
V. Vom Arbeitgeber freiwillig übernommene Rentenversicherungsbeiträge i. S. d. § 187 a SGB VI ... 20, 21
VI. Anwendung ... 22

I. Allgemeines[1]

5 **1** Scheidet ein Arbeitnehmer auf Veranlassung des Arbeitgebers vorzeitig aus einem Dienstverhältnis aus, so können ihm folgende Leistungen des Arbeitgebers zufließen, die wegen ihrer unterschiedlichen steuerlichen Auswirkung gegeneinander abzugrenzen sind:

- normal zu besteuernder Arbeitslohn nach § 19 EStG, ggf. i. V. m. § 24 Nr. 2 EStG,
- steuerbegünstigte Entschädigungen nach § 24 Nr. 1 EStG i. V. m. § 34 Abs. 1 und 2 EStG (Rz. 2 bis 3),
- steuerbegünstigte Leistungen für eine mehrjährige Tätigkeit i. S. d. § 34 Abs. 2 Nr. 4 EStG.

Auch die Modifizierung betrieblicher Renten kann Gegenstand von Auflösungsvereinbarungen sein (Rz. 4 bis 7).

2 Eine steuerbegünstigte Entschädigung setzt voraus, dass an Stelle der bisher geschuldeten Leistung eine andere tritt. Diese andere Leistung muss auf einem anderen, eigenständigen Rechtsgrund beruhen. Ein solcher Rechtsgrund wird regelmäßig Bestandteil der Auflösungsvereinbarung sein; er kann aber auch bereits bei Abschluss des Dienstvertrags oder im Verlauf des Dienstverhältnisses für den Fall des vorzeitigen Ausscheidens vereinbart werden. Eine Leistung in Erfüllung eines bereits vor dem Ausscheiden begründeten Anspruchs des Empfängers ist keine Entschädigung, auch wenn dieser Anspruch in einer der geänderten Situation angepassten Weise erfüllt wird (Modifizierung; siehe z. B. Rz. 4 bis 7). Der Entschädigungsanspruch darf – auch wenn er bereits früher vereinbart worden ist – erst als Folge einer vorzeitigen Beendigung des Dienstverhältnisses entstehen. Eine Entschädigung i. S. d. § 24 Nr. 1 Buchstabe a EStG kann auch vorliegen, wenn der Arbeitgeber seinem Arbeitnehmer eine (Teil-)Abfindung zahlt, weil dieser seine Wochenarbeitszeit aufgrund eines Vertrags zur Änderung des Arbeitsvertrags unbefristet reduziert (BFH vom 25. 8. 2009, BStBl. 2010 II S. 1030).

3 Eine Entschädigung i. S. d. § 24 Nr. 1 Buchstabe a EStG, die aus Anlass einer Entlassung aus dem Dienstverhältnis vereinbart wird (Entlassungsentschädigung), setzt den Verlust von Einnahmen voraus, mit denen der Arbeitnehmer rechnen konnte. Eine Zahlung des Arbeitgebers, die bereits erdiente Ansprüche abgilt, wie z. B. rückständiger Arbeitslohn, anteiliges Urlaubsgeld, Urlaubsabgeltung, Weihnachtsgeld, Gratifikationen, Tantiemen oder bei rückwirkender Beendigung des Dienstverhältnisses bis zum steuerlich anzuerkennenden Zeitpunkt der Auflösung noch zustehende Gehaltsansprüche, ist keine Entschädigung i. S. d. § 24 Nr. 1 Buchst. a EStG. Das gilt auch für freiwillige Leistungen, wenn sie in gleicher Weise den verbleibenden Arbeitnehmern tatsächlich zugewendet werden.

---

[1] Der Grundsatz, dass Entschädigungen, die aus Anlass der Auflösung eines Arbeitsverhältnisses gewährt werden, einheitlich zu beurteilen sind, entbindet nicht von der Prüfung, ob die Entschädigung „als Ersatz für entgangene oder entgehende Einnahmen" i. S. des § 24 Nr. 1 Buchst. a EStG gewährt worden ist *(BFH-Urteil vom 11. 7. 2017, IX R 28/16, BStBl. 2018 II S. 86).*

Verpflichtet sich der Arbeitgeber vertraglich, im Zusammenhang mit der Auflösung des Arbeitsverhältnisses mehrere Zahlungen an den Arbeitnehmer zu leisten, ist eine einheitliche Entschädigung nur anzunehmen, wenn tatsächliche Anhaltspunkte dafür festgestellt sind, dass sämtliche Teilzahlungen „als Ersatz für entgangene oder entgehende Einnahmen" i. S. des § 24 Nr. 1 Buchst. a EStG gewährt worden sind *(Bestätigung des Senatsurteils vom 11. 7. 2017, IX R 28/16, BStBl. 2018 II S. 86).* Ist neben einer Entschädigung für entgangene Einnahmen, die sich ihrer Höhe nach im Rahmen des Üblichen bewegt, eine weitere Zahlung vereinbart, die bei zusammenfassender Betrachtung den Rahmen des Üblichen in besonderem Maße überschreiten würde, spricht dies indiziell dafür, dass es sich insoweit nicht um eine Entschädigung für entgangene Einnahmen handelt. Von einer Überschreitung in besonderem Maß ist auszugehen, wenn durch die zweite Teilzahlung die Höhe der Gesamtzahlung verdoppelt wird *(vgl. BFH-Urteil vom 9. 1. 2018, BStBl. II S. 592).*

Zahlt der Arbeitgeber einem Arbeitnehmer im Zuge der (einvernehmlichen) Auflösung des Arbeitsverhältnisses eine Abfindung, sind tatsächliche Feststellungen zu der Frage, ob der Arbeitnehmer dabei unter tatsächlichem Druck stand, regelmäßig entbehrlich *(vgl. BFH-Urteil vom 13. 3. 2018, BStBl. II S. 709).*

Erhält ein im Zeitpunkt des schädigenden Ereignisses Erwerbsloser vom Schädiger Ersatz für den verletzungsbedingt erlittenen Erwerbsschaden gemäß § 842 BGB, kommt es nach dem *BFH-Urteil vom 20. 7. 2018, BStBl. 2020 II S. 186* für die Anwendung von § 24 Nr. 1 Buchst. a EStG darauf an, ob mit der Zahlung steuerbare und steuerpflichtige Einnahmen ersetzt werden sollen (sog. Verdienstausfall) oder der Wegfall des Anspruchs auf steuerfreie Sozialleistungen wie das Arbeitslosengeld (§ 3 Nr. 2 Buchst. a EStG) oder das Arbeitslosengeld II (§ 3 Nr. 2 Buchst. d EStG).

Anl zu § 34

II. Lebenslängliche betriebliche Versorgungszusagen

4 Lebenslängliche Bar- oder Sachleistungen sind als Einkünfte i. S. d. § 24 Nr. 2 EStG zu behandeln (BFH vom 28. 9. 1967, BStBl. 1968 II S. 76). Sie sind keine außerordentlichen Einkünfte i. S. d. § 34 Abs. 2 EStG und damit für eine begünstigte Besteuerung der im Übrigen gezahlten Entlassungsentschädigung i. S. d. § 24 Nr. 1 Buchstabe a EStG unschädlich (siehe die hauptsächlichen Anwendungsfälle in Rz. 5 bis 7). Deshalb kommt die begünstigte Besteuerung auch dann in Betracht, wenn dem Arbeitnehmer im Rahmen der Ausscheidensvereinbarung erstmals lebenslang laufende Versorgungsbezüge zugesagt werden. Auch eine zu diesem Zeitpunkt erstmals eingeräumte lebenslängliche Sachleistung, wie z. B. ein verbilligtes oder unentgeltliches Wohnrecht, ist für die ermäßigte Besteuerung unschädlich. 6

1. Steuerliche Behandlung von Entlassungsentschädigungen bei Verzicht des Arbeitgebers auf die Kürzung einer lebenslänglichen Betriebsrente

5 Wird bei Beginn der Rente aus der gesetzlichen Rentenversicherung die lebenslängliche Betriebsrente ungekürzt gezahlt, so schließt dies die ermäßigte Besteuerung der Entlassungsentschädigung, die in einem Einmalbetrag gezahlt wird, nicht aus.

2. Steuerliche Behandlung von Entlassungsentschädigungen bei vorgezogener lebenslänglicher Betriebsrente

6 Wird im Zusammenhang mit der Auflösung des Dienstverhältnisses neben einer Einmalzahlung eine (vorgezogene) lebenslängliche Betriebsrente bereits vor Beginn der Rente aus der gesetzlichen Rentenversicherung gezahlt, so schließt auch dies die ermäßigte Besteuerung der Entlassungsentschädigung nicht aus. Dabei ist es unerheblich, ob die vorgezogene Betriebsrente gekürzt, ungekürzt oder erhöht geleistet wird. In diesen Fällen ist die vorgezogene Betriebsrente nach § 24 Nr. 2 EStG zu erfassen.

3. Steuerliche Behandlung von Entlassungsentschädigungen bei Umwandlung eines (noch) verfallbaren Anspruchs auf lebenslängliche Betriebsrente in einen unverfallbaren Anspruch

7 Wird ein (noch) verfallbarer Anspruch auf lebenslängliche Betriebsrente im Zusammenhang mit der Auflösung eines Dienstverhältnisses in einen unverfallbaren Anspruch umgewandelt, so ist die Umwandlung des Anspruchs für die Anwendung des § 34 Abs. 1 EStG auf die Einmalzahlung unschädlich.

III. Zusammenballung von Einkünften i. S. d. § 34 EStG[1]

1. Zusammenballung von Einkünften in einem VZ (1. Prüfung)

8[2] Nach ständiger Rechtsprechung (BFH vom 14. 8. 2001, BStBl. 2002 II S. 180 m. w. N.) setzt die Anwendung der begünstigten Besteuerung nach § 34 Abs. 1 und 2 EStG u. a. voraus, dass die Entschädigungsleistungen zusammengeballt in einem VZ zufließen. Der Zufluss mehrerer Teilbeträge in unterschiedlichen VZ ist deshalb grundsätzlich schädlich (BFH vom 3. 7. 2002, BStBl. 2004 II S. 447, 1. Prüfung). Dies gilt nicht, soweit es sich um eine im Verhältnis zur Hauptleistung stehende geringfügige Zahlung handelt, die in einem anderen VZ zufließt (BFH vom 25. 8. 2009, BStBl. 2011 II S. 27). Aus Vereinfachungsgründen wird es nicht beanstandet, eine geringfügige Zahlung anzunehmen, wenn diese nicht mehr als 10% der Hauptleistung beträgt. Darüber hinaus kann eine Zahlung unter Berücksichtigung der konkreten individuellen Steuerbelastung als geringfügig anzusehen sein, wenn sie niedriger ist als die tarifliche Steuerbegünstigung der Hauptleistung (BFH v. 13. 10. 2015, BStBl. 2016 II S. 214). Ferner können jedoch ergänzende Zusatzleistungen, die Teil der einheitlichen Entschädigung sind und in späteren VZ aus Gründen der sozialen Fürsorge für eine gewisse Übergangszeit gewährt werden, für die Beurteilung der Hauptleistung als einer zusammengeballten Entschädigung unschädlich sein (Rz. 13). Pauschalbesteuerte Arbeitgeberleistungen sind bei der Beurteilung des Zuflusses in einem VZ nicht zu berücksichtigen. Bestimmen Arbeitgeber und Arbeitnehmer, dass die fällige Entschädigung erst im Folgejahr zufließen soll, ist dies für die Anwendung von § 34 Abs. 1 und 2 EStG unschädlich. Dabei gelten die Grundsätze von Rz. 8 bis 15 entsprechend (BFH vom 11. 11. 2009, BStBl. 2010 II S. 46).[3] Ein auf zwei Jahre verteilter Zufluss der Entschädigung ist ausnahmsweise unschädlich, wenn die Zahlung der Entschädigung von vornherein in einer Summe vorgesehen war und nur wegen ihrer ungewöhnlichen Höhe und der besonderen Verhältnisse des Zahlungspflichtigen auf zwei Jahre verteilt wurde oder wenn der Entschädigungsempfänger – bar aller Existenzmittel – dringend auf den baldigen Bezug einer Vorauszahlung angewiesen war (BFH vom 2. 9. 1992, BStBl. 1993 II S. 831). 7

2. Zusammenballung von Einkünften unter Berücksichtigung der wegfallenden Einnahmen (2. Prüfung)

2.1. Zusammenballung i. S. d. § 34 EStG, wenn durch die Entschädigung die bis zum Jahresende wegfallenden Einnahmen überschritten werden

9 Übersteigt die anlässlich der Beendigung eines Arbeitsverhältnisses gezahlte Entschädigung die bis zum Ende des VZ entgehenden Einnahmen, die der Arbeitnehmer bei Fortsetzung des Arbeitsverhältnisses bezogen hätte, so ist das Merkmal der Zusammenballung von Einkünften stets erfüllt.

---

[1] Die Zahlung eines zu verrechnenden Vorschusses auf die in demselben Veranlagungszeitraum vereinnahmte Entschädigung ist eine die Abwicklung betreffende Zahlungsmodalität und für die Zusammenballung der außerordentlichen Einkünfte i. S. des § 34 Abs. 1, Abs. 2 Nr. 2 EStG unschädlich. Bei einem zeitlichen Abstand zweier selbständiger Entschädigungszahlungen von sechs Jahren fehlt der für die Beurteilung der Einheitlichkeit einer Entschädigungsleistung erforderliche zeitliche Zusammenhang *(BFH-Urteil vom 11. 10. 2017, IX R 11/17, BStBl. 2018 II S. 706).*

[2] **[Amtl. Anm.:]** Rz. 8 wurde durch BMF vom 4. 3. 2016 (BStBl. I S. 277) geändert und ist in allen offenen Fällen anzuwenden.

[3] **[Red. Anm.]:** Muss wohl lauten: BFH vom 11. 11. 2009, BStBl. 2010 II S. 746.

Anl zu § 34

2.2. Zusammenballung i. S. d. § 34 EStG, wenn durch die Entschädigung nur ein Betrag bis zur Höhe der bis zum Jahresende wegfallenden Einnahmen abgegolten wird

10 Übersteigt die anlässlich der Beendigung eines Dienstverhältnisses gezahlte Entschädigung die bis zum Ende des (Zufluss-)VZ entgehenden Einnahmen nicht, ist das Merkmal der Zusammenballung von Einkünften nur erfüllt, wenn der Steuerpflichtige weitere Einnahmen bezieht, die er bei Fortsetzung des Dienstverhältnisses nicht bezogen hätte (BFH vom 4. 3. 1998, BStBl. II S. 787, 2. Prüfung).

a) Ermittlung der zu berücksichtigenden Einkünfte (mit Beispielen)

11 Für die Beurteilung der Zusammenballung ist es ohne Bedeutung, ob die Entschädigung für den Einnahmeverlust mehrerer Jahre gewährt werden soll. Entscheidend ist vielmehr, ob es unter Einschluss der Entschädigung infolge der Beendigung des Dienstverhältnisses in dem jeweiligen VZ insgesamt zu einer über die normalen Verhältnisse hinausgehenden Zusammenballung von Einkünften kommt (BFH vom 4. 3. 1998, BStBl. II S. 787). Dagegen kommt es auf eine konkrete Progressionserhöhung nicht an (BFH vom 17. 12. 1982, BStBl. 1983 II S. 221, vom 21. 3. 1996, BStBl. II S. 416 und vom 4. 3. 1998, BStBl. II S. 787). Auch die Zusammenballung mit anderen laufenden Einkünften des Steuerpflichtigen ist keine weitere Voraussetzung für die Anwendung des § 34 Abs. 1 EStG (BFH vom 13. 11. 1953, BStBl. 1954 III S. 13); dies gilt insbesondere in Fällen, in denen die Entschädigung die bis zum Jahresende entgehenden Einnahmen nur geringfügig übersteigt (Rz. 9). Andererseits kommt § 34 Abs. 1 EStG unter dem Gesichtspunkt der Zusammenballung auch dann in Betracht, wenn im Jahr des Zuflusses der Entschädigung weitere Einkünfte erzielt werden, die der Steuerpflichtige nicht bezogen hätte, wenn das Dienstverhältnis ungestört fortgesetzt worden wäre und er dadurch mehr erhält, als er bei normalem Ablauf der Dinge erhalten hätte (BFH vom 4. 3. 1998, BStBl. II S. 787). Bei der Berechnung der Einkünfte, die der Steuerpflichtige beim Fortbestand des Vertragsverhältnisses im VZ bezogen hätte, ist grundsätzlich auf die Einkünfte des Vorjahres abzustellen (BFH vom 4. 3. 1998, BStBl. II S. 787), es sei denn, die Einnahmesituation ist in diesem Jahr durch außergewöhnliche Ereignisse geprägt (BFH vom 27. 1. 2010, BStBl. 2011 II S. 28). Die erforderliche Vergleichsrechnung ist grundsätzlich anhand der jeweiligen Einkünfte des Steuerpflichtigen laut Steuerbescheid/Steuererklärung vorzunehmen (Beispiele 1 und 2). Da die außerordentlichen Einkünfte innerhalb einer Einkunftsart bzw. der Summe der Einkünfte eine „besondere Abteilung" bilden (BFH vom 29. 10. 1998, BStBl. 1999 II S. 588), sind in die Vergleichsrechnung nur Einkünfte einzubeziehen, die in einem Veranlassungszusammenhang mit dem (früheren) Arbeitsverhältnis oder dessen Beendigung bzw. in einem inneren Zusammenhang mit der früheren Tätigkeit stehen, d. h., die dazu bestimmt sind, die Einkünfte aus der früheren Tätigkeit zu ersetzen. Negative Einkünfte aus einer neu aufgenommenen Tätigkeit i. S. d. §§ 13, 15, 18 sowie § 19 EStG (ohne Versorgungsbezüge) sind nie zu berücksichtigen. Dabei ist der Arbeitnehmer-Pauschbetrag vorrangig von den laufenden Einkünften i. S. d. § 19 EStG abzuziehen (BFH vom 29. 10. 1998, BStBl. 1999 II S. 588). Dem Progressionsvorbehalt unterliegende positive Lohnersatzleistungen und dem § 32 b EStG unterliegender Arbeitslohn sind in die Vergleichsrechnung einzubeziehen. Liegen ausschließlich Einkünfte i. S. d. § 19 EStG vor, ist es nicht zu beanstanden, wenn die erforderliche Vergleichsrechnung stattdessen anhand der betreffenden Einnahmen aus nichtselbständiger Arbeit durchgeführt wird. Unbeschadet der Regelungen in Rz. 8 (Zusammenballung von Einkünften in einem VZ) sind bei einer solchen Vergleichsrechnung nach Maßgabe der Einnahmen neben den positiven Lohnersatzleistungen und dem Arbeitslohn, die dem Progressionsvorbehalt nach § 32 b EStG unterliegen, auch pauschalbesteuerte Arbeitgeberleistungen einzubeziehen (Beispiel 3).

Beispiel 1: Auflösung des Dienstverhältnisses im Jahr 02. Die Entschädigung im Jahr 02 beträgt 15 000 EUR. Vergleich:

– Jahr 01		
Einkünfte i. S. d. § 19 EStG (50 000 EUR ./. 1000 EUR)[1]		49 000 EUR
Einkünfte aus den übrigen Einkunftsarten		0 EUR
Summe		49 000 EUR
– Jahr 02		
Einnahmen i. S. d. § 19 EStG aus bisherigem Dienstverhältnis	25 000 EUR	
Einnahmen i. S. d. § 19 EStG aus neuem Dienstverhältnis	25 000 EUR	
abzgl. AN-Pauschbetrag[2]	1 000 EUR	49 000 EUR
Entschädigung		15 000 EUR
Summe		64 000 EUR

Die Entschädigung (15 000 EUR) übersteigt nicht den Betrag der entgehenden Einnahmen (25 000 EUR). Der Steuerpflichtige hat aber aus dem alten und neuen Dienstverhältnis so hohe Einkünfte, dass es unter Einbeziehung der Entschädigung zu einer die bisherigen Einkünfte übersteigenden Zusammenballung von Einkünften und somit zur Anwendung des § 34 EStG kommt.

Beispiel 2: Auflösung des Dienstverhältnisses im Jahr 02. Die Entschädigung im Jahr 02 beträgt 20 000 EUR.

Vergleich:

– Jahr 01	
Einkünfte i. S. d. § 19 EStG (50 000 EUR ./. 1000 EUR)[3]	49 000 EUR
Einkünfte aus den übrigen Einkunftsarten	0 EUR
Summe	49 000 EUR
– Jahr 02	
Einnahmen i. S. d. § 19 EStG aus bisherigem Dienstverhältnis (20 000 EUR)	

[1] AN-Pauschbetrag für VZ 2022 1 200 Euro und ab VZ 2023 1 230 Euro.
[2] AN-Pauschbetrag für VZ 2022 1 200 Euro und ab VZ 2023 1 230 Euro.
[3] AN-Pauschbetrag für VZ 2022 1 200 Euro und ab VZ 2023 1 230 Euro.

abzgl. AN-Pauschbetrag (1000 EUR)[1]	19 000 EUR
Entschädigung	20 000 EUR
tatsächlich bezogenes Arbeitslosengeld	4 800 EUR
Summe	43 800 EUR

Die Entschädigung von 20 000 EUR übersteigt nicht den Betrag der entgehenden Einnahmen (30 000 EUR). Der auf der Basis der Einkünfte vorgenommene Vergleich der aus dem bisherigen Dienstverhältnis im Jahr 02 bezogenen Einkünfte einschließlich der Entschädigung (19 000 EUR + 20 000 EUR + 4800 EUR = 43 800 EUR) übersteigt nicht die bisherigen Einkünfte des Jahres 01 (49 000 EUR).

Auch bei einem Vergleich nach Maßgabe der Einnahmen aus nichtselbständiger Arbeit übersteigen die im Jahr 02 bezogenen Einnahmen einschließlich der Entschädigung (20 000 EUR + 20 000 EUR + 4800 EUR = 44 800 EUR) nicht die Einnahmen des Jahres 01 (50 000 EUR). Eine Zusammenballung der Einkünfte liegt daher nicht vor. Für die Entschädigung kommt eine ermäßigte Besteuerung nach § 34 Abs. 1 und 2 EStG deshalb nicht in Betracht.

Beispiel 3: Auflösung des Dienstverhältnisses im Jahr 02. Die Entschädigung im Jahr 02 beträgt 25 000 EUR.
Vergleich auf der Basis der Einnahmen:

– Jahr 01	
Einnahmen i. S. d. § 19 EStG	50 000 EUR
– Jahr 02	
Einnahmen i. S. d. § 19 EStG aus bisherigem Dienstverhältnis	20 000 EUR
Entschädigung	25 000 EUR
pauschal besteuerte Zukunftssicherungsleistungen ab dem Ausscheiden	994 EUR
tatsächlich bezogenes Arbeitslosengeld	4 800 EUR
Summe	50 794 EUR

Die Entschädigung 25 000 EUR übersteigt nicht den Betrag der entgehenden Einnahmen (30 000 EUR).
Der Vergleich nach Maßgabe der Einnahmen aus nichtselbständiger Arbeit ergibt, dass die Einnahmen im Jahr 02 einschließlich der Entschädigung, den pauschal besteuerten Zukunftssicherungsleistungen ab dem Ausscheiden und dem tatsächlich bezogenen Arbeitslosengeld (50 794 EUR) die Einnahmen des Jahres 01 (50 000 EUR) übersteigen. Aufgrund der vorliegenden Zusammenballung kann die Entschädigung nach § 34 Abs. 1 und 2 EStG ermäßigt besteuert werden.

Beispiel 4: Auflösung des Dienstverhältnisses im März 02 – Einnahmen i. S. d. § 19 EStG bis dahin 17 000 EUR, die Entschädigung beträgt 46 000 EUR. Anschließend Bezug von Arbeitslosengeld (April 02 bis Oktober 02) 9000 EUR. Gründung eines Gewerbebetriebs im November 02 (Einkünfte: ./. 15 000 EUR).

Vergleich:

– Jahr 01	
Einkünfte i. S. d. § 19 EStG (65 000 EUR ./. 1000 EUR)[2]	64 000 EUR
Einkünfte aus den übrigen Einkunftsarten	0 EUR
Summe	64 000 EUR
– Jahr 02	
Einkünfte i. S. d. § 19 EStG aus bisherigem Dienstverhältnis (17 000 EUR ./. 1000 EUR)[3]	16 000 EUR
Entschädigung	46 000 EUR
tatsächlich bezogenes Arbeitslosengeld	9 000 EUR
Summe	71 000 EUR

Die Entschädigung (46 000 EUR) übersteigt nicht den Betrag der entgehenden Einnahmen (65 000 EUR ./. 17 000 EUR) in Höhe von 48 000 EUR.
Nach dem Vergleich der Einkünfte aus dem früheren Dienstverhältnis des Jahres 01 (64 000 EUR) mit den Einkünften des Jahres 02, die in Zusammenhang mit dem früheren Arbeitsverhältnis (Arbeitslohn und Entschädigung) und dessen Auflösung (Arbeitslosengeld) stehen (71 000 EUR), liegt jedoch eine Zusammenballung von Einkünften im Jahr 02 vor. Die negativen Einkünfte aus dem neu aufgenommenen Gewerbebetrieb sind nicht zu berücksichtigen.

b) Anwendung im Lohnsteuerabzugsverfahren[4]

12 Im Lohnsteuerabzugsverfahren richtet sich die Anwendung des § 34 EStG nach § 39 b Abs. 3 Satz 9 EStG. Dabei ist die Regelung nach Rz. 8 und 11 ebenfalls anzuwenden, wobei der Arbeitgeber auch solche Einnahmen (Einkünfte) berücksichtigen darf, die der Arbeitnehmer nach Beendigung des bestehenden Dienstverhältnisses erzielt. Der Arbeitnehmer ist in diesem Fall zur Abgabe einer Einkommensteuererklärung verpflichtet (Pflichtveranlagung nach § 46 Abs. 2 Nr. 5 EStG). Kann der Arbeitgeber die erforderlichen Feststellungen nicht treffen, ist im Lohnsteuerabzugsverfahren die Besteuerung ohne Anwendung des § 39 b Abs. 3 Satz 9 EStG durchzuführen. Die begünstigte Besteuerung erfolgt dann ggf. erst im Veranlagungsverfahren (Antragsveranlagung nach § 46 Abs. 2 Nr. 8 EStG). Die ermäßigte Besteuerung ist im Lohnsteuerabzugsverfahren nicht anzuwenden, wenn sie zu einer höheren Steuer führt als die Besteuerung als nicht begünstigter sonstiger Bezug (BMF-Schreiben vom 10. 1. 2000, BStBl. I S. 138).

3. Zusammenballung von Einkünften bei zusätzlichen Entschädigungsleistungen des Arbeitgebers

a) Zusätzliche Entschädigungsleistungen des Arbeitgebers

13 Sehen Entlassungsvereinbarungen zusätzliche Leistungen des früheren Arbeitgebers vor, z. B. unentgeltliche Nutzung des Dienstwagens, ohne dass der ausgeschiedene Mitarbeiter noch zu einer

[1] AN-Pauschbetrag für VZ 2022 1 200 Euro und ab VZ 2023 1 230 Euro.
[2] AN-Pauschbetrag für VZ 2022 1 200 Euro und ab VZ 2023 1 230 Euro.
[3] AN-Pauschbetrag für VZ 2022 1 200 Euro und ab VZ 2023 1 230 Euro.
[4] **[Amtl. Anm.:]** Rz. 12 ist durch Artikel 5 des Wachstumschancengesetzes überholt. Ab 2025 ist im Lohnsteuerabzugsverfahren die Tarifermäßigung i. S. d. § 34 EStG nicht mehr zu berücksichtigen.

Anl zu § 34

Dienstleistung verpflichtet wäre, so kann es sich um eine Entschädigung handeln (Rz. 2, 3). Eine Entschädigung liegt in diesen Fällen u. a. nicht vor, wenn derartige zusätzliche Leistungen nicht nur bei vorzeitigem Ausscheiden, sondern auch in anderen Fällen, insbesondere bei altersbedingtem Ausscheiden, erbracht werden, z. B. Fortführung von Mietverhältnissen, von Arbeitgeberdarlehen, von Deputatlieferungen und von Sondertarifen, sowie Weitergewährung von Rabatten. Lebenslänglich zugesagte Geld- oder Sachleistungen sind stets nach § 24 Nr. 2 EStG zu behandeln.

b) Zusammenballung von Einkünften bei zusätzlichen Entschädigungsleistungen des Arbeitgebers aus Gründen der sozialen Fürsorge in späteren VZ

14 Fließt die Gesamtentschädigung (Einmalbetrag zuzüglich zusätzlicher Entschädigungsleistungen) nicht in einem VZ zu, so ist dies für die Anwendung des § 34 EStG grundsätzlich schädlich (Rz. 8). Werden aber zusätzliche Entschädigungsleistungen, die Teil einer einheitlichen Entschädigung sind, aus Gründen der sozialen Fürsorge für eine gewisse Übergangszeit in späteren VZ gewährt, sind diese für die Beurteilung der Hauptleistung als einer zusammengeballten Entschädigung unschädlich, wenn sie weniger als 50% der Hauptleistung betragen.

Die Vergleichsrechnung ist hier durch Einnahmenvergleich vorzunehmen.

Zusatzleistungen aus Gründen der sozialen Fürsorge sind beispielsweise solche Leistungen, die der (frühere) Arbeitgeber seinem (früheren) Arbeitnehmer zur Erleichterung des Arbeitsplatz- oder Berufswechsels oder als Anpassung an eine dauerhafte Berufsaufgabe und Arbeitslosigkeit erbringt. Sie setzen keine Bedürftigkeit des entlassenen Arbeitnehmers voraus. Soziale Fürsorge ist allgemein im Sinne der Fürsorge des Arbeitgebers für seinen früheren Arbeitnehmer zu verstehen. Ob der Arbeitgeber zu der Fürsorge arbeitsrechtlich verpflichtet ist, ist unerheblich.

Derartige ergänzende Zusatzleistungen können beispielsweise die Übernahme von Kosten für eine Outplacement-Beratung (BFH vom 14. 8. 2001, BStBl. 2002 II S. 180), die befristete Weiterbenutzung des Dienstwagens (BFH vom 3. 7. 2002, BStBl. 2004 II S. 447), die befristete Übernahme von Versicherungsbeiträgen, die befristete Zahlung von Zuschüssen zum Arbeitslosengeld (BFH vom 24. 1. 2002, BStBl. 2004 II S. 442), die Zahlung einer Jubiläumszuwendung nach dem Ausscheiden, die der Arbeitnehmer bei Fortsetzung des Arbeitsverhältnisses erhalten hätte (BFH vom 14. 5. 2003, BStBl. 2004 II S. 451), und Zahlungen zur Verwendung für die Altersversorgung (BFH vom 15. 10. 2003, BStBl. 2004 II S. 264) sein.

Die aus sozialer Fürsorge erbrachten ergänzenden Zusatzleistungen, die außerhalb des zusammengeballten Zuflusses in späteren VZ erfolgen, fallen nicht unter die Tarifbegünstigung des § 34 Abs. 1 EStG.

Beispiel: Auflösung des Dienstverhältnisses im Jahr 02. Der Arbeitgeber zahlt im Jahr 02 insgesamt 150 000 EUR Entschädigung und gewährt von Juli 02 bis Juni 03 zur Überbrückung der Arbeitslosigkeit einen Zuschuss zum Arbeitslosengeld von monatlich 2500 EUR. Im Jahr 03 fließen keine weiteren Einkünfte zu.

– Jahr 02	
Einnahmen i. S. d. § 19 EStG	50 000 EUR
Entschädigung	150 000 EUR
monatlicher Zuschuss (6 × 2500 EUR)	15 000 EUR
Entschädigung insgesamt (Hauptleistung)	165 000 EUR
– Jahr 03	
monatlicher Zuschuss (6 × 2500 EUR)	15 000 EUR

Die im Jahr 03 enthaltenen Zahlungen sind zusätzliche Entschädigungsleistungen, die aus sozialer Fürsorge für eine gewisse Übergangszeit gewährt wurden. Sie betragen 15 000 EUR = 9,09% von 165 000 EUR (Entschädigungshauptleistung) und sind damit unschädlich für die Beurteilung der Hauptleistung als einer zusammengeballten Entschädigung. Die im Jahr 02 erhaltenen Entschädigungsleistungen sind daher nach § 34 EStG ermäßigt zu besteuern. Die im Jahr 03 erhaltenen Zusatzleistungen fallen nicht unter die Tarifbegünstigung des § 34 EStG. Wegen des vorzunehmenden Vergleichs der Einnahmen bleibt der Arbeitnehmer-Pauschbetrag außer Betracht.

c) Weitere Nutzung der verbilligten Wohnung

15 Ist die weitere Nutzung einer Wohnung Bestandteil der Entschädigungsvereinbarung, so ist die Mietverbilligung nur dann für die Zusammenballung von Einkünften schädlich, wenn sie mietrechtlich frei vereinbar und dem Grunde nach geldwerter Vorteil aus dem früheren Dienstverhältnis ist und nicht auf die Lebenszeit des oder der Berechtigten abgeschlossen ist.

IV. Planwidriger Zufluss in mehreren VZ/ Rückzahlung bereits empfangener Entschädigungen

8 **16** Die Anwendung der begünstigten Besteuerung nach § 34 Abs. 1 und 2 EStG setzt u. a. voraus, dass die Entschädigungsleistungen zusammengeballt, d. h. in einem VZ zufließen (Rz. 9). Das Interesse der Vertragsparteien ist daher regelmäßig auf den planmäßigen Zufluss in einem VZ gerichtet. Findet in den Fällen der nachstehenden Rz. 19 und 20 ein planwidriger Zufluss in mehreren VZ statt, obwohl die Vereinbarungen eindeutig auf einen einmaligen Zufluss gerichtet waren, ist der Korrekturbetrag eines nachfolgenden VZ (VZ 02) auf Antrag des Steuerpflichtigen in den VZ (VZ 01) zurückzubeziehen, in dem die – grundsätzlich begünstigte – Hauptentschädigung zugeflossen ist. Stimmt das Finanzamt diesem Antrag zu (§ 163 AO), ist der Steuerbescheid (VZ 01) nach § 175 Abs. 1 Satz 1 Nr. 2 AO zu ändern, wobei die begünstigte Besteuerung auf die gesamte Entschädigungsleistung (Hauptentschädigung zzgl. Korrekturbetrag) anzuwenden ist. Wird der Antrag nicht gestellt und ist die Steuerfestsetzung für diesen VZ (VZ 02) bereits bestandskräftig, so ist der Bescheid (VZ 01) nach § 175 Abs. 1 Satz 1 Nr. 2 AO zu ändern und die begünstigte Steuerberechnung wegen fehlender Zusammenballung zu versagen.

17 Hat der Steuerpflichtige in einem nachfolgenden VZ einen Teil der Entschädigung zurückzuzahlen, so ist die Rückzahlung als Korrektur auch dann im Jahr des Abflusses zu berücksichtigen, wenn die

Abfindung im Zuflussjahr begünstigt besteuert worden ist. Eine Lohnrückzahlung ist regelmäßig kein rückwirkendes Ereignis i. S. d. § 175 Abs. 1 Satz 1 Nr. 2 AO, das zur Änderung des Einkommensteuerbescheides des Zuflussjahres berechtigt (BFH vom 4. 5. 2006, BStBl. II S. 911). Anl zu § 34

1. Versehentlich zu niedrige Auszahlung der Entschädigung

18 Es kommt vor, dass eine Entschädigung an den ausscheidenden Arbeitnehmer versehentlich – z. B. auf Grund eines Rechenfehlers, nicht jedoch bei unzutreffender rechtlicher Würdigung – im Jahr des Ausscheidens zu niedrig ausgezahlt wird. Der Fehler wird im Laufe eines späteren VZ erkannt und der Differenzbetrag ausgezahlt.

2. Nachzahlung nach Rechtsstreit

19 Streiten sich Arbeitgeber und Arbeitnehmer vor Gericht über die Höhe der Entschädigung, zahlt der Arbeitgeber üblicherweise an den Arbeitnehmer im Jahr des Ausscheidens nur den von ihm (Arbeitgeber) für zutreffend gehaltenen Entschädigungsbetrag und leistet ggf. erst Jahre später auf Grund einer gerichtlichen Entscheidung oder eines Vergleichs eine weitere Zahlung. Voraussetzung für die Anwendung der Billigkeitsregelung nach Rz. 16 ist in diesen Fällen, dass der ausgeschiedene Arbeitnehmer keinen Ersatzanspruch hinsichtlich einer aus der Nachzahlung resultierenden eventuellen ertragsteuerlichen Mehrbelastung gegenüber dem früheren Arbeitgeber hat.

V. Vom Arbeitgeber freiwillig übernommene Rentenversicherungsbeiträge i. S. d. § 187 a SGB VI

20 Die Hälfte der vom Arbeitgeber freiwillig übernommenen Rentenversicherungsbeiträge i. S. d. 9
§ 187 a SGB VI, durch die Rentenminderungen bei vorzeitiger Inanspruchnahme der Altersrente gemildert oder vermieden werden können, ist steuerfrei nach § 3 Nr. 28 EStG.

21 Die vom Arbeitgeber zusätzlich geleisteten Rentenversicherungsbeiträge nach § 187 a SGB VI einschließlich darauf entfallender, ggf. vom Arbeitgeber getragener Steuerabzugsbeträge sind als Teil der Entschädigung i. S. d. § 24 Nr. 1 EStG, die im Zusammenhang mit der Auflösung eines Dienstverhältnisses geleistet wird, zu behandeln. Leistet der Arbeitgeber diese Beiträge in Teilbeträgen, ist dies für die Frage der Zusammenballung unbeachtlich. Die dem Arbeitnehmer darüber hinaus zugeflossene Entschädigung (Einmalbetrag) kann daher aus Billigkeitsgründen auf Antrag unter den übrigen Voraussetzungen begünstigt besteuert werden.

VI. Anwendung

22 Die vorstehenden Grundsätze sind in allen noch offenen Fällen anzuwenden. Dieses Schreiben er- 10
setzt die im Bezug genannten BMF-Schreiben.[1]

H 34

LStH 34

Abzug des Arbeitnehmer-Pauschbetrags → H 34.1 EStH. 14

Allgemeines → BMF vom 1. 11. 2013 (BStBl. I S. 1326) unter Berücksichtigung der Änderung durch BMF vom 4. 3. 2016 (BStBl. I S. 277).[2]

Arbeitslohn für mehrere Jahre → H 34.4 EStH.[3]

Arbeitslohn für mehrjährige Tätigkeiten[4] → R 34.4 EStR und H 34.4 EStH.

Entschädigungen → R 34.3 EStR und H 34.3 EStH.

Ermittlung der Einkünfte → R 34.4 EStR.

Jubiläumszuwendungen → H 34.4 EStH.

Tantiemen → H 34.4 EStH.

Überstundenvergütungen → H 34.4 EStH.

Verbesserungsvorschläge → H 34.4 EStH.

Versorgungsbezüge, Nachzahlungen von Versorgungsbezügen → H 34.4 EStH.

Zusammenballung von Einkünften → H 34.3 und H 34.4 EStH.

– EStR/EStH abgedruckt in Anhang II –

[1] **[Amtl. Anm.:]** Siehe BMF vom 24. 5. 2004 (BStBl. I S. 505, berichtigt BStBl. I S. 633) und vom 17. 1. 2011 (BStBl. I S. 39), abgedruckt im *„Handbuch zur Lohnsteuer 2013"* als Anlagezu § 34 EStG.

[2] Vorstehend abgedruckt als Anlage zu § 34 EStG.

[3] Werden Überstundenvergütungen für einen Zeitraum von mehr als 12 Monaten veranlagungszeitraumübergreifend gezahlt, ist § 34 EStG zu gewähren (BFH vom 2. 12. 2021, VI R 23/19, BStBl. 2022 II S. 442).

[4] Die einem Arbeitnehmer gewährte Prämie für einen Verbesserungsvorschlag stellt keine Entlohnung für eine mehrjährige Tätigkeit dar, wenn sie nicht nach dem Zeitaufwand des Arbeitnehmers, sondern ausschließlich nach der Kostenersparnis des Arbeitgebers in einem bestimmten künftigen Zeitraum berechnet wird. Versorgungsleistungen aus einer Pensionszusage, die an die Stelle einer in einem vergangenen Jahr erdienten variablen Vergütung (Bonus) treten, sind keine Entlohnung für eine mehrjährige Tätigkeit *(BFH-Urteil vom 31. 8. 2016 – VI R 53/14, BStBl. 2017 II S. 322).*

Verzichtet ein Gesellschafter-Geschäftsführer gegenüber seiner Kapitalgesellschaft auf eine bereits erdient (werthaltige) Pensionsanwartschaft, ist darin nur dann keine verdeckte Einlage zu sehen, wenn auch ein fremder Geschäftsführer unter sonst gleichen Umständen die Pensionsanwartschaft aufgegeben hätte. Wurzelt die Zusage der Altersversorgung im Anstellungsvertrag, führt der Verzicht auf die erdiente und werthaltige Anwartschaft zu einem Lohnzufluss in Höhe des Teilwerts. Insoweit handelt es sich um eine Vergütung für eine mehrjährige Tätigkeit, bei der die Anwendung der Fünftelregelung (§ 34 Abs. 1 und Abs. 2 Nr. 4 EStG) in Betracht kommt *(BFH vom 23. 8. 2017, VI R 4/16, BStBl. 2018 II S. 208).*

EStG

2 b. Steuerermäßigung bei Zuwendungen an politische Parteien und an unabhängige Wählervereinigungen

§ 34g [Steuerermäßigung bei Zuwendungen an politische Parteien und an unabhängige Wählervereinigungen]

①Die tarifliche Einkommensteuer, vermindert um die sonstigen Steuerermäßigungen mit Ausnahme des § 34f Absatz 3, ermäßigt sich bei Zuwendungen an

1. politische Parteien im Sinne des § 2 des Parteiengesetzes, sofern die jeweilige Partei nicht gemäß § 18 Absatz 7 des Parteiengesetzes von der staatlichen Teilfinanzierung ausgeschlossen ist, und

2. Vereine ohne Parteicharakter, wenn
a) der Zweck des Vereins ausschließlich darauf gerichtet ist, durch Teilnahme mit eigenen Wahlvorschlägen an Wahlen auf Bundes-, Landes- oder Kommunalebene bei der politischen Willensbildung mitzuwirken, und
b) der Verein auf Bundes-, Landes- oder Kommunalebene bei der jeweils letzten Wahl wenigstens ein Mandat errungen oder der zuständigen Wahlbehörde oder dem zuständigen Wahlorgan angezeigt hat, dass er mit eigenen Wahlvorschlägen auf Bundes-, Landes- oder Kommunalebene an der jeweils nächsten Wahl teilnehmen will.

②Nimmt der Verein an der jeweils nächsten Wahl nicht teil, wird die Ermäßigung nur für die bis zum Wahltag an ihn geleisteten Beiträge und Spenden gewährt. ③Die Ermäßigung für Beiträge und Spenden an den Verein wird erst wieder gewährt, wenn er sich mit eigenen Wahlvorschlägen an einer Wahl beteiligt hat. ④Die Ermäßigung wird in diesem Fall nur für Beiträge und Spenden gewährt, die nach Beginn des Jahres, in dem die Wahl stattfindet, geleistet werden.

②Die Ermäßigung beträgt 50 Prozent der Ausgaben, höchstens jeweils 825 Euro für Ausgaben nach den Nummern 1 und 2, im Fall der Zusammenveranlagung von Ehegatten höchstens jeweils 1650 Euro. ③§ 10b Absatz 3 und 4 gilt entsprechend.

LStH 34g

H 34g

2 **Zuwendungen an politische Parteien** → H 34g EStH.

– EStR/EStH abgedruckt in Anhang II –

EStG

4. Steuerermäßigung bei Aufwendungen für haushaltsnahe Beschäftigungsverhältnisse und für die Inanspruchnahme haushaltsnaher Dienstleistungen

§ 35a Steuerermäßigung bei Aufwendungen für haushaltsnahe Beschäftigungsverhältnisse, haushaltsnahe Dienstleistungen und Handwerkerleistungen

(1) Für haushaltsnahe Beschäftigungsverhältnisse, bei denen es sich um eine geringfügige Beschäftigung im Sinne des § 8 a des Vierten Buches Sozialgesetzbuch handelt, ermäßigt sich die tarifliche Einkommensteuer, vermindert um die sonstigen Steuerermäßigungen, auf Antrag um 20 Prozent, höchstens 510 Euro, der Aufwendungen des Steuerpflichtigen. 1

(2) ① Für andere als in Absatz 1 aufgeführte haushaltsnahe Beschäftigungsverhältnisse oder für die Inanspruchnahme von haushaltsnahen Dienstleistungen, die nicht Dienstleistungen nach Absatz 3 sind, ermäßigt sich die tarifliche Einkommensteuer, vermindert um die sonstigen Steuerermäßigungen, auf Antrag um 20 Prozent, höchstens 4 000 Euro, der Aufwendungen des Steuerpflichtigen. ② Die Steuerermäßigung kann auch in Anspruch genommen werden für die Inanspruchnahme von Pflege- und Betreuungsleistungen sowie für Aufwendungen, die einem Steuerpflichtigen wegen der Unterbringung in einem Heim oder zur dauernden Pflege erwachsen, soweit darin Kosten für Dienstleistungen enthalten sind, die mit denen einer Hilfe im Haushalt vergleichbar sind. 2

(3) ① Für die Inanspruchnahme von Handwerkerleistungen für Renovierungs-, Erhaltungs- und Modernisierungsmaßnahmen ermäßigt sich die tarifliche Einkommensteuer, vermindert um die sonstigen Steuerermäßigungen, auf Antrag um 20 Prozent der Aufwendungen des Steuerpflichtigen, höchstens jedoch um 1 200 Euro. ② Dies gilt nicht für öffentlich geförderte Maßnahmen, für die zinsverbilligte Darlehen oder steuerfreie Zuschüsse in Anspruch genommen werden. 3

(4) ① Die Steuerermäßigung nach den Absätzen 1 bis 3 kann nur in Anspruch genommen werden, wenn das Beschäftigungsverhältnis, die Dienstleistung oder die Handwerkerleistung in einem in der Europäischen Union oder dem Europäischen Wirtschaftsraum liegenden Haushalt des Steuerpflichtigen oder – bei Pflege- und Betreuungsleistungen – der gepflegten oder betreuten Person ausgeübt oder erbracht wird. ② In den Fällen des Absatzes 2 Satz 2 zweiter Halbsatz ist Voraussetzung, dass das Heim oder der Ort der dauernden Pflege in der Europäischen Union oder dem Europäischen Wirtschaftsraum liegt. 4

(5) ① Die Steuerermäßigungen nach den Absätzen 1 bis 3 können nur in Anspruch genommen werden, soweit die Aufwendungen nicht Betriebsausgaben oder Werbungskosten darstellen und soweit sie nicht als Sonderausgaben oder außergewöhnliche Belastungen berücksichtigt worden sind; für Aufwendungen, die dem Grunde nach unter § 10 Absatz 1 Nummer 5 fallen, ist eine Inanspruchnahme ebenfalls ausgeschlossen. ② Der Abzug von der tariflichen Einkommensteuer nach den Absätzen 2 und 3 gilt nur für Arbeitskosten. ③ Voraussetzung für die Inanspruchnahme der Steuerermäßigungen nach den Absätzen 2 und 3 ist, dass der Steuerpflichtige für die Aufwendungen eine Rechnung erhalten hat und die Zahlung auf das Konto des Erbringers der Leistung erfolgt ist. ④ Leben zwei Alleinstehende in einem Haushalt zusammen, können sie die Höchstbeträge nach den Absätzen 1 bis 3 insgesamt jeweils nur einmal in Anspruch nehmen. 5

H 35a

LStH 35a

Anwendungsschreiben → BMF vom 9. 11. 2016 (BStBl. I S. 1213) unter Berücksichtigung der Änderungen durch BMF vom 1. 9. 2021 (BStBl. I S. 1494).[1] 5a

– *EStR/EStH abgedruckt in Anhang II* –

[1] Nachstehend abgedruckt als Anlage zu LStH 35 a.

Anl zu LStH 35 a

Schreiben betr.
Steuerermäßigung bei Aufwendungen für haushaltsnahe Beschäftigungsverhältnisse und für die Inanspruchnahme haushaltsnaher Dienstleistungen (§ 35 a EStG); Überarbeitung des BMF-Schreibens vom 10. Januar 2014 (BStBl. I S. 75)[1]

Vom 9. November 2016 (BStBl. I S. 1213)
(BMF IV C 8 – S 2296-b/07/10003 :008; DOK 2016/1021450)
Geändert durch BMF vom 1. 9. 2021 (BStBl. I S. 1494)

2 Anlagen

Unter Bezugnahme auf das Ergebnis der Erörterungen mit den obersten Finanzbehörden der Länder gilt für die Anwendung des § 35 a EStG Folgendes:

I. Haushalt

1. Allgemeines

6 **1** Das haushaltsnahe Beschäftigungsverhältnis, die haushaltsnahe Dienstleistung oder die Handwerkerleistung müssen in einem inländischen oder in einem anderen in der Europäischen Union oder im Europäischen Wirtschaftsraum liegenden Haushalt des Steuerpflichtigen ausgeübt oder erbracht werden. Unter einem Haushalt i. S. d. § 35 a EStG ist die Wirtschaftsführung mehrerer zusammenlebender Personen oder einer einzelnen Person in einer Wohnung oder in einem Haus einschließlich des dazu gehörenden Grund und Bodens zu verstehen. Zum Haushalt gehört auch das Bewirtschaften von Zubehörräumen und Außenanlagen. Maßgeblich ist, dass der Steuerpflichtige den ggf. gemeinschaftlichen Besitz über diesen Bereich ausübt und für Dritte dieser Bereich nach der Verkehrsanschauung als der Ort, an dem der Steuerpflichtige seinen Haushalt betreibt, anzusehen ist. Dabei können auch mehrere, räumlich voneinander getrennte Orte dem Haushalt des Steuerpflichtigen zuzuordnen sein. Dies gilt insbesondere für eine vom Steuerpflichtigen tatsächlich zu eigenen Wohnzwecken genutzte Zweit-, Wochenend- oder Ferienwohnung, für eine Wohnung, die dieser einem bei ihm zu berücksichtigenden Kind (§ 32 EStG) zur unentgeltlichen Nutzung überlässt, sowie eine tatsächlich zu eigenen Wohnzwecken genutzte geerbte Wohnung. Die Steuerermäßigung wird – auch bei Vorhandensein mehrerer Wohnungen – insgesamt nur einmal bis zu den jeweiligen Höchstbeträgen gewährt (BFH-Urteil vom 29. Juli 2010, BStBl. 2014 II S. 151).

2. Räumlicher Zusammenhang[2]

2[3] Der räumliche Bereich, in dem sich der Haushalt entfaltet, wird regelmäßig durch die Grundstücksgrenzen abgesteckt. Ausnahmsweise können auch Leistungen, die jenseits der Grundstücksgrenzen auf fremdem, beispielsweise öffentlichem Grund erbracht werden, begünstigt sein. Es muss sich dabei allerdings um Leistungen handeln, die in unmittelbarem räumlichem Zusammenhang zum Haushalt[4] durchgeführt werden und diesem dienen (BFH-Urteile vom 20. März 2014, BStBl. II S. 880 und S. 882). Ein solcher unmittelbarer räumlicher Zusammenhang liegt nur vor, wenn beide Grundstücke eine gemeinsame Grenze haben oder dieser durch eine Grunddienstbarkeit vermittelt wird.

Für Handwerkerleistungen der öffentlichen Hand, die nicht nur einzelnen Haushalten, sondern allen an den Maßnahmen der öffentlichen Hand beteiligten Haushalten zugutekommen, ist eine Begünstigung nach § 35 a EStG ausgeschlossen (z. B. Ausbau des allgemeinen Versorgungsnetzes oder Erschließung einer Straße). Insoweit fehlt es an einem räumlich-funktionalen Zusammenhang der Handwerkerleistungen mit dem Haushalt des einzelnen Grundstückseigentümers (BFH-Urteil vom 21. Februar 2018, BStBl. II S. 641).

3. Wohnungswechsel, Umzug

3 Der Begriff „im Haushalt" ist nicht in jedem Fall mit „tatsächlichem Bewohnen" gleichzusetzen. Beabsichtigt der Steuerpflichtige umzuziehen und hat er für diesen Zweck bereits eine Wohnung oder ein Haus gemietet oder gekauft, gehört auch diese Wohnung oder dieses Haus zu seinem Haushalt, wenn er tatsächlich dorthin umzieht. Hat der Steuerpflichtige seinen Haushalt durch Umzug in eine andere Wohnung oder ein anderes Haus verlegt, gelten Maßnahmen zur Beseitigung der durch die bisherige Haushaltsführung veranlassten Abnutzung (z. B. Renovierungsarbeiten eines ausziehenden Mieters) noch als im Haushalt erbracht. Voraussetzung ist, dass die Maßnahmen in einem engen zeitlichen Zusammenhang zu dem Umzug stehen. Für die Frage, ab wann oder bis wann es sich um einen Haushalt des Steuerpflichtigen handelt, kommt es grundsätzlich auf das wirtschaftliche Eigentum an. Bei einem Mietverhältnis ist der im Mietvertrag vereinbarte Beginn des Mietverhältnisses oder bei Beendigung der Zeitpunkt, auf den die Kündigung erfolgt, und bei einem Kauf der Übergang von Nutzen und Lasten entscheidend. Ein früherer oder späterer Zeitpunkt für den Ein- oder Auszug ist durch geeignete Unter-

---

[1] Abgedruckt im *„Handbuch zur Lohnsteuer 2016"* als Anlage zu LStH 35 a.

[2] Die Reinigung der Fahrbahn einer öffentlichen Straße ist – anders als die Reinigung des öffentlichen Gehwegs vor dem Haus – nicht als haushaltsnahe Dienstleistung nach § 35 a Abs. 2 EStG begünstigt. Soweit Arbeiten in der Werkstatt eines Handwerkers erbracht werden, sind die darauf entfallenden Lohnkosten nicht nach § 35 a Abs. 3 EStG begünstigt *(BFH-Urteil vom 13. 5. 2020, VI R 4/18, BStBl. 2021 II S. 669).* Die Erschließung einer öffentlichen Straße steht nicht im räumlich-funktionalen Zusammenhang zum Haushalt des Steuerpflichtigen, der auf Grund öffentlich-rechtlicher Verpflichtung zum Erschließungsbeitrag herangezogen wird (vgl. BFH vom 28. 4. 2020,VI R 50/17, BStBl. 2022 II S. 18).

[3] Rn. 2 Abs. 2 hinzugef. durch BMF v. 1. 9. 2021, BStBl. I S. 1494 und ist in allen offenen Fällen anzuwenden.

[4] **[Amtl. Anm.:]** Der räumlich-funktionale Zusammenhang zum Haushalt des Stpfl. ist nicht gegeben, wenn für die Neuverlegung einer öffentlichen Mischwasserleitung als Teil des öffentlichen Sammelnetzes ein Baukostenzuschuss erhoben wird (siehe BFH vom 21. 2. 2018 – BStBl. II S. 641).

lagen (z. B. Meldebestätigung der Gemeinde, Bestätigung des Vermieters) nachzuweisen. In Zweifelsfällen kann auf das in der Regel anzufertigende Übergabe-/Übernahmeprotokoll abgestellt werden.

4. Wohnen in einem Alten(wohn)heim, einem Pflegeheim oder einem Wohnstift

4 Eine Inanspruchnahme der Steuerermäßigung nach § 35 a Abs. 1 bis 3 EStG ist auch möglich, wenn sich der eigenständige und abgeschlossene Haushalt in einem Heim, wie z. B. einem Altenheim, einem Altenwohnheim, einem Pflegeheim oder einem Wohnstift befindet. Ein Haushalt in einem Heim ist gegeben, wenn die Räumlichkeiten des Steuerpflichtigen nach ihrer Ausstattung für eine Haushaltsführung geeignet sind (Bad, Küche, Wohn- und Schlafbereich), individuell genutzt werden können (Abschließbarkeit) und eine eigene Wirtschaftsführung des Steuerpflichtigen nachgewiesen oder glaubhaft gemacht wird.

II. Haushaltsnahe Beschäftigungsverhältnisse oder Dienstleistungen

1. Haushaltsnahe Beschäftigungsverhältnisse

5 Der Begriff des haushaltsnahen Beschäftigungsverhältnisses ist gesetzlich nicht definiert. Im Rahmen eines solchen Beschäftigungsverhältnisses werden Tätigkeiten ausgeübt, die einen engen Bezug zum Haushalt haben. Zu diesen Tätigkeiten gehören u. a. die Zubereitung von Mahlzeiten im Haushalt, die Reinigung der Wohnung des Steuerpflichtigen, die Gartenpflege und die Pflege, Versorgung und Betreuung von Kindern sowie von kranken, alten oder pflegebedürftigen Personen. Die Erteilung von Unterricht (z. B. Sprachunterricht), die Vermittlung besonderer Fähigkeiten sowie sportliche und andere Freizeitbetätigungen fallen nicht darunter. 7

2. Geringfügige Beschäftigung i. S. d. § 8 a SGB IV

6 Die Steuerermäßigung nach § 35 a Abs. 1 EStG kann der Steuerpflichtige nur beanspruchen, wenn es sich bei dem haushaltsnahen Beschäftigungsverhältnis um eine geringfügige Beschäftigung i. S. d. § 8 a SGB IV handelt. Es handelt sich nur dann um ein geringfügiges Beschäftigungsverhältnis im Sinne dieser Vorschrift, wenn der Steuerpflichtige am Haushaltsscheckverfahren teilnimmt und die geringfügige Beschäftigung in seinem inländischen oder in einem anderen Mitgliedstaat der Europäischen Union oder im Europäischen Wirtschaftsraum liegenden Haushalt ausgeübt wird.

7 Wohnungseigentümergemeinschaften und Vermieter können im Rahmen ihrer Vermietertätigkeit nicht am Haushaltsscheckverfahren teilnehmen. Die von ihnen eingegangenen geringfügigen Beschäftigungsverhältnisse sind nicht nach § 35 a Abs. 1 EStG begünstigt. Sie fallen unter die haushaltsnahen Dienstleistungen. Zur Berücksichtigung der Aufwendungen s. Rdnr. 11.

3. Beschäftigungsverhältnisse in nicht inländischen Haushalten

8 Bei einem nicht inländischen Haushalt, der in einem Staat liegt, der der Europäischen Union oder dem Europäischen Wirtschaftsraum angehört, setzt die Inanspruchnahme der Steuerermäßigung nach § 35 a Abs. 1 EStG voraus, dass das monatliche Arbeitsentgelt 450 Euro nicht übersteigt, die Sozialversicherungsbeiträge ausschließlich von dem Arbeitgeber zu entrichten sind und von ihm auch entrichtet werden. Bei anderen haushaltsnahen Beschäftigungsverhältnissen ist für die Gewährung einer Steuerermäßigung nach § 35 a Abs. 2 Satz 1 Alternative 1 EStG Voraussetzung, dass aufgrund des Beschäftigungsverhältnisses Arbeitgeber- und Arbeitnehmerbeiträge an die Sozialversicherung in dem jeweiligen Staat der Europäischen Union oder des Europäischen Wirtschaftsraums entrichtet werden.

4. Beschäftigungsverhältnisse zwischen Ehegatten, Partnern einer Lebenspartnerschaft bzw. einer nicht ehelichen Lebensgemeinschaft oder zwischen nahen Angehörigen

9 Da familienrechtliche Verpflichtungen grundsätzlich nicht Gegenstand eines steuerlich anzuerkennenden Vertrags sein können, sind entsprechende Vereinbarungen zwischen in einem Haushalt zusammenlebenden Ehegatten (§§ 1360, 1356 Abs. 1 BGB) oder zwischen Eltern und in deren Haushalt lebenden Kindern (§ 1619 BGB) nicht begünstigt. Entsprechendes gilt für die Partner einer Lebenspartnerschaft. Auch bei in einem Haushalt zusammenlebenden Partnern einer nicht ehelichen Lebensgemeinschaft oder einer Lebenspartnerschaft, die nicht unter das Lebenspartnerschaftsgesetz fällt, kann regelmäßig nicht von einem begünstigten Beschäftigungsverhältnis ausgegangen werden, weil jeder Partner auch seinen eigenen Haushalt führt und es deshalb an dem für Beschäftigungsverhältnisse typischen Über- und Unterordnungsverhältnis fehlt. Ein steuerlich nicht begünstigtes Vertragsverhältnis liegt darüber hinaus auch dann vor, wenn der Vertragspartner eine zwischengeschaltete Person (z. B. GmbH) ist und die Arbeiten im Namen dieser zwischengeschalteten Person von einer im Haushalt lebenden Person ausgeführt werden. Zur haushaltsbezogenen Inanspruchnahme der Steuerermäßigung vgl. Rdnrn. 53 bis 55.

10 Haushaltsnahe Beschäftigungsverhältnisse mit Angehörigen, die nicht im Haushalt des Steuerpflichtigen leben (z. B. mit Kindern, die in einem eigenen Haushalt leben), können steuerlich nur anerkannt werden, wenn die Verträge zivilrechtlich wirksam zustande gekommen sind, inhaltlich dem zwischen Fremden Üblichen entsprechen und tatsächlich auch so durchgeführt werden.

5. Haushaltsnahe Dienstleistungen

Grundsatz

11 Unter haushaltsnahen Dienstleistungen i. S. d. § 35 a Abs. 2 Satz 1 Alternative 2 EStG werden Leistungen verstanden, die eine hinreichende Nähe zur Haushaltsführung aufweisen oder damit im Zusammenhang stehen (BFH-Urteil vom 20. März 2014, BStBl. II S. 880). Das sind Tätigkeiten, die gewöhnlich Mitglieder des privaten Haushalts erledigen und für die fremde Dritte beschäftigt werden oder für die eine Dienstleistungsagentur oder ein selbstständiger Dienstleister in Anspruch genommen wird. Zu den

Anl zu LStH 35 a

haushaltsnahen Dienstleistungen gehören auch geringfügige Beschäftigungsverhältnisse, die durch Wohnungseigentümergemeinschaften und Vermieter im Rahmen ihrer Vermietertätigkeit eingegangen werden. Keine haushaltsnahen Dienstleistungen sind solche, die zwar im Haushalt des Steuerpflichtigen ausgeübt werden, jedoch keinen Bezug zur Hauswirtschaft haben (BFH-Urteil vom 1. Februar 2007, BStBl. II S. 760). Ebenfalls nicht zu den haushaltsnahen Dienstleistungen gehören die handwerklichen Leistungen i. S. d. § 35 a Abs. 3 EStG. Keine begünstigte haushaltsnahe Dienstleistung ist die als eigenständige Leistung vergütete Bereitschaft auf Erbringung einer Leistung im Bedarfsfall. Etwas anderes gilt nur dann, wenn der Bereitschaftsdienst Nebenleistung einer ansonsten begünstigten Hauptleistung oder im Fall eines Hausnotrufsystems innerhalb des sog. „Betreuten Wohnens" in einer Seniorenwohneinrichtung ist; s. auch Rdnrn. 17 und 28.[1] Eine beispielhafte Aufzählung begünstigter und nicht begünstigter haushaltsnaher Dienstleistungen enthält Anlage 1.

Personenbezogene Dienstleistungen

12 Personenbezogene Dienstleistungen (z. B. Frisör- oder Kosmetikerleistungen) sind keine haushaltsnahen Dienstleistungen, selbst wenn sie im Haushalt des Steuerpflichtigen erbracht werden. Diese Leistungen können jedoch zu den Pflege- und Betreuungsleistungen i. S. d. Rdnr. 13 gehören, wenn sie im Leistungskatalog der Pflegeversicherung aufgeführt sind.

Pflege- und Betreuungsleistungen

13 Die Feststellung und der Nachweis einer Pflegebedürftigkeit oder der Bezug von Leistungen der Pflegeversicherung sowie eine Unterscheidung nach Pflegestufen bzw. Pflegegraden sind nicht erforderlich. Es reicht aus, wenn Dienstleistungen zur Grundpflege, d. h. zur unmittelbaren Pflege am Menschen (Körperpflege, Ernährung und Mobilität) oder zur Betreuung in Anspruch genommen werden. Die Steuerermäßigung steht neben der pflegebedürftigen Person auch anderen Personen zu, wenn diese für Pflege- oder Betreuungsleistungen aufkommen, die in ihrem inländischen oder in einem anderen Mitgliedstaat der Europäischen Union oder im Europäischen Wirtschaftsraum liegenden Haushalt bzw. im Haushalt der gepflegten oder betreuten Person durchgeführt werden. Die Steuerermäßigung ist haushaltsbezogen. Werden z. B. zwei pflegebedürftige Personen in einem Haushalt gepflegt, kann die Steuerermäßigung nur einmal in Anspruch genommen werden.

Aufwendungen für Dienstleistungen, die mit denen einer Hilfe im Haushalt vergleichbar sind (§ 35 a Abs. 2 Satz 2 EStG)

14 Voraussetzung für die Gewährung einer Steuerermäßigung für Aufwendungen, die mit denen einer Hilfe im Haushalt vergleichbar sind, ist, dass das Heim oder der Ort der dauernden Pflege in der Europäischen Union oder dem Europäischen Wirtschaftsraum liegt (§ 35 a Abs. 4 Satz 2 EStG). Das Vorhandensein eines eigenen Haushalts im Heim oder am Ort der dauernden Pflege ist nicht erforderlich. Zum Wohnen in einem eigenständigen und abgeschlossenen Haushalt in einem Alten(wohn)heim, einem Pflegeheim oder einem Wohnstift vgl. Rdnrn. 4, 17 und 28.

15 Begünstigt sind Aufwendungen, die einem Steuerpflichtigen wegen der Unterbringung in einem Heim oder zur dauernden Pflege erwachsen,[2] soweit darin – die allgemeinen Unterbringungskosten übersteigende – Aufwendungen für Dienstleistungen enthalten sind, die mit denen einer Hilfe im Haushalt vergleichbar sind (§ 35 a Abs. 2 Satz 2 EStG). In Frage kommen die (anteiligen) Aufwendungen für

- die Reinigung des Zimmers oder des Appartements,
- die Reinigung der Gemeinschaftsflächen,
- das Zubereiten der Mahlzeiten in dem Heim oder an dem Ort der dauernden Pflege,
- das Servieren der Mahlzeiten in dem Heim oder an dem Ort der dauernden Pflege,
- den Wäscheservice, soweit er in dem Heim oder an dem Ort der dauernden Pflege erfolgt.

16 Nicht begünstigt sind

- Mietzahlungen, wie z. B. die allgemeinen Aufwendungen für die Unterbringung in einem Alten(wohn)heim, einem Pflegeheim oder einem Wohnstift,
- die Aufwendungen für den Hausmeister, den Gärtner sowie sämtliche Handwerkerleistungen.

Nicht mit einer Hilfe im Haushalt vergleichbar sind Pflege- und Betreuungsleistungen (s. Rdnr. 13).

Wohnen in einem Alten(wohn)heim, einem Pflegeheim oder einem Wohnstift

17 Zu den begünstigten haushaltsnahen Dienstleistungen bei einer Heimunterbringung gehören neben den in dem eigenständigen und abgeschlossenen Haushalt des Steuerpflichtigen durchgeführten und individuell abgerechneten Leistungen (z. B. Reinigung des Appartements, Pflege- oder Handwerkerleistungen im Appartement) u. a. die Hausmeisterarbeiten, die Gartenpflege sowie kleinere Reparaturarbeiten, die Dienstleistungen des Haus- und Etagenpersonals sowie die Reinigung der Gemeinschaftsflächen, wie Flure, Treppenhäuser und Gemeinschaftsräume (BFH-Urteil vom 29. Januar 2009, BStBl. 2010 II S. 166). Aufwendungen für die Zubereitung von Mahlzeiten in der hauseigenen Küche eines Alten(wohn)heims, Pflegeheims oder Wohnstifts und das Servieren der Speisen in dem zur Gemeinschaftsfläche rechnenden Speisesaal sind ebenfalls als haushaltsnahe Dienstleistungen begünstigt. Die Tätigkeit von Haus- und Etagenpersonal, dessen Aufgabe neben der Betreuung des Bewohners noch zusätzlich in der Begleitung des Steuerpflichtigen, dem Empfang von Besuchern und der Erledigung kleiner Botengänge besteht, ist grundsätzlich den haushaltsnahen Dienstleistungen zuzurechnen. Zur Anspruchsberechtigung im Einzelnen s. Rdnr. 28.

---

[1] **[Amtl. Anm.:]** Für ein Hausnotrufsystem im privaten Haushalt, das im Notfall lediglich den Kontakt zu einer 24 Stunden-Servicezentrale herstellt, die soweit erforderlich Dritte verständigt, kann die Steuerermäßigung nach § 35 a Abs. 2 Satz 1 Alternative 2 EStG nicht in Anspruch genommen werden (siehe BFH vom 15. 2. 2023, BStBl. II S. 647).

[2] **[Amtl. Anm.:]** Begünstigt sind nur Aufwendungen, die dem Stpfl. wegen seiner eigenen Unterbringung in einem Heim oder zu seiner eigenen dauernden Pflege erwachsen (siehe BFH vom 3. 4. 2019 – BStBl. II S. 445).

Anl zu LStH 35a

6. Beschäftigungsverhältnisse und Dienstleistungen außerhalb des Haushalts des Steuerpflichtigen

18 Beschäftigungsverhältnisse oder Dienstleistungen, die ausschließlich Tätigkeiten zum Gegenstand haben, die außerhalb des Haushalts des Steuerpflichtigen ausgeübt oder erbracht werden, sind nicht begünstigt. Die Begleitung von Kindern, kranken, alten oder pflegebedürftigen Personen bei Einkäufen und Arztbesuchen sowie kleine Botengänge usw. sind nur dann begünstigt, wenn sie zu den Nebenpflichten der Haushaltshilfe, des Pflegenden oder Betreuenden im Haushalt gehören. Pflege- und Betreuungsleistungen sind auch begünstigt, wenn die Pflege und Betreuung im Haushalt der gepflegten oder betreuten Person durchgeführt wird. In diesem Fall ist Voraussetzung, dass der Haushalt der gepflegten oder betreuten Person im Inland, in einem anderen Mitgliedstaat der Europäischen Union oder im Europäischen Wirtschaftsraum liegt (§ 35 a Abs. 4 EStG).

III. Inanspruchnahme von Handwerkerleistungen

1. Begünstigte Handwerkerleistung

19 § 35 a Abs. 3 EStG gilt für alle handwerklichen Tätigkeiten für Renovierungs-, Erhaltungs- und Modernisierungsmaßnahmen, die in einem inländischen, in der Europäischen Union oder dem Europäischen Wirtschaftsraum liegenden Haushalt des Steuerpflichtigen erbracht werden, unabhängig davon, ob es sich um regelmäßig vorzunehmende Renovierungsarbeiten oder kleine Ausbesserungsarbeiten handelt, die gewöhnlich durch Mitglieder des privaten Haushalts erledigt werden, oder um Erhaltungs- und Modernisierungsmaßnahmen, die im Regelfall nur von Fachkräften durchgeführt werden. Ob es sich bei den Aufwendungen für die einzelne Maßnahme ertragsteuerrechtlich um Erhaltungs- oder Herstellungsaufwand handelt, ist nicht ausschlaggebend. Die sachliche Begrenzung der begünstigten Maßnahme ist vielmehr aus dem Tatbestandsmerkmal „im Haushalt" zu bestimmen (BFH-Urteil vom 6. November 2014, BStBl. 2015 II S. 481). Maßnahmen im Zusammenhang mit neuer Wohn- bzw. Nutzflächenschaffung in einem vorhandenen Haushalt sind begünstigt (BFH-Urteil vom 13. Juli 2011, BStBl. 2012 II S. 232), vgl. auch Rdnr. 21. Eine – nachhaltige – Erhöhung des Gebrauchswerts der Immobilie ist kein Kriterium und führt nicht zum Ausschluss der Gewährung der Steuerermäßigung. **8**

20 Die Erhebung des unter Umständen mangelfreien Istzustands, z. B. die Prüfung der ordnungsgemäßen Funktion einer Anlage, ist ebenso eine Handwerkerleistung wie die Beseitigung eines bereits eingetretenen Schadens oder Maßnahmen zur vorbeugenden Schadensabwehr. Das gilt auch dann, wenn der Handwerker über den ordnungsgemäßen Istzustand eines Gewerkes oder einer Anlage eine Bescheinigung „für amtliche Zwecke" erstellt. Es ist nicht erforderlich, dass eine etwaige Reparatur- oder Instandhaltungsmaßnahme zeitlich unmittelbar nachfolgt. Sie kann auch durch einen anderen Handwerksbetrieb durchgeführt werden (BFH-Urteil vom 6. November 2014, BStBl. 2015 II S. 481). Handelt es sich dagegen bei der gutachterlichen Tätigkeit weder um eine Handwerkerleistung noch um eine haushaltsnahe Dienstleistung, kommt die Steuerermäßigung nach § 35 a EStG nicht in Betracht. Weder zu den haushaltsnahen Dienstleistungen noch zu den Handwerkerleistungen gehören beispielsweise
- Tätigkeiten, die der Wertermittlung dienen,
- die Erstellung eines Energiepasses,
- Tätigkeiten im Zusammenhang mit einer Finanzierung (z. B. zur Erlangung einer KfW-Förderung).

2. Nicht begünstigte Handwerkerleistungen

21 Handwerkliche Tätigkeiten im Rahmen einer Neubaumaßnahme sind nicht begünstigt. Als Neubaumaßnahmen gelten alle Maßnahmen, die im Zusammenhang mit der Errichtung eines Haushalts bis zu dessen Fertigstellung (vgl. H 7.4 „Fertigstellung" EStH) anfallen. Rdnr. 3 ist für Dienstleistungen im Zusammenhang mit dem Bezug der Wohnung anwendbar. Eine beispielhafte Aufzählung begünstigter und nicht begünstigter handwerklicher Tätigkeiten enthält Anlage 1.

3. Beauftragtes Unternehmen und Maßnahmen der öffentlichen Hand

22[1] Das beauftragte Unternehmen muss nicht in die Handwerksrolle eingetragen sein. Auch Kleinunternehmer i. S. d. § 19 Abs. 1 UStG oder die öffentliche Hand können steuerbegünstigte Handwerkerleistungen erbringen (BFH-Urteil vom 6. November 2014, BStBl. 2015 II S. 481).

4. Öffentlich geförderte Maßnahmen

23 Unter einer Maßnahme i. S. d. § 35 a Abs. 3 Satz 2 EStG ist die (Einzel-)Maßnahme zu verstehen, für die eine öffentliche Förderung in der Form eines zinsverbilligten Darlehens oder steuerfreier Zuschüsse in Anspruch genommen wird. Wird für diese Maßnahme die öffentliche Förderung bewilligt, schließt dies die Möglichkeit der Inanspruchnahme einer Steuerermäßigung nach § 35 a Abs. 3 EStG auch für den Teil der mit dieser Maßnahme verbundenen Aufwendungen aus, die sich – z. B. weil sie den Förderhöchstbetrag übersteigen – im Rahmen der öffentlichen Förderung nicht auswirken. Eine Aufteilung der Aufwendungen für eine öffentlich geförderte (Einzel-)Maßnahme mit dem Ziel, für einen Teil der Aufwendungen die Steuerermäßigung nach § 35 a Abs. 3 EStG in Anspruch zu nehmen, ist nicht möglich.

24 Werden im Rahmen von Renovierungs-, Erhaltungs- und Modernisierungsmaßnahmen mehrere (Einzel-)Maßnahmen durchgeführt, von denen einzelne öffentlich gefördert werden, ist die Inanspruchnahme der Steuerermäßigung für (Einzel-)Maßnahmen, die nicht unter diese öffentliche Förderung fallen, möglich.

Beispiel 1:

Der Eigentümer E saniert sein Einfamilienhaus. Er lässt von einer Heizungsfirma eine neue energieeffiziente Heizungsanlage einbauen und beantragt dafür öffentliche Fördergelder mit der Folge, dass die Inanspruchnahme der Steuerer-

[1] Rn. 22 Satz 3 gestrichen durch BMF v. 1. 9. 2021, BStBl. I S. 1494.

Anl zu LStH 35 a

mäßigung nach § 35 a EStG für diese Maßnahme ausgeschlossen ist. Gleichzeitig lässt er an den Außenwänden eine Wärmedämmung anbringen. Hierfür beantragt er keine öffentliche Förderung, sondern macht für die darauf entfallenden Arbeitskosten die ihm für diese Maßnahme auch zu gewährende Steuerermäßigung nach § 35 a Abs. 3 EStG geltend.

IV. Anspruchsberechtigte

1. Arbeitgeber, Auftraggeber, Grundsatz

9 **25** Der Steuerpflichtige kann die Steuerermäßigung nach § 35 a EStG grundsätzlich nur in Anspruch nehmen, wenn er entweder Arbeitgeber des haushaltsnahen Beschäftigungsverhältnisses oder Auftraggeber der haushaltsnahen Dienstleistung oder Handwerkerleistung ist.

2. Wohnungseigentümergemeinschaften

26 Besteht ein Beschäftigungsverhältnis zu einer Wohnungseigentümergemeinschaft (z. B. bei Reinigung und Pflege von Gemeinschaftsräumen) oder ist eine Wohnungseigentümergemeinschaft Auftraggeber der haushaltsnahen Dienstleistung bzw. der handwerklichen Leistung, kommt für den einzelnen Wohnungseigentümer eine Steuerermäßigung in Betracht, wenn in der Jahresabrechnung

- die im Kalenderjahr unbar gezahlten Beträge nach den begünstigten haushaltsnahen Beschäftigungsverhältnissen, Dienstleistungen und Handwerkerleistungen jeweils gesondert aufgeführt sind (zur Berücksichtigung von geringfügigen Beschäftigungsverhältnissen s. Rdnr. 11),
- der Anteil der steuerbegünstigten Kosten ausgewiesen ist (Arbeits- und Fahrtkosten, s. auch Rdnr. 39) und
- der Anteil des jeweiligen Wohnungseigentümers individuell errechnet wurde.

Hat die Wohnungseigentümergemeinschaft zur Wahrnehmung ihrer Aufgaben und Interessen einen Verwalter bestellt und ergeben sich die Angaben nicht aus der Jahresabrechnung, ist der Nachweis durch eine Bescheinigung des Verwalters über den Anteil des jeweiligen Wohnungseigentümers zu führen. Ein Muster für eine derartige Bescheinigung ist als Anlage 2 beigefügt. Das Datum über die Beschlussfassung der Jahresabrechnung kann formlos bescheinigt oder auf der Bescheinigung vermerkt werden.

3. Mieter/unentgeltliche Nutzer

27[1] Auch der Mieter einer Wohnung kann die Steuerermäßigung nach § 35 a EStG beanspruchen, wenn die von ihm zu zahlenden Nebenkosten Beträge umfassen, die für ein haushaltsnahes Beschäftigungsverhältnis, für haushaltsnahe Dienstleistungen oder für handwerkliche Tätigkeiten geschuldet werden und sein Anteil an den vom Vermieter unbar gezahlten Aufwendungen entweder aus der Jahresabrechnung hervorgeht oder durch eine Bescheinigung (vgl. Rdnr. 26 und Anlage 2) des Vermieters oder seines Verwalters nachgewiesen wird. Das gilt auch für den Fall der unentgeltlichen Überlassung einer Wohnung, wenn der Nutzende die entsprechenden Aufwendungen getragen hat.

4. Wohnen in einem Alten(wohn)heim, einem Pflegeheim oder einem Wohnstift

28 Für Bewohner eines Altenheims, eines Altenwohnheims, eines Pflegeheims oder eines Wohnstiftes (vgl. Rdnr. 4) gilt nach Abschluss eines sog. Heimvertrages Folgendes: Aufwendungen für Dienstleistungen, die innerhalb des Appartements erbracht werden, wie z. B. die Reinigung des Appartements oder die Pflege und Betreuung des Heimbewohners, sind begünstigt. Aufwendungen für Dienstleistungen, die außerhalb des Appartements erbracht werden, sind im Rahmen der Rdnrn. 4, 14, 15 und 17 begünstigt. Das gilt jeweils auch für die von dem Heimbetreiber pauschal erhobenen Kosten, sofern die damit abgegoltene Dienstleistung gegenüber dem einzelnen Heimbewohner nachweislich tatsächlich erbracht worden ist. Darüber hinausgehende Dienstleistungen fallen grundsätzlich nicht unter die Steuerermäßigungsregelung des § 35 a EStG, es sei denn, es wird nachgewiesen, dass die jeweilige haushaltsnahe Dienstleistung im Bedarfsfall von dem Heimbewohner abgerufen worden ist. Das gilt sowohl für Dienstleistungen des Heimbetreibers selbst, ggf. mittels eigenen Personals, als auch für Dienstleistungen eines externen Anbieters. Rdnrn. 26 und 27 gelten sinngemäß. Aufwendungen für die Möglichkeit, bei Bedarf bestimmte Pflege- oder Betreuungsleistungen in Anspruch zu nehmen, sind begünstigt. Aufwendungen für Pflegekostenergänzungsregelungen oder Beiträge an Einrichtungen (z. B. Solidarkassen), durch welche der Heimbewohner ähnlich einer Versicherung Ansprüche erwirbt, in vertraglich definierten Sachverhalten (z. B. bei Eintritt der Pflegebedürftigkeit) eine Kostenfreistellung oder eine Kostenerstattung zu erhalten, sind nicht begünstigt.

5. Arbeitgeber-Pool

29 Schließen sich mehrere Steuerpflichtige als Arbeitgeber für ein haushaltsnahes Beschäftigungsverhältnis zusammen (sog. Arbeitgeber-Pool), kann jeder Steuerpflichtige die Steuerermäßigung für seinen Anteil an den Aufwendungen in Anspruch nehmen, wenn für die an dem Arbeitgeber-Pool Beteiligten eine Abrechnung über die im jeweiligen Haushalt ausgeführten Arbeiten vorliegt. Wird der Gesamtbetrag der Aufwendungen für das Beschäftigungsverhältnis durch ein Pool-Mitglied überwiesen, gelten die Regelungen für Wohnungseigentümer und Mieter (vgl. Rdnrn. 26 und 27) entsprechend.

6. Erben

30 Gehört zum Haushalt des Steuerpflichtigen eine zu eigenen Wohnzwecken genutzte geerbte Wohnung (s. Rdnr. 1), kann er für Leistungen, die in dieser Wohnung durchgeführt wurden, bei Vorliegen der sonstigen Voraussetzungen die Steuerermäßigung nach § 35 a EStG in Anspruch nehmen. Das gilt auch, wenn die Leistungen für diese Wohnung noch vom Erblasser in Anspruch genommen und die Rechnungsbeträge vom Erben überwiesen worden sind.

---

[1] **[Amtl. Anm.:]** Bestätigt durch BFH vom 20. 4. 2023 (BStBl. II S. 906).

Beispiel 2:
Ein Steuerpflichtiger erbt Anfang des Jahres 2015 eine Wohnung von seinem verstorbenen Vater (Erblasser). Er zieht umgehend in die Wohnung ein und nutzt sie zu eigenen Wohnzwecken. Der Vater hatte Ende 2014 das Bad von einem Handwerksbetrieb sanieren lassen und hierfür eine Rechnung erhalten. Der Steuerpflichtige begleicht die Rechnung in Höhe von 5000 € (darin enthaltene Arbeits- und Fahrtkosten in Höhe von 2000 €) im Jahr 2015 durch Banküberweisung. Der Steuerpflichtige kann für die begünstigten Handwerkerleistungen (Arbeits- und Fahrtkosten) die Steuerermäßigung nach § 35 a Abs. 3 EStG in Anspruch nehmen (20% von 2000 € = 400 €).

V. Begünstigte Aufwendungen

1. Ausschluss der Steuerermäßigung bei Betriebsausgaben oder Werbungskosten

31 Die Steuerermäßigung für Aufwendungen ist ausgeschlossen, soweit diese Betriebsausgaben oder Werbungskosten darstellen. Gemischte Aufwendungen (z. B. für eine Reinigungskraft, die auch das beruflich genutzte Arbeitszimmer reinigt) sind unter Berücksichtigung des zeitlichen Anteils der zu Betriebsausgaben oder Werbungskosten führenden Tätigkeiten an der Gesamtarbeitszeit sachgerecht aufzuteilen. **10**

2. Ausschluss der Steuerermäßigung bei Berücksichtigung der Aufwendungen als Sonderausgaben oder außergewöhnliche Belastungen; Aufwendungen für Kinderbetreuung

Sonderausgaben, außergewöhnliche Belastungen

32 Eine Steuerermäßigung nach § 35 a EStG kommt nur in Betracht, soweit die Aufwendungen nicht vorrangig als Sonderausgaben (z. B. Erhaltungsmaßnahmen nach § 10 f EStG oder Kinderbetreuungskosten – vgl. Rdnr. 34) oder als außergewöhnliche Belastungen berücksichtigt worden sind. Für den Teil der Aufwendungen, der durch den Ansatz der zumutbaren Belastung nach § 33 Abs. 3 EStG oder wegen der Gegenrechnung von Pflegegeld oder Pflegetagegeld nicht als außergewöhnliche Belastung berücksichtigt wird, kann der Steuerpflichtige die Steuerermäßigung nach § 35 a EStG in Anspruch nehmen.[1] Werden im Rahmen des § 33 EStG Aufwendungen geltend gemacht, die dem Grunde nach sowohl bei § 33 EStG als auch bei § 35 a EStG berücksichtigt werden können, ist davon auszugehen, dass die zumutbare Belastung vorrangig auf die nach § 35 a EStG begünstigten Aufwendungen entfällt.

Behinderten-Pauschbetrag

33 Nimmt die pflegebedürftige Person einen Behinderten-Pauschbetrag nach § 33 b Abs. 1 Satz 1 i. V. m. Abs. 3 Satz 2 oder 3 EStG in Anspruch, schließt dies eine Berücksichtigung dieser Pflegeaufwendungen nach § 35 a EStG bei ihr aus (BFH-Urteil vom 5. Juni 2014, BStBl. II S. 970). Das gilt nicht, wenn der einem Kind zustehende Behinderten-Pauschbetrag nach § 33 b Abs. 5 EStG auf den Steuerpflichtigen übertragen wird (BFH-Urteil vom 11. Februar 2010, BStBl. II S. 621) und dieser für Pflege- und Betreuungsaufwendungen des Kindes aufkommt (vgl. Rdnr. 13).

Kinderbetreuungskosten

34 Fallen Kinderbetreuungskosten dem Grunde nach unter die Regelung des § 10 Abs. 1 Nr. 5 EStG, kommt ein Abzug nach § 35 a EStG nicht in Betracht (§ 35 a Abs. 5 Satz 1 EStG). Dies gilt sowohl für den Betrag, der zwei Drittel der Aufwendungen für Dienstleistungen übersteigt, als auch für alle Aufwendungen, die den Höchstbetrag von 4000 Euro je Kind übersteigen.

Au-pair

35 Bei Aufnahme eines Au-pairs in eine Familie fallen in der Regel neben den Aufwendungen für die Betreuung der Kinder auch Aufwendungen für leichte Hausarbeiten an, die im Einzelnen in der Rechnung oder im Au-pair-Vertrag aufzuführen sind. Wird der Umfang der einzelnen Leistungen nicht nachgewiesen, kann ein Anteil von 50% der Gesamtaufwendungen im Rahmen der Steuerermäßigung für haushaltsnahe Dienstleistungen nach § 35 a Abs. 2 Satz 1 EStG berücksichtigt werden, wenn die übrigen Voraussetzungen des § 35 a EStG (insbesondere die Zahlung auf ein Konto des Au-pairs) vorliegen (vgl. auch Rdnrn. 5, 7 des BMF-Schreibens vom 14. März 2012, BStBl. I S. 307)[2].

3. Umfang der begünstigten Aufwendungen

Arbeitsentgelt

36 Zu den begünstigten Aufwendungen des Steuerpflichtigen nach § 35 a Abs. 1 und 2 Alternative 1 EStG gehört der Bruttoarbeitslohn oder das Arbeitsentgelt (bei Anwendung des Haushaltsscheckverfahrens und geringfügiger Beschäftigung i. S. d. § 8 a SGB IV) sowie die vom Steuerpflichtigen getragenen Sozialversicherungsbeiträge, die Lohnsteuer ggf. zuzüglich Solidaritätszuschlag und Kirchensteuer, die Umlagen nach dem Aufwendungsausgleichsgesetz (U 1 und U 2) und die Unfallversicherungsbeiträge, die an den Gemeindeunfallversicherungsverband abzuführen sind.

Nachweis des Arbeitsentgelts

37 Als Nachweis dient bei geringfügigen Beschäftigungsverhältnissen (s. Rdnr. 6), für die das Haushaltsscheckverfahren Anwendung findet, die dem Arbeitgeber von der Einzugsstelle (Minijob-Zentrale) zum Jahresende erteilte Bescheinigung nach § 28 h Abs. 4 SGB IV. Diese enthält den Zeitraum, für den Beiträge zur Rentenversicherung gezahlt wurden, die Höhe des Arbeitsentgelts sowie die vom Arbeitgeber getragenen Gesamtsozialversicherungsbeiträge und Umlagen. Zusätzlich wird in der Bescheinigung die Höhe der einbehaltenen Pauschsteuer beziffert. Die Leistung des Arbeitslohns ist mit sämtlichen

---

[1] **[Amtl. Anm.:]** Bestätigt durch BFH vom 16. 12. 2020 (BStBl. 2021 II S. 476); in der Haushaltsersparnis für krankheitsbedingte Unterbringung sind keine Aufwendungen erhalten, die eine Steuerermäßigung nach § 35 a Abs. 2 rechtfertigen.

[2] Abgedruckt als Anlage e zu § 10 EStG.

Anl zu LStH 35 a

Zahlungsmitteln möglich und für die Gewährung der Steuerermäßigung nach § 35 a Abs. 1 EStG nicht schädlich.

38 Bei sozialversicherungspflichtigen haushaltsnahen Beschäftigungsverhältnissen, für die das allgemeine Beitrags- und Meldeverfahren zur Sozialversicherung gilt und bei denen die Lohnsteuer pauschal oder nach Maßgabe der persönlichen Lohnsteuerabzugsmerkmale erhoben wird, sowie bei geringfügigen Beschäftigungsverhältnissen ohne Haushaltsscheckverfahren gelten für die Steuerermäßigung die allgemeinen Nachweisregeln (Rdnrn. 49 ff.).

Arbeitskosten, Materialkosten

39 Begünstigt sind generell nur die Arbeitskosten für Leistungen, die im Haushalt des Steuerpflichtigen erbracht worden sind (Rdnrn. 1 bis 4). Arbeitskosten sind die Aufwendungen für die Inanspruchnahme der haushaltsnahen Tätigkeit selbst, für Pflege- und Betreuungsleistungen bzw. für Handwerkerleistungen einschließlich der in Rechnung gestellten Maschinen- und Fahrtkosten. Arbeitskosten für Leistungen, die außerhalb des Haushalts des Steuerpflichtigen erbracht wurden, sind in der Rechnung entsprechend zu kennzeichnen. Materialkosten oder sonstige im Zusammenhang mit der Dienstleistung, den Pflege- und Betreuungsleistungen bzw. den Handwerkerleistungen gelieferte Waren bleiben mit Ausnahme von Verbrauchsmitteln außer Ansatz.

Aufteilung

40 Der Anteil der Arbeitskosten muss grundsätzlich anhand der Angaben in der Rechnung gesondert ermittelt werden können. Auch eine prozentuale Aufteilung des Rechnungsbetrages in Arbeitskosten und Materialkosten durch den Rechnungsaussteller ist zulässig. Eine Schätzung des Anteils der Arbeitskosten durch den Steuerpflichtigen ist nicht zulässig und kann auch nicht auf die Entscheidung des BFH vom 20. März 2014 (BStBl. II S. 882) gestützt werden. Bei Wartungsverträgen ist es nicht zu beanstanden, wenn der Anteil der Arbeitskosten, der sich auch pauschal aus einer Mischkalkulation ergeben kann, aus einer Anlage zur Rechnung hervorgeht. Leistungen, die sowohl im als auch außerhalb des räumlichen Bereichs des Haushalts (Rdnr. 2) durchgeführt werden, sind entsprechend aufzuteilen. Zur Aufteilung der Aufwendungen bei Wohnungseigentümergemeinschaften genügt eine Jahresbescheinigung des Grundstücksverwalters. Entsprechendes gilt für die Nebenkostenabrechnung der Mieter. Abschlagszahlungen können nur dann berücksichtigt werden, wenn hierfür eine entsprechende Aufteilung vorgenommen worden ist und eine Rechnung vorliegt, welche die Voraussetzungen des § 35 a EStG erfüllt (vgl. Rdnr. 49). Ein gesonderter Ausweis der auf die Arbeitskosten entfallenden Mehrwertsteuer ist nicht erforderlich.

Versicherungsleistungen

41 Aufwendungen für haushaltsnahe Dienstleistungen oder Handwerkerleistungen, die im Zusammenhang mit Versicherungsschadensfällen entstehen, können nur berücksichtigt werden, soweit sie nicht von der Versicherung erstattet werden. Dabei sind nicht nur erhaltene, sondern auch in späteren Veranlagungszeiträumen zu erwartende Versicherungsleistungen zu berücksichtigen. Das gilt auch für Versicherungsleistungen, die zur medizinischen Rehabilitation erbracht werden, wie z. B. für Haushaltshilfen nach § 10 Abs. 2 Satz 2, § 36 Abs. 1 Satz 2, § 37 Abs. 1 Satz 2, § 39 Abs. 1 Satz 2 des Gesetzes über die Alterssicherung der Landwirte, § 10 des Zweiten Gesetzes über die Krankenversicherung der Landwirte, § 38 Abs. 4 Satz 1 Alternative 2 SGB V, § 54 Abs. 2, § 55 SGB VII, § 54 SGB IX. In solchen Fällen ist nur die Selbstbeteiligung nach § 35 a EStG begünstigt.

42 Empfangene Leistungen der Pflegeversicherung des Steuerpflichtigen sowie die Leistungen im Rahmen des Persönlichen Budgets i. S. d. § 17 SGB IX sind anzurechnen, soweit sie ausschließlich und zweckgebunden für Pflege- und Betreuungsleistungen sowie für haushaltsnahe Dienstleistungen i. S. d. § 35 a Abs. 2 i. V. m. Abs. 5 EStG, die keine Handwerkerleistungen i. S. d. § 35 a Abs. 3 EStG sind, gewährt werden. Danach sind Pflegesachleistungen nach § 36 SGB XI und der Kostenersatz für zusätzliche Betreuungsleistungen nach § 45 b SGB XI auf die entstandenen Aufwendungen anzurechnen. Leistungen der Pflegeversicherung i. S. d. § 37 SGB XI (sog. Pflegegeld) sind dagegen nicht anzurechnen, weil sie nicht zweckgebunden für professionelle Pflegedienste bestimmt sind, die die Voraussetzungen des § 35 a Abs. 5 EStG erfüllen (Ausstellung einer Rechnung, Überweisung auf ein Konto des Empfängers).

Beispiel 3:

Ein pflegebedürftiger Steuerpflichtiger der Pflegestufe II mit dauerhafter erheblicher Einschränkung seiner Alltagskompetenz erhält im Veranlagungszeitraum 2015 in seinem eigenen Haushalt Pflegesachleistungen in der Form einer häuslichen Pflegehilfe sowie zusätzliche Betreuung. Er nimmt dafür einen professionellen Pflegedienst in Anspruch. Die monatlichen Aufwendungen betragen 1500 €. Die Pflegeversicherung übernimmt die Aufwendungen in Höhe von monatlich 1144 € (§ 36 Abs. 3 Nr. 2 Buchst. d SGB XI). Darüber hinaus erhält der Steuerpflichtige einen zusätzlichen Kostenersatz nach § 45 b SGB XI in Höhe von monatlich 104 €.
Es handelt sich um die Inanspruchnahme von Pflege- und Betreuungsleistungen i. S. d. § 35 a Abs. 2 Satz 2 EStG, für die der Steuerpflichtige eine Steuerermäßigung in Anspruch nehmen kann. Die Beträge nach § 36 SGB XI sowie der Kostenersatz nach § 45 b SGB XI sind anzurechnen.
Die Steuerermäßigung für die Pflege- und Betreuungsleistungen wird für den Veranlagungszeitraum 2015 wie folgt berechnet:

1500 € × 12 Monate	18 000 €
– (1144 € + 104 €) × 12 Monate	– 14 976 €
verbleibende Eigenleistung	3 024 €

Davon 20% = 604,80 €. Der Steuerpflichtige kann 605 € als Steuerermäßigung in Anspruch nehmen.

Beispiel 4:

Eine pflegebedürftige Steuerpflichtige der Pflegestufe I beantragt anstelle der häuslichen Pflegehilfe (§ 36 SGB XI) ein Pflegegeld nach § 37 SGB XI. Im Veranlagungszeitraum 2015 erhält sie monatlich 244 €. Die Steuerpflichtige nimmt zur Deckung ihres häuslichen Pflege- und Betreuungsbedarfs zusätzlich einzelne Pflegeeinsätze eines professionellen Pflegedienstes in Anspruch. Die Aufwendungen dafür betragen jährlich 2400 €.
Es handelt sich um die Inanspruchnahme von Pflege- und Betreuungsleistungen i. S. d. § 35 a Abs. 2 Satz 2 EStG, für die die Steuerpflichtige eine Steuerermäßigung in Anspruch nehmen kann. Das Pflegegeld ist nicht anzurechnen.
Die Steuerermäßigung für die Pflege- und Betreuungsleistungen wird für den Veranlagungszeitraum 2015 wie folgt berechnet:
20% von 2400 € = 480 €. Die Steuerpflichtige kann 480 € als Steuerermäßigung in Anspruch nehmen.

Beispiel 5:

Ein pflegebedürftiger Steuerpflichtiger der Pflegestufe II nimmt im Veranlagungszeitraum 2015 die ihm nach § 36 Abs. 3 Nr. 2 Buchst. d SGB XI zustehende Sachleistung nur zur Hälfte in Anspruch (572 €/Monat). Er erhält daneben ein anteiliges Pflegegeld (§ 38 SGB XI i. V. m. § 37 SGB XI) in Höhe von monatlich 229 €. Die durch die Pflegeversicherung im Wege der Sachleistung zur Verfügung gestellten regelmäßigen professionellen Pflegeeinsätze werden den Steuerpflichtigen durch gelegentliche zusätzliche Beauftragungen eines Pflegedienstes ergänzt. Die Aufwendungen hierfür betragen jährlich 2400 €; hierfür werden keine Pflegesachleistungen gewährt. Die weiteren Pflege- und Betreuungsdienstleistungen erfolgen durch Freunde des Steuerpflichtigen, von denen eine Person im Rahmen einer geringfügigen Beschäftigung i. S. d. § 8 a SGB IV zu einem Monatslohn einschließlich der pauschalen Abgaben in Höhe von 420 € beschäftigt wird. Einen Teil des Pflegegeldes leitet der Steuerpflichtige an die anderen Hilfspersonen weiter.
Die Inanspruchnahme des Pflegedienstes ist nach § 35 a Abs. 2 Satz 2 EStG begünstigt. Das Pflegegeld nach § 37 SGB XI ist nicht anzurechnen. Das geringfügige Beschäftigungsverhältnis fällt unter § 35 a Abs. 1 EStG.
Die Steuerermäßigung für das geringfügige Beschäftigungsverhältnis wird für den Veranlagungszeitraum 2015 wie folgt berechnet:

420 € × 12 Monate	5040 €

Davon 20% = 1008 €. Der Steuerpflichtige kann 510 € (= Höchstbetrag) als Steuerermäßigung in Anspruch nehmen.
Die Steuerermäßigung für die zusätzlich zu den Sachleistungen der Pflegeversicherung selbst finanzierten externen Pflegeeinsätze wird für den Veranlagungszeitraum 2015 wie folgt berechnet:
20% von 2400 € = 480 €. Der Steuerpflichtige kann (510 € + 480 € =) 990 € als Steuerermäßigung in Anspruch nehmen.

43 Wird die Steuerermäßigung für Pflege- und Betreuungsaufwendungen von einem Angehörigen oder einer anderen Person geltend gemacht, ist Rdnr. 42 entsprechend anzuwenden, wenn das Pflegegeld an diese Person weitergeleitet wird.

Beispiel 6:

Eine pflegebedürftige Person der Pflegestufe II nimmt im Veranlagungszeitraum 2015 in ihrem eigenen Haushalt einen professionellen Pflegedienst in Anspruch. Die monatlichen Gesamtaufwendungen hierfür betragen 1800 €. Durch die Pflegeversicherung werden Pflegesachleistungen nach § 36 Abs. 3 Nr. 2 d SGB XI in Höhe von 1144 € monatlich übernommen. Die darüber hinausgehenden Aufwendungen trägt der Sohn in Höhe von monatlich 656 €.
Es handelt sich um die Inanspruchnahme von Pflege- und Betreuungsleistungen i. S. d. § 35 a Abs. 2 Satz 2 EStG, für die der Sohn eine Steuerermäßigung in Anspruch nehmen kann. Die Beträge nach § 36 SGB XI sind anzurechnen.
Die Steuerermäßigung für die Pflege- und Betreuungsleistungen wird für den Veranlagungszeitraum 2015 wie folgt berechnet:
Steuerpflichtiger:

1800 € × 12 Monate	21 600 €
– 1144 € × 12 Monate	13 728 €
Eigenleistung des Sohnes	7 872 €

Davon 20% = 1574,40 €. Der Sohn kann 1575 € als Steuermäßigung in Anspruch nehmen.

Beispiel 7:

Ein pflegebedürftiger Steuerpflichtiger der Pflegestufe II (Schwerbehindertenausweis mit Merkzeichen „H") beantragt anstelle der häuslichen Pflegehilfe (§ 36 SGB XI) ein Pflegegeld nach § 37 SGB XI. Im Veranlagungszeitraum 2015 erhält er monatlich 458 €. Der Steuerpflichtige wird grundsätzlich von seiner Tochter betreut und gepflegt. Er reicht das Pflegegeld an die Tochter weiter. Zu ihrer Unterstützung beauftragt die Tochter gelegentlich zusätzlich einen professionellen Pflegedienst. Die Aufwendungen hierfür haben 2015 insgesamt 2400 € betragen. Diese Kosten hat die Tochter getragen.
Bei der Beauftragung des Pflegedienstes handelt es sich um die Inanspruchnahme von Pflege- und Betreuungsleistungen i. S. d. § 35 a Abs. 2 Satz 2 EStG, für die die Tochter eine Steuerermäßigung in Anspruch nehmen kann. Die an sie weitergeleiteten Beträge nach § 37 SGB XI sind nicht anzurechnen.
Die Steuerermäßigung für die Pflege- und Betreuungsleistungen wird bei der Tochter für den Veranlagungszeitraum 2015 wie folgt berechnet:
20% von 2400 € = 480 €. Die Tochter kann 480 € als Steuerermäßigungsbetrag in Anspruch nehmen.
Den Pflege-Pauschbetrag nach § 33 b Abs. 6 Satz 1 EStG kann die Tochter nicht in Anspruch nehmen, da sie, durch Weiterleitung des Pflegegeldes durch den Vater an sie, Einnahmen i. S. d. § 33 b Abs. 6 Satz 1 und 2 EStG erhält und sie das Pflegegeld nicht nur treuhänderisch für den Vater verwaltet, um daraus Aufwendungen des Pflegebedürftigen zu bestreiten (vgl. H 33 b „Pflege-Pauschbetrag" EStH).

Beispiel 8:

Ein pflegebedürftiges Ehepaar lebt mit seiner Tochter in einem Haushalt. Der Vater hat Pflegestufe II, die Mutter Pflegestufe I. Der Vater wird täglich durch einen professionellen Pflegedienst gepflegt und betreut. Die Aufwendungen wurden 2015 von der Pflegeversicherung als Pflegesachleistung in Höhe von monatlich 1144 € übernommen (§ 36 Abs. 3 Nr. 2 Buchst. d SGB XI). Die Mutter hat 2015 Pflegegeld nach § 37 SGB XI in Höhe von monatlich 244 € bezogen. Bei ihrer Pflege hilft die Tochter. Sie erhält als Anerkennung das Pflegegeld von der Mutter.
Die monatlichen Aufwendungen für den Pflegedienst des Vaters betragen nach Abzug der Leistungen der Pflegeversicherung 440 €. Zu ihrer Unterstützung beauftragt die Tochter gelegentlich zusätzlich einen Pflegedienst für die Mutter. Die Aufwendungen hierfür haben 2015 insgesamt 1800 € betragen. Diese Kosten hat die Tochter getragen.
Es handelt sich um die Inanspruchnahme von Pflege- und Betreuungsleistungen i. S. d. § 35 a Abs. 2 Satz 2 EStG, für die die Eltern und die Tochter eine Steuerermäßigung in Anspruch nehmen können. Die Beträge nach § 37 SGB XI sind nicht anzurechnen.
Die Steuerermäßigung für die Pflege- und Betreuungsleistungen wird für den Veranlagungszeitraum 2015 wie folgt berechnet:

Anl zu LStH 35a

Eltern: Eigenleistung 440 € × 12 Monate 5280 €
Davon 20% = 1056 €. Die Eltern können 1056 € als Steuerermäßigungsbetrag in Anspruch nehmen.
Tochter: Eigenleistung 1800 €
Davon 20% = 360 €. Die Tochter kann 360 € als Steuerermäßigung in Anspruch nehmen.

Zahlungszeitpunkt

44 Für die Inanspruchnahme der Steuerermäßigung ist auf den Veranlagungszeitraum der Zahlung abzustellen (§ 11 Abs. 2 EStG). Bei regelmäßig wiederkehrenden Ausgaben (z. B. nachträgliche monatliche Zahlung oder monatliche Vorauszahlung einer Pflegeleistung), die innerhalb eines Zeitraums von bis zu zehn Tagen nach Beendigung bzw. vor Beginn eines Kalenderjahres fällig und geleistet worden sind, werden die Ausgaben dem Kalenderjahr zugerechnet, zu dem sie wirtschaftlich gehören. Bei geringfügigen Beschäftigungsverhältnissen gehören die Abgaben für das in den Monaten Juli bis Dezember erzielte Arbeitsentgelt, die erst am 31. Januar des Folgejahres fällig werden, noch zu den begünstigten Aufwendungen des Vorjahres.

Dienst- oder Werkswohnung

45 Für vom Arbeitnehmer bewohnte Dienst- oder Werkswohnungen gilt Folgendes: Lässt der Arbeitgeber haushaltsnahe Dienstleistungen oder Handwerkerleistungen von einem (fremden) Dritten durchführen und trägt er hierfür die Aufwendungen, kann der Arbeitnehmer die Steuerermäßigung nach § 35 a EStG nur in Anspruch nehmen, wenn er die Aufwendungen – neben dem Mietwert der Wohnung – als Arbeitslohn (Sachbezug) versteuert und der Arbeitgeber eine Bescheinigung erteilt hat, aus der eine Aufteilung der Aufwendungen nach haushaltsnahen Dienstleistungen und Handwerkerleistungen, jeweils unterteilt nach Arbeitskosten und Materialkosten, hervorgeht. Zusätzlich muss aus der Bescheinigung hervorgehen, dass die Leistungen durch (fremde) Dritte ausgeführt worden sind und zu welchem Wert sie zusätzlich zum Mietwert der Wohnung als Arbeitslohn versteuert worden sind. Die Steuerermäßigung kann nicht in Anspruch genommen werden, wenn die haushaltsnahen Dienstleistungen oder Handwerkerleistungen durch eigenes Personal des Arbeitgebers durchgeführt worden sind. Auch pauschale Zahlungen des Mieters einer Dienstwohnung an den Vermieter für die Durchführung von Schönheitsreparaturen sind nicht begünstigt, wenn die Zahlungen unabhängig davon erfolgen, ob und ggf. in welcher Höhe der Vermieter tatsächlich Reparaturen an der Wohnung des Mieters in Auftrag gibt (BFH-Urteil vom 5. Juli 2012, BStBl. 2013 II S. 14).

Altenteilerwohnung

46 Für empfangene Sachleistungen, die ein Altenteiler als wiederkehrende Bezüge versteuert, kann er die Steuerermäßigung für Handwerkerleistungen im Haushalt in Anspruch nehmen, soweit sie auf seinen Haushalt entfallen und in der Person des die Sachleistungen erbringenden Altenteilsverpflichteten alle Voraussetzungen für die Gewährung der Steuerermäßigung vorliegen.

Wohnungseigentümer und Mieter

47 Bei Wohnungseigentümern und Mietern ist erforderlich, dass die auf den einzelnen Wohnungseigentümer und Mieter entfallenden Aufwendungen für haushaltsnahe Beschäftigungsverhältnisse und Dienstleistungen sowie für Handwerkerleistungen entweder in der Jahresabrechnung gesondert aufgeführt oder durch eine Bescheinigung des Verwalters oder Vermieters nachgewiesen sind. Aufwendungen für regelmäßig wiederkehrende Dienstleistungen (wie z. B. Reinigung des Treppenhauses, Gartenpflege, Hausmeister) werden grundsätzlich anhand der geleisteten Vorauszahlungen im Jahr der Vorauszahlungen berücksichtigt, einmalige Aufwendungen (wie z. B. Handwerkerrechnungen) dagegen erst im Jahr der Genehmigung der Jahresabrechnung. Soweit einmalige Aufwendungen durch eine Entnahme aus der Instandhaltungsrücklage finanziert werden, können die Aufwendungen erst im Jahr des Abflusses aus der Instandhaltungsrücklage oder im Jahr der Genehmigung der Jahresabrechnung, die den Abfluss aus der Instandhaltungsrücklage beinhaltet, berücksichtigt werden. Wird eine Jahresabrechnung von einer Verwaltungsgesellschaft mit abweichendem Wirtschaftsjahr erstellt, gilt nichts anderes. Es ist aber auch nicht zu beanstanden, wenn Wohnungseigentümer die gesamten Aufwendungen erst in dem Jahr geltend machen, in dem die Jahresabrechnung im Rahmen der Eigentümerversammlung genehmigt worden ist. Für die zeitliche Berücksichtigung von Nebenkosten bei Mietern gelten die vorstehenden Ausführungen entsprechend.

48 Die Entscheidung, die Steuerermäßigung hinsichtlich der Aufwendungen für die regelmäßig wiederkehrenden Dienstleistungen im Jahr der Vorauszahlung und für die einmaligen Aufwendungen im Jahr der Beschlussfassung oder für die gesamten Aufwendungen die Steuerermäßigung erst im Jahr der Beschlussfassung in Anspruch zu nehmen, hat jeder einzelne Eigentümer bzw. Mieter im Rahmen seiner Einkommensteuererklärung zu treffen. Zur Bescheinigung des Datums über die Beschlussfassung s. Rdnr. 26 und Anlage 2. Hat sich der Wohnungseigentümer bei einer Abrechnung mit einem abweichenden Wirtschaftsjahr dafür entschieden, die gesamten Aufwendungen erst in dem Jahr geltend zu machen, in dem die Jahresabrechnung im Rahmen der Eigentümerversammlung genehmigt worden ist, hat das zur Folge, dass hinsichtlich der regelmäßig wiederkehrenden Dienstleistungen die Aufwendungen des abweichenden Wirtschaftsjahres maßgebend sind. Eine davon abweichende andere zeitanteilige Aufteilung der Aufwendungen ist nicht möglich. Auch für den Fall, dass die Beschlussfassungen über die Jahresabrechnungen für zwei Kalenderjahre in einem Kalenderjahr getroffen werden, kann die Entscheidung für alle in einem Jahr genehmigten Abrechnungen, die Steuerermäßigung im Jahr der Vorauszahlung oder in dem der Beschlussfassung in Anspruch zu nehmen, nur einheitlich getroffen werden.

4. Nachweis

49 Die Steuerermäßigung ist davon abhängig, dass der Steuerpflichtige für die Aufwendungen eine Rechnung erhalten hat und die Zahlung auf das Konto des Erbringers der haushaltsnahen Dienstleis-

Anl zu LStH 35 a

tung, der Handwerkerleistung oder der Pflege- oder Betreuungsleistung erfolgt ist (§ 35 a Abs. 5 Satz 3 EStG). Dies gilt auch für Abschlagszahlungen (vgl. Rdnr. 40). Bei Wohnungseigentümern und Mietern müssen die sich aus Rdnr. 47 ergebenden Nachweise vorhanden sein. Es ist ausreichend, wenn der Steuerpflichtige die Nachweise auf Verlangen des Finanzamtes vorlegen kann.

Zahlungsarten

50 Die Zahlung auf das Konto des Erbringers der Leistung erfolgt in der Regel durch Überweisung.[1] Beträge, für deren Begleichung ein Dauerauftrag eingerichtet worden ist, die durch eine Einzugsermächtigung oder im SEPA-Lastschriftverfahren abgebucht oder im Wege des Online-Bankings überwiesen wurden, können i. V. m. dem Kontoauszug, der die Abbuchung ausweist, anerkannt werden. Das gilt auch bei Übergabe eines Verrechnungsschecks oder der Teilnahme am Electronic-Cash-Verfahren oder am elektronischen Lastschriftverfahren. Barzahlungen, Baranzahlungen oder Barteilzahlungen können nicht anerkannt werden (BFH-Urteil vom 20. November 2008, BStBl. 2009 II S. 307). Das gilt selbst dann, wenn die Barzahlung von dem Erbringer der haushaltsnahen Dienstleistung, der Pflege- und Betreuungsleistung oder der Handwerkerleistung tatsächlich ordnungsgemäß verbucht worden ist und der Steuerpflichtige einen Nachweis über die ordnungsgemäße Verbuchung erhalten hat oder wenn eine Barzahlung durch eine später veranlasste Zahlung auf das Konto des Erbringers der Leistung ersetzt wird.

Konto eines Dritten

51 Die Inanspruchnahme der Steuerermäßigung durch den Steuerpflichtigen ist auch möglich, wenn die Aufwendungen für die haushaltsnahe Dienstleistung, Pflege- oder Betreuungsleistung oder die Handwerkerleistung, für die der Steuerpflichtige eine Rechnung erhalten hat, von dem Konto eines Dritten bezahlt worden sind.

Vermittlung von Dienst- und Handwerkerleistungen (insbesondere Online-Portale)

52 Dienst- und Handwerkerleistungen werden auch über Vermittlungsportale angeboten. Diese treten dabei regelmäßig als Vermittler für die ausführenden Leistungskräfte, wie z. B. Reinigungskräfte oder Handwerker auf. Die Leistungskräfte stehen zu den Portalen nicht in einem abhängigen Arbeitsverhältnis. Die Leistungskräfte sind eigenverantwortlich, also gewerblich tätig. Es bestehen keine Bedenken, eine Rechnung, die das Portal im Auftrag der jeweiligen Leistungskraft erstellt, als Nachweis nach § 35 a Abs. 5 Satz 3 EStG anzuerkennen, wenn die nachfolgenden Voraussetzungen erfüllt sind. Aus der Rechnung müssen sich der Erbringer und der Empfänger der Leistung, ihre Art, der Zeitpunkt der Erbringung und der Inhalt der Leistung sowie die dafür vom Empfänger der Leistung jeweils geschuldeten Entgelte, ggf. aufgeteilt nach Arbeitszeit und Material, ergeben (BFH-Urteil vom 29. Januar 2009, BStBl. 2010 II S. 166). Der Erbringer oder die Erbringerin der Leistung ist mindestens mit Name, Anschrift und Steuernummer zu bezeichnen. Erfolgt die – unbare – Bezahlung der Rechnung nach Maßgabe der Rdnr. 50 an den Betreiber des Portals, steht dies einer Anerkennung der Zahlung gemäß § 35 a Abs. 5 Satz 3 EStG nicht entgegen.

VI. Haushaltsbezogene Inanspruchnahme der Höchstbeträge

1. Ganzjährig ein gemeinsamer Haushalt

53 Die Höchstbeträge nach § 35 a EStG können nur haushaltsbezogen in Anspruch genommen werden (§ 35 a Abs. 5 Satz 4 EStG). Leben z. B. zwei Alleinstehende im gesamten Veranlagungszeitraum in einem Haushalt, kann jeder seine tatsächlichen Aufwendungen grundsätzlich nur bis zur Höhe des hälftigen Abzugshöchstbetrages geltend machen. Das gilt auch, wenn beide Arbeitgeber im Rahmen eines haushaltsnahen Beschäftigungsverhältnisses oder Auftraggeber haushaltsnaher Dienstleistungen, von Pflege- und Betreuungsleistungen oder von Handwerkerleistungen sind. Eine andere Aufteilung des Höchstbetrages ist zulässig, wenn beide Steuerpflichtige einvernehmlich eine andere Aufteilung wählen und dies gegenüber dem Finanzamt anzeigen. **11**

Beispiel 9:

Das Ehepaar A und B beschäftigt eine Haushaltshilfe im Rahmen einer geringfügigen Beschäftigung i. S. d. § 8 a SGB IV. Die Aufwendungen im Veranlagungszeitraum 2015 betragen einschließlich Abgaben 2800 €. Darüber hinaus sind Aufwendungen für die Inanspruchnahme von Handwerkerleistungen in Höhe von 4500 € (Arbeitskosten einschließlich Fahrtkosten) angefallen. Das Ehepaar wird zusammenveranlagt.

Die Steuerermäßigung nach § 35 a EStG wird für den Veranlagungszeitraum 2015 wie folgt berechnet:

20% von 2800 € (§ 35 a Abs. 1 EStG) = 560 €, höchstens	510 €
20% von 4500 € (§ 35 a Abs. 3 EStG)	900 €
Steuerermäßigung 2015	1410 €

Für die Steuerermäßigung ist es unerheblich, welcher Ehegatte die Aufwendungen bezahlt hat.

Beispiel 10:

C und D sind allein stehend und leben im gesamten Veranlagungszeitraum 2015 in einem gemeinsamen Haushalt. Sie beschäftigen eine Haushaltshilfe im Rahmen einer geringfügigen Beschäftigung i. S. d. § 8 a SGB IV. Dabei tritt D gegenüber der Minijob-Zentrale als Arbeitgeberin auf. Sie bezahlt den Lohn der Haushaltshilfe, und von ihrem Konto werden die Abgaben durch die Minijob-Zentrale abgebucht. Die Aufwendungen im Veranlagungszeitraum 2015 betragen einschließlich Abgaben 2500 €.

Darüber hinaus sind Aufwendungen für die Inanspruchnahme von Handwerkerleistungen wie folgt angefallen:

Schornsteinfegerkosten	180 €
Tapezieren und Streichen der Wohnräume (Arbeitskosten einschließlich Fahrtkosten)	2400 €
Reparatur der Waschmaschine vor Ort (Arbeitskosten einschließlich Fahrtkosten)	500 €
	3080 €

[1] **[Amtl. Anm.:]** Eine Gutschrift des Rechnungsbetrages im Wege der Aufrechnung durch Belastung des Gesellschafterverrechnungskontos des Stpfl. bei der leistungserbringenden GmbH genügt den gesetzlichen Anforderungen an den Zahlungsvorgang nicht (siehe BFH vom 9. 6. 2022 – BStBl. II S. 666).

Anl zu LStH 35 a

Das Tapezieren und Streichen der Wohnräume haben C und D je zur Hälfte bezahlt. Beide sind gegenüber dem Handwerksbetrieb als Auftraggeber aufgetreten.
Die Schornsteinfegerkosten hat C, die Waschmaschinenreparatur hat D bezahlt.
Die Steuerermäßigung nach § 35 a EStG wird für den Veranlagungszeitraum 2015 für die jeweilige Einzelveranlagung wie folgt berechnet:

C:	20% von (1/2 von 2400 € =) 1200 € (§ 35 a Abs. 3 EStG)	240 €
	20% von 180 € (§ 35 a Abs. 3 EStG)	36 €
	Steuerermäßigung 2015 für C	276 €
D:	20% von 2500 € (§ 35 a Abs. 1 EStG)	500 €
	20% von (1/2 von 2400 € =) 1200 € (§ 35 a Abs. 3 EStG)	240 €
	20% von 500 € (§ 35 a Abs. 3 EStG)	100 €
	Steuerermäßigung 2015 für D	840 €

C und D zeigen die abweichende Aufteilung gegenüber dem Finanzamt an.

Beispiel 11:

E und F sind allein stehend und leben im gesamten Veranlagungszeitraum 2015 in einem gemeinsamen Haushalt in einem Haus, das der F gehört. Von Juni bis September wird das Haus aufwendig renoviert. Für den Austausch der Fenster und Türen, das Tapezieren und Streichen der Wände, die Renovierung des Badezimmers und das Austauschen der Küche bezahlen sie an die Handwerker insgesamt 30 000 €. Auf Arbeitskosten einschließlich Fahrtkosten entfallen davon 10 000 €. E und F treten gegenüber den Handwerkern gemeinsam als Auftraggeber auf.

a)E und F teilen sich die Aufwendungen hälftig.

Die Steuerermäßigung nach § 35 a EStG wird für den Veranlagungszeitraum 2015 für die jeweilige Einzelveranlagung wie folgt berechnet:

E: 20% von (1/2 von 10 000 € =) 5000 € (§ 35 a Abs. 3 EStG), = 1000 €, höchstens 1/2 von 1200 € =	600 €
F: Die Steuerermäßigung für F wird ebenso berechnet	600 €

Damit beträgt der haushaltsbezogene in Anspruch genommene Höchstbetrag für die Steuerermäßigung für Handwerkerleistungen 1200 €.

b) E bezahlt 80%, F bezahlt 20% der Aufwendungen.

Die Steuerermäßigung nach § 35 a EStG wird für den Veranlagungszeitraum 2015 für die jeweilige Einzelveranlagung grundsätzlich wie folgt berechnet:

E: 20% von (80% von 10 000 € =) 8000 € (§ 35 a Abs. 3 EStG), = 1600 €, höchstens 1/2 von 1200 € =	600 €
F: 20% von (20% von 10 000 € =) 2000 € (§ 35 a Abs. 3 EStG)	400 €

E und F wählen eine andere Aufteilung des Höchstbetrages, und zwar nach dem Verhältnis, wie sie die Aufwendungen tatsächlich getragen haben. Sie zeigen dies auch gegenüber dem Finanzamt einvernehmlich an.

Die Steuerermäßigung nach § 35 a EStG wird für den Veranlagungszeitraum 2015 für die jeweilige Einzelveranlagung wie folgt berechnet:

E: 20% von (80% von 10 000 € =) 8000 € (§ 35 a Abs. 3 EStG), = 1600 €, höchstens 80% von 1200 € =	960 €
F: 20% von (20% von 10 000 € =) 2000 € (§ 35 a Abs. 3 EStG), = 400 €, höchstens 20% von 1200 € =	240 €

Damit beträgt der haushaltsbezogene in Anspruch genommene Höchstbetrag für die Steuerermäßigung für Handwerkerleistungen 1200 €.

c) F bezahlt als Hauseigentümerin die gesamten Aufwendungen.

Die Steuerermäßigung nach § 35 a EStG wird für den Veranlagungszeitraum 2015 für die Einzelveranlagung der F grundsätzlich wie folgt berechnet:

20% von 10 000 € (§ 35 a Abs. 3 EStG) = 2000 €, höchstens 1/2 von 1200 € (= hälftiger Höchstbetrag)	600 €

E und F haben jedoch die Möglichkeit, eine andere Aufteilung des Höchstbetrags zu wählen, und zwar nach dem Verhältnis, wie sie die Aufwendungen tatsächlich getragen haben (also zu 100% auf F und zu 0% auf E). Sie zeigen dies auch gegenüber dem Finanzamt einvernehmlich an.

Die Steuerermäßigung nach § 35 a EStG wird für den Veranlagungszeitraum 2015 für die Einzelveranlagung der F nunmehr wie folgt berechnet:

20% von 10 000 € (§ 35 a Abs. 3 EStG) = 2000 €, höchstens	1200 €

E hat keinen Anspruch auf die Steuerermäßigung, da er keine eigenen Aufwendungen getragen hat.

2. Unterjährige Begründung oder Beendigung eines gemeinsamen Haushalts

54 Begründen zwei bisher alleinstehende Steuerpflichtige mit eigenem Haushalt im Laufe des Veranlagungszeitraums einen gemeinsamen Haushalt oder wird der gemeinsame Haushalt zweier Steuerpflichtiger während des Veranlagungszeitraums aufgelöst und es werden wieder zwei getrennte Haushalte begründet, kann bei Vorliegen der übrigen Voraussetzungen jeder Steuerpflichtige die vollen Höchstbeträge in diesem Veranlagungszeitraum in Anspruch nehmen. Das gilt unabhängig davon, ob im Veranlagungszeitraum der Begründung oder Auflösung des Haushalts auch die Eheschließung bzw. die Begründung der Lebenspartnerschaft, die Trennung oder die Ehescheidung bzw. die Auflösung der Lebenspartnerschaft erfolgt. Grundsätzlich kann jeder Steuerpflichtige seine tatsächlichen Aufwendungen im Rahmen des Höchstbetrags geltend machen. Darauf, in welchem der beiden Haushalte in diesem Veranlagungszeitraum die Aufwendungen angefallen sind, kommt es nicht an. Für die Inanspruchnahme des vollen Höchstbetrages pro Steuerpflichtigen ist maßgebend, dass von dem jeweiligen Steuerpflichtigen zumindest für einen Teil des Veranlagungszeitraums ein alleiniger Haushalt unterhalten worden ist.

Beispiel 12:

G und H begründen im Laufe des Veranlagungszeitraums 2016 einen gemeinsamen Haushalt. Vorher hatten beide jeweils einen eigenen Haushalt. Im Laufe des Jahres sind die folgenden Aufwendungen i. S. d. § 35 a EStG angefallen:
Einzelhaushalt des G: Aufwendungen für Renovierungsarbeiten der alten Wohnung im zeitlichen Zusammenhang mit dem Umzug (vgl. Rdnr. 3) in Höhe von 12 000 €. Davon entfallen auf Arbeitskosten einschließlich Fahrtkosten 6000 €.

Einzelhaushalt der H: Aufwendungen für Renovierungsarbeiten der alten Wohnung im zeitlichen Zusammenhang mit dem Umzug (vgl. Rdnr. 3) in Höhe von 2500 €. Davon entfallen auf Arbeitskosten einschließlich Fahrtkosten 1000 €.
Gemeinsamer Haushalt: Handwerkerkosten (Arbeitskosten) für die Montage der neuen Möbel 500 €, für das Verlegen von Elektroanschlüssen 200 €, für den Einbau der neuen Küche 400 €. Für Wohnungsreinigungsarbeiten haben sie ein Dienstleistungsunternehmen beauftragt. Die Aufwendungen betragen (ohne Materialkosten) bis Jahresende 800 €. G und H treten gegenüber den jeweiligen Firmen gemeinsam als Auftraggeber auf. Die Kosten teilen sie sich zu gleichen Teilen.

a) Die Steuerermäßigung nach § 35 a EStG wird für den Veranlagungszeitraum 2016 für die jeweilige Einzelveranlagung wie folgt berechnet:

G:	20% von 6000 € (§ 35 a Abs. 3 EStG)	1200 €
H:	20% von (1/2 von 800 € =) 400 € (§ 35 a Abs. 2 EStG)	80 €
		1280 €

Durch die Handwerkerkosten für den Einzelhaushalt hat G seinen Höchstbetrag nach § 35 a Abs. 3 EStG ausgeschöpft. Die weiteren Handwerkerkosten in der neuen Wohnung bleiben bei ihm unberücksichtigt. Eine Übertragung des nicht ausgeschöpften Höchstbetrages von H ist nicht möglich.

H.	20% von 1000 € (§ 35 a Abs. 3 EStG)	200 €
	20% von (1/2 von 1100 € =) 550 € (§ 35 a Abs. 3 EStG)	110 €
	20% von (1/2 von 800 € =) 400 € (§ 35 a Abs. 2 EStG)	80 €
		390 €

H kann die durch G nicht nutzbare Steuerermäßigung nicht geltend machen, da sie insoweit nicht die Aufwendungen getragen hat.

b) G und H heiraten im November 2016. Sie beantragen die Zusammenveranlagung.
Die Steuerermäßigung nach § 35 a EStG wird für 2016 wie folgt berechnet:

20% von 800 € (§ 35 a Abs. 2 EStG)	160 €
20% von 6000 € – Einzelhaushalt des G (§ 35 a Abs. 3 EStG)	1200 €
20% von 1000 € – Einzelhaushalt der H (§ 35 a Abs. 3 EStG)	200 €
20% von 1100 € – gemeinsamer Haushalt (Höchstbetrag für Handwerkerkosten ist bei H noch nicht ausgeschöpft; darauf, wer von beiden die Aufwendungen tatsächlich getragen hat, kommt es nicht an)	220 €
	1780 €

55 Wird unmittelbar nach Auflösung eines gemeinsamen Haushalts ein gemeinsamer Haushalt mit einer anderen Person begründet, kann derjenige Steuerpflichtige, der ganzjährig in gemeinsamen Haushalten gelebt hat, seine tatsächlichen Aufwendungen nur bis zur Höhe des hälftigen Abzugshöchstbetrages geltend machen. Hat für die andere Person für einen Teil des Veranlagungszeitraums ein alleiniger Haushalt bestanden, ist die Regelung der Rdnr. 54 sinngemäß anzuwenden mit der Folge, dass diese Person den vollen Höchstbetrag beanspruchen kann. Auch in diesen Fällen gilt, dass jeder Steuerpflichtige nur seine tatsächlichen Aufwendungen im Rahmen seines Höchstbetrages geltend machen kann. Etwas anderes gilt nur dann, wenn Steuerpflichtige, die zumindest für einen Teil des Veranlagungszeitraums zusammen einen Haushalt unterhalten haben, einvernehmlich eine andere Aufteilung des Höchstbetrages wählen und dies gegenüber dem Finanzamt anzeigen. Dabei kann für einen Steuerpflichtigen maximal der volle Höchstbetrag berücksichtigt werden.

Beispiel 13:

K und L leben seit Jahren zusammen, sind aber nicht verheiratet. Im Laufe des Veranlagungszeitraums 2016 zieht K aus der gemeinsamen Wohnung aus und zieht in den Haushalt von M ein.
Für den Haushalt von K und L sind die folgenden Aufwendungen angefallen:
Haushaltsnahe Dienstleistungen nach § 35 a Abs. 2 EStG in Höhe von 800 €, Aufwendungen für Renovierung und Erhaltung des Haushalts in Höhe von 8000 €. Es handelt sich jeweils um Arbeitskosten. K und L waren beide Auftraggeber und haben sich die Kosten geteilt.
Für den Haushalt von L sind nach dem Auszug von K die folgenden Aufwendungen angefallen:
Haushaltsnahes Beschäftigungsverhältnis nach § 35 a Abs. 1 EStG in Höhe von 700 €, Aufwendungen für Renovierung (Arbeitskosten) 900 €.
Für den Haushalt von M sind bis zum Einzug von K die folgenden Aufwendungen angefallen:
Reparaturkosten der Spülmaschine (Arbeitskosten und Fahrtkostenpauschale) in Höhe von 100 €, Schornsteinfegerkosten (Schornstein-Kehrarbeiten einschließlich Reparatur- und Wartungsaufwand) in Höhe von 120 €.
Für den Haushalt von K und M sind die folgenden Aufwendungen angefallen:
Haushaltsnahe Dienstleistungen nach § 35 a Abs. 2 EStG in Höhe von 1000 € (Arbeitskosten). Die Aufwendungen trägt nur M.
Die Steuerermäßigung nach § 35 a EStG wird für den Veranlagungszeitraum 2016 für die jeweilige Einzelveranlagung wie folgt berechnet:

K:	20% von (1/2 von 800 € =) 400 € (§ 35 a Abs. 2 EStG)	80 €
	20% von (1/2 von 8000 € =) 4000 € (§ 35 a Abs. 3 EStG) = 800 €, höchstens 1/2 von 1200 €	600 €
	Steuerermäßigung 2016 für K	680 €

Durch die Handwerkerkosten für den Haushalt mit L hat K seinen Höchstbetrag nach § 35 a Abs. 3 EStG ausgeschöpft.

L:	20% von (1/2 von 800 € =) 400 € (§ 35 a Abs. 2 EStG)	80 €
	20% von (1/2 von 8000 € =) 4000 € (§ 35 a Abs. 3 EStG)	800 €
	20% von 900 € (§ 35 a Abs. 3 EStG)	180 €

Anl zu LStH 35a

(Keine Begrenzung auf den hälftigen Höchstbetrag von 600 €, da L ab dem Auszug von K alleine einen eigenen Haushalt hat.)

20% von 700 € (§ 35 a Abs. 1 EStG)	140 €
Steuerermäßigung 2016 für L	1200 €

L kann die Aufwendungen in Höhe von 1000 € für Handwerkerleistungen, die sich bei K nicht als Steuerermäßigung ausgewirkt haben, auch mit dessen Zustimmung nicht geltend machen, da L insoweit die Aufwendungen nicht getragen hat.

M:	20% von 220 € (§ 35 a Abs. 3 EStG)	44 €
	20% von 1000 € (§ 35 a Abs. 2 EStG)	200 €
	Steuerermäßigung 2016 für M	244 €

Beispiel 14:

N und O leben seit Jahren zusammen, sind aber nicht verheiratet. Im Laufe des Veranlagungszeitraums 2016 zieht N aus der gemeinsamen Wohnung aus und zieht in den Haushalt von P.
Für den Haushalt von N und O sind die folgenden Aufwendungen angefallen:
Aufwendungen für Renovierung und Erhaltung des Haushalts in Höhe von 5000 €. Es handelt sich jeweils um Arbeitskosten. N und O waren beide Auftraggeber. Die Kosten wurden zu 80% von N getragen, 20% von O.
Für den Haushalt von O sind nach dem Auszug von N die folgenden Aufwendungen angefallen: Aufwendungen für Renovierung (Arbeitskosten) 3000 €.

a) Die Steuerermäßigung nach § 35 a EStG wird für den Veranlagungszeitraum 2016 für die jeweilige Einzelveranlagung wie folgt berechnet:

N:	20% von (80% von 5000 € =) 4000 € (§ 35 a Abs. 3 EStG) = 800 €, höchstens 1/2 von 1200 €	600 €
	Durch die Handwerkerkosten hat N seinen Höchstbetrag nach § 35 a Abs. 3 EStG ausgeschöpft.	
O:	20% von (20% von 5000 € =) 1000 € (§ 35 a Abs. 3 EStG)	200 €
	20% von 3000 € (§ 35 a Abs. 3 EStG)	600 €
	Steuerermäßigung 2016 für O	800 €

(Keine Begrenzung auf den hälftigen Höchstbetrag, da O ab dem Auszug von N einen eigenen Haushalt hat. Allerdings beträgt der Höchstbetrag nach § 35 a Abs. 3 EStG für O insgesamt 1200 €, dieser ist nicht überschritten.)

O kann die durch N nicht nutzbare Steuerermäßigung nicht geltend machen, da sie für ihren Aufwendungsteil die Steuerermäßigung ausgeschöpft hat und darüber hinaus die Aufwendungen nicht getragen hat.

b) N und O wählen eine andere Aufteilung des Höchstbetrages, und zwar nach dem Verhältnis, wie sie die Aufwendungen tatsächlich getragen haben. Sie zeigen dies auch gegenüber dem Finanzamt einvernehmlich an.
Die Steuerermäßigung nach § 35 a EStG wird für den Veranlagungszeitraum 2016 für die jeweilige Einzelveranlagung wie folgt berechnet:

N:	20% von (80% von 5000 € =) 4000 €, höchstens von (80% von 6000 € =) 4800 € (§ 35 a Abs. 3 EStG)	800 €
	N kann seine vollen Aufwendungen nach § 35 a Abs. 3 EStG geltend machen.	
O:	20% von (20% von 5000 € =) 1000 € (§ 35 a Abs. 3 EStG)	200 €
	20% von 3000 € (§ 35 a Abs. 3 EStG)	600 €
		800 €

(Keine Begrenzung auf den hälftigen Höchstbetrag, da O ab dem Auszug von N einen eigenen Haushalt hat. Allerdings reduziert sich der Höchstbetrag nach § 35 a Abs. 3 EStG für O um den auf N übertragenen Anteil von (20% von 1000 € =) 200 € auf (20% von 5000 € =) 1000 €. Dieser ist nicht überschritten.)

VII. Anrechnungsüberhang

12 **56**[1] Entsteht bei einem Steuerpflichtigen infolge der Inanspruchnahme der Steuerermäßigung nach § 35 a EStG ein sog. Anrechnungsüberhang, kann der Steuerpflichtige weder die Festsetzung einer negativen Einkommensteuer in Höhe dieses Anrechnungsüberhangs noch die Feststellung einer rück- oder vortragsfähigen Steuerermäßigung beanspruchen (BFH-Urteil vom 29. Januar 2009, BStBl. II S. 411).

VIII. Anwendungsregelung

13 **57** Dieses Schreiben ersetzt das BMF-Schreiben vom 10. Januar 2014 (BStBl. I S. 75)[2] sowie das BMF-Schreiben vom 10. November 2015 (BStBl. I S. 876)[3] und ist vorbehaltlich der Rdnr. 58 in allen noch offenen Fällen anzuwenden.

58 Rdnrn. 14 bis 16 sind in allen noch offenen Fällen ab dem Veranlagungszeitraum 2009 anzuwenden. Rdnrn. 23 und 24 sind in allen noch offenen Fällen ab dem Veranlagungszeitraum 2011 anzuwenden.

---

[1] **[Amtl. Anm.:]** Die Steuerermäßigung nach § 35 a kann auch nicht auf die gem. § 32 d Abs. 3 und 4 veranlagte und dem gesonderten Tarif für Einkünfte aus Kapitalvermögen unterliegende Einkommensteuer beansprucht werden (BFH vom 28. 4. 2020 – BStBl. II S. 544).

[2] Abgedruckt im *„Handbuch zur Lohnsteuer 2016"* als Anlage a zu LStH 35 a.

[3] Abgedruckt im *„Handbuch zur Lohnsteuer 2016"* als Anlage b zu LStH 35 a.

Anlage 1[1]

Anl zu LStH 35 a

Beispielhafte Aufzählung begünstigter und nicht begünstigter haushaltsnaher Dienstleistungen und Handwerkerleistungen

(zu Rdnrn. 1, 2, 11, 19 bis 22)

Maßnahme	begünstigt	nicht begünstigt	Haushaltsnahe Dienstleistung	Handwerkerleistung
Abfallmanagement („Vorsortierung“)	Kosten der Maßnahmen innerhalb des Haushalts	Kosten der Maßnahmen außerhalb des Haushalts	X	
Abflussrohrreinigung	X			X
Ablesedienste und Abrechnung bei Verbrauchszählern (Strom, Gas, Wasser, Heizung usw.)		X		
Abriss eines baufälligen Gebäudes mit anschließendem Neubau		X		
Abwasserentsorgung	Kosten der Maßnahmen (Wartung und Reinigung) innerhalb des Haushalts	Kosten der Maßnahmen außerhalb des Haushalts		X
Arbeiten				
1. am Dach	X			X
2. an Bodenbelägen	X			X
3. an der Fassade	X			X
4. an Garagen	X			X
5. an Innen- und Außenwänden	X			X
6. an Zu- und Ableitungen	X			X
Architektenleistung		X		
Asbestsanierung	X			X
Aufstellen eines Baugerüstes	Arbeitskosten	Kosten der Miete und des Materials		X
Aufzugnotruf		X		
Außenanlagen, Errichtung von Außenanlagen, wie z. B. Wege, Zäune	Arbeitskosten der Maßnahmen innerhalb des Haushalts	– Kosten der Maßnahmen außerhalb des Haushalts oder – im Rahmen einer Neubaumaßnahme (Rdnr. 21) und – Materialkosten		X
Austausch oder Modernisierung				
1. der Einbauküche	X, Rdnr. 39	– Kosten der Maßnahmen außerhalb des Haushalts und – Materialkosten		X
2. von Bodenbelägen (z. B. Teppichboden, Parkett, Fliesen)	X, Rdnr. 39			X
3. von Fenstern, Treppen und Türen	X, Rdnr. 39			X
Beprobung des Trinkwassers	X			X
Bereitschaft der Erbringung einer ansonsten begünstigten Leistung im Bedarfsfall	als Nebenleistung einer ansonsten begünstigten Hauptleistung	nur Bereitschaft	Abgrenzung im Einzelfall	Abgrenzung im Einzelfall
Brandschadensanierung	soweit nicht Versicherungsleistung	soweit Versicherungsleistung		X
Carport, Terrassenüberdachung	Arbeitskosten	– Materialkosten sowie – Kosten der Errichtung im Rahmen einer Neubaumaßnahme (Rdnr. 21)		X

[1] Anlage 1 geändert durch BMF v. 1. 9. 2021, BStBl. I S. 1494.

Anl zu LStH 35 a

Maßnahme	begünstigt	nicht begünstigt	Haushaltsnahe Dienstleistung	Handwerkerleistung
Chauffeur		X		
Dachgeschossausbau	Arbeitskosten	– Materialkosten sowie – Kosten der Errichtung im Rahmen einer Neubaumaßnahme (Rdnr. 21)		X
Dachrinnenreinigung	X			X
Datenverbindungen	s. Hausanschlüsse	s. Hausanschlüsse		X
Deichabgaben		X		
Dichtheitsprüfung von Abwasseranlagen	X			X
Elektroanlagen	Kosten der Wartung und der Reparatur			X
Energiepass		X, Rdnr. 20		
Entsorgungsleistung	als Nebenleistung (z. B. Bauschutt, Fliesenabfuhr bei Neuverfliesung eines Bades, Grünschnitt-abfuhr bei Gartenpflege)	als Hauptleistung	Abgrenzung im Einzelfall	Abgrenzung im Einzelfall
Erhaltungsmaßnahmen	Arbeitskosten der Maßnahmen innerhalb des Haushalts	– Kosten der Maßnahmen außerhalb des Haushalts sowie – Materialkosten		X
Erstellung oder Hilfe bei der Erstellung der Steuererklärung		X		
„Essen auf Rädern“		X		
Fäkalienabfuhr		X		
Fahrstuhlkosten	Kosten der Wartung und der Reparatur	Betriebskosten		X
Fertiggaragen	Arbeitskosten	– Kosten der Errichtung im Rahmen einer Neubaumaßnahme (Rdnr. 21) sowie – Materialkosten		X
Feuerlöscher	Kosten der Wartung			X
Feuerstättenschau – s. auch Schornsteinfeger	X			X
Finanzierungsgutachten		X, Rdnr. 20		
Fitnesstrainer		X		
Friseurleistungen	nur soweit sie zu den Pflege- und Betreuungsleistungen gehören, wenn sie im Leistungskatalog der Pflegeversicherung aufgeführt sind und der Behinderten-Pauschbetrag nicht geltend gemacht wird (Rdnrn. 12, 13, 32, 33)	alle anderen Friseurleistungen	X	
Fußbodenheizung	Kosten der Wartung, Spülung, Reparatur und des nachträglichen Einbaus	Materialkosten		X
Gärtner	Kosten der Maßnahmen innerhalb des Haushalts	Kosten der Maßnahmen außerhalb des Haushalts	Abgrenzung im Einzelfall	Abgrenzung im Einzelfall

Anl zu LStH 35 a

Maßnahme	begünstigt	nicht begünstigt	Haushaltsnahe Dienstleistung	Handwerkerleistung
Gartengestaltung	Arbeitskosten	– Kosten der erstmaligen Anlage im Rahmen einer Neubaumaßnahme (Rdnr. 21) sowie – Materialkosten		X
Gartenpflegearbeiten (z. B. Rasen mähen, Hecken schneiden)	Kosten der Maßnahmen innerhalb des Haushalts einschließlich Grünschnittentsorgung als Nebenleistung	Kosten der Maßnahmen außerhalb des Haushalts	X	
Gemeinschaftsmaschinen bei Mietern (z. B. Waschmaschine, Trockner)	Kosten der Reparatur und der Wartung	Miete		X
Gewerbeabfallentsorgung		X		
Grabpflege		X		
Graffitibeseitigung	X			X
Gutachtertätigkeiten	Abgrenzung im Einzelfall (Rdnr. 20)	Abgrenzung im Einzelfall (Rdnr. 20)		X
Hand- und Fußpflege	nur soweit sie zu den Pflege- und Betreuungsleistungen gehören, wenn sie im Leistungskatalog der Pflegeversicherung aufgeführt sind und der Behinderten-Pauschbetrag nicht geltend gemacht wird (Rdnrn. 12, 13, 32, 33)	alle anderen Kosten	X	
Hausanschlüsse an Ver- und Entsorgungsnetze (Rdnr. 22)	z. B. Arbeitskosten für den Anschluss an das Trink- und Abwassernetz, der stromführenden Leitungen im Haus oder für das Ermöglichen der Nutzung des Fernsehens und des Internets sowie die Kosten der Weiterführung der Anschlüsse, jeweils innerhalb des Haushalts	– Kosten der erstmaligen Anschlüsse im Rahmen einer Neubaumaßnahme (Rdnr. 21) und – die Kosten der Maßnahmen außerhalb des Haushalts sowie – Materialkosten		X
Hausarbeiten, wie reinigen, Fenster putzen, bügeln usw. (Rdnr. 5)	X		X	
Haushaltsauflösung		X		
Hauslehrer		X		
Hausmeister, Hauswart	X		X	
Hausnotrufsystem	Kosten innerhalb des sog. „Betreuten Wohnens" im Rahmen einer Seniorenwohneinrichtung	Kosten für Hausnotrufsysteme außerhalb des sog. „Betreuten Wohnens" im Rahmen einer Seniorenwohneinrichtung[1]	X	
Hausreinigung	X		X	
Hausschwammbeseitigung	X			X
Hausverwalterkosten oder -gebühren		X		
Heizkosten:				
1. Verbrauch		X		

[1] Siehe auch BFH vom 15. 2. 2023 (BStBl. II S. 647).

Anl zu LStH 35 a

Maßnahme	begünstigt	nicht begünstigt	Haushaltsnahe Dienstleistung	Handwerker-leistung
2. Gerätemiete für Zähler		X		
3. Garantiewartungs-gebühren	X			X
4. Heizungswartung und Reparatur	X			X
5. Austausch der Zähler nach dem Eichgesetz	X			X
6. Schornsteinfeger	X			X
7. Kosten des Ablesedienstes		X		
8. Kosten der Abrechnung an sich		X		
Hilfe im Haushalt (Rdnrn. 14–16) – s. Hausarbeiten				
Insektenschutzgitter	Kosten der Montage und der Reparatur	Materialkosten		X
Kamin-Einbau	Arbeitskosten	– Kosten der Errichtung im Rahmen einer Neubaumaßnahme (Rdnr. 21) sowie – Materialkosten		X
Kaminkehrer – s. Schornsteinfeger				
Kellerausbau	Arbeitskosten	– Kosten der Errichtung im Rahmen einer Neubaumaßnahme (Rdnr. 21) sowie – Materialkosten		X
Kellerschachtabdeckungen	Kosten der Montage und der Reparatur	Materialkosten		X
Kfz. – s. Reparatur		X		
Kinderbetreuungskosten	soweit sie nicht unter § 10 Abs. 1 Nr. 5 EStG fallen und für eine Leistung im Haushalt des Steuerpflichtigen anfallen	i. S. v. § 10 Abs. 1 Nr. 5 EStG (Rdnr. 34)	X	
Klavierstimmer	X			X
Kleidungs- und Wäschepflege und -reinigung	Kosten der Maßnahmen innerhalb des Haushalts	Kosten der Maßnahmen außerhalb des Haushalts (Rdnr. 39)	X	
Kontrollmaßnahmen des TÜV, z. B. für den Fahrstuhl oder den Treppenlift	X, Rdnr. 20			X
Kosmetikleistungen	nur soweit sie zu den Pflege- und Betreuungsleistungen gehören, wenn sie im Leistungskatalog der Pflegeversicherung aufgeführt sind (und der Behinderten-Pauschbetrag nicht geltend gemacht wird; s. Rdnrn. 12, 13, 32, 33)	alle anderen	X	
Laubentfernung	Kosten der Maßnahmen innerhalb des Haushalts	Kosten der Maßnahmen außerhalb des Haushalts	X	
Legionellenprüfung	X, Rdnr. 20			X
Leibwächter		X		

Anl zu LStH 35 a

Maßnahme	begünstigt	nicht begünstigt	Haushaltsnahe Dienstleistung	Handwerker-leistung
Makler		X		
Material und sonstige im Zusammenhang mit der Leistung gelieferte Waren einschließlich darauf entfallende Umsatzsteuer		z. B. Farbe, Fliesen, Pflastersteine, Mörtel, Sand, Tapeten, Teppichboden und andere Fußbodenbeläge, Waren, Stützstrümpfe usw. (Rdnr. 39)		
Mauerwerksanierung	X			X
Miete von Verbrauchszählern (Strom, Gas, Wasser, Heizung usw.)		X		
Modernisierungsmaßnahmen (z. B. Erneuerung des Badezimmers oder der Küche)	X, Rdnr. 39	– Kosten der Maßnahmen außerhalb des Haushalts sowie – Materialkosten		X
Montageleistungen im Haushalt, z. B. beim Erwerb neuer Möbel	X			X
Müllabfuhr (Entsorgung steht im Vordergrund)		X		
Müllentsorgungsanlage (Müllschlucker)	Kosten der Wartung und der Reparatur			X
Müllschränke	Kosten der Anlieferung und der Aufstellung	Materialkosten		X
Nebenpflichten der Haushaltshilfe, wie kleine Botengänge oder Begleitung von Kindern, kranken, alten oder pflegebedürftigen Personen bei Einkäufen oder zum Arztbesuch	X		X	
Neubaumaßnahmen		Rdnr. 21		
Notbereitschaft/Notfalldienste	soweit es sich um eine nicht gesondert berechnete Nebenleistung z. B. im Rahmen eines Wartungsvertrages handelt	alle anderen reinen Bereitschaftsdienste	X	
Öffentlich-rechtlicher Erschließungsbeitrag		X		
Öffentlich-rechtlicher Straßenausbaubeitrag/ -rückbaubeitrag		X		
Pflasterarbeiten	Kosten der Maßnahmen innerhalb des Haushalts	– Materialkosten sowie – alle Maßnahmen außerhalb des Haushalts		X
Pflegebett		X		
Pflege der Außenanlagen	innerhalb des Haushalts	Kosten der Maßnahmen außerhalb des Haushalts	X	
Pilzbekämpfung	X			X
Prüfdienste/Prüfleistung (z. B. bei Aufzügen)	X, Rdnr. 20			X
Rechtsberatung		X		
Reinigung des Haushalts	X		X	
Reparatur, Wartung und Pflege				
1. von Bodenbelägen (z. B. Teppichboden, Parkett, Fliesen)	X		Pflege	Reparatur und Wartung
2. von Fenstern und Türen (innen und außen)	X, Rdnr. 39		Pflege	Reparatur und Wartung

Anl zu LStH 35 a

Maßnahme	begünstigt	nicht begünstigt	Haushaltsnahe Dienstleistung	Handwerkerleistung
3. von Gegenständen im Haushalt des Steuerpflichtigen (z. B. Waschmaschine, Geschirrspüler, Herd, Fernseher, Personalcomputer und andere)	soweit es sich um Gegenstände handelt, die in der Hausratversicherung mitversichert werden können (Rdnr. 39)	Kosten der Maßnahmen außerhalb des Haushalts	Pflege im Haushalt	Reparatur und Wartung im Haushalt
4. von Heizungsanlagen, Elektro-, Gas- und Wasserinstallationen	Kosten der Maßnahmen innerhalb des Haushalts	Kosten der Maßnahmen außerhalb des Haushalts		X
5. von Kraftfahrzeugen (einschließlich TÜV-Gebühren)		X		
6. von Wandschränken	X			X
Schadensfeststellung, Ursachenfeststellung (z. B. bei Wasserschaden, Rohrbruch usw.)	X			X
Schadstoffsanierung	X			X
Schädlings- und Ungezieferbekämpfung	X		Abgrenzung im Einzelfall	Abgrenzung im Einzelfall
Schornsteinfeger	X			X
Sekretär; hierunter fallen auch Dienstleistungen in Form von Büroarbeiten (z. B. Ablageorganisation, Erledigung von Behördengängen, Stellen von Anträgen bei Versicherungen und Banken usw.)		X		
Sperrmüllabfuhr		X		
Statiker		X		
Straßenreinigung				
– Fahrbahn		X		
– Gehweg	X		X	
Tagesmutter bei Betreuung im Haushalt des Steuerpflichtigen	soweit es sich bei den Aufwendungen nicht um Kinderbetreuungskosten (Rdnr. 34) handelt	Kinderbetreuungskosten (Rdnr. 34)	X	
Taubenabwehr	X		Abgrenzung im Einzelfall	Abgrenzung im Einzelfall
Technische Prüfdienste (z. B. bei Aufzügen)	X, Rdnr. 20			X
Terrassenüberdachung	Arbeitskosten	– Kosten der Errichtung im Rahmen einer Neubaumaßnahme (Rdnr. 21) sowie – Materialkosten		X
Tierbetreuungs- oder -pflegekosten	Kosten der Maßnahmen innerhalb des Haushalts (z. B. Fellpflege, Ausführen, Reinigungsarbeiten)	Kosten der Maßnahmen außerhalb des Haushalts, z. B. Tierpensionen	X	
Trockeneisreinigung	X			X
Trockenlegung von Mauerwerk	Kosten der Maßnahmen innerhalb des Haushalts (Arbeiten mit Maschinen vor Ort)	Kosten, die durch die ausschließliche Maschinenanmietung entstehen		X
Überprüfung von Anlagen (z. B. Gebühr für den Schornsteinfeger oder für die Kontrolle von Blitzschutzanlagen)	X, Rdnr. 20			X
Umzäunung, Stützmauer o. ä.	Arbeitskosten für Maßnahmen innerhalb des Haushalts	– Kosten der Maßnahmen außerhalb des Haushalts oder		X

Maßnahme	begünstigt	nicht begünstigt	Haushaltsnahe Dienstleistung	Handwerkerleistung
		– Kosten der Errichtung im Rahmen einer Neubaumaßnahme (Rdnr. 21) sowie – Materialkosten		
Umzugsdienstleistungen	für Privatpersonen (Rdnrn. 3, 31)		Abgrenzung im Einzelfall	Abgrenzung im Einzelfall
Verarbeitung von Verbrauchsgütern im Haushalt des Steuerpflichtigen	X		X	
Verbrauchsmittel, wie z. B. Schmier-, Reinigungs- oder Spülmittel sowie Streugut	X		als Nebenleistung (Rdnr. 39) – Abgrenzung im Einzelfall	als Nebenleistung (Rdnr. 39) – Abgrenzung im Einzelfall
Verwaltergebühr		X		
Wachdienst	Kosten der Maßnahmen innerhalb des Haushalts	Kosten der Maßnahmen außerhalb des Haushalts	X	
Wärmedämmmaßnahmen	X			X
Wartung:				
1. Aufzug	X			X
2. Heizung und Öltankanlagen (einschließlich Tankreinigung)	X			X
3. Feuerlöscher	X			X
4. CO_2-Warngeräte	X			X
5. Pumpen	X			X
6. Abwasser-Rückstau-Sicherungen	X			X
Wasserschadensanierung	X	soweit Versicherungsleistung		X
Wasserversorgung	Kosten der Wartung und der Reparatur			X
Wertermittlung		X, Rdnr. 20		
Winterdienst				
– Fahrbahn		X		
– Gehweg	X		X	
Zubereitung von Mahlzeiten im Haushalt des Steuerpflichtigen	X		X	

Anlage 2

Muster für eine Bescheinigung

(zu Rdnr. 26)

____________________ ____________________

(Name und Anschrift des Verwalters/Vermieters) (Name und Anschrift des Eigentümers/Mieters)

Anlage zur Jahresabrechnung für das Jahr/Wirtschaftsjahr ....

Ggf. Datum der Beschlussfassung der Jahresabrechnung: ____________________
In der Jahresabrechnung für das nachfolgende Objekt

____

(Ort, Straße, Hausnummer und ggf. genaue Lagebezeichnung der Wohnung)

sind Ausgaben im Sinne des § 35 a Einkommensteuergesetz (EStG) enthalten, die wie folgt zu verteilen sind:

A) ***Aufwendungen für sozialversicherungspflichtige Beschäftigungen***
(§ 35 a Absatz 2 Satz 1 Alternative 1 EStG)

Anl zu LStH 35a

Bezeichnung	Gesamtbetrag (in Euro)	Anteil des Miteigentümers/ des Mieters

B) ***Aufwendungen für die Inanspruchnahme von haushaltsnahen Dienstleistungen***
(§ 35 a Absatz 2 Satz 1 Alternative 2 EStG)

Bezeichnung	Gesamtbetrag (in Euro)	nicht zu berücksichtigende Materialkosten (in Euro)	Aufwendungen bzw. Arbeitskosten (Rdnrn. 39, 40) (in Euro)	Anteil des Miteigentümers/ des Mieters

C) ***Aufwendungen für die Inanspruchnahme von Handwerkerleistungen für Renovierungs-, Erhaltungs- und Modernisierungsmaßnahmen***
(§ 35 a Absatz 3 EStG)

Bezeichnung	Gesamtbetrag (in Euro)	nicht zu berücksichtigende Materialkosten (in Euro)	Aufwendungen bzw. Arbeitskosten (Rdnrn. 39, 40) (in Euro)	Anteil des Miteigentümers/ des Mieters

(Ort und Datum) (Unterschrift des Verwalters oder Vermieters)

Hinweis: Die Entscheidung darüber, welche Positionen im Rahmen der Einkommensteuererklärung berücksichtigt werden können, obliegt ausschließlich der zuständigen Finanzbehörde.

EStG

VI. Steuererhebung

1. Erhebung der Einkommensteuer

§ 37a Pauschalierung der Einkommensteuer durch Dritte

(1) **① Das Finanzamt kann auf Antrag zulassen, dass das Unternehmen, das Sachprämien im Sinne des § 3 Nummer 38 gewährt, die Einkommensteuer für den Teil der Prämien, der nicht steuerfrei ist, pauschal erhebt. ② Bemessungsgrundlage der pauschalen Einkommensteuer ist der gesamte Wert der Prämien, die den im Inland ansässigen Steuerpflichtigen zufließen. ③ Der Pauschsteuersatz beträgt 2,25 Prozent.** 1

(2)[1] **① Auf die pauschale Einkommensteuer ist § 40 Absatz 3 und 4 sinngemäß anzuwenden. ② Das Unternehmen hat die Prämienempfänger von der Steuerübernahme zu unterrichten.** 2

(3) **① Über den Antrag entscheidet das Betriebsstättenfinanzamt des Unternehmens (§ 41 a Absatz 1 Satz 1 Nummer 1). ② Hat das Unternehmen mehrere Betriebsstättenfinanzämter, so ist das Finanzamt der Betriebsstätte zuständig, in der die für die pauschale Besteuerung maßgebenden Prämien ermittelt werden. ③ Die Genehmigung zur Pauschalierung wird mit Wirkung für die Zukunft erteilt und kann zeitlich befristet werden; sie erstreckt sich auf alle im Geltungszeitraum ausgeschütteten Prämien.** 3

(4) **Die pauschale Einkommensteuer gilt als Lohnsteuer und ist von dem Unternehmen in der Lohnsteuer-Anmeldung der Betriebsstätte im Sinne des Absatzes 3 anzumelden und spätestens am zehnten Tag nach Ablauf des für die Betriebsstätte maßgebenden Lohnsteuer-Anmeldungszeitraums an das Betriebsstättenfinanzamt abzuführen.** 4

H 37a

LStH 37 a

Kirchensteuer bei Pauschalierung der Lohn- und Einkommensteuer → Gleich lautende Ländererlasse vom 8. 8. 2016 (BStBl. I S. 773).[2] 5

Anl zu LStH 37 a

Gleich lautende Erlasse betr. Kirchensteuer bei Pauschalierung der Lohn- und Einkommensteuer

Vom 8. August 2016 (BStBl. I S. 773)

(Oberste Finanzbehörden der Länder)

1 Anlage 7

Bei der Erhebung der Kirchensteuer kann in den Fällen der Pauschalierung

- der Lohnsteuer nach Maßgabe der § 40, § 40 a Abs. 1, 2 a und 3 und § 40 b EStG der Arbeitgeber,
- der Einkommensteuer nach Maßgabe des § 37 a EStG das Unternehmen, das Sachprämien i. S. d. § 3 Nr. 38 EStG gewährt,
- der Einkommensteuer nach Maßgabe des § 37 b EStG der Steuerpflichtige, der Sachzuwendungen gewährt,

jeweils zwischen einem vereinfachten Verfahren und einem Nachweisverfahren wählen. Die Wahl zwischen diesen Verfahren kann der Pauschalierende sowohl für jeden Lohnsteuer-Anmeldungszeitraum als auch für die jeweils angewandte Pauschalierungsvorschrift und darüber hinaus für die in den einzelnen Rechtsvorschriften aufgeführten Pauschalierungstatbestände unterschiedlich treffen. Im Einzelnen gilt Folgendes:

1. Vereinfachtes Verfahren

Entscheidet sich der Pauschalierende für das vereinfachte Verfahren, hat er in allen Fällen der Pauschalierung für sämtliche Arbeitnehmer, für sämtliche Empfänger von Sachprämien oder für sämtliche Empfänger von Sachzuwendungen (nachf.: Empfänger) Kirchensteuer zu entrichten. Dabei ist ein ermäßigter Steuersatz anzuwenden, der in pauschaler Weise dem Umstand Rechnung trägt, dass nicht alle Empfänger Angehörige einer steuererhebenden Religionsgemeinschaft sind.

Die im vereinfachten Verfahren ermittelten Kirchensteuern sind in der Lohnsteuer-Anmeldung unter der Kirchensteuer-Kennzahl 47 anzugeben. Die Aufteilung auf die steuererhebenden Religionsgemeinschaften wird von der Finanzverwaltung übernommen.

2. Nachweisverfahren

a) Macht der Pauschalierende keinen Gebrauch vom vereinfachten Verfahren, hat er grundsätzlich für alle Empfänger die Zugehörigkeit zu einer steuererhebenden Religionsgemeinschaft festzustellen (Nachweisverfahren). Für Empfänger, die keiner steuererhebenden Religionsgemeinschaft angehören, ist keine Kirchensteuer auf die pauschale Steuer zu entrichten; für die übrigen Empfänger gilt der allgemeine Kirchensteuersatz.

---

[1] Zur Anwendung von § 37 a Abs. 2 Satz 1 siehe § 52 Abs. 37 c Satz 3.

[2] Nachstehend abgedruckt als Anlage zu LStH 37 a.

Anl zu LStH 37a

b) Als Beleg für die Zugehörigkeit oder Nichtzugehörigkeit zu einer steuererhebenden Religionsgemeinschaft dienen in den Fällen der §§ 40 und 40b EStG grundsätzlich die vom Arbeitgeber beim Bundeszentralamt für Steuern abgerufenen elektronischen Lohnsteuerabzugsmerkmale (ELStAM) oder ein Vermerk des Arbeitgebers, dass der Arbeitnehmer seine Zugehörigkeit oder Nichtzugehörigkeit zu einer steuererhebenden Religionsgemeinschaft mit der vom Finanzamt ersatzweise ausgestellten Bescheinigung für den Lohnsteuerabzug nachgewiesen hat. Liegen dem Arbeitgeber diese amtlichen Nachweise nicht vor, bedarf es einer schriftlichen Erklärung des Arbeitnehmers nach beigefügtem Muster; insbesondere in den Fällen des § 40a Abs. 1, 2a und 3 EStG genügt als Nachweis eine Erklärung nach beigefügtem Muster. Die Erklärung des Arbeitnehmers muss als Beleg zum Lohnkonto aufbewahrt werden.

c) Als Beleg für die Zugehörigkeit oder Nichtzugehörigkeit zu einer steuererhebenden Religionsgemeinschaft genügt in den Fällen der §§ 37a und 37b EStG eine Erklärung nach beigefügtem Muster. Die Erklärung des Empfängers von Sachprämien oder Sachzuwendungen muss vom Pauschalierenden aufbewahrt werden. Bei Arbeitnehmern des Pauschalierenden ist zur Ermittlung der Zugehörigkeit zu einer steuererhebenden Religionsgemeinschaft Buchst. b entsprechend anzuwenden.

d) Die auf die jeweiligen Empfänger entfallende pauschale Steuer hat der Pauschalierende entsprechend deren Zugehörigkeit oder Nichtzugehörigkeit zu einer steuererhebenden Religionsgemeinschaft zuzuordnen; führt der Arbeitgeber ein Sammelkonto (§ 4 Abs. 2 Nr. 8 Satz 2 LStDV) oder in den Fällen des § 40a EStG entsprechende Aufzeichnungen, hat er dort die Zugehörigkeit oder Nichtzugehörigkeit zu einer steuererhebenden Religionsgemeinschaft der jeweiligen Arbeitnehmer anzugeben.

Kann der Pauschalierende die auf den einzelnen Empfänger entfallende pauschale Steuer nicht ermitteln, ist aus Vereinfachungsgründen die gesamte pauschale Steuer im Verhältnis der kirchensteuerpflichtigen zu den nicht kirchensteuerpflichtigen Empfängern aufzuteilen; der auf die kirchensteuerpflichtigen Empfänger entfallende Anteil ist Bemessungsgrundlage für die Anwendung des allgemeinen Kirchensteuersatzes. Die so ermittelte Kirchensteuer ist auf die Empfänger gleichmäßig zu verteilen und entsprechend deren Zugehörigkeit zu einer steuererhebenden Religionsgemeinschaft zuzuordnen.

Die im Nachweisverfahren ermittelten Kirchensteuern sind in der Lohnsteuer-Anmeldung in der Regel unter der jeweiligen Kirchensteuer-Kennzahl (z. B. 61, 62) anzugeben.

Kann der Pauschalierende bei einzelnen Empfängern die Zugehörigkeit zu einer steuererhebenden Religionsgemeinschaft nicht ermitteln und deshalb eine Zuordnung zur jeweiligen steuererhebenden Religionsgemeinschaft nicht vornehmen, gilt ebenfalls der allgemeine Kirchensteuersatz. Die auf diese Empfänger entfallende pauschale Steuer ist Bemessungsgrundlage für die Anwendung des allgemeinen Kirchensteuersatzes. Die so ermittelte Kirchensteuer ist vereinfachungshalber in der Lohnsteuer-Anmeldung unter der Kirchensteuer-Kennzahl 47 anzugeben. Die Aufteilung auf die steuererhebenden Religionsgemeinschaften wird von der Finanzverwaltung übernommen.

3. Kirchensteuersätze

Die Höhe der Kirchensteuersätze ergibt sich sowohl bei Anwendung des vereinfachten Verfahrens (Nr. 1) als auch des Nachweisverfahrens (Nr. 2) aus den Kirchensteuerbeschlüssen der steuererhebenden Religionsgemeinschaften. Die in den jeweiligen Ländern geltenden Regelungen werden im Bundessteuerblatt Teil I veröffentlicht.

4. Anwendungsregelung

Die Regelungen unter Nr. 1 bis 3 sind erstmals anzuwenden bei

- laufendem Arbeitslohn, der für einen nach dem 31. Dezember 2016 endenden Lohnzahlungszeitraum gezahlt wird,
- sonstigen Bezügen, die nach dem 31. Dezember 2016 zufließen, und
- Sachprämien und Sachzuwendungen, die nach dem 31. Dezember 2016 zufließen.

Dieser Erlass ersetzt die Erlasse vom 28. Dezember 2006 (BStBl. 2007 I S. 76)[1, 2] und vom 23. Oktober 2012 (BStBl. I S. 1083).[3]

[1] Abgedruckt im *„Handbuch zur Lohnsteuer 2016"* als Anlage b zu LStH 37 b.
[2] **[Amtl. Anm.:]** Für Reinland-Pfalz: Erlass vom 29. Oktober 2008 (BStBl. 2009 I S. 332).
[3] Abgedruckt im *„Handbuch zur Lohnsteuer 2016"* als Anlage zu LStH 40.1.

Anl zu LStH 37a

Anlage

8

Muster

Erklärung gegenüber dem Betriebsstättenfinanzamt zur Religionszugehörigkeit für die Erhebung der pauschalen Lohnsteuer nach §§ 40, 40 a Abs. 1, 2 a und 3 und § 40 b EStG und der pauschalen Einkommensteuer nach §§ 37 a und 37 b EStG

Finanzamt ....

Arbeitgeber/Unternehmen/Steuerpflichtiger:
Name der Firma ....
Anschrift: ....
Arbeitnehmer/Empfänger der Sachprämien oder Sachzuwendungen:
Name, Vorname ....
Anschrift: ....
Ich, der vorbezeichnete Arbeitnehmer/Empfänger der Sachprämien oder Sachzuwendungen, erkläre, dass ich

□ keiner Religionsgemeinschaft angehöre, die Kirchensteuer erhebt, und zwar
a) □ seit Beginn meines Beschäftigungsverhältnisses mit dem oben genannten Arbeitgeber.
b) □ im Zeitpunkt der Gewährung (bitte Datum oder Zeitraum angeben: ....) der Sachprämie oder Sachzuwendung.
c) □ seit dem .... (bei Änderungen nach dem unter Buchst. a bzw. b genannten Zeitpunkt).

□ einer Religionsgemeinschaft angehöre, die Kirchensteuer erhebt
□ evangelisch □ römisch-katholisch
□ alt-katholisch □ jüdisch/israelitisch □ freireligiös
und zwar seit dem ....[1]

Ich versichere, die Angaben in dieser Erklärung wahrheitsgemäß nach bestem Wissen und Gewissen gemacht zu haben. Mir ist bekannt, dass die Erklärung als Grundlage für das Besteuerungsverfahren dient.

....
Ort, Datum Unterschrift des Arbeitnehmers/Empfängers der Sachprämien oder Sachzuwendungen

Diese Erklärung ist vom Arbeitgeber/Unternehmen/Steuerpflichtigen aufzubewahren.

[1] **[Amtl. Anm.:]** Datumsangabe nur erforderlich, wenn Sie gegenüber dem o. g. Arbeitgeber/Unternehmen/Steuerpflichtigen früher erklärt haben, dass Sie keiner Religionsgemeinschaft angehören, die Kirchensteuer erhebt, und zwischenzeitlich in eine solche Religionsgemeinschaft eingetreten sind oder Sie zu einer anderen Kirchensteuer erhebenden Religionsgemeinschaft gewechselt sind.

EStG

§ 37b Pauschalierung der Einkommensteuer bei Sachzuwendungen

1 **(1) ① Steuerpflichtige können die Einkommensteuer einheitlich für alle innerhalb eines Wirtschaftsjahres gewährten**

1. betrieblich veranlassten Zuwendungen, die zusätzlich zur ohnehin vereinbarten Leistung oder Gegenleistung erbracht werden, und

2. Geschenke im Sinne des § 4 Absatz 5 Satz 1 Nummer 1,

die nicht in Geld bestehen, mit einem Pauschsteuersatz von 30 Prozent erheben. ② Bemessungsgrundlage der pauschalen Einkommensteuer sind die Aufwendungen des Steuerpflichtigen einschließlich Umsatzsteuer; bei Zuwendungen an Arbeitnehmer verbundener Unternehmen ist Bemessungsgrundlage mindestens der sich nach § 8 Absatz 3 Satz 1 ergebende Wert. ③ Die Pauschalierung ist ausgeschlossen,

1. soweit die Aufwendungen je Empfänger und Wirtschaftsjahr oder

2. wenn die Aufwendungen für die einzelne Zuwendung

den Betrag von 10 000 Euro übersteigen.

2 **(2) ① Absatz 1 gilt auch für betrieblich veranlasste Zuwendungen an Arbeitnehmer des Steuerpflichtigen, soweit sie nicht in Geld bestehen und zusätzlich zum ohnehin geschuldeten Arbeitslohn[1] erbracht werden. ② In den Fällen des § 8 Absatz 2 Satz 2 bis 10, Absatz 3, § 40 Absatz 2 sowie in Fällen, in denen Vermögensbeteiligungen überlassen werden, ist Absatz 1 nicht anzuwenden; Entsprechendes gilt, soweit die Zuwendungen nach § 40 Absatz 1 pauschaliert worden sind. ③ § 37a Absatz 1 bleibt unberührt.**

3 **(3)[2] ① Die pauschal besteuerten Sachzuwendungen bleiben bei der Ermittlung der Einkünfte des Empfängers außer Ansatz. ② Auf die pauschale Einkommensteuer ist § 40 Absatz 3 und 4 sinngemäß anzuwenden. ③ Der Steuerpflichtige hat den Empfänger von der Steuerübernahme zu unterrichten.**

4 **(4) ① Die pauschale Einkommensteuer gilt als Lohnsteuer und ist von dem die Sachzuwendung gewährenden Steuerpflichtigen in der Lohnsteuer-Anmeldung der Betriebsstätte nach § 41 Absatz 2 anzumelden und spätestens am zehnten Tag nach Ablauf des für die Betriebsstätte maßgebenden Lohnsteuer-Anmeldungszeitraums an das Betriebsstättenfinanzamt abzuführen. ② Hat der Steuerpflichtige mehrere Betriebsstätten im Sinne des Satzes 1, so ist das Finanzamt der Betriebsstätte zuständig, in der die für die pauschale Besteuerung maßgebenden Sachbezüge ermittelt werden.**

LStH 37b

H 37b

5 **Bemessungsgrundlage.** In der Bemessungsgrundlage nach § 37b Abs. 1 Satz 2 EStG sind alle der Zuwendung direkt zuzuordnenden Aufwendungen (Einzelkosten) einzubeziehen, ungeachtet, ob sie beim Zuwendungsempfänger einen Vorteil begründen können (→ BFH vom 13. 5. 2020 – BStBl. 2021 II S. 395).

Geldleistung oder Sachbezug → BMF vom 15. 3. 2022 (BStBl. I S. 242)[3].

Kirchensteuer bei Pauschalierung der Lohn- und Einkommensteuer → Gleich lautende Ländererlasse vom 8. 8. 2016 (BStBl. I S. 773).[4]

Sachzuwendungen an Arbeitnehmer → BMF vom 19. 5. 2015 (BStBl. I S. 468) unter Berücksichtigung der Änderungen durch BMF vom 28. 6. 2018 (BStBl. I S. 814).[5]

Zusätzlichkeitsvoraussetzung → § 8 Abs. 4 EStG.

Anl zu LStH 37b

Schreiben betr. Pauschalierung der Einkommensteuer bei Sachzuwendungen nach § 37b EStG

Vom 19. Mai 2015 (BStBl. I S. 468)

(BMF IV C 6 – S 2297 – b/14/10001; DOK 2015/0331056)

Geändert durch BMF vom 28. 6. 2018 (BStBl. I S. 814)

6 Mit dem Jahressteuergesetz 2007 vom 13. Dezember 2006 (BGBl. I S. 2878, BStBl. I 2007 S. 28) wurde mit § 37b EStG eine Regelung in das Einkommensteuergesetz eingefügt, die es dem zuwendenden Steuerpflichtigen ermöglicht, die Einkommensteuer auf Sachzuwendungen an Arbeitnehmer oder Nichtarbeitnehmer mit einem Steuersatz von 30 Prozent pauschal zu übernehmen und abzuführen. Mit Urteilen vom 16. Oktober und 12. Dezember 2013 hat der BFH in vier Entscheidungen – VI R 52/11, VI

[1] Zum Tatbestandsmerkmal „ohnehin geschuldeten Arbeitslohn" siehe § 8 Abs. 4 EStG.
[2] Zur Anwendung von § 37b Abs. 3 Satz 2 siehe § 52 Abs. 37c Satz 3.
[3] Abgedruckt als Anlage f zu LStH 8.1.
[4] Abgedruckt als Anlage zu LStH 37a.
[5] Nachstehend abgedruckt als Anlage zu LStH 37b.

R 57/11, VI R 78/12 und VI R 47/12 – den Anwendungsbereich des § 37 b EStG eingegrenzt und entschieden, die Pauschalierung der Einkommensteuer nach § 37 b EStG setze die Steuerpflicht der Sachzuwendungen voraus. Das BMF-Schreiben vom 29. April 2008 (BStBl. I S. 566)[1] wird im Einvernehmen mit den obersten Finanzbehörden der Länder unter Berücksichtigung der Grundsätze der BFH-Entscheidungen sowie weiterer inzwischen geklärter Zweifelsfragen wie folgt neu gefasst:

I. Anwendungsbereich des § 37 b EStG

1 Zuwendender i. S. d. § 37 b EStG kann jede natürliche und juristische Person oder Personenvereinigung sein, die aus betrieblichem Anlass nicht in Geld bestehende
- Geschenke oder
- Zuwendungen zusätzlich
  - zur ohnehin vereinbarten Leistung oder Gegenleistung oder
  - zum ohnehin geschuldeten Arbeitslohn

erbringt. Juristische Personen des öffentlichen Rechts sind sowohl mit ihrem hoheitlichen Bereich und dem Bereich der Vermögensverwaltung als auch mit ihren einzelnen Betrieben gewerblicher Art jeweils Zuwendender i. S. d. § 37 b EStG. Die Wahlmöglichkeit kann für die verschiedenen Bereiche unabhängig voneinander ausgeübt werden. Macht der Zuwendende von der Wahlmöglichkeit des § 37 b EStG Gebrauch, ist er Steuerpflichtiger i. S. d. § 33 AO. Ausländische Zuwendende und nicht steuerpflichtige juristische Personen des öffentlichen Rechts werden spätestens mit der Anwendung des § 37 b EStG zu Steuerpflichtigen i. S. dieser Vorschrift.

2 Zuwendungsempfänger können eigene Arbeitnehmer des Zuwendenden sowie Dritte unabhängig von ihrer Rechtsform (z. B. AG, GmbH, Aufsichtsräte, Verwaltungsratsmitglieder, sonstige Organmitglieder von Vereinen und Verbänden, Geschäftspartner, deren Familienangehörige, Arbeitnehmer Dritter) sein.

3 Von § 37 b EStG werden nur solche Zuwendungen erfasst, die betrieblich veranlasst sind (BFH vom 12. Dezember 2013 VI R 47/12, BStBl. 2015 II S. 490) und die beim Empfänger dem Grunde nach zu steuerbaren und steuerpflichtigen Einkünften führen (BFH vom 16. Oktober 2013 VI R 57/11, BStBl. 2015 II S. 457). § 37 b EStG begründet keine eigenständige Einkunftsart und erweitert nicht den einkommensteuerrechtlichen Lohnbegriff, sondern stellt lediglich eine besondere pauschalierende Erhebungsform der Einkommensteuer zur Wahl (BFH vom 16. Oktober 2013 VI R 57/11 und VI R 78/12, BStBl. 2015 II S. 457 und 495). Zusätzlich zum ohnehin geschuldeten Arbeitslohn gewährte Zuwendungen an eigene Arbeitnehmer sind Sachbezüge i. S. d. § 8 Abs. 2 Satz 1 EStG, für die keine gesetzliche Bewertungsmöglichkeit nach § 8 Abs. 2 Satz 2 bis 10 und Abs. 3 EStG sowie keine Pauschalierungsmöglichkeit nach § 40 Abs. 2 EStG besteht. In den Fällen des § 8 Abs. 3 EStG ist es auch dann nicht zulässig, die Steuer nach § 37 b Abs. 2 EStG zu pauschalieren, wenn der Steuerpflichtige nach R 8.2 Abs. 1 Satz 1 Nr. 4 LStR 2015 die Bewertung des geldwerten Vorteils nach § 8 Abs. 2 EStG wählt. Für sonstige Sachbezüge, die nach § 40 Abs. 1 EStG pauschaliert besteuert werden können, kann der Steuerpflichtige auch die Pauschalierung nach § 37 b EStG wählen. Die Zuwendung von Vermögensbeteiligungen an eigene Arbeitnehmer ist von der Pauschalierung nach § 37 b EStG ausgeschlossen.

II. Wahlrecht zur Anwendung des § 37 b EStG

1. Einheitlichkeit der Wahlrechtsausübung

4 Das Wahlrecht zur Anwendung der Pauschalierung der Einkommensteuer ist nach § 37 b Abs. 1 **7**
Satz 1 EStG einheitlich für alle innerhalb eines Wirtschaftsjahres gewährten Zuwendungen, mit Ausnahme der die Höchstbeträge nach § 37 b Abs. 1 Satz 3 EStG übersteigenden Zuwendungen, auszuüben. Dabei ist es zulässig, für Zuwendungen an Dritte (Abs. 1) und an eigene Arbeitnehmer (Abs. 2) § 37 b EStG jeweils gesondert anzuwenden. Auch bei einem vom Kalenderjahr abweichenden Wirtschaftsjahr ist für den Personenkreis der eigenen Arbeitnehmer immer die kalenderjahrbezogene Betrachtungsweise für das Wahlrecht maßgeblich. Das Wahlrecht kann für alle inländischen lohnsteuerlichen Betriebsstätten nach § 41 Abs. 2 EStG nur einheitlich ausgeübt werden. Die Entscheidung zur Anwendung des § 37 b EStG kann nicht zurückgenommen werden.[2]

5 Werden Zuwendungen an Arbeitnehmer verbundener Unternehmen i. S. d. §§ 15 ff. AktG oder § 271 HGB vergeben, fallen diese Zuwendungen in den Anwendungsbereich des § 37 b Abs. 1 EStG und sind nach § 37 b Abs. 1 Satz 2 EStG mindestens mit dem sich aus § 8 Abs. 3 Satz 1 EStG ergebenden Wert zu bemessen (Rabattgewährung an Konzernmitarbeiter). Es wird nicht beanstandet, wenn diese Zuwendungen an Arbeitnehmer verbundener Unternehmen individuell besteuert werden, auch wenn der Zuwendende für die übrigen Zuwendungen § 37 b Abs. 1 EStG anwendet. Für die übrigen Zuwendungen ist das Wahlrecht einheitlich auszuüben.

6 Übt ein ausländischer Zuwendender das Wahlrecht zur Anwendung des § 37 b EStG aus, sind die Zuwendungen, die unbeschränkt oder beschränkt Einkommen- oder Körperschaftsteuerpflichtigen im Inland gewährt werden, einheitlich zu pauschalieren.

2. Zeitpunkt der Wahlrechtsausübung

7 Die Entscheidung zur Anwendung der Pauschalierung kann für den Anwendungsbereich des § 37 b Abs. 1 EStG auch im laufenden Wirtschaftsjahr, spätestens in der letzten Lohnsteuer-Anmeldung des

---

[1] Abgedruckt im *„Handbuch zur Lohnsteuer 2015"* als Anlage a zu § 37 b EStG.

[2] **[Amtl. Anm.:]** Überholt durch *BFH vom 15. 6. 2016 (BStBl. II S. 1010);* das Wahlrecht kann nur durch Abgabe einer geänderten Lohnsteuer-Anmeldung widerrufen werden. Der Widerruf ist nur wirksam, wenn der Zuwendende den Zuwendungsempfänger hiervon unterrichtet; der Widerruf stellt beim Zuwendungsempfänger ein rückwirkendes Ereignis i. S. d. § 175 Abs. 1 Satz 1 Nr. 2 AO dar.

Anl zu LStH 37b

Wirtschaftsjahres der Zuwendung getroffen werden. Eine Berichtigung der vorangegangenen einzelnen Lohnsteuer-Anmeldungen zur zeitgerechten Erfassung ist nicht erforderlich.

8 Für den Anwendungsbereich des § 37b Abs. 2 EStG soll die Entscheidung zur Anwendung der Pauschalierung spätestens bis zu der für die Übermittlung der elektronischen Lohnsteuerbescheinigung geltenden Frist (§ 41b Abs. 1 Satz 2 EStG, 28. Februar des Folgejahres) getroffen werden. Dieser Endtermin gilt auch, wenn ein Arbeitnehmer während des laufenden Kalenderjahres ausscheidet. Ist eine Änderung des Lohnsteuerabzugs gemäß § 41c EStG zum Zeitpunkt der Ausübung des Wahlrechts nicht mehr möglich, so hat der Arbeitgeber dem Arbeitnehmer eine Bescheinigung über die Pauschalierung nach § 37b Abs. 2 EStG auszustellen. Die Korrektur des bereits individuell besteuerten Arbeitslohns kann der Arbeitnehmer dann nur noch im Veranlagungsverfahren zur Einkommensteuer begehren.

8a Das Wahlrecht kann auch durch Änderung einer noch nicht materiell bestandskräftigen Lohnsteuer-Anmeldung ausgeübt werden. Eine erstmalige Wahlrechtsausübung im Rahmen einer Außenprüfung ist somit zulässig. Wurden Sachzuwendungen an eigene Arbeitnehmer (§ 37b Abs. 2) vorbehaltlich der Pauschalierung nach § 40 Abs. 1 Satz 1 EStG (Rdnr. 22) weder nach anderen Vorschriften pauschal noch individuell besteuert, kann das Wahlrecht (erstmalig) auch noch nach der in den Rdnrn. 7 und 8 genannten Frist im Rahmen einer Änderung einer noch nicht materiell bestandskräftigen Lohnsteuer-Anmeldung ausgeübt werden. Wurden Sachzuwendungen an eigene Arbeitnehmer dagegen bisher individuell besteuert, weil eine Pauschalierung zum maßgeblichen Wahlrechtszeitpunkt nicht vorgenommen worden ist, ist eine Pauschalierung nach § 37b Abs. 2 EStG nicht mehr möglich. Wurden Zuwendungen an eigene Arbeitnehmer nach § 37b EStG bisher pauschal besteuert, ist die bisherige Ausübung des Wahlrechts für den Zuwendenden bindend. Eine nachträgliche individuelle Besteuerung der Sachzuwendungen ist nicht zulässig.[1]

III. Bemessungsgrundlage[2]

1. Begriffsbestimmung

8 **9** Besteuerungsgegenstand sind betrieblich veranlasste Sachzuwendungen, die zusätzlich zur ohnehin vereinbarten Leistung oder zum ohnehin geschuldeten Arbeitslohn erbracht werden, und Geschenke, die nicht in Geld bestehen. Gesellschaftsrechtlich veranlasste Zuwendungen, wie z. B. verdeckte Gewinnausschüttungen (§ 8 Abs. 3 Satz 2 KStG, R 36 KStR)[3] sind von der Pauschalierung nach § 37b EStG ausgenommen (BFH vom 12. Dezember 2013 VI R 47/12, BStBl. 2015 II S. 490).

9a Die „Zusätzlichkeitsvoraussetzung" für betrieblich veranlasste Zuwendungen nach § 37b Abs. 1 Satz 1 Nr. 1 EStG erfordert, dass die Zuwendungen in sachlichem und zeitlichem Zusammenhang mit einem zwischen den Vertragsparteien abgeschlossenen Vertragsverhältnis (sog. Grundgeschäft) stehen und zur ohnehin geschuldeten Leistung als zusätzliche Leistung hinzukommen. Zuwendungen, die nicht zu einem Leistungsaustausch hinzutreten, etwa zur Anbahnung eines Vertragsverhältnisses, fallen nicht in den Anwendungsbereich des § 37b Abs. 1 Nr. 1 EStG (BFH vom 12. Dezember 2013 VI R 47/12, BStBl. 2015 II S. 490). Unbeachtlich ist, ob der Empfänger einen Rechtsanspruch auf die Zuwendungen hat oder die Zuwendungen vom Zuwendenden freiwillig erbracht werden.

9b[4] Die „Zusätzlichkeitsvoraussetzung" für zusätzlich zum ohnehin geschuldeten Arbeitslohn erbrachte betrieblich veranlasste Zuwendungen nach § 37b Abs. 2 Satz 1 EStG erfordert, dass die Zuwendung zu dem Arbeitslohn hinzukommt, den der Arbeitgeber arbeitsrechtlich schuldet; eine Gehaltsumwandlung erfüllt diese Voraussetzung nicht. Kommt die zweckbestimmte Leistung zu dem Arbeitslohn hinzu, den der Arbeitgeber schuldet, ist das Tatbestandsmerkmal auch dann erfüllt, wenn der Arbeitnehmer arbeitsvertraglich oder aufgrund einer anderen arbeits- oder dienstrechtlichen Rechtsgrundlage einen Anspruch auf die zweckbestimmte Leistung hat (vgl. R 3.33 Abs. 5 LStR und BMF-Schreiben vom 22. Mai 2013, BStBl. I S. 728).[5]

9c[6] Bei Zuwendungen an Dritte handelt es sich regelmäßig um Geschenke i. S. d. § 4 Abs. 5 Satz 1 Nr. 1 Satz 1 EStG und R 4.10 Abs. 4 Satz 1 bis 5 EStR oder Incentives (z. B. Reise oder Sachpreise aufgrund eines ausgeschriebenen Verkaufs- oder Außendienstwettbewerbs). Geschenke in diesem Sinne sind auch Nutzungsüberlassungen. Zuzahlungen des Zuwendungsempfängers ändern nicht den Charakter als Zuwendung; sie mindern lediglich die Bemessungsgrundlage. Zuzahlungen Dritter (z. B. Beteiligung eines anderen Unternehmers an der Durchführung einer Incentive-Reise) mindern die Bemessungsgrundlage hingegen nicht. Aufmerksamkeiten i. S. d. R 19.6 Abs. 1 LStR, die dem Empfänger aus Anlass eines besonderen persönlichen Ereignisses zugewendet werden, führen nicht zu steuerbaren und steuerpflichtigen Einnahmen und gehören daher nicht zur Bemessungsgrundlage.

9d Bei der Teilnahme eines Kunden an einem Bonusprogramm wird die Ausgabe der Bonuspunkte zum Bestandteil der Gegenleistung des leistenden Unternehmens. Damit liegt weder in der Gutschrift der Punkte noch in der Hingabe der Prämie eine zusätzliche Leistung vor, so dass eine Pauschalierung nach § 37b EStG in derartigen Fällen ausgeschlossen ist. Die Einkommensteuer kann in diesen Fällen bei Vorliegen der weiteren Voraussetzungen nach § 37a EStG pauschaliert werden.

---

[1] **[Amtl. Anm.:]** Überholt durch *BFH vom 15. 6. 2016 (BStBl. II S. 1010);* das Wahlrecht kann nur durch Abgabe einer geänderten Lohnsteuer-Anmeldung widerrufen werden. Der Widerruf ist nur wirksam, wenn der Zuwendende den Zuwendungsempfänger hiervon unterrichtet; der Widerruf stellt beim Zuwendungsempfänger ein rückwirkendes Ereignis i. S. d. § 175 Abs. 1 Satz 1 Nr. 2 AO dar.

[2] Zur Ermittlung der Bemessungsgrundlage für § 37b EStG bei Veranstaltungen für Geschäftspartner und Arbeitnehmer *(Vfg. der OFD Nordrhein-Westfalen vom 7. 9. 2017, DStR 2018 S. 79).*

[3] **[Amtl. Anm.:]** Jetzt R 8.5 KStR 2022.

[4] **[Amtl. Anm.:]** Zur Zusätzlichkeitsvoraussetzung siehe § 8 Abs. 4 EStG.

[5] **[Red. Anm.:]** Jetzt BMF v. 5. 1. 2022 (BStBl. I S. 61).

[6] **[Amtl. Anm.:]** Rdnr. 9c geändert durch BMF vom 28. 6. 2018 (BStBl. I S. 814).

9e[1] Gewinne aus Verlosungen, Preisausschreiben und sonstigen Gewinnspielen sowie Prämien aus (Neu-)Kundenwerbungsprogrammen und Vertragsneuabschlüssen führen beim Empfänger regelmäßig nicht zu steuerbaren und steuerpflichtigen Einnahmen und fallen dann nicht in den Anwendungsbereich des § 37b Abs. 1 EStG.

10 Sachzuwendungen, deren Anschaffungs- oder Herstellungskosten 10 Euro nicht übersteigen, sind bei der Anwendung des § 37b EStG als Streuwerbeartikel anzusehen und brauchen daher nicht in den Anwendungsbereich der Vorschrift einbezogen zu werden.[2] § 9b Abs. 1 EStG ist zu beachten. Die Teilnahme an einer geschäftlich veranlassten Bewirtung i. S. d. § 4 Abs. 5 Satz 1 Nr. 2 EStG ist nicht in den Anwendungsbereich des § 37b EStG einzubeziehen (R 4.7 Abs. 3 EStR, R 8.1 Abs. 8 Nr. 1 LStR); es sei denn, sie ist Teil einer Gesamtleistung, die insgesamt als Zuwendung nach § 37b EStG besteuert wird (z. B. Bewirtung im Rahmen einer Incentive-Reise, vgl. BMF-Schreiben vom 14. Oktober 1996, BStBl. I S. 1192),[3] oder die Bewirtung findet im Rahmen von Repräsentationsveranstaltungen i. S. d. § 4 Abs. 5 Satz 1 Nr. 4 EStG statt (z. B. Einladung zu einem Golfturnier, zu einem Segeltörn oder zu einer Jagdgesellschaft). Eine Incentive-Reise liegt in Abgrenzung zu einer Incentive-Maßnahme, bei der ggf. ein Bewirtungsanteil gemäß Rdnr. 15 herausgerechnet werden kann, vor, wenn die Veranstaltung mindestens eine Übernachtung umfasst.

11 Zuwendungen, die ein Arbeitnehmer von einem Dritten erhalten hat, können nicht vom Arbeitgeber, der nach § 38 Abs. 1 Satz 3 EStG zum Lohnsteuerabzug verpflichtet ist, nach § 37b EStG pauschal besteuert werden. Die Pauschalierung nach § 37b EStG kann nur der Zuwendende selbst vornehmen. Für Zuwendungen an Mitarbeiter verbundener Unternehmen i. S. d. §§ 15ff. AktG oder § 271 HGB (vgl. Rdnr. 23) wird es nicht beanstandet, wenn anstelle des Zuwendenden der Arbeitgeber des Zuwendungsempfängers die Pauschalierung gemäß § 37b Abs. 1 EStG vornimmt. Die erforderliche „Zusätzlichkeitsvoraussetzung" ist nur dann erfüllt, wenn die Zuwendungen auf vertraglichen Beziehungen zwischen dem Dritten und dem Arbeitnehmer beruhen. Zuwendungen, die auf vertraglichen Beziehungen zwischen dem Zuwendenden und dem Arbeitgeber des Arbeitnehmers beruhen (sog. Rahmenvertrag), können vom Zuwendenden daher nach § 37b EStG pauschal besteuert werden, wenn dem Grunde nach Arbeitslohn vorliegt (vgl. BMF-Schreiben vom 20. Januar 2015, BStBl. I S. 143).[4]

12 Gibt ein Steuerpflichtiger eine Zuwendung unmittelbar weiter, die dieser selbst unter Anwendung des § 37b EStG erhalten hat, entfällt eine erneute pauschale Besteuerung nach § 37b EStG, wenn der Steuerpflichtige hierfür keinen Betriebsausgabenabzug vornimmt.

13 In die Bemessungsgrundlage nach § 37b Abs. 1 und 2 EStG sind alle Zuwendungen einzubeziehen, die beim Empfänger dem Grunde nach zu steuerbaren und steuerpflichtigen Einkünften führen. Demzufolge sind Zuwendungen an beschränkt und unbeschränkt steuerpflichtige Empfänger auszuscheiden, die nach den Bestimmungen eines Doppelbesteuerungsabkommens oder des Auslandstätigkeitserlasses[5] nicht der inländischen Besteuerung unterliegen oder die dem Empfänger nicht im Rahmen einer Einkunftsart zufließen. Für Zuwendungen, die nicht in die Bemessungsgrundlage des § 37b EStG einzubeziehen sind, hat der Zuwendende neben den für den Betriebsausgabenabzug bestehenden Aufzeichnungspflichten zusätzlich durch geeignete Aufzeichnungen darzulegen, dass diese Zuwendungen beim Empfänger nicht steuerbar und steuerpflichtig sind. Die Empfänger der Zuwendungen müssen auf Verlangen der Finanzbehörde genau benannt werden können (§ 160 AO).

13a Zur Vereinfachung der Ermittlung der Bemessungsgrundlage für die Anwendung des § 37b Abs. 1 EStG kann der Steuerpflichtige der Besteuerung nach § 37b EStG einen bestimmten Prozentsatz aller gewährten Zuwendungen an Dritte unterwerfen. Der Prozentsatz orientiert sich an den unternehmensspezifischen Gegebenheiten und ist vom Steuerpflichtigen anhand geeigneter Unterlagen oder Aufzeichnungen glaubhaft zu machen. In diesem Fall kann er auf weitergehende Aufzeichnungen zur Steuerpflicht beim Empfänger verzichten. Für die Glaubhaftmachung kann auch auf die Aufzeichnungen, die über einen repräsentativen Zeitraum (mindestens drei Monate) geführt werden, zurückgegriffen und aus diesen der anzuwendende Prozentsatz ermittelt werden. Dieser kann so lange angewandt werden, wie sich die Verhältnisse nicht wesentlich ändern. Für die Ermittlung der Bemessungsgrundlage der Zuwendungen nach § 37b Abs. 2 EStG vgl. Tz. III.3. Wirkungen auf andere Regelungen (Rdnrn. 17 bis 19).

2. Bewertung der Zuwendungen

14[6] Nach § 37b Abs. 1 Satz 2 EStG sind die Zuwendungen mit den Aufwendungen des Steuerpflichtigen einschließlich Umsatzsteuer zu bewerten. Der Bruttobetrag kann aus Vereinfachungsgründen mit dem Faktor 1,19 aus dem Nettobetrag hochgerechnet werden. In die Bemessungsgrundlage sind alle tatsächlich angefallenen Aufwendungen einzubeziehen, die der jeweiligen Zuwendung direkt zugeordnet

---

[1] **[Amtl. Anm.:]** Rdnr. 9e geändert durch BMF vom 28. 6. 2018 (BStBl. I S. 814).
Soweit die Änderungen von Rdnr. 9e durch das BMF-Schreiben vom 28. 6. 2018 (BStBl. I S. 814) dazu führen, dass auch Sachzuwendungen pauschal nach § 37b EStG besteuert werden können, die zuvor nach Rdnr. 9e des BMF-Schreibens vom 19. 5. 2015 nicht in die Bemessungsgrundlage einzubeziehen gewesen wären. Der Stpfl. kann entscheiden, ob er die geänderte Fassung auch für vor dem 1. 7. 2018 verwirklichte Sachverhalte anwenden will siehe Rdnr. 38.

[2] **[Amtl. Anm.:]** Diese Regelung ist trotz entgegenstehender Auffassung des BFH im Urteil vom 16. Oktober 2013 VI R 57/11 (BStBl. 2015 II S. 455) weiter anzuwenden.

[3] Abgedruckt als Anlage a zu LStH 19.7.

[4] Abgedruckt als Anlage a zu LStH 8.2.

[5] **[Amtl. Anm.:]** Abgedruckt als Anlage a zu LStH 39.5.

[6] In die Bemessungsgrundlage nach § 37b Abs. 1 Satz 2 EStG sind alle der Zuwendung direkt zuzuordnenden Aufwendungen (Einzelkosten) einzubeziehen, ungeachtet, ob sie beim Zuwendungsempfänger einen Vorteil begründen können. Besteht die Zuwendung in der kostenlosen oder verbilligten Teilnahme an einer (betrieblichen) Veranstaltung, gehören zu diesen Aufwendungen auch die Kosten eines Eventmanagers. § 37b Abs. 1 Satz 2 EStG enthält für die Bewertung der Zuwendungen nach § 37b Abs. 1 Satz 1 EStG eine eigenständige Bemessungsgrundlage. Diese verdrängt in ihrem Anwendungsbereich die Bewertung nach § 8 Abs. 2 Satz 1 EStG *(BFH-Urteil vom 13. 5. 2020, VI R 13/18, BStBl. 2021 II S. 395).*

Anl zu LStH 37 b

werden können.[1] Soweit diese nicht direkt ermittelt werden können, weil sie Teil einer Gesamtleistung sind, ist der auf die jeweilige Zuwendung entfallende Anteil an den Gesamtaufwendungen anzusetzen, der ggf. im Wege der Schätzung zu ermitteln ist. Zu den Aufwendungen im Rahmen von Veranstaltungen gehören z. B. Aufwendungen für Musik, künstlerische und artistische Darbietungen und Aufwendungen für den äußeren Rahmen (z. B. Raummiete, Eventmanager). Wird ein Wirtschaftsgut zugewandt, das der Steuerpflichtige selbst hergestellt hat, sind als Aufwendungen grundsätzlich die Herstellungskosten des Wirtschaftsguts (zuzüglich der Umsatzsteuer) anzusetzen (z. B. Eintrittskarten für eine selbst ausgerichtete Veranstaltung). Der Zuwendende kann stattdessen den gemeinen Wert (z. B. den Kartenpreis) ansetzen, wenn dieser ohne weiteres ermittelt werden kann.

15 Die bestehenden Vereinfachungsregelungen, die zur Aufteilung der Gesamtaufwendungen für VIP-Logen[2] in Sportstätten und in ähnlichen Sachverhalten ergangen sind, gelten unverändert (Rdnr. 14 und 19 des BMF-Schreibens vom 22. August 2005, BStBl. I S. 845, und vom 11. Juli 2006, BStBl. I S. 447). Der danach ermittelte, auf Geschenke entfallende pauschale Anteil stellt die Aufwendungen dar, die in die Bemessungsgrundlage nach § 37 b EStG einzubeziehen sind. Die Vereinfachungsregelungen zur Übernahme der Besteuerung (Rdnrn. 16 und 18 des BMF-Schreibens vom 22. August 2005, BStBl. I S. 845 und entsprechende Verweise im BMF-Schreiben vom 11. Juli 2006, BStBl. I S. 447) sind ab dem 1. Januar 2007 nicht mehr anzuwenden.

16 Besteht die Zuwendung in der Hingabe eines Wirtschaftsgutes des Betriebsvermögens oder in der unentgeltlichen Nutzungsüberlassung und sind dem Zuwendenden keine oder nur unverhältnismäßig geringe Aufwendungen entstanden (z. B. zinslose Darlehensgewährung), ist als Bemessungsgrundlage für eine Besteuerung nach § 37 b EStG der gemeine Wert anzusetzen.

3. Wirkungen auf andere Regelungen

Sachbezüge, die im ganz überwiegenden eigenbetrieblichen Interesse des Arbeitgebers gewährt werden (vgl. hierzu BFH vom 16. Oktober 2013 VI R 78/12, BStBl. 2015 II S. 495) sowie steuerfreie Sachbezüge, z. B. auch nach § 19 Abs. 1 Satz 1 Nr. 1 a EStG, werden von § 37 b Abs. 2 EStG nicht erfasst. Im Übrigen gilt Folgendes:

a) Sachbezugsfreigrenze

17[3] Wird die Freigrenze des § 8 Abs. 2 Satz 11 EStG i. H. v. 44 Euro[4] nicht überschritten, liegt kein steuerpflichtiger Sachbezug vor.[5] Bei der Prüfung der Freigrenze bleiben die nach § 8 Abs. 2 Satz 1 EStG zu bewertenden Vorteile, die nach §§ 37 b und 40 EStG pauschal versteuert werden, außer Ansatz.

b) Mahlzeiten aus besonderem Anlass

18 Mahlzeiten aus besonderem Anlass, die vom oder auf Veranlassung des Steuerpflichtigen anlässlich von Auswärtstätigkeiten an seine Arbeitnehmer abgegeben werden, können nach § 37 b EStG pauschal besteuert werden, wenn der Wert der Mahlzeit 60 Euro (bis 31. Dezember 2013: 40 Euro) übersteigt.

c) Aufmerksamkeiten

19 Zuwendungen des Steuerpflichtigen an seine Arbeitnehmer, die als bloße Aufmerksamkeiten (R 19.6 LStR) anzusehen sind und deren jeweiliger Wert 60 Euro (bis 31. Dezember 2014: 40 Euro) nicht übersteigt, gehören nicht zum Arbeitslohn und sind daher nicht in die Pauschalierung nach § 37 b EStG einzubeziehen. Bei Überschreitung des Betrags von 60 Euro (bis 31. Dezember 2014: 40 Euro) ist die Anwendung des § 37 b EStG möglich.

4. Zeitpunkt der Zuwendung

20 Die Zuwendung ist im Zeitpunkt der Erlangung der wirtschaftlichen Verfügungsmacht zu erfassen. Das ist bei Geschenken der Zeitpunkt der Hingabe (z. B. Eintrittskarte) und bei Nutzungen der Zeitpunkt der Inanspruchnahme (z. B. bei der Einladung zu einer Veranstaltung der Zeitpunkt der Teilnahme). Es ist aber nicht zu beanstanden, wenn die Pauschalierung nach § 37 b EStG bereits in dem Wirtschaftsjahr vorgenommen wird, in dem der Aufwand zu berücksichtigen ist. Auf einen hiervon abweichenden Zeitpunkt der Bezahlung der Rechnung durch den Zuwendenden kann hingegen nicht abgestellt werden.

5. Beträge nach § 37 b Abs. 1 Satz 3 EStG

21 Die Beträge des § 37 b Abs. 1 Satz 3 EStG i. H. v. 10 000 Euro sind auf die Bruttoaufwendungen anzuwenden. Bei dem Betrag nach § 37 b Abs. 1 Satz 3 Nr. 1 EStG handelt es sich um einen Höchstbetrag (z. B. drei Zuwendungen im Wert von jeweils 4000 Euro, § 37 b EStG ist nicht nur für die ersten beiden Zuwendungen anwendbar, sondern auch die Hälfte der Aufwendungen für die dritte Zuwendung muss in die Pauschalbesteuerung einbezogen werden); bei dem Betrag nach § 37 b Abs. 1 Satz 3 Nr. 2 EStG handelt es sich um eine Höchstgrenze (z. B. Zuwendung im Wert von 15 000 Euro, § 37 b EStG ist auf diese Zuwendung nicht anwendbar). Wird die Höchstgrenze für eine Zuwendung überschritten, ist eine Pauschalierung für andere Zuwendungen an diesen Zuwendungsempfänger im Rahmen des § 37 b

[1] **[Amtl. Anm.:]** Bestätigt durch BFH vom 13.5. 2020 (BStBl. 2021 II S. 395) für Aufwendungen eines Eventmanagers.

[2] **[Amtl. Anm.:]** Gegenstand der Sachzuwendung ist die Überlassung des einzelnen Logenplatzes. Auf Leerplätze entfallende Aufwendungen sind nicht zu berücksichtigen (siehe BFH vom 23. 11. 2023 – BStBl. II 2024 S. 361).

[3] Die Freigrenze des § 8 Abs. 2 S. 11 EStG ist auch anwendbar, wenn der Arbeitgeber die betrieblich veranlassten Sachzuwendungen an seine Arbeitnehmer pauschal gemäß § 37 b EStG versteuert *(BFH-Urteil vom 7. 7. 2020, VI R 14/18, BStBl. 2021 II S. 235).*

[4] **[Amtl. Anm.:]** Ab 1. 1. 2022 50 €.

[5] **[Amtl. Anm.:]** Bestätigt durch BFH vom 7. 7. 2020 (BStBl. 2021 II S. 232).

Abs. 1 Satz 3 Nr. 1 EStG zulässig (z. B. drei Zuwendungen im Wert von 3000 Euro, 5000 Euro und 12 000 Euro, die Aufwendungen für die Einzelzuwendung i. H. v. 12 000 Euro können nicht nach § 37 b EStG pauschal besteuert werden, in die Pauschalbesteuerung sind indes die Aufwendungen für die beiden anderen Einzelzuwendungen von insgesamt 8000 Euro einzubeziehen). Bei Zuzahlungen durch den Zuwendungsempfänger mindert sich der Wert der Zuwendung, auf den der Höchstbetrag/die Höchstgrenze anzuwenden ist. Für die Prüfung des Höchstbetrags ist bei betrieblich veranlassten Sachzuwendungen an nahestehende Personen eines Geschäftsfreunds oder eines Arbeitnehmers Zuwendungsempfänger der Geschäftsfreund oder der Arbeitnehmer selbst.

IV. Verhältnis zu anderen Pauschalierungsvorschriften

1. Lohnsteuerpauschalierung mit Nettosteuersatz

22 Zum Zeitpunkt der Ausübung des Wahlrechts nach § 37 b Abs. 2 EStG bereits nach § 40 Abs. 1 Satz 1 EStG durchgeführte Pauschalierungen müssen nicht rückgängig gemacht werden. Eine Änderung ist aber in den Grenzen der allgemeinen Regelungen zulässig; § 37 b Abs. 2 EStG kann danach angewandt werden. Die Rückabwicklung eines nach § 40 Abs. 1 Satz 1 EStG pauschalierten Zuwendungsfalls muss für alle Arbeitnehmer einheitlich vorgenommen werden, die diese Zuwendung erhalten haben. Nach der Entscheidung zur Anwendung des § 37 b EStG ist eine Pauschalierung nach § 40 Abs. 1 Satz 1 EStG für alle Zuwendungen, auf die § 37 b EStG anwendbar ist, nicht mehr möglich. **9**

2. Arbeitnehmer verbundener Unternehmen

23 Die Pauschalierung ist für Sachzuwendungen an Arbeitnehmer verbundener Unternehmen i. S. d. §§ 15 ff. AktG oder § 271 HGB zulässig, wenn die Voraussetzungen des § 37 b Abs. 1 EStG erfüllt sind.

V. Steuerliche Behandlung beim Zuwendenden

1. Zuwendung

24 Die Aufwendungen für die Zuwendung sind nach allgemeinen steuerlichen Grundsätzen zu beurteilen; sie sind entweder in voller Höhe als Betriebsausgaben abziehbar (Geschenke an eigene Arbeitnehmer und Zuwendungen, die keine Geschenke sind) oder unter der Maßgabe des § 4 Abs. 5 Satz 1 Nr. 1 EStG beschränkt abziehbar. Die übrigen Abzugsbeschränkungen des § 4 Abs. 5 EStG, insbesondere des § 4 Abs. 5 Satz 1 Nr. 4 oder Nr. 10 EStG sind ebenfalls zu beachten. **10**

25[1] Bei der Prüfung der Freigrenze des § 4 Abs. 5 Satz 1 Nr. 1 Satz 2 EStG ist aus Vereinfachungsgründen allein auf den Betrag der Zuwendung abzustellen. Die übernommene Steuer ist nicht mit einzubeziehen.

2. Pauschalsteuer

26 Die Abziehbarkeit der Pauschalsteuer als Betriebsausgabe richtet sich danach, ob die Aufwendungen für die Zuwendung als Betriebsausgabe abziehbar sind.

VI. Steuerliche Behandlung beim Empfänger

27 Nach § 37 b Abs. 3 Satz 1 EStG bleibt eine pauschal besteuerte Sachzuwendung bei der Ermittlung der Einkünfte des Empfängers außer Ansatz. **11**

28 Besteht die Zuwendung in der Hingabe eines einzelnen Wirtschaftsgutes, das beim Empfänger Betriebsvermögen wird, gilt sein gemeiner Wert als Anschaffungskosten (§ 6 Abs. 4 EStG). Rdnr. 12 ist zu beachten.

VII. Verfahren zur Pauschalierung der Einkommensteuer

1. Entstehung der Steuer

29 Für den Zeitpunkt der Entstehung der Steuer ist grundsätzlich der Zeitpunkt der Zuwendung (vgl. Rdnr. 20) maßgeblich. Dabei ist nicht auf den Entstehungszeitpunkt der Einkommen- und Körperschaftsteuer beim Zuwendungsempfänger abzustellen. **12**

2. Unterrichtung des Empfängers der Zuwendung

30 Nach § 37 b Abs. 3 Satz 3 EStG hat der Zuwendende den Empfänger der Zuwendung über die Anwendung der Pauschalierung zu unterrichten. Eine besondere Form ist nicht vorgeschrieben.

31 Arbeitnehmer sind nach § 38 Abs. 4 Satz 3 EStG verpflichtet, ihrem Arbeitgeber die ihnen von Dritten gewährten Bezüge am Ende des Lohnzahlungszeitraumes anzuzeigen. Erhält der Arbeitnehmer erst im Nachhinein eine Mitteilung vom Zuwendenden über die Anwendung des § 37 b EStG, kann bei bereits durchgeführter individueller Besteuerung eine Korrektur des Lohnsteuerabzugs vorgenommen werden, wenn die Änderung des Lohnsteuerabzugs beim Arbeitnehmer noch zulässig ist.

3. Aufzeichnungspflichten

32 Die bestehenden Aufzeichnungspflichten für Geschenke nach § 4 Abs. 5 Satz 1 Nr. 1 EStG bleiben unberührt (§ 4 Abs. 7 EStG, R 4.11 EStR). Besondere Aufzeichnungspflichten für die Ermittlung der Zuwendungen, für die § 37 b EStG angewandt wird, bestehen nicht. Aus der Buchführung oder den Aufzeichnungen muss sich ablesen lassen, dass bei Wahlrechtsausübung alle Zuwendungen erfasst wurden und dass die Höchstbeträge nicht überschritten wurden. Nach § 37 b EStG pauschal versteuerte Zuwendungen müssen nicht zum Lohnkonto genommen werden (§ 4 Abs. 2 Nr. 8 LStDV i. V. m. § 41 Abs. 1 EStG).

---

[1] **[Amtl. Anm.:]** An der Regelung der Rdnr. 25 wird auch nach der Entscheidung des BFH vom 30. 3. 2017 (BStBl. II S. 892) festgehalten.

Anl zu LStH 37 b

33 Aus Vereinfachungsgründen kann bei Zuwendungen bis zu einem Wert von jeweils 60 Euro (bis 31. Dezember 2014 = 40 Euro) davon ausgegangen werden, dass der Höchstbetrag nach § 37 b Abs. 1 Satz 3 Nr. 1 EStG auch beim Zusammenfallen mit weiteren Zuwendungen im Wirtschaftsjahr nicht überschritten wird. Eine Aufzeichnung der Empfänger kann insoweit unterbleiben.

34 § 37 b EStG kann auch angewendet werden, wenn die Aufwendungen beim Zuwendenden ganz oder teilweise unter das Abzugsverbot des § 160 AO fallen. Fallen mehrere Zuwendungen zusammen, bei denen § 160 AO zum Abzugsverbot der Aufwendungen führt, ist die Summe dieser Aufwendungen den Höchstbeträgen gegenüberzustellen.

4. Örtliche Zuständigkeit

35 Für ausländische Zuwendende ergeben sich die für die Verwaltung der Lohnsteuer zuständigen Finanzämter aus analoger Anwendung des H 41.3 LStH (wie ausländische Bauunternehmer).

5. Kirchensteuer

36[1] Für die Ermittlung der Kirchensteuer bei Anwendung des § 37 b EStG ist in Rheinland-Pfalz nach dem Erlass des FM Rheinland-Pfalz vom 29. Oktober 2008 (BStBl. I 2009 S. 332) und in den übrigen Ländern nach den gleichlautenden Erlassen der obersten Finanzbehörden dieser Länder vom 28. Dezember 2006 (BStBl. I 2007 S. 76)[2] zu verfahren.

6. Anrufungsauskunft

37 Für Sachverhalte zur Pauschalierung der Einkommensteuer bei Sachzuwendungen nach § 37 b EStG kann eine Anrufungsauskunft i. S. d. § 42 e EStG eingeholt werden.

VIII. Anwendungszeitpunkt

13 38[3] Dieses Schreiben ersetzt das BMF-Schreiben vom 29. April 2008 (BStBl. I S. 566).[4] Die Grundsätze dieses Schreibens sind in allen noch offenen Fällen anzuwenden. Soweit die Änderungen von Rdnr. 9 e durch das BMF-Schreiben vom 28. Juni 2018 (BStBl. I S. 814) dazu führen, dass auch Sachzuwendungen pauschal nach § 37 b EStG besteuert werden können, die zuvor nach Rdnr. 9 e des BMF-Schreibens vom 19. Mai 2015 nicht in die Bemessungsgrundlage einzubeziehen gewesen wären, kann der Steuerpflichtige entscheiden, ob er die geänderte Fassung auch für vor dem 1. Juli 2018 verwirklichte Sachverhalte anwenden will.

---

[1] **[Amtl. Anm.:]** Gleich lautende Erlasse bei Pauschalierung der Lohn- und Einkommensteuer vom 8. 8. 2016 (BStBl. I S. 773), abgedruckt als Anlage zu LStH 37 a.

[2] Aktuelle Erlasse vom 8. 8. 2016 abgedruckt als Anlage zu LStH 37 a.

[3] **[Amtl. Anm.:]** Rdnr. 38 ergänzt durch BMF vom 28. 6. 2018 (BStBl. I S. 814).

[4] Abgedruckt im *„Handbuch zur Lohnsteuer 2015"* als Anlage a zu LStH 37 b.

2. Steuerabzug vom Arbeitslohn (Lohnsteuer)

§ 38 Erhebung der Lohnsteuer

(1) ① **Bei Einkünften aus nichtselbständiger Arbeit wird die Einkommensteuer durch Abzug vom Arbeitslohn erhoben (Lohnsteuer), soweit der Arbeitslohn von einem Arbeitgeber gezahlt wird, der** 1

1. **im Inland einen Wohnsitz, seinen gewöhnlichen Aufenthalt, seine Geschäftsleitung, seinen Sitz, eine Betriebsstätte oder einen ständigen Vertreter im Sinne der §§ 8 bis 13 der Abgabenordnung hat (inländischer Arbeitgeber) oder**
2. **einem Dritten (Entleiher) Arbeitnehmer gewerbsmäßig zur Arbeitsleistung im Inland überlässt, ohne inländischer Arbeitgeber zu sein (ausländischer Verleiher).**

② **In den Fällen der internationalen Arbeitnehmerentsendung ist das nach Satz 1 Nummer 1 in Deutschland ansässige aufnehmende Unternehmen inländischer Arbeitgeber, wenn es den Arbeitslohn für die ihm geleistete Arbeit wirtschaftlich trägt oder nach dem Fremdvergleichsgrundsatz hätte tragen müssen; Voraussetzung hierfür ist nicht, dass das Unternehmen dem Arbeitnehmer den Arbeitslohn im eigenen Namen und für eigene Rechnung auszahlt.** ③ **Der Lohnsteuer unterliegt auch der im Rahmen des Dienstverhältnisses von einem Dritten gewährte Arbeitslohn, wenn der Arbeitgeber weiß oder erkennen kann, dass derartige Vergütungen erbracht werden; dies ist insbesondere anzunehmen, wenn Arbeitgeber und Dritter verbundene Unternehmen im Sinne von § 15 des Aktiengesetzes sind.**

(2) ① **Der Arbeitnehmer ist Schuldner der Lohnsteuer.** ② **Die Lohnsteuer entsteht in dem Zeitpunkt, in dem der Arbeitslohn dem Arbeitnehmer zufließt.** 2

(3) ① **Der Arbeitgeber hat die Lohnsteuer für Rechnung des Arbeitnehmers bei jeder Lohnzahlung vom Arbeitslohn einzubehalten.** ② **Bei juristischen Personen des öffentlichen Rechts hat die öffentliche Kasse, die den Arbeitslohn zahlt, die Pflichten des Arbeitgebers.** ③ **In den Fällen der nach § 7f Absatz 1 Satz 1 Nummer 2 des Vierten Buches Sozialgesetzbuch an die Deutsche Rentenversicherung Bund übertragenen Wertguthaben hat die Deutsche Rentenversicherung Bund bei Inanspruchnahme des Wertguthabens die Pflichten des Arbeitgebers.** 3

(3 a) ① **Soweit sich aus einem Dienstverhältnis oder einem früheren Dienstverhältnis tarifvertragliche Ansprüche des Arbeitnehmers auf Arbeitslohn unmittelbar gegen einen Dritten mit Wohnsitz, Geschäftsleitung oder Sitz im Inland richten und von diesem durch die Zahlung von Geld erfüllt werden, hat der Dritte die Pflichten des Arbeitgebers.** ② **In anderen Fällen kann das Finanzamt zulassen, dass ein Dritter mit Wohnsitz, Geschäftsleitung oder Sitz im Inland die Pflichten des Arbeitgebers im eigenen Namen erfüllt.** ③ **Voraussetzung ist, dass der Dritte** 4

1. **sich hierzu gegenüber dem Arbeitgeber verpflichtet hat,**
2. **den Lohn auszahlt oder er nur Arbeitgeberpflichten für von ihm vermittelte Arbeitnehmer übernimmt und**
3. **die Steuererhebung nicht beeinträchtigt wird.**

④ **Die Zustimmung erteilt das Betriebsstättenfinanzamt des Dritten auf dessen Antrag im Einvernehmen mit dem Betriebsstättenfinanzamt des Arbeitgebers; sie darf mit Nebenbestimmungen versehen werden, die die ordnungsgemäße Steuererhebung sicherstellen und die Überprüfung des Lohnsteuerabzugs nach § 42f erleichtern sollen.** ⑤ **Die Zustimmung kann mit Wirkung für die Zukunft widerrufen werden.** ⑥ **In den Fällen der Sätze 1 und 2 sind die das Lohnsteuerverfahren betreffenden Vorschriften mit der Maßgabe anzuwenden, dass an die Stelle des Arbeitgebers der Dritte tritt; der Arbeitgeber ist von seinen Pflichten befreit, soweit der Dritte diese Pflichten erfüllt hat.** ⑦ **Erfüllt der Dritte die Pflichten des Arbeitgebers, kann er den Arbeitslohn, der einem Arbeitnehmer in demselben Lohnabrechnungszeitraum aus mehreren Dienstverhältnissen zufließt, für die Lohnsteuerermittlung und in der Lohnsteuerbescheinigung zusammenrechnen.**

(4) ① **Wenn der vom Arbeitgeber geschuldete Barlohn zur Deckung der Lohnsteuer nicht ausreicht, hat der Arbeitnehmer dem Arbeitgeber den Fehlbetrag zur Verfügung zu stellen oder der Arbeitgeber einen entsprechenden Teil der anderen Bezüge des Arbeitnehmers zurückzubehalten.** ② **Soweit der Arbeitnehmer seiner Verpflichtung nicht nachkommt und der Arbeitgeber den Fehlbetrag nicht durch Zurückbehaltung von anderen Bezügen des Arbeitnehmers aufbringen kann, hat der Arbeitgeber dies dem Betriebsstättenfinanzamt (§ 41a Absatz 1 Satz 1 Nummer 1) anzuzeigen.** ③ **Der Arbeitnehmer hat dem Arbeitgeber die von einem Dritten gewährten Bezüge (Absatz 1 Satz 3) am Ende des jeweiligen Lohnzahlungszeitraums anzugeben; wenn der Arbeitnehmer keine Angabe oder eine erkennbar unrichtige Angabe macht, hat der** 5

EStG

Arbeitgeber dies dem Betriebsstättenfinanzamt anzuzeigen. ④ Das Finanzamt hat die zu wenig erhobene Lohnsteuer vom Arbeitnehmer nachzufordern.

Übersicht

	Rz.
LStR 38.1 Steuerabzug vom Arbeitslohn; H 38.1	6, 7
LStR 38.2 Zufluss von Arbeitslohn; H 38.2	8, 9
Anlagen:	
a) Erlass betr. steuerliche Behandlung der Rückzahlung von Arbeitslohn vom 19. 2. 1986	10
b) Schreiben betr. lohn-/einkommensteuerliche Behandlung sowie Voraussetzungen für die steuerliche Anerkennung von Zeitwertkonten-Modellen vom 17. 6. 2009; Neufassung des Abschn. A. IV.2.b durch BMF-Schreiben vom 8. 8. 2019 (BStBl. I S. 874)	12–14b
c) Schreiben betr. verdeckte Einlage in eine Kapitalgesellschaft und Zufluss von Gehaltsbestandteilen bei einem Gesellschafter-Geschäftsführer einer Kapitalgesellschaft vom 12. 5. 2014	14c
LStR 38.3 Einbehaltungspflicht des Arbeitgebers; H 38.3	15, 16
LStR 38.4 Lohnzahlung durch Dritte; H 38.4	17–20
LStR 38.5 Lohnsteuerabzug durch Dritte	23

LStR 38.1

R 38.1 Steuerabzug vom Arbeitslohn

6 ① Der Lohnsteuer unterliegt jeder von einem inländischen Arbeitgeber oder ausländischen Verleiher gezahlte Arbeitslohn (→ R 38.3). ② Es ist gleichgültig, ob es sich um laufende oder einmalige Bezüge handelt und in welcher Form sie gewährt werden. ③ Der Arbeitgeber hat Lohnsteuer unabhängig davon einzubehalten, ob der Arbeitnehmer zur Einkommensteuer veranlagt wird oder nicht. ④ Bei laufendem Arbeitslohn kommt es für die Beurteilung, ob Lohnsteuer einzubehalten ist, allein auf die Verhältnisse des jeweiligen Lohnzahlungszeitraums an; eine Ausnahme gilt, wenn der sog. permanente Lohnsteuer-Jahresausgleich nach § 39b Abs. 2 Satz 12 EStG durchgeführt wird (→ R 39b.8).

LStH 38.1

H 38.1

Lohnsteuerabzug

7
- **Keine Befreiung durch Stundung oder Aussetzung der Vollziehung.** Der Arbeitgeber kann von seiner Verpflichtung zur Einbehaltung der Lohnsteuer nicht – auch nicht durch Stundung oder Aussetzung der Vollziehung – befreit werden (→ BFH vom 8. 2. 1957 – BStBl. III S. 329).
- **Keine Prüfung, ob Jahreslohnsteuer voraussichtlich anfällt.** Der Arbeitgeber hat die Frage, ob Jahreslohnsteuer voraussichtlich anfällt, nicht zu prüfen (→ BFH vom 24. 11. 1961 – BStBl. 1962 III S. 37).
- **Unzutreffender Steuerabzug.** Ein unzutreffender Lohnsteuerabzug kann durch Einwendungen gegen die Lohnsteuerbescheinigung nicht berichtigt werden (→ BFH vom 13. 12. 2007 – BStBl. 2008 II S. 434).
- **Verhältnis Einbehaltungspflicht/Anzeigeverpflichtung.** Die Anzeige des Arbeitgebers nach § 38 Abs. 4 Satz 2 EStG ersetzt die Erfüllung der Einbehaltungspflichten. Bei unterlassener Anzeige hat der Arbeitgeber die Lohnsteuer mit den Haftungsfolgen nicht ordnungsgemäß einbehalten (→ BFH vom 9. 10. 2002 – BStBl. II S. 884).

LStR 38.2

R 38.2 Zufluss von Arbeitslohn

8 (1) ① Der Lohnsteuerabzug setzt den Zufluss von Arbeitslohn voraus. ② Hat der Arbeitgeber eine mit dem Arbeitnehmer getroffene Lohnverwendungsabrede erfüllt, ist Arbeitslohn zugeflossen.

(2) Die besondere Regelung für die zeitliche Zuordnung des – zugeflossenen – Arbeitslohns (§ 11 Abs. 1 Satz 4 i. V. m. § 38a Abs. 1 Satz 2 und 3 EStG) bleibt unberührt.

(3) ① Der Zufluss des Arbeitslohns erfolgt bei einem Gutschein, der bei einem Dritten einzulösen ist, mit Hingabe des Gutscheins, weil der Arbeitnehmer zu diesem Zeitpunkt einen Rechtsanspruch gegenüber dem Dritten erhält. ② Ist der Gutschein beim Arbeitgeber einzulösen, fließt Arbeitslohn erst bei Einlösung des Gutscheins zu.

LStH 38.2

H 38.2

Aktienoptionen

9
- Bei nicht handelbaren Aktienoptionsrechten liegt weder bei Einräumung noch im Zeitpunkt der erstmaligen Ausübbarkeit ein Zufluss von Arbeitslohn vor (→ BFH vom 20. 6. 2001 – BStBl. II S. 689).

LStH 38.2

– Auch bei handelbaren Optionsrechten fließt ein geldwerter Vorteil i. d. R. erst zu, wenn die Aktien unentgeltlich oder verbilligt in das wirtschaftliche Eigentum des Arbeitnehmers gelangen (→ BFH vom 20. 11. 2008 – BStBl. 2009 II S. 382).
– Bei einem entgeltlichen Verzicht auf ein Aktienankaufs- oder Vorkaufsrecht fließt ein geldwerter Vorteil nicht zum Zeitpunkt der Rechtseinräumung, sondern erst zum Zeitpunkt des entgeltlichen Verzichts zu (→ BFH vom 19. 6. 2008 – BStBl. II S. 826).
– Ein geldwerter Vorteil fließt nicht zu, solange dem Arbeitnehmer eine Verfügung über die im Rahmen eines Aktienoptionsplans erhaltenen Aktien rechtlich unmöglich ist (→ BFH vom 30. 6. 2011 – BStBl. II S. 923 zu vinkulierten Namensaktien). Im Gegensatz dazu stehen Sperr- und Haltefristen einem Zufluss nicht entgegen (→ BFH vom 30. 9. 2008 – BStBl. 2009 II S. 282).
– Der Vorteil aus einem vom Arbeitgeber eingeräumten Aktienoptionsrecht fließt dem Arbeitnehmer zu, wenn er das Recht ausübt oder anderweitig verwertet. Eine solche Verwertung liegt insbesondere vor, wenn der Arbeitnehmer das Recht auf einen Dritten überträgt. Der Vorteil bemisst sich nach dem Wert des Rechts im Zeitpunkt der Verfügung darüber (→ BFH vom 18. 9. 2012 – BStBl. 2013 II S. 289).

Betriebliche Altersversorgung
– Allgemeines → BMF vom 12. 8. 2021 (BStBl. I S. 1050) unter Berücksichtigung der Änderungen durch BMF vom 18. 3. 2022 (BStBl. I S. 333), Rn. 1–7.[1]
– Ablösung einer Pensionszusage → BMF vom 4. 7. 2017 (BStBl. I S. 883).[2]
– zur Übertragung der betrieblichen Altersversorgung → § 3 Nr. 55, Nr. 65 und Nr. 66 EStG und BMF vom 12. 8. 2021 (BStBl. I S. 1050) unter Berücksichtigung der Änderungen durch BMF vom 18. 3. 2022 (BStBl. I S. 333), Rn. 53–63.[3]
– Beitragsleistungen des Arbeitgebers für eine Direktversicherung seines Arbeitnehmers fließen in dem Zeitpunkt zu, in dem er seiner Bank einen entsprechenden Überweisungsauftrag erteilt (→ BFH vom 7. 7. 2005 – BStBl. II S. 726).
– Arbeitslohn aus Beiträgen des Arbeitgebers zu einer Direktversicherung des Arbeitnehmers für eine betriebliche Altersversorgung fließt dem Arbeitnehmer nicht schon mit Erteilung der Einzugsermächtigung durch den Arbeitgeber zugunsten des Versicherungsnehmers zu; der Zufluss erfolgt erst, wenn der Arbeitgeber den Versicherungsbeitrag tatsächlich leistet (→ BFH vom 24. 8. 2017 – BStBl. 2018 II S. 72).

Einräumung eines Wohnungsrechts. Die Einräumung eines dinglichen Wohnungsrechts führt zu einem laufenden monatlichen Zufluss von Arbeitslohn (→ BFH vom 19. 8. 2004 – BStBl. II S. 1076).

Gesellschafter-Geschäftsführer.[4] Zum Zufluss von Gehaltsbestandteilen bei Nichtauszahlung → BMF vom 12. 5. 2014 (BStBl. I S. 860).[5]

Gutscheine und Geldkarten → BMF vom 15. 3. 2022 (BStBl. I S. 242), Rn. 26.[6]

Kein Zufluss von Arbeitslohn. Arbeitslohn fließt nicht zu bei
– Verzicht des Arbeitnehmers auf Arbeitslohnanspruch, wenn er nicht mit einer Verwendungsauflage hinsichtlich der freiwerdenden Mittel verbunden ist (→ BFH vom 30. 7. 1993 – BStBl. II S. 884);
– Verzicht des Arbeitnehmers auf Arbeitslohnanspruch zugunsten von Beitragsleistungen des Arbeitgebers an eine Versorgungseinrichtung, die dem Arbeitnehmer keine Rechtsansprüche auf Versorgungsleistungen gewährt (→ BFH vom 27. 5. 1993 – BStBl. 1994 II S. 246);
– Gutschriften beim Arbeitgeber zugunsten des Arbeitnehmers aufgrund eines Gewinnbeteiligungs- und Vermögensbildungsmodells, wenn der Arbeitnehmer über die gutgeschriebenen Beträge wirtschaftlich nicht verfügen kann (→ BFH vom 14. 5. 1982 – BStBl. II S. 469);
– Verpflichtung des Arbeitgebers im Rahmen eines arbeitsgerichtlichen Vergleichs zu einer Spendenzahlung, ohne dass der Arbeitnehmer auf die Person des Spendenempfängers Einfluss nehmen kann; diese Vereinbarung enthält noch keine zu Einkünften aus nichtselbständiger Arbeit führende Lohnverwendungsabrede (→ BFH vom 23. 9. 1998 – BStBl. 1999 II S. 98);
– Einräumung eines Anspruchs gegen den Arbeitgeber, sondern i. d. R. erst durch dessen Erfüllung. Das gilt auch für den Fall, dass der Anspruch – wie ein solcher auf die spätere Verschaffung einer Aktie zu einem bestimmten Preis (Aktienoptionsrecht) – lediglich die Chance eines zukünftigen Vorteils beinhaltet (→ BFH vom 24. 1. 2001 – BStBl. II S. 509 und S. 512). Das gilt i. d. R. auch bei handelbaren Optionsrechten (→ BFH vom 20. 11. 2008 – BStBl. 2009 II S. 382);

[1] Abgedruckt in Anhang **I 15 b.**
[2] Abgedruckt in Anhang **I 15 d.**
[3] Abgedruckt in Anhang **I 15 b.**
[4] Eine verspätete Feststellung des Jahresabschlusses nach § 42 a Abs. 2 GmbHG führt auch im Falle eines beherrschenden Gesellschafter-Geschäftsführers nicht per se zu einer Vorverlegung des Zuflusses einer Tantieme auf den Zeitpunkt, zu dem die Fälligkeit bei fristgerechter Aufstellung des Jahresabschlusses eingetreten wäre *(BFH-Urteil vom 28. 4. 2020, BStBl. 2021 II S. 392).*
[5] Abgedruckt als Anlage c zu LStH 38.2.
[6] Abgedruckt als Anlage f zu LStH 8.1.

LStH 38.2

– Einbehalt eines Betrags vom Arbeitslohn durch den Arbeitgeber und Zuführung zu einer Versorgungsrückstellung (→ BFH vom 20. 7. 2005 – BStBl. II S. 890);
– rechtlicher Unmöglichkeit der Verfügung des Arbeitnehmers über Aktien (→ BFH vom 30. 6. 2011 – BStBl. II S. 923 zu vinkulierten Namensaktien); im Gegensatz dazu stehen Sperr- und Haltefristen einem Zufluss nicht entgegen (→ BFH vom 30. 9. 2008 – BStBl. 2009 II S. 282).
– Zuführung von Arbeitslohn zu einem Wertguthaben des Arbeitnehmers oder Übertragung des Wertguthabens auf die DRV Bund. Dies gilt auch, wenn die zugrunde liegende Vereinbarung sozialversicherungsrechtlich unwirksam sein sollte, soweit alle Beteiligten das wirtschaftliche Ergebnis gleichwohl eintreten und bestehen lassen (→ BFH vom 3. 5. 2023 – BStBl. II S. 978).

Verschiebung der Fälligkeit. Arbeitgeber und Arbeitnehmer können den Zeitpunkt des Zuflusses einer Abfindung oder eines Teilbetrags einer solchen beim Arbeitnehmer in der Weise steuerwirksam gestalten, dass sie deren ursprünglich vorgesehene Fälligkeit vor ihrem Eintritt auf einen späteren Zeitpunkt verschieben (→ BFH vom 11. 11. 2009 – BStBl. 2010 II S. 746).

Wandelschuldverschreibung

– Wird im Rahmen eines Arbeitsverhältnisses durch Übertragung einer nicht handelbaren Wandelschuldverschreibung ein Anspruch auf die Verschaffung von Aktien eingeräumt, liegt ein Zufluss von Arbeitslohn nicht bereits durch die Übertragung der Wandelschuldverschreibung vor. Bei Ausübung des Wandlungsrechts fließt ein geldwerter Vorteil erst dann zu, wenn durch Erfüllung des Anspruchs das wirtschaftliche Eigentum an den Aktien verschafft wird. Geldwerter Vorteil ist die Differenz zwischen dem Börsenpreis der Aktien und den Erwerbsaufwendungen (→ BFH vom 23. 6. 2005 – BStBl. II S. 766).
– Bei Verkauf eines Darlehens, das mit einem Wandlungsrecht zum Bezug von Aktien ausgestattet ist, fließt der geldwerte Vorteil im Zeitpunkt des Verkaufs zu (→ BFH vom 23. 6. 2005 – BStBl. II S. 770).

Zeitwertkonten → BMF vom 17. 6. 2009 (BStBl. I S. 1286) unter Berücksichtigung der Änderungen durch BMF vom 8. 8. 2019 (BStBl. I S. 874).[1]

Zufluss von Arbeitslohn. Arbeitslohn fließt zu bei

– wirtschaftlicher Verfügungsmacht des Arbeitnehmers über den Arbeitslohn (→ BFH vom 30. 4. 1974 – BStBl. II S. 541); dies gilt auch bei Zahlungen ohne Rechtsgrund (→ BFH vom 4. 5. 2006 – BStBl. II S. 832) sowie versehentlicher Überweisung, die der Arbeitgeber zurückfordern kann (→ BFH vom 4. 5. 2006 – BStBl. II S. 830); zur Rückzahlung von Arbeitslohn → H 11;
– Zahlung, Verrechnung oder Gutschrift (→ BFH vom 10. 12. 1985 – BStBl. 1986 II S. 342);
– Entgegennahme eines Schecks oder Verrechnungsschecks, wenn die bezogene Bank im Fall der sofortigen Vorlage den Scheckbetrag auszahlen oder gutschreiben würde und der sofortigen Vorlage keine zivilrechtlichen Abreden entgegenstehen (→ BFH vom 30. 10. 1980 – BStBl. 1981 II S. 305);
– Einlösung oder Diskontierung eines zahlungshalber hingegebenen Wechsels (→ BFH vom 5. 5. 1971 – BStBl. II S. 624);
– Verzicht des Arbeitgebers auf eine ihm zustehende Schadenersatzforderung gegenüber dem Arbeitnehmer in dem Zeitpunkt, in dem der Arbeitgeber zu erkennen gibt, dass er keinen Rückgriff nehmen wird (→ BFH vom 27. 3. 1992 – BStBl. II S. 837);
– Überlassung einer Jahresnetzkarte mit uneingeschränktem Nutzungsrecht in voller Höhe im Zeitpunkt der Überlassung (→ BFH vom 12. 4. 2007 – BStBl. II S. 719) oder im Zeitpunkt der Ausübung des Bezugsrechts durch Erwerb der Jahresnetzkarte (→ BFH vom 14. 11. 2012 – BStBl. 2013 II S. 382);
– Freifahrtscheinen mit dem Bezug unabhängig vom konkreten Fahrtantritt (→ BFH vom 26. 9. 2019 – BStBl. 2020 II S. 162);
– Teilnahme an einem Firmenfitnessprogramm mit der laufenden Einräumung der tatsächlichen Nutzungsmöglichkeit und nicht bereits bei Aushändigung des Mitgliedsausweises (→ BFH vom 7. 7. 2020 – BStBl. 2021 II S. 232);
– Ausgleichszahlungen, die der Arbeitnehmer für seine in der Arbeitsphase erbrachten Vorleistungen erhält, wenn ein im Blockmodell geführtes Altersteilzeitarbeitsverhältnis vor Ablauf der vertraglich vereinbarten Zeit beendet wird (→ BFH vom 15. 12. 2011 – BStBl. 2012 II S. 415);
– → Wandelschuldverschreibung;
– virtuellen Währungen und sonstigen Token, die als Sachbezug einzuordnen sind → BMF vom 10. 5. 2022 (BStBl. I S. 668), Rn. 89.

[1] Abgedruckt als Anlage b zu LStH 38.2.

a) Erlass betr. steuerliche Behandlung der Rückzahlung von Arbeitslohn

Vom 19. Februar 1986 (StEK EStG § 19 Nr. 174)

(FinMin Nordrhein-Westfalen S 2399-1-V B 3; koord. Ländererlass)

Anl a zu LStH 38.2

Zu den im Zusammenhang mit der Rückzahlung von Arbeitslohn auftretenden steuerlichen Fragen ist die folgende Auffassung zu vertreten: 10

1. Rückzahlung von nicht versteuertem Arbeitslohn

1.1 Zahlt ein Arbeitnehmer Arbeitslohn zurück, der im Zeitpunkt des Zuflusses zu Recht steuerbefreit war, so ist die Rückzahlung als ein außersteuerlicher Vorgang anzusehen. Der Arbeitnehmer kann im Jahr der Rückzahlung weder Werbungskosten noch negative Einnahmen in entsprechender Höhe geltend machen.

1.2 Tz. 1.1 gilt entsprechend für den Fall, daß der Arbeitnehmer Arbeitslohn zurückzahlen muß, bei dem es sich dem Grund nach zwar um steuerpflichtigen Arbeitslohn gehandelt hat, der aber im Zeitpunkt des Zuflusses zu Unrecht als steuerfrei behandelt worden ist.

Beispiele:

a) Dem Arbeitnehmer ist ein bestimmter Betrag als Reisekostenersatz steuerfrei ausgezahlt worden. Es stellt sich später heraus, daß die Voraussetzungen einer Dienstreise nicht gegeben waren. Der Arbeitgeber fordert den zu Unrecht gewährten Betrag zurück.

b) Der Arbeitnehmer hat ein Jubiläumsgeschenk steuerfrei erhalten, weil der Arbeitgeber irrigerweise davon ausging, daß eine Dienstzeit von 25 Jahren erfüllt sei. Nachträglich stellt der Arbeitgeber fest, daß erst 20 Dienstjahre vorlagen. Der Arbeitgeber fordert aus diesem Grunde das Jubiläumsgeschenk zurück.

Sieht der Arbeitgeber in derartigen Fällen von einer Rückforderung des zu Unrecht als steuerfrei behandelten Arbeitslohns ab, muß dieser Arbeitslohn nachträglich steuerlich erfaßt werden.

2. Rückzahlung von versteuertem Arbeitslohn

Zahlt ein Arbeitnehmer Arbeitslohn zurück, der dem Lohnsteuerabzug unterlegen hat, so bleibt der früher gezahlte Arbeitslohn zugeflossen, § 11 Abs. 1 EStG. Die zurückgezahlten Beträge sind im Zeitpunkt der Rückzahlung (§ 11 Abs. 2 EStG) als negative Einnahmen zu behandeln. Im einzelnen gilt folgendes:

2.1 Rückzahlung von Arbeitslohn im Kalenderjahr seiner Zahlung bei fortbestehendem Dienstverhältnis

Hat der Arbeitnehmer Arbeitslohn im selben Kalenderjahr zurückzuzahlen, in dem er ihn erhalten hat, und steht er im Zeitpunkt der Rückzahlung noch in einem Dienstverhältnis zu demselben Arbeitgeber, kann dieser den zurückgezahlten Betrag im Lohnzahlungszeitraum der Rückzahlung oder in den auf die Rückzahlung folgenden Lohnzahlungszeiträumen sowie im Lohnsteuer-Jahresausgleich nach § 42 b EStG vom steuerpflichtigen Arbeitslohn absetzen. Es bestehen keine Bedenken, wenn der Arbeitgeber statt dessen den Lohnsteuerabzug des früheren Lohnzahlungszeitraums auf Grund der Rückzahlung entsprechend ändert.

Die Berücksichtigung des zurückgezahlten Betrags durch den Arbeitgeber ist gemäß § 41 c Abs. 3 EStG aber nur bis zur Ausstellung einer Lohnsteuerbescheinigung oder eines Lohnzettels[1] möglich. Kann der Arbeitgeber deswegen zurückgezahlte Beträge des Arbeitnehmers nicht mehr berücksichtigen oder macht er von seiner Berechtigung hierzu keinen Gebrauch, kann der Arbeitnehmer diese Beträge im Lohnsteuer-Jahresausgleich oder bei der Veranlagung zur ESt. als negative Einnahmen geltend machen.

2.2 Rückzahlung von Arbeitslohn in einem späteren Kalenderjahr bei fortbestehendem Dienstverhältnis

Wird Arbeitslohn nicht im Kalenderjahr der Zahlung, sondern in einem späteren Kalenderjahr zurückgefordert, stellen die zurückgezahlten Beträge negative Einnahmen des Rückzahlungsjahrs dar. Steht der Arbeitnehmer zu dem Arbeitgeber, der den Arbeitslohn überzahlt hat, noch in einem Dienstverhältnis, kann der Arbeitgeber die Rückzahlung im Lohnzahlungszeitraum der Rückzahlung oder in den auf die Rückzahlung folgenden Lohnzahlungszeiträumen sowie im Lohnsteuer-Jahresausgleich nach § 42 b EStG berücksichtigen. Im übrigen gilt Tz. 2.1 entsprechend.

2.3 Rückzahlung von Arbeitslohn nach Beendigung des Dienstverhältnisses

Steht ein Arbeitnehmer im Zeitpunkt der Rückzahlung von Arbeitslohn nicht mehr in einem Dienstverhältnis zu dem Arbeitgeber, der den Arbeitslohn überzahlt hat, kann der zurückgezahlte Betrag nur im Lohnsteuer-Jahresausgleich oder bei einer Veranlagung zur Einkommensteuer berücksichtigt werden, vgl. Tz. 2.4.

2.4 Berücksichtigung der Rückzahlung beim Lohnsteuer-Jahresausgleich oder bei der Veranlagung zur Einkommensteuer durch das Finanzamt

Für die Berücksichtigung zurückgezahlten Arbeitslohns als negative Einnahme (vgl. Tz. 2.1, 2.2 und 2.3) im Lohnsteuer-Jahresausgleich oder bei der Veranlagung zur ESt. gilt folgendes:

2.4.1 Bezieht der Arbeitnehmer im Jahre der Rückzahlung Einkünfte aus nichtselbständiger Arbeit, werden diese durch den zurückgezahlten Arbeitslohn (negative Einnahmen) entsprechend gemindert.

[1] Nunmehr nur bis zur Übermittlung und Ausschreibung der Lohnsteuerbescheinigung.

Anl a zu LStH 38.2

2.4.2 Bezieht der Arbeitnehmer im Kalenderjahr der Rückzahlung keine Einkünfte aus nichtselbständiger Arbeit, so können die negativen Einnahmen mit anderen Einkünften im Rahmen einer Veranlagung zur Einkommensteuer ausgeglichen werden.

2.4.3[1] Soweit dem Arbeitnehmer im Kalenderjahr der Rückzahlung keine positiven Einkünfte verbleiben, kann er eine Erstattung von Steuern erreichen, indem er für den zurückgezahlten Arbeitslohn einen Verlustabzug von positiven Einkünften der beiden vorangegangenen Kalenderjahre (Verlustrücktrag) bzw. in den folgenden 5 Kalenderjahren (Verlustvortrag) nach Maßgabe von § 10 d EStG beantragt. Kommt für diese Kalenderjahre nicht bereits aus anderen Gründen eine Veranlagung zur ESt. in Betracht, kann sie der Arbeitnehmer besonders beantragen, § 46 Abs. 2 Nr. 8 EStG.

2.4.4 Die Höhe der im Lohnsteuer-Jahresausgleich bzw. bei der Veranlagung zur Einkommensteuer zu berücksichtigenden negativen Einnahmen ist vom Arbeitnehmer nachzuweisen oder glaubhaft zu machen. Dem Antrag auf Lohnsteuer-Jahresausgleich oder der Einkommensteuererklärung sollte deshalb, wenn der Arbeitnehmer nicht über andere geeignete Unterlagen verfügt, eine entsprechende Bescheinigung des Arbeitgebers beigefügt werden.

3. Steuererstattungen im Billigkeitsweg (§ 227 AO)

Kann der Arbeitnehmer nach Maßgabe von Tz. 2.4 keinen vollen steuerlichen Ausgleich (einschl. Progressionsnachteile) erlangen, kommt regelmäßig eine zusätzliche Steuererstattung aus sachlichen Billigkeitsgründen (§ 227 AO) nicht in Betracht, weil der Gesetzgeber Auswirkungen bei der Anwendung der Vorschriften des § 11 EStG (Zufluß von Einnahmen, Abfluß von Ausgaben) oder des § 10 d EStG (Verlustabzug) zum Vorteil oder zum Nachteil des Stpfl. bewußt in Kauf genommen hat. Die Erstattung von Steuerbeträgen aus persönlichen Billigkeitsgründen des Arbeitnehmers bleibt hiervon unberührt.

4. Steuerliche Folgen aus der Rückzahlung von Sozialversicherungsbeiträgen

Wird bei der Rückzahlung von Arbeitslohn auch die sozialversicherungsrechtliche Behandlung rückgängig gemacht, ist folgendes zu beachten:

4.1 Fordert der Arbeitgeber vom Arbeitnehmer den Bruttoarbeitslohn ohne Kürzung um den Arbeitnehmeranteil zur Sozialversicherung zurück und erstattet er dem Arbeitnehmer später diesen Anteil, weil er den Betrag von dem für alle Arbeitnehmer des Betriebs abzuführenden Sozialversicherungsbeiträgen gekürzt oder vom Sozialversicherungsträger erstattet erhalten hat, so stellt die Vergütung keinen steuerpflichtigen Arbeitslohn dar. Fordert der Arbeitgeber dagegen vom Arbeitnehmer den Bruttoarbeitslohn zunächst gekürzt um den Arbeitnehmeranteil zur Sozialversicherung zurück und behält er die durch Verrechnung zurückerhaltenen Arbeitnehmeranteile zurück, stellen diese ebenfalls zurückgezahlten Arbeitslohn des Arbeitnehmers dar, auf den Tz. 2 anwendbar ist. Dies gilt unabhängig davon, ob die Sozialversicherungsbeiträge in demselben oder im nachfolgenden Kalenderjahr verrechnet werden.

4.2 Die zurückgezahlten Arbeitnehmeranteile zur Sozialversicherung mindern im Rückzahlungsjahr die als Vorsorgeaufwendungen abziehbaren Sozialversicherungsbeiträge. Der Arbeitgeber hat dies bei der Bescheinigung der einbehaltenen Sozialversicherungsbeiträge zu berücksichtigen.

4.3 Die Erstattung des Arbeitgeberanteils zur gesetzlichen Sozialversicherung spielt sich nur im Verhältnis des Arbeitgebers zu den Sozialversicherungsträgern ab und hat keine Auswirkungen auf die Besteuerung des Arbeitslohns. Sie mindert jedoch die ggf. auf den Vorwegabzugsbetrag nach § 10 Abs. 3 Nr. 2 Buchst. a EStG anzurechnenden Arbeitgeberleistungen;[2] der Arbeitgeber hat dies bei einer Bescheinigung der Arbeitgeberanteile zur Sozialversicherung entsprechend zu berücksichtigen.

5. Rückzahlung von Arbeitslohn bei Nettolohnvereinbarung

Für die steuerliche Behandlung von zurückgezahltem Arbeitslohn bei Vorliegen einer Nettolohnvereinbarung gelten die Ausführungen unter Tz. 2 bis 4 entsprechend. Steuerschuldner und damit auch Erstattungsberechtigter ist der Arbeitnehmer und nicht der Arbeitgeber.

6. Rückzahlung von Arbeitslohn in den Fällen der Lohnsteuerpauschalierung nach §§ 40, 40 a und 40 b EStG

Die Rückzahlung von Arbeitslohn, der unter Übernahme der Lohnsteuer durch den Arbeitgeber nach §§ 40, 40 a und 40 b EStG pauschal versteuert worden ist, hat keine negativen Einnahmen beim Arbeitnehmer zur Folge. Die Rückzahlung führt vielmehr zu einem Erstattungsanspruch des Arbeitgebers. Für die Ermittlung eines evtl. Steuererstattungsanspruchs sind folgende Fälle zu unterscheiden:

6.1 Pauschalierung nach §§ 40 Abs. 2, 40 a, 40 b EStG

Soweit eine Verrechnung des zurückgezahlten Arbeitslohns mit entsprechenden Zahlungen im gleichen Anmeldungszeitraum nicht möglich ist, ergibt sich für den Arbeitgeber ein Steuererstattungsanspruch. Der Berechnung dieses Anspruchs ist der entsprechende, im Zeitpunkt der Rückzahlung geltende Pauschsteuersatz zugrunde zu legen. Im übrigen wird wegen der Rückzahlung von nach § 40 b EStG pauschalbesteuertem Arbeitslohn auf das BMF-Schreiben vom 24. Mai 1978, BStBl. I S. 232[3] hingewiesen.

6.2 Pauschalierung nach § 40 Abs. 1 EStG

Im Fall des § 40 Abs. 1 EStG darf der zurückgezahlte Arbeitslohn nicht mit entsprechenden positiven Zahlungen im gleichen Anmeldungszeitraum verrechnet werden. Die Rückzahlung führt deshalb generell zu einem Steuererstattungsanspruch des Arbeitgebers. Dabei kann aus Vereinfachungsgründen von

[1] Verlustfeststellung nach § 10 d EStG.
[2] Ab VZ 2005 siehe § 10 Abs. 1 Nr. 2 Satz 2 EStG und § 10 Abs. 3 Satz 5 EStG.
[3] Jetzt LStR 40 b.1 Abs. 13–16.

dem Betrag ausgegangen werden, der vorher als pauschale Lohnsteuer für die zurückgezahlten Beträge abgeführt worden ist. Anl a zu LStH 38.2

Dieser Erlaß ergeht im Einvernehmen mit dem BdF und den obersten Finanzbehörden der anderen Länder.

b) Schreiben betr. lohn-/einkommensteuerliche Behandlung sowie Voraussetzungen für die steuerliche Anerkennung von Zeitwertkonten-Modellen Anl b zu LStH 38.2

Vom 17. Juni 2009 (BStBl. I S. 1286)

(BMF IV C 5 – S 2332/07/0004; DOK 2009/406609)

Geändert durch BMF-Schreiben vom 8. 8. 2019 (BStBl. I S. 874)

Zur lohn-/einkommensteuerlichen Behandlung von Zeitwertkonten-Modellen sowie den Voraussetzungen für die steuerliche Anerkennung nehme ich im Einvernehmen mit den obersten Finanzbehörden der Länder wie folgt Stellung:

A. Allgemeines zu Zeitwertkonten

I. Steuerlicher Begriff des Zeitwertkontos

Bei Zeitwertkonten vereinbaren Arbeitgeber und Arbeitnehmer, dass der Arbeitnehmer künftig fällig 12
werdenden Arbeitslohn nicht sofort ausbezahlt erhält, sondern dieser Arbeitslohn beim Arbeitgeber nur betragsmäßig erfasst wird, um ihn im Zusammenhang mit einer vollen oder teilweisen Freistellung von der Arbeitsleistung während des noch fortbestehenden Dienstverhältnisses auszuzahlen. In der Zeit der Arbeitsfreistellung ist dabei das angesammelte Guthaben um den Vergütungsanspruch zu vermindern, der dem Arbeitnehmer in der Freistellungsphase gewährt wird. Der steuerliche Begriff des Zeitwertkontos entspricht insoweit dem Begriff der Wertguthabenvereinbarungen im Sinne von § 7 b SGB IV (sog. Lebensarbeitszeit- bzw. Arbeitszeitkonto).

Keine Zeitwertkonten in diesem Sinne sind dagegen Vereinbarungen, die das Ziel der flexiblen Gestaltung der werktäglichen oder wöchentlichen Arbeitszeit oder den Ausgleich betrieblicher Produktions- und Arbeitszeitzyklen verfolgen (sog. Flexi- oder Gleitzeitkonten). Diese dienen lediglich zur Ansammlung von Mehr- oder Minderarbeitszeit, die zu einem späteren Zeitpunkt ausgeglichen wird. Bei Flexi- oder Gleitzeitkonten ist der Arbeitslohn mit Auszahlung bzw. anderweitiger Erlangung der wirtschaftlichen Verfügungsmacht des Arbeitnehmers zugeflossen und zu versteuern.

II. Besteuerungszeitpunkt

Weder die Vereinbarung eines Zeitwertkontos noch die Wertgutschrift auf diesem Konto führen zum Zufluss von Arbeitslohn, sofern die getroffene Vereinbarung den nachfolgenden Voraussetzungen entspricht. Erst die Auszahlung des Guthabens während der Freistellung löst Zufluss von Arbeitslohn und damit eine Besteuerung aus.

Die Gutschrift von Arbeitslohn (laufender Arbeitslohn, Einmal- und Sonderzahlungen) zugunsten eines Zeitwertkontos wird aus Vereinfachungsgründen auch dann steuerlich anerkannt, wenn die Gehaltsänderungsvereinbarung bereits erdiente, aber noch nicht fällig gewordene Arbeitslohnteile umfasst. Dies gilt auch, wenn eine Einmal- oder Sonderzahlung einen Zeitraum von mehr als einem Jahr betrifft.

III. Verwendung des Guthabens zugunsten betrieblicher Altersversorgung

Wird das Guthaben des Zeitwertkontos aufgrund einer Vereinbarung zwischen Arbeitgeber und Arbeitnehmer vor Fälligkeit (planmäßige Auszahlung während der Freistellung) ganz oder teilweise zugunsten der betrieblichen Altersversorgung herabgesetzt, ist dies steuerlich als eine Entgeltumwandlung zugunsten der betrieblichen Altersversorgung anzuerkennen. Der Zeitpunkt des Zuflusses dieser zugunsten der betrieblichen Altersversorgung umgewandelten Beträge richtet sich nach dem Durchführungsweg der zugesagten betrieblichen Altersversorgung (vgl. BMF-Schreiben vom 20. Januar 2009, BStBl I S. 273, Rz. 189).[1]

Bei einem Altersteilzeitarbeitsverhältnis im sog. Blockmodell gilt dies in der Arbeitsphase und der Freistellungsphase entsprechend. Folglich ist auch in der Freistellungsphase steuerlich von einer Entgeltumwandlung auszugehen, wenn vor Fälligkeit (planmäßige Auszahlung) vereinbart wird, das Guthaben des Zeitwertkontos oder den während der Freistellung auszuzahlenden Arbeitslohn zugunsten der betrieblichen Altersversorgung herabzusetzen.

IV. Begünstigter Personenkreis

1. Grundsatz: Arbeitnehmer in einem gegenwärtigen Dienstverhältnis

Ein Zeitwertkonto kann für alle Arbeitnehmer (§ 1 LStDV)[2] im Rahmen eines gegenwärtigen Dienstverhältnisses eingerichtet werden. Dazu gehören auch Arbeitnehmer mit einer geringfügig entlohnten Beschäftigung i. S. d. § 8 bzw. § 8 a SGB IV. Besonderheiten gelten bei befristeten Dienstverhältnissen und bei Arbeitnehmern, die gleichzeitig Organ einer Körperschaft sind.

---

[1] **[Amtl. Anm.:]** Jetzt BMF vom 12. 8. 2021 (BStBl. I S. 1050), Rn. 8, abgedruckt in Anhang **I 15 b**.
[2] Abgedruckt bei § 19 EStG.

Anl b zu LStH 38.2

2. Besonderheiten:

a) Befristete Dienstverhältnisse

Bei befristeten Dienstverhältnissen werden Zeitwertkonten steuerlich nur dann anerkannt, wenn die sich während der Beschäftigung ergebenden Guthaben bei normalem Ablauf während der Dauer des befristeten Dienstverhältnisses, d. h. innerhalb der vertraglich vereinbarten Befristung, durch Freistellung ausgeglichen werden.

b) Organe von Körperschaften[1]

Vereinbarungen über die Einrichtung von Zeitwertkonten bei Arbeitnehmern, die zugleich als Organ einer Körperschaft bestellt sind – z. B. bei Mitgliedern des Vorstands einer Aktiengesellschaft oder Geschäftsführern einer GmbH – sind lohn-/einkommensteuerlich grundsätzlich anzuerkennen, wenn der Arbeitnehmer nicht an der Körperschaft beteiligt ist (z. B. Fremd-Geschäftsführer); siehe BFH-Urteil vom 22. Februar 2018 VI R 17/16 (BStBl. 2019 II S. 496).

Ist der Arbeitnehmer an der Körperschaft beteiligt, beherrscht diese aber nicht (z. B. Minderheits-Gesellschafter-Geschäftsführer), ist nach den allgemeinen Grundsätzen zu prüfen, ob eine verdeckte Gewinnausschüttung vorliegt. Liegt danach keine verdeckte Gewinnausschüttung vor, sind Vereinbarungen über die Einrichtung von Zeitwertkonten lohn-/einkommensteuerlich grundsätzlich anzuerkennen. Ist der Arbeitnehmer an der Körperschaft beteiligt und beherrscht diese, liegt eine verdeckte Gewinnausschüttung vor; siehe BFH-Urteil vom 11. November 2015 I R 26/15 (BStBl. 2016 II S. 489). Vereinbarungen über die Einrichtung von Zeitwertkonten sind lohn-/einkommensteuerlich nicht anzuerkennen.

Der Erwerb einer Organstellung hat keinen Einfluss auf das bis zu diesem Zeitpunkt aufgebaute Guthaben eines Zeitwertkontos. Nach Erwerb der Organstellung ist hinsichtlich der weiteren Zuführungen zu dem Konto eine verdeckte Gewinnausschüttung zu prüfen (s. oben). Nach Beendigung der Organstellung und Fortbestehen des Dienstverhältnisses kann der Arbeitnehmer das Guthaben entsprechend der unter A. I. dargestellten Grundsätze weiter aufbauen oder das aufgebaute Guthaben für Zwecke der Freistellung verwenden.

c) Als Arbeitnehmer beschäftigte beherrschende Anteilseigner

Buchstabe b) gilt entsprechend für Arbeitnehmer, die von der Körperschaft beschäftigt werden, die sie beherrschen.

B. Modellinhalte

13 **I. Aufbau des Zeitwertkontos**

In ein Zeitwertkonto können keine weiteren Gutschriften mehr unversteuert eingestellt werden, sobald feststeht, dass die dem Konto zugeführten Beträge nicht mehr durch Freistellung vollständig aufgebraucht werden können.

Bei Zeitwertkontenvereinbarungen, die die Anforderungen des § 7 Absatz 1 a Satz 1 Nummer 2 SGB IV hinsichtlich der Angemessenheit der Höhe des während der Freistellung fälligen Arbeitsentgeltes berücksichtigen, wird davon ausgegangen, dass die dem Konto zugeführten Beträge durch Freistellung vollständig aufgebraucht werden können und somit eine solche Prognosenentscheidung regelmäßig entbehrlich ist. Für Zeitwertkonten, die diese Anforderungen nicht berücksichtigen und eine Freistellung für Zeiten, die unmittelbar vor dem Zeitpunkt liegen, zu dem der Beschäftigte eine Rente wegen Alters nach dem SGB VI bezieht oder beziehen könnte, vorsehen, ist hierfür einmal jährlich eine Prognoseentscheidung zu treffen. Für diese Prognoseentscheidung ist zum einen der ungeminderte Arbeitslohnanspruch (ohne Berücksichtigung der Gehaltsänderungsvereinbarung) und zum anderen der voraussichtliche Zeitraum der maximal noch zu beanspruchenden Freistellung maßgeblich. Der voraussichtliche Zeitraum der Freistellung bestimmt sich dabei grundsätzlich nach der vertraglichen Vereinbarung. Das Ende des voraussichtlichen Freistellungszeitraums kann allerdings nicht über den Zeitpunkt hinausgehen, zu dem der Arbeitnehmer eine Rente wegen Alters nach dem SGB VI spätestens beanspruchen kann (Regelaltersgrenze). Jede weitere Gutschrift auf dem Zeitwertkonto ist dann Einkommensverwendung und damit steuerpflichtiger Zufluss von Arbeitslohn.

Beispiel zur Begrenzung der Zuführung:

Zwischen dem 55-jährigen Arbeitnehmer B und seinem Arbeitgeber wird vereinbart, dass künftig die Hälfte des Arbeitslohns in ein Zeitwertkonto eingestellt wird, das dem Arbeitnehmer während der Freistellungsphase ratierlich ausgezahlt werden soll. Das Arbeitsverhältnis soll planmäßig mit Vollendung des 67. Lebensjahrs (Jahr 12) beendet werden. Der aktuelle Jahresarbeitslohn beträgt 100 000 EUR. Nach sieben Jahren beträgt das Guthaben 370 000 EUR (einschließlich Wertzuwächsen). Der Jahresarbeitslohn im Jahr 08 beläuft sich auf 120 000 EUR. Kann hiervon wieder die Hälfte dem Zeitwertkonto zugeführt werden?

Nach Ablauf des achten Jahres verbleiben für die Freistellungsphase noch vier Jahre. Eine Auffüllung des Zeitwertkonto ist bis zum Betrag von 480 000 EUR (= ungekürzter Arbeitslohn des laufenden Jahres × Dauer der Freistellungsphase in Jahren) steuerlich unschädlich. Daher können im Jahr 08 weitere 60 000 EUR dem Zeitwertkonto zugeführt werden (370 000 EUR + 60 000 EUR = 430 000 EUR Stand Guthaben 31 Dezember 08). Sollte im Jahr 09 die Freistellungsphase noch nicht begonnen haben, können keine weiteren Beträge mehr unversteuert in das Zeitwertkonto eingestellt werden (Prognoserechnung: bei einem Jahresarbeitslohn von 120 000 EUR für die Freistellungsphase von drei Freistellungsjahren = 360 000 EUR).

Bei erfolgsabhängiger Vergütung ist dabei neben dem Fixum auch der erfolgsabhängige Vergütungsbestandteil zu berücksichtigen. Es bestehen keine Bedenken insoweit den Durchschnittsbetrag der letzten fünf Jahre zu Grunde zu legen. Wird die erfolgsabhängige Vergütung noch keine fünf Jahre gewährt

[1] **[Amtl. Anm.:]** Abschnitt A IV Nr. 2 b wurde durch BMF vom 8. 8. 2019 (BStBl. I S. 874) geändert; die Neufassung ist in allen offenen Fällen anzuwenden.

oder besteht das Dienstverhältnis noch keine fünf Jahre, ist der Durchschnittsbetrag dieses Zeitraumes zu Grunde zu legen.

Beispiel zu erfolgsabhängigen Vergütungen:

Zwischen dem 55-jährigen Arbeitnehmer C und seinem Arbeitgeber wird Anfang 01 vereinbart, dass künftig die Hälfte des Arbeitslohns in ein Zeitwertkonto eingestellt wird, das dem Arbeitnehmer während der Freistellungsphase ratierlich ausgezahlt werden soll. Das Arbeitsverhältnis soll planmäßig mit Vollendung des 67. Lebensjahrs (Jahr 12) beendet werden. C bezieht im Jahr 01 ein Festgehalt von 100 000 EUR. Daneben erhält er erfolgsabhängige Vergütungsbestandteile, die ebenfalls hälftig dem Zeitwertkonto zugeführt werden sollen. Nach sieben Jahren beträgt das Guthaben des Zeitwertkontos 520 000 EUR. Die Fixvergütung beläuft sich im Jahr 08 auf 120 000 EUR. Die variablen Vergütungsbestandteile im Jahr 08 betragen 80 000 EUR; in den letzten fünf Jahren standen ihm variable Vergütungen in Höhe von insgesamt 300 000 EUR zu.

Dem Zeitwertkonto können im achten Jahr (Jahr 08) 100 000 EUR unversteuert zugeführt werden. Damit beläuft sich das Guthaben des Zeitwertkontos am Ende des Jahres 08 auf 620 000 EUR und ist – bezogen auf eine mögliche Freistellungsphase von noch vier Jahren – weiterhin geringer als das Vierfache des aktuellen jährlichen Fixgehalts (120 000 EUR) zuzüglich der durchschnittlichen jährlichen variablen Vergütungen von 60 000 EUR (300 000 EUR: 5), die sich somit für einen Freistellungszeitraum von vier Jahren auf 720 000 EUR belaufen (= 180 000 EUR × 4 Jahre).

II. Verzinsung der Zeitwertkontenguthaben

Im Rahmen von Zeitwertkonten kann dem Arbeitnehmer auch eine Verzinsung des Guthabens zugesagt sein. Diese kann beispielsweise bestehen in einem festen jährlichen Prozentsatz des angesammelten Guthabens, wobei sich der Prozentsatz auch nach dem Umfang der jährlichen Gehaltsentwicklung richten kann, oder in einem Betrag in Abhängigkeit von der Entwicklung bestimmter am Kapitalmarkt angelegter Vermögenswerte.

Die Zinsen erhöhen das Guthaben des Zeitwertkontos, sind jedoch erst bei tatsächlicher Auszahlung an den Arbeitnehmer als Arbeitslohn zu erfassen.

III. Zuführung von steuerfreiem Arbeitslohn zu Zeitwertkonten

Wird vor der Leistung von steuerlich begünstigtem Arbeitslohn bestimmt, dass ein steuerfreier Zuschlag auf dem Zeitwertkonto eingestellt und getrennt ausgewiesen wird, bleibt die Steuerfreiheit bei Auszahlung in der Freistellungsphase erhalten (R 3 b Abs. 8 LStR 2008[1]). Dies gilt jedoch nur für den Zuschlag als solchen, nicht hingegen für eine darauf beruhende etwaige Verzinsung oder Wertsteigerung.

IV. Kein Rechtsanspruch gegenüber einem Dritten

Wird das Guthaben eines Zeitwertkontos auf Grund der Vereinbarung zwischen Arbeitgeber und Arbeitnehmer z. B. als Depotkonto bei einem Kreditinstitut oder Fonds geführt, darf der Arbeitnehmer zur Vermeidung eines Lohnzuflusses keinen unmittelbaren Rechtsanspruch gegenüber dem Dritten haben.

Beauftragt der Arbeitgeber ein externes Vermögensverwaltungsunternehmen mit der Anlage der Guthabenbeträge, findet die Minderung wie auch die Erhöhung des Depots z. B. durch Zinsen und Wertsteigerungen infolge von Kursgewinnen zunächst in der Sphäre des Arbeitgebers statt. Beim Arbeitnehmer sind die durch die Anlage des Guthabens erzielten Vermögensminderungen/-mehrungen – unter Berücksichtigung der Regelung zur Zeitwertkontengarantie unter B. V. – erst bei Auszahlung der Beträge in der Freistellungsphase lohnsteuerlich zu erfassen. Ein Kapitalanlagewahlrecht des Arbeitnehmers ist dann unschädlich.

Beim Erwerb von Ansprüchen des Arbeitnehmers gegenüber einem Dritten im Fall der Eröffnung des Insolvenzverfahrens ist § 3 Nummer 65 Buchstabe c 2. Halbsatz EStG zu beachten.

V. Zeitwertkontengarantie

1. Inhalt der Zeitwertkontengarantie

Zeitwertkonten werden im Hinblick auf die in §§ 7 d und 7 e SGB IV getroffenen Regelungen steuerlich nur dann anerkannt, wenn die zwischen Arbeitgeber und Arbeitnehmer getroffene Vereinbarung vorsieht, dass zum Zeitpunkt der planmäßigen Inanspruchnahme des Guthabens mindestens ein Rückfluss der dem Zeitwertkonto zugeführten Arbeitslohn-Beträge (Bruttoarbeitslohn im steuerlichen Sinne ohne den Arbeitgeberanteil am Gesamtsozialversicherungsbeitrag) gewährleistet ist (Zeitwertkontengarantie). Im Fall der arbeitsrechtlichen Garantie des Arbeitgebers für die in das Zeitwertkonto für den Arbeitnehmer eingestellten Beträge, bestehen keine Bedenken von der Erfüllung der Zeitwertkontengarantie auszugehen, wenn der Arbeitgeber für diese Verpflichtung insbesondere die Voraussetzungen des Insolvenzschutzes nach § 7 e SGB IV entsprechend erfüllt. Dies gilt nicht nur zu Beginn, sondern während der gesamten Auszahlungsphase, unter Abzug der bereits geleisteten Auszahlungen.

Wertschwankungen sowie die Minderung des Zeitwertkontos (z. B. durch die Abbuchung von Verwaltungskosten und Depotgebühren) in der Zuführungsphase sind lohnsteuerlich unbeachtlich.

Beispiel zur Zeitwertkontengarantie und Wertschwankungen:

Im Rahmen eines vereinbarten Zeitwertkontos ergibt sich zum Ende des dritten Jahres innerhalb der zehnjährigen Ansparphase ein Guthaben von 10 000 EUR. Bei jährlichen Zuführungen von 4000 EUR ergab sich durch Wertschwankungen sowie die Belastung von Provisionszahlungen und Verwaltungskosten ein geringerer Wert als die Summe der zugeführten Arbeitslohnbeträge.

Die Minderung des Guthabens des Zeitwertkontos ist unschädlich, wenn bis zum Beginn der Auszahlungsphase die Wertminderung durch Wertsteigerungen der Anlage oder durch Erträge aus der Anlage wieder ausgeglichen wird.

Beispiel 1 zur Zeitwertkontengarantie und Verwaltungskosten:

Der Bestand des Zeitwertkontos beträgt zu Beginn der Freistellungsphase 60 000 EUR, die aus jährlichen Gutschriften von jeweils 5000 EUR innerhalb der achtjährigen Aufbauphase sowie Erträgen aus der Anlage und Wertsteigerungen

---

[1] **[Amtl. Anm.:]** Jetzt LStR 2023.

Anl b zu LStH 38.2

herrühren. Während der Freistellungsphase fallen jährlich Verwaltungskosten in Höhe von 120 EUR an, die dem Zeitwertkonto belastet werden sollen.
Die Belastung des Zeitwertkontos mit Verwaltungskosten und sonstigen Gebühren ist unschädlich, denn die Summe der bis zu Beginn der Freistellungsphase zugeführten Beträge (= 40 000 EUR) wird hierdurch nicht unterschritten.

Beispiel 2 zur Zeitwertkontengarantie und Verwaltungskosten:
Der Bestand des Zeitwertkontos beträgt zu Beginn der Auszahlungsphase 40 200 EUR, die aus jährlichen Zuführungen von jeweils 5000 EUR innerhalb der achtjährigen Aufbauphase sowie Erträgen aus der Anlage herrühren, aber auch durch Wertschwankungen in der Vergangenheit beeinflusst wurden. Im Hinblick auf die ertragsschwache Anlage wird eine Beratung in Anspruch genommen, die Kosten von 500 EUR verursacht. Ferner fallen weitere Verwaltungskosten in Höhe von 180 EUR an.
Die Belastung des Zeitwertkontos ist nur bis zu einem Betrag von 200 EUR unschädlich (Summe der zugeführten Arbeitslohnbeträge zu Beginn der Freistellungsphase und als steuerpflichtiger Arbeitslohn während der Freistellung mindestens auszuzahlen 40 000 EUR). Die restlichen Aufwendungen in Höhe von 480 EUR (= 500 EUR + 180 EUR – 200 EUR) muss der Arbeitgeber, der für den Erhalt des Zeitwertkontos einzustehen hat, tragen.

2. Zeitwertkontengarantie des Anlageinstituts

Wird das Guthaben eines Zeitwertkontos auf Grund der Vereinbarung zwischen Arbeitgeber und Arbeitnehmer bei einem externen Anlageinstitut (z. B. Kreditinstitut oder Fonds) geführt und liegt keine Zeitwertkontengarantie nach Ziffer 1 vor, muss eine vergleichbare Garantie durch das Anlageinstitut vorliegen.

C. Planwidrige Verwendung der Zeitwertkontenguthaben

I. Auszahlung bei existenzbedrohender Notlage

14 Die Vereinbarungen zur Bildung von Guthaben auf einem Zeitwertkonto werden steuerlich auch dann noch anerkannt, sofern die Möglichkeit der Auszahlung des Guthabens bei fortbestehendem Beschäftigungsverhältnis neben der Freistellung von der Arbeitsleistung auf Fälle einer existenzbedrohenden Notlage des Arbeitnehmers begrenzt wird.

Wenn entgegen der Vereinbarung ohne existenzbedrohende Notlage des Arbeitnehmers das Guthaben dennoch ganz oder teilweise ausgezahlt wird, ist bei dem einzelnen Arbeitnehmer das gesamte Guthaben – also neben dem ausgezahlten Betrag auch der verbleibende Guthabenbetrag – im Zeitpunkt der planwidrigen Verwendung zu besteuern.

II. Beendigung des Dienstverhältnisses vor oder während der Freistellungsphase

Eine planwidrige Verwendung liegt im Übrigen vor, wenn das Dienstverhältnis vor Beginn oder während der Freistellungsphase beendet wird (z. B. durch Erreichen der Altersgrenze, Tod des Arbeitnehmers, Eintritt der Invalidität, Kündigung) und der Wert des Guthabens an den Arbeitnehmer oder seine Erben ausgezahlt wird. Lohnsteuerlich gelten dann die allgemeinen Grundsätze, d. h. der Einmalbetrag ist in der Regel als sonstiger Bezug zu besteuern. Wurde das Guthaben über einen Zeitraum von mehr als 12 Monate hinweg angespart, ist eine tarifermäßigte Besteuerung im Rahmen des § 34 EStG vorzunehmen (Arbeitslohn für mehrjährige Tätigkeit).[1]

III. Planwidrige Weiterbeschäftigung

Der Nichteintritt oder die Verkürzung der Freistellung durch planwidrige Weiterbeschäftigung ist ebenfalls eine planwidrige Verwendung. Eine lohnsteuerliche Erfassung erfolgt in diesen Fällen im Zeitpunkt der Auszahlung des Guthabens.

D. Übertragung des Zeitwertkontenguthabens bei Beendigung der Beschäftigung

14a Bei Beendigung einer Beschäftigung besteht die Möglichkeit, ein in diesem Beschäftigungsverhältnis aufgebautes Zeitwertkonto zu erhalten und nicht auflösen zu müssen.

Bei der Übertragung des Guthabens an den neuen Arbeitgeber (§ 7f Absatz 1 Satz 1 Nummer 1 SGB IV) tritt der neue Arbeitgeber an die Stelle des alten Arbeitgebers und übernimmt im Wege der Schuldübernahme die Verpflichtungen aus der Zeitwertkontenvereinbarung. Die Leistungen aus dem Zeitwertkonto durch den neuen Arbeitgeber sind Arbeitslohn, von dem er bei Auszahlung Lohnsteuer einzubehalten hat.

Im Fall der Übertragung des Guthabens auf die Deutsche Rentenversicherung Bund (§ 7f Absatz 1 Satz 1 Nr. 2 SGB IV) wird die Übertragung durch § 3 Nummer 53 EStG steuerfrei gestellt. Ein tatsächlich noch bestehendes Beschäftigungsverhältnis ist hierfür nicht erforderlich. Bei der Auszahlung des Guthabens durch die Deutsche Rentenversicherung Bund handelt es sich um Arbeitslohn, für den die Deutsche Rentenversicherung Bund Lohnsteuer einzubehalten hat (§ 38 Absatz 3 Satz 3 EStG).

E. Bilanzielle Behandlung der Zeitwertkonten

Zur bilanziellen Berücksichtigung von Arbeitszeit-, Zeitwert- und Lebensarbeitszeitkonten wird in einem gesonderten BMF-Schreiben Stellung genommen.

F. Anwendungsregelung

Dieses Schreiben ist mit Wirkung ab 1. Januar 2009 anzuwenden.

14b I. Übergangsregelung für vor dem 1. Januar 2009 eingerichtete Zeitwertkonten

Bei Zeitwertkonten-Modellen, die vor dem 1. Januar 2009 eingerichtet wurden und ohne die Regelungen zur Zeitwertkontengarantie nach Abschnitt B. V. steuerlich anzuerkennen gewesen wären, sind aus

[1] **[Amtl. Anm.:]** Ab 2025 ist die Tarifermäßigung i. S. d. § 34 EStG im Lohnsteuerabzugsverfahren nicht mehr zu berücksichtigen.

Vertrauensschutzgründen der am 31. Dezember 2008 vorhandene Wertbestand des Zeitwertkontos sowie die Zuführungen vom 1. Januar bis zum 31. Dezember 2009 erst bei Auszahlung zu besteuern. Zuführungen ab dem 1. Januar 2010 führen steuerlich zum Zufluss von Arbeitslohn. Anl b zu LStH 38.2

Wird spätestens bis zum 31. Dezember 2009 eine Zeitwertkontengarantie nach Abschnitt B. V. für den am 31. Dezember 2008 vorhandenen Wertbestand des Zeitwertkontos sowie die Zuführungen vom 1. Januar bis zum 31. Dezember 2009 nachträglich vorgesehen, können diese Modelle steuerlich weiter als Zeitwertkonten anerkannt werden, so dass auch die Zuführungen nach dem 31. Dezember 2009 erst bei Auszahlung zu besteuern sind. Abschnitt C. bleibt unberührt.

II. Übergangsregelung für Zeitwertkonten zugunsten von Organen von Körperschaften (Geschäftsführer und Vorstände) und als Arbeitnehmer beschäftigte beherrschende Anteilseigner

Bei Zeitwertkonten-Modellen für Organe von Körperschaften sowie als Arbeitnehmer beschäftigte beherrschende Anteilseigner, die bis zum 31. Januar 2009 eingerichtet wurden und aus Vertrauensschutzgründen steuerlich anzuerkennen gewesen wären, sind alle Zuführungen bis zum 31. Januar 2009 erst bei Auszahlung zu besteuern. Die Übergangsregelung gilt nicht für verdeckte Gewinnausschüttungen. Abschnitt C. bleibt unberührt.

III. Besondere Aufzeichnungen

Als Arbeitslohn zu besteuernde Zuführungen nach F. I. und F. II. sind im Zeitwertkonto gesondert aufzuzeichnen. Eine etwaige Verzinsung (vgl. Abschnitt B. II) ist entsprechend aufzuteilen; die auf zu besteuernde Zuführungen nach dem Stichtag entfallenden Zinsen fließen dem Arbeitnehmer als Einkünfte aus Kapitalvermögen zu.

c) Schreiben betr. verdeckte Einlage in eine Kapitalgesellschaft und Zufluss von Gehaltsbestandsteilen bei einem Gesellschafter-Geschäftsführer einer Kapitalgesellschaft; Urteile des Bundesfinanzhofs vom 3. Februar 2011 VI R 4/10 (BStBl. 2014 II S. 493) und VI R 66/09 (BStBl. 2014 II S. 491) sowie vom 15. Mai 2013 VI R 24/12 (BStBl. 2014 II S. 495)[1]

Anl c zu LStH 38.2

Vom 12. Mai 2014 (BStBl. I S. 860)

(BMF IV C 2 – S 2743/12/10001; DOK 2014/74863)

Der Bundesfinanzhof hat in den Urteilen vom 3. Februar 2011 VI R 4/10 (BStBl. 2014 II S. 493) und VI R 66/09 (BStBl. 2014 II S. 491) sowie vom 15. Mai 2013 VI R 24/12 (BStBl. 2014 II S. 495) zur lohnsteuerlichen Behandlung bestimmter Gehaltsbestandteile eines Gesellschafter-Geschäftsführers einer Kapitalgesellschaft Stellung genommen, die im Anstellungsvertrag vereinbart, tatsächlich aber nicht ausgezahlt wurden. 14c

Nach dem Ergebnis der Erörterungen mit den obersten Finanzbehörden der Länder sind die Entscheidung vom 3. Februar 2011 (a. a. O.) unter Berücksichtigung der Entscheidung vom 15. Mai 2013 (a. a. O.) auszulegen.

Dem beherrschenden Gesellschafter fließt eine eindeutige und unbestrittene Forderung gegen „seine" Kapitalgesellschaft bereits mit deren Fälligkeit zu (BFH-Urteil vom 3. Februar 2011 VI R 66/09 m. w. N.). Ob sich der Vorgang in der Bilanz der Kapitalgesellschaft tatsächlich gewinnmindernd ausgewirkt hat, etwa durch die Bildung einer Verbindlichkeit, ist für die Anwendung dieser sog. Zuflussfiktion unerheblich, sofern eine solche Verbindlichkeit nach den Grundsätzen ordnungsmäßiger Buchführung hätte gebildet werden müssen.

Für den Zufluss beim Gesellschafter-Geschäftsführer durch eine verdeckte Einlage in die Kapitalgesellschaft kommt es darauf an, ob der Gesellschafter-Geschäftsführer vor oder nach Entstehen seines Anspruches darauf verzichtet hat (H 40 KStH 2008).[2] Maßgeblich dafür ist, inwieweit Passivposten in eine Bilanz der Gesellschaft hätten eingestellt werden müssen, die zum Zeitpunkt des Verzichts erstellt worden wäre (BFH-Urteile vom 15. Mai 2013 VI R 24/12, BStBl. 2014 II S. 495, und vom 24. Mai 1984 I R 166/78, BStBl. 1984 II S. 747). Auf die tatsächliche Buchung in der Bilanz der Gesellschaft kommt es für die Frage des Zuflusses aufgrund einer verdeckten Einlage nicht an.[3]

R 38.3 Einbehaltungspflicht des Arbeitgebers

LStR 38.3

(1) ① Zur Einbehaltung der Lohnsteuer vom Arbeitslohn ist jeder inländische Arbeitgeber verpflichtet. ② Für die Einbehaltung der Lohnsteuer seiner Leiharbeitnehmer hat der ausländische 15

[1] Für die Frage, ob ein Gehaltsverzicht zu einem Zufluss von Arbeitslohn führt, kommt es maßgeblich darauf an, wann der Verzicht erklärt wurde. Eine zum Zufluss von Arbeitslohn führende verdeckte Einlage kann nur dann gegeben sein, soweit der Steuerpflichtige nach Entstehung seines Gehaltsanspruchs aus gesellschaftsrechtlichen Gründen auf diese verzichtet, da in diesem Fall eine Gehaltsverbindlichkeit in eine Bilanz hätte eingestellt werden müssen (Bestätigung des BFH-Urteils vom 15. 5. 2013, VI R 24/12, BStBl. 2014 II S. 495). Verzichtet der Steuerpflichtige dagegen bereits vor Entstehung seines Gehaltsanspruchs auf diesen, wird er unentgeltlich tätig und es kommt nicht zum fiktiven Zufluss von Arbeitslohn beim Gesellschafter-Geschäftsführer (*vgl. BFH-Urteil von 15. 6. 2016, VI R 6/13, BStBl. II S. 903*).

[2] **[Amtl. Anm.:]** Jetzt H 8.9 KStH 2022.

[3] **[Amtl. Anm.:]** Verzichtet der Gesellschafter-Geschäftsführer vor der Entstehung seines Gehaltsanspruchs, kommt es nicht zu einem fiktiven Zufluss von Arbeitslohn (siehe BFH vom 15. 6. 2016 – BStBl. II S. 903).

LStR 38.3

Verleiher nach § 38 Abs. 1 Satz 1 Nr. 2 EStG auch dann die gleichen Pflichten wie ein inländischer Arbeitgeber zu erfüllen, wenn er selbst nicht inländischer Arbeitgeber ist.

(2) Neben den im § 12 Satz 2 AO aufgeführten Einrichtungen sind Betriebsstätten auch Landungsbrücken (Anlegestellen von Schifffahrtsgesellschaften), Kontore und sonstige Geschäftseinrichtungen, die dem Unternehmer oder Mitunternehmer oder seinem ständigen Vertreter, z.B. einem Prokuristen, zur Ausübung des Gewerbes dienen.

(3) ① Ständiger Vertreter nach § 13 AO kann hiernach z.B. auch eine Person sein, die eine Filiale leitet oder die Aufsicht über einen Bautrupp ausübt. ② Ständiger Vertreter ist jedoch z.B. nicht ein einzelner Monteur, der von Fall zu Fall Montagearbeiten im Inland ausführt.

(4) ① Bei Bauausführungen oder Montagen ausländischer Arbeitgeber im Inland, die länger als sechs Monate (§ 12 Satz 2 Nr. 8 AO) dauern, ist der ausländische Arbeitgeber zugleich als inländischer Arbeitgeber i.S.d. § 38 Abs. 1 Satz 1 Nr. 1 EStG anzusehen, gleichgültig ob die Bauausführung oder Montage nach dem DBA eine Betriebsstätte begründet. ② Begründet die Bauausführung oder Montage nach dem anzuwendenden DBA keine Betriebsstätte, sind die Arbeitslöhne, die an die im Inland eingesetzten ausländischen Arbeitnehmer gezahlt werden, i.d.R. von der Lohnsteuer freizustellen, wenn sie sich höchstens an 183 Tagen im Kj., bei bestimmten DBA in einem Zwölfmonatszeitraum, im Inland aufhalten.[1]

(5) ① In den Fällen der internationalen Arbeitnehmerentsendung ist inländischer Arbeitgeber i.S.d. § 38 Abs. 1 Satz 1 Nr. 1 EStG auch das in Deutschland ansässige Unternehmen, das den Arbeitslohn für die ihm geleistete Arbeit wirtschaftlich trägt oder nach dem Fremdvergleichsgrundsatz hätte tragen müssen (§ 38 Abs. 1 Satz 2 EStG). ② Hiervon ist insbesondere dann auszugehen, wenn die von dem anderen Unternehmen gezahlte Arbeitsvergütung dem deutschen Unternehmen weiterbelastet wird. ③ Die Erfüllung der Arbeitgeberpflichten setzt nicht voraus, dass das inländische Unternehmen den Arbeitslohn im eigenen Namen und für eigene Rechnung auszahlt. ④ Die Lohnsteuer entsteht bereits im Zeitpunkt der Arbeitslohnzahlung an den Arbeitnehmer, wenn das inländische Unternehmen aufgrund der Vereinbarung mit dem ausländischen Unternehmen mit einer Weiterbelastung rechnen kann; in diesem Zeitpunkt ist die Lohnsteuer vom inländischen Unternehmen zu erheben.

LStH 38.3

H 38.3

Arbeitgeberbegriff

16 – → R 19.1, H 19.1

– Wirtschaftlicher Arbeitgeber bei Arbeitnehmerentsendung zwischen international verbundenen Unternehmen → BMF vom 12. 12. 2023 (BStBl. I S. 2179)[2], Tz. 4.3.3 und BFH vom 4. 11. 2021 (BStBl. II 2022 S. 562).

Inländischer Arbeitgeber

– Auch ein im Ausland ansässiger Arbeitgeber, der im Inland eine Betriebsstätte oder einen ständigen Vertreter hat, ist nach § 38 Abs. 1 Satz 1 Nr. 1 EStG inländischer Arbeitgeber (→ BFH vom 5. 10. 1977 – BStBl. 1978 II S. 205).

– Bei Arbeitnehmerentsendung ist Arbeitgeber das in Deutschland ansässige aufnehmende Unternehmen, das den Arbeitslohn für die ihm geleistete Arbeit wirtschaftlich trägt oder nach dem Fremdvergleichsgrundsatz hätte tragen müssen (→ § 38 Abs. 1 Satz 2 EStG).

Leiharbeitnehmer. Nach besonderen Regelungen in den Abkommen zur Vermeidung der Doppelbesteuerung ist entweder die 183-Tage-Klausel auf Leiharbeitnehmer nicht anwendbar oder mehrere Vertragsstaaten haben das Besteuerungsrecht (→ BMF vom 12. 12. 2023 – BStBl. I S. 2179, Tz. 4.3.4).[3]

Zuständiges Finanzamt für ausländische Verleiher → H 41.3.

LStR 38.4

R 38.4 Lohnzahlung durch Dritte

Unechte Lohnzahlung durch Dritte

17 (1) ① Eine unechte Lohnzahlung eines Dritten ist dann anzunehmen, wenn der Dritte lediglich als Leistungsmittler fungiert. ② Das ist z.B. der Fall, wenn der Dritte im Auftrag des Arbeitgebers leistet oder die Stellung einer Kasse des Arbeitgebers innehat. ③ Der den Dritten als Leistungsmittler einsetzende Arbeitgeber bleibt der den Arbeitslohn Zahlende und ist daher zum Lohnsteuerabzug verpflichtet (§ 38 Abs. 1 Satz 1 EStG).

Echte Lohnzahlung durch Dritte

18 (2) ① Eine echte Lohnzahlung eines Dritten liegt dann vor, wenn dem Arbeitnehmer Vorteile von einem Dritten eingeräumt werden, die ein Entgelt für eine Leistung sind, die der Arbeitnehmer im Rahmen seines Dienstverhältnisses für den Arbeitgeber erbringt. ② Hierzu gehören z.B. geldwerte Vorteile, die der Leiharbeitnehmer aufgrund des Zugangs zu Gemeinschaftseinrichtun-

[1] Alle DBA abgedruckt in der Loseblattsammlung Doppelbesteuerungsabkommen.
[2] Abgedruckt als Anlage c zu LStH 39.5.
[3] Abgedruckt als Anlage c zu LStH 39.5.

gen oder -diensten des Entleihers erhält (§ 13b AÜG). ③ In diesen Fällen hat der Arbeitgeber die Lohnsteuer einzubehalten und die damit verbundenen sonstigen Pflichten zu erfüllen, wenn er weiß oder erkennen kann, dass derartige Vergütungen erbracht werden (§ 38 Abs. 1 Satz 3 EStG). ④ Die dem Arbeitgeber bei der Lohnzahlung durch Dritte auferlegte Lohnsteuerabzugspflicht erfordert, dass dieser seine Arbeitnehmer auf ihre gesetzliche Verpflichtung (§ 38 Abs. 4 Satz 3 EStG) hinweist, ihm am Ende des jeweiligen Lohnzahlungszeitraums die von einem Dritten gewährten Bezüge anzugeben. ⑤ Kommt der Arbeitnehmer seiner Angabepflicht nicht nach und kann der Arbeitgeber bei der gebotenen Sorgfalt aus seiner Mitwirkung an der Lohnzahlung des Dritten oder aus der Unternehmensverbundenheit mit dem Dritten erkennen, dass der Arbeitnehmer zu Unrecht keine Angaben macht oder seine Angaben unzutreffend sind, hat der Arbeitgeber die ihm bekannten Tatsachen zur Lohnzahlung von dritter Seite dem Betriebsstättenfinanzamt anzuzeigen (§ 38 Abs. 4 Satz 3 zweiter Halbsatz EStG). ⑥ Die Anzeige hat unverzüglich zu erfolgen. LStR 38.4

H 38.4

LStH 38.4

20

Abgrenzung zwischen echter und unechter Lohnzahlung durch Dritte → R 38.4 und BFH vom 30. 5. 2001 (BStBl. 2002 II S. 230).

Lohnsteuerabzug. Der Arbeitgeber ist insbesondere dann zum Lohnsteuerabzug verpflichtet (unechte Lohnzahlung durch Dritte → R 38.4 Abs. 1), wenn
- er in irgendeiner Form tatsächlich oder rechtlich in die Arbeitslohnzahlung eingeschaltet ist (→ BFH vom 13. 3. 1974 – BStBl. II S. 411),
- ein Dritter in der praktischen Auswirkung nur die Stellung einer zahlenden Kasse hat, z.B. selbständige Kasse zur Zahlung von Unterstützungsleistungen (→ BFH vom 28. 3. 1958 – BStBl. III S. 268) oder von Erholungsbeihilfen (→ BFH vom 27. 1. 1961 – BStBl. III S. 167).

Lohnzahlung durch Dritte
- Nachwuchsförderpreis des Arbeitgeberverbandes für die fachlichen Leistungen im Arbeitsverhältnis (→ BFH vom 23. 4. 2009 – BStBl. II S. 668),
- Bonuszahlung der Konzernmutter an die Arbeitnehmer der veräußerten Konzerntochter als Anerkennung für die geleistete Arbeit (→ BFH vom 28. 2. 2013 – BStBl. II S. 642),
- Verbilligter Erwerb von Vermögensbeteiligungen im Hinblick auf ein künftiges Beschäftigungsverhältnis (→ BFH vom 26. 6. 2014 – BStBl. II S. 864),
- Freiwillige Zahlungen von Notaren an Notarassessoren für deren Vertretungstätigkeit (→ BFH vom 10. 3. 2015 – BStBl. II S. 767),
- Verbilligte Pauschalreise an Reisebüromitarbeiter → H 8.2 (Berechnung des Rabatt-Freibetrags), Beispiel 2,
- → H. 19.3 (Lohnzahlung durch Dritte).

Metergelder im Möbeltransportgewerbe unterliegen in voller Höhe dem Lohnsteuerabzug, wenn auf sie ein Rechtsanspruch besteht (→ BFH vom 9. 3. 1965 – BStBl. III S. 426).

Rabatte von dritter Seite. Zur steuerlichen Behandlung der Rabatte, die Arbeitnehmern von dritter Seite eingeräumt werden → BMF vom 20. 1. 2015 (BStBl. I S. 143).[1]

Unerlaubte Arbeitnehmerüberlassung → R 19.1 Satz 6.

R 38.5 Lohnsteuerabzug durch Dritte

LStR 38.5

① Die Übertragung der Arbeitgeberpflichten nach § 38 Abs. 3a Satz 2ff. EStG auf einen Dritten kann vom Finanzamt auf schriftlichen Antrag zugelassen werden. ② Die Zustimmung kann nur erteilt werden, wenn der Dritte für den gesamten Arbeitslohn des Arbeitnehmers die Lohnsteuerabzugsverpflichtung übernimmt. 23

[1] Abgedruckt als Anlage a zu LStH 8.2.

EStG

§ 38a Höhe der Lohnsteuer

1 (1) ① **Die Jahreslohnsteuer bemisst sich nach dem Arbeitslohn, den der Arbeitnehmer im Kalenderjahr bezieht (Jahresarbeitslohn).** ② **Laufender Arbeitslohn gilt in dem Kalenderjahr als bezogen, in dem der Lohnzahlungszeitraum endet; in den Fällen des § 39 b Absatz 5 Satz 1 tritt der Lohnabrechnungszeitraum an die Stelle des Lohnzahlungszeitraums.** ③ **Arbeitslohn, der nicht als laufender Arbeitslohn gezahlt wird (sonstige Bezüge), wird in dem Kalenderjahr bezogen, in dem er dem Arbeitnehmer zufließt.**

2 (2) **Die Jahreslohnsteuer wird nach dem Jahresarbeitslohn so bemessen, dass sie der Einkommensteuer entspricht, die der Arbeitnehmer schuldet, wenn er ausschließlich Einkünfte aus nichtselbständiger Arbeit erzielt.**

3 (3) ① **Vom laufenden Arbeitslohn wird die Lohnsteuer jeweils mit dem auf den Lohnzahlungszeitraum fallenden Teilbetrag der Jahreslohnsteuer erhoben, die sich bei Umrechnung des laufenden Arbeitslohns auf einen Jahresarbeitslohn ergibt.** ② **Von sonstigen Bezügen wird die Lohnsteuer mit dem Betrag erhoben, der zusammen mit der Lohnsteuer für den laufenden Arbeitslohn des Kalenderjahres und für etwa im Kalenderjahr bereits gezahlte sonstige Bezüge die voraussichtliche Jahreslohnsteuer ergibt.**

4 (4) **Bei der Ermittlung der Lohnsteuer werden die Besteuerungsgrundlagen des Einzelfalls durch die Einreihung der Arbeitnehmer in Steuerklassen (§ 38 b), Feststellung von Freibeträgen und Hinzurechnungsbeträgen (§ 39 a) sowie Bereitstellung von elektronischen Lohnsteuerabzugsmerkmalen (§ 39 e) oder Ausstellung von entsprechenden Bescheinigungen für den Lohnsteuerabzug (§ 39 Absatz 3 und § 39 e Absatz 7 und 8) berücksichtigt.**

EStG

§ 38b Lohnsteuerklassen, Zahl der Kinderfreibeträge

(1) ① **Für die Durchführung des Lohnsteuerabzugs werden Arbeitnehmer in Steuerklassen eingereiht. ② Dabei gilt Folgendes:** 1

1. In die Steuerklasse I gehören Arbeitnehmer, die 2
a) unbeschränkt einkommensteuerpflichtig und
aa) ledig sind,
bb) verheiratet, verwitwet oder geschieden sind und bei denen die Voraussetzungen für die Steuerklasse III oder IV nicht erfüllt sind; oder
b) beschränkt einkommensteuerpflichtig sind;

2. in die Steuerklasse II gehören die unter Nummer 1 Buchstabe a bezeichneten Arbeitnehmer, wenn bei ihnen der Entlastungsbetrag für Alleinerziehende (§ 24b) zu berücksichtigen ist; 3

3. in die Steuerklasse III gehören Arbeitnehmer, 4
a) die verheiratet sind, wenn beide Ehegatten unbeschränkt einkommensteuerpflichtig sind und nicht dauernd getrennt leben und der Ehegatte des Arbeitnehmers auf Antrag beider Ehegatten in die Steuerklasse V eingereiht wird,
b) die verwitwet sind, wenn sie und ihr verstorbener Ehegatte im Zeitpunkt seines Todes unbeschränkt einkommensteuerpflichtig waren und in diesem Zeitpunkt nicht dauernd getrennt gelebt haben, für das Kalenderjahr, das dem Kalenderjahr folgt, in dem der Ehegatte verstorben ist,
c) deren Ehe aufgelöst worden ist, wenn
aa) im Kalenderjahr der Auflösung der Ehe beide Ehegatten unbeschränkt einkommensteuerpflichtig waren und nicht dauernd getrennt gelebt haben und
bb) der andere Ehegatte wieder geheiratet hat, von seinem neuen Ehegatten nicht dauernd getrennt lebt und er und sein neuer Ehegatte unbeschränkt einkommensteuerpflichtig sind,
für das Kalenderjahr, in dem die Ehe aufgelöst worden ist;

4. in die Steuerklasse IV gehören Arbeitnehmer, die verheiratet sind, wenn beide Ehegatten unbeschränkt einkommensteuerpflichtig sind und nicht dauernd getrennt leben; dies gilt auch, wenn einer der Ehegatten keinen Arbeitslohn bezieht und kein Antrag nach Nummer 3 Buchstabe a gestellt worden ist; 5

5. in die Steuerklasse V gehören die unter Nummer 4 bezeichneten Arbeitnehmer, wenn der Ehegatte des Arbeitnehmers auf Antrag beider Ehegatten in die Steuerklasse III eingereiht wird; 6

6. die Steuerklasse VI gilt bei Arbeitnehmern, die nebeneinander von mehreren Arbeitgebern Arbeitslohn beziehen, für die Einbehaltung der Lohnsteuer vom Arbeitslohn aus dem zweiten und einem weiteren Dienstverhältnis sowie in den Fällen des § 39c. 7

③ Als unbeschränkt einkommensteuerpflichtig im Sinne der Nummern 3 und 4 gelten nur Personen, die die Voraussetzungen des § 1 Absatz 1 oder 2 oder des § 1a erfüllen. 8

(2) ① **Für ein minderjähriges und nach § 1 Absatz 1 unbeschränkt einkommensteuerpflichtiges Kind im Sinne des § 32 Absatz 1 Nummer 1 und Absatz 3 werden bei der Anwendung der Steuerklassen I bis IV die Kinderfreibeträge als Lohnsteuerabzugsmerkmal nach § 39 Absatz 1 wie folgt berücksichtigt:** 9

1. mit Zähler 0,5, wenn dem Arbeitnehmer der Kinderfreibetrag nach § 32 Absatz 6 Satz 1 zusteht, oder

2. mit Zähler 1, wenn dem Arbeitnehmer der Kinderfreibetrag zusteht, weil
a) die Voraussetzungen des § 32 Absatz 6 Satz 2 vorliegen oder
b) der andere Elternteil vor dem Beginn des Kalenderjahres verstorben ist oder
c) der Arbeitnehmer allein das Kind angenommen hat.

② Soweit dem Arbeitnehmer Kinderfreibeträge nach § 32 Absatz 1 bis 6 zustehen, die nicht nach Satz 1 berücksichtigt werden, ist die Zahl der Kinderfreibeträge auf Antrag vorbehaltlich des § 39a Absatz 1 Nummer 6 zu Grunde zu legen. ③ In den Fällen des Satzes 2 können die Kinderfreibeträge für mehrere Jahre gelten, wenn nach den tatsächlichen Verhältnissen zu erwarten ist, dass die Voraussetzungen bestehen bleiben. ④ Bei Anwendung der Steuerklassen III und IV sind auch Kinder des Ehegatten bei der Zahl der Kinderfreibeträge zu berücksichtigen. ⑤ Der Antrag kann nur nach amtlich vorgeschriebenem Vordruck gestellt werden. 10

(3) ① **Auf Antrag des Arbeitnehmers kann abweichend von Absatz 1 oder 2 eine für ihn ungünstigere Steuerklasse oder geringere Zahl der Kinderfreibeträge als Lohnsteuerabzugsmerkmal gebildet werden. ② Der Wechsel von der Steuerklasse III oder V in die Steuerklasse IV ist auch auf Antrag nur eines Ehegatten möglich mit der Folge, dass beide Ehegatten in die Steuerklasse IV eingereiht werden. ③ Diese Anträge sind** 11

EStG

nach amtlich vorgeschriebenem Vordruck zu stellen und vom Antragsteller eigenhändig zu unterschreiben.

LStH 38b

H 38b

Familienstand → R 26 EStR, H 26 EStH.

12 **Lebenspartner und Lebenspartnerschaften** → § 2 Abs. 8 EStG, H 2 EStH.

– EStR/EStH abgedruckt in Anhang II –

§ 39 Lohnsteuerabzugsmerkmale

(1) ① **Für die Durchführung des Lohnsteuerabzugs werden auf Veranlassung des Arbeitnehmers Lohnsteuerabzugsmerkmale gebildet (§ 39 a Absatz 1 und 4, § 39 e Absatz 1 in Verbindung mit § 39 e Absatz 4 Satz 1 und nach § 39 e Absatz 8). ② Soweit Lohnsteuerabzugsmerkmale nicht nach § 39 e Absatz 1 Satz 1 automatisiert gebildet werden oder davon abweichend zu bilden sind, ist das Finanzamt für die Bildung der Lohnsteuerabzugsmerkmale nach den §§ 38 b und 39 a und die Bestimmung ihrer Geltungsdauer zuständig. ③ Für die Bildung der Lohnsteuerabzugsmerkmale sind die von den Meldebehörden nach § 39 e Absatz 2 Satz 2 mitgeteilten Daten vorbehaltlich einer nach Satz 2 abweichenden Bildung durch das Finanzamt bindend. ④ Die Bildung der Lohnsteuerabzugsmerkmale ist eine gesonderte Feststellung von Besteuerungsgrundlagen im Sinne des § 179 Absatz 1 der Abgabenordnung, die unter dem Vorbehalt der Nachprüfung steht. ⑤ Die Bildung und die Änderung der Lohnsteuerabzugsmerkmale sind dem Arbeitnehmer bekannt zu geben. ⑥ Die Bekanntgabe richtet sich nach § 119 Absatz 2 der Abgabenordnung und § 39 e Absatz 6. ⑦ Der Bekanntgabe braucht keine Belehrung über den zulässigen Rechtsbehelf beigefügt zu werden. ⑧ Ein schriftlicher Bescheid mit einer Belehrung über den zulässigen Rechtsbehelf ist jedoch zu erteilen, wenn einem Antrag des Arbeitnehmers auf Bildung oder Änderung der Lohnsteuerabzugsmerkmale nicht oder nicht in vollem Umfang entsprochen wird oder der Arbeitnehmer die Erteilung eines Bescheids beantragt. ⑨ Vorbehaltlich des Absatzes 5 ist § 153 Absatz 2 der Abgabenordnung nicht anzuwenden.** 1

(2) ① **Für die Bildung und die Änderung der Lohnsteuerabzugsmerkmale nach Absatz 1 Satz 2 des nach § 1 Absatz 1 unbeschränkt einkommensteuerpflichtigen Arbeitnehmers ist das Wohnsitzfinanzamt im Sinne des § 19 Absatz 1 Satz 1 und 2 der Abgabenordnung und in den Fällen des Absatzes 4 Nummer 5 das Betriebsstättenfinanzamt nach § 41 a Absatz 1 Satz 1 Nummer 1 zuständig. ② Ist der Arbeitnehmer nach § 1 Absatz 2 unbeschränkt einkommensteuerpflichtig, nach § 1 Absatz 3 als unbeschränkt einkommensteuerpflichtig zu behandeln oder beschränkt einkommensteuerpflichtig, ist das Betriebsstättenfinanzamt für die Bildung und die Änderung der Lohnsteuerabzugsmerkmale zuständig. ③ Ist der nach § 1 Absatz 3 als unbeschränkt einkommensteuerpflichtig zu behandelnde Arbeitnehmer gleichzeitig bei mehreren inländischen Arbeitgebern tätig, ist für die Bildung der weiteren Lohnsteuerabzugsmerkmale das Betriebsstättenfinanzamt zuständig, das erstmals Lohnsteuerabzugsmerkmale gebildet hat. ④ Bei Ehegatten, die beide Arbeitslohn von inländischen Arbeitgebern beziehen, ist das Betriebsstättenfinanzamt des älteren Ehegatten zuständig.** 2

(3) ① **In den Fällen des Absatzes 2 Satz 1 hat der Arbeitnehmer den Antrag für die erstmalige Zuteilung einer Identifikationsnummer (§ 139 b der Abgabenordnung) beim Wohnsitzfinanzamt und in den Fällen des Absatzes 2 Satz 2 beim Betriebsstättenfinanzamt zu stellen. ② Die Zuteilung einer Identifikationsnummer kann auch der Arbeitgeber beantragen, wenn ihn der Arbeitnehmer dazu nach § 80 Absatz 1 der Abgabenordnung bevollmächtigt hat. ③ Ist dem Arbeitnehmer in den Fällen des Absatzes 2 Satz 1 und 2 bereits eine Identifikationsnummer zugeteilt worden, teilt das zuständige Finanzamt diese auf Anfrage des Arbeitnehmers mit. ④ Eine Anfrage nach Satz 3 kann auch der Arbeitgeber im Namen des Arbeitnehmers stellen. ⑤ Wird einem Arbeitnehmer in den Fällen des Satzes 1 keine Identifikationsnummer zugeteilt, gilt § 39 e Absatz 8 sinngemäß. ⑥ Hat der Arbeitgeber für den Arbeitnehmer für das Jahr 2022 eine Lohnsteuerbescheinigung übermittelt und versichert der Arbeitgeber, dass das Dienstverhältnis nach Ablauf des Jahres 2022 fortbestanden und der Arbeitnehmer trotz Aufforderung pflichtwidrig seine Identifikationsnummer bisher nicht mitgeteilt hat, teilt das zuständige Finanzamt die Identifikationsnummer des Arbeitnehmers auf Anfrage des Arbeitgebers mit.**[1] 3

(4)[2] **Lohnsteuerabzugsmerkmale sind**

1. **Steuerklasse (§ 38 b Absatz 1) und Faktor (§ 39 f),**
2. **Zahl der Kinderfreibeträge bei den Steuerklassen I bis IV (§ 38 b Absatz 2),**
3. **Freibetrag und Hinzurechnungsbetrag (§ 39 a),**
4. **Höhe der Beiträge für eine private Krankenversicherung und für eine private Pflege-Pflichtversicherung (§ 39 b Absatz 2 Satz 5 Nummer 3 Buchstabe d) für die Dauer von zwölf Monaten, wenn der Arbeitnehmer dies beantragt,**

---

[1] Siehe hierzu auch BMF vom 23. 1. 2024, BStBl. I S. 211.

[2] § 39 Abs. 4 Nr. 4 neu gef. und Abs. 4 a eingef. grds. **mWv 1. 1. 2026,** im Rahmen eines Pilotprojekts bereits **mWv 1. 1. 2023** durch JStG 2020 v. 21. 12. 2020 (BGBl. I S. 3096, BGBl. I S. 2294). Siehe *Geschlossene Wiedergabe.* Zur Anwendung siehe § 52 Abs. 36 Satz 3 und 4.

EStG

5. Mitteilung, dass der von einem Arbeitgeber gezahlte Arbeitslohn nach einem Abkommen zur Vermeidung der Doppelbesteuerung von der Lohnsteuer freizustellen ist, wenn der Arbeitnehmer oder der Arbeitgeber dies beantragt.

5 (5) **① Treten bei einem Arbeitnehmer die Voraussetzungen für eine für ihn ungünstigere Steuerklasse oder geringere Zahl der Kinderfreibeträge ein, ist der Arbeitnehmer verpflichtet, dem Finanzamt dies mitzuteilen und die Steuerklasse und die Zahl der Kinderfreibeträge umgehend ändern zu lassen. ② Dies gilt insbesondere, wenn die Voraussetzungen für die Berücksichtigung des Entlastungsbetrags für Alleinerziehende, für die die Steuerklasse II zur Anwendung kommt, entfallen. ③ Eine Mitteilung ist nicht erforderlich, wenn die Abweichung einen Sachverhalt betrifft, der zu einer Änderung der Daten führt, die nach § 39 e Absatz 2 Satz 2 von den Meldebehörden zu übermitteln sind. ④ Kommt der Arbeitnehmer seiner Verpflichtung nicht nach, ändert das Finanzamt die Steuerklasse und die Zahl der Kinderfreibeträge von Amts wegen. ⑤ Unterbleibt die Änderung der Lohnsteuerabzugsmerkmale, hat das Finanzamt zu wenig erhobene Lohnsteuer vom Arbeitnehmer nachzufordern, wenn diese 10 Euro übersteigt.**

6 (6) **① Ändern sich die Voraussetzungen für die Steuerklasse oder für die Zahl der Kinderfreibeträge zu Gunsten des Arbeitnehmers, kann dieser beim Finanzamt die Änderung der Lohnsteuerabzugsmerkmale beantragen. ② Die Änderung ist mit Wirkung von dem ersten Tag des Monats an vorzunehmen, in dem erstmals die Voraussetzungen für die Änderung vorlagen. ③ Ehegatten können im Laufe des Kalenderjahres beim Finanzamt die Änderung der Steuerklassen beantragen. ④ Dies gilt unabhängig von der automatisierten Bildung der Steuerklassen nach § 39 e Absatz 3 Satz 3 sowie einer von den Ehegatten gewünschten Änderung dieser automatisierten Bildung. ⑤ Das Finanzamt hat eine Änderung nach Satz 3 mit Wirkung vom Beginn des Kalendermonats vorzunehmen, der auf die Antragstellung folgt. ⑥ Für eine Berücksichtigung der Änderung im laufenden Kalenderjahr ist der Antrag nach Satz 1 oder 3 spätestens bis zum 30. November zu stellen.**

7 (7) **① Wird ein unbeschränkt einkommensteuerpflichtiger Arbeitnehmer beschränkt einkommensteuerpflichtig, hat er dies dem Finanzamt unverzüglich mitzuteilen. ② Das Finanzamt hat die Lohnsteuerabzugsmerkmale vom Zeitpunkt des Eintritts der beschränkten Einkommensteuerpflicht an zu ändern. ③ Absatz 1 Satz 5 bis 8 gilt entsprechend. ④ Unterbleibt die Mitteilung, hat das Finanzamt zu wenig erhobene Lohnsteuer vom Arbeitnehmer nachzufordern, wenn diese 10 Euro übersteigt.**

8 (8) **Ohne Einwilligung des Arbeitnehmers und soweit gesetzlich nichts anderes zugelassen ist, darf der Arbeitgeber die Lohnsteuerabzugsmerkmale nur für die Einbehaltung der Lohn- und Kirchensteuer verarbeiten.**

(9) *(aufgehoben)*

Übersicht

Rz.

Anlage: Merkblatt zur Steuerklassenwahl für das Jahr 2023 bei Ehegatten oder Lebenspartnern, die beide Arbeitnehmer sind vom 14. 2. 2023 ... 11

LStR 39.1 Lohnsteuerabzugsmerkmale (unbesetzt); H 39.1 ... 15

Anlage: Schreiben betr. elektronische Lohnsteuerabzugsmerkmale (ELStAM); Lohnsteuerabzug im Verfahren der elektronischen Lohnsteuerabzugsmerkmale vom 13. 12. 2024 ... 18–27

LStR 39.2 Änderungen und Ergänzungen der Lohnsteuerabzugsmerkmale ... 52–54

LStR 39.3 Bescheinigung für den Lohnsteuerabzug; H 39.3 ... 60

LStR 39.4 Lohnsteuerabzug bei beschränkter Einkommensteuerpflicht; H 39.4 ... 61–65

Anlage: Schreiben betr. Besteuerung der Einkünfte aus nichtselbständiger Arbeit bei beschränkt einkommensteuerpflichtigen Künstlern vom 31. 7. 2002 ... 68–71

LStR 39.5 Anwendung von DBA; H 39.5 ... 72, 73

Anlagen:

a) Schreiben betr. steuerliche Behandlung von Arbeitnehmereinkünften bei Auslandstätigkeiten (Auslandstätigkeitserlass) vom 10. 6. 2022 ... 74–81

b) Schreiben betr. Stand der Doppelbesteuerungsabkommen und anderer Abkommen im Steuerbereich sowie der Abkommensverhandlungen am 1. Januar 2025 vom 20. 1. 2025 ... 82, 83

c) Schreiben betr. steuerliche Behandlung des Arbeitslohns nach den Doppelbesteuerungsabkommen vom 12. 12. 2023 ... 84–96

d) Schreiben betr. Ermittlung des steuerfreien und steuerpflichtigen Arbeitslohns nach den Doppelbesteuerungsabkommen sowie nach dem Auslandstätigkeitserlass im Lohnsteuerabzugsverfahren vom 8. 10. 2024 ... 97–100

e) Schreiben betr. steuerliche Behandlung des von Organen der EU gezahlten Tagegeldes für in ihrem Bereich verwendete Beamte vom 12. 4. 2006 ... 102–106

f) Schreiben betr. Besteuerung von Abfindungszahlungen aus Anlass der Auflösung des Arbeitsverhältnisses bei Bestehen einer Konsultationsvereinbarung mit einem anderen DBA-Staat; BFH-Urteil vom 10. Juni 2015 (BStBl. II 2016 S. 326) vom 31. 3. 2016 ... 107

Anl zu § 39

Merkblatt zur Steuerklassenwahl für das Jahr 2023 bei Ehegatten oder Lebenspartnern, die beide Arbeitnehmer sind[1]

Vom 14. Februar 2023 (BeckVerw 618728)

(aktualisierte Fassung vor dem Hintergrund der Änderungen durch das Jahressteuergesetz 2022)

(BMF)

Ehegatten oder Lebenspartner, die beide unbeschränkt steuerpflichtig sind und nicht dauernd getrennt leben, können bekanntlich für den Lohnsteuerabzug wählen, ob sie beide in die Steuerklasse IV eingeordnet werden wollen oder ob einer von ihnen (der Höherverdienende) nach Steuerklasse III und der andere nach Steuerklasse V besteuert werden will. Die Steuerklassenkombination III/V ist so gestaltet, dass die Summe der Steuerabzugsbeträge beider Ehegatten oder Lebenspartner in etwa der zu erwartenden Jahressteuer entspricht, wenn der in Steuerklasse III eingestufte Ehegatte oder Lebenspartner ca. 60 Prozent und der in Steuerklasse V eingestufte ca. 40 Prozent des gemeinsamen Arbeitseinkommens[2] erzielt. Bei abweichenden Verhältnissen des gemeinsamen Arbeitseinkommens kann es aufgrund des verhältnismäßig niedrigen Lohnsteuerabzugs zu Steuernachzahlungen kommen. Aus diesem Grund besteht bei der Steuerklassenkombination III/V generell die Pflicht zur Abgabe einer Einkommensteuererklärung. Zur Vermeidung von Steuernachzahlungen bleibt es den Ehegatten oder Lebenspartnern daher unbenommen, sich trotzdem für die Steuerklassenkombination IV/IV zu entscheiden, wenn sie den höheren Steuerabzug bei dem Ehegatten oder Lebenspartner mit der Steuerklasse V vermeiden wollen; dann entfällt jedoch für den anderen Ehegatten oder Lebenspartner die günstigere Steuerklasse III. Zudem besteht die Möglichkeit, die Steuerklassenkombination IV/IV mit Faktor zu wählen (siehe **„Faktorverfahren"**). 11

Um verheirateten oder verpartnerten Arbeitnehmern **die Steuerklassenwahl zu erleichtern**, haben das Bundesministerium der Finanzen und die obersten Finanzbehörden der Länder die in der Anlage beigefügte **Tabelle** ausgearbeitet. Aus der Tabelle können die Ehegatten oder Lebenspartner nach der Höhe ihrer monatlichen Arbeitslöhne die Steuerklassenkombination feststellen, bei der sie die geringste Lohnsteuer entrichten müssen. Soweit beim Lohnsteuerabzug **Freibeträge** zu berücksichtigen sind, sind diese vor Anwendung der Tabelle vom monatlichen Bruttoarbeitslohn **abzuziehen.**

Die Tabelle erleichtert lediglich die Wahl der für den Lohnsteuerabzug günstigsten Steuerklassenkombination. Ihre Aussagen sind auch nur in den Fällen genau, in denen die **Monatslöhne über das ganze Jahr konstant** bleiben. Im Übrigen besagt die im Laufe des Jahres einbehaltene Lohnsteuer noch **nichts über die Höhe der Jahressteuerschuld**. Die vom Arbeitslohn einbehaltenen Beträge an Lohnsteuer stellen im Regelfall nur Vorauszahlungen auf die endgültige Jahressteuerschuld dar. In welcher Höhe sich nach Ablauf des Jahres Erstattungen oder Nachzahlungen ergeben, lässt sich nicht allgemein sagen; hier kommt es immer auf die Verhältnisse des Einzelfalles an. Das Finanzamt kann **Einkommensteuer-Vorauszahlungen** festsetzen, wenn damit zu rechnen ist, dass die Jahressteuerschuld die einzubehaltende Lohnsteuer um mindestens 400 € im Kalenderjahr übersteigt. Auf die Erläuterungen in der Broschüre „Lohnsteuer 2023 – Ein kleiner Ratgeber", die auf der Internetseite der jeweiligen obersten Finanzbehörde des Landes abgerufen werden kann, wird hingewiesen.

Auswirkungen der Steuerklassenwahl oder des Faktorverfahrens

Bei der Wahl der Steuerklassenkombination oder der Anwendung des Faktorverfahrens sollten die Ehegatten oder Lebenspartner daran denken, dass die Entscheidung auch die Höhe der **Entgelt-/Lohnersatzleistungen**, wie Arbeitslosengeld I, Kurzarbeitergeld, Unterhaltsgeld, Krankengeld, Versorgungskrankengeld, Verletztengeld, Übergangsgeld, Elterngeld und Mutterschaftsgeld oder die Höhe des Lohnanspruchs bei der Altersteilzeit beeinflussen kann. Eine vor Jahresbeginn getroffene Steuerklassenwahl wird bei der Gewährung von Lohnersatzleistungen von der Agentur für Arbeit in der Regel anerkannt. Wechseln Ehegatten oder Lebenspartner im Laufe des Kalenderjahres die Steuerklassen, können sich bei der Zahlung von Entgelt-/Lohnersatzleistungen (z. B. wegen Arbeitslosigkeit eines Ehegatten oder Inanspruchnahme von Altersteilzeit) unerwartete Auswirkungen ergeben. Deshalb sollten Arbeitnehmer, die damit rechnen, in absehbarer Zeit eine Entgelt-/Lohnersatzleistung für sich in Anspruch nehmen zu wollen bzw. müssen oder diese bereits beziehen, vor der Neuwahl der Steuerklassenkombination bzw. der Anwendung des Faktorverfahrens zu deren Auswirkung auf die Höhe der Entgelt-/Lohnersatzleistung den zuständigen Sozialleistungsträger bzw. den Arbeitgeber befragen.

Antragstellung

Anträge zum Steuerklassenwechsel oder zur Anwendung des Faktorverfahrens sind an das Finanzamt zu richten, in dessen Bezirk die Ehegatten oder Lebenspartner im Zeitpunkt der Antragstellung ihren Wohnsitz (Wohnsitzfinanzamt) haben. Die Steuerklasse ist eines der für den Lohnsteuerabzug maßgebenden **Lohnsteuerabzugsmerkmale.** Im Kalenderjahr 2023 gilt die im Kalenderjahr 2022 verwendete Steuerklasse in der Regel weiter.

---

[1] **[Amtl. Anm.:]** Die Zahlenwerte in diesem Merkblatt wurden auf Basis des Programmablaufplans für die maschinelle Lohnsteuerberechnung 2023 vom 13. 2. 2023 ermittelt.

[2] **[Amtl. Anm.:]** Aktives Beschäftigungsverhältnis, keine Versorgungsbezüge.

Anl zu § 39

Ein Antrag auf **Steuerklassenwechsel** oder die **Anwendung des Faktorverfahrens** kann mit dem Vordruck „Antrag auf Steuerklassenwechsel bei Ehegatten/Lebenspartnern" bis spätestens 30. November 2023 entweder elektronisch unter „Mein Elster" (www.elster.de) oder beim Wohnsitzfinanzamt **gestellt** werden. Im laufenden Kalenderjahr ist ein Steuerklassenwechsel auch mehrfach möglich. Bei der Wahl des Faktorverfahrens sind zusätzlich die voraussichtlichen **Arbeitslöhne** des Jahres 2023 aus den **ersten Dienstverhältnissen** anzugeben. Ein **Wechsel** von der Steuerklasse III oder V **in die Steuerklasse IV** ist auch auf Antrag nur eines Ehegatten/Lebenspartners möglich mit der Folge, dass beide Ehegatten/Lebenspartner in die Steuerklasse IV eingereiht werden.

Steuerklassenwahl

In der Tabelle ist zu differenzieren zwischen **sozialversicherungspflichtig** (z. B. auch bei Pflichtversicherung in der gesetzlichen Rentenversicherung und freiwilliger Versicherung in der gesetzlichen Kranken- und sozialen Pflegeversicherung) und **sozialversicherungsfrei** (z. B. privat krankenversicherte Beamte) beschäftigten Arbeitnehmern.

Ist einer der Ehegatten oder Lebenspartner nicht in allen Zweigen sozialversichert (z. B. rentenversicherungspflichtiger, privat krankenversicherter Arbeitnehmer) oder einer der Ehegatten oder Lebenspartner in keinem Zweig sozialversichert, jedoch zuschussberechtigt (z. B. nicht rentenversicherungspflichtiger, privat krankenversicherter Arbeitnehmer mit steuerfreiem Zuschuss des Arbeitgebers zur Kranken- und Pflegeversicherung), kann die Anwendung der Tabelle zu **unzutreffenden Ergebnissen** führen. Entsprechendes gilt, wenn bei einem gesetzlich krankenversicherten Arbeitnehmer der kassenindividuelle Zusatzbeitragssatz vom durchschnittlichen Zusatzbeitragssatz von 1,6 Prozent (wie er bei der Aufstellung der Tabelle berücksichtigt wurde) abweicht, bei einem gesetzlich pflegeversicherten Arbeitnehmer ein Beitragszuschlag zu zahlen ist oder der Arbeitnehmer in Sachsen beschäftigt ist (hier höherer Arbeitnehmeranteil zur sozialen Pflegeversicherung). In den meisten Fällen führen diese Besonderheiten jedoch zu keinem anderen Ergebnis.

Die Tabelle geht vom monatlichen Arbeitslohn A[1] des höher verdienenden Ehegatten oder Lebenspartners aus. Dazu wird der monatliche Arbeitslohn B[2] des geringer verdienenden Ehegatten oder Lebenspartners angegeben, der **bei einer Steuerklassenkombination III** (für den höher verdienenden Ehegatten oder Lebenspartner) **und V** (für den geringer verdienenden Ehegatten oder Lebenspartner) **nicht überschritten werden darf**, wenn der geringste Lohnsteuerabzug erreicht werden soll. Übersteigt der monatliche Arbeitslohn des geringer verdienenden Ehegatten oder Lebenspartners den nach den Spalten 2, 3, 4 oder 5 der Tabelle in Betracht kommenden Betrag, **führt die Steuerklassenkombination IV/IV für die Ehegatten oder Lebenspartner zu einem geringeren oder zumindest nicht höheren Lohnsteuerabzug** als die Steuerklassenkombination III/V.

Beispiele:

1. Ein Ehepaar, beide in allen Zweigen sozialversichert, bezieht Monatslöhne (nach Abzug etwaiger Freibeträge) von 3000 € und 1700 €. Da der Monatslohn des geringer verdienenden Ehegatten den nach dem Monatslohn des höher verdienenden Ehegatten in der Spalte 2 der Tabelle I ausgewiesenen Betrag von 2255 € nicht übersteigt, führt in diesem Falle die Steuerklassenkombination III/V zur geringsten Lohnsteuer.
Vergleich der Lohnsteuerabzugsbeträge:

a) Lohnsteuer für 3000 € nach Steuerklasse III	88,16 €
für 1700 € nach Steuerklasse V	245,25 €
insgesamt also	**333,41 €**
b) Lohnsteuer für 3000 € nach Steuerklasse IV	344,00 €
für 1700 € nach Steuerklasse IV	67,58 €
insgesamt also	**411,58 €**

2. Würde der Monatslohn des geringer verdienenden Ehegatten 2500 € betragen, so würde die Steuerklassenkombination IV/IV insgesamt zur geringsten Lohnsteuer führen.
Vergleich der Lohnsteuerabzugsbeträge:

a) Lohnsteuer für 3000 € nach Steuerklasse III	88,16 €
für 2500 € nach Steuerklasse V	515,33 €
insgesamt also	**603,49 €**
b) Lohnsteuer für 3000 € nach Steuerklasse IV	344,00 €
für 2500 € nach Steuerklasse IV	231,50 €
insgesamt also	**575,50 €**

Faktorverfahren

Anstelle der Steuerklassenkombination III/V können Ehegatten oder Lebenspartner auch die Steuerklassenkombination IV/IV mit Faktor wählen. Durch die Steuerklassenkombination IV/IV in Verbindung mit dem vom Finanzamt zu berechnenden und als Lohnsteuerabzugsmerkmal zu bildenden Faktor wird erreicht, dass für jeden Ehegatten oder Lebenspartner durch Anwendung der Steuerklasse IV der **Grundfreibetrag** beim Lohnsteuerabzug berücksichtigt wird und sich die einzubehaltende Lohnsteuer durch Anwendung des Faktors von 0,… (stets kleiner als eins) entsprechend der **Wirkung des Splittingverfahrens** reduziert. Der Faktor ist ein steuermindernder Multiplikator, der sich bei unterschiedlich hohen Arbeitslöhnen der Ehegatten oder Lebenspartner aus der Wirkung des Splittingverfahrens errechnet. Das Faktorverfahren kann mit dem Vordruck „Antrag auf Steuerklassenwechsel bei Ehegatten/Lebenspartnern" entweder elektronisch unter „Mein Elster" (www.elster.de) oder beim Wohnsitzfinanzamt beantragt werden. Der gebildete Faktor gilt dann für zwei Kalenderjahre. Im Antrag sind die voraus-

[1] **[Amtl. Anm.:]** Nach Abzug etwaiger Freibeträge.
[2] **[Amtl. Anm.:]** Nach Abzug etwaiger Freibeträge.

sichtlichen Arbeitslöhne des Jahres 2023 aus den ersten Dienstverhältnissen anzugeben. Das Finanzamt berechnet danach den Faktor mit drei Nachkommastellen ohne Rundung und trägt ihn jeweils zur Steuerklasse IV ein. Der Faktor wird wie folgt berechnet: voraussichtliche Einkommensteuer im Splittingverfahren („Y") geteilt durch die Summe der Lohnsteuer für die Ehegatten oder Lebenspartner gemäß Steuerklasse IV („X"). Ein etwaiger Freibetrag wird hier nicht gesondert berücksichtigt, weil er bereits in die Berechnung der voraussichtlichen Einkommensteuer im Splittingverfahren einfließt. Anl zu § 39

Die Höhe der steuermindernden Wirkung des Splittingverfahrens hängt von der Höhe der Lohnunterschiede ab. Mit dem Faktorverfahren wird der Lohnsteuerabzug der voraussichtlichen Jahressteuerschuld sehr genau angenähert. Damit können höhere Nachzahlungen (und ggf. auch Einkommensteuer-Vorauszahlungen) vermieden werden, die bei der Steuerklassenkombination III/V auftreten können. In solchen Fällen ist die Summe der Lohnsteuer im Faktorverfahren dann folgerichtig höher als bei der Steuerklassenkombination III/V. In der Regel führt die Steuerklassenkombination IV/IV mit Faktor zu einer erheblich anderen Verteilung der Lohnsteuer zwischen den Ehegatten oder Lebenspartnern als die Steuerklassenkombination III/V. Die Ehegatten oder Lebenspartner sollten daher beim Faktorverfahren – ebenso wie bei der Steuerklassenkombination III/V – daran denken, dass dies die Höhe der **Entgelt-/Lohnersatzleistungen** oder die Höhe des Lohnanspruchs bei Altersteilzeit beeinflussen kann (siehe oben). Das Bundesministerium der Finanzen und die obersten Finanzbehörden der Länder halten auf ihren Internetseiten neben dem Lohnsteuerrechner auch eine Berechnungsmöglichkeit für den Faktor bereit, damit die Ehegatten oder Lebenspartner die steuerlichen Auswirkungen der jeweiligen Steuerklassenkombination prüfen können; siehe diesbezüglich z. B. „www.bmf-steuerrechner.de".

Wie bei der Wahl der Steuerklassenkombination III/V sind die Ehegatten oder Lebenspartner auch bei der Wahl des Faktorverfahrens verpflichtet, eine Einkommensteuererklärung beim Finanzamt einzureichen.

Beispiel zur Ermittlung und Anwendung des Faktors:

Jährliche Lohnsteuer bei Steuerklassenkombination IV/IV (beide Ehegatten in allen Zweigen sozialversichert):
Ehegatte A: für 36 000 € (monatlich 3000 € × 12) = 4128 €
Ehegatte B: für 20 400 € (monatlich 1700 € × 12) = 811 €
Summe der Lohnsteuer bei Steuerklassenkombination IV/IV (entspricht „X") beträgt 4939 €.
Die voraussichtliche Einkommensteuer im Splittingverfahren (entspricht „Y") beträgt 4780 €.
Der Faktor ist Y geteilt durch X, also 4780 € : 4939 € = 0,967
(Der Faktor wird mit drei Nachkommastellen berechnet und nur eingetragen, wenn er kleiner als 1 ist).
Jährliche Lohnsteuer bei Steuerklasse IV/IV mit Faktor 0,967:
Ehegatte A für 36 000 € (4128 € × 0,967) = 3991 €
Ehegatte B für 20 400 € (811 € × 0,967) = 784 €
Summe der Lohnsteuer bei Steuerklassenkombination IV/IV mit Faktor 0,967 = 4775 €.
Im Beispielsfall führt die Einkommensteuerveranlagung unter der Voraussetzung, dass keine anderen steuerlichen Sachverhalte zu berücksichtigen sind:
- bei der **Steuerklassenkombination III/V**
  zu einer **Nachzahlung in Höhe von 779 €**
  (voraussichtliche Einkommensteuer im Splittingverfahren 4780 € – Summe Lohnsteuer bei Steuerklassenkombination III/V 4001 € [1058 € + 2943 €]),
- bei der **Steuerklassenkombination IV/IV**
  zu einer **Erstattung in Höhe von 159 €**
  (voraussichtliche Einkommensteuer im Splittingverfahren 4780 € – Summe Lohnsteuer bei Steuerklassenkombination IV/IV 4939 €),
- bei der **Steuerklassenkombination IV/IV-Faktor**
  weder **zu einer hohen Nachzahlung noch zu einer Erstattung**
  (in diesem Fall nur Rundungsdifferenz in Höhe von 5 €; voraussichtliche Einkommensteuer Splittingverfahren 4780 € – Summe der Lohnsteuer bei Steuerklasse IV/IV mit Faktor 4775 €).

Die Lohnsteuer ist im Faktorverfahren wesentlich anders verteilt (3991 € für A und 784 € für B) als bei der Steuerklassenkombination III/V (1058 € für A und 2943 € für B). Die Lohnsteuerverteilung im Faktorverfahren entspricht der familienrechtlichen Verteilung der Steuerlast im Innenverhältnis der Ehegatten.

Tabelle zur Steuerklassenwahl

(alle Angaben in Euro, B = geringer verdienender Ehegatte oder Lebenspartner)

monatlicher **Arbeitslohn A**[1]	monatlicher **Arbeitslohn B**[2] bei Sozialversicherungs**pflicht**: A und B	monatlicher **Arbeitslohn B**[3] bei Sozialversicherungs**pflicht**: nur A	monatlicher **Arbeitslohn B**[4] bei Sozialversicherungs**freiheit**: A und B	monatlicher **Arbeitslohn B**[5] bei Sozialversicherungs**freiheit**: nur A
1	**2**	**3**	**4**	**5**
1.250	–	–	223	249
1.300	144	129	282	316
1.350	202	180	350	391

[1] **[Amtl. Anm.:]** Nach Abzug etwaiger Freibeträge.
[2] **[Amtl. Anm.:]** Nach Abzug etwaiger Freibeträge.
[3] **[Amtl. Anm.:]** Nach Abzug etwaiger Freibeträge.
[4] **[Amtl. Anm.:]** Nach Abzug etwaiger Freibeträge.
[5] **[Amtl. Anm.:]** Nach Abzug etwaiger Freibeträge.

Anl zu § 39

monatlicher **Arbeitslohn A**[1]	monatlicher **Arbeitslohn B**[2] bei Sozialversicherungs-**pflicht:** A und B	monatlicher **Arbeitslohn B**[3] bei Sozialversicherungs-**pflicht:** nur A	monatlicher **Arbeitslohn B**[4] bei Sozialversicherungs-**freiheit:** A und B	monatlicher **Arbeitslohn B**[5] bei Sozialversicherungs-**freiheit:** nur A
1	**2**	**3**	**4**	**5**
1.400	267	239	426	477
1.450	336	300	507	567
1.500	409	366	593	663
1.550	487	435	684	764
1.600	569	509	778	870
1.650	656	587	876	980
1.700	747	668	975	1.090
1.750	832	744	1.074	1.202
1.800	921	824	1.324	1.459
1.850	1.010	903	1.376	1.517
1.900	1.100	984	1.432	1.579
1.950	1.191	1.065	1.492	1.646
2.000	1.282	1.147	1.558	1.720
2.050	1.490	1.351	1.629	1.807
2.100	1.538	1.395	1.703	1.898
2.150	1.589	1.441	1.778	1.991
2.200	1.643	1.490	1.835	2.060
2.250	1.702	1.543	1.871	2.105
2.300	1.771	1.599	1.908	2.150
2.350	1.844	1.659	1.942	2.192
2.400	1.917	1.718	1.976	2.234
2.450	1.947	1.742	2.010	2.275
2.500	1.976	1.765	2.043	2.316
2.550	2.004	1.788	2.074	2.355
2.600	2.030	1.810	2.106	2.393
2.650	2.057	1.832	2.135	2.430
2.700	2.084	1.854	2.183	2.487
2.750	2.115	1.879	2.231	2.547
2.800	2.144	1.903	2.275	2.603
2.850	2.172	1.926	2.318	2.654
2.900	2.201	1.949	2.358	2.704
2.950	2.228	1.971	2.395	2.749
3.000	2.255	1.993	2.428	2.791
3.050	2.281	2.014	2.463	2.833
3.100	2.305	2.035	2.494	2.870
3.150	2.330	2.054	2.529	2.913
3.200	2.354	2.074	2.562	2.953
3.250	2.376	2.092	2.594	2.993
3.300	2.399	2.111	2.628	3.035
3.350	2.419	2.127	2.660	3.075
3.400	2.442	2.145	2.692	3.116
3.450	2.476	2.174	2.728	3.157
3.500	2.511	2.201	2.761	3.197
3.550	2.547	2.231	2.794	3.239
3.600	2.582	2.260	2.828	3.281
3.650	2.616	2.288	2.861	3.321
3.700	2.654	2.318	2.895	3.363
3.750	2.689	2.347	2.929	3.404
3.800	2.724	2.374	2.964	3.448
3.850	2.759	2.404	3.002	3.494
3.900	2.794	2.431	3.038	3.539

Anl zu § 39

monatlicher **Arbeitslohn A**[1]	monatlicher **Arbeitslohn B**[2] bei Sozial-versicherungs-**pflicht:** A und B	monatlicher **Arbeitslohn B**[3] bei Sozial-versicherungs-**pflicht:** nur A	monatlicher **Arbeitslohn B**[4] bei Sozial-versicherungs-**freiheit:** A und B	monatlicher **Arbeitslohn B**[5] bei Sozial-versicherungs-**freiheit:** nur A
1	**2**	**3**	**4**	**5**
3.950	2.829	2.460	3.077	3.587
4.000	2.865	2.490	3.116	3.635
4.050	2.901	2.520	3.158	3.685
4.100	2.936	2.546	3.199	3.737
4.150	2.970	2.576	3.242	3.789
4.200	3.007	2.604	3.289	3.847
4.250	3.042	2.634	3.334	3.902
4.300	3.079	2.664	3.383	3.963
4.350	3.114	2.691	3.433	4.023
4.400	3.148	2.720	3.482	4.084
4.450	3.183	2.750	3.536	4.151
4.500	3.218	2.777	3.592	4.220
4.550	3.255	2.807	3.651	4.292
4.600	3.291	2.835	3.710	4.365
4.650	3.327	2.864	3.774	4.443
4.700	3.361	2.893	3.839	4.524
4.750	3.399	2.924	3.912	4.614
4.800	3.435	2.954	3.986	4.704
4.850	3.472	2.984	4.062	4.799
4.900	3.511	3.016	4.150	–
4.950	3.550	3.047	4.239	–
5.000	3.593	3.082	4.339	–
5.050	3.639	3.119	4.447	–
5.100	3.687	3.158	4.574	–
5.150	3.735	3.198	4.719	–
5.200	3.786	3.239	4.901	–
5.250	3.837	3.282	5.169	–
5.300	3.892	3.326	–	–
5.350	3.946	3.369	–	–
5.400	4.003	3.415	–	–
5.450	4.064	3.465	–	–
5.500	4.125	3.515	–	–
5.550	4.187	3.565	–	–
5.600	4.254	3.620	–	–
5.650	4.322	3.675	–	–
5.700	4.391	3.732	–	–
5.750	4.466	3.793	–	–
5.800	4.544	3.857	–	–
5.850	4.627	3.923	–	–
5.900	4.710	3.990	–	–
5.950	4.802	4.066	–	–
6.000	4.901	4.146	–	–
6.050	5.004	4.232	–	–
6.100	5.103	4.321	–	–
6.150	5.212	4.420	–	–
6.200	5.336	4.534	–	–
6.250	4.662	5.479	–	–
6.300	4.812	5.645	–	–
6.350	5.015	5.869	–	–
6.400	–	–	–	–

LStR 39.1

R 39.1 *Lohnsteuerabzugsmerkmale – (unbesetzt) –*

LStH 39.1

H 39.1

15 **Allgemeines.** Elektronische Lohnsteuerabzugsmerkmale (ELStAM); Lohnsteuerabzug im Verfahren der elektronischen Lohnsteuerabzugsmerkmale → BMF vom 13. 12. 2024 (BStBl. 2025 I S. 64).[1]

Bescheinigung der Religionsgemeinschaft

– Die Bescheinigung der Religionsgemeinschaft ist verfassungsgemäß (→ BVerfG vom 25. 5. 2001 – 1 BvR 2253/00).[2] Dies gilt auch für die Eintragung „--“, aus der sich ergibt, dass der Stpfl. keiner kirchensteuererhebungsberechtigten Religionsgemeinschaft angehört (→ BVerfG vom 30. 9. 2002 – 1 BvR 1744/02).[3]

– Beispiele:

Konfessionszugehörigkeit Arbeitnehmer	Konfessionszugehörigkeit Ehegatte	Eintragung im Feld Kirchensteuerabzug
ev	rk	ev rk
ev	ev	ev
rk	--	rk
--	ev	--
--	--	--

Anl zu LStH 39.1

Schreiben betr. elektronische Lohnsteuerabzugsmerkmale (ELStAM); Lohnsteuerabzug im Verfahren der elektronischen Lohnsteuerabzugsmerkmale

Vom 13. Dezember 2024 (BStBl. 2025 I S. 64)

(BMF IV C 5 – S 2363/19/10007 :004; DOK 2024/1101857)

Dieses Schreiben ersetzt mit Wirkung ab dem 1. Januar 2025 die BMF-Schreiben vom 8. November 2018 (BStBl I Seite 1137)[4] und vom 7. November 2019 (BStBl I Seite 1087). Nach Abstimmung mit den obersten Finanzbehörden der Länder gilt hinsichtlich der Einzelheiten zum Lohnsteuerabzug im Verfahren der elektronischen Lohnsteuerabzugsmerkmale (ELStAM) Folgendes:

Inhaltsübersicht

Rn.
I. Verfahren der elektronischen Lohnsteuerabzugsmerkmale 1–3
II. Bildung und Inhalt der ELStAM 4–33
1. Allgemeines 4
2. (Elektronische) Lohnsteuerabzugsmerkmale (ELStAM) 5–7
3. Bildung und Änderung der (elektronischen) Lohnsteuerabzugsmerkmale 8–12
4. Zuständigkeit 13
5. Steuerklassenbildung bei Ehegatten 14–24
6. Steuerklassenbildung bei Lebenspartnern 25–27
7. Berücksichtigung von Kindern 28–33
III. Durchführung des Lohnsteuerabzugs 34–107
1. Elektronisches Verfahren 34–38
2. Arbeitgeberpflichten 39–61
3. Arbeitgeberwechsel 62, 63
4. Weiteres Dienstverhältnis 64–66
5. Hauptarbeitgeberwechsel 67–69
6. Pflichten des Arbeitnehmers 70–76
7. Rechte des Arbeitnehmers 77–85
8. Durchführung des Lohnsteuerabzugs ohne ELStAM 86–101
9. ELStAM bei verschiedenen Lohnarten 102–105
10. Schutzvorschriften für die (elektronischen) Lohnsteuerabzugsmerkmale 106, 107
IV. Verfahrensrecht 108–111
V. Härtefallregelung 112–121
VI. Betrieblicher Lohnsteuer-Jahresausgleich (§ 42 b EStG) 122
VII. Lohnsteuer-Ermäßigungsverfahren 123–129
VIII. Haftung des Arbeitgebers 130–133
IX. Sonstiges 134–139

Vorbemerkung

Zur Vereinfachung und besseren Lesbarkeit des BMF-Schreibens wird – entsprechend den Regelungen in § 2 Absatz 8 EStG – auf eine sprachliche Unterscheidung zwischen Ehegatte/n und Lebenspartner/n sowie zwischen Scheidung und Aufhebung der Lebenspartnerschaft verzichtet.

[1] Nachstehend abgedruckt als Anlage zu LStH 39.1.
[2] HFR 2001 S. 907, NJW 2001 S. 2874.
[3] HFR 2003 S. 79.
[4] Zuletzt abgedruckt im *„Handbuch zur Lohnsteuer 2024“* als Anlage a zu LStH 39.1.

Anl zu LStH 39.1

I. Verfahren der elektronischen Lohnsteuerabzugsmerkmale

18

1 Im Verfahren der elektronischen Lohnsteuerabzugsmerkmale (ELStAM-Verfahren) ist die Finanzverwaltung für die Bildung und Änderung der Lohnsteuerabzugsmerkmale und deren Bereitstellung für den Abruf durch den Arbeitgeber zuständig. Die steuerlichen Rechte und Pflichten der Arbeitgeber und Arbeitnehmer ergeben sich aus den §§ 38 bis 39 f EStG. Es ist nicht erforderlich, dass der Arbeitnehmer die Aufnahme einer Beschäftigung bzw. den Beginn eines Dienstverhältnisses beim Finanzamt anzeigt oder einen Antrag zur Bildung der ELStAM (**E**lektronische **L**ohn**st**euer**a**bzugs**m**erkmale) stellt.

2 Der Arbeitgeber ist verpflichtet, den Arbeitnehmer bei Aufnahme des Dienstverhältnisses bei der Finanzverwaltung anzumelden und damit die ELStAM anzufordern. Diese Verpflichtung besteht auch, wenn das Finanzamt einen Härtefallantrag auf Nichtteilnahme am elektronischen Abrufverfahren (§ 39 e Absatz 7 EStG) abgelehnt hat. Stimmt das Finanzamt hingegen dem Antrag des Arbeitgebers auf Anwendung der Härtefallregelung zu, hat der Arbeitgeber dem Finanzamt die für den Abruf der ELStAM bestimmten Daten (vgl. Rn. 46) in Papierform mitzuteilen. Die Anforderung von ELStAM ist nur für im Betrieb des Arbeitgebers beschäftigte Arbeitnehmer zulässig.

3 Nach dem Abruf sind die ELStAM in das Lohnkonto des Arbeitnehmers zu übernehmen und entsprechend deren Gültigkeit für die Dauer des Dienstverhältnisses für den Lohnsteuerabzug anzuwenden. Etwaige Änderungen stellt die Finanzverwaltung dem Arbeitgeber monatlich spätestens bis zum fünften Werktag des Folgemonats zum Abruf bereit. Wird das Dienstverhältnis beendet, ist der Arbeitgeber verpflichtet, den Arbeitnehmer unter Angabe des Beschäftigungsendes (Datum) unverzüglich im ELStAM-Verfahren abzumelden.

II. Bildung und Inhalt der ELStAM

1. Allgemeines

4 Soweit ein Arbeitgeber für die Durchführung des Lohnsteuerabzugs Lohnsteuerabzugsmerkmale benötigt, werden sie auf Veranlassung des Arbeitnehmers gebildet (§ 39 Absatz 1 Satz 1 EStG). Die Bildung der ELStAM erfolgt in der Regel automatisiert durch das Bundeszentralamt für Steuern (§ 39 e Absatz 1 Satz 1 EStG) aufgrund der gespeicherten Daten (ELStAM-Datenbank). Dabei werden je Arbeitnehmer die Steuerklasse und die Kinderfreibeträge für die in den Steuerklassen I bis IV zu berücksichtigenden Kinder gebildet (§ 39 Absatz 4 Satz 1 Nummer 1 und 2 i. V. m. § 38 b Absatz 1 und 2 EStG). Soweit das Finanzamt auf Antrag des Arbeitnehmers Lohnsteuerabzugsmerkmale nach § 39 Absatz 1 und 2 EStG bildet (z. B. Freibeträge nach § 39 a EStG oder Steuerklassen nach antragsgebundenem Steuerklassenwechsel), teilt es diese dem Bundeszentralamt für Steuern zum Zweck der Bereitstellung für den automatisierten Abruf durch den Arbeitgeber mit. Neben den Lohnsteuerabzugsmerkmalen (§ 39 Absatz 4 EStG) werden vom Bundeszentralamt für Steuern die Identifikationsnummer, der Tag der Geburt und die Merkmale für den Kirchensteuerabzug des Arbeitnehmers zum automatisierten Abruf durch den Arbeitgeber bereitgestellt (§ 39 e Absatz 3 Satz 1 EStG). 19

2. (Elektronische) Lohnsteuerabzugsmerkmale (ELStAM)

5 Als (elektronische) Lohnsteuerabzugsmerkmale kommen u. a. in Betracht:

1. Steuerklasse (§ 38 b Absatz 1 EStG) und Faktor (§ 39 f EStG),
2. Zahl der Kinderfreibeträge bei den Steuerklassen I bis IV (§ 38 b Absatz 2 EStG),
3. auf Antrag des Arbeitnehmers ein Freibetrag und ein Hinzurechnungsbetrag (§ 39 a EStG); diese Beträge können längstens für zwei Jahre berücksichtigt werden (§ 39 a Absatz 1 Satz 3 bis 5 EStG),
4. die Höhe der Beiträge für eine private Krankenversicherung und für eine private Pflege-Pflichtversicherung (§ 39 b Absatz 2 Satz 5 Nummer 3 Buchstabe d EStG; zur Anwendung der Regelungen zum Datenaustausch zwischen den Versicherungsunternehmen, der Finanzverwaltung und den Arbeitgebern ab 2026 siehe § 52 Absatz 36 Satz 3 EStG),
5. auf Antrag des Arbeitnehmers oder Arbeitgebers die Mitteilung, dass der von einem Arbeitgeber gezahlte Arbeitslohn nach einem Abkommen zur Vermeidung der Doppelbesteuerung von der Lohnsteuer freizustellen ist (zur erstmaligen Anwendung siehe § 52 Absatz 36 EStG),
6. die für den Kirchensteuerabzug erforderlichen Merkmale.

6 Die unter Rn. 5 Nummer 4 aufgeführten Beiträge für eine private Krankenversicherung und für eine private Pflege-Pflichtversicherung können beim Lohnsteuerabzug berücksichtigt werden, wenn der Arbeitnehmer dem Arbeitgeber eine entsprechende Beitragsbescheinigung des Versicherungsunternehmens vorlegt (vgl. BMF-Schreiben vom 26. November 2013, BStBl I Seite 1532, Tz. 6.1). Dies gilt bis Ende 2025; zur Einführung eines Datenaustauschs zwischen den Versicherungsunternehmen, der Finanzverwaltung und den Arbeitgebern ab 2026 siehe § 52 Absatz 36 Satz 3 EStG.

7 Die Freistellung von Arbeitslohn im Sinne der Rn. 5 Nummer 5 kann mit dem Formular „Antrag für unbeschränkt einkommensteuerpflichtige Arbeitnehmer auf Erteilung einer Bescheinigung über die Freistellung des Arbeitslohns vom Steuerabzug auf Grund eines Abkommens zur Vermeidung der Doppelbesteuerung" beim Betriebsstättenfinanzamt des Arbeitgebers (§ 41 a Absatz 1 Satz 1 Nummer 1 EStG) beantragt werden. Auf Rn. 134 wird verwiesen.

3. Bildung und Änderung der (elektronischen) Lohnsteuerabzugsmerkmale

8 Für die (erstmalige) Bildung der (elektronischen) Lohnsteuerabzugsmerkmale stehen zwei Möglichkeiten zur Verfügung:

1. Im Regelfall erfolgt die erstmalige Bildung der ELStAM zu Beginn eines Dienstverhältnisses aufgrund der Anmeldung des Arbeitnehmers durch seinen Arbeitgeber bei der Finanzverwaltung mit dem Ziel, die ELStAM des Arbeitnehmers abzurufen (§ 39 e Absatz 4 Satz 2 EStG).

Anl zu LStH 39.1

2. Soweit Lohnsteuerabzugsmerkmale nicht automatisiert gebildet werden oder davon abweichend zu bilden sind (z. B. Freibeträge nach § 39 a EStG oder Steuerklassen nach antragsgebundenem Steuerklassenwechsel), erfolgt die Bildung der Lohnsteuerabzugsmerkmale auf Antrag des Arbeitnehmers durch das Finanzamt (§ 39 Absatz 1 und 2 EStG).

9 Wird der Arbeitslohn nach § 40 a EStG pauschal besteuert, darf der Arbeitgeber keine ELStAM abrufen. Dem Arbeitgeber bleibt es unbenommen, geringfügig Beschäftigte dennoch im ELStAM-Verfahren anzumelden und den Lohnsteuerabzug stattdessen nach den individuellen Lohnsteuerabzugsmerkmalen (vgl. Rn. 5) durchzuführen.

10 Lohnsteuerabzugsmerkmale werden sowohl für ein erstes als auch für jedes weitere Dienstverhältnis gebildet (§ 39 Absatz 1 Satz 1 EStG). Der Arbeitnehmer hat die Möglichkeit, seine aktuellen ELStAM nach einmaliger kostenloser Registrierung auf der Internetseite www.elster.de unter „Mein ELSTER" jederzeit einzusehen (vgl. Rn. 83). Alternativ teilt das zuständige Wohnsitzfinanzamt oder das Betriebsstättenfinanzamt dem Arbeitnehmer seine elektronischen Lohnsteuerabzugsmerkmale auf dessen Antrag mit (§ 39 e Absatz 6 Satz 4 EStG).

11 Grundlage für die Bildung der Lohnsteuerabzugsmerkmale sind die von den nach Landesrecht für das Meldewesen zuständigen Behörden (Meldebehörden) mitgeteilten melderechtlichen Daten (§ 39 e Absatz 2 Satz 1 und 2 EStG), wobei die Finanzverwaltung in der Regel an diese melderechtlichen Daten gebunden ist (§ 39 Absatz 1 Satz 3 EStG). Änderungen der melderechtlichen Daten sind von den Meldebehörden dem Bundeszentralamt für Steuern tagesaktuell mitzuteilen und in der ELStAM-Datenbank zu speichern. Dies ermöglicht der Finanzverwaltung, z. B. die Steuerklassen bei Änderung des Familienstands automatisch zu bilden und zu ändern. Auslöser hierfür sind jeweils die Mitteilungen der Meldebehörden. Bei der automatischen Änderung kann es eventuell zu zeitlichen Verzögerungen kommen, die das Finanzamt nicht beeinflussen kann.

12 In begründeten Ausnahmefällen, wie beispielsweise fehlerhaft übermittelte Daten der Meldebehörden, hat das Finanzamt rechtliche Prüfungen zu melderechtlichen Merkmalen vorzunehmen und bei abweichenden Feststellungen selbst eine Entscheidung über die zutreffende Besteuerung zu treffen. Trifft das Finanzamt in diesen Einzelfällen eine von den gespeicherten melderechtlichen Daten abweichende Entscheidung für die Besteuerung, werden die Lohnsteuerabzugsmerkmale nicht auf Basis der ELStAM-Datenbank gebildet. Insoweit gilt die Bindungswirkung der von den Meldebehörden übermittelten Daten nur eingeschränkt. Das Finanzamt stellt in diesen Fällen in der Regel eine jahresbezogene Bescheinigung für den Lohnsteuerabzug aus, die für den Arbeitgeber bindend ist und anhand derer er den Lohnsteuerabzug durchzuführen hat (§ 39 Absatz 1 Satz 2 EStG). Der Abruf der ELStAM wird zugleich in der Regel für den Gültigkeitszeitraum der Bescheinigung allgemein gesperrt; vgl. im Übrigen Rn. 35 bis 38. Für Änderungen der melderechtlichen Daten im Melderegister sind allein die Meldebehörden zuständig.

4. Zuständigkeit

13 Soweit Lohnsteuerabzugsmerkmale nicht automatisiert gebildet werden (§ 39 e Absatz 1 Satz 1 EStG) oder davon abweichend zu bilden sind, richtet sich die Zuständigkeit für die Bildung der Lohnsteuerabzugsmerkmale nach § 39 Absatz 2 EStG. Zuständiges Finanzamt für unbeschränkt steuerpflichtige Arbeitnehmer ist in der Regel das Wohnsitzfinanzamt im Sinne des § 19 Absatz 1 Satz 1 und 2 AO. Abweichend hiervon kann dies nach Zuständigkeitsverordnungen der Länder auch das für die Veranlagung zur Einkommensteuer zuständige Finanzamt sein (z. B. durch Zentralisierungsmaßnahmen in Großstädten). Zuständiges Finanzamt für beschränkt steuerpflichtige Arbeitnehmer ist das für die Betriebsstätte des Arbeitgebers zuständige Betriebsstättenfinanzamt nach § 41 a Absatz 1 Satz 1 Nummer 1 EStG.

5. Steuerklassenbildung bei Ehegatten

14 Ändert sich der Familienstand eines Arbeitnehmers, z. B. durch Eheschließung, Tod des Ehegatten oder Scheidung, übermitteln die Meldebehörden die melderechtlichen Änderungen des Familienstands automatisch an die Finanzverwaltung.

Eheschließung

15 Heiraten Arbeitnehmer, teilen die zuständigen Meldebehörden der Finanzverwaltung den Familienstand „verheiratet", das Datum der Eheschließung und die Identifikationsnummer des Ehegatten mit. Dadurch werden beide Ehegatten programmgesteuert in die Steuerklasse IV eingereiht, wenn sie unbeschränkt einkommensteuerpflichtig sind und nicht dauernd getrennt leben (§ 39 e Absatz 3 Satz 3 EStG). Dies gilt auch dann, wenn einer der Ehegatten keinen Arbeitslohn bezieht (§ 39 e Absatz 3 Satz 3 i. V. m. § 38 b Absatz 1 Satz 2 Nummer 4 EStG). Die Steuerklasse IV wird mit Wirkung ab Beginn des Monats der Eheschließung vergeben.

16 Soll die bei Heirat automatisch gebildete Steuerklassenkombination IV/IV nicht zur Anwendung kommen, können die Ehegatten gemeinsam die Steuerklassenkombination IV/IV mit Faktor (für einen Zeitraum von längstens zwei Jahren, § 39 f Absatz 1 Satz 9 bis 11 EStG) oder die Steuerklassenkombination III/V beim zuständigen Finanzamt mit Wirkung ab Beginn des Monats der Eheschließung beantragen.

17 Ehegatten können im Laufe des Kalenderjahres beim Finanzamt die Änderung der Steuerklassen beantragen. Dies gilt unabhängig von der automatisierten Bildung der Steuerklassen nach § 39 e Absatz 3 Satz 3 EStG sowie einer von den Ehegatten gewünschten Änderung dieser automatisierten Bildung (§ 39 Absatz 6 Satz 3 und 4 EStG). Für eine Berücksichtigung der Änderung im laufenden Kalenderjahr ist der Antrag spätestens bis zum 30. November zu stellen (§ 39 Absatz 6 Satz 6 EStG). Die beantragten Steuerklassen werden mit Wirkung vom Beginn des Kalendermonats, der auf die Antragstellung folgt, gewährt (§ 39 Absatz 6 Satz 5 EStG).

Anl zu LStH 39.1

18 Ein Wechsel der Steuerklassenkombination III/V in IV/IV ist darüber hinaus auch auf Antrag nur eines Ehegatten möglich (§ 38 b Absatz 3 Satz 2 EStG). Dies hat zur Folge, dass beide Ehegatten in die Steuerklasse IV eingereiht werden. Die Steuerklassenkombination III/V kommt also nur zur Anwendung, wenn und solange beide Ehegatten dies wünschen.

19 Der Antrag auf Steuerklassenwechsel ist unter „Mein ELSTER“ (www.elster.de) oder beim Finanzamt mit dem Formular „Antrag auf Lohnsteuer-Ermäßigung und zu den Lohnsteuerabzugsmerkmalen“, dem Hauptvordruck und der Anlage „Steuerklassenwechsel“ zu stellen (vgl. Rn. 139).

Scheidung

20 Wird die Ehe durch Scheidung beendet, übermittelt die Meldebehörde den geänderten melderechtlichen Familienstand sowie das Datum der Scheidung der Ehe an die Finanzverwaltung. Zu Beginn des darauffolgenden Kalenderjahres wird für diese Arbeitnehmer automatisiert die Steuerklasse I gebildet, sofern die Ehegatten bei Trennung ihrer Anzeigepflicht (vgl. Rn. 73) nicht bereits nachgekommen sind und hierdurch die Steuerklasse I für das Folgejahr der Trennung gebildet wurde (vgl. Rn. 24). Entsprechendes gilt bei der Aufhebung einer Ehe. Auf Antrag kann bei Alleinstehenden, denen ein Kinderfreibetrag nach § 32 Absatz 6 EStG oder Kindergeld zusteht, ab Beginn des Folgejahres die Steuerklasse II vom Finanzamt gewährt werden. Bereits ab dem Monat des dauernden Getrenntlebens kann der Entlastungsbetrag für Alleinerziehende nach § 24 b Absatz 4 i. V. m. § 39 a Absatz 1 Satz 1 Nummer 9 EStG zeitanteilig als Freibetrag im Lohnsteuerabzugsverfahren gebildet werden, wenn die Voraussetzungen des § 24 b und des § 39 a Absatz 2 Satz 4 EStG erfüllt sind. Der Antrag ist unter „Mein ELSTER“ (www.elster.de) oder beim Finanzamt mit dem Formular „Antrag auf Lohnsteuer-Ermäßigung und zu den Lohnsteuerabzugsmerkmalen“, dem Hauptvordruck und der Anlage „Kinder“ zu stellen (vgl. Rn. 139).

Tod

21 Verstirbt ein Ehegatte, wird die Steuerklasse des überlebenden Ehegatten ab dem ersten des auf den Todestag folgenden Monats automatisch in Steuerklasse III geändert (§ 38 b Absatz 1 Satz 1 Nummer 3 Buchstabe b EStG; sog. Verwitwetensplitting nach § 32 a Absatz 6 Satz 1 Nummer 1 EStG). Ab Beginn des zweiten Kalenderjahres nach dem Tod des Ehegatten wird programmgesteuert die Steuerklasse I gebildet. Bereits für den Monat des Todes des Ehegatten kann der Entlastungsbetrag für Alleinerziehende nach § 24 b Absatz 4 i. V. m. § 39 a Absatz 1 Satz 1 Nummer 8 EStG zeitanteilig als Freibetrag im Lohnsteuerabzugsverfahren gebildet werden, wenn die Voraussetzungen des § 24 b EStG und des § 39 a Absatz 2 Satz 4 EStG erfüllt sind. Etwas anderes gilt nur, sofern die Voraussetzungen für die Anwendung der Steuerklasse III im Zeitpunkt des Todes nicht vorgelegen haben (z. B. bei dauerndem Getrenntleben). Der Antrag ist unter „Mein ELSTER“ (www.elster.de) oder beim Finanzamt mit dem Formular „Antrag auf Lohnsteuer-Ermäßigung und zu den Lohnsteuerabzugsmerkmalen“, dem Hauptvordruck und der Anlage „Kinder“ (vgl. Rn. 139) zu stellen.

Auslandssachverhalte

22 Gibt ein Ehegatte den inländischen Wohnsitz auf, erhalten beide Ehegatten ab dem Beginn des Folgejahres automatisiert die Steuerklasse I zugeteilt. Erfüllt der im Inland verbleibende unbeschränkt einkommensteuerpflichtige Ehegatte die Voraussetzungen des § 1 a Absatz 1 Nummer 2 EStG, kann dieser auf Antrag in die Steuerklasse III eingereiht werden. Der Antrag ist unter „Mein ELSTER“ (www.elster.de) oder beim Finanzamt mit dem Formular „Antrag auf Lohnsteuer-Ermäßigung und zu den Lohnsteuerabzugsmerkmalen“, dem Hauptvordruck und der Anlage „Steuerklassenwechsel“ zu stellen (vgl. Rn. 139). Zu den Pflichten des Arbeitnehmers beim Wechsel der Steuerpflicht vgl. Rn. 75.

23 Die erneute Begründung eines inländischen Wohnsitzes nach einem Auslandsaufenthalt führt bei beiden Ehegatten ab Beginn dieses Monats automatisch zur Einreihung in die Steuerklasse IV. Die erneute Begründung eines inländischen Wohnsitzes ist dem Wohnsitzfinanzamt unverzüglich anzuzeigen.

Dauerndes Getrenntleben

24 Leben Ehegatten dauernd getrennt, haben sie dies dem zuständigen Wohnsitzfinanzamt (vgl. Rn. 13) unverzüglich anzuzeigen (vgl. Rn. 73). Die Anzeige ist unter „Mein ELSTER“ (www.elster.de) oder beim Finanzamt mit dem Formular „Antrag auf Lohnsteuer-Ermäßigung und zu den Lohnsteuerabzugsmerkmalen“, dem Hauptvordruck und der Anlage „Steuerklassenwechsel“ (vgl. Rn. 139) zu stellen. Dadurch wird – ungeachtet eines etwaigen Steuerklassenwechsels im Trennungsjahr – ab Beginn des darauffolgenden Jahres automatisch die Steuerklasse I gebildet.

6. Steuerklassenbildung bei Lebenspartnern

25 Die Regelungen des EStG zu Ehegatten und Ehen sind auch auf Lebenspartner und Lebenspartnerschaften anzuwenden (§ 2 Absatz 8 EStG). Der Familienstand „verheiratet“ und der Familienstand „Lebenspartnerschaft“ werden demnach im ELStAM-Verfahren identisch behandelt. Im Rahmen des Lohnsteuerabzugsverfahrens betrifft dies u. a. die Regelungen zur Bildung der familiengerechten Steuerklassenkombination III/V bzw. IV/IV, ggf. mit Faktor (§ 38 b Absatz 1 EStG).

26 Zum 1. Oktober 2017 ist das Gesetz zur Einführung des Rechts auf Eheschließung für Personen gleichen Geschlechts vom 20. Juli 2017 (BGBl. 2017 I Seite 2787) in Kraft getreten. Danach können gleichgeschlechtliche Partner seit dem 1. Oktober 2017 eine Ehe schließen (§ 1353 Absatz 1 Satz 1 BGB). Eine bestehende Lebenspartnerschaft wird in eine Ehe umgewandelt, wenn beide Lebenspartner beim Standesamt persönlich erklären, miteinander eine Ehe auf Lebenszeit führen zu wollen (§ 20 a Lebenspartnerschaftsgesetz). Lebenspartnerschaften können seit dem 1. Oktober 2017 nicht mehr begründet werden. Das Lebenspartnerschaftsgesetz gilt seit dem 1. Oktober 2017 nur noch für die Lebenspartnerschaften, die nicht in eine Ehe umgewandelt wurden.

Anl zu LStH 39.1

27 Im ELStAM-Verfahren führt die Mitteilung über die Heirat zur automatisierten Bildung der Steuerklasse IV (vgl. Rn. 15). Insoweit ergeben sich für gleichgeschlechtliche Ehegatten im ELStAM-Verfahren keine Besonderheiten. Auch die Möglichkeit, beim Finanzamt eine ungünstigere Steuerklasse zu beantragen, bleibt bestehen (vgl. Rn. 84 f.). Die Umwandlung einer Lebenspartnerschaft in eine Ehe hat für den Lohnsteuerabzug keine Folgen, weil die Steuerklassen, die während der Lebenspartnerschaft gewählt worden sind, nach der Umwandlung in eine Ehe gültig bleiben.

7. Berücksichtigung von Kindern

Lohnsteuerabzugsmerkmal

28 Die Berücksichtigung von Kindern erfolgt im laufenden Kalenderjahr bei Arbeitnehmern über das Kindergeld. Die Kinderfreibeträge als Lohnsteuerabzugsmerkmal wirken sich nur auf die Zuschlagsteuern (Solidaritätszuschlag und Kirchensteuer) aus. Im Lohnsteuerabzugsverfahren wird für Zwecke der Zuschlagsteuern der Kinderfreibetragszähler ab dem Monat der Geburt des Kindes gebildet und bis zum Ablauf des Jahres, in dem die Voraussetzungen für die Berücksichtigung des Kindes nach § 32 Absatz 1, 2, 4 und 5 EStG entfallen, zum Abruf bereitgestellt. Bis zum Ablauf des Kalenderjahres, in dem das im Inland ansässige Kind das 18. Lebensjahr vollendet, wird der Kinderfreibetragszähler in der Regel automatisiert berücksichtigt. Für volljährige Kinder wird der Kinderfreibetragszähler bei Vorliegen der entsprechenden Voraussetzungen nur auf Antrag berücksichtigt. Der Antrag ist unter „Mein ELSTER" (www.elster.de) oder beim Finanzamt mit dem Formular „Antrag auf Lohnsteuer-Ermäßigung und zu den Lohnsteuerabzugsmerkmalen", dem Hauptvordruck und der Anlage „Kinder" zu stellen (vgl. Rn. 139). Im Veranlagungsverfahren zur Einkommensteuer wird bei den Zuschlagsteuern ein Kinderfreibetrag ab Beginn des Jahres der Geburt des Kindes bis zum Ablauf des Jahres, in dem die Voraussetzungen für die Berücksichtigung des Kindes nach § 32 Absatz 1, 2, 4 und 5 EStG entfallen, berücksichtigt (Jahresprinzip).

29 Bei im Inland ansässigen minderjährigen Kindern im Sinne des § 32 Absatz 1 Nummer 1 EStG werden in den Steuerklassen I bis IV die Kinderfreibetragszähler bei beiden Elternteilen in der Regel automatisiert berücksichtigt, sofern Eltern und Kind in derselben Gemeinde wohnen (§ 38 b Absatz 2 EStG).

30 Bei minderjährigen Kindern, die nicht in der Wohnung des Elternteils gemeldet sind, setzt die Bildung der Kinderfreibetragszähler einen einmaligen Antrag voraus. Der Antrag ist unter „Mein ELSTER" (www.elster.de) oder beim Finanzamt mit dem Formular „Antrag auf Lohnsteuer-Ermäßigung und zu den Lohnsteuerabzugsmerkmalen", dem Hauptvordruck und der Anlage „Kinder" zu stellen (vgl. Rn. 139). Dabei ist der Nachweis beim Finanzamt durch Vorlage der Geburtsurkunde des Kindes zu führen.

31 Kommt ein Elternteil seinen Unterhaltsverpflichtungen im Wesentlichen nicht nach oder ist er mangels Leistungsfähigkeit nicht unterhaltspflichtig (sog. Mangelunterhaltsfälle), ist eine Übertragung des Kinderfreibetrags auf den anderen Elternteil im Lohnsteuerabzugsverfahren nur möglich, wenn der Antragsteller keinen Unterhaltsvorschuss erhalten hat. Der Antrag ist unter „Mein ELSTER" (www.elster.de) oder beim Finanzamt mit dem Formular „Antrag auf Lohnsteuer-Ermäßigung und zu den Lohnsteuerabzugsmerkmalen", dem Hauptvordruck und der Anlage „Kinder" zu stellen (vgl. Rn. 139). Ein Antrag auf Übertragung der Freibeträge für Kinder kann auch erst im Rahmen einer Veranlagung zur Einkommensteuer gestellt werden.

Mehrjährige Berücksichtigung in den Antragsfällen nach § 38 b Absatz 2 Satz 2 EStG

32 Können Kinderfreibetragszähler nicht automatisiert berücksichtigt werden, ist die mehrjährige Berücksichtigung von Kindern im Lohnsteuerabzugsverfahren möglich, wenn nach den tatsächlichen Verhältnissen zu erwarten ist, dass die Voraussetzungen bestehen bleiben (§ 38 b Absatz 2 Satz 2 und 3 EStG). Eine mehrjährige Berücksichtigung kommt z. B. in den folgenden Fällen in Betracht:

1. Pflegekinder in den Fällen des § 32 Absatz 1 Nummer 2 EStG,
2. Kinder unter 18 Jahren, wenn der Wohnsitz/gewöhnliche Aufenthalt des anderen Elternteils nicht ermittelbar oder der Vater des Kindes amtlich nicht feststellbar ist,
3. Kinder nach Vollendung des 18. Lebensjahres, die die Voraussetzungen des § 32 Absatz 4 EStG erfüllen. Bei Kindern, die sich in Berufsausbildung befinden, kann sich die mehrjährige Berücksichtigung bei einem Ausbildungsdienstverhältnis, z. B. aus dem Ausbildungsvertrag, ergeben (§ 32 Absatz 4 Satz 1 Nummer 2 Buchstabe a EStG); bei einem Erststudium kann für die mehrjährige Berücksichtigung die Regelstudienzeit zugrunde gelegt werden (§§ 11, 19 Hochschulrahmengesetz).

33 Der Antrag kann nur nach amtlich vorgeschriebenem Vordruck gestellt werden (§ 38 b Absatz 2 Satz 2 und 5 EStG). Der Antrag ist unter „Mein ELSTER" (www.elster.de) oder beim Finanzamt mit dem Formular „Antrag auf Lohnsteuer-Ermäßigung und zu den Lohnsteuerabzugsmerkmalen", dem Hauptvordruck und der Anlage „Kinder" zu stellen (vgl. Rn. 139).

III. Durchführung des Lohnsteuerabzugs

1. Elektronisches Verfahren

Regelverfahren

20 **34** Der Lohnsteuerabzug ist regelmäßig nach den amtlich gebildeten ELStAM durchzuführen. Dazu stellt die Finanzverwaltung dem Arbeitgeber die ELStAM unentgeltlich zum elektronischen Abruf bereit (§ 39 e Absatz 3 Satz 1 EStG). Die Finanzverwaltung bildet für Arbeitnehmer als Grundlage für den Lohnsteuerabzug die Steuerklasse, die Zahl der Kinderfreibetragszähler für die Steuerklassen I bis IV sowie die Merkmale für den Kirchensteuerabzug automatisch als ELStAM. Auf Antrag des Arbeitnehmers werden auch Freibeträge und Hinzurechnungsbeträge nach § 39 a EStG oder ein Faktor nach § 39 f EStG berücksichtigt.

Verfahren bei unzutreffenden ELStAM

35 Stellt die Finanzverwaltung dem Arbeitgeber unzutreffende ELStAM bereit, kann der Arbeitnehmer deren Berichtigung beim Finanzamt beantragen (§ 39 Absatz 1 Satz 2 und Absatz 2 EStG, vgl. Rn. 5 und 8 ff.). In Betracht kommen neben unzutreffenden melderechtlichen Merkmalen insbesondere ELStAM, die aus technischen Gründen nicht zeitnah berichtigt werden können. Neben der Möglichkeit des Arbeitnehmers, eine Bescheinigung für den Lohnsteuerabzug zu beantragen (vgl. Rn. 36), besteht für den Arbeitgeber die Möglichkeit, für die Dauer von bis zu drei Monaten den Lohnsteuerabzug mit den voraussichtlichen ELStAM durchzuführen (vgl. Rn. 88 ff.).

36 Um bei unzutreffenden ELStAM den zutreffenden Lohnsteuerabzug vornehmen zu können, stellt das Finanzamt auf Antrag des Arbeitnehmers eine Bescheinigung für den Lohnsteuerabzug (§ 39 Absatz 1 Satz 2 EStG) in der Regel bis zum Ende des Kalenderjahres, für welches die Bescheinigung gilt, aus und sperrt gleichzeitig den Arbeitgeberabruf (Vollsperrung). Durch diese Sperrung werden dem Arbeitgeber für den Arbeitnehmer keine ELStAM mehr bereitgestellt. Stattdessen erhält er in der auf die Sperrung folgenden monatlichen Änderungsliste (Monatsliste) einen Hinweis auf den Wegfall der Abrufberechtigung. Legt der Arbeitnehmer dem Arbeitgeber die Bescheinigung für den Lohnsteuerabzug vor, sind die darauf eingetragenen Lohnsteuerabzugsmerkmale maßgebend. Folglich hat sie der Arbeitgeber in das Lohnkonto des Arbeitnehmers zu übernehmen, dem Lohnsteuerabzug zugrunde zu legen und die Regelung in § 39 e Absatz 6 Satz 8 EStG (Lohnsteuerabzug nach Steuerklasse VI) nicht anzuwenden. Bei Beendigung des Arbeitsverhältnisses vor Ablauf des Kalenderjahres hat er dem Arbeitnehmer diese Bescheinigung auszuhändigen (vgl. Rn. 98).

37 Hebt das Finanzamt die Vollsperrung gemäß Rn. 36 auf, werden dem Arbeitgeber die für den Arbeitnehmer zutreffenden ELStAM in einer Monatsliste zum Abruf bereitgestellt. Mit dem erneuten Abruf der ELStAM durch den Arbeitgeber verliert die Bescheinigung für den Lohnsteuerabzug ihre Gültigkeit; sie ist nicht an das Finanzamt zurückzugeben. Der Arbeitgeber darf sie nach Ablauf des Kalenderjahres vernichten.

38 Ist eine Korrektur unzutreffender ELStAM durch das Finanzamt für zurückliegende Lohnzahlungszeiträume erforderlich, stellt das Finanzamt auf Antrag des Arbeitnehmers eine befristete Bescheinigung für den Lohnsteuerabzug aus (§ 39 Absatz 1 Satz 2 EStG). Dies gilt insbesondere für Änderungen von ELStAM im Einspruchsverfahren oder bei verzögert übermittelten bzw. weiterverarbeiteten Daten der Meldebehörden. In der befristeten Bescheinigung werden die anzuwendenden Lohnsteuerabzugsmerkmale für im Kalenderjahr zurückliegende Monate ausgewiesen (befristet bis zum Monatsende vor Bereitstellung der zutreffenden ELStAM). Weil diese Lohnsteuerabzugsmerkmale nur für die Vergangenheit anzuwenden sind, wird der Arbeitgeberabruf für die ELStAM nicht gesperrt.

2. Arbeitgeberpflichten

Registrierung zur Abrufberechtigung unter „Mein ELSTER"

39 Die Lohnsteuerabzugsmerkmale werden aus der ELStAM-Datenbank in der Regel elektronisch bereitgestellt. Für die Teilnahme am ELStAM-Verfahren muss sich ein Arbeitgeber zunächst einmalig auf der Internetseite www.elster.de unter „Mein ELSTER" registrieren (sog. ELSTER-Authentifizierung). Dies ermöglicht der Finanzverwaltung nachzuverfolgen, wer zu welchem Zeitpunkt als Arbeitgeber welche Daten aus der Datenbank angefordert hat.

40 Nach erfolgreicher Authentifizierung erhält der Arbeitgeber ein elektronisches Zertifikat. Für die Teilnahme am ELStAM-Verfahren wird die Auswahl des Organisationszertifikats empfohlen. Dafür hat eine Registrierung mit der Wirtschafts-Identifikationsnummer bzw. der Steuernummer der Betriebsstätte oder des Teils des Betriebs des Arbeitgebers, in dem der für die Durchführung des Lohnsteuerabzugs maßgebende Arbeitslohn des Arbeitnehmers ermittelt wird (§ 39 e Absatz 6 Satz 6 Nummer 1 Satz 2 und Absatz 9 EStG), zu erfolgen. Dieses Zertifikat wird dem Unternehmen zugewiesen. Technisch ist es möglich, zu einer Wirtschafts-Identifikationsnummer bzw. Steuernummer bis zu 100 gleichwertige Organisationszertifikate zu erzeugen.

41 Die Registrierung für ein Zertifikat erfolgt mit der aktuellen Wirtschafts-Identifikationsnummer bzw. Steuernummer der Betriebsstätte oder des Teils des Betriebs des Arbeitgebers, in dem der für die Durchführung des Lohnsteuerabzugs maßgebende Arbeitslohn des Arbeitnehmers ermittelt wird (§ 39 e Absatz 6 Satz 6 Nummer 1 Satz 2 und Absatz 9 EStG), im Internet unter „ELSTER – Ihr Online-Finanzamt" – (nach Registrierung dann im geschützten Bereich „Mein ELSTER") direkt von der Startseite aus. Alternativ kann sie über den Bereich der Benutzergruppe „Arbeitgeber" vorgenommen werden.

42 Arbeitgeber, die ihre Lohnabrechnungen durch einen Dritten erstellen lassen, z. B. durch einen Steuerberater, benötigen keine eigene Registrierung. Entsprechendes gilt in den Fällen des § 38 Absatz 3 a EStG (z. B. „Mehrarbeitgebermodell"). In diesen Fällen übernimmt der Dritte als „Datenübermittler" die Aufgaben des Arbeitgebers. Dieser benötigt hierfür nur sein eigenes und kein zusätzliches Zertifikat für den betroffenen Arbeitgeber. Weitere Informationen für Arbeitgeber stehen im Internet unter www.elster.de zur Verfügung.

Mitteilung der Steuernummer an den Arbeitnehmer

43 Möchte der Arbeitnehmer eine Negativ- oder Positivliste (vgl. Rn. 77 ff.) beim Finanzamt einrichten, hat der Arbeitgeber dem Arbeitnehmer die Wirtschafts-Identifikationsnummer bzw. die Steuernummer der Betriebsstätte oder des Teils des Betriebs des Arbeitgebers, in dem der für die Durchführung des Lohnsteuerabzugs maßgebende Arbeitslohn des Arbeitnehmers ermittelt wird, mitzuteilen (§ 39 e Absatz 6 Satz 6 Nummer 1 Satz 2 und Absatz 9 EStG). Der Arbeitnehmer hat für die Verwendung dieser Wirtschafts-Identifikationsnummer bzw. Steuernummer die Schutzvorschriften für die ELStAM entspre-

Anl zu LStH 39.1

chend zu beachten (§ 39 e Absatz 6 Satz 6 Nummer 1 Satz 3 EStG ist sinngemäß anzuwenden, vgl. Rn. 106 f.).

Abruf der ELStAM

44 Die Teilnahme am ELStAM-Verfahren setzt voraus, dass der Arbeitgeber den neu eingestellten Arbeitnehmer bei der Finanzverwaltung per Datenfernübertragung anmeldet und dadurch dessen ELStAM anfordert. Mit der Anmeldebestätigung werden dem Arbeitgeber die ELStAM des Arbeitnehmers zur Verfügung gestellt. Diese ELStAM sind für die Lohnabrechnung abzurufen, in das Lohnkonto zu übernehmen und gemäß der zeitlichen Gültigkeitsangabe anzuwenden (§ 39 e Absatz 4 Satz 2 EStG).

45 Kann der Arbeitgeber die elektronischen Lohnsteuerabzugsmerkmale wegen technischer Störungen (vgl. hierzu Rn. 88 f.) nicht abrufen oder hat der Arbeitnehmer die fehlende Mitteilung der ihm zuzuteilenden Identifikationsnummer nicht zu vertreten, hat der Arbeitgeber für die Lohnsteuerberechnung die voraussichtlichen Lohnsteuerabzugsmerkmale im Sinne des § 38 b EStG längstens für die Dauer von drei Kalendermonaten zu Grunde zu legen (vgl. § 39 c Absatz 1 Satz 2 EStG).

46 Für die Anforderung von ELStAM hat der Arbeitgeber folgende Daten des Arbeitnehmers mitzuteilen (§ 39 e Absatz 4 Satz 3 EStG):

1. Identifikationsnummer,
2. Tag der Geburt,
3. Tag des Beginns des Dienstverhältnisses,
4. Referenzdatum (vgl. Rn. 50),
5. ob es sich um das erste Dienstverhältnis (Hauptarbeitsverhältnis mit Steuerklasse I bis V) oder um ein weiteres Dienstverhältnis (Nebenarbeitsverhältnis mit Steuerklasse VI) handelt (§ 38 b Absatz 1 Satz 2 Nummer 6 EStG),
6. etwaige Angaben, ob und in welcher Höhe ein nach § 39 a Absatz 1 Satz 1 Nummer 7 EStG festgestellter Freibetrag und Hinzurechnungsbetrag abgerufen werden soll.

Ist ein Antrag nach § 39 Absatz 3 Satz 1 EStG oder § 39 e Absatz 8 EStG nicht gestellt, hat der Arbeitgeber die Lohnsteuer nach Steuerklasse VI zu ermitteln. Legt der Arbeitnehmer binnen sechs Wochen nach Eintritt in das Dienstverhältnis oder nach Beginn des Kalenderjahres eine Bescheinigung für den Lohnsteuerabzug vor, sind die Lohnsteuerermittlungen für die vorangegangenen Monate zu überprüfen und, falls erforderlich, zu ändern. Die zu wenig oder zu viel einbehaltene Lohnsteuer ist jeweils bei der nächsten Lohnabrechnung auszugleichen (§ 39 c Absatz 2 Satz 2 i. V. m. Absatz 1 Satz 4 und 5 EStG).

47 Für beschränkt einkommensteuerpflichtige Arbeitnehmer ist die Identifikationsnummer nach § 39 Absatz 3 Satz 1 EStG beim Betriebsstättenfinanzamt des Arbeitgebers (§ 41 a Absatz 1 Satz 1 Nummer 1 EStG) zu beantragen. Die Zuteilung einer Identifikationsnummer kann auch der Arbeitgeber beantragen, wenn ihn der Arbeitnehmer dazu bevollmächtigt hat (§ 80 Absatz 1 AO i. V. m. § 39 Absatz 3 Satz 2 EStG). Wurde dem beschränkt einkommensteuerpflichtigen Arbeitnehmer bereits eine Identifikationsnummer zugeteilt, teilt das Betriebsstättenfinanzamt diese auf Anfrage des Arbeitnehmers schriftlich mit. Der Arbeitgeber ist auch berechtigt, eine Anfrage im Namen des Arbeitnehmers zu stellen.

48 Zur Beantragung der Identifikationsnummer steht der bundeseinheitliche Vordruck „Antrag auf Vergabe einer steuerlichen Identifikationsnummer für nicht meldepflichtige Personen durch das Finanzamt" in Papier und auf dem Formularserver des Bundes (https://www.formulare-bfinv.de) zur Verfügung (vgl. Rn. 139).

49 Die Anmeldung eines ersten Dienstverhältnisses ist nur bei Vorliegen einer entsprechenden Mitteilung des Arbeitnehmers zulässig. Teilt der Arbeitnehmer dem Arbeitgeber auch auf Nachfrage nicht mit, ob es sich um das erste oder ein weiteres Dienstverhältnis handelt, muss der Arbeitgeber ein weiteres Dienstverhältnis anmelden und die Lohnsteuer nach der Steuerklasse VI ermitteln (§ 39 c Absatz 1 Satz 1 EStG). Die Teilnahme des Arbeitnehmers im ELStAM-Verfahren mit der Steuerklasse I bis V (erstes Dienstverhältnis) ist ohne Angabe der Art des Dienstverhältnisses bei der Anmeldung durch den Arbeitgeber nicht möglich. Diese Angabe ist zwingend erforderlich.

50 Neben dem „Beschäftigungsbeginn" hat der Arbeitgeber in der Anmeldung des Arbeitnehmers zusätzlich das Referenzdatum anzugeben. Das Referenzdatum ist das Datum, ab dem ELStAM bereitgestellt werden sollen („gültig ab"), und ist bei neu eingestellten Arbeitnehmern in der Regel identisch mit dem Datum des Beschäftigungsbeginns. Das Referenzdatum darf weder in der Zukunft noch vor dem Beschäftigungsbeginn liegen. Das Referenzdatum darf bezüglich eines Arbeitnehmers nur einmalig für diesen einen Arbeitgeber verwendet werden. Eine Mehrfachverwendung wird mit einem Fehlerhinweis abgelehnt.

51 Das Referenzdatum kann von dem Datum des Beschäftigungsbeginns abweichen.

Beispiel:

Ab 1. Mai Beschäftigungsbeginn i. R. eines geringfügigen Beschäftigungsverhältnisses mit pauschaler Lohnsteuererhebung – der Arbeitnehmer ist nicht in der ELStAM-Datenbank anzumelden – und ab 1. Oktober Umwandlung in ein sozialversicherungspflichtiges Beschäftigungsverhältnis mit der Besteuerung des Arbeitslohns im Regelverfahren nach den ELStAM des Arbeitnehmers.
Als Beschäftigungsbeginn ist der 1. Mai und als Referenzdatum der 1. Oktober anzugeben.

52 Darüber hinaus darf bei einer Anmeldung des Arbeitnehmers vor dem 1. März des aktuellen Jahres das Referenzdatum nicht vor dem 1. Januar des Vorjahres liegen. Bei einer Anmeldung nach dem 28.

Anl zu LStH 39.1

bzw. 29. Februar des aktuellen Jahres darf das Referenzdatum nicht vor dem 1. Januar des aktuellen Jahres liegen.

Laufendes Abrufverfahren

53 Der Arbeitgeber ist verpflichtet, die ELStAM monatlich anzufragen und abzurufen (§ 39 e Absatz 5 Satz 3 EStG). Da sich die Lohnsteuerabzugsmerkmale der Arbeitnehmer in einer Vielzahl von Fällen nicht in jedem Monat ändern, hat die Finanzverwaltung einen Mitteilungsservice eingerichtet (Abruf der Änderungslisten). Zur Nutzung dieses Mitteilungsverfahrens kann der Arbeitgeber auf der Internetseite www.elster.de unter „Mein ELSTER" auswählen, per E-Mail über die Bereitstellung von Änderungen informiert zu werden. Es wird nicht beanstandet, wenn der Arbeitgeber nur in den Fällen ELStAM anfragt und abruft, in denen er durch den E-Mail-Mitteilungsservice erfährt, dass sich für den Lohnzahlungszeitraum Änderungen bei den ELStAM seiner Arbeitnehmer ergeben haben (§ 39 e Absatz 5 Satz 1 Nummer 1 EStG).

54 Ruft der Arbeitgeber die (geänderten) ELStAM nicht (regelmäßig) ab, ist der Arbeitslohn auf Basis der für den Lohnzahlungszeitraum bereitgestellten ELStAM nachzuversteuern. § 39 c Absatz 1 Satz 1 EStG ist insoweit nicht anzuwenden.

55 Legt der Arbeitnehmer eine Bescheinigung des Finanzamts zur Korrektur des Lohnsteuerabzugs zurückliegender Lohnzahlungszeiträume vor (vgl. Rn. 36 und 38), ist eine Änderung des Lohnsteuerabzugs nach Maßgabe des § 41 c Absatz 1 Satz 1 Nummer 1 EStG möglich.

Gültigkeit der ELStAM, Beendigung des Dienstverhältnisses

56 Die abgerufenen ELStAM sind gemäß der zeitlichen Gültigkeitsangabe vom Arbeitgeber für die Durchführung des Lohnsteuerabzugs des Arbeitnehmers anzuwenden (§ 39 e Absatz 5 Satz 1 EStG), bis

1. ihm die Finanzverwaltung geänderte ELStAM zum Abruf bereitstellt oder
2. der Arbeitgeber der Finanzverwaltung die Beendigung des Dienstverhältnisses mitteilt.

57 Der Arbeitgeber hat der Finanzverwaltung die Beendigung des Dienstverhältnisses unverzüglich mitzuteilen (§ 39 e Absatz 4 Satz 5 EStG); dies gilt für jedes Haupt- sowie Nebenarbeitsverhältnis. Hierzu übermittelt der Arbeitgeber die Daten des abzumeldenden Arbeitnehmers (Identifikationsnummer, Geburtsdatum, Datum der Beendigung des Dienstverhältnisses und das Referenzdatum) auf elektronischem Weg nach amtlich vorgeschriebenem Datensatz (Abmeldung). Vgl. im Übrigen Rn. 62 ff.

Besonderheiten im Sterbemonat des Arbeitnehmers

58 Mit der Übermittlung des Sterbedatums durch die Meldebehörde an die ELStAM-Datenbank ist der Datensatz für die ELStAM und die Abrufberechtigung für jeden Arbeitgeber gesperrt. Der Arbeitgeber eines verstorbenen Arbeitnehmers erhält mit der auf den Sterbezeitpunkt folgenden Monatsliste den Hinweis, dass keine Abrufberechtigung mehr vorliegt. Die Nachricht, dass der Arbeitnehmer verstorben ist, darf aus Datenschutzgründen nicht mitgeteilt werden.

59 Für ausstehende Arbeitslohnzahlungen sind die ELStAM des Erben anzuwenden. Abweichend davon kann die Zahlung von laufendem Arbeitslohn für den gesamten Monat, in dem der Arbeitnehmer verstorben ist, nach den ELStAM des Verstorbenen abgerechnet werden (R 19.9 Absatz 1 LStR). Wird für die folgenden Monate laufender Arbeitslohn gezahlt, sind die ELStAM des Erben anzuwenden. Der verstorbene Arbeitnehmer ist dazu zum Ende des Sterbemonats abzumelden und der Erbe zum 1. des folgenden Monats anzumelden. Im Fall einer Fiskalerbschaft erbt keine natürliche Person. Aus diesem Grund sind auch keine ELStAM-Daten abrufbar; es ist keine Lohnsteuer einzubehalten und abzuführen.

Lohnzahlungen nach Beendigung des Dienstverhältnisses

60 Zahlt der Arbeitgeber nach Beendigung des Dienstverhältnisses laufenden Arbeitslohn (R 39 b.2 Absatz 1 LStR), sind der Besteuerung die ELStAM zum Ende des Lohnzahlungszeitraums zugrunde zu legen, für den die Nachzahlung erfolgt (R 39 b.5 Absatz 1 Satz 3 LStR). Eine erneute Anmeldung des Arbeitnehmers bei der Finanzverwaltung ist insoweit nicht erforderlich.

61 Handelt es sich dagegen um sonstige Bezüge (R 39 b.2 Absatz 2 LStR), sind für die Besteuerung die ELStAM zum Ende des Kalendermonats des Zuflusses des sonstigen Bezugs maßgebend (R 39 b.6 Absatz 3 Satz 1 LStR). Der Arbeitgeber muss daher den Arbeitnehmer erneut bei der Finanzverwaltung anmelden. Dazu sollte er sich mit dem Arbeitnehmer abstimmen, ob die Anmeldung für die Arbeitslohnnachzahlung als Hauptarbeitsverhältnis (für Steuerklasse I bis V) oder als Nebenarbeitsverhältnis (für Steuerklasse VI) vorgenommen werden soll. Unterlässt der Arbeitgeber in diesem Fall die Anmeldung, obwohl ihm die hierzu erforderlichen Angaben des Arbeitnehmers vorliegen und der Anmeldung keine technischen Hinderungsgründe gemäß § 39 c Absatz 1 Satz 2 EStG entgegenstehen, ist der Steuerabzug nach der Steuerklasse VI vorzunehmen.

Beispiel zur Arbeitslohnnachzahlung nach Arbeitgeberwechsel:

Ein Arbeitnehmer beendet seine Beschäftigung beim ersten Arbeitgeber A (dort bis dahin Steuerklasse I) zum 31. Oktober 01 und beginnt ein neues Hauptbeschäftigungsverhältnis beim Arbeitgeber B zum 1. November 01 (dort Steuerklasse I). Arbeitgeber A zahlt am 15. November 01 noch Arbeitslohn aus dem früheren Beschäftigungsverhältnis an den Arbeitnehmer (Nachzahlung für Oktober 01). Nach welcher Steuerklasse muss die Besteuerung erfolgen?

Laufender Arbeitslohn

Nachzahlungen von Arbeitslohn, die sich ausschließlich auf Lohnzahlungszeiträume beziehen, die im Kalenderjahr der Zahlung enden (hier Auszahlung am 15. November 01 für Oktober 01), stellen begrifflich laufenden Arbeitslohn dar (R 39 b.2 Absatz 1 Nummer 6 LStR). Folglich ist diese Nachzahlung für die Berechnung der Lohnsteuer dem Lohnzahlungszeitraum zuzurechnen, für den sie geleistet wurde (R 39 b.5 Absatz 4 Satz 1 LStR).

Anl zu LStH 39.1

Der Arbeitgeber A hat daher die Arbeitslohnnachzahlung für Oktober 01 dem Lohnzahlungs-zeitraum Oktober 01 zuzurechnen und folglich nach der Steuerklasse I zu versteuern (R 39 b.5 Absatz 1 Satz 3 LStR). Hierfür ist eine erneute Anmeldung des Arbeitnehmers im ELStAM-Verfahren nicht erforderlich.

Sonstiger Bezug

Allerdings steht dem Arbeitgeber A insoweit ein Wahlrecht zu. Er hat auch die Möglichkeit, diese Nachzahlung als sonstigen Bezug zu behandeln, wenn der Arbeitnehmer von ihm nicht ausdrücklich die zuvor erläuterte Besteuerung als laufenden Arbeitslohn verlangt hat (R 39 b.5 Absatz 4 Satz 2 LStR). Von einem sonstigen Bezug ist die Lohnsteuer stets in dem Zeitpunkt einzubehalten, in dem er zufließt. In diesem Fall sind die Lohnsteuerabzugsmerkmale (insbesondere die Steuerklasse) zugrunde zu legen, die zum Ende des Kalendermonats des Zuflusses gelten (R 39 b.6 Absatz 1 LStR); aufgrund der Auszahlung am 15. November 01 folglich im Monat November 01. Weil der Arbeitnehmer aber ab November 01 ein erstes Beschäftigungsverhältnis (Steuerklasse I) beim neuen Arbeitgeber B aufgenommen hat, wäre die vom Arbeitgeber A geleistete Nachzahlung nach der Steuerklasse VI zu besteuern. Dafür müsste der Arbeitgeber A den Arbeitnehmer erneut im ELStAM-Verfahren anmelden.

Abwandlung zum vorherigen Beispiel:

Die Arbeitslohnnachzahlung erfolgt nicht am 15. November 01, sondern erst in 02.
Weil die Nachzahlung erst im Kalenderjahr 02 geleistet wird, liegt regelmäßig ein sonstiger Bezug vor, der nach der Steuerklasse VI zu besteuern ist (R 39 b.6 Absatz 1 LStR). Nur wenn der Arbeitslohn dem Arbeitnehmer innerhalb der ersten drei Wochen des nachfolgenden Kalenderjahres zufließt, liegt laufender Arbeitslohn des Lohnzahlungszeitraums Oktober 01 vor, der nach der Steuerklasse I zu versteuern ist (R 39 b.2 Absatz 1 Nummer 7 und R 39 b.5 Absatz 4 Satz 1 LStR).

3. Arbeitgeberwechsel

62 In Fällen des Arbeitgeberwechsels ist der bisherige Arbeitgeber verpflichtet, die Beendigung des Dienstverhältnisses der Finanzverwaltung unverzüglich durch Datenfernübertragung mitzuteilen und den Arbeitnehmer bei der Finanzverwaltung zeitnah elektronisch abzumelden (§ 39 e Absatz 4 Satz 5 EStG, vgl. Rn. 57). Der neue Arbeitgeber hat sich bei der Finanzverwaltung als Arbeitgeber anzumelden und die ELStAM des Arbeitnehmers abzurufen (vgl. Rn. 44 ff.).

63 Bei der Abmeldung ist zu berücksichtigen, dass die aktuellen ELStAM des Arbeitnehmers dem Arbeitgeber ab dem ersten bis zum fünften Werktag des Folgemonats über eine Monatsliste zum Abruf bereitgestellt werden. Erfolgt die Abmeldung des Arbeitnehmers vor dem fünften Werktag des Folgemonats, kann der bisherige Arbeitgeber die aktuellen ELStAM des Arbeitnehmers für den Monat der Beendigung des Dienstverhältnisses ggf. nicht abrufen.

4. Weiteres Dienstverhältnis

Beginn eines weiteren Dienstverhältnisses

64 Beginnt der Arbeitnehmer ein neues Dienstverhältnis und bezieht er nebeneinander von mehreren Arbeitgebern Arbeitslohn, hat er zu entscheiden, welches das erste und welches das weitere Dienstverhältnis ist. Soll der Arbeitslohn des neuen Dienstverhältnisses nach der Steuerklasse VI besteuert werden, hat der Arbeitnehmer dem Arbeitgeber neben der Identifikationsnummer und dem Tag der Geburt mitzuteilen, dass es sich um ein weiteres Dienstverhältnis handelt (vgl. Rn. 70 f.). Zur Berücksichtigung eines festgestellten Freibetrags (§ 39 a Absatz 1 Satz 1 Nummer 7 EStG) vgl. Rn. 127. Soll der Arbeitslohn des neuen Dienstverhältnisses nach den Merkmalen des ersten Dienstverhältnisses besteuert werden, hat der Arbeitnehmer dem Arbeitgeber mitzuteilen, dass es sich um das erste Dienstverhältnis handelt (vgl. Rn. 46). Ferner hat der Arbeitnehmer auch dem bisherigen Arbeitgeber mitzuteilen, dass und ab wann es sich bei dem bisherigen Hauptarbeitsverhältnis um ein Nebenarbeitsverhältnis handelt (vgl. Rn. 67).

65 Nachdem der Arbeitgeber des neuen Dienstverhältnisses den Arbeitnehmer bei der Finanzverwaltung angemeldet hat, bildet die Finanzverwaltung die ELStAM automatisch und stellt sie dem Arbeitgeber zum Abruf bereit. Wird das neue Dienstverhältnis als Hauptarbeitsverhältnis angemeldet, stellt die Finanzverwaltung diesem Arbeitgeber die ELStAM nach Rn. 4 ff. und dem anderen Arbeitgeber nach der Anmeldung als Nebenarbeitsverhältnis als ELStAM die Steuerklasse VI und ggf. die rechtliche Zugehörigkeit zu einer steuererhebenden Religionsgemeinschaft sowie einen Freibetrag nach § 39 a Absatz 1 Satz 1 Nummer 7 EStG zum Abruf bereit.

66 Die für das neue Dienstverhältnis gültigen ELStAM werden in der Regel rückwirkend ab dem in der Anmeldung verwendeten Referenzdatum (vgl. Rn. 50) gebildet.

5. Hauptarbeitgeberwechsel

Wechsel des ersten Dienstverhältnisses

67 Bezieht der Arbeitnehmer nebeneinander von mehreren Arbeitgebern Arbeitslohn, kann er auch während des Kalenderjahres einen neuen ersten Arbeitgeber (Hauptarbeitgeber) bestimmen. Hierfür ist dem neuen Hauptarbeitgeber mitzuteilen, dass es sich nun um das erste Dienstverhältnis handelt. Dem weiteren Arbeitgeber ist mitzuteilen, dass es sich nun um das weitere Dienstverhältnis handelt und ggf. ob und in welcher Höhe ein nach § 39 a Absatz 1 Satz 1 Nummer 7 EStG festgestellter Freibetrag (vgl. Rn. 127) abgerufen werden soll. Der weitere Arbeitgeber muss sich daraufhin abmelden und als Nebenarbeitgeber neu anmelden (vgl. Rn. 68). Ein solcher Wechsel darf frühestens mit Wirkung vom Beginn des Kalendermonats an erfolgen, in dem der Arbeitnehmer das erste Dienstverhältnis neu bestimmt.

Anmeldung eines Hauptarbeitgebers vor Abmeldung des bisherigen Hauptarbeitgebers

68 Erfolgt bei einem Hauptarbeitgeberwechsel die Anmeldung des Arbeitnehmers durch den neuen Hauptarbeitgeber, bevor der bisherige Hauptarbeitgeber die Abmeldung vorgenommen hat, ist die Bereitstellung von ELStAM an die beteiligten Arbeitgeber von dem bei dieser Anmeldung verwendeten Referenzdatum unter Beachtung einer Kulanzfrist („6-Wochenfrist") abhängig. In der Regel wird in diesen

Anl zu LStH 39.1

Fällen ein bereits vorhandenes Hauptarbeitsverhältnis zu einem Nebenarbeitsverhältnis umqualifiziert. Die möglichen Fallgestaltungen und damit verbundenen Konsequenzen sind im Dokument „Fallbeispiele" unter www.elster.de dargestellt.

69 Ist der Hauptarbeitgeberwechsel durch eine zu Unrecht durchgeführte Anmeldung als Hauptarbeitgeber erfolgt (z. B. unberechtigter Hauptarbeitgeber ist eigentlich Nebenarbeitgeber), kann der tatsächliche Hauptarbeitgeber die Hauptarbeitgebereigenschaft als solcher durch eine erneute (rückwirkende) Anmeldung als Hauptarbeitgeber zurückerlangen. Die hierbei zu beachtenden Regeln sind im Dokument „Fallbeispiele" unter www.elster.de beschrieben.

6. Pflichten des Arbeitnehmers

Gegenüber dem Arbeitgeber

70 Zum Zweck des Abrufs der ELStAM hat der Arbeitnehmer jedem Arbeitgeber bei Eintritt in das Dienstverhältnis Folgendes mitzuteilen (§ 39 e Absatz 4 Satz 1 EStG):

1. die Identifikationsnummer sowie den Tag der Geburt,
2. ob es sich um das erste oder ein weiteres Dienstverhältnis handelt (vgl. Rn. 64),
3. ggf. ob und in welcher Höhe ein nach § 39 a Absatz 1 Satz 1 Nummer 7 EStG festgestellter Freibetrag abgerufen werden soll (vgl. Rn. 127).

71 Soll in einem zweiten oder weiteren Dienstverhältnis ein Freibetrag nach § 39 a Absatz 1 Satz 1 Nummer 1 bis 6 EStG abgerufen werden, wird auf die Erläuterung unter Rn. 123 und 125 verwiesen.

Gegenüber der Finanzverwaltung

72 Die Steuerklasse und die Zahl der Kinderfreibeträge für minderjährige Kinder werden in der Regel automatisch geändert (vgl. Rn. 27 und 28). Auslöser hierfür sind Mitteilungen der Meldebehörden über den geänderten Familienstand bzw. die Geburt oder den Tod eines Kindes. In diesen Fällen ist der Arbeitnehmer nicht zu einer Mitteilung an das Finanzamt verpflichtet (§ 39 Absatz 5 Satz 3 i. V. m. § 39 e Absatz 2 Satz 2 EStG).

73 Ändern sich die persönlichen Verhältnisse des Arbeitnehmers und treten die Voraussetzungen zur Einreihung in eine für ihn ungünstigere Steuerklasse oder für eine geringere Zahl der Kinderfreibeträge ein, ist er in den Fällen, in denen die Änderungen nicht durch geänderte Meldedaten automatisch angestoßen werden, verpflichtet, dies dem Finanzamt mitzuteilen und die Steuerklasse sowie die Zahl der Kinderfreibeträge umgehend ändern zu lassen (§ 39 Absatz 5 Satz 1 EStG). Dies gilt insbesondere bei dauernder Trennung der Ehegatten oder wenn die Voraussetzungen für die Berücksichtigung des Entlastungsbetrags für Alleinerziehende und somit für die Anwendung der Steuerklasse II entfallen. Neben der Anzeigeverpflichtung nach § 39 Absatz 5 Satz 1 EStG ist der Arbeitnehmer ebenfalls verpflichtet, Änderungen zu seinen Ungunsten im Rahmen eines beantragten Freibetrages umgehend anzuzeigen (§ 39 a Absatz 1 Satz 5 EStG).

74 Ferner besteht eine Mitteilungspflicht des Arbeitnehmers gegenüber dem Finanzamt, wenn ihm bekannt wird, dass die ELStAM zu seinen Gunsten von den nach § 39 EStG zu bildenden Lohnsteuerabzugsmerkmalen abweichen (§ 39 e Absatz 6 Satz 5 EStG), z. B. wenn der Arbeitgeber abgerufene ELStAM irrtümlich nicht dem zutreffenden Arbeitnehmer zugeordnet hat.

75 Wird ein unbeschränkt einkommensteuerpflichtiger Arbeitnehmer beschränkt einkommensteuerpflichtig, z. B. weil er ins grenznahe Ausland verzieht und seinen Arbeitsplatz im Inland beibehält, hat er dies zusätzlich zur Abmeldung bei der zuständigen Meldebehörde auch seinem bislang zuständigen Wohnsitzfinanzamt (vgl. Rn. 13) unverzüglich mitzuteilen (§ 39 Absatz 7 Satz 1 EStG). Sollte weiterhin inländischer Arbeitslohn bezogen werden, erfolgt entweder weiterhin eine Teilnahme am ELStAM-Verfahren (soweit § 1 Absatz 4 EStG ohne Freibetrag nach § 39 a EStG greift) oder eine Sperre verbunden mit der Erteilung einer Bescheinigung (vgl. Rn. 134).

76 Zu den Folgerungen aufgrund fehlender oder unzutreffender Angaben vgl. Rn. 86 bis 95.

7. Rechte des Arbeitnehmers

Abrufsperren und Abrufberechtigungen

77 Der Arbeitnehmer kann einen oder mehrere zum Abruf von ELStAM berechtigte(n) Arbeitgeber benennen (Abrufberechtigung, „Positivliste") oder bestimmte Arbeitgeber von der Abrufberechtigung im ELStAM-Verfahren ausschließen (Abrufsperre, „Negativliste"; § 39 e Absatz 6 Satz 6 Nummer 1 EStG). Zudem gibt es die Möglichkeit, sämtliche Arbeitgeber vom Abruf auszuschließen („Vollsperrung"; § 39 e Absatz 6 Satz 6 Nummer 2 EStG). Eine Abrufberechtigung oder eine Sperrung ist dem Finanzamt mit dem Formular „Antrag auf Lohnsteuer-Ermäßigung und zu den Lohnsteuerabzugsmerkmalen", dem Hauptvordruck und der Anlage „elektronische Lohnsteuerabzugsmerkmale" mitzuteilen (vgl. Rn. 139). Eine Verpflichtung zur Erteilung einer Abrufberechtigung der ELStAM oder deren Sperrung besteht nicht.

78 Abrufberechtigungen und Abrufsperren gelten lediglich mit Wirkung für die Zukunft, eine rückwirkende Berücksichtigung ist nicht möglich. Sie gelten, bis der Arbeitnehmer erklärt, die Abrufberechtigung zu widerrufen oder die Sperrung aufzuheben.

79 Die Erteilung einer Abrufberechtigung oder Sperrung eines spezifischen Arbeitgebers zum Abruf der ELStAM setzt die Angabe der Wirtschafts-Identifikationsnummer bzw. der Steuernummer der Betriebsstätte oder des Teils des Betriebs des Arbeitgebers, in dem der für die Durchführung des Lohnsteuerabzugs maßgebende Arbeitslohn des Arbeitnehmers ermittelt wird, voraus. Zu den sich hieraus ergebenden Arbeitgeberpflichten vgl. Rn. 43. Für die Verwendung der Wirtschafts-Identifikationsnummer bzw. Steuernummer des Arbeitgebers gelten die Regelungen zu den Schutzvorschriften für die ELStAM entsprechend (vgl. Rn. 106 f.).

Anl zu LStH 39.1

Positivliste

80 Hat der Arbeitnehmer bei seinem zuständigen Wohnsitz- bzw. Betriebsstättenfinanzamt (vgl. Rn. 13) eine Positivliste eingereicht, werden darin nicht genannte Arbeitgeber für den Abruf von ELStAM des Antragstellers gesperrt. Wird im Falle eines Arbeitgeberwechsels der neue Arbeitgeber nicht in eine bereits vorhandene Positivliste aufgenommen, ist ein Abruf der ELStAM durch den neuen Arbeitgeber nicht möglich. Bei fehlender Abrufberechtigung ist der Arbeitgeber zur Anwendung der Steuerklasse VI verpflichtet (§ 39e Absatz 6 Satz 8 EStG). Die Aufnahme von Arbeitgebern in die Positivliste setzt kein bestehendes Arbeitsverhältnis voraus.

Negativliste

81 Hat der Arbeitnehmer bei seinem zuständigen Wohnsitz- bzw. Betriebsstättenfinanzamt (vgl. Rn. 13) eine Negativliste eingereicht, können die darin genannten Arbeitgeber die ELStAM des Antragstellers nicht abrufen. Kommt es gleichwohl zu einem Dienstverhältnis und einer Arbeitslohnzahlung eines dieser Arbeitgeber, hat er aufgrund der fehlenden Abrufberechtigung die Steuerklasse VI anzuwenden (§ 39e Absatz 6 Satz 8 EStG).

Vollsperrung

82 Hat der Arbeitnehmer bei seinem zuständigen Wohnsitz- bzw. Betriebsstättenfinanzamt (vgl. Rn. 13) beantragt, die Bildung oder Bereitstellung der ELStAM allgemein sperren zu lassen, ist ein Abruf nicht möglich. Aufgrund der fehlenden Abrufberechtigung hat der Arbeitgeber die Steuerklasse VI anzuwenden (§ 39e Absatz 6 Satz 8 EStG). Die Sperrung bleibt so lange bestehen, bis der Arbeitnehmer die Bildung oder Bereitstellung der ELStAM allgemein freischalten lässt.

Auskunft über die eigenen ELStAM

83 Der Arbeitnehmer kann beim zuständigen Wohnsitz- bzw. Betriebsstättenfinanzamt (vgl. Rn. 13) auf Antrag Auskunft über die für ihn gebildeten ELStAM sowie über die durch den Arbeitgeber in den letzten 60 Monaten erfolgten Abrufe der ELStAM (siehe Formular „Antrag auf Lohnsteuer-Ermäßigung und zu den Lohnsteuerabzugsmerkmalen" und Anlage „elektronische Lohnsteuerabzugsmerkmale") erhalten. Ein Ausdruck der aktuellen ELStAM kann auch im Rahmen eines Antrags auf Lohnsteuer-Ermäßigung beantragt werden (siehe Vordruck „Antrag auf Lohnsteuer-Ermäßigung und zu den Lohnsteuerabzugsmerkmalen", Ankreuzfeld Hauptvordruck auf Seite 1). Benötigt ein Alleinerziehender für den Bezug von Elterngeld einen amtlichen Nachweis der Eigenschaft „alleinerziehend", kann den für die Festsetzung und Auszahlung von Elterngeld zuständigen Behörden im Einzelfall der aktuelle ELStAM-Ausdruck mit der Steuerklasse II vorgelegt werden, wenn der Alleinerziehende bereits in die Steuerklasse II eingereiht ist. Ferner kann der Ausdruck der ELStAM auch zum Nachweis der bei der Berechnung des Arbeitslosengeldes zu berücksichtigenden Lohnsteuerabzugsmerkmale verwendet werden. Eine Änderung der Steuerklasse ausschließlich für den Nachweis gegenüber anderen Behörden kommt hingegen nicht in Betracht. Dem Arbeitnehmer ist es darüber hinaus möglich, seine ELStAM auf der Internetseite www.elster.de unter der Rubrik „Auskunft zur elektronischen Lohnsteuerkarte (ELStAM)" jederzeit selbst einzusehen. Dazu ist in „Mein ELSTER" eine einmalige kostenfreie Registrierung unter Verwendung der Identifikationsnummer notwendig (vgl. Rn. 139).

Ungünstigere Lohnsteuerabzugsmerkmale

84 Unbeschränkt einkommensteuerpflichtige Arbeitnehmer haben die Möglichkeit, beim Wohnsitzfinanzamt (vgl. Rn. 13) die Berücksichtigung ungünstigerer Lohnsteuerabzugsmerkmale zu beantragen (§ 38b Absatz 3 Satz 1 EStG; eine ungünstigere Steuerklasse, eine geringere Anzahl von Kindern, siehe Formular „Antrag auf Lohnsteuer-Ermäßigung und zu den Lohnsteuerabzugsmerkmalen", Hauptvordruck und Anlage „elektronische Lohnsteuerabzugsmerkmale", vgl. Rn. 139). Von ungünstigeren Lohnsteuerabzugsmerkmalen ist stets auszugehen, wenn die vom Arbeitnehmer gewählten Lohnsteuerabzugsmerkmale zu einem höheren Lohnsteuerabzug (inkl. ggf. Solidaritätszuschlag und Kirchensteuer) führen. Die Einreihung in die Steuerklasse I statt III, IV oder V ist möglich.

85 Ein solcher Antrag ist z. B. bei einem Arbeitnehmer denkbar, der dem Arbeitgeber seinen aktuellen Familienstand nicht mitteilen möchte. Um zu vermeiden, dass dem Arbeitgeber z. B. nach einer Eheschließung die nunmehr für verheiratete Arbeitnehmer in Betracht kommende Steuerklasse III, IV oder V mitgeteilt wird, kann der Arbeitnehmer beantragen, stattdessen die Steuerklasse I beizubehalten. Der Antrag auf eine ungünstigere Steuerklasse kann bereits vor dem Ereignis (hier Eheschließung) gestellt werden. Änderungen der Meldedaten, die zu einer günstigeren Steuerklasse führen würden, werden in diesem Fall nicht berücksichtigt. Beantragt der Arbeitnehmer die Einreihung in der Steuerklasse I statt der bisherigen Steuerklasse V, geht dies zeitgleich mit einem Wechsel der Steuerklassenkombination von III/V zu IV/IV einher (vgl. Rn. 16), der andere Ehegatte wird daher in die Steuerklasse IV eingereiht.

8. Durchführung des Lohnsteuerabzugs ohne ELStAM

Fehlende Lohnsteuerabzugsmerkmale

86 Bei fehlenden Lohnsteuerabzugsmerkmalen hat der Arbeitgeber die Lohnsteuererhebung nach der Steuerklasse VI durchzuführen. Dies kommt insbesondere dann in Betracht, wenn der Arbeitnehmer

1. bei Beginn des Dienstverhältnisses seinem Arbeitgeber die zum Abruf der ELStAM erforderliche steuerliche Identifikationsnummer und das Geburtsdatum schuldhaft nicht mitteilt (§ 39e Absatz 4 Satz 1 EStG),
2. eine Übermittlung der ELStAM an den Arbeitgeber gesperrt oder den Arbeitgeber nicht zum Abruf der ELStAM berechtigt hat (§ 39e Absatz 6 Satz 6 Nummer 1 EStG) oder
3. die Bildung oder Bereitstellung der ELStAM allgemein sperren lassen hat (§ 39e Absatz 6 Satz 6 Nummer 2 EStG).

Anl zu LStH 39.1

87 In den vorgenannten Fällen ist die Regelung des § 39c Absatz 1 Satz 2 EStG (Übergangszeit von drei Monaten unter Anwendung der voraussichtlichen Lohnsteuerabzugsmerkmale) nicht anzuwenden. Hinsichtlich der Haftung des Arbeitgebers siehe Rn. 131.

88 Abweichend hiervon hat der Arbeitgeber in den folgenden Fällen für die Lohnsteuerberechnung – längstens für die Dauer von drei Kalendermonaten – die voraussichtlichen Lohnsteuerabzugsmerkmale im Sinne des § 38b EStG zu Grunde zu legen (§ 39c Absatz 1 Satz 2 EStG), wenn

1. ein Abruf der ELStAM wegen technischer Störungen nicht möglich ist oder
2. der Arbeitnehmer die fehlende Mitteilung über die ihm zuzuteilende Identifikationsnummer nicht zu vertreten hat.

89 Als Störungen in diesem Sinne kommen technische Schwierigkeiten bei Anforderung und Abruf, Bereitstellung oder Übermittlung der ELStAM in Betracht oder eine verzögerte Ausstellung der Bescheinigung für den Lohnsteuerabzug durch das Finanzamt.

Fehlerhafte Lohnsteuerabzugsmerkmale

90 Fehlerhafte Lohnsteuerabzugsmerkmale können dadurch entstehen, dass aufgrund einer unvollständigen Datenlieferung der Meldebehörden die Ehegattenverknüpfung entfällt, weshalb die Finanzverwaltung dem Arbeitgeber rückwirkend eine fehlerhafte Steuerklasse mitteilt (z. B. Steuerklasse I statt der bisherigen Steuerklasse III).

91 Auch in diesen Fällen darf der Arbeitgeber für die Dauer von längstens drei Monaten die voraussichtlichen Lohnsteuerabzugsmerkmale des Arbeitnehmers (hier also regelmäßig die bisherigen ELStAM) anwenden, wenn ohne Änderung der persönlichen Verhältnisse des Arbeitnehmers und ohne dessen Zutun dem Arbeitgeber unzutreffende elektronische Lohnsteuerabzugsmerkmale bereitgestellt werden, die zu einem unzutreffenden Lohnsteuerabzug führen.

92 Die Finanzverwaltung legt die zuvor beschriebene Regelung des § 39c Absatz 1 Satz 2 EStG praxisorientiert und weitgehend aus. Auch wenn in den Fällen der Bereitstellung unzutreffender elektronischer Lohnsteuerabzugsmerkmale keine „technische Störung" im engeren Sinne vorliegt, muss der Arbeitnehmer in diesen Fällen seinem Arbeitgeber nicht zwingend eine vom Finanzamt ausgestellte Bescheinigung für den Lohnsteuerabzug vorlegen (vgl. Rn. 34 und 35). Es genügt, dass sich der Arbeitnehmer gegenüber seinem Arbeitgeber schriftlich erklärt; diese Erklärung ist zum Lohnkonto zu nehmen.

93 Zur raschen und unkomplizierten Abwicklung der bezeichneten Fälle kann der Arbeitnehmer den Vordruck „Antrag auf Korrektur von unzutreffenden elektronischen Lohnsteuerabzugsmerkmalen (ELStAM)" verwenden und ihn seinem Finanzamt zusenden. Der Vordruck steht im Internet in einer Formulardatenbank unter der Internetadresse https://www.formulare-bfinv.de in der Rubrik Formularcenter/Formularkatalog/Steuerformulare/Lohnsteuer (Arbeitnehmer) als ausfüllbares Formular bereit.

94 Aufgrund dieser Ausnahmeregelungen kann der Arbeitgeber den Lohnsteuerabzug für die Dauer von längstens drei Monaten nach den ihm bekannten elektronischen Lohnsteuerabzugsmerkmalen des Arbeitnehmers durchführen. Erhält der Arbeitgeber die (elektronischen) Lohnsteuerabzugsmerkmale vor Ablauf der drei Monate, hat er in den Fällen des § 39c Absatz 1 Satz 2 EStG die Lohnsteuerermittlungen für die vorangegangenen Kalendermonate zu überprüfen und erforderlichenfalls zu ändern (§ 39c Absatz 1 Satz 4 EStG).

95 Hat der Arbeitnehmer nach Ablauf der drei Monate die Identifikationsnummer sowie den Tag seiner Geburt nicht mitgeteilt und ersatzweise die Bescheinigung für den Lohnsteuerabzug nicht vorgelegt, so ist rückwirkend die Besteuerung nach der Steuerklasse VI durchzuführen und die Lohnsteuerermittlungen für die vorhergehenden drei Monate zu korrigieren. Erhält der Arbeitgeber in diesen Fällen die ELStAM oder ersatzweise die Bescheinigung für den Lohnsteuerabzug nach Ablauf der drei Monate, ist eine Änderung des Lohnsteuerabzugs nur nach Maßgabe des § 41c Absatz 1 Satz 1 Nummer 1 EStG möglich.

Unbeschränkt einkommensteuerpflichtige Arbeitnehmer ohne steuerliche Identifikationsnummer

96 Ist einem nach § 1 Absatz 1 EStG unbeschränkt einkommensteuerpflichtigen und im Inland meldepflichtigen Arbeitnehmer (noch) keine Identifikationsnummer (§§ 139a, 139b AO) zugeteilt worden, können ELStAM weder automatisiert gebildet, noch vom Arbeitgeber abgerufen werden. In diesen Fällen ersetzt eine dem Arbeitgeber vorzulegende Bescheinigung für den Lohnsteuerabzug mit den anzuwendenden Lohnsteuerabzugsmerkmalen die ELStAM. Der Arbeitnehmer hat eine solche Bescheinigung für den Lohnsteuerabzug beim Wohnsitzfinanzamt (vgl. Rn. 13) formlos oder mit dem „Antrag auf Ausstellung einer Bescheinigung für den Lohnsteuerabzug 202_" zu beantragen und dem Arbeitgeber vorzulegen (§ 39e Absatz 8 Satz 1 und 4 EStG). Die Bescheinigung kann auch der Arbeitgeber beantragen, wenn ihn der Arbeitnehmer dazu nach § 80 Absatz 1 AO bevollmächtigt hat (§ 39e Absatz 8 Satz 2 EStG).

97 Das Wohnsitzfinanzamt (vgl. Rn. 13) hat diese Bescheinigung in der Regel für die Dauer eines Kalenderjahres auszustellen. Legt der Arbeitnehmer eine entsprechende Bescheinigung für den Lohnsteuerabzug vor, entfällt die Verpflichtung und Berechtigung des Arbeitgebers zum Abruf der ELStAM (§ 39e Absatz 8 Satz 3 EStG).

98 Der Arbeitgeber hat diese jahresbezogene Bescheinigung für den Lohnsteuerabzug als Beleg zum Lohnkonto zu nehmen und während des Dienstverhältnisses, längstens bis zum Ablauf des jeweiligen Kalenderjahres, aufzubewahren. Bei Beendigung des Arbeitsverhältnisses vor Ablauf des Kalenderjahres hat er dem Arbeitnehmer diese Bescheinigung auszuhändigen. Nach Ablauf des Kalenderjahres darf der Arbeitgeber die Bescheinigung vernichten.

Anl zu LStH 39.1

99 Hat der Arbeitnehmer die Ausstellung einer solchen Bescheinigung für den Lohnsteuerabzug nicht beantragt oder legt er sie nicht innerhalb von sechs Wochen nach Beginn des Dienstverhältnisses vor, hat der Arbeitgeber die Lohnsteuer nach der Steuerklasse VI zu ermitteln.

100 Erhält der Arbeitnehmer seine Identifikationsnummer zugeteilt, hat er sie dem Arbeitgeber mitzuteilen (§ 39e Absatz 4 Satz 1 EStG). Mit dieser Angabe und dem (bereits vorliegenden) Geburtsdatum ist der Arbeitgeber berechtigt, die ELStAM des Arbeitnehmers abzurufen. Die vorliegende Bescheinigung für den Lohnsteuerabzug hindert den Arbeitgeber nicht, im laufenden Kalenderjahr zum elektronischen Verfahren zu wechseln, um so die ELStAM des Arbeitnehmers abrufen zu können. Die Bescheinigung für den Lohnsteuerabzug ist weder an das ausstellende Finanzamt noch an den Arbeitnehmer herauszugeben. Nach Ablauf des Kalenderjahres darf der Arbeitgeber die Bescheinigung vernichten.

101 Der Arbeitgeber hat die Pflichten zur Übertragung der Lohnsteuerabzugsmerkmale in das Lohnkonto (§ 41 Absatz 1 Satz 2 EStG), die Aufbewahrung und Herausgabe der Bescheinigung für den Lohnsteuerabzug (§ 39e Absatz 8 Satz 7 EStG), sowie die Schutzvorschriften für die Lohnsteuerabzugsmerkmale (vgl. Rn. 106 f.) zu beachten.

9. ELStAM bei verschiedenen Lohnarten

102 Lohnsteuerrechtlich gilt der Grundsatz des einheitlichen Dienstverhältnisses mit der Folge, dass die Lohnsteuer für sämtliche vom Arbeitgeber an den Arbeitnehmer gezahlten Bezüge einheitlich und nach denselben Lohnsteuerabzugsmerkmalen zu erheben ist. Daher kann der Arbeitgeber im ELStAM-Verfahren für einen Arbeitnehmer nur ein Dienstverhältnis anmelden und als Lohnsteuerabzugsmerkmal nur eine Steuerklasse anfordern bzw. abrufen.

Beispiel:

Arbeitnehmer A ist ledig, seit 2 Jahren Rentner und bezieht eine Altersrente aus der gesetzlichen Rentenversicherung. Daneben erhält A von seinem früheren Arbeitgeber B noch eine Rente aus einer Werkspension (= Arbeitslohn aus einem früheren Dienstverhältnis). A übt im Betrieb des B noch eine aktive Beschäftigung als Pförtner aus; der Arbeitslohn wird nicht nach § 40a EStG pauschal besteuert (Rn. 9).

Auch wenn A von seinem Arbeitgeber B nebeneinander Arbeitslohn aus einem aktiven Dienstverhältnis und Versorgungsbezüge aus seiner früheren Beschäftigung dort erhält, liegt insgesamt nur ein einheitliches Dienstverhältnis vor. B muss A folglich im ELStAM-Verfahren in einem Hauptarbeitsverhältnis anmelden. In den ELStAM wird als Lohnsteuerabzugsmerkmal die Steuerklasse I ausgewiesen und die gesamten Bezüge (aus dem früheren und dem aktiven Dienstverhältnis) sind nach der Steuerklasse I zu besteuern.

103 Der Arbeitgeber darf bei Zahlung verschiedenartiger Lohnbezüge die Lohnsteuer für den zweiten und jeden weiteren Bezug ohne Abruf weiterer Lohnsteuerabzugsmerkmale nach der Steuerklasse VI einbehalten (Sonderregelung nach § 39e Absatz 5a EStG).

104 Verschiedenartige Bezüge liegen vor (abschließende Aufzählung), wenn der Arbeitnehmer vom Arbeitgeber

1. neben dem Arbeitslohn für ein aktives Dienstverhältnis auch Versorgungsbezüge erhält,
2. neben Versorgungsbezügen aus seinem früheren Dienstverhältnis auch andere Versorgungsbezüge (z. B. Hinterbliebenenbezüge) bezieht oder
3. neben Arbeitslohn während der Elternzeit oder vergleichbaren Unterbrechungszeiten des aktiven Dienstverhältnisses auch Arbeitslohn für ein weiteres befristetes aktives Dienstverhältnis (z. B. Arbeitslohn für eine Teilzeitbeschäftigung während der Elternzeit) erhält.

105 Eine Zusammenfassung der Bezüge bei Beendigung des Dienstverhältnisses oder am Ende des Kalenderjahres ist nicht durchzuführen. Entsprechend ist für jeden der abgerechneten Bezüge eine Lohnsteuerbescheinigung zu erstellen und an die Finanzverwaltung zu übermitteln. Zur Überprüfung der einbehaltenen Lohnsteuer hat der Arbeitnehmer die Veranlagungspflicht zur Einkommensteuer zu beachten (§ 39e Absatz 5a Satz 3 EStG). Danach ist die Regelung des § 46 Absatz 2 Nummer 2 EStG (Veranlagung zur Einkommensteuer, wenn der Arbeitnehmer nebeneinander von mehreren Arbeitgebern Arbeitslohn bezieht) entsprechend anzuwenden.

10. Schutzvorschriften für die (elektronischen) Lohnsteuerabzugsmerkmale

106 Nur die Personen, denen der Arbeitnehmer die Berechtigung erteilt hat (vgl. Rn. 77 ff.; Arbeitgeber), sind befugt, ELStAM abzurufen und zu verarbeiten (§ 39e Absatz 4 Satz 2 und 6 EStG). ELStAM sind nur für den Lohnsteuerabzug bestimmt (§ 39e Absatz 4 Satz 7 und Absatz 5 Satz 1 EStG). Folglich darf der Arbeitgeber abgerufene ELStAM bzw. Lohnsteuerabzugsmerkmale in der Regel nicht offenbaren. Dies gilt nicht, soweit eine Weitergabe von (elektronischen) Lohnsteuerabzugsmerkmalen gesetzlich zugelassen ist oder der Arbeitnehmer einer anderen Verarbeitung zustimmt (§ 39 Absatz 8 EStG).

107 Vorsätzliche oder leichtfertige Zuwiderhandlungen können mit einer Geldbuße nach den Bußgeldbestimmungen des Artikels 83 der Verordnung (EU) 2016/679 des Europäischen Parlaments und des Rates vom 27. April 2016 zum Schutz natürlicher Personen bei der Verarbeitung personenbezogener Daten, zum freien Datenverkehr und zur Aufhebung der Richtlinie 95/46/EG (Datenschutz-Grundverordnung) (ABl. L 119 vom 4. 5. 2016, Seite 1; L 314 vom 22. 11. 2016, Seite 72; L 127 vom 23. 5. 2018, Seite 2) in ihrer jeweils geltenden Fassung geahndet werden.

IV. Verfahrensrecht

23 108 Sowohl die erstmalige Bildung der Lohnsteuerabzugsmerkmale als auch deren späteren Änderungen sind eine gesonderte Feststellung von Besteuerungsgrundlagen im Sinne von § 179 Absatz 1 AO, die unter dem Vorbehalt der Nachprüfung steht (§ 39 Absatz 1 Satz 4 EStG). Eine solche Feststellung ist ein anfechtbarer Verwaltungsakt, dessen Vollziehung gemäß § 361 AO ausgesetzt werden kann. Da die

Bildung der ELStAM unter dem Vorbehalt der Nachprüfung steht, hat der Arbeitnehmer daneben auch die Möglichkeit, eine Änderung nach § 164 Absatz 2 Satz 2 AO zu beantragen. Anl zu LStH 39.1

109 Um als Verwaltungsakt erkennbar und anfechtbar zu sein, müssen die Bildung der (elektronischen) Lohnsteuerabzugsmerkmale und deren Änderungen dem Arbeitnehmer bekannt gegeben werden (§ 39 Absatz 1 Satz 5 EStG). Dies kann schriftlich, elektronisch, mündlich oder in anderer Weise erfolgen (§ 119 Absatz 2 AO). Üblicherweise hat der Arbeitgeber die ELStAM als Grundlage für die Lohnsteuerermittlung in der Lohn- und Gehaltsabrechnung auszuweisen (§ 39 e Absatz 5 Satz 2 und Absatz 6 EStG). In diesen Fällen werden sie mit Aushändigung der Lohnabrechnung an den Arbeitnehmer bekannt gegeben (§ 39 e Absatz 6 Satz 3 EStG). Wird die Lohnabrechnung elektronisch bereitgestellt, ist das Bereitstellungsdatum maßgebend.

110 Diesen Formen der Bekanntgabe ist keine Rechtsbehelfsbelehrung beizufügen (§ 39 e Absatz 6 Satz 2 EStG). Dies führt dazu, dass ein Einspruch gegen die gebildeten ELStAM innerhalb eines Jahres ab Bekanntgabe des Verwaltungsaktes eingelegt werden kann (§ 356 Absatz 2 AO).

111 Erteilt das Finanzamt auf Antrag des Arbeitnehmers einen Bescheid über die Berücksichtigung von Lohnsteuerabzugsmerkmalen (§ 39 Absatz 1 Satz 8 EStG), ist diesem eine Rechtsbehelfsbelehrung beizufügen. Das Finanzamt ist zudem zur schriftlichen Erteilung eines Bescheids mit einer Belehrung über den zulässigen Rechtsbehelf verpflichtet, wenn dem Antrag des Arbeitnehmers auf Bildung oder Änderung der Lohnsteuerabzugsmerkmale (regelmäßig im Rahmen eines Antrags auf Lohnsteuer-Ermäßigung) nicht oder nicht in vollem Umfang entsprochen wird.

V. Härtefallregelung

Allgemeines

112 Bei Nichtteilnahme am elektronischen Abrufverfahren gelten die allgemeinen Regelungen des Zwangsgeldverfahrens nach §§ 328 ff. AO. Sind Arbeitgeber allerdings nicht in der Lage und ist es ihnen nicht zumutbar, die ELStAM der Arbeitnehmer elektronisch abzurufen, wird ein Ersatzverfahren angeboten (§ 39 e Absatz 7 EStG). Auf Antrag des Arbeitgebers kann das Betriebsstättenfinanzamt zur Vermeidung unbilliger Härten die Nichtteilnahme am ELStAM-Verfahren zulassen (§ 39 e Absatz 7 Satz 1 EStG). Die Teilnahme am Härtefallverfahren ist kalenderjährlich unter Darlegung der Gründe neu zu beantragen (§ 39 e Absatz 7 Satz 4 EStG), ggf. rückwirkend bis zum Beginn des Kalenderjahres der Antragstellung. 24

113 Eine unbillige Härte liegt insbesondere bei einem Arbeitgeber vor, für den die Kommunikation über das Internet mangels technischer Möglichkeiten und Voraussetzungen wirtschaftlich oder persönlich unzumutbar ist (§ 150 Absatz 8 AO ist entsprechend anzuwenden).

114 Dem Antrag ist stets stattzugeben, wenn der Arbeitgeber ohne maschinelle Lohnabrechnung ausschließlich Arbeitnehmer im Rahmen einer geringfügigen Beschäftigung in seinem Privathaushalt im Sinne des § 8 a Viertes Buch Sozialgesetzbuch bzw. § 276 a Sechstes Buch Sozialgesetzbuch beschäftigt und wenn er die Lohnsteuer vom Arbeitslohn/-entgelt nicht pauschal erhebt (§ 39 e Absatz 7 Satz 2 EStG).

115 Auch nach einer Genehmigung zur Nichtteilnahme am ELStAM-Verfahren kann der Arbeitgeber jederzeit ohne gesonderte Mitteilung zum elektronischen Abrufverfahren wechseln.

Antragstellung

116 Der Antrag ist nach amtlich vorgeschriebenem Vordruck zu stellen (Vordruck „Antrag des Arbeitgebers auf Nichtteilnahme am Abrufverfahren der elektronischen Lohnsteuerabzugsmerkmale (ELStAM) für 202_") und muss folgende Angaben beinhalten:

1. Wirtschafts-Identifikationsnummer bzw. Steuernummer der Betriebsstätte oder des Teils des Betriebs des Arbeitgebers, in dem der für die Durchführung des Lohnsteuerabzugs maßgebende Arbeitslohn des Arbeitnehmers ermittelt wird,
2. Verzeichnis der beschäftigten Arbeitnehmer,
3. Identifikationsnummer und Geburtsdatum der einzelnen Beschäftigten,
4. Angaben darüber, ob es sich um ein erstes (Hauptarbeitgeber) oder weiteres Dienstverhältnis (Steuerklasse VI) handelt und
5. bei einem weiteren Dienstverhältnis ggf. den nach § 39 a Absatz 1 Satz 1 Nummer 7 EStG zu berücksichtigenden Betrag.

Verfahren/Bescheinigung der Lohnsteuerabzugsmerkmale

117 Gibt das Betriebsstättenfinanzamt dem Antrag statt, wird dem Arbeitgeber eine arbeitgeberbezogene Bescheinigung zur Durchführung des Lohnsteuerabzugs erteilt, welche die für das jeweilige Kalenderjahr gültigen Lohnsteuerabzugsmerkmale der einzelnen Arbeitnehmer enthält. Im Fall der Änderung von Lohnsteuerabzugsmerkmalen wird dem Arbeitgeber automatisch eine Bescheinigung mit den geänderten Lohnsteuerabzugsmerkmalen übersandt. Diese Bescheinigungen sind nur für den beantragenden Arbeitgeber bestimmt und dürfen von einem weiteren Arbeitgeber nicht als Grundlage für den Lohnsteuerabzug herangezogen werden.

Pflichten des Arbeitgebers

118 Für die Lohnsteuererhebung gelten in diesen Fällen die Regelungen des Abrufverfahrens für die ELStAM entsprechend. Insbesondere haben auch die wegen der Inanspruchnahme der Härtefallregelung nicht am elektronischen Verfahren teilnehmenden Arbeitgeber die Lohnsteuerabzugsmerkmale der Arbeitnehmer in deren Lohnabrechnung auszuweisen. Auch hier gelten die Lohnsteuerabzugsmerkmale gegenüber dem Arbeitnehmer als bekannt gegeben, sobald der Arbeitgeber dem Arbeitnehmer die

Anl zu LStH 39.1

Lohnabrechnung mit den ausgewiesenen Lohnsteuerabzugsmerkmalen aushändigt. Im Übrigen sind für die in der Bescheinigung ausgewiesenen Lohnsteuerabzugsmerkmale die Schutzvorschriften für die ELStAM entsprechend zu beachten (vgl. Rn. 106 f.).

119 Der Arbeitgeber hat die Bescheinigung zur Durchführung des Lohnsteuerabzugs sowie evtl. Änderungsmitteilungen als Beleg zum Lohnkonto zu nehmen und sie während der Beschäftigung, längstens bis zum Ablauf des maßgebenden Kalenderjahres, aufzubewahren. Nach Ablauf des maßgebenden Kalenderjahres darf er die Bescheinigungen vernichten. Zur Erteilung der Lohnsteuerbescheinigung (§ 41 b EStG) hat der Arbeitgeber die Besondere Lohnsteuerbescheinigung zu verwenden.

120 Beginnt ein Arbeitnehmer im laufenden Kalenderjahr ein Dienstverhältnis, ist der Arbeitgeber zur Mitteilung an das Betriebsstättenfinanzamt verpflichtet (vgl. Rn. 2). Für die Ausstellung und Entgegennahme der Bescheinigung zur Durchführung des Lohnsteuerabzugs gelten Rn. 116 bis 119 entsprechend.

121 Beim Ausscheiden eines Arbeitnehmers aus dem Dienstverhältnis ist dem Betriebsstättenfinanzamt unverzüglich das Datum der Beendigung schriftlich anzuzeigen (§ 39 e Absatz 7 Satz 8 EStG).

VI. Betrieblicher Lohnsteuer-Jahresausgleich (§ 42 b EStG)

25 **122** Nach einem Arbeitgeberwechsel im laufenden Kalenderjahr sind dem neuen Arbeitgeber regelmäßig nur die ELStAM des aktuellen Dienstverhältnisses bekannt. Deshalb hat der Arbeitgeber als weitere Voraussetzung für die Durchführung eines Lohnsteuer-Jahresausgleichs zu beachten, dass der Arbeitnehmer durchgängig das gesamte Kalenderjahr bei ihm beschäftigt war. Im Rahmen des Lohnsteuer-Jahresausgleichs ist die Jahreslohnsteuer nach der Steuerklasse zu ermitteln, die für den letzten Lohnzahlungszeitraum des Ausgleichsjahres als ELStAM abgerufen oder in einer Bescheinigung für den Lohnsteuerabzug ausgewiesen worden ist.

VII. Lohnsteuer-Ermäßigungsverfahren

Allgemeines

26 **123** Im Rahmen des Lohnsteuer-Ermäßigungsverfahrens hat der Arbeitnehmer die Möglichkeit, die Berücksichtigung von Freibeträgen zu beantragen (§ 39 a Absatz 2 EStG). Diese werden als Lohnsteuerabzugsmerkmale berücksichtigt und dem Arbeitgeber elektronisch zum Abruf bereitgestellt. Ein solcher Freibetrag kann auf Antrag des Arbeitnehmers für zwei Jahre berücksichtigt werden (§ 39 a Absatz 1 Satz 3 bis 5 EStG).

Start- und Endtermin für das Lohnsteuer-Ermäßigungsverfahren

124 Die Frist für die Stellung eines Antrags auf Lohnsteuer-Ermäßigung beginnt am 1. November des Vorjahres, für das der Freibetrag gelten soll. Sie endet am 30. November des Kalenderjahres, in dem der Freibetrag gilt (§ 39 a Absatz 2 Satz 3 EStG). Werden Anträge auf Lohnsteuer-Ermäßigung entgegen der gesetzlichen Vorgabe bereits vor dem 1. November des Vorjahres gestellt, hat das Finanzamt diese Anträge nicht aus formalen Gründen abzulehnen. Diese Anträge sind mit Start des Lohnsteuer-Ermäßigungsverfahrens zu bearbeiten.

125 Soll ein Freibetrag nach § 39 a Absatz 1 Satz 1 Nummer 1 bis 6 EStG auf mehrere Dienstverhältnisse aufgeteilt werden, ist ein Antrag des Arbeitnehmers beim Finanzamt erforderlich. In diesen Fällen ordnet das Finanzamt die Freibeträge den einzelnen Dienstverhältnissen für den Abruf als ELStAM zu. Der Arbeitnehmer hat dem Arbeitgeber weder Angaben zur Anwendung des Freibetrags noch dessen Höhe mitzuteilen.

126 Die Aufteilung von Freibeträgen auf mehrere Dienstverhältnisse ist nur dann möglich, wenn die jeweiligen Arbeitgeber den Arbeitnehmer im Zeitpunkt der Antragstellung bei der Finanzverwaltung angemeldet haben. Meldet ein Arbeitgeber den Arbeitnehmer verspätet an, ist für die Aufteilung des Freibetrags ein erneuter Antrag des Arbeitnehmers erforderlich. Der Freibetrag muss nicht stets dem ersten Dienstverhältnis zugewiesen werden. Es ist zulässig, ihn ganz oder teilweise auf ein weiteres Dienstverhältnis oder mehrere weitere Dienstverhältnisse aufzuteilen.

Aufteilung Hinzurechnungsbetrag/Freibetrag

127 Im ELStAM-Verfahren kann der Arbeitnehmer entscheiden, ob bzw. in welcher Höhe der Arbeitgeber einen beantragten und vom Finanzamt ermittelten Freibetrag sowie den im Gegenzug korrespondierenden Hinzurechnungsbetrag abrufen soll (§ 39 a Absatz 1 Satz 1 Nummer 7 EStG). Allein für eine solche Verteilung auf die einzelnen Dienstverhältnisse ist ein Antrag beim Finanzamt nicht erforderlich. Diese Wahlmöglichkeit ist für zweite und weitere Dienstverhältnisse insbesondere für Fälle eines Arbeitgeberwechsels, nach Beendigung eines Dienstverhältnisses sowie bei in größeren Zeiträumen schwankenden Arbeitslöhnen gedacht. Soll der zum ersten Dienstverhältnis erfasste Hinzurechnungsbetrag auf ein weiteres Dienstverhältnis oder mehrere weitere Dienstverhältnisse als Freibetrag aufgeteilt werden, hat der Arbeitnehmer dem jeweiligen Arbeitgeber den zu berücksichtigenden Freibetrag mitzuteilen (§ 39 e Absatz 4 Satz 1 Nummer 3 EStG).

128 Der Arbeitgeber hat den vom Arbeitnehmer genannten Betrag im Rahmen einer Anmeldung des Arbeitnehmers an die Finanzverwaltung zu übermitteln. Handelt es sich um ein bereits angemeldetes Dienstverhältnis, muss der Arbeitgeber den Arbeitnehmer zum letzten Tag vor der Gültigkeit des Freibetrags nach § 39 a Absatz 1 Satz 1 Nummer 7 EStG abmelden und ab dem Gültigkeitstag des Freibetrags erneut anmelden, um den Freibetrag abrufen zu können.

129 Nach Prüfung des übermittelten Betrags stellt die Finanzverwaltung dem Arbeitgeber den tatsächlich zu berücksichtigenden Freibetrag als ELStAM zum Abruf bereit. Nur dieser Freibetrag ist für den

Arbeitgeber maßgebend und für den Lohnsteuerabzug anzuwenden sowie in der üblichen Lohn- und Gehaltsabrechnung des Arbeitnehmers als ELStAM auszuweisen.

VIII. Haftung des Arbeitgebers

Keine Anmeldung der Arbeitnehmer in der ELStAM-Datenbank

130 Meldet der Arbeitgeber seine Arbeitnehmer entgegen den Vorgaben in Rn. 44 bei der Finanzverwaltung pflichtwidrig nicht an, kann er die ELStAM seiner Arbeitnehmer nicht abrufen. In diesen Fällen ist die Regelung des § 39 c Absatz 1 Satz 2 EStG (Übergangszeit von drei Monaten unter Anwendung der voraussichtlichen Lohnsteuerabzugsmerkmale) nicht anzuwenden. Der Arbeitgeber hat die Lohnsteuer nach der Steuerklasse VI einzubehalten und abzuführen. Kommt er dieser Verpflichtung nicht nach, haftet er in Höhe des Differenzbetrages zu der von ihm einbehaltenen und abgeführten Lohnsteuer zuzüglich ggf. Kirchensteuer und Solidaritätszuschlag zur Steuerklasse VI (§ 42 d Absatz 1 Nummer 1 EStG). **26a**

Durchführung des Lohnsteuerabzugs ohne ELStAM

– Fehlende Lohnsteuerabzugsmerkmale

131 Behält der Arbeitgeber bei fehlenden Lohnsteuerabzugsmerkmalen, z. B. weil der Arbeitnehmer seinen Arbeitgeber nicht zum Abruf der ELStAM berechtigt hat, die Lohnsteuer nicht nach der Steuerklasse VI ein und führt diese nicht entsprechend ab (siehe Rn. 86 f.), haftet er in Höhe des Differenzbetrages zu der von ihm einbehaltenen und abgeführten Lohnsteuer zuzüglich ggf. Kirchensteuer und Solidaritätszuschlag zur Steuerklasse VI (§ 42 d Absatz 1 Nummer 1 EStG).

– Fehlerhafte Lohnsteuerabzugsmerkmale

132 Wendet der Arbeitgeber bei fehlerhaften Lohnsteuerabzugsmerkmalen die voraussichtlichen Lohnsteuerabzugsmerkmale länger als drei Monate für den Lohnsteuerabzug an (siehe Rn. 91 ff.), obwohl der Arbeitnehmer ihm keine Bescheinigung für den Lohnsteuerabzug vorgelegt hat, haftet der Arbeitgeber in Höhe des Differenzbetrages zu der von ihm einbehaltenen und abgeführten Lohnsteuer zuzüglich ggf. Kirchensteuer und Solidaritätszuschlag zur Steuerklasse VI (§ 42 d Absatz 1 Nummer 1 EStG). Gleiches gilt, wenn der Arbeitgeber die Besteuerung nach der Steuerklasse VI nicht nach Maßgabe der Rn. 95 rückwirkend durchführt und die Lohnsteuerermittlungen für die vorhergehenden drei Monate entsprechend korrigiert.

– Unbeschränkt einkommensteuerpflichtige Arbeitnehmer ohne steuerliche Identifikationsnummer

133 Wendet der Arbeitgeber in Fällen, in denen ein Arbeitnehmer die fehlende Mitteilung der ihm zuzuteilenden Identifikationsnummer nicht zu vertreten hat, die voraussichtlichen Lohnsteuerabzugsmerkmale länger als drei Monate für den Lohnsteuerabzug an, obwohl der Arbeitnehmer weiterhin die Identifikationsnummer und sein Geburtsdatum nicht mitgeteilt hat und auch keine Bescheinigung für den Lohnsteuerabzug nach den Voraussetzungen der Rn. 96 ff. beantragt oder dem Arbeitgeber diese nicht vorlegt und der Arbeitgeber entgegen seiner Verpflichtung aus Rn. 96 die Lohnsteuer nicht nach der Steuerklasse VI einbehält und abführt, haftet er in Höhe des Differenzbetrages zu der von ihm einbehaltenen und abgeführten Lohnsteuer zuzüglich ggf. Kirchensteuer und Solidaritätszuschlag zur Steuerklasse VI (§ 42 d Absatz 1 Nummer 1 EStG). Gleiches gilt, wenn der Arbeitgeber die Besteuerung nach der Steuerklasse VI nicht nach Maßgabe der Rn. 95 rückwirkend durchführt und die Lohnsteuerermittlungen für die vorhergehenden drei Monate entsprechend korrigiert.

IX. Sonstiges

Ausnahmen von ELStAM-Verfahren

134 Die Teilnahme am ELStAM-Verfahren gilt noch nicht für Fälle, in denen für beschränkt steuerpflichtige Arbeitnehmer ein Freibetrag im Sinne des § 39 a EStG berücksichtigt wird. Entsprechendes gilt, wenn deren Arbeitslohn nach den Regelungen in Abkommen zur Vermeidung der Doppelbesteuerung auf Antrag von der Besteuerung freigestellt oder der Steuerabzug nach den Regelungen in Abkommen zur Vermeidung der Doppelbesteuerung auf Antrag gemindert oder begrenzt wird. In diesen Fällen und auch für Arbeitnehmer, die nach § 1 Absatz 2 EStG erweitert unbeschränkt einkommensteuerpflichtig sind oder nach § 1 Absatz 3 EStG auf Antrag wie unbeschränkt einkommensteuerpflichtig zu behandeln sind, hat das Betriebsstättenfinanzamt des Arbeitgebers (§ 41 a Absatz 1 Satz 1 Nummer 1 EStG) wie bisher auf Antrag eine Bescheinigung für den Lohnsteuerabzug auszustellen und den Arbeitgeberabruf zu sperren. Dies gilt auch dann, wenn für diesen Arbeitnehmerkreis auf Anforderung des Finanzamts oder aus anderen Gründen (z. B. früherer Wohnsitz im Inland) steuerliche Identifikationsnummern vorliegen. Der Arbeitnehmer hat dem Arbeitgeber die Bescheinigung für den Lohnsteuerabzug unverzüglich vorzulegen. **27**

Der Arbeitgeber eines beschränkt einkommensteuerpflichtigen Arbeitnehmers ist zum Abruf der ELStAM berechtigt und verpflichtet, wenn dem beschränkt einkommensteuerpflichtigen Arbeitnehmer eine Identifikationsnummer zugeteilt und diese dem Arbeitgeber mitgeteilt wurde und der Arbeitnehmer keine Bescheinigung für den Lohnsteuerabzug vorgelegt hat.

Wurde dem Arbeitgeber vom beschränkt einkommensteuerpflichtigen Arbeitnehmer eine Bescheinigung für den Lohnsteuerabzug vorgelegt, tritt diese für den vermerkten Gültigkeitszeitraum an die Stelle der bereits abgerufenen ELStAM. Der Arbeitgeber hat in diesem Fall den Lohnsteuerabzug unter Zugrundelegung der bescheinigten Lohnsteuerabzugsmerkmale vorzunehmen.

Übergangsregelung für vereinfachte Antragsverfahren

135 Haben das Betriebsstättenfinanzamt und der Arbeitgeber aufgrund einer Vielzahl gleichgelagerter Einzelfälle (z. B. beschränkt einkommensteuerpflichtige Betriebsrentner), in denen gemäß Rn. 139 Be-

Anl a zu LStH 39.1

scheinigungen für den Lohnsteuerabzug auszustellen waren, bislang ein vereinfachtes Antrags- oder Listenverfahren praktiziert, bestehen keine Bedenken, für die in den Listen aufgeführten Arbeitnehmer auch nach dem 31. Dezember 2019 hieran festzuhalten.

Unabhängig davon, dass in diesen Fällen der Lohnsteuerabzug weiterhin auf der Grundlage von Bescheinigungen für den Lohnsteuerabzug durchgeführt werden darf, kann für diese Arbeitnehmer die Vergabe der Identifikationsnummer listenmäßig beantragt werden, wenn die Bestimmungen zum Datenschutz, wie sie der bundeseinheitliche Vordruck vorsieht, entsprechend eingehalten werden. Die Übergangsregelung kann längstens bis zum vollständigen Abschluss der programmtechnischen Einbindung von im Inland nicht meldepflichtigen Arbeitnehmern in das ELStAM-Verfahren angewendet werden.

Aufzeichnung im Lohnkonto

136 Der Arbeitgeber hat die im elektronischen Verfahren abgerufenen ELStAM in das Lohnkonto zu übernehmen (§ 41 Absatz 1 Satz 2 EStG). Gleiches gilt für die im Rahmen der Härtefallregelung (vgl. Rn. 117 und 119) in der vom Finanzamt ausgestellten Bescheinigung ausgewiesenen (Lohnsteuerabzugs-)Merkmale und für die in der nach § 39 e Absatz 8 EStG ausgestellten Bescheinigungen für den Lohnsteuerabzug ausgewiesenen (Lohnsteuerabzugs-)Merkmale.

Korrektur des Lohnsteuerabzugs

137 Der Arbeitgeber ist berechtigt, bei der jeweils nächsten Lohnzahlung bisher erhobene Lohnsteuer zu erstatten bzw. noch nicht erhobene Lohnsteuer nachträglich einzubehalten (§ 41 c Absatz 1 Satz 1 Nummer 1 EStG). Das gilt auch dann, wenn ihm ELStAM zum Abruf zur Verfügung gestellt werden oder ihm der Arbeitnehmer eine Bescheinigung für den Lohnsteuerabzug mit Eintragungen vorlegt, die auf einen Zeitpunkt vor Abruf der Lohnsteuerabzugsmerkmale oder vor Vorlage der Bescheinigung für den Lohnsteuerabzug zurückwirken.

Verlust der ELStAM-Daten

138 Sind die ELStAM-Daten für sämtliche seiner Arbeitnehmer verloren gegangen oder physikalisch zerstört worden (unvorhergesehener Datenverlust), besteht für den Arbeitgeber die Möglichkeit, die aktuellen ELStAM-Daten bei der Finanzverwaltung anzufordern (sog. Bruttoliste). Diese Option ist ausschließlich für den Sonderfall vorgesehen, dass bei einem Arbeitgeber aufgrund technischer Probleme die abgerufenen und gespeicherten ELStAM dauerhaft nicht mehr elektronisch verfügbar und nicht wiederherstellbar sind. Die Bruttoliste wird dem Arbeitgeber auf formlosen Antrag elektronisch von seinem Betriebsstättenfinanzamt zur Verfügung gestellt.

Bereitstellung von Steuererklärungen und Vordrucken

139 Die im ELStAM-Verfahren erforderlichen bundeseinheitlich abgestimmten Erklärungen, Formulare und Vordrucke werden von den Finanzbehörden des Bundes und der Länder zur Verfügung gestellt. Sie können elektronisch über die Internetseite www.elster.de unter Mein ELSTER an die Finanzverwaltung übermittelt werden. Die Anträge auf Lohnsteuer-Ermäßigung und zu den Lohnsteuerabzugsmerkmalen sind – nach dem persönlichen Login mit dem Authentifizierungszertifikat – in Mein ELSTER unter der Rubrik „Formulare/Leistungen\Alle Formulare\Lohnsteuer Arbeitnehmer" zu finden oder stehen im Internet in einer Formulardatenbank unter der Internetadresse https://www.formulare-bfinv.de unter der Rubrik „Formularcenter/Steuerformulare/Lohnsteuer" als ausfüllbare Formulare bereit.

LStR 39.2

R 39.2 Änderungen und Ergänzungen der Lohnsteuerabzugsmerkmale

Änderung der Steuerklassen

52 (1) ① Wird die Ehe eines Arbeitnehmers durch Scheidung oder Aufhebung aufgelöst oder haben die Ehegatten die dauernde Trennung herbeigeführt, dürfen die gebildeten Steuerklassen im laufenden Kj. nicht geändert werden; es kommt nur ein Steuerklassenwechsel nach Absatz 2 in Betracht. ② Das gilt nicht, wenn bei einer durch Scheidung oder Aufhebung aufgelösten Ehe der andere Ehegatte im selben Kj. wieder geheiratet hat, von seinem neuen Ehegatten nicht dauernd getrennt lebt und er und sein neuer Ehegatte unbeschränkt einkommensteuerpflichtig sind; in diesen Fällen ist die beim nicht wieder verheirateten Ehegatten gebildete Steuerklasse auf Antrag in Steuerklasse III zu ändern, wenn die Voraussetzungen des § 38 b Abs. 1 Satz 2 Nr. 3 Buchst. c EStG erfüllt sind.

Steuerklassenwechsel

53 (2) Bei Ehegatten sind auf gemeinsamen Antrag der Ehegatten die gebildeten Steuerklassen wie folgt zu ändern:

1. Ist bei beiden Ehegatten die Steuerklasse IV gebildet worden, kann diese bei einem Ehegatten in Steuerklasse III und beim anderen Ehegatten in Steuerklasse V geändert werden.
2. Ist bei einem Ehegatten die Steuerklasse III und beim anderen Ehegatten die Steuerklasse V gebildet worden, können diese bei beiden Ehegatten in Steuerklasse IV geändert werden, wobei dieser Wechsel auch auf Antrag nur eines Ehegatten möglich ist (§ 38 b Abs. 3 Satz 2 EStG).
3. Ist bei einem Ehegatten die Steuerklasse III und beim anderen Ehegatten die Steuerklasse V gebildet worden, kann die Steuerklasse III des einen Ehegatten in Steuerklasse V und die Steuerklasse V des anderen Ehegatten in Steuerklasse III geändert werden.

4. ① Gehören beide Ehegatten in die Steuerklasse IV, kann diese jeweils in die Steuerklasse IV i. V. m. einem Faktor geändert werden (§ 39 f Abs. 1 Satz 1 EStG), wenn beide Ehegatten Arbeitslohn beziehen. ② Neben dem in § 39 Abs. 6 Satz 4 EStG geregelten Fall können Ehegatten auch ohne Angabe von Gründen innerhalb eines Kj. weitere Änderungen der Steuerklassen beantragen (§ 39 Abs. 6 Satz 3 EStG). LStR 39.2

Zahl der Kinderfreibeträge in den Fällen des § 32 Abs. 6 Satz 4 EStG

(3) Bei der Zahl der Kinderfreibeträge sind ermäßigte Kinderfreibeträge für nicht unbeschränkt einkommensteuerpflichtige Kinder nicht zu berücksichtigen. **54**

R 39.3 Bescheinigung für den Lohnsteuerabzug

LStR 39.3

① Ein Antrag nach § 39 e Abs. 8 Satz 1 EStG ist bis zum 31. 12. des Kj. zu stellen, für das die Bescheinigung für den Lohnsteuerabzug gilt. ② Die Bescheinigung kann auch der Arbeitgeber beantragen, wenn der Arbeitnehmer ihn dazu bevollmächtigt hat (§ 39 e Abs. 8 Satz 2 EStG). ③ Bei Nichtvorlage der Bescheinigung hat der Arbeitgeber den Lohnsteuerabzug nach Maßgabe des § 39 c Abs. 1 und 2 EStG vorzunehmen. ④ Für Arbeitnehmer, **60**

1. die nach § 1 Abs. 2 EStG erweitert unbeschränkt einkommensteuerpflichtig sind,
2. die nach § 1 Abs. 3 EStG auf Antrag wie unbeschränkt einkommensteuerpflichtig zu behandeln sind,
3. die nach § 1 Abs. 4 EStG beschränkt einkommensteuerpflichtig sind und bei denen ein Freibetrag nach § 39 a EStG berücksichtigt wird oder
4. deren Arbeitslohn nach den Regelungen in DBA auf Antrag von der Besteuerung ganz oder teilweise freigestellt wird,

hat das lohnsteuerliche Betriebsstättenfinanzamt des Arbeitgebers auf Antrag eine Papierbescheinigung für den Lohnsteuerabzug auszustellen und den Arbeitgeberabruf zu sperren. ⑤ Der Arbeitgeber hat in diesen Fällen den Lohnsteuerabzug anhand der Papierbescheinigung vorzunehmen.

H 39.3 Vereinfachte Anfrage der Identifikationsnummer des Arbeitnehmers

LStH 39.3

– → BMF vom 23. 1. 2024 (BStBl. I S. 211);
– § 39 Abs. 3 Satz 6 EStG.

R 39.4 Lohnsteuerabzug bei beschränkter Einkommensteuerpflicht

LStR 39.4

Freibetrag oder Hinzurechnungsbetrag bei beschränkter Einkommensteuerpflicht

(1) ① Nach § 39 a Abs. 2 Satz 8 i. V. m. Abs. 4 EStG ist ein vom Arbeitnehmer zu beantragender Freibetrag oder Hinzurechnungsbetrag durch Aufteilung in Monatsbeträge, erforderlichenfalls in Wochen- und Tagesbeträge, jeweils auf die voraussichtliche Dauer des Dienstverhältnisses im Kj. gleichmäßig zu verteilen. ② Dabei sind ggf. auch die im Kj. bereits abgelaufenen Zeiträume desselben Dienstverhältnisses einzubeziehen, es sei denn, der Arbeitnehmer beantragt die Verteilung des Betrags auf die restliche Dauer des Dienstverhältnisses. ③ Bei beschränkt einkommensteuerpflichtigen Arbeitnehmern, bei denen § 50 Abs. 1 Satz 5 EStG anzuwenden ist, sind Werbungskosten und Sonderausgaben insoweit einzutragen, als sie die zeitanteiligen Pauschbeträge (§ 50 Abs. 1 Satz 6 EStG) übersteigen. **61**

Ausübung oder Verwertung (§ 49 Abs. 1 Nr. 4 Buchst. a EStG)[1]

(2) ① Die nichtselbständige Arbeit wird im Inland ausgeübt, wenn der Arbeitnehmer im Geltungsbereich des EStG persönlich tätig wird. ② Sie wird im Inland verwertet, wenn der Arbeitnehmer das Ergebnis einer außerhalb des Geltungsbereichs des EStG ausgeübten Tätigkeit im Inland seinem Arbeitgeber zuführt. ③ Zu der im Inland ausgeübten oder verwerteten nichtselbständigen Arbeit gehört nicht die nichtselbständige Arbeit, die auf einem deutschen Schiff während seines Aufenthalts in einem ausländischen Küstenmeer, in einem ausländischen Hafen von Arbeitnehmern ausgeübt wird, die weder einen Wohnsitz noch ihren gewöhnlichen Aufenthalt im Inland haben. ④ Unerheblich ist, ob der Arbeitslohn zu Lasten eines inländischen Arbeitgebers gezahlt wird. ⑤ Arbeitgeber i. S. d. Satzes 2 ist die Stelle im Inland, z. B. eine Betriebsstätte oder der inländische Vertreter eines ausländischen Arbeitgebers, die unbeschadet des formalen Vertragsverhältnisses zu einem möglichen ausländischen Arbeitgeber die wesentlichen Rechte und Pflichten eines Arbeitgebers tatsächlich wahrnimmt; inländischer Arbeitgeber ist auch ein inländisches Unternehmen bezüglich der Arbeitnehmer, die bei rechtlich unselbständigen Betriebsstätten, Filialen oder Außenstellen im Ausland beschäftigt sind. **62**

Befreiung von der beschränkten Einkommensteuerpflicht

(3) Einkünfte aus der Verwertung einer außerhalb des Geltungsbereichs des EStG ausgeübten nichtselbständigen Arbeit bleiben bei der Besteuerung außer Ansatz, **63**

[1] § 49 Abs. 1 Nr. 4 Buchst. a EStG wurde für nach dem 31. 12. 2023 zufließende nichtselbständige Einkünfte neu gefasst.

LStR 39.4

1. wenn zwischen der Bundesrepublik Deutschland und dem Wohnsitzstaat ein DBA besteht und nach R 39 b.10[1] der Lohnsteuerabzug unterbleiben darf oder
2. in anderen Fällen, wenn nachgewiesen oder glaubhaft gemacht wird, dass von diesen Einkünften in dem Staat, in dem die Tätigkeit ausgeübt worden ist, eine der deutschen Einkommensteuer entsprechende Steuer tatsächlich erhoben wird.

Künstler, Berufssportler, unterhaltend und ähnlich darbietende Personen sowie Artisten

64 (4) ① Bezüge von beschränkt einkommensteuerpflichtigen Berufssportlern, darbietenden Künstlern (z. B. Musikern), werkschaffenden Künstlern (z. B. Schriftstellern, Journalisten und Bildberichterstattern), anderen unterhaltend oder ähnlich Darbietenden sowie Artisten unterliegen dem Lohnsteuerabzug, wenn sie zu den Einkünften aus nichtselbständiger Arbeit gehören und von einem inländischen Arbeitgeber i. S. d. § 38 Abs. 1 Satz 1 Nr. 1 EStG gezahlt werden. ② Von den Vergütungen der Berufssportler, darbietenden Künstler, Artisten und unterhaltend oder ähnlich darbietenden Personen (§ 50 a Abs. 1 Nr. 1 EStG) wird die Einkommensteuer nach Maßgabe der §§ 50 a, 50 d EStG erhoben, wenn diese nicht von einem inländischen Arbeitgeber gezahlt werden.

LStH 39.4

H 39.4

Arbeitnehmer mit Wohnsitz

65
- **in Belgien** → Grenzgängerregelung nach dem Zusatzabkommen zum DBA Belgien (BGBl. 2003 II S. 1615);
- **in Frankreich**
  - Zur Verständigungsvereinbarung zur 183-Tage-Regelung und zur Anwendung der Grenzgängerregelung → BMF vom 3. 4. 2006 (BStBl. I S. 304);
  - Zur Durchführung des Grenzgängerfiskalausgleichs → BMF vom 30. 3. 2017 (BStBl. I S. 753);
  - Zum Grenzgebiet nach Art. 13 Abs. 5 DBA Frankreich → BMF vom 16. 11. 2021 (BStBl. I S. 2230).
  - Zu Zweifelsfragen bei der steuerlichen Behandlung der Einkünfte aus nichtselbständiger Arbeit, insbesondere von Grenzgängern, Künstlern und Sportlern und aus öffentlichen Kassen (Art. 13, 13 b und 14 DBA Frankreich) → BMF vom 28. 12. 2021 (BStBl. 2022 I S. 92).
- **in Luxemburg** → Zur Verständigungsvereinbarung zwischen der Bundesrepublik Deutschland und dem Großherzogtum Luxemburg → BMF vom 15. 1. 2024 (BStBl. I S. 201);
- **in den Niederlanden** → Zur steuerlichen Behandlung von Alterseinkünften → BMF vom 24. 1. 2017 (BStBl. I S. 147);
- **in Österreich**
  - Zur Zusammenstellung geltender Konsultationsvereinbarungen nach Art. 25 Abs. 3 DBA Österreich → BMF vom 26. 11. 2021 (BStBl. I S. 2456);
  - Zur Konsultationsvereinbarung zu Zweifelsfragen hinsichtlich der Auslegung der Grenzgängerregelung vom 20. 12. 2023 (BStBl. 2024 I S. 29);
  - Zur Konsultationsvereinbarung zu Zweifelsfragen hinsichtlich der Auslegung der Besteuerung von Ärzten vom 8. 1. 2024 (BStBl. I S. 52).
- **in der Schweiz**
  - Artikel 3 des Zustimmungsgesetzes vom 30. 9. 1993 (BStBl. I S. 927);
  - → Einführungsschreiben zur Neuregelung der Grenzgängerbesteuerung vom 19. 9. 1994 (BStBl. I S. 683) unter Berücksichtigung der Änderungen durch BMF vom 18. 12. 2014 (BStBl. 2015 I S. 22);
  - → BMF vom 7. 7. 1997 (BStBl. I S. 723) unter Berücksichtigung der Änderungen durch BMF vom 30. 9. 2008 (BStBl. I S. 935).
  - Zur Nichtrückkehr eines Grenzgängers aufgrund der Arbeitsausübung nach Artikel 15 a Abs. 2 DBA-Schweiz → BMF vom 25. 10. 2018 (BStBl. I S. 1103).
  - Zur Verständigungsvereinbarung zur Behandlung von Arbeitnehmern im internationalen Transportgewerbe → BMF vom 29. 6. 2011 (BStBl. I S. 621).
  - Zur Konsultationsvereinbarung betreffend ganztägig am Wohnsitz verbrachter Arbeitstage von Grenzgängern zur Anwendung der Grenzgängerregelung → BMF vom 26. 7. 2022 (BStBl. I S. 1227).
- **in der Türkei** → Zur steuerlichen Behandlung von Alterseinkünften → BMF vom 11. 12. 2014 (BStBl. 2015 I S. 92).

Auslandstätigkeitserlass[2] → BMF vom 10. 6. 2022 (BStBl. I S. 997).

Entschädigung → BMF vom 12. 12. 2023 (BStBl. I S. 2179), Tz. 5.5.5.[3]

Künstler → BMF vom 31. 7. 2002 (BStBl. I S. 707)[4] unter Berücksichtigung der Änderungen durch BMF vom 28. 3. 2013 (BStBl. I S. 443).

---

[1] Jetzt R 39.5.
[2] Abgedruckt als Anlage a zu LStH 39.5.
[3] Abgedruckt als Anlage c zu LStH 39.5.
[4] Nachstehend abgedruckt als Anlage zu LStH 39.4.

Öffentliche Kassen → H 3.11.

Verwertungstatbestand LStH 39.4

– → BFH vom 12. 11. 1986 (BStBl. 1987 II S. 377, S. 379, S. 381 und S. 383).

– **Beispiel:**

Ein lediger Wissenschaftler wird im Rahmen eines Forschungsvorhabens in Südamerika tätig. Seinen inländischen Wohnsitz hat er aufgegeben. Er übergibt entsprechend den getroffenen Vereinbarungen seinem inländischen Arbeitgeber einen Forschungsbericht. Der Arbeitgeber sieht von einer kommerziellen Auswertung der Forschungsergebnisse ab.

Der Wissenschaftler ist mit den Bezügen, die er für die Forschungstätigkeit von seinem Arbeitgeber erhält, beschränkt einkommensteuerpflichtig nach § 1 Abs. 4 i. V. m. § 49 Abs. 1 Nr. 4 Buchst. a EStG; sie unterliegen deshalb dem Lohnsteuerabzug.

Anl zu LStH 39.4

Schreiben betr. Besteuerung der Einkünfte aus nichtselbständiger Arbeit bei beschränkt einkommensteuerpflichtigen Künstlern[1]

Vom 31. Juli 2002 (BStBl. I S. 707)

(BMF IV C 5 – S 2369 – 5/02)

geändert durch BMF-Schreiben vom 28. 3. 2013 (BStBl. I S. 443)

Unter Bezugnahme auf das Ergebnis der Erörterung mit den obersten Finanzbehörden der Länder gilt für die Besteuerung der Einkünfte aus nichtselbständiger Arbeit bei beschränkt einkommensteuerpflichtigen Künstlern Folgendes:

1. Abgrenzung der nichtselbständigen Arbeit

Für die Abgrenzung zwischen selbständiger Tätigkeit und nichtselbständiger Tätigkeit bei beschränkter Einkommensteuerpflicht sind die Regelungen maßgebend, die für unbeschränkt einkommensteuerpflichtige Künstler in Tz. 1, insbesondere in Tz. 1.1.2, des BMF-Schreibens vom 5. Oktober 1990 (BStBl. I S. 638)[2] getroffen worden sind. 68

2. Steuerabzug vom Arbeitslohn

2.1 Verpflichtung zum Lohnsteuerabzug

Die Einkünfte der beschränkt einkommensteuerpflichtigen Künstler aus nichtselbständiger Arbeit unterliegen ab 1996 nicht mehr der Abzugsteuer nach § 50 a Abs. 4 EStG, sondern der Lohnsteuer, wenn der Arbeitgeber ein inländischer Arbeitgeber im Sinne des § 38 Abs. 1 Satz 1 Nr. 1 EStG ist, der den Lohnsteuerabzug durchzuführen hat. 69

2.2 Freistellung vom Lohnsteuerabzug

Der Lohnsteuerabzug darf nur dann unterbleiben, wenn der Arbeitslohn nach den Vorschriften eines Doppelbesteuerungsabkommens von der deutschen Lohnsteuer freizustellen ist. Dies ist vielfach für künstlerische Tätigkeiten im Rahmen eines Kulturaustausches vorgesehen. Das Betriebsstättenfinanzamt hat auf Antrag des Arbeitnehmers oder des Arbeitgebers (im Namen des Arbeitnehmers) eine entsprechende Freistellungsbescheinigung nach R 123 LStR[3] zu erteilen (§ 39 b Abs. 6 in Verbindung mit § 39 d Abs. 3 Satz 4 EStG).[4]

3. Erhebung der Lohnsteuer nach den Regelvorschriften

3.1 Bescheinigung des Betriebsstättenfinanzamts

Zur Durchführung des Lohnsteuerabzugs hat das Betriebsstättenfinanzamt auf Antrag des Arbeitnehmers oder des Arbeitgebers (im Namen des Arbeitnehmers) eine Bescheinigung über die maßgebende Steuerklasse und den vom Arbeitslohn ggf. abzuziehenden Freibetrag zu erteilen (§ 39 d Abs. 1 Satz 3 und Abs. 2 EStG).[5] Dabei kommt ein Freibetrag nur in Betracht, soweit die Werbungskosten, die im wirtschaftlichen Zusammenhang mit der im Inland ausgeübten künstlerischen Tätigkeit stehen, den zeitanteiligen Arbeitnehmer-Pauschbetrag (§ 9 a Satz 1 Nr. 1 EStG) und die abziehbaren Ausgaben für steuerbegünstigte Zwecke im Sinne des § 10 b EStG den zeitanteiligen Sonderausgaben-Pauschbetrag (§ 10 c Abs. 1 EStG) übersteigen (§ 50 Abs. 1 Satz 6 EStG).[6] 70

Der Zeitanteil des Arbeitnehmer-Pauschbetrags und des Sonderausgaben-Pauschbetrags bestimmt sich nach der (voraussichtlichen) Dauer des jeweiligen Dienstverhältnisses. Dabei ist der Beginn des Dienstverhältnisses besonders anzugeben. Auf Antrag kann der Beginn des Dienstverhältnisses zurückdatiert werden, soweit glaubhaft gemacht ist, dass der Künstler in der Zwischenzeit nicht bereits für einen anderen inländischen Arbeitgeber als Arbeitnehmer beschäftigt war. Dabei gilt jedoch die Einschränkung, dass für je zwei Tage der tatsächlichen Beschäftigungsdauer nur eine Zurückdatierung um eine Woche, insgesamt jedoch höchstens um einen Monat, zulässig ist. Tz. 2.2.1 des BMF-Schreibens vom 5. Oktober 1990 (BStBl. I S. 638)[7] ist sinngemäß anzuwenden.

---

[1] **[Amtl. Anm.:]** Die nachfolgenden Regelungen gelten i. d. R. auch im ElStAM-Verfahren.
[2] Abgedruckt als Anlage zu §§ 1 und 2 LStDV (bei § 19 EStG).
[3] [Amtl. Anm.:] Jetzt R 39.5.
[4] **[Amtl. Anm.:]** Jetzt R 39.5 i. V. m. R 39.4 Abs. 3.
[5] **[Amtl. Anm.:]** Jetzt § 39 Abs. 2 Satz 2 i. V. m. § 39 Abs. 3 EStG.
[6] **[Amtl. Anm.:]** Jetzt § 50 Abs. 1 Satz 5.
[7] Abgedruckt als Anlage zu §§ 1 und 2 LStDV (bei § 19 EStG).

Anl zu LStH 39.4

Der ermittelte Freibetrag ist durch Aufteilung in Monatsbeträge, erforderlichenfalls auch in Wochen- und Tagesbeträge, ebenfalls auf die (voraussichtliche) Dauer des Dienstverhältnisses zu verteilen; auf Antrag des Künstlers kann nach R 125 Abs. 8 LStR[1] auch die restliche Dauer des Dienstverhältnisses zu Grunde gelegt werden.

Die Bescheinigung ist vom Arbeitgeber als Beleg zum Lohnkonto aufzubewahren (§ 39 d Abs. 3 Satz 2 EStG).[2] Für Künstler, die bei mehreren inländischen Arbeitgebern beschäftigt werden, sind entsprechend viele Bescheinigungen zu erteilen; R 125 Abs. 7 Satz 2 LStR[3] ist zu beachten.

3.2 Ermittlung der Lohnsteuer

Der Arbeitgeber hat die Lohnsteuer nach Maßgabe des § 39 b Abs. 2 bis 6[4] und § 39 c Abs. 1 und 2[5] in Verbindung mit § 39 d Abs. 3 Satz 4 EStG[6] zu ermitteln. Der Ermittlung ist der steuerpflichtige Arbeitslohn und die Vorsorgepauschale nach § 10 c Abs. 2 EStG[7] zu Grunde zu legen. Zum steuerpflichtigen Arbeitslohn gehören nicht die steuerfreien Bezüge im Sinne des § 3 EStG, insbesondere die steuerfreien Reisekostenvergütungen nach § 3 Nr. 13 und 16 EStG.

Bei täglicher Lohnzahlung ist nach den Regelungen des § 39 b Abs. 2 Sätze 5 bis 12 EStG zu verfahren. Stellt sich die tägliche Lohnzahlung lediglich als Abschlagszahlung dar, kann der Lohnabrechnungszeitraum als Lohnzahlungszeitraum behandelt werden (§ 39 b Abs. 5 in Verbindung mit § 39 d Abs. 3 Satz 4 EStG).[8] Auf Lohnzahlungen, die nicht als Abschlagszahlungen angesehen werden können, kann der Arbeitgeber eines der Verfahren im Sinne der Tz. 2.2.1 bis 2.2.3 des BMF-Schreibens vom 5. Oktober 1990 (BStBl. I S. 638)[9] anwenden. Dabei tritt anstelle des Zeitraumes, der nach der Lohnsteuerbescheinigung nicht belegt ist, der Zeitraum, um den der Beginn des Dienstverhältnisses vom Betriebsstättenfinanzamt nach Tz. 3.1 dieses Schreibens zurückdatiert worden ist.

3.3 Lohnsteuerbescheinigung

Eine Lohnsteuerbescheinigung ist vom Arbeitgeber nur auf besonderen Antrag des Künstlers zu erteilen (§ 39 d Abs. 3 Satz 5 EStG).[10] Sie ist erforderlich, wenn der Künstler Staatsangehöriger eines Mitgliedstaates der Europäischen Union oder von Island, Liechtenstein oder Norwegen ist, in einem dieser Staaten ansässig ist und eine Veranlagung zur Einkommensteuer beantragen will (vgl. § 50 Abs. 5 Satz 2 Nr. 2 EStG).[11]

4. Pauschale Erhebung der Lohnsteuer

4.1 Vereinfachungsmaßnahme

71 Wegen der besonderen Schwierigkeiten, die mit der Anwendung der Regelvorschriften nach Tz. 3.1 und 3.2 zur steuerlichen Erfassung der Einkünfte bei nur kurzfristig beschäftigten Künstlern verbunden sind, wird zugelassen, dass die Lohnsteuer nach Maßgabe folgender Regelungen pauschal erhoben wird. Der Arbeitgeber hat jedoch die Regelvorschriften anzuwenden, wenn der Arbeitnehmer dies verlangt.

4.2 Pauschal zu besteuernder Personenkreis

Der inländische Arbeitgeber kann die Lohnsteuer pauschal erheben bei beschränkt einkommensteuerpflichtigen Künstlern, die

- als gastspielverpflichtete Künstler bei Theaterbetrieben,
- als freie Mitarbeiter für den Hör- oder Fernsehfunk oder
- als Mitarbeiter in der Film- und Fernsehproduktion

nach Tz. 1.1.2, Tz. 1.3.1 (Tz. 1.3.7) bzw. Tz. 1.4 des BMF-Schreibens vom 5. Oktober 1990 (BStBl. I S. 638)[12] nichtselbständig tätig sind und von dem Arbeitgeber nur kurzfristig, höchstens für sechs zusammenhängende Monate, beschäftigt werden.

4.3 Höhe der pauschalen Lohnsteuer[13]

Die pauschale Lohnsteuer bemisst sich nach den gesamten Einnahmen des Künstlers einschließlich der Beträge im Sinne des § 3 Nr. 13 und 16 EStG. Abzüge, z. B. für Werbungskosten, Sonderausgaben und Steuern, sind nicht zulässig. Die pauschale Lohnsteuer beträgt 20% der Einnahmen, wenn der Künstler die Lohnsteuer trägt. Übernimmt der Arbeitgeber die Lohnsteuer und den Solidaritätszuschlag von 5,5% der Lohnsteuer, so beträgt die Lohnsteuer 25,35% der Einnahmen; sie beträgt 20,22% der Einnahmen, wenn der Arbeitgeber nur den Solidaritätszuschlag übernimmt. Der Solidaritätszuschlag beträgt zusätzlich jeweils 5,5% der Lohnsteuer.

---

[1] **[Amtl. Anm.:]** Jetzt LStR 39.4 Abs. 1.
[2] **[Amtl. Anm.:]** Jetzt § 39 Abs. 3 Satz 4 EStG.
[3] **[Amtl. Anm.:]** Jetzt LStR 39.3.
[4] **[Amtl. Anm.:]** Jetzt § 39 b Abs. 1 bis 6 EStG.
[5] **[Amtl. Anm.:]** Ab VZ 2004 § 39 c Abs. 1, 2 und 5 EStG.
[6] § 39 d aufgeh. mWv 1. 1. 2012 durch Gesetz vom 7. 12. 2011 (BGBl. I S. 2592).
[7] **[Amtl. Anm.:]** Jetzt § 39 b Abs. 2 Satz 5 Nr. 3 und Abs. 4 EStG.
[8] **[Amtl. Anm.:]** Jetzt § 39 b Abs. 2 Satz 5 Nr. 3 und Abs. 4 EStG.
[9] Abgedruckt als Anlage zu §§ 1 und 2 LStDV (bei § 19 EStG).
[10] **[Amtl. Anm.:]** Jetzt § 41 b Abs. 1 S. 4 bis 6 EStG.
[11] **[Amtl. Anm.:]** Jetzt § 50 Abs. 2 EStG.
[12] Abgedruckt als Anlage zu §§ 1 und 2 LStDV (bei § 19 EStG).
[13] **[Amtl. Anm.:]** Tz. 4.3 wurde durch BMF vom 28. 3. 2013 (BStBl. I S. 443) geändert und ist erstmals anzuwenden für Einnahmen, die nach dem 30. 6. 2013 zufließen.

4.4 Lohnsteuerbescheinigung

Anl zu LStH 39.4

Die Verpflichtung des Arbeitgebers, auf Verlangen des Künstlers eine Lohnsteuerbescheinigung zu erteilen (§ 39 d Abs. 3 Satz 5 EStG),[1] wird durch die pauschale Lohnsteuererhebung nicht berührt. Dasselbe gilt für das Veranlagungswahlrecht bestimmter Staatsangehöriger nach § 50 Abs. 5 Satz 2 Nr. 2 EStG.[2] In die Lohnsteuerbescheinigung sind aber die Einnahmen im Sinne des § 3 Nr. 13 und 16 EStG nicht einzubeziehen. Die pauschale Lohnsteuer ist nach § 36 Abs. 2 Satz 2 Nr. 2 EStG[3] auf die veranlagte Einkommensteuer anzurechnen.

Dieses Schreiben tritt an die Stelle der BMF-Schreiben vom 15. Januar 1996 (BStBl. I S. 55) und vom 3. März 1998 (BStBl. I S. 261).

R 39.5 Anwendung von DBA

LStR 39.5

72 ① Ist die Steuerbefreiung nach einem DBA antragsunabhängig, hat das Betriebsstättenfinanzamt gleichwohl auf Antrag eine Freistellungsbescheinigung zu erteilen. ② Das Finanzamt hat in der Bescheinigung den Zeitraum anzugeben, für den sie gilt. ③ Dieser Zeitraum darf drei Jahre nicht überschreiten und soll mit Ablauf eines Kj. enden. ④ Die Bescheinigung ist vom Arbeitgeber als Beleg zum Lohnkonto aufzubewahren. ⑤ Der Verzicht auf den Lohnsteuerabzug schließt die Berücksichtigung des Progressionsvorbehalts (§ 32 b EStG) bei einer Veranlagung des Arbeitnehmers zur Einkommensteuer nicht aus. ⑥ Die Nachweispflicht nach § 50 d Abs. 8 EStG betrifft nicht das Lohnsteuerabzugsverfahren.

H 39.5

LStH 39.5

73

Abfindungen
- → § 50 d Abs. 12.
- → BMF vom 12. 12. 2023 (BStBl. I S. 2179), Tz. 5.5.5.[4]

Antragsabhängige Steuerbefreiung nach DBA. Der Lohnsteuerabzug darf nur dann unterbleiben, wenn das Betriebsstättenfinanzamt bescheinigt, dass der Arbeitslohn nicht der deutschen Lohnsteuer unterliegt (→ BFH vom 10. 5. 1989 – BStBl. II S. 755).

Anwendung der 183-Tage-Klausel → BMF vom 12. 12. 2023 (BStBl. I S. 2179), Tz. 4.[5]

Aufteilung des Arbeitslohns → BMF vom 8. 10. 2024 (BStBl. I S. 1308)[6] zur Ermittlung des steuerfreien und steuerpflichtigen Arbeitslohns nach den DBA und dem Auslandstätigkeitserlass.

Doppelbesteuerungsabkommen
- Stand 1. 1. 2024 → BMF vom 15. 1. 2024 (BStBl. I S. 193).[7]
- Stand 1. 1. 2025 → BMF vom 20. 1. 2025 (BStBl. I S. 291).[8]

EU-Tagegeld → BMF vom 12. 4. 2006 (BStBl. I S. 340).[9]

Gastlehrkräfte → BMF vom 10. 1. 1994 (BStBl. I S. 14).[10]

Organe einer Kapitalgesellschaft → BMF vom 12. 12. 2023 (BStBl. I S. 2179), Tz. 6.1.[11]

Rückfallklausel. Die Rückfallklausel nach § 50d Abs. 8 ist für das Lohnsteuerabzugsverfahren nicht anzuwenden (→ BMF vom 12. 12. 2023 – BStBl. I S. 2179, Rn. 63).[12] Das gilt auch für die Anwendung des § 50d Abs. 9 (→ BMF vom 8. 10. 2024 – BStBl. I S. 1308, Rdnr. 27).[13]

Steuerabzugsrecht trotz DBA. Nach Art. 29 Abs. 1 DBA-USA wird das deutsche Recht zur Vornahme des Lohnsteuerabzugs nach innerstaatlichem Recht nicht berührt. Gemäß Art. 29 Abs. 2 DBA-USA ist die im Abzugsweg erhobene Steuer auf Antrag zu erstatten (→ H 41 c.1 Erstattungsantrag), soweit das DBA-USA ihre Erhebung einschränkt. Daher kann der Arbeitgeber ohne eine Freistellungsbescheinigung des Betriebsstättenfinanzamts nicht vom Steuereinbehalt absehen. Das gilt entsprechend für alle anderen DBA, die vergleichbare Regelungen enthalten (→ BMF vom 25. 6. 2012 – BStBl. I S. 692).

---

[1] **[Amtl. Anm.:]** Jetzt § 41 b Abs. 1 S. 3 EStG.
[2] **[Amtl. Anm.:]** Jetzt § 50 Abs. 2 EStG.
[3] **[Amtl. Anm.:]** Jetzt § 36 Abs. 2 Nr. 2 EStG.
[4] Abgedruckt als Anlage c zu H 39.5.
[5] Abgedruckt als Anlage c zu H 39.5.
[6] Abgedruckt als Anlage d zu H 39.5.
[7] Abgedruckt im *Handbuch zur Lohnsteuer 2024* als Anlage b zu LStH 39.5.
[8] Abgedruckt als Anlage b zu LStH 39.5.
[9] Abgedruckt als Anlage e zu H 39.5.
[10] Hier nicht abgedruckt.
[11] Abgedruckt als Anlage c zu H 39.5.
[12] Abgedruckt als Anlage c zu H 39.5.
[13] Abgedruckt als Anlage d zu H 39.5.

Anl a zu LStH 39.5

a) Schreiben betr. steuerliche Behandlung von Arbeitnehmereinkünften bei Auslandstätigkeiten (Auslandstätigkeitserlass)

Vom 10. Juni 2022 (BStBl. I S. 997)

(BMF IV C 5 – S 2293/19/10012 :001; DOK 2022/79983)

Für die steuerliche Behandlung von Arbeitnehmereinkünften bei Auslandstätigkeiten gilt nach Erörterung mit den obersten Finanzbehörden der Länder aufgrund des § 34 c Absatz 5 Einkommensteuergesetz (EStG) Folgendes:

74 **1** Bei einem Arbeitnehmer eines Arbeitgebers mit Sitz, Geschäftsleitung, Betriebsstätte oder einem ständigen Vertreter in einem Mitgliedstaat der Europäischen Union (EU) oder einem Staat, auf den das Abkommen über den Europäischen Wirtschaftsraum (EWR) Anwendung findet (EU-/EWR-Arbeitgeber), wird von der Besteuerung des Arbeitslohns, den der Arbeitnehmer aufgrund eines gegenwärtigen Dienstverhältnisses für eine begünstigte Tätigkeit im Ausland erhält, abgesehen.

I. Begünstigte/Nicht begünstigte Tätigkeit

75 **2** Begünstigt ist die Auslandstätigkeit für einen EU-/EWR-Arbeitgeber im Zusammenhang mit

1. der Planung, Errichtung, Einrichtung, Inbetriebnahme, Erweiterung, Instandsetzung, Modernisierung, Überwachung oder Wartung von Fabriken, Bauwerken, ortsgebundenen großen Maschinen oder ähnlichen Anlagen; außerdem ist das Betreiben der Anlagen bis zur Übergabe an den Auftraggeber begünstigt; nicht begünstigt sind insbesondere Sanierungs-, Restaurierungs-, Reinigungs- und Sicherungsarbeiten an Bauwerken ohne industrielle bzw. technische Nutzung,
2. dem Einbau, der Aufstellung, der Instandsetzung oder Wartung sonstiger Wirtschaftsgüter; diese Wirtschaftsgüter müssen ausschließlich von EU-/EWR-Arbeitgebern hergestellt oder instandgesetzt bzw. gewartet werden; zu den sonstigen Wirtschaftsgütern zählen auch Militärflugzeuge und -fahrzeuge,
3. dem Aufsuchen oder der Gewinnung von Bodenschätzen,
4. der Beratung ausländischer Auftraggeber oder Organisationen im Hinblick auf Vorhaben im Sinne der Nummern 1, 2 oder 3 oder
5. der deutschen öffentlichen Entwicklungshilfe im Rahmen der Technischen oder Finanziellen Zusammenarbeit, wenn eine Projektförderung unmittelbar oder mittelbar aus inländischen öffentlichen Mitteln zu mindestens 75 % vorliegt.

3 Nicht begünstigt sind insbesondere

- die Tätigkeit des Bordpersonals auf Seeschiffen,
- die Produktion von Schiffen im Ausland,
- die finanzielle Beratung mit Ausnahme der Nummer 5 (siehe Randnummer (Rn.) 2),
- das Einholen von Aufträgen (Akquisition), ausgenommen die Beteiligung an Ausschreibungen sowie
- die Tätigkeit im Bereich der humanitären Hilfe.

II. Dauer der begünstigten Tätigkeit

76 **4** Die Auslandstätigkeit muss mindestens drei Monate ununterbrochen in Staaten ausgeübt werden, mit denen kein Abkommen zur Vermeidung der Doppelbesteuerung (DBA) besteht, in das Einkünfte aus nichtselbständiger Arbeit einbezogen sind.

5 Sie beginnt mit Antritt der Reise ins Ausland und endet mit der endgültigen Rückkehr ins Inland. Eine vorübergehende Rückkehr ins Inland oder ein kurzer Aufenthalt in einem Staat, mit dem ein DBA besteht, in das Einkünfte aus nichtselbständiger Arbeit einbezogen sind, gelten bis zu einer Gesamtaufenthaltsdauer von zehn vollen Kalendertagen innerhalb der Mindestfrist nicht als Unterbrechung der Auslandstätigkeit, wenn sie zur weiteren Durchführung oder Vorbereitung eines begünstigten Vorhabens notwendig sind. Dies gilt bei längeren Auslandstätigkeiten entsprechend für die jeweils letzten drei Monate.

6 Eine Unterbrechung der Tätigkeit im Falle eines Urlaubs oder einer Krankheit ist unschädlich, unabhängig davon, wo sich der Arbeitnehmer während der Unterbrechung aufhält. Zeiten der unschädlichen Unterbrechung sind bei der Dreimonatsfrist nicht mitzurechnen. Als unschädliche Unterbrechung gelten auch Freizeitblöcke (inklusive eingeschlossener arbeitsfreier Wochenenden und Feiertage) während einer begünstigten Auslandstätigkeit, wenn die Auslandstätigkeit insgesamt mindestens drei Monate in Staaten ausgeübt wird, mit denen kein DBA besteht, in das Einkünfte aus nichtselbständiger Arbeit einbezogen sind.

III. Begünstigter Arbeitslohn

77 **7** Zum begünstigten Arbeitslohn gehören auch folgende steuerpflichtige Einnahmen, soweit sie für eine begünstigte Auslandstätigkeit gezahlt werden:

1. Zulagen, Prämien oder Zuschüsse des Arbeitgebers für Aufwendungen des Arbeitnehmers, die durch eine begünstigte Auslandstätigkeit veranlasst sind, oder die entsprechende unentgeltliche Ausstattung oder Bereitstellung durch den Arbeitgeber,
2. Weihnachtszuwendungen, Erfolgsprämien oder Tantiemen,
3. Arbeitslohn, der auf den Urlaub – einschließlich eines angemessenen Sonderurlaubs aufgrund einer begünstigten Tätigkeit – entfällt, Urlaubsgeld oder Zahlungen als Urlaubsabgeltung,
4. Lohnfortzahlungen aufgrund einer Erkrankung während einer begünstigten Auslandstätigkeit bis zur Wiederaufnahme dieser oder einer anderen begünstigten Tätigkeit oder bis zur endgültigen Rückkehr ins Inland.

Anl a zu LStH 39.5

8 Werden solche Zuwendungen nicht gesondert für die begünstigte Tätigkeit geleistet, so sind sie entsprechend dem BMF-Schreiben vom 14. März 2017 (BStBl. I S. 473)[1] aufzuteilen.

9 Für Aufwendungen, die mit dem begünstigten Arbeitslohn in unmittelbarem wirtschaftlichem Zusammenhang stehen, gelten die Abzugsverbote nach § 3c Absatz 1 EStG und § 10 Absatz 2 Satz 1 Nummer 1 1. Halbsatz EStG.

IV. Progressionsvorbehalt

10 Auf das nach § 32a Absatz 1 EStG zu versteuernde Einkommen ist der Steuersatz anzuwenden, der sich unter Einbeziehung der nach diesem Schreiben begünstigten Einkünfte aus nichtselbständiger Arbeit ergibt. § 32b Absatz 2 EStG ist entsprechend anzuwenden. 78

V. Nichtanwendung

11 Diese Regelung gilt nicht, soweit 79
1. der Arbeitslohn unmittelbar oder mittelbar aus inländischen öffentlichen Kassen – einschließlich der Kassen des Bundeseisenbahnvermögens und der Deutschen Bundesbank – gezahlt wird; für das Merkmal der Zahlung aus einer inländischen öffentlichen Kasse gelten die Grundsätze von Abschnitt I in Verbindung mit Abschnitt III des BMF-Schreibens vom 13. November 2019 (BStBl. I S. 1082), oder
2. die Tätigkeit in einem Staat ausgeübt wird, mit dem ein DBA besteht, in das Einkünfte aus nichtselbständiger Arbeit einbezogen sind; ist ein Abkommen für die Zeit vor seinem Inkrafttreten anzuwenden, so verbleibt es bis zum Zeitpunkt des Inkrafttretens bei den vorstehenden Regelungen, soweit sie für den Arbeitnehmer günstiger sind, oder
3. der Steuerpflichtige nicht nachweist, dass die Einkünfte aus nichtselbständiger Arbeit (Arbeitslohn abzüglich der damit in unmittelbarem wirtschaftlichen Zusammenhang stehenden Werbungskosten) in dem Staat, in dem die Tätigkeit ausgeübt wird, einer der deutschen Einkommensteuer entsprechenden Steuer in einer durchschnittlichen Höhe von mindestens 10 % unterliegen, und dass die auf die Einkünfte festgesetzte Steuer entrichtet wurde; zur Ermittlung der durchschnittlichen Steuerbelastung sind die Einkünfte aus nichtselbständiger Arbeit im Tätigkeitsstaat nach deutschem Steuerrecht zu ermitteln.

12 Aufgrund der Begünstigung ausschließlich von Tätigkeiten im Ausland nach Abschnitt I (Rn. 2) sowie aufgrund der Nichtanwendung des Auslandstätigkeitserlasses auf Fälle des Bezugs von Arbeitslohn aus inländischen öffentlichen Kassen hat der Auslandstätigkeitserlass für Fälle der beschränkten Steuerpflicht keinen Anwendungsbereich.

13 Auf Zahlungen, die aus einer inländischen öffentlichen Kasse gewährt werden, ist der Auslandstätigkeitserlass grundsätzlich nicht anwendbar (vgl. Nummer 1, Rn. 11). Etwas Anderes gilt nur, wenn die Tätigkeit im Rahmen eines durch andere Träger bzw. weitere Institutionen, die keine inländische öffentliche Kasse sind (z. B. Institutionen der EU), kofinanzierten Projekts ausgeübt wird. Im Falle einer derartigen Mischfinanzierung sind die Zahlungen aufzuteilen. Das gilt bei unmittelbaren wie bei mittelbaren Zahlungen aus inländischen öffentlichen Kassen gleichermaßen (vgl. BMF-Schreiben vom 13. November 2019, BStBl. I S. 1082, Rz. 12 f.).

Beispiel zur Kofinanzierung:

14 Das Unternehmen A (inländische öffentliche Kasse) entsendet seinen Arbeitnehmer B im Rahmen eines zu 75 % mit Haushaltsmitteln des Bundes und zu 25 % mit Mitteln der EU dotierten Entwicklungshilfeprojekts für drei Jahre in den Staat S (kein DBA mit Deutschland). B behält seinen Wohnsitz in Deutschland bei und bezieht sein Gehalt weiterhin ausschließlich von A.

Im Rahmen der unbeschränkten Einkommensteuerpflicht (§ 1 Absatz 1 EStG) unterliegt der Arbeitslohn des B der Besteuerung. Der Auslandstätigkeitserlass findet grundsätzlich Anwendung, da eine Projektförderung aus inländischen öffentlichen Mitteln zu mindestens 75 % vorliegt (vgl. Abschnitt I Nummer 5, Rn. 2). Soweit das Projekt aus einer inländischen öffentlichen Kasse finanziert wird, ist die Anwendung aber nach Abschnitt V Nummer 1 (Rn. 11) ausgeschlossen. Soweit das Projekt aus Mitteln der EU finanziert wird, liegt hingegen kein Arbeitslohn aus inländischen öffentlichen Kassen vor. Somit sind 25 % des Gehalts des B steuerfrei und unterliegen dem Progressionsvorbehalt (vgl. Abschnitt IV, Rn. 10).

Beispiel zur Mindestbesteuerung:

15 Der Angestellte eines international tätigen Unternehmens im Bereich des Anlagenbaus erhält für seinen zehnmonatigen Einsatz zur Inbetriebnahme einer Fabrik im Staat S (kein DBA mit Deutschland) ein Gehalt i. H. v. 110.000 €. Die nach dem EStG ermittelten Werbungskosten, die mit dieser begünstigten Tätigkeit in Zusammenhang stehen, betragen 10 000 €. Seinen Wohnsitz in Deutschland behält er bei. Auf das Gehalt zahlt er in S ausweislich des von ihm vorgelegten Steuerbescheides eine der deutschen Einkommensteuer entsprechende Steuer in Höhe von umgerechnet 9.000 €. Bezogen auf die Einkünfte von 100 000 € ergibt sich ein durchschnittlicher Steuersatz von 9 %. Da dieser unter 10 % liegt, findet die Steuerbefreiung hier keine Anwendung. Die im Ausland gezahlte Steuer kann unter den Voraussetzungen des § 34c EStG auf die deutsche Einkommensteuer angerechnet oder bei der Ermittlung der Einkünfte abgezogen werden.

VI. Verfahrensvorschriften

16 Der Verzicht auf die Besteuerung im Steuerabzugsverfahren ist vom Arbeitgeber oder Arbeitnehmer beim Betriebsstättenfinanzamt zu beantragen (Freistellungsbescheinigung). Dabei ist glaubhaft zu machen, dass die nach deutschem Recht ermittelten Einkünfte im Tätigkeitsstaat voraussichtlich einer der deutschen Einkommensteuer entsprechenden Steuer unterliegen; der Nachweis über die Höhe der Besteuerung (vgl. Abschnitt V Nummer 3, Rn. 11) ist erst im Veranlagungsverfahren erforderlich. 80

17 Wurde glaubhaft gemacht, dass die Voraussetzungen der Steuerbefreiung vorliegen, so kann die Freistellungsbescheinigung erteilt werden, solange dem Arbeitgeber eine Änderung des Lohnsteuerab-

[1] **[Amtl. Anm.:]** Ab 1. 1. 2025 BMF vom 8. 10. 2024, abgedruckt als Anlage d zu LStH 39.5.

Anl a zu LStH 39.5

zugs möglich ist (§ 41 c EStG). Außerdem muss sich der Arbeitgeber verpflichten, das folgende Verfahren einzuhalten:

1. Der begünstigte Arbeitslohn ist im Lohnkonto gesondert aufzuzeichnen und in der elektronischen Lohnsteuerbescheinigung, ggf. der besonderen Lohnsteuerbescheinigung, sowie der Gehaltsbescheinigung, dem Entgeltnachweis etc. jeweils getrennt vom übrigen Arbeitslohn anzugeben.
2. Die Freistellungsbescheinigung ist als Beleg zum Lohnkonto des Arbeitnehmers zu nehmen.
3. Für Arbeitnehmer, die während des Kalenderjahrs begünstigten Arbeitslohn bezogen haben, darf der Arbeitgeber weder die Lohnsteuer nach dem voraussichtlichen Jahresarbeitslohn ermitteln (§ 39 b Absatz 2 Satz 12 EStG, sog. permanenter Jahresausgleich) noch einen Lohnsteuer-Jahresausgleich nach § 42 b EStG durchführen.

18 Die Berechtigung oder Verpflichtung zur Änderung des Lohnsteuerabzugs und eine verpflichtende Anzeige gegenüber dem Betriebsstättenfinanzamt richten sich nach § 41 c EStG und R 41 c.1 LStR. § 42 d EStG bleibt unberührt (siehe auch R 42 d.1 LStR und H 42 d.1 LStH).

19 Die abschließende Prüfung der Steuerfreistellung des Arbeitslohns erfolgt im Rahmen der Veranlagung zur Einkommensteuer. Soweit aufgrund der Freistellungsbescheinigung bereits im Rahmen des Steuerabzugsverfahrens auf die Besteuerung verzichtet wurde, sind insbesondere die Nachweise nach Abschnitt V Nummer 3 (Rn. 11) im Rahmen der Veranlagung zu erbringen. Soweit nicht bereits vom Steuerabzug abgesehen worden ist, hat der Arbeitnehmer den Verzicht auf die Besteuerung bei seinem Wohnsitzfinanzamt im Rahmen der Veranlagung zu beantragen. Der Antrag auf Anwendung des Auslandstätigkeitserlasses ist spätestens bis zum Eintritt der Bestandskraft des Steuerbescheids zu stellen.

VII. Anwendungsregelung

81 **20** Dieses Schreiben ersetzt das BMF-Schreiben vom 31. Oktober 1983 (BStBl I S. 470)[1] mit Wirkung ab dem Veranlagungszeitraum 2023. Im Lohnsteuerabzugsverfahren ist dieses Schreiben erstmals auf den laufenden Arbeitslohn anzuwenden, der für einen nach dem 31. Dezember 2022 endenden Lohnzahlungszeitraum gezahlt wird, und auf sonstige Bezüge, die nach dem 31. Dezember 2022 zufließen.

Anl b zu LStH 39.5

b) Schreiben betr. Stand der Doppelbesteuerungsabkommen und anderer Abkommen im Steuerbereich sowie der Abkommensverhandlungen am 1. Januar 2025

Vom 20. Januar 2025 (BStBl. I S. 291)

(BMF IV B 2 – S 1301/01499/004/003; DOK COO.7005.100.3.10997042)

1 Anlage

82 Hiermit übersende ich eine Übersicht über den gegenwärtigen Stand der Doppelbesteuerungsabkommen (DBA) und anderer Abkommen im Steuerbereich sowie der Abkommensverhandlungen.

Wie die Übersicht zeigt, werden verschiedene der angeführten Abkommen nach ihrem Inkrafttreten rückwirkend anzuwenden sein. In geeigneten Fällen sind Steuerfestsetzungen vorläufig durchzuführen, wenn ungewiss ist, wann ein unterzeichnetes Abkommen in Kraft treten wird, das sich zugunsten des Steuerschuldners auswirken wird. Umfang und Grund der Vorläufigkeit sind im Bescheid anzugeben. Ob bei vorläufiger Steuerfestsetzung der Inhalt eines unterzeichneten Abkommens bereits berücksichtigt werden soll, ist nach den Gegebenheiten des einzelnen Falles zwischen BMF und Ländern abgestimmt zu entscheiden.

Durch das am 7. Juni 2017 unterzeichnete Mehrseitige Übereinkommen vom 24. November 2016 zur Umsetzung steuerabkommensbezogener Maßnahmen zur Verhinderung der Gewinnverkürzung und Gewinnverlagerung (BEPS-MLI) soll eine Modifikation der von ihm erfassten Steuerabkommen entsprechend den von den jeweiligen Vertragsstaaten bei ihrer Ratifikation des BEPS-MLI getroffenen Auswahlentscheidungen erfolgen.

Das BEPS-MLI wurde nach Zustimmung der deutschen gesetzgebenden Körperschaften (BGBl. 2020 II Nr. 20) im Dezember 2020 ratifiziert und trat für die Bundesrepublik Deutschland am 1. April 2021 in Kraft (BGBl. 2021 II Nr. 13). Aufgrund der von der deutschen Seite getroffenen Auswahlentscheidung zu Artikel 35 Absatz 7 BEPS-MLI wird die Modifikation eines vom BEPS-MLI erfassten Steuerabkommens aus Gründen der Rechtssicherheit und -klarheit jedoch erst nach Abschluss eines nachfolgenden Anwendungsgesetzgebungsverfahrens und entsprechender Notifizierung gegenüber der OECD als Verwahrer des BEPS-MLI wirksam werden. Das Gesetz zur Anwendung des Mehrseitigen Übereinkommens vom 24. November 2016 und zu weiteren Maßnahmen (BGBl. 2024 I Nr. 205) hat diese Notifikation vorbereitet. Der Anwendungszeitraum der vom BEPS-MLI betroffenen DBA kann Abschnitt I. Nr. 2 der beigefügten Tabelle entnommen werden.

Zur Rechtslage nach dem Zerfall der Sozialistischen Föderativen Republik Jugoslawien (SFRJ) ist auf Folgendes hinzuweisen:

Vereinbarungen über die Fortgeltung des DBA mit der SFRJ vom 26. März 1987 wurden geschlossen mit der:

- **Republik Bosnien und Herzegowina** (BGBl. 1992 II S. 1196),
- **Republik Serbien** (Namensänderung; ehem. Bundesrepublik Jugoslawien, BGBl. 1997 II S. 961),
- **Republik Kosovo** (BGBl. 2011 II S. 748) und mit
- **Montenegro** (BGBl. 2011 II S. 745).

Zur Rechtslage nach dem Zerfall der Sowjetunion ist auf Folgendes hinzuweisen:

[1] Abgedruckt im *„Handbuch zur Lohnsteuer 2022"* als Anlage a zu LStH 39 b.10.

Anl b zu LStH 39.5

Vereinbarungen über die Fortgeltung des DBA mit der UdSSR vom 24. November 1981 wurden geschlossen mit der:

- **Republik Moldau** (BGBl. 1996 II S. 768).

Zur Rechtslage nach der Teilung der Tschechoslowakei ist auf Folgendes hinzuweisen:

Vereinbarungen über die Fortgeltung des DBA mit der Tschechoslowakischen Sozialistischen Republik vom 19. Dezember 1980 wurden mit der **Slowakischen Republik** und mit der **Tschechischen Republik** getroffen (BGBl. 1993 II S. 762).

Hongkong wurde mit Wirkung ab 1. Juli 1997 ein besonderer Teil der VR China (Hongkong Special Administrative Region). Das allgemeine Steuerrecht der VR China gilt dort nicht. Damit ist das zwischen der Bundesrepublik Deutschland und der VR China abgeschlossene DBA vom 28. März 2014 in Hongkong nicht anwendbar. Vorgenannte Ausführungen zu Hongkong (außer Luftfahrtunternehmen) gelten in entsprechender Weise auch für Macau nach dessen Übergabe am 20. Dezember 1999 an die VR China (Macau Special Administrative Region).

Aufgrund des besonderen völkerrechtlichen Status von **Taiwan** wurde ein Steuerabkommen nur von den Leitern des Deutschen Instituts in Taipeh und der Taipeh Vertretung in der Bundesrepublik Deutschland unterzeichnet. Das Gesetz vom 2. Oktober 2012 zum diesbezüglichen Abkommen vom 19. und 28. Dezember 2011 zwischen dem Deutschen Institut in Taipeh und der Taipeh Vertretung in der Bundesrepublik Deutschland zur Vermeidung der Doppelbesteuerung und zur Verhinderung der Steuerverkürzung hinsichtlich der Steuern vom Einkommen und vom Vermögen ist veröffentlicht (BGBl. 2012 I S. 2079, BStBl. 2013 I S. 20). Das Abkommen ist nach seinem Inkrafttreten (BGBl. 2012 I S. 2461, BStBl. 2013 I S. 33) ab 1. Januar 2013 anzuwenden.

Mit dem Protokoll vom 18. Januar 2023 zur Änderung des Abkommens vom 14. Juli 1992 zwischen der Bundesrepublik Deutschland und dem **Königreich Schweden** zur Vermeidung der Doppelbesteuerung bei den Steuern vom Einkommen und vom Vermögen sowie bei den Erbschaft- und Schenkungsteuern und zur Leistung gegenseitigen Beistands bei den Steuern wurden die Bestimmungen dieses Abkommens zur Besteuerung von Nachlässen, Erbschaften und Schenkungen aufgehoben, da Schweden seit 2004 keine Erbschaft- und Schenkungsteuer erhebt.

Die **Russische Föderation** hat mit Verbalnote vom 8. August 2023 ohne konkrete Angabe einer Rechtsgrundlage mit sofortiger Wirkung und bis auf Weiteres die „Aussetzung" von Artikel 5 bis 22 und 24 des Abkommens zwischen der Bundesrepublik Deutschland und der Russischen Föderation zur Vermeidung der Doppelbesteuerung auf dem Gebiet der Steuern vom Einkommen und vom Vermögen vom 29. Mai 1996 (BGBl. 1996 II S. 2711) in der Fassung des Änderungsprotokolls vom 15. Oktober 2007 (BGBl. 2008 II S. 1399) sowie der Nummern 2 bis 7 des Protokolls zu diesem Abkommen mitgeteilt. Dies betrifft sämtliche im DBA und ergänzend im Protokoll zum DBA erfasste Einkunftsarten sowie die Suspendierung des Diskriminierungsverbots nach Artikel 24 DBA in Verbindung mit dem Protokoll zum DBA. Diese einseitige Suspendierung führt völkerrechtlich nicht zu einer Aufhebung des Abkommens, so dass dieses weiterhin besteht. Jedoch werden ab dem 1. Januar 2024 deutsche Besteuerungsrechte durch das DBA mit der Russischen Föderation aufgrund des § 1 Absatz 3 Satz 2 Steueroasen-Abwehrgesetz (BGBl. 2021 I S. 2056) in Verbindung mit der Verordnung zur Durchführung des § 3 des Steueroasen-Abwehrgesetzes vom 23. Dezember 2021 (BGBl. 2021 I S. 5236) in der Fassung der Zweiten Verordnung zur Änderung der Steueroasen-Abwehrverordnung (BGBl. 2023 I Nr. 375) nicht mehr berührt.

Auf das Abkommen zwischen der Bundesrepublik Deutschland und **Trinidad und Tobago** zur Vermeidung der Doppelbesteuerung auf dem Gebiete der Steuern vom Einkommen und zur Förderung des internationalen Handels und der internationalen Investitionstätigkeit vom 4. April 1973 (BGBl. 1975 II S. 679, BStBl 1975 I S. 698) findet seit dem 1. Januar 2022 das Steueroasen-Abwehrgesetz in Verbindung mit der Steueroasen-Abwehrverordnung Anwendung. Nach § 1 Absatz 3 Satz 2 des Steueroasen-Abwehrgesetzes werden deutsche Besteuerungsrechte durch das DBA nicht berührt.

Das Abkommen vom 30. September 2005 zwischen der Bundesrepublik Deutschland und der **Republik Belarus** zur Vermeidung der Doppelbesteuerung auf dem Gebiet der Steuern vom Einkommen und vom Vermögen (BGBl. 2006 II S. 1042, BStBl. 2007 I S. 276) ist mit Wirkung zum 1. Januar 2025 vollständig ausgesetzt (BGBl. 2025 II Nr. 6). Dies wurde der Republik Belarus am 30. Dezember 2024 notifiziert. Die Republik Belarus hatte einzelne Vorschriften des DBA bereits zum 1. Juni 2024 ausgesetzt. Einer Aufforderung der Bundesregierung, diese Teilaussetzung des Abkommens rückgängig zu machen, ist die Republik Belarus nicht nachgekommen. Hierin sieht die Bundesregierung einen wesentlichen Bruch des Abkommens im Sinne der Wiener Vertragsrechtskonvention.

Anl b zu LStH 39.5

83

Stand der Doppelbesteuerungsabkommen und anderer Abkommen im Steuerbereich

1. Januar 2025

I. Geltende Abkommen

Abkommen		Fundstelle				Inkrafttreten				Anwendung grundsätzlich ab
		BGBl. II		BStBl. I		BGBl. II		BStBl. I		
mit	vom	Jg.	S./Nr.*	Jg.	S.	Jg.	S./Nr.*	Jg.	S.	
1. Abkommen auf dem Gebiet der Steuern vom Einkommen und vom Vermögen										
Ägypten	8. 12. 87	90	278	90	280	91	1042	92	7	1. 1. 92
Albanien	6. 4. 10	11	1186	12	292	12	145	12	305	1. 1. 12
Algerien	12. 11. 07	08	1188	09	382	09	136	09	396	1. 1. 09
Argentinien	13. 7. 78/	79	585	79	326	79	1332	80	51	1. 1. 76
	16. 9. 96	98	18	98	187	01	694	01	540	1. 1. 96
Armenien	24. 11. 81	83	2	83	90	83	427	83	352	1. 1. 80
(DBA mit UdSSR galt fort, BGBl. 1993 II S. 169)	29. 6. 16	17	1077	18	222	17	1560	18	238	1. 1. 18
Aserbaidschan	25. 8. 04	05	1146	06	291	06	120	06	304	1. 1. 06
Australien	24. 11. 72	74	337	74	423	75	216	75	386	1. 1. 71
	12. 11. 15	16	1114	17	121	17	48	17	139	1. 1. 17
Bangladesch	29. 5. 90	91	1410	92	34	93	847	93	466	1. 1. 90
Belarus	30. 9. 05	06	1042	07	276	07	287	07	290	1. 1. 07
										ab 1. 1. 25 ausgesetzt
Belgien	11. 4. 67/	69	17	69	38	69	1465	69	468	1. 1. 66
	5. 11. 02	03	1615	05	346	03	1744	05	348	1. 1. 04
Bolivien	30. 9. 92	94	1086	94	575	95	907	95	758	1. 1. 91
Bosnien und Herzegowina (DBA mit SFR Jugoslawien gilt fort, BGBl. 1992 II S. 1196)	26. 3. 87	88	744	88	372	88	1179	89	35	1. 1. 89
Bulgarien	25. 1. 10/	10	1286	11	543	11	584	11	558	1. 1. 11
	21. 7. 22	23	213	24	895	24	139	24	898	1. 1. 24
China	10. 6. 85	86	446	86	329	86	731	86	339	1. 1. 85
(ohne Hongkong und Macau)	28. 3. 14	15	1647	16	1130	16	1005	16	1144	1. 1. 17
Costa Rica	13. 2. 14	14	917	16	1169	16	1159	16	1182	1. 1. 17
Côte d'Ivoire	3. 7. 79	82	153	82	357	82	637	82	628	1. 1. 82
Dänemark	22. 11. 95/	96	2565	96	1219	97	728	97	624	1. 1. 97
	1. 10. 20	21	483	22	207	22	103	22	214	1. 1. 22
Ecuador	7. 12. 82	84	466	84	339	86	781	86	358	1. 1. 87
Estland	29. 11. 96/	98	547	98	543	99	84	99	269	1. 1. 94
	15. 12. 20	21	562	24	1075	21	923	24	1078	1. 1. 22
Finnland	5. 7. 79	81	1164	82	201	82	577	82	587	1. 1. 81
	19. 2. 16/	17	466	17	1527	17	1369	17	1539	1. 1. 18
	18. 11. 19	20	754	21	344	21	228	21	346	1. 1. 22
Frankreich**	21. 7. 59/	61	397	61	342	61	1659	61	712	1. 1. 57
	9. 6. 69/	70	717	70	900	70	1189	70	1072	1. 1. 68
	28. 9. 89/	90	770	90	413	91	387	91	93	1. 1. 90
	20. 12. 01/	02	2370	02	891	03	542	03	383	1. 1. 02
	31. 3. 15	15	1332	16	515	16	227	16	526	1. 1. 16
Georgien	1. 6. 06/	07	1034	08	482	08	521	08	494	1. 1. 08
	11. 3. 14	14	940	15	177, 178	15	62	15	181	1. 1. 15
Ghana	12. 8. 04	06	1018	08	467	08	51	08	481	1. 1. 08
Griechenland**	18. 4. 66	67	852	67	50	68	30	68	296	1. 1. 64
Indien	19. 6. 95	96	706	96	599	97	751	97	363	1. 1. 97
Indonesien	30. 10. 90	91	1086	91	1001	91	1401	92	186	1. 1. 92
Iran, Islamische Republik	20. 12. 68	69	2133	70	768	69 70	2288 282	70	777	1. 1. 70
Irland	30. 3. 11/	11	1042	13	471	13	332	13	487	1. 1. 13
	3. 12. 14/	15	1322	16	196	16	135	16	199	1. 1. 16
	19. 1. 21	21	947	22	219	22	103	22	222	1. 1. 22

* Ab 2023.
** Siehe I.2.

Anl b zu LStH 39.5

Abkommen mit	vom	Fundstelle BGBl. II Jg.	BGBl. II S./Nr.*	BStBl. I Jg.	BStBl. I S.	Inkrafttreten BGBl. II Jg.	BGBl. II S./Nr.*	BStBl. I Jg.	BStBl. I S.	Anwendung grundsätzlich ab
Island	18. 3. 71	73	357	73	504	73	1567	73	730	1. 1. 68
Israel	21. 8. 14	15	1301	16	1116	16	1160	16	1129	1. 1. 17
Italien	18. 10. 89	90	742	90	396	93	59	93	172	1. 1. 93
Jamaika	8. 10. 74	76	1194	76	407	76	1703	76	632	1. 1. 73
Japan	22. 4. 66/	67	871	67	58	67	2028	67	336	1. 1. 67
	17. 4. 79/	80	1182	80	649	80	1426	80	772	1. 1. 77
	17. 2. 83	84	194	84	216	84	567	84	388	1. 1. 81
	17. 12. 15	16	956	16	1306	16	1230	16	1323	1. 1. 17
Jersey	4. 7. 08	09	589	10	174	10	38	10	178	1. 1. 10
	7. 5. 15	15	1326	16	272	16	227	16	276	29. 8. 14
Kanada	19. 4. 01	02	671	02	505	02	962	02	521	1. 1. 01
Kasachstan	26. 11. 97	98	1592	98	1029	99	86	99	269	1. 1. 96
Kenia	17. 5. 77	79	606	79	337	80	1357	80	792	1. 1. 80
Kirgisistan	1. 12. 05	06	1066	07	233	07	214	07	246	1. 1. 07
Korea, Republik	10. 3. 00	02	1630	03	24	02	2855	03	36	1. 1. 03
Kosovo (DBA mit SFR Jugoslawien gilt fort, BGBl. 2011 II S. 748)	26. 3. 87	88	744	88	372	88	1179	89	35	1. 1. 89
Kroatien**	6. 2. 06	06	1112	07	247	07	213	07	260	1. 1. 07
Kuwait	4. 12. 87/	89	354	89	150	89	637	89	268	1. 1. 84–31. 12. 97
	18. 5. 99	00	390	00	439	00	1156	00	1383	1. 1. 98
Lettland	21. 2. 97/	98	330	98	531	98	2630	98	1219	1. 1. 96
	29. 9. 22	23	211	24	1330	24	402	24	1333	1. 1. 25
Liberia	25. 11. 70	73	1285	73	615	75	916	75	943	1. 1. 70
Liechtenstein	17. 11. 11/	12	1462	13	488	13	332	13	507	1. 1. 13
	27. 10. 20	21	566	22	183	21	1294	22	185	1. 1. 22
Litauen	22. 7. 97/	98	1571	98	1016	98	2962	99	121	1. 1. 95
	30. 9. 22	23	212	24	714	24	179	24	717	1. 1. 24
Luxemburg	23. 4. 12/	12	1403	15	7	14	728	15	21	1. 1. 14
	6. 7. 23	23	334	24	899	24	147	24	906	1. 1. 24
Malaysia	23. 2. 10	10	1310	11	329	11	464	11	344	1. 1. 11
Malta**	8. 3. 01/	01	1297	02	76	02	320	02	240	1. 1. 02
	17. 6. 10	11	275	11	742	11	640	11	745	1. 1. 02
Marokko	7. 6. 72	74	21	74	59	74	1325	74	1009	1. 1. 74
Mauritius	7. 10. 11/	12	1050	13	388	13	331	13	402	1. 1. 13
	29. 10. 21	22	530	23	328	23	50	23	331	1. 1. 23
Mexiko	9. 7. 08/	09	746	14	1223	10	62	14	1238	1. 1. 10
	8. 10. 21	22	534	23	1599	23	250	23	1602	1. 7. 24
Moldau, Republik (DBA mit UdSSR gilt fort, BGBl. 1996 II S. 768)	24. 11. 81	83	2	83	90	83	427	83	352	1. 1. 80
Mongolei	22. 8. 94	95	818	95	607	96	1220	96	1135	1. 1. 97
Montenegro (DBA mit SFR Jugoslawien gilt fort, BGBl. 2011 II S. 745)	26. 3. 87	88	744	88	372	88	1179	89	35	1. 1. 89
Namibia	2. 12. 93	94	1262	94	673	95	770	95	678	1. 1. 93
Neuseeland	20. 10. 78	80	1222	80	654	80	1485	80	787	1. 1. 78
Niederlande	12. 4. 12/	12	1414	16	47	15	1674	16	75	1. 1. 16
	11. 1. 16/	16	866	17	69	16	1352	17	72	1. 1. 17
	24. 3. 21	21	735	22	1279	22	467	22	1283	1. 1. 23
Nordmazedonien	13. 7. 06/	10	1153	11	313	11	462	11	327	1. 1. 11
	14. 11. 16	17	814	18	710	18	230	18	713	1. 1. 19
Norwegen	4. 10. 91/	93	970	93	655	93	1895	93	926	1. 1. 91
	24. 6. 13	14	906	15	245	15	346	15	252	1. 1. 15
Österreich	24. 8. 00/	02	734	02	584	02	2435	02	958	1. 1. 03
	29. 12. 10/	11	1209	12	366	12	146	12	369	1. 1. 11
	21. 8. 23	23	335	24	1121	24	236	24	1125	1. 1. 24

* Ab 2023.
** Siehe I.2.

Anl b zu LStH 39.5

Abkommen		Fundstelle				Inkrafttreten				Anwendung grundsätzlich ab
		BGBl. II		BStBl. I		BGBl. II		BStBl. I		
mit	vom	Jg.	S./Nr.*	Jg.	S.	Jg.	S./Nr.*	Jg.	S.	
(Bekanntmachung der Neufassung 5. 11. 24)		24	483							
Pakistan	14. 7. 94	95	836	95	617	96	467	96	445	1. 1. 95
Philippinen	9. 9. 13	14	822	16	252	16	262	16	266	1. 1. 16
Polen	14. 5. 03	04	1304	05	349	05	55	05	363	1. 1. 05
Portugal	15. 7. 80	82	129	82	347	82	861	82	763	1. 1. 83
Rumänien	4. 7. 01	03	1594	04	273	04	102	04	286	1. 1. 04
Russische Föderation	29. 5. 96/	96	2710	96	1490	97	752	97	363	1. 1. 97
	15. 10. 07	08	1398	09	831	09	820	09	834	1. 1. 10
Sambia	30. 5. 73	75	661	75	688	75	2204	76	7	1. 1. 71
Schweden	14. 7. 92/	94	686	94	422	95	29	95	88	1. 1. 95
	18. 1. 23	23	307	24	287	24	66	24	294	1. 1. 24
Schweiz	11. 8. 71/	72	1021	72	518	73	74	73	61	1. 1. 72
	30. 11. 78/	80	751	80	398	80	1281	80	678	1. 1. 77
	17. 10. 89/	90	766	90	409	90	1698	91	93	1. 1. 90
	21. 12. 92/	93	1886	93	927	94	21	94	110	1. 1. 94
	12. 3. 02/	03	67	03	165	03	436	03	329	1. 1. 02/ 1. 1. 04
	27. 10. 10	11	1090	12	512	12	279	12	516	1. 1. 11/ 1. 1. 12
Serbien (Namensänderung; ehem. Bundesrepublik Jugoslawien); (DBA mit SFR Jugoslawien gilt fort, BGBl. 1997 II S. 961)	26. 3. 87	88	744	88	372	88	1179	89	35	1. 1. 89
Simbabwe	22. 4. 88	89	713	89	310	90	244	90	178	1. 1. 87
Singapur	28. 6. 04/	06	930	07	157	07	24	07	171	1. 1. 07
	9. 12. 19	20	1178	22	24	21	437	22	30	1. 1. 22
Slowakei** (DBA mit Tschechoslowakei gilt fort, BGBl. 1993 II S. 762)	19. 12. 80	82	1022	82	904	83	692	83	486	1. 1. 84
Slowenien	3. 5. 06/	06	1091	07	171	07	213	07	183	1. 1. 07
	17. 5. 11	12	154	13	369	13	330	13	372	30. 7. 12
Spanien**	3. 2. 11	12	18	13	349	13	329	13	363	1. 1. 13
Sri Lanka	13. 9. 79	81	630	81	610	82	185	82	373	1. 1. 83
Südafrika	25. 1. 73	74	1185	74	850	75	440	75	640	1. 1. 65
Syrien	17. 2. 10	10	1359	11	345	11	463	11	358	1. 1. 11
Tadschikistan	27. 3. 03	04	1034	05	15	04	1565	05	27	1. 1. 05
Thailand	10. 7. 67	68	589	68	1046	68	1104	69	18	1. 1. 67
Trinidad und Tobago	4. 4. 73	75	679	75	697	77	263	77	192	1. 1. 72
Tschechien (DBA mit Tschechoslowakei gilt fort, BGBl. 1993 II S. 762)	19. 12. 80	82	1022	82	904	83	692	83	486	1. 1. 84
Tunesien	23. 12. 75	76	1653	76	498	76	1927	77	4	1. 1. 76
	8. 2. 18	18	710	20	264	20	154	20	279	1. 1. 20
Türkei	16. 4. 85	89	866	89	471	89	1066	89	482	1. 1. 90
	19. 9. 11	12	526	13	373	13	329	13	387	1. 1. 11
Turkmenistan (DBA mit UdSSR galt fort, Bericht der Botschaft Aschgabat vom 11. August 1999 – Nr. 377/99)	24. 11. 81	83	2	83	90	83	427	83	352	1. 1. 80
	25. 8. 16	17	573	18	206	17	1559	18	221	1. 1. 18
Ukraine	3. 7. 95	96	498	96	675	96	2609	96	1421	1. 1. 97

* Ab 2023.
** Siehe I.2.

Anl b zu LStH 39.5

Abkommen mit	vom	Fundstelle BGBl. II Jg.	S./Nr.*	BStBl. I Jg.	S.	Inkrafttreten BGBl. II Jg.	S./Nr.*	BStBl. I Jg.	S.	Anwendung grundsätzlich ab
Ungarn**	28. 2. 11	11	919	12	155	12	47	12	168	1. 1. 12
Uruguay	9. 3. 10	11	954	12	350	12	131	12	365	1. 1. 12
Usbekistan	7. 9. 99/	01	978	01	765	02	269	02	239	1. 1. 02
	14. 10. 14	15	1198	16	267	16	263	16	271	1. 1. 16
Venezuela	8. 2. 95	96	727	96	611	97	1809	97	938	1. 1. 97
Vereinigte Arabische Emirate	1. 7. 10	11	538	11	942	11	873	11	955	1. 1. 09 bis 31. 12. 21
Vereinigtes Königreich	30. 3. 10/	10	1333	11	469	11	536	11	485	1. 1. 11
	17. 3. 14/	15	1297	16	192	16	136	16	195	1. 1. 16
	12. 1. 21	21	666	22	215	22	124	22	218	1. 1. 22
Vereinigte Staaten	29. 8. 89	91	354	91	94	92	235	92	262	1. 1. 90
	1. 6. 06	06	1184	08	766	08	117	08	782	1. 1. 07/ 1. 1. 08
(Bekanntmachung der Neufassung 4. 6. 08)		08	611/ 851	08	783					
Vietnam	16. 11. 95	96	2622	96	1422	97	752	97	364	1. 1. 97
Zypern	18. 2. 11/	11	1068	12	222	12	117	12	235	1. 1. 12
	19. 2. 21	21	731	22	143	22	4	22	146	1. 1. 22

Abkommen[1] mit	Fundstelle BGBl. I Jg.	S./Nr.*		Anwendung grundsätzlich ab	Anwendung-Teil VI des BEPS-MLI[2] grundsätzlich ab
2. Abkommen auf die das Gesetz zum BEPS-MLI[2] anzuwenden ist (BEPS-MLI-Anwedungsgesetz)					
Frankreich	24	205		1. 1. 25	
Griechenland	24	205		1. 1. 25	1. 11. 24
Kroatien	24	205		1. 1. 25	
Malta	24	205		1. 1. 25	1. 11. 24
Slowakei	24	205		1. 1. 25	
Spanien	24	205		1. 1. 25	1. 11. 24
Ungarn	24	205		1. 1. 25	1. 11. 24

Abkommen mit	vom	Fundstelle BGBl. II Jg.	S./Nr.*	BStBl. I Jg.	S.	Inkrafttreten BGBl. II Jg.	S./Nr.*	BStBl. I Jg.	S.	Anwendung grundsätzlich ab
3. Abkommen auf dem Gebiet der Erbschaft- und Schenkungsteuern										
Dänemark[3]	22. 11. 95	96	2565	96	1219	97	728	97	624	1. 1. 97
Frankreich	12. 10. 06	07	1402	09	1258	09	596	09	1266	3. 4. 09
Griechenland	18. 11. 1910/ 1. 12. 1910	1912	173[4]			53	525	53	377	1. 1. 53
Schweden[5]	14. 7. 92[5]	94	686	94	422	95	29	95	88	1. 1. 95 bis 31. 12. 23
Schweiz	30. 11. 78	80	594	80	243	80	1341	80	786	28. 9. 80

* Ab 2023.

** Siehe I.2.

[1] **[Amtl. Anm.:]** Abkommen im Sinne von § 1 Absatz 2 BEPS-MLI-Anwendungsgesetz.

[2] Mehrseitiges Übereinkommen vom 24. November 2016 zur Umsetzung steuerabkommensbezogener Maßnahmen zur Verhinderung der Gewinnverkürzung und Gewinnverlagerung (BGBl. 2020 II Nr. 20; Inkrafttreten: BGBl. 2021 II Nr. 13).

[3] **[Amtl. Anm.:]** Die Erbschaftsteuer bzw. Vorschriften zur Rechts- und Amtshilfe sind in den unter I.1. bzw. II.1. aufgeführten Abkommen enthalten.

[4] Angabe bezieht sich auf RGBl. bzw. RStBl.

[5] Aufhebung der Bestimmungen zu Nachlässen, Erbschaften und Schenkungen mit Änderungsprotokoll vom 18. 1. 2023 ab 1. 1. 2024.

Anl b zu LStH 39.5

Abkommen mit	vom	Fundstelle BGBl. II Jg.	S./Nr.*	BStBl. I Jg.	S.	Inkrafttreten BGBl. II Jg.	S./Nr.*	BStBl. I Jg.	S.	Anwendung grundsätzlich ab
Vereinigte Staaten	3. 12. 80/ 14. 12. 98	82 00	847 1170	82 01	765 110	86 01	860 62	86 01	478 114	1. 1. 79 15. 12. 00
(Bekanntmachung der Neufassung 21. 12. 00)		01	65	01	114					
4. Sonderabkommen betreffend Einkünfte und Vermögen von Schifffahrt (S)- und Luftfahrt (L)-Unternehmen[1]										
Brasilien (S) (Protokoll)	17. 8. 50	51	11			52	604			10. 5. 52
Chile (S) (Handelsvertrag)	2. 2. 51	52	325			53	128			8. 1. 52
Hongkong (L)	8. 5. 97	98	2064	98	1156	99	26	00	1554	1. 1. 98
Hongkong (S)	13. 1. 03	04	34	05	610	05	332	05	613	1. 1. 98
Insel Man (S)	2. 3. 09	10	968	11	510	11	534	11	511	1. 1. 10
Jemen (L)	2. 3. 05	06	538	06	229	07	214	07	231	1. 1. 82
Kamerun (L)	24. 8. 17	18	466	21	219	21	85	21	221	1. 1. 21
Kolumbien (S, L)	10. 9. 65	67	762	67	24	71	855	71	340	1. 1. 62
Panama (S, L)	21. 11. 16	17	1072	18	8	17	1511	18	12	1. 1. 17
Paraguay (L)	27. 1. 83	84	644	84	456	85	623	85	222	1. 1. 79
Saudi-Arabien (L)	8. 11. 07	08	782	09	866	09	1027	09	869	1. 1. 67
Venezuela (S, L)	23. 11. 87	89	373	89	161	89	1065	90	2	1. 1. 90
5. Abkommen auf dem Gebiet der Rechts- und Amtshilfe und des Informationsaustauschs										
Andorra	25. 11. 10	11	1223	17	81	12	146	17	88	1. 1. 13
Anguilla	19. 3. 10	10	1381	12	100	11	948	12	107	1. 1. 12
Antigua u. Barbuda	19. 10. 10	11	1212	17	388	12	737	17	395	1. 1. 13
Bahamas	9. 4. 10	11	642	12	267	12	63	12	274	1. 1. 12
Bermuda	3. 7. 09	12	1306	13	692	13	330	13	702	1. 1. 13
Britische Jungferninseln	5. 10. 10	11	895	12	283	12	53	12	291	1. 1. 12
Cookinseln	3. 4. 12	13	665	17	289	14	102	17	296	1. 1. 14
Dänemark[2]	22. 11. 95	96	2565	96	1219	97	728	97	624	1. 1. 97
Gibraltar	13. 8. 09	10	984	11	521	11	535	11	527	1. 1. 11
Grenada	3. 2. 11	13	654	17	405	13	1649	17	412	1. 1. 14
Guernsey	26. 3. 09	10	973	11	514	11	535	11	520	1. 1. 11
Insel Man	2. 3. 09	10	957	11	504	11	534	11	509	1. 1. 11
Italien	9. 6. 38	39	124[3]	39	377[3]	56	2154	57	142	23. 1. 39
Jersey	4. 7. 08	09	578	10	166	10	38	10	177	1. 1. 10
Kaimaninseln	27. 5. 10	11	664	11	841	11	823	11	848	1. 1. 12
Liechtenstein	2. 9. 09	10	950	11	286	11	326	11	292	1. 1. 10
Monaco	27. 7. 10	11	653	17	73	12	92	17	80	1. 1. 12
Montserrat	28. 10. 11	12	1321	17	396	14	517	17	404	1. 1. 15
Niederlande	21. 5. 99	01	2	01	66	01	691	01	539	23. 6. 01
Österreich	4. 10. 54	55	833	55	434	55	926	55	743	26. 11. 55
San Marino	21. 6. 10	11	908	13	684	12	147	13	691	1. 1. 12
Schweden[2]	14. 7. 92	94	686	94	422	95	29	95	88	1. 1. 95
St. Kitts und Nevis	19. 10. 10	15	1286	17	297	16	1242	17	304	1. 1. 17
St. Lucia	7. 6. 10	11	264	13	760	13	559	13	767	1. 1. 14
St. Vincent und Grenadinen	29. 3. 10	11	253	11	777	11	696	11	784	1. 1. 12
Turks und Caicos Inseln	4. 6. 10	11	882	12	275	12	116	12	282	1. 1. 12
Vereinigte Staaten	31. 5. 13	13	1362	14	242	14	111	14	264	11. 12. 13

* Ab 2023.

[1] Siehe auch Bekanntmachungen über die Steuerbefreiungen nach § 49 Abs. 4 EStG (und § 2 Abs. 3 VStG): Äthiopien L (BStBl. 1962 I S. 536), Afghanistan L (BStBl. 1964 I S. 411), Brasilien S, L (BStBl. 2006 I S. 216), Chile L (BStBl. 1977 I S. 350), Fidschi S (BStBl. 2015 I S. 1087), Irak S, L (BStBl. 1972 I S. 490), Jordanien L (BStBl. 1976 I S. 278), Katar L (BStBl. 2006 I S. 3), Libanon S, L (BStBl. 1959 I S. 198), Malediven L (BStBl. 2015 I S. 675), Oman S, L (BStBl. 2018 I, 1036), Papua-Neuguinea L (BStBl. 1989 I S. 115), Seychellen L (BStBl. 1998 I S. 582), Sudan L (BStBl. 1983 I S. 370), Vereinigte Arabische Emirate S, L (BStBl. 2022 S. 640) und Zaire S, L (BStBl. 1990 I S. 178).

[2] Die Erbschaftsteuer bzw. Vorschriften zur Rechts- und Amtshilfe sind in den unter I.1. bzw. II.1. aufgeführten Abkommen enthalten.

[3] Angabe bezieht sich auf RGBl. bzw. RStBl.

Anl b zu LStH 39.5

II. Künftige Abkommen und laufende Verhandlungen

Abkommen mit	Art des Abkommens[1]	Sachstand[2]	Geltung für Veranlagungssteuern[3] ab	Geltung für Abzugsteuern[4] ab	Bemerkungen
1. Abkommen auf dem Gebiet der Steuern vom Einkommen und vom Vermögen					
Ägypten	R–A	P: 9. 11. 12	KR	KR	
Albanien	R–P	P: 23. 4. 24			
Andorra	A	V:	KR	KR	
Angola	A	V:			
Äthiopien	A	V:			
Argentinien	R–P	P: 25. 10. 19	KR	KR	
Bangladesch	R–A	V:			
Belgien	R–A	P: 15. 3. 18	KR	KR	
Benin	A	V:			
Botsuana	A	V:			
Brasilien	A	V:			
Chile	A	V:			
China	R–P	V:			
Costa Rica	R–P	V:			
Ecuador	R–A	P: 19. 10. 12	KR	KR	
Frankreich	R–A	V:			
Griechenland	R–A	V:	KR	KR	
Hongkong	A	V:			
Indien	R–P	V:			
Iran	R–A	P: 12. 12. 18	KR	KR	
Island	R–A	V:			
Israel	R–P	P: 24. 5. 19	KR	KR	
Jersey	R–P	V:			
Jordanien	A	V:			
Kanada	R–P	V:			
Katar	A	V:			
Kirgisistan	R–P	P: 15. 11. 23			
Kolumbien	A	V:			
Korea, Republik	R–P	P: 18. 4. 18	KR	KR	
Kosovo	R–A	P: 26. 4. 24			
Kroatien	R–P	P: 11. 6. 13	KR	KR	
Kuwait	R–P	V:			
Libanon	A	V:			
Liberia	R–A	V:			
Malaysia	R–P	V:			
Moldau, Republik	R–A	P: 27. 11. 24			
Montenegro	R–A	V:			
Namibia	R–P	V:			
Neuseeland	R–P	V:			
Niederlande	R–P	P: 8. 2. 24	KR	KR	
Nigeria	A	V:			
Norwegen	R–P	P: 27. 4. 23	KR	KR	
Oman	A	U: 15. 8. 12	KR	KR	ab 1985 für int. Verkehr
	R–P	V:			
Pakistan	R–A	V:			
Polen	R–P	P: 2. 6. 22	KR	KR	
Portugal	R–A	P: 26. 10. 17	KR	KR	
Ruanda	A	V:			
Rumänien	R–P	V:			
Russische Föderation	R–P	P: 8. 10. 19	KR	KR	

[1] A: Erstmaliges Abkommen
R–A: Revisionsabkommen als Ersatz eines bestehenden Abkommens
R–P: Revisionsprotokoll zu einem bestehenden Abkommen
E–P: Ergänzungsprotokoll zu einem bestehenden Abkommen
[2] V: Verhandlung
P: Paraphierung
U: Unterzeichnung hat stattgefunden, Gesetzgebungs- oder Ratifikationsverfahren noch nicht abgeschlossen
[3] Einkommen-, Körperschaft-, Gewerbe- und Vermögensteuer KR: Keine Rückwirkung vorgesehen
[4] Abzugsteuern von Dividenden, Zinsen und Lizenzgebühren KR: Keine Rückwirkung vorgesehen

Anl b zu LStH 39.5

Abkommen mit	Art des Abkommens[1]	Sachstand[2]	Geltung für Veranlagungssteuern[3] ab	Geltung für Abzugsteuern[4] ab	Bemerkungen
San Marino	A	P: 26. 2. 24	KR	KR	
Schweiz	R–P	U: 21. 8. 23	KR	KR	
Senegal	A	V:			
Serbien	R–A	V:			
Slowakei	R–A	V:			
Slowenien	R–P	V:			
Sri Lanka	R–A	P: 24. 8. 12	KR	KR	
		V:			
Südafrika	R–A	U: 9. 9. 08	KR	KR	
	R–P	U: 6. 3. 24	KR	KR	
Trinidad und Tobago	R–A	P: 16. 1. 15	KR	KR	
Tschechien	R–A	V:			
Tunesien	R–P	V:			
Ukraine	R–A	P: 28. 2. 24			
Vietnam	R–P	V:			

2. Abkommen auf dem Gebiet der Erbschaft- und Schenkungsteuern

3. Sonderabkommen betreffend Einkünfte und Vermögen von Schifffahrt (S)- und Luftfahrt (L)-Unternehmen

4. Abkommen auf dem Gebiet der Amtshilfe und des Informationsaustauschs

Aruba	A	U: 29. 6. 17	KR	KR	
Bahamas	E–P	V:			
Barbados	A	P: 30. 11. 11	KR	KR	
Brasilien	A	V:			
Brunei	A	V:			
Dominica	A	U: 21. 9. 10	KR	KR	
Panama	A	P: 13. 5. 13	KR	KR	
Vereinigte Staaten	A	U: 14. 8. 20	KR	KR	

Anl c zu LStH 39.5

c) Schreiben betr. steuerliche Behandlung des Arbeitslohns nach den Doppelbesteuerungsabkommen

Vom 12. Dezember 2023 (BStBl. I S. 2179)

(BMF IV B 2 – S 1300/21/10024 :005; DOK 2023/0921455)

2 Anlagen

Im Einvernehmen mit den obersten Finanzbehörden der Länder gilt für die Besteuerung der Einkünfte aus unselbständiger Arbeit nach den DBA Folgendes:

Inhaltsübersicht

Rz.
1. Allgemeines ... 1–41
1.1. Regelungsbereich eines DBA/des OECD-MA ... 1–6
1.2. OECD-Musterabkommen ... 7–41
1.2.1. Bestimmung der Ansässigkeit – Art. 4 OECD-MA ... 7–24
1.2.2. Vergütungen aus unselbständiger Arbeit ... 25–34
1.2.2.1. Art. 15 OECD-MA ... 25–28
1.2.2.2. Grenzgängerregelung ... 29
1.2.2.3. Besondere Regelungen bezüglich der Zuweisung des Besteuerungsrechts ... 30, 31
1.2.2.4. Vergütungen eines Mitunternehmers für seine Tätigkeit im Dienst der Gesellschaft ... 32–34
1.2.3. Vermeidung der Doppelbesteuerung – Art. 23 OECD-MA ... 35–39

[1] A: Erstmaliges Abkommen
R–A: Revisionsabkommen als Ersatz eines bestehenden Abkommens
R–P: Revisionsprotokoll zu einem bestehenden Abkommen
E–P: Ergänzungsprotokoll zu einem bestehenden Abkommen

[2] V: Verhandlung
P: Paraphierung
U: Unterzeichnung hat stattgefunden, Gesetzgebungs- oder Ratifikationsverfahren noch nicht abgeschlossen

[3] Einkommen-, Körperschaft-, Gewerbe- und Vermögensteuer — KR: Keine Rückwirkung vorgesehen

[4] Abzugsteuern von Dividenden, Zinsen und Lizenzgebühren — KR: Keine Rückwirkung vorgesehen

Anl c zu LStH 39.5

	Rz.
1.2.4. Abgrenzung zu anderen Abkommen und Bestimmungen	40, 41
2. Besteuerung im Inland	42–77
2.1. Steuerpflicht nach dem Einkommensteuergesetz	42–48
2.2. Progressionsvorbehalt	49–58
2.3. Anwendung des § 50 d Abs. 8 EStG	59–82
2.3.1. Anwendungsbereich	59, 60
2.3.2. Nachweispflicht	61–70
2.3.2.1. Besteuerung im ausländischen Staat	64–67
2.3.2.1.1 Ermittlung und Nachweis der Höhe der Einkünfte	64, 65
2.3.2.1.2 Nachweis über die Festsetzung und Entrichtung der Steuern	66, 67
2.3.2.2. Verzicht des ausländischen Staates auf sein Besteuerungsrecht	68–70
2.3.3. Entwicklungszusammenarbeit	71–76
2.3.3.1. Besteuerungsrecht des Kassenstaates (Deutschland)	71–73
2.3.3.2. Besteuerungsrecht des Tätigkeitsstaates/Freistellung im Tätigkeitsstaat	74–76
2.3.4. Festsetzungsverfahren	77–79
2.3.4.1. Festsetzung im Falle eines fehlenden Nachweises	77
2.3.4.2. Bagatellgrenze	78, 79
2.3.5. Informationsaustausch	80–82
2.4. Anwendung des § 50 d Abs. 9 EStG	83–92
2.4.1. Anwendungsbereich	83–86
2.4.2. Verhältnis zu anderen Rückfallklauseln	87, 88
2.4.3. Nachweispflicht	89–92
2.5. Abzugsbeschränkungen	93–98
3. Besteuerung im Tätigkeitsstaat – Art. 15 Abs. 1 OECD-MA	99, 100
4. Besteuerung im Ansässigkeitsstaat – Art. 15 Abs. 2 OECD-MA (sog. 183-Tage-Klausel)	101–193
4.1. Voraussetzungen	101–104
4.2. 183-Tage-Frist – Art. 15 Abs. 2 Buchstabe a OECD-MA	105–140
4.2.1. Ermittlung der Aufenthalts-/Ausübungstage	105, 106
4.2.2. 183-Tage-Frist – Dauer des Aufenthalts im Tätigkeitsstaat	107–116
4.2.3. 183-Tage-Frist – Dauer der Ausübung der unselbständigen Arbeit im Tätigkeitsstaat	117–123
4.2.4. Anwendung der 183-Tage-Frist auf einen Zwölf-Monats-Zeitraum	124–127
4.2.5. Anwendung der 183-Tage-Frist auf das Steuerjahr/Kalenderjahr	128–132
4.2.6. Besonderheiten beim Wechsel des Bezugszeitraums im DBA und Wechsel der Ansässigkeit	133–138
4.2.7. Nachträgliche Änderung der Zuweisung des Besteuerungsrechts	139, 140
4.3. Zahlung der Vergütung durch einen oder für einen im Tätigkeitsstaat ansässigen Arbeitgeber – Art. 15 Abs. 2 Buchstabe b OECD-MA	141–212
4.3.1. Allgemeines	141–145
4.3.2. Auslandstätigkeit für den zivilrechtlichen Arbeitgeber	146–148
4.3.3. Grenzüberschreitende Arbeitnehmerentsendung zwischen verbundenen Unternehmen	149–187
4.3.3.1. Definition der Arbeitnehmerentsendung	149
4.3.3.2. Abgrenzung – keine Arbeitnehmerentsendung	150
4.3.3.3. Wirtschaftlicher Arbeitgeber	151–187
4.3.3.3.1 Einbindung des Arbeitnehmers in das aufnehmende Unternehmen	155–158
4.3.3.3.2 Beurteilung des betrieblichen Interesses	159–164
4.3.3.3.3 Von einem Arbeitgeber getragene oder zu tragende Vergütungen	165–171
4.3.3.3.4 Entsendendes und aufnehmendes Unternehmen sind Arbeitgeber	172–177
4.3.3.3.5 Arbeitgeberstellung bei Geschäftsführern, Vorständen und Prokuristen in Sonderfällen	178–183
4.3.3.3.6 Gestaltungsmissbrauch i. S. des § 42 AO	184, 185
4.3.3.3.7 Arbeitgeber im Rahmen einer Poolvereinbarung	186, 187
4.3.4. Gewerbliche Arbeitnehmerüberlassung	188–208
4.3.4.1. Beurteilung einer gewerblichen Arbeitnehmerüberlassung nach Art. 15 Abs. 1 und 2 OECD-MA entsprechenden Vorschriften	189–202
4.3.4.2. Besondere Regelungen in einzelnen DBA	203–208
4.3.5. Gelegentliche Arbeitnehmerüberlassung zwischen fremden Dritten	209–212
4.4. Zahlung des Arbeitslohns zu Lasten einer Betriebsstätte des Arbeitgebers im Tätigkeitsstaat – Art. 15 Abs. 2 Buchstabe c OECD-MA	213–222
5. Ermittlung des steuerpflichtigen/steuerfreien Arbeitslohns	223–306
5.1. Differenzierung zwischen der Anwendung der 183-Tage-Klausel und der Ermittlung des steuerpflichtigen/steuerfreien Arbeitslohns	223, 224
5.2. Grundsätze bei der Ermittlung des steuerpflichtigen/steuerfreien Arbeitslohns	225, 226
5.3. Direkte Zuordnung	227
5.4. Aufteilung des verbleibenden Arbeitslohns	228–215
5.4.1. Definition der tatsächlichen Arbeitstage	230–232
5.4.2. Durchführung der Aufteilung	233–247
5.5. Beispiele für die Aufteilung bestimmter Lohnbestandteile	248–349
5.5.1. Tantiemen und andere Erfolgsvergütungen	248
5.5.2. Antrittsgeld („Signing Bonus")	249–251
5.5.3. Urlaubsentgelte, Urlaubs- und Weihnachtsgeld	252
5.5.4. Nachzahlung für eine frühere aktive Tätigkeit	253
5.5.5. Abfindungen und Vergütungen für Diensterfindungen	254–270
5.5.5.1. Grundsätze zur Besteuerung von Abfindungen	254–261

Anl c zu LStH 39.5

Rz.
5.5.5.2. Besteuerung von Abfindungen in Sonderfällen und bei Vorliegen von Konsultationsvereinbarungen 262–268
5.5.5.3. Erfindervergütungen 269, 270
5.5.6. Optionsrechte auf den Erwerb von Aktien („Stock-Options") 271–302
5.5.6.1. Allgemeines 271–273
5.5.6.2. Zuflusszeitpunkt und Höhe des geldwerten Vorteils nach innerstaatlichem Recht 274–278
5.5.6.3. Aufteilung des geldwerten Vorteils aus einer Optionsgewährung nach Abkommensrecht 279–288
5.5.6.4. Weitere Aktienvergütungsmodelle 289–300
5.5.6.4.1 Virtuelle Aktienoptionen („Stock-Appreciation-Rights", „Phantom-Stoch-Awards") 289
5.5.6.4.2 Dividendenäquivalente 290–292
5.5.6.4.3 Aktienoptionsplan mit vorgeschaltetem Wandeldarlehen oder Wandelanleihe (Wandelschuldverschreibung) 293–295
5.5.6.4.4 Verfügungsbeschränkungen („Restrictions") für Aktien und Aktienanwartschaften 296–300
5.5.6.5. Anwendung im Lohnsteuerabzugsverfahren 301, 302
5.5.7. Kaufkraftausgleich, Standortbonus und Sicherung des Wechselkurses 303–306
5.5.8. Entgeltumwandlung zugunsten eines Arbeitszeitkontos 307–316
5.5.9. Steuerausgleichsmechanismen zwischen Arbeitnehmer und Arbeitgeber . 317–338
5.5.9.1. Steuerausgleich („Tax-Equalization") und Steuerschutz („Tax-Protection"/„Hypo Tax") 317–337
5.5.9.2. Treuhandmodelle 338
5.5.10. Entsendezulagen 339
5.5.11. Übernahme von bestimmten Aufwendungen durch den Arbeitgeber 340–349
5.6. Außerhalb des vom Arbeitgeber eingerichteten Arbeitsplatzes ausgeübte Tätigkeiten 350, 351
6. Abkommensrechtliche Beurteilung bestimmter Auslandstätigkeiten 352–379
6.1. Organe von Kapitalgesellschaften 352–360
6.2. Sich-zur-Verfügung-Halten 361, 362
6.3. Vorruhestandsgelder 363–367
6.4. Konkurrenz- oder Wettbewerbsverbot 368, 369
6.5. Altersteilzeit nach dem Blockmodell 370–377
6.6. Betriebliche Altersversorgung 378, 379
7. Besonderheiten bei Berufskraftfahrern 380–391
7.1. Allgemeines 380
7.2. Arbeitgeber im Inland 381–385
7.3. Arbeitgeber oder arbeitslohntragende Betriebsstätte im Ausland 386–390
7.4. DBA mit Sonderregelung zu Berufskraftfahrern 391
8. Personal auf Schiffen und Flugzeugen 392–365
8.1. Allgemeines 392–402
8.2. Beispiele für Regelungen, die vom OECD-MA 2014 abweichen 403–417
8.2.1. DBA-Liberia/DBA-Trinidad und Tobago 403–409
8.2.2. DBA-Schweiz 410
8.2.3. DBA-Griechenland 1966 411
8.2.4. DBA-Vereinigtes Königreich 2010 412
8.2.5. DBA-Zypern 2011 413
8.2.6. DBA-Insel Man 2009 ..... 414, 415
8.2.7. DBA-Saudi-Arabien (Luftfahrt) 2007 ..... 416, 417
9. Rückfallklauseln nach DBA 418–421
10. Konsultationsvereinbarungen 422
11. Streitbeilegungs- und Vorabverständigungsverfahren 423–425
12. Anwendungsregelungen 426, 427

Abkürzungsverzeichnis

Abs.	Absatz/Absätze
abzgl.	abzüglich
a. F.	alte Fassung
AktG	Aktiengesetz
AO	Abgabenordnung
AOA	Authorized OECD Approach (OECD autorisierter Ansatz)
Art.	Artikel
AStG	Außensteuergesetz
ATE	Auslandstätigkeitserlass
BetrAVG	Betriebsrentengesetz
BewG	Bewertungsgesetz
BFH	Bundesfinanzhof
BFH/NV	Sammlung amtlich nicht veröffentlichter Entscheidungen des Bundesfinanzhofs
BGBl.	Bundesgesetzblatt
BMF	Bundesministerium der Finanzen
BStBl.	Bundessteuerblatt
bzw.	beziehungsweise
DBA	Doppelbesteuerungsabkommen
d. h.	das heißt
EStG	Einkommensteuergesetz
EStH	Einkommensteuerhandbuch
etc.	et cetera
EU	Europäische Union
EWR	Europäischer Wirtschaftsraum
ff.	folgende Randnummern

Anl c zu LStH 39.5

ggf.	gegebenenfalls
GmbH	Gesellschaft mit beschränkter Haftung
i. d. F.	in der Fassung
i. d. R.	in der Regel
i. H.	in Höhe
i. H. v.	in Höhe von
i. S.	im Sinne
i. V. m.	in Verbindung mit
Kj.	Kalenderjahr(e)
KonsVerFRAV	Deutsch-Französische Konsultationsvereinbarungsverordnung
KonsVerAUTV	Deutsch-Österreichische Konsultationsvereinbarungsverordnung
LStDV	Lohnsteuerdurchführungsverordnung
LStH	Lohnsteuer-Hinweise
LStR	Lohnsteuerrichtlinien
NATO	North Atlantic Treaty Organization (Organisation des Nordatlantikvertrags)
Nr.	Nummer
OECD	Organization for Economic Cooperation and Development (Organisation für wirtschaftliche Zusammenarbeit und Entwicklung)
OECD-MA	OECD-Musterabkommen
OECD-MK	Kommentar zum OECD-MA
R	Richtlinie
Rn.	Randnummer
S.	Seite
s.	siehe
SGB	Sozialgesetzbuch
sog.	so genannte/so genannten
StAbwG	Steueroasen-Abwehrgesetz
StAbwV	Steueroasen-Abwehrverordnung
Tz.	Textziffer/Textziffern
u. a.	unter anderem
UNO	United Nations Organization (Organisation der Vereinten Nationen)
VAE	Vereinigte Arabische Emirate
vgl.	vergleiche
VZ	Veranlagungszeitraum
z. B.	zum Beispiel
zzgl.	zuzüglich

1. Allgemeines

1.1. Regelungsbereich eines DBA/des OECD-MA

1 Ein DBA enthält Regelungen über die Zuweisung des Besteuerungsrechts sowie zur Vermeidung einer Doppelbesteuerung im Verhältnis der beiden vertragschließenden Staaten (Vertragsstaaten) zueinander. Ein DBA begründet selbst keinen Besteuerungsanspruch. Das Abkommen wird regelmäßig durch ein Protokoll zum DBA, eine Denkschrift, Briefwechsel oder andere Dokumente ergänzt und erläutert. Das Protokoll zum DBA ist Bestandteil des Abkommens und in gleicher Weise verbindlich. 84

2 Im Nachfolgenden wird die abkommensrechtliche Behandlung der Vergütungen aus unselbständiger Arbeit anhand des OECD-MA dargestellt. Sowohl das OECD-MA als auch der OECD-MK werden vom Steuerausschuss der OECD laufend weiterentwickelt. Das OECD-MA entfaltet selbst keine rechtliche Bindungswirkung; die von Deutschland abgeschlossenen und rechtlich wirksamen DBA orientieren sich jedoch nach Inhalt und Aufbau i. d. R. am OECD-MA. Im konkreten Einzelfall sind die jeweiligen Vorschriften des anzuwendenden DBA maßgeblich, nicht das OECD-MA. Soweit im Einzelfall Anknüpfungspunkte zu mehreren Staaten bestehen, können verschiedene DBA nebeneinander zu beachten sein (z. B. bei Berufskraftfahrern, s. Tz. 7, Rn. 380 ff.).

3 Bei der steuerlichen Beurteilung von Vergütungen aus unselbständiger Arbeit sind daher insbesondere die Vorschriften des innerstaatlichen Rechts und die des jeweils anzuwendenden DBA zu beachten. Die Regelungen des OECD-MA und die Aussagen des OECD-MK sind unter Berücksichtigung der nachfolgenden Grundsätze bei der Auslegung der DBA zu berücksichtigen, soweit diese dem OECD-MA im Wesentlichen inhaltlich entsprechen.

Beispiel 1: Wohnsitz in Deutschland

4 Der Arbeitnehmer ist nur in Deutschland unbeschränkt steuerpflichtig. Er ist in Österreich und Belgien tätig.

Lösung:

Es sind die DBA zwischen Deutschland und dem jeweiligen Tätigkeitsstaat (DBA-Österreich und DBA-Belgien) zu prüfen.

Beispiel 2: kein Wohnsitz in Deutschland

5 Der Arbeitnehmer ist nur in Österreich unbeschränkt steuerpflichtig. Er ist in Deutschland und zusätzlich in Belgien tätig. Er erstellt Marktanalysen und erzielt daraus Vergütungen, mit denen er insgesamt nach § 1 Abs. 4 EStG i. V. m. § 49 Abs. 1 Nr. 4 Buchstabe a EStG beschränkt steuerpflichtig ist (BFH-Urteil vom 12. November 1986, BStBl. 1987 II S. 379).

Lösung:

Es ist aus deutscher Sicht ausschließlich das DBA zwischen Österreich und Deutschland zu prüfen, da nur für dieses DBA eine Abkommensberechtigung nach Art. 4 Abs. 1 i. V. m. Art. 1 DBA-Österreich vorliegt. Soweit die Vergütungen auf die in Belgien ausgeübte Tätigkeit entfallen, steht Deutschland nach Art. 15 Abs. 1 Satz 1 DBA-Österreich kein Besteuerungsrecht zu. Das DBA zwischen Deutschland und Belgien kommt für die in Belgien ausgeübte Tätigkeit mangels Abkommensberechtigung des Arbeitnehmers nicht zur Anwendung.

Anl c zu LStH 39.5

6 Durch ein DBA mit einem nicht kooperativen Steuerhoheitsgebiet (§ 2 StAbwV) werden deutsche Besteuerungsrechte für den Zeitraum nicht berührt, in dem das Steueroasen-Abwehrgesetz bezogen auf dieses Steuerhoheitsgebiet Anwendung findet (§ 3 i. V. m. § 1 Abs. 3 Satz 2 StAbwG).

1.2. OECD-Musterabkommen

1.2.1. Bestimmung der Ansässigkeit – Art. 4 OECD-MA

7 Für die Anwendung eines DBA ist der Staat zu bestimmen, in dem der Arbeitnehmer und ggf. der Arbeitgeber entsprechend Art. 1 i. V. m. Art. 4 OECD-MA ansässig sind. Die Tatbestandsvoraussetzungen der Ansässigkeit nach Art. 4 OECD-MA sind unabhängig von der Vorlage einer Ansässigkeitsbescheinigung eines Vertragsstaats oder einer entsprechenden steuerlichen Behandlung in einem Vertragsstaat zu prüfen (s. Rn. 12 ff.). Der abkommensrechtliche Begriff der Ansässigkeit entspricht nicht dem im innerstaatlichen Recht verwendeten Begriff der unbeschränkten Steuerpflicht.

8 Während die unbeschränkte Steuerpflicht nach innerstaatlichem Recht eine umfassende Steuerpflicht begründet, führt die Ansässigkeit einer Person in einem der Vertragsstaaten zu ihrer Abkommensberechtigung (Art. 1 OECD-MA). Zugleich wird mit der Bestimmung der Ansässigkeit einer Person in einem Vertragsstaat dieser Staat für die Anwendung des Abkommens zum Ansässigkeitsstaat der Person; der andere Vertragsstaat ist der Quellen- bzw. bei Einkünften aus unselbständiger Arbeit i. S. des Art. 15 Abs. 1 Satz 1 zweiter Halbsatz OECD-MA auch der Tätigkeitsstaat. Eine Person kann zwar in beiden Vertragsstaaten (z. B. aufgrund eines doppelten Wohnsitzes) unbeschränkt steuerpflichtig sein, dagegen kann sie nur in einem der beiden Vertragsstaaten als ansässig i. S. eines DBA gelten (s. Rn. 12 ff.). Die abkommensrechtliche Bestimmung der Ansässigkeit hat keine Auswirkung auf eine bestehende inländische Steuerpflicht. Die Ansässigkeit i. S. des Art. 4 OECD-MA kann sich während eines VZ auch ändern.

9 Eine natürliche Person ist nach Art. 4 Abs. 1 Satz 1 OECD-MA in einem Vertragsstaat ansässig, wenn sie dort aufgrund ihres Wohnsitzes, ihres ständigen Aufenthalts oder eines anderen ähnlichen Merkmals steuerpflichtig ist (s. Tz. 2.1, Rn. 42 ff. zur Steuerpflicht nach dem EStG). Eine Ansässigkeit in einem Vertragsstaat wird nach Art. 4 Abs. 1 Satz 2 OECD-MA jedoch nicht begründet, wenn die Person in diesem Staat nur mit Einkünften aus Quellen in diesem Staat oder mit in diesem Staat gelegenen Vermögen steuerpflichtig ist, die Person nach deutschem Rechtsverständnis dort also nur einer beschränkten Steuerpflicht unterliegt. Dies gilt auch für Abkommen, in denen der deklaratorische Zusatz des Art. 4 Abs. 1 Satz 2 OECD-MA nicht enthalten ist. Die Ansässigkeit nach Art. 4 Abs. 1 OECD-MA setzt damit eine unbeschränkte Steuerpflicht nach dem jeweiligen innerstaatlichen Recht der Vertragsstaaten voraus. Die unbeschränkte Steuerpflicht auf Antrag nach § 1 Abs. 3 EStG begründet hingegen keine Ansässigkeit in Deutschland.

10 Zu beachten sind außerdem die Besonderheiten, die sich durch die speziellen Regelungen in einzelnen DBA (z. B. Art. 4 Abs. 3, 4 und 6 DBA-Schweiz, Art. 4 Abs. 1 Buchstabe b DBA-VAE (Letzteres anzuwenden bis 31. Dezember 2021), Special-Tax-Regime Spanien (Protokoll Ziffer II zum DBA-Spanien)) bzw. durch den Rückgriff auf das jeweilige innerstaatliche Recht der Vertragsstaaten (z. B. China, Südafrika) ergeben können.

11 Nach China entsandte Arbeitnehmer eines inländischen Arbeitgebers können unter Berücksichtigung des chinesischen Einkommensteuerrechts auch dann in China i. S. des Art. 4 Abs. 1 Satz 1 DBA-China ansässig sein, wenn sie der dortigen unbeschränkten Steuerpflicht unterliegen, aber in den ersten sechs Kj. der Entsendung die dortige Steuerbefreiungsvorschrift für Ausländer in Anspruch nehmen. Ab dem VZ 2019 ist Voraussetzung für die unbeschränkte Steuerpflicht in China, dass sich der Arbeitnehmer an mindestens 183 Tagen im Kj. in China aufhält. In diesem Fall sind sie zwar dem Grunde nach unbeschränkt steuerpflichtig, werden aber lediglich mit ihren Einkünften aus chinesischen Quellen (Arbeitstage in China sowie Arbeitstage außerhalb Chinas, soweit der Lohn von einem chinesischen Arbeitgeber/einer chinesischen Betriebsstätte wirtschaftlich getragen wurde) besteuert.

12 Eine Person kann für die Anwendung des DBA nur in einem Vertragsstaat als ansässig gelten. Ist die Person nach Art. 4 Abs. 1 Satz 1 OECD-MA in beiden Vertragsstaaten ansässig (sog. doppelte Ansässigkeit), ist nach der in Art. 4 Abs. 2 OECD-MA festgelegten Prüfungsreihenfolge festzustellen, in welchem Vertragsstaat die Person als ansässig gilt.

13 Verfügt die Person nur in einem Staat über eine ständige Wohnstätte, so gilt sie nur in diesem Staat als ansässig. Unter einer ständigen Wohnstätte sind Räumlichkeiten zu verstehen, die nach Art und Einrichtung zum Wohnen geeignet sind, die ständig genutzt werden können und die tatsächlich regelmäßig genutzt werden. Eine als Familienwohnung genutzte Wohnung ist dabei bis zum Ende des Mietverhältnisses bzw. dem tatsächlichen Auszug der Familie als eine ihr zur Verfügung stehende ständige Wohnstätte i. S. des Art. 4 Abs. 2 OECD-MA anzusehen. Es handelt sich um eine in den allgemeinen Lebensrhythmus der Person einbezogene Anlaufstelle (BFH-Urteile vom 23. Oktober 1985, BStBl. 1986 II. S. 133, vom 16. Dezember 1998, BStBl. 1999 II S. 207 und vom 5. Juni 2007, BStBl. II S. 812).

14 Vorausgesetzt, die Person verfügt in beiden Staaten über eine ständige Wohnstätte, so gilt sie als nur in dem Staat ansässig, zu dem sie die engeren persönlichen und wirtschaftlichen Beziehungen hat (Mittelpunkt der Lebensinteressen). Dabei sind die persönlichen und wirtschaftlichen Beziehungen nach objektiven Anhaltspunkten des jeweiligen Einzelfalls gegeneinander abzuwägen (BFH-Urteil vom 31. Oktober 1990, BStBl. 1991 II S 562). Die persönlichen und wirtschaftlichen Beziehungen sind grundsätzlich gleichrangig und im Rahmen des Gesamtbildes der Verhältnisse zu gewichten, um im Einzelfall den für eine Person bedeutungsvolleren Ort festzustellen (BFH-Urteil vom 23. Juli 1971, BStBl. II S. 758). Werden im Veranlagungsverfahren im Rahmen der erhöhten Mitwirkungspflichten nach § 90 Abs. 2 AO die hierfür erforderlichen Informationen nicht vorgelegt, sind die für den Steuerpflichtigen nachteiligen steuerlichen Konsequenzen zu ziehen (BFH-Urteil vom 15. Februar 1989, BStBl. II S. 462).

15 Bei den persönlichen Beziehungen sind sämtliche persönlichen Verhältnisse aus der privaten Lebensführung einer Person, insbesondere die familiären und gesellschaftlichen Beziehungen, die politische, kulturelle und sonstige Verwurzelung, die Ausstattung und Größe der Wohnung, private Aktivitäten, Mitgliedschaften in Parteien und Vereinen zu berücksichtigen. Wird eine weitere Wohnstätte in einem Vertragsstaat begründet und die bisherige Wohnstätte im anderen Vertragsstaat beibehalten, spricht dies für das Fortbestehen gewichtiger persönlicher Beziehungen im Vertragsstaat der bisherigen Wohnstätte. Die Würdigung der persönlichen Beziehungen einer Person in einem Vertragsstaat erfordert die Berücksichtigung der jeweiligen gesellschaftlichen und politischen Gegebenheiten der Vertragsstaaten.

Anl c zu LStH 39.5

16 Wirtschaftliche Beziehungen richten sich grundsätzlich nach den Einnahmen und dem Vermögen einer Person (BFH-Urteil vom 31. Oktober 1990, BStBl. 1991 II S. 562):

- Hierfür sind sämtliche Einnahmequellen und deren Herkunft festzustellen. Bei einer unselbständigen Arbeit muss neben dem Ort der Tätigkeitsausübung und dem zivilrechtlichen Arbeitsverhältnis auch berücksichtigt werden, ob der Arbeitnehmer befristet in einem anderen Staat tätig wird bzw. ob auf eine Absicht geschlossen werden kann, in den Vertragsstaat der bisherigen Wohnstätte zurückzukehren. Wird in einem Vertragsstaat eine Wohnstätte beibehalten und besteht in demselben Staat ein ruhendes Arbeitsverhältnis, ist z. B. bei einer befristeten Entsendung mit Rückkehrzusage davon auszugehen, dass eine Rückkehrabsicht besteht und damit wirtschaftliche Interessen in diesem Staat vorliegen. In diesem Zusammenhang sind die Dauer der befristeten Tätigkeit im anderen Staat sowie die Dauer der zuvor in dem Vertragsstaat der beibehaltenen Wohnstätte ausgeübten Tätigkeit (berufliche Verwurzelung) in die Beurteilung miteinzubeziehen.
- Auf der Vermögensebene ist insbesondere die Belegenheit von Grundbesitz und sonstigem Vermögen (z. B. Gesellschaftsbeteiligungen, Aktiendepot, Bankguthaben, Barmittel, Fahrzeuge etc.) in die Beurteilung einzubeziehen. Je nach Intensität der Vermögensverwaltung kann auch der Ort von Bedeutung sein, von dem aus die Person ihr Vermögen verwaltet. Das vorhandene Vermögen ist anhand seiner wirtschaftlichen Bedeutung gegenüber der Einnahmenseite abzuwägen.

Beispiel 1: Entsendung ohne Familienbegleitung

17 Der Arbeitnehmer begründet während seines Aufenthalts im ausländischen Tätigkeitsstaat einen Wohnsitz. Die Familie ist dem Arbeitnehmer nicht in den Tätigkeitsstaat gefolgt. Es liegt tatbestandlich sowohl im Inland als auch im Ausland eine ständige Wohnstätte i. S. von Art. 4 Abs. 2 Buchstabe a OECD-MA vor.

Lösung:

Der Arbeitnehmer unterhält sowohl im Inland als auch im Ausland eine ständige Wohnstätte. Die Ansässigkeit in einem Vertragsstaat richtet sich dann danach, in welchem Vertragsstaat sich der Mittelpunkt der Lebensinteressen befindet (Art. 4 Abs. 2 Buchstabe a OECD-MA). Dieser befindet sich für den Arbeitnehmer i. d. R. auch während seines Aufenthalts im Ausland weiterhin im Inland. Insbesondere unterhält der Arbeitnehmer nach wie vor persönliche Beziehungen zu seiner Familie im Inland. Demgegenüber treten etwaige persönliche Beziehungen, die der Arbeitnehmer im Ausland unterhält, in aller Regel zurück.

18 Die Dauer des befristeten Aufenthalts im Tätigkeitsstaat kann bei Innehaben einer weiteren ständigen Wohnstätte in diesem Vertragsstaat als Indiz bei der Gewichtung der persönlichen Interessen herangezogen werden. Je länger ein Aufenthalt in einem Staat andauert, umso mehr kann davon ausgegangen werden, dass sich auch dort persönliche Interessen ergeben. Maßgebend ist stets das Gesamtbild der Verhältnisse. Bei einem nur vorübergehenden Aufenthalt (BFH-Urteil vom 23. Oktober 1985, BStBl. 1986 II S. 133) im Tätigkeitsstaat kann davon ausgegangen werden, dass sich der Mittelpunkt der Lebensinteressen weiterhin in dem Vertragsstaat der beibehaltenen Wohnstätte befindet. Eine Person wird bei einem nur vorübergehenden Aufenthalt in einem anderen Staat i. d. R. weiterhin im Staat der beibehaltenen Wohnstätte gewichtigere wirtschaftliche Beziehungen unterhalten, wie z. B. Grundbesitz, Kapitalvermögen, Gehaltskonto, Arbeitsverhältnis zu einem Arbeitgeber im Staat der beibehaltenen Wohnstätte. Die wirtschaftlichen Beziehungen im anderen Staat werden hingegen i. d. R. nur von vorübergehender Dauer sein. Bei einer befristeten Entsendung von fünf Jahren oder mehr besteht eine widerlegbare Vermutung, dass sich die gewichtigeren persönlichen Beziehungen einer Person in den Entsendestaat verlagern. Bei einer Entsendung von bis zu einem Jahr besteht hingegen die widerlegbare Vermutung, dass die persönlichen Beziehungen einer Person in dem Staat der beibehaltenen Wohnstätte verbleiben.

Beispiel 2: Entsendung bis zu einem Jahr

19 Der Arbeitnehmer begründet während seines auf bis zu einem Jahr befristeten Aufenthalts im ausländischen Tätigkeitsstaat einen Wohnsitz. Die Wohnung in Deutschland wird beibehalten. Es liegt sowohl im Inland als auch im Ausland tatbestandlich eine ständige Wohnstätte i. S. von Art. 4 Abs. 2 Buchstabe a OECD-MA vor.Das Arbeitsverhältnis zum bisherigen Arbeitgeber besteht fort.

a) Der Arbeitnehmer ist alleinstehend.

b) Die Familie ist dem Arbeitnehmer in den Tätigkeitsstaat gefolgt.

Lösung:

Der Mittelpunkt der Lebensinteressen befindet sich – unabhängig vom Familienstand – in aller Regel weiterhin im Inland (BFH-Urteil vom 23. Oktober 1985, BStBl. 1986 II S. 133), da bei einem auf ein Jahr befristeten Aufenthalt im Tätigkeitsstaat und dem Fortbestehen des bisherigen Arbeitsverhältnisses sowie der Beibehaltung der bisherigen Wohnung in Deutschland die persönlichen und wirtschaftlichen Beziehungen zu Deutschland zumeist gewichtiger sind als die zum anderen Staat.

Beispiel 3: Zeitpunkt des Ansässigkeitswechsels

20 Der alleinstehende Arbeitnehmer begründet während seines auf zwei Jahre befristeten Aufenthalts im ausländischen Tätigkeitsstaat einen Wohnsitz. Die Wohnung in Deutschland wird beibehalten. Es liegt sowohl im Inland als auch im Ausland tatbestandlich eine ständige Wohnstätte i. S. des Art. 4 Abs. 2 Buchstabe a OECD-MA vor. Das Arbeitsver-

Anl c zu LStH 39.5

hältnis zum bisherigen Arbeitgeber besteht aufgrund einer Rückkehrzusage fort. Während seines zweiten Entsendejahres verlängert er die Auslandstätigkeit auf insgesamt sechs Jahre. Der Arbeitnehmer verfügt über kein nennenswertes Vermögen in beiden Vertragsstaaten.

Lösung:

Der Mittelpunkt der Lebensinteressen verlagert sich in solchen Fällen i. d. R. zu dem Zeitpunkt in den ausländischen Tätigkeitsstaat, an dem objektive Gründe darauf schließen lassen, dass die Absicht besteht, den Auslandsaufenthalt auf eine gewisse Dauer auszuweiten. Dies ist regelmäßig das Datum der schriftlichen Verlängerung der Auslandsentsendung.

Beispiel 4: Kettenentsendung

21 Der alleinstehende Arbeitnehmer ist im Rahmen einer „Kettenentsendung" in verschiedenen Staaten tätig und wird bei den ausländischen Tochtergesellschaften seines zivilrechtlichen inländischen Arbeitgebers wie folgt eingesetzt: 01 in Indien, 02 in den USA, 03 in China und 04 in Mexiko. Der Arbeitnehmer begründet in den jeweiligen Staaten für die Dauer seines Aufenthalts jeweils einen Wohnsitz. Die Wohnung in Deutschland wird beibehalten. In den jeweiligen Zeiträumen liegt sowohl im Inland als auch in den jeweiligen Entsendestaaten tatbestandlich eine ständige Wohnstätte i. S. des Art. 4 Abs. 2 Buchstabe a OECD-MA vor. Nach Beendigung der jeweiligen Entsendung hat der Arbeitnehmer die Möglichkeit, am deutschen Stammsitz seines Arbeitgebers zu arbeiten.

Lösung:

Der Mittelpunkt der Lebensinteressen wird bei einer Kettenentsendung regelmäßig im Inland verbleiben. Aufgrund der absehbaren vorübergehenden Aufenthaltsdauer in den jeweiligen Entsendestaaten können sich keine gewichtigen persönlichen oder wirtschaftlichen Beziehungen des Arbeitnehmers im jeweiligen Einsatzstaat ergeben. Die persönlichen und wirtschaftlichen Beziehungen zu Deutschland bleiben hingegen unverändert bestehen. Ein Wechsel der Ansässigkeit in den jeweiligen Entsendestaat findet daher nicht statt.

Beispiel 5: auf fünf Jahre befristete Entsendung/unbefristete Entsendung

22 Der Arbeitnehmer begründet während seines fünfjährigen/unbefristeten Aufenthalts im ausländischen Tätigkeitsstaat einen Wohnsitz. Die Familie ist zusammen mit dem Arbeitnehmer in den Tätigkeitsstaat umgezogen. Die Wohnung in Deutschland steht der Familie jederzeit zur Nutzung zur Verfügung. Es liegt sowohl im Inland als auch im Ausland tatbestandlich eine ständige Wohnstätte i. S. von Art. 4 Abs. 2 Buchstabe a OECD-MA vor.

Lösung:

Der Mittelpunkt der Lebensinteressen befindet sich in einem solchen Fall i. d. R. im Tätigkeitsstaat, da dort nach dem Gesamtbild der Verhältnisse insbesondere die persönlichen Interessen des Arbeitnehmers (u. a. wegen der Familienbegleitung) liegen werden.

Beispiel 6: auf weniger als fünf Jahre befristete Entsendung

23 Der Arbeitnehmer ist in Deutschland aufgewachsen und seit vielen Jahren für seinen in Deutschland ansässigen Arbeitgeber tätig (Bruttojahresvergütung 100 000 €). Seine Eltern und Geschwister leben ebenfalls in Deutschland. Er bewohnt mit seiner Familie ein in seinem Eigentum stehendes Einfamilienhaus (Verkehrswert: 750 000 €). Außerdem vermietet er eine im Inland belegene Eigentumswohnung (Verkehrswert 350 000 €, jährliche Mieteinnahmen: 12 000 €). Während seiner auf drei Jahre befristeten Auslandsentsendung zu einer Tochtergesellschaft seines Arbeitgebers begründet er einen ausländischen Wohnsitz, dessen Kosten vom Arbeitgeber übernommen werden. Zwischen Arbeitgeber und Arbeitnehmer wird eine Rückkehrzusage vereinbart. Das inländische Arbeitsverhältnis ruht für die Dauer der Entsendung. Die Familie ist zusammen mit dem Arbeitnehmer in den Tätigkeitsstaat umgezogen. Der inländische Familienwohnsitz wird nicht vermietet, sondern steht der Familie jederzeit zur Verfügung. Es liegt sowohl im Inland als auch im Ausland tatbestandlich eine ständige Wohnstätte i. S. des Art. 4 Abs. 2 Buchstabe a OECD-MA vor.
Die Sprache, Kultur und Gesellschaft des ausländischen Staats sind dem Arbeitnehmer fremd. Bereits Monate vor Ablauf der befristeten Entsendung trifft der Arbeitnehmer Vorkehrungen für die Rückkehr nach Deutschland (Umzug, Einschulung seiner Kinder etc.). Von den durchschnittlichen 230 Arbeitstagen pro Jahr verbringt der Arbeitnehmer rund 30 Arbeitstage in Deutschland. Der Weihnachtsurlaub wird jährlich in Deutschland verbracht.

Lösung:

Der Mittelpunkt der Lebensinteressen ist nach dem Gesamtbild der Verhältnisse zu bestimmen. Dabei sind die persönlichen und wirtschaftlichen Verhältnisse des Arbeitnehmers in den beiden Vertragsstaaten zu gewichten, um den für den Arbeitnehmer bedeutungsvolleren Ort zu ermitteln. Zwar verfügt der Arbeitnehmer über gewichtige persönliche Interessen im Ausland, doch sind diese nicht auf Dauer angelegt. Die persönlichen Anknüpfungspunkte im Inland (Eltern, Geschwister, Freundeskreis, kulturelle Verwurzelung etc.) gehen durch den Auslandsaufenthalt nicht verloren. Es steht zu Beginn der Entsendung fest, dass der Arbeitnehmer nach Beendigung seiner Tätigkeit im Ausland sofort wieder an seinen Arbeitsplatz in Deutschland zurückkehren wird. Der Umstand, dass der Familienwohnsitz während der vorübergehenden Auslandstätigkeit zur Nutzung bereitgehalten wurde, belegt die persönlichen Interessen des Arbeitnehmers in Deutschland.
Bei der Gewichtung der wirtschaftlichen Interessen in den beiden Vertragsstaaten ist zu berücksichtigen, dass die durch Tätigkeitsausübung im Ausland erzielten Einnahmen nur von vorübergehender Dauer sind, die nach Beendigung der Entsendung wieder entfallen (lediglich gegenwartsbezogen). Das zivilrechtliche Arbeitsverhältnis zum inländischen Arbeitgeber bleibt bestehen und die Tätigkeit wird nach der Rückkehr fortgeführt (berufliche Verwurzelung zum Inland). Daneben erzielt der Arbeitnehmer dauerhaft Mieterträge aus Deutschland. Zudem befindet sich sein gesamtes Vermögen in Deutschland. Die inländischen Einnahmen und das inländische Vermögen übersteigen die während des Auslandsaufenthalts erzielten Einnahmen.
Nach der Gewichtung aller persönlichen und wirtschaftlichen Interessen des Arbeitnehmers ist davon auszugehen, dass der bedeutungsvollere Ort für den Arbeitnehmer in Deutschland liegt. Der Mittelpunkt der Lebensinteressen befindet sich in Deutschland. Der Arbeitnehmer ist nach Art. 4 Abs. 2 Buchstabe a OECD-MA in Deutschland ansässig.

24 Lässt sich die Ansässigkeit nicht anhand der ständigen Wohnstätte bestimmen, weil eine Person in keinem Vertragsstaat über eine ständige Wohnstätte verfügt oder der Mittelpunkt der Lebensinteressen nicht bestimmt werden kann, sind zunächst der gewöhnliche Aufenthalt und zuletzt die Staatsangehörigkeit heranzuziehen. Kann die Ansässigkeit auch nach dem letztgenannten Kriterium nicht bestimmt werden, weil die Person die Staatsangehörigkeit beider Staaten oder keines der Staaten besitzt, regeln die betreffenden Staaten die Ansässigkeit in gegenseitigem Einvernehmen.

1.2.2. Vergütungen aus unselbständiger Arbeit

Anl c zu LStH 39.5

1.2.2.1. Art. 15 OECD-MA

25 Nach Art. 15 Abs. 1 OECD-MA können die Vergütungen aus unselbständiger Arbeit nur im Ansässigkeitsstaat des Arbeitnehmers besteuert werden, es sei denn, die Tätigkeit wird im anderen Vertragsstaat (Tätigkeitsstaat) ausgeübt. Wird die unselbständige Arbeit im anderen Staat ausgeübt, steht grundsätzlich diesem Staat das Besteuerungsrecht für die hierfür bezogenen Vergütungen zu (sog. Arbeitsortprinzip). Die bloße Verwertung einer unselbständigen Arbeit (§ 49 Abs. 1 Nr. 4 Buchstabe a 2. Alternative EStG) stellt keine Tätigkeit i. S. der DBA dar.

26 Abweichend hiervon steht unter den Voraussetzungen des Art. 15 Abs. 2 OECD-MA (sog. 183-Tage-Klausel) das Besteuerungsrecht für solche Vergütungen nur dem Ansässigkeitsstaat des Arbeitnehmers zu (s. Tz. 4, Rn. 101 ff.).

27 Art. 15 Abs. 3 OECD-MA enthält eine gesonderte Bestimmung für Vergütungen des Bordpersonals von Schiffen und Luftfahrzeugen im internationalen Verkehr (s. Tz. 4.3.4.2, Rn. 203, Tz. 8, Rn. 392 ff.).

28 Die Begriffe „Gehälter, Löhne und ähnliche Vergütungen aus unselbständiger Arbeit" sind im OECD-MA nicht definiert. Soweit sich aus dem anzuwendenden DBA nichts anderes ergibt oder die zuständigen Behörden der beiden Staaten nicht eine andere Bedeutung vereinbaren (Art. 25 Abs. 3 OECD-MA), ist die Bedeutung maßgebend, die dem Begriff im Anwendungszeitraum nach dem Recht des Anwenderstaates zukommt (Art. 3 Abs. 2 OECD-MA). In Deutschland sind die Vorschriften der §§ 1 und 2 LStDV einschlägig. Zur Abgrenzung selbständiger von nichtselbständiger Arbeit wird auf H 19.0 bis H 19.2 LStH verwiesen. Im Falle einer unterschiedlichen Auslegung der Begriffe durch die Vertragsstaaten (Qualifikationskonflikt) ist § 50 d Abs. 9 Satz 1 Nr. 1 EStG zu prüfen (s. Tz. 2.4, Rn. 85).

1.2.2.2. Grenzgängerregelung

29 Abweichend vom OECD-MA enthalten einzelne DBA besondere Regelungen für grenzüberschreitend Beschäftigte. Dies sind derzeit [Stand 2023] die DBA mit Frankreich (Art. 13 Abs. 5 – i. d. R. Besteuerung im Ansässigkeitsstaat), Österreich (Art. 15 Abs. 6 – i. d. R. Besteuerung im Ansässigkeitsstaat) und der Schweiz (Art. 15 a – begrenzte Quellenbesteuerung im Tätigkeitsstaat und Besteuerung im Ansässigkeitsstaat (in Deutschland mit Anrechnung begrenzter Quellensteuer)).

1.2.2.3. Besondere Regelungen bezüglich der Zuweisung des Besteuerungsrechts

30 Das OECD-MA bzw. die einzelnen DBA enthalten für bestimmte Arbeitnehmer, bestimmte Vergütungen bzw. bestimmte Tätigkeiten von Art. 15 OECD-MA abweichende Regelungen, insbesondere für das für die Geschäftsführung eines Unternehmens verantwortliche Personal (s. Tz. 6.1, Rn. 353), für Künstler und Sportler (Art. 17 OECD-MA), für Ruhegehaltszahlungen (Art. 18 OECD-MA), für Arbeitnehmer der Gebietskörperschaften (Art. 19 OECD-MA), teilweise auch für weitere öffentlich-rechtliche Körperschaften (z. B. Art. 19 Abs. 1 DBA-Schweiz) sowie für Vergütungen, die im Rahmen eines Programms der wirtschaftlichen Zusammenarbeit eines Vertragsstaates gezahlt werden (z. B. Art. 19 Abs. 3 DBA-Indonesien), für Studenten, Schüler, Lehrlinge und sonstige Auszubildende (Art. 20 OECD-MA), für Hochschullehrer und Lehrer (z. B. Art. 21 DBA-Italien, Art. 20 DBA-Österreich, Art. 20 DBA-USA) sowie für Mitglieder diplomatischer Missionen und konsularischer Vertretungen (Art. 28 OECD-MA). Diese Regelungen gehen i. d. R. Art. 15 OECD-MA bzw. der entsprechenden Vorschriften im anzuwendenden DBA vor.

31 Darüber hinaus enthalten einzelne DBA sog. Förderstaatsklauseln (z. B. Art. 17 Abs. 3 DBA-Vereinigtes Königreich, Art. 17 Abs. 3 DBA-Luxemburg, Art. 17 Abs. 3 DBA-Spanien). Danach ist die Besteuerung von Renten und Ruhegehältern in der Auszahlungsphase davon abhängig, in welchem Vertragsstaat eine Förderung in der Aufbauphase erfolgte.

1.2.2.4. Vergütungen eines Mitunternehmers für seine Tätigkeit im Dienst der Gesellschaft

32 Vergütungen, die ein Gesellschafter (Mitunternehmer) einer Personengesellschaft für seine Tätigkeit im Dienst der Gesellschaft bezieht (Tätigkeitsvergütung; § 15 Abs. 1 Satz 1 Nr. 2 Satz 1, zweiter Halbsatz EStG), gehören für Deutschland als Anwenderstaat zu den Unternehmensgewinnen (Art. 7 OECD-MA, § 50 d Abs. 10 EStG), unabhängig davon, ob es sich um Vergütungen des im Inland ansässigen Gesellschafters einer ausländischen Personengesellschaft oder um Vergütungen des im Ausland ansässigen Gesellschafters einer inländischen Personengesellschaft handelt. Dies gilt nicht für Vergütungen, die insbesondere für eine Tätigkeit bei einer gewerblich geprägten Personengesellschaft gezahlt werden (§ 50 d Abs. 10 Satz 7 Nr. 1 EStG, BMF-Schreiben vom 26. September 2014, BStBl. I S. 1258, Tz. 5.1).

33 Einzelne DBA enthalten auch eine Regelung, die Tätigkeitsvergütungen bereits abkommensrechtlich den Unternehmensgewinnen zuweisen, wenn diese Vergütungen nach dem Steuerrecht des Vertragsstaats, in dem die Betriebsstätte der gewerblich tätigen Personengesellschaft liegt, den Einkünften des Gesellschafters aus dieser Betriebsstätte zugerechnet werden (z. B. Art. 7 Abs. 7 DBA-Österreich, Art. 7 Abs. 7 DBA-Schweiz, BMF-Schreiben vom 26. September 2014, BStBl. I S. 1258, Tz. 5.2).

34 Eine Zuordnung von Tätigkeitsvergütungen zu den Unternehmensgewinnen (Art. 7 OECD-MA) scheidet aus, wenn eine Personenhandelsgesellschaft oder eine Partnerschaftsgesellschaft zur Körperschaftsbesteuerung optiert hat. Soweit ein Dienstverhältnis (§ 1 LStDV) vorliegt und die Leistungen der Gesellschaft an den Gesellschafter aufgrund dieses Dienstverhältnisses erbracht werden, führen die Vergütungen zu Einkünften i. S. des § 19 EStG (§ 1 a Abs. 3 Satz 2 Nr. 2 KStG, BMF-Schreiben vom 10. November 2021, BStBl. I S. 2212, Rn. 81 ff.). Abkommensrechtlich liegen i. d. R. dann Einkünfte i. S. des Art. 15 OECD-MA vor.

Anl c zu LStH 39.5

1.2.3. Vermeidung der Doppelbesteuerung – Art. 23 OECD-MA

35 Soweit das Besteuerungsrecht nach dem DBA dem anderen Vertragsstaat zusteht, vermeidet Deutschland als Ansässigkeitsstaat bei Einkünften aus unselbständiger Arbeit die Doppelbesteuerung i. d. R. durch Freistellung der Einkünfte (Freistellungsmethode) unter Berücksichtigung des § 32 b Abs. 1 Satz 1 Nr. 3 EStG (Progressionsvorbehalt). Die Steuerfreistellung setzt allerdings i. d. R. die ausländische Besteuerung voraus. Diesbezüglich wird auf die Ausführungen zu § 50 d Abs. 8 bzw. 9 EStG und zu den Rückfallklauseln in den DBA verwiesen (s. Tz. 2.3, Rn. 59 ff., Tz. 2.4, Rn. 83 ff. und Tz. 9, Rn. 418 ff.).

36 Nach einzelnen DBA werden die Einkünfte nicht von der Besteuerung freigestellt. Stattdessen wird die Doppelbesteuerung durch Steueranrechnung nach Maßgabe des § 34 c EStG vermieden (Anrechnungsmethode). Dies gilt u. a. für Fälle der gewerbsmäßigen Arbeitnehmerüberlassung (z. B. DBA mit Dänemark, Frankreich, Italien, Norwegen, Polen oder Schweden) oder für Vergütungen des Bordpersonals von Schiffen und Luftfahrzeugen (s. Tz. 8.2, Rn. 410, 411, 415). In einigen Fällen sehen DBA grundsätzlich die Anrechnungsmethode vor (z. B. Art. 23 Abs. 1 Buchstabe b Doppelbuchstabe ee DBA-Liechtenstein, Art. 23 Abs. 2 Buchstabe a DBA-Mauritius, Art. 23 Abs. 2 Buchstabe b Doppelbuchstabe cc DBA-Norwegen, Art. 22 Abs. 1 DBA-Zypern). Bei Einkünften aus unselbständiger Arbeit bestehen keine Bedenken, aus Billigkeitsgründen für die voraussichtlich abzuführende ausländische Abzugsteuer einen Freibetrag für das Lohnsteuerabzugsverfahren zu bilden. Der Freibetrag darf jedoch die Einnahmen, die unter die Anrechnungsmethode fallen, nicht übersteigen. Zu den Einzelheiten dieser Billigkeitsregelung s. Tz. 4.3.4.2, Rn. 207.

37 Ist Deutschland der Ansässigkeitsstaat und wird dem ausländischen Vertragsstaat in der Verteilungsnorm ein ausschließliches Besteuerungsrecht zugewiesen, wird die Doppelbesteuerung für diese Einkünfte regelmäßig durch Freistellung (mit Progressionsvorbehalt) vermieden, auch wenn das DBA im Methodenartikel grundsätzlich die Anrechnungsmethode vorsieht (z. B. Art. 22 Abs. 1 und 2 i. V. m. Art. 14 Abs. 4 DBA-Zypern). Dies schließt jedoch nicht die Anwendung von Rückfallklauseln aus (s. Tz. 2.3, Rn. 59 ff., Tz. 2.4, Rn. 83 ff. und Tz. 9, Rn. 418 ff.).

38 Eine besondere Regelung enthält Punkt 11 des Schlussprotokolls zu Art. 23 DBA-Belgien i. d. F. des Zusatzabkommens von 2002. Im Hinblick auf die von belgischen Gemeinden und Agglomerationen erhobene Zusatzsteuer wird die in Deutschland auf Einkünfte nach Art. 15 oder 19 DBA-Belgien erhobene Einkommensteuer pauschal um 8 % der auf die betreffenden Einkünfte erhobenen deutschen Einkommensteuer gemindert. Die nach dieser Minderung verbleibende deutsche Einkommensteuer ist Bemessungsgrundlage für die Kirchensteuer und den Solidaritätszuschlag. Die pauschale Minderung erfolgt nur, soweit Belgien als Ansässigkeitsstaat des Arbeitnehmers anzusehen ist, Deutschland als Quellenstaat für die der deutschen Steuer zugrundeliegenden Einkünfte nach Art. 15 oder 19 DBA-Belgien das Besteuerungsrecht hat und Belgien diese Einkünfte grundsätzlich nach Art. 23 Abs. 2 Nr. 1 DBA-Belgien freistellt. Unterfallen die Einkünfte aus unselbständiger Arbeit, für die Deutschland das Besteuerungsrecht zusteht, einem anderen Artikel, z. B. Art. 16 DBA-Belgien, greift die vorgenannte Minderung nicht.

39 Die Anrechnung ausländischer Steuern entsprechend § 36 EStG stellt eine Ausnahme dar (z. B. Art. 15 a Abs. 3 Buchstabe a DBA-Schweiz, Grenzgängerregelung).

1.2.4. Abgrenzung zu anderen Abkommen und Bestimmungen

40 Vor Anwendung eines DBA sind weitere zwischenstaatliche Abkommen bzw. Vereinbarungen zu beachten, nach denen u. a. Arbeitnehmer von deutschen Steuern befreit sein können (z. B. bei Tätigkeiten für die EU, UNO oder NATO). Der jährlich erscheinende „Fundstellennachweis B" des BGBl. enthält die von Deutschland und seinen Rechtsvorgängern abgeschlossenen und noch geltenden völkerrechtlichen Vereinbarungen, die insbesondere im BGBl. und Bundesanzeiger veröffentlicht wurden.

41 Z. B. unterliegen nach Art. 12 des Protokolls über die Vorrechte und Befreiungen der EU (Amtsblatt der EU C 202 vom 7. Juni 2016, S. 266 bis 272 – EU-Privilegienprotokoll [Protokoll (Nr. 7) über die Vorrechte und Befreiung der EU]) Gehälter, Löhne und andere Bezüge, welche die EU ihren eigenen Beamten und sonstigen Bediensteten zahlt und von denen die EU eine EU-interne Steuer erhebt (EU-Verordnung Nr. 260/68 vom 29. Februar 1968, Amtsblatt der EU L 56 vom 4. März 1968, S. 8 bis 10), nicht der nationalen Steuer in den EU-Mitgliedstaaten. Soweit Einkünfte danach in Deutschland freizustellen sind, unterliegen sie nicht dem Progressionsvorbehalt gemäß § 32 b Abs. 1 Satz 1 Nr. 4 EStG, weil das EU-Privilegienprotokoll keinen entsprechenden Vorbehalt vorsieht. Vergütungen für eine Tätigkeit bei einem Organ bzw. einer Einrichtung der EU oder im Rahmen eines EU-Projektes, die an Personen gezahlt werden, die keine EU-Beamten oder sonstigen Bediensteten der EU sind (z. B. nationale Sachverständige), fallen i. d. R. nicht unter eine unionsrechtliche Befreiungsvorschrift. Hier ist regelmäßig die Anwendung eines DBA zu prüfen (s. BMF-Schreiben vom 12. April 2006, BStBl I S. 340, zur steuerlichen Behandlung des EU-Tagesgeldes).

2. Besteuerung im Inland

2.1. Steuerpflicht nach dem Einkommensteuergesetz

85 **42** Steuerliche Sachverhalte mit Auslandsbezug, die nach dem innerstaatlichen Recht der Besteuerung im Inland unterliegen, können nur dann uneingeschränkt besteuert werden, wenn ein jeweils anzuwendendes DBA das deutsche Besteuerungsrecht nicht ganz oder teilweise ausschließt oder das dem Ausland zugewiesene Besteuerungsrecht nach innerstaatlichem Recht an Deutschland zurückfällt (s. Tz. 2.3, Rn. 59 ff., Tz. 2.4, Rn. 83 ff., Tz. 9, Rn. 418 ff.).

43 Hat ein Arbeitnehmer einen Wohnsitz oder seinen gewöhnlichen Aufenthalt im Inland, unterliegt er als unbeschränkt Steuerpflichtiger grundsätzlich mit seinem gesamten Welteinkommen der inländischen Besteuerung (§ 1 Abs. 1 i. V. m. § 2 Abs. 1 EStG).

44 Fehlt es sowohl an einem Wohnsitz als auch an einem gewöhnlichen Aufenthalt im Inland, ist ein Arbeitnehmer, der inländische Einkünfte i. S. des § 49 Abs. 1 Nr. 4 EStG erzielt, grundsätzlich nach § 1 Abs. 4 EStG beschränkt einkommensteuerpflichtig. Die Erzielung inländischer Einkünfte nach § 49 Abs. 1 Nr. 4 EStG ist allein vom dort definierten inländischen Anknüpfungspunkt und nicht von einem Mindestaufenthalt im Inland abhängig. Anl c zu LStH 39.5

45 Auf die unbeschränkte Steuerpflicht nach § 1 Abs. 2 und 3 EStG sowie § 1 a EStG wird hingewiesen. Für EU-/EWR-Staatsangehörige mit Wohnsitz in der Schweiz wird auf das BMF-Schreiben vom 16. September 2013, BStBl. I S. 1325 verwiesen.

Beispiel:

46 Der in Dänemark wohnhafte Arbeitnehmer A ist für den in Flensburg ansässigen Arbeitgeber B tätig. A übt seine Tätigkeit zu 60 % in Deutschland und zu 40 % in Dänemark aus. Die in Dänemark ausgeübte Tätigkeit wird nicht in Deutschland verwertet.

Lösung:

Soweit A seine Tätigkeit im Inland ausübt, erzielt er inländische Einkünfte i. S. des § 49 Abs. 1 Nr. 4 Buchstabe a EStG. Nur für den auf diese Tätigkeit entfallenden Arbeitslohn besteht eine beschränkte Steuerpflicht nach § 1 Abs. 4 EStG.

47 Der Arbeitnehmer kann ggf. bei Vorliegen bestimmter Voraussetzungen nach § 1 Abs. 3 EStG auf Antrag als unbeschränkt Steuerpflichtiger behandelt werden und zusätzliche Vergünstigungen gemäß § 1 a EStG in Anspruch nehmen.

48 Besteht während eines Kj. sowohl unbeschränkte als auch beschränkte Einkommensteuerpflicht, so sind die während der beschränkten Einkommensteuerpflicht erzielten inländischen Einkünfte in eine Veranlagung zur unbeschränkten Einkommensteuerpflicht einzubeziehen (§ 2 Abs. 7 Satz 3 EStG). Die materiell-rechtliche Behandlung der jeweiligen Einkunftsteile bleibt hiervon unberührt.

2.2. Progressionsvorbehalt

49 Hat ein zeitweise oder während des gesamten VZ unbeschränkt Steuerpflichtiger oder ein beschränkt Steuerpflichtiger, auf den § 50 Abs. 2 Satz 2 Nr. 4 EStG Anwendung findet, ausländische Einkünfte, die im VZ nicht der deutschen Einkommensteuer unterlegen haben, oder Einkünfte, die nach einem DBA oder nach einem sonstigen zwischenstaatlichen Übereinkommen steuerfrei sind, oder in den Fällen von § 1 Abs. 3, § 1 a oder § 50 Abs. 2 Satz 2 Nr. 4 EStG Einkünfte, die nicht der deutschen Einkommensteuer oder einem Steuerabzug unterliegen, so ist für diese Einkünfte entsprechend den nachfolgenden Grundsätzen der Progressionsvorbehalt anzuwenden:

50 Bei einer im VZ nur zeitweise bestehenden unbeschränkten Steuerpflicht sind die ausländischen Einkünfte, die vom deutschen Steuerrecht nicht erfasst werden und damit im VZ nicht der deutschen Einkommensteuer unterlegen haben, in den Progressionsvorbehalt einzubeziehen (§ 32 b Abs. 1 Satz 1 Nr. 2 EStG).

51 Einkünfte, die nach einem DBA in Deutschland steuerfrei sind, unterliegen dem Progressionsvorbehalt nach § 32 b Abs. 1 Satz 1 Nr. 3 EStG. Die Vorschrift ist unabhängig davon anzuwenden, ob ein DBA Deutschland als Ansässigkeits- oder Quellenstaat ein Besteuerungsrecht mit Progressionsvorbehalt einräumt. Die Anwendung des Progressionsvorbehalts setzt lediglich voraus, dass ein DBA die Berücksichtigung des Progressionsvorbehalts nicht verbietet (BFH-Urteil vom 14. Juli 2010, BStBl. 2011 II S. 628). Eine Freistellung ist aber nur dann zu gewähren, wenn weder nach DBA (s. Tz. 9, Rn. 418 ff.) noch nach innerstaatlichem Recht (z. B. § 50 d Abs. 8 bzw. 9 EStG) eine Rückfallklausel anzuwenden ist (s. Tz. 2.3, Rn. 59 ff. und Tz. 2.4, Rn. 83 ff.).

52 Zu beachten ist, dass der nach § 32 b Abs. 1 Satz 2 EStG angeordnete Ausschluss des Progressionsvorbehalts lediglich für Fälle des § 32 b Abs. 1 Satz 1 Nr. 3 EStG gilt und Einkünfte aus nichtselbständiger Arbeit nicht betrifft.

53 Einkünfte, die nach einem sonstigen zwischenstaatlichen Übereinkommen steuerfrei sind (vgl. Tz. 1.2.4, Rn. 40 ff.), werden nach § 32 b Abs. 1 Satz 1 Nr. 4 EStG in den Progressionsvorbehalt einbezogen, wenn in dem jeweiligen Übereinkommen die Anwendung des Progressionsvorbehalts ausdrücklich zugelassen worden ist.

54 Bei Arbeitnehmern, die im Inland weder einen Wohnsitz noch ihren gewöhnlichen Aufenthalt haben, ist in den Fällen der Veranlagung gemäß § 1 Abs. 3, § 1 a und § 50 Abs. 2 Satz 2 Nr. 4 EStG zu beachten, dass die nicht der deutschen Einkommensteuer oder dem Steuerabzug unterliegenden Einkünfte grundsätzlich dem Progressionsvorbehalt zu unterwerfen sind (§ 32 b Abs. 1 Satz 1 Nr. 5 EStG).

55 Die Höhe der Einkünfte, die dem Progressionsvorbehalt unterliegen, ist nach deutschem Steuerrecht zu ermitteln (BFH-Urteile vom 20. September 2006, BStBl. 2007 II S. 756 und vom 11. Februar 2009, BStBl. 2010 II S. 536). Dies bedeutet, dass beispielsweise Werbungskostenpauschalen oder Steuerbefreiungsvorschriften nach ausländischem Recht nicht zu berücksichtigen sind. Die steuerfreien Einkünfte aus nicht selbständiger Arbeit i. S. des § 32 b Abs. 1 Satz 1 Nr. 2 bis 5 EStG sind als Überschuss der Einnahmen über die Werbungskosten zu berechnen.

56 Bei der Ermittlung der Einkünfte i. S. des § 32 b Abs. 1 Satz 1 Nr. 2 bis 5 EStG

- ist der Arbeitnehmer-Pauschbetrag (§ 9 a Satz 1 Nr. 1 Buchstabe a EStG) abzuziehen, soweit er nicht bei der Ermittlung der inländischen Einkünfte aus nichtselbständiger Arbeit abziehbar ist (§ 32 b Abs. 2 Nr. 2 Satz 2 Buchstabe a EStG);
- sind Werbungskosten nur insoweit zu berücksichtigen, als sie zusammen mit den bei der Ermittlung der Einkünfte aus nichtselbständiger Arbeit abziehbaren Werbungskosten den Arbeitnehmer-Pauschbetrag (§ 9 a Satz 1 Nr. 1 Buchstabe a EStG) übersteigen (§ 32 b Abs. 2 Nr. 2 Satz 2 Buchstabe b EStG, s. H 32 b „Ausländische Einkünfte" – EStH).

Anl c zu LStH 39.5

Beispiel 1:

57 Der inländische steuerpflichtige Arbeitslohn im Kj. beträgt 20 230 €; die Werbungskosten betragen 500 €. Der nach DBA unter Progressionsvorbehalt steuerfreie Arbeitslohn beträgt 10 000 €; im Zusammenhang mit der Erzielung des steuerfreien Arbeitslohns sind Werbungskosten i. H. v. 400 € tatsächlich angefallen.

Lösung:

Inländischer steuerpflichtiger Arbeitslohn	20 230 €
./. Werbungskosten im Zusammenhang mit steuerpflichtigem Arbeitslohn, mindestens Arbeitnehmer-Pauschbetrag (§ 9 a Satz 1 Nr. 1 Buchstabe a EStG)	./. 1230 €
Steuerpflichtige Einkünfte gemäß § 19 EStG	19 000 €
Ausländische dem Progressionsvorbehalt unterliegende Einnahmen	10 000 €
./. Gesamtwerbungskosten abzgl. bereits in Anspruch genommener Arbeitnehmer-Pauschbetrag oder abzgl. tatsächliche inländische Werbungskosten, sofern diese höher sind als der Arbeitnehmer-Pauschbetrag	0 €
Für den Progressionsvorbehalt maßgebende Einkünfte (§ 32 b Abs. 2 Nr. 2 Satz 2 EStG)	10 000 €

Beispiel 2:

58 Sachverhalt wie Beispiel 1 (Werbungskosten Inland 500 €), jedoch sind im Zusammenhang mit der Erzielung des steuerfreien Arbeitslohns tatsächlich Werbungskosten i. H. v. 800 € angefallen. Die Summe der tatsächlichen Werbungskosten beträgt somit 1300 €. Sie überschreitet den Arbeitnehmer-Pauschbetrag um 70 €.

Lösung:

Inländischer steuerpflichtiger Arbeitslohn		20 230 €
./. Werbungskosten im Zusammenhang mit steuerpflichtigem Arbeitslohn, mindestens Arbeitnehmer-Pauschbetrag (§ 9 a Satz 1 Nr. 1 Buchstabe a EStG)		./. 1230 €
Steuerpflichtige Einkünfte gemäß § 19 EStG		19 000 €
Ausländische dem Progressionsvorbehalt unterliegende Einnahmen		10 000 €
./. Gesamtwerbungskosten	1300 €	
abzgl. bereits bei den steuerpflichtigen Einkünften in Anspruch genommener Arbeitnehmer-Pauschbetrag	./. 1230 €	
oder abzgl. tatsächlicher inländischer Werbungskosten, sofern diese höher sind als der Arbeitnehmer-Pauschbetrag		./. 70 €
Für den Progressionsvorbehalt maßgebende Einkünfte (§ 32 b Abs. 2 Nr. 2 Satz 2 EStG)		9930 €

2.3. Anwendung des § 50 d Abs. 8 EStG

2.3.1. Anwendungsbereich

59 Bei Einkünften oder Einkunftsteilen aus nichtselbständiger Arbeit (§ 19 EStG), die nach einem DBA in einem ausländischen Staat besteuert werden können, wird die unter Progressionsvorbehalt (§ 32 b Abs. 1 Satz 1 Nr. 3 EStG) erfolgende Freistellung von der deutschen Steuer eines unbeschränkt Steuerpflichtigen bei der Einkommensteuerveranlagung nach der Regelung des § 50 d Abs. 8 EStG nur unter bestimmten Voraussetzungen gewährt. Der Steuerpflichtige muss für die nach DBA vorgesehene Freistellung nachweisen, dass die in dem ausländischen Staat festgesetzten Steuern entrichtet wurden oder dass dieser Staat auf sein Besteuerungsrecht verzichtet hat. Die Regelung des § 50 d Abs. 8 EStG ist nicht anzuwenden, soweit das anzuwendende DBA das Besteuerungsrecht an Deutschland zurückverweist, weil der ausländische Staat von dem ihm zugewiesenen Besteuerungsrecht insoweit keinen Gebrauch macht (z. B. Art. 13 Abs. 2 DBA-Frankreich, Art. 15 Abs. 4 DBA-Österreich, Art. 15 Abs. 3 und 4 DBA-Schweiz) oder die Besteuerung von der Überweisung der Einkünfte in den Tätigkeitsstaat abhängig macht (z. B. Art. 29 DBA-Irland, Art. 24 DBA-Vereinigtes Königreich). Die im jeweiligen DBA enthaltenen Rückfallklauseln (s. Tz. 9, Rn. 418 ff.) gehen grundsätzlich den nationalen Rückfallklauseln vor (§ 2 Abs. 1 AO, BMF-Schreiben vom 20. Juni 2013, BStBl. I S. 980, Tz. 1).

60 Die Anwendung des § 50 d Abs. 8 EStG erfordert nicht, dass Deutschland als Ansässigkeitsstaat anzusehen ist, sondern knüpft allein an die unbeschränkte Steuerpflicht im Inland an. § 50 d Abs. 8 EStG ist auch anzuwenden, wenn sich die Freistellung nicht aus dem Methodenartikel, sondern bereits aus der Verteilungsnorm ergeben sollte. § 50 d Abs. 8 EStG wird nicht durch ein zeitlich nachfolgendes DBA überschrieben (BFH-Urteil vom 25. Mai 2016, BStBl. 2017 II S. 1185).

2.3.2. Nachweispflicht

61 Aufgrund seiner erhöhten Mitwirkungspflicht gem. § 90 Abs. 2 AO bei Auslandssachverhalten hat der Steuerpflichtige nachzuweisen, dass seine Einkünfte im Ausland (ggf. in einem anderen VZ) der Besteuerung unterworfen wurden bzw. werden oder dass der Staat, dem nach dem DBA das Besteuerungsrecht zusteht, auf dieses Besteuerungsrecht verzichtet hat (s. Tz. 2.3.2.2, Rn. 68).

62 Bei der Anforderung und Prüfung von Nachweisen sind die objektiven Umstände des Einzelfalles und der Grundsatz der Verhältnismäßigkeit zu beachten.

63 Die Nachweispflicht gem. § 50 d Abs. 8 EStG besteht erst im Veranlagungsverfahren. Sie gilt nicht für das Lohnsteuerabzugsverfahren (s. BMF-Schreiben vom 14. März 2017, BStBl. I S. 473)[1]. Das Betriebsstättenfinanzamt kann daher unverändert auf Antrag des Arbeitnehmers oder des Arbeitgebers (§ 38 EStG) ein Lohnsteuerabzugsmerkmal erteilen (§ 39 Abs. 4 Nr. 5 EStG). In der Bescheinigung über die Freistellung des Arbeitslohns vom Steuerabzug aufgrund eines DBA ist ein Hinweis auf die abschließende Prüfung im Rahmen der Veranlagung enthalten.

[1] **[Amtl. Anm.:]** Ab 1. 1. 2025 BMF vom 8. 10. 2024 (BStBl. I S. 1308), abgedruckt als Anlage d zu LStH 39.5.

Anl c zu LStH 39.5

2.3.2.1. Besteuerung im ausländischen Staat

2.3.2.1.1. Ermittlung und Nachweis der Höhe der Einkünfte

64 Die Einkünfte i. S. des § 50 d Abs. 8 EStG sind nach den Vorschriften des deutschen Steuerrechts zu ermitteln. Aufgrund der unterschiedlichen Steuersysteme und Begriffsbestimmungen können sich bei den der ausländischen und deutschen Besteuerung zugrunde gelegten Einkünften Abweichungen ergeben. Diese können u. a. entstehen, weil der ausländische Staat ein vom Kj. abweichendes Steuerjahr (vgl. Tz. 4.2.5, Rn. 128 ff.) hat oder Sachverhalte zeitlich abweichend von den Regelungen des deutschen Rechts erfasst. Daneben können Abweichungen aus der Definition der Begriffe „Arbeitslohn" und „Werbungskosten", aus der Zuordnung von Bezügen zu steuerpflichtigen oder steuerfreien Einnahmen, der Bewertung von Sachbezügen und nachträglichen Bonuszahlungen oder der Behandlung von Altersteilzeitmodellen resultieren.

65 Soweit der Steuerpflichtige die Ursachen eventueller Abweichungen glaubhaft macht (z. B. Kopie der ausländischen Steuererklärung/en und/oder Steuerbescheid/e, Berechnungsschema/ta), gilt der Nachweis über die Höhe der Einkünfte für den jeweiligen VZ als erbracht.

2.3.2.1.2. Nachweis über die Festsetzung und Entrichtung der Steuern

66 Der Nachweis über die Zahlung der festgesetzten Steuern ist grundsätzlich durch Vorlage des Steuerbescheids der ausländischen Behörde und des Zahlungsbelegs (Überweisungs- bzw. Einzahlungsbeleg der Bank oder Finanzbehörde) zu erbringen. Sofern der andere Staat ein Selbstveranlagungsverfahren vorsieht und daher keinen Steuerbescheid erlässt (z. B. USA), reicht die Vorlage des Zahlungsbelegs und einer Kopie der Steuererklärung aus.

67 Soweit der Steuerpflichtige aus tatsächlichen Gründen nicht in der Lage ist, die zuvor genannten Nachweise zu erbringen, oder in Fällen, in denen ein Quellen- oder Lohnsteuerabzug mit Abgeltungswirkung im anderen Staat vorgenommen wird (z. B. Italien, Österreich, Spanien) und somit keine Veranlagung zur Einkommensteuer erfolgt oder diese Einkünfte wegen des Steuerabzugs nicht in die Veranlagung einbezogen werden, kann die tatsächliche Besteuerung im anderen Staat durch eine behördliche Bescheinigung oder eine Bescheinigung des zivilrechtlichen oder wirtschaftlichen Arbeitgebers (s. Tz. 4.3.3.3, Rn. 151 ff.) über den Steuerabzug (z. B. Quellen- oder Lohnsteuerbescheinigung, ausländische Gehaltsabrechnungen mit Ausweis der abgeführten Quellensteuern) nachgewiesen werden. Dabei ist die ausländische Finanzbehörde, an die die Quellen- oder Lohnsteuer abgeführt wurde, und die dortige Steuer- oder Ordnungsnummer zu benennen. Darüber hinaus müssen aus der Bescheinigung insbesondere die Höhe der im jeweiligen VZ zugeflossenen Einnahmen, die vom Arbeitgeber abgeführten Steuern, einschließlich der dafür maßgeblichen steuerpflichtigen Einkünfte (steuerliche Bemessungsgrundlage) und der Zeitraum der Tätigkeit im Ausland hervorgehen. Eine tatsächliche Besteuerung im anderen Staat ist auch dann anzunehmen, wenn eine pauschale Steuer abgeführt wurde, die der Arbeitgeber getragen hat.

2.3.2.2. Verzicht des ausländischen Staates auf sein Besteuerungsrecht

68 Wenn der ausländische Staat auf das ihm zugewiesene Besteuerungsrecht verzichtet, hat der Steuerpflichtige Unterlagen vorzulegen, aus denen sich der Verzicht ergibt. Es kann sich hierbei um einen Verzicht gegenüber Einzelpersonen, bestimmten Personengruppen oder um einen generellen Verzicht handeln (z. B. Erlass, Steuerbefreiung, genereller Verzicht auf die Steuererhebung, völkerrechtlicher Vertrag).

69 Der Eintritt der Festsetzungsverjährung im ausländischen Staat ist kein Verzicht i. S. des § 50 d Abs. 8 Satz 1 EStG (BFH-Urteil vom 10. Oktober 2018, BFH/NV 2019, 394).

70 In Staaten, in denen generell auf die Erhebung von Ertragsteuern verzichtet wird (z. B. VAE (DBA-VAE anzuwenden bis 31. Dezember 2021) und Kuwait), ist von einem Nachweis über den Verzicht des ausländischen Staates auf das Besteuerungsrecht abzusehen, sofern die Ausübung der Tätigkeit in einem dieser Staaten nachgewiesen wurde (z. B. Arbeitgeberbescheinigung oder Reisekostenabrechnung).

2.3.3. Entwicklungszusammenarbeit

2.3.3.1. Besteuerungsrecht des Kassenstaates (Deutschland)

71 Sofern Vergütungen im Rahmen der Entwicklungszusammenarbeit gezahlt werden, ist zunächst zu prüfen, ob das anzuwendende DBA durch die Kassenstaatsklausel (Art. 19 Abs. 1 OECD-MA) oder eine sog. Entwicklungshilfeklausel (z. B. Art. 19 Abs. 3 DBA-Bangladesch, Art. 18 Abs. 2 DBA-Bolivien, Art. 18 Abs. 2 DBA-Ecuador, Art. 19 Abs. 4 DBA-Indien, Art. 19 Abs. 3 DBA-Indonesien, Art. 19 Abs. 3 DBA-Pakistan) Deutschland als Kassenstaat das Besteuerungsrecht zuweist und damit eine Anwendung des § 50 d Abs. 8 EStG insoweit ausscheidet.

72 Bei DBA mit Entwicklungshilfeklausel können Vergütungen, die im Rahmen eines Entwicklungshilfeprogramms eines Vertragsstaats aus Mitteln, die ausschließlich von diesem Staat bereitgestellt werden, an Fachkräfte oder freiwillige Helfer gezahlt werden, die in den anderen Vertragsstaat mit dessen Zustimmung entsandt worden sind, nur im erstgenannten Staat (Kassenstaat) besteuert werden (BFH-Urteil vom 7. Juli 2015, BStBl. 2016 II S. 14, vgl. auch BMF-Schreiben vom 13. November 2019, BStBl I S. 1082).

73 Auf die Notifizierungsverordnung DBA-Türkei vom 27. Februar 2019 (BStBl I 2019 S. 209), wonach unter das geltende Abkommen zwischen der Regierung der Bundesrepublik Deutschland und der Regierung der Republik Türkei über die technische Zusammenarbeit vom 16. Juni 1970 in der Änderungsfassung vom 15. Dezember 1977 fallende Einkünfte, die trotz Besteuerungsrecht nach Art. 15 DBA-Tür-

Anl c zu LStH 39.5

kei von der Republik Türkei nicht besteuert werden können, in Deutschland durch einen Wechsel von der Freistellungs- zur Anrechnungsmethode zu besteuern sind, wird hingewiesen.

2.3.3.2. Besteuerungsrecht des Tätigkeitsstaates/Freistellung im Tätigkeitsstaat

74 Soweit Arbeitnehmer im Rahmen der Entwicklungszusammenarbeit aufgrund von zwischenstaatlichen oder diesen vergleichbaren Abkommen oder Vereinbarungen in dem jeweiligen ausländischen Staat von der Steuer befreit sind (Verzicht auf das Besteuerungsrecht), ist dies durch geeignete Unterlagen nachzuweisen.

75 Als Nachweis ist dabei eine Bescheinigung des jeweiligen Arbeitgebers i. V. m. einem Auszug aus dem geltenden Abkommen (Rahmenabkommen zur technischen oder finanziellen Zusammenarbeit, Abkommen zu Entwicklungszusammenarbeit) bzw. der Vereinbarung anzuerkennen (vgl. Anlage 1). Der Besteuerungsverzicht des ausländischen Staates in diesen zwischenstaatlichen oder diesen vergleichbaren Abkommen oder Vereinbarungen wird i. d. R. auf die Mittel beschränkt, die aus inländischen öffentlichen Kassen gezahlt werden. Soweit auch Zahlungen von dritter Seite in den Vergütungen enthalten sind und diese unversteuert bleiben, ist hierfür die Vorlage eines gesonderten Nachweises des Besteuerungsverzichts bzw. der Besteuerung erforderlich (s. Tz. 2.3.2.1, Rn. 64 ff.).

76 Arbeitgeber sind Organisationen und Firmen, die direkt oder indirekt durch die Bundesregierung, Landesregierungen oder andere deutsche staatliche Stellen mit der Durchführung personeller Leistungen im Rahmen der Entwicklungszusammenarbeit beauftragt worden sind. Weitere Auftraggeber sind z. B. die Europäische Union, internationale Finanzierungsinstitute und Regierungen anderer Staaten.

2.3.4. Festsetzungsverfahren

2.3.4.1. Festsetzung im Falle eines fehlenden Nachweises

77 Soweit die nach Tz. 2.3.2, Rn. 61 ff. und Tz. 2.3.3.2, Rn. 74, 75 erforderlichen Nachweise nicht oder nicht vollständig vorgelegt werden, ist die Steuer unter Einbeziehung der betroffenen Einkünfte festzusetzen. Der Einkommensteuerbescheid ist gemäß § 50 d Abs. 8 Satz 2 EStG zugunsten des Steuerpflichtigen zu ändern, sobald die tatsächliche Besteuerung oder der Verzicht auf die Besteuerung im Ausland nachgewiesen wird. Die Festsetzungsfrist beginnt mit Ablauf des Jahres, in dem der Nachweis erbracht wird (§ 50 d Abs. 8 Satz 3 EStG). Die Verzinsung richtet sich nach § 233 a Abs. 1 und 2 AO.

2.3.4.2. Bagatellgrenze

78 Aus Vereinfachungsgründen ist die Freistellung von der deutschen Einkommensteuer unter Progressionsvorbehalt auch ohne das Erbringen von Nachweisen zu gewähren, wenn der maßgebende, nach deutschem Recht ermittelte Arbeitslohn, der nach einem oder mehreren DBA freizustellen wäre, in dem jeweiligen VZ insgesamt nicht mehr als 10 000 € beträgt. Diese Bagatellgrenze gilt nicht pro Staat, sondern insgesamt nur einmal je VZ.

79 Bei Ortskräften diplomatischer Vertretungen mit Staatsangehörigkeit der jeweiligen Staatenvertretung kann auf den Besteuerungsnachweis nach § 50 d Abs. 8 EStG verzichtet werden. Die Ausführungen in der Tz. 2.4, Rn. 83 ff. zu § 50 d Abs. 9 EStG bleiben unberührt.

2.3.5. Informationsaustausch

80 Auf das Merkblatt zur zwischenstaatlichen Amtshilfe durch Informationsaustausch in Steuersachen vom 29. Mai 2019, BStBl. I S. 480 (Amtshilfe-Merkblatt) wird hingewiesen.

81 Hat der Steuerpflichtige die Nachweise i. S. des § 50 d Abs. 8 EStG erbracht, sind diesbezüglich weder Auskunftsersuchen zu stellen noch Spontanauskünfte zu erteilen.

82 Bestehen Zweifel hinsichtlich der Zahlung der im Ausland festgesetzten Steuer bzw. des Verzichts des ausländischen Staates auf sein Besteuerungsrecht, ist die Steuer unter Einbeziehung der betroffenen Einkünfte festzusetzen (s. Tz. 2.3.4.1, Rn. 77) und – vorbehaltlich einer innerstaatlichen Rechtsgrundlage – eine Spontanauskunft an den ausländischen Staat zu übermitteln. Entsprechendes gilt, soweit unklar ist, ob sämtliche steuerfrei zu stellenden Gehaltsbestandteile (z. B. Gratifikationen, Tantiemen, Urlaubsgeld) im ausländischen Staat zur Besteuerung herangezogen wurden. In diesen Fällen kann nach Tz. 3.1.2 des Amtshilfe-Merkblattes auf eine Anhörung des Steuerpflichtigen verzichtet werden, sofern die Informationen auf Angaben beruhen, die der Steuerpflichtige in einem Antrag oder einer Erklärung gemacht hat. Gleichwohl kann der Steuerpflichtige gegen die Übermittlung aufgrund seiner Angaben aus der Einkommensteuererklärung an den anderen Staat Einwendungen erheben (Tz. 3.2.1 des Amtshilfe-Merkblattes).

2.4. Anwendung des § 50 d Abs. 9 EstG

2.4.1. Anwendungsbereich

83 Bei Einkünften oder Einkunftsteilen, die nach einem DBA in einem ausländischen Staat besteuert werden können, wird bei einem unbeschränkt Steuerpflichtigen die Steuerfreistellung nach DBA unter den Voraussetzungen des § 50 d Abs. 9 EStG nicht gewährt.

84 Die Anwendung des § 50 d Abs. 9 EStG erfordert nicht, dass Deutschland als Ansässigkeitsstaat anzusehen ist, sondern knüpft allein an die unbeschränkte Steuerpflicht im Inland an. § 50 d Abs. 9 EStG ist auch anzuwenden, wenn sich die Freistellung nicht aus dem Methodenartikel, sondern aus der (abschließenden) Verteilungsnorm ergibt.

85 Fällt das Besteuerungsrecht nicht bereits nach einer Bestimmung des DBA an Deutschland zurück (vgl. Tz. 9, Rn. 418 ff.), sind nach § 50 d Abs. 9 Satz 1 Nr. 1 EStG Einkünfte nicht freizustellen, soweit die Nichtbesteuerung oder niedrige Besteuerung im anderen Staat die Folge eines Qualifikationskonfliktes

ist. Qualifikationskonflikte haben ihre Ursache in einer nicht übereinstimmenden Anwendung der Bestimmungen eines DBA durch die Vertragsstaaten, weil sie
- von unterschiedlichen Sachverhalten ausgehen,
- Abkommensbestimmungen unterschiedlich auslegen oder
- Abkommensbegriffe, die im DBA nicht definiert sind, nach ihrem nationalen Recht unterschiedlich auslegen (s. Art. 3 Abs. 2 OECD-MA).

86 Soweit das Besteuerungsrecht nicht durch eine im DBA einschlägige Regelung an Deutschland zurückfällt (vgl. Tz. 9, Rn. 418 ff.), sind Einkünfte nach § 50 d Abs. 9 Satz 1 Nr. 2 EStG nicht von der Besteuerung auszunehmen, soweit im anderen Staat eine Nichtbesteuerung darauf zurückzuführen ist, dass sich dieser an der Ausübung seines DBA-Besteuerungsrechts durch sein innerstaatliches Recht, das diese Einkünfte ganz oder teilweise im Rahmen der beschränkten Steuerpflicht nicht erfasst, gehindert sieht. Eine Nichtbesteuerung i. S. dieser Vorschrift liegt auch vor, wenn Einkünfte oder Einkunftsteile nur deshalb im anderen Vertragsstaat besteuert werden, weil der Steuerpflichtige es versäumt hat, einen Antrag auf Erstattung der erstattungsfähigen Steuer zu stellen. § 50 d Abs. 9 Satz 1 Nr. 2 EStG verhindert auch dann eine vom DBA angeordnete Steuerfreistellung, wenn der andere Vertragsstaat das ihm abkommensrechtlich zugewiesene Besteuerungsrecht an den Einkünften im Rahmen der beschränkten Steuerpflicht nur für einen Teil der Einkünfte wahrnimmt.

2.4.2. Verhältnis zu anderen Rückfallklauseln

87 § 50 d Abs. 9 EStG kann auch dann zur Besteuerung von Einkünften aus unselbständiger Arbeit führen, wenn die Einkünfte nach § 50 d Abs. 8 EStG oder einer DBA-Rückfallklausel steuerfrei belassen werden können. Die Regelungen des § 50 d Abs. 8 und 9 EStG sind insoweit nebeneinander anzuwenden (§ 50 d Abs. 9 Satz 3 EStG).

88 In den Fällen der Besteuerung von Einkunftsteilen, auf die eine DBA-Rückfallklausel anzuwenden ist, kommt es zu einem Rückfall des Besteuerungsrechts für den unversteuerten Teil der Einkünfte, selbst wenn die vorrangig anzuwendende DBA-Rückfallklausel konditional („wenn") formuliert ist (§ 50 d Abs. 9 Satz 4 EStG, s. Tz. 9, Rn. 418 ff.).

2.4.3. Nachweispflicht

89 Die Ausführungen zu den Nachweispflichten im Zusammenhang mit § 50 d Abs. 8 EStG (s. Tz. 2.3.2.1.2, Rn. 66, 67) gelten für Einkünfte aus unselbständiger Arbeit entsprechend. Der Steuerpflichtige muss für die Freistellung regelmäßig nachweisen, dass seine ausländischen Einkünfte und Einkunftsteile im ausländischen Staat besteuert wurden und er die ausländischen Steuern entrichtet hat. Weist der Steuerpflichtige nach, dass der ausländische Staat die Einkünfte, die er im ausländischen Staat erzielt hat, wegen der dortigen beschränkten Steuerpflicht nicht erfassen kann, die entsprechenden Einkünfte aber bei unbeschränkt Steuerpflichtigen ebenfalls nicht besteuert werden, ist § 50 d Abs. 9 Satz 1 Nr. 2 EStG nicht anzuwenden. In diesen Fällen bleibt es bei der Freistellung der ausländischen Einkünfte und Einkunftsteile von der deutschen Einkommensteuer.

90 Aus Vereinfachungsgründen kann im Rahmen des Lohnsteuerabzugsverfahrens auf die Prüfung der Anwendung des § 50 d Abs. 9 EStG verzichtet werden (s. Tz. III. des BMF-Schreibens vom 14. März 2017, BStBl. I S. 473).[1]

91 Sind Einkünfte nach § 50 d Abs. 9 EStG nicht von der Besteuerung auszunehmen, sind § 34 c Abs. 1 bis 3 sowie Abs. 6 Satz 6 EStG entsprechend anzuwenden (§ 34 c Abs. 6 Satz 5 EStG).

Beispiel:

92 K ist in Deutschland ansässig und sowohl bei seinem Arbeitgeber in Deutschland als auch bei einer Schwestergesellschaft in einem anderen DBA-Staat tätig. Im Jahr 01 hält sich K an 150 Tagen im anderen DBA-Staat auf. Der Arbeitslohn wird vom deutschen Arbeitgeber bezahlt und – soweit er auf die Tätigkeit im anderen DBA-Staat entfällt – der Schwestergesellschaft im anderen DBA-Staat weiterberechnet. Der Steuerberater beantragt die Freistellung des Arbeitslohns, der auf die Tätigkeit im anderen DBA-Staat entfällt, unter Hinweis auf Art. 15 Abs. 2 Buchstabe b des DBA (wirtschaftlicher Arbeitgeber, s. Tz. 4.3.3.3, Rn. 151 ff.). Die Einkommensteuer im anderen DBA-Staat wird mit 0 € festgesetzt. Der Steuerberater weist nach, dass es im anderen DBA-Staat das Rechtsinstitut des wirtschaftlichen Arbeitgebers i. S. des DBA nicht gibt.

Lösung:

Die Höhe der im anderen DBA-Staat festgesetzten Steuer beträgt 0 €. Der Steuerpflichtige hat somit nachgewiesen, dass die festgesetzte Steuer „entrichtet" wurde (§ 50 d Abs. 8 Satz 1 zweite Alternative EStG). Nach § 50 d Abs. 9 Satz 1 Nr. 1 EStG kann die Steuerfreistellung in Deutschland nicht gewährt werden, soweit der andere Staat die Bestimmungen des DBA so anwendet, dass die Einkünfte in diesem Staat von der Besteuerung auszunehmen sind.
Da die Nichtbesteuerung im anderen DBA-Staat ihre Ursache in einer nicht übereinstimmenden Anwendung von DBA-Bestimmungen hat (Qualifikationskonflikt), entfällt nach § 50 d Abs. 9 Satz 1 Nr. 1 EStG die Freistellung des Arbeitslohns.

2.5. Abzugsbeschränkungen

93 Gemäß § 3 c Abs. 1 EStG dürfen Ausgaben, die mit steuerfreien Einnahmen in unmittelbarem wirtschaftlichen Zusammenhang stehen, nicht als Werbungskosten abgezogen werden (z. B. Kosten für die Unterkunft im Ausland, Kosten für Sprachkurse, Fahrtkosten und Mehraufwendungen für Verpflegung). Sind Einkünfte aufgrund eines DBA freizustellen, sind regelmäßig nicht nur die Einnahmen, sondern auch die damit zusammenhängenden Werbungskosten von der Bemessungsgrundlage der deutschen Steuer auszunehmen (BFH-Urteil vom 11. Februar 2009, BStBl. 2010 II S. 536). Darunter fallen sowohl laufende Werbungskosten, die durch steuerfreie Auslandseinkünfte veranlasst sind, als auch vorweggenommene Werbungskosten, die sich auf steuerfreie Auslandseinkünfte beziehen (BFH-Urteil vom 20. September 2006, BStBl. 2007 II S. 756). Gleiches gilt für nachträgliche Werbungskosten.

---

[1] **[Amtl. Anm.:]** Ab 1. 1. 2025 BMF vom 8. 10. 2024 (BStBl. I S. 1308), abgedruckt als Anlage d zu LStH 39.5.

Anl c zu LStH 39.5

94 Lassen sich die Werbungskosten nicht eindeutig zuordnen, sind diese nach den zu § 3c Abs. 1 EStG entwickelten Kriterien aufzuteilen. Hierbei sind die Werbungskosten den steuerfreien Einnahmen in dem Verhältnis zuzuordnen, in dem die steuerfreien Einnahmen zu den gesamten Einnahmen stehen, die der Steuerpflichtige im betreffenden Zeitraum bezogen hat (BFH-Urteil vom 26. März 2002, BStBl. II S. 823). Eine Aufteilung der Werbungskosten nach den tatsächlichen Arbeitstagen scheidet damit grundsätzlich aus.

95 Vorsorgeaufwendungen i. S. des § 10 Abs. 1 Nr. 2, 3 und 3a EStG, die mit steuerfreien Einnahmen in unmittelbarem wirtschaftlichen Zusammenhang stehen, sind nach § 10 Abs. 2 S. 1 Nr. 1 erster Halbsatz EStG grundsätzlich nicht als Sonderausgaben abziehbar. Sie mindern auch nicht die Höhe der im Rahmen des Progressionsvorbehalts zu berücksichtigenden Einkünfte (BFH-Urteil vom 18. April 2012, BStBl. II S. 721).

§ 10 Abs. 2 Satz 1 Nr. 1 zweiter Halbsatz EStG regelt abweichend von diesem Grundsatz, in welchen Fällen und unter welchen Voraussetzungen entsprechende Vorsorgeaufwendungen als Sonderausgaben zu berücksichtigen sind. Demnach sind Vorsorgeaufwendungen i. S. des § 10 Abs. 1 Nr. 2, 3 und 3a EStG jeweils als Sonderausgaben abzugsfähig, soweit sie in unmittelbarem wirtschaftlichen Zusammenhang mit Einnahmen aus nichtselbständiger Tätigkeit stehen, die in einem Mitgliedstaat der EU, einem Vertragsstaat des EWR-Abkommens oder in der Schweiz erzielt wurden, soweit diese Einnahmen nach einem DBA im Inland steuerfrei sind und soweit der Tätigkeitsstaat keinerlei steuerliche Berücksichtigung dieser Vorsorgeaufwendungen bei der Besteuerung dieser Einnahmen zulässt. Diese Voraussetzungen müssen kumulativ erfüllt sein.

96 Die Aufteilung der abziehbaren und nichtabziehbaren Vorsorgeaufwendungen hat im Verhältnis des steuerpflichtigen Arbeitslohns zum gesamten Arbeitslohn, unabhängig von der Beitragsbemessungsgrenze, zu erfolgen. Vergütungsbestandteile, die unabhängig von der Beitragsbemessungsgrenze nicht der Sozialversicherungspflicht unterliegen (z. B. Entlassungsabfindungen), sind nicht in die Verhältnisrechnung einzubeziehen. Die Verhältnisrechnung ist auch durchzuführen, wenn der steuerpflichtige Arbeitslohn im VZ die für die Beitragsberechnung maßgebende Beitragsbemessungsgrenze übersteigt.

97 Ein Arbeitnehmer kann während seiner Auslandstätigkeit ausschließlich dem Sozialversicherungsrecht des Ansässigkeits-, des Tätigkeitsstaates oder dem Sozialversicherungsrecht beider Staaten unterworfen sein. Bei Letzterem unterliegt der Arbeitslohn sowohl dem Sozialversicherungsrecht des Ansässigkeitsstaates als auch dem Sozialversicherungsrecht des Tätigkeitsstaates. Dabei kann das jeweilige Sozialversicherungsrecht insbesondere eine verpflichtende Renten-, Arbeitslosen- oder Krankenversicherung, aber auch Wahlrechte und freiwillige Versicherungen umfassen.

Vom Arbeitgeber geleistete Beiträge bzw. Zuschüsse zu einer Renten-, Arbeitslosen- oder Krankenversicherung stellen regelmäßig Arbeitslohn dar.

Beispiel:

98 Der im Inland wohnhafte Arbeitnehmer ist im Jahr 01 für seinen Arbeitgeber sowohl im Ansässigkeitsstaat als auch im ausländischen Tätigkeitsstaat tätig. Der auf den Ansässigkeitsstaat entfallende Arbeitslohnanteil beträgt brutto 25 000 €. Enthalten sind sowohl direkt als auch nicht direkt zuordenbare Lohnbestandteile. Die Steuer im Ansässigkeitsstaat beträgt 5000 €. Sie wird vom Arbeitgeber nicht übernommen. Der auf den ausländischen Tätigkeitsstaat entfallende Arbeitslohnanteil beträgt brutto 50 000 €. Enthalten sind auch hier sowohl direkt als auch nicht direkt zuordenbare Lohnbestandteile. Die hierauf entfallende Steuer beläuft sich im Tätigkeitsstaat auf 10 000 €. Sie wird vom Arbeitgeber ebenfalls nicht übernommen. Der Sozialversicherungsbeitrag beträgt – bezogen auf das gesamte Kj. –15 000 €.

Die Lohnabrechnung sieht wie folgt aus:

Bruttoarbeitslohn Ansässigkeitsstaat	25 000 €
Bruttoarbeitslohn Tätigkeitsstaat	50 000 €
Abzgl. Steuer Ansässigkeitsstaat	5000 €
Abzgl. Steuer Tätigkeitsstaat	10 000 €
Abzgl. Sozialversicherungsbeitrag (einheitlich für das gesamte Kj.)	15 000 €
Nettoauszahlungsbetrag	45 000 €

Lösung:

Der Bruttoarbeitslohn wird abkommensrechtlich zu $^1/_3$ dem Ansässigkeitsstaat und zu $^2/_3$ dem ausländischen Tätigkeitsstaat zugerechnet. In diesem Verhältnis – $^1/_3$ zu $^2/_3$ – wird auch der Sozialversicherungsbeitrag verteilt (bezüglich der Abzugsbeschränkungen von Sonderausgaben im Zusammenhang mit steuerfreien Einkünften, s. Tz. 2.5, Rn. 95).

3. Besteuerung im Tätigkeitsstaat – Art. 15 Abs. 1 OECD-MA

86 **99** Nach Art. 15 Abs. 1 Satz 1 OECD-MA können die Vergütungen aus unselbständiger Arbeit ausschließlich im Ansässigkeitsstaat des Arbeitnehmers besteuert werden, es sei denn, die Tätigkeit wird im anderen Staat ausgeübt (Tätigkeitsstaat). Wird die unselbständige Arbeit im anderen Staat ausgeübt, steht grundsätzlich diesem Staat auch ein Besteuerungsrecht für die Vergütungen zu, die für die im Ausland ausgeübte Tätigkeit bezogen werden (Art. 15 Abs. 1 Satz 2 OECD-MA).

100 Der Ort der Arbeitsausübung ist grundsätzlich der Ort, an dem sich der Arbeitnehmer zur Ausführung seiner Tätigkeit tatsächlich persönlich aufhält (BFH-Urteil vom 25. November 2014, BStBl. 2015 II S. 448). Unerheblich ist, woher oder wohin die Zahlung des Arbeitslohns geleistet wird oder wo der Arbeitgeber ansässig ist.

4. Besteuerung im Ansässigkeitsstaat – Art. 15 Abs. 2 OECD-MA (sog. 183-Tage-Klausel)

4.1. Voraussetzungen

87 **101** Abweichend von Art. 15 Abs. 1 Satz 2 OECD-MA steht nach Art. 15 Abs. 2 OECD-MA dem Ansässigkeitsstaat des Arbeitnehmers das ausschließliche Besteuerungsrecht für eine nicht in diesem Staat ausgeübte unselbständige Arbeit zu, wenn

- der Arbeitnehmer sich insgesamt nicht länger als 183 Tage innerhalb eines im jeweiligen DBA näher beschriebenen Zeitraums im Tätigkeitsstaat aufgehalten oder die Tätigkeit dort ausgeübt hat (s. Tz. 4.2, Rn. 105 ff.) **und**
- der Arbeitgeber, der die Vergütungen wirtschaftlich trägt oder hätte tragen müssen, nicht im Tätigkeitsstaat ansässig ist (s. Tz. 4.3, Rn. 141 ff.) **und**
- der Arbeitslohn nicht von einer Betriebsstätte, die der Arbeitgeber im Tätigkeitsstaat hat, wirtschaftlich getragen wurde oder zu tragen gewesen wäre (s. Tz. 4.4, Rn. 213 ff.).

102 Nur wenn alle drei Voraussetzungen zusammen vorliegen, steht dem Ansässigkeitsstaat des Arbeitnehmers das Besteuerungsrecht für Vergütungen, die für eine im Ausland ausgeübte Tätigkeit gezahlt werden, zu. Liegen dagegen nicht sämtliche Voraussetzungen des Art. 15 Abs. 2 OECD-MA zusammen vor, steht nach Art. 15 Abs. 1 OECD-MA auch dem Tätigkeitsstaat ein Besteuerungsrecht für die Einkünfte aus der vom Arbeitnehmer dort ausgeübten unselbständigen Arbeit zu. Für Tätigkeiten, die im Ansässigkeitsstaat ausgeübt werden, verbleibt das Besteuerungsrecht nach dem Grundsatz des Art. 15 Abs. 1 OECD-MA ausschließlich beim Ansässigkeitsstaat.

103 Nach dem DBA-Norwegen ist eine weitere Voraussetzung, dass der Arbeitgeber im selben Staat wie der Arbeitnehmer ansässig ist (Art. 15 Abs. 2 Buchstabe b DBA-Norwegen).

104 Steht dem ausländischen Tätigkeitsstaat auch ein Besteuerungsrecht zu, sind die Vergütungen i. d. R. im Inland freizustellen und nur im Rahmen des Progressionsvorbehalts zu berücksichtigen (Ausnahme s. Tz. 1.2.3, Rn. 36). Dies gilt nicht, soweit eine DBA-Rückfallklausel, § 50 d Abs. 8 oder 9 EStG anzuwenden ist (s. Tz. 2.3, Rn. 59 ff., Tz. 2.4, Rn. 83 ff. und Tz. 9, Rn. 418 ff.).

4.2. 183-Tage-Frist – Art. 15 Abs. 2 Buchstabe a OECD-MA

4.2.1. Ermittlung der Aufenthalts-/Ausübungstage

105 Die in den DBA genannte 183-Tage-Frist bezieht sich häufig auf den Aufenthalt im Tätigkeitsstaat (s. Tz. 4.2.2). Nach einigen DBA ist jedoch die Dauer der Ausübung der unselbständigen Arbeit im Tätigkeitsstaat maßgebend (s. Tz. 4.2.3).

106 Abhängig vom anzuwendenden DBA kann sich die 183-Tage-Frist entweder auf das Steuerjahr, auf das Kj. oder auch auf einen Zeitraum von zwölf Monaten beziehen.

4.2.2. 183-Tage-Frist – Dauer des Aufenthalts im Tätigkeitsstaat

107 Wird in einem DBA bei der 183-Tage-Frist auf den Aufenthalt im Tätigkeitsstaat abgestellt (z. B. Art. 13 Abs. 4 Nr. 1 DBA-Frankreich; Art. 15 Abs. 2 Buchstabe a DBA-Italien; Art. 15 Abs. 2 Buchstabe a DBA-Österreich), so ist hierbei nicht die Dauer der beruflichen Tätigkeit maßgebend, sondern allein die körperliche Anwesenheit im Tätigkeitsstaat. Es kommt darauf an, ob der Arbeitnehmer an mehr als 183 Tagen im Tätigkeitsstaat anwesend war. Dabei ist auch eine nur kurzfristige Anwesenheit an einem Tag als voller Aufenthaltstag im Tätigkeitsstaat zu berücksichtigen. Es muss sich nicht um einen zusammenhängenden Aufenthalt im Tätigkeitsstaat handeln; mehrere Aufenthalte im selben Tätigkeitsstaat sind zusammenzurechnen.

108 Als volle Tage des Aufenthalts im Tätigkeitsstaat werden u. a. mitgezählt:
- der Ankunfts- und Abreisetag,
- alle Tage der Anwesenheit im Tätigkeitsstaat unmittelbar vor, während und unmittelbar nach der Tätigkeit, z. B. Samstage, Sonntage, gesetzliche Feiertage,
- Tage der Anwesenheit im Tätigkeitsstaat während Arbeitsunterbrechungen, z. B. bei Streik, Aussperrung, Ausbleiben von Lieferungen oder Krankheit, es sei denn, die Krankheit steht der Abreise des Arbeitnehmers entgegen und er hätte ohne sie die Voraussetzungen für die Steuerbefreiung im Tätigkeitsstaat erfüllt,
- Urlaubstage, die unmittelbar vor, während und nach oder in einem engen zeitlichen Zusammenhang mit der Tätigkeit im Tätigkeitsstaat verbracht werden (s. Beispiel 3, Rn. 115).

109 Tage, die ausschließlich außerhalb des Tätigkeitsstaates verbracht werden, unabhängig davon, ob aus beruflichen oder privaten Gründen, werden nicht mitgezählt. Auch Tage des Transits in einem Durchreisestaat zählen nicht als Aufenthaltstage für diesen Staat (s. Beispiel 4, Rn. 116). Eine Ausnahme hiervon gilt für Berufskraftfahrer (s. Tz. 7.2, Rn. 383).

110 Kehrt der Arbeitnehmer täglich zu seinem Wohnsitz im Ansässigkeitsstaat zurück, so ist er täglich im Tätigkeitsstaat anwesend (BFH-Urteil vom 10. Juli 1996, BStBl. 1997 II S. 15).

111 Zur Ermittlung der Aufenthaltstage nach dem DBA-Frankreich wird auf die Verständigungsvereinbarung mit Frankreich vom 16. Februar 2006 (BMF-Schreiben vom 3. April 2006, BStBl. I S. 304 und § 6 KonsVerFRAV vom 20. Dezember 2010, BStBl. 2011 I S. 104) verwiesen, wonach unter bestimmten Voraussetzungen bei mehrtägigen Dienstreisen grundsätzlich auch Sonn- und Feiertage, Urlaubs- und Krankheitstage sowie kurze Unterbrechungen im Zusammenhang mit Reisen in den Heimatstaat oder in Drittstaaten als Tage des Aufenthalts im Tätigkeitsstaat mitgezählt werden.

112 Bei Arbeitnehmern, die – ohne Grenzgänger i. S. des Art. 13 Abs. 5 DBA-Frankreich zu sein – arbeitstäglich in den Tätigkeitsstaat fahren und nach Erbringung der Arbeitsleistung wieder in den Wohnsitzstaat zurückkehren (sog. Grenzpendler), ist jedoch auf die tatsächlich im anderen Staat verbrachten Tage abzustellen (BFH-Urteil vom 12. Oktober 2011, BStBl. 2012 II S. 548). Beim Grenzpendler zählt jeder einzelne Tätigkeitstag als ein abgeschlossener Aufenthaltstag. Ein sich über mehrere Arbeitstage oder Wochen erstreckender Aufenthalt im anderen Staat liegt nicht vor.

Beispiel 1: Zu Wochenendheimfahrten

113 A ist für seinen deutschen Arbeitgeber mehrere Monate lang jeweils von Montag bis Freitag in den Niederlanden tätig. Seine Wochenenden verbringt er bei seiner Familie in Deutschland. Dazu fährt er an jedem Freitag nach Arbeitsende nach Deutschland. Er verlässt Deutschland jeweils am Montagmorgen, um in den Niederlanden seiner Berufstätigkeit nachzugehen.

Lösung:

Die Tage von Montag bis Freitag sind jeweils als volle Anwesenheitstage in den Niederlanden zu berücksichtigen, weil sich A dort zumindest zeitweise aufgehalten hat. Dagegen können die Samstage und Sonntage mangels Aufenthaltes in den Niederlanden nicht als Anwesenheitstage i. S. der 183-Tage-Klausel berücksichtigt werden.

Beispiel 2: Zu Wochenendheimfahrten

114 Wie Beispiel 1, jedoch fährt A an jedem Samstagmorgen von den Niederlanden nach Deutschland und an jedem Sonntagabend zurück in die Niederlande.

Lösung:

Bei diesem Sachverhalt sind auch die Samstage und Sonntage als volle Aufenthaltstage in den Niederlanden i. S. der 183-Tage-Klausel zu berücksichtigen, weil sich A an diesen Tagen zumindest zeitweise dort aufgehalten hat.

Beispiel 3: Berechnung der Urlaubstage

115 B ist für seinen deutschen Arbeitgeber vom 1. Januar bis 15. Juni in Schweden tätig. Im Anschluss hieran hält er sich zu Urlaubszwecken bis einschließlich 24. Juni in Deutschland auf. Vom 25. Juni bis 24. Juli verbringt er seinen weiteren Urlaub in Schweden.

Lösung:

Die Urlaubstage, die B im Anschluss an seine Tätigkeit in Schweden verbringt, stehen in einem engen zeitlichen Zusammenhang mit dieser Tätigkeit und werden daher für die Aufenthaltsdauer in Schweden berücksichtigt.

Beispiel 4: Transittage

116 C (kein Berufskraftfahrer) fährt für seinen deutschen Arbeitgeber an einem Montag mit dem Pkw von Hamburg nach Mailand, um dort eine Montagetätigkeit auszuüben. Er unterbricht seine Fahrt in Österreich, wo er übernachtet. Am folgenden Tag fährt C weiter nach Mailand. Am Freitag fährt C von Mailand über Österreich nach Hamburg zurück.

Lösung:

C durchquert Österreich lediglich für Zwecke des Transits. Zur Berechnung der Aufenthaltstage in Österreich werden daher die Tage, die C auf seiner Fahrt von und nach Mailand in Österreich verbringt, nicht gezählt; damit sind für Italien vier Tage zu zählen, für Österreich ist kein Tag zu berücksichtigen.

4.2.3. 183-Tage-Frist – Dauer der Ausübung der unselbständigen Arbeit im Tätigkeitsstaat

117 Wird in einem DBA bei der 183-Tage-Frist auf die Dauer der Ausübung der unselbständigen Arbeit im Tätigkeitsstaat abgestellt (z. B. Art. 15 Abs. 2 Buchstabe a DBA-Dänemark), so ist hierbei jeder Tag zu berücksichtigen, an dem sich der Arbeitnehmer, und sei es auch nur für kurze Zeit, in dem anderen Vertragsstaat zur Arbeitsausübung tatsächlich aufgehalten hat.

118 Tage der Anwesenheit im Tätigkeitsstaat, an denen eine Ausübung der beruflichen Tätigkeit ausnahmsweise nicht möglich ist, werden mitgezählt, z. B. bei Streik, Aussperrung, Ausbleiben von Lieferungen oder Krankheit, es sei denn, die Krankheit steht der Abreise des Arbeitnehmers entgegen und er hätte ohne sie die Voraussetzungen für die Steuerbefreiung im Tätigkeitsstaat erfüllt. Abweichend von Tz. 4.2.2 sind alle arbeitsfreien Tage der Anwesenheit im Tätigkeitsstaat vor, während und nach der Tätigkeit, z. B. Samstage, Sonntage, öffentliche Feiertage, Urlaubstage, nicht zu berücksichtigen (s. Beispiel 1, Rn. 119).

Beispiel 1: Wochenendheimfahrten

119 A ist für seinen deutschen Arbeitgeber mehrere Monate lang jeweils von Montag bis Freitag in Dänemark tätig. Seine Wochenenden verbringt er bei seiner Familie in Deutschland. Dazu fährt er an jedem Samstagmorgen von Dänemark nach Deutschland und an jedem Sonntagabend zurück nach Dänemark.

Lösung:

Die Tage von Montag bis Freitag sind jeweils als volle Tage in Dänemark zu berücksichtigen, weil A an diesen Tagen dort seine berufliche Tätigkeit ausgeübt hat. Dagegen können die Samstage und Sonntage mangels Ausübung der Tätigkeit in Dänemark nicht als Tage i. S. der 183-Tage-Klausel berücksichtigt werden.

120 Im Verhältnis zu Belgien gilt die Besonderheit, dass für die Berechnung der 183-Tage-Frist Tage der Arbeitsausübung und übliche Arbeitsunterbrechungen auch dann mitgezählt werden, wenn sie nicht im Tätigkeitsstaat verbracht werden, z. B. Tage wie Samstage, Sonntage, Krankheits- und Urlaubstage, soweit sie auf den Zeitraum der Auslandstätigkeit entfallen (Art. 15 Abs. 2 Nr. 1 DBA-Belgien, s. Beispiel 2 Rn. 122).

121 Dies gilt aber nicht für den Anreise- und Abreisetag, wenn an diesen Tagen nicht gearbeitet wird. Insofern handelt es sich nicht um Arbeitsunterbrechungen.

Beispiel 2: Besonderheiten Belgien

122 B ist für seinen deutschen Arbeitgeber zwei Wochen in Belgien tätig. Hierzu reist B am Sonntag nach Brüssel und nimmt dort am Montag seine Tätigkeit auf. Am folgenden arbeitsfreien Wochenende fährt B am Samstag nach Deutschland und kehrt am Montagmorgen zurück nach Brüssel. Nach Beendigung seiner Tätigkeit am darauffolgenden Freitag kehrt B am Samstag nach Deutschland zurück.

Lösung:

Der Anreisetag sowie der Abreisetag werden nicht als Tage der Arbeitsausübung in Belgien berücksichtigt, weil B an diesen Tagen dort seine berufliche Tätigkeit nicht ausgeübt hat und eine Arbeitsunterbrechung nicht gegeben ist. Die Tage von Montag bis Freitag sind jeweils als Tage der Arbeitsausübung in Belgien zu berücksichtigen, weil B an diesen Tagen dort seine berufliche Tätigkeit ausgeübt hat. Das dazwischenliegende Wochenende wird unabhängig vom Aufenthaltsort als Tage der Arbeitsausübung in Belgien berücksichtigt, weil eine übliche Arbeitsunterbrechung vorliegt. Somit sind für die 183-Tage-Frist zwölf Tage zu berücksichtigen.

123 Eine dem DBA-Belgien ähnliche Regelung ist in den Abkommen mit der Côte d'Ivoire (Art. 15 Abs. 2 Buchstabe a) und Marokko (Art. 15 Abs. 2 Nr. 1) vereinbart. Diese Abkommen beziehen sich zwar auf die Dauer des Aufenthalts, jedoch werden auch hier gewöhnliche Arbeitsunterbrechungen bei der Berechnung der 183-Tage-Frist berücksichtigt.

Anl c zu LStH 39.5

4.2.4. Anwendung der 183-Tage-Frist auf einen Zwölf-Monats-Zeitraum

124 Wird in einem DBA bei der 183-Tage-Frist (Art. 15 Abs. 2 OECD-MA) auf einen „Zeitraum von zwölf Monaten" abgestellt, so sind hierbei alle denkbaren Zwölf-Monats-Zeiträume in Betracht zu ziehen, auch wenn sie sich zum Teil überschneiden. Wenn sich der Arbeitnehmer in einem beliebigen Zwölf-Monats-Zeitraum an mehr als 183 Tagen in dem anderen Vertragsstaat aufhält, steht diesem für die Einkünfte, die auf diese Tage entfallen, das Besteuerungsrecht zu. Mit jedem Aufenthaltstag des Arbeitnehmers in dem anderen Vertragsstaat ergeben sich somit neue zu beachtende Zwölf-Monats-Zeiträume.

125 Ein Zwölf-Monats-Zeitraum wurde z. B. mit folgenden Staaten vereinbart (Stand: 1. Januar 2023):

- Albanien (ab 1. Januar 2012),
- Algerien (ab 1. Januar 2009),
- Armenien (ab 1. Januar 2018),
- Aserbaidschan (ab 1. Januar 2006),
- Australien (ab 1. Januar 2017),
- Belarus (Weißrussland) (ab 1. Januar 2007),
- Bulgarien (ab 1. Januar 2011),
- China (ab 1. Januar 2017),
- Costa Rica (ab 1. Januar 2017),
- Finnland (ab 1. Januar 2018),
- Georgien (ab 1. Januar 2008),
- Ghana (ab 1. Januar 2008),
- Irland (ab 1. Januar 2013),
- Israel (ab 1. Januar 2017),
- Japan (ab 1. Januar 2017),
- Kanada (ab 1. Januar 2011),
- Kasachstan (ab 1. Januar 1996),
- Kirgisistan (ab 1. Januar 2007),
- Korea (ab 1. Januar 2003),
- Kroatien (ab 1. Januar 2007),
- Liberia (ab 1. Januar 1970),
- Liechtenstein (ab 1. Januar 2013),
- Luxemburg (ab 1. Januar 2014),
- Malaysia (ab 1. Januar 2011),
- Malta (ab 1. Januar 2002),
- Mauritius (ab 1. Januar 2013),
- Mazedonien (ab 1. Januar 2011),
- Mexiko (ab 1. Januar 1993),
- Niederlande (ab 1. Januar 2016),
- Norwegen (ab 1. Januar 1991),
- Philippinen (ab 1. Januar 2016),
- Polen (ab 1. Januar 2005),
- Rumänien (ab 1. Januar 2004),
- Russland (ab 1. Januar 1997),
- Singapur (ab 1. Januar 2007),
- Slowenien (ab 1. Januar 2007),
- Spanien (ab 1. Januar 2013),
- Syrien (ab 1. Januar 2011),
- Tadschikistan (ab 1. Januar 2005),
- Taiwan (ab 1. Januar 2013),
- Tunesien (ab 1. Januar 2020),
- Türkei (ab 1. Januar 2011),
- Turkmenistan (ab 1. Januar 2018),
- Ungarn (ab 1. Januar 2012),
- Uruguay (ab 1. Januar 2012),
- Usbekistan (ab 1. Januar 2002),
- Vereinigtes Königreich (ab 1. Januar 2011),
- Zypern (ab 1. Januar 2012).

Beispiel 1:

126 A ist für seinen deutschen Arbeitgeber vom 1. April bis 20. April 01 für 20 Tage, zwischen dem 1. August 01 und dem 31. März 02 für 90 Tage sowie vom 25. April 02 bis zum 31. Juli 02 für 97 Tage in Spanien tätig.

Lösung:

Für die Vergütungen, die innerhalb des Zeitraums 1. August 01 bis 31. Juli 02 auf Tage entfallen, an denen sich A in Spanien aufhält, hat Spanien das Besteuerungsrecht, da sich A innerhalb eines Zwölf-Monats-Zeitraums dort an insgesamt mehr als 183 Tagen (insgesamt 187 Tage) aufgehalten hat. Das Besteuerungsrecht für die Einkünfte, die auf den Zeitraum 1. bis 20. April 01 entfallen, steht dagegen Deutschland zu, da sich A in allen auf diesen Zeitraum bezogenen denkbaren Zwölf-Monats-Zeiträumen an nicht mehr als 183 Tagen in Spanien aufgehalten hat.

Anl c zu LStH 39.5

Beispiel 2:

127 B ist für seinen deutschen Arbeitgeber zwischen dem 1. Januar 01 und dem 28. Februar 01 sowie vom 1. Mai 01 bis zum 30. April 02 für jeweils monatlich 20 Tage in Spanien tätig.

Lösung:

Das Besteuerungsrecht für die Vergütungen, die innerhalb des Zeitraums 1. Mai 01 bis 30. April 02 auf Tage entfallen, an denen sich B in Spanien aufhält, hat Spanien, da sich B innerhalb eines Zwölf-Monats-Zeitraums dort an insgesamt mehr als 183 Tagen (insgesamt 240 Tage) aufgehalten hat. Gleiches gilt für den Zeitraum 1. Januar 01 bis 28. Februar 01, da sich B auch innerhalb des Zwölf-Monats-Zeitraums 1. Januar 01 bis 31. Dezember 01 an insgesamt mehr als 183 Tagen (insgesamt 200 Tage) in Spanien aufgehalten hat.

4.2.5. Anwendung der 183-Tage-Frist auf das Steuerjahr/Kalenderjahr

128 Wird in einem DBA bei der 183-Tage-Frist anstelle eines Zwölf-Monats-Zeitraums auf das Steuerjahr oder Kj. abgestellt, so sind die Aufenthalts-/Ausübungstage für jedes Steuerjahr oder Kj. gesondert zu ermitteln. In Deutschland entspricht das Steuerjahr dem Kj. Entspricht das Steuerjahr des anderen Vertragsstaats ebenfalls dem Kj., ergeben sich keine Besonderheiten, wenn das entsprechende DBA für die Berechnung der 183-Tage-Frist auf das Steuerjahr abstellt (z. B. DBA-Frankreich, DBA-Griechenland, DBA-Italien). Weicht das Steuerjahr des anderen Vertragsstaats vom Steuerjahr Deutschlands (= Kj.) ab, ist jeweils das Steuerjahr des Vertragsstaats maßgebend, in dem die Tätigkeit ausgeübt wird.

129 Folgende Vertragsstaaten haben z. B. ein vom Kj. abweichendes Steuerjahr und keinen Zwölf-Monats-Zeitraum (s. Tz. 4.2.4, Rn. 124 ff.):

(Stand: 1. Januar 2023):

– Bangladesch	1. Juli bis 30. Juni
– Indien	1. April bis 31. März
– Iran	21. März bis 20. März
– Namibia	1. März bis 28./29. Februar
– Neuseeland	1. April bis 31. März
– Pakistan	1. Juli bis 30. Juni
– Sri Lanka	1. April bis 31. März
– Südafrika	1. März bis 28./29. Februar

130 Das Kj. Wurde z. B. mit folgenden Staaten (Stand 1. Januar 2023) vereinbart:

- Belgien
- Dänemark
- Island
- Österreich
- Portugal
- Schweden
- Schweiz
- USA

Beispiel 1: Kalenderjahr

131 A ist vom 1. Oktober 01 bis 31. Mai 02 für seinen deutschen Arbeitgeber in Schweden tätig. In dieser Zeit hält sich A an jedem Tag in Schweden auf.

Lösung:

Die Aufenthaltstage sind für jedes Kj. getrennt zu ermitteln. A hält sich weder im Kj. 01 (92 Tage) noch im Kj. 02 (151 Tage) länger als 183 Tage in Schweden auf.

Beispiel 2: Steuerjahr

132 B ist für seinen deutschen Arbeitgeber vom 1. Januar 02 bis 31. Juli 02 in Indien (Steuerjahr 1. April bis 31. März) tätig. In dieser Zeit hält sich B an jedem Tag in Indien auf.

Lösung:

Die Aufenthaltstage sind für jedes Steuerjahr getrennt zu ermitteln. Maßgeblich ist das Steuerjahr des Tätigkeitsstaates. Da das Steuerjahr 01/02 in Indien am 31. März 02 endet, hält sich B weder im Steuerjahr 01/02 (90 Tage) noch im Steuerjahr 02/03 (122 Tage) länger als 183 Tage in Indien auf.

4.2.6. Besonderheiten beim Wechsel des Bezugszeitraums im DBA und Wechsel der Ansässigkeit

133 Beim Wechsel des Bezugszeitraums vom Steuerjahr auf einen Zwölf-Monats-Zeitraum durch Änderung eines DBA ist – soweit im DBA nichts anderes vereinbart ist – ab Anwendbarkeit des neuen DBA auch dann ein Zwölf-Monats-Zeitraum zu betrachten, wenn dessen Beginn in den Anwendungszeitraum des alten DBA hineinreicht.

Beispiel 1:

134 Ein deutscher Arbeitgeber entsendet seinen in Deutschland ansässigen Mitarbeiter A vom 15. November 2010 bis 31. Mai 2011 (insgesamt 198 Tage) nach Großbritannien.

Lösung:

Das DBA-Vereinigtes Königreich 2010 ist nach Art. 32 Abs. 2 Buchstabe a Doppelbuchstabe bb ab 1. Januar 2011 anzuwenden und enthält als maßgeblichen Bezugszeitraum einen Zwölf-Monats-Zeitraum, der während des bestehenden Steuerjahres (6. April bis 5. April) beginnt bzw. endet. Für den VZ 2010 bedeutet das, dass zur Ermittlung der Aufenthaltstage nach Art. XI Abs. 3 DBA-Vereinigtes Königreich 1964 auf das britische Steuerjahr (6. April 2010 bis 5. April 2011) abzustellen ist. In diesem Zeitraum hielt sich A an 142 Tagen und somit nicht länger als 183 Tage in Großbritannien auf. In 2010 verbleibt somit das Besteuerungsrecht für die in 2010 erhaltenen Einkünfte des A in Deutschland. Für den VZ 2011 ist allerdings nach Art. 14 Abs. 2 des DBA-Vereinigtes Königreich 2010 zu prüfen, ob sich A insgesamt länger als 183 Tage innerhalb eines Zwölf-Monats-Zeitraums, der in 2010 beginnt und im Steuerjahr 2011 endet, in Großbritan-

nien aufgehalten hat. A hat sich 198 Tage in Großbritannien aufgehalten. In 2011 erhält somit Großbritannien das Besteuerungsrecht für die vom 1. Januar 2011 bis 31. Mai 2011 vereinnahmten Einkünfte des A.

135 Bei einem Wechsel der Ansässigkeit innerhalb der vorgenannten Bezugszeiträume sind bei der Berechnung der 183 Aufenthalts-/Ausübungstage diejenigen Tage, an denen der Steuerpflichtige im Tätigkeitsstaat ansässig ist, nicht zu berücksichtigen (s. Tz. 5.1 OECD-MK zu Art. 15 OECD-MA).

Beispiel 2: (s. Tz. 5.1 OECD-MK zu Art. 15 OECD-MA)

136 Vom 1. Januar 01 bis 31. Dezember 01 ist A in Polen ansässig. Am 1. Januar 02 wird A von einem in Deutschland ansässigen Arbeitgeber eingestellt und ist ab diesem Zeitpunkt in Deutschland ansässig. A wird vom 15. bis 31. März 02 von seinem deutschen Arbeitgeber nach Polen entsandt.

Lösung:

Das DBA-Polen sieht als maßgeblichen Bezugszeitraum für die 183-Tage-Frist den Zwölf-Monats-Zeitraum vor. A hält sich zwischen dem 1. April 01 und dem 31. März 02 insgesamt 292 Tage in Polen auf. Da er aber zwischen dem 1. April 01 und dem 31. Dezember 01 in Polen ansässig war, kann dieser Zeitraum für die Berechnung der 183 Tage nicht berücksichtigt werden.
A hat sich somit zwischen dem 1. April 01 und 31. März 02 nur 17 Tage (15. März 02 bis 31. März 02) in Polen aufgehalten, ohne zugleich dort ansässig zu sein.

Beispiel 3: (s. Tz. 5.1 OECD-MK zu Art. 15 OECD-MA)

137 Vom 15. bis 31. Oktober 01 hält sich A, der in Polen ansässig ist, in Deutschland auf, um dort die Erweiterung der Geschäftstätigkeit der X-AG, die in Polen ansässig ist, vorzubereiten. Am 1. Mai 02 zieht A nach Deutschland, wo er ansässig wird und für eine in Deutschland neu gegründete Tochtergesellschaft der X-AG arbeitet.

Lösung:

In diesem Fall hält sich A zwischen dem 15. Oktober 01 und dem 14. Oktober 02 insgesamt 184 Tage in Deutschland auf. Da er aber zwischen dem 1. Mai 02 und dem 14. Oktober 02 in Deutschland ansässig war, wird dieser letztere Zeitraum für die Berechnung der nach Art. 15 Abs. 2 Buchstabe a DBA-Polen genannten Zeiträume nicht berücksichtigt. A hat sich somit zwischen dem 15. Oktober 01 und dem 14. Oktober 02 nur 17 Tage (15. Oktober 01 bis 31. Oktober 01) in Deutschland aufgehalten, ohne zugleich dort ansässig zu sein.

Beispiel 4:

138 Vom 1. Januar 01 bis 30. April 01 war A in Deutschland und vom 1. Mai 01 bis 31. Dezember 01 in den USA ansässig.
Bis zum 30. April 01 war A bei einem deutschen Arbeitgeber beschäftigt. Vom 1. März bis 6. März 01 war A für seinen deutschen Arbeitgeber in den USA tätig. Der deutsche Arbeitgeber hatte in den USA keine Betriebsstätte.

Lösung:

Deutschland hat für den Zeitraum bis zum 30. April 01 das Besteuerungsrecht, weil Deutschland der Ansässigkeitsstaat war, sich A nicht mehr als 183 Tage in den USA aufgehalten hat (der Zeitraum 1. Mai 01 bis 31. Dezember 01 wird insoweit nicht mitgerechnet, weil A in diesem Zeitraum in den USA ansässig war) und der Arbeitslohn nicht von einem US-amerikanischen Arbeitgeber oder einer US-amerikanischen Betriebsstätte getragen wurde.

4.2.7. Nachträgliche Änderung der Zuweisung des Besteuerungsrechts

139 Bei der Anwendung der 183-Tage-Frist auf einen Zwölf-Monats-Zeitraum (s. Tz. 4.2.4, Rn. 124 ff.) kann eine einmal vorgenommene Zuordnung des Besteuerungsrechts durch weitere, nach der Veranlagung des Vorjahres durchgeführte Auslandseinsätze abweichend zu beurteilen sein.

Beispiel:

140 A, wohnhaft und ansässig im Inland, wird für seinen im Inland ansässigen Arbeitgeber vom 1. August 01 bis 31. Dezember 01 in Spanien tätig. A hält sich während dieses Zeitraums ausschließlich in Spanien auf (153 Aufenthaltstage). Aufgrund unvorhersehbarer Umstände muss A nochmals in der Zeit vom 15. Mai 02 bis 20. Juni 02 in Spanien tätig werden (37 Aufenthaltstage). A gibt seine Einkommensteuererklärung für 01 im März 02 ab. Die Veranlagung erfolgt
a) am 20. April 02 (Bescheid vom 30. April 02),
b) am 22. Juni 02 (Bescheid vom 2. Juli 02).
In beiden Fällen wurde der in Spanien erzielte Arbeitslohn der deutschen Besteuerung unterworfen, da – nach den Kenntnissen des Finanzamts am Veranlagungstag – alle drei Bedingungen der 183-Tage-Regelung (Art. 14 Abs. 2 DBA-Spanien) erfüllt waren. A informiert das Finanzamt am 5. Juli 02 über seinen erneuten Arbeitsaufenthalt in Spanien und beantragt, die Veranlagung 01 in der Weise zu ändern, dass der in Spanien erzielte Arbeitslohn steuerfrei gestellt und nur noch dem Progressionsvorbehalt unterworfen wird.

Lösung:

Durch den erneuten Aufenthalt in Spanien hat sich A in dem Zwölf-Monats-Zeitraum, der am 1. August 01 beginnt und am 31. Juli 02 endet, an mehr als 183 Tagen in Spanien aufgehalten (190 Aufenthaltstage).

a) Im Veranlagungszeitpunkt war die inländische Besteuerung des in der Zeit vom 1. August 01 bis 31. Dezember 01 in Spanien erzielten Arbeitslohns zutreffend. Durch den nach der Veranlagung erfolgten erneuten Aufenthalt in Spanien erweist sich diese Zuordnung des Besteuerungsrechts nunmehr als unzutreffend, da A seinen Aufenthalt insgesamt an mehr als 183 Tagen in einem Zwölf-Monats-Zeitraum (1. August 01 bis 31. Juli 02) in Spanien hatte. Die Veranlagung 01 ist deshalb antragsgemäß nach § 50 d Abs. 8 Satz 2 EStG zu ändern, sofern A die Besteuerung dieses Arbeitslohns in Spanien nach § 50 d Abs. 8 Satz 1 EStG nachweist.
b) Nach den tatsächlichen Verhältnissen im Veranlagungszeitpunkt lagen die Voraussetzungen für eine inländische Besteuerung des in der Zeit vom 1. August 01 bis 31. Dezember 01 in Spanien erzielten Arbeitslohns objektiv nicht vor, da A sich in dem Zwölf-Monats-Zeitraum an mehr als 183 Tagen in Spanien aufgehalten hat. Dem Finanzamt war der zweite Spanienaufenthalt am Veranlagungstag allerdings nicht bekannt. Nach § 50 d Abs. 8 Satz 2 EStG ist die Veranlagung 01 zu ändern. Die Festsetzungsfrist beginnt nach § 50 d Abs. 8 Satz 1 EStG i. V. m. § 175 Abs. 1 Satz 2 AO erst mit Ablauf des Kj., in dem der Nachweis nach § 50 d Abs. 8 Satz 1 EStG geführt wird. So hat der Steuerpflichtige ausreichend Zeit, die entsprechende steuerliche Behandlung herbeizuführen.

Anl c zu LStH 39.5

4.3. Zahlung der Vergütung durch einen oder für einen im Tätigkeitsstaat ansässigen Arbeitgeber – Art. 15 Abs. 2 Buchstabe b OECD-MA

4.3.1. Allgemeines

141 Erfolgt die Zahlung durch einen oder für einen im Tätigkeitsstaat ansässigen Arbeitgeber, sind die Voraussetzungen für die Besteuerung im Ansässigkeitsstaat nach Art. 15 Abs. 2 Buchstabe b OECD-MA nicht erfüllt.

142 Die im Ausland ausgeübte unselbständige Tätigkeit eines Arbeitnehmers kann für seinen zivilrechtlichen Arbeitgeber (s. Tz. 4.3.2, Rn. 146 ff.), für seinen wirtschaftlichen Arbeitgeber im Rahmen einer Arbeitnehmerentsendung zwischen verbundenen Unternehmen (s. Tz. 4.3.3, Rn. 149 ff.) oder aber für einen nicht verbundenen Unternehmer (s. Tz. 4.3.4, Rn. 188 ff. und 4.3.5, Rn. 209 ff.) erfolgen. Dabei wird eine Vergütung auch insoweit i. S. des Art. 15 Abs. 2 Buchstabe b OECD-MA von einem Arbeitgeber „gezahlt", als dieser die Vergütung entsprechend dem Fremdvergleichsgrundsatz wirtschaftlich trägt oder entsprechend diesem Grundsatz hätte tragen müssen. Soweit ein anderer als der unmittelbar Zahlende (i. d. R. der zivilrechtliche Arbeitgeber) die Vergütung wirtschaftlich entsprechend dem Fremdvergleichsgrundsatz trägt oder hätte tragen müssen, kann auch dies eine Zahlung i. S. des Art. 15 Abs. 2 Buchstabe b OECD-MA darstellen (BFH-Urteil vom 23. Februar 2005, BStBl II S. 547). Dies ist insbesondere im Rahmen der grenzüberschreitenden Arbeitnehmerentsendung zwischen verbundenen Unternehmen (s. Tz. 4.3.3) von Bedeutung.

143 Ist eine Personengesellschaft Arbeitgeberin, bestimmt sich deren Ansässigkeit für Zwecke des Art. 15 Abs. 2 Buchstabe b OECD-MA grundsätzlich nach dem Ort der Geschäftsleitung. Entsprechendes gilt für eine Personengesellschaft, die im anderen Staat wie eine Kapitalgesellschaft besteuert wird.

144 Eine Betriebsstätte kommt zivilrechtlich nicht als Arbeitgeberin i. S. des DBA in Betracht (BFH-Urteile vom 29. Januar 1986, BStBl. II S. 442 und BStBl. II S. 513), s. aber Tz. 4.4, Rn. 213 ff.

Beispiel:

124 A ist Arbeitnehmer eines britischen Unternehmens B. Er wohnt seit Jahren in Deutschland und ist bei einer deutschen Betriebsstätte des B in Hamburg beschäftigt. Im Jahr 01 befindet er sich an fünf Arbeitstagen bei Kundenbesuchen in der Schweiz und an fünf Arbeitstagen bei Kundenbesuchen in Norwegen.

Lösung:

Für den Aufenthalt in der Schweiz ist das DBA-Schweiz maßgeblich, da A in Deutschland ansässig ist (Art. 1, 4 Abs. 1 DBA-Schweiz) und die „Quelle" der Einkünfte aus unselbständiger Arbeit in dem Staat liegt, in dem die Tätigkeit ausgeübt wird. Nach Art. 15 Abs. 2 DBA-Schweiz hat Deutschland das Besteuerungsrecht, da neben der Erfüllung der weiteren Voraussetzungen dieser Vorschrift A von einem Arbeitgeber entlohnt wird, der nicht in der Schweiz ansässig ist.
Für den Aufenthalt in Norwegen ist das DBA-Norwegen maßgeblich. Norwegen hat das Besteuerungsrecht für die Vergütungen aus der Tätigkeit in Norwegen. Zwar hält sich A nicht länger als 183 Tage in Norwegen auf. Das ausschließliche Besteuerungsrecht würde Deutschland nach Art. 15 Abs. 2 Buchstabe b DBA-Norwegen nur dann zustehen, wenn der Arbeitgeber in dem Staat ansässig ist, in dem auch der Arbeitnehmer ansässig ist. Arbeitgeber ist hier das britische Unternehmen B; die inländische Betriebsstätte kann nicht Arbeitgeber i. S. des DBA sein. Deutschland vermeidet in diesem Fall die Doppelbesteuerung der Lohneinkünfte durch Anrechnung der in Norwegen gezahlten Steuern (Art. 23 Abs. 2 Buchstabe b Doppelbuchstabe cc DBA-Norwegen).

4.3.2. Auslandstätigkeit für den zivilrechtlichen Arbeitgeber

146 Sofern der im Inland ansässige Arbeitnehmer für seinen zivilrechtlichen Arbeitgeber, der nicht im Tätigkeitstaat ansässig ist (z. B. im Rahmen einer Lieferung, Werk- oder Dienstleistung), bei einem Unternehmen im Ausland tätig ist, ist regelmäßig davon auszugehen, dass der zivilrechtliche Arbeitgeber auch der Arbeitgeber i. S. des DBA ist. Sofern in diesem Fall auch keine Betriebsstätte des Arbeitgebers im Tätigkeitsstaat vorliegt, die die Vergütungen wirtschaftlich trägt, steht das Besteuerungsrecht erst dann dem ausländischen Tätigkeitsstaat zu, wenn die 183-Tage-Frist überschritten wird (Art. 15 Abs. 2 Buchstabe a und c OECD-MA).

147 Entsprechendes gilt für einen im Ausland ansässigen Arbeitnehmer, der für seinen ausländischen zivilrechtlichen Arbeitgeber im Inland tätig ist.

Beispiel: Werkleistungsverpflichtung

148 Das ausschließlich in Spanien ansässige Unternehmen S ist spezialisiert auf die Installation von Computeranlagen. Das in Deutschland ansässige, nicht mit S verbundene Unternehmen D hat kürzlich eine neue Computeranlage angeschafft und schließt für die Durchführung der Installation dieser Anlage einen Werkleistungsvertrag mit S ab. Der in Spanien ansässige Angestellten X wird für vier Monate an den Firmensitz von D im Inland gesandt, um die vereinbarte Installation durchzuführen. S berechnet D für die Installationsleistungen (einschließlich Reisekosten des Angestellten X, Gewinnaufschlag etc.) einen pauschalen Betrag. Der Arbeitslohn des Angestellten X ist dabei lediglich ein nicht gesondert ausgewiesener Preisbestandteil im Rahmen der Preiskalkulation des Unternehmens S.

Lösung:

Angestellter X wird im Rahmen einer Werkleistungsverpflichtung und nicht im Rahmen einer Arbeitnehmerentsendung des Unternehmens S bei Unternehmen D tätig. Vorausgesetzt, Angestellter X hält sich nicht mehr als 183 Tage während des betreffenden Zwölf-Monats-Zeitraums in Deutschland auf und Unternehmen S hat in Deutschland keine Betriebsstätte, der die Gehaltszahlungen an X zuzurechnen sind, weist Art. 14 Abs. 2 DBA-Spanien das Besteuerungsrecht für die Vergütungen aus unselbständiger Arbeit dem Ansässigkeitsstaat von X Spanien zu.
Angestellter X ist in Deutschland nach innerstaatlichem Recht beschränkt steuerpflichtig, weil die Tätigkeit in Deutschland ausgeübt wurde (§ 49 Abs. 1 Nr. 4 Buchstabe a EStG). Da Deutschland für den entsprechenden Arbeitslohn nach Art. 14 Abs. 2 DBA-Spanien kein Besteuerungsrecht hat, ergibt sich für den Angestellten X keine Einkommensteuer. Der Lohnsteuerabzug für die in Deutschland ausgeübte Tätigkeit kann bereits deshalb unterbleiben, weil in Deutschland kein inländischer Arbeitgeber vorliegt und darüber hinaus auch auf der Abkommensebene Deutschland kein Besteuerungsrecht zusteht. Unternehmen S ist kein in § 38 Abs. 1 Satz 1 Nr. 1 und 2 EStG genannter abzugspflichtiger Arbeitgeber. Eine Abzugsverpflichtung ergibt sich in Deutschland auch nicht nach § 38 Abs. 1 Satz 2 EStG, weil X im Rahmen einer

Werkleistungsverpflichtung tätig wird. Für den Fall, dass Unternehmen S und Unternehmen D verbundene Unternehmen sind, ergibt sich keine abweichende Lösung.

4.3.3. Grenzüberschreitende Arbeitnehmerentsendung zwischen verbundenen Unternehmen

4.3.3.1. Definition der Arbeitnehmerentsendung

149 Eine grenzüberschreitende Arbeitnehmerentsendung (Personalentsendung) ist die Entsendung eines Arbeitnehmers für eine bestimmte Zeit seitens eines Unternehmens (entsendendes Unternehmen) an ein anderes Unternehmen (aufnehmendes Unternehmen) derselben multinationalen Unternehmensgruppe in einem anderen Staat. Der Arbeitnehmer wird, ohne dass der bisherige Arbeitsvertrag mit dem entsendenden Unternehmen beendet wird (ruhender Arbeitsvertrag), bei einem aufnehmenden Unternehmen tätig und
- schließt mit diesem Unternehmen einen (weiteren) Arbeitsvertrag,
- trifft mit diesem Unternehmen eine Nebenabrede zum bestehenden Arbeitsvertrag, oder
- dieses Unternehmen gilt als wirtschaftlicher Arbeitgeber (s. Tz. 4.3.3.3, Rn. 151 ff.).

4.3.3.2. Abgrenzung – keine Arbeitnehmerentsendung

150 Eine Arbeitnehmerentsendung liegt nicht vor, wenn ein Arbeitnehmer zur Erfüllung einer Dienst- oder Werkleistungsverpflichtung des entsendenden Unternehmens bei einem anderen Unternehmen tätig wird und sein Arbeitslohn Preisbestandteil der Dienst- oder Werkleistung ist (z. B. beim gewerblichen Arbeitnehmerverleih oder bei Werkleistungen). Liegt keine Arbeitnehmerentsendung vor, ist Tz. 4.3.2, Rn. 146 ff. anwendbar. Bei einer gewerblichen Arbeitnehmerüberlassung gilt Tz. 4.3.4, Rn. 188 ff.

4.3.3.3. Wirtschaftlicher Arbeitgeber

151 Arbeitgeber i. S. eines DBA kann nicht nur der zivilrechtliche Arbeitgeber, sondern auch eine andere natürliche oder juristische Person sein, die die Vergütung für die ihr geleistete unselbständige Tätigkeit wirtschaftlich trägt oder hätte tragen müssen (s. BFH-Urteil vom 23. Februar 2005, BStBl. II S. 547). Entsprechendes gilt für Personengesellschaften (s. Tz. 4.3.1, Rn. 143). Wird die unselbständige Tätigkeit eines im Inland ansässigen Arbeitnehmers bei einem im Ausland ansässigen verbundenen Unternehmen (Art. 9 OECD-MA) ausgeübt, ist zu prüfen, welches dieser Unternehmen als Arbeitgeber i. S. des DBA und damit als wirtschaftlicher Arbeitgeber anzusehen ist. Hierbei ist auf den wirtschaftlichen Gehalt und die tatsächliche Durchführung der zugrundeliegenden Vereinbarungen abzustellen. Entsprechendes gilt, wenn ein im Ausland ansässiger Arbeitnehmer bei einem im Inland ansässigen verbundenen Unternehmen (Art. 9 OECD-MA) tätig ist.

152 Da aufnehmende Unternehmen wird zum Arbeitgeber im abkommensrechtlichen Sinne (wirtschaftlicher Arbeitgeber), wenn
- der Arbeitnehmer in das aufnehmende Unternehmen eingebunden (s. Tz. 4.3.3.3.1, Rn. 155 ff.) ist, z. B. weil das aufnehmende Unternehmen über Art und Umfang der täglichen Arbeit entscheidet und ggf. erforderliche Arbeitsmittel zur Verfügung stellt, und
- das aufnehmende Unternehmen den Arbeitslohn (infolge seines eigenen betrieblichen Interesses an der Entsendung des Arbeitnehmers) für die ihm geleistete unselbständige Arbeit wirtschaftlich trägt oder nach dem Fremdvergleichsgrundsatz hätte tragen müssen (s. Tz. 4.3.3.3.2, Rn. 159 ff.). Hierbei ist es unerheblich, ob die Vergütungen unmittelbar dem betreffenden Arbeitnehmer ausgezahlt werden oder ein anderes Unternehmen mit diesen Arbeitsvergütungen in Vorlage tritt (BFH-Urteil vom 21. August 1985, BStBl. II 1986 S. 4). Eine „willkürliche" Weiterbelastung des Arbeitslohns führt nicht zur Begründung der Arbeitgebereigenschaft, ebenso wie eine unterbliebene Weiterbelastung die Arbeitgebereigenschaft beim aufnehmenden Unternehmen nicht verhindern kann.

153 Zu einem Wechsel der abkommensrechtlichen Arbeitgeberstellung bedarf es weder einer förmlichen Änderung des Arbeitsvertrages zwischen dem Arbeitnehmer und dem entsendenden Unternehmen noch ist der Abschluss eines zusätzlichen Arbeitsvertrages zwischen dem Arbeitnehmer und dem aufnehmenden Unternehmen oder eine im Vorhinein getroffene Verrechnungspreisabrede zwischen den betroffenen verbundenen Unternehmen erforderlich (BFH-Urteil vom 23. Februar 2005, BStBl. II S. 547).

154 In den Fällen der Arbeitnehmerentsendung ist der wirtschaftliche Arbeitgeber i. S. des Abkommensrechts auch der zum Lohnsteuerabzug verpflichtete inländische Arbeitgeber i. S. des § 38 Abs. 1 Satz 2 EStG, BMF-Schreiben vom 27. Januar 2004, BStBl. I S. 173, Tz. III 1 (vgl. auch Rz. 165 u. 166).

4.3.3.3.1. Einbindung des Arbeitnehmers in das aufnehmende Unternehmen

155 Für die Entscheidung, ob der Arbeitnehmer in das aufnehmende Unternehmen eingebunden ist, ist das Gesamtbild der Verhältnisse maßgebend. Hierbei ist insbesondere zu berücksichtigen, ob
- das aufnehmende Unternehmen die Verantwortung oder das Risiko für die durch die Tätigkeit des Arbeitnehmers erzielten Ergebnisse trägt und
- der Arbeitnehmer den fachlichen Weisungen des aufnehmenden Unternehmens unterworfen ist.

156 Darüber hinaus kann für die vorgenannte Entscheidung u. a. zu berücksichtigen sein, wer über die Höhe der Bezüge, die Teilnahme an einem etwaigen Erfolgsbonus und Aktienerwerbsplan des Konzerns oder die Urlaubsgewährung entscheidet, das Risiko für eine Lohnzahlung im Nichtleistungsfall trägt, das Recht der Entscheidung über Kündigung oder Entlassung hat oder für die Sozialversicherungsbelange des Arbeitnehmers verantwortlich ist, in wessen Räumlichkeit die Arbeit erbracht wird, welchen Zeitraum das Tätigwerden im aufnehmenden Unternehmen umfasst, wem gegenüber Abfindungs- und Pensionsansprüche erwachsen und mit wem der Arbeitnehmer Meinungsverschiedenheiten aus dem Arbeitsvertrag auszutragen hat.

Anl c zu LStH 39.5

157 Nach diesen Grundsätzen wird z. B. bei Entsendung eines Arbeitnehmers von einer Muttergesellschaft zu ihrer Tochtergesellschaft das aufnehmende Unternehmen nicht zum wirtschaftlichen Arbeitgeber, wenn der Arbeitnehmer nicht in dessen Hierarchie eingebunden ist. In diesem Fall wird der Arbeitnehmer ausschließlich als Vertreter der Muttergesellschaft tätig, während im Verhältnis zur Tochtergesellschaft die für ein Arbeitsverhältnis kennzeichnende Abhängigkeit fehlt. Hier bleibt die Muttergesellschaft selbst dann die Arbeitgeberin im abkommensrechtlichen Sinne, wenn die Tochtergesellschaft der Muttergesellschaft den Arbeitslohn ersetzt. In diesem Zusammenhang wird auf den Sonderfall eines Arbeitnehmers, der im Interesse seines inländischen Arbeitgebers die Funktion als Verwaltungsratsmitglied oder -beirat bei einem ausländischen verbundenen Unternehmen wahrnimmt, hingewiesen (BFH-Urteil vom 23. Februar 2005, BStBl. II S. 547). Leitende Angestellte, wie z. B. Vorstände und Geschäftsführer, sind regelmäßig Teil der Hierarchie des aufnehmenden Unternehmens, wenn sie in die laufende Geschäftsführung eingebunden sind. Hiervon abzugrenzen sind Managementgesellschaften (s. Tz. 4.3.3.3.5, Rn.179).

158 Bei einer Arbeitnehmerentsendung zwischen international verbundenen in- und ausländischen Unternehmen von nicht mehr als drei Monaten (auch jahresübergreifend für sachlich zusammenhängende Tätigkeiten) spricht eine widerlegbare Anscheinsvermutung dafür, dass das aufnehmende Unternehmen mangels Einbindung des Arbeitnehmers nicht als wirtschaftlicher Arbeitgeber anzusehen ist. Die Anscheinsvermutung kann im Einzelfall unter Beachtung der Kriterien in der Rn.155 ff. entkräftet werden. Folglich sind stets die tatsächlichen Verhältnisse des Einzelfalls maßgeblich.

4.3.3.3.2. Beurteilung des betrieblichen Interesses

159 Eine Einbindung des Arbeitnehmers in das aufnehmende Unternehmen führt allein jedoch noch nicht dazu, dass das aufnehmende Unternehmen die Vergütungen wirtschaftlich trägt oder hätte tragen müssen (wirtschaftlicher Arbeitgeber). Hierzu bedarf es zusätzlich der Prüfung, in wessen Interesse der Arbeitnehmer tätig geworden ist. Dabei ist zu beachten, dass eine Entsendung im Interesse des aufnehmenden Unternehmens, des entsendenden Unternehmens oder beider Unternehmen liegen kann.

160 Die Interessenslage kann z. B. anhand folgender Aspekte beurteilt werden:
- ausgeübte Funktion (genaue Tätigkeitsbeschreibung z. B. im Arbeits- oder Entsendevertrag),
- benötigte fachliche Qualifikation,
- Zusammenhang zwischen den Aufwendungen für den entsandten Arbeitnehmer und seinem Beitrag zum wirtschaftlichen Erfolg des Unternehmens,
- Tätigkeitsort,
- von welchem Unternehmen geht die Initiative für die Arbeitnehmerentsendung aus,
- welches Unternehmen profitiert am meisten von der Entsendung,
- ist die Tätigkeit des entsandten Arbeitnehmers einzelprojektbezogen,
- ist auf dem lokalen Arbeitsmarkt des aufnehmenden Unternehmens ein Angebot an Arbeitskräften mit der nach objektiven Maßstäben erforderlichen Qualifikation nicht vorhanden und auch nicht im Rahmen betrieblicher Ausbildung oder Qualifizierung zu schaffen,
- sind gleichwertig qualifizierte Arbeitnehmer auf dem lokalen Arbeitsmarkt des aufnehmenden Unternehmens verfügbar, die einen geringeren Aufwand verursachen,
- übt der Arbeitnehmer Planungs-, Koordinierungs- oder Kontrolltätigkeiten aus,
- werden nach Rückkehr des Arbeitnehmers dessen gesammelte Auslandserfahrungen im Rahmen seiner weiteren Beschäftigung beim entsendenden Unternehmen genutzt,
- wird der Arbeitnehmer im Rahmen eines Rotationssystems entsandt,
- der prozentuale Anteil der entsandten Arbeitnehmer an der Gesamtbelegschaft,
- objektives Erfordernis von Sprachkenntnissen oder persönlichen Beziehungen in Verbindung mit der ausgeübten Funktion oder anderer Spezialkenntnisse.

161 Werden Arbeitnehmer ausschließlich zu Aus- oder Fortbildungszwecken entsandt, erfolgt dies im Interesse des entsendenden Unternehmens.

162 Bei einer grenzüberschreitenden Arbeitnehmerentsendung im Unternehmensverbund beziehen sich die Auskunfts- und Beweismittelbeschaffungspflichten i. S. des § 90 Abs. 2 AO auf die Höhe der weiterbelasteten Kosten (s. Tz. 4.3.3.3.3, Rn. 165 ff.) und auf die Interessenlage, nach der sich die Zuordnung der Tätigkeit des entsandten Arbeitnehmers sowie eine ggf. vorzunehmende Aufteilung des Arbeitslohns richtet.

163 Die Interessenlage ist vom Steuerpflichtigen darzulegen und durch geeignete Nachweise zu belegen. Hierfür kommen z. B. in Betracht:
- Entsendevertrag, ggf. Konzernentsenderichtlinie, Schriftverkehr zur Begründung der Entsendung,
- Beschreibung der Tätigkeit des aufnehmenden Unternehmens sowie seiner Produkte bzw. Dienstleistungen; Tätigkeitsbeschreibungen für den entsandten Arbeitnehmer,
- konkrete Tätigkeitsnachweise, z. B. Berichte, Protokolle, die der entsandte Arbeitnehmer für das entsendende Unternehmen angefertigt hat,
- Stellenanzeigen,
- Arbeitsverträge des Arbeitnehmers mit dem entsendenden und ggf. aufnehmenden Unternehmen,
- Nachweis über die Höhe des Arbeitslohns vor der Entsendung,
- Zeitnachweise für Art und Umfang der Tätigkeit,
- Reisekostenabrechnungen,
- funktionsorientiertes Arbeitnehmerorganigramm oder ähnliche Unterlagen;

164 Auf die Indizwirkung der Bescheinigung des Arbeitgebers über die an das aufnehmende Unternehmen im Tätigkeitsstaat nach dem Fremdvergleichsgrundsatz weiterbelasteten Kosten wird hingewiesen (s. Tz. 4.3.3.3.3, Rn. 167).

4.3.3.3.3. Von einem Arbeitgeber getragene oder zu tragende Vergütungen

165 Die Übernahme der Kosten für eine Arbeitnehmerentsendung muss dem Fremdvergleichsgrundsatz (BMF-Schreiben vom 6. Juni 2023, Kapitel III A, BStBl. I S. 1093) entsprechen. Die Kosten sind nach dem Fremdvergleichsgrundsatz von dem Unternehmen zu tragen, in dessen Interesse die Entsendung erfolgt (s. Tz. 4.3.3.3.2, Rn. 159 ff.). Hierzu gehören alle Kosten,
- die im wirtschaftlichen Zusammenhang mit der gesamten Arbeitnehmertätigkeit im Entsendezeitraum stehen und
- die den Gewinn des aufnehmenden oder des entsendenden Unternehmens gemindert haben, unabhängig davon, ob sie zum Lohn des Arbeitnehmers gehören, und unabhängig davon, ob sie im Zusammenhang mit der Auslandstätigkeit selbst stehen.

166 Dazu gehören alle Lohn- und Lohnnebenkosten sowie Lohnverwaltungskosten wie im Einzelnen z. B.:
- laufender Arbeitslohn,
- Urlaubs- und Weihnachtsgeld, Abfindungen, Bonifikationen,
- Zuführungen zu Pensionsrückstellungen,
- Sozialversicherungsbeiträge,
- (Auslands-)Zulagen,
- Sachbezüge (wie z. B. Aktienvergütungen oder Firmenwagen),
- übernommene Steuerzahlungen,
- Kostenerstattungen für doppelte Haushaltsführung, Schulgeld, Internatskosten etc.,
- Beratungsleistungen, wie z. B. Erstellung der Lohnabrechnungen und Lohnsteueranmeldungen sowie Einkommensteuererklärungen oder sonstige Steuerberatungskosten, Steuerausgleichsberechnungen (s. Tz. 5.5.9, Rn. 317 ff.),
- Beratungsleistungen im Zusammenhang mit sozialversicherungsrechtlichen Fragen etc.,
- Fortbildungskosten sowie Kosten für die Gesundheitsvorsorge,
- sonstige Lohn- und Personalverwaltungskosten (Gemeinkosten).

167 Der Arbeitgeber hat dem Arbeitnehmer zu bescheinigen, in welcher Höhe die Kosten nach Rn. 165 und 166 nach dem Fremdvergleichsgrundsatz weiterbelastet wurden und in welcher Höhe diese vom entsendenden Unternehmen getragen wurden. Dabei sind die nach innerstaatlichem Steuerrecht als Arbeitslohn zu behandelnden Vergütungsbestandteile und die sonstigen Lohnkosten gesondert auszuweisen. Dieser Bescheinigung kommt Indizwirkung zu. Es ist widerlegbar zu vermuten, dass die vom Arbeitgeber bescheinigte Zuordnung der Kosten im Einklang mit dem Fremdvergleichsgrundsatz steht. Demzufolge kann i. d. R. davon ausgegangen werden, dass die Tätigkeit ausschließlich im Interesse des aufnehmenden Unternehmens stattfindet, wenn eine Weiterbelastung aller mit der Arbeitnehmerentsendung in Verbindung stehenden Lohn-, Lohnneben- und Lohnverwaltungskosten an das aufnehmende Unternehmen bescheinigt wird. Verbleiben diese Kosten ganz oder teilweise beim entsendenden Unternehmen, wird die Arbeitnehmerentsendung insoweit (auch) im Interesse des entsendenden Unternehmens ausgeführt (s. Tz. 4.3.3.3.4, Rn. 172 ff.).

168 In den Fällen der grenzüberschreitenden Arbeitnehmerentsendung ist das in Deutschland ansässige aufnehmende Unternehmen, das den Arbeitslohn für die ihm geleistete Arbeit wirtschaftlich trägt oder nach dem Fremdvergleichsgrundsatz hätte tragen müssen, zum Steuerabzug verpflichtet (§ 38 Abs. 1 Satz 2 EStG). Der wirtschaftliche Arbeitgeberbegriff ist damit auch für Zwecke des Lohnsteuerabzugs zu beachten. Nicht erforderlich ist hierfür, dass das deutsche Unternehmen den Arbeitslohn im eigenen Namen und für eigene Rechnung, beispielsweise aufgrund eigener arbeitsrechtlicher Verpflichtung, auszahlt. Die Lohnsteuerabzugsverpflichtung des inländischen Unternehmens entsteht bereits im Zeitpunkt der Auszahlung des Arbeitslohns an den Arbeitnehmer, insbesondere, wenn es aufgrund einer Vereinbarung mit dem ausländischen, entsendenden Unternehmen mit einer Weiterbelastung rechnen kann (R 38.3 Abs. 5 LStR).

169 Zum Umfang der Abzugsverpflichtung durch das inländische Unternehmen ist darauf hinzuweisen, dass sämtliche Gehaltsbestandteile für im Inland ausgeübte Tätigkeiten – auch die von anderen konzernverbundenen Unternehmen gezahlten Bonuszahlungen oder gewährten Aktienoptionen – grundsätzlich dem inländischen Lohnsteuerabzug unterliegen (§ 38 Abs. 1 Satz 3 EStG).

Beispiel 1: Entsendung im Interesse des entsendenden verbundenen Unternehmens

170 Das ausschließlich in Spanien ansässige Unternehmen S ist die Muttergesellschaft einer multinationalen Unternehmensgruppe. Zu dieser Gruppe gehört auch ein in Deutschland ansässiges Unternehmen D, das Produkte der Gruppe verkauft. Unternehmen S hat eine neue weltweite Marktstrategie für die Produkte der Gruppe entwickelt. Um sicherzustellen, dass diese Strategie von D richtig verstanden und umgesetzt wird, wird X, ein in Spanien ansässiger Angestellter von Unternehmen S, der an der Entwicklung der Marktstrategie mitgearbeitet hat, für vier Monate an den Unternehmenssitz von D entsandt. Das Gehalt von X wird ausschließlich von Unternehmen S getragen.

Lösung:

Unternehmen D ist nicht als wirtschaftlicher Arbeitgeber des Angestellten X anzusehen, da X seine Tätigkeit im alleinigen Interesse von Unternehmen S ausübt. Zudem erfolgt keine Eingliederung in die organisatorischen Strukturen des Unternehmens D. Unternehmen S hat nach dem Fremdvergleichsgrundsatz die Gehaltsaufwendungen des X zu tragen. Das Besteuerungsrecht für die Vergütungen des X wird Spanien zugewiesen (Art. 14 Abs. 2 DBA-Spanien). Deutschland stellt die Vergütungen steuerfrei.

X ist in Deutschland nach innerstaatlichem Recht beschränkt steuerpflichtig, weil die Tätigkeit in Deutschland ausgeübt wurde (§ 49 Abs. 1 Nr. 4 Buchstabe a EStG). Da Deutschland für den entsprechenden Arbeitslohn nach Art. 14 Abs. 2 DBA-Spanien kein Besteuerungsrecht hat, entsteht insoweit kein deutscher Besteuerungsanspruch.

Unternehmen S ist kein inländischer Arbeitgeber des X i. S. des § 38 Abs. 1 Satz 1 Nr. 1 EStG. Unternehmen D ist auch kein inländischer Arbeitgeber des X i. S. des § 38 Abs. 1 EStG, weil es den Arbeitslohn des X wirtschaftlich nicht getragen hat oder nach dem Fremdvergleichsgrundsatz hätte tragen müssen. Da beide Unternehmen zudem keine ausländischen

Arbeitnehmerverleiher i. S. des § 38 Abs. 1 Satz 1 Nr. 2 EStG sind, sind beide auch nicht zum Lohnsteuerabzug nach innerstaatlichem Recht verpflichtet.

Beispiel 2: Arbeitnehmerentsendung im Interesse des aufnehmenden Unternehmens

171 Ein internationaler Hotelkonzern betreibt durch eine Anzahl von Tochtergesellschaften weltweit Hotels. Eine in Spanien ansässige Tochtergesellschaft S betreibt in Spanien ein Hotel. Eine weitere Tochtergesellschaft D der Unternehmensgruppe betreibt ein Hotel in Deutschland. D benötigt für fünf Monate einen Arbeitnehmer mit spanischen Sprachkenntnissen. Aus diesem Grund wird X, ein in Spanien ansässiger Angestellter der Tochtergesellschaft S, zu D entsandt, um während dieser Zeit an der Rezeption im Inland tätig zu sein. Der Angestellte X bleibt während dieser Zeit bei S angestellt und wird auch weiterhin von S bezahlt. Die Tochtergesellschaft D vergütet der Tochtergesellschaft S die Aufwendungen für den Angestellten X nach dem Fremdvergleichsgrundsatz.

Lösung:

Für den Zeitraum der Tätigkeit des Arbeitnehmers X im Inland ist D als wirtschaftlicher Arbeitgeber des X anzusehen. Die Entsendung des X zwischen den international verbundenen Unternehmen erfolgt im alleinigen Interesse des aufnehmenden Unternehmens D. Der Angestellte X ist in dem genannten Zeitraum in den Geschäftsbetrieb von D eingebunden. Infolgedessen trägt D wirtschaftlich die Arbeitsvergütungen nach dem Fremdvergleichsgrundsatz. Die Tatbestandsvoraussetzungen des Art. 14 Abs. 2 Buchstabe b DBA-Spanien sind damit nicht gegeben. Obwohl X sich an nicht mehr als 183 Tagen in Deutschland aufhält, wird Deutschland gemäß Art. 14 Abs. 1 DBA-Spanien das Besteuerungsrecht für die Vergütungen des X für den genannten Zeitraum zugewiesen.
Der Angestellte X ist in Deutschland nach innerstaatlichem Recht beschränkt steuerpflichtig, weil die Tätigkeit in Deutschland ausgeübt wurde (§ 49 Abs. 1 Nr. 4 Buchstabe a EStG).
D ist inländischer Arbeitgeber des X i. S. des § 38 Abs. 1 Satz 2 EStG. D zahlt den Arbeitslohn zwar nicht an X aus, trägt ihn aber wirtschaftlich und ist daher zum Lohnsteuerabzug verpflichtet (R 38.3 Abs. 5 LStR). Der Lohnsteuerabzug für X ist daher von D durchzuführen.

4.3.3.3.4. Entsendendes und aufnehmendes Unternehmen sind Arbeitgeber

172 Ist ein Arbeitnehmer sowohl für seinen inländischen zivilrechtlichen Arbeitgeber als auch für ein weiteres im Ausland ansässiges verbundenes Unternehmen tätig (z. B. ein Arbeitnehmer einer deutschen Muttergesellschaft wird abgrenzbar in Spanien und/oder in Deutschland sowohl im Interesse der spanischen aufnehmenden Gesellschaft als auch im Interesse der entsendenden deutschen Gesellschaft tätig), können abkommensrechtlich beide Unternehmen „Arbeitgeber" des betreffenden Arbeitnehmers sein. Voraussetzung ist, dass nach den vorgenannten Grundsätzen beide Unternehmen für die jeweils anteiligen Vergütungen als Arbeitgeber i. S. des DBA anzusehen sind. Dies kann der Fall sein, wenn sowohl das entsendende als auch das aufnehmende Unternehmen ein Interesse an der Entsendung haben, z. B. weil der Arbeitnehmer Planungs-, Koordinierungs- oder Kontrollfunktionen für das entsendende Unternehmen ausübt. Die Tätigkeiten für das entsendende und für das aufnehmende Unternehmen sind mit ihrer (zeit-)anteiligen Vergütung jeweils getrennt zu beurteilen. Auf die Tz. 4.3.3.3.2, Rn. 159 ff. und Tz. 4.3.3.3.3, Rn. 167 ff. wird hingewiesen.

173 Erhält der Arbeitnehmer seine Vergütungen aus unselbständiger Tätigkeit in vollem Umfang von seinem zivilrechtlichen Arbeitgeber und trägt das im Ausland ansässige verbundene Unternehmen wirtschaftlich die an den Arbeitnehmer gezahlten (zeit-)anteiligen Vergütungen für die in diesem Unternehmen ausgeübte Tätigkeit, indem die (zeit-)anteiligen Vergütungen dem verbundenen Unternehmen in Rechnung gestellt werden, ist zu prüfen, ob der Betrag dieser (zeit-)anteiligen Vergütungen höher ist, als sie ein anderer Arbeitnehmer unter gleichen oder ähnlichen Bedingungen für diese Tätigkeit in diesem anderen Staat erhalten hätte. Der übersteigende Betrag stellt keine Erstattung von Arbeitslohn dar, sondern ist Ausfluss des Verhältnisses der beiden verbundenen Unternehmen zueinander. Der übersteigende Betrag gehört somit nicht zum Arbeitslohn für die Auslandstätigkeit. Das Besteuerungsrecht steht insoweit dem Ansässigkeitsstaat des Arbeitnehmers zu.

174 Besetzt das entsendende Unternehmen ständig Arbeitsplätze beim aufnehmenden Unternehmen im Rotationsverfahren, ist davon auszugehen, dass die Entsendung den Interessen beider Unternehmen dient. Ein solches Rotationsverfahren liegt typischerweise vor, wenn den Entsendungen ein Personaleinsatz- und Entwicklungskonzept der multinationalen Unternehmensgruppe dergestalt zugrunde liegt, dass das aufnehmende Unternehmen bei Stellenbesetzungen nicht frei entscheiden kann, sondern bestimmte Positionen mit Arbeitnehmern des entsendenden Unternehmens zu besetzen hat oder für zu entsendende Arbeitnehmer geeignete Positionen schaffen muss. Ob ein solches Rotationssystem vorliegt, entscheidet sich nach dem Gesamtbild der Verhältnisse.

175 Anhaltspunkte für das Vorliegen eines derartigen Rotationssystems sind u. a.:
- die Entsendungen erfolgen einseitig von der Konzernobergesellschaft an nachgeordnete Gesellschaften, nicht aber wechselseitig zwischen den verbundenen Unternehmen,
- die Entsendungen dauern i. d. R. drei bis fünf Jahre,
- bestimmte Führungspositionen oder technische Schlüsselfunktionen bei der aufnehmenden Gesellschaft werden ständig mit Arbeitnehmern anderer Konzerngesellschaften besetzt,
- die aufnehmende Gesellschaft unternimmt keine ernsthaften Versuche (z. B. durch Stellenanzeigen), diese Arbeitsplätze mit Arbeitnehmern des lokalen Stellenmarktes, einschließlich selbst ausgebildeten Personals, zu besetzen.

Beispiel:

176 Ein in Deutschland ansässiger Arbeitnehmer wird vom 15. August 01 bis 31. Dezember 01 (80 Arbeitstage) an eine chinesische Tochtergesellschaft entsandt. Der Arbeitslohn i. H. v. 110 000 € wird weiterhin vom deutschen Unternehmen ausbezahlt. Davon werden (nach Fremdvergleichsgrundsatz zutreffend) jedoch 80 000 € an die chinesische Tochtergesellschaft weiterbelastet, da der Arbeitnehmer nicht nur im Interesse der aufnehmenden Tochtergesellschaft, sondern auch im Interesse der entsendenden Muttergesellschaft (z. B. Aufsichtsfunktion zur Umsetzung eines von der Muttergesellschaft vorgegebenen Konzeptes) entsandt wird. Der Arbeitnehmer hält sich während des gesamten Zeitraums (80 Arbeitstage) stets im Interesse beider Arbeitgeber an 20 Arbeitstagen in Deutschland und an 60 Arbeitstagen in China auf.

Anl c zu LStH 39.5

Folglich nimmt er zu jeder Zeit in beiden Staaten jeweils Aufgaben sowohl für die deutsche Muttergesellschaft als auch für die chinesische Tochtergesellschaft wahr.

Lösung:

Nach Art. 15 Abs. 1 DBA-China können Vergütungen nur im Ansässigkeitsstaat besteuert werden, es sei denn, die Tätigkeit wird im anderen Vertragsstaat ausgeübt. Wird die Arbeit dort ausgeübt, so können die dafür bezogenen Vergütungen im anderen Staat besteuert werden. Soweit die Voraussetzungen des Art. 15 Abs. 2 DBA-China erfüllt sind, bleibt es jedoch beim ausschließlichen Besteuerungsrecht des Ansässigkeitsstaates.

Behandlung der nicht weiterbelasteten Lohnbestandteile:

Da der Arbeitnehmer auch im Interesse des entsendenden Unternehmens (deutsche Muttergesellschaft) in China tätig war, entfallen die nicht an die chinesische Tochtergesellschaft weiterbelasteten Lohnbestandteile i. H. v. 30 000 € nach Art. 15 Abs. 1 DBA-China zwar auf die in China ausgeübte Tätigkeit. Insoweit liegen aber die Voraussetzungen des Art. 15 Abs. 2 DBA-China (sog. 183-Tage-Klausel) vor. Der Arbeitnehmer hat sich innerhalb eines Zwölf-Monats-Zeitraums (z. B. vom 15. August 01 bis 14. August 02) nicht länger als 183 Tage im Tätigkeitsstaat China aufgehalten, die Vergütung wurde in dieser Höhe (zutreffend) nicht von einem im Tätigkeitsstaat ansässigen Arbeitgeber oder einer dort gelegenen Betriebsstätte bezahlt und war im ausländischen Tätigkeitsstaat China nach dem Fremdvergleichsgrundsatz auch nicht von einem dort ansässigen Arbeitgeber oder einer dort gelegenen Betriebsstätte zu tragen. Das ausschließliche Besteuerungsrecht an diesem Vergütungsbestandteil i. H. v. 30 000 € verbleibt deshalb im Ansässigkeitsstaat Deutschland. Das deutsche Unternehmen kann die entsprechenden Lohnkosten i. H. v. 30 000 € als Betriebsausgaben geltend machen.

Behandlung der weiterbelasteten Lohnbestandteile:

Der übrige Lohnanteil (80 000 €) ist anhand der auf diesen Zeitraum des Auslandsaufenthalts entfallenden tatsächlichen Arbeitstage (80) auf die in Deutschland und die in China ausgeübte Tätigkeit aufzuteilen.

Der Arbeitslohn entfällt i. H. v. 80 000 € × 20/80 = 20 000 € auf die im Inland ausgeübte Tätigkeit. Das Besteuerungsrecht steht gemäß Art. 15 Abs. 1 Satz 1 erster Halbsatz DBA-China ausschließlich dem Ansässigkeitsstaat Deutschland zu. Für den auf die Tätigkeit in China entfallenden Arbeitslohn i. H. v. 80 000 € × 60/80 = 60 000 € hat hingegen China gemäß Art. 15 Abs. 1 Satz 2 DBA-China das Besteuerungsrecht. Insbesondere sind aufgrund der nach dem Fremdvergleichsgrundsatz zutreffenden Weiterbelastung der Lohnkosten an die chinesische Tochtergesellschaft in dieser Höhe die Voraussetzungen des Art. 15 Abs. 2 DBA-China nicht erfüllt. Der Arbeitslohn ist folglich i. H. v. 60 000 € unter Progressionsvorbehalt von der deutschen Besteuerung auszunehmen (Art. 23 Abs. 2 Buchstabe a und d DBA-China), soweit nicht die innerstaatlichen Rückfallklauseln des § 50 d Abs. 8 und 9 EStG oder im DBA enthaltenen Rückfallklauseln eingreifen (Art. 23 Abs. 2 Buchstabe e DBA-China).

Abwandlung:

177 Sachverhalt wie im Beispiel 1, jedoch entfallen die nicht an die Tochtergesellschaft weiterbelasteten Lohnbestandteile i. H. v. 30 000 € lediglich auf die 20 in Deutschland verbrachten Arbeitstage. Gleichwohl führt der Arbeitnehmer während seines Aufenthalts in Deutschland auch Aufgaben im Interesse der chinesischen Tochtergesellschaft aus.

Lösung:

Behandlung der nicht weiterbelasteten Lohnbestandteile:

Die nicht an die chinesische Tochtergesellschaft weiterbelasteten Lohnbestandteile i. H. v. 30 000 € entfallen auf eine ausschließlich im Ansässigkeitsstaat Deutschland ausgeübte Tätigkeit. Damit steht dem Ansässigkeitsstaat Deutschland gemäß Art. 15 Abs. 1 Satz 1 erster Halbsatz DBA-China das ausschließliche Besteuerungsrecht zu.

Behandlung der weiterbelasteten Lohnbestandteile:

Die Behandlung der an die chinesische Tochtergesellschaft nach dem Fremdvergleichsgrundsatz zutreffend weiterbelasteten Lohnbestandteile entspricht der Lösung im obigen Beispiel unter Rn. 176.

4.3.3.3.5. Arbeitgeberstellung bei Geschäftsführern, Vorständen und Prokuristen in Sonderfällen

178 Wenn das im Ausland ansässige verbundene Unternehmen lediglich den formellen Anstellungsvertrag mit der natürlichen Person schließt und an das inländische verbundene Unternehmen überlässt und die natürliche Person in das deutsche Handelsregister einträgt, ist das deutsche aufnehmende Unternehmen dann als wirtschaftlicher Arbeitgeber anzusehen, wenn die Person in das deutsche aufnehmende Unternehmen eingebunden ist (s. Tz. 4.3.3.3.1, Rn. 155 ff.) und das aufnehmende Unternehmen den Arbeitslohn (infolge seines eigenen betrieblichen Interesses an der Tätigkeit) für die ihm geleistete unselbständige Arbeit wirtschaftlich trägt oder nach dem Fremdvergleichsgrundsatz hätte tragen müssen (s. Tz. 4.3.3.3.2, Rn. 159 ff.). Dies gilt auch in den Fällen, in denen für die Tätigkeit als leitende Person beim inländischen verbundenen Unternehmen keine gesonderte Vergütung vereinbart wird oder die Tätigkeit für das inländische verbundene Unternehmen ausdrücklich unentgeltlich erfolgen soll, da der auf die leitende Tätigkeit entfallende Lohnanteil bereits in dem insgesamt im Ausland geschuldeten Arbeitslohn enthalten ist (BFH-Urteil vom 4. November 2021, BStBl. 2022 II S. 562).

179 Dies gilt allerdings nicht, wenn die oben genannte leitende Person zur Erfüllung einer Dienstleistungsverpflichtung des entsendenden Unternehmens bei einem verbundenen Unternehmen tätig wird und ihr Arbeitslohn Preisbestandteil der Dienstleistung ist. In diesem Fall ist zu prüfen, ob durch die Tätigkeit dieser Person eine Betriebsstätte der Managementgesellschaft begründet wird, der diese Aufwendungen zuzuordnen sind (s. Tz. 4.4, Rn. 213 ff.).

180 Das Besteuerungsrecht für den Arbeitslohn, der dem inländischen verbundenen Unternehmen nach dem Fremdvergleichsgrundsatz zuzurechnen ist, steht nach den allgemeinen Grundsätzen des Art. 15 OECD-MA Deutschland zu, sofern die natürliche Person in Deutschland ansässig ist. Ist die natürliche Person im Ausland ansässig, gilt dies nur insoweit, als die Tätigkeit in Deutschland ausgeübt wird. Sondervorschriften in einzelnen DBA zu Geschäftsführern, Vorständen oder anderen leitenden Angestellten wie z. B. Art. 16 DBA-Belgien, Art. 15 Abs. 2 DBA-Niederlande, Art. 16 DBA-Österreich, Art 16 DBA-Polen und Art. 15 Abs. 4 DBA-Schweiz sind jedoch stets vorrangig anzuwenden (s. Tz. 6.1, Rn. 352 ff.). In diesen Sonderfällen ist der Ort, an dem die Tätigkeit für das inländische Unternehmen ausgeübt wird, für die Zuteilung des Besteuerungsrechts der Einkünfte aus unselbständiger Arbeit unbeachtlich. Die Sondervorschriften gelten jedoch nur, wenn die Gesellschaft nicht im gleichen Staat ansässig ist wie die vorgenannte leitende Person. Des Weiteren ist auch in diesen Fällen zu prüfen, ob die Freistellungsmethode oder die Anrechnungsmethode anzuwenden ist.

Anl c zu LStH 39.5

Beispiel:

181 X (mit einzigem Wohnsitz in Österreich) ist Vorstand bei der in Österreich ansässigen Y AG. Der monatliche laufende Arbeitslohn beträgt 10 000 €. Darüber hinaus erhält X eine Weihnachtszuwendung von 30 000 €. Im Jahr 01 wird der Arbeitsvertrag dahingehend geändert, dass X bei der in Deutschland neu gegründeten Z GmbH (Tochtergesellschaft der Y AG) als Geschäftsführer tätig werden soll (Eintragung des X in das deutsche Handelsregister). Es wird vereinbart, dass X die Tätigkeit in Deutschland unentgeltlich erbringt. Nach den tatsächlichen Verhältnissen ergibt sich, dass X 40 % seiner Arbeitszeit für die deutsche Z GmbH aufwendet. Die restlichen 60 % entfallen auf die schon bisher ausgeübte Tätigkeit in Österreich. Die Tätigkeit für die deutsche Z GmbH wird je zu 50 % in Deutschland und in Österreich ausgeübt. Das von der österreichischen Y AG ausgezahlte Gehalt bleibt unverändert. Ein gesonderter Arbeitsvertrag mit der deutschen Z GmbH wurde nicht geschlossen. X begründet in Deutschland keinen Wohnsitz oder gewöhnlichen Aufenthalt. In Deutschland ist zudem ein weiterer Geschäftsführer für die Z GmbH tätig. Es existiert keine Dienstleistungsvereinbarung zwischen der Y AG und der Z GmbH.

Lösung:

Die Tätigkeit des X ist nach dem Gesamtbild der Verhältnisse als nichtselbständige Arbeit zu werten. Nach wirtschaftlicher Betrachtungsweise sind aufgrund des Umfangs der Tätigkeit für die deutsche Z GmbH 40 % von 150 000 € (= 60 000 €) der Z GmbH zuzuordnen.
X erzielt aus seiner Tätigkeit für die deutsche Z GmbH inländische Einkünfte nach § 49 Abs. 1 Nr. 4 Buchstabe c EStG. Die Z GmbH ist als wirtschaftlicher Arbeitgeber i. S. des DBA-Österreich anzusehen. Nach Art. 16 Abs. 2 DBA-Österreich steht Deutschland für den gesamten Betrag der Geschäftsführervergütung (60 000 €) das Besteuerungsrecht zu. Dies gilt unabhängig davon, dass die Tätigkeit sowohl in Deutschland als auch in Österreich ausgeübt wird. Die deutsche Z GmbH ist als wirtschaftlicher Arbeitgeber i. S. des § 38 Abs. 1 Satz 2 EStG zum Lohnsteuerabzug verpflichtet.

Abwandlung:

182 Die Y AG befindet sich nicht in Österreich, sondern in Liechtenstein, und X (mit einzigem Wohnsitz in Liechtenstein) übt seine Tätigkeit in Liechtenstein und in Deutschland aus.

Lösung:

Zwar unterliegt X nach wie vor mit 60 000 € der beschränkten Steuerpflicht in Deutschland. Diese wird jedoch nach Art. 14 Abs. 1 DBA-Liechtenstein insoweit beschränkt, als die Geschäftsführertätigkeit im Inland ausgeübt wurde. Deutschland kann also lediglich einen Arbeitslohn i. H. v. 30 000 € besteuern. Der Rückfall des Besteuerungsrechts an den Ansässigkeitsstaat nach Art. 14 Abs. 2 DBA-Liechtenstein greift nicht, da die deutsche Z GmbH als wirtschaftlicher Arbeitgeber in Deutschland anzusehen ist.

183 Die Grundsätze dieser Textziffer gelten auch in den Fällen, in denen es sich nicht um verbundene Unternehmen handelt.

4.3.3.3.6. Gestaltungsmissbrauch i. S. des § 42 AO

184 Dient eine Arbeitnehmerentsendung ausschließlich oder fast ausschließlich dazu, die deutsche Besteuerung zu vermeiden, ist im Einzelfall zu prüfen, ob ein Missbrauch rechtlicher Gestaltungsmöglichkeiten nach § 42 AO vorliegt.

Beispiel:

185 Ein in der Schweiz ansässiger Gesellschafter-Geschäftsführer einer inländischen Kapitalgesellschaft unterlag in der Vergangenheit der inländischen Besteuerung nach Art. 15 Abs. 4 DBA-Schweiz. Die Grenzgängereigenschaft des Art. 15 a DBA-Schweiz war bei ihm nicht gegeben. Er legt seine Beteiligung in eine Schweizer AG ein, an der er ebenfalls als Gesellschafter-Geschäftsführer wesentlich beteiligt ist und als Verwaltungsratspräsident für die Geschäftsführung verantwortlich ist. Der Veräußerungserlös ist nach Art. 13 Abs. 3 i. V. m. Abs. 4 DBA-Schweiz in Deutschland steuerfrei. Sein inländischer Anstellungsvertrag wird aufgelöst, er wird ab der Umstrukturierung als Arbeitnehmer der neuen Muttergesellschaft im Rahmen eines Managementverleihvertrags für die deutsche Tochtergesellschaft tätig.

Lösung:

Dient die gewählte Gestaltung nur dazu, die Anwendung des Art. 15 Abs. 4 DBA-Schweiz zu vermeiden, ist die Gestaltung ungeachtet der ggf. erfüllten Kriterien der Tz. 4.3.3.1, Rn. 149 ff. nach § 42 AO nicht anzuerkennen.

4.3.3.3.7. Arbeitgeber im Rahmen einer Poolvereinbarung

186 Schließen sich verbundene Unternehmen zu einem Pool zusammen, handelt es sich steuerlich um eine Innengesellschaft. Ein bestehendes zivilrechtliches Arbeitsverhältnis bleibt für die Anwendung des DBA maßgeblich.

Beispiel:

187 Fünf europäische Landesgesellschaften eines international tätigen Maschinenbau-Konzerns schließen sich zusammen, um eine Einsatzgruppe von Technikern zu bilden, die je nach Bedarf in Notfällen für die Landesgesellschaften in den einzelnen Ländern tätig werden sollen. Jede Landesgesellschaft stellt hierfür drei Techniker; die Kosten der Gruppe werden nach einem Umsatzschlüssel auf die Gesellschaften verteilt.

Lösung:

Arbeitgeber i. S. des DBA ist der jeweilige zivilrechtliche Arbeitgeber (die jeweilige Landesgesellschaft) des Technikers.

4.3.4. Gewerbliche Arbeitnehmerüberlassung

188 Gewerbliche Arbeitnehmerüberlassung liegt bei Unternehmen (Verleiher) vor, die Dritten (Entleiher) gewerbsmäßig Arbeitnehmer (Leiharbeitnehmer) zur Arbeitsleistung überlassen.

4.3.4.1. Beurteilung einer gewerblichen Arbeitnehmerüberlassung nach Art. 15 Abs. 1 und 2 OECD-MA entsprechenden Vorschriften

189 Bei einer grenzüberschreitenden Arbeitnehmerüberlassung nimmt grundsätzlich der Entleiher die wesentlichen Arbeitgeberfunktionen wahr. Der Leiharbeitnehmer ist regelmäßig in den Betrieb des Entleihers eingebunden. Dementsprechend ist (abweichend von Tz. 4.3.3.3.1, Rn. 158) bereits mit Aufnahme der Tätigkeit des Leiharbeitnehmers beim Entleiher i. d. R. dieser als Arbeitgeber i. S. des DBA anzusehen.

190 Bei einer doppel- oder mehrstöckigen gewerblichen Arbeitnehmerüberlassung ist i. d. R. der letzte Entleiher in der Kette als wirtschaftlicher Arbeitgeber nach DBA anzusehen (s. Beispiel 9, Rn. 201).

191 Die Arbeitgeberstellung des Entleihers ergibt sich insbesondere anhand nachfolgender Kriterien (s. auch Tz. 8.14 OECD-MK zu Art. 15 OECD-MA). Dabei sind die einzelnen Kriterien nach den Umständen des Einzelfalls ggf. unterschiedlich zu gewichten:
- Der Entleiher trägt die Verantwortung oder das Risiko für die durch die Tätigkeit des Arbeitnehmers erzielten Ergebnisse.
- Der Entleiher hat im Falle von Beanstandungen das Recht, den Arbeitnehmer an den Verleiher zurückzuweisen.
- Der Entleiher hat das Recht, dem Arbeitnehmer Weisungen zu erteilen, auf welche Weise die anfallenden Arbeiten auszuführen sind.
- Der Entleiher kontrolliert und verantwortet die Einrichtung, in der der Arbeitnehmer seine Tätigkeit ausübt.
- Der Entleiher stellt dem Arbeitnehmer im Wesentlichen die Werkzeuge und das Material zur Verfügung.
- Der Entleiher bestimmt die Zahl und die Qualifikation der Arbeitnehmer.
- Der Entleiher trägt das Lohnkostenrisiko im Falle der Nichtbeschäftigung.
- Der Entleiher legt die Arbeitszeiten sowie die Urlaubszeiten des Arbeitnehmers fest bzw. muss diesen zustimmen.
- Die Vergütung für den Verleiher wird auf Grundlage der Arbeitszeit des verliehenen Arbeitnehmers berechnet. Es handelt sich nicht lediglich um eine Art Dienstleistungsvertrag, in dem die Arbeitsstunden des Arbeitnehmers ggf. einer von vielen Kostenbestandteilen sind.

192 In begründeten Ausnahmefällen kann auch der Verleiher als Arbeitgeber i. S. des DBA anzusehen sein, weil wesentliche Arbeitgeberfunktionen beim Verleiher verbleiben. Dies setzt jedoch regelmäßig voraus, dass die Vergütung für den Verleiher unabhängig von der geleisteten Arbeitszeit des verliehenen Arbeitnehmers ermittelt wird (BFH-Beschluss vom 4. September 2002, BStBl. 2003 II S. 306) und die gewerbliche Arbeitnehmerüberlassung lediglich von kurzer Dauer ist (nach dem zuvor genannten BFH-Beschluss zweieinhalb Wochen).

Beispiel 1: Verleih im Inland mit anschließender grenzüberschreitender Lieferungs- oder Werkleistungsverpflichtung

193 Der im Inland ansässige Verleiher überlässt den im Inland ansässigen Arbeitnehmer an ein ebenfalls im Inland ansässiges Unternehmen (Entleiher), das den Arbeitnehmer für nicht mehr als 183 Tage zur Erfüllung einer eigenen Lieferungs- oder Werkleistungsverpflichtung bei einem fremden dritten Unternehmen im Ausland einsetzt.

Lösung:

Das im Ausland ansässige Unternehmen nimmt als Empfänger einer Lieferung bzw. Werkleistung keinerlei Arbeitgeberfunktionen gegenüber dem Arbeitnehmer wahr und ist damit nicht dessen Arbeitgeber im abkommensrechtlichen Sinne. Wirtschaftlicher Arbeitgeber des Arbeitnehmers ist vielmehr der im Inland ansässige Entleiher. Das Besteuerungsrecht für die vom Arbeitnehmer im Ausland ausgeübte Tätigkeit richtet sich ausschließlich nach den Art. 15 Abs. 1 und 2 OECD-MA entsprechenden Vorschriften der DBA. Da der Arbeitnehmer nicht mehr als 183 Tage im Ausland eingesetzt ist und der Entleiher dort weder ansässig ist noch eine Betriebsstätte unterhält, steht das Besteuerungsrecht für die Vergütungen aus der Tätigkeit ausschließlich Deutschland zu.

Beispiel 2: Verleih im Inland mit anschließender grenzüberschreitender Arbeitnehmerentsendung

194 Der im Inland ansässige Verleiher überlässt den im Inland ansässigen Arbeitnehmer an ein ebenfalls im Inland ansässiges Unternehmen (Entleiher), das den Arbeitnehmer für nicht mehr als 183 Tage im Ausland bei einem zum Konzern gehörenden Unternehmen einsetzt.

Lösung:

In diesem Fall ist zu prüfen, welche der beiden Konzerngesellschaften als Arbeitgeber i. S. des DBA anzusehen ist (s. Tz. 4.3.3, Rn. 149 ff.). Ist der im Inland ansässige Entleiher der wirtschaftliche Arbeitgeber des Leiharbeitnehmers, entspricht die Lösung der im Beispiel 1 und das Besteuerungsrecht verbleibt im Inland.
Ist dagegen das im Ausland ansässige Unternehmen als wirtschaftlicher Arbeitgeber anzusehen, sind die Voraussetzungen des Art. 15 Abs. 2 OECD-MA nicht erfüllt und der ausländische Tätigkeitsstaat hat nach Art. 15 Abs. 1 OECD-MA das Besteuerungsrecht.

Beispiel 3: Grenzüberschreitender Verleih mit anschließender Lieferungs- oder Werkleistungsverpflichtung im Inland

195 Der im Inland ansässige Verleiher überlässt den im Inland ansässigen Arbeitnehmer an ein im Ausland ansässiges Unternehmen (Entleiher), das den Arbeitnehmer für nicht mehr als 183 Tage zur Erfüllung einer eigenen Lieferungs- oder Werkleistungsverpflichtung bei einem Unternehmen im Inland einsetzt.

Lösung:

Es liegt eine grenzüberschreitende gewerbliche Arbeitnehmerüberlassung vor, in deren Rahmen der Arbeitnehmer an ein im Ausland ansässiges Unternehmen verliehen wird. Der Entleiher ist auch Arbeitgeber im abkommensrechtlichen Sinne, sofern er die wesentlichen Arbeitgeberfunktionen wahrnimmt. Soweit jedoch der Arbeitnehmer seine unselbständige Arbeit im Inland ausübt, ist der Ansässigkeitsstaat des Arbeitnehmers zugleich dessen Tätigkeitsstaat. Für die auf diese Tätigkeit entfallenden Vergütungen hat Deutschland das ausschließliche Besteuerungsrecht. Allein deshalb, weil der im anderen Vertragsstaat ansässige Entleiher im abkommensrechtlichen Sinne der Arbeitgeber ist und den Arbeitslohn an den Arbeitnehmer zahlt, ist das Besteuerungsrecht nicht dem anderen Vertragsstaat zuzuweisen.

Beispiel 4: Grenzüberschreitender Verleih mit anschließender Arbeitnehmerentsendung in das Inland

196 Der im Inland ansässige Verleiher überlässt den im Inland ansässigen Arbeitnehmer an ein im Ausland ansässiges Unternehmen (Entleiher), das den Arbeitnehmer für nicht mehr als 183 Tage bei einem im Inland ansässigen zum Konzern gehörenden Unternehmen einsetzt.

Lösung:

Soweit der Arbeitnehmer seine unselbständige Arbeit im Inland ausübt, ist der Ansässigkeitsstaat des Arbeitnehmers zugleich dessen Tätigkeitsstaat. Für die auf diese Tätigkeit entfallenden Vergütungen hat Deutschland das ausschließliche Besteuerungsrecht. In diesem Fall ist (abweichend von Beispiel 2, Rn. 194) nicht entscheidend, welche der beiden Konzerngesellschaften als Arbeitgeber i. S. des DBA anzusehen ist.

Beispiel 5: Grenzüberschreitender Verleih mit anschließender Lieferungs- oder Werkleistungsverpflichtung im gleichen ausländischen Staat

197 Der im Inland ansässige Verleiher überlässt den im Inland ansässigen Arbeitnehmer an ein im Ausland ansässiges Unternehmen (Entleiher), das den Arbeitnehmer für nicht mehr als 183 Tage zur Erfüllung einer eigenen Lieferungs- oder Werkleistungsverpflichtung bei einem dritten Unternehmen im gleichen ausländischen Staat einsetzt.

Lösung:

Es liegt eine grenzüberschreitende gewerbliche Arbeitnehmerüberlassung vor, in deren Rahmen der Arbeitnehmer an ein im Ausland ansässiges Unternehmen entliehen und auch in diesem ausländischen Staat tätig wird. Der Entleiher ist Arbeitgeber im abkommensrechtlichen Sinne, sofern er die wesentlichen Arbeitgeberfunktionen wahrnimmt. Die Voraussetzungen des Art. 15 Abs. 2 OECD-MA sind nicht erfüllt und der ausländische Tätigkeitsstaat hat nach Art. 15 Abs. 1 OECD-MA das Besteuerungsrecht.

Beispiel 6: Grenzüberschreitender Verleih mit anschließender Arbeitnehmerentsendung innerhalb des gleichen ausländischen Staats

198 Der im Inland ansässige Verleiher überlässt den im Inland ansässigen Arbeitnehmer an ein im Ausland ansässiges Unternehmen (Entleiher), das den Arbeitnehmer für nicht mehr als 183 Tage bei einem im gleichen ausländischen Staat ansässigen zum Konzern gehörenden Unternehmen einsetzt.

Lösung:

Die Voraussetzungen des Art. 15 Abs. 2 OECD-MA sind nicht erfüllt und der ausländische Tätigkeitsstaat hat nach Art. 15 Abs. 1 OECD-MA das Besteuerungsrecht für die Vergütungen, die auf diese Tätigkeit entfallen. In diesem Fall ist (abweichend von Beispiel 2, Rn. 164) nicht entscheidend, welche der beiden Konzerngesellschaften als Arbeitgeber i. S. des DBA anzusehen ist, da beide im gleichen ausländischen Staat ansässig sind.

Beispiel 7: Grenzüberschreitender Verleih mit anschließender Lieferungs- oder Werkleistungsverpflichtung in einem weiteren ausländischen Staat

199 Der im Inland ansässige Verleiher überlässt den im Inland ansässigen Arbeitnehmer an ein im Staat X ansässiges Unternehmen (Entleiher), das den Arbeitnehmer für nicht mehr als 183 Tage zur Erfüllung einer eigenen Lieferungs- oder Werkleistungsverpflichtung bei einem dritten Unternehmen im Staat Y einsetzt.

Lösung:

Es liegt eine grenzüberschreitende gewerbliche Arbeitnehmerüberlassung vor, in deren Rahmen der Arbeitnehmer an das in Staat X ansässige Unternehmen entliehen wird. Der Entleiher ist Arbeitgeber im abkommensrechtlichen Sinne, sofern er die wesentlichen Arbeitgeberfunktionen wahrnimmt. Staat X hat nach Art. 15 Abs. 1 OECD-MA dennoch kein Besteuerungsrecht für die Vergütungen, soweit diese auf die im Staat Y ausgeübte Tätigkeit des Arbeitnehmers entfallen. Das im Staat Y ansässige Unternehmen nimmt keinerlei Arbeitgeberfunktionen gegenüber dem Arbeitnehmer wahr und ist damit nicht dessen Arbeitgeber im abkommensrechtlichen Sinne. Wenn der Arbeitnehmer nicht mehr als 183 Tage in Staat Y eingesetzt ist und der nicht in Staat Y ansässige Arbeitgeber im abkommensrechtlichen Sinne dort keine Betriebsstätte unterhält, steht das Besteuerungsrecht für die Vergütungen aus der Tätigkeit ausschließlich Deutschland zu.

Beispiel 8: Grenzüberschreitender Verleih mit anschließender Arbeitnehmerentsendung in einen weiteren ausländischen Staat

200 Der im Inland ansässige Verleiher überlässt den im Inland ansässigen Arbeitnehmer an ein im Staat X ansässiges Unternehmen (Entleiher), das den Arbeitnehmer für nicht mehr als 183 Tage bei einem zum Konzern gehörenden, in Staat Y ansässigen Unternehmen einsetzt.

Lösung:

In diesem Fall ist zu prüfen, welche der beiden in ausländischen Staaten ansässigen Konzerngesellschaften als Arbeitgeber i. S. des DBA anzusehen ist (s. Tz. 4.3.3, Rn. 149 ff.). Ist der im Staat X ansässige Entleiher der wirtschaftliche Arbeitgeber des Leiharbeitnehmers, entspricht die Lösung der im Beispiel 7 (Rn. 199) und das Besteuerungsrecht bleibt im Inland.

Ist dagegen das im Staat Y ansässige Unternehmen als wirtschaftlicher Arbeitgeber anzusehen, sind die Voraussetzungen des Art. 15 Abs. 2 OECD-MA nicht erfüllt und der ausländische Tätigkeitsstaat Y hat nach Art. 15 Abs. 1 OECD-MA das Besteuerungsrecht.

Beispiel 9: Grenzüberschreitender Verleih mit anschließendem Verleih in einen weiteren ausländischen Staat

201 Der im Inland ansässige gewerbliche Verleiher überlässt den im Inland ansässigen Arbeitnehmer an ein im Staat X ansässiges Unternehmen (Entleiher), das ebenfalls ein gewerblicher Verleiher ist und den Arbeitnehmer für nicht mehr als 183 Tage einem dritten, in Staat Y ansässigen Unternehmen (Entleiher) überlässt. Der Arbeitnehmer wird im Staat Y tätig.

Lösung:

Es liegt eine grenzüberschreitende gewerbliche Arbeitnehmerüberlassung vor. Als wirtschaftlicher Arbeitgeber im abkommensrechtlichen Sinne ist der letzte, in Staat Y ansässige Entleiher in der Kette anzusehen, sofern er die wesentlichen Arbeitgeberfunktionen wahrnimmt. Die Voraussetzungen des Art. 15 Abs. 2 OECD-MA sind nicht erfüllt und der ausländische Tätigkeitsstaat Y hat nach Art. 15 Abs. 1 OECD-MA das Besteuerungsrecht.

202 Die vorstehenden Grundsätze zum grenzüberschreitenden Arbeitnehmerverleih sind auch in den Fällen anzuwenden, in denen ein im Inland ansässiger Arbeitnehmer bei einem ausländischen gewerbsmäßigen Arbeitnehmerverleiher beschäftigt ist und dieser den Arbeitnehmer an ein Unternehmen im Ausland verleiht.

4.3.4.2. Besondere Regelungen in einzelnen DBA

203 Einige DBA enthalten zur Vermeidung von Missbrauch in Fällen von grenzüberschreitenden Leiharbeitsverhältnissen besondere Regelungen. Diese Sonderregelungen sind als sog. Spezialregelungen vorrangig anzuwenden (Stand: 1. Januar 2023):

– Protokoll Ziffer 5 zu Art. 15 DBA-Albanien,
– Art. 15 Abs. 3 DBA-Algerien,
– Art. 15 Abs. 3 DBA-Aserbaidschan,
– Art. 14 Abs. 3 DBA-Bulgarien,

– Art. 15 Abs. 3 DBA-Costa Rica,
– Art. 15 Abs. 4 DBA-Dänemark,
– Art. 14 Abs. 3 DBA-Finnland,
– Art. 13 Abs. 6 DBA-Frankreich,
– Protokoll Ziffer 13 zu Art. 15 DBA-Italien,
– Art. 15 Abs. 3 DBA-Kasachstan,
– Art. 15 Abs. 3 DBA-Korea,
– Art. 15 Abs. 3 DBA-Kroatien,
– Art. 14 Abs. 3 DBA-Tunesien,
– Protokoll Ziffer 5 zu Art. 15/23 DBA-Norwegen,
– Art. 15 Abs. 3 DBA-Österreich,
– Art. 15 Abs. 3 DBA-Polen,
– Art. 15 Abs. 3 DBA-Rumänien,
– Art. 15 Abs. 4 DBA-Schweden,
– Protokoll Ziffer 4 zum DBA-Slowenien,
– Art. 14 Abs. 3 DBA-Tadschikistan,
– Art. 15 Abs. 3 DBA-Tunesien,
– Art. 15 Abs. 3 DBA-Turkmenistan,
– Art. 14 Abs. 3 DBA-Ungarn,
– Art. 14 Abs. 3 DBA-Uruguay,
– Art. 14 Abs. 3 DBA-Zypern.

204 Regelmäßig bleibt es beim Besteuerungsrecht des Tätigkeitsstaates nach den Art. 15 Abs. 1 OECD-MA entsprechenden Vorschriften der DBA, unabhängig davon, wie lange der Arbeitnehmer in diesem Staat tätig ist.

205 In folgenden Fällen vermeidet Deutschland als Ansässigkeitsstaat die Doppelbesteuerung durch die Anrechnungsmethode (Stand: 1. Januar 2023):
– Art. 23 Abs. 1 Buchstabe b Doppelbuchstabe ee DBA-Albanien,
– Art. 23 Abs. 2 Buchstabe b Doppelbuchstabe ee DBA-Algerien,
– Art. 23 Abs. 1 Buchstabe b Doppelbuchstabe ee DBA-Aserbaidschan,
– Art. 22 Abs. 1 Buchstabe b Doppelbuchstabe ee DBA-Bulgarien,
– Art. 23 Abs. 1 Buchstabe b Doppelbuchstabe ee DBA-Costa Rica,
– Art. 24 Abs. 1 Buchstabe b Doppelbuchstabe bb DBA-Dänemark,
– Art. 21 Abs. 1 Buchstabe b Ziffer 3 DBA-Finnland,
– Art. 20 Abs. 1 Buchstabe c DBA-Frankreich,
– Protokoll Ziffer 13 zum DBA-Italien,
– Art. 23 Abs. 2 Buchstabe b Doppelbuchstabe ee DBA-Kasachstan,
– Art. 23 Abs. 1 Buchstabe b Doppelbuchstabe ee DBA-Korea,
– Art. 23 Abs. 1 Buchstabe b Doppelbuchstabe ee DBA-Kroatien,
– Art. 23 Abs. 2 Buchstabe b Doppelbuchstabe cc DBA-Norwegen,
– Art. 24 Abs. 1 Buchstabe b Doppelbuchstabe bb DBA-Polen,
– Art. 23 Abs. 2 Buchstabe b Doppelbuchstabe ee DBA-Rumänien,
– Art. 23 Abs. 1 Buchstabe b Doppelbuchstabe cc DBA-Schweden,
– Art. 23 Abs. 2 Buchstabe b Doppelbuchstabe dd DBA-Slowenien,
– Art. 22 Abs. 2 Buchstabe b Doppelbuchstabe dd DBA-Tadschikistan,
– Art. 23 Abs. 2 Buchstabe b Doppelbuchstabe ee DBA-Tunesien,
– Art. 23 Abs. 1 Buchstabe b Doppelbuchstabe ee DBA-Turkmenistan,
– Art. 22 Abs. 1 Buchstabe b Doppelbuchstabe cc DBA-Ungarn,
– Art. 22 Abs. 1 Buchstabe b Doppelbuchstabe ee DBA-Uruguay,
– Art. 22 Abs. 1 DBA-Zypern.

206 Art. 15 Abs. 3 DBA-Österreich regelt, dass Art. 15 Abs. 2 Buchstabe b (Arbeitgeber i. S. des DBA) für den Fall der gewerblichen Arbeitnehmerüberlassung dann keine Anwendung findet, wenn sich der Arbeitnehmer nicht länger als 183 Tage im anderen Staat aufhält. Damit wird dem Ansässigkeitsstaat des Arbeitnehmers das Besteuerungsrecht auch dann zugewiesen, wenn der Entleiher seinen Sitz im Tätigkeitsstaat hat und sich der Arbeitnehmer an nicht mehr als 183 Tagen im anderen Staat aufgehalten hat. Die Regelung des DBA wird durch Nr. 6 des Protokolls zum DBA-Österreich dahingehend flankiert, dass die 183-Tage-Regelung nur dann nicht zur Anwendung kommt, wenn der Verleiher im anderen Staat eine Betriebsstätte unterhält, die die Vergütungen trägt. Steht nach diesen Regeln Österreich als Tätigkeitsstaat das Besteuerungsrecht zu, vermeidet Deutschland die Doppelbesteuerung durch Anwendung der Freistellungsmethode nach Art. 23 Abs. 1 Buchstabe a DBA-Österreich.

207 In folgenden Fällen, in denen es wegen der Anwendung der Anrechnungsmethode im laufenden Kj. zu einer zeitweiligen Doppelbesteuerung kommen kann, bestehen keine Bedenken, dass aus Billigkeitsgründen entsprechend der Regelung des § 39 a Abs. 1 Satz 1 Nr. 5 Buchstabe c EStG maximal das Vierfache der voraussichtlich abzuführenden ausländischen Abzugsteuer als Freibetrag für das Lohnsteuerabzugsverfahren gebildet wird, begrenzt auf die Höhe des voraussichtlichen im Ausland zu versteuernden Arbeitslohns, für den die Anrechnungsmethode anzuwenden ist:
– Das DBA sieht für Lohneinkünfte die Anwendung der Anrechnungsmethode vor (s. Rn. 205).
– Die Berücksichtigung ausländischer Steuern nach § 34 c Abs. 1 EStG, die von Staaten erhoben werden, mit denen kein DBA besteht, und wenn der ATE (BMF-Schreiben vom 10. Juni 2022, BStBl I S. 997)[1] nicht anzuwenden ist.

[1] Abgedruckt als Anlage a zu LStH 39.5.

Anl c zu LStH 39.5

208 Hierzu ist es erforderlich, dass der Arbeitnehmer durch geeignete Unterlagen (z. B. Bestätigung des Arbeitgebers) glaubhaft macht, dass der Quellensteuerabzug im anderen Staat bereits vorgenommen wurde oder mit dem Quellensteuerabzug zumindest ernsthaft zu rechnen ist. Bei der Berechnung des Freibetrags dürfen ausländische Steuern eines Nicht-DBA-Staates nur zugrunde gelegt werden, wenn sie der deutschen Einkommensteuer entsprechen (Anhang 12 II Einkommensteuer-Handbuch). Auf die Veranlagungsverpflichtung nach § 46 Abs. 2 Nr. 4 EStG wird hingewiesen.

4.3.5. Gelegentliche Arbeitnehmerüberlassung zwischen fremden Dritten

209 Sofern gelegentlich ein Arbeitnehmer bei einem fremden Dritten eingesetzt wird, kann entweder eine Arbeitnehmerüberlassung oder eine Tätigkeit zur Erfüllung einer Lieferungs- oder Werkleistungsverpflichtung vorliegen.

210 Eine gelegentliche Arbeitnehmerüberlassung liegt grundsätzlich dann vor, wenn der zivilrechtliche Arbeitgeber, dessen Unternehmenszweck nicht die Arbeitnehmerüberlassung ist, mit einem nicht verbundenen Unternehmen vereinbart, den Arbeitnehmer für eine befristete Zeit bei letztgenanntem Unternehmen tätig werden zu lassen und das aufnehmende Unternehmen entweder eine arbeitsrechtliche Vereinbarung (Arbeitsverhältnis) mit dem Arbeitnehmer schließt oder als wirtschaftlicher Arbeitgeber anzusehen ist.

211 Bezogen auf die vom Entleiher gezahlten Vergütungen ist in diesen Fällen unter den Voraussetzungen der Tz. 4.3.2 und Tz. 4.3.3.3 regelmäßig der Entleiher als Arbeitgeber i. S. des DBA anzusehen.

Beispiel: Arbeitnehmerüberlassung zwischen fremden Dritten

212 Ein in Spanien ansässiges Unternehmen S und ein in Deutschland ansässiges Unternehmen D sind ausschließlich mit der Ausübung technischer Dienstleistungen befasst. Sie sind keine verbundenen Unternehmen i. S. des Art. 9 OECD-MA. D benötigt für eine Übergangszeit die Leistungen eines Spezialisten, um eine Bauleistung im Inland fertig zu stellen und wendet sich deswegen an S. Beide Unternehmen vereinbaren, dass X, ein in Spanien ansässiger Angestellter von S, für die Dauer von vier Monaten für D unter der direkten Aufsicht von dessen erstem Ingenieur arbeiten soll. X bleibt während dieser Zeit formal weiterhin bei S angestellt. D zahlt S einen Betrag, der dem Gehalt, Sozialversicherungsabgaben, Reisekosten und anderen Vergütungen des Technikers für diesen Zeitraum entspricht. Zusätzlich wird ein Aufschlag von 5 % gezahlt. Es wurde vereinbart, dass S von allen Schadensersatzansprüchen, die in dieser Zeit aufgrund der Tätigkeit von X entstehen sollten, befreit ist.

Lösung:

Es liegt eine gelegentliche Arbeitnehmerüberlassung zwischen fremden Unternehmen vor. D ist während des genannten Zeitraums als wirtschaftlicher Arbeitgeber des X anzusehen, da der Angestellte X in den Betrieb von Unternehmen D eingegliedert ist und dieses auch alle angefallenen Kosten für ihn trägt. Die Tatbestandsvoraussetzungen des Art. 14 Abs. 2 Buchstabe b DBA-Spanien sind damit nicht erfüllt. Gemäß Art. 14 Abs. 1 DBA-Spanien hat somit Deutschland als Tätigkeitsstaat das Besteuerungsrecht für die Vergütungen des X für den genannten Zeitraum. Der Aufschlag i. H. v. 5 % stellt keinen Arbeitslohn des X dar.

X ist in Deutschland nach innerstaatlichem Recht beschränkt steuerpflichtig, weil die Tätigkeit in Deutschland ausgeübt wurde (§ 49 Abs. 1 Nr. 4 Buchstabe a EStG).

D ist inländischer Arbeitgeber i. S. des § 38 Abs. 1 Satz 2 EStG, da es den Arbeitslohn für die ihm geleistete Arbeit wirtschaftlich trägt und somit zum Lohnsteuerabzug verpflichtet.

4.4. Zahlung des Arbeitslohns zu Lasten einer Betriebsstätte des Arbeitgebers im Tätigkeitsstaat – Art. 15 Abs. 2 Buchstabe c OECD-MA

213 Ist die Vergütung von einer Betriebsstätte des Arbeitgebers im Tätigkeitsstaat getragen worden, sind die Voraussetzungen für die alleinige Besteuerung im Ansässigkeitsstaat nach Art. 15 Abs. 2 Buchstabe c OECD-MA nicht erfüllt.

214 Maßgebend für den Begriff der „Betriebsstätte" ist die Definition in dem jeweiligen Abkommen (Art. 5 OECD-MA). Nach vielen DBA wird z. B. eine Bauausführung oder Montage erst ab einem Zeitraum von mehr als 12 Monaten zu einer Betriebsstätte (abweichend von § 12 AO, wonach bei einer Dauer von mehr als sechs Monaten eine Betriebsstätte vorliegt).

215 Der Arbeitslohn wird von einer Betriebsstätte getragen, wenn die Zahlungen wirtschaftlich der Betriebsstätte zuzuordnen sind. Nicht entscheidend ist, wer die Vergütungen auszahlt oder in seiner Teilbuchführung abrechnet. Es kommt nicht darauf an, dass die Vergütungen zunächst von der Betriebsstätte ausgezahlt und später vom übrigen Unternehmen erstattet werden. Ebenso ist es nicht entscheidend, wenn eine zunächst vom übrigen Unternehmen ausgezahlte Vergütung später in der Form einer Kostenumlage auf die ausländische Betriebsstätte abgewälzt wird. Entscheidend ist allein, ob und ggf. in welchem Umfang die ausgeübte Tätigkeit des Arbeitnehmers nach dem jeweiligen DBA der Betriebsstätte zuzuordnen ist (für die Zuordnung des Arbeitslohns an eine Betriebsstätte siehe die unter der Rn. 218 genannten BMF-Schreiben) und die Vergütung deshalb wirtschaftlich zu Lasten der Betriebsstätte geht (s. BFH-Urteil vom 24. Februar 1988, BStBl. II S. 819).

216 Eine Betriebsstätte kann zivilrechtlich nicht Arbeitgeber sein. Dies gilt unabhängig davon, welchem Vertragsstaat die maßgeblichen Personalfunktionen i. S. des § 1 Abs. 5 AStG zuzuordnen sind. Damit bleibt es auch ohne Auswirkung, ob in einem DBA der einschlägige Artikel zur Besteuerung der Unternehmensgewinne (z. B. Art. 7 DBA-Luxemburg, Protokoll Nr. 4 zu Art. 7 DBA-USA und Art. 7 DBA-Vereinigtes Königreich) bezüglich des Betriebsstättengewinns eine Formulierung entsprechend dem OECD-Betriebsstättenbericht 2010 (AOA) enthält. Der Grundsatz des AOA, wonach Betriebsstätten bei der Gewinnermittlung nach DBA als selbständige Unternehmen behandelt werden (Selbständigkeitsfiktion), ist bei Arbeitnehmerentsendung zwischen einer Betriebsstätte und dem übrigen Unternehmen nicht zu übernehmen.

217 Eine selbständige Tochtergesellschaft (z. B. GmbH) ist grundsätzlich nicht Betriebsstätte der Muttergesellschaft, kann aber ggf. eine Vertreterbetriebsstätte begründen oder selbst Arbeitgeber sein (vgl. Tz. 4.3.3, Rn. 149 ff.).

218 Im Übrigen wird auf die „Grundsätze der Verwaltung für die Prüfung der Aufteilung der Einkünfte bei Betriebsstätten international tätiger Unternehmen" (Betriebsstätten-Verwaltungsgrundsätze; BMF-Schreiben vom 24. Dezember 1999, BStBl. I S. 1076, unter Berücksichtigung der Änderungen durch die BMF-Schreiben vom 20. November 2000, BStBl. I S. 1509, vom 29. September 2004, BStBl. I S. 917, und vom 25. August 2009, BStBl. I S. 888, vom 16. April 2010, BStBl. I S. 354, vom 20. Juni 2013, BStBl. I S. 980, vom 26. September 2014, BStBl. I S. 1258) sowie die Verwaltungsgrundsätze Betriebsstättengewinnaufteilung (BMF-Schreiben vom 22. Dezember 2016, BStBl. 2017 I S. 182) und die Tz. 4.3.3.1, Rn. 149 verwiesen.

Beispiel 1:

219 Der in Deutschland ansässige A ist vom 1. Januar 01 bis 31. März 01 bei einer Betriebsstätte seines deutschen Arbeitgebers in Frankreich (nicht innerhalb der Grenzzone nach Art. 13 Abs. 5 DBA-Frankreich) tätig. Der Lohnaufwand ist der Betriebsstätte nach Art. 4 DBA-Frankreich als Betriebsausgabe zuzurechnen.

Lösung:

Das Besteuerungsrecht für den Arbeitslohn steht Frankreich zu. A hält sich zwar nicht länger als 183 Tage in Frankreich auf. Da der Arbeitslohn aber zu Lasten einer französischen Betriebsstätte des Arbeitgebers geht, bleibt das Besteuerungsrecht von Deutschland nicht erhalten (Art. 13 Abs. 4 DBA-Frankreich). Frankreich kann als Tätigkeitsstaat den Arbeitslohn besteuern (Art. 13 Abs. 1 DBA-Frankreich). Deutschland stellt die Einkünfte unter Progressionsvorbehalt frei (Art. 20 Abs. 1 Buchstabe a DBA-Frankreich) , soweit nicht § 50 d Abs. 8 bzw. 9 EStG anzuwenden sind.

Beispiel 2:

220 Der in Frankreich ansässige B ist bei einer deutschen Betriebsstätte seines französischen Arbeitgebers A (nicht innerhalb der Grenzzone nach Art. 13 Abs. 5 DBA-Frankreich) vom 1. Januar 01 bis 31. März 01 in Deutschland tätig. Der Lohnaufwand ist der deutschen Betriebsstätte nach Art. 4 DBA-Frankreich als Betriebsausgabe zuzurechnen.

Lösung:

Das Besteuerungsrecht für den Arbeitslohn steht Deutschland zu. B hält sich zwar nicht länger als 183 Tage in Deutschland auf. Da der Arbeitslohn aber zu Lasten einer deutschen Betriebsstätte geht, kann Deutschland als Tätigkeitsstaat den Arbeitslohn besteuern (Art. 13 Abs. 1 DBA-Frankreich i. V. m. § 1 Abs. 4 und § 49 Abs. 1 Nr. 4 Buchstabe a EStG). A ist inländischer Arbeitgeber i. S. des § 38 Abs. 1 Satz 1 Nr. 1 EStG, weil er im Inland über eine Betriebsstätte verfügt, und ist deshalb zum Lohnsteuerabzug verpflichtet.

221 Wird ein Arbeitnehmer, dessen Tätigkeit einer Betriebsstätte in einem Vertragsstaat zuzuordnen ist, im anderen Vertragsstaat tätig, in dem sein Arbeitgeber ansässig ist, steht dem Seite 87 Ansässigkeitsstaat des Arbeitgebers grundsätzlich das Besteuerungsrecht zu. Dies gilt auch dann, wenn die Tätigkeit nur von kurzer Dauer ist (vgl. Art. 15 Abs. 2 Buchstabe a OECD-MA). Ohne Bedeutung ist in diesem Fall auch, wer im Verhältnis zu einer Betriebsstätte des Arbeitgebers die Aufwendungen für diese Tätigkeit trägt oder hätte tragen müssen (vgl. Art. 15 Abs. 2 Buchstabe c OECD-MA). Die Tatbestandsvoraussetzung für den Rückfall des Besteuerungsrechts an den Ansässigkeitsstaat des Arbeitnehmers im Rahmen der sog. 183-Tage-Klausel ist bereits dann nicht gegeben, wenn der Arbeitgeber (auch) im Tätigkeitsstaat ansässig ist. In diesem Fall ist die Voraussetzung des Art. 15 Abs. 2 Buchstabe b OECD-MA bereits nicht erfüllt (BFH-Urteil vom 5. Juni 2007, BStBl. II S. 810).

Beispiel 3:

222 Ein im Ausland ansässiger Mitarbeiter einer
a) ausländischen Betriebsstätte
b) ausländischen Tochtergesellschaft
besucht für eine Woche eine interne Schulungsveranstaltung beim übrigen Unternehmen bzw. bei der Muttergesellschaft in Deutschland. Der Arbeitslohn wird (a) vollständig durch die Betriebsstätte getragen bzw. (b) von der ausländischen Tochtergesellschaft gezahlt; eine Weiterbelastung der Kosten erfolgt im Fall b) nicht.

Lösung:

zu a)

Die Betriebsstätte kann nicht Arbeitgeber sein. Deutschland hat nach Art. 15 Abs. 1 i. V. m. Art. 15 Abs. 2 Buchstabe b OECD-MA das Besteuerungsrecht für die fünf deutschen Arbeitstage, da die Arbeitsausübung in Deutschland stattfindet und der Arbeitgeber dort ansässig ist. Vom deutschen Unternehmen ist Lohnsteuer einzubehalten und abzuführen.

zu b)

Der ausländische Ansässigkeitsstaat des Arbeitnehmers hat nach Art. 15 Abs. 2 OECD-MA das ausschließliche Besteuerungsrecht an den Lohneinkünften, da der Arbeitnehmer die 183-Tage-Frist nicht überschreitet, sein Arbeitslohn nicht von einem in Deutschland ansässigen Arbeitgeber gezahlt wird und auch nicht von einer in Deutschland gelegenen Betriebsstätte seines Arbeitgebers (Tochtergesellschaft) getragen wird. Ein deutsches Besteuerungsrecht besteht daher nicht.

5. Ermittlung des steuerpflichtigen/steuerfreien Arbeitslohns

5.1. Differenzierung zwischen der Anwendung der 183-Tage-Klausel und der Ermittlung des steuerpflichtigen/steuerfreien Arbeitslohns

223 Nach Art. 15 Abs. 1 OECD-MA können die Vergütungen aus unselbständiger Arbeit ausschließlich 88
im Ansässigkeitsstaat des Arbeitnehmers besteuert werden, es sei denn, die Tätigkeit wird im anderen Staat ausgeübt. Wird die unselbständige Arbeit im anderen Staat ausgeübt, steht auch diesem Staat das Besteuerungsrecht für Vergütungen zu, die für die dort ausgeübte Tätigkeit gezahlt werden (s. Tz. 3, Rn. 99). Gemäß Art. 15 Abs. 2 OECD-MA ist zu prüfen, ob dem Ansässigkeitsstaat des Arbeitnehmers trotz der Auslandstätigkeit das ausschließliche Besteuerungsrecht an den Vergütungen aus unselbständiger Arbeit verbleibt (s. Tz. 4, Rn. 101 ff.). Im Rahmen dieser Prüfung wird u. a. eine Berechnung der nach dem jeweils anzuwendenden DBA maßgeblichen Aufenthalts- oder Ausübungstage im Ausland anhand der 183-Tage-Klausel vorgenommen. Für das Kriterium der Ansässigkeit i. S. der dem Art. 4 OECD-MA entsprechenden Bestimmung des anzuwendenden DBA (s. Tz. 1.2.1, Rn. 7 ff.), ist stets auf

Anl c zu LStH 39.5

den Zeitpunkt des Zuflusses nach § 11 EStG abzustellen (BFH-Urteil vom 21. Dezember 2022, BStBl. 2023 II S. 825).

224 Die Ermittlung des steuerpflichtigen/steuerfreien Arbeitslohns erfolgt sodann in einem weiteren gesonderten Schritt.

5.2. Grundsätze bei der Ermittlung des steuerpflichtigen/steuerfreien Arbeitslohns

225 Nach § 90 Abs. 2 AO hat der Steuerpflichtige den Nachweis über die Ausübung der Tätigkeit in dem anderen Staat und deren Zeitdauer durch Vorlage geeigneter Aufzeichnungen (z. B. Stundenprotokolle, Terminkalender, Reisekostenabrechnungen, Reisekalender) zu führen.

226 Ist der Arbeitslohn in Deutschland nach einem DBA freizustellen, ist zunächst zu prüfen, inwieweit die Vergütungen unmittelbar der Auslandstätigkeit oder der Inlandstätigkeit zugeordnet werden können (s. Tz. 5.3, Rn. 227). Soweit eine unmittelbare Zuordnung nicht möglich ist, ist der verbleibende tätigkeitsbezogene Arbeitslohn aufzuteilen. Die Aufteilung hat der Arbeitgeber bereits im Lohnsteuerabzugsverfahren entsprechend dem BMF-Schreiben vom 14. März 2017, BStBl. I S. 473 („Ermittlung des steuerfreien und steuerpflichtigen Arbeitslohns nach den Doppelbesteuerungsabkommen sowie nach dem ATE im Lohnsteuerabzugsverfahren")[1] vorzunehmen; zum Erfordernis der Freistellungsbescheinigung vgl. R 39.5 LStR. Darüber hinaus hat der Arbeitgeber den steuerfrei belassenen Arbeitslohn in der Lohnsteuerbescheinigung anzugeben. Das Lohnsteuerabzugsverfahren ist ein Vorauszahlungsverfahren, dessen Besonderheiten und Regelungen nicht in das Veranlagungsverfahren hineinwirken (BFH-Urteil vom 13. Januar 2011, BStBl. II S. 479). Jedoch haftet der Arbeitgeber auch nach Erstellung der Lohnsteuerbescheinigung für die zutreffende Anmeldung und Abführung der Lohnsteuer und ist, wenn ihm dies wirtschaftlich zumutbar ist, verpflichtet, Änderungen des Lohnsteuerabzugs bei der nachfolgenden Lohnzahlung zu berücksichtigen (§ 41 c Abs. 1 EStG). Die Fälle, in denen der Arbeitgeber die Lohnsteuer nicht nachträglich einbehält bzw. einbehalten kann, hat er beim Betriebsstättenfinanzamt unverzüglich anzuzeigen (§ 41 c Abs. 4 EStG). Das Finanzamt ist nicht gehindert, im Einkommensteuerveranlagungsverfahren die vorgenommene Aufteilung zu überprüfen. Es ist nicht an eine fehlerhaft erteilte Freistellungsbescheinigung gebunden (BFH-Urteil vom 13. März 1985, BStBl II S. 500).

5.3. Direkte Zuordnung

227 Gehaltsbestandteile, die unmittelbar aufgrund einer konkreten inländischen oder ausländischen Arbeitsleistung gewährt werden, sind vorab direkt zuzuordnen. Dies können z. B. Reisekosten, Überstundenvergütungen, Zuschläge für Sonntags-, Feiertags- und Nachtarbeit, Auslandszulagen (z. B. Lebenshaltungskostenausgleich – „Cost of living allowance"/COLA, Erschwerniszulage – „Hardship allowance", Mobilitätszulage – „Mobility allowance", s. Tz. 5.5.10, Rn. 339), die Gestellung einer Wohnung im Tätigkeitsstaat, Kosten für eine Orientierungsreise, Sprachunterricht, interkulturelle Schulungen, Aufwendungen für Visa oder medizinische Untersuchungen für die Auslandstätigkeit und sonstige Auslagen oder Unterstützungsleistungen für die mitumziehende Familie sein. Daran schließt sich die Würdigung an, ob überhaupt steuerpflichtiger Arbeitslohn vorliegt oder ob nicht Leistungen im ganz überwiegend betrieblichen Interesse bzw. steuerfreie Aufwandserstattungen vorliegen. Der Gesamtarbeitslohn abzüglich der direkt zugeordneten Gehaltsbestandteile ist der verbleibende Arbeitslohn.

5.4. Aufteilung des verbleibenden Arbeitslohns

228 Der nicht direkt zuordenbare, verbleibende Arbeitslohn ist aufzuteilen. Zum verbleibenden Arbeitslohn gehören z. B. neben den laufenden Vergütungen (z. B. Grundgehalt) auch Zusatzvergütungen, die auf die nichtselbständige Arbeit des Arbeitnehmers innerhalb des gesamten Berechnungszeitraums entfallen (z. B. Weihnachts- und Urlaubsgeld). Hat sich das vereinbarte Gehalt während des Kj. verändert, so ist dieser Veränderung Rechnung zu tragen (s. Tz. 5.4.2, Beispiel 3, Rn. 240).

229 Grundlage für die Berechnung des steuerfreien Arbeitslohns ist die Zahl der tatsächlichen Arbeitstage (s. Tz. 5.4.1, Rn. 230 ff.) innerhalb eines Erdienungszeitraums (s. Rn. 236). Den tatsächlichen Arbeitstagen ist das für die entsprechende Zeit bezogene und nicht nach Tz. 5.3, Rn. 227 direkt zugeordnete Arbeitsentgelt gegenüberzustellen (s. Tz. 5.4.2, Rn. 233 ff.).

5.4.1. Definition der tatsächlichen Arbeitstage

230 Die tatsächlichen Arbeitstage sind alle Tage innerhalb eines Kj., an denen der Arbeitnehmer seine Tätigkeit tatsächlich ausübt und für die er Arbeitslohn bezieht. Krankheitstage mit oder ohne Lohnfortzahlung, Urlaubstage und Tage des ganztägigen Arbeitszeitausgleichs sind folglich keine Arbeitstage. Dagegen können auch Wochenend- oder Feiertage grundsätzlich als tatsächliche Arbeitstage zu zählen sein, wenn der Arbeitnehmer seine Tätigkeit an diesen Tagen tatsächlich ausübt und diese durch den Arbeitgeber vergütet wird. Eine solche Vergütung liegt auch vor, wenn dem Arbeitnehmer ein entsprechender Arbeitszeitausgleich gewährt wird. Als volle Arbeitstage zählen auch Tage mit verkürzten Arbeitszeiten. Es kommt weder auf die Zahl der Kalendertage (365) noch auf die Anzahl der vertraglich vereinbarten Arbeitstage an.

Beispiel 1:

231 Ein Arbeitnehmer ist grundsätzlich an 250 Werktagen zur Arbeit verpflichtet und verfügt über einen Anspruch von 30 Urlaubstagen (= vereinbarte Arbeitstage: 220). Die tatsächlichen Tage verändern sich wie folgt:

	220
Übertrag von 10 Urlaubstagen vom Vorjahr	– 10
Übertrag von 20 Urlaubstagen ins Folgejahr	+ 20
30 Krankheitstage mit Lohnfortzahlung	– 30
30 Krankheitstage ohne Lohnfortzahlung	– 30
Tatsächliche Arbeitstage gesamt	170

[1] **[Amtl. Anm.:]** Ab 1. 1. 2025 BMF vom 8. 10. 2024 (BStBl. I S. 1308), abgedruckt als Anlage d zu LStH 39.5.

Beispiel 2:

232 Arbeitnehmer C ist laut Arbeitsvertrag von montags bis freitags dazu verpflichtet, zu arbeiten. Er macht eine Auslandsdienstreise von Freitag bis Montag, wobei C auch am Samstag und Sonntag für seinen Arbeitgeber tätig ist. Von seinem Arbeitgeber erhält C für Samstag eine Überstundenvergütung und für Sonntag einen ganztägigen Freizeitausgleich, den er bereits am Dienstag in Anspruch nimmt.

Lösung:

Außer Dienstag sind alle Tage als Arbeitstage zu zählen, da C an diesen Tagen tatsächlich und entgeltlich gearbeitet hat. An dem Dienstag wurde jedoch tatsächlich keine Tätigkeit ausgeübt.

5.4.2. Durchführung der Aufteilung

233 Das aufzuteilende Arbeitsentgelt (Tz. 5.4, Rn. 228) ist in Bezug zu den tatsächlichen Arbeitstagen (Tz. 5.4.1, Rn. 230) zu setzen. Daraus ergibt sich das Arbeitsentgelt pro tatsächlichem Arbeitstag. Das aufzuteilende Arbeitsentgelt pro tatsächlichem Arbeitstag ist mit den tatsächlichen Arbeitstagen zu multiplizieren, an denen der Arbeitnehmer seine Tätigkeit im anderen Vertragsstaat ausgeübt hat, um den freizustellenden verbleibenden Arbeitslohn zu ermitteln.

Beispiel 1: Grundfall zur Aufteilung nach tatsächlichen Arbeitstagen

234 A ist vom 1. Januar 01 bis 31. Juli 01 für seinen deutschen Arbeitgeber in Österreich tätig. Die vereinbarten Arbeitstage des A für das Kj. belaufen sich auf 220 Tage. Tatsächlich übt A jedoch seine vergütete Tätigkeit an 145 Tagen in Österreich und an 95 Tagen in Deutschland aus (240 Tage). Der aufzuteilende Arbeitslohn beträgt 120 000 €.

Lösung:

Der Arbeitslohn ist nach den tatsächlichen Arbeitstagen aufzuteilen. Den tatsächlichen Arbeitstagen im Jahr 01 ist das im Jahr 01 aufzuteilende Arbeitsentgelt i. H. v. 120 000 € gegenüberzustellen. Es ergibt sich ein aufzuteilendes Arbeitsentgelt pro tatsächlichem Arbeitstag i. H. v. 500 € (120 000 €/240 tatsächliche Arbeitstage). Sofern keine Rückfallklauseln anzuwenden sind, stellt Deutschland Einkünfte i. H. v. 145 x 500 € = 72 500 € unter Progressionsvorbehalt steuerfrei und unterwirft 120 000 € – 72 500 € = 47 500 € (entspricht 95 x 500 €) der deutschen Besteuerung.
A muss im Rahmen der Veranlagung die Anzahl der tatsächlichen Gesamtarbeitstage und die in Österreich verbrachten Arbeitstage nachweisen, da abkommensrechtlich nur insoweit eine Freistellung in Betracht kommt. Der Nachweis der Arbeitstage, an denen im Ansässigkeitsstaat eine Tätigkeit ausgeübt wurde, reicht nicht aus.

Beispiel 2: zweistufige Ermittlung des steuerfreien Arbeitslohns

235 A ist vom 1. Januar 01 bis 31. Juli 01 für seinen deutschen Arbeitgeber in Japan tätig. Seinen Familienwohnsitz in Deutschland behält er bei und ist daher während der Tätigkeit in Japan weiterhin in Deutschland i. S. des DBA ansässig. Er erhält im Jahr 01 einen Arbeitslohn einschließlich Weihnachtsgeld und Urlaubsgeld i. H. v. 80 000 €. Für die Tätigkeit in Japan erhält er zusätzlich eine Zulage i. H. v. 30 000 €. A ist im Jahr 01 vertraglich an 200 Tagen zur Arbeit verpflichtet, übt seine vergütete Tätigkeit jedoch tatsächlich an 220 Tagen (davon 140 in Japan) aus.

Lösung:

Deutschland hat für den Arbeitslohn, der auf die Tätigkeit in Japan entfällt, kein Besteuerungsrecht, da sich A länger als 183 Tage innerhalb eines 12-Monats-Zeitraums in Japan aufgehalten hat (Art. 14, 22 Abs. 2 Buchstabe a DBA-Japan). Der steuerfreie Arbeitslohn berechnet sich wie folgt:
Die Zulage i. H. v. 30 000 € ist der Auslandstätigkeit unmittelbar zuzuordnen und deshalb im Inland steuerfrei. Der übrige Arbeitslohn i. H. v. 80 000 € ist nach den tatsächlichen Arbeitstagen aufzuteilen. Den tatsächlichen Arbeitstagen im Jahr 01 ist das im Jahr 01 aufzuteilende Arbeitsentgelt i. H. v. 80 000 € gegenüberzustellen. Es ergibt sich ein aufzuteilendes Arbeitsentgelt pro tatsächlichem Arbeitstag i. H. v. 363,64 € (80 000 €/220 tatsächliche Arbeitstage). Dieses Entgelt ist mit den tatsächlichen Arbeitstagen zu multiplizieren, die auf die Tätigkeit in Japan entfallen, hier 140 Tage. Von den 80 000 € Arbeitslohn sind daher 140 × 363,64 € = 50 910 € im Inland steuerfrei.
Der insgesamt steuerfreie Arbeitslohn i. H. v. 80 910 € (30 000 € + 50 910 €) ist nach Abzug von Werbungskosten, die in unmittelbarem wirtschaftlichen Zusammenhang mit der Tätigkeit in Japan angefallen sind, unter Progressionsvorbehalt freizustellen (Art. 22 Abs. 2 Buchstabe a und b DBA-Japan), sofern keine Rückfallklausel anzuwenden ist. Der übrige Arbeitslohn i. H. v. 29 090 € ist im Inland steuerpflichtig.

236 Dabei ist zu beachten, dass Vergütungen grundsätzlich dem Zeitraum zugeordnet werden müssen, in dem sie erdient bzw. für den sie gezahlt wurden (Erdienungszeitraum). Der Erdienungszeitraum kann kalenderjahrübergreifend zu bemessen sein oder sich – je nach Art der Zahlung – über mehrere Jahre erstrecken (z. B. bei Jubiläumszuwendungen, Mitarbeiteraktienoptionen).

237 Der für die Aufteilung des laufenden Arbeitslohns maßgebliche Erdienungszeitraum ist grundsätzlich das Kj., da der Arbeitnehmer seine Einnahmen aus nichtselbständiger Arbeit regelmäßig erhält, weil er mit dem Arbeitgeber vereinbart hat, seine Arbeitsleistung an einer bestimmten Zahl von Tagen innerhalb eines Jahres zur Verfügung zu stellen. Die vertragliche Vereinbarung einer wöchentlichen Arbeitszeit steht dieser Betrachtungsweise nicht entgegen.

238 Beginnt oder endet das Arbeitsverhältnis während des Kj., so verkürzt sich der Erdienungszeitraum auf die Dauer des Arbeitsverhältnisses während des Kj. Darüber hinaus kann ein vom Kj. abweichender Erdienungszeitraum gegeben sein, wenn ein Arbeitnehmer im Rahmen seines Arbeitsverhältnisses eine neue Funktion ausübt (z. B. Beförderung, Übernahme neuer Aufgaben) und damit eine maßgebliche Veränderung seines Arbeitslohns einhergeht. Hat sich das vereinbarte Gehalt während des Kj. ohne Funktionswechsel verändert (z. B. Tarifanpassung), so kann dieser Veränderung auf Antrag Rechnung getragen werden, indem durch die erstmalige Auszahlung des veränderten Gehalts der Beginn eines neuen Erdienungszeitraums begründet wird.

239 Aus Vereinfachungsgründen kann bei der Übertragung von Urlaubstagen in ein anderes Kj. von diesem Grundsatz abgewichen werden. Die Vereinfachungsregelung greift jedoch nicht bei der finanziellen Abgeltung von Urlaubsansprüchen.

Beispiel 3: wirtschaftliche Zuordnung zu einem Erdienungszeitraum bei Gehaltsveränderungen

240 Der in Deutschland ansässige A übt seine Tätigkeit als Ingenieur für einen deutschen Arbeitgeber tatsächlich an 240 Arbeitstagen pro Kj. aus (20 tatsächliche Arbeitstage im Monat). Im Kj. 01 arbeitet er im Februar und März an ins-

Anl c zu LStH 39.5

gesamt 35 Arbeitstagen tatsächlich in Japan. Für die Monate Januar bis März erhält A ein monatliches Bruttogehalt i. H. v. 5000 €. Ab April wird er zum Abteilungsleiter befördert und wird in dieser Eigenschaft bis November an insgesamt 150 Tagen in Japan tatsächlich tätig. Mit seiner Beförderung geht eine Gehaltsanpassung auf 7500 € pro Monat einher. Ab Mai 02 erhält A eine im Tarifvertrag vorgesehene Gehaltsanpassung von 3 % (neues Bruttogehalt 7725 €). Er war bis zu diesem Zeitpunkt an 80 Arbeitstagen in Japan tätig. Von Juni bis November arbeitete er an 105 Tagen in Japan.

Lösung:

Deutschland hat für den Arbeitslohn, der auf die Tätigkeit in Japan entfällt, kein Besteuerungsrecht, da sich A jeweils länger als 183 Tage innerhalb eines Zwölf-Monats-Zeitraums in Japan aufgehalten hat (Art. 14, 22 Abs. 2 Buchstabe a DBA-Japan). Der steuerfreie Arbeitslohn berechnet sich wie folgt:

Jahr 01:

Der im Rahmen der Beförderung zum Abteilungsleiter angefallenen, wesentlichen Gehaltserhöhung ist zwingend Rechnung zu tragen, sodass für die Aufteilung des laufenden Gehalts gesonderte Erdienungszeiträume zu betrachten sind. Der Erdienungszeitraum für die Tätigkeit als Ingenieur endet am 31. März. Das bis dahin bezogene aufzuteilende Arbeitsentgelt pro Arbeitstag i. H. v. 250 € (15 000 €/60 tatsächliche Arbeitstage) ist mit den in diesem Zeitraum in Japan verbrachten tatsächlichen 35 Arbeitstagen zu multiplizieren. Von den 15 000 € Arbeitslohn in diesem Zeitraum sind also 35 x 250 € = 8750 € unter Progressionsvorbehalt steuerfrei.
Der Erdienungszeitraum für die Tätigkeit als Abteilungsleiter umfasst die Monate April bis Dezember. Das aufzuteilende Arbeitsentgelt beträgt 67 500 € (9 x 7500 €) in diesem Erdienungszeitraum. Daraus ergibt sich ein aufzuteilendes Arbeitsentgelt pro tatsächlichem Arbeitstag i. H. v. 375 € (67 500 €/180 tatsächliche Arbeitstage), das mit den in diesem Erdienungszeitraum in Japan verbrachten tatsächlichen 150 Arbeitstagen zu multiplizieren ist (150 x 375 € = 56 250 €). Von den 67 500 € Arbeitslohn sind somit in diesem Zeitraum 56 250 € unter Progressionsvorbehalt steuerfrei.
Insgesamt sind vom Arbeitslohn des Jahres 01 i. H. v. 82 500 € also 65 000 € (8750 € + 56 250 €) unter Progressionsvorbehalt von der deutschen Besteuerung auszunehmen (Art. 22 Abs. 2 Buchstabe a und b DBA-Japan, § 32 b Abs. 1 Satz 1 Nr. 3 EStG), soweit nicht § 50 d Abs. 8 oder 9 EStG anzuwenden ist.

Jahr 02:

Das Bruttojahresgehalt setzt sich wie folgt zusammen:

Januar – April:	4 × 7500 € =	30 000 €
Mai – Dezember:	8 × 7725 € =	61 800 €
= Bruttojahresgehalt:		91 800 €

Das aufzuteilende Arbeitsentgelt pro tatsächlichem Arbeitstag beträgt 382,50 € (91 800 €/240 tatsächliche Arbeitstage). Insgesamt sind also 70 762,50 € (185 x 382,50 €) unter Progressionsvorbehalt von der Besteuerung auszunehmen. Auf Antrag könnte A auch geltend machen, dass der tarifvertraglichen Gehaltsveränderung Rechnung zu tragen ist. Insoweit wird auf die Lösung von Jahr 01 verwiesen.

Beispiel 4: wirtschaftliche Zuordnung zu einem Erdienungszeitraum bei Gehaltsnachzahlungen

241 Der ausschließlich in Deutschland ansässige D übt seine Tätigkeit für einen deutschen Arbeitgeber im Rahmen einer Werkleistungsverpflichtung im Jahr 01 an 30 Tagen bei Kunden in Deutschland und an 200 Tagen bei Kunden in der Schweiz aus. Im Jahr 02 wird er ausschließlich in der Schweiz tätig. Er erhält im Februar 02 eine allgemeine Prämienzahlung für das Jahr 01.

Lösung:

Die Prämienzahlung ist nach den Verhältnissen des Erdienungszeitraums (Jahr 01) aufzuteilen und lediglich zu 200/230 unter Progressionsvorbehalt von der deutschen Besteuerung auszunehmen (Art. 24 Abs. 1 Nr. 1 Buchstabe d DBA-Schweiz, § 32 b Abs. 1 Satz 1 Nr. 3 EStG), soweit nicht § 50 d Abs. 8 oder 9 EStG anzuwenden ist.

Beispiel 5: Aufteilung bei Urlaubsübertragung

242 B ist in 01 und 02 für seinen deutschen Arbeitgeber sowohl im Inland als auch in Schweden tätig. Seinen Familienwohnsitz in Deutschland behält er bei. In beiden Jahren hält sich B länger als 183 Tage in Schweden auf. Die vereinbarten Arbeitstage des B belaufen sich in den Kj. 01 und 02 auf jeweils 220 Tage zuzüglich der vertraglichen Urlaubstage von je 30 Tagen. Der Urlaub von 01 und 02 wurde vollständig in 02 genommen. Die tatsächlichen Arbeitstage in 01 betrugen in Schweden 230 Tage, auf das Inland entfielen 20 Arbeitstage. In 02 entfielen 150 tatsächliche Arbeitstage auf Schweden und 40 tatsächliche Arbeitstage auf das Inland. Der aufzuteilende Arbeitslohn beträgt 50 000 € in 01 und 60 000 € in 02.

Lösung:

Deutschland hat für den Arbeitslohn, der auf die Tätigkeit in Schweden entfällt, kein Besteuerungsrecht, da sich B länger als 183 Tage in 01 und 02 in Schweden aufgehalten hat (Art. 15, 23 Abs. 1 Buchstabe a DBA-Schweden). Der steuerfreie Arbeitslohn berechnet sich wie folgt:

Jahr 01:

Die tatsächlichen 250 Arbeitstage setzen sich aus den vertraglich vereinbarten 220 Arbeitstagen und aus den in 01 nicht genommenen 30 Urlaubstagen zusammen. Die so ermittelten 250 tatsächlichen Arbeitstage sind dem aufzuteilenden Arbeitsentgelt von 50 000 € gegenüberzustellen. Das aufzuteilende Arbeitsentgelt pro Arbeitstag beträgt 200 € (50 000 €/250 tatsächliche Arbeitstage). Dieser Betrag ist mit den Arbeitstagen zu multiplizieren, an denen sich B tatsächlich in Schweden aufgehalten hat. Von den 50 000 € Jahresarbeitslohn sind in 01 daher 46 000 € (230 x 200 €) im Inland steuerfrei und nach Abzug von Werbungskosten, die im Zusammenhang mit der in Schweden ausgeübten Tätigkeit angefallen sind, beim Progressionsvorbehalt zu berücksichtigen, soweit nicht § 50 d Abs. 8 oder 9 EStG anzuwenden ist. Der übrige Arbeitslohn i. H. v. 4000 € ist im Inland steuerpflichtig

Jahr 02:

Wegen des aus dem Kj. 01 übertragenen Urlaubs sind nur 190 tatsächliche Arbeitstage angefallen. Aus Vereinfachungsgründen kann die wirtschaftliche Zuordnung des auf den Urlaub des Jahres 01 entfallenden Arbeitslohns verzichtet werden. Bei einem Jahresarbeitslohn von 60 000 € im Kj. 02 ergibt sich ein aufzuteilendes Arbeitsentgelt pro Arbeitstag von 315,79 € (60 000 €/190 tatsächliche Arbeitstage). Im Kj. 02 sind danach insgesamt 47 369 € (150 x 375,79 €) im Inland steuerfrei und beim Progressionsvorbehalt zu berücksichtigen, soweit nicht § 50 d Abs. 8 oder 9 EStG anzuwenden ist. Der verbleibende Betrag i. H. v. 12 631 € ist im Inland steuerpflichtig.

Anl c zu LStH 39.5

Beispiel 6: finanzielle Abgeltung von Urlaubsansprüchen

243 Sachverhalt wie Beispiel 5. Der im Jahr 01 in das Jahr 02 übertragene Urlaubsanspruch wird jedoch nicht beansprucht, sondern vom Arbeitgeber im Juli 02 mit einer Einmalzahlung i. H. v. 10 000 € abgegolten. Der Arbeitnehmer übte im Jahr 02 seine Tätigkeit an 150 Arbeitstagen in Schweden und an 70 Arbeitstagen in Deutschland aus.

Lösung:

Jahr 01:
Lösung wie in Beispiel 5 (Rn. 242)

Jahr 02:
B hat im Jahr 02 tatsächlich an 220 Arbeitstagen seine Tätigkeit ausgeübt. Der Urlaub, der mit der Einmalzahlung abgegolten wurde, ist wirtschaftlich dem Jahr 01 zuzuordnen. Folglich sind für diese Einmalzahlung die Verhältnisse des Jahres 01 entscheidend. Im Jahr 02 ergibt sich deshalb folgender unter Progressionsvorbehalt steuerfrei zu stellender Arbeitslohn, soweit nicht § 50 d Abs. 8 oder 9 EStG anzuwenden ist:

60 000 € × 150/220 =	40 909 €
zzgl. 10 000 € × 230/250 =	9 200 €
steuerfrei zu stellender Arbeitslohn =	50 109 €

Der übrige Arbeitslohn i. H. v. 19 891 € (70 000 € – 50 109 €) ist der deutschen Besteuerung zu unterwerfen.

244 Erbringt der Arbeitnehmer an einem Arbeitstag seine Tätigkeit nicht ausschließlich im anderen Staat, sondern auch im Ansässigkeitsstaat oder in Drittstaaten (z. B. an Reisetagen, stundenweise Tätigkeit im Homeoffice und am betrieblichen Arbeitsplatz, vgl. Tz. 5.6, Rn. 350), so ist das Arbeitsentgelt für diesen Arbeitstag zeitanteilig aufzuteilen. Dies muss ggf. im Schätzungswege erfolgen. Hierbei ist die tatsächliche Arbeitszeit für diesen Tag zugrunde zu legen.

245 Darüber hinaus ist bei der Aufteilung zu berücksichtigen, dass tatsächliche Arbeitszeiten, die in Transitländern verbracht werden, dem Ansässigkeitsstaat zuzuordnen sind. Zu den Besonderheiten bei Berufskraftfahrern s. Tz. 7, Rn. 380 ff.

246 Die folgenden bilateralen Verständigungsvereinbarungen enthalten besondere Regelungen für untertägige grenzüberschreitende Tätigkeiten von Arbeitnehmern bestimmter Berufsgruppen:
- Verständigungsvereinbarung mit Luxemburg vom 7. September 2011 hinsichtlich Berufskraftfahrern, Lokomotivführern und Begleitpersonal (BMF-Schreiben vom 19. September 2011, BStBl. I S. 849)[1],
- Verständigungsvereinbarung mit der Schweiz vom 9./16. Juni 2011 hinsichtlich der Arbeitnehmer im internationalen Transportgewerbe (BMF-Schreiben vom 29. Juni 2011, BStBl. I S. 621).

247 Für die Besteuerung des Arbeitslohns von Arbeitnehmern nach dem DBA-Luxemburg vgl. die Verständigungsvereinbarung vom 26. Mai 2011 (BMF-Schreiben vom 14. Juni 2011, BStBl. I S. 576)[2]. Der dort verwendete Begriff „Grenzpendler" ist auf alle Sachverhalte anzuwenden, die grenzüberschreitend tätige Arbeitnehmer betreffen und die die in der Verständigungsvereinbarung enthaltenen Voraussetzungen erfüllen. Insbesondere ist es nicht relevant, wo der Arbeitgeber ansässig ist, ob ein Arbeitnehmer für eine Betriebsstätte eines Arbeitgebers aus seinem Ansässigkeitsstaat tätig wird und ob eine regelmäßige Pendelbewegung stattfindet.

5.5. Beispiele für die Aufteilung bestimmter Lohnbestandteile

5.5.1. Tantiemen und andere Erfolgsvergütungen

248 Unabhängig vom Zuflusszeitpunkt werden Erfolgsvergütungen an Arbeitnehmer i. d. R. für eine zuvor ausgeübte unselbständige Tätigkeit gewährt (BFH-Urteil vom 27. Januar 1972, BStBl. II S. 459). Sofern sie nicht für eine konkrete Tätigkeit in einem Vertragsstaat (z. B. projektbezogene Erfolgsvergütung) gezahlt werden, erfolgt die Aufteilung nach den Grundsätzen in Tz. 5.4 (Rn. 228 ff.). Der maßgebliche Erdienungszeitraum ist der Zeitraum, für den die Erfolgsvergütung gezahlt wird (vgl. Beispiel 4, Rn. 241).

5.5.2. Antrittsgeld („Signing Bonus")

249 Eine bei Abschluss des Arbeitsvertrags fällige Einmalzahlung (Antrittsgeld – „Signing Bonus") gehört zu den Einkünften aus nichtselbständiger Arbeit (§ 19 EStG, § 2 Abs. 2 Nr. 1 LStDV). Ein Antrittsgeld ist damit den Vergütungen aus unselbständiger Arbeit i. S. des Art. 15 Abs. 1 OECD-MA zuzuordnen.

250 Soweit ein Antrittsgeld für eine konkrete noch auszuübende Tätigkeit gewährt wird, richtet sich das Besteuerungsrecht danach, wo die Tätigkeit erbracht werden soll (BFH-Urteil vom 11. April 2018, BStBl. II S. 761). Dementsprechend ist die Vergütung zunächst nach den voraussichtlich tatsächlichen Arbeitstagen des Erdienungszeitraums aufzuteilen. Der Erdienungszeitraum ist in diesem Fall grundsätzlich die Vertragslaufzeit bzw. der Eintritt der Unverfallbarkeit des Antrittsgeldes. Eine entsprechende Aufteilung ist ggf. im Wege der sachgerechten Schätzung zu ermitteln. Die Steuer ist bis zum Ende des Erdienungszeitraums nach § 165 AO vorläufig festzusetzen. Nach Abschluss des Erdienungszeitraums ist die Zuweisung des Besteuerungsrechts anhand der tatsächlichen Verhältnisse im Erdienungszeitraum zu überprüfen und bei Abweichungen gegenüber den vorläufig angenommenen Verhältnissen, z. B. insbesondere in Bezug auf die tatsächlichen Arbeitstage ggf. zu korrigieren. Die Aufteilung erfolgt nach den Grundsätzen in Tz. 5.4 (Rn. 228 ff.).

---

[1] **[Amtl. Anm.:]** Vgl. Protokoll vom 6. 7. 2023 zur Änderung des Abkommens vom 23. 4. 2012 zwischen der Bundesrepublik Deutschland und dem Großherzogtum Luxemburg zur Vermeidung der Doppelbesteuerung und Verhinderung der Steuerhinterziehung auf dem Gebiet der Steuern vom Einkommen und vom Vermögen; Stand 2023 noch nicht in Kraft getreten.

[2] **[Amtl. Anm.:]** Vgl. Protokoll vom 6. 7. 2023 zur Änderung des Abkommens vom 23. 4. 2012 zwischen der Bundesrepublik Deutschland und dem Großherzogtum Luxemburg zur Vermeidung der Doppelbesteuerung und Verhinderung der Steuerhinterziehung auf dem Gebiet der Steuern vom Einkommen und vom Vermögen; Stand 2023 noch nicht in Kraft getreten.

Anl c zu LStH 39.5

251 Muss das Antrittsgeld nach dem Arbeitsvertrag oder etwaiger Nebenabreden nicht zurückgezahlt werden, wenn der Arbeitnehmer das Unternehmen vorzeitig verlässt, fehlt es an einem Erdienungszeitraum, sodass grundsätzlich dem Ansässigkeitsstaat des Arbeitnehmers das Besteuerungsrecht zusteht (Art. 15 Abs. 1 Satz 1 erster Halbsatz OECD-MA). Dies gilt nicht für zeitlich befristete Arbeitsverträge, die der Arbeitnehmer weder vorzeitig auflösen noch kündigen kann; in diesen Fällen bestimmt sich der Erdienungszeitraum entsprechend Rn. 250 nach der Vertragslaufzeit.

5.5.3. Urlaubsentgelte, Urlaubs- und Weihnachtsgeld

252 Urlaubsentgelt (laufende Vergütung), Urlaubs- und Weihnachtsgeld (Vergütungen, die auf den gesamten Berechnungszeitraum entfallen) sind in die Aufteilung einzubeziehen. Dies gilt auch für Bezüge, die für den Verzicht auf den Urlaub gezahlt werden (Urlaubsabgeltung für nicht genommenen Urlaub). Dabei ist der Teil der Urlaubsentgelte im Inland freizustellen, der auf die im Ausland ausgeübte Tätigkeit entfällt (s. Beispiel 6 zu Tz. 5.4.2, Rn. 243).

5.5.4. Nachzahlung für eine frühere aktive Tätigkeit

253 Eine einmalige Zahlung (z. B. Jubiläumszahlung), die eine Nachzahlung für eine frühere aktive Tätigkeit darstellt und anteilig auf die Auslands- und Inlandstätigkeit entfällt, ist nach den Grundsätzen in Tz. 5.4 (Rn. 228 ff.) aufzuteilen (s. Tz. 5.4.2, Beispiel 4, Rn. 241). Für die Zuweisung des Besteuerungsrechts kommt es nicht darauf an, zu welchem Zeitpunkt und wo die Vergütung bezahlt wird, sondern allein darauf, in welchem Umfang sie dem Arbeitnehmer für eine Auslandstätigkeit gezahlt wird (BFH-Urteil vom 5. Februar 1992, BStBl. II S. 660). Eine Nachzahlung für eine frühere aktive Tätigkeit liegt nicht vor, wenn die einmalige Zahlung ganz oder teilweise der Versorgung dient (BFH-Urteil vom 5. Februar 1992, BStBl. II S. 660).

5.5.5. Abfindungen und Vergütungen für Diensterfindungen

5.5.5.1. Grundsätze zur Besteuerung von Abfindungen

254 Abfindungen, die dem Arbeitnehmer anlässlich seines Ausscheidens aus dem Arbeitsverhältnis gezahlt werden (Entlassungsentschädigungen), sind regelmäßig den Vergütungen aus unselbständiger Arbeit i. S. des Art. 15 Abs. 1 OECD-MA zuzuordnen. Unter Abfindungen in diesem Sinne sind Zahlungen zu verstehen, die der Arbeitnehmer als Ausgleich für die mit der Auflösung des Dienstverhältnisses verbundenen Nachteile, insbesondere für den Verlust des Arbeitsplatzes, erhält. Ein zeitlicher Zusammenhang zwischen dem Zufluss der Abfindung und der Beendigung des Arbeitsverhältnisses ist nicht erforderlich, wenn ein sachlicher Zusammenhang gegeben ist.

255 Nach § 50 d Abs. 12 EStG gelten Abfindungen, die anlässlich der Beendigung eines Dienstverhältnisses gezahlt werden, für Zwecke der Anwendung eines DBA als für eine frühere Tätigkeit geleistetes zusätzliches Entgelt. Abfindungen sind daher nach § 50 d Abs. 12 Satz 1 EStG insoweit im ehemaligen Tätigkeitsstaat des Arbeitnehmers zu besteuern, als diesem für die frühere Tätigkeit nach Art. 15 Abs. 1 OECD-MA ein Besteuerungsrecht zusteht. Maßgeblich für die Anwendung des § 50 d Abs. 12 EStG und Art. 15 OECD-MA ist der Zuflusszeitpunkt i. S. des § 11 EStG i. V. m. § 38 a Abs. 1 Satz 3 EStG. Für die Anwendung von § 50 d Abs. 12 EStG kommt es nicht darauf an, zu welchem Zeitpunkt die Abfindungsvereinbarung getroffen wurde.

256 Trifft das anzuwendende DBA für Abfindungen, die anlässlich der Beendigung eines Arbeitsverhältnisses gezahlt werden, in einer gesonderten Vorschrift ausdrücklich eine von § 50 d Abs. 12 Satz 1 EStG abweichende Regelung, sieht § 50 d Abs. 12 Satz 2 EStG vor, dass die DBA-Regelung anzuwenden ist. § 50 d Abs. 12 Satz 3 EStG regelt insbesondere den Rückfall des Besteuerungsrechts an Deutschland in entsprechender Anwendung des § 50 d Abs. 9 Satz 1 Nr. 1 EStG, soweit die Abfindungen im ehemaligen Tätigkeitsstaat aufgrund eines abweichenden DBA-Verständnisses nicht besteuert werden.

257 Die Aufteilung der Abfindungszahlungen soll grundsätzlich nach der Dauer des Arbeitsverhältnisses beim Arbeitgeber erfolgen, da die Höhe der Abfindungszahlung i. d. R. von der Dauer des Arbeitsverhältnisses abhängt. Hat der Arbeitnehmer innerhalb eines Konzerns (ggf. auch mehrfach) den Arbeitgeber gewechselt, sind die Dienstzeiten bei den unterschiedlichen Arbeitgebern zusammenzurechnen, wenn sich die Höhe der Abfindung nach der gesamten Beschäftigungsdauer bemisst. Bei Tätigkeiten in verschiedenen Staaten bilden die jeweiligen Tätigkeitszeiten des Arbeitsverhältnisses die Grundlage für eine anteilige Zuordnung der Abfindungszahlung als nachträgliches Arbeitsentgelt i. S. des Art. 15 Abs. 1 Satz 2 OECD-MA. Dies gilt beispielsweise auch dann, wenn der Arbeitnehmer während dieser Zeit unterschiedliche Positionen (mit jeweils unterschiedlichem Gehaltsniveau) innehatte. Soweit die Tätigkeitsausübung während der gesamten Beschäftigungsdauer im Einzelnen nicht mehr ermittelt werden kann, soll die Abfindungszahlung dennoch so aufgeteilt werden, dass der tatsächlichen Tätigkeitsausübung im Beschäftigungszeitraum möglichst Rechnung getragen wird. Auf die Tätigkeitsausübung in den letzten zwölf Monaten des Beschäftigungsverhältnisses kann grundsätzlich nicht abgestellt werden, es sei denn, dass Tatsachen oder Anhaltspunkte für einen längeren Zeitraum tatsächlich nicht feststellbar sind (Tz. 2.7 des OECD-MK zu Art. 15 OECD-MA).

Beispiel:

258 Der ausschließlich in Deutschland ansässige Arbeitnehmer A ist seit 1. Januar 01 bei einem deutschen Unternehmen beschäftigt (fünf Jahre). Er wird vom 1. Januar 06 bis zum 31. Dezember 10 zu einem verbundenen Unternehmen (wirtschaftlicher Arbeitgeber) nach Japan entsandt (fünf Jahre). Im Dezember 10 wird das Beschäftigungsverhältnis des A nach zehnjähriger Betriebszugehörigkeit beendet. Er erhält eine Entlassungsabfindung i. H. v. 100 000 €. In dem Zeitraum von 01 bis 05 arbeitete er jeweils 220 Tage im Inland. In dem Zeitraum von 06 bis 10 arbeitete er jeweils 190 Tage in Japan, 20 Tage in Drittstaaten und 10 Tage im Inland.

Lösung:

Der gesamte Erdienungszeitraum bezüglich der Aufteilung der Abfindung ist zu berücksichtigen. Folglich sind die Arbeitstage des gesamten Arbeitsverhältnisses heranzuziehen. Die tatsächlichen Arbeitstage des gesamten Arbeitsverhältnisses betragen 2200 Arbeitstage (10 x 220 Tage). Davon war A an 950 Arbeitstagen (5 x 190 Tage) in Japan tätig.

Die Entlassungsabfindung ist in Deutschland i. H. v. 43 182 € (100 000 € x 950/2200) unter Progressionsvorbehalt steuerfrei, soweit nicht § 50 d Abs. 8 oder 9 EStG anzuwenden ist (Art. 14 Abs. 1 i. V. m. Art. 22 Abs. 2 Buchstabe a und b DBA-Japan). Das Besteuerungsrecht für die in Drittstaaten ausgeübte Tätigkeit verbleibt bei einer Art. 15 Abs. 2 OECD-MA vergleichbaren Regelung bei Deutschland als Ansässigkeitsstaat. In Deutschland steuerpflichtig sind damit insgesamt 56 818 € (100 000 € abzgl. 43 182 €). § 34 EStG ist sowohl für den steuerpflichtigen Anteil der Einnahmen als auch für den steuerfreien Anteil der Einnahmen (§ 32 b Abs. 2 Nr. 2 EStG) zu beachten.

259 Keine Abfindungen im vorstehenden Sinne stellen Zahlungen zur Abgeltung bereits vertraglich erdienter Ansprüche wie z. B. Ausgleichszahlungen für Urlaubs- oder Tantiemeansprüche dar. Diese sind als nachträglicher Arbeitslohn anzusehen und nach den Grundsätzen in Tz. 5.4 (Rn. 228 ff.) aufzuteilen.

260 Hat eine Abfindung Versorgungscharakter, wird das Besteuerungsrecht entsprechend Art. 18 OECD-MA (Ruhegehälter) zugeordnet. Ob ein solcher Versorgungscharakter vorliegt, richtet sich stets nach dem Grund der Zahlung. Dem zeitlichen Aspekt kann jedoch indizielle Bedeutung zukommen (s. Tz. 6.3, Rn. 363 ff.).

261 Abfindungen zur Ablösung eines Pensionsanspruchs, die während eines laufenden Arbeitsverhältnisses oder bei dessen Beendigung ausgezahlt werden, sind als laufende Vergütungen aus unselbständiger Arbeit nach Art. 15 Abs. 1 OECD-MA zu behandeln und können im Tätigkeitsstaat besteuert werden, sofern diesem im Zeitpunkt des Zuflusses ein Besteuerungsrecht nach Art. 15 Abs. 1 OECD-MA zusteht. Sie können dagegen Versorgungscharakter haben, wenn der Arbeitnehmer höchstens ein Jahr vor dem Eintritt in den gesetzlichen Ruhestand steht. Ein Ruhegehalt kann weiterhin vorliegen, wenn bereits laufende Pensionszahlungen kapitalisiert und in einem Einmalbetrag ausgezahlt werden (BFH-Urteil vom 19. September 1975, BStBl. 1976 II S. 65).

5.5.5.2. Besteuerung von Abfindungen in Sonderfällen und beim Vorliegen von Konsultationsvereinbarungen

262 Die steuerliche Behandlung von Abfindungszahlungen kann allerdings von den vorstehenden Grundsätzen abweichen, wenn in einem DBA hierzu eine Sonderregelung enthalten ist, mit dem jeweils betroffenen Vertragsstaat eine Konsultationsvereinbarung bezüglich der Besteuerung von Abfindungen vereinbart wurde oder aus der Fassung des im Abkommen einschlägigen Artikels eine andere Zuordnung abzuleiten ist (z. B. DBA-Frankreich s. Rn. 268).

263 Mit folgenden Staaten wurden Konsultationsvereinbarungen vereinbart, die sich mit der Besteuerung von Abfindungen befassen (Stand: 1. Januar 2023):
- Belgien, BStBl. 2007 I S. 261,
- Luxemburg, BStBl. 2011 I S. 852,
- Österreich, BStBl. 2010 I S. 645,
- Schweiz, BStBl. 2010 I S. 268,
- Vereinigtes Königreich, BStBl. 2011 I S. 1221.

264 Im Verhältnis zu Belgien, Luxemburg, der Schweiz und dem Vereinigten Königreich richtet sich die steuerliche Behandlung von Abfindungen nach dem Charakter der Abfindungszahlung. Während Abfindungen mit Versorgungscharakter als Ruhegehälter im Ansässigkeitsstaat besteuert werden können, steht das Besteuerungsrecht für Abfindungen, bei denen es sich um Lohn- oder Gehaltsnachzahlungen oder andere Vergütungen aus dem früheren Arbeitsverhältnis handelt oder die allgemein für das vorzeitige Ausscheiden aus dem Dienst gewährt werden, dem (früheren) Tätigkeitsstaat zu, sofern diesem das Besteuerungsrecht für die aktive Tätigkeit zustand.

265 Zur Aufteilung des Besteuerungsrechts in den Fällen, in denen der Arbeitnehmer in der Zeit vor dem Ausscheiden aus dem Dienst nicht nur in seinem (früheren) Tätigkeitsstaat, sondern auch in seinem Wohnsitzstaat oder in Drittstaaten tätig war, wird auf die oben genannten Konsultationsvereinbarungen mit Belgien, Luxemburg, der Schweiz und dem Vereinigten Königreich verwiesen. Durch den Verweis in § 50 d Abs. 12 Satz 3 EStG auf Rechtsverordnungen i. S. des § 2 Abs. 2 AO sind auch die Grundsätze der jeweils einschlägigen Rechtsverordnung uneingeschränkt anzuwenden.

266 Im Verhältnis zu Österreich steht nach der oben genannten Konsultationsvereinbarung das Besteuerungsrecht für Abfindungen aus Anlass der Beendigung des Arbeitsverhältnisses sowie für Urlaubsentschädigungen ungeachtet von deren Charakter stets dem Staat zu, der auch für die Bezüge aus der aktiven Zeit zur Besteuerung berechtigt war.

267 Eine spezielle Regelung für Abfindungszahlungen ist im DBA mit Liechtenstein enthalten (Nr. 5 des Protokolls zu Art. 14 und 17 DBA-Liechtenstein).

268 Unter das DBA-Frankreich fallende Abfindungen, die zur Abgeltung von mit der Auflösung des Dienstverhältnisses verbundenen Nachteilen gezahlt werden, sind aufgrund des besonderen Wortlauts des Art. 13 Abs. 1 DBA-Frankreich (abweichend zu den Art. 15 OECD-MA entsprechenden Regelungen und vorbehaltlich etwaiger Sonderregelungen, wie Art. 13 Abs. 5 DBA-Frankreich bei Grenzgängern) auch bereits vor Inkrafttreten von § 50 d Abs. 12 EStG ausschließlich im (ehemaligen) Tätigkeitsstaat zu besteuern (BFH-Urteil vom 24. Juli 2013, BStBl. 2014 II S. 929). Bei Grenzgängern (s. Tz. 1.2.2.2, Rn. 29) erfolgt die Besteuerung der Abfindung im Ansässigkeitsstaat, soweit der Vergütungsempfänger während seines aktiven Berufslebens mit seinen laufenden Einkünften als Grenzgänger dem Besteuerungsrecht des Ansässigkeitsstaates unterlag.

Anl c zu LStH 39.5

5.5.5.3. Erfindervergütungen

269 Eine Vergütung für eine sog. Diensterfindung i. S. des § 9 des Gesetzes über Arbeitnehmererfindungen unterliegt als Arbeitslohn i. S. des § 19 EStG grundsätzlich der Steuerpflicht nach innerstaatlichem Recht (BFH-Urteil vom 21. Oktober 2009, BStBl. 2012 II S. 493). Dies gilt auch dann, wenn das Arbeitsverhältnis im Augenblick der Zahlung nicht mehr besteht (§ 24 Nr. 2 EStG). Bei diesen Vergütungen liegt, ausgehend von der Qualifikation nach innerstaatlichem Recht (Art. 3 Abs. 2 OECD-MA), zwar grundsätzlich Arbeitslohn i. S. des Art. 15 OECD-MA vor. Um zusätzliches Entgelt für eine frühere Tätigkeit i. S. des Art. 15 Abs. 1 Satz 2 OECD-MA, für das der Tätigkeitsstaat das Besteuerungsrecht hat, handelt es sich regelmäßig jedoch nicht.

270 Soweit aber die Vergütungen als konkrete Gegenleistung zu einer früheren Arbeitsleistung anzusehen sind, kommt eine Besteuerung im ehemaligen Tätigkeitsstaat in Betracht; ein bloßer Anlasszusammenhang zwischen Zahlung und Tätigkeit reicht hierfür jedoch nicht aus.

5.5.6. Optionsrechte auf den Erwerb von Aktien („Stock-Options")

5.5.6.1. Allgemeines

271 Das Einräumen von Aktienoptionen ist häufig Bestandteil moderner Vergütungssysteme, wodurch Arbeitnehmer direkt an der Steigerung des Unternehmenswertes („Shareholder-Value") beteiligt und gleichzeitig an den Arbeitgeber gebunden werden sollen.

272 Aktienoptionen im Rahmen eines Dienstverhältnisses liegen vor, wenn ein Arbeitgeber oder eine Konzernobergesellschaft (Optionsgeber) seinen Beschäftigten das Recht einräumt, sich zu einem bestimmten Übernahmepreis am Unternehmen zu beteiligen. Dieses Recht kann zu einem späteren Zeitpunkt durch den Arbeitnehmer ausgeübt und die Beteiligungen damit verbilligt bezogen werden („Stock-Options"). Mitunter wird auch das Recht eingeräumt, dass der Arbeitnehmer das Optionsrecht selbst veräußern darf, ohne vorher die Beteiligung am Unternehmen erworben zu haben.

273 Zum Zeitpunkt der Besteuerung und der Aufteilung des Besteuerungsrechtes existieren international unterschiedliche Rechtsauffassungen. Eingetretene Doppelbesteuerungen können i. d. R. nur durch zwischenstaatliche Streitbeilegungsverfahren (s. Tz. 11, Rn. 423 ff.) beseitigt werden.

5.5.6.2. Zuflusszeitpunkt und Höhe des geldwerten Vorteils nach innerstaatlichem Recht

274 Einnahmen, die nicht als laufender Arbeitslohn gezahlt werden (sonstige Bezüge) gelten nach § 38 a Abs. 1 Satz 3 EStG als zugeflossen, wenn ein Arbeitnehmer wirtschaftlich über sie verfügen kann. Dies ist regelmäßig der Fall, wenn die verbilligt überlassenen Aktien in das Eigentum des Arbeitnehmers übergegangen sind (Einbuchung der Aktien in das Depot des Arbeitnehmers). Folglich führt sowohl bei handelbaren als auch bei nicht handelbaren Aktienoptionen grundsätzlich erst die tatsächliche Ausübung („Exercise") der Aktienoption zum Zufluss eines geldwerten Vorteils (BFH-Urteile vom 24. Januar 2001, BStBl. II S. 509, S. 512 und vom 20. November 2008, BStBl. 2009 II S. 382). Stimmt der Zeitpunkt der Optionsausübung mit dem Zeitpunkt der Gutschrift der Aktien im Depot des Arbeitnehmers nicht überein, fließt der geldwerte Vorteil erst an dem Tag zu, an dem die Aktien in das Depot des Arbeitnehmers eingebucht werden (BFH-Urteil vom 20. November 2008, BStBl. 2009 II S. 382 und BMF-Schreiben vom 16. November 2021, BStBl. I S. 2308, Rn. 25). Nach der im BMF-Schreiben vom 16. November 2021, BStBl. I S. 2308, Rn. 21 enthaltenen Vereinfachungsregelung kann auch auf den Tag der Ausbuchung oder den Vortag der Ausbuchung beim Überlassenden abgestellt werden.

275 Werden die Aktienoptionen in der sog. „Exercise-and-Sell-Variante", d. h. Verkauf der Aktien sofort mit Ausübung des Aktienoptionsrechts, ausgeübt, erfolgt keine Einbuchung in das Depot des Arbeitnehmers. Der Zufluss des geldwerten Vorteils gilt hier bereits grundsätzlich als im Zeitpunkt der Optionsausübung des Aktienoptionsrechts, d. h. konkret am Tag des Zugangs der Ausübungserklärung beim Optionsgeber, bewirkt. Auch in diesen Fällen können private Veräußerungsgewinne entstehen, wenn der Verkaufspreis über dem Ausübungspreis liegt (s. Tz. 5.5.6.3, Rn. 279 ff.).

276 Daneben ist ein Zufluss von Arbeitslohn auch dann zu bejahen, wenn das Optionsrecht vor der Ausübung anderweitig verwertet wird, denn der für den Zufluss von Arbeitslohn maßgebliche geldwerte Vorteil, der in dem auf die Aktien gewährten Preisnachlass besteht, wird insoweit durch den Arbeitnehmer realisiert (BFH-Urteile vom 20. November 2008, BStBl. 2009 II S. 382 und vom 20. Juni 2005, BStBl. II S. 770). Eine solche Verwertung liegt insbesondere vor, wenn der Arbeitnehmer die Aktienoption auf einen Dritten überträgt (BFH-Urteil vom 18. September 2012, BStBl. 2013 II S. 289).

277 Voraussetzung für den Zufluss von Arbeitslohn bei Aktienoptionen ist eine verbilligte oder unentgeltliche Überlassung der Aktien (geldwerter Vorteil). Der geldwerte Vorteil errechnet sich i. d. R. aus der Differenz zwischen dem Kurswert der Aktien zum Zuflusszeitpunkt (§ 11 Abs. 1 BewG) und dem vom Arbeitnehmer geleisteten Übernahmepreis und ggf. den diesbezüglichen Erwerbsaufwendungen (BFH-Urteile vom 20. November 2008, BStBl. 2009 II S. 382 und vom 24. Januar 2001, BStBl. II S. 509). Es ist in diesem Zusammenhang nicht zu beanstanden, wenn von den Vereinfachungsregelungen nach Rn. 21 des BMF-Schreibens vom 16. November 2021, BStBl. I S. 2308 zur lohnsteuerlichen Behandlung der Überlassung von Vermögensbeteiligungen ab 2021 Gebrauch gemacht wird. Veränderungen des Kurswertes der Aktien haben auf die Höhe des geldwerten Vorteils keine Auswirkungen. In Ermangelung eines Kurswerts, z. B. bei nicht handelbaren Aktienoptionen, sind die Aktien im Zuflusszeitpunkt mit dem gemeinen Wert anzusetzen (§ 11 Abs. 2 BewG).

278 Bei der Ermittlung des geldwerten Vorteils ist die Steuerbefreiung i. H. v. 1440 € nach § 3 Nr. 39 EStG zu berücksichtigen, sofern der Arbeitnehmer die verbilligten Aktienoptionen im Rahmen eines gegenwärtigen Dienstverhältnisses erhält. Zur Besteuerung des geldwerten Vorteils aus Vermögensbeteiligungen bei Kleinstunternehmen sowie der kleinen und mittleren Unternehmen vgl. ab 1. Juli 2021 § 19 a EStG. Im Übrigen kommt für steuerpflichtige geldwerte Vorteile aus der Ausübung von Aktienoptionen die Tarifermäßigung des § 34 Abs. 1 EStG i. V. m. Abs. 2 Nr. 4 EStG in Betracht, wenn es sich um Vergütungen für mehrjährige Tätigkeiten handelt (BFH-Urteil vom 24. Januar 2001, BStBl. II S. 509). Diese liegen vor, wenn die Laufzeit zwischen Einräumung und Ausübung mehr als zwölf Monate betragen hat und das Arbeitsverhältnis nach Einräumung des Optionsrechts mindestens noch zwölf Monate fortbestanden hat. Dagegen muss das Arbeitsverhältnis bei Optionsausübung nicht mehr bestehen. Maßgeblich ist alleine die Laufzeit der einzelnen Aktienoptionen von mehr als zwölf Monaten bei gleichzeitiger Beschäftigung durch den Arbeitgeber. Unschädlich ist es, wenn ein Arbeitnehmer Aktienoptionen nicht vollständig in einem einzigen VZ ausübt (BFH-Urteil vom 18. Dezember 2007, BStBl. 2008 II S. 294) oder wiederholt Aktienoptionen eingeräumt und die betreffenden Optionen nicht auf einmal ausgeübt werden. Anl c zu LStH 39.5

5.5.6.3. Aufteilung des geldwerten Vorteils aus einer Optionsgewährung nach Abkommensrecht

279 Der geldwerte Vorteil aus einer Optionsgewährung ist den Einkünften aus unselbständiger Arbeit nach Art. 15 OECD-MA zuzuordnen. Diejenigen Einkünfte, die der Arbeitnehmer in seiner Eigenschaft als Anteilseigner nach Ausübung des Optionsrechts aus dem Halten der erworbenen Aktien (z. B. Dividenden) oder ihrer späteren Veräußerung erzielt, sind hingegen Art. 10 bzw. 13 OECD-MA zuzuordnen.

280 Für die Aufteilung des geldwerten Vorteils ist bei Aktienoptionen grundsätzlich danach zu unterscheiden, ob die Option einen Vergangenheits- oder einen Zukunftsbezug aufweist. Für den zugrunde zu legenden Aufteilungszeitraum empfiehlt es sich regelmäßig danach zu differenzieren, ob Aktienoptionen an einer Wertpapierbörse gehandelt werden können oder nicht (handelbare und nicht handelbare Aktienoptionen). Können Optionsrechte lediglich außerhalb einer Wertpapierbörse gehandelt werden, gelten sie als nicht handelbar.

281 Handelbare Aktienoptionen werden regelmäßig gewährt, um in der Vergangenheit geleistete Tätigkeiten zu honorieren. Unter Umständen können sie jedoch auch mit Blick auf die Zukunft eingeräumt werden (z. B. mit Verfügungsbeschränkungen). Der geldwerte Vorteil ist bezogen auf den Zeitraum, für den er gewährt wird, nach den Grundsätzen in Tz. 5.4 (Rn. 228 ff.) aufzuteilen.

282 Nicht handelbare Aktienoptionen stellen lediglich die Einräumung einer Chance dar. Der geldwerte Vorteil ist damit bei Zufluss als Vergütung für den ganzen Erdienungszeitraum („Vesting-Period") anzusehen. Der Erdienungszeitraum ist der Zeitraum zwischen der Optionsgewährung („Grant") und der erstmalig tatsächlich möglichen Ausübung des Optionsrechts durch den Arbeitnehmer („Vesting", BFH-Urteil vom 21. Dezember 2022, BStBl. 2023 II S. 825). In Fällen, in denen die Optionsausübung jedoch schon bei Optionsgewährung möglich ist, wird eine bereits in der Vergangenheit geleistete Arbeit entlohnt. Entsprechend dem einschlägigen Erdienungszeitraum ist der geldwerte Vorteil nach den Grundsätzen in Tz. 5.4 (Rn. 228 ff.) aufzuteilen.

283 Soweit eine unmittelbare Zuordnung zu der im Inland oder im Ausland ausgeübten Tätigkeit möglich ist, ist das Besteuerungsrecht nach den in der Tz. 5.4 (Rn. 228 ff.) erläuterten Grundsätzen nicht aufzuteilen und der geldwerte Vorteil ggf. zeitanteilig unter Progressionsvorbehalt von der inländischen Besteuerung freizustellen, soweit nicht Rückfallklauseln nach den DBA oder § 50 d Abs. 8 bzw. 9 EStG anzuwenden sind:

$$\text{freizustellender geldwerter Vorteil} = \frac{\text{Anzahl der tatsächlichen Arbeitstage im ausländischen Staat, dem für die Tage das Besteuerungsrecht zusteht}}{\text{Tatsächliche Arbeitstage im gesamten Erdienungszeitraum}}$$

284 Befindet sich der Arbeitnehmer im Zeitpunkt der erstmals möglichen Ausübung des Optionsrechts bereits im Ruhestand, ist für die Aufteilung des geldwerten Vorteils nur der Zeitraum von der Gewährung des Optionsrechts bis zur Beendigung der aktiven Tätigkeit als Erdienungszeitraum heranzuziehen. Ist das Arbeitsverhältnis vor der erstmals möglichen Ausübung des Optionsrechts aus anderen Gründen beendet worden (z. B. Auflösung des Arbeitsverhältnisses), ist für die Aufteilung des geldwerten Vorteils der Zeitraum von der Gewährung des Optionsrechts bis zum Ausscheiden des Arbeitnehmers aus dem aktiven Arbeitsverhältnis als Erdienungszeitraum maßgeblich. Dies gilt nicht, soweit der Arbeitnehmer weiterhin im Konzernverbund (§ 15 AktG) beschäftigt bleibt und das Optionsrecht daher weiterhin erdient wird. In diesem Fall zählt auch die Tätigkeit beim verbundenen Unternehmen zum Erdienungszeitraum.

285 Vorgenannte Ausführungen gelten unbeschadet eines Wechsels der Steuerpflicht des Arbeitnehmers während des Erdienungszeitraums. Maßgeblich ist lediglich, ob der geldwerte Vorteil zum Zeitpunkt des Zuflusses der deutschen Steuerpflicht nach innerstaatlichem Recht unterliegt und der Besteuerungsanspruch nicht durch DBA beschränkt wird.

286 Sofern der Arbeitnehmer jährlich Aktienoptionsrechte erhält, sind die oben genannten Ausführungen für jedes jährlich ausgegebene Optionsrecht zu beachten.

Beispiel 1:

287 Ein in Deutschland ansässiger Arbeitnehmer hat am 1. Juni 01 die nicht handelbare Option auf den Erwerb von 1000 Aktien seines inländischen Arbeitgebers gewährt bekommen („Grant"). Der Übernahmepreis liegt bei 10 € je Aktie. Der Zeitpunkt der erstmalig möglichen Optionsausübung ist der 1. Juni 03 („Vesting"). Ab dem 1. Januar 02 ist der Arbeitnehmer aufgrund einer Arbeitnehmerentsendung in Spanien tätig und dort mit seinen Arbeitseinkünften steuerpflichtig. Seinen inländischen Wohnsitz behält er während der Entsendung bei. Am 1. September 03 übt der Arbeitnehmer die Aktienoption aus. Der Kurswert der Aktie beträgt zu diesem Zeitpunkt 15 €. Die Aktien werden noch am selben Tag seinem Depot gutgeschrieben. Der Arbeitnehmer hat an 220 Tagen im Jahr seine Tätigkeit tatsächlich ausgeübt. Die Arbeitstage im Erdienungszeitraum („Vesting-Period" 1. Juni 01 bis 1. Juni 03) sind wie folgt zu verteilen:

Anl c zu LStH 39.5

Kalenderjahr	01	02	03
Deutschland	128 Arbeitstage	0	0
Spanien	0	220 Arbeitstage	92 Arbeitstage

Lösung:

Gemeiner Wert der Aktien zum Zuflusszeitpunkt: 15 000 €

./. Übernahmepreis/Erwerbsaufwendungen: 10 000 €

= Steuerpflichtiger geldwerter Vorteil: 5000 €[1]

Gesamtarbeitstage im Erdienungszeitraum: 440

in Spanien verbrachte Arbeitstage im Erdienungszeitraum mit einem Besteuerungsrecht für Spanien: 312

Soweit keine Rückfallklausel nach dem DBA oder § 50 d Abs. 8 oder 9 EStG anzuwenden ist, beträgt der in Deutschland unter Progressionsvorbehalt steuerfrei zu stellende geldwerte Vorteil (Art. 14 Abs. 1 i. V. m. Art. 22 Abs. 2 Buchstabe a und d DBA-Spanien):

$$5000\,€ \times \frac{312 \text{ Arbeitstage in Spanien}}{440 \text{ tatsächliche Gesamtarbeitstage im Erdienungszeitraum}} = 3546\,€$$

Beispiel 2:

288 Einem Arbeitnehmer werden von seinem inländischen Arbeitgeber eine Aktienvergütung für die Jahre 01 bis 04 (Erdienungszeitraum) gewährt. Die Aktienvergütung fließt dem Arbeitnehmer zum 31. Dezember 04 zu. In den Jahren 01 und 02 war der Arbeitnehmer ausschließlich in Japan ansässig (Art. 4 Abs. 1 DBA-Japan) und wie folgt jeweils tätig: 185 Tage in Japan, 20 Tage in Deutschland und 15 Tage in Drittstaaten. In den Jahren 03 und 04 war er ausschließlich in Deutschland ansässig und übte seine Tätigkeit ausschließlich in Deutschland aus (jährlich 220 Arbeitstage). In Japan erfolgt keine Besteuerung der Aktienvergütung.

Lösung:

Der Arbeitnehmer ist zum Zeitpunkt des Zuflusses des geldwerten Vorteils aus der Aktienoption in Deutschland unbeschränkt steuerpflichtig, sodass dieser in voller Höhe der Besteuerung nach innerstaatlichem Recht unterliegt. Da der Arbeitnehmer zum Zeitpunkt des Zuflusses der Aktienvergütung in Deutschland ansässig war, wird die inländische Besteuerung nach Art. 14 Abs. 1 DBA-Japan nur eingeschränkt, soweit die Tätigkeit im Erdienungszeitraum (01 bis 04) in Japan ausgeübt wurde und Japan ein Besteuerungsrecht zusteht. Da sich der Arbeitnehmer in 01 und 02 jeweils an mehr als 183 Tagen innerhalb eines Zwölf-Monats-Zeitraums in Japan aufgehalten hat, steht Japan ein Besteuerungsrecht an der Aktienvergütung zu, soweit diese auf die Arbeitstage in Japan entfällt.

Soweit die Aktienvergütung auf die Drittstaatentage und Arbeitstage in Deutschland entfällt, hat Deutschland als Ansässigkeitsstaat das Besteuerungsrecht. In den Jahren 03 und 04 wird die Tätigkeit nur in Deutschland ausgeübt, sodass das deutsche Besteuerungsrecht nicht eingeschränkt wird.

Die Aktienvergütung ist nach Art. 14 Abs. 1 DBA-Japan also zu 370/880 unter Progressionsvorbehalt steuerfrei (Art. 22 Abs. 2 Buchstabe a und b DBA-Japan; § 34 EStG ist jeweils anwendbar), soweit nicht eine Rückfallklausel nach dem DBA, § 50 d Abs. 8 oder Abs. 9 EStG anzuwenden ist. Aufgrund der fehlenden Besteuerung der anteiligen Aktienvergütung in Japan ist die Freistellung nicht zu gewähren (Art. 22 Abs. 2 Buchstabe e Doppelbuchstabe ii DBA-Japan).

5.5.6.4. Weitere Aktienvergütungsmodelle

5.5.6.4.1. Virtuelle Aktienoptionen („Stock-Appreciation-Rights", „Phantom-Stock-Awards")

289 Bei der virtuellen Variante der „Stock-Options" wird auf die tatsächliche Ausgabe von Aktien verzichtet und es werden die finanziellen Auswirkungen entsprechend nachgebildet. Damit werden Neuemissionen sowie die damit verbundene Verwässerung des Aktienkurses und des Stimmrechts vermieden. Im Unterschied zu realen Aktienoptionsplänen besteht im Fall von virtuellen Aktienoptionen („Stock-Appreciation-Rights" oder „Phantom-Stock-Awards") bei Ausübung also kein Recht auf Lieferung von Aktien, sondern ein Recht auf Auszahlung eines Geldbetrages, der sich aus der Kursentwicklung ergibt. Wirtschaftlich betrachtet, stellen die Vergütungen aus den virtuellen Aktienoptionen ein Entgelt für die in der Vergangenheit geleistete Arbeit dar. Die vorgenannten Ausführungen bezüglich des Zuflusses (s. Tz. 5.5.6.2, Rn. 274 ff.) und der Aufteilung (s. Tz. 5.5.6.3, Rn. 279 ff.) gelten entsprechend. Auf die Besonderheiten beim Erdienungszeitraum in Zusammenhang mit Verfügungsbeschränkungen wird hingewiesen (s. Tz. 5.5.6.4.4, Rn. 296 ff.).

5.5.6.4.2. Dividendenäquivalente

290 Bei virtuellen Aktienvergütungen („Phantom-Shares") kommt es mitunter zur Auszahlung von sog. Dividendenäquivalenten, bei denen entsprechend der Auszahlung von Dividenden an „reale" Aktionäre auch den Inhabern virtueller Aktien eine entsprechende Zahlung gewährt wird.

291 Maßgebend ist dabei i. d R. allein die Anzahl der zum Auszahlungsstichtag des Dividendenäquivalents gehaltenen Bezugsrechte. Die Auszahlung ist in diesem Fall nicht an weitere Bedingungen (wie z. B. den Verbleib beim Arbeitgeber) geknüpft, sodass auch bei einem Ausscheiden aus dem Unternehmen vor Eintritt der Unverfallbarkeit der virtuellen Aktienoption keine Rückzahlungsverpflichtung des ausgezahlten Dividendenäquivalents besteht.

292 Ein solches Dividendenäquivalent ist nach den Grundsätzen in Tz. 5.4 (Rn. 228 ff.) aufzuteilen. Der Erdienungszeitraum ist der Zeitraum zwischen der Gewährung der Bezugsrechte und des Auszahlungsstichtags (Unverfallbarkeit des Dividendenäquivalents). Aus Vereinfachungsgründen bestehen jedoch keine Bedenken, wenn für den Erdienungszeitraum auf das Kj. abgestellt wird, in dem die Vergütung zufließt.

[1] **[Amtl. Anm.:]** Auf die Berechnung der Freibeträge wird aus Vereinfachungsgründen verzichtet.

5.5.6.4.3. Aktienoptionsplan mit vorgeschaltetem Wandeldarlehen oder Wandelanleihe (Wandelschuldverschreibung)

293 Bei einem Wandeldarlehen gewährt der Darlehensgeber (hier: Arbeitnehmer) dem Darlehensnehmer (hier: Arbeitgeber) ein Darlehen, das mit einem Wandlungs- bzw. Umtauschrecht auf Aktien des Darlehensnehmers ausgestattet ist.

294 Eine Wandelanleihe (Wandelschuldverschreibung) ist ein von einer Aktiengesellschaft (hier: Arbeitgeber als Emittent) ausgegebenes verzinsliches Wertpapier, das dem Inhaber (hier: Arbeitnehmer) das Recht einräumt, die Anleihe in Aktien des Emittenten umzutauschen.

295 Bei Ausübung des Wandlungsrechtes im Rahmen des Aktienoptionsplans gelten die in Tz. 5.5.6.1, Rn. 271 ff. genannten Ausführungen entsprechend (BFH-Urteil vom 23. Juni 2005, BStBl. II S. 770). Der Zufluss des geldwerten Vorteils erfolgt also in dem Zeitpunkt, in dem der Arbeitnehmer die wirtschaftliche Verfügungsmacht über die Aktien erhält und nicht bereits durch Hingabe des Darlehens.

5.5.6.4.4. Verfügungsbeschränkungen („Restrictions") für Aktien und Aktienanwartschaften

296 Im Gegensatz zu Aktienoptionen handelt es sich bei „Restricted Stocks" oder „Restricted Shares" um direkte Übertragungen von Aktien, die gewissen Verfügungsbeschränkungen unterliegen (u. a. Ausschluss von Stimm- und Dividendenbezugsrechten sowie Veräußerungsverbot für einen bestimmten Zeitraum). In vielen Fällen erfolgt die Aktienübertragung aber nicht unmittelbar, sondern den Arbeitnehmern wird zunächst in Aussicht gestellt, in einem späteren Jahr unentgeltlich Aktien ihres Arbeitgebers zu erhalten (Aktienanrechte, „Stock-Awards", „Restricted Stock-Units"). Voraussetzung ist regelmäßig, dass der Arbeitnehmer zu diesem Stichtag noch bei dem Arbeitgeber (oder bei einem anderen Unternehmen im Konzernverbund) beschäftigt ist. Dabei werden häufig Sammel- oder Sperrdepots für die Mitarbeiter angelegt und eine entsprechende Anzahl an Aktien gutgeschrieben.

297 Sowohl bei direkten Aktienübertragungen als auch bei der Einräumung von Aktienanrechten setzt ein Lohnzufluss die Erlangung von wirtschaftlichem Eigentum beim Arbeitnehmer voraus. Wirtschaftliches Eigentum kann nicht unterstellt werden, wenn umfassende Verfügungsbeschränkungen (z. B. keine Stimm- und Dividendenbezugsrechte in Kombination mit einem Veräußerungsverbot) vereinbart wurden. Deshalb fließt dem Arbeitnehmer der geldwerte Vorteil erst in dem Zeitpunkt zu, in dem die Verfügungsbeschränkungen nicht mehr umfassend sind (z. B. bei Wegfall einzelner Beschränkungen). Ist die Wirksamkeit einer Übertragung der Aktien von der Zustimmung der Gesellschaft abhängig und eine Veräußerung der Aktien für den Arbeitnehmer rechtlich unmöglich, kann dies dazu führen, dass ein Lohnzufluss zunächst nicht gegeben ist (vinkulierte Namensaktien, BFH-Urteil vom 30. Juni 2011, BStBl. II S. 923). Maßgebend sind insoweit die Umstände des Einzelfalls. Ein schuldrechtliches Veräußerungsverbot verhindert den Zufluss nicht, da die Veräußerung (ggf. unter Sanktionierung) rechtlich möglich ist.

298 Dagegen ist von wirtschaftlichem Eigentum des Arbeitnehmers auch auszugehen, wenn der Arbeitnehmer aufgrund einer Sperr- bzw. Haltefrist die Aktien lediglich für eine bestimmte Zeit nicht veräußern kann, ihm aber das Stimmrecht und der Dividendenanspruch unabhängig von der Vereinbarung einer Sperrfrist zustehen. Sperr- oder Haltefristen stehen einem Zufluss von Arbeitslohn in diesem Fall nicht entgegen (BFH-Urteil vom 30. September 2008, BStBl. 2009 II S. 282). Die Erlangung der wirtschaftlichen Verfügungsmacht erfordert nicht, dass der Arbeitnehmer in der Lage sein muss, den Vorteil sofort durch Veräußerung der Aktien in Bargeld umzuwandeln.

299 Wegen der grundsätzlichen Zukunftsbezogenheit bei dieser Form der Mitarbeiterbeteiligung wird das Besteuerungsrecht am geldwerten Vorteil auf den Zeitraum zwischen der Einräumung und der Erlangung der wirtschaftlichen Verfügungsmacht (i. d. R. bei Wegfall der Verfügungsbeschränkung) aufgeteilt. Dieser ist somit als Erdienungszeitraum zugrunde zu legen. Kein Zukunftsbezug ist gegeben, wenn die Beteiligung aufgrund von Tätigkeiten in der Vergangenheit gewährt wird und die Übertragung nicht von weiteren Bedingungen wie z. B. der Fortsetzung des Arbeitsverhältnisses bis zu einem bestimmten Zeitpunkt, abhängig ist (sog. unverfallbare „Restricted Stocks").

300 Die vorgenannten Ausführungen bezüglich des Zuflusses (s. Tz. 5.5.6.2, Rn. 274 ff.) und der Aufteilung (s. Tz. 5.5.6.3, Rn. 279 ff.) gelten entsprechend.

5.5.6.5. Anwendung im Lohnsteuerabzugsverfahren

301 Die Lohnsteuer entsteht nach § 38 Abs. 2 Satz 2 EStG in dem Zeitpunkt, in dem der Arbeitslohn dem Arbeitnehmer zufließt. Der nach § 38 EStG abzugspflichtige Arbeitgeber hat grundsätzlich auch den geldwerten Vorteil aus der Optionsausübung nach den im Zuflusszeitpunkt gegebenen Verhältnissen der Lohnsteuer zu unterwerfen. Die Verpflichtung zum Lohnsteuerabzug trifft ein inländisches Konzernunternehmen als inländischen Arbeitgeber i. S. des § 38 Abs. 1 EStG nach § 38 Abs. 1 Satz 3 EStG auch dann, wenn die ausländische Konzernobergesellschaft die Aktienoptionen gewährt (sog. Arbeitslohn von dritter Seite).

302 Einzelheiten sind im BMF-Schreiben zur „Ermittlung des steuerfreien und steuerpflichtigen Arbeitslohns nach den Doppelbesteuerungsabkommen sowie nach dem ATE[1] im Lohnsteuerabzugsverfahren" vom 14. März 2017, BStBl. I S. 473[2] geregelt.

5.5.7. Kaufkraftausgleich, Standortbonus und Sicherung des Wechselkurses

303 Gleicht der Arbeitgeber die gegenüber dem bisherigen Ansässigkeitsstaat höheren Lebenshaltungskosten im Tätigkeitsstaat durch Zahlung eines Auslandsverwendungszuschlags/Kaufkraftausgleiches aus und sind die in § 3 Nr. 64 EStG genannten Beträge überschritten, liegt nach innerstaatlichem

[1] Auslandstätigkeitserlass abgedruckt als Anlage a zu LStH 39.5.
[2] **[Amtl. Anm.:]** Ab 1. 1. 2025 BMF vom 8. 10. 2024 (BStBl. I S. 1308), abgedruckt als Anlage d zu LStH 39.5.

Anl c zu LStH 39.5

Recht steuerpflichtiger Arbeitslohn vor, der nach den DBA ausschließlich der Tätigkeit im Tätigkeitsstaat zuzuordnen ist.

304 Der Standortbonus ist eine zusätzliche Vergütung, mit der i. d. R. die Bereitschaft eines Arbeitnehmers zu internationalen Einsätzen, insbesondere an schwierigen Standorten mit vom Wohnsitzstaat abweichenden Lebensbedingungen, gewürdigt werden soll. Vorbehaltlich der Rn. 339 handelt es sich nach innerstaatlichem Recht um Arbeitslohn, der abkommensrechtlich der Tätigkeit im Tätigkeitsstaat direkt zuzuordnen ist.

305 Wird Arbeitslohn in der Währung des Tätigkeitsstaates ausgezahlt, ist er bei Zufluss nach dem von der Europäischen Zentralbank veröffentlichten monatlichen Euro-Durchschnittsreferenzkurs umzurechnen (BFH-Urteil vom 3. Dezember 2009, BStBl. 2010 II S. 698; H 8.1 (1–4) „Ausländische Währung" LStH).

306 Gleicht der Arbeitgeber Wechselkursschwankungen in gewissen Zeitabständen aus, indem er wechselkursbezogen einen Mehrbetrag ermittelt, den er an den Arbeitnehmer auszahlt, oder einen Minderbetrag ermittelt, den er vom Arbeitnehmer zurückfordert, ist dieser Mehr- oder Minderbetrag in demselben Verhältnis aufzuteilen, in dem das wechselkursgesicherte Gehalt auf den Ansässigkeitsstaat und den Tätigkeitsstaat entfällt.

5.5.8. Entgeltumwandlung zugunsten eines Arbeitszeitkontos

307 Unter den Begriff der Arbeitszeitkonten in diesem Sinne fallen nur sog. Zeitwertkonten (Arbeitsentgeltguthaben). Hierbei vereinbaren Arbeitgeber und Arbeitnehmer, dass künftig fällig werdender Arbeitslohn anstelle einer sofortigen Auszahlung auf einem Zeitwertkonto betragsmäßig erfasst und dem Arbeitnehmer erst im Rahmen einer späteren Freistellung von der weiterhin geschuldeten Arbeitsleistung ausgezahlt wird. Der steuerliche Begriff des Zeitwertkontos entspricht insoweit einer Wertguthabenvereinbarung i. S. des § 7 b SGB IV. Die Voraussetzungen für die Anerkennung einer Zeitwertkontenvereinbarung und ihre Besteuerung sind im BMF-Schreiben vom 17. Juni 2009, BStBl. I S. 1286[1] geregelt. Dies gilt auch bei einem im Ausland ansässigen Arbeitnehmer, der mit seinem dortigen Arbeitgeber eine Zeitwertkontenvereinbarung geschlossen hat und vorübergehend im Inland tätig ist. In diesem Fall wird auch im Rahmen der beschränkten Steuerpflicht (§ 49 Abs. 1 Nr. 4 Buchstabe a EStG) der Zufluss des Arbeitslohns zu einem späteren Zeitpunkt erfasst. Für Vereinbarungen über die Einrichtung von Zeitwertkonten bei Arbeitnehmern, die zugleich als Organe einer Körperschaft bestellt sind (Vorstandsmitglieder, Geschäftsführer), s. BMF-Schreiben vom 8. August 2019, BStBl. I S. 874.

308 Auf Zahlungen aus Zeitwertkonten an den Arbeitnehmer ist Art. 15 OECD-MA anzuwenden. Das Besteuerungsrecht des Ansässigkeitsstaates besteht danach nur insoweit nicht, als der Arbeitnehmer im anderen Vertragsstaat tätig wird und hierfür Vergütungen bezieht, für die dem Tätigkeitsstaat das Besteuerungsrecht zusteht. Ausgehend von dem engen Veranlassungszusammenhang zwischen Auslandstätigkeit und Vergütungsbezug steht das Besteuerungsrecht für Auszahlungen aus dem Zeitwertkonto dem Vertragsstaat zu, dem das Besteuerungsrecht in der Einbringungsphase aufgrund der ausgeübten Tätigkeit zustand (Erdienungsprinzip).

Beispiel 1:

309 Arbeitgeber und Arbeitnehmer A sind im Inland ansässig und schließen eine Zeitwertkontenvereinbarung. In 01 wird A insgesamt für 120 (Aufenthalts- und Tätigkeits-)Tage in die ausländische Betriebsstätte seines Arbeitgebers im DBA-Staat B entsandt. Den regulären Arbeitslohn trägt die ausländische Betriebsstätte. Vereinbarungsgemäß wird A nur die Hälfte des Arbeitslohns ausgezahlt, der auf die Auslandstätigkeit entfällt. Der restliche Betrag wird seinem Zeitwertkonto gutgeschrieben; weitere Wertgutschriften erfolgen nicht. In 05 nimmt A sein Guthaben in Anspruch und wird für 60 Arbeitstage von der Verpflichtung zur Arbeitsleistung unter Fortzahlung seiner (seit 01 unveränderten) Bezüge in voller Höhe freigestellt.

Lösung:

Dem DBA-Staat B steht nach Art. 15 Abs. 1 Satz 2 und Abs. 2 Buchstabe c OECD-MA das Besteuerungsrecht für diejenigen Vergütungen zu, die A für seine Tätigkeit dort bezogen hat. Dies gilt unabhängig davon, ob der Betrag dem Arbeitnehmer im regulären Zahlungsturnus zufließt oder der Zuflusszeitpunkt durch die Gutschrift auf dem Zeitwertkonto wirksam in die Zukunft verlagert wird. Vorliegend steht dem Staat B das Besteuerungsrecht an den Zahlungen aus dem Zeitwertkonto im Jahr 05 zu. Deutschland stellt die Vergütungen unter Progressionsvorbehalt von der Steuer frei, soweit nicht § 50 d Abs. 8 oder 9 EStG anzuwenden sind.

310 Das Besteuerungsrecht des Tätigkeitsstaates wird nicht dadurch berührt, dass die Voraussetzungen für die steuerliche Anerkennung der Zeitwertkontenvereinbarung später ganz oder teilweise entfallen (BMF-Schreiben vom 17. Juni 2009, BStBl. I S. 1286 „planwidrige Verwendung"). Andererseits steht dies auch einer Berücksichtigung der Zahlungen im Rahmen des Progressionsvorbehalts im VZ des Zuflusszeitpunkts nicht entgegen.

311 Soweit sich der Wert des Arbeitszeitguthabens aus anderen Gründen als den vereinbarten Lohngutschriften erhöht hat, z. B. infolge einer vom Arbeitgeber zugesagten Verzinsung oder aufgrund der erfolgreichen Anlage des Arbeitsentgeltguthabens am Kapitalmarkt (s. § 7 d Abs. 3 SGB IV), stellt dieser Wertzuwachs keine Gegenleistung für die im anderen Staat ausgeübte Tätigkeit dar. Insoweit verbleibt das Besteuerungsrecht für Vergütungen, die unter Art. 15 OECD-MA fallen, beim Ansässigkeitsstaat. Vorgenannte Zinsen erhöhen das Guthaben des Zeitwertkontos und sind bei tatsächlicher Auszahlung an den Arbeitnehmer als steuerpflichtiger Arbeitslohn im Ansässigkeitsstaat zu erfassen.

312 Bringt der Arbeitnehmer sowohl nach DBA freigestellten als auch steuerpflichtigen Arbeitslohn in sein Zeitwertkonto ein, gilt im Zeitpunkt der Auszahlung des Arbeitsentgeltguthabens stets der steuerfreie Arbeitslohn als zuerst verwendet. Ist der steuerfreie Arbeitslohn in mehreren Staaten erdient wor-

[1] Abgedruckt als Anlage b zu LStH 38.2.

den, ist er nach den einzelnen Tätigkeitsstaaten aufzuteilen. In diesem Fall gilt bei der Auszahlung des steuerfreien Arbeitslohns aus dem Arbeitsentgeltguthaben der zuerst erdiente steuerfreie Arbeitslohn als zuerst verwendet. Anl c zu LStH 39.5

Beispiel 2:

313 Arbeitgeber und Arbeitnehmer A sind im Inland ansässig und schließen eine Zeitwertkontenvereinbarung. Im Jahr 01 wird A insgesamt für 40 (Aufenthalts- und Tätigkeits-)Tage in die ausländische Betriebsstätte seines Arbeitgebers im DBA-Staat B entsandt. Seinen Arbeitslohn trägt die ausländische Betriebsstätte. Vereinbarungsgemäß erhält A für die Auslandstätigkeiten einen Lohnzuschlag i. H. v. 50 %. Dieser wird seinem Zeitwertkonto gutgeschrieben. Der reguläre Lohn wird ausgezahlt. Im Jahr 02 führt A seinem Zeitwertkonto im Inland erdiente Wertgutschriften zu, die eine Freistellung von 20 Arbeitstagen unter Fortzahlung der Bezüge in voller Höhe erlauben. Im Jahr 03 wird A zu den gleichen Konditionen wie im Jahr 01 für 40 (Aufenthalts- und Tätigkeits-)Tage in die ausländische Betriebsstätte seines Arbeitgebers im DBA-Staat C entsandt. Im Jahr 05 nimmt A sein gesamtes Zeitwertguthaben in Anspruch und wird für 60 Arbeitstage von der Verpflichtung zur Arbeitsleistung unter Fortzahlung seiner Bezüge in voller Höhe freigestellt.

Lösung:

Die Entgeltzahlung für die ersten 20 Tage der Freistellung von der Arbeitspflicht speist sich aus dem im DBA-Staat B erdienten steuerfreien Arbeitslohn. Der steuerfreie Arbeitslohn für die folgenden 20 Tage rührt aus der Tätigkeit im DBA-Staat C her. Erst in den letzten 20 Tagen kommt das durch die Inlandstätigkeit erdiente steuerpflichtige Arbeitsentgeltguthaben zur Auszahlung.

314 Im vorstehenden Beispiel ist die Versteuerung im Veranlagungsverfahren 05 auch dann nachgewiesen, wenn der Tätigkeitsstaat den auf dem Zeitwertkonto gutgeschriebenen Lohn einer Besteuerung in 01 unterworfen hat und dies belegt wird (§ 50 d Abs. 8 bzw. 9 EStG).

315 Aufgrund der oft langen Zeitspanne zwischen dem Erwerb der Lohnforderung und ihrem Zufluss kommt in diesen Fällen den steuerlichen Nachweispflichten eine besondere Bedeutung zu. Die Feststellungslast trifft im Lohnsteuerabzugsverfahren beide Beteiligte (Arbeitgeber und Arbeitnehmer). § 90 Abs. 2 AO verankert die Verantwortung für die Aufklärung und Beweismittelvorsorge unter den dort genannten Voraussetzungen (s. auch Tz. 5.2, Rn. 225, 226). Soweit der Tätigkeitsstaat die Arbeitszeitkontenvereinbarung nicht anerkennt und stattdessen von einem unmittelbaren Zufluss des gutgeschriebenen Arbeitslohns ausgeht, reicht es für Zwecke des § 50 d Abs. 8 EStG aus, die steuerliche Erfassung im Tätigkeitsstaat zu diesem Zeitpunkt nachzuweisen.

316 Die vorstehenden Grundsätze finden auf sog. Gleitzeitkonten keine Anwendung, die lediglich der Ansammlung von Mehr- oder Minderarbeitszeit dienen und zu einem späteren Zeitpunkt ausgeglichen werden. Der Zufluss des Arbeitslohns richtet sich nach den allgemeinen Regeln.

5.5.9. Steuerausgleichsmechanismen zwischen Arbeitnehmer und Arbeitgeber

5.5.9.1. Steuerausgleich („Tax-Equalization") und Steuerschutz („Tax-Protection"/„Hypo Tax")

317 Während einer Auslandstätigkeit werden zwischen Arbeitgebern und ihren Arbeitnehmern regelmäßig Steuerausgleichsvereinbarungen geschlossen. Dabei sind der Steuerausgleich („Tax-Equalization", kurz: TEQ) sowie der Steuerschutz („Tax-Protection") die üblichen Methoden. Die einer Arbeitnehmerentsendung zugrundeliegende Steuerausgleichsmethode ergibt sich aus der allgemeinen Entsenderichtlinie des Arbeitgebers (z. B. Konzernbetriebsvereinbarung zu Auslandsentsendungen) sowie den individuell geltenden arbeitsvertraglichen Regelungen (Entsendevertrag/-vereinbarung).

318 Bei der sog. „Tax-Equalization" soll der Arbeitnehmer unabhängig von den im Einsatzstaat geltenden Steuersätzen mit der gleichen Höhe an Steuern belastet werden, die zu entrichten wäre, wenn er im Heimatland verblieben wäre.

319 Bei der sog. „Tax-Protection" werden nur eventuelle Steuernachteile im Einsatzstaat durch den Arbeitgeber ausgeglichen, d. h., der Arbeitgeber übernimmt die Mehrsteuern, wenn diese im Einsatzstaat höher als im Heimatland sind. Sofern der Steuersatz im Einsatzstaat jedoch geringer als im Heimatland ist, kommt der Steuervorteil nicht dem Arbeitgeber, sondern dem Arbeitnehmer zugute.

320 Bei beiden Verfahren kann dem Arbeitnehmer im Rahmen seiner Gehaltsabrechnung eine sog. hypothetische Steuer („Hypo Tax") einbehalten werden. Der Arbeitgeber übernimmt dafür im Gegenzug die (im Einsatzstaat) anfallende tatsächliche Steuer. Der endgültige Betrag der hypothetischen Steuer wird jedoch regelmäßig erst nach Ablauf des Kj. ermittelt, sodass im Veranlagungsverfahren Veränderungen bei der Höhe des Arbeitslohns möglich sind.

321 Bei der hypothetischen Steuer handelt es sich nicht um die tatsächlich entrichtete Steuer im Heimat- oder Einsatzstaat, sondern um eine fiktive Rechengröße im Innenverhältnis zwischen Arbeitnehmer und Arbeitgeber, die den Bruttoarbeitslohn mindert. Soweit vom Arbeitgeber eine hypothetische Steuer einbehalten wird, liegt ein Gehaltsabschlag vor, sodass insoweit auch kein Arbeitslohn zufließt. Die Höhe der hypothetischen Steuer ist abhängig von der zwischen Arbeitgeber und Arbeitnehmer getroffenen Einzelvereinbarung und wird regelmäßig unter Berücksichtigung der steuerlichen Verhältnisse des Arbeitnehmers berechnet (z. B. Steuerklasse, Kinderfreibeträge, Werbungskosten, Sonderausgaben etc.).

322 Die hypothetische Steuer wird nicht an die Finanzbehörde abgeführt. Eine Arbeitgeberbescheinigung über den Einbehalt einer hypothetischen Steuer ist daher kein Besteuerungsnachweis i. S. des § 50 d Abs. 8 EStG. Maßgebend hierfür sind allein die vom Arbeitgeber gezahlten tatsächlich anfallenden Steuern.

323 Die vom Arbeitgeber für den Arbeitnehmer tatsächlich gezahlte Einkommensteuer ist in voller Höhe jeweils dem Staat (Ansässigkeits- oder Tätigkeitsstaat) als Arbeitslohn zuzuordnen, in dem sie anfällt. Übernimmt der Arbeitgeber darüber hinaus auch Steuern, die auf andere Einkunftsquellen (z. B. weiterer Arbeitgeber) oder andere Einkunftsarten (z. B. Einkünfte aus Kapitalvermögen oder Einkünfte des Ehegatten) erhoben werden, ist der hierauf entfallende Betrag abkommensrechtlich nach den allgemeinen

Anl c zu LStH 39.5

Grundsätzen aufzuteilen. Die allgemeinen Grundsätze gelten auch für die vom Arbeitgeber im Rahmen einer Nettolohnvereinbarung übernommenen Sozialversicherungsbeiträge. Dies gilt unabhängig davon, an welchen Sozialversicherungsträger im Ansässigkeits- oder Tätigkeitsstaat die Beiträge bzw. Zuschüsse gezahlt werden. Insbesondere erfolgt keine direkte Zuordnung nach Tz. 5.3, Rn. 227 aufgrund des Sitzes eines Sozialversicherungsträgers.

324 In Fällen der grenzüberschreitenden Arbeitnehmertätigkeit ist zunächst zu prüfen, ob eine Netto- oder Bruttolohnvereinbarung mit dem Arbeitgeber getroffen wurde. Unter einer Nettolohnvereinbarung ist die Abrede zu verstehen, dass der Arbeitgeber dem Arbeitnehmer ein festgelegtes Nettogehalt auszahlt und sich zugleich verpflichtet, sämtliche oder bestimmte gesetzliche Abgaben (Steuer- und Sozialversicherungsbeiträge) für den Arbeitnehmer zu tragen (BFH-Urteil vom 28. Februar 1992, BStBl. II S. 733). Der Abschluss einer Nettolohnvereinbarung soll klar und einwandfrei feststellbar sein (BFH-Urteil vom 14. März 1986, BStBl. II S. 886). Bei Steuerausgleichsmethoden mit Vereinbarung einer hypothetischen Steuer ist grundsätzlich von einer Nettolohnvereinbarung bzw. einer partiellen Nettolohnvereinbarung, bezogen auf die im Einsatzstaat anfallende Steuer, auszugehen.

325 Im Anschluss ist zu prüfen, ob ein zum Lohnsteuerabzug verpflichteter Arbeitgeber i. S. des § 38 Abs. 1 EStG vorhanden ist:

326 **Vorliegen eines inländischen Arbeitgebers (Rn. 325 bis 328):** Ein zum Lohnsteuerabzug verpflichteter inländischer Arbeitgeber i. S. des § 38 Abs. 1 EStG liegt in den Fällen der internationalen Arbeitnehmerentsendung vor, wenn das in Deutschland ansässige aufnehmende Unternehmen den Arbeitslohn für die ihm geleistete Arbeit wirtschaftlich trägt oder nach dem Fremdvergleichsgrundsatz hätte tragen müssen (§ 38 Abs. 1 Satz 2 EStG).

327 Sofern dieser inländische Arbeitgeber den Nettolohn auszahlt, ist der Nettolohn des jeweiligen Lohnzahlungszeitraums (= Auszahlungsbetrag), i. d. R. der Arbeitslohn eines Kalendermonats, auf einen Bruttolohn „hochzurechnen", sog. „Gross up" (vgl. R 39 b.9 LStR). Übernimmt der Arbeitgeber Einkommensteuernachzahlungen des Arbeitnehmers, führt dieser Betrag im Zeitpunkt der Zahlung zum Zufluss von weiterem Arbeitslohn, der auf einen Bruttobetrag „hochzurechnen" ist (BFH-Urteil vom 3. September 2015, BStBl. 2016 II S. 31).

328 Aus der Summe der hochgerechneten Arbeitslöhne der einzelnen Lohnzahlungszeiträume (laufende Arbeitslohnzahlungen und ggf. sonstige Bezüge) errechnet sich der gesamte hochgerechnete Brutto-Jahresarbeitslohn eines Kj. Dieser hochgerechnete Betrag ist als steuerpflichtiger Bruttoarbeitslohn unter Nr. 3 bzw. als nach DBA steuerfreier Arbeitslohn unter Nr. 16 a (bei unbeschränkter Steuerpflicht des Arbeitnehmers) in der elektronischen Lohnsteuerbescheinigung auszuweisen.

329 **Es liegt kein inländischer Arbeitgeber vor:** Sollte der Arbeitgeber im Inland nicht zum Lohnsteuerabzug verpflichtet sein (kein inländischer Arbeitgeber i. S. des § 38 Abs. 1 EStG) und die Zahlung an den Arbeitnehmer in Form einer Nettolohnvereinbarung erfolgen, ist im Rahmen der Veranlagung abweichend von den Rn. 326 bis 328 nur der im jeweiligen Kj. ausgezahlte Nettolohn in die Einkommensteuerveranlagung einzubeziehen (Zuflussprinzip des § 11 EStG). Erst wenn die angefallenen Steuerbeträge später vom ausländischen Arbeitgeber ersetzt werden, ist dieser Betrag erneut der Besteuerung im Rahmen der Einkommensteuerveranlagung zu unterwerfen. Eine Hochrechnung des übernommenen Betrags erfolgt in diesen Fällen nicht. Erhält der Arbeitnehmer ausnahmsweise von seinem Arbeitgeber bereits während des laufenden Kj. Zuschüsse, um seine gegenüber dem Finanzamt fälligen Vorauszahlungen leisten zu können, oder überweist der Arbeitgeber die Vorauszahlungen im abgekürzten Zahlungsweg direkt an die für die Veranlagung des Arbeitnehmers zuständige Finanzbehörde, liegt auch insoweit bereits zugeflossener Arbeitslohn vor. Eine Hochrechnung ist ebenfalls nicht vorzunehmen.

330 Da die tatsächliche Steuerbelastung in diesen Fällen regelmäßig nicht identisch mit der vom Arbeitgeber einbehaltenen hypothetischen Steuer ist, hat dies nachfolgend dargestellte Auswirkungen auf die steuerliche Behandlung im Inland:

Beispiel 1: Inländischer Arbeitgeber

331 Im Jahr 01 wird ein Nettolohn i. H. v. sechs Monaten je 2000 € und sechs Monaten je 3000 € ausgezahlt. Der Jahresnettolohn beträgt demnach 30 000 €. Aus der Einkommensteuerveranlagung für das Jahr 01 ergibt sich eine Nachzahlung von 800 €. Im Entsendevertrag zwischen Arbeitnehmer und Arbeitgeber wurde ein Nettolohn vereinbart, sodass der inländische Arbeitgeber dem Arbeitnehmer diesen Betrag im Jahr 02 ersetzt.

Lösung:

Die vom Arbeitgeber übernommene Einkommensteuernachzahlung ist im Zeitpunkt des Zuflusses (Jahr 02) auf einen Bruttobetrag hochzurechnen (BFH-Urteil vom 3. September 2015, BStBl. 2016 II S. 31). Der Arbeitgeber führt die hierauf entfallende Lohnsteuer an das Finanzamt ab. Daneben ist die Einkommensteuerveranlagung des Arbeitnehmers für das Jahr 01 entsprechend zu korrigieren. Sofern sich im Veranlagungsverfahren eine Erstattung ergibt, führt diese zu negativem Arbeitslohn, der nicht auf einen Bruttobetrag hochgerechnet werden kann (BFH-Urteil vom 30. Juli 2009, BStBl. 2010 II S. 148).

Beispiel 2: Inländischer Arbeitgeber – Inbound-Fall

332 Ein im anderen DBA-Staat ansässiger Arbeitnehmer wird von seinem ausländischen Arbeitgeber nach Deutschland entsandt. Der Arbeitnehmer wird für eine inländische Betriebsstätte des ausländischen Arbeitgebers tätig oder übernimmt die Funktion eines ständigen Vertreters i. S. des § 13 AO.

Der Arbeitgeber hat mit dem Arbeitnehmer für das Jahr 01 die Zahlung von Nettolöhnen vereinbart. Aus den Nettosummen der einzelnen Kalendermonate (12 × 2000 €) ergibt sich eine Jahresnettosumme von 24 000 €. Die hochgerechneten Beträge der einzelnen Kalendermonate ergeben eine Jahresbruttosumme von (12 × 3200 €) = 38 400 €.

Die Einkommensteuernachzahlung für das Jahr 01 i. H. v. 1000 € wird im Jahr 02 vom Arbeitgeber auf das Konto des Arbeitnehmers überwiesen. Daraus errechnet sich ein hochgerechneter Betrag von 1500 €. Dieser hochgerechnete Betrag ist der dazugehörende Bruttoarbeitslohn, der neben dem laufenden Lohn im Lohnkonto und auf der Lohnsteuerbescheinigung des Jahres 02 zu erfassen ist.

Lösung:

In die Einkommensteuerveranlagung sind folgende Beträge einzubeziehen:

Jahr 01:	38 400 €	(hochgerechneter laufender Arbeitslohn 01)
Jahr 02:	1500 €	zzgl. hochgerechneter laufender Arbeitslohn 02 zzgl. ggf. hochgerechnete vom Arbeitgeber übernommene ESt-Vorauszahlung/en

Abwandlung: Kein inländischer Arbeitgeber – Inbound-Fall

333 Wie Beispiel 2, jedoch ist der Arbeitgeber nicht i. S. des § 38 Abs. 1 EStG zum Lohnsteuerabzug verpflichtet.

Lösung:

Der Nettoarbeitslohn i. H. v. 24 000 € ist im Rahmen der Einkommensteuerveranlagung des Arbeitnehmers in Deutschland im Jahr 01 anzusetzen. Die sich ergebende deutsche Einkommensteuernachzahlung z. B. i. H. v. 3100 €, die vom ausländischen Arbeitgeber im Jahr 02 gezahlt wird, ist im Jahr der Zahlung 02 durch den Arbeitgeber beim Arbeitnehmer als geldwerter Vorteil zu erfassen (BFH-Urteil vom 6. Dezember 1991, BStBl. 1992 II S. 441).
In die Einkommensteuerveranlagung sind folgende Beträge einzubeziehen:

Jahr 01:	24 000 €	(laufender Nettolohn 01)
Jahr 02:	3100 €	zzgl. laufender Nettolohn 02 zzgl. ggf. vom Arbeitgeber übernommene ESt-Vorauszahlungen

Beispiel 3: Outbound-Fall mit Übernahme einer höheren ausländischen Steuer

334 Ein im Inland ansässiger Arbeitnehmer wird von seinem inländischen Arbeitgeber zu einer ausländischen Tochtergesellschaft im DBA-Staat A abgeordnet, die auch die Lohnkosten wirtschaftlich trägt. Der Arbeitnehmer behält seinen inländischen Wohnsitz bei. Im Entsendevertrag zwischen Arbeitnehmer und Arbeitgeber wurde die Steuerausgleichsmethode „Tax-Equalization" vereinbart. Der Bruttolohn des Arbeitnehmers beträgt monatlich 3000 €. Der monatliche Nettoarbeitslohn (ohne Berücksichtigung der Sozialversicherungsabzüge) vor Beginn der Entsendung beträgt 2421 € (= 3000 € abzgl. 579 € Lohnsteuer). Der Arbeitnehmer soll weiterhin den gleichen Nettobetrag erhalten, sodass die hypothetische Steuer während der Entsendung 579 € pro Monat beträgt. Im DBA-Staat A sind monatlich 800 € tatsächliche Steuern für den Arbeitslohnbezug des Arbeitnehmers fällig.

Lösung:

Die Lohnabrechnung im Inland sieht wie folgt aus:

Bruttoarbeitslohn	3000 €
abzgl. hypothetische Steuer im Heimatstaat	579 €
Nettoauszahlungsbetrag	2421 €

Für Zwecke des Progressionsvorbehalts nach § 32 b Abs. 1 Satz 1 Nr. 3 EStG ist der im Ausland erzielte Arbeitslohn wie folgt zu ermitteln:

Nettoauszahlungsbetrag	2421 €
zzgl. vom Arbeitgeber übernommene tatsächliche Steuern im Einsatzstaat	800 €
Bruttoarbeitslohn	3221 €

Der Betrag von monatlich 3221 € ist für Zwecke des Progressionsvorbehalts bei der Ermittlung der deutschen Einkommensteuer anzusetzen. Der Arbeitgeber wird für den Zeitraum der Entsendung mit monatlich 221 € zusätzlich belastet, da er für die Begleichung der tatsächlich anfallenden Steuer im Ausland (800 €) die vom Arbeitnehmer im Innenverhältnis einbehaltene hypothetische Steuer (579 €) nutzt und diese die tatsächliche Steuer nicht deckt.

Beispiel 4: Outbound-Fall mit Übernahme einer niedrigeren ausländischen Steuer

335 Wie Beispiel 3, jedoch beträgt die monatliche Steuerbelastung im Ausland 250 €.

Lösung:

Die Lohnabrechnung sieht vereinfacht wie folgt aus:

Bruttoarbeitslohn	3000 €
abzgl. hypothetische Steuer im Heimatstaat	579 €
Nettoauszahlungsbetrag	2421 €

Für Zwecke des Progressionsvorbehalts nach § 32 b Abs. 1 Satz 1 Nr. 3 EStG ist der im Ausland erzielte Arbeitslohn wie folgt zu ermitteln:

Nettoauszahlungsbetrag	2421 €
zzgl. vom Arbeitgeber übernommene tatsächliche Steuern im Einsatzstaat	250 €
Bruttoarbeitslohn	2671 €

Der Betrag von monatlich 2671 € ist für Zwecke des Progressionsvorbehalts bei der Ermittlung der deutschen Einkommensteuer anzusetzen.
Der Arbeitgeber wird für den Zeitraum um Entsendung um monatlich 329 € entlastet, da er für die Begleichung der tatsächlich anfallenden Steuer im Ausland (250 €) die vom Arbeitnehmer im Innenverhältnis einbehaltene hypothetische Steuer (579 €) nutzt und diese die tatsächliche Steuer um 329 € übersteigt.

Beispiel 5: Vereinbarung einer „Tax-Protection"

336 Wie Bespiel 3 (Rn. 334), jedoch wurde im Entsendevertrag zwischen Arbeitnehmer und Arbeitgeber die Steuerausgleichsmethode „Tax-Protection" vereinbart.

Lösung:

Da die monatliche Steuer im Ausland 800 € beträgt, ist die Steuerbelastung höher als im Inland. Der Arbeitgeber übernimmt daher die im Ausland anfallende Mehrsteuer. Sofern die „Tax-Protection" über den Abzug der hypothetischen Steuer und die Übernahme der tatsächlichen Steuer erfolgt, entspricht der Lösungsweg dem zu Beispiel 3 (Rn. 334).

Abwandlung:

337 Sachverhalt wie Beispiel 4, jedoch wurde die „Tax-Protection" vereinbart. Aufgrund der geringeren Steuersätze im Ausland sollen die Steuervorteile (monatlich 329 €) beim Arbeitnehmer verbleiben.

Lösung:

Beträgt die monatliche Steuer im Ausland 250 €, ist die Steuerbelastung niedriger als im Inland. Erfolgt die Durchführung der „Tax-Protection" über den Abzug der hypothetischen Steuer und die Übernahme der tatsächlichen Steuer, ist darauf zu achten, dass der vom Arbeitgeber erstattete Betrag (monatlich 329 €) als Arbeitslohn anzusetzen ist.
Die Lohnabrechnung im Inland stellt sich vereinfacht wie folgt dar:

Bruttoarbeitslohn	3000 €
abzgl. hypothetische Steuer im Heimatland	579 €
Nettoauszahlungsbetrag	2421 €

Für Zwecke des Progressionsvorbehalts nach § 32 b Abs. 1 Satz 1 Nr. 3 EStG ist der im Ausland erzielte Arbeitslohn wie folgt zu ermitteln:

Auszahlungsbetrag	2421 €
zzgl. der tatsächlich übernommenen Steuern	250 €
zzgl. des Erstattungsbetrages	329 €
Bruttoarbeitslohn	3000 €

Sofern der Erstattungsbetrag erst im Folgejahr (ggf. als Einmalbetrag) zufließt, ist er in diesem VZ zu berücksichtigen. Auf § 50 d Abs. 8 und 9 EStG wird in diesem Zusammenhang hingewiesen.

5.5.9.2. Treuhandmodelle

338 Von dem vorstehend dargestellten System zu unterscheiden sind Treuhandmodelle, bei denen die Arbeitnehmer freiwillig Beiträge in ein gemeinsames Treuhandvermögen leisten, ohne dass der Arbeitgeber eine Zuschuss- oder Insolvenzpflicht hat und aus diesem Treuhandvermögen die ausländischen Steuern beglichen werden. In diesen Fällen gelten die in das gemeinsame Treuhandvermögen (sog. Steuertopf) von den Arbeitnehmern eingebrachten Beträge, die aus dem geschuldeten Arbeitslohn finanziert werden, als sog. Einkommensverwendung. Denn der Arbeitnehmer hat mit der Einbringung der Beträge Rechtsansprüche gegenüber einem fremden Dritten (Treuhandvermögen) erworben. Damit führen die eingebrachten Beträge nicht zu einer Minderung des Bruttoarbeitslohnes. Die Aufteilung des ungekürzten Bruttoarbeitslohnes in einen steuerpflichtigen und steuerfreien Teil erfolgt nach allgemeinen Grundsätzen. Im Gegenzug bewirkt die Finanzierung der anfallenden Steuer im Ausland oder in Deutschland aus dem Treuhandvermögen keinen Zufluss von Arbeitslohn.

5.5.10. Entsendezulagen

339 Dient eine Entsendezulage dem Ausgleich von Kosten und Erschwernissen, die durch die Tätigkeit im Staat des aufnehmenden Unternehmens entstehen, ist die Zulage dieser Tätigkeit direkt zuzuordnen. Dagegen ist eine Entsendezulage i. S. der Tz. 5.4, Rn. 228 ff. aufzuteilen, wenn sie eine Vergütung für die Tätigkeit für das aufnehmende Unternehmen darstellt. Die Abgrenzung hat nach den Umständen des Einzelfalls zu erfolgen.

Eine widerlegbare Vermutung spricht für eine Zuordnung zum aufzuteilenden verbleibenden Arbeitslohn, wenn die Entsendezulage gewährt wird, obwohl die Tätigkeit über mehrere Monate ausschließlich im Ansässigkeitsstaat des Arbeitnehmers (z. B. im Homeoffice) ausgeübt wird.

5.5.11. Übernahme von bestimmten Aufwendungen durch den Arbeitgeber

340 Die Steuerfreiheit bestimmter Einnahmen nach § 3 EStG (hier z. B. Nr. 13 und 16) ist zu beachten; einige nach § 3 EStG steuerfreie Einnahmen unterliegen nicht dem Progressionsvorbehalt.

341 Zahlungen, die der Arbeitgeber im Hinblick auf einen künftigen internationalen Einsatz des Arbeitnehmers aufwendet, stellen i. d. R. Arbeitslohn dar, der nach Tz. 5.3, Rn. 227 abkommensrechtlich direkt dem Tätigkeitsstaat zuzuordnen ist. Dies sind z. B. Kosten:
- für eine Orientierungsreise, um dem Arbeitnehmer einen Einblick in die Lebensbedingungen am Einsatzort zu geben (z. B. für Unterkunft, Mietwagen, Reisekosten oder Verpflegung),
- für Visa sowie Arbeits- oder Aufenthaltsgenehmigungen,
- für Sprachunterricht oder interkulturelles Training in Bezug auf den rechtlichen, kulturellen, sozialen und wirtschaftlichen Rahmen am Einsatzort (Ausnahmen s. R 19.7 Abs. 2 Satz 4 LStR),
- für medizinische Vorsorge oder sonstige Hilfestellungen und Informationen (u. a. Eröffnung von Bankkonten, Wohnraumbeschaffung).

342 Das gilt auch für:
- Übergangszuschüsse, die der Arbeitgeber als zusätzliche Leistung an bestimmten Einsatzorten zahlt, um höhere Kosten des Arbeitnehmers in der Orientierungsphase auszugleichen, oder
- Ausgleichszahlungen des Arbeitgebers für Verluste des Arbeitnehmers aus privaten Veräußerungen im Wohnsitzstaat anlässlich des internationalen Einsatzes.

343 Übernimmt der Arbeitgeber während des Einsatzes Aufwendungen für den Arbeitnehmer im Tätigkeitsstaat (z. B. für die Unterbringung, die Verpflegung, den Umzug oder den Dienstwagen) oder im Ansässigkeitsstaat (z. B. für die Beibehaltung der bisherigen Wohnung oder deren Aufgabe) oder für Fahrten zwischen beiden Staaten (z. B. „Home-Leave") und dies nur in Fällen des internationalen Einsatzes, liegt insoweit i. d. R. Arbeitslohn vor, der nach Tz. 5.3, Rn. 227 abkommensrechtlich direkt dem Tätigkeitsstaat zuzuordnen ist. Soweit eine Leistung jedoch nicht auf Fälle des internationalen Einsatzes beschränkt ist und auch dem Ansässigkeitsstaat nach Tz. 5.3 nicht direkt zugeordnet werden kann, ist eine Aufteilung i. S. der Tz. 5.4, Rn. 228 ff. vorzunehmen. Dies gilt entsprechend für Zuschüsse, die der Arbeitgeber dem Arbeitnehmer zum Ausgleich für dessen Aufwendungen im Zusammenhang mit dem Einsatz zahlt (z. B. Unterstützungsleistungen für den Arbeitnehmer und dessen Familie, Zuschüsse bei Anschaffungen). Diese Informationen gehen regelmäßig aus den monatlichen Gehaltsabrechnungen („Payslips") inklusive Schattengehaltsabrechnungen („Shadow-Payroll") des Arbeitnehmers aus dem In- und Ausland hervor.

Anl c zu LStH 39.5

344 Die Übernahme von Steuerberatungskosten durch den Arbeitgeber führt i. d. R. zum Zufluss eines geldwerten Vorteils i. H. der tatsächlichen Kosten (inkl. Umsatzsteuer). Hierzu gehören insbesondere sämtliche Leistungen, die mit der Erstellung der Einkommensteuererklärung des Arbeitnehmers oder seiner Angehörigen in Verbindung stehen (z. B. Erstellung der Steuererklärung, Vorbereitungsgespräche, Beantwortung der Fragen des Finanzamts, Steuerbescheidprüfung und Einspruchsverfahren, Beantragung Kindergeld, Beratungsleistungen, VIP-Services etc., BFH-Urteil vom 3. September 2015, BStBl. 2016 II S. 31). Der in diesem Zusammenhang zugeflossene Arbeitslohn ist grundsätzlich dergestalt direkt zuzuordnen, dass die Kosten für die Erklärungsabgabe im ggf. bisherigen Ansässigkeitsstaat ausschließlich der Tätigkeit im ggf. bisherigen Ansässigkeitsstaat und die Kosten für die Erklärungsabgabe im Tätigkeitsstaat ausschließlich der Tätigkeit im Tätigkeitsstaat zuzurechnen sind. Erfolgt die Übernahme der Steuerberatungskosten jedoch im ausschließlichen wirtschaftlichen Zusammenhang mit der im Inland oder im Ausland ausgeübten Tätigkeit (z. B. aufgrund ausdrücklicher und auf die Dauer der Entsendung beschränkter Vereinbarung im Entsendevertrag), so ist der hieraus resultierende Lohn ausschließlich dieser Tätigkeit zuzuordnen.

345 Übernimmt der Arbeitgeber, der mit dem Arbeitnehmer unter Abtretung der Steuererstattungsansprüche eine Nettolohnvereinbarung abgeschlossen hat, die Steuerberatungskosten für die Erstellung der Einkommensteuererklärungen des Arbeitnehmers, wendet er damit regelmäßig keinen Arbeitslohn zu (BFH-Urteil vom 9. Mai 2019, BStBl. II S. 785). Arbeitslohn liegt dagegen regelmäßig vor, soweit die Steuerberatungskosten anderen Einkunftsarten (z. B. Kapitalvermögen oder Vermietung und Verpachtung) als den aus dem Arbeitsverhältnis zum Arbeitgeber oder verbundenen Unternehmen (§ 15 AktG) erzielten Einkünften aus nichtselbständiger Arbeit zuzuordnen sind.

346 Wird für die Steuerberatungskosten eine pauschale Vergütung je Arbeitnehmer oder für alle Arbeitnehmer vereinbart, bestehen grundsätzlich keine Bedenken, wenn aus Vereinfachungsgründen auf die Erfassung der anteilig den anderen Einkunftsarten zuzuordnenden Steuerberatungskosten verzichtet wird.

347 Betreffen die Aufwendungen jedoch nur Arbeitgeberleistungen (z. B. Erstellung der Lohnabrechnung und Lohnsteueranmeldung, Steuerausgleichsberechnungen (TEQ), Beratungsleistungen im Zusammenhang mit sozialversicherungsrechtlichen Fragen etc.), handelt es sich um Aufwendungen im sog. überwiegenden betrieblichen Interesse, die beim einzelnen Arbeitnehmer zu keiner Bereicherung führen und insoweit keinen Zufluss von Arbeitslohn darstellen.

348 Stellt der Arbeitgeber dem Arbeitnehmer einen Dienstwagen zur Verfügung, ist der hieraus resultierende geldwerte Vorteil für Privatfahrten und der für Fahrten zwischen Wohnung und erster Tätigkeitsstätte nach dem Veranlassungszusammenhang zuzuordnen. Der anlässlich der Fahrten zwischen Wohnung und erster Tätigkeitsstätte entstehende geldwerte Vorteil ist direkt der Tätigkeit im Ansässigkeitsstaat oder im Tätigkeitsstaat nach Tz. 5.3, Rn. 227 zuzuordnen. Wird dagegen der Dienstwagen allgemein ohne Abhängigkeit von einer bestimmten Tätigkeit im Aus- oder Inland überlassen, handelt es sich um Arbeitslohn, der nicht direkt zugeordnet werden kann (s. Tz. 5.4, Rn. 228 ff.).

349 Übernimmt der Arbeitgeber Aufwendungen für die Reintegration des Arbeitnehmers in den früheren Ansässigkeitsstaat (z. B. für die Unterbringung, die Verpflegung, den Rückumzug) und war der zurückliegende Einsatz in dem anderen Staat von vornherein befristet, liegt insoweit i. d. R. Arbeitslohn vor, der nach Tz. 5.3, Rn. 227 abkommensrechtlich direkt dem Tätigkeitsstaat zuzuordnen ist. Erfolgte dagegen der Einsatz in dem anderen Staat unbefristet, ist die Rückkehr in den Ansässigkeitsstaat regelmäßig durch eine neue Tätigkeit im Ansässigkeitsstaat veranlasst. In diesem Fall sind die Aufwendungen des Arbeitgebers für die Reintegration des Arbeitnehmers in den Ansässigkeitsstaat ggf. dieser neuen Tätigkeit zuzuordnen.

5.6. Außerhalb des vom Arbeitgeber eingerichteten Arbeitsplatzes ausgeübte Tätigkeiten

350 Die unter der Tz. 5.4.2 Rn. 233 ff. dargestellten Grundsätze zur Aufteilung des Besteuerungsrechts über den Arbeitslohn zwischen zwei oder mehreren Staaten sind auch auf Sachverhalte anzuwenden, in denen der Arbeitnehmer seine Tätigkeit oder einen Teil seiner Tätigkeit außerhalb des für ihn im Betrieb eingerichteten Arbeitsplatzes (z. B. Tätigkeiten in den Wohnräumen des Arbeitnehmers oder im Homeoffice) ausübt. Art. 15 OECD-MA sieht hierfür keine besonderen Regelungen vor. Dem folgend enthalten auch deutsche DBA i. d. R. keine Sonderregelungen. Abweichend hiervon können sich aus den Grenzgängerregelungen (vgl. Tz. 1.2.2.2, Rn. 29) andere Rechtsfolgen für die Tätigkeitausübung im Homeoffice ergeben. Zu untertägigen Homeoffice-Aktivitäten, vgl. Tz. 5.4.2, Rn. 244.

Beispiel: Tätigkeit im Homeoffice

351 Der ausschließlich in Deutschland ansässige Arbeitnehmer D arbeitet für einen in Dänemark ansässigen Arbeitgeber 40 Stunden pro Woche an fünf Tagen die Woche. Von Montag bis Mittwoch übt D die Tätigkeit am betrieblichen Arbeitsplatz in Dänemark aus. Donnerstags arbeitet D vier Stunden in Dänemark und vier Stunden im Homeoffice. Freitags arbeitet D sechs Stunden ausschließlich im Homeoffice.

Lösung:

Für D sind in diesen Wochen fünf tatsächliche Arbeitstage zu zählen. Davon übt er 3,5 Tage in Dänemark (Montag bis Mittwoch ganztägig und Donnerstag halbtägig) und 1,5 Tage in Deutschland (Donnerstag halbtägig, Freitag ganztägig) aus. Der Freitag ist ungeachtet der verkürzten Arbeitszeit als voller tatsächlicher Arbeitstag zu berücksichtigen. Soweit nicht § 50 d Abs. 8 oder 9 EStG anzuwenden sind, kann der Arbeitslohn, der auf die Arbeitstage in Dänemark entfällt, nach Art. 15 Abs. 1 Satz 2 i. V. m. Art. 24 Abs. 1 Buchstabe a DBA-Dänemark steuerfrei gestellt werden. Soweit der Arbeitslohn auf die im Inland ausgeübten Arbeitstage entfällt, steht dem Ansässigkeitsstaat Deutschland das Besteuerungsrecht zu (Art. 15 Abs. 1 Satz 1 erster Halbsatz DBA-Dänemark).

Anl c zu LStH 39.5

6. Abkommensrechtliche Beurteilung bestimmter Auslandstätigkeiten

6.1. Organe von Kapitalgesellschaften

89

352 Bei der Besteuerung der Organe von Kapitalgesellschaften ist zwischen den geschäftsführenden und den überwachenden Organen zu unterscheiden.

353 Die Vergütungen von geschäftsführenden Organen (z. B. Vorstände und Geschäftsführer) von Kapitalgesellschaften fallen regelmäßig in den Anwendungsbereich des Art. 15 OECD-MA. Der Ort der Geschäftsleitung oder der Sitz der Gesellschaft ist für die Aufteilung des Besteuerungsrechts ebenso wenig relevant wie der Ort, an dem die Tätigkeit „verwertet" wird, da die Mitglieder der Geschäftsleitung abkommensrechtlich ihre Tätigkeit grundsätzlich an dem Ort ausüben, an dem sie sich persönlich aufhalten (BFH-Urteil vom 5. Oktober 1994, BStBl. 1995 II S. 95). Soweit der innerstaatliche Besteuerungsanspruch nicht durch diese abkommensrechtliche Regelung beschränkt wird, unterliegt der Arbeitslohn gemäß § 49 Abs. 1 Nr. 4 Buchstabe c EStG auch dann der beschränkten Einkommensteuerpflicht, wenn die geschäftsführenden Organe ihre Aufgaben im Ausland erfüllen.

354 Davon abzugrenzen sind jedoch die Vergütungen der überwachenden Organe von Kapitalgesellschaften (z. B. Aufsichts- und Verwaltungsräte). Dabei handelt es sich innerstaatlich um Einkünfte aus selbständiger Tätigkeit i. S. des § 18 EStG, die abkommensrechtlich unter den Anwendungsbereich des Art. 16 OECD-MA fallen. Das Besteuerungsrecht wird regelmäßig dem Ansässigkeitsstaat der Kapitalgesellschaft zugewiesen. Die Doppelbesteuerung wird durch die Anrechnungsmethode vermieden. Soweit der innerstaatliche Besteuerungsanspruch nicht durch die abkommensrechtliche Regelung beschränkt wird, unterliegen die Vergütungen gemäß § 49 Abs. 1 Nr. 3 EStG nur dann der beschränkten Einkommensteuerpflicht, wenn die Tätigkeit im Inland ausgeübt oder verwertet wird oder worden ist oder für die Tätigkeit im Inland eine feste Einrichtung oder eine Betriebsstätte unterhalten wird.

355 In einigen Staaten ist es üblich, dass bestimmte Organe von Kapitalgesellschaften sowohl geschäftsführende als auch überwachende Aufgaben wahrnehmen (z. B. Schweizer Verwaltungsrat, kanadisches Board of Directors). In diesem Fall sind die Vergütungen unter Beachtung von Fremdüblichkeitsgrundsätzen aufzuteilen (BFH-Urteil vom 14. März 2011, BStBl. 2013 II S. 73). Soweit die Einnahmen auf die geschäftsführenden Tätigkeiten entfallen, ist das Besteuerungsrecht nach Art. 15 OECD-MA zuzuweisen. Der übrige Teil fällt unter die Anwendung des Art. 16 OECD-MA.

356 Abweichend von vorstehend genannten Grundsätzen wird in einigen DBA geregelt, dass das Besteuerungsrecht an den Geschäftsführervergütungen dem Ansässigkeitsstaat der Gesellschaft zusteht (z. B. Art. 16 DBA-Belgien, Art. 16 Abs. 2 DBA-Kasachstan, Art. 15 Abs. 2 DBA-Niederlande, Art. 16 DBA-Österreich, Art. 16 Abs. 2 DBA-Polen, Art. 16 DBA-Schweden, Art. 15 Abs. 4 DBA-Schweiz, s. auch Tz. 1.2.2.3, Rn. 30). Bezüglich der Anwendung des Methodenartikels in Zusammenhang mit Art. 15 Abs. 4 DBA-Schweiz wird auf das BMF-Schreiben vom 3. Dezember 2013, BStBl. I S. 1610 hingewiesen.

357 Abfindungen wegen Auflösung des Arbeitsverhältnisses unterfallen ebenfalls den vorgenannten Sonderregelungen (BFH-Urteil vom 30. September 2020, BStBl. 2021 II S. 275). Soweit gemäß dem anzuwendenden DBA auf die Eigenschaft als Geschäftsführer abzustellen ist, unterliegt die gesamte zugeflossene feste und variable Vergütung einschließlich einer Abfindungszahlung den vorgenannten Sonderregelungen (z. B. Art. 16 Abs. 2 DBA-Polen). Auf das Ende der tatsächlichen Ausübung (z. B. durch Freistellung, Aufkündigung des Geschäftsführervertrages oder Löschung im Handelsregister) kommt es insoweit nicht an (BFH-Urteil vom 30. September 2020, BStBl. 2021 II S. 275). Soweit auf die konkrete Tätigkeit der Geschäftsführertätigkeit abzustellen ist, endet die Anwendung des Art. 15 Abs. 4 DBA-Schweiz für Organe von Kapitalgesellschaften bereits dann, wenn die Tätigkeit als leitender Angestellter nachweislich tatsächlich nicht mehr ausgeübt wird (i. d. R. sind Antrag auf Löschung aus dem Handelsregister oder Aufkündigung des Geschäftsführervertrages). Ab diesem Zeitpunkt greift der allgemeine Artikel über unselbständige Arbeit (Art. 15 OECD-MA).

Beispiel 1:

358 Der ausschließlich in Deutschland ansässige X arbeitet als Geschäftsführer für eine niederländische Kapitalgesellschaft und als Aufsichtsrat einer belgischen Kapitalgesellschaft. Seine Tätigkeit übt er zu $^1/_3$ in den Niederlanden, zu $^1/_3$ in Belgien und zu $^1/_3$ in Drittstaaten aus.

Lösung:

Nach Art. 16 Abs. 1 DBA-Belgien bzw. Art. 15 Abs. 2 DBA-Niederlande steht ungeachtet dessen, ob X in geschäftsführender oder in überwachender Funktion tätig ist, dem jeweiligen Ansässigkeitsstaat der Kapitalgesellschaft das Besteuerungsrecht zu. Dies würde auch dann gelten, wenn X in Deutschland tätig wäre. Nach dem DBA-Niederlande 2012 gilt zudem die Besonderheit, dass die Doppelbesteuerung auch für geschäftsführende Organe nach Art. 22 Abs. 1 Buchst. b) Doppelbuchstabe cc) durch die Anrechnungsmethode vermieden wird.

359 In einigen DBA sind aufgrund unterschiedlicher Übersetzungen des Art. 16 zum Teil Organe genannt, die lediglich geschäftsführenden und keinen überwachenden Charakter haben. Da geschäftsführende Tätigkeiten nach deutscher Auffassung jedoch regelmäßig unter Art. 15 OECD-MA fallen, führt dies zu Qualifikationskonflikten, die im Verständigungsverfahren (s. Tz. 11, Rn. 423 ff.) zu lösen sind. Soweit eine doppelte Nichtbesteuerung droht, kann der ausländische Staat – vorbehaltlich einer innerstaatlichen Rechtsgrundlage – mittels einer Spontanauskunft über die drohende Nichtbesteuerung informiert werden.

Beispiel 2:

360 Der ausschließlich in Deutschland ansässige A ist Geschäftsführer einer in Österreich ansässigen GmbH. A erhält einen Arbeitslohn i. H. v. 120.000 € pro Jahr. Die Tätigkeit übt er an 100 Tagen in Österreich und an 50 Tagen im Homeoffice Deutschland aus. A wird ab September für 90 Tage

a) widerruflich von der Arbeit freigestellt;

b) unwiderruflich von der Arbeit freigestellt.
Zum Zeitpunkt der Freistellung hält sich A in Deutschland auf.

Lösung:

Nach Art. 16 Abs. 2 DBA-Österreich steht für alle Vergütungen, die „in der Eigenschaft als Mitglied der Geschäftsführung" erzielt werden, dem Ansässigkeitsstaat der Kapitalgesellschaft das Besteuerungsrecht zu (hier: Österreich). Da Art. 16 Abs. 2 DBA-Österreich keine Vergütung für eine ausgeübte Tätigkeit verlangt, spielt es keine Rolle, ob die Arbeitsfreistellung widerruflich oder unwiderruflich erfolgt und wo sich A während der Arbeitsfreistellung aufhält (s. Tz. 6.2, Rn. 361, 362).
Der Arbeitslohn ist daher vollständig in Deutschland unter Progressionsvorbehalt steuerfrei (Art. 23 Abs. 1 Buchstabe a DBA-Österreich), sofern keine Rückfallklauseln anzuwenden sind (BFH vom 30. September 2020, BStBl. 2021 II S. 275).

6.2. Sich-zur-Verfügung-Halten[1, 2]

361 Soweit die Arbeitsleistung in einem Sich-zur-Verfügung-Halten (z. B. Bereitschaftsdienst, Zeiträume der widerruflichen Arbeitsfreistellung im Zusammenhang mit der Beendigung des Arbeitsverhältnisses) besteht, ohne dass es zu einer Tätigkeit kommt, wird die Arbeitsleistung dort erbracht, wo sich der Arbeitnehmer während der Dauer des Sich-zur-Verfügung-Haltens tatsächlich aufhält (BFH-Urteil vom 9. September 1970, BStBl. II S. 867).

362 Im Falle einer unwiderruflichen Arbeitsfreistellung findet dagegen keine Tätigkeitsausübung statt, sodass nach Art. 15 Abs. 1 Satz 1 OECD-MA grundsätzlich der Ansässigkeitsstaat das Besteuerungsrecht an den übrigen Vergütungen innehat. Zeiten der unwiderruflichen Arbeitsfreistellung sind regelmäßig nicht in den Erdienungszeitraum von Vergütungen aus unselbständiger Arbeit einzubeziehen, da eine Ausübung der Tätigkeit nicht mehr stattfinden kann.

6.3. Vorruhestandsgelder

363 Als Vorruhestand wird der Zeitraum zwischen dem Ausscheiden aus dem Berufsleben und dem Erreichen des gesetzlichen Renteneintrittsalters bezeichnet. Laufend ausgezahlte Vorruhestandsgelder haben immer Versorgungscharakter. Sie sind daher dem Art. 18 OECD-MA zuzuordnen und im Ansässigkeitsstaat zu besteuern.

364 Erdiente kapitalisierte Vorruhestandsgelder, bei denen ein Versorgungscharakter angenommen werden kann, weil sie kurz (maximal 1 Jahr) vor dem Eintrittsalter nach dem Recht des Quellenstaates in eine gesetzliche Rentenversicherung gezahlt werden, sind dem Art. 18 OECD-MA zuzuordnen. Das Besteuerungsrecht steht daher dem Ansässigkeitsstaat zu.

365 Bei Einmalzahlungen zur Ablösung eines bereits im Arbeitsvertrag vereinbarten Anspruchs auf Vorruhestandsgeld, denen kein Versorgungscharakter beigemessen werden kann, weil sie nicht in einem nahen zeitlichen Zusammenhang vor Erreichen der gesetzlichen Altersgrenze gezahlt werden, handelt es sich grundsätzlich um Vergütungen aus unselbständiger Arbeit i. S. des Art. 15 Abs. 1 OECD-MA, für die dem Tätigkeitsstaat das Besteuerungsrecht zusteht.

366 Werden solche Einmalzahlungen aber in einem nahen zeitlichen Zusammenhang mit dem Erreichen des gesetzlichen Renteneintrittsalters geleistet, d. h. innerhalb eines Jahres vor diesem Zeitpunkt, unterfallen sie nicht mehr Art. 15 Abs. 1 OEC-MA. Die Zuordnung des Besteuerungsrechts erfolgt dann über Art. 18 OECD-MA. Liegen andere Umstände für Versorgungsleistungen aus einer Sozialversicherung vor, wie z. B. Berufsunfähigkeit, kann auch bei einem nicht engen zeitlichen Zusammenhang mit dem gesetzlichen Renteneintrittsalter ein Versorgungscharakter der Einmalzahlung angenommen werden und das Besteuerungsrecht nach Art. 18 OECD-MA zuzuordnen sein.

367 Ist ein laufendes Vorruhestandsgeld dagegen nicht in einem Arbeitsvertrag vereinbart und somit nicht durch eine bestimmte Tätigkeit erdient, sondern wird der Anspruch erst im Zusammenhang mit der Auflösung eines Dienstverhältnisses begründet, steht das Besteuerungsrecht nach Art. 18 OECD-MA nicht dem Tätigkeitsstaat, sondern dem Ansässigkeitsstaat im Zeitpunkt der Zahlung zu.

6.4. Konkurrenz- oder Wettbewerbsverbot

368 Vergütungen an den Arbeitnehmer für ein Konkurrenz- oder Wettbewerbsverbot fallen unter Art. 15 OECD-MA. Es handelt sich hierbei um Vergütungen, die für eine in die Zukunft gerichtete Verpflichtung gezahlt werden und nicht der Abgeltung und Abwicklung von Interessen aus dem bisherigen Rechtsverhältnis dienen (BFH-Urteil vom 12. Juni 1996, BStBl. II S. 516). Die Arbeitsleistung, das Nicht-Tätigwerden, wird in dem Staat erbracht, in dem sich der Arbeitnehmer während der Dauer des Verbotes aufhält. Die Fiktion eines Tätigkeitsortes unabhängig von der körperlichen Anwesenheit, beispielsweise in dem Staat, in dem der Steuerpflichtige nicht tätig werden darf, ist nicht möglich (BFH-Urteil vom 5. Oktober 1994, BStBl. 1995 II S. 95). Hält sich der Arbeitnehmer während dieses Zeitraums in mehreren DBA-Staaten auf, ist das Entgelt entsprechend aufzuteilen.

369 Im Verhältnis zu Österreich werden Zahlungen anlässlich eines im Rahmen der Auflösung des Dienstverhältnisses vereinbarten Wettbewerbsverbots (Karenzentschädigung) dem vormaligen Tätigkeitsstaat in dem Verhältnis zugewiesen, in dem die für die zuvor ausgeübte Tätigkeit bezogenen Einkünfte dort der Besteuerung unterlegen haben (§ 5 KonsVerAUTV, BStBl. 2011 I S. 144). Im Verhältnis zur Schweiz sind die Besonderheiten der Konsultationsvereinbarung zu Abfindungen (BStBl. 2010 I

[1] **[Amtl. Anm.:]** Vgl. Protokoll vom 6. 7. 2023 zur Änderung des Abkommens vom 23. 4. 2012 zwischen der Bundesrepublik Deutschland und dem Großherzogtum Luxemburg zur Vermeidung der Doppelbesteuerung und Verhinderung der Steuerhinterziehung auf dem Gebiet der Steuern vom Einkommen und vom Vermögen; Stand 2023 noch nicht in Kraft getreten.

[2] **[Amtl. Anm.:]** Vgl. Protokoll vom 21. 8. 2023 zur Änderung des Abkommens vom 11. 8. 1971 zwischen der Bundesrepublik Deutschland und der Schweizerischen Eidgenossenschaft zur Vermeidung der Doppelbesteuerung auf dem Gebiete der Steuern vom Einkommen und vom Vermögen; Stand 2023 noch nicht in Kraft getreten.

S. 268) auf Zahlungen im Zusammenhang mit einem bei Auflösung eines Dienstverhältnisses vereinbarten Wettbewerbsverbot sinngemäß anzuwenden.

6.5. Altersteilzeit nach dem Blockmodell

370 Für Arbeitnehmer besteht im Rahmen des Altersteilzeitgesetzes unter bestimmten Voraussetzungen die Möglichkeit, ihre Arbeitszeit zu halbieren. Beim sog. Blockmodell schließt sich dabei an eine Phase der Vollzeitarbeit (Arbeitsphase) eine gleich lange Freistellungsphase an. Das Arbeitsverhältnis besteht bis zum Ende der Freistellungsphase weiter fort. Der Arbeitgeber zahlt dem Arbeitnehmer für die von ihm geleistete Tätigkeit Arbeitslohn.

371 Den Anspruch auf Zahlung des Arbeitslohns während der Freistellungsphase erwirbt der Arbeitnehmer dabei durch seine Tätigkeit in der Arbeitsphase.

372 Der Arbeitslohn in der Arbeits- und in der Freistellungsphase stellt eine Vergütung i. S. des Art. 15 OECD-MA dar. In der Freistellungsphase handelt es sich dabei einheitlich um nachträglich gezahlten Arbeitslohn (BFH-Urteil vom 12. Januar 2011, BStBl. II S. 446), der nach den Grundsätzen der Tz. 5.4 aufzuteilen ist. Dabei ist als Erdienungszeitraum der Zeitraum der Arbeitsphase zugrunde zu legen.

373 Der Arbeitslohn wird durch den sog. Aufstockungsbetrag erhöht. Dabei wird der Aufstockungsbetrag nicht für die im Ausland geleistete Tätigkeit gezahlt, sondern für die Bereitschaft des Arbeitnehmers, eine Altersteilzeitvereinbarung mit dem Arbeitgeber einzugehen. Diese ist unabhängig von der Auslandstätigkeit des Arbeitnehmers vereinbart. Der Wert der Auslandsarbeit des Arbeitnehmers wird durch die Zahlung des Aufstockungsbetrags nicht erhöht, da der Arbeitnehmer im Ausland keine andere Tätigkeit erbringt als diejenige, die er ohne Altersteilzeitvereinbarung erbringen würde. Als solche Vergütung fällt der Aufstockungsbetrag als Arbeitslohn nicht in das Besteuerungsrecht des Tätigkeitsstaates, sondern verbleibt ausschließlich beim Ansässigkeitsstaat. Ist Deutschland der Ansässigkeitsstaat, ist eine Steuerbefreiung nach § 3 Nr. 28 EStG (s. auch R 3.28 Abs. 3 LStR) zu prüfen.

374 Dies gilt auch für Grenzgänger i. S. des Art. 13 Abs. 5 DBA-Frankreich, des Art. 15 Abs. 6 DBA-Österreich und des Art. 15 a DBA-Schweiz, unabhängig davon, dass ein Grenzgänger während der Freistellungsphase nicht mehr regelmäßig über die Grenze pendelt.

Beispiel 1:

375 Der inländische Arbeitnehmer A ist für seinen im Inland ansässigen Arbeitgeber B tätig. Zwischen A und B ist für die Jahre 01 und 02 eine Altersteilzeit nach dem Blockmodell vereinbart, d. h., das erste Jahr umfasst die Arbeitsphase und das zweite Jahr die Freistellungsphase. A arbeitet im Jahr 01 an 60 Arbeitstagen in einer Betriebsstätte seines Arbeitgebers in Korea. Der Arbeitslohn wird während dieser Zeit von der Betriebsstätte getragen. Die übrigen 180 Arbeitstage ist A im Inland tätig. Seinen inländischen Wohnsitz behält A bei und auch die Freistellungsphase verbringt A ausschließlich im Inland.

Lösung:

In 01 steht Korea als Tätigkeitsstaat des A das Besteuerungsrecht anteilig für 60/240 der Vergütungen zu, da die Voraussetzung des Art. 15 Abs. 2 Buchstabe c DBA-Korea nicht erfüllt ist. Deutschland stellt die Vergütungen insoweit unter Progressionsvorbehalt frei, soweit nicht § 50 d Abs. 8 bzw. 9 EStG anzuwenden sind. Für die übrigen 180/240 der Vergütungen steht Deutschland das Besteuerungsrecht zu. Entsprechend dieser Aufteilung in der Arbeitsphase steht das Besteuerungsrecht für die Vergütungen des A in der Freistellungsphase in 02 zu 60/240 Korea und zu 180/240 Deutschland zu. Da der Aufstockungsbetrag nicht für die Tätigkeit in Korea gezahlt wird, verbleibt das Besteuerungsrecht diesbezüglich im Ansässigkeitsstaat Deutschland. Die Steuerfreiheit ist unter Beachtung von § 3 Nr. 28 EStG und R 3.28 Abs. 3 LStR zu prüfen.

Beispiel 2:

376 Der in Dänemark ansässige Arbeitnehmer A ist für seinen im Inland ansässigen Arbeitgeber B tätig. Zwischen A und B ist für die Jahre 01 und 02 eine Altersteilzeit nach dem Blockmodell vereinbart, d. h., das erste Jahr umfasst die Arbeitsphase und das zweite Jahr die Freistellungsphase. A arbeitet während der Arbeitsphase ausschließlich in Deutschland.

Lösung:

In 01 steht Deutschland als Tätigkeitsstaat des A das Besteuerungsrecht an den Vergütungen in vollem Umfang zu, da die Voraussetzungen des Art. 15 Abs. 2 Buchstabe a und b DBA-Dänemark nicht erfüllt sind. Dementsprechend steht auch das Besteuerungsrecht für die Vergütungen des A in der Freistellungsphase in 02 nur Deutschland zu. Da der Aufstockungsbetrag nicht für die Tätigkeit in Deutschland gezahlt wird, verbleibt das Besteuerungsrecht diesbezüglich im Ansässigkeitsstaat Dänemark.

Beispiel 3:

377 Arbeitnehmer A ist für seinen im Inland ansässigen Arbeitgeber B tätig. Zwischen A und B ist für die Jahre 01 und 02 eine Altersteilzeit nach dem Blockmodell vereinbart, d. h., das erste Jahr umfasst die Arbeitsphase und das zweite Jahr die Freistellungsphase. Im Jahr 01 hat A seinen Wohnsitz in Deutschland und arbeitet auch ausschließlich im Inland. Anfang 02 zieht A nach Spanien.

Lösung:

In 01 unterliegt A im Inland der unbeschränkten Steuerpflicht. Es liegt kein grenzüberschreitender Sachverhalt vor, sodass ein DBA nicht zu beachten ist. In 02 in der Freistellungsphase unterliegt A mit den Vergütungen für die ehemals in Deutschland geleistete Tätigkeit der beschränkten Steuerpflicht in Deutschland, weil insoweit inländische Einkünfte i. S. des § 49 Abs. 1 Nr. 4 Buchstabe a EStG vorliegen. Nach Art. 14 Abs. 1 DBA-Spanien steht für diese Vergütungen ausschließlich Deutschland das Besteuerungsrecht zu, da die Tätigkeit in der Arbeitsphase in Deutschland ausgeübt wurde und die Voraussetzungen des Art. 14 Abs. 2 DBA-Spanien nicht erfüllt sind. Da der Aufstockungsbetrag nicht für eine Tätigkeit im In- oder Ausland gezahlt wird, unterliegt er im Jahr 01 (Arbeitsphase) der Besteuerung im Ansässigkeitsstaat Deutschland und im Jahr 02 (Freistellungsphase) der Besteuerung im Ansässigkeitsstaat Spanien.

6.6. Betriebliche Altersversorgung

378 Eine betriebliche Altersversorgung nach dem BetrAVG liegt vor, wenn dem Arbeitnehmer aufgrund seines Arbeitsverhältnisses vom Arbeitgeber Leistungen oder Beiträge zur Absicherung mindestens eines biometrischen Risikos (Alter, Tod, Invalidität) zugesagt werden und Ansprüche auf diese Leistungen erst mit dem Eintritt des biologischen Ereignisses fällig werden (§ 1 BetrAVG). Die Zusage des Arbeitgebers muss somit einem im BetrAVG geregelten Versorgungszweck dienen, die Leistungspflicht nach dem Inhalt der Zusage durch ein im Gesetz genanntes biologisches Ereignis ausgelöst werden und durch die vorgesehene Leistung ein im Gesetz angesprochenes biometrisches Risiko teilweise übernommen werden (BMF-Schreiben vom 12. August 2021, BStBl. I S. 1050). Im Rahmen einer betrieblichen Altersversorgung ist zwischen der Anspar- und der Leistungsphase zu unterscheiden. In der Ansparphase vom Arbeitgeber geleistete Beiträge oder Zuschüsse zu einer externen betrieblichen Altersversorgung stellen nach innerstaatlichem Recht Arbeitslohn dar, wenn der Arbeitnehmer gegenüber der Versorgungseinrichtung, an die der Arbeitgeber die Beiträge leistet, einen unentziehbaren Rechtsanspruch auf die Leistung erwirbt. Das Besteuerungsrecht dieser Beiträge zu einer betrieblichen Altersversorgung bestimmt sich regelmäßig nach Art. 15 OECD-MA. Soweit keine Steuerfreiheit, z. B. nach § 3 Nr. 63 EStG (vgl. Rn. 36 ff. BMF-Schreiben vom 12. August 2021, BStBl. I S. 1050), besteht, ist das Besteuerungsrecht nach den Grundsätzen der Tz. 5.4, Rn. 228 aufzuteilen. Bei einer internen Durchführung der betrieblichen Altersversorgung (z. B. Direktzusage durch den Arbeitgeber) liegt in der Ansparphase nach innerstaatlichem Recht kein Arbeitslohn vor. Anl c zu LStH 39.5

379 Das Besteuerungsrecht in der Leistungsphase richtet sich bei interner oder externer Durchführung der betrieblichen Altersversorgung i. d. R. nach Art. 18 oder 21 OECD-MA (s. Tz. 1.2.2.3, Rn. 31). Dies gilt i. d. R. auch dann, wenn der vertraglich vereinbarte Versorgungsfall (Alters-, Invaliditäts- oder Hinterbliebenenversorgung) nach dem BetrAVG eingetreten ist und die Versorgungsleistung in einem Einmalbetrag ausgezahlt wird. Ist der Versorgungsfall hingegen nicht eingetreten, gelten die allgemeinen Grundsätze der Rz. 261 (Einmalzahlung zur Abfindung einer Ruhegehaltsanwartschaft).

7. Besonderheiten bei Berufskraftfahrern

7.1. Allgemeines

380 Berufskraftfahrer halten sich während der Arbeitsausübung in oder bei ihrem Fahrzeug auf (BFH-Urteil vom 31. März 2004, BStBl. II S. 936). Das Fahrzeug ist daher ihr Ort der Arbeitsausübung. Der Ort der Arbeitsausübung des Berufskraftfahrers bestimmt sich nach dem jeweiligen Aufenthalts- oder Fortbewegungsort des Fahrzeugs (BFH-Beschluss vom 1. Juni 2022, BStBl. II S. 646). Zu den Berufskraftfahrern i. S. dieses Schreibens zählen auch Auslieferungsfahrer, nicht aber Reisevertreter. Fahrten zwischen der Wohnung und dem Standort des Fahrzeugs gehören nicht zur beruflichen Tätigkeit des Berufskraftfahrers i. S. der DBA. **90**

7.2. Arbeitgeber im Inland

381 Sind der Berufskraftfahrer und der Arbeitgeber im Inland ansässig und wird der Arbeitslohn nicht von einer ausländischen Betriebsstätte getragen, ist der Anwendungsbereich der DBA nicht betroffen, soweit die Vergütungen aus unselbständiger Arbeit auf Tätigkeiten des Berufskraftfahrers in Deutschland entfallen. Diese Vergütungen unterliegen der inländischen unbeschränkten Einkommensteuerpflicht.

382 Soweit der Berufskraftfahrer seine Tätigkeit in einem anderen Staat ausübt, ist anhand der 183-Tage-Klausel zu prüfen, welchem der beiden Vertragsstaaten das Besteuerungsrecht für die auf das Ausland entfallenden Einkünfte zusteht.

383 Die Berechnung der 183-Tage-Frist ist dabei für jeden Vertragsstaat gesondert durchzuführen. In Abweichung von den Regelungen in Tz. 4.2.2, Rn. 109 führt die von einem Berufskraftfahrer ausgeübte Fahrtätigkeit dazu, dass auch Anwesenheitstage der Durchreise in einem Staat bei der Ermittlung der 183-Tage-Frist als volle Tage der Anwesenheit in diesem Staat zu berücksichtigen sind. Durchquert der Fahrer an einem Tag mehrere DBA-Staaten, so zählt dieser Tag für Zwecke der Ermittlung der 183-Tage-Frist in jedem dieser Staaten als voller Anwesenheitstag.

384 Für die Ermitlung und Zuordnung des Arbeitslohns gelten die Ausführungen der Tz. 5.2 bis 5.5 (Rn. 225 bis Rn. 349) entsprechend. Hält sich der Berufskraftfahrer an einem Arbeitstag nicht ausschließlich im anderen Staat auf (z. B. an Reisetagen), so ist das Arbeitsentgelt für diesen Arbeitstag zeitanteilig aufzuteilen. Dies muss ggf. im Schätzungswege erfolgen. Hierbei ist die tatsächliche Arbeitszeit für diesen Tag zugrunde zu legen. Steht dem anderen Staat kein Besteuerungsrecht nach Art. 15 Abs. 2 Buchstabe a OECD-MA zu, ist das Arbeitsentgelt nicht aufzuteilen.

Beispiel:

385 Der in München wohnhafte Berufskraftfahrer A nimmt seine Fahrt morgens in München auf und fährt über Österreich nach Italien. Von dort kehrt er am selben Tage über die Schweiz nach München zurück.

Lösung:

Bei Berufskraftfahrern sind auch Tage der Durchreise als volle Anwesenheitstage im jeweiligen Staat zu berücksichtigen. Für die Ermittlung der 183-Tage-Fristen nach den jeweiligen DBA ist damit für Österreich, Italien und die Schweiz jeweils ein Tag zu zählen.

7.3. Arbeitgeber oder arbeitslohntragende Betriebsstätte im Ausland

386 In den Fällen, in denen der Berufskraftfahrer in Deutschland, sein Arbeitgeber aber in dem anderen Vertragsstaat ansässig ist, steht Deutschland das Besteuerungsrecht für die Vergütungen des Berufskraftfahrers aus unselbständiger Arbeit zu, soweit die Vergütungen auf Tätigkeiten des Berufskraftfahrers im Inland entfallen.

387 Soweit der Berufskraftfahrer seine Tätigkeit in dem Staat ausübt, in dem der Arbeitgeber ansässig ist, ist die Anwendung des Art. 15 Abs. 2 OECD-MA ausgeschlossen, da die Voraussetzungen des Art. 15 Abs. 2 Buchstabe b OECD-MA nicht vorliegen. Mit jedem Tätigwerden des Berufskraftfahrers im

Anl c zu LStH 39.5

Ansässigkeitsstaat des Arbeitgebers steht diesem als Tätigkeitsstaat insoweit das Besteuerungsrecht zu (Art. 15 Abs. 1 OECD-MA).

388 Übt der Berufskraftfahrer seine Tätigkeit in einem Drittstaat aus, d. h. weder in Deutschland noch in dem Staat, in dem der Arbeitgeber ansässig ist, steht das Besteuerungsrecht für die auf den Drittstaat entfallenden Arbeitsvergütungen im Verhältnis zum Ansässigkeitsstaat des Arbeitgebers Deutschland als Ansässigkeitsstaat des Berufskraftfahrers zu. Besteht mit dem jeweiligen Drittstaat ein DBA, ist im Verhältnis zu diesem Staat nach diesem DBA zu prüfen, welchem Staat das Besteuerungsrecht zusteht. Soweit die Tätigkeit im jeweiligen Drittstaat an nicht mehr als 183 Tagen ausgeübt wird, verbleibt das Besteuerungsrecht regelmäßig bei Deutschland.

389 Die vorstehenden Ausführungen gelten sinngemäß für die Fälle, in denen der Arbeitgeber in Deutschland oder in einem Drittstaat ansässig ist, die Arbeitsvergütungen aber von einer Betriebsstätte im Tätigkeitsstaat getragen werden (s. Tz. 4.4, Rn. 213 ff.). Für die Ermittlung und Zuordnung des Arbeitslohns gelten die Ausführungen der Tz. 5.2 bis 5.5, Rn. 224 bis 349 entsprechend. Hält sich der Berufskraftfahrer an einem Arbeitstag nicht ausschließlich im anderen Staat auf (z. B. an Reisetagen), so ist das Arbeitsentgelt für diesen Arbeitstag zeitanteilig aufzuteilen. Dies muss ggf. im Schätzungswege erfolgen. Hierbei ist die tatsächliche Arbeitszeit für diesen Tag zugrunde zu legen.

Beispiel:

390 Der im Inland ansässige Arbeitnehmer A ist für seinen in Österreich ansässigen Arbeitgeber als Berufskraftfahrer tätig. Im Jahr 01 war A das ganze Jahr über im Inland tätig. Lediglich zwei Arbeitstage hat A in Österreich und zwei Arbeitstage in Italien verbracht. A ist kein Grenzgänger i. S. von Art. 15 Abs. 6 DBA-Österreich.

Lösung:

Deutschland hat als Ansässigkeitsstaat des A das Besteuerungsrecht für die Vergütungen, die auf die Arbeitstage entfallen, an denen A seine Tätigkeit in Deutschland ausgeübt hat (Art. 15 Abs. 1 DBA-Österreich). Zudem hat Deutschland das Besteuerungsrecht für die Vergütungen, die auf die in Italien verbrachten Arbeitstage entfallen, da sich A nicht mehr als 183 Tage in Italien aufgehalten hat (Art. 15 Abs. 2 DBA-Italien). Dagegen wird Österreich das Besteuerungsrecht für die Vergütungen zugewiesen, die auf die Tage entfallen, an denen A in Österreich seine Tätigkeit ausgeübt hat (Art. 15 Abs. 1 Satz 2, Abs. 2 Buchstabe b DBA-Österreich). Insoweit stellt Deutschland die Einkünfte unter Progressionsvorbehalt frei (Art. 23 Abs. 1 Buchstabe a DBA-Österreich), soweit nicht § 50 d Abs. 8 bzw. 9 EStG anzuwenden sind.

7.4. DBA mit Sonderregelung zu Berufskraftfahrern[1]

391 Die im Art. 14 Abs. 3 DBA-Spanien enthaltene Sonderregelung für Personal auf Schiffen und Flugzeugen umfasst auch Personal auf Straßenfahrzeugen im internationalen Verkehr (Tz. 8, Rn. 392 ff.).

8. Personal auf Schiffen und Flugzeugen

8.1. Allgemeines

91 **392** Die DBA enthalten für Einkünfte des Bordpersonals von Seeschiffen und Luftfahrzeugen im internationalen Verkehr sowie des Bordpersonals von Binnenschiffen häufig gesonderte Bestimmungen.

393 Die meisten von Deutschland vereinbarten DBA enthalten eine Bestimmung, welche Art. 15 Abs. 3 OECD-MA 2014 entspricht. Danach steht für Einkünfte aus unselbständiger Tätigkeit des Bordpersonals von Luftfahrzeugen und von Seeschiffen, die im internationalen Verkehr betrieben werden, sowie von Binnenschiffen das Besteuerungsrecht dem Vertragsstaat zu, in dem sich der Ort der tatsächlichen Geschäftsleitung des die Luftfahrt oder Schifffahrt betreibenden Unternehmens befindet (z. B. Art. 15 Abs. 3 DBA-Dänemark, Art. 13 Abs. 2 DBA-Frankreich, Art. 14 Abs. 3 DBA-Spanien). Art. 15 Abs. 3 OECD-MA 2014 folgt der Regelung für Unternehmensgewinne aus dem Betrieb von Schiffen und Luftfahrzeugen entsprechend Art. 8 OECD-MA 2014. Folglich kann regelmäßig der Vertragsstaat die Vergütungen an das Bordpersonal besteuern, bei dem sie die Bemessungsgrundlage für die Gewinnbesteuerung mindern. Ein Schiff oder Luftfahrzeug wird von dem Unternehmen betrieben, welches die Beförderungsleistung erbringt.

394 Was unter „internationalem Verkehr" zu verstehen ist, ergibt sich i. d. R. aus den allgemeinen Begriffsbestimmungen des jeweils anzuwendenden DBA (vgl. Art. 3 Abs. 1 Buchstabe e OECD-MA). In abkommensrechtlicher Hinsicht ist bei Schiffen als Binnenverkehr jeder „Verkehr" zu Wasser anzusehen, der ausschließlich auf Binnengewässern stattfindet, die geografisch innerhalb des Festlandes liegen, d. h. auf Flüssen, Kanälen oder Seen. Wird das Bordpersonal von Schiffen oder Luftfahrzeugen sowohl im Binnenverkehr als auch im internationalen Verkehr tätig, ist eine Aufteilung im Verhältnis der Einsatzzeiten sachgerecht.

395 Liegen die Voraussetzungen einer gesonderten Bestimmung für Vergütungen von Bordpersonal im anzuwendenden DBA nicht vor, weil z. B. kein Betrieb im internationalen Verkehr vorliegt, gelten die allgemeinen Bestimmungen entsprechend Art. 15 Abs. 1 und 2 OECD-MA (s. Tz. 3, Rn. 99 und Tz. 4, Rn. 101 ff.).

396 Mit der Neufassung des Art. 15 Abs. 3 im OECD-MA 2017 hat sich die Zuweisung des Besteuerungsrechts und der Anwendungsbereich der Bestimmung geändert. Nach der Neufassung wird zwischen Schiffen im internationalen Verkehr und Schiffen im Binnenverkehr nicht mehr unterschieden. Diese Bestimmung gilt damit auch für Vergütungen für an Bord von Binnenschiffen ausgeübte unselbständige Arbeit, wenn diese im internationalen Verkehr i. S. des Art. 3 Abs. 1 Buchstabe e OECD-MA 2017 betrieben werden. Zudem wird das Besteuerungsrecht ausschließlich dem Ansässigkeitsstaat des Besatzungsmitglieds zugewiesen und nicht mehr dem Staat, in dem sich der Ort der Geschäftsleitung

[1] **[Amtl. Anm.:]** Vgl. Protokoll vom 6. 7. 2023 zur Änderung des Abkommens vom 23. 4. 2012 zwischen der Bundesrepublik Deutschland und dem Großherzogtum Luxemburg zur Vermeidung der Doppelbesteuerung und Verhinderung der Steuerhinterziehung auf dem Gebiet der Steuern vom Einkommen und vom Vermögen; Stand 2023 noch nicht in Kraft getreten.

des Luftfahrt- oder Schifffahrtsunternehmens befindet (z. B. Art. 14 Abs. 3 DBA-Vereinigtes Königreich 2010, Art. 15 Abs. 3 DBA-USA).

397 Im Verhältnis zu den Niederlanden ist zu beachten, dass vor dem VZ 2016 und ab dem VZ 2017 der Geschäftsleitungsstaat des Unternehmens das Besteuerungsrecht nach Art. 10 Abs. 3 DBA-Niederlande a. F. bzw. Art. 14 Abs. 4 DBA-Niederlande 2012 i. d. F. des Protokolls vom 11. Januar 2016 (BGBl. II S. 866) hat. Im VZ 2016 steht nach Art. 14 Abs. 4 des in diesem VZ gültigen DBA-Niederlande 2012 vorbehaltlich der Übergangsregelung des Art. 33 Abs. 6 DBA-Niederlande 2012 dem Ansässigkeitsstaat des Arbeitnehmers das Besteuerungsrecht zu.

398 Einige DBA enthalten eine von Art. 15 Abs. 3 OECD-MA 2014 abweichende Bestimmung (z. B. Art. 15 Abs. 3 DBA-Schweiz, s. Tz. 8.2.2, Rn. 410) oder sehen anstelle der Freistellungsmethode die Anrechnungsmethode vor (z. B. Art. XVII Abs. 2 Nr. 2 Buchstabe a Doppelbuchstabe dd DBA-Griechenland oder Art. 23 Abs. 1 Buchstabe b Doppelbuchstabe ee DBA-Österreich). Soweit ein DBA keine Sonderregelung für das Bordpersonal von Schiffen und Luftfahrzeugen enthält, sind die allgemeinen Bestimmungen entsprechend Art. 15 Abs. 1 und 2 OECD-MA anzuwenden (z. B. DBA mit Liberia und mit Trinidad und Tobago s. Tz. 8.2.1, Rn. 403 ff.). Mit einigen Staaten bestehen darüber hinaus Sonderabkommen betreffend die Einkünfte von Schifffahrts- und/oder Luftfahrtunternehmen, die auch Bestimmungen für die Vergütungen des Bordpersonals enthalten können (z. B. Abkommen mit der Insel Man und Saudi-Arabien).

399 Die Anwendung der besonderen Bestimmungen für reguläres Bordpersonal von Schiffen oder Luftfahrzeugen ist nicht auf die tatsächlich an Bord ausgeübte Tätigkeit beschränkt, sondern umfasst auch die damit zusammenhängenden Tätigkeiten am Boden bzw. an Land, wie z. B. das sog. „Briefing" und den Sicherheitscheck (BFH-Urteil vom 20. Mai 2015, BStBl. II S. 808).

400 Personal einer Betreibergesellschaft von Fahrzeugen im Wasser- oder Luftverkehr, das jedoch nach den Gesamtverhältnissen des Einzelfalls nicht als reguläres Bordpersonal angesehen werden kann, wie z. B. Hafenarbeiter oder Lotsen, fällt nicht unter die gesonderte Bestimmung des Art. 15 Abs. 3 OECD-MA.

401 In Fällen der Vercharterung eines vollständig ausgerüsteten und bemannten Schiffes oder Luftfahrzeugs können sowohl der Vercharterer (unabhängig von der Nutzung durch den Charterer) als auch der Charterer als Betreiber Gewinne aus Beförderungsleistungen i. S. des Art. 8 OECD-MA erzielen. Entsprechendes gilt im Falle einer Untervercharterung. Auch hier ist ggf. der Vertragsstaat zur Besteuerung der Vergütungen an die Besatzungsmitglieder nach Art. 15 Abs. 3 OECD-MA 2014 berechtigt, in dem der Ort der Geschäftsleitung desjenigen Unternehmens liegt, das als wirtschaftlicher Arbeitgeber anzusehen ist. Nur ein solches Unternehmen kann für die Anwendung einer Art. 15 Abs. 3 OECD-MA 2014 entsprechenden Vorschrift maßgeblich sein. Welches Unternehmen der wirtschaftliche Arbeitgeber ist, ist im Einzelfall unter Berücksichtigung des wirtschaftlichen Gehalts und der tatsächlichen Durchführung der jeweils zugrundeliegenden Vereinbarung zu prüfen. In Fällen der Vercharterung durch ein verbundenes Unternehmen gelten die Kriterien gemäß Tz. 4.3.3.3, Rn. 151 und anderenfalls die Kriterien gemäß Tz. 4.3.4.1, Rn. 191. Vorstehendes gilt nicht für den Vercharterer, der das Schiff oder Luftfahrzeug leer vermietet (z. B. sog. „Bare-Boat-Charter").

402 Die Anwendung des Art. 15 Abs. 3 OECD-MA 2014 setzt voraus, dass das maßgebliche Unternehmen i. S. des Art. 8 OECD-MA wirtschaftlicher Arbeitgeber und Betreiber des Schiffs oder Luftfahrzeugs ist, auf welchem der Arbeitnehmer tätig wird (BFH-Urteil vom 11. Februar 1997, BStBl. II S. 432). Sind Arbeitnehmerverleihunternehmen (sog. Shipmanagement- oder Crewingunternehmen) wirtschaftliche Arbeitgeber, ist Art. 15 Abs. 3 OECD-MA 2014 nicht anzuwenden, da diese Unternehmen das Schiff oder Luftfahrzeug nicht selbst betreiben (BFH-Urteil vom 10. November 1993, BStBl. II 1994 S. 218). Für die Anwendung des DBA-Zypern siehe Tz. 8.2.5 Rn. 413.

8.2. Beispiele für Regelungen, die vom OECD-MA 2014 abweichen

8.2.1. DBA-Liberia/DBA-Trinidad und Tobago

403 Das DBA-Liberia enthält keine besondere Regelung für Vergütungen des Bordpersonals von Schiffen oder Luftfahrzeugen, daher sind die allgemeinen Regelungen des Art. 15 Abs. 1 und 2 DBA-Liberia anzuwenden. Demnach gilt Folgendes:

404 Gemäß Art. 15 Abs. 1 DBA-Liberia steht das Besteuerungsrecht dem Ansässigkeitsstaat zu, es sei denn, die Tätigkeit wird im anderen Vertragsstaat ausgeübt. Soweit in Deutschland ansässige Besatzungsmitglieder ihre Tätigkeit auf einem Schiff unter liberianischer Flagge ausüben und sich das Schiff im Hoheitsgebiet von Liberia oder auf hoher See aufhält, ist Liberia als Tätigkeitsstaat anzusehen. Nach Seerecht wird eine Tätigkeit in internationalen Gewässern dem Staat zugeordnet, dessen Flagge das Schiff trägt. Hält sich das Schiff dagegen im Hoheitsgebiet Deutschlands auf, steht das Besteuerungsrecht für die darauf entfallenden Einkünfte Deutschland zu, weil insoweit der Ansässigkeitsstaat des Arbeitnehmers zugleich dessen Tätigkeitsstaat ist. Hält sich das Schiff in den Hoheitsgewässern von Drittstaaten auf, kann das deutsche Besteuerungsrecht aufgrund eines DBA zugunsten eines dritten Staates beschränkt sein.

405 Für den Teil der Einkünfte, für den Art. 15 Abs. 1 DBA-Liberia dem Tätigkeitsstaat Liberia das Besteuerungsrecht zuweist, fällt nach Art. 15 Abs. 2 DBA-Liberia nur dann das Besteuerungsrecht an Deutschland zurück, wenn die dort genannten Voraussetzungen kumulativ erfüllt sind. Dabei sind bei der Berechnung der Aufenthaltstage i. S. des Art. 15 Abs. 2 Buchstabe a DBA-Liberia auch solche Tage als volle Tage in Liberia mitzuzählen, in denen sich das Schiff nur zeitweise im Hoheitsgebiet von Liberia oder auf hoher See aufhält.

406 Die Ermittlung des steuerpflichtigen bzw. steuerfreien Arbeitslohns erfolgt in einem weiteren Schritt gemäß Tz. 5, Rn. 223 ff.; soweit Vergütungen nicht direkt zugeordnet werden können, sind sie nach

Tz. 5.4, Rn. 228 aufzuteilen. Hält sich der Arbeitnehmer an einem Arbeitstag nicht vollständig im Hoheitsgebiet von Liberia oder auf hoher See auf, sind nach Tz. 5.4, Rn. 228 die Vergütungen im Wege der Schätzung zeitanteilig zuzuordnen.

407 Die vorstehenden Ausführungen gelten sinngemäß für die Anwendung des DBA-Trinidad und Tobago. Allerdings ist eine Steuerfreistellung nach dem DBA-Trinidad und Tobago derzeit ausgeschlossen (§1 Abs. 3 Satz 2 StAbwG i. V. m. § 2 StAbwG, s. Tz. 1.1, Rn. 6).

408 Bei einer Tätigkeit auf einem unter liberianischer Flagge fahrenden Schiff ist zu beachten, dass Liberia von seinem ihm zustehenden Besteuerungsrecht keinen Gebrauch macht.

409 Die Rückfallklausel des § 50 d Abs. 8 EStG (s. Tz. 2.3.2.2, Rn. 68, 70) kommt demnach nicht zur Anwendung. Liberia stellt für Arbeitnehmer, die auf Schiffen unter liberianischer Flagge tätig werden, eine entsprechende Bescheinigung aus (vgl. Anlage 2). Diese liberianische Bescheinigung ist anzuerkennen. Dieser Bescheinigung ist eine Bescheinigung des Arbeitgebers beizufügen, in der die Angaben für den jeweiligen Steuerpflichtigen bestätigt werden (Dauer der Tätigkeit, Schiffsname, Bestätigung, dass unter liberianischer Flagge fahrend). Eine Anwendung des § 50 d Abs. 9 Satz 1 Nr. 2 EStG kommt ebenfalls nicht in Betracht, weil Seeleute, die in Liberia unbeschränkt steuerpflichtig sind, dort auch nicht besteuert werden (vgl. Anlage 2).

8.2.2. DBA-Schweiz

410 Art. 15 Abs. 3 Satz 1 DBA-Schweiz regelt die Besteuerung der Vergütungen des Bordpersonals entsprechend Art. 15 Abs. 3 OECD-MA 2014. Art. 15 Abs. 3 Satz 2 DBA-Schweiz enthält zudem eine Rückfallklausel zugunsten des Ansässigkeitsstaates. Können nach Art. 15 Abs. 3 Satz 1 DBA-Schweiz die Vergütungen eines in Deutschland ansässigen Besatzungsmitglieds in der Schweiz besteuert werden, sind diese Vergütungen nur nach Art. 24 Abs. 1 Nr. 1 Buchstabe d i. V. m. Art. 15 Abs. 3 DBA-Schweiz von der deutschen Besteuerung auszunehmen, soweit sie auf eine Tätigkeit entfallen, die tatsächlich in der Schweiz ausgeübt wurde (BFH-Urteil vom 22. Oktober 2003, BStBl. 2004 II S. 704). In den Fällen, in denen die Arbeit tatsächlich nicht in der Schweiz ausgeübt wurde, wird nach Art. 24 Abs. 1 Nr. 2 DBA-Schweiz die Doppelbesteuerung durch Anrechnung der anteiligen schweizerischen Quellensteuer vermieden. Eine Arbeitsortfiktion in der Schweiz wie bei den sog. leitenden Angestellten i. S. des Art. 15 Abs. 4 DBA-Schweiz kommt nicht in Betracht (BFH-Urteile vom 22. Oktober 2003, BStBl. 2004 II S. 704 und vom 11. November 2009, BStBl. 2010 II S. 781).

8.2.3. DBA-Griechenland 1966

411 Nach Art. XI Abs. 5 DBA-Griechenland ist für Vergütungen des Bordpersonals von Seeschiffen entscheidend, wo sich der Registerhafen des jeweiligen Schiffes befindet. Ist Deutschland der Ansässigkeitsstaat, wird die Doppelbesteuerung nach Art. XVII Abs. 2 Nr. 2 Buchstabe a Doppelbuchstabe dd DBA-Griechenland durch die Anrechnungsmethode vermieden.

8.2.4. DBA-Vereinigtes Königreich 2010

412 Nach Art. 14 Abs. 3 DBA-Vereinigtes Königreich 2010 können Vergütungen, die eine Person für eine an Bord eines im internationalen Verkehr betriebenen Seeschiffs oder Luftfahrzeugs ausgeübte unselbständige Arbeit bezieht, nur im Ansässigkeitsstaat dieses Besatzungsmitglieds besteuert werden. Soweit das Vereinigte Königreich als Ansässigkeitsstaat die Vergütungen besteuern kann, ist die Regelung des Art. 24 DBA-Vereinigtes Königreich (sog. Remittance-base-Klausel; s. Tz. 9, Rn. 418) zu beachten.

8.2.5. DBA-Zypern 2011

413 Nach Art. 14 Abs. 4 DBA-Zypern 2011 hat im Ergebnis der Vertragsstaat das Besteuerungsrecht für den Arbeitslohn von Bordpersonal, in dem sich der Ort der tatsächlichen Geschäftsleitung des Arbeitgebers befindet (Nr. 4 des Protokolls zu Artikel 14 des DBA-Zypern 2011). Art. 14 Abs. 4 DBA-Zypern 2011 entspricht im Wesentlichen Art. 15 Abs. 3 OECD-MA 2014 und beinhaltet nach dem OECD-MK auch den wirtschaftlichen Arbeitgeber. Eine Besonderheit besteht jedoch darin, dass der Arbeitgeber nicht selbst internationalen See- oder Luftverkehr betreiben muss. Arbeitgeber i. S. der Nr. 4 des Protokolls zu Art. 14 DBA-Zypern 2011 ist, wer wirtschaftlicher Arbeitgeber des Steuerpflichtigen ist. Bei Überlassung von Arbeitnehmern durch Crewingunternehmen ist dies i. d. R. das aufnehmende Unternehmen (Entleiher), vgl. Tz. 4.3.4, Rn. 191 ff.

8.2.6. DBA-Insel Man 2009

414 Nach Art. 3 Abs. 4 Satz 1 DBA-Insel-Man-Schifffahrt können Vergütungen für eine unselbständige Arbeit an Bord eines im internationalen Verkehr betriebenen Schiffes in der Vertragspartei besteuert werden, in der sich der Ort der Geschäftsleitung des Unternehmens befindet, das die Schifffahrt betreibt (Art. 2 Abs. 1 Buchstaben e und j DBA-Insel-Man-Schifffahrt).

415 Gemäß Art. 3 Abs. 4 Satz 2 DBA-Insel-Man-Schifffahrt können die Vergütungen jedoch auch in der Vertragspartei besteuert werden, in der das Besatzungsmitglied ansässig ist. Eine Doppelbesteuerung wird nach Art. 3 Abs. 4 Satz 3 DBA-Insel-Man-Schifffahrt in diesem Fall durch die Vertragspartei, in der das Besatzungsmitglied ansässig ist, durch Anrechnung der nach Art. 3 Abs. 4 Satz 1 DBA-Insel-Man-Schifffahrt erhobenen Steuer vermieden.

8.2.7. DBA-Saudi-Arabien (Luftfahrt) 2007

416 Nach Art. 4 Abs. 1 Satz 1 DBA-Saudi-Arabien (Luftfahrt) können Vergütungen für unselbständige Arbeit, die an Bord eines Luftfahrzeugs ausgeübt wird, das von einem Luftfahrtunternehmen eines Vertragsstaats im internationalen Verkehr betrieben wird, nur in diesem Staat besteuert werden.

417 Nach Art. 4 Abs. 2 DBA-Saudi-Arabien (Luftfahrt) sind Vergütungen, die ein Arbeitnehmer (Bodenpersonal) eines Luftfahrtunternehmens eines Vertragsstaats für unselbständige Arbeit in einer in dem anderen Vertragsstaat gelegenen Einrichtung dieses Unternehmens bezieht, für einen Zeitraum von vier Jahren nach seiner ersten Ankunft in dem anderen Staat von der Steuer befreit, vorausgesetzt, er ist Staatsangehöriger des erstgenannten Staates und war nicht unmittelbar vor Ausübung sener unselbständigen Arbeit im anderen Staat ansässig. Diese Befreiung gilt nur für vier Arbeitnehmer pro Kj. und pro Unternehmen.

9. Rückfallklauseln nach DBA

418 Um zu vermeiden, dass Vergütungen in keinem der beiden Vertragsstaaten einer Besteuerung unterliegen, enthalten einige DBA Bestimmungen, die gewährleisten sollen, dass Einkünfte oder Einkunftsteile nicht unversteuert bleiben. Diese Bestimmungen sind in den Abkommen unterschiedlich ausgestaltet; überwiegend handelt es sich um sog. „Subject-to-tax-Klauseln", „Remittance-base-Klauseln" oder um „Switch-over-Klauseln". Nähere Ausführungen dazu enthält das BMF-Schreiben vom 20. Juni 2013, BStBl. I S. 980. **92**

419 Insbesondere die nachfolgenden DBA enthalten eine Rückfallklausel (Stand: 1. Januar 2023):
- Art. 22 Abs. 2 Buchstabe e Nr. ii DBA-Armenien,
- Art. 22 Abs. 2 Buchstabe e Nr. i DBA-Australien,
- Art. 22 Abs. 1 Buchstabe a und Buchstabe e Doppelbuchstabe aa DBA-Bulgarien,
- Art. 21 Abs. 1 Buchstabe e Nr. 1 DBA-Finnland,
- Art. 23 Abs. 1 Buchstabe a und Buchstabe e Doppelbuchstabe aa DBA-Vereinigtes Königreich,
- Art. 23 Abs. 2 Buchstabe e Doppelbuchstabe aa DBA-Irland,
- Nr. 16 Buchstabe d des Protokolls zu Art. 24 DBA-Italien,
- Art. 22 Abs. 2 Buchstabe e Nr. i und ii DBA-Japan,
- Art. 22 Abs. 1 Buchstabe e Doppelbuchstabe aa DBA-Luxemburg,
- Art. 22 Abs. 1 Buchstabe e Doppelbuchstabe aa DBA-Niederlande,
- Art. 23 Abs. 2 Buchstabe e Doppelbuchstabe aa DBA-Norwegen,
- Art. 23 Abs. 1 Satz 2 DBA-Schweden,
- Art. 22 Abs. 2 Buchstabe a und Buchstabe e Nr. i DBA-Spanien,
- Art. 23 Abs. 2 Buchstabe e Doppelbuchstabe aa und f DBA-Tunesien,
- Art. 22 Abs. 1 Buchstabe a und Buchstabe e Doppelbuchstabe aa DBA-Ungarn,
- Art. 23 Abs. 4 Buchstabe b DBA-USA.

420 DBA-Rückfallklauseln, nach denen „Einkünfte" aufgrund ihrer Behandlung im anderen Vertragsstaat nicht von der Bemessungsgrundlage der deutschen Steuer ausgenommen werden, sind auch auf Teile von Einkünften anzuwenden (s. Tz. 56.1 OECD-MK zu Art. 23 Abs. 4 OECD-MA, der im Rahmen der Einschränkung der Freistellungsmethode für die Auslegung des Abkommensbegriffs „Einkünfte" („Income") ausdrücklich auf einzelne Einkunftspositionen und Vermögensgegenstände („an item of income or capital") abstellt). Für Veranlagungszeiträume ab dem VZ 2017 ergibt sich dies auch aus § 50 d Abs. 9 Satz 4 EStG.

Beispiel:

421 Der in Deutschland ansässige Arbeitnehmer A wird in den Niederlanden für einen dort ansässigen Arbeitgeber tätig. Er übt seine Tätigkeit ausschließlich in den Niederlanden aus. Sein Arbeitslohn wird in den Niederlanden nach der dortigen „Experten- bzw. 30 %-Regelung" besteuert, d. h., dass neben weiteren steuerlichen Vergünstigungen 30 % seines Arbeitslohns in den Niederlanden steuerfrei bleiben.

Lösung:

Das Besteuerungsrecht über den Arbeitslohn steht den Niederlanden zu, weil Arbeitnehmer A seine Tätigkeit ausschließlich dort ausübt. Soweit der Arbeitslohn aufgrund der „Experten- bzw. 30 %-Regelung" in den Niederlanden keiner Besteuerung unterliegt, ist die „Subject-to-tax-Klausel" des DBA-Niederlande (Art. 22 Abs. 1 Buchst. a Satz 1 DBA-Niederlande) anzuwenden. Die Anwendung der „Subject-to-tax-Klausel" des DBA-Niederlande wird nicht dadurch ausgeschlossen, dass die Niederlande einen Teil des Arbeitslohns besteuern (§ 50 d Abs. 9 Satz 4 EStG).

10. Konsultationsvereinbarungen

422 Konsultationsvereinbarungen i. S. des Art. 25 Abs. 3 OECD-MA zwischen den zuständigen Behörden der Vertragsstaaten sowie Verordnungen zur Umsetzung von Konsultationsvereinbarungen i. S. des § 2 Abs. 2 AO werden durch die vorstehenden Regelungen nicht berührt. **93**

11. Streitbeilegungs- und Vorabverständigungsverfahren

423 Die vorstehenden Regelungen stehen der Umsetzung eines Ergebnisses aus einem Streitbeilegungsverfahren nicht entgegen.

424 Zur Beantragung und Einleitung eines Streitbeilegungsverfahrens (Verständigungsverfahren und Schiedsverfahren) vgl. BMF-Schreiben vom 27. August 2021, BStBl. I S. 1495.

425 Um zu einem frühen Zeitpunkt Rechts- und Planungssicherheit für die steuerliche Beurteilung eines zukünftigen grenzüberschreitenden Sachverhalts zu erhalten, hat der Abkommensberechtigte die Möglichkeit, ein Vorabverständigungsverfahren i. S. des § 89 a AO gegen Gebühr zu beantragen. Gegenstand eines Vorabverständigungsverfahrens können sämtliche Fragen der Auslegung und Anwendung von DBA sein, die im Zeitpunkt der Antragsstellung noch nicht verwirklichte Sachverhalte betreffen. Auch der zum Steuerabzug verpflichtete Arbeitgeber ist berechtigt, einen Antrag auf Einleitung eines Vorabverständigungsverfahrens zu stellen (§ 89 a Abs. 1 Satz 7 AO).

12. Anwendungsregelung

426 Das BMF-Schreiben vom 3. Mai 2018, BStBl. I S. 643 und das BMF-Schreiben vom 22. April 2020, BStBl. I S. 483 werden aufgehoben und durch dieses Schreiben ersetzt. **94**

Anl c zu LStH 39.5

427 Die vorstehenden Regelungen sind in allen offenen Fälen anzuwenden, sofern gesetzliche Regelungen dem nicht entgegenstehen.

Anlage 1

95

giz Deutsche Gesellschaft für Internationale Zusammenarbeit (GIZ) GmbH

Personalbereich

Bescheinigung zur Vorlage beim Finanzamt
Bestätigung nach § 50d Abs. 8 EStG

Für Einkünfte aus nichtselbständiger Arbeit (Arbeitnehmereinkünfte), die nach einem Doppelbesteuerungsabkommen von der Besteuerung in Deutschland freizustellen sind, wird die Steuerbefreiung gemäß § 50d Abs. 8 EStG nur dann gewährt, wenn der Arbeitnehmer nachweist, dass diese Einkünfte im anderen Staat tatsächlich besteuert wurden oder der ausländische Staat auf sein Besteuerungsrecht verzichtet hat.

Zur Vorlage beim Finanzamt bestätigen wir unserem Mitarbeiter ___, geb. am ___, dass er als Angestellter der Deutschen Gesellschaft für Internationale Zusammenarbeit GmbH (GIZ) in der Zeit vom ___ bis ___ in dem Projekt ___ als entsandte Fachkraft im Rahmen der Entwicklungszusammenarbeit/ Technischen Zusammenarbeit zwischen der Bundesrepublik Deutschland und ___ tätig gewesen ist.

Das zuvor genannte Projekt wurde von der Deutschen Gesellschaft für Internationale Zusammenarbeit (GIZ) GmbH, die vom Bundesministerium für wirtschaftliche Zusammenarbeit und Entwicklung beauftragt wurde (Projektnummer ___), auf der Grundlage des Rahmenabkommens vom ___ zwischen der Bundesrepublik Deutschland und ___ sowie auf der Grundlage des Projektabkommens / Sammelabkommens vom ___ zwischen der Bundesrepublik Deutschland und ___ durchgeführt.

Weiter bestätigen wir, dass das Einsatzland Deutschland nach Art. ___ des genannten Rahmenabkommens von Vergütungen, die an im Rahmen der Technischen Zusammenarbeit entsandte Fachkräfte gezahlt werden, keine Steuern und sonstige öffentliche Abgaben erhebt.

Eschborn, den

DEUTSCHE GESELLSCHAFT FÜR
INTERNATIONALE ZUSAMMENARBEIT
(GIZ) GmbH

Leiter Gehalt 2 und Lohnsteuer Gehalt 2 und Lohnsteuer

Deutsche Gesellschaft für Internationale Zusammenarbeit (GIZ) GmbH

Sitz der Gesellschaft Bonn und Eschborn

Friedrich-Ebert-Allee 36 + 40
53113 Bonn, Deutschland
T +49 228 44 60-0
F +49 228 44 60-17 66

Dag-Hammarskjöld-Weg 1-5
65760 Eschborn, Deutschland
T +49 61 96 79-0
F +49 61 96 79-11 15

E info@giz.de
I www.giz.de

Amtsgericht Bonn
Eintragungs-Nr. HRB 18384
Amtsgericht Frankfurt am Main
Eintragungs-Nr. HRB 12394
USt-IdNr. DE 113891176
Steuernummer 040 250 56973

Vorsitzender des Aufsichtsrats
Staatssekretär Dr. Friedrich Kitschelt

Vorstand
Tanja Gönner (Vorstandssprecherin)
Dr. Christoph Beier (Stellv. Vorstandssprecher)
Dr. Hans-Joachim Preuß
Cornelia Richter

Commerzbank AG Frankfurt am Main
BLZ 500 400 00
Konto 58 89 555 00
BIC (SWIFT): COBADEFFXXX
IBAN: DE45 5004 0000 0588 9555 00

Anlage 2

Anl c zu LStH 39.5

96

THE REPUBLIC OF LIBERIA

Ministry of Finance

Certificate of Compliance

The Ministry of Finance of the Republic of Liberia presents its compliments and has the honor to issue this certificate of compliance:

According to Art. 15 (1, 2) of the Liberian-German Double-Taxation-Agreement, dated 25 November 1970, salaries, wages, and other similar remuneration derived by a resident of Germany in respect of employment shall be taxable only in Liberia if the employment is exercised in Liberia, including Liberian flag ships, and further conditions, as required in paragraph 2, are met. That remuneration is then excluded from taxation in Germany.

It is hereby certified that such remuneration as mentioned above is not subject to taxation in Liberia according to the Internal Revenue Code, Title 36 of the Revenue and Finance Law of the Liberian Code of Laws of 1956 Revised, because employment on board ships under Liberian flag is not deemed to be an inland employment.

Done this __________ day of __________

____

Minister of Finance, R. L.

Anl d zu LStH 39.5

d) Schreiben betr. Ermittlung des steuerfreien und steuerpflichtigen Arbeitslohns nach den Doppelbesteuerungsabkommen sowie nach dem Auslandstätigkeitserlass im Lohnsteuerabzugsverfahren

Vom 8. Oktober 2024 (BStBl. I S. 1308)

(BMF IV C 5 – S 2367/23/10001 :001; DOK 2024/0836657)

Inhaltsübersicht

Rn.

I. Aufteilung des Arbeitslohns nach den Doppelbesteuerungsabkommen 1–24
1. Ermittlung des steuerfreien und des steuerpflichtigen Arbeitslohns 1–3
2. Aufteilung des verbleibenden laufenden Arbeitslohns 4–10
   a) Aufteilung nach tatsächlichen Arbeitstagen im gesamten Beschäftigungszeitraum innerhalb eines Kalenderjahres 5
   b) Aufteilung nach tatsächlichen Arbeitstagen im einzelnen Kalendermonat 6
   c) Aufteilung nach pauschal angesetzten Arbeitstagen im gesamten Beschäftigungszeitraum innerhalb eines Kalenderjahres 7
   d) Aufteilung nach pauschal angesetzten Arbeitstagen im einzelnen Kalendermonat 8
   e) Aufteilung nach vereinbarten Arbeitstagen im einzelnen Kalendermonat 9
   f) Abrechnung nach einheitlichen Grundsätzen 10
3. Ermittlung der Verhältnisse zur Lohnabrechnung 11
4. Änderung der Verhältnisse 12
5. Beginn und Beendigung des Dienstverhältnisses während des Kalendermonats 13, 14
6. Zuordnung und Aufteilung von sonstigen Bezügen 15, 16
7. Lohnsteuerberechnung bei einem verkürzten Lohnzahlungszeitraum (sog. Teillohnzahlungszeitraum) ..... 16 a, 16 b
8. Überprüfung der im Kalenderjahr durchgeführten Lohnabrechnungen 17–20
9. Zusammenfassendes Beispiel einer ganzjährigen Beschäftigung mit Abrechnung nach den voraussichtlichen tatsächlichen Arbeitstagen im Kalenderjahr und Überprüfung (vgl. Rn. 5) 21

Anl d zu LStH 39.5

Rn.
10. Beispiel für eine nicht ganzjährige Beschäftigung 22–24
10.1 Variante 1: Aufteilung nach den voraussichtlichen tatsächlichen Arbeitstagen des jeweiligen Kalendermonats 23
10.2 Variante 2: Aufteilung nach den voraussichtlichen tatsächlichen Arbeitstagen des gesamten Beschäftigungszeitraums innerhalb eines Kalenderjahres 24
II. Steuerliche Behandlung von Arbeitnehmereinkünften bei Auslandstätigkeiten (Auslandstätigkeitserlass) 25, 26
III. Anwendung der Regelungen des § 50 d Absatz 8 und Absatz 9 EStG sowie der Rückfallklauseln nach den DBA 27
IV. Zahlung des Arbeitslohns in ausländischer Währung 28, 29

I. Aufteilung des Arbeitslohns nach den Doppelbesteuerungsabkommen

Nach den Rn. 228 ff. des BMF-Schreibens vom 12. Dezember 2023 (BStBl I. S. 2179)[1] zur steuerlichen Behandlung des Arbeitslohns nach den Doppelbesteuerungsabkommen (DBA) ist der nicht direkt zuordenbare, verbleibende Arbeitslohn nach der Zahl der tatsächlichen Arbeitstage innerhalb eines Erdienungszeitraums aufzuteilen. Nach Erörterungen mit den obersten Finanzbehörden der Länder gelten ergänzend zu den Regelungen des BMF-Schreibens vom 12. Dezember 2023 (BStBl. I S. 2179)[1] im Lohnsteuerabzugsverfahren für die Aufteilung des Arbeitslohns nach den DBA in einen steuerfreien und einen steuerpflichtigen Arbeitslohn die nachfolgenden Grundsätze.

In diesem BMF-Schreiben wird vereinfachend davon ausgegangen, dass der Arbeitslohn monatsweise gezahlt wird. Dessen ungeachtet ist für die Ermittlung der konkreten Lohnsteuer im Einzelfall der jeweilige Lohnzahlungszeitraum (Tag, Woche, Monat, ggf. Jahr) zu bestimmen. Unabhängig von den Regelungen dieses BMF-Schreibens sind weitere Besonderheiten (wie z. B. grenzüberschreitende Tätigkeit geschäftsführender Organe – Rn. 180 ff. und Rn. 356 des BMF-Schreibens vom 12. Dezember 2023, BStBl. I S. 2179)[1] zu beachten.

1. Ermittlung des steuerfreien und des steuerpflichtigen Arbeitslohns

1 Zahlt der Arbeitgeber seinem Arbeitnehmer Arbeitslohn, der nach einem DBA teilweise steuerfrei und teilweise steuerpflichtig ist, so hat der Arbeitgeber für den nach § 38 Absatz 3 EStG vorzunehmenden Lohnsteuerabzug zunächst den im jeweiligen Zeitraum, für den im Einzelfall Arbeitslohn gezahlt wird, direkt zuordenbaren Arbeitslohn zu ermitteln und entsprechend als steuerfrei oder steuerpflichtig zu behandeln. Sodann hat der Arbeitgeber den verbleibenden und nicht direkt zuordenbaren Arbeitslohn in einen steuerfreien und einen steuerpflichtigen Teil aufzuteilen.

2 Als unmittelbar aufgrund einer konkreten inländischen oder ausländischen Arbeitsleistung direkt zuordenbarer Arbeitslohn kommen z. B. Reisekosten, Überstundenvergütungen, Zuschläge für Sonntags-, Feiertags-und Nachtarbeit, Auslandszulagen, die Gestellung einer Wohnung im Tätigkeitsstaat und Unterstützungsleistungen für die mitumziehende Familie in Betracht (siehe auch Rn. 227 des BMF-Schreibens vom 12. Dezember 2023, BStBl. I S. 2179)[2].

3 Der Gesamtarbeitslohn abzüglich des direkt zugeordneten Arbeitslohns ist der verbleibende Arbeitslohn. Zum verbleibenden Arbeitslohn gehören z. B. neben den laufenden Vergütungen auch Zusatzvergütungen, die auf die nichtselbständige Arbeit des Arbeitnehmers innerhalb des Erdienungszeitraums entfallen (z. B. sonstige Bezüge wie Weihnachts- und Urlaubsgeld; vgl. Rn. 15 f.).

2. Aufteilung des verbleibenden laufenden Arbeitslohns

4 Nach dem BMF-Schreiben vom 12. Dezember 2023 (BStBl. I S. 2179)[3] ist der nicht direkt zuordenbare, verbleibende Arbeitslohn im Lohnsteuerabzugsverfahren und bei der Veranlagung zur Einkommensteuer stets nach den im In- und Ausland verbrachten tatsächlichen Arbeitstagen innerhalb eines Erdienungszeitraums aufzuteilen. Der für die Aufteilung des laufenden Arbeitslohns maßgebliche Erdienungszeitraum ist in der Regel das Kalenderjahr (siehe Rn. 237 f. des BMF-Schreibens vom 12. Dezember 2023, BStBl. I S. 2179).Während des Kalenderjahres werden beim laufenden Lohnsteuerabzug für den einzelnen Kalendermonat zur Aufteilung des nicht direkt zuordenbaren Arbeitslohns im Hinblick darauf, dass die endgültigen Werte zu diesem Zeitpunkt nicht bestimmt werden können, folgende Alternativen zugelassen:

a) Aufteilung nach tatsächlichen Arbeitstagen im gesamten Beschäftigungszeitraum innerhalb eines Kalenderjahres

5 Anhand der am Ende des einzelnen Kalendermonats bekannten Tatsachen (bei vorzeitigen Lohnabrechnungen vgl. auch Rn. 11 und 16) werden im Rahmen einer Prognose die voraussichtlichen tatsächlichen Tage im In- und Ausland ermittelt und ins Verhältnis zu den voraussichtlichen Gesamtarbeitstagen des gesamten Beschäftigungszeitraums innerhalb des Kalenderjahres gesetzt. Die maßgeblichen Tage können dadurch ermittelt werden, dass die möglichen Arbeitstage nach Abzug der bekannten Urlaubstage sowie bereits angefallener Krankheitstage angesetzt werden. Künftige Krankheitstage sind nur dann zu berücksichtigen, wenn sie nach den bekannten Verhältnissen voraussichtlich anfallen werden, z. B. nach Angabe in einer vorliegenden Arbeitsunfähigkeitsbescheinigung. Dieser Aufteilungsmaßstab wird auf den einzelnen Kalendermonat angewandt.

b) Aufteilung nach tatsächlichen Arbeitstagen im einzelnen Kalendermonat

6 Alternativ können die tatsächlichen Arbeitstage des einzelnen Kalendermonats für die Aufteilung des Arbeitslohns herangezogen werden.

[1] Abgedruckt als Anlage c zu LStH 39.5.
[2] Abgedruckt als Anlage c zu LStH 39.5.
[3] Abgedruckt als Anlage c zu LStH 39.5.

Anl d zu LStH 39.5

c) Aufteilung nach pauschal angesetzten Arbeitstagen im gesamten Beschäftigungszeitraum innerhalb eines Kalenderjahres

7 Alternativ können für die Aufteilung des Arbeitslohns pauschal 20 Arbeitstage je Kalendermonat im In- und Ausland angesetzt werden und diese mit den tatsächlichen ausgeübten Arbeitstagen im In- und Ausland ins Verhältnis gesetzt werden. Der pauschale Ansatz der Gesamtarbeitstage verringert sich verhältnismäßig, wenn der Arbeitnehmer typischerweise an weniger als 5 Arbeitstagen in der Kalenderwoche tätig ist (Teilzeitarbeit). Dieser Aufteilungsmaßstab wird auf den einzelnen Kalendermonat angewandt. Ändert sich die Prognose zu den voraussichtlich anfallenden Arbeitstagen im In- und Ausland (z. B. wegen Verlängerung der Entsendung oder einer Erhöhung von Homeoffice-Tagen im Ausland), ist der neu ermittelte Aufteilungsmaßstab ab diesem Kalendermonat anzuwenden; vgl. Rn. 12.

d) Aufteilung nach pauschal angesetzten Arbeitstagen im einzelnen Kalendermonat

8 Alternativ können auch die pauschal mit 20 angesetzten Gesamtarbeitstage des einzelnen Kalendermonats für die Aufteilung des Arbeitslohns herangezogen werden. Der pauschale Ansatz der Gesamtarbeitstage verringert sich verhältnismäßig, wenn der Arbeitnehmer typischerweise an weniger als 5 Arbeitstagen in der Kalenderwoche tätig ist (Teilzeitarbeit).

e) Aufteilung nach vereinbarten Arbeitstagen im einzelnen Kalendermonat

9 Die für den Kalendermonat vereinbarten Arbeitstage im In- und Ausland werden mit den tatsächlichen ausgeübten Arbeitstagen im Ausland ins Verhältnis gesetzt. Dieser Aufteilungsmaßstab wird für die Aufteilung des Arbeitslohns des konkreten Kalendermonats angewandt.

Die vertraglich vereinbarten Arbeitstage sind die Kalendertage pro Kalendermonat abzüglich der Tage, an denen der Arbeitnehmer laut Arbeitsvertrag nicht verpflichtet ist, zu arbeiten (z. B. Urlaubs- und Wochenendtage), oder für die ein erkrankter Arbeitnehmer keine Lohnfortzahlung erhält. Es kommt weder auf die Zahl der Kalendertage (365) noch auf die Steuertage im Kalenderjahr (360) an. In einem anderen Staat verbrachte Tage, die nicht zu den vereinbarten Arbeitstagen rechnen (z. B. Aufenthalt aus privaten Gründen), werden bei der Berechnung der steuerfreien Einkünfte nicht berücksichtigt.

f) Abrechnung nach einheitlichen Grundsätzen

10 Innerhalb eines Dienstverhältnisses während des Kalenderjahres darf der Arbeitgeber nur nach einheitlichen Grundsätzen abrechnen. Zwischen den Alternativen a bis e (Rn. 5 bis 9) darf nicht unterjährig gewechselt werden.

3. Ermittlung der Verhältnisse zur Lohnabrechnung

11 Der Zeitpunkt für die Ermittlung der Verhältnisse zur Lohnabrechnung ist der Tag, an dem der Zeitraum endet, für den jeweils der laufende Arbeitslohn gezahlt wird (R 39 b.5 Absatz 1 Satz 3 i. V. m. Absatz 2 Satz 1 LStR). Für Lohnzahlungen und Lohnabrechnungen vor dem Ende des vorgenannten Zeitraums können aus Vereinfachungsgründen die zu diesem Zeitpunkt bekannten Verhältnisse zu Grunde gelegt werden (R 39 b.5 Absatz 1 Satz 4 i. V. m. Absatz 2 Satz 1 LStR).

4. Änderung der Verhältnisse

12 Ändert sich die Prognose für die Anzahl der tatsächlichen Arbeitstage in einem folgenden Kalendermonat, ist der neu ermittelte Aufteilungsmaßstab ab diesem Kalendermonat anzuwenden. Die bisher vorgenommenen Lohnabrechnungen können bis zur Überprüfung am Ende des Kalenderjahres oder bei Beendigung des Dienstverhältnisses (vgl. Rn. 17) unverändert bleiben.

5. Beginn und Beendigung des Dienstverhältnisses während des Kalendermonats

13–14 Beim Beginn oder bei einer Beendigung des Dienstverhältnisses im Laufe eines Kalendermonats ist regelmäßig ein verkürzter Lohnzahlungszeitraum zu beachten. Zu den Einzelheiten siehe R 39 b.5 Absatz 2 Satz 3 und 4 LStR und H 39 b.5 (Teilweise steuerpflichtiger Arbeitslohn im Inland) LStH. Dies gilt unabhängig davon, ob der Arbeitnehmer der unbeschränkten oder der beschränkten Einkommensteuerpflicht unterliegt. Zu Lohnzahlungen vor Ende des Zeitraums, für den jeweils der laufende Arbeitslohn gezahlt wird, vgl. Rn. 11.

6. Zuordnung und Aufteilung von sonstigen Bezügen

15 Kann ein sonstiger Bezug (§ 38 a Absatz 1 Satz 3 EStG und R 39 b.2 Absatz 2 LStR) entweder dem steuerfreien oder dem steuerpflichtigen Teil direkt zugeordnet werden (z. B. projektbezogene Erfolgsvergütung im Zusammenhang mit einer steuerbefreiten Tätigkeit im Ausland oder Sonderzahlung für eine Tätigkeit im Inland), erfolgt eine vollständige Steuerfreistellung (mit Progressionsvorbehalt) oder eine vollständige Besteuerung im Inland. Ist eine solche Zuordnung nicht möglich (z. B. für Urlaubs- oder Weihnachtsgeld), ist eine Aufteilung im Kalenderjahr nach den vorstehenden Rn. 5 und 7 (Anteil an den Gesamtarbeitstagen im Beschäftigungszeitraum des Kalenderjahres) vorzunehmen. Die sonstigen Bezüge sind im Kalenderjahr des Zuflusses nach den Verhältnissen des Erdienungszeitraums aufzuteilen; vgl. Rn. 236 ff. des BMF-Schreibens vom 12. Dezember 2023 (BStBl. I S. 2179)[1].

16 Maßgeblich für diese Aufteilung sind die dem Arbeitgeber bekannten Tatsachen zum Ende des Kalendermonats des Zuflusses (R 39 b.6 Absatz 1 Satz 2 LStR). Aus Vereinfachungsgründen können jedoch auch die im Zeitpunkt der Lohnabrechnung bekannten Tatsachen zu Grunde gelegt werden.

7. Lohnsteuerberechnung bei einem verkürzten Lohnzahlungszeitraum (sog. Teillohnzahlungszeitraum)

16 a Bei monatlichen Lohnzahlungen können die zur Umrechnung des Arbeitslohns zur tageweisen Lohnsteuerberechnung maßgeblichen Tage (sog. Steuertage) nach dem Verhältnis der Kalendertage zu

[1] Abgedrukt als Anlage c zu LStH 39.5.

Anl d zu LStH 39.5

den Gesamtarbeitstagen ermittelt werden; Bruchteile können auf volle Tage abgerundet werden. Es bestehen keine Bedenken, die Gesamtarbeitstage pauschal mit 20 Arbeitstagen anzusetzen, so dass für Zwecke der Umrechnung des Arbeitslohns der voraussichtlich tatsächliche Arbeitstag mit dem Faktor 1,5 angesetzt werden kann (30 Kalendertage/20 Gesamtarbeitstage). Der pauschale Ansatz der Gesamtarbeitstage verringert sich verhältnismäßig, wenn der Arbeitnehmer typischerweise an weniger als 5 Arbeitstagen in der Kalenderwoche tätig ist (Teilzeitarbeit).

16b Alternativ kann der Arbeitgeber auch die Anwesenheitstage des Arbeitnehmers im Inland (Arbeitstage und Nichtarbeitstage) als Steuertage berücksichtigen. In diesem Fall hat der Arbeitnehmer die Anwesenheitstage im Inland glaubhaft zu machen.

8. Überprüfung der im Kalenderjahr durchgeführten Lohnabrechnungen

17 Der Arbeitgeber hat den innerhalb eines Kalenderjahres durchgeführten Lohnsteuerabzug am Ende des Kalenderjahres oder bei Beendigung des Dienstverhältnisses zu überprüfen und bei Abweichungen zu korrigieren. Ab diesem Zeitpunkt ist der Arbeitgeber in der Lage, die tatsächlichen In- und Auslandstage im Beschäftigungszeitraum des Kalenderjahres zu ermitteln, die bei der Überprüfung der Lohnabrechnungen anzusetzen sind. Ein Wahlrecht, wie unter Pkt. 2. Buchstaben a bis e (Rn. 5 bis 9) dargestellt, besteht bei der (abschließenden) Überprüfung nicht. Es ist stets die Anzahl der tatsächlichen Arbeitstage im In- und Ausland zu berücksichtigen. Dies gilt sowohl für die Aufteilung des verbleibenden Arbeitslohns als auch für die Ermittlung der Lohnsteuer nach der sog. Tagestabelle bei Anwendung der Ermittlungsmethode nach Rn. 16a (siehe R 39b.5 Absatz 2 Satz 3 und 4 LStR und H 39b.5 [Teilweise steuerpflichtiger Arbeitslohn im Inland] LStH). In Fällen der Ermittlung der sog. Steuertage nach Rn. 16b wären außerdem die Anwesenheitstage des Arbeitnehmers im Inland zu berücksichtigen.

18–19 Dabei ist die Korrektur des bisherigen Lohnsteuerabzugs bei unbeschränkt sowie bei beschränkt Steuerpflichtigen für den jeweiligen Kalendermonat vorzunehmen. Dies gilt unabhängig davon, ob das Dienstverhältnis das ganze Kalenderjahr oder nur einen Teil des Kalenderjahres bestanden hat. Soweit der Lohnsteuerabzug Abgeltungswirkung nach § 50 Absatz 2 Satz 1 EStG hat, wie bei beschränkt Steuerpflichtigen, hat die Korrektur besondere Bedeutung. Die Regelungen des § 41c EStG und R 41c.1 LStR sind anzuwenden. Auch bei einer Korrektur des bisherigen Lohnsteuerabzugs hat die Ermittlung der Lohnsteuer nach der sog. Tagestabelle für sämtliche Kalendermonate des Kalenderjahres bzw. des Beschäftigungszeitraums zu erfolgen (siehe R 39b.5 Absatz 2 Satz 3 und 4 LStR und H 39b.5 [Teilweise steuerpflichtiger Arbeitslohn im Inland] LStH).

20 Der Arbeitgeber hat die zu viel erhobene Lohnsteuer an den Arbeitnehmer zu erstatten. Noch nicht erhobene Lohnsteuer hat der Arbeitgeber nachträglich einzubehalten. Soweit der Arbeitgeber auf Grund einer Änderung des Lohnsteuerabzugs nach Ablauf des Kalenderjahres nachträglich Lohnsteuer erstattet oder einbehält, handelt es sich um Lohnsteuer des abgelaufenen Kalenderjahres, die zusammen mit der übrigen einbehaltenen Lohnsteuer des abgelaufenen Kalenderjahres in einer Summe in der Lohnsteuerbescheinigung zu übermitteln oder anzugeben ist. Die nachträglich erstattete bzw. einbehaltene Lohnsteuer ist für den Anmeldungszeitraum, gegebenenfalls getrennt nach den Kalenderjahren, in denen der Arbeitslohn bezogen wird oder als bezogen gilt, anzugeben und abzuführen, in dem sie erstattet oder einbehalten wurde (§ 41a Absatz 1 Satz 1 Nummer 1 EStG).

9. Zusammenfassendes Beispiel einer ganzjährigen Beschäftigung mit Abrechnung nach den voraussichtlichen tatsächlichen Arbeitstagen im Kalenderjahr und Überprüfung (vgl. Rn. 5)

Sachverhalt:

21 Der in Deutschland wohnende Arbeitnehmer B arbeitet im Kalenderjahr 01 i. d. R. an 5 Tagen pro Woche und erhält einen Arbeitslohn von monatlich 5.000 €. Darüber hinaus erhält er im Juli 01 eine Erfolgsprämie (sonstiger Bezug) für das laufende Kalenderjahr von 10000 € und im Dezember 01 ein Weihnachtsgeld (sonstiger Bezug) von 8.000 €. Arbeitsvertraglich stehen ihm 30 Urlaubstage zu. Es ist geplant, dass B im Kalenderjahr 01 insgesamt an 60 Tagen im Ausland tätig werden soll.

Im Oktober 01 erkrankt B und fällt tatsächlich an 10 Arbeitstagen aus. Nach seiner Rückkehr im Oktober 01 stellt sich heraus, dass B an zusätzlichen 20 Arbeitstagen ins Ausland reisen soll, so dass im Kalenderjahr 01 voraussichtlich 80 Auslandsarbeitstage anfallen werden. Um bestehende Projekte abzuschließen, entscheidet sich B im Dezember 01 dazu, 5 Urlaubstage in das Kalenderjahr 02 zu übertragen.

Der auf die Tätigkeit im Ausland entfallende Arbeitslohn ist nach dem anzuwendenden DBA im Inland steuerfrei. Weil der ausgezahlte Arbeitslohn nicht direkt zugeordnet werden kann, ist er durch eine Verhältnisrechnung aufzuteilen.

Der Arbeitgeber ermittelt den Aufteilungsmaßstab für die einzelnen Kalendermonate nach den voraussichtlichen tatsächlichen Arbeitstagen im gesamten Beschäftigungszeitraum innerhalb eines Kalenderjahres (vgl. Rn. 5).

<u>Zusammenfassung für das Kalenderjahr 01</u>

Voraussichtliche Urlaubstage nach Kenntnis des Arbeitgebers bis November:	30
voraussichtliche Urlaubstage nach Kenntnis des Arbeitgebers ab Dezember:	25
(B darf 5 Urlaubstage in das Kalenderjahr 02 übertragen)	
Krankheitstage im Oktober:	10
voraussichtliche tatsächliche Auslandstage nach Kenntnis des Arbeitgebers bis September:	60
voraussichtliche tatsächliche Auslandstage nach Kenntnis des Arbeitgebers ab Oktober:	80
Arbeitslohn monatlich:	5000 €
Erfolgsprämie für das laufende Kalenderjahr (ausgezahlt im Juli):	10000 €
Weihnachtsgeld (ausgezahlt im Dezember):	8000 €

Anl d zu LStH 39.5

Berechnung

Ermittlung des Aufteilungsmaßstabs:

Prognose-zeitpunkt	Mögliche Arbeits-tage p. a.	Voraus-sichtliche Urlaubstage p. a.	Tatsächlich angefallene Krankheitstage p. a.	Verbleibende tatsächliche Arbeitstage p. a.	Anteil Ausland (steuerfrei)	Anteil Inland (steuerpflichtig)
ab Januar	254	30	0	224	60/224	164/224
ab Oktober (Krankheit und Erhöhung der Auslandstage)	254	30	10	214	80/214	134/214
ab Dezember (Übertrag Urlaub nach 02)	254	25	10	219	80/219	139/219

Ermittlung des steuerfreien und des steuerpflichtigen Arbeitslohns (während des laufenden Kalenderjahres):

Monat	Bruttolohn in €	Steuerfreier Anteil	Steuerfreier Bruttolohn in €	Steuerpflichtiger Anteil	Steuerpflichtiger Bruttolohn in €
Januar	5 000,00	60/224	1339,29	164/224	3 660,71
Februar	5 000,00	60/224	1339,29	164/224	3 660,71
März	5 000,00	60/224	1339,29	164/224	3 660,71
April	5 000,00	60/224	1339,29	164/224	3 660,71
Mai	5 000,00	60/224	1339,29	164/224	3 660,71
Juni	5 000,00	60/224	1339,29	164/224	3 660,71
Juli lfd. Arbeitslohn	5 000,00	60/224	1339,29	164/224	3 660,71
Juli sonst. Bezug	10 000,00	60/224	2678,57	164/224	7 321,43
August	5 000,00	60/224	1339,29	164/224	3 660,71
September	5 000,00	60/224	1339,29	164/224	3 660,71
Oktober	5 000,00	80/214	1869,16	134/214	3 130,84
November	5 000,00	80/214	1869,16	134/214	3 130,84
Dezember lfd. Arbeitslohn	5 000,00	80/219	1826,48	139/219	3 173,52
Dezember sonst. Bezug	8 000,00	80/219	2922,37	139/219	5 077,63

Infolge des anhand der Prognose für das Kalenderjahr 01 ermittelten Aufteilungsmaßstabs wird in jedem Kalendermonat sowohl steuerfreier als auch steuerpflichtiger Arbeitslohn bezogen. Folglich ist die Lohnsteuer in jedem Kalendermonat nach der sog. Tagestabelle zu ermitteln (siehe R 39 b.5 Absatz 2 Satz 3 und 4 LStR und H 39 b.5 (Teilweise steuerpflichtiger Arbeitslohn im Inland) LStH).

Für die Umrechnung des im Kalendermonat bezogenen steuerpflichtigen Arbeitslohns zur tageweisen Lohnsteuerberechnung ist das nach der Prognose für die ganzjährige Beschäftigung ermittelte Verhältnis der Arbeitstage in Deutschland zu den Gesamtarbeitstagen zugrunde zu legen.

Für den einzelnen Monat ergeben sich – am Beispiel des Monats Januar 01 – folgende Ermittlungsschritte:

30 Tage x 164/224 = 21,96 Tage, abgerundet auf 21 Tage

Für einen Betrag von 174,32 € (3.660,71 €/21 Tage) ist die Tageslohnsteuer zu ermitteln und diese mit 21 zu vervielfachen.

Am Ende des Kalenderjahres errechnet sich für das gesamte Kalenderjahr 01 folgender Anteil an steuerfreiem bzw. steuerpflichtigen Arbeitslohn, der nicht direkt zuordenbar ist:

Anteil steuerfrei: 80/219
Anteil steuerpflichtig: 139/219

Mit diesem Aufteilungsmaßstab ist für jeden Kalendermonat eine Überprüfung, und gegebenenfalls eine Berichtigung der bisherigen Lohnabrechnungen vorzunehmen. Dieser vorgenannte Aufteilungsmaßstab gilt auch für den im Juli 01 und Dezember 01 zugeflossenen sonstigen Bezug. Eine Korrektur nach den Berechnungsgrundsätzen des § 42 b EStG ist nicht zulässig.

Ermittlung des steuerfreien und des steuerpflichtigen Arbeitslohns (am Ende des Kalenderjahres)

Monat	Bruttoarbeit-lohn in €	Steuerfreier Anteil	Steuerfreier Brutto-arbeitslohn in € (bisheriger Wert)	Steuer-pflichtiger Anteil	Steuerpflichtiger Bruttoarbeitslohn in € (bisheriger Wert)
Januar	5 000,00	80/219	1.826,48 (1.339,29)	139/219	3.173,52 (3.660,71)
Februar	5 000,00	80/219	1.826,48 (1.339,29)	139/219	3.173,52 (3.660,71)
März	5 000,00	80/219	1.826,48 (1.339,29)	139/219	3.173,52 (3.660,71)
April	5 000,00	80/219	1.826,48 (1.339,29)	139/219	3.173,52 (3.660,71)
Mai	5 000,00	80/219	1.826,48 (1.339,29)	139/219	3.173,52 (3.660,71)
Juni	5 000,00	80/219	1.826,48 (1.339,29)	139/219	3.173,52 (3.660,71)

Anl d zu LStH 39.5

Monat	Bruttoarbeitlohn in €	Steuerfreier Anteil	Steuerfreier Bruttoarbeitslohn in € (bisheriger Wert)	Steuerpflichtiger Anteil	Steuerpflichtiger Bruttoarbeitslohn in € (bisheriger Wert)
Juli lfd. Arbeitslohn	5 000,00	80/219	1.826,48 (1.339,29)	139/219	3.173,52 (3.660,71)
Juli sonst. Bezug	10 000,00	80/219	3.652,97 (2.678,57)	139/219	6.347,03 (7.321,43)
August	5 000,00	80/219	1.826,48 (1.339,29)	139/219	3.173,52 (3.660,71)
September	5 000,00	80/219	1.826,48 (1.339,29)	139/219	3.173,52 (3.660,71)
Oktober	5 000,00	80/219	1.826,48 (1.339,29)	139/219	3.173,52 (3.660,71)
November	5 000,00	80/219	1.826,48 (1.339,29)	139/219	3.173,52 (3.660,71)
Dezember	5 000,00	80/219	1.826,48 (1.339,29)	139/219	3.173,52 (3.660,71)
Dezember lfd. Arbeitslohn	5 000,00	80/219	1.826,48 (1.339,29)	139/219	3.173,52 (3.660,71)
Dezember sonst. Bezug	8 000,00	80/219	2.922.37 (2.922,37)	139/219	5.077,63 (5.077,63)

Da für den Monat Dezember 01 bereits der zutreffende Aufteilungsmaßstab angesetzt wird, führt die Überprüfung hier zu keiner Änderung. Für die Monate Januar 01 bis November 01 sind die Lohnabrechnungen hingegen zu korrigieren.

Am Beispiel des Monats Januar 01 ergibt sich folgende korrigierte Ermittlung:

30 Tage x 139/219 = 19,04 Tage, abgerundet auf 19 Tage

Für einen Betrag von 167,03 € (3.173,52 €/19 Tage) ist die Tageslohnsteuer zu ermitteln und diese mit 19 zu vervielfachen.

Aufgrund der Differenz zum bisherigen Lohnsteuerabzug ist die Lohnabrechnung für den Monat Januar 01 zu korrigieren.

10. Beispiel für eine nicht ganzjährige Beschäftigung

Sachverhalt:

22 Arbeitnehmer B ist beim Arbeitgeber A im Kalenderjahr 01 vom 1. Januar bis zum 31. Oktober beschäftigt (5 Arbeitstage pro Woche) und erhält einen Arbeitslohn von monatlich 5.000 €, der jeweils zum 25. eines Monats gezahlt wird. Es ist geplant, dass B im Kalenderjahr 01 vom 1. Februar bis zum 15. April an insgesamt 50 Tagen im Ausland tätig wird. Arbeitsvertraglich stehen ihm bis zum Ende des Dienstverhältnisses am 31. Oktober 01 insgesamt 25 Urlaubstage zu. B möchte vom 16. April bis 30. April an 10 Arbeitstagen Urlaub nehmen. Ab dem 1. Mai soll B wieder im Inland arbeiten (voraussichtlich an 20 Tagen im Monat).

Im Juli erhält B ein Urlaubsgeld (sonstiger Bezug) von 2.000 €. Am 2. September erkrankt B (19 Arbeitstage Krankheit). Vom 1. Oktober bis zum 24. Oktober nimmt B seinen Resturlaub (15 Arbeitstage). Am 25. Oktober arbeitet B im Inland. Um weitere Projekte zu betreuen, arbeitet B unvorhergesehen vom 26. Oktober bis zum 31. Oktober im Ausland in der Betriebsstätte seines Arbeitgebers (4 Arbeitstage), so dass im Beschäftigungszeitraum insgesamt 54 Auslandsarbeitstage bei der ausländischen Betriebsstätte anfallen.

Der auf die Tätigkeit im Ausland entfallende Arbeitslohn ist nach dem anzuwendenden DBA im Inland steuerfrei. Weil der ausgezahlte Arbeitslohn nicht direkt zugeordnet werden kann, ist er durch eine Verhältnisrechnung aufzuteilen.

Zusammenfassung für den Beschäftigungszeitraum 01:

Voraussichtliche Urlaubstage nach Kenntnis des Arbeitgebers bis Oktober:	25
Krankheitstage im September:	19
voraussichtliche tatsächliche Auslandstage nach Kenntnis des Arbeitgebers bis September:	50
voraussichtliche tatsächliche Auslandstage nach Kenntnis des Arbeitgebers im Oktober:	54
Arbeitslohn monatlich:	5.000 €
Urlaubsgeld für das laufende Kalenderjahr, ausgezahlt im Juli:	2.000 €

10.1. Variante 1: Aufteilung nach den voraussichtlichen tatsächlichen Arbeitstagen des jeweiligen Kalendermonats

23 Ermittlung des Aufteilungsmaßstabs und Abrechnung nach den voraussichtlichen tatsächlichen Arbeitstagen des jeweiligen Kalendermonats:

Der Arbeitgeber ermittelt den Aufteilungsmaßstab für die einzelnen Kalendermonate nach den voraussichtlichen tatsächlichen Arbeitstagen des einzelnen Kalendermonats.

Prognosezeitpunkt	Mögliche tatsächliche Arbeitstage im Monat	Voraussichtliche Urlaubstage im Monat	Tatsächlich angefallene Krankheitstage im Monat	Verbleibende tatsächliche Arbeitstage im Monat	Arbeitstage Ausland (steuerfrei)	Arbeitstage Inland (steuerpflichtig)
Januar	20	0	0	20	0	20
Februar bis März	20	0	0	20	20	0
April	20	10	0	10	10	0
Mai bis August	20	0	0	20	0	20

Anl d zu LStH 39.5

Prognose-zeitpunkt	Mögliche tatsächliche Arbeitstage im Monat	Voraussichtliche Urlaubstage im Monat	Tatsächlich angefallene Krankheitstage im Monat	Verbleibende tatsächliche Arbeitstage im Monat	Arbeitstage Ausland (steuerfrei)	Arbeitstage Inland (steuerpflichtig)
im September (Krankheit)	20	0	19	1	0	1
im Oktober (Erhöhung der Auslandstage)	20	15	0	5	4	1
Summe	200	25	19	156	54	102

<u>Ermittlung des steuerfreien und des steuerpflichtigen Arbeitslohns (während des Beschäftigungsverhältnisses):</u>

Prognose-zeitpunkt	Mögliche tatsächliche Arbeitstage im Monat	Voraussichtliche tatsächliche Arbeitstage im Monat (Nenner für Ausland und Inland)	Voraussichtliche tatsächliche Arbeitstage Ausland im Monat (Zähler für Ausland)	Verbleibende voraussichtliche tatsächliche Arbeitstage Inland im Monat (Zähler für Inland)	Bruttoarbeitslohn Anteil Ausland (steuerfrei) in €	Bruttoarbeitslohn Anteil Inland (steuerpflichtig) in €
Januar (nur Inland)	20	20	0	20	0	5000
Februar (nur Ausland)	20	20	20	0	5000	0
März (nur Ausland)	20	20	20	0	5000	0
April	20	10	10	0	5000	0
Mai	20	20	0	20	0	5000
Juni	20	20	0	20	0	5000
Juli lfd. Arbeitslohn	20	20	0	20	0	5000
Juli sonst. Bezug (deshalb hier Prognose für den gesamten Beschäftigungszeitraum)	200	175	50	125	2000 × 50/175 = 571,43	2000 × 125/175 = 1428,57
August	20	20	0	20	0	5000
September (1 Arbeitstag im Inland)	20	1	0	1	0	5000
Oktober (4 Arbeitstage im Ausland)	20	5	4	1	4000	1000

Für die Monate Januar 01, Mai 01, Juni 01, August 01 und September 01 ist die Lohnsteuer nach der sog. Monatstabelle zu berechnen, da an jedem Tag des Kalendermonats Arbeitslohn bezogen wird, der dem inländischen Lohnsteuerabzug unterliegt.

Für die Monate Februar 01, März 01 und April 01 ist keine Lohnsteuer einzubehalten, da an keinem Tag des Kalendermonats steuerpflichtiger Arbeitslohn bezogen wird.

Für die Monate Juli 01 und Oktober 01 ist die Lohnsteuer nach der sog. Tagestabelle zu ermitteln, da zusätzlich zum steuerpflichtigen Arbeitslohn auch Arbeitslohn bezogen wird, der nicht dem inländischen Lohnsteuerabzug unterliegt.

<u>Am Ende des Beschäftigungszeitraums errechnet sich für den Beschäftigungszeitraum vom 1. Januar 01 bis 31. Oktober 01 folgender Anteil an steuerfreiem bzw. steuerpflichtigem Arbeitslohn, der nicht direkt zuordenbar ist:</u>

Anteil steuerfrei: 54/156
Anteil steuerpflichtig: 102/156

Mit diesem Aufteilungsmaßstab ist für jeden Kalendermonat von Januar 01 bis Oktober 01 eine Überprüfung und ggf. eine Berichtigung der bisherigen Lohnabrechnungen vorzunehmen. Dieser vorgenannte Aufteilungsmaßstab gilt auch für den im Juli 01 zugeflossenen sonstigen Bezug.

Die Differenz beim steuerpflichtigen Arbeitslohn beruht auf den Änderungen der Verhältnisse während des Beschäftigungszeitraums, da der Arbeitgeber zunächst die voraussichtlichen tatsächlichen Arbeitstage des einzelnen Kalendermonats angesetzt hat. Da die Überprüfung nach den Verhältnissen des Beschäftigungszeitraums vom 1. Januar 01 bis zum 31. Oktober 01 abweichende Werte ergab, sind die einzelnen Lohnabrechnungen noch vor Übermittlung der Lohnsteuerbescheinigung durch den Arbeitge-

Anl d zu LStH 39.5

ber zu berichtigen (§ 41 c Absatz 1 EStG). Eine Korrektur nach den Berechnungsgrundsätzen des § 42 b EStG ist nicht zulässig.

Ermittlung des steuerfreien und des steuerpflichtigen Arbeitslohns (nach Beendigung des Beschäftigungszeitraums):

Monat	Arbeitslohn in €	Steuerfreier Anteil	Steuerfreier Arbeitslohn in € (bisheriger Wert)	Steuerpflichtiger Anteil	Steuerpflichtiger Arbeitslohn in € (bisheriger Wert)
Januar	5 000,00	54/156	1.730,77 (0)	102/156	3.269,23 (5.000)
Februar	5 000,00	54/156	1.730,77 (5.000)	102/156	3.269,23 (0)
März	5 000,00	54/156	1.730,77 (5.000)	102/156	3.269,23 (0)
April	5 000,00	54/156	1.730,77 (5.000)	102/156	3.269,23 (0)
Mai	5 000,00	54/156	1.730,77 (0)	102/156	3.269,23 (5.000)
Juni	5 000,00	54/156	1.730,77 (0)	102/156	3.269,23 (5.000)
Juli lfd. Arbeitslohn + sonstiger Bezug	7 000,00	54/156	2.423,08 (0 + 571,43)	102/156	4.576,92 (5.000 + 1.428,57)
August	5 000,00	54/156	1.730,77 (0)	102/156	3.269,23 (5.000)
September	5 000,00	54/156	1.730,77 (0)	102/156	3.269,23 (5.000)
Oktober	5 000,00	54/156	1.730,77 (4.000)	102/156	3.269,23 (1.000)

Für die Monate Januar 01 bis Oktober 01 sind die Lohnabrechnungen zu korrigieren.

Am Beispiel des Monats Januar 01 ergibt sich folgende korrigierte Ermittlung:

30 Tage x 102/156 = 19,62 Tage, abgerundet auf 19 Tage

Für einen Betrag von 172,06 € (3.269,23 €/19 Tage) ist die Tageslohnsteuer zu ermitteln und diese mit 19 zu vervielfachen. Aufgrund der Differenz zum bisherigen Lohnsteuerabzug ist die Lohnabrechnung für den Monat Januar 01 zu korrigieren.

10.2 Variante 2: Aufteilung nach den voraussichtlichen tatsächlichen Arbeitstagen des gesamten Beschäftigungszeitraums innerhalb eines Kalenderjahres

24 Ermittlung des Aufteilungsmaßstabs und Abrechnung nach den voraussichtlichen tatsächlichen Arbeitstagen des Beschäftigungszeitraums im Kalenderjahr (während des Beschäftigungsverhältnisses):

Der Arbeitgeber ermittelt den Aufteilungsmaßstab für die einzelnen Kalendermonate nach den voraussichtlichen tatsächlichen Arbeitstagen im gesamten Beschäftigungszeitraum. Für den steuerpflichtigen Arbeitslohn ist die Lohnsteuer in jedem Kalendermonat nach der sog. Tagestabelle zu ermitteln.

Prognose-zeitpunkt	Mögliche Arbeits-tage	Voraus-sichtliche Urlaubstage	Tatsächlich angefallene Krankheitstage	Verbleibende tatsächliche Arbeitstage	Anteil Ausland (steuerfrei)	Anteil Inland (steuerpflichtig)
Januar bis August	200	25	0	175	50/175	125/175
September (Krankheit)	200	25	19	156	50/156	106/156
Oktober (Erhöhung der Auslandstage)	200	25	19	156	54/156	102/156

Ermittlung des steuerfreien und des steuerpflichtigen Arbeitslohns

Monat	Arbeitslohn in €	Steuerfreier Anteil	Steuerfreier Arbeitslohn in €	Steuerpflichtiger Anteil	Steuerpflichtiger Arbeitslohn in €
Januar	5 000,00	50/175	1 428,57	125/175	3 571,43
Februar	5 000,00	50/175	1 428,57	125/175	3 571,43
März	5 000,00	50/175	1 428,57	125/175	3 571,43
April	5 000,00	50/175	1 428,57	125/175	3 571,43
Mai	5 000,00	50/175	1 428,57	125/175	3 571,43
Juni	5 000,00	50/175	1 428,57	125/175	3 571,43
Juli lfd. Arbeitslohn	5 000,00	50/175	1 428,57	125/175	3 571,43
Juli sonst. Bezug	2 000,00	50/175	571,43	125/175	1 428,57
August	5 000,00	50/175	1 428,57	125/175	3 571,43
September	5 000,00	50/156	1 602,56	106/156	3 397,44
Oktober	5 000,00	54/156	1 730,77	102/156	3 269,23

Anl d zu LStH 39.5

Am Ende des Beschäftigungszeitraums errechnet sich für den Beschäftigungszeitraum vom 1. Januar 01 bis 31. Oktober 01 folgender Anteil an steuerfreiem bzw. steuerpflichtigem Arbeitslohn, der nicht direkt zuordenbar ist:

Anteil steuerfrei: 54/156
Anteil steuerpflichtig: 102/156

Mit diesem Aufteilungsmaßstab ist für jeden Kalendermonat von Januar 01 bis Oktober 01 eine Überprüfung und ggf. eine Berichtigung der bisherigen Lohnabrechnung vorzunehmen. Weil für den Kalendermonat Oktober 01 bereits der zutreffende Aufteilungsmaßstab angesetzt wird, führt die Überprüfung zu keiner Änderung.

Die Differenz beim steuerpflichtigen Arbeitslohn beruht auf den Änderungen der Verhältnisse während des Beschäftigungszeitraums. Da die Überprüfung nach den Verhältnissen des Beschäftigungszeitraums vom 1. Januar 01 bis zum 31. Oktober 01 abweichende Werte ergab, sind die einzelnen Lohnabrechnungen – ohne Oktober 01 – noch vor Übermittlung der Lohnsteuerbescheinigung durch den Arbeitgeber zu berichtigen (§ 41 c Absatz 1 EStG). Eine Korrektur nach den Berechnungsgrundsätzen des § 42 b EStG ist nicht zulässig.

Ermittlung des steuerfreien und des steuerpflichtigen Arbeitslohns (nach Beendigung des Beschäftigungszeitraums):

Monat	Arbeitslohn in €	Steuerfreier Anteil	Steuerfreier Arbeitslohn in €	Steuerpflichtiger Anteil	Steuerpflichtiger Arbeitslohn in € (bisheriger Wert)
Januar	5000,00	54/156	1.730,77 (1.428,57)	102/156	3.269,23 (3.571,43)
Februar	5000,00	54/156	1.730,77 (1.428,57)	102/156	3.269,23 (3.571,43)
März	5000,00	54/156	1.730,77 (1.428,57)	102/156	3.269,23 (3.571,43)
April	5000,00	54/156	1.730,77 (1.428,57)	102/156	3.269,23 (3.571,43)
Mai	5000,00	54/156	1.730,77 (1.428,57)	102/156	3.269,23 (3.571,43)
Juni	5000,00	54/156	1.730,77 (1.428,57)	102/156	3.269,23 (3.571,43)
Juli lfd. Arbeitslohn + sonstiger Bezug	7000,00	54/156	2.423,08 (1.428,57 + 571,43)	102/156	4.576,92 (3.571,43 + 1.428,57)
August	5000,00	54/156	1.730,77 (1.428,57)	102/156	3.269,23 (3.571,43)
September	5000,00	54/156	1.730,77 (1.602,56)	102/156	3.269,23 (3.397,44)
Oktober	5000,00	54/156	1.730,77 (1.730,77)	102/156	3.269,23 (3.269,23)

Für die Monate Januar 01 bis September 01 sind die Lohnabrechnungen zu korrigieren.

Am Beispiel des Monats Januar 01 ergibt sich folgende korrigierte Ermittlung:

30 Tage x 102/156 = 19,62 Tage, abgerundet auf 19 Tage

Für einen Betrag von 172,06 € (3.269,23 €/19 Tage) ist die Tageslohnsteuer zu ermitteln und diese mit 19 zu vervielfachen. Aufgrund der Differenz zum bisherigen Lohnsteuerabzug ist die Lohnabrechnung für den Monat Januar 01 zu korrigieren.

II. Steuerliche Behandlung von Arbeitnehmereinkünften bei Auslandstätigkeiten (Auslandstätigkeitserlass)[1] 98

25–26 Die vorgenannten Grundsätze zur Aufteilung des Arbeitslohns sind auch bei der steuerlichen Behandlung von Arbeitnehmereinkünften bei Auslandstätigkeiten nach dem Auslandstätigkeitserlass vom 10. Juni 2022 (BStBl I S. 997) anzuwenden.

III. Anwendung der Regelungen des § 50 d Absatz 8 und 9 EStG sowie der Rückfallklauseln nach den DBA 99

27 Bei Lohneinkünften, die nach einem DBA in einem ausländischen Staat besteuert werden können, wird die unter Progressionsvorbehalt (§ 32 b Absatz 1 Satz 1 Nummer 3 EStG) erfolgende Freistellung von der deutschen Steuer eines unbeschränkt Steuerpflichtigen nur gewährt, wenn die Voraussetzungen hierfür nach § 50 d Absatz 8 und 9 EStG gegeben sind. Der Steuerpflichtige muss für die Freistellung regelmäßig nachweisen, dass sämtliche seiner ausländischen Einkünfte und Einkunftsteile im ausländischen Staat besteuert wurden und er die ausländischen Steuern entrichtet hat oder dass der Staat, dem nach dem DBA das Besteuerungsrecht zusteht, auf dieses Besteuerungsrecht verzichtet hat. § 50 d Absatz 8 EStG ist im Lohnsteuerabzugsverfahren grundsätzlich nicht anzuwenden. Auch die sich aus der Anwendung des § 50 d Absatz 9 EStG ergebenden Änderungen der Bemessungsgrundlage müssen aus Vereinfachungsgründen nicht im Rahmen des Lohnsteuerabzugsverfahrens geprüft und durchgeführt werden. Gleiches gilt für die Anwendung der im jeweiligen DBA enthaltenen Rückfallklauseln (siehe Rn. 418 ff. des BMF-Schreibens vom 12. Dezember 2023, BStBl. I S. 2179)[2].

IV. Zahlung des Arbeitslohns in ausländischer Währung 100

28 Die einzubehaltenden sowie die beim zuständigen Betriebsstättenfinanzamt anzumeldenden und abzuführenden Lohnsteuerbeträge sind stets in Euro auszuweisen. Wird der zu besteuernde Arbeitslohn

[1] Abgedruckt als Anlage a zu LStH 39.5.
[2] Abgedruckt als Anlage c zu LStH 39.5.

Anl d zu LStH 39.5

in einer ausländischen Währung gezahlt, ist dieser vor Ermittlung der Lohnsteuer in einen Euro-Betrag umzurechnen. Umrechnungsmaßstab ist – soweit vorhanden – der auf den Umrechnungszeitpunkt bezogene Euro-Referenzkurs der Europäischen Zentralbank. Lohnzahlungen sind bei Zufluss des Arbeitslohns anhand der von der Europäischen Zentralbank veröffentlichten monatlichen Euro-Durchschnittsreferenzkurse umzurechnen, denen die im BStBl I veröffentlichten Umsatzsteuer-Umrechnungskurse entsprechen (BFH vom 3. Dezember 2009, BStBl II 2010 S. 698). Der für den jeweiligen Kalendermonat angesetzte Referenzkurs ist auch dann beizubehalten, wenn der Arbeitslohn nach den Rn. 16 f. nach einem anderen Maßstab aufgeteilt wird.

29 Die mit dem Umtausch verbundenen Kosten und Gebühren sind der privaten Lebensführung des Arbeitnehmers zuzuordnen und können daher nicht arbeitslohnmindernd oder als Werbungskosten berücksichtigt werden (BFH vom 24. Juni 2009, BStBl II S. 1000).

Anl e zu LStH 39.5

e) Schreiben betr. steuerliche Behandlung des von Organen der EU gezahlten Tagegeldes für in ihrem Bereich verwendete Beamte

Vom 12. April 2006 (BStBl. I S. 340)

(BMF IV B 3 – S 1311 – 75/06)

102 Unter Bezugnahme auf das Ergebnis der Erörterungen mit den obersten Finanzbehörden der Länder gilt für die steuerliche Behandlung des von den Organen der EU gezahlten Tagegeldes für in ihrem Geschäftsbereich verwendete Beamtinnen und Beamte Folgendes:

1. Allgemeines

Die EU zahlt an ihren Organen zugewiesene nationale Sachverständige (Beamte) ein Tagegeld (EU-Tagegeld). Darüber hinaus erhält der Beamte während der Zuweisung bei der EU die ihm aus seinem Amt zustehende Besoldung von seiner Herkunftsdienststelle.

2. Steuerliche Behandlung nach nationalem deutschen Recht

103 Wird der Beamte nach § 123 a Abs. 1 Beamtenrechtsrahmengesetz (BRRG) zugewiesen und wird die Zuweisung einer Abordnung i. S. d. § 58 Abs. 1 Satz 2 Bundesbesoldungsgesetz (BBesG) gleich gestellt, erhält der Beamte neben den Inlandsdienstbezügen bei Vorliegen der sonstigen Voraussetzungen von seinem deutschen Dienstherrn (steuerfreie) Auslandsdienstbezüge nach § 52 Abs. 1 BBesG.

Das EU-Tagegeld ist Arbeitslohn, weil es auf Grund des vorübergehenden Dienstverhältnisses mit der EU gezahlt wird. Es bleibt jedoch steuerfrei, soweit es auf steuerfreie Auslandsdienstbezüge angerechnet wird (§ 3 Nr. 64 EStG i. V. m. § 9 a Abs. 2 BBesG), siehe auch Nr. 5.

3. Keine Steuerbefreiung nach Art. 13 des Protokolls über die Vorrechte und Befreiungen der Europäischen Gemeinschaft vom 8. April 1965

104 Die EU ist für die ihr zugewiesenen Beamten zwar auch als Arbeitgeberin i. S. d. Art. 15 Abs. 2 Nr. 2 Doppelbesteuerungsabkommen-Belgien (DBA-Belgien) anzusehen, die betroffenen Personen sind aber trotzdem keine Beamten oder sonstigen Bediensteten der EU. Die vergüteten Tagegelder unterliegen daher nicht Art. 13 des Protokolls über die Vorrechte und Befreiungen der Europäischen Gemeinschaft vom 8. April 1965 und sind daher nicht steuerbefreit.

4. Zuordnung des Besteuerungsrechts nach den DBA

105 Für die dem Beamten gewährten Inlandsdienstbezüge steht nach den Vorschriften des jeweils einschlägigen DBA über die Bezüge aus öffentlichen Kassen der Vertragsstaaten (z. B. Art. 19 DBA-Belgien, Art. 11 DBA-Luxemburg) Deutschland als Kassenstaat das Besteuerungsrecht zu. Der inländische Dienstherr bleibt weiterhin Arbeitgeber im abkommensrechtlichen Sinne.

Für das EU-Tagegeld ist die Vorschrift über Einkünfte aus nichtselbständiger Arbeit des jeweiligen DBA anzuwenden (z. B. Art. 15 DBA-Belgien, Art. 10 DBA-Luxemburg); die Kassenstaatsklauseln finden keine Anwendung. Danach hat der Staat das Besteuerungsrecht, in dem die nichtselbständige Arbeit ausgeübt wird. Der Ort der Arbeitsausübung befindet sich grundsätzlich dort, wo sich der Arbeitnehmer zur Ausführung seiner Tätigkeit persönlich aufhält. In der Regel steht daher den Tätigkeitsstaaten (z. B. Belgien, Luxemburg) das Besteuerungsrecht zu. Das die EU-Tagegelder zahlende und wirtschaftlich tragende EU-Organ ist während der Tätigkeit des Beamten bei diesem Organ – neben dem inländischen Dienstherrn – (partiell) auch dessen Arbeitgeber im abkommensrechtlichen Sinne (BFH vom 15. März 2000, BStBl. 2002 II S. 238).

Ist der Beamte (weiterhin) in Deutschland ansässig und übt er seine Tätigkeit bei einem Organ der EU (in dem maßgebenden Veranlagungszeitraum) nicht länger als 183 Tage aus, wird das EU-Tagegeld grundsätzlich in Deutschland besteuert. Dies gilt jedoch nicht, wenn das die EU-Tagegelder zahlende und wirtschaftlich tragende Organ der EU seinen Sitz im Tätigkeitsstaat hat und somit i. S. d. DBA ansässig ist.

Beispiel 1:

Zuweisung des Beamten zur Europäischen Kommission, Tätigkeit in Brüssel.
Die EU-Kommission (Arbeitgeberin) hat ihren Sitz in Brüssel; sie ist damit in Belgien ansässig i. S. d. Art. 4 Abs. 1 DBA-Belgien. Das Besteuerungsrecht für das EU-Tagegeld steht somit Belgien zu (Art. 15 Abs. 1 DBA-Belgien).

Anl e zu LStH 39.5

Beispiel 2:

Zuweisung des Beamten zur Europäischen Kommission, Tätigkeit in Luxemburg.
Die EU-Kommission (Arbeitgeberin) ist in Belgien ansässig, der Beamte ist aber in Luxemburg tätig. Das Besteuerungsrecht für die EU-Tagegelder steht Luxemburg zu, wenn sich der Beamte mehr als 183 Tage in Luxemburg aufhält (Art. 10 Abs. 1 DBA-Luxemburg; die Voraussetzungen des Art. 10 Abs. 2 Nr. 1 DBA-Luxemburg sind nicht erfüllt). Hält sich der Beamte nicht mehr als 183 Tage in Luxemburg auf, steht das Besteuerungsrecht für die EU-Tagegelder Deutschland zu, weil die Arbeitgeberin des Beamten nicht in Luxemburg ansässig ist (Art. 10 Abs. 2 Nr. 2 DBA-Luxemburg).

Wird das EU-Tagegeld nach einem DBA von der deutschen Steuer freigestellt, ist gem. § 32 b Abs. 1 Nr. 2 und 3 EStG bei unbeschränkter Steuerpflicht der Steuersatz anzuwenden, der sich unter Berücksichtigung des EU-Tagegeldes ergibt (Progressionsvorbehalt). Dies gilt nicht, soweit das EU-Tagegeld gem. § 9 a Abs. 2 BBesG auf steuerfreie Auslandsdienstbezüge angerechnet wird (vgl. Nr. 5).

5. Anrechnung des EU-Tagegeldes auf steuerfreie Auslandsdienstbezüge

Steuerfreie Auslandsdienstbezüge und das EU-Tagegeld werden auf Grund der besoldungsrechtlich vorgeschriebenen Anrechnung grundsätzlich nicht in voller Höhe nebeneinander gezahlt (§ 9 a Abs. 2 BBesG). 106

Bei der Besteuerung nach dem Einkommen ist nur der Teil des EU-Tagegeldes zu berücksichtigen, der die steuerfreien Auslandsdienstbezüge, die dem Steuerpflichtigen gezahlt würden, wenn er kein EU-Tagegeld erhalten hätte, übersteigt. Bei der Berechnung dieses Teils des EU-Tagegeldes ist die Höhe der steuerfreien Auslandsdienstbezüge, die dem Steuerpflichtigen ohne Zahlung von EU-Tagegeld zustehen würden, zu ermitteln und von dem insgesamt gezahlten EU-Tagegeld abzuziehen, auch wenn der Steuerpflichtige tatsächlich keine steuerfreien Auslandsdienstbezüge erhält (fiktive Anrechnung).

Beispiel:

Ein Steuerpflichtiger übt während des gesamten Kalenderjahrs eine Tätigkeit als nationaler Sachverständiger (Beamter) bei einem Organ der EU aus. Er erhält hierfür neben seinen Inlandsdienstbezügen ein EU-Tagegeld in Höhe von 3000 EUR monatlich. Würde ihm kein EU-Tagegeld gezahlt werden, hätte er steuerfreie Auslandsdienstbezüge in Höhe von insgesamt 2500 EUR monatlich erhalten. Der bei der Besteuerung zu berücksichtigende Teil des EU-Tagegeldes berechnet sich wie folgt:

Jahresbetrag des EU-Tagegeldes (12 × 3000 EUR)	36 000 EUR
abzüglich	
Jahresbetrag der steuerfreien Auslandsdienstbezüge, die dem Steuerpflichtigen ohne Zahlung von EU-Tagegeld zustehen würden (12 × 2500 EUR)	– 30 000 EUR
Übersteigender Betrag des EU-Tagegeldes	6 000 EUR

Bei der Besteuerung nach dem Einkommen ist das EU-Tagegeld in Höhe von 6000 EUR zu berücksichtigen.

Die steuerfreien Auslandsdienstbezüge sind geregelt in §§ 52 ff. BBesG in der Fassung der Bekanntmachung vom 6. August 2002 (BGBl. I S. 3020), zuletzt geändert durch Artikel 3 Abs. 10 des Gesetzes vom 7. Juli 2005 (BGBl. I S. 1970) und durch Artikel 2 des Gesetzes vom 22. September 2005 (BGBl. I S. 2809). Bei Zweifelsfragen empfiehlt es sich, die für die Besoldung des Steuerpflichtigen zuständige Dienststelle um Amtshilfe zu bitten.

Dieses Schreiben tritt an die Stelle des BMF-Schreibens vom 12. März 2002 – IV B 6 – S 1300 – 157/01 – (BStBl. I S. 483), welches hiermit aufgehoben wird. Es ist in allen noch offenen Fällen anzuwenden.

Anl f zu LStH 39.5

f) Schreiben betr. Besteuerung von Abfindungszahlungen aus Anlass der Auflösung des Arbeitsverhältnisses bei Bestehen einer Konsultationsvereinbarung mit einem anderen DBA-Staat; BFH-Urteil vom 10. Juni 2015 (BStBl. II 2016 S. 326)

Vom 31. März 2016 (BStBl. I S. 474)

(BMF IV B 2 – S 1304/09/10004; DOK 2016/311560)

Der BFH hat mit Urteil vom 10. Juni 2015 (I R 79/13, BStBl. II 2016 S. 326) entschieden, dass die Besteuerung einer Abfindungszahlung aus Anlass der Auflösung des Arbeitsverhältnisses von der Bundesrepublik Deutschland als ehemaligem Tätigkeitsstaat nach Wegzug des Steuerpflichtigen in die Schweiz nicht auf § 24 Abs. 1 Satz 2 KonsVerCHEV gestützt werden kann. 107

Unter Bezug auf die Erörterungen mit den obersten Finanzbehörden der Länder gilt hierzu Folgendes:

Die Grundsätze des BFH-Urteils sind außer auf § 24 Abs. 1 Satz 2 KonsVerCHEV vom 20. Dezember 2010 (BGBl. I S. 2187) auch in Bezug auf die Regelungen in

- § 2 Abs. 3 Nr. 2 KonsVerBELV vom 20. Dezember 2010 (BGBl. I S. 2137), geändert durch Art. 8 der VO vom 11. Dezember 2012 (BGBl. I S. 2641),
- § 2 Abs. 3 Nr. 2 KonsVerGBRV vom 9. Juli 2012 (BGBl. I S. 1483),
- § 10 Abs. 2 Nr. 2 KonsVerLUXV vom 9. Juli 2012 (BGBl. I S. 1484),
- § 6 Abs. 1 KonsVerAUTV vom 20. Dezember 2010 (BGBl. I S. 2185) und
- § 7 Abs. 1 KonsVerNLDV vom 20. Dezember 2010 (BGBl. I S. 2183)

anzuwenden, soweit nach diesen für Abfindungszahlungen aus Anlass der Auflösung des Arbeitsverhältnisses die Bundesrepublik Deutschland als ehemaliger Tätigkeitsstaat das Besteuerungsrecht haben soll. Im Übrigen sind die Rechtsverordnungen weiter anzuwenden. Für die KonsVerNLDV gilt dies in Bezug auf das deutsch-niederländische Doppelbesteuerungsabkommen vom 16. Juni 1959 (BGBl. 1960 II S. 1781) in der Fassung des Dritten Zusatzprotokolls vom 4. Juni 2004 (BGBl. II S. 1653).

EStG

§ 39a Freibetrag und Hinzurechnungsbetrag

1 **(1)[1] ① Auf Antrag des unbeschränkt einkommensteuerpflichtigen Arbeitnehmers ermittelt das Finanzamt die Höhe eines vom Arbeitslohn insgesamt abzuziehenden Freibetrags aus der Summe der folgenden Beträge:**

1. Werbungskosten, die bei den Einkünften aus nichtselbständiger Arbeit anfallen, soweit sie den Arbeitnehmer-Pauschbetrag (§ 9 a Satz 1 Nummer 1 Buchstabe a) oder bei Versorgungsbezügen den Pauschbetrag (§ 9 a Satz 1 Nummer 1 Buchstabe b) übersteigen,

2. Sonderausgaben im Sinne des § 10 Absatz 1 Nummer 4, 5, 7 und 9 sowie Absatz 1 a und des § 10 b, soweit sie den Sonderausgaben-Pauschbetrag von 36 Euro übersteigen,

3. der Betrag, der nach den §§ 33, 33 a und 33 b Absatz 6 wegen außergewöhnlicher Belastungen zu gewähren ist,

4. die Pauschbeträge für Menschen mit Behinderungen und Hinterbliebene (§ 33 b Absatz 1 bis 5),

4 a. der Erhöhungsbetrag nach § 24 b Absatz 2 Satz 2,

5. die folgenden Beträge, wie sie nach § 37 Absatz 3 bei der Festsetzung von Einkommensteuer-Vorauszahlungen zu berücksichtigen sind:

a) die Beträge, die nach § 10 d Absatz 2, §§ 10 e, 10 f, 10 g, 10 h, 10 i, nach § 15 b des Berlinförderungsgesetzes abgezogen werden können,

b) die negative Summe der Einkünfte im Sinne des § 2 Absatz 1 Satz 1 Nummer 1 bis 3, 6 und 7 und der negativen Einkünfte im Sinne des § 2 Absatz 1 Satz 1 Nummer 5,

c) das Vierfache der Steuerermäßigung nach den §§ 34 f, 35 a und 35 c,

6. die Freibeträge nach § 32 Absatz 6 für jedes Kind im Sinne des § 32 Absatz 1 bis 4, für das kein Anspruch auf Kindergeld besteht. ② Soweit für diese Kinder Kinderfreibeträge nach § 38 b Absatz 2 berücksichtigt worden sind, ist die Zahl der Kinderfreibeträge entsprechend zu vermindern. ③ Der Arbeitnehmer ist verpflichtet, den nach Satz 1 ermittelten Freibetrag ändern zu lassen, wenn für das Kind ein Kinderfreibetrag nach § 38 b Absatz 2 berücksichtigt wird,

7. ein Betrag für ein zweites oder ein weiteres Dienstverhältnis insgesamt bis zur Höhe der Summe aus dem Grundfreibetrag (§ 32 a Absatz 1 Satz 2 Nummer 1), dem Arbeitnehmer-Pauschbetrag (§ 9 a Satz 1 Nummer 1 Buchstabe a) und dem Sonderausgaben-Pauschbetrag (§ 10 c Satz 1), wenn im ersten Dienstverhältnis die Steuerklasse I oder IV maßgeblich ist, sowie zusätzlich dem Entlastungsbetrag für Alleinerziehende (§ 24 b Absatz 2 Satz 1), wenn im ersten Dienstverhältnis die Steuerklasse II maßgeblich ist; ist im ersten Dienstverhältnis die Steuerklasse III maßgeblich, sind der doppelte Grundfreibetrag, der Arbeitnehmer-Pauschbetrag und der Sonderausgaben-Pauschbetrag anzusetzen; ist im ersten Dienstverhältnis die Steuerklasse V maßgeblich, sind der Arbeitnehmer-Pauschbetrag und der Sonderausgaben-Pauschbetrag anzusetzen. ② Voraussetzung ist, dass

a) der Jahresarbeitslohn aus dem ersten Dienstverhältnis geringer ist als der nach Satz 1 maßgebende Betrag und

b) in Höhe des Betrags für ein zweites oder ein weiteres Dienstverhältnis zugleich für das erste Dienstverhältnis ein Betrag ermittelt wird, der dem Arbeitslohn hinzuzurechnen ist (Hinzurechnungsbetrag).

③ Soll für das erste Dienstverhältnis auch ein Freibetrag nach den Nummern 1 bis 6, 8 und 9 ermittelt werden, ist nur der diesen Freibetrag übersteigende Betrag als Hinzurechnungsbetrag zu berücksichtigen. ④ Ist der Freibetrag höher als der Hinzurechnungsbetrag, ist nur der den Hinzurechnungsbetrag übersteigende Freibetrag zu berücksichtigen,

8. der Entlastungsbetrag für Alleinerziehende (§ 24 b) bei Verwitweten, die nicht in Steuerklasse II gehören,

9. der anteilige Entlastungsbetrag für Alleinerziehende (§ 24 b Absatz 4) bei dauerndem Getrenntleben der Ehegatten, ab dem Monat der Trennung bis zum Ende des Kalenderjahres und soweit die übrigen Voraussetzungen des § 24 b erfüllt sind.

② Der insgesamt abzuziehende Freibetrag und der Hinzurechnungsbetrag gelten mit Ausnahme von Satz 1 Nummer 4 und vorbehaltlich der Sätze 3 bis 5 für die gesamte Dauer eines Kalenderjahres. ③ Die Summe der nach Satz 1 Nummer 1 bis 3 sowie 4 a bis 9 ermittelten Beträge wird längstens für einen Zeitraum von zwei Kalenderjahren ab Beginn des Kalenderjahres für das der Freibetrag erstmals gilt oder geändert wird,

[1] § 39 a Abs. 1 Satz 1 Nr. 1 a eingef. **mWv 1. 1. 2026** durch JStG 2020 v. 21. 12. 2020 (BGBl. I S. 3096, BGBl. 2023 I Nr. 411) und geänd. **mWv 1. 1. 2026** durch JStG 2022 v. 16. 12. 2023 (BGBl. I S. 2294). Siehe *Geschlossene Wiedergabe.*

berücksichtigt. ④ Der Arbeitnehmer kann eine Änderung des Freibetrags innerhalb dieses Zeitraums beantragen, wenn sich die Verhältnisse zu seinen Gunsten ändern. ⑤ Ändern sich die Verhältnisse zu seinen Ungunsten, ist er verpflichtet, dies dem Finanzamt umgehend anzuzeigen.

(2)[1] **① Der Antrag nach Absatz 1 ist nach amtlich vorgeschriebenem Vordruck zu stellen und vom Arbeitnehmer eigenhändig zu unterschreiben. ② Die Frist für die Antragstellung beginnt am 1. November des Vorjahres, für das der Freibetrag gelten soll. ③ Sie endet am 30. November des Kalenderjahres, in dem der Freibetrag gilt. ④ Der Antrag ist hinsichtlich eines Freibetrags aus der Summe der nach Absatz 1 Satz 1 Nummer 1 bis 3, 8 und 9 in Betracht kommenden Aufwendungen und Beträge unzulässig, wenn die Aufwendungen im Sinne des § 9, soweit sie den Arbeitnehmer-Pauschbetrag übersteigen, die Aufwendungen im Sinne des § 10 Absatz 1 Nummer 4, 5, 7 und 9 sowie die abziehbaren Beträge nach den §§ 24 b, 33 a und 33 b Absatz 6 insgesamt 600 Euro nicht übersteigen. ⑤ Das Finanzamt kann auf nähere Angaben des Arbeitnehmers verzichten, wenn er** 2

1. **höchstens den Freibetrag beantragt, der für das vorangegangene Kalenderjahr ermittelt wurde, und**
2. **versichert, dass sich die maßgebenden Verhältnisse nicht wesentlich geändert haben.**

⑥ Das Finanzamt hat den Freibetrag durch Aufteilung in Monatsfreibeträge, falls erforderlich in Wochen- und Tagesfreibeträge, jeweils auf die der Antragstellung folgenden Monate des Kalenderjahres gleichmäßig zu verteilen. ⑦ Abweichend hiervon darf ein Freibetrag, der im Monat Januar eines Kalenderjahres beantragt wird, mit Wirkung vom 1. Januar dieses Kalenderjahres an berücksichtigt werden. ⑧ Ist der Arbeitnehmer beschränkt einkommensteuerpflichtig, hat das Finanzamt den nach Absatz 4 ermittelten Freibetrag durch Aufteilung in Monatsbeträge, falls erforderlich in Wochen- und Tagesbeträge, jeweils auf die voraussichtliche Dauer des Dienstverhältnisses im Kalenderjahr gleichmäßig zu verteilen. ⑨ Die Sätze 5 bis 8 gelten für den Hinzurechnungsbetrag nach Absatz 1 Satz 1 Nummer 7 entsprechend.

(3)[2] **① Für Ehegatten, die beide unbeschränkt einkommensteuerpflichtig sind und nicht dauernd getrennt leben, ist jeweils die Summe der nach Absatz 1 Satz 1 Nummer 2 bis 4 und 5 in Betracht kommenden Beträge gemeinsam zu ermitteln; der in Absatz 1 Satz 1 Nummer 2 genannte Betrag ist zu verdoppeln. ② Für die Anwendung des Absatzes 2 Satz 4 ist die Summe der für beide Ehegatten in Betracht kommenden Aufwendungen im Sinne des § 9, soweit sie jeweils den Arbeitnehmer-Pauschbetrag übersteigen, und der Aufwendungen im Sinne des § 10 Absatz 1 Nummer 4, 5, 7 und 9 sowie der abziehbaren Beträge nach den §§ 24 b, 33 a und 33 b Absatz 6 maßgebend. ③ Die nach Satz 1 ermittelte Summe ist je zur Hälfte auf die Ehegatten aufzuteilen, wenn für jeden Ehegatten Lohnsteuerabzugsmerkmale gebildet werden und die Ehegatten keine andere Aufteilung beantragen. ④ Für eine andere Aufteilung gilt Absatz 1 Satz 2 entsprechend. ⑤ Für einen Arbeitnehmer, dessen Ehe in dem Kalenderjahr, für das der Freibetrag gilt, aufgelöst worden ist und dessen bisheriger Ehegatte in demselben Kalenderjahr wieder geheiratet hat, sind die nach Absatz 1 in Betracht kommenden Beträge ausschließlich auf Grund der in seiner Person erfüllten Voraussetzungen zu ermitteln. ⑥ Satz 1 zweiter Halbsatz ist auch anzuwenden, wenn die tarifliche Einkommensteuer nach § 32 a Absatz 6 zu ermitteln ist.** 3

(4)[3] **① Für einen beschränkt einkommensteuerpflichtigen Arbeitnehmer, für den § 50 Absatz 1 Satz 5 anzuwenden ist, ermittelt das Finanzamt auf Antrag einen Freibetrag, der vom Arbeitslohn insgesamt abzuziehen ist, aus der Summe der folgenden Beträge:** 4

1. **Werbungskosten, die bei den Einkünften aus nichtselbständiger Arbeit anfallen, soweit sie den Arbeitnehmer-Pauschbetrag (§ 9 a Satz 1 Nummer 1 Buchstabe a) oder bei Versorgungsbezügen den Pauschbetrag (§ 9 a Satz 1 Nummer 1 Buchstabe b) übersteigen,**
2. **Sonderausgaben im Sinne des § 10 b, soweit sie den Sonderausgaben-Pauschbetrag (§ 10 c) übersteigen, und die wie Sonderausgaben abziehbaren Beträge nach § 10 e oder § 10 i, jedoch erst nach Fertigstellung oder Anschaffung des begünstigten Objekts oder nach Fertigstellung der begünstigten Maßnahme,**
3. **den Freibetrag oder den Hinzurechnungsbetrag nach Absatz 1 Satz 1 Nummer 7.**

② Der Antrag kann nur nach amtlich vorgeschriebenem Vordruck bis zum Ablauf des Kalenderjahres gestellt werden, für das die Lohnsteuerabzugsmerkmale gelten.

---

[1] § 39 a Abs. 2 Satz 4 geänd. **mWv 1. 1. 2026** durch JStG 2022 v. 16. 12. 2022 (BGBl. I S. 2294, BGBl. 2023 I Nr. 411). Siehe *Geschlossene Wiedergabe.*

[2] § 39 a Abs. 3 Satz 2 geänd. **mWv 1. 1. 2026** durch JStG 2022 v. 16. 12. 2022 (BGBl. I S. 2294, BGBl. 2023 I Nr. 411). Siehe *Geschlossene Wiedergabe.*

[3] § 39 a Abs. 4 Satz 1 Nr. 1 a eingef. **mWv 1. 1. 2026** durch JStG 2020 v. 21. 12. 2020 (BGBl. I S. 3096, BGBl. 2023 I Nr. 411) und geänd. **mWv 1. 1. 2026** durch JStG 2022 v. 16. 12. 2023 (BGBl. I S. 2294). Siehe *Geschlossene Wiedergabe.*

EStG

5 **(5) Ist zuwenig[1] Lohnsteuer erhoben worden, weil ein Freibetrag unzutreffend als Lohnsteuerabzugsmerkmal ermittelt worden ist, hat das Finanzamt den Fehlbetrag vom Arbeitnehmer nachzufordern, wenn er 10 Euro übersteigt.**

Übersicht

	Rz.
LStR 39 a.1 Verfahren bei der Bildung eines Freibetrags oder eines Hinzurechnungsbetrags; H 39 a.1	8–14
LStR 39 a.2 Freibetrag wegen negativer Einkünfte; H 39 a.2	15, 16
LStR 39 a.3 Freibeträge bei Ehegatten; H 39 a.3	17–22

LStR 39a.1

R 39 a.1 Verfahren bei der Bildung eines Freibetrags oder eines Hinzurechnungsbetrags

Allgemeines

8 (1) Soweit die Gewährung eines Freibetrags wegen der Aufwendungen für ein Kind davon abhängt, dass der Arbeitnehmer für dieses Kind einen Anspruch auf einen Freibetrag nach § 32 Abs. 6 EStG oder auf Kindergeld erhält, ist diese Voraussetzung auch erfüllt, wenn dem Arbeitnehmer im Lohnsteuer-Abzugsverfahren ein Kinderfreibetrag zusteht, er aber auf die an sich mögliche Bildung einer Kinderfreibetragszahl für dieses Kind verzichtet hat oder Anspruch auf einen ermäßigten Freibetrag nach § 32 Abs. 6 EStG besteht.

Antragsgrenze[2]

9 (2) Für die Feststellung, ob die Antragsgrenze nach § 39 a Abs. 2 Satz 4 EStG überschritten wird, gilt Folgendes:

1. Soweit für Werbungskosten bestimmte Beträge gelten, z. B. für Verpflegungsmehraufwendungen und pauschale Kilometersätze bei Auswärtstätigkeit, für Wege zwischen Wohnung und erster Tätigkeitsstätte (§ 9 EStG), sind diese maßgebend.
2. ① Bei Sonderausgaben i. S. d. § 10 Abs. 1 Nr. 4 EStG und § 10 Abs. 1 a Nr. 2 bis 4 EStG sind die tatsächlichen Aufwendungen anzusetzen, auch wenn diese Aufwendungen geringer sind als der Pauschbetrag. ② Für Sonderausgaben i. S. d. § 10 Abs. 1 Nr. 5, 7 und 9 EStG sowie § 10 Abs. 1 a Nr. 1 EStG sind höchstens die nach diesen Vorschriften berücksichtigungsfähigen Aufwendungen anzusetzen.
3. Zuwendungen an politische Parteien sind als Sonderausgaben auch zu berücksichtigen, soweit eine Steuerermäßigung nach § 34 g Satz 1 Nr. 1 EStG in Betracht kommt, nicht hingegen Zuwendungen an Vereine i. S. d. § 34 g Satz 1 Nr. 2 EStG.
4. Bei außergewöhnlichen Belastungen nach § 33 EStG ist von den dem Grunde und der Höhe nach anzuerkennenden Aufwendungen auszugehen; bei außergewöhnlicher Belastung nach § 33 a und § 33 b Abs. 6 EStG sind dagegen nicht die Aufwendungen, sondern die wegen dieser Aufwendungen abziehbaren Beträge maßgebend.
5. Vorsorgeaufwendungen (§ 10 Abs. 1 Nr. 2, 3 und 3 a EStG) bleiben in jedem Fall außer Betracht, auch soweit sie die Vorsorgepauschale (§ 39 b Abs. 2 Satz 5 Nr. 3 EStG) übersteigen.
6. ① Bei Anträgen von Ehegatten, die beide unbeschränkt einkommensteuerpflichtig sind und nicht dauernd getrennt leben, ist die Summe der für beide Ehegatten in Betracht kommenden Aufwendungen und abziehbaren Beträge zugrunde zu legen. ② Die Antragsgrenze ist bei Ehegatten nicht zu verdoppeln.
7. Ist für beschränkt antragsfähige Aufwendungen bereits ein Freibetrag gebildet worden, ist bei einer Änderung dieses Freibetrags die Antragsgrenze nicht erneut zu prüfen.

(3) Die Antragsgrenze gilt nicht, soweit es sich um die Bildung eines Freibetrags für die in § 39 a Abs. 1 Satz 1 Nr. 4 bis 7 EStG bezeichneten Beträge handelt.

(4) ① Wird die Antragsgrenze überschritten oder sind Beträge i. S. d. Absatzes 3 zu berücksichtigen, hat das Finanzamt den Jahresfreibetrag festzustellen. ② Bei der Berechnung des Jahresfreibetrags sind Werbungskosten nur zu berücksichtigen, soweit sie den maßgebenden Pauschbetrag für Werbungskosten nach § 9 a Satz 1 Nr. 1 EStG übersteigen, Sonderausgaben mit Ausnahme der Vorsorgeaufwendungen nur anzusetzen, soweit sie den Sonderausgaben-Pauschbetrag (§ 10 c EStG) übersteigen, und außergewöhnliche Belastungen (§ 33 EStG) nur einzubeziehen, soweit sie die zumutbare Belastung (→ Absatz 5) übersteigen. ③ Zuwendungen an politische Parteien sind auch zu berücksichtigen, soweit eine Steuerermäßigung nach § 34 g Satz 1 Nr. 1 EStG in Betracht kommt, nicht hingegen Zuwendungen an Vereine i. S. d. § 34 g Satz 1 Nr. 2 EStG.

Freibetrag wegen außergewöhnlicher Belastung

10 (5) ① Die zumutbare Belastung ist vom voraussichtlichen Jahresarbeitslohn des Arbeitnehmers und ggf. seines von ihm nicht dauernd getrennt lebenden, unbeschränkt einkommensteuerpflich-

[1] Richtig wohl: „zu wenig".
[2] Antragsgrenze von 600 Euro.

LStR 39a.1

tigen Ehegatten gekürzt um den Altersentlastungsbetrag (§ 24 a EStG), die Freibeträge für Versorgungsbezüge (§ 19 Abs. 2 EStG) und die Werbungskosten (§§ 9 und 9 a EStG) zu berechnen. ② Steuerfreie Einnahmen sowie alle Bezüge, für die die Lohnsteuer mit einem Pauschsteuersatz nach den §§ 37 a, 37 b, 40 bis 40 b EStG erhoben wird, und etwaige weitere Einkünfte des Arbeitnehmers und seines Ehegatten bleiben außer Ansatz. ③ Bei der Anwendung der Tabelle in § 33 Abs. 3 EStG zählen als Kinder des Stpfl. die Kinder, für die er einen Anspruch auf einen Freibetrag nach § 32 Abs. 6 EStG oder auf Kindergeld erhält. ④ Bei der zumutbaren Belastung sind auch Kinder zu berücksichtigen, für die der Arbeitnehmer auf die Bildung einer Kinderfreibetragszahl verzichtet hat oder Anspruch auf einen ermäßigten Freibetrag nach § 32 Abs. 6 EStG besteht. ⑤ Ist im Kj. eine unterschiedliche Zahl von Kindern zu berücksichtigen, ist von der höheren Zahl auszugehen.

Freibetrag und Hinzurechnungsbetrag nach § 39 a Abs. 1 Satz 1 Nr. 7 EStG

(6) ① Arbeitnehmer mit mehr als einem Dienstverhältnis, deren Arbeitslohn aus dem ersten Dienstverhältnis niedriger ist als der Betrag, bis zu dem nach der Steuerklasse des ersten Dienstverhältnisses keine Lohnsteuer zu erheben ist, können die Übertragung bis zur Höhe dieses Betrags als Freibetrag im zweiten Dienstverhältnis mit der Steuerklasse VI beantragen. ② Dabei kann der Arbeitnehmer den zu übertragenden Betrag selbst bestimmen. ③ Eine Verteilung auf mehrere weitere Dienstverhältnisse des Arbeitnehmers ist zulässig. ④ Für das erste Dienstverhältnis wird in diesen Fällen ein Hinzurechnungsbetrag in Höhe der abgerufenen Freibeträge nach den Sätzen 1 bis 3 gebildet oder ggf. mit einem Freibetrag nach § 39 a Abs. 1 Satz 1 Nr. 1 bis 6 und 8 EStG verrechnet. **11**

Umrechnung des Jahresfreibetrags oder des Jahreshinzurechnungsbetrags

(7) ① Für die Umrechnung des Jahresfreibetrags in einen Freibetrag für monatliche Lohnzahlung ist der Jahresfreibetrag durch die Zahl der in Betracht kommenden Kalendermonate zu teilen. ② Der Wochenfreibetrag ist mit $^7/_{30}$ und der Tagesfreibetrag mit $^1/_{30}$ des Monatsbetrags anzusetzen. ③ Der sich hiernach ergebende Monatsbetrag ist auf den nächsten vollen Euro-Betrag, der Wochenbetrag auf den nächsten durch zehn teilbaren Centbetrag und der Tagesbetrag auf den nächsten durch fünf teilbaren Centbetrag aufzurunden. ④ Die Sätze 1 bis 3 gelten für die Umrechnung des Jahreshinzurechnungsbetrags entsprechend. **12**

Änderung eines gebildeten Freibetrags oder Hinzurechnungsbetrags

(8) ① Ist bereits ein Jahresfreibetrag gebildet worden und beantragt der Arbeitnehmer im Laufe des Kj. die Berücksichtigung weiterer Aufwendungen oder abziehbarer Beträge, wird der Jahresfreibetrag unter Berücksichtigung der gesamten Aufwendungen und abziehbaren Beträge des Kj. neu festgestellt; für die Berechnung des Monatsfreibetrags, Wochenfreibetrags usw. ist der Freibetrag um den Teil des bisherigen Freibetrags zu kürzen, der für den Zeitraum bis zur Wirksamkeit des neuen Freibetrags zu berücksichtigen war. ② Der verbleibende Betrag ist auf die Zeit vom Beginn des auf die Antragstellung folgenden Kalendermonats bis zum Schluss des Kj. gleichmäßig zu verteilen. ③ Die Sätze 1 und 2 gelten für den Hinzurechnungsbetrag entsprechend. **13**

H 39 a.1

LStH 39a.1

Allgemeines. Elektronische Lohnsteuerabzugsmerkmale (ELStAM); Lohnsteuerabzug im Verfahren der elektronischen Lohnsteuerabzugsmerkmale → BMF vom 13. 12. 2024 (BStBl. 2025 I S. 64).[1] **14**

Altersvorsorgeaufwendungen. Für Einzahlungen in einen Basisrentenvertrag (Rürup-Vertrag) kann kein Freibetrag gebildet werden (→ BFH vom 10. 11. 2016 – BStBl. 2017 II S. 715).

Beispiele zur Berechnung des Freibetrags:

– **Umrechnung des Jahresfreibetrags**
Ein monatlich entlohnter Arbeitnehmer beantragt am 2. 5. die Berücksichtigung eines Freibetrags. Es wird vom Finanzamt ein Freibetrag von 1555 € festgestellt, der auf die Monate Juni bis Dezember (7 Monate) zu verteilen ist. Außer dem Jahresfreibetrag von 1555 € ist ab 1. 6. ein Monatsfreibetrag von 223 € zu berücksichtigen.

– **Erhöhung eines berücksichtigten Freibetrags**
Ein monatlich entlohnter Arbeitnehmer, für den mit Wirkung vom 1. 1. an ein Freibetrag von 2400 € (monatlich 200 €) berücksichtigt worden ist, macht am 10. 3. weitere Aufwendungen von 963 € geltend. Es ergibt sich ein neuer Jahresfreibetrag von (2400 € + 963 € =) 3363 €. Für die Berechnung des neuen Monatsfreibetrags ab April ist der Jahresfreibetrag um die bei der Lohnsteuerberechnung bisher zu berücksichtigenden Monatsfreibeträge Januar bis März von (3 × 200 € =) 600 € zu kürzen. Der verbleibende Betrag von (3363 € ./. 600 € =) 2763 € ist auf die Monate April bis Dezember zu verteilen, so dass ab 1. 4. ein Monatsfreibetrag von 307 € zu berücksichtigen ist. Für die abgelaufenen Lohnzahlungszeiträume Januar bis März bleibt der Monatsfreibetrag von 200 € unverändert.

– **Herabsetzung eines Freibetrags**
Ein monatlich entlohnter Arbeitnehmer, für den mit Wirkung vom 1. 1. an ein Freibetrag von 4800 € (monatlich 400 €) berücksichtigt worden ist, teilt dem Finanzamt am 10. 3. mit, dass sich die Aufwendungen um 975 € vermindern. Es ergibt sich ein neuer Jahresfreibetrag von (4800 € . /. 975 € =) 3825 €. Für die Berechnung des neuen Monatsfreibetrags ab April ist der Jahresfreibetrag um die bei der Lohnsteuerberechnung bisher zu berücksichtigenden Monatsfreibeträge Januar bis März von (3 × 400 € =) 1200 € zu kürzen. Der verbleibende Betrag von (3825 € . /. 1200 € =) 2625 € ist auf

[1] Abgedruckt als Anlage zu LStH 39.1.

LStH 39 a.1

die Monate April bis Dezember zu verteilen, so dass ab 1. 4. ein Monatsfreibetrag von 292 € zu berücksichtigen ist. Für die abgelaufenen Lohnzahlungszeiträume Januar bis März bleibt der Monatsfreibetrag von 400 € unverändert.

– **Zweijährige Geltungsdauer des Freibetrags**
Ein monatlich entlohnter Arbeitnehmer beantragt im Februar 01 die Berücksichtigung eines Freibetrags für die Dauer von zwei Jahren. Es wird vom Finanzamt ein Freibetrag von 3000 € ermittelt, der für die Kj. 01 und 02 wie folgt zu verteilen ist:
Für 01 ergibt sich für die Monate März bis Dezember ein Monatsfreibetrag von 300 € (3000 € verteilt auf zehn Monate) und für 02 ergibt sich für die Monate Januar bis Dezember ein Monatsfreibetrag von 250 € (3000 € verteilt auf zwölf Monate).
Im Februar 02 teilt der Arbeitnehmer dem Finanzamt pflichtgemäß mit, dass sich für das Kj. 02 der Freibetrag auf 2500 € verringert. Das Finanzamt ändert daraufhin den Jahresfreibetrag für 02 auf 2500 €. Für die Berechnung des neuen Monatsfreibetrags ab März 02 ist der Jahresfreibetrag um die bei der Lohnsteuerberechnung bisher zu berücksichtigenden Monatsfreibeträge für Januar und Februar 02 von (2 × 250 € =) 500 € zu kürzen. Der verbleibende Betrag von (2500 € ./. 500 € =) 2000 € ist auf die Monate März bis Dezember 02 zu verteilen, so dass sich nunmehr ein herabgesetzter Monatsfreibetrag von 200 € ergibt (2000 € verteilt auf zehn Monate). Für die abgelaufenen Lohnzahlungszeiträume Januar und Februar 02 bleibt der Monatsfreibetrag von 250 € unverändert.

– **Entlastungsbetrag für Alleinerziehende**
Eine Alleinerziehende hat drei zu ihrem Haushalt gehörende minderjährige Kinder und beantragt im Januar den Entlastungsbetrag nach § 24 b EStG für ihre drei Kinder.
Für den Entlastungsbetrag für das erste Kind von 4260 € wird die Steuerklasse II gebildet. Für die beiden weiteren Kinder ist jeweils ein Erhöhungsbetrag von 240 € als Freibetrag zu berücksichtigen. Es ergibt sich somit ein Jahresfreibetrag von 480 € (2 × 240 €), der auf die Monate Januar bis Dezember zu verteilen ist, so dass ein Monatsbetrag von 40 € (480 € verteilt auf zwölf Monate) zu berücksichtigen ist. Die Antragsgrenze von 600 € ist insoweit nicht zu beachten (§ 39 a Abs. 2 Satz 4 EStG).

Freibetrag für energetische Gebäudesanierung → BMF vom 14. 1. 2021 (BStBl. I S. 103), Rz. 66.

Freibetrag wegen haushaltsnaher Beschäftigungsverhältnisse und haushaltsnaher Dienstleistungen → BMF vom 9. 11. 2016 (BStBl. I S. 1213)[1] unter Berücksichtigung der Änderungen durch BMF vom 1. 9. 2021 (BStBl. I S. 1494).

Freibetrag wegen Anrechnung ausländischer Abzugsteuer → BMF vom 12. 12. 2023 (BStBl. I S. 2179), Rn. 36 und 207.[2]

Freibetrag wegen negativer Einkünfte → R 39 a.2.

LStR 39 a.2

R 39 a.2 Freibetrag wegen negativer Einkünfte

15 ① In die Ermittlung eines Freibetrags wegen negativer Einkünfte sind sämtliche Einkünfte aus Land- und Forstwirtschaft, Gewerbebetrieb, selbständiger Arbeit, Vermietung und Verpachtung und die sonstigen Einkünfte einzubeziehen, die der Arbeitnehmer und sein von ihm nicht dauernd getrennt lebender unbeschränkt einkommensteuerpflichtiger Ehegatte voraussichtlich erzielen werden; negative Einkünfte aus Kapitalvermögen werden nur berücksichtigt, wenn sie nicht unter das Verlustausgleichsverbot des § 20 Abs. 6 Satz 1 EStG fallen (§ 32 d Abs. 2 EStG). ② Das bedeutet, dass sich der Betrag der negativen Einkünfte des Arbeitnehmers z. B. um die positiven Einkünfte des Ehegatten vermindert. ③ Außer Betracht bleiben stets die Einkünfte aus nichtselbständiger Arbeit und positive Einkünfte aus Kapitalvermögen.

LStH 39 a.2

H 39 a.2

16 **Vermietung und Verpachtung.** Negative Einkünfte aus Vermietung und Verpachtung eines Gebäudes können i. d. R. erstmals für das Kj. berücksichtigt werden, das auf das Kj. der Fertigstellung oder der Anschaffung des Gebäudes folgt (§ 39 a Abs. 1 Satz 1 Nr. 5 i. V. m. § 37 Abs. 3 EStG). Das Objekt ist angeschafft, wenn der Kaufvertrag abgeschlossen worden ist und Besitz, Nutzungen, Lasten und Gefahr auf den Erwerber übergegangen sind. Das Objekt ist fertig gestellt, wenn es nach Abschluss der wesentlichen Bauarbeiten bewohnbar ist; die Bauabnahme ist nicht erforderlich (→ H 7.4 (Fertigstellung) EStH). Wird ein Objekt vor der Fertigstellung angeschafft, ist der Zeitpunkt der Fertigstellung maßgebend.[3]

LStR 39 a.3

R 39 a.3 Freibeträge bei Ehegatten

Werbungskosten

17 (1) ① Werbungskosten werden für jeden Ehegatten gesondert ermittelt. ② Von den für den einzelnen Ehegatten ermittelten Werbungskosten ist jeweils der maßgebende Pauschbetrag für Werbungskosten nach § 9 a Satz 1 Nr. 1 EStG abzuziehen.

---

[1] Abgedruckt als Anlage zu LStH 35 a.
[2] Abgedruckt als Anlage c zu LStH 39.5.
[3] Die Eintragung eines Abzugsbetrags nach § 10 f EStG für zu eigenen Wohnzwecken genutzte Baudenkmale und Gebäude in Sanierungsgebieten und städtebaulichen Entwicklungsbereichen muss – anders als bei den Steuerbegünstigungen nach §§ 10 e und 10 h EStG – bereits vor Anschaffung bzw. Abschluss der begünstigten Maßnahme eingetragen werden, wenn vom Begünstigten nachgewiesen oder glaubhaft vorgetragen wird, dass Anschaffung bzw. Abschluss der begünstigten Maßnahme sowie die Selbstnutzung im jeweiligen Veranlagungszeitraum erfolgen werden *(OFD München, Verfügung vom 7. 4. 2000, S 2365 – 46 St 41, StEK EStG § 39 a Nr. 56).*

LStR 39a.3

Sonderausgaben

(2) ① Sonderausgaben i.S.d. § 10 Abs. 1 Nr. 4, 5, 7 und 9, § 10 Abs. 1a und § 10b EStG sind bei Ehegatten, die beide unbeschränkt einkommensteuerpflichtig sind und nicht dauernd getrennt leben, einheitlich zu ermitteln. ② Hiervon ist der Sonderausgaben-Pauschbetrag für Ehegatten abzuziehen. 18

Außergewöhnliche Belastungen

(3) Bei Ehegatten, die beide unbeschränkt einkommensteuerpflichtig sind und nicht dauernd getrennt leben, genügt es für die Anwendung der §§ 33, 33a und 33b Abs. 6 EStG (außergewöhnliche Belastungen), dass die Voraussetzungen für die Eintragung eines Freibetrags in der Person eines Ehegatten erfüllt sind. 19

Pauschbeträge für Menschen mit Behinderungen

(4) ① Für die Gewährung eines Pauschbetrags für Menschen mit Behinderungen nach § 33b EStG ist es bei Ehegatten, die beide unbeschränkt einkommensteuerpflichtig sind und nicht dauernd getrennt leben, unerheblich, wer von ihnen die Voraussetzungen erfüllt. ② Liegen bei beiden Ehegatten die Voraussetzungen für die Gewährung eines Pauschbetrags für Menschen mit Behinderungen vor, ist für jeden Ehegatten der in Betracht kommende Pauschbetrag zu gewähren; dies gilt auch, wenn nur einer von ihnen Arbeitnehmer ist. 20

Aufteilung des Freibetrags

(5) ① Bei Ehegatten, die beide unbeschränkt einkommensteuerpflichtig sind, nicht dauernd getrennt leben und für die beide Lohnsteuerabzugsmerkmale gebildet werden, ist der Freibetrag je zur Hälfte aufzuteilen; auf Antrag der Ehegatten ist aber eine andere Aufteilung vorzunehmen (§ 39a Abs. 3 Satz 3 EStG). ② Eine Ausnahme gilt für einen Freibetrag wegen erhöhter Werbungskosten; dieser darf bei dem Ehegatten berücksichtigt werden, dem die Werbungskosten entstanden sind. ③ Pauschbeträge für Menschen mit Behinderungen und Hinterbliebene dürfen abweichend von Satz 1 bei demjenigen als Freibetrag gebildet werden, der die Voraussetzungen für den Pauschbetrag erfüllt. ④ Der Freibetrag bei Ehegatten ist vor der Berücksichtigung des Hinzurechnungsbetrags nach § 39a Abs. 1 Satz 1 Nr. 7 EStG aufzuteilen; der Hinzurechnungsbetrag selbst darf nicht aufgeteilt werden. 21

H 39a.3

LStH 39a.3

Pauschbeträge für Kinder mit Behinderungen. Wegen der Übertragung der Pauschbeträge für Kinder mit Behinderungen auf deren Eltern → R 33b EStR, H 33b EStH. 22

– EStR/EStH abgedruckt in Anhang II –

EStG

§ 39b Einbehaltung der Lohnsteuer

1 (1) **Bei unbeschränkt und beschränkt einkommensteuerpflichtigen Arbeitnehmern hat der Arbeitgeber den Lohnsteuerabzug nach Maßgabe der Absätze 2 bis 6 durchzuführen.**

2 (2)[1] ① **Für die Einbehaltung der Lohnsteuer vom laufenden Arbeitslohn hat der Arbeitgeber die Höhe des laufenden Arbeitslohns im Lohnzahlungszeitraum festzustellen und auf einen Jahresarbeitslohn hochzurechnen.** ② **Der Arbeitslohn eines monatlichen Lohnzahlungszeitraums ist mit zwölf, der Arbeitslohn eines wöchentlichen Lohnzahlungszeitraums mit $^{360}/_{7}$ und der Arbeitslohn eines täglichen Lohnzahlungszeitraums mit 360 zu vervielfältigen.** ③ **Von dem hochgerechneten Jahresarbeitslohn sind ein etwaiger Versorgungsfreibetrag (§ 19 Absatz 2) und Altersentlastungsbetrag (§ 24 a) abzuziehen.** ④ **Außerdem ist der hochgerechnete Jahresarbeitslohn um einen etwaigen als Lohnsteuerabzugsmerkmal für den Lohnzahlungszeitraum mitgeteilten Freibetrag (§ 39 a Absatz 1) oder Hinzurechnungsbetrag (§ 39 a Absatz 1 Satz 1 Nummer 7), vervielfältigt unter sinngemäßer Anwendung von Satz 2, zu vermindern oder zu erhöhen.** ⑤ **Der so verminderte oder erhöhte hochgerechnete Jahresarbeitslohn, vermindert um**

1. **den Arbeitnehmer-Pauschbetrag (§ 9 a Satz 1 Nummer 1 Buchstabe a) oder bei Versorgungsbezügen den Pauschbetrag (§ 9 a Satz 1 Nummer 1 Buchstabe b) und den Zuschlag zum Versorgungsfreibetrag (§ 19 Absatz 2) in den Steuerklassen I bis V,**
2. **den Sonderausgaben-Pauschbetrag (§ 10 c Satz 1) in den Steuerklassen I bis V,**
3. **eine Vorsorgepauschale aus den Teilbeträgen**
   a) **für die Rentenversicherung bei Arbeitnehmern, die in der gesetzlichen Rentenversicherung pflichtversichert oder von der gesetzlichen Rentenversicherung nach § 6 Absatz 1 Nummer 1 des Sechsten Buches Sozialgesetzbuch befreit sind, in den Steuerklassen I bis VI in Höhe des Betrags, der bezogen auf den Arbeitslohn 50 Prozent des Beitrags in der allgemeinen Rentenversicherung unter Berücksichtigung der jeweiligen Beitragsbemessungsgrenzen entspricht,**
   b) **für die Krankenversicherung bei Arbeitnehmern, die in der gesetzlichen Krankenversicherung versichert sind, in den Steuerklassen I bis VI in Höhe des Betrags, der bezogen auf den Arbeitslohn unter Berücksichtigung der Beitragsbemessungsgrenze, den ermäßigten Beitragssatz (§ 243 des Fünften Buches Sozialgesetzbuch) und den Zusatzbeitragssatz der Krankenkasse (§ 242 des Fünften Buches Sozialgesetzbuch) dem Arbeitnehmeranteil eines pflichtversicherten Arbeitnehmers entspricht,**
   c) **für die Pflegeversicherung bei Arbeitnehmern, die in der sozialen Pflegeversicherung versichert sind, in den Steuerklassen I bis VI in Höhe des Betrags, der bezogen auf den Arbeitslohn unter Berücksichtigung der Beitragsbemessungsgrenze und den bundeseinheitlichen Beitragssatz dem Arbeitnehmeranteil eines pflichtversicherten Arbeitnehmers entspricht, erhöht um den Beitragszuschlag und vermindert um die Abschläge des Arbeitnehmers nach § 55 Absatz 3 des Elften Buches Sozialgesetzbuch, wenn die Voraussetzungen dafür vorliegen,**
   d) **für die Krankenversicherung und für die private Pflege-Pflichtversicherung bei Arbeitnehmern, die nicht unter Buchstabe b und c fallen, in den Steuerklassen I bis V in Höhe der dem Arbeitgeber mitgeteilten Beiträge im Sinne des § 10 Absatz 1 Nummer 3, etwaig vervielfältigt unter sinngemäßer Anwendung von Satz 2 auf einen Jahresbetrag, vermindert um den Betrag, der bezogen auf den Arbeitslohn unter Berücksichtigung der Beitragsbemessungsgrenze, den ermäßigten Beitragssatz und den durchschnittlichen Zusatzbeitragssatz in der gesetzlichen Krankenversicherung sowie den bundeseinheitlichen Beitragssatz in der sozialen Pflegeversicherung dem Arbeitgeberanteil für einen pflichtversicherten Arbeitnehmer entspricht, wenn der Arbeitgeber gesetzlich verpflichtet ist, Zuschüsse zu den Kranken- und Pflegeversicherungsbeiträgen des Arbeitnehmers zu leisten;**

   Entschädigungen im Sinne des § 24 Nummer 1 sind bei Anwendung der Buchstaben a bis c nicht zu berücksichtigen; mindestens ist für die Summe der Teilbeträge nach den Buchstaben b und c oder für den Teilbetrag nach Buchstabe d ein Betrag in Höhe von 12 Prozent des Arbeitslohns, höchstens 1 900 Euro in den Steuerklassen I, II, IV, V, VI und höchstens 3 000 Euro in der Steuerklasse III anzusetzen,
4. **den Entlastungsbetrag für Alleinerziehende für ein Kind (§ 24 b Absatz 2 Satz 1) in der Steuerklasse II,**

---

[1] § 39 b Abs. 2 Satz 5 Nr. 3 abschl. Satzteil geänd., Buchst. d neu gef. und Buchst. e angef. **mWv 1. 1. 2026** durch JStG 2020 v. 21. 12. 2020 (BGBl. I S. 3096, BGBl. 2023 I Nr. 411); Buchst. c geänd. mWv 1. 1.2024 durch KrZwFördG v. 22. 12.2023 (BGBl. I Nr. 411); Buchst. d neu gef. **mWv 1. 1. 2026** durch AbzStEntModG v. 2. 6. 2021 (BGBl. I S. 1259) Siehe *Geschlossene Wiedergabe.*

ergibt den zu versteuernden Jahresbetrag. ⑥ Für den zu versteuernden Jahresbetrag ist die Jahreslohnsteuer in den Steuerklassen I, II und IV nach § 32 a Absatz 1 sowie in der Steuerklasse III nach § 32 a Absatz 5 zu berechnen. ⑦ In den Steuerklassen V und VI ist die Jahreslohnsteuer zu berechnen, die sich aus dem Zweifachen des Unterschiedsbetrags zwischen dem Steuerbetrag für das Eineinviertelfache und dem Steuerbetrag für das Dreiviertelfache des zu versteuernden Jahresbetrags nach § 32 a Absatz 1 ergibt; die Jahreslohnsteuer beträgt jedoch mindestens 14 Prozent des zu versteuernden Jahresbetrags, für den 13 785 Euro[1] übersteigenden Teil des zu versteuernden Jahresbetrags höchstens 42 Prozent, für den 34 240 Euro[2] übersteigenden Teil des zu versteuernden Jahresbetrags 42 Prozent und für den 222 260 Euro übersteigenden Teil des zu versteuernden Jahresbetrags 45 Prozent. ⑧ Für die Lohnsteuerberechnung ist die als Lohnsteuerabzugsmerkmal mitgeteilte oder die nach § 39 c Absatz 1 oder Absatz 2 oder nach § 39 e Absatz 5 a oder Absatz 6 Satz 8 anzuwendende Steuerklasse maßgebend. ⑨ Die monatliche Lohnsteuer ist $^1/_{12}$, die wöchentliche Lohnsteuer sind $^7/_{360}$ und die tägliche Lohnsteuer ist $^1/_{360}$ der Jahreslohnsteuer. ⑩ Bruchteile eines Cents, die sich bei der Berechnung nach den Sätzen 2 und 9 ergeben, bleiben jeweils außer Ansatz. ⑪ Die auf den Lohnzahlungszeitraum entfallende Lohnsteuer ist vom Arbeitslohn einzubehalten. ⑫ Das Betriebsstättenfinanzamt kann allgemein oder auf Antrag zulassen, dass die Lohnsteuer unter den Voraussetzungen des § 42 b Absatz 1 nach dem voraussichtlichen Jahresarbeitslohn ermittelt wird, wenn gewährleistet ist, dass die zutreffende Jahreslohnsteuer (§ 38 a Absatz 2) nicht unterschritten wird. ⑬ Darüber hinaus kann das Betriebsstättenfinanzamt auf Antrag zulassen, dass bei nach § 1 Absatz 1 unbeschränkt einkommensteuerpflichtigen Arbeitnehmern mit Steuerklasse VI und ohne Freibetrag nach § 39 a, die bei dem Arbeitgeber gelegentlich, nicht regelmäßig wiederkehrend beschäftigt werden und deren Dauer der Beschäftigung 24 zusammenhängende Arbeitstage nicht übersteigt, der während der Beschäftigung erzielte Arbeitslohn auf einen Jahresbetrag hochgerechnet und die sich ergebende Lohnsteuer auf den Lohnabrechnungszeitraum zurückgerechnet wird, wobei als Lohnabrechnungszeitraum der Zeitraum vom Beginn des Kalenderjahres bis zum Ende der Beschäftigung gilt. ⑭ Bei Anwendung des Satzes 13 sind auch der im Kalenderjahr in etwaigen vorangegangenen und beendeten weiteren Dienstverhältnissen in der Steuerklasse VI bezogene Arbeitslohn und die darauf erhobene Lohnsteuer einzubeziehen, soweit dort bereits Satz 13 angewandt wurde. ⑮ Voraussetzung für die Anwendung des Verfahrens nach Satz 13 ist zudem, dass der Arbeitnehmer vor Aufnahme der Beschäftigung

1. **unter Angabe seiner Identifikationsnummer gegenüber dem Arbeitgeber schriftlich zustimmt,**
2. **mit der Zustimmung den nach Satz 14 einzubeziehenden Arbeitslohn und die darauf erhobene Lohnsteuer erklärt und**
3. **mit der Zustimmung versichert, dass ihm der Pflichtveranlagungstatbestand nach § 46 Absatz 2 Nummer 2 und 3 a bekannt ist.**

⑯ Die Zustimmungserklärung des Arbeitnehmers ist zum Lohnkonto zu nehmen.

(3) **① Für die Einbehaltung der Lohnsteuer von einem sonstigen Bezug hat der Arbeitgeber den voraussichtlichen Jahresarbeitslohn ohne den sonstigen Bezug festzustellen. ② Hat der Arbeitnehmer Lohnsteuerbescheinigungen aus früheren Dienstverhältnissen des Kalenderjahres nicht vorgelegt, so ist bei der Ermittlung des voraussichtlichen Jahresarbeitslohns der Arbeitslohn für Beschäftigungszeiten bei früheren Arbeitgebern mit dem Betrag anzusetzen, der sich ergibt, wenn der laufende Arbeitslohn im Monat der Zahlung des sonstigen Bezugs entsprechend der Beschäftigungsdauer bei früheren Arbeitgebern hochgerechnet wird. ③ Der voraussichtliche Jahresarbeitslohn ist um den Versorgungsfreibetrag (§ 19 Absatz 2) und den Altersentlastungsbetrag (§ 24 a), wenn die Voraussetzungen für den Abzug dieser Beträge jeweils erfüllt sind, sowie um einen etwaigen als Lohnsteuerabzugsmerkmal mitgeteilten Jahresfreibetrag zu vermindern und um einen etwaigen Jahreshinzurechnungsbetrag zu erhöhen. ④ Für den so ermittelten Jahresarbeitslohn (maßgebender Jahresarbeitslohn) ist die Lohnsteuer nach Maßgabe des Absatzes 2 Satz 5 bis 7 zu ermitteln. ⑤ Außerdem ist die Jahreslohnsteuer für den maßgebenden Jahresarbeitslohn unter Einbeziehung des sonstigen Bezugs zu ermitteln. ⑥ Dabei ist der sonstige Bezug um den Versorgungsfreibetrag und den Altersentlastungsbetrag zu vermindern, wenn die Voraussetzungen für den Abzug dieser Beträge jeweils erfüllt sind und soweit sie nicht bei der Steuerberechnung für den maßgebenden Jahresarbeitslohn berücksichtigt worden sind. ⑦ Für die Lohnsteuerberechnung ist die als Lohnsteuerabzugsmerkmal mitgeteilte oder die nach § 39 c Absatz 1 oder Absatz 2 oder nach § 39 e Absatz 5 a oder Absatz 6 Satz 8** 3

[1] § 39 b Abs. 2 Satz 7 Betrag geänd. **mWv 1. 1. 2026** durch G v. 23. 12. 2024 (BGBl. 2024 I Nr. 449), siehe *Geschlossene Wiedergabe.*

[2] § 39 b Abs. 2 Satz 7 Betrag geänd. **mWv 1. 1. 2026** durch G v. 23. 12. 2024 (BGBl. 2024 I Nr. 449), siehe *Geschlossene Wiedergabe.*

EStG

anzuwendende Steuerklasse maßgebend. ⑧ Der Unterschiedsbetrag zwischen den ermittelten Jahreslohnsteuerbeträgen ist die Lohnsteuer, die vom sonstigen Bezug einzubehalten ist.

4 (4) *(aufgehoben)*

5 (5) ① **Wenn der Arbeitgeber für den Lohnzahlungszeitraum lediglich Abschlagszahlungen leistet und eine Lohnabrechnung für einen längeren Zeitraum (Lohnabrechnungszeitraum) vornimmt, kann er den Lohnabrechnungszeitraum als Lohnzahlungszeitraum behandeln und die Lohnsteuer abweichend von § 38 Absatz 3 bei der Lohnabrechnung einbehalten. ② Satz 1 gilt nicht, wenn der Lohnabrechnungszeitraum fünf Wochen übersteigt oder die Lohnabrechnung nicht innerhalb von drei Wochen nach dessen Ablauf erfolgt. ③ Das Betriebsstättenfinanzamt kann anordnen, dass die Lohnsteuer von den Abschlagszahlungen einzubehalten ist, wenn die Erhebung der Lohnsteuer sonst nicht gesichert erscheint. ④ Wenn wegen einer besonderen Entlohnungsart weder ein Lohnzahlungszeitraum noch ein Lohnabrechnungszeitraum festgestellt werden kann, gilt als Lohnzahlungszeitraum die Summe der tatsächlichen Arbeitstage oder Arbeitswochen.**

6 (6) ① **Das Bundesministerium der Finanzen hat im Einvernehmen mit den obersten Finanzbehörden der Länder auf der Grundlage der Absätze 2 und 3 einen Programmablaufplan für die maschinelle Berechnung der Lohnsteuer aufzustellen und bekannt zu machen.[1] ② Im Programmablaufplan kann von den Regelungen in den Absätzen 2 und 3 abgewichen werden, wenn sich das Ergebnis der maschinellen Berechnung der Lohnsteuer an das Ergebnis einer Veranlagung zur Einkommensteuer anlehnt.**

(7) *(weggefallen)*

Übersicht

	Rz.
LStR 39 b.1 *(unbesetzt)*	
LStR 39 b.2 Laufender Arbeitslohn und sonstige Bezüge	13, 14
LStR 39 b.3 Freibeträge für Versorgungsbezüge	16, 17
LStR 39 b.4 Altersentlastungsbetrag beim Lohnsteuerabzug	18–20
LStR 39 b.5 Einbehaltung der Lohnsteuer vom laufenden Arbeitslohn; H 39 b.5	21–26
LStR 39 b.6 Einbehaltung der Lohnsteuer von sonstigen Bezügen; H 39 b.6	27–32
LStR 39 b.7 *(unbesetzt)*; H 39 b.7	33
Anlagen:	
a) Schreiben betr. Vorsorgepauschale im LSt-Abzugsverfahren (§ 39 b Abs. 2 Satz 5 Nr. 3 und Abs. 4 EStG) vom 26. 11. 2013	34–39
b) Schreiben betr. Programmablaufpläne für den Lohnsteuerabzug 2025 (Auszug) vom 22. 11. 2024	39a
LStR 39 b.8 Permanenter Lohnsteuer-Jahresausgleich	40, 41
LStR 39 b.9 Besteuerung des Nettolohns; H 39 b.9	42–46

LStR 39 b.1

R 39 b.1 *(unbesetzt)*

LStR 39 b.2

R 39 b.2 Laufender Arbeitslohn und sonstige Bezüge

13 (1) Laufender Arbeitslohn ist der Arbeitslohn, der dem Arbeitnehmer regelmäßig fortlaufend zufließt, insbesondere:

1. Monatsgehälter,
2. Wochen- und Tagelöhne,
3. Mehrarbeitsvergütungen,
4. Zuschläge und Zulagen,
5. geldwerte Vorteile aus der ständigen Überlassung von Dienstwagen zur privaten Nutzung,
6. Nachzahlungen und Vorauszahlungen, wenn sich diese ausschließl. auf Lohnzahlungszeiträume beziehen, die im Kj. der Zahlung enden,
7. Arbeitslohn für Lohnzahlungszeiträume des abgelaufenen Kj., der innerhalb der ersten drei Wochen des nachfolgenden Kj. zufließt.

14 (2) ① Ein sonstiger Bezug ist der Arbeitslohn, der nicht als laufender Arbeitslohn gezahlt wird. ② Zu den sonstigen Bezügen gehören insbesondere einmalige Arbeitslohnzahlungen, die neben dem laufenden Arbeitslohn gezahlt werden, z. B.:

1. 13. und 14. Monatsgehälter,
2. einmalige Abfindungen und Entschädigungen,
3. Gratifikationen und Tantiemen, die nicht fortlaufend gezahlt werden,

[1] Für 2025 vgl. BMF-Schreiben vom 22. 11. 2024 (BStBl. I S. 1434), nachstehend abgedruckt als Anlage b zu LStH 39 b.7.

4. Jubiläumszuwendungen, LStR 39b.2
5. Urlaubsgelder, die nicht fortlaufend gezahlt werden, und Entschädigungen zur Abgeltung nicht genommenen Urlaubs,
6. Vergütungen für Erfindungen,
7. Weihnachtszuwendungen, die nicht fortlaufend gezahlt werden,
8. Nachzahlungen und Vorauszahlungen, wenn sich der Gesamtbetrag oder ein Teilbetrag der Nachzahlung oder Vorauszahlung auf Lohnzahlungszeiträume bezieht, die in einem anderen Jahr als dem der Zahlung enden, oder, wenn Arbeitslohn für Lohnzahlungszeiträume des abgelaufenen Kj. später als drei Wochen nach Ablauf dieses Jahres zufließt,
9. Ausgleichszahlungen für die in der Arbeitsphase erbrachten Vorleistungen aufgrund eines Altersteilzeitverhältnisses im Blockmodell, das vor Ablauf der vereinbarten Zeit beendet wird,
10. Zahlungen innerhalb eines Kj. als viertel- oder halbjährliche Teilbeträge,
11. steuerpflichtige Reisekostenerstattungen, die nicht fortlaufend gezahlt werden.

R 39b.3 Freibeträge für Versorgungsbezüge[1]

LStR 39b.3

(1) ① Werden Versorgungsbezüge als sonstige Bezüge gezahlt, ist § 39b Abs. 3 EStG anzuwenden. ② Danach dürfen die Freibeträge für Versorgungsbezüge von dem sonstigen Bezug nur abgezogen werden, soweit sie bei der Feststellung des maßgebenden Jahresarbeitslohns nicht verbraucht sind. ③ Werden laufende Versorgungsbezüge erstmals gezahlt, nachdem im selben Kj. bereits Versorgungsbezüge als sonstige Bezüge gewährt worden sind, darf der Arbeitgeber die maßgebenden Freibeträge für Versorgungsbezüge bei den laufenden Bezügen nur berücksichtigen, soweit sie sich bei den sonstigen Bezügen nicht ausgewirkt haben. ④ Von Arbeitslohn, von dem die Lohnsteuer nach §§ 40 bis 40b EStG mit Pauschsteuersätzen erhoben wird, dürfen die Freibeträge für Versorgungsbezüge nicht abgezogen werden. **16**

(2) Durch die Regelungen des Absatzes 1 wird die steuerliche Behandlung der Versorgungsbezüge beim Lohnsteuer-Jahresausgleich durch den Arbeitgeber oder bei einer Veranlagung zur Einkommensteuer nicht berührt. **17**

R 39b.4 Altersentlastungsbetrag beim Lohnsteuerabzug

LStR 39b.4

(1) Der Altersentlastungsbetrag ist auch bei beschränkt einkommensteuerpflichtigen Arbeitnehmern abzuziehen (§ 50 Abs. 1 Satz 4 EStG). **18**

(2) ① Wird Arbeitslohn als sonstiger Bezug gezahlt, ist § 39b Abs. 3 EStG anzuwenden. ② Danach darf der Altersentlastungsbetrag von dem sonstigen Bezug nur abgezogen werden, soweit er bei der Feststellung des maßgebenden Jahresarbeitslohns nicht verbraucht ist. ③ Wird laufender Arbeitslohn erstmals gezahlt, nachdem im selben Kj. ein Altersentlastungsbetrag bereits bei sonstigen Bezügen berücksichtigt worden ist, darf der Arbeitgeber den maßgebenden steuerfreien Höchstbetrag bei den laufenden Bezügen nur berücksichtigen, soweit er sich bei den sonstigen Bezügen nicht ausgewirkt hat. ④ Von Arbeitslohn, von dem die Lohnsteuer nach §§ 40 bis 40b EStG mit Pauschsteuersätzen erhoben wird, darf der Altersentlastungsbetrag nicht abgezogen werden. **19**

(3) Durch die Regelungen der Absätze 1 und 2 wird die steuerliche Behandlung des Altersentlastungsbetrags beim Lohnsteuer-Jahresausgleich durch den Arbeitgeber oder bei einer Veranlagung zur Einkommensteuer nicht berührt. **20**

R 39b.5 Einbehaltung der Lohnsteuer vom laufenden Arbeitslohn

LStR 39b.5

Allgemeines

(1) ① Der Arbeitgeber hat die Lohnsteuer i. d. R. bei jeder Zahlung vom Arbeitslohn einzubehalten (§ 38 Abs. 3 EStG). ② Reichen die dem Arbeitgeber zur Verfügung stehenden Mittel zur Zahlung des vollen vereinbarten Arbeitslohns nicht aus, hat er die Lohnsteuer von dem tatsächlich zur Auszahlung gelangenden niedrigeren Betrag zu berechnen und einzubehalten. ③ Der Lohnsteuerermittlung sind jeweils die Lohnsteuerabzugsmerkmale (§ 39 EStG) zugrunde zu legen, die für den Tag gelten, an dem der Lohnzahlungszeitraum endet; dies gilt auch bei einem Wechsel des ersten Arbeitgebers (Hauptarbeitgeber) im Laufe des Lohnzahlungszeitraums. ④ Für Lohnzahlungen vor Ende des betreffenden Lohnzahlungszeitraums sind zunächst die zu diesem Zeitpunkt bereitgestellten Lohnsteuerabzugsmerkmale (§ 39e Abs. 5 EStG) zugrunde zu legen. ⑤ Werden nach einer solchen Lohnzahlung Lohnsteuerabzugsmerkmale bekannt, die auf den Lohnzahlungszeitraum zurückwirken, ist § 41c Abs. 1 Satz 1 Nr. 1 EStG anzuwenden. **21**

Lohnzahlungszeitraum

(2) ① Der Zeitraum, für den jeweils der laufende Arbeitslohn gezahlt wird, ist der Lohnzahlungszeitraum. ② Ist ein solcher Zeitraum nicht feststellbar, tritt an seine Stelle die Summe der **22**

[1] Zur Berechnung der Freibeträge für Versorgungsbezüge vgl. auch Anlage zu LStH 19.8.

LStR 39b.5

tatsächlichen Arbeitstage oder der tatsächlichen Arbeitswochen (§ 39b Abs. 5 Satz 4 EStG). ③ Solange das Dienstverhältnis fortbesteht, sind auch solche in den Lohnzahlungszeitraum fallende Arbeitstage mitzuzählen, für die der Arbeitnehmer keinen Arbeitslohn bezogen hat (z. B. Ablauf der Lohnfortzahlung im Krankheitsfall oder Übergang zum Elterngeldbezug). ④ Arbeitstage, an denen der Arbeitnehmer Arbeitslohn bezogen hat, der nicht dem inländischen Lohnsteuerabzug unterliegt, sind nicht mitzuzählen (z. B. Bezug von steuerfreiem Arbeitslohn nach DBA oder tageweise Beschäftigung im Inland).[1]

23 (3) ① Wird der Arbeitslohn für einen Lohnzahlungszeitraum gezahlt, für den der steuerfreie Betrag oder der Hinzurechnungsbetrag den Lohnsteuerabzugsmerkmalen nicht unmittelbar entnommen werden kann, hat der Arbeitgeber für diesen Lohnzahlungszeitraum den zu berücksichtigenden Betrag selbst zu berechnen. ② Er hat dabei von dem für den monatlichen Lohnzahlungszeitraum geltenden – also aufgerundeten – steuerfreien Betrag auszugehen.

Nachzahlungen, Vorauszahlungen

24 (4) ① Stellen Nachzahlungen oder Vorauszahlungen laufenden Arbeitslohn dar (→ R 39b.2 Abs. 1), ist die Nachzahlung oder Vorauszahlung für die Berechnung der Lohnsteuer den Lohnzahlungszeiträumen zuzurechnen, für die sie geleistet werden. ② Es bestehen jedoch keine Bedenken, diese Nachzahlungen und Vorauszahlungen als sonstige Bezüge nach R 39b.6 zu behandeln, wenn nicht der Arbeitnehmer die Besteuerung nach Satz 1 verlangt; die Pauschalierung nach § 40 Abs. 1 Satz 1 Nr. 1 EStG ist nicht zulässig.

Abschlagszahlungen

25 (5) ① Zahlt der Arbeitgeber den Arbeitslohn für den üblichen Lohnzahlungszeitraum nur in ungefährer Höhe (Abschlagszahlung) und nimmt er eine genaue Lohnabrechnung für einen längeren Zeitraum vor, braucht er nach § 39b Abs. 5 EStG die Lohnsteuer erst bei der Lohnabrechnung einzubehalten, wenn der Lohnabrechnungszeitraum fünf Wochen nicht übersteigt und die Lohnabrechnung innerhalb von drei Wochen nach Ablauf des Lohnabrechnungszeitraums erfolgt. ② Die Lohnabrechnung gilt als abgeschlossen, wenn die Zahlungsbelege den Bereich des Arbeitgebers verlassen haben; auf den zeitlichen Zufluss der Zahlung beim Arbeitnehmer kommt es nicht an. ③ Wird die Lohnabrechnung für den letzten Abrechnungszeitraum des abgelaufenen Kj. erst im nachfolgenden Kj., aber noch innerhalb der Dreiwochenfrist vorgenommen, handelt es sich um Arbeitslohn und einbehaltene Lohnsteuer dieses Lohnabrechnungszeitraums; der Arbeitslohn und die Lohnsteuer sind deshalb im Lohnkonto und in den Lohnsteuerbelegen des abgelaufenen Kj. zu erfassen. ④ Die einbehaltene Lohnsteuer ist aber für die Anmeldung und Abführung als Lohnsteuer des Kalendermonats bzw. Kalendervierteljahres zu erfassen, in dem die Abrechnung tatsächlich vorgenommen wird.

LStH 39b.5

H 39b.5

Abschlagszahlungen

26 **Beispiele zum Zeitpunkt der Lohnsteuereinbehaltung:**

A. Ein Arbeitgeber mit monatlichen Abrechnungszeiträumen leistet jeweils am 20. eines Monats eine Abschlagszahlung. Die Lohnabrechnung wird am 10. des folgenden Monats mit der Auszahlung von Spitzenbeträgen vorgenommen.
Der Arbeitgeber ist berechtigt, auf eine Lohnsteuereinbehaltung bei der Abschlagszahlung zu verzichten und die Lohnsteuer erst bei der Schlussabrechnung einzubehalten.

B. Ein Arbeitgeber mit monatlichen Abrechnungszeiträumen leistet jeweils am 28. für den laufenden Monat eine Abschlagszahlung und nimmt die Lohnabrechnung am 28. des folgenden Monats vor.
Die Lohnsteuer ist bereits von der Abschlagszahlung einzubehalten, da die Abrechnung nicht innerhalb von drei Wochen nach Ablauf des Lohnabrechnungszeitraums erfolgt.

C. Auf den Arbeitslohn für Dezember werden Abschlagszahlungen geleistet. Die Lohnabrechnung erfolgt am 15. 1.
Die dann einzubehaltende Lohnsteuer ist spätestens am 10. 2. als Lohnsteuer des Monats Januar anzumelden und abzuführen. Sie gehört gleichwohl zum Arbeitslohn des abgelaufenen Kj. und ist in die Lohnsteuerbescheinigung für das abgelaufene Kj. aufzunehmen.

Nachzahlungen

Beispiel zur Berechnung der Lohnsteuer:

Ein Arbeitnehmer mit einem laufenden Bruttoarbeitslohn von 2000 € monatlich erhält im September eine Nachzahlung von 400 € für die Monate Januar bis August.

Von dem Monatslohn von 2000 € ist nach der maßgebenden Steuerklasse eine Lohnsteuer von 100 € einzubehalten. Von dem um die anteilige Nachzahlung erhöhten Monatslohn von 2050 € ist eine Lohnsteuer von 115 € einzubehalten. Auf die anteilige monatliche Nachzahlung von 50 € entfällt mithin eine Lohnsteuer von 15 €. Dieser Betrag, vervielfacht mit der Zahl der in Betracht kommenden Monate, ergibt dann die Lohnsteuer für die Nachzahlung (15 € × 8 =) 120 €.

Teilweise steuerpflichtiger Arbeitslohn im Inland (zu R 39b.5 Abs. 2 Satz 4 LStR)

Eine der beiden Varianten kann alternativ angewendet werden:

1. Bei der Ermittlung der für die Lohnsteuerberechnung maßgeblichen Tage werden die Nichtarbeitstage im Verhältnis der Arbeitstage in Deutschland zu den Gesamtarbeitstagen mit berücksichtigt.

---

[1] Zum Ausschluss des Lohnsteuer-Jahresausgleichs siehe § 42b Abs. 1 Satz 3 Nr. 6 EStG i. d. F. des JStG 2024 (BGBl. 2024 I Nr. 387).

2. Bei der Ermittlung der für die Lohnsteuerberechnung maßgeblichen Tage wird vom Arbeitgeber konkret berücksichtigt, an welchen Tagen der Arbeitnehmer sich in Deutschland aufgehalten hat (Arbeitstage + Nichtarbeitstage). Der Arbeitnehmer hat dies glaubhaft zu machen. LStH 39b.5

Beispiel zu Nr. 1

Ein Arbeitnehmer ist bei einem monatlichen Bruttoarbeitslohn von 10 000 € an insgesamt 12 Tagen in einem Monat im Ausland sowie an 8 Tagen in Deutschland tätig. Der Aufenthaltsort an Urlaubs-, Krankheits- und Wochenendtagen wurde vom Arbeitgeber nicht ermittelt. Danach sind 6.000 € ($^{12}/_{20}$ des Arbeitslohns) in Deutschland steuerfrei und 4.000 € ($^{8}/_{20}$ des Arbeitslohns) in Deutschland steuerpflichtig.
Die Umrechnung des Arbeitslohns zur tageweisen Lohnsteuerberechnung ist nach dem Verhältnis der Arbeitstage in Deutschland zu den Gesamtarbeitstagen vorzunehmen (30 Kalendertage/20 Gesamtarbeitstage × 8 Arbeitstage in Deutschland = 12 Tage). Damit ist für einen Betrag von 333,33 € (= 4.000 €/12) die Tageslohnsteuer zu ermitteln und diese mit zwölf zu vervielfachen.

R 39b.6 Einbehaltung der Lohnsteuer von sonstigen Bezügen

LStR 39b.6

Allgemeines

27 (1) ① Von einem sonstigen Bezug ist die Lohnsteuer stets in dem Zeitpunkt einzubehalten, in dem er zufließt. ② Der Lohnsteuerermittlung sind die Lohnsteuerabzugsmerkmale zugrunde zu legen, die zum Ende des Kalendermonats des Zuflusses gelten. ③ Der maßgebende Arbeitslohn (§ 39 b Abs. 3 EStG) kann nach Abzug eines Freibetrags auch negativ sein.

Voraussichtlicher Jahresarbeitslohn

28 (2) ① Zur Ermittlung der von einem sonstigen Bezug einzubehaltenden Lohnsteuer ist jeweils der voraussichtliche Jahresarbeitslohn des Kj. zugrunde zu legen, in dem der sonstige Bezug dem Arbeitnehmer zufließt. ② Dabei sind der laufende Arbeitslohn, der für die im Kj. bereits abgelaufenen Lohnzahlungszeiträume zugeflossen ist, und die in diesem Kj. bereits gezahlten sonstigen Bezüge mit dem laufenden Arbeitslohn zusammenzurechnen, der sich voraussichtlich für die Restzeit des Kj. ergibt. ③ Stattdessen kann der voraussichtlich für die Restzeit des Kj. zu zahlende laufende Arbeitslohn durch Umrechnung des bisher zugeflossenen laufenden Arbeitslohns ermittelt werden. ④ Künftige sonstige Bezüge, deren Zahlung bis zum Ablauf des Kj. zu erwarten ist, sind nicht zu erfassen.

Sonstige Bezüge nach Ende des Dienstverhältnisses

29 (3) ① Werden sonstige Bezüge gezahlt, nachdem der Arbeitnehmer aus dem Dienstverhältnis ausgeschieden ist, sind der Lohnsteuerermittlung die Lohnsteuerabzugsmerkmale zugrunde zu legen, die zum Ende des Kalendermonats des Zuflusses gelten. ② Der voraussichtliche Jahresarbeitslohn ist auf der Grundlage der Angaben des Arbeitnehmers zu ermitteln. ③ Macht der Arbeitnehmer keine Angaben, ist der beim bisherigen Arbeitgeber zugeflossene Arbeitslohn auf einen Jahresbetrag hochzurechnen. ④ Eine Hochrechnung ist nicht erforderlich, wenn mit dem Zufließen von weiterem Arbeitslohn im Laufe des Kj., z. B. wegen Alters oder Erwerbsunfähigkeit, nicht zu rechnen ist.

Zusammentreffen regulär und ermäßigt besteuerter sonstiger Bezüge

30 (4) Trifft ein sonstiger Bezug i. S. d. § 39 b Abs. 3 Satz 1 bis 7 EStG mit einem sonstigen Bezug i. S. d. § 39 b Abs. 3 Satz 9 EStG[1] zusammen, ist zunächst die Lohnsteuer für den sonstigen Bezug i. S. d. § 39 b Abs. 3 Satz 1 bis 7 EStG und danach die Lohnsteuer für den anderen sonstigen Bezug zu ermitteln.

Regulär zu besteuernde Entschädigungen

31 (5) ① Liegen bei einer Entschädigung i. S. d. § 24 Nr. 1 EStG die Voraussetzungen für die Steuerermäßigung nach § 34 EStG nicht vor, ist die Entschädigung als regulär zu besteuernder sonstiger Bezug zu behandeln. ② Es ist aus Vereinfachungsgründen nicht zu beanstanden, wenn dieser sonstige Bezug bei der Anwendung des § 39 b Abs. 2 Satz 5 Nr. 3 Buchst. a bis c EStG berücksichtigt wird.

H 39b.6

LStH 39b.6

Beispiele:

32 **A. Berechnung des voraussichtlichen Jahresarbeitslohnes**

Ein Arbeitgeber X zahlt im September einen sonstigen Bezug von 1200 € an einen Arbeitnehmer. Der Arbeitnehmer hat seinem Arbeitgeber zwei Ausdrucke der elektronischen Lohnsteuerbescheinigungen seiner vorigen Arbeitgeber vorgelegt:

a) Dienstverhältnis beim Arbeitgeber A vom 1. 1. bis 31. 3., Arbeitslohn	8400 €
b) Dienstverhältnis beim Arbeitgeber B vom 1. 5. bis 30. 6., Arbeitslohn	4200 €

Der Arbeitnehmer war im April arbeitslos. Beim Arbeitgeber X steht der Arbeitnehmer seit dem 1. 7. in einem Dienstverhältnis; er hat für die Monate Juli und August ein Monatsgehalt von 2400 € bezogen, außerdem erhielt er am 20. 8. einen sonstigen Bezug von 500 €. Vom ersten September an erhält er ein Monatsgehalt von 2800 € zzgl. eines weiteren halben (13.) Monatsgehalts am 1. 12.

Der vom Arbeitgeber im September zu ermittelnde voraussichtliche Jahresarbeitslohn (ohne den sonstigen Bezug, für den die Lohnsteuer ermittelt werden soll) beträgt hiernach:

---

[1] § 39 b Abs. 3 Satz 9 und 10 wurden ab VZ 2025 aufgehoben.

LStH 39b.6

Arbeitslohn 1. 1. bis 30. 6. (8400 € + 4200 €)	12 600 €
Arbeitslohn 1. 7. bis 31. 8. (2 × 2400 € + 500 €)	5 300 €
Arbeitslohn 1. 9. bis 31. 12. (voraussichtlich 4 × 2800 €)	11 200 €
	29 100 €

Das halbe 13. Monatsgehalt ist ein zukünftiger sonstiger Bezug und bleibt daher außer Betracht.

Abwandlung 1:
Legt der Arbeitnehmer seinem Arbeitgeber X zwar den Nachweis über seine Arbeitslosigkeit im April, nicht aber die Ausdrucke der elektronischen Lohnsteuerbescheinigungen der Arbeitgeber A und B vor, ergibt sich folgender voraussichtlicher Jahresarbeitslohn:

Arbeitslohn 1. 1. bis 30. 6. (5 × 2800 €)	14 000 €
Arbeitslohn 1. 7. bis 31. 8. (2 × 2400 € + 500 €)	5 300 €
Arbeitslohn 1. 9. bis 31. 12. (voraussichtlich 4 × 2800 €)	11 200 €
	30 500 €

Abwandlung 2:
Ist dem Arbeitgeber X nicht bekannt, dass der Arbeitnehmer im April arbeitslos war, ist der Arbeitslohn für die Monate Januar bis Juni mit 6 × 2800 € = 16 800 € zu berücksichtigen.

B. Berechnung des voraussichtlichen Jahresarbeitslohns bei Versorgungsbezügen i. V. m. einem sonstigen Bezug

Ein Arbeitgeber zahlt im April einem 65-jährigen Arbeitnehmer einen sonstigen Bezug (Umsatzprovision für das vorangegangene Kj.) von 5000 €. Der Arbeitnehmer ist am 28. 2. 2025 in den Ruhestand getreten. Der Arbeitslohn betrug bis dahin monatlich 2300 €. Seit dem 1. 3. 2025 erhält der Arbeitnehmer neben dem Altersruhegeld aus der gesetzlichen Rentenversicherung Versorgungsbezüge i. S. d. § 19 Abs. 2 EStG von monatlich 900 €. Außerdem hat das Finanzamt einen Jahresfreibetrag von 750 € festgesetzt.

Der maßgebende Jahresarbeitslohn, der zu versteuernde Teil des sonstigen Bezugs und die einzubehaltende Lohnsteuer sind wie folgt zu ermitteln:

I. Neben dem Arbeitslohn für die Zeit vom 1. 1. bis 28. 2. von (2 × 2300 € =)	4 600,00 €
gehören zum voraussichtlichen Jahresarbeitslohn die Versorgungsbezüge vom 1. 3. an mit monatlich 900 €; voraussichtlich werden gezahlt (10 × 900 €)	9 000,00 €
Der voraussichtliche Jahresarbeitslohn beträgt somit	13 600,00 €
II. Vom voraussichtlichen Jahresarbeitslohn sind folgende Beträge abzuziehen (§ 39 b Abs. 3 Satz 3 EStG):	
a) der zeitanteilige Versorgungsfreibetrag und der Zuschlag zum Versorgungsfreibetrag, unabhängig von der Höhe der bisher berücksichtigten Freibeträge für Versorgungsbezüge (13,2% von 10 800 €[1] = 1425,60 € höchstens 990 € zzgl. 297 € = 1287 €, davon $^{10}/_{12}$)	1 072,50 €
b) der Altersentlastungsbetrag unabhängig von der Höhe des bisher berücksichtigten Betrags (13,2% von 4600 € = 607,20 € höchstens 627 €)	607,20 €
c) vom Finanzamt festgesetzter Freibetrag von jährlich	750,00 €
Gesamtabzugsbetrag somit	2 429,70 €
III. Der maßgebende Jahresarbeitslohn beträgt somit (13 600 € ./. 2429,70 €)	11 170,30 €
IV. Von dem sonstigen Bezug von	5 000,00 €
ist der Altersentlastungsbetrag von 13,2%, höchstens jedoch der Betrag, um den der Jahreshöchstbetrag von 627 € den bei Ermittlung des maßgebenden Jahresarbeitslohns abgezogenen Betrag überschreitet, abzuziehen	
V. (13,2% von 5000 € = 660 €, höchstens 627 € abzgl. 607,20 €)	19,80 €
Der zu versteuernde Teil des sonstigen Bezugs beträgt somit	4 980,20 €
VI. Der maßgebende Jahresarbeitslohn einschließlich des sonstigen Bezugs beträgt somit (11 170,30 € + 4980,20 €)	16 150,50 €

Regelmäßig wiederkehrende Einnahmen. Nach § 11 Abs. 1 Satz 2 EStG gelten regelmäßig wiederkehrende Einnahmen, die dem Stpfl. kurze Zeit vor Beginn oder kurze Zeit nach Beendigung des Kj. zugeflossen sind, als in dem Kj. bezogen, zu dem sie wirtschaftlich gehören. Diese Regelung ist auf sonstige Bezüge nicht anwendbar (→ BFH vom 24. 8. 2017 – BStBl. 2018 II S. 72).

Vergütung für eine mehrjährige Tätigkeit → R 34.4 EStR, H 34.4 EStH.

Wechsel der Art der Steuerpflicht. Bei der Berechnung der Lohnsteuer für einen sonstigen Bezug, der einem (ehemaligen) Arbeitnehmer nach einem Wechsel von der unbeschränkten in die beschränkte Steuerpflicht in diesem Kj. zufließt, ist der während der Zeit der unbeschränkten Steuerpflicht gezahlte Arbeitslohn im Jahresarbeitslohn zu berücksichtigen (→ BFH vom 25. 8. 2009 – BStBl. 2010 II S. 150).

– EStR/EStH abgedruckt in Anhang II –

LStR 39b.7

R 39b.7 *(unbesetzt)*

[1] **[Amtl. Anm.:]** Maßgebend ist der erste Versorgungsbezug (900 €) × 12 Monate, siehe § 19 Abs. 2 Satz 4 EStG.

H 39b.7 LStH 39b.7

Ermittlung der Vorsorgepauschale im Lohnsteuerabzugsverfahren → BMF vom 26. 11. 2013 (BStBl. I S. 1532).[1] 33

Anl a zu LStH 39b.7

a) Schreiben betr. Vorsorgepauschale im Lohnsteuerabzugsverfahren (§ 39 b Abs. 2 Satz 5 Nr. 3 und Abs. 4 EStG)[2·3·4]

Vom 26. November 2013 (BStBl. I S. 1532)

(BMF IV C 5 – S 2367/13/10001; DOK 2013/1078676)

Im Einvernehmen mit den obersten Finanzbehörden der Länder gilt hinsichtlich der Vorsorgepauschale im Lohnsteuerabzugsverfahren (§ 39 b Abs. 2 Satz 5 Nr. 3 und Abs. 4 EStG) Folgendes:

1. Allgemeines

Eine Vorsorgepauschale wird ausschließlich im Lohnsteuerabzugsverfahren berücksichtigt (§ 39 b Abs. 2 Satz 5 Nr. 3 und Abs. 4 EStG). Über die Vorsorgepauschale hinaus werden im Lohnsteuerabzugsverfahren keine weiteren Vorsorgeaufwendungen berücksichtigt. Eine Vorsorgepauschale wird Grundsätzlich in allen Steuerklassen berücksichtigt. 34

2. Bemessungsgrundlage für die Berechnung der Vorsorgepauschale (§ 39 b Abs. 2 Satz 5 Nr. 3 EStG)

Die beim Lohnsteuerabzug zu berücksichtigende Vorsorgepauschale setzt sich aus folgenden Teilbeträgen zusammen: 35
- Teilbetrag für die Rentenversicherung (§ 39 b Abs. 2 Satz 5 Nr. 3 Buchst. a EStG),
- Teilbetrag für die gesetzliche Kranken- und soziale Pflegeversicherung (§ 39 b Abs. 2 Satz 5 Nr. 3 Buchst. b und c EStG) und
- Teilbetrag für die private Basiskranken- und Pflege-Pflichtversicherung (§ 39 b Abs. 2 Satz 5 Nr. 3 Buchst. d EStG).

Ob die Voraussetzungen für den Ansatz der einzelnen Teilbeträge vorliegen, ist jeweils gesondert zu prüfen; hierfür ist immer der Versicherungsstatus am Ende des jeweiligen Lohnzahlungszeitraums maßgebend und das Dienstverhältnis nicht auf Teilmonate aufzuteilen. Die Teilbeträge sind getrennt zu berechnen; die auf volle Euro aufgerundete Summe der Teilbeträge ergibt die anzusetzende Vorsorgepauschale.

Bemessungsgrundlage für die Berechnung der Teilbeträge für die Rentenversicherung und die gesetzliche Kranken- und soziale Pflegeversicherung ist der Arbeitslohn. Entschädigungen i. S. d. § 24 Nr. 1 EStG sind nicht als Arbeitslohnbestandteil zu berücksichtigen (§ 39 b Abs. 2 Satz 5 Nr. 3 zweiter Teilsatz EStG); aus Vereinfachungsgründen ist es aber nicht zu beanstanden, wenn regulär zu besteuernde Entschädigungen bei der Bemessungsgrundlage für die Berechnung der Vorsorgepauschale berücksichtigt werden. Steuerfreier Arbeitslohn gehört ebenfalls nicht zur Bemessungsgrundlage für die Berechnung der entsprechenden Teilbeträge (BFH-Urteil vom 18. März 1983, BStBl. II S. 475). Dies gilt auch bei der Mindestvorsorgepauschale für die Kranken- und Pflegeversicherung (§ 39 b Abs. 2 Satz 5 Nr. 3 dritter Teilsatz EStG, Tz. 7).

Der Arbeitslohn ist für die Berechnung der Vorsorgepauschale und der Mindestvorsorgepauschale (Tz. 7) nicht um den Versorgungsfreibetrag (§ 19 Abs. 2 EStG) und den Altersentlastungsbetrag (§ 24 a EStG) zu vermindern.

Die jeweilige Beitragsbemessungsgrenze ist bei allen Teilbeträgen der Vorsorgepauschale zu beachten. Bei den Rentenversicherungsbeiträgen[5] gilt – abhängig vom Beschäftigungsort i. S. d. § 9 SGB IV – die allgemeine Beitragsbemessungsgrenze (BBG West) und die Beitragsbemessungsgrenze Ost (BBG Ost). Dies gilt auch bei einer Versicherung in der knappschaftlichen Rentenversicherung; deren besondere Beitragsbemessungsgrenze ist hier nicht maßgeblich. In Fällen, in denen die Verpflichtung besteht, Beiträge zur Alterssicherung an ausländische Sozialversicherungsträger abzuführen (Tz. 3), bestimmt sich die maßgebliche Beitragsbemessungsgrenze nach dem Ort der lohnsteuerlichen Betriebsstätte des Arbeitgebers (§ 41 Abs. 2 EStG). Die Gleitzone in der Sozialversicherung (Arbeitslöhne von 450,01 Euro bis 850 Euro)[6] ist steuerlich unbeachtlich. Ebenfalls unbeachtlich ist die Verminderung der Beitragsbemessungsgrenzen beim Zusammentreffen mehrerer Versicherungsverhältnisse (§ 22 Abs. 2 SGB IV).

Die Bemessungsgrundlage für die Ermittlung der Vorsorgepauschale (Arbeitslohn) und für die Berechnung der Sozialabgaben (Arbeitsentgelt) kann unterschiedlich sein. Für die Berechnung der Vorsorgepauschale ist das sozialversicherungspflichtige Arbeitsentgelt nicht maßgeblich.

---

[1] Abgedruckt als Anlage a zu LStH 39 b.7.

[2] **[Amtl. Anm.:]** Ab 2019 wird in der gesetzlichen Krankenversicherung der Zusatzbeitrag vom Arbeitgeber und Arbeitnehmer je zur Hälfte getragen (GKV-Versichertenentlastungsgesetz). Ein Beitragsanteil des Arbeitnehmers am Zusatzbeitrag ist beim Teilbetrag für die gesetzliche Krankenversicherung zu berücksichtigen. Maßgeblich ist der für den Arbeitnehmer bei der Beitragsberechnung zu berücksichtigende kassenindividuelle Zusatzbeitragssatz.

[3] Die Änderungen gegenüber dem BMF-Schreiben vom 22. 10. 2010, BStBl. I S. 1254 sind hier nicht hervorgehoben. Die Überschriften zu den Tz. 6.2 und 8 wurden geändert.

[4] Siehe auch *BMF-Schreiben vom 22. 11. 2024 (BStBl. I S. 1434),* nachstehend abgedruckt als Anlage b zu LStH 39 b.7.

[5] Der Beitragssatz in der gesetzlichen Rentenversicherung beträgt 2025 18,6% und die BBG bundeseinheitlich 96 600 €.

[6] Ab 1. 7. 2019: 450,01 Euro bis 1.300 Euro. **[Amtl. Anm.:]** Vom 1. 11. 2024 bis 31. 12. 2024: Übergangsbereich zwischen 538,01 € und 2.000 €, ab 1. 1. 2025: Übergangsbereich zwischen 556,01 € und 2.000 €.

Anl a zu LStH 39 b.7

Beispiel:

Ein Arbeitnehmer mit einem Jahresarbeitslohn von 60 000 Euro wandelt im Jahr 2014 einen Betrag von 4000 Euro bei einer Beitragsbemessungsgrenze in der allgemeinen Rentenversicherung von 71 400 Euro zugunsten einer betrieblichen Altersversorgung im Durchführungsweg Direktzusage um.

Bemessungsgrundlage für die Berechnung des Teilbetrags der Vorsorgepauschale für die Rentenversicherung ist der steuerpflichtige Arbeitslohn i. H. v. 56 000 Euro. Das sozialversicherungspflichtige Arbeitsentgelt beträgt hingegen 57 144 Euro, weil 4% der Beitragsbemessungsgrenze (2856 Euro) nicht als Arbeitsentgelt i. S. d. Sozialversicherung gelten (§ 14 Abs. 1 SGB IV).

3. Teilbetrag für die Rentenversicherung (§ 39 b Abs. 2 Satz 5 Nr. 3 Buchst. a und Abs. 4 EStG)

36 Auf Grundlage des steuerlichen Arbeitslohns wird unabhängig von der Berechnung der tatsächlich abzuführenden Rentenversicherungsbeiträge typisierend ein Arbeitnehmeranteil für die Rentenversicherung eines pflichtversicherten Arbeitnehmers berechnet, wenn der Arbeitnehmer in der gesetzlichen Rentenversicherung pflichtversichert und ein Arbeitnehmeranteil zu entrichten ist. Das gilt auch bei der Versicherung in einer berufsständischen Versorgungseinrichtung bei Befreiung von der gesetzlichen Rentenversicherung (§ 6 Abs. 1 Nr. 1 SGB VI). Das Steuerrecht folgt insoweit der sozialversicherungsrechtlichen Beurteilung, so dass der Arbeitgeber hinsichtlich der maßgeblichen Vorsorgepauschale keinen zusätzlichen Ermittlungsaufwand anstellen muss, sondern auf die ihm insoweit bekannten Tatsachen bei der Abführung der Rentenversicherungsbeiträge – bezogen auf das jeweilige Dienstverhältnis – zurückgreifen kann.

Der Teilbetrag der Vorsorgepauschale für die Rentenversicherung gilt daher bezogen auf das jeweilige Dienstverhältnis beispielsweise nicht bei

- Beamten,
- beherrschenden Gesellschafter-Geschäftsführern einer GmbH,
- Vorstandsmitgliedern von Aktiengesellschaften (§ 1 Satz 3 SGB VI),
- weiterbeschäftigten Beziehern einer Vollrente wegen Alters oder vergleichbaren Pensionsempfängern, selbst wenn gemäß § 172 Abs. 1 SGB VI ein Arbeitgeberanteil zur gesetzlichen Rentenversicherung zu entrichten ist,[1]
- Arbeitnehmern, die von ihrem Arbeitgeber nur Versorgungsbezüge i. S. d. § 19 Abs. 2 Satz 2 Nr. 2 EStG erhalten (Werkspensionäre),
- geringfügig beschäftigten Arbeitnehmern, bei denen die Lohnsteuer nach den individuellen Lohnsteuerabzugsmerkmalen erhoben wird und für die nur der pauschale Arbeitgeberbeitrag zur gesetzlichen Rentenversicherung entrichtet wird (Übergangsregelung und Befreiung von der Rentenversicherungspflicht),
- nach § 8 Abs. 1 Nr. 2 SGB IV geringfügig beschäftigten Arbeitnehmern (versicherungsfreie kurzfristige Beschäftigung), bei denen die Lohnsteuer nach den individuellen Lohnsteuerabzugsmerkmalen erhoben wird,
- anderen Arbeitnehmern, die nicht in der gesetzlichen Rentenversicherung pflichtversichert sind und deshalb auch keinen Arbeitnehmerbeitrag zur gesetzlichen Rentenversicherung zu leisten haben (z. B. als Praktikanten oder aus anderen Gründen),
- Arbeitnehmern, wenn der Arbeitgeber nach § 20 Abs. 3 Satz 1 SGB IV den Gesamtsozialversicherungsbeitrag allein trägt (u. a. Auszubildende mit einem Arbeitsentgelt von bis zu monatlich 325 Euro).

Bei Befreiung von der Versicherungspflicht in der gesetzlichen Rentenversicherung auf eigenen Antrag aufgrund einer der in R 3.62 Abs. 3 LStR genannten Vorschriften ist der Teilbetrag für die Rentenversicherung nur in den Fällen des § 3 Nr. 62 Satz 2 Buchst. b (gesetzliche Rentenversicherung) und c (berufsständische Versorgungseinrichtung) EStG, nicht jedoch in den Fällen des § 3 Nr. 62 Satz 2 Buchst. a EStG (Lebensversicherung) anzusetzen.

In Fällen, in denen die Verpflichtung besteht, Beiträge zur Alterssicherung an ausländische Sozialversicherungsträger abzuführen, hat der Arbeitgeber bei der Berechnung der Vorsorgepauschale einen Teilbetrag für die Rentenversicherung nur zu berücksichtigen, wenn der abzuführende Beitrag – zumindest teilweise – einen Arbeitnehmeranteil enthält und dem Grunde nach zu einem Sonderausgabenabzug führen kann (§ 10 Abs. 1 Nr. 2 Buchst. a EStG). Es ist nicht erforderlich, dass die Bundesrepublik Deutschland über das Gemeinschaftsrecht der Europäischen Union mit dem anderen Staat auf dem Gebiet der Sozialversicherung verbunden oder dass ein Sozialversicherungsabkommen mit dem anderen Staat geschlossen worden ist. Besteht Sozialversicherungspflicht im Inland und parallel im Ausland, bleiben im Lohnsteuerabzugsverfahren die Beiträge an den ausländischen Sozialversicherungsträger unberücksichtigt.

4. Teilbetrag für die gesetzliche Krankenversicherung (§ 39 b Abs. 2 Satz 5 Nr. 3 Buchst. b EStG)[2]

37 Auf Grundlage des steuerlichen Arbeitslohns wird unabhängig von der Berechnung der tatsächlich abzuführenden Krankenversicherungsbeiträge typisierend ein Arbeitnehmeranteil für die Krankenversicherung eines pflichtversicherten Arbeitnehmers berechnet, wenn der Arbeitnehmer in der gesetzlichen Krankenversicherung pflichtversichert oder freiwillig versichert ist (z. B. bei höher verdienenden Arbeitnehmern). Der typisierte Arbeitnehmeranteil ist auch anzusetzen bei in der gesetzlichen Krankenversicherung versicherten Arbeitnehmern, die die anfallenden Krankenversicherungsbeiträge in voller Höhe allein tragen müssen (z. B. freiwillig versicherte Beamte, Empfänger von Versorgungsbezügen). Der entsprechende Teilbetrag ist jedoch nur zu berücksichtigen, wenn der Arbeitnehmer Beiträge zur inländi-

[1] **[Amtl. Anm.:]** Nach den Änderungen durch das Flexirentengesetz vom 8. 12. 2016 (BGBl. I S. 2838) können diese Arbeitnehmer ab/seit 1. 1. 2017 auf die Versicherungsfreiheit in der gesetzlichen Rentenversicherung verzichten. Da sie dann Arbeitnehmeranteile zur gesetzlichen Rentenversicherung entrichten müssen, ist in den entsprechenden Fällen auch der Teilbetrag der Vorsorgepauschale für die Rentenversicherung zu berücksichtigen.

[2] Siehe auch *BMF-Schreiben vom 22. 11. 2024 (BStBl. I S. 1434),* nachstehend abgedruckt als Anlage b zu LStH 39 b.7.

schen gesetzlichen Krankenversicherung leistet; andernfalls ist für Kranken- und Pflegeversicherungsbeiträge immer die Mindestvorsorgepauschale (Tz. 7) anzusetzen. Besteht Sozialversicherungspflicht im Inland und parallel im Ausland, bleiben im Lohnsteuerabzugsverfahren die Beiträge an den ausländischen Sozialversicherungsträger unberücksichtigt. Den Arbeitnehmeranteil für die Versicherung in der gesetzlichen Krankenversicherung darf der Arbeitgeber nur ansetzen, wenn er von einer entsprechenden Versicherung Kenntnis hat (z. B. bei Zahlung eines steuerfreien Zuschusses oder nach Vorlage eines geeigneten Nachweises durch den Arbeitnehmer).

Beispiel:

Lediglich der Beihilfestelle, nicht jedoch der Besoldungsstelle ist bekannt, dass ein Beamter freiwillig gesetzlich krankenversichert ist.

Die Besoldungsstelle berücksichtigt beim Lohnsteuerabzug die Mindestvorsorgepauschale (Tz. 7).

Für geringfügig beschäftigte Arbeitnehmer (geringfügig entlohnte Beschäftigung sowie kurzfristige Beschäftigung), bei denen die Lohnsteuer nach den individuellen Lohnsteuerabzugsmerkmalen erhoben wird, ist kein Teilbetrag für die gesetzliche Krankenversicherung anzusetzen, wenn kein Arbeitnehmeranteil für die Krankenversicherung zu entrichten ist. Entsprechendes gilt für andere Arbeitnehmer, wenn kein Arbeitnehmeranteil zu entrichten ist; dies ist regelmäßig bei Schülern und Studenten der Fall. In den entsprechenden Fällen ist in den Lohnsteuerberechnungsprogrammen (siehe z. B. Bekanntmachung des BMF vom 20. Februar 2013, betreffend den geänderten Programmablaufplan für die maschinelle Berechnung der vom Arbeitslohn einzubehaltenden Lohnsteuer etc. für 2013, BStBl. I S. 221)[1] unter dem Eingangsparameter „PKV" der Wert „1" einzugeben. Zum Ansatz der Mindestvorsorgepauschale vergleiche Tz. 7.

5. Teilbetrag für die soziale Pflegeversicherung (§ 39 b Abs. 2 Satz 5 Nr. 3 Buchst. c EStG)

Der Teilbetrag für die soziale Pflegeversicherung wird bei Arbeitnehmern angesetzt, die in der inländischen sozialen Pflegeversicherung versichert sind. Der Teilbetrag ist unter Berücksichtigung des Grundsatzes „Pflegeversicherung folgt Krankenversicherung" auch dann anzusetzen, wenn der Arbeitnehmer gesetzlich krankenversichert, jedoch privat pflegeversichert ist. Besteht Sozialversicherungspflicht im Inland und parallel im Ausland, bleiben im Lohnsteuerabzugsverfahren die Beiträge an den ausländischen Sozialversicherungsträger unberücksichtigt.

Länderspezifische Besonderheiten bei den Beitragssätzen sind zu berücksichtigen (höherer Arbeitnehmeranteil in Sachsen [zzt. 1,525% statt 1,025%]).[2]

Der Beitragszuschlag für Arbeitnehmer ohne Kinder ist ebenfalls zu berücksichtigen (§ 55 Abs. 3 SGB XI [zzt. 0,25%]).[3]

6. Teilbetrag für die private Basiskranken- und Pflege-Pflichtversicherung (§ 39 b Abs. 2 Satz 5 Nr. 3 Buchst. d EStG)

Der Teilbetrag für die private Basiskranken- und Pflege-Pflichtversicherung wird bei Arbeitnehmern **38**
angesetzt, die nicht in der gesetzlichen Krankenversicherung und sozialen Pflegeversicherung versichert sind (z. B. privat versicherte Beamte, beherrschende Gesellschafter-Geschäftsführer und höher verdienende Arbeitnehmer).

In den Steuerklassen I bis V können die dem Arbeitgeber mitgeteilten privaten Basiskranken- und Pflege-Pflichtversicherungsbeiträge berücksichtigt werden (Tz. 6.1 und 6.2). Hiervon ist ein – unabhängig vom tatsächlich zu zahlenden Zuschuss – typisierend berechneter Arbeitgeberzuschuss abzuziehen, wenn der Arbeitgeber nach § 3 Nr. 62 EStG steuerfreie Zuschüsse zu einer privaten Kranken- und Pflegeversicherung des Arbeitnehmers zu leisten hat.[4] Die Beitragsbemessungsgrenze und landesspezifische Besonderheiten bei der Verteilung des Beitragssatzes für die Pflegeversicherung auf Arbeitgeber und Arbeitnehmer (niedrigerer Arbeitgeberanteil in Sachsen [zzt. 0,525% statt 1,025%])[5] sind zu beachten.

6.1. Mitteilung der privaten Basiskranken- und Pflege-Pflichtversicherungsbeiträge durch den Arbeitnehmer

Es ist die Mindestvorsorgepauschale (Tz. 7) zu berücksichtigen, wenn der Arbeitnehmer dem Arbeitgeber die abziehbaren privaten Basiskranken- und Pflege-Pflichtversicherungsbeiträge nicht mitteilt (Beitragsbescheinigung des Versicherungsunternehmens). Die mitgeteilten Beiträge sind maßgebend, wenn sie höher sind als die Mindestvorsorgepauschale. Beitragsbescheinigungen ausländischer Versicherungsunternehmen darf der Arbeitgeber nicht berücksichtigen. Gesetzlich versicherte Arbeitnehmer können im Lohnsteuerabzugsverfahren keine Beiträge für eine private Basiskranken- und Pflege-Pflichtversicherung nachweisen; dies gilt auch hinsichtlich der Beiträge eines privat versicherten Ehegatten oder Lebenspartners des Arbeitnehmers (siehe unten).

Die mitgeteilten Beiträge privat versicherter Arbeitnehmer hat der Arbeitgeber im Rahmen des Lohnsteuerabzugs zu berücksichtigen. Einbezogen werden können Beiträge für die eigene private Basiskranken- und Pflege-Pflichtversicherung des Arbeitnehmers einschließlich der entsprechenden Beiträge für den mitversicherten, nicht dauernd getrennt lebenden, unbeschränkt einkommensteuerpflichtigen Ehe-

[1] Für 2025: BMF-Schreiben vom 22. 11. 2024 (BStBl. I S. 1434), nachstehend abgedruckt als Anlage b zu LStH 39 b.7.

[2] **[Amtl. Anm.:]** Ab 2019: 2,025% statt 1,525%, ab 1. 7. 2023 2,2% statt 1,7% bei Arbeitnehmern mit einem Kind, ab dem zweiten bis zum fünften Kind unter 25 Jahren reduziert sich der Beitragssatz um 25% je Kind.

[3] **[Amtl. Anm.:]** Ab 2022: 0,35%, ab 1. 7. 2023 0,6%.

[4] **[Amtl. Anm.:]** Bei der Berechnung des Arbeitgeberzuschusses ist ab 2019 auch der auf den Arbeitgeber entfallende Zusatzbeitrag auf Basis des durchschnittlichen Zusatzbeitragssatzes gegenzurechnen (siehe GKV-Versichertenentlastungsgesetz).

[5] **[Amtl. Anm.:]** Ab 2019: 1,025% statt 1,525%, ab 1. 7. 2023 2,2% statt 1,7% bei Arbeitnehmern mit einem Kind.

Anl a zu LStH 39 b.7

gatten oder Lebenspartner und für mitversicherte Kinder, für die der Arbeitnehmer einen Anspruch auf einen Freibetrag für Kinder (§ 32 Abs. 6 EStG) oder auf Kindergeld hat. Über diesen Weg sind auch private Versicherungsbeiträge eines selbst versicherten, nicht dauernd getrennt lebenden, unbeschränkt einkommensteuerpflichtigen Ehegatten oder Lebenspartners des Arbeitnehmers zu berücksichtigen, sofern dieser keine Einkünfte i. S. d. § 2 Abs. 1 Nr. 1 bis 4 EStG (Einkünfte aus Land- und Forstwirtschaft, Gewerbebetrieb, selbständiger Arbeit und nichtselbständiger Arbeit) erzielt. Der Arbeitgeber hat nicht zu prüfen, ob die Voraussetzungen für die Berücksichtigung der Versicherungsbeiträge des selbst versicherten Ehegatten oder Lebenspartners bei der Vorsorgepauschale des Arbeitnehmers erfüllt sind. Eine ggf. erforderliche Korrektur bleibt einer Pflichtveranlagung (§ 46 Abs. 2 Nr. 3 EStG, Tz. 9) vorbehalten. Versicherungsbeiträge selbstversicherter Kinder sind nicht zu berücksichtigen.

Der Arbeitgeber kann die Beitragsbescheinigung oder die geänderte Beitragsbescheinigung entsprechend ihrer zeitlichen Gültigkeit beim Lohnsteuerabzug – auch rückwirkend – berücksichtigen. Bereits abgerechnete Lohnabrechnungszeiträume müssen nicht nachträglich geändert werden. Dies gilt nicht nur, wenn die Beiträge einer geänderten Beitragsbescheinigung rückwirkend höher sind, sondern auch im Falle niedrigerer Beiträge. Im Hinblick auf die Bescheinigungspflicht des Arbeitgebers nach § 41 b Abs. 1 Satz 2 Nr. 15 EStG und die ggf. bestehende Veranlagungspflicht nach § 46 Abs. 2 Nr. 3 EStG (Tz. 9) ist keine Anzeige i. S. d. § 41 c Abs. 4 EStG erforderlich.

Der Arbeitgeber hat folgende Beitragsbescheinigungen des Versicherungsunternehmens im Rahmen des Lohnsteuerabzugs zu berücksichtigen:

- eine bis zum 31. März des Kalenderjahres vorgelegte Beitragsbescheinigung über die voraussichtlichen privaten Basiskranken- und Pflege-Pflichtversicherungsbeiträge des Vorjahres,
- eine Beitragsbescheinigung über die voraussichtlichen privaten Basiskranken- und Pflege-Pflichtversicherungsbeiträge des laufenden Kalenderjahres oder
- eine Beitragsbescheinigung über die nach § 10 Abs. 2 a Satz 4 Nr. 2 EStG übermittelten Daten für das Vorjahr.

Eine dem Arbeitgeber vorliegende Beitragsbescheinigung ist auch im Rahmen des Lohnsteuerabzugs der Folgejahre (weiter) zu berücksichtigen, wenn keine neue Beitragsbescheinigung vorgelegt wird.

Sind die als Sonderausgaben abziehbaren privaten Kranken- und Pflege-Pflichtversicherungsbeiträge höher als die im Lohnsteuerabzugsverfahren berücksichtigten Beiträge, kann der Arbeitnehmer die tatsächlich gezahlten Beiträge bei der Veranlagung zur Einkommensteuer geltend machen. Sind die Beiträge niedriger, kommt eine Pflichtveranlagung in Betracht, wenn die entsprechenden Arbeitslohngrenzen überschritten werden (§ 46 Abs. 2 Nr. 3 EStG, Tz. 9).

6.2. Mitteilung der privaten Basiskranken- und Pflege-Pflichtversicherungsbeiträge mittels ELStAM (§ 39 Abs. 4 Nr. 4 i. V. m. § 52 Abs. *50 g* EStG)[1]

Im Rahmen des ELStAM-Verfahrens (Elektronische LohnSteuerAbzugsMerkmale) wird das Mitteilungsverfahren (Tz. 6.1) abgelöst durch eine elektronische Bereitstellung der privaten Basiskranken- und Pflege-Pflichtversicherungsbeiträge (§ 39 Abs. 4 Nr. 4 EStG). Der Verfahrenseinsatz wird durch BMF-Schreiben mitgeteilt (§ 52 Abs. *50 g* EStG).[2]

6.3. Bescheinigung der Beiträge des Arbeitnehmers zur gesetzlichen Krankenversicherung und zur sozialen Pflegeversicherung (§ 41 b Abs. 1 Satz 2 Nr. 13 EStG)

Unter Nr. 25 und 26 der Lohnsteuerbescheinigung (siehe z. B. BMF-Schreiben 28. August 2013, BStBl. I S. 1132)[3] sind Beiträge des Arbeitnehmers zur inländischen gesetzlichen Krankenversicherung und zur inländischen sozialen Pflegeversicherung zu bescheinigen. Beiträge an ausländische Sozialversicherungsträger sind nicht zu bescheinigen.

7. Mindestvorsorgepauschale für Kranken- und Pflegeversicherungsbeiträge (§ 39 b Abs. 2 Satz 5 Nr. 3 dritter Teilsatz EStG)

38a Die Mindestvorsorgepauschale (§ 39 b Abs. 2 Satz 5 Nr. 3 dritter Teilsatz EStG) in Höhe von 12% des Arbeitslohns mit einem Höchstbetrag von jährlich 1900 Euro (in Steuerklasse III 3000 Euro) ist anzusetzen, wenn sie höher ist als die Summe der Teilbeträge für die gesetzliche Krankenversicherung (Tz. 4) und die soziale Pflegeversicherung (Tz. 5) oder die private Basiskranken- und Pflege-Pflichtversicherung (Tz. 6). Die Mindestvorsorgepauschale ist auch dann anzusetzen, wenn für den entsprechenden Arbeitslohn kein Arbeitnehmeranteil zur inländischen gesetzlichen Kranken- und sozialen Pflegeversicherung zu entrichten ist (z. B. bei geringfügig beschäftigten Arbeitnehmern, deren Arbeitslohn nicht nach § 40 a EStG pauschaliert wird, und bei Arbeitnehmern, die Beiträge zu einer ausländischen Kranken- und Pflegeversicherung leisten). Die Mindestvorsorgepauschale ist in allen Steuerklassen zu berücksichtigen.

Neben der Mindestvorsorgepauschale wird der Teilbetrag der Vorsorgepauschale für die Rentenversicherung berücksichtigt, wenn eine Pflichtversicherung in der gesetzlichen Rentenversicherung oder wegen der Versicherung in einer berufsständischen Versorgungseinrichtung eine Befreiung von der gesetzlichen Rentenversicherungspflicht vorliegt (Tz. 3).

8. Lohnsteuer-Jahresausgleich durch den Arbeitgeber (§ 42 b Abs. 1 Satz 3 Nr. 5 und § 39 b Abs. 2 Satz 12 EStG)

39 Über die in § 42 b Abs. 1 Satz 3 Nr. 5 EStG genannten Ausschlusstatbestände hinaus ist ein Lohnsteuer-Jahresausgleich durch den Arbeitgeber auch dann ausgeschlossen, wenn – bezogen auf den Teilbetrag der Vorsorgepauschale für die Rentenversicherung – der Arbeitnehmer innerhalb des Kalenderjahres nicht durchgängig zum Anwendungsbereich nur einer Beitragsbemessungsgrenze (West oder

[1] **[Amtl. Anm.:]** Jetzt: § 52 Abs. 36 EStG.
[2] **[Amtl. Anm.:]** Jetzt: § 52 Abs. 36 EStG.
[3] Aktuelles Schreiben abgedruckt als Anlage a zu LStH 41 b.

Ost) gehörte oder wenn – bezogen auf den Teilbetrag der Vorsorgepauschale für die Rentenversicherung oder die gesetzliche Kranken- und soziale Pflegeversicherung – innerhalb des Kalenderjahres nicht durchgängig ein Beitragssatz[1] anzuwenden war. Für den permanenten Lohnsteuer-Jahresausgleich (§ 39 b Abs. 2 Satz 12 EStG) gilt dies entsprechend. Anl a zu LStH 39 b.7

9. Pflichtveranlagungstatbestand (§ 46 Abs. 2 Nr. 3 EStG)

Es besteht eine Pflicht zur Veranlagung zur Einkommensteuer, wenn bei einem Steuerpflichtigen die Summe der beim Lohnsteuerabzug berücksichtigten Teilbeträge der Vorsorgepauschale für die gesetzliche und private Kranken- und Pflegeversicherung höher ist als die bei der Veranlagung als Sonderausgaben abziehbaren Vorsorgeaufwendungen nach § 10 Abs. 1 Nr. 3 und 3 a in Verbindung mit Abs. 4 EStG und die entsprechenden Arbeitslohngrenzen überschritten werden.

Dies gilt auch, wenn die beim Lohnsteuerabzug berücksichtigte Mindestvorsorgepauschale (Tz. 7) höher ist als die bei der Veranlagung zur Einkommensteuer als Sonderausgaben abziehbaren Vorsorgeaufwendungen.

10. Lohnsteuertabellen zur manuellen Berechnung der Lohnsteuer (§ 51 Abs. 4 Nr. 1 a EStG)

Aus Vereinfachungsgründen wird bei der Erstellung der Lohnsteuertabellen – bezogen auf die Berücksichtigung der Vorsorgepauschale – der Beitragszuschlag für Kinderlose (§ 55 Abs. 3 SGB XI) nicht berücksichtigt (siehe z. B. Bekanntmachung des BMF vom 20. Februar 2013, betreffend den geänderten Programmablaufplan für die Erstellung von Lohnsteuertabellen für 2013, BStBl. I S. 221).[2] Die länderspezifische Besonderheit bei der sozialen Pflegeversicherung (Tz. 5, höherer Arbeitnehmeranteil in Sachsen [zzt. 1,525% statt 1,025%])[3] ist jedoch bei der Erstellung von Lohnsteuertabellen zu beachten. Es bestehen keine Bedenken, wenn die Lohnsteuer mittels einer Lohnsteuertabelle berechnet wird, die die Besonderheit nicht berücksichtigt, wenn der Arbeitnehmer einer entsprechenden Lohnsteuerberechnung nicht widerspricht.

Bei geringfügig beschäftigten Arbeitnehmern (geringfügig entlohnte Beschäftigung sowie kurzfristige Beschäftigung), bei denen die Lohnsteuer nach den individuellen Lohnsteuerabzugsmerkmalen erhoben wird und der Arbeitnehmer keinen eigenen Beitrag zur Rentenversicherung und Kranken-/Pflegeversicherung zahlt, ist die Lohnsteuer mit der „Besonderen Lohnsteuertabelle" zu berechnen (siehe z. B. Bekanntmachung des BMF vom 20. 2. 2013, BStBl. I S. 221[4]).

11. Pauschalierung der Lohnsteuer in besonderen Fällen (§ 40 Abs. 1 EStG)

Bei der Berechnung des durchschnittlichen Steuersatzes kann aus Vereinfachungsgründen davon ausgegangen werden, dass die betroffenen Arbeitnehmer in allen Zweigen der Sozialversicherung versichert sind und keinen Beitragszuschlag für Kinderlose (§ 55 Abs. 3 SGB XI) leisten. Die individuellen Verhältnisse aufgrund des Faktorverfahrens nach § 39 f EStG bleiben unberücksichtigt.

12. Anwendungsregelung

Die Regelungen dieses Schreibens sind spätestens ab Veröffentlichung im Bundessteuerblatt Teil I[5] zu beachten.

Das BMF-Schreiben vom 22. Oktober 2010 IV C 5 – S 2367/09/10 002, DOK 2010/801 807 (BStBl. I S. 1254)[6] wird hiermit aufgehoben.

b) Schreiben betr. Programmablaufpläne für den Lohnsteuerabzug 2025

Anl b zu LStH 39 b.7

Vom 22. November 2024 (BStBl. I S. 1434)

(BMF IV C 5 – S 2361/19/10008 :013; DOK 2024/1045913)

Geändert durch BMF-Schreiben vom 22. 1. 2025 (BStBl. I S. 313)

– Auszug –

(...) 39a

Anlage 1. Geänderter Programmablaufplan für die maschinelle Berechnung der vom Arbeitslohn einzubehaltenden Lohnsteuer, des Solidaritätszuschlags und der Maßstabsteuer für die Kirchenlohnsteuer für 2025

(...)

2.4 Kassenindividueller Zusatzbeitragssatz bei gesetzlich krankenversicherten Arbeitnehmern (ergänzende Erläuterungen zum BMF-Schreiben zur Vorsorgepauschale im Lohnsteuerabzugsverfahren vom 26. November 2013, BStBl. I S. 1532).[7]

Beim Eingangsparameter KVZ[8] ist Folgendes zu beachten:

Maßgeblich ist der für den Arbeitnehmer bei der Beitragsberechnung zu berücksichtigende kassenindividuelle Zusatzbeitragssatz. Der durchschnittliche Zusatzbeitragssatz ist unmaßgeblich. Es ist

[1] Siehe jetzt auch § 42 b Abs. 1 Satz 3 Nr. 5 EStG sowie *BMF-Schreiben vom 22. 11. 2024 (BStBl. I S. 1434),* nachstehend abgedruckt als Anlage b zu LStH 39 b.7.

[2] Für 2025: *BMF-Schreiben vom 22. 11. 2024 (BStBl. I S. 1434),* nachstehend abgedruckt als Anlage b zu LStH 39 b.7.

[3] **[Amtl. Anm.:]** Ab 2019: 2,025% statt 1,525%, ab 1. 7. 2023 2,2% statt 1,7% bei Arbeitnehmern mit einem Kind.

[4] Für 2025: *BMF-Schreiben vom 22. 11. 2024 (BStBl. I S. 1434),* nachstehend abgedruckt als Anlage b zu LStH 39 b.7.

[5] Veröffentlichung erfolgte am 16. 12. 2013.

[6] Abgedruckt im *„Handbuch zur Lohnsteuer 2013"* als Anlage zu LStR 39 b.7.

[7] Vorstehend abgedruckt als Anlage a zu LStH 39 b.7.

[8] KVZ = kassenindividueller Zusatzbeitragssatz bei einem gesetzlich krankenversicherten Arbeitnehmer in Prozent (z. B. 1,10 für 1,10%) mit zwei Dezimalstellen.

Anl b zu LStH 39b.7

stets der volle Zusatzbeitragssatz einzutragen. Die Aufteilung in Arbeitnehmer- und Arbeitgeberanteil ist im Programmablauf umgesetzt. Bei der Berechnung der Lohnsteuer für sonstige Bezüge ist der am Ende des Kalendermonats des Zuflusses geltende Zusatzbeitragssatz maßgeblich (R 39b.6 LStR). Bei der Nachforderung von Lohnsteuer nach R 41c.3 Absatz 2 LStR oder im Rahmen der Lohnsteuer-Außenprüfung nach Ablauf des Kalenderjahres *mittels Jahreslohnsteuerberechnung ist* der zuletzt im jeweiligen Kalenderjahr geltende Zusatzbeitragssatz maßgeblich. Bei Entschädigungen im Sinne des § 24 Nummer 1 EStG, die nach § 39b Absatz 2 Satz 5 Nummer 3 Schlusssatz Halbsatz 1 EStG bei der Berechnung der Vorsorgepauschale außen vor bleiben, aber im Fall der regulären Besteuerung aus Vereinfachungsgründen nach R 39b.6 Absatz 5 Satz 2 LStR einbezogen werden können, ist der am Ende des Kalendermonats des Zuflusses geltende Zusatzbeitragssatz maßgeblich. Bei der Berechnung des Durchschnittssteuersatzes nach § 40 Absatz 1 EStG i. V. m. R 40.1 LStR kann der Arbeitgeber aus Vereinfachungsgründen beim Teilbetrag der Vorsorgepauschale für die gesetzliche Krankenversicherung den durchschnittlichen Zusatzbeitragssatz nach § 242a SGB V zugrunde legen. Bei bestimmten Personengruppen (vgl. § 242 Absatz 3 SGB V) ist bei der Beitragsberechnung der durchschnittliche Zusatzbeitragssatz nach § 242a SGB V maßgeblich; dies gilt für den Lohnsteuerabzug entsprechend. Für bestimmte Übergangszeiträume kann es bei dem Lohnsteuerabzug unterliegenden Versorgungsbezügen zu Abweichungen zwischen dem von der Krankenkasse festgesetzten Zusatzbeitragssatz und dem tatsächlich vom Arbeitgeber anzuwendenden Zusatzbeitragssatz kommen (vgl. § 248 SGB V). Hier ist der der Beitragsberechnung zugrunde liegende Zusatzbeitragssatz maßgeblich; der von der Krankenkasse (aktuell) festgesetzte Zusatzbeitragssatz ist unmaßgeblich. Vor dem Hintergrund, dass § 248 SGB V nicht für freiwillig versicherte Selbstzahler gilt, ist bei diesem Personenkreis der von der Krankenkasse (aktuell) festgesetzte Zusatzbeitragssatz ohne zeitliche Verzögerung zugrunde zu legen.

Auf den Ausschlusstatbestand für den Lohnsteuer-Jahresausgleich nach einer unterjährigen Änderung des Zusatzbeitragssatzes wird hingewiesen (vgl. § 42b Absatz 1 Satz 3 Nummer 5 EStG).

(…)

LStR 39b.8

R 39b.8 Permanenter Lohnsteuer-Jahresausgleich

(1) ① Nach § 39b Abs. 2 Satz 12 EStG darf das Betriebstättenfinanzamt zulassen, dass die Lohn-
40 steuer nach dem voraussichtlichen Jahresarbeitslohn ermittelt wird (sog. permanenter Lohnsteuer-Jahresausgleich). ② Voraussetzung für den permanenten Lohnsteuer-Jahresausgleich ist, dass

1. der Arbeitnehmer unbeschränkt oder beschränkt (§ 42b Abs. 1 Satz 1 EStG) einkommensteuerpflichtig ist,
2. der Arbeitnehmer seit Beginn des Kj. ständig in einem Dienstverhältnis gestanden hat,
3. die zutreffende Jahreslohnsteuer (§ 38a Abs. 2 EStG) nicht unterschritten wird,
4. bei der Lohnsteuerberechnung kein Freibetrag oder Hinzurechnungsbetrag zu berücksichtigen war,
5. das Faktorverfahren nicht angewandt wurde,
6. der Arbeitnehmer kein Kurzarbeitergeld einschl. Saison-Kurzarbeitergeld, keinen Zuschuss zum Mutterschaftsgeld nach dem Mutterschutzgesetz oder § 3 der Mutterschutz- und Elternzeitverordnung oder einer entsprechenden Landesregelung, keine Entschädigung für Verdienstausfall nach dem Infektionsschutzgesetz, keine Aufstockungsbeträge nach dem AltTZG[1] und keine Zuschläge aufgrund § 6 Abs. 2 BBesG bezogen hat,
7. im Lohnkonto oder in der Lohnsteuerbescheinigung kein Großbuchstabe U eingetragen ist,
8. im Kj. im Rahmen der Vorsorgepauschale jeweils nicht nur zeitweise Beträge nach § 39b Abs. 2 Satz 5 Nr. 3 Buchst. a bis d EStG oder der Beitragszuschlag nach § 39b Abs. 2 Satz 5 Nr. 3 Buchst. c EStG berücksichtigt wurden und – bezogen auf den Teilbetrag der Vorsorgepauschale für die Rentenversicherung – der Arbeitnehmer innerhalb des Kj. durchgängig zum Anwendungsbereich nur einer Beitragsbemessungsgrenze (West oder Ost) gehörte und – bezogen auf den Teilbetrag der Vorsorgepauschale für die Rentenversicherung oder die gesetzliche Kranken- und soziale Pflegeversicherung – innerhalb des Kj. durchgängig ein Beitragssatz anzuwenden war,
9. der Arbeitnehmer keinen Arbeitslohn bezogen hat, der nach einem DBA oder nach dem Auslandstätigkeitserlass[2] von der deutschen Lohnsteuer freigestellt ist.

③ Auf die Steuerklasse des Arbeitnehmers kommt es nicht an. ④ Sind die in Satz 2 bezeichneten Voraussetzungen erfüllt, gilt die Genehmigung des Betriebsstättenfinanzamts als erteilt, wenn sie nicht im Einzelfall widerrufen wird. ⑤ Die besondere Lohnsteuerermittlung nach dem voraussichtlichen Jahresarbeitslohn beschränkt sich im Übrigen auf den laufenden Arbeitslohn; für die Lohnsteuerermittlung von sonstigen Bezügen sind stets § 39b Abs. 3 EStG und R 39b.6 anzuwenden. ⑥ Zur Anwendung des besonderen Verfahrens ist nach Ablauf eines jeden Lohnzahlungszeitraums oder – in den Fällen des § 39b Abs. 5 EStG – Lohnabrechnungszeitraums der laufende Arbeitslohn der abgelaufenen Lohnzahlungs- oder Lohnabrechnungszeiträume auf einen Jahresbetrag hochzurechnen, z. B. der laufende Arbeitslohn für die Monate Januar bis April multipliziert

[1] Abgedruckt im Anhang **I 14**.
[2] Abgedruckt als Anlage a zu LStH 39.5.

mit drei. ⑦ Von dem Jahresbetrag sind die Freibeträge für Versorgungsbezüge (§ 19 Abs. 2 EStG) und der Altersentlastungsbetrag (§ 24a EStG) abzuziehen, wenn die Voraussetzungen für den Abzug jeweils erfüllt sind. ⑧ Für den verbleibenden Jahreslohn ist die Jahreslohnsteuer zu ermitteln. ⑨ Dabei ist die für den Lohnzahlungszeitraum geltende Steuerklasse maßgebend. ⑩ Sodann ist der Teilbetrag der Jahreslohnsteuer zu ermitteln, der auf die abgelaufenen Lohnzahlungs- oder Lohnabrechnungszeiträume entfällt. ⑪ Von diesem Steuerbetrag ist die Lohnsteuer abzuziehen, die von dem laufenden Arbeitslohn der abgelaufenen Lohnzahlungs- oder Lohnabrechnungszeiträume bereits erhoben worden ist; der Restbetrag ist die Lohnsteuer, die für den zuletzt abgelaufenen Lohnzahlungs- oder Lohnabrechnungszeitraum zu erheben ist. ⑫ In den Fällen, in denen die maßgebende Steuerklasse während des Kj. gewechselt hat, ist anstelle der Lohnsteuer, die vom laufenden Arbeitslohn der abgelaufenen Lohnzahlungs- oder Lohnabrechnungszeiträume erhoben worden ist, die Lohnsteuer abzuziehen, die nach der zuletzt maßgebenden Steuerklasse vom laufenden Arbeitslohn bis zum vorletzten abgelaufenen Lohnzahlungs- oder Lohnabrechnungszeitraum zu erheben gewesen wäre. ⑬ Liegen die Voraussetzungen für den permanenten Lohnsteuer-Jahresausgleich für nachfolgende Lohnzahlungszeiträume nicht mehr vor, bleibt ein in den vorangegangenen Lohnzahlungszeiträumen vorgenommener Lohnsteuer-Jahresausgleich hiervon unberührt. LStR 39b.8

(2) Auf Antrag kann das Betriebsstättenfinanzamt bei kurzfristig Beschäftigten mit Steuerklasse VI und ohne Freibetrag nach § 39a EStG einen permanenten Lohnsteuer-Jahresausgleich zulassen (§ 39b Abs. 2 Satz 13 ff. EStG). **41**

R 39b.9 Besteuerung des Nettolohns

LStR 39b.9

(1) ① Will der Arbeitgeber aufgrund einer Nettolohnvereinbarung die auf den Arbeitslohn entfallende Lohnsteuer, den Solidaritätszuschlag, die Kirchensteuer und den Arbeitnehmeranteil am Gesamtsozialversicherungsbeitrag selbst tragen, sind die von ihm übernommenen Abzugsbeträge Teile des Arbeitslohns, die dem Nettolohn zur Steuerermittlung hinzugerechnet werden müssen. ② Die Lohnsteuer ist aus dem Bruttoarbeitslohn zu berechnen, der nach Minderung um die übernommenen Abzugsbeträge den Nettobetrag ergibt. ③ Dies gilt sinngemäß, wenn der Arbeitgeber nicht alle Abzugsbeträge übernehmen will. ④ Ein beim Lohnsteuerabzug zu berücksichtigender Freibetrag, die Freibeträge für Versorgungsbezüge, der Altersentlastungsbetrag und ein Hinzurechnungsbetrag sind beim Bruttoarbeitslohn zu berücksichtigen. ⑤ Führen mehrere Bruttoarbeitslöhne zum gewünschten Nettolohn, kann der niedrigste Bruttoarbeitslohn zugrunde gelegt werden. **42**

(2) ① Sonstige Bezüge, die netto gezahlt werden, z. B. Nettogratifikationen, sind nach § 39b Abs. 3 EStG zu besteuern. ② R 39b.6 ist mit der Maßgabe anzuwenden, dass bei der Ermittlung des maßgebenden Jahresarbeitslohns der voraussichtliche laufende Jahresarbeitslohn und frühere, netto gezahlte sonstige Bezüge mit den entsprechenden Bruttobeträgen nach Absatz 1 anzusetzen sind. ③ Diese Bruttobeträge sind auch bei späterer Zahlung sonstiger Bezüge im selben Kj. bei der Ermittlung des maßgebenden Jahresarbeitslohns zugrunde zu legen. **43**

(3) ① Bei der manuellen Berechnung der Lohnsteuer anhand von Lohnsteuertabellen wird eine Nettolohnvereinbarung mit steuerlicher Wirkung nur anerkannt, wenn sich gegenüber der maschinellen Lohnsteuerberechnung keine Abweichungen ergeben. ② Geringfügige Abweichungen aufgrund des Lohnstufenabstands (§ 51 Abs. 4 Nr. 1a EStG) sind hier jedoch unbeachtlich. **44**

(4) Im Lohnkonto und in den Lohnsteuerbescheinigungen sind die nach den Absätzen 1 und 2 ermittelten Bruttoarbeitslöhne anzugeben. **45**

H 39b.9

LStH 39b.9

Abtretung des Kindergeldanspruchs bei Nettolohnvereinbarung. Das im Rahmen einer Nettolohnvereinbarung an den Arbeitgeber abgetretene und an diesen gezahlte Kindergeld mindert im Jahr der Zahlung den Bruttoarbeitslohn des Arbeitnehmers (→ BFH vom 8. 2. 2024 – BStBl. II S. 574). **46**

Anerkennung einer Nettolohnvereinbarung.[1] Eine Nettolohnvereinbarung mit steuerlicher Wirkung kann nur bei einwandfreier Gestaltung anerkannt werden (→ BFH vom 18. 1. 1957 – BStBl. III S. 116, vom 18. 5. 1972 – BStBl. II S. 816, vom 12. 12. 1979 – BStBl. 1980 II S. 257 und vom 28. 2. 1992 – BStBl. II S. 733).

Einkommensteuernachzahlung bei Nettolohnvereinbarung. Leistet der Arbeitgeber bei einer Nettolohnvereinbarung für den Arbeitnehmer eine Einkommensteuernachzahlung für einen vorangegangenen VZ, wendet er dem Arbeitnehmer Arbeitslohn zu, der dem Arbeitnehmer als sonstiger Bezug im Zeitpunkt der Zahlung zufließt. Der in der Tilgung der persönlichen Einkommensteuerschuld des Arbeitnehmers durch den Arbeitgeber liegende Vorteil unterliegt der Einkommensteuer. Er ist deshalb auf einen Bruttobetrag hochzurechnen (→ BFH vom 3. 9. 2015 – BStBl. 2016 II S. 31).

[1] Zu steuerlichen Zweifelsfragen im Zusammenhang mit Nettolohnvereinbarungen vgl. auch *BFH vom 30. 7. 2009 (BStBl. 2010 II S. 148).*

LStH 39b.9

Finanzrechtsweg bei Nettolohnvereinbarung. Bei einer Nettolohnvereinbarung ist für Streitigkeiten über die Höhe des in der Lohnsteuerbescheinigung auszuweisenden Bruttoarbeitslohns der Finanzrechtsweg nicht gegeben. Ein unzutreffender Lohnsteuerabzug kann durch Einwendungen gegen die Lohnsteuerbescheinigung nicht berichtigt werden (→ BFH vom 13. 12. 2007 – BStBl. 2008 II S. 434).

Steuerschuldner bei Nettolohnvereinbarung[1] bleibt der Arbeitnehmer (→ BFH vom 19. 12. 1960 – BStBl. 1961 III S. 170).

[1] Zu steuerlichen Zweifelsfragen im Zusammenhang mit Nettolohnvereinbarungen vgl. auch *BFH vom 30. 7. 2009 (BStBl. 2010 II S. 148).*

EStG

§ 39 c Einbehaltung der Lohnsteuer ohne Lohnsteuerabzugsmerkmale

(1) ① Solange der Arbeitnehmer dem Arbeitgeber zum Zweck des Abrufs der elektronischen Lohnsteuerabzugsmerkmale (§ 39 e Absatz 4 Satz 1) die ihm zugeteilte Identifikationsnummer sowie den Tag der Geburt schuldhaft nicht mitteilt oder das Bundeszentralamt für Steuern die Mitteilung elektronischer Lohnsteuerabzugsmerkmale ablehnt, hat der Arbeitgeber die Lohnsteuer nach Steuerklasse VI zu ermitteln. ② Kann der Arbeitgeber die elektronischen Lohnsteuerabzugsmerkmale wegen technischer Störungen nicht abrufen oder hat der Arbeitnehmer die fehlende Mitteilung der ihm zuzuteilenden Identifikationsnummer nicht zu vertreten, hat der Arbeitgeber für die Lohnsteuerberechnung die voraussichtlichen Lohnsteuerabzugsmerkmale im Sinne des § 38 b längstens für die Dauer von drei Kalendermonaten zu Grunde zu legen. ③ Hat nach Ablauf der drei Kalendermonate der Arbeitnehmer die Identifikationsnummer sowie den Tag der Geburt nicht mitgeteilt, ist rückwirkend Satz 1 anzuwenden. ④ Sobald dem Arbeitgeber in den Fällen des Satzes 2 die elektronischen Lohnsteuerabzugsmerkmale vorliegen, sind die Lohnsteuerermittlungen für die vorangegangenen Monate zu überprüfen und, falls erforderlich, zu ändern. ⑤ Die zu wenig oder zu viel einbehaltene Lohnsteuer ist jeweils bei der nächsten Lohnabrechnung auszugleichen. 1

(2) ① Ist ein Antrag nach § 39 Absatz 3 Satz 1 oder § 39 e Absatz 8 nicht gestellt, hat der Arbeitgeber die Lohnsteuer nach Steuerklasse VI zu ermitteln. ② Legt der Arbeitnehmer binnen sechs Wochen nach Eintritt in das Dienstverhältnis oder nach Beginn des Kalenderjahres eine Bescheinigung für den Lohnsteuerabzug vor, ist Absatz 1 Satz 4 und 5 sinngemäß anzuwenden. 2

(3) ① In den Fällen des § 38 Absatz 3 a Satz 1 kann der Dritte die Lohnsteuer für einen sonstigen Bezug mit 20 Prozent unabhängig von den Lohnsteuerabzugsmerkmalen des Arbeitnehmers ermitteln, wenn der maßgebende Jahresarbeitslohn nach § 39 b Absatz 3 zuzüglich des sonstigen Bezugs 10 000 Euro nicht übersteigt. ② Bei der Feststellung des maßgebenden Jahresarbeitslohns sind nur die Lohnzahlungen des Dritten zu berücksichtigen. 3

R 39 c Lohnsteuerabzug durch Dritte ohne Lohnsteuerabzugsmerkmale

LStR 39 c

10 ① Ist ein Dritter zum Lohnsteuerabzug verpflichtet, weil er tarifvertragliche Ansprüche eines Arbeitnehmers eines anderen Arbeitgebers unmittelbar zu erfüllen hat (§ 38 Abs. 3 a Satz 1 EStG), kann der Dritte die Lohnsteuer für einen sonstigen Bezug unter den Voraussetzungen des § 39 c Abs. 3 EStG mit 20% unabhängig von den für den Arbeitnehmer geltenden Lohnsteuerabzugsmerkmalen ermitteln. ② Es handelt sich dabei nicht um eine pauschale Lohnsteuer i. S. d. §§ 40 ff. EStG. ③ Schuldner der Lohnsteuer bleibt im Falle des § 39 c Abs. 3 EStG der Arbeitnehmer. ④ Der versteuerte Arbeitslohn ist im Rahmen einer Einkommensteuerveranlagung des Arbeitnehmers zu erfassen und die pauschal erhobene Lohnsteuer auf die Einkommensteuerschuld anzurechnen. ⑤ Der Dritte hat der zuständigen Finanzbehörde für jeden Arbeitnehmer eine elektronische Lohnsteuerbescheinigung zu übermitteln (§ 41 b Abs. 1 Satz 2 EStG).

H 39 c

LStH 39 c

Fehlerhafte Bescheinigung → H 41 c.3 (Einzelfälle).

11 **Lohnsteuer-Ermäßigungsverfahren.** Im Lohnsteuer-Ermäßigungsverfahren kann auf die Bestätigung der ausländischen Steuerbehörde in der Anlage Grenzpendler EU/EWR bzw. Anlage Grenzpendler außerhalb EU/EWR verzichtet werden, wenn für einen der beiden vorangegangenen VZ bereits eine von der ausländischen Steuerbehörde bestätigte Anlage vorliegt und sich die Verhältnisse nach Angaben des Stpfl. nicht geändert haben (→ BMF vom 25. 11. 1999 – BStBl. I S. 990).[1]

[1] BMF-Schreiben wurde nicht abgedruckt, da die Hinweise die Regelung wiedergeben.

EStG

§ 39 e Verfahren zur Bildung und Anwendung der elektronischen Lohnsteuerabzugsmerkmale

1 **(1) ① Das Bundeszentralamt für Steuern bildet für jeden Arbeitnehmer grundsätzlich automatisiert die Steuerklasse und für die bei den Steuerklassen I bis IV zu berücksichtigenden Kinder die Zahl der Kinderfreibeträge nach § 38 b Absatz 2 Satz 1 als Lohnsteuerabzugsmerkmale (§ 39 Absatz 4 Satz 1 Nummer 1 und 2); für Änderungen gilt § 39 Absatz 2 entsprechend. ② Soweit das Finanzamt Lohnsteuerabzugsmerkmale nach § 39 bildet, teilt es sie dem Bundeszentralamt für Steuern zum Zweck der Bereitstellung für den automatisierten Abruf durch den Arbeitgeber mit. ③ Lohnsteuerabzugsmerkmale sind frühestens bereitzustellen mit Wirkung von Beginn des Kalenderjahres an, für das sie anzuwenden sind, jedoch nicht für einen Zeitpunkt vor Beginn des Dienstverhältnisses.**

2 **(2) ① Das Bundeszentralamt für Steuern speichert zum Zweck der Bereitstellung automatisiert abrufbarer Lohnsteuerabzugsmerkmale für den Arbeitgeber die Lohnsteuerabzugsmerkmale unter Angabe der Identifikationsnummer sowie für jeden Steuerpflichtigen folgende Daten zu den in § 139 b Absatz 3 der Abgabenordnung genannten Daten hinzu:**

1. rechtliche Zugehörigkeit zu einer steuererhebenden Religionsgemeinschaft sowie Datum des Eintritts und Austritts,

2. melderechtlichen Familienstand sowie den Tag der Begründung oder Auflösung des Familienstands und bei Verheirateten die Identifikationsnummer des Ehegatten,

3. Kinder mit ihrer Identifikationsnummer,

4. bei Verheirateten, ob und in welchem Zeitraum der Ehegatte im Inland nicht meldepflichtig ist oder die Ehegatten dauernd getrennt leben,

5. die Bildung einer geringeren Zahl der Kinderfreibeträge als Lohnsteuerabzugsmerkmal (§ 38 b Absatz 3) bei einer Pflicht der Meldebehörden zur Mitteilung der in Nummer 3 genannten Daten,

6. Beträge nach § 39 a Absatz 1 Satz 1,

7. Grad der Behinderung sowie den Gültigkeitszeitraum,

8. ob und in welchem Zeitraum der Arbeitnehmer die Voraussetzungen des § 33 b Absatz 4 (Hinterbliebenen-Pauschbetrag) erfüllt,

9. Datum, ab dem die elektronischen Lohnsteuerabzugsmerkmale dem Arbeitgeber zum Abruf bereitgestellt werden (Referenzdatum des Arbeitgebers).

② Die nach Landesrecht für das Meldewesen zuständigen Behörden (Meldebehörden) haben dem Bundeszentralamt für Steuern unter Angabe der Identifikationsnummer und des Tages der Geburt die in Satz 1 Nummer 1 bis 3 bezeichneten Daten und deren Änderungen im Melderegister mitzuteilen. ③ In den Fällen des Satzes 1 Nummer 3 besteht die Mitteilungspflicht nur, wenn das Kind mit Hauptwohnsitz oder alleinigem Wohnsitz im Zuständigkeitsbereich der Meldebehörde gemeldet ist und solange das Kind das 18. Lebensjahr noch nicht vollendet hat. ④ Sofern die Identifikationsnummer noch nicht zugeteilt wurde, teilt die Meldebehörde die Daten unter Angabe des Vorläufigen Bearbeitungsmerkmals nach § 139 b Absatz 6 Satz 2 der Abgabenordnung mit. ⑤ Für die Datenübermittlung gelten die §§ 2 und 3 der Zweiten Bundesmeldedatenübermittlungsverordnung vom 1. Dezember 2014 (BGBl. I S. 1950) in der jeweils geltenden Fassung entsprechend. ⑥ Das nach § 19 der Abgabenordnung zuständige Finanzamt hat dem Bundeszentralamt für Steuern unter Angabe der Identifikationsnummer des Steuerpflichtigen die in Satz 1 Nummer 4 bis 9 bezeichneten Daten und deren Änderungen automatisiert mitzuteilen und trägt die Verantwortung für die Rechtmäßigkeit der übermittelten Daten. ⑦ Das in Satz 6 genannte Finanzamt kann die nach Satz 1 Nummer 4 bis 9 bezeichneten Daten automatisiert abrufen.

3 **(3) ① Das Bundeszentralamt für Steuern hält die Identifikationsnummer, den Tag der Geburt, Merkmale für den Kirchensteuerabzug und die Lohnsteuerabzugsmerkmale des Arbeitnehmers nach § 39 Absatz 4 zum unentgeltlichen automatisierten Abruf durch den Arbeitgeber nach amtlich vorgeschriebenem Datensatz bereit (elektronische Lohnsteuerabzugsmerkmale). ② Bezieht ein Arbeitnehmer nebeneinander von mehreren Arbeitgebern Arbeitslohn, sind für jedes weitere Dienstverhältnis elektronische Lohnsteuerabzugsmerkmale zu bilden. ③ Bei Eheschließung wird für jeden Ehegatten automatisiert die Steuerklasse IV gebildet, wenn zum Zeitpunkt der Eheschließung die Voraussetzungen des § 38 b Absatz 1 Satz 2 Nummer 4 vorliegen. ④ Das Bundeszentralamt für Steuern führt die elektronischen Lohnsteuerabzugsmerkmale des Arbeitnehmers zum Zweck ihrer Bereitstellung nach Satz 1 mit der Wirtschafts-Identifikationsnummer (§ 139 c der Abgabenordnung) des Arbeitgebers zusammen.**

EStG

(4) ① Der Arbeitnehmer hat jedem seiner Arbeitgeber bei Eintritt in das Dienstverhältnis zum Zweck des Abrufs der Lohnsteuerabzugsmerkmale mitzuteilen, 4

1. wie die Identifikationsnummer sowie der Tag der Geburt lauten,

2. ob es sich um das erste oder ein weiteres Dienstverhältnis handelt (§ 38b Absatz 1 Satz 2 Nummer 6) und

3. ob und in welcher Höhe ein nach § 39a Absatz 1 Satz 1 Nummer 7 festgestellter Freibetrag abgerufen werden soll.

② Der Arbeitgeber hat bei Beginn des Dienstverhältnisses die elektronischen Lohnsteuerabzugsmerkmale für den Arbeitnehmer beim Bundeszentralamt für Steuern durch Datenfernübertragung abzurufen und sie in das Lohnkonto für den Arbeitnehmer zu übernehmen. ③ Für den Abruf der elektronischen Lohnsteuerabzugsmerkmale hat sich der Arbeitgeber zu authentifizieren und seine Wirtschafts-Identifikationsnummer, die Daten des Arbeitnehmers nach Satz 1 Nummer 1 und 2, den Tag des Beginns des Dienstverhältnisses und etwaige Angaben nach Satz 1 Nummer 3 mitzuteilen. ④ Zur Plausibilitätsprüfung der Identifikationsnummer hält das Bundeszentralamt für Steuern für den Arbeitgeber entsprechende Regeln bereit. ⑤ Der Arbeitgeber hat den Tag der Beendigung des Dienstverhältnisses unverzüglich dem Bundeszentralamt für Steuern durch Datenfernübertragung mitzuteilen. ⑥ Beauftragt der Arbeitgeber einen Dritten mit der Durchführung des Lohnsteuerabzugs, hat sich der Dritte für den Datenabruf zu authentifizieren und zusätzlich seine Wirtschafts-Identifikationsnummer mitzuteilen. ⑦ Für die Verarbeitung der elektronischen Lohnsteuerabzugsmerkmale gilt § 39 Absatz 8 entsprechend.

(5) ① Die abgerufenen elektronischen Lohnsteuerabzugsmerkmale sind vom Arbeitgeber für die Durchführung des Lohnsteuerabzugs des Arbeitnehmers anzuwenden, bis 5

1. ihm das Bundeszentralamt für Steuern geänderte elektronische Lohnsteuerabzugsmerkmale zum Abruf bereitstellt oder

2. der Arbeitgeber dem Bundeszentralamt für Steuern die Beendigung des Dienstverhältnisses mitteilt.

② Sie sind in der üblichen Lohnabrechnung anzugeben. ③ Der Arbeitgeber ist verpflichtet, die vom Bundeszentralamt für Steuern bereitgestellten Mitteilungen und elektronischen Lohnsteuerabzugsmerkmale monatlich anzufragen und abzurufen. ④ Kommt der Arbeitgeber seinen Verpflichtungen nach den Sätzen 1 und 3 sowie nach Absatz 4 Satz 2, 3 und 5 nicht nach, ist das Betriebsstättenfinanzamt für die Aufforderung zum Abruf und zur Anwendung der Lohnsteuerabzugsmerkmale sowie zur Mitteilung der Beendigung des Dienstverhältnisses und für die Androhung und Festsetzung von Zwangsmitteln zuständig.

(5a) ① Zahlt der Arbeitgeber, ein von diesem beauftragter Dritter in dessen Namen oder ein Dritter im Sinne des § 38 Absatz 3a verschiedenartige Bezüge als Arbeitslohn, kann der Arbeitgeber oder der Dritte die Lohnsteuer für den zweiten und jeden weiteren Bezug abweichend von Absatz 5 ohne Abruf weiterer elektronischer Lohnsteuerabzugsmerkmale nach der Steuerklasse VI einbehalten. ② Verschiedenartige Bezüge liegen vor, wenn der Arbeitnehmer vom Arbeitgeber folgenden Arbeitslohn bezieht: 5a

1. neben dem Arbeitslohn für ein aktives Dienstverhältnis auch Versorgungsbezüge,

2. neben Versorgungsbezügen, Bezügen und Vorteilen aus seinem früheren Dienstverhältnis auch andere Versorgungsbezüge oder

3. neben Bezügen und Vorteilen währen der Elternzeit oder vergleichbaren Unterbrechungszeiten des aktiven Dienstverhältnisses auch Arbeitslohn für ein weiteres befristetes aktives Dienstverhältnis.

③ § 46 Absatz 2 Nummer 2 ist entsprechend anzuwenden.

(6) ① Gegenüber dem Arbeitgeber gelten die Lohnsteuerabzugsmerkmale (§ 39 Absatz 4) mit dem Abruf der elektronischen Lohnsteuerabzugsmerkmale als bekannt gegeben. ② Einer Rechtsbehelfsbelehrung bedarf es nicht. ③ Die Lohnsteuerabzugsmerkmale gelten gegenüber dem Arbeitnehmer als bekannt gegeben, sobald der Arbeitgeber dem Arbeitnehmer den Ausdruck der Lohnabrechnung mit den nach Absatz 5 Satz 2 darin ausgewiesenen elektronischen Lohnsteuerabzugsmerkmalen ausgehändigt oder elektronisch bereitgestellt hat. ④ Die elektronischen Lohnsteuerabzugsmerkmale sind dem Steuerpflichtigen auf Antrag vom zuständigen Finanzamt mitzuteilen oder elektronisch bereitzustellen. ⑤ Wird dem Arbeitnehmer bekannt, dass die elektronischen Lohnsteuerabzugsmerkmale zu seinen Gunsten von den nach § 39 zu bildenden Lohnsteuerabzugsmerkmalen abweichen, ist er verpflichtet, dies dem Finanzamt unverzüglich mitzuteilen. ⑥ Der Steuerpflichtige kann beim zuständigen Finanzamt 6

EStG

1. den Arbeitgeber benennen, der zum Abruf von elektronischen Lohnsteuerabzugsmerkmalen berechtigt ist (Positivliste) oder nicht berechtigt ist (Negativliste). ② Hierfür hat der Arbeitgeber dem Arbeitnehmer seine Wirtschafts-Identifikationsnummer mitzuteilen. ③ Für die Verarbeitung der Wirtschafts-Identifikationsnummer gilt § 39 Absatz 8 entsprechend; oder

2. die Bildung oder die Bereitstellung der elektronischen Lohnsteuerabzugsmerkmale allgemein sperren oder allgemein freischalten lassen.

⑦ Macht der Steuerpflichtige von seinem Recht nach Satz 6 Gebrauch, hat er die Positivliste, die Negativliste, die allgemeine Sperrung oder die allgemeine Freischaltung in einem bereitgestellten elektronischen Verfahren oder nach amtlich vorgeschriebenem Vordruck dem Finanzamt zu übermitteln. ⑧ Werden wegen einer Sperrung nach Satz 6 einem Arbeitgeber, der Daten abrufen möchte, keine elektronischen Lohnsteuerabzugsmerkmale bereitgestellt, wird dem Arbeitgeber die Sperrung mitgeteilt und dieser hat die Lohnsteuer nach Steuerklasse VI zu ermitteln.

7 (7) **① Auf Antrag des Arbeitgebers kann das Betriebsstättenfinanzamt zur Vermeidung unbilliger Härten zulassen, dass er nicht am Abrufverfahren teilnimmt. ② Dem Antrag eines Arbeitgebers ohne maschinelle Lohnabrechnung, der ausschließlich Arbeitnehmer im Rahmen einer geringfügigen Beschäftigung in seinem Privathaushalt im Sinne des § 8 a des Vierten Buches Sozialgesetzbuch beschäftigt, ist stattzugeben. ③ Der Arbeitgeber hat dem Antrag unter Angabe seiner Wirtschafts-Identifikationsnummer ein Verzeichnis der beschäftigten Arbeitnehmer mit Angabe der jeweiligen Identifikationsnummer und des Tages der Geburt des Arbeitnehmers beizufügen. ④ Der Antrag ist nach amtlich vorgeschriebenem Vordruck jährlich zu stellen und vom Arbeitgeber zu unterschreiben. ⑤ Das Betriebsstättenfinanzamt übermittelt dem Arbeitgeber für die Durchführung des Lohnsteuerabzugs für ein Kalenderjahr eine arbeitgeberbezogene Bescheinigung mit den Lohnsteuerabzugsmerkmalen des Arbeitnehmers (Bescheinigung für den Lohnsteuerabzug) sowie etwaige Änderungen. ⑥ Diese Bescheinigung sowie die Änderungsmitteilungen sind als Belege zum Lohnkonto zu nehmen und bis zum Ablauf des Kalenderjahres aufzubewahren. ⑦ Absatz 5 Satz 1 und 2 sowie Absatz 6 Satz 3 gelten entsprechend. ⑧ Der Arbeitgeber hat den Tag der Beendigung des Dienstverhältnisses unverzüglich dem Betriebsstättenfinanzamt mitzuteilen.**

8 (8) **① Ist einem nach § 1 Absatz 1 unbeschränkt einkommensteuerpflichtigen Arbeitnehmer keine Identifikationsnummer zugeteilt, hat das Wohnsitzfinanzamt auf Antrag eine Bescheinigung für den Lohnsteuerabzug für die Dauer eines Kalenderjahres auszustellen. ② Die Bescheinigung kann auch der Arbeitgeber beantragen, wenn ihn der Arbeitnehmer dazu nach § 80 Absatz 1 der Abgabenordnung bevollmächtigt hat. ③ Diese Bescheinigung ersetzt die Verpflichtung und Berechtigung des Arbeitgebers zum Abruf der elektronischen Lohnsteuerabzugsmerkmale (Absätze 4 und 6). ④ In diesem Fall tritt an die Stelle der Identifikationsnummer das lohnsteuerliche Ordnungsmerkmal nach § 41 b Absatz 2 Satz 1 und 2. ⑤ Für die Durchführung des Lohnsteuerabzugs hat der Arbeitnehmer seinem Arbeitgeber vor Beginn des Kalenderjahres oder bei Eintritt in das Dienstverhältnis die nach Satz 1 ausgestellte Bescheinigung für den Lohnsteuerabzug vorzulegen. ⑥ § 39 c Absatz 1 Satz 2 bis 5 ist sinngemäß anzuwenden. ⑦ Der Arbeitgeber hat die Bescheinigung für den Lohnsteuerabzug entgegenzunehmen und während des Dienstverhältnisses, längstens bis zum Ablauf des jeweiligen Kalenderjahres, aufzubewahren.**

9 (9) **Ist die Wirtschafts-Identifikationsnummer noch nicht oder nicht vollständig eingeführt, tritt an ihre Stelle die Steuernummer der Betriebsstätte oder des Teils des Betriebs des Arbeitgebers, in dem der für den Lohnsteuerabzug maßgebende Arbeitslohn des Arbeitnehmers ermittelt wird (§ 41 Absatz 2).**

10 (10) **Die beim Bundeszentralamt für Steuern nach Absatz 2 Satz 1 gespeicherten Daten können auch zur Prüfung und Durchführung der Einkommensbesteuerung (§ 2) des Steuerpflichtigen für Veranlagungszeiträume ab 2005, zur Ermittlung des reduzierten Beitragssatzes nach § 55 Absatz 3 Satz 3 bis 5 des Elften Buches Sozialgesetzbuch, zur Ermittlung des Einkommens nach § 97 a des Sechsten Buches Sozialgesetzbuch und zur Prüfung eines Anspruchs auf Kindergeld verarbeitet werden.**

LStH 39e

H 39e

12 **Allgemeines.** Elektronische Lohnsteuerabzugsmerkmale (ELStAM); Lohnsteuerabzug im Verfahren der elektronischen Lohnsteuerabzugsmerkmale → BMF vom 13. 12. 2024 (BStBl. 2025 I S. 64).[1]

Antragsfrist → R 39.3 Satz 1.

[1] Abgedruckt als Anlagezu LStH 39.1

EStG

§ 39f Faktorverfahren anstelle Steuerklassenkombination III/V

1 (1)[1] ① **Bei Ehegatten, die in die Steuerklasse IV gehören (§ 38 b Absatz 1 Satz 2 Nummer 4 erster Halbsatz), hat das Finanzamt auf Antrag beider Ehegatten nach § 39 a anstelle der Steuerklassenkombination III/V (§ 38 b Absatz 1 Satz 2 Nummer 5) als Lohnsteuerabzugsmerkmal jeweils die Steuerklasse IV in Verbindung mit einem Faktor zur Ermittlung der Lohnsteuer zu bilden, wenn der Faktor kleiner als 1 ist.** ② **Der Faktor ist Y : X und vom Finanzamt mit drei Nachkommastellen ohne Rundung zu berechnen.** ③ **„Y" ist die voraussichtliche Einkommensteuer für beide Ehegatten nach dem Splittingverfahren (§ 32 a Absatz 5) unter Berücksichtigung der in § 39 b Absatz 2 genannten Abzugsbeträge.** ④ **„X" ist die Summe der voraussichtlichen Lohnsteuer bei Anwendung der Steuerklasse IV für jeden Ehegatten.** ⑤ **Maßgeblich sind die Steuerbeträge des Kalenderjahres, für das der Faktor erstmals gelten soll.** ⑥ **In die Bemessungsgrundlage für Y werden jeweils neben den Jahresarbeitslöhnen der ersten Dienstverhältnisse zusätzlich nur Beträge einbezogen, die nach § 39 a Absatz 1 Satz 1 Nummer 1 bis 6 als Freibetrag ermittelt und als Lohnsteuerabzugsmerkmal gebildet werden könnten; Freibeträge werden neben dem Faktor nicht als Lohnsteuerabzugsmerkmal gebildet.** ⑦ **In den Fällen des § 39 a Absatz 1 Satz 1 Nummer 7 sind bei der Ermittlung von Y und X die Hinzurechnungsbeträge zu berücksichtigen; die Hinzurechnungsbeträge sind zusätzlich als Lohnsteuerabzugsmerkmal für das erste Dienstverhältnis zu bilden.** ⑧ **Arbeitslöhne aus zweiten und weiteren Dienstverhältnissen (Steuerklasse VI) sind im Faktorverfahren nicht zu berücksichtigen.** ⑨ **Der nach Satz 1 gebildete Faktor gilt bis zum Ablauf des Kalenderjahres, das auf das Kalenderjahr folgt, in dem der Faktor erstmals gilt oder zuletzt geändert worden ist.** ⑩ **Die Ehegatten können eine Änderung des Faktors beantragen, wenn sich die für die Ermittlung des Faktors maßgeblichen Jahresarbeitslöhne im Sinne des Satzes 6 ändern.** ⑪ **Besteht eine Anzeigepflicht nach § 39 a Absatz 1 Satz 5 oder wird eine Änderung des Freibetrags nach § 39 a Absatz 1 Satz 4 beantragt, gilt die Anzeige oder der Antrag auf Änderung des Freibetrags zugleich als Antrag auf Anpassung des Faktors.**

2 (2) **Für die Einbehaltung der Lohnsteuer vom Arbeitslohn hat der Arbeitgeber Steuerklasse IV und den Faktor anzuwenden.**

3 (3)[2] ① **§ 39 Absatz 6 Satz 3 und 5 gilt mit der Maßgabe, dass die Änderungen nach Absatz 1 Satz 10 und 11 keine Änderungen im Sinne des § 39 Absatz 6 Satz 3 sind.** ② **§ 39 a ist anzuwenden mit der Maßgabe, dass ein Antrag nach amtlich vorgeschriebenem Vordruck (§ 39 a Absatz 2) nur erforderlich ist, wenn bei der Faktorermittlung zugleich Beträge nach § 39 a Absatz 1 Satz 1 Nummer 1 bis 6 berücksichtigt werden sollen.**

4 (4) **Das Faktorverfahren ist im Programmablaufplan für die maschinelle Berechnung der Lohnsteuer (§ 39 b Absatz 6) zu berücksichtigen.**

[1] Zur Anwendung von Abs. 1 Sätze 9 bis 11 siehe § 52 Abs. 37 a EStG.
[2] Zur Anwendung von Abs. 3 Satz 1 siehe § 52 Abs. 37 a EStG.

EStG

§ 40 Pauschalierung der Lohnsteuer in besonderen Fällen

1 (1) ① Das Betriebsstättenfinanzamt (§ 41 a Absatz 1 Satz 1 Nummer 1) kann auf Antrag des Arbeitgebers zulassen, dass die Lohnsteuer mit einem unter Berücksichtigung der Vorschriften des § 38 a zu ermittelnden Pauschsteuersatz erhoben wird, soweit

1. von dem Arbeitgeber sonstige Bezüge in einer größeren Zahl von Fällen gewährt werden oder
2.[1] in einer größeren Zahl von Fällen Lohnsteuer nachzuerheben ist, weil der Arbeitgeber die Lohnsteuer nicht vorschriftsmäßig einbehalten hat.

② Bei der Ermittlung des Pauschsteuersatzes ist zu berücksichtigen, dass die in Absatz 3 vorgeschriebene Übernahme der pauschalen Lohnsteuer durch den Arbeitgeber für den Arbeitnehmer eine in Geldeswert bestehende Einnahme im Sinne des § 8 Absatz 1 darstellt (Nettosteuersatz). ③ Die Pauschalierung ist in den Fällen des Satzes 1 Nummer 1 ausgeschlossen, soweit der Arbeitgeber einem Arbeitnehmer sonstige Bezüge von mehr als 1 000 Euro im Kalenderjahr gewährt. ④ Der Arbeitgeber hat dem Antrag eine Berechnung beizufügen, aus der sich der durchschnittliche Steuersatz unter Zugrundelegung der durchschnittlichen Jahresarbeitslöhne und der durchschnittlichen Jahreslohnsteuer in jeder Steuerklasse für diejenigen Arbeitnehmer ergibt, denen die Bezüge gewährt werden sollen oder gewährt worden sind.

2 (2) ① Abweichend von Absatz 1 kann der Arbeitgeber die Lohnsteuer mit einem Pauschsteuersatz von 25 Prozent erheben, soweit er

1. arbeitstäglich Mahlzeiten im Betrieb an die Arbeitnehmer unentgeltlich oder verbilligt abgibt oder Barzuschüsse an ein anderes Unternehmen leistet, das arbeitstäglich Mahlzeiten an die Arbeitnehmer unentgeltlich oder verbilligt abgibt. ② Voraussetzung ist, dass die Mahlzeiten nicht als Lohnbestandteile vereinbart sind,

1 a. oder auf seine Veranlassung ein Dritter den Arbeitnehmern anlässlich einer beruflichen Tätigkeit außerhalb seiner Wohnung und ersten Tätigkeitsstätte Mahlzeiten zur Verfügung stellt, die nach § 8 Absatz 2 Satz 8 und 9 mit dem Sachbezugswert anzusetzen sind,

2. Arbeitslohn aus Anlass von Betriebsveranstaltungen zahlt,
3. Erholungsbeihilfen gewährt, wenn diese zusammen mit Erholungsbeihilfen, die in demselben Kalenderjahr früher gewährt worden sind, 156 Euro für den Arbeitnehmer, 104 Euro für dessen Ehegatten und 52 Euro für jedes Kind nicht übersteigen und der Arbeitgeber sicherstellt, dass die Beihilfen zu Erholungszwecken verwendet werden,
4. Vergütungen für Verpflegungsmehraufwendungen anlässlich einer Tätigkeit im Sinne des § 9 Absatz 4 a Satz 2 oder Satz 4 zahlt, soweit die Vergütungen die nach § 9 Absatz 4 a Satz 3, 5 und 6 zustehenden Pauschalen um nicht mehr als 100 Prozent übersteigen,
5. den Arbeitnehmern zusätzlich zum ohnehin geschuldeten Arbeitslohn[2] unentgeltlich oder verbilligt Datenverarbeitungsgeräte übereignet; das gilt auch für Zubehör und Internetzugang. ② Das Gleiche gilt für Zuschüsse des Arbeitgebers, die zusätzlich zum ohnehin geschuldeten Arbeitslohn zu den Aufwendungen des Arbeitnehmers für die Internetnutzung gezahlt werden,
6.[3] den Arbeitnehmern zusätzlich zum ohnehin geschuldeten Arbeitslohn unentgeltlich oder verbilligt die Ladevorrichtung für Elektrofahrzeuge oder Hybridelektrofahrzeuge im Sinne des § 6 Absatz 1 Nummer 4 Satz 2 zweiter Halbsatz übereignet. ② Das Gleiche gilt für Zuschüsse des Arbeitgebers, die zusätzlich zum ohnehin geschuldeten Arbeitslohn zu den Aufwendungen des Arbeitnehmers für den Erwerb und die Nutzung dieser Ladevorrichtung gezahlt werden,
7. den Arbeitnehmern zusätzlich zum ohnehin geschuldeten Arbeitslohn[4] unentgeltlich oder verbilligt ein betriebliches Fahrrad, das kein Kraftfahrzeug im Sinne des § 6 Absatz 1 Nummer 4 Satz 2 ist, übereignet.

② Der Arbeitgeber kann die Lohnsteuer mit folgenden Pauschsteuersätzen erheben:

1. mit einem Pauschsteuersatz von 15 Prozent für die nicht nach § 3 Nummer 15 steuerfreien

---

[1] In den Fällen, in denen Arbeitslohn zu Lasten des Arbeitgebers mit dem Pauschsteuersatz nachversteuert wird, braucht (aus Vereinfachungsgründen) die Kirchensteuer dem zu versteuernden Betrag nicht hinzugerechnet zu werden; gleiches gilt für den Solidaritätszuschlag *(FinMin Baden-Württemberg, Erlass vom 30. 5. 2011, DStR S. 1182).*

[2] Siehe hierzu § 8 Abs. 4 EStG.

[3] Zur Anwendung von § 40 Abs. 2 Satz 1 Nr. 6 siehe § 52 Abs. 37 c sowie zur Zusätzlichkeitsvoraussetzung § 8 Abs. 4 EStG.

[4] Siehe hierzu § 8 Abs. 4 EStG.

EStG

a) Sachbezüge in Form einer unentgeltlichen oder verbilligten Beförderung eines Arbeitnehmers zwischen Wohnung und erster Tätigkeitsstätte sowie Fahrten nach § 9 Absatz 1 Satz 3 Nummer 4 a Satz 3 oder

b) Zuschüsse zu den Aufwendungen des Arbeitnehmers für Fahrten zwischen Wohnung und erster Tätigkeitsstätte oder Fahrten nach § 9 Absatz 1 Satz 3 Nummer 4 a Satz 3, die zusätzlich zum ohnehin geschuldeten Arbeitslohn[1] geleistet werden,

soweit die Bezüge den Betrag nicht übersteigen, den der Arbeitnehmer nach § 9 Absatz 1 Satz 3 Nummer 4 und Absatz 2 als Werbungskosten geltend machen könnte, wenn die Bezüge nicht pauschal besteuert würden; diese pauschal besteuerten Bezüge mindern die nach § 9 Absatz 1 Satz 3 Nummer 4 Satz 2 und Absatz 2 abziehbaren Werbungskosten oder

2. mit einem Pauschsteuersatz von 25 Prozent anstelle der Steuerfreiheit nach § 3 Nummer 15 einheitlich für alle dort genannten Bezüge eines Kalenderjahres, auch wenn die Bezüge dem Arbeitnehmer nicht zusätzlich zum ohnehin geschuldeten Arbeitslohn gewährt werden; für diese pauschal besteuerten Bezüge unterbleibt eine Minderung der nach § 9 Absatz 1 Satz 3 Nummer 4 Satz 2 und Absatz 2 abziehbaren Werbungskosten oder

3.[2] mit einem Pauschsteuersatz von 25 Prozent für die Freifahrtberechtigungen, die Soldaten nach § 30 Absatz 6 des Soldatengesetzes erhalten; für diese pauschal besteuerten Bezüge unterbleibt eine Minderung der nach § 9 Absatz 1 Satz 3 Nummer 4 Satz 2 sowie Nummer 5 Satz 6 abziehbaren Werbungskosten.

③ Die nach Satz 2 pauschalbesteuerten Bezüge bleiben bei der Anwendung des § 40 a Absatz 1 bis 4 außer Ansatz. ④ Bemessungsgrundlage der pauschalen Lohnsteuer sind in den Fällen des Satzes 2 Nummer 2 und 3 die Aufwendungen des Arbeitgebers einschließlich Umsatzsteuer.

(3) **① Der Arbeitgeber hat die pauschale Lohnsteuer zu übernehmen. ② Er ist Schuldner der pauschalen Lohnsteuer; auf den Arbeitnehmer abgewälzte pauschale Lohnsteuer gilt als zugeflossener Arbeitslohn und mindert nicht die Bemessungsgrundlage. ③ Der pauschal besteuerte Arbeitslohn und die pauschale Lohnsteuer bleiben bei einer Veranlagung zur Einkommensteuer und beim Lohnsteuer-Jahresausgleich außer Ansatz. ④ Die pauschale Lohnsteuer ist weder auf die Einkommensteuer noch auf die Jahreslohnsteuer anzurechnen.** 3

(4)[3] **① Das Pauschalierungswahlrecht des Arbeitgebers ist durch Übermittlung oder Abgabe einer Lohnsteuer-Anmeldung, in der die pauschale Lohnsteuer angegeben wird, auszuüben. ② Abweichend von Satz 1 kann der Arbeitgeber für den Prüfungszeitraum einer Lohnsteuer-Außenprüfung das Pauschalierungswahlrecht durch schriftliche oder elektronische Erklärung gegenüber dem Betriebsstättenfinanzamt ausüben. ③ Die Erklärung nach Satz 2 ist spätestens bis zur Bestandskraft der auf Grund der Lohnsteuer-Außenprüfung erlassenen Bescheide abzugeben. ④ Im Fall des Satzes 2 wird die pauschale Lohnsteuer vom Betriebsstättenfinanzamt durch Steuerbescheid festgesetzt.**

Übersicht

Rz.
LStR 40.1 Bemessung der Lohnsteuer nach besonderen Pauschsteuersätzen (§ 40 Abs. 1 EStG); H 40.1 6–9
LStR 40.2 Bemessung der Lohnsteuer nach einem festen Pauschsteuersatz (§ 40 Abs. 2 EStG); H 40.2 15–21
Anlage: Schreiben betr. Abwälzung von pauschaler Lohnsteuer und Annexsteuern auf Arbeitnehmer vom 10. 1. 2000 (Auszug) 22

R 40.1 Bemessung der Lohnsteuer nach besonderen Pauschsteuersätzen (§ 40 Abs. 1 EStG)

LStR 40.1

Größere Zahl von Fällen

(1) ① Eine größere Zahl von Fällen ist ohne weitere Prüfung anzunehmen, wenn gleichzeitig mindestens 20 Arbeitnehmer in die Pauschalbesteuerung einbezogen werden. ② Wird ein Antrag auf Lohnsteuerpauschalierung für weniger als 20 Arbeitnehmer gestellt, kann unter Berücksichtigung der besonderen Verhältnisse des Arbeitgebers und der mit der Pauschalbesteuerung angestrebten Vereinfachung eine größere Zahl von Fällen auch bei weniger als 20 Arbeitnehmern angenommen werden. 6

[1] Siehe hierzu § 8 Abs. 4 EStG.
[2] Zur Anwendung von § 40 Abs. 2 Satz 2 Nr. 3 siehe § 52 Abs. 37 c Satz 2 EStG.
[3] Zur Anwendung von § 40 Abs. 4 siehe § 52 Abs. 37 c Satz 3.

LStR 40.1

Beachtung der Pauschalierungsgrenze[1]

(2) ① Der Arbeitgeber hat anhand der Aufzeichnungen im Lohnkonto (§ 4 Abs. 2 Nr. 8 Satz 1
7 LStDV) vor jedem Pauschalierungsantrag zu prüfen, ob die Summe aus den im laufenden Kj. bereits gezahlten sonstigen Bezügen, für die die Lohnsteuer mit einem besonderen Steuersatz erhoben worden ist, und aus dem sonstigen Bezug, der nunmehr an den einzelnen Arbeitnehmer gezahlt werden soll, die Pauschalierungsgrenze nach § 40 Abs. 1 Satz 3 EStG übersteigt. ② Wird diese Pauschalierungsgrenze durch den sonstigen Bezug überschritten, ist der übersteigende Teil nach § 39 b Abs. 3 EStG zu besteuern. ③ Hat der Arbeitgeber die Pauschalierungsgrenze mehrfach nicht beachtet, sind Anträge auf Lohnsteuerpauschalierung nach § 40 Abs. 1 Satz 1 Nr. 2 EStG nicht zu genehmigen.

Berechnung des durchschnittlichen Steuersatzes

8 (3) ① Die Verpflichtung, den durchschnittlichen Steuersatz zu errechnen, kann der Arbeitgeber dadurch erfüllen, dass er

1. den Durchschnittsbetrag der pauschal zu versteuernden Bezüge,
2. die Zahl der betroffenen Arbeitnehmer nach Steuerklassen getrennt in folgenden drei Gruppen:
   a) Arbeitnehmer in den Steuerklassen I, II und IV,
   b) Arbeitnehmer in der Steuerklasse III und
   c) Arbeitnehmer in den Steuerklassen V und VI sowie
3. die Summe der Jahresarbeitslöhne der betroffenen Arbeitnehmer, gemindert um die nach § 39 b Abs. 3 Satz 3 EStG abziehbaren Freibeträge und den Entlastungsbetrag für Alleinerziehende bei der Steuerklasse II (ohne Erhöhungsbeträge für weitere Kinder),[2] erhöht um den Hinzurechnungsbetrag,

ermittelt. ② Hierbei kann aus Vereinfachungsgründen davon ausgegangen werden, dass die betroffenen Arbeitnehmer in allen Zweigen der Sozialversicherung versichert sind und keinen Beitragszuschlag für Kinderlose (§ 55 Abs. 3 SGB XI) leisten; die individuellen Verhältnisse aufgrund des Faktorverfahrens nach § 39 f EStG bleiben unberücksichtigt. ③ Außerdem kann für die Ermittlungen nach Satz 1 Nr. 2 und 3 eine repräsentative Auswahl der betroffenen Arbeitnehmer zugrunde gelegt werden. ④ Zur Festsetzung eines Pauschsteuersatzes für das laufende Kj. können für die Ermittlung nach Satz 1 Nr. 3 auch die Verhältnisse des Vorjahres zugrunde gelegt werden. ⑤ Aus dem nach Satz 1 Nr. 3 ermittelten Betrag hat der Arbeitgeber den durchschnittlichen Jahresarbeitslohn der erfassten Arbeitnehmer zu berechnen. ⑥ Für jede der in Satz 1 Nr. 2 bezeichneten Gruppen hat der Arbeitgeber sodann den Steuerbetrag zu ermitteln, dem der Durchschnittsbetrag der pauschal zu versteuernden Bezüge unterliegt, wenn er dem durchschnittlichen Jahresarbeitslohn hinzugerechnet wird. ⑦ Dabei ist für die Gruppe nach Satz 1 Nr. 2 Buchst. a die Steuerklasse I, für die Gruppe nach Satz 1 Nr. 2 Buchst. b die Steuerklasse III und für die Gruppe nach Satz 1 Nr. 2 Buchst. c die Steuerklasse V maßgebend; der Durchschnittsbetrag der pauschal zu besteuernden Bezüge ist auf den nächsten durch 216 ohne Rest teilbaren Euro-Betrag aufzurunden. ⑧ Durch Multiplikation der Steuerbeträge mit der Zahl der in der entsprechenden Gruppe erfassten Arbeitnehmer und Division der sich hiernach ergebenden Summe der Steuerbeträge durch die Gesamtzahl der Arbeitnehmer und den Durchschnittsbetrag der pauschal zu besteuernden Bezüge ist hiernach die durchschnittliche Steuerbelastung zu berechnen, der die pauschal zu besteuernden Bezüge unterliegen. ⑨ Das Finanzamt hat den Pauschsteuersatz nach dieser Steuerbelastung so zu berechnen, dass unter Berücksichtigung der Übernahme der pauschalen Lohnsteuer durch den Arbeitgeber insgesamt nicht zu wenig Lohnsteuer erhoben wird. ⑩ Die Prozentsätze der durchschnittlichen Steuerbelastung und des Pauschsteuersatzes sind mit einer Dezimalstelle anzusetzen, die nachfolgenden Dezimalstellen sind fortzulassen.

LStH 40.1

H 40.1

9 **Berechnung des durchschnittlichen Steuersatzes.** Die in R 40.1 Abs. 3 dargestellte Berechnung des durchschnittlichen Steuersatzes ist nicht zu beanstanden (→ BFH vom 11. 3. 1988 – BStBl. II S. 726). Kinderfreibeträge sind nicht zu berücksichtigen (→ BFH vom 26. 7. 2007 – BStBl. II S. 844).

Beispiel:

1. Der Arbeitgeber ermittelt für rentenversicherungspflichtige Arbeitnehmer
   a) den durchschnittlichen Betrag der pauschal zu besteuernden Bezüge mit 550 €,
   b) die Zahl der betroffenen Arbeitnehmer
      – in den Steuerklassen I, II und IV mit 20,
      – in der Steuerklasse III mit 12 und
      – in den Steuerklassen V und VI mit 3,
   c) die Summe der Jahresarbeitslöhne der betroffenen Arbeitnehmer nach Abzug aller Freibeträge mit 610 190 €; dies ergibt einen durchschnittlichen Jahresarbeitslohn von (610 190 € : 35 =) 17 434 €.

---

[1] 1000 Euro-Grenze.
[2] Ab 2023 = 4260 Euro.

LStH 40.1

2. Die Erhöhung des durchschnittlichen Jahresarbeitslohns um den auf 648 € aufgerundeten Durchschnittsbetrag (→ R 40.1 Abs. 3 Satz 7 zweiter Halbsatz) der pauschal zu besteuernden Bezüge ergibt für diesen Betrag folgende Jahreslohnsteuerbeträge:
   – in der Steuerklasse I = 160 €,
   – in der Steuerklasse III = 80 €,
   – in der Steuerklasse V = 180 €.
3. Die durchschnittliche Steuerbelastung der pauschal zu besteuernden Bezüge ist hiernach wie folgt zu berechnen:
$$\frac{20 \times 160 + 12 \times 80 + 3 \times 180}{35 \times 648} = 20{,}7\%.$$
4. Der Pauschsteuersatz beträgt demnach
$$\frac{100 \times 20{,}7}{100 - 20{,}7} = 26{,}1\%.$$

Bindung des Arbeitgebers an den Pauschalierungsbescheid. Der Arbeitgeber ist an seinen rechtswirksam gestellten Antrag auf Pauschalierung der Lohnsteuer gebunden, sobald der Lohnsteuer-Pauschalierungsbescheid wirksam wird (→ BFH vom 5. 3. 1993 – BStBl. II S. 692).

Bindung des Finanzamts an den Pauschalierungsbescheid. Wird auf den Einspruch des Arbeitgebers ein gegen ihn ergangener Lohnsteuer-Pauschalierungsbescheid aufgehoben, so kann der dort berücksichtigte Arbeitslohn bei der Veranlagung des Arbeitnehmers erfasst werden (→ BFH vom 18. 1. 1991 – BStBl. II S. 309).

Bindung des Finanzamts an eine Anrufungsauskunft. Hat der Arbeitgeber eine Anrufungsauskunft eingeholt und ist er danach verfahren, ist das Betriebsstättenfinanzamt im Lohnsteuer-Abzugsverfahren daran gebunden. Eine Nacherhebung der Lohnsteuer ist auch dann nicht zulässig, wenn der Arbeitgeber nach einer Lohnsteuer-Außenprüfung einer Pauschalierung nach § 40 Abs. 1 Satz 1 Nr. 2 EStG zugestimmt hat (→ BFH vom 16. 11. 2005 – BStBl. 2006 II S. 210).

Entstehung der pauschalen Lohnsteuer. In den Fällen des § 40 Abs. 1 Satz 1 Nr. 2 EStG ist der geldwerte Vorteil aus der Steuerübernahme des Arbeitgebers nicht nach den Verhältnissen im Zeitpunkt der Steuernachforderung zu versteuern. Vielmehr muss der für die pauschalierten Löhne nach den Verhältnissen der jeweiligen Zuflussjahre errechnete Bruttosteuersatz (→ Beispiel Nr. 1 bis 3) jeweils auf den Nettosteuersatz (→ Beispiel Nr. 4) der Jahre hochgerechnet werden, in denen die pauschalierten Löhne zugeflossen sind und in denen die pauschale Lohnsteuer entsteht (→ BFH vom 6. 5. 1994 – BStBl. II S. 715).

Kirchensteuer bei Pauschalierung der Lohn- und Einkommensteuer → Gleich lautende Ländererlasse vom 8. 8. 2016 (BStBl. I S. 773).[1]

Pauschalierungsantrag. Derjenige, der für den Arbeitgeber im Rahmen der Lohnsteuer-Außenprüfung auftritt, ist i. d. R. dazu befugt, einen Antrag auf Lohnsteuer-Pauschalierung zu stellen (→ BFH vom 10. 10. 2002 – BStBl. 2003 II S. 156).

Pauschalierungsbescheid. Die pauschalen Steuerbeträge sind im Pauschalierungsbescheid auf die einzelnen Jahre aufzuteilen (→ BFH vom 18. 7. 1985 – BStBl. 1986 II S. 152).

Pauschalierungsvoraussetzungen. Die pauschalierte Lohnsteuer darf nur für solche Einkünfte aus nichtselbstständiger Arbeit erhoben werden, die dem Lohnsteuerabzug unterliegen, wenn der Arbeitgeber keinen Pauschalierungsantrag gestellt hätte (→ BFH vom 10. 5. 2006 – BStBl. II S. 669).

Wirkung einer fehlerhaften Pauschalbesteuerung. Eine fehlerhafte Pauschalbesteuerung ist für die Veranlagung zur Einkommensteuer nicht bindend (→ BFH vom 10. 6. 1988 – BStBl. II S. 981).

R 40.2 Bemessung der Lohnsteuer nach einem festen Pauschsteuersatz (§ 40 Abs. 2 EStG)

LStR 40.2

Allgemeines

(1) Die Lohnsteuer kann mit einem Pauschsteuersatz von 25% erhoben werden **15**

1. nach § 40 Abs. 2 Satz 1 Nr. 1 EStG für den Unterschiedsbetrag zwischen dem amtlichen Sachbezugswert und dem niedrigeren Entgelt, das der Arbeitnehmer für die Mahlzeiten entrichtet (→ R 8.1 Abs. 7 Nr. 1 bis 3); ggf. ist der nach R 8.1 Abs. 7 Nr. 5 ermittelte Durchschnittswert der Besteuerung zugrunde zu legen. ② Bei der Ausgabe von Essenmarken ist die Pauschalversteuerung nur zulässig, wenn die Mahlzeit mit dem amtlichen Sachbezugswert zu bewerten ist (→ R 8.1 Abs. 7 Nr. 4 Buchst. a) oder der Verrechnungswert der Essenmarke nach R 8.1 Abs. 7 Nr. 4 Buchst. b anzusetzen ist;

1 a. nach § 40 Abs. 2 Satz 1 Nr. 1 a EStG für Mahlzeiten, die der Arbeitgeber oder auf seine Veranlassung ein Dritter den Arbeitnehmern bei einer Auswärtstätigkeit zur Verfügung stellt, wenn die Mahlzeit mit dem amtlichen Sachbezugswert anzusetzen ist, z. B., weil die Abwesenheit von

---

[1] Abgedruckt als Anlage zu LStH 37 a.

LStR 40.2

mehr als acht Stunden nicht erreicht oder nicht dokumentiert wird (eintägige Auswärtstätigkeit) oder der Dreimonatszeitraum abgelaufen ist;

2. nach § 40 Abs. 2 Satz 1 Nr. 2 EStG für Zuwendungen bei Betriebsveranstaltungen;
3. nach § 40 Abs. 2 Satz 1 Nr. 3 EStG für Erholungsbeihilfen, soweit sie *nicht* ausnahmsweise als steuerfreie Unterstützungen anzusehen sind und wenn sie nicht die in § 40 Abs. 2 Satz 1 Nr. 3 EStG genannten Grenzen übersteigen;
4. nach § 40 Abs. 2 Satz 1 Nr. 4 EStG für Vergütungen für Verpflegungsmehraufwendungen, die anlässlich einer Auswärtstätigkeit mit einer Abwesenheitsdauer von mehr als acht Stunden oder für den An- und Abreisetag einer mehrtägigen Auswärtstätigkeit mit Übernachtung gezahlt werden, soweit die Vergütungen die in § 9 Abs. 4a Satz 3 bis 6 EStG bezeichneten ungekürzten Pauschbeträge um nicht mehr als 100% übersteigen; die Pauschalversteuerung gilt nicht für die Erstattung von Verpflegungsmehraufwendungen wegen einer doppelten Haushaltsführung;
5. nach § 40 Abs. 2 Satz 1 Nr. 5 EStG für zusätzlich zum ohnehin geschuldeten Arbeitslohn[1] unentgeltlich oder verbilligt übereignete Datenverarbeitungsgeräte, Zubehör und Internetzugang sowie für zusätzlich zum ohnehin geschuldeten Arbeitslohn gezahlte Zuschüsse des Arbeitgebers zu den Aufwendungen des Arbeitnehmers für die Internetnutzung.
6. nach § 40 Abs. 2 Satz 1 Nr. 6 EStG für die zusätzlich zum ohnehin geschuldeten Arbeitslohn unentgeltlich oder verbilligt übereignete Ladevorrichtung für Elektro- oder Hybridelektrofahrzeuge sowie für zusätzlich zum ohnehin geschuldeten Arbeitslohn gezahlte Zuschüsse des Arbeitgebers zu den Aufwendungen des Arbeitnehmers für den Erwerb und die Nutzung dieser Ladevorrichtung;
7. nach § 40 Abs. 2 Satz 1 Nr. 7 EStG für ein zusätzlich zum ohnehin geschuldeten Arbeitslohn unentgeltlich oder verbilligt übereignetes betriebliches Fahrrad oder Elektrofahrrad, das verkehrsrechtlich nicht als Kfz einzuordnen ist.

Verhältnis zur Pauschalierung nach § 40 Abs. 1 Satz 1 Nr. 1

16 (2) Die nach § 40 Abs. 2 EStG pauschal besteuerten sonstigen Bezüge werden nicht auf die Pauschalierungsgrenze (→ R 40.1 Abs. 2) angerechnet.

Erholungsbeihilfen

17 (3) ① Bei der Feststellung, ob die im Kj. gewährten Erholungsbeihilfen zusammen mit früher gewährten Erholungsbeihilfen die in § 40 Abs. 2 Satz 1 Nr. 3 EStG bezeichneten Beträge übersteigen, ist von der Höhe der Zuwendungen im Einzelfall auszugehen. ② Die Jahreshöchstbeträge für den Arbeitnehmer, seinen Ehegatten und seine Kinder sind jeweils gesondert zu betrachten. ③ Die Erholungsbeihilfen müssen für die Erholung dieser Personen bestimmt sein und verwendet werden. ④ Davon kann i. d. R. ausgegangen werden, wenn die Erholungsbeihilfe im zeitlichen Zusammenhang mit einem Urlaub des Arbeitnehmers gewährt wird. ⑤ Übersteigen die Erholungsbeihilfen im Einzelfall den maßgebenden Jahreshöchstbetrag, ist auf sie insgesamt entweder § 39b Abs. 3 EStG mit Ausnahme des Satzes 9 oder § 40 Abs. 1 Satz 1 Nr. 1 EStG anzuwenden.

Reisekosten

18 (4) ① Die Pauschalversteuerung mit einem Pauschsteuersatz von 25% nach § 40 Abs. 2 Satz 1 Nr. 4 EStG ist auf einen Vergütungsbetrag bis zur Summe der ungekürzten Verpflegungspauschalen nach § 9 Abs. 4a Satz 3 bis 6 EStG begrenzt. ② Für den darüberhinausgehenden Vergütungsbetrag kann weiterhin eine Pauschalversteuerung mit einem besonderen Pauschsteuersatz nach § 40 Abs. 1 Satz 1 Nr. 1 EStG in Betracht kommen. ③ Zur Ermittlung des steuerfreien Vergütungsbetrags dürfen die einzelnen Aufwendungsarten zusammengefasst werden (→ R 3.16 Satz 1). ④ Aus Vereinfachungsgründen bestehen auch keine Bedenken, den Betrag, der den steuerfreien Vergütungsbetrag übersteigt, einheitlich als Vergütung für Verpflegungsmehraufwendungen zu behandeln, die in den Grenzen des § 40 Abs. 2 Satz 1 Nr. 4 EStG mit 25% pauschal versteuert werden kann.

Datenverarbeitungsgeräte und Internet

19 (5) ① Die Pauschalierung nach § 40 Abs. 2 Satz 1 Nr. 5 Satz 1 EStG kommt bei Sachzuwendungen des Arbeitgebers in Betracht. ② Hierzu rechnet die Übereignung von Hardware einschl. technischem Zubehör und Software als Erstausstattung oder als Ergänzung, Aktualisierung und Austausch vorhandener Bestandteile. ③ Die Pauschalierung ist auch möglich, wenn der Arbeitgeber ausschl. technisches Zubehör oder Software übereignet. ④ Telekommunikationsgeräte, die nicht Zubehör eines Datenverarbeitungsgerätes sind oder nicht für die Internetnutzung verwendet werden können, sind von der Pauschalierung ausgeschlossen. ⑤ Hat der Arbeitnehmer einen Internetzugang, sind die Barzuschüsse des Arbeitgebers für die Internetnutzung des Arbeitnehmers nach § 40 Abs. 2 Satz 1 Nr. 5 Satz 2 EStG pauschalierungsfähig. ⑥ Zu den Aufwendungen für die Internetnutzung in diesem Sinne gehören sowohl die laufenden Kosten (z. B. Grundgebühr für den Internetzugang, laufende Gebühren für die Internetnutzung, Flatrate) als auch die Kosten der Einrichtung des Internetzugangs (z. B. Anschluss, Modem, PC). ⑦ Aus Vereinfachungsgründen

[1] Siehe hierzu § 8 Abs. 4 EStG.

kann der Arbeitgeber den vom Arbeitnehmer erklärten Betrag für die laufende Internetnutzung (Gebühren) pauschal versteuern, soweit dieser 50 € im Monat nicht übersteigt. ⑧ Der Arbeitgeber hat diese Erklärung als Beleg zum Lohnkonto aufzubewahren. ⑨ Bei höheren Zuschüssen zur Internetnutzung und zur Änderung der Verhältnisse gilt R 3.50 Abs. 2 sinngemäß. ⑩ Soweit die pauschal besteuerten Bezüge auf Werbungskosten entfallen, ist der Werbungskostenabzug i. d. R. ausgeschlossen. ⑪ Zugunsten des Arbeitnehmers sind die pauschal besteuerten Zuschüsse zunächst auf den privat veranlassten Teil der Aufwendungen anzurechnen. ⑫ Aus Vereinfachungsgründen unterbleibt zugunsten des Arbeitnehmers eine Anrechnung auf seine Werbungskosten bei Zuschüssen bis zu 50 € im Monat. LStR 40.2

Fahrten zwischen Wohnung und erster Tätigkeitsstätte, zu einem Sammelpunkt oder einem weiträumigen Tätigkeitsgebiet

(6) ① Die Lohnsteuer kann für nicht nach § 3 Nr. 15 EStG steuerfreie Sachbezüge oder Zuschüsse des Arbeitgebers nach § 40 Abs. 2 Satz 2 Nr. 1 EStG mit einem Pauschsteuersatz von 15% erhoben werden. ② Maßgeblich für die Höhe des pauschalierbaren Betrages sind die tatsächlichen Aufwendungen des Arbeitnehmers für die Fahrten zwischen Wohnung und erster Tätigkeitsstätte oder Fahrten nach § 9 Abs. 1 Satz 3 Nr. 4a Satz 3 EStG, jedoch höchstens der Betrag, den der Arbeitnehmer nach § 9 Abs. 1 Satz 3 Nr. 4, Abs. 2 EStG als Werbungskosten geltend machen könnte. ③ Anstelle der Steuerbefreiung nach § 3 Nr. 15 EStG kann der Arbeitgeber die Lohnsteuer für alle dort genannten Sachbezüge und Zuschüsse eines Kj. nach § 40 Abs. 2 Satz 2 Nr. 2 EStG mit einem Pauschsteuersatz von 25% erheben. ④ Die Anwendung des Pauschsteuersatzes von 25% ist auch möglich, wenn die Bezüge dem Arbeitnehmer nicht zusätzlich zum ohnehin geschuldeten Arbeitslohn gewährt werden. ⑤ Maßgeblich für die Höhe des pauschalierbaren Betrages sind die Aufwendungen des Arbeitgebers einschl. Umsatzsteuer. 20

H 40.2

LStH 40.2

Abwälzung der pauschalen Lohnsteuer

– bei bestimmten Zukunftssicherungsleistungen → H 40b.1 (Abwälzung der pauschalen Lohnsteuer); 21
– bei Fahrtkosten (→ BMF vom 10. 1. 2000 – BStBl. I S. 138);[1]

Beispiel:

Ein Arbeitnehmer hat Anspruch auf einen Zuschuss zu seinen Pkw-Kosten für Fahrten zwischen Wohnung und erster Tätigkeitsstätte in Höhe der gesetzlichen Entfernungspauschale, so dass sich für den Lohnabrechnungszeitraum ein Fahrtkostenzuschuss von insgesamt 210 € ergibt. Arbeitgeber und Arbeitnehmer haben vereinbart, dass diese Arbeitgeberleistung pauschal besteuert werden und der Arbeitnehmer die pauschale Lohnsteuer tragen soll.
Bemessungsgrundlage für die Anwendung des gesetzlichen Pauschsteuersatzes von 15% ist der Bruttobetrag von 210 €. Als pauschal besteuerte Arbeitgeberleistung ist der Betrag von 210 € zu bescheinigen. Dieser Betrag mindert den nach § 9 Abs. 1 Satz 3 Nr. 4 EStG als Werbungskosten abziehbaren Betrag von 210 € auf 0 €.

– bei Teilzeitbeschäftigten → H 40a.1 (Abwälzung der pauschalen Lohnsteuer).

Bescheinigungspflicht für Fahrgeldzuschüsse → § 41b Abs. 1 Satz 2 Nr. 7 EStG.

Betriebsveranstaltung

– Zum Begriff → BMF vom 14. 10. 2015 (BStBl. I S. 832).[2]
– Zur Pauschalversteuerung → BMF vom 14. 10. 2015 (BStBl. I S. 832),[3] Tz. 5.
– Eine nur Führungskräften eines Unternehmens vorbehaltene Abendveranstaltung ist mangels Offenheit des Teilnehmerkreises keine Betriebsveranstaltung i. S. d. § 40 Abs. 2 Satz 1 Nr. 2 EStG (→ BFH vom 15. 1. 2009 – BStBl. II S. 476).
– Im Rahmen einer Betriebsveranstaltung an alle Arbeitnehmer überreichte Goldmünzen unterliegen nicht der Pauschalierungsmöglichkeit des § 40 Abs. 2 Satz 1 Nr. 2 EStG (→ BFH vom 7. 11. 2006 – BStBl. 2007 II S. 128).
– Während einer Betriebsveranstaltung überreichte Geldgeschenke, die kein zweckgebundenes Zehrgeld sind, können nicht nach § 40 Abs. 2 EStG pauschal besteuert werden (→ BFH vom 7. 2. 1997 – BStBl. II S. 365).

Erholungsbeihilfen → H 3.11 (Erholungsbeihilfen und andere Beihilfen).

Fahrten zwischen Wohnung und erster Tätigkeitsstätte → BMF vom 3. 3. 2022 (BStBl. I S. 232).[4]

Fahrtkostenzuschüsse

– als zusätzlich erbrachte Leistung → § 8 Abs. 4 EStG;
– können auch bei Anrechnung auf andere freiwillige Sonderzahlungen pauschal versteuert werden (→ BFH vom 1. 10. 2009 – BStBl. 2010 II S. 487);
– sind auch bei Teilzeitbeschäftigten i. S. d. § 40a EStG unter Beachtung der Abzugsbeschränkung bei der Entfernungspauschale nach § 40 Abs. 2 Satz 2 EStG pauschalierbar. Die pauschal

---

[1] Nachstehend abgedruckt als Anlage zu LStH 40.2.
[2] Abgedruckt als Anlage zu LStH 19.5.
[3] Abgedruckt als Anlage zu LStH 19.5.
[4] Abgedruckt als Anlage c zu LStH 8.1.

LStH 40.2

besteuerten Beförderungsleistungen und Fahrtkostenzuschüsse sind in die Prüfung der Arbeitslohngrenzen des § 40 a EStG nicht einzubeziehen (§ 40 Abs. 2 Satz 3 EStG).
– Zur Pauschalbesteuerung von Fahrtkostenzuschüssen → BMF vom 18. 11. 2021 (BStBl. I S. 2315).[1]

Fehlerhafte Pauschalversteuerung → H 40 a.1 (Fehlerhafte Pauschalversteuerung).

Gestellung von Kraftfahrzeugen
– Die Vereinfachungsregelung von 15 Arbeitstagen monatlich gilt nicht bei der Einzelbewertung einer Kraftfahrzeuggestellung nach der sog. 0,002%-Methode → BMF vom 3. 3. 2022 (BStBl. I S. 232), Rn. 15.[2]
– Zur Pauschalbesteuerung bei der Gestellung von Kfz → BMF vom 18. 11. 2021 (BStBl. I S. 2315).[3]

Kirchensteuer bei Pauschalierung der Lohn- und Einkommensteuer → Gleich lautende Ländererlasse vom 8. 8. 2016 (BStBl. I S. 773).[4]

Ladevorrichtung. Zur Pauschalversteuerung → BMF vom 29. 9. 2020 (BStBl. I S. 972), Rdnr. 27–31.[5]

Pauschalversteuerung von Reisekosten
– → BMF vom 25. 11. 2020 (BStBl. I S. 1228), Rz. 58 ff.[6]

– **Beispiel:**
Ein Arbeitnehmer erhält wegen einer Auswärtstätigkeit von Montag 11 Uhr bis Mittwoch 20 Uhr mit kostenloser Übernachtung mit Frühstück lediglich pauschalen Fahrtkostenersatz von 350 €, dem eine Fahrstrecke mit eigenem Pkw von 500 km zugrunde liegt.

Steuerfrei sind	
– eine Fahrtkostenvergütung von (500 km × 0,30 €/km =)	150,00 €
– Verpflegungspauschalen von (14 € + 22,40 € [28 € ./. 5,60 €] + 8,40 € [14 € ./. 5,60 €] =)	44,80 €
insgesamt	194,80 €

Der Mehrbetrag von (350 € ./. 194,80 € =) 155,20 € kann mit einem Teilbetrag von 56 € pauschal mit 25% versteuert werden. Bei einer Angabe in der Lohnsteuerbescheinigung sind 44,80 € in die Zeile 20 „steuerfreie Verpflegungszuschüsse bei Auswärtstätigkeit" einzutragen (§ 41 b Abs. 1 Satz 2 Nr. 10 EStG).

Wahlrecht. Das Wahlrecht des Arbeitgebers, die Lohnsteuer für geldwerte Vorteile bei Fahrten zwischen Wohnung und erster Tätigkeitsstätte nach § 40 Abs. 2 Satz 2 EStG zu pauschalieren, wird nicht durch einen Antrag, sondern durch Anmeldung der mit einem Pauschsteuersatz erhobenen Lohnsteuer ausgeübt. Ein dahingehender Antrag, der im finanzgerichtlichen Verfahren gestellt wird, ist unbeachtlich (→ BFH vom 24. 9. 2015 – BStBl. 2016 II S. 176).

Anl zu LStH 40.2

Schreiben betr.
Gesetz zur Neuregelung der geringfügigen Beschäftigungsverhältnisse und Steuerentlastungsgesetz 1999/2000/2002
Abwälzung von pauschaler Lohnsteuer und Annexsteuern auf Arbeitnehmer

Vom 10. Januar 2000 (BStBl. I S. 138)

(BMF IV C 5 – S 2330 – 2/00)

– Auszug –

...

22 **1. Abwälzung von pauschaler Lohnsteuer und Annexsteuern auf Arbeitnehmer**

Nach § 40 Abs. 3 Satz 2 EStG in der Fassung des Steuerentlastungsgesetzes 1999/2000/2002 gilt die auf den Arbeitnehmer abgewälzte pauschale Lohnsteuer als zugeflossener Arbeitslohn; sie darf die Bemessungsgrundlage nicht mindern. Dies entspricht dem in § 12 Nr. 3 EStG zum Ausdruck kommenden allgemeinen Grundsatz, dass Personensteuern nur abzugsfähig sind, wenn sie die Voraussetzungen als Betriebsausgaben oder Werbungskosten erfüllen oder ihre steuermindernde Berücksichtigung ausdrücklich zugelassen ist. Die Neuregelung gilt aufgrund von Verweisungen auch für §§ 40 a und 40 b EStG.

a) Abwälzung von Lohnsteuer

Im Fall der Abwälzung bleibt zwar der Arbeitgeber Schuldner der pauschalen Lohnsteuer, im wirtschaftlichen Ergebnis wird sie jedoch vom Arbeitnehmer getragen. Die Verlagerung der Belastung darf weder zu einer Minderung des individuell nach den Merkmalen der Lohnsteuerkarte zu versteuernden Arbeitslohns noch zu einer Minderung der Bemessungsgrundlage für die pauschale Lohnsteuer führen. Eine Abwälzung kann sich beispielsweise aus dem Arbeitsvertrag selbst, aus einer Zusatzvereinbarung zum Arbeitsvertrag ergeben oder aus dem wirtschaftlichen Ergebnis einer Gehaltsumwandlung oder Ge-

[1] Abgedruckt als Anlage zu LStH 9.10.
[2] Abgedruckt als Anlage c zu LStH 8.1.
[3] Abgedruckt als Anlage zu LStH 9.10.
[4] Abgedruckt als Anlage zu LStH 37 a.
[5] Abgedruckt als Anlage zu LStH 3.46.
[6] Abgedruckt als Anlage zu LStH 9.4.

haltsänderungsvereinbarung. Das ist der Fall, wenn die pauschale Lohnsteuer als Abzugsbetrag in der Gehaltsabrechnung ausgewiesen wird. Dies gilt auch, wenn zur Abwälzung zwar in arbeitsrechtlich zulässiger Weise eine Gehaltsminderung vereinbart wird, der bisherige ungekürzte Arbeitslohn aber weiterhin für die Bemessung künftiger Erhöhungen des Arbeitslohns oder anderer Arbeitgeberleistungen (z. B. Weihnachtsgeld, Tantieme, Jubiläumszuwendungen) maßgebend bleibt. Eine Abwälzung der pauschalen Lohnsteuer ist hingegen nicht anzunehmen, wenn eine Gehaltsänderungsvereinbarung zu einer Neufestsetzung künftigen Arbeitslohns führt, aus der alle rechtlichen und wirtschaftlichen Folgerungen gezogen werden, also insbesondere der geminderte Arbeitslohn Bemessungsgrundlage für künftige Erhöhungen des Arbeitslohns oder andere Arbeitgeberleistungen wird. Dies gilt auch dann, wenn die Gehaltsminderung in Höhe der Pauschalsteuer vereinbart wird.

Anl zu LStH 40.2

b) Abwälzung von Annexsteuern (Kirchensteuer, Solidaritätszuschlag)

Für im Zusammenhang mit der Pauschalierung der Lohnsteuer ebenfalls pauschal erhobene und auf den Arbeitnehmer abgewälzte Annexsteuern (Kirchensteuer, Solidaritätszuschlag) gelten die Ausführungen unter Buchstabe a entsprechend. Daher ist auch hinsichtlich der abgewälzten Annexsteuern von zugeflossenem Arbeitslohn auszugehen, der die Bemessungsgrundlage für die Lohnsteuer nicht mindert.

c) Übergangsregelung

Nach § 52 Abs. 53 EStG in der Fassung des Steuerentlastungsgesetzes 1999/2000/ 2002 ist § 40 Abs. 3 EStG in der Fassung der Bekanntmachung vom 16. April 1997 (BGBl. I S. 821; BStBl. I S. 415) auf Arbeitslöhne weiter anzuwenden, soweit sie vor dem 1. April 1999 zugeflossen sind. Es stellt sich die Frage, wie zu verfahren ist, wenn Arbeitslöhne für Januar bis März 1999 erst nach dem 31. März 1999 abgerechnet werden. Nach Sinn und Zweck der Übergangsregelung ist § 38 a Abs. 1 Satz 2 und 3 EStG sinngemäß anzuwenden. Daher ist in diesen Fällen zwischen laufendem Arbeitslohn und sonstigen Bezügen zu unterscheiden. Handelt es sich um laufenden Arbeitslohn für Januar bis März 1999, so kann noch § 40 Abs. 3 EStG in der alten Fassung angewendet werden. Bei nach dem 31. März 1999 zufließenden sonstigen Bezügen ist § 40 Abs. 3 EStG in der neuen Fassung anzuwenden. Die Regelungen in den R 127 Abs. 8 Satz 3 ff., 128 Abs. 3 Satz 5 und 129 Abs. 2 Satz 3 LStR 1999 zu den Rechtsfolgen bei der Abwälzung pauschaler Lohnsteuer sind durch die Gesetzesänderung überholt.

2. …

EStG

§ 40a Pauschalierung der Lohnsteuer für Teilzeitbeschäftigte und geringfügig Beschäftigte

1 **(1) ① Der Arbeitgeber kann unter Verzicht auf den Abruf von elektronischen Lohnsteuerabzugsmerkmalen (§ 39 e Absatz 4 Satz 2) oder die Vorlage einer Bescheinigung für den Lohnsteuerabzug (§ 39 Absatz 3 oder § 39 e Absatz 7 oder Absatz 8) bei Arbeitnehmern, die nur kurzfristig beschäftigt werden, die Lohnsteuer mit einem Pauschsteuersatz von 25 Prozent des Arbeitslohns erheben. ② Eine kurzfristige Beschäftigung liegt vor, wenn der Arbeitnehmer bei dem Arbeitgeber gelegentlich, nicht regelmäßig wiederkehrend beschäftigt wird, die Dauer der Beschäftigung 18 zusammenhängende Arbeitstage nicht übersteigt und**

1. der Arbeitslohn während der Beschäftigungsdauer 150 Euro durchschnittlich je Arbeitstag nicht übersteigt oder

2. die Beschäftigung zu einem unvorhersehbaren Zeitpunkt sofort erforderlich wird.

2 **(2) Der Arbeitgeber kann unter Verzicht auf den Abruf von elektronischen Lohnsteuerabzugsmerkmalen (§ 39 e Absatz 4 Satz 2) oder die Vorlage einer Bescheinigung für den Lohnsteuerabzug (§ 39 Absatz 3 oder § 39 e Absatz 7 oder Absatz 8) die Lohnsteuer einschließlich Solidaritätszuschlag und Kirchensteuern (einheitliche Pauschsteuer) für das Arbeitsentgelt aus geringfügigen Beschäftigungen im Sinne des § 8 Absatz 1 Nummer 1 oder des § 8 a des Vierten Buches Sozialgesetzbuch, für das er Beiträge nach § 168 Absatz 1 Nummer 1 b oder 1 c (geringfügig versicherungspflichtig Beschäftigte) oder nach § 172 Absatz 3 oder 3 a (versicherungsfrei oder von der Versicherungspflicht befreite geringfügig Beschäftigte) oder nach § 276 a Absatz 1 (versicherungsfrei geringfügig Beschäftigte) des Sechsten Buches Sozialgesetzbuch zu entrichten hat, mit einem einheitlichen Pauschsteuersatz in Höhe von insgesamt 2 Prozent des Arbeitsentgelts erheben.**

3 **(2 a) Hat der Arbeitgeber in den Fällen des Absatzes 2 keine Beiträge nach § 168 Absatz 1 Nummer 1 b oder 1 c oder nach § 172 Absatz 3 oder 3 a oder nach § 276 a Absatz 1 des Sechsten Buches Sozialgesetzbuch zu entrichten, kann er unter Verzicht auf den Abruf von elektronischen Lohnsteuerabzugsmerkmalen (§ 39 e Absatz 4 Satz 2) oder die Vorlage einer Bescheinigung für den Lohnsteuerabzug (§ 39 Absatz 3 oder § 39 e Absatz 7 oder Absatz 8) die Lohnsteuer mit einem Pauschsteuersatz in Höhe von 20 Prozent des Arbeitsentgelts erheben.**

4 **(3) ① Abweichend von den Absätzen 1 und 2 a kann der Arbeitgeber unter Verzicht auf den Abruf von elektronischen Lohnsteuerabzugsmerkmalen (§ 39 e Absatz 4 Satz 2) oder die Vorlage einer Bescheinigung für den Lohnsteuerabzug (§ 39 Absatz 3 oder § 39 e Absatz 7 oder Absatz 8) bei Aushilfskräften, die in Betrieben der Land- und Forstwirtschaft im Sinne des § 13 Absatz 1 Nummer 1 bis 4 ausschließlich mit typisch land- oder forstwirtschaftlichen Arbeiten beschäftigt werden, die Lohnsteuer mit einem Pauschsteuersatz von 5 Prozent des Arbeitslohns erheben. ② Aushilfskräfte im Sinne dieser Vorschrift sind Personen, die für die Ausführung und für die Dauer von Arbeiten, die nicht ganzjährig anfallen, beschäftigt werden; eine Beschäftigung mit anderen land- und forstwirtschaftlichen Arbeiten ist unschädlich, wenn deren Dauer 25 Prozent der Gesamtbeschäftigungsdauer nicht überschreitet. ③ Aushilfskräfte sind nicht Arbeitnehmer, die zu den land- und forstwirtschaftlichen Fachkräften gehören oder die der Arbeitgeber mehr als 180 Tage im Kalenderjahr beschäftigt.**

5 **(4) Die Pauschalierungen nach den Absätzen 1 und 3 sind unzulässig**

1. bei Arbeitnehmern, deren Arbeitslohn während der Beschäftigungsdauer durchschnittlich je Arbeitsstunde 19 Euro übersteigt,

2. bei Arbeitnehmern, die für eine andere Beschäftigung von demselben Arbeitgeber Arbeitslohn beziehen, der nach § 39 b oder § 39 c dem Lohnsteuerabzug unterworfen wird.

6 **(5)[1] ① Auf die Pauschalierungen nach den Absätzen 1 bis 3 und 7 ist § 40 Absatz 3 anzuwenden. ② Auf die Pauschalierungen nach den Absätzen 1, 2 a, 3 und 7 ist § 40 Absatz 4 entsprechend anzuwenden.**

7 **(6) ① Für die Erhebung der einheitlichen Pauschsteuer nach Absatz 2 ist die Deutsche Rentenversicherung Knappschaft-Bahn-See zuständig. ② Die Regelungen zum Steuerabzug vom Arbeitslohn sind entsprechend anzuwenden. ③ Für die Anmeldung, Abführung und Vollstreckung der einheitlichen Pauschsteuer sowie die Erhebung eines Säumniszuschlags und das Mahnverfahren für die einheitliche Pauschsteuer gelten dabei die Regelungen für die Beiträge nach § 168 Absatz 1 Nummer 1 b oder 1 c oder nach § 172 Absatz 3 oder 3 a oder nach § 276 a Absatz 1 des Sechsten Buches Sozialgesetzbuch. ④ Die Deutsche Rentenversicherung Knappschaft-Bahn-See hat die ein-**

[1] Zur Anwendung von § 40 a Abs. 5 Satz 2 siehe § 52 Abs. 37 c Satz 3.

EStG

heitliche Pauschsteuer auf die erhebungsberechtigten Körperschaften aufzuteilen; dabei entfallen aus Vereinfachungsgründen 90 Prozent der einheitlichen Pauschsteuer auf die Lohnsteuer, 5 Prozent auf den Solidaritätszuschlag und 5 Prozent auf die Kirchensteuern. ⑤ Die erhebungsberechtigten Kirchen haben sich auf eine Aufteilung des Kirchensteueranteils zu verständigen und diesen der Deutschen Rentenversicherung Knappschaft-Bahn-See mitzuteilen. ⑥ Die Deutsche Rentenversicherung Knappschaft-Bahn-See ist berechtigt, die einheitliche Pauschsteuer nach Absatz 2 zusammen mit den Sozialversicherungsbeiträgen beim Arbeitgeber einzuziehen.

(7) ① Der Arbeitgeber kann unter Verzicht auf den Abruf von elektronischen Lohnsteuerabzugsmerkmalen (§ 39 e Absatz 4 Satz 2) die Lohnsteuer für Bezüge von kurzfristigen, im Inland ausgeübten Tätigkeiten beschränkt steuerpflichtiger Arbeitnehmer, die einer ausländischen Betriebsstätte dieses Arbeitgebers zugeordnet sind, mit einem Pauschsteuersatz von 30 Prozent des Arbeitslohns erheben. ② Eine kurzfristige Tätigkeit im Sinne des Satzes 1 liegt nur vor, wenn die im Inland ausgeübte Tätigkeit 18 zusammenhängende Arbeitstage nicht übersteigt. 8

R 40 a.1 Kurzfristig Beschäftigte und Aushilfskräfte in der Land- und Forstwirtschaft

LStR 40 a.1

Allgemeines

(1) ① Die Pauschalierung der Lohnsteuer nach § 40 a Abs. 1 und 3 EStG ist sowohl für unbeschränkt als auch für beschränkt einkommensteuerpflichtige Aushilfskräfte zulässig. ② Bei der Prüfung der Voraussetzungen für die Pauschalierung ist von den Merkmalen auszugehen, die sich für das einzelne Dienstverhältnis ergeben. ③ Es ist nicht zu prüfen, ob die Aushilfskraft noch in einem Dienstverhältnis zu einem anderen Arbeitgeber steht. ④ Der Arbeitgeber darf die Pauschalbesteuerung nachholen, solange keine Lohnsteuerbescheinigung ausgeschrieben ist, eine Lohnsteuer-Anmeldung noch berichtigt werden kann und noch keine Festsetzungsverjährung eingetreten ist. ⑤ Der Arbeitnehmer kann Aufwendungen, die mit dem pauschal besteuerten Arbeitslohn zusammenhängen, nicht als Werbungskosten abziehen. 10

Gelegentliche Beschäftigung

(2) ① Als gelegentliche, nicht regelmäßig wiederkehrende Beschäftigung ist eine ohne feste Wiederholungsabsicht ausgeübte Tätigkeit anzusehen. ② Tatsächlich kann es zu Wiederholungen der Tätigkeit kommen. ③ Entscheidend ist, dass die erneute Tätigkeit nicht bereits von vornherein vereinbart worden ist. ④ Es kommt dann nicht darauf an, wie oft die Aushilfskräfte tatsächlich im Laufe des Jahres tätig werden. ⑤ Ob sozialversicherungsrechtlich eine kurzfristige Beschäftigung vorliegt oder nicht, ist für die Pauschalierung nach § 40 a Abs. 1 EStG ohne Bedeutung. 11

Unvorhersehbarer Zeitpunkt

(3) ① § 40 a Abs. 1 Satz 2 Nr. 2 EStG setzt voraus, dass das Dienstverhältnis dem Ersatz einer ausgefallenen oder dem akuten Bedarf einer zusätzlichen Arbeitskraft dient. ② Die Beschäftigung von Aushilfskräften, deren Einsatzzeitpunkt längere Zeit vorher feststeht, z. B. bei Volksfesten oder Messen, kann nicht als unvorhersehbar und sofort erforderlich angesehen werden; eine andere Beurteilung ist aber z. B. hinsichtlich solcher Aushilfskräfte möglich, deren Einstellung entgegen dem vorhersehbaren Bedarf an Arbeitskräften notwendig geworden ist. 12

Bemessungsgrundlage für die pauschale Lohnsteuer

(4) ① Zur Bemessungsgrundlage der pauschalen Lohnsteuer gehören alle Einnahmen, die dem Arbeitnehmer aus der Aushilfsbeschäftigung zufließen (§ 2 LStDV).[1] ② Steuerfreie Einnahmen bleiben außer Betracht. ③ Der Arbeitslohn darf für die Ermittlung der pauschalen Lohnsteuer nicht um den Altersentlastungsbetrag (§ 24 a EStG) gekürzt werden. 13

Pauschalierungsgrenzen

(5) ① Bei der Prüfung der Pauschalierungsgrenzen des § 40 a Abs. 1 und 3 EStG ist Absatz 4 entsprechend anzuwenden. ② Pauschal besteuerte Bezüge mit Ausnahme des § 40 Abs. 2 Satz 2 EStG sind bei der Prüfung der Pauschalierungsgrenzen zu berücksichtigen. ③ Zur Beschäftigungsdauer gehören auch solche Zeiträume, in denen der Arbeitslohn wegen Urlaubs, Krankheit oder gesetzlicher Feiertage fortgezahlt wird. 14

Aushilfskräfte in der Land- und Forstwirtschaft

(6) ① Eine Pauschalierung der Lohnsteuer nach § 40 a Abs. 3 EStG für Aushilfskräfte in der Land- und Forstwirtschaft ist nur zulässig, wenn die Aushilfskräfte in einem Betrieb i. S. d. § 13 Abs. 1 EStG beschäftigt werden. ② Für Aushilfskräfte, die in einem Gewerbebetrieb i. S. d. § 15 EStG tätig sind, kommt die Pauschalierung nach § 40 a Abs. 3 EStG selbst dann nicht in Betracht, wenn sie mit typisch land- und forstwirtschaftlichen Arbeiten beschäftigt werden; eine Pauschalierung der Lohnsteuer ist zulässig, wenn ein Betrieb, der Land- und Forstwirtschaft betreibt, nur wegen seiner Rechtsform oder der Abfärbetheorie (§ 15 Abs. 3 Nr. 1 EStG) als Gewerbebetrieb 15

[1] Abgedruckt bei § 19 EStG.

LStR 40a.1

gilt. ③ Werden die Aushilfskräfte zwar in einem land- und forstwirtschaftlichen Betrieb i. S. d. § 13 Abs. 1 EStG beschäftigt, üben sie aber keine typische land- und forstwirtschaftliche Tätigkeit aus, z. B. Blumenbinder, Verkäufer, oder sind sie abwechselnd mit typisch land- und forstwirtschaftlichen und anderen Arbeiten betraut, z. B. auch im Gewerbebetrieb oder Nebenbetrieb desselben Arbeitgebers tätig, ist eine Pauschalierung der Lohnsteuer nach § 40 a Abs. 3 EStG nicht zulässig.

LStH 40a.1

H 40 a.1

Abwälzung der pauschalen Lohnsteuer → BMF vom 10. 1. 2000 (BStBl. I S. 138).[1]

20 **Arbeitstag.** Als Arbeitstag i. S. d. § 40 a Abs. 1 Satz 2 Nr. 1 EStG ist i. d. R. der Kalendertag zu verstehen. Arbeitstag kann jedoch auch eine auf zwei Kalendertage fallende Nachtschicht sein (→ BFH vom 28. 1. 1994 – BStBl. II S. 421).

Arbeitsstunde. Arbeitsstunde i. S. d. § 40 a Abs. 4 Nr. 1 EStG ist die Zeitstunde. Wird der Arbeitslohn für kürzere Zeiteinheiten gezahlt, z. B. für 45 Minuten, ist der Lohn zur Prüfung der Pauschalierungsgrenze nach § 40 a Abs. 4 Nr. 1 EStG entsprechend umzurechnen (→ BFH vom 10. 8. 1990 – BStBl. II S. 1092).

Aufzeichnungspflichten
- → § 4 Abs. 2 Nr. 8 vorletzter Satz LStDV.[2]
- Als Beschäftigungsdauer ist jeweils die Zahl der tatsächlichen Arbeitsstunden (= 60 Minuten) in dem jeweiligen Lohnzahlungs- oder Lohnabrechnungszeitraum aufzuzeichnen (→ BFH vom 10. 9. 1976 – BStBl. 1977 II S. 17).
- Bei fehlenden oder fehlerhaften Aufzeichnungen ist die Lohnsteuerpauschalierung zulässig, wenn die Pauschalierungsvoraussetzungen auf andere Weise, z. B. durch Arbeitsnachweise, Zeitkontrollen, Zeugenaussagen, nachgewiesen oder glaubhaft gemacht werden (→ BFH vom 12. 6. 1986 – BStBl. II S. 681).

Fehlerhafte Pauschalversteuerung. Eine fehlerhafte Pauschalbesteuerung ist für die Veranlagung zur Einkommensteuer nicht bindend (→ BFH vom 10. 6. 1988 – BStBl. II S. 981).

Kirchensteuer bei Pauschalierung der Lohn- und Einkommensteuer → Gleich lautende Ländererlasse vom 8. 8. 2016 (BStBl. I S. 773).[3]

Land- und Forstwirtschaft
- Abgrenzung Gewerbebetrieb – Betrieb der Land- und Forstwirtschaft → R 15.5 EStR.
- Die Pauschalierung nach § 40 a Abs. 3 EStG ist zulässig, wenn ein Betrieb, der Land- und Forstwirtschaft betreibt, ausschl. wegen seiner Rechtsform als Gewerbebetrieb gilt (→ BFH vom 5. 9. 1980 – BStBl. 1981 II S. 76). Entsprechendes gilt, wenn der Betrieb nur wegen § 15 Abs. 3 Nr. 1 EStG (Abfärbetheorie) als Gewerbebetrieb anzusehen ist (→ BFH vom 14. 9. 2005 – BStBl. 2006 II S. 92).
- Die Pauschalierung der Lohnsteuer nach § 40 a Abs. 3 EStG ist nicht zulässig, wenn der Betrieb infolge erheblichen Zukaufs fremder Erzeugnisse aus dem Tätigkeitsbereich des § 13 Abs. 1 EStG ausgeschieden und einheitlich als Gewerbebetrieb zu beurteilen ist. Etwas anderes gilt auch nicht für Neben- oder Teilbetriebe, die für sich allein die Merkmale eines land- und forstwirtschaftlichen Betriebs erfüllen (→ BFH vom 3. 8. 1990 – BStBl. II S. 1002).

Land- und forstwirtschaftliche Arbeiten. Das Schälen von Spargel durch Aushilfskräfte eines landwirtschaftlichen Betriebs zählt nicht zu den typisch land- und forstwirtschaftlichen Arbeiten i. S. d. § 40 a Abs. 3 Satz 1 EStG (→ BFH vom 8. 5. 2008 – BStBl. 2009 II S. 40).

Land- und forstwirtschaftliche Fachkraft
- Ein Arbeitnehmer, der die Fertigkeiten für eine land- oder forstwirtschaftliche Tätigkeit im Rahmen einer Berufsausbildung erlernt hat, gehört zu den Fachkräften, ohne dass es darauf ankommt, ob die durchgeführten Arbeiten den Einsatz einer Fachkraft erfordern (→ BFH vom 25. 10. 2005 – BStBl. 2006 II S. 208).
- Hat ein Arbeitnehmer die erforderlichen Fertigkeiten nicht im Rahmen einer Berufsausbildung erworben, gehört er nur dann zu den land- und forstwirtschaftlichen Fachkräften, wenn er anstelle einer Fachkraft eingesetzt ist (→ BFH vom 25. 10. 2005 – BStBl. 2006 II S. 208).
- Ein Arbeitnehmer ist anstelle einer land- und forstwirtschaftlichen Fachkraft eingesetzt, wenn mehr als 25% der zu beurteilenden Tätigkeit Fachkraft-Kenntnisse erfordern (→ BFH vom 25. 10. 2005 – BStBl. 2006 II S. 208).
- Traktorführer sind jedenfalls dann als Fachkräfte und nicht als Aushilfskräfte zu beurteilen, wenn sie den Traktor als Zugfahrzeug mit landwirtschaftlichen Maschinen führen (→ BFH vom 25. 10. 2005 – BStBl. 2006 II S. 204).

Land- und forstwirtschaftliche Saisonarbeiten
- Land- und forstwirtschaftliche Arbeiten fallen nicht ganzjährig an, wenn sie wegen der Abhängigkeit vom Lebensrhythmus der produzierten Pflanzen und Tiere einen erkennbaren

[1] Vorstehend abgedruckt als Anlage zu LStH 40.2.
[2] Abgedruckt bei § 41 EStG.
[3] Abgedruckt als Anlage zu LStH 37 a.

Abschluss in sich tragen. Dementsprechend können darunter auch Arbeiten fallen, die im Zusammenhang mit der Viehhaltung stehen (→ BFH vom 25.10. 2005 – BStBl. 2006 II S. 206). LStH 40 a.1

– Wenn die Tätigkeit des Ausmistens nicht laufend, sondern nur im Zusammenhang mit dem einmal jährlich erfolgenden Vieh-Austrieb auf die Weide möglich ist, handelt es sich um eine nicht ganzjährig anfallende Arbeit. Unschädlich ist, dass ähnliche Tätigkeiten bei anderen Bewirtschaftungsformen ganzjährig anfallen können (→ BFH vom 25. 10. 2005 – BStBl. 2006 II S. 206).
– Reinigungsarbeiten, die ihrer Art nach während des ganzen Jahres anfallen (hier: Reinigung der Güllekanäle und Herausnahme der Güllespalten), sind nicht vom Lebensrhythmus der produzierten Pflanzen oder Tiere abhängig und sind daher keine saisonbedingten Arbeiten (→ BFH vom 25. 10. 2005 – BStBl. 2006 II S. 204).
– Die Unschädlichkeitsgrenze von 25% der Gesamtbeschäftigungsdauer bezieht sich auf ganzjährig anfallende land- und forstwirtschaftliche Arbeiten. Für andere land- und forstwirtschaftliche Arbeiten gilt sie nicht (→ BFH vom 25. 10. 2005 – BStBl. 2006 II S. 206).

Nachforderung pauschaler Lohnsteuer. Die Nachforderung pauschaler Lohnsteuer beim Arbeitgeber setzt voraus, dass dieser der Pauschalierung zustimmt (→ BFH vom 20. 11. 2008 – BStBl. 2009 II S. 374).

Nebenbeschäftigung für denselben Arbeitgeber. Übt der Arbeitnehmer für denselben Arbeitgeber neben seiner Haupttätigkeit eine Nebentätigkeit mit den Merkmalen einer kurzfristigen Beschäftigung oder Aushilfskraft aus, ist die Pauschalierung der Lohnsteuer nach § 40a Abs. 1 und 3 EStG ausgeschlossen (§ 40a Abs. 4 Nr. 2 EStG).

Ruhegehalt neben kurzfristiger Beschäftigung. In einer kurzfristigen Beschäftigung kann die Lohnsteuer auch dann pauschaliert werden, wenn der Arbeitnehmer vom selben Arbeitgeber ein betriebliches Ruhegeld bezieht, das dem normalen Lohnsteuerabzug unterliegt (→ BFH vom 27. 7. 1990 – BStBl. II S. 931).

– EStR/EStH abgedruckt in Anhang II –

R 40 a.2 Geringfügig entlohnte Beschäftigte

LStR 40 a.2

21 ① Die Erhebung der einheitlichen Pauschsteuer nach § 40a Abs. 2 EStG knüpft allein an die sozialversicherungsrechtliche Beurteilung als geringfügige Beschäftigung an und kann daher nur dann erfolgen, wenn eine abhängige Beschäftigung i. S. d. Sozialversicherungsrechts vorliegt und der Arbeitgeber einen pauschalen Beitrag zur gesetzlichen Rentenversicherung von 15% bzw. 5% (geringfügig Beschäftigte im Privathaushalt) zu entrichten hat. ② Die Pauschalierung der Lohnsteuer nach § 40a Abs. 2a EStG kommt in Betracht, wenn der Arbeitgeber für einen Beschäftigten, dessen Beschäftigungsverhältnis für sich genommen als geringfügige Beschäftigung nach § 8 Abs. 1 Nr. 1, § 8a SGB IV einzuordnen ist, keinen pauschalen Beitrag zur gesetzlichen Rentenversicherung zu entrichten hat (z. B. aufgrund der Zusammenrechnung mehrerer geringfügiger Beschäftigungsverhältnisse). ③ Bemessungsgrundlage für die einheitliche Pauschsteuer (§ 40a Abs. 2 EStG) und den Pauschsteuersatz nach § 40a Abs. 2a EStG ist das sozialversicherungsrechtliche Arbeitsentgelt, unabhängig davon, ob es steuerpflichtiger oder steuerfreier Arbeitslohn ist. ④ Für Lohnbestandteile, die nicht zum sozialversicherungsrechtlichen Arbeitsentgelt gehören, ist die Lohnsteuerpauschalierung nach § 40a Abs. 2 und 2a EStG nicht zulässig; sie unterliegen der Lohnsteuererhebung nach den allgemeinen Regelungen.

H 40 a.2

LStH 40 a.2

Wechsel zwischen Pauschalversteuerung und Regelbesteuerung

22 – Es ist nicht zulässig, im Laufe eines Kj. zwischen der Regelbesteuerung und der Pauschalbesteuerung zu wechseln, wenn dadurch allein die Ausnutzung der mit Einkünften aus nichtselbständiger Arbeit verbundenen Frei- und Pauschbeträge erreicht werden soll (→ BFH vom 20. 12. 1991 – BStBl. 1992 II S. 695).
– Ein Arbeitgeber ist weder unter dem Gesichtpunkt des Rechtsmissbrauchs noch durch die Zielrichtung des § 40a EStG gehindert, nach Ablauf des Kj. die Pauschalversteuerung des Arbeitslohnes für die in seinem Betrieb angestellte Ehefrau rückgängig zu machen und zur Regelbesteuerung überzugehen (→ BFH vom 26. 11. 2003 – BStBl. 2004 II S. 195).

EStG

§ 40b Pauschalierung der Lohnsteuer bei bestimmten Zukunftssicherungsleistungen

1 **(1) Der Arbeitgeber kann die Lohnsteuer von den Zuwendungen zum Aufbau einer nicht kapitalgedeckten betrieblichen Altersversorgung an eine Pensionskasse mit einem Pauschsteuersatz von 20 Prozent der Zuwendungen erheben.**

(1) [Fassung bis 31. 12. 2004:][1] *① Der Arbeitgeber kann die Lohnsteuer von den Beiträgen für eine Direktversicherung des Arbeitnehmers und von den Zuwendungen an eine Pensionskasse mit einem Pauschsteuersatz von 20 vom Hundert der Beiträge und Zuwendungen erheben. ② Die pauschale Erhebung der Lohnsteuer von Beiträgen für eine Direktversicherung ist nur zulässig, wenn die Versicherung nicht auf den Erlebensfall eines früheren als des 60. Lebensjahres abgeschlossen und eine vorzeitige Kündigung des Versicherungsvertrags durch den Arbeitnehmer ausgeschlossen worden ist.*

2 **(2) ① Absatz 1 gilt nicht, soweit die zu besteuernden Zuwendungen des Arbeitgebers für den Arbeitnehmer 1752 Euro im Kalenderjahr übersteigen oder nicht aus seinem ersten Dienstverhältnis bezogen werden. ② Sind mehrere Arbeitnehmer gemeinsam in der Pensionskasse versichert, so gilt als Zuwendung für den einzelnen Arbeitnehmer der Teilbetrag, der sich bei einer Aufteilung der gesamten Zuwendungen durch die Zahl der begünstigten Arbeitnehmer ergibt, wenn dieser Teilbetrag 1752 Euro nicht übersteigt; hierbei sind Arbeitnehmer, für die Zuwendungen von mehr als 2148 Euro im Kalenderjahr geleistet werden, nicht einzubeziehen. ③ Für Zuwendungen, die der Arbeitgeber für den Arbeitnehmer aus Anlass der Beendigung des Dienstverhältnisses erbracht hat, vervielfältigt sich der Betrag von 1752 Euro mit der Anzahl der Kalenderjahre, in denen das Dienstverhältnis des Arbeitnehmers zu dem Arbeitgeber bestanden hat; in diesem Fall ist Satz 2 nicht anzuwenden. ④ Der vervielfältigte Betrag vermindert sich um die nach Absatz 1 pauschal besteuerten Zuwendungen, die der Arbeitgeber in dem Kalenderjahr, in dem das Dienstverhältnis beendet wird, und in den sechs vorangegangenen Kalenderjahren erbracht hat.**

(2) [Fassung bis 31. 12. 2004:][2] *① Absatz 1 gilt nicht, soweit die zu besteuernden Beiträge und Zuwendungen des Arbeitgebers für den Arbeitnehmer 1752 Euro im Kalenderjahr übersteigen oder nicht aus seinem ersten Dienstverhältnis bezogen werden. ② Sind mehrere Arbeitnehmer gemeinsam in einem Direktversicherungsvertrag oder in einer Pensionskasse versichert, so gilt als Beitrag oder Zuwendung für den einzelnen Arbeitnehmer der Teilbetrag, der sich bei einer Aufteilung der gesamten Beiträge oder der gesamten Zuwendungen durch die Zahl der begünstigten Arbeitnehmer ergibt, wenn dieser Teilbetrag 1752 Euro nicht übersteigt; hierbei sind Arbeitnehmer, für die Beiträge und Zuwendungen von mehr als 2148 Euro im Kalenderjahr geleistet werden, nicht einzubeziehen. ③ Für Beiträge und Zuwendungen, die der Arbeitgeber für den Arbeitnehmer aus Anlass der Beendigung des Dienstverhältnisses erbracht hat, vervielfältigt sich der Betrag von 1752 Euro mit der Anzahl der Kalenderjahre, in denen das Dienstverhältnis des Arbeitnehmers zu dem Arbeitgeber bestanden hat; in diesem Fall ist Satz 2 nicht anzuwenden. ④ Der vervielfältigte Betrag vermindert sich um die nach Absatz 1 pauschal besteuerten Beiträge und Zuwendungen, die der Arbeitgeber in dem Kalenderjahr, in dem das Dienstverhältnis beendet wird, und in den sechs vorangegangenen Kalenderjahren erbracht hat.*

3 **(3) Von den Beiträgen für eine Unfallversicherung des Arbeitnehmers kann der Arbeitgeber die Lohnsteuer mit einem Pauschsteuersatz von 20 Prozent der Beiträge erheben, wenn mehrere Arbeitnehmer gemeinsam in einem Unfallversicherungsvertrag versichert sind.**

4 **(4)[3] In den Fällen des § 19 Absatz 1 Satz 1 Nummer 3 Satz 2 hat der Arbeitgeber die Lohnsteuer mit einem Pauschsteuersatz in Höhe von 15 Prozent der Sonderzahlungen zu erheben.**

5 | **(5)[4] ① § 40 Absatz 3 und 4 ist anzuwenden. ② Die Anwendung des § 40 Absatz 1 Satz 1 Nummer 1 auf Bezüge im Sinne des Absatzes 1, des Absatzes 3 und des Absatzes 4 ist ausgeschlossen.**

Übersicht

	Rz.
LStR 40 b.1 Pauschalierung der Lohnsteuer bei Beiträgen zu Direktversicherungen und Zuwendungen an Pensionskassen für Versorgungszusagen, die vor dem 1. 1. 2005 erteilt wurden; H 40 b.1	14–31
Anlage: Schreiben betr. einkommen-(lohn-)steuerliche Behandlung von freiwilligen Unfallversicherungen vom 28. 10. 2009	37–41
LStR 40 b.2 Pauschalierung der Lohnsteuer bei Beiträgen zu einer Gruppenunfallversicherung; H 40 b.2	45, 46

[1] Zur Weiteranwendung von Abs. 1 in der Fassung bis 31. 12. 2004 siehe § 52 Abs. 40 EStG und LStH 40 b.1.
[2] Zur Weiteranwendung von Abs. 2 in der Fassung bis 31. 12. 2004 siehe § 52 Abs. 40 EStG und LStH 40 b.1.
[3] Zur Frage der Verfassungsmäßigkeit siehe BFH-Vorlagebeschlüsse vom 14. 11. 2013, VI R 49/12 und VI R 50/12 (BFH/NV 2014 S. 418 und 426).
[4] Zur Anwendung von § 40 b Abs. 5 Satz 1 siehe § 52 Abs. 37 c Satz 3.

R 40b.1 Pauschalierung der Lohnsteuer bei Beiträgen zu Direktversicherungen und Zuwendungen an Pensionskassen für Versorgungszusagen, die vor dem 1. 1. 2005 erteilt wurden

LStR 40b.1

Direktversicherung

(1) ① Eine Direktversicherung ist eine Lebensversicherung auf das Leben des Arbeitnehmers, die durch den Arbeitgeber bei einem inländischen oder ausländischen Versicherungsunternehmen abgeschlossen worden ist und bei der der Arbeitnehmer oder seine Hinterbliebenen hinsichtlich der Versorgungsleistungen des Versicherers ganz oder teilweise bezugsberechtigt sind (§ 1b Abs. 2 Satz 1 BetrAVG).[1] ② Dasselbe gilt für eine Lebensversicherung auf das Leben des Arbeitnehmers, die nach Abschluss durch den Arbeitnehmer vom Arbeitgeber übernommen worden ist. ③ Der Abschluss einer Lebensversicherung durch eine mit dem Arbeitgeber verbundene Konzerngesellschaft schließt die Anerkennung als Direktversicherung nicht aus, wenn der Anspruch auf die Versicherungsleistungen durch das Dienstverhältnis veranlasst ist und der Arbeitgeber die Beitragslast trägt. ④ Als Versorgungsleistungen können Leistungen der Alters-, Invaliditäts- oder Hinterbliebenenversorgung in Betracht kommen. 14

(2) ① Es ist gleichgültig, ob es sich um Kapitalversicherungen einschl. Risikoversicherungen, um Rentenversicherungen oder fondsgebundene Lebensversicherungen handelt. ② Kapitallebensversicherungen mit steigender Todesfallleistung sind als Direktversicherung anzuerkennen, wenn zu Beginn der Versicherung eine Todesfallleistung von mindestens 10% der Kapitalleistung im Erlebensfall vereinbart und der Versicherungsvertrag vor dem 1. 8. 1994 abgeschlossen worden ist. ③ Bei einer nach dem 31. 7. 1994 abgeschlossenen Kapitallebensversicherung ist Voraussetzung für die Anerkennung, dass die Todesfallleistung über die gesamte Versicherungsdauer mindestens 50% der für den Erlebensfall vereinbarten Kapitalleistung beträgt. ④ Eine nach dem 31. 12. 1996 abgeschlossene Kapitallebensversicherung ist als Direktversicherung anzuerkennen, wenn die Todesfallleistung während der gesamten Laufzeit des Versicherungsvertrags mindestens 60% der Summe der Beiträge beträgt, die nach dem Versicherungsvertrag für die gesamte Vertragsdauer zu zahlen sind. ⑤ Kapitalversicherungen mit einer Vertragsdauer von weniger als fünf Jahren können nicht anerkannt werden, es sei denn, dass sie im Rahmen einer Gruppenversicherung nach dem arbeitsrechtlichen Grundsatz der Gleichbehandlung abgeschlossen worden sind. ⑥ Dasselbe gilt für Rentenversicherungen mit Kapitalwahlrecht, bei denen das Wahlrecht innerhalb von fünf Jahren nach Vertragsabschluss wirksam werden kann, und für Beitragserhöhungen bei bereits bestehenden Kapitalversicherungen mit einer Restlaufzeit von weniger als fünf Jahren; aus Billigkeitsgründen können Beitragserhöhungen anerkannt werden, wenn sie im Zusammenhang mit der Anhebung der Pauschalierungsgrenzen durch das Steuer-Euroglättungsgesetz erfolgt sind. ⑦ Unfallversicherungen sind keine Lebensversicherungen, auch wenn bei Unfall mit Todesfolge eine Leistung vorgesehen ist. ⑧ Dagegen gehören Unfallzusatzversicherungen und Berufsunfähigkeitszusatzversicherungen, die im Zusammenhang mit Lebensversicherungen abgeschlossen werden, sowie selbständige Berufsunfähigkeitsversicherungen und Unfallversicherungen mit Prämienrückgewähr, bei denen der Arbeitnehmer Anspruch auf die Prämienrückgewähr hat, zu den Direktversicherungen. ⑨ Die Bezugsberechtigung des Arbeitnehmers oder seiner Hinterbliebenen muss vom Versicherungsnehmer (Arbeitgeber) der Versicherungsgesellschaft gegenüber erklärt werden (§ 159 VVG). ⑩ Die Bezugsberechtigung kann widerruflich oder unwiderruflich sein; bei widerruflicher Bezugsberechtigung sind die Bedingungen eines Widerrufs steuerlich unbeachtlich. ⑪ Unbeachtlich ist auch, ob die Anwartschaft des Arbeitnehmers arbeitsrechtlich bereits unverfallbar ist. 15

Rückdeckungsversicherung

(3) ① Für die Abgrenzung zwischen einer Direktversicherung und einer Rückdeckungsversicherung, die vom Arbeitgeber abgeschlossen wird und die nur dazu dient, dem Arbeitgeber die Mittel zur Leistung einer dem Arbeitnehmer zugesagten Versorgung zu verschaffen, sind regelmäßig die zwischen Arbeitgeber und Arbeitnehmer getroffenen Vereinbarungen (Innenverhältnis) maßgebend und nicht die Abreden zwischen Arbeitgeber und Versicherungsunternehmen (Außenverhältnis). ② Deshalb kann eine Rückdeckungsversicherung steuerlich nur anerkannt werden, wenn die nachstehenden Voraussetzungen sämtlich erfüllt sind: 16

1. Der Arbeitgeber hat dem Arbeitnehmer eine Versorgung aus eigenen Mitteln zugesagt, z. B. eine Werkspension.
2. Zur Gewährleistung der Mittel für diese Versorgung hat der Arbeitgeber eine Versicherung abgeschlossen, zu der der Arbeitnehmer keine eigenen Beiträge i. S. d. § 2 Abs. 2 Nr. 2 Satz 2 LStDV[2] leistet.
3. ① Nur der Arbeitgeber, nicht aber der Arbeitnehmer erlangt Ansprüche gegen die Versicherung. ② Unschädlich ist jedoch die Verpfändung der Ansprüche aus der Rückdeckungsversicherung an den Arbeitnehmer, weil dieser bei einer Verpfändung gegenwärtig keine Rechte erwirbt, die ihm einen Zugriff auf die Versicherung und die darin angesammelten Werte ermöglichen.

---

[1] Abgedruckt in Anhang **I 15**.
[2] Abgedruckt bei § 19 EStG.

LStR 40b.1

③ Entsprechendes gilt für eine aufschiebend bedingte Abtretung des Rückdeckungsanspruchs, da die Abtretung rechtlich erst wirksam wird, wenn die Bedingung eintritt (§ 158 Abs. 1 BGB), und für die Abtretung des Rückdeckungsanspruchs zahlungshalber im Falle der Liquidation oder der Vollstreckung in die Versicherungsansprüche durch Dritte.

③ Wird ein Anspruch aus einer Rückdeckungsversicherung ohne Entgelt auf den Arbeitnehmer übertragen oder eine bestehende Rückdeckungsversicherung in eine Direktversicherung umgewandelt, fließt dem Arbeitnehmer im Zeitpunkt der Übertragung bzw. Umwandlung ein lohnsteuerpflichtiger geldwerter Vorteil zu, der i. d. R. dem geschäftsplanmäßigen Deckungskapital zzgl. einer bis zu diesem Zeitpunkt zugeteilten Überschussbeteiligung i. S. d. § 153 VVG der Versicherung entspricht; § 3 Nr. 65 Satz 1 Buchst. c EStG ist nicht anwendbar. ④ Die Steuerbefreiung nach § 3 Nr. 65 Satz 1 Buchst. d EStG kann in Betracht kommen. ⑤ Entsprechendes gilt, wenn eine aufschiebend bedingte Abtretung rechtswirksam wird (→ Satz 2 Nr. 3).

Pensionskasse

17 (4) ① Als Pensionskassen sind sowohl rechtsfähige Versorgungseinrichtungen i. S. d. § 1 b Abs. 3 Satz 1 BetrAVG[1] als auch nichtrechtsfähige Zusatzversorgungseinrichtungen des öffentlichen Dienstes i. S. d. § 18 BetrAVG anzusehen, die den Leistungsberechtigten, insbesondere Arbeitnehmern und deren Hinterbliebenen, auf ihre Versorgungsleistungen einen Rechtsanspruch gewähren. ② Es ist gleichgültig, ob die Kasse ihren Sitz oder ihre Geschäftsleitung innerhalb oder außerhalb des Geltungsbereichs des EStG hat. ③ Absatz 1 Satz 4 gilt sinngemäß.

Barlohnkürzung

18 (5) Für die Lohnsteuerpauschalierung nach § 40 b EStG kommt es nicht darauf an, ob Beiträge oder Zuwendungen zusätzlich zum ohnehin geschuldeten Arbeitslohn oder aufgrund einer Vereinbarung mit dem Arbeitnehmer durch Herabsetzung des individuell zu besteuernden Arbeitslohns erbracht werden.

Voraussetzungen der Pauschalierung

19 (6) ① Die Lohnsteuerpauschalierung setzt bei Beiträgen für eine Direktversicherung voraus, dass

1. die Versicherung nicht auf den Erlebensfall eines früheren als des 60. Lebensjahres des Arbeitnehmers abgeschlossen,
2. die Abtretung oder Beleihung eines dem Arbeitnehmer eingeräumten unwiderruflichen Bezugsrechts in dem Versicherungsvertrag ausgeschlossen und
3. eine vorzeitige Kündigung des Versicherungsvertrags durch den Arbeitnehmer ausgeschlossen

worden ist. ② Der Versicherungsvertrag darf keine Regelung enthalten, nach der die Versicherungsleistung für den Erlebensfall vor Ablauf des 59. Lebensjahres fällig werden könnte. ③ Lässt der Versicherungsvertrag z. B. die Möglichkeit zu, Gewinnanteile zur Abkürzung der Versicherungsdauer zu verwenden, muss die Laufzeitverkürzung bis zur Vollendung des 59. Lebensjahres begrenzt sein. ④ Der Ausschluss einer vorzeitigen Kündigung des Versicherungsvertrags ist anzunehmen, wenn in dem Versicherungsvertrag zwischen dem Arbeitgeber als Versicherungsnehmer und dem Versicherer folgende Vereinbarung getroffen worden ist:

> „Es wird unwiderruflich vereinbart, dass während der Dauer des Dienstverhältnisses eine Übertragung der Versicherungsnehmer-Eigenschaft und eine Abtretung von Rechten aus diesem Vertrag auf den versicherten Arbeitnehmer bis zu dem Zeitpunkt, in dem der versicherte Arbeitnehmer sein 59. Lebensjahr vollendet, insoweit ausgeschlossen ist, als die Beiträge vom Versicherungsnehmer (Arbeitgeber) entrichtet worden sind."

⑤ Wird anlässlich der Beendigung des Dienstverhältnisses die Direktversicherung auf den ausscheidenden Arbeitnehmer übertragen, bleibt die Pauschalierung der Direktversicherungsbeiträge in der Vergangenheit hiervon unberührt. ⑥ Das gilt unabhängig davon, ob der Arbeitnehmer den Direktversicherungsvertrag auf einen neuen Arbeitgeber überträgt, selbst fortführt oder kündigt. ⑦ Es ist nicht Voraussetzung, dass die Zukunftssicherungsleistungen in einer größeren Zahl von Fällen erbracht werden.

Bemessungsgrundlage der pauschalen Lohnsteuer

20 (7) ① Die pauschale Lohnsteuer bemisst sich i. d. R. nach den tatsächlichen Leistungen, die der Arbeitgeber für den einzelnen Arbeitnehmer erbringt. ② Gewinnausschüttungen an den Arbeitgeber oder eine Verrechnung des Tarifbeitrags mit Überschussanteilen stellen keine Arbeitslohnrückzahlungen dar und mindern die Bemessungsgrundlage für die pauschale Lohnsteuer nicht. ③ Wird für mehrere Arbeitnehmer gemeinsam eine pauschale Leistung erbracht, bei der der Teil, der auf den einzelnen Arbeitnehmer entfällt, nicht festgestellt werden kann, ist dem einzelnen Arbeitnehmer der Teil der Leistung zuzurechnen, der sich bei einer Aufteilung der Leistung nach der Zahl der begünstigten Arbeitnehmer ergibt (§ 2 Abs. 2 Nr. 3 Satz 3 LStDV).[2] ④ Werden Leistungen des Arbeitgebers für die tarifvertragliche Zusatzversorgung der Arbeitnehmer mit ei-

---

[1] Abgedruckt in Anhang **I 15**.
[2] Abgedruckt bei § 19 EStG.

LStR 40b.1

nem Prozentsatz der Bruttolohnsumme des Betriebs erbracht, ist die Arbeitgeberleistung Bemessungsgrundlage der pauschalen Lohnsteuer. ⑤ Für die Feststellung der Pauschalierungsgrenze (→ Absatz 8) bei zusätzlichen pauschal besteuerbaren Leistungen für einzelne Arbeitnehmer ist die Arbeitgeberleistung auf die Zahl der durch die tarifvertragliche Zusatzversorgung begünstigten Arbeitnehmer aufzuteilen.

Pauschalierungsgrenze

(8) ① Die Pauschalierungsgrenze von 1752 € nach § 40b Abs. 2 Satz 1 EStG i. d. F. am 31. 12. 2004 kann auch in den Fällen voll ausgeschöpft werden, in denen feststeht, dass dem Arbeitnehmer bereits aus einem vorangegangenen Dienstverhältnis im selben Kj. pauschal besteuerte Zukunftssicherungsleistungen zugeflossen sind. ② Soweit pauschal besteuerbare Leistungen den Grenzbetrag von 1752 € überschreiten, müssen sie dem normalen Lohnsteuerabzug unterworfen werden. **21**

Durchschnittsberechnung

(9) ① Wenn mehrere Arbeitnehmer gemeinsam in einem Direktversicherungsvertrag oder in einer Pensionskasse versichert sind, ist für die Feststellung der Pauschalierungsgrenze eine Durchschnittsberechnung anzustellen. ② Ein gemeinsamer Direktversicherungsvertrag liegt außer bei einer Gruppenversicherung auch dann vor, wenn in einem Rahmenvertrag mit einem oder mehreren Versicherern sowohl die versicherten Personen als auch die versicherten Wagnisse bezeichnet werden und die Einzelheiten in Zusatzvereinbarungen geregelt sind. ③ Ein Rahmenvertrag, der z. B. nur den Beitragseinzug und die Beitragsabrechnung regelt, stellt keinen gemeinsamen Direktversicherungsvertrag dar. ④ Bei der Durchschnittsberechnung bleiben Beiträge des Arbeitgebers unberücksichtigt, die nach § 3 Nr. 63 EStG steuerfrei sind oder wegen der Ausübung des Wahlrechts nach § 3 Nr. 63 Satz 2 zweite Alternative EStG individuell besteuert werden. ⑤ Im Übrigen ist wie folgt zu verfahren: **22**

1. ① Sind in der Direktversicherung oder in der Pensionskasse Arbeitnehmer versichert, für die pauschal besteuerbare Leistungen von jeweils insgesamt mehr als 2148 € (§ 40b Abs. 2 Satz 2 EStG i. d. F. am 31. 12. 2004) jährlich erbracht werden, scheiden die Leistungen für diese Arbeitnehmer aus der Durchschnittsberechnung aus. ② Das gilt z. B. auch dann, wenn mehrere Direktversicherungsverträge bestehen und die Beitragsanteile für den einzelnen Arbeitnehmer insgesamt 2148 € übersteigen. ③ Die Erhebung der Lohnsteuer auf diese Leistungen richtet sich nach Abs. 8 Satz 2.
2. ① Die Leistungen für die übrigen Arbeitnehmer sind zusammenzurechnen und durch die Zahl der Arbeitnehmer zu teilen, für die sie erbracht worden sind. ② Bei einem konzernumfassenden gemeinsamen Direktversicherungsvertrag ist der Durchschnittsbetrag durch Aufteilung der Beitragszahlungen des Arbeitgebers auf die Zahl seiner begünstigten Arbeitnehmer festzustellen; es ist nicht zulässig, den Durchschnittsbetrag durch Aufteilung des Konzernbeitrags auf alle Arbeitnehmer des Konzerns zu ermitteln.
   a) ① Übersteigt der so ermittelte Durchschnittsbetrag nicht 1752 €, ist dieser für jeden Arbeitnehmer der Pauschalbesteuerung zugrunde zu legen. ② Werden für den einzelnen Arbeitnehmer noch weitere pauschal besteuerbare Leistungen erbracht, dürfen aber insgesamt nur 1752 € pauschal besteuert werden; im Übrigen gilt Abs. 8 Satz 2.
   b) ① Übersteigt der Durchschnittsbetrag 1752 €, kommt er als Bemessungsgrundlage für die Pauschalbesteuerung nicht in Betracht. ② Der Pauschalbesteuerung sind die tatsächlichen Leistungen zugrunde zu legen, soweit sie für den einzelnen Arbeitnehmer 1752 € nicht übersteigen; im Übrigen gilt Abs. 8 Satz 2.
3. ① Ist ein Arbeitnehmer
   a) in mehreren Direktversicherungsverträgen gemeinsam mit anderen Arbeitnehmern,
   b) in mehreren Pensionskassen oder
   c) in Direktversicherungsverträgen gemeinsam mit anderen Arbeitnehmern und in Pensionskassen versichert, ist jeweils der Durchschnittsbetrag aus der Summe der Beiträge für mehrere Direktversicherungen, aus der Summe der Zuwendungen an mehrere Pensionskassen oder aus der Summe der Beiträge zu Direktversicherungen und der Zuwendungen an Pensionskassen zu ermitteln.

   ② In diese gemeinsame Durchschnittsbildung dürfen jedoch solche Verträge nicht einbezogen werden, bei denen wegen der 2148-€-Grenze (→ Nummer 1) nur noch ein Arbeitnehmer übrig bleibt; in diesen Fällen liegt eine gemeinsame Versicherung, die in die Durchschnittsberechnung einzubeziehen ist, nicht vor.

(10) Werden die pauschal besteuerbaren Leistungen nicht in einem Jahresbetrag erbracht, gilt Folgendes: **23**

1. Die Einbeziehung der auf den einzelnen Arbeitnehmer entfallenden Leistungen in die Durchschnittsberechnung nach § 40b Abs. 2 Satz 2 EStG entfällt von dem Zeitpunkt an, in dem sich ergibt, dass die Leistungen für diesen Arbeitnehmer voraussichtlich insgesamt 2148 € im Kj. übersteigen werden.
2. Die Lohnsteuerpauschalierung auf der Grundlage des Durchschnittsbetrags entfällt von dem Zeitpunkt an, in dem sich ergibt, dass der Durchschnittsbetrag voraussichtlich 1752 € im Kj. übersteigen wird.

LStR 40b.1

3. ① Die Pauschalierungsgrenze von 1752 € ist jeweils insoweit zu vermindern, als sie bei der Pauschalbesteuerung von früheren Leistungen im selben Kj. bereits ausgeschöpft worden ist. ② Werden die Leistungen laufend erbracht, darf die Pauschalierungsgrenze mit dem auf den jeweiligen Lohnzahlungszeitraum entfallenden Anteil berücksichtigt werden.

Vervielfältigungsregelung

24 (11) ① Die Vervielfältigung der Pauschalierungsgrenze kann nach § 40b Abs. 2 Satz 3 EStG erfolgen, wenn sie im sachlichen und zeitlichen Zusammenhang mit der Beendigung des Dienstverhältnisses steht; ein solcher Zusammenhang ist insbesondere dann zu vermuten, wenn der Direktversicherungsbeitrag innerhalb von zwölf Monaten vor dem Auflösungszeitpunkt geleistet wird. ② Nach Auflösung des Dienstverhältnisses kann sie ohne zeitliche Beschränkung angewendet werden, wenn sie im sachlichen Zusammenhang mit der Auflösung des Dienstverhältnisses steht. ③ Die Vervielfältigungsregelung gilt auch bei der Umwandlung von Arbeitslohn (→ Absatz 5). ④ Die Gründe, aus denen das Dienstverhältnis beendet wird, sind für die Vervielfältigung der Pauschalierungsgrenze unerheblich. ⑤ Die Vervielfältigungsregelung kann daher auch in den Fällen angewendet werden, in denen ein Arbeitnehmer wegen Erreichens der Altersgrenze aus dem Dienstverhältnis ausscheidet. ⑥ Auf die vervielfältigte Pauschalierungsgrenze sind die für den einzelnen Arbeitnehmer in dem Kj., in dem das Dienstverhältnis beendet wird, und in den sechs vorangegangenen Kj. tatsächlich entrichteten Beiträge und Zuwendungen anzurechnen, die nach § 40b Abs. 1 EStG pauschal besteuert wurden. ⑦ Dazu gehören auch die 1752 € übersteigenden personenbezogenen Beiträge, wenn sie nach § 40b Abs. 2 Satz 2 EStG in die Bemessungsgrundlage für die Pauschsteuer einbezogen worden sind. ⑧ Ist bei Pauschalzuweisungen ein personenbezogener Beitrag nicht feststellbar, ist als tatsächlicher Beitrag für den einzelnen Arbeitnehmer der Durchschnittsbetrag aus der Pauschalzuweisung anzunehmen. ⑨ Die Sätze 1 bis 3 gelten für ab dem 1. Januar 2023 erbrachte pauschal besteuerbare Leistungen auch dann, wenn das Dienstverhältnis vor dem 1. Januar 2023 beendet wurde.

Rückzahlung pauschal besteuerbarer Leistungen

(12) *(unbesetzt)*

27 (13)[1] ① Eine Arbeitslohnrückzahlung (negative Einnahme) ist anzunehmen, wenn der Arbeitnehmer sein Bezugsrecht aus einer Direktversicherung (z. B. bei vorzeitigem Ausscheiden aus dem Dienstverhältnis) ganz oder teilweise ersatzlos verliert und das Versicherungsunternehmen als Arbeitslohn versteuerte Beiträge an den Arbeitgeber zurückzahlt. ② Zahlungen des Arbeitnehmers zum Wiedererwerb des verlorenen Bezugsrechts sind der Vermögenssphäre zuzurechnen; sie stellen keine Arbeitslohnrückzahlung dar.

28 (14) ① Sind nach Absatz 13 Arbeitslohnrückzahlungen aus pauschal versteuerten Beitragsleistungen anzunehmen, mindern sie die gleichzeitig (im selben Kj.) anfallenden pauschal besteuerbaren Beitragsleistungen des Arbeitgebers. ② Übersteigen in einem Kj. die Arbeitslohnrückzahlungen betragsmäßig die Beitragsleistungen des Arbeitgebers, ist eine Minderung der Beitragsleistungen im selben Kj. nur bis auf Null möglich. ③ Eine Minderung von Beitragsleistungen des Arbeitgebers aus den Vorjahren ist nicht möglich. ④ Der Arbeitnehmer kann negative Einnahmen aus pauschal versteuerten Beitragsleistungen nicht geltend machen.

29 (15) ① Wenn Arbeitslohnrückzahlungen nach Absatz 13 aus teilweise individuell und teilweise pauschal versteuerten Beitragsleistungen herrühren, ist der Betrag entsprechend aufzuteilen. ② Dabei kann aus Vereinfachungsgründen das Verhältnis zugrunde gelegt werden, das sich nach den Beitragsleistungen in den vorangegangenen fünf Kj. ergibt. ③ Maßgebend sind die tatsächlichen Beitragsleistungen; § 40b Abs. 2 Satz 2 EStG ist nicht anzuwenden. ④ Die lohnsteuerliche Berücksichtigung der dem Arbeitnehmer zuzurechnenden Arbeitslohnzahlung richtet sich nach folgenden Grundsätzen:

1. Besteht im Zeitpunkt der Arbeitslohnrückzahlung noch das Dienstverhältnis zu dem Arbeitgeber, der die Versicherungsbeiträge geleistet hat, kann der Arbeitgeber die Arbeitslohnrückzahlung mit dem Arbeitslohn des Kj. der Rückzahlung verrechnen und den so verminderten Arbeitslohn der Lohnsteuer unterwerfen.
2. ① Soweit der Arbeitgeber von der vorstehenden Möglichkeit nicht Gebrauch macht oder machen kann, kann der Arbeitnehmer die Arbeitslohnrückzahlung wie Werbungskosten – ohne Anrechnung des maßgebenden Pauschbetrags für Werbungskosten nach § 9a Satz 1 Nr. 1 EStG – als Freibetrag (§ 39a EStG) bilden lassen oder bei der Veranlagung zur Einkommensteuer geltend machen. ② Erzielt der Arbeitnehmer durch die Arbeitslohnrückzahlung bei seinen Einkünften aus nichtselbständiger Arbeit einen Verlust, kann er diesen mit Einkünften aus anderen Einkunftsarten ausgleichen oder unter den Voraussetzungen des § 10d EStG den Verlustabzug beanspruchen.

30 (16) Die Absätze 13 bis 15 gelten für Zuwendungen an Pensionskassen sinngemäß.

[1] Gewinnausschüttungen einer Versorgungskasse sind keine Arbeitslohnrückzahlungen; vgl. BFH-Urteil vom 12. 11. 2009, BStBl. II 2010 S. 845.

H 40b.1

LStH 40b.1

§ 40 b Abs. 1 und Abs. 2 in der am 31. 12. 2004 geltenden Fassung:[1]

(1) ① Der Arbeitgeber kann die Lohnsteuer von den Beiträgen für eine Direktversicherung des Arbeitnehmers und von den Zuwendungen an eine Pensionskasse mit einem Pauschsteuersatz von 20 vom Hundert der Beiträge und Zuwendungen erheben. ② Die pauschale Erhebung der Lohnsteuer von Beiträgen für eine Direktversicherung ist nur zulässig, wenn die Versicherung nicht auf den Erlebensfall eines früheren als des 60. Lebensjahres abgeschlossen und eine vorzeitige Kündigung des Versicherungsvertrages durch den Arbeitnehmer ausgeschlossen worden ist. 31

(2) ① Absatz 1 gilt nicht, soweit die zu besteuernden Beiträge und Zuwendungen des Arbeitgebers für den Arbeitnehmer 1752 Euro im Kj. übersteigen oder nicht aus seinem ersten Dienstverhältnis bezogen werden. ② Sind mehrere Arbeitnehmer gemeinsam in einem Direktversicherungsvertrag oder in einer Pensionskasse versichert, so gilt als Beitrag oder Zuwendung für den einzelnen Arbeitnehmer der Teilbetrag, der sich bei einer Aufteilung der gesamten Beiträge oder der gesamten Zuwendungen durch die Zahl der begünstigten Arbeitnehmer ergibt, wenn dieser Teilbetrag 1752 Euro nicht übersteigt; hierbei sind Arbeitnehmer, für die Beiträge und Zuwendungen von mehr als 2148 Euro im Kj. geleistet werden, nicht einzubeziehen. ③ Für Beiträge und Zuwendungen, die der Arbeitgeber für den Arbeitnehmer aus Anlass der Beendigung des Dienstverhältnisses erbracht hat, vervielfältigt sich der Betrag von 1752 Euro mit der Anzahl der Kj., in denen das Dienstverhältnis des Arbeitnehmers zu dem Arbeitgeber bestanden hat; in diesem Fall ist Satz 2 nicht anzuwenden. ④ Der vervielfältigte Betrag vermindert sich um die nach Absatz 1 pauschal besteuerten Beiträge und Zuwendungen, die der Arbeitgeber in dem Kj., in dem das Dienstverhältnis beendet wird, und in den sechs vorangegangenen Kj. erbracht hat.

Abwälzung der pauschalen Lohnsteuer → BMF vom 10. 1. 2000 (BStBl. I S. 138).[2]

Beispiel:

Der Arbeitnehmer erhält eine Sonderzuwendung von 2500 €. Er vereinbart mit dem Arbeitgeber, dass hiervon 1752 € für eine vor 2005 abgeschlossene Direktversicherung verwendet werden, die eine Kapitalauszahlung vorsieht. Der Direktversicherungsbeitrag soll pauschal versteuert werden. Der Arbeitnehmer trägt die pauschale Lohnsteuer.

Sonderzuwendung	2500 €
abzgl. Direktversicherungsbeitrag	1752 €
nach den Lohnsteuerabzugsmerkmalen als sonstiger Bezug zu besteuern	748 €
Bemessungsgrundlage für die pauschale Lohnsteuer	1752 €

Allgemeines

- Der Lohnsteuerpauschalierung unterliegen nur die Arbeitgeberleistungen i. S. d. § 40 b EStG zugunsten von Arbeitnehmern oder früheren Arbeitnehmern und deren Hinterbliebenen (→ BFH vom 7. 7. 1972 – BStBl. II S. 890).
- Die Pauschalierung der Lohnsteuer nach § 40 b EStG ist auch dann zulässig, wenn die Zukunftssicherungsleistung erst nach Ausscheiden des Arbeitnehmers aus dem Betrieb erbracht wird und er bereits in einem neuen Dienstverhältnis steht (→ BFH vom 18. 12. 1987 – BStBl. 1988 II S. 554).
- Pauschalbesteuerungsfähig sind jedoch nur Zukunftssicherungsleistungen, die der Arbeitgeber aufgrund ausschl. eigener rechtlicher Verpflichtung erbringt (→ BFH vom 29. 4. 1991 – BStBl. II S. 647).
- Die Pauschalierung der Lohnsteuer nach § 40 b EStG ist ausgeschlossen, wenn der Arbeitgeber für den Ehegatten eines verstorbenen früheren Arbeitnehmers eine Lebensversicherung abschließt oder wenn bei einer Versicherung das typische Todesfallwagnis und – bereits bei Vertragsabschluss – das Rentenwagnis ausgeschlossen worden sind. Hier liegt begrifflich keine Direktversicherung i. S. d. § 40 b EStG vor (→ BFH vom 9. 11. 1990 – BStBl. 1991 II S. 189).
- Die Pauschalierung setzt allgemein voraus, dass die Zukunftssicherungsleistungen aus einem ersten Dienstverhältnis bezogen werden. Sie ist demnach bei Arbeitnehmern nicht anwendbar, bei denen der Lohnsteuerabzug nach der Steuerklasse VI vorgenommen wird (→ BFH vom 12. 8. 1996 – BStBl. 1997 II S. 143). Bei pauschal besteuerten Teilzeitarbeitsverhältnissen (§ 40 a EStG) ist die Pauschalierung zulässig, wenn es sich dabei um das erste Dienstverhältnis handelt (→ BFH vom 8. 12. 1989 – BStBl. 1990 II S. 398).
- Für Zukunftssicherungsleistungen i. S. d. § 40 b EStG kann die Lohnsteuerpauschalierung nach § 40 Abs. 1 Satz 1 Nr. 1 EStG nicht vorgenommen werden, selbst wenn sie als sonstige Bezüge gewährt werden (§ 40 b Abs. 5 Satz 2 EStG).
- Zum Zeitpunkt der Beitragsleistung des Arbeitgebers für eine Direktversicherung → H 38.2 (Zufluss von Arbeitslohn).
- Die Pauschalierung setzt voraus, dass es sich bei den Beiträgen um Arbeitslohn handelt, der den Arbeitnehmern im Zeitpunkt der Abführung durch den Arbeitgeber an die Versorgungseinrichtung zufließt (→ BFH vom 12. 4. 2007 – BStBl. II S. 619).

Arbeitnehmerfinanzierte betriebliche Altersversorgung → BMF vom 12. 8. 2021 (BStBl. I S. 1050) unter Berücksichtigung der Änderungen durch BMF vom 18. 3. 2022 (BStBl. I S. 333).[3]

Ausscheiden des Arbeitgebers aus der VBL. Das Ausscheiden des Arbeitgebers aus der VBL und die damit verbundenen Folgen für die Zusatzversorgung des Arbeitnehmers führen nicht

---

[1] **[Amtl. Anm.:]** Zur Anwendung → § 52 Abs. 40 EStG.
Zur Aufzeichnungspflicht bei Weiteranwendung von § 40 b in einer der vor dem 1. 1. 2005 geltenden Fassung → § 5 Abs. 1 LStDV.

[2] Abgedruckt als Anlage zu LStH 40.2.

[3] Abgedruckt in Anhang **I 15 b**.

LStH 40b.1

zur Rückzahlung von Arbeitslohn und damit weder zu negativem Arbeitslohn noch zu Werbungskosten bei den Einkünften aus nichtselbständiger Arbeit (→ BFH vom 7. 5. 2009 – BStBl. 2010 II S. 133 und S. 135).

Barlohnkürzung

Beispiel:

Der Anspruch auf das 13. Monatsgehalt entsteht gemäß Tarifvertrag zeitanteilig nach den vollen Monaten der Beschäftigung im Kj. und ist am 1. 12. fällig. Die Barlohnkürzung vom 13. Monatsgehalt zugunsten eines Direktversicherungsbeitrags wird im November des laufenden Kj. vereinbart.

Der Barlohn kann vor Fälligkeit, also bis spätestens 30. 11., auch um den Teil des 13. Monatsgehalts, der auf bereits abgelaufene Monate entfällt, steuerlich wirksam gekürzt werden. Auf den Zeitpunkt der Entstehung kommt es nicht an (→ R 40 b.1 Abs. 5).

Beendigung einer betrieblichen Altersversorgung → BMF vom 12. 8. 2021 (BStBl. I S. 1050), Rn. 166.[1]

Dienstverhältnis zwischen Ehegatten. Zur Anerkennung von Zukunftssicherungsleistungen bei Dienstverhältnissen zwischen Ehegatten → H 6 a (9) EStH.

Durchschnittsberechnung nach § 40 b Abs. 2 Satz 2 EStG:

- „Eigenbeiträge" des Arbeitnehmers, die aus versteuertem Arbeitslohn stammen, sind in die Durchschnittsberechnung nicht einzubeziehen (→ BFH vom 12. 4. 2007 – BStBl. II S. 619).
- Beiträge zu Direktversicherungen können nur dann in die Durchschnittsberechnung einbezogen werden, wenn ein gemeinsamer Versicherungsvertrag vorliegt. Direktversicherungen, die nach einem Wechsel des Arbeitgebers beim neuen Arbeitgeber als Einzelversicherungen fortgeführt werden, erfüllen diese Voraussetzung nicht (→ BFH vom 11. 3. 2010 – BStBl. 2011 II S. 183).

Beispiel:

Es werden ganzjährig laufend monatliche Zuwendungen an eine Pensionskasse (Altverträge mit Kapitalauszahlung)

a) für 2 Arbeitnehmer je 250 € =	500 €
b) für 20 Arbeitnehmer je 175 € =	3500 €
c) für 20 Arbeitnehmer je 125 € =	2500 €
insgesamt	6500 € geleistet.

Die Leistungen für die Arbeitnehmer zu a) betragen jeweils mehr als 2148 € jährlich; sie sind daher in eine Durchschnittsberechnung nicht einzubeziehen. Die Leistungen für die Arbeitnehmer zu b) und c) übersteigen jährlich jeweils nicht 2148 €; es ist daher der Durchschnittsbetrag festzustellen. Der Durchschnittsbetrag beträgt 150 € monatlich; er übersteigt hiernach 1752 € jährlich und kommt deshalb als Bemessungsgrundlage nicht in Betracht. Der Pauschalbesteuerung sind also in allen Fällen die tatsächlichen Leistungen zugrunde zu legen. Der Arbeitgeber kann dabei
in den Fällen zu a) im 1. bis 7. Monat je 250 € und im 8. Monat noch 2 € oder monatlich je 146 €,
in den Fällen zu b) im 1. bis 10. Monat je 175 € und im 11. Monat noch 2 € oder monatlich je 146 €,
in den Fällen zu c) monatlich je 125 €
pauschal versteuern.

Kirchensteuer bei Pauschalierung der Lohn- und Einkommensteuer → Gleich lautende Ländererlasse vom 8. 8. 2016 (BStBl. I S. 773).[2]

Mindesttodesfallschutz → R 40 b.1 Abs. 2; → BMF vom 22. 8. 2002 (BStBl. I S. 827),[3] Rdnr. 23–30.

Negative pauschale Lohnsteuer. Die Festsetzung einer negativen Einkommensteuer und damit auch einer negativen pauschalen Lohnsteuer ist gesetzlich nicht vorgesehen (→ BFH vom 28. 4. 2016 – BStBl. II S. 898); bei Rückzahlung pauschal versteuerter Leistungen → R 40 b.1 Abs. 13 ff. LStR.

Rückdeckungsversicherung

- → R 40 b.1 Abs. 3.
- Verzichtet der frühere Arbeitnehmer auf seine Rechte aus einer Versorgungszusage des Arbeitgebers, tritt im Gegenzug der Arbeitgeber sämtliche Rechte aus der zur Absicherung der Versorgungszusage abgeschlossenen Rückdeckungsversicherung an den vom Arbeitnehmer nunmehr getrennt lebenden Ehegatten/Lebenspartner ab und zahlt die Versicherung daraufhin das angesammelte Kapitel an den Ehegatten/Lebenspartner aus, beinhaltet dies einen den früheren Arbeitnehmer bereichernden Lohnzufluss (→ BFH vom 9. 10. 2002 – BStBl. II S. 884).
- Tritt ein Arbeitgeber Ansprüche aus einer von ihm mit einem Versicherer abgeschlossenen Rückdeckungsversicherung an den Arbeitnehmer ab und leistet der Arbeitgeber im Anschluss hieran Beiträge an den Versicherer, sind diese Ausgaben Arbeitslohn (→ BFH vom 5. 7. 2012 – BStBl. 2013 II S. 190).

---

[1] Abgedruckt in Anhang **I 15 b**.
[2] Abgedruckt als Anlage zu LStH 37 a.
[3] Abgedruckt als Anlage c zu § 10 EStG im *„Handbuch zur Lohnsteuer 2010"*.

LStH 40 b.1

Rückzahlung von Arbeitslohn
- Der Verlust des durch eine Direktversicherung eingeräumten Bezugsrechts bei Insolvenz des Arbeitgebers führt wegen des Ersatzanspruchs nicht zu einer Arbeitslohnrückzahlung (→ BFH vom 5. 7. 2007 – BStBl. II S. 774).
- → R 40 b.1 Abs. 13 ff. und → Ausscheiden des Arbeitgebers aus der VBL.

Verhältnis von § 3 Nr. 63 EStG und § 40 b EStG → BMF vom 12. 8. 2021 (BStBl. I S. 1050) unter Berücksichtigung der Änderungen durch BMF vom 18. 3. 2022 (BStBl. I S. 333), Rn. 85 ff.[1]

Vervielfältigungsregelung. Die Beendigung des Dienstverhältnisses i. S. d. § 40 b Abs. 2 Satz 3 1. Halbsatz EStG ist die nach bürgerlichem (Arbeits-)Recht wirksame Beendigung. Ein Dienstverhältnis kann daher auch dann beendet sein, wenn der Arbeitnehmer und sein bisheriger Arbeitgeber im Anschluss an das bisherige Dienstverhältnis ein neues vereinbaren, sofern es sich nicht als Fortsetzung des bisherigen erweist. Es liegt keine solche Beendigung vor, wenn das neue Dienstverhältnis mit demselben Arbeitgeber in Bezug auf den Arbeitsbereich, die Entlohnung und die sozialen Besitzstände im Wesentlichen dem bisherigen Dienstverhältnis entspricht (→ BFH vom 30. 10. 2008 – BStBl. 2009 II S. 162).

Wirkung einer fehlerhaften Pauschalbesteuerung. Eine fehlerhafte Pauschalbesteuerung ist für die Veranlagung zur Einkommensteuer nicht bindend (→ BFH vom 10. 6. 1988 – BStBl. II S. 981).

Zukunftssicherungsleistungen i. S. d. § 40 b EStG n. F. → BMF vom 12. 8. 2021 (BStBl. I S. 1050), Rn. 83, 84.[2]

– EStR/EStH abgedruckt in Anhang II –

Anl zu LStH 40 b.1

Schreiben betr.
einkommen-(lohn-)steuerliche Behandlung von freiwilligen Unfallversicherungen

Vom 28. Oktober 2009 (BStBl. I S. 1275)

(BMF IV C 5 – S 2332/09/10004; DOK 2009/690175)

Im Einvernehmen mit den obersten Finanzbehörden der Länder gilt für die einkommen-(lohn-)steuerrechtliche Behandlung von freiwilligen Unfallversicherungen Folgendes:

1. Versicherungen des Arbeitnehmers 37

1.1. Versicherung gegen Berufsunfälle

Aufwendungen des Arbeitnehmers für eine Versicherung ausschließlich gegen Unfälle, die mit der beruflichen Tätigkeit in unmittelbarem Zusammenhang stehen (einschließlich der Unfälle auf dem Weg von und zur *regelmäßigen Arbeitsstätte*),[3] sind Werbungskosten (§ 9 Absatz 1 Satz 1 EStG).

1.2. Versicherung gegen außerberufliche Unfälle

Aufwendungen des Arbeitnehmers für eine Versicherung gegen außerberufliche Unfälle sind Sonderausgaben (§ 10 Absatz 1 Nummer 3 Buchstabe a i. V. m. § 10 Absatz 4 und 4 a EStG und ab dem Veranlagungszeitraum 2010 § 10 Absatz 1 Nummer 3 a i. V. m. Absatz 4 und 4 a EStG).

1.3. Versicherung gegen alle Unfälle

Aufwendungen des Arbeitnehmers für eine Unfallversicherung, die das Unfallrisiko sowohl im beruflichen als auch im außerberuflichen Bereich abdeckt, sind zum einen Teil Werbungskosten und zum anderen Teil Sonderausgaben. Der Gesamtbeitrag einschließlich Versicherungsteuer für beide Risiken ist entsprechend aufzuteilen (vgl. BFH-Urteil vom 22. Juni 1990 VI R 2/87, BStBl II S. 901). Für die Aufteilung sind die Angaben des Versicherungsunternehmens darüber maßgebend, welcher Anteil des Gesamtbeitrags das berufliche Unfallrisiko abdeckt. Fehlen derartige Angaben, ist der Gesamtbeitrag durch Schätzung aufzuteilen. Es bestehen keine Bedenken, wenn die Anteile auf jeweils 50% des Gesamtbeitrags geschätzt werden.

1.4. Übernahme der Beiträge durch den Arbeitgeber

Vom Arbeitgeber übernommene Beiträge des Arbeitnehmers sind steuerpflichtiger Arbeitslohn. Das gilt nicht, soweit Beiträge zu Versicherungen gegen berufliche Unfälle und Beiträge zu Versicherungen gegen alle Unfälle (Tz. 1.1. und 1.3.) auch das Unfallrisiko bei Auswärtstätigkeiten (R 9.4 Absatz 2 LStR 2008)[4] abdecken. Beiträge zu Unfallversicherungen sind als Reisenebenkosten steuerfrei, soweit sie Unfälle bei einer Auswärtstätigkeit abdecken (§ 3 Nummer 13 und 16 EStG). Es bestehen keine Bedenken, wenn aus Vereinfachungsgründen bei der Aufteilung des auf den beruflichen Bereich entfallenden Beitrags/Beitragsanteils in steuerfreie Reisekostenerstattungen und steuerpflichtigen Werbungskostenersatz (z. B. Unfälle auf Fahrten zwischen Wohnung und *regelmäßiger Arbeitsstätte*)[5] der auf steuerfreie

[1] Abgedruckt in Anhang **I 15 b.**
[2] Abgedruckt in Anhang **I 15 b.**
[3] Jetzt: erste Tätigkeitsstätte.
[4] **[Amtl. Anm.:]** Jetzt R 9.4 LStR 2023.
[5] Jetzt: erste Tätigkeitsstätte.

Anl zu LStH 40 b.1

Reisekostenerstattungen entfallende Anteil auf 40% geschätzt wird. Der Beitragsanteil, der als Werbungskostenersatz dem Lohnsteuerabzug zu unterwerfen ist, gehört zu den Werbungskosten des Arbeitnehmers.

38 **2. Versicherungen des Arbeitgebers**

2.1. Ausübung der Rechte steht ausschließlich dem Arbeitgeber zu

2.1.1. Kein Arbeitslohn zum Zeitpunkt der Beitragszahlung

Handelt es sich bei vom Arbeitgeber abgeschlossenen Unfallversicherungen seiner Arbeitnehmer um Versicherungen für fremde Rechnung (§ 179 Absatz 1 Satz 2 i. V. m. §§ 43 bis 48 VVG), bei denen die Ausübung der Rechte ausschließlich dem Arbeitgeber zusteht, so stellen die Beiträge im Zeitpunkt der Zahlung durch den Arbeitgeber keinen Arbeitslohn dar (BFH-Urteile vom 16. April 1999 VI R 60/96, BStBl. 2000 II S. 406, sowie VI R 66/97, BStBl. 2000 II S. 408).

2.1.2. Arbeitslohn zum Zeitpunkt der Leistungsgewährung

Erhält ein Arbeitnehmer Leistungen aus einem entsprechenden Vertrag, führen die bis dahin entrichteten, auf den Versicherungsschutz des Arbeitnehmers entfallenden Beiträge im Zeitpunkt der Auszahlung oder Weiterleitung der Leistung an den Arbeitnehmer zu Arbeitslohn in Form von Barlohn, begrenzt auf die dem Arbeitnehmer ausgezahlte Versicherungsleistung (BFH-Urteil vom 11. Dezember 2008 VI R 9/05, BStBl. 2009 II S. 385); das gilt unabhängig davon, ob der Unfall im beruflichen oder außerberuflichen Bereich eingetreten ist und ob es sich um eine Einzelunfallversicherung oder eine Gruppenunfallversicherung handelt. Bei einer Gruppenunfallversicherung ist der auf den einzelnen Arbeitnehmer entfallende Teil der Beiträge ggf. zu schätzen (BFH-Urteil vom 11. Dezember 2008 VI R 19/06, BFH/NV 2009 S. 905). Bei den im Zuflusszeitpunkt zu besteuernden Beiträgen kann es sich um eine Vergütung für eine mehrjährige Tätigkeit i. S. d. § 34 Absatz 1 i. V. m. Absatz 2 Nummer 4 EStG handeln.

Da sich der Vorteil der Beitragsgewährung nicht auf den konkreten Versicherungsfall, sondern allgemein auf das Bestehen von Versicherungsschutz des Arbeitnehmers bezieht, sind zur Ermittlung des Arbeitslohns alle seit Begründung des Dienstverhältnisses entrichteten Beiträge zu berücksichtigen, unabhängig davon, ob es sich um einen oder mehrere Versicherungsverträge handelt. Das gilt auch dann, wenn die Versicherungsverträge zeitlich befristet abgeschlossen wurden, das Versicherungsunternehmen gewechselt wurde oder der Versicherungsschutz für einen bestimmten Zeitraum des Dienstverhältnisses nicht bestanden hat (zeitliche Unterbrechung des Versicherungsschutzes). Bei einem Wechsel des Arbeitgebers sind ausschließlich die seit Begründung des neuen Dienstverhältnisses entrichteten Beiträge zu berücksichtigen, auch wenn der bisherige Versicherungsvertrag vom neuen Arbeitgeber fortgeführt wird. Das gilt auch, wenn ein Wechsel des Arbeitnehmers innerhalb eines Konzernverbundes zwischen Konzernunternehmen mit einem Arbeitgeberwechsel verbunden ist. Bei einem Betriebsübergang nach § 613 a BGB liegt kein neues Dienstverhältnis vor.

Beiträge, die individuell oder pauschal besteuert wurden, sind im Übrigen nicht einzubeziehen.

Aus Vereinfachungsgründen können die auf den Versicherungsschutz des Arbeitnehmers entfallenden Beiträge unter Berücksichtigung der Beschäftigungsdauer auf Basis des zuletzt vor Eintritt des Versicherungsfalls geleisteten Versicherungsbeitrags hochgerechnet werden.

Die bei einer früheren Versicherungsleistung als Arbeitslohn berücksichtigten Beiträge sind bei einer späteren Versicherungsleistung nicht erneut als Arbeitslohn zu erfassen. Bei einer späteren Versicherungsleistung sind zumindest die seit der vorangegangenen Auszahlung einer Versicherungsleistung entrichteten Beiträge zu berücksichtigen (BFH-Urteil vom 11. Dezember 2008 VI R 3/08, BFH/NV 2009 S. 907), allerdings auch in diesem Fall begrenzt auf die ausgezahlte Versicherungsleistung.

Erhält ein Arbeitnehmer die Versicherungsleistungen in mehreren Teilbeträgen oder ratierlich, so fließt dem Arbeitnehmer solange Arbeitslohn in Form von Barlohn zu, bis die Versicherungsleistungen die Summe der auf den Versicherungsschutz des Arbeitnehmers entfallenden Beiträge erreicht haben. Erhält ein Arbeitnehmer die Versicherungsleistungen als Leibrente, so fließt dem Arbeitnehmer solange Arbeitslohn in Form von Barlohn zu, bis der Teil der Versicherungsleistungen, der nicht Ertragsanteil ist (§ 22 Nummer 1 Satz 3 Buchstabe a Doppelbuchstabe bb EStG ggf. i. V. m. § 55 EStDV; siehe auch Tz. 2.1.6.), die Summe der auf den Versicherungsschutz des Arbeitnehmers entfallenden Beiträge erreicht hat. Beiträge, die vom Arbeitgeber nach der ersten Auszahlung oder Weiterleitung von Versicherungsleistungen an den Arbeitnehmer gezahlt werden, sind hier aus Vereinfachungsgründen jeweils nicht einzubeziehen; diese Beiträge sind dann bei einem ggf. später eintretenden Versicherungsfall zu berücksichtigen.

Beispiel:

Nach einem Unfall wird ab dem Jahr 01 eine Versicherungsleistung als Leibrente i. H. v. jährlich 1000 EUR ausgezahlt. Der Ertragsanteil beträgt 25%. An Beiträgen wurden für den Arbeitnehmer in der Vergangenheit insgesamt 2500 EUR gezahlt.
Ab dem Jahr 01 sind 250 EUR (1000 EUR × 25% Ertragsanteil) steuerpflichtig nach § 22 Nummer 1 Satz 3 Buchstabe a Doppelbuchstabe bb EStG.
Darüber hinaus sind in den Jahren 01 bis 03 jeweils ein Betrag von 750 EUR und im Jahr 04 ein Betrag von 250 EUR (2500 EUR – [3 Jahre × 750 EUR]) steuerpflichtig nach § 19 EStG. Ab dem Jahr 05 fließt kein steuerpflichtiger Arbeitslohn mehr zu; steuerpflichtig ist dann nur noch die Leibrente mit dem Ertragsanteil von 25%.

Dem Arbeitnehmer steht bei mehreren Versicherungsleistungen innerhalb verschiedener Veranlagungszeiträume (mehr als ein Versicherungsfall oder bei einem Versicherungsfall, Auszahlung in mehreren Veranlagungszeiträumen) kein Wahlrecht zu, inwieweit die vom Arbeitgeber erbrachten Beiträge jeweils als Arbeitslohn erfasst werden sollen. In diesen Fällen ist für den Arbeitslohn im jeweiligen Veranlagungszeitraum gesondert zu prüfen, ob es sich um eine Vergütung für eine mehrjährige Tätigkeit i. S. d. § 34 Absatz 1 i. V. m. Absatz 2 Nummer 4 EStG handelt.

2.1.3. Steuerfreier Reisekostenersatz und lohnsteuerpflichtiger Werbungskostenersatz

Der auf das Risiko beruflicher Unfälle entfallende Anteil der Beiträge ist zum Zeitpunkt der Leistungsgewährung steuerfreier Reisekostenersatz oder steuerpflichtiger Werbungskostenersatz des Arbeitgebers (dem bei der Veranlagung zur Einkommensteuer Werbungskosten in gleicher Höhe gegenüberstehen). Für die Aufteilung und Zuordnung gelten die Regelungen in Tz. 1.1. bis 1.4.

2.1.4. Schadensersatzleistungen 39

Bei einem im beruflichen Bereich eingetretenen Unfall gehört die Auskehrung des Arbeitgebers nicht zum Arbeitslohn, soweit der Arbeitgeber gesetzlich zur Schadensersatzleistung verpflichtet ist oder soweit der Arbeitgeber einen zivilrechtlichen Schadensersatzanspruch des Arbeitnehmers wegen schuldhafter Verletzung arbeitsvertraglicher Fürsorgepflichten erfüllt (BFH-Urteil vom 20. September 1996 VI R 57/95, BStBl. 1997 II S. 144). Der gesetzliche Schadensersatzanspruch des Arbeitnehmers aus unfallbedingten Personenschäden im beruflichen Bereich wird regelmäßig durch Leistungen aus der gesetzlichen Unfallversicherung erfüllt; diese Leistungen sind nach § 3 Nummer 1 Buchstabe a EStG steuerfrei.

Schmerzensgeldrenten nach § 253 Absatz 2 BGB (bis 31. Juli 2002: § 847 BGB), Schadensersatzrenten zum Ausgleich vermehrter Bedürfnisse (§ 843 Absatz 1 2. Alternative BGB), Unterhaltsrenten nach § 844 Absatz 2 BGB sowie Ersatzansprüche wegen entgangener Dienste nach § 845 BGB sind ebenfalls nicht steuerbar (vgl. BMF-Schreiben vom 15. Juli 2009 IV C 3 – S 2255/08/10012, BStBl. I S. 836).

2.1.5. Entschädigungen für entgangene oder entgehende Einnahmen

Sind die Versicherungsleistungen ausnahmsweise Entschädigungen für entgangene oder entgehende Einnahmen i. S. d. § 24 Nummer 1 Buchstabe a EStG (z. B. Leistungen wegen einer Körperverletzung, soweit sie den Verdienstausfall ersetzen; siehe H 24.1 EStH 2008), liegen insoweit zusätzliche steuerpflichtige Einkünfte aus nichtselbständiger Arbeit (steuerpflichtiger Arbeitslohn) vor. Wickelt das Versicherungsunternehmen die Auszahlung der Versicherungsleistung unmittelbar mit dem Arbeitnehmer ab, hat der Arbeitgeber Lohnsteuer nur einzubehalten, wenn er weiß oder erkennen kann, dass derartige Zahlungen erbracht wurden (§ 38 Absatz 1 Satz 3 EStG).

Der nach Tz. 2.1.2. zu besteuernde Betrag ist in diesen Fällen anteilig zu mindern.

Beispiel:

Nach einem Unfall wird eine Versicherungsleistung i. H. v. 10 000 EUR ausgezahlt. Hiervon sind 8000 EUR die Entschädigung für entgangene oder entgehende Einnahmen. An Beiträgen wurden in der Vergangenheit 2500 EUR gezahlt. Die steuerpflichtigen Leistungen i. S. d. § 24 Nummer 1 Buchstabe a EStG betragen 8000 EUR. Zusätzlich sind 500 EUR (= 2500 EUR – [2500 EUR × 8000 EUR : 10 000 EUR]) entsprechend der Regelungen in Tz. 2.1.2. und 2.1.3. zu besteuern.

2.1.6. Sonstige Einkünfte nach § 22 Nummer 1 EStG

Wiederkehrende Leistungen aus der entsprechenden Unfallversicherung können Leibrenten nach § 22 Nummer 1 Satz 3 Buchstabe a Doppelbuchstabe bb EStG sein. Siehe auch Tz. 2.1.2. letzter Absatz.

2.2. Ausübung der Rechte steht unmittelbar dem Arbeitnehmer zu 40

2.2.1. Arbeitslohn zum Zeitpunkt der Beitragszahlung

Kann der Arbeitnehmer den Versicherungsanspruch bei einer vom Arbeitgeber abgeschlossenen Unfallversicherung unmittelbar gegenüber dem Versicherungsunternehmen geltend machen, sind die Beiträge bereits im Zeitpunkt der Zahlung durch den Arbeitgeber als Zukunftssicherungsleistungen Arbeitslohn in Form von Barlohn[1] (§ 19 Absatz 1 Satz 1 Nummer 1 EStG, § 2 Absatz 2 Nummer 3 Satz 1 LStDV).[2] Davon ist auch dann auszugehen, wenn zwar der Anspruch durch den Versicherungsnehmer (Arbeitgeber) geltend gemacht werden kann, vertraglich nach den Unfallversicherungsbedingungen jedoch vorgesehen ist, dass der Versicherer die Versicherungsleistung in jedem Fall an die versicherte Person (Arbeitnehmer) auszahlt. Die Ausübung der Rechte steht dagegen nicht unmittelbar dem Arbeitnehmer zu, wenn die Versicherungsleistung mit befreiender Wirkung auch an den Arbeitgeber gezahlt werden kann; in diesem Fall kann der Arbeitnehmer die Auskehrung der Versicherungsleistung letztlich nur im Innenverhältnis vom Arbeitgeber verlangen.

Das gilt unabhängig davon, ob es sich um eine Einzelunfallversicherung oder eine Gruppenunfallversicherung handelt; Beiträge zu Gruppenunfallversicherungen sind ggf. nach der Zahl der versicherten Arbeitnehmer auf diese aufzuteilen (§ 2 Absatz 2 Nummer 3 Satz 3 LStDV).[3] Steuerfrei sind Beiträge oder Beitragsteile, die bei Auswärtstätigkeiten (R 9.4 Absatz 2 LStR 2008)[4] das Unfallrisiko abdecken und deshalb zu den steuerfreien Reisekostenerstattungen gehören. Für die Aufteilung eines auf den beruflichen Bereich entfallenden Gesamtbeitrags in steuerfreie Reisekostenerstattungen und steuerpflichtigen Werbungskostenersatz ist die Vereinfachungsregelung in Tz. 1.4. anzuwenden.

2.2.2. Arbeitslohn zum Zeitpunkt der Leistungsgewährung

Leistungen aus einer entsprechenden Unfallversicherung gehören zu den Einkünften aus nichtselbständiger Arbeit (steuerpflichtiger Arbeitslohn), soweit sie Entschädigungen für entgangene oder entgehende Einnahmen i. S. d. § 24 Nummer 1 Buchstabe a EStG darstellen, der Unfall im beruflichen Bereich eingetreten ist und die Beiträge ganz oder teilweise Werbungskosten bzw. steuerfreie Reisenebenkostenerstattungen waren.

---

[1] **[Amtl. Anm.:]** Teilweise überholt durch BMF vom 15. 3. 2022 (BStBl. I S. 242), Rn. 7, 29; abgedruckt als Anlage f zu LStH 8.1.

[2] Abgedruckt bei § 19 EStG.

[3] Abgedruckt bei § 19 EStG.

[4] **[Amtl. Anm.:]** Jetzt R 9.4 LStR 2023.

Anl zu LStH 40b.1

Der Arbeitgeber hat Lohnsteuer nur einzubehalten, wenn er weiß oder erkennen kann, dass derartige Zahlungen erbracht wurden (§ 38 Absatz 1 Satz 3 EStG). Andernfalls ist der als Entschädigung i. S. d. § 24 Nummer 1 Buchstabe a EStG steuerpflichtige Teil des Arbeitslohns, der ggf. durch Schätzung zu ermitteln ist, im Rahmen der Veranlagung des Arbeitnehmers zur Einkommensteuer zu erfassen.

2.2.3. Sonstige Einkünfte nach § 22 Nummer 1 Satz 1 EStG

Tz. 2.1.6. gilt entsprechend.

41 **3. Arbeitgeber als Versicherer**

Gewährt ein Arbeitgeber als Versicherer Versicherungsschutz, handelt es sich um Sachleistungen. Tz. 2 gilt entsprechend. § 8 Absatz 3 EStG ist zu beachten.

4. Werbungskosten- oder Sonderausgabenabzug

Der Arbeitnehmer kann die dem Lohnsteuerabzug unterworfenen Versicherungsbeiträge als Werbungskosten oder als Sonderausgaben geltend machen. Für die **Aufteilung und** Zuordnung gelten die Regelungen in Tz. 1.1. bis 1.3.

5. Lohnsteuerabzug von Beitragsleistungen

Soweit die vom Arbeitgeber übernommenen Beiträge (Tz. 1.4.) oder die Beiträge zu Versicherungen des Arbeitgebers (Tz. 2.) steuerpflichtiger Arbeitslohn sind, sind sie im Zeitpunkt ihres Zuflusses dem Lohnsteuerabzug nach den allgemeinen Regelungen zu unterwerfen, wenn nicht eine Pauschalbesteuerung nach § 40 b Absatz 3 EStG erfolgt. Zu den Voraussetzungen der Lohnsteuerpauschalierung siehe auch R 40 b. 2 LStR 2008.[1]

6. Betriebliche Altersversorgung

Die lohnsteuerliche Behandlung von Zusagen auf Leistungen der betrieblichen Altersversorgung nach dem Betriebsrentengesetz bleibt durch dieses Schreiben unberührt. Zu den Einzelheiten vgl. BMF-Schreiben vom 20. Januar 2009 IV C 3 – S 2496/08/10 011/IV C 5 – S 2333/07/0003 (BStBl. I S. 273).[2]

7. Anwendungsregelung

Dieses Schreiben ist in allen noch nicht formell bestandskräftigen Fällen anzuwenden. Das BMF-Schreiben vom 17. Juli 2000 IV C 5 – S 2332 – 67/00 (BStBl. I S. 1204)[3] wird hiermit aufgehoben.

LStR 40b.2

R 40b.2 Pauschalierung der Lohnsteuer bei Beiträgen zu einer Gruppenunfallversicherung

45 ① Die Lohnsteuerpauschalierung nach § 40 b Abs. 3 EStG ist nicht zulässig, wenn der steuerpflichtige Durchschnittsbeitrag – ohne Versicherungsteuer – 100 €[4] jährlich übersteigt; in diesem Falle ist der steuerpflichtige Durchschnittsbeitrag dem normalen Lohnsteuerabzug zu unterwerfen. ② Bei konzernumfassenden Gruppenunfallversicherungen ist der Durchschnittsbeitrag festzustellen, der sich bei Aufteilung der Beitragszahlungen des Arbeitgebers auf die Zahl seiner begünstigten Arbeitnehmer ergibt; es ist nicht zulässig, den Durchschnittsbeitrag durch Aufteilung des Konzernbeitrags auf alle Arbeitnehmer des Konzerns zu ermitteln. ③ Ein gemeinsamer Unfallversicherungsvertrag i. S. d. § 40 b Abs. 3 EStG liegt außer bei einer Gruppenversicherung auch dann vor, wenn in einem Rahmenvertrag mit einem oder mehreren Versicherern sowohl die versicherten Personen als auch die versicherten Wagnisse bezeichnet werden und die Einzelheiten in Zusatzvereinbarungen geregelt sind. ④ Ein Rahmenvertrag, der z. B. nur den Beitragseinzug und die Beitragsabrechnung regelt, stellt keinen gemeinsamen Unfallversicherungsvertrag dar.

LStH 40b.2

H 40b.2

Allgemeine Grundsätze. Zur Ermittlung des steuerpflichtigen Beitrags für Unfallversicherungen, die das Unfallrisiko sowohl im beruflichen als auch im außerberuflichen Bereich abdecken → BMF vom 28. 10. 2009 (BStBl. I S. 1275).[5]

46 **Geldleistung oder Sachbezug** → BMF vom 15. 3. 2022 (BStBl. I S. 242), Rn. 7, 29.[6]

---

[1] **[Amtl. Anm.:]** Jetzt LStR 2023.
[2] **[Amtl. Anm.:]** Jetzt BMF vom 12. 8. 2021 (BStBl. I S. 1050), abgedruckt im Anhang **I 15 b**.
[3] Abgedruckt als Anlage zu LStR 40 b.1 im *„Handbuch zur Lohnsteuer 2009"*.
[4] Die Grenze ist ab VZ 2024 weggefallen.
[5] Vorstehend abgedruckt als Anlage zu LStH 40 b.1.
[6] Abgedruckt als Anlage f zu LStH 8.1.

ESt G

§ 41 Aufzeichnungspflichten beim Lohnsteuerabzug

(1) ① Der Arbeitgeber hat am Ort der Betriebsstätte (Absatz 2) für jeden Arbeitnehmer und jedes Kalenderjahr ein Lohnkonto zu führen. ② In das Lohnkonto sind die nach § 39e Absatz 4 Satz 2 und Absatz 5 Satz 3 abgerufenen elektronischen Lohnsteuerabzugsmerkmale sowie die für den Lohnsteuerabzug erforderlichen Merkmale aus der vom Finanzamt ausgestellten Bescheinigung für den Lohnsteuerabzug (§ 39 Absatz 3 oder § 39e Absatz 7 oder Absatz 8) zu übernehmen. ③ Bei jeder Lohnzahlung für das Kalenderjahr, für das das Lohnkonto gilt, sind im Lohnkonto die Art und Höhe des gezahlten Arbeitslohns einschließlich der steuerfreien Bezüge sowie die einbehaltene oder übernommene Lohnsteuer einzutragen; an die Stelle der Lohnzahlung tritt in den Fällen des § 39b Absatz 5 Satz 1 die Lohnabrechnung. ④ Ferner sind das Kurzarbeitergeld, das Qualifizierungsgeld, der Zuschuss zum Mutterschaftsgeld nach dem Mutterschutzgesetz, der Zuschuss bei Beschäftigungsverboten für die Zeit vor oder nach einer Entbindung sowie für den Entbindungstag während einer Elternzeit nach beamtenrechtlichen Vorschriften, die Entschädigungen für Verdienstausfall nach dem Infektionsschutzgesetz vom 20. Juli 2000 (BGBl. I S. 1045), die nach § 3 Nummer 28 steuerfreien Aufstockungsbeträge oder Zuschläge und die nach § 3 Nummer 28a steuerfreien Zuschüsse einzutragen. ⑤ Ist während der Dauer des Dienstverhältnisses in anderen Fällen als in denen des Satzes 4 der Anspruch auf Arbeitslohn für mindestens fünf aufeinander folgende Arbeitstage im Wesentlichen weggefallen, so ist dies jeweils durch Eintragung des Großbuchstabens U zu vermerken. ⑥ Hat der Arbeitgeber die Lohnsteuer von einem sonstigen Bezug im ersten Dienstverhältnis berechnet und ist dabei der Arbeitslohn aus früheren Dienstverhältnissen des Kalenderjahres außer Betracht geblieben, so ist dies durch Eintragung des Großbuchstabens S zu vermerken. ⑦ Die Bundesregierung wird ermächtigt, durch Rechtsverordnung mit Zustimmung des Bundesrates vorzuschreiben, welche Einzelangaben im Lohnkonto aufzuzeichnen sind und Einzelheiten für eine elektronische Bereitstellung dieser Daten im Rahmen einer Lohnsteuer-Außenprüfung oder einer Lohnsteuer-Nachschau durch die Einrichtung einer einheitlichen digitalen Schnittstelle zu regeln. ⑧ Dabei können für Arbeitnehmer mit geringem Arbeitslohn und für die Fälle der §§ 40 bis 40b Aufzeichnungserleichterungen sowie für steuerfreie Bezüge Aufzeichnungen außerhalb des Lohnkontos zugelassen werden. ⑨ Die Lohnkonten sind bis zum Ablauf des sechsten Kalenderjahres, das auf die zuletzt eingetragene Lohnzahlung folgt, aufzubewahren. ⑩ Die Aufbewahrungsfrist nach Satz 9 gilt abweichend von § 93c Absatz 1 Nummer 4 der Abgabenordnung auch für die dort genannten Aufzeichnungen und Unterlagen. 1

(2) ① Betriebsstätte ist der Betrieb oder Teil des Betriebs des Arbeitgebers, in dem der für die Durchführung des Lohnsteuerabzugs maßgebende Arbeitslohn ermittelt wird. ② Wird der maßgebende Arbeitslohn nicht in dem Betrieb oder einem Teil des Betriebs des Arbeitgebers oder nicht im Inland ermittelt, so gilt als Betriebsstätte der Mittelpunkt der geschäftlichen Leitung des Arbeitgebers im Inland; im Fall des § 38 Absatz 1 Satz 1 Nummer 2 gilt als Betriebsstätte der Ort im Inland, an dem die Arbeitsleistung ganz oder vorwiegend stattfindet. ③ Als Betriebsstätte gilt auch der inländische Heimathafen deutscher Handelsschiffe, wenn die Reederei im Inland keine Niederlassung hat. 2

Übersicht

		Rz.
§ 4 LStDV	Lohnkonto	3–15
§ 5 LStDV	Besondere Aufzeichnungs- und Mitteilungspflichten im Rahmen der betrieblichen Altersversorgung	16–18
LStR 41.1	Aufzeichnungserleichterungen, Aufzeichnung der Religionsgemeinschaft	22–25
LStR 41.2	Aufzeichnung des Großbuchstabens U	26
LStR 41.3	Betriebsstätte; H 41.3	27, 28

LStDV

Lohnsteuer-Durchführungsverordnung (LStDV 1990)

In der Fassung der Bekanntmachung vom 10. 10. 1989 (BGBl. I S. 1848)

zuletzt geändert durch Fünfte Verordnung zur Änderung steuerlicher Verordnungen vom 25. 6. 2020 (BGBl. I S. 1495)

§ 4 Lohnkonto

(1) Der Arbeitgeber hat im Lohnkonto des Arbeitnehmers Folgendes aufzuzeichnen:

1. den Vornamen, den Familiennamen, den Tag der Geburt, den Wohnort, die Wohnung sowie die in einer vom Finanzamt ausgestellten Bescheinigung für den Lohnsteuerabzug eingetragenen allgemeinen Besteuerungsmerkmale. ② Ändern sich im Laufe des Jahres die in einer Bescheini- 3

LStDV

gung für den Lohnsteuerabzug eingetragenen allgemeinen Besteuerungsmerkmale, so ist auch der Zeitpunkt anzugeben, von dem an die Änderungen gelten;

4 2. den Jahresfreibetrag oder den Jahreshinzurechnungsbetrag sowie den Monatsbetrag, Wochenbetrag oder Tagesbetrag, der in einer vom Finanzamt ausgestellten Bescheinigung für den Lohnsteuerabzug eingetragen ist, und den Zeitraum, für den die Eintragungen gelten;

5 3. bei einem Arbeitnehmer, der dem Arbeitgeber eine Bescheinigung nach § 39b Abs. 6 des Einkommensteuergesetzes in der am 31. Dezember 2010 geltenden Fassung (Freistellungsbescheinigung) vorgelegt hat, einen Hinweis darauf, daß eine Bescheinigung vorliegt, den Zeitraum, für den die Lohnsteuerbefreiung gilt, das Finanzamt, das die Bescheinigung ausgestellt hat, und den Tag der Ausstellung;

6 4. in den Fällen des § 19 Abs. 2 des Einkommensteuergesetzes die für die zutreffende Berechnung des Versorgungsfreibetrags und des Zuschlags zum Versorgungsfreibetrag erforderlichen Angaben.[1]

(2) Bei jeder Lohnabrechnung ist im Lohnkonto folgendes aufzuzeichnen:

7 1. der Tag der Lohnzahlung und der Lohnzahlungszeitraum;

8 2. in den Fällen des § 41 Absatz 1 Satz 5 des Einkommensteuergesetzes jeweils der Großbuchstabe U;

9 3. der Arbeitslohn, getrennt nach Barlohn und Sachbezügen, und die davon einbehaltene Lohnsteuer. ② Dabei sind die Sachbezüge einzeln zu bezeichnen und – unter Angabe des Abgabetags oder bei laufenden Sachbezügen des Abgabezeitraums, des Abgabeorts und des Entgelts – mit dem nach § 8 Abs. 2 oder 3 des Einkommensteuergesetzes maßgebenden und um das Entgelt geminderten Wert zu erfassen. ③ Sachbezüge im Sinne des § 8 Abs. 3 des Einkommensteuergesetzes und Versorgungsbezüge sind jeweils als solche kenntlich zu machen und ohne Kürzung um Freibeträge nach § 8 Abs. 3 oder § 19 Abs. 2 des Einkommensteuergesetzes einzutragen. ④ Trägt der Arbeitgeber im Falle der Nettolohnzahlung die auf den Arbeitslohn entfallende Steuer selbst, ist in jedem Fall der Bruttoarbeitslohn einzutragen, die nach den Nummern 4 bis 8 gesondert aufzuzeichnenden Beträge sind nicht mitzuzählen;

10 4. steuerfreie Bezüge mit Ausnahme der Vorteile im Sinne des § 3 Nummer 37, 45, 46 und 51 des Einkommensteuergesetzes. ② Das Betriebsstättenfinanzamt kann zulassen, daß auch andere nach § 3 des Einkommensteuergesetzes steuerfreie Bezüge nicht angegeben werden, wenn es sich um Fälle von geringer Bedeutung handelt oder wenn die Möglichkeit zur Nachprüfung in anderer Weise sichergestellt ist;

11 5. Bezüge, die nach einem Abkommen zur Vermeidung der Doppelbesteuerung oder unter Progressionsvorbehalt nach § 34c Abs. 5 des Einkommensteuergesetzes von der Lohnsteuer freigestellt sind;

12 6. außerordentliche Einkünfte im Sinne des § 34 Abs. 1 und 2 Nr. 2 und 4 des Einkommensteuergesetzes und die davon nach § 39b Abs. 3 Satz 9 des Einkommensteuergesetzes[2] einbehaltene Lohnsteuer;

7. das Vorliegen der Voraussetzungen für den Förderbetrag nach § 100 des Einkommensteuergesetzes;

13 8. Bezüge, die nach den §§ 40 bis 40b des Einkommensteuergesetzes pauschal besteuert worden sind, und die darauf entfallende Lohnsteuer. ② Lassen sich in den Fällen des § 40 Absatz 1 Satz 1 Nummer 2 und Absatz 2 des Einkommensteuergesetzes die auf den einzelnen Arbeitnehmer entfallenden Beträge nicht ohne weiteres ermitteln, so sind sie in einem Sammelkonto anzuschreiben. ③ Das Sammelkonto muß die folgenden Angaben enthalten: Tag der Zahlung, Zahl der bedachten Arbeitnehmer, Summe der insgesamt gezahlten Bezüge, Höhe der Lohnsteuer sowie Hinweise auf die als Belege zum Sammelkonto aufzubewahrenden Unterlagen, insbesondere Zahlungsnachweise, Bestätigung des Finanzamts über die Zulassung der Lohnsteuerpauschalierung. ④ In den Fällen des § 40a des Einkommensteuergesetzes genügt es, wenn der Arbeitgeber Aufzeichnungen führt, aus denen sich für die einzelnen Arbeitnehmer Name und Anschrift, Dauer der Beschäftigung, Tag der Zahlung, Höhe des Arbeitslohns und in den Fällen des § 40a Abs. 3 des Einkommensteuergesetzes auch die Art der Beschäftigung ergeben. ⑤ Sind in den Fällen der Sätze 3 und 4 Bezüge nicht mit dem ermäßigten Kirchensteuersatz besteuert worden, so ist zusätzlich der fehlende Kirchensteuerabzug aufzuzeichnen und auf die als Beleg aufzubewahrende Unterlage hinzuweisen, aus der hervorgeht, daß der Arbeitnehmer keiner Religionsgemeinschaft angehört, für die die Kirchensteuer von den Finanzbehörden erhoben wird.

13a (2 a)[3] ① Der Arbeitgeber hat die nach den Absätzen 1 und 2 sowie die nach § 41 des Einkommensteuergesetzes aufzuzeichnenden Daten der Finanzbehörde nach einer amtlich vorgeschrie-

---

[1] Zu den Aufzeichnungspflichten bei Versorgungsbezügen siehe auch *BMF-Schreiben vom 5. 9. 2024 (BStBl. I S. 1255)*, abgedruckt als Anlage a zu LStH 41 b.

[2] Absatz 3 Satz 9 wurde durch Artikel 5 des Wachstumschancengesetzes aufgehoben. Ab 2025 ist im Lohnsteuerabzugsverfahren die Tarifermäßigung i. S. d. § 34 EStG nicht mehr zu berücksichtigen.

[3] Fassung von Abs. 2a ab 1. 1. 2018 gemäß § 8 Abs. 3 LStDV.

benen einheitlichen Form über eine digitale Schnittstelle elektronisch bereitzustellen. ② Auf Antrag des Arbeitgebers kann das Betriebsstättenfinanzamt zur Vermeidung unbilliger Härten zulassen, dass der Arbeitgeber die in Satz 1 genannten Daten in anderer auswertbarer Form bereitstellt. LStDV

(3) ① Das Betriebsstättenfinanzamt kann bei Arbeitgebern, die für die Lohnabrechnung ein maschinelles Verfahren anwenden, Ausnahmen von den Vorschriften der Absätze 1 und 2 zulassen, wenn die Möglichkeit zur Nachprüfung in anderer Weise sichergestellt ist. ② Das Betriebsstättenfinanzamt soll zulassen, daß Sachbezüge im Sinne des § 8 Absatz 2 Satz 11 und Absatz 3 des Einkommensteuergesetzes für solche Arbeitnehmer nicht aufzuzeichnen sind, für die durch betriebliche Regelungen und entsprechende Überwachungsmaßnahmen gewährleistet ist, daß die in § 8 Absatz 2 Satz 11 oder Absatz 3 des Einkommensteuergesetzes genannten Beträge nicht überschritten werden. 14

(4) ① In den Fällen des § 38 Abs. 3a des Einkommensteuergesetzes ist ein Lohnkonto vom Dritten zu führen. ② In den Fällen des § 38 Abs. 3a Satz 2 ist der Arbeitgeber anzugeben und auch der Arbeitslohn einzutragen, der nicht vom Dritten, sondern vom Arbeitgeber selbst gezahlt wird. ③ In den Fällen des § 38 Abs. 3a Satz 7 ist der Arbeitslohn für jedes Dienstverhältnis gesondert aufzuzeichnen. 15

§ 5 Besondere Aufzeichnungs- und Mitteilungspflichten im Rahmen der betrieblichen Altersversorgung

(1) Der Arbeitgeber hat bei der Durchführung einer kapitalgedeckten betrieblichen Altersversorgung über eine Pensionskasse oder eine Direktversicherung im Fall des § 52 Absatz 40 des Einkommensteuergesetzes aufzuzeichnen, dass vor dem 1. Januar 2018 mindestens ein Beitrag nach § 40b Absatz 1 und 2 des Einkommensteuergesetzes in einer vor dem 1. Januar 2005 geltenden Fassung pauschal besteuert wurde. 16

(2) ① Der Arbeitgeber hat der Versorgungseinrichtung (Pensionsfonds, Pensionskasse, Direktversicherung), die für ihn die betriebliche Altersversorgung durchführt, spätestens zwei Monate nach Ablauf des Kalenderjahres oder nach Beendigung des Dienstverhältnisses im Laufe des Kalenderjahres die für den einzelnen Arbeitnehmer geleisteten und 17

1. nach § 3 Nummer 56 und 63 sowie nach § 100 Absatz 6 Satz 1 des Einkommensteuergesetzes steuerfrei belassenen,
2. nach § 40b des Einkommensteuergesetzes in der am 31. Dezember 2004 geltenden Fassung pauschal besteuerten oder
3. individuell besteuerten

Beiträge mitzuteilen. ② Ferner hat der Arbeitgeber oder die Unterstützungskasse die nach § 3 Nr. 66 des Einkommensteuergesetzes steuerfrei belassenen Leistungen mitzuteilen. ③ Die Mitteilungspflicht des Arbeitgebers oder der Unterstützungskasse kann durch einen Auftragnehmer wahrgenommen werden.

(3) ① Eine Mitteilung nach Absatz 2 kann unterbleiben, wenn die Versorgungseinrichtung die steuerliche Behandlung der für den einzelnen Arbeitnehmer im Kalenderjahr geleisteten Beiträge bereits kennt oder aus den bei ihr vorhandenen Daten feststellen kann, und dieser Umstand dem Arbeitgeber mitgeteilt worden ist. ② Unterbleibt die Mitteilung des Arbeitgebers, ohne dass ihm eine entsprechende Mitteilung der Versorgungseinrichtung vorliegt, so hat die Versorgungseinrichtung davon auszugehen, dass es sich insgesamt bis zu den in § 3 Nr. 56 oder 63 des Einkommensteuergesetzes genannten Höchstbeträgen um steuerbegünstigte Beiträge handelt, die in der Auszahlungsphase als Leistungen im Sinne von § 22 Nr. 5 Satz 1 des Einkommensteuergesetzes zu besteuern sind. 18

R 41.1 Aufzeichnungserleichterungen, Aufzeichnung der Religionsgemeinschaft

LStR 41.1

(1) ① Die nach § 40 Abs. 1 Satz 1 Nr. 1 und § 40b EStG pauschal besteuerten Bezüge und die darauf entfallende pauschale Lohnsteuer sind i. d. R. in dem für jeden Arbeitnehmer zu führenden Lohnkonto aufzuzeichnen. ② Soweit die Lohnsteuerpauschalierung nach § 40b EStG auf der Grundlage des Durchschnittsbetrags durchgeführt wird (§ 40b Abs. 2 Satz 2 EStG), ist dieser aufzuzeichnen. 22

(2) ① Das Betriebsstättenfinanzamt kann nach § 4 Abs. 3 Satz 1 LStDV[1] Ausnahmen von der Aufzeichnung im Lohnkonto zulassen, wenn die Möglichkeit zur Nachprüfung in anderer Weise sichergestellt ist. ② Die Möglichkeit zur Nachprüfung ist in den bezeichneten Fällen nur dann gegeben, wenn die Zahlung der Bezüge und die Art ihrer Aufzeichnung im Lohnkonto vermerkt werden. 23

(3) ① Das Finanzamt hat Anträgen auf Befreiung von der Aufzeichnungspflicht nach § 4 Abs. 3 Satz 2 LStDV[2] im Allgemeinen zu entsprechen, wenn es im Hinblick auf die betrieblichen Verhältnisse nach der Lebenserfahrung so gut wie ausgeschlossen ist, dass der Rabattfreibetrag (§ 8 24

[1] Vorstehend abgedruckt bei § 41 EStG.
[2] Vorstehend abgedruckt bei § 41 EStG.

LStR 41.1

Abs. 3 EStG) oder die Freigrenze nach § 8 Abs. 2 Satz 11 EStG im Einzelfall überschritten wird. ② Zusätzlicher Überwachungsmaßnahmen durch den Arbeitgeber bedarf es in diesen Fällen nicht.

25 (4) ① Der Arbeitgeber hat die Religionsgemeinschaft im Lohnkonto aufzuzeichnen (§ 4 Abs. 1 Nr. 1 LStDV). ② Erhebt der Arbeitgeber von pauschal besteuerten Bezügen (§§ 37 a, 37 b, 40, 40 a Abs. 1, 2 a und 3, § 40 b EStG) keine Kirchensteuer, weil der Arbeitnehmer keiner Religionsgemeinschaft angehört, für die die Kirchensteuer von den Finanzbehörden erhoben wird, hat er die Unterlage hierüber als Beleg zu den nach § 4 Abs. 2 Nr. 8 Satz 3 und 4 LStDV zu führenden Unterlagen zu nehmen (§ 4 Abs. 2 Nr. 8 Satz 5 LStDV). ③ In den Fällen der §§ 37 a, 37 b und des § 40 a Abs. 1, 2 a und 3 EStG kann der Arbeitgeber auch eine Erklärung zur Religionszugehörigkeit nach amtlichem Muster[1] als Beleg verwenden.

LStR 41.2

R 41.2[2] Aufzeichnung des Großbuchstabens U

26 ① Der Anspruch auf Arbeitslohn ist im Wesentlichen weggefallen, wenn z. B. lediglich vermögenswirksame Leistungen oder Krankengeldzuschüsse gezahlt werden, oder wenn während unbezahlter Fehlzeiten (z. B. Elternzeit) eine Beschäftigung mit reduzierter Arbeitszeit aufgenommen wird. ② Der Großbuchstabe U ist je Unterbrechung einmal im Lohnkonto einzutragen. ③ Wird Kurzarbeitergeld einschl. Saison-Kurzarbeitergeld, der Zuschuss zum Mutterschaftsgeld nach dem Mutterschutzgesetz, der Zuschuss nach § 3 der Mutterschutz- und Elternzeitverordnung oder einer entsprechenden Landesregelung, die Entschädigung für Verdienstausfall nach dem Infektionsschutzgesetz oder werden Aufstockungsbeträge nach dem AltTZG[3] gezahlt, ist kein Großbuchstabe U in das Lohnkonto einzutragen.

LStR 41.3

R 41.3 Betriebsstätte

27 ① Die lohnsteuerliche Betriebsstätte ist der im Inland gelegene Betrieb oder Betriebsteil des Arbeitgebers, an dem der Arbeitslohn insgesamt ermittelt wird, d. h. wo die einzelnen Lohnbestandteile oder bei maschineller Lohnabrechnung die Eingabewerte zu dem für die Durchführung des Lohnsteuerabzugs maßgebenden Arbeitslohn zusammengefasst werden. ② Es kommt nicht darauf an, wo einzelne Lohnbestandteile ermittelt, die Berechnung der Lohnsteuer vorgenommen wird und die für den Lohnsteuerabzug maßgebenden Unterlagen aufbewahrt werden. ③ Bei einem ausländischen Arbeitgeber mit Wohnsitz und Geschäftsleitung im Ausland, der im Inland einen ständigen Vertreter (§ 13 AO) hat, aber keine Betriebsstätte unterhält, gilt als Mittelpunkt der geschäftlichen Leitung der Wohnsitz oder der gewöhnliche Aufenthalt des ständigen Vertreters. ④ Ein selbständiges Dienstleistungsunternehmen, das für einen Arbeitgeber tätig wird, kann nicht als Betriebsstätte dieses Arbeitgebers angesehen werden. ⑤ Bei einer Arbeitnehmerüberlassung (→ R 42 d.2) kann nach § 41 Abs. 2 Satz 2 EStG eine abweichende lohnsteuerliche Betriebsstätte in Betracht kommen. ⑥ Erlangt ein Finanzamt von Umständen Kenntnis, die auf eine Zentralisierung oder Verlegung von lohnsteuerlichen Betriebsstätten in seinem Zuständigkeitsbereich hindeuten, hat es vor einer Äußerung gegenüber dem Arbeitgeber die anderen betroffenen Finanzämter unverzüglich hierüber zu unterrichten und sich mit ihnen abzustimmen.

LStH 41.3

H 41.3

28 **Zuständige Finanzämter für ausländische Bauunternehmer.** Für ausländische Bauunternehmer sind die in der Umsatzsteuerzuständigkeitsverordnung genannten Finanzämter für die Verwaltung der Lohnsteuer zuständig (→ BMF vom 19. 7. 2022 – BStBl. I S. 1229, Tz. 98).

Ansässigkeitsstaat	Finanzamt	Adresse
Belgien	Trier	Hubert-Neuerburg-Straße 1 54 290 Trier
Bulgarien	Neuwied	Augustastraße 54 56 564 Neuwied
Dänemark	Flensburg	Duburger Straße 58–64 24 939 Flensburg
Estland	Rostock	Möllner Straße 13 18 109 Rostock
Finnland	Bremen	Rudolf-Hilferding-Platz 1 28 195 Bremen
Frankreich und Monaco	Offenburg	Zeller Straße 1–3 77 654 Offenburg
Großbritannien (einschließlich Nordirland sowie Insel Man)	Hannover-Nord	Vahrenwalder Straße 206 30 165 Hannover

[1] Abgedruckt als Anlage zu LStH 37 a.
[2] Zur Aufzeichnung des Großbuchstabens S vgl. § 41 Abs. 1 Satz 6 EStG.
[3] Abgedruckt in Anhang **I 14**.

LStH 41.3

Ansässigkeitsstaat	Finanzamt	Adresse
Griechenland	Berlin International	Thiemannstraße 1 12 059 Berlin
Irland	Hamburg-Nord	Borsteler Chaussee 45 22 453 Hamburg
Italien	München	Finanzamt München Abteilung IV 80 276 München
Kroatien	Kassel	Altmarkt 1 34 125 Kassel
Lettland	Bremen	Rudolf-Hilferding-Platz 1 28 195 Bremen
Liechtenstein	Konstanz	Byk-Gulden-Straße 2 a 78 467 Konstanz
Litauen	Mühlhausen	Martinistraße 22 99 974 Mühlhausen
Luxemburg	Saarbrücken I	Mecklenburgring 23 66 121 Saarbrücken
Niederlande	Kleve	Emmericher Straße 182 47 533 Kleve
Nordmazedonien	Berlin International	Thiemannstraße 1 12059 Berlin
Norwegen	Bremen	Rudolf-Hilferding-Platz 1 28 195 Bremen
Österreich	München	Finanzamt München Abteilung IV 80 276 München
Polen	Hameln-Holzminden (Nach- bzw. Firmenname A bis G)	Süntelstraße 2 31785 Hameln
	Oranienburg (Nach- bzw. Firmenname H bis L)	Heinrich-Grüber-Platz 3 16 515 Oranienburg
	Cottbus (Nach- bzw. Firmenname M bis R sowie für alle Unternehmer, auf die das Verfahren nach § 18 Abs. 4 e UStG anzuwenden ist)	Vom-Stein-Straße 29 03050 Cottbus
	Nördlingen (Nach- bzw. Firmenname S bis Ż)	Tändelmarkt 1 86 720 Nördlingen
Portugal	Kassel	Altmarkt 1 34 125 Kassel
Rumänien	Chemnitz-Süd	Paul-Bertz-Straße 1 09120 Chemnitz
Russland	Magdeburg	Tessenowstraße 10 39 114 Magdeburg
Schweden	Hamburg-Nord	Borsteler Chaussee 45 22 453 Hamburg
Schweiz	Konstanz	Byk-Gulden-Straße 2 a 78 467 Konstanz
Slowakei	Chemnitz-Süd	Paul-Bertz-Straße 1 09120 Chemnitz
Spanien	Kassel	Altmarkt 1 34 125 Kassel
Slowenien	Oranienburg	Heinrich-Grüber-Platz 3 16 515 Oranienburg
Tschechische Republik	Chemnitz-Süd	Paul-Bertz-Straße 1 09120 Chemnitz
Türkei	Dortmund-Unna	Trakehnerweg 4 44 143 Dortmund
Ukraine	Magdeburg	Tessenowstraße 10 39 114 Magdeburg
Ungarn	Zentralfinanzamt Nürnberg	Thomas-Mann-Straße 50 90 471 Nürnberg
Vereinigte Staaten von Amerika	Bonn-Innenstadt	Welschnonnenstraße 15 53 111 Bonn
Weißrussland	Magdeburg	Tessenowstraße 10 39 114 Magdeburg

LStH 41.3

Ansässigkeitsstaat	Finanzamt	Adresse
Übriges Ausland	Berlin International	Thiemannstraße 1 12059 Berlin

Zuständige Finanzämter für ausländische Verleiher. Die Zuständigkeit für ausländische Verleiher (ohne Bauunternehmen) ist in den Ländern bei folgenden Finanzämtern zentralisiert:

Land	Finanzamt	Adresse
Baden-Württemberg	Offenburg	Zellerstraße 1–3 77 654 Offenburg
Bayern	München	Finanzamt München Abteilung IV 80 276 München
	Zentralfinanzamt Nürnberg	Thomas-Mann-Straße 50 90 471 Nürnberg
Berlin	für Körperschaften III	Volkmarstraße 13 12 099 Berlin
Brandenburg	Oranienburg	Heinrich-Grüber-Platz 3 16 515 Oranienburg
Bremen	Bremen	Rudolf-Hilferding-Platz 1 28 195 Bremen
Hamburg	Hamburg-Eimsbüttel	Hugh-Greene-Weg 6 22 529 Hamburg
Hessen	Kassel	Altmarkt 1 34 125 Kassel
Mecklenburg-Vorpommern	Greifswald	Am Gorzberg Haus 11 17 489 Greifswald
Niedersachsen	Bad Bentheim	Heinrich-Böll-Straße 2 48 455 Bad Bentheim
Nordrhein-Westfalen	Düsseldorf-Altstadt	Oberrather Straße 2–4 40 472 Düsseldorf
Rheinland-Pfalz	Kaiserslautern	Eisenbahnstraße 56 67 655 Kaiserslautern
Saarland	Saarbrücken I	Mecklenburgring 23 66 121 Saarbrücken
Sachsen	Chemnitz-Süd	Paul-Bertz-Straße 1 09120 Chemnitz
Sachsen-Anhalt	Magdeburg	Tessenowstraße 10 39 114 Magdeburg
Schleswig-Holstein	Kiel	Feldstraße 23 24 105 Kiel
Thüringen	Mühlhausen	Martinistraße 22 99 974 Mühlhausen

Zuständige Finanzämter für ausländische Werkvertragsunternehmer. Die Zuständigkeit für ausländische Werkvertragsunternehmer ist in den Ländern bei folgenden Finanzämtern zentralisiert:

Land	Finanzamt	Adresse
Baden-Württemberg	Offenburg Außenstelle Kehl	Ludwig-Trick-Straße 1 77 694 Kehl
Bayern	München für die Regierungsbezirke: Oberbayern, Niederbayern und Schwaben	Deroystr. 20 80 335 München
	Zentralfinanzamt Nürnberg für die Regierungsbezirke: Oberpfalz, Mittel-, Ober- und Unterfranken	Thomas-Mann-Str. 50 90 471 Nürnberg
Berlin	für Körperschaften III	Volkmarstraße 13 12 099 Berlin
Brandenburg	Oranienburg	Heinrich-Grüber-Platz 3 16 515 Oranienburg
Bremen	für Außenprüfung Bremen – Zentrale Arbeitgeberstelle –	Rudolf-Hilferding-Platz 1 28 195 Bremen
Hamburg	Hamburg-Eimsbüttel	Hugh-Greene-Weg 6 22 529 Hamburg

LStH 41.3

Land	Finanzamt	Adresse
Hessen	Kassel	Altmarkt 1 34 125 Kassel
Mecklenburg-Vorpommern	Greifswald	Am Gorzberg Haus 11 17 489 Greifswald
Niedersachsen	–	keine zentrale Zuständigkeit
Nordrhein-Westfalen	Oberfinanzbezirk Düsseldorf: Kleve für die Bezirke aller Finanzämter des Oberfinanzbezirks Düsseldorf	Emmericher Straße 182 47 533 Kleve
	Oberfinanzbezirk Köln: Bonn-Innenstadt für die Bezirke aller Finanzämter des Oberfinanzbezirks Köln	Welschnonnenstraße 15 53 111 Bonn
	Oberfinanzbezirk Münster: Dortmund-Unna für die Bezirke aller Finanzämter des Oberfinanzbezirks Münster	Trakehnerweg 4 44 143 Dortmund
Rheinland-Pfalz	–	keine zentrale Zuständigkeit
Saarland	Saarbrücken I	Mecklenburgring 23 66 121 Saarbrücken
Sachsen	Chemnitz-Süd	Paul-Bertz-Straße 1 09120 Chemnitz
Sachsen-Anhalt	Magdeburg	Tessenowstraße 10 39 114 Magdeburg
Schleswig-Holstein	–	keine zentrale Zuständigkeit
Thüringen	Mühlhausen	Martinistraße 22 99 974 Mühlhausen

EStG

§ 41a Anmeldung und Abführung der Lohnsteuer

1 (1) ① Der Arbeitgeber hat spätestens am zehnten Tag nach Ablauf eines jeden Lohnsteuer-Anmeldungszeitraums

1. dem Finanzamt, in dessen Bezirk sich die Betriebsstätte (§ 41 Absatz 2) befindet (Betriebsstättenfinanzamt), eine Steuererklärung einzureichen, in der er die Summen der im Lohnsteuer-Anmeldungszeitraum einzubehaltenden und zu übernehmenden Lohnsteuer, getrennt nach den Kalenderjahren, in denen der Arbeitslohn bezogen wird oder als bezogen gilt, angibt (Lohnsteuer-Anmeldung),
2. die im Lohnsteuer-Anmeldungszeitraum insgesamt einbehaltene und übernommene Lohnsteuer an das Betriebsstättenfinanzamt abzuführen.

② Die Lohnsteuer-Anmeldung ist nach amtlich vorgeschriebenem Datensatz durch Datenfernübertragung zu übermitteln. ③ Auf Antrag kann das Finanzamt zur Vermeidung unbilliger Härten auf eine elektronische Übermittlung verzichten; in diesem Fall ist die Lohnsteuer-Anmeldung nach amtlich vorgeschriebenem Vordruck abzugeben und vom Arbeitgeber oder von einer zu seiner Vertretung berechtigten Person zu unterschreiben. ④ Der Arbeitgeber wird von der Verpflichtung zur Abgabe weiterer Lohnsteuer-Anmeldungen befreit, wenn er Arbeitnehmer, für die er Lohnsteuer einzubehalten oder zu übernehmen hat, nicht mehr beschäftigt und das dem Finanzamt mitteilt.

2 (2) ① Lohnsteuer-Anmeldungszeitraum ist grundsätzlich der Kalendermonat. ② Lohnsteuer-Anmeldungszeitraum ist das Kalendervierteljahr, wenn die abzuführende Lohnsteuer für das vorangegangene Kalenderjahr mehr als 1 080 Euro, aber nicht mehr als 5 000 Euro betragen hat; Lohnsteuer-Anmeldungszeitraum ist das Kalenderjahr, wenn die abzuführende Lohnsteuer für das vorangegangene Kalenderjahr nicht mehr als 1 080 Euro betragen hat. ③ Hat die Betriebsstätte nicht während des ganzen vorangegangenen Kalenderjahres bestanden, so ist die für das vorangegangene Kalenderjahr abzuführende Lohnsteuer für die Feststellung des Lohnsteuer-Anmeldungszeitraums auf einen Jahresbetrag umzurechnen. ④ Wenn die Betriebsstätte im vorangegangenen Kalenderjahr noch nicht bestanden hat, ist die auf einen Jahresbetrag umgerechnete für den ersten vollen Kalendermonat nach der Eröffnung der Betriebsstätte abzuführende Lohnsteuer maßgebend.

3 (3) ① Die oberste Finanzbehörde des Landes kann bestimmen, dass die Lohnsteuer nicht dem Betriebsstättenfinanzamt, sondern einer anderen öffentlichen Kasse anzumelden und an diese abzuführen ist; die Kasse erhält insoweit die Stellung einer Landesfinanzbehörde. ② Das Betriebsstättenfinanzamt oder die zuständige andere öffentliche Kasse können anordnen, dass die Lohnsteuer abweichend von dem nach Absatz 1 maßgebenden Zeitpunkt anzumelden und abzuführen ist, wenn die Abführung der Lohnsteuer nicht gesichert erscheint.

4 (4)[1] ① Arbeitgeber, die eigene oder gecharterte Handelsschiffe betreiben, dürfen die anzumeldende und abzuführende Lohnsteuer abziehen und einbehalten, die auf den Arbeitslohn entfällt, der an die Besatzungsmitglieder für die Beschäftigungszeiten auf diesen Schiffen gezahlt wird. ② Die Handelsschiffe müssen in einem Seeschiffsregister eines Mitgliedstaates der Europäischen Union oder eines Staates, auf den das Abkommen über den Europäischen Wirtschaftsraum anwendbar ist, eingetragen sein, die Flagge eines dieser Staaten führen und zur Beförderung von Personen oder Gütern im Verkehr mit oder zwischen ausländischen Häfen, innerhalb eines ausländischen Hafens oder zwischen einem ausländischen Hafen und der Hohen See betrieben werden. ③ Die Sätze 1 und 2 sind entsprechend anzuwenden, wenn Seeschiffe im Wirtschaftsjahr überwiegend außerhalb der deutschen Hoheitsgewässer zum Schleppen, Bergen oder zur Aufsuchung von Bodenschätzen oder zur Vermessung von Energielagerstätten unter dem Meeresboden eingesetzt werden. ④ Bei Besatzungsmitgliedern, die auf Schiffen, einschließlich Ro-Ro-Fahrgastschiffen, arbeiten, die im regelmäßigen Personenbeförderungsdienst zwischen Häfen im Hoheitsgebiet der Mitgliedstaaten der Europäischen Union eingesetzt werden, gelten die Sätze 1 und 2 nur, wenn die Besatzungsmitglieder Staatsangehörige eines Mitgliedstaates der Europäischen Union oder eines Staates sind, auf den das Abkommen über den Europäischen Wirtschaftsraum anwendbar ist. ⑤ Bei Seeschiffen, die für Schlepp- und Baggerarbeiten genutzt werden, gelten die Sätze 1 und 2 nur, wenn es sich um seetüchtige Schlepper und Baggerschiffe mit Eigenantrieb handelt und die Schiffe während mindestens 50 Prozent ihrer Betriebszeit für Tätigkeiten auf See eingesetzt werden. ⑥ Ist für den Lohnsteuerabzug die Lohnsteuer nach der Steuerklasse V oder VI zu ermitteln, bemisst sich der Betrag nach Satz 1 nach der Lohnsteuer der Steuerklasse I.

---

[1] Zur Anwendung von § 41 a Abs. 4 siehe § 52 Abs. 40 a Satz 3.

ESTG

Übersicht

	Rz.
LStR 41 a.1 Lohnsteuer-Anmeldung; H 41 a.1	5–10
Anlage: Schreiben betr. Bekanntmachung des Musters für die Lohnsteuer-Anmeldung 2025 vom 29. 8. 2024	11–13
LStR 41 a.2 Abführung der Lohnsteuer	16

R 41 a.1 Lohnsteuer-Anmeldung

LStR 41 a.1

(1) ① Der Arbeitgeber ist von der Verpflichtung befreit, eine weitere Lohnsteuer-Anmeldung einzureichen, wenn er dem Betriebsstättenfinanzamt mitteilt, dass er im Lohnsteuer-Anmeldungszeitraum keine Lohnsteuer einzubehalten oder zu übernehmen hat, weil der Arbeitslohn nicht steuerbelastet ist. ② Dies gilt auch, wenn der Arbeitgeber nur Arbeitnehmer beschäftigt, für die er lediglich die Pauschsteuer nach § 40 a Abs. 2 EStG an die Deutsche Rentenversicherung Knappschaft-Bahn-See entrichtet. 5

(2) ① Für jede Betriebsstätte (§ 41 Abs. 2 EStG) und für jeden Lohnsteuer-Anmeldungszeitraum ist eine einheitliche Lohnsteuer-Anmeldung einzureichen. ② Die Abgabe mehrerer Lohnsteuer-Anmeldungen für dieselbe Betriebsstätte und denselben Lohnsteuer-Anmeldungszeitraum, etwa getrennt nach den verschiedenen Bereichen der Lohnabrechnung, z. B. gewerbliche Arbeitnehmer, Gehaltsempfänger, Pauschalierungen nach den §§ 37 a, 37 b, 40 bis 40 b EStG, ist nicht zulässig. 6

(3) Der für den Lohnsteuer-Anmeldungszeitraum maßgebende Betrag der abzuführenden Lohnsteuer (§ 41 a Abs. 2 EStG) ist die Summe der nach § 38 Abs. 3 EStG im Zeitpunkt der Zahlung einbehaltenen und übernommenen Lohnsteuer ohne Kürzung um das ihr entnommene Kindergeld (§ 72 Abs. 7 EStG). 7

(4) ① Das Betriebsstättenfinanzamt hat den rechtzeitigen Eingang der Lohnsteuer-Anmeldung zu überwachen. ② Bei nicht rechtzeitigem Eingang der Lohnsteuer-Anmeldung ist i. d. R. ein Verspätungszuschlag nach § 152 AO festzusetzen; erforderlichenfalls kann die Abgabe der Lohnsteuer-Anmeldung mit Zwangsmitteln nach §§ 328 bis 335 AO durchgesetzt werden. ③ Wird eine Lohnsteuer-Anmeldung nicht eingereicht, kann das Finanzamt die Lohnsteuer im Schätzungswege ermitteln und den Arbeitgeber durch Steuerbescheid in Anspruch nehmen (§§ 162, 167 Abs. 1 AO). ④ Pauschale Lohnsteuer kann im Schätzungswege ermittelt und in einem Steuerbescheid festgesetzt werden, wenn der Arbeitgeber mit dem Pauschalierungsverfahren einverstanden ist. 8

(5) ① Bemessungsgrundlage für den Steuereinbehalt nach § 41 a Abs. 4 EStG ist die Lohnsteuer, die auf den für die Tätigkeit an Bord von Schiffen gezahlten Arbeitslohn entfällt. ② Der Lohnsteuereinbehalt durch den Reeder nach § 41 a Abs. 4 EStG gilt für den Kapitän und alle Besatzungsmitglieder – einschl. des Servicepersonals –, die über eine Dienstbescheinigung verfügen und deren Arbeitgeber er ist. ③ Der Lohnsteuereinbehalt kann durch Korrespondent- oder Vertragsreeder nur vorgenommen werden, wenn diese mit der Bereederung des Schiffes in ihrer Eigenschaft als Mitgesellschafter an der Eigentümergesellschaft beauftragt sind. ④ Bei Vertragsreedern ist dies regelmäßig nicht der Fall. ⑤ Bei Korrespondentreedern ist der Lohnsteuereinbehalt nur für die Heuern der Seeleute zulässig, die auf den Schiffen tätig sind, bei denen der Korrespondentreeder auch Miteigentümer ist. 9

H 41 a.1

LStH 41 a.1

Änderung der Lohnsteuer-Anmeldung durch das Finanzamt. Eine Erhöhung der Lohnsteuer-Entrichtungsschuld ist unter den Voraussetzungen des § 164 Abs. 2 Satz 1 AO auch nach Übermittlung oder Ausschreibung der Lohnsteuerbescheinigung zulässig (→ BFH vom 30. 10. 2008 – BStBl. 2009 II S. 354). 10

Anfechtung der Lohnsteuer-Anmeldung durch den Arbeitnehmer. Ein Arbeitnehmer kann die Lohnsteuer-Anmeldung des Arbeitgebers aus eigenem Recht anfechten, soweit sie ihn betrifft (→ BFH vom 20. 7. 2005 – BStBl. II S. 890).

Anfechtung des Lohnsteuer-Haftungsbescheids. Durch die Anfechtung eines Lohnsteuer-Haftungsbescheids werden nicht zugleich auch die Lohnsteuer-Anmeldungen oder ein Bescheid über die Aufhebung des Vorbehalts der Nachprüfung der Lohnsteuer-Anmeldungen für die Anmeldungszeiträume angefochten, in denen der Haftungstatbestand verwirklicht wurde (→ BFH vom 15. 2. 2023 – BStBl. II 2024 S. 175).

Elektronische Abgabe der Lohnsteuer-Anmeldung. Die Verpflichtung eines Arbeitgebers, seine Steueranmeldung dem Finanzamt i. d. R. elektronisch zu übermitteln, ist verfassungsgemäß (→ BFH vom 14. 3. 2012 – BStBl. II S. 477).

Förderbetrag zur betrieblichen Altersversorgung → BMF vom 12. 8. 2021 (BStBl. I S. 1050) unter Berücksichtigung der Änderungen durch BMF vom 18. 3. 2022 (BStBl. I S. 333), Rn. 100 ff.[1]

[1] Abgedruckt in Anhang **I 15 b.**

LStH 41 a.1

Härtefallregelung. Ein Härtefall liegt vor, wenn dem Arbeitgeber die elektronische Datenübermittlung wirtschaftlich oder persönlich unzumutbar ist. Dies ist z. B. der Fall, wenn ihm nicht zuzumuten ist, die technischen Voraussetzungen für die elektronische Übermittlung einzurichten (→ BFH vom 14. 3. 2012 – BStBl. II S. 477).

Lohnsteuereinbehalt durch Reeder

- Arbeitgeber i. S. d. § 41 a Abs. 4 EStG ist der zum Lohnsteuereinbehalt nach § 38 Abs. 3 EStG Verpflichtete. Dies ist regelmäßig der Vertragspartner des Arbeitnehmers aus dem Dienstvertrag (→ BFH vom 13. 7. 2011 – BStBl. II S. 986).
- Eine Kürzung der einbehaltenen Lohnsteuer nach § 41 a Abs. 4 Sätze 1 und 2 EStG kommt nicht in Betracht, wenn das Schiff im maßgebenden Lohnzahlungszeitraum nicht im internationalen Verkehr betrieben wird. Ein qualifizierter Betrieb an wenigen Tagen im Jahr reicht nicht aus, um die einbehaltene Lohnsteuer für das gesamte Wirtschaftsjahr zu kürzen (→ BFH vom 18. 12. 2019 – BStBl. 2020 II S. 289).
- Zur Anwendung der Neuregelung des § 41 a Abs. 4 EStG → BMF vom 29. 6. 2021 (BStBl. I S. 854).

Schätzungsbescheid. Wenn ein Arbeitgeber die Lohnsteuer trotz gesetzlicher Verpflichtung nicht anmeldet und abführt, kann das Finanzamt sie durch Schätzungsbescheid festsetzen. Die Möglichkeit, einen Haftungsbescheid zu erlassen, steht dem nicht entgegen (→ BFH vom 7. 7. 2004 – BStBl. II S. 1087).

Anl zu LStH 41 a.1

Schreiben betr. Bekanntmachung des Musters für die Lohnsteuer-Anmeldung 2025

Vom 29. August 2024 (BStBl. I S. 1192)

(BMF IV C 5-S 2533/19/10026 :005; DOK 2024/0731964)

2 Anlagen

11 Das Vordruckmuster der Lohnsteuer-Anmeldung für Lohnsteuer-Anmeldungszeiträume ab Januar 2025 ist gemäß § 51 Abs. 4 Nr. 1 Buchst. d des Einkommensteuergesetzes (EStG) bestimmt worden. Das Vordruckmuster und die „Übersicht über länderunterschiedliche Werte in der Lohnsteuer-Anmeldung 2025“ werden hiermit bekannt gemacht. Das Vordruckmuster ist auch für die Gestaltung der Vordrucke maßgebend, die mit Hilfe von Datenverarbeitungsanlagen hergestellt werden (vgl. BMF-Schreiben vom 12. August 2022, BStBl. I S. 1334).

Abweichend vom Vordruckmuster ist in den elektronischen Formularen zusätzlich zur Kennzahl 23 ein Freitextfeld für die entsprechenden Angaben vorzusehen.

Für die unwiderrufliche Erklärung des Arbeitgebers ist nach § 19 a Abs. 4 a EStG die Kennzahl 21 mit folgender Zeilenbeschreibung aufzunehmen: „Es wird im Zusammenhang mit Einkünften aus nichtselbständiger Arbeit bei Vermögensbeteiligungen eine Haftungserklärung i. S. d. § 19 a Abs. 4 a Satz 1 EStG abgegeben (falls ja, bitte eine „1“ eintragen).“

Nach § 41 a Abs. 1 Satz 1 Nr. 1 EStG ist in der Lohnsteuer-Anmeldung die Lohnsteuer getrennt nach den Kalenderjahren, in denen der Arbeitslohn bezogen wird oder als bezogen gilt, anzugeben. Die hierfür erforderlichen Kennzahlen und weitere Informationen sind auf den Internetseiten unter www.elster.de veröffentlicht. Die Eintragungen für die Lohnsteuer des Vor- und Folgejahres sind ausschließlich für die Zuordnung der Lohnsteuer zu dem entsprechenden Kalenderjahr zu verwenden. In Korrekturfällen sind die jeweiligen Lohnsteuer-Anmeldungen zu ändern.

Anlage 1

Anl zu LStH 41 a.1

12

- Bitte weiße Felder ausfüllen oder ☒ ankreuzen und Hinweise auf der Rückseite beachten -

Zeile		
1–2	Fallart 11	Steuernummer	Unterfallart 62

2025

30 Eingangsstempel oder -datum

Lohnsteuer-Anmeldung 2025

Anmeldungszeitraum

bei monatlicher Abgabe bitte ankreuzen

25 01	Jan.	25 07	Juli
25 02	Feb.	25 08	Aug.
25 03	März	25 09	Sept.
25 04	April	25 10	Okt.
25 05	Mai	25 11	Nov.
25 06	Juni	25 12	Dez.

bei **vierteljährlicher** Abgabe bitte ankreuzen

25 41	I. Kalendervierteljahr
25 42	II. Kalendervierteljahr
25 43	III. Kalendervierteljahr
25 44	IV. Kalendervierteljahr

bei jährlicher Abgabe bitte ankreuzen

25 19	Kalenderjahr

5 Finanzamt

11–12 Arbeitgeber - Anschrift der Betriebsstätte - Telefonnummer - E-Mail

Zeile		Kz.	
14	**Berichtigte Anmeldung** (falls ja, bitte eine „1" eintragen).........	10	
15	**Zahl der Arbeitnehmer** (einschl. Aushilfs- und Teilzeitkräfte)...............	86	
16	**zu Zeile 22: Zahl der Arbeitnehmer mit BAV-Förderbetrag**..................	90	

Zeile		Kz.	EUR	Ct
18	Summe der einzubehaltenden Lohnsteuer [1) 2)]	42		
19	Summe der pauschalen Lohnsteuer - ohne § 37b EStG - [1)]	41		
20	Summe der pauschalen Lohnsteuer nach § 37b EStG [1)]	44		
21	abzüglich Kürzungsbetrag für Besatzungsmitglieder von Handelsschiffen	33		
22	abzüglich Förderbetrag zur betrieblichen Altersversorgung nach § 100 EStG (BAV-Förderbetrag) [1)]	45		
23	Verbleiben [1)]	48		
24	Solidaritätszuschlag [1) 2)]	49		
25	pauschale Kirchensteuer im vereinfachten Verfahren	47		
26	Evangelische Kirchensteuer - ev [1) 2)]	61		
27	Römisch-Katholische Kirchensteuer - rk [1) 2)]	62		
28				
29				
30				
31				
32				
33	**Gesamtbetrag** [1)]	83		

1) Negativen Beträgen ist ein **Minuszeichen** voranzustellen
2) Nach Abzug der im Lohnsteuer-Jahresausgleich erstatteten Beträge

Zeile		Kz.	
34	Ein Erstattungsbetrag wird auf das dem Finanzamt benannte Konto überwiesen, soweit der Betrag nicht mit Steuerschulden verrechnet wird.		
35	**Verrechnung des Erstattungsbetrags erwünscht/Erstattungsbetrag ist abgetreten** (falls ja, bitte eine „1" eintragen)............ Geben Sie bitte die Verrechnungswünsche auf einem besonderen Blatt oder auf dem beim Finanzamt erhältlichen Vordruck „Verrechnungsantrag" an.	29	
36	Das **SEPA-Lastschriftmandat** wird ausnahmsweise (z. B. wegen Verrechnungswünschen) für diesen Anmeldungszeitraum **widerrufen** (falls ja, bitte eine „1" eintragen)........ Ein ggf. verbleibender Restbetrag ist gesondert zu entrichten.	26	
37	Über die Angaben in der Steueranmeldung hinaus sind weitere oder abweichende Angaben oder Sachverhalte zu berücksichtigen (falls ja, bitte eine „1" eintragen)........ Diese ergeben sich aus der beigefügten Anlage, welche mit der Überschrift „Ergänzende Angaben zur Steueranmeldung" gekennzeichnet ist.	23	

38 **Datum, Unterschrift**

Datenschutzhinweis:
Die mit der Steueranmeldung angeforderten Daten werden auf Grund der §§ 149, 150 der Abgabenordnung und des § 41a des Einkommensteuergesetzes erhoben. Die Angabe der Telefonnummer und der E-Mail-Adresse ist freiwillig.
Informationen über die Verarbeitung personenbezogener Daten in der Steuerverwaltung und über Ihre Rechte nach der Datenschutz-Grundverordnung sowie über Ihre Ansprechpartner in Datenschutzfragen entnehmen Sie bitte dem allgemeinen Informationsschreiben der Finanzverwaltung. Dieses Informationsschreiben finden Sie unter www.finanzamt.de (unter der Rubrik „Datenschutz") oder erhalten Sie bei Ihrem Finanzamt.

3.24 - **LStA** - Lohnsteuer-Anmeldung 2025 -

Anl zu LStH 41 a.1

Hinweise für den Arbeitgeber

Datenübermittlung oder Steueranmeldung auf Papier?

1. Bitte beachten Sie, dass die Lohnsteuer-Anmeldung nach amtlich vorgeschriebenem Datensatz durch Datenfernübertragung authentifiziert zu übermitteln ist. Für die elektronische authentifizierte Übermittlung, die gesetzlich vorgeschrieben ist, benötigen Sie ein Zertifikat. Dieses erhalten Sie nach kostenloser Registrierung auf der Internetseite www.elster.de. Bitte beachten Sie, dass die Registrierung bis zu zwei Wochen dauern kann. Unter www.elster.de/elsterweb/softwareprodukt finden Sie Programme zur elektronischen Übermittlung. Auf Antrag kann das Finanzamt zur Vermeidung von unbilligen Härten auf eine elektronische Übermittlung verzichten; in diesem Fall haben Sie oder eine zu Ihrer Vertretung berechtigte Person die Lohnsteuer-Anmeldung nach amtlich vorgeschriebenem Vordruck abzugeben und zu unterschreiben.

Abführung der Steuerabzugsbeträge

2. Tragen Sie bitte die Summe der einzubehaltenden Steuerabzugsbeträge (§§ 39b und 39c EStG) in Zeile 18 ein. Die Summe der mit festen oder besonderen Pauschsteuersätzen erhobenen Lohnsteuer nach den §§ 37a, 40 bis 40b EStG tragen Sie bitte in Zeile 19 ein. Nicht einzubeziehen ist die an die Deutsche Rentenversicherung Knappschaft-Bahn-See abzuführende 2 %-ige Pauschsteuer für geringfügig Beschäftigte i. S. d. § 8 Abs. 1 Nr. 1 und § 8a SGB IV. In Zeile 20 tragen Sie bitte gesondert die pauschale Lohnsteuer nach § 37b EStG ein. Vergessen Sie bitte nicht, auf dem Zahlungsabschnitt die Steuernummer, den Zeitraum, in dem die Beträge einbehalten worden sind, und je gesondert den Gesamtbetrag der Lohnsteuer, des Solidaritätszuschlags zur Lohnsteuer und der Kirchensteuer anzugeben oder durch Ihre Bank oder Sparkasse angeben zu lassen.

   Sollten Sie mehr Lohnsteuer erstatten, als Sie einzubehalten haben (z. B. wegen einer Neuberechnung der Lohnsteuer für bereits abgelaufene Lohnzahlungszeiträume desselben Kalenderjahres), kennzeichnen Sie bitte den Betrag mit einem deutlichen Minuszeichen. Der Erstattungsantrag ist durch Übermittlung oder Abgabe der Anmeldung gestellt.

   Reichen die Ihnen zur Verfügung stehenden Mittel zur Zahlung des vollen vereinbarten Arbeitslohns nicht aus, so ist die Lohnsteuer von dem tatsächlich zur Auszahlung gelangenden niedrigeren Betrag zu berechnen und einzubehalten.

3. Arbeitgeber, die eigene oder gecharterte Handelsschiffe betreiben, dürfen die gesamte anzumeldende und abzuführende Lohnsteuer, die auf den Arbeitslohn entfällt, der an die Besatzungsmitglieder für die Beschäftigungszeiten auf diesen Schiffen gezahlt wird, abziehen und einbehalten. Dieser Betrag ist in Zeile 21 einzutragen.

4. Arbeitgeber dürfen vom Gesamtbetrag der einzubehaltenden Lohnsteuer für jeden Arbeitnehmer mit einem ersten Dienstverhältnis einen Teilbetrag des Arbeitgeberbeitrags zur kapitalgedeckten betrieblichen Altersversorgung (BAV-Förderbetrag) entnehmen und gesondert absetzen (§ 100 EStG). Dieser Betrag ist in Zeile 22 einzutragen. Zusätzlich ist die Zahl der Arbeitnehmer mit BAV-Förderbetrag in Zeile 16 einzutragen. Werden die Beiträge zur betrieblichen Altersversorgung an den Arbeitgeber zurückgezahlt, ist der auf den Rückzahlungsbetrag entfallende BAV-Förderbetrag zurückzuzahlen. Ist der zurückzuzahlende BAV-Förderbetrag höher als der im Lohnzahlungszeitraum der Rückzahlung von der Lohnsteuer abzusetzende BAV-Förderbetrag, ist der „negative BAV-Förderbetrag" durch ein vorangestelltes Minuszeichen zu kennzeichnen.

5. Haben Sie in den Fällen der Einkommensteuer- und Lohnsteuerpauschalierung nach den §§ 37a, 37b, 40 bis 40b EStG die Kirchensteuer im vereinfachten Verfahren mit einem ermäßigten Steuersatz ermittelt, tragen Sie bitte diese (pauschale) Kirchensteuer in einer Summe in Zeile 25 ein. Die Aufteilung der pauschalen Kirchensteuer auf die steuererhebenden Religionsgemeinschaften wird von der Finanzverwaltung übernommen.

6. Abführungszeitpunkt ist
   a) spätestens der zehnte Tag nach Ablauf eines jeden Kalendermonats, wenn die abzuführende Lohnsteuer für das vorangegangene Kalenderjahr mehr als 5.000 € betragen hat,
   b) spätestens der zehnte Tag nach Ablauf eines jeden Kalendervierteljahres, wenn die abzuführende Lohnsteuer für das vorangegangene Kalenderjahr mehr als 1.080 €, aber nicht mehr als 5.000 € betragen hat,
   c) spätestens der zehnte Tag nach Ablauf eines jeden Kalenderjahres, wenn die abzuführende Lohnsteuer für das vorangegangene Kalenderjahr nicht mehr als 1.080 € betragen hat.

   Hat Ihr Betrieb nicht während des ganzen vorangegangenen Kalenderjahres bestanden, so ist die für das vorangegangene Kalenderjahr abzuführende Lohnsteuer für die Feststellung des Lohnsteuer-Anmeldungszeitraums auf einen Jahresbetrag umzurechnen.

   Hat Ihr Betrieb im vorangegangenen Kalenderjahr noch nicht bestanden, so ist die auf einen Jahresbetrag umgerechnete, für den ersten vollen Kalendermonat nach der Eröffnung des Betriebs abzuführende Lohnsteuer maßgebend.

7. Im Falle nicht rechtzeitiger Abführung der Steuerabzugsbeträge ist ein Säumniszuschlag zu entrichten. Der Säumniszuschlag beträgt 1 % des auf 50 € abgerundeten rückständigen Steuerbetrages (ohne Kirchensteuer) für jeden angefangenen Monat der Säumnis.

8. Verbleibende Beträge von insgesamt weniger als 1 € werden weder erhoben noch erstattet, weil dadurch unverhältnismäßige Kosten entstehen.

Anmeldung der Steuerabzugsbeträge

9. Übermitteln oder übersenden Sie bitte unabhängig davon, ob Sie Lohnsteuer einzubehalten hatten oder ob die einbehaltenen Steuerabzugsbeträge an das Finanzamt abgeführt worden sind, dem Finanzamt der Betriebsstätte spätestens bis zum Abführungszeitpunkt (siehe oben Nummer 6) eine Lohnsteuer-Anmeldung nach amtlich vorgeschriebenem Datensatz oder Vordruck.

   Sie sind aber künftig von der Verpflichtung zur Übermittlung oder Abgabe weiterer Lohnsteuer-Anmeldungen befreit, wenn Sie Ihrem Betriebsstättenfinanzamt mitteilen, dass Sie keine Lohnsteuer einzubehalten oder zu übernehmen haben. Gleiches gilt, wenn Sie nur Arbeitnehmer beschäftigen, für die Sie lediglich die 2 %-ige Pauschsteuer an die Deutsche Rentenversicherung Knappschaft-Bahn-See abzuführen haben.

10. Trifft die Anmeldung nicht rechtzeitig ein, so kann das Finanzamt zu der Lohnsteuer einen **Verspätungszuschlag** festsetzen.

11. Um Rückfragen des Finanzamts zu vermeiden, geben Sie bitte in Zeile 15 stets die Zahl der Arbeitnehmer – einschließlich Aushilfs- und Teilzeitkräfte, zu denen auch die an die Deutsche Rentenversicherung Knappschaft-Bahn-See gemeldeten geringfügig Beschäftigten i. S. d. § 8 Abs. 1 Nr. 1 und § 8a SGB IV gehören – an.

12. Wenn über die Angaben in der Steueranmeldung hinaus weitere oder abweichende Angaben oder Sachverhalte berücksichtigt werden sollen, tragen Sie bitte in Zeile 37 eine "1" ein. Gleiches gilt, wenn bei den in der Steueranmeldung erfassten Angaben bewusst eine von der Verwaltungsauffassung abweichende Rechtsauffassung zugrunde gelegt wurde. Diese Angaben sind in einer von Ihnen zu erstellenden gesonderten Anlage zu machen, welche mit der Überschrift „Ergänzende Angaben zur Steueranmeldung" zu kennzeichnen ist. Angaben zu Änderungen der persönlichen Daten (z. B. Bankverbindung) sind nicht hier einzutragen, sondern dem Finanzamt gesondert mitzuteilen.

Berichtigung von Lohnsteuer-Anmeldungen

13. Wenn Sie feststellen, dass eine bereits eingereichte Lohnsteuer-Anmeldung fehlerhaft oder unvollständig ist, so ist für den betreffenden Anmeldungszeitraum eine berichtigte Lohnsteuer-Anmeldung zu übermitteln oder einzureichen. Dabei sind Eintragungen auch in den Zeilen vorzunehmen, in denen sich keine Änderungen ergeben haben. Es ist nicht zulässig, nur Einzel- oder Differenzbeträge nachzumelden. Für die Berichtigung mehrerer Anmeldungszeiträume sind jeweils gesonderte berichtigte Lohnsteuer-Anmeldungen einzureichen. Den Berichtigungsgrund teilen Sie bitte Ihrem Finanzamt gesondert mit.

13

Anlage 2

Übersicht über länderunterschiedliche Werte in der Lohnsteuer-Anmeldung 2025

Land	Zeilen-Nr.	Bedeutung	Kenn-zahl
Baden-Württemberg	28	Kirchensteuer der Israelitischen Religionsgemeinschaft Baden - ib 1) 2)	78
	29	Kirchensteuer der Freireligiösen Landesgemeinde Baden - fb 1) 2)	67
	30	Kirchensteuer der Israelitischen Religionsgemeinschaft Württembergs - iw 1) 2)	73
	31	Alt-Katholische Kirchensteuer - ak 1) 2)	63
Bayern	28	Israelitische Bekenntnissteuer - is 1) 2)	64
	29	Alt-Katholische Kirchensteuer - ak 1) 2)	63
Berlin	28	Alt-Katholische Kirchensteuer - ak 1) 2)	63
Brandenburg	28	Israelitische / Jüdische Kultussteuer - is/jh/jd 1) 2)	64
	29	Freireligiöse Gemeinde Mainz - fm 1) 2)	65
	30	Israelitische Kultussteuer der kultussteuerberechtigten Gemeinden Hessen – il 1) 2)	74
	31	Alt-Katholische Kirchensteuer - ak 1) 2)	63
Bremen	28	Beiträge zur Arbeitnehmerkammer	68
Hamburg	28	Jüdische Kultussteuer - jh 1) 2)	64
	29	Alt-Katholische Kirchensteuer - ak 1) 2)	63
Hessen	28	Freireligiöse Gemeinde Offenbach/M. - fs 1) 2)	66
	29	Freireligiöse Gemeinde Mainz - fm 1) 2)	65
	30	Israelitische Kultussteuer Frankfurt - is 1) 2)	64
	31	Israelitische Kultussteuer der kultussteuerberechtigten Gemeinden - il 1) 2)	74
	32	Alt-Katholische Kirchensteuer - ak 1) 2)	63
Niedersachsen	28	Alt-Katholische Kirchensteuer - ak 1) 2)	63
Nordrhein-Westfalen	28	Jüdische Kultussteuer - jd 1) 2)	64
	29	Alt-Katholische Kirchensteuer - ak 1) 2)	63
Rheinland-Pfalz	28	Jüdische Kultussteuer - is 1) 2)	64
	29	Freireligiöse Landesgemeinde Pfalz - fg 1) 2)	68
	30	Freireligiöse Gemeinde Mainz - fm 1) 2)	65
	31	Freie Religionsgemeinschaft Alzey - fa 1) 2)	72
	32	Alt-Katholische Kirchensteuer - ak 1) 2)	63
Saarland	28	Israelitische Kultussteuer - issl 1) 2)	64
	29	Alt-Katholische Kirchensteuer - ak 1) 2)	63
	30	Beiträge zur Arbeitskammer	70
Schleswig-Holstein	28	Jüdische Kultussteuer - ih 1) 2)	64
	29	Alt-Katholische Kirchensteuer - ak 1) 2)	63

1) Negativen Beträgen ist ein **Minuszeichen** voranzustellen
2) Nach Abzug der im Lohnsteuer-Jahresausgleich erstatteten Beträge

LStR 41 a.2

R 41 a.2 Abführung der Lohnsteuer

16 ① Der Arbeitgeber hat die Lohnsteuer in einem Betrag an die Kasse des Betriebsstättenfinanzamts (§ 41 Abs. 2 EStG) oder an eine von der obersten Finanzbehörde des Landes bestimmte öffentliche Kasse (§ 41 a Abs. 3 EStG) abzuführen. ② Der Arbeitgeber muss mit der Zahlung angeben oder durch sein Kreditinstitut angeben lassen: die Steuernummer, die Bezeichnung der Steuer und den Lohnsteuer-Anmeldungszeitraum. ③ Eine Stundung der einzubehaltenden oder einbehaltenen Lohnsteuer ist nicht möglich (§ 222 Satz 3 und 4 AO).

EStG

§ 41b Abschluss des Lohnsteuerabzugs

(1) ① **Bei Beendigung eines Dienstverhältnisses oder am Ende des Kalenderjahres hat der Arbeitgeber das Lohnkonto des Arbeitnehmers abzuschließen. ② Auf Grund der Aufzeichnungen im Lohnkonto hat der Arbeitgeber nach Abschluss des Lohnkontos für jeden Arbeitnehmer der für dessen Besteuerung nach dem Einkommen zuständigen Finanzbehörde nach Maßgabe des § 93 c der Abgabenordnung neben den in § 93 c Absatz 1 der Abgabenordnung genannten Daten insbesondere folgende Angaben zu übermitteln (elektronische Lohnsteuerbescheinigung):** 1

1. **die abgerufenen elektronischen Lohnsteuerabzugsmerkmale oder die auf der entsprechenden Bescheinigung für den Lohnsteuerabzug eingetragenen Lohnsteuerabzugsmerkmale sowie die Bezeichnung und die Nummer des Finanzamts, an das die Lohnsteuer abgeführt worden ist,**
2. **die Dauer des Dienstverhältnisses während des Kalenderjahres sowie die Anzahl der nach § 41 Absatz 1 Satz 5 vermerkten Großbuchstaben U,**
3. **die Art und Höhe des gezahlten Arbeitslohns sowie den nach § 41 Absatz 1 Satz 6 vermerkten Großbuchstaben S,**
4. **die einbehaltene Lohnsteuer, den Solidaritätszuschlag und die Kirchensteuer,**
5. **das Kurzarbeitergeld, das Qualifizierungsgeld, den Zuschuss zum Mutterschaftsgeld nach dem Mutterschutzgesetz, die Entschädigungen für Verdienstausfall nach dem Infektionsschutzgesetz vom 20. Juli 2000 (BGBl. I S. 1045), zuletzt geändert durch Artikel 11 § 3 des Gesetzes vom 6. August 2002 (BGBl. I S. 3082), in der jeweils geltenden Fassung, die nach § 3 Nummer 28 steuerfreien Aufstockungsbeträge oder Zuschläge sowie die nach § 3 Nummer 28 a steuerfreien Zuschüsse,**[1]
6. **die auf die Entfernungspauschale nach § 3 Nummer 15 Satz 3 und § 9 Absatz 1 Satz 3 Nummer 4 Satz 5 anzurechnenden steuerfreien Arbeitgeberleistungen,**
7. **die auf die Entfernungspauschale nach § 40 Absatz 2 Satz 2 Nummer 1 2. Halbsatz anzurechnenden pauschal besteuerten Arbeitgeberleistungen,**
8. **für die dem Arbeitnehmer zur Verfügung gestellten Mahlzeiten nach § 8 Absatz 2 Satz 8 den Großbuchstaben M,**
9. **für die steuerfreie Sammelbeförderung nach § 3 Nummer 32 den Großbuchstaben F,**
10. **die nach § 3 Nummer 13 und 16 steuerfrei gezahlten Verpflegungszuschüsse und Vergütungen bei doppelter Haushaltsführung,**
11. **Beiträge zu den gesetzlichen Rentenversicherungen und an berufsständische Versorgungseinrichtungen, getrennt nach Arbeitgeber- und Arbeitnehmeranteil,**
12. **die nach § 3 Nummer 62 gezahlten Zuschüsse zur Kranken- und Pflegeversicherung,**
13. **die Beiträge des Arbeitnehmers zur gesetzlichen Krankenversicherung und zur sozialen Pflegeversicherung,**
14. **die Beiträge des Arbeitnehmers zur Arbeitslosenversicherung,**
15. [2] *den nach § 39 b Absatz 2 Satz 5 Nummer 3 Buchstabe d berücksichtigten Teilbetrag der Vorsorgepauschale.*

③ **Der Arbeitgeber hat dem Arbeitnehmer die elektronische Lohnsteuerbescheinigung nach amtlich vorgeschriebenem Muster binnen angemessener Frist als Ausdruck auszuhändigen oder elektronisch bereitzustellen. ④ Soweit der Arbeitgeber nicht zur elektronischen Übermittlung nach Absatz 1 Satz 2 verpflichtet ist, hat er nach Ablauf des Kalenderjahres oder wenn das Dienstverhältnis vor Ablauf des Kalenderjahres beendet wird, eine Lohnsteuerbescheinigung nach amtlich vorgeschriebenem Muster auszustellen und an das Betriebsstättenfinanzamt bis zum letzten Tag des Monats Februar des auf den Abschluss des Lohnkontos folgenden Kalenderjahres zu übersenden. ⑤ Er hat dem Arbeitnehmer eine Zweitausfertigung dieser Bescheinigung auszuhändigen. ⑥ Nicht ausgehändigte Lohnsteuerbescheinigungen hat der Arbeitgeber dem Betriebsstättenfinanzamt einzureichen.**

(2) ① **Ist dem Arbeitgeber die Identifikationsnummer (§ 139 b der Abgabenordnung) des Arbeitnehmers nicht bekannt, hat er bis zum Veranlagungszeitraum 2022 für die Datenübermittlung nach Absatz 1 Satz 2 aus dem Namen, Vornamen und Geburtsdatum des Arbeitnehmers ein Ordnungsmerkmal nach amtlich festgelegter Regel für den Arbeitnehmer zu bilden und das Ordnungsmerkmal zu verwenden. ② Er darf das lohn-** 2

---

[1] **[Amtl. Anm.:]** Die Steuerbefreiung gem. § 3 Nr. 28 a gilt nur für Zuschüsse, die für Lohnzahlungszeiträume geleistet werden, die nach dem 29. 2. 2020 beginnen und vor dem 1. 7. 2022 enden, siehe § 3 Nr. 28 a EStG.

[2] § 41 b Abs. 1 Satz 2 Nr. 15 aufgeh. **mWv 1. 1. 2026** durch JStG 2020 v. 21. 12. 2020 (BGBl. I S. 3096, BGBl. 2023 I Nr. 411).

EStG

steuerliche Ordnungsmerkmal nur für die Zuordnung der elektronischen Lohnsteuerbescheinigung oder sonstiger für das Besteuerungsverfahren erforderlicher Daten zu einem bestimmten Steuerpflichtigen und für Zwecke des Besteuerungsverfahrens verarbeiten oder bilden.

(2 a) *(aufgehoben)*

3 (3) ① **Ein Arbeitgeber ohne maschinelle Lohnabrechnung, der ausschließlich Arbeitnehmer im Rahmen einer geringfügigen Beschäftigung in seinem Privathaushalt im Sinne des § 8 a des Vierten Buches Sozialgesetzbuch beschäftigt und keine elektronische Lohnsteuerbescheinigung erteilt, hat anstelle der elektronischen Lohnsteuerbescheinigung eine entsprechende Lohnsteuerbescheinigung nach amtlich vorgeschriebenem Muster auszustellen und an das Betriebsstättenfinanzamt bis zum letzten Tag des Monats Februar des auf den Abschluss des Lohnkontos folgenden Kalenderjahres zu übersenden.** ② **Der Arbeitgeber hat dem Arbeitnehmer nach Ablauf des Kalenderjahres oder nach Beendigung des Dienstverhältnisses, wenn es vor Ablauf des Kalenderjahres beendet wird, eine Zweitausfertigung der Lohnsteuerbescheinigung auszuhändigen.** ③ **Nicht ausgehändigte Lohnsteuerbescheinigungen hat der Arbeitgeber dem Betriebsstättenfinanzamt einzureichen.**

4 (4) ① **In den Fällen des Absatzes 1 ist für die Anwendung des § 72 a Absatz 4 und des § 93 c Absatz 4 Satz 1 der Abgabenordnung sowie für die Anwendung des Absatzes 2 a das Betriebsstättenfinanzamt des Arbeitgebers zuständig.** ② **Sind für einen Arbeitgeber mehrere Betriebsstättenfinanzämter zuständig, so ist das Finanzamt zuständig, in dessen Bezirk sich die Geschäftsleitung des Arbeitgebers im Inland befindet.** ③ **Ist dieses Finanzamt kein Betriebsstättenfinanzamt, so ist das Finanzamt zuständig, in dessen Bezirk sich die Betriebsstätte mit den meisten Arbeitnehmern befindet.**

5 (5) ① **Die nach Absatz 1 übermittelten Daten können durch das nach Absatz 4 zuständige Finanzamt zum Zweck der Anwendung des § 72 a Absatz 4 und des § 93 c Absatz 4 Satz 1 der Abgabenordnung verarbeitet werden.** ② **Zur Überprüfung der Ordnungsmäßigkeit der Einbehaltung und Abführung der Lohnsteuer können diese Daten auch von den hierfür zuständigen Finanzbehörden bei den für die Besteuerung der Arbeitnehmer nach dem Einkommen zuständigen Finanzbehörden verarbeitet werden.**

6 (6) **Die Absätze 1 bis 5 gelten nicht für Arbeitnehmer, soweit sie Arbeitslohn bezogen haben, der nach den §§ 40 bis 40 b pauschal besteuert worden ist.**

Übersicht

	Rz.
LStR 41 b Abschluss des Lohnsteuerabzugs; H 41 b	10–12
Anlagen:	
a) Schreiben betr. Ausstellung von elektronischen Lohnsteuerbescheinigungen für Kalenderjahre ab 2025; Ausstellung von Besonderen Lohnsteuerbescheinigungen durch den Arbeitgeber ohne maschinelle Lohnabrechnung für Kalenderjahre ab 2025 vom 5. 9. 2024	15–19
b) Schreiben betr. Bekanntmachung des Musters für den Ausdruck der elektronischen Lohnsteuerbescheinigung 2025 vom 17. 2. 2025	25, 26

LStR 41 b

R 41b Abschluss des Lohnsteuerabzugs

Lohnsteuerbescheinigungen

10 (1) Die Lohnsteuerbescheinigung richtet sich nach § 41 b EStG und der im BStBl. I bekannt gemachten Datensatzbeschreibung für die elektronische Übermittlung sowie dem entsprechenden Vordruckmuster.

Lohnsteuerbescheinigungen von öffentlichen Kassen

11 (2) ① Wird ein Arbeitnehmer, der den Arbeitslohn im Voraus für einen Lohnzahlungszeitraum erhalten hat, während dieser Zeit einer anderen Dienststelle zugewiesen und geht die Zahlung des Arbeitslohns auf die Kasse dieser Dienststelle über, hat die früher zuständige Kasse in der Lohnsteuerbescheinigung (→ Absatz 1) den vollen von ihr gezahlten Arbeitslohn und die davon einbehaltene Lohnsteuer auch dann aufzunehmen, wenn ihr ein Teil des Arbeitslohns von der nunmehr zuständigen Kasse erstattet wird; der Arbeitslohn darf nicht um die Freibeträge für Versorgungsbezüge (§ 19 Abs. 2 EStG) und den Altersentlastungsbetrag (§ 24 a EStG) gekürzt werden. ② Die nunmehr zuständige Kasse hat den der früher zuständigen Kasse erstatteten Teil des Arbeitslohns nicht in die Lohnsteuerbescheinigung aufzunehmen.

H 41b

LStH 41 b

Ausstellung von elektronischen Lohnsteuerbescheinigungen für Kj. ab 2025; Ausstellung von Besonderen Lohnsteuerbescheinigungen durch den Arbeitgeber ohne maschinelle Lohnabrechnung für Kj. ab 2025 → BMF vom 5. 9. 2024 (BStBl. I S. 1255).[1] 12

Bekanntmachung des Musters für den Ausdruck der elektronischen Lohnsteuerbescheinigung 2025 → BMF vom 17. 2. 2025 (BStBl. I S. 650).[2]

Berichtigung der Lohnsteuerbescheinigung
– Der Arbeitnehmer kann nach Übermittlung oder Ausschreibung der Lohnsteuerbescheinigung deren Berichtigung nicht mehr verlangen (→ BFH vom 13. 12. 2007 – BStBl. 2008 II S. 434).
– Zur Berichtigung der Lohnsteuerbescheinigung bei Änderung der Lohnsteuer-Anmeldung zugunsten des Arbeitgebers → § 41 c Abs. 3 Satz 4 und 5 EStG.

Bescheinigung zu Unrecht einbehaltener Lohnsteuer. Wird von steuerfreien Einnahmen aus nichtselbständiger Arbeit (zu Unrecht) Lohnsteuer einbehalten und an ein inländisches Finanzamt abgeführt, ist auch diese Lohnsteuer in der Lohnsteuerbescheinigung einzutragen und auf die für den VZ festgesetzte Einkommensteuerschuld des Arbeitnehmers anzurechnen (→ BFH vom 23. 5. 2000 – BStBl. II S. 581).

Finanzrechtsweg. Bei einer Nettolohnvereinbarung ist für Streitigkeiten über die Höhe des in der Lohnsteuerbescheinigung auszuweisenden Bruttoarbeitslohns der Finanzrechtsweg nicht gegeben (→ BFH vom 13. 12. 2007 – BStBl. 2008 II S. 434).

Unzutreffender Steuerabzug. Ein unzutreffender Lohnsteuerabzug kann durch Einwendungen gegen die Lohnsteuerbescheinigung nicht berichtigt werden (→ BFH vom 13. 12. 2007 – BStBl. 2008 II S. 434).

Anl a zu LStH 41 b

a) Schreiben betr. Ausstellung von elektronischen Lohnsteuerbescheinigungen für Kalenderjahre ab 2025; Ausstellung von Besonderen Lohnsteuerbescheinigungen durch den Arbeitgeber ohne maschinelle Lohnabrechnung für Kalenderjahre ab 2025[3]

Vom 5. September 2024 (BStBl. I S. 1255)

(BMF IV C 5 – S 2378/19/10002 :002; DOK 2024/0468347)

In Abstimmung mit den obersten Finanzbehörden der Länder gilt Folgendes: 15

Auf Grund der Aufzeichnungen im Lohnkonto hat der Arbeitgeber nach Abschluss des Lohnkontos für jeden Arbeitnehmer der zuständigen Finanzbehörde nach Maßgabe des § 93 c der Abgabenordnung (AO) bis zum letzten Tag des Monats Februar des folgenden Jahres eine elektronische Lohnsteuerbescheinigung zu übermitteln (§ 41 b Absatz 1 Satz 2 des Einkommensteuergesetzes – EStG – i. V. m. § 93 c Absatz 1 Nummer 1 AO). Die Datenübermittlung ist nach amtlich vorgeschriebenem Datensatz durch Datenfernübertragung über die amtlich bestimmte Schnittstelle (§ 93 c Absatz 1 Nummer 1 AO) authentifiziert vorzunehmen. Das für die Authentifizierung erforderliche Zertifikat muss vom Datenübermittler einmalig auf der Internetseite www.elster.de beantragt werden. Ohne Authentifizierung ist eine elektronische Übermittlung der Lohnsteuerbescheinigung nicht möglich.

Für jede elektronische Lohnsteuerbescheinigung ist eine eindeutige, durch den Datenlieferanten zu vergebende ID (KmId) zu erstellen, deren Zusammensetzung in der technischen Schnittstellenbeschreibung zur elektronischen Lohnsteuerbescheinigung dokumentiert ist. Einzelheiten zum amtlich vorgeschriebenen Datensatz sind unter www.elster.de abrufbar.

Davon abweichend können insbesondere Arbeitgeber ohne maschinelle Lohnabrechnung, die ausschließlich Arbeitnehmer im Rahmen einer geringfügigen Beschäftigung in ihren Privathaushalten im Sinne des § 8 a des Vierten Buches Sozialgesetzbuch (SGB IV) beschäftigen, anstelle der elektronischen Lohnsteuerbescheinigung eine entsprechende manuelle Lohnsteuerbescheinigung (Besondere Lohnsteuerbescheinigung) erteilen.

Für die elektronische Lohnsteuerbescheinigung und die Ausschreibung von Besonderen Lohnsteuerbescheinigungen sind § 41 b EStG sowie die Anordnungen in R 41 b der Lohnsteuer-Richtlinien (LStR) maßgebend. Lohnsteuerbescheinigungen sind hiernach sowohl für unbeschränkt als auch für beschränkt einkommensteuerpflichtige Arbeitnehmer zu erstellen.

Ist ein Dritter gemäß § 38 Absatz 3 a Satz 1 EStG zum Lohnsteuerabzug verpflichtet, hat er der zuständigen Finanzbehörde für jeden Arbeitnehmer eine elektronische Lohnsteuerbescheinigung zu übermitteln (R 39 c Satz 5 LStR i. V. m. § 41 b Absatz 1 Satz 2 EStG).

Das Muster des Ausdrucks der elektronischen Lohnsteuerbescheinigung wird jährlich im Bundessteuerblatt Teil I gesondert bekannt gemacht.[4]

---

[1] Nachstehend abgedruckt als Anlage a zu LStH 41 b. Zur Aufteilung der an ausländische Sozialversicherungsträger geleisteten Globalbeiträge zu Vorsorgeaufwendungen vgl. *BMF-Schreiben vom 28. 11. 2024 (BStBl. I S. 1430),* abgedruckt als Anlage c zu § 10 EStG.

[2] Nachstehend abgedruckt als Anlage b zu LStH 41 b.

[3] **[Amtl. Anm.:]** Die Änderungen gegenüber dem BMF-Schreiben vom 9. 9. 2019 (BStBl. I S. 911) sind durch Fett- und Kursivdruck hervorgehoben (**Red. Anm.:** Hier nicht dargestellt).

[4] Nachstehend abgedruckt als Anlage b zu LStH 41 b.

Anl a zu LStH 41 b

Für Arbeitnehmer, für die der Arbeitgeber die Lohnsteuer ausschließlich nach den §§ 40 bis 40 b EStG pauschal erhoben hat, ist keine Lohnsteuerbescheinigung zu erstellen.

Wurden für den Arbeitnehmer elektronische Lohnsteuerabzugsmerkmale (ELStAM) übermittelt, wird jedoch kein Arbeitslohn gezahlt, ist keine Lohnsteuerbescheinigung auszustellen.

I. Ausstellung von elektronischen Lohnsteuerbescheinigungen

16 Dem Arbeitnehmer ist ein nach amtlich vorgeschriebenem Muster gefertigter Ausdruck der elektronischen Lohnsteuerbescheinigung mit Angabe der Identifikationsnummer (IdNr.) auszuhändigen oder elektronisch bereitzustellen (§ 41 b Absatz 1 Satz 3 EStG).

Es sind die abgerufenen elektronischen Lohnsteuerabzugsmerkmale oder die auf der entsprechenden Bescheinigung für den Lohnsteuerabzug eingetragenen Lohnsteuerabzugsmerkmale vollständig zu übermitteln. Dabei ist im elektronischen Datensatz neben den ELStAM auch das Datum „gültig ab“ zu übermitteln. Hiervon abweichend sind im Muster des Ausdrucks der elektronischen Lohnsteuerbescheinigung aus Vereinfachungsgründen nur die im letzten Lohnzahlungszeitraum zugrunde gelegten Lohnsteuerabzugsmerkmale – ohne „gültig ab“ – zu bescheinigen.

Außerdem gilt Folgendes:

1. Unter **Nummer 1** des Ausdrucks ist die Dauer des Dienstverhältnisses während des Kalenderjahres oder der Monat der Auszahlung bei sonstigen Bezügen, die nach Beendigung des Dienstverhältnisses gezahlt werden, zu bescheinigen.
2. Unter **Nummer 2** des Ausdrucks ist in dem Feld Anzahl „U“ die Anzahl der Unterbrechungszeiträume zu bescheinigen, in denen an mindestens 5 aufeinanderfolgenden Arbeitstagen der Anspruch auf Arbeitslohn im Wesentlichen weggefallen ist (z. B. wegen Krankheit). Nicht zu bescheinigen sind Zeiträume, in denen der Arbeitnehmer Lohnersatzleistungen im Sinne des § 41 Absatz 1 Satz 4 EStG erhalten hat (z. B. Kurzarbeitergeld, Schlechtwettergeld). Weiterhin sind in dem dafür vorgesehenen Feld die nachfolgenden Großbuchstaben zu bescheinigen:

   „S“ ist einzutragen, wenn die Lohnsteuer von einem sonstigen Bezug im ersten Dienstverhältnis berechnet wurde und dabei der Arbeitslohn aus früheren Dienstverhältnissen des Kalenderjahres außer Betracht geblieben ist.

   „M“ ist einzutragen, wenn dem Arbeitnehmer anlässlich oder während einer beruflichen Auswärtstätigkeit oder im Rahmen einer beruflichen doppelten Haushaltsführung vom Arbeitgeber oder auf dessen Veranlassung von einem Dritten eine nach § 8 Absatz 2 Satz 8 EStG mit dem amtlichen Sachbezugswert zu bewertende Mahlzeit zur Verfügung gestellt wurde. Die Eintragung hat unabhängig davon zu erfolgen, ob die Besteuerung der Mahlzeit nach § 8 Absatz 2 Satz 9 EStG unterbleibt, der Arbeitgeber die Mahlzeit individuell oder nach § 40 Absatz 2 Satz 1 Nummer 1 a EStG pauschal besteuert hat.
   Im Übrigen sind für die Bescheinigung des Großbuchstabens „M“ auch die Ausführungen der Rn. 92 und 93 des BMF-Schreibens zur steuerlichen Behandlung der Reisekosten von Arbeitnehmern vom 25. November 2020 (BStBl. I S. 1228)[1] zu beachten.

   „F“ ist einzutragen, wenn eine steuerfreie Sammelbeförderung eines Arbeitnehmers zwischen Wohnung und erster Tätigkeitsstätte sowie bei Fahrten nach § 9 Absatz 1 Satz 3 Nummer 4 a Satz 3 EStG nach § 3 Nummer 32 EStG erfolgte.

   „FR“ ist einzutragen bei französischen Grenzgängern, bei denen aufgrund einer Bescheinigung nach § 39 Absatz 4 Nummer 5 i. V. m. § 52 Absatz 36 EStG vom Lohnsteuerabzug abzusehen ist. Der Großbuchstabe „FR“ ist um das Land zu ergänzen, in dem der Grenzgänger im Bescheinigungszeitraum zuletzt tätig war.
   Für Baden-Württemberg ist der Großbuchstabe „FR“ ohne Leerzeichen um die Ziffer 1 („FR1“), für Rheinland-Pfalz um die Ziffer 2 („FR2“) und für das Saarland um die Ziffer 3 („FR3“) zu ergänzen. Für die Bescheinigung des Großbuchstabens „FR“ gelten die Ausführungen im BMF-Schreiben zur Durchführung des Grenzgängerfiskalausgleichs vom 30. März 2017 (BStBl. I S. 753).
3. Unter **Nummer 3** des Ausdrucks ist der Gesamtbetrag des steuerpflichtigen Bruttoarbeitslohns – einschließlich des Werts der Sachbezüge – zu bescheinigen, den der Arbeitnehmer aus dem Dienstverhältnis im Kalenderjahr bezogen hat. Bruttoarbeitslohn ist die Summe aus dem laufenden Arbeitslohn, der für Lohnzahlungszeiträume gezahlt worden ist, die im Kalenderjahr geendet haben, und den sonstigen Bezügen, die dem Arbeitnehmer im Kalenderjahr zugeflossen sind. Netto gezahlter Arbeitslohn ist mit dem hochgerechneten Bruttobetrag anzusetzen. Zum Bruttoarbeitslohn rechnen auch die laufend und einmalig gezahlten Versorgungsbezüge einschließlich Sterbegelder und Abfindungen/Kapitalauszahlungen solcher Ansprüche (Nummer 8 und Nummer 32 des Ausdrucks). Der Bruttoarbeitslohn darf nicht um die Freibeträge für Versorgungsbezüge (§ 19 Absatz 2 EStG) und den Altersentlastungsbetrag (§ 24 a EStG) gekürzt werden. Andere Freibeträge sind gleichfalls nicht abzuziehen und Hinzurechnungsbeträge nicht hinzuzurechnen. Arbeitslöhne im Sinne des § 8 Absatz 3 EStG sind um den Rabatt-Freibetrag nach § 8 Absatz 3 Satz 2 EStG zu kürzen.
   Hat der Arbeitgeber steuerpflichtigen Arbeitslohn zurückgefordert, ist unter Nummer 3 bei fortbestehendem Dienstverhältnis nur der gekürzte steuerpflichtige Bruttoarbeitslohn zu bescheinigen. Dies gilt auch für zurückgeforderten Arbeitslohn, der im Zuflussjahr ermäßigt besteuert worden ist. Ergibt die Verrechnung von ausgezahltem und zurückgefordertem Arbeitslohn einen negativen Betrag, so ist dieser Betrag mit einem Minuszeichen zu versehen.
   Nicht zum steuerpflichtigen Bruttoarbeitslohn gehören steuerfreie Bezüge, z. B. steuerfreie Zuschläge für Sonntags-, Feiertags- oder Nachtarbeit, steuerfreie Umzugskostenvergütungen, steuer-

[1] Abgedruckt als Anlage zu LStH 9.4.

Anl a zu LStH 41 b

freier Reisekostenersatz, steuerfreier Auslagenersatz, die nach § 3 Nummer 56 und 63 sowie § 100 Absatz 6 EStG steuerfreien Beiträge des Arbeitgebers an einen Pensionsfonds, eine Pensionskasse oder für eine Direktversicherung sowie Bezüge, für die die Lohnsteuer nach §§ 37 b, 40 bis 40 b EStG pauschal erhoben wurde.
Nicht unter Nummer 3, sondern gesondert zu bescheinigen sind insbesondere die auf Grund eines Doppelbesteuerungsabkommens oder des Auslandstätigkeitserlasses[1] von der Lohnsteuer freigestellten Bezüge.

4. Unter **Nummer 4 bis 6** des Ausdrucks sind die Lohnsteuer, der Solidaritätszuschlag und die Kirchensteuer zu bescheinigen, die der Arbeitgeber vom bescheinigten Bruttoarbeitslohn einbehalten hat. Wurden Lohnsteuer, Solidaritätszuschlag oder Kirchensteuer nicht einbehalten, ist das jeweilige Eintragungsfeld durch einen waagerechten Strich auszufüllen.
5. Bei konfessionsverschiedenen Ehen/konfessionsverschiedenen Lebenspartnerschaften (z. B. ein Ehegatte/Lebenspartner ev, der andere rk) ist sowohl bei Haupt- als auch bei Nebenarbeitsverhältnissen der auf den Ehegatten/Lebenspartner entfallende Teil der Kirchensteuer unter **Nummer 7** des Ausdrucks anzugeben (Halbteilung der Kirchensteuer nach den Kirchensteuergesetzen der Länder). Diese Halbteilung der Kirchensteuer kommt in Bayern, Bremen und Niedersachsen nicht in Betracht. Deshalb ist in diesen Ländern die einbehaltene Kirchensteuer immer nur unter Nr. 6 einzutragen.
6. Unter **Nummer 8** des Ausdrucks sind die in Nummer 3 enthaltenen Versorgungsbezüge nach § 19 Absatz 2 EStG (z. B. auch regelmäßige Anpassungen von Versorgungsbezügen nach § 19 Absatz 2 Satz 9 EStG) einzutragen.
Werden einem Versorgungsempfänger zusätzlich zum laufenden Versorgungsbezug weitere Zuwendungen und geldwerte Vorteile (z. B. steuerpflichtige Fahrtkostenzuschüsse, Freifahrtberechtigungen, Kontoführungsgebühren) gewährt, zählen diese ebenfalls zu den unter Nummer 8 zu bescheinigenden Versorgungsbezügen.
7. Unter **Nummer 9** des Ausdrucks sind die Versorgungsbezüge für mehrere Kalenderjahre zu bescheinigen.
8. Unter **Nummer 10** des Ausdrucks sind der Arbeitslohn für mehrere Kalenderjahre und Entschädigungen (z. B. Abfindungen) zu bescheinigen.
9. Das Kurzarbeitergeld einschließlich Saison-Kurzarbeitergeld, der Zuschuss zum Mutterschaftsgeld, der Zuschuss bei Beschäftigungsverbot für die Zeit vor oder nach einer Entbindung sowie für den Entbindungstag während der Elternzeit nach beamtenrechtlichen Vorschriften, die Verdienstausfallentschädigung nach dem Infektionsschutzgesetz, Aufstockungsbeträge und Altersteilzeitzuschläge, Qualifizierungsgeld nach § 82 a des SGB III sind in einer Summe unter **Nummer 15** des Ausdrucks zu bescheinigen. Hat der Arbeitgeber Kurzarbeitergeld zurückgefordert, sind nur die so gekürzten Beträge zu bescheinigen. Ergibt die Verrechnung von ausgezahlten und zurückgeforderten Beträgen einen negativen Betrag, so ist dieser Betrag mit einem Minuszeichen zu bescheinigen. Wurde vom Arbeitgeber in Fällen des § 47 b Absatz 4 SGB V Krankengeld in Höhe des Kurzarbeitergeldes gezahlt, ist dieses nicht unter Nummer 15 des Ausdrucks anzugeben.
10. Das in Nummer 15 enthaltene Kurzarbeitergeld einschließlich Saison-Kurzarbeitergeld ist unter **Nummer 15 a** gesondert auszuweisen.
11. Unter **Nummer 16 a)** des Ausdrucks ist der nach Doppelbesteuerungsabkommen und unter **Nummer 16 b)** der nach dem Auslandstätigkeitserlass[2] steuerfreie Arbeitslohn auszuweisen.
12. Unter **Nummer 17** des Ausdrucks sind die folgenden auf die Entfernungspauschale anzurechnenden steuerfreien Zuschüsse und Sachbezüge betragsmäßig zu bescheinigen:
    - Zuschüsse des Arbeitgebers, die zusätzlich zum ohnehin geschuldeten Arbeitslohn zu den Aufwendungen des Arbeitnehmers für Fahrten mit öffentlichen Verkehrsmitteln im Linienverkehr (ohne Luftverkehr) zwischen Wohnung und erster Tätigkeitsstätte und nach § 9 Absatz 1 Satz 3 Nummer 4 a Satz 3 EStG sowie für Fahrten im öffentlichen Personennahverkehr gezahlt werden (§ 3 Nummer 15 Satz 1 EStG),
    - Sachbezüge für die unentgeltliche oder verbilligte Nutzung öffentlicher Verkehrsmittel im Linienverkehr (ohne Luftverkehr) für Fahrten zwischen Wohnung und erster Tätigkeitsstätte und nach § 9 Absatz 1 Satz 3 Nummer 4 a Satz 3 EStG sowie für Fahrten im öffentlichen Personennahverkehr, die der Arbeitnehmer aufgrund seines Dienstverhältnisses zusätzlich zum ohnehin geschuldeten Arbeitslohn erhält (§ 3 Nummer 15 Satz 2 EStG),
    - Sachbezüge, die im Rahmen des § 8 Absatz 2 Satz 11 EStG – Job-Ticket – oder § 8 Absatz 3 EStG – Verkehrsträger – steuerfrei bleiben.
13. Unter **Nummer 18** des Ausdrucks sind nur die auf die Entfernungspauschale nach § 40 Absatz 2 Satz 2 Nummer 1 zweiter Halbsatz EStG anzurechnenden pauschal besteuerten Arbeitgeberleistungen für Fahrten zwischen Wohnung und erster Tätigkeitsstätte sowie für Fahrten nach § 9 Absatz 1 Satz 3 Nummer 4 a Satz 3 EStG zu bescheinigen.
14. Unter **Nummer 20** des Ausdrucks sind die nach § 3 Nummer 13 oder 16 EStG steuerfrei gezahlten Vergütungen für Verpflegung bei beruflich veranlassten Auswärtstätigkeiten zu bescheinigen.
Steuerfreie Vergütungen bei doppelter Haushaltsführung sind unter **Nummer 21** des Ausdrucks zu bescheinigen.
Sofern das Betriebsstättenfinanzamt nach § 4 Absatz 2 Nummer 4 Satz 2 der Lohnsteuer-Durchführungsverordnung (LStDV) hierfür eine andere Aufzeichnung als im Lohnkonto zugelassen hat, ist eine Bescheinigung dieser Beträge nicht zwingend erforderlich.

[1] Abgedruckt als Anlage a zu LStH 39.5.
[2] Abgedruckt als Anlage a zu LStH 39.5.

Anl a zu LStH 41 b

15. Bei der Bescheinigung von Zukunftssicherungsleistungen ist Folgendes zu beachten:

a) Beiträge und Zuschüsse zur Alterssicherung

Der **Arbeitgeber**anteil der Beiträge zu den gesetzlichen Rentenversicherungen und der Arbeitgeberzuschuss an berufsständische Versorgungseinrichtungen, die den gesetzlichen Rentenversicherungen vergleichbare Leistungen erbringen (vgl. BMF-Schreiben vom 8. Juli 2014, BStBl. I S. 1098),[1] ist **getrennt** unter **Nummer 22 a)** und **b)** des Ausdrucks auszuweisen, der entsprechende **Arbeitnehmer**anteil unter **Nummer 23 a)** und **b).** Gleiches gilt für Beiträge zur Alterssicherung, wenn darin zumindest teilweise ein Arbeitnehmeranteil enthalten ist, die auf Grund einer nach ausländischen Gesetzen bestehenden Verpflichtung an ausländische Sozialversicherungsträger, die den inländischen Sozialversicherungsträgern vergleichbar sind, geleistet werden. Beiträge zur Alterssicherung an ausländische Versicherungsunternehmen sind nicht zu bescheinigen.

Werden von ausländischen Sozialversicherungsträgern Globalbeiträge erhoben, ist eine Aufteilung vorzunehmen. In diesen Fällen ist unter Nummer 22 a) und Nummer 23 a) der auf die Rentenversicherung entfallende Teilbetrag zu bescheinigen. Die für die Aufteilung maßgebenden staatenbezogenen Prozentsätze werden für jeden Veranlagungszeitraum durch ein gesondertes BMF-Schreiben bekannt gegeben.[2]

In Fällen, in denen der Arbeitgeber die Beiträge unmittelbar an eine berufsständische Versorgungseinrichtung abführt (sog. **Firmenzahler**), ist der Arbeitgeberzuschuss unter Nummer 22 b) und der Arbeitnehmeranteil unter Nummer 23 b) zu bescheinigen. Führt der Arbeitnehmer den gesamten Beitrag selbst an die berufsständische Versorgungseinrichtung ab (sog. **Selbstzahler**) und zahlt der Arbeitgeber dem Arbeitnehmer hierfür einen zweckgebundenen Zuschuss, ist unter Nummer 22 b) der Zuschuss zu bescheinigen. Eine Eintragung unter Nummer 23 b) ist in diesen Fällen nicht vorzunehmen.

Unter Nummer 22 a) und Nummer 23 a) sind auch Beiträge zur umlagefinanzierten Hüttenknappschaftlichen Zusatzversicherung im Saarland zu bescheinigen. Das Gleiche gilt für Rentenversicherungsbeiträge bei geringfügiger Beschäftigung, wenn die Lohnsteuer nicht pauschal erhoben wurde (der Arbeitgeberbeitrag in Höhe von 15% oder 5% und der Arbeitnehmerbeitrag). Dies gilt für den Arbeitgeberbeitrag auch dann, wenn kein Arbeitnehmeranteil zur Rentenversicherung gezahlt wurde.

Arbeitgeberbeiträge zur gesetzlichen Rentenversicherung für Beschäftigte nach § 172 Absatz 1 SGB VI (z. B. bei weiterbeschäftigten Rentnern) gehören nicht zum steuerpflichtigen Arbeitslohn; sie sind nicht als steuerfreie Arbeitgeberanteile im Sinne des § 3 Nummer 62 EStG unter Nummer 22 a) zu bescheinigen. Dies gilt auch, wenn dieser Arbeitnehmerkreis geringfügig beschäftigt ist (§ 172 Absatz 3 und 3 a SGB VI). Hat der Beschäftigte jedoch auf die Versicherungsfreiheit verzichtet (§ 5 Absatz 4 Satz 2 SGB VI), sind die Arbeitgeberanteile/-zuschüsse und Arbeitnehmeranteile nach den allgemeinen Regelungen zu bescheinigen.

Arbeitgeberbeiträge zur Rentenversicherung und an berufsständische Versorgungseinrichtungen, die im Zusammenhang mit nach § 3 Nummer 2 EStG steuerfreiem Kurzarbeitergeld stehen, sind nicht zu bescheinigen.

Zahlt der Arbeitgeber steuerfreie Beiträge zur gesetzlichen Rentenversicherung im Sinne des § 3 Nummer 28 EStG (bei Altersteilzeit), können diese nicht als Sonderausgaben berücksichtigt werden und sind daher nicht in der Bescheinigung anzugeben. Werden darüber hinaus steuerpflichtige Beiträge zum Ausschluss einer Minderung der Altersrente gezahlt, sind diese an die gesetzliche Rentenversicherung abgeführten Beiträge als Sonderausgaben abziehbar und deshalb unter Nummer 23 a) zu bescheinigen.

b) Zuschüsse zur Kranken- und Pflegeversicherung

Steuerfreie Zuschüsse des Arbeitgebers zur gesetzlichen Krankenversicherung bei freiwillig in der gesetzlichen Krankenversicherung versicherten Arbeitnehmern, soweit der Arbeitgeber zur Zuschussleistung gesetzlich verpflichtet ist, sind unter **Nummer 24 a)** des Ausdrucks einzutragen. Entsprechende Zuschüsse zu privaten Krankenversicherungen sind unter **Nummer 24 b)** zu bescheinigen.

Unter **Nummer 24 c)** sind steuerfreie Zuschüsse des Arbeitgebers zu gesetzlichen Pflegeversicherungen (soziale Pflegeversicherung und private Pflege-Pflichtversicherung) einzutragen. Bei freiwillig in der gesetzlichen Krankenversicherung versicherten oder privat versicherten Arbeitnehmern, die Kurzarbeitergeld beziehen, sind unter Nummer 24 a) bis c) die gesamten vom Arbeitgeber gewährten Zuschüsse zu bescheinigen.

Zu bescheinigen sind auch Zuschüsse des Arbeitgebers zur Kranken- und Pflegeversicherung bei ausländischen Versicherungsunternehmen und bei ausländischen Sozialversicherungsträgern. Nicht einzutragen ist der Arbeitgeberanteil zur gesetzlichen Kranken- und sozialen Pflegeversicherung bei pflichtversicherten Arbeitnehmern.

c) Beiträge zur gesetzlichen Kranken- und sozialen Pflegeversicherung

Der Arbeitnehmerbeitrag zur inländischen **gesetzlichen** Krankenversicherung einschließlich des einkommensabhängigen Zusatzbeitrags nach § 242 SGB V ist bei pflichtversicherten Arbeitnehmern unter **Nummer 25** einzutragen. Es sind die an die Krankenkasse abgeführten Beiträge zu bescheinigen, d. h. ggf. mit Beitragsanteilen für Krankengeld.

Die Beiträge des **Arbeitnehmers** zur **inländischen** sozialen Pflegeversicherung sind unter **Nummer 26** des Ausdrucks zu bescheinigen.

Bei **freiwillig** in der gesetzlichen Krankenversicherung versicherten Arbeitnehmern ist unter Nummer 25 und 26 der **gesamte** Beitrag einschließlich des einkommensabhängigen Zusatzbeitrags

[1] Im Handbuch nicht abgedruckt.
[2] Siehe für 2025 BMF-Schreiben vom 28. 11. 2024 (BStBl. I S. 1430), abgedruckt als Anlage c zu § 10 EStG.

nach § 242 SGB V zu bescheinigen, wenn der Arbeitgeber die Beiträge an die Krankenkasse abführt (sog. **Firmenzahler**). Dies gilt auch in den Fällen des Bezugs von Kurzarbeitergeld. Arbeitgeberzuschüsse sind **nicht** von den Arbeitnehmerbeiträgen abzuziehen, sondern gesondert unter Nummer 24 zu bescheinigen.

In Fällen, in denen der **freiwillig** in der gesetzlichen Krankenversicherung versicherte Arbeitnehmer und nicht der Arbeitgeber die Beiträge an die Krankenkasse abführt (sog. **Selbstzahler**), sind unter Nummer 25 und 26 keine Eintragungen vorzunehmen. Dies gilt auch in den Fällen des Bezugs von Kurzarbeitergeld. Arbeitgeberzuschüsse sind unabhängig davon ungekürzt unter Nummer 24 zu bescheinigen.

Die vom Arbeitnehmer allein zu tragenden Beiträge aus Versorgungsbezügen an die gesetzliche Kranken- und soziale Pflegeversicherung sind ebenfalls unter Nummer 25 und 26 zu bescheinigen. Dies gilt für pflichtversicherte Arbeitnehmer und für freiwillig in der gesetzlichen Krankenversicherung versicherte Arbeitnehmer, wenn der Arbeitgeber die Beiträge an die Krankenkasse abführt (sog. Firmenzahler).

Beiträge zur Kranken- und Pflegeversicherung an ausländische Sozialversicherungsträger sind nicht zu bescheinigen.

d) Beiträge zur Arbeitslosenversicherung

Arbeitnehmerbeiträge zur Arbeitslosenversicherung sind unter **Nummer 27** des Ausdrucks zu bescheinigen; dies gilt auch bei Beitragszahlungen an ausländische Sozialversicherungsträger.

e) Bescheinigung bei steuerfreiem oder pauschal besteuertem Arbeitslohn

Unter Nummer 22 bis 27 des Ausdrucks dürfen keine Beiträge bescheinigt werden, die mit steuerfreiem Arbeitslohn (z. B. nach dem Auslandstätigkeitserlass[1] oder auf Grund eines Doppelbesteuerungsabkommens) in unmittelbarem wirtschaftlichen Zusammenhang stehen. Danach sind z. B. nicht zu bescheinigen:

- bei pflichtversicherten Arbeitnehmern die gesetzlichen Arbeitgeber- und Arbeitnehmeranteile, die auf steuerfreien Arbeitslohn entfallen (zur Aufteilung siehe unten),
- Beiträge, die auf den nach § 3 Nummer 63 EStG sowie nach § 100 Absatz 6 EStG steuerfreien Arbeitslohn oder auf den im Zusammenhang mit nach § 3 Nummer 56 EStG steuerfreiem Arbeitslohn stehenden Hinzurechnungsbetrag nach § 1 Absatz 1 Satz 3 und 4 der Sozialversicherungs-Entgeltverordnung – SvEV[2] – entfallen und nicht als Sonderausgaben abziehbar sind,
- Beiträge oder Zuschüsse des Arbeitgebers, die nicht nach § 3 Nummer 62 EStG, sondern nach einer anderen Vorschrift steuerfrei sind.

Hingegen sind z. B. zu bescheinigen:

- in voller Höhe auf steuerfreien Arbeitslohn entfallende Zuschüsse und Beiträge für freiwillig in der gesetzlichen Kranken-/sozialen Pflegeversicherung Versicherte und privat Kranken-/Pflegeversicherte (Nummer 24 bis 26),
- die Beiträge im Fall der beitragspflichtigen Umwandlung von Arbeitslohn zugunsten einer Direktzusage oberhalb von 4 % der Beitragsbemessungsgrenze[3] in der allgemeinen Rentenversicherung (Nummer 22 bis 27; § 14 Absatz 1 Satz 2 SGB IV),
- Beiträge von pauschal besteuertem Arbeitslohn (z. B. nach § 37 b Absatz 2, § 40 b EStG ggf. i. V. m. § 1 Absatz 1 Satz 3 und 4 SvEV), die bei einem sozialversicherungspflichtigen Arbeitnehmer erhoben werden (Nummer 22 bis 27; zur Aufteilung siehe unten),
- Sozialversicherungsbeiträge, die auf einen nicht besteuerten Vorteil nach § 19 a Absatz 1 EStG entfallen (Nummer 22 bis 27), da diese Beiträge als Sonderausgaben abziehbar sind.

Bei steuerfreien und steuerpflichtigen Arbeitslohnteilen im Bescheinigungszeitraum ist nur der Anteil der Sozialversicherungsbeiträge zu bescheinigen, der sich nach dem Verhältnis des steuerpflichtigen Arbeitslohns zum gesamten Arbeitslohn des Bescheinigungszeitraums ergibt. Nicht besteuerte Vorteile nach § 19 a Absatz 1 EStG gelten dabei als steuerpflichtiger Arbeitslohn. Arbeitslohnanteile, die unabhängig von der Beitragsbemessungsgrenze nicht der Sozialversicherungspflicht unterliegen (z. B. Entlassungsabfindungen; nicht beitragspflichtige, nach § 19 a Absatz 3 EStG aufgeschoben besteuerte Vorteile aus der Übertragung von Vermögensbeteiligungen), sind nicht in die Verhältnisrechnung einzubeziehen. Die Verhältnisrechnung ist auch durchzuführen, wenn der steuerpflichtige Arbeitslohn im Bescheinigungszeitraum die für die Beitragsberechnung maßgebende Beitragsbemessungsgrenze übersteigt.

Auf den Hinzurechnungsbetrag nach § 1 Absatz 1 Satz 3 und 4 SvEV entfallende Vorsorgeaufwendungen sind nur insoweit zu bescheinigen, als sie auf den Teil des Hinzurechnungsbetrags entfallen, der dem Anteil der pauschal besteuerten Umlagen an der Summe aus pauschal besteuerten und steuerfreien Umlagen entspricht (quotale Aufteilung nach dem Verhältnis der Beiträge im Bescheinigungszeitraum).

Werden Sozialversicherungsbeiträge erstattet, sind unter Nummer 22 bis 27 nur die gekürzten Beiträge zu bescheinigen.

f) Teilbeträge der Vorsorgepauschale für die private Basiskranken- und private Pflege-Pflichtversicherung (nur noch für die Lohnsteuerbescheinigung des Kalenderjahres 2025 anwendbar)

Unter **Nummer 28** des Ausdrucks ist der tatsächlich im Lohnsteuerabzugsverfahren berücksichtigte Teilbetrag der Vorsorgepauschale nach § 39 b Absatz 2 Satz 5 Nummer 3 Buchstabe d EStG (Beiträge zur privaten Basiskranken- und Pflege-Pflichtversicherung) zu bescheinigen (z. B. bei Arbeitnehmern ohne Arbeitgeberzuschuss mit einem nachgewiesenen Monatsbeitrag von 500 €,

[1] Abgedruckt als Anlage a zu LStH 39.5.
[2] Abgedruckt als Anlage zu § 8 EStG.
[3] Beitragsbemessungsgrenze 2025: bundeseinheitlich 96 600 Euro.

Anl a zu LStH 41 b

Beschäftigungsdauer drei Monate, Bescheinigung 1.500 €). Wurde beim Lohnsteuerabzug die Mindestvorsorgepauschale berücksichtigt (ggf. auch nur in einzelnen Lohnzahlungszeiträumen), ist auch diese zu bescheinigen (z. B. Ansatz der Mindestvorsorgepauschale für zwei Monate, Bescheinigung von $^2/_{12}$ der Mindestvorsorgepauschale).

Bei geringfügig Beschäftigten, bei denen die Lohnsteuer nach den Lohnsteuerabzugsmerkmalen des Arbeitnehmers erhoben wird und kein Arbeitnehmeranteil für die Krankenversicherung zu entrichten ist, ist an Stelle des Teilbetrags für die gesetzliche Krankenversicherung die Mindestvorsorgepauschale anzusetzen und unter Nummer 28 des Ausdrucks zu bescheinigen. Entsprechendes gilt für andere Arbeitnehmer, z. B. Praktikanten, Schüler, Studenten. Siehe auch Programmablaufplan für den Lohnsteuerabzug zu „VKVLZZ" und „VKVSONST". Ist der berechnete Betrag negativ, ist der Wert mit einem deutlichen Minuszeichen zu versehen.

Beiträge zur Kranken- und Pflegeversicherung an ausländische Versicherungsunternehmen sind nicht zu bescheinigen.

16. Für die Ermittlung des bei Versorgungsbezügen nach § 19 Absatz 2 EStG zu berücksichtigenden Versorgungsfreibetrags sowie des Zuschlags zum Versorgungsfreibetrag (Freibeträge für Versorgungsbezüge) sind die Bemessungsgrundlage des Versorgungsfreibetrags, das Jahr des Versorgungsbeginns und bei unterjähriger Zahlung von Versorgungsbezügen der erste und letzte Monat, für den Versorgungsbezüge gezahlt werden, maßgebend.

Folgt ein Hinterbliebenenbezug einem Versorgungsbezug, bestimmen sich der Prozentsatz, der Höchstbetrag des Versorgungsfreibetrags und der Zuschlag zum Versorgungsfreibetrag für den Hinterbliebenenbezug nach dem Jahr des Beginns des Versorgungsbezugs des Verstorbenen (§ 19 Absatz 2 Satz 7 EStG). Unabhängig davon ist bei erstmaliger Zahlung dieses Hinterbliebenenbezugs im laufenden Kalenderjahr unter Nummer 31 des Ausdrucks eine unterjährige Zahlung zu bescheinigen.

Sterbegelder und Kapitalauszahlungen/Abfindungen von Versorgungsbezügen sowie Nachzahlungen von Versorgungsbezügen, die sich ganz oder teilweise auf vorangegangene Kalenderjahre beziehen, sind als eigenständige zusätzliche Versorgungsbezüge zu behandeln. Für diese Bezüge sind die Höhe des gezahlten Bruttobetrags im Kalenderjahr und das maßgebende Kalenderjahr des Versorgungsbeginns anzugeben. In diesen Fällen sind die maßgebenden Freibeträge für Versorgungsbezüge in voller Höhe und nicht zeitanteilig zu berücksichtigen (Rz. 184 bis 187 des BMF-Schreibens vom 19. August 2013, BStBl. I S. 1087,[1] geändert durch die BMF-Schreiben vom 10. Januar 2014, BStBl. I S. 70, 10. April 2015, BStBl. I S. 256, 1. Juni 2015, BStBl. I S. 475, 4. Juli 2016, BStBl. I S. 645, 6. Dezember 2016, BStBl. I S. 1426, 19. Dezember 2016, BStBl. I S. 1433, vom 24. Mai 2017, BStBl. I S. 820, und vom 28. September 2021, BStBl. I S. 1831).[2]

Der Arbeitgeber ist verpflichtet, die für die Berechnung der Freibeträge für Versorgungsbezüge erforderlichen Angaben für jeden Versorgungsbezug gesondert im Lohnkonto aufzuzeichnen (§ 4 Absatz 1 Nummer 4 LStDV[3] i. V. m. Rz. 189 des BMF-Schreibens vom 19. August 2013 in der aktuellen Fassung[4]). Die hiernach im Lohnkonto aufgezeichneten Angaben zu Versorgungsbezügen sind in den Ausdruck wie folgt zu übernehmen (§ 41 b Absatz 1 Satz 2 EStG):

a) Versorgungsbezug, der laufenden Arbeitslohn darstellt

Unter **Nummer 29** des Ausdrucks ist die nach § 19 Absatz 2 Satz 4 bis 11 EStG ermittelte Bemessungsgrundlage für den Versorgungsfreibetrag (das Zwölffache des Versorgungsbezugs für den ersten vollen Monat zuzüglich voraussichtlicher Sonderzahlungen) einzutragen. In die Bemessungsgrundlage sind auch zusätzlich zu den laufenden Versorgungsbezügen gewährte weitere Zuwendungen und geldwerte Vorteile (z. B. steuerpflichtige Fahrtkostenzuschüsse, Freifahrtberechtigungen, Kontoführungsgebühren) einzubeziehen.

Unter **Nummer 30** ist das maßgebende Kalenderjahr des Versorgungsbeginns (vierstellig) zu bescheinigen.

Unter **Nummer 31** ist **nur bei unterjähriger Zahlung** eines laufenden Versorgungsbezugs der erste und letzte Monat (zweistellig mit Bindestrich, z. B. „02–12" oder „01–08"), für den Versorgungsbezüge gezahlt wurden, einzutragen. Dies gilt auch bei unterjährigem Wechsel des Versorgungsträgers.

b) Versorgungsbezug, der einen sonstigen Bezug darstellt

Sterbegelder, Kapitalauszahlungen/Abfindungen von Versorgungsbezügen und die als sonstige Bezüge zu behandelnden Nachzahlungen von Versorgungsbezügen, die in Nummer 3 und 8 des Ausdrucks enthalten sind, sind unter **Nummer 32** gesondert zu bescheinigen.

Nach § 34 EStG ermäßigt zu besteuernde Versorgungsbezüge für mehrere Kalenderjahre sind dagegen nur unter Nummer 9 des Ausdrucks zu bescheinigen. Zusätzlich ist zu den in Nummer 9 oder 32 bescheinigten Versorgungsbezügen jeweils unter Nummer 30 des Ausdrucks das Kalenderjahr des Versorgungsbeginns anzugeben.

c) Mehrere Versorgungsbezüge

Fällt der maßgebende Beginn mehrerer laufender Versorgungsbezüge in dasselbe Kalenderjahr (Nummer 30 des Ausdrucks), kann der Arbeitgeber unter Nummer 29 des Ausdrucks die zusammengerechneten Bemessungsgrundlagen dieser Versorgungsbezüge in einem Betrag bescheinigen (Rz. 177 des BMF-Schreibens vom 19. August 2013 in der aktuellen Fassung[5]). In diesem Fall sind auch die unter Nummer 8 zu bescheinigenden Versorgungsbezüge zusammenzufassen.

[1] Abgedruckt als Anlage zu LStH 19.8.
[2] Abgedruckt als Anlage b zu § 10 EStG.
[3] Abgedruckt bei § 41 EStG.
[4] Abgedruckt als Anlage zu LStH 19.8.
[5] Abgedruckt als Anlage zu LStH 19.8.

Anl a zu LStH 41 b

Bei mehreren als sonstige Bezüge gezahlten Versorgungsbezügen mit maßgebendem Versorgungsbeginn in demselben Kalenderjahr können die Nummer 8 und/oder Nummer 9 sowie Nummer 30 und 32 zusammengefasst werden. Gleiches gilt, wenn der Versorgungsbeginn laufender Versorgungsbezüge und als sonstige Bezüge gezahlter Versorgungsbezüge in dasselbe Kalenderjahr fällt.

Bei mehreren laufenden Versorgungsbezügen und als sonstige Bezüge gezahlten Versorgungsbezügen mit unterschiedlichen Versorgungsbeginnen nach § 19 Absatz 2 Satz 3 EStG sind die Angaben zu Nummer 8 und/oder Nummer 9 sowie Nummer 29 bis 32 jeweils **getrennt** zu bescheinigen (Rz. 177 des BMF-Schreibens vom 19. August 2013 in der aktuellen Fassung[1]).

17. Unter **Nummer 34** des Ausdrucks ist der beim Lohnsteuerabzug verbrauchte Betrag nach Artikel 18 Absatz 2 des Abkommens zwischen der Bundesrepublik Deutschland und der Republik Türkei zur Vermeidung der Doppelbesteuerung und der Steuerverkürzung auf dem Gebiet der Steuern vom Einkommen zu bescheinigen (Rn. 17 des BMF-Schreibens vom 11. Dezember 2014, BStBl. I 2015 S. 92). Hierfür ist ein entsprechender Programmablaufplan mit einem entsprechenden Ausgangsparameter bekannt gemacht.[2]
18. In der letzten Zeile des Ausdrucks ist stets das Finanzamt, an das die Lohnsteuer abgeführt wurde, und dessen vierstellige Nummer einzutragen. Bei Finanzamtsaußenstellen mit eigener Nummer ist diese Nummer einzutragen.

In den nicht amtlich belegten Zeilen des Ausdrucks sind freiwillig vom Arbeitgeber übermittelte Daten zu bescheinigen, z. B.

- „Arbeitnehmerbeitrag zur Winterbeschäftigungs-Umlage",
- bei Arbeitgeberbeiträgen zur Zusatzversorgung, die nach den Lohnsteuerabzugsmerkmalen versteuert wurden: „Steuerpflichtiger Arbeitgeberbeitrag zur Zusatzversorgung",
- „Arbeitnehmerbeitrag/-anteil zur Zusatzversorgung",
- bei Fahrten zwischen Wohnung und erster Tätigkeitsstätte: „Anzahl der Arbeitstage",
- bei steuerfreiem Fahrtkostenersatz für beruflich veranlasste Auswärtstätigkeiten: „Steuerfreie Fahrtkosten bei beruflich veranlasster Auswärtstätigkeit".

Außerdem sind weitere, nicht der Finanzverwaltung übermittelte Angaben zulässig (betriebsinterne, für den Arbeitnehmer bestimmte Informationen); dies ist entsprechend zu kennzeichnen.

Die Anschrift des Arbeitnehmers kann im Ausdruck von der im Datensatz elektronisch übermittelten Adresse abweichen (z. B. bei Übermittlung durch Hauspost, Auslandszustellung oder Zustellung an die vom Arbeitnehmer gewünschte Adresse). Es ist darauf zu achten, dass die IdNr. bei Benutzung von Fensterbriefumschlägen im Adressfeld nicht sichtbar ist.

Neben der Anschrift des Arbeitgebers ist die **Steuernummer seiner lohnsteuerlichen Betriebsstätte** anzugeben. Hat ein Dritter für den Arbeitgeber die lohnsteuerlichen Pflichten übernommen (§ 38 Absatz 3 a EStG), ist die Anschrift und **Steuernummer des Dritten** anzugeben.

Damit gewährleistet ist, dass die Daten der elektronischen Lohnsteuerbescheinigung(en) der Finanzverwaltung vollständig zur Verfügung stehen, muss nach der elektronischen Übermittlung das Verarbeitungsprotokoll abgerufen werden. Im Ausdruck der elektronischen Lohnsteuerbescheinigung ist das elektronisch vergebene Transferticket der Datenübermittlung anzugeben.

II. Korrektur- und Stornierungsverfahren

Stellt der Arbeitgeber bis zum Ablauf des siebten auf den Besteuerungszeitraum folgenden Kalenderjahres fest, dass die übermittelten Daten unzutreffend waren, so hat er die Lohnsteuerbescheinigung vorbehaltlich der Regelungen des § 41 c Absatz 3 und 4 EStG durch Übermittlung eines weiteren Datensatzes zu korrigieren oder zu stornieren (§ 93 c Absatz 3 Satz 1 AO). **17**

Gemäß § 41 c Absatz 3 Satz 1 EStG ist eine Änderung des Lohnsteuerabzugs grundsätzlich nur bis zur Übermittlung der elektronischen Lohnsteuerbescheinigung zulässig. Lediglich in dem Sonderfall des § 41 c Absatz 3 Satz 4 EStG ist eine Minderung der einzubehaltenden und zu übernehmenden Lohnsteuer zulässig. In diesem Fall ist der Arbeitgeber verpflichtet, eine bereits an die Finanzverwaltung übermittelte oder ausgestellte Lohnsteuerbescheinigung zu berichtigen (§ 41 c Absatz 3 Satz 5 EStG). Im Übrigen können Erstattungsansprüche wegen zu Unrecht einbehaltener Lohnsteuer nach Ablauf des Kalenderjahres und nach Übermittlung der Lohnsteuerbescheinigung lediglich im Rahmen einer Veranlagung zur Einkommensteuer geltend gemacht werden (H 41 c.1 „Erstattungsantrag" LStH).

Wird eine Zahlung des Arbeitgebers zu Unrecht dem Lohnsteuerabzug unterworfen, weil die Besteuerung abkommensrechtlich dem Wohnsitzstaat des Arbeitnehmers zugewiesen ist, besteht daneben die Möglichkeit, einen Erstattungsantrag in analoger Anwendung des § 50 c Absatz 3 Satz 1 EStG zu stellen, soweit die entsprechenden Einkünfte aus nichtselbständiger Arbeit nicht bereits im Rahmen einer Veranlagung nach § 50 Absatz 2 Satz 2 Nummer 4 Buchstabe b i. V. m. Satz 7 EStG erfasst wurden (H 41 c.1 „Erstattungsantrag" LStH).

Wurde der Lohnsteuerabzug in zu geringer Höhe vorgenommen, hat der Arbeitgeber dies dem Betriebsstättenfinanzamt anzuzeigen (§ 41 c Absatz 4 EStG).

Es wird nicht beanstandet, wenn eine Korrektur einer bereits übermittelten elektronischen Lohnsteuerbescheinigung noch bis zum letzten Tag des Monats Februar des Folgejahres ohne Vorliegen eines gesetzlichen Änderungsgrundes vorgenommen wird.

Eine Korrektur oder Stornierung nach § 93 c Absatz 3 Satz 1 AO kommt danach nur noch in Betracht, wenn es sich um eine bloße Berichtigung eines zunächst unrichtig übermittelten Datensatzes handelt (R

[1] Abgedruckt als Anlage zu LStH 19.8.
[2] BMF-Schreiben vom 22. 11. 2024 (BStBl. I S. 1434), geändert durch BMF-Schreiben vom 22. 1. 2025 (BStBl. I S. 313).

Anl a zu LStH 41 b

41 c.1 Absatz 7 LStR). Eine solche Korrektur oder Stornierung unzutreffend bescheinigter Angaben bzw. Lohnsteuerdaten (z. B. einbehaltene Lohnsteuer oder einbehaltener Solidaritätszuschlag) ist der Finanzverwaltung durch Übermittlung einer berichtigten Lohnsteuerbescheinigung mitzuteilen, soweit sie nicht im Widerspruch zur maßgebenden bereits bestandskräftigen Lohnsteuer-Anmeldung steht. Korrigierte Lohnsteuerbescheinigungen sind mit dem Merker „Korrektur" zu versehen.

Eine Stornierung von bereits übermittelten Lohnsteuerbescheinigungen kommt insbesondere in Betracht, wenn

- ein falsches Kalenderjahr angegeben wurde,
- kennzeichnende Daten zu einer Person (IdNr., Name, Vorname und Geburtsdatum) falsch übermittelt wurden oder
- mehrere Einzelbescheinigungen zu einem Arbeitsverhältnis durch eine zusammenfassende Bescheinigung ersetzt werden.

Eine Stornierungsmitteilung storniert über die eindeutige verfahrensweite Kennzeichnung genau eine Lohnsteuerbescheinigung.

Eine detaillierte Beschreibung der technischen Umsetzung des Korrektur- und Stornierungsverfahrens ist in der technischen Schnittstellenbeschreibung zur elektronischen Lohnsteuerbescheinigung dokumentiert.

Wird eine Lohnsteuerbescheinigung korrigiert oder storniert, ist der Arbeitnehmer hierüber zu informieren (§ 93 c Absatz 3 Satz 2 i. V. m. § 93 c Absatz 1 Nr. 3 AO).

III. Nachzahlungen

18 Stellen Nachzahlungen laufenden Arbeitslohn dar, sind diese für die Berechnung der Lohnsteuer den Lohnzahlungszeiträumen zuzurechnen, für die sie geleistet werden (R 39 b.5 Absatz 4 Satz 1 LStR). Wird eine solche Nachzahlung nach Beendigung des Dienstverhältnisses im selben Kalenderjahr für Lohnzahlungszeiträume bis zur Beendigung des Dienstverhältnisses geleistet, ist die bereits erteilte und übermittelte Lohnsteuerbescheinigung zu korrigieren. Die berichtigte Lohnsteuerbescheinigung ist mit dem Merker „Korrektur" zu versehen. Sonstige Bezüge, die nach Beendigung des Dienstverhältnisses oder in folgenden Kalenderjahren gezahlt werden, sind gesondert zu bescheinigen; als Dauer des Dienstverhältnisses ist in diesen Fällen der Monat der Zahlung anzugeben.

IV. Ausstellung von Besonderen Lohnsteuerbescheinigungen durch den Arbeitgeber ohne maschinelle Lohnabrechnung

19 Die unter I. Nummer 1 bis 18 aufgeführten Regelungen für den Ausdruck der elektronischen Lohnsteuerbescheinigung gelten für die Ausschreibung von Besonderen Lohnsteuerbescheinigungen entsprechend. Eine Besondere Lohnsteuerbescheinigung kann von Arbeitgebern ausgestellt werden, für die das Betriebsstättenfinanzamt zugelassen hat, dass diese nicht am elektronischen Abrufverfahren teilnehmen (§§ 39 e Absatz 7, 41 b Absatz 1 Satz 4 bis 6 EStG). Dies gilt insbesondere für Arbeitgeber ohne maschinelle Lohnabrechnung, die ausschließlich Arbeitnehmer im Rahmen einer geringfügigen Beschäftigung nach § 8 a SGB IV im Privathaushalt beschäftigen und die Lohnsteuerbescheinigung nicht elektronisch an die Finanzverwaltung übermitteln.

Der Vordruck wird dem Arbeitgeber auf Anforderung kostenlos vom Finanzamt zur Verfügung gestellt.

Anl b zu LStH 41 b

b) Schreiben betr. Bekanntmachung des geänderten Musters für den Ausdruck der elektronischen Lohnsteuerbescheinigung 2025

Vom 17. Februar 2025 (BStBl. I S. 650)

(BMF IV C 5-S 2533/00123/006)

25 **1 Anlage**

Gemäß § 51 Absatz 4 Nummer 1 des Einkommensteuergesetzes ist das Bundesministerium der Finanzen ermächtigt, das Muster für den Ausdruck der elektronischen Lohnsteuerbescheinigung zu bestimmen. Das geänderte Muster für den Ausdruck der elektronischen Lohnsteuerbescheinigung für das Kalenderjahr 2025 wird hiermit bekannt gemacht (siehe Anlage).

Die Bekanntmachung vom 24. September 2024 (BStBl. I S. 1262) wird gleichzeitig aufgehoben.

Entsprechend dem geänderten Muster ist zusätzlich zu den in Nummer 9 bescheinigten Versorgungsbezügen jeweils unter Nummer 30 des Ausdrucks das Kalenderjahr des Versorgungsbeginns anzugeben (BMF vom 5. September 2024, Tz. 16 b, BStBl. I S. 1255).

Der Ausdruck hat das Format DIN A 4.

Der Ausdruck der elektronischen Lohnsteuerbescheinigung kann vom amtlichen Muster abweichen, wenn er sämtliche Angaben in gleicher Reihenfolge enthält und in Format und Aufbau dem bekannt gemachten Muster entspricht.

Bei der Ausstellung des Ausdrucks der elektronischen Lohnsteuerbescheinigung sind die Vorgaben im BMF-Schreiben vom 5. September 2024 (BStBl. I S. 1255)[1] zu beachten.

[1] Vorstehend abgedruckt als Anlage a zu LStH 41 b.

Anl b zu LStH 41 b

26

Anlage

Ausdruck der elektronischen Lohnsteuerbescheinigung für 2025

Nachstehende Daten wurden maschinell an die Finanzverwaltung übertragen.

Korrektur/Stornierung

Datum:

Identifikationsnummer:

Personalnummer:

Geburtsdatum:

Transferticket:

Dem Lohnsteuerabzug wurden im letzten Lohnzahlungszeitraum zugrunde gelegt:

Steuerklasse/Faktor

Zahl der Kinderfreibeträge

Steuerfreier Jahresbetrag

Jahreshinzurechnungsbetrag

Kirchensteuermerkmale

Anschrift und Steuernummer des Arbeitgebers:

1. Bescheinigungszeitraum	vom - bis	
2. Zeiträume ohne Anspruch auf Arbeitslohn	Anzahl „U"	
Großbuchstaben (S, M, F, FR)		
	EUR	Ct
3. Bruttoarbeitslohn einschl. Sachbezüge		
4. Einbehaltene Lohnsteuer von 3.		
5. Einbehaltener Solidaritätszuschlag von 3.		
6. Einbehaltene Kirchensteuer des Arbeitnehmers von 3.		
7. Einbehaltene Kirchensteuer des Ehegatten/Lebenspartners von 3. (nur bei Konfessionsverschiedenheit)		
8. In 3. enthaltene Versorgungsbezüge		
9. Versorgungsbezüge für mehrere Kalenderjahre (in 3. enthalten)		
10. Arbeitslohn für mehrere Kalenderjahre, Entschädigungen, z.B. Abfindungen (in 3. enthalten, ohne 9.)		
11. unbesetzt		
12. unbesetzt		
13. - 14. unbesetzt		
15. Leistungen, die dem Progressionsvorbehalt unterliegen (z.B. Lohnersatzleistungen)		
15a. (Saison-)Kurzarbeitergeld in 15. enthalten		
16. Steuerfreier Arbeitslohn nach a) Doppelbesteuerungsabkommen (DBA)		
16. Steuerfreier Arbeitslohn nach b) Auslandstätigkeitserlass		
17. Steuerfreie Arbeitgeberleistungen, die auf die Entfernungspauschale anzurechnen sind		
18. Pauschal mit 15 % besteuerte Arbeitgeberleistungen für Fahrten zwischen Wohnung und erster Tätigkeitsstätte		
19. unbesetzt		
20. Steuerfreie Verpflegungszuschüsse bei Auswärtstätigkeit		
21. Steuerfreie Arbeitgeberleistungen bei doppelter Haushaltsführung		
22. Arbeitgeber-anteil/-zuschuss a) zur gesetzlichen Rentenversicherung		
22. Arbeitgeber-anteil/-zuschuss b) an berufsständische Versorgungseinrichtungen		
23. Arbeitnehmeranteil a) zur gesetzlichen Rentenversicherung		
23. Arbeitnehmeranteil b) an berufsständische Versorgungseinrichtungen		
24. Steuerfreie Arbeitgeberzuschüsse a) zur gesetzlichen Krankenversicherung		
24. Steuerfreie Arbeitgeberzuschüsse b) zur privaten Krankenversicherung		
24. Steuerfreie Arbeitgeberzuschüsse c) zur gesetzlichen Pflegeversicherung		
25. Arbeitnehmerbeiträge zur gesetzlichen Krankenversicherung		
26. Arbeitnehmerbeiträge zur sozialen Pflegeversicherung		
27. Arbeitnehmerbeiträge zur Arbeitslosenversicherung		
28. Beiträge zur privaten Kranken- und Pflege-Pflichtversicherung oder Mindestvorsorgepauschale		
29. Bemessungsgrundlage für den Versorgungsfreibetrag zu 8.		
30. Maßgebendes Kalenderjahr des Versorgungsbeginns zu 8. und/oder 9.		
31. Zu 8. bei unterjähriger Zahlung: Erster und letzter Monat, für den Versorgungsbezüge gezahlt wurden		
32. Sterbegeld; Kapitalauszahlungen/Abfindungen und Nachzahlungen von Versorgungsbezügen - in 3. und 8. enthalten		
33. unbesetzt		–
34. Freibetrag DBA Türkei		
Finanzamt, an das die Lohnsteuer abgeführt wurde (Name und vierstellige Nr.)		

2.25

EStG

§ 41c Änderung des Lohnsteuerabzugs

1 (1)[1] ① Der Arbeitgeber ist berechtigt, bei der jeweils nächstfolgenden Lohnzahlung bisher erhobene Lohnsteuer zu erstatten oder noch nicht erhobene Lohnsteuer nachträglich einzubehalten,

1. wenn ihm elektronische Lohnsteuerabzugsmerkmale zum Abruf zur Verfügung gestellt werden oder ihm der Arbeitnehmer eine Bescheinigung für den Lohnsteuerabzug mit Eintragungen vorlegt, die auf einen Zeitpunkt vor Abruf der Lohnsteuerabzugsmerkmale oder vor Vorlage der Bescheinigung für den Lohnsteuerabzug zurückwirken, oder
2. wenn er erkennt, dass er die Lohnsteuer bisher nicht vorschriftsmäßig einbehalten hat; dies gilt auch bei rückwirkender Gesetzesänderung.

② In den Fällen des Satzes 1 Nummer 2 ist der Arbeitgeber jedoch verpflichtet, wenn ihm dies wirtschaftlich zumutbar ist.

2 (2) ① Die zu erstattende Lohnsteuer ist dem Betrag zu entnehmen, den der Arbeitgeber für seine Arbeitnehmer insgesamt an Lohnsteuer einbehalten oder übernommen hat. ② Wenn die zu erstattende Lohnsteuer aus dem Betrag nicht gedeckt werden kann, der insgesamt an Lohnsteuer einzubehalten oder zu übernehmen ist, wird der Fehlbetrag dem Arbeitgeber auf Antrag vom Betriebsstättenfinanzamt ersetzt.

3 (3) ① Nach Ablauf des Kalenderjahres oder, wenn das Dienstverhältnis vor Ablauf des Kalenderjahres endet, nach Beendigung des Dienstverhältnisses, ist die Änderung des Lohnsteuerabzugs nur bis zur Übermittlung oder Ausschreibung der Lohnsteuerbescheinigung zulässig. ② Bei Änderung des Lohnsteuerabzugs nach Ablauf des Kalenderjahres ist die nachträglich einzubehaltende Lohnsteuer nach dem Jahresarbeitslohn zu ermitteln. ③ Eine Erstattung von Lohnsteuer ist nach Ablauf des Kalenderjahres nur im Wege des Lohnsteuer-Jahresausgleichs nach § 42 b zulässig. ④ Eine Minderung der einzubehaltenden und zu übernehmenden Lohnsteuer (§ 41 a Absatz 1 Satz 1 Nummer 1) nach § 164 Absatz 2 Satz 1 der Abgabenordnung ist nach der Übermittlung oder Ausschreibung der Lohnsteuerbescheinigung nur dann zulässig, wenn sich der Arbeitnehmer ohne vertraglichen Anspruch und gegen den Willen des Arbeitgebers Beträge verschafft hat, für die Lohnsteuer einbehalten wurde. ⑤ In diesem Fall hat der Arbeitgeber die bereits übermittelte oder ausgestellte Lohnsteuerbescheinigung zu berichtigen und sie als geändert gekennzeichnet an die Finanzverwaltung zu übermitteln; § 41 b Absatz 1 gilt entsprechend. ⑥ Der Arbeitgeber hat seinen Antrag zu begründen und die Lohnsteuer-Anmeldung (§ 41 a Absatz 1 Satz 1) zu berichtigen.

4 (4)[2] ① Der Arbeitgeber hat die Fälle, in denen er die Lohnsteuer nach Absatz 1 nicht nachträglich einbehält oder die Lohnsteuer nicht nachträglich einbehalten kann, weil

1. der Arbeitnehmer vom Arbeitgeber Arbeitslohn nicht mehr bezieht oder
2. der Arbeitgeber nach Ablauf des Kalenderjahres bereits die Lohnsteuerbescheinigung übermittelt oder ausgeschrieben hat,

dem Betriebsstättenfinanzamt unverzüglich anzuzeigen. ② Das Finanzamt hat die zuwenig erhobene Lohnsteuer vom Arbeitnehmer nachzufordern, wenn der nachzufordernde Betrag 10 Euro übersteigt. ③ § 42 d bleibt unberührt.

Übersicht

	Rz.
LStR 41 c.1 Änderung des Lohnsteuerabzugs; H 41 c.1	5–13
LStR 41 c.2 Anzeigepflichten des Arbeitgebers	14–16
LStR 41 c.3 Nachforderung von Lohnsteuer; H 41 c.3	18–22

LStR 41 c.1

R 41 c.1 Änderung des Lohnsteuerabzugs

5 (1) ① Unabhängig von der Verpflichtung des Arbeitgebers, nach § 39 c Abs. 1 und 2 EStG den Lohnsteuerabzug für vorangegangene Monate zu überprüfen und erforderlichenfalls zu ändern, ist der Arbeitgeber in den in § 41 c Abs. 1 EStG bezeichneten Fällen zu einer Änderung des Lohnsteuerabzugs bei der jeweils nächstfolgenden Lohnzahlung berechtigt oder verpflichtet. ② Die Änderung ist zugunsten oder zuungunsten des Arbeitnehmers zulässig, ohne dass es dabei auf die Höhe der zu erstattenden oder nachträglich einzubehaltenden Steuer ankommt. ③ Für die nachträgliche Einbehaltung durch den Arbeitgeber gilt der Mindestbetrag für die Nachforderung durch das Finanzamt (§ 41 c Abs. 4 Satz 2 EStG) nicht.

---

[1] § 41 c Abs. 1 Satz 2 geänd. **mWv 1. 1. 2026** durch JStG 2020 v. 21. 12. 2020 (BGBl. I S. 3096, BGBl. 2023 I Nr. 411). Siehe *Geschlossene Wiedergabe.*

[2] § 41 c Abs. 4 Satz 1 abschl. Satzteil geänd. **mWv VZ 2026** durch JStG 2024 v. 2. 12. 2024 (BGBl. I Nr. 387); siehe *Geschlossene Wiedergabe.*

LStR 41 c.1

(2) ① Der Arbeitgeber ist zur Änderung des Lohnsteuerabzugs nur berechtigt oder verpflichtet, soweit die Lohnsteuer von ihm einbehalten worden ist oder einzubehalten war. ② Bei Nettolöhnen (→ R 39 b.9) gilt dies für die zu übernehmende Steuer. 6

(3) ① Die Änderung des Lohnsteuerabzugs aufgrund rückwirkender Lohnsteuerabzugsmerkmale ist nicht auf die Fälle beschränkt, in denen das Finanzamt die Lohnsteuerabzugsmerkmale mit Wirkung von einem zurückliegenden Zeitpunkt an ändert oder ergänzt. ② Die Änderung des Lohnsteuerabzugs ist ebenso zulässig, wenn der Arbeitgeber wegen fehlender Lohnsteuerabzugsmerkmale den Lohnsteuerabzug gemäß § 39 c Abs. 1 Satz 1 bis 3 oder Abs. 2 Satz 1 EStG vorgenommen hat und dem Arbeitgeber erstmals Lohnsteuerabzugsmerkmale zur Verfügung gestellt werden bzw. der Arbeitnehmer erstmals eine Bescheinigung für den Lohnsteuerabzug vorlegt oder wenn bei Vorauszahlung des Arbeitslohns der Geltungsbeginn der Lohnsteuerabzugsmerkmale in einen bereits abgerechneten Lohnzahlungszeitraum fällt. 7

(4) ① Die Änderung des Lohnsteuerabzugs ist, sofern der Arbeitgeber von seiner Berechtigung hierzu Gebrauch macht, bei der nächsten Lohnzahlung vorzunehmen, die dem Abruf von rückwirkenden Lohnsteuerabzugsmerkmalen oder auf die Vorlage einer Bescheinigung für den Lohnsteuerabzug mit den rückwirkenden Eintragungen oder dem Erkennen einer nicht vorschriftsmäßigen Lohnsteuereinbehaltung folgt. ② Der Arbeitgeber darf in Fällen nachträglicher Einbehaltung von Lohnsteuer die Einbehaltung nicht auf mehrere Lohnzahlungen verteilen. ③ Die nachträgliche Einbehaltung ist auch insoweit zulässig, als dadurch die Pfändungsfreigrenzen unterschritten werden; wenn die nachträglich einzubehaltende Lohnsteuer den auszuzahlenden Barlohn übersteigt, ist die nachträgliche Einbehaltung i. H. d. auszuzahlenden Barlohns vorzunehmen und dem Finanzamt für den übersteigenden Betrag eine Anzeige nach § 41 c Abs. 4 EStG zu erstatten. 8

(5) ① Im Falle der Erstattung von Lohnsteuer hat der Arbeitgeber die zu erstattende Lohnsteuer dem Gesamtbetrag der von ihm abzuführenden Lohnsteuer zu entnehmen. ② Als Antrag auf Ersatz eines etwaigen Fehlbetrags reicht es aus, wenn in der Lohnsteuer-Anmeldung der Erstattungsbetrag kenntlich gemacht wird. ③ Macht der Arbeitgeber von seiner Berechtigung zur Lohnsteuererstattung nach § 41 c Abs. 1 und 2 EStG keinen Gebrauch, kann der Arbeitnehmer die Erstattung beim Finanzamt beantragen. 9

(6) ① Nach Ablauf des Kj. ist eine Änderung des Lohnsteuerabzugs in der Weise vorzunehmen, dass die Jahreslohnsteuer festzustellen und durch Gegenüberstellung mit der insgesamt einbehaltenen Lohnsteuer der nachträglich einzubehaltende oder zu erstattende Steuerbetrag zu ermitteln ist. ② Eine Erstattung darf aber nur im Lohnsteuer-Jahresausgleich unter den Voraussetzungen des § 42 b EStG vorgenommen werden. ③ Wenn der Arbeitgeber nach § 42 b Abs. 1 EStG den Lohnsteuer-Jahresausgleich nicht durchführen darf, ist auch eine Änderung des Lohnsteuerabzugs mit Erstattungsfolge nicht möglich; der Arbeitnehmer kann in diesen Fällen die Erstattung im Rahmen einer Veranlagung zur Einkommensteuer erreichen. ④ Soweit der Arbeitgeber aufgrund einer Änderung des Lohnsteuerabzugs nach Ablauf des Kj. nachträglich Lohnsteuer einbehält, handelt es sich um Lohnsteuer des abgelaufenen Kj., die zusammen mit der übrigen einbehaltenen Lohnsteuer des abgelaufenen Kj. in einer Summe in der Lohnsteuerbescheinigung zu übermitteln oder anzugeben ist. ⑤ Die nachträglich einbehaltene Lohnsteuer ist, getrennt nach den Kj., in denen der Arbeitslohn bezogen wird oder als bezogen gilt, für den Anmeldungszeitraum anzugeben und abzuführen, in dem sie einbehalten wurde. 10

(7) ① Hat der Arbeitgeber die Lohnsteuerbescheinigung übermittelt oder ausgestellt, ist eine Änderung des Lohnsteuerabzuges nicht mehr möglich. ② Die bloße Korrektur eines zunächst unrichtig übermittelten Datensatzes ist zulässig. ③ Die Anzeigeverpflichtung nach § 41 c Abs. 4 Satz 1 Nr. 2 EStG bleibt unberührt. 11

(8) ① Liegen bei einem beschränkt steuerpflichtigen Arbeitnehmer die Voraussetzungen gem. § 42 b EStG nicht vor, ist auch nach Ablauf des Kj. eine Änderung des Lohnsteuerabzugs nur für die Lohnzahlungszeiträume vorzunehmen, auf die sich die Änderungen beziehen. ② Eine Änderung mit Erstattungsfolge kann in diesem Falle nur das Finanzamt durchführen. 12

H 41 c.1

LStH 41 c.1

Änderung der Festsetzung. Eine Erhöhung der Lohnsteuer-Entrichtungsschuld ist unter den Voraussetzungen des § 164 Abs. 2 Satz 1 AO auch nach Übermittlung oder Ausschreibung der Lohnsteuerbescheinigung zulässig (→ BFH vom 30. 10. 2008 – BStBl. 2009 II S. 354). 13

Erstattungsantrag

- Erstattungsansprüche des Arbeitnehmers wegen zu Unrecht einbehaltener Lohnsteuer sind nach Ablauf des Kj. im Rahmen einer Veranlagung zur Einkommensteuer geltend zu machen. Darüber hinaus ist ein Erstattungsantrag gemäß § 37 AO nicht zulässig (→ BFH vom 20. 5. 1983 – BStBl. II S. 584). Dies gilt auch für zu Unrecht angemeldete und abgeführte Lohnsteuerbeträge, wenn der Lohnsteuerabzug nach § 41 c Abs. 3 EStG nicht mehr geändert werden kann (→ BFH vom 17. 6. 2009 – BStBl. 2010 II S. 72).
- Zur DBA-rechtlichen Lohnsteuererstattung bei zu Unrecht einbehaltener Lohnsteuer gilt nach BMF vom 27. 6. 2022 (BStBl. I S. 956) Folgendes:

LStH 41 c.1

Wird eine Zahlung des Arbeitgebers dem Lohnsteuerabzug unterworfen, obwohl die Besteuerung abkommensrechtlich dem Wohnsitzstaat des Arbeitnehmers zugewiesen ist, besteht die Möglichkeit, einen Erstattungsantrag in analoger Anwendung des § 50 c Abs. 3 Satz 1 zu stellen, soweit für die entsprechenden Einkünfte aus nichtselbständiger Arbeit nicht bereits eine Veranlagung nach § 50 Abs. 2 Satz 2 Nr. 4 Buchst. b i. V. m. Satz 7 beantragt worden ist oder es sich um eine Pflichtveranlagung handelt.

Der Erstattungsanspruch ist dabei gegen das Betriebsstättenfinanzamt des Arbeitgebers zu richten (→ BFH vom 21. 10. 2009 – BStBl. 2012 II S. 493). Gegebenenfalls sind für den Erstattungsantrag besondere formelle Anforderungen (z. B. Fristen), die in den jeweiligen DBA geregelt sind, zu beachten (→ auch BMF vom 25. 6. 2012 – BStBl. I S. 692).

Genauso ist zu verfahren, wenn eine Zahlung des Arbeitgebers zu Unrecht dem Lohnsteuerabzug unterworfen wurde, obwohl weder eine unbeschränkte noch eine beschränkte Steuerpflicht des Arbeitnehmers im Inland bestanden hat.

Minderung der Lohnsteuer. Steht eine Lohnsteuer-Anmeldung nicht mehr unter dem Vorbehalt der Nachprüfung, hindert § 41 c Abs. 3 Satz 4 EStG nicht eine Änderung der Lohnsteuer-Anmeldung nach den allgemeinen Korrekturvorschriften der §§ 172 ff. AO (→ BFH vom 30. 9. 2020 – BStBl. II S. 446).

LStR 41 c.2

R 41 c.2 Anzeigepflichten des Arbeitgebers

14 (1) ① Der Arbeitgeber hat die Anzeigepflichten nach § 38 Abs. 4, § 41 c Abs. 4 EStG unverzüglich zu erfüllen. ② Sobald der Arbeitgeber erkennt, dass der Lohnsteuerabzug in zu geringer Höhe vorgenommen worden ist, hat er dies dem Betriebsstättenfinanzamt anzuzeigen, wenn er die Lohnsteuer nicht nachträglich einbehalten kann oder von seiner Berechtigung hierzu keinen Gebrauch macht; dies gilt auch bei rückwirkender Gesetzesänderung. ③ Der Arbeitgeber hat die Anzeige über die zu geringe Einbehaltung der Lohnsteuer ggf. auch für die zurückliegenden vier Kj. zu erstatten. ④ Die Anzeigepflicht besteht unabhängig von dem Mindestbetrag (§ 41 c Abs. 4 Satz 2 EStG) für die Nachforderung durch das Finanzamt.

15 (2) ① Die Anzeige ist schriftlich zu erstatten. ② In ihr sind der Name, Anschrift, Geburtsdatum und Identifikationsnummer des Arbeitnehmers, seine Lohnsteuerabzugsmerkmale, nämlich Steuerklasse/Faktor, Zahl der Kinderfreibeträge, Kirchensteuermerkmal und ggf. ein Freibetrag oder Hinzurechnungsbetrag, sowie der Anzeigegrund und die für die Berechnung einer Lohnsteuer-Nachforderung erforderlichen Mitteilungen über Höhe und Art des Arbeitslohns, z. B. Auszug aus dem Lohnkonto, anzugeben.

16 (3) ① Das Betriebsstättenfinanzamt hat die Anzeige an das für die Einkommensbesteuerung des Arbeitnehmers zuständige Finanzamt weiterzuleiten, wenn es zweckmäßig erscheint, die Lohnsteuer-Nachforderung nicht sofort durchzuführen, z. B. weil es wahrscheinlich ist, dass der Arbeitnehmer zur Einkommensteuer veranlagt wird. ② Das ist auch angebracht in Fällen, in denen bei Eingang der Anzeige nicht abzusehen ist, ob sich bei Änderung des Lohnsteuerabzugs nach Ablauf des Kj. (§ 41 c Abs. 3 Satz 2 EStG) eine Lohnsteuer-Nachforderung ergeben wird.

LStR 41 c.3

R 41 c.3 Nachforderung von Lohnsteuer

18 (1) In den Fällen des § 38 Abs. 4 und des § 41 c Abs. 4 EStG ist das Betriebsstättenfinanzamt für die Nachforderung dann zuständig, wenn die zu wenig erhobene Lohnsteuer bereits im Laufe des Kj. nachgefordert werden soll.

19 (2) ① Im Falle des § 41 c Abs. 4 EStG gilt für die Berechnung der nachzufordernden Lohnsteuer nach Ablauf des Kj. R 41 c.1 Abs. 6 Satz 1 und Abs. 8 Satz 1 entsprechend. ② In anderen Fällen ist die Jahreslohnsteuer wie folgt zu ermitteln:[1]

1	Bruttoarbeitslohn
2 +	ermäßigt besteuerte Entschädigungen und ermäßigt besteuerte Vergütungen für mehrjährige Tätigkeit i. S. d. § 34 EStG
3 =	Jahresarbeitslohn
4 –	Freibeträge für Versorgungsbezüge (§ 19 Abs. 2 EStG)
5 –	Werbungskosten, maßgebender Pauschbetrag für Werbungskosten (§§ 9, 9 a EStG)
6 –	Altersentlastungsbetrag (§ 24 a EStG)
7 –	Entlastungsbetrag für Alleinerziehende (Summe der Beträge nach § 24 b EStG)[2]
8 =	Gesamtbetrag der Einkünfte (§ 2 Abs. 3 EStG)
9 –	Sonderausgaben (§§ 10, 10 b, 10 c, 39 b Abs. 2 Satz 5 Nr. 3 EStG)
10 –	außergewöhnliche Belastungen (§§ 33 bis 33 b EStG)
11 =	Einkommen (§ 2 Abs. 4 EStG)
12 –	Freibeträge für Kinder (nur für Kinder, für die kein Anspruch auf Kindergeld besteht; § 39 a Abs. 1 Satz 1 Nr. 6 EStG)
13 =	zu versteuerndes Einkommen (§ 2 Abs. 5 EStG)
14 –	Entschädigungen und Vergütungen i. S. d. § 34 EStG (Zeile 2)

[1] Das Berechnungsschema ist teilweise überholt. Ab 2025 ist die Tarifermäßigung i. S. d. § 34 EStG im Lohnsteuerabzugsverfahren nicht mehr zu berücksichtigen.

[2] Ab 2015 die Summe der Beträge nach § 24 b Abs. 2 EStG.

LStR 41 c.3

15 =	verbleibendes zu versteuerndes Einkommen
16 +	1/5 der Entschädigungen und Vergütungen i. S. d. § 34 EStG (Zeile 2)
17 =	Summe
18 =	Steuerbetrag für die Summe (Zeile 17) laut Grundtarif/Splittingtarif
19 –	Steuerbetrag für das verbleibende zu versteuernde Einkommen (Zeile 15) laut Grundtarif/Splittingtarif
20 =	Unterschiedsbetrag

③ Hat der Arbeitnehmer keine Entschädigungen und Vergütungen i. S. d. § 34 EStG bezogen, ist der für das zu versteuernde Einkommen (Zeile 13) nach dem Grundtarif/Splittingtarif ermittelte Steuerbetrag die Jahreslohnsteuer (tarifliche Einkommensteuer – § 32a Abs. 1, 5 EStG). ④ Hat der Arbeitnehmer Entschädigungen und Vergütungen i. S. d. § 34 EStG bezogen, ist der Steuerbetrag für das verbleibende zu versteuernde Einkommen (Zeile 19) zzgl. des Fünffachen des Unterschiedsbetrags (Zeile 20) die Jahreslohnsteuer (tarifliche Einkommensteuer – § 32a Abs. 1, 5 EStG).[1]

(3) ① Will das Finanzamt zu wenig einbehaltene Lohnsteuer vom Arbeitnehmer nachfordern, erlässt es gegen diesen einen Steuerbescheid. ② Nach Ablauf des Kj. kommt eine Nachforderung von Lohnsteuer oder Einkommensteuer ggf. auch durch erstmalige oder geänderte Veranlagung zur Einkommensteuer in Betracht. ③ Die Nachforderung von Lohnsteuer oder Einkommensteuer erfolgt durch erstmalige oder geänderte Veranlagung zur Einkommensteuer, wenn ein Hinzurechnungsbetrag als Lohnsteuerabzugsmerkmal gebildet wurde (§ 46 Abs. 2 Nr. 2 EStG). **20**

(4) ① Außer im Falle des § 38 Abs. 4 EStG unterbleibt die Nachforderung, wenn die nachzufordernde Lohnsteuer den Mindestbetrag nach § 41 c Abs. 4 Satz 2 EStG nicht übersteigt. ② Bezieht sich die Nachforderung auf mehrere Kj., ist für jedes Kj. gesondert festzustellen, ob der Mindestbetrag überschritten wird. ③ Treffen in einem Kj. mehrere Nachforderungsgründe zusammen, gilt der Mindestbetrag für die insgesamt nachzufordernde Lohnsteuer. **21**

H 41 c.3

LStH 41 c.3

22

Einzelfälle. Das Finanzamt hat die zu wenig einbehaltene Lohnsteuer vom Arbeitnehmer nachzufordern, wenn
- der Barlohn des Arbeitnehmers zur Deckung der Lohnsteuer nicht ausreicht und die Steuer weder aus zurückbehaltenen anderen Bezügen des Arbeitnehmers noch durch einen entsprechenden Barzuschuss des Arbeitnehmers aufgebracht werden kann (§ 38 Abs. 4 EStG),
- eine Änderung der Lohnsteuerabzugsmerkmale erforderlich war, diese aber unterblieben ist,
- in den Fällen des § 39a Abs. 5 EStG ein Freibetrag rückwirkend herabgesetzt worden ist und der Arbeitgeber die zu wenig erhobene Lohnsteuer nicht nachträglich einbehalten kann,
- die rückwirkende Änderung eines Pauschbetrags für behinderte Menschen und Hinterbliebene (§ 33b EStG) wegen der bereits erteilten Lohnsteuerbescheinigung nicht zu einer Nacherhebung von Lohnsteuer durch den Arbeitgeber führen kann (→ BFH vom 24. 9. 1982 – BStBl. 1983 II S. 60),
- der Arbeitgeber dem Finanzamt angezeigt hat, dass er von seiner Berechtigung, Lohnsteuer nachträglich einzubehalten, keinen Gebrauch macht, oder die Lohnsteuer nicht nachträglich einbehalten kann (§ 41 c Abs. 4 EStG),
- der Arbeitnehmer in den Fällen des § 42d Abs. 3 Satz 4 EStG für die nicht vorschriftsmäßig einbehaltene oder angemeldete Lohnsteuer in Anspruch zu nehmen ist; wegen der Wahl der Inanspruchnahme → R 42d.1 Abs. 3 und 4 oder
- die Voraussetzungen der unbeschränkten Einkommensteuerpflicht nach § 1 Abs. 3 EStG nicht vorgelegen haben und es dies bereits bei Erteilung der Bescheinigung hätte bemerken können (§ 50 Abs. 2 Satz 2 Nr. 2 EStG); auch bei einer fehlerhaft erteilten Bescheinigung kann das Finanzamt die zu wenig erhobene Lohnsteuer nachfordern (→ BFH vom 23. 9. 2008 – BStBl. 2009 II S. 666).

Erkenntnisse aus rechtswidriger Außenprüfung → BFH vom 9. 11. 1984 (BStBl. 1985 II S. 191).

Festsetzungsfrist gegenüber dem Arbeitnehmer. Durch eine Anzeige des Arbeitgebers nach § 41 c Abs. 4 Satz 1 Nr. 1 EStG wird der Anlauf der Festsetzungsfrist für die Lohnsteuer gegenüber dem Arbeitnehmer gemäß § 170 Abs. 2 Satz 1 Nr. 1 AO gehemmt (→ BFH vom 5. 7. 2012 – BStBl. 2013 II S. 190).

Freibeträge, rückwirkende Änderung. Wird Lohnsteuer nach Ablauf des Kj. wegen der rückwirkenden Änderung eines Pauschbetrags für behinderte Menschen und Hinterbliebene (§ 33b EStG) und einer bereits erteilten Lohnsteuerbescheinigung nachgefordert, bedarf es keiner förmlichen Berichtigung des Freibetrags; es genügt, wenn die Inanspruchnahme des Arbeitnehmers ausdrücklich mit der rückwirkenden Änderung des Freibetrags begründet wird (→ BFH vom 24. 9. 1982 – BStBl. 1983 II S. 60).

Zuständigkeit. Für die Nachforderung ist im Allgemeinen das für die Einkommensbesteuerung des Arbeitnehmers zuständige Finanzamt zuständig. Ist keine Pflicht- oder Antragsveranlagung

[1] Satz 4 ist überholt. Ab 2025 ist die Tarifermäßigung i. S. d. § 34 EStG im Lohnsteuerabzugsverfahren nicht mehr zu berücksichtigen.

LStH 41 c.3

nach § 46 Abs. 2 EStG durchzuführen, ist die Nachforderung vom Betriebsstättenfinanzamt vorzunehmen (→ BFH vom 21. 2. 1992 – BStBl. II S. 565); Entsprechendes gilt, wenn zu wenig erhobene Lohnsteuer nach §§ 38 Abs. 4 und 41 c Abs. 4 EStG bereits im Laufe des Kj. nachgefordert werden soll. Für die Nachforderung zu wenig einbehaltener Lohnsteuer von beschränkt einkommensteuerpflichtigen Arbeitnehmern ist stets das Betriebsstättenfinanzamt zuständig (→ BFH vom 20. 6. 1990 – BStBl. 1992 II S. 43).

EStG

§ 42b Lohnsteuer-Jahresausgleich durch den Arbeitgeber

(1) ① Der Arbeitgeber ist berechtigt, seinen Arbeitnehmern, die während des abgelaufenen Kalenderjahres (Ausgleichsjahr) ständig in einem zu ihm bestehenden Dienstverhältnis gestanden haben, die für das Ausgleichsjahr einbehaltene Lohnsteuer insoweit zu erstatten, als sie die auf den Jahresarbeitslohn entfallende Jahreslohnsteuer übersteigt (Lohnsteuer-Jahresausgleich). ② Er ist zur Durchführung des Lohnsteuer-Jahresausgleichs verpflichtet, wenn er am 31. Dezember des Ausgleichsjahres mindestens zehn Arbeitnehmer beschäftigt. ③ Der Arbeitgeber darf den Lohnsteuer-Jahresausgleich nicht durchführen, wenn 1

1. der Arbeitnehmer es beantragt oder

2. der Arbeitnehmer für das Ausgleichsjahr oder für einen Teil des Ausgleichsjahres nach den Steuerklassen V oder VI zu besteuern war oder

3. der Arbeitnehmer für einen Teil des Ausgleichsjahres nach den Steuerklassen II, III oder IV zu besteuern war oder

3 a. bei der Lohnsteuerberechnung ein Freibetrag oder Hinzurechnungsbetrag zu berücksichtigen war oder

3 b. das Faktorverfahren angewandt wurde oder

4. der Arbeitnehmer im Ausgleichsjahr Kurzarbeitergeld, das Qualifizierungsgeld, Zuschuss zum Mutterschaftsgeld nach dem Mutterschutzgesetz, Zuschuss bei Beschäftigungsverboten für die Zeit vor oder nach einer Entbindung sowie für den Entbindungstag während einer Elternzeit nach beamtenrechtlichen Vorschriften, Entschädigungen für Verdienstausfall nach dem Infektionsschutzgesetz vom 20. Juli 2000 (BGBl. I S. 1045), nach § 3 Nummer 28 steuerfreie Aufstockungsbeträge oder Zuschläge oder nach § 3 Nummer 28 a steuerfreie Zuschüsse bezogen hat[1] oder

4 a. die Anzahl der im Lohnkonto oder in der Lohnsteuerbescheinigung eingetragenen Großbuchstaben U mindestens eins beträgt oder

5.[2] für den Arbeitnehmer im Ausgleichsjahr im Rahmen der Vorsorgepauschale jeweils nur zeitweise Beträge nach § 39 b Absatz 2 Satz 5 Nummer 3 Buchstabe a bis d oder der Beitragszuschlag nach § 39 b Absatz 2 Satz 5 Nummer 3 Buchstabe c berücksichtigt wurden oder sich im Ausgleichsjahr der Zusatzbeitragssatz (§ 39 b Absatz 2 Satz 5 Nummer 3 Buchstabe b) geändert hat oder

5 a. für den Arbeitnehmer im Ausgleichsjahr im Rahmen der Vorsorgepauschale im Zusammenhang mit der Pflegeversicherung unterschiedliche Abschläge (§ 39 b Absatz 2 Satz 5 Nummer 3 Buchstabe c) berücksichtigt wurden oder

6. der Arbeitnehmer im Ausgleichsjahr ausländische Einkünfte aus nichtselbständiger Arbeit bezogen hat, von denen keine inländische Lohnsteuer einbehalten wurde.

④ Bei der Anwendung von Satz 3 bleiben die Verhältnisse aus einem Dienstverhältnis zu einem anderen Arbeitgeber unberücksichtigt.

(2) ① Für den Lohnsteuer-Jahresausgleich hat der Arbeitgeber den Jahresarbeitslohn aus dem zu ihm bestehenden Dienstverhältnis festzustellen. ② Vom Jahresarbeitslohn sind der etwa in Betracht kommende Versorgungsfreibetrag und Zuschlag zum Versorgungsfreibetrag und der etwa in Betracht kommende Altersentlastungsbetrag abzuziehen. ③ Für den so geminderten Jahresarbeitslohn ist die Jahreslohnsteuer nach § 39 b Absatz 2 Satz 6 und 7 zu ermitteln nach Maßgabe der Steuerklasse, die für den letzten Lohnzahlungszeitraum des Ausgleichsjahres als elektronisches Lohnsteuerabzugsmerkmal abgerufen oder auf der Bescheinigung für den Lohnsteuerabzug oder etwaigen Mitteilungen über Änderungen zuletzt eingetragen wurde. ④ Den Betrag, um den die sich hiernach ergebende Jahreslohnsteuer die Lohnsteuer unterschreitet, die von dem zugrunde gelegten Jahresarbeitslohn insgesamt erhoben worden ist, hat der Arbeitgeber dem Arbeitnehmer zu erstatten. 2

(3) ① Der Arbeitgeber darf den Lohnsteuer-Jahresausgleich frühestens bei der Lohnabrechnung für den letzten im Ausgleichsjahr endenden Lohnzahlungszeitraum, spätestens bei der Lohnabrechnung für den letzten Lohnzahlungszeitraum, der im Monat Februar des dem Ausgleichsjahr folgenden Kalenderjahres endet, durchführen. ② Die zu erstattende Lohnsteuer ist dem Betrag zu entnehmen, den der Arbeitgeber für seine Arbeitnehmer für den Lohnzahlungszeitraum insgesamt an Lohnsteuer erhoben hat. ③ § 41 c Absatz 2 Satz 2 ist anzuwenden. 3

---

[1] **[Amtl. Anm.:]** Die Steuerbefreiung gem. § 3 Nr. 28 a gilt jedoch nur für Zuschüsse, die für Lohnzahlungszeiträume geleistet werden, die nach dem 29. 2. 2020 beginnen und vor dem 1. 7. 2022 enden, siehe § 3 Nr. 28 a EStG.

[2] Siehe auch Tz. 8 des *BMF-Schreibens vom 26. 11. 2013 (BStBl. I S. 1532),* abgedruckt als Anlage a zu LStH 39 b.7. Zur Änderung von § 42 b Abs. 1 Satz 3 Nr. 5 **mWv 1. 1. 2026** durch JStG 2020 v. 21. 12. 2020 (BGBl. I S. 3096, BGBl. 2023 I Nr. 411) siehe *Geschlossene Wiedergabe.*

EStG

4 (4) **①Im Lohnkonto für das Ausgleichsjahr ist die im Lohnsteuer-Jahresausgleich erstattete Lohnsteuer gesondert einzutragen. ②In der Lohnsteuerbescheinigung für das Ausgleichsjahr ist der sich nach Verrechnung der erhobenen Lohnsteuer mit der erstatteten Lohnsteuer ergebende Betrag als erhobene Lohnsteuer einzutragen.**

LStR 42b

R 42b Durchführung des Lohnsteuer-Jahresausgleichs durch den Arbeitgeber

(1) ①Der Arbeitgeber darf den Lohnsteuer-Jahresausgleich nur für Arbeitnehmer durchführen,

5 1. die während des Ausgleichsjahres ständig in einem zu ihm bestehenden Dienstverhältnis gestanden haben,

2. die am 31. 12. des Ausgleichsjahres in seinen Diensten stehen oder zu diesem Zeitpunkt von ihm Arbeitslohn aus einem früheren Dienstverhältnis beziehen und

3. bei denen kein Ausschlusstatbestand nach § 42b Abs. 1 Satz 3 EStG vorliegt.

②Beginnt oder endet die unbeschränkte Einkommensteuerpflicht im Laufe des Kj., darf der Arbeitgeber den Lohnsteuer-Jahresausgleich nicht durchführen.

7 (2)[1] Beantragt der Arbeitnehmer, Entschädigungen oder Vergütungen für mehrjährige Tätigkeit i. S. d. § 34 EStG in den Lohnsteuer-Jahresausgleich einzubeziehen (§ 42b Abs. 2 Satz 2 EStG), gehören die Entschädigungen und Vergütungen zum Jahresarbeitslohn, für den die Jahreslohnsteuer zu ermitteln ist.

8 (3) ①Bei Arbeitnehmern, für die der Arbeitgeber nach § 42b Abs. 1 EStG einen Lohnsteuer-Jahresausgleich durchführen darf, darf der Arbeitgeber den Jahresausgleich mit der Ermittlung der Lohnsteuer für den letzten im Ausgleichsjahr endenden Lohnzahlungszeitraum zusammenfassen (§ 42b Abs. 3 Satz 1 EStG). ②Hierbei ist die Jahreslohnsteuer nach § 42b Abs. 2 Satz 1 bis 3 EStG[2] zu ermitteln und der Lohnsteuer, die von dem Jahresarbeitslohn erhoben worden ist, gegenüberzustellen. ③Übersteigt die ermittelte Jahreslohnsteuer die erhobene Lohnsteuer, ist der Unterschiedsbetrag die Lohnsteuer, die für den letzten Lohnzahlungszeitraum des Ausgleichsjahres einzubehalten ist. ④Übersteigt die erhobene Lohnsteuer die ermittelte Jahreslohnsteuer, ist der Unterschiedsbetrag dem Arbeitnehmer zu erstatten; § 42b Abs. 3 Satz 2 und 3 sowie Abs. 4 EStG ist hierbei anzuwenden.

LStH 42b

H 42b

9 **Vorsorgepauschale.** Zum Ausschluss des Lohnsteuer-Jahresausgleichs → § 42b Abs. 1 Satz 3 Nr. 5 EStG und → BMF vom 26. 11. 2013 (BStBl. I S. 1532),[3] Tz. 8.

[1] Absatz 2 ist überholt. Ab 2025 ist die Tarifermäßigung i. S. d. § 34 EStG im Lohnsteuerabzugsverfahren nicht mehr zu berücksichtigen.

[2] Jetzt § 42b Abs. 2 Satz 1 und 2 EStG.

[3] Abgedruckt als Anlage a zu LStH 39b.7.

EStG

§ 42d Haftung des Arbeitgebers und Haftung bei Arbeitnehmerüberlassung

(1) **Der Arbeitgeber haftet** 1

1. für die Lohnsteuer, die er einzubehalten und abzuführen hat,

2. für die Lohnsteuer, die er beim Lohnsteuer-Jahresausgleich zu Unrecht erstattet hat,

3. für die Einkommensteuer (Lohnsteuer), die auf Grund fehlerhafter Angaben im Lohnkonto oder in der Lohnsteuerbescheinigung verkürzt wird,

4. für die Lohnsteuer, die in den Fällen des § 38 Absatz 3 a der Dritte zu übernehmen hat.

(2) **Der Arbeitgeber haftet nicht, soweit Lohnsteuer nach § 39 Absatz 5 oder § 39 a Absatz 5 nachzufordern ist und in den vom Arbeitgeber angezeigten Fällen des § 38 Absatz 4 Satz 2 und 3 und des § 41 c Absatz 4.** 2

(3) ① **Soweit die Haftung des Arbeitgebers reicht, sind der Arbeitgeber und der Arbeitnehmer Gesamtschuldner.** ② **Das Betriebsstättenfinanzamt kann die Steuerschuld oder Haftungsschuld nach pflichtgemäßem Ermessen gegenüber jedem Gesamtschuldner geltend machen.** ③ **Der Arbeitgeber kann auch dann in Anspruch genommen werden, wenn der Arbeitnehmer zur Einkommensteuer veranlagt wird.** ④ **Der Arbeitnehmer kann im Rahmen der Gesamtschuldnerschaft nur in Anspruch genommen werden,** 3

1. wenn der Arbeitgeber die Lohnsteuer nicht vorschriftsmäßig vom Arbeitslohn einbehalten hat,

2. wenn der Arbeitnehmer weiß, dass der Arbeitgeber die einbehaltene Lohnsteuer nicht vorschriftsmäßig angemeldet hat. ② **Dies gilt nicht, wenn der Arbeitnehmer den Sachverhalt dem Finanzamt unverzüglich mitgeteilt hat.**

(4) ① **Für die Inanspruchnahme des Arbeitgebers bedarf es keines Haftungsbescheids und keines Leistungsgebots, soweit der Arbeitgeber** 4

1. die einzubehaltende Lohnsteuer angemeldet hat oder

2. nach Abschluss einer Lohnsteuer-Außenprüfung seine Zahlungsverpflichtung schriftlich anerkennt.

② **Satz 1 gilt entsprechend für die Nachforderung zu übernehmender pauschaler Lohnsteuer.**

(5) **Von der Geltendmachung der Steuernachforderung oder Haftungsforderung ist abzusehen, wenn diese insgesamt 10 Euro nicht übersteigt.** 5

(6) ① **Soweit einem Dritten (Entleiher) Arbeitnehmer im Sinne des § 1 Absatz 1 Satz 1 des Arbeitnehmerüberlassungsgesetzes in der Fassung der Bekanntmachung vom 3. Februar 1995 (BGBl. I S. 158), das zuletzt durch Artikel 26 des Gesetzes vom 20. Dezember 2011 (BGBl. I S. 2854) geändert worden ist,[1] zur Arbeitsleistung überlassen werden, haftet er mit Ausnahme der Fälle, in denen eine Arbeitnehmerüberlassung nach § 1 Absatz 3 des Arbeitnehmerüberlassungsgesetzes vorliegt, neben dem Arbeitgeber.** ② **Der Entleiher haftet nicht, wenn der Überlassung eine Erlaubnis nach § 1 des Arbeitnehmerüberlassungsgesetzes in der jeweils geltenden Fassung zugrunde liegt und soweit er nachweist, dass er den nach § 51 Absatz 1 Nummer 2 Buchstabe d vorgesehenen Mitwirkungspflichten nachgekommen ist.** ③ **Der Entleiher haftet ferner nicht, wenn er über das Vorliegen einer Arbeitnehmerüberlassung ohne Verschulden irrte.** ④ **Die Haftung beschränkt sich auf die Lohnsteuer für die Zeit, für die ihm der Arbeitnehmer überlassen worden ist.** ⑤ **Soweit die Haftung des Entleihers reicht, sind der Arbeitgeber, der Entleiher und der Arbeitnehmer Gesamtschuldner.** ⑥ **Der Entleiher darf auf Zahlung nur in Anspruch genommen werden, soweit die Vollstreckung in das inländische bewegliche Vermögen des Arbeitgebers fehlgeschlagen ist oder keinen Erfolg verspricht; § 219 Satz 2 der Abgabenordnung ist entsprechend anzuwenden.** ⑦ **Ist durch die Umstände der Arbeitnehmerüberlassung die Lohnsteuer schwer zu ermitteln, so ist die Haftungsschuld mit 15 Prozent des zwischen Verleiher und Entleiher vereinbarten Entgelts ohne Umsatzsteuer anzunehmen, solange der Entleiher nicht glaubhaft macht, dass die Lohnsteuer, für die er haftet, niedriger ist.** ⑧ **Die Absätze 1 bis 5 sind entsprechend anzuwenden.** ⑨ **Die Zuständigkeit des Finanzamts richtet sich nach dem Ort der Betriebsstätte des Verleihers.** 6

(7) **Soweit der Entleiher Arbeitgeber ist, haftet der Verleiher wie ein Entleiher nach Absatz 6.** 7

(8) ① **Das Finanzamt kann hinsichtlich der Lohnsteuer der Leiharbeitnehmer anordnen, dass der Entleiher einen bestimmten Teil des mit dem Verleiher vereinbarten** 8

[1] **[Amtl. Anm.:]** Das Arbeitnehmerüberlassungsgesetz wurde zuletzt durch Art. 3 Abs. 3 des Gesetzes zur Regelung der Entsendung von Kraftfahrern und Kraftfahrerinnen im Straßenverkehrssektor und zur grenzüberschreitenden Durchsetzung des Entsenderechts 28. 6. 2023 (BGBl. I Nr. 172) geändert.

EStG

Entgelts einzubehalten und abzuführen hat, wenn dies zur Sicherung des Steueranspruchs notwendig ist; Absatz 6 Satz 4 ist anzuwenden. ② Der Verwaltungsakt kann auch mündlich erlassen werden. ③ Die Höhe des einzubehaltenden und abzuführenden Teils des Entgelts bedarf keiner Begründung, wenn der in Absatz 6 Satz 7 genannte Prozentsatz nicht überschritten wird.

9 (9) ① **Der Arbeitgeber haftet auch dann, wenn ein Dritter nach § 38 Absatz 3 a dessen Pflichten trägt. ② In diesen Fällen haftet der Dritte neben dem Arbeitgeber. ③ Soweit die Haftung des Dritten reicht, sind der Arbeitgeber, der Dritte und der Arbeitnehmer Gesamtschuldner. ④ Absatz 3 Satz 2 bis 4 ist anzuwenden; Absatz 4 gilt auch für die Inanspruchnahme des Dritten. ⑤ Im Fall des § 38 Absatz 3 a Satz 2 beschränkt sich die Haftung des Dritten auf die Lohnsteuer, die für die Zeit zu erheben ist, für die er sich gegenüber dem Arbeitgeber zur Vornahme des Lohnsteuerabzugs verpflichtet hat; der maßgebende Zeitraum endet nicht, bevor der Dritte seinem Betriebsstättenfinanzamt die Beendigung seiner Verpflichtung gegenüber dem Arbeitgeber angezeigt hat. ⑥ In den Fällen des § 38 Absatz 3 a Satz 7 ist als Haftungsschuld der Betrag zu ermitteln, um den die Lohnsteuer, die für den gesamten Arbeitslohn des Lohnzahlungszeitraums zu berechnen und einzubehalten ist, die insgesamt tatsächlich einbehaltene Lohnsteuer übersteigt. ⑦ Betrifft die Haftungsschuld mehrere Arbeitgeber, so ist sie bei fehlerhafter Lohnsteuerberechnung nach dem Verhältnis der Arbeitslöhne und für nachträglich zu erfassende Arbeitslohnbeträge nach dem Verhältnis dieser Beträge auf die Arbeitgeber aufzuteilen. ⑧ In den Fällen des § 38 Absatz 3 a ist das Betriebsstättenfinanzamt des Dritten für die Geltendmachung der Steuer- oder Haftungsschuld zuständig.**

LStR 42 d.1

R 42 d.1 Inanspruchnahme des Arbeitgebers

Allgemeines

11 (1) ① Der Arbeitnehmer ist – vorbehaltlich § 40 Abs. 3 EStG – Schuldner der Lohnsteuer (§ 38 Abs. 2 EStG); dies gilt auch für den Fall einer Nettolohnvereinbarung (→ R 39 b.9). ② Für diese Schuld kann der Arbeitgeber als Haftender in Anspruch genommen werden, soweit seine Haftung reicht (§ 42 d Abs. 1 und 2 EStG); die Haftung entfällt auch in den vom Arbeitgeber angezeigten Fällen des § 38 Abs. 4 Satz 3 EStG. ③ Dies gilt auch bei Lohnzahlung durch Dritte, soweit der Arbeitgeber zur Einbehaltung der Lohnsteuer verpflichtet ist (§ 38 Abs. 1 Satz 3 EStG), und in Fällen des § 38 Abs. 3 a EStG.

Haftung anderer Personen

12 (2) ① Soweit Dritte für Steuerleistungen in Anspruch genommen werden können, z. B. gesetzliche Vertreter juristischer Personen, Vertreter, Bevollmächtigte, Vermögensverwalter, Rechtsnachfolger, haften sie als Gesamtschuldner neben dem Arbeitgeber als weiterem Haftenden und neben dem Arbeitnehmer als Steuerschuldner (§ 44 AO). ② Die Haftung kann sich z. B. aus §§ 69 bis 77 AO ergeben.

Gesamtschuldner

13 (3) ① Soweit Arbeitgeber, Arbeitnehmer und ggf. andere Personen Gesamtschuldner sind, schuldet jeder die gesamte Leistung (§ 44 Abs. 1 Satz 2 AO). ② Das Finanzamt muss die Wahl, an welchen Gesamtschuldner es sich halten will, nach pflichtgemäßem Ermessen unter Beachtung der durch Recht und Billigkeit gezogenen Grenzen und unter verständiger Abwägung der Interessen aller Beteiligten treffen.

Ermessensprüfung

14 (4) ① Die Haftung des Arbeitgebers ist von einem Verschulden i. d. R. nicht abhängig. ② Ein geringfügiges Verschulden oder ein schuldloses Verhalten des Arbeitgebers ist aber bei der Frage zu würdigen, ob eine Inanspruchnahme des Arbeitgebers im Rahmen des Ermessens liegt. ③ Die Frage, ob der Arbeitgeber vor dem Arbeitnehmer und vor Dritten (→ R 42 d.1 Abs. 2) in Anspruch genommen werden darf, hängt wesentlich von den Gesamtumständen des Einzelfalles ab, wobei von dem gesetzgeberischen Zweck des Lohnsteuerverfahrens, durch den Abzug an der Quelle den schnellen Eingang der Lohnsteuer in einem vereinfachten Verfahren sicherzustellen, auszugehen ist. ④ Die Inanspruchnahme des Arbeitgebers kann ausgeschlossen sein, wenn er den individuellen Lohnsteuerabzug ohne Berücksichtigung von Gesetzesänderungen durchgeführt hat, soweit es ihm in der kurzen Zeit zwischen der Verkündung des Gesetzes und den folgenden Lohnabrechnungen bei Anwendung eines strengen Maßstabs nicht zumutbar war, die Gesetzesänderungen zu berücksichtigen. ⑤ In den Fällen einer Nettolohnvereinbarung handelt das Finanzamt ermessensfehlerfrei, wenn es den Arbeitgeber vorrangig als Haftungsschuldner in Anspruch nimmt, da der Arbeitnehmer gegenüber dem Arbeitgeber einen arbeitsrechtlichen Anspruch auf Befreiung von den Lohnsteuerabzugsbeträgen hat.

Haftungsbescheid

15 (5) ① Wird der Arbeitgeber nach § 42 d EStG als Haftungsschuldner in Anspruch genommen, ist, vorbehaltlich § 42 d Abs. 4 Satz 1 Nr. 1 und 2 EStG, ein Haftungsbescheid zu erlassen. ② Darin

sind die für das Entschließungs- und Auswahlermessen maßgebenden Gründe anzugeben. ③ Hat der Arbeitgeber nach Abschluss einer Lohnsteuer-Außenprüfung eine Zahlungsverpflichtung schriftlich anerkannt, steht die Anerkenntniserklärung einer Lohnsteuer-Anmeldung gleich (§ 167 Abs. 1 Satz 3 AO). ④ Ein Haftungsbescheid lässt die Lohnsteuer-Anmeldungen unberührt. LStR 42d.1

Nachforderungsbescheid

(6) ① Wird pauschale Lohnsteuer nacherhoben, die der Arbeitgeber zu übernehmen hat (§ 40 Abs. 3 EStG), ist ein Nachforderungsbescheid (Steuerbescheid) zu erlassen; Absatz 5 Satz 3 und 4 gilt entsprechend. ② Der Nachforderungsbescheid bezieht sich auf bestimmte steuerpflichtige Sachverhalte. ③ Die Änderung ist hinsichtlich der ihm zugrunde liegenden Sachverhalte – außer in den Fällen der §§ 172 und 175 AO – wegen der Änderungssperre des § 173 Abs. 2 AO nur bei Steuerhinterziehung oder leichtfertiger Steuerverkürzung möglich. 16

Zahlungsfrist

(7) Für die durch Haftungsbescheid (→ Absatz 5) oder Nachforderungsbescheid (→ Absatz 6) angeforderten Steuerbeträge ist eine Zahlungsfrist von einem Monat zu setzen. 17

H 42d.1

LStH 42d.1

Allgemeines zur Arbeitgeberhaftung

- Wegen der Einschränkung der Haftung in den Fällen, in denen sich der Arbeitgeber und der Arbeitnehmer über die Zugehörigkeit von Bezügen zum Arbeitslohn und damit auch über die Notwendigkeit der Eintragung der mit diesen Bezügen zusammenhängenden Werbungskosten irrten und irren konnten → BFH vom 5. 11. 1971 (BStBl. 1972 II S. 137). 18
- Die Lohnsteuer ist nicht vorschriftsmäßig einbehalten, wenn der Arbeitgeber im Lohnsteuer-Jahresausgleich eine zu hohe Lohnsteuer erstattet (→ BFH vom 24. 1. 1975 – BStBl. II S. 420).
- Wurde beim Arbeitgeber eine Lohnsteuer-Außenprüfung durchgeführt, bewirkt dies zugleich eine Hemmung der Verjährungsfrist in Bezug auf den Steueranspruch gegen den Arbeitnehmer (§ 171 Abs. 15 AO)
- Der Arbeitgeber hat den Arbeitslohn vorschriftsmäßig gekürzt, wenn er die Lohnsteuer entsprechend den Lohnsteuerabzugsmerkmalen berechnet hat und wenn er der Berechnung der Lohnsteuer die für das maßgebende Jahr gültigen Lohnsteuertabellen zugrunde gelegt hat (→ BFH vom 9. 3. 1990 – BStBl. II S. 608).
- Die Lohnsteuer ist dann vorschriftsmäßig einbehalten, wenn in der betreffenden Lohnsteuer-Anmeldung die mit dem Zufluss des Arbeitslohns entstandene Lohnsteuer des Anmeldungszeitraums erfasst wurde. Maßgebend für das Entstehen der Lohnsteuer sind dabei nicht die Kenntnisse und Vorstellungen des Arbeitgebers, sondern die Verwirklichung des Tatbestandes, an den das Gesetz die Besteuerung knüpft (→ BFH vom 4. 6. 1993 – BStBl. II S. 687).
- Bei einer fehlerhaft ausgestellten Lohnsteuerbescheinigung beschränkt sich die Haftung des Arbeitgebers auf die Lohnsteuer, die sich bei der Einkommensteuerveranlagung des Arbeitnehmers ausgewirkt hat (→ BFH vom 22. 7. 1993 – BStBl. II S. 775).
- Führt der Arbeitgeber trotz fehlender Kenntnis der individuellen Lohnsteuerabzugsmerkmale des Arbeitnehmers den Lohnsteuerabzug nicht nach der Steuerklasse VI, sondern nach der Steuerklasse I bis V durch, kann der Arbeitgeber auch nach Ablauf des Kj. i. d. R. nach Steuerklasse VI (§ 42d Abs. 1 Nr. 1 EStG) in Haftung genommen werden (→ BFH vom 12. 1. 2001 – BStBl. 2003 II S. 151).
- Die Anzeige des Arbeitgebers nach § 38 Abs. 4 Satz 2 EStG ersetzt die Erfüllung der Einbehaltungspflichten. Bei unterlassener Anzeige hat der Arbeitgeber die Lohnsteuer mit den Haftungsfolgen nicht ordnungsgemäß einbehalten (→ BFH vom 9. 10. 2002 – BStBl. II S. 884).
- Hat der Arbeitgeber aufgrund unrichtiger Angaben in den Lohnkonten oder den Lohnsteuerbescheinigungen vorsätzlich Lohnsteuer verkürzt, ist ihm als Steuerstraftäter der Einwand verwehrt, das Finanzamt hätte statt seiner die Arbeitnehmer in Anspruch nehmen müssen (→ BFH vom 12. 2. 2009 – BStBl. II S. 478).

Ermessensausübung

- Die Grundsätze von Recht und Billigkeit verlangen keine vorrangige Inanspruchnahme des Arbeitnehmers (→ BFH vom 6. 5. 1959 – BStBl. III S. 292).
- Eine vorrangige Inanspruchnahme des Arbeitgebers vor dem Arbeitnehmer kann unzulässig sein, wenn die Lohnsteuer ebenso schnell und ebenso einfach vom Arbeitnehmer nacherhoben werden kann, weil z. B. der Arbeitnehmer ohnehin zu veranlagen ist (→ BFH vom 30. 11. 1966 – BStBl. 1967 III S. 331 und vom 12. 1. 1968 – BStBl. II S. 324); das gilt insbesondere dann, wenn der Arbeitnehmer inzwischen aus dem Betrieb ausgeschieden ist (→ BFH vom 10. 1. 1964 – BStBl. III S. 213).
- Zur Ermessensprüfung bei geringfügigem Verschulden → BFH vom 21. 1. 1972 (BStBl. II S. 364).
- Der Inanspruchnahme des Arbeitgebers steht nicht entgegen, dass das Finanzamt über einen längeren Zeitraum von seinen Befugnissen zur Überwachung des Lohnsteuerabzugs und zur

LStH 42d.1

Beitreibung der Lohnabzugsbeträge keinen Gebrauch gemacht hat (→ BFH vom 11. 8. 1978 – BStBl. II S. 683).

- War die Inanspruchnahme des Arbeitgebers nach der Ermessensprüfung unzulässig, so kann er trotzdem in Anspruch genommen werden, wenn der Versuch des Finanzamts, die Lohnsteuer beim Arbeitnehmer nachzuerheben, erfolglos verlaufen ist (→ BFH vom 18. 7. 1958 – BStBl. III S. 384) und § 173 Abs. 2 AO dem Erlass eines Haftungsbescheids nicht entgegensteht (→ BFH vom 17. 2. 1995 – BStBl. II S. 555).
- Eine vorsätzliche Steuerstraftat prägt das Auswahlermessen für die Festsetzung der Lohnsteuerhaftungsschuld; eine besondere Begründung der Ermessensentscheidung ist entbehrlich (→ BFH vom 12. 2. 2009 – BStBl. II S. 478).

Eine Inanspruchnahme des Arbeitgebers kann ausgeschlossen sein, wenn z. B.

- der Arbeitgeber eine bestimmte Methode der Steuerberechnung angewendet und das Finanzamt hiervon Kenntnis erlangt und nicht beanstandet hat oder wenn der Arbeitgeber durch Prüfung und Erörterung einer Rechtsfrage durch das Finanzamt in einer unrichtigen Rechtsauslegung bestärkt wurde (→ BFH vom 20. 7. 1962 – BStBl. 1963 III S. 23),
- der Arbeitgeber einem entschuldbaren Rechtsirrtum unterlegen ist, weil das Finanzamt eine unklare oder falsche Auskunft gegeben hat (→ BFH vom 24. 11. 1961 – BStBl. 1962 III S. 37) oder weil er den Angaben in einem Manteltarifvertrag über die Steuerfreiheit vertraut hat (→ BFH vom 18. 9. 1981 – BStBl. II S. 801),
- der Arbeitgeber den Lohnsteuerabzug entsprechend der von einer vorgesetzten Landesfinanzbehörde in einem Erlass oder einer Verfügung geäußerten Auffassung durchführt, auch wenn er die Verwaltungsanweisung nicht gekannt hat (→ BFH vom 25. 10. 1985 – BStBl. 1986 II S. 98); das gilt aber nicht, wenn dem Arbeitgeber bekannt war, dass das für ihn zuständige Betriebsstättenfinanzamt eine andere Auffassung vertritt,
- der Arbeitgeber entsprechend einer Billigkeitsregelung der Finanzbehörden Lohnsteuer materiell unzutreffend einbehält (→ BFH vom 13. 6. 2013 – BStBl. 2014 II S. 340).

Die Inanspruchnahme des Arbeitgebers ist in aller Regel ermessensfehlerfrei, wenn

- die Einbehaltung der Lohnsteuer in einem rechtlich einfach und eindeutig vorliegenden Fall nur deshalb unterblieben ist, weil der Arbeitgeber sich über seine Verpflichtungen nicht hinreichend unterrichtet hat (→ BFH vom 5. 2. 1971 – BStBl. II S. 353),
- das Finanzamt aufgrund einer fehlerhaften Unterlassung des Arbeitgebers aus tatsächlichen Gründen nicht in der Lage ist, die Arbeitnehmer als Schuldner der Lohnsteuer heranzuziehen (→ BFH vom 7. 12. 1984 – BStBl. 1985 II S. 164),
- im Falle einer Nettolohnvereinbarung der Arbeitnehmer nicht weiß, dass der Arbeitgeber die Lohnsteuer nicht angemeldet hat (→ BFH vom 8. 11. 1985 – BStBl. 1986 II S. 186),
- sie der Vereinfachung dient, weil gleiche oder ähnliche Berechnungsfehler bei einer größeren Zahl von Arbeitnehmern gemacht worden sind (→ BFH vom 16. 3. 1962 – BStBl. III S. 282, vom 6. 3. 1980 – BStBl. II S. 289 und vom 24. 1. 1992 – BStBl. II S. 696: regelmäßig bei mehr als 40 Arbeitnehmern),
- die individuelle Ermittlung der Lohnsteuer schwierig ist und der Arbeitgeber bereit ist, die Lohnsteuerschulden seiner Arbeitnehmer endgültig zu tragen und keinen Antrag auf Pauschalierung stellt. In diesen und vergleichbaren Fällen kann die nachzufordernde Lohnsteuer unter Anwendung eines durchschnittlichen Bruttosteuersatzes – gegebenenfalls im Schätzungswege – ermittelt werden (→ BFH vom 7. 12. 1984 – BStBl. 1985 II S. 170, vom 12. 6. 1986 – BStBl. II S. 681 und vom 29. 10. 1993 – BStBl. 1994 II S. 197),
- der Arbeitgeber in schwierigen Fällen, in denen bei Anwendung der gebotenen Sorgfalt Zweifel über die Rechtslage kommen müssen, einem Rechtsirrtum unterliegt, weil er von der Möglichkeit der Anrufungsauskunft (§ 42e EStG) keinen Gebrauch gemacht hat (→ BFH vom 18. 8. 2005 – BStBl. 2006 II S. 30 und vom 29. 5. 2008 – BStBl. II S. 933).

Ermessensbegründung

- Die Ermessensentscheidung des Finanzamts muss im Haftungsbescheid, spätestens aber in der Einspruchsentscheidung begründet werden, andernfalls ist sie im Regelfall fehlerhaft. Dabei müssen die bei der Ausübung des Verwaltungsermessens angestellten Erwägungen – die Abwägung des Für und Wider der Inanspruchnahme des Haftungsschuldners – aus der Entscheidung erkennbar sein. Insbesondere muss zum Ausdruck kommen, warum der Haftungsschuldner anstatt des Steuerschuldners oder an Stelle anderer ebenfalls für die Haftung in Betracht kommender Personen in Anspruch genommen wird (→ BFH vom 8. 11. 1988 – BStBl. 1989 II S. 219).
- Enthält der Haftungsbescheid keine Aufgliederung des Haftungsbetrags auf die Anmeldungszeiträume, so ist er nicht deshalb nichtig (→ BFH vom 22. 11. 1988 – BStBl. 1989 II S. 220).
- Nimmt das Finanzamt sowohl den Arbeitgeber nach § 42d EStG als auch den früheren Gesellschafter-Geschäftsführer u. a. wegen Lohnsteuer-Hinterziehung nach § 71 AO in Haftung, so hat es insoweit eine Ermessensentscheidung nach § 191 Abs. 1 i. V. m. § 5 AO zu treffen und die Ausübung dieses Ermessens regelmäßig zu begründen (→ BFH vom 9. 8. 2002 – BStBl. 2003 II S. 160).

LStH 42d.1

Haftung anderer Personen

- Zur Frage der Pflichtverletzung bei der Abführung von Lohnsteuer durch den Geschäftsführer einer GmbH → BFH vom 20. 4. 1982 (BStBl. II S. 521).
- Zur Frage der Pflichtverletzung des Geschäftsführers bei Zahlung von Arbeitslohn aus dem eigenen Vermögen → BFH vom 22. 11. 2005 (BStBl. 2006 II S. 397).
- Die steuerrechtlich und die insolvenzrechtlich unterschiedliche Bewertung der Lohnsteuer-Abführungspflicht des Arbeitgebers in insolvenzreifer Zeit kann zu einer Pflichtenkollision führen. Eine solche steht der Haftung des Geschäftsführers wegen Nichtabführung der Lohnsteuer aber jedenfalls dann nicht entgegen, wenn der Insolvenzverwalter die Beträge im gedachten Falle der pflichtgemäßen Zahlung der Lohnsteuer vom Finanzamt deshalb nicht herausverlangen kann, weil die Anfechtungsvoraussetzungen nach §§ 129 ff. InsO nicht vorliegen (→ BFH vom 27. 2. 2007 – BStBl. 2009 II S. 348).
- Der Geschäftsführer einer GmbH kann als Haftungsschuldner für die von der GmbH nicht abgeführte Lohnsteuer auch insoweit in Anspruch genommen werden, als die Steuer auf seinen eigenen Arbeitslohn entfällt (→ BFH vom 15. 4. 1987 – BStBl. 1988 II S. 167).
- Zu den Anforderungen an die inhaltliche Bestimmtheit von Lohnsteuerhaftungsbescheiden bei der Haftung von Vertretern → BFH vom 8. 3. 1988 (BStBl. II S. 480).
- Zum Umfang der Haftung bei voller Auszahlung der Nettolöhne → BFH vom 26. 7. 1988 (BStBl. II S. 859).
- Durch privatrechtliche Vereinbarungen im Gesellschaftsvertrag kann die Haftung der Gesellschafter einer Gesellschaft bürgerlichen Rechts nicht auf das Gesellschaftsvermögen beschränkt werden (→ BFH vom 27. 3. 1990 – BStBl. II S. 939).
- Das Auswahlermessen für die Inanspruchnahme eines von zwei jeweils alleinvertretungsberechtigten GmbH-Geschäftsführern als Haftungsschuldner ist in der Regel nicht sachgerecht ausgeübt, wenn das Finanzamt hierfür allein auf die Beteiligungsverhältnisse der Geschäftsführer am Gesellschaftskapital abstellt (→ BFH vom 29. 5. 1990 – BStBl. II S. 1008).
- Zum Zeitpunkt der Anmeldung und Fälligkeit der einzubehaltenden Lohnsteuer und seine Auswirkung auf die Geschäftsführerhaftung → BFH vom 17. 11. 1992 (BStBl. 1993 II S. 471).
- Ein ehrenamtlich und unentgeltlich tätiger Vorsitzender eines Vereins, der sich als solcher wirtschaftlich betätigt und zur Erfüllung seiner Zwecke Arbeitnehmer beschäftigt, haftet für die Erfüllung der steuerlichen Verbindlichkeiten des Vereins i. d. R. nach denselben Grundsätzen wie ein Geschäftsführer einer GmbH (→ BFH vom 23. 6. 1998 – BStBl. II S. 761).
- Eine unzutreffende, jedoch bestandskräftig gewordene Lohnsteuer-Anmeldung muss sich der als Haftungsschuldner in Anspruch genommene Geschäftsführer einer GmbH dann nicht nach § 166 AO entgegenhalten lassen, wenn er nicht während der gesamten Dauer der Rechtsbehelfsfrist Vertretungsmacht und damit das Recht hatte, namens der GmbH zu handeln (→ BFH vom 24. 8. 2004 – BStBl. 2005 II S. 127).
- Die Nichtabführung einzubehaltender und anzumeldender Lohnsteuer zu den gesetzlichen Fälligkeitszeitpunkten begründet i. d. R. eine zumindest grob fahrlässige Verletzung der Pflichten des Geschäftsführers einer GmbH. Das gilt auch im Fall der nachträglichen Pauschalierung der Lohnsteuer. Bei der pauschalierten Lohnsteuer handelt es sich nicht um eine Unternehmenssteuer eigener Art, sondern um die durch die Tatbestandsverwirklichung des Arbeitnehmers entstandene und vom Arbeitgeber lediglich übernommene Lohnsteuer (→ BFH vom 14. 12. 2021 – BStBl. II 2022 S. 537).

Haftungsbefreiende Anzeige

- Die haftungsbefreiende Wirkung der Anzeige nach § 41 c Abs. 4 EStG setzt voraus, dass die nicht vorschriftsmäßige Einbehaltung der Lohnsteuer vom Arbeitgeber erkannt worden ist. Weicht der Arbeitgeber von einer erteilten Anrufungsauskunft ab, kann er nicht dadurch einen Haftungsausschluss bewirken, indem er die Abweichung dem Betriebsstättenfinanzamt anzeigt (→ BFH vom 4. 6. 1993 – BStBl. II S. 687).
- Der Haftungsausschluss nach § 42 d Abs. 2 i. V. m. § 41 c Abs. 4 EStG setzt stets eine Korrekturberechtigung i. S. d. § 41 c Abs. 1 EStG voraus. Daran fehlt es, wenn eine Lohnsteuer-Anmeldung vorsätzlich fehlerhaft abgegeben worden war und dies dem Arbeitgeber zuzurechnen ist (→ BFH vom 21. 4. 2010 – BStBl. II S. 833).

Haftungsverfahren

- Wurde nach einer ergebnislosen Lohnsteuer-Außenprüfung der Vorbehalt der Nachprüfung aufgehoben, steht einer Änderung der Lohnsteuer-Anmeldung nach § 173 Abs. 1 AO durch Erlass eines Lohnsteuer-Haftungsbescheides die Änderungssperre des § 173 Abs. 2 AO entgegen, es sei denn, es liegt eine Steuerhinterziehung oder eine leichtfertige Steuerverkürzung vor (→ BFH vom 15. 5. 1992 – BStBl. 1993 II S. 840 und vom 7. 2. 2008 – BStBl. 2009 II S. 703). Gleiches gilt, wenn nach einer Lohnsteuer-Außenprüfung bereits ein Lohnsteuer-Haftungsbescheid ergangen ist und der Vorbehalt der Nachprüfung für die betreffenden Lohnsteuer-Anmeldungen aufgehoben worden ist (→ BFH vom 15. 5. 1992 – BStBl. 1993 II S. 829).
- Wird im Anschluss an eine Außenprüfung pauschale Lohnsteuer fälschlicherweise durch einen Haftungsbescheid geltend gemacht, kann mit der Aufhebung des Haftungsbescheides die

LStH 42d.1

Unanfechtbarkeit i. S. d. § 171 Abs. 4 Satz 1 AO und damit das Ende der Ablaufhemmung für die Festsetzungsfrist eintreten. Der Eintritt der Festsetzungsverjährung kann nur vermieden werden, wenn der inkorrekte Haftungsbescheid erst dann aufgehoben wird, nachdem zuvor der formell korrekte Nachforderungsbescheid erlassen worden ist (→ BFH vom 6. 5. 1994 – BStBl. II S. 715).

– Wird vom Arbeitgeber Lohnsteuer in einer Vielzahl von Fällen nachgefordert, so ist die Höhe der Lohnsteuer trotz des damit verbundenen Arbeitsaufwands i. d. R. individuell zu ermitteln. Etwas anderes gilt dann, wenn entweder die Voraussetzungen des § 162 AO für eine Schätzung der Lohnsteuer vorliegen oder der Arbeitgeber der Berechnung der Haftungsschuld mit einem durchschnittlichen Steuersatz zugestimmt hat (→ BFH vom 17. 3. 1994 – BStBl. II S. 536).
– Auch die Ansprüche gegenüber dem Haftenden unterliegen der Verjährung (§ 191 Abs. 3 AO). Die Festsetzungsfrist für einen Lohnsteuer-Haftungsbescheid endet nicht vor Ablauf der Festsetzungsfrist für die Lohnsteuer (§ 191 Abs. 3 Satz 4 1. Halbsatz AO). Der Beginn der Festsetzungsfrist für die Lohnsteuer richtet sich nach § 170 Abs. 2 Satz 1 Nr. 1 AO. Für den Beginn der die Lohnsteuer betreffenden Festsetzungsfrist ist die Lohnsteuer-Anmeldung (Steueranmeldung) und nicht die Einkommensteuererklärung der betroffenen Arbeitnehmer maßgebend (→ BFH vom 6. 3. 2008 – BStBl. II S. 597). Bei der Berechnung der für die Lohnsteuer maßgebenden Festsetzungsfrist sind Anlauf- und Ablaufhemmungen nach §§ 170, 171 AO zu berücksichtigen, soweit sie gegenüber dem Arbeitgeber wirken (→ AEAO § 191 Nr. 9).
– Wenn ein Arbeitgeber die Lohnsteuer trotz gesetzlicher Verpflichtung nicht anmeldet und abführt, kann das Finanzamt sie durch Schätzungsbescheid festsetzen. Die Möglichkeit, einen Haftungsbescheid zu erlassen, steht dem nicht entgegen (→ BFH vom 7. 7. 2004 – BStBl. II S. 1087).
– Hat das Finanzamt einen Haftungsbescheid erlassen, darf das Finanzgericht diesen Bescheid nicht aufheben und stattdessen einen (niedrigeren) Nachforderungsbetrag festsetzen (→ BFH vom 24. 9. 2015 – BStBl. 2016 II S. 176).

Inanspruchnahme des Arbeitnehmers

– Die Beschränkung der Inanspruchnahme des Arbeitnehmers innerhalb des Lohnsteuerabzugsverfahrens nach § 42 d Abs. 3 Satz 4 EStG steht einer uneingeschränkten Inanspruchnahme im Einkommensteuerveranlagungsverfahren nicht entgegen (→ BFH vom 13. 1. 2011 – BStBl. II S. 479).
– Im Rahmen des Lohnsteuerabzugsverfahrens kann das Wohnsitzfinanzamt die vom Arbeitgeber aufgrund einer (unrichtigen) Anrufungsauskunft nicht einbehaltene und abgeführte Lohnsteuer vom Arbeitnehmer nicht nach § 42 d Abs. 3 Satz 4 Nr. 1 EStG nachfordern (→ BFH vom 17. 10. 2013 – BStBl. 2014 II S. 892).
– Wurde beim Arbeitgeber eine Lohnsteuer-Außenprüfung durchgeführt, bewirkt dies zugleich eine Hemmung der Verjährungsfrist in Bezug auf den Steueranspruch gegen den Arbeitnehmer (§ 171 Abs. 15 AO).

Nachforderungsverfahren

– Hat der Arbeitgeber Arbeitslohn nach § 40 a Abs. 3 EStG pauschal versteuert, obwohl nicht die Voraussetzungen dieser Vorschrift, sondern die des § 40 a Abs. 2 EStG erfüllt sind, so kann ein Nachforderungsbescheid nur erlassen werden, wenn sich der Arbeitgeber eindeutig zu einer Pauschalierung nach § 40 a Abs. 2 EStG bereit erklärt hat (→ BFH vom 25. 5. 1984 – BStBl. II S. 569).
– Wird Lohnsteuer für frühere Kj. nachgefordert, braucht die Steuerschuld nur nach Kj. aufgegliedert zu werden (→ BFH vom 18. 7. 1985 – BStBl. 1986 II S. 152).
– Die Nachforderung pauschaler Lohnsteuer beim Arbeitgeber setzt voraus, dass der Arbeitgeber der Pauschalierung zustimmt (→ BFH vom 20. 11. 2008 – BStBl. 2009 II S. 374).

Rechtsbehelf gegen den Haftungsbescheid

– Der Arbeitnehmer hat gegen diesen Haftungsbescheid insoweit ein Einspruchsrecht, als er persönlich für die nachgeforderte Lohnsteuer in Anspruch genommen werden kann (→ BFH vom 29. 6. 1973 – BStBl. II S. 780).
– Wird der Arbeitgeber nach dem Entscheidungssatz des Bescheids als Haftender in Anspruch genommen, so ist der Bescheid unwirksam, wenn nach seiner Begründung pauschale Lohnsteuer nachgefordert wird (→ BFH vom 15. 3. 1985 – BStBl. II S. 581).
– Wird Lohnsteuer für frühere Kj. nachgefordert, braucht der Haftungsbetrag nur nach Kj. aufgegliedert zu werden (→ BFH vom 18. 7. 1985 – BStBl. 1986 II S. 152).
– Der Haftungsbetrag ist i. d. R. auf die einzelnen Arbeitnehmer aufzuschlüsseln; wegen der Ausnahmen → BFH vom 8. 11. 1985 (BStBl. 1986 II S. 274) und die dort genannten Urteile.
– Werden zu verschiedenen Zeiten und aufgrund unterschiedlicher Tatbestände entstandene Haftungsschulden in einem Haftungsbescheid festgesetzt und ficht der Haftungsschuldner diesen Sammelhaftungsbescheid nur hinsichtlich ganz bestimmter Haftungsfälle an, erwächst der restliche Teil des Bescheids in Bestandskraft (→ BFH vom 4. 7. 1986 – BStBl. II S. 921).

LStH 42d.1

– Der Arbeitnehmer kann sich als Steuerschuldner nicht darauf berufen, dass die haftungsweise Inanspruchnahme des Arbeitgebers wegen Nichtbeanstandung seines Vorgehens bei einer vorangegangenen Außenprüfung gegen Treu und Glauben verstoßen könnte (→ BFH vom 27. 3. 1991 – BStBl. II S. 720).
– In einem allein vom Arbeitnehmer veranlassten Einspruchsverfahren ist der Arbeitgeber hinzuzuziehen (§ 360 AO).
– Durch die Anfechtung eines Lohnsteuer-Haftungsbescheids werden nicht zugleich auch die Lohnsteuer-Anmeldungen oder ein Bescheid über die Aufhebung des Vorbehalts der Nachprüfung der Lohnsteuer-Anmeldungen für die Anmeldungszeiträume angefochten, in denen der Haftungstatbestand verwirklicht wurde (→ BFH vom 15. 2. 2023 – BStBl. 2024 II S. 175).

Zusammengefasster Steuer- und Haftungsbescheid
– Steuerschuld und Haftungsschuld können äußerlich in einer Verfügung verbunden werden (→ BFH vom 16. 11. 1984 – BStBl. 1985 II S. 266).
– Wird vom Arbeitgeber pauschale Lohnsteuer nacherhoben und wird er zugleich als Haftungsschuldner in Anspruch genommen, ist die Steuerschuld von der Haftungsschuld zu trennen. Dies kann im Entscheidungssatz des zusammengefassten Steuer- und Haftungsbescheids, in der Begründung dieses Bescheids oder in dem dem Arbeitgeber bereits bekannten oder beigefügten Bericht einer Lohnsteuer-Außenprüfung, auf den zur Begründung Bezug genommen ist, geschehen (→ BFH vom 1. 8. 1985 – BStBl. II S. 664).

R 42d.2 Haftung bei Arbeitnehmerüberlassung

LStR 42d.2

Allgemeines

(1) ① Bei Arbeitnehmerüberlassung ist steuerrechtlich i. d. R. der Verleiher Arbeitgeber der Leiharbeitnehmer (→ R 19.1 Satz 5). ② Dies gilt für einen ausländischen Verleiher (→ R 38.3 Abs. 1 Satz 2) selbst dann, wenn der Entleiher Arbeitgeber im Sinne eines DBA ist; die Arbeitgebereigenschaft des Entleihers nach einem DBA hat nur Bedeutung für die Zuweisung des Besteuerungsrechts. ③ Wird der Entleiher als Haftungsschuldner in Anspruch genommen, ist wegen der unterschiedlichen Voraussetzungen und Folgen stets danach zu unterscheiden, ob er als Arbeitgeber der Leiharbeitnehmer oder als Dritter nach § 42 d Abs. 6 EStG neben dem Verleiher als dem Arbeitgeber der Leiharbeitnehmer haftet. **25**

Inanspruchnahme des Entleihers nach § 42 d Abs. 6 EStG

(2) ① Der Entleiher haftet nach § 42 d Abs. 6 EStG wie der Verleiher (Arbeitgeber), jedoch beschränkt auf die Lohnsteuer für die Zeit, für die ihm der Leiharbeitnehmer überlassen worden ist. ② Die Haftung des Entleihers richtet sich deshalb nach denselben Grundsätzen wie die Haftung des Arbeitgebers. ③ Sie scheidet aus, wenn der Verleiher als Arbeitgeber nicht haften würde. ④ Die Haftung des Entleihers kommt nur bei Arbeitnehmerüberlassung nach § 1 AÜG[1] in Betracht. ⑤ Arbeitnehmerüberlassung liegt nicht vor, wenn das Überlassen von Arbeitnehmern als Nebenleistung zu einer anderen Leistung anzusehen ist, wenn z. B. im Falle der Vermietung von Maschinen und Überlassung des Bedienungspersonals der wirtschaftliche Wert der Vermietung überwiegt. ⑥ In den Fällen des § 1 Abs. 1 a Satz 1 und Abs. 3 AÜG ist ebenfalls keine Arbeitnehmerüberlassung anzunehmen. **26**

(3) ① Zu der rechtlichen Würdigung eines Sachverhalts mit drittbezogener Tätigkeit als Arbeitnehmerüberlassung und ihrer Abgrenzung insbesondere gegenüber einem Werkvertrag ist entscheidend auf das Gesamtbild der Tätigkeit abzustellen. ② Auf die Bezeichnung des Rechtsgeschäfts, z. B. als Werkvertrag, kommt es nicht entscheidend an. ③ Auf Arbeitnehmerüberlassung weisen z. B. folgende Merkmale hin: **27**

1. Der Inhaber der Drittfirma (Entleiher) nimmt im Wesentlichen das Weisungsrecht des Arbeitgebers wahr;
2. der mit dem Einsatz des Arbeitnehmers verfolgte Leistungszweck stimmt mit dem Betriebszweck der Drittfirma überein;
3. das zu verwendende Werkzeug wird im Wesentlichen von der Drittfirma gestellt, es sei denn aufgrund von Sicherheitsvorschriften;
4. die mit anderen Vertragstypen, insbesondere Werkvertrag, verbundenen Haftungsrisiken sind ausgeschlossen oder beschränkt worden;
5. die Arbeit des eingesetzten Arbeitnehmers gegenüber dem entsendenden Arbeitgeber wird auf der Grundlage von Zeiteinheiten vergütet.

④ Bei der Prüfung der Frage, ob Arbeitnehmerüberlassung vorliegt, ist die Auffassung der BfA zu berücksichtigen. ⑤ Eine Inanspruchnahme des Entleihers kommt regelmäßig nicht in Betracht, wenn die BfA gegenüber dem Entleiher die Auffassung geäußert hat, bei dem verwirklichten Sachverhalt liege Arbeitnehmerüberlassung nicht vor.

[1] Abgedruckt in Loseblattsammlung **Aichberger, SGB** Nr. **3/70**.

LStR 42d.2

28 (4) ① Ausnahmen von der Entleiherhaftung enthält § 42d Abs. 6 Satz 2 und 3 EStG. ② Der Überlassung liegt eine Erlaubnis nach § 1 AÜG i. S. d. § 42d Abs. 6 Satz 2 EStG immer dann zugrunde, wenn der Verleiher eine Erlaubnis nach § 1 AÜG zur Zeit des Verleihs besessen hat oder die Erlaubnis in dieser Zeit nach § 2 Abs. 4 AÜG als fortbestehend gilt, d. h. bis zu zwölf Monaten nach Erlöschen der Erlaubnis für die Abwicklung der erlaubt abgeschlossenen Verträge. ③ Der Überlassung liegt jedoch keine Erlaubnis zugrunde, wenn Arbeitnehmer im Rahmen einer wirtschaftlichen Tätigkeit an Betriebe des Baugewerbes für Arbeiten überlassen werden, die üblicherweise von Arbeitern verrichtet werden, weil dies nach § 1b AÜG unzulässig ist und sich die Erlaubnis nach § 1 AÜG auf solchen Verleih nicht erstreckt, es sei denn, die Überlassung erfolgt zwischen Betrieben des Baugewerbes, die von denselben Rahmen- und Sozialkassentarifverträgen oder von der Allgemeinverbindlichkeit erfasst werden. ④ Bei erlaubtem Verleih durch einen inländischen Verleiher haftet der Entleiher nicht. ⑤ Der Entleiher trägt die Feststellungslast, wenn er sich darauf beruft, dass er über das Vorliegen einer Arbeitnehmerüberlassung ohne Verschulden irrte (§ 42d Abs. 6 Satz 3 EStG). ⑥ Bei der Inanspruchnahme des Entleihers ist Absatz 3 zu berücksichtigen. ⑦ Im Bereich unzulässiger Arbeitnehmerüberlassung sind wegen des Verbots in § 1b AÜG strengere Maßstäbe anzulegen, wenn sich der Entleiher darauf beruft, ohne Verschulden einem Irrtum erlegen zu sein. ⑧ Dies gilt insbesondere, wenn das Überlassungsentgelt deutlich günstiger ist als dasjenige von anderen Anbietern. ⑨ Ob der Verleiher eine Erlaubnis nach § 1 AÜG hat, muss der Verleiher in dem schriftlichen Überlassungsvertrag nach § 12 Abs. 1 AÜG erklären und kann der Entleiher selbst oder das Finanzamt durch Anfrage bei der Regionaldirektion der BfA erfahren oder überprüfen.

29 (5) ① Die Höhe des Haftungsbetrags ist auf die Lohnsteuer begrenzt, die vom Verleiher ggf. anteilig für die Zeit einzubehalten war, für die der Leiharbeitnehmer dem Entleiher überlassen war. ② Hat der Verleiher einen Teil der von ihm insgesamt einbehaltenen und angemeldeten Lohnsteuer für den entsprechenden Lohnsteuer-Anmeldungszeitraum gezahlt, wobei er auch die Lohnsteuer des dem Entleiher überlassenen Leiharbeitnehmers berücksichtigt hat, mindert sich der Haftungsbetrag im Verhältnis von angemeldeter zu gezahlter Lohnsteuer.

30 (6) ① Der Haftungsbescheid kann gegen den Entleiher ergehen, wenn die Voraussetzungen der Haftung erfüllt sind. ② Auf Zahlung darf er jedoch erst in Anspruch genommen werden nach einem fehlgeschlagenen Vollstreckungsversuch in das inländische bewegliche Vermögen des Verleihers oder wenn die Vollstreckung keinen Erfolg verspricht (§ 42d Abs. 6 Satz 6 EStG). ③ Eine vorherige Zahlungsaufforderung an den Arbeitnehmer oder ein Vollstreckungsversuch bei diesem ist nicht erforderlich (entsprechende Anwendung des § 219 Satz 2 AO).

Inanspruchnahme des Verleihers nach § 42 d Abs. 7 EStG

31 (7) ① Nach § 42d Abs. 7 EStG kann der Verleiher, der steuerrechtlich nicht als Arbeitgeber zu behandeln ist, wie ein Entleiher nach § 42d Abs. 6 EStG als Haftender in Anspruch genommen werden. ② Insoweit kann er erst nach dem Entleiher auf Zahlung in Anspruch genommen werden. ③ Davon zu unterscheiden ist der Erlass des Haftungsbescheids, der vorher ergehen kann. ④ Gegen den Haftungsbescheid kann sich der Verleiher deswegen nicht mit Erfolg darauf berufen, der Entleiher sei aufgrund der tatsächlichen Abwicklung einer unerlaubten Arbeitnehmerüberlassung als Arbeitgeber aller oder eines Teils der überlassenen Leiharbeitnehmer zu behandeln.

Sicherungsverfahren nach § 42 d Abs. 8 EStG

32 (8) ① Als Sicherungsmaßnahme kann das Finanzamt den Entleiher verpflichten, einen bestimmten Euro-Betrag oder einen als Prozentsatz bestimmten Teil des vereinbarten Überlassungsentgelts einzubehalten und abzuführen. ② Hat der Entleiher bereits einen Teil der geschuldeten Überlassungsvergütung an den Verleiher geleistet, kann der Sicherungsbetrag mit einem bestimmten Euro-Betrag oder als Prozentsatz bis zur Höhe des Restentgelts festgesetzt werden. ③ Die Sicherungsmaßnahme ist nur anzuordnen in Fällen, in denen eine Haftung in Betracht kommen kann. ④ Dabei darf berücksichtigt werden, dass sie den Entleiher im Ergebnis weniger belasten kann als die nachfolgende Haftung, wenn er z. B. einen Rückgriffsanspruch gegen den Verleiher nicht durchsetzen kann.

Haftungsverfahren

33 (9) Wird der Entleiher oder Verleiher als Haftungsschuldner in Anspruch genommen, ist ein Haftungsbescheid zu erlassen (→ R 42d.1 Abs. 5).

Zuständigkeit

34 (10) ① Zuständig für den Haftungsbescheid gegen den Entleiher oder Verleiher ist das Betriebsstättenfinanzamt des Verleihers (§ 42d Abs. 6 Satz 9 EStG). ② Wird bei einem Entleiher festgestellt, dass seine Inanspruchnahme als Haftungsschuldner nach § 42d Abs. 6 EStG in Betracht kommt, ist das Betriebsstättenfinanzamt des Verleihers einzuschalten. ③ Bei Verleih durch einen ausländischen Verleiher (§ 38 Abs. 1 Satz 1 Nr. 2 EStG) ist das Betriebsstättenfinanzamt des Verleihers nach § 41 Abs. 2 Satz 2 EStG zuständig; Zentralzuständigkeiten sind zu beachten. ④ Dies gilt i. d. R. auch für eine Sicherungsmaßnahme nach § 42d Abs. 8 EStG. ⑤ Darüber hinaus ist für eine Sicherungsmaßnahme jedes Finanzamt zuständig, in dessen Bezirk der Anlass für die Amtshandlung hervortritt, insbesondere bei Gefahr im Verzug (§§ 24, 29 AO).

H 42d.2

LStH 42d.2

35 **Abgrenzungsfragen.** Zur Abgrenzung zwischen Arbeitnehmerüberlassung und Werk- oder Dienstverträgen bei Einsatz hochqualifizierter Mitarbeiter des Auftragnehmers → BFH vom 18. 1. 1991 (BStBl. II S. 409).

Arbeitnehmerüberlassung im Baugewerbe. Die Haftung des Entleihers nach § 42d Abs. 6 EStG sowie die Anordnung einer Sicherungsmaßnahme nach § 42d Abs. 8 EStG sind ausgeschlossen, soweit der zum Steuerabzug nach § 48 Abs. 1 EStG verpflichtete Leistungsempfänger den Abzugsbetrag einbehalten und abgeführt hat bzw. dem Leistungsempfänger im Zeitpunkt der Abzugsverpflichtung eine Freistellungsbescheinigung des Leistenden vorliegt, auf deren Rechtmäßigkeit er vertrauen durfte (§ 48 Abs. 4 Nr. 2, § 48b Abs. 5 EStG).

Arbeitnehmerüberlassung im Konzern. Überlässt eine im Ausland ansässige Kapitalgesellschaft von ihr eingestellte Arbeitnehmer an eine inländische Tochtergesellschaft gegen Erstattung der von ihr gezahlten Lohnkosten, ist die inländische Tochtergesellschaft nicht Arbeitgeber im lohnsteuerlichen Sinne. Sie haftet daher für nicht einbehaltene Lohnsteuer nur unter den Voraussetzungen des § 42d Abs. 6 EStG (→ BFH vom 24. 3. 1999 – BStBl. 2000 II S. 41).[1]

Steuerrechtlicher Arbeitgeber. Der Verleiher ist i. d. R. auch bei unerlaubter Arbeitnehmerüberlassung Arbeitgeber der Leiharbeitnehmer, da § 10 Abs. 1 AÜG, der den Entleiher bei unerlaubter Arbeitnehmerüberlassung als Arbeitgeber der Leiharbeitnehmer bestimmt, steuerrechtlich nicht maßgebend ist. Der Entleiher kann jedoch nach dem Gesamtbild der tatsächlichen Gestaltung der Beziehungen zu den für ihn tätigen Leiharbeitnehmern und zum Verleiher, insbesondere bei Entlohnung der Leiharbeitnehmer, steuerrechtlich Arbeitgeber sein (→ BFH vom 2. 4. 1982 – BStBl. II S. 502).

Zuständige Finanzämter für ausländische Verleiher → H 41.3.

R 42d.3 Haftung bei Lohnsteuerabzug durch einen Dritten

LStR 42d.3

36 ① In den Fällen der Lohnzahlung durch Dritte haftet der Dritte in beiden Fallgestaltungen des § 38 Abs. 3a EStG neben dem Arbeitgeber (§ 42d Abs. 9 EStG). ② Es besteht eine Gesamtschuldnerschaft zwischen Arbeitgeber, dem Dritten und dem Arbeitnehmer. ③ Das Finanzamt muss die Wahl, an welchen Gesamtschuldner es sich halten will, nach pflichtgemäßem Ermessen unter Beachtung der durch Recht und Billigkeit gezogenen Grenzen und unter verständiger Abwägung der Interessen aller Beteiligten treffen. ④ Eine Haftungsinanspruchnahme des Arbeitgebers unterbleibt, wenn beim Arbeitnehmer selbst eine Nachforderung unzulässig ist, weil der Mindestbetrag nach § 42d Abs. 5 EStG nicht überschritten wird. ⑤ Für die durch Haftungsbescheid angeforderten Steuerbeträge ist eine Zahlungsfrist von einem Monat zu setzen.

H 42d.3

LStH 42d.3

37 **Ermessensausübung.** Eine Haftung des Arbeitgebers bei einer Lohnsteuerabzugspflicht Dritter kommt nach § 42d Abs. 9 Satz 4 i. V. m. Abs. 3 Satz 4 Nr. 1 EStG nur in Betracht, wenn der Dritte die Lohnsteuer für den Arbeitgeber nicht vorschriftsmäßig vom Arbeitslohn einbehalten hat. An einem derartigen Fehlverhalten fehlt es, wenn beim Lohnsteuerabzug entsprechend einer Lohnsteueranrufungsauskunft oder in Übereinstimmung mit den Vorgaben der zuständigen Finanzbehörden der Länder oder des Bundes verfahren wird (→ BFH vom 20. 3. 2014 – BStBl. II S. 592).

[1] *BFH-Urteil vom 24. 3. 1999* gegenstandslos durch Neufassung des § 38 Abs. 1 Satz 2 EStG durch das StÄndG 2003 vom 15. 12. 2003.

EStG

§ 42e Anrufungsauskunft

1 **① Das Betriebsstättenfinanzamt hat auf Anfrage eines Beteiligten darüber Auskunft zu geben, ob und inwieweit im einzelnen Fall die Vorschriften über die Lohnsteuer anzuwenden sind. ② Sind für einen Arbeitgeber mehrere Betriebsstättenfinanzämter zuständig, so erteilt das Finanzamt die Auskunft, in dessen Bezirk sich die Geschäftsleitung (§ 10 der Abgabenordnung) des Arbeitgebers im Inland befindet. ③ Ist dieses Finanzamt kein Betriebsstättenfinanzamt, so ist das Finanzamt zuständig, in dessen Bezirk sich die Betriebsstätte mit den meisten Arbeitnehmern befindet. ④ In den Fällen der Sätze 2 und 3 hat der Arbeitgeber sämtliche Betriebsstättenfinanzämter, das Finanzamt der Geschäftsleitung und erforderlichenfalls die Betriebsstätte mit den meisten Arbeitnehmern anzugeben sowie zu erklären, für welche Betriebsstätten die Auskunft von Bedeutung ist.**

LStR 42e

R 42e Anrufungsauskunft *(unbesetzt)*

LStH 42e

H 42e

6 **Allgemeine Grundsätze** → BMF vom 12. 12. 2017 (BStBl. I S. 1656).[1]

Anl zu LStH 42e

Schreiben betr. Anrufungsauskunft nach § 42e EStG

Vom 12. Dezember 2017 (BStBl. I S. 1656)

(BMF IV C 5 – S 2388/14/10001; DOK 2017/888392)

Im Einvernehmen mit den obersten Finanzbehörden der Länder gilt zur Anrufungsauskunft Folgendes:

1. Berechtigte Personen

7 **1** Mögliche Antragsteller einer Anrufungsauskunft (Beteiligte iSv § 42e Satz 1 EStG) sind der Arbeitgeber, der die Pflichten des Arbeitgebers erfüllende Dritte iSv § 38 Abs. 3a EStG und der Arbeitnehmer. Eine Anrufungauskunft können auch Personen beantragen, die nach Vorschriften außerhalb des EStG für Lohnsteuer haften, z. B. gesetzliche Vertreter, Vermögensverwalter und Verfügungsberechtigte iSd §§ 34 und 35 AO. Die Anrufungsauskunft ist stets gebührenfrei. Im Auskunftsantrag sind konkrete Rechtsfragen darzulegen, die für den Einzelfall von Bedeutung sind.

2. Zuständigkeit

8 **2** Das Betriebsstättenfinanzamt, § 41 Abs. 2 EStG, ist für die Erteilung der Anrufungsauskunft zuständig.

3 Hat ein Arbeitgeber mehrere Betriebsstätten, so hat das zuständige FA seine Auskunft mit den anderen Betriebsstättenfinanzämtern abzustimmen, soweit es sich um einen Fall von einigem Gewicht handelt und die Auskunft auch für die anderen Betriebsstätten von Bedeutung ist. Bei Anrufungsauskünften grundsätzlicher Art informiert das zuständige FA die übrigen betroffenen Finanzämter.

4 Sind mehrere Arbeitgeber unter einer einheitlichen Leitung zusammengefasst (Konzernunternehmen), bleiben für den einzelnen Arbeitgeber entsprechend der Regelung des § 42e Sätze 1 und 2 EStG das Betriebsstättenfinanzamt bzw. das FA der Geschäftsleitung für die Erteilung der Anrufungsauskunft zuständig. Sofern es sich bei einer Anrufungsauskunft um einen Fall von einigem Gewicht handelt und erkennbar ist, dass die Auskunft auch für andere Arbeitgeber des Konzerns von Bedeutung ist oder bereits Entscheidungen anderer Finanzämter vorliegen, ist insbesondere auf Antrag des Auskunftsersuchenden die zu erteilende Auskunft mit den übrigen betroffenen Finanzämtern abzustimmen. Dazu informiert das für die Auskunftserteilung zuständige FA das FA der Konzernzentrale. Dieses koordiniert daraufhin die Abstimmung mit den Finanzämtern der anderen Arbeitgeber des Konzerns, die von der zu erteilenden Auskunft betroffen sind. Befindet sich die Konzernzentrale im Ausland, koordiniert das FA die Abstimmung, das als erstes mit der Angelegenheit betraut war.

5 In Fällen der Lohnzahlung durch Dritte, in denen der Dritte die Pflichten des Arbeitgebers trägt, ist die Anrufungsauskunft bei dem Betriebsstättenfinanzamt des Dritten zu stellen. Fasst dieser die dem Arbeitnehmer in demselben Lohnzahlungszeitraum aus mehreren Dienstverhältnissen zufließenden Arbeitslöhne zusammen, ist die Anrufungsauskunft bei dem Betriebsstättenfinanzamt des Dritten zu stellen. Dabei hat das Betriebsstättenfinanzamt seine Auskunft in Fällen von einigem Gewicht mit den anderen Betriebsstättenfinanzämtern abzustimmen.

6 Ist eine öffentliche Kasse einer juristischen Person des öffentlichen Rechts berechtigt, eine Anrufungsauskunft zu beantragen, hat das Betriebsstättenfinanzamt eine Auskunft zu erteilen, in dessen Bezirk die lohnsteuerliche Betriebsstätte des Arbeitgebers liegt. Die Zuständigkeit richtet sich sinngemäß nach § 42e Sätze 2 bis 4 EStG.

3. Form

9 **7** Für den Antrag nach § 42e EStG ist eine bestimmte Form nicht vorgeschrieben.

[1] Nachstehend abgedruckt als Anlage zu LStH 42e.

Anl zu LStH 42e

8 Das Betriebsstättenfinanzamt soll die Anrufungsauskunft unter ausdrücklichem Hinweis auf § 42e EStG schriftlich erteilen. Dies gilt auch, wenn der Beteiligte die Auskunft nur formlos erbeten hat. Wird eine Anrufungsauskunft abgelehnt oder abweichend vom Antrag erteilt, hat die Auskunft oder die Ablehnung der Erteilung schriftlich zu erfolgen.

9 Das Betriebsstättenfinanzamt kann die Auskunft befristen.

4. Anwendbare Rechtsvorschriften

10 Für die Anrufungsauskunft nach § 42e EStG gelten die Regelungen in §§ 118ff. AO unmittelbar, und zwar insbesondere: 10
- die Anforderungen an Bestimmtheit und Form gemäß § 119 AO,
- die Regelungen über mögliche Nebenbestimmungen gemäß § 120 AO,
- die Regelungen über die Bekanntgabe gemäß § 122 AO,
- die Regelungen über die Berichtigung offenbarer Unrichtigkeiten gemäß § 129 AO.

11 Die Anrufungsauskunft kann mit Wirkung für die Zukunft aufgehoben oder geändert werden; § 207 Abs. 2 AO ist sinngemäß anzuwenden.[1] Hierbei handelt es sich um eine Ermessensentscheidung,[2] die zu begründen ist (vgl. BFH v. 2. 9. 2010 – VI R 3/09, BStBl. II 2011, 233).

12 Im Falle einer zeitlichen Befristung der Anrufungsauskunft endet die Wirksamkeit des Verwaltungsaktes durch Zeitablauf (§ 124 Abs. 2 AO).

13 Außerdem tritt eine Anrufungsauskunft außer Kraft, wenn die Rechtsvorschriften, auf denen die Entscheidung beruht, geändert werden (analoge Anwendung des § 207 Abs. 1 AO). Die Anweisungen im Anwendungserlass zu § 207 AO sind sinngemäß anzuwenden.

14 Die Regelungen über das außergerichtliche Rechtsbehelfsverfahren (§§ 347ff. AO) sind anzuwenden. Im Falle der Ablehnung, Aufhebung (Rücknahme, Widerruf) oder Änderung einer Anrufungsauskunft nach § 42e EStG kommt eine Aussetzung der Vollziehung allerdings nicht in Betracht, da es sich nicht um einen vollziehbaren Verwaltungsakt handelt (BFH v. 15. 1. 2015 – VI B 103/14, BStBl. II 2015, 447).

5. Bindungswirkung und gerichtliche Überprüfung

15 Die Erteilung und die Aufhebung (Rücknahme und Widerruf) einer Anrufungsauskunft stellt nicht nur eine Wissenserklärung (unverbindliche Rechtsauskunft) des Betriebsstättenfinanzamts dar, sondern ist ein feststellender, aber nicht vollziehbarer Verwaltungsakt iSd § 118 S. 1 AO, mit dem sich das FA selbst bindet. Der Arbeitgeber hat ein Recht auf förmliche Bescheidung seines Antrags und kann eine ihm erteilte Anrufungsauskunft im Rechtsbehelfsverfahren inhaltlich überprüfen lassen (BFH v. 30. 4. 2009 – VI R 54/07, BStBl. II 2010, 996 und v. 2. 9. 2010 – VI R 3/09, BStBl. II 2011, 233). 11

16 Die Anrufungsauskunft trifft eine Regelung dahin, wie die Finanzbehörde den vom Antragsteller dargestellten Sachverhalt gegenwärtig beurteilt (BFH v. 30. 4. 2009 – VI R 54/07, BStBl. II 2010, 996 und v. 27. 2. 2014 – VI R 23/13, BStBl. II 2014, 894).

17 Das FG überprüft die Auskunft sachlich nur daraufhin, ob der von dem Antragsteller dargestellte Sachverhalt zutreffend erfasst und die rechtliche Beurteilung nicht evident fehlerhaft ist (BFH v. 27. 2. 2014 – VI R 23/13, BStBl. II 2014, 894).

18 Erteilt das Betriebsstättenfinanzamt eine Anrufungsauskunft, sind die Finanzbehörden im Rahmen des Lohnsteuerabzugsverfahrens an diese gegenüber allen Beteiligten gebunden (BFH v. 17. 10. 2013 – VI R 44/12, BStBl. II 2014, 892). Das Betriebsstättenfinanzamt kann daher die vom Arbeitgeber aufgrund einer (unrichtigen) Anrufungsauskunft nicht einbehaltene und abgeführte Lohnsteuer vom Arbeitnehmer nicht nach § 42d Abs. 3 S. 4 Nr. 1 EStG nachfordern.

19 Hat der Arbeitgeber eine Anrufungsauskunft eingeholt und ist er danach verfahren, ist eine Nacherhebung der Lohnsteuer auch dann nicht zulässig, wenn der Arbeitgeber nach einer Lohnsteuer-Außenprüfung einer Pauschalierung nach § 40 Abs. 1 S. 1 Nr. 2 EStG zugestimmt hat (BFH v. 16. 11. 2005 – VI R 23/02, BStBl. II 2006, 210).

20 Die Bindungswirkung einer Anrufungsauskunft erstreckt sich – unabhängig davon, ob sie dem Arbeitgeber oder dem Arbeitnehmer erteilt wurde – nicht auf das Veranlagungsverfahren. Das Wohnsitzfinanzamt kann daher bei der Einkommensteuerveranlagung des Arbeitnehmers einen anderen Rechtsstandpunkt als das Betriebsstättenfinanzamt einnehmen (BFH v. 17. 10. 2013 – VI R 44/12, BStBl. II 2014, 892).

6. Zeitliche Anwendung

21 Dieses Schreiben ersetzt das BMF-Schreiben v. 18. 2. 2011, BStBl. I 2011, 213.[3]

---

[1] **[Amtl. Anm.:]** Bestätigt durch BFH vom 2. 9. 2021 (BStBl. II 2022 S. 136).

[2] **[Amtl. Anm.:]** Die Aufhebung oder Änderung einer Anrufungsauskunft ist ermessensfehlerhaft, wenn das Finanzamt zu Unrecht von deren Rechtswidrigkeit ausgeht (BFH vom 2. 9 2021, BStBl. II 2022 S. 136).

[3] Abgedruckt im *„Handbuch zur Lohnsteuer 2017"* als Anlage zu LStH 42e.

EStG

§ 42f Lohnsteuer-Außenprüfung

1 **(1) Für die Außenprüfung der Einbehaltung oder Übernahme und Abführung der Lohnsteuer ist das Betriebsstättenfinanzamt zuständig.**

2 **(2) ① Für die Mitwirkungspflicht des Arbeitgebers bei der Außenprüfung gilt § 200 der Abgabenordnung. ② Darüber hinaus haben die Arbeitnehmer des Arbeitgebers dem mit der Prüfung Beauftragten jede gewünschte Auskunft über Art und Höhe ihrer Einnahmen zu geben und auf Verlangen die etwa in ihrem Besitz befindlichen Bescheinigungen für den Lohnsteuerabzug sowie die Belege über bereits entrichtete Lohnsteuer vorzulegen. ③ Dies gilt auch für Personen, bei denen es streitig ist, ob sie Arbeitnehmer des Arbeitgebers sind oder waren.**

3 **(3) ① In den Fällen des § 38 Absatz 3 a ist für die Außenprüfung das Betriebsstättenfinanzamt des Dritten zuständig; § 195 Satz 2 der Abgabenordnung bleibt unberührt. ② Die Außenprüfung ist auch beim Arbeitgeber zulässig; dessen Mitwirkungspflichten bleiben neben den Pflichten des Dritten bestehen.**

4 **(4) Auf Verlangen des Arbeitgebers können die Außenprüfung und die Prüfung durch die Träger der Rentenversicherung (§ 28 p des Vierten Buches Sozialgesetzbuch) zur gleichen Zeit durchgeführt werden.**

LStR 42f

R 42f Lohnsteuer-Außenprüfung

5 (1) ① Für die Lohnsteuer-Außenprüfung gelten die §§ 193 bis 207 AO. ② Die §§ 5 bis 12, 20 bis 24, 29 und 30 Betriebsprüfungsordnung[1] sind mit Ausnahme des § 5 Abs. 4 Satz 2 sinngemäß anzuwenden.

6 (2) ① Der Lohnsteuer-Außenprüfung unterliegen sowohl private als auch öffentlich-rechtliche Arbeitgeber. ② Prüfungen eines öffentlich-rechtlichen Arbeitgebers durch die zuständige Aufsichts- und Rechnungsprüfungsbehörde stehen der Zulässigkeit einer Lohnsteuer-Außenprüfung nicht entgegen.

7 (3) ① Die Lohnsteuer-Außenprüfung hat sich hauptsächlich darauf zu erstrecken, ob sämtliche Arbeitnehmer, auch die nicht ständig beschäftigten, erfasst wurden und alle zum Arbeitslohn gehörigen Einnahmen, gleichgültig in welcher Form sie gewährt wurden, dem Steuerabzug unterworfen wurden und ob bei der Berechnung der Lohnsteuer von der richtigen Lohnhöhe ausgegangen wurde. ② Privathaushalte, in denen nur gering entlohnte Hilfen beschäftigt werden, sind i. d. R. nicht zu prüfen.

8 (4) ① Über das Ergebnis der Außenprüfung ist dem Arbeitgeber ein Prüfungsbericht zu übersenden (§ 202 Abs. 1 AO). ② Führt die Außenprüfung zu keiner Änderung der Besteuerungsgrundlagen, genügt es, wenn dies dem Arbeitgeber schriftlich mitgeteilt wird (§ 202 Abs. 1 Satz 3 AO). ③ In den Fällen, in denen ein Nachforderungsbescheid oder ein Haftungsbescheid nicht zu erteilen ist (§ 42 d Abs. 4 EStG), kann der Arbeitgeber auf die Übersendung eines Prüfungsberichts verzichten.

9 (5) Das Recht auf Anrufungsauskunft nach § 42 e EStG steht dem Recht auf Erteilung einer verbindlichen Zusage aufgrund einer Außenprüfung nach § 204 AO nicht entgegen.

LStH 42f

H 42 f

Aufhebung des Vorbehalts der Nachprüfung → § 164 Abs. 3 Satz 3 AO.

10 **Digitale LohnSchnittstelle.** Nach § 41 Abs. 1 Satz 7 EStG i. V. m. § 4 Abs. 2 a LStDV[2] haben Arbeitgeber die ab dem 1. 1. 2018 aufzuzeichnenden lohnsteuerrelevanten Daten der Finanzbehörde nach einer amtlich vorgeschriebenen einheitlichen digitalen Schnittstelle elektronisch bereitzustellen. Dies gilt unabhängig von dem vom Arbeitgeber eingesetzten Lohnabrechnungsprogramm. Zur Vermeidung unbilliger Härten können in begründeten Fällen die lohnsteuerlichen Daten auch in einer anderen auswertbaren Form bereitgestellt werden. Die amtlich vorgeschriebene Digitale LohnSchnittstelle (DLS) ist ein Standarddatensatz mit einer einheitlichen Strukturierung und Bezeichnung von elektronischen Dateien und Datenfeldern. Die jeweils aktuelle Version der DLS mit weitergehenden Informationen steht auf der Internetseite des Bundeszentralamts für Steuern unter www.bzst.bund.de zum Download bereit. Das Datenzugriffsrecht nach § 147 Abs. 6 Satz 2 AO auf prüfungsrelevante steuerliche Daten bleibt von der Anwendung der DLS unberührt (→ BMF vom 26. 5. 2017 – BStBl. I S. 789).[3]

Festsetzungsverjährung. Wurde beim Arbeitgeber eine Lohnsteuer-Außenprüfung durchgeführt, bewirkt dies zugleich eine Hemmung der Verjährungsfrist in Bezug auf den Steueranspruch gegen den Arbeitnehmer (→ § 171 Abs. 15 AO).

---

[1] BpO abgedruckt im „AO-Handbuch" als Anlage zu § 193 AO.
[2] Abgedruckt bei § 41 EStG.
[3] Nachstehend abgedruckt als Anlage zu LStH 42 f.

LStH 42f

Rechte und Mitwirkungspflichten des Arbeitgebers → BMF vom 24. 10. 2013 (BStBl. I S. 1264).[1]

Anl zu LStH 42f

Schreiben betr.
verbindliche Anwendung eines einheitlichen Standarddatensatzes als Schnittstelle zum elektronischen Lohnkonto; Digitale LohnSchnittstelle (DLS)

Vom 26. Mai 2017 (BStBl. I S. 789)

(BMF IV C 5 – S 2386/07/0005 :001; DOK 2017/137221)

Mit dem Gesetz zur Modernisierung des Besteuerungsverfahrens vom 18. Juli 2016 (BGBl. I S. 1679)[2] hat der Gesetzgeber die Einführung eines einheitlichen Standarddatensatzes als Schnittstelle zum elektronischen Lohnkonto (Digitale LohnSchnittstelle – DLS –) verbindlich festgeschrieben. Die DLS ist für ab dem 1. Januar 2018 aufzuzeichnende Daten anzuwenden. Die bisher im BMF-Schreiben vom 29. Juni 2011 (BStBl. I S. 675)[3] ausgesprochene bloße Empfehlung zur Anwendung der DLS ist damit überholt. 14

Nach § 41 Abs. 1 Satz 7 EStG i. V. m. § 4 Abs. 2 a LStDV[4] haben Arbeitgeber die aufzuzeichnen den lohnsteuerrelevanten Daten der Finanzbehörde nach einer amtlich vorgeschriebenen einheitlichen digitalen Schnittstelle elektronisch bereitzustellen. Dies gilt unabhängig von dem vom Arbeitgeber eingesetzten Lohnabrechnungsprogramm. Zur Vermeidung unbilliger Härten können in begründeten Fällen die lohnsteuerlichen Daten auch in einer anderen auswertbaren Form bereitgestellt werden.

Die amtlich vorgeschriebene DLS ist ein Standarddatensatz mit einer einheitlichen Strukturierung und Bezeichnung von elektronischen Dateien und Datenfeldern. Die jeweils aktuelle Version der DLS mit weitergehenden Informationen steht auf der Internetseite des Bundeszentralamtes für Steuern (www.bzst.bund.de) zum Download bereit.

Das Datenzugriffsrecht nach § 147 Abs. 6 Satz 2 AO auf prüfungsrelevante steuerliche Daten bleibt von der Anwendung der DLS unberührt.

---

[1] Abgedruckt in der Loseblattsammlung **Steuererlasse** Nr. **800** § 200/1.
[2] **[Amtl. Anm.:]** BStBl. I S. 694.
[3] Abgedruckt im *„Handbuch zur Lohnsteuer 2017"* als Anlage zu LStH 42 f.
[4] Abgedruckt bei § 41 EStG.

EStG

§ 42g Lohnsteuer-Nachschau

1 (1) **① Die Lohnsteuer-Nachschau dient der Sicherstellung einer ordnungsgemäßen Einbehaltung und Abführung der Lohnsteuer. ② Sie ist ein besonderes Verfahren zur zeitnahen Aufklärung steuererheblicher Sachverhalte.**

2 (2) **① Eine Lohnsteuer-Nachschau findet während der üblichen Geschäfts- und Arbeitszeiten statt. ② Dazu können die mit der Nachschau Beauftragten ohne vorherige Ankündigung und außerhalb einer Lohnsteuer-Außenprüfung Grundstücke und Räume von Personen, die eine gewerbliche oder berufliche Tätigkeit ausüben, betreten. ③ Wohnräume dürfen gegen den Willen des Inhabers nur zur Verhütung dringender Gefahren für die öffentliche Sicherheit und Ordnung betreten werden.**

3 (3) **① Die von der Lohnsteuer-Nachschau betroffenen Personen haben dem mit der Nachschau Beauftragten auf Verlangen Lohn- und Gehaltsunterlagen, Aufzeichnungen, Bücher, Geschäftspapiere und andere Urkunden über die der Lohnsteuer-Nachschau unterliegenden Sachverhalte vorzulegen und Auskünfte zu erteilen, soweit dies zur Feststellung einer steuerlichen Erheblichkeit zweckdienlich ist. ② § 42 f Absatz 2 Satz 2 und 3 gilt sinngemäß.**

4 (4) **① Wenn die bei der Lohnsteuer-Nachschau getroffenen Feststellungen hierzu Anlass geben, kann ohne vorherige Prüfungsanordnung (§ 196 der Abgabenordnung) zu einer Lohnsteuer-Außenprüfung nach § 42 f übergegangen werden. ② Auf den Übergang zur Außenprüfung wird schriftlich hingewiesen.**

5 (5) **Werden anlässlich einer Lohnsteuer-Nachschau Verhältnisse festgestellt, die für die Festsetzung und Erhebung anderer Steuern erheblich sein können, so ist die Auswertung der Feststellungen insoweit zulässig, als ihre Kenntnis für die Besteuerung der in Absatz 2 genannten Personen oder anderer Personen von Bedeutung sein kann.**

LStH 42 g

H 42 g

6 **Allgemeines** → BMF vom 16. 10. 2014 (BStBl. I S. 1408).[1]

Anl zu LStH 42 g

Schreiben betr. Lohnsteuer-Nachschau

Vom 16. Oktober 2014 (BStBl. I S. 1408)

(BMF IV C 5 – S 2386/09/10002 :001; DOK 2014/890135)

8 **1** Mit § 42 g EStG ist durch das Amtshilferichtlinie-Umsetzungsgesetz vom 26. Juni 2013 (BGBl. I S. 1809)[2] eine Regelung zur Lohnsteuer-Nachschau neu in das EStG eingefügt worden. Die Vorschrift ist zum 30. Juni 2013 in Kraft getreten. Im Einvernehmen mit den obersten Finanzbehörden der Länder gilt zur Anwendung der Vorschrift Folgendes:

1. Allgemeines

2 Die Lohnsteuer-Nachschau ist ein besonderes Verfahren zur zeitnahen Aufklärung möglicher steuererheblicher Sachverhalte. Steuererheblich sind Sachverhalte, die eine Lohnsteuerpflicht begründen oder zu einer Änderung der Höhe der Lohnsteuer oder der Zuschlagsteuern führen können. Das für die Lohnsteuer-Nachschau zuständige Finanzamt kann das Finanzamt, in dessen Bezirk der steuererhebliche Sachverhalt verwirklicht wird, mit der Nachschau beauftragen. Die Lohnsteuer-Nachschau ist keine Außenprüfung i. S. d. §§ 193 ff. AO. Die Vorschriften für eine Außenprüfung sind nicht anwendbar, insbesondere gelten die §§ 146 Abs. 2 b, 147 Abs. 6, 201, 202 AO und § 42 d Abs. 4 Satz 1 Nr. 2 EStG nicht. Es bedarf weder einer Prüfungsanordnung i. S. d. § 196 AO noch einer Schlussbesprechung oder eines Prüfungsberichts. Im Anschluss an eine Lohnsteuer-Nachschau ist ein Antrag auf verbindliche Zusage (§ 204 AO) nicht zulässig.

2. Zweck der Lohnsteuer-Nachschau

3 Die Lohnsteuer-Nachschau dient der Sicherstellung einer ordnungsgemäßen Einbehaltung und Abführung der Lohnsteuer, des Solidaritätszuschlags, der Kirchenlohnsteuer oder von Pflichtbeiträgen zu einer Arbeits- oder Arbeitnehmerkammer. Ziel der Lohnsteuer-Nachschau ist es, einen Eindruck von den räumlichen Verhältnissen, dem tatsächlich eingesetzten Personal und dem üblichen Geschäftsbetrieb zu gewinnen.

4 Eine Lohnsteuer-Nachschau kommt insbesondere in Betracht:
- bei Beteiligung an Einsätzen der Finanzkontrolle Schwarzarbeit,
- zur Feststellung der Arbeitgeber- oder Arbeitnehmereigenschaft,
- zur Feststellung der Anzahl der insgesamt beschäftigten Arbeitnehmer,
- bei Aufnahme eines neuen Betriebs,
- zur Feststellung, ob der Arbeitgeber eine lohnsteuerliche Betriebsstätte unterhält,
- zur Feststellung, ob eine Person selbständig oder als Arbeitnehmer tätig ist,

---

[1] Nachstehend abgedruckt als Anlage zu LStH 42 g.
[2] **[Amtl. Anm.:]** BStBl. I S. 802.

– zur Prüfung der steuerlichen Behandlung von sog. Minijobs (vgl. § 8 Abs. 1 und 2 SGB IV), ausgenommen Beschäftigungen in Privathaushalten,
– zur Prüfung des Abrufs und der Anwendung der elektronischen Lohnsteuerabzugsmerkmale (ELStAM) und
– zur Prüfung der Anwendung von Pauschalierungsvorschriften, z. B. § 37 b Abs. 2 EStG.

5 Nicht Gegenstand der Lohnsteuer-Nachschau sind:
– Ermittlungen der individuellen steuerlichen Verhältnisse der Arbeitnehmer, soweit sie für den Lohnsteuer-Abzug nicht von Bedeutung sind,
– die Erfüllung der Pflichten des Arbeitgebers nach dem Fünften Vermögensbildungsgesetz und
– Beschäftigungen in Privathaushalten.

3. Durchführung der Lohnsteuer-Nachschau

6 Die Lohnsteuer-Nachschau muss nicht angekündigt werden (§ 42 g Abs. 2 Satz 2 EStG). Die Anordnung der Nachschau erfolgt in der Regel mündlich und zu Beginn der Lohnsteuer-Nachschau. Dem Arbeitgeber soll zu Beginn der Lohnsteuer-Nachschau der Vordruck „Durchführung einer Lohnsteuer-Nachschau"[1] übergeben werden. Der mit der Lohnsteuer-Nachschau beauftragte Amtsträger hat sich auszuweisen.

7 Zum Zweck der Lohnsteuer-Nachschau können die mit der Lohnsteuer-Nachschau beauftragten Amtsträger Grundstücke und Räume von Personen, die eine gewerbliche oder berufliche Tätigkeit ausüben, betreten (§ 42 g Abs. 2 Satz 2 EStG). Die Grundstücke und Räume müssen nicht im Eigentum der gewerblich oder beruflich tätigen Person stehen. Die Lohnsteuer-Nachschau kann sich auch auf gemietete oder gepachtete Grundstücke und Räume sowie auf andere Orte, an denen steuererhebliche Sachverhalte verwirklicht werden (z. B. Baustellen), erstrecken.

8 Wohnräume dürfen gegen den Willen des Inhabers nur zur Verhütung dringender Gefahren für die öffentliche Sicherheit und Ordnung betreten werden (§ 42 g Abs. 2 Satz 3 EStG).

9 Häusliche Arbeitszimmer oder Büros, die innerhalb einer ansonsten privat genutzten Wohnung belegen sind, dürfen auch dann betreten bzw. besichtigt werden, wenn sie nur durch die ausschließlich privat genutzten Wohnräume erreichbar sind.

10 Ein Betreten der Grundstücke und Räume ist während der üblichen Geschäfts- und Arbeitszeiten zulässig. Die Nachschau kann auch außerhalb der Geschäftszeiten vorgenommen werden, wenn dort Arbeitnehmer anzutreffen sind.

11 Das Betreten muss dazu dienen, Sachverhalte festzustellen oder zu überprüfen, die für den Steuerabzug vom Arbeitslohn erheblich sein können. Ein Durchsuchungsrecht gewährt die Lohnsteuer-Nachschau nicht. Das bloße Betreten oder Besichtigen von Geschäftsräumen, Betriebsräumen oder Grundstücken ist noch kein Durchsuchen.

4. Mitwirkungspflicht

12 Der Arbeitgeber hat dem mit der Lohnsteuer-Nachschau beauftragten Amtsträger auf Verlangen Lohn- und Gehaltsunterlagen, Aufzeichnungen, Bücher, Geschäftspapiere und andere Urkunden vorzulegen und Auskünfte zu erteilen, soweit dies zur Feststellung steuerlich erheblicher Sachverhalte zweckdienlich ist (§ 42 g Abs. 3 Satz 1 EStG).

13 Darüber hinaus haben die Arbeitnehmer dem mit der Lohnsteuer-Nachschau beauftragten Amtsträger jede gewünschte Auskunft über Art und Höhe ihrer Einnahmen zu geben und auf Verlangen in ihrem Besitz befindliche Bescheinigungen über den Lohnsteuerabzug sowie Belege über bereits entrichtete Lohnsteuer vorzulegen (§ 42 g Abs. 3 Satz 2 i. V. m. § 42 f Abs. 2 Satz 2 EStG). Diese Pflichten gelten auch für Personen, bei denen es streitig ist, ob sie Arbeitnehmer sind oder waren. Die Auskunftspflicht erstreckt sich auf alle Fragen, die für die Beurteilung von Bedeutung sind, ob und in welcher Höhe eine Pflicht zum Abzug von Lohnsteuer und Zuschlagsteuern besteht.

5. Recht auf Datenzugriff

14 Der mit der Lohnsteuer-Nachschau beauftragte Amtsträger darf nur dann auf elektronische Daten des Arbeitgebers zugreifen, wenn der Arbeitgeber zustimmt. Stimmt der Arbeitgeber dem Datenzugriff nicht zu, kann der mit der Lohnsteuer-Nachschau beauftragte Amtsträger verlangen, dass ihm die erforderlichen Unterlagen in Papierform vorgelegt werden. Sollten diese nur in elektronischer Form existieren, kann er verlangen, dass diese unverzüglich ausgedruckt werden (vgl. § 147 Abs. 5 zweiter Halbsatz AO).

6. Übergang zu einer Lohnsteuer-Außenprüfung

15 Geben die bei der Lohnsteuer-Nachschau getroffenen Feststellungen hierzu Anlass, kann ohne vorherige Prüfungsanordnung (§ 196 AO) zu einer Lohnsteuer-Außenprüfung nach § 42 f EStG übergegangen werden (§ 42 g Abs. 4 Satz 1 EStG). Auf den Übergang zur Außenprüfung ist schriftlich hinzuweisen (§ 42 g Abs. 4 Satz 2 EStG). Die allgemeinen Grundsätze über den notwendigen Inhalt von Prüfungsanordnungen gelten entsprechend. Insbesondere sind der Prüfungszeitraum und der Prüfungsumfang festzulegen. Der Beginn einer Lohnsteuer-Außenprüfung nach erfolgter Lohnsteuer-Nachschau ist unter Angabe von Datum und Uhrzeit aktenkundig zu machen. Für die Durchführung der nachfolgenden Lohnsteuer-Außenprüfung gelten die §§ 199 ff. AO. Die Entscheidung zum Übergang zu einer Lohnsteuer-Außenprüfung ist eine Ermessensentscheidung der Finanzbehörde (§ 5 AO).

16 Der Übergang zu einer Lohnsteuer-Außenprüfung nach § 42 f EStG kann insbesondere angezeigt sein:

---

[1] **[Amtl. Anm.:]** Bundeseinheitlicher Vordruck.

Anl zu LStH 42 g

- wenn bei der Lohnsteuer-Nachschau erhebliche Fehler beim Steuerabzug vom Arbeitslohn festgestellt wurden,
- wenn der für die Besteuerung maßgebliche Sachverhalt im Rahmen der Lohnsteuer-Nachschau nicht abschließend geprüft werden kann und weitere Ermittlungen erforderlich sind,
- wenn der Arbeitgeber seinen Mitwirkungspflichten im Rahmen der *Lohnsteuer-Nachschau nicht nach*kommt oder
- wenn die Ermittlung von Sachverhalten aufgrund des fehlenden Datenzugriffs nicht oder nur erschwert möglich ist.

7. Auswertungsmöglichkeiten

17 Der Arbeitgeber kann aufgrund der im Rahmen der Lohnsteuer-Nachschau gewonnenen Erkenntnisse durch Lohnsteuer-Nachforderungsbescheid oder Lohnsteuer-Haftungsbescheid in Anspruch genommen werden. Die Lohnsteuer-Nachschau kann auch zu einer nachträglichen oder geänderten Lohnsteuer-Anmeldung führen. Soll auf Grund der Lohnsteuer-Nachschau der Arbeitgeber in Haftung genommen oder bei ihm Lohnsteuer nachgefordert werden, ist ihm rechtliches Gehör zu gewähren (§ 91 AO).

18 Ebenso kann der jeweilige Arbeitnehmer im Rahmen der allgemeinen gesetzlichen Regelungen in Anspruch genommen werden (§ 42 d Abs. 3 EStG). Erkenntnisse der Lohnsteuer-Nachschau können auch im Veranlagungsverfahren des Arbeitnehmers berücksichtigt werden.

19 Feststellungen, die während einer Lohnsteuer-Nachschau getroffen werden und die für die Festsetzung und Erhebung anderer Steuern des Betroffenen oder anderer Personen erheblich sein können, können ausgewertet werden (§ 42 g Abs. 5 EStG). Zu diesem Zweck können Kontrollmitteilungen erstellt werden.

8. Rechtsfolgen

20 Der Beginn der Lohnsteuer-Nachschau hemmt nicht den Ablauf der Festsetzungsfrist nach § 171 Abs. 4 AO. Die Änderungssperre des § 173 Abs. 2 AO findet keine Anwendung. Soweit eine Steuer gemäß § 164 AO unter dem Vorbehalt der Nachprüfung festgesetzt worden ist, muss dieser nach Durchführung der Lohnsteuer-Nachschau nicht aufgehoben werden.

9. Zwangsmittel

21 Im Rahmen einer Lohnsteuer-Nachschau erlassene Verwaltungsakte sind grundsätzlich mit Zwangsmitteln (§§ 328 ff. AO) durchsetzbar. Ein Verwaltungsakt liegt dann vor, wenn der mit der Lohnsteuer-Nachschau beauftragte Amtsträger Maßnahmen ergreift, die den Steuerpflichtigen zu einem bestimmten Tun, Dulden oder Unterlassen verpflichten sollen. Ein Verwaltungsakt liegt insbesondere vor, wenn der Amtsträger den Steuerpflichtigen auffordert,
- das Betreten der nicht öffentlich zugänglichen Geschäftsräume zu dulden,
- Aufzeichnungen, Bücher, Geschäftspapiere und andere lohnsteuerlich relevante Urkunden vorzulegen oder
- Auskunft zu erteilen.

10. Rechtsbehelf

22 Gegen schlichtes Verwaltungshandeln (z. B. Betreten von Grundstücken und Räumen zur Durchführung einer Lohnsteuer-Nachschau) ist kein Einspruch gegeben. Im Rahmen der Lohnsteuer-Nachschau ergangene Verwaltungsakte (vgl. Rz. 21) können gemäß § 347 AO mit Einspruch angefochten werden. Der Amtsträger ist berechtigt und verpflichtet, den Einspruch entgegenzunehmen. Der Einspruch hat keine aufschiebende Wirkung und hindert daher nicht die Durchführung der Lohnsteuer-Nachschau, es sei denn, die Vollziehung des angefochtenen Verwaltungsakts wurde ausgesetzt (§ 361 AO, § 69 FGO). Mit Beendigung der Lohnsteuer-Nachschau sind oder werden Einspruch und Anfechtungsklage gegen die Anordnung der Lohnsteuer-Nachschau unzulässig; insoweit kommt lediglich eine Fortsetzungs-Feststellungsklage (§ 100 Abs. 1 Satz 4 FGO) in Betracht. Wurden die Ergebnisse der Lohnsteuer-Nachschau in einem Steuer- oder Haftungsbescheid berücksichtigt, muss auch dieser Bescheid angefochten werden, um ein steuerliches Verwertungsverbot zu erlangen.

23 Für die Anfechtung der Mitteilung des Übergangs zur Außenprüfung (§ 42 g Abs. 4 EStG) gelten die Grundsätze für die Anfechtung einer Prüfungsanordnung entsprechend (vgl. AEAO zu § 196).

4. Veranlagung von Steuerpflichtigen mit steuerabzugspflichtigen Einkünften

§ 46 Veranlagung bei Bezug von Einkünften aus nichtselbständiger Arbeit

(1) *(weggefallen)*

(2)[1] **Besteht das Einkommen ganz oder teilweise aus Einkünften aus nichtselbständiger Arbeit, von denen ein Steuerabzug vorgenommen worden ist, so wird eine Veranlagung nur durchgeführt,** 1

1. wenn die positive Summe der einkommensteuerpflichtigen Einkünfte, die nicht dem Steuerabzug vom Arbeitslohn zu unterwerfen waren, vermindert um die darauf entfallenden Beträge nach § 13 Absatz 3 und § 24 a, oder die positive Summe der Einkünfte und Leistungen, die dem Progressionsvorbehalt unterliegen, jeweils mehr als 410 Euro beträgt;

2. wenn der Steuerpflichtige nebeneinander von mehreren Arbeitgebern Arbeitslohn bezogen hat; das gilt nicht, soweit nach § 38 Absatz 3 a Satz 7 Arbeitslohn von mehreren Arbeitgebern für den Lohnsteuerabzug zusammengerechnet worden ist; 2

3.[2] **wenn bei einem Steuerpflichtigen die Summe der beim Steuerabzug vom Arbeitslohn nach § 39 b Absatz 2 Satz 5 Nummer 3 Buchstabe b bis d berücksichtigten Teilbeträge der Vorsorgepauschale größer ist als die abziehbaren Vorsorgeaufwendungen nach § 10 Absatz 1 Nummer 3 und Nummer 3 a in Verbindung mit Absatz 4 und der im Kalenderjahr insgesamt erzielte Arbeitslohn höher ist als die Summe aus dem Grundfreibetrag (§ 32 a Absatz 1 Satz 2 Nummer 1), dem Arbeitnehmer-Pauschbetrag (§ 9 a Satz 1 Nummer 1 Buchstabe a) und dem Sonderausgaben-Pauschbetrag (§ 10 c Satz 1) oder bei Ehegatten, die die Voraussetzungen des § 26 Absatz 1 erfüllen, höher ist als die Summe aus dem doppelten Grundfreibetrag, dem Arbeitnehmer-Pauschbetrag und dem doppelten Sonderausgaben-Pauschbetrag;** 3

3 a. wenn von Ehegatten, die nach den §§ 26, 26 b zusammen zur Einkommensteuer zu veranlagen sind, beide Arbeitslohn bezogen haben und einer für den Veranlagungszeitraum oder einen Teil davon nach der Steuerklasse V oder VI besteuert oder bei Steuerklasse IV der Faktor (§ 39 f) eingetragen worden ist; 4

4. wenn für einen Steuerpflichtigen ein Freibetrag im Sinne des § 39 a Absatz 1 Satz 1 Nummer 1 bis 3, 5 oder Nummer 6 ermittelt worden ist und der im Kalenderjahr insgesamt erzielte Arbeitslohn höher ist als die Summe aus dem Grundfreibetrag (§ 32 a Absatz 1 Satz 2 Nummer 1), dem Arbeitnehmer-Pauschbetrag (§ 9 a Satz 1 Nummer 1 Buchstabe a) und dem Sonderausgaben-Pauschbetrag (§ 10 c Satz 1) oder bei Ehegatten, die die Voraussetzungen des § 26 Absatz 1 erfüllen, höher ist als die Summe aus dem doppelten Grundfreibetrag, dem Arbeitnehmer-Pauschbetrag und dem doppelten Sonderausgaben-Pauschbetrag; dasselbe gilt für einen Steuerpflichtigen, der zum Personenkreis des § 1 Absatz 2 gehört; 5

4 a. wenn bei einem Elternpaar, bei dem die Voraussetzungen des § 26 Absatz 1 Satz 1 nicht vorliegen, 6

a) bis c) *(weggefallen)*

d) im Fall des § 33 a Absatz 2 Satz 5 das Elternpaar gemeinsam eine Aufteilung des Abzugsbetrags in einem anderen Verhältnis als je zur Hälfte beantragt oder

e) im Fall des § 33 b Absatz 5 Satz 3 das Elternpaar gemeinsam eine Aufteilung des Pauschbetrags für Menschen mit Behinderungen oder des Pauschbetrags für Hinterbliebene in einem anderen Verhältnis als je zur Hälfte beantragt.

② **Die Veranlagungspflicht besteht für jeden Elternteil, der Einkünfte aus nichtselbständiger Arbeit bezogen hat;**

5. wenn bei einem Steuerpflichtigen die Lohnsteuer für einen sonstigen Bezug nach § 39 c Absatz 3 ermittelt wurde; 7

5 a. wenn der Arbeitgeber die Lohnsteuer von einem sonstigen Bezug berechnet hat und dabei der Arbeitslohn aus früheren Dienstverhältnissen des Kalenderjahres außer Betracht geblieben ist (§ 39 b Absatz 3 Satz 2, § 41 Absatz 1 Satz 6, Großbuchstabe S); 8

---

[1] Die eine Pflichtveranlagung begründende Steuererklärung entfaltet keine anlaufhemmende Wirkung nach § 170 Abs. 2 Satz 1 Nr. 1 AO, wenn diese Steuererklärung erst nach dem Ablauf der Festsetzungsfrist des § 169 Abs. 2 AO abgegeben wird *(BFH-Urteil vom 28. 3. 2012, BStBl. II S. 711).*

[2] § 46 Abs. 2 Nr. 3 neu gef. **mWv VZ 2026** durch JStG 2020 v. 21. 12. 2020 (BGBl. I S. 3096, BGBl. 2023 I Nr. 411). Siehe *Geschlossene Wiedergabe.*

EStG

9 **6. wenn die Ehe des Arbeitnehmers im Veranlagungszeitraum durch Tod, Scheidung oder Aufhebung aufgelöst worden ist und er oder sein Ehegatte der aufgelösten Ehe im Veranlagungszeitraum wieder geheiratet hat;**

10 **7. wenn**

a) für einen unbeschränkt Steuerpflichtigen im Sinne des § 1 Absatz 1 bei der Bildung der Lohnsteuerabzugsmerkmale (§ 39) ein Ehegatte im Sinne des § 1 a Absatz 1 Nummer 2 berücksichtigt worden ist oder

b) für einen Steuerpflichtigen, der zum Personenkreis des § 1 Absatz 3 oder des § 1 a gehört, Lohnsteuerabzugsmerkmale nach § 39 Absatz 2 gebildet worden sind; das nach § 39 Absatz 2 Satz 2 bis 4 zuständige Betriebsstättenfinanzamt ist dann auch für die Veranlagung zuständig;

11 **8.[1] wenn die Veranlagung beantragt wird, insbesondere zur Anrechnung von Lohnsteuer auf die Einkommensteuer. ② Der Antrag ist durch Abgabe einer Einkommensteuererklärung zu stellen;**

11a **9. wenn ein Antrag im Sinne der Nummer 8 gestellt wird und daneben beantragt wird, als unbeschränkt Steuerpflichtiger im Sinne des § 1 Absatz 3 behandelt zu werden; die Zuständigkeit liegt beim lohnsteuerlichen Betriebsstättenfinanzamt des Arbeitgebers.**

12 **(3) ① In den Fällen des Absatzes 2 ist ein Betrag in Höhe der einkommensteuerpflichtigen Einkünfte, von denen der Steuerabzug vom Arbeitslohn nicht vorgenommen worden ist und die nicht nach § 32 d Absatz 6 der tariflichen Einkommensteuer unterworfen wurden, vom Einkommen abzuziehen, wenn diese Einkünfte insgesamt nicht mehr als 410 Euro betragen. ② Der Betrag nach Satz 1 vermindert sich um den Altersentlastungsbetrag, soweit dieser den unter Verwendung des nach § 24 a Satz 5 maßgebenden Prozentsatzes zu ermittelnden Anteil des Arbeitslohns mit Ausnahme der Versorgungsbezüge im Sinne des § 19 Absatz 2 übersteigt, und um den nach § 13 Absatz 3 zu berücksichtigenden Betrag.**

13 **(4) ① Kommt nach Absatz 2 eine Veranlagung zur Einkommensteuer nicht in Betracht, so gilt die Einkommensteuer, die auf die Einkünfte aus nichtselbständiger Arbeit entfällt, für den Steuerpflichtigen durch den Lohnsteuerabzug als abgegolten, soweit er nicht für zuwenig erhobene Lohnsteuer in Anspruch genommen werden kann. ② § 42 b bleibt unberührt.**

14 **(5) Durch Rechtsverordnung kann in den Fällen des Absatzes 2 Nummer 1, in denen die einkommensteuerpflichtigen Einkünfte, von denen der Steuerabzug vom Arbeitslohn nicht vorgenommen worden ist und die nicht nach § 32 d Absatz 6 der tariflichen Einkommensteuer unterworfen wurden, den Betrag von 410 Euro übersteigen, die Besteuerung so gemildert werden, dass auf die volle Besteuerung dieser Einkünfte stufenweise übergeleitet wird.**

LStH 46

H 46

16 **Antragsveranlagung** → R 46.2 EStR, H 46.2 EStH.

Härteausgleich → H 46.3 EStH.

– *EStR/EStH abgedruckt in Anhang II* –

[1] Zur Fortgeltung der Antragsveranlagung ungeachtet der Antragsfrist vgl. *BFH-Urteil vom 12. 11. 2009 (BStBl. II 2010 S. 406).* Ist bei Einkünften aus nichtselbständiger Arbeit über einen Antrag auf Veranlagung zur Einkommensteuer bestandskräftig abschlägig entschieden, kommt eine Veranlagung weder nach § 46 Abs. 2 Nr. 1 noch gemäß § 46 Abs. 2 Nr. 8 EStG in Betracht *(BFH-Urteil vom 9. 2. 2012, BStBl. II S. 750).*

Eine Einkommensteuererklärung kann auch wirksam als Fax an das Finanzamt übermittelt werden *(BFH-Urteil vom 8. 10. 2014, BStBl. 2015 II S. 359).*

Fordert die Finanzbehörde den Steuerpflichtigen zur Abgabe einer Einkommensteuererklärung auf, so ist er gemäß § 149 Abs. 1 Satz 2 AO hierzu gesetzlich verpflichtet mit der Folge, dass sich der Beginn der Festsetzungsfrist nach § 170 Abs. 2 Satz 1 Nr. 1 AO richtet. Eine Aufforderung zur Abgabe der Steuererklärung liegt auch dann vor, wenn das FA zusätzlich ausführt, der Steuerpflichtige möge das Schreiben mit einem entsprechenden Hinweis zurücksenden, falls er seiner Auffassung nach nicht zur Abgabe einer Steuererklärung verpflichtet sei *(BFH-Urteil vom 4. 10. 2017, BStBl. 2018 II S. 123).*

Auch wenn ein Steuerpflichtiger Gewinneinkünfte von mehr als 410 € erzielt, ist er nicht zur Übermittlung der Einkommensteuererklärung in elektronischer Form verpflichtet, wenn zusätzlich die Voraussetzungen eines der Veranlagungstatbestände nach § 46 Abs. 2 Nr. 2 bis 8 EStG erfüllt sind. Es besteht kein genereller Vorrang des Veranlagungstatbestands des § 46 Abs. 2 Nr. 1 EStG vor den anderen Veranlagungstatbeständen (vgl. BFH vom 28. 10. 2020, X R 36/19, BStBl. 2021 II S. 841). Die Veranlagung gemäß § 46 Abs. 2 Nr. 8 EStG kann bis zum Ablauf des letzten Tages der Festsetzungsfrist, mithin bis 24:00 Uhr, beantragt werden (Abweichung vom BFH-Urteil vom 20. 1. 2016, VI R 14/15, BStBl. II S. 380). Der Ablauf der Festsetzungsfrist wird gemäß § 171 Abs. 3 AO nur dann gehemmt, wenn die für die Veranlagung gemäß § 46 Abs. 2 Nr. 8 EStG erforderliche Steuererklärung bis zum Ablauf der Festsetzungsfrist beim örtlich zuständigen Finanzamt eingeht (vgl. BFH vom 13. 12. 2020, VI R 37/17, BStBl. 2021 II S. 856).

EStG

IX. Sonstige Vorschriften, Bußgeld-, Ermächtigungs- und Schlussvorschriften

§ 50e Bußgeldvorschriften; Nichtverfolgung von Steuerstraftaten bei geringfügiger Beschäftigung in Privathaushalten

(1) **Ordnungswidrig handelt, wer vorsätzlich oder leichtfertig entgegen § 45 d Ab-** 1
satz 1 Satz 1, der nach § 45 e erlassenen Rechtsverordnung oder den unmittelbar geltenden Verträgen mit den in Artikel 17 der Richtlinie 2003/48/EG genannten Staaten und Gebieten eine Mitteilung nicht, nicht richtig, nicht vollständig oder nicht rechtzeitig abgibt.

(1 a) *(aufgehoben)*

(2) **Ordnungswidrig handelt, wer vorsätzlich oder leichtfertig** 3

1.[1] entgegen § 45 b Absatz 3 Satz 3 oder 4, jeweils auch in Verbindung mit Absatz 5 Satz 2, eine Bescheinigung erteilt,

2.[2] entgegen § 45 b Absatz 4 Satz 1 erster Halbsatz, Absatz 5 Satz 1 erster Halbsatz oder Absatz 6 Satz 1 oder 2, § 45 c Absatz 1 Satz 1, auch in Verbindung mit Satz 2, oder § 45 c Absatz 2 Satz 1, auch in Verbindung mit Satz 2, eine dort genannte Angabe oder dort genannte Daten nicht richtig oder nicht vollständig übermittelt oder

3.[3] entgegen

a) § 45 b Absatz 7 Satz 1 eine Mitteilung nicht richtig oder nicht vollständig macht oder

b) § 45 b Absatz 7 Satz 2 eine schriftliche Versicherung nicht richtig oder nicht vollständig abgibt

und dadurch ermöglicht, Steuern zu verkürzen oder nicht gerechtfertigte Steuervorteile zu erlangen.

(3)[4] **In den Fällen des Absatzes 2 Nummer 2 kann die Ordnungswidrigkeit auch dann geahndet werden, wenn sie nicht im Geltungsbereich dieses Gesetzes begangen wird.**

(4) **Die Ordnungswidrigkeit kann in den Fällen des Absatzes 2 mit einer Geldbuße bis zu zwanzigtausend Euro, in den Fällen des Absatzes 1 mit einer Geldbuße bis zu fünftausend Euro geahndet werden.**

(5) **Verwaltungsbehörde im Sinne des § 36 Absatz 1 Nummer 1 des Gesetzes über** 4
Ordnungswidrigkeiten ist das Bundeszentralamt für Steuern.

(6) ① **Liegen die Voraussetzungen des § 40 a Absatz 2 vor, werden Steuerstraftaten** 5
(§§ 369 bis 376 der Abgabenordnung) als solche nicht verfolgt, wenn der Arbeitgeber in den Fällen des § 8 a des Vierten Buches Sozialgesetzbuch entgegen § 41 a Absatz 1 Nummer 1, auch in Verbindung mit Absatz 2 und 3 und § 51 a, und § 40 a Absatz 6 Satz 3 dieses Gesetzes in Verbindung mit § 28 a Absatz 7 Satz 1 des Vierten Buches Sozialgesetzbuch für das Arbeitsentgelt die Lohnsteuer-Anmeldung und die Anmeldung der einheitlichen Pauschsteuer nicht oder nicht rechtzeitig durchführt und dadurch Steuern verkürzt oder für sich oder einen anderen nicht gerechtfertigte Steuervorteile erlangt. ② **Die Freistellung von der Verfolgung nach Satz 1 gilt auch für den Arbeitnehmer einer in Satz 1 genannten Beschäftigung, der die Finanzbehörde pflichtwidrig über steuerlich erhebliche Tatsachen aus dieser Beschäftigung in Unkenntnis lässt.** ③ **Die Bußgeldvorschriften der §§ 377 bis 384 der Abgabenordnung bleiben mit der Maßgabe anwendbar, dass § 378 der Abgabenordnung auch bei vorsätzlichem Handeln anwendbar ist.**

---

[1] § 50 e Abs. 2 Nr. 1 geänd. **mWv 1. 1. 2027** durch JStG 2024 v. 2. 12. 2024 (BGBl. I Nr. 387); siehe *Geschlossene Wiedergabe.*
[2] § 50 e Abs. 2 Nr. 2 geänd. **mWv 1. 1. 2027** durch JStG 2024 v. 2. 12. 2024 (BGBl. I Nr. 387); siehe *Geschlossene Wiedergabe.*
[3] § 50 e Abs. 2 Nr. 3 neu gef. **mWv 1. 1. 2027** durch JStG 2024 v. 2. 12. 2024 (BGBl. I Nr. 387); siehe *Geschlossene Wiedergabe.*
[4] § 50 e Abs. 3 geänd. **mWv 1. 1. 2027** durch JStG 2024 v. 2. 12. 2024 (BGBl. I Nr. 387); siehe *Geschlossene Wiedergabe.*

EStG

§ 51a Festsetzung und Erhebung von Zuschlagsteuern

1 (1) ① Auf die Festsetzung und Erhebung von Steuern, die nach der Einkommensteuer bemessen werden (Zuschlagsteuern), sind die Vorschriften dieses Gesetzes mit Ausnahme des § 36a entsprechend anzuwenden. ② Wird Einkommensteuer im Wege des Steuerabzugs erhoben, dürfen die zu diesem Zweck verarbeiteten personenbezogenen Daten auch für die Erhebung einer Zuschlagsteuer im Wege des Steuerabzugs verarbeitet werden.

2 (2) ① Bemessungsgrundlage ist die Einkommensteuer, die abweichend von § 2 Absatz 6 unter Berücksichtigung von Freibeträgen nach § 32 Absatz 6 in allen Fällen des § 32 festzusetzen wäre. ② Zur Ermittlung der Einkommensteuer im Sinne des Satzes 1 ist das zu versteuernde Einkommen um die nach § 3 Nummer 40[1] steuerfreien Beträge zu erhöhen und um die nach § 3c Absatz 2 nicht abziehbaren Beträge zu mindern. ③ § 35 ist bei der Ermittlung der festzusetzenden Einkommensteuer nach Satz 1 nicht anzuwenden.

3 (2a)[2] ① Vorbehaltlich des § 40a Absatz 2 ist beim Steuerabzug vom Arbeitslohn Bemessungsgrundlage die Lohnsteuer; beim Steuerabzug vom laufenden Arbeitslohn und beim Jahresausgleich ist die Lohnsteuer maßgebend, die sich ergibt, wenn der nach § 39b Absatz 2 Satz 5 zu versteuernde Jahresbetrag für die Steuerklassen I, II und III um den doppelten Kinderfreibetrag sowie den doppelten Freibetrag für den Betreuungs- und Erziehungs- oder Ausbildungsbedarf und für die Steuerklasse IV um den Kinderfreibetrag sowie den Freibetrag für den Betreuungs- und Erziehungs- oder Ausbildungsbedarf (§ 32 Absatz 6 Satz 1) für jedes Kind vermindert wird, für das eine Kürzung der Freibeträge für Kinder nach § 32 Absatz 6 Satz 4 nicht in Betracht kommt. ② Bei der Anwendung des § 39b für die Ermittlung der Zuschlagsteuern ist die als Lohnsteuerabzugsmerkmal gebildete Zahl der Kinderfreibeträge maßgebend. ③ Bei Anwendung des § 39f ist beim Steuerabzug vom laufenden Arbeitslohn die Lohnsteuer maßgebend, die sich bei Anwendung des nach § 39f Absatz 1 ermittelten Faktors auf den nach den Sätzen 1 und 2 ermittelten Betrag ergibt.

4 (2b) ① Wird die Einkommensteuer nach § 43 Absatz 1 durch Abzug vom Kapitalertrag (Kapitalertragsteuer) erhoben, wird die darauf entfallende Kirchensteuer nach dem Kirchensteuersatz der Religionsgemeinschaft, der der Kirchensteuerpflichtige angehört, als Zuschlag zur Kapitalertragsteuer erhoben. ② Satz 1 ist nicht anzuwenden, wenn die Kapitalerträge zu den Einkünften aus Land- und Forstwirtschaft, aus Gewerbebetrieb, aus selbständiger Arbeit oder aus Vermietung und Verpachtung gehören.

5 (2c)[3] ① Der zur Vornahme des Steuerabzugs vom Kapitalertrag Verpflichtete (Kirchensteuerabzugsverpflichteter) hat die auf die Kapitalertragsteuer nach Absatz 2b entfallende Kirchensteuer nach folgenden Maßgaben einzubehalten:

1. ① Das Bundeszentralamt für Steuern speichert unabhängig von und zusätzlich zu den in § 139b Absatz 3 der Abgabenordnung genannten und nach § 39e gespeicherten Daten des Steuerpflichtigen den Kirchensteuersatz der steuererhebenden Religionsgemeinschaft des Kirchensteuerpflichtigen sowie die ortsbezogenen Daten, mit deren Hilfe der Kirchensteuerpflichtige seiner Religionsgemeinschaft zugeordnet werden kann. ② Die Daten werden als automatisiert abrufbares Merkmal für den Kirchensteuerabzug bereitgestellt;
2. sofern dem Kirchensteuerabzugsverpflichteten die Identifikationsnummer des Schuldners der Kapitalertragsteuer nicht bereits bekannt ist, kann er sie beim Bundeszentralamt für Steuern anfragen. ② In der Anfrage dürfen nur die in § 139b Absatz 3 der Abgabenordnung genannten Daten des Schuldners der Kapitalertragsteuer angegeben werden, soweit sie dem Kirchensteuerabzugsverpflichteten bekannt sind. ③ Die Anfrage hat nach amtlich vorgeschriebenem Datensatz durch Datenfernübertragung zu erfolgen. ④ Das Bundeszentralamt für Steuern teilt dem Kirchensteuerabzugsverpflichteten die Identifikationsnummer mit, sofern die übermittelten Daten mit den nach § 139b Absatz 3 der Abgabenordnung beim Bundeszentralamt für Steuern gespeicherten Daten übereinstimmen;
3. der Kirchensteuerabzugsverpflichtete hat unter Angabe der Identifikationsnummer und des Geburtsdatums des Schuldners der Kapitalertragsteuer bei Begründung einer rechtlichen Verbindung beim Bundeszentralamt für Steuern anzufragen, ob der Schuldner der Kapitalertragsteuer kirchensteuerpflichtig ist (Anlassabfrage), und einmal jährlich im Zeitraum vom 1. September bis 31. Oktober beim Bundeszentralamt für Steuern anzufragen, ob der Schuldner der Kapitalertragsteuer am 31. Au-

[1] Abgedruckt in der *Geschlossenen Wiedergabe* dieses Handbuchs.
[2] § 51a Abs. 2a Satz 1 neu gef. durch G v. 16. 7. 2015 (BGBl. I S. 1202); zur Anwendung siehe § 52 Abs. 32a.
[3] § 51a Abs. 2c neu gef. durch BeitrRLUmsG v. 7. 12. 2011 (BGBl. I S. 2592); zur erstmaligen Anwendung für nach dem 31. 12. 2014 zufließende Kapitalerträge siehe § 52 Abs. 49.

EStG

gust des betreffenden Jahres (Stichtag) kirchensteuerpflichtig ist (Regelabfrage). ② Für Kapitalerträge im Sinne des § 43 Absatz 1 Nummer 4 aus Versicherungsverträgen hat der Kirchensteuerabzugsverpflichtete eine auf den Zuflusszeitpunkt der Kapitalerträge bezogene Abfrage (Anlassabfrage) an das Bundeszentralamt für Steuern zu richten. ③ Im Übrigen kann der Kirchensteuerabzugsverpflichtete eine Anlassabfrage auf Veranlassung des Schuldners der Kapitalertragsteuer an das Bundeszentralamt für Steuern richten. ④ Auf die Anfrage hin teilt das Bundeszentralamt für Steuern dem Kirchensteuerabzugsverpflichteten die rechtliche Zugehörigkeit zu einer steuererhebenden Religionsgemeinschaft und den für die Religionsgemeinschaft geltenden Kirchensteuersatz zum Zeitpunkt der Anfrage als automatisiert abrufbares Merkmal nach Nummer 1 mit. ⑤ Bei Begründung einer rechtlichen Verbindung ist der Schuldner der Kapitalertragsteuer vom Kirchensteuerabzugsverpflichteten auf die Datenabfrage sowie das Antragsrecht nach Absatz 2 e Satz 1 in geeigneter Form hinzuweisen ⑥ Anträge auf das Setzen der Sperrvermerke, die im aktuellen Kalenderjahr für eine Regelabfrage berücksichtigt werden sollen, müssen bis zum 30. Juni beim Bundeszentralamt für Steuern eingegangen sein. ⑦ Alle übrigen Sperrvermerke können nur berücksichtigt werden, wenn sie spätestens zwei Monate vor der Abfrage des Kirchensteuerabzugsverpflichteten eingegangen sind. ⑧ Dies gilt für den Widerruf entsprechend. ⑨ Gehört der Schuldner der Kapitalertragsteuer keiner steuererhebenden Religionsgemeinschaft an oder hat er dem Abruf von Daten zur Religionszugehörigkeit widersprochen (Sperrvermerk), so teilt das Bundeszentralamt für Steuern dem Kirchensteuerabzugsverpflichteten zur Religionszugehörigkeit einen neutralen Wert (Nullwert) mit. ⑩ Der Kirchensteuerabzugsverpflichtete hat die vorhandenen Daten zur Religionszugehörigkeit unverzüglich zu löschen, wenn ein Nullwert übermittelt wurde;

4. im Falle einer am Stichtag oder im Zuflusszeitpunkt bestehenden Kirchensteuerpflicht hat der Kirchensteuerabzugsverpflichtete den Kirchensteuerabzug für die steuererhebende Religionsgemeinschaft durchzuführen und den Kirchensteuerbetrag an das für ihn zuständige Finanzamt abzuführen. ② § 45 a Absatz 1 gilt entsprechend; in der Steueranmeldung sind die nach Satz 1 einbehaltenen Kirchensteuerbeträge für jede steuererhebende Religionsgemeinschaft jeweils als Summe anzumelden. ③ Die auf Grund der Regelabfrage vom Bundeszentralamt für Steuern bestätigte Kirchensteuerpflicht hat der Kirchensteuerabzugsverpflichtete dem Kirchensteuerabzug des auf den Stichtag folgenden Kalenderjahres zu Grunde zu legen. ④ Das Ergebnis einer Anlassabfrage wirkt anlassbezogen.

② Die Daten gemäß Nummer 3 sind nach amtlich vorgeschriebenem Datensatz durch Datenfernübertragung zu übermitteln. ③ Die Verbindung der Anfrage nach Nummer 2 mit der Anfrage nach Nummer 3 zu einer Anfrage ist zulässig. ④ Auf Antrag kann das Bundeszentralamt für Steuern zur Vermeidung unbilliger Härten auf eine elektronische Übermittlung verzichten. ⑤ § 44 Absatz 5 ist mit der Maßgabe anzuwenden, dass der Haftungsbescheid von dem für den Kirchensteuerabzugsverpflichteten zuständigen Finanzamt erlassen wird. ⑥ § 45 a Absatz 2 ist mit der Maßgabe anzuwenden, dass die steuererhebende Religionsgemeinschaft angegeben wird. ⑦ Sind an den Kapitalerträgen ausschließlich Ehegatten beteiligt, wird der Anteil an der Kapitalertragsteuer hälftig ermittelt. ⑧ Der Kirchensteuerabzugsverpflichtete darf die von ihm für die Durchführung des Kirchensteuerabzugs erhobenen Daten ausschließlich für diesen Zweck verarbeiten. ⑨ Er hat organisatorisch dafür Sorge zu tragen, dass ein Zugriff auf diese Daten für andere Zwecke gesperrt ist. ⑩ Ohne Einwilligung der oder des Kirchensteuerpflichtigen und soweit gesetzlich nichts anderes zugelassen ist, dürfen der Kirchensteuerabzugsverpflichtete und die beteiligte Finanzbehörde die Daten nach Satz 8 nicht für andere Zwecke verarbeiten.

(2d) ① Wird die nach Absatz 2 b zu erhebende Kirchensteuer nicht nach Absatz 2 c als Kirchensteuerabzug vom Kirchensteuerabzugsverpflichteten einbehalten, wird sie nach Ablauf des Kalenderjahres nach dem Kapitalertragsteuerbetrag veranlagt, der sich ergibt, wenn die Steuer auf Kapitalerträge nach § 32 d Absatz 1 Satz 4 und 5 errechnet wird; wenn Kirchensteuer als Kirchensteuerabzug nach Absatz 2 c erhoben wurde, wird eine Veranlagung auf Antrag des Steuerpflichtigen durchgeführt. ② Der Abzugsverpflichtete hat dem Kirchensteuerpflichtigen auf dessen Verlangen hin eine Bescheinigung über die einbehaltene Kapitalertragsteuer zu erteilen. ③ Der Kirchensteuerpflichtige hat die erhobene Kapitalertragsteuer zu erklären und die Bescheinigung nach Satz 2 oder nach § 45 a Absatz 2 oder 3 vorzulegen. 6

(2 e)[1] ① Der Schuldner der Kapitalertragsteuer kann unter Angabe seiner Identifikationsnummer nach amtlich vorgeschriebenem Vordruck schriftlich beim Bundeszentralamt für Steuern beantragen, dass der automatisierte Datenabruf seiner rechtlichen 7

[1] § 51 a Abs. 2 e neu gef. durch BeitrRLUmsG v. 7. 12. 2011 (BGBl. I S. 2592); zur erstmaligen Anwendung für nach dem 31. 12. 2014 zufließende Kapitalerträge siehe § 52 Abs. 49.

EStG

Zugehörigkeit zu einer steuererhebenden Religionsgemeinschaft bis auf schriftlichen Widerruf unterbleibt (Sperrvermerk). ② Das Bundeszentralamt für Steuern kann für die Abgabe der Erklärungen nach Satz 1 ein anderes sicheres Verfahren zur Verfügung stellen. ③ Der Sperrvermerk verpflichtet den Kirchensteuerpflichtigen für jeden Veranlagungszeitraum, in dem Kapitalertragsteuer einbehalten worden ist, zur Abgabe einer Steuererklärung zum Zwecke der Veranlagung nach Absatz 2 d Satz 1. ④ Das Bundeszentralamt für Steuern übermittelt für jeden Veranlagungszeitraum, für den ein Sperrvermerk abgerufen worden ist, an das Wohnsitzfinanzamt des Schuldners der Kapitalertragsteuer Name und Anschrift des Kirchensteuerabzugsverpflichteten, dem im Fall des Absatzes 2 c Satz 1 Nummer 3 auf Grund des Sperrvermerks ein Nullwert im Sinne des Absatzes 2 c Satz 1 Nummer 3 Satz 9 mitgeteilt worden ist. ⑤ Das Wohnsitzfinanzamt fordert den Kirchensteuerpflichtigen zur Abgabe einer Steuererklärung nach § 149 Absatz 1 Satz 1 und 2 der Abgabenordnung auf.

8 **(3) Ist die Einkommensteuer für Einkünfte, die dem Steuerabzug unterliegen, durch den Steuerabzug abgegolten oder werden solche Einkünfte bei der Veranlagung zur Einkommensteuer oder beim Lohnsteuer-Jahresausgleich nicht erfasst, gilt dies für die Zuschlagsteuer entsprechend.**

9 **(4) ① Die Vorauszahlungen auf Zuschlagsteuern sind gleichzeitig mit den festgesetzten Vorauszahlungen auf die Einkommensteuer zu entrichten; § 37 Absatz 5 ist nicht anzuwenden. ② Solange ein Bescheid über die Vorauszahlungen auf Zuschlagsteuern nicht erteilt worden ist, sind die Vorauszahlungen ohne besondere Aufforderung nach Maßgabe der für die Zuschlagsteuern geltenden Vorschriften zu entrichten. ③ § 240 Absatz 1 Satz 3 der Abgabenordnung ist insoweit nicht anzuwenden; § 254 Absatz 2 der Abgabenordnung gilt insoweit sinngemäß.**

10 **(5) ① Mit einem Rechtsbehelf gegen die Zuschlagsteuer kann weder die Bemessungsgrundlage noch die Höhe des zu versteuernden Einkommens angegriffen werden. ② Wird die Bemessungsgrundlage geändert, ändert sich die Zuschlagsteuer entsprechend.**

11 **(6) Die Absätze 1 bis 5 gelten für die Kirchensteuern nach Maßgabe landesrechtlicher Vorschriften.**

§ 52 Anwendungsvorschriften

1 (1) ① **Diese Fassung des Gesetzes ist, soweit in den folgenden Absätzen nichts anderes bestimmt ist, erstmals für den Veranlagungszeitraum 2025 anzuwenden. ② Beim Steuerabzug vom Arbeitslohn gilt Satz 1 mit der Maßgabe, dass diese Fassung erstmals auf den laufenden Arbeitslohn anzuwenden ist, der für einen nach dem 31. Dezember 2024 endenden Lohnzahlungszeitraum gezahlt wird, und auf sonstige Bezüge, die nach dem 31. Dezember 2024 zufließen. ③ Beim Steuerabzug vom Kapitalertrag gilt Satz 1 mit der Maßgabe, dass diese Fassung des Gesetzes erstmals auf Kapitalerträge anzuwenden ist, die dem Gläubiger nach dem 31. Dezember 2024 zufließen.**

(2) und (3) …

4 (4) ① **§ 3 Nummer 5 in der am 30. Juni 2013 geltenden Fassung ist vorbehaltlich des Satzes 2 erstmals für den Veranlagungszeitraum 2013 anzuwenden. ② § 3 Nummer 5 in der am 29. Juni 2013 geltenden Fassung ist weiterhin anzuwenden für freiwillig Wehrdienst Leistende, die das Dienstverhältnis vor dem 1. Januar 2014 begonnen haben. ③ § 3 Nummer 10 in der am 31. Dezember 2005 geltenden Fassung ist weiter anzuwenden für ausgezahlte Übergangsbeihilfen an Soldatinnen auf Zeit und Soldaten auf Zeit, wenn das Dienstverhältnis vor dem 1. Januar 2006 begründet worden ist. ④ § 3 Nummer 11 b in der Fassung des Artikels 1 des Gesetzes vom 19. Juni 2022 (BGBl. I S. 911) ist erstmals für den Veranlagungszeitraum 2021 anzuwenden. ⑤ § 3 Nummer 14 a in der Fassung des Artikels 3 des Gesetzes vom 16. Dezember 2022 (BGBl. I S. 2294) ist erstmals für den Veranlagungszeitraum 2021 anzuwenden. ⑥ Ist in der für das jeweilige Leistungsjahr zuletzt übermittelten Rentenbezugsmitteilung im Sinne des § 22 a in den nach § 22 a Absatz 1 Satz 1 Nummer 2 zu übermittelnden Daten der Zuschlag an Entgeltpunkten für langjährige Versicherung nach dem Sechsten Buch Sozialgesetzbuch enthalten, haben die Träger der gesetzlichen Rentenversicherung als mitteilungspflichtige Stelle im Sinne des § 22 a bis zum letzten Tag des Monats Februar 2024 für das jeweilige Leistungsjahr eine insoweit korrigierte Rentenbezugsmitteilung zu übermitteln. ⑦ Ein Einkommensteuerbescheid ist infolge einer nach Satz 6 korrigierten Rentenbezugsmitteilung insoweit zu ändern. ⑧ Das gilt auch, wenn der Einkommensteuerbescheid bereits bestandskräftig ist; andere Änderungsvorschriften bleiben unberührt. ⑨ Auf fortlaufende Leistungen nach dem Gesetz über die Heimkehrerstiftung vom 21. Dezember 1992 (BGBl. I S. 2094, 2101), das zuletzt durch Artikel 1 des Gesetzes vom 10. Dezember 2007 (BGBl. I S. 2830) geändert worden ist, in der jeweils geltenden Fassung ist § 3 Nummer 19 in der am 31. Dezember 2010 geltenden Fassung weiter anzuwenden. ⑩ § 3 Nummer 26 und 26 a in der Fassung des Artikels 2 des Gesetzes vom 11. Dezember 2018 (BGBl. I S. 2338) ist in allen offenen Fällen anzuwenden. ⑪ Für die Anwendung des § 3 Nummer 34 in der Fassung des Artikels 3 des Gesetzes vom 11. Dezember 2018 (BGBl. I S. 2338) ist das Zertifizierungserfordernis nach § 20 Absatz 2 Satz 2 in Verbindung mit § 20 Absatz 5 des Fünften Buches Sozialgesetzbuch für bereits vor dem 1. Januar 2019 begonnene unzertifizierte Gesundheitsmaßnahmen erstmals maßgeblich für Sachbezüge, die nach dem 31. Dezember 2019 gewährt werden. ⑫ § 3 Nummer 37 in der Fassung des Artikels 3 des Gesetzes vom 11. Dezember 2018 (BGBl. I S. 2338) ist letztmals für den Veranlagungszeitraum 2030 anzuwenden, sowie beim Steuerabzug vom Arbeitslohn auf Vorteile, die in einem vor dem 1. Januar 2031 endenden Lohnzahlungszeitraum oder als sonstige Bezüge vor dem 1. Januar 2031 zugewendet werden. ⑬ § 3 Nummer 40 ist erstmals anzuwenden für**

1. **Gewinnausschüttungen, auf die bei der ausschüttenden Körperschaft der nach Artikel 3 des Gesetzes vom 23. Oktober 2000 (BGBl. I S. 1433) aufgehobene Vierte Teil des Körperschaftsteuergesetzes nicht mehr anzuwenden ist; für die übrigen in § 3 Nummer 40 genannten Erträge im Sinne des § 20 gilt Entsprechendes;**
2. **Erträge im Sinne des § 3 Nummer 40 Satz 1 Buchstabe a, b, c und j nach Ablauf des ersten Wirtschaftsjahres der Gesellschaft, an der die Anteile bestehen, für das das Körperschaftsteuergesetz in der Fassung des Artikels 3 des Gesetzes vom 23. Oktober 2000 (BGBl. I S. 1433) erstmals anzuwenden ist.**

⑭ **§ 3 Nummer 40 Satz 1 Buchstabe d Satz 3 in der Fassung des Artikels 1 des Gesetzes vom 25. Juni 2021 (BGBl. I S. 2035) ist erstmals für Bezüge anzuwenden, die nach dem 31. Dezember 2019 zufließen. ⑮ § 3 Nummer 40 Satz 3 und 4 in der am 12. Dezember 2006 geltenden Fassung ist für Anteile, die einbringungsgeboren im Sinne des § 21 des Umwandlungssteuergesetzes in der am 12. Dezember 2006 geltenden Fassung sind, weiter anzuwenden. ⑯ § 3 Nummer 40 Satz 3 erster Halbsatz in der am 1. Januar 2017 geltenden Fassung ist erstmals für den Veranlagungszeitraum 2017 anzuwenden; der zweite Halbsatz ist anzuwenden auf Anteile, die nach dem 31. Dezember 2016 dem Betriebsvermögen zugehen. ⑰ Bei vom Kalenderjahr abweichenden Wirtschaftsjahren ist § 3 Nummer 40 Buchstabe d Satz 2 in der am 30. Juni 2013 geltenden Fassung erst-**

EStG

mals für den Veranlagungszeitraum anzuwenden, in dem das Wirtschaftsjahr endet, das nach dem 31. Dezember 2013 begonnen hat. ⑱ § 3 Nummer 40 a in der am 6. August 2004 geltenden Fassung ist auf Vergütungen im Sinne des § 18 Absatz 1 Nummer 4 anzuwenden, wenn die vermögensverwaltende Gesellschaft oder Gemeinschaft nach dem 31. März 2002 und vor dem 1. Januar 2009 gegründet worden ist oder soweit die Vergütungen in Zusammenhang mit der Veräußerung von Anteilen an Kapitalgesellschaften stehen, die nach dem 7. November 2003 und vor dem 1. Januar 2009 erworben worden sind. ⑲ § 3 Nummer 40 a in der am 19. August 2008 geltenden Fassung ist erstmals auf Vergütungen im Sinne des § 18 Absatz 1 Nummer 4 anzuwenden, wenn die vermögensverwaltende Gesellschaft oder Gemeinschaft nach dem 31. Dezember 2008 gegründet worden ist. ⑳ § 3 Nummer 41 in der am 30. Juni 2021 geltenden Fassung ist letztmals für den Veranlagungszeitraum 2021 anzuwenden. ㉑ § 3 Nummer 46 in der am 17. November 2016 geltenden Fassung ist erstmals anzuwenden auf Vorteile, die in einem nach dem 31. Dezember 2016 endenden Lohnzahlungszeitraum oder als sonstige Bezüge nach dem 31. Dezember 2016 zugewendet werden, und letztmals anzuwenden auf Vorteile, die in einem vor dem 1. Januar 2031 endenden Lohnzahlungszeitraum oder als sonstige Bezüge vor dem 1. Januar 2031 zugewendet werden. ㉒ § 3 Nummer 60 in der am 13. August 2020 geltenden Fassung ist weiterhin anzuwenden für Anpassungsgelder an Arbeitnehmer im Steinkohlenbergbau bis zum Auslaufen dieser öffentlichen Mittel im Jahr 2027. ㉓ Der Höchstbetrag nach § 3 Nummer 63 Satz 1 verringert sich um Zuwendungen, auf die § 40 b Absatz 1 und 2 Satz 1 und 2 in der am 31. Dezember 2004 geltenden Fassung angewendet wird. ㉔ § 3 Nummer 63 Satz 3 in der ab dem 1. Januar 2018 geltenden Fassung ist nicht anzuwenden, soweit § 40 b Absatz 1 und 2 Satz 3 und 4 in der am 31. Dezember 2004 geltenden Fassung angewendet wird. ㉕ § 3 Nummer 71 in der am 31. Dezember 2014 geltenden Fassung ist erstmals für den Veranlagungszeitraum 2013 anzuwenden. ㉖ § 3 Nummer 71 in der Fassung des Artikels 1 des Gesetzes vom 27. Juni 2017 (BGBl. I S. 2074) ist erstmals für den Veranlagungszeitraum 2017 anzuwenden. ㉗ § 3 Nummer 71 in der Fassung des Artikels 17 des Gesetzes vom 11. Dezember 2023 (BGBl. 2023 I Nr. 354) ist erstmals für den Veranlagungszeitraum 2023 anzuwenden. ㉘ § 3 Nummer 72 in der Fassung des Artikels 1 des Gesetzes vom 16. Dezember 2022 (BGBl. I S. 2294) ist für Einnahmen und Entnahmen anzuwenden, die nach dem 31. Dezember 2021 erzielt oder getätigt werden. ㉙ § 3 Nummer 72 in der Fassung des Artikels 3 des Gesetzes vom 2. Dezember 2024 (BGBl. 2024 I Nr. 387) ist erstmals für Photovoltaikanlagen anzuwenden, die nach dem 31. Dezember 2024 angeschafft, in Betrieb genommen oder erweitert werden.

4a (4 a) ① § 3 a in der Fassung des Artikels 2 des Gesetzes vom 27. Juni 2017 (BGBl. I S. 2074) ist erstmals in den Fällen anzuwenden, in denen die Schulden ganz oder teilweise nach dem 8. Februar 2017 erlassen wurden. ② Satz 1 gilt bei einem Schuldenerlass nach dem 8. Februar 2017 nicht, wenn dem Steuerpflichtigen auf Antrag Billigkeitsmaßnahmen aus Gründen des Vertrauensschutzes für einen Sanierungsertrag auf Grundlage von § 163 Absatz 1 Satz 2 und den §§ 222, 227 der Abgabenordnung zu gewähren sind. ③ Auf Antrag des Steuerpflichtigen ist § 3 a auch in den Fällen anzuwenden, in denen die Schulden vor dem 9. Februar 2017 erlassen wurden. ④ Satz 1 gilt auch für § 3 a Absatz 3 a in der Fassung des Artikels 1 des Gesetzes vom 12. Dezember 2019 (BGBl. I S. 2451).

5 (5) ① § 3 c Absatz 2 Satz 3 und 4 in der am 12. Dezember 2006 geltenden Fassung ist für Anteile, die einbringungsgeboren im Sinne des § 21 des Umwandlungssteuergesetzes in der am 12. Dezember 2006 geltenden Fassung sind, weiter anzuwenden. ② § 3 c Absatz 2 in der am 31. Dezember 2014 geltenden Fassung ist erstmals für Wirtschaftsjahre anzuwenden, die nach dem 31. Dezember 2014 beginnen. ③ § 3 c Absatz 4 in der Fassung des Artikels 2 des Gesetzes vom 27. Juni 2017 (BGBl. I S. 2074) ist für Betriebsvermögensminderungen oder Betriebsausgaben in unmittelbarem wirtschaftlichem Zusammenhang mit einem Schuldenerlass nach dem 8. Februar 2017 anzuwenden, für den § 3 a angewendet wird. ④ § 3 c Absatz 4 ist auch in den Fällen anzuwenden, in denen dem Steuerpflichtigen die Steuerbefreiung des § 3 a auf Grund eines Antrags nach Absatz 4 a Satz 3 gewährt wird.

(6) bis (16 a) ...

16a (16 b) ① § 9 Absatz 1 Satz 3 Nummer 7 Satz 1 in der Fassung des Artikels 1 des Gesetzes vom 12. Dezember 2019 (BGBl. I S. 2451) ist erstmals anzuwenden auf Sonderabschreibungen nach § 7 b in der Fassung des Artikels 1 des Gesetzes vom 4. August 2019 (BGBl. I S. 1122). ② § 9 Absatz 5 Satz 2 in der Fassung des Artikels 1 des Gesetzes vom 27. Juni 2017 (BGBl. I S. 2074) ist erstmals für Aufwendungen im Sinne des § 4 j in der Fassung des Artikels 1 des Gesetzes vom 27. Juni 2017 (BGBl. I S. 2074) anzuwenden, die nach dem 31. Dezember 2017 entstehen. ③ § 9 Absatz 5 Satz 2 in der Fassung des Artikels 1 des Gesetzes vom 12. Dezember 2019 (BGBl. I S. 2451) ist auch für Veranlagungszeiträume vor 2019 anzuwenden. ④ § 9 Absatz 5 Satz 2 in der Fassung des

EStG

Artikels 1 des Gesetzes vom 25. Juni 2021 (BGBl. I S. 2035) ist erstmals für Aufwendungen im Sinne des § 4k anzuwenden, die nach dem 31. Dezember 2019 entstehen.

(17) …

(18) ① **§ 10 Absatz 1 a Nummer 2 in der am 1. Januar 2015 geltenden Fassung ist auf alle Versorgungsleistungen anzuwenden, die auf Vermögensübertragungen beruhen, die nach dem 31. Dezember 2007 vereinbart worden sind.** ② **Für Versorgungsleistungen, die auf Vermögensübertragungen beruhen, die vor dem 1. Januar 2008 vereinbart worden sind, gilt dies nur, wenn das übertragene Vermögen nur deshalb einen ausreichenden Ertrag bringt, weil ersparte Aufwendungen, mit Ausnahme des Nutzungsvorteils eines vom Vermögensübernehmer zu eigenen Zwecken genutzten Grundstücks, zu den Erträgen des Vermögens gerechnet werden.** ③ **§ 10 Absatz 1 Nummer 5 in der am 1. Januar 2012 geltenden Fassung gilt auch für Kinder, die wegen einer vor dem 1. Januar 2007 in der Zeit ab Vollendung des 25. Lebensjahres und vor Vollendung des 27. Lebensjahres eingetretenen körperlichen, geistigen oder seelischen Behinderung außerstande sind, sich selbst zu unterhalten.** ④ **§ 10 Absatz 2 Satz 1 Nummer 1 in der Fassung des Artikels 3 des Gesetzes vom 2. Dezember 2024 (BGBl. 2024 I Nr. 387) ist in allen offenen Fällen anzuwenden.** ⑤ **§ 10 Absatz 2 c in der Fassung des Artikels 3 des Gesetzes vom 2. Dezember 2024 (BGBl. 2024 I Nr. 387) ist erstmals auf Vorsorgeaufwendungen anzuwenden, die nach dem 31. Dezember 2027 an die mitteilungspflichtige Stelle geleistet oder an den Steuerpflichtigen erstattet werden.** ⑥ **§ 10 Absatz 4 b Satz 4 bis 6 in der am 30. Juni 2013 geltenden Fassung ist erstmals für die Übermittlung der Daten des Veranlagungszeitraums 2016 anzuwenden.** ⑦ **§ 10 Absatz 5 in der am 31. Dezember 2009 geltenden Fassung ist auf Beiträge zu Versicherungen im Sinne des § 10 Absatz 1 Nummer 2 Buchstabe b Doppelbuchstabe bb bis dd in der am 31. Dezember 2004 geltenden Fassung weiterhin anzuwenden, wenn die Laufzeit dieser Versicherungen vor dem 1. Januar 2005 begonnen hat und ein Versicherungsbeitrag bis zum 31. Dezember 2004 entrichtet wurde.** 18

(18 a) **§ 10 b Absatz 1 Satz 8 in der Fassung des Artikels 2 des Gesetzes vom 12. Dezember 2019 (BGBl. I S. 2451) ist erstmals auf Mitgliedsbeiträge anzuwenden, die nach dem 31. Dezember 2019 gezahlt werden.** 18a

(18 b) ① **§ 10 d Absatz 1 Satz 1 in der Fassung des Artikels 1 des Gesetzes vom 10. März 2021 (BGBl. I S. 330) ist für die Veranlagungszeiträume 2020 und 2021 anzuwenden.** ② **§ 10 d Absatz 1 in der Fassung des Artikels 3 des Gesetzes vom 19. Juni 2022 (BGBl. I S. 911) ist erstmals für den Veranlagungszeitraum 2022 anzuwenden.** ③ **§ 10 d Absatz 2 in der Fassung des Artikels 2 des Gesetzes vom 27. März 2024 (BGBl. 2024 I Nr. 108) ist erstmals für den Veranlagungszeitraum 2024 anzuwenden.** ④ **§ 10 d Absatz 2 Satz 1 in der Fassung des Artikels 6 des Gesetzes vom 27. März 2024 (BGBl. 2024 I Nr. 108) ist erstmals für den Veranlagungszeitraum 2028 anzuwenden.** 18b

(19) …

(20) **§ 12 Nummer 4 in der Fassung des Artikels 1 des Gesetzes vom 12. Dezember 2019 (BGBl. I S. 2451) ist erstmals anzuwenden auf nach dem 31. Dezember 2018 festgesetzte Geldstrafen, sonstige Rechtsfolgen vermögensrechtlicher Art, bei denen der Strafcharakter überwiegt, und Leistungen zur Erfüllung von Auflagen oder Weisungen, soweit die Auflagen oder Weisungen nicht lediglich der Wiedergutmachung des durch die Tat verursachten Schadens dienen, sowie auf nach dem 31. Dezember 2018 entstandene damit zusammenhängende Aufwendungen.** 20

(21) bis (25 a) …

(26) **Für die Anwendung des § 18 Absatz 4 Satz 2 in der Fassung des Artikels 1 des Gesetzes vom 22. Dezember 2005 (BGBl. I S. 3683) gilt Absatz 25 entsprechend.** 26

(26 a) **§ 19 Absatz 2 Satz 3 und § 24 a Satz 5 in der Fassung des Artikels 1 des Gesetzes vom 27. März 2024 (BGBl. 2024 I Nr. 108) sind beim Steuerabzug vom Arbeitslohn erstmals ab dem 1. Januar 2025 anzuwenden.** 26a

(27) *(aufgehoben)* 27

(28) bis (31) …

(32) ① **§ 32 Absatz 4 Satz 1 Nummer 3 in der Fassung des Artikels 1 des Gesetzes vom 19. Juli 2006 (BGBl. I S. 1652) ist erstmals für Kinder anzuwenden, die im Veranlagungszeitraum 2007 wegen einer vor Vollendung des 25. Lebensjahres eingetretenen körperlichen, geistigen oder seelischen Behinderung außerstande sind, sich selbst zu unterhalten; für Kinder, die wegen einer vor dem 1. Januar 2007 in der Zeit ab der Vollendung des 25. Lebensjahres und vor Vollendung des 27. Lebensjahres eingetretenen körperlichen, geistigen oder seelischen Behinderung außerstande sind, sich selbst zu unterhalten, ist § 32 Absatz 4 Satz 1 Nummer 3 weiterhin in der bis zum 31. Dezember 2006 geltenden Fassung anzuwenden.** ② **§ 32 Absatz 5 ist nur noch anzuwenden, wenn das Kind den Dienst oder die Tätigkeit vor dem 1. Juli 2011 angetreten hat.** ③ **Für die nach § 10 Absatz 1 Nummer 2 Buchstabe b und den §§ 10 a, 82 begünstigten** 32

EStG

Verträge, die vor dem 1. Januar 2007 abgeschlossen wurden, gelten für das Vorliegen einer begünstigten Hinterbliebenenversorgung die Altersgrenzen des § 32 in der am 31. Dezember 2006 geltenden Fassung. ④ Dies gilt entsprechend für die Anwendung des § 93 Absatz 1 Satz 3 Buchstabe b. ⑤ § 32 Absatz 6 Satz 1 in der Fassung des Artikels 1 des Gesetzes vom 8. Dezember 2022 (BGBl. I S. 2230) ist beim Steuerabzug vom Arbeitslohn ab dem 1. Januar 2023 anzuwenden.

(32 a) ① **§ 32 a Absatz 1, § 39 b Absatz 2 Satz 7 zweiter Halbsatz und § 51 a Absatz 2 a Satz 1 in Verbindung mit § 32 Absatz 6 Satz 1 in der am 6. Dezember 2024 geltenden Fassung sind beim Steuerabzug vom Arbeitslohn erstmals anzuwenden auf laufenden Arbeitslohn, der für einen nach dem 30. November 2024 endenden Lohnzahlungszeitraum gezahlt wird, und auf sonstige Bezüge, die nach dem 30. November 2024 zufließen.** ② **Bei der Lohnsteuerberechnung auf laufenden Arbeitslohn, der für einen nach dem 30. November 2024 aber vor dem 1. Januar 2025 endenden täglichen, wöchentlichen und monatlichen Lohnzahlungszeitraum gezahlt wird, ist zu berücksichtigen, dass § 32 a Absatz 1, § 39 b Absatz 2 Satz 7 zweiter Halbsatz und § 51 a Absatz 2 a Satz 1 in Verbindung mit § 32 Absatz 6 Satz 1 in der am 6. Dezember 2024 geltenden Fassung bis zum 30. November 2024 nicht an-gewandt wurden (Nachholung).** ③ **Das Bundesministerium der Finanzen hat im Einvernehmen mit den obersten Finanzbehörden der Länder entsprechende Programmablaufpläne[1] aufzustellen und bekannt zu machen (§ 39 b Absatz 6 und § 51 Absatz 4 Nummer 1 a).**

33 (33) ① **§ 32 b Absatz 2 Satz 1 Nummer 2 Satz 2 Buchstabe c ist erstmals auf Wirtschaftsgüter des Umlaufvermögens anzuwenden, die nach dem 28. Februar 2013 angeschafft, hergestellt oder in das Betriebsvermögen eingelegt werden.** ② **§ 32 b Absatz 1 Satz 3 in der Fassung des Artikels 11 des Gesetzes vom 18. Dezember 2013 (BGBl. I S. 4318) ist in allen offenen Fällen anzuwenden.** ③ **§ 32 b Absatz 3 bis 5 in der am 1. Januar 2017 geltenden Fassung ist erstmals für ab dem 1. Januar 2018 gewährte Leistungen anzuwenden.**

(33 a) bis (33 b) ...

33c (33 c) **Die §§ 33 und 33 b in der Fassung des Artikels 1 des Gesetzes vom 9. Dezember 2020 (BGBl. I S. 2770) sind erstmals für den Veranlagungszeitraum 2021 anzuwenden.**

(34) bis (35 c) ...

(35 d) **§ 37 Absatz 3 Satz 3 ist auf Antrag des Steuerpflichtigen mit der Maßgabe anzuwenden, dass**

1. **für den Veranlagungszeitraum 2019 an die Stelle des 15. Kalendermonats der 21. Kalendermonat und an die Stelle des 23. Kalendermonats der 28. Kalendermonat,**
2. **für die Veranlagungszeiträume 2020 und 2021 an die Stelle des 15. Kalendermonats der 21. Kalendermonat und an die Stelle des 23. Kalendermonats der 29. Kalendermonat,**
3. **für den Veranlagungszeitraum 2022 an die Stelle des 15. Kalendermonats der 20. Kalendermonat und an die Stelle des 23. Kalendermonats der 28. Kalendermonat,**
4. **für den Veranlagungszeitraum 2023 an die Stelle des 15. Kalendermonats der 18. Kalendermonat und an die Stelle des 23. Kalendermonats der 26. Kalendermonat und**
5. **für den Veranlagungszeitraum 2024 an die Stelle des 15. Kalendermonats der 17. Kalendermonat und an die Stelle des 23. Kalendermonats der 25. Kalendermonat**

tritt.

36 (36) ① **Das Bundesministerium der Finanzen kann im Einvernehmen mit den obersten Finanzbehörden der Länder in einem Schreiben mitteilen, wann das in § 39 Absatz 4 Nummer 5 genannte Lohnsteuerabzugsmerkmal erstmals abgerufen werden kann (§ 39 e Absatz 3 Satz 1).** ② **Dieses Schreiben ist im Bundessteuerblatt zu veröffentlichen.** ③ **§ 39 in der Fassung des Artikels 4 des Gesetzes vom 21. Dezember 2020 (BGBl. I S. 3096), geändert durch Artikel 4 des Gesetzes vom 16. Dezember 2022 (BGBl. I S. 2294), § 39 a Absatz 1 Satz 1 Nummer 1 a, Absatz 2 Satz 4, Absatz 3 Satz 2 und Absatz 4 Satz 1 Nummer 1 a in der Fassung des Artikels 4 des Gesetzes vom 21. Dezember 2020 (BGBl. I S. 3096), geändert durch Artikel 6 des Gesetzes vom 16. Dezember 2022 (BGBl. I S. 2294), § 39 b Absatz 2 Satz 5 Nummer 3, § 41 b Absatz 1 Satz 2, § 41 c Absatz 1 Satz 2, § 42 b Absatz 1 Satz 3 Nummer 5 in der Fassung des Artikels 5 des Gesetzes vom 21. Dezember 2020 (BGBl. I S. 3096) und § 46 Absatz 2 Nummer 3 in der Fassung des Artikels 3 des Gesetzes vom 8. Dezember 2022 (BGBl. I S. 2230) sind erstmals ab dem 1. Januar 2026 anzuwenden.** ④ **§ 39 in der Fassung des Artikels 4 des Gesetzes vom 21. Dezember 2020 (BGBl. I S. 3096), geändert durch Artikel 4 des Gesetzes vom 16. Dezember 2022 (BGBl. I S. 2294), kann im Rah-**

[1] Für 2025 vgl. BMF-Schreiben vom 22. 11. 2024 (BStBl. I S. 1434), nachstehend abgedruckt als Anlage b zu LStH 39 b.7.

EStG

men eines Pilotprojekts mit Echtdaten bereits ab dem 1. Januar 2023 angewendet werden.

(37) ① **Das Bundesministerium der Finanzen kann im Einvernehmen mit den obersten Finanzbehörden der Länder in einem Schreiben mitteilen, ab wann die Regelungen in § 39 a Absatz 1 Satz 3 bis 5 erstmals anzuwenden sind.** ② **Dieses Schreiben ist im Bundessteuerblatt zu veröffentlichen.**[1] 37

(37 a) **§ 39 f Absatz 1 Satz 9 bis 11 und Absatz 3 Satz 1 ist erstmals für den Veranlagungszeitraum 2019 anzuwenden.** 37a

(37 b) *(aufgehoben)* 37b

(37 c) ① **§ 40 Absatz 2 Satz 1 Nummer 6 in der am 17. November 2016 geltenden Fassung ist erstmals anzuwenden auf Vorteile, die in einem nach dem 31. Dezember 2016 endenden Lohnzahlungszeitraum oder als sonstige Bezüge nach dem 31. Dezember 2016 zugewendet werden, und letztmals anzuwenden auf Vorteile, die in einem vor dem 1. Januar 2031 endenden Lohnzahlungszeitraum oder als sonstige Bezüge vor dem 1. Januar 2031 zugewendet werden.** ② **§ 40 Absatz 2 Satz 2 Nummer 3 und Satz 4 in der Fassung des Artikels 2 des Gesetzes vom 21. Dezember 2020 (BGBl. I S. 3096) ist erstmals auf Freifahrtberechtigungen anzuwenden, die nach dem 31. Dezember 2020 gewährt werden.** ③ **§ 37 a Absatz 2 Satz 1, § 37 b Absatz 3 Satz 2, § 40 Absatz 4, § 40 a Absatz 5 Satz 2 und § 40 b Absatz 5 Satz 1 in der Fassung des Artikels 3 des Gesetzes vom 2. Dezember 2024 (BGBl. 2024 I Nr. 387) sind in allen offenen Fällen anzuwenden.** 37c

(38) **§ 40 a Absatz 2, 2 a und 6 in der am 31. Juli 2014 geltenden Fassung ist erstmals ab dem Kalenderjahr 2013 anzuwenden.** 38

(39) *(aufgehoben)*

(40) **§ 40 b Absatz 1 und 2 in der am 31. Dezember 2004 geltenden Fassung ist weiter anzuwenden auf Beiträge für eine Direktversicherung des Arbeitnehmers und Zuwendungen an eine Pensionskasse, wenn vor dem 1. Januar 2018 mindestens ein Beitrag nach § 40 b Absatz 1 und 2 in einer vor dem 1. Januar 2005 geltenden Fassung pauschal besteuert wurde.** 40

(40 a) ① **§ 41 a Absatz 1 Satz 1 Nummer 1 in der Fassung des Artikels 2 des Gesetzes vom 12. Dezember 2019 (BGBl. I S. 2451) ist erstmals für Lohnzahlungszeiträume anzuwenden, die nach dem 31. Dezember 2020 enden.** ② **§ 41 a Absatz 4 Satz 1 in der Fassung des Artikels 1 des Gesetzes vom 24. Februar 2016 (BGBl. I S. 310) gilt für eine Dauer von 60 Monaten und ist erstmals für laufenden Arbeitslohn anzuwenden, der für den Lohnzahlungszeitraum gezahlt wird, der nach dem Kalendermonat folgt, in dem die Europäische Kommission die Genehmigung zu diesem Änderungsgesetz erteilt hat; die Regelung ist erstmals für sonstige Beträge anzuwenden, die nach dem Monat zufließen, in dem die Europäische Kommission die Genehmigung zu diesem Änderungsgesetz erteilt hat.** ③ **§ 41 a Absatz 4 in der Fassung des Artikels 3 des Gesetzes vom 19. Juni 2022 (BGBl. I S. 911) gilt für eine Dauer von 72 Monaten und ist erstmals für laufenden Arbeitslohn anzuwenden, der für einen ab dem 1. Juni 2021 endenden Lohnzahlungszeitraum gezahlt wird, und für sonstige Bezüge, die ab dem 1. Juni 2021 zufließen.** 41

(41) bis (48) ...

(49) **§ 51 a Absatz 2 c und 2 e in der am 30. Juni 2013 geltenden Fassung ist erstmals auf nach dem 31. Dezember 2014 zufließende Kapitalerträge anzuwenden.** 49

(49 a) ① **§ 62 Absatz 1 a in der am 18. Juli 2019 geltenden Fassung ist für Kindergeldfestsetzungen anzuwenden, die Zeiträume betreffen, die nach dem 31. Juli 2019 beginnen.** ② **§ 62 Absatz 2 Nummer 1 bis 4 in der Fassung des Artikels 3 des Gesetzes vom 12. Dezember 2019 (BGBl. I S. 2451) ist für Kindergeldfestsetzungen anzuwenden, die Zeiträume betreffen, die nach dem 29. Februar 2020 beginnen.** ③ **§ 62 Absatz 2 Nummer 2 Buchstabe c in der Fassung des Artikels 11 Nummer 2 des Gesetzes vom 23. Mai 2022 (BGBl. I S. 760) ist für Kindergeldfestsetzungen anzuwenden, die Zeiträume betreffen, die nach dem 31. Mai 2022 beginnen.** ④ **§ 62 Absatz 2 Nummer 2 Buchstabe a und b in der Fassung des Artikels 3 des Gesetzes vom 2. Dezember 2024 (BGBl. 2024 I Nr. 387) ist für Kindergeldfestsetzungen anzuwenden, die Zeiträume betreffen, die nach dem 31. Mai 2024 beginnen.** ⑤ **§ 62 Absatz 2 Nummer 5 in der Fassung des Artikels 3 des Gesetzes vom 12. Dezember 2019 (BGBl. I S. 2451) ist für Kindergeldfestsetzungen anzuwenden, die Zeiträume betreffen, die nach dem 31. Dezember 2019 beginnen.** ⑥ **Die §§ 62, 63 und 67 in der am 9. Dezember 2014 geltenden Fassung sind für Kindergeldfestsetzungen anzuwenden, die Zeiträume betreffen, die nach dem 31. Dezember 2015 beginnen.** ⑦ **Die §§ 62, 63 und 67 in der am 9. Dezember 2014 geltenden Fassung sind auch für Kindergeldfestsetzungen anzuwenden, die Zeiträume** 50

[1] Zum Start der zweijährigen Gültigkeit von Freibeträgen beim Lohnsteuer-Ermäßigungsverfahren siehe *BMF-Schreiben vom 21. 5. 2015 (BStBl. I S. 488).*

EStG

betreffen, die vor dem 1. Januar 2016 liegen, der Antrag auf Kindergeld aber erst nach dem 31. Dezember 2015 gestellt wird. ⑧ § 66 Absatz 1 in der am 23. Juli 2015 geltenden Fassung ist für Kindergeldfestsetzungen anzuwenden, die Zeiträume betreffen, die nach dem 31. Dezember 2014 beginnen. ⑨ § 66 Absatz 1 in der am 1. Januar 2016 geltenden Fassung ist für Kindergeldfestsetzungen anzuwenden, die *Zeiträume betreffen*, die nach dem 31. Dezember 2015 beginnen. ⑩ § 66 Absatz 1 in der am 1. Januar 2017 geltenden Fassung ist für Kindergeldfestsetzungen anzuwenden, die Zeiträume betreffen, die nach dem 31. Dezember 2016 beginnen. ⑪ § 66 Absatz 1 in der am 1. Januar 2018 geltenden Fassung ist für Kindergeldfestsetzungen anzuwenden, die Zeiträume betreffen, die nach dem 31. Dezember 2017 beginnen. ⑫ § 66 Absatz 3 ist auf Anträge anzuwenden, die nach dem 31. Dezember 2017 und vor dem 18. Juli 2019 eingehen. ⑫ § 69 in der am 1. Januar 2018 geltenden Fassung ist erstmals am 1. November 2019 anzuwenden. ⑭ § 66 Absatz 1 in der Fassung des Artikels 2 des Gesetzes vom 29. November 2018 (BGBl. I S. 2210) ist für Kindergeldfestsetzungen anzuwenden, die Zeiträume betreffen, die nach dem 30. Juni 2019 beginnen. ⑮ § 66 Absatz 1 in der Fassung des Artikels 1 des Gesetzes vom 1. Dezember 2020 (BGBl. I S. 2616) ist für Kindergeldfestsetzungen anzuwenden, die Zeiträume betreffen, die nach dem 31. Dezember 2020 beginnen. ⑯ § 69 Satz 1 in der Fassung des Artikels 4 des Gesetzes vom 16. Dezember 2022 (BGBl. I S. 2294) ist erstmals am 1. Januar 2024 anzuwenden. ⑰ § 69 Satz 2 in der Fassung des Artikels 4 des Gesetzes vom 16. Dezember 2022 (BGBl. I S. 2294) ist erstmals für den Veranlagungszeitraum 2024 anzuwenden. ⑱ § 69 Satz 3 in der Fassung des Artikels 4 des Gesetzes vom 16. Dezember 2022 (BGBl. I S. 2294) ist erstmals anzuwenden für Kinder, deren Geburt nach dem 31. Dezember 2023 erfolgt. ⑲ § 67 Satz 1 in der Fassung des Artikels 3 des Gesetzes vom 2. Dezember 2024 (BGBl. 2024 I Nr. 387) ist auf Anträge anzuwenden, die nach dem 5. Dezember 2024 eingehen.

51 (50) ① **§ 70 Absatz 1 Satz 2 ist auf Anträge anzuwenden, die nach dem 18. Juli 2019 eingehen.** ② **§ 70 Absatz 4 in der am 31. Dezember 2011 geltenden Fassung ist weiter für Kindergeldfestsetzungen anzuwenden, die Zeiträume betreffen, die vor dem 1. Januar 2012 enden.**

52 (51) ① **§ 89 Absatz 2 Satz 1 in der am 1. Januar 2017 geltenden Fassung ist erstmals für die Übermittlung von Daten ab dem 1. Januar 2017 anzuwenden.** ② **§ 89 Absatz 2 Satz 1 in der Fassung des Artikels 3 des Gesetzes vom 11. Dezember 2018 (BGBl. I S. 2338) ist erstmals für die Übermittlung von Daten ab dem 1. Januar 2020 anzuwenden.**

(51 a) ① **Auf Stundungsfälle, bei denen der Beginn der Auszahlungsphase vor dem 1. Januar 2023 liegt, findet § 95 Absatz 2 Satz 2 bis 5 in der bis zum 31. Dezember 2022 geltenden Fassung weiter Anwendung.** ② **Bei Stundungsfällen, bei denen der Rückzahlungsbetrag nach § 95 Absatz 2 Satz 1 in der bis zum 31. Dezember 2022 geltenden Fassung gestundet wurde und der Beginn der Auszahlungsphase nach dem 31. Dezember 2022 liegt, sind die Stundungszinsen zu erlassen und ist § 95 in der jeweils geltenden Fassung anzuwenden.**

53 (52) **§ 110 in der Fassung des Artikels 1 des Gesetzes vom 10. März 2021 (BGBl. I S. 330) ist für den Veranlagungszeitraum 2019 anzuwenden.**

54 (53) **§ 111 in der Fassung des Artikels 1 des Gesetzes vom 10. März 2021 (BGBl. I S. 330) ist für die Veranlagungszeiträume 2019 und 2020 anzuwenden.**

LStDV

Lohnsteuer-Durchführungsverordnung (LStDV 1990)

In der Fassung der Bekanntmachung vom 10. 10. 1989 (BGBl. I S. 1848)

zuletzt geändert durch Fünfte Verordnung zur Änderung steuerlicher Verordnungen vom 25. 6. 2020 (BGBl. I S. 1495)

§ 8 Anwendungszeitraum

55 (1) Die Vorschriften dieser Verordnung in der Fassung des Artikels 2 des Gesetzes vom 13. Dezember 2006 (BGBl. I S. 2878) sind erstmals anzuwenden auf laufenden Arbeitslohn, der für einen nach dem 31. Dezember 2006 endenden Lohnzahlungszeitraum gezahlt wird, und auf sonstige Bezüge, die nach dem 31. Dezember 2006 zufließen.

(2) ① § 6 Abs. 3 und 4 sowie § 7 in der am 31. Dezember 2001 geltenden Fassung[1] sind weiter anzuwenden im Falle einer schädlichen Verfügung vor dem 1. Januar 2002. ② Die Nachversteuerung nach § 7 Abs. 1 Satz 1 unterbleibt, wenn der nachzufordernde Betrag 10 Euro nicht übersteigt.

(3) § 4 Absatz 2 a ist für ab dem 1. Januar 2018 im Lohnkonto aufzuzeichnende Daten anzuwenden.

[1] Abgedruckt im *„Handbuch zur Lohnsteuer 2002"* § 19 a Rn. 3 ff.

EStG

X. Kindergeld

§ 62[1] Anspruchsberechtigte

(1) ① **Für Kinder im Sinne des § 63 hat Anspruch auf Kindergeld nach diesem Gesetz, wer** 1

1. im Inland einen Wohnsitz oder seinen gewöhnlichen Aufenthalt hat oder

2. ohne Wohnsitz oder gewöhnlichen Aufenthalt im Inland
a) nach § 1 Absatz 2 unbeschränkt einkommensteuerpflichtig ist oder
b) nach § 1 Absatz 3 als unbeschränkt einkommensteuerpflichtig behandelt wird.

② **Voraussetzung für den Anspruch nach Satz 1 ist, dass der Berechtigte durch die an ihn vergebene Identifikationsnummer (§ 139 b der Abgabenordnung) identifiziert wird.** ③ **Die nachträgliche Vergabe der Identifikationsnummer wirkt auf Monate zurück, in denen die Voraussetzungen des Satzes 1 vorliegen.**

(1 a) ① **Begründet ein Staatsangehöriger eines anderen Mitgliedstaates der Europäischen Union oder eines Staates, auf den das Abkommen über den Europäischen Wirtschaftsraum Anwendung findet, im Inland einen Wohnsitz oder gewöhnlichen Aufenthalt, so hat er für die ersten drei Monate ab Begründung des Wohnsitzes oder des gewöhnlichen Aufenthalts keinen Anspruch auf Kindergeld.** ② **Dies gilt nicht, wenn er nachweist, dass er inländische Einkünfte im Sinne des § 2 Absatz 1 Satz 1 Nummer 1 bis 4 mit Ausnahme von Einkünften nach § 19 Absatz 1 Satz 1 Nummer 2 erzielt.** ③ **Nach Ablauf des in Satz 1 genannten Zeitraums hat er Anspruch auf Kindergeld, es sei denn, die Voraussetzungen des § 2 Absatz 2 oder Absatz 3 des Freizügigkeitsgesetzes/EU liegen nicht vor oder es sind nur die Voraussetzungen des § 2 Absatz 2 Nummer 1 a des Freizügigkeitsgesetzes/EU erfüllt, ohne dass vorher eine andere der in § 2 Absatz 2 des Freizügigkeitsgesetzes/EU genannten Voraussetzungen erfüllt war.** ④ **Die Prüfung, ob die Voraussetzungen für einen Anspruch auf Kindergeld gemäß Satz 2 vorliegen oder gemäß Satz 3 nicht gegeben sind, führt die Familienkasse in eigener Zuständigkeit durch.** ⑤ **Lehnt die Familienkasse eine Kindergeldfestsetzung in diesem Fall ab, hat sie ihre Entscheidung der zuständigen Ausländerbehörde mitzuteilen.** ⑥ **Wurde das Vorliegen der Anspruchsvoraussetzungen durch die Verwendung gefälschter oder verfälschter Dokumente oder durch Vorspiegelung falscher Tatsachen vorgetäuscht, hat die Familienkasse die zuständige Ausländerbehörde unverzüglich zu unterrichten.**

(2) **Ein nicht freizügigkeitsberechtigter Ausländer erhält Kindergeld nur, wenn er** 2

1. eine Niederlassungserlaubnis oder eine Erlaubnis zum Daueraufenthalt-EU besitzt,

2. eine Blaue Karte EU, eine ICT-Karte, eine Mobiler-ICT-Karte oder eine Aufenthaltserlaubnis besitzt, die für einen Zeitraum von mindestens sechs Monaten zur Ausübung einer Erwerbstätigkeit berechtigen oder berechtigt haben oder diese erlauben, es sei denn, die Aufenthaltserlaubnis wurde
a)[2] nach § 16 e des Aufenthaltsgesetzes zu Ausbildungszwecken, nach § 19 c Absatz 1 des Aufenthaltsgesetzes zum Zweck der Beschäftigung als Au-Pair oder zum Zweck der Saisonbeschäftigung, nach § 19 e des Aufenthaltsgesetzes zum Zweck der Teilnahme an einem Europäischen Freiwilligendienst oder nach § 20 a Absatz 5 Satz 1 des Aufenthaltsgesetzes zur zur Suche nach einer Erwerbstätigkeit oder nach Maßnahmen zur Anerkennung ausländischer Berufsqualifikationen erteilt,
b)[3] nach § 16 b des Aufenthaltsgesetzes zum Zweck eines Studiums, nach § 16 d des Aufenthaltsgesetzes für Maßnahmen zur Anerkennung ausländischer Berufsqualifikationen, nach § 20 des Aufenthaltsgesetzes zur zur Suche nach einer Erwerbstätigkeit oder nach § 20 a Absatz 5 Satz 2 des Aufenthaltsgesetzes zur Suche nach einer Erwerbstätigkeit oder nach Maßnahmen zur Anerkennung ausländischer Berufsqualifikationen erteilt und er ist weder erwerbstätig noch nimmt er Elternzeit nach § 15 des Bundeselterngeld- und Elternzeitgesetzes oder laufende Geldleistungen nach dem Dritten Buch Sozialgesetzbuch in Anspruch,
c) nach § 23 Absatz 1 des Aufenthaltsgesetzes wegen eines Krieges in seinem Heimatland oder nach den § 23 a oder § 25 Absatz 3 bis 5 des Aufenthaltsgesetzes erteilt,

3. eine in Nummer 2 Buchstabe c genannte Aufenthaltserlaubnis besitzt und im Bundesgebiet berechtigt erwerbstätig ist oder Elternzeit nach § 15 des Bundeselterngeld- und Elternzeitgesetzes oder laufende Geldleistungen nach dem Dritten Buch Sozialgesetzbuch in Anspruch nimmt,

---

[1] Zur Anwendung von § 62 siehe § 52 Abs. 49 a.
[2] Zur Anwendung von § 62 Abs. 2 Nr. 2 Buchst. a siehe § 52 Abs. 49 a Satz 4.
[3] Zur Anwendung von § 62 Abs. 2 Nr. 2 Buchst. b siehe § 52 Abs. 49 a Satz 4.

EStG

4. eine in Nummer 2 Buchstabe c genannte Aufenthaltserlaubnis besitzt und sich seit mindestens 15 Monaten erlaubt, gestattet oder geduldet im Bundesgebiet aufhält oder
5. eine Beschäftigungsduldung gemäß § 60 d in Verbindung mit § 60 a Absatz 2 Satz 3 des Aufenthaltsgesetzes besitzt.

§ 63[1] Kinder

1 (1) ① Als Kinder werden berücksichtigt
1. Kinder im Sinne des § 32 Absatz 1,
2. vom Berechtigten in seinen Haushalt aufgenommene Kinder seines Ehegatten,
3. vom Berechtigten in seinen Haushalt aufgenommene Enkel.

② § 32 Absatz 3 bis 5 gilt entsprechend. ③ Voraussetzung für die Berücksichtigung ist die Identifizierung des Kindes durch die an dieses Kind vergebene Identifikationsnummer (§ 139 b der Abgabenordnung). ④ Ist das Kind nicht nach einem Steuergesetz steuerpflichtig (§ 139 a Absatz 2 der Abgabenordnung), ist es in anderer geeigneter Weise zu identifizieren. ⑤ Die nachträgliche Identifizierung oder nachträgliche Vergabe der Identifikationsnummer wirkt auf Monate zurück, in denen die Voraussetzungen der Sätze 1 bis 4 vorliegen. ⑥ Kinder, die weder einen Wohnsitz noch ihren gewöhnlichen Aufenthalt im Inland, in einem Mitgliedstaat der Europäischen Union oder in einem Staat, auf den das Abkommen über den Europäischen Wirtschaftsraum Anwendung findet, haben, werden nicht berücksichtigt, es sei denn, sie leben im Haushalt eines Berechtigten im Sinne des § 62 Absatz 1 Satz 1 Nummer 2 Buchstabe a. ⑦ Kinder im Sinne von § 2 Absatz 4 Satz 2 des Bundeskindergeldgesetzes werden nicht berücksichtigt.

2 (2) Die Bundesregierung wird ermächtigt, durch Rechtsverordnung, die nicht der Zustimmung des Bundesrates bedarf, zu bestimmen, dass einem Berechtigten, der im Inland erwerbstätig ist oder sonst seine hauptsächlichen Einkünfte erzielt, für seine in Absatz 1 Satz 3[2] erster Halbsatz bezeichneten Kinder Kindergeld ganz oder teilweise zu leisten ist, soweit dies mit Rücksicht auf die durchschnittlichen Lebenshaltungskosten für Kinder in deren Wohnsitzstaat und auf die dort gewährten dem Kindergeld vergleichbaren Leistungen geboten ist.

§ 64 Zusammentreffen mehrerer Ansprüche

1 (1) Für jedes Kind wird nur einem Berechtigten Kindergeld gezahlt.

2 (2) ① Bei mehreren Berechtigten wird das Kindergeld demjenigen gezahlt, der das Kind in seinen Haushalt aufgenommen hat. ② Ist ein Kind in den gemeinsamen Haushalt von Eltern, einem Elternteil und dessen Ehegatten, Pflegeeltern oder Großeltern aufgenommen worden, so bestimmen diese untereinander den Berechtigten. ③ Wird eine Bestimmung nicht getroffen, so bestimmt das Familiengericht auf Antrag den Berechtigten. ④ Den Antrag kann stellen, wer ein berechtigtes Interesse an der Zahlung des Kindergeldes hat. ⑤ Lebt ein Kind im gemeinsamen Haushalt von Eltern und Großeltern, so wird das Kindergeld vorrangig einem Elternteil gezahlt; es wird an einen Großelternteil gezahlt, wenn der Elternteil gegenüber der zuständigen Stelle auf seinen Vorrang schriftlich verzichtet hat.

3 (3) ① Ist das Kind nicht in den Haushalt eines Berechtigten aufgenommen, so erhält das Kindergeld derjenige, der dem Kind eine Unterhaltsrente zahlt. ② Zahlen mehrere Berechtigte dem Kind Unterhaltsrenten, so erhält das Kindergeld derjenige, der dem Kind die höchste Unterhaltsrente zahlt. ③ Werden gleich hohe Unterhaltsrenten gezahlt oder zahlt keiner der Berechtigten dem Kind Unterhalt, so bestimmen die Berechtigten untereinander, wer das Kindergeld erhalten soll. ④ Wird eine Bestimmung nicht getroffen, so gilt Absatz 2 Satz 3 und 4 entsprechend.

§ 65 Andere Leistungen für Kinder

1 ① Kindergeld wird nicht für ein Kind gezahlt, für das eine der folgenden Leistungen zu zahlen ist oder bei entsprechender Antragstellung zu zahlen wäre:
1. Leistungen für Kinder, die im Ausland gewährt werden und dem Kindergeld oder der Kinderzulage aus der gesetzlichen Unfallversicherung nach § 217 Absatz 3 des Siebten Buches Sozialgesetzbuch in der bis zum 30. Juni 2020 geltenden Fassung oder dem Kinderzuschuss aus der gesetzlichen Rentenversicherung nach § 270 des Sechsten Buches Sozialgesetzbuch in der bis zum 16. November 2016 geltenden Fassung vergleichbar sind,

---

[1] Zur Anwendung von § 63 siehe § 52 Abs. 49 a.
[2] Richtig wohl: „Satz 6"

EStG

2. Leistungen für Kinder, die von einer zwischen- oder überstaatlichen Einrichtung gewährt werden und dem Kindergeld vergleichbar sind.

② Soweit es für die Anwendung von Vorschriften dieses Gesetzes auf den Erhalt von Kindergeld ankommt, stehen die Leistungen nach Satz 1 dem Kindergeld gleich. ③ Steht ein Berechtigter in einem Versicherungspflichtverhältnis zur Bundesagentur für Arbeit nach § 24 des Dritten Buches Sozialgesetzbuch oder ist er versicherungsfrei nach § 28 Absatz 1 Nummer 1 des Dritten Buches Sozialgesetzbuch oder steht er im Inland in einem öffentlich-rechtlichen Dienst- oder Amtsverhältnis, so wird sein Anspruch auf Kindergeld für ein Kind nicht nach Satz 1 Nummer 2 mit Rücksicht darauf ausgeschlossen, dass sein Ehegatte als Beamter, Ruhestandsbeamter oder sonstiger Bediensteter der Europäischen Union für das Kind Anspruch auf Kinderzulage hat.

§ 66[1] Höhe des Kindergeldes, Zahlungszeitraum

(1)[2] Das Kindergeld beträgt monatlich für jedes Kind 255 Euro. 1

(2) Das Kindergeld wird monatlich vom Beginn des Monats an gezahlt, in dem die 2
Anspruchsvoraussetzungen erfüllt sind, bis zum Ende des Monats, in dem die Anspruchsvoraussetzungen wegfallen.

(3)[3] *(aufgehoben)*

§ 67[4] Antrag

① Das Kindergeld ist bei der zuständigen Familienkasse elektronisch nach amtlich 1
vorgeschriebenem Datensatz über die amtlich vorgeschriebene Schnittstelle beantragen; die Familienkasse kann auf die elektronische Antragstellung verzichten, wenn das Kindergeld schriftlich beantragt und der Antrag vom Berechtigten eigenhändig unterschrieben wird. ② Den Antrag kann außer dem Berechtigten auch stellen, wer ein berechtigtes Interesse an der Leistung des Kindergeldes hat. ③ In Fällen des Satzes 2 ist § 62 Absatz 1 Satz 2 bis 3 anzuwenden. ④ Der Berechtigte ist zu diesem Zweck verpflichtet, demjenigen, der ein berechtigtes Interesse an der Leistung des Kindergeldes hat, seine an ihn vergebene Identifikationsnummer (§ 139 b der Abgabenordnung) mitzuteilen. ⑤ Kommt der Berechtigte dieser Verpflichtung nicht nach, teilt die zuständige Familienkasse demjenigen, der ein berechtigtes Interesse an der Leistung des Kindergeldes hat, auf seine Anfrage die Identifikationsnummer des Berechtigten mit.

§ 68 Besondere Mitwirkungspflichten und Offenbarungsbefugnis

(1) ① Wer Kindergeld beantragt oder erhält, hat Änderungen in den Verhältnissen, die 1
für die Leistung erheblich sind oder über die im Zusammenhang mit der Leistung Erklärungen abgegeben worden sind, unverzüglich der zuständigen Familienkasse mitzuteilen. ② Ein Kind, das das 18. Lebensjahr vollendet hat, ist auf Verlangen der Familienkasse verpflichtet, an der Aufklärung des für die Kindergeldzahlung maßgebenden Sachverhalts mitzuwirken; § 101 der Abgabenordnung findet insoweit keine Anwendung.

(2) *(weggefallen)*

(3) Auf Antrag des Berechtigten erteilt die das Kindergeld auszahlende Stelle eine 3
Bescheinigung über das für das Kalenderjahr ausgezahlte Kindergeld.

(4) ① Die Familienkassen dürfen den Stellen, die die Bezüge im öffentlichen Dienst 4
anweisen, den für die jeweilige Kindergeldzahlung maßgebenden Sachverhalt durch automatisierte Abrufverfahren bereitstellen oder Auskunft über diesen Sachverhalt erteilen. ② Das Bundesministerium der Finanzen wird ermächtigt, durch Rechtsverordnung ohne Zustimmung des Bundesrates zur Durchführung von automatisierten Abrufen nach Satz 1 die Voraussetzungen, unter denen ein Datenabruf erfolgen darf, festzulegen.

(5) ① Zur Erfüllung der in § 31 a Absatz 2 der Abgabenordnung genannten Mitteilungspflichten und zur Prüfung der jeweiligen Anspruchsvoraussetzungen und zur Bemessung der jeweiligen Leistung dürfen die Familienkassen den Leistungsträgern, die für Leistungen der Arbeitsförderung nach § 19 Absatz 2, für Leistungen der Grundsicherung für Arbeitsuchende nach § 19 a Absatz 2, für Kindergeld, Kinderzuschlag, Leistungen für Bildung und Teilhabe und Elterngeld nach § 25 Absatz 3 oder für Leistungen der Sozialhilfe nach § 28 Absatz 2 des Ersten Buches Sozialgesetzbuch zuständig sind, und den nach § 9 Absatz 1 Satz 2 des Unterhaltsvorschussgesetzes zuständigen Stellen den für die jeweilige Kindergeldzahlung maßgebenden Sachverhalt in

[1] Zur Anwendung von § 66 Abs. 1 siehe § 52 Abs. 49 a Satz 13.
[2] § 66 Abs. 1 geänd. **mWv 1. 1. 2026** durch G v. 23. 12. 2024 (BGBl. I Nr. 449); siehe *Geschlossene Wiedergabe.*
[3] § 66 Abs. 3 angef. **mWv 1. 1. 2026** durch G v. 23. 12. 2024 (BGBl. I Nr. 449); siehe *Geschlossene Wiedergabe.*
[4] Zur Anwendung von § 67 siehe § 52 Abs. 49 a Sätze 4 und 5. Zur Anwendung von § 67 Satz 1 siehe § 52 Abs. 49 a Satz 19.

einem automatisierten Abrufverfahren übermitteln. ② Das Bundesministerium der Finanzen wird ermächtigt, durch Rechtsverordnung mit Zustimmung des Bundesrates zur Durchführung von automatisierten Abrufen nach Satz 1 die Voraussetzungen, unter denen ein Datenabruf erfolgen darf, festzulegen.

(6) ① Zur Prüfung und Bemessung der in Artikel 3 Absatz 1 Buchstabe j in Verbindung mit Artikel 1 Buchstabe z der Verordnung (EG) Nr. 883/2004 des Europäischen Parlaments und des Rates vom 29. April 2004 zur Koordinierung der Systeme der sozialen Sicherheit (ABl. L 166 vom 30. 4. 2004, S. 1), die zuletzt durch die Verordnung (EU) 2017/492 (ABl. L 76 vom 22. 3. 2017, S. 13) geändert worden ist, genannten Familienleistungen dürfen die Familienkassen den zuständigen öffentlichen Stellen eines Mitgliedstaates der Europäischen Union den für die jeweilige Kindergeldzahlung maßgebenden Sachverhalt durch automatisierte Abrufverfahren bereitstellen. ② Das Bundesministerium der Finanzen wird ermächtigt, durch Rechtsverordnung ohne Zustimmung des Bundesrates zur Durchführung von automatisierten Abrufen nach Satz 1 die Voraussetzungen, unter denen ein Datenabruf erfolgen darf, festzulegen.

(7) ① Die Datenstelle der Rentenversicherung darf den Familienkassen in einem automatisierten Abrufverfahren die zur Überprüfung des Anspruchs auf Kindergeld nach § 62 Absatz 1 a und 2 erforderlichen Daten übermitteln; § 79 Absatz 2 bis 4 des Zehnten Buches Sozialgesetzbuch gilt entsprechend. ② Die Träger der Leistungen nach dem Zweiten und Dritten Buch Sozialgesetzbuch dürfen den Familienkassen in einem automatisierten Abrufverfahren die zur Überprüfung des Anspruchs auf Kindergeld nach § 62 erforderlichen Daten übermitteln. ③ Das Bundesministerium für Arbeit und Soziales wird ermächtigt, durch Rechtsverordnung mit Zustimmung des Bundesrates die Voraussetzungen für das Abrufverfahren und Regelungen zu den Kosten des Verfahrens nach Satz 2 festzulegen.

§ 69[1] Datenübermittlung an die Familienkassen

1 **① Erfährt das Bundeszentralamt für Steuern, dass ein Kind, für das Kindergeld gezahlt wird, verzogen ist oder von Amts wegen von der Meldebehörde abgemeldet wurde, hat es der zuständigen Familienkasse unverzüglich die in § 139 b Absatz 3 Nummer 1, 3, 5, 8 und 14 der Abgabenordnung genannten Daten zum Zweck der Prüfung der Rechtmäßigkeit des Bezugs von Kindergeld zu übermitteln. ② Die beim Bundeszentralamt für Steuern gespeicherten Daten für ein Kind, für das Kindergeld gezahlt wird, werden auf Anfrage auch den Finanzämtern zur Prüfung der Rechtmäßigkeit der Berücksichtigung der Freibeträge nach § 32 Absatz 6 zur Verfügung gestellt. ③ Erteilt das Bundeszentralamt für Steuern auf Grund der Geburt eines Kindes eine neue Identifikationsnummer nach § 139 b der Abgabenordnung, übermittelt es der zuständigen Familienkasse zum Zweck der Prüfung des Bezugs von Kindergeld unverzüglich**

1. **die in § 139 b Absatz 3 Nummer 1, 3, 5, 8 und 10 der Abgabenordnung genannten Daten des Kindes sowie**
2. **soweit vorhanden, die in § 139 b Absatz 3 Nummer 1, 3, 5, 8 und 10 und Absatz 3 a der Abgabenordnung genannten Daten der Personen, bei denen für dieses Kind nach § 39 e Absatz 1 ein Kinderfreibetrag berücksichtigt wird.**

§ 70 Festsetzung und Zahlung des Kindergeldes

1 **(1) ① Das Kindergeld nach § 62 wird von den Familienkassen durch Bescheid festgesetzt und ausgezahlt. ② Die Auszahlung von festgesetztem Kindergeld erfolgt rückwirkend nur für die letzten sechs Monate vor Beginn des Monats, in dem der Antrag auf Kindergeld eingegangen ist. ③ Der Anspruch auf Kindergeld nach § 62 bleibt von dieser Auszahlungsbeschränkung unberührt.**

2 **(2) ① Soweit in den Verhältnissen, die für den Anspruch auf Kindergeld erheblich sind, Änderungen eintreten, ist die Festsetzung des Kindergeldes mit Wirkung vom Zeitpunkt der Änderung der Verhältnisse aufzuheben oder zu ändern. ② Ist die Änderung einer Kindergeldfestsetzung nur wegen einer Anhebung der in § 66 Absatz 1 genannten Kindergeldbeträge erforderlich, kann von der Erteilung eines schriftlichen Änderungsbescheides abgesehen werden.**

3 **(3) ① Materielle Fehler der letzten Festsetzung können durch Aufhebung oder Änderung der Festsetzung mit Wirkung ab dem auf die Bekanntgabe der Aufhebung oder Änderung der Festsetzung folgenden Monat beseitigt werden. ② Bei der Aufhebung oder Änderung der Festsetzung nach Satz 1 ist § 176 der Abgabenordnung entsprechend anzuwenden; dies gilt nicht für Monate, die nach der Verkündung der maßgeblichen Entscheidung eines obersten Bundesgerichts beginnen.**

---

[1] § 69 Satz 1 geänd., Sätze 2 und 3 angef. **mWv 1. 1. 2024** durch JStG 2022 v. 16. 12. 2022 (BGBl. I S. 2294). Siehe *Geschlossene Wiedergabe.*

(4)[1] *Eine Kindergeldfestsetzung ist aufzuheben oder zu ändern, wenn nachträglich bekannt wird, dass die Einkünfte und Bezüge des Kindes den Grenzbetrag nach § 32 Absatz 4 über- oder unterschreiten.* 4

§ 71 Vorläufige Einstellung der Zahlung des Kindergeldes

(1) Die Familienkasse kann die Zahlung des Kindergeldes ohne Erteilung eines Bescheides vorläufig einstellen, wenn 1

1. sie Kenntnis von Tatsachen erhält, die kraft Gesetzes zum Ruhen oder zum Wegfall des Anspruchs führen, und

2. die Festsetzung, aus der sich der Anspruch ergibt, deshalb mit Wirkung für die Vergangenheit aufzuheben ist.

(2) **① Soweit die Kenntnis der Familienkasse nicht auf Angaben des Berechtigten beruht, der das Kindergeld erhält, sind dem Berechtigten unverzüglich die vorläufige Einstellung der Zahlung des Kindergeldes sowie die dafür maßgeblichen Gründe mitzuteilen. ② Ihm ist Gelegenheit zu geben, sich zu äußern.** 2

(3) **Die Familienkasse hat die vorläufig eingestellte Zahlung des Kindergeldes unverzüglich nachzuholen, soweit die Festsetzung, aus der sich der Anspruch ergibt, zwei Monate nach der vorläufigen Einstellung der Zahlung nicht mit Wirkung für die Vergangenheit aufgehoben oder geändert wird.** 3

§ 72[2] *Festsetzung und Zahlung des Kindergeldes an Angehörige des öffentlichen Dienstes*

(1) ① Steht Personen, die 1

1. in einem öffentlich-rechtlichen Dienst-, Amts- oder Ausbildungsverhältnis stehen, mit Ausnahme der Ehrenbeamten,

2. Versorgungsbezüge nach beamten- oder soldatenrechtlichen Vorschriften oder Grundsätzen erhalten oder

3. Arbeitnehmer einer Körperschaft, einer Anstalt oder einer Stiftung des öffentlichen Rechts sind, einschließlich der zu ihrer Berufsausbildung Beschäftigten,

Kindergeld nach Maßgabe dieses Gesetzes zu, wird es von den Körperschaften, Anstalten oder Stiftungen des öffentlichen Rechts als Familienkassen festgesetzt und ausgezahlt. ② Das Bundeszentralamt für Steuern erteilt den Familienkassen ein Merkmal zu ihrer Identifizierung (Familienkassenschlüssel). ③ Satz 1 ist nicht anzuwenden, wenn die Körperschaften, Anstalten oder Stiftungen des öffentlichen Rechts gegenüber dem Bundeszentralamt für Steuern auf ihre Zuständigkeit zur Festsetzung und Auszahlung des Kindergeldes schriftlich oder elektronisch verzichtet haben und dieser Verzicht vom Bundeszentralamt für Steuern schriftlich oder elektronisch bestätigt worden ist. ④ Die Bestätigung des Bundeszentralamts für Steuern darf erst erfolgen, wenn die haushalterischen Voraussetzungen für die Übernahme der Festsetzung und Auszahlung des Kindergeldes durch die Bundesagentur für Arbeit vorliegen. ⑤ Das Bundeszentralamt für Steuern veröffentlicht die Namen und die Anschriften der Körperschaften, Anstalten oder Stiftungen des öffentlichen Rechts, die nach Satz 3 auf die Zuständigkeit verzichtet haben, sowie den jeweiligen Zeitpunkt, zu dem der Verzicht wirksam geworden ist, im Bundessteuerblatt. ⑥ Hat eine Körperschaft, Anstalt oder Stiftung des öffentlichen Rechts die Festsetzung des Kindergeldes auf eine Landesfamilienkasse im Sinne des § 5 Absatz 1 Nummer 11 Satz 6 und 7 des Finanzverwaltungsgesetzes übertragen, kann ein Verzicht nach Satz 3 nur durch die Landesfamilienkasse im Einvernehmen mit der auftraggebenden Körperschaft, Anstalt oder Stiftung wirksam erklärt werden. ⑦ Satz 1 ist nicht anzuwenden, wenn die Körperschaften, Anstalten oder Stiftungen des öffentlichen Rechts nach dem 31. Dezember 2018 errichtet wurden; das Bundeszentralamt für Steuern kann auf Antrag eine Ausnahmegenehmigung erteilen, wenn das Kindergeld durch eine Landesfamilienkasse im Sinne des § 5 Absatz 1 Nummer 11 Satz 6 bis 8 des Finanzverwaltungsgesetzes festgesetzt und ausgezahlt wird und kein Verzicht nach Satz 3 vorliegt.

(2)[3] *(aufgehoben)* 2

(3) Absatz 1 gilt nicht für Personen, die ihre Bezüge oder ihr Arbeitsentgelt 3

1. von einem Dienstherrn oder Arbeitgeber im Bereich der Religionsgesellschaften des öffentlichen Rechts,

2. von einem Spitzenverband der Freien Wohlfahrtspflege, einem diesem unmittelbar oder mittelbar angeschlossenen Mitgliedsverband oder einer einem solchen Verband angeschlossenen Einrichtung oder Anstalt oder

3. von einem Dienstherrn oder Arbeitgeber im Bereich des Bundes mit Ausnahme des Bundesnachrichtendienstes

erhalten.

---

[1] § 70 Abs. 4 aufgeh. durch StVereinfG 2011 v. 1. 11. 2011 (BGBl. I S. 2131); zur Weiteranwendung für Kindergeldfestsetzungen, die Zeiträume betreffen, die vor dem 1. 1. 2012 enden, siehe § 52 Abs. 50.

[2] § 72 aufgeh. mWvVZ 2024 durch JStG 2022 v. 16. 12. 2022 (BGBl. I S. 2294).

[3] § 72 Abs. 2 aufgeh. durch G v. 8. 12. 2016 (BGBl. I S. 2835) mWv 1. 1. 2022.

EStG

4 *(4) Absatz 1 gilt nicht für Personen, die voraussichtlich nicht länger als sechs Monate in den Kreis der in Absatz 1 Satz 1 Nummer 1 bis 3 Bezeichneten eintreten.*

5 *(5) Obliegt mehreren Rechtsträgern die Zahlung von Bezügen oder Arbeitsentgelt (Absatz 1 Satz 1) gegenüber einem Berechtigten, so ist für die Durchführung dieses Gesetzes zuständig:*

1. bei Zusammentreffen von Versorgungsbezügen mit anderen Bezügen oder Arbeitsentgelt der Rechtsträger, dem die Zahlung der anderen Bezüge oder des Arbeitsentgelts obliegt;

2. bei Zusammentreffen mehrerer Versorgungsbezüge der Rechtsträger, dem die Zahlung der neuen Versorgungsbezüge im Sinne der beamtenrechtlichen Ruhensvorschriften obliegt;

3. bei Zusammentreffen von Arbeitsentgelt (Absatz 1 Satz 1 Nummer 3) mit Bezügen aus einem der in Absatz 1 Satz 1 Nummer 1 bezeichneten Rechtsverhältnisse der Rechtsträger, dem die Zahlung dieser Bezüge obliegt;

4. bei Zusammentreffen mehrerer Arbeitsentgelte (Absatz 1 Satz 1 Nummer 3) der Rechtsträger, dem die Zahlung des höheren Arbeitsentgelts obliegt oder – falls die Arbeitsentgelte gleich hoch sind – der Rechtsträger, zu dem das zuerst begründete Arbeitsverhältnis besteht.

6 *(6) ① Scheidet ein Berechtigter im Laufe eines Monats aus dem Kreis der in Absatz 1 Satz 1 Nummer 1 bis 3 Bezeichneten aus oder tritt er im Laufe eines Monats in diesen Kreis ein, so wird das Kindergeld für diesen Monat von der Stelle gezahlt, die bis zum Ausscheiden oder Eintritt des Berechtigten zuständig war. ② Dies gilt nicht, soweit die Zahlung von Kindergeld für ein Kind in Betracht kommt, das erst nach dem Ausscheiden oder Eintritt bei dem Berechtigten nach § 63 zu berücksichtigen ist. ③ Ist in einem Fall des Satzes 1 das Kindergeld bereits für einen folgenden Monat gezahlt worden, so muss der für diesen Monat Berechtigte die Zahlung gegen sich gelten lassen.*

7 *(7) ① In den Abrechnungen der Bezüge und des Arbeitsentgelts ist das Kindergeld gesondert auszuweisen, wenn es zusammen mit den Bezügen oder dem Arbeitsentgelt ausgezahlt wird. ② Der Rechtsträger hat die Summe des von ihm für alle Berechtigten ausgezahlten Kindergeldes dem Betrag, den er insgesamt an Lohnsteuer einzubehalten hat, zu entnehmen und unter Angabe des in Absatz 1 genannten Familienkassenschlüssels bei der nächsten Lohnsteuer-Anmeldung gesondert abzusetzen. ③ Übersteigt das insgesamt ausgezahlte Kindergeld den Betrag, der insgesamt an Lohnsteuer abzuführen ist, so wird der übersteigende Betrag dem Rechtsträger auf Antrag von dem Finanzamt, an das die Lohnsteuer abzuführen ist, aus den Einnahmen der Lohnsteuer ersetzt.*

8 *(8) ① Abweichend von Absatz 1 Satz 1 werden Kindergeldansprüche auf Grund über- oder zwischenstaatlicher Rechtsvorschriften durch die Familienkassen der Bundesagentur für Arbeit festgesetzt und ausgezahlt. ② Dies gilt auch für Fälle, in denen Kindergeldansprüche sowohl nach Maßgabe dieses Gesetzes als auch auf Grund über- oder zwischenstaatlicher Rechtsvorschriften bestehen. ③ Die Sätze 1 und 2 sind auf Kindergeldansprüche von Angehörigen des Bundesnachrichtendienstes nicht anzuwenden.*

§ 73 *(weggefallen)*

§ 74 Zahlung des Kindergeldes in Sonderfällen

1 **(1) ① Das für ein Kind festgesetzte Kindergeld nach § 66 Absatz 1 kann an das Kind ausgezahlt werden, wenn der Kindergeldberechtigte ihm gegenüber seiner gesetzlichen Unterhaltspflicht nicht nachkommt. ② Dies gilt auch, wenn der Kindergeldberechtigte mangels Leistungsfähigkeit nicht unterhaltspflichtig ist oder nur Unterhalt in Höhe eines Betrages zu leisten braucht, der geringer ist als das für die Auszahlung in Betracht kommende Kindergeld. ③ Die Auszahlung kann auch an die Person oder Stelle erfolgen, die dem Kind Unterhalt gewährt.**

2 **(2) Für Erstattungsansprüche der Träger von Sozialleistungen gegen die Familienkasse gelten die §§ 102 bis 109 und 111 bis 113 des Zehnten Buches Sozialgesetzbuch entsprechend.**

§ 75 Aufrechnung

1 **(1) Mit Ansprüchen auf Erstattung von Kindergeld kann die Familienkasse gegen Ansprüche auf Kindergeld bis zu deren Hälfte aufrechnen, wenn der Leistungsberechtigte nicht nachweist, dass er dadurch hilfebedürftig im Sinne der Vorschriften des Zwölften Buches Sozialgesetzbuch über die Hilfe zum Lebensunterhalt oder im Sinne der Vorschriften des Zweiten Buches Sozialgesetzbuch über die Leistungen zur Sicherung des Lebensunterhalts wird.**

2 **(2) Absatz 1 gilt für die Aufrechnung eines Anspruchs auf Erstattung von Kindergeld gegen einen späteren Kindergeldanspruch eines mit dem Erstattungspflichtigen in Haushaltsgemeinschaft lebenden Berechtigten entsprechend, soweit es sich um laufendes Kindergeld für ein Kind handelt, das bei beiden berücksichtigt werden kann oder konnte.**

EStG

§ 76 Pfändung

Der Anspruch auf Kindergeld kann nur wegen gesetzlicher Unterhaltsansprüche eines Kindes, für das Kindergeld festgesetzt und dem Berechtigten ausgezahlt wird, gepfändet werden. 1

§ 76a *(aufgehoben)*

§ 77 Erstattung von Kosten im Vorverfahren

(1) ① **Soweit der Einspruch gegen die Kindergeldfestsetzung erfolgreich ist, hat die Familienkasse demjenigen, der den Einspruch erhoben hat, die zur zweckentsprechenden Rechtsverfolgung oder Rechtsverteidigung notwendigen Aufwendungen zu erstatten.** ② **Dies gilt auch, wenn der Einspruch nur deshalb keinen Erfolg hat, weil die Verletzung einer Verfahrens- oder Formvorschrift nach § 126 der Abgabenordnung unbeachtlich ist.** ③ **Aufwendungen, die durch das Verschulden eines Erstattungsberechtigten entstanden sind, hat dieser selbst zu tragen; das Verschulden eines Vertreters ist dem Vertretenen zuzurechnen.** 1

(2) **Die Gebühren und Auslagen eines Bevollmächtigten oder Beistandes, der nach den Vorschriften des Steuerberatungsgesetzes zur geschäftsmäßigen Hilfeleistung in Steuersachen befugt ist, sind erstattungsfähig, wenn dessen Zuziehung notwendig war.** 2

(3) ① **Die Familienkasse setzt auf Antrag den Betrag der zu erstattenden Aufwendungen fest.** ② **Die Kostenentscheidung bestimmt auch, ob die Zuziehung eines Bevollmächtigten oder Beistandes im Sinne des Absatzes 2 notwendig war.** 3

§ 78 Übergangsregelungen

(1) bis (4) *(weggefallen)*

(5) ① **Abweichend von § 64 Absatz 2 und 3 steht Berechtigten, die für Dezember 1990 für ihre Kinder Kindergeld in dem in Artikel 3 des Einigungsvertrages genannten Gebiet bezogen haben, das Kindergeld für diese Kinder auch für die folgende Zeit zu, solange sie ihren Wohnsitz oder gewöhnlichen Aufenthalt in diesem Gebiet beibehalten und die Kinder die Voraussetzungen ihrer Berücksichtigung weiterhin erfüllen.** ② **§ 64 Absatz 2 und 3 ist insoweit erst für die Zeit vom Beginn des Monats an anzuwenden, in dem ein hierauf gerichteter Antrag bei der zuständigen Stelle eingegangen ist; der hiernach Berechtigte muss die nach Satz 1 geleisteten Zahlungen gegen sich gelten lassen.** 1

EStG

XI. Altersvorsorgezulage

§ 79 Zulageberechtigte[1]

1 **① Die in § 10 a Absatz 1 genannten Personen haben Anspruch auf eine Altersvorsorgezulage (Zulage). ② Ist nur ein Ehegatte nach Satz 1 begünstigt, so ist auch der andere Ehegatte zulageberechtigt, wenn**

1. beide Ehegatten nicht dauernd getrennt leben (§ 26 Absatz 1),

2. beide Ehegatten ihren Wohnsitz oder gewöhnlichen Aufenthalt in einem Mitgliedstaat der Europäischen Union oder einem Staat haben, auf den das Abkommen über den Europäischen Wirtschaftsraum anwendbar ist,

3. ein auf den Namen des anderen Ehegatten lautender Altersvorsorgevertrag besteht,[2]

4. der andere Ehegatte zugunsten des Altersvorsorgevertrags nach Nummer 3 im jeweiligen Beitragsjahr mindestens 60 Euro geleistet hat und

5. die Auszahlungsphase des Altersvorsorgevertrags nach Nummer 3 noch nicht begonnen hat.

③ Satz 1 gilt entsprechend für die in § 10 a Absatz 6 Satz 1 und 2 genannten Personen, sofern sie unbeschränkt steuerpflichtig sind oder für das Beitragsjahr nach § 1 Absatz 3 als unbeschränkt steuerpflichtig behandelt werden.

§ 80 Anbieter

1 **Anbieter im Sinne dieses Gesetzes sind Anbieter von Altersvorsorgeverträgen gemäß § 1 Absatz 2 des Altersvorsorgeverträge-Zertifizierungsgesetzes sowie die in § 82 Absatz 2 genannten Versorgungseinrichtungen.**

§ 81 Zentrale Stelle

1 **Zentrale Stelle im Sinne dieses Gesetzes ist die Deutsche Rentenversicherung Bund.**

§ 81a Zuständige Stelle

1 **① Zuständige Stelle ist bei einem**

1. Empfänger von Besoldung nach dem Bundesbesoldungsgesetz oder einem Landesbesoldungsgesetz die die Besoldung anordnende Stelle,

2. Empfänger von Amtsbezügen im Sinne des § 10 a Absatz 1 Satz 1 Nummer 2 die die Amtsbezüge anordnende Stelle,

3. versicherungsfrei Beschäftigten sowie bei einem von der Versicherungspflicht befreiten Beschäftigten im Sinne des § 10 a Absatz 1 Satz 1 Nummer 3 der die Versorgung gewährleistende Arbeitgeber der rentenversicherungsfreien Beschäftigung,

4. Beamten, Richter, Berufssoldaten und Soldaten auf Zeit im Sinne des § 10 a Absatz 1 Satz 1 Nummer 4 der zur Zahlung des Arbeitsentgelts verpflichtete Arbeitgeber und

5. Empfänger einer Versorgung im Sinne des § 10 a Absatz 1 Satz 4 die die Versorgung anordnende Stelle.

② Für die in § 10 a Absatz 1 Satz 1 Nummer 5 genannten Steuerpflichtigen gilt Satz 1 entsprechend.

§ 82 Altersvorsorgebeiträge[3]

1 **(1)[4] ① Geförderte Altersvorsorgebeiträge sind im Rahmen des in § 10 a Absatz 1 Satz 1 genannten Höchstbetrags**

1. Beiträge,

2. Tilgungsleistungen,

die der Zulageberechtigte (§ 79) bis zum Beginn der Auszahlungsphase zugunsten eines auf seinen Namen lautenden Vertrags leistet, der nach § 5 des Altersvorsorgeverträge-Zertifizierungsgesetzes zertifiziert ist (Altersvorsorgevertrag). ② Die Zertifizierung ist Grundlagenbescheid im Sinne des § 171 Absatz 10 der Abgabenordnung. ③ Als Tilgungsleistungen gelten auch Beiträge, die vom Zulageberechtigten zugunsten

---

[1] Zum begünstigten Personenkreis vgl. Rz. 1–30 des *BMF-Schreibens vom 5. 10. 2023 (BStBl. I S. 1726),* abgedruckt als Anlage zu § 10 a EStG.

[2] Vgl. auch BFH-Urteil vom 21. 7. 2009, X R 33/07 (BStBl. II S. 995).

[3] Vgl. Rz. 31–44 des *BMF-Schreibens vom 5. 10. 2023 (BStBl. I S. 1726),* abgedruckt als Anlage zu § 10 a EStG.

[4] Zur Behandlung von Zahlungen Dritter als Altersvorsorgebeiträge vgl. *FinMin Schleswig-Holstein, Erlass vom 28. 7. 2003, BeckVerw 106 800* und zu Zahlungen von Altersvorsorgebeiträgen um den Jahreswechsel vgl. *FinMin Schleswig-Holstein, Erlass vom 28. 7. 2003, BeckVerw 107 272.*

EStG

eines auf seinen Namen lautenden Altersvorsorgevertrags im Sinne des § 1 Absatz 1a Satz 1 Nummer 3 des Altersvorsorgeverträge-Zertifizierungsgesetzes erbracht wurden und die zur Tilgung eines im Rahmen des Altersvorsorgevertrags abgeschlossenen Darlehens abgetreten wurden. ④ Im Fall der Übertragung von gefördertem Altersvorsorgevermögen nach § 1 Absatz 1 Satz 1 Nummer 10 Buchstabe b des Altersvorsorgeverträge-Zertifizierungsgesetzes in einen Altersvorsorgevertrag im Sinne des § 1 Absatz 1a Satz 1 Nummer 3 des Altersvorsorgeverträge-Zertifizierungsgesetzes gelten die Beiträge nach Satz 1 Nummer 1 ab dem Zeitpunkt der Übertragung als Tilgungsleistungen nach Satz 3; eine erneute Förderung nach § 10a oder Abschnitt XI erfolgt insoweit nicht. ⑤ Tilgungsleistungen nach den Sätzen 1 und 3 werden nur berücksichtigt, wenn das zugrunde liegende Darlehen für eine nach dem 31. Dezember 2007 vorgenommene wohnungswirtschaftliche Verwendung im Sinne des § 92a Absatz 1 Satz 1 eingesetzt wurde. ⑥ Bei einer Aufgabe der Selbstnutzung nach § 92a Absatz 3 Satz 1 gelten im Beitragsjahr der Aufgabe der Selbstnutzung auch die nach der Aufgabe der Selbstnutzung geleisteten Beiträge oder Tilgungsleistungen als Altersvorsorgebeiträge nach Satz 1. ⑦ Bei einer Reinvestition nach § 92a Absatz 3 Satz 9 Nummer 1 gelten im Beitragsjahr der Reinvestition auch die davor geleisteten Beiträge oder Tilgungsleistungen als Altersvorsorgebeiträge nach Satz 1. ⑧ Bei einem beruflich bedingten Umzug nach § 92a Absatz 4 gelten

1. im Beitragsjahr des Wegzugs auch die nach dem Wegzug und

2. im Beitragsjahr des Wiedereinzugs auch die vor dem Wiedereinzug

geleisteten Beiträge und Tilgungsleistungen als Altersvorsorgebeiträge nach Satz 1.

(2) **① Zu den Altersvorsorgebeiträgen gehören auch** 2

a) die aus dem individuell versteuerten Arbeitslohn des Arbeitnehmers geleisteten Beiträge an einen Pensionsfonds, eine Pensionskasse oder eine Direktversicherung zum Aufbau einer kapitalgedeckten betrieblichen Altersversorgung und

b) Beiträge des Arbeitnehmers und des ausgeschiedenen Arbeitnehmers, die dieser im Fall der zunächst durch Entgeltumwandlung (§ 1a des Betriebsrentengesetzes)[1] finanzierten und nach § 3 Nummer 63 oder § 10a und diesem Abschnitt geförderten kapitalgedeckten betrieblichen Altersversorgung nach Maßgabe des § 1a Absatz 4, des § 1b Absatz 5 Satz 1 Nummer 2 und des § 22 Absatz 3 Nummer 1 Buchstabe a des Betriebsrentengesetzes[1] selbst erbringt.

② Satz 1 gilt nur, wenn

1. a) vereinbart ist, dass die zugesagten Altersversorgungsleistungen als monatliche Leistungen in Form einer lebenslangen Leibrente oder als Ratenzahlungen im Rahmen eines Auszahlungsplans mit einer anschließenden Teilkapitalverrentung ab spätestens dem 85. Lebensjahr ausgezahlt werden und die Leistungen während der gesamten Auszahlungsphase gleich bleiben oder steigen; dabei können bis zu zwölf Monatsleistungen in einer Auszahlung zusammengefasst und bis zu 30 Prozent des zu Beginn der Auszahlungsphase zur Verfügung stehenden Kapitals außerhalb der monatlichen Leistungen ausgezahlt werden, und

b) ein vereinbartes Kapitalwahlrecht nicht oder nicht außerhalb des letzten Jahres vor dem vertraglich vorgesehenen Beginn der Altersversorgungsleistung ausgeübt wurde, oder

2. bei einer reinen Beitragszusage nach § 1 Absatz 2 Nummer 2a des Betriebsrentengesetzes der Pensionsfonds, die Pensionskasse oder die Direktversicherung eine lebenslange Zahlung als Altersversorgungsleistung zu erbringen hat.

③ Die §§ 3 und 4 des Betriebsrentengesetzes[1] stehen dem vorbehaltlich des § 93 nicht entgegen.

(3) **Zu den Altersvorsorgebeiträgen gehören auch die Beitragsanteile, die zur Absicherung der verminderten Erwerbsfähigkeit des Zulageberechtigten und zur Hinterbliebenenversorgung verwendet werden, wenn in der Leistungsphase die Auszahlung in Form einer Rente erfolgt.** 3

(4) **Nicht zu den Altersvorsorgebeiträgen zählen** 4

1. Aufwendungen, die vermögenswirksame Leistungen nach dem Fünften Vermögensbildungsgesetz[2] in der jeweils geltenden Fassung darstellen,

2. prämienbegünstigte Aufwendungen nach dem Wohnungsbau-Prämiengesetz[3] in der Fassung der Bekanntmachung vom 30. Oktober 1997 (BGBl. I S. 2678), zuletzt geändert durch Artikel 5 des Gesetzes vom 29. Juli 2008 (BGBl. I S. 1509), in der jeweils geltenden Fassung,

---

[1] Abgedruckt in Anhang I 15.
[2] Abgedruckt in Anhang I 6.
[3] Abgedruckt in Anhang I 7.

EStG

3. Aufwendungen, die im Rahmen des § 10 als Sonderausgaben geltend gemacht werden,

4. Zahlungen nach § 92 a Absatz 2 Satz 4 Nummer 1 und Absatz 3 Satz 9 Nummer 2 oder

5. Übertragungen im Sinne des § 3 Nummer 55 bis 55 c.

5 **(5) ① Der Zulageberechtigte kann für ein abgelaufenes Beitragsjahr bis zum Beitragsjahr 2011 Altersvorsorgebeiträge auf einen auf seinen Namen lautenden Altersvorsorgevertrag leisten, wenn**

1. der Anbieter des Altersvorsorgevertrags davon Kenntnis erhält, in welcher Höhe und für welches Beitragsjahr die Altersvorsorgebeiträge berücksichtigt werden sollen,

2. in dem Beitragsjahr, für das die Altersvorsorgebeiträge berücksichtigt werden sollen, ein Altersvorsorgevertrag bestanden hat,

3. im fristgerechten Antrag auf Zulage für dieses Beitragsjahr eine Zulageberechtigung nach § 79 Satz 2 angegeben wurde, aber tatsächlich eine Zulageberechtigung nach § 79 Satz 1 vorliegt,

4. die Zahlung der Altersvorsorgebeiträge für abgelaufene Beitragsjahre bis zum Ablauf von zwei Jahren nach Erteilung der Bescheinigung nach § 92, mit der zuletzt Ermittlungsergebnisse für dieses Beitragsjahr bescheinigt wurden, längstens jedoch bis zum Beginn der Auszahlungsphase des Altersvorsorgevertrages erfolgt und

5. der Zulageberechtigte vom Anbieter in hervorgehobener Weise darüber informiert wurde oder dem Anbieter seine Kenntnis darüber versichert, dass die Leistungen aus diesen Altersvorsorgebeiträgen der vollen nachgelagerten Besteuerung nach § 22 Nummer 5 Satz 1 unterliegen.

② Wurden die Altersvorsorgebeiträge dem Altersvorsorgevertrag gutgeschrieben und sind die Voraussetzungen nach Satz 1 erfüllt, so hat der Anbieter der zentralen Stelle (§ 81) die entsprechenden Daten nach § 89 Absatz 2 Satz 1 für das zurückliegende Beitragsjahr nach einem mit der zentralen Stelle abgestimmten Verfahren mitzuteilen. ③ Die Beträge nach Satz 1 gelten für die Ermittlung der zu zahlenden Altersvorsorgezulage nach § 83 als Altersvorsorgebeiträge für das Beitragsjahr, für das sie gezahlt wurden. ④ Für die Anwendung des § 10 a Absatz 1 Satz 1 sowie bei der Ermittlung der dem Steuerpflichtigen zustehenden Zulage im Rahmen des § 2 Absatz 6 und des § 10 a sind die nach Satz 1 gezahlten Altersvorsorgebeiträge weder für das Beitragsjahr nach Satz 1 Nummer 2 noch für das Beitragsjahr der Zahlung zu berücksichtigen.

§ 83 Altervorsorgezulage

1 **In Abhängigkeit von den geleisteten Altersvorsorgebeiträgen wird eine Zulage gezahlt, die sich aus einer Grundzulage (§ 84) und einer Kinderzulage (§ 85) zusammensetzt.**

§ 84 Grundzulage[1]

1 **① Jeder Zulageberechtigte erhält eine Grundzulage; diese beträgt ab dem Beitragsjahr 2018 jährlich 175 Euro. ② Für Zulageberechtigte nach § 79 Satz 1, die zu Beginn des Beitragsjahres (§ 88) das 25. Lebensjahr noch nicht vollendet haben, erhöht sich die Grundzulage nach Satz 1 um einmalig 200 Euro. ③ Die Erhöhung nach Satz 2 ist für das erste nach dem 31. Dezember 2007 beginnende Beitragsjahr zu gewähren, für das eine Altersvorsorgezulage beantragt wird.**

§ 85 Kinderzulage[2]

1 **(1) ① Die Kinderzulage beträgt für jedes Kind, für das gegenüber dem Zulageberechtigten Kindergeld festgesetzt wird, jährlich 185 Euro. ② Für ein nach dem 31. Dezember 2007 geborenes Kind erhöht sich die Kinderzulage nach Satz 1 auf 300 Euro. ③ Der Anspruch auf Kinderzulage entfällt für den Veranlagungszeitraum, für den das Kindergeld insgesamt zurückgefordert wird. ④ Erhalten mehrere Zulageberechtigte für dasselbe Kind Kindergeld, steht die Kinderzulage demjenigen zu, dem gegenüber für den ersten Anspruchszeitraum (§ 66 Absatz 2) im Kalenderjahr Kindergeld festgesetzt worden ist.**

2 **(2) ① Bei Eltern verschiedenen Geschlechts, die miteinander verheiratet sind, nicht dauernd getrennt leben (§ 26 Absatz 1) und ihren Wohnsitz oder gewöhnlichen Aufenthalt in einem Mitgliedstaat der Europäischen Union oder einem Staat haben, auf den das Abkommen über den Europäischen Wirtschaftsraum (EWR-Abkommen) anwendbar ist, wird die Kinderzulage der Mutter zugeordnet, auf Antrag beider Eltern**

[1] Vgl. Rz. 45 u. 46 des *BMF-Schreibens vom 5. 10. 2023 (BStBl. I S. 1726),* abgedruckt als Anlage zu § 10 a EStG.

[2] Vgl. Rz. 47–61 des *BMF-Schreibens vom 5. 10. 2023 (BStBl. I S. 1726),* abgedruckt als Anlage zu § 10 a EStG.

EStG

dem Vater. ② Bei Eltern gleichen Geschlechts, die miteinander verheiratet sind oder eine Lebenspartnerschaft führen, nicht dauernd getrennt leben (§ 26 Absatz 1) und ihren Wohnsitz oder gewöhnlichen Aufenthalt in einem Mitgliedstaat der Europäischen Union oder einem Staat haben, auf den das EWR-Abkommen anwendbar ist, ist die Kinderzulage dem Elternteil zuzuordnen, dem gegenüber das Kindergeld festgesetzt wird, auf Antrag beider Eltern dem anderen Elternteil. ③ Der Antrag kann für ein abgelaufenes Beitragsjahr nicht zurückgenommen werden.

§ 86[1] Mindesteigenbeitrag[2]

(1) **① Die Zulage nach den §§ 84 und 85 wird gekürzt, wenn der Zulageberechtigte nicht den Mindesteigenbeitrag leistet. ② Dieser beträgt jährlich 4 Prozent der Summe der in dem dem Kalenderjahr vorangegangenen Kalenderjahr** 1

1. **erzielten beitragspflichtigen Einnahmen im Sinne des Sechsten Buches Sozialgesetzbuch,**
2. **bezogenen Besoldung und Amtsbezüge,**
3. **in den Fällen des § 10 a Absatz 1 Satz 1 Nummer 3 und Nummer 4 erzielten Einnahmen, die beitragspflichtig wären, wenn die Versicherungsfreiheit in der gesetzlichen Rentenversicherung nicht bestehen würde und**
4. **bezogenen Rente wegen voller Erwerbsminderung oder Erwerbsunfähigkeit oder bezogenen Versorgungsbezüge wegen Dienstunfähigkeit in den Fällen des § 10 a Absatz 1 Satz 4,**

jedoch nicht mehr als der in § 10 a Absatz 1 Satz 1 genannte Höchstbetrag vermindert um die Zulage nach den §§ 84 und 85; gehört der Ehegatte zum Personenkreis nach § 79 Satz 2, berechnet sich der Mindesteigenbeitrag des nach § 79 Satz 1 Begünstigten unter Berücksichtigung der den Ehegatten insgesamt zustehenden Zulagen. ③ Auslandsbezogene Bestandteile nach den §§ 52 ff. des Bundesbesoldungsgesetzes oder entsprechender Regelungen eines Landesbesoldungsgesetzes bleiben unberücksichtigt. ④ Als Sockelbetrag sind ab dem Jahr 2005 jährlich 60 Euro zu leisten. ⑤ Ist der Sockelbetrag höher als der Mindesteigenbeitrag nach Satz 2, so ist der Sockelbetrag als Mindesteigenbeitrag zu leisten. ⑥ Die Kürzung der Zulage ermittelt sich nach dem Verhältnis der Altersvorsorgebeiträge zum Mindesteigenbeitrag.

(2) **① Ein nach § 79 Satz 2 begünstigter Ehegatte hat Anspruch auf eine ungekürzte Zulage, wenn der zum begünstigten Personenkreis nach § 79 Satz 1 gehörende Ehegatte seinen geförderten Mindesteigenbeitrag unter Berücksichtigung der den Ehegatten insgesamt zustehenden Zulagen erbracht hat. ② Werden bei einer in der gesetzlichen Rentenversicherung pflichtversicherten Person beitragspflichtige Einnahmen zu Grunde gelegt, die höher sind als das tatsächlich erzielte Entgelt oder die Entgeltersatzleistung, ist das tatsächlich erzielte Entgelt oder der Zahlbetrag der Entgeltersatzleistung für die Berechnung des Mindesteigenbeitrags zu berücksichtigen. ③ Für die nicht erwerbsmäßig ausgeübte Pflegetätigkeit einer nach § 3 Satz 1 Nummer 1 a des Sechsten Buches Sozialgesetzbuch rentenversicherungspflichtigen Person ist für die Berechnung des Mindesteigenbeitrags ein tatsächlich erzieltes Entgelt von 0 Euro zu berücksichtigen.** 2

(3) **① Für Versicherungspflichtige nach dem Gesetz über die Alterssicherung der Landwirte ist Absatz 1 mit der Maßgabe anzuwenden, dass auch die Einkünfte aus Land- und Forstwirtschaft im Sinne des § 13 des zweiten dem Beitragsjahr vorangegangenen Veranlagungszeitraums als beitragspflichtige Einnahmen des vorangegangenen Kalenderjahres gelten. ② Negative Einkünfte im Sinne des Satzes 1 bleiben unberücksichtigt, wenn weitere nach Absatz 1 oder Absatz 2 zu berücksichtigende Einnahmen erzielt werden.** 3

(4) **Wird nach Ablauf des Beitragsjahres festgestellt, dass die Voraussetzungen für die Gewährung einer Kinderzulage nicht vorgelegen haben, ändert sich dadurch die Berechnung des Mindesteigenbeitrags für dieses Beitragsjahr nicht.** 4

(5) **Bei den in § 10 a Absatz 6 Satz 1 und 2 genannten Personen ist der Summe nach Absatz 1 Satz 2 die Summe folgender Einnahmen und Leistungen aus dem dem Kalenderjahr vorangegangenen Kalenderjahr hinzuzurechen:** 5

1. **die erzielten Einnahmen aus der Tätigkeit, die die Zugehörigkeit zum Personenkreis des § 10 a Absatz 6 Satz 1 begründet, und**
2. **die bezogenen Leistungen im Sinne des § 10 a Absatz 6 Satz 2 Nummer 1.**

---

[1] Zur Anwendung von § 86 siehe Abs. 5.
[2] Vgl. Rz. 62–90 des *BMF-Schreibens vom 5. 10. 2023 (BStBl. I S. 1726),* abgedruckt als Anlage zu § 10 a EStG.

EStG

§ 87 Zusammentreffen mehrerer Verträge[1]

1 (1) ① **Zahlt der nach § 79 Satz 1 Zulageberechtigte Altersvorsorgebeiträge zugunsten mehrerer Verträge, so wird die Zulage nur für zwei dieser Verträge gewährt.** ② **Der insgesamt nach § 86 zu leistende Mindesteigenbeitrag muss zugunsten dieser Verträge geleistet worden sein.** ③ **Die Zulage ist entsprechend dem Verhältnis der auf diese Verträge geleisteten Beiträge zu verteilen.**

2 (2) ① **Der nach § 79 Satz 2 Zulageberechtigte kann die Zulage für das jeweilige Beitragsjahr nicht auf mehrere Altersvorsorgeverträge verteilen.** ② **Es ist nur der Altersvorsorgevertrag begünstigt, für den zuerst die Zulage beantragt wird.**

§ 88 Entstehung des Anspruchs auf Zulage

1 **Der Anspruch auf die Zulage entsteht mit Ablauf des Kalenderjahres, in dem die Altersvorsorgebeiträge geleistet worden sind (Beitragsjahr).**

§ 89 Antrag[2]

1 (1) ① **Der Zulageberechtigte hat den Antrag auf Zulage nach amtlich vorgeschriebenem Vordruck bis zum Ablauf des zweiten Kalenderjahres, das auf das Beitragsjahr (§ 88) folgt, bei dem Anbieter seines Vertrages einzureichen; dies kann auch elektronisch unter Angabe der erforderlichen Antragsdaten erfolgen, wenn sowohl der Anbieter als auch der Zulageberechtigte mit diesem Verfahren einverstanden sind.** ② **Hat der Zulageberechtigte im Beitragsjahr Altersvorsorgebeiträge für mehrere Verträge gezahlt, so hat er mit dem Zulageantrag zu bestimmen, auf welche Verträge die Zulage überwiesen werden soll.** ③ **Beantragt der Zulageberechtigte die Zulage für mehr als zwei Verträge, so wird die Zulage nur für die zwei Verträge mit den höchsten Altersvorsorgebeiträgen gewährt.** ④ **Sofern eine Zulagenummer (§ 90 Absatz 1 Satz 2) durch die zentrale Stelle (§ 81) oder eine Versicherungsnummer nach § 147 des Sechsten Buches Sozialgesetzbuch für den nach § 79 Satz 2 berechtigten Ehegatten noch nicht vergeben ist, hat dieser über seinen Anbieter eine Zulagenummer bei der zentralen Stelle zu beantragen.** ⑤ **Der Antragsteller ist verpflichtet, dem Anbieter unverzüglich eine Änderung der Verhältnisse mitzuteilen, die zu einer Minderung oder zum Wegfall des Zulageanspruchs führt; dies kann auch elektronisch erfolgen, wenn sowohl der Anbieter als auch der Zulageberechtigte mit diesem Verfahren einverstanden sind.**

2 (1 a) ① **Der Zulageberechtigte kann den Anbieter seines Vertrages unter Angabe der erforderlichen Antragsdaten schriftlich bevollmächtigen, für ihn abweichend von Absatz 1 die Zulage für jedes Beitragsjahr zu beantragen; dies kann auch elektronisch erfolgen, wenn sowohl der Anbieter als auch der Zulageberechtigte mit diesem Verfahren einverstanden sind.** ② **Absatz 1 Satz 5 gilt mit Ausnahme der Mitteilung geänderter beitragspflichtiger Einnahmen im Sinne des Sechsten Buches Sozialgesetzbuch entsprechend; erlangt der Anbieter von einer Änderung der Verhältnisse Kenntnis, hat dieser die zentrale Stelle zu unterrichten.** ③ **Ein Widerruf der Vollmacht ist bis zum Ablauf des Beitragsjahres, für das der Anbieter keinen Antrag auf Zulage stellen soll, gegenüber dem Anbieter zu erklären.**

3 (2) ① **Der Anbieter ist verpflichtet,**
a) die Vertragsdaten,
b) die Identifikationsnummer, die Versicherungsnummer nach § 147 des Sechsten Buches Sozialgesetzbuch, die Zulagenummer des Zulageberechtigten und dessen Ehegatten oder einen Antrag auf Vergabe einer Zulagenummer eines nach § 79 Satz 2 berechtigten Ehegatten,
c) die vom Zulageberechtigten mitgeteilten Angaben zur Ermittlung des Mindesteigenbeitrags (§ 86),
d) die Identifikationsnummer des Kindes sowie die weiteren für die Gewährung der Kinderzulage erforderlichen Daten,
e) die Höhe der geleisteten Altersvorsorgebeiträge und
f) das Vorliegen einer nach Absatz 1 a erteilten Vollmacht
als die für die Ermittlung und Überprüfung des Zulageanspruchs und Durchführung des Zulageverfahrens erforderlichen Daten zu erfassen. ② **Er hat die Daten der bei ihm im Laufe eines Kalendervierteljahres eingegangenen Anträge bis zum Ende des folgenden Monats nach amtlich vorgeschriebenem Datensatz durch amtlich bestimmte Datenfernübertragung an die zentrale Stelle zu übermitteln.** ③ **Dies gilt auch im Fall des Absatzes 1 Satz 5.** ④ **§ 22 a Absatz 2 gilt entsprechend.**

4 (3) ① **Ist der Anbieter nach Absatz 1 a Satz 1 bevollmächtigt worden, hat er der zentralen Stelle die nach Absatz 2 Satz 1 erforderlichen Angaben für jedes Kalenderjahr bis zum Ablauf des auf das Beitragsjahr folgenden Kalenderjahres zu übermitteln.**

---

[1] Vgl. Rz. 121–127 des *BMF-Schreibens vom 5. 10. 2023 (BStBl. I S. 1726),* abgedruckt als Anlage zu § 10 a EStG.
[2] Abgedruckt in Anhang **I 15 c.**

EStG

② **Liegt die Bevollmächtigung erst nach dem im Satz 1 genannten Meldetermin vor, hat der Anbieter die Angaben bis zum Ende des folgenden Kalendervierteljahres nach der Bevollmächtigung, spätestens jedoch bis zum Ablauf der in Absatz 1 Satz 1 genannten Antragsfrist, zu übermitteln.** ③ **Absatz 2 Satz 2 und 3 gilt sinngemäß.**

§ 90 Verfahren

(1) ① **Die zentrale Stelle ermittelt auf Grund der von ihr erhobenen oder der ihr übermittelten Daten, ob und in welcher Höhe ein Zulageanspruch besteht.** ② **Soweit der zuständige Träger der Rentenversicherung keine Versicherungsnummer vergeben hat, vergibt die zentrale Stelle zur Erfüllung der ihr nach diesem Abschnitt zugewiesenen Aufgaben eine Zulagenummer.** ③ **Die zentrale Stelle teilt im Fall eines Antrags nach § 10 a Absatz 1 b der zuständigen Stelle, im Fall eines Antrags nach § 89 Absatz 1 Satz 4 dem Anbieter die Zulagenummer mit; von dort wird sie an den Antragsteller weitergeleitet.** 1

(2) ① **Die zentrale Stelle veranlasst die Auszahlung an den Anbieter zugunsten der Zulageberechtigten durch die zuständige Kasse nach erfolgter Berechnung nach Absatz 1 und Überprüfung nach § 91.** ② **Ein gesonderter Bescheid ergeht vorbehaltlich des Absatzes 4 nicht.** ③ **Der Anbieter hat die erhaltenen Zulagen unverzüglich den begünstigten Verträgen gutzuschreiben.** ④ **Zulagen, die nach Beginn der Auszahlungsphase für das Altersvorsorgevermögen von der zentralen Stelle an den Anbieter überwiesen werden, können vom Anbieter an den Anleger ausgezahlt werden.** ⑤ **Besteht kein Zulageanspruch, so teilt die zentrale Stelle dies dem Anbieter durch Datensatz mit.** ⑥ **Die zentrale Stelle teilt dem Anbieter die Altersvorsorgebeiträge im Sinne des § 82, auf die § 10 a oder dieser Abschnitt angewendet wurde, durch Datensatz mit.** 2

(3) ① **Erkennt die zentrale Stelle bis zum Ende des zweiten auf die Ermittlung der Zulage folgenden Jahres nachträglich auf Grund neuer, berichtigter oder stornierter Daten, dass der Zulageanspruch ganz oder teilweise nicht besteht oder weggefallen ist, so hat sie zu Unrecht gutgeschriebene oder ausgezahlte Zulagen bis zum Ablauf eines Jahres nach der Erkenntnis zurückzufordern und dies dem Zulageberechtigten durch Bescheid nach Absatz 4 Satz 1 Nummer 2 und dem Anbieter durch Datensatz mitzuteilen.** ② **Bei bestehendem Vertragsverhältnis hat der Anbieter das Konto zu belasten.** ③ **Die ihm im Kalendervierteljahr mitgeteilten Rückforderungsbeträge hat er bis zum zehnten Tag des dem Kalendervierteljahr folgenden Monats in einem Betrag bei der zentralen Stelle anzumelden und an diese abzuführen.** ④ **Die Anmeldung nach Satz 3 ist nach amtlich vorgeschriebenem Vordruck abzugeben.**[1] ⑤ **Sie gilt als Steueranmeldung im Sinne der Abgabenordnung.** ⑥ **Abweichend von Satz 1 gilt die Ausschlussfrist für den Personenkreis der Kindererziehenden nach § 10 a Absatz 1 a und deren nach § 79 Satz 2 förderberechtigten Ehegatten nicht; die zentrale Stelle hat die Zulage des Zulageberechtigten als auch des nach § 79 Satz 2 förderberechtigten Ehegatten bis zur Vollendung des fünften Lebensjahres des Kindes, das für die Anerkennung der Förderberechtigung nach § 10 a Absatz 1 a maßgebend war, zurückzufordern, wenn die Kindererziehungszeiten bis zu diesem Zeitpunkt in der gesetzlichen Rentenversicherung nicht angerechnet wurden.** ⑦ **Hat der Zulageberechtigte die Kindererziehungszeiten innerhalb der in § 10 a Absatz 1 a genannten Frist beantragt, der zuständige Träger der gesetzlichen Rentenversicherung aber nicht innerhalb der Ausschlussfrist von Satz 6 darüber abschließend beschieden, verlängert sich die Ausschlussfrist um drei Monate nach Kenntniserlangung der zentralen Stelle vom Erlass des Bescheides.** 3

(3 a) ① **Erfolgt nach der Durchführung einer versorgungsrechtlichen Teilung eine Rückforderung von zu Unrecht gezahlten Zulagen, setzt die zentrale Stelle den Rückforderungsbetrag nach Absatz 3 unter Anrechnung bereits vom Anbieter einbehaltener und abgeführter Beträge gegenüber dem Zulageberechtigten fest, soweit** 3a

1. **das Guthaben auf dem Vertrag des Zulageberechtigten zur Zahlung des Rückforderungsbetrags nach § 90 Absatz 3 Satz 1 nicht ausreicht und**
2. **im Rückforderungsbetrag ein Zulagebetrag enthalten ist, der in der Ehe- oder Lebenspartnerschaftszeit ausgezahlt wurde.**

② **Erfolgt nach einer Inanspruchnahme eines Altersvorsorge-Eigenheimbetrags im Sinne des § 92 a Absatz 1 oder während einer Darlehenstilgung bei Altersvorsorgeverträgen nach § 1 Absatz 1 a des Altersvorsorgeverträge-Zertifizierungsgesetzes eine Rückforderung zu Unrecht gezahlter Zulagen, setzt die zentrale Stelle den Rückforderungsbetrag nach Absatz 3 unter Anrechnung bereits vom Anbieter einbehaltener und abgeführter Beträge gegenüber dem Zulageberechtigten fest, soweit das Guthaben auf dem Altersvorsorgevertrag des Zulageberechtigten zur Zahlung des Rückforderungsbetrags nicht ausreicht.** ③ **Der Anbieter hat in diesen Fällen der zentralen Stelle**

[1] Zum Vordruckmuster vgl. BMF-Schreiben vom 18. 3. 2010 (BStBl. I S. 242).

EStG

die nach Absatz 3 einbehaltenen und abgeführten Beträge nach amtlich vorgeschriebenem Datensatz durch amtlich bestimmte Datenfernübertragung mitzuteilen.

4 (4) ① Eine Festsetzung der Zulage erfolgt

1. von Amts wegen, wenn die nach den vorliegenden Daten abschließend berechnete Zulage von der beantragten Zulage abweicht,
2. im Falle des Absatzes 3 von Amts wegen,
3. auf besonderen Antrag des Zulageberechtigten, sofern nicht bereits eine Festsetzung von Amts wegen erfolgt ist, oder
4. auf Anforderung des zuständigen Finanzamtes, wenn dessen Daten von den Daten der zentralen Stelle abweichen; eine gesonderte Festsetzung unterbleibt, wenn eine Festsetzung nach den Nummern 1 bis 3 bereits erfolgt ist, für das Beitragsjahr keine Zulage beantragt wurde oder die Frist nach Absatz 3 Satz 1 abgelaufen ist.

② Der Antrag nach Satz 1 Nummer 3 ist schriftlich oder elektronisch innerhalb eines Jahres vom Zulageberechtigten an die zentrale Stelle zu richten; die Frist beginnt mit der Erteilung der Bescheinigung nach § 92, die die Ermittlungsergebnisse für das Beitragsjahr enthält, für das eine Festsetzung der Zulage erfolgen soll. ③ Der Anbieter teilt auf Anforderung der zentralen Stelle nach amtlich vorgeschriebenem Datensatz durch amtlich bestimmte Datenfernübertragung das Datum der Erteilung der nach Satz 2 maßgebenden Bescheinigung nach § 92 mit. ④ Er hat auf Anforderung weitere ihm vorliegende, für die Festsetzung erforderliche Unterlagen beizufügen; eine ergänzende Stellungnahme kann beigefügt werden; dies kann auch elektronisch erfolgen, wenn sowohl der Anbieter als auch die zentrale Stelle mit diesem Verfahren einverstanden sind. ⑤ Die zentrale Stelle teilt die Festsetzung nach Satz 1 Nummer 3 auch dem Anbieter und die Festsetzung nach Satz 1 Nummer 4 auch dem Finanzamt mit; erfolgt keine Festsetzung nach Satz 1 Nummer 4, teilt dies die zentrale Stelle dem Finanzamt ebenfalls mit. ⑥ Im Übrigen gilt Absatz 3 entsprechend. ⑦ Satz 1 Nummer 1 gilt nicht, wenn der Datensatz nach § 89 Absatz 2 auf Grund von unzureichenden oder fehlerhaften Angaben des Zulageberechtigten abgewiesen sowie um eine Fehlermeldung ergänzt worden ist und die Angaben nicht innerhalb der Antragsfrist des § 89 Absatz 1 Satz 1 von dem Zulageberechtigten an den Anbieter nachgereicht werden.

5 (5) ① Im Rahmen des Festsetzungsverfahrens oder Einspruchsverfahrens kann der Zulageberechtigte bis zum rechtskräftigen Abschluss des Festsetzungsverfahrens oder Einspruchsverfahrens eine nicht fristgerecht abgegebene Einwilligung nach § 10a Absatz 1 Satz 1 Halbsatz 2 gegenüber der zuständigen Stelle nachholen. ② Über die Nachholung hat er die zentrale Stelle unter Angabe des Datums der Erteilung der Einwilligung unmittelbar zu informieren. ③ Hat der Zulageberechtigte im Rahmen des Festsetzungsverfahrens oder Einspruchsverfahrens eine wirksame Einwilligung gegenüber der zuständigen Stelle erteilt, wird er so gestellt, als hätte er die Einwilligung innerhalb der Frist nach § 10a Absatz 1 Satz 1 Halbsatz 2 wirksam gestellt.

§ 91 Datenerhebung und Datenabgleich

1 (1)[1] ① Für die Berechnung und Überprüfung der Zulage sowie die Überprüfung des Vorliegens der Voraussetzungen des Sonderausgabenabzugs nach § 10a übermitteln die Träger der gesetzlichen Rentenversicherung, die landwirtschaftliche Alterskasse, die Bundesagentur für Arbeit, die Meldebehörden, die Familienkassen und die Finanzämter der zentralen Stelle auf Anforderung unter Angabe der Identifikationsnummer (§ 139b der Abgabenordnung) des Steuerpflichtigen die bei ihnen vorhandenen Daten nach § 89 Absatz 2 durch Datenfernübertragung; für Zwecke der Berechnung des Mindesteigenbeitrags für ein Beitragsjahr darf die zentrale Stelle bei den Trägern der gesetzlichen Rentenversicherung und der landwirtschaftlichen Alterskasse die bei ihnen vorhandenen Daten zu den beitragspflichtigen Einnahmen sowie in den Fällen des § 10a Absatz 1 Satz 4 zur Höhe der bezogenen Rente wegen voller Erwerbsminderung oder Erwerbsunfähigkeit erheben, sofern diese nicht vom Anbieter nach § 89 übermittelt worden sind; im Datenabgleich mit den Familienkassen sind auch die Identifikationsnummern des Kindergeldberechtigten und des Kindes anzugeben. ② Für Zwecke der Überprüfung nach Satz 1 darf die zentrale Stelle die ihr übermittelten Daten mit den ihr nach § 89 Absatz 2 übermittelten Daten automatisiert abgleichen. ③ Ergibt die Überprüfung eine Abweichung von dem in der Steuerfestsetzung berücksichtigten Sonderausgabenabzug nach § 10a oder der gesonderten Feststellung nach § 10a Absatz 4, ist dies dem Finanzamt mitzuteilen; die Steuerfestsetzung oder die gesonderte Feststellung ist insoweit zu ändern. ④ Ist die Zulage nach § 90 Absatz 4 von der zentralen Stelle unanfechtbar festgesetzt worden, sind diese gesondert festgesetzten Besteuerungsgrundlagen für das Finanzamt bindend und auch der gesonderten Feststellung nach § 10a Absatz 4 zu Grunde zu legen.

[1] Siehe auch BMF-Schreiben vom 13. 9. 2007, BStBl. I S. 700.

EStG

(2) ① **Die zuständige Stelle hat der zentralen Stelle die Daten nach § 10 a Absatz 1 Satz 1 zweiter Halbsatz bis zum 31. März des dem Beitragsjahr folgenden Kalenderjahres durch Datenfernübertragung zu übermitteln.** ② **Liegt die Einwilligung nach § 10 a Absatz 1 Satz 1 zweiter Halbsatz erst nach dem in Satz 1 genannten Meldetermin vor, hat die zuständige Stelle die Daten spätestens bis zum Ende des folgenden Kalendervierteljahres nach Erteilung der Einwilligung nach Maßgabe von Satz 1 zu übermitteln.** 2

§ 92 Bescheinigung

① **Der Anbieter hat dem Zulageberechtigten jährlich bis zum Ablauf des auf das Beitragsjahr folgenden Jahres eine Bescheinigung nach amtlich vorgeschriebenem Muster[1] zu erteilen über** 1

1. die Höhe der im abgelaufenen Beitragsjahr geleisteten Altersvorsorgebeiträge (Beiträge und Tilgungsleistungen),

2. die im abgelaufenen Beitragsjahr getroffenen, aufgehobenen oder geänderten Ermittlungsergebnisse (§ 90),

3. die Summe der bis zum Ende des abgelaufenen Beitragsjahres dem Vertrag gutgeschriebenen Zulagen,

4. die Summe der bis zum Ende des abgelaufenen Beitragsjahres geleisteten Altersvorsorgebeiträge (Beiträge und Tilgungsleistungen),

5. den Stand des Altersvorsorgevermögens,

6. den Stand des Wohnförderkontos (§ 92 a Absatz 2 Satz 1), sofern er diesen von der zentralen Stelle mitgeteilt bekommen hat, und

7. die Bestätigung der durch den Anbieter erfolgten Datenübermittlung an die zentrale Stelle im Fall des § 10 a Absatz 5 Satz 1.

② **Einer jährlichen Bescheinigung bedarf es nicht, wenn zu Satz 1 Nummer 1, 2, 6 und 7 keine Angaben erforderlich sind und sich zu Satz 1 Nummer 3 bis 5 keine Änderungen gegenüber der zuletzt erteilten Bescheinigung ergeben.** ③ **Liegen die Voraussetzungen des Satzes 2 nur hinsichtlich der Angabe nach Satz 1 Nummer 6 nicht vor und wurde die Geschäftsbeziehung im Hinblick auf den jeweiligen Altersvorsorgevertrag zwischen Zulageberechtigtem und Anbieter beendet, weil**

1. das angesparte Kapital vollständig aus dem Altersvorsorgevertrag entnommen wurde oder

2. das gewährte Darlehen vollständig getilgt wurde,

bedarf es keiner jährlichen Bescheinigung, wenn der Anbieter dem Zulageberechtigten in einer Bescheinigung im Sinne dieser Vorschrift Folgendes mitteilt: „Das Wohnförderkonto erhöht sich bis zum Beginn der Auszahlungsphase jährlich um 2 Prozent, solange Sie keine Zahlungen zur Minderung des Wohnförderkontos leisten.“ ④ **Der Anbieter kann dem Zulageberechtigten mit dessen Einverständnis die Bescheinigung auch elektronisch bereitstellen.**

§ 92a Verwendung für eine selbst genutzte Wohnung[2]

(1) ① **Der Zulageberechtigte kann das in einem Altersvorsorgevertrag gebildete und nach § 10 a oder nach diesem Abschnitt geförderte Kapital in vollem Umfang oder, wenn das verbleibende geförderte Restkapital mindestens 3 000 Euro beträgt, teilweise wie folgt verwenden (Altersvorsorge-Eigenheimbetrag):** 1

1. bis zum Beginn der Auszahlungsphase unmittelbar für die Anschaffung oder Herstellung einer Wohnung oder zur Tilgung eines zu diesem Zweck aufgenommenen Darlehens, wenn das dafür entnommene Kapital mindestens 3 000 Euro beträgt, oder

2. bis zum Beginn der Auszahlungsphase unmittelbar für den Erwerb von Pflicht-Geschäftsanteilen an einer eingetragenen Genossenschaft für die Selbstnutzung einer Genossenschaftswohnung oder zur Tilgung eines zu diesem Zweck aufgenommenen Darlehens, wenn das dafür entnommene Kapital mindestens 3 000 Euro beträgt, oder

3. bis zum Beginn der Auszahlungsphase unmittelbar für die Finanzierung eines Umbaus oder der energetischen Sanierung einer Wohnung, wenn

a) das dafür entnommene Kapital

aa) mindestens 6 000 Euro beträgt und für einen innerhalb eines Zeitraums von drei Jahren nach der Anschaffung oder Herstellung der Wohnung vorgenommenen Umbau verwendet wird oder

[1] Zum Vordruckmuster vgl. BMF-Schreiben vom 6. 12. 2013 (BStBl. I S. 1507).

[2] Vgl. Rz. 246–289 des *BMF-Schreibens vom 5. 10. 2023 (BStBl. I S. 1726),* abgedruckt als Anlage zu § 10 a EStG.

EStG

bb) mindestens 20 000 Euro beträgt,

b) das dafür entnommene Kapital

aa) zu mindestens 50 Prozent auf Maßnahmen entfällt, die die Vorgaben der DIN 18040 Teil 2, Ausgabe September 2011, soweit baustrukturell möglich, erfüllen, und der verbleibende Teil der Kosten der Reduzierung von Barrieren in oder an der Wohnung dient; die zweckgerechte Verwendung ist durch einen Sachverständigen zu bestätigen; oder

bb) auf energetische Maßnahmen im Sinne des § 35 c Absatz 1 Satz 3 und 4 entfällt, die von einem Fachunternehmen ausgeführt werden; § 35 c Absatz 1 Satz 6 und 7 gilt entsprechend; und

c) der Zulageberechtigte oder ein Mitnutzer der Wohnung für die Umbaukosten weder eine Förderung durch Zuschüsse noch eine Steuerermäßigung nach den §§ 35 a oder 35 c in Anspruch nimmt oder nehmen wird noch die Berücksichtigung als Betriebsausgaben, Werbungskosten, Sonderausgaben oder außergewöhnliche Belastung nach § 33 beantragt hat oder beantragen wird und dies schriftlich oder elektronisch bestätigt. ② Diese Bestätigung ist bei der Antragstellung nach § 92 b Absatz 1 Satz 1 gegenüber der zentralen Stelle abzugeben. ③ Bei der Inanspruchnahme eines Darlehens im Rahmen eines Altersvorsorgevertrags nach § 1 Absatz 1 a des Altersvorsorgeverträge-Zertifizierungsgesetzes hat der Zulageberechtigte die Bestätigung gegenüber seinem Anbieter abzugeben; dies kann auch elektronisch erfolgen, wenn sowohl der Anbieter als auch der Zulageberechtigte mit diesem Verfahren einverstanden sind.

② Die DIN 18 040 ist im Beuth-Verlag GmbH, Berlin und Köln, erschienen und beim Deutschen Patent- und Markenamt in München archivmäßig gesichert niedergelegt. ③ Die technischen Mindestanforderungen für die Reduzierung von Barrieren in oder an der Wohnung nach Satz 1 Nummer 3 Buchstabe b werden durch das Bundesministerium des Innern, für Bau und Heimat im Einvernehmen mit dem Bundesministerium der Finanzen festgelegt und im Bundesbaublatt veröffentlicht. ④ Sachverständige im Sinne dieser Vorschrift sind nach Landesrecht Bauvorlageberechtigte sowie nach § 91 Absatz 1 Nummer 8 der Handwerksordnung öffentlich bestellte und vereidigte Sachverständige, die für ein Sachgebiet bestellt sind, das die Barrierefreiheit und Barrierereduzierung in Wohngebäuden umfasst, und die eine besondere Sachkunde oder ergänzende Fortbildung auf diesem Gebiet nachweisen. ⑤ Eine nach Satz 1 begünstigte Wohnung ist

1. eine Wohnung in einem eigenen Haus oder
2. eine eigene Eigentumswohnung oder
3. eine Genossenschaftswohnung einer eingetragenen Genossenschaft,

wenn diese Wohnung in einem Mitgliedstaat der Europäischen Union oder in einem Staat, auf den das Abkommen über den Europäischen Wirtschaftsraum (EWR-Abkommen) anwendbar ist, belegen ist und die Hauptwohnung oder den Mittelpunkt der Lebensinteressen des Zulageberechtigten darstellt; dies gilt auch für eine im Vereinigten Königreich Großbritannien und Nordirland belegene Wohnung, die vor dem Zeitpunkt, ab dem das Vereinigte Königreich Großbritannien und Nordirland nicht mehr Mitgliedstaat der Europäischen Union ist und auch nicht wie ein solcher zu behandeln ist, bereits begünstigt war, soweit für diese Wohnung bereits vor diesem Zeitpunkt eine Verwendung nach Satz 1 erfolgt ist und keine erneute beantragt wird. ⑥ Einer Wohnung im Sinne des Satzes 5 steht ein eigentumsähnliches oder lebenslanges Dauerwohnrecht nach § 33 des Wohnungseigentumsgesetzes gleich, soweit Vereinbarungen nach § 39 des Wohnungseigentumsgesetzes getroffen werden. ⑦ Bei der Ermittlung des Restkapitals nach Satz 1 ist auf den Stand des geförderten Altersvorsorgevermögens zum Ablauf des Tages abzustellen, an dem die zentrale Stelle den Bescheid nach § 92 b ausgestellt hat. ⑧ Der Altersvorsorge-Eigenheimbetrag gilt nicht als Leistung aus einem Altersvorsorgevertrag, die dem Zulageberechtigten im Zeitpunkt der Auszahlung zufließt.

2 (2) ① Der Altersvorsorge-Eigenheimbetrag, die Tilgungsleistungen im Sinne des § 82 Absatz 1 Satz 1 Nummer 2 und die hierfür gewährten Zulagen sind durch die zentrale Stelle in Bezug auf den zugrunde liegenden Altersvorsorgevertrag gesondert zu erfassen (Wohnförderkonto); die zentrale Stelle teilt für jeden Altersvorsorgevertrag, für den sie ein Wohnförderkonto (Altersvorsorgevertrag mit Wohnförderkonto) führt, dem Anbieter jährlich den Stand des Wohnförderkontos nach amtlich vorgeschriebenem Datensatz durch Datenfernübertragung mit. ② Beiträge, die nach § 82 Absatz 1 Satz 3 wie Tilgungsleistungen behandelt wurden, sind im Zeitpunkt der unmittelbaren Darlehenstilgung einschließlich der zur Tilgung eingesetzten Zulagen und Erträge in das Wohnförderkonto aufzunehmen; zur Tilgung eingesetzte ungeförderte Beiträge einschließlich der darauf entfallenden Erträge fließen dem Zulageberechtigten in diesem Zeitpunkt zu. ③ Nach Ablauf eines Beitragsjahres, letztmals für das Beitragsjahr des

Beginns der Auszahlungsphase, ist der sich aus dem Wohnförderkonto ergebende Gesamtbetrag um 2 Prozent zu erhöhen. ④ Das Wohnförderkonto ist zu vermindern um

1. Zahlungen des Zulageberechtigten auf einen auf seinen Namen lautenden zertifizierten Altersvorsorgevertrag nach § 1 Absatz 1 des Altersvorsorgeverträge-Zertifizierungsgesetzes bis zum Beginn der Auszahlungsphase zur Minderung der in das Wohnförderkonto eingestellten Beträge; der Anbieter, bei dem die Einzahlung erfolgt, hat die Einzahlung der zentralen Stelle nach amtlich vorgeschriebenem Datensatz durch Datenfernübertragung mitzuteilen; erfolgt die Einzahlung nicht auf den Altersvorsorgevertrag mit Wohnförderkonto, hat der Zulageberechtigte dem Anbieter, bei dem die Einzahlung erfolgt, die Vertragsdaten des Altersvorsorgevertrags mit Wohnförderkonto mitzuteilen; diese hat der Anbieter der zentralen Stelle zusätzlich mitzuteilen;

2. den Verminderungsbetrag nach Satz 5.

⑤ Verminderungsbetrag ist der sich mit Ablauf des Kalenderjahres des Beginns der Auszahlungsphase ergebende Stand des Wohnförderkontos dividiert durch die Anzahl der Jahre bis zur Vollendung des 85. Lebensjahres des Zulageberechtigten; als Beginn der Auszahlungsphase gilt der vom Zulageberechtigten und Anbieter vereinbarte Zeitpunkt, der zwischen der Vollendung des 60. Lebensjahres und des 68. Lebensjahres des Zulageberechtigten liegen muss; ist ein Auszahlungszeitpunkt nicht vereinbart, so gilt die Vollendung des 67. Lebensjahres als Beginn der Auszahlungsphase; die Verschiebung des Beginns der Auszahlungsphase über das 68. Lebensjahr des Zulageberechtigten hinaus ist unschädlich, sofern es sich um eine Verschiebung im Zusammenhang mit der Abfindung einer Kleinbetragsrente auf Grund des § 1 Absatz 1 Satz 1 Nummer 4 Buchstabe a des Altersvorsorgeverträge-Zertifizierungsgesetzes handelt. ⑥ Anstelle einer Verminderung nach Satz 5 kann der Zulageberechtigte jederzeit in der Auszahlungsphase von der zentralen Stelle die Auflösung des Wohnförderkontos verlangen (Auflösungsbetrag). ⑦ Der Anbieter hat im Zeitpunkt der unmittelbaren Darlehenstilgung die Beträge nach Satz 2 erster Halbsatz und der Anbieter eines Altersvorsorgevertrages mit Wohnförderkonto hat zu Beginn der Auszahlungsphase den Zeitpunkt des Beginns der Auszahlungsphase der zentralen Stelle nach amtlich vorgeschriebenem Datensatz durch Datenfernübertragung spätestens bis zum Ablauf des zweiten Monats, der auf den Monat der unmittelbaren Darlehenstilgung oder des Beginns der Auszahlungsphase folgt, mitzuteilen. ⑧ Wird gefördertes Altersvorsorgevermögen nach § 93 Absatz 2 Satz 1 von einem Anbieter auf einen anderen auf den Namen des Zulageberechtigten lautenden Altersvorsorgevertrag vollständig übertragen und hat die zentrale Stelle für den bisherigen Altersvorsorgevertrag ein Wohnförderkonto geführt, so schließt sie das Wohnförderkonto des bisherigen Vertrags und führt es zu dem neuen Altersvorsorgevertrag fort. ⑨ Erfolgt eine Zahlung nach Satz 4 Nummer 1 oder nach Absatz 3 Satz 9 Nummer 2 auf einen anderen Altersvorsorgevertrag als auf den Altersvorsorgevertrag mit Wohnförderkonto, schließt die zentrale Stelle das Wohnförderkonto des bisherigen Vertrags und führt es ab dem Zeitpunkt der Einzahlung für den Altersvorsorgevertrag fort, auf den die Einzahlung erfolgt ist. ⑩ Die zentrale Stelle teilt die Schließung des Wohnförderkontos dem Anbieter des bisherigen Altersvorsorgevertrags mit Wohnförderkonto mit.

(2a) **① Geht im Rahmen der Regelung von Scheidungsfolgen der Eigentumsanteil** 3
des Zulageberechtigten an der Wohnung im Sinne des Absatzes 1 Satz 5 ganz oder teilweise auf den anderen Ehegatten über, geht das Wohnförderkonto in Höhe des Anteils, der dem Verhältnis des übergegangenen Eigentumsanteils zum ursprünglichen Eigentumsanteil entspricht, mit allen Rechten und Pflichten auf den anderen Ehegatten über; dabei ist auf das Lebensalter des anderen Ehegatten abzustellen. ② Hat der andere Ehegatte das Lebensalter für den vertraglich vereinbarten Beginn der Auszahlungsphase oder, soweit kein Beginn der Auszahlungsphase vereinbart wurde, das 67. Lebensjahr im Zeitpunkt des Übergangs des Wohnförderkontos bereits überschritten, so gilt als Beginn der Auszahlungsphase der Zeitpunkt des Übergangs des Wohnförderkontos. ③ Der Zulageberechtigte hat den Übergang des Eigentumsanteils der zentralen Stelle nachzuweisen. ④ Dazu hat er die für die Anlage eines Wohnförderkontos erforderlichen Daten des anderen Ehegatten mitzuteilen. ⑤ Die Sätze 1 bis 4 gelten entsprechend für Ehegatten, die im Zeitpunkt des Todes des Zulageberechtigten

1. nicht dauernd getrennt gelebt haben (§ 26 Absatz 1) und

2. ihren Wohnsitz oder gewöhnlichen Aufenthalt in einem Mitgliedstaat der Europäischen Union oder einem Staat hatten, auf den das Abkommen über den Europäischen Wirtschaftsraum anwendbar ist; dies gilt auch, wenn die Ehegatten ihren vor dem Zeitpunkt, ab dem das Vereinigte Königreich Großbritannien und Nordirland nicht mehr Mitgliedstaat der Europäischen Union ist und auch nicht wie ein solcher zu behandeln ist, begründeten Wohnsitz oder gewöhnlichen Aufenthalt im Vereinig-

EStG

ten Königreich Großbritannien und Nordirland hatten und der Altersvorsorgevertrag vor dem 23. Juni 2016 abgeschlossen worden ist.

4 (3) ① Nutzt der Zulageberechtigte die Wohnung im Sinne des Absatzes 1 Satz 5, für die ein Altersvorsorge-Eigenheimbetrag verwendet oder für die eine Tilgungsförderung im Sinne des § 82 Absatz 1 in Anspruch genommen worden ist, nicht nur vorübergehend nicht mehr zu eigenen Wohnzwecken, hat er dies dem Anbieter, in der Auszahlungsphase der zentralen Stelle, unter Angabe des Zeitpunkts der Aufgabe der Selbstnutzung anzuzeigen. ② Eine Aufgabe der Selbstnutzung liegt auch vor, soweit der Zulageberechtigte das Eigentum an der Wohnung aufgibt. ③ Die Anzeigepflicht gilt entsprechend für den Rechtsnachfolger der begünstigten Wohnung, wenn der Zulageberechtigte stirbt. ④ Die Anzeigepflicht entfällt, wenn das Wohnförderkonto vollständig zurückgeführt worden ist, es sei denn, es liegt ein Fall des § 22 Nummer 5 Satz 6 vor. ⑤ Im Fall des Satzes 1 gelten die im Wohnförderkonto erfassten Beträge als Leistungen aus einem Altersvorsorgevertrag, die dem Zulageberechtigten nach letztmaliger Erhöhung des Wohnförderkontos nach Absatz 2 Satz 3 zum Ende des Veranlagungszeitraums, in dem die Selbstnutzung aufgegeben wurde, zufließen; das Wohnförderkonto ist aufzulösen (Auflösungsbetrag). ⑥ Verstirbt der Zulageberechtigte, ist der Auflösungsbetrag ihm noch zuzurechnen. ⑦ Der Anbieter hat der zentralen Stelle den Zeitpunkt der Aufgabe nach amtlich vorgeschriebenem Datensatz durch Datenfernübertragung spätestens bis zum Ablauf des zweiten Monats, der auf den Monat der Anzeige des Zulageberechtigten folgt, mitzuteilen. ⑧ Wurde im Fall des Satzes 1 eine Tilgungsförderung nach § 82 Absatz 1 Satz 3 in Anspruch genommen und erfolgte keine Einstellung in das Wohnförderkonto nach Absatz 2 Satz 2, sind die Beiträge, die nach § 82 Absatz 1 Satz 3 wie Tilgungsleistungen behandelt wurden, sowie die darauf entfallenden Zulagen und Erträge in ein Wohnförderkonto aufzunehmen und anschließend die weiteren Regelungen dieses Absatzes anzuwenden; Absatz 2 Satz 2 zweiter Halbsatz und Satz 7 gilt entsprechend. ⑨ Die Sätze 5 bis 7 sowie § 20 sind nicht anzuwenden, wenn

1. der Zulageberechtigte einen Betrag in Höhe des noch nicht zurückgeführten Betrags im Wohnförderkonto innerhalb von zwei Jahren vor dem Veranlagungszeitraum und von fünf Jahren nach Ablauf des Veranlagungszeitraums, in dem er die Wohnung letztmals zu eigenen Wohnzwecken genutzt hat, für eine weitere Wohnung im Sinne des Absatzes 1 Satz 5 verwendet,
2. der Zulageberechtigte einen Betrag in Höhe des noch nicht zurückgeführten Betrags im Wohnförderkonto innerhalb eines Jahres nach Ablauf des Veranlagungszeitraums, in dem er die Wohnung letztmals zu eigenen Wohnzwecken genutzt hat, auf einen auf seinen Namen lautenden zertifizierten Altersvorsorgevertrag zahlt; Absatz 2 Satz 4 Nummer 1 ist entsprechend anzuwenden,
3. die Ehewohnung auf Grund einer richterlichen Entscheidung nach § 1361 b des Bürgerlichen Gesetzbuchs oder nach der Verordnung über die Behandlung der Ehewohnung und des Hausrats dem anderen Ehegatten zugewiesen wird,
4. der Zulageberechtigte krankheits- oder pflegebedingt die Wohnung nicht mehr bewohnt, sofern er Eigentümer dieser Wohnung bleibt, sie ihm weiterhin zur Selbstnutzung zur Verfügung steht und sie nicht von Dritten, mit Ausnahme seines Ehegatten, genutzt wird oder
5. der Zulageberechtigte innerhalb von fünf Jahren nach Ablauf des Veranlagungszeitraums, in dem er die Wohnung letztmals zu eigenen Wohnzwecken genutzt hat, die Selbstnutzung dieser Wohnung wieder aufnimmt.

⑩ Satz 9 Nummer 1 und 2 setzt voraus, dass der Zulageberechtigte dem Anbieter, in der Auszahlungsphase der zentralen Stelle, die fristgemäße Reinvestitionsabsicht im Rahmen der Anzeige nach Satz 1 und den Zeitpunkt der Reinvestition oder die Aufgabe der Reinvestitionsabsicht anzeigt; in den Fällen des Absatzes 2 a und des Satzes 9 Nummer 3 gelten die Sätze 1 bis 9 entsprechend für den anderen, geschiedenen oder überlebenden Ehegatten, wenn er die Wohnung nicht nur vorübergehend nicht mehr zu eigenen Wohnzwecken nutzt. ⑪ Satz 5 ist mit der Maßgabe anzuwenden, dass der Eingang der Anzeige der aufgegebenen Reinvestitionsabsicht, spätestens jedoch der 1. Januar

1. des sechsten Jahres nach dem Jahr der Aufgabe der Selbstnutzung bei einer Reinvestitionsabsicht nach Satz 9 Nummer 1 oder
2. des zweiten Jahres nach dem Jahr der Aufgabe der Selbstnutzung bei einer Reinvestitionsabsicht nach Satz 9 Nummer 2

als Zeitpunkt der Aufgabe gilt. ⑫ Satz 9 Nummer 5 setzt voraus, dass bei einer beabsichtigten Wiederaufnahme der Selbstnutzung der Zulageberechtigte dem Anbieter, in der Auszahlungsphase der zentralen Stelle, die Absicht der fristgemäßen Wiederaufnahme der Selbstnutzung im Rahmen der Anzeige nach Satz 1 und den Zeitpunkt oder die Aufgabe der Reinvestitionsabsicht nach Satz 10 anzeigt. ⑬ Satz 10 zweiter Halbsatz und Satz 11 gelten für die Anzeige der Absicht der fristgemäßen Wiederaufnahme der Selbstnutzung entsprechend.

(4) ① Absatz 3 sowie § 20 sind auf Antrag des Steuerpflichtigen nicht anzuwenden, 5
wenn er

1. die Wohnung im Sinne des Absatzes 1 Satz 5 auf Grund eines beruflich bedingten Umzugs für die Dauer der beruflich bedingten Abwesenheit nicht selbst nutzt; wird während dieser Zeit mit einer anderen Person ein Nutzungsrecht für diese Wohnung vereinbart, ist diese Vereinbarung von vorneherein entsprechend zu befristen,
2. beabsichtigt, die Selbstnutzung wieder aufzunehmen und
3. die Selbstnutzung spätestens mit der Vollendung seines 67. Lebensjahres aufnimmt.

② Der Steuerpflichtige hat den Antrag bei der zentralen Stelle zu stellen und dabei die notwendigen Nachweise zu erbringen. ③ Die zentrale Stelle erteilt dem Steuerpflichtigen einen Bescheid über die Bewilligung des Antrags und informiert den Anbieter des Altersvorsorgevertrags mit Wohnförderkonto des Zulageberechtigten über die Bewilligung, eine Wiederaufnahme der Selbstnutzung nach einem beruflich bedingten Umzug und den Wegfall der Voraussetzungen nach diesem Absatz; die Information hat nach amtlich vorgeschriebenem Datensatz durch Datenfernübertragung zu erfolgen. ④ Entfällt eine der in Satz 1 genannten Voraussetzungen, ist Absatz 3 mit der Maßgabe anzuwenden, dass bei einem Wegfall der Voraussetzung nach Satz 1 Nummer 1 als Zeitpunkt der Aufgabe der Zeitpunkt des Wegfalls der Voraussetzung und bei einem Wegfall der Voraussetzung nach Satz 1 Nummer 2 oder Nummer 3 der Eingang der Mitteilung des Steuerpflichtigen nach Absatz 3 als Zeitpunkt der Aufgabe gilt, spätestens jedoch die Vollendung des 67. Lebensjahres des Steuerpflichtigen.

§ 92b Verfahren bei Verwendung für eine selbst genutzte Wohnung

(1) ① Der Zulageberechtigte hat die Verwendung des Kapitals nach § 92 a Absatz 1 1
Satz 1 spätestens zehn Monate vor dem Beginn der Auszahlungsphase des Altersvorsorgevertrags im Sinne des § 1 Absatz 1 Nummer 2 des Altersvorsorgeverträge-Zertifizierungsgesetzes bei der zentralen Stelle zu beantragen und dabei die notwendigen Nachweise zu erbringen. ② Er hat zu bestimmen, aus welchen Altersvorsorgeverträgen der Altersvorsorge-Eigenheimbetrag ausgezahlt werden soll. ③ Die zentrale Stelle teilt dem Zulageberechtigten durch Bescheid und den Anbietern der in Satz 2 genannten Altersvorsorgeverträge nach amtlich vorgeschriebenem Datensatz durch Datenfernübertragung mit, bis zu welcher Höhe eine wohnungswirtschaftliche Verwendung im Sinne des § 92 a Absatz 1 Satz 1 vorliegen kann.

(2) ① Die Anbieter der in Absatz 1 Satz 2 genannten Altersvorsorgeverträge dürfen 2
den Altersvorsorge-Eigenheimbetrag auszahlen, sobald sie die Mitteilung nach Absatz 1 Satz 3 erhalten haben. ② Sie haben der zentralen Stelle nach amtlich vorgeschriebenem Datensatz durch Datenfernübertragung Folgendes spätestens bis zum Ablauf des zweiten Monats, der auf den Monat der Auszahlung folgt, anzuzeigen:

1. den Auszahlungszeitpunkt und den Auszahlungsbetrag,
2. die Summe der bis zum Auszahlungszeitpunkt dem Altersvorsorgevertrag gutgeschriebenen Zulagen,
3. die Summe der bis zum Auszahlungszeitpunkt geleisteten Altersvorsorgebeiträge und
4. den Stand des geförderten Altersvorsorgevermögens im Zeitpunkt der Auszahlung.

(3) ① Die zentrale Stelle stellt zu Beginn der Auszahlungsphase und in den Fällen des 3
§ 92 a Absatz 2 a und 3 Satz 5 den Stand des Wohnförderkontos, soweit für die Besteuerung erforderlich, den Verminderungsbetrag und den Auflösungsbetrag von Amts wegen gesondert fest. ② Die zentrale Stelle teilt die Feststellung dem Zulageberechtigten, in den Fällen des § 92 a Absatz 2 a Satz 1 auch dem anderen Ehegatten, durch Bescheid und dem Anbieter nach amtlich vorgeschriebenem Datensatz durch Datenfernübertragung mit. ③ Der Anbieter hat auf Anforderung der zentralen Stelle die zur Feststellung erforderlichen Unterlagen vorzulegen. ④ Auf Antrag des Zulageberechtigten stellt die zentrale Stelle den Stand des Wohnförderkontos gesondert fest. ⑤ § 90 Absatz 4 Satz 2 bis 5 gilt entsprechend.

§ 93 Schädliche Verwendung

(1) ① Wird gefördertes Altervorsorgevermögen nicht unter den in § 1 Absatz 1 Satz 1 1
Nummer 4 und 10 Buchstabe c des Altersvorsorgeverträge-Zertifizierungsgesetzes oder § 1 Absatz 1 Satz 1 Nummer 4, 5 und 10 Buchstabe c des Altersvorsorgeverträge-Zertifizierungsgesetzes in der bis zum 31. Dezember 2004 geltenden Fassung genannten Voraussetzungen an den Zulageberechtigten ausgezahlt (schädliche Verwendung),

EStG

sind die auf das ausgezahlte geförderte Altersvorsorgevermögen entfallenden Zulagen und die nach § 10 a Absatz 4 gesondert festgestellten Beträge (Rückzahlungsbetrag) zurückzuzahlen. ② Dies gilt auch bei einer Auszahlung nach Beginn der Auszahlungsphase (§ 1 Absatz 1 Satz 1 Nummer 2 des Altersvorsorgeverträge-Zertifizierungsgesetzes) und bei Auszahlungen im Fall des Todes des Zulageberechtigten. ③ Hat der Zulageberechtigte Zahlungen im Sinne des § 92 a Absatz 2 Satz 4 Nummer 1 oder § 92 a Absatz 3 Satz 9 Nummer 2 geleistet, dann handelt es sich bei dem hierauf beruhenden Altersvorsorgevermögen um gefördertes Altersvorsorgevermögen im Sinne des Satzes 1; der Rückzahlungsbetrag bestimmt sich insoweit nach der für die in das Wohnförderkonto eingestellten Beträge gewährten Förderung. ④ Eine Rückzahlungsverpflichtung besteht nicht für den Teil der Zulagen und der Steuerermäßigung,

a) der auf nach § 1 Absatz 1 Satz 1 Nummer 2 des Altersvorsorgeverträge-Zertifizierungsgesetzes angespartes gefördertes Altersvorsorgevermögen entfällt, wenn es in Form einer Hinterbliebenenrente an die dort genannten Hinterbliebenen ausgezahlt wird; dies gilt auch für Leistungen im Sinne des § 82 Absatz 3 an Hinterbliebene des Steuerpflichtigen;

b) der den Beitragsanteilen zuzuordnen ist, die für die zusätzliche Absicherung der verminderten Erwerbsfähigkeit und eine zusätzliche Hinterbliebenenabsicherung ohne Kapitalbildung verwendet worden sind;

c) der auf gefördertes Altersvorsorgevermögen entfällt, das im Fall des Todes des Zulageberechtigten auf einen auf den Namen des Ehegatten lautenden Altersvorsorgevertrag übertragen wird, wenn die Ehegatten im Zeitpunkt des Todes des Zulageberechtigen nicht dauernd getrennt gelebt haben (§ 26 Absatz 1) und ihren Wohnsitz oder gewöhnlichen Aufenthalt in einem Mitgliedstaat der Europäischen Union oder einem Staat hatten, auf den das Abkommen über den Europäischen Wirtschaftsraum (EWR-Abkommen) anwendbar ist; dies gilt auch, wenn die Ehegatten ihren vor dem Zeitpunkt, ab dem das Vereinigte Königreich Großbritannien und Nordirland nicht mehr Mitgliedstaat der Europäischen Union ist und auch nicht wie ein solcher zu behandeln ist, begründeten Wohnsitz oder gewöhnlichen Aufenthalt im Vereinigten Königreich Großbritannien und Nordirland hatten und der Vertrag vor dem 23. Juni 2016 abgeschlossen worden ist;

d) der auf den Altersvorsorge-Eigenheimbetrag entfällt.

2 **(1 a) ① Eine schädliche Verwendung liegt nicht vor, wenn gefördertes Altersvorsorgevermögen auf Grund einer internen Teilung nach § 10 des Versorgungsausgleichsgesetzes oder auf Grund einer externen Teilung nach § 14 des Versorgungsausgleichsgesetzes auf einen zertifizierten Altersvorsorgevertrag oder eine nach § 82 Absatz 2 begünstigte betriebliche Altersversorgung übertragen wird; die auf das übertragene Anrecht entfallende steuerliche Förderung geht mit allen Rechten und Pflichten auf die ausgleichsberechtigte Person über. ② Eine schädliche Verwendung liegt ebenfalls nicht vor, wenn gefördertes Altersvorsorgevermögen auf Grund einer externen Teilung nach § 14 des Versorgungsausgleichsgesetzes auf die Versorgungsausgleichskasse oder die gesetzliche Rentenversicherung übertragen wird; die Rechte und Pflichten der ausgleichspflichtigen Person aus der steuerlichen Förderung des übertragenen Anteils entfallen. ③ In den Fällen der Sätze 1 und 2 teilt die zentrale Stelle der ausgleichspflichtigen Person die Höhe der auf die Ehezeit im Sinne des § 3 Absatz 1 des Versorgungsausgleichsgesetzes oder die Lebenspartnerschaftszeit im Sinne des § 20 Absatz 2 des Lebenspartnerschaftsgesetzes entfallenden gesondert festgestellten Beträge nach § 10 a Absatz 4 und die ermittelten Zulagen mit. ④ Die entsprechenden Beträge sind monatsweise zuzuordnen. ⑤ Die zentrale Stelle teilt die geänderte Zuordnung der gesondert festgestellten Beträge nach § 10 a Absatz 4 sowie der ermittelten Zulagen der ausgleichspflichtigen und in den Fällen des Satzes 1 auch der ausgleichsberechtigten Person durch Feststellungsbescheid mit. ⑥ Nach Eintritt der Unanfechtbarkeit dieses Feststellungsbescheids informiert die zentrale Stelle den Anbieter durch einen Datensatz über die geänderte Zuordnung.**

3 **(2) ① Die Übertragung von gefördertem Altervorsorgevermögen auf einen anderen auf den Namen des Zulageberechtigten lautenden Altersvorsorgevertrag (§ 1 Absatz 1 Satz 1 Nummer 10 Buchstabe b des Altersvorsorgeverträge-Zertifizierungsgesetzes) stellt keine schädliche Verwendung dar. ② Dies gilt sinngemäß in den Fällen des § 4 Absatz 2 und 3 des Betriebsrentengesetzes, wenn das geförderte Altersvorsorgevermögen auf eine der in § 82 Absatz 2 Buchstabe a genannten Einrichtungen der betrieblichen Altersversorgung zum Aufbau einer kapitalgedeckten betrieblichen Altersversorgung übertragen und eine lebenslange Altersversorgung entsprechend § 82 Absatz 2 Satz 2 vorgesehen ist, wie auch in den Fällen einer Übertragung nach § 3 Nummer 55 c Satz 2 Buchstabe a. ③ In den übrigen Fällen der Abfindung von Anwartschaften der betrieblichen Altersversorgung gilt dies, soweit das geförderte Altersvorsorgevermögen zugunsten eines auf den Namen des Zulageberechtigten lautenden Altersvorsorgevertrages geleistet wird. ④ Auch keine schädliche Verwendung sind der gesetzliche**

Forderungs- und Vermögensübergang nach § 9 des Betriebsrentengesetzes und die gesetzlich vorgesehene schuldbefreiende Übertragung nach § 8 Absatz 1 des Betriebsrentengesetzes. EStG

(3) ① **Auszahlungen zur Abfindung einer Kleinbetragsrente zu Beginn der Auszahlungsphase oder im darauffolgenden Jahr gelten nicht als schädliche Verwendung.** ② **Eine Kleinbetragsrente ist eine Rente, die bei gleichmäßiger Verrentung des gesamten zu Beginn der Auszahlungsphase zur Verfügung stehenden Kapitals eine monatliche Rente ergibt, die 1 Prozent der monatlichen Bezugsgröße nach § 18 des Vierten Buches Sozialgesetzbuch nicht übersteigt.** ③ **Bei der Berechnung dieses Betrags sind alle bei einem Anbieter bestehenden Verträge des Zulageberechtigten insgesamt zu berücksichtigen, auf die nach diesem Abschnitt geförderte Altersvorsorgebeiträge geleistet wurden.** ④ **Die Sätze 1 bis 3 gelten entsprechend, wenn** 4

1. nach dem Beginn der Auszahlungsphase ein Versorgungsausgleich durchgeführt wird und

2. sich dadurch die Rente verringert.

(4) ① **Wird bei einem einheitlichen Vertrag nach § 1 Absatz 1 a Satz 1 Nummer 2 zweiter Halbsatz des Altersvorsorgeverträge-Zertifizierungsgesetzes das Darlehen nicht wohnungswirtschaftlich im Sinne des § 92 a Absatz 1 Satz 1 verwendet, liegt zum Zeitpunkt der Darlehensauszahlung eine schädliche Verwendung des geförderten Altersvorsorgevermögens vor, es sei denn, das geförderte Altersvorsorgevermögen wird innerhalb eines Jahres nach Ablauf des Veranlagungszeitraums, in dem das Darlehen ausgezahlt wurde, auf einen anderen zertifizierten Altersvorsorgevertrag übertragen, der auf den Namen des Zulageberechtigten lautet.** ② **Der Zulageberechtigte hat dem Anbieter die Absicht zur Kapitalübertragung, den Zeitpunkt der Kapitalübertragung bis zum Zeitpunkt der Darlehensauszahlung und die Aufgabe der Absicht zur Kapitalübertragung mitzuteilen.** ③ **Wird die Absicht zur Kapitalübertragung aufgegeben, tritt die schädliche Verwendung zu dem Zeitpunkt ein, zu dem die Mitteilung des Zulageberechtigten hierzu beim Anbieter eingeht, spätestens aber am 1. Januar des zweiten Jahres nach dem Jahr, in dem das Darlehen ausgezahlt wurde.** 5

§ 94 Verfahren bei schädlicher Verwendung

(1) ① **In den Fällen des § 93 Absatz 1 hat der Anbieter der zentralen Stelle vor der Auszahlung des geförderten Altersvorsorgevermögens die schädliche Verwendung nach amtlich vorgeschriebenem Datensatz durch amtlich bestimmte Datenfernübertragung anzuzeigen.** ② **Die zentrale Stelle ermittelt den Rückzahlungsbetrag und teilt diesen dem Anbieter durch Datensatz mit.** ③ **Der Anbieter hat den Rückzahlungsbetrag einzubehalten, mit der nächsten Anmeldung nach § 90 Absatz 3 anzumelden und an die zentrale Stelle abzuführen.** ④ **Der Anbieter hat die einbehaltenen und abgeführten Beträge der zentralen Stelle nach amtlich vorgeschriebenem Datensatz durch amtlich bestimmte Datenfernübertragung mitzuteilen und diese Beträge dem Zulageberechtigten zu bescheinigen; mit Einverständnis des Zulageberechtigten kann die Bescheinigung elektronisch bereitgestellt werden.**[1] ⑤ **In den Fällen des § 93 Absatz 3 gilt Satz 1 entsprechend.** 1

(2) ① **Eine Festsetzung des Rückzahlungsbetrags erfolgt durch die zentrale Stelle auf besonderen Antrag des Zulageberechtigten oder sofern die Rückzahlung nach Absatz 1 ganz oder teilweise nicht möglich oder nicht erfolgt ist.** ② **§ 90 Absatz 4 Satz 2 bis 6 gilt entsprechend; § 90 Absatz 4 Satz 5 gilt nicht, wenn die Geschäftsbeziehung im Hinblick auf den jeweiligen Altersvorsorgevertrag zwischen dem Zulageberechtigten und dem Anbieter beendet wurde.** ③ **Im Rückforderungsbescheid sind auf den Rückzahlungsbetrag die vom Anbieter bereits einbehaltenen und abgeführten Beträge nach Maßgabe der Bescheinigung nach Absatz 1 Satz 4 anzurechnen.** ④ **Der Zulageberechtigte hat den verbleibenden Rückzahlungsbetrag innerhalb eines Monats nach Bekanntgabe des Rückforderungsbescheids an die zuständige Kasse zu entrichten.** ⑤ **Die Frist für die Festsetzung des Rückzahlungsbetrags beträgt vier Jahre und beginnt mit Ablauf des Kalenderjahres, in dem die Auszahlung im Sinne des § 93 Absatz 1 erfolgt ist.** 2

(3) ① **Sofern der zentralen Stelle für den Zulageberechtigten im Zeitpunkt der schädlichen Verwendung eine Meldung nach § 118 Absatz 1 a des Zwölften Buches Sozialgesetzbuch zum erstmaligen Bezug von Hilfe zum Lebensunterhalt und von Grundsicherung im Alter und bei Erwerbsminderung vorliegt, teilt die zentrale Stelle zum Zeitpunkt der Mitteilung nach Absatz 1 Satz 2 der Datenstelle der Rentenversicherungsträger als Vermittlungsstelle die schädliche Verwendung durch Datenfernübertra-**

[1] Zur Bekanntmachung des Vordruckmusters für die Bescheinigung nach § 94 Abs. 1 Satz 4 und § 95 Abs. 1 EStG siehe *BMF-Schreiben vom 8. 5. 2014 (BStBl. I S. 818).*

EStG

gung mit. ② Dies gilt nicht, wenn das Ausscheiden aus diesem Hilfebezug nach § 118 Absatz 1a des Zwölften Buches Sozialgesetzbuch angezeigt wurde.

§ 95[1] Sonderfälle der Rückzahlung

1 **① Die §§ 93 und 94 gelten entsprechend, wenn sich der Wohnsitz oder gewöhnliche Aufenthalt des Zulageberechtigten ab Beginn der Auszahlungsphase außerhalb der Mitgliedstaaten der Europäischen Union und der Staaten befindet, auf die das Abkommen über den Europäischen Wirtschaftsraum (EWR-Abkommen) anwendbar ist, oder wenn der Zulageberechtigte ungeachtet eines Wohnsitzes oder gewöhnlichen Aufenthaltes in einem dieser Staaten nach einem Abkommen zur Vermeidung der Doppelbesteuerung mit einem dritten Staat als außerhalb des Hoheitsgebiets dieser Staaten ansässig gilt. ② Satz 1 gilt nicht, sofern sich der Wohnsitz oder gewöhnliche Aufenthalt des Zulageberechtigten bereits seit dem 22. Juni 2016 ununterbrochen im Vereinigten Königreich Großbritannien und Nordirland befindet und der Vertrag vor dem 23. Juni 2016 abgeschlossen worden ist.**

§ 96 Anwendung der Abgabenordnung, allgemeine Vorschriften

1 **(1) ① Auf die Zulagen und die Rückzahlungsbeträge sind die für Steuervergütungen geltenden Vorschriften der Abgabenordnung entsprechend anzuwenden. ② Dies gilt nicht für § 163 der Abgabenordnung.**

2 **(2) ① Hat der Anbieter vorsätzlich oder grob fahrlässig**

1. unrichtige oder unvollständige Daten übermittelt oder

2. Daten pflichtwidrig nicht übermittelt,

obwohl der Zulageberechtigte seiner Informationspflicht gegenüber dem Anbieter zutreffend und rechtzeitig nachgekommen ist, haftet der Anbieter für die entgangene Steuer und die zu Unrecht gewährte Steuervergünstigung. ② Dies gilt auch, wenn im Verhältnis zum Zulageberechtigten Festsetzungsverjährung eingetreten ist. ③ Der Zulageberechtigte haftet als Gesamtschuldner neben dem Anbieter, wenn er weiß, dass der Anbieter unrichtige oder unvollständige Daten übermittelt oder Daten pflichtwidrig nicht übermittelt hat. ④ Für die Inanspruchnahme des Anbieters ist die zentrale Stelle zuständig.

3 **(3) Die zentrale Stelle hat auf Anfrage des Anbieters Auskunft über die Anwendung des Abschnitts XI zu geben.**

4 **(4) ① Die zentrale Stelle kann beim Anbieter ermitteln, ob er seine Pflichten erfüllt hat. ② Die §§ 193 bis 203 der Abgabenordnung gelten sinngemäß. ③ Auf Verlangen der zentralen Stelle hat der Anbieter ihr Unterlagen, soweit sie im Ausland geführt und aufbewahrt werden, verfügbar zu machen.**

5 **(5) Der Anbieter erhält vom Bund oder den Ländern keinen Ersatz für die ihm aus diesem Verfahren entstehenden Kosten.**

6 **(6) ① Der Anbieter darf die im Zulageverfahren bekannt gewordenen Verhältnisse der Beteiligten nur für das Verfahren verwerten. ② Er darf sie ohne Zustimmung der Beteiligten nur offenbaren, soweit dies gesetzlich zugelassen ist.**

7 **(7) ① Für die Zulage gelten die Strafvorschriften des § 370 Absatz 1 bis 4, der §§ 371, 375 Absatz 1 und des § 376 sowie die Bußgeldvorschriften der §§ 378, 379 Absatz 1 und 4 und der §§ 383 und 384 der Abgabenordnung entsprechend. ② Für das Strafverfahren wegen einer Straftat nach Satz 1 sowie der Begünstigung einer Person, die eine solche Tat begangen hat, gelten die §§ 385 bis 408, für das Bußgeldverfahren wegen einer Ordnungswidrigkeit nach Satz 1 die §§ 409 bis 412 der Abgabenordnung entsprechend.**

§ 97 Übertragbarkeit

1 **① Das nach § 10a oder Abschnitt XI geförderte Altersvorsorgevermögen einschließlich seiner Erträge, die geförderten laufenden Altersvorsorgebeiträge und der Anspruch auf die Zulage sind nicht übertragbar. ② § 93 Absatz 1a und § 4 des Betriebsrentengesetzes bleiben unberührt.**

§ 98 Rechtsweg

1 **In öffentlich-rechtlichen Streitigkeiten über die auf Grund des Abschnitts XI ergehenden Verwaltungsakte ist der Finanzrechtsweg gegeben.**

---

[1] Zur Anwendung von § 95 siehe § 52 Abs. 51 a.

§ 99 Ermächtigung[1]

EStG

(1) **Das Bundesministerium der Finanzen wird ermächtigt, die Vordrucke für die Anträge nach § 89, für die Anmeldung nach § 90 Absatz 3 und für die in den §§ 92 und 94 Absatz 1 Satz 4 vorgesehenen Bescheinigungen und im Einvernehmen mit den obersten Finanzbehörden der Länder das Muster für die nach § 22 Nummer 5 Satz 7[2] vorgesehene Bescheinigung und den Inhalt und Aufbau der für die Durchführung des Zulageverfahrens zu übermittelnden Datensätze[3] zu bestimmen.** 1

(2) ① **Das Bundesministerium der Finanzen wird ermächtigt, im Einvernehmen mit dem Bundesministerium für Arbeit und Soziales und dem Bundesministerium des Innern, für Bau und Heimat durch Rechtsverordnung mit Zustimmung des Bundesrates Vorschriften zur Durchführung dieses Gesetzes über das Verfahren für die Ermittlung, Festsetzung, Auszahlung, Rückzahlung und Rückforderung der Zulage sowie die Rückzahlung und Rückforderung der nach § 10 a Absatz 4 festgestellten Beträge zu erlassen.** ② **Hierzu gehören insbesondere** 2

1. **Vorschriften über Aufzeichnungs-, Aufbewahrungs-, Bescheinigungs- und Anzeigepflichten des Anbieters,**
2. **Grundsätze des vorgesehenen Datenaustausches zwischen den Anbietern, der zentralen Stelle, den Trägern der gesetzlichen Rentenversicherung, der Bundesagentur für Arbeit, den Meldebehörden, den Familienkassen, den zuständigen Stellen und den Finanzämtern und**
3. **Vorschriften über Mitteilungspflichten, die für die Erteilung der Bescheinigungen nach § 22 Nummer 5 Satz 7 und § 92 erforderlich sind.**

---

[1] Siehe Altersvorsorge-Durchführungsverordnung, abgedruckt im Anhang **I 15 a.**
[2] Amtliches Muster ab 2020 vgl. BMF-Schreiben vom 9. 11. 2020 (BStBl. I S. 1061).
[3] Siehe BMF-Schreiben vom 13. 9. 2007, BStBl. I S. 700.

EStG

XII. Förderbetrag zur betrieblichen Altersversorgung

§ 100 Förderbetrag zur betrieblichen Altersversorgung

1 **(1) ① Arbeitgeber im Sinne des § 38 Absatz 1 dürfen vom Gesamtbetrag der einzubehaltenden Lohnsteuer für jeden Arbeitnehmer mit einem ersten Dienstverhältnis einen Teilbetrag des Arbeitgeberbeitrags zur kapitalgedeckten betrieblichen Altersversorgung (Förderbetrag) entnehmen und bei der nächsten Lohnsteuer-Anmeldung gesondert absetzen. ② Übersteigt der insgesamt zu gewährende Förderbetrag den Betrag, der insgesamt an Lohnsteuer abzuführen ist, so wird der übersteigende Betrag dem Arbeitgeber auf Antrag von dem Finanzamt, an das die Lohnsteuer abzuführen ist, aus den Einnahmen der Lohnsteuer ersetzt.**

2 **(2) ① Der Förderbetrag beträgt im Kalenderjahr 30 Prozent des zusätzlichen Arbeitgeberbeitrags nach Absatz 3, höchstens 288 Euro. ② In Fällen, in denen der Arbeitgeber bereits im Jahr 2016 einen zusätzlichen Arbeitgeberbeitrag an einen Pensionsfonds, eine Pensionskasse oder für eine Direktversicherung geleistet hat, ist der jeweilige Förderbetrag auf den Betrag beschränkt, den der Arbeitgeber darüber hinaus leistet.**

3 **(3) Voraussetzung für die Inanspruchnahme des Förderbetrags nach den Absätzen 1 und 2 ist, dass**

1. der Arbeitslohn des Arbeitnehmers im Lohnzahlungszeitraum, für den der Förderbetrag geltend gemacht wird, im Inland dem Lohnsteuerabzug unterliegt;

2. der Arbeitgeber für den Arbeitnehmer zusätzlich zum ohnehin geschuldeten Arbeitslohn[1] im Kalenderjahr mindestens einen Betrag in Höhe von 240 Euro an einen Pensionsfonds, eine Pensionskasse oder für eine Direktversicherung zahlt;

3. im Zeitpunkt der Beitragsleistung der laufende Arbeitslohn (§ 39 b Absatz 2 Satz 1 und 2), der pauschal besteuerte Arbeitslohn (§ 40 a Absatz 1 und 3) oder das pauschal besteuerte Arbeitsentgelt (§ 40 a Absatz 2 und 2 a) nicht mehr beträgt als
a) 85,84 Euro bei einem täglichen Lohnzahlungszeitraum,
b) 600,84 Euro bei einem wöchentlichen Lohnzahlungszeitraum,
c) 2 575 Euro bei einem monatlichen Lohnzahlungszeitraum oder
d) 30 900 Euro bei einem jährlichen Lohnzahlungszeitraum;

4. eine Auszahlung der zugesagten Alters-, Invaliditäts- oder Hinterbliebenenversorgungsleistungen entsprechend § 82 Absatz 2 Satz 2 vorgesehen ist;

5. sichergestellt ist, dass von den Beiträgen jeweils derselbe prozentuale Anteil zur Deckung der Vertriebskosten herangezogen wird; der Prozentsatz kann angepasst werden, wenn die Kalkulationsgrundlagen geändert werden, darf die ursprüngliche Höhe aber nicht überschreiten.

4 **(4) ① Für die Inanspruchnahme des Förderbetrags sind die Verhältnisse im Zeitpunkt der Beitragsleistung maßgeblich; spätere Änderungen der Verhältnisse sind unbeachtlich. ② Abweichend davon sind die für den Arbeitnehmer nach Absatz 1 geltend gemachten Förderbeträge zurückzugewähren, wenn eine Anwartschaft auf Leistungen aus einer nach Absatz 1 geförderten betrieblichen Altersversorgung später verfällt und sich daraus eine Rückzahlung an den Arbeitgeber ergibt. ③ Der Förderbetrag ist nur zurückzugewähren, soweit er auf den Rückzahlungsbetrag entfällt. ④ Der Förderbetrag ist in der Lohnsteuer-Anmeldung für den Lohnzahlungszeitraum, in dem die Rückzahlung zufließt, der an das Betriebsstättenfinanzamt abzuführenden Lohnsteuer hinzuzurechnen.**

5 **(5) Für den Förderbetrag gelten entsprechend:**

1. die §§ 41, 41 a, 42 e, 42 f und 42 g,

2. die für Steuervergütungen geltenden Vorschriften der Abgabenordnung mit Ausnahme des § 163 der Abgabenordnung und

3. die §§ 195 bis 203 der Abgabenordnung, die Strafvorschriften des § 370 Absatz 1 bis 4, der §§ 371, 375 Absatz 1 und des § 376, die Bußgeldvorschriften der §§ 378, 379 Absatz 1 und 4 und der §§ 383 und 384 der Abgabenordnung, die §§ 385 bis 408 für das Strafverfahren und die §§ 409 bis 412 der Abgabenordnung für das Bußgeldverfahren.

6 **(6) ① Der Arbeitgeberbeitrag im Sinne des Absatzes 3 Nummer 2 ist steuerfrei, soweit er im Kalenderjahr 960 Euro nicht übersteigt. ② Die Steuerfreistellung des § 3 Nummer 63 bleibt hiervon unberührt.**

---

[1] Zum Tatbestandsmerkmal „ohnehin geschuldeter Arbeitslohn" siehe § 8 Abs. 4 EStG.

H 100

LStH 100

Allgemeines → BMF vom 12. 8. 2021 (BStBl. I S. 1050) unter Berücksichtigung der Änderungen durch BMF vom 18. 3. 2022 (BStBl. I S. 333), Rn. 100 ff.[1] 7

Zusätzlichkeitsvoraussetzung → § 8 Abs. 4 EStG.

[1] Abgedruckt in Anhang **I 15 b.**

EStG

XIII. Mobilitätsprämie

§ 101 Bemessungsgrundlage und Höhe der Mobilitätsprämie

1 **① Steuerpflichtige können für die Veranlagungszeiträume 2021 bis 2026 neben der Berücksichtigung der Entfernungspauschalen ab dem 21. vollen Entfernungskilometer gemäß § 9 Absatz 1 Satz 3 Nummer 4 Satz 8 Buchstabe a und b, Nummer 5 Satz 9 Buchstabe a und b und § 4 Absatz 5 Satz 1 Nummer 6 Satz 4 als Werbungskosten oder Betriebsausgaben eine Mobilitätsprämie beanspruchen. ② Bemessungsgrundlage der Mobilitätsprämie sind die berücksichtigten Entfernungspauschalen im Sinne des Satzes 1, begrenzt auf den Betrag, um den das zu versteuernde Einkommen den Grundfreibetrag im Sinne des § 32 a Absatz 1 Satz 2 Nummer 1 unterschreitet; bei Ehegatten, die nach den §§ 26, 26 b zusammen zur Einkommensteuer veranlagt werden, sind das gemeinsame zu versteuernde Einkommen und der doppelte Grundfreibetrag maßgebend. ③ Bei Steuerpflichtigen mit Einkünften aus nichtselbständiger Arbeit gilt dies nur, soweit die Entfernungspauschalen im Sinne des Satzes 1 zusammen mit den übrigen zu berücksichtigenden Werbungskosten im Zusammenhang mit den Einnahmen aus nichtselbständiger Arbeit den Arbeitnehmer-Pauschbetrag nach § 9 a Satz 1 Nummer 1 Buchstabe a übersteigen. ④ Die Mobilitätsprämie beträgt 14 Prozent dieser Bemessungsgrundlage.**

§ 102 Anspruchsberechtigung

1 **Anspruchsberechtigt sind unbeschränkt oder beschränkt Steuerpflichtige im Sinne des § 1.**

§ 103 Entstehung der Mobilitätsprämie

1 **Der Anspruch auf die Mobilitätsprämie entsteht mit Ablauf des Kalenderjahres, in dem der Anspruchsberechtigte die erste Tätigkeitsstätte im Sinne des § 9 Absatz 4 oder eine Betriebsstätte im Sinne des § 4 Absatz 5 Satz 1 Nummer 6 aufgesucht oder Familienheimfahrten im Rahmen einer doppelten Haushaltsführung im Sinne des § 9 Absatz 1 Satz 3 Nummer 5 Satz 5 sowie des § 4 Absatz 5 Satz 1 Nummer 6 durchgeführt hat.**

§ 104 Antrag auf die Mobilitätsprämie

1 (1) **Die Mobilitätsprämie wird auf Antrag gewährt.**

2 (2) **① Der Anspruchsberechtigte hat den Antrag auf die Mobilitätsprämie bis zum Ablauf des vierten Kalenderjahres, das auf das Kalenderjahr folgt, in dem nach § 103 die Mobilitätsprämie entsteht, zu stellen. ② Der Antrag ist nach amtlich vorgeschriebenem Vordruck bei dem Finanzamt zu stellen, das für die Besteuerung des Anspruchsberechtigten nach dem Einkommen zuständig ist.**

§ 105 Festsetzung und Auszahlung der Mobilitätsprämie

1 (1) **① Die Mobilitätsprämie ist nach Ablauf des Kalenderjahres im Rahmen einer Einkommensteuerveranlagung festzusetzen. ② Eine Festsetzung erfolgt nur, wenn die Mobilitätsprämie mindestens 10 Euro beträgt. ③ Die festgesetzte Mobilitätsprämie mindert die festgesetzte Einkommensteuer im Wege der Anrechnung. ④ Sie gilt insoweit als Steuervergütung. ⑤ Die Auszahlung erfolgt aus den Einnahmen an Einkommensteuer.**

2 (2) **① Besteht das Einkommen ganz oder teilweise aus Einkünften aus nichtselbständiger Arbeit, die dem Steuerabzug unterlegen haben, gilt der Antrag auf Mobilitätsprämie zugleich als ein Antrag auf Einkommensteuerveranlagung. ② Besteht nach § 46 keine Pflicht zur Durchführung einer Veranlagung und wird keine Veranlagung, insbesondere zur Anrechnung von Lohnsteuer auf die Einkommensteuer nach § 46 Absatz 2 Nummer 8 beantragt, ist für die Festsetzung der Mobilitätsprämie die im Rahmen der Einkommensteuerveranlagung festgesetzte Einkommensteuer, die sich auf Grund des Antrags auf Mobilitätsprämie ergibt, mit Null Euro anzusetzen. ③ Auch in den Fällen des § 25 gilt, ungeachtet des § 56 Satz 1 der Einkommensteuer-Durchführungsverordnung, der Antrag auf Mobilitätsprämie zugleich als Abgabe einer Einkommensteuererklärung.**

§ 106 Ertragsteuerliche Behandlung der Mobilitätsprämie

1 **Die Mobilitätsprämie gehört nicht zu den steuerpflichtigen Einnahmen im Sinne des Einkommensteuergesetzes.**

EStG

§ 107 Anwendung der Abgabenordnung

Auf die Mobilitätsprämie sind die für Steuervergütungen geltenden Vorschriften der Abgabenordnung mit Ausnahme des § 163 der Abgabenordnung entsprechend anzuwenden. 1

§ 108 Anwendung von Straf- und Bußgeldvorschriften der Abgabenordnung

① Für die Mobilitätsprämie gelten die Strafvorschriften des § 370 Absatz 1 bis 4, der §§ 371, 375 Absatz 1 und des § 376 der Abgabenordnung sowie die Bußgeldvorschriften der §§ 378 und 379 Absatz 1 und 4 sowie der §§ 383 und 384 der Abgabenordnung entsprechend. ② Für das Strafverfahren wegen einer Straftat nach Satz 1 sowie der Begünstigung einer Person, die eine solche Tat begangen hat, gelten die §§ 385 bis 408 der Abgabenordnung, für das Bußgeldverfahren wegen einer Ordnungswidrigkeit nach Satz 1 die §§ 409 bis 412 der Abgabenordnung entsprechend. 1

§ 109 Verordnungsermächtigung

Die Bundesregierung wird ermächtigt, durch Rechtsverordnung mit Zustimmung des Bundesrates das Verfahren bei der Festsetzung und der Auszahlung der Mobilitätsprämie näher zu regeln. 1

XIV. Sondervorschriften zur Bewältigung der Corona-Pandemie

§ 110[1] **Anpassung von Vorauszahlungen für den Veranlagungszeitraum 2019**

(1) **① Auf Antrag wird der für die Bemessung der Vorauszahlungen für den Veranlagungszeitraum 2019 zugrunde gelegte Gesamtbetrag der Einkünfte pauschal um 30 Prozent gemindert. ② Das gilt nicht, soweit in dem Gesamtbetrag der Einkünfte Einkünfte aus nichtselbständiger Arbeit (§ 19) enthalten sind. ③ Voraussetzung für die Anwendung des Satzes 1 ist, dass die Vorauszahlungen für 2020 auf 0 Euro herabgesetzt wurden.** 1

(2) **Abweichend von Absatz 1 wird der für die Bemessung der Vorauszahlungen für den Veranlagungszeitraum 2019 zugrunde gelegte Gesamtbetrag der Einkünfte um einen höheren Betrag als 30 Prozent gemindert, wenn der Steuerpflichtige einen voraussichtlichen Verlustrücktrag im Sinne des § 10 d Absatz 1 Satz 1 für 2020 in dieser Höhe nachweisen kann.** 2

(3) **① Die Minderungen nach den Absätzen 1 und 2 dürfen insgesamt 10 000 000 Euro, bei Ehegatten, die nach den §§ 26 und 26 b zusammenveranlagt werden, 20 000 000 Euro nicht überschreiten. ② § 37 Absatz 3, 5 und 6 ist entsprechend anzuwenden.** 3

§ 111[2] **Vorläufiger Verlustrücktrag für 2020 und 2021**

(1) **① Auf Antrag wird bei der Steuerfestsetzung für den Veranlagungszeitraum 2019 pauschal ein Betrag in Höhe von 30 Prozent des Gesamtbetrags der Einkünfte des Veranlagungszeitraums 2019 als Verlustrücktrag aus 2020 abgezogen (vorläufiger Verlustrücktrag für 2020). ② Bei der Berechnung des vorläufigen Verlustrücktrags für 2020 sind Einkünfte aus nichtselbständiger Arbeit (§ 19) nicht zu berücksichtigen, die im Gesamtbetrag der Einkünfte enthalten sind. ③ Voraussetzung für die Anwendung des Satzes 1 ist, dass die Vorauszahlungen für den Veranlagungszeitraum 2020 auf 0 Euro herabgesetzt wurden. ④ Soweit bei der Steuerfestsetzung für den Veranlagungszeitraum 2019 der vorläufige Verlustrücktrag für 2020 abgezogen wird, ist § 233 a Absatz 2 a der Abgabenordnung entsprechend anzuwenden.** 1

(2) **Abweichend von Absatz 1 wird ein höherer Betrag als 30 Prozent vom Gesamtbetrag der Einkünfte abgezogen, wenn der Steuerpflichtige einen voraussichtlichen Verlustrücktrag im Sinne des § 10 d Absatz 1 Satz 1 für 2020 in dieser Höhe nachweisen kann.** 2

(3) **Der vorläufige Verlustrücktrag für 2020 nach den Absätzen 1 und 2 kann insgesamt bis zu 10 000 000 Euro, bei Ehegatten, die nach den §§ 26 und 26 b zusammenveranlagt werden, bis zu 20 000 000 Euro betragen.** 3

(4) **① Führt die Herabsetzung von Vorauszahlungen für den Veranlagungszeitraum 2019 auf Grund eines voraussichtlich erwarteten Verlustrücktrags für 2020 zu einer Nachzahlung bei der Steuerfestsetzung für den Veranlagungszeitraum 2019, so wird diese auf Antrag des Steuerpflichtigen bis zum Ablauf eines Monats nach Bekanntgabe** 4

---

[1] Zur Anwendung für VZ 2019 siehe § 52 Abs. 52.

[2] § 111 Überschrift und Abs. 3 geänd., Abs. 8 neu gef. und Abs. 9 angef. durch das Dritte Corona-Steuerhilfegesetz v. 10. 3. 2021 (BGBl. I S. 330). Zur Anwendung für die VZ 2019 und VZ 2020 siehe § 52 Abs. 53.

EStG

der Steuerfestsetzung für den Veranlagungszeitraum 2020 gestundet. ② Stundungszinsen werden nicht erhoben.

5 (5) **Für den Veranlagungszeitraum 2020 ist bei Anwendung von Absatz 1 oder 2 eine Einkommensteuererklärung abzugeben.**

6 (6) ① **Mit der Veranlagung für 2020 ist die Steuerfestsetzung für den Veranlagungszeitraum 2019 zu ändern; hierbei ist der bislang berücksichtigte vorläufige Verlustrücktrag für 2020 dem Gesamtbetrag der Einkünfte hinzuzurechnen.** ② **Dies gilt auch dann, wenn der Steuerbescheid für den Veranlagungszeitraum 2019 bestandskräftig geworden ist; die Festsetzungsfrist endet insoweit nicht, bevor die Festsetzungsfrist für den Veranlagungszeitraum 2020 abgelaufen ist.** ③ **Soweit die Änderung der Steuerfestsetzung für den Veranlagungszeitraum 2019 auf der Hinzurechnung des vorläufigen Verlustrücktrags für 2020 beruht, ist § 233 a Absatz 2 a der Abgabenordnung entsprechend anzuwenden.**

7 (7) **Die Absätze 1 bis 3 sind nicht anzuwenden, wenn die Veranlagung für den Veranlagungszeitraum 2020 vor der Veranlagung für den Veranlagungszeitraum 2019 durchgeführt wird.**

8 (8) ① **Wird der Einkommensteuerbescheid für 2019 vor dem 1. April 2021 bestandskräftig, kann bis zum 17. April 2021 nachträglich ein erstmaliger oder geänderter Antrag auf Berücksichtigung des vorläufigen Verlustrücktrags für 2020 gestellt werden.** ② **Der Einkommensteuerbescheid für 2019 ist insoweit zu ändern.**

9 (9) **Die Absätze 1 bis 7 gelten für die Steuerfestsetzung für den Veranlagungszeitraum 2020 und die Berücksichtigung des Verlustrücktrags für 2021 entsprechend.**

Anhang I

Anhang I. 1 bis 3

– nicht belegt –

4. Solidaritätszuschlaggesetz 1995 (SolZG 1995)[1, 2]

In der Fassung der Bekanntmachung vom 15. Oktober 2002 (BGBl. I S. 4130)

Geändert durch Gesetz vom 23. 12. 2002 (BGBl. I S. 4621), vom 13. 12. 2006 (BGBl. I S. 2878) vom 20. 12. 2007 (BGBl. I S. 3150), vom 19. 12. 2008 (BGBl. I S. 2794), vom 22. 12. 2008 (BGBl. I S. 2955), vom 22. 12. 2009 (BGBl. I S. 3950), vom 8. 12. 2010 (BGBl. I S. 1768), vom 7. 12. 2011 (BGBl. I S. 2592), vom 16. 7. 2015 (BGBl. I S. 1202), vom 19. 7. 2016 (BGBl. I S. 1730), vom 20. 12. 2016 (BGBl. I S. 3000), vom 29. 11. 2018 (BGBl. I S. 2210), vom 20. 11. 2019 (BGBl. I S. 1626), vom 10. 12. 2019 (BGBl. I S. 2115), vom 1. 12. 2020 (BGBl. I S. 2616), 8. 12. 2022 (BGBl. I S. 2230), vom 2. 12. 2024 (BGBl. 2024 I Nr. 386) und vom 23. 12. 2024 (BGBl. 2024 I Nr. 449)

§ 1 Erhebung eines Solidaritätszuschlags

(1) Zur Einkommensteuer und zur Körperschaftsteuer wird ein Solidaritätszuschlag als Ergänzungsabgabe erhoben. 1

(2)[3] Auf die Festsetzung und Erhebung des Solidaritätszuschlags sind die Vorschriften des Einkommensteuergesetzes mit Ausnahme des § 36 a des Einkommensteuergesetzes und des Körperschaftsteuergesetzes entsprechend anzuwenden. Wird die Einkommen- oder Körperschaftsteuer im Wege des Steuerabzugs erhoben, so dürfen die zu diesem Zweck verarbeiteten personenbezogenen Daten auch für die Erhebung des Solidaritätszuschlags im Wege des Steuerabzugs verarbeitet werden.

(3) Ist die Einkommen- oder Körperschaftsteuer für Einkünfte, die dem Steuerabzug unterliegen, durch den Steuerabzug abgegolten oder werden solche Einkünfte bei der Veranlagung zur Einkommen- oder Körperschaftsteuer oder beim Lohnsteuer-Jahresausgleich nicht erfasst, gilt dies für den Solidaritätszuschlag entsprechend.

(4) Die Vorauszahlungen auf den Solidaritätszuschlag sind gleichzeitig mit den festgesetzten Vorauszahlungen auf die Einkommensteuer oder Körperschaftsteuer zu entrichten; § 37 Abs. 5 des Einkommensteuergesetzes ist nicht anzuwenden. Solange ein Bescheid über die Vorauszahlungen auf den Solidaritätszuschlag nicht erteilt worden ist, sind die Vorauszahlungen ohne besondere Aufforderung nach Maßgabe der für den Solidaritätszuschlag geltenden Vorschriften zu entrichten. § 240 Abs. 1 Satz 3 der Abgabenordnung ist insoweit nicht anzuwenden; § 254 Abs. 2 der Abgabenordnung gilt insoweit sinngemäß.

(5) Mit einem Rechtsbehelf gegen den Solidaritätszuschlag kann weder die Bemessungsgrundlage noch die Höhe des zu versteuernden Einkommens angegriffen werden. Wird die Bemessungsgrundlage geändert, ändert sich der Solidaritätszuschlag entsprechend.

§ 2 Abgabepflicht

Abgabepflichtig sind 2

1. natürliche Personen, die nach § 1 des Einkommensteuergesetzes einkommensteuerpflichtig sind,
2. natürliche Personen, die nach § 2 des Außensteuergesetzes erweitert beschränkt steuerpflichtig sind,
3. Körperschaften, Personenvereinigungen und Vermögensmassen, die nach § 1 oder § 2 des Körperschaftsteuergesetzes körperschaftsteuerpflichtig sind.

§ 3 Bemessungsgrundlage und zeitliche Anwendung

(1) Der Solidaritätszuschlag bemisst sich vorbehaltlich der Absätze 2 bis 5, 3

1. soweit eine Veranlagung zur Einkommensteuer oder Körperschaftsteuer vorzunehmen ist:
   nach der nach Absatz 2 berechneten Einkommensteuer oder der festgesetzten Körperschaftsteuer für Veranlagungszeiträume ab 1998, vermindert um die anzurechnende oder vergütete Körperschaftsteuer, wenn ein positiver Betrag verbleibt;
2. soweit Vorauszahlungen zur Einkommensteuer oder Körperschaftsteuer zu leisten sind:
   nach den Vorauszahlungen auf die Steuer für Veranlagungszeiträume ab 2002;
3. soweit Lohnsteuer zu erheben ist:
   nach der nach Absatz 2 a berechneten Lohnsteuer für
   a) laufenden Arbeitslohn, der für einen nach dem 31. Dezember 1997 endenden Lohnzahlungszeitraum gezahlt wird,
   b) sonstige Bezüge, die nach dem 31. Dezember 1997 zufließen;

---

[1] Neubekanntmachung des SolZG 1995 in der seit dem 27. 7. 2002 geltenden Fassung auf Grund des Art. 15 des Fünften Gesetzes zur Änderung des Steuerbeamtenausbildungsgesetzes und zur Änderung von Steuergesetzen vom 23. 7. 2002 (BGBl. I S. 2715).

[2] Zur Verfassungsmäßigkeit des Solidaritätszuschlags siehe BVerfG v. 26. 3. 2025 (2 BvR 1505/20).

[3] § 1 Abs. 2 geändert durch InvStRefG vom 19. 7. 2016 (BGBl. I S. 1730) mit Wirkung ab VZ 2016 (§ 6 Abs. 16), Satz 2 angefügt durch 2. DSAnpUG-EU vom 20. 11. 2019 (BGBl. I S. 1626) mWv 26. 11. 2019.

4. soweit ein Lohnsteuer-Jahresausgleich durchzuführen ist, nach der nach Absatz 2 a sich ergebenden Jahreslohnsteuer für Ausgleichsjahre ab 1998;
5. soweit Kapitalertragsteuer oder Zinsabschlag zu erheben ist außer in den Fällen des § 43 b des Einkommensteuergesetzes:
   nach der ab 1. Januar 1998 zu erhebenden Kapitalertragsteuer oder dem ab diesem Zeitpunkt zu erhebenden Zinsabschlag;
6. soweit bei beschränkt Steuerpflichtigen ein Steuerabzugsbetrag nach § 50 a des Einkommensteuergesetzes zu erheben ist:
   nach dem ab 1. Januar 1998 zu erhebenden Steuerabzugsbetrag.

(2) Bei der Veranlagung zur Einkommensteuer ist Bemessungsgrundlage für den Solidaritätszuschlag die Einkommensteuer, die abweichend von § 2 Abs. 6 des Einkommensteuergesetzes unter Berücksichtigung von Freibeträgen nach § 32 Abs. 6 des Einkommensteuergesetzes in allen Fällen des § 32 des Einkommensteuergesetzes festzusetzen wäre.

(2 a)[1] Vorbehaltlich des § 40 a Absatz 2 des Einkommensteuergesetzes ist beim Steuerabzug vom Arbeitslohn Bemessungsgrundlage die Lohnsteuer; beim Steuerabzug vom laufenden Arbeitslohn und beim Jahresausgleich ist die Lohnsteuer maßgebend, die sich ergibt, wenn der nach § 39 b Absatz 2 Satz 5 des Einkommensteuergesetzes zu versteuernde Jahresbetrag für die Steuerklassen I, II und III im Sinne des § 38 b des Einkommensteuergesetzes um den doppelten Kinderfreibetrag sowie den doppelten Freibetrag für den Betreuungs- und Erziehungs- oder Ausbildungsbedarf und für die Steuerklasse IV im Sinne des § 38 b des Einkommensteuergesetzes um den Kinderfreibetrag sowie den Freibetrag für den Betreuungs- und Erziehungs- oder Ausbildungsbedarf (§ 32 Absatz 6 Satz 1 des Einkommensteuergesetzes) für jedes Kind vermindert wird, für das eine Kürzung der Freibeträge für Kinder nach § 32 Absatz 6 Satz 4 des Einkommensteuergesetzes nicht in Betracht kommt. Bei der Anwendung des § 39 b des Einkommensteuergesetzes für die Ermittlung des Solidaritätszuschlages ist die als Lohnsteuerabzugsmerkmal gebildete Zahl der Kinderfreibeträge maßgebend. Bei Anwendung des § 39 f des Einkommensteuergesetzes ist beim Steuerabzug vom laufenden Arbeitslohn die Lohnsteuer maßgebend, die sich bei Anwendung des nach § 39 f Abs. 1 des Einkommensteuergesetzes ermittelten Faktors auf den nach den Sätzen 1 und 1 ermittelten Betrag ergibt.

(3)[2] Der Solidaritätszuschlag ist von einkommensteuerpflichtigen Personen nur zu erheben, wenn die Bemessungsgrundlage nach Absatz 1 Nummer 1 und 2, vermindert um die Einkommensteuer nach § 32 d Absatz 3 und 4 des Einkommensteuergesetzes,
1. in den Fällen des § 32 a Absatz 5 und 6 des Einkommensteuergesetzes 39 900 **[ab 1. 1. 2026:** 40 700**]** Euro,
2. in anderen Fällen 19 950 **[ab 1. 1. 2026:** 20 350**]** Euro

übersteigt. Auf die Einkommensteuer nach § 32 d Absatz 3 und 4 des Einkommensteuergesetzes ist der Solidaritätszuschlag ungeachtet des Satzes 1 zu erheben.

(4)[3] Beim Abzug vom laufenden Arbeitslohn ist der Solidaritätszuschlag nur zu erheben, wenn die Bemessungsgrundlage im jeweiligen Lohnzahlungszeitraum
1. bei monatlicher Lohnzahlung
   a) in der Steuerklasse III mehr als ein Zwölftel des in Absatz 3 Satz 1 Nummer 1 angegebenen Betrages und
   b) in den Steuerklassen I, II, IV bis VI mehr als ein Zwölftel des in Absatz 3 Satz 1 Nummer 2 angegebenen Betrages,
2. bei wöchentlicher Lohnzahlung
   a) in der Steuerklasse III mehr als sieben Dreihundertsechzigstel des in Absatz 3 Satz 1 Nummer 1 angegebenen Betrages und
   b) in den Steuerklassen I, II, IV bis VI mehr als sieben Dreihundertsechzigstel des in Absatz 3 Satz 1 Nummer 2 angegebenen Betrages,
3. bei täglicher Lohnzahlung
   a) in der Steuerklasse III mehr als ein Dreihundertsechzigstel des in Absatz 3 Satz 1 Nummer 1 angegebenen Betrages und
   b) in den Steuerklassen I, II, IV bis VI mehr als ein Dreihundertsechzigstel des in Absatz 3 Satz 1 Nummer 2 angegebenen Betrages beträgt.

---

[1] § 3 Abs. 2 a geändert durch Gesetz vom 23. 12. 2002 (BGBl. I S. 4621). Zur erstmaligen Anwendung von § 3 Abs. 2 a siehe § 6 Abs. 8. Abs. 2 a Satz 2 angefügt durch Gesetz vom 13. 12. 2006 (BGBl. I S. 2878) mit Wirkung ab 19. 12. 2006. Abs. 2 a Satz 3 angefügt durch JStG 2009 vom 19. 12. 2008 (BGBl. I S. 2794). Zur erstmaligen Anwendung von § 39 f für den Lohnsteuerabzug 2010 siehe § 52 Abs. 52 EStG. § 3 Abs. 2 a geändert durch Gesetz vom 7. 12. 2011 (BGBl. I S. 2592). Zur erstmaligen Anwendung ab VZ 2012 siehe § 6 Abs. 13. § 3 Abs. 2 a Satz 1 neu gef. mWv VZ 2023 durch G v. 8. 12. 2022 (BGBl. I S. 2230); zur Anwendung siehe § 6 Abs. 23 Satz 1.

[2] § 3 Abs. 3 neu gefasst durch JStG 2010 vom 8. 12. 2010 (BGBl. I S. 1768). Zur erstmaligen Anwendung siehe § 6 Abs. 12. § 3 Abs. 3 Satz 1 Nr. 1 und Nr. 2 Beträge geändert durch Gesetz vom 10. 12. 2019 (BGBl. I S. 2115). Zur erstmaligen Anwendung ab VZ 2021 siehe § 6 Abs. 21 Satz 1; Abs. 3 Satz 1 Nr. 1 und Nr. 2 geänd. mWv VZ 2023 und mWv VZ 2024 durch G v. 8. 12. 2022 (BGBl. I S. 2230); zur Anwendung siehe § 6 Abs. 23 Satz 2 und Abs. 24 Satz 1. § 3 Abs. 4 neu gef. mWv VZ 2023 und mWv VZ 2024 durch G v. 8. 12. 2022 (BGBl. I S. 2230); zur Anwendung siehe § 6 Abs. 23 Satz 3 und Abs. 24 Satz 2; § 3 Abs. 3 Satz 1 Nr. 1 und 2 geändert mWv VZ 2025 und **mWv VZ 2026** durch Gesetz vom 23. 12. 2024 (BGBl. 2024 I Nr. 449).

[3] § 3 Abs. 4 Satz 1 Nr. 1, Nr. 2, Nr. 3 Beträge geändert, Abs. 4 Satz 2 aufgehoben, Abs. 4 a eingefügt durch Gesetz vom 10. 12. 2019 (BGBl. I S. 2115). Zur erstmaligen Anwendung ab VZ 2021 siehe § 6 Abs. 21 Satz 2; § 3 Abs. 4 a Satz 1 Nr. 1 und Nr. 2 geänd. mWv VZ 2023 und mWv VZ 2024 durch G v. 8. 12. 2022 (BGBl. I S. 2230); zur Anwendung siehe § 6 Abs. 23 Satz 3 und Abs. 24 Satz 2; § 3 Abs. 4 neu gefasst mWv VZ 2025 durch Gesetz vom 23. 12. 2024 (BGBl. 2024 I Nr. 449).

(4 a)[1] Beim Abzug von einem sonstigen Bezug ist der Solidaritätszuschlag nur zu erheben, wenn die Jahreslohnsteuer im Sinne des § 39 b Absatz 3 Satz 5 des Einkommensteuergesetzes unter Berücksichtigung des Kinderfreibetrags und des Freibetrags für den Betreuungs- und Erziehungs- oder Ausbildungsbedarf für jedes Kind entsprechend den Vorgaben in Absatz 2 a folgende Beträge übersteigt:

1. in den Steuerklassen I, II, IV bis VI den Betrag nach Absatz 3 Satz 1 Nummer 2 und
2. in der Steuerklasse III den Betrag nach Absatz 3 Satz 1 Nummer 1.

Die weiteren Berechnungsvorgaben in § 39 b Absatz 3 des Einkommensteuergesetzes finden Anwendung.

(5)[2] Beim Lohnsteuer-Jahresausgleich ist der Solidaritätszuschlag nur zu ermitteln, wenn die Bemessungsgrundlage in Steuerklasse III mehr als den Betrag nach Absatz 3 Satz 1 Nummer 1 und in den Steuerklassen I, II oder IV mehr als den Betrag nach Absatz 3 Satz 1 Nummer 2 beträgt.

§ 4[3] Zuschlagsatz

Der Solidaritätszuschlag beträgt 5,5 Prozent der Bemessungsgrundlage. Er beträgt nicht mehr als 11,9 Prozent des Unterschiedsbetrages zwischen der Bemessungsgrundlage, vermindert um die Einkommensteuer nach § 32 d Absatz 3 und 4 des Einkommensteuergesetzes, und der nach § 3 Absatz 3, 4 und 5 jeweils maßgebenden Freigrenze. Bruchteile eines Cents bleiben außer Ansatz. Der Solidaritätszuschlag auf die Einkommensteuer nach § 32 d Absatz 3 und 4 des Einkommensteuergesetzes und auf die Lohnsteuer nach § 39 b Absatz 3 des Einkommensteuergesetzes beträgt ungeachtet des Satzes 2 5,5 Prozent. 4

§ 5 Doppelbesteuerungsabkommen

Werden auf Grund eines Abkommens zur Vermeidung der Doppelbesteuerung im Geltungsbereich dieses Gesetzes erhobene Steuern vom Einkommen ermäßigt, so ist diese Ermäßigung zuerst auf den Solidaritätszuschlag zu beziehen. 5

§ 6 Anwendungsvorschrift

(1) § 2 in der Fassung des Gesetzes vom 18. Dezember 1995 (BGBl. I S. 1959) ist ab dem Veranlagungszeitraum 1995 anzuwenden. 6

(2) Das Gesetz in der Fassung des Gesetzes vom 11. Oktober 1995 (BGBl. I S. 1250) ist erstmals für den Veranlagungszeitraum 1996 anzuwenden.

(3) Das Gesetz in der Fassung des Gesetzes vom 21. November 1997 (BGBl. I S. 2743) ist erstmals für den Veranlagungszeitraum 1998 anzuwenden.

(4) Das Gesetz in der Fassung des Gesetzes vom 23. Oktober 2000 (BGBl. I S. 1433) ist erstmals für den Veranlagungszeitraum 2001 anzuwenden.

(5) Das Gesetz in der Fassung des Gesetzes vom 21. Dezember 2000 (BGBl. I S. 1978) ist erstmals für den Veranlagungszeitraum 2001 anzuwenden.

(6) Das Solidaritätszuschlaggesetz 1995 in der Fassung des Artikel 6 des Gesetzes vom 19. Dezember 2000 (BGBl. I S. 1790) ist erstmals für den Veranlagungszeitraum 2002 anzuwenden.

(7) § 1 Abs. 2 a in der Fassung des Gesetzes zur Regelung der Bemessungsgrundlage für Zuschlagsteuern vom 21. Dezember 2000 (BGBl. I S. 1978, 1979) ist letztmals für den Veranlagungszeitraum 2001 anzuwenden.

(8) § 3 Abs. 2 a *in der Fassung des Gesetzes zur Regelung der Bemessungsgrundlage für Zuschlagsteuern vom 21. Dezember 2000 (BGBl. I S. 1978, 1979)*[4] ist erstmals für den Veranlagungszeitraum 2002 anzuwenden.

(9)[5] § 3 in der Fassung des Artikels 7 des Gesetzes vom 20. Dezember 2007 (BGBl. I S. 3150) ist erstmals für den Veranlagungszeitraum 2008 anzuwenden.

(10)[6] § 3 in der Fassung des Artikels 5 des Gesetzes vom 22. Dezember 2008 (BGBl. I S. 2955) ist erstmals für den Veranlagungszeitrum 2009 anzuwenden.

(11)[7] § 3 in der Fassung des Artikels 9 des Gesetzes vom 22. Dezember 2009 (BGBl. I S. 3950) ist erstmals für den Veranlagungszeitraum 2010 anzuwenden.

---

[1] § 3 Abs. 4 Satz 1 Nr. 1, Nr. 2, Nr. 3 Beträge geändert, Abs. 4 Satz 2 aufgehoben, Abs. 4 a eingefügt durch Gesetz vom 10. 12. 2019 (BGBl. I S. 2115). Zur erstmaligen Anwendung ab VZ 2021 siehe § 6 Abs. 21 Satz 2; § 3 Abs. 4 a Satz 1 Nr. 1 und Nr. 2 geänd. mWv VZ 2023 und mWv VZ 2024 durch G v. 8. 12. 2022 (BGBl. I S. 2230); zur Anwendung siehe § 6 Abs. 23 Satz 3 und Abs. 24 Satz 2; § 3 Abs. 4 a Satz 1 geändert mWv VZ 2025 durch G v. 23. 12. 2024 (BGBl. 2024 I Nr. 449).

[2] § 3 Abs. 5 Beträge geändert durch Gesetz vom 10. 12. 2019 (BGBl. I S. 2115). Zur erstmaligen Anwendung ab VZ 2021 siehe § 6 Abs. 21 Satz 3; § 3 Abs. 5 Beträge geänd. mWv VZ 2023 und mWv VZ 2024 durch G v. 8. 12. 2022 (BGBl. I S. 2230); zur Anwendung siehe § 6 Abs. 23 Satz 4 und Abs. 24 Satz 3; § 3 Abs. 5 geändert mWv VZ 2025 durch Gesetz vom 23. 12. 2024 (BGBl. 2024 I Nr. 449).

[3] § 4 neu gefasst durch JStG 2010 vom 8. 12. 2010 (BGBl. I S. 1768). Zur erstmaligen Anwendung siehe § 6 Abs. 12. § 4 Satz 2 und 4 geändert durch Gesetz vom 10. 12. 2019 (BGBl. I S. 2115). Zur erstmaligen Anwendung ab VZ 2021 siehe § 6 Abs. 1 Satz 1 und 2.

[4] Redaktionsversehen des Gesetzgebers. Muss wohl lauten: in der Fassung des Fünften Gesetzes zur Änderung des Steuerbeamten-Ausbildungsgesetzes und zur Änderung von Steuergesetzen vom 23. 7. 2002 (BGBl. I S. 2715).

[5] § 6 Abs. 9 angefügt durch JStG 2008 vom 20. 12. 2007 (BGBl. I S. 3150).

[6] § 6 Abs. 10 angefügt durch FamLeistG vom 22. 12. 2008 (BGBl. I S. 2955).

[7] § 6 Abs. 11 angefügt durch Gesetz vom 22. 12. 2009 (BGBl. I S. 3950).

(12)[1] § 3 Absatz 3 und § 4 in der Fassung des Artikels 31 des Gesetzes vom 8. Dezember 2010 (BGBl. I S. 1768) sind erstmals für den Veranlagungszeitraum 2011 anzuwenden. Abweichend von Satz 1 sind § 3 Absatz 3 und § 4 in der Fassung des Artikels 31 des Gesetzes vom 8. Dezember 2010 (BGBl. I S. 1768) auch für die Veranlagungszeiträume 2009 und 2010 anzuwenden, soweit sich dies zu Gunsten des Steuerpflichtigen auswirkt.

(13)[2] § 3 Absatz 2 a Satz 2 in der Fassung des Artikels 6 des Gesetzes vom 7. Dezember 2011 (BGBl. I S. 2592) ist erstmals für den Veranlagungszeitraum 2012 anzuwenden.

(14)[3] § 3 Absatz 2 a Satz 1 in der am 23. Juli 2015 geltenden Fassung ist erstmals anzuwenden auf laufenden Arbeitslohn, der für einen nach dem 30. November 2015 endenden Lohnzahlungszeitraum gezahlt wird, und auf sonstige Bezüge, die nach dem 30. November 2015 zufließen. Bei der Lohnsteuerberechnung auf laufenden Arbeitslohn, der für einen nach dem 30. November 2015, aber vor dem 1. Januar 2016 endenden täglichen, wöchentlichen und monatlichen Lohnzahlungszeitraum gezahlt wird, ist zu berücksichtigen, dass § 3 Absatz 2 a Satz 1 in der am 23. Juli 2015 geltenden Fassung bis zum 30. November 2015 nicht angewandt wurde (Nachholung). Das Bundesministerium der Finanzen hat dies im Einvernehmen mit den obersten Finanzbehörden der Länder bei der Aufstellung und Bekanntmachung der entsprechenden Programmablaufpläne zu berücksichtigen (§ 52 Absatz 32 a Satz 3 des Einkommensteuergesetzes).

(15)[4] § 3 Absatz 2 a in der am 1. Januar 2016 geltenden Fassung ist erstmals auf den laufenden Arbeitslohn anzuwenden, der für einen nach dem 31. Dezember 2015 endenden Lohnzahlungszeitraum gezahlt wird, und auf sonstige Bezüge, die nach dem 31. Dezember 2015 zufließen.

(16)[5] Das Gesetz in der Fassung des Gesetzes vom 19. Juli 2016 (BGBl. I S. 1730) ist erstmals für den Veranlagungszeitraum 2016 anzuwenden.

(17)[6] § 3 Absatz 2 a in der am 1. Januar 2017 geltenden Fassung ist erstmals auf den laufenden Arbeitslohn anzuwenden, der für einen nach dem 31. Dezember 2016 endenden Lohnzahlungszeitraum gezahlt wird, und auf sonstige Bezüge, die nach dem 31. Dezember 2016 zufließen.

(18)[7] § 3 Absatz 2 a in der am 1. Januar 2018 geltenden Fassung ist erstmals auf den laufenden Arbeitslohn anzuwenden, der für einen nach dem 31. Dezember 2017 endenden Lohnzahlungszeitraum gezahlt wird, und auf sonstige Bezüge, die nach dem 31. Dezember 2017 zufließen.

(19)[8] § 3 Absatz 2 a in der am 1. Januar 2019 geltenden Fassung ist erstmals auf den laufenden Arbeitslohn anzuwenden, der für einen nach dem 31. Dezember 2018 endenden Lohnzahlungszeitraum gezahlt wird, und auf sonstige Bezüge, die nach dem 31. Dezember 2018 zufließen.

(20)[9] § 3 Absatz 2 a in der am 1. Januar 2020 geltenden Fassung ist erstmals auf den laufenden Arbeitslohn anzuwenden, der für einen nach dem 31. Dezember 2019 endenden Lohnzahlungszeitraum gezahlt wird, und auf sonstige Bezüge, die nach dem 31. Dezember 2019 zufließen.

(21)[10] § 3 Absatz 3 und § 4 Satz 2 in der Fassung des Gesetzes vom 10. Dezember 2019 (BGBl. I S. 2115) sind erstmals im Veranlagungszeitraum 2021 anzuwenden. § 3 Absatz 4 und 4 a und § 4 Satz 2 und 4 in der Fassung des Gesetzes vom 10. Dezember 2019 (BGBl. I S. 2115) sind erstmals auf den laufenden Arbeitslohn anzuwenden, der für einen nach dem 31. Dezember 2020 endenden Lohnzahlungszeitraum gezahlt wird, und auf sonstige Bezüge, die nach dem 31. Dezember 2020 zufließen. § 3 Absatz 5 in der Fassung des Gesetzes vom 10. Dezember 2019 (BGBl. I S. 2115) ist beim Lohnsteuer-Jahresausgleich durch den Arbeitgeber (§ 42 b des Einkommensteuergesetzes) erstmals für das Ausgleichsjahr 2021 anzuwenden.

(22)[11] § 3 Absatz 2 a in der am 1. Januar 2021 geltenden Fassung ist erstmals auf den laufenden Arbeitslohn anzuwenden, der für einen nach dem 31. Dezember 2020 endenden Lohnzahlungszeitraum gezahlt wird, und auf sonstige Bezüge, die nach dem 31. Dezember 2020 zufließen.

(23)[12] § 3 Absatz 2 a in der am 1. Januar 2023 geltenden Fassung ist erstmals auf den laufenden Arbeitslohn anzuwenden, der für einen nach dem 31. Dezember 2022 endenden Lohnzahlungszeitraum gezahlt wird, und auf sonstige Bezüge, die nach dem 31. Dezember 2022 zufließen. § 3 Absatz 3 in der Fassung des Artikels 4 des Gesetzes vom 8. Dezember 2022 (BGBl. I S. 2230) ist erstmals im Veranlagungszeitraum 2023 anzuwenden. § 3 Absatz 4 und 4 a in der Fassung des Artikels 4 des Gesetzes vom 8. Dezember 2022 (BGBl. I S. 2230) ist erstmals auf den laufenden Arbeitslohn anzuwenden, der für einen nach dem 31. Dezember 2022 endenden Lohnzahlungszeitraum gezahlt wird, und auf sonstige Bezüge, die nach dem 31. Dezember 2022 zufließen. § 3 Absatz 5 in der Fassung des Artikels 4 des Gesetzes vom 8. Dezember 2022 (BGBl. I S. 2230) ist beim Lohnsteuer-Jahresausgleich durch den Arbeitgeber (§ 42 b des Einkommensteuergesetzes) erstmals für das Ausgleichsjahr 2023 anzuwenden.

(24)[13] § 3 Absatz 3 in der Fassung des Artikels 5 des Gesetzes vom 8. Dezember 2022 (BGBl. I S. 2230) ist erstmals im Veranlagungszeitraum 2024 anzuwenden. § 3 Absatz 4 und 4 a in der Fassung

---

[1] § 6 Abs. 12 angefügt durch JStG 2010 vom 8. 12. 2010 (BGBl. I S. 1768).
[2] § 6 Abs. 13 angefügt durch Gesetz vom 7. 12. 2011 (BGBl. I S. 2592).
[3] § 6 Abs. 14 angefügt durch Gesetz vom 16. 7. 2015 (BGBl. I S. 1202).
[4] § 6 Abs. 15 angefügt durch Gesetz vom 16. 7. 2015 (BGBl. I S. 1202).
[5] § 6 Abs. 16 angefügt durch InvStRefG vom 19. 7. 2016 (BGBl. I S. 1730).
[6] § 6 Abs. 17 angefügt durch BEPS-UmsG vom 20. 12. 2016 (BGBl. I S. 3000).
[7] § 6 Abs. 18 angefügt durch BEPS-UmsG vom 20. 12. 2016 (BGBl. I S. 3000).
[8] § 6 Abs. 19 angefügt durch FamEntlG vom 29. 11. 2018 (BGBl. I S. 2210).
[9] § 6 Abs. 20 angefügt durch FamEntlG vom 29. 11. 2018 (BGBl. I S. 2210).
[10] § 6 Abs. 21 angefügt durch Gesetz vom 10. 12. 2019 (BGBl. I S. 2115).
[11] § 6 Abs. 22 angefügt durch Gesetz vom 1. 12. 2020 (BGBl. I S. 2616).
[12] § 6 Abs. 23 angefügt durch Gesetz vom 8. 12. 2022 (BGBl. I S. 2230).
[13] § 6 Abs. 24 angefügt durch Gesetz vom 8. 12. 2022 (BGBl. I S. 2230).

des Artikels 5 des Gesetzes vom 8. Dezember 2022 (BGBl. I S. 2230) ist erstmals auf den laufenden Arbeitslohn anzuwenden, der für einen nach dem 31. Dezember 2023 endenden Lohnzahlungszeitraum gezahlt wird, und auf sonstige Bezüge, die nach dem 31. Dezember 2023 zufließen. § 3 Absatz 5 in der Fassung des Artikels 5 des Gesetzes vom 8. Dezember 2022 (BGBl. I S. 2230) ist beim Lohnsteuer-Jahresausgleich durch den Arbeitgeber (§ 42 b des Einkommensteuergesetzes) erstmals für das Ausgleichsjahr 2024 anzuwenden.

(25)[1] § 3 Absatz 2 a Satz 1 in Verbindung mit § 32 Absatz 6 Satz 1 des Einkommensteuergesetzes in der am 6. Dezember 2024 geltenden Fassung ist erstmals anzuwenden auf laufenden Arbeitslohn, der für einen nach dem 30. November 2024 endenden Lohnzahlungszeitraum gezahlt wird, und auf sonstige Bezüge, die nach dem 30. November 2024 zufließen. Bei der Lohnsteuerberechnung auf laufenden Arbeitslohn, der für einen nach dem 30. November 2024 aber vor dem 1. Januar 2025 endenden täglichen, wöchentlichen und monatlichen Lohnzahlungszeitraum gezahlt wird, ist zu berücksichtigen, dass § 3 Absatz 2 a Satz 1 in Verbindung mit § 32 Absatz 6 Satz 1 des Einkommensteuergesetzes in der am 6. Dezember 2024 geltenden Fassung bis zum 30. November 2024 nicht angewandt wurde (Nachholung). Das Bundesministerium der Finanzen hat dies im Einvernehmen mit den obersten Finanzbehörden der Länder bei der Aufstellung und Bekanntmachung der entsprechenden Programmablaufpläne zu berücksichtigen (§ 52 Absatz 32 a Satz 3 des Einkommensteuergesetzes).

(26)[2] § 3 Absatz 3 in der Fassung des Artikels 3 des Gesetzes vom 23. Dezember 2024 (BGBl. 2024 I Nr. 449) ist erstmals im Veranlagungszeitraum 2025 anzuwenden. § 3 Absatz 4 und 4 a in der Fassung des Artikels 3 des Gesetzes vom 23. Dezember 2024 (BGBl. 2024 I Nr. 449) ist erstmals auf den laufenden Arbeitslohn anzuwenden, der für einen nach dem 31. Dezember 2024 endenden Lohnzahlungszeitraum gezahlt wird, und auf sonstige Bezüge, die nach dem 31. Dezember 2024 zufließen. § 3 Absatz 5 in der Fassung des Artikels 3 des Gesetzes vom 23. Dezember 2024 (BGBl. 2024 I Nr. 449) ist beim Lohnsteuer-Jahresausgleich durch den Arbeitgeber (§ 42 b des Einkommensteuergesetzes) erstmals für das Ausgleichsjahr 2025 anzuwenden.

[ab 1. 1. 2026:

(27)[3] § 3 Absatz 3 in der Fassung des Artikels 4 des Gesetzes vom 23. Dezember 2024 (BGBl. 2024 I Nr. 449) ist erstmals im Veranlagungszeitraum 2026 anzuwenden.**]**

4 a. Merkblatt zum Solidaritätszuschlag im Lohnsteuer-Abzugsverfahren ab 1995[4]

Vom 20. September 1994 (BStBl. I S. 757)

(BMF IV B 6 – S 2450 – 6/94)

1. Erhebung des Solidaritätszuschlags 1

1.1. Zeitraum und Bemessungsgrundlage

Der Solidaritätszuschlag ist
– vom **laufenden Arbeitslohn** zu erheben, der für einen nach dem 31. Dezember 1994 endenden Lohnzahlungszeitraum gezahlt wird und
– von **sonstigen Bezügen** zu erheben, die nach dem 31. Dezember 1994 zufließen.

Bemessungsgrundlage des Solidaritätszuschlags ist die jeweilige Lohnsteuer.

1.2. Höhe des Solidaritätszuschlags

Der Solidaritätszuschlag ist für den Steuerabzug vom laufenden Arbeitslohn, für den Steuerabzug von sonstigen Bezügen und für die Steuerpauschalierung nach den §§ 40 bis 40 b EStG jeweils gesondert zu ermitteln.

1.2.1. Für den Steuerabzug vom **laufenden Arbeitslohn** ist der Solidaritätszuschlag bei monatlicher Lohnzahlung aus der Tabelle in Anlage 1,[5] bei wöchentlicher Lohnzahlung aus der Tabelle in Anlage 2[6] und bei täglicher Lohnzahlung aus der Tabelle in Anlage 3[7] zu ermitteln. Bei höheren als in den Tabellen ausgewiesenen Lohnsteuerbeträgen ist der Solidaritätszuschlag mit *7,5 v. H.*[8] der Lohnsteuer zu berechnen.

1.2.2. Bei von monatlichen, wöchentlichen oder täglichen Lohnzahlungszeiträumen **abweichenden Lohnzahlungszeiträumen** ist die Lohnsteuer nach § 39 b *Abs. 4* EStG[9] unter Anwendung der Wochen- oder Tageslohnsteuertabelle zu ermitteln. Für den Wochen- oder Tageslohnsteuerbetrag ist der Solidaritätszuschlag aus den Tabellen in Anlagen 2 oder 3[10] zu ermitteln bzw. entsprechend Tz. 1.2.1 Satz 2 zu

[1] § 6 Abs. 25 angefügt durch Gesetz vom 2. 12. 2024 (BGBl. 2024 I Nr. 386).
[2] § 6 Abs. 26 angefügt durch Gesetz vom 23. 12. 2024 (BGBl. 2024 I Nr. 449).
[3] § 6 Abs. 27 angefügt **mWv 1.1.2026** durch Gesetz vom 23. 12. 2024 (BGBl. 2024 I Nr. 449).
[4] Das Merkblatt berücksichtigt noch nicht das ab 2021 geltende Gesetz zur Rückführung des Solidaritätszuschlags 1995 v. 10. 12. 2019 (BGBl. I S. 2115).
[5] Anlagen hier nicht abgedruckt (für die Jahre 2002 und 2003 siehe BStBl. 2001 I S. 667; vgl. zur Anwendung für 2003: *BMF-Schreiben vom 25. 10. 2002, BStBl. I S. 1353*). Ab 2004 werden hierzu keine eigenen Tabellen mehr veröffentlicht.
[6] Anlagen hier nicht abgedruckt (für die Jahre 2002 und 2003 siehe BStBl. 2001 I S. 667; vgl. zur Anwendung für 2003: *BMF-Schreiben vom 25. 10. 2002, BStBl. I S. 1353*). Ab 2004 werden hierzu keine eigenen Tabellen mehr veröffentlicht.
[7] Anlagen hier nicht abgedruckt (für die Jahre 2002 und 2003 siehe BStBl. 2001 I S. 667; vgl. zur Anwendung für 2003: *BMF-Schreiben vom 25. 10. 2002, BStBl. I S. 1353*). Ab 2004 werden hierzu keine eigenen Tabellen mehr veröffentlicht.
[8] Ab 1. 1. 1998: 5,5%.
[9] **[Amtl. Anm.:]** Jetzt § 39 b Abs. 2 Satz 2.
[10] Anlagen hier nicht abgedruckt (für die Jahre 2002 und 2003 siehe BStBl. 2001 I S. 667; vgl. zur Anwendung für 2003: *BMF-Schreiben vom 25. 10. 2002, BStBl. I S. 1353*). Ab 2004 werden hierzu keine eigenen Tabellen mehr veröffentlicht.

berechnen. Der sich ergebende Betrag ist mit der Zahl der in den abweichenden Lohnzahlungszeitraum fallenden Wochen oder Kalendertage zu vervielfältigen.

1.2.3. Für den Steuerabzug von **sonstigen Bezügen**[1] und für die Steuerpauschalierung ist der Solidaritätszuschlag stets mit *7,5 v. H.*[2] der entsprechenden Lohnsteuer zu berechnen.

1.3. Übernimmt der Arbeitgeber in den Fällen einer **Nettolohnvereinbarung** auch den Solidaritätszuschlag, so ist die Lohnsteuer nach dem Bruttoarbeitslohn zu berechnen, der nach Kürzung um die Lohnabzüge einschließlich des Solidaritätszuschlags den ausgezahlten Nettolohnbetrag ergibt. Übernimmt der Arbeitgeber den Solidaritätszuschlag nicht, so bleibt dieser bei der Berechnung des Bruttoarbeitslohns außer Betracht. Der Nettolohn ist um den Solidaritätszuschlag zu mindern.

1.4. Wird die Lohnsteuer nach dem voraussichtlichen Jahresarbeitslohn des Arbeitnehmers unter Anwendung der Jahreslohnsteuertabelle berechnet (**permanenter Lohnsteuer-Jahresausgleich** – § 39 b Abs. 2 letzter Satz EStG,[3] Abschnitt 121 Abs. 2 LStR[4]), so ist der Solidaritätszuschlag entsprechend den für die Lohnsteuer geltenden Regeln aus der Tabelle in Anlage 4[5] zu ermitteln. Bei höheren Jahreslohnsteuerbeträgen ist der Solidaritätszuschlag mit *7,5 v. H.*[6] der Jahreslohnsteuer zu berechnen.

1.5. Bruchteile eines Pfennigs, die sich bei der Berechnung des Solidaritätszuschlags nach Tz. 1.2.1, 1.2.2, 1.2.3 und 1.4 ergeben, bleiben jeweils außer Betracht.

1.6. Wird die Lohnsteuer infolge **rückwirkender Änderungen von Besteuerungsmerkmalen** (z. B. rückwirkende Änderung der Zahl der Kinderfreibeträge) neu ermittelt, so ist auch der Solidaritätszuschlag neu zu ermitteln; in diesen Fällen ist ein etwa zuviel einbehaltener Solidaritätszuschlag dem Arbeitnehmer zu erstatten; ein etwa zu wenig einbehaltener Solidaritätszuschlag ist nachzuerheben. Das gilt auch bei nachträglicher Eintragung von Freibeträgen auf der Lohnsteuerkarte.

2 **2. Behandlung des Solidaritätszuschlags im Lohnsteuer-Jahresausgleich durch den Arbeitgeber**

2.1. Wenn der Arbeitgeber für den Arbeitnehmer einen Lohnsteuer-Jahresausgleich durchführt, ist auch für den Solidaritätszuschlag ein Jahresausgleich durchzuführen.

2.2. Der Jahresbetrag des Solidaritätszuschlags ergibt sich aus der Tabelle in Anlage 4.[7] Bei höheren als in der Tabelle ausgewiesenen Jahreslohnsteuerbeträgen ist der Solidaritätszuschlag mit *7,5 v. H.*[8] der Jahreslohnsteuer zu berechnen. Tz. 1.5 ist anzuwenden.

2.3. Übersteigt die Summe der einbehaltenen Zuschlagsbeträge den Jahresbetrag des Solidaritätszuschlags, so ist der Unterschiedsbetrag dem Arbeitnehmer vom Arbeitgeber zu erstatten. Übersteigt der Jahresbetrag des Solidaritätszuschlags die Summe der einbehaltenen Zuschlagsbeträge, so kommt eine nachträgliche Einbehaltung des Unterschiedsbetrags durch den Arbeitgeber nur nach Maßgabe des § 41 c EStG in Betracht.

3 **3. Verhältnis des Solidaritätszuschlags zur Kirchensteuer**

Der Solidaritätszuschlag bezieht sich nur auf die Lohnsteuer, nicht auf die Kirchensteuer. Die Kirchensteuer bemißt sich nach der Lohnsteuer ohne den Solidaritätszuschlag.

4 **4. Aufzeichnung, Anmeldung und Bescheinigung des Solidaritätszuschlags**

Der Solidaritätszuschlag ist im Lohnkonto (§ 41 EStG), in der Lohnsteuer-Anmeldung (§ 41 a EStG) und in der Lohnsteuerbescheinigung (z. B. auf der Lohnsteuerkarte[9] – § 41 b EStG) gesondert neben der Lohnsteuer und Kirchensteuer einzutragen.

5 **5. Maschinelle Berechnung des Solidaritätszuschlags**

Es wird auf den Programmablaufplan zur maschinellen Berechnung der vom laufenden Arbeitslohn einzubehaltenden Lohnsteuer hingewiesen, der mit BMF-Schreiben vom 18. August 1994 im Bundessteuerblatt Teil I S. 713[10] veröffentlicht worden ist.

---

[1] **[Amtl. Anm.:]** Änderung ab 2021, siehe § 3 Abs. 4 a SolzG.
[2] [Amtl. Anm.:] Jetzt 5,5%.
[3] **[Amtl. Anm.:]** Jetzt § 39 b Abs. 2 Satz 12.
[4] **[Amtl. Anm.:]** Jetzt R 39 b.8 LStR.
[5] Anlagen hier nicht abgedruckt (für die Jahre 2002 und 2003 siehe BStBl. 2001 I S. 667; vgl. zur Anwendung für 2003: *BMF-Schreiben vom 25. 10. 2002, BStBl. I S. 1353*). Ab 2004 werden hierzu keine eigenen Tabellen mehr veröffentlicht.
[6] Ab 1. 1. 1998: 5,5%.
[7] Anlagen hier nicht abgedruckt (für die Jahre 2002 und 2003 siehe BStBl. 2001 I S. 667; vgl. zur Anwendung für 2003: *BMF-Schreiben vom 25. 10. 2002, BStBl. I S. 1353*). Ab 2004 werden hierzu keine eigenen Tabellen mehr veröffentlicht.
[8] Ab 1. 1. 1998: 5,5%.
[9] Lohnsteuerkarten sind weggefallen.
[10] Für Kj. 2025 siehe BMF-Schreiben vom 22. 11. 2024 (BStBl. I S. 1434).

5. Bundeskindergeldgesetz (BKGG)[1]

In der Fassung der Bekanntmachung vom 28. Januar 2009 (BGBl. I S. 142)[2]

Geändert durch Gesetz vom 5. 2. 2009 (BGBl. I S. 160), vom 2. 3. 2009 (BGBl. I S. 416), vom 16. 7. 2009 (BGBl. I S. 1959), vom 22. 12. 2009 (BGBl. I S. 3950), vom 24. 3. 2011 (BGBl. I S. 453), vom 20. 6. 2011 (BGBl. I S. 1114), vom 1. 11. 2011 (BGBl. I S. 2131), vom 7. 12. 2011 (BGBl. I S. 2592), vom 3. 5. 2013 (BGBl. I S. 1108), vom 7. 5. 2013 (BGBl. I S. 1167), vom 26. 6. 2013 (BGBl. I S. 1809), vom 18. 7. 2014 (BGBl. I S. 1042), vom 25. 7. 2014 (BGBl. I S. 1266), vom 22. 12. 2014 (BGBl. I S. 2417), vom 16. 7. 2015 (BGBl. I S. 1202), vom 26. 7. 2016 (BGBl. I S. 1824), vom 20. 12. 2016 (BGBl. I S. 3000), vom 29. 3. 2017 (BGBl. I S. 626), vom 23. 6. 2017 (BGBl. I S. 1682), vom 29. 11. 2018 (BGBl. I S. 2210), vom 29. 4. 2019 (BGBl. I S. 530), vom 11. 7. 2019 (BGBl. I S. 1066), vom 12. 12. 2019 (BGBl. I S. 2451), vom 27. 3. 2020 (BGBl. I S. 575), vom 20. 5. 2020 (BGBl. I S. 1055), vom 29. 6. 2020 (BGBl. I S. 1512), vom 23. 10. 2020 (BGBl. I S. 2208), vom 1. 12. 2020 (BGBl. I S. 2616), vom 9. 12. 2020 (BGBl. I S. 2855), vom 10. 3. 2021 (BGBl. I S. 330), vom 10. 3. 2021 (BGBl. I S. 335), vom 25. 6. 2021 (BGBl. I S. 2020), vom 22. 11. 2021 (BGBl. I 4906), vom 23. 5. 2022 (BGBl. I S. 749), vom 23. 5. 2022 (BGBl. I S. 760), vom 8. 12. 2022 (BGBl. I S. 2230), vom 16. 12. 2022 (BGBl. I S. 2294), vom 16. 12. 2022 (BGBl. I S. 2328), vom 2. 12. 2024 (BGBl. 2024 I Nr. 387) und vom 23. 12. 2024 (BGBl. 2024 I Nr. 449)

Erster Abschnitt. Leistungen

§ 1 Anspruchsberechtigte

(1) Kindergeld nach diesem Gesetz für seine Kinder erhält, wer nach § 1 Absatz 1 und 2 des Einkommensteuergesetzes nicht unbeschränkt steuerpflichtig ist und auch nicht nach § 1 Absatz 3 des Einkommensteuergesetzes als unbeschränkt steuerpflichtig behandelt wird und 1

1. in einem Versicherungspflichtverhältnis zur Bundesagentur für Arbeit nach dem Dritten Buch Sozialgesetzbuch steht oder versicherungsfrei nach § 28 Absatz 1 Nummer 1 des Dritten Buches Sozialgesetzbuch ist oder
2. als Entwicklungshelfer Unterhaltsleistungen im Sinne des § 4 Absatz 1 Nummer 1 des Entwicklungshelfer-Gesetzes erhält oder als Missionar der Missionswerke und -gesellschaften, die Mitglieder oder Vereinbarungspartner des Evangelischen Missionswerkes Hamburg, der Arbeitsgemeinschaft Evangelikaler Missionen e. V., des Deutschen katholischen Missionsrates oder der Arbeitsgemeinschaft pfingstlich-charismatischer Missionen sind, tätig ist oder
3.[3] eine nach § 123 a des Beamtenrechtsrahmengesetzes oder § 29 des Bundesbeamtengesetzes oder nach § 20 des Beamtenstatusgesetzes bei einer Einrichtung außerhalb Deutschlands zugewiesene Tätigkeit ausübt oder
4.[4] als Ehegatte oder Lebenspartner eines Mitglieds der Truppe oder des zivilen Gefolges eines NATO-Mitgliedstaates die Staatsangehörigkeit eines EU/EWR-Mitgliedstaates besitzt und in Deutschland seinen Wohnsitz oder gewöhnlichen Aufenthalt hat.

(2) Kindergeld für sich selbst erhält, wer

1. in Deutschland einen Wohnsitz oder seinen gewöhnlichen Aufenthalt hat,
2. Vollwaise ist oder den Aufenthalt seiner Eltern nicht kennt und
3. nicht bei einer anderen Person als Kind zu berücksichtigen ist.

§ 2 Absatz 2 und 3 sowie die §§ 4 und 5 sind entsprechend anzuwenden. Im Fall des § 2 Absatz 2 Satz 1 Nummer 3 wird Kindergeld längstens bis zur Vollendung des 25. Lebensjahres[5] gewährt.

(3)[6] Ein nicht freizügigkeitsberechtigter Ausländer erhält Kindergeld nur, wenn er

1. eine Niederlassungserlaubnis oder eine Erlaubnis zum Daueraufenthalt-EU besitzt,
2.[7] eine Blaue Karte EU, eine ICT-Karte, eine Mobiler-ICT-Karte oder eine Aufenthaltserlaubnis besitzt, die für einen Zeitraum von mindestens sechs Monaten zur Ausübung einer Erwerbstätigkeit berechtigen oder berechtigt haben oder diese erlauben, es sei denn, die Aufenthaltserlaubnis wurde
   a) nach § 16 e des Aufenthaltsgesetzes zu Ausbildungszwecken, nach § 19 c Absatz 1 des Aufenthaltsgesetzes zum Zweck der Beschäftigung als Au-Pair oder zum Zweck der Saisonbeschäftigung, nach § 19 e des Aufenthaltsgesetzes zum Zweck der Teilnahme an einem Europäischen Freiwilligendienst oder nach § 20 a Absatz 5 Satz 1 des Aufenthaltgesetzes zur Suche nach einer Erwerbstätigkeit oder nach Maßnahmen zur Anerkennung ausländischer Berufsqualifikationen erteilt,
   b) nach § 16 b des Aufenthaltsgesetzes zum Zweck eines Studiums, nach § 16 d des Aufenthaltsgesetzes für Maßnahmen zur Anerkennung ausländischer Berufsqualifikationen, nach § 20 des Aufenthaltsgesetzes zur Suche nach einer Erwerbstätigkeit oder nach § 20 a Absatz 5 Satz 2 des Aufenthaltsgesetzes zur Suche nach einer Erwerbstätigkeit oder nach Maßnahmen zur Anerkennung

---

[1] Zur Anwendung siehe § 20.

[2] Neubekanntmachung des Bundeskindergeldgesetzes in der Fassung der Bekanntmachung vom 28. 1. 2009 (BGBl. I S. 142) auf Grund Art. 6 des Familienleistungsgesetzes vom 22. 12. 2008 (BGBl. I S. 2955) in der ab 1. 1. 2009 geltenden Fassung. Berichtigung vom 28. 9. 2009 (BGBl. I S. 3177).

[3] § 1 Abs. 1 Nr. 3 geändert durch DNeuG vom 5. 2. 2009 (BGBl. I S. 160) mit Wirkung ab 12. 2. 2009. Gemäß § 62 Abs. 17 des Gesetzes vom 17. 6. 2008 (BGBl. I S. 1010) wurde Nr. 3 mit Wirkung ab 1. 4. 2009 neu gefasst. § 1 Abs. 1 Nr. 3 geändert durch Gesetz vom 1. 11. 2011 (BGBl. I S. 2131) mit Wirkung ab 1. 1. 2012.

[4] § 1 Abs. 1 Nr. 4 geändert durch Gesetz vom 18. 7. 2014 (BGBl. I S. 1042) mit Wirkung ab 24. 7. 2014.

[5] Zur Übergangsregelung siehe § 20 Abs. 5.

[6] § 1 Abs. 3 neu gefasst durch Art. 34 des Gesetzes vom 12. 12. 2019 (BGBl. I S. 2451). Zur Anwendung siehe § 20 Abs. 10. § 1 Abs. 3 Nr. 2 Buchst. c geänd. durch Gesetz vom 23. 5. 2022 (BGBl. I S. 760) mit Wirkung ab 1. 6. 2022.

[7] § 1 Abs. 3 Satz 1 Nr. 2 Buchst. a und b. geändert durch JStG 2024 vom 2. 12. 2024 (BGBl. 2024 I Nr. 387) mit Wirkung ab 6. 12. 2024.

ausländischer Berufsqualifikationen erteilt und er ist weder erwerbstätig noch nimmt er Elternzeit nach § 15 des Bundeselterngeld- und Elternzeitgesetzes oder laufende Geldleistungen nach dem Dritten Buch Sozialgesetzbuch in Anspruch,

c) nach § 23 Absatz 1 des Aufenthaltsgesetzes wegen eines Krieges in seinem Heimatland oder nach den § 23 a oder § 25 Absatz 3 bis 5 des Aufenthaltsgesetzes erteilt,

3. eine in Nummer 2 Buchstabe c genannte Aufenthaltserlaubnis besitzt und im Bundesgebiet berechtigt erwerbstätig ist oder Elternzeit nach § 15 des Bundeselterngeld- und Elternzeitgesetzes oder laufende Geldleistungen nach dem Dritten Buch Sozialgesetzbuch in Anspruch nimmt,
4. eine in Nummer 2 Buchstabe c genannte Aufenthaltserlaubnis besitzt und sich seit mindestens 15 Monaten erlaubt, gestattet oder geduldet im Bundesgebiet aufhält oder
5. eine Beschäftigungsduldung gemäß § 60 d in Verbindung mit § 60 a Absatz 2 Satz 3 des Aufenthaltsgesetzes besitzt.

Abweichend von Satz 1 Nummer 3 erste Alternative erhält ein minderjähriger nicht freizügigkeitsberechtigter Ausländer unabhängig von einer Erwerbstätigkeit Kindergeld.

§ 2 Kinder

2 (1) Als Kinder werden auch berücksichtigt

1.[1] vom Berechtigten in seinen Haushalt aufgenommene Kinder seines Ehegatten oder Lebenspartners,
2. Pflegekinder (Personen, mit denen der Berechtigte durch ein familienähnliches, auf Dauer berechnetes Band verbunden ist, sofern er sie nicht zu Erwerbszwecken in seinen Haushalt aufgenommen hat und das Obhuts- und Pflegeverhältnis zu den Eltern nicht mehr besteht),
3. vom Berechtigten in seinen Haushalt aufgenommene Enkel.

(2) Ein Kind, das das 18. Lebensjahr vollendet hat, wird berücksichtigt, wenn es

1. noch nicht das 21. Lebensjahr vollendet hat, nicht in einem Beschäftigungsverhältnis steht und bei einer Agentur für Arbeit im Inland als Arbeitsuchender gemeldet ist oder
2. noch nicht das 25. Lebensjahr[2] vollendet hat und
   a) für einen Beruf ausgebildet wird oder
   b)[3] sich in einer Übergangszeit von höchstens vier Monaten befindet, die zwischen zwei Ausbildungsabschnitten oder zwischen einem Ausbildungsabschnitt und der Ableistung des gesetzlichen Wehr- oder Zivildienstes, einer vom Wehr- oder Zivildienst befreienden Tätigkeit als Entwicklungshelfer oder als Dienstleistender im Ausland nach § 14 b des Zivildienstgesetzes oder der Ableistung des freiwilligen Wehrdienstes nach § 58 b des Soldatengesetzes oder der Ableistung eines freiwilligen Dienstes im Sinne des Buchstaben d liegt, oder
   c) eine Berufsausbildung mangels Ausbildungsplatzes nicht beginnen oder fortsetzen kann oder
   d)[4] einen der folgenden freiwilligen Dienste leistet:
      aa) ein freiwilliges soziales Jahr im Sinne des Jugendfreiwilligendienstegesetzes,
      bb) ein freiwilliges ökologisches Jahr im Sinne des Jugendfreiwilligendienstegesetzes,
      cc) einen Bundesfreiwilligendienst im Sinne des Bundesfreiwilligendienstgesetzes,
      dd) eine Freiwilligentätigkeit im Rahmen des Europäischen Solidaritätskorps im Sinne der Verordnung (EU) 2021/888 des Europäischen Parlaments und des Rates vom 20. Mai 2021 zur Aufstellung des Programms für das Europäische Solidaritätskorps und zur Aufhebung der Verordnungen (EU) 2018/1475 und (EU) Nr. 375/2014 (ABl. L 202 vom 8. 6. 2021, S. 32),
      ee) einen anderen Dienst im Ausland im Sinne von § 5 des Bundesfreiwilligendienstgesetzes,
      ff) einen entwicklungspolitischen Freiwilligendienst „weltwärts“ im Sinne der Förderleitlinie des Bundesministeriums für wirtschaftliche Zusammenarbeit und Entwicklung vom 1. Januar 2016,
      gg) einen Freiwilligendienst aller Generationen im Sinne von § 2 Absatz 1 a des Siebten Buches Sozialgesetzbuch oder
      hh) einen Internationalen Jugendfreiwilligendienst im Sinne der Richtlinie des Bundesministeriums für Familie, Senioren, Frauen und Jugend vom 4. Januar 2021 (GMBl. S. 77) oder
3. wegen körperlicher, geistiger oder seelischer Behinderung außerstande ist, sich selbst zu unterhalten; Voraussetzung ist, dass die Behinderung vor Vollendung des 25. Lebensjahres[5] eingetreten ist.

[6]Nach Abschluss einer erstmaligen Berufsausbildung oder eines Erststudiums wird ein Kind in den Fällen des Satzes 1 Nummer 2 nur berücksichtigt, wenn das Kind keiner Erwerbstätigkeit nachgeht. Eine Erwerbstätigkeit mit bis zu 20 Stunden regelmäßiger wöchentlicher Arbeitszeit, ein Ausbildungsdienstverhältnis oder ein geringfügiges Beschäftigungsverhältnis im Sinne der §§ 8 und 8 a des Vierten Buches Sozialgesetzbuch sind unschädlich.

---

[1] § 2 Abs. 1 Nr. 1 geändert durch Gesetz vom 18. 7. 2014 (BGBl. I S. 1042) mit Wirkung ab 24. 7. 2014.

[2] Zur Übergangsregelung siehe § 20 Abs. 5.

[3] § 2 Abs. 2 Satz 1 Nr. 2 Buchst. b geändert durch Gesetz vom 22. 12. 2014 (BGBl. I S. 2417) mit Wirkung ab 1. 1. 2015.

[4] § 2 Abs. 2 Satz 1 Nr. 2 Buchst. d geändert durch Gesetz vom 7. 12. 2011 (BGBl. I S. 2592). § 2 Abs. 2 Satz 1 Nr. 2 Buchst. d geändert durch Gesetz vom 26. 6. 2013 (BGBl. I S. 1809) mit Wirkung ab 1. 1. 2012. § 2 Abs. 2 Satz 1 Nr. 2 Buchst. d geändert durch Gesetz vom 25. 7. 2014 (BGBl. I S. 1266). § 2 Abs. 2 Satz 1 Nr. 2 Buchst. d geändert durch FamEntlG vom 29. 11. 2018 (BGBl. I S. 2210) mit Wirkung ab 1. 1. 2019. § 2 Abs. 2 Satz 1 Nr. 2 Buchst. d geändert durch Gesetz vom 11. 7. 2019 (BGBl. I S. 1066) mit Wirkung ab 18. 7. 2019; Abs. 2 Satz 1 Nr. 2 Buchst. d neu gef. durch JStG 2022 vom 16. 12. 2022 (BGBl. I S. 2294) mit Wirkung ab 21. 12. 2022.

[5] Zur Übergangsregelung siehe § 20 Abs. 5.

[6] § 2 Abs. 2 Sätze 2 bis 10 ersetzt durch Sätze 2 und 3 durch Gesetz vom 1. 11. 2011 (BGBl. I S. 2131) mit Wirkung ab 1. 1. 2012. § 2 Abs. 2 Satz 2 geändert durch Gesetz vom 26. 6. 2013 (BGBl. I S. 1809) mit Wirkung ab 1. 1. 2012.

(3)[1] In den Fällen des Absatzes 2 Satz 1 Nummer 1 oder Nummer 2 Buchstabe a und b wird ein Kind, das

1. den gesetzlichen Grundwehrdienst oder Zivildienst geleistet hat oder
2. sich an Stelle des gesetzlichen Grundwehrdienstes freiwillig für die Dauer von nicht mehr als drei Jahren zum Wehrdienst verpflichtet hat oder
3. eine vom gesetzlichen Grundwehrdienst oder Zivildienst befreiende Tätigkeit als Entwicklungshelfer im Sinne des § 1 Absatz 1 des Entwicklungshelfer-Gesetzes ausgeübt hat,

für einen der Dauer dieser Dienste oder der Tätigkeit entsprechenden Zeitraum, höchstens für die Dauer des inländischen gesetzlichen Grundwehrdienstes, bei anerkannten Kriegsdienstverweigerern für die Dauer des inländischen gesetzlichen Zivildienstes über das 21. oder 25. Lebensjahr[2] hinaus berücksichtigt. Wird der gesetzliche Grundwehrdienst oder Zivildienst in einem Mitgliedstaat der Europäischen Union oder einem Staat, auf den das Abkommen über den Europäischen Wirtschaftsraum Anwendung findet, geleistet, so ist die Dauer dieses Dienstes maßgebend. Absatz 2 Satz 2 und 3[3] gilt entsprechend.

(4) Kinder, für die einer anderen Person nach dem Einkommensteuergesetz Kindergeld oder ein Kinderfreibetrag zusteht, werden nicht berücksichtigt. Dies gilt nicht für Kinder, die in den Haushalt des Anspruchsberechtigten nach § 1 aufgenommen worden sind oder für die dieser die höhere Unterhaltsrente zahlt, wenn sie weder in seinen Haushalt noch in den Haushalt eines nach § 62 des Einkommensteuergesetzes Anspruchsberechtigten aufgenommen sind.

(5) Kinder, die weder einen Wohnsitz noch ihren gewöhnlichen Aufenthalt in Deutschland haben, werden nicht berücksichtigt. Dies gilt nicht gegenüber Berechtigten nach § 1 Absatz 1 Nummer 2 und 3, wenn sie die Kinder in ihren Haushalt aufgenommen haben.

(6) Die Bundesregierung wird ermächtigt, durch Rechtsverordnung, die nicht der Zustimmung des Bundesrates bedarf, zu bestimmen, dass einem Berechtigten, der in Deutschland erwerbstätig ist oder sonst seine hauptsächlichen Einkünfte erzielt, für seine in Absatz 5 Satz 1 bezeichneten Kinder Kindergeld ganz oder teilweise zu leisten ist, soweit dies mit Rücksicht auf die durchschnittlichen Lebenshaltungskosten für Kinder in deren Wohnland und auf die dort gewährten dem Kindergeld vergleichbaren Leistungen geboten ist.

§ 3 Zusammentreffen mehrerer Ansprüche

(1)[4] Für jedes Kind werden nur einer Person Kindergeld, Kinderzuschlag und Leistungen für Bildung und Teilhabe gewährt. 3

(2)[5, 6] Erfüllen für ein Kind mehrere Personen die Anspruchsvoraussetzungen, so werden das Kindergeld, der Kinderzuschlag und die Leistungen für Bildung und Teilhabe derjenigen Person gewährt, die das Kind in ihren Haushalt aufgenommen hat. Ist ein Kind in den gemeinsamen Haushalt von Eltern, von einem Elternteil und dessen Ehegatten oder Lebenspartner, von Pflegeeltern oder Großeltern aufgenommen worden, bestimmen diese untereinander den Berechtigten. Wird eine Bestimmung nicht getroffen, bestimmt das Familiengericht[7] auf Antrag den Berechtigten. Antragsberechtigt ist, wer ein berechtigtes Interesse an der Leistung des Kindergeldes hat. Lebt ein Kind im gemeinsamen Haushalt von Eltern und Großeltern, werden das Kindergeld, der Kinderzuschlag und die Leistungen für Bildung und Teilhabe vorrangig einem Elternteil gewährt; sie werden an einen Großelternteil gewährt, wenn der Elternteil gegenüber der zuständigen Stelle auf seinen Vorrang schriftlich verzichtet hat.

(3) Ist das Kind nicht in den Haushalt einer der Personen aufgenommen, die die Anspruchsvoraussetzungen erfüllen, wird das Kindergeld derjenigen Person gewährt, die dem Kind eine Unterhaltsrente zahlt. Zahlen mehrere anspruchsberechtigte Personen dem Kind Unterhaltsrenten, wird das Kindergeld derjenigen Person gewährt, die dem Kind laufend die höchste Unterhaltsrente zahlt. Werden gleich hohe Unterhaltsrenten gezahlt oder zahlt keiner der Berechtigten dem Kind Unterhalt, so bestimmen die Berechtigten untereinander, wer das Kindergeld erhalten soll. Wird eine Bestimmung nicht getroffen, so gilt Absatz 2 Satz 3 und 4 entsprechend.

§ 4[8] Andere Leistungen für Kinder

Kindergeld wird nicht für ein Kind gezahlt, für das eine der folgenden Leistungen zu zahlen ist oder bei entsprechender Antragstellung zu zahlen wäre: 4

1. Leistungen für Kinder, die im Ausland gewährt werden und dem Kindergeld oder der Kinderzulage aus der gesetzlichen Unfallversicherung nach § 217 Absatz 3 des Siebten Buches Sozialgesetzbuch in der bis zum 30. Juni 2020 geltenden Fassung oder dem Kinderzuschuss aus der gesetzlichen Rentenversicherung nach § 270 des Sechsten Buches Sozialgesetzbuch in der bis zum 16. November 2016 geltenden Fassung vergleichbar sind,

---

[1] Zur letztmaligen Anwendung von § 2 Abs. 3 bis zum 31. 12. 2018 siehe § 20 Abs. 8.

[2] Zur Übergangsregelung siehe § 20 Abs. 5.

[3] § 2 Abs. 3 Zitat geändert durch Gesetz vom 1. 1. 2011 (BGBl. I S. 2131) mit Wirkung ab 1. 1. 2012.

[4] § 3 Abs. 1 und 2 geändert durch Gesetz vom 24. 3. 2011 (BGBl. I S. 453) mit Wirkung ab 1. 1. 2011.

[5] § 3 Abs. 2 Satz 3 Gerichtsbezeichnung geändert durch Gesetz vom 17. 12. 2008 (BGBl. I S. 2586) mit Wirkung ab 1. 9. 2009.

[6] § 3 Abs. 2 Satz 2 geändert durch Gesetz vom 18. 7. 2014 (BGBl. I S. 1042) mit Wirkung ab 24. 7. 2014.

[7] § 3 Abs. 1 und 2 geändert durch Gesetz vom 24. 3. 2011 (BGBl. I S. 453) mit Wirkung ab 1. 1. 2011.

[8] § 4 Abs. 1 Satz 2 geändert durch Gesetz vom 18. 7. 2014 (BGBl. I S. 1042) mit Wirkung ab 24. 7. 2014; § 4 Abs. 1 Absatzbezeichnung gestrichen, Satz 1 neu gef., Satz 2 geänd. und Abs. 2 aufgeh. durch JStG 2022 vom 16. 12. 2022 (BGBl. I S. 2294) mit Wirkung ab 21. 12. 2022.

2. Leistungen für Kinder, die von einer zwischen- oder überstaatlichen Einrichtung gewährt werden und dem Kindergeld vergleichbar sind.

Steht ein Berechtigter in einem Versicherungspflichtverhältnis zur Bundesagentur für Arbeit nach dem Dritten Buch Sozialgesetzbuch oder ist er versicherungsfrei nach § 28 Absatz 1 Nummer 1 des Dritten Buches Sozialgesetzbuch oder steht er in Deutschland in einem öffentlich-rechtlichen Dienst- oder Amtsverhältnis, so wird sein Anspruch auf Kindergeld für ein Kind nicht nach Satz 1 Nummer 2 mit Rücksicht darauf ausgeschlossen, dass sein Ehegatte oder Lebenspartner als Beamter, Ruhestandsbeamter oder sonstiger Bediensteter der Europäischen Gemeinschaften für das Kind Anspruch auf Kinderzulage hat.

§ 5 Beginn und Ende des Anspruchs

5 (1)[1] Das Kindergeld, der Kinderzuschlag und die Leistungen für Bildung und Teilhabe werden vom Beginn des Monats an gewährt, in dem die Anspruchsvoraussetzungen erfüllt sind; sie werden bis zum Ende des Monats gewährt, in dem die Anspruchsvoraussetzungen wegfallen.

(2)[2] Das Kindergeld wird rückwirkend nur für die letzten sechs Monate vor Beginn des Monats gezahlt, in dem der Antrag auf Kindergeld eingegangen ist.

(3)[3] Der Kinderzuschlag wird nicht für Zeiten vor der Antragstellung gewährt. § 28 des Zehnten Buches Sozialgesetzbuch gilt mit der Maßgabe, dass der Antrag unverzüglich nach Ablauf des Monats, in dem die Ablehnung oder Erstattung der anderen Leistungen bindend geworden ist, nachzuholen ist.

§ 6[4] Höhe des Kindergeldes

6 (1) Das Kindergeld beträgt monatlich für jedes Kind 255 **[ab 1. 1. 2026:** 259**]** Euro.

(2) *(aufgehoben)*

[ab 1. 1. 2026: (2) Werden die Freibeträge für Kinder nach § 31 Satz 1 in Verbindung mit § 32 Absatz 6 Satz 1 des Einkommensteuergesetzes angehoben, wird das Kindergeld entsprechend erhöht. Das Kindergeld ist dabei auf volle Euro kaufmännisch zu runden.**]**

(3)[5] Darüber hinaus wird für jedes Kind, für das für den Monat Juli 2022 ein Anspruch auf Kindergeld besteht, für den Monat Juli 2022 ein Einmalbetrag in Höhe von 100 Euro gezahlt. Ein Anspruch in Höhe des Einmalbetrags von 100 Euro für das Kalenderjahr 2022 besteht auch für ein Kind, für das nicht für den Monat Juli 2022, jedoch für mindestens einen anderen Kalendermonat im Kalenderjahr 2022 ein Anspruch auf Kindergeld besteht.

§ 6 a[6] Kinderzuschlag

6a (1) Personen erhalten für in ihrem Haushalt lebende unverheiratete oder nicht verpartnerte Kinder, die noch nicht das 25. Lebensjahr vollendet haben, einen Kinderzuschlag, wenn

1. sie für diese Kinder nach diesem Gesetz oder nach dem X. Abschnitt des Einkommensteuergesetzes Anspruch auf Kindergeld oder Anspruch auf andere Leistungen im Sinne von § 4 haben,
2. sie mit Ausnahme des Wohngeldes, des Kindergeldes und des Kinderzuschlags über Einkommen im Sinne des § 11 Absatz 1 Satz 1 und Satz 2 des Zweiten Buches Sozialgesetzbuch in Höhe von mindestens 900 Euro oder, wenn sie alleinerziehend sind, in Höhe von mindestens 600 Euro verfügen, wobei Beträge nach § 11 b des Zweiten Buches Sozialgesetzbuch nicht abzusetzen sind, und
3. bei Bezug des Kinderzuschlags keine Hilfebedürftigkeit im Sinne des § 9 des Zweiten Buches Sozialgesetzbuch besteht, wobei die Bedarfe nach § 28 des Zweiten Buches Sozialgesetzbuch außer Betracht bleiben. Bei der Prüfung der Hilfebedürftigkeit ist das für den Antragsmonat bewilligte Wohngeld zu berücksichtigen. Wird kein Wohngeld bezogen und könnte mit Wohngeld und Kinderzuschlag Hilfebedürftigkeit vermieden werden, ist bei der Prüfung Wohngeld in der Höhe anzusetzen, in der es voraussichtlich für den Antragsmonat zu bewilligen wäre.

(1 a)[7] Ein Anspruch auf Kinderzuschlag besteht abweichend von Absatz 1 Nummer 3, wenn

1. bei Bezug von Kinderzuschlag Hilfebedürftigkeit besteht, der Bedarfsgemeinschaft zur Vermeidung von Hilfebedürftigkeit aber mit ihrem Einkommen, dem Kinderzuschlag und dem Wohngeld höchstens 100 Euro fehlen,

---

[1] § 5 Abs. 1 geändert durch Gesetz vom 24. 3. 2011 (BGBl. I S. 453) mit Wirkung ab 1. 1. 2011.

[2] § 5 Abs. 2 neu gefasst durch Gesetz vom 29. 4. 2019 (BGBl. I S. 530) mit Wirkung ab 1. 7. 2019.

[3] § 5 Abs. 3 angefügt durch Art. 1 des Gesetzes vom 29. 4. 2019 (BGBl. I S. 530) mit Wirkung ab 1. 7. 2019, Abs. 3 Satz 2 Zitat geändert durch Art. 2 des Gesetzes vom 29. 4. 2019 (BGBl. I S. 530) mit Wirkung ab 1. 1. 2020. Abs. 3 Satz 2 aufgeh., bish. Satz 3 wird Satz 2 mWv 1. 1. 2021 durch Gesetz vom 1. 12. 2020 (BGBl. I S. 2616).

[4] § 6 Abs. 1 neu gef. und Abs. 2 aufgeh. mWv 1. 1. 2023 durch Gesetz vom 8. 12. 2022 (BGBl. I S. 2230); § 6 Abs. 1 geänd. mWv 1. 1. 2025 und **mWv 1.1.2026** durch Gesetz vom 23. 12. 2024 (BGBl. 2024 I Nr. 449); § 6 Abs. 2 neu gefasst **mWv 1.1.2026** durch Gesetz vom 23. 12. 2024 (BGBl. 2024 I Nr. 449).

[5] § 6 Abs. 1 neu gef. und Abs. 2 aufgeh. mWv 1. 1. 2023 durch Gesetz vom 8. 12. 2022 (BGBl. I S. 2230).

[6] § 6 a neu gefasst durch Art. 1 des Gesetzes vom 29. 4. 2019 (BGBl. I S. 530) mit Wirkung ab 1. 7. 2019. § 6 a Abs. 1 Nr. 3 aufgehoben, Nr. 4 wird Nr. 3 und neu gefasst, Abs. 1 a eingefügt, Abs. 6 Satz 3 Prozentsatz geändert durch Art. 2 des Gesetzes vom 29. 4. 2019 (BGBl. I S. 530) mit Wirkung ab 1. 1. 2020. Abs. 1 Nr. 3 neu gef. mWv 1. 1. 2021 durch Gesetz vom 1. 12. 2020 (BGBl. I S. 2616); Abs. 1 Nr. 2 und Abs. 1 a Nr. 2 geänd., Abs. 3 Satz 5, Abs. 5 Satz 1 neu gef., Satz 3 eingef., bish. Satz 3 wird Satz 4, bish. Satz 4 aufgeh., Abs. 6 Satz 1 neu gef., Satz 2 geänd., Satz 5 angef. durch G v. 16. 12. 2022 (BGBl. I S. 2328) mit Wirkung ab 1. 1. 2023.

[7] Zur Anwendung von § 6 a Abs. 1 a **bis 31. 12. 2022** siehe § 20 Abs. 2.

2. sich bei der Ermittlung des Einkommens der Eltern nach § 11 b Absatz 2 bis 3 des Zweiten Buches Sozialgesetzbuch wegen Einkommen aus Erwerbstätigkeit Absetzbeträge in Höhe von mindestens 100 Euro ergeben und
3. kein Mitglied der Bedarfsgemeinschaft Leistungen nach dem Zweiten oder nach dem Zwölften Buch Sozialgesetzbuch erhält oder beantragt hat.

(2)[1] Der monatliche Höchstbetrag des Kinderzuschlags deckt zusammen mit dem für ein erstes Kind nach § 66 des Einkommensteuergesetzes zu zahlenden Kindergeld ein Zwölftel des steuerfrei zu stellenden sächlichen Existenzminimums eines Kindes für das jeweilige Kalenderjahr mit Ausnahme des Anteils für Bildung und Teilhabe. Steht dieses Existenzminimum eines Kindes zu Beginn eines Jahres nicht fest, ist insoweit der für das Jahr geltende Betrag für den Mindestunterhalt eines Kindes in der zweiten Altersstufe nach der Mindestunterhaltsverordnung maßgeblich. Als Höchstbetrag des Kinderzuschlags in dem jeweiligen Kalenderjahr gilt der Betrag, der sich zu Beginn des Jahres nach den Sätzen 1 und 2 ergibt, mindestens jedoch ein Betrag in Höhe des Vorjahres. Der Betrag nach Satz 3 erhöht sich um einen Sofortzuschlag in Höhe von 25 Euro.

(3) Ausgehend vom Höchstbetrag mindert sich der jeweilige Kinderzuschlag, wenn das Kind nach den §§ 11 bis 12 des Zweiten Buches Sozialgesetzbuch zu berücksichtigendes Einkommen oder Vermögen hat. Bei der Berücksichtigung des Einkommens bleiben das Wohngeld, das Kindergeld und der Kinderzuschlag außer Betracht. Der Kinderzuschlag wird um 45 Prozent des zu berücksichtigenden Einkommens des Kindes monatlich gemindert. Ein Anspruch auf Zahlung des Kinderzuschlags für ein Kind besteht nicht, wenn zumutbare Anstrengungen unterlassen wurden, Ansprüche auf Einkommen des Kindes geltend zu machen. § 12 des Zweiten Buches Sozialgesetzbuch ist mit der Maßgabe anzuwenden, dass Vermögen nur berücksichtigt wird, wenn es erheblich ist. Ist das zu berücksichtigende Vermögen höher als der nach den Sätzen 1 bis 5 verbleibende monatliche Anspruch auf Kinderzuschlag, so dass es den Kinderzuschlag für den ersten Monat des Bewilligungszeitraums vollständig mindert, entfällt der Anspruch auf Kinderzuschlag. Ist das zu berücksichtigende Vermögen niedriger als der monatliche Anspruch auf Kinderzuschlag, ist der Kinderzuschlag im ersten Monat des Bewilligungszeitraums um einen Betrag in Höhe des zu berücksichtigenden Vermögens zu mindern und ab dem folgenden Monat Kinderzuschlag ohne Minderung wegen des Vermögens zu zahlen.

(4) Die Summe der einzelnen Kinderzuschläge nach den Absätzen 2 und 3 bildet den Gesamtkinderzuschlag.

(5) Der Gesamtkinderzuschlag wird in voller Höhe gewährt, wenn das nach den §§ 11 bis 11 b des Zweiten Buches Sozialgesetzbuch mit Ausnahme des Wohngeldes und des Kinderzuschlags zu berücksichtigende Einkommen der Eltern einen Betrag in Höhe der bei der Berechnung des Bürgergeldes zu berücksichtigenden Bedarfe der Eltern (Gesamtbedarf der Eltern) nicht übersteigt und kein zu berücksichtigendes Vermögen der Eltern nach § 12 des Zweiten Buches Sozialgesetzbuch vorhanden ist. Als Einkommen oder Vermögen der Eltern gilt dabei dasjenige der Mitglieder der Bedarfsgemeinschaft mit Ausnahme des Einkommens oder Vermögens der in dem Haushalt lebenden Kinder. Absatz 3 Satz 5 gilt entsprechend. Zur Feststellung des Gesamtbedarfs der Eltern sind die Bedarfe für Unterkunft und Heizung in dem Verhältnis aufzuteilen, das sich aus den im 12. Bericht der Bundesregierung über die Höhe des Existenzminimums von Erwachsenen und Kindern festgestellten entsprechenden Bedarfen für Alleinstehende, Ehepaare, Lebenspartnerschaften und Kinder ergibt.

(6) Der Gesamtkinderzuschlag wird um das zu berücksichtigende Einkommen der Eltern gemindert, soweit es deren Bedarf übersteigt. Wenn das zu berücksichtigende Einkommen der Eltern nicht nur aus Erwerbseinkünften besteht, ist davon auszugehen, dass die Überschreitung des Gesamtbedarfs der Eltern durch die Erwerbseinkünfte verursacht wird, wenn nicht die Summe der anderen Einkommensteile für sich genommen diesen maßgebenden Betrag übersteigt. Der Gesamtkinderzuschlag wird um 45 Prozent des Betrags, um den die monatlichen Erwerbseinkünfte den maßgebenden Betrag übersteigen, monatlich gemindert. Anderes Einkommen oder Vermögen der Eltern mindern den Gesamtkinderzuschlag in voller Höhe. Bei der Berücksichtigung des Vermögens gilt Absatz 3 Satz 6 und 7 entsprechend.

(7)[2] Über den Gesamtkinderzuschlag ist jeweils für sechs Monate zu entscheiden (Bewilligungszeitraum). Der Bewilligungszeitraum beginnt mit dem Monat, in dem der Antrag gestellt wird, jedoch frühestens nach Ende eines laufenden Bewilligungszeitraums. Änderungen in den tatsächlichen oder rechtlichen Verhältnissen während des laufenden Bewilligungszeitraums sind abweichend von § 48 des Zehnten Buches Sozialgesetzbuch nicht zu berücksichtigen, es sei denn, die Zusammensetzung der Bedarfsgemeinschaft oder der Höchstbetrag des Kinderzuschlags ändert sich. Wird ein neuer Antrag gestellt, unverzüglich nachdem der Verwaltungsakt nach § 48 des Zehnten Buches Sozialgesetzbuch wegen einer Änderung der Bedarfsgemeinschaft aufgehoben worden ist, so beginnt ein neuer Bewilligungszeitraum unmittelbar nach dem Monat, in dem sich die Bedarfsgemeinschaft geändert hat.

(8) Für die Ermittlung des monatlich zu berücksichtigenden Einkommens ist der Durchschnitt des Einkommens aus den sechs Monaten vor Beginn des Bewilligungszeitraums maßgeblich. Bei Personen, die den selbst genutzten Wohnraum mieten, sind als monatliche Bedarfe für Unterkunft und Heizung die laufenden Bedarfe für den ersten Monat des Bewilligungszeitraums zugrunde zu legen. Bei Personen, die an dem selbst genutzten Wohnraum Eigentum haben, sind als monatliche Bedarfe für Unterkunft und Heizung die Bedarfe aus den durchschnittlichen Monatswerten des Kalenderjahres vor Beginn des

[1] Zur abweichenden Anwendung für die Zeit vom 1. 7. 2019 bis 31. 12. 2020 siehe § 20 Abs. 3. § 6 a Abs. 2 Satz 4 angef. mWv 1. 6. 2022 durch G v. 23. 5. 2022 (BGBl. I S. 760); § 6 a Abs. 2 Satz 4 geänd. mWv 1. 1. 2025 durch Gesetz vom 23. 12. 2024 (BGBl. 2024 I Nr. 449).

[2] Zum abweichenden Bewilligungszeitraum bei erstmaliger Bewilligung von Kinderzuschlag nach dem 30. Juni 2019 und Bekanntgabe des Verwaltungsakts erst nach Ablauf des ersten Monats des Bewilligungszeitraums siehe § 20 Abs. 4.

Bewilligungszeitraums zugrunde zu legen. Liegen die entsprechenden Monatswerte für den Wohnraum nicht vor, soll abweichend von Satz 3 ein Durchschnitt aus den letzten vorliegenden Monatswerten für den Wohnraum zugrunde gelegt werden, nicht jedoch aus mehr als zwölf Monatswerten. Im Übrigen sind die tatsächlichen und rechtlichen Verhältnisse zu Beginn des Bewilligungszeitraums maßgeblich.

§ 6 b[1] Leistungen für Bildung und Teilhabe

6b (1) Personen erhalten Leistungen für Bildung und Teilhabe für ein Kind, wenn sie für dieses Kind nach diesem Gesetz oder nach dem X. Abschnitt des Einkommensteuergesetzes Anspruch auf Kindergeld oder Anspruch auf andere Leistungen im Sinne von § 4 haben und wenn

1. das Kind mit ihnen in einem Haushalt lebt und sie für ein Kind Kinderzuschlag nach § 6 a beziehen oder
2. im Falle der Bewilligung von Wohngeld sie und das Kind, für das sie Kindergeld beziehen, zu berücksichtigende Haushaltsmitglieder sind.

Satz 1 gilt entsprechend, wenn das Kind, nicht jedoch die berechtigte Person zu berücksichtigendes Haushaltsmitglied im Sinne von Satz 1 Nummer 2 ist und die berechtigte Person Leistungen nach dem Zweiten oder Zwölften Buch Sozialgesetzbuch bezieht. Wird das Kindergeld nach § 74 Absatz 1 des Einkommensteuergesetzes oder nach § 48 Absatz 1 des Ersten Buches Sozialgesetzbuch ausgezahlt, stehen die Leistungen für Bildung und Teilhabe dem Kind oder der Person zu, die dem Kind Unterhalt gewährt.

(2)[2] Die Leistungen für Bildung und Teilhabe entsprechen den Leistungen zur Deckung der Bedarfe nach § 28 Absatz 2 bis 7 des Zweiten Buches Sozialgesetzbuch. § 28 Absatz 1 Satz 2 des Zweiten Buches Sozialgesetzbuch gilt entsprechend. Für die Bemessung der Leistungen für die Schülerbeförderung nach § 28 Absatz 4 des Zweiten Buches Sozialgesetzbuch sind die erforderlichen tatsächlichen Aufwendungen zu berücksichtigen, soweit sie nicht von Dritten übernommen werden. Die Leistungen nach Satz 1 gelten nicht als Einkommen oder Vermögen im Sinne dieses Gesetzes. § 19 Absatz 3 des Zweiten Buches Sozialgesetzbuch findet keine Anwendung.

(2 a)[3] Ansprüche auf Leistungen für Bildung und Teilhabe verjähren in zwölf Monaten nach Ablauf des Kalendermonats, in dem sie entstanden sind.

(3)[4] Für die Erbringung der Leistungen für Bildung und Teilhabe gelten die §§ 29, 30 und 40 Absatz 6 des Zweiten Buches Sozialgesetzbuch entsprechend.

§ 6 c[5] Unterhaltspflichten

6c Unterhaltspflichten werden durch den Kinderzuschlag nicht berührt.

§ 6 d[6] Kinderfreizeitbonus aus Anlass der COVID-19-Pandemie für Familien mit Kinderzuschlag, Wohngeld oder Sozialhilfe

6d (1) Personen erhalten eine Einmalzahlung in Höhe von 100 Euro für ein Kind, welches das 18. Lebensjahr noch nicht vollendet hat und für das sie für den Monat August 2021 Kindergeld nach diesem Gesetz oder nach dem X. Abschnitt des Einkommensteuergesetzes oder andere Leistungen im Sinne von § 4 beziehen, wenn

1. sie für dieses Kind für den Monat August 2021 Kinderzuschlag nach § 6 a beziehen,
2. sie und dieses Kind oder nur dieses Kind zu berücksichtigende Haushaltsmitglieder im Sinne der §§ 5 und 6 Absatz 1 des Wohngeldgesetzes sind und die Wohngeldbewilligung den Monat August 2021 umfasst oder
3. dieses Kind für den Monat August 2021 Leistungen nach dem Dritten Kapitel des Zwölften Buches Sozialgesetzbuch bezieht.

Eines gesonderten Antrags bedarf es in den Fällen des Satzes 1 Nummer 1 nicht. In den Fällen des Satzes 1 Nummer 2 und 3 bedarf es eines Antrags; § 9 Absatz 1 Satz 2 ist entsprechend anzuwenden.

(2) Die Einmalzahlung nach Absatz 1 Satz 1 ist bei Sozialleistungen, deren Zahlung von anderen Einkommen abhängig ist, nicht als Einkommen zu berücksichtigen. Der Anspruch auf die Einmalzahlung nach Absatz 1 Satz 1 ist unpfändbar. § 6 c gilt entsprechend.

Zweiter Abschnitt. Organisation und Verfahren

§ 7 Zuständigkeit[7]

7 (1) Die Bundesagentur für Arbeit (Bundesagentur) führt dieses Gesetz nach fachlichen Weisungen des Bundesministeriums für Familie, Senioren, Frauen und Jugend durch.

---

[1] § 6 b eingefügt durch Gesetz vom 24. 3. 2011 (BGBl. I S. 453) mit Wirkung ab 1. 1. 2011.

[2] § 6 b Abs. 2 Satz 3 geändert, neuer Satz 4 eingefügt durch Gesetz vom 7. 5. 2013 (BGBl. I S. 1167) mit Wirkung ab 1. 8. 2013. § 6 b Abs. 2 Satz 3 geändert, Sätze 4 und 5 aufgehoben durch Gesetz vom 29. 4. 2019 (BGBl. I S. 530) mit Wirkung ab 1. 8. 2019.

[3] § 6 b Abs. 2 a eingefügt durch Gesetz vom 7. 5. 2013 mit Wirkung ab 1. 8. 2013.

[4] § 6 b Abs. 3 Zitat geändert durch Gesetz vom 7. 5. 2013 (BGBl. I S. 1167) mit Wirkung ab 1. 8. 2013. § 6 b Abs. 3 Zitat erneut geändert durch Gesetz vom 20. 12. 2016 (BGBl. I S. 3000) mit Wirkung ab 1. 1. 2017.

[5] § 6 c eingefügt durch Gesetz vom 25. 6. 2021 (BGBl. I S. 2020) mit Wirkung ab 30. 6. 2021.

[6] § 6 d eingefügt durch Gesetz vom 25. 6. 2021 (BGBl. I S. 2020) mit Wirkung ab 1. 7. 2021.

[7] § 7 Überschrift geändert durch Gesetz vom 24. 3. 2011 (BGBl. I S. 453) mit Wirkung ab 1. 1. 2011.

(2) Die Bundesagentur führt bei der Durchführung dieses Gesetzes die Bezeichnung „Familienkasse".

(3)[1] Abweichend von Absatz 1 führen die Länder § 6 b als eigene Angelegenheit aus.

§ 7 a[2] Datenübermittlung

(1) Die Träger der Leistungen nach § 6 b und die Träger der Grundsicherung für Arbeitsuchende teilen sich alle Tatsachen mit, die für die Erbringung und Abrechnung der Leistungen nach § 6 b dieses Gesetzes und § 28 des Zweiten Buches Sozialgesetzbuch erforderlich sind. 7a

(2) Die zuständige Familienkasse übermittelt dem Bundeszentralamt für Steuern unter den Vorgaben des § 139 b Absatz 10 Satz 2 und 3 der Abgabenordnung die internationale Bankkontonummer (IBAN), bei ausländischen Kreditinstituten auch den internationalen Banken-Identifizierungsschlüssel (BIC), des Kontos, auf welches das Kindergeld zuletzt ausgezahlt worden ist. Ist in den Fällen des Satzes 1 der Familienkasse die Identifikationsnummer nicht bekannt, darf sie diese Identifikationsnummer unter Angabe der in § 139 b Absatz 3 der Abgabenordnung genannten Daten beim Bundeszentralamt für Steuern abfragen.

§ 7 b[3] Automatisiertes Abrufverfahren

Macht das Bundesministerium der Finanzen von seiner Ermächtigung nach § 68 Absatz 6 Satz 2 des Einkommensteuergesetzes Gebrauch und erlässt eine Rechtsverordnung zur Durchführung von automatisierten Abrufen nach § 68 Absatz 6 Satz 1 des Einkommensteuergesetzes, so ist die Rechtsverordnung im Geltungsbereich dieses Gesetzes entsprechend anzuwenden. 7b

§ 8[4] Aufbringung der Mittel

(1) Die Aufwendungen der Bundesagentur für die Durchführung dieses Gesetzes trägt der Bund. 8

(2) Der Bund stellt der Bundesagentur nach Bedarf die Mittel bereit, die sie für die Zahlung des Kindergeldes und des Kinderzuschlags benötigt.

(3) Der Bund erstattet die Verwaltungskosten, die der Bundesagentur aus der Durchführung dieses Gesetzes entstehen. Näheres wird durch Verwaltungsvereinbarung geregelt.

(4) Abweichend von den Absätzen 1 bis 3 tragen die Länder die Ausgaben für die Leistungen nach § 6 b und ihre Durchführung.

§ 9 Antrag

(1) Das Kindergeld und der Kinderzuschlag sind schriftlich zu beantragen. Der Antrag soll bei der nach § 13 zuständigen Familienkasse gestellt werden. Den Antrag kann außer dem Berechtigten auch stellen, wer ein berechtigtes Interesse an der Leistung des Kindergeldes hat. 9

(2) Vollendet ein Kind das 18. Lebensjahr, so wird es für den Anspruch auf Kindergeld nur dann weiterhin berücksichtigt, wenn der oder die Berechtigte anzeigt, dass die Voraussetzungen des § 2 Absatz 2 vorliegen. Absatz 1 gilt entsprechend.

(3)[5] Die Leistungen für Bildung und Teilhabe sind bei der zuständigen Stelle zu beantragen. Absatz 1 Satz 3 gilt entsprechend.

§ 10 Auskunftspflicht

(1)[6] § 60 Absatz 1 des Ersten Buches Sozialgesetzbuch gilt auch für die bei dem Antragsteller oder Berechtigten berücksichtigten Kinder, für den nicht dauernd getrennt lebenden Ehegatten des Antragstellers oder Berechtigten und für die sonstigen Personen, bei denen die bezeichneten Kinder berücksichtigt werden. § 60 Absatz 4 des Zweiten Buches Sozialgesetzbuch gilt entsprechend. 10

(2)[7] Soweit es zur Durchführung der §§ 2 und 6 a erforderlich ist, hat der jeweilige Arbeitgeber der in diesen Vorschriften bezeichneten Personen auf Verlangen der zuständigen Stelle eine Bescheinigung über den Arbeitslohn, die einbehaltenen Steuern und Sozialabgaben auszustellen.

(3) Die Familienkassen können den nach Absatz 2 Verpflichteten eine angemessene Frist zur Erfüllung der Pflicht setzen.

§ 11[8] Gewährung des Kindergeldes und des Kinderzuschlags

(1) Das Kindergeld und der Kinderzuschlag werden monatlich gewährt. 11

(2) Auszuzahlende Beträge sind auf Euro abzurunden, und zwar unter 50 Cent nach unten, sonst nach oben.

(3) § 45 Absatz 3 des Zehnten Buches Sozialgesetzbuch findet keine Anwendung.

---

[1] § 7 Abs. 3 angefügt durch Gesetz vom 24. 3. 2011 (BGBl. I S. 453) mit Wirkung ab 1. 1. 2011.

[2] § 7 a eingefügt durch Gesetz vom 24. 3. 2011 (BGBl. I S. 453) mit Wirkung ab 1. 1. 2011. § 7 a Abs. 2 angef., Wortlaut wird Abs. 1 mWv 6.12.2024 durch JStG 2024 vom 2. 12. 2024 (BGBl. 2024 I Nr. 387).

[3] § 7 b eingefügt durch Gesetz v. 11. 7. 2019 (BGBl. I S. 1066).

[4] § 8 Überschrift geändert, Abs. 4 angefügt durch Gesetz vom 24. 3. 2011 (BGBl. I S. 453) mit Wirkung ab 1. 1. 2011. Abs. 2 und Abs. 3 Satz 1 geänd., Satz 2 angef. mWv 1. 1. 2021 durch Gesetz vom 1. 12. 2020 (BGBl. I S. 2616).

[5] § 9 Abs. 3 angefügt durch Gesetz vom 24. 3. 2011 (BGBl. I S. 453). § 9 Abs. 3 geändert durch Gesetz vom 29. 4. 2019 (BGBl. I S. 530) mit Wirkung ab 1. 7. 2019.

[6] § 10 Abs. 1 Satz 2 angefügt durch Gesetz vom 18. 7. 2014 (BGBl. I S. 1042) mit Wirkung ab 24. 7. 2014.

[7] § 10 Abs. 2 geändert durch Gesetz vom 7. 12. 2011 (BGBl. I S. 2592) mit Wirkung ab 1. 1. 2012.

[8] § 11 Überschrift und Abs. 1 geändert durch Gesetz vom 24. 3. 2011 (BGBl. I S. 453) mit Wirkung ab 1. 1. 2011.

(4) Ein rechtswidriger nicht begünstigender Verwaltungsakt ist abweichend von § 44 Absatz 1 des Zehnten Buches Sozialgesetzbuch für die Zukunft zurückzunehmen; er kann ganz oder teilweise auch für die Vergangenheit zurückgenommen werden.

(5)[1] Wird ein Verwaltungsakt über die Bewilligung von Kinderzuschlag aufgehoben, sind bereits erbrachte Leistungen abweichend von § 50 Absatz 1 des Zehnten Buches Sozialgesetzbuch nicht zu erstatten, soweit der Bezug von Kinderzuschlag den Anspruch auf Leistungen nach dem Zweiten Buch Sozialgesetzbuch ausschließt oder mindert.

(6)[2] Entsprechend anwendbar sind die Vorschriften des Dritten Buches Sozialgesetzbuch über
1. die Aufhebung von Verwaltungsakten (§ 330 Absatz 2, 3 Satz 1) sowie
2. die vorläufige Zahlungseinstellung nach § 331 mit der Maßgabe, dass die Familienkasse auch zur teilweisen Zahlungseinstellung berechtigt ist, wenn sie von Tatsachen Kenntnis erhält, die zu einem geringeren Leistungsanspruch führen.

§ 12 Aufrechnung

12 § 51 des Ersten Buches Sozialgesetzbuch gilt für die Aufrechnung eines Anspruchs auf Erstattung von Kindergeld und Kinderzuschlag gegen einen späteren Anspruch auf Kindergeld und Kinderzuschlag eines oder einer mit dem Erstattungspflichtigen in Haushaltsgemeinschaft lebenden Berechtigten entsprechend, soweit es sich um laufendes Kindergeld oder laufenden Kinderzuschlag für ein Kind handelt, das bei beiden berücksichtigt werden konnte.

§ 13[3] Zuständige Stelle

13 (1) Für die Entgegennahme des Antrags und die Entscheidungen über den Anspruch ist die Familienkasse (§ 7 Absatz 2) zuständig, in deren Bezirk der Berechtigte seinen Wohnsitz hat. Hat der Berechtigte keinen Wohnsitz im Geltungsbereich dieses Gesetzes, ist die Familienkasse zuständig, in deren Bezirk er seinen gewöhnlichen Aufenthalt hat. Hat der Berechtigte im Geltungsbereich dieses Gesetzes weder einen Wohnsitz noch einen gewöhnlichen Aufenthalt, ist die Familienkasse zuständig, in deren Bezirk er erwerbstätig ist. In den übrigen Fällen ist die Familienkasse Bayern Nord zuständig.

(2) Die Entscheidungen über den Anspruch trifft die Leitung der Familienkasse.

(3) Der Vorstand der Bundesagentur kann für bestimmte Bezirke oder Gruppen von Berechtigten die Entscheidungen über den Anspruch auf Kindergeld und Kinderzuschlag einheitlich einer anderen Familienkasse übertragen.

(4) Für die Leistungen nach § 6 b bestimmen abweichend von den Absätzen 1 und 2 die Landesregierungen oder die von ihnen beauftragten Stellen die für die Durchführung zuständigen Behörden.

§ 14[4] Bescheid

14 Wird der Antrag auf Kindergeld, Kinderzuschlag oder Leistungen für Bildung und Teilhabe abgelehnt, ist ein Bescheid zu erteilen. Das Gleiche gilt, wenn das Kindergeld, Kinderzuschlag oder Leistungen für Bildung und Teilhabe entzogen werden.

§ 15 Rechtsweg

15 Für Streitigkeiten nach diesem Gesetz sind die Gerichte der Sozialgerichtsbarkeit zuständig.

Dritter Abschnitt. Bußgeldvorschriften

§ 16 Ordnungswidrigkeiten

16 (1) Ordnungswidrig handelt, wer vorsätzlich oder leichtfertig
1. entgegen § 60 Absatz 1 Satz 1 Nummer 1 oder Nummer 3 des Ersten Buches Sozialgesetzbuch in Verbindung mit § 10 Absatz 1 auf Verlangen nicht die leistungserheblichen Tatsachen angibt oder Beweisurkunden vorlegt,
2.[5] entgegen § 60 Absatz 1 Satz 1 Nummer 2 des Ersten Buches Sozialgesetzbuch eine Änderung in den Verhältnissen, die für einen Anspruch auf Kindergeld, Kinderzuschlag oder Leistungen für Bildung und Teilhabe erheblich ist, nicht, nicht richtig, nicht vollständig oder nicht rechtzeitig mitteilt oder
3. entgegen § 10 Absatz 2 oder Absatz 3 auf Verlangen eine Bescheinigung nicht, nicht richtig, nicht vollständig oder nicht rechtzeitig ausstellt.

(2) Die Ordnungswidrigkeit kann mit einer Geldbuße geahndet werden.

(3) § 66 des Zehnten Buches Sozialgesetzbuch gilt entsprechend.

(4) Verwaltungsbehörden im Sinne des § 36 Absatz 1 Nummer 1 des Gesetzes über Ordnungswidrigkeiten sind die nach § 409 der Abgabenordnung bei Steuerordnungswidrigkeiten wegen des Kindergeldes nach dem X. Abschnitt des Einkommensteuergesetzes zuständigen Verwaltungsbehörden.

---

[1] § 11 Abs. 5 und 6 angefügt durch Gesetz vom 26. 7. 2016 (BGBl. I S. 1824) mit Wirkung ab 1. 8. 2016. § 11 Abs. 5 aufgehoben, bisheriger Abs. 6 wird Abs. 5 durch Gesetz vom 29. 4. 2019 (BGBl. I S. 530) mit Wirkung ab 1. 7. 2019.

[2] § 11 Abs. 6 angefügt durch Gesetz vom 29. 4. 2019 (BGBl. I S. 530) mit Wirkung ab 1. 7. 2019.

[3] § 13 Überschrift geändert, Abs. 4 angefügt durch Gesetz vom 24. 3. 2011 (BGBl. I S. 453) mit Wirkung ab 1. 1. 2011. Abs. 1 Satz 4, Abs. 3 geänd. mWv 1. 1. 2021 durch Gesetz vom 1. 12. 2020 (BGBl. I S. 2616).

[4] § 14 geändert durch Gesetz vom 24. 3. 2011 (BGBl. I S. 453) mit Wirkung ab 1. 1. 2011 und durch Gesetz vom 29. 3. 2017 (BGBl. I S. 626) mit Wirkung ab 5. 4. 2017.

[5] § 16 Abs. 1 Nr. 2 geändert durch Gesetz vom 24. 3. 2011 (BGBl. I S. 453) mit Wirkung ab 1. 1. 2011.

Vierter Abschnitt. Übergangs- und Schlussvorschriften

§ 17 Recht der Europäischen Gemeinschaft

Soweit in diesem Gesetz Ansprüche Deutschen vorbehalten sind, haben Angehörige der anderen Mitgliedstaaten der Europäischen Union, Flüchtlinge und Staatenlose nach Maßgabe des Vertrages zur Gründung der Europäischen Gemeinschaft und der auf seiner Grundlage erlassenen Verordnungen die gleichen Rechte. Auch im Übrigen bleiben die Bestimmungen der genannten Verordnungen unberührt. 17

§ 18 Anwendung des Sozialgesetzbuches

Soweit dieses Gesetz keine ausdrückliche Regelung trifft, ist bei der Ausführung das Sozialgesetzbuch anzuwenden. 18

§ 19 Übergangsvorschriften

(1) Ist für die Nachzahlung und Rückforderung von Kindergeld und Zuschlag zum Kindergeld für Berechtigte mit geringem Einkommen der Anspruch eines Jahres vor 1996 maßgeblich, finden die §§ 10, 11 und 11 a in der bis zum 31. Dezember 1995 geltenden Fassung Anwendung. 19

(2) Verfahren, die am 1. Januar 1996 anhängig sind, werden nach den Vorschriften des Sozialgesetzbuches und des Bundeskindergeldgesetzes in der bis zum 31. Dezember 1995 geltenden Fassung zu Ende geführt, soweit in § 78 des Einkommensteuergesetzes nichts anderes bestimmt ist.

(3)[1] Wird Kinderzuschlag vor dem 1. Juli 2019 bewilligt, finden die Regelungen des Bundeskindergeldgesetzes in der bis zum 30. Juni 2019 geltenden Fassung weiter Anwendung, mit Ausnahme der Regelung zum monatlichen Höchstbetrag des Kinderzuschlags nach § 20 Absatz 3.

(4)[2] § 6 c lässt Unterhaltsleistungen, die vor dem 30. Juni 2021 fällig geworden sind, unberührt.

§ 20[3] Anwendungsvorschrift

(1) § 1 Absatz 3 in der am 19. Dezember 2006 geltenden Fassung ist in Fällen, in denen eine Entscheidung über den Anspruch auf Kindergeld für Monate in dem Zeitraum zwischen dem 1. Januar 1994 und dem 18. Dezember 2006 noch nicht bestandskräftig geworden ist, anzuwenden, wenn dies für den Antragsteller günstiger ist. In diesem Fall werden die Aufenthaltsgenehmigungen nach dem Ausländergesetz den Aufenthaltstiteln nach dem Aufenthaltsgesetz entsprechend den Fortgeltungsregelungen in § 101 des Aufenthaltsgesetzes gleichgestellt. 20

(2) *(aufgehoben)*

(3) Abweichend von § 6 a Absatz 2 beträgt für die Zeit vom 1. Juli 2019 bis zum 31. Dezember 2020 der monatliche Höchstbetrag des Kinderzuschlags für jedes zu berücksichtigende Kind 185 Euro.

(3 a) Abweichend von § 6 a Absatz 2 beträgt der monatliche Höchstbetrag des Kinderzuschlags im Kalenderjahr 2023 für jedes zu berücksichtigende Kind 250 Euro.

(4) Wird einer Person Kinderzuschlag für einen nach dem 30. Juni 2019 und vor dem 1. Juli 2021 beginnenden Bewilligungszeitraum bewilligt und wird ihr der Verwaltungsakt erst nach Ablauf des ersten Monats des Bewilligungszeitraums bekannt gegeben, endet dieser Bewilligungszeitraum abweichend von § 6 a Absatz 7 Satz 1 am Ende des fünften Monats nach dem Monat der Bekanntgabe des Verwaltungsaktes.

(5) Abweichend von § 6 a Absatz 7 Satz 1 wird in Fällen, in denen der höchstmögliche Gesamtkinderzuschlag bezogen wird und der sechsmonatige Bewilligungszeitraum in der Zeit vom 1. April 2020 bis zum 30. September 2020 endet, der Bewilligungszeitraum von Amts wegen einmalig um weitere sechs Monate verlängert. Satz 1 gilt entsprechend, wenn der ursprüngliche Bewilligungszeitraum in Anwendung des § 20 Absatz 4 mehr als sechs Monate umfasst.

(6) Abweichend von § 6 a Absatz 8 Satz 1 ist für Anträge, die in der Zeit vom 1. April 2020 bis zum 30. September 2020 eingehen, bei der Ermittlung des monatlich zu berücksichtigenden Einkommens

---

[1] § 19 Abs. 3 angefügt durch Art. 1 des Gesetzes vom 29. 4. 2019 (BGBl. I S. 530). § 19 Abs. 3 Zitat geändert durch Art. 2 des Gesetzes vom 29. 4. 2019 (BGBl. I S. 530).

[2] § 19 Abs. 4 angefügt durch Art. 2 des Gesetzes vom 25. 6. 2021 (BGBl. I S. 2020).

[3] § 20 Abs. 5 Satz 3 angef., Abs. 5 a eingef. mWv 23. 7. 2009 durch Gesetz vom 16. 7. 2009 (BGBl. I S. 1959); Abs. 8 angef. mWv 1. 1. 2011 durch Gesetz vom 24. 3. 2011 (BGBl. I S. 453); Abs. 8 Satz 3 neu gef., Satz 4 eingef., bish. Satz 4 wird Satz 5 mWv 1. 1. 2011 durch Gesetz vom 20. 6. 2011 (BGBl. I S. 1114); Abs. 5 Satz 4 angef. mWv 1. 1. 2011 durch Gesetz vom 7. 12. 2011 (BGBl. I S. 2592); Abs. 9 angef. mWv 1. 1. 2012 durch Gesetz vom 26. 6. 2013 (BGBl. I S. 1809); Abs. 5 Satz 1 geänd., Satz 5 angef. mWv 31. 7. 2014 durch Gesetz vom 25. 7. 2014 (BGBl. I S. 1266); Abs. 10 angef. mWv 1. 1. 2018 durch Gesetz vom 23. 6. 2017 (BGBl. I S. 1682); Abs. 2 und 3 neu gef., Abs. 5 Sätze 1–4 aufgeh., bish. Satz 5 wird alleiniger Wortlaut, Abs. 7 und 8 aufgeh, bish. Abs. 9 und 10 werden Abs. 7 und 8 mWv 1. 7. 2019, Abs. 2 eingef., bish. Abs. 2–8 werden Abs. 3–9 mWv 1. 1. 2020 durch Gesetz vom 29. 4. 2019 (BGBl. I S. 530); Abs. 10 angef. mWv 1. 1. 2020 und neu gef. mWv 1. 3. 2020 durch Gesetz vom 12. 12. 2019 (BGBl. I S. 2451); Abs. 4 geänd., Abs. 5–7 eingef., bish. Abs. 5–10 werden Abs. 8–13 mWv 28. 3. 2020 durch Gesetz vom 27. 3. 2020 (BGBl. I S. 575); Abs. 7 a eingef. mWv 29. 5. 2020 durch Gesetz vom 20. 5. 2020 (BGBl. I S. 1055); Abs. 6 a eingef. mWv 29. 10. 2020 durch Gesetz vom 23. 10. 2020 (BGBl. I S. 2208); Abs. 2 geänd. mWv 1. 1. 2021 durch Gesetz vom 1. 12. 2020 (BGBl. I S. 2616); Abs. 6 a neu gef. mWv 1. 1. 2021 durch Gesetz vom 9. 12. 2020 (BGBl. I S. 2855); Abs. 6 a Satz 1 geänd., Satz 3 aufgeh. mWv 1. 4. 2021 durch Gesetz vom 10. 3. 2021 (BGBl. I S. 335); Abs. 6 a Satz 1 geänd; Abs. 6 a Satz 3 angef. mWv 24. 11. 2021 durch Gesetz vom 22. 11. 2021 (BGBl. I S. 4906); Abs. 13 Satz 3 angef. mWv 1. 6. 2022 durch Gesetz v. 23. 5. 2022 (BGBl. I S. 760); Abs. 3 a eingef. mWv 1. 1. 2023 durch Gesetz vom 8. 12. 2022 (BGBl. I S. 2230); Abs. 2 und 7 a aufgeh. mWv 1. 1. 2023 durch G v. 16. 12. 2022 (BGBl. I S. 2328); Abs. 13 Satz 4 angef. mWv 6. 12. 2024 durch JStG 2024 vom 2. 12. 2024 (BGBl. 2024 I Nr. 387).

der Eltern nur das Einkommen aus dem letzten Monat vor Beginn des Bewilligungszeitraums maßgeblich. In diesen Fällen wird abweichend von § 6 a Absatz 3 Satz 1 und Absatz 5 Satz 1 Vermögen nach § 12 des Zweiten Buches Sozialgesetzbuch nicht berücksichtigt. Satz 2 gilt nicht, wenn das Vermögen erheblich ist; es wird vermutet, dass kein erhebliches Vermögen vorhanden ist, wenn die Antragstellerin oder der Antragsteller dies im Antrag erklärt.

(6 a) Abweichend von § 6 a Absatz 3 Satz 1 und Absatz 5 Satz 1 wird für Bewilligungszeiträume, die in der Zeit vom 1. Oktober 2020 bis 31. März 2022 beginnen, Vermögen nach § 12 des Zweiten Buches Sozialgesetzbuch nicht berücksichtigt. Satz 1 gilt nicht, wenn das Vermögen erheblich ist; es wird vermutet, dass kein erhebliches Vermögen vorhanden ist, wenn die Antragstellerin oder der Antragsteller dies im Antrag erklärt. Macht die Bundesregierung von ihrer Verordnungsermächtigung nach § 67 Absatz 5 des Zweiten Buches Sozialgesetzbuch Gebrauch und verlängert den in § 67 Absatz 1 des Zweiten Buches Sozialgesetzbuch genannten Zeitraum, ändert sich das in Satz 1 genannte Datum, bis zu dem die Regelung Anwendung findet, entsprechend.

(7) In Fällen, in denen der Bewilligungszeitraum vor dem 1. April 2020 begonnen hat, kann im April oder Mai 2020 einmalig während des laufenden Bewilligungszeitraums ein Antrag auf Überprüfung gestellt werden. Bei der Überprüfung ist abweichend von § 6 a Absatz 8 Satz 1 als monatlich zu berücksichtigendes Einkommen der Eltern nur das Einkommen aus dem Monat vor dem Überprüfungsantrag zugrunde zu legen. Im Übrigen sind die bereits für den laufenden Bewilligungszeitraum nach Absatz 8 ermittelten tatsächlichen und rechtlichen Verhältnisse zugrunde zu legen. Die Voraussetzung nach § 6 a Absatz 1 Nummer 3, dass bei Bezug des Kinderzuschlags keine Hilfebedürftigkeit besteht, ist nicht anzuwenden. Ergibt die Überprüfung einen höheren Kinderzuschlag, wird für die restlichen Monate des Bewilligungszeitraums Kinderzuschlag in der neuen Höhe bewilligt; anderenfalls ist der Antrag abzulehnen. Ist ein Bewilligungsbescheid für einen Bewilligungszeitraum, der vor dem 1. April 2020 beginnt, noch nicht ergangen, gelten die Sätze 1 bis 5 entsprechend. In den Fällen nach den Sätzen 1 bis 6 ist die Verlängerungsregelung nach Absatz 5 nicht anzuwenden.

(8) § 1 Absatz 2 Satz 3 und § 2 Absatz 2 und 3 in der Fassung des Artikels 3 des Gesetzes vom 19. Juli 2006 (BGBl. I S. 1652) ist für Kinder, die im Kalenderjahr 2006 das 24. Lebensjahr vollendeten, mit der Maßgabe anzuwenden, dass jeweils an die Stelle der Angabe „25. Lebensjahres" die Angabe „26. Lebensjahres" und an die Stelle der Angabe „25. Lebensjahr" die Angabe „26. Lebensjahr" tritt; für Kinder, die im Kalenderjahr 2006 das 25. oder 26. Lebensjahr vollendeten, sind § 1 Absatz 2 Satz 3 und § 2 Absatz 2 und 3 weiterhin in der bis zum 31. Dezember 2006 geltenden Fassung anzuwenden. § 1 Absatz 2 Satz 3 und § 2 Absatz 2 und 3 in der Fassung des Artikels 3 des Gesetzes vom 19. Juli 2006 (BGBl. I S. 1652) sind erstmals für Kinder anzuwenden, die im Kalenderjahr 2007 wegen einer vor Vollendung des 25. Lebensjahres eingetretenen körperlichen, geistigen oder seelischen Behinderung außerstande sind, sich selbst zu unterhalten; für Kinder, die wegen einer vor dem 1. Januar 2007 in der Zeit ab der Vollendung des 25. Lebensjahres und vor Vollendung des 27. Lebensjahres eingetretenen körperlichen, geistigen oder seelischen Behinderung außerstande sind, sich selbst zu unterhalten, ist § 2 Absatz 2 Satz 1 Nummer 3 weiterhin in der bis zum 31. Dezember 2006 geltenden Fassung anzuwenden. § 2 Absatz 3 Satz 1 in der Fassung des Artikels 3 des Gesetzes vom 19. Juli 2006 (BGBl. I S. 1652) ist für Kinder, die im Kalenderjahr 2006 das 24. Lebensjahr vollendeten, mit der Maßgabe anzuwenden, dass an die Stelle der Angabe „über das 21. oder 25. Lebensjahr hinaus" die Angabe „über das 21. oder 26. Lebensjahr hinaus" tritt; für Kinder, die im Kalenderjahr 2006 das 25., 26. oder 27. Lebensjahr vollendeten, ist § 2 Absatz 3 Satz 1 weiterhin in der bis zum 31. Dezember 2006 geltenden Fassung anzuwenden.

(9) § 2 Absatz 2 Satz 1 Nummer 2 Buchstabe d in der am 31. Juli 2014 geltenden Fassung ist auf Freiwilligendienste im Sinne der Verordnung (EU) Nr. 1288/2013 des Europäischen Parlaments und des Rates vom 11. Dezember 2013 zur Einrichtung von „Erasmus+", dem Programm der Union für allgemeine und berufliche Bildung, Jugend und Sport, und zur Aufhebung der Beschlüsse Nr. 1719/2006/EG, Nr. 1720/2006/EG und Nr. 1298/2008/EG (ABl. L 347 vom 20.12.2013, S. 50), die ab dem 1. Januar 2014 begonnen wurden, ab dem 1. Januar 2014 anzuwenden.

(9 a) § 2 Absatz 2 in der Fassung des Artikels 13 des Gesetzes vom 16. Juli 2009 (BGBl. I S. 1959) ist ab dem 1. Januar 2010 anzuwenden.

(10) § 2 Absatz 2 Satz 4 in der Fassung des Artikels 2 Absatz 8 des Gesetzes vom 16. Mai 2008 (BGBl. I S. 842) ist erstmals ab dem 1. Januar 2009 anzuwenden.

(11) § 2 Absatz 3 ist letztmals bis zum 31. Dezember 2018 anzuwenden; Voraussetzung ist in diesen Fällen, dass das Kind den Dienst oder die Tätigkeit vor dem 1. Juli 2011 angetreten hat.

(12) § 6 Absatz 3 in der am 1. Januar 2018 geltenden Fassung ist auf Anträge anzuwenden, die nach dem 31. Dezember 2017 eingehen.

(13) § 1 Absatz 3 Satz 1 Nummer 1 bis 4 in der Fassung des Artikels 34 des Gesetzes vom 12. Dezember 2019 (BGBl. I S. 2451) ist für Entscheidungen anzuwenden, die Zeiträume betreffen, die nach dem letzten Tag des sechsten auf die Verkündung des Fachkräfteeinwanderungsgesetzes folgenden Kalendermonats beginnen. § 1 Absatz 3 Satz 1 Nummer 5 in der Fassung des Artikels 34 des Gesetzes vom 12. Dezember 2019 (BGBl. I S. 2451) ist für Entscheidungen anzuwenden, die Zeiträume betreffen, die nach dem 31. Dezember 2019 beginnen. § 1 Absatz 3 Nummer 2 Buchstabe c in der Fassung des Artikels 5 Nummer 1 des Gesetzes vom 23. Mai 2022 (BGBl. I S. 760) ist für Entscheidungen anzuwenden, die Zeiträume betreffen, die nach dem 31. Mai 2022 beginnen. § 1 Absatz 3 Satz 1 Nummer 2 in der Fassung des Artikels 42 des Gesetzes vom 2. Dezember 2024 (BGBl. 2024 I Nr. 387) ist für Entscheidungen anzuwenden, die Zeiträume betreffen, die nach dem 31. Mai 2024 beginnen.

§ 21 Sondervorschrift zur Steuerfreistellung des Existenzminimums eines Kindes in den Veranlagungszeiträumen 1983 bis 1995 durch Kindergeld

In Fällen, in denen die Entscheidung über die Höhe des Kindergeldanspruchs für Monate in dem Zeitraum zwischen dem 1. Januar 1983 und dem 31. Dezember 1995 noch nicht bestandskräftig geworden ist, kommt eine von den §§ 10 und 11 in der jeweils geltenden Fassung abweichende Bewilligung von Kindergeld nur in Betracht, wenn die Einkommensteuer formell bestandskräftig und hinsichtlich der Höhe der Kinderfreibeträge nicht vorläufig festgesetzt sowie das Existenzminimum des Kindes nicht unter der Maßgabe des § 53 des Einkommensteuergesetzes steuerfrei belassen worden ist. Dies ist vom Kindergeldberechtigten durch eine Bescheinigung des zuständigen Finanzamtes nachzuweisen. Nach Vorlage dieser Bescheinigung hat die Familienkasse den vom Finanzamt ermittelten Unterschiedsbetrag zwischen der festgesetzten Einkommensteuer und der Einkommensteuer, die nach § 53 Satz 6 des Einkommensteuergesetzes festzusetzen gewesen wäre, wenn die Voraussetzungen nach § 53 Satz 1 und 2 des Einkommensteuergesetzes vorgelegen hätten, als zusätzliches Kindergeld zu zahlen. 21

§ 22[1] *(aufgehoben)* 22

6. Fünftes Gesetz zur Förderung der Vermögensbildung der Arbeitnehmer (Fünftes Vermögensbildungsgesetz – 5. VermBG)[2]

In der Fassung der Bekanntmachung vom 4. März 1994 (BGBl. I S. 406)[3]

Geändert durch Gesetz vom 21. 7. 1994 (BGBl. I S. 1630), vom 24. 3. 1997 (BGBl. I S. 594), vom 25. 3. 1997 (BGBl. I S. 726), vom 24. 3. 1998 (BGBl. I S. 529), vom 7. 9. 1998 (BGBl. I S. 2647), vom 19. 12. 2000 (BGBl. I S. 1790), vom 26. 6. 2001 (BGBl. I S. 1310), vom 20. 12. 2001 (BGBl. I S. 3794), vom 15. 12. 2003 (BGBl. I S. 2676), vom 23. 12. 2003 (BGBl. I S. 2848), vom 29. 12. 2003 (BGBl. I S. 3076), vom 14. 8. 2006 (BGBl. I S. 1911), vom 16. 7. 2007 (BGBl. I S. 1330), vom 23. 11. 2007 (BGBl. I S. 2631), vom 21. 12. 2007 (BGBl. I S. 3089), vom 29. 7. 2008 (BGBl. I S. 1509), vom 8. 12. 2008 (BGBl. I S. 2373), vom 20. 12. 2008 (BGBl. I S. 2850), vom 7. 3. 2009 (BGBl. I S. 451), vom 16. 7. 2009 (BGBl. I S. 1959), vom 8. 12. 2010 (BGBl. I S. 1768), vom 5. 4. 2011 (BGBl. I S. 554), vom 7. 12. 2011 (BGBl. I S. 2592), vom 26. 6. 2013 (BGBl. I S. 1809), vom 18. 12. 2013 (BGBl. I S. 4318), vom 18. 7. 2016 (BGBl. I S. 1679), vom 20. 11. 2019 (BGBl. I S. 1626), vom 11. 12. 2023 (BGBl. 2023 I Nr. 354), vom 23. 10. 2024 (BGBl. 2024 I Nr. 323) und vom 2. 12. 2024 (BGBl. 2024 I Nr. 387)

§ 1[4] **Persönlicher Geltungsbereich**

(1) Die Vermögensbildung der Arbeitnehmer durch vereinbarte vermögenswirksame Leistungen der Arbeitgeber wird nach den Vorschriften dieses Gesetzes gefördert. 1

(2) Arbeitnehmer im Sinne dieses Gesetzes sind Arbeiter und Angestellte einschließlich der zu ihrer Berufsausbildung Beschäftigten. Als Arbeitnehmer gelten auch die in Heimarbeit Beschäftigten.

(3) Die Vorschriften dieses Gesetzes gelten nicht

1. für vermögenswirksame Leistungen juristischer Personen an Mitglieder des Organs, das zur gesetzlichen Vertretung der juristischen Person berufen ist,
2. für vermögenswirksame Leistungen von Personengesamtheiten an die durch Gesetz, Satzung oder Gesellschaftsvertrag zur Vertretung der Personengesamtheit berufenen Personen.

(4) Für Beamte, Richter, Berufssoldaten und Soldaten auf Zeit gelten die nachstehenden Vorschriften dieses Gesetzes entsprechend.

§ 2[5] **Vermögenswirksame Leistungen, Anlageformen**

(1) Vermögenswirksame Leistungen sind Geldleistungen, die der Arbeitgeber für den Arbeitnehmer anlegt 2

1. als Sparbeiträge des Arbeitnehmers auf Grund eines Sparvertrags über Wertpapiere oder andere Vermögensbeteiligungen (§ 4)
   a)[6] zum Erwerb von Aktien, die vom Arbeitgeber ausgegeben werden oder an einer deutschen Börse zum regulierten Markt zugelassen oder in den Freiverkehr einbezogen sind,
   b)[7] zum Erwerb von Wandelschuldverschreibungen, die vom Arbeitgeber ausgegeben werden oder an einer deutschen Börse zum regulierten Markt zugelassen oder in den Freiverkehr einbezogen sind, sowie von Gewinnschuldverschreibungen, die vom Arbeitgeber ausgegeben werden, zum Erwerb von Namensschuldverschreibungen des Arbeitgebers jedoch nur dann, wenn auf dessen Kosten die Ansprüche des Arbeitnehmers aus der Schuldverschreibung durch ein Kreditinstitut verbürgt oder durch ein Versicherungsunternehmen privatrechtlich gesichert sind und das Kreditinstitut oder Versicherungsunternehmen im Geltungsbereich dieses Gesetzes zum Geschäftsbetrieb befugt ist,

---

[1] § 22 geänd. mWv 1. 7. 2019 und geänd. mWv 1. 1. 2020 durch Gesetz vom 29. 4. 2019 (BGBl. I S. 530); geänd. mit Wirkung vom 1. 1. 2021 durch Gesetz vom 1. 12. 2020 (BGBl. I S. 2616); aufgeh. mWv 1. 6. 2022 durch Gesetz vom 23. 5. 2022 (BGBl. I S. 760).

[2] Zur Anwendung siehe § 17.

[3] Neubekanntmachung in der Fassung der Bekanntmachung vom 19. 2. 1987 (BGBl. I S. 630) in der seit 1. 1. 1994 geltenden Fassung.

[4] § 1 Abs. 4 geändert durch Gesetz vom 25. 3. 1997 (BGBl. I S. 726).

[5] Siehe auch Übergangsregelung in § 17.

[6] § 2 Abs. 1 Nr. 1 Buchst. a geändert durch Gesetz vom 16. 7. 2007 (BGBl. I S. 1330) mit Wirkung ab 1. 11. 2007.

[7] § 2 Abs. 1 Nr. 1 Buchst. b geändert durch Gesetz vom 16. 7. 2007 (BGBl. I S. 1330) mit Wirkung ab 1. 11. 2007.

c)[1] zum Erwerb von Anteilen an OGAW-Sondervermögen sowie an als Sondervermögen aufgelegten offenen Publikums-AIF nach den §§ 218 und 219 des Kapitalanlagegesetzbuchs sowie von Anteilen an offenen EU-Investmentvermögen und offenen ausländischen AIF, die nach dem Kapitalanlagegesetzbuch vertrieben werden dürfen, wenn nach dem Jahresbericht für das vorletzte Geschäftsjahr, das dem Kalenderjahr des Abschlusses des Vertrags im Sinne des § 4 oder des § 5 vorausgeht, der Wert der Aktien in diesem Investmentvermögen 60 Prozent des Werts dieses Investmentvermögens nicht unterschreitet; für neu aufgelegte Investmentvermögen ist für das erste und zweite Geschäftsjahr der erste Jahresbericht oder der erste Halbjahresbericht nach Auflegung des Investmentvermögens maßgebend,

d)[2] *(aufgehoben)*

e)[3] *(aufgehoben)*

f)[4] zum Erwerb von Genußscheinen, die vom Arbeitgeber als Wertpapiere ausgegeben werden oder an einer deutschen Börse zum regulierten Markt zugelassen oder in den Freiverkehr einbezogen sind und von Unternehmen mit Sitz und Geschäftsleitung im Geltungsbereich dieses Gesetzes, die keine Kreditinstitute sind, ausgegeben werden, wenn mit den Genußscheinen das Recht am Gewinn eines Unternehmens verbunden ist und der Arbeitnehmer nicht als Mitunternehmer im Sinne des § 15 Abs. 1 Satz 1 Nr. 2 des Einkommensteuergesetzes anzusehen ist,

g) zur Begründung oder zum Erwerb eines Geschäftsguthabens bei einer Genossenschaft mit Sitz und Geschäftsleitung im Geltungsbereich dieses Gesetzes; ist die Genossenschaft nicht der Arbeitgeber, so setzt die Anlage vermögenswirksamer Leistungen voraus, daß die Genossenschaft entweder ein Kreditinstitut oder eine Bau- oder Wohnungsgenossenschaft im Sinne des § 2 Abs. 1 Nr. 2 des Wohnungsbau-Prämiengesetzes ist, die zum Zeitpunkt der Begründung oder des Erwerbs des Geschäftsguthabens seit mindestens drei Jahren im Genossenschaftsregister ohne wesentliche Änderung ihres Unternehmensgegenstandes eingetragen und nicht aufgelöst ist oder Sitz und Geschäftsleitung in dem in Artikel 3 des Einigungsvertrages genannten Gebiet hat und dort entweder am 1. Juli 1990 als Arbeiterwohnungsbaugenossenschaft, Gemeinnützige Wohnungsbaugenossenschaft oder sonstige Wohnungsbaugenossenschaft bestanden oder einen nicht unwesentlichen Teil von Wohnungen aus dem Bestand einer solchen Bau- oder Wohnungsgenossenschaft erworben hat,

h) zur Übernahme einer Stammeinlage oder zum Erwerb eines Geschäftsanteils an einer Gesellschaft mit beschränkter Haftung mit Sitz und Geschäftsleitung im Geltungsbereich dieses Gesetzes, wenn die Gesellschaft das Unternehmen des Arbeitgebers ist,

i) zur Begründung oder zum Erwerb einer Beteiligung als stiller Gesellschafter im Sinne des § 230 des Handelsgesetzbuchs am Unternehmen des Arbeitgebers mit Sitz und Geschäftsleitung im Geltungsbereich dieses Gesetzes, wenn der Arbeitnehmer nicht als Mitunternehmer im Sinne des § 15 Abs. 1 Nr. 2 des Einkommensteuergesetzes anzusehen ist,

k) zur Begründung oder zum Erwerb einer Darlehensforderung gegen den Arbeitgeber, wenn auf dessen Kosten die Ansprüche des Arbeitnehmers aus dem Darlehensvertrag durch ein Kreditinstitut verbürgt oder durch ein Versicherungsunternehmen privatrechtlich gesichert sind und das Kreditinstitut oder Versicherungsunternehmen im Geltungsbereich dieses Gesetzes zum Geschäftsbetrieb befugt ist,

l) zur Begründung oder zum Erwerb eines Genußrechts am Unternehmen des Arbeitgebers mit Sitz und Geschäftsleitung im Geltungsbereich dieses Gesetzes, wenn damit das Recht am Gewinn dieses Unternehmens verbunden ist, der Arbeitnehmer nicht als Mitunternehmer im Sinne des § 15 Abs. 1 Nr. 2 des Einkommensteuergesetzes anzusehen ist und über das Genußrecht kein Genußschein im Sinne des Buchstaben f ausgegeben wird,

2. als Aufwendungen des Arbeitnehmers auf Grund eines Wertpapier-Kaufvertrags (§ 5),

3. als Aufwendungen des Arbeitnehmers auf Grund eines Beteiligungs-Vertrags (§ 6) oder eines Beteiligungs-Kaufvertrags (§ 7),

4. als Aufwendungen des Arbeitnehmers nach den Vorschriften des Wohnungsbau-Prämiengesetzes;[5] die Voraussetzungen für die Gewährung einer Prämie nach dem Wohnungsbau-Prämiengesetz brauchen nicht vorzuliegen; die Anlage vermögenswirksamer Leistungen als Aufwendungen nach § 2 Abs. 1 Nr. 2 des Wohnungsbau-Prämiengesetzes für den ersten Erwerb von Anteilen an Bau- und Wohnungsgenossenschaften setzt voraus, daß die Voraussetzungen der Nummer 1 Buchstabe g zweiter Halbsatz erfüllt sind,

5.[6] als Aufwendungen des Arbeitnehmers

a) zum Bau, zum Erwerb, zum Ausbau oder zur Erweiterung eines im Inland belegenen Wohngebäudes oder einer im Inland belegenen Eigentumswohnung,

b) zum Erwerb eines Dauerwohnrechts im Sinne des Wohnungseigentumsgesetzes an einer im Inland belegenen Wohnung,

---

[1] § 2 Abs. 1 Nr. 1 Buchst. c neu gefasst durch Gesetz vom 18. 12. 2013 (BGBl. I S. 4318). Zur erstmaligen Anwendung für nach dem 31. 12. 2013 angelegte vermögenswirksame Leistungen siehe § 17 Abs. 15 Satz 1.

[2] § 2 Abs. 1 Nr. 1 Buchst. d aufgehoben durch Gesetz vom 18. 12. 2013 (BGBl. I S. 4318). Zur erstmaligen Anwendung von § 2 Abs. 1 Nr. 1 neue Fassung für vermögenswirksame Leistungen, die nach dem 31. 12. 2013 angelegt werden, siehe § 17 Abs. 15 Satz 1.

[3] § 2 Abs. 1 Nr. 1 Buchst. e aufgehoben durch Gesetz vom 7. 9. 1998 (BGBl. I S. 2647) mit Wirkung ab 1. 1. 1999.

[4] § 2 Abs. 1 Nr. 1 Buchst. f geändert durch Gesetz vom 16. 7. 2007 (BGBl. I S. 1330) mit Wirkung ab 1. 11. 2007. Abs. 1 Nr. 1 Buchst. f Zitat geändert durch Gesetz vom 7. 3. 2009 (BGBl. I S. 451) mit Wirkung ab 1. 4. 2009.

[5] Abgedruckt in Anhang **I 7.**

[6] § 2 Abs. 1 Nr. 5 geändert durch Gesetz vom 7. 12. 2011 (BGBl. I S. 2592). Zur erstmaligen Anwendung für nach dem 31. 12. 2011 angelegte vermögenswirksame Leistungen siehe § 17 Abs. 12.

c) zum Erwerb eines im Inland belegenen Grundstücks zum Zwecke des Wohnungsbaus oder
d) zur Erfüllung von Verpflichtungen, die im Zusammenhang mit den in den Buchstaben a bis c bezeichneten Vorhaben eingegangen sind,

sofern der Anlage nicht ein von einem Dritten vorgefertigtes Konzept zu Grunde liegt, bei dem der Arbeitnehmer vermögenswirksame Leistungen zusammen mit mehr als 15 anderen Arbeitnehmern anlegen kann; die Förderung der Aufwendungen nach den Buchstaben a bis c setzt voraus, daß sie unmittelbar für die dort bezeichneten Vorhaben verwendet werden,

6. als Sparbeiträge des Arbeitnehmers auf Grund eines Sparvertrags (§ 8),
7. als Beiträge des Arbeitnehmers auf Grund eines Kapitalversicherungsvertrags (§ 9),
8. als Aufwendungen des Arbeitnehmers, der nach § 18 Abs. 2 oder 3 die Mitgliedschaft in einer Genossenschaft oder Gesellschaft mit beschränkter Haftung gekündigt hat, zur Erfüllung von Verpflichtungen aus der Mitgliedschaft, die nach dem 31. Dezember 1994 fortbestehen oder entstehen.

(2) Aktien, Wandelschuldverschreibungen, Gewinnschuldverschreibungen oder Genußscheine eines Unternehmens, das im Sinne des § 18 Abs. 1 des Aktiengesetzes als herrschendes Unternehmen mit dem Unternehmen des Arbeitgebers verbunden ist, stehen Aktien, Wandelschuldverschreibungen, Gewinnschuldverschreibungen oder Genußscheinen im Sinne des Absatzes 1 Nr. 1 Buchstabe a, b oder f gleich, die vom Arbeitgeber ausgegeben werden. Ein Geschäftsguthaben bei einer Genossenschaft mit Sitz und Geschäftsleitung im Geltungsbereich dieses Gesetzes, die im Sinne des § 18 Abs. 1 des Aktiengesetzes als herrschendes Unternehmen mit dem Unternehmen des Arbeitgebers verbunden ist, steht einem Geschäftsguthaben im Sinne des Absatzes 1 Nr. 1 Buchstabe g bei einer Genossenschaft, die das Unternehmen des Arbeitgebers ist, gleich. Eine Stammeinlage oder ein Geschäftsanteil an einer Gesellschaft mit beschränkter Haftung mit Sitz und Geschäftsleitung im Geltungsbereich dieses Gesetzes, die im Sinne des § 18 Abs. 1 des Aktiengesetzes als herrschendes Unternehmen mit dem Unternehmen des Arbeitgebers verbunden ist, stehen einer Stammeinlage oder einem Geschäftsanteil im Sinne des Absatzes 1 Nr. 1 Buchstabe h an einer Gesellschaft, die das Unternehmen des Arbeitgebers ist, gleich. Eine Beteiligung als stiller Gesellschafter an einem Unternehmen mit Sitz und Geschäftsleitung im Geltungsbereich dieses Gesetzes, das im Sinne des § 18 Abs. 1 des Aktiengesetzes als herrschendes Unternehmen mit dem Unternehmen des Arbeitgebers verbunden ist oder das auf Grund eines Vertrags mit dem Arbeitgeber an dessen Unternehmen gesellschaftsrechtlich beteiligt ist, steht einer Beteiligung als stiller Gesellschafter im Sinne des Absatzes 1 Nr. 1 Buchstabe i gleich. Eine Darlehensforderung gegen ein Unternehmen mit Sitz und Geschäftsleitung im Geltungsbereich dieses Gesetzes, das im Sinne des § 18 Abs. 1 des Aktiengesetzes als herrschendes Unternehmen mit dem Unternehmen des Arbeitgebers verbunden ist, oder ein Genußrecht an einem solchen Unternehmen stehen einer Darlehensforderung oder einem Genußrecht im Sinne des Absatzes 1 Nr. 1 Buchstabe k oder l gleich.

(3) Die Anlage vermögenswirksamer Leistungen in Gewinnschuldverschreibungen im Sinne des Absatzes 1 Nr. 1 Buchstabe b und des Absatzes 2 Satz 1, in denen neben der gewinnabhängigen Verzinsung eine gewinnunabhängige Mindestverzinsung zugesagt ist, setzt voraus, daß

1.[1] die gewinnunabhängige Mindestverzinsung der Gewinnschuldverschreibung im Regelfall die Hälfte der Gesamtverzinsung nicht überschreitet oder
2. die gewinnunabhängige Mindestverzinsung zum Zeitpunkt der Ausgabe der Gewinnschuldverschreibung die Hälfte der Emissionsrendite festverzinslicher Wertpapiere nicht überschreitet, die in den Monatsberichten der Deutschen Bundesbank für den viertletzten Kalendermonat ausgewiesen wird, der dem Kalendermonat der Ausgabe vorausgeht.

(4) Die Anlage vermögenswirksamer Leistungen in Genußscheinen und Genußrechten im Sinne des Absatzes 1 Nr. 1 Buchstabe f und l und des Absatzes 2 Satz 1 und 5 setzt voraus, daß eine Rückzahlung zum Nennwert nicht zugesagt ist; ist neben dem Recht am Gewinn eine gewinnunabhängige Mindestverzinsung zugesagt, gilt Absatz 3 entsprechend.

(5)[2] Der Anlage vermögenswirksamer Leistungen nach Absatz 1 Nr. 1 Buchstabe f, i bis l, Absatz 2 Satz 1, 4 und 5 sowie Absatz 4 in einer Genossenschaft mit Sitz und Geschäftsleitung im Geltungsbereich dieses Gesetzes stehen § 19 und eine Festsetzung durch Satzung gemäß § 20 des Genossenschaftsgesetzes nicht entgegen.

(5 a)[3] Der Arbeitgeber hat vor der Anlage vermögenswirksamer Leistungen im eigenen Unternehmen in Zusammenarbeit mit dem Arbeitnehmer Vorkehrungen zu treffen, die der Absicherung der angelegten vermögenswirksamen Leistungen bei einer während der Dauer der Sperrfrist eintretenden Zahlungsunfähigkeit des Arbeitgebers dienen. Das Bundesministerium für Arbeit und Sozialordnung berichtet den gesetzgebenden Körperschaften bis zum 30. Juni 2002 über die nach Satz 1 getroffenen Vorkehrungen.

(6)[4] Vermögenswirksame Leistungen sind steuerpflichtige Einnahmen im Sinne des Einkommensteuergesetzes und Einkommen, Verdienst oder Entgelt (Arbeitsentgelt) im Sinne der Sozialversicherung und des Dritten Buches Sozialgesetzbuch. Reicht der nach Abzug der vermögenswirksamen Leistung verbleibende Arbeitslohn zur Deckung der einzubehaltenden Steuern, Sozialversicherungsbeiträge und Beiträge zur Bundesagentur für Arbeit nicht aus, so hat der Arbeitnehmer dem Arbeitgeber den zur Deckung erforderlichen Betrag zu zahlen.

---

[1] § 2 Abs. 3 Nr. 1 neu gef. mWv 1. 1.2025 durch G v. 23. 10.2024 (BGBl. 2024 I Nr. 323).
[2] § 2 Abs. 5 geändert durch Gesetz vom 14. 8. 2006 (BGBl. I S. 1911) mit Wirkung ab 18. 8. 2006.
[3] § 2 Abs. 5 a eingefügt durch Gesetz vom 7. 9. 1998 (BGBl. I S. 2647) mit Wirkung ab 1. 1. 1999.
[4] § 2 Abs. 6 Satz 1 geändert durch Gesetz vom 24. 3. 1997 (BGBl. I S. 594). Abs. 6 Satz 2 geändert durch Gesetz vom 23. 12. 2003 (BGBl. I S. 2848).

(7) Vermögenswirksame Leistungen sind arbeitsrechtlich Bestandteil des Lohns oder Gehalts. Der Anspruch auf die vermögenswirksame Leistung ist nicht übertragbar.

§ 3 Vermögenswirksame Leistungen für Angehörige, Überweisung durch den Arbeitgeber, Kennzeichnungs-, Bestätigungs- und Mitteilungspflichten

3 (1) Vermögenswirksame Leistungen können auch angelegt werden

1.[1] zugunsten des nicht dauernd getrennt lebenden Ehegatten oder Lebenspartners des Arbeitnehmers,
2. zugunsten der in § 32 Abs. 1 des Einkommensteuergesetzes bezeichneten Kinder, die zu Beginn des maßgebenden Kalenderjahrs das 17. Lebensjahr noch nicht vollendet hatten oder die in diesem Kalenderjahr lebend geboren wurden oder
3. zugunsten der Eltern oder eines Elternteils des Arbeitnehmers, wenn der Arbeitnehmer als Kind die Voraussetzungen der Nummer 2 erfüllt.

Dies gilt nicht für die Anlage vermögenswirksamer Leistungen auf Grund von Verträgen nach den §§ 5 bis 7.

(2) Der Arbeitgeber hat die vermögenswirksamen Leistungen für den Arbeitnehmer unmittelbar an das Unternehmen oder Institut zu überweisen, bei dem sie angelegt werden sollen. Er hat dabei gegenüber dem Unternehmen oder Institut die vermögenswirksamen Leistungen zu kennzeichnen. Das Unternehmen oder Institut hat die nach § 2 Abs. 1 Nr. 1 bis 5, Abs. 2 bis 4 angelegten vermögenswirksamen Leistungen und die Art ihrer Anlage zu kennzeichnen. Kann eine vermögenswirksame Leistung nicht oder nicht mehr die Voraussetzungen des § 2 Abs. 1 bis 4 erfüllen, so hat das Unternehmen oder Institut dies dem Arbeitgeber unverzüglich schriftlich mitzuteilen. Die Sätze 1 bis 4 gelten nicht für die Anlage vermögenswirksamer Leistungen auf Grund von Verträgen nach den §§ 5, 6 Abs. 1 und § 7 Abs. 1 mit dem Arbeitgeber.

(3) Für eine vom Arbeitnehmer gewählte Anlage nach § 2 Abs. 1 Nr. 5 hat der Arbeitgeber auf Verlangen des Arbeitnehmers die vermögenswirksamen Leistungen an den Arbeitnehmer zu überweisen, wenn dieser dem Arbeitgeber eine schriftliche Bestätigung seines Gläubigers vorgelegt hat, daß die Anlage bei ihm die Voraussetzungen des § 2 Abs. 1 Nr. 5 erfüllt; Absatz 2 gilt in diesem Falle nicht. Der Arbeitgeber hat die Richtigkeit der Bestätigung nicht zu prüfen.

§ 4[2] Sparvertrag über Wertpapiere oder andere Vermögensbeteiligungen

4 (1)[3] Ein Sparvertrag über Wertpapiere oder andere Vermögensbeteiligungen im Sinne des § 2 Abs. 1 Nr. 1 ist ein Sparvertrag mit einem Kreditinstitut oder einer Kapitalverwaltungsgesellschaft, in dem sich der Arbeitnehmer verpflichtet, als Sparbeiträge zum Erwerb von Wertpapieren im Sinne des § 2 Abs. 1 Nr. 1 Buchstabe a bis f, Abs. 2 Satz 1, Abs. 3 und 4 oder zur Begründung oder zum Erwerb von Rechten im Sinne des § 2 Abs. 1 Nr. 1 Buchstabe g bis l, Abs. 2 Satz 2 bis 5 und Abs. 4 einmalig oder für die Dauer von sechs Jahren seit Vertragsabschluß laufend vermögenswirksame Leistungen einzahlen zu lassen oder andere Beträge einzuzahlen.

(2)[4] Die Förderung der auf Grund eines Vertrags nach Absatz 1 angelegten vermögenswirksamen Leistungen setzt voraus, daß

1. die Leistungen eines Kalenderjahrs, vorbehaltlich des Absatzes 3, spätestens bis zum Ablauf des folgenden Kalenderjahrs zum Erwerb der Wertpapiere oder zur Begründung oder zum Erwerb der Rechte verwendet und bis zur Verwendung festgelegt werden und
2. die mit den Leistungen erworbenen Wertpapiere unverzüglich nach ihrem Erwerb bis zum Ablauf einer Frist von sieben Jahren (Sperrfrist) festgelegt werden und über die Wertpapiere oder die mit den Leistungen begründeten oder erworbenen Rechte bis zum Ablauf der Sperrfrist nicht durch Rückzahlung, Abtretung, Beleihung oder in anderer Weise verfügt wird.

Die Sperrfrist gilt für alle auf Grund des Vertrags angelegten vermögenswirksamen Leistungen und beginnt am 1. Januar des Kalenderjahrs, in dem der Vertrag abgeschlossen worden ist. Als Zeitpunkt des Vertragsabschlusses gilt der Tag, an dem die vermögenswirksame Leistung, bei Verträgen über laufende Einzahlungen die erste vermögenswirksame Leistung, beim Kreditinstitut oder bei der Kapitalverwaltungsgesellschaft eingeht.

(3)[5] Vermögenswirksame Leistungen, die nicht bis zum Ablauf der Frist nach Absatz 2 Nr. 1 verwendet worden sind, gelten als rechtzeitig verwendet, wenn sie am Ende eines Kalenderjahrs insgesamt 150 Euro nicht übersteigen und bis zum Ablauf der Sperrfrist nach Absatz 2 verwendet oder festgelegt werden.

(4)[6] Eine vorzeitige Verfügung ist abweichend von Absatz 2 unschädlich, wenn

1.[7] der Arbeitnehmer oder sein von ihm nicht dauernd getrennt lebender Ehegatte oder Lebenspartner nach Vertragsabschluß gestorben oder völlig erwerbsunfähig geworden ist,

---

[1] § 3 Abs. 1 Satz 1 Nr. 1 geändert durch Gesetz vom 26. 6. 2013 (BGBl. I S. 1809). Zur erstmaligen Anwendung für nach dem 31. 12. 2012 angelegte vermögenswirksame Leistungen siehe § 17 Abs. 13 Satz 1.

[2] Siehe auch Übergangsregelung in § 17.

[3] § 4 Abs. 1 geändert durch Gesetz vom 21. 12. 2007 (BGBl. I S. 3089) mit Wirkung ab 28. 12. 2007. § 4 Abs. 1 geändert durch Gesetz vom 18. 12. 2013 (BGBl. I S. 4318) mit Wirkung ab 24. 12. 2013.

[4] § 4 Abs. 2 Satz 3 geändert durch Gesetz vom 21. 12. 2007 (BGBl. I S. 3089) mit Wirkung ab 28. 12. 2007. § 4 Abs. 2 geändert durch Gesetz vom 18. 12. 2013 (BGBl. I S. 4318) mit Wirkung ab 24. 12. 2013.

[5] Euro-Beträge eingefügt durch Gesetz vom 19. 12. 2000 (BGBl. I S. 1790).

[6] Siehe auch Übergangsregelung in § 17.

[7] § 4 Abs. 4 Nr. 1 geändert durch Gesetz vom 26. 6. 2013 (BGBl. I S. 1809). Zur erstmaligen Anwendung bei Verfügungen nach dem 31. 12. 2012 siehe § 17 Abs. 13 Satz 2.

2.[1] der Arbeitnehmer nach Vertragsabschluß, aber vor der vorzeitigen Verfügung geheiratet oder eine Lebenspartnerschaft begründet hat und im Zeitpunkt der vorzeitigen Verfügung mindestens zwei Jahre seit Beginn der Sperrfrist vergangen sind,

3. der Arbeitnehmer nach Vertragsabschluß arbeitslos geworden ist und die Arbeitslosigkeit mindestens ein Jahr lang ununterbrochen bestanden hat und im Zeitpunkt der vorzeitigen Verfügung noch besteht,

4.[2] der Arbeitnehmer den Erlös innerhalb der folgenden drei Monate unmittelbar für die eigene Weiterbildung oder für die seines von ihm nicht dauernd getrennt lebenden Ehegatten oder Lebenspartners einsetzt und die Maßnahme außerhalb des Betriebes, dem er oder der Ehegatte oder der Lebenspartner angehört, durchgeführt wird und Kenntnisse und Fertigkeiten vermittelt werden, die dem beruflichen Fortkommen dienen und über arbeitsplatzbezogene Anpassungsfortbildungen hinausgehen; für vermögenswirksame Leistungen, die der Arbeitgeber für den Arbeitnehmer nach § 2 Absatz 1 Nummer 1 Buchstabe a, b, f bis l angelegt hat und die Rechte am Unternehmen des Arbeitgebers begründen, gilt dies nur bei Zustimmung des Arbeitgebers; bei nach § 2 Abs. 2 gleichgestellten Anlagen gilt dies nur bei Zustimmung des Unternehmens, das im Sinne des § 18 Abs. 1 des Aktiengesetzes als herrschendes Unternehmen mit dem Unternehmen des Arbeitgebers verbunden ist,

5. der Arbeitnehmer nach Vertragsabschluß unter Aufgabe der nichtselbständigen Arbeit eine Erwerbstätigkeit, die nach § 138 Abs. 1 der Abgabenordnung der Gemeinde mitzuteilen ist, aufgenommen hat oder

6. festgelegte Wertpapiere veräußert werden und der Erlös bis zum Ablauf des Kalendermonats, der dem Kalendermonat der Veräußerung folgt, zum Erwerb von in Absatz 1 bezeichneten Wertpapieren wiederverwendet wird; der bis zum Ablauf des der Veräußerung folgenden Kalendermonats nicht wiederverwendete Erlös gilt als rechtzeitig wiederverwendet, wenn er am Ende eines Kalendermonats insgesamt 150 Euro nicht übersteigt.

(5)[3] Unschädlich ist auch, wenn in die Rechte und Pflichten des Kreditinstituts oder der Kapitalanlagegesellschaft aus dem Sparvertrag an seine Stelle ein anderes Kreditinstitut oder eine andere Kapitalverwaltungsgesellschaft während der Laufzeit des Vertrags durch Rechtsgeschäft eintritt.

(6) Werden auf einen Vertrag über laufend einzuzahlende vermögenswirksame Leistungen oder andere Beträge in einem Kalenderjahr, das dem Kalenderjahr des Vertragsabschlusses folgt, weder vermögenswirksame Leistungen noch andere Beträge eingezahlt, so ist der Vertrag unterbrochen und kann nicht fortgeführt werden. Das gleiche gilt, wenn mindestens alle Einzahlungen eines Kalenderjahrs zurückgezahlt oder die Rückzahlungsansprüche aus dem Vertrag abgetreten oder beliehen werden.

§ 5 Wertpapier-Kaufvertrag

(1) Ein Wertpapier-Kaufvertrag im Sinne des § 2 Abs. 1 Nr. 2 ist ein Kaufvertrag zwischen dem Arbeitnehmer und dem Arbeitgeber zum Erwerb von Wertpapieren im Sinne des § 2 Abs. 1 Nr. 1 Buchstabe a bis f, Abs. 2 Satz 1, Abs. 3 und 4 durch den Arbeitnehmer mit der Vereinbarung, den vom Arbeitnehmer geschuldeten Kaufpreis mit vermögenswirksamen Leistungen zu verrechnen oder mit anderen Beträgen zu zahlen. 5

(2) Die Förderung der auf Grund eines Vertrags nach Absatz 1 angelegten vermögenswirksamen Leistungen setzt voraus, daß

1. mit den Leistungen eines Kalenderjahrs spätestens bis zum Ablauf des folgenden Kalenderjahrs die Wertpapiere erworben werden und

2. die mit den Leistungen erworbenen Wertpapiere unverzüglich nach ihrem Erwerb bis zum Ablauf einer Frist von sechs Jahren (Sperrfrist) festgelegt werden und über die Wertpapiere bis zum Ablauf der Sperrfrist nicht durch Rückzahlung, Abtretung, Beleihung oder in anderer Weise verfügt wird; die Sperrfrist beginnt am 1. Januar des Kalenderjahrs, in dem das Wertpapier erworben worden ist; § 4 Abs. 4 Nr. 1 bis 5 gilt entsprechend.

§ 6[4] Beteiligungs-Vertrag

(1) Ein Beteiligungs-Vertrag im Sinne des § 2 Abs. 1 Nr. 3 ist ein Vertrag zwischen dem Arbeitnehmer und dem Arbeitgeber über die Begründung von Rechten im Sinne des § 2 Abs. 1 Nr. 1 Buchstabe g bis l und Abs. 4 für den Arbeitnehmer am Unternehmen des Arbeitgebers mit der Vereinbarung, die vom Arbeitnehmer für die Begründung geschuldete Geldsumme mit vermögenswirksamen Leistungen zu verrechnen oder mit anderen Beträgen zu zahlen. 6

(2) Ein Beteiligungs-Vertrag im Sinne des § 2 Abs. 1 Nr. 3 ist auch ein Vertrag zwischen dem Arbeitnehmer und

---

[1] § 4 Abs. 4 Nr. 2 geändert durch Gesetz vom 26. 6. 2013 (BGBl. I S. 1809). Zur erstmaligen Anwendung bei Verfügungen nach dem 31. 12. 2012 siehe § 17 Abs. 13 Satz 2.

[2] § 4 Abs. 4 Nr. 4 eingefügt durch Gesetz vom 8. 12. 2008 (BGBl. I S. 2373). Zur erstmaligen Anwendung bei Verfügungen nach dem 31. 12. 2008 siehe § 17 Abs. 9. Abs. 4 Nr. 4 zweiter Halbs. Zitat geändert durch Gesetz vom 7. 3. 2009 (BGBl. I S. 451). Abs. 4 Nr. 4 geändert durch Gesetz vom 26. 6. 2013 (BGBl. I S. 1809). Zur erstmaligen Anwendung bei Verfügungen nach dem 31. 12. 2012 siehe § 17 Abs. 13 Satz 2. § 4 Abs. 4 Nr. 4 HS 2 geändert durch Gesetz vom 18. 12. 2013 (BGBl. I S. 4318). Zur erstmaligen Anwendung bei Verfügungen nach dem 31. 12. 2013 siehe § 17 Abs. 15 Satz 2.

[3] § 4 Abs. 5 geändert durch Gesetz vom 21. 12. 2007 (BGBl. I S. 3089) mit Wirkung ab 28. 12. 2007 und durch Gesetz vom 18. 12. 2013 (BGBl. I S. 4318) mit Wirkung ab 24. 12. 2013.

[4] Siehe auch Übergangsregelung in § 17.

1. einem Unternehmen, das nach § 2 Abs. 2 Satz 2 bis 5 mit dem Unternehmen des Arbeitgebers verbunden oder nach § 2 Abs. 2 Satz 4 an diesem Unternehmen beteiligt ist, über die Begründung von Rechten im Sinne des § 2 Abs. 1 Nr. 1 Buchstabe g bis l, Abs. 2 Satz 2 bis 5 und Abs. 4 für den Arbeitnehmer an diesem Unternehmen oder
2. einer Genossenschaft mit Sitz und Geschäftsleitung im Geltungsbereich dieses Gesetzes, die ein Kreditinstitut oder eine Bau- oder Wohnungsgenossenschaft ist, die die Voraussetzungen des § 2 Abs. 1 Nr. 1 Buchstabe g zweiter Halbsatz erfüllt, über die Begründung eines Geschäftsguthabens für den Arbeitnehmer bei dieser Genossenschaft

mit der Vereinbarung, die vom Arbeitnehmer für die Begründung der Rechte oder des Geschäftsguthabens geschuldete Geldsumme mit vermögenswirksamen Leistungen zahlen zu lassen oder mit anderen Beträgen zu zahlen.

(3) Die Förderung der auf Grund eines Vertrags nach Absatz 1 oder 2 angelegten vermögenswirksamen Leistungen setzt voraus, daß

1. mit den Leistungen eines Kalenderjahrs spätestens bis zum Ablauf des folgenden Kalenderjahrs die Rechte begründet werden und
2. über die mit den Leistungen begründeten Rechte bis zum Ablauf einer Frist von sechs Jahren (Sperrfrist) nicht durch Rückzahlung, Abtretung, Beleihung oder in anderer Weise verfügt wird; die Sperrfrist beginnt am 1. Januar des Kalenderjahrs, in dem das Recht begründet worden ist; § 4 Abs. 4 Nr. 1 bis 5 gilt entsprechend.

§ 7[1] Beteiligungs-Kaufvertrag

7 (1) Ein Beteiligungs-Kaufvertrag im Sinne des § 2 Abs. 1 Nr. 3 ist ein Kaufvertrag zwischen dem Arbeitnehmer und dem Arbeitgeber zum Erwerb von Rechten im Sinne des § 2 Abs. 1 Nr. 1 Buchstabe g bis l, Abs. 2 Satz 2 bis 5 und Abs. 4 durch den Arbeitnehmer mit der Vereinbarung, den vom Arbeitnehmer geschuldeten Kaufpreis mit vermögenswirksamen Leistungen zu verrechnen oder mit anderen Beträgen zu zahlen.

(2) Ein Beteiligungs-Kaufvertrag im Sinne des § 2 Abs. 1 Nr. 3 ist auch ein Kaufvertrag zwischen dem Arbeitnehmer und einer Gesellschaft mit beschränkter Haftung, die nach § 2 Abs. 2 Satz 3 mit dem Unternehmen des Arbeitgebers verbunden ist, zum Erwerb eines Geschäftsanteils im Sinne des § 2 Abs. 1 Nr. 1 Buchstabe h an dieser Gesellschaft durch den Arbeitnehmer mit der Vereinbarung, den vom Arbeitnehmer geschuldeten Kaufpreis mit vermögenswirksamen Leistungen zahlen zu lassen oder mit anderen Beträgen zu zahlen.

(3) Für die Förderung der auf Grund eines Vertrags nach Absatz 1 oder 2 angelegten vermögenswirksamen Leistungen gilt § 6 Abs. 3 entsprechend.

§ 8 Sparvertrag

8 (1) Ein Sparvertrag im Sinne des § 2 Abs. 1 Nr. 6 ist ein Sparvertrag zwischen dem Arbeitnehmer und einem Kreditinstitut, in dem die in den Absätzen 2 bis 5 bezeichneten Vereinbarungen, mindestens aber die in den Absätzen 2 und 3 bezeichneten Vereinbarungen, getroffen sind.

(2) Der Arbeitnehmer ist verpflichtet,

1. einmalig oder für die Dauer von sechs Jahren seit Vertragsabschluß laufend, mindestens aber einmal im Kalenderjahr, als Sparbeiträge vermögenswirksame Leistungen einzahlen zu lassen oder andere Beträge einzuzahlen und
2. bis zum Ablauf einer Frist von sieben Jahren (Sperrfrist) die eingezahlten vermögenswirksamen Leistungen bei dem Kreditinstitut festzulegen und die Rückzahlungsansprüche aus dem Vertrag weder abzutreten noch zu beleihen.

Der Zeitpunkt des Vertragsabschlusses und der Beginn der Sperrfrist bestimmen sich nach den Regelungen des § 4 Abs. 2 Satz 2 und 3.

(3) Der Arbeitnehmer ist abweichend von der in Absatz 2 Satz 1 Nr. 2 bezeichneten Vereinbarung zu vorzeitiger Verfügung berechtigt, wenn eine der in § 4 Abs. 4 Nr. 1 bis 5 bezeichneten Voraussetzungen erfüllt ist.

(4) Der Arbeitnehmer ist abweichend von der in Absatz 2 Satz 1 Nr. 2 bezeichneten Vereinbarung auch berechtigt, vor Ablauf der Sperrfrist mit eingezahlten vermögenswirksamen Leistungen zu erwerben

1. Wertpapiere im Sinne des § 2 Abs. 1 Nr. 1 Buchstabe a bis f, Abs. 2 Satz 1, Abs. 3 und 4,
2. Schuldverschreibungen, die vom Bund, von den Ländern, von den Gemeinden, von anderen Körperschaften des öffentlichen Rechts, vom Arbeitgeber, von einem im Sinne des § 18 Abs. 1 des Aktiengesetzes als herrschendes Unternehmen mit dem Unternehmen des Arbeitgebers verbundenen Unternehmen oder von einem Kreditinstitut mit Sitz und Geschäftsleitung im Geltungsbereich dieses Gesetzes ausgegeben werden, Namensschuldverschreibungen des Arbeitgebers jedoch nur dann, wenn auf dessen Kosten die Ansprüche des Arbeitnehmers aus der Schuldverschreibung durch ein Kreditinstitut verbürgt oder durch ein Versicherungsunternehmen privatrechtlich gesichert sind und das Kreditinstitut oder Versicherungsunternehmen im Geltungsbereich dieses Gesetzes zum Geschäftsbetrieb befugt ist,
3. Genußscheine, die von einem Kreditinstitut mit Sitz und Geschäftsleitung im Geltungsbereich dieses Gesetzes, das nicht der Arbeitgeber ist, als Wertpapiere ausgegeben werden, wenn mit den Genuß-

[1] Siehe auch Übergangsregelung in § 17.

scheinen das Recht am Gewinn des Kreditinstituts verbunden ist, der Arbeitnehmer nicht als Mitunternehmer im Sinne des § 15 Abs. 1 Nr. 2 des Einkommensteuergesetzes anzusehen ist und die Voraussetzungen des § 2 Abs. 4 erfüllt sind,

4. Anleiheforderungen, die in ein Schuldbuch des Bundes oder eines Landes eingetragen werden,

5.[1] Anteile an einem Sondervermögen, die von Kapitalverwaltungsgesellschaften im Sinne des Kapitalanlagegesetzbuchs ausgegeben werden und nicht unter § 2 Abs. 1 Nr. 1 Buchstabe c fallen, oder

6.[2] Anteile an offenen EU-Investmentvermögen und ausländischen AIF, die nach dem Kapitalanlagegesetzbuch vertrieben werden dürfen.

Der Arbeitnehmer ist verpflichtet, bis zum Ablauf der Sperrfrist die nach Satz 1 erworbenen Wertpapiere bei dem Kreditinstitut, mit dem der Sparvertrag abgeschlossen ist, festzulegen und über die Wertpapiere nicht zu verfügen; diese Verpflichtung besteht nicht, wenn eine der in § 4 Abs. 4 Nr. 1 bis 5 bezeichneten Voraussetzungen erfüllt ist.

(5)[3] Der Arbeitnehmer ist abweichend von der in Absatz 2 Satz 1 Nummer 2 bezeichneten Vereinbarung auch berechtigt, vor Ablauf der Sperrfrist die Überweisung eingezahlter vermögenswirksamer Leistungen auf einen von ihm oder seinem nicht dauernd getrennt lebenden Ehegatten oder Lebenspartner abgeschlossenen Bausparvertrag zu verlangen, wenn weder mit der Auszahlung der Bausparsumme begonnen worden ist noch die überwiesenen Beträge vor Ablauf der Sperrfrist ganz oder zum Teil zurückgezahlt, noch Ansprüche aus dem Bausparvertrag abgetreten oder beliehen werden oder wenn eine solche vorzeitige Verfügung nach § 2 Absatz 3 Satz 2 Nummer 1 und 2 des Wohnungsbau-Prämiengesetzes in der Fassung der Bekanntmachung vom 30. Oktober 1997 (BGBl. I S. 2678), das zuletzt durch Artikel 7 des Gesetzes vom 5. April 2011 (BGBl. I S. 554) geändert worden ist, in der jeweils geltenden Fassung unschädlich ist. Satz 1 gilt für vor dem 1. Januar 2009 und nach dem 31. Dezember 2008 abgeschlossene Bausparverträge.

§ 9 Kapitalversicherungsvertrag

(1) Ein Kapitalversicherungsvertrag im Sinne des § 2 Abs. 1 Nr. 7 ist ein Vertrag über eine Kapitalversicherung auf den Erlebens- und Todesfall gegen laufenden Beitrag, der für die Dauer von mindestens zwölf Jahren und mit den in den Absätzen 2 bis 5 bezeichneten Vereinbarungen zwischen dem Arbeitnehmer und einem Versicherungsunternehmen abgeschlossen ist, das im Geltungsbereich dieses Gesetzes zum Geschäftsbetrieb befugt ist. 9

(2) Der Arbeitnehmer ist verpflichtet, als Versicherungsbeiträge vermögenswirksame Leistungen einzahlen zu lassen oder andere Beträge einzuzahlen.

(3) Die Versicherungsbeiträge enthalten keine Anteile für Zusatzleistungen wie für Unfall, Invalidität oder Krankheit.

(4)[4] Der Versicherungsvertrag sieht vor, daß bereits ab Vertragsbeginn ein nicht kürzbarer Anteil von mindestens 50 Prozent des gezahlten Beitrags als Rückkaufswert (§ 169 des Versicherungsvertragsgesetzes) erstattet oder der Berechnung der prämienfreien Versicherungsleistung (§ 165 des Versicherungsvertragsgesetzes) zugrunde gelegt wird.

(5) Die Gewinnanteile werden verwendet

1. zur Erhöhung der Versicherungsleistung oder
2. auf Verlangen des Arbeitnehmers zur Verrechnung mit fälligen Beiträgen, wenn er nach Vertragsabschluß arbeitslos geworden ist und die Arbeitslosigkeit mindestens ein Jahr lang ununterbrochen bestanden hat und im Zeitpunkt der Verrechnung noch besteht.

§ 10 Vereinbarung zusätzlicher vermögenswirksamer Leistungen

(1) Vermögenswirksame Leistungen können in Verträgen mit Arbeitnehmern, in Betriebsvereinbarungen, in Tarifverträgen oder in bindenden Festsetzungen (§ 19 des Heimarbeitsgesetzes) vereinbart werden. 10

(2) bis (4) *(aufgehoben)*[5]

(5)[6] Der Arbeitgeber kann auf tarifvertraglich vereinbarte vermögenswirksame Leistungen die betrieblichen Sozialleistungen anrechnen, die dem Arbeitnehmer in dem Kalenderjahr bisher schon als vermögenswirksame Leistungen erbracht worden sind.

§ 11 Vermögenswirksame Anlage von Teilen des Arbeitslohns

(1) Der Arbeitgeber hat auf schriftliches Verlangen des Arbeitnehmers einen Vertrag über die vermögenswirksame Anlage von Teilen des Arbeitslohns abzuschließen. 11

---

[1] § 8 Abs. 4 Satz 1 Nr. 5 geändert durch Gesetz vom 15. 12. 2003 (BGBl. I S. 2676) mit Wirkung ab 1. 1. 2004. § 8 Abs. 4 Satz 1 Nr. 5 geändert durch Gesetz vom 18. 12. 2013 (BGBl. I S. 4318) mit Wirkung ab 24. 12. 2013.

[2] § 8 Abs. 4 Satz 1 Nr. 6 geändert durch Gesetz vom 15. 12. 2003 (BGBl. I S. 2676) mit Wirkung ab 1. 1. 2004. § 8 Abs. 4 Satz 1 Nr. 6 neu gefasst durch Gesetz vom 18. 12. 2013 (BGBl. I S. 4318) mit Wirkung ab 24. 12. 2013.

[3] § 8 Abs. 5 neu gefasst durch EigRentG vom 29. 7. 2008 (BGBl. I S. 1509). Zur erstmaligen Anwendung für nach dem 31. 12. 2008 angelegte vermögenswirksame Leistungen siehe § 17 Abs. 8. § 8 Abs. 5 geändert durch Gesetz vom 26. 6. 2013 (BGBl. I S. 1809). Zur erstmaligen Anwendung von Abs. 5 Satz 1 bei Verfügungen nach dem 31. 12. 2012 siehe § 17 Abs. 13 Satz 2.

[4] § 9 Abs. 4 neu gefasst durch Gesetz vom 21. 7. 1994 (BGBl. I S. 1630) mit Wirkung ab 1. 1. 1994. Abs. 4 Zitate geändert durch Gesetz vom 23. 11. 2007 (BGBl. I S. 2631) mit Wirkung ab 1. 1. 2008. Abs. 4 geändert durch Gesetz vom 16. 7. 2009 (BGBl. I S. 451) mit Wirkung ab 1. 4. 2009.

[5] § 10 Abs. 2 bis 4 aufgehoben durch Gesetz vom 26. 6. 2001 (BGBl. I S. 1310) mit Wirkung ab 1. 1. 2002.

[6] § 10 Abs. 5 Satz 2 aufgehoben durch Gesetz vom 26. 6. 2001 (BGBl. I S. 1310) mit Wirkung ab 1. 1. 2002.

(2) Auch vermögenswirksam angelegte Teile des Arbeitslohns sind vermögenswirksame Leistungen im Sinne dieses Gesetzes.

(3)[1] Zum Abschluß eines Vertrags nach Absatz 1, wonach die Lohnteile nicht zusammen mit anderen vermögenswirksamen Leistungen für den Arbeitnehmer angelegt und überwiesen werden sollen, ist der Arbeitgeber nur dann verpflichtet, wenn der Arbeitnehmer die Anlage von Teilen des Arbeitslohns in monatlichen der Höhe nach gleichbleibenden Beträgen von mindestens 13 Euro oder in vierteljährlichen der Höhe nach gleichbleibenden Beträgen von mindestens 39 Euro oder nur einmal im Kalenderjahr in Höhe eines Betrags von mindestens 39 Euro verlangt. Der Arbeitnehmer kann bei der Anlage in monatlichen Beträgen während des Kalenderjahrs die Art der vermögenswirksamen Anlage und das Unternehmen oder Institut, bei dem sie erfolgen soll, nur mit Zustimmung des Arbeitgebers wechseln.

(4) Der Arbeitgeber kann einen Termin im Kalenderjahr bestimmen, zu dem die Arbeitnehmer des Betriebs oder Betriebsteils die einmalige Anlage von Teilen des Arbeitslohns nach Absatz 3 verlangen können. Die Bestimmung dieses Termins unterliegt der Mitbestimmung des Betriebsrats oder der zuständigen Personalvertretung; das für die Mitbestimmung in sozialen Angelegenheiten vorgeschriebene Verfahren ist einzuhalten. Der nach Satz 1 bestimmte Termin ist den Arbeitnehmern in jedem Kalenderjahr erneut in geeigneter Form bekanntzugeben. Zu einem anderen als dem nach Satz 1 bestimmten Termin kann der Arbeitnehmer eine einmalige Anlage nach Absatz 3 nur verlangen

1. von Teilen des Arbeitslohns, den er im letzten Lohnzahlungszeitraum des Kalenderjahrs erzielt, oder
2. von Teilen besonderer Zuwendungen, die im Zusammenhang mit dem Weihnachtsfest oder Jahresende gezahlt werden.

(5) Der Arbeitnehmer kann jeweils einmal im Kalenderjahr von dem Arbeitgeber schriftlich verlangen, daß der Vertrag über die vermögenswirksame Anlage von Teilen des Arbeitslohns aufgehoben, eingeschränkt oder erweitert wird. Im Fall der Aufhebung ist der Arbeitgeber nicht verpflichtet, in demselben Kalenderjahr einen neuen Vertrag über die vermögenswirksame Anlage von Teilen des Arbeitslohns abzuschließen.

(6) In Tarifverträgen oder Betriebsvereinbarungen kann von den Absätzen 3 bis 5 abgewichen werden.

§ 12[2] Freie Wahl der Anlage

12 Vermögenswirksame Leistungen werden nur dann nach den Vorschriften dieses Gesetzes gefördert, wenn der Arbeitnehmer die Art der vermögenswirksamen Anlage und das Unternehmen oder Institut, bei dem sie erfolgen soll, frei wählen kann. Einer Förderung steht jedoch nicht entgegen, daß durch Tarifvertrag die Anlage auf die Formen des § 2 Abs. 1 Nr. 1 bis 5, Abs. 2 bis 4 beschränkt wird. Eine Anlage im Unternehmen des Arbeitgebers nach § 2 Abs. 1 Nr. 1 Buchstabe g bis l und Abs. 4 ist nur mit Zustimmung des Arbeitgebers zulässig.

§ 13 Anspruch auf Arbeitnehmer-Sparzulage

13 (1)[3, 4] Der Arbeitnehmer hat Anspruch auf eine Arbeitnehmer-Sparzulage nach Absatz 2, wenn er gegenüber dem Unternehmen, dem Institut oder dem in § 3 Absatz 3 genannten Gläubiger in die Datenübermittlung nach Maßgabe des § 15 Absatz 1 Satz 2 und 3 eingewilligt hat und sein Einkommen die Grenze von 40 000 Euro oder bei einer Zusammenveranlagung nach § 26 b des Einkommensteuergesetzes von 80 000 Euro nicht übersteigt. Maßgeblich ist das zu versteuernde Einkommen nach § 2 Absatz 5 des Einkommensteuergesetzes in dem Kalenderjahr, in dem die vermögenswirksamen Leistungen angelegt worden sind.

(2)[5, 6] Die Arbeitnehmer-Sparzulage beträgt 20 Prozent der nach § 2 Absatz 1 Nummer 1 bis 3, Absatz 2 bis 4 angelegten vermögenswirksamen Leistungen, soweit sie 400 Euro im Kalenderjahr nicht übersteigen, und 9 Prozent der nach § 2 Absatz 1 Nummer 4 und 5 angelegten vermögenswirksamen Leistungen, soweit sie 470 Euro im Kalenderjahr nicht übersteigen.

---

[1] Euro-Beträge eingefügt durch Gesetz vom 19. 12. 2000 (BGBl. I S. 1790).

[2] § 12 Satz 2 eingefügt durch Gesetz vom 7. 9. 1998 (BGBl. I S. 2647) mit Wirkung ab 1. 1. 1999.

[3] § 13 Abs. 1 Satz 1 neu gefasst und Satz 2 aufgehoben (bish. Satz 3 wird Satz 2) durch Gesetz vom 7. 3. 2009 (BGBl. I S. 451). § 13 Abs. 1 Satz 1 neu gefasst durch Gesetz vom 11.12.2023 (BGBl. 2023 I Nr. 354); zur Anwendung siehe § 17 Abs. 17. § 13 Abs. 1 Satz 2 geändert durch Gesetz vom 8. 12. 2010 (BGBl. I S. 1768). Zur erstmaligen Anwendung für nach dem 31. 12. 2008 angelegte vermögenswirksame Leistungen siehe § 17 Abs. 7 und 11. § 13 Abs. 1 Satz 3 (jetzt Satz 2) Zitat geändert durch Gesetz vom 20. 12. 2001 (BGBl. I S. 3794). § 13 Abs. 1 Satz 1, Abs. 1 Satz 1 Nr. 1 und Nr. 2 geändert durch Gesetz vom 26. 6. 2013 (BGBl. I S. 1809). Zur erstmaligen Anwendung für nach dem 31. 12. 2016 angelegte vermögenswirksame Leistungen siehe § 17 Abs. 14. Satz 1 neu gef. durch Gesetz vom 11. 12. 2023 (BGBl. 2023 I Nr. 354); zur Anwendung siehe § 17 Abs. 17.

[4] Für vermögenswirksame Leistungen, die vor dem 1. 1. 1999 angelegt worden sind, siehe § 17 Abs. 6.

[5] § 13 Abs. 1 Satz 1 neu gefasst und Satz 2 aufgehoben (bish. Satz 3 wird Satz 2) durch Gesetz vom 7. 3. 2009 (BGBl. I S. 451). § 13 Abs. 1 Satz 2 geändert durch Gesetz vom 8. 12. 2010 (BGBl. I S. 1768). Zur erstmaligen Anwendung für nach dem 31. 12. 2008 angelegte vermögenswirksame Leistungen siehe § 17 Abs. 7 und 11. § 13 Abs. 1 Satz 3 (jetzt Satz 2) Zitat geändert durch Gesetz vom 20. 12. 2001 (BGBl. I S. 3794). § 13 Abs. 1 Satz 1, Abs. 1 Satz 1 Nr. 1 und Nr. 2 geändert durch Gesetz vom 26. 6. 2013 (BGBl. I S. 1809). Zur erstmaligen Anwendung für nach dem 31. 12. 2016 angelegte vermögenswirksame Leistungen siehe § 17 Abs. 14.

[6] § 13 Abs. 2 neu gefasst durch Gesetz vom 7. 9. 1998 (BGBl. I S. 2647) mit Wirkung ab 1. 1. 1999. Abs. 2 Satz 1 geändert durch Gesetz vom 19. 12. 2000 (BGBl. I S. 1790) und HBeglG 2004 vom 29. 12. 2003 (BGBl. I S. 3076), Änderung bestätigt durch Gesetz vom 5. 4. 2011 (BGBl. I S. 554). Abs. 2 Satz 1 geändert und Satz 2 aufgehoben durch Gesetz vom 7. 3. 2009 (BGBl. I S. 451). Zur erstmaligen Anwendung für nach dem 31. 12. 2008 angelegte vermögenswirksame Leistungen siehe § 17 Abs. 7.

(3)[1] Die Arbeitnehmer-Sparzulage gilt weder als steuerpflichtige Einnahme im Sinne des Einkommensteuergesetzes noch als Einkommen, Verdienst oder Entgelt (Arbeitsentgelt) im Sinne der Sozialversicherung und des Dritten Buches Sozialgesetzbuch; sie gilt arbeitsrechtlich nicht als Bestandteil des Lohns oder Gehalts. Der Anspruch auf Arbeitnehmer-Sparzulage ist nicht übertragbar.

(4) Der Anspruch auf Arbeitnehmer-Sparzulage entsteht mit Ablauf des Kalenderjahrs, in dem die vermögenswirksamen Leistungen angelegt worden sind.

(5)[2] Der Anspruch auf Arbeitnehmer-Sparzulage entfällt rückwirkend, soweit die in den §§ 4 bis 7 genannten Fristen oder bei einer Anlage nach § 2 Abs. 1 Nr. 4 die in § 2 Abs. 1 Nr. 3 und 4 und Abs. 3 Satz 1 des Wohnungsbau-Prämiengesetzes vorgesehenen Voraussetzungen nicht eingehalten werden. Satz 1 gilt für vor dem 1. Januar 2009 und nach dem 31. Dezember 2008 abgeschlossene Bausparverträge. Der Anspruch entfällt nicht, wenn die Sperrfrist nicht eingehalten wird, weil

1. der Arbeitnehmer das Umtausch- oder Abfindungsangebot eines Wertpapier-Emittenten angenommen hat oder Wertpapiere dem Aussteller nach Auslosung oder Kündigung durch den Aussteller zur Einlösung vorgelegt worden sind,
2. die mit den vermögenswirksamen Leistungen erworbenen oder begründeten Wertpapiere oder Rechte im Sinne des § 2 Abs. 1 Nr. 1, Abs. 2 bis 4 ohne Mitwirkung des Arbeitnehmers wertlos geworden sind oder
3.[3] der Arbeitnehmer über nach § 2 Abs. 1 Nr. 4 angelegte vermögenswirksame Leistungen nach Maßgabe des § 4 Abs. 4 Nr. 4 in Höhe von mindestens 30 Euro verfügt.

§ 14 Festsetzung der Arbeitnehmer-Sparzulage, Anwendung der Abgabenordnung, Verordnungsermächtigung, Rechtsweg

(1) Die Verwaltung der Arbeitnehmer-Sparzulage obliegt den Finanzämtern. Die Arbeitnehmer-Sparzulage wird aus den Einnahmen an Lohnsteuer gezahlt. **14**

(2) Auf die Arbeitnehmer-Sparzulage sind die für Steuervergütungen geltenden Vorschriften der Abgabenordnung entsprechend anzuwenden. Dies gilt nicht für § 163 der Abgabenordnung.

(3) Für die Arbeitnehmer-Sparzulage gelten die Strafvorschriften des § 370 Abs. 1 bis 4, der §§ 371, 375 Abs. 1 und des § 376 sowie die Bußgeldvorschriften der §§ 378, 379 Abs. 1 und 4 und der §§ 383 und 384 der Abgabenordnung entsprechend. Für das Strafverfahren wegen einer Straftat nach Satz 1 sowie der Begünstigung einer Person, die eine solche Tat begangen hat, gelten die §§ 385 bis 408, für das Bußgeldverfahren wegen einer Ordnungswidrigkeit nach Satz 1 die §§ 409 bis 412 der Abgabenordnung entsprechend.

(4)[4] Die Arbeitnehmer-Sparzulage wird auf Antrag durch das für die Besteuerung des Arbeitnehmers nach dem Einkommen zuständige Finanzamt festgesetzt. Der Arbeitnehmer hat den Antrag nach amtlich vorgeschriebenem Vordruck zu stellen. Die Arbeitnehmer-Sparzulage wird fällig

a) mit Ablauf der für die Anlageform vorgeschriebenen Sperrfrist nach diesem Gesetz,
b)[5] mit Ablauf der im Wohnungsbau-Prämiengesetz oder in der Verordnung zur Durchführung des Wohnungsbau-Prämiengesetzes genannten Sperr- und Rückzahlungsfristen. Bei Bausparverträgen gelten die in § 2 Abs. 3 Satz 1 des Wohnungsbau-Prämiengesetzes genannten Sperr- und Rückzahlungsfristen und zwar unabhängig davon, ob der Vertrag vor dem 1. Januar 2009 oder nach dem 31. Dezember 2008 abgeschlossen worden ist,
c) mit Zuteilung des Bausparvertrags oder
d) in den Fällen unschädlicher Verfügung.

(5)[6] Ein Bescheid über die Ablehnung der Festsetzung einer Arbeitnehmer-Sparzulage ist aufzuheben und die Arbeitnehmer-Sparzulage ist nachträglich festzusetzen, wenn der Einkommensteuerbescheid nach Ergehen des Ablehnungsbescheides geändert wird und dadurch erstmals festgestellt wird, dass die Einkommensgrenzen des § 13 Absatz 1 unterschritten sind. Die Frist für die Festsetzung der Arbeitnehmer-Sparzulage endet in diesem Fall nicht vor Ablauf eines Jahres nach Bekanntgabe des geänderten Steuerbescheides. Satz 2 gilt entsprechend, wenn der geänderten Einkommensteuerfestsetzung kein Bescheid über die Ablehnung der Festsetzung einer Arbeitnehmer-Sparzulage vorangegangen ist.

(6)[7] Besteht für Aufwendungen, die vermögenswirksame Leistungen darstellen, ein Anspruch auf Arbeitnehmer-Sparzulage und hat der Arbeitnehmer hierfür abweichend von § 1 Satz 2 Nummer 1 des

[1] § 13 Abs. 3 Satz 2 neu gefasst durch Gesetz vom 21. 7. 1994 (BGBl. I S. 1630); geändert durch Gesetz vom 24. 3. 1997 (BGBl. I S. 594).

[2] § 13 Abs. 5 Satz 1 geändert und neuer Satz 2 eingefügt (bisheriger Satz 2 wird Satz 3) durch EigRentG vom 29. 7. 2008 (BGBl. I S. 1509). Zur erstmaligen Anwendung für nach dem 31. 12. 2008 angelegte vermögenswirksame Leistungen siehe § 17 Abs. 8.

[3] § 13 Abs. 5 Satz 3 Nr. 3 angefügt durch Gesetz vom 8. 12. 2008 (BGBl. I S. 2373). Zur erstmaligen Anwendung bei Verfügungen nach dem 31. 12. 2008 siehe § 17 Abs. 9.

[4] § 14 Abs. 4 Satz 2 geändert durch Gesetz vom 16. 7. 2009 (BGBl. I S. 1959). Zur Anwendung für nach dem 31. 12. 2006 angelegte vermögenswirksame Leistungen und in Fällen, in denen am 22. 7. 2009 über einen Antrag auf Arbeitnehmer-Sparzulage noch nicht bestandskräftig entschieden wurde, siehe § 17 Abs. 10. Abs. 4 Satz 3 gestrichen, bisheriger Satz 4 wird Satz 3 durch Gesetz vom 26. 6. 2013 (BGBl. I S. 1809). Zur erstmaligen Anwendung für nach dem 31. 12. 2016 angelegte vermögenswirksame Leistungen siehe § 17 Abs. 14.

[5] § 14 Abs. 4 Satz 4 (n. F. Satz 3) Buchst. b Satz 2 angefügt durch EigRentG vom 29. 7. 2008 (BGBl. I S. 1509). Zur erstmaligen Anwendung für nach dem 31. 12. 2008 angelegte vermögenswirksame Leistungen siehe § 17 Abs. 8.

[6] § 14 neuer Abs. 5 eingefügt durch Gesetz vom 26. 6. 2001 (BGBl. I S. 1310), die bisherigen Abs. 5 und 6 werden die Abs. 7 und 8. Abs. 5 und 6 neu gefasst durch Gesetz vom 26. 6. 2013 (BGBl. I S. 1809) mit Wirkung ab 30. 6. 2013.

[7] § 14 neuer Abs. 6 eingefügt durch Gesetz vom 26. 6. 2001 (BGBl. I S. 1310), die bisherigen Abs. 5 und 6 werden die Abs. 7 und 8. Abs. 5 und 6 neu gefasst durch Gesetz vom 26. 6. 2013 (BGBl. I S. 1809) mit Wirkung ab 30. 6. 2013.

Wohnungsbau-Prämiengesetzes eine Wohnungsbauprämie beantragt, endet die Frist für die Festsetzung der Arbeitnehmer-Sparzulage nicht vor Ablauf eines Jahres nach Bekanntgabe der Mitteilung über die Änderung des Prämienanspruchs.

(7) Die Bundesregierung wird ermächtigt, durch Rechtsverordnung mit Zustimmung des Bundesrates das Verfahren bei der Festsetzung und der Auszahlung der Arbeitnehmer-Sparzulage näher zu regeln, soweit dies zur Vereinfachung des Verfahrens erforderlich ist. Dabei kann auch bestimmt werden, daß der Arbeitgeber, das Unternehmen, das Institut oder der in § 3 Abs. 3 genannte Gläubiger bei der Antragstellung mitwirkt und ihnen die Arbeitnehmer-Sparzulage zugunsten des Arbeitnehmers überwiesen wird.

(8) In öffentlich-rechtlichen Streitigkeiten über die auf Grund dieses Gesetzes ergehenden Verwaltungsakte der Finanzbehörden ist der Finanzrechtsweg gegeben.

§ 15[1] Elektronische Vermögensbildungsbescheinigung, Verordnungsermächtigungen, Haftung, Anrufungsauskunft, Außenprüfung

15 (1) Das Unternehmen, das Institut oder der in § 3 Absatz 3 genannte Gläubiger hat der für die Besteuerung des Arbeitnehmers nach dem Einkommen zuständigen Finanzbehörde nach Maßgabe des § 93 c der Abgabenordnung neben den in § 93 c Absatz 1 der Abgabenordnung genannten Daten folgende Angaben zu übermitteln (elektronische Vermögensbildungsbescheinigung), wenn der Arbeitnehmer gegenüber der mitteilungspflichtigen Stelle in die Datenübermittlung eingewilligt hat:

1. den jeweiligen Jahresbetrag der nach § 2 Abs. 1 Nr. 1 bis 5, Abs. 2 bis 4 angelegten vermögenswirksamen Leistungen sowie die Art ihrer Anlage,
2. das Kalenderjahr, dem diese vermögenswirksamen Leistungen zuzuordnen sind, und
3.[2] entweder das Ende der für die Anlageform vorgeschriebenen Sperrfrist nach diesem Gesetz oder bei einer Anlage nach § 2 Abs. 1 Nr. 4 das Ende der im Wohnungsbau-Prämiengesetz oder in der Verordnung zur Durchführung des Wohnungsbau-Prämiengesetzes genannten Sperr- und Rückzahlungsfristen. Bei Bausparverträgen sind die in § 2 Abs. 3 Satz 1 des Wohnungsbau-Prämiengesetzes genannten Sperr- und Rückzahlungsfristen zu bescheinigen unabhängig davon, ob der Vertrag vor dem 1. Januar 2009 oder nach dem 31. Dezember 2008 abgeschlossen worden ist.

Die Einwilligung nach Satz 1 ist spätestens bis zum Ablauf des zweiten Kalenderjahres, das auf das Kalenderjahr der Anlage der vermögenswirksamen Leistungen folgt, zu erteilen. Dabei hat der Arbeitnehmer dem Mitteilungspflichtigen die Identifikationsnummer mitzuteilen. Wird die Einwilligung nach Ablauf des Kalenderjahres der Anlage der vermögenswirksamen Leistungen abgegeben, sind die Daten bis zum Ende des folgenden Kalendervierteljahres zu übermitteln.[3]

(1 a)[4] In den Fällen des Absatzes 1 ist für die Anwendung des § 72 a Absatz 4 und des § 93 c Absatz 4 Satz 1 der Abgabenordnung die für die Besteuerung der mitteilungspflichtigen Stelle nach dem Einkommen zuständige Finanzbehörde zuständig. Die nach Absatz 1 übermittelten Daten können durch die nach Satz 1 zuständige Finanzbehörde zum Zweck der Anwendung des § 93 c Absatz 4 Satz 1 der Abgabenordnung bei den für die Besteuerung der Arbeitnehmer nach dem Einkommen zuständigen Finanzbehörden abgerufen und verwendet werden.

(2) Die Bundesregierung wird ermächtigt, durch Rechtsverordnung mit Zustimmung des Bundesrates weitere Vorschriften zu erlassen über

1. Aufzeichnungs- und Mitteilungspflichten des Arbeitgebers und des Unternehmens oder Instituts, bei dem die vermögenswirksamen Leistungen angelegt sind, und
2. die Festlegung von Wertpapieren und die Art der Festlegung, soweit dies erforderlich ist, damit nicht die Arbeitnehmer-Sparzulage zu Unrecht gezahlt, versagt, nicht zurückgefordert oder nicht einbehalten wird.

(3) Haben der Arbeitgeber, das Unternehmen, das Institut oder der in § 3 Abs. 3 genannte Gläubiger ihre Pflichten nach diesem Gesetz oder nach einer auf Grund dieses Gesetzes erlassenen Rechtsverordnung verletzt, so haften sie für die Arbeitnehmer-Sparzulage, die wegen ihrer Pflichtverletzung zu Unrecht gezahlt, nicht zurückgefordert oder nicht einbehalten worden ist.

(4)[5, 6] Das Finanzamt, das für die Besteuerung nach dem Einkommen der in Absatz 3 Genannten zuständig ist, hat auf deren Anfrage Auskunft darüber zu erteilen, wie im einzelnen Fall die Vorschriften

---

[1] § 15 Abs. 1 Sätze 2 bis 5 angefügt durch StBürokrAbbG vom 20. 12. 2008 (BGBl. I S. 2850) mit Wirkung ab 25. 12. 2008. § 15 Überschrift und Abs. 1 geändert durch Gesetz vom 26. 6. 2013 (BGBl. I S. 1809). Zur erstmaligen Anwendung für nach dem 31. 12. 2016 angelegte vermögenswirksame Leistungen siehe § 17 Abs. 14. § 15 Abs. 1 einleitender Satzteil neu gefasst, Nr. 1 aufgehoben, bish. Nr. 2 bis 4 werden Nr. 1 bis 3, Satz 7 aufgehoben, bish. Satz 8 wird Satz 7 und geändert durch Gesetz vom 18. 7. 2016 (BGBl. I S. 1679) mit Wirkung ab 1. 1. 2017. § 15 Abs. 1 Sätze 4 bis 6 aufgehoben, bish. Satz 7 wird Satz 4 durch Gesetz vom 20. 11. 2019 (BGBl. I S. 1626) mit Wirkung ab 26. 11. 2019. Zur Anwendung siehe § 17 Abs. 16.

[2] § 15 Abs. 1 Nr. 3 Satz 2 angefügt durch EigRentG vom 29. 7. 2008 (BGBl. I S. 1509). Zur erstmaligen Anwendung für nach dem 31. 12. 2008 angelegte vermögenswirksame Leistungen siehe § 17 Abs. 8.

[3] **[Amtl. Anm.:]** § 15 Abs. 1 Satz 4 bis 6 des 5. VermBG wurde durch Artikel 111 des 2. DSAnpUG-EU aufgehoben. Zur Abwicklung von Verträgen, die vor dem 25. 5. 2018 unter den Voraussetzungen des § 15 Abs. 1 Satz 4 des 5. VermBG in der am 30. 6. 2013 geltenden Fassung abgeschlossen wurden, sind das Unternehmen, das Institut oder der in § 3 Abs. 3 des 5. VermBG genannte Gläubiger verpflichtet, die Daten nach Maßgabe des § 15 Abs. 1 Satz 1 des 5. VermBG zu übermitteln, es sei denn, der Arbeitnehmer hat der Datenübermittlung schriftlich widersprochen (siehe § 17 Abs. 16 des 5. VermBG).

[4] § 15 Abs. 1 a eingefügt durch Gesetz vom 18. 7. 2016 (BGBl. I S. 1679) mit Wirkung ab 1. 1. 2017.

[5] § 15 Abs. 4 neu gefasst durch Gesetz vom 18. 7. 2016 (BGBl. I S. 1679) mit Wirkung ab 1. 1. 2017.

[6] Zur Anrufungsauskunft siehe auch BFH-Urteil vom 5. 6. 2014 (BStBl. 2015 II S. 48).

über vermögenswirksame Leistungen anzuwenden sind, die nach § 2 Absatz 1 Nummer 1 bis 5 und Absatz 2 bis 4 angelegt werden.

(5)[1] Das für die Lohnsteuer-Außenprüfung zuständige Finanzamt kann bei den in Absatz 3 Genannten eine Außenprüfung durchführen, um festzustellen, ob sie ihre Pflichten nach diesem Gesetz oder nach einer auf Grund dieses Gesetzes erlassenen Rechtsverordnung, soweit diese mit der Anlage vermögenswirksamer Leistungen nach § 2 Abs. 1 Nr. 1 bis 5, Abs. 2 bis 4 zusammenhängen, erfüllt haben. Die §§ 195 bis 203 a der Abgabenordnung gelten entsprechend.

§ 16 Berlin-Klausel

(gegenstandslos)

§ 16a[2] Gleichstellung der Wertpapierinstitute

Für die Anwendung der vorstehenden Vorschriften dieses Gesetzes sind Wertpapierinstitute im Sinne des Wertpapierinstitutsgesetzes den Kreditinstituten sowie den Kapitalverwaltungsgesellschaften im Sinne des Kapitalanlagegesetzbuchs gleichgestellt.

§ 17 Anwendungsvorschriften

(1)[3] Die vorstehenden Vorschriften dieses Gesetzes gelten vorbehaltlich der nachfolgenden Ab- **17**
sätze für vermögenswirksame Leistungen, die nach dem 31. Dezember 1993 angelegt werden.

(2) Für vermögenswirksame Leistungen, die vor dem 1. Januar 1994 angelegt werden, gilt, soweit Absatz 5 nichts anderes bestimmt, § 17 des Fünften Vermögensbildungsgesetzes in der Fassung der Bekanntmachung vom 19. Januar 1989 (BGBl. I S. 137) – Fünftes Vermögensbildungsgesetz 1989 –, unter Berücksichtigung der Änderung durch Artikel 2 Nr. 1 des Gesetzes vom 13. Dezember 1990 (BGBl. I S. 2749).[4]

(3) Für vermögenswirksame Leistungen, die im Jahr 1994 angelegt werden auf Grund eines vor dem 1. Januar 1994 abgeschlossenen Vertrags

1. nach § 4 Abs. 1 oder § 5 Abs. 1 des Fünften Vermögensbildungsgesetzes 1989 zum Erwerb von Aktien oder Wandelschuldverschreibungen, die keine Aktien oder Wandelschuldverschreibungen im Sinne des vorstehenden § 2 Abs. 1 Nr. 1 Buchstabe a oder b, Abs. 2 Satz 1 sind, oder
2. nach § 6 Abs. 2 des Fünften Vermögensbildungsgesetzes 1989 über die Begründung eines Geschäftsguthabens bei einer Genossenschaft, die keine Genossenschaft im Sinne des vorstehenden § 2 Abs. 1 Nr. 1 Buchstabe g, Abs. 2 Satz 2 ist, oder
3. nach § 6 Abs. 2 oder § 7 Abs. 2 des Fünften Vermögensbildungsgesetzes 1989 über die Übernahme einer Stammeinlage oder zum Erwerb eines Geschäftsanteils an einer Gesellschaft mit beschränkter Haftung, die keine Gesellschaft im Sinne des vorstehenden § 2 Abs. 1 Nr. 1 Buchstabe h, Abs. 2 Satz 3 ist,

gelten statt der vorstehenden §§ 2, 4, 6 und 7 die §§ 2, 4, 6 und 7 des Fünften Vermögensbildungsgesetzes 1989.[5]

(4) Für vermögenswirksame Leistungen, die nach dem 31. Dezember 1993 auf Grund eines Vertrags im Sinne des § 17 Abs. 5 Satz 1 des Fünften Vermögensbildungsgesetzes 1989 angelegt werden, gilt § 17 Abs. 5 und 6 des Fünften Vermögensbildungsgesetzes 1989.[6]

(5) Für vermögenswirksame Leistungen, die vor dem 1. Januar 1994 auf Grund eines Vertrags im Sinne des Absatzes 3 angelegt worden sind, gelten § 4 Abs. 2 bis 5, § 5 Abs. 2, § 6 Abs. 3 und § 7 Abs. 3 des Fünften Vermögensbildungsgesetzes 1989[7] über Fristen für die Verwendung vermögenswirksamer Leistungen und über Sperrfristen nach dem 31. Dezember 1993 nicht mehr. Für vermögenswirksame Leistungen, die vor dem 1. Januar 1990 auf Grund eines Vertrags im Sinne des § 17 Abs. 2 des Fünften Vermögensbildungsgesetzes 1989[8] über die Begründung einer oder mehrerer Beteiligungen als stiller Gesellschafter angelegt worden sind, gilt § 7 Abs. 3 des Fünften Vermögensbildungsgesetzes in der Fassung der Bekanntmachung vom 19. Februar 1987 (BGBl. I S. 630)[9] über die Sperrfrist nach dem 31. Dezember 1993 nicht mehr.

(6)[10] Für vermögenswirksame Leistungen, die vor dem 1. Januar 1999 angelegt worden sind, gilt § 13 Abs. 1 und 2 dieses Gesetzes in der Fassung der Bekanntmachung vom 4. März 1994 (BGBl. I S. 406).[11]

(7)[12] § 13 Abs. 1 Satz 1 und Abs. 2 in der Fassung des Artikels 2 des Gesetzes vom 7. März 2009 (BGBl. I S. 451) ist erstmals für vermögenswirksame Leistungen anzuwenden, die nach dem 31. Dezember 2008 angelegt werden.

---

[1] § 15 Abs. 5 Satz 2 Zitat geändert durch Gesetz vom 18. 7. 2016 (BGBl. I S. 1679) mit Wirkung ab 1. 1. 2017.
[2] § 16 a neu eingef. mWv 6.12.2024 durch JStG 2024 vom 2. 12. 2024 (BGBl. 2024 I Nr. 387).
[3] § 17 Abs. 1 geändert durch EigRentG vom 29. 7. 2008 (BGBl. I S. 1509).
[4] Siehe Fassung des 5.VermBG im „Handbuch zur Lohnsteuer 1993".
[5] Abgedruckt im „Handbuch zur Lohnsteuer 1989" in Anhang **I 3 a.**
[6] Abgedruckt im „Handbuch zur Lohnsteuer 1989" in Anhang **I 3 a.**
[7] Siehe Fassung des 5.VermBG im „Handbuch zur Lohnsteuer 1993".
[8] Abgedruckt im „Handbuch zur Lohnsteuer 1989" in Anhang **I 3 a.**
[9] Abgedruckt im „Handbuch zur Lohnsteuer 1989" in Anhang **I 3 a.**
[10] § 17 Abs. 6 angefügt durch Gesetz vom 7. 9. 1998 (BGBl. I S. 2647).
[11] Siehe Fassung des § 13 VermBG im „Handbuch zur Lohnsteuer 1998".
[12] § 17 Abs. 7 neu gefasst durch Gesetz vom 7. 3. 2009 (BGBl. I S. 451).

(8)[1] § 8 Abs. 5, § 13 Abs. 5 Satz 1 und 2, § 14 Abs. 4 Satz 4 Buchstabe b und § 15 Abs. 1 Nr. 3 in der Fassung des Artikels 7 des Gesetzes vom 29. Juli 2008 (BGBl. I S. 1509) sind erstmals für vermögenswirksame Leistungen anzuwenden, die nach dem 31. Dezember 2008 angelegt werden.

(9)[2] § 4 Abs. 4 Nr. 4 und § 13 Abs. 5 Satz 3 Nr. 3 in der Fassung des Artikels 1 des Gesetzes vom 8. Dezember 2008 (BGBl. I S. 2373) ist erstmals bei Verfügungen nach dem 31. Dezember 2008 anzuwenden.

(10)[3] § 14 Absatz 4 Satz 2 in der Fassung des Artikels 12 des Gesetzes vom 16. Juli 2009 (BGBl. I S. 1959) ist erstmals für vermögenswirksame Leistungen anzuwenden, die nach dem 31. Dezember 2006 angelegt werden, und in Fällen, in denen am 22. Juli 2009 über einen Antrag auf Arbeitnehmer-Sparzulage noch nicht bestandskräftig entschieden ist.

(11)[4] § 13 Absatz 1 Satz 2 in der Fassung des Artikels 10 des Gesetzes vom 8. Dezember 2010 (BGBl. I S. 1768) ist erstmals für vermögenswirksame Leistungen anzuwenden, die nach dem 31. Dezember 2008 angelegt werden.

(12)[5] § 2 Absatz 1 Nummer 5 in der Fassung des Artikels 13 des Gesetzes vom 7. Dezember 2011 (BGBl. I S. 2592) ist erstmals für vermögenswirksame Leistungen anzuwenden, die nach dem 31. Dezember 2011 angelegt werden.

(13)[6] § 3 Absatz 1 Satz 1 Nummer 1 in der Fassung des Artikels 18 des Gesetzes vom 26. Juni 2013 (BGBl. I S. 1809) ist erstmals für vermögenswirksame Leistungen anzuwenden, die nach dem 31. Dezember 2012 angelegt werden. § 4 Absatz 4 Nummer 1, 2 und 4 sowie § 8 Absatz 5 Satz 1 in der Fassung des Artikels 18 des Gesetzes vom 26. Juni 2013 (BGBl. I S. 1809) sind erstmals bei Verfügungen nach dem 31. Dezember 2012 anzuwenden.

(14)[7] Das Bundesministerium der Finanzen teilt den Zeitpunkt der erstmaligen Anwendung der §§ 13 und 14 Absatz 4 sowie des § 15 in der Fassung des Artikels 18 des Gesetzes vom 26. Juni 2013 (BGBl. I S. 1809) durch ein im Bundessteuerblatt zu veröffentlichendes Schreiben mit.[8] Bis zu diesem Zeitpunkt sind die §§ 13 und 14 Absatz 4 sowie der § 15 in der Fassung des Artikels 13 des Gesetzes vom 7. Dezember 2011 (BGBl. I S. 2592) weiter anzuwenden.

(15)[9] § 2 Absatz 1 Nummer 1 in der Fassung des Artikels 5 des Gesetzes vom 18. Dezember 2013 (BGBl. I S. 4318) ist erstmals für vermögenswirksame Leistungen anzuwenden, die nach dem 31. Dezember 2013 angelegt werden. § 4 Absatz 4 Nummer 4 in der Fassung des Artikels 5 des Gesetzes vom 18. Dezember 2013 (BGBl. I S. 4318) ist erstmals bei Verfügungen nach dem 31. Dezember 2013 anzuwenden.

(16)[10] Zur Abwicklung von Verträgen, die vor dem 25. Mai 2018 unter den Voraussetzungen des § 15 Absatz 1 Satz 4 in der am 30. Juni 2013 geltenden Fassung abgeschlossen wurden, sind das Unternehmen, das Institut oder der in § 3 Absatz 3 genannte Gläubiger verpflichtet, die Daten nach Maßgabe des § 15 Absatz 1 Satz 1 zu übermitteln, es sei denn, der Arbeitnehmer hat der Datenübermittlung schriftlich widersprochen.

(17)[11] § 13 Absatz 1 Satz 1 in der Fassung des Artikels 34 des Gesetzes vom 11. Dezember 2023 (BGBl. 2023 I Nr. 354) ist erstmals für vermögenswirksame Leistungen anzuwenden, die nach dem 31. Dezember 2023 angelegt werden.

(18)[12] § 16 a ist rückwirkend ab Inkrafttreten des Wertpapierinstitutsgesetzes vom 12. Mai 2021 (BGBl. I S. 990) anzuwenden.

§ 18 Kündigung eines vor 1994 abgeschlossenen Anlagevertrags und der Mitgliedschaft in einer Genossenschaft oder Gesellschaft mit beschränkter Haftung

18 (1) Hat sich der Arbeitnehmer in einem Vertrag im Sinne des § 17 Abs. 3 verpflichtet, auch nach dem 31. Dezember 1994 vermögenswirksame Leistungen überweisen zu lassen oder andere Beträge zu zahlen, so kann er den Vertrag bis zum 30. September 1994 auf den 31. Dezember 1994 mit der Wirkung schriftlich kündigen, daß auf Grund dieses Vertrags vermögenswirksame Leistungen oder andere Beträge nach dem 31. Dezember 1994 nicht mehr zu zahlen sind.

(2) Ist der Arbeitnehmer im Zusammenhang mit dem Abschluß eines Vertrags im Sinne des § 17 Abs. 3 Nr. 2 Mitglied in einer Genossenschaft geworden, so kann er die Mitgliedschaft bis zum 30. September 1994 auf den 31. Dezember 1994 mit der Wirkung schriftlich kündigen, daß nach diesem Zeitpunkt die Verpflichtung, Einzahlungen auf einen Geschäftsanteil zu leisten und ein Eintrittsgeld zu zahlen, entfällt. Weitergehende Rechte des Arbeitnehmers nach dem Statut der Genossenschaft bleiben unberührt. Der ausgeschiedene Arbeitnehmer kann die Auszahlung des Auseinandersetzungsguthabens, die Genos-

---

[1] § 17 Abs. 8 angefügt durch EigRentG vom 29. 7. 2008 (BGBl. I S. 1509).
[2] § 17 Abs. 9 angefügt durch Gesetz vom 8. 12. 2008 (BGBl. I S. 2373).
[3] § 17 Abs. 10 angefügt durch Gesetz vom 16. 7. 2009 (BGBl. I S. 1959).
[4] § 17 Abs. 11 angefügt durch Gesetz vom 8. 12. 2010 (BGBl. I S. 1768).
[5] § 17 Abs. 12 angefügt durch Gesetz vom 7. 12. 2011 (BGBl. I S. 2592).
[6] § 17 Abs. 13 angefügt durch Gesetz vom 26. 6. 2013 (BGBl. I S. 1809).
[7] § 17 Abs. 14 angefügt durch Gesetz vom 26. 6. 2013 (BGBl. I S. 1809).
[8] **[Amtl. Anm.:]** Das Verfahren der elektronischen Vermögensbildungsbescheinigung ist erstmals anzuwenden für vermögenswirksame Leistungen, die nach dem 31. 12. 2016 angelegt werden (BMF vom 16. 12. 2016, BStBl. I S. 1435, letztmals abgedruckt im *Handbuch zur Lohnsteuer 2024* in Anhang **I 6 d**).
[9] § 17 Abs. 15 angefügt durch Gesetz vom 18. 12. 2013 (BGBl. I S. 4318).
[10] § 17 Abs. 16 angefügt durch Gesetz vom 20. 11. 2019 (BGBl. I S. 1626).
[11] § 17 Abs. 17 angefügt durch Gesetz vom 11. 12. 2023 (BGBl. 2023 I Nr. 354).
[12] § 17 Abs. 18 angefügt durch JStG 2024 vom 2. 12. 2024 (BGBl. 2024 I Nr. 387).

senschaft kann die Zahlung eines den ausgeschiedenen Arbeitnehmer treffenden Anteils an einem Fehlbetrag zum 1. Januar 1998 verlangen.

(3) Ist der Arbeitnehmer im Zusammenhang mit dem Abschluß eines Vertrags im Sinne des § 17 Abs. 3 Nr. 3 Gesellschafter einer Gesellschaft mit beschränkter Haftung geworden, so kann er die Mitgliedschaft bis zum 30. September 1994 auf den 31. Dezember 1994 schriftlich kündigen. Weitergehende Rechte des Arbeitnehmers nach dem Gesellschaftsvertrag bleiben unberührt. Der zum Austritt berechtigte Arbeitnehmer kann von der Gesellschaft als Abfindung den Verkehrswert seines Geschäftsanteils verlangen; maßgebend ist der Verkehrswert im Zeitpunkt des Zugangs der Kündigungserklärung. Der Arbeitnehmer kann die Abfindung nur verlangen, wenn die Gesellschaft sie ohne Verstoß gegen § 30 Abs. 1 des Gesetzes betreffend die Gesellschaften mit beschränkter Haftung[1] zahlen kann. Hat die Gesellschaft die Abfindung bezahlt, so stehen dem Arbeitnehmer aus seinem Geschäftsanteil keine Rechte mehr zu. Kann die Gesellschaft bis zum 31. Dezember 1996 die Abfindung nicht gemäß Satz 4 zahlen, so ist sie auf Antrag des zum Austritt berechtigten Arbeitnehmers aufzulösen. § 61 Abs. 1, Abs. 2 Satz 1 und Abs. 3 des Gesetzes betreffend die Gesellschaften mit beschränkter Haftung[2] gilt im übrigen entsprechend.

(4) Werden auf Grund der Kündigung nach Absatz 1, 2 oder 3 Leistungen nicht erbracht, so hat der Arbeitnehmer dies nicht zu vertreten.

(5) Hat der Arbeitnehmer nach Absatz 1 einen Vertrag im Sinne des § 17 Abs. 3 Nr. 2 oder nach Absatz 2 die Mitgliedschaft in einer Genossenschaft gekündigt, so gelten beide Kündigungen als erklärt, wenn der Arbeitnehmer dies nicht ausdrücklich ausgeschlossen hat. Entsprechendes gilt, wenn der Arbeitnehmer nach Absatz 1 einen Vertrag im Sinne des § 17 Abs. 3 Nr. 3 oder nach Absatz 3 die Mitgliedschaft in einer Gesellschaft mit beschränkter Haftung gekündigt hat.

(6) Macht der Arbeitnehmer von seinem Kündigungsrecht nach Absatz 1 keinen Gebrauch, so gilt die Verpflichtung, vermögenswirksame Leistungen überweisen zu lassen, nach dem 31. Dezember 1994 als Verpflichtung, andere Beträge in entsprechender Höhe zu zahlen.

6 a. Verordnung zur Durchführung des Fünften Vermögensbildungsgesetzes (Fünftes Vermögensbildungsgesetz-Durchführungsverordnung – VermBDV)[3]

In der Fassung der Bekanntmachung vom 20. Dezember 1994 (BGBl. I S. 3904)

Geändert durch Gesetz vom 19. 12. 2000 (BGBl. I S. 1790), vom 21. 12. 2007 (BGBl. I S. 3089), vom 29. 7. 2008 (BGBl. I S. 1509), vom 20. 12. 2008 (BGBl. I S. 2850), vom 26. 6. 2013 (BGBl. I S. 1809), vom 18. 12. 2013 (BGBl. I S. 4318), vom 18. 7. 2014 (BGBl. I S. 1042), Verordnung vom 22. 12. 2014 (BGBl. I S. 2392) und vom 12. 7. 2017 (BGBl. I S. 2360)

Auf Grund des § 14 Abs. 5 und des § 15 Abs. 2 des Fünften Vermögensbildungsgesetzes in der Fassung der Bekanntmachung vom 4. März 1994 (BGBl. I S. 406) verordnet die Bundesregierung und auf Grund des § 156 Abs. 1 der Abgabenordnung vom 16. März 1976 (BGBl. I S. 613), der durch Artikel 26 des Gesetzes vom 21. Dezember 1993 (BGBl. I S. 2310) geändert worden ist, verordnet das Bundesministerium der Finanzen:

§ 1 Verfahren

Auf das Verfahren bei der Festsetzung, Auszahlung und Rückzahlung der Arbeitnehmer-Sparzulage 1
sind neben den in § 14 Abs. 2 des Gesetzes bezeichneten Vorschriften die für die Einkommensteuer und Lohnsteuer geltenden Regelungen sinngemäß anzuwenden, soweit sich aus den nachstehenden Vorschriften nichts anderes ergibt.

§ 2 Mitteilungspflichten des Arbeitgebers, des Kreditinstituts oder des Unternehmens

(1) Der Arbeitgeber hat bei Überweisung vermögenswirksamer Leistungen im Dezember und Januar 2
eines Kalenderjahres dem Kreditinstitut oder dem Unternehmen, bei dem die vermögenswirksamen Leistungen angelegt werden, das Kalenderjahr mitzuteilen, dem die vermögenswirksamen Leistungen zuzuordnen sind.

(2)[4] Werden bei einer Anlage nach § 2 Absatz 1 Nummer 4 des Gesetzes

1. Wohnbau-Sparverträge in Baufinanzierungsverträge umgewandelt (§ 12 Absatz 1 Nummer 2 der Verordnung zur Durchführung des Wohnungsbau-Prämiengesetzes) oder
2. Baufinanzierungsverträge in Wohnbau-Sparverträge umgewandelt (§ 18 Absatz 1 Nummer 2 der Verordnung zur Durchführung des Wohnungsbau-Prämiengesetzes),

---

[1] **§ 30 Abs. 1 GmbHG** lautet: ① Das zur Erhaltung des Stammkapitals erforderliche Vermögen der Gesellschaft darf an die Gesellschafter nicht ausgezahlt werden. ② Satz 1 gilt nicht bei Leistungen, die bei Bestehen eines Beherrschungs- oder Gewinnabführungsvertrags (§ 291 des Aktiengesetzes) erfolgen, oder durch einen vollwertigen Gegenleistungs- oder Rückgewähranspruch gegen den Gesellschafter gedeckt sind. ③ Satz 1 ist zudem nicht anzuwenden auf die Rückgewähr eines Gesellschafterdarlehens und Leistungen auf Forderungen aus Rechtshandlungen, die einem Gesellschafterdarlehen wirtschaftlich entsprechen.

[2] **§ 61 GmbHG** lautet: (1) Die Gesellschaft kann durch gerichtliches Urteil aufgelöst werden, wenn die Erreichung des Gesellschaftszweckes unmöglich wird, oder wenn andere, in den Verhältnissen der Gesellschaft liegende, wichtige Gründe für die Auflösung vorhanden sind.

(2) ① Die Auflösungsklage ist gegen die Gesellschaft zu richten. ② Sie kann nur von Gesellschaftern erhoben werden, deren Geschäftsanteile zusammen mindestens dem zehnten Teil des Stammkapitals entsprechen.

(3) Für die Klage ist das Landgericht ausschließlich zuständig, in dessen Bezirk die Gesellschaft ihren Sitz hat.

[3] Überschrift neu gefasst durch Verordnung vom 12. 7. 2017 (BGBl. I S. 2360).

[4] § 2 Abs. 2 Satz 1 neu gefasst durch Verordnung vom 12. 7. 2017 (BGBl. I S. 2360) mit Wirkung ab 1. 1. 2018.

hat das Kreditinstitut oder Unternehmen, bei dem die vermögenswirksamen Leistungen angelegt worden sind, dem neuen Kreditinstitut oder Unternehmen unverzüglich mitzuteilen:

a) den Betrag der vermögenswirksamen Leistungen,
b) das Kalenderjahr, dem sie zuzuordnen sind,
c) das Ende der Sperrfrist,
d) seinen Institutsschlüssel gemäß § 5 Absatz 1 und
e) die bisherige Vertragsnummer des Arbeitnehmers.

Das neue Kreditinstitut oder Unternehmen hat die Angaben aufzuzeichnen.

(3)[1] Das Kreditinstitut oder die Kapitalverwaltungsgesellschaft, bei dem vermögenswirksame Leistungen auf Grund eines Vertrags im Sinne des § 4 des Gesetzes angelegt werden, hat

1. dem Arbeitgeber, der mit den vermögenswirksamen Leistungen erworbene Wertpapiere verwahrt oder an dessen Unternehmen eine nichtverbriefte Vermögensbeteiligung im Sinne des § 2 Abs. 1 Nr. 1 Buchstabe g bis l des Gesetzes mit den vermögenswirksamen Leistungen begründet oder erworben wird, oder
2. dem Unternehmen, an dem eine nichtverbriefte Vermögensbeteiligung im Sinne des § 2 Abs. 1 Nr. 1 Buchstabe g bis l des Gesetzes mit den vermögenswirksamen Leistungen begründet oder erworben wird,

das Ende der für die vermögenswirksamen Leistungen geltenden Sperrfrist unverzüglich mitzuteilen. Wenn über die verbrieften oder nichtverbrieften Vermögensbeteiligungen vor Ablauf der Sperrfrist verfügt worden ist, hat dies der Arbeitgeber oder das Unternehmen dem Kreditinstitut oder der Kapitalverwaltungsgesellschaft unverzüglich mitzuteilen.

(4)[2] Der Arbeitgeber, bei dem vermögenswirksame Leistungen auf Grund eines Vertrags im Sinne des § 5 des Gesetzes angelegt werden, hat dem vom Arbeitnehmer benannten Kreditinstitut, das die erworbenen Wertpapiere verwahrt, oder der vom Arbeitnehmer benannten Kapitalverwaltungsgesellschaft, die die erworbenen Wertpapiere verwahrt, das Ende der für die vermögenswirksamen Leistungen geltenden Sperrfrist unverzüglich mitzuteilen. Wenn über die Wertpapiere vor Ablauf der Sperrfrist verfügt worden ist, hat dies das Kreditinstitut oder die Kapitalverwaltungsgesellschaft dem Arbeitgeber unverzüglich mitzuteilen.

§ 3 Aufzeichnungspflichten des Beteiligungsunternehmens

3 (1) Das Unternehmen, an dem eine nichtverbriefte Vermögensbeteiligung im Sinne des § 2 Abs. 1 Nr. 1 Buchstabe g bis l des Gesetzes auf Grund eines Vertrags im Sinne des § 6 Abs. 2 oder des § 7 Abs. 2 des Gesetzes mit vermögenswirksamen Leistungen begründet oder erworben wird, hat den Betrag der vermögenswirksamen Leistungen und das Kalenderjahr, dem sie zuzuordnen sind, sowie das Ende der Sperrfrist aufzuzeichnen. Bei Verträgen im Sinne des § 4 des Gesetzes genügt die Aufzeichnung des Endes der Sperrfrist.

(2) Zu den Aufzeichnungen nach Absatz 1 Satz 1 ist auch der Arbeitgeber verpflichtet, an dessen Unternehmen eine nichtverbriefte Vermögensbeteiligung im Sinne des § 2 Abs. 1 Nr. 1 Buchstabe g bis l des Gesetzes auf Grund eines Vertrags im Sinne des § 6 Abs. 1 oder des § 7 Abs. 1 des Gesetzes mit vermögenswirksamen Leistungen begründet oder erworben wird.

§ 4 Festlegung von Wertpapieren

4 (1) Wertpapiere, die auf Grund eines Vertrags im Sinne des § 4 des Gesetzes mit vermögenswirksamen Leistungen erworben werden, sind auf den Namen des Arbeitnehmers dadurch festzulegen, daß sie für die Dauer der Sperrfrist wie folgt in Verwahrung gegeben werden:

1.[3] Erwirbt der Arbeitnehmer Einzelurkunden, so müssen diese in das Depot bei dem Kreditinstitut oder der Kapitalverwaltungsgesellschaft gegeben werden, mit dem er den Sparvertrag abgeschlossen hat. Das Kreditinstitut oder die Kapitalverwaltungsgesellschaft muß in den Depotbüchern einen Sperrvermerk für die Dauer der Sperrfrist anbringen. Bei Drittverwahrung genügt ein Sperrvermerk im Kundenkonto beim erstverwahrenden Kreditinstitut oder bei der erstverwahrenden Kapitalverwaltungsgesellschaft.

2.[4] Erwirbt der Arbeitnehmer Anteile an einem Sammelbestand von Wertpapieren oder werden Wertpapiere bei einer Wertpapiersammelbank in Sammelverwahrung gegeben, so muß das Kreditinstitut oder die Kapitalverwaltungsgesellschaft einen Sperrvermerk in das Depotkonto eintragen.

(2) Wertpapiere nach Absatz 1 Satz 1,

1. die eine Vermögensbeteiligung an Unternehmen des Arbeitgebers oder eine gleichgestellte Vermögensbeteiligung (§ 2 Abs. 2 Satz 1 des Gesetzes) verbriefen oder
2. die der Arbeitnehmer vom Arbeitgeber erwirbt,

---

[1] § 2 Abs. 3 Sätze 1 und 2 geändert durch Gesetz vom 21. 12. 2007 (BGBl. I S. 3089) mit Wirkung ab 28. 12. 2007. § 2 Abs. 3 Satz 1 und 2 geändert durch AIFM-StAnpG vom 18. 12. 2013 (BGBl. I S. 4318) mit Wirkung ab 24. 12. 2013. § 2 Abs. 3 Satz 1 geändert durch Verordnung vom 12. 7. 2017 (BGBl. I S. 2360) mit Wirkung ab 1. 1. 2018.

[2] § 2 Abs. 4 Sätze 1 und 2 geändert durch Gesetz vom 21. 12. 2007 (BGBl. I S. 3089) mit Wirkung ab 28. 12. 2007. § 2 Abs. 3 Abs. 4 Satz 1 und 2 geändert durch AIFM-StAnpG vom 18. 12. 2013 (BGBl. I S. 4318) mit Wirkung ab 24. 12. 2013. § 2 Abs. 4 Satz 1 geändert durch Verordnung vom 12. 7. 2017 (BGBl. I S. 2360) mit Wirkung ab 1. 1. 2018.

[3] § 4 Abs. 1 Nr. 1 Sätze 1 bis 3 geändert durch Gesetz vom 21. 12. 2007 (BGBl. I S. 3089) mit Wirkung ab 28. 12. 2007. § 4 Abs. 1 Nr. 1 Satz 1 bis 3 geändert durch AIFM-StAnpG vom 18. 12. 2013 (BGBl. I S. 4318) mit Wirkung ab 24. 12. 2013.

[4] § 4 Abs. 1 Nr. 2 geändert durch Gesetz vom 21. 12. 2007 (BGBl. I S. 3089) mit Wirkung ab 28. 12. 2007. § 4 Abs. 1 Nr. 2 geändert durch AIFM-StAnpG vom 18. 12. 2013 (BGBl. I S. 4318) mit Wirkung ab 24. 12. 2013.

können auch vom Arbeitgeber verwahrt werden. Der Arbeitgeber hat die Verwahrung sowie das Ende der Sperrfrist aufzuzeichnen.

(3)[1] Wertpapiere, die auf Grund eines Vertrags im Sinne des § 5 des Gesetzes erworben werden, sind festzulegen durch Verwahrung

1. beim Arbeitgeber oder
2. im Auftrag des Arbeitgebers bei einem Dritten oder
3. bei einem vom Arbeitnehmer benannten inländischen Kreditinstitut oder bei einer vom Arbeitnehmer benannten inländischen Kapitalverwaltungsgesellschaft.

In den Fällen der Nummern 1 und 2 hat der Arbeitgeber die Verwahrung, den Betrag der vermögenswirksamen Leistungen, das Kalenderjahr, dem sie zuzuordnen sind, und das Ende der Sperrfrist aufzuzeichnen. Im Falle der Nummer 3 hat das Kreditinstitut oder die Kapitalverwaltungsgesellschaft das Ende der Sperrfrist aufzuzeichnen.

(4)[2] Bei einer Verwahrung durch ein Kreditinstitut oder eine Kapitalverwaltungsgesellschaft hat der Arbeitnehmer innerhalb von drei Monaten nach dem Erwerb der Wertpapiere dem Arbeitgeber eine Bescheinigung des Kreditinstituts oder der Kapitalverwaltungsgesellschaft darüber vorzulegen, daß die Wertpapiere entsprechend Absatz 1 in Verwahrung genommen worden sind.

§ 5 Elektronische Vermögensbildungsbescheinigung[3]

(1)[4] Das Kreditinstitut, das Unternehmen oder der Arbeitgeber, bei dem vermögenswirksame Leistungen nach § 2 Absatz 1 Nummer 1 bis 4 oder Absatz 2 bis 4 des Gesetzes angelegt werden, hat in der elektronischen Vermögensbildungsbescheinigung seinen Institutsschlüssel und die Vertragsnummer des Arbeitnehmers anzugeben. Der Institutsschlüssel ist bei der Zentralstelle für Arbeitnehmer-Sparzulage und Wohnungsbauprämie anzufordern. Bei der Anforderung sind anzugeben 5

1. Name und Anschrift des anfordernden Kreditinstituts, Unternehmens oder Arbeitgebers,
2. Bankverbindung für die Überweisung der Arbeitnehmer-Sparzulagen,
3. Lieferanschrift für die Übersendung von Datenträgern.

Die Vertragsnummer darf keine Sonderzeichen enthalten.

(2)[5] Der Arbeitgeber oder das Unternehmen, bei dem vermögenswirksame Leistungen nach § 2 Abs. 1 Nr. 2 und 3, Abs. 2 bis 4 des Gesetzes angelegt werden, hat in der elektronischen Vermögensbildungsbescheinigung, die noch nicht zum Erwerb von Wertpapieren oder zur Begründung von Rechten verwendet worden sind, als Ende der Sperrfrist den 31. Dezember des sechsten Kalenderjahres nach dem Kalenderjahr anzugeben, dem die vermögenswirksamen Leistungen zuzuordnen sind.

(3)[6] In der elektronischen Vermögensbildungsbescheinigung über vermögenswirksame Leistungen, die nach § 2 Absatz 1 Nummer 1 oder Nummer 4 des Gesetzes bei Kreditinstituten, Kapitalverwaltungsgesellschaften oder Versicherungsunternehmen angelegt worden sind, ist bei einer unschädlichen vorzeitigen Verfügung als Ende der Sperrfrist der Zeitpunkt dieser Verfügung anzugeben. Dies gilt bei Zuteilung eines Bausparvertrags entsprechend.

(4)[7] Bei einer schädlichen vorzeitigen Verfügung über vermögenswirksame Leistungen, die nach § 2 Abs. 1 Nr. 1 oder 4 des Gesetzes bei Kreditinstituten, Kapitalverwaltungsgesellschaften oder Versicherungsunternehmen angelegt worden sind, darf eine elektronische Vermögensbildungsbescheinigung nicht erteilt werden.

§ 6[8] Festsetzung der Arbeitnehmer-Sparzulage, Mitteilungspflichten der Finanzämter

(1) Die Festsetzung der Arbeitnehmer-Sparzulage ist regelmäßig mit der Einkommensteuererklärung zu beantragen. Die festzusetzende Arbeitnehmer-Sparzulage ist auf den nächsten vollen Euro-Betrag aufzurunden. Sind für den Arbeitnehmer die vermögenswirksamen Leistungen eines Kalenderjahres auf mehr als einem der in § 2 Abs. 1 Nr. 1 bis 5 des Gesetzes bezeichneten Anlageverträge angelegt worden, so gilt die Aufrundung für jeden Vertrag. 6

(2) Festgesetzte, noch nicht fällige Arbeitnehmer-Sparzulagen sind der Zentralstelle für Arbeitnehmer-Sparzulage und Wohnungsbauprämie zur Aufzeichnung der für ihre Auszahlung notwendigen Daten mitzuteilen. Das gilt auch für die Änderung festgesetzter Arbeitnehmer-Sparzulagen sowie in den Fällen, in

[1] § 4 Abs. 3 Satz 1 Nr. 3, Satz 3 geändert durch Gesetz vom 21. 12. 2007 (BGBl. I S. 3089) mit Wirkung ab 28. 12. 2007. Abs. 3 Satz 1 Nr. 3, Satz 3 geändert durch AIFM-StAnpG vom 18. 12. 2013 (BGBl. I S. 4318) mit Wirkung ab 24. 12. 2013.

[2] § 4 Abs. 4 geändert durch Gesetz vom 21. 12. 2007 (BGBl. I S. 3089) mit Wirkung ab 28. 12. 2007. Abs. 4 geändert durch AIFM-StAnpG vom 18. 12. 2013 (BGBl. I S. 4318) mit Wirkung ab 24. 12. 2013.

[3] § 5 Überschrift neu gefasst durch Gesetz 26. 6. 2013 (BGBl. I S. 1809).

[4] § 5 Abs. 1 aufgehoben (Abs. 2 bis 5 werden Abs. 1 bis 4), neue Abs. 1 bis 4 geändert durch AmtshilfeRLUmsG vom 26. 6. 2013 (BGBl. I S. 1809). § 5 Abs. 1 Sätze 1 und 2 geändert durch Verordnung vom 12. 7. 2017 (BGBl. I S. 2360) mit Wirkung ab 1. 1. 2018.

[5] § 5 Abs. 1 aufgehoben (Abs. 2 bis 5 werden Abs. 1 bis 4), neue Abs. 1 bis 4 geändert durch AmtshilfeRLUmsG vom 26. 6. 2013 (BGBl. I S. 1809).

[6] § 5 Abs. 3 neu gefasst durch Verordnung vom 22. 12. 2014 (BGBl. I S. 2392). § 5 Abs. 3 Satz 1 und Abs. 4 geändert durch Verordnung vom 12. 7. 2017 (BGBl. I S. 2360) mit Wirkung ab 1. 1. 2018.

[7] § 5 Abs. 1 aufgehoben (Abs. 2 bis 5 werden Abs. 1 bis 4), neue Abs. 1 bis 4 geändert durch AmtshilfeRLUmsG vom 26. 6. 2013 (BGBl. I S. 1809). § 5 Abs. 1 Sätze 1 und 2 geändert durch Verordnung vom 12. 7. 2017 (BGBl. I S. 2360) mit Wirkung ab 1. 1. 2018.

[8] Euro-Beträge eingefügt durch Gesetz vom 19. 12. 2000 (BGBl. I S. 1790). § 6 Abs. 1 Satz 3, Abs. 2 Satz 1, Abs. 3 und Abs. 4 Satz 1 geändert durch Verordnung vom 12. 7. 2017 (BGBl. I S. 2360) mit Wirkung ab 1. 1. 2018.

denen festgesetzte Arbeitnehmer-Sparzulagen nach Auswertung einer Anzeige über die teilweise schädliche vorzeitige Verfügung (§ 8 Abs. 4 Satz 2) unberührt bleiben.

(3) Werden bei einer Anlage nach § 2 Abs. 1 Nr. 1 bis 4, Abs. 2 bis 4 des Gesetzes vor Ablauf der Sperrfrist teilweise Beträge zurückgezahlt, Ansprüche aus dem Vertrag abgetreten oder beliehen, die Bauspar- oder Versicherungssumme ausgezahlt, die Festlegung aufgehoben oder Spitzenbeträge nach § 4 Abs. 3 des Gesetzes von mehr als 150 Euro nicht rechtzeitig verwendet, so gelten für die Festsetzung oder Neufestsetzung der Arbeitnehmer-Sparzulage die Beträge in folgender Reihenfolge als zurückgezahlt:

1. Beträge, die keine vermögenswirksamen Leistungen sind,
2. vermögenswirksame Leistungen, für die keine Arbeitnehmer-Sparzulage festgesetzt worden ist,
3. vermögenswirksame Leistungen, für die eine Arbeitnehmer-Sparzulage festgesetzt worden ist.

(4) In den Fällen des § 4 Abs. 4 Nr. 6 des Gesetzes gilt für die Festsetzung oder Neufestsetzung der Arbeitnehmer-Sparzulage der nicht wiederverwendete Erlös, wenn er 150 Euro übersteigt, in folgender Reihenfolge als zurückgezahlt:

1. Beträge, die keine vermögenswirksamen Leistungen sind,
2. vermögenswirksame Leistungen, für die keine Arbeitnehmer-Sparzulage festgesetzt worden ist,
3. vermögenswirksame Leistungen, für die eine Arbeitnehmer-Sparzulage festgesetzt worden ist.

Maßgebend sind die bis zum Ablauf des Kalenderjahres, das dem Kalenderjahr der Veräußerung vorangeht, angelegten Beträge.

§ 7 Auszahlung der Arbeitnehmer-Sparzulage

7 (1) Die festgesetzte Arbeitnehmer-Sparzulage ist vom Finanzamt an den Arbeitnehmer auszuzahlen

1. bei einer Anlage nach § 2 Abs. 1 Nr. 4 des Gesetzes in Verbindung mit § 2 Abs. 1 Nr. 2 des Wohnungsbau-Prämiengesetzes sowie bei einer Anlage nach § 2 Abs. 1 Nr. 5 des Gesetzes;
2.[1] bei einer Anlage nach § 2 Abs. 1 Nr. 1 bis 4, Abs. 2 bis 4 des Gesetzes wenn im Zeitpunkt der Bekanntgabe des Bescheids über die Festsetzung der Arbeitnehmer-Sparzulage die für die Anlageform vorgeschriebene Sperrfrist oder die im Wohnungsbau-Prämiengesetz oder in der Verordnung zur Durchführung des Wohnungsbau-Prämiengesetzes genannten Sperr- und Rückzahlungsfristen abgelaufen sind. Bei Bausparverträgen gelten die in § 2 Abs. 3 Satz 1 des Wohnungsbau-Prämiengesetzes genannten Sperr- und Rückzahlungsfristen unabhängig davon, ob der Vertrag vor dem 1. Januar 2009 oder nach dem 31. Dezember 2008 abgeschlossen worden ist;
3. in den Fällen des § 5 Absatz 3;[2]
4. bei einer Anlage nach § 2 Abs. 1 Nr. 2 und 3 des Gesetzes, wenn eine unschädliche vorzeitige Verfügung vorliegt.

(2)[3] Die bei der Zentralstelle für Arbeitnehmer-Sparzulage und Wohnungsbauprämie aufgezeichneten Arbeitnehmer-Sparzulagen für Anlagen nach § 2 Absatz 1 Nummer 1 bis 4, Absatz 2 bis 4 des Gesetzes sind dem Kreditinstitut, dem Unternehmen oder dem Arbeitgeber, bei dem die vermögenswirksamen Leistungen angelegt worden sind, zugunsten des Arbeitnehmers zu überweisen. Die Überweisung ist in den Fällen des § 14 Abs. 4 Satz 4 Buchstabe c und d des Gesetzes bis zum Ende des Kalendermonats vorzunehmen, der auf den Kalendermonat folgt, in dem die Zuteilung oder die unschädliche vorzeitige Verfügung angezeigt worden ist.

§ 8[4] Anzeigepflichten des Kreditinstituts, des Unternehmens oder des Arbeitgebers

8 (1)[5] Der Zentralstelle für Arbeitnehmer-Sparzulage und Wohnungsbauprämie ist anzuzeigen,

1. von dem Kreditinstitut, der Kapitalverwaltungsgesellschaft oder dem Versicherungsunternehmen, welches zu den nach § 2 Absatz 1 Nummer 1 oder Nummer 4 des Gesetzes angelegten vermögenswirksamen Leistungen eine elektronische Vermögensbildungsbescheinigung übermittelt hat, wenn vor Ablauf der Sperrfrist
   a) vermögenswirksame Leistungen zurückgezahlt werden,
   b) über Ansprüche aus einem Vertrag im Sinne des § 4 des Gesetzes oder einem Bausparvertrag durch Rückzahlung, Abtretung, Beleihung oder in anderer Weise verfügt wird,
   c) die Festlegung erworbener Wertpapiere aufgehoben oder über solche Wertpapiere verfügt wird, oder
   d) der Bausparvertrag zugeteilt oder die Bausparsumme ausgezahlt wird;
2. von dem Kreditinstitut oder der Kapitalverwaltungsgesellschaft, bei dem oder bei der vermögenswirksame Leistungen nach § 4 des Gesetzes angelegt worden sind, wenn Spitzenbeträge nach § 4 Absatz 3 oder Absatz 4 Nummer 6 des Gesetzes von mehr als 150 Euro nicht rechtzeitig verwendet oder wiederverwendet worden sind;

[1] § 7 Abs. 1 Nr. 2 Satz 1 geändert und Satz 2 angefügt durch EigRentG vom 29. 7. 2008 (BGBl. I S. 1509) mit Wirkung ab 1. 1. 2009. § 7 Abs. 1 Nr. 2 Satz 1 geändert durch Verordnung vom 12. 7. 2017 (BGBl. I S. 2360) mit Wirkung ab 1. 1. 2018.
[2] § 7 Abs. 1 Nr. 3 Verweis geändert durch AmtshilfeRLUmsG vom 26. 6. 2013 (BGBl. I S. 1809).
[3] § 7 Abs. 2 Satz 1 neu gefasst durch Verordnung vom 12. 7. 2017 (BGBl. I S. 2360) mit Wirkung ab 1. 1. 2018.
[4] Euro-Betrag eingefügt durch Gesetz vom 19. 12. 2000 (BGBl. I S. 1790).
[5] § 8 Abs. 1 Nr. 1 bis 3 und 6 geändert durch Gesetz vom 21. 12. 2007 (BGBl. I S. 3089) mit Wirkung ab 28. 12. 2007. § 8 Abs. 1 Nr. 1 bis 3 und 6 geänd. durch AIFM-StAnpG vom 18. 12. 2013 (BGBl. I S. 4318) mit Wirkung ab 24. 12. 2013. § 8 Abs. 1 einführender Satzteil sowie Nr. 1 und 2 geändert durch Verordnung vom 12. 7. 2017 (BGBl. I S. 2360) mit Wirkung ab 1. 1. 2018.

3. von dem Kreditinstitut oder der Kapitalverwaltungsgesellschaft, dem nach § 2 Abs. 3 Satz 2 mitgeteilt worden ist, daß über verbriefte oder nichtverbriefte Vermögensbeteiligungen vor Ablauf der Sperrfrist verfügt worden ist;
4. von dem Unternehmen oder Arbeitgeber, bei dem eine nichtverbriefte Vermögensbeteiligung nach § 2 Abs. 1 Nr. 1 Buchstabe g bis l des Gesetzes auf Grund eines Vertrags nach § 6 oder § 7 des Gesetzes mit vermögenswirksamen Leistungen begründet oder erworben worden ist, wenn vor Ablauf der Sperrfrist über die Vermögensbeteiligung verfügt wird oder wenn der Arbeitnehmer die Vermögensbeteiligung nicht bis zum Ablauf des Kalenderjahres erhalten hat, das auf das Kalenderjahr der vermögenswirksamen Leistungen folgt;
5. von dem Arbeitgeber, der Wertpapiere nach § 4 Abs. 3 Satz 1 Nr. 1 oder 2 verwahrt oder bei einem Dritten verwahren läßt, wenn vor Ablauf der Sperrfrist die Festlegung von Wertpapieren aufgehoben oder über Wertpapiere verfügt wird oder wenn bei einer Verwahrung nach § 4 Abs. 3 Satz 1 Nr. 3 der Arbeitnehmer die Verwahrungsbescheinigung nach § 4 Abs. 4 nicht rechtzeitig vorlegt;
6. von dem Arbeitgeber, bei dem vermögenswirksame Leistungen auf Grund eines Vertrags im Sinne des § 5 des Gesetzes angelegt werden, wenn ihm die Mitteilung des Kreditinstituts oder der Kapitalverwaltungsgesellschaft nach § 2 Abs. 4 Satz 2 zugegangen ist oder wenn der Arbeitnehmer mit den vermögenswirksamen Leistungen eines Kalenderjahres nicht bis zum Ablauf des folgenden Kalenderjahres die Wertpapiere erworben hat.

(2)[1] Das Kreditinstitut, die Kapitalverwaltungsgesellschaft, oder das Versicherungsunternehmen hat in den Anzeigen nach Absatz 1 Nr. 1 bis 3 zu kennzeichnen, ob eine unschädliche, vollständig schädliche oder teilweise schädliche vorzeitige Verfügung vorliegt. Nur in den Anzeigen über eine teilweise schädliche vorzeitige Verfügung sind der Gesamtbetrag, über den schädlich vorzeitig verfügt worden ist, sowie die in den einzelnen Kalenderjahren jeweils angelegten vermögenswirksamen Leistungen anzugeben. Der Gesamtbetrag ist die Summe aller Teilbeträge, über die schädlich vorzeitig verfügt worden ist. Bei späteren Anzeigen sind auch die bereits angezeigten Teilbeträge einzubeziehen. Der jeweils letzte übermittelte Gesamtbetrag ist gültig.

(3)[2] Die Anzeigen nach Absatz 1 sind nach amtlich vorgeschriebenem Vordruck oder nach amtlich vorgeschriebenem Datensatz durch Datenfernübertragung für die innerhalb eines Kalendermonats bekannt gewordenen vorzeitigen Verfügungen der Zentralstelle für Arbeitnehmer-Sparzulage und Wohnungsbauprämie jeweils spätestens bis zum 15. Tag des folgenden Kalendermonats zuzuleiten.

(4)[3] Sind bei der Zentralstelle für Arbeitnehmer-Sparzulage und Wohnungsbauprämie Arbeitnehmer-Sparzulagen für Fälle aufgezeichnet,
1. die nach Absatz 1 Nr. 4 bis 6 angezeigt werden oder
2. die nach Absatz 1 Nr. 1 bis 3 angezeigt werden, wenn die Anzeigen als vollständig oder teilweise schädliche vorzeitige Verfügung gekennzeichnet sind,

so hat die Zentralstelle die Auszahlung der aufgezeichneten Arbeitnehmer-Sparzulagen zu sperren. Die Zentralstelle hat die Anzeigen um ihre Aufzeichnungen zu ergänzen und zur Auswertung dem Finanzamt zu übermitteln, das nach Kenntnis der Zentralstelle zuletzt eine Arbeitnehmer-Sparzulage für den Arbeitnehmer festgesetzt hat.

§ 9[4] Rückforderung der Arbeitnehmer-Sparzulage durch das Finanzamt

Das für die Besteuerung des Arbeitnehmers nach dem Einkommen zuständige Finanzamt (§ 19 der Abgabenordnung) hat eine zu Unrecht gezahlte Arbeitnehmer-Sparzulage vom Arbeitnehmer zurückzufordern. Die Rückforderung unterbleibt, wenn der zurückzufordernde Betrag fünf Euro nicht übersteigt. 9

§ 10[5] Anwendungsregelung

(1) Diese Verordnung in der am 20. Juli 2017 geltenden Fassung ist, soweit in Absatz 2 nichts anderes bestimmt ist, erstmals ab dem 1. Januar 2018 anzuwenden 10

(2) § 8 Absatz 2 Satz 2 bis 5 in der am 20. Juli 2017 geltenden Fassung ist anzuwenden bei Anzeigen nach dem 19. Juli 2017.

§ 11[6] *(aufgehoben)*

[1] § 8 Abs. 2 Satz 1 geändert durch Gesetz vom 21. 12. 2007 (BGBl. I S. 3089) mit Wirkung ab 28. 12. 2007. § 8 Abs. 2 Satz 1 geänd. durch AIFM-StAnpG vom 18. 12. 2013 (BGBl. I S. 4318) mit Wirkung ab 24. 12. 2013. § 8 Abs. 2 Satz 2 neu gefasst, Sätze 3 bis 5 angefügt durch Verordnung vom 12. 7. 2017 (BGBl. I S. 2360). Zur Anwendung bei Anzeigen nach dem 19. 7. 2017 siehe § 10 Abs. 2.

[2] § 8 Abs. 3 geändert durch StBürokrAbbG vom 20. 12. 2008 (BGBl. I S. 2850) mit Wirkung ab 1. 1. 2009 und durch Verordnung vom 12. 7. 2017 (BGBl. I S. 2360) mit Wirkung ab 1. 1. 2018.

[3] § 8 Abs. 4 Satz 1 geändert durch Verordnung vom 12. 7. 2017 (BGBl. I S. 2360) mit Wirkung ab 1. 1. 2018.

[4] Euro-Betrag eingefügt durch Gesetz vom 19. 12. 2000 (BGBl. I S. 1790).

[5] § 10 neu gefasst durch Verordnung vom 12. 7. 2017 (BGBl. I S. 2360) mit Wirkung ab 1. 1. 2018.

[6] § 11 aufgehoben durch Verordnung vom 12. 7. 2017 (BGBl. I S. 2360) mit Wirkung ab 1. 1. 2018.

6 b. Schreiben betr. Anwendung des Fünften Vermögensbildungsgesetzes (5. VermBG) ab dem 1. Januar 2024

Vom 31. Mai 2024 (BStBl. I S. 929)

(BMF IV C 5 – S 2439/19/10003 :005; DOK 2024/0490886)

Anwendungsregelung

Dieses BMF-Schreiben ersetzt ab dem 1. Januar 2024 das BMF-Schreiben vom 29. November 2017 (BStBl. I S. 1626) und das BMF-Schreiben vom 17. April 2018 (BStBl. I S. 630).

Inhaltsverzeichnis

	Rn.
1. Persönlicher Geltungsbereich (§ 1 des 5. VermBG)	1–8
2. Begriff der vermögenswirksamen Leistungen, Überweisung (§ 2, § 3 Abs. 2 und 3 des 5. VermBG)	9–13
3. Zeitliche Zuordnung der vermögenswirksamen Leistungen (§ 2 Abs. 6 des 5. VermBG)	14–15
4. Vermögensbeteiligungen (§ 2 Abs. 1 Nr. 1 des 5. VermBG)	16–27
5. Anlagen auf Grund von Sparverträgen über Wertpapiere oder andere Vermögensbeteiligungen (§ 2 Abs. 1 Nr. 1, § 4 des 5. VermBG)	28–35
6. Anlagen auf Grund von Wertpapier-Kaufverträgen (§ 2 Abs. 1 Nr. 2, § 5 des 5. VermBG)	36–38
7. Anlagen auf Grund von Beteiligungs-Verträgen und Beteiligungs-Kaufverträgen (§ 2 Abs. 1 Nr. 3, §§ 6 und 7 des 5. VermBG)	39–43
8. Insolvenzschutz (§ 2 Abs. 5 a des 5. VermBG)	44–45
9. Anlagen nach dem Wohnungsbau-Prämiengesetz (§ 2 Abs. 1 Nr. 4 des 5. VermBG)	46–50
10. Anlagen für den Bau, den Erwerb, den Ausbau, die Erweiterung oder die Entschuldung eines Wohngebäudes usw. (§ 2 Abs. 1 Nr. 5 des 5. VermBG)	51
11. Anlagen auf Grund von Verträgen des Ehegatten oder Lebenspartners, der Kinder oder der Eltern (§ 3 Abs. 1 des 5. VermBG)	52–55
12. Vereinbarung der vermögenswirksamen Leistungen, freie Wahl der Anlage (§§ 10, 11, 12 des 5. VermBG)	56–62
13. Kennzeichnungs- und Mitteilungspflichten (§ 3 Abs. 2 des 5. VermBG, § 2 Abs. 1 VermBDV)	63–64
14. Elektronische Vermögensbildungsbescheinigung (§ 15 Abs. 1 und 1 a des 5. VermBG, § 5 VermBDV)	65–75
15. Festsetzung der Arbeitnehmer-Sparzulage (§§ 13, 14 des 5. VermBG, § 6 Abs. 1 VermBDV)	76–88
16. Höhe der Arbeitnehmer-Sparzulage (§ 13 Abs. 2 des 5. VermBG)	89–93
17. Auszahlung der Arbeitnehmer-Sparzulage (§ 14 Abs. 4 und 7 des 5. VermBG, § 7 VermBDV)	94–99
18. Wegfall der Zulagebegünstigung (§ 13 Abs. 5 Satz 1 des 5. VermBG)	100–102
19. Zulageunschädliche Verfügungen (§ 4 Abs. 4 des 5. VermBG)	103–104
20. Nachweis einer zulageunschädlichen Verfügung (§ 4 Abs. 4 des 5. VermBG, § 8 VermBDV)	105
21. Anzeigepflichten (§ 8 VermBDV)	106–107
22. Änderung der Festsetzung, Rückforderung von Arbeitnehmer-Sparzulagen (§ 13 Abs. 5 des 5. VermBG, § 6 Abs. 2 und 3, § 8 Abs. 4, § 9 VermBDV)	108–109
23. Anrufungsauskunft (§ 15 Abs. 4 des 5. VermBG)	110
24. Außenprüfung (§ 15 Abs. 5 des 5. VermBG)	111
25. Übergangsregelung für Wertpapierinstitute	112

Unter Bezugnahme auf das Ergebnis der Erörterungen mit den obersten Finanzbehörden der Länder und mit dem Bundesministerium für Wirtschaft und Klimaschutz wird zur Anwendung des Fünften Vermögensbildungsgesetzes in der Fassung der Bekanntmachung vom 4. März 1994 (BGBl. I S. 406, BStBl. I S. 237) – 5. VermBG – ab dem 1. Januar 2024 unter Berücksichtigung der jüngsten gesetzlichen Änderungen durch das Zukunftsfinanzierungsgesetz vom 11. Dezember 2023 (BGBl. 2023 I Nr. 354, BStBl. 2024 I S. 2) in Verbindung mit der Verordnung zur Durchführung des Fünften Vermögensbildungsgesetzes (Fünftes Vermögensbildungsgesetz-Durchführungsverordnung – VermBDV) vom 20. Dezember 1994 (BGBl. I S. 3904, BStBl. 1995 I S. 67) wie folgt Stellung genommen:

1. Persönlicher Geltungsbereich (§ 1 des 5. VermBG)

1 (1) Das Fünfte Vermögensbildungsgesetz gilt für unbeschränkt und beschränkt einkommensteuerpflichtige Arbeitnehmer im arbeitsrechtlichen Sinne (Angestellte, Arbeiter) und Auszubildende, deren Arbeitsverhältnis oder Ausbildungsverhältnis deutschem Arbeitsrecht unterliegt (§ 1 Abs. 1, Abs. 2 Satz 1 des 5. VermBG). Das Fünfte Vermögensbildungsgesetz gilt auch für in Heimarbeit Beschäftigte (§ 1 Abs. 2 Satz 2 des 5. VermBG) und für Beamte, Richter, Berufssoldaten und Soldaten auf Zeit (§ 1 Abs. 4 des 5. VermBG). Soldaten auf Zeit, für die das Fünfte Vermögensbildungsgesetz gilt, sind auch Bezieher von Ausbildungsgeld, das nach § 30 Abs. 2 des Soldatengesetzes gezahlt wird.

2 (2) Das Fünfte Vermögensbildungsgesetz gilt für die in Rn. 1 Satz 1 bezeichneten Arbeitnehmer, z. B. auch dann, wenn sie

1. ihren Wohnsitz im Ausland haben und als entsandte Kräfte oder deutsche Ortskräfte an Auslandsvertretungen der Bundesrepublik beschäftigt sind,

2. ausländische Arbeitnehmer sind und als Grenzpendler oder Grenzgänger in der Bundesrepublik arbeiten,
3. Kommanditisten oder stille Gesellschafter eines Unternehmens sind und mit der Kommanditgesellschaft oder dem Unternehmen einen Arbeitsvertrag abgeschlossen haben, der sie in eine abhängige Stellung zu der Gesellschaft oder dem Unternehmen bringt und sie deren Weisungsrecht unterstellt,
4. freiwillig Wehrdienstleistende sind und in einem ruhenden Arbeitsverhältnis stehen (§ 1 Abs. 1 des Arbeitsplatzschutzgesetzes), aus dem sie noch Bestandteile des Arbeitslohns (z. B. vermögenswirksame Leistungen) erhalten,
5. Menschen mit Behinderungen im Arbeitsbereich anerkannter Werkstätten sind und zu den Werkstätten in einem arbeitnehmerähnlichen Rechtsverhältnis stehen (§ 221 Abs. 1 des Neunten Buches Sozialgesetzbuch – SGB IX),
6. kurzfristig Beschäftigte, Aushilfskräfte in der Land- und Forstwirtschaft und geringfügig entlohnte Beschäftigte sind, deren Arbeitslohn nach § 40 a des Einkommensteuergesetzes (EStG) pauschal versteuert wird.

(3) Im Zweifel gilt eine Person als Arbeitnehmer, wenn sie Arbeitslohn im steuerlichen Sinne aus einem gegenwärtigen Dienstverhältnis bezieht. Gleiches gilt für einen Gesellschafter, wenn für ihn Sozialversicherungspflicht besteht. 3

(4) Das Fünfte Vermögensbildungsgesetz wird darüber hinaus angewendet auf 4

1. Arbeitnehmer, die als Grenzpendler oder Grenzgänger im benachbarten Ausland nach ausländischem Arbeitsrecht beschäftigt sind, aber ihren ständigen Wohnsitz und den Mittelpunkt ihrer Lebensinteressen im Inland haben (vgl. auch Rn. 11),
2. Personen, die aus dem Arbeitsverhältnis ausgeschieden sind, aber im Rahmen seiner Abwicklung noch Entgelt für geleistete Arbeit erhalten.

(5) Das Fünfte Vermögensbildungsgesetz gilt vorbehaltlich der Sätze 3 und 4 nicht für Mitglieder des zur gesetzlichen Vertretung berufenen Organs einer juristischen Person und durch Gesetz, Satzung oder Gesellschaftsvertrag zur Vertretung einer Personengesamtheit berufene Personen (§ 1 Abs. 3 des 5. VermBG), weil sie in dieser Eigenschaft nicht Arbeitnehmer im arbeitsrechtlichen Sinne sind. Zu diesen Organmitgliedern oder Vertretern einer Personengesamtheit gehören insbesondere Vorstandsmitglieder von Aktiengesellschaften, rechtsfähigen oder nichtrechtsfähigen Vereinen, Stiftungen, Versicherungsvereinen auf Gegenseitigkeit und Genossenschaften sowie Geschäftsführer von Gesellschaften mit beschränkter Haftung und von Orts- und Innungskrankenkassen (vgl. BFH-Urteil vom 15. Oktober 1976, BStBl. 1977 II S. 53). Für die bezeichneten Organmitglieder einer juristischen Person und Vertreter einer Personengesamtheit gilt das Fünfte Vermögensbildungsgesetz jedoch dann, wenn sie mit einem Dritten einen Arbeitsvertrag abgeschlossen haben und deshalb Arbeitnehmer im Sinne der Rn. 1 Satz 1 sind, oder wenn sie zu den in § 1 Abs. 4 des 5. VermBG bezeichneten Personen gehören (Rn. 1 Satz 2, Rn. 8). Für Vorstandsmitglieder einer Genossenschaft gilt das Fünfte Vermögensbildungsgesetz darüber hinaus dann, wenn sie mit der Genossenschaft selbst einen Arbeitsvertrag abgeschlossen haben und wenn die Stellung und Tätigkeit auf Grund des Arbeitsverhältnisses von der Stellung und Tätigkeit als Vorstandsmitglied klar abgrenzbar ist und das Arbeitsverhältnis unabhängig von der Vorstandstätigkeit begründet wurde. Eine solche unterscheidbare und trennbare Doppelstellung als Vorstandsmitglied und Arbeitnehmer der Genossenschaft liegt z. B. dann vor, wenn eine vor der Berufung in den Vorstand ausgeübte Tätigkeit als Arbeitnehmer der Genossenschaft danach unverändert fortgesetzt wird, wenn diese Tätigkeit wie bisher bezahlt, die hinzugekommene Vorstandstätigkeit dagegen unentgeltlich geleistet wird, und wenn beide Tätigkeiten sich deutlich voneinander unterscheiden. 5

(6) Das Fünfte Vermögensbildungsgesetz gilt darüber hinaus z. B. auch nicht für folgende Personen: 6

1. freiwillig Wehrdienstleistende, wenn sie in keinem ruhenden Arbeitsverhältnis stehen (vgl. auch Rn. 2 Nr. 4),
2. Bezieher von Renten aus den gesetzlichen Rentenversicherungen und Empfänger von arbeitsrechtlichen Versorgungsbezügen einschließlich Vorruhestandsbezügen, wenn sie nicht weiter in einem aktiven Arbeitsverhältnis stehen,
3. Personen, die einen Freiwilligendienst i. S. d. § 32 Abs. 4 Satz 1 Nr. 2 Buchst. d EStG leisten,
4. Entwicklungshelfer i. S. d. Entwicklungshelfer-Gesetzes.

Das Fünfte Vermögensbildungsgesetz gilt auch nicht für Bedienstete internationaler Organisationen, deren Arbeitsverhältnis nicht deutschem Arbeitsrecht unterliegt.

(7) In Heimarbeit Beschäftigte, für die das Fünfte Vermögensbildungsgesetz gilt (Rn. 1 Satz 2), sind Heimarbeiter und Hausgewerbetreibende (§ 1 Abs. 1 Heimarbeitsgesetz – HAG). Heimarbeiter sind Personen, die in selbst gewählter Arbeitsstätte (eigener Wohnung oder selbst gewählter Betriebsstätte) allein oder mit Familienangehörigen im Auftrag von Gewerbetreibenden oder Zwischenmeistern erwerbsmäßig arbeiten, jedoch die Verwertung der Arbeitsergebnisse den unmittelbar oder mittelbar auftraggebenden Gewerbetreibenden überlassen (§ 2 Abs. 1 HAG). Hausgewerbetreibende sind Personen, die in eigener Arbeitsstätte (eigener Wohnung oder Betriebsstätte) mit nicht mehr als zwei fremden Hilfskräften oder Heimarbeitern im Auftrag von Gewerbetreibenden oder Zwischenmeistern Waren herstellen, bearbeiten oder verpacken, wobei sie selbst wesentlich am Stück mitarbeiten, jedoch die Verwertung der Arbeitsergebnisse dem unmittelbar oder mittelbar auftraggebenden Gewerbetreibenden überlassen; unschädlich ist es, wenn Hausgewerbetreibende vorübergehend, d. h. in nur unbedeutendem Umfang, unmittelbar für den Absatzmarkt arbeiten (§ 2 Abs. 2 HAG). Das Fünfte Vermögensbildungsgesetz gilt nicht für die den in Heimarbeit Beschäftigten gemäß § 1 Abs. 2 HAG Gleichgestellten. 7

8 (8) Das Fünfte Vermögensbildungsgesetz gilt nicht für

1. sog. Ehrenbeamte (z. B. ehrenamtliche Bürgermeister), weil sie keine beamtenrechtliche Besoldung beziehen,
2. Empfänger beamtenrechtlicher Versorgungsbezüge,
3. entpflichtete Hochschullehrer, wenn sie nach Landesrecht nicht weiter Beamte im beamtenrechtlichen Sinne sind.

2. Begriff der vermögenswirksamen Leistungen, Überweisung (§ 2, § 3 Abs. 2 und 3 des 5. VermBG)

9 (1) Vermögenswirksame Leistungen sind Geldleistungen, die der Arbeitgeber für den Arbeitnehmer in einer der in § 2 Abs. 1 des 5. VermBG genannten Anlageformen anlegt; der Arbeitgeber hat für den Arbeitnehmer in der Regel unmittelbar an das Unternehmen, das Institut oder den Gläubiger zu leisten, bei dem nach Wahl des Arbeitnehmers (Rn. 61) die vermögenswirksame Anlage erfolgen soll. Ausnahmen bestehen nach Rn. 11 und in folgenden Fällen:

1. Bei einer Anlage nach § 2 Abs. 1 Nr. 2 und 3 des 5. VermBG in Beteiligungen auf Grund von Verträgen mit dem Arbeitgeber werden die vermögenswirksamen Leistungen verrechnet (Rn. 26 f., Rn. 40).
2. Bei einer Anlage nach § 2 Abs. 1 Nr. 5 des 5. VermBG für den Wohnungsbau (Rn. 51) können die vermögenswirksamen Leistungen auch unmittelbar an den Arbeitnehmer zur Weiterleitung an den Gläubiger gezahlt werden.

Im Übrigen kann nur Arbeitslohn vermögenswirksam angelegt werden, der dem Arbeitnehmer noch nicht zugeflossen ist; die nachträgliche Umwandlung von zugeflossenem Arbeitslohn in vermögenswirksame Leistungen nach § 11 des 5. VermBG (Rn. 57 f.) ist nur im Fall der Rn. 11 möglich. Geldwerte Vorteile aus der verbilligten Überlassung von Vermögensbeteiligungen sind keine vermögenswirksamen Leistungen, unabhängig davon, ob sie steuerfrei (§ 3 Nr. 39 EStG) oder steuerpflichtig sind oder aufgeschoben besteuert werden (§ 19 a EStG).

10 (2) Vermögenswirksame Leistungen liegen auch insoweit vor, als Anspruch auf Arbeitnehmer-Sparzulage nicht besteht, weil z. B.

1. auf Grund eines Sparvertrags oder Kapitalversicherungsvertrags (§ 2 Abs. 1 Nr. 6 und 7, § 13 Abs. 2 des 5. VermBG) angelegt wird,
2. die zulagebegünstigten Höchstbeträge von 400 € bzw. 470 € überschritten sind (§ 13 Abs. 2 des 5. VermBG)
   oder
3. die Einkommensgrenze überschritten ist (§ 13 Abs. 1 des 5. VermBG).

11 (3) Für den Grenzpendler oder Grenzgänger (Rn. 4 Nr. 1) kann der ausländische Arbeitgeber vermögenswirksame Leistungen auch dadurch anlegen, dass er eine andere Person mit der Überweisung oder Einzahlung in seinem Namen und für seine Rechnung beauftragt. Geht dies aus dem Überweisungsauftrag oder dem Einzahlungsbeleg eindeutig hervor, bestehen keine Bedenken, wenn es sich bei der beauftragten Person um den Begünstigten selbst handelt. Lehnt es der ausländische Arbeitgeber ab, mit dem bei ihm beschäftigten Grenzpendler oder Grenzgänger einen Vertrag nach § 11 Abs. 1 des 5. VermBG abzuschließen, so kann statt des Arbeitgebers ein inländisches Kreditinstitut oder eine Kapitalverwaltungsgesellschaft mit dem Arbeitnehmer die vermögenswirksame Anlage von Lohnteilen vereinbaren. Voraussetzung ist, dass der ausländische Arbeitgeber den Arbeitslohn auf ein Konto des Arbeitnehmers bei dem Kreditinstitut überweist und dieses sodann die vermögenswirksam anzulegenden Beträge zu Lasten dieses Kontos unmittelbar an das Unternehmen, das Institut oder den Gläubiger leistet; wird der Vertrag mit der Kapitalverwaltungsgesellschaft abgeschlossen, gilt dies sinngemäß. Diese Regelungen gelten auch für Arbeitnehmer, die bei diplomatischen und konsularischen Vertretungen ausländischer Staaten im Inland beschäftigt sind, wenn das Arbeitsverhältnis deutschem Arbeitsrecht unterliegt.

12 (4) Der Anspruch des Arbeitnehmers auf vermögenswirksame Leistungen ist bis zum Betrag von 870 € im Kalenderjahr unabhängig von der Anlageart nicht übertragbar und damit auch nicht pfändbar und nicht verpfändbar (§ 2 Abs. 7 Satz 2 des 5. VermBG, § 851 Abs. 1 der Zivilprozessordnung – ZPO, § 1274 Abs. 2 des Bürgerlichen Gesetzbuches – BGB). Dies gilt auch, soweit der Arbeitgeber die vermögenswirksamen Leistungen aus dem Arbeitslohn anzulegen hat (§ 11 des 5. VermBG) und unabhängig davon, ob und wieweit die vermögenswirksamen Leistungen zulagebegünstigt sind.

13 (5) Aufwendungen, die vermögenswirksame Leistungen darstellen, zählen nicht zu den Altersvorsorgebeiträgen (§ 82 Abs. 4 Nr. 1 EStG). Auf eine Förderung mittels einer Arbeitnehmer-Sparzulage kommt es nicht an.

3. Zeitliche Zuordnung der vermögenswirksamen Leistungen (§ 2 Abs. 6 des 5. VermBG)

14 (1) Vermögenswirksame Leistungen sind Arbeitslohn (§ 2 Abs. 6 des 5. VermBG). Die zeitliche Zuordnung vermögenswirksamer Leistungen richtet sich nach den für die Zuordnung des Arbeitslohns geltenden Vorschriften (vgl. § 38 a Abs. 1 Satz 2 und 3 EStG, R 39 b.5 und 39 b.6 der Lohnsteuer-Richtlinien – LStR). Für die Zurechnung vermögenswirksamer Leistungen zum abgelaufenen Kalenderjahr kommt es auf den Zeitpunkt des Eingangs beim Anlageinstitut nicht an (vgl. Rn. 63).

15 (2) Die zeitliche Zuordnung vermögenswirksamer Leistungen ist auf den Beginn der Sperrfrist ohne Einfluss. Die Sperrfrist für auf Sparverträge über Wertpapiere oder andere Vermögensbeteiligungen (§ 4 des 5. VermBG) angelegte vermögenswirksame Leistungen beginnt stets am 1. Januar des Kalender-

jahrs, in dem die einmalige oder die erste laufende vermögenswirksame Leistung beim Kreditinstitut oder bei der Kapitalverwaltungsgesellschaft eingeht.

4. Vermögensbeteiligungen (§ 2 Abs. 1 Nr. 1 des 5. VermBG)

(1) Die Vermögensbeteiligungen, deren Begründung oder Erwerb nach dem Fünften Vermögensbildungsgesetz mit der Arbeitnehmer-Sparzulage begünstigt ist, sind in § 2 Abs. 1 Nr. 1 i. V. m. Abs. 2 bis 4 des 5. VermBG abschließend aufgezählt. Danach können sowohl Vermögensbeteiligungen am Unternehmen des Arbeitgebers (betriebliche Beteiligungen) als auch Vermögensbeteiligungen an anderen Unternehmen (außerbetriebliche Beteiligungen) begründet oder erworben werden. Eine Vermögensbeteiligung kann jedoch nur begründet oder erworben werden, wenn ihre Laufzeit nicht vor der für die gewählte Anlage geltenden Sperrfrist endet. **16**

(2) Aktien und Wandelschuldverschreibungen sind Vermögensbeteiligungen, wenn sie **17**

1. vom inländischen oder ausländischen Arbeitgeber oder von einem Unternehmen, das als herrschendes Unternehmen mit dem Unternehmen des Arbeitgebers verbunden ist (§ 18 Abs. 1 des Aktiengesetzes – AktG) ausgegeben werden oder
2. an einer deutschen Börse zum regulierten Markt zugelassen oder in den Freiverkehr einbezogen sind.

(3) Eine Gewinnschuldverschreibung ist ein Wertpapier, das auf Inhaber, Namen oder an Order lautet und in dem die Leistung einer bestimmten Geldsumme – im Regelfall die Einlösung zum Nennwert – versprochen wird. Ob die Einlösung nach Fristablauf, Kündigung oder Rückgabe vorgesehen ist, ist dabei ohne Bedeutung. Unerheblich ist ebenfalls, ob neben Geldsummenansprüchen Geldwertansprüche verbrieft sind; so liegt z. B. eine Gewinnschuldverschreibung auch vor, wenn die Einlösung zum Kurs einer entsprechenden Aktie, mindestens jedoch zu einer bestimmten Geldsumme vereinbart ist. Voraussetzung ist in allen Fällen, dass neben einer bestimmten Geldsumme eine Verzinsung zugesagt ist, die mit dem Gewinn zusammenhängt. Auf die Bezeichnung als Zins kommt es dabei nicht an. Neben dem gewinnabhängigen Zins kann ein fester Zins zugesagt bzw. ein gewinnunabhängiger Mindestzins vereinbart sein. Gewinnschuldverschreibungen sind Vermögensbeteiligungen, wenn sie vom inländischen oder ausländischen Arbeitgeber oder von einem Unternehmen ausgegeben werden, das als herrschendes Unternehmen mit dem Unternehmen des Arbeitgebers verbunden ist (§ 18 Abs. 1 AktG). Sofern in solchen Gewinnschuldverschreibungen eine gewinnunabhängige Mindestverzinsung zugesagt ist, muss eine der in § 2 Abs. 3 des 5. VermBG geforderten Voraussetzungen erfüllt sein; die Mindestverzinsung i. S. d. § 2 Abs. 3 Nr. 2 des 5. VermBG bestimmt sich nach dem Ausgabepreis, nicht nach dem Nennwert oder Tageskurs der Gewinnschuldverschreibung. **18**

(4) Wandel- und Gewinnschuldverschreibungen, die Namensschuldverschreibungen des Arbeitgebers sind, sind Vermögensbeteiligungen, wenn die Ansprüche des Arbeitnehmers aus der Schuldverschreibung auf Kosten des Arbeitgebers durch ein inländisches Kreditinstitut verbürgt oder durch ein inländisches Versicherungsunternehmen privatrechtlich gesichert sind; ein Wechsel des Bürgen oder des Versicherungsunternehmens während der für die gewählte Anlage geltenden Sperrfrist ist zulässig, wenn der neue Bürge oder das neue Versicherungsunternehmen die bisher entstandenen Verpflichtungen übernimmt. Durch den Eintritt des Sicherungsfalls wird die für die gewählte Anlage geltende Sperrfrist nicht berührt. Die Sicherung ist nicht erforderlich, wenn der Arbeitgeber ein inländisches Kreditinstitut ist. **19**

(5) Anteile an OGAW-Sondervermögen sowie an als Sondervermögen aufgelegten offenen Publikums-AIF nach den §§ 218 und 219 des Kapitalanlagegesetzbuchs sowie Anteile an offenen EU-Investmentvermögen und offenen ausländischen AIF, die nach dem Kapitalanlagegesetzbuch vertrieben werden dürfen (§ 2 Abs. 1 Nr. 1 Buchst. c des 5. VermBG), bleiben Vermögensbeteiligungen bei Änderung der im maßgebenden Jahresbericht oder im ersten Jahres- oder Halbjahresbericht nach Auflegung des Investmentvermögens festgestellten Zusammensetzung des Investmentvermögens, die während der Laufzeit eines Vertrags nach § 4 des 5. VermBG über den Erwerb von entsprechenden Anteilen mit laufenden vermögenswirksamen Leistungen eintreten kann. **20**

(6) Ein Genussschein ist ein Wertpapier, wenn er ein Genussrecht verbrieft und auf Inhaber, Namen oder an Order lautet. Ein Genussschein kann von Unternehmen jeder Rechtsform ausgegeben werden. Genussrechte können alle Vermögensrechte sein, wie sie typischerweise Aktionären zustehen. Sie unterscheiden sich von Mitgliedschaftsrechten durch das Fehlen der Kontroll- und Verwaltungsrechte. Genussscheine sind Vermögensbeteiligungen, wenn sie **21**

1. vom inländischen oder ausländischen Arbeitgeber oder von einem Unternehmen, das als herrschendes Unternehmen mit dem Unternehmen des Arbeitgebers verbunden ist (§ 18 Abs. 1 AktG), ausgegeben werden oder
2. von einem inländischen Unternehmen, das kein Kreditinstitut ist, ausgegeben werden und an einer deutschen Börse zum regulierten Markt zugelassen oder in den Freiverkehr einbezogen sind.

Voraussetzung ist stets, dass mit dem Genussrecht das Recht am Gewinn des Unternehmens verbunden ist. Die Zusage eines gewinnunabhängigen Mindest- bzw. Festzinses steht damit nicht im Einklang. Ein gewinnunabhängiger Mindest- oder Festzins ist z. B. dann nicht zugesagt, wenn die Zinszahlung ausdrücklich von einem ausreichenden Gewinn abhängig gemacht ist oder das Genussrechtskapital am Verlust teilnimmt (vgl. § 10 Abs. 5 Gesetz über das Kreditwesen). Sofern eine gewinnunabhängige Mindestverzinsung zugesagt ist, muss eine der in § 2 Abs. 4 i. V. m. Abs. 3 des 5. VermBG geforderten Voraussetzungen erfüllt sein. Die Mindestverzinsung i. S. d. § 2 Abs. 3 Nr. 2 des 5. VermBG bestimmt sich nach dem Ausgabepreis, nicht nach dem Nennwert oder Tageskurs des Genussscheins. Sind neben dem Recht am Gewinn eines Unternehmens andere Rechte vereinbart, die ebenfalls typische Vermögensrechte eines Aktionärs sein können (z. B. Bezugsrechte), steht das der Annahme eines Genussrechts nicht entgegen. Voraussetzung ist außerdem, dass Rückzahlung zum Nennwert nicht zugesagt ist. Diese Voraussetzung ist z. B. in folgenden Fällen erfüllt:

1. Ausschluss der Rückzahlbarkeit (Unkündbarkeit, keine Rücknahme des Genussscheins);
2. Rückzahlbarkeit bei Kündigung, bei Rückgabe oder nach Fristablauf, wenn sich der Rückzahlungsanspruch nach der Wertentwicklung eines Unternehmens richtet (z. B. unmittelbar auf einen Anteil am Liquidationserlös gerichtet ist oder sich nach dem Börsenkurs einer entsprechenden Aktie des Unternehmens richtet);
3. Rückzahlbarkeit bei Kündigung, bei Rückgabe oder nach Fristablauf, wenn eine Beteiligung am Verlust vereinbart ist (das ist auch dann der Fall, wenn im Verlustfalle weniger als der Nennwert zurückgezahlt wird);
4. Rückzahlbarkeit bei Kündigung, bei Rückgabe oder nach Fristablauf, wenn eine Rückzahlung nur aus dem Gewinn erfolgen darf.

Ist Rückzahlung zum Nennwert zugesagt, kann es sich um eine Gewinnschuldverschreibung handeln (Rn. 18).

22 (7) Beteiligungen an einer Genossenschaft durch Begründung oder Erwerb eines Geschäftsguthabens sind Vermögensbeteiligungen, wenn die Genossenschaft

1. der inländische Arbeitgeber oder ein inländisches Unternehmen ist, das als herrschendes Unternehmen mit dem inländischen Unternehmen des Arbeitgebers verbunden ist (§ 18 Abs. 1 AktG), oder
2. ein inländisches Kreditinstitut oder ein Post-, Spar- oder Darlehensverein ist oder
3. eine Bau- oder Wohnungsgenossenschaft i. S. d. § 2 Abs. 1 Satz 1 Nr. 2 des Wohnungsbau-Prämiengesetzes (WoPG) ist, welche die in § 2 Abs. 1 Nr. 1 Buchst. g des 5. VermBG geforderten Voraussetzungen erfüllt.

Die Begründung oder der Erwerb eines Geschäftsguthabens bei einer Genossenschaft setzt voraus, dass der Arbeitnehmer bereits Mitglied der Genossenschaft ist oder vereinbart ist, dass er von der Genossenschaft als Mitglied aufgenommen wird. Zur Begründung von Geschäftsguthaben bei einer Genossenschaft werden auch die vermögenswirksamen Leistungen angelegt, die als Anzahlungen oder als Einzahlungen auf den Geschäftsanteil des Arbeitnehmers geleistet werden, nachdem das Geschäftsguthaben durch Verlust gemindert oder der Geschäftsanteil durch Beschluss der Generalversammlung erhöht worden ist. Ist die Sperrfrist nicht eingehalten, gehören Aufwendungen für den ersten Erwerb von Anteilen an Bau- und Wohnungsgenossenschaften (§ 2 Abs. 1 Satz 1 Nr. 2 WoPG) zu den Anlagen nach § 2 Abs. 1 Nr. 4 des 5. VermBG (Rn. 48).

23 (8) Beteiligungen an einer Gesellschaft mit beschränkter Haftung (GmbH) durch Übernahme einer Stammeinlage oder Erwerb eines Geschäftsanteils sind Vermögensbeteiligungen, wenn die GmbH der inländische Arbeitgeber oder ein inländisches Unternehmen ist, das als herrschendes Unternehmen mit dem inländischen Unternehmen des Arbeitgebers verbunden ist (§ 18 Abs. 1 AktG). Zur Übernahme einer Stammeinlage bei einer GmbH durch den Arbeitnehmer können vermögenswirksame Leistungen

1. bei Errichtung der GmbH auf Grund des mit dem Arbeitnehmer abgeschlossenen Gesellschaftsvertrags oder
2. bei Erhöhung des Stammkapitals der GmbH auf Grund einer Übernahmeerklärung des Arbeitnehmers (§ 55 Abs. 1 des Gesetzes betreffend die Gesellschaften mit beschränkter Haftung – GmbHG)

nach den Vorschriften des § 6 des 5. VermBG über den Beteiligungsvertrag angelegt werden. Zum Erwerb eines Geschäftsanteils an einer GmbH durch den Arbeitnehmer können vermögenswirksame Leistungen auf Grund eines Abtretungsvertrags des Arbeitnehmers mit der arbeitgebenden GmbH oder dem genannten verbundenen Unternehmen, nach den Vorschriften des § 7 des 5. VermBG über den Beteiligungs-Kaufvertrag (Rn. 39 ff.) angelegt werden. Nach den Vorschriften des § 4 des 5. VermBG angelegte vermögenswirksame Leistungen können zur Übernahme einer Stammeinlage auf Grund eines Gesellschaftsvertrags oder einer Übernahmeerklärung des Arbeitnehmers und zum Erwerb eines Geschäftsanteils auf Grund eines Abtretungsvertrags verwendet werden (§ 4 Abs. 2 Satz 1 Nr. 1 des 5. VermBG). Zur Übernahme einer Stammeinlage können vermögenswirksame Leistungen bereits dann angelegt oder verwendet werden, wenn der Gesellschaftsvertrag abgeschlossen oder die Übernahme der Stammeinlage erklärt, aber die Gesellschaft oder die Erhöhung des Stammkapitals noch nicht in das Handelsregister eingetragen worden ist. Unterbleibt die Eintragung, so sind Rn. 100 Nr. 3 und § 8 Abs. 1 Nr. 4 VermBDV zu beachten.

24 (9) Stille Beteiligungen an einem Unternehmen sind Vermögensbeteiligungen, wenn dieses

1. der inländische Arbeitgeber oder ein inländisches Unternehmen ist, das als herrschendes Unternehmen mit dem inländischen Unternehmen des Arbeitgebers verbunden ist (§ 18 Abs. 1 AktG), oder
2. ein inländisches Unternehmen ist, das auf Grund eines Vertrags mit dem Arbeitgeber an dessen inländischem Unternehmen gesellschaftsrechtlich beteiligt ist (indirekte betriebliche stille Beteiligung über eine so genannte Mitarbeiterbeteiligungsgesellschaft).

Als Vermögensbeteiligungen sind auch stille Beteiligungen an einem inländischen Unternehmen anzusehen, das auf Grund eines Vertrags mit einem anderen inländischen Unternehmen an diesem gesellschaftsrechtlich beteiligt ist, wenn dieses als herrschendes Unternehmen mit dem inländischen Unternehmen des Arbeitgebers verbunden ist (§ 18 Abs. 1 AktG). Die stille Beteiligung muss die im Handelsgesetzbuch für sie vorgeschriebenen Voraussetzungen erfüllen. Die stille Beteiligung an einem Unternehmen ist danach unabhängig von dessen Rechtsform möglich, wenn das Unternehmen ein Handelsgewerbe betreibt, oder wenn das Unternehmen z. B. wegen seiner Rechtsform oder wegen seiner Eintragung im Handelsregister als Unternehmen gilt, das ein Handelsgewerbe betreibt. An einer Gesellschaft, die kein Handelsgewerbe betreibt, aber – zu Unrecht – als Kommanditgesellschaft im Handelsregister eingetragen ist, kann eine stille Beteiligung begründet werden, wenn die eingetragene Gesellschaft ein Gewerbe betreibt. Ob diese Voraussetzung erfüllt ist, ist jeweils unter Berücksichtigung der Umstände des Einzelfalls ausschließlich nach handelsrechtlichen Grundsätzen festzustellen. Für die Abgrenzung einer stillen Beteiligung von einem partiarischen Darlehen kommt es darauf an, ob die Vertragspartner einen gemeinsamen Zweck verfolgen (vgl. BFH-Urteil vom 21. Juni 1983, BStBl. II S. 563). Indiz für die Verfolgung eines gemeinsamen Zwecks kann die ausdrückliche Vereinbarung von Kontrollrechten des Arbeitnehmers sein. Fehlt es an einem gemeinsamen Zweck der Vertragspartner, liegt ein partiarisches Darlehen vor (Rn. 25).

(10) Darlehensforderungen sind Vermögensbeteiligungen, wenn **25**

1. sie Forderungen gegen den Arbeitgeber oder gegen ein inländisches Unternehmen sind, das als herrschendes Unternehmen mit dem Unternehmen des Arbeitgebers verbunden ist (§ 18 Abs. 1 AktG), und
2. die Ansprüche des Arbeitnehmers aus dem Darlehensvertrag gesichert sind.

Rn. 19 gilt entsprechend.

(11) Genussrechte an einem Unternehmen, über die keine Genussscheine mit Wertpapiercharakter ausgegeben werden, sind Vermögensbeteiligungen, wenn **26**

1. das Unternehmen der inländische Arbeitgeber oder ein inländisches Unternehmen ist, das als herrschendes Unternehmen mit dem inländischen Unternehmen des Arbeitgebers verbunden ist (§ 18 Abs. 1 AktG), und
2. die Voraussetzungen der Rn. 21 erfüllt sind.

Ist Rückzahlung zum Nennwert vereinbart, kann es sich um ein partiarisches Darlehen handeln (Rn. 25).

(12) Mit vermögenswirksamen Leistungen können auch Nebenkosten der Begründung oder des Erwerbs einer Vermögensbeteiligung beglichen werden. Nebenkosten sind z. B. Provisionen, Notariatsgebühren, Eintrittsgelder im Zusammenhang mit Geschäftsguthaben bei einer Genossenschaft, Aufgelder im Zusammenhang mit Stammeinlagen bei einer GmbH und Kosten für Registereintragungen. Keine Nebenkosten in diesem Sinne sind z. B. Stückzinsen und Verwaltungskosten wie z. B. Depot- oder Kontoführungsgebühren. **27**

5. Anlagen auf Grund von Sparverträgen über Wertpapiere oder andere Vermögensbeteiligungen (§ 2 Abs. 1 Nr. 1, § 4 des 5. VermBG)

(1) Sparverträge über Wertpapiere oder andere Vermögensbeteiligungen (Rn. 16 ff.) können mit inländischen Kreditinstituten, Kapitalverwaltungsgesellschaften und Kreditinstituten oder Verwaltungsgesellschaften im Sinne der Richtlinie 2009/65/EG in anderen EU-Mitgliedstaaten abgeschlossen werden. Die Verträge brauchen die Voraussetzungen des § 21 Abs. 4 der Kreditinstituts-Rechnungslegungsverordnung nicht zu erfüllen, d. h., es können auch ohne Ausfertigung eines Sparbuchs mit jeder Einzahlung unmittelbar wertpapiermäßig verbriefte Vermögensbeteiligungen erworben werden. Die Verträge können auf den Erwerb oder die Begründung bestimmter Vermögensbeteiligungen beschränkt sein (z. B. auf den Erwerb von Aktien eines bezeichneten Unternehmens). Die Beschränkung kann geändert oder aufgehoben werden. **28**

(2) Ein Vertrag über eine einmalige Einzahlung ist ein Vertrag über eine einzige, der Höhe nach bestimmte Einzahlung. Ein Vertrag über laufende Einzahlungen liegt vor, wenn auf diesen Vertrag für die Dauer von sechs Jahren seit Vertragsabschluss mindestens einmal in jedem Kalenderjahr Beträge eingezahlt werden sollen; die einzuzahlenden Beträge brauchen der Höhe nach nicht bestimmt zu sein. Als Zeitpunkt des Vertragsabschlusses gilt der Tag, an dem die vermögenswirksame Leistung, bei Verträgen über laufende Einzahlungen die erste vermögenswirksame Leistung, beim Kreditinstitut oder bei der Kapitalverwaltungsgesellschaft eingeht. Aus Vereinfachungsgründen bestehen keine Bedenken dagegen, Einzahlungen auf einen Sparvertrag über laufende Einzahlungen noch bis zum letzten Tag des Kalendermonats zuzulassen, in dem die Frist von sechs Jahren endet. **29**

(3) Die siebenjährige Sperrfrist gilt einheitlich für Verträge über die einmalige oder laufende Anlage vermögenswirksamer Leistungen. Sie beginnt am 1. Januar des Kalenderjahrs, in dem die vermögenswirksame Leistung, bei Verträgen über laufende Einzahlungen die erste vermögenswirksame Leistung, beim Kreditinstitut oder bei der Kapitalverwaltungsgesellschaft eingeht. Die Einzahlung anderer Beträge hat auf den Beginn der Sperrfrist keinen Einfluss. **30**

Beispiel:

Der Arbeitnehmer unterschreibt den Sparvertrag über laufende Einzahlungen am 30. Juli 2024. Die erste vermögenswirksame Leistung geht am 20. August 2024 bei der Kapitalverwaltungsgesellschaft ein.

Lösung:

Der Sparvertrag gilt am 20. August 2024 als abgeschlossen, so dass die sechsjährige Einzahlungsfrist am 19. August 2030 endet. Auf Grund der Vereinfachungsregelung ist die letzte Einzahlung aber auch noch am 31. August 2030 möglich. Die siebenjährige Sperrfrist endet am 31. Dezember 2030.

(4) Der Vertrag über die laufende Anlage vermögenswirksamer Leistungen ist unterbrochen, wenn in einem Kalenderjahr, das dem Kalenderjahr des Vertragsabschlusses folgt, weder vermögenswirksame Leistungen noch andere Beträge eingezahlt werden; dabei liegt z. B. eine Einzahlung anderer Beträge auch dann vor, wenn Zinsen für eingezahlte Beträge gutgeschrieben bleiben. **31**

Beispiel A:

Der Arbeitnehmer unterschreibt den Sparvertrag über laufende Einzahlungen am 30. September 2024. Die erste vermögenswirksame Leistung geht am 4. November 2024, weitere vermögenswirksame Leistungen gehen bis einschließlich

März 2025 bei der Kapitalverwaltungsgesellschaft ein. Ab 1. April 2025 werden keine Beträge mehr eingezahlt, weil der Arbeitnehmer arbeitslos geworden ist. Die gutgeschriebenen Zinsen und die gutgeschriebenen Erträge aus Vermögensbeteiligungen hat sich der Arbeitnehmer auszahlen lassen. Am 4. November 2026 werden erneut vermögenswirksame Leistungen eingezahlt.

Lösung:

Der Vertrag ist nicht unterbrochen, weil in den Kalenderjahren 2025 und 2026 vermögenswirksame Leistungen angelegt worden sind.

Beispiel B:

Der Arbeitnehmer unterschreibt den Sparvertrag über laufende Einzahlungen am 30. September 2024. Die erste vermögenswirksame Leistung geht am 4. November 2024 bei der Kapitalverwaltungsgesellschaft ein. Ab 1. Januar 2025 werden keine Beträge mehr eingezahlt, weil der Arbeitnehmer arbeitslos geworden ist. Die gutgeschriebenen Zinsen und die gutgeschriebenen Erträge aus Vermögensbeteiligungen hat sich der Arbeitnehmer auszahlen lassen. Ab 1. Februar 2026 werden erneut vermögenswirksame Leistungen eingezahlt.

Lösung:

Der Vertrag ist unterbrochen, weil im Kalenderjahr 2025 keine Einzahlungen vorliegen.

32 (5) Nach einer Unterbrechung können auf den Sparvertrag keine vermögenswirksamen Leistungen mehr angelegt werden.

33 (6) Endet für vermögenswirksame Leistungen die Verwendungsfrist (§ 4 Abs. 2 Nr. 1 des 5. VermBG) mit oder nach Ablauf der Sperrfrist, so werden sie auch dann gefördert, wenn keine Vermögensbeteiligungen erworben werden.

34 (7) Die Festlegung erworbener Wertpapiere und die Aufzeichnungspflichten bei ihrer Verwahrung durch den Arbeitgeber sind in § 4 Abs. 1 und 2 VermBDV geregelt. Die Mitteilungspflichten des Kreditinstituts oder der Kapitalverwaltungsgesellschaft und des Arbeitgebers bei Verwahrung der erworbenen Wertpapiere durch den Arbeitgeber sind in § 2 Abs. 3 VermBDV geregelt.

35 (8) Die erworbenen Wertpapiere können vor Ablauf der Sperrfrist zulagenunschädlich gegen andere verbriefte Vermögensbeteiligungen ausgetauscht werden (§ 4 Abs. 4 Nr. 6 des 5. VermBG). Dieser Austausch ist nur möglich, wenn die Wertpapiere bei einem Kreditinstitut oder bei einer Kapitalverwaltungsgesellschaft verwahrt werden. Der Erlös aus der Veräußerung einschließlich etwaiger Kursgewinne ist bis zum Ablauf des folgenden Kalendermonats zum Erwerb der für den Rest der Sperrfrist festzulegenden anderen Wertpapiere zu verwenden. Dabei übrig bleibende vermögenswirksame Leistungen bleiben gefördert, wenn sie 150 € nicht übersteigen; aus mehreren Veräußerungsvorgängen übrig bleibende vermögenswirksame Leistungen sind zusammenzurechnen. Wird die 150 €-Grenze überschritten, wird die Förderung der nicht wieder verwendeten vermögenswirksamen Leistungen rückgängig gemacht, weil in dieser Höhe eine schädliche Verfügung vorliegt. Sind zum Erwerb von Wertpapieren neben vermögenswirksamen Leistungen auch andere Beträge verwendet worden, so gelten beim Austausch von Wertpapieren zuerst die anderen Beträge als übrig bleibend; diese Beträge bleiben bei der Ermittlung der 150 €-Grenze außer Ansatz.

6. Anlagen auf Grund von Wertpapier-Kaufverträgen (§ 2 Abs. 1 Nr. 2, § 5 des 5. VermBG)

36 (1) Auf Grund eines Wertpapier-Kaufvertrags mit dem inländischen Arbeitgeber werden vermögenswirksame Leistungen durch Verrechnung mit dem Kaufpreis zum Erwerb von Wertpapieren (§ 2 Abs. 1 Nr. 1 Buchst. a bis c und f des 5. VermBG) angelegt. Der Kaufpreis kann mit vermögenswirksamen Leistungen entrichtet werden durch
– einmalige Verrechnung als Vorauszahlung oder nachträgliche Zahlung,
– laufende Verrechnung als Anzahlungen oder Abzahlungen.

37 (2) Ist der Kaufpreis durch einmalige Verrechnung vorausgezahlt oder durch laufende Verrechnung angezahlt worden, so hat der Arbeitgeber ein Anzahlungskonto zu führen.

38 (3) Die Festlegung erworbener Wertpapiere und die Aufzeichnungspflichten bei ihrer Verwahrung sind in § 4 Abs. 3 VermBDV geregelt. Die Mitteilungspflichten des Arbeitgebers und des Kreditinstituts oder der Kapitalverwaltungsgesellschaft bei Verwahrung der erworbenen Wertpapiere durch ein vom Arbeitnehmer benanntes Kreditinstitut oder eine vom Arbeitnehmer benannte Kapitalverwaltungsgesellschaft sind in § 2 Abs. 4 VermBDV geregelt. Der sparzulagenunschädliche Austausch von Wertpapieren (Rn. 35) ist nicht möglich, wenn diese auf Grund eines Wertpapier-Kaufvertrags erworben worden sind.

7. Anlagen auf Grund von Beteiligungs-Verträgen und Beteiligungs-Kaufverträgen (§ 2 Abs. 1 Nr. 3, §§ 6 und 7 des 5. VermBG)

39 (1) Beteiligungs-Verträge (§ 6 des 5. VermBG) unterscheiden sich von Beteiligungs-Kaufverträgen (§ 7 des 5. VermBG) hauptsächlich dadurch, dass Beteiligungs-Verträge nicht verbriefte Vermögensbeteiligungen erstmals begründen, während auf Grund von Beteiligungs-Kaufverträgen bereits bestehende nicht verbriefte Vermögensbeteiligungen erworben werden.

40 (2) Auf Grund eines Beteiligungs-Vertrags nach § 6 Abs. 1 des 5. VermBG und auf Grund eines Beteiligungs-Kaufvertrags nach § 7 Abs. 1 des 5. VermBG zwischen dem Arbeitnehmer und dem inländischen Arbeitgeber können vermögenswirksame Leistungen in nicht verbrieften betrieblichen Vermögensbeteiligungen angelegt werden. Auf Grund eines Beteiligungs-Kaufvertrags nach § 7 Abs. 1 des 5. VermBG können außerdem insbesondere außerbetriebliche Vermögensbeteiligungen in Form von Geschäftsguthaben bei inländischen Kredit-, Bau- oder Wohnungsbaugenossenschaften sowie stille Beteiligungen an sog. Mitarbeiterbeteiligungsgesellschaften (Rn. 24) erworben werden. Die vermögenswirksamen Leistungen sind zu verrechnen (Rn. 36 f.).

(3) Ein Beteiligungs-Vertrag nach § 6 Abs. 2 des 5. VermBG kann vom Arbeitnehmer mit einem Unternehmen, das mit dem Unternehmen des Arbeitgebers verbunden ist, mit einer sog. Mitarbeiterbeteiligungsgesellschaft oder mit einer Kredit-, Bau- oder Wohnungsgenossenschaft zur Begründung nicht verbriefter Vermögensbeteiligungen an dem vertragschließenden Unternehmen abgeschlossen werden. Ein Beteiligungs-Kaufvertrag nach § 7 Abs. 2 des 5. VermBG kann vom Arbeitnehmer mit der GmbH, die mit dem Unternehmen des Arbeitgebers verbunden ist, zum Erwerb von Geschäftsanteilen an der vertragschließenden GmbH abgeschlossen werden. Die vermögenswirksamen Leistungen sind vom Arbeitgeber zu überweisen; die einmalige Überweisung als Voraus- oder nachträgliche Zahlung sowie laufende Überweisungen als An- oder Abzahlungen sind zulässig. So kann in einem Beteiligungs-Vertrag nach § 6 Abs. 2 des 5. VermBG vereinbart sein, dass der Arbeitnehmer an eine Genossenschaft vermögenswirksame Leistungen laufend als Anzahlungen zum Zwecke der Begründung von Geschäftsguthaben vom Arbeitgeber überweisen lässt, damit die Genossenschaft für den Arbeitnehmer die Einzahlungen erbringt, die zu leisten sind, sobald er der Genossenschaft beigetreten ist und die Geschäftsanteile übernommen hat. 41

(4) Ist die für die Begründung der Vermögensbeteiligung geschuldete Geldsumme (§ 6 Abs. 1 und 2 des 5. VermBG) oder der Kaufpreis (§ 7 Abs. 1 und 2 des 5. VermBG) durch einmalige vermögenswirksame Leistung vorausgezahlt oder durch laufende vermögenswirksame Leistungen angezahlt worden, so hat der Arbeitgeber oder das Unternehmen ein Anzahlungskonto zu führen. 42

(5) Die Aufzeichnungspflichten während der Dauer der Sperrfrist (§ 6 Abs. 3 Nr. 2, § 7 Abs. 3 des 5. VermBG) sind in § 3 VermBDV geregelt. 43

8. Insolvenzschutz (§ 2 Abs. 5 a des 5. VermBG)

(1) Der Arbeitgeber hat vor der Anlage vermögenswirksamer Leistungen im eigenen Unternehmen in Zusammenarbeit mit dem Arbeitnehmer Vorkehrungen zu treffen, die der Absicherung der angelegten vermögenswirksamen Leistungen bei einer während der Dauer der Sperrfrist eintretenden Zahlungsunfähigkeit des Arbeitgebers dienen (§ 2 Abs. 5 a Satz 1 des 5. VermBG). Diese Vorkehrungen des Arbeitgebers gegen Insolvenz sind nicht Voraussetzung für den Anspruch des Arbeitnehmers auf die Arbeitnehmer-Sparzulage. Die Regelung betrifft alle im Fünften Vermögensbildungsgesetz zugelassenen Formen von Kapitalbeteiligungen der Arbeitnehmer am arbeitgebenden Unternehmen mit Ausnahme von Darlehen (§ 2 Abs. 1 Nr. 1 Buchst. k des 5. VermBG) und Namensschuldverschreibungen (§ 2 Abs. 1 Nr. 1 Buchst. b des 5. VermBG), für die bereits die Absicherung durch eine Versicherung oder Bankbürgschaft als Voraussetzung für die Anlage vermögenswirksamer Leistungen und damit für einen möglichen Anspruch auf Arbeitnehmer-Sparzulage vorgeschrieben ist. 44

(2) Zum „Bericht des Bundesministeriums für Arbeit und Sozialordnung nach § 2 Abs. 5 a des Fünften Vermögensbildungsgesetzes (VermBG) über die Vorkehrungen zur Insolvenzsicherung vermögenswirksamer Leistungen beim Erwerb von Mitarbeiter-Kapitalbeteiligungen" siehe Bundestags-Drucksache 14/9731 vom 28. Juni 2002 45

9. Anlagen nach dem Wohnungsbau-Prämiengesetz (§ 2 Abs. 1 Nr. 4 des 5. VermBG)

(1) Als Aufwendungen des Arbeitnehmers nach dem Wohnungsbau-Prämiengesetz können vermögenswirksame Leistungen auf Grund von Verträgen angelegt werden, die nach den Vorschriften des Wohnungsbau-Prämiengesetzes abgeschlossen worden sind. Bei der Anlage vermögenswirksamer Leistungen nach § 2 Abs. 1 Satz 1 Nr. 2 WoPG als Aufwendungen für den ersten Erwerb von Anteilen an Bau- und Wohnungsgenossenschaften müssen jedoch die Voraussetzungen des § 2 Abs. 1 Nr. 1 Buchst. g zweiter Halbsatz des 5. VermBG erfüllt sein. Eine Anlage nach dem Wohnungsbau-Prämiengesetz liegt auch dann vor, wenn der Arbeitnehmer beschränkt einkommensteuerpflichtig ist (§ 1 Abs. 4 EStG) oder wenn das Einkommen des Arbeitnehmers die Einkommensgrenze (§ 2 a WoPG) überschritten hat. 46

(2) Beiträge an Bausparkassen zur Erlangung von Baudarlehen setzen den Abschluss eines Bausparvertrags mit einer Bausparkasse voraus (§ 2 Abs. 1 Satz 1 Nr. 1 WoPG). Bausparkassen sind Kreditinstitute i. S. d. § 1 Abs. 1 des Gesetzes über Bausparkassen. 47

(3) Vermögenswirksame Leistungen können als Aufwendungen für den ersten Erwerb von Anteilen an Bau- und Wohnungsgenossenschaften erbracht werden (§ 2 Abs. 1 Satz 1 Nr. 2 WoPG). Wegen der Zuordnung zu einer Anlage nach § 2 Abs. 1 Nr. 1 Buchst. g des 5. VermBG und den Wegfall dieser Zulagenbegünstigung vgl. Rn. 22 und Rn. 100 Nr. 3. 48

(4) Wohnbau-Sparverträge im Sinne des Wohnungsbau-Prämiengesetzes sind Sparverträge mit einem Kreditinstitut oder einem am 31. Dezember 1989 als gemeinnützig anerkannten Wohnungsunternehmen oder einem am 31. Dezember 1989 als Organ der staatlichen Wohnungspolitik anerkannten Unternehmen, wenn diese Unternehmen eigene Spareinrichtungen unterhalten, auf die die Vorschriften des Gesetzes über das Kreditwesen anzuwenden sind. Die eingezahlten Sparbeiträge und die Prämien müssen zum Bau oder Erwerb selbst genutzten Wohneigentums oder zum Erwerb eines eigentumsähnlichen Dauerwohnrechts verwendet werden; die Wohnbau-Sparverträge müssen auf die Dauer von drei bis sechs Jahren als allgemeine Sparverträge oder als Sparverträge mit festgelegten Sparraten abgeschlossen werden (§ 2 Abs. 1 Satz 1 Nr. 3 WoPG). 49

(5) Baufinanzierungsverträge im Sinne des Wohnungsbau-Prämiengesetzes sind Verträge mit einem Wohnungs- und Siedlungsunternehmen oder einem am 31. Dezember 1989 anerkannten Organ der staatlichen Wohnungspolitik, die nach der Art von Sparverträgen mit festgelegten Sparraten auf die Dauer von drei bis acht Jahren mit dem Zweck einer Kapitalansammlung abgeschlossen werden; Voraussetzung ist, dass die eingezahlten Beiträge und die Prämien zum Bau oder Erwerb selbst genutzten Wohneigentums oder zum Erwerb eines eigentumsähnlichen Dauerwohnrechts verwendet werden (§ 2 50

Abs. 1 Satz 1 Nr. 4 WoPG). Die zum Wohnungsbau verwendeten Beträge dürfen nur in einem Mitgliedstaat der Europäischen Union oder in einem Staat eingesetzt werden, auf den das Abkommen über den Europäischen Wirtschaftsraum anwendbar ist (§ 2 Abs. 2 Satz 10 WoPG). Baufinanzierungsverträge unterscheiden sich von den Wohnbau-Sparverträgen mit festgelegten Sparraten (Rn. 49) dadurch, dass außer den Verpflichtungen des Arbeitnehmers auch die Verpflichtungen des Unternehmens zur Erbringung der vertraglichen Leistungen von vornherein festgelegt sein müssen (vgl. BFH-Urteil vom 17. März 1972, BStBl. II S. 601).

10. Anlagen für den Bau, den Erwerb, den Ausbau, die Erweiterung oder die Entschuldung eines Wohngebäudes usw. (§ 2 Abs. 1 Nr. 5 des 5. VermBG)

51 Bei einer Anlage unmittelbar für den Bau, den Erwerb, den Ausbau, die Erweiterung oder die Entschuldung eines im Inland belegenen Wohngebäudes usw. gilt Folgendes:

1. Wohngebäude sind Gebäude, soweit sie Wohnzwecken dienen.
2. Für die Anlage ist Voraussetzung, dass der Arbeitnehmer entweder Alleineigentümer oder Miteigentümer des Wohngebäudes usw. ist; mindestens muss jedoch eine Auflassungsvormerkung zu seinen Gunsten im Grundbuch eingetragen sein. Keine Anlage in diesem Sinne liegt vor, sofern der Anlage ein von einem Dritten vorgefertigtes Konzept zu Grunde liegt, bei dem der Arbeitnehmer vermögenswirksame Leistungen zusammen mit mehr als 15 anderen Arbeitnehmern anlegen kann (§ 2 Abs. 1 Nr. 5 des 5. VermBG).
3. Eine Anlage liegt u. a. vor, wenn es sich bei den Aufwendungen um Anschaffungskosten, Herstellungskosten und Erhaltungsaufwendungen bei Instandsetzung und Modernisierung handelt (vgl. BMF-Schreiben vom 18. Juli 2003, BStBl. I S. 386).
4. Als Aufwendungen für den Bau, den Erwerb, den Ausbau, die Erweiterung oder die Entschuldung eines Wohngebäudes usw. können die vermögenswirksamen Leistungen nur erbracht werden, soweit im Zeitpunkt ihres Zuflusses die Schuld des Arbeitnehmers, für den die Leistungen erbracht werden, nicht bereits getilgt ist.
5. Sparleistungen an Treuhand- und Immobiliengesellschaften sind keine Aufwendungen für den Bau, den Erwerb, den Ausbau, die Erweiterung oder die Entschuldung eines Wohngebäudes usw.

11. Anlagen auf Grund von Verträgen des Ehegatten oder Lebenspartners, der Kinder oder der Eltern (§ 3 Abs. 1 des 5. VermBG)

52 (1) Der Arbeitnehmer kann vermögenswirksame Leistungen auch auf Grund von Sparverträgen über Wertpapiere oder andere Vermögensbeteiligungen (Rn. 28 ff.), auf Grund von Verträgen nach den Vorschriften des Wohnungsbau-Prämiengesetzes (Rn. 46 ff.), auf Grund von Sparverträgen (§ 8 des 5. VermBG) und auf Grund von Kapitalversicherungsverträgen (§ 9 des 5. VermBG) anlegen lassen, die von seinem nicht dauernd getrennt lebenden Ehegatten oder Lebenspartner abgeschlossen worden sind. Das gilt auch, wenn die genannten Verträge von Kindern des Arbeitnehmers (§ 32 Abs. 1 EStG) abgeschlossen worden sind, solange die Kinder zu Beginn des Kalenderjahrs der vermögenswirksamen Leistung das 17. Lebensjahr noch nicht vollendet haben oder in diesem Kalenderjahr lebend geboren wurden. Hat der Arbeitnehmer zu Beginn des Kalenderjahrs der vermögenswirksamen Leistungen das 17. Lebensjahr noch nicht vollendet, so können vermögenswirksame Leistungen auch auf die genannten Verträge angelegt werden, die von seinen Eltern oder einem Elternteil abgeschlossen worden sind.

(2) Die vom Arbeitnehmer zugunsten des Ehegatten oder Lebenspartners, der Kinder oder der Eltern auf deren Sparverträge über Wertpapiere oder andere Vermögensbeteiligungen angelegten vermögenswirksamen Leistungen sind vom Vertragsinhaber vertragsgemäß zu verwenden; der Vertragsinhaber kann mit diesen Leistungen auch betriebliche Vermögensbeteiligungen erwerben (z. B. Gewinnschuldverschreibungen oder Genussscheine seines Arbeitgebers). Eine Abtretung der Ansprüche aus den genannten Verträgen an den Arbeitnehmer steht der Anlage seiner vermögenswirksamen Leistungen auf diese Verträge nicht entgegen

53 (3) Rn. 52 gilt entsprechend bei Anlagen für den Bau, den Erwerb, den Ausbau, die Erweiterung oder die Entschuldung eines Wohngebäudes usw. (Rn. 51), wenn die in Rn. 52 genannten Personen Alleineigentümer oder Miteigentümer des Wohngebäudes usw. sind oder zu ihren Gunsten eine Auflassungsvormerkung im Grundbuch eingetragen ist (Rn. 51 Nr. 2).

54 (4) Rn. 52 f. gilt auch bei steuerlich anerkannten Dienstverhältnissen zwischen Ehegatten oder Lebenspartnern (vgl. R 4.8 Abs. 1 EStR, H 4.8 „Arbeitsverhältnisse zwischen Ehegatten" EStH).

55 (5) Vermögenswirksame Leistungen können auch auf Gemeinschaftskonten/-depots angelegt werden. Rn. 60 und Rn. 103 Satz 3 sind zu beachten.

12. Vereinbarung der vermögenswirksamen Leistungen, freie Wahl der Anlage (§§ 10, 11, 12 des 5. VermBG)

56 (1) Vermögenswirksame Leistungen, die zusätzlich zum sonstigen Arbeitslohn zu erbringen sind, können in Verträgen mit Arbeitnehmern, in Betriebsvereinbarungen, in Tarifverträgen sowie in bindenden Festsetzungen nach dem Heimarbeitsgesetz vereinbart werden (§ 10 des 5. VermBG); für Beamte, Richter, Berufssoldaten und Soldaten auf Zeit werden zusätzliche vermögenswirksame Leistungen auf Grund eines Gesetzes erbracht.

57 (2) Die vermögenswirksame Anlage von Teilen des Arbeitslohns (Rn. 58) wird in einem Vertrag vereinbart, den der Arbeitgeber auf schriftlichen Antrag des Arbeitnehmers mit diesem abschließen muss (§ 11 Abs. 1 des 5. VermBG; bezüglich der Grenzpendler und Grenzgänger vgl. Rn. 11). Macht ein Tarifvertrag den Anspruch auf zusätzliche vermögenswirksame Leistungen davon abhängig, dass der Arbeitnehmer

als Eigenleistung auch Teile des Arbeitslohns vermögenswirksam anlegt, so ist für die vermögenswirksame Anlage ein schriftlicher Antrag des Arbeitnehmers nicht erforderlich. Der Arbeitgeber muss auf Verlangen des Arbeitnehmers die vermögenswirksame Anlage von Lohnteilen auch dann vereinbaren, wenn der Arbeitnehmer für diese Anlage eine der nicht zulagebegünstigten Anlageformen (Rn. 10 Nr. 1) wählt. Der Arbeitgeber muss dem Verlangen des Arbeitnehmers aber insoweit nicht folgen, als die anzulegenden Lohnteile für sich oder zusammen mit anderen vermögenswirksamen Leistungen den Betrag von 870 € im Kalenderjahr übersteigen. Soweit der Arbeitgeber zur Anlage von Lohnteilen nicht verpflichtet ist, kann er sich freiwillig bereit erklären, die vom Arbeitnehmer verlangte Anlage von Lohnteilen zu vereinbaren.

(3) Vermögenswirksam angelegt werden können nur Teile des Arbeitslohns, der zu den Einkünften aus nichtselbständiger Arbeit nach § 19 EStG gehört (Arbeitslohn im steuerlichen Sinne) und der dem Arbeitnehmer noch nicht zugeflossen ist; die nachträgliche Umwandlung von zugeflossenem Arbeitslohn in vermögenswirksame Leistungen ist nur im Fall der Grenzpendler und Grenzgänger (Rn. 11) möglich. Auch pauschal besteuerter oder steuerfreier Arbeitslohn kann vermögenswirksam angelegt werden, also z. B. Teile **58**

1. des pauschal besteuerten Arbeitslohns von kurzfristig Beschäftigten, Aushilfskräften in der Land- und Forstwirtschaft und geringfügig entlohnten Beschäftigten (§ 40 a EStG),
2. der pauschal besteuerten sonstigen Bezüge (§ 40 Abs. 1 EStG),
3. des steuerfreien Zuschusses zum Mutterschaftsgeld (§ 3 Nr. 1 Buchst. d EStG).

Kein Arbeitslohn in diesem Sinne sind z. B. die steuerfreien Lohnersatzleistungen (wie Wintergeld – Mehraufwands-Wintergeld, Zuschuss-Wintergeld –, Insolvenzgeld, Mutterschaftsgeld), der Ersatz von Aufwendungen des Arbeitnehmers, die Arbeitnehmer-Sparzulage und die Vergütungen, die ein Kommanditist für seine Tätigkeit im Dienst der Kommanditgesellschaft erhält; diese Bezüge können deshalb nicht vermögenswirksam angelegt werden.

(4) Bei einem minderjährigen Arbeitnehmer, den sein gesetzlicher Vertreter zum Abschluss des Arbeitsvertrags ermächtigt hat, ist im Allgemeinen davon auszugehen, dass er ohne ausdrückliche Zustimmung des Vertreters Verträge mit dem Arbeitgeber über vermögenswirksame Leistungen abschließen kann; denn ein solcher Arbeitnehmer ist für alle das Arbeitsverhältnis der gestatteten Art betreffenden Rechtsgeschäfte unbeschränkt geschäftsfähig, wenn die Ermächtigung keine Einschränkungen enthält. **59**

(5) Der Arbeitnehmer hat dem Arbeitgeber mitzuteilen, in welcher Anlageform und bei welchem Unternehmen, Institut oder Gläubiger vermögenswirksame Leistungen nach seiner Wahl (Rn. 61) angelegt werden sollen; er hat dabei anzugeben, wann und in welcher Höhe er die Anlage verlangt, und den Anlagevertrag – z. B. durch dessen Konto- oder Vertragsnummer – näher zu bezeichnen. **60**

(6) Die Zulagebegünstigung vermögenswirksamer Leistungen (§ 13 des 5. VermBG) setzt voraus, dass der Arbeitnehmer frei wählen kann, in welcher der Anlageformen und bei welchem Unternehmen, Institut oder Gläubiger (§ 3 Abs. 3 Satz 1 des 5. VermBG) der Arbeitgeber die vermögenswirksamen Leistungen anlegen soll (§ 12 Satz 1 des 5. VermBG); einer Förderung steht jedoch nicht entgegen, dass durch Tarifvertrag die Anlage auf die Formen des § 2 Abs. 1 Nr. 1 bis 5, Abs. 2 bis 4 beschränkt wird (§ 12 Satz 2 des 5. VermBG). Der Arbeitnehmer kann aber eine Vermögensbeteiligung am Unternehmen des Arbeitgebers in einer der in § 2 Abs. 1 Nr. 1 Buchst. g bis l und Abs. 4 des 5. VermBG bezeichneten Formen (Rn. 59) nur dann begründen oder erwerben, wenn der Arbeitgeber zustimmt (§ 12 Satz 3 des 5. VermBG). Deshalb verstößt es nicht gegen § 12 des 5. VermBG, wenn ein Arbeitgeber nur bestimmten Arbeitnehmern oder Arbeitnehmergruppen die Möglichkeit einräumt, mit ihren vermögenswirksamen Leistungen Vermögensbeteiligungen am Unternehmen des Arbeitgebers i. S. d. § 2 Abs. 1 Nr. 1 Buchst. g bis l und Abs. 4 des 5. VermBG – z. B. Darlehensforderungen oder stille Beteiligungen – zu begründen. **61**

(7) Der Arbeitnehmer kann verlangen, dass die für ihn zu erbringenden vermögenswirksamen Leistungen auf verschiedene Anlageformen verteilt werden, oder dass die Anlageform gewechselt wird, wenn er daran ein berechtigtes Interesse hat, das gegenüber dem Interesse des Arbeitgebers an möglichst geringem Verwaltungsaufwand überwiegt. An der Verteilung auf verschiedene Anlageformen oder am Wechsel der Anlageform kann der Arbeitnehmer z. B. dann ein berechtigtes Interesse haben, wenn er dadurch die Förderung voll ausschöpfen möchte. Für den Wechsel der Anlageform bei vermögenswirksamer Anlage von Lohnteilen (Rn. 57) ist § 11 Abs. 5 des 5. VermBG zu beachten. **62**

13. Kennzeichnungs- und Mitteilungspflichten (§ 3 Abs. 2 des 5. VermBG, § 2 Abs. 1 VermBDV)

(1) Bei Überweisung der vermögenswirksam anzulegenden Beträge an das Unternehmen, Institut oder den Gläubiger (Rn. 9) hat der Arbeitgeber die Beträge als vermögenswirksame Leistung besonders kenntlich zu machen und den Namen des Arbeitnehmers sowie dessen Konto- oder Vertragsnummer anzugeben. Zusätzlich ist bei Überweisungen im Dezember und Januar anzugeben, welchem Kalenderjahr die überwiesenen Beträge zuzuordnen sind (vgl. Rn. 14). **63**

(2) Geht bei dem Unternehmen, dem Institut oder dem Gläubiger ein vom Arbeitgeber als vermögenswirksame Leistung gekennzeichneter Betrag ein und kann dieser nicht nach den Vorschriften des 5. VermBG angelegt werden (z. B. weil ein Anlagevertrag i. S. d. 5. VermBG nicht besteht oder bereits erfüllt ist oder weil bei einem Bausparvertrag die Bausparsumme ausgezahlt worden ist), so ist das Unternehmen, das Institut oder der Gläubiger verpflichtet, dies dem Arbeitgeber unverzüglich schriftlich mitzuteilen; nach Eingang einer solchen Mitteilung darf der Arbeitgeber für den Arbeitnehmer keine vermögenswirksamen Leistungen mehr überweisen. **64**

14. Elektronische Vermögensbildungsbescheinigung (§ 15 Abs. 1 und 1 a des 5. VermBG, § 5 VermBDV)

65 (1) Das Kreditinstitut, die Kapitalverwaltungsgesellschaft, die Bausparkasse, das Unternehmen, der Arbeitgeber oder der Gläubiger, mit dem der Arbeitnehmer den Anlagevertrag abgeschlossen hat (mitteilungspflichtige Stelle), hat die im Kalenderjahr angelegten vermögenswirksamen Leistungen bis zum letzten Tag des Monats Februar des folgenden Jahres nach amtlich vorgeschriebenem Datensatz durch Datenfernübertragung über die amtlich bestimmte Schnittstelle zu übermitteln (§ 15 Abs. 1 Satz 1 des 5. VermBG). Für vermögenswirksame Leistungen, die auf nicht zulagebegünstigte Anlagearten angelegt worden sind, ist eine Übermittlung nicht zulässig. Außerdem darf keine Übermittlung durchgeführt werden, wenn über sämtliche vermögenswirksame Leistungen schädlich verfügt worden ist, die nach § 2 Abs. 1 Nr. 1 oder 4 des 5. VermBG (Rn. 28 ff. und 46 ff.) angelegt worden sind (§ 5 Abs. 4 VermBDV).

66 (2) Der Datensatz muss für den Arbeitnehmer übermittelt werden, für den der Arbeitgeber die vermögenswirksamen Leistungen erbracht hat, und dessen Namen und Identifikationsnummer enthalten. Das gilt auch dann, wenn die vermögenswirksamen Leistungen zugunsten des Ehegatten oder Lebenspartners, der Kinder, der Eltern oder eines Elternteils angelegt worden sind (§ 3 Abs. 1 des 5. VermBG), wenn mehrere Personen Vertragsinhaber sind (Gemeinschaftsvertrag) oder die vermögenswirksamen Leistungen auf Gemeinschaftskonten/-depots angelegt wurden (vgl. Rn. 55).

67 (3) Der Datensatz muss bestimmte Angaben enthalten. Im Einzelnen gilt Folgendes:

1. Der „Institutsschlüssel für die Arbeitnehmer-Sparzulage" wird von der Zentralstelle für Arbeitnehmer-Sparzulage und Wohnungsbauprämie beim Technischen Finanzamt Berlin – ZPS ZANS –, Klosterstraße 59, 10179 Berlin vergeben (§ 5 Abs. 1 Satz 2 und 3 VermBDV). Er ist bei sämtlichen Anlagearten zwingend anzugeben.
2. Die Vertragsnummer darf höchstens 14-stellig sein und keine Sonderzeichen enthalten. Es ist nicht zulässig, für mehrere Arbeitnehmer dieselbe Vertragsnummer zu verwenden. Werden vermögenswirksame Leistungen auf von Dritten abgeschlossene Verträge oder auf Gemeinschaftsverträge angelegt (Rn. 65), so sind die vermögenswirksamen Leistungen jedes Arbeitnehmers unter einer eigenen Vertragsnummer zu übermitteln; eine gemeinsame Vertragsnummer ist nur bei Ehegatten oder Lebenspartnern zulässig.
3. Der „Institutsschlüssel für die Arbeitnehmer-Sparzulage", die Vertragsnummer und die Sperrfrist (vgl. Nr. 4) bilden den Ordnungsbegriff für das automatisierte Festsetzungs- und Auszahlungsverfahren der Arbeitnehmer-Sparzulage. Das automatisierte Verfahren setzt voraus, dass Inhalt und Darstellung der Vertragsnummer bei der Bescheinigung vermögenswirksamer Leistungen sowie bei der Anzeige über eine vorzeitige Verfügung (durch Datensatz oder Vordruck, vgl. Rn. 106) übereinstimmen. Der Ordnungsbegriff ist für die gesamte Laufzeit des begünstigten Vertrages unabänderbar. Dies gilt auch, wenn der Vertrag einem anderen Anlageinstitut übertragen wird.
4. Das Ende der für die vermögenswirksamen Leistungen geltenden Sperrfrist ist stets anzugeben. Bei vermögenswirksamen Leistungen, die auf Verträge nach §§ 5 bis 7 des 5. VermBG angelegt und noch nicht für Vermögensbeteiligungen verwendet worden sind, ist in der elektronischen Vermögensbildungsbescheinigung als Ende der Sperrfrist der 31. Dezember des sechsten Kalenderjahrs nach dem Kalenderjahr anzugeben, dem die vermögenswirksamen Leistungen zuzuordnen sind (§ 5 Abs. 2 VermBDV). Auf die Angabe der Sperrfrist kann im Datensatz verzichtet werden, wenn im Zeitpunkt der Übermittlung die für die Anlageart geltende Sperrfrist bereits abgelaufen ist.

68 (4) Sind vermögenswirksame Leistungen für die Anlage zum Wohnungsbau an den Arbeitnehmer ausgezahlt worden (Rn. 9 Nr. 2), hat der Gläubiger die Datenübermittlung durchzuführen, wenn der Arbeitnehmer schriftlich erklärt, in welcher Höhe vermögenswirksame Leistungen zum Wohnungsbau verwendet worden sind.

69 (5) Die Datenübermittlung ist i. d. R. erst nach Ablauf des Kalenderjahrs vorzunehmen, in dem die vermögenswirksamen Leistungen angelegt worden sind. Davon abweichend können die vermögenswirksamen Leistungen bereits im laufenden Kalenderjahr übermittelt werden, wenn

1. bei Anlageverträgen nach § 2 Abs. 1 Nr. 1 des 5. VermBG die Einzahlungsfrist abgelaufen ist (Rn. 29),
2. auf Anlageverträge nach §§ 5, 6 und 7 des 5. VermBG keine vermögenswirksamen Leistungen mehr angelegt werden können,
3. Anlageverträge nach § 2 Abs. 1 Nr. 1 oder 4 des 5. VermBG mit Kreditinstituten, Kapitalverwaltungsgesellschaften, Bausparkassen oder Versicherungsunternehmen im Falle einer unschädlichen vorzeitigen Verfügung aufgehoben werden.

70 (6) Die angelegten vermögenwirksamen Leistungen sind für die Datenübermittlung auf den nächsten vollen Euro aufzurunden.

71 (6 a) Der Arbeitnehmer ist von der mitteilungspflichtigen Stelle über den Inhalt der Datenübermittlung zu unterrichten (§ 93 c Abs. 1 Nr. 3 Abgabenordnung – AO). Die Unterrichtung kann z. B. in einem ohnehin erstellten Jahreskontoauszug, einer entsprechenden Jahresbescheinigung etc. geschehen.

72 (6 b) Die mitteilungspflichtige Stelle kann beim zuständigen Betriebsstättenfinanzamt einen Antrag stellen, sie bis zu einem Zeitraum von drei Jahren von der Übermittlung der elektronischen Vermögensbildungsbescheinigung zu befreien. Dem Antrag ist stattzugeben bei kleinen Arbeitgebern, bei denen die vermögenswirksamen Leistungen im Unternehmen angelegt werden. Die Tatsache, dass die Übermittlung der elektronischen Vermögensbildungsbescheinigung mit zusätzlichen Kosten und einem Umsetzungsaufwand für die mitteilungspflichtige Stelle verbunden ist, stellt, für sich gesehen, keinen Befreiungsgrund dar. Im Übrigen sind Anträge mit mehr als 100 zu übermittelnden Datensätzen grundsätzlich nicht als Härtefall genehmigungsfähig. Bei der Entscheidung über den Antrag ist ein strenger

Maßstab anzulegen; dies gilt insbesondere für Anträge, die mit technischen Schwierigkeiten begründet werden. Nach einer positiven Entscheidung des zuständigen Finanzamts hat die mitteilungspflichtige Stelle der Zentralstelle für Arbeitnehmer-Sparzulage und Wohnungsbauprämie beim Technischen Finanzamt Berlin – ZPS ZANS –, Klosterstraße 59, 10179 Berlin, für alle betroffenen Arbeitnehmer alle Daten, die in den elektronischen Vermögensbildungsbescheinigungen enthalten sein müssten, schriftlich mitzuteilen. Werden die Daten der elektronischen Vermögensbildungsbescheinigung nicht elektronisch übermittelt oder erfolgt – nach einem positiv beschiedenen Härtefallantrag – keine schriftliche Mitteilung an die ZPS ZANS, kann das Betriebsstättenfinanzamt die Mitteilung mit Zwangsmitteln (§§ 328 ff. AO) durchsetzen.

(6 c) Weitere Einzelheiten zur elektronischen Vermögensbildungsbescheinigung (insbesondere die amtlich vorgeschriebene Datensatzbeschreibung etc.) finden sich auf der Internetseite http://www.esteuer.de. 73

(6 d) Haben Arbeitnehmer Nachfragen hinsichtlich der Datenübermittlung der Vermögensbildungsbescheinigung, sind diese an die zuständige Stelle in den Ländern und nicht an die ZPS ZANS zu richten. Die Arbeitnehmer können die zuständige Stelle bei ihrem Wohnsitzfinanzamt erfragen. 74

(6 e) Die Anzeigen zur vorzeitigen Verfügung (vgl. Rn. 106 f.) sind weiterhin nach dem bisherigen Verfahren vorzunehmen. 75

15. Festsetzung der Arbeitnehmer-Sparzulage (§§ 13, 14 des 5. VermBG, § 6 Absatz 1 VermBDV)

(1) Der Antrag auf Festsetzung der Arbeitnehmer-Sparzulage ist regelmäßig mit der Einkommensteuererklärung zu stellen. Für den Antrag auf Festsetzung der Arbeitnehmer-Sparzulage ist auch dann der Vordruck für die Einkommensteuererklärung zu verwenden, wenn der Arbeitnehmer keinen Antrag auf Veranlagung zur Einkommensteuer stellt und auch nicht zur Einkommensteuer zu veranlagen ist, z. B. weil er nur pauschal besteuerten Arbeitslohn bezogen hat. 76

(2) Die Arbeitnehmer-Sparzulage kann auch dann erst nach Ablauf des Kalenderjahrs, in dem die vermögenswirksamen Leistungen angelegt worden sind (§ 13 Abs. 4 des 5. VermBG), festgesetzt werden, wenn der Antrag schon vorher gestellt ist. 77

(3) Zuständig ist das Finanzamt, das auch für die Veranlagung zur Einkommensteuer zuständig ist, oder, wenn der Arbeitnehmer keinen Antrag auf Veranlagung zur Einkommensteuer stellt und auch nicht zur Einkommensteuer zu veranlagen ist, das Finanzamt, das für die Veranlagung zur Einkommensteuer zuständig wäre. 78

(3 a) Eine Arbeitnehmer-Sparzulage wird nur festgesetzt, wenn der Arbeitnehmer einwilligt, dass die erforderlichen Daten vom Unternehmen, dem Institut oder dem in § 3 Abs. 3 des 5. VermBG genannten Gläubiger mittels elektronischer Vermögensbildungsbescheinigung (Rn. 65 ff.) übermittelt werden und hierfür seine Identifikationsnummer (§ 139 b AO) mitteilt. 79

(3 b) Werden die erforderlichen Daten trotz der vorliegenden Einwilligung nicht mittels elektronischer Vermögensbildungsbescheinigung übermittelt, kann der Arbeitnehmer den Nachweis der vermögenswirksam angelegten Leistungen in anderer Weise erbringen. Dies ist z. B. der Fall, wenn die elektronische Datenübermittlung bei technischen Problemen im Zusammenhang mit einem eingerichteten System ausgeblieben ist. Aus dem Nachweis müssen alle Daten hervorgehen, die Inhalt des amtlich vorgeschriebenen Datensatzes sind. Außerdem muss aus dem Nachweis hervorgehen, dass der Arbeitnehmer in die Datenübermittlung eingewilligt und dem zur Datenübermittlung Verpflichteten seine Identifikationsnummer mitgeteilt hat. Erfolgt trotz einer Einwilligung keine Datenübermittlung, weil der Arbeitnehmer seine Identifikationsnummer nicht mitgeteilt hat, ist ein Nachweis der vermögenswirksam angelegten Leistungen in anderer Weise nicht möglich. Zum Verzicht auf die Datenübermittlung bei unbilliger Härte und die zentrale Erfassung bei der ZPS ZANS siehe Rn. 72. 80

(4) Bei der Festsetzung der Arbeitnehmer-Sparzulage werden alle übermittelten vermögenswirksamen Leistungen berücksichtigt. Übersteigen die für den Arbeitnehmer erbrachten vermögenswirksamen Leistungen die geförderten Höchstbeträge und sind die Leistungen auf mehrere Anlagearten aufgeteilt worden, kann der Arbeitnehmer durch die Einwilligung bzw. den Widerruf der Einwilligung in die Datenübermittlung gegenüber der mitteilungspflichtigen Stelle bestimmen, für welche vermögenswirksamen Leistungen eine Datenübermittlung und somit eine Begünstigung mittels Arbeitnehmer-Sparzulage erfolgen soll. Trifft der Arbeitnehmer keine Bestimmung, begünstigt das Finanzamt die vermögenswirksamen Leistungen in einer Reihenfolge, die im Regelfall für den Arbeitnehmer günstig ist. 81

(5) Für die Anwendung der Einkommensgrenze von 80 000 € für Ehegatten oder Lebenspartner ist allein maßgeblich, ob tatsächlich eine Zusammenveranlagung durchgeführt wird. 82

Aus diesem Grunde ist die 80 000 €-Grenze auch bei der Zusammenveranlagung des überlebenden Ehegatten oder Lebenspartners mit dem verstorbenen Ehegatten oder Lebenspartner im Todesjahr des Ehegatten oder Lebenspartners anzuwenden. Von dem auf das Todesjahr folgenden Kalenderjahr an gilt die 40 000 €-Grenze (BFH-Urteil vom 14. Mai 1976, BStBl. II S. 546). Haben Ehegatten oder Lebenspartner die Einzelveranlagung gewählt, ist für jeden Ehegatten oder Lebenspartner gesondert zu prüfen, ob das von ihm zu versteuernde Einkommen die Einkommensgrenze von 40 000 € überschreitet. Bei der Ermittlung des zu versteuernden Einkommens sind auch in den Fällen, in denen es auf Grund der Vorschriften zum Familienleistungsausgleich (§ 31 EStG) beim auszuzahlenden Kindergeld verbleibt, stets die in Betracht kommenden Freibeträge für Kinder (§ 32 EStG) abzuziehen (§ 2 Abs. 5 Satz 2 EStG); dabei sind stets die Freibeträge für das gesamte Sparjahr zugrunde zu legen.

(6) Wird keine Veranlagung zur Einkommensteuer durchgeführt, ist das zu versteuernde Einkommen maßgeblich, das sich nach einer Veranlagung zur Einkommensteuer ergeben hätte. Bei Ehegatten ist in diesem Fall von einer Zusammenveranlagung auszugehen und die 80 000 €-Grenze maßgeblich, wenn keiner der Ehegatten oder Lebenspartner eine Einzelveranlagung beantragt hat. 83

84 (7) Die Einkommensgrenzen des § 13 Abs. 1 des 5. VermBG gelten nicht für beschränkt einkommensteuerpflichtige Arbeitnehmer, die nicht zur Einkommensteuer veranlagt werden, da bei diesem Personenkreis ein zu versteuerndes Einkommen i. S. d. § 2 Abs. 5 EStG nicht festgestellt wird; diesen Arbeitnehmern steht deshalb die Arbeitnehmer-Sparzulage ohne Rücksicht auf die Höhe ihres Einkommens zu.

85 (8) Anträge auf Festsetzung einer Arbeitnehmer-Sparzulage können bis zum Ablauf der vierjährigen Festsetzungsfrist nach § 169 AO wirksam gestellt werden. Die Festsetzung der Arbeitnehmer-Sparzulage kann jedoch nur erfolgen, wenn die Einwilligung in die Datenübermittlung spätestens bis zum Ablauf des zweiten Kalenderjahrs, das auf das Kalenderjahr der Anlage der vermögenswirksamen Leistungen folgt, erteilt wurde (vgl. § 15 Abs. 1 Satz 2 des 5. VermBG).

86 (9) Ein Bescheid über die Ablehnung der Festsetzung einer Arbeitnehmer-Sparzulage wegen Überschreitens der Einkommensgrenze ist aufzuheben, wenn der Einkommensteuerbescheid nach Ergehen des Ablehnungsbescheids zur Arbeitnehmer-Sparzulage geändert und dadurch erstmals festgestellt wird, dass die Einkommensgrenze unterschritten ist (§ 14 Abs. 5 Satz 1 des 5. VermBG). Die Arbeitnehmer-Sparzulage wird dann vom Finanzamt nachträglich festgesetzt. Die Frist für die Festsetzung der Arbeitnehmer-Sparzulage endet in diesem Fall nicht vor Ablauf eines Jahres nach Bekanntgabe des geänderten Steuerbescheids (§ 14 Abs. 5 Satz 2 des 5. VermBG). Die Nachholung der Festsetzung der Arbeitnehmer-Sparzulage wird von Amts wegen (i. d. R. verbunden mit der Änderung der Einkommensteuerfestsetzung) vorgenommen. Ein erneuter Antrag des Arbeitnehmers auf Festsetzung der Arbeitnehmer-Sparzulage ist daher nicht erforderlich.

Beispiel:

Der Arbeitgeber überweist für den ledigen Arbeitnehmer in 2024 vermögenswirksame Leistungen von 400 € auf einen VL-Investmentsparplan. Der Arbeitnehmer hat der Fondsgesellschaft seine Identifikationsnummer mitgeteilt, der Datenübermittlung zugestimmt und in 2025 mit seiner Einkommensteuererklärung 2024 einen Antrag auf Festsetzung der Arbeitnehmer-Sparzulage gestellt. Das vom Finanzamt in 2025 für den Veranlagungszeitraum 2024 berechnete zu versteuernde Einkommen beträgt 40 500 €. Das Finanzamt lehnt die Festsetzung der beantragten Arbeitnehmer-Sparzulage ab, da das zu versteuernde Einkommen die maßgebliche Einkommensgrenze von 40 000 € überschreitet.

Nach einem Einspruch gegen die Festsetzung der Einkommensteuer und einem anschließenden Verfahren vor dem Finanzgericht berücksichtigt das Finanzamt Ende Februar 2029 für den Veranlagungszeitraum 2024 in einem Abhilfebescheid weitere Werbungskosten. Das zu versteuernde Einkommen des Veranlagungszeitraums 2024 mindert sich auf 39 700 €.

Lösung:

Nunmehr erfolgt ohne weiteres Zutun des Arbeitnehmers durch das Finanzamt in 2029 eine erstmalige Festsetzung der Arbeitnehmer-Sparzulage für 2024 von 80 € (400 € × 20 %), denn die maßgebliche Einkommensgrenze von 40 000 € wird nicht mehr überschritten. Diese Festsetzung ist bis Ende Februar 2030 möglich, da der Ablauf der Festsetzungsfrist für die Arbeitnehmer-Sparzulage 2024 bis dahin gehemmt ist.

Ist der geänderten Einkommensteuerfestsetzung kein Bescheid über die Ablehnung der Festsetzung einer Arbeitnehmer-Sparzulage vorangegangen, weil der Arbeitnehmer wegen der Überschreitung der Einkommensgrenze keine Arbeitnehmer-Sparzulage beantragt hat, kann bis zum Ablauf der entsprechend verlängerten Festsetzungsfrist nachträglich die Arbeitnehmer-Sparzulage beantragt und festgesetzt werden; eine Nachholung der Festsetzung der Arbeitnehmer-Sparzulage von Amts wegen ist in diesen Fällen nicht möglich. Stand jedoch schon vor Ergehen des geänderten Einkommensteuerbescheids fest, dass die Einkommensgrenzen nicht überschritten wurden, verlängert sich die Festsetzungsfrist nicht; in diesen Fällen kann nur innerhalb der regulären Festsetzungsfrist von vier Jahren ein Antrag auf Festsetzung der Arbeitnehmer-Sparzulage gestellt werden.

87 (10) In Fällen, in denen für vermögenswirksame Leistungen ein Anspruch auf Arbeitnehmer-Sparzulage besteht, aber der Arbeitnehmer dennoch eine Wohnungsbauprämie beantragt hat, endet die Frist für die Festsetzung der Arbeitnehmer-Sparzulage nicht vor Ablauf eines Jahres nach Bekanntgabe der Mitteilung über die Änderung des Prämienanspruchs (§ 14 Abs. 6 des 5. VermBG).

88 (11) Die Arbeitnehmer-Sparzulage ist für jeden Anlagevertrag auf volle Euro aufzurunden. Das Finanzamt soll die Entscheidung über die Arbeitnehmer-Sparzulage mit dem Einkommensteuerbescheid verbinden.

16. Höhe der Arbeitnehmer-Sparzulage (§ 13 Abs. 2 des 5. VermBG)

89 (1) Die Arbeitnehmer-Sparzulage beträgt 20 % für vermögenswirksame Leistungen von höchstens 400 €, die in Vermögensbeteiligungen (Rn. 16 ff.) angelegt werden, d. h. auf

1. Sparverträge über Wertpapiere oder andere Vermögensbeteiligungen (§ 4 des 5. VermBG; Rn. 28 ff.),
2. Wertpapier-Kaufverträge (§ 5 des 5. VermBG; Rn. 36 ff.),
3. Beteiligungs-Verträge (§ 6 des 5. VermBG; Rn. 39 ff.) und
4. Beteiligungs-Kaufverträge (§ 7 des 5. VermBG; Rn. 39 ff.).

90 (2) Die Arbeitnehmer-Sparzulage beträgt 9 % für vermögenswirksame Leistungen von höchstens 470 €, die angelegt werden

1. nach dem Wohnungsbau-Prämiengesetz (§ 2 Abs. 1 Nr. 4 des 5. VermBG; Rn. 46 ff.) und
2. für den Bau, den Erwerb, den Ausbau, die Erweiterung oder die Entschuldung eines Wohngebäudes usw. (§ 2 Abs. 1 Nr. 5 des 5. VermBG; Rn. 51).

91 (3) Die beiden Zulagen (Rn. 89 f.) können nebeneinander in Anspruch genommen werden. Insgesamt werden also vermögenswirksame Leistungen bis 870 € jährlich mit der Arbeitnehmer-Sparzulage begünstigt. Die Förderung gilt im Übrigen auch für Verträge, die vor 1999 abgeschlossen worden sind.

(4) Die höchstmögliche Arbeitnehmer-Sparzulage kann nur erhalten, wer sowohl in Vermögensbeteiligungen als auch in Bausparen bzw. in Anlagen für den Wohnungsbau anlegt. Dies bedingt zwei Anlageverträge. Da nur Zahlungen durch den Arbeitgeber mit Zulage begünstigt sind (Rn. 98 f.), muss dieser zwei Verträge bedienen. 92

(5) Werden beide Anlageformen bedient (Rn. 89 f.), beträgt die Arbeitnehmer-Sparzulage bei zwei Anlageverträgen höchstens 93

400 € x 20 %	80 €
470 € x 9 % (aufgerundet)	+ 43 €
	123 €

17. Auszahlung der Arbeitnehmer-Sparzulage (§ 14 Abs. 4 und 7 des 5. VermBG, § 7 VermBDV)

(1) Die festgesetzten Arbeitnehmer-Sparzulagen werden regelmäßig erst mit Ablauf der für die vermögenswirksamen Leistungen geltenden Sperrfrist an das Kreditinstitut, die Kapitalverwaltungsgesellschaft, die Bausparkasse, das Unternehmen oder den Arbeitgeber überwiesen, mit denen der Anlagevertrag abgeschlossen worden ist (§ 7 Abs. 2 VermBDV). Die ZPS ZANS erstellt über jeden auszuzahlenden (= je Kalenderjahr festgesetzten) Betrag einen Datensatz, der der zuständigen Landesfinanzbehörde zugeleitet wird, die die Auszahlung veranlasst. Der Verwendungszweck der Überweisung an das Anlageinstitut enthält für die Zuordnung zum begünstigten Vertrag den Institutsschlüssel des Anlageinstituts und die Vertragsnummer des begünstigten Vertrages. 94

(2) Die Anlageinstitute haben die überwiesenen Arbeitnehmer-Sparzulagen an die Arbeitnehmer auszuzahlen. Im Innenverhältnis zwischen Anlageinstitut und Arbeitnehmer kann vereinbart werden, dass die an das Anlageinstitut überwiesenen Arbeitnehmer-Sparzulagen in einer der in § 2 Abs. 1 des 5. VermBG genannten Anlageformen angelegt werden. Ist dem Anlageinstitut in Einzelfällen die Auszahlung der Arbeitnehmer-Sparzulage an den Arbeitnehmer nicht möglich, z. B. weil der Wohnort nicht ermittelt werden konnte, hat das Anlageinstitut diese Arbeitnehmer-Sparzulage der Finanzbehörde zu überweisen, von der sie die Arbeitnehmer-Sparzulage erhalten hat; dabei sind die im Verwendungszweck des Auszahlungsdatensatzes für den Begünstigten enthaltenen Angaben vollständig mitzuteilen. 95

(3) Die festgesetzten Arbeitnehmer-Sparzulagen werden in folgenden Fällen vom Finanzamt unmittelbar an den Arbeitnehmer ausgezahlt (§ 7 Abs. 1 VermBDV): 96

1. bei Anlagen zum Wohnungsbau (Rn. 51) und bei Anlagen für den ersten Erwerb von Anteilen an Bau- und Wohnungsgenossenschaften gemäß § 2 Abs. 1 Nr. 4 des 5. VermBG (V48),
2. wenn die für die vermögenswirksamen Leistungen geltende Sperrfrist im Zeitpunkt der Bekanntgabe des Bescheids über die Festsetzung der Arbeitnehmer-Sparzulage abgelaufen ist,
3. wenn über die angelegten vermögenswirksamen Leistungen unschädlich vorzeitig verfügt oder der Bausparvertrag zugeteilt worden ist (Rn. 67 Nr. 4).

(4) Wenn Arbeitnehmer-Sparzulagen für vermögenswirksame Leistungen, über die unschädlich vorzeitig verfügt worden sind, bei der ZPS ZANS aufgezeichnet sind, wird die Arbeitnehmer-Sparzulage an die Anlageinstitute ausgezahlt (Rn. 94). Abweichend davon ist die Arbeitnehmer-Sparzulage für vermögenswirksame Leistungen, die auf Anlageverträge nach §§ 5 bis 7 des 5. VermBG angelegt worden sind, vom Finanzamt unmittelbar an den Arbeitnehmer auszuzahlen. 97

(5) Ist über angelegte vermögenswirksame Leistungen unschädlich vorzeitig verfügt worden, so endet für diesen Anlagevertrag die Sperrfrist im Zeitpunkt dieser Verfügung (Rn. 67 Nr. 4). Deshalb sind Arbeitnehmer-Sparzulagen für vermögenswirksame Leistungen, die weiter auf diesen Anlagevertrag angelegt werden, vom Finanzamt unmittelbar an den Arbeitnehmer auszuzahlen. 98

(6) Ergeben sich Nachfragen hinsichtlich der Auszahlung der Arbeitnehmer-Sparzulage, sind diese nicht an die ZPS ZANS, sondern an die zuständigen Stellen in den Ländern zu richten. Arbeitnehmer können die zuständige Stelle bei ihrem Wohnsitzfinanzamt erfragen. 99

18. Wegfall der Zulagebegünstigung (§ 13 Abs. 5 Satz 1 des 5. VermBG)

(1) Die Zulagebegünstigung für vermögenswirksame Leistungen entfällt vorbehaltlich der Rn. 101 und 103 f. rückwirkend, 100

1. soweit bei Anlagen auf Grund von Sparverträgen über Wertpapiere oder andere Vermögensbeteiligungen (Rn. 28 ff.) vor Ablauf der siebenjährigen Sperrfrist zulagebegünstigte vermögenswirksame Leistungen zurückgezahlt werden, die Festlegung unterblieben ist oder aufgehoben wird oder über die Vermögensbeteiligungen verfügt wird. Die Zulagebegünstigung entfällt auch für Spitzenbeträge, wenn diese 150 € übersteigen (zu den Einzelheiten siehe § 4 Abs. 3 des 5. VermBG). Die Förderung entfällt ebenfalls für Beträge, die beim zulageunschädlichen Austausch von Wertpapieren übrig bleiben, wenn die 150 €-Grenze überschritten wird (Rn. 35),
2. wenn bei Anlagen auf Grund von Wertpapier-Kaufverträgen (Rn. 36 ff.) die Wertpapiere, mit deren Kaufpreis die vermögenswirksamen Leistungen eines Kalenderjahrs verrechnet worden sind, nicht spätestens bis zum Ablauf des folgenden Kalenderjahrs erworben werden oder wenn die Festlegung unterblieben ist oder soweit vor Ablauf der sechsjährigen Sperrfrist die Festlegung aufgehoben wird oder über die Wertpapiere verfügt wird,
3. wenn bei Anlagen auf Grund von Beteiligungs-Verträgen oder Beteiligungs-Kaufverträgen (Rn. 39 ff.) der Arbeitnehmer die nicht verbrieften Vermögensbeteiligungen, für deren Begründung oder Erwerb die vermögenswirksamen Leistungen eines Kalenderjahrs verrechnet oder überwiesen worden sind, nicht spätestens bis zum Ablauf des folgenden Kalenderjahrs erhält oder soweit vor Ablauf der sechsjährigen Sperrfrist über die Rechte verfügt wird. Handelt es sich um Aufwendungen für den ersten Erwerb von Anteilen an Bau- und Wohnungsgenossenschaften, so verringert sich bei Verletzung der

Sperrfrist die Zulagebegünstigung von 20 % auf 9 % entsprechend § 2 Abs. 1 Nr. 4 i. V. m. § 13 Abs. 2 des 5. VermBG und Rn. 90 Nr. 1 (vgl. Rn. 108 Nr. 1),

4. soweit bei Anlagen nach dem Wohnungsbau-Prämiengesetz (Rn. 46 ff.)
   a) Bausparkassenbeiträge vor Ablauf von sieben Jahren seit Vertragsabschluss zurückgezahlt, die Bausparsumme ausgezahlt oder Ansprüche aus dem Bausparvertrag abgetreten oder beliehen werden; dies gilt unabhängig von den Regelungen im Wohnungsbau-Prämiengesetz für vor dem 1. Januar 2009 und nach dem 31. Dezember 2008 abgeschlossene Bausparverträge,
   b) Beiträge auf Grund von Wohnbau-Sparverträgen vor Ablauf der jeweiligen Festlegungsfrist zurückgezahlt (§ 9 Verordnung zur Durchführung des Wohnungsbau-Prämiengesetzes – WoPDV) oder nach Ablauf der jeweiligen Festlegungsfrist nicht zweckentsprechend verwendet werden (§ 10 WoPDV),
   c) Beiträge auf Grund von Baufinanzierungsverträgen zurückgezahlt (§ 15 Abs. 4 WoPDV) oder nicht fristgerecht zweckentsprechend verwendet werden (§ 16 WoPDV).

Im Übrigen liegt in der Kündigung eines Vertrags noch keine sparzulageschädliche Verfügung, sondern erst in der Rückzahlung von Beträgen; deshalb bleibt eine Rücknahme der Kündigung vor Rückzahlung von Beträgen ohne Auswirkung auf festgesetzte Arbeitnehmer-Sparzulage (vgl. BFH-Urteil vom 13. Dezember 1989, BStBl. 1990 II S. 220). Im Gegensatz dazu stellt eine Abtretung auch dann eine sparzulageschädliche Verfügung dar, wenn sie später zurückgenommen wird.

101 (2) Abweichend von Rn. 100 bleibt die Zulagebegünstigung für vermögenswirksame Leistungen bei Verletzung der Sperrfrist in den Fällen des § 13 Abs. 5 Satz 3 des 5. VermBG erhalten. Nach § 13 Abs. 5 Satz 3 Nr. 1 des 5. VermBG ist nicht Voraussetzung, dass ggf. die neuen Wertpapiere oder die erhaltenen Beträge für den Rest der Sperrfrist festgelegt werden. Wertlosigkeit i. S. d. § 13 Abs. 5 Satz 3 Nr. 2 des 5. VermBG ist anzunehmen, wenn der Arbeitnehmer höchstens 33 % der angelegten vermögenswirksamen Leistungen zurückerhält. Übersteigen die zurückgezahlten Beträge die 33 %-Grenze, so bleibt die Zulagebegünstigung der vermögenswirksamen Leistungen nur dann erhalten, wenn der Arbeitnehmer die erhaltenen Beträge oder damit erworbene andere Vermögensbeteiligungen i. S. d. § 2 Abs. 1 Nr. 1 des 5. VermBG bei einem Kreditinstitut oder bei einer Kapitalverwaltungsgesellschaft für den Rest der Sperrfrist festlegt.

102 (3) Sind mit vermögenswirksamen Leistungen, die auf Grund von Sparverträgen über Wertpapiere oder andere Vermögensbeteiligungen angelegt worden sind, Anteile an neu aufgelegten OGAW-Sondervermögen sowie an als Sondervermögen aufgelegten offenen Publikums-AIF nach den §§ 218 und 219 des Kapitalanlagegesetzbuchs sowie Anteile an offenen EU-Investmentvermögen und offenen ausländischen AIF, die nach dem Kapitalanlagegesetzbuch vertrieben werden dürfen (§ 2 Abs. 1 Nr. 1 Buchst. c des 5. VermBG), erworben worden (Rn. 20) und ergibt sich aus dem ersten Jahres- oder Halbjahresbericht, dass die angenommenen Verhältnisse nicht vorgelegen haben, so entfällt für die vermögenswirksamen Leistungen die Zulagebegünstigung.

19. Zulageunschädliche Verfügungen (§ 4 Abs. 4 des 5. VermBG)

103 (1) Bei Anlagen zulagebegünstigter vermögenswirksamer Leistungen auf Grund von
- Sparverträgen über Wertpapiere oder andere Vermögensbeteiligungen (Rn. 28 ff.),
- Wertpapier-Kaufverträgen (Rn. 36 ff.),
- Beteiligungs-Verträgen oder Beteiligungs-Kaufverträgen (Rn. 39 ff.)

ist Arbeitnehmer-Sparzulage trotz Verletzung der Sperrfristen oder der in Rn. 32, Rn. 100 Nr. 2 und 3 bezeichneten Fristen in den Fällen des § 4 Abs. 4 des 5. VermBG nicht zurückzufordern. Dabei gilt Folgendes:

1. Völlige Erwerbsunfähigkeit i. S. d. § 4 Abs. 4 Nr. 1 des 5. VermBG liegt vor bei einem Grad der Behinderung von mindestens 95.
2. Arbeitslos i. S. d. § 4 Abs. 4 Nr. 3 des 5. VermBG sind Personen, die Arbeitslosengeld (§ 136 des Dritten Buches Sozialgesetzbuch – SGB III), Bürgergeld nach dem Zweiten Buch Sozialgesetzbuch (SGB II) oder Arbeitslosenbeihilfe für ehemalige Soldaten auf Zeit (§ 86 a Soldatenversorgungsgesetz) beziehen oder ohne Bezug dieser Leistungen arbeitslos gemeldet sind. Als arbeitslos anzusehen sind auch
   a) Personen, die als Arbeitslose i. S. d. Satzes 1 erkranken oder eine Kur antreten, für die Dauer der Erkrankung oder der Kur,
   b) Frauen, die zu Beginn der Schutzfristen nach § 3 Abs. 2, § 6 Abs. 1 des Mutterschutzgesetzes arbeitslos i. S. d. Satzes 1 waren oder als arbeitslos i. S. d. Buchstaben a anzusehen waren, für die Dauer dieser Schutzfristen und der folgenden Monate, für die bei Bestehen eines Arbeitsverhältnisses Elternzeit nach dem Bundeselterngeld- und Elternzeitgesetz hätte beansprucht werden können,
   c) arbeitslose Personen, die an einer nach §§ 81 und 87 a SGB III geförderten beruflichen Weiterbildung oder die an einer z. B. nach §§ 112 ff. i. V. m. §§ 81 ff. SGB III geförderten beruflichen Weiterbildung im Rahmen der Förderung der Teilhabe von Menschen mit Behinderungen am Arbeitsleben teilnehmen,
   d) Personen, die nach Auslaufen der Zahlung von Krankengeld durch die Krankenkasse wegen Zeitablaufs (sog. Aussteuerung) Arbeitslosengeld beziehen. Die Jahresfrist in § 4 Abs. 4 Nr. 3 des 5. VermBG für die andauernde Arbeitslosigkeit beginnt jedoch erst, wenn die Zahlung von Krankengeld vor Bezug von Arbeitslosengeld ausgelaufen ist, d. h. die Zeit des Krankengeldbezugs zählt nicht mit.

Sind die vermögenswirksamen Leistungen auf Grund eines Vertrags, dessen Inhaber oder Mitinhaber ein Kind, die Eltern oder ein Elternteil des Arbeitnehmers ist (§ 3 Abs. 1 Nr. 2 und 3 des 5. VermBG), oder auf Gemeinschaftskonten/-depots (Rn. 55) angelegt worden, so muss die zulageunschädliche Verfügungsmöglichkeit in der Person des Arbeitnehmers gegeben sein; die zulageunschädliche Verfügungsmöglichkeit ist ohne zeitliche Befristung auf die Leistung des Arbeitnehmers beschränkt. Ist der Ehegatte oder Lebenspartner des Arbeitnehmers Inhaber oder Mitinhaber des Anlagevertrags (§ 3 Abs. 1 Nr. 1 des 5. VermBG), wirkt die zulageunschädliche Verfügung für beide Ehegatten oder Lebenspartner.

(2) Werden bei Anlagen nach dem Wohnungsbau-Prämiengesetz (Rn. 46 f.) Sperrfristen verletzt, so ist in den Fällen des § 4 Abs. 4 Nr. 1 und 3 des 5. VermBG (vgl. Rn. 103 Nr. 1 und 2) Arbeitnehmer-Sparzulage nicht zurückzufordern; dies gilt in den Fällen des § 4 Abs. 4 Nr. 4 des 5. VermBG entsprechend, wenn der Arbeitnehmer über nach dem Wohnungsbau-Prämiengesetz angelegte vermögenswirksame Leistungen von mindestens 30 € verfügt. Außerdem ist bei der Anlage vermögenswirksamer Leistungen auf Grund von Bausparverträgen Arbeitnehmer-Sparzulage nicht zurückzufordern, **104**

1. wenn bei vorzeitiger Auszahlung der Bausparsumme oder bei vorzeitiger Beleihung von Ansprüchen aus dem Bausparvertrag der Arbeitnehmer die empfangenen Beträge unverzüglich und unmittelbar zu wohnwirtschaftlichen Zwecken (vgl. Rn. 51) verwendet oder
2. wenn bei vorzeitiger Abtretung der Erwerber die Bausparsumme oder die auf Grund einer Beleihung empfangenen Beträge unverzüglich und unmittelbar zu wohnwirtschaftlichen Zwecken für den Arbeitnehmer oder dessen Angehörige (§ 15 AO) verwendet oder
3. wenn ein Bausparvertrag vor Ablauf der Festlegungsfrist gekündigt oder aufgelöst wird, der nach Verrechnung geleisteter Bausparbeiträge mit der Abschlussgebühr kein Guthaben ausweist; bei Bausparverträgen, die ein Guthaben ausweisen, entfällt die Zulagebegünstigung nur für die tatsächlich zurückgezahlten Bausparbeiträge.

Außerdem ist zulageunschädlich, wenn bei Anlagen auf Grund von Wohnbau-Sparverträgen und Baufinanzierungsverträgen die Vertragsinhalte und die Vertragspartner des Arbeitnehmers gegeneinander ausgetauscht werden (§§ 12, 18 WoPDV). Im Übrigen muss die zulageunschädliche Verfügungsmöglichkeit stets in der Person des Vertragsinhabers gegeben sein; sind Angehörige des Arbeitnehmers Inhaber oder Mitinhaber des Vertrags, gilt Rn. 103 Satz 3 und 4 entsprechend.

20. Nachweis einer zulageunschädlichen Verfügung (§ 4 Abs. 4 des 5. VermBG, § 8 VermBDV)

Die zulageunschädliche Verfügung (Rn. 103 f.) ist dem Kreditinstitut, der Kapitalverwaltungsgesellschaft oder dem Versicherungsunternehmen (§ 8 Abs. 2 VermBDV) oder dem Finanzamt (nur bei einer Anlage i. S. d. § 8 Abs. 1 Nr. 4 bis 6 VermBDV) vom Arbeitnehmer (im Todesfall von seinen Erben) wie folgt nachzuweisen: **105**

1. im Fall der Eheschließung durch Vorlage der Eheurkunde,
2. im Fall des Todes durch Vorlage der Sterbeurkunde oder des Erbscheins,
3. im Fall der völligen Erwerbsunfähigkeit (d. h. eines Grades der Behinderung von mindestens 95) durch Vorlage eines Ausweises nach § 152 Abs. 5 SGB IX oder eines Feststellungsbescheids nach § 152 Abs. 1 SGB IX oder eines vergleichbaren Bescheids nach § 152 Abs. 2 SGB IX; die Vorlage des Rentenbescheids eines Trägers der gesetzlichen Rentenversicherung der Angestellten und Arbeiter genügt nicht (vgl. BFH-Urteil vom 25. April 1968, BStBl. II S. 606),
4. im Fall der Arbeitslosigkeit des Arbeitnehmers durch Vorlage von Unterlagen über folgende Zahlungen:
   a) Arbeitslosengeld (§ 136 SGB III) oder
   b) Bürgergeld (§ 19 SGB II) oder
   c) Arbeitslosenbeihilfe für ehemalige Soldaten auf Zeit i. S. d. Soldatenversorgungsgesetzes oder
   d) Krankengeld, Verletztengeld oder Übergangsgeld nach § 47 b des Fünften Buches Sozialgesetzbuch (SGB V), § 47 des Siebten Buches Sozialgesetzbuch (SGB VII), Versorgungskrankengeld und Übergangsgeld nach §§ 16, 26 Bundesversorgungsgesetz oder nach dem Sozialgesetzbuch oder
   e) Elterngeld oder
   f) Übergangsgeld nach § 119 SGB III im Falle der Weiterbildung im Rahmen der beruflichen Rehabilitation.

   Werden solche Zahlungen nicht geleistet, so sind
   - Zeiten der Arbeitslosigkeit durch eine entsprechende Bescheinigung der zuständigen Agentur für Arbeit oder des zuständigen Jobcenters nachzuweisen,
   - Zeiten der Erkrankung oder der Kur, die als Zeiten der Arbeitslosigkeit anzusehen sind, durch eine Bescheinigung des Kostenträgers oder der Anstalt, in der die Unterbringung erfolgt, oder durch eine ärztliche Bescheinigung nachzuweisen,
   - die Zeit der Schutzfristen, die als Zeit der Arbeitslosigkeit anzusehen ist, durch das Zeugnis eines Arztes oder einer Hebamme nachzuweisen und die als Zeit der Arbeitslosigkeit anzusehende Zeit, für die bei Bestehen eines Arbeitsverhältnisses Elternzeit hätte beansprucht werden können, glaubhaft zu machen,
5. im Fall der Aufnahme einer selbständigen Erwerbstätigkeit durch Vorlage von Unterlagen über die Auflösung des Arbeitsverhältnisses und die Mitteilung an die Gemeinde nach § 138 Abs. 1 AO.

21. Anzeigepflichten (§ 8 VermBDV)

(1) Wird über vermögenswirksame Leistungen vorzeitig verfügt, ist dies der ZPS ZANS anzuzeigen. Für die Anzeige ist der amtlich vorgeschriebene Datensatz zu verwenden. Für eine geringe Anzahl von Mitteilungen ist die Datenübermittlung über das Online-Portal „Mein ELSTER" mit einem Organisationszertifikat zulässig. Die Bekanntmachung der Datensatzbeschreibung für die Zuleitung der entsprechenden Anzeigen nach amtlich vorgeschriebenem Datensatz durch Datenfernübertragung erfolgte letztmals am 23. September 2019 im Bundessteuerblatt Teil I S. 925. Die Anzeigen von Kreditinstituten, Kapital- **106**

verwaltungsgesellschaften, Bausparkassen und Versicherungsunternehmen sind als unschädliche, vollständig schädliche oder teilweise schädliche Verfügungen zu kennzeichnen (§ 8 Abs. 1 bis 3 VermBDV).

107 (2) Sind auf den Anlagevertrag auch andere Beträge gutgeschrieben, die keine vermögenswirksamen Leistungen sind (z. B. Zinsen, eigene Einzahlungen des Arbeitnehmers), so ist in der Anzeige über eine teilweise schädliche vorzeitige Verfügung als vermögenswirksame Leistung nur der Betrag anzugeben, der die anderen Beträge übersteigt (§ 6 Abs. 3 Nr. 1 und Abs. 4 Nr. 1 VermBDV).

22. Änderung der Festsetzung, Rückforderung von Arbeitnehmer-Sparzulagen (§ 13 Abs. 5 des 5. VermBG, § 6 Abs. 2 und 3, § 8 Abs. 4, § 9 VermBDV)

108 (1) Der Bescheid über die Festsetzung der Arbeitnehmer-Sparzulage ist zu ändern, wenn

1. bei Anlage vermögenswirksamer Leistungen auf Verträge nach §§ 5 bis 7 des 5. VermBG angezeigt worden ist, dass Sperr-, Verwendungs- oder Vorlagefristen verletzt worden sind (§ 8 Abs. 1 Nr. 4 bis 6 VermBDV) oder sich die Förderung in den Fällen der Rn. 100 Nr. 3 Satz 2 verringert,
2. bei Anlage vermögenswirksamer Leistungen nach § 2 Abs. 1 Nr. 1 und 4 des 5. VermBG eine teilweise schädliche Verfügung angezeigt worden ist (§ 8 Abs. 1 Nr. 1 bis 3 und Abs. 2 VermBDV) und das Finanzamt die Verfügung über vermögenswirksame Leistungen festgestellt hat, für die Arbeitnehmer-Sparzulagen festgesetzt worden sind (§ 6 Abs. 3 und 4 VermBDV),
3. die Einkommensgrenze des § 13 Abs. 1 des 5. VermBG durch nachträgliche Änderung des zu versteuernden Einkommens über- oder unterschritten wird,
4. das Finanzamt davon Kenntnis erhält, z. B. durch eine Außenprüfung, dass eine vermögenswirksame Anlage nicht vorlag.

109 (2) Das Finanzamt hat zu Unrecht bereits ausgezahlte Arbeitnehmer-Sparzulagen vom Arbeitnehmer zurückzufordern. Das gilt auch für Arbeitnehmer-Sparzulagen, die das Finanzamt wegen Ablaufs der Sperrfrist an den Arbeitnehmer ausgezahlt hat und dem Finanzamt erst nachträglich eine schädliche Verfügung über die vermögenswirksamen Leistungen bekannt wird.

23. Anrufungsauskunft (§ 15 Abs. 4 des 5. VermBG)

110 Die Auskunft nach § 15 Abs. 4 des 5. VermBG ist ein Verwaltungsakt i. S. v. § 118 Satz 1 AO (vgl. BFH-Urteil vom 5. Juni 2014, BStBl. 2015 II S. 48). Diese Auskunft trifft eine Regelung dahin, wie die Finanzbehörde den vom Antragsteller dargestellten Sachverhalt gegenwärtig beurteilt. Die Anrufungsauskunft trifft hingegen keine Entscheidung über den materiellen Anspruch auf die Arbeitnehmer-Sparzulage nach § 13 Abs. 1 und 2 des 5. VermBG.

24. Außenprüfung (§ 15 Abs. 5 des 5. VermBG)

111 Nach § 15 Abs. 5 des 5. VermBG ist eine Außenprüfung bei dem Unternehmen oder Institut zulässig, bei dem die vermögenswirksamen Leistungen angelegt sind. Die Außenprüfung kann sich auf die Einhaltung sämtlicher Pflichten erstrecken, die sich aus dem Fünften Vermögensbildungsgesetz, der Abgabenordnung und der Fünften Vermögensbildungsgesetz-Durchführungsverordnung ergeben, z. B. die Erfüllung von Anzeigepflichten.

25. Übergangsregelung für Wertpapierinstitute

112 Im Vorgriff auf Anpassungen des Fünften Vermögensbildungsgesetzes und der Fünften Vermögensbildungsgesetz-Durchführungsverordnung gelten die Rechte und Pflichten der Kreditinstitute und Kapitalanlagegesellschaften im Zusammenhang mit der Anlage vermögenswirksamer Leistungen und der Arbeitnehmer-Sparzulage entsprechend auch für Wertpapierinstitute. Dies gilt auch für Zeiträume vor 2024.

6 c. Gesetz über vermögenswirksame Leistungen für Beamte, Richter, Berufssoldaten und Soldaten auf Zeit[1]

In der Fassung der Bekanntmachung vom 16. Mai 2002 (BGBl. I S. 1778)[2]

Geändert durch Gesetz vom 29. 3. 2017 (BGBl. I S. 626)

§ 1

1 (1) Vermögenswirksame Leistungen nach dem Fünften Vermögensbildungsgesetz erhalten

1. Bundesbeamte, Beamte der Länder, der Gemeinden, der Gemeindeverbände sowie der sonstigen der Aufsicht eines Landes unterstehenden Körperschaften, Anstalten und Stiftungen des öffentlichen Rechts; ausgenommen sind die Ehrenbeamten und entpflichtete Hochschullehrer,
2. Richter des Bundes und der Länder; ausgenommen sind die ehrenamtlichen Richter,
3. Berufssoldaten und Soldaten auf Zeit mit Anspruch auf Besoldung oder Ausbildungsgeld (§ 30 Abs. 2 des Soldatengesetzes).

(2) Vermögenswirksame Leistungen werden für die Kalendermonate gewährt, in denen dem Berechtigten Dienstbezüge, Anwärterbezüge oder Ausbildungsgeld nach § 30 Abs. 2 des Soldatengesetzes zustehen und er diese Bezüge erhält.

[1] Siehe hierzu Allgemeine Verwaltungsvorschrift zum Gesetz über vermögenswirksame Leistungen für Beamte, Richter, Berufssoldaten und Soldaten auf Zeit (VermLGVwV) v. 20. 11. 1996 (GMBl. S. 876).

[2] Neubekanntmachung des Gesetzes i. d. F. der Bekanntmachung vom 15. 12. 1998 (BGBl. I S. 3646) auf Grund Art. 14 des Sechsten Besoldungsänderungsgesetzes vom 14. 12. 2001 (BGBl. I S. 3702) in der ab 1. 1. 2002 geltenden Fassung.

(3) Der Anspruch auf die vermögenswirksamen Leistungen entsteht frühestens für den Kalendermonat, in dem der Berechtigte die nach § 4 Abs. 1 erforderlichen Angaben mitteilt, und für die beiden vorangegangenen Monate desselben Kalenderjahres.

§ 2

(1) Die vermögenswirksame Leistung beträgt 6,65 Euro. Teilzeitbeschäftigte erhalten den Betrag, der dem Verhältnis der ermäßigten zur regelmäßigen Arbeitszeit entspricht; bei begrenzter Dienstfähigkeit nach bundes- oder landesrechtlicher Regelung gilt Entsprechendes. 2

(2) Beamte auf Widerruf im Vorbereitungsdienst, deren Anwärterbezüge nebst Familienzuschlag der Stufe 1 971,45 Euro monatlich nicht erreichen, erhalten 13,29 Euro.

(3) Für die Höhe der vermögenswirksamen Leistung sind die Verhältnisse am Ersten des Kalendermonats maßgebend. Wird das Dienstverhältnis nach dem Ersten des Kalendermonats begründet, ist für diesen Monat der Tag des Beginns des Dienstverhältnisses maßgebend.

(4) Die vermögenswirksame Leistung ist bis zum Ablauf der auf den Monat der Mitteilung nach § 4 Abs. 1 folgenden drei Kalendermonate, danach monatlich im Voraus zu zahlen.

§ 3

(1) Die vermögenswirksame Leistung wird dem Berechtigten im Kalendermonat nur einmal gewährt. 3

(2) Bei mehreren Dienstverhältnissen ist das Dienstverhältnis maßgebend, aus dem der Berechtigte einen Anspruch auf vermögenswirksame Leistungen hat. Sind solche Leistungen für beide Dienstverhältnisse vorgesehen, sind sie aus dem zuerst begründeten Verhältnis zu zahlen.

(3) Erreicht die vermögenswirksame Leistung nach Absatz 2 nicht den Betrag nach § 2 dieses Gesetzes, ist der Unterschiedsbetrag aus dem anderen Dienstverhältnis zu zahlen.

(4) Die Absätze 1 bis 3 gelten entsprechend für vermögenswirksame Leistungen aus einem anderen Rechtsverhältnis, auch wenn die Regelungen im Einzelnen nicht übereinstimmen.

§ 4

(1)[1] Der Berechtigte teilt seiner Dienststelle oder der nach Landesrecht bestimmten Stelle schriftlich oder elektronisch die Art der gewählten Anlage mit und gibt hierbei, soweit dies nach der Art der Anlage erforderlich ist, das Unternehmen oder Institut mit der Nummer des Kontos an, auf das die Leistung eingezahlt werden soll. 4

(2) Für die vermögenswirksamen Leistungen nach diesem Gesetz und die vermögenswirksame Anlage von Teilen der Bezüge nach dem Fünften Vermögensbildungsgesetz soll der Berechtigte möglichst dieselbe Anlageart und dasselbe Unternehmen oder Institut wählen.

(3) Der Wechsel der Anlage bedarf im Falle des § 11 Abs. 3 Satz 2 des Fünften Vermögensbildungsgesetzes nicht der Zustimmung der zuständigen Stelle, wenn der Berechtigte diesen Wechsel aus Anlass der erstmaligen Gewährung der vermögenswirksamen Leistung verlangt.

§ 5

(weggefallen)

§ 6

Dieses Gesetz gilt nicht für die öffentlich-rechtlichen Religionsgesellschaften und ihre Verbände. 5

§ 7

(weggefallen)

7. Wohnungsbau-Prämiengesetz (WoPG 1996)[2]

In der Fassung der Bekanntmachung vom 30. Oktober 1997 (BGBl. I S. 2678)[3]

Geändert durch Gesetz vom 19. 12. 2000 (BGBl. I S. 1790), vom 20. 12. 2001 (BGBl. I S. 3794), vom 23. 7. 2002 (BGBl. I S. 2715), vom 29. 12. 2003 (BGBl. I S. 3076), vom 29. 7. 2008 (BGBl. I S. 1509), vom 20. 12. 2008 (BGBl. I S. 2850), vom 8. 12. 2010 (BGBl. I S. 1768), vom 5. 4. 2011 (BGBl. I S. 554), vom 18. 7. 2014 (BGBl. I S. 1042) und vom 12. 12. 2019 (BGBl. I S. 2451)

§ 1[4, 5] Prämienberechtigte

Unbeschränkt einkommensteuerpflichtige Personen im Sinne des § 1 Absatz 1, 2 oder 3 des Einkommensteuergesetzes, die das 16. Lebensjahr vollendet haben oder Vollwaisen sind, können für Aufwendungen zur Förderung des Wohnungsbaus eine Prämie erhalten.[6] Voraussetzung ist, daß 1

---

[1] § 4 Abs. 1 geändert durch Gesetz vom 29. 3. 2017 (BGBl. I S. 626) mit Wirkung ab 5. 4. 2017.

[2] Zum Anwendungsbereich des WoPG vgl. § 10.

[3] Neubekanntmachung des WoPG i. d. F. der Bekanntmachung vom 30. 10. 1997 (BGBl. I S. 2678) in der ab 18. 12. 1996 geltenden Fassung.

[4] Siehe hierzu Abschnitt 1 und 2 WoPR.

[5] § 1 Satz 1 Zitat geändert durch Gesetz vom 12. 12. 2019 (BGBl. I S. 2451) mit Wirkung ab 18. 12. 2019. Zur Anwendung siehe § 10 Abs. 1 Satz 2.

[6] **[Amtl. Anm.:]** § 1 Satz 1 WoPG ist in allen offenen Fällen anzuwenden (siehe § 10 Abs. 1 Satz 2 WoPG).

1. die Aufwendungen nicht vermögenswirksame Leistungen darstellen, für die Anspruch auf Arbeitnehmer-Sparzulage nach § 13 des Fünften Vermögensbildungsgesetzes besteht, und
2. das maßgebende Einkommen des Prämienberechtigten die Einkommensgrenze (§ 2 a) nicht überschritten hat.

§ 2[1] Prämienbegünstigte Aufwendungen

2 (1)[2] Als Aufwendungen zur Förderung des Wohnungsbaus im Sinne des § 1 gelten

1. Beiträge an Bausparkassen zur Erlangung von Baudarlehen, soweit die an dieselbe Bausparkasse geleisteten Beiträge im Sparjahr (§ 4 Abs. 1) mindestens 50 Euro betragen. Voraussetzung ist, daß die Bausparkasse ihren Sitz oder ihre Geschäftsleitung in einem Mitgliedstaat der Europäischen Union hat und ihr die Erlaubnis zum Geschäftsbetrieb im Gebiet der Europäischen Union erteilt ist. Bausparkassen sind Kreditinstitute, deren Geschäftsbetrieb darauf gerichtet ist, Bauspareinlagen entgegenzunehmen und aus den angesammelten Beträgen den Bausparern nach einem auf gleichmäßige Zuteilungsfolge gerichteten Verfahren Baudarlehen für wohnungswirtschaftliche Maßnahmen zu gewähren. Werden Beiträge an Bausparkassen zugunsten eines zertifizierten Altersvorsorgevertrages zur Erlangung eines Bauspardarlehens in einem Sparjahr (§ 4 Abs. 1) vom Anbieter den Altersvorsorgebeiträgen nach § 82 des Einkommensteuergesetzes zugeordnet, handelt es sich bei allen Beiträgen zu diesem Vertrag innerhalb dieses Sparjahres bis zu dem in § 10 a Absatz 1 des Einkommensteuergesetzes genannten Höchstbetrag um Altersvorsorgebeiträge und nicht um prämienbegünstigte Aufwendungen im Sinne der Absätze 2 und 3;
2. Aufwendungen für den ersten Erwerb von Anteilen an Bau- und Wohnungsgenossenschaften;
3. Beiträge auf Grund von Sparverträgen, die auf die Dauer von drei bis sechs Jahren als allgemeine Sparverträge oder als Sparverträge mit festgelegten Sparraten mit einem Kreditinstitut abgeschlossen werden, wenn die eingezahlten Sparbeiträge und die Prämien zum Bau oder Erwerb selbst genutzten Wohneigentums oder zum Erwerb eines eigentumsähnlichen Dauerwohnrechts verwendet werden;
4. Beiträge auf Grund von Verträgen, die mit Wohnungs- und Siedlungsunternehmen nach der Art von Sparverträgen mit festgelegten Sparraten auf die Dauer von drei bis acht Jahren mit dem Zweck einer Kapitalansammlung abgeschlossen werden, wenn die eingezahlten Beiträge und die Prämien zum Bau oder Erwerb selbst genutzten Wohneigentums oder zum Erwerb eines eigentumsähnlichen Dauerwohnrechts verwendet werden. Den Verträgen mit Wohnungs- und Siedlungsunternehmen stehen Verträge mit den am 31. Dezember 1989 als Organe der staatlichen Wohnungspolitik anerkannten Unternehmen gleich, soweit sie die Voraussetzungen nach Satz 1 erfüllen.

(2)[3] Für die Prämienbegünstigung der in Absatz 1 Nr. 1 bezeichneten Aufwendungen ist Voraussetzung, dass

1. bei Auszahlung der Bausparsumme oder bei Beleihung der Ansprüche aus dem Vertrag der Bausparer die empfangenen Beträge unverzüglich und unmittelbar zum Wohnungsbau verwendet oder
2. im Fall der Abtretung der Erwerber die Bausparsumme oder die auf Grund einer Beleihung empfangenen Beträge unverzüglich und unmittelbar zum Wohnungsbau für die abtretende Person oder deren Angehörige im Sinne des § 15 der Abgabenordnung verwendet.

Unschädlich ist jedoch eine Verfügung ohne Verwendung zum Wohnungsbau, die frühestens sieben Jahre nach dem Vertragsabschluss erfolgt, wenn der Bausparer bei Vertragsabschluss das 25. Lebensjahr noch nicht vollendet hatte. Die Prämienbegünstigung ist in diesen Fällen auf die Berücksichtigung der in Absatz 1 Nr. 1 bezeichneten Aufwendungen der letzten sieben Sparjahre bis zu der Verfügung beschränkt. Jeder Bausparer kann nur einmal über einen vor Vollendung des 25. Lebensjahres abgeschlossenen Bausparvertrag ohne wohnungswirtschaftliche Verwendung prämienunschädlich verfügen. Unschädlich ist auch eine Verfügung ohne Verwendung zum Wohnungsbau, wenn der Bausparer oder sein von ihm nicht dauernd getrennt lebender Ehegatte nach Vertragsabschluss gestorben oder völlig erwerbsunfähig geworden ist oder der Bausparer nach Vertragsabschluss arbeitslos geworden ist und die Arbeitslosigkeit mindestens ein Jahr lang ununterbrochen bestanden hat und im Zeitpunkt der Verfügung noch besteht. Die Prämienbegünstigung ist in diesen Fällen auf die Berücksichtigung der in Absatz 1 Nr. 1 bezeichneten Aufwendungen der letzten sieben Sparjahre bis zum Eintritt des Ereignisses beschränkt. Die Vereinbarung über die Erhöhung der Bausparsumme ist als selbständiger Vertrag zu behandeln. Als Wohnungsbau im Sinne der Nummern 1 und 2 gelten auch bauliche Maßnahmen des Mieters zur Modernisierung seiner Wohnung. Dies gilt ebenfalls für den ersten Erwerb von Anteilen an Bau- und Wohnungsgenossenschaften im Sinne des Absatzes 1 Nr. 2 und den Erwerb von Rechten zur dauernden Selbstnutzung von Wohnraum in Alten-, Altenpflege- und Behinderteneinrichtungen oder -anlagen. Sofern nichts anderes bestimmt ist, setzt die Unschädlichkeit weiter voraus, dass die empfangenen Beträge nur zum Wohnungsbau in einem Mitgliedstaat der Europäischen Union oder in einem Staat eingesetzt werden, auf den das Abkommen über den Europäischen Wirtschaftsraum anwendbar ist.[4]

[1] Siehe hierzu Abschnitt 3 bis 9 WoPR.

[2] Euro-Betrag in § 2 Abs. 1 Nr. 1 eingefügt durch Gesetz vom 19. 12. 2000 (BGBl. I S. 1790). Abs. 1 Satz 1 Nr. 3 und 4 geändert durch Gesetz vom 23. 7. 2002 (BGBl. I S. 2715) mit Wirkung vom 27. 7. 2002. Abs. 1 Satz 4 angefügt durch EigRentG vom 29. 7. 2008 (BGBl. I S. 1509) mit Wirkung ab Sparjahr 2008 (s. § 10 Abs. 1 Satz 3). § 2 Abs. 1 Nr. 1 Satz 4 geändert durch Gesetz vom 12. 12. 2019 (BGBl. I S. 2451) mit Wirkung ab 18. 12. 2019.

[3] § 2 Abs. 2 Sätze 1 und 2 neu gefasst, Sätze 3 bis 7 eingefügt, bisherige Sätze 3 bis 5 werden Sätze 8 bis 10 durch EigRentG vom 29. 7. 2008 (BGBl. I S. 1509) mit Wirkung ab Sparjahr 2009. § 2 Abs. 2 Satz 10 neu gefasst durch Gesetz vom 12. 12. 2019 (BGBl. I S. 2451) mit Wirkung ab 18. 12. 2019. Zur Anwendung siehe § 10 Abs. 1 Satz 2.

[4] **[Amtl. Anm.:]** § 2 Abs. 2 Satz 10 WoPG ist in allen offenen Fällen anzuwenden (siehe § 10 Abs. 1 Satz 2 WoPG).

(3)[1] Für vor dem 1. Januar 2009 abgeschlossene Verträge, für die bis zum 31. Dezember 2008 mindestens ein Beitrag in Höhe der Regelsparrate entrichtet wurde, ist Voraussetzung für die Prämienbegünstigung der in Absatz 1 Nr. 1 bezeichneten Aufwendungen, dass vor Ablauf von sieben Jahren seit Vertragsabschluss weder die Bausparsumme ganz oder zum Teil ausgezahlt noch geleistete Beiträge ganz oder zum Teil zurückgezahlt oder Ansprüche aus dem Bausparvertrag abgetreten oder beliehen werden. Unschädlich ist jedoch die vorzeitige Verfügung, wenn

1. die Bausparsumme ausgezahlt oder die Ansprüche aus dem Vertrag beliehen werden und der Bausparer die empfangenen Beträge unverzüglich und unmittelbar zum Wohnungsbau verwendet,
2. im Fall der Abtretung der Erwerber die Bausparsumme oder die auf Grund einer Beleihung empfangenen Beträge unverzüglich und unmittelbar zum Wohnungsbau für die abtretende Person oder deren Angehörige im Sinne des § 15 der Abgabenordnung verwendet,
3. der Bausparer oder sein von ihm nicht dauernd getrennt lebender Ehegatte nach Vertragsabschluss gestorben oder völlig erwerbsunfähig geworden ist oder
4. der Bausparer nach Vertragsabschluss arbeitslos geworden ist und die Arbeitslosigkeit mindestens ein Jahr lang ununterbrochen bestanden hat und im Zeitpunkt der vorzeitigen Verfügung noch besteht.

Absatz 2 Satz 7 bis 10 gilt sinngemäß.

§ 2a[2, 3] Einkommensgrenze

Die Einkommensgrenze beträgt 35 000 Euro, bei Ehegatten (§ 3 Abs. 3) 70 000 Euro.[4] Maßgebend ist das zu versteuernde Einkommen (§ 2 Absatz 5[5] des Einkommensteuergesetzes) des Sparjahrs (§ 4 Abs. 1). Bei Ehegatten ist das zu versteuernde Einkommen maßgebend, das sich bei einer Zusammenveranlagung nach § 26 b des Einkommensteuergesetzes ergeben hat oder, falls eine Veranlagung nicht durchgeführt worden ist, ergeben würde. 3

§ 2b *(weggefallen)*

§ 3[6, 7] Höhe der Prämie

(1) Die Prämie bemißt sich nach den im Sparjahr (§ 4 Abs. 1) geleisteten prämienbegünstigten Aufwendungen. Sie beträgt 10 Prozent[8] der Aufwendungen.[9] 5

(2) Die Aufwendungen des Prämienberechtigten sind je Kalenderjahr bis zu einem Höchstbetrag von 700 Euro, bei Ehegatten (Absatz 3) zusammen bis zu 1 400 Euro prämienbegünstigt.[10] Die Höchstbeträge stehen den Prämienberechtigten gemeinsam zu (Höchstbetragsgemeinschaft).

(3)[11] Ehegatten im Sinne dieses Gesetzes sind Personen, welche nach § 26 b des Einkommensteuergesetzes zusammen veranlagt werden oder die, falls eine Veranlagung zur Einkommensteuer nicht durchgeführt wird, die Voraussetzungen des § 26 Absatz 1 Satz 1 des Einkommensteuergesetzes erfüllen. Die Regelungen dieses Gesetzes zu Ehegatten sind auch auf Lebenspartner anzuwenden, wenn in Verbindung mit § 2 Absatz 8 des Einkommensteuergesetzes die Voraussetzungen des Satzes 1 erfüllt sind.

§ 4[12] Prämienverfahren allgemein

(1) Der Anspruch auf Prämie entsteht mit Ablauf des Sparjahrs. Sparjahr ist das Kalenderjahr, in dem die prämienbegünstigten Aufwendungen geleistet worden sind. 6

(2) Die Prämie ist nach amtlich vorgeschriebenem Vordruck bis zum Ablauf des zweiten Kalenderjahrs, das auf das Sparjahr (Absatz 1) folgt, bei dem Unternehmen zu beantragen, an das die prämienbegünstigten Aufwendungen geleistet worden sind. Der Antragsteller hat zu erklären, für welche Aufwendungen er die Prämie beansprucht, wenn bei mehreren Verträgen die Summe der Aufwendungen den Höchstbetrag (§ 3 Abs. 2) überschreitet; Ehegatten (§ 3 Abs. 3) haben dies einheitlich zu erklären. Der Antragsteller ist verpflichtet, dem Unternehmen unverzüglich eine Änderung der Verhältnisse mitzuteilen, die zu einer Minderung oder zum Wegfall des Prämienanspruchs führen.

(3) Überschreiten bei mehreren Verträgen die insgesamt ermittelten oder festgesetzten Prämien die für das Sparjahr höchstens zulässige Prämie (§ 3), ist die Summe der Prämien hierauf zu begrenzen. Dabei

[1] § 2 Abs. 3 angefügt durch EigRentG vom 29. 7. 2008 (BGBl. I S. 1509) mit Wirkung ab Sparjahr 2009.

[2] Siehe hierzu Abschnitt 2 WoPR.

[3] Euro-Beträge eingefügt durch Gesetz vom 19. 12. 2000 (BGBl. I S. 1790). § 2 a Satz 1 geändert durch StÄndG 2001 v. 20. 12. 2001 (BGBl. I S. 3794) mit Wirkung ab Sparjahr 2002. § 2 a Satz 1 Euro-Beträge geändert durch Gesetz vom 12. 12. 2019 (BGBl. I S. 2451) mit Wirkung ab Sparjahr 2021 (§ 10 Abs. 3).

[4] **[Amtl. Anm.:]** § 2 a Satz 1 ist erstmals für das Sparjahr 2021 anzuwenden (siehe § 10 Abs. 3 WoPG).

[5] § 2 a Satz 2 Zitat geändert durch JStG 2010 vom 8. 12. 2010 (BGBl. I S. 1768) mit Wirkung ab Sparjahr 2009.

[6] Euro-Beträge eingefügt durch Gesetz vom 19. 12. 2000 (BGBl. I S. 1790). Euro-Beträge geändert durch Gesetz vom 12. 12. 2019 (BGBl. I S. 2451) mit Wirkung ab Sparjahr 2021 (§ 10 Abs. 3).

[7] Siehe hierzu Abschnitt 10 WoPR.

[8] § 3 Abs. 1 Satz 2 Prozentangabe geändert durch HBeglG 2004 vom 29. 12. 2003 (BGBl. I S. 3076) mit Wirkung ab Sparjahr 2004, bestätigt durch Gesetz vom 5. 4. 2011 (BGBl. I S. 554). § 3 Abs. 1 Satz 2 Prozentangabe geändert durch Gesetz vom 12. 12. 2019 (BGBl. I S. 2451) mit Wirkung ab Sparjahr 2021 (§ 10 Abs. 3).

[9] **[Amtl. Anm.:]** § 3 Abs. 1 Satz 2 WoPG ist erstmals für das Sparjahr 2021 anzuwenden (siehe § 10 Abs. 3 WoPG).

[10] **[Amtl. Anm.:]** § 3 Abs. 2 Satz 1 WoPG ist erstmals für das Sparjahr 2021 anzuwenden (siehe § 10 Abs. 3 WoPG).

[11] § 3 Abs. 3 neu gefasst durch Gesetz vom 18. 7. 2014 (BGBl. I S. 1042) mit Wirkung ab 24. 7. 2014.

[12] Siehe hierzu Abschnitt 11 WoPR.

ist die Prämie vorrangig für Aufwendungen auf Verträge mit dem jeweils älteren Vertragsdatum zu belassen. Insoweit ist eine abweichende Erklärung des Prämienberechtigten oder seines Ehegatten unbeachtlich.

(4)[1] Ein Rückforderungsanspruch erlischt, wenn er nicht bis zum Ablauf des vierten Kalenderjahrs geltend gemacht worden ist, das auf das Kalenderjahr folgt, in dem der Prämienberechtigte die Prämie verwendet hat (§ 5).

(5) Das Unternehmen darf die im Prämienverfahren bekanntgewordenen Verhältnisse der Beteiligten nur für das Verfahren verwerten. Es darf sie ohne Zustimmung der Beteiligten nur offenbaren, soweit dies gesetzlich zugelassen ist.

§ 4 a[2] Prämienverfahren im Fall des § 2 Abs. 1 Nr. 1

7 (1) Bei Aufwendungen im Sinne des § 2 Abs. 1 Nr. 1 hat die Bausparkasse auf Grund des Antrags zu ermitteln, ob und in welcher Höhe ein Prämienanspruch nach Maßgabe dieses Gesetzes oder nach einer auf Grund dieses Gesetzes erlassenen Rechtsverordnung besteht. Dabei hat sie alle Verträge mit dem Prämienberechtigten und seinem Ehegatten (§ 3 Abs. 3) zu berücksichtigen. Die Bausparkasse hat dem Antragsteller das Ermittlungsergebnis spätestens im nächsten Kontoauszug mitzuteilen.

(2)[3] Die Bausparkasse hat die im Kalendermonat ermittelten Prämien (Absatz 1 Satz 1) im folgenden Kalendermonat in einem Betrag zur Auszahlung anzumelden, wenn die Voraussetzungen für die Prämienbegünstigung nach § 2 Abs. 2 nachgewiesen sind. In den Fällen des § 2 Abs. 3 darf die Prämie nicht vor Ablauf des Kalendermonats angemeldet werden, in dem
a) der Bausparvertrag zugeteilt,
b) die in § 2 Abs. 3 Satz 1 genannte Frist überschritten oder
c) unschädlich im Sinne des § 2 Abs. 3 Satz 2 verfügt
worden ist. Die Anmeldung ist nach amtlich vorgeschriebenem Vordruck[4] (Wohnungsbauprämien-Anmeldung) bei dem für die Besteuerung der Bausparkasse nach dem Einkommen zuständigen Finanzamt (§ 20 der Abgabenordnung) abzugeben. Hierbei hat die Bausparkasse zu bestätigen, daß die Voraussetzungen für die Auszahlung des angemeldeten Prämienbetrags vorliegen. Die Wohnungsbauprämien-Anmeldung gilt als Steueranmeldung im Sinne der Abgabenordnung. Das Finanzamt veranlaßt die Auszahlung an die Bausparkasse zugunsten der Prämienberechtigten durch die zuständige Bundeskasse. Die Bausparkasse hat die erhaltenen Prämien unverzüglich dem Prämienberechtigten gutzuschreiben oder auszuzahlen.

(3)[5] Die Bausparkasse hat die für die Überprüfung des Prämienanspruchs erforderlichen Daten innerhalb von vier Monaten nach Ablauf der Antragsfrist für das Sparjahr (§ 4 Abs. 2 Satz 1) nach amtlich vorgeschriebenem Datensatz durch Datenfernübertragung an die Zentralstelle der Länder zu übermitteln. Besteht der Prämienanspruch nicht oder in anderer Höhe, so teilt die Zentralstelle dies der Bausparkasse durch einen Datensatz mit.

(4) Erkennt die Bausparkasse oder wird ihr mitgeteilt, daß der Prämienanspruch ganz oder teilweise nicht besteht oder weggefallen ist, so hat sie das bisherige Ermittlungsergebnis aufzuheben oder zu ändern; zu Unrecht gutgeschriebene oder ausgezahlte Prämien hat sie zurückzufordern. Absatz 1 Satz 3 gilt entsprechend. Bei fortbestehendem Vertragsverhältnis kann sie das Konto belasten. Die Bausparkasse hat geleistete Rückforderungsbeträge in der Wohnungsbauprämien-Anmeldung des nachfolgenden Monats abzusetzen. Kann die Bausparkasse zu Unrecht gutgeschriebene oder ausgezahlte Prämien nicht belasten oder kommt der Prämienempfänger ihrer Zahlungsaufforderung nicht nach, so hat sie hierüber unverzüglich das für die Besteuerung nach dem Einkommen des Prämienberechtigten zuständige Finanzamt (Wohnsitzfinanzamt nach § 19 der Abgabenordnung) zu unterrichten. In diesen Fällen erläßt das Wohnsitzfinanzamt einen Rückforderungsbescheid.

(5) Eine Festsetzung der Prämie erfolgt nur auf besonderen Antrag des Prämienberechtigten. Der Antrag ist schriftlich innerhalb eines Jahres nach Bekanntwerden des Ermittlungsergebnisses der Bausparkasse vom Antragsteller unter Angabe seines Wohnsitzfinanzamts an die Bausparkasse zu richten. Die Bausparkasse leitet den Antrag diesem Finanzamt zur Entscheidung zu. Dem Antrag hat sie eine Stellungnahme und die zur Entscheidung erforderlichen Unterlagen beizufügen. Das Finanzamt teilt seine Entscheidung auch der Bausparkasse mit.

(6) Die Bausparkasse haftet als Gesamtschuldner neben dem Prämienempfänger für die Prämie, die wegen ihrer Pflichtverletzung zu Unrecht gezahlt, nicht einbehalten oder nicht zurückgefordert wird. Die Bausparkasse haftet nicht, wenn sie ohne Verschulden darüber irrte, daß die Prämie zu zahlen war. Für die Inanspruchnahme der Bausparkasse ist das in Absatz 2 Satz 3 bestimmte Finanzamt zuständig. Für die Inanspruchnahme des Prämienempfängers ist das Wohnsitzfinanzamt zuständig.

(7) Das nach Absatz 2 Satz 3 zuständige Finanzamt hat auf Anfrage der Bausparkasse Auskunft über die Anwendung dieses Gesetzes zu geben.

(8) Das nach Absatz 2 Satz 3 zuständige Finanzamt kann bei der Bausparkasse ermitteln, ob sie ihre Pflichten nach diesem Gesetz oder nach einer auf Grund dieses Gesetzes erlassenen Rechtsverordnung

[1] § 4 Abs. 4 geändert durch StÄndG 2001 v. 20. 12. 2001 (BGBl. I S. 3794). Erstmalige Anwendung gemäß § 10 Abs. 1 Satz 4 bei nicht vertragsgemäßer Verwendung nach dem 31. 12. 1998.

[2] Siehe hierzu Abschnitt 12 WoPR.

[3] § 4 a Abs. 2 Satz 1 zweiter Halbsatz angefügt und Abs. 2 Satz 2 neu gefasst durch EigRentG vom 29. 7. 2008 (BGBl. I S. 1509) mit Wirkung ab Sparjahr 2009.

[4] Vgl. BMF-Schreiben vom 10. 10. 2013 (BStBl. I S. 1313).

[5] § 4 a Abs. 3 geändert durch StBürokrAbbG vom 20. 12. 2008 (BGBl. I S. 2850). Zur erstmaligen Anwendung für Datenlieferungen nach dem 31. 12. 2008 siehe § 10 Abs. 1 Satz 5.

erfüllt hat. Die §§ 193 bis 203 der Abgabenordnung gelten sinngemäß. Die Unterlagen über das Prämienverfahren sind im Geltungsbereich dieses Gesetzes zu führen und aufzubewahren.

(9) Die Bausparkasse erhält vom Bund oder den Ländern keinen Ersatz für die ihr aus dem Prämienverfahren entstehenden Kosten.

§ 4 b[1] Prämienverfahren in den Fällen des § 2 Abs. 1 Nr. 2 bis 4

(1) Bei Aufwendungen im Sinne des § 2 Abs. 1 Nr. 2 bis 4 hat das Unternehmen den Antrag an das Wohnsitzfinanzamt des Prämienberechtigten weiterzuleiten. **8**

(2) Wird dem Antrag entsprochen, veranlaßt das Finanzamt die Auszahlung der Prämie an das Unternehmen zugunsten des Prämienberechtigten durch die zuständige Bundeskasse. Einen Bescheid über die Festsetzung der Prämie erteilt das Finanzamt nur auf besonderen Antrag des Prämienberechtigten. Wird nachträglich festgestellt, daß die Voraussetzungen für die Prämie nicht vorliegen oder die Prämie aus anderen Gründen ganz oder teilweise zu Unrecht gezahlt worden ist, so hat das Finanzamt die Prämienfestsetzung aufzuheben oder zu ändern und die Prämie, soweit sie zu Unrecht gezahlt worden ist, zurückzufordern. Sind zu diesem Zeitpunkt die prämienbegünstigten Aufwendungen durch das Unternehmen noch nicht ausgezahlt, so darf die Auszahlung nicht vorgenommen werden, bevor die Prämien an das Finanzamt zurückgezahlt sind.

§ 5[2] Verwendung der Prämie

(1) *(weggefallen)* **9**

(2)[3] Die Prämien für die in § 2 Abs. 1 Nr. 1, 3 und 4 bezeichneten Aufwendungen sind vorbehaltlich des § 2 Abs. 2 Satz 2 bis 6 sowie Abs. 3 Satz 2 zusammen mit den prämienbegünstigten Aufwendungen zu dem vertragsmäßigen Zweck zu verwenden. Geschieht das nicht, so hat das Unternehmen in den Fällen des § 4 b dem Finanzamt unverzüglich Mitteilung zu machen.

(3) Über Prämien, die für Aufwendungen nach § 2 Abs. 1 Nr. 2 ausgezahlt werden, kann der Prämienberechtigte verfügen, wenn das Geschäftsguthaben beim Ausscheiden des Prämienberechtigten aus der Genossenschaft ausgezahlt wird.

§ 6 Steuerliche Behandlung der Prämie

Die Prämien gehören nicht zu den Einkünften im Sinne des Einkommensteuergesetzes. **10**

§ 7 Aufbringung der Mittel

Der Bund stellt die Beträge für die Prämien den Ländern in voller Höhe gesondert zur Verfügung. **11**

§ 8[4] Anwendung der Abgabenordnung und der Finanzgerichtsordnung

(1) Auf die Wohnungsbauprämie sind die für Steuervergütungen geltenden Vorschriften der Abgabenordnung entsprechend anzuwenden. Dies gilt nicht für § 108 Abs. 3 der Abgabenordnung hinsichtlich der in § 2 genannten Fristen sowie für die §§ 109 und 163 der Abgabenordnung. **12**

(2) Für die Wohnungsbauprämie gelten die Strafvorschriften des § 370 Abs. 1 bis 4, der §§ 371, 375 Abs. 1 und des § 376 sowie die Bußgeldvorschriften der §§ 378, 379 Abs. 1, 4 und der §§ 383 und 384 der Abgabenordnung entsprechend. Für das Strafverfahren wegen einer Straftat nach Satz 1 sowie der Begünstigung einer Person, die eine solche Tat begangen hat, gelten die §§ 385 bis 408, für das Bußgeldverfahren wegen einer Ordnungswidrigkeit nach Satz 1 die §§ 409 bis 412 der Abgabenordnung entsprechend.

(3) In öffentlich-rechtlichen Streitigkeiten über die auf Grund dieses Gesetzes ergehenden Verwaltungsakte der Finanzbehörden ist der Finanzrechtsweg gegeben.

(4) Besteuerungsgrundlagen für die Berechnung des nach § 2 a maßgebenden Einkommens, die der Veranlagung zur Einkommensteuer zugrunde gelegen haben, können der Höhe nach nicht durch einen Rechtsbehelf gegen die Prämie angegriffen werden.

§ 9 Ermächtigungen

(1) Die Bundesregierung wird ermächtigt, durch Rechtsverordnung mit Zustimmung des Bundesrates Vorschriften zur Durchführung dieses Gesetzes zu erlassen über **13**

1. *(weggefallen)*
2. die Bestimmung der Genossenschaften, die zu den Bau- und Wohnungsgenossenschaften gehören (§ 2 Abs. 1 Nr. 2);
3. den Inhalt der in § 2 Abs. 1 Nr. 3 bezeichneten Sparverträge, die Berechnung der Rückzahlungsfristen, die Folgen vorzeitiger Rückzahlung von Sparbeträgen und die Verpflichtungen der Kreditinstitute; die Vorschriften sind den in den §§ 18 bis 29 der Einkommensteuer-Durchführungsverordnung 1953 enthaltenen Vorschriften mit der Maßgabe anzupassen, daß eine Frist bestimmt werden kann, innerhalb der die Prämien zusammen mit den prämienbegünstigten Aufwendungen zu dem vertragsmäßigen Zweck zu verwenden sind;

---

[1] Siehe hierzu Abschnitt 13 WoPR.
[2] Siehe hierzu Abschnitt 3 bis 9 und 14 WoPR.
[3] § 5 Abs. 2 Satz 1 Zitat geändert durch EigRentG vom 29. 7. 2008 (BGBl. I S. 1509).
[4] Siehe hierzu Abschnitt 15 WoPR.

4. den Inhalt der in § 2 Abs. 1 Nr. 4 bezeichneten Verträge und die Verwendung der auf Grund solcher Verträge angesammelten Beträge; dabei kann der vertragsmäßige Zweck auf den Bau durch das Unternehmen oder auf den Erwerb von dem Unternehmen, mit dem der Vertrag abgeschlossen worden ist, beschränkt und eine Frist von mindestens drei Jahren bestimmt werden, innerhalb der die Prämien zusammen mit den prämienbegünstigten Aufwendungen zu dem vertragsmäßigen Zweck zu verwenden sind. Die Prämienbegünstigung kann auf Verträge über Gebäude beschränkt werden, die nach dem 31. Dezember 1949 fertiggestellt worden sind. Für die Fälle des Erwerbs kann bestimmt werden, daß der angesammelte Betrag und die Prämien nur zur Leistung des in bar zu zahlenden Kaufpreises verwendet werden dürfen;
5. die Ermittlung, Festsetzung, Auszahlung oder Rückzahlung der Prämie, wenn Besteuerungsgrundlagen für die Berechnung des nach § 2 a maßgebenden Einkommens, die der Veranlagung zur Einkommensteuer zugrunde gelegen haben, geändert werden oder wenn für Aufwendungen, die vermögenswirksame Leistungen darstellen, Arbeitnehmer-Sparzulagen zurückgezahlt oder nachträglich festgesetzt oder ausgezahlt werden;
6. das Verfahren für die Ermittlung, Festsetzung, Auszahlung und Rückforderung der Prämie. Hierzu gehören insbesondere Vorschriften über Aufzeichnungs-, Aufbewahrungs-, Bescheinigungs- und Anzeigepflichten des Unternehmens, bei dem die prämienbegünstigten Aufwendungen angelegt worden sind.

(2) Das Bundesministerium der Finanzen wird ermächtigt, den Wortlaut des Wohnungsbau-Prämiengesetzes und der hierzu erlassenen Durchführungsverordnung in der jeweils geltenden Fassung mit neuem Datum, unter neuer Überschrift und in neuer Paragraphenfolge bekanntzumachen und dabei Unstimmigkeiten des Wortlauts zu beseitigen.

(3) Das Bundesministerium der Finanzen wird ermächtigt, im Einvernehmen mit den obersten Finanzbehörden der Länder
a) den in § 4 Abs. 2 Satz 1 und den in § 4 a Abs. 2 Satz 3 vorgeschriebenen Vordruck und
b)[1] die in § 4 a Abs. 3 vorgeschriebenen Datensätze
zu bestimmen.

§ 10 Schlußvorschriften

14 (1)[2] Dieses Gesetz in der Fassung des Artikels 11 des Gesetzes vom 8. Dezember 2010 (BGBl. I S. 1768) ist vorbehaltlich Satz 2 erstmals für das Sparjahr 2009 anzuwenden. § 1 Satz 1 und § 2 Absatz 2 Satz 10 in der Fassung des Artikels 26 des Gesetzes vom 12. Dezember 2019 (BGBl. I S. 2451) sind in allen offenen Fällen anzuwenden. § 2 Abs. 1 Nr. 1 Satz 4 in der Fassung des Artikels 5 des Gesetzes vom 29. Juli 2008 (BGBl. I S. 1509) ist erstmals für das Sparjahr 2008 anzuwenden. Bei Aufwendungen im Sinne des § 2 Abs. 1 Nr. 1 ist die Prämie für Sparjahre vor 1996 nach § 4 in der Fassung des Artikels 7 des Gesetzes vom 15. Dezember 1995 (BGBl. I S. 1783)[3] festzusetzen. § 4 Abs. 4 in der Fassung des Artikels 29 des Gesetzes vom 20. Dezember 2001 (BGBl. I S. 3794) ist erstmals bei nicht vertragsgemäßer Verwendung nach dem 31. Dezember 1998 anzuwenden. § 4 a Abs. 3 Satz 1 und § 9 Abs. 3 Buchstabe b in der Fassung des Artikels 13 des Gesetzes vom 20. Dezember 2008 (BGBl. I S. 2850) sind erstmals für Datenlieferungen nach dem 31. Dezember 2008 anzuwenden.

(2)[4] Beiträge an Bausparkassen (§ 2 Abs. 1 Nr. 1), für die in den Kalenderjahren 1991 bis 1993 die Zusatzförderung nach § 10 Abs. 6 dieses Gesetzes in der Fassung der Bekanntmachung vom 30. Juli 1992 (BGBl. I S. 1405) in Anspruch genommen worden ist, müssen ausdrücklich zur Verwendung für den Wohnungsbau in dem in Artikel 3 des Einigungsvertrages genannten Gebiet bestimmt sein. Eine Verfügung, die § 2 Abs. 3 entspricht, nicht aber dem besonderen vertraglichen Zweck, ist hinsichtlich der Zusatzprämie und des zusätzlichen Höchstbetrages schädlich. Schädlich ist auch die Verwendung für Ferien- und Wochenendwohnungen, die in einem entsprechend ausgewiesenen Sondergebiet liegen oder die sich auf Grund ihrer Bauweise nicht zum dauernden Bewohnen eignen.

(3)[5] § 2 a Satz 1, § 3 Absatz 1 Satz 2 und § 3 Absatz 2 Satz 1 in der Fassung des Gesetzes vom 12. Dezember 2019 (BGBl. I S. 2451) sind erstmals für das Sparjahr 2021 anzuwenden.

---

[1] § 9 Abs. 3 Buchst. b geändert durch StBürokrAbbG vom 20. 12. 2008 (BGBl. I S. 2850). Zur erstmaligen Anwendung für Datenlieferungen nach dem 31. 12. 2008 siehe § 10 Abs. 1 Satz 5.

[2] § 10 Abs. 1 Satz 1 neu gefasst und Satz 3 angefügt durch StÄndG 2001 v. 20. 12. 2001 (BGBl. I S. 3794). § 10 Abs. 1 Satz 1 geändert durch HBeglG 2004 vom 29. 12. 2003 (BGBl. I S. 3076). § 10 Abs. 1 Satz 1 neu gefasst und neuer Satz 2 eingefügt durch EigRentG vom 29. 7. 2008 (BGBl. I S. 1509). Satz 4 angefügt durch StBürokrAbbG vom 20. 12. 2008 (BGBl. I S. 2850). § 10 Abs. 1 Satz 1 geändert durch JStG 2010 vom 8. 12. 2010 (BGBl. I S. 1768). § 10 Abs. 1 neuer Satz 2 eingefügt durch Gesetz vom 12. 12. 2019 (BGBl. I S. 2451).

[3] Siehe Fassung des WoPG im „Handbuch zur Lohnsteuer 1996".

[4] § 10 Abs. 2 Satz 2 Zitat geändert durch EigRentG vom 29. 7. 2008 (BGBl. I S. 1509).

[5] § 10 Abs. 3 angefügt durch Gesetz vom 12. 12. 2019 (BGBl. I S. 2451).

7 a. Verordnung zur Durchführung des Wohnungsbau-Prämiengesetzes (WoPDV 1996)[1]

In der Fassung der Bekanntmachung vom 30. Oktober 1997 (BGBl. I S. 2684)[2]

Geändert durch Gesetz vom 23. 7. 2002 (BGBl. I S. 2715), Gesetz vom 29. 7. 2008 (BGBl. I S. 1509) und Verordnung vom 25. 6. 2020 (BGBl. I S. 1495)

1. Beiträge an Bausparkassen zur Erlangung von Baudarlehen

§ 1 *(weggefallen)*

§ 1 a Aufzeichnungs- und Aufbewahrungspflichten

(1) Die Bausparkasse hat Aufzeichnungen zu führen über 1

1. den Namen und die Anschrift des Bausparers sowie des Abtretenden und des Abtretungsempfängers der Ansprüche aus einem Bausparvertrag,
2. die Vertragsnummer und das Vertragsdatum des Bausparvertrags,
3. die prämienbegünstigten Aufwendungen je Sparjahr,
4. die ermittelte oder festgesetzte Prämie je Sparjahr,
5. die ausgezahlte Prämie je Sparjahr,
6. den Anlaß der Anmeldung in den Fällen des § 4 a Abs. 2 Satz 2 des Gesetzes,
7. den nach § 4 a Abs. 3 Satz 2 des Gesetzes mitgeteilten Prämienanspruch,
8. das Finanzamt, das im Fall des § 4 a Abs. 5 des Gesetzes festgesetzt hat.

(2) Die Bausparkasse hat Unterlagen zu den Aufzeichnungen zu nehmen, aus denen sich der Inhalt des Bausparvertrags und die zweckentsprechende Verwendung oder eine unschädliche Verfügung über die Bausparsumme ergeben.

(3) Der Antrag auf Wohnungsbauprämie und die sonstigen Unterlagen sind geordnet zu sammeln und nach Ende des Sparjahrs zehn Jahre lang aufzubewahren. Die Bausparkasse kann die Unterlagen durch Bildträger oder andere Speichermedien ersetzen.

(4) Sonstige Vorschriften über Aufzeichnungspflichten bleiben unberührt.

(5) Die Bausparkasse hat dem Finanzamt auf Anforderung den Inhalt der Aufzeichnungen mitzuteilen und die für die Festsetzung der Prämie erforderlichen Unterlagen auszuhändigen.

§ 1 b Übertragung von Bausparverträgen auf eine andere Bausparkasse

Werden Bausparverträge auf eine andere Bausparkasse übertragen und verpflichtet sich diese gegenüber dem Bausparer und der Bausparkasse, mit der der Vertrag abgeschlossen worden ist, in die Rechte und Pflichten aus dem Vertrag einzutreten, so gilt die Übertragung nicht als Rückzahlung. Das Bausparguthaben muß von der übertragenden Bausparkasse unmittelbar an die übernehmende Bausparkasse überwiesen werden. 2

§ 2 Wegfall des Prämienanspruchs und Rückzahlung der Prämien

(1) Der Prämienanspruch entfällt, soweit bei Bausparverträgen 3

1.[3] prämienschädlich verfügt wird, oder
2. die für die Zusatzförderung nach § 10 Abs. 2 des Gesetzes erforderlichen Voraussetzungen nicht erfüllt werden.

Bereits ausgezahlte Prämien sind an die Bausparkasse oder an das zuständige Finanzamt zurückzuzahlen. Bei einer Teilrückzahlung von Beiträgen kann der Bausparer bestimmen, welche Beiträge als zurückgezahlt gelten sollen. Das gilt auch, wenn die Bausparsumme zum Teil ausgezahlt oder die ausgezahlte Bausparsumme teilweise schädlich verwendet wird oder Ansprüche aus dem Vertrag zum Teil abgetreten oder beliehen werden.

(2)[4] Absatz 1 ist nicht anzuwenden, wenn unschädlich nach § 2 Abs. 2 Satz 2 bis 6 sowie Abs. 3 Satz 2 und 3 des Gesetzes verfügt worden ist. Beabsichtigt im Fall des § 2 Abs. 2 Satz 1 Nr. 2 oder Abs. 3 Satz 2 Nr. 2 des Gesetzes der Abtretungsempfänger im Zeitpunkt der Abtretung der Ansprüche aus dem Bausparvertrag eine unverzügliche und unmittelbare Verwendung zum Wohnungsbau für den Abtretenden oder dessen Angehörige (§ 15 der Abgabenordnung), so ist die Prämie dem Abtretenden auszuzahlen oder die Rückforderung bereits ausgezahlter Prämien auszusetzen, wenn der Abtretende eine Erklärung des Abtretungsempfängers über die Verwendungsabsicht beibringt.

2. Bau- und Wohnungsgenossenschaften

§ 3[5, 6] [Bau- und Wohnungsgenossenschaften]

Bau- und Wohnungsgenossenschaften im Sinne des § 2 Absatz 1 Nummer 2 des Gesetzes sind Genossenschaften, die nach dem in ihrer Satzung festgesetzten Gegenstand und nach der tatsächlichen 4

---

[1] Zur Anwendung der WoPDV siehe § 20.

[2] Neubekanntmachung in der Fassung der Bekanntmachung vom 29. 6. 1994 (BGBl. I S. 1446).

[3] § 2 Abs. 1 Satz 1 Nr. 1 geändert durch EigRentG vom 29. 7. 2008 (BGBl. I S. 1509).

[4] § 2 Abs. 2 Sätze 1 und 2 geändert durch EigRentG vom 29. 7. 2008 (BGBl. I S. 1509) mit Wirkung ab Sparjahr 2009.

[5] § 3 neu gefasst durch VO vom 25. 6. 2020 (BGBl. I S. 1495) mit Wirkung ab 30. 6. 2020. Zur Anwendung siehe § 20 Satz 2.

[6] **[Amtl. Anm.:]** § 3 WoPDV 1996 ist anzuwenden, soweit der Erbwerb von Anteilen an Bau- und Wohnungsgenossenschaften nach dem 31. 12. 2020 erfolgt (siehe § 20 Satz 2 WoPDV 1996).

Geschäftstätigkeit des Unternehmens die Versorgung ihrer Mitglieder mit Wohnungen bezwecken. Die tatsächliche Geschäftstätigkeit bezweckt dann die Versorgung der Mitglieder mit Wohnungen, wenn mehr als 50 Prozent des Betrags der Geschäftsguthaben der Mitglieder verwendet wird für

1. den Bau oder den Erwerb von Wohnungen, die von den Mitgliedern genutzt werden sollen, oder
2. die Verwaltung, Bestandserhaltung oder Modernisierung von Wohnungen, die von den Mitgliedern genutzt werden.

Bei neu gegründeten Genossenschaften reicht es in den ersten drei Jahren ihres Bestehens für die tatsächliche Geschäftstätigkeit aus, wenn die Genossenschaft unverzüglich mit dem Bau oder dem Erwerb von Wohnungen, die von ihren Mitgliedern genutzt werden sollen, beginnt, wobei die üblichen Vorbereitungen wie Bauland- oder Gebäudebeschaffung, Planungs- und Bauantragsverfahren mit einzubeziehen sind. Bau- und Wohnungsgenossenschaften im Sinne des § 2 Absatz 1 Nummer 2 des Gesetzes haben gegenüber der Bausparkasse sowie gegenüber ihren Mitgliedern in Textform zu erklären, dass die vorgenannten Voraussetzungen vorliegen, und sind verpflichtet, einen Wegfall dieser Voraussetzungen unverzüglich anzuzeigen. Die Bausparkasse hat diese Unterlagen zu den Aufzeichnungen zu nehmen.

3. Wohnbau-Sparverträge

§ 4 Allgemeine Sparverträge

5 (1) Allgemeine Sparverträge im Sinne des § 2 Abs. 1 Nr. 3 des Gesetzes sind Verträge mit

1. einem Kreditinstitut oder
2. einem am 31. Dezember 1989 als gemeinnützig anerkannten Wohnungsunternehmen oder einem am 31. Dezember 1989 als Organ der staatlichen Wohnungspolitik anerkannten Unternehmen, wenn diese Unternehmen eigene Spareinrichtungen unterhalten, auf die die Vorschriften des Gesetzes über das Kreditwesen anzuwenden sind,

in denen der Prämienberechtigte sich verpflichtet, die eingezahlten Sparbeiträge auf drei bis sechs Jahre festzulegen und die eingezahlten Sparbeiträge sowie die Prämien zu dem in § 2 Abs. 1 Nr. 3 des Gesetzes bezeichneten Zweck zu verwenden. Die Verträge können zugunsten dritter Personen abgeschlossen werden.

(2) Die Verlängerung der Festlegung um jeweils ein Jahr oder um mehrere Jahre bis zu einer Gesamtdauer der Festlegung von sechs Jahren kann zwischen dem Prämienberechtigten und dem Unternehmen vereinbart werden. Die Vereinbarung über die Verlängerung ist vor Ablauf der Festlegungsfrist zu treffen.

§ 5 Rückzahlungsfrist bei allgemeinen Sparverträgen

6 Die Sparbeiträge dürfen erst nach Ablauf der vereinbarten Festlegungsfrist (§ 4) zurückgezahlt werden. Die Festlegungsfrist beginnt am 1. Januar, wenn der Vertrag vor dem 1. Juli, und am 1. Juli, wenn der Vertrag nach dem 30. Juni des betreffenden Kalenderjahrs abgeschlossen worden ist.

§ 6 Sparverträge mit festgelegten Sparraten

7 (1) Sparverträge mit festgelegten Sparraten im Sinne des § 2 Abs. 1 Nr. 3 des Gesetzes sind Ver-träge mit einem der in § 4 Abs. 1 bezeichneten Unternehmen, in denen sich der Prämienberechtigte verpflichtet, für drei bis sechs Jahre laufend, jedoch mindestens vierteljährlich, der Höhe nach gleichbleibende Sparraten einzuzahlen und die eingezahlten Sparbeiträge sowie die Prämien zu dem in § 2 Abs. 1 Nr. 3 des Gesetzes bezeichneten Zweck zu verwenden. Die Verträge können zugunsten dritter Personen abgeschlossen werden.

(2) Die Verlängerung der Einzahlungsverpflichtung um jeweils ein Jahr oder um mehrere Jahre bis zu einer Gesamtdauer der Einzahlungen von sechs Jahren kann zwischen dem Prämienberechtigten und dem Unternehmen vereinbart werden. Die Vereinbarung über die Verlängerung ist spätestens im Zeitpunkt der letzten nach dem Vertrag zu leistenden Einzahlung zu treffen.

(3) Den in Absatz 1 bezeichneten Einzahlungen werden gleichgestellt

1. zusätzliche Einzahlungen, soweit sie in einem Kalenderjahr nicht höher sind als der Jahresbetrag der in Absatz 1 bezeichneten Einzahlungen, sowie
2. zusätzliche Einzahlungen, die vermögenswirksame Leistungen darstellen, bis zur Höhe des nach dem Fünften Vermögensbildungsgesetz geförderten Betrags.

§ 7 Rückzahlungsfrist bei Sparverträgen mit festgelegten Sparraten

8 Die auf Grund eines Sparvertrags mit festgelegten Sparraten eingezahlten Sparbeiträge dürfen ein Jahr nach dem Tag der letzten Einzahlung, jedoch nicht vor Ablauf eines Jahres nach dem letzten regelmäßigen Fälligkeitstag, zurückgezahlt werden.

§ 8 Unterbrechung von Sparverträgen mit festgelegten Sparraten

9 (1) Sparraten, die nicht rechtzeitig geleistet worden sind, können innerhalb eines halben Jahres nach ihrer Fälligkeit, spätestens bis zum 15. Januar des folgenden Kalenderjahrs, nachgeholt werden; die im folgenden Kalenderjahr nachgeholten Sparraten gelten als Einzahlungen des Kalenderjahrs der Fälligkeit. Innerhalb des letzten halben Jahres vor Ablauf der Festlegungsfrist ist eine Nachholung ausgeschlossen.

(2) Der Vertrag ist in vollem Umfang unterbrochen, wenn eine Sparrate nicht spätestens vor Ablauf der in Absatz 1 bezeichneten Nachholfrist eingezahlt worden ist oder wenn Einzahlungen zurückgezahlt wer-

den; das gleiche gilt, wenn Ansprüche aus dem Vertrag abgetreten werden, es sei denn, der Abtretungsempfänger ist ein Angehöriger (§ 15 der Abgabenordnung) oder die im Vertrag bezeichnete andere Person. Der Vertrag ist teilweise unterbrochen, wenn eine Sparrate in geringerer als der vereinbarten Höhe geleistet und der Unterschiedsbetrag nicht innerhalb der in Absatz 1 bezeichneten Frist nachgeholt worden ist.

(3) Ist der Vertrag in vollem Umfang unterbrochen (Absatz 2 Satz 1), so sind spätere Einzahlungen nicht mehr prämienbegünstigt. Liegt eine teilweise Unterbrechung (Absatz 2 Satz 2) vor, so sind spätere Einzahlungen nur in Höhe des Teils der Sparraten prämienbegünstigt, der ununterbrochen in gleichbleibender Höhe geleistet worden ist. Dieser Betrag ist auch maßgebend für die zusätzlichen Einzahlungen, die nach § 6 Abs. 3 Nr. 1 erbracht werden können.

§ 9 Vorzeitige Rückzahlung

Soweit vor Ablauf der in den §§ 5 und 7 bezeichneten Fristen, außer in den Fällen des § 12, Sparbeiträge im Sinne des § 4 oder des § 6 zurückgezahlt werden, werden Prämien nicht ausgezahlt; bereits ausgezahlte Prämien sind an das Finanzamt zurückzuzahlen. Das gilt nicht, wenn der Prämienberechtigte oder die im Vertrag bezeichnete andere Person stirbt oder nach Vertragsabschluß völlig erwerbsunfähig wird. 10

§ 10 Verwendung der Sparbeiträge

(1) Die auf Grund eines allgemeinen Sparvertrags (§ 4) oder eines Sparvertrags mit festgelegten Sparraten (§ 6) eingezahlten Beträge sind von dem Prämienberechtigten oder der in dem Vertrag bezeichneten anderen Person zusammen mit den Prämien innerhalb eines Jahres nach der Rückzahlung der Sparbeiträge, spätestens aber innerhalb von vier Jahren nach dem Zeitpunkt, in dem die eingezahlten Sparbeiträge frühestens zurückgezahlt werden dürfen, zu dem in § 2 Abs. 1 Nr. 3 des Gesetzes bezeichneten Zweck zu verwenden. § 9 Satz 2 findet Anwendung. 11

(2)[1] Eine Verwendung zu dem in § 2 Abs. 1 Nr. 3 des Gesetzes bezeichneten Zweck ist gegeben, wenn die eingezahlten Beträge verwendet werden

1. zum Bau selbst genutzten Wohneigentums für den Prämienberechtigten, die in dem Vertrag bezeichnete andere Person oder die in § 15 der Abgabenordnung bezeichneten Angehörigen dieser Personen,
2. zum Erwerb selbst genutzten Wohneigentums oder eines eigentumsähnlichen Dauerwohnrechts durch den Prämienberechtigten, die in dem Vertrag bezeichnete andere Person oder die in § 15 der Abgabenordnung bezeichneten Angehörigen dieser Personen.

§ 11 Anzeigepflicht

Die in § 4 Abs. 1 bezeichneten Unternehmen haben, außer im Fall des Todes des Prämienberechtigten oder der in dem Vertrag bezeichneten anderen Person, dem für ihre Veranlagung oder dem für die Veranlagung des Prämienberechtigten zuständigen Finanzamt unverzüglich die Fälle mitzuteilen, in denen 12

1. Sparbeiträge vor Ablauf der in den §§ 5 und 7 bezeichneten Fristen zurückgezahlt werden,
2. Sparbeiträge und Prämien nicht oder nicht innerhalb der Fristen des § 10 zu dem dort bezeichneten Zweck verwendet werden,
3. Sparverträge auf ein anderes Unternehmen übertragen oder in Verträge mit Wohnungs- und Siedlungsunternehmen oder mit am 31. Dezember 1989 anerkannten Organen der staatlichen Wohnungspolitik umgewandelt werden (§ 12 Abs. 1).

Die Anzeige kann auch von der Niederlassung eines Unternehmens an das Finanzamt gerichtet werden, in dessen Bezirk sich die Niederlassung befindet.

§ 12 Übertragung und Umwandlung von Sparverträgen

(1) Prämien werden auch ausgezahlt und bereits ausgezahlte Prämien werden nicht zurückgefordert, wenn 13

1. allgemeine Sparverträge (§ 4) und Sparverträge mit festgelegten Sparraten (§ 6) während ihrer Laufzeit unter Übertragung der bisherigen Einzahlungen und der Prämien auf ein anderes Unternehmen übertragen werden und sich dieses gegenüber dem Prämienberechtigten und dem Unternehmen, mit dem der Vertrag abgeschlossen worden ist, verpflichtet, in die Rechte und Pflichten aus dem Vertrag einzutreten,
2. Sparverträge mit festgelegten Sparraten während ihrer Laufzeit unter Übertragung der bisherigen Einzahlungen und der Prämien in Verträge mit Wohnungs- und Siedlungsunternehmen oder mit am 31. Dezember 1989 anerkannten Organen der staatlichen Wohnungspolitik im Sinne des § 13 umgewandelt werden.

(2) In Fällen der Übertragung (Absatz 1 Nr. 1) gelten die §§ 4 bis 11 weiter mit der Maßgabe, daß die bisherigen Einzahlungen als Einzahlungen auf Grund des Vertrags mit dem Unternehmen, auf das der Vertrag übertragen worden ist, behandelt werden. In Fällen der Umwandlung (Absatz 1 Nr. 2) gelten die §§ 15 bis 17 mit der Maßgabe, daß die bisherigen Einzahlungen als Einzahlungen auf Grund des Vertrags mit dem Wohnungs- oder Siedlungsunternehmen oder mit dem am 31. Dezember 1989 anerkannten Organ der staatlichen Wohnungspolitik behandelt werden.

---

[1] § 10 Abs. 2 Nr. 1 und 2 geändert durch Gesetz vom 23. 7. 2002 (BGBl. I S. 2715) mit Wirkung vom 27. 7. 2002.

4. Verträge mit Wohnungs- und Siedlungsunternehmen und Organen der staatlichen Wohnungspolitik (Baufinanzierungsverträge)

§ 13 Inhalt der Verträge

14 (1) Verträge im Sinne des § 2 Abs. 1 Nr. 4 des Gesetzes sind Verträge mit einem Wohnungs- oder Siedlungsunternehmen (§ 14) oder einem am 31. Dezember 1989 anerkannten Organ der staatlichen Wohnungspolitik (§ 2 Abs. 1 Nr. 4 Satz 2 des Gesetzes), in denen sich der Prämienberechtigte verpflichtet,

1. einen bestimmten Kapitalbetrag in der Weise anzusammeln, daß er für drei bis acht Jahre laufend, jedoch mindestens vierteljährlich, der Höhe nach gleichbleibende Sparraten bei dem Wohnungs- oder Siedlungsunternehmen oder dem am 31. Dezember 1989 anerkannten Organ der staatlichen Wohnungspolitik einzahlt, und
2. den angesammelten Betrag und die Prämien zu dem in § 2 Abs. 1 Nr. 4 des Gesetzes bezeichneten Zweck zu verwenden (§ 16),

und in denen sich das Wohnungs- oder Siedlungsunternehmen oder das am 31. Dezember 1989 anerkannte Organ der staatlichen Wohnungspolitik verpflichtet, die nach dem Vertrag vorgesehene Leistung (§ 16) zu erbringen. § 6 Abs. 2 gilt entsprechend. Die Verträge können zugunsten dritter Personen abgeschlossen werden.

(2) Den in Absatz 1 bezeichneten Einzahlungen werden gleichgestellt

1. zusätzliche Einzahlungen, soweit sie in einem Kalenderjahr nicht höher sind als der Jahresbetrag der in Absatz 1 bezeichneten Einzahlungen, sowie
2. zusätzliche Einzahlungen, die vermögenswirksame Leistungen darstellen, bis zur Höhe des nach dem Fünften Vermögensbildungsgesetz geförderten Betrags.

§ 14 Wohnungs- und Siedlungsunternehmen

15 Wohnungs- und Siedlungsunternehmen im Sinne des § 13 sind

1. am 31. Dezember 1989 als gemeinnützig anerkannte Wohnungsunternehmen,
2. gemeinnützige Siedlungsunternehmen,
3. Unternehmen, die vor Aufhebung des Reichsheimstättengesetzes zur Ausgabe von Heimstätten zugelassen waren,
4. andere Wohnungs- und Siedlungsunternehmen, wenn sie die folgenden Voraussetzungen erfüllen:
   a) Das Unternehmen muß im Handelsregister oder im Genossenschaftsregister eingetragen sein;
   b) der Zweck des Unternehmens muß ausschließlich oder weit überwiegend auf den Bau und die Verwaltung oder Übereignung von Wohnungen oder die wohnungswirtschaftliche Betreuung gerichtet sein. Die tatsächliche Geschäftsführung muß dem entsprechen;
   c) das Unternehmen muß sich einer regelmäßigen und außerordentlichen Überprüfung seiner wirtschaftlichen Lage und seines Geschäftsgebarens, insbesondere der Verwendung der gesparten Beträge, durch einen wohnungswirtschaftlichen Verband, zu dessen satzungsmäßigem Zweck eine solche Prüfung gehört, unterworfen haben. Soweit das Unternehmen oder seine Gesellschafter an anderen Unternehmen gleicher Art beteiligt sind, muß sich die Überprüfung zugleich auf diese erstrecken.

§ 15 Unterbrechung und Rückzahlung der Einzahlungen

16 (1) Sparraten, die nicht rechtzeitig geleistet worden sind, können innerhalb eines halben Jahres nach ihrer Fälligkeit, spätestens bis zum 15. Januar des folgenden Kalenderjahrs, nachgeholt werden; die im folgenden Kalenderjahr nachgeholten Sparraten gelten als Einzahlungen des Kalenderjahrs der Fälligkeit. Innerhalb des letzten halben Jahres vor Ablauf der Festlegungsfrist ist eine Nachholung ausgeschlossen.

(2) Der Vertrag ist in vollem Umfang unterbrochen, wenn eine Sparrate nicht spätestens vor Ablauf der in Absatz 1 bezeichneten Nachholfrist eingezahlt worden ist oder wenn Einzahlungen zurückgezahlt werden; das gleiche gilt, wenn Ansprüche aus dem Vertrag abgetreten werden, es sei denn, der Abtretungsempfänger ist ein Angehöriger (§ 15 der Abgabenordnung) oder die im Vertrag bezeichnete andere Person. Der Vertrag ist teilweise unterbrochen, wenn eine Sparrate in geringerer als der vereinbarten Höhe geleistet und der Unterschiedsbetrag nicht innerhalb der in Absatz 1 bezeichneten Frist nachgeholt worden ist.

(3) Ist der Vertrag in vollem Umfang unterbrochen (Absatz 2 Satz 1), so sind spätere Einzahlungen nicht mehr prämienbegünstigt. Liegt eine teilweise Unterbrechung (Absatz 2 Satz 2) vor, so sind spätere Einzahlungen nur in Höhe des Teils der Sparraten prämienbegünstigt, der ununterbrochen in gleichbleibender Höhe geleistet worden ist. Dieser Betrag ist auch maßgebend für die zusätzlichen Einzahlungen, die nach § 13 Abs. 2 Nr. 1 erbracht werden können.

(4) Soweit eingezahlte Beiträge, außer in den Fällen des § 18, zurückgezahlt werden, werden Prämien nicht ausgezahlt; bereits ausgezahlte Prämien sind an das Finanzamt zurückzuzahlen. Das gilt nicht, wenn der Prämienberechtigte oder die im Vertrag bezeichnete andere Person stirbt oder nach Vertragsabschluß völlig erwerbsunfähig wird.

§ 16 Verwendung der angesammelten Beträge

17 (1) Der angesammelte Betrag ist zusammen mit den Prämien innerhalb von fünf Jahren nach dem Zeitpunkt, in dem nach dem Vertrag die letzte Zahlung zu leisten ist, von dem Prämienberechtigten oder

der im Vertrag bezeichneten anderen Person zu dem in § 2 Abs. 1 Nr. 4 des Gesetzes bezeichneten Zweck zu verwenden. § 15 Abs. 4 Satz 2 findet Anwendung.

(2)[1] Eine Verwendung zu dem in § 2 Abs. 1 Nr. 4 des Gesetzes bezeichneten Zweck ist gegeben, wenn der angesammelte Betrag und die Prämien verwendet werden

1. zum Bau selbst genutzten Wohneigentums für den Prämienberechtigten, die in dem Vertrag bezeichnete andere Person oder die in § 15 der Abgabenordnung bezeichneten Angehörigen dieser Personen durch das Wohnungs- und Siedlungsunternehmen oder das am 31. Dezember 1989 anerkannte Organ der staatlichen Wohnungspolitik oder
2. zum Erwerb selbst genutzten Wohneigentums oder eines eigentumsähnlichen Dauerwohnrechts durch den Prämienberechtigten, die in dem Vertrag bezeichnete andere Person oder die in § 15 der Abgabenordnung bezeichneten Angehörigen dieser Personen; dabei muß es sich um einen Erwerb von dem Wohnungs- und Siedlungsunternehmen oder dem am 31. Dezember 1989 anerkannten Organ der staatlichen Wohnungspolitik und um selbst genutztes Wohneigentum handeln, das nach dem 31. Dezember 1949 errichtet worden ist.

(3) Bei einer Verwendung im Sinne des Absatzes 2 Nr. 2 dürfen der angesammelte Betrag und die Prämien nur zur Leistung des bar zu zahlenden Teils des Kaufpreises verwendet werden.

§ 17 Anzeigepflicht

Das Wohnungs- oder Siedlungsunternehmen oder das am 31. Dezember 1989 anerkannte Organ der staatlichen Wohnungspolitik hat, außer im Fall des Todes des Prämienberechtigten oder der in dem Vertrag bezeichneten anderen Person, dem für seine Veranlagung oder dem für die Veranlagung des Prämienberechtigten zuständigen Finanzamt unverzüglich die Fälle mitzuteilen, in denen **18**

1. angesammelte Beträge zurückgezahlt werden (§ 15),
2. angesammelte Beträge und Prämien nicht oder nicht innerhalb der Frist des § 16 zu dem in § 2 Abs. 1 Nr. 4 des Gesetzes bezeichneten Zweck verwendet werden,
3. Verträge auf ein anderes Wohnungs- oder Siedlungsunternehmen oder ein anderes am 31. Dezember 1989 anerkanntes Organ der staatlichen Wohnungspolitik übertragen oder in Sparverträge mit festgelegten Sparraten im Sinne des § 6 umgewandelt werden (§ 18 Abs. 1).

Die Anzeige kann auch von der Niederlassung eines Wohnungs- oder Siedlungsunternehmens oder eines am 31. Dezember 1989 anerkannten Organs der staatlichen Wohnungspolitik an das Finanzamt gerichtet werden, in dessen Bezirk sich die Niederlassung befindet.

§ 18 Übertragung und Umwandlung von Verträgen mit Wohnungs- und Siedlungsunternehmen und Organen der staatlichen Wohnungspolitik

(1) Prämien werden auch ausgezahlt und bereits ausgezahlte Prämien werden nicht zurückgefordert, wenn Verträge mit Wohnungs- und Siedlungsunternehmen oder am 31. Dezember 1989 anerkannten Organen der staatlichen Wohnungspolitik (§ 13) während ihrer Laufzeit unter Übertragung der bisherigen Einzahlungen und der Prämien **19**

1. auf ein anderes Wohnungs- oder Siedlungsunternehmen oder ein anderes am 31. Dezember 1989 anerkanntes Organ der staatlichen Wohnungspolitik übertragen werden und sich dieses gegenüber dem Prämienberechtigten und dem Unternehmen, mit dem der Vertrag abgeschlossen worden ist, verpflichtet, in die Rechte und Pflichten aus dem Vertrag einzutreten,
2. in einen Sparvertrag mit festgelegten Sparraten im Sinne des § 6 umgewandelt werden.

(2) § 12 Abs. 2 ist entsprechend anzuwenden.

5. Änderung der Voraussetzungen für den Prämienanspruch in besonderen Fällen

§ 19 Änderung des zu versteuernden Einkommens

(1) Wird im Besteuerungsverfahren die Entscheidung über die Höhe des zu versteuernden Einkommens nachträglich in der Weise geändert, daß dadurch **20**

1. die Einkommensgrenze (§ 2 a des Gesetzes) unterschritten wird, so kann der Prämienberechtigte die Prämie innerhalb eines Jahres nach Bekanntgabe der Änderung erstmalig oder erneut beantragen;
2. die Einkommensgrenze überschritten wird, so ist die Prämie neu zu ermitteln oder festzusetzen; ausgezahlte Prämien sind zurückzufordern.

(2) Besteht oder entsteht für Aufwendungen, die vermögenswirksame Leistungen darstellen,

1. kein Anspruch auf Arbeitnehmer-Sparzulage und liegen dennoch die Voraussetzungen für den Prämienanspruch vor, so kann der Prämienberechtigte die Prämie innerhalb eines Jahres nach Bekanntgabe des Bescheids über die Arbeitnehmer-Sparzulage erstmalig oder erneut beantragen;
2. nachträglich ein Anspruch auf Arbeitnehmer-Sparzulage und entfällt damit der Prämienanspruch, so ist die Prämie neu zu ermitteln oder festzusetzen; ausgezahlte Prämien sind zurückzufordern.

---

[1] § 16 Abs. 2 Nr. 1 und 2 geändert durch Gesetz vom 23. 7. 2002 (BGBl. I S. 2715) mit Wirkung vom 27. 7. 2002.

6. Anwendungszeitraum

§ 20[1] Anwendungsvorschrift

21 Diese Verordnung in der Fassung des Artikels 6 des Gesetzes vom 29. Juli 2008 (BGBl. I S. 1509) ist erstmals für das Sparjahr 2009 anzuwenden. § 3 in der Fassung der Verordnung vom 25. Juni 2020 (BGBl. I S. 1495) ist anzuwenden, soweit der Erwerb von Anteilen an Bau- und Wohnungsgenossenschaften nach dem 31. Dezember 2020 erfolgt.

7b. Wohnungsbau-Prämienrichtlinien 2002 – WoPR 2002 –

Vom 22. Oktober 2002 (BStBl. I S. 1044)

Einführung

1 Die Wohnungsbau-Prämienrichtlinien 2002 (WoPR 2002) enthalten im Interesse einer einheitlichen Anwendung des Wohnungsbau-Prämienrechts Weisungen zur Auslegung des Wohnungsbau-Prämiengesetzes 1996 (WoPG 1996) in der Fassung der Bekanntmachung vom 30. Oktober 1997 (BGBl. I S. 2678), zuletzt geändert durch Artikel 13 des Gesetzes vom 23. Juli 2002 (BGBl. I S. 2715), und seiner Durchführungsverordnung (WoPDV 1996) in der Fassung der Bekanntmachung vom 30. Oktober 1997 (BGBl. I S. 2684), zuletzt geändert durch Artikel 14 des Gesetzes vom 23. Juli 2002 (BGBl. I S. 2715), und behandeln Zweifelsfragen und Auslegungsfragen von allgemeiner Bedeutung. Die Wohnungsbau-Prämienrichtlinien 2002 sind auf die prämienbegünstigten Aufwendungen für Sparjahre anzuwenden, die nach dem 31. Dezember 2001 begonnen haben. Vor den Wohnungsbau-Prämienrichtlinien 2002 ergangene sonstige Verwaltungsanweisungen zum Wohnungsbauprämienrecht sind nicht mehr anzuwenden.

Zu § 1 und § 2 a des Gesetzes

1. Begünstigter Personenkreis

2 (1) Eine Prämie erhalten natürliche Personen,
- die unbeschränkt einkommensteuerpflichtig im Sinne des § 1 Abs. 1 oder 2 Einkommensteuergesetz (EStG) sind oder nach § 1 Abs. 3 EStG[2] auf Antrag als unbeschränkt einkommensteuerpflichtig zu behandeln sind und dabei in einem Dienstverhältnis zu einer inländischen juristischen Person des öffentlichen Rechts stehen und dafür Arbeitslohn aus einer inländischen öffentlichen Kasse beziehen,[3]
- spätestens am Ende des Sparjahrs das 16. Lebensjahr vollendet haben oder Vollwaisen sind und
- Aufwendungen zur Förderung des Wohnungsbaus gemacht haben (§ 1 WoPG).

Es ist unschädlich, wenn der Prämienberechtigte nicht während des gesamten Sparjahrs unbeschränkt einkommensteuerpflichtig ist oder als unbeschränkt einkommensteuerpflichtig behandelt wird. Die Voraussetzungen der Prämienberechtigung müssen in der Person des Vertragsinhabers gegeben sein; dies gilt auch, wenn der Vertrag einen Dritten begünstigt (Abschnitt 3 Abs. 3 Satz 1).

(2) Zusammenschlüsse natürlicher Personen, die als solche nicht einkommensteuerpflichtig sind – z. B. nichtrechtsfähige Vereine, Erbengemeinschaften, Personengesellschaften –, sind nicht prämienberechtigt; Partner einer *eingetragenen Lebenspartnerschaft*[4] und Partner einer nichtehelichen Lebensgemeinschaft gelten als Alleinstehende. Jedoch kann der einzelne Beteiligte nach Maßgabe seiner persönlichen Verhältnisse mit den ihm nachweislich zuzurechnenden Aufwendungen prämienberechtigt sein (BFH vom 10. 2. 1961 – BStBl. III S. 224). Für die Zuordnung der aufgrund eines Vertrags zur Förderung des Wohnungsbaus geleisteten prämienbegünstigten Aufwendungen auf die einzelnen Beteiligten ist auf das bei Vertragsabschluss im Innenverhältnis festgelegte Verhältnis abzustellen. Bei Partnern einer *eingetragenen Lebenspartnerschaft*[5] und Partnern einer nichtehelichen Lebensgemeinschaft kann – soweit nicht ausdrücklich etwas anderes bestimmt ist – von einer hälftigen Zurechnung ausgegangen werden.

(3) Wegen des Begriffs „Aufwendungen zur Förderung des Wohnungsbaus" vgl. Abschnitte 3 bis 8.

2. Einkommensgrenzen

3 (1) Für die Prämienberechtigung sind die Einkommensverhältnisse des Sparjahrs maßgebend. Die Einkommensgrenze beträgt für Alleinstehende (Abschnitt 10 Abs. 2) *25 600 Euro*[6] und für Ehegatten[7] (Abschnitt 10 Abs. 3) *51 200 Euro.*[8] Bei der Ermittlung des zu versteuernden Einkommens sind für jedes Kind im Sinne des § 32 EStG die jeweils in Betracht kommenden Freibeträge nach § 32 Abs. 6 EStG zu berücksichtigen (§ 2 Abs. 5 EStG); dabei sind stets die Freibeträge für das gesamte Sparjahr zugrunde zu legen. Im Übrigen erhöht sich das zu versteuernde Einkommen um die nach § 3 Nr. 40 EStG steuerfreien Beträge und mindert sich um die nach § 3 c Abs. 2 EStG nicht abziehbaren Beträge (§ 2 Abs. 5 a EStG).

---

[1] § 20 geändert durch EigRentG vom 29. 7. 2008 (BGBl. I S. 1509). Satz 2 angefügt durch VO vom 25. 6. 2020 (BGBl. I S. 1495) mit Wirkung ab 30. 6. 2020.
[2] Jetzt § 1 Abs. 3 i. V. m. Abs. 2 Satz 1 Nr. 1 und 2 EStG (vgl. § 1 Satz 1 WoPG).
[3] **[Amtl. Anm.:]** Jetzt in allen offenen Fällen s. § 1 Satz 1 WoPG.
[4] **[Amtl. Anm.:]** Zur eingetragenen Lebenspartnerschaft siehe § 3 Abs. 3 Satz 2 WoPG.
[5] **[Amtl. Anm.:]** Zur eingetragenen Lebenspartnerschaft siehe § 3 Abs. 3 Satz 2 WoPG.
[6] **[Amtl. Anm.:]** Ab dem Sparjahr 2021 35.000 € (siehe § 2 a Satz 1 WoPG).
[7] **[Amtl. Anm.:]** Entsprechendes gilt für Lebenspartner (§ 3 Abs. 3 Satz 2 WoPG).
[8] **[Amtl. Anm.:]** Ab dem Sparjahr 2021 70.000 € (siehe § 2 a Satz 1 WoPG).

(2) Zu den Folgen einer nachträglichen Änderung des zu versteuernden Einkommens wird auf § 19 Abs. 1 WoPDV, Abschnitt 11 Abs. 2 Satz 1, Abschnitt 12 Abs. 4, Abschnitt 13 Abs. 5 Satz 1 Nr. 3 hingewiesen.

Zu § 2 und § 5 des Gesetzes

3. Prämienbegünstigte Aufwendungen (Allgemeines)[1]

(1) Die prämienbegünstigten Aufwendungen ergeben sich abschließend aus § 2 Abs. 1 WoPG. Aufwendungen, die vermögenswirksame Leistungen darstellen, sind nur prämienbegünstigt, soweit kein Anspruch auf Arbeitnehmer-Sparzulage nach § 13 des 5. Vermögensbildungsgesetzes (5. VermBG) besteht (§ 1 Nr. 1 WoPG). Bei Änderungen des Anspruchs auf Arbeitnehmer-Sparzulage ist § 19 Abs. 2 WoPDV zu beachten. Die Wohnungsbauprämie gehört nicht zu den prämienbegünstigten Aufwendungen. Von dem Unternehmen gutgeschriebene Zinsen abzüglich etwaiger Steuern, z. B. des Zinsabschlags, können als prämienbegünstigte Aufwendungen verwendet werden. Beiträge an dieselbe Bausparkasse, die nach Abzug des Betrags, für den Anspruch auf Arbeitnehmer-Sparzulage besteht, im Sparjahr weniger als 50 Euro betragen, sind keine prämienbegünstigten Aufwendungen (§ 2 Abs. 1 Nr. 1 WoPG). 4

(2) Rückwirkende Vertragsvereinbarungen sind nicht anzuerkennen. Die Vereinbarung über die Erhöhung der Bausparsumme ist als selbständiger Vertrag (Zusatzvertrag) zu behandeln (BFH vom 7. 3. 1975 – BStBl. II S. 532); eine aus Anlass der Umstellung auf den Euro vorgenommene Aufrundung der Bausparsumme auf den nächsten glatten durch 1 000 Euro teilbaren Betrag stellt keine Vertragserhöhung in diesem Sinne dar. Werden Bausparverträge zusammengelegt, wird die Bausparsumme herabgesetzt oder der Vertrag geteilt, so liegt lediglich eine Änderung des bisherigen Vertrags vor, die das Abschlussdatum nicht berührt.

(3) Der Prämienberechtigte kann prämienbegünstigte Aufwendungen im Sinne des § 2 Abs. 1 Nr. 1, 3 und 4 WoPG auch zu Gunsten Dritter erbringen. Soweit die angesammelten Beträge als Voraussetzung für die Prämie zu dem vertragsmäßigen Zweck verwendet werden müssen, tritt der Begünstigte an die Stelle des Prämienberechtigten. Stirbt der Prämienberechtigte vor dem Ende der Einzahlungsdauer, so kann der Vertrag von seinem Rechtsnachfolger fortgesetzt werden. Das gilt auch, wenn der Vertrag im Wege einer Erbauseinandersetzung auf einen Miterben übertragen worden ist (BFH vom 15. 6. 1973 – BStBl. II S. 737). Die am Ende des Todesjahres gutgeschriebenen Zinsen gehören zu den Bausparbeiträgen des Rechtsnachfolgers. Für die Prämienbegünstigung der Aufwendungen, die vom Fortsetzenden erbracht werden, kommt es allein auf dessen persönliche Verhältnisse an.

(4)[2] Haben Ehegatten einen Vertrag gemeinsam abgeschlossen, so kommt es in bestimmten Fällen – z. B. bei vorzeitiger Verfügung wegen Arbeitslosigkeit oder bei Ehegatten, die als Alleinstehende zu behandeln sind (Abschnitt 10 Abs. 2), oder bei Fortsetzung des Vertrags nach Scheidung der Ehe – darauf an, welcher der Ehegatten die Aufwendungen geleistet hat. Für diese Feststellung kann den Angaben der Ehegatten im Allgemeinen gefolgt werden, es sei denn, dass sich aus den Unterlagen, wie es z. B. bei vermögenswirksamen Leistungen der Fall sein kann, etwas anderes ergibt.

4. Beiträge an Bausparkassen zur Erlangung eines Baudarlehens

(1) Baudarlehen sind Darlehen, die bestimmt sind 5

1. zum Bau, zum Erwerb oder zu einer – gemessen am Verkehrswert nicht unerheblichen – Verbesserung
   a) eines Wohngebäudes,
   b) eines anderen Gebäudes, soweit es Wohnzwecken dient, oder
   c) einer Eigentumswohnung;
2. zur Ausstattung eines Wohngebäudes mit Einbaumöbeln, zur Einrichtung oder zum Einbau von Heizungsanlagen sowie für Maßnahmen zur Wärmedämmung und zur Nutzung erneuerbarer Energien (Energie aus Biomasse, Geothermie, solarer Strahlung, Wasser- und Windkraft). Voraussetzung ist, dass die Einrichtungen wesentliche Bestandteile eines Gebäudes sind oder ein Nebengebäude oder eine Außenanlage (§ 89 Bewertungsgesetz; Abschnitt 45 der Richtlinien für die Bewertung des Grundvermögens) darstellen;
3. zum Erwerb eines eigentumsähnlichen Dauerwohnrechts (zur Definition vgl. Abschnitt 6 Abs. 4 Satz 2);
4. zum Erwerb von Rechten zur dauernden Selbstnutzung von Wohnraum in Alten-, Altenpflege- und Behinderteneinrichtungen oder -anlagen;
5. zur Beteiligung an der Finanzierung des Baues oder Erwerbs eines Gebäudes gegen Überlassung einer Wohnung;
6. zum Erwerb von Bauland, das der Bausparer in der Absicht erwirbt, ein Wohngebäude darauf zu errichten. Soll das zu errichtende Gebäude nur zum Teil Wohnzwecken dienen, so ist der Erwerb nur für den Teil des Baulandes begünstigt, der Wohnzwecken dienen soll. Auf die Baureife des Grundstücks kommt es nicht an;
7. zum Erwerb eines Grundstücks, auf dem der Bausparer als Erbbauberechtigter bereits ein Wohngebäude errichtet hat. Nummer 6 Satz 2 gilt entsprechend;

---

[1] Bezüglich Beiträge an Bausparkassen zugunsten eines zertifizierten Altersvorsorgevertrags zur Erlangung eines Bauspardarlehens vgl. § 2 Abs. 1 Nr. 1 WoPG.

[2] **[Amtl. Anm.:]** Entsprechendes gilt für Lebenspartner (§ 3 Abs. 3 Satz 2 WoPG).

8. zur Durchführung baulicher Maßnahmen des Mieters oder anderer nutzungsberechtiger Personen zur Modernisierung ihrer Wohnung;
9. zum ersten Erwerb von Anteilen an Bau- oder Wohnungsgenossenschaften (Abschnitt 5);
10. zur völligen oder teilweisen Ablösung von Verpflichtungen, z. B. von Hypotheken, die im Zusammenhang mit den in Nummer 1 bis 9 bezeichneten Vorhaben eingegangen worden sind, oder von Erbbauzinsreallasten. Das gilt auch dann, wenn der Bausparer bereits mit Hilfe fremden Kapitals gebaut hat. Nicht als Ablösung von Verpflichtungen gilt die Zahlung von laufenden Tilgungs- und Zinsbeträgen, von aufgelaufenen Tilgungs- und Zinsbeträgen (sog. Nachtilgung) und von vorausgezahlten Tilgungs- und Zinsraten (sog. Voraustilgung). Eine unschädliche Verwendung des Bausparguthabens zur Ablösung von Verbindlichkeiten, die im Zusammenhang mit dem Erwerb eines Wohngebäudes eingegangen worden sind, liegt nur vor, soweit es sich um Verpflichtungen gegenüber Dritten handelt, nicht aber bei der Verpflichtung mehrerer Erwerber untereinander (BFH vom 29. 11. 1973 – BStBl. 1974 II S. 126).

Die Bausparsumme (Bausparguthaben und Baudarlehen) muss grundsätzlich für ein Objekt im Inland[1] verwendet werden; begünstigt sind auch Ferien- oder Wochenendwohnungen. Ausnahmen gelten für Bauvorhaben von Bediensteten der Europäischen Union an ihrem ausländischen Wohnsitz, von dem aus sie ihrer Amtstätigkeit nachgehen (BFH vom 1. 3. 1974 – BStBl. II S. 374).

(2) Als Bausparbeiträge sind die Beiträge, die bis zur vollen oder teilweisen Auszahlung der Bausparsumme entrichtet wurden, zu berücksichtigen, höchstens aber bis zum Erreichen der vereinbarten Bausparsumme; auf den Zeitpunkt der Zuteilung kommt es nicht an (BFH vom 25. 7. 1958 – BStBl. III S. 368). Neben den vertraglich vereinbarten Beiträgen gehören dazu u. a.
- Abschlussgebühren, auch wenn sie zunächst auf einem Sonderkonto gutgeschrieben worden sind,
- freiwillige Beiträge,
- gutgeschriebene Zinsen, die zur Beitragszahlung verwendet werden,
- Umschreibegebühren,
- Zinsen für ein Bausparguthaben, das aus einem Auffüllungskredit entstanden ist (BFH vom 5. 5. 1972 – BStBl. II S. 732).

Keine Bausparbeiträge sind Tilgungsbeträge, Bereitstellungszinsen, Darlehenszinsen, Verwaltungskostenbeiträge und Zuteilungsgebühren. Hat der Bausparer vor der Zuteilung des Baudarlehens einen Zwischenkredit erhalten, sind die Beiträge, die er bis zur Auszahlung der Bausparsumme entrichtet, prämienbegünstigt. Hat der Bausparer jedoch den Zwischenkredit unter Beleihung von Ansprüchen aus einem Bausparvertrag vor Ablauf der Sperrfrist erhalten, so gilt dies nur, wenn er den Zwischenkredit unverzüglich und unmittelbar zu begünstigten Zwecken verwendet. Werden Bausparbeiträge vor Ablauf des Sparjahrs, für das sie geleistet wurden, zurückgezahlt, so gelten sie als nicht geleistet.

5. Aufwendungen für den ersten Erwerb von Anteilen an Bau- und Wohnungsgenossenschaften

6 (1) Bau- und Wohnungsgenossenschaften im Sinne von § 2 Abs. 1 Nr. 2 WoPG, § 3 WoPDV[2] müssen eingetragene Genossenschaften im Sinne des § 1 des Genossenschaftsgesetzes (GenG) sein. Aufwendungen für den Erwerb von Mitgliedschaftsrechten an Personenvereinigungen anderer Rechtsform, z. B. an Vereinen, sind nicht prämienbegünstigt (BFH vom 23. 1. 1959 – BStBl. III S. 145).

(2) Aufwendungen für den ersten Erwerb von Anteilen an Bau- und Wohnungsgenossenschaften sind alle Einzahlungen des Prämienberechtigten auf seinen Geschäftsanteil. Erster Erwerb ist jeder unmittelbare Erwerb von der Genossenschaft. Ein Genosse kann mehrere Anteile an der Genossenschaft prämienbegünstigt erwerben; die Geschäftsanteile müssen nicht gleichzeitig erworben werden. Prämienbegünstigt sind hiernach z. B. auch Einzahlungen auf den Geschäftsanteil, die geleistet werden, nachdem das Geschäftsguthaben durch Verlustabschreibung gemindert oder der Geschäftsanteil durch Beschluss der Generalversammlung erhöht worden ist. Darüber hinaus gehören zu den Aufwendungen für den ersten Erwerb die Eintrittsgelder. Zahlungen, die an den ausscheidenden Genossen für die Übernahme seines Geschäftsguthabens geleistet werden, sind keine Aufwendungen für den ersten Erwerb von Anteilen an Bau- und Wohnungsgenossenschaften.

6. Beiträge auf Grund von Wohnbau-Sparverträgen und auf Grund von Baufinanzierungsverträgen (Allgemeines)

7 (1) Bei Sparverträgen mit festgelegten Sparraten (§ 2 Abs. 1 Nr. 3 und 4 WoPG) kann der Prämienberechtigte die im laufenden Kalenderjahr fällig werdenden Sparraten im Voraus einzahlen. Die vorausgezahlten Sparraten werden jedoch erst im Zeitpunkt der Fälligkeit Sparbeiträge im Sinne des Gesetzes. Werden vorausgezahlte Sparraten vor Eintritt ihrer vertraglichen Fälligkeit wieder zurückgezahlt, so gelten sie als nicht geleistet. Übersteigen im Kalenderjahr die Einzahlungen des Prämienberechtigten die Summe der auf dieses Kalenderjahr entfallenden Sparraten, so können sie als zusätzliche Einzahlungen im Rahmen des § 6 Abs. 3 WoPDV prämienbegünstigt sein.

(2) Voraussetzung für die Festsetzung und Auszahlung einer Prämie ist, dass die Sparbeiträge vor Ablauf der Festlegungsfrist nicht zurückgezahlt werden (§§ 9, 15 Abs. 4 WoPDV). Auch bei einer Unterbrechung (§ 8 Abs. 2, § 15 Abs. 2 WoPDV) bleibt die ursprüngliche Festlegungsfrist bestehen.

(3) Der vertragsmäßige Zweck ist erfüllt, wenn die Beiträge und Prämien innerhalb der Verwendungsfrist (§ 10 Abs. 1, § 16 Abs. 1 WoPDV) zu den gesetzmäßigen Zwecken verwendet werden. Eine Rückzahlung vor Ablauf der Festlegungsfrist (§§ 5, 7 WoPDV) oder vor dem Zeitpunkt, in dem nach dem

---

[1] **[Amtl. Anm.:]** Jetzt in allen offenen Fällen s. § 2 Abs. 2 Satz 10 WoPG.

[2] **[Amtl. Anm.:]** § 3 WoPDV ist gemäß § 20 Satz 2 WoPDV in der geänderten Fassung anzuwenden, soweit der Erwerb von Anteilen an Bau- und Wohnungsgenossenschaften nach dem 31. 12. 2020 erfolgt.

Vertrag die letzte Zahlung zu leisten ist, ist auch dann prämienschädlich, wenn die Beiträge zu dem vertragsmäßigen Zweck verwendet werden.

(4) Der Begriff selbst genutztes Wohneigentum ergibt sich aus § 17 Abs. 2 Wohnraumförderungsgesetz. Ein Dauerwohnrecht (§ 31 Wohnungseigentumsgesetz) ist als eigentumsähnlich anzusehen, wenn der Dauerwohnberechtigte in seinen Rechten und Pflichten einem Wohnungseigentümer wirtschaftlich gleichgestellt ist (BFH vom 11. 9. 1964 – BStBl. 1965 III S. 8) und der Dauerwohnberechtigte auf Grund des Dauerwohnrechtsvertrags bei einem Heimfall des Dauerwohnrechts eine angemessene Entschädigung erhält. Entspricht der Dauerwohnrechtsvertrag dem Mustervertrag über die Bestellung eines eigentumsähnlichen Dauerwohnrechts (Bundesbaublatt 1956 S. 615), so kann ohne weitere Prüfung anerkannt werden, dass der Dauerwohnberechtigte wirtschaftlich einem Wohnungseigentümer gleichsteht.

7. Besonderheiten bei Wohnbau-Sparverträgen

(1) Eine vertragsmäßige Verwendung liegt auch in einer Beseitigung von Schäden an Gebäuden von 8
selbst genutztem Wohneigentum unter wesentlichem Bauaufwand, durch die die Gebäude auf Dauer zu Wohnzwecken nutzbar gemacht werden. Der Erwerb von Bauland kann bereits als Baumaßnahme angesehen werden, wenn er in zeitlichem Zusammenhang mit dem Bau von Wohnraum im eigenen Haus steht. Das ist stets anzunehmen, wenn mit dem Bau spätestens innerhalb eines Jahres nach dem Grundstückserwerb begonnen wird (BFH vom 28. 7. 1972 – BStBl. II S. 923). Mit dem Bau kann schon vor Beginn der Frist begonnen werden, die nach § 10 Abs. 1 WoPDV für die Verwendung der Mittel maßgebend ist, jedoch dürfen auch in diesen Fällen die Sparbeiträge und die Prämien erst nach Ablauf der Sperrfrist (§§ 5, 7 WoPDV) für das Bauvorhaben verwendet werden. Der Verwendung zum Bau wird die Ablösung von Verbindlichkeiten gleichgestellt, die im Zusammenhang mit dem Bauvorhaben entstanden sind. Voraussetzung ist, dass das selbst genutzte Wohneigentum bei Abschluss des Wohnbau-Sparvertrags noch nicht fertig gestellt oder noch nicht wiederhergestellt war (vgl. das vorgenannte BFH-Urteil).

(2) Eine Verwendung zum Erwerb selbst genutzten Wohneigentums oder eines eigentumsähnlichen Dauerwohnrechts liegt auch vor, wenn die Sparbeiträge und Prämien zur Tilgung von Verbindlichkeiten, die im Zusammenhang mit dem Erwerb entstanden sind, verwendet werden. Voraussetzung ist, dass das selbst genutzte Wohneigentum erst nach Abschluss des Wohnbau-Sparvertrags erworben worden ist (BFH vom 31. 1. 1964 – BStBl. III S. 258).

8. Besonderheiten bei Baufinanzierungsverträgen

(1) Bei Verträgen mit Wohnungs- und Siedlungsunternehmen oder Organen der staatlichen Woh- 9
nungspolitik (Baufinanzierungsverträge – § 2 Abs. 1 Nr. 4 WoPG, § 13 WoPDV) muss neben den Verpflichtungen des Prämienberechtigten auch die Verpflichtung des Unternehmens, die vertraglichen Leistungen zu erbringen (§ 16 WoPDV), von vornherein festgelegt sein (BFH vom 17. 3. 1972 – BStBl. II S. 601).

(2) Das Bauvorhaben (selbst genutztes Wohneigentum) muss von dem Wohnungs- und Siedlungsunternehmen oder von dem am 31. 12. 1989 anerkannten Organ der staatlichen Wohnungspolitik für Rechnung des Prämienberechtigten, der in dem Vertrag bezeichneten anderen Person oder des in § 15 Abgabenordnung (AO) bezeichneten Angehörigen dieser Person durchgeführt, technisch und wirtschaftlich im Wesentlichen betreut werden. Begünstigt ist danach sowohl der Trägerbau als auch der Betreuungsbau, nicht aber der Bau ohne Einschaltung des Unternehmens (BFH vom 8. 3. 1967 – BStBl. III S. 353 und vom 13. 7. 1967 – BStBl. III S. 590). Mit dem Bau kann schon vor Beginn der Verwendungsfrist (§ 16 Abs. 1 WoPDV) begonnen werden, jedoch dürfen der angesammelte Betrag und die dafür gewährten Prämien erst nach Ablauf der Ansammlungsfrist (§ 13 Abs. 1 WoPDV) für das Bauvorhaben verwendet werden. Abschnitt 7 Abs. 1 Satz 5 und 6 wird angewendet.

(3) Beim Erwerb selbst genutzten Wohneigentums oder eines eigentumsähnlichen Dauerwohnrechts muss der Prämienberechtigte, die im Vertrag bezeichnete andere Person oder der in § 15 AO bezeichnete Angehörige dieser Person das Eigenheim usw. von dem Wohnungs- und Siedlungsunternehmen oder von dem am 31. 12. 1989 anerkannten Organ der staatlichen Wohnungspolitik erwerben. Der angesammelte Betrag und die dafür gewährten Prämien dürfen nur zur Leistung des bar zu zahlenden Teils des Kaufpreises verwendet werden (§ 16 Abs. 3 WoPDV). Auf den Zeitpunkt des Erwerbs kommt es dabei nicht an.

9. Bindung der prämienbegünstigten Aufwendungen und Prämien

(1) Der Prämienberechtigte muss bei Bausparverträgen, Wohnbau-Sparverträgen und Baufinanzie- 10
rungsverträgen (§ 2 Abs. 1 Nr. 1, 3 und 4 WoPG) die prämienbegünstigten Aufwendungen und die Prämien zu dem vertragsmäßigen Zweck verwenden (§ 5 Abs. 2 WoPG, Abschnitte 4 Abs. 1 und 6 Abs. 3). Diese Bindung an den vertragsmäßigen Zweck endet bei Bausparverträgen mit Ablauf der Sperrfrist;[1] für Bausparbeiträge, für die eine Zusatzförderung in Anspruch genommen worden ist, besteht weiterhin eine unbefristete Zweckbindung (§ 10 Abs. 2 WoPG). Bei Wohnbau-Sparverträgen und Baufinanzierungsverträgen besteht eine unbefristete Zweckbindung. Bei Bausparverträgen kann bei Tod oder völliger Erwerbsunfähigkeit (§ 2 Abs. 2 Satz 2 Nr. 3 WoPG) und bei länger andauernder Arbeitslosigkeit (§ 2 Abs. 2 Satz 2 Nr. 4 WoPG) über die prämienbegünstigten Aufwendungen und Prämien unschädlich verfügt werden; Gleiches gilt für Wohnbau-Sparverträge und Baufinanzierungsverträge.

(2) Die Prämien für Aufwendungen zum ersten Erwerb von Anteilen an Bau- und Wohnungsgenossenschaften (§ 2 Abs. 1 Nr. 2 WoPG) bleiben bei der Genossenschaft gebunden, bis das Geschäftsguthaben anlässlich des Ausscheidens des Prämienberechtigten ausgezahlt wird (§ 5 Abs. 3 WoPG). Dabei ist es

[1] **[Amtl. Anm.:]** Diese prämienunschädliche Verfügungsmöglichkeit gilt nur noch für vor dem 1. 1. 2009 abgeschlossene Bausparverträge (vgl. § 2 Abs. 3 Satz 1 WoPG) und für bestimmte junge Bausparer (vgl. § 2 Abs. 2 Satz 2 WoPG).

ohne Bedeutung, ob die Prämie zur Auffüllung des Geschäftsguthabens gedient hat oder ob sie anderweitig gutgeschrieben worden ist, weil z. B. das Geschäftsguthaben bereits die Höhe des Geschäftsanteils erreicht hat. Kündigt der Prämienberechtigte einzelne Geschäftsanteile, ohne aus der Genossenschaft auszuscheiden (§ 67 b GenG), so kann in entsprechender Anwendung des § 5 Abs. 3 WoPG die Prämie insoweit ausgezahlt werden, als sie für die Aufwendungen zum Erwerb des gekündigten Geschäftsanteils gezahlt worden ist. Entsprechendes gilt, wenn im Falle der Verschmelzung von Genossenschaften ein Überhangbetrag nach § 87 Abs. 2 des Umwandlungsgesetzes an den Genossen ausgezahlt wird.

(3) Wird die Bausparsumme nach Zuteilung, aber vor Ablauf der Sperrfrist ausgezahlt, ist dies grundsätzlich prämienschädlich (§ 2 Abs. 2 Satz 1 WoPG), es sei denn, die empfangenen Beträge werden unverzüglich und unmittelbar zum Wohnungsbau für den Prämienberechtigten oder dessen Angehörige (§ 15 AO) verwendet. Wird das Bausparguthaben vor Zuteilung der Bausparsumme ausgezahlt, z. B. nach Kündigung des Bausparvertrags, so handelt es sich um eine Rückzahlung von Beiträgen, die vor Ablauf der Sperrfrist auch dann schädlich ist, wenn die Beiträge zum Wohnungsbau verwendet werden (BFH vom 4. 6. 1975 – BStBl. II S. 757). Wird dabei die Abschlussgebühr einbehalten, liegt lediglich eine Teilrückzahlung vor. Die einbehaltene Abschlussgebühr bleibt begünstigt; eine Rückforderung der Prämie unterbleibt insoweit. Hat der Prämienberechtigte Bausparbeiträge geleistet, die sich nicht als prämienbegünstigte Aufwendungen im Sinne des Wohnungsbau-Prämiengesetzes ausgewirkt haben, so sind die zurückgezahlten Beiträge zunächst mit den Beiträgen zu verrechnen, die ohne Auswirkung geblieben sind (§ 2 Abs. 1 Satz 3 WoPDV).

(4) Werden Ansprüche aus dem Bausparvertrag beliehen, ist dies grundsätzlich prämienschädlich (§ 2 Abs. 2 Satz 1 WoPG). Ansprüche sind beliehen, wenn sie sicherungshalber abgetreten oder verpfändet sind und die zu sichernde Schuld entstanden ist. Wird der Bausparvertrag zur Stellung einer Kaution beliehen, ist auf den Zeitpunkt abzustellen, zu dem die durch die Kaution zu sichernde Verbindlichkeit entsteht. Die Beleihung ist prämienunschädlich, wenn die auf Grund der Beleihung empfangenen Beträge unverzüglich und unmittelbar zum Wohnungsbau für den Prämienberechtigten oder dessen Angehörige (§ 15 AO) verwendet werden (BFH vom 15. 6. 1973 – BStBl. II S. 719 und vom 11. 10. 1989 – BFHE 158, 491). Die Pfändung des Bausparguthabens im Wege der Zwangsvollstreckung ist – im Gegensatz zur Verpfändung des Bausparguthabens – keine Beleihung. Die Pfändung ist erst dann und nur insoweit prämienschädlich, als das Bausparguthaben vor Ablauf der Sperrfrist an den Pfändungsgläubiger ausgezahlt oder zu seinen Gunsten verrechnet wird. Soweit die Prämien gepfändet werden, führt die Verwertung vor Ablauf der Sperrfrist zum Wegfall des Prämienanspruchs, weil auch die Prämien zu dem vertragsmäßigen Zweck verwendet werden müssen (§ 5 Abs. 2 WoPG). Bei Wohnbau-Sparverträgen und Baufinanzierungsverträgen ist die Beleihung der Ansprüche aus diesen Verträgen stets prämienunschädlich.

(5) Werden Ansprüche aus dem Bausparvertrag abgetreten, ist dies grundsätzlich prämienschädlich (§ 2 Abs. 2 Satz 1 WoPG). Bei einer sicherungshalben Abtretung gilt Absatz 4. Die Abtretung ist prämienunschädlich, wenn der Abtretungsempfänger die Mittel unverzüglich nach Auszahlung und unmittelbar zum Wohnungsbau für den Abtretenden oder dessen Angehörige (§ 15 AO) verwendet (§ 2 Abs. 2 WoPDV, BFH vom 17. 10. 1980 – BStBl. 1981 II S. 141). Verwendet der Abtretungsempfänger nach Ablauf der Sperrfrist die Bausparmittel nicht zu begünstigten Zwecken, bleiben die von ihm geleisteten Bausparbeiträge prämienbegünstigt; der Prämienanspruch für Aufwendungen des Abtretenden entfällt dagegen. Bei Wohnbau-Sparverträgen und Baufinanzierungsverträgen ist die Abtretung der Ansprüche aus diesen Verträgen wegen der Zweckbindung ebenfalls prämienschädlich, es sei denn, der Abtretungsempfänger ist ein Angehöriger (§ 15 AO) oder die im Vertrag bezeichnete andere Person (§ 8 Abs. 2, § 15 Abs. 2 WoPDV). Eine Abtretung unter Ehegatten ist stets prämienunschädlich.

(6) Eine unverzügliche Verwendung zum Wohnungsbau liegt grundsätzlich nur dann vor, wenn innerhalb von zwölf Monaten, nachdem über die Mittel verfügt werden kann, mit dem Wohnungsbau begonnen wird (BFH vom 29. 11. 1973 – BStBl. 1974 II S. 227). Eine vorzeitige Auszahlung der Bausparsumme oder der auf Grund einer Beleihung empfangenen Beträge ist auch dann schädlich, wenn das beabsichtigte Vorhaben aus Gründen scheitert, die der Bausparer nicht zu vertreten hat und er die empfangenen Mittel wieder zurückzahlt (BFH vom 29. 11. 1973 – BStBl. 1974 II S. 202). Eine unmittelbare Verwendung zum Wohnungsbau liegt vor, wenn direkt durch die Hingabe der empfangenen Beträge Rechte an einem begünstigten Objekt erworben werden. Dies ist z. B. bei dem Erwerb von Immobilienzertifikaten der Fall, wenn der Bausparer wirtschaftlicher Eigentümer der durch den Immobilienfonds angeschafften oder hergestellten Objekte wird, die von ihm für den Erwerb aufgewendeten Mittel unverzüglich und unmittelbar zu den begünstigten Zwecken verwendet werden und der Fonds in Form einer bürgerlich-rechtlichen Gemeinschaft als Bruchteilsgemeinschaft geführt wird (§§ 741 ff. BGB). Eine unmittelbare Verwendung zum Wohnungsbau liegt dagegen nicht vor, wenn Bausparmittel zur Beteiligung an einer juristischen Person oder Personengesellschaft eingesetzt werden, die diese Mittel ihrerseits zum Wohnungsbau verwendet, weil der Bausparer primär einen Anteil an einer Gesellschaft und nicht an einem Grundstück erwirbt (BFH vom 6. 5. 1977 – BStBl. II S. 633). Eine unmittelbare Verwendung zum Wohnungsbau liegt auch dann nicht vor, wenn der Bausparer Beträge, die er unter Beleihung von Ansprüchen aus dem Bausparvertrag erlangt hat, zur Auffüllung seines Bausparguthabens verwendet, um eine schnellere Zuteilung zu erreichen (BFH vom 22. 3. 1968 – BStBl. II S. 404). Bei Ehegatten im Sinne des § 26 Abs. 1 EStG ist es unerheblich, ob der Bausparer oder sein Ehegatte vorzeitig empfangene Beträge zum Wohnungsbau verwenden. Die Vorfinanzierung einer begünstigten Baumaßnahme mit Eigenmitteln ist vom Zuteilungstermin an unschädlich, es sei denn, die Bausparsumme wird anschließend in einen Betrieb des Bausparers eingelegt (BFH vom 29. 11. 1973 – BStBl. 1974 II S. 126).

(7) Ist die ausgezahlte Bausparsumme (Absatz 3) höher als die zum Wohnungsbau verwandten Beträge, so ist zunächst das Verhältnis der zum Wohnungsbau verwandten Beträge zur ausgezahlten Bau-

sparsumme festzustellen (BFH vom 27. 11. 1964 – BStBl. 1965 III S. 214). Für den Teilbetrag der insgesamt geleisteten Bausparbeiträge, der dem zum Wohnungsbau verwandten Anteil entspricht, bleibt die Prämienbegünstigung erhalten.

Beispiel:

Der Prämienberechtigte hat einen Bausparvertrag über 50 000 Euro abgeschlossen. Die eingezahlten Beiträge von insgesamt 20 000 Euro waren in voller Höhe prämienbegünstigt. Die volle Bausparsumme wird vor Ablauf der Sperrfrist ausgezahlt. Der Prämienberechtigte verwendet sie unverzüglich und unmittelbar zum Bau eines Gebäudes, das nur zum Teil Wohnzwecken dient. Die Baukosten betragen insgesamt 200 000 Euro. Davon entfallen 40 000 Euro auf den Teil des Gebäudes, der Wohnzwecken dient.

Zwischen dem für den Wohnungsbau verwendeten Teil der Bausparsumme und der gesamten Bausparsumme besteht somit ein Verhältnis von 40 000 Euro : 50 000 Euro = $^4/_5$ = 80 v. H. Von den geleisteten Bausparbeiträgen in Höhe von 20 000 Euro bleiben demnach 80 v. H. = 16 000 Euro prämienbegünstigt.

Eine entsprechende Aufteilung ist auch in den Fällen der Beleihung (Absatz 4) und der Abtretung (Absatz 5) vorzunehmen.

(8) Bei Bausparverträgen, Wohnbau-Sparverträgen und Baufinanzierungsverträgen ist die vorzeitige Auszahlung, Rückzahlung, Abtretung oder Beleihung unschädlich:

1. bei Tod des Prämienberechtigten oder seines Ehegatten (§ 2 Abs. 2 Satz 2 Nr. 3 WoPG[1]). Dabei kann über die Beiträge vorzeitig verfügt werden, die der Prämienberechtigte vor seinem Tod oder dem Tod seines Ehegatten geleistet hat. Das gilt auch dann, wenn der Vertrag nach dem Todesfall fortgesetzt worden ist (BFH vom 15. 6. 1973 – BStBl. II S. 737). Nach einer Verfügung ist der Vertrag jedoch unterbrochen und kann nicht weiter fortgesetzt werden;
2. bei völliger Erwerbsunfähigkeit des Prämienberechtigten oder seines Ehegatten (§ 2 Abs. 2 Satz 2 Nr. 3 WoPG[2]). Völlige Erwerbsunfähigkeit in diesem Sinne liegt vor bei einer vollen Erwerbsminderung im Sinne des § 43 Abs. 2 des Sechsten Buches Sozialgesetzbuch (SGB VI) oder bei einem Grad der Behinderung von mindestens 95. Liegen die Voraussetzungen für die unschädliche Verfügung vor, so kann der Prämienberechtigte hiervon zu einem beliebigen Zeitpunkt Gebrauch machen. Das gilt für alle vor der Verfügung geleisteten Beiträge;
3. bei Arbeitslosigkeit des Prämienberechtigten (§ 2 Abs. 2 Satz 2 Nr. 4 WoPG[3]); arbeitslos im Sinne dieser Richtlinien sind Personen, die Arbeitslosengeld *(§ 117 Drittes Buch Sozialgesetzbuch – SGB III),*[4] Arbeitslosenhilfe *(§ 190 SGB III),*[5] Arbeitslosenbeihilfe oder Arbeitslosenhilfe für ehemalige Soldaten auf Zeit (§ 86 a Soldatenversorgungsgesetz) beziehen oder ohne Bezug dieser Leistungen beim *Arbeitsamt*[6] arbeitslos gemeldet sind. Als arbeitslos anzusehen sind im Sinne dieser Richtlinien auch
   a) Personen, die als Arbeitslose im Sinne des Satzes 1 erkranken oder Leistungen zur medizinischen Rehabilitation erhalten, für die Dauer der Erkrankung oder der Leistungen zur medizinischen Rehabilitation,
   b) Frauen, die zu Beginn der Schutzfristen nach § 3 Abs. 2, § 6 Abs. 1 des Mutterschutzgesetzes[7] arbeitslos im Sinne des Satzes 1 waren oder als arbeitslos im Sinne des Buchstaben a anzusehen waren, für die Dauer dieser Schutzfristen und der folgenden Monate, für die bei Bestehen eines Arbeitsverhältnisses Erziehungsurlaub nach dem Bundeserziehungsgeldgesetz hätte beansprucht werden können,
   c) Personen, die an einer nach *§§ 77 bis 96 SGB III*[8] geförderten beruflichen Weiterbildung oder die an einer z. B. nach *§§ 97 bis 115 SGB III*[9] geförderten beruflichen Weiterbildung im Rahmen der Förderung der Teilhabe behinderter Menschen am Arbeitsleben teilnehmen, wenn sie ohne die Teilnahme an der Maßnahme bzw. ohne die Leistungen arbeitslos wären.

Bei Verträgen zu Gunsten Dritter (Abschnitt 3 Abs. 3) ist es aus Billigkeitsgründen prämienunschädlich, wenn der Begünstigte stirbt und die Beträge vorzeitig an seine Erben oder Vermächtnisnehmer gezahlt werden oder wenn der Begünstigte völlig erwerbsunfähig wird und die Beträge vorzeitig an ihn gezahlt werden.

(9) Die unschädliche Verfügung ist nachzuweisen:

1. bei Tod durch Vorlage der Sterbeurkunde oder des Erbscheins;
2. bei völliger Erwerbsunfähigkeit
   a) aufgrund einer vollen Erwerbsminderung im Sinne des § 43 Abs. 2 SGB VI durch Vorlage des Rentenbescheids eines Trägers der gesetzlichen Rentenversicherung. Besteht kein Anspruch auf Rente wegen voller Erwerbsminderung im Sinne des § 43 Abs. 2 SGB VI, kann der Nachweis in anderer Form geführt werden,
   b) bei einem Grad der Behinderung von mindestens 95 durch Vorlage eines Ausweises nach § 69 Abs. 5 des Neunten Buches Sozialgesetzbuch (SGB IX) oder eines Feststellungsbescheids nach § 69 Abs. 1 SGB IX oder eines vergleichbaren Bescheids nach § 69 Abs. 2 SGB IX; die Vorlage des Rentenbescheids eines Trägers der gesetzlichen Rentenversicherung der Angestellten und Arbeiter genügt nicht (BFH vom 25. 4. 1968 – BStBl. II S. 606);

---

[1] **[Amtl. Anm.:]** Jetzt § 2 Abs. 3 Satz 2 Nr. 3 WoPG.
[2] **[Amtl. Anm.:]** Jetzt § 2 Abs. 3 Satz 2 Nr. 3 WoPG.
[3] **[Amtl. Anm.:]** Jetzt § 2 Abs. 3 Satz 2 Nr. 4 WoPG.
[4] **[Amtl. Anm.:]** Jetzt § 136 SGB III.
[5] **[Amtl. Anm.:]** Jetzt Arbeitslosengeld II, § 19 SGB III.
[6] **[Amtl. Anm.:]** Jetzt Bundesagentur für Arbeit bzw. Agentur für Arbeit.
[7] Jetzt § 3 Abs. 1 und 2 MuSchG, abgedruckt in Anhang **I 11.**
[8] **[Amtl. Anm.:]** Jetzt §§ 81 bis 87 SGB III.
[9] **[Amtl. Anm.:]** Jetzt §§ 112 bis 129 SGB III.

3. bei Arbeitslosigkeit durch Vorlage von Unterlagen über folgende Zahlungen:
   a) Arbeitslosengeld *(§ 117 SGB III)*,
   b) Arbeitslosenhilfe *(§ 190 SGB III)*,
   c) Arbeitslosenbeihilfe und Arbeitslosenhilfe für ehemalige Soldaten auf Zeit im Sinne des Soldatenversorgungsgesetzes,
   d) Krankengeld nach § 47 b des Fünften Buches Sozialgesetzbuch, Versorgungskrankengeld nach den §§ 16 und 16 a Abs. 1, § 16 b Abs. 5 Buchstabe c des Bundesversorgungsgesetzes, Verletztengeld nach § 47 Abs. 2 des Siebten Buches Sozialgesetzbuch oder Übergangsgeld nach § 21 Abs. 4 SGB VI,
   e) Erziehungsgeld oder
   f) Unterhaltsgeld nach § 153 SGB III bei Teilnahme an beruflichen Weiterbildungsmaßnahmen oder Anschlussunterhaltsgeld nach § 156 SGB III im Anschluss an abgeschlossene berufliche Weiterbildungsmaßnahmen oder Übergangsgeld nach § 45 Abs. 2 SGB IX im Rahmen der Leistungen zur Teilhabe am Arbeitsleben.

Werden solche Zahlungen nicht geleistet, so sind
- Zeiten der Arbeitslosigkeit im Sinne dieser Richtlinien durch eine entsprechende Bescheinigung der zuständigen Dienststelle der Bundesanstalt für Arbeit (in der Regel: Arbeitsamt)[1] nachzuweisen,
- Zeiten der Erkrankung oder der Leistungen zur medizinischen Rehabilitation, die als Zeiten der Arbeitslosigkeit anzusehen sind, durch eine Bescheinigung des Kostenträgers oder der Anstalt, in der die Unterbringung erfolgt, oder durch eine ärztliche Bescheinigung nachzuweisen,
- die Zeit der Schutzfristen, die als Zeit der Arbeitslosigkeit anzusehen ist, durch das Zeugnis eines Arztes oder einer Hebamme nachzuweisen und die als Zeit der Arbeitslosigkeit anzusehende Zeit, für die bei Bestehen eines Arbeitsverhältnisses Erziehungsurlaub hätte beansprucht werden können, glaubhaft zu machen.

Zu § 3 des Gesetzes

10. Höhe der Prämie

11 (1)[2] Bei einem Alleinstehenden (Absatz 2) sind Aufwendungen bis zu einem Höchstbetrag von 512 Euro prämienbegünstigt. Ehegatten (Absatz 3) steht ein gemeinsamer Höchstbetrag von 1 024 Euro zu (Höchstbetragsgemeinschaft); ihre Aufwendungen sind zusammenzurechnen.

(2) Alleinstehende Personen im Sinne des WoPG sind Ledige, Verwitwete, Geschiedene, Partner einer *eingetragenen Lebenspartnerschaft*[3] und Partner einer nichtehelichen Lebensgemeinschaft sowie Ehegatten, bei denen die Voraussetzungen des Absatzes 3 nicht erfüllt sind.

(3)[4] Ehegatten im Sinne des WoPG sind Personen, die mindestens während eines Teils des Sparjahrs (§ 4 Abs. 1 WoPG) miteinander verheiratet waren, nicht dauernd getrennt gelebt haben, unbeschränkt einkommensteuerpflichtig (§ 1 Satz 1 WoPG) waren und die für das Sparjahr nicht die *getrennte oder besondere Veranlagung*[5] zur Einkommensteuer gewählt haben (§ 3 Abs. 3 WoPG). Als unbeschränkt einkommensteuerpflichtig im Sinne des Satzes 1 gilt auch der Ehegatte eines nach § 1 Satz 1 WoPG Prämienberechtigten (Abschnitt 1 Abs. 1), der auf Antrag nach § 1 a Abs. 1 Nr. 2 EStG als unbeschränkt einkommensteuerpflichtig behandelt wird. Auf *R 174 EStR*[6] wird hingewiesen.

(4) Bei der Berechnung der Prämie ist für jeden Vertrag die Summe der im Kalenderjahr geleisteten Aufwendungen auf volle Euro aufzurunden.

Zu § 4 des Gesetzes

11. Antrag auf Wohnungsbauprämie

12 (1) Der Antrag auf Wohnungsbauprämie ist nach amtlich vorgeschriebenem Vordruck[7] bis zum Ablauf des zweiten Kalenderjahrs, das auf das Sparjahr folgt, an das Unternehmen zu richten, an das die prämienbegünstigten Aufwendungen geleistet worden sind. Ehegatten (Abschnitt 10 Abs. 3) müssen einen gemeinsamen Antrag abgeben. Beansprucht der Prämienberechtigte Prämien für Aufwendungen, die er an verschiedene Unternehmen geleistet hat, so ist an jedes dieser Unternehmen ein Antrag zu richten; dabei ist in jedem Antrag anzugeben, inwieweit für andere Aufwendungen Prämien beantragt worden sind. Ist ein Bausparvertrag, Wohnbau-Sparvertrag oder Baufinanzierungsvertrag vor der Antragstellung auf ein anderes Unternehmen übertragen worden (§§ 1 b, 12 Abs. 1 und § 18 Abs. 1 WoPDV), so ist der Antrag an dieses Unternehmen zu richten. Das Unternehmen hat auf dem Antrag die Höhe der Aufwendungen zu bescheinigen, die der Prämienberechtigte geleistet hat. Die zeitliche Zuordnung vermögenswirksamer Leistungen richtet sich nach den für die Zuordnung von Arbeitslohn geltenden Vorschriften.

(2) Wird auf Grund eines geänderten Einkommensteuerbescheids die Einkommensgrenze (§ 2 a WoPG) unterschritten, kann der Prämienberechtigte innerhalb eines Jahres nach Bekanntgabe der Änderung die Prämie erstmalig oder erneut beantragen (§ 19 Abs. 1 Nr. 1 WoPDV). Besteht für Aufwendun-

[1] **[Amtl. Anm.:]** Jetzt Bundesagentur für Arbeit bzw. Agentur für Arbeit.

[2] **Ab dem Sparjahr 2021** beträgt der Prämiensatz statt 8,8% dann 10% und die prämienbegünstigten Höchstbeträge steigen von 512/1 024 Euro auf 700 Euro (§ 3 Abs. 2 Satz 1 WoPG) bzw. 1 400 Euro (§ 2 a Satz 1 WoPG).

[3] **[Amtl. Anm.:]** Zur eingetragenen Lebenspartnerschaft siehe nun § 3 Abs. 3 Satz 2 WoPG.

[4] **[Amtl. Anm.:]** Entsprechendes gilt für Lebenspartner (§ 3 Abs. 3 Satz 2 WoPG).

[5] Ab dem Veranlagungsjahr 2013 ist die getrennte und besondere Veranlagung durch die Einzelveranlagung der Ehegatten ersetzt worden (§ 26 a EStG).

[6] **[Amtl. Anm.:]** Jetzt R 26 EStR.

[7] Vordruckmuster für den Antrag auf Wohnungsbauprämie für 2024 *BMF-Schreiben vom 22. 10. 2024 (BStBl. I S. 1397)*, nachfolgend abgedruckt in Anhang **I 7 c.**

gen, die vermögenswirksame Leistungen darstellen, kein Anspruch auf Arbeitnehmer-Sparzulage und liegen die Voraussetzungen für den Anspruch auf Wohnungsbauprämie vor, kann der Prämienberechtigte im Antrag auf Wohnungsbauprämie verlangen, die vermögenswirksamen Leistungen in die prämienbegünstigten Aufwendungen einzubeziehen, oder er kann einen Prämienantrag innerhalb eines Jahres nach Bekanntgabe des Bescheids über die Arbeitnehmer-Sparzulage stellen (§ 19 Abs. 2 Nr. 1 WoPDV). Nimmt der Prämienberechtigte das besondere Antragsrecht nach Satz 1 oder 2 in Anspruch, hat er dem Unternehmen das Vorliegen der Antragsvoraussetzungen formlos zu versichern.

Zu § 4 a des Gesetzes

12. Prämienverfahren im Fall des § 2 Abs. 1 Nr. 1 WoPG

(1) Die Bausparkasse ermittelt nach Ablauf des Sparjahrs auf Grund der Angaben im Antrag des Prämienberechtigten die Höhe der Prämie und teilt das Ergebnis dem Prämienberechtigten mit. Fehlende oder unschlüssige Angaben im Antrag lässt die Bausparkasse vom Prämienberechtigten ergänzen. Hat der Prämienberechtigte mehrere Verträge bei derselben Bausparkasse und ist seine nach § 4 Abs. 2 Satz 2 WoPG abgegebene Erklärung nicht eindeutig, so kann die Bausparkasse die Prämie vorrangig den Verträgen mit dem älteren Vertragsdatum zuordnen. 13

(2) Die Bausparkasse fordert fällige Prämien mit der Wohnungsbauprämien-Anmeldung[1] bei dem Finanzamt an, das für ihre Besteuerung nach dem Einkommen zuständig ist (§ 20 AO, Geschäftsleitungsfinanzamt). Prämien sind fällig, wenn
- der Bausparvertrag zugeteilt worden ist,
- die Sperrfrist abgelaufen ist (§ 2 Abs. 2 Satz 1 WoPG[2]) oder
- über Ansprüche aus dem Vertrag unschädlich verfügt worden ist (§ 2 Abs. 2 Satz 2 WoPG[3]).

Die Bausparkasse hat die erhaltenen Prämien unverzüglich dem Prämienberechtigten gutzuschreiben oder auszuzahlen. Gepfändete Prämien (Abschnitt 9 Abs. 4 Satz 7), die nach Ablauf der Sperrfrist oder nach unschädlicher Verfügung verwertet werden, hat die Bausparkasse als Drittschuldner an den Pfändungsgläubiger auszahlen.

(3) Bei der nach § 4 a Abs. 3 WoPG vorgeschriebenen Datenübermittlung hat die Bausparkasse auch die Datensätze für Prämienanträge zu berücksichtigen, die auf Grund der besonderen Antragsfristen des § 19 WoPDV (Abschnitt 11 Abs. 2) nach Ablauf der allgemeinen Antragsfrist des § 4 Abs. 2 Satz 1 WoPG bis zum Zeitpunkt der Datenträgererstellung eingegangen sind. Die nach diesem Zeitpunkt eingehenden Prämienanträge sowie Prämienanträge, die zwar vor diesem Zeitpunkt eingegangen sind, bei denen aber erst danach eine Wohnungsbauprämie ermittelt werden konnte, sind nicht nachzumelden. Die Prämienermittlung für diese Fälle ist von den Bausparkassen gesondert festzuhalten.

(4) Erfährt die Bausparkasse durch eigene Erkenntnis oder durch Mitteilung von anderer Seite, dass die Prämienermittlung unzutreffend ist, muss sie das bisherige Ermittlungsergebnis ändern und den Prämienberechtigten entsprechend unterrichten. Eine Prämienfestsetzung des Wohnsitzfinanzamts (Absatz 7) bindet die Bausparkasse; gegebenenfalls hat die Bausparkasse eine Änderung der Prämienfestsetzung beim Wohnsitzfinanzamt anzuregen. Sind unzutreffend ermittelte Prämien bereits angemeldet worden (Absatz 2), so hat die Bausparkasse diese vom Prämienberechtigten zurückzufordern; hierzu kann sie auch das betreffende Vertragskonto belasten. Soweit die Rückforderung auf diesem Weg nicht möglich ist, gilt Abschnitt 13 Abs. 6 entsprechend. Die auf Grund der Rückforderung empfangenen Beträge sind in der Wohnungsbauprämien-Anmeldung des Folgemonats abzusetzen. Bleibt die Rückforderung erfolglos, muss die Bausparkasse unverzüglich das Wohnsitzfinanzamt des Prämienberechtigten (§ 19 AO) unterrichten.[4]

(5) Der Prämienberechtigte hat Einwände gegen das Ermittlungsergebnis gegenüber der Bausparkasse geltend zu machen. Kann die Bausparkasse nicht abhelfen, hat sie schriftliche Eingaben dem Wohnsitzfinanzamt des Prämienberechtigten zuzuleiten. Die schriftliche Eingabe ist in diesem Fall als Antrag auf Festsetzung der Prämie im Sinne des § 4 a Abs. 5 WoPG zu werten. Hat die Bausparkasse das Ermittlungsergebnis auf Grund einer Mitteilung der Zentralstelle der Länder nach § 4 a Abs. 3 Satz 2 WoPG geändert, so kann sie Einwendungen des Prämienberechtigten hiergegen nicht selbst abhelfen.

(6) Das Geschäftsleitungsfinanzamt (Absatz 2) veranlasst die Auszahlung der angemeldeten Prämien. Daneben ist es dafür zuständig,
- auf Anfrage der Bausparkasse Auskunft zum Prämienverfahren zu geben (§ 4 a Abs. 7 WoPG),
- bei der Bausparkasse Außenprüfungen durchzuführen (§ 4 a Abs. 8 WoPG),
- die Bausparkasse erforderlichenfalls als Haftungsschuldner in Anspruch zu nehmen (§ 4 a Abs. 6 WoPG).

(7) Das Wohnsitzfinanzamt des Prämienberechtigten ist dafür zuständig,
- auf Antrag einen Bescheid über die Festsetzung der Prämie zu erlassen (§ 4 a Abs. 5 WoPG),
- Prämien zurückzufordern, soweit entsprechende Versuche der Bausparkasse fehlgeschlagen sind (§ 4 a Abs. 4 WoPG),
- Rechtsbehelfsverfahren im Zusammenhang mit Prämienfestsetzungen und Rückforderungen zu führen,
- über einen vom Prämienberechtigten gestellten Antrag auf Wiedereinsetzung in den vorigen Stand (§ 110 AO) zu entscheiden, wenn der Prämienberechtigte den Antrag auf Wohnungsbauprämie ver-

[1] Zum Vordruckmuster s. BMF-Schreiben vom 10. 10. 2013 (BStBl. I S. 1313).
[2] **[Amtl. Anm.:]** Jetzt § 2 Abs. 3 Satz 1 WoPG.
[3] **[Amtl. Anm.:]** Jetzt § 2 Abs. 3 Satz 2 WoPG.
[4] Zum Vordruckmuster siehe BMF-Schreiben vom 23. 7. 2020 (BStBl. I S. 648).

spätet gestellt hat. Das Finanzamt hat der Bausparkasse die Entscheidung über den Antrag auf Wiedereinsetzung mitzuteilen.

Zu § 4 b des Gesetzes

13. Prämienverfahren in den Fällen des § 2 Abs. 1 Nr. 2 bis 4 WoPG

14 (1) Das Unternehmen leitet den Prämienantrag an das Wohnsitzfinanzamt des Prämienberechtigten weiter (§ 4 b Abs. 1 WoPG). Zur Vereinfachung des Verfahrens können die Unternehmen die Anträge listenmäßig zusammenfassen (Sammellisten)[1] und die Listen in zweifacher Ausfertigung beim Finanzamt einreichen.

(2) Über den Antrag auf Wohnungsbauprämie kann das Finanzamt stets erst nach Ablauf des Sparjahrs entscheiden, in dem die Aufwendungen geleistet worden sind (§ 4 Abs. 1 WoPG). Das gilt auch, wenn über die Aufwendungen bereits vor Ablauf dieses Sparjahrs prämienunschädlich verfügt worden ist.

(3) Das Finanzamt unterrichtet das Unternehmen von der Entscheidung über den Prämienantrag und teilt die Höhe der festgesetzten und an das Unternehmen auszuzahlenden Prämie mit. Es ist Sache des Unternehmens, den Prämienberechtigten von der Entscheidung über seinen Prämienantrag zu unterrichten. Einen förmlichen Bescheid erteilt das Finanzamt dem Prämienberechtigten von Amts wegen, wenn es den Antrag in vollem Umfang ablehnt; in allen anderen Fällen geschieht dies nur auf Antrag des Prämienberechtigten (§ 4 b Abs. 2 WoPG). Der Antrag kann beim Finanzamt bis zum Eintritt der Unanfechtbarkeit der Prämienfestsetzung gestellt werden (vgl. Abschnitt 15 Abs. 2).

(4) Das Finanzamt hat die Prämie unmittelbar nach ihrer Festsetzung zu Gunsten des Prämienberechtigten über die zuständige Bundeskasse zur Auszahlung an das Unternehmen anzuweisen.

(5) Das Finanzamt hat Prämien vom Prämienberechtigten zurückzufordern, wenn

1. die Voraussetzungen für die Prämienfestsetzung von vornherein nicht vorgelegen haben (§ 4 b Abs. 2 Satz 3 WoPG), z. B. wenn eine spätere Überprüfung der Einkommensgrenzen ergibt, dass die Einkommensgrenzen bereits im Zeitpunkt der Prämienfestsetzung überschritten waren;
2. die Voraussetzungen für die Prämienfestsetzung nachträglich weggefallen sind (§ 4 b Abs. 2 Satz 3 WoPG);
3. infolge einer Änderung der Besteuerungsgrundlagen die maßgebende Einkommensgrenze überschritten wird (§ 19 Abs. 1 Nr. 2 WoPDV);
4. sich für Aufwendungen nachträglich ein Anspruch auf Arbeitnehmer-Sparzulage nach dem 5. VermBG ergibt und der Prämienanspruch insoweit entfällt (§ 19 Abs. 2 Nr. 2 WoPDV).

Wegen der Festsetzungsverjährung vgl. Abschnitt 15 Abs. 3.

(6) Die Prämien werden nur zurückgefordert, wenn die Rückforderung mindestens 10 Euro beträgt (§ 5 KBV)[2]. Für diese Grenze ist allein der Gesamtbetrag des Rückforderungsbescheids maßgebend. Ob der jeweilige Rückforderungsbescheid einen oder mehrere Verträge oder ein oder mehrere Kalenderjahre berührt, ist dabei unerheblich.

(7) Über die Rückforderung ist stets ein förmlicher Bescheid mit Rechtsbehelfsbelehrung zu erteilen. Die Rückzahlungsverpflichtung des Prämienberechtigten ist dem Unternehmen mitzuteilen. Ist das Guthaben dem Prämienberechtigten noch nicht ausgezahlt worden, so ist vom Unternehmen ein Betrag in Höhe der Rückzahlungsforderung und etwa zu erwartender Nebenforderungen bis zur Erfüllung aller Forderungen zurückzubehalten.

Zu § 5 des Gesetzes

14. Prüfung der Verwendung zu dem vertragsmäßigen Zweck, Anzeigepflichten des Unternehmens

15 (1) Das Unternehmen hat die Verwendung der prämienbegünstigten Aufwendungen und der Prämien zu dem vertragsmäßigen Zweck vor der Auszahlung zu prüfen. Die Art der Prüfung bleibt dem pflichtgemäßen Ermessen des Unternehmens überlassen. Es wird sich in der Regel nicht mit der bloßen Erklärung des Prämienberechtigten über die beabsichtigte Verwendung dieser Mittel begnügen können, sondern muss aus vorgelegten Unterlagen die Überzeugung gewinnen, dass eine vertragsmäßige Verwendung zu erwarten ist. Ist vor der Auszahlung eine abschließende Beurteilung nicht möglich, so muss sich das Unternehmen die Verwendung der prämienbegünstigten Aufwendungen und der Prämien nach der Auszahlung nachweisen lassen.

(2) Erkennt das Unternehmen in den Fällen des § 4 b WoPG nach abschließender Prüfung, dass die prämienbegünstigten Aufwendungen nicht vertragsmäßig verwendet werden, oder hat es Bedenken, ob eine vertragsmäßige Verwendung gewährleistet ist, so muss es dies dem Finanzamt unverzüglich mitteilen. Sind die prämienbegünstigten Aufwendungen und die Prämien noch nicht ausgezahlt, so hat das Unternehmen die Prämien zurückzuhalten.

(3) Das Finanzamt prüft auf Grund der Mitteilung, ob eine Verwendung zu dem vertragsmäßigen Zweck gegeben ist. Ist eine Verwendung zu dem vertragsmäßigen Zweck gegeben, so genügt eine formlose Benachrichtigung des Unternehmens, dass gegen die Auszahlung keine Bedenken bestehen. Andern-

[1] **[Amtl. Anm.:]** Vordruckmuster für die Sammellisten siehe *BStBl. I 2020 S. 650.*

[2] **[Amtl. Anm.:]** Jetzt § 4 KBV und 25 € siehe Artikel 3 Nr. 5 des Gesetzes zur Modernisierung des Besteuerungsverfahrens vom 18. 7. 2016 (BGBl. I S. 1679) mit Wirkung ab dem Sparjahr 2017 gemäß Artikel 97 § 9 a Abs. 3 EGAO.

falls ändert das Finanzamt die Prämienfestsetzung und fordert Prämien vom Prämienberechtigten zurück (Abschnitt 13 Abs. 5).

(4) Wegen der Anzeigepflichten der Unternehmen wird im Übrigen auf § 4 a Abs. 4 Satz 5 WoPG und die §§ 11, 17 WoPDV hingewiesen.

Zu § 8 des Gesetzes

15. Festsetzungsverjährung, Unanfechtbarkeit

(1) Der Anspruch auf Wohnungsbauprämie unterliegt der Festsetzungsverjährung (§ 8 Abs. 1 WoPG in **16**
Verbindung mit § 155 Abs. 4, §§ 169 bis 171 AO). Die Festsetzungsfrist beträgt vier Jahre (§ 169 Abs. 2 Nr. 2 AO). Sie beginnt mit Ablauf des Kalenderjahrs, in dem die Aufwendungen erbracht worden sind. Beantragt der Prämienberechtigte in den Fällen des § 19 Abs. 1 Nr. 1 und Abs. 2 Nr. 1 WoPDV erstmals oder erneut die Prämie, tritt insoweit eine Ablaufhemmung der Festsetzungsfrist nach § 171 Abs. 3 AO ein. Wird dieser Antrag nach Ablauf der regulären Festsetzungsfrist, aber noch innerhalb der Jahresfrist gemäß § 19 Abs. 1 Nr. 1 und Abs. 2 Nr. 1 WoPDV gestellt, gilt § 171 Abs. 3 a Satz 1 zweiter Halbsatz AO entsprechend. Die Festsetzungsfrist läuft nicht ab, bevor über den Antrag unanfechtbar entschieden worden ist.

(2) In den Fällen des § 4 b WoPG wird die Entscheidung über den Prämienantrag, solange ein förmlicher Bescheid nicht erteilt wird (Abschnitt 13 Abs. 3), mit der Übersendung der Mitteilung über die Gutschrift der Prämie, z. B. Kontoauszug, durch das Unternehmen an den Prämienberechtigten bekannt gegeben. Sofern kein Rechtsbehelf eingelegt worden ist, wird die Prämienfestsetzung mit Ablauf eines Monats nach ihrer Bekanntgabe (§ 355 Abs. 1 AO) unanfechtbar. Bis zum Eintritt der Unanfechtbarkeit, im Rechtsbehelfsverfahren spätestens im Verfahren vor dem Finanzgericht (BFH vom 27. 3. 1958 – BStBl. III S. 227 und vom 1. 2. 1966 – BStBl. III S. 321), kann der Prämienberechtigte nachträglich alle Tatsachen vorbringen, die für die Höhe der Prämie maßgebend sind, er kann innerhalb des prämienbegünstigten Höchstbetrages eine anderweitige Aufteilung der Prämie beantragen (§ 4 Abs. 2 Satz 2 WoPG) oder seinen Prämienantrag ganz oder zum Teil zurücknehmen.

(3) Sind Prämien ausgezahlt worden, obwohl die Voraussetzungen von vornherein nicht vorgelegen haben oder nachträglich entfallen sind, so erlischt nach § 4 Abs. 4 WoPG ein etwaiger Rückforderungsanspruch, wenn er nicht bis zum Ablauf des vierten Kalenderjahrs geltend gemacht worden ist, das auf das Kalenderjahr folgt, in dem der Prämienberechtigte die Prämie verwendet hat (Abschnitt 13 Abs. 5 Satz 1 Nr. 1 und 2). Diese Regelung geht den Vorschriften der Abgabenordnung über die Festsetzungsverjährung vor. Wird die maßgebliche Einkommensgrenze infolge einer Änderung der Besteuerungsgrundlagen überschritten (Abschnitt 13 Abs. 5 Satz 1 Nr. 3) oder entfällt der Prämienanspruch, weil sich nachträglich ein Anspruch auf Arbeitnehmer-Sparzulage ergeben hat (Abschnitt 13 Abs. 5 Satz 1 Nr. 4), so beginnt nach § 175 Abs. 1 Satz 2 AO die Festsetzungsfrist für den Rückforderungsanspruch mit Ablauf des Kalenderjahrs, in dem das prämienschädliche Ereignis eingetreten ist.

7 c. Schreiben betr. Bekanntmachung der Vordruckmuster für den Antrag auf Wohnungsbauprämie für 2024

Vom 22. Oktober 2024 (BStBl. I S. 1397)

(BMF IV C 5 – S 1961/19/10002 :006; DOK 2024/0934562)

2 Anlagen

Nach § 4 Absatz 2 Wohnungsbau-Prämiengesetz vom 30. Oktober 1997 (BGBl. I S. 2678) ist der An- **1**
trag auf Wohnungsbauprämie nach amtlich vorgeschriebenem Vordruck zu erstellen. Die Vordruckmuster für 2024 mit Erläuterungen werden hiermit bekannt gemacht.

Die Vordrucke können auch maschinell hergestellt werden, wenn sie sämtliche Angaben in der gleichen Reihenfolge enthalten. Abweichende Formate sind zulässig; die Erklärung zu den Einkommensverhältnissen kann hervorgehoben oder auf sie auffallend hingewiesen werden. Maschinell erstellte Anträge für Aufwendungen i. S. d. § 2 Absatz 1 Nummer 2 bis 4 WoPG brauchen nicht handschriftlich von dem Unternehmen unterschrieben zu werden.

Die Beantragung der Wohnungsbauprämie für Bausparbeiträge (§ 2 Absatz 1 Nummer 1 WoPG) kann auch auf elektronischem Wege erfolgen, sofern ein zulässiges elektronisches Antragsverfahren von der Bausparkasse angeboten wird (Randnummern 8 und 9 der Erläuterungen).

Aufwendungen, die vermögenswirksame Leistungen sind, werden vorrangig durch Gewährung einer Arbeitnehmer-Sparzulage gefördert. Bisher konnten vermögenswirksame Leistungen, für die wegen der Überschreitung der für die Arbeitnehmer-Sparzulage geltenden Einkommensgrenzen kein Anspruch auf Arbeitnehmer-Sparzulage bestand, in die prämienbegünstigten Aufwendungen einbezogen werden. Da die Einkommensgrenzen für die Gewährung der Arbeitnehmer-Sparzulage ab 2024 auf 40.000 Euro für Alleinstehende und 80.000 Euro bei zusammenveranlagten Ehegatten/Lebenspartnern (bisher 17.900 Euro bzw. 35.800 Euro) erhöht worden sind, die Einkommensgrenzen für die Gewährung der Wohnungsbauprämie (35.000 Euro bzw. 70.000 Euro) demgegenüber weiterhin gelten, entfällt eine Einbeziehung in diesem Sinne.

Die Antragsformulare auf Wohnungsbauprämie 2024 stehen ab sofort auf den Internetseiten des Bundesministerums der Finanzen (http://www.bundesfinanzministerium.de) zur Einsicht und zum Abruf bereit.

2

Anlage 1

An (Bausparkasse)

Eingangsstempel der Bausparkasse

(Anschrift des/der Prämienberechtigten)

Antrag auf Wohnungsbauprämie 2024

für Bausparbeiträge (§ 2 Abs. 1 Nr. 1 WoPG)

Abgabe eines Antrags je Bausparkasse spätestens bis zum 31. Dezember 2026

Zutreffendes bitte ankreuzen ☒ oder ausfüllen.
Die in einen Kreis gesetzten Zahlen verweisen auf **Erläuterungen.**

Steuernummer ①

Vor Ausfüllen des Antrages beachten Sie bitte die Erläuterungen

Identifikationsnummer Prämienberechtigte(r)	Identifikationsnummer Ehegatte/Lebenspartner *

I. Angaben zur Person ②

Prämienberechtigte(r) (Name, Vorname) — Geburtsdatum

Ehegatte/Lebenspartner * (Name, Vorname) — Geburtsdatum

Wohnsitz des / der Prämienberechtigten bei Antragstellung (Straße, Hausnummer, Postleitzahl, Ort) — Telefonnummer

Für das Sparjahr 2024 besteht Anspruch auf Wohnungsbauprämie als ☐ Alleinstehende(r) ② ☐ Ehegatte/Lebenspartner * ②

II. Aufwendungen, für die eine Prämie beantragt wird

Für vermögenswirksame Leistungen, für die Anspruch auf Arbeitnehmer-Sparzulage besteht, wird keine Prämie gewährt. ③

Bei Beiträgen an Bausparkassen zur Erlangung von Baudarlehen kann eine Prämie nur gewährt werden, wenn die an dieselbe Bausparkasse geleisteten Beiträge mindestens 50 Euro betragen haben. Werden Beiträge zugunsten eines zertifizierten Altersvorsorgevertrages den Altersvorsorgebeiträgen zugeordnet, handelt es sich bei allen Beiträgen zu diesem Vertrag bis zu den in § 10a Abs. 1 des Einkommensteuergesetzes genannten Höchstbeträgen um keine prämienbegünstigten Aufwendungen.

Vertragsnummer	Abschlussdatum Monat/Jahr	Aufwendungen 2024 (ohne vermögenswirksame Leistungen) lt. Kontoauszug (auf volle Euro aufgerundet) mit Anspruch auf Prämienauszahlung ④	Prämienvormerkung ④	Bei Überschreitung des Höchstbetrags Prämiengewährung für ⑤
1	2	3	4	5

Die nachstehenden Angaben sind für die Ermittlung der Prämie erforderlich.

Für das Sparjahr 2024 habe(n) ich (wir) bereits eine Wohnungsbauprämie bei einer (einem) anderen Bausparkasse (Unternehmen) beantragt, aber den prämienbegünstigten Höchstbetrag (700/1.400 Euro) noch nicht voll ausgeschöpft ⑥:

☐ nein ☐ ja. Ich (wir) habe(n) bereits Aufwendungen in Höhe von ☐ Euro geltend gemacht.

III. Einkommensverhältnisse

Eine Wohnungsbauprämie kann für 2024 nur gewährt werden, wenn das maßgebende zu versteuernde Einkommen dieses Sparjahres bestimmte Grenzen nicht übersteigt.

Ich (wir) erkläre(n), dass ich (wir) nach meinen (unseren) Einkommensverhältnissen Anspruch auf Wohnungsbauprämie für 2024 habe(n), weil mein (unser) maßgebendes zu versteuerndes Einkommen nicht mehr als 35.000/70.000 Euro beträgt. ⑦

Hiermit willige(n) ich / wir in die Datenverarbeitung und Datenübermittlung an die Finanzbehörden ein.
Ich stimme dem Prämienantrag als Ehegatte/Lebenspartner * oder als gesetzlicher Vertreter zu. ⑧

Unterschrift nicht vergessen

Datum — Prämienberechtigte(r) — Ehegatte/Lebenspartner * — gesetzl. Vertreter/in

Unterschrift – ggf. auch des Ehegatten/Lebenspartners * – nicht vergessen!
Die Angaben in diesem Antrag werden nach §§ 4, 4a des Wohnungsbau-Prämiengesetzes erhoben.

* nach dem Lebenspartnerschaftsgesetz (LPartG)

9.24

Erläuterungen
zum Antrag auf Wohnungsbauprämie für das Kalenderjahr 2024
(Die in einen Kreis gesetzten Zahlen beziehen sich auf die entsprechenden Zahlen im Antragsvordruck.)

Der Antrag muss spätestens bis zum 31. Dezember 2026 bei der Bausparkasse abgegeben werden, an die die Aufwendungen geleistet worden sind.

① Sofern Sie zur Einkommensteuer veranlagt werden, geben Sie bitte die Steuernummer an, unter der die Veranlagung zur Einkommensteuer durchgeführt wird. Bitte geben Sie auch Ihre Identifikationsnummer und ggf. die Ihres Ehegatten/Lebenspartners nach dem LPartG an.

② Prämienberechtigt für 2024 sind alle unbeschränkt einkommensteuerpflichtigen Personen, die vor dem 2. 1.2009 geboren oder Vollwaisen sind. Unbeschränkt einkommensteuerpflichtig sind natürliche Personen, die in der Bundesrepublik Deutschland ansässig sind (Wohnsitz oder gewöhnlicher Aufenthalt), oder die im Ausland ansässig sind und zu einer inländischen juristischen Person des öffentlichen Rechts in einem Dienstverhältnis stehen und dafür Arbeitslohn aus einer inländischen öffentlichen Kasse beziehen. Prämienberechtigt sind auch Personen ohne Wohnsitz oder gewöhnlichen Aufenthalt im Inland, wenn sie auf Antrag nach § 1 Absatz 3 des Einkommensteuergesetzes (EStG) als unbeschränkt einkommensteuerpflichtig behandelt werden.

Alleinstehende sind alle Personen, die 2024 nicht verheiratet/verpartnert waren, und Ehegatten/Lebenspartner nach dem LPartG, die keine Höchstbetragsgemeinschaft bilden.

Ehegatten/Lebenspartnern nach dem LPartG steht ein gemeinsamer Höchstbetrag zu (Höchstbetragsgemeinschaft), wenn sie beide mindestens während eines Teils des Kalenderjahres 2024 miteinander verheiratet/verpartnert waren, nicht dauernd getrennt gelebt haben, unbeschränkt einkommensteuerpflichtig i. S. d. § 1 Absatz 1 oder 2 oder des § 1a EStG waren und sie nicht die Einzelveranlagung zur Einkommensteuer wählen. Sie gelten in den Fällen des § 1 Absatz 1 oder 2 EStG als zusammenveranlagte Ehegatten/Lebenspartner nach dem LPartG, auch wenn keine Veranlagung durchgeführt worden ist. Ehegatten/Lebenspartner nach dem LPartG, die keine Höchstbetragsgemeinschaft bilden, gelten als Alleinstehende.

③ Bausparbeiträge, die vermögenswirksame Leistungen sind, werden vorrangig durch Gewährung einer Arbeitnehmer-Sparzulage gefördert.

④ Die Wohnungsbauprämie wird regelmäßig nur ermittelt und vorgemerkt.
Die Auszahlung der angesammelten Wohnungsbauprämien an die Bausparkasse – zugunsten Ihres Bausparvertrags – erfolgt grundsätzlich erst bei wohnungswirtschaftlicher Verwendung des Bausparvertrags. Für Bausparbeiträge, die auf Bausparverträge erst nach wohnungswirtschaftlicher Verwendung des Bausparvertrags geleistet worden sind, wird die Wohnungsbauprämie bereits nach Bearbeitung des Prämienantrags an die Bausparkasse – zugunsten Ihres Bausparvertrags – ausgezahlt.

Für Bausparverträge, die vor dem 1.1.2009 abgeschlossen wurden und für die bis zum 31.12.2008 mindestens ein Beitrag in Höhe der Regelsparrate entrichtet wurde, erfolgt die Auszahlung der Wohnungsbauprämie an die Bausparkasse – zugunsten Ihres Bausparvertrags –, wenn der Bausparvertrag zugeteilt, die Festlegungsfrist von 7 Jahren seit Abschluss des Bausparvertrags überschritten oder unschädlich über den Bausparvertrag verfügt worden ist. Für Bausparbeiträge, die auf bereits zugeteilte Bausparverträge bzw. erst nach Ablauf der Festlegungsfrist von 7 Jahren seit Abschluss des Bausparvertrags geleistet worden sind, wird die Wohnungsbauprämie bereits nach Bearbeitung des Prämienantrags an die Bausparkasse – zugunsten Ihres Bausparvertrags – ausgezahlt.

⑤ Haben Sie mehrere Verträge, aufgrund derer prämienbegünstigte Aufwendungen im Sinne des Wohnungsbau-Prämiengesetzes geleistet werden und überschreiten Ihre Beiträge den Höchstbetrag ⑥, müssen Sie erklären, für welche Beiträge Sie die Prämie erhalten wollen. Für die im Antrag unter II. aufgeführten Aufwendungen können Sie eine Prämie allerdings nur insoweit beanspruchen, als Sie oder Ihr Ehegatte/Lebenspartner nach dem LPartG den Höchstbetrag noch nicht anderweitig ausgeschöpft haben, z. B. durch bereits bei einer anderen Bausparkasse oder einem anderen Unternehmen geltend gemachte Aufwendungen. Tragen Sie deshalb bitte die Beiträge, für die Sie die Prämie beanspruchen, bis zu dem Ihnen höchstens noch zustehenden Betrag, in die dafür unter II. vorgesehene Spalte 5 ein.

⑥ Bausparbeiträge und andere Aufwendungen im Sinne des Wohnungsbau-Prämiengesetzes sind insgesamt nur bis zu einem Höchstbetrag von 700 Euro bei Alleinstehenden ② bzw. 1.400 Euro bei zusammenveranlagten Ehegatten/Lebenspartnern nach dem LPartG ② prämienbegünstigt.

⑦ Eine Wohnungsbauprämie für das Jahr 2024 kann nur gewährt werden, wenn das zu versteuernde Einkommen des Jahres 2024 die Einkommensgrenze nicht überschritten hat. Deswegen kann eine Wohnungsbauprämie nur ermittelt werden, wenn Sie eine entsprechende Erklärung abgeben. Die maßgebliche Einkommensgrenze für Alleinstehende ② beträgt 35.000 Euro, für zusammenveranlagte Ehegatten/Lebenspartner nach dem LPartG ② 70.000 Euro. Haben Ehegatten/Lebenspartner nach dem LPartG für 2024 die Einzelveranlagung gewählt, gilt für jeden die Einkommensgrenze von 35.000 Euro. Für die Ermittlung des für das Wohnungsbau-Prämiengesetz maßgebenden zu versteuernden Einkommens sind für die steuerlich zu berücksichtigenden Kinder stets die Freibeträge für Kinder für das gesamte Sparjahr abzuziehen. Dies gilt auch, wenn bei Ihrer Einkommensteuerveranlagung nicht die Freibeträge für Kinder berücksichtigt wurden, weil Sie Anspruch auf Kindergeld haben. Der Kinderfreibetrag beträgt in der Regel für Alleinstehende ② 3.306 Euro und für zusammenveranlagte Ehegatten/Lebenspartner nach dem LPartG ② 6.612 Euro; der Freibetrag für den Betreuungs- und Erziehungs- oder Ausbildungsbedarf des Kindes beträgt in der Regel für Alleinstehende ② 1.464 Euro und für zusammenveranlagte Ehegatten/Lebenspartner nach dem LPartG ② 2.928 Euro. Soweit in Ihrem Einkommensteuerbescheid schon die Freibeträge für Kinder berücksichtigt sind, dürfen diese nicht nochmals abgezogen werden. Ihr zu versteuerndes Einkommen können Sie aus Ihrem Einkommensteuerbescheid für 2024 entnehmen. Sollte dieser Bescheid noch nicht vorliegen, können Sie anhand der folgenden Erläuterungen eine überschlägige Prüfung selbst vornehmen.
Die Prämiengewährung für 2024 muss nicht ausgeschlossen sein, wenn der Bruttoarbeitslohn bei Arbeitnehmern in 2024 mehr als 35.000/70.000 Euro betragen hat.

Den nachstehenden Ausführungen können Sie entnehmen, wie Sie auch ohne Einkommensteuerbescheid prüfen können, ob Ihr zu versteuerndes Einkommen innerhalb der Einkommensgrenze liegt.

Das Bundesministerium der Finanzen hält auf der Internetseite unter www.bmf-steuerrechner.de (in der Rubrik Berechnung der Lohnsteuer/Ermittlung des zu versteuernden Jahresbetrags) ein Berechnungsprogramm zur „Ermittlung des zu versteuernden Jahresbetrags" bereit, um so die Höhe der maßgeblichen Einkommensgrenze für die Wohnungsbauprämie prüfen zu können. Der „zu versteuernde Jahresbetrag" entspricht bei der Lohnsteuerberechnung dem „zu versteuernden Einkommen" der Veranlagung. Antragsteller können so nach Eingabe der entsprechenden Besteuerungsgrundlagen für Alleinstehende/Alleinerziehende bzw. Ehegatten/Lebenspartner anhand des dort ermittelten „zu versteuernde Jahresbetrags" unter Berücksichtigung der Kinderfreibeträge prüfen, ob Sie die Einkommensgrenzen überschreiten. Die Berechnung bezieht sich nur auf den Bezug von Arbeitslohn. Weitere in diesem Jahr erzielte Einkünfte sind gegebenenfalls hinzuzurechnen.

Die Berechnung ist ein Service des Bundesministeriums der Finanzen und dient als Orientierung ohne Rechtsverbindlichkeit.

Weitere Einkünfte sind z. B. Einkünfte aus Land- und Forstwirtschaft, aus Gewerbebetrieb, aus selbständiger Arbeit, aus Vermietung und Verpachtung sowie die sonstigen Einkünfte nach § 22 EStG, insbesondere der der Besteuerung unterliegende Teil der Renten aus der gesetzlichen Rentenversicherung. Einkünfte aus Kapitalvermögen, die der abgeltenden Kapitalertragsteuer nach § 43 Absatz 5 EStG (sog. Abgeltungsteuer) bzw. dem gesonderten Steuertarif nach § 32d Absatz 1 Satz 1 EStG unterliegen, bleiben dabei unberücksichtigt.

⑧ Wird der Antrag auf Wohnungsbauprämie in Papierform abgegeben, ist er vom Prämienberechtigten zu unterschreiben. Die Unterschrift kann auch auf einem von der Bausparkasse angebotenen sogenannten PenPad erfolgen. Der unterschriebene Antrag auf Wohnungsbauprämie kann auch per Fax übermittelt werden. Bei Ehegatten/Lebenspartnern nach dem LPartG, die eine Höchstbetragsgemeinschaft bilden, muss jeder Ehegatte/Lebenspartner nach dem LPartG den Antrag unterschreiben. Bei minderjährigen Prämienberechtigten ist auch die Unterschrift des gesetzlichen Vertreters erforderlich.

⑨ Daneben ist eine Antragstellung im elektronischen Verfahren - sofern von der Bausparkasse angeboten - zulässig, wenn die Unterschrift durch eine elektronische Authentifizierung des Antragstellers ersetzt und der Antrag sodann nach amtlich vorgeschriebenem Datensatz an die Bausparkasse übermittelt wird. Hierbei wird zur Authentifizierung die persönliche Identifikationsnummer (PIN) und die Transaktionsnummer (TAN) oder ein Zwei-Faktor-Verfahren genutzt.

Bei Ehegatten/Lebenspartnern nach dem LPartG, die eine Höchstbetragsgemeinschaft bilden, gilt der erstgenannte Ehegatte/Lebenspartner als Antragsteller. Der Antragsteller hat zu versichern, dass er für die Antragstellung durch seinen Ehegatten/Lebenspartner bevollmächtigt wurde. Für die Versicherung hat die Bausparkasse eine entsprechende Abfragemöglichkeit einzurichten. Alternativ kann die Bausparkasse die Unterschrift beider Ehegatten/Lebenspartner einholen.

Datenschutzhinweis:
Informationen über die Verarbeitung personenbezogener Daten in der Steuerverwaltung und über Ihre Rechte nach der Datenschutz-Grundverordnung sowie über Ihre Ansprechpartner in Datenschutzfragen entnehmen Sie bitte dem allgemeinen Informationsschreiben der Finanzverwaltung. Dieses Informationsschreiben finden Sie unter www.finanzamt.de (unter der Rubrik „Datenschutz") oder erhalten Sie bei Ihrem Finanzamt.

Anlage 2

An (Unternehmen)

Eingangsstempel des Unternehmens

(Anschrift des/der Prämienberechtigten)

Antrag auf Wohnungsbauprämie 2024

für Aufwendungen i. S. d. § 2 Abs. 1 Nr. 2 - 4 WoPG

Abgabe eines Antrags je Unternehmen spätestens bis zum 31. Dezember 2026

Zutreffendes bitte ankreuzen ☒ oder ausfüllen.
Die in einen Kreis gesetzten Zahlen verweisen auf **Erläuterungen.**

Vor Ausfüllen des Antrages beachten Sie bitte die Erläuterungen

Steuernummer

Zuständiges Finanzamt ①

Identifikationsnummer Prämienberechtigte(r)	Identifikationsnummer Ehegatte/Lebenspartner *

I. Angaben zur Person ②

Prämienberechtigte(r) (Name, Vorname, ggf. Geburtsname)	Geburtsdatum
Ehegatte/Lebenspartner * (Name, Vorname, ggf. Geburtsname)	Geburtsdatum
Wohnsitz des/der Prämienberechtigten bei Antragstellung (Straße, Hausnummer, Postleitzahl, Ort)	Telefonnummer
Weiterer Wohnsitz des/der Prämienberechtigten und/oder abweichender Wohnsitz des Ehegatten/des Lebenspartners * bei Antragstellung	

Familienstand ☐ ledig	verheiratet/verpartnert seit	verwitwet seit	geschieden/ausgetragen seit	dauernd getrennt lebend seit	Finanzamt bei dem zuletzt eine Wohnungsbauprämie beantragt wurde

II. Aufwendungen, für die eine Prämie beantragt wird

Für vermögenswirksame Leistungen, für die Anspruch auf Arbeitnehmer-Sparzulage besteht, wird keine Prämie gewährt. ③

Vertragsnummer	Abschlussdatum Monat/Jahr	Aufwendungen 2024 (ohne vermögenswirksame Leistungen auf volle Euro aufgerundet)	Bei Überschreitung des Höchstbetrags Prämiengewährung für ④	**Nicht vom Sparer auszufüllen!** **Eintragungen des Unternehmens** Wir bestätigen die Richtigkeit der nebenstehenden Angaben
1	2	3	4	
				(Unterschrift)

Eintragungen des Finanzamtes

1. Es wird eine Prämie von ______ Euro festgesetzt. Die Prämie ist auszuzahlen.
2. Über die Ablehnung/Teilablehnung ist ein Bescheid zu erteilen: erl. ______ (Tag, Namensz.)
3. Eintragung in Sammelliste Nr. ______ ______ (Tag, Namensz.)
4. Zu den ______ Akten.

(Sachgebietsleiter/in) (Datum) (Bearbeiter/in) (Datum)

* nach dem Lebenspartnerschaftsgesetz (LPartG)

9.24

Vermerke des Finanzamts

III Einkommensverhältnisse

Eine Wohnungsbauprämie kann für 2024 nur gewährt werden, wenn das zu versteuernde Einkommen (ggf. unter Berücksichtigung von Freibeträgen für Kinder) dieses Jahres bestimmte Grenzen nicht übersteigt. ⑤
Die nachfolgenden Angaben sind für die Prüfung des Prämienanspruchs erforderlich.

1. ☐ Ein Einkommensteuerbescheid ist für 2024 vom [Finanzamt, Steuernummer] erteilt worden. Danach beträgt das maßgebende zu versteuernde Einkommen des Kalenderjahres 2024 bei Alleinstehenden oder bei Ehegatten/Lebenspartnern*, die die Einzelveranlagung zur Einkommensteuer gewählt haben: ② ☐ mehr als ☐ nicht mehr als 35.000 Euro
bei Zusammenveranlagung: ② ☐ mehr als ☐ nicht mehr als 70.000 Euro

2. **(Nur ausfüllen, wenn 1. nicht zutrifft)** ⑥
Eine Einkommensteuererklärung für 2024
☐ ist abgegeben. ☐ wird noch abgegeben. ☐ wird nicht abgegeben.

Für eine zügige Bearbeitung sind vollständige Angaben zu a. oder b. erforderlich.

a. ☐ Ein Einkommensteuerbescheid ist für 2023
vom [Finanzamt, Steuernummer] erteilt worden.

Danach beträgt das zu versteuernde Einkommen des Kalenderjahres 2023
bei Alleinstehenden: ☐ mehr als ☐ nicht mehr als 35.000 Euro
bei Zusammenveranlagung: ☐ mehr als ☐ nicht mehr als 70.000 Euro

Hat sich Ihr Einkommen in 2024 gegenüber 2023 um mehr als 10% erhöht? ☐ Ja ☐ Nein
(weiter bei Abschnitt IV.)

b. ☐ Eine Einkommensteuererklärung für 2023
☐ ist abgegeben. ☐ wird noch abgegeben. ☐ wird nicht abgegeben.

Einkünfte 2024: Bruttoarbeitslohn: [ ] Euro
weitere Einkünfte: ⑦ [Art und Höhe] Euro

V. Weitere Aufwendungen im Sinne des Wohnungsbau-Prämiengesetzes ⑧

Hinweis: Keine Eintragung erforderlich, soweit die weiteren Aufwendungen vermögenswirksame Leistungen sind, für die Anspruch auf Arbeitnehmer-Sparzulage besteht. Falls Sie oder Ihr mit Ihnen zusammenveranlagter Ehegatte/Lebenspartner * im Kalenderjahr 2024 noch andere prämienbegünstigte Aufwendungen im Sinne des Wohnungsbau-Prämiengesetzes geleistet haben (z.B. Bausparbeiträge), machen Sie dazu bitte die folgenden Angaben:

Für das Sparjahr 2024 habe(n) ich (wir) bereits eine Wohnungsbauprämie bei einem (einer) anderen Unternehmen (Bausparkasse) beantragt, aber den prämienbegünstigten Höchstbetrag (700/1.400 Euro) noch nicht voll ausgeschöpft:

☐ nein ☐ ja. Ich (wir) habe(n) bereits Aufwendungen in Höhe von [ ] Euro geltend gemacht.

Hiermit willige(n) ich/wir in die Datenverarbeitung und Datenübermittlung an die Finanzbehörden ein.
Ich stimme dem Prämienantrag als Ehegatte/Lebenspartner * oder als gesetzlicher Vertreter zu. ⑨

Datum | Prämienberechtigte(r) Unterschrift - **ggf. auch des Ehegatten/Lebenspartners * - nicht vergessen!** | Ehegatte/Lebenspartner * | gesetzl. Vertreter/in

Unterschrift nicht vergessen

Die Angaben in diesem Antrag werden nach § 88 der Abgabenordnung in Verbindung mit § 8 des Wohnungsbau-Prämiengesetzes erhoben.

* nach dem Lebenspartnerschaftsgesetz (LPartG)

Erläuterungen
zum Antrag auf Wohnungsbauprämie für das Kalenderjahr 2024
(Die in einen Kreis gesetzten Zahlen beziehen sich auf die entsprechenden Zahlen im Antragsvordruck.)
Der Antrag muss spätestens bis zum 31. Dezember 2026 bei der Bausparkasse abgegeben werden, an die die Aufwendungen geleistet worden sind.

① Zuständiges Finanzamt ist für Sie das im Zeitpunkt der Antragstellung für Ihre Veranlagung zur Einkommensteuer zuständige Finanzamt. Bitte geben Sie dieses Finanzamt auch dann an, wenn Sie keine Einkommensteuererklärung abgeben. Geben Sie bitte auch Ihre Identifikationsnummer und ggf. die Ihres Ehegatten/Lebenspartners nach dem LPartG an.

② Prämienberechtigt für 2024 sind alle unbeschränkt einkommensteuerpflichtigen Personen, die vor dem 2.1.2009 geboren oder Vollwaisen sind. Unbeschränkt einkommensteuerpflichtig sind natürliche Personen, die in der Bundesrepublik Deutschland ansässig sind (Wohnsitz oder gewöhnlicher Aufenthalt), oder die im Ausland ansässig sind und zu einer inländischen juristischen Person des öffentlichen Rechts in einem Dienstverhältnis stehen und dafür Arbeitslohn aus einer inländischen öffentlichen Kasse beziehen. Prämienberechtigt sind auch Personen ohne Wohnsitz oder gewöhnlichen Aufenthalt im Inland, wenn sie auf Antrag nach § 1 Absatz 3 des Einkommensteuergesetzes (EStG) als unbeschränkt einkommensteuerpflichtig behandelt werden.

Alleinstehende sind alle Personen, die 2024 nicht verheiratet/verpartnert waren, und Ehegatten/Lebenspartner nach dem LPartG, die keine Höchstbetragsgemeinschaft bilden.

Ehegatten/Lebenspartnern nach dem LPartG steht ein gemeinsamer Höchstbetrag zu (Höchstbetragsgemeinschaft), wenn sie beide mindestens während eines Teils des Kalenderjahres 2024 miteinander verheiratet/verpartnert waren, nicht dauernd getrennt gelebt haben, unbeschränkt einkommensteuerpflichtig i. S.d. § 1 Absatz 1 oder 2 oder des § 1a EStG waren und sie nicht die Einzelveranlagung zur Einkommensteuer wählen. Sie gelten in den Fällen des § 1 Absatz 1 oder 2 EStG als zusammenveranlagte Ehegatten / Lebenspartner nach dem LPartG, auch wenn keine Veranlagung durchgeführt worden ist. Ehegatten/Lebenpartner nach dem LPartG, die keine Höchstbetragsgemeinschaft bilden, gelten als Alleinstehende.

③ Aufwendungen, die vermögenswirksame Leistungen sind, werden vorrangig durch Gewährung einer Arbeitnehmer-Sparzulage gefördert.

④ Haben Sie mehrere Verträge, aufgrund derer prämienbegünstigte Aufwendungen im Sinne des Wohnungsbau-Prämiengesetzes geleistet werden und überschreiten Ihre Beiträge den Höchstbetrag ⑧, müssen Sie erklären, für welche Beiträge Sie die Prämie erhalten wollen. Für die im Antrag unter II. aufgeführten Aufwendungen können Sie eine Prämie allerdings nur insoweit beanspruchen, als Sie oder Ihr Ehegatte/Lebenspartner nach dem LPartG den Höchstbetrag noch nicht anderweitig ausgeschöpft haben, z. B. durch bereits bei einer anderen Bausparkasse oder einem anderen Unternehmen geltend gemachte Aufwendungen. Tragen Sie deshalb bitte die Beiträge, für die Sie die Prämie beanspruchen, bis zu dem Ihnen höchstens noch zustehenden Betrag, in die dafür unter II. vorgesehene Spalte 4 ein.

⑤ Eine Wohnungsbauprämie für das Jahr 2024 kann nur gewährt werden, wenn das zu versteuernde Einkommen des Jahres 2024 die Einkommensgrenze nicht überschritten hat. Die maßgebliche Einkommensgrenze für Alleinstehende ② beträgt 35.000 Euro, für zusammenveranlagte Ehegatten/Lebenspartner nach dem LPartG ② 70.000 Euro. Haben Ehegatten/Lebenspartner nach dem LPartG für 2024 die Einzelveranlagung gewählt, gilt für jeden die Einkommensgrenze von 35.000 Euro. Für die Ermittlung des für das Wohnungsbau-Prämiengesetz maßgebenden zu versteuernden Einkommens sind für die steuerlich zu berücksichtigenden Kinder stets die Freibeträge für Kinder für das gesamte Sparjahr abzuziehen. Dies gilt auch, wenn bei Ihrer Einkommensteuerveranlagung nicht die Freibeträge für Kinder berücksichtigt wurden, weil Sie Anspruch auf Kindergeld haben. Der Kinderfreibetrag beträgt in der Regel für Alleinstehende ② 3.306 Euro und für zusammenveranlagte Ehegatten/Lebenspartner nach dem LPartG ② 6.612 Euro; der Freibetrag für den Betreuungs- und Erziehungs- oder Ausbildungsbedarf des Kindes beträgt in der Regel für Alleinstehende ② 1.464 Euro und für zusammenveranlagte Ehegatten/Lebenspartner nach dem LPartG ② 2.928 Euro. Soweit in Ihrem Einkommensteuerbescheid schon die Freibeträge für Kinder berücksichtigt sind, dürfen diese nicht nochmals abgezogen werden. Ihr zu versteuerndes Einkommen können Sie aus Ihrem Einkommensteuerbescheid für 2024 entnehmen. Sollte dieser Bescheid noch nicht vorliegen, können Sie anhand der folgenden Erläuterungen eine überschlägige Prüfung selbst vornehmen.
Die Prämiengewährung für 2024 muss nicht ausgeschlossen sein, wenn der Bruttoarbeitslohn bei Arbeitnehmern in 2024 mehr als 35.000/70.000 Euro betragen hat.

Den nachstehenden Ausführungen können Sie entnehmen, wie Sie auch ohne Einkommensteuerbescheid prüfen können, ob Ihr zu versteuerndes Einkommen innerhalb der Einkommensgrenze liegt.

Das Bundesministerium der Finanzen hält auf der Internetseite unter www.bmf-steuerrechner.de (in der Rubrik Berechnung der Lohnsteuer/Ermittlung des zu versteuernden Jahresbetrags) ein Berechnungsprogramm zur „Ermittlung des zu versteuernden Jahresbetrags" bereit, um so die Höhe der maßgeblichen Einkommensgrenze für die Wohnungsbauprämie prüfen zu können. Der „zu versteuernde Jahresbetrag" entspricht bei der Lohnsteuerberechnung dem „zu versteuernden Einkommen" der Veranlagung. Antragsteller können so nach Eingabe der entsprechenden Besteuerungsgrundlagen für Alleinstehende/Alleinerziehende bzw. Ehegatten/Lebenspartner anhand des dort ermittelten „zu versteuernde Jahresbetrags" unter Berücksichtigung der Kinderfreibeträge prüfen, ob Sie die Einkommensgrenzen überschreiten. Die Berechnung bezieht sich nur auf den Bezug von Arbeitslohn. Weitere in diesem Jahr erzielte Einkünfte sind gegebenenfalls hinzuzurechnen.

Die Berechnung ist ein Service des Bundesministeriums der Finanzen und dient als Orientierung ohne Rechtsverbindlichkeit.

⑥ Falls Sie zum Zeitpunkt der Antragstellung noch keinen Einkommensteuerbescheid erhalten haben, machen Sie bitte die zusätzlichen Angaben über Ihre Einkommensverhältnisse. Hierdurch wird gewährleistet, dass das Finanzamt Ihren Antrag ohne weitere Rückfragen bearbeiten kann.

⑦ Weitere Einkünfte sind z. B. Einkünfte aus Land- und Forstwirtschaft, aus Gewerbebetrieb, aus selbständiger Arbeit, aus Vermietung und Verpachtung sowie die sonstigen Einkünfte nach § 22 EStG, insbesondere der der Besteuerung unterliegende Teil der Renten aus der gesetzlichen Rentenversicherung. Einkünfte aus Kapitalvermögen, die der abgeltenden Kapitalertragsteuer nach § 43 Absatz 5 EStG (sog. Abgeltungsteuer) bzw. dem gesonderten Steuertarif nach § 32d Absatz 1 Satz 1 EStG unterliegen, bleiben dabei unberücksichtigt.

⑧ Bausparbeiträge und andere Aufwendungen im Sinne des Wohnungsbau-Prämiengesetzes sind insgesamt nur bis zu einem Höchstbetrag von 700 Euro bei Alleinstellenden ② bzw. 1.400 Euro bei zusammenveranlagten Ehegatten/Lebenspartnern nach dem LPartG ② prämienbegünstigt. Für die im Antrag unter II. aufgeführten Aufwendungen besteht ein Prämienanspruch nur, soweit Sie die genannten Höchstbeträge noch nicht ausgeschöpft haben.

⑨ Der Antrag auf Wohnungsbauprämie ist vom Prämienberechtigten eigenhändig zu unterschreiben. Bei Ehegatten/Lebenspartnern nach dem LPartG, die eine Höchstbetragsgemeinschaft ② bilden, muss jeder Ehegatte/Lebenspartner nach dem LPartG den Antrag unterschreiben. Bei minderjährigen Prämienberechtigten ist auch die Unterschrift des gesetzlichen Vertreters erforderlich.

Datenschutzhinweis:
Informationen über die Verarbeitung personenbezogener Daten in der Steuerverwaltung und über Ihre Rechte nach der Datenschutz-Grundverordnung sowie über Ihre Ansprechpartner in Datenschutzfragen entnehmen Sie bitte dem allgemeinen Informationsschreiben der Finanzverwaltung. Dieses Informationsschreiben finden Sie unter www.finanzamt.de (unter der Rubrik „Datenschutz") oder erhalten Sie bei Ihrem Finanzamt.

Anhang I.8

– nicht belegt –

9. Gesetz über die Umzugskostenvergütung für die Bundesbeamten, Richter im Bundesdienst und Soldaten (Bundesumzugskostengesetz – BUKG)

In der Fassung der Bekanntmachung vom 11. Dezember 1990 (BGBl. I S. 2682)[1]

Geändert durch Gesetz vom 24. 2. 1997 (BGBl. I S. 322), vom 21. 8. 2002 (BGBl. I S. 3322), vom 4. 11. 2004 (BGBl. I S. 2686), vom 15. 12. 2004 (BGBl. I S. 3396), vom 17. 6. 2008 (BGBl. I S. 1010), vom 5. 2. 2009 (BGBl. I S. 160), vom 31. 8. 2015 (BGBl. I S. 1474), vom 5. 1. 2017 (BGBl. I S. 17) und vom 9. 12. 2019 (BGBl. I S. 2053)

§ 1 Anwendungsbereich

(1) Dieses Gesetz regelt Art und Umfang der Erstattung von Auslagen aus Anlaß der in den §§ 3 und 4 bezeichneten Umzüge und der in § 12 genannten Maßnahmen. Berechtigte sind: 1

1. Bundesbeamte und in den Bundesdienst abgeordnete Beamte,
2. Richter im Bundesdienst und in den Bundesdienst abgeordnete Richter,
3. Berufssoldaten und Soldaten auf Zeit,
4. Beamte und Richter (Nummern 1 und 2) und Berufssoldaten im Ruhestand,
5. frühere Beamte und Richter (Nummern 1 und 2) und Berufssoldaten, die wegen Dienstunfähigkeit oder Erreichens der Altersgrenze entlassen worden sind,
6. Hinterbliebene der in den Nummern 1 bis 5 bezeichneten Personen.

(2)[2] Hinterbliebene sind der Ehegatte, Lebenspartner, Verwandte bis zum vierten Grade, Verschwägerte bis zum zweiten Grade, Pflegekinder und Pflegeeltern, wenn diese Personen zur Zeit des Todes zur häuslichen Gemeinschaft des Verstorbenen gehört haben.

(3) Eine häusliche Gemeinschaft im Sinne dieses Gesetzes setzt ein Zusammenleben in gemeinsamer Wohnung oder in enger Betreuungsgemeinschaft in demselben Hause voraus.

§ 2[3] Anspruch auf Umzugskostenvergütung

(1) Voraussetzung für den Anspruch auf Umzugskostenvergütung ist die schriftliche oder elektronische Zusage. Sie soll gleichzeitig mit der den Umzug veranlassenden Maßnahme erteilt werden. In den Fällen des § 4 Abs. 3 muß die Umzugskostenvergütung vor dem Umzug zugesagt werden. 2

(2) Die Umzugskostenvergütung wird nach Beendigung des Umzuges gewährt. Sie ist innerhalb einer Ausschlußfrist von einem Jahr bei der Beschäftigungsbehörde, in den Fällen des § 4 Abs. 3 bei der letzten Beschäftigungsbehörde, schriftlich oder elektronisch zu beantragen. Die Frist beginnt mit dem Tage nach Beendigung des Umzuges, in den Fällen des § 11 Abs. 3 Satz 1 mit der Bekanntgabe des Widerrufs.

(3) Umzugskostenvergütung wird nicht gewährt, wenn nicht innerhalb von fünf Jahren nach Wirksamwerden der Zusage der Umzugskostenvergütung umgezogen wird. Die oberste Dienstbehörde kann diese Frist in besonders begründeten Ausnahmefällen um längstens zwei Jahre verlängern. § 4 Abs. 3 Satz 2 bleibt unberührt.

§ 3 Zusage der Umzugskostenvergütung

(1) Die Umzugskostenvergütung ist zuzusagen für Umzüge 3

1. aus Anlaß der Versetzung aus dienstlichen Gründen an einen anderen Ort als den bisherigen Dienstort, es sei denn, daß
   a) mit einer baldigen weiteren Versetzung an einen anderen Dienstort zu rechnen ist,
   b) der Umzug aus besonderen Gründen nicht durchgeführt werden soll,
   c) die Wohnung auf einer üblicherweise befahrenen Strecke weniger als 30 Kilometer von der neuen Dienststätte entfernt ist oder im neuen Dienstort liegt (Einzugsgebiet) oder
   d) der Berechtigte auf die Zusage der Umzugskostenvergütung unwiderruflich verzichtet und dienstliche Gründe den Umzug nicht erfordern,
2. auf Anweisung des Dienstvorgesetzten, die Wohnung innerhalb bestimmter Entfernung von der Dienststelle zu nehmen oder eine Dienstwohnung zu beziehen,
3. aus Anlaß der Räumung einer Dienstwohnung auf dienstliche Weisung,
4. aus Anlaß der Aufhebung einer Versetzung nach einem Umzug mit Zusage der Umzugskostenvergütung.

(2) Absatz 1 Nr. 1 gilt entsprechend für Umzüge aus Anlaß

1. der Verlegung der Beschäftigungsbehörde,
2. der nicht nur vorübergehenden Zuteilung aus dienstlichen Gründen zu einem anderen Teil der Beschäftigungsbehörde,
3. der Übertragung eines anderen Richteramtes nach § 32 Abs. 2 des Deutschen Richtergesetzes oder eines weiteren Richteramtes nach § 27 Abs. 2 des vorgenannten Gesetzes.

---

[1] Die Neufassung des BUKG wurde verkündet als Art. 1 des Gesetzes vom 11. 12. 1990 (BGBl. I S. 2682). Diese Fassung gilt mit Wirkung vom 1. 7. 1990 (Art. 11 des vorgenannten Gesetzes).

[2] § 1 Abs. 2 geändert durch Gesetz vom 15. 12. 2004 (BGBl. I S. 3396) mit Wirkung ab 1. 1. 2005.

[3] § 2 Abs. 1 Satz 1 und Abs. 2 Satz 2 geändert durch Gesetz vom 21. 8. 2002 (BGBl. I S. 3322) mit Wirkung ab 1. 2. 2003.

(3)[1] Die oberste Dienstbehörde kann festlegen, dass die Zusage der Umzugskostenvergütung erst drei Jahre nach der Personalmaßnahme wirksam wird; dies gilt nicht für Ledige ohne eigene Wohnung. Voraussetzung ist, dass

1. der festgelegte Bereich
   a) eine besondere Versetzungshäufigkeit aufweist oder
   b) von wesentlichen Restrukturierungen betroffen ist und
2. es sich nicht um Auslandsumzüge nach § 13 handelt; abweichend davon ist bei Umzügen vom Inland ins Ausland eine Festlegung nach Satz 1 möglich, soweit dienstliche Gründe einen Umzug nicht erfordern.

Die Festlegung nach Satz 1 bedarf des Einvernehmens des Bundesministeriums der Finanzen insbesondere im Hinblick auf dessen Gesamtverantwortung für die Ausführung des Haushaltsplans. Erklärt der Berechtigte innerhalb von drei Jahren nach dem Wirksamwerden der Personalmaßnahme schriftlich oder elektronisch, dass er umzugswillig ist, wird die Zusage der Umzugskostenvergütung mit dem Zeitpunkt des Zugangs der Erklärung wirksam, wenn die Voraussetzungen nach den Absätzen 1 und 2 noch gegeben sind.

(4)[2] Absatz 3 gilt auch im Falle einer erneuten Personalmaßnahme ohne Dienstortwechsel, bei der der Verbleib am Dienstort aus zwingenden dienstlichen Gründen notwendig ist.

§ 4 Zusage der Umzugskostenvergütung in besonderen Fällen

4 (1) Die Umzugskostenvergütung kann in entsprechender Anwendung des § 3 Abs. 1 Nr. 1 zugesagt werden für Umzüge aus Anlaß

1. der Einstellung,
2. der Abordnung oder Kommandierung,
3. der vorübergehenden Zuteilung aus dienstlichen Gründen zu einem anderen Teil der Beschäftigungsbehörde,
4. der vorübergehenden dienstlichen Tätigkeit bei einer anderen Stelle als einer Dienststelle.

(2) Die Umzugskostenvergütung kann ferner zugesagt werden für Umzüge aus Anlaß

1. der Aufhebung oder Beendigung einer Maßnahme nach Absatz 1 Nr. 2 bis 4 nach einem Umzug mit Zusage der Umzugskostenvergütung,
2. der Räumung einer bundeseigenen oder im Besetzungsrecht des Bundes stehenden Mietwohnung, wenn sie auf Veranlassung der obersten Dienstbehörde oder der von ihr ermächtigten Behörde im dienstlichen Interesse geräumt werden soll,
3.[3] einer Versetzung oder eines Wohnungswechsels wegen des Gesundheitszustandes des Berechtigten, des mit ihm in häuslicher Gemeinschaft lebenden Ehegatten oder Lebenspartners oder der mit ihm in häuslicher Gemeinschaft lebenden, beim Familienzuschlag nach dem Bundesbesoldungsgesetz berücksichtigungsfähigen Kinder, wobei die Notwendigkeit des Umzuges amts- oder vertrauensärztlich bescheinigt sein muß,
4.[4] eines Wohnungswechsels, der notwendig ist, weil die Wohnung wegen der Zunahme der Zahl der zur häuslichen Gemeinschaft gehörenden, beim Familienzuschlag nach dem Bundesbesoldungsgesetz berücksichtigungsfähigen Kinder unzureichend geworden ist. Unzureichend ist eine Wohnung, wenn die Zimmerzahl der bisherigen Wohnung um mindestens zwei hinter der zustehenden Zimmerzahl zurückbleibt. Dabei darf für jede vor und nach dem Umzug zur häuslichen Gemeinschaft des Berechtigten gehörende Person (§ 6 Abs. 3 Satz 2 und 3) nur ein Zimmer zugebilligt werden.

(3) Die Umzugskostenvergütung kann ferner für Umzüge aus Anlaß der Beendigung des Dienstverhältnisses Berechtigten nach § 1 Abs. 1 Satz 2 Nr. 4 bis 6 zugesagt werden, wenn

1. ein Verbleiben an Grenzorten, kleineren abgelegenen Plätzen oder Inselorten nicht zumutbar ist oder
2. in den vorausgegangenen zehn Jahren mindestens ein Umzug mit Zusage der Umzugskostenvergütung an einen anderen Ort durchgeführt wurde.

Die Umzugskostenvergütung wird nur gewährt, wenn innerhalb von zwei Jahren nach Beendigung des Dienstverhältnisses umgezogen wird. Sie wird nicht gewährt, wenn das Dienstverhältnis aus Disziplinargründen oder zur Aufnahme einer anderen Tätigkeit beendet wurde.

(4)[5] Der Abordnung nach Absatz 1 Nr. 2 stehen die Zuweisung nach § 29 des Bundesbeamtengesetzes oder nach § 20 des Beamtenstatusgesetzes gleich.

§ 5 Umzugskostenvergütung

5 (1) Die Umzugskostenvergütung umfaßt

[1] § 3 Abs. 3 angef. durch G v. 5. 1. 2017 (BGBl. I S. 17) mWv 11. 1. 2017. § 3 Abs. 3 Satz 2 Nr. 2 neu gefasst durch Gesetz vom 9. 12. 2019 (BGBl. I S. 2053) mit Wirkung ab 1. 6. 2020.

[2] § 3 Abs. 4 angef. durch G v. 5. 1. 2017 (BGBl. I S. 17) mWv 11. 1. 2017.

[3] § 4 Abs. 2 Nr. 3 geändert durch Gesetz vom 15. 12. 2004 (BGBl. I S. 3396) mit Wirkung ab 1. 1. 2005 und durch DNeuG vom 5. 2. 2009 (BGBl. I S. 160) mit Wirkung ab 12. 2. 2009.

[4] § 4 Abs. 2 Nr. 4 geändert durch Gesetz vom 5. 2. 2009 (BGBl. I S. 160) mit Wirkung ab 12. 2. 2009.

[5] § 4 Abs. 4 geändert durch DNeuG vom 5. 2. 2009 (BGBl. I S. 160) mit Wirkung ab 12. 2. 2009 und durch BeamtStG vom 17. 6. 2008 (BGBl. I S. 1010) mit Wirkung ab 1. 4. 2009.

1. Beförderungsauslagen (§ 6),
2. Reisekosten (§ 7),
3. Mietentschädigung (§ 8),
4. andere Auslagen (§ 9),
5. Pauschvergütung für sonstige Umzugsauslagen (§ 10),
6. Auslagen nach § 11.

(2) Zuwendungen, die für denselben Umzug von einer anderen Dienst- oder Beschäftigungsstelle gewährt werden, sind auf die Umzugskostenvergütung insoweit anzurechnen, als für denselben Zweck Umzugskostenvergütung nach diesem Gesetz gewährt wird.

(3)[1] Die aufgrund einer Zusage nach § 4 Abs. 1 Nr. 1 oder Abs. 2 Nr. 3 oder 4 gewährte Umzugskostenvergütung ist zurückzuzahlen, wenn der Berechtigte vor Ablauf von zwei Jahren nach Beendigung des Umzuges aus einem von ihm zu vertretenden Grunde aus dem Bundesdienst ausscheidet. Die oberste Dienstbehörde kann hiervon Ausnahmen zulassen, wenn der Berechtigte unmittelbar in ein Dienst- oder Beschäftigungsverhältnis zu einem anderen öffentlich-rechtlichen Dienstherrn im Geltungsbereich dieses Gesetzes oder zu einer in § 40 Abs. 6 Satz 2 und 3 des Bundesbesoldungsgesetzes bezeichneten Einrichtung übertritt.

§ 6 Beförderungsauslagen

(1) Die notwendigen Auslagen für das Befördern des Umzugsgutes von der bisherigen zur neuen Wohnung werden erstattet. Liegt die neue Wohnung im Ausland, so werden in den Fällen des § 3 Abs. 1 Nr. 3, § 4 Abs. 2 Nr. 2 und Abs. 3 Satz 1 die Beförderungsauslagen bis zum inländischen Grenzort erstattet. 6

(2) Auslagen für das Befördern von Umzugsgut, das sich außerhalb der bisherigen Wohnung befindet, werden höchstens insoweit erstattet, als sie beim Befördern mit dem übrigen Umzugsgut erstattungsfähig wären.

(3)[2] Umzugsgut sind die Wohnungseinrichtung und in angemessenem Umfang andere bewegliche Gegenstände und Haustiere, die sich am Tage vor dem Einladen des Umzugsgutes im Eigentum, Besitz oder Gebrauch des Berechtigten oder anderer Personen befinden, die mit ihm in häuslicher Gemeinschaft leben. Andere Personen im Sinne des Satzes 1 sind der Ehegatte, der Lebenspartner sowie die ledigen Kinder, Stief- und Pflegekinder. Es gehören ferner dazu die nicht ledigen in Satz 2 genannten Kinder und Verwandte bis zum vierten Grade, Verschwägerte bis zum zweiten Grade und Pflegeeltern, wenn der Berechtigte diesen Personen aus gesetzlicher oder sittlicher Verpflichtung nicht nur vorübergehend Unterkunft und Unterhalt gewährt, sowie Hausangestellte und solche Personen, deren Hilfe der Berechtigte aus beruflichen oder gesundheitlichen Gründen nicht nur vorübergehend bedarf.

§ 7 Reisekosten

(1) Die Auslagen für die Reise des Berechtigten und der zur häuslichen Gemeinschaft gehörenden Personen (§ 6 Abs. 3 Satz 2 und 3) von der bisherigen zur neuen Wohnung werden wie bei Dienstreisen des Berechtigten erstattet, in den Fällen des § 4 Abs. 3 Satz 1 Nr. 1 wie sie bei Dienstreisen im letzten Dienstverhältnis zu erstatten wären. Tagegeld wird vom Tage des Einladens des Umzugsgutes an bis zum Tage des Ausladens mit der Maßgabe gewährt, daß auch diese beiden Tage als volle Reisetage gelten. Übernachtungsgeld wird für den Tag des Ausladens des Umzugsgutes nur gewährt, wenn eine Übernachtung außerhalb der neuen Wohnung notwendig gewesen ist. 7

(2) Absatz 1 Satz 1 gilt entsprechend für zwei Reisen einer Person oder eine Reise von zwei Personen zum Suchen oder Besichtigen einer Wohnung mit der Maßgabe, daß die Fahrkosten bis zur Höhe der billigsten Fahrkarte der allgemein niedrigsten Klasse eines regelmäßig verkehrenden Beförderungsmittels erstattet werden. Tage- und Übernachtungsgeld wird je Reise für höchstens zwei Reise- und zwei Aufenthaltstage gewährt.

(3) Für eine Reise des Berechtigten zur bisherigen Wohnung zur Vorbereitung und Durchführung des Umzuges werden Fahrkosten gemäß Absatz 2 Satz 1 erstattet. Die Fahrkosten einer anderen Person für eine solche Reise werden im gleichen Umfang erstattet, wenn sich zur Zeit des Umzuges am bisherigen Wohnort weder der Berechtigte noch eine andere Person (§ 6 Abs. 3 Satz 2 und 3) befunden hat, der die Vorbereitung und Durchführung des Umzuges zuzumuten war. Wird der Umzug vor dem Wirksamwerden einer Maßnahme nach den §§ 3, 4 Abs. 1 durchgeführt, so werden die Fahrkosten für die Rückreise von der neuen Wohnung zum Dienstort, in den Fällen des § 4 Abs. 1 Nr. 1 zur bisherigen Wohnung, gemäß Absatz 2 Satz 1 erstattet.

(4) § 6 Abs. 1 Satz 2 gilt entsprechend.

§ 8 Mietentschädigung

(1) Miete für die bisherige Wohnung wird bis zu dem Zeitpunkt, zu dem das Mietverhältnis frühestens gelöst werden konnte, längstens jedoch für sechs Monate erstattet, wenn für dieselbe Zeit Miete für die neue Wohnung gezahlt werden mußte. Ferner werden die notwendigen Auslagen für das Weitervermieten der Wohnung innerhalb der Vertragsdauer bis zur Höhe der Miete für einen Monat erstattet. Die Sätze 1 und 2 gelten auch für die Miete einer Garage. 8

[1] § 5 Abs. 3 Satz 2 Zitat geändert durch DNeuG vom 5. 2. 2009 (BGBl. I S. 160) mit Wirkung ab 12. 2. 2009.
[2] § 6 Abs. 3 Satz 2 geändert durch Gesetz vom 15. 12. 2004 (BGBl. I S. 3396) mit Wirkung ab 1. 1. 2005.

(2) Miete für die neue Wohnung, die nach Lage des Wohnungsmarktes für eine Zeit gezahlt werden mußte, während der die Wohnung noch nicht benutzt werden konnte, wird längstens für drei Monate erstattet, wenn für dieselbe Zeit Miete für die bisherige Wohnung gezahlt werden mußte. Entsprechendes gilt für die Miete einer Garage.

(3) Die bisherige Wohnung im eigenen Haus oder die Eigentumswohnung steht der Mietwohnung gleich mit der Maßgabe, daß die Mietentschädigung längstens für ein Jahr gezahlt wird. Die oberste Dienstbehörde kann diese Frist in besonders begründeten Ausnahmefällen um längstens sechs Monate verlängern. An die Stelle der Miete tritt der ortsübliche Mietwert der Wohnung. Entsprechendes gilt für die eigene Garage. Für die neue Wohnung im eigenen Haus oder die neue Eigentumswohnung wird Mietentschädigung nicht gewährt.

(4) Miete nach den Absätzen 1 bis 3 wird nicht für eine Zeit erstattet, in der die Wohnung oder die Garage ganz oder teilweise anderweitig vermietet oder benutzt worden ist.

§ 9 Andere Auslagen

9 (1) Die notwendigen ortsüblichen Maklergebühren für die Vermittlung einer Mietwohnung und einer Garage oder die entsprechenden Auslagen bis zu dieser Höhe für eine eigene Wohnung werden erstattet.

(2)[1] Die Auslagen für einen durch den Umzug bedingten zusätzlichen Unterricht der Kinder des Berechtigten (§ 6 Absatz 3 Satz 2) werden erstattet, pro Kind jedoch höchstens 20 Prozent des am Tag vor dem Einladen des Umzugsgutes maßgeblichen Endgrundgehaltes der Besoldungsgruppe A 13.

(3)[2] *(aufgehoben)*

§ 10 Pauschvergütung für sonstige Umzugsauslagen

10 (1)[3] Berechtigte, die am Tage vor dem Einladen des Umzugsgutes eine Wohnung hatten und nach dem Umzug wieder eine Wohnung eingerichtet haben, erhalten eine Pauschvergütung für sonstige Umzugsauslagen. Sie beträgt

1. für Berechtigte 15 Prozent,
2. für jede andere Person im Sinne des § 6 Absatz 3 Satz 1, die auch nach dem Umzug mit dem Berechtigten in häuslicher Gemeinschaft lebt, 10 Prozent

des am Tag vor dem Einladen des Umzugsgutes maßgeblichen Endgrundgehaltes der Besoldungsgruppe A 13.

(2)[3] Bei Berechtigten, die die Voraussetzungen des Absatzes 1 Satz 1 nicht erfüllen, beträgt die Pauschvergütung 3 Prozent des am Tag vor dem Einladen des Umzugsgutes maßgeblichen Endgrundgehaltes der Besoldungsgruppe A 13. Die Pauschvergütung nach Satz 2 wird gewährt, wenn das Umzugsgut aus Anlass einer vorangegangenen Auslandsverwendung untergestellt war.

(3) Eine Wohnung im Sinne des Absatzes 1 besteht aus einer geschlossenen Einheit von mehreren Räumen, in der ein Haushalt geführt werden kann, darunter stets eine Küche oder ein Raum mit Kochgelegenheit. Zu einer Wohnung gehören außerdem Wasserversorgung, Ausguß und Toilette.

(4)[4] *(aufgehoben)*

(4)[5] In den Fällen des § 11 Abs. 3 werden die nachgewiesenen notwendigen Auslagen bis zur Höhe der Pauschvergütung erstattet.

(5)[6] Ist innerhalb von fünf Jahren ein Umzug mit Zusage der Umzugskostenvergütung nach den §§ 3, 4 Abs. 1 Nr. 2 bis 4 oder Abs. 2 Nr. 1 vorausgegangen, so wird ein Häufigkeitszuschlag in Höhe von 50 vom Hundert der Pauschvergütung nach Absatz 1 gewährt, wenn beim vorausgegangenen und beim abzurechnenden Umzug die Voraussetzungen des Absatzes 1 Satz 1 vorgelegen haben.

(6)[7] Für eine umziehende Person kann für denselben Umzug nur eine Pauschvergütung gewährt werden. Ist eine Person zugleich Berechtigter und andere Person im Sinne des § 6 Absatz 3 Satz 1, wird der Pauschbetrag nach Absatz 1 Satz 2 Nummer 1 gewährt.

§ 11 Umzugskostenvergütung in Sonderfällen

11 (1)[8] Ein Beamter mit Wohnung im Sinne des § 10 Abs. 3, dem Umzugskostenvergütung für einen Umzug nach § 3 Abs. 1 Nr. 1, 3 oder 4, § 4 Abs. 1 Nr. 1 bis 4, Abs. 2 Nr. 1 zugesagt ist, kann für den Umzug in eine vorläufige Wohnung Umzugskostenvergütung erhalten, wenn die zuständige Behörde diese Wohnung vorher schriftlich oder elektronisch als vorläufige Wohnung anerkannt hat. Bis zum Umzug in die endgültige Wohnung darf eine Wohnung nur einmal als vorläufige Wohnung anerkannt werden.

(2)[9] In den Fällen des § 4 Abs. 2 Nr. 3 und 4 werden höchstens die Beförderungsauslagen (§ 6) und die Reisekosten (§ 7) erstattet, die bei einem Umzug über eine Entfernung von fünfundzwanzig Kilometern entstanden wären. Im Falle des § 4 Abs. 3 Satz 1 Nr. 2 werden nur die Beförderungsauslagen (§ 6)

[1] § 9 Abs. 2 neu gefasst durch Gesetz vom 9. 12. 2019 (BGBl. I S. 2053) mit Wirkung ab 1. 6. 2020.
[2] § 9 Abs. 3 aufgehoben durch Gesetz vom 9. 12. 2019 (BGBl. I S. 2053) mit Wirkung ab 1. 6. 2020.
[3] § 10 Abs. 1 und 2 neu gefasst durch Gesetz vom 9. 12. 2019 (BGBl. I S. 2053) mit Wirkung ab 1. 6. 2020.
[4] § 10 Abs. 4 aufgehoben durch Gesetz vom 9. 12. 2019 (BGBl. I S. 2053) mit Wirkung ab 1. 6. 2020.
[5] § 10 Abs. 5 wird Abs. 4 durch Gesetz vom 9. 12. 2019 (BGBl. I S. 2053) mit Wirkung ab 1. 6. 2020.
[6] § 10 Abs. 6 wird Abs. 5 durch Gesetz vom 9. 12. 2019 (BGBl. I S. 2053) mit Wirkung ab 1. 6. 2020.
[7] § 10 Abs. 7 wird Abs. 6 und neu gefasst durch Gesetz vom 9. 12. 2019 (BGBl. I S. 2053) mit Wirkung ab 1. 6. 2020.
[8] § 11 Abs. 1 Satz 1 geändert durch Gesetz vom 21. 8. 2002 (BGBl. I S. 3322) mit Wirkung ab 1. 2. 2003.
[9] § 11 Abs. 2 Satz 3 geändert durch Gesetz vom 15. 12. 2004 (BGBl. I S. 3396) mit Wirkung ab 1. 1. 2005.

erstattet. Satz 2 gilt auch für das Befördern des Umzugsgutes des Ehegatten oder Lebenspartners, wenn der Berechtigte innerhalb von sechs Monaten nach dem Tag geheiratet oder die Lebenspartnerschaft begründet hat, an dem die Umzugskostenvergütung nach § 3 Abs. 1 Nr. 1 oder 2 oder Abs. 2 oder § 4 Abs. 1 oder Abs. 2 Nr. 1 zugesagt worden ist.

(3) Wird die Zusage der Umzugskostenvergütung aus von dem Berechtigten nicht zu vertretenden Gründen widerrufen, so werden die durch die Vorbereitung des Umzuges entstandenen notwendigen, nach diesem Gesetz erstattungsfähigen Auslagen erstattet. Muß in diesem Fall ein anderer Umzug durchgeführt werden, so wird dafür Umzugskostenvergütung gewährt; Satz 1 bleibt unberührt. Die Sätze 1 und 2 gelten entsprechend, wenn die Zusage der Umzugskostenvergütung zurückgenommen, anderweitig aufgehoben wird oder sich auf andere Weise erledigt.

§ 12 Trennungsgeld

(1)[1] Trennungsgeld wird gewährt **12**

1. in den Fällen des § 3 Abs. 1 Nr. 1, 3 und 4 sowie Abs. 2, ausgenommen bei Vorliegen der Voraussetzungen des § 3 Abs. 1 Nr. 1 Buchstaben c und d,
2. wenn eine Festlegung nach § 3 Absatz 3 Satz 1 erfolgt ist und der Berechtigte die Umzugswilligkeit nicht erklärt hat,
3. in den Fällen des § 4 Abs. 1 Nr. 2 bis 4 und Abs. 2 Nr. 1 oder 3, soweit der Berechtigte an einen anderen Ort als den bisherigen Dienstort versetzt wird, und
4. bei der Einstellung mit Zusage der Umzugskostenvergütung

für die dem Berechtigten durch die getrennte Haushaltsführung, das Beibehalten der Wohnung oder der Unterkunft am bisherigen Wohnort oder das Unterstellen des zur Führung eines Haushalts notwendigen Teils der Wohnungseinrichtung entstehenden notwendigen Auslagen unter Berücksichtigung der häuslichen Ersparnis.

(2) Ist dem Berechtigten die Umzugskostenvergütung zugesagt worden, so darf Trennungsgeld nur gewährt werden, wenn er uneingeschränkt umzugswillig ist und nachweislich wegen Wohnungsmangels am neuen Dienstort einschließlich des Einzugsgebietes (§ 3 Abs. 1 Nr. 1 Buchstabe c) nicht umziehen kann. Diese Voraussetzungen müssen seit dem Tage erfüllt sein, an dem die Umzugskostenvergütung zugesagt worden oder, falls für den Berechtigten günstiger, die Maßnahme wirksam geworden oder die Dienstwohnung geräumt worden ist.

(3) Nach Wegfall des Wohnungsmangels darf Trennungsgeld nur weitergewährt werden, wenn und solange dem Umzug des umzugswilligen Berechtigten einer der folgenden Hinderungsgründe entgegensteht:

1. Vorübergehende schwere Erkrankung des Berechtigten oder eines seiner Familienangehörigen (§ 6 Abs. 3 Satz 2 und 3) bis zur Dauer von einem Jahr;
2.[2] Beschäftigungsverbote für die Berechtigte oder eine Familienangehörige (§ 6 Abs. 3 Satz 2 und 3) für die Zeit vor oder nach einer Entbindung nach mutterschutzrechtlichen Vorschriften;
3. Schul- oder Berufsausbildung eines Kindes (§ 6 Abs. 3 Satz 2 und 3) bis zum Ende des Schul- oder Ausbildungsjahres. Befindet sich das Kind in der Jahrgangsstufe 12 einer Schule, so verlängert sich die Gewährung des Trennungsgeldes bis zum Ende des folgenden Schuljahres; befindet sich das Kind im vorletzten Ausbildungsjahr eines Berufsausbildungsverhältnisses, so verlängert sich die Gewährung des Trennungsgeldes bis zum Ende des folgenden Ausbildungsjahres;
4. Schul- oder Berufsausbildung eines schwerbehinderten Kindes (§ 6 Abs. 3 Satz 2 und 3). Trennungsgeld wird bis zur Beendigung der Ausbildung gewährt, solange diese am neuen Dienst- oder Wohnort oder in erreichbarer Entfernung davon wegen der Behinderung nicht fortgesetzt werden kann;
5.[3] Akute lebensbedrohende Erkrankung eines Elternteils des Berechtigten, seines Ehegatten oder Lebenspartners, wenn dieser in hohem Maße Hilfe des Ehegatten, Lebenspartners oder Familienangehörigen des Berechtigten erhält;
6.[4] Schul- oder erste Berufsausbildung des Ehegatten oder Lebenspartners in entsprechender Anwendung der Nummer 3.

Trennungsgeld darf auch gewährt werden, wenn zum Zeitpunkt des Wirksamwerdens der dienstlichen Maßnahme kein Wohnungsmangel, aber einer dieser Hinderungsgründe vorliegt. Liegt bei Wegfall des Hinderungsgrundes ein neuer Hinderungsgrund vor, kann mit Zustimmung der obersten Dienstbehörde Trennungsgeld bis zu längstens einem Jahr weiterbewilligt werden. Nach Wegfall des Hinderungsgrundes darf Trennungsgeld auch bei erneutem Wohnungsmangel nicht gewährt werden.

(4)[5] Im Anschluss an die Zeit, für die Trennungsgeld nach Absatz 1 Nummer 2 gewährt worden ist, wird auf Antrag des Berechtigten für weitere fünf Jahre Trennungsgeld gewährt. Der Antrag ist vor Ablauf des Zeitraums nach § 3 Absatz 3 Satz 1 zu stellen. Die Zusage der Umzugskostenvergütung erlischt bei Gewährung des Trennungsgeldes nach Satz 1 und kann nicht erneut erteilt werden.

(5)[6] Das Bundesministerium des Innern, für Bau und Heimat wird ermächtigt, durch Rechtsverordnung, die nicht der Zustimmung des Bundesrates bedarf, Vorschriften über die Gewährung des Trennungsgel-

[1] § 12 Abs. 1 Nr. 2 eingef. (bish. Nr. 2 und 3 werden Nr. 3 und 4) mWv 11. 1. 2017 durch G v. 5. 1. 2017 (BGBl. I S. 17).
[2] § 12 Abs. 3 Satz 1 Nr. 2 neu gefasst durch DNeuG vom 5. 2. 2009 (BGBl. I S. 160) mit Wirkung ab 12. 2. 2009.
[3] § 12 Abs. 3 Nr. 5 geändert durch Gesetz vom 15. 12. 2004 (BGBl. I S. 3396) mit Wirkung ab 1. 1. 2005.
[4] § 12 Abs. 3 Nr. 6 geändert durch Gesetz vom 15. 12. 2004 (BGBl. I S. 3396) mit Wirkung ab 1. 1. 2005.
[5] § 12 Abs. 4 eingef. (bish. Abs. 4 wird Abs. 5) durch G v. 5. 1. 2017 (BGBl. I S. 17) mit Wirkung ab 11. 1. 2017.
[6] § 12 Abs. 5 Satz 1 geändert durch Gesetz vom 9. 12. 2019 (BGBl. I S. 2053) mit Wirkung ab 1. 6. 2020.

des zu erlassen. Dabei kann bestimmt werden, daß Trennungsgeld auch bei der Einstellung ohne Zusage der Umzugskostenvergütung gewährt wird und daß in den Fällen des § 3 Abs. 1 Nr. 1 Buchstabe d der Berechtigte für längstens ein Jahr Reisebeihilfen für Heimfahrten erhält.

§ 13 Auslandsumzüge

13 (1) Auslandsumzüge sind Umzüge zwischen Inland und Ausland sowie im Ausland.

(2) Als Auslandsumzüge gelten nicht die Umzüge

1. der im Grenzverkehr tätigen Beamten, und zwar auch dann nicht, wenn sie im Anschluß an die Tätigkeit im Grenzverkehr in das Inland oder in den Fällen des § 3 Abs. 1 Nr. 3, § 4 Abs. 2 Nr. 2 bis 4, Abs. 3 Satz 1 im Ausland umziehen,
2. in das Ausland in den Fällen des § 3 Abs. 1 Nr. 3, § 4 Abs. 2 Nr. 2 bis 4, Abs. 3 Satz 1,
3. in das Inland in den Fällen des § 3 Abs. 1 Nr. 2 und 3,
4. aus Anlaß einer Einstellung, Versetzung, Abordnung oder Kommandierung und der in § 3 Abs. 2, § 4 Abs. 1 Nr. 3, Abs. 2 Nr. 2 bis 4 bezeichneten Maßnahmen im Inland einschließlich ihrer Aufhebung, wenn die bisherige oder die neue Wohnung im Ausland liegt.

In den Fällen des Satzes 1 Nr. 2 bis 4 wird für die Umzugsreise (§ 7 Abs. 1) Tage- und Übernachtungsgeld nur für die notwendige Reisedauer gewährt; § 7 Abs. 2 und 3 findet keine Anwendung.

§ 14 Sondervorschriften für Auslandsumzüge

14 (1)[1] Das Auswärtige Amt wird ermächtigt, im Einvernehmen mit dem Bundesministerium des Innern, für Bau und Heimat, dem Bundesministerium der Verteidigung und dem Bundesministerium der Finanzen für Auslandsumzüge durch Rechtsverordnungen, die nicht der Zustimmung des Bundesrates bedürfen, nähere Vorschriften über die notwendige Umzugskostenvergütung (Auslandsumzugskostenverordnung, Absatz 2) sowie das notwendige Trennungsgeld (Auslandstrennungsgeldverordnung, Absatz 3) zu erlassen, soweit die besonderen Bedürfnisse des Auslandsdienstes und die besonderen Verhältnisse im Ausland es erfordern. Soweit aufgrund dieser Ermächtigung keine Sonderregelungen ergangen sind, finden auch auf Auslandsumzüge die §§ 6 bis 12 Anwendung.

(2) In der Auslandsumzugskostenverordnung sind insbesondere zu regeln:

1. Erstattung der Auslagen für Umzugsvorbereitungen einschließlich Wohnungsbesichtigungsreisen,
2. Erstattung der Beförderungsauslagen,
3. Berücksichtigung bis zu 50 vom Hundert der eingesparten Beförderungsauslagen für zurückgelassene Personenkraftfahrzeuge,
4. Erstattung der Auslagen für die Umzugsreise des Berechtigten und der zu seiner häuslichen Gemeinschaft gehörenden Personen,
5. Gewährung von Beihilfen zu den Fahrkosten von Personen, die mit der Reise in die häusliche Gemeinschaft aufgenommen werden, und zu den Kosten des Beförderns des Heiratsgutes an den Auslandsdienstort, wenn der Anspruchsberechtigte nach seinem Umzug in das Ausland heiratet,
6. Gewährung von Beihilfen zu den Fahrkosten sowie zu den Kosten der Beförderung des anteiligen Umzugsgutes eines Mitglieds der häuslichen Gemeinschaft, wenn es sich vom Berechtigten während seines Auslandsdienstes auf Dauer trennt, bis zur Höhe der Kosten für eine Rückkehr an den letzten Dienstort im Inland,
7. Gewährung der Mietentschädigung,
8. Gewährung der Pauschvergütung für sonstige Umzugsauslagen und Aufwand,
9. Erstattung der nachgewiesenen sonstigen Umzugsauslagen,
10. Erstattung der Lagerkosten oder der Auslagen für das Unterstellen zurückgelassenen Umzugsgutes,
11. Berücksichtigung bis zu 50 vom Hundert der eingesparten Lagerkosten für zurückgelassenes Umzugsgut,
12. Erstattung der Kosten für das Beibehalten der Wohnung im Inland in den Fällen des Absatzes 5,
13. Erstattung der Auslagen für umzugsbedingten zusätzlichen Unterricht,
14. Erstattung der Mietvertragsabschluß-, Gutachter-, Makler- oder vergleichbarer Kosten für die eigene Wohnung,
15. Beiträge zum Beschaffen oder Instandsetzen von Wohnungen,
16. Beiträge zur Beschaffung technischer Geräte und Einrichtungen, die aufgrund der örtlichen Gegebenheiten notwendig sind,
17. Beitrag zum Beschaffen klimabedingter Kleidung,
18. Ausstattungsbeitrag bei Auslandsverwendung,
19. Einrichtungsbeitrag für Leiter von Auslandsvertretungen und funktionell selbständigen Delegationen, die von Botschaftern geleitet werden, sowie für ständige Vertreter und Leiter von Außenstellen von Auslandsvertretungen,
20. Erstattung der Auslagen für die Rückführung von Personen und Umzugsgut aus Sicherheitsgründen,
21. Erstattung der Auslagen für Umzüge in besonderen Fällen,

[1] § 14 Abs. 1 Satz 1 geändert durch Gesetz vom 9. 12. 2019 (BGBl. I S. 2053) mit Wirkung ab 1. 6. 2020.

22. Erstattung der Auslagen für Umzüge in eine vorläufige Wohnung,
23. Erstattung der Umzugsauslagen beim Ausscheiden aus dem Dienst im Ausland.

(3) In der Auslandstrennungsgeldverordnung sind insbesondere zu regeln:

1. Entschädigung für getrennte Haushaltsführung,
2. Entschädigung für getrennte Haushaltsführung aus zwingenden persönlichen Gründen,
3. Entschädigung bei täglicher Rückkehr zum Wohnort,
4. Mietersatz,
5. Gewährung von Trennungsgeld, wenn keine Auslandsdienstbezüge gewährt werden,
6. Gewährung von Trennungsgeld im Einzelfall aus Sicherheitsgründen oder wegen anderer außergewöhnlicher Verhältnisse im Ausland (Trennungsgeld in Krisenfällen),
7. Gewährung von Reisebeihilfen für Heimfahrten für je drei Monate, in besonderen Fällen für je zwei Monate der Trennung. Dies gilt auch für längstens ein Jahr, wenn der Berechtigte auf die Zusage der Umzugskostenvergütung unwiderruflich verzichtet und dienstliche Gründe den Umzug nicht erfordern.

(4) Abweichend von § 2 Abs. 2 Satz 1 entsteht der Anspruch auf die Pauschvergütung, den Beitrag zum Beschaffen klimabedingter Kleidung, den Ausstattungsbeitrag und den Einrichtungsbeitrag zu dem Zeitpunkt, an dem die Umzugskostenvergütung nach § 3 oder § 4 zugesagt wird.

(5) Abweichend von den §§ 3 und 4 kann die Umzugskostenvergütung auch in Teilen zugesagt werden, wenn dienstliche Gründe es erfordern.

(6) Abweichend von § 2 Abs. 2 Satz 2 beträgt die Ausschlußfrist bei Auslandsumzügen zwei Jahre. Wird in den Fällen des Absatzes 2 Nr. 16 die Beitragsfähigkeit erst nach Beendigung des Umzugs anerkannt, beginnt die Ausschlußfrist mit der Anerkennung. In den Fällen des Absatzes 2 Nr. 5 und 6 beginnt sie mit dem Eintreffen am beziehungsweise der Abreise vom Dienstort. Bei laufenden Zahlungen muß die erste Zahlung innerhalb der Frist geleistet werden. Auf einen vor Fristablauf gestellten Antrag können in besonderen Fällen auch später geleistete Zahlungen berücksichtigt werden.

(7) Die oberste Dienstbehörde kann die Umzugskostenvergütung allgemein oder im Einzelfall ermäßigen, soweit besondere Verhältnisse es rechtfertigen.

§ 15 Dienstortbestimmung, Verwaltungsvorschriften

(1)[1] Die oberste Dienstbehörde wird ermächtigt, im Einvernehmen mit dem Bundesministerium des Innern, für Bau und Heimat benachbarte Gemeinden zu einem Dienstort zu bestimmen, wenn sich Liegenschaften derselben Dienststelle über das Gebiet mehrerer Gemeinden erstrecken. 15

(2)[2] Die allgemeinen Verwaltungsvorschriften zu diesem Gesetz erlässt das Bundesministerium des Innern, für Bau und Heimat im Einvernehmen mit dem Bundesministerium der Justiz und für Verbraucherschutz und dem Bundesministerium der Verteidigung.

§ 16[3] Übergangsvorschrift

Ist ein Mietbeitrag vor der Verkündung dieses Gesetzes bewilligt worden, wird er nach bisherigem Recht weiter gewährt. 16

9 a. Verordnung über die Umzugskostenvergütung bei Auslandsumzügen (Auslandsumzugskostenverordnung – AUV –)

Vom 26. November 2012 (BGBl. I S. 2349)[4]

Geändert durch VO v. 28. 6. 2016 (BGBl. I S. 1561), Gesetz vom 29. 3. 2017 (BGBl. I S. 626) und VO vom 27. 6. 2018 (BGBl. I S. 891)

Abschnitt 1. Allgemeines

§ 1[5] Anwendungsbereich

Diese Verordnung regelt die bei Auslandsumzügen geltenden Abweichungen von den allgemeinen Vorschriften des Bundesumzugskostenrechts. 1

§ 2 Begriffsbestimmungen

(1)[6] Berücksichtigungsfähige Personen sind: 2

1. die Ehegattin oder der Ehegatte der berechtigten Person,
2. die Lebenspartnerin oder der Lebenspartner der berechtigten Person,

[1] § 15 Abs. 1 geändert durch Gesetz vom 9. 12. 2019 (BGBl. I S. 2053) mit Wirkung ab 1. 6. 2020.
[2] § 15 Abs. 2 neu gefasst durch Gesetz vom 9. 12. 2019 (BGBl. I S. 2053) mit Wirkung ab 1. 6. 2020.
[3] § 16 neu gefasst durch Gesetz vom 4. 11. 2004 (BGBl. I S. 2686) mit Wirkung ab 1. 1. 2005.
[4] VO auf Grund des § 14 Abs. 1 BUKG i. d. F. der Bekanntmachung vom 11. 12. 1990 (BGBl. I S. 2682) und des § 82 Abs. 3 BBG vom 5. 2. 2009 (BGBl. I S. 160).
[5] § 1 neu gef. mWv 1. 7. 2016 durch VO v. 28. 6. 2016 (BGBl. I S. 1561).
[6] § 2 Abs. 1 Satz 2 geänd. mWv 1. 7. 2016 durch VO v. 28. 6. 2016 (BGBl. I S. 1561).

3. Kinder der berechtigten Person oder der berücksichtigungsfähigen Person nach Nummer 1 oder Nummer 2, die beim Auslandszuschlag berücksichtigungsfähig sind oder spätestens 40 Wochen nach dem Einladen des Umzugsguts geboren worden sind,
4. der gemeinsam mit der berechtigten Person sorgeberechtigte Elternteil eines eigenen Kindes der berechtigten Person,
5. pflegebedürftige Eltern der berechtigten Person oder der berücksichtigungsfähigen Person nach Nummer 1 oder Nummer 2 (mindestens Pflegestufe I nach § 15 des Elften Buches Sozialgesetzbuch); alle weiteren Maßnahmen, die der Gesundheitszustand dieser Personen erfordert, sind im Rahmen der Umzugskosten nicht berücksichtigungsfähig, sowie
6. im Einzelfall weitere Personen, die nach § 6 Absatz 3 des Bundesumzugskostengesetzes berücksichtigungsfähig sind, soweit ihre Berücksichtigung im Einzelfall nach pflichtgemäßem Ermessen geboten ist, insbesondere, weil die berechtigte Person ihnen aufgrund gesetzlicher oder sittlicher Verpflichtung nicht nur vorübergehend Unterkunft und Unterhalt gewährt,

soweit sie nach dem Umzug zur häuslichen Gemeinschaft der berechtigten Person gehören. Die Personen nach Satz 1 Nummer 4 und 6 sind nur berücksichtigungsfähig, wenn sie auch vor dem Umzug zur häuslichen Gemeinschaft der berechtigten Person gehören.

(2) Eine eigene Wohnung ist eine Wohnung, deren Eigentümerin oder Eigentümer oder Hauptmieterin oder Hauptmieter die berechtigte Person oder eine berücksichtigungsfähige Person ist.

§ 3 Antrag und Anzeigepflicht

3 (1) Die Ausschlussfrist für die Beantragung der Umzugskostenvergütung nach § 14 Absatz 6 Satz 1 des Bundesumzugskostengesetzes beginnt mit Beendigung des Umzugs.

(2) Die berechtigte Person hat jede Änderung der tatsächlichen Verhältnisse, die die Höhe der Umzugskostenvergütung beeinflussen kann, unverzüglich anzuzeigen. Entsprechendes gilt für Rabatte, Geld- und Sachzuwendungen sowie für unentgeltliche Leistungen. Leistungen von dritter Seite sind anzurechnen.

§ 4 Bemessung der Umzugskostenvergütung, berücksichtigungsfähige Kosten

4 (1)[1] Die Bemessung der Umzugskostenvergütung richtet sich nach den persönlichen Verhältnissen der berechtigten Person am Tag des Dienstantritts am neuen Dienstort. Bei Umzügen aus dem Ausland ins Inland und bei Umzügen aus Anlass der Beendigung des Dienstverhältnisses (§ 28) sind die persönlichen Verhältnisse an dem Tag, für den zuletzt Auslandsdienstbezüge gewährt worden sind, maßgeblich.

(2)[2] Wenn bei einem Umzug aus dem Ausland ins Inland die berechtigte Person den Wohnort so wählt, dass sie in der ordnungsgemäßen Wahrnehmung ihrer Dienstgeschäfte beeinträchtigt ist, werden höchstens die Umzugskosten erstattet, die bei einem Umzug an den neuen Dienstort entstanden wären; Maklerkosten werden nicht erstattet; Mietentschädigung wird nicht gewährt. Wird ein Umzug ins Ausland oder im Ausland an einen anderen Ort als den neuen Dienstort oder dessen Einzugsgebiet durchgeführt, werden keine Umzugskosten erstattet. Die oberste Dienstbehörde oder die von ihr bestimmte Behörde kann Ausnahmen in besonderen Fällen zulassen.

(3) Wird eine eigene Wohnung nicht innerhalb eines Jahres nach dem Dienstantritt der berechtigten Person am neuen Dienstort bezogen, kann eine solche Wohnung im Rahmen der Umzugskostenvergütung nicht berücksichtigt werden. In den Fällen des § 28 Absatz 1 und 2 tritt der Tag nach dem Eintritt des maßgeblichen Ereignisses an die Stelle des Tages des Dienstantritts. Wird die Umzugskostenvergütung erst nach dem Dienstantritt zugesagt, tritt der Tag des Zugangs der Zusage an die Stelle des Tages des Dienstantritts. Ist die Wohnung wegen Wohnungsmangels oder aus anderen von der obersten Dienstbehörde als zwingend anerkannten Gründen erst nach Ablauf eines Jahres bezogen worden, kann sie berücksichtigt werden, wenn die berechtigte Person den Antrag auf Fristverlängerung vor Ablauf der Jahresfrist stellt.

(4) Leistungen nach den §§ 18 bis 21, die vor dem Umzug gewährt werden, stehen unter dem Vorbehalt, dass zu viel erhaltene Beträge zurückgefordert werden können, wenn der Umzug anders als zunächst geplant durchgeführt wird.

(5) Kosten werden nur berücksichtigt, soweit sie notwendig und nachgewiesen sind.

(6)[3] Bei einer Beurlaubung im anerkannt dienstlichen Interesse unter Wegfall der Besoldung kann mit Zustimmung der obersten Dienstbehörde Umzugskostenvergütung zugesagt werden. Die oberste Dienstbehörde kann die Befugnis zur Erteilung der Zustimmung auf eine andere Behörde übertragen.

Abschnitt 2. Erstattungsfähige Kosten

Unterabschnitt 1. Beförderung und Lagerung des Umzugsguts

§ 5 Umzugsgut

5 (1) Die Auslagen für die Beförderung des Umzugsguts (Beförderungsauslagen) von der bisherigen zur neuen Wohnung werden erstattet.

(2) Zu den Beförderungsauslagen gehören auch:

[1] § 4 Abs. 1 Satz 2 geänd. mWv 1. 7. 2016 (BGBl. I S. 1561).
[2] § 4 Abs. 2 Satz 3 angef. mWv 1. 7. 2016 (BGBl. I S. 1561).
[3] § 4 Abs. 6 angef. mWv 1. 7. 2016 (BGBl. I S. 1561).

1. die Kosten für das Ein- und Auspacken des Umzugsguts, die Montage und Installation der üblichen Haushaltsgeräte, das Zwischenlagern (§ 9) und die Transportversicherung sowie
2. Gebühren und Abgaben, die bei der Beförderung des Umzugsguts anfallen.

(3) Wird das Umzugsgut getrennt befördert, ohne dass die oberste Dienstbehörde die Gründe dafür vorher als zwingend anerkannt hat, werden höchstens die Beförderungsauslagen erstattet, die bei nicht getrennter Beförderung entstanden wären.

(4) Bei Umzügen im oder ins Ausland gehören zum Umzugsgut auch Einrichtungsgegenstände und Personenkraftfahrzeuge, für die die berechtigte Person innerhalb von drei Monaten nach dem Bezug der neuen Wohnung den Lieferauftrag erteilt hat; Absatz 3 gilt entsprechend.

(5) Hat die berechtigte Person nach einer Auslandsverwendung mit ausgestatteter Dienstwohnung bei einem folgenden Umzug im Ausland mit Zusage der Umzugskostenvergütung den Lieferauftrag für Einrichtungsgegenstände innerhalb der in Absatz 4 genannten Frist erteilt, um mit diesen Einrichtungsgegenständen eine nicht ausgestattete Wohnung beziehen zu können, werden die Beförderungsauslagen erstattet.

§ 6 Umzugsvolumen

(1) Der berechtigten Person werden Beförderungsauslagen für ein Umzugsvolumen von bis zu 100 Kubikmetern erstattet. Zieht eine berücksichtigungsfähige Person mit um, werden die Auslagen für die Beförderung weiterer 30 Kubikmeter erstattet; für jede weitere mitumziehende berücksichtigungsfähige Person werden die Auslagen für die Beförderung weiterer 10 Kubikmeter erstattet. 6

(2) Bei Leiterinnen und Leitern von Auslandsvertretungen kann die oberste Dienstbehörde in Einzelfällen der Erstattung der Auslagen für die Beförderung weiterer 50 Kubikmeter zustimmen. Dies gilt im Geschäftsbereich des Bundesministeriums der Verteidigung nach näherer Bestimmung durch die oberste Dienstbehörde auch für sonstige Berechtigte in vergleichbaren Dienststellungen.

(3) Wird der berechtigten Person eine voll oder teilweise ausgestattete Dienstwohnung zugewiesen, kann die oberste Dienstbehörde die Volumengrenzen nach Absatz 1 herabsetzen.

(4) Der Dienstherr kann eine amtliche Vermessung des Umzugsguts veranlassen.

§ 7 Personenkraftfahrzeuge

(1) Die Kosten der Beförderung eines Personenkraftfahrzeugs werden erstattet. 7

(2) Kosten der Beförderung eines zweiten Personenkraftfahrzeugs mit bis zu 1,8 Litern Hubraum und einem Volumen von höchstens 11 Kubikmetern werden nur erstattet, wenn zum Haushalt am neuen Dienstort mindestens eine berücksichtigungsfähige Person gehört. Innerhalb Europas werden nur die Kosten der Selbstüberführung eines zweiten Personenkraftfahrzeugs bis zur Höhe der Beförderungsauslagen nach dem Bundesreisekostengesetz erstattet; die Kosten der Beförderung eines zweiten Personenkraftfahrzeugs nach Island, Malta, in die Russische Föderation, die Türkei, die Ukraine, nach Weißrussland und Zypern werden jedoch nach Satz 1 erstattet.

(3) Personenkraftfahrzeuge, die beim Umzug berücksichtigt werden, werden nicht in die Berechnung des Umzugsvolumens einbezogen.

(4) Bei einem Umzug im Ausland kann die oberste Dienstbehörde Auslagen für die Beförderung des am bisherigen Dienstort genutzten Personenkraftfahrzeugs nach Deutschland und für die Beförderung eines Fahrzeugs aus Deutschland zum neuen Dienstort erstatten, wenn bezüglich des bisher genutzten Fahrzeugs sowohl die Einfuhr am neuen Dienstort als auch der Verkauf am bisherigen Dienstort verboten sind.

§ 8 Tiere

Beförderungsauslagen für bis zu zwei Haustiere werden erstattet, soweit diese üblicherweise in der Wohnung gehalten werden. Kosten für Transportbehältnisse, Tierheime, Quarantäne und andere Nebenkosten werden nicht erstattet. 8

§ 9 Zwischenlagern von Umzugsgut

(1) Auslagen für das Zwischenlagern einschließlich der Lagerversicherung sind nur erstattungsfähig, wenn die berechtigte Person den Grund für das Zwischenlagern nicht zu vertreten hat oder wenn die berechtigte Person vorübergehend keine angemessene Leerraumwohnung am neuen Dienstort beziehen kann. 9

(2) Diese Auslagen werden für die Zeit vom Tag des Einladens des Umzugsguts bis zum Tag des Ausladens des Umzugsguts in der endgültigen Wohnung erstattet.

§ 10 Lagern von Umzugsgut

(1) Zieht die berechtigte Person in eine ganz oder teilweise ausgestattete Dienstwohnung, werden ihr die Auslagen für das Verpacken, Versichern und Lagern des Umzugsguts erstattet, das nicht in die neue Wohnung mitgenommen wird. Daneben werden die notwendigen Auslagen für die Beförderung zum Lagerort erstattet, höchstens jedoch bis zur Höhe der Auslagen für die Beförderung bis zum Sitz der obersten Dienstbehörde (erster Dienstsitz) oder bis zu einem anderen Ort im Inland mit unentgeltlicher Lagermöglichkeit. Bezüglich des berücksichtigungsfähigen Volumens sind Absatz 6 Satz 2 und § 6 Absatz 1 entsprechend anzuwenden. 10

(2) Wird das nach Absatz 1 eingelagerte Umzugsgut bei einem folgenden Umzug wieder hinzugezogen und ist für diesen Umzug Umzugskostenvergütung zugesagt, werden die Beförderungsauslagen erstattet.

(3) Die Absätze 1 und 2 gelten entsprechend, wenn

1. die Mitnahme des Umzugsguts an den neuen Dienstort aus besonderen Gründen, insbesondere aus klimatischen oder Sicherheitsgründen, nicht zumutbar ist oder
2. während der Dauer der Verwendung an diesem Ort keine Möglichkeit besteht, eine Leerraumwohnung zu mieten, in der das Umzugsgut untergebracht werden kann.

(4) Absatz 1 gilt entsprechend, wenn die berechtigte Person bei einem Umzug ins Ausland einen Teil des Umzugsguts nicht mitnehmen möchte. Kosten für das Lagern werden nur für die Zeit bis zur nächsten Inlandsverwendung übernommen. Kosten für das Hinzuziehen des Lagerguts während einer Auslandsverwendung werden nicht übernommen.

(5) Ist die Verwendung im Inland von vornherein voraussichtlich auf weniger als ein Jahr beschränkt, können Kosten für das Lagern des Umzugsguts erstattet werden.

(6) Kann bei einem Umzug ins Ausland aufgrund der Beschränkung des Umzugsvolumens nach § 6 ein Teil des Umzugsguts nicht mitgeführt werden, gilt Absatz 4 entsprechend. Kosten für das Lagern des Umzugsguts, das die Volumengrenzen nach § 6 Absatz 1 übersteigt, können nur für ein Volumen von bis zu 20 Kubikmetern für die berechtigte Person und von 10 Kubikmetern für jede mitumziehende berücksichtigungsfähige Person erstattet werden. Insgesamt können bei Übersteigen der Volumengrenzen nach § 6 Absatz 1 Kosten für das Lagern von bis zu 50 Kubikmetern Umzugsgut erstattet werden.

Unterabschnitt 2. Reisen

§ 11 Wohnungsbesichtigungsreise, Umzugsabwicklungsreise

11 (1) Die Auslagen für eine gemeinsame Reise der berechtigten Person und einer berücksichtigungsfähigen Person nach § 2 Absatz 1 Satz 1 Nummer 1, 2 oder 4 vom bisherigen an den neuen Dienstort zur Wohnungssuche (Wohnungsbesichtigungsreise) oder für eine Reise einer dieser Personen vom neuen zum bisherigen Dienstort zur Vorbereitung und Durchführung des Umzugs (Umzugsabwicklungsreise) werden mit der Maßgabe erstattet, dass gezahlt werden:

1. die Kosten der billigsten Fahrkarte für ein regelmäßig verkehrendes Beförderungsmittel und
2. Tage- und Übernachtungsgeld wie bei Dienstreisen der berechtigten Person für höchstens vier Aufenthaltstage sowie für die notwendigen Reisetage.

(2) Mehreren berechtigten Personen, denen jeweils eine eigene Umzugskostenvergütung zugesagt wurde und die am neuen Dienstort eine gemeinsame Wohnung suchen, stehen die Ansprüche nach Absatz 1 nur für eine gemeinsame Reise zu.

(3) Auslagen für eine Wohnungsbesichtigungsreise zu einer Dienstwohnung werden nicht erstattet.

§ 12 Umzugsreise

12 (1) Die Auslagen für die Umzugsreise vom bisherigen zum neuen Dienstort werden unter Berücksichtigung der notwendigen Reisedauer nach Maßgabe der folgenden Absätze erstattet.

(2) Die Auslagen für die Umzugsreise der berechtigten Person und der berücksichtigungsfähigen Personen werden wie bei Dienstreisen erstattet. Für die Berechnung des Tagesgelds gelten die Abreise- und Ankunftstage als volle Reisetage.

(3) Die Reisekosten für einen dienstlich angeordneten Umweg der berechtigten Person werden auch für die berücksichtigungsfähigen Personen erstattet, wenn sie mit der berechtigten Person gemeinsam reisen und ihr Verbleib am bisherigen Dienstort unzumutbar ist oder Mietzuschuss nach § 54 des Bundesbesoldungsgesetzes eingespart wird.

(4) Für eine angestellte Betreuungsperson werden die Kosten der billigsten Fahrkarte für ein regelmäßig verkehrendes Beförderungsmittel erstattet, wenn die berechtigte Person betreuungsbedürftig ist oder zum Haushalt der berechtigten Person am neuen Dienstort eine berücksichtigungsfähige Person gehört, die minderjährig, schwerbehindert oder pflegebedürftig (mindestens Pflegestufe I nach § 15 des Elften Buches Sozialgesetzbuch) ist; der Antrag muss spätestens drei Monate nach dem Bezug der neuen Wohnung gestellt werden. Für eine angestellte Betreuungsperson, die im Ausland aus wichtigem Grund aus dem Arbeitsverhältnis ausscheidet, können Fahrtkosten bis zur Höhe der Kosten der billigsten Fahrkarte für ein regelmäßig verkehrendes Beförderungsmittel zum Sitz der obersten Bundesbehörde erstattet werden, auch wenn die Fahrtkosten nach Ablauf der Frist nach § 3 Absatz 1 entstanden sind; der Antrag muss innerhalb von sechs Monaten nach dem Ausscheiden gestellt werden. Für eine Ersatzperson können Fahrtkosten erstattet werden, wenn zum Zeitpunkt ihrer Ankunft die Voraussetzungen nach Satz 1 erfüllt sind; der Erstattungsantrag muss innerhalb von drei Monaten nach Ausscheiden der vorherigen Betreuungsperson, für die Reisekosten erstattet worden sind, gestellt werden.

(5) Verbindet eine berechtigte oder eine berücksichtigungsfähige Person die Umzugsreise mit Urlaub, werden die Auslagen für die Reise zum neuen Dienstort abweichend von § 13 des Bundesreisekostengesetzes bis zu der Höhe erstattet, bis zu der sie erstattet würden, wenn die Umzugsreise unmittelbar vom bisherigen zum neuen Dienstort erfolgt wäre.

(6) Wird die berechtigte Person im Anschluss an einen Heimaturlaub an einen anderen Dienstort versetzt oder abgeordnet, erhält sie für die Reise vom bisherigen Dienstort zum Sitz der für sie zuständigen Dienststelle im Inland (Heimaturlaubsreise) und für die Reise von dort zum neuen Dienstort Reisekostenvergütung wie bei einer Umzugsreise. Dabei werden im anzuwendenden Kostenrahmen die fiktiven

Fahrtkosten der Heimaturlaubsreise berücksichtigt, der Anspruch auf Fahrtkostenzuschuss nach der Heimaturlaubsverordnung entfällt. Die Auslagen für die Versicherung des Reisegepäcks werden für die Dauer des Heimaturlaubs erstattet, höchstens jedoch für die Zeit von der Abreise vom bisherigen Dienstort bis zur Ankunft am neuen Dienstort.

(7) Für die berücksichtigungsfähigen Personen gilt Absatz 6 entsprechend.

§ 13 Reisegepäck

(1) Die Auslagen für die Beförderung unbegleiteten Reisegepäcks anlässlich der Umzugsreise vom bisherigen zum neuen Dienstort werden erstattet bis zu einem Gewicht des Reisegepäcks von 200 Kilogramm. Die Obergrenze erhöht sich 13

1. um 100 Kilogramm für die mitumziehende berücksichtigungsfähige Person nach § 2 Absatz 1 Satz 1 Nummer 1 oder Nummer 2,
2. um 50 Kilogramm für jede mitumziehende berücksichtigungsfähige Person nach § 2 Absatz 1 Satz 1 Nummer 3 bis 6 und in den Fällen des § 12 Absatz 4 für die angestellte Betreuungsperson oder Ersatzkraft.

(2) Bei Flugreisen werden die Auslagen für die Beförderung unbegleiteten Luftgepäcks nach Maßgabe des Absatzes 1 erstattet. Auslagen für die Beförderung begleiteten Luftgepäcks werden bis zu 50 Prozent der Gewichtsgrenzen nach Absatz 1 erstattet, wenn

1. es aus Sicherheitsgründen notwendig ist, das Gepäck als begleitetes Luftgepäck mitzuführen, oder nicht gewährleistet ist, dass das Gepäck in einem zumutbaren Zeitraum ausgelöst werden kann, und
2.[1] vor der Aufgabe des Gepäcks die oberste Dienstbehörde oder die von ihr ermächtigte Behörde der Erstattung zugestimmt hat.

Unterabschnitt 3. Wohnung

§ 14 Vorübergehende Unterkunft

(1)[2] Auslagen für eine vorübergehende Unterkunft am bisherigen oder am neuen Dienstort werden für die Zeit vom letzten Tag des Einladens des Umzugsgutes bis zum ersten Tag des Ausladens des Umzugsgutes in der endgültigen Wohnung auf Antrag gegen Nachweis erstattet, soweit sie 25 Prozent der Bezüge übersteigen, die für die Berechnung des Mietzuschusses nach § 54 des Bundesbesoldungsgesetzes maßgeblich sind. Wird als vorübergehende Unterkunft leerer Wohnraum angemietet, werden die notwendigen Auslagen erstattet, soweit sie 18 Prozent der Bezüge übersteigen, die für die Berechnung des Mietzuschusses nach § 54 des Bundesbesoldungsgesetzes maßgeblich sind; die §§ 18 und 19 dieser Verordnung sind anzuwenden. Bei Umzügen mit Umzugskostenvergütung nach § 26 gilt Satz 1 für die Zeit vom Tag nach Beendigung der Hinreise bis zum Tag vor Antritt der Rückreise. In diesen Fällen werden auch die notwendigen Auslagen nach dem Tag des Ausladens bis zum Tag vor Antritt der Rückreise erstattet. 14

(2) Zum Ausgleich des Mehraufwands für die Verpflegung der berechtigten Person und der berücksichtigungsfähigen Personen während des in Absatz 1 genannten Zeitraums wird ohne Vorlage von Einzelnachweisen ein Zuschuss gezahlt. Der Zuschuss beträgt für die ersten 14 Tage des Aufenthalts

1. am ausländischen Wohn- oder Dienstort 75 Prozent des Auslandstagegelds nach § 3 der Auslandsreisekostenverordnung,
2. am inländischen Wohn- oder Dienstort 75 Prozent des Inlandstagegelds nach § 6 Absatz 1 des Bundesreisekostengesetzes.

Vom 15. Tag an wird der Zuschuss auf 50 Prozent des Auslands- oder Inlandstagegelds gesenkt.

(3) Ist die Unterkunft mit einer Kochgelegenheit ausgestattet, werden 50 Prozent der Beträge nach Absatz 2 Satz 2 und 3 gezahlt. Handelt es sich um eine Wohnung mit ausgestatteter Küche oder halten sich die in Absatz 2 Satz 1 genannten Personen bei Verwandten oder Bekannten auf, wird kein Zuschuss gezahlt. Werden nach Absatz 1 Kosten für eine Unterkunft übernommen, in denen Kosten für ein Frühstück enthalten sind, ist der Mehraufwand für Verpflegung um 20 Prozent zu kürzen.

(4) Die Zahlungen nach den Absätzen 1 bis 3 werden nicht für die Tage geleistet, an denen die berechtigte Person

1. Heimaturlaub hat,
2. Urlaub an einem anderen als dem bisherigen oder neuen Wohn- oder Dienstort verbringt oder
3. Auslandstrennungsgeld oder vergleichbare Leistungen erhält.

§ 15 Mietentschädigung

(1) Muss für dieselbe Zeit sowohl für die bisherige als auch für die neue eigene Wohnung der berechtigten Person Miete gezahlt werden, wird die Miete für die bisherige Wohnung bis zu dem Zeitpunkt erstattet, zu dem das Mietverhältnis frühestens gelöst werden kann, höchstens jedoch für drei Monate für eine Wohnung im Inland und für neun Monate für eine Wohnung im Ausland (Mietentschädigung). Die oberste Dienstbehörde kann die Frist für eine Wohnung im Ausland um höchstens ein Jahr verlängern, wenn dies wegen der ortsüblichen Verhältnisse erforderlich ist. Ausgaben für das Weitervermieten der Wohnung innerhalb der Vertragsdauer und für Maßnahmen, durch die Mietentschädigung eingespart wird, werden erstattet. Die Sätze 1 bis 3 gelten entsprechend für die Miete für eine Garage. 15

---

[1] § 13 Abs. 2 Nr. 2 neu gef. mWv 1. 7. 2016 durch VO v. 28. 6. 2016 (BGBl. I S. 1561).
[2] § 14 Abs. 1 neu gef. mWv 1. 7. 2016 durch VO v. 28. 6. 2016 (BGBl. I S. 1561).

(2) Abweichend von § 8 Absatz 4 des Bundesumzugskostengesetzes wird Mietentschädigung auch nicht gewährt

1. für eine Zeit, für die die berechtigte Person Auslandstrennungsgeld oder vergleichbare Leistungen erhält,
2. für eine Wohnung oder Garage, für die Mietzuschuss (§ 54 des Bundesbesoldungsgesetzes) gewährt wird.

(3)[1] Muss die berechtigte Person aufgrund der Lage des Wohnungsmarktes eine Wohnung am neuen Dienstort oder in dessen Einzugsgebiet mieten, die sie noch nicht nutzen kann, und muss für dieselbe Zeit für die bisherige eigene Wohnung der berechtigten Person oder für eine vorübergehende Unterkunft am neuen Dienstort Miete gezahlt werden, wird die Miete für die endgültige Wohnung höchstens für drei Monate erstattet. Wenn die im oder ins Ausland versetzte berechtigte Person eine Wohnung nach Satz 1 schon vor Dienstantritt nutzt und noch keine Auslandsdienstbezüge für den neuen Dienstort erhält, kann mit Zustimmung der obersten Dienstbehörde oder der von ihr ermächtigten Behörde ein Zuschuss gewährt werden, für dessen Höhe § 54 Absatz 1 des Bundesbesoldungsgesetzes entsprechend gilt.

(4) Zu der Miete für die bisherige Wohnung im Ausland kann auch ohne Anmietung einer neuen Wohnung ein Zuschuss für die Zeit gewährt werden, für die die berechtigte Person weder Auslandstrennungsgeld noch vergleichbare Leistungen erhält. Für die Höhe des Zuschusses gilt § 54 Absatz 1 des Bundesbesoldungsgesetzes entsprechend.

(5) Die oberste Dienstbehörde kann einer berechtigten Person, die im Ausland aus dem Dienst ausgeschieden ist, einen Mietzuschuss nach Absatz 1 bis zur frühesten Kündigungsmöglichkeit, höchstens drei Monate, auch dann bewilligen, wenn sie die Wohnung noch nutzt und keine neue Wohnung gemietet hat. Für die Höhe des Zuschusses gilt § 54 des Bundesbesoldungsgesetzes entsprechend.

(6) Die bisherige Wohnung im eigenen Haus oder die Eigentumswohnung steht der Mietwohnung in Bezug auf Mietentschädigung gleich, sofern eine Vermietung nicht möglich ist; in diesem Fall wird die Mietentschädigung längstens für ein Jahr gezahlt. An die Stelle der Miete tritt der ortsübliche Mietwert der Wohnung. Entsprechendes gilt für die eigene Garage. Für die neue Wohnung im eigenen Haus oder die neue Eigentumswohnung wird keine Mietentschädigung gewährt.

§ 16 Wohnungsbeschaffungskosten

16 (1) Gutachterkosten, Maklerkosten, ortsübliche Mietvertragsabschlussgebühren, Kosten für Garantieerklärungen und Bürgschaften sowie vergleichbare Kosten, die beim Auszug aus der Wohnung am ausländischen Dienstort oder bei der Beschaffung einer neuen angemessenen Wohnung am ausländischen Dienstort anfallen, werden erstattet.

(2) Wird dem Vermieter einer Wohnung am neuen ausländischen Dienstort eine Kaution geleistet, wird ein unverzinslicher Gehaltsvorschuss bis zum Dreifachen der Mieteigenbelastung der berechtigten Person gewährt, die sich bei entsprechender Anwendung des § 54 des Bundesbesoldungsgesetzes ergibt. Der Vorschuss ist in höchstens 20 gleichen Monatsraten zurückzuzahlen. Die Raten werden von den Dienstbezügen der berechtigten Person einbehalten. Bei vorzeitiger Versetzung oder Beendigung des Dienstverhältnisses ist der Rest des Vorschusses in einer Summe zurückzuzahlen. Soweit die ortsübliche Kaution den Gehaltsvorschuss übersteigt, wird sie erstattet.

(3) Rückzahlungsansprüche gegenüber der Vermieterin oder dem Vermieter sind an den Dienstherrn abzutreten. Soweit die Kaution von der Vermieterin oder vom Vermieter berechtigterweise in Anspruch genommen wird, ist die berechtigte Person zur Rückzahlung des Erstattungsbetrags an den Dienstherrn verpflichtet.

(4) Bei Umzügen aus dem Ausland ins Inland ist § 9 Absatz 1 des Bundesumzugskostengesetzes anzuwenden.

(5) Soweit die Verhältnisse im Zusammenhang mit dem Bezug oder dem Auszug aus einer Wohnung am Auslandsdienstort von im Ausland typischen Verhältnissen abweichen und dies zu einer außergewöhnlichen, von der berechtigten Person nicht zu vertretenden Härte führt, kann die oberste Dienstbehörde eine Leistung zur Milderung der Härte gewähren. Die Entscheidung ist besonders zu begründen und zu dokumentieren.

§ 17 Technische Geräte

17 (1) Müssen beim Bezug der neuen Wohnung aufgrund der örtlichen Verhältnisse Klimageräte oder Notstromerzeuger beschafft werden, werden die Auslagen für das Beschaffen und den Einbau dieser Geräte sowie die Kosten für die bauliche Herrichtung der betreffenden Räume erstattet.

(2) Die berechtigte Person hat die Geräte auf ihre Kosten regelmäßig zu warten.

(3) Beim Auszug hat die berechtigte Person die Geräte dem Dienstherrn zur Verfügung zu stellen oder den nach Absatz 1 erstatteten Betrag zurückzuzahlen.

(4)[2] Werden anlässlich des Umzugs an einen Dienstort mit besonderer gesundheitlicher Belastung durch hohe Luftverschmutzung Luftreiniger angeschafft, so wird auf Antrag ein Zuschuss zu den Anschaffungskosten der Geräte gewährt. Der Zuschuss beträgt 80 Prozent des Anschaffungspreises einschließlich eventuell anfallender Transportkosten. Bei Versetzung an einen anderen Ort verbleibt das Gerät bei der berechtigten Person.

---

[1] § 15 Abs. 3 Satz 2 geänd. mWv 1. 7. 2016 durch VO v. 28. 6. 2016 (BGBl. I S. 1561).
[2] § 17 Abs. 4 angef. mWv 1. 7. 2016 durch VO v. 28. 6. 2016 (BGBl. I S. 1561).

Unterabschnitt 4. Pauschalen und zusätzlicher Unterricht

§ 18 Umzugspauschale

18 (1) Eine berechtigte Person, die eine eigene Wohnung einrichtet, erhält für sich und die berücksichtigungsfähigen Personen eine Pauschale für sonstige Umzugskosten (Umzugspauschale), die sich aus Teilbeträgen nach den folgenden Absätzen zusammensetzt.

(2) Bei einem Auslandsumzug innerhalb der Europäischen Union erhält die berechtigte Person einen Betrag in Höhe von 20 Prozent des Grundgehalts der Stufe 8 der Besoldungsgruppe A 13. Für berücksichtigungsfähige Personen erhält die berechtigte Person zusätzlich folgende Beträge:

1. für eine Person nach § 2 Absatz 1 Satz 1 Nummer 1 oder Nummer 2 einen Betrag in Höhe von 19 Prozent des Grundgehalts der Stufe 8 der Besoldungsgruppe A 13,
2. für eine Person nach § 2 Absatz 1 Satz 1 Nummer 4 bis 6 einen Betrag in Höhe von 7 Prozent des Grundgehalts der Stufe 8 der Besoldungsgruppe A 13,
3. für ein Kind nach § 2 Absatz 1 Satz 1 Nummer 3 einen Betrag in Höhe von 10 Prozent des Grundgehalts der Stufe 8 der Besoldungsgruppe A 13,
4. für ein Kind nach § 2 Absatz 1 Satz 1 Nummer 3, für das ein Auslandszuschlag gezahlt wird, das aber nicht mitumzieht, einen Betrag in Höhe von 10 Prozent des Grundgehalts der Stufe 8 der Besoldungsgruppe A 13,
5. für ein Kind nach § 2 Absatz 1 Satz 1 Nummer 3, für das ein Auslandszuschlag gezahlt wird, das aber im Inland bleibt, einen Betrag in Höhe von 7 Prozent des Grundgehalts der Stufe 8 der Besoldungsgruppe A 13.

(3) Bei einem Umzug außerhalb der Europäischen Union, aus einem Mitgliedstaat der Europäischen Union in einen Staat außerhalb der Europäischen Union oder aus einem Staat außerhalb der Europäischen Union in einen Mitgliedstaat der Europäischen Union erhält die berechtigte Person einen Betrag in Höhe von 21 Prozent des Grundgehalts der Stufe 8 der Besoldungsgruppe A 13. Für berücksichtigungsfähige Personen erhält die berechtigte Person zusätzlich folgende Beträge:

1. für eine Person nach § 2 Absatz 1 Satz 1 Nummer 1 oder Nummer 2 einen Betrag in Höhe von 21 Prozent des Grundgehalts der Stufe 8 der Besoldungsgruppe A 13,
2. für eine Person nach § 2 Absatz 1 Satz 1 Nummer 4 bis 6 einen Betrag in Höhe von 10,5 Prozent des Grundgehalts der Stufe 8 der Besoldungsgruppe A 13,
3. für ein Kind nach § 2 Absatz 1 Satz 1 Nummer 3 einen Betrag in Höhe von 14 Prozent des Grundgehalts der Stufe 8 der Besoldungsgruppe A 13,
4. für ein Kind nach § 2 Absatz 1 Satz 1 Nummer 3, für das ein Auslandszuschlag gezahlt wird, das aber nicht mitumzieht, einen Betrag in Höhe von 14 Prozent des Grundgehalts der Stufe 8 der Besoldungsgruppe A 13,
5. für ein Kind nach § 2 Absatz 1 Satz 1 Nummer 3, für das ein Auslandszuschlag gezahlt wird, das aber im Inland bleibt, einen Betrag in Höhe von 7 Prozent des Grundgehalts der Stufe 8 der Besoldungsgruppe A 13.

(4) Bei einem Umzug aus einem anderen Mitgliedstaat der Europäischen Union ins Inland erhält die berechtigte Person 80 Prozent der Beträge nach Absatz 2, bei einem Umzug aus einem Staat außerhalb der Europäischen Union ins Inland erhält die berechtigte Person 80 Prozent der Beträge nach Absatz 3.

(5) Bei einem Umzug am Wohnort oder in dessen Einzugsgebiet nach § 23 erhält die berechtigte Person 60 Prozent der Beträge nach den Absätzen 2 und 3.

(6) Eine berechtigte Person, die keine Wohnung einrichtet oder eine ausgestattete Wohnung bezieht, erhält 25 Prozent der Beträge nach den Absätzen 2 und 3 für sich und die Person nach § 2 Absatz 1 Satz 1 Nummer 1 oder Nummer 2. Ist nur ein Teil der Privaträume ausgestattet, wird der Betrag nach Satz 1 verhältnismäßig erhöht.

(7) Ist innerhalb der letzten fünf Jahre ein Umzug mit Zusage der Umzugskostenvergütung nach § 3 oder § 4 Absatz 1 Nummer 2 bis 4 oder Absatz 2 des Bundesumzugskostengesetzes an einen anderen Wohnort durchgeführt worden und ist auch bei diesem Umzug eine eigene Wohnung für die Berechnung der pauschalen Vergütung berücksichtigt worden, wird ein Zuschlag in Höhe von 50 Prozent der Beträge nach den Absätzen 2 bis 6 gezahlt.

(8) Besteht am neuen Wohnort eine andere Netzspannung oder Netzfrequenz als am bisherigen Wohnort und ist die neue Wohnung nicht mit einer der bisherigen Wohnung entsprechenden Stromversorgung oder nicht mit den notwendigen elektrischen Geräten ausgestattet, wird ein Zuschlag in Höhe von 13 Prozent des Grundgehalts der Stufe 8 der Besoldungsgruppe A 13 gewährt. Besteht am neuen Wohnort eine andere Fernsehnorm als am bisherigen Wohnort, wird ein weiterer Zuschlag in Höhe von 10 Prozent des Grundgehalts der Stufe 8 der Besoldungsgruppe A 13 gewährt.

(9) Berechtigten Personen, die jeweils eine eigene Zusage der Umzugskostenvergütung erhalten haben und die eine gemeinsame Wohnung beziehen, wird insgesamt nur eine Umzugspauschale gewährt. In diesem Fall gilt eine der beiden Personen als berücksichtigungsfähige Person nach § 2 Absatz 1 Nummer 1 oder Nummer 2. Sind die Pauschalen der berechtigten Personen unterschiedlich hoch, wird die höhere gezahlt.

§ 19 Ausstattungspauschale

19 (1) Bei der ersten Verwendung im Ausland erhält die verheiratete oder in einer Lebenspartnerschaft lebende berechtigte Person eine Ausstattungspauschale in Höhe von 70 Prozent des Grundgehalts der

Stufe 8 der Besoldungsgruppe A 13, zuzüglich des Grundgehalts der Stufe 8 der jeweiligen Besoldungsgruppe, mindestens der Besoldungsgruppe A 5, höchstens der Besoldungsgruppe B 3. Eine berechtigte Person, die weder verheiratet ist noch in einer Lebenspartnerschaft lebt, und die berechtigte Person, deren Ehegattin oder Ehegatte oder Lebenspartnerin oder Lebenspartner nicht an den neuen Dienstort umzieht, erhält 90 Prozent des sich nach Satz 1 ergebenden Betrages. Für jedes Kind, für das ihr Auslandskinderzuschlag zusteht, erhält die berechtigte Person einen Betrag in Höhe von 14 Prozent des Grundgehalts der Stufe 8 der Besoldungsgruppe A 13. Soweit die oberste Dienstbehörde besondere Verpflichtungen der dienstlichen Repräsentation anerkennt, erhöht sich die Ausstattungspauschale nach Satz 1 oder Satz 2 um 30 Prozent; dies gilt nicht für Empfängerinnen oder Empfänger einer Einrichtungspauschale nach § 20.

(2) Die berechtigte Person, die am neuen Dienstort keine Wohnung einrichtet oder eine ausgestattete Wohnung bezieht, erhält eine Ausstattungspauschale in Höhe von 50 Prozent der Beträge nach Absatz 1. Ist nur ein Teil der Privaträume einer Dienstwohnung ausgestattet, wird die Ausstattungspauschale nach Satz 1 verhältnismäßig erhöht.

(3) Bei einer weiteren Verwendung im Ausland wird eine Ausstattungspauschale gezahlt, wenn die berechtigte Person

1. innerhalb der letzten drei Jahre vor der neuen Verwendung nicht oder nur vorübergehend Dienstbezüge im Ausland oder entsprechende von einer zwischen- oder überstaatlichen Organisation gezahlte Bezüge erhalten hat,
2. bei vorausgegangenen Umzügen innerhalb der letzten drei Jahre keine Ausstattungspauschale aufgrund des § 14 Absatz 7 des Bundesumzugskostengesetzes erhalten hat oder
3. bei vorausgegangenen Umzügen innerhalb der letzten drei Jahre eine verminderte Ausstattungspauschale aufgrund des § 14 Absatz 7 des Bundesumzugskostengesetzes oder nach § 26 Absatz 1 Nummer 9 oder Absatz 5 Nummer 2 dieser Verordnung erhalten hat; in diesem Fall sind die Beträge anzurechnen, die bei den vorausgegangenen Umzügen gezahlt worden sind.

(4) Berechtigte Personen, denen bereits anlässlich einer Verwendung in einem Mitgliedstaat der Europäischen Union eine Ausstattungspauschale gewährt wurde, erhalten bei einem erneuten Umzug in einen Mitgliedstaat der Europäischen Union keine weitere Ausstattungspauschale.

(5) Berechtigte Personen, die eine Gemeinschaftsunterkunft beziehen, erhalten keine Ausstattungspauschale.

(6) § 18 Absatz 9 gilt entsprechend.

§ 20 Einrichtungspauschale

20 (1) Bei der Bestellung zur Leiterin oder zum Leiter einer Auslandsvertretung erhält die berechtigte Person, die eine ausgestattete Dienstwohnung bezieht oder eine möblierte Wohnung mietet, eine Einrichtungspauschale in Höhe von 140 Prozent des Grundgehalts der Stufe 1 ihrer jeweiligen Besoldungsgruppe. Berechtigte Personen, die einer Besoldungsgruppe der Bundesbesoldungsordnung B angehören, erhalten eine Einrichtungspauschale in Höhe von 120 Prozent des jeweiligen Grundgehalts. Für zusätzliche Einrichtungsgegenstände im Zusammenhang mit der Anwesenheit der Ehegattin oder des Ehegatten oder der Lebenspartnerin oder des Lebenspartners am Dienstort erhöht sich die Einrichtungspauschale um 10 Prozent.

(2) Bezieht die berechtigte Person eine Leerraumwohnung, erhöht sich die Pauschale nach Absatz 1 für die Einrichtung der Empfangsräume und der privaten Wohn- und Esszimmer jeweils um 50 Prozent. Ist die Wohnung teilweise ausgestattet, verringert sich der Prozentsatz verhältnismäßig.

(3) Die ständige Vertreterin oder der ständige Vertreter der Leiterin oder des Leiters einer Auslandsvertretung sowie die Leiterin oder der Leiter einer Außenstelle einer Auslandsvertretung erhalten bei ihrer Bestellung eine Einrichtungspauschale in Höhe von 50 Prozent der Pauschale nach Absatz 1. Bezieht die berechtigte Person eine Leerraumwohnung, erhält sie 75 Prozent der Pauschale nach Absatz 1. Absatz 2 Satz 2 gilt entsprechend.

(4) Früher gezahlte Einrichtungspauschalen sind anzurechnen. Übersteigen diese 80 Prozent der neuen Einrichtungspauschale, wird eine Einrichtungspauschale in Höhe von 20 Prozent gezahlt.

(5) Einer berechtigten Person, die während einer Auslandsverwendung zur Leiterin oder zum Leiter einer Auslandsvertretung bestellt wird, wird die Einrichtungspauschale nur gezahlt, wenn ihr aus Anlass der Bestellung die Umzugskostenvergütung zugesagt worden ist.

(6) Eine berechtigte Person, deren neuer Dienstort in einem Mitgliedstaat der Europäischen Union liegt, ist verpflichtet, die zweckentsprechende Verwendung der Einrichtungspauschale, die aus Anlass des Umzugs an diesen Dienstort gewährt worden ist, der obersten Dienstbehörde auf Verlangen nachzuweisen. Die dafür erforderlichen Belege sind für die Dauer des Verbleibs an diesem Dienstort aufzubewahren und der obersten Dienstbehörde auf Verlangen vorzulegen.

(7) § 18 Absatz 9 gilt entsprechend.

(8) Das Bundesministerium der Verteidigung kann bestimmen, dass die Absätze 1 bis 7 in seinem Geschäftsbereich auch für sonstige berechtigte Personen in vergleichbaren Dienststellungen gelten.

§ 21 Pauschale für klimagerechte Kleidung

21 (1) Bei der ersten Verwendung an einem Auslandsdienstort mit einem Klima, das vom mitteleuropäischen Klima erheblich abweicht, wird eine Pauschale für das Beschaffen klimagerechter Kleidung gezahlt, die sich aus folgenden Teilbeträgen zusammensetzt:

1. an einem Dienstort mit extrem niedrigen Temperaturen
   a) für die berechtigte Person und die berücksichtigungsfähige Person nach § 2 Absatz 1 Satz 1 Nummer 1 oder Nummer 2 jeweils 30 Prozent des Grundgehalts der Stufe 8 der Besoldungsgruppe A 13,
   b) für jedes mitumziehende berücksichtigungsfähige Kind 15 Prozent des Grundgehalts der Stufe 8 der Besoldungsgruppe A 13,
2. an einem Dienstort mit extrem hohen Temperaturen für die berechtigte Person und die berücksichtigungsfähige Person nach § 2 Absatz 1 Satz 1 Nummer 1 oder Nummer 2 jeweils 15 Prozent des Grundgehalts der Stufe 8 der Besoldungsgruppe A 13.

Wird klimagerechte Kleidung von Amts wegen bereitgestellt, ist die Pauschale um 25 Prozent zu kürzen.

(2) Das Auswärtige Amt stellt im Einvernehmen mit dem Bundesministerium der Verteidigung durch Allgemeinverfügung die Auslandsdienstorte fest, deren Klima vom mitteleuropäischen Klima erheblich abweicht.

(3) Bei einer weiteren Verwendung an einem Auslandsdienstort nach Absatz 1 wird eine weitere Pauschale gezahlt, wenn

1. die berechtigte Person innerhalb der letzten drei Jahre vor der neuen Verwendung nicht an einem solchen Dienstort Auslandsdienstbezüge oder entsprechende von einer zwischen- oder überstaatlichen Organisation gezahlte Bezüge erhalten hat,
2. am neuen Dienstort Klimaverhältnisse herrschen, die denen am vorigen Dienstort entgegengesetzt sind, oder
3. die berechtigte Person bei den vorausgegangenen Umzügen innerhalb der letzten drei Jahre eine ermäßigte Pauschale aufgrund des § 26 Absatz 1 Nummer 10 oder Absatz 5 Nummer 3 erhalten hat und beim neuen Umzug keine Gründe für eine Ermäßigung vorliegen; in diesem Fall ist die bei den vorausgegangenen Umzügen gezahlte Pauschale anzurechnen.

(4) Gibt es am Dienstort während der Verwendung sowohl Zeiträume mit extrem niedrigen als auch Zeiträume mit extrem hohen Temperaturen, wird sowohl der Teilbetrag für Dienstorte mit extrem niedrigen Temperaturen als auch der Teilbetrag für Dienstorte mit extrem hohen Temperaturen gewährt.

(5) Ergeht die Feststellung nach Absatz 2 erst nach dem Dienstantritt der berechtigten Person, beginnt die Ausschlussfrist nach § 3 Absatz 1 für den Antrag auf Gewährung der Pauschale für das Beschaffen klimagerechter Kleidung mit der Feststellung der erheblichen Abweichung vom mitteleuropäischen Klima nach Absatz 2, sofern die berechtigte Person zum Zeitpunkt der Antragstellung noch für diesen Dienstort Auslandsdienstbezüge erhält.

(6) § 18 Absatz 9 gilt entsprechend.

§ 22 Zusätzlicher Unterricht

(1) Benötigt ein berücksichtigungsfähiges Kind aufgrund des Umzugs zusätzlichen Unterricht, werden die Unterrichtskosten für höchstens ein Jahr zu 90 Prozent erstattet. Die Frist beginnt spätestens ein Jahr nach Beendigung des Umzugs des Kindes. 22

(2) Insgesamt wird für jedes berücksichtigungsfähige Kind höchstens ein Betrag in Höhe des zum Zeitpunkt der Beendigung des Umzugs maßgeblichen Grundgehalts der Stufe 1 der Besoldungsgruppe A 14 erstattet. Mit Zustimmung der obersten Dienstbehörde können höhere Kosten erstattet werden, wenn die Anwendung des Satzes 1 für eine berechtigte Person mit häufigen Auslandsverwendungen eine unzumutbare Härte bedeuten würde.

Abschnitt 3. Sonderfälle

§ 23 Umzug am ausländischen Dienstort

(1) Für einen Umzug am ausländischen Dienstort kann Umzugskostenvergütung zugesagt werden, wenn die Gesundheit oder die Sicherheit der berechtigten Person oder der berücksichtigungsfähigen Personen erheblich gefährdet sind oder wenn ein Umzug aus anderen zwingenden Gründen, die sich aus dem Auslandsdienst und den besonderen Verhältnissen im Ausland ergeben, erforderlich ist. In diesen Fällen werden neben den Beförderungsauslagen nach § 5 Absatz 1 bis 3 auch die Auslagen für Wohnungsbeschaffungskosten nach § 16 sowie die Umzugspauschale nach § 18 Absatz 5 gezahlt. Soweit erforderlich, können auch Auslagen nach § 17 erstattet werden. 23

(2) Bei Umzügen nach Absatz 1 aus gesundheitlichen Gründen kann die Umzugskostenvergütung nur zugesagt werden, wenn die Notwendigkeit amts- oder vertrauensärztlich bescheinigt worden ist.

(3) Die Umzugskostenvergütung ist so rechtzeitig zu beantragen, dass über sie vor Beginn des geplanten Umzugs entschieden werden kann.

(4)[1] Die berechtigte Person, der die Umzugskostenvergütung für einen Umzug nach § 3 Absatz 1 Nummer 1, 3 oder Nummer 4, nach § 4 Absatz 1 Nummer 2 bis 4 des Bundesumzugskostengesetzes oder in den Fällen des § 28 Absatz 1 und 2 dieser Verordnung zugesagt worden ist, erhält für den Umzug in eine vorläufige Wohnung Umzugskostenvergütung, wenn der Dienstherr die neue Wohnung vorher schriftlich oder elektronisch als vorläufige Wohnung anerkannt hat.

[1] § 23 Abs. 4 geändert durch Gesetz vom 29. 3. 2017 (BGBl. I S. 626) mit Wirkung ab 5. 4. 2017.

§ 24 Umzugsbeihilfe

24 (1) Wenn einer berechtigten Person mit Dienstbezügen die Umzugskostenvergütung zugesagt worden ist und sie nach dem Dienstantritt am neuen ausländischen Dienstort heiratet oder eine Lebenspartnerschaft begründet, können ihr für die Umzugsreise ihrer Ehegattin oder ihres Ehegatten oder ihrer Lebenspartnerin oder ihres Lebenspartners und der zu deren oder dessen häuslicher Gemeinschaft gehörenden minderjährigen Kinder, die durch die Reise in die häusliche Gemeinschaft der berechtigten Person aufgenommen werden, die notwendigen Fahrtkosten erstattet werden. Fahrtkosten werden nur erstattet bis zur Höhe der Kosten der billigsten Fahrkarte für ein regelmäßig verkehrendes Beförderungsmittel für eine Reise vom Wohnort der Ehegattin oder des Ehegatten oder der Lebenspartnerin oder des Lebenspartners zum Dienstort der berechtigten Person, höchstens jedoch für eine solche Reise vom letzten inländischen Dienstort der berechtigten Person an deren neuen ausländischen Dienstort. Die notwendigen Auslagen für das Befördern des Umzugsguts der Ehegattin oder des Ehegatten oder der Lebenspartnerin oder des Lebenspartners und des Umzugsguts ihrer oder seiner Kinder an den ausländischen Dienstort können bis zur Höhe der Auslagen erstattet werden, die entstanden wären, wenn das Umzugsgut vom letzten inländischen an den ausländischen Dienstort befördert worden wäre. § 6 Absatz 1 und § 10 Absatz 6 sind entsprechend anzuwenden.

(2) Bei dauerhafter Trennung im Ausland und bei Beendigung der Beurlaubung der berücksichtigungsfähigen Person nach § 2 Absatz 1 Satz 1 Nummer 1 oder Nummer 2 nach § 24 Absatz 2 des Gesetzes über den Auswärtigen Dienst auf Betreiben des Dienstherrn der berücksichtigungsfähigen Person ist Absatz 1 entsprechend anzuwenden, wenn die berücksichtigungsfähige Person bis zur Trennung zur häuslichen Gemeinschaft der berechtigten Person gehört hat. Die Auslagen werden für die Reise und die Beförderungskosten vom ausländischen Wohnort zum neuen Wohnort entsprechend erstattet, höchstens jedoch bis zur Höhe der Kosten für eine Rückkehr an den letzten inländischen Dienstort der berechtigten Person. Mehrkosten für das getrennte Versenden von Umzugsgut (§ 5 Absatz 3) werden nicht erstattet, wenn die berechtigte Person innerhalb von drei Monaten ins Inland versetzt wird.

(3) Die Absätze 1 und 2 gelten entsprechend für minderjährige Kinder, die erstmals zu dem in einem anderen Staat lebenden anderen Elternteil übersiedeln, sowie einmalig für Kinder der berechtigten Person, für die ein Anspruch auf Kindergeld besteht, bis längstens drei Monate nach Wegfall des Anspruchs für einen Umzug vom Inland ins Ausland oder im Ausland.

(4) Absatz 2 gilt entsprechend für berücksichtigungsfähige Kinder bei

1. Rückkehr ins Inland innerhalb von 18 Monaten nach Abschluss der Schulausbildung am ausländischen Dienstort,
2. Rückkehr ins Inland zur Fortsetzung der Schulausbildung, sofern es am Dienstort keine geeignete Schule gibt, oder
3. erstmaliger Aufnahme einer Berufsausbildung oder eines Studiums im Ausland innerhalb von 18 Monaten nach Abschluss der Schulausbildung am ausländischen Dienstort bis zur Höhe der Kosten für eine Rückkehr an den letzten inländischen Dienstort.

§ 25 Widerruf der Zusage der Umzugskostenvergütung

25 (1) Die Zusage der Umzugskostenvergütung kann ganz oder teilweise widerrufen werden, wenn

1. mit einer baldigen weiteren Versetzung an einen anderen Dienstort zu rechnen ist,
2. der Umzug aus besonderen Gründen nicht durchgeführt werden soll oder
3. die berechtigte Person stirbt, bevor sie an den neuen Dienstort umgezogen ist.

(2) Die Zusage der Umzugskostenvergütung gilt als ganz widerrufen, wenn vor dem Bezug der neuen Wohnung die Umzugskostenvergütung für einen anderen Umzug zugesagt worden ist.

(3) Wird die Zusage der Umzugskostenvergütung ganz oder teilweise widerrufen, hat die berechtigte Person

1. die Pauschalen nach den §§ 18 bis 21 zurückzuzahlen, soweit sie bis zur Bekanntgabe des Widerrufs nicht bestimmungsgemäß verbraucht worden sind;
2. alle Möglichkeiten zur Vermeidung von Kosten für Umzugsvorbereitungen zu nutzen.

Andere notwendige Auslagen, die der berechtigten Person im Zusammenhang mit dem erwarteten Umzug entstanden sind, und Schäden, die als unmittelbare Folge des Widerrufs entstanden sind, können erstattet werden.

(4) Wird innerhalb von sechs Monaten nach dem Widerruf der Zusage die Umzugskostenvergütung für einen Umzug an einen anderen Ort zugesagt, werden die Pauschalen nach den §§ 18 bis 21, die die berechtigte Person aufgrund der ersten Zusage erhalten hat, auf die Beträge angerechnet, die ihr aufgrund der neuen Zusage gewährt werden. Die Anrechnung unterbleibt, soweit die berechtigte Person die Pauschalen bis zur Bekanntgabe des Widerrufs der ersten Zusage bestimmungsgemäß verbraucht hat und die daraus beschafften Gegenstände am neuen Dienstort nicht verwendbar sind.

(5) Wird die Zusage der Umzugskostenvergütung aus Gründen widerrufen, die die berechtigte Person zu vertreten hat, hat sie abweichend von den Absätzen 3 und 4 die schon erhaltene Umzugskostenvergütung insoweit zurückzuzahlen, als die Zusage widerrufen worden ist.

(6) Bei Rücknahme, Aufhebung oder Erledigung der Zusage der Umzugskostenvergütung auf andere Weise gelten die Absätze 3 bis 5 entsprechend.

§ 26 Umzugskostenvergütung bei einer Auslandsverwendung von bis zu zwei Jahren

(1) Soweit von vornherein feststeht, dass die berechtigte Person für nicht mehr als zwei Jahre ins Ausland oder im Ausland versetzt, abgeordnet oder abkommandiert wird, wird für den Hin- und Rückumzug Umzugskostenvergütung höchstens in folgendem Umfang gewährt: **26**

1. Erstattung der Auslagen für die Umzugsreise nach § 12,
2. Erstattung der Auslagen für die Beförderung von Reisegepäck nach § 13,
3. Erstattung der Auslagen für eine vorübergehende Unterkunft nach § 14,
4. Erstattung der Beförderungsauslagen für bis zu 200 Kilogramm Umzugsgut für die berechtigte Person und jede mitumziehende berücksichtigungsfähige Person,
5.[1] Erstattung der notwendigen Auslagen für das Lagern des Umzugsguts im Inland,
6. Erstattung der notwendigen Garagenmiete für ein am bisherigen Dienst- oder Wohnort zurückgelassenes Personenkraftfahrzeug, sofern weder das Fahrzeug noch die Garage anderweitig genutzt wird,
7. Mietentschädigung nach § 15,
8. Erstattung der Wohnungsbeschaffungskosten nach § 16,
9. 40 Prozent der Umzugspauschale nach § 18 sowie 40 Prozent der Ausstattungspauschale nach § 19,
10. die Pauschale für klimagerechte Kleidung nach § 21; für jede mitumziehende berücksichtigungsfähige Person 40 Prozent dieser Pauschale.

(2) Leistungen nach Absatz 1 Nummer 5 und 6 werden nicht für Tage gewährt, für die die berechtigte Person Auslandstrennungsgeld oder vergleichbare Leistungen erhält. Leistungen nach Absatz 1 Nummer 9 und 10 werden für den Hin- und Rückumzug nur einmal gewährt.

(3) Anstelle der Erstattung der Auslagen nach Absatz 1 Nummer 5 können für die Beförderung des Umzugsguts an den ausländischen Dienstort Auslagen bis zur Höhe der Kosten erstattet werden, die durch eine Einlagerung im Inland entstanden wären, höchstens jedoch bis zur Höhe der Kosten für das Beibehalten der bisherigen Wohnung. Kann das Umzugsgut an einem anderen Ort im Inland unentgeltlich gelagert werden, können anstelle der Erstattung der Auslagen nach Absatz 1 Nummer 5 die Beförderungsauslagen nach § 10 Absatz 1 erstattet werden.

(4) Die oberste Dienstbehörde kann im Einzelfall aus dienstlichen Gründen

1. die Umzugskostenvergütung erweitern,
2. insbesondere aus Gründen der Sicherheit oder aus fiskalischen Gründen die Zusage der Umzugskostenvergütung auf die berechtigte Person beschränken.

(5) Bei einer Auslandsverwendung mit einer vorgesehenen Dauer von bis zu acht Monaten wird Umzugskostenvergütung nur gewährt, wenn Auslandsdienstbezüge (§ 52 des Bundesbesoldungsgesetzes) gezahlt werden. Die Absätze 1 bis 4 gelten in diesem Fall mit folgenden Maßgaben:

1. für die berechtigte Person und jede berücksichtigungsfähige Person, die an der Umzugsreise teilnimmt, werden die Auslagen für die Beförderung von bis zu 100 Kilogramm Umzugsgut erstattet;
2. 20 Prozent der Umzugspauschale nach § 18 sowie 10 Prozent der Ausstattungspauschale nach § 19 werden gezahlt,
3. für die berechtigte Person werden 50 Prozent und für jede mitumziehende berücksichtigungsfähige Person werden 20 Prozent der Pauschale für klimagerechte Kleidung nach § 21 gezahlt.

(6) Dauert die Auslandsverwendung nach Absatz 5 länger als ursprünglich vorgesehen, kann die Umzugskostenvergütung gezahlt werden, die für die längere Verwendungsdauer zusteht. In diesem Fall beginnt die Ausschlussfrist nach § 3 Absatz 1 für die Zahlung der zusätzlichen Umzugskostenvergütung an dem Tag, an dem der berechtigten Person die Verlängerung ihrer Verwendung bekannt gegeben wird.

§ 27 Rückführung aus Gefährdungsgründen

(1) Sind an einem ausländischen Dienstort Leben oder Gesundheit der berechtigten Person oder der zu ihrer häuslichen Gemeinschaft gehörenden berücksichtigungsfähigen Personen und von Betreuungspersonen, für die Kosten nach § 12 Absatz 4 erstattet wurden, erheblich gefährdet, kann die oberste Dienstbehörde Umzugskostenvergütung für die Rückführung oder den Umzug der berechtigten Person oder der zu ihrer häuslichen Gemeinschaft gehörenden berücksichtigungsfähigen Personen und der Betreuungspersonen sowie von Umzugsgut zusagen. **27**

(2) Ist an einem ausländischen Dienstort das Eigentum der berechtigten Person oder der zu ihrer häuslichen Gemeinschaft gehörenden berücksichtigungsfähigen Personen erheblich gefährdet, kann die oberste Dienstbehörde Umzugskostenvergütung für die Rückführung von Umzugsgut zusagen.

(3) Die Zusage kann für eine Rückführung oder einen Umzug ins Inland oder im Ausland erteilt werden. Die Umzugskostenvergütung darf jedoch nur in dem Umfang zugesagt werden, wie es den Umständen nach notwendig ist. Die Sätze 1 und 2 gelten entsprechend für die Rückkehr zum Dienstort.

(4) Die oberste Dienstbehörde bestimmt im Einzelfall, in welchem Umfang Umzugskosten erstattet werden, wenn wegen erheblicher Gefährdung des Lebens, der Gesundheit oder des Eigentums oder wegen anderer außergewöhnlicher Verhältnisse im Ausland andere als die im Bundesumzugskostengesetz vorgesehenen dienstlichen Maßnahmen erforderlich sind. Dabei berücksichtigt sie die nach § 12 Absatz 8 der Auslandstrennungsgeldverordnung getroffenen Regelungen. Werden für einen Dienstort,

[1] § 26 Abs. 1 Nr. 5 geänd. mWv 1. 1. 2019 durch VO vom 27. 6. 2018 (BGBl. I S. 891).

an dem sich eine Auslandsvertretung befindet, Maßnahmen nach Satz 1 erforderlich, bestimmt das Auswärtige Amt den Umfang der Umzugskostenvergütung für alle an diesem Dienstort tätigen und von der Maßnahme betroffenen berechtigten Personen.

(5) Die berechtigte Person erhält eine pauschale Vergütung nach § 18 Absatz 6, wenn außer dem Reisegepäck Teile des Hausrats zurückgeführt werden müssen und sich die Zusage der Umzugskostenvergütung hierauf erstreckt.

§ 28[1] Umzug bei Beendigung des Dienstverhältnisses

28 (1) Einer berechtigten Person mit Dienstort im Ausland, die in den Ruhestand tritt oder deren Dienstverhältnis auf Zeit endet, ist Umzugskostenvergütung für einen Umzug an einen Ort ihrer Wahl im Inland zuzusagen. Umzugskostenvergütung wird nur gezahlt, wenn der Umzug spätestens zwei Jahre nach der Beendigung des Dienstverhältnisses durchgeführt wird. Die oberste Dienstbehörde kann diese Frist in Ausnahmefällen um ein Jahr verlängern.

(2) Absatz 1 gilt nach dem Tod einer berechtigten Person, deren letzter Dienstort im Ausland liegt, entsprechend für berücksichtigungsfähige Personen, die am Todestag der berechtigten Person zu deren häuslicher Gemeinschaft gehört haben. Gibt es keine solchen berücksichtigungsfähigen Personen oder ziehen diese berücksichtigungsfähigen Personen nicht ins Inland um, können den Erbinnen und Erben die notwendigen Auslagen für das Befördern beweglicher Nachlassgegenstände an einen Ort im Inland sowie sonstige berücksichtigungsfähige Auslagen, die durch den Umzug nachweislich entstanden sind, erstattet werden, wenn die Auslagen innerhalb der in Absatz 1 genannten Frist entstanden sind. Für angestellte Betreuungspersonen gilt § 12 Absatz 4 entsprechend.

(3) Soweit in den Fällen der Absätze 1 und 2 Satz 1 Umzüge im Ausland durchgeführt werden, können die notwendigen Umzugsauslagen erstattet werden, höchstens jedoch in dem Umfang, in dem Auslagen bei einem Umzug an den Sitz der obersten Dienstbehörde entstanden wären. Wird später, jedoch noch innerhalb der Frist nach Absatz 1, ein Umzug ins Inland durchgeführt, ist der nach Satz 1 erstattete Betrag auf die nach Absatz 1 oder Absatz 2 zustehende Umzugskostenvergütung anzurechnen.

(4) Endet das Dienstverhältnis einer berechtigten Person mit Dienstort im Ausland aus einem von ihr zu vertretenden Grund und zieht diese Person spätestens sechs Monate danach ins Inland um, können ihr und den berücksichtigungsfähigen Personen für diesen Umzug die Beförderungsauslagen und Fahrtkosten bis zur Höhe der Kosten der billigsten Fahrkarte für ein regelmäßig verkehrendes Beförderungsmittel erstattet werden, höchstens jedoch die Beförderungsauslagen und Fahrtkosten, die durch einen Umzug an den Sitz der obersten Dienstbehörde entstanden wären.

Abschnitt 4. Schlussvorschriften

§ 29[2] Übergangsregelungen

29 (1) Die Kosten für die Beförderung und die Einlagerung von Umzugsgut werden der berechtigten Person, die bereits vor Inkrafttreten dieser Verordnung über höheres Umzugsvolumen verfügt als nach dieser Verordnung berücksichtigt werden kann, bis zum nächsten Umzug ins Inland mit Zusage der Umzugskostenvergütung nach § 3 Absatz 1 Nummer 1 des Bundesumzugskostengesetzes in dem Umfang erstattet, in dem sie vor dem 1. Dezember 2012 erstattungsfähig waren. Reisekosten für Hausangestellte, deren Kosten für die Reise zum bisherigen Dienstort im Rahmen der Auslandsumzugskostenverordnung vor dem 1. Dezember 2012 erstattet wurden, können beim nächsten Umzug mit Zusage der Umzugskostenvergütung nach § 3 Absatz 1 Nummer 1 des Bundesumzugskostengesetzes im Rahmen der Kosten einer Reise ins Inland geltend gemacht werden.

(2) Hat die berechtigte Person den Dienst am neuen Dienstort infolge einer Maßnahme, für die Umzugskostenvergütung zugesagt worden ist, nach dem 30. Juni 2010, aber vor dem 1. Dezember 2012 angetreten, bemisst sich die Höhe des Ausstattungs- und des Einrichtungsbeitrags nach den §§ 12 und 13 der Auslandsumzugskostenverordnung in der am 30. Juni 2010 geltenden Fassung und dem Bundesbesoldungsgesetz.

§ 30 Inkrafttreten, Außerkrafttreten

30 Diese Verordnung tritt am 1. Dezember 2012 in Kraft. Gleichzeitig tritt die Auslandsumzugskostenverordnung in der Fassung der Bekanntmachung vom 25. November 2003 (BGBl. I S. 2360)[3], die zuletzt durch Artikel 15 Absatz 44 des Gesetzes vom 5. Februar 2009 (BGBl. I S. 160) geändert worden ist, außer Kraft.

---

[1] § 28 Überschrift, Abs. 1 Sätze 1 und 2 und Abs. 4 geänd. mWv 1. 7. 2016 durch VO v. 28. 6. 2016 (BGBl. I S. 1561).
[2] § 29 Abs. 1 Sätze 1 und 2 und Abs. 2 geänd. mWv 1. 7. 2016 durch VO v. 28. 6. 2016 (BGBl. I S. 1561).
[3] Zuletzt abgedruckt im *Handbuch zur Lohnsteuer 2012* in Anhang **I 9 a.**

10. Gesetz über die Zahlung des Arbeitsentgelts an Feiertagen und im Krankheitsfall (Entgeltfortzahlungsgesetz)[1]

Vom 26. Mai 1994 (BGBl. I S. 1065)

Geändert durch Gesetz vom 25. 9. 1996 (BGBl. I S. 1476), vom 12. 12. 1996 (BGBl. I S. 1859), vom 19. 12. 1998 (BGBl. I S. 3843), vom 19. 6. 2001 (BGBl. I S. 1046), vom 23. 12. 2003 (BGBl. I S. 2848), vom 21. 7. 2012 (BGBl. I S. 1601), vom 16. 7. 2015 (BGBl. I S. 1211) und vom 22. 11. 2019 (BGBl. I S. 1746), geänd. durch G v. 11. 2. 2021 (BGBl. I S. 154) und G v. 23. 3. 2022 (BGBl. I S. 482)

§ 1 Anwendungsbereich

(1) Dieses Gesetz regelt die Zahlung des Arbeitsentgelts an gesetzlichen Feiertagen und die Fortzahlung des Arbeitsentgelts im Krankheitsfall an Arbeitnehmer sowie die wirtschaftliche Sicherung im Bereich der Heimarbeit für gesetzliche Feiertage und im Krankheitsfall. 1

(2) Arbeitnehmer im Sinne dieses Gesetzes sind Arbeiter und Angestellte sowie die zu ihrer Berufsbildung Beschäftigten.

§ 2 Entgeltzahlung an Feiertagen

(1) Für Arbeitszeit, die infolge eines gesetzlichen Feiertages ausfällt, hat der Arbeitgeber dem Arbeitnehmer das Arbeitsentgelt zu zahlen, das er ohne den Arbeitsausfall erhalten hätte. 2

(2) Die Arbeitszeit, die an einem gesetzlichen Feiertag gleichzeitig infolge von Kurzarbeit ausfällt und für die an anderen Tagen als an gesetzlichen Feiertagen Kurzarbeitergeld geleistet wird, gilt als infolge eines gesetzlichen Feiertages nach Absatz 1 ausgefallen.

(3) Arbeitnehmer, die am letzten Arbeitstag vor oder am ersten Arbeitstag nach Feiertagen unentschuldigt der Arbeit fernbleiben, haben keinen Anspruch auf Bezahlung für diese Feiertage.

§ 3[2] Anspruch auf Entgeltfortzahlung im Krankheitsfall

(1) Wird ein Arbeitnehmer durch Arbeitsunfähigkeit infolge Krankheit an seiner Arbeitsleistung verhindert, ohne daß ihn ein Verschulden trifft, so hat er Anspruch auf Entgeltfortzahlung im Krankheitsfall durch den Arbeitgeber für die Zeit der Arbeitsunfähigkeit bis zur Dauer von sechs Wochen. Wird der Arbeitnehmer infolge derselben Krankheit erneut arbeitsunfähig, so verliert er wegen der erneuten Arbeitsunfähigkeit den Anspruch nach Satz 1 für einen weiteren Zeitraum von höchstens sechs Wochen nicht, wenn 3

1. er vor der erneuten Arbeitsunfähigkeit mindestens sechs Monate nicht infolge derselben Krankheit arbeitsunfähig war oder
2. seit Beginn der ersten Arbeitsunfähigkeit infolge derselben Krankheit eine Frist von zwölf Monaten abgelaufen ist.

(2) Als unverschuldete Arbeitsunfähigkeit im Sinne des Absatzes 1 gilt auch eine Arbeitsverhinderung, die infolge einer nicht rechtswidrigen Sterilisation oder eines nicht rechtswidrigen Abbruchs der Schwangerschaft eintritt. Dasselbe gilt für einen Abbruch der Schwangerschaft, wenn die Schwangerschaft innerhalb von zwölf Wochen nach der Empfängnis durch einen Arzt abgebrochen wird, die schwangere Frau den Abbruch verlangt und dem Arzt durch eine Bescheinigung nachgewiesen hat, daß sie sich mindestens drei Tage vor dem Eingriff von einer anerkannten Beratungsstelle hat beraten lassen.

(3) Der Anspruch nach Absatz 1 entsteht nach vierwöchiger ununterbrochener Dauer des Arbeitsverhältnisses.

§ 3 a[3] Anspruch auf Entgeltfortzahlung bei Spende von Organen, Geweben oder Blut zur Separation von Blutstammzellen oder anderen Blutbestandteilen

(1) Ist ein Arbeitnehmer durch Arbeitsunfähigkeit infolge der Spende von Organen oder Geweben, die nach den §§ 8 und 8 a des Transplantationsgesetzes erfolgt, oder einer Blutspende zur Separation von Blutstammzellen oder anderen Blutbestandteilen im Sinne von § 9 des Transfusionsgesetzes an seiner Arbeitsleistung verhindert, hat er Anspruch auf Entgeltfortzahlung durch den Arbeitgeber für die Zeit der Arbeitsunfähigkeit bis zur Dauer von sechs Wochen. § 3 Absatz 1 Satz 2 gilt entsprechend. 4

(2) Dem Arbeitgeber sind von der gesetzlichen Krankenkasse des Empfängers von Organen, Geweben oder Blut zur Separation von Blutstammzellen oder anderen Blutbestandteilen das an den Arbeitnehmer nach Absatz 1 fortgezahlte Arbeitsentgelt sowie die hierauf entfallenden vom Arbeitgeber zu tragenden Beiträge zur Sozialversicherung und zur betrieblichen Alters- und Hinterbliebenenversorgung auf Antrag zu erstatten. Ist der Empfänger von Organen, Geweben oder Blut zur Separation von Blutstammzellen oder anderen Blutbestandteilen gemäß § 193 Absatz 3 des Versicherungsvertragsgesetzes bei einem privaten Krankenversicherungsunternehmen versichert, erstattet dieses dem Arbeitgeber auf Antrag die Kosten nach Satz 1 in Höhe des tariflichen Erstattungssatzes. Ist der Empfänger von Organen, Geweben oder Blut zur Separation von Blutstammzellen oder anderen Blutbestandteilen bei einem Beihilfeträger des Bundes beihilfeberechtigt oder berücksichtigungsfähiger Angehöriger, erstattet der zuständige Beihilfeträger dem Arbeitgeber auf Antrag die Kosten nach Satz 1 zum jeweiligen Bemessungssatz des

[1] Entgeltfortzahlungsgesetz verkündet als Art. 53 des Pflege-Versicherungsgesetzes vom 26. 5. 1994 (BGBl. I S. 1014). In Kraft getreten am 1. 1. 1995.

[2] § 3 Abs. 1 Satz 1 geändert, Abs. 3 angefügt durch Gesetz vom 25. 9. 1996 (BGBl. I S. 1476) mit Wirkung ab 1. 10. 1996.

[3] § 3 a eingefügt durch Gesetz vom 21. 7. 2012 (BGBl. I S. 1601) mit Wirkung ab 1. 8. 2012. Überschrift, Abs. 1 Satz 1 und Abs. 2 Satz 1 bis 4 geändert durch Gesetz vom 16. 7. 2015 (BGBl. I S. 1211) mit Wirkung ab 23. 7. 2015.

Empfängers von Organen oder Geweben; dies gilt entsprechend für sonstige öffentlich-rechtliche Träger von Kosten in Krankheitsfällen auf Bundesebene. Unterliegt der Empfänger von Organen, Geweben oder Blut zur Separation von Blutstammzellen oder anderen Blutbestandteilen der Heilfürsorge im Bereich des Bundes oder truppenärztlichen Versorgung, erstatten die zuständigen Träger auf Antrag die Kosten nach Satz 1. Mehrere Erstattungspflichtige haben die Kosten nach Satz 1 anteilig zu tragen. Der Arbeitnehmer hat dem Arbeitgeber unverzüglich die zur Geltendmachung des Erstattungsanspruches erforderlichen Angaben zu machen.

§ 4[1] Höhe des fortzuzahlenden Arbeitsentgelts

5 (1) Für den in § 3 Abs. 1 oder in § 3 a Absatz 1 bezeichneten Zeitraum ist dem Arbeitnehmer das ihm bei der für ihn maßgebenden regelmäßigen Arbeitszeit zustehende Arbeitsentgelt fortzuzahlen.

(1 a) Zum Arbeitsentgelt nach Absatz 1 gehören nicht das zusätzlich für Überstunden gezahlte Arbeitsentgelt und Leistungen für Aufwendungen des Arbeitnehmers, soweit der Anspruch auf sie im Falle der Arbeitsfähigkeit davon abhängig ist, daß dem Arbeitnehmer entsprechende Aufwendungen tatsächlich entstanden sind, und dem Arbeitnehmer solche Aufwendungen während der Arbeitsunfähigkeit nicht entstehen. Erhält der Arbeitnehmer eine auf das Ergebnis der Arbeit abgestellte Vergütung, so ist der von dem Arbeitnehmer in der für ihn maßgebenden regelmäßigen Arbeitszeit erzielbare Durchschnittsverdienst der Berechnung zugrunde zu legen.

(2) Ist der Arbeitgeber für Arbeitszeit, die gleichzeitig infolge eines gesetzlichen Feiertages ausgefallen ist, zur Fortzahlung des Arbeitsentgelts nach § 3 oder nach § 3 a verpflichtet, bemißt sich die Höhe des fortzuzahlenden Arbeitsentgelts für diesen Feiertag nach § 2.

(3) Wird in dem Betrieb verkürzt gearbeitet und würde deshalb das Arbeitsentgelt des Arbeitnehmers im Falle seiner Arbeitsfähigkeit gemindert, so ist die verkürzte Arbeitszeit für ihre Dauer als die für den Arbeitnehmer maßgebende regelmäßige Arbeitszeit im Sinne des Absatzes 1 anzusehen. Dies gilt nicht im Falle des § 2 Abs. 2.

(4) Durch Tarifvertrag kann eine von den Absätzen 1, 1 a und 3 abweichende Bemessungsgrundlage des fortzuzahlenden Arbeitsentgelts festgelegt werden. Im Geltungsbereich eines solchen Tarifvertrages kann zwischen nichttarifgebundenen Arbeitgebern und Arbeitnehmern die Anwendung der tarifvertraglichen Regelung über die Fortzahlung des Arbeitsentgelts im Krankheitsfalle vereinbart werden.

§ 4 a[2] Kürzung von Sondervergütungen

6 Eine Vereinbarung über die Kürzung von Leistungen, die der Arbeitgeber zusätzlich zum laufenden Arbeitsentgelt erbringt (Sondervergütungen), ist auch für Zeiten der Arbeitsunfähigkeit infolge Krankheit zulässig. Die Kürzung darf für jeden Tag der Arbeitsunfähigkeit infolge Krankheit ein Viertel des Arbeitsentgelts, das im Jahresdurchschnitt auf einen Arbeitstag entfällt, nicht überschreiten.

§ 5 Anzeige- und Nachweispflichten

7 (1) Der Arbeitnehmer ist verpflichtet, dem Arbeitgeber die Arbeitsunfähigkeit und deren voraussichtliche Dauer unverzüglich mitzuteilen. Dauert die Arbeitsunfähigkeit länger als drei Kalendertage, hat der Arbeitnehmer eine ärztliche Bescheinigung über das Bestehen der Arbeitsunfähigkeit sowie deren voraussichtliche Dauer spätestens an dem darauffolgenden Arbeitstag vorzulegen. Der Arbeitgeber ist berechtigt, die Vorlage der ärztlichen Bescheinigung früher zu verlangen. Dauert die Arbeitsunfähigkeit länger als in der Bescheinigung angegeben, ist der Arbeitnehmer verpflichtet, eine neue ärztliche Bescheinigung vorzulegen. Ist der Arbeitnehmer Mitglied einer gesetzlichen Krankenkasse, muß die ärztliche Bescheinigung einen Vermerk des behandelnden Arztes darüber enthalten, daß der Krankenkasse unverzüglich eine Bescheinigung über die Arbeitsunfähigkeit mit Angaben über den Befund und die voraussichtliche Dauer der Arbeitsunfähigkeit übersandt wird.

(1 a)[3] Absatz 1 Satz 2 bis 5 gilt nicht für Arbeitnehmer, die Versicherte einer gesetzlichen Krankenkasse sind. Diese sind verpflichtet, zu den in Absatz 1 Satz 2 bis 4 genannten Zeitpunkten das Bestehen einer Arbeitsunfähigkeit sowie deren voraussichtliche Dauer feststellen und sich eine ärztliche Bescheinigung nach Absatz 1 Satz 2 oder 4 aushändigen zu lassen. Die Sätze 1 und 2 gelten nicht

1. für Personen, die eine geringfügige Beschäftigung in Privathaushalten ausüben (§ 8 a des Vierten Buches Sozialgesetzbuch), und
2. in Fällen der Feststellung der Arbeitsunfähigkeit durch einen Arzt, der nicht an der vertragsärztlichen Versorgung teilnimmt.

(2) Hält sich der Arbeitnehmer bei Beginn der Arbeitsunfähigkeit im Ausland auf, so ist er verpflichtet, dem Arbeitgeber die Arbeitsunfähigkeit, deren voraussichtliche Dauer und die Adresse am Aufenthaltsort in der schnellstmöglichen Art der Übermittlung mitzuteilen. Die durch die Mitteilung entstehenden Kosten hat der Arbeitgeber zu tragen. Darüber hinaus ist der Arbeitnehmer, wenn er Mitglied einer gesetzlichen Krankenkasse ist, verpflichtet, auch dieser die Arbeitsunfähigkeit und deren voraussichtliche Dauer unverzüglich anzuzeigen. Dauert die Arbeitsunfähigkeit länger als angezeigt, so ist der Arbeitneh-

[1] § 4 Abs. 1 neu gefasst und Abs. 1 a eingefügt, Abs. 4 Zitat geändert durch Gesetz vom 25. 9. 1996 (BGBl. I S. 1476) mit Wirkung ab 1. 10. 1996; § 4 Abs. 1 Satz 2 geändert durch Gesetz vom 12. 12. 1996 (BGBl. I S. 1859) mit Wirkung ab 1. 1. 1997; § 4 Abs. 1 neu gefasst sowie Abs. 1 a Satz 1 geändert durch Gesetz vom 19. 12. 1998 (BGBl. I S. 3843) mit Wirkung ab 1. 1. 1999. § 4 Abs. 1 und 2 geändert durch Gesetz vom 21. 7. 2012 (BGBl. I S. 1601) mit Wirkung ab 1. 8. 2012.

[2] Bisheriger § 4 a aufgehoben mit Wirkung ab 1. 1. 1999, bisheriger § 4 b wird neuer § 4 a durch Gesetz vom 19. 12. 1998 (BGBl. I S. 3843).

[3] § 5 Abs. 1 a eingefügt durch Gesetz vom 22. 11. 2019 (BGBl. I S. 1746), geändert durch Gesetz vom 11. 2. 2021 (BGBl. I S. 154) mit Wirkung ab 1. 7. 2022.

mer verpflichtet, der gesetzlichen Krankenkasse die voraussichtliche Fortdauer der Arbeitsunfähigkeit mitzuteilen. Die gesetzlichen Krankenkassen können festlegen, daß der Arbeitnehmer Anzeige- und Mitteilungspflichten nach den Sätzen 3 und 4 auch gegenüber einem ausländischen Sozialversicherungsträger erfüllen kann. Absatz 1 Satz 5 gilt nicht. Kehrt ein arbeitsunfähig erkrankter Arbeitnehmer in das Inland zurück, so ist er verpflichtet, dem Arbeitgeber und der Krankenkasse seine Rückkehr unverzüglich anzuzeigen.

§ 6 Forderungsübergang bei Dritthaftung

(1)[1] Kann der Arbeitnehmer auf Grund gesetzlicher Vorschriften von einem Dritten Schadensersatz wegen des Verdienstausfalls beanspruchen, der ihm durch die Arbeitsunfähigkeit entstanden ist, so geht dieser Anspruch insoweit auf den Arbeitgeber über, als dieser dem Arbeitnehmer nach diesem Gesetz Arbeitsentgelt fortgezahlt und darauf entfallende vom Arbeitgeber zu tragende Beiträge zur Bundesagentur für Arbeit, Arbeitgeberanteile an Beiträgen zur Sozialversicherung und zur Pflegeversicherung sowie zu Einrichtungen der zusätzlichen Alters- und Hinterbliebenenversorgung abgeführt hat. 8

(2) Der Arbeitnehmer hat dem Arbeitgeber unverzüglich die zur Geltendmachung des Schadenersatzanspruchs erforderlichen Angaben zu machen.

(3) Der Forderungsübergang nach Absatz 1 kann nicht zum Nachteil des Arbeitnehmers geltend gemacht werden.

§ 7 Leistungsverweigerungsrecht des Arbeitgebers

(1) Der Arbeitgeber ist berechtigt, die Fortzahlung des Arbeitsentgelts zu verweigern, 9

1. solange der Arbeitnehmer die von ihm nach § 5 Abs. 1 vorzulegende ärztliche Bescheinigung nicht vorlegt oder den ihm nach § 5 Abs. 2 obliegenden Verpflichtungen nicht nachkommt;
2. wenn der Arbeitnehmer den Übergang eines Schadenersatzanspruchs gegen einen Dritten auf den Arbeitgeber (§ 6) verhindert.

(2) Absatz 1 gilt nicht, wenn der Arbeitnehmer die Verletzung dieser ihm obliegenden Verpflichtungen nicht zu vertreten hat.

§ 8[2] Beendigung des Arbeitsverhältnisses

(1) Der Anspruch auf Fortzahlung des Arbeitsentgelts wird nicht dadurch berührt, daß der Arbeitgeber das Arbeitsverhältnis aus Anlaß der Arbeitsunfähigkeit kündigt. Das gleiche gilt, wenn der Arbeitnehmer das Arbeitsverhältnis aus einem vom Arbeitgeber zu vertretenden Grunde kündigt, der den Arbeitnehmer zur Kündigung aus wichtigem Grund ohne Einhaltung einer Kündigungsfrist berechtigt. 10

(2) Endet das Arbeitsverhältnis vor Ablauf der in § 3 Abs. 1 oder in § 3a Absatz 1 bezeichneten Zeit nach dem Beginn der Arbeitsunfähigkeit, ohne daß es einer Kündigung bedarf, oder infolge einer Kündigung aus anderen als den in Absatz 1 bezeichneten Gründen, so endet der Anspruch mit dem Ende des Arbeitsverhältnisses.

§ 9[3] Maßnahmen der medizinischen Vorsorge und Rehabilitation

(1) Die Vorschriften der §§ 3 bis 4 a und 6 bis 8 gelten entsprechend für die Arbeitsverhinderung infolge einer Maßnahme der medizinischen Vorsorge oder Rehabilitation, die ein Träger der gesetzlichen Renten-, Kranken- oder Unfallversicherung, eine Verwaltungsbehörde der Kriegsopferversorgung oder ein sonstiger Sozialleistungsträger bewilligt hat und die in einer Einrichtung der medizinischen Vorsorge oder Rehabilitation durchgeführt wird. Ist der Arbeitnehmer nicht Mitglied einer gesetzlichen Krankenkasse oder nicht in der gesetzlichen Rentenversicherung versichert, gelten die §§ 3 bis 4 a und 6 bis 8 entsprechend, wenn eine Maßnahme der medizinischen Vorsorge oder Rehabilitation ärztlich verordnet worden ist und in einer Einrichtung der medizinischen Vorsorge oder Rehabilitation oder einer vergleichbaren Einrichtung durchgeführt wird. 11

(2) Der Arbeitnehmer ist verpflichtet, dem Arbeitgeber den Zeitpunkt des Antritts der Maßnahme, die voraussichtliche Dauer und die Verlängerung der Maßnahme im Sinne des Absatzes 1 unverzüglich mitzuteilen und ihm

a) eine Bescheinigung über die Bewilligung der Maßnahme durch einen Sozialleistungsträger nach Absatz 1 Satz 1 oder

b) eine ärztliche Bescheinigung über die Erforderlichkeit der Maßnahme im Sinne des Absatzes 1 Satz 2

unverzüglich vorzulegen.

§ 10 Wirtschaftliche Sicherung für den Krankheitsfall im Bereich der Heimarbeit

(1)[4] In Heimarbeit Beschäftigte (§ 1 Abs. 1 des Heimarbeitsgesetzes) und ihnen nach § 1 Abs. 2 Buchstabe a bis c des Heimarbeitsgesetzes Gleichgestellte haben gegen ihren Auftraggeber oder, falls sie von einem Zwischenmeister beschäftigt werden, gegen diesen Anspruch auf Zahlung eines Zuschlags zum Arbeitsentgelt. Der Zuschlag beträgt 12

---

[1] § 6 Abs. 1 geändert durch Gesetz vom 23. 12. 2003 (BGBl. I S. 2848).

[2] § 8 Abs. 2 geändert durch Gesetz vom 21. 7. 2012 (BGBl. I S. 1601) mit Wirkung ab 1. 8. 2012.

[3] § 9 Abs. 1 Satz 1 und 2 Zitate geändert durch Gesetz vom 25. 9. 1996 (BGBl. I S. 1476) und durch Gesetz vom 19. 12. 1998 (BGBl. I S. 3843); Abs. 1 erneut geändert durch Gesetz vom 19. 6. 2001 (BGBl. I S. 1046).

[4] § 10 Abs. 1 Satz 2 geändert durch Gesetz vom 23. 12. 2003 (BGBl. I S. 2848).

1. für Heimarbeiter, für Hausgewerbetreibende ohne fremde Hilfskräfte und die nach § 1 Abs. 2 Buchstabe a des Heimarbeitsgesetzes Gleichgestellten 3,4 vom Hundert,

2. für Hausgewerbetreibende mit nicht mehr als zwei fremden Hilfskräften und die nach § 1 Abs. 2 Buchstabe b und c des Heimarbeitsgesetzes Gleichgestellten 6,4 vom Hundert

des Arbeitsentgelts vor Abzug der Steuern, des Beitrags zur Bundesagentur für Arbeit und der Sozialversicherungsbeiträge ohne Unkostenzuschlag und ohne die für den Lohnausfall an gesetzlichen Feiertagen, den Urlaub und den Arbeitsausfall infolge Krankheit zu leistenden Zahlungen. Der Zuschlag für die unter Nummer 2 aufgeführten Personen dient zugleich zur Sicherung der Ansprüche der von ihnen Beschäftigten.

(2) Zwischenmeister, die den in Heimarbeit Beschäftigten nach § 1 Abs. 2 Buchstabe d des Heimarbeitsgesetzes gleichgestellt sind, haben gegen ihren Auftraggeber Anspruch auf Vergütung der von ihnen nach Absatz 1 nachweislich zu zahlenden Zuschläge.

(3) Die nach den Absätzen 1 und 2 in Betracht kommenden Zuschläge sind gesondert in den Entgeltbeleg einzutragen.

(4) Für Heimarbeiter (§ 1 Abs. 1 Buchstabe a des Heimarbeitsgesetzes) kann durch Tarifvertrag bestimmt werden, daß sie statt der in Absatz 1 Satz 2 Nr. 1 bezeichneten Leistungen die den Arbeitnehmern im Falle ihrer Arbeitsunfähigkeit nach diesem Gesetz zustehenden Leistungen erhalten. Bei der Bemessung des Anspruchs auf Arbeitsentgelt bleibt der Unkostenzuschlag außer Betracht.

(5) Auf die in den Absätzen 1 und 2 vorgesehenen Zuschläge sind die §§ 23 bis 25, 27 und 28 des Heimarbeitsgesetzes, auf die in Absatz 1 dem Zwischenmeister gegenüber vorgesehenen Zuschläge außerdem § 21 Abs. 2 des Heimarbeitsgesetzes entsprechend anzuwenden. Auf die Ansprüche der fremden Hilfskräfte der in Absatz 1 unter Nummer 2 genannten Personen auf Entgeltfortzahlung im Krankheitsfall ist § 26 des Heimarbeitsgesetzes entsprechend anzuwenden.

§ 11 Feiertagsbezahlung der in Heimarbeit Beschäftigten

13 (1) Die in Heimarbeit Beschäftigten (§ 1 Abs. 1 des Heimarbeitsgesetzes) haben gegen den Auftraggeber oder Zwischenmeister Anspruch auf Feiertagsbezahlung nach Maßgabe der Absätze 2 bis 5. Den gleichen Anspruch haben die in § 1 Abs. 2 Buchstabe a bis d des Heimarbeitsgesetzes bezeichneten Personen, wenn sie hinsichtlich der Feiertagsbezahlung gleichgestellt werden; die Vorschriften des § 1 Abs. 3 Satz 3 und Abs. 4 und 5 des Heimarbeitsgesetzes finden Anwendung. Eine Gleichstellung, die sich auf die Entgeltregelung erstreckt, gilt auch für die Feiertagsbezahlung, wenn diese nicht ausdrücklich von der Gleichstellung ausgenommen ist.

(2) Das Feiertagsgeld beträgt für jeden Feiertag im Sinne des § 2 Abs. 1 0,72 vom Hundert des in einem Zeitraum von sechs Monaten ausgezahlten reinen Arbeitsentgelts ohne Unkostenzuschläge. Bei der Berechnung des Feiertagsgeldes ist für die Feiertage, die in den Zeitraum vom 1. Mai bis 31. Oktober fallen, der vorhergehende Zeitraum vom 1. November bis 30. April und für die Feiertage, die in den Zeitraum vom 1. November bis 30. April fallen, der vorhergehende Zeitraum vom 1. Mai bis 31. Oktober zugrunde zu legen. Der Anspruch auf Feiertagsgeld ist unabhängig davon, ob im laufenden Halbjahreszeitraum noch eine Beschäftigung in Heimarbeit für den Auftraggeber stattfindet.

(3) Das Feiertagsgeld ist jeweils bei der Entgeltzahlung vor dem Feiertag zu zahlen. Ist die Beschäftigung vor dem Feiertag unterbrochen worden, so ist das Feiertagsgeld spätestens drei Tage vor dem Feiertag auszuzahlen. Besteht bei der Einstellung der Ausgabe von Heimarbeit zwischen den Beteiligten Einvernehmen, das Heimarbeitsverhältnis nicht wieder fortzusetzen, so ist dem Berechtigten bei der letzten Entgeltzahlung das Feiertagsgeld für die noch übrigen Feiertage des laufenden sowie für die Feiertage des folgenden Halbjahreszeitraumes zu zahlen. Das Feiertagsgeld ist jeweils bei der Auszahlung in die Entgeltbelege (§ 9 des Heimarbeitsgesetzes) einzutragen.

(4) Übersteigt das Feiertagsgeld, das der nach Absatz 1 anspruchsberechtigte Hausgewerbetreibende oder im Lohnauftrag arbeitende Gewerbetreibende (Anspruchsberechtigte) für einen Feiertag auf Grund des § 2 seinen fremden Hilfskräften (§ 2 Abs. 6 des Heimarbeitsgesetzes) gezahlt hat, den Betrag, den er auf Grund der Absätze 2 und 3 für diesen Feiertag erhalten hat, so haben ihm auf Verlangen seine Auftraggeber oder Zwischenmeister den Mehrbetrag anteilig zu erstatten. Ist der Anspruchsberechtigte gleichzeitig Zwischenmeister, so bleibt hierbei das für die Heimarbeiter oder Hausgewerbetreibenden empfangene und weiter gezahlte Feiertagsgeld außer Ansatz. Nimmt ein Anspruchsberechtigter eine Erstattung nach Satz 1 in Anspruch, so können ihm bei Einstellung der Ausgabe von Heimarbeit die erstatteten Beträge auf das Feiertagsgeld angerechnet werden, das ihm auf Grund des Absatzes 2 und des Absatzes 3 Satz 3 für die dann noch übrigen Feiertage des laufenden sowie für die Feiertage des folgenden Halbjahreszeitraumes zu zahlen ist.

(5) Das Feiertagsgeld gilt als Entgelt im Sinne der Vorschriften des Heimarbeitsgesetzes über Mithaftung des Auftraggebers (§ 21 Abs. 2), über Entgeltschutz (§§ 23 bis 27) und über Auskunftspflicht über Entgelte (§ 28); hierbei finden die §§ 24 bis 26 des Heimarbeitsgesetzes Anwendung, wenn ein Feiertagsgeld gezahlt ist, das niedriger ist als das in diesem Gesetz festgesetzte.

§ 12 Unabdingbarkeit

14 Abgesehen von § 4 Abs. 4 kann von den Vorschriften dieses Gesetzes nicht zuungunsten des Arbeitnehmers oder der nach § 10 berechtigten Personen abgewichen werden.

§ 13[1] Übergangsvorschrift

Ist der Arbeitnehmer von einem Tag nach dem 9. Dezember 1998 bis zum 1. Januar 1999 oder darüber hinaus durch Arbeitsunfähigkeit infolge Krankheit oder infolge einer Maßnahme der medizinischen Vorsorge oder Rehabilitation an seiner Arbeitsleistung verhindert, sind für diesen Zeitraum die seit dem 1. Januar 1999 geltenden Vorschriften maßgebend, es sei denn, daß diese für den Arbeitnehmer ungünstiger sind. 15

11. Gesetz zum Schutz von Müttern bei der Arbeit, in der Ausbildung und im Studium (Mutterschutzgesetz – MuSchG)[2]

Vom 23. Mai 2017 (BGBl. I S. 1228)

Geändert durch Gesetz vom 23. 10. 2024 (BGBl. 2024 I Nr. 323) und vom 24. 2. 2025 (BGBl. 2025 I Nr. 59) |

Abschnitt 1. Allgemeine Vorschriften

§ 1 Anwendungsbereich, Ziel des Mutterschutzes

(1) Dieses Gesetz schützt die Gesundheit der Frau und ihres Kindes am Arbeits-, Ausbildungs- und Studienplatz während der Schwangerschaft, nach der Entbindung und in der Stillzeit. Das Gesetz ermöglicht es der Frau, ihre Beschäftigung oder sonstige Tätigkeit in dieser Zeit ohne Gefährdung ihrer Gesundheit oder der ihres Kindes fortzusetzen und wirkt Benachteiligungen während der Schwangerschaft, nach der Entbindung und in der Stillzeit entgegen. Regelungen in anderen Arbeitsschutzgesetzen bleiben unberührt. 1

(2) Dieses Gesetz gilt für Frauen in einer Beschäftigung im Sinne von § 7 Absatz 1 des Vierten Buches Sozialgesetzbuch. Unabhängig davon, ob ein solches Beschäftigungsverhältnis vorliegt, gilt dieses Gesetz auch für

1. Frauen in betrieblicher Berufsbildung und Praktikantinnen im Sinne von § 26 des Berufsbildungsgesetzes,
2. Frauen mit Behinderung, die in einer Werkstatt für behinderte Menschen beschäftigt sind,
3. Frauen, die als Entwicklungshelferinnen im Sinne des Entwicklungshelfer-Gesetzes tätig sind, jedoch mit der Maßgabe, dass die §§ 18 bis 22 auf sie nicht anzuwenden sind,
4. Frauen, die als Freiwillige im Sinne des Jugendfreiwilligendienstegesetzes oder des Bundesfreiwilligendienstgesetzes tätig sind,
5. Frauen, die als Mitglieder einer geistlichen Genossenschaft, Diakonissen oder Angehörige einer ähnlichen Gemeinschaft auf einer Planstelle oder aufgrund eines Gestellungsvertrages für diese tätig werden, auch während der Zeit ihrer dortigen außerschulischen Ausbildung,
6. Frauen, die in Heimarbeit beschäftigt sind, und ihnen Gleichgestellte im Sinne von § 1 Absatz 1 und 2 des Heimarbeitsgesetzes, soweit sie am Stück mitarbeiten, jedoch mit der Maßgabe, dass die §§ 10 und 14 auf sie nicht anzuwenden sind und § 9 Absatz 1 bis 5 auf sie entsprechend anzuwenden ist,
7. Frauen, die wegen ihrer wirtschaftlichen Unselbstständigkeit als arbeitnehmerähnliche Person anzusehen sind, jedoch mit der Maßgabe, dass die §§ 18, 19 Absatz 2 und § 20 auf sie nicht anzuwenden sind, und
8. Schülerinnen und Studentinnen, soweit die Ausbildungsstelle Ort, Zeit und Ablauf der Ausbildungsveranstaltung verpflichtend vorgibt oder die ein im Rahmen der schulischen oder hochschulischen Ausbildung verpflichtend vorgegebenes Praktikum ableisten, jedoch mit der Maßgabe, dass die §§ 17 bis 24 auf sie nicht anzuwenden sind.

(3) Das Gesetz gilt nicht für Beamtinnen und Richterinnen. Das Gesetz gilt ebenso nicht für Soldatinnen, auch soweit die Voraussetzungen des Absatzes 2 erfüllt sind, es sei denn, sie werden aufgrund dienstlicher Anordnung oder Gestattung außerhalb des Geschäftsbereiches des Bundesministeriums der Verteidigung tätig.

(4) Dieses Gesetz gilt für jede Person, die schwanger ist, ein Kind geboren hat oder stillt. Die Absätze 2 und 3 gelten entsprechend.

§ 2[3] Begriffsbestimmungen

(1) Arbeitgeber im Sinne dieses Gesetzes ist die natürliche oder juristische Person oder die rechtsfähige Personengesellschaft, die Personen nach § 1 Absatz 2 Satz 1 beschäftigt. Dem Arbeitgeber stehen gleich: 2

1. die natürliche oder juristische Person oder die rechtsfähige Personengesellschaft, die Frauen im Fall von § 1 Absatz 2 Satz 2 Nummer 1 ausbildet oder für die Praktikantinnen im Fall von § 1 Absatz 2 Satz 2 Nummer 1 tätig sind,
2. der Träger der Werkstatt für behinderte Menschen im Fall von § 1 Absatz 2 Satz 2 Nummer 2,
3. der Träger des Entwicklungsdienstes im Fall von § 1 Absatz 2 Satz 2 Nummer 3,
4. die Einrichtung, in der der Freiwilligendienst nach dem Jugendfreiwilligendienstegesetz oder nach dem Bundesfreiwilligendienstgesetz im Fall von § 1 Absatz 2 Satz 2 Nummer 4 geleistet wird,

---

[1] § 13 neu gefasst durch Gesetz vom 19. 12. 1998 (BGBl. I S. 3843) mit Wirkung ab 1. 1. 1999.

[2] MuSchG verkündet als Artikel 1 des Gesetzes zur Neuregelung des Mutterschutzrechts vom 23. 5. 2017 (BGBl. I S. 1228) ist am 1. 1. 2018 in Kraft getreten. Mit Inkrafttreten dieses Gesetzes trat das MuSchG vom 20. 6. 2002 (BGBl. I S. 2318) außer Kraft.

[3] § 2 Abs. 6 angef. **mWv 1. 6. 2025** durch G v. 24. 2. 2025 (BGBl. 2025 I Nr. 59).

5. die geistliche Genossenschaft und ähnliche Gemeinschaft im Fall von § 1 Absatz 2 Satz 2 Nummer 5,
6. der Auftraggeber und der Zwischenmeister von Frauen im Fall von § 1 Absatz 2 Satz 2 Nummer 6,
7. die natürliche oder juristische Person oder die rechtsfähige Personengesellschaft, für die Frauen im Sinne von § 1 Absatz 2 Satz 2 Nummer 7 tätig sind, und
8. die natürliche oder juristische Person oder die rechtsfähige Personengesellschaft, mit der das Ausbildungs- oder Praktikumsverhältnis im Fall von § 1 Absatz 2 Satz 2 Nummer 8 besteht (Ausbildungsstelle).

(2) Eine Beschäftigung im Sinne der nachfolgenden Vorschriften erfasst jede Form der Betätigung, die eine Frau im Rahmen eines Beschäftigungsverhältnisses nach § 1 Absatz 2 Satz 1 oder die eine Frau im Sinne von § 1 Absatz 2 Satz 2 im Rahmen ihres Rechtsverhältnisses zu ihrem Arbeitgeber nach § 2 Absatz 1 Satz 2 ausübt.

(3) Ein Beschäftigungsverbot im Sinne dieses Gesetzes ist nur ein Beschäftigungsverbot nach den §§ 3 bis 6, 10 Absatz 3, § 13 Absatz 1 Nummer 3 und § 16. Für eine in Heimarbeit beschäftigte Frau und eine ihr Gleichgestellte tritt an die Stelle des Beschäftigungsverbots das Verbot der Ausgabe von Heimarbeit nach den §§ 3, 8, 13 Absatz 2 und § 16. Für eine Frau, die wegen ihrer wirtschaftlichen Unselbstständigkeit als arbeitnehmerähnliche Person anzusehen ist, tritt an die Stelle des Beschäftigungsverbots nach Satz 1 die Befreiung von der vertraglich vereinbarten Leistungspflicht; die Frau kann sich jedoch gegenüber der dem Arbeitgeber gleichgestellten Person oder Gesellschaft im Sinne von Absatz 1 Satz 2 Nummer 7 dazu bereit erklären, die vertraglich vereinbarte Leistung zu erbringen.

(4) Alleinarbeit im Sinne dieses Gesetzes liegt vor, wenn der Arbeitgeber eine Frau an einem Arbeitsplatz in seinem räumlichen Verantwortungsbereich beschäftigt, ohne dass gewährleistet ist, dass sie jederzeit den Arbeitsplatz verlassen oder Hilfe erreichen kann.

(5) Arbeitsentgelt im Sinne dieses Gesetzes ist das Arbeitsentgelt, das nach § 14 des Vierten Buches Sozialgesetzbuch in Verbindung mit einer aufgrund des § 17 des Vierten Buches Sozialgesetzbuch erlassenen Verordnung bestimmt wird. Für Frauen im Sinne von § 1 Absatz 2 Satz 2 gilt als Arbeitsentgelt ihre jeweilige Vergütung.

[ab 1. 6. 2025:
(6) Eine Entbindung ist eine Lebend- oder eine Totgeburt. Die Regelungen zur Entbindung finden im Falle einer Fehlgeburt ab der 13. Schwangerschaftswoche entsprechende Anwendung, soweit nicht in diesem oder einem anderen Gesetz Abweichendes geregelt ist.]

Abschnitt 2. Gesundheitsschutz

Unterabschnitt 1. Arbeitszeitlicher Gesundheitsschutz

§ 3[1] Schutzfristen vor und nach der Entbindung

3 (1) Der Arbeitgeber darf eine schwangere Frau in den letzten sechs Wochen vor der Entbindung nicht beschäftigen (Schutzfrist vor der Entbindung), soweit sie sich nicht zur Arbeitsleistung ausdrücklich bereit erklärt. Sie kann die Erklärung nach Satz 1 jederzeit mit Wirkung für die Zukunft widerrufen. Für die Berechnung der Schutzfrist vor der Entbindung ist der voraussichtliche Tag der Entbindung maßgeblich, wie er sich aus dem ärztlichen Zeugnis oder dem Zeugnis einer Hebamme oder eines Entbindungspflegers ergibt. Entbindet eine Frau nicht am voraussichtlichen Tag, verkürzt oder verlängert sich die Schutzfrist vor der Entbindung entsprechend.

(2) Der Arbeitgeber darf eine Frau bis zum Ablauf von acht Wochen nach der Entbindung nicht beschäftigen (Schutzfrist nach der Entbindung). Die Schutzfrist nach der Entbindung verlängert sich auf zwölf Wochen
1. bei Frühgeburten,
2. bei Mehrlingsgeburten und,
3. wenn vor Ablauf von acht Wochen nach der Entbindung bei dem Kind eine Behinderung im Sinne von § 2 Absatz 1 Satz 1 des Neunten Buches Sozialgesetzbuch ärztlich festgestellt wird.

Bei vorzeitiger Entbindung verlängert sich die Schutzfrist nach der Entbindung nach Satz 1 oder nach Satz 2 um den Zeitraum der Verkürzung der Schutzfrist vor der Entbindung nach Absatz 1 Satz 4. Nach Satz 2 Nummer 3 verlängert sich die Schutzfrist nach der Entbindung nur, wenn die Frau dies beantragt. **[ab 1. 6. 2025:** Satz 2 gilt nicht bei einer Totgeburt.]

(3) Die Ausbildungsstelle darf eine Frau im Sinne von § 1 Absatz 2 Satz 2 Nummer 8 bereits in der Schutzfrist nach der Entbindung im Rahmen der schulischen oder hochschulischen Ausbildung tätig werden lassen, wenn die Frau dies ausdrücklich gegenüber ihrer Ausbildungsstelle verlangt. Die Frau kann ihre Erklärung jederzeit mit Wirkung für die Zukunft widerrufen.

(4) Der Arbeitgeber darf eine Frau nach dem Tod ihres Kindes bereits nach Ablauf der ersten zwei Wochen nach der Entbindung beschäftigen, wenn
1. die Frau dies ausdrücklich verlangt und
2. nach ärztlichem Zeugnis nichts dagegen spricht.

Sie kann ihre Erklärung nach Satz 1 Nummer 1 jederzeit mit Wirkung für die Zukunft widerrufen.

---

[1] § 3 Abs. 2 Satz 5 angef., Abs. 5 angef. **mWv 1. 6. 2025** durch G v. 24. 2. 2025 (BGBl. 2025 I Nr. 59).

[ab 1. 6. 2025:

(5) Bei einer Fehlgeburt darf der Arbeitgeber eine Frau nicht beschäftigen, soweit sie sich nicht zur Arbeitsleistung ausdrücklich bereit erklärt,

1. bis zum Ablauf von zwei Wochen bei einer Fehlgeburt ab der 13. Schwangerschaftswoche oder
2. bis zum Ablauf von sechs Wochen bei einer Fehlgeburt ab der 17. Schwangerschaftswoche oder
3. bis zum Ablauf von acht Wochen bei einer Fehlgeburt ab der 20. Schwangerschaftswoche.

Sie kann ihre Erklärung nach Satz 1 jederzeit mit Wirkung für die Zukunft widerrufen. Die Absätze 1 bis 3 gelten nicht.]

§ 4 Verbot der Mehrarbeit; Ruhezeit

(1) Der Arbeitgeber darf eine schwangere oder stillende Frau, die 18 Jahre oder älter ist, nicht mit einer Arbeit beschäftigen, die die Frau über achteinhalb Stunden täglich oder über 90 Stunden in der Doppelwoche hinaus zu leisten hat. Eine schwangere oder stillende Frau unter 18 Jahren darf der Arbeitgeber nicht mit einer Arbeit beschäftigen, die die Frau über acht Stunden täglich oder über 80 Stunden in der Doppelwoche hinaus zu leisten hat. In die Doppelwoche werden die Sonntage eingerechnet. Der Arbeitgeber darf eine schwangere oder stillende Frau nicht in einem Umfang beschäftigen, der die vertraglich vereinbarte wöchentliche Arbeitszeit im Durchschnitt des Monats übersteigt. Bei mehreren Arbeitgebern sind die Arbeitszeiten zusammenzurechnen. 4

(2) Der Arbeitgeber muss der schwangeren oder stillenden Frau nach Beendigung der täglichen Arbeitszeit eine ununterbrochene Ruhezeit von mindestens elf Stunden gewähren.

§ 5 Verbot der Nachtarbeit

(1) Der Arbeitgeber darf eine schwangere oder stillende Frau nicht zwischen 20 Uhr und 6 Uhr beschäftigen. Er darf sie bis 22 Uhr beschäftigen, wenn die Voraussetzungen des § 28 erfüllt sind. 5

(2) Die Ausbildungsstelle darf eine schwangere oder stillende Frau im Sinne von § 1 Absatz 2 Satz 2 Nummer 8 nicht zwischen 20 Uhr und 6 Uhr im Rahmen der schulischen oder hochschulischen Ausbildung tätig werden lassen. Die Ausbildungsstelle darf sie an Ausbildungsveranstaltungen bis 22 Uhr teilnehmen lassen, wenn

1. sich die Frau dazu ausdrücklich bereit erklärt,
2. die Teilnahme zu Ausbildungszwecken zu dieser Zeit erforderlich ist und
3. insbesondere eine unverantwortbare Gefährdung für die schwangere Frau oder ihr Kind durch Alleinarbeit ausgeschlossen ist.

Die schwangere oder stillende Frau kann ihre Erklärung nach Satz 2 Nummer 1 jederzeit mit Wirkung für die Zukunft widerrufen.

§ 6 Verbot der Sonn- und Feiertagsarbeit

(1) Der Arbeitgeber darf eine schwangere oder stillende Frau nicht an Sonn- und Feiertagen beschäftigen. Er darf sie an Sonn- und Feiertagen nur dann beschäftigen, wenn 6

1. sich die Frau dazu ausdrücklich bereit erklärt,
2. eine Ausnahme vom allgemeinen Verbot der Arbeit an Sonn- und Feiertagen nach § 10 des Arbeitszeitgesetzes zugelassen ist,
3. der Frau in jeder Woche im Anschluss an eine ununterbrochene Nachtruhezeit von mindestens elf Stunden ein Ersatzruhetag gewährt wird und
4. insbesondere eine unverantwortbare Gefährdung für die schwangere Frau oder ihr Kind durch Alleinarbeit ausgeschlossen ist.

Die schwangere oder stillende Frau kann ihre Erklärung nach Satz 2 Nummer 1 jederzeit mit Wirkung für die Zukunft widerrufen.

(2) Die Ausbildungsstelle darf eine schwangere oder stillende Frau im Sinne von § 1 Absatz 2 Satz 2 Nummer 8 nicht an Sonn- und Feiertagen im Rahmen der schulischen oder hochschulischen Ausbildung tätig werden lassen. Die Ausbildungsstelle darf sie an Ausbildungsveranstaltungen an Sonn- und Feiertagen teilnehmen lassen, wenn

1. sich die Frau dazu ausdrücklich bereit erklärt,
2. die Teilnahme zu Ausbildungszwecken zu dieser Zeit erforderlich ist,
3. der Frau in jeder Woche im Anschluss an eine ununterbrochene Nachtruhezeit von mindestens elf Stunden ein Ersatzruhetag gewährt wird und
4. insbesondere eine unverantwortbare Gefährdung für die schwangere Frau oder ihr Kind durch Alleinarbeit ausgeschlossen ist.

Die schwangere oder stillende Frau kann ihre Erklärung nach Satz 2 Nummer 1 jederzeit mit Wirkung für die Zukunft widerrufen.

§ 7 Freistellung für Untersuchungen und zum Stillen

(1) Der Arbeitgeber hat eine Frau für die Zeit freizustellen, die zur Durchführung der Untersuchungen im Rahmen der Leistungen der gesetzlichen Krankenversicherung bei Schwangerschaft und Mutterschaft erforderlich sind. Entsprechendes gilt zugunsten einer Frau, die nicht in der gesetzlichen Krankenversicherung versichert ist. 7

(2) Der Arbeitgeber hat eine stillende Frau auf ihr Verlangen während der ersten zwölf Monate nach der Entbindung für die zum Stillen erforderliche Zeit freizustellen, mindestens aber zweimal täglich für eine halbe Stunde oder einmal täglich für eine Stunde. Bei einer zusammenhängenden Arbeitszeit von mehr als acht Stunden soll auf Verlangen der Frau zweimal eine Stillzeit von mindestens 45 Minuten oder, wenn in der Nähe der Arbeitsstätte keine Stillgelegenheit vorhanden ist, einmal eine Stillzeit von mindestens 90 Minuten gewährt werden. Die Arbeitszeit gilt als zusammenhängend, wenn sie nicht durch eine Ruhepause von mehr als zwei Stunden unterbrochen wird.

§ 8 Beschränkung von Heimarbeit

8 (1) Der Auftraggeber oder Zwischenmeister darf Heimarbeit an eine schwangere in Heimarbeit beschäftigte Frau oder an eine ihr Gleichgestellte nur in solchem Umfang und mit solchen Fertigungsfristen ausgeben, dass die Arbeit werktags während einer achtstündigen Tagesarbeitszeit ausgeführt werden kann.

(2) Der Auftraggeber oder Zwischenmeister darf Heimarbeit an eine stillende in Heimarbeit beschäftigte Frau oder an eine ihr Gleichgestellte nur in solchem Umfang und mit solchen Fertigungsfristen ausgeben, dass die Arbeit werktags während einer siebenstündigen Tagesarbeitszeit ausgeführt werden kann.

Unterabschnitt 2. Betrieblicher Gesundheitsschutz

§ 9[1] Gestaltung der Arbeitsbedingungen; unverantwortbare Gefährdung

9 (1) Der Arbeitgeber hat bei der Gestaltung der Arbeitsbedingungen einer schwangeren oder stillenden Frau alle aufgrund der Gefährdungsbeurteilung nach § 10 erforderlichen Maßnahmen für den Schutz ihrer physischen und psychischen Gesundheit sowie der ihres Kindes zu treffen. Er hat die Maßnahmen auf ihre Wirksamkeit zu überprüfen und erforderlichenfalls den sich ändernden Gegebenheiten anzupassen. Soweit es nach den Vorschriften dieses Gesetzes verantwortbar ist, ist der Frau auch während der Schwangerschaft, nach der Entbindung und in der Stillzeit die Fortführung ihrer Tätigkeiten zu ermöglichen. Nachteile aufgrund der Schwangerschaft, der Entbindung oder der Stillzeit sollen vermieden oder ausgeglichen werden.

(2) Der Arbeitgeber hat die Arbeitsbedingungen so zu gestalten, dass Gefährdungen einer schwangeren oder stillenden Frau oder ihres Kindes möglichst vermieden werden und eine unverantwortbare Gefährdung ausgeschlossen wird. Eine Gefährdung ist unverantwortbar, wenn die Eintrittswahrscheinlichkeit einer Gesundheitsbeeinträchtigung angesichts der zu erwartenden Schwere des möglichen Gesundheitsschadens nicht hinnehmbar ist. Eine unverantwortbare Gefährdung gilt als ausgeschlossen, wenn der Arbeitgeber alle Vorgaben einhält, die aller Wahrscheinlichkeit nach dazu führen, dass die Gesundheit einer schwangeren oder stillenden Frau oder ihres Kindes nicht beeinträchtigt wird.

(3) Der Arbeitgeber hat sicherzustellen, dass die schwangere oder stillende Frau ihre Tätigkeit am Arbeitsplatz, soweit es für sie erforderlich ist, kurz unterbrechen kann. Er hat darüber hinaus sicherzustellen, dass sich die schwangere oder stillende Frau während der Pausen und Arbeitsunterbrechungen unter geeigneten Bedingungen hinlegen, hinsetzen und ausruhen kann.

(4) Alle Maßnahmen des Arbeitgebers nach diesem Unterabschnitt sowie die Beurteilung der Arbeitsbedingungen nach § 10 müssen dem Stand der Technik, der Arbeitsmedizin und der Hygiene sowie den sonstigen gesicherten wissenschaftlichen Erkenntnissen entsprechen. Der Arbeitgeber hat bei seinen Maßnahmen die vom Ausschuss für Mutterschutz ermittelten und nach § 30 Absatz 4 im Gemeinsamen Ministerialblatt veröffentlichten Regeln und Erkenntnisse zu berücksichtigen; bei Einhaltung dieser Regeln und bei Beachtung dieser Erkenntnisse ist davon auszugehen, dass die in diesem Gesetz gestellten Anforderungen erfüllt sind.

(5) Der Arbeitgeber kann zuverlässige und fachkundige Personen schriftlich damit beauftragen, ihm obliegende Aufgaben nach diesem Unterabschnitt in eigener Verantwortung wahrzunehmen.

(6) Kosten für Maßnahmen nach diesem Gesetz darf der Arbeitgeber nicht den Personen auferlegen, die bei ihm beschäftigt sind. Die Kosten für Zeugnisse und Bescheinigungen, die die schwangere **[ab 1. 6. 2025:** Frau, die Frau nach der Entbindung**]** oder **[ab 1. 6. 2025:** die**]** stillende Frau auf Verlangen des Arbeitgebers vorzulegen hat, trägt der Arbeitgeber.

§ 10[2] Beurteilung der Arbeitsbedingungen; Schutzmaßnahmen

10 (1) Im Rahmen der Beurteilung der Arbeitsbedingungen nach § 5 des Arbeitsschutzgesetzes hat der Arbeitgeber für jede Tätigkeit

1. die Gefährdungen nach Art, Ausmaß und Dauer zu beurteilen, denen eine schwangere oder stillende Frau oder ihr Kind ausgesetzt ist oder sein kann, und
2. unter Berücksichtigung des Ergebnisses der Beurteilung der Gefährdung nach Nummer 1 zu ermitteln, ob für eine schwangere oder stillende Frau oder ihr Kind voraussichtlich
   a) keine Schutzmaßnahmen erforderlich sein werden,
   b) eine Umgestaltung der Arbeitsbedingungen nach § 13 Absatz 1 Nummer 1 erforderlich sein wird oder
   c) eine Fortführung der Tätigkeit der Frau an diesem Arbeitsplatz nicht möglich sein wird.

Bei gleichartigen Arbeitsbedingungen ist die Beurteilung eines Arbeitsplatzes oder einer Tätigkeit ausreichend. Die Verpflichtung des Arbeitgebers nach Satz 1 entfällt, wenn gemäß einer zu diesem Zweck nach § 30 Absatz 4 veröffentlichten Regel oder Erkenntnis des Ausschusses für Mutterschutz eine schwangere oder stillende Frau die Tätigkeit nicht ausüben oder einer Arbeitsbedingung nicht ausgesetzt sein darf.

[1] § 9 Abs. 6 Satz 2 geänd. **mWv 1. 6. 2025** durch G v. 24. 2. 2025 (BGBl. 2025 I Nr. 59).
[2] § 10 Abs. 1 Satz 3 angef., Abs. 2 Satz 1 geänd. mWv 1. 1. 2025 durch G v. 23. 10. 2024 (BGBl. 2024 I Nr. 323).

(2) Sobald eine Frau dem Arbeitgeber mitgeteilt hat, dass sie schwanger ist oder stillt, hat der Arbeitgeber unverzüglich die nach Maßgabe der Gefährdungsbeurteilung nach Absatz 1 oder nach Maßgabe des § 13 erforderlichen Schutzmaßnahmen festzulegen. Zusätzlich hat der Arbeitgeber der Frau ein Gespräch über weitere Anpassungen ihrer Arbeitsbedingungen anzubieten.

(3) Der Arbeitgeber darf eine schwangere oder stillende Frau nur diejenigen Tätigkeiten ausüben lassen, für die er die erforderlichen Schutzmaßnahmen nach Absatz 2 Satz 1 getroffen hat.

§ 11 Unzulässige Tätigkeiten und Arbeitsbedingungen für schwangere Frauen

(1) Der Arbeitgeber darf eine schwangere Frau keine Tätigkeiten ausüben lassen und sie keinen Arbeitsbedingungen aussetzen, bei denen sie in einem Maß Gefahrstoffen ausgesetzt ist oder sein kann, dass dies für sie oder für ihr Kind eine unverantwortbare Gefährdung darstellt. Eine unverantwortbare Gefährdung im Sinne von Satz 1 liegt insbesondere vor, wenn die schwangere Frau Tätigkeiten ausübt oder Arbeitsbedingungen ausgesetzt ist, bei denen sie folgenden Gefahrstoffen ausgesetzt ist oder sein kann: 11

1. Gefahrstoffen, die nach den Kriterien des Anhangs I zur Verordnung (EG) Nr. 1272/2008 des Europäischen Parlaments und des Rates vom 16. Dezember 2008 über die Einstufung, Kennzeichnung und Verpackung von Stoffen und Gemischen, zur Änderung und Aufhebung der Richtlinien 67/548/EWG und 1999/45/EG und zur Änderung der Verordnung (EG) Nr. 1907/2006 (ABl. L 353 vom 31.12.2008, S. 1) zu bewerten sind
   a) als reproduktionstoxisch nach der Kategorie 1A, 1B oder 2 oder nach der Zusatzkategorie für Wirkungen auf oder über die Laktation,
   b) als keimzellmutagen nach der Kategorie 1A oder 1B,
   c) als karzinogen nach der Kategorie 1A oder 1B,
   d) als spezifisch zielorgantoxisch nach einmaliger Exposition nach der Kategorie 1 oder
   e) als akut toxisch nach der Kategorie 1, 2 oder 3,
2. Blei und Bleiderivaten, soweit die Gefahr besteht, dass diese Stoffe vom menschlichen Körper aufgenommen werden, oder
3. Gefahrstoffen, die als Stoffe ausgewiesen sind, die auch bei Einhaltung der arbeitsplatzbezogenen Vorgaben möglicherweise zu einer Fruchtschädigung führen können.

Eine unverantwortbare Gefährdung im Sinne von Satz 1 oder 2 gilt insbesondere als ausgeschlossen,

1. wenn
   a) für den jeweiligen Gefahrstoff die arbeitsplatzbezogenen Vorgaben eingehalten werden und es sich um einen Gefahrstoff handelt, der als Stoff ausgewiesen ist, der bei Einhaltung der arbeitsplatzbezogenen Vorgaben hinsichtlich einer Fruchtschädigung als sicher bewertet wird, oder
   b) der Gefahrstoff nicht in der Lage ist, die Plazentaschranke zu überwinden, oder aus anderen Gründen ausgeschlossen ist, dass eine Fruchtschädigung eintritt, und
2. wenn der Gefahrstoff nach den Kriterien des Anhangs I zur Verordnung (EG) Nr. 1272/2008 nicht als reproduktionstoxisch nach der Zusatzkategorie für Wirkungen auf oder über die Laktation zu bewerten ist.

Die vom Ausschuss für Mutterschutz ermittelten wissenschaftlichen Erkenntnisse sind zu beachten.

(2) Der Arbeitgeber darf eine schwangere Frau keine Tätigkeiten ausüben lassen und sie keinen Arbeitsbedingungen aussetzen, bei denen sie in einem Maß mit Biostoffen der Risikogruppe 2, 3 oder 4 im Sinne von § 3 Absatz 1 der Biostoffverordnung in Kontakt kommt oder kommen kann, dass dies für sie oder für ihr Kind eine unverantwortbare Gefährdung darstellt. Eine unverantwortbare Gefährdung im Sinne von Satz 1 liegt insbesondere vor, wenn die schwangere Frau Tätigkeiten ausübt oder Arbeitsbedingungen ausgesetzt ist, bei denen sie mit folgenden Biostoffen in Kontakt kommt oder kommen kann:

1. mit Biostoffen, die in die Risikogruppe 4 im Sinne von § 3 Absatz 1 der Biostoffverordnung einzustufen sind, oder
2. mit Rötelnvirus oder mit Toxoplasma.

Die Sätze 1 und 2 gelten auch, wenn der Kontakt mit Biostoffen im Sinne von Satz 1 oder 2 therapeutische Maßnahmen erforderlich macht oder machen kann, die selbst eine unverantwortbare Gefährdung darstellen. Eine unverantwortbare Gefährdung im Sinne von Satz 1 oder 2 gilt insbesondere als ausgeschlossen, wenn die schwangere Frau über einen ausreichenden Immunschutz verfügt.

(3) Der Arbeitgeber darf eine schwangere Frau keine Tätigkeiten ausüben lassen und sie keinen Arbeitsbedingungen aussetzen, bei denen sie physikalischen Einwirkungen in einem Maß ausgesetzt ist oder sein kann, dass dies für sie oder für ihr Kind eine unverantwortbare Gefährdung darstellt. Als physikalische Einwirkungen im Sinne von Satz 1 sind insbesondere zu berücksichtigen:

1. ionisierende und nicht ionisierende Strahlungen,
2. Erschütterungen, Vibrationen und Lärm sowie
3. Hitze, Kälte und Nässe.

(4) Der Arbeitgeber darf eine schwangere Frau keine Tätigkeiten ausüben lassen und sie keinen Arbeitsbedingungen aussetzen, bei denen sie einer belastenden Arbeitsumgebung in einem Maß ausgesetzt ist oder sein kann, dass dies für sie oder für ihr Kind eine unverantwortbare Gefährdung darstellt. Der Arbeitgeber darf eine schwangere Frau insbesondere keine Tätigkeiten ausüben lassen

1. in Räumen mit einem Überdruck im Sinne von § 2 der Druckluftverordnung,
2. in Räumen mit sauerstoffreduzierter Atmosphäre oder
3. im Bergbau unter Tage.

(5) Der Arbeitgeber darf eine schwangere Frau keine Tätigkeiten ausüben lassen und sie keinen Arbeitsbedingungen aussetzen, bei denen sie körperlichen Belastungen oder mechanischen Einwirkungen in einem Maß ausgesetzt ist oder sein kann, dass dies für sie oder für ihr Kind eine unverantwortbare Gefährdung darstellt. Der Arbeitgeber darf eine schwangere Frau insbesondere keine Tätigkeiten ausüben lassen, bei denen

1. sie ohne mechanische Hilfsmittel regelmäßig Lasten von mehr als 5 Kilogramm Gewicht oder gelegentlich Lasten von mehr als 10 Kilogramm Gewicht von Hand heben, halten, bewegen oder befördern muss,
2. sie mit mechanischen Hilfsmitteln Lasten von Hand heben, halten, bewegen oder befördern muss und dabei ihre körperliche Beanspruchung der von Arbeiten nach Nummer 1 entspricht,
3. sie nach Ablauf des fünften Monats der Schwangerschaft überwiegend bewegungsarm ständig stehen muss und wenn diese Tätigkeit täglich vier Stunden überschreitet,
4. sie sich häufig erheblich strecken, beugen, dauernd hocken, sich gebückt halten oder sonstige Zwangshaltungen einnehmen muss,
5. sie auf Beförderungsmitteln eingesetzt wird, wenn dies für sie oder für ihr Kind eine unverantwortbare Gefährdung darstellt,
6. Unfälle, insbesondere durch Ausgleiten, Fallen oder Stürzen, oder Tätlichkeiten zu befürchten sind, die für sie oder für ihr Kind eine unverantwortbare Gefährdung darstellen,
7. sie eine Schutzausrüstung tragen muss und das Tragen eine Belastung darstellt oder
8. eine Erhöhung des Drucks im Bauchraum zu befürchten ist, insbesondere bei Tätigkeiten mit besonderer Fußbeanspruchung.

(6) Der Arbeitgeber darf eine schwangere Frau folgende Arbeiten nicht ausüben lassen:

1. Akkordarbeit oder sonstige Arbeiten, bei denen durch ein gesteigertes Arbeitstempo ein höheres Entgelt erzielt werden kann,
2. Fließarbeit oder
3. getaktete Arbeit mit vorgeschriebenem Arbeitstempo, wenn die Art der Arbeit oder das Arbeitstempo für die schwangere Frau oder für ihr Kind eine unverantwortbare Gefährdung darstellt.

§ 12 Unzulässige Tätigkeiten und Arbeitsbedingungen für stillende Frauen

12 (1) Der Arbeitgeber darf eine stillende Frau keine Tätigkeiten ausüben lassen und sie keinen Arbeitsbedingungen aussetzen, bei denen sie in einem Maß Gefahrstoffen ausgesetzt ist oder sein kann, dass dies für sie oder für ihr Kind eine unverantwortbare Gefährdung darstellt. Eine unverantwortbare Gefährdung im Sinne von Satz 1 liegt insbesondere vor, wenn die stillende Frau Tätigkeiten ausübt oder Arbeitsbedingungen ausgesetzt ist, bei denen sie folgenden Gefahrstoffen ausgesetzt ist oder sein kann:

1. Gefahrstoffen, die nach den Kriterien des Anhangs I zur Verordnung (EG) Nr. 1272/2008 als reproduktionstoxisch nach der Zusatzkategorie für Wirkungen auf oder über die Laktation zu bewerten sind oder
2. Blei und Bleiderivaten, soweit die Gefahr besteht, dass diese Stoffe vom menschlichen Körper aufgenommen werden.

(2) Der Arbeitgeber darf eine stillende Frau keine Tätigkeiten ausüben lassen und sie keinen Arbeitsbedingungen aussetzen, bei denen sie in einem Maß mit Biostoffen der Risikogruppe 2, 3 oder 4 im Sinne von § 3 Absatz 1 der Biostoffverordnung in Kontakt kommt oder kommen kann, dass dies für sie oder für ihr Kind eine unverantwortbare Gefährdung darstellt. Eine unverantwortbare Gefährdung im Sinne von Satz 1 liegt insbesondere vor, wenn die stillende Frau Tätigkeiten ausübt oder Arbeitsbedingungen ausgesetzt ist, bei denen sie mit Biostoffen in Kontakt kommt oder kommen kann, die in die Risikogruppe 4 im Sinne von § 3 Absatz 1 der Biostoffverordnung einzustufen sind. Die Sätze 1 und 2 gelten auch, wenn der Kontakt mit Biostoffen im Sinne von Satz 1 oder 2 therapeutische Maßnahmen erforderlich macht oder machen kann, die selbst eine unverantwortbare Gefährdung darstellen. Eine unverantwortbare Gefährdung im Sinne von Satz 1 oder 2 gilt als ausgeschlossen, wenn die stillende Frau über einen ausreichenden Immunschutz verfügt.

(3) Der Arbeitgeber darf eine stillende Frau keine Tätigkeiten ausüben lassen und sie keinen Arbeitsbedingungen aussetzen, bei denen sie physikalischen Einwirkungen in einem Maß ausgesetzt ist oder sein kann, dass dies für sie oder für ihr Kind eine unverantwortbare Gefährdung darstellt. Als physikalische Einwirkungen im Sinne von Satz 1 sind insbesondere ionisierende und nicht ionisierende Strahlungen zu berücksichtigen.

(4) Der Arbeitgeber darf eine stillende Frau keine Tätigkeiten ausüben lassen und sie keinen Arbeitsbedingungen aussetzen, bei denen sie einer belastenden Arbeitsumgebung in einem Maß ausgesetzt ist oder sein kann, dass dies für sie oder für ihr Kind eine unverantwortbare Gefährdung darstellt. Der Arbeitgeber darf eine stillende Frau insbesondere keine Tätigkeiten ausüben lassen

1. in Räumen mit einem Überdruck im Sinne von § 2 der Druckluftverordnung oder
2. im Bergbau unter Tage.

(5) Der Arbeitgeber darf eine stillende Frau folgende Arbeiten nicht ausüben lassen:

1. Akkordarbeit oder sonstige Arbeiten, bei denen durch ein gesteigertes Arbeitstempo ein höheres Entgelt erzielt werden kann,
2. Fließarbeit oder

3. getaktete Arbeit mit vorgeschriebenem Arbeitstempo, wenn die Art der Arbeit oder das Arbeitstempo für die stillende Frau oder für ihr Kind eine unverantwortbare Gefährdung darstellt.

§ 13 Rangfolge der Schutzmaßnahmen: Umgestaltung der Arbeitsbedingungen, Arbeitsplatzwechsel und betriebliches Beschäftigungsverbot

(1) Werden unverantwortbare Gefährdungen im Sinne von § 9, § 11 oder § 12 festgestellt, hat der Arbeitgeber für jede Tätigkeit einer schwangeren oder stillenden Frau Schutzmaßnahmen in folgender Rangfolge zu treffen: 13

1. Der Arbeitgeber hat die Arbeitsbedingungen für die schwangere oder stillende Frau durch Schutzmaßnahmen nach Maßgabe des § 9 Absatz 2 umzugestalten.
2. Kann der Arbeitgeber unverantwortbare Gefährdungen für die schwangere oder stillende Frau nicht durch die Umgestaltung der Arbeitsbedingungen nach Nummer 1 ausschließen oder ist eine Umgestaltung wegen des nachweislich unverhältnismäßigen Aufwandes nicht zumutbar, hat der Arbeitgeber die Frau an einem anderen geeigneten Arbeitsplatz einzusetzen, wenn er einen solchen Arbeitsplatz zur Verfügung stellen kann und dieser Arbeitsplatz der schwangeren oder stillenden Frau zumutbar ist.
3. Kann der Arbeitgeber unverantwortbare Gefährdungen für die schwangere oder stillende Frau weder durch Schutzmaßnahmen nach Nummer 1 noch durch einen Arbeitsplatzwechsel nach Nummer 2 ausschließen, darf er die schwangere oder stillende Frau nicht weiter beschäftigen.

(2) Der Auftraggeber oder Zwischenmeister darf keine Heimarbeit an schwangere oder stillende Frauen ausgeben, wenn unverantwortbare Gefährdungen nicht durch Schutzmaßnahmen nach Absatz 1 Nummer 1 ausgeschlossen werden können.

§ 14 Dokumentation und Information durch den Arbeitgeber

(1) Der Arbeitgeber hat die Beurteilung der Arbeitsbedingungen nach § 10 durch Unterlagen zu dokumentieren, aus denen Folgendes ersichtlich ist: 14

1. das Ergebnis der Gefährdungsbeurteilung nach § 10 Absatz 1 Satz 1 Nummer 1 und der Bedarf an Schutzmaßnahmen nach § 10 Absatz 1 Satz 1 Nummer 2,
2. die Festlegung der erforderlichen Schutzmaßnahmen nach § 10 Absatz 2 Satz 1 sowie das Ergebnis ihrer Überprüfung nach § 9 Absatz 1 Satz 2 und
3. das Angebot eines Gesprächs mit der Frau über weitere Anpassungen ihrer Arbeitsbedingungen nach § 10 Absatz 2 Satz 2 oder der Zeitpunkt eines solchen Gesprächs.

Wenn die Beurteilung nach § 10 Absatz 1 ergibt, dass die schwangere oder stillende Frau oder ihr Kind keiner Gefährdung im Sinne von § 9 Absatz 2 ausgesetzt ist oder sein kann, reicht es aus, diese Feststellung in einer für den Arbeitsplatz der Frau oder für die Tätigkeit der Frau bereits erstellten Dokumentation der Beurteilung der Arbeitsbedingungen nach § 5 des Arbeitsschutzgesetzes zu vermerken.

(2) Der Arbeitgeber hat alle Personen, die bei ihm beschäftigt sind, über das Ergebnis der Gefährdungsbeurteilung nach § 10 Absatz 1 Satz 1 Nummer 1 und über den Bedarf an Schutzmaßnahmen nach § 10 Absatz 1 Satz 1 Nummer 2 zu informieren.

(3) Der Arbeitgeber hat eine schwangere oder stillende Frau über die Gefährdungsbeurteilung nach § 10 Absatz 1 Satz 1 Nummer 1 und über die damit verbundenen für sie erforderlichen Schutzmaßnahmen nach § 10 Absatz 2 Satz 1 in Verbindung mit § 13 zu informieren.

§ 15 Mitteilungen und Nachweise der schwangeren und stillenden Frauen

(1) Eine schwangere Frau soll ihrem Arbeitgeber ihre Schwangerschaft und den voraussichtlichen Tag der Entbindung mitteilen, sobald sie weiß, dass sie schwanger ist. Eine stillende Frau soll ihrem Arbeitgeber so früh wie möglich mitteilen, dass sie stillt. 15

(2) Auf Verlangen des Arbeitgebers soll eine schwangere Frau als Nachweis über ihre Schwangerschaft ein ärztliches Zeugnis oder das Zeugnis einer Hebamme oder eines Entbindungspflegers vorlegen. Das Zeugnis über die Schwangerschaft soll den voraussichtlichen Tag der Entbindung enthalten.

Unterabschnitt 3. Ärztlicher Gesundheitsschutz

§ 16 Ärztliches Beschäftigungsverbot

(1) Der Arbeitgeber darf eine schwangere Frau nicht beschäftigen, soweit nach einem ärztlichen Zeugnis ihre Gesundheit oder die ihres Kindes bei Fortdauer der Beschäftigung gefährdet ist. 16

(2) Der Arbeitgeber darf eine Frau, die nach einem ärztlichen Zeugnis in den ersten Monaten nach der Entbindung nicht voll leistungsfähig ist, nicht mit Arbeiten beschäftigen, die ihre Leistungsfähigkeit übersteigen.

Abschnitt 3. Kündigungsschutz

§ 17 Kündigungsverbot

(1) Die Kündigung gegenüber einer Frau ist unzulässig 17

1. während ihrer Schwangerschaft,
2. bis zum Ablauf von vier Monaten nach einer Fehlgeburt nach der zwölften Schwangerschaftswoche und
3. bis zum Ende ihrer Schutzfrist nach der Entbindung, mindestens jedoch bis zum Ablauf von vier Monaten nach der Entbindung,

wenn dem Arbeitgeber zum Zeitpunkt der Kündigung die Schwangerschaft, die Fehlgeburt nach der zwölften Schwangerschaftswoche oder die Entbindung bekannt ist oder wenn sie ihm innerhalb von zwei Wochen nach Zugang der Kündigung mitgeteilt wird. Das Überschreiten dieser Frist ist unschädlich, wenn die Überschreitung auf einem von der Frau nicht zu vertretenden Grund beruht und die Mitteilung unverzüglich nachgeholt wird. Die Sätze 1 und 2 gelten entsprechend für Vorbereitungsmaßnahmen des Arbeitgebers, die er im Hinblick auf eine Kündigung der Frau trifft.

(2) Die für den Arbeitsschutz zuständige oberste Landesbehörde oder die von ihr bestimmte Stelle kann in besonderen Fällen, die nicht mit dem Zustand der Frau in der Schwangerschaft, nach einer Fehlgeburt nach der zwölften Schwangerschaftswoche oder nach der Entbindung in Zusammenhang stehen, ausnahmsweise die Kündigung für zulässig erklären. Die Kündigung bedarf der Schriftform und muss den Kündigungsgrund angeben.

(3) Der Auftraggeber oder Zwischenmeister darf eine in Heimarbeit beschäftigte Frau in den Fristen nach Absatz 1 Satz 1 nicht gegen ihren Willen bei der Ausgabe von Heimarbeit ausschließen; die §§ 3, 8, 11, 12, 13 Absatz 2 und § 16 bleiben unberührt. Absatz 1 gilt auch für eine Frau, die der in Heimarbeit beschäftigten Frau gleichgestellt ist und deren Gleichstellung sich auch auf § 29 des Heimarbeitsgesetzes erstreckt. Absatz 2 gilt für eine in Heimarbeit beschäftigte Frau und eine ihr Gleichgestellte entsprechend.

Abschnitt 4. Leistungen

§ 18 Mutterschutzlohn

18 Eine Frau, die wegen eines Beschäftigungsverbots außerhalb der Schutzfristen vor oder nach der Entbindung teilweise oder gar nicht beschäftigt werden darf, erhält von ihrem Arbeitgeber Mutterschutzlohn. Als Mutterschutzlohn wird das durchschnittliche Arbeitsentgelt der letzten drei abgerechneten Kalendermonate vor dem Eintritt der Schwangerschaft gezahlt. Dies gilt auch, wenn wegen dieses Verbots die Beschäftigung oder die Entlohnungsart wechselt. Beginnt das Beschäftigungsverhältnis erst nach Eintritt der Schwangerschaft, ist das durchschnittliche Arbeitsentgelt aus dem Arbeitsentgelt der ersten drei Monate der Beschäftigung zu berechnen.

§ 19 Mutterschaftsgeld

19 (1) Eine Frau, die Mitglied einer gesetzlichen Krankenkasse ist, erhält für die Zeit der Schutzfristen vor und nach der Entbindung sowie für den Entbindungstag Mutterschaftsgeld nach den Vorschriften des Fünften Buches Sozialgesetzbuch oder nach den Vorschriften des Zweiten Gesetzes über die Krankenversicherung der Landwirte.

(2)[1] Eine Frau, die nicht Mitglied einer gesetzlichen Krankenkasse ist, erhält für die Zeit der Schutzfristen vor und nach der Entbindung sowie für den Entbindungstag Mutterschaftsgeld zu Lasten des Bundes in entsprechender Anwendung der Vorschriften des Fünften Buches Sozialgesetzbuch über das Mutterschaftsgeld, jedoch insgesamt höchstens 210 Euro. Das Mutterschaftsgeld wird dieser Frau auf Antrag vom Bundesamt für Soziale Sicherung gezahlt. Endet das Beschäftigungsverhältnis nach Maßgabe von § 17 Absatz 2 durch eine Kündigung, erhält die Frau Mutterschaftsgeld in entsprechender Anwendung der Sätze 1 und 2 für die Zeit nach dem Ende des Beschäftigungsverhältnisses.

§ 20 Zuschuss zum Mutterschaftsgeld

20 (1) Eine Frau erhält während ihres bestehenden Beschäftigungsverhältnisses für die Zeit der Schutzfristen vor und nach der Entbindung sowie für den Entbindungstag von ihrem Arbeitgeber einen Zuschuss zum Mutterschaftsgeld. Als Zuschuss zum Mutterschaftsgeld wird der Unterschiedsbetrag zwischen 13 Euro und dem um die gesetzlichen Abzüge verminderten durchschnittlichen kalendertäglichen Arbeitsentgelt der letzten drei abgerechneten Kalendermonate vor Beginn der Schutzfrist vor der Entbindung gezahlt. Einer Frau, deren Beschäftigungsverhältnis während der Schutzfristen vor oder nach der Entbindung beginnt, wird der Zuschuss zum Mutterschaftsgeld von Beginn des Beschäftigungsverhältnisses an gezahlt.

(2) Ist eine Frau für mehrere Arbeitgeber tätig, sind für die Berechnung des Arbeitgeberzuschusses nach Absatz 1 die durchschnittlichen kalendertäglichen Arbeitsentgelte aus diesen Beschäftigungsverhältnissen zusammenzurechnen. Den sich daraus ergebenden Betrag zahlen die Arbeitgeber anteilig im Verhältnis der von ihnen gezahlten durchschnittlichen kalendertäglichen Arbeitsentgelte.

(3) Endet das Beschäftigungsverhältnis nach Maßgabe von § 17 Absatz 2 durch eine Kündigung, erhält die Frau für die Zeit nach dem Ende des Beschäftigungsverhältnisses den Zuschuss zum Mutterschaftsgeld nach Absatz 1 von der für die Zahlung des Mutterschaftsgeldes zuständigen Stelle. Satz 1 gilt entsprechend, wenn der Arbeitgeber wegen eines Insolvenzereignisses im Sinne von § 165 Absatz 1 Satz 2 des Dritten Buches Sozialgesetzbuch den Zuschuss nach Absatz 1 nicht zahlen kann.

§ 21 Ermittlung des durchschnittlichen Arbeitsentgelts

21 (1) Bei der Bestimmung des Berechnungszeitraumes für die Ermittlung des durchschnittlichen Arbeitsentgelts für die Leistungen nach den §§ 18 bis 20 bleiben Zeiten unberücksichtigt, in denen die Frau infolge unverschuldeter Fehlzeiten kein Arbeitsentgelt erzielt hat. War das Beschäftigungsverhältnis kürzer als drei Monate, ist der Berechnung der tatsächliche Zeitraum des Beschäftigungsverhältnisses zugrunde zu legen.

(2) Für die Ermittlung des durchschnittlichen Arbeitsentgelts für die Leistungen nach den §§ 18 bis 20 bleiben unberücksichtigt:

[1] § 19 Abs. 2 Satz 2 geändert durch Gesetz vom 12. 12. 2019 (BGBl. I S. 2652) mit Wirkung ab 1. 1. 2020.

1. einmalig gezahltes Arbeitsentgelt im Sinne von § 23a des Vierten Buches Sozialgesetzbuch,
2. Kürzungen des Arbeitsentgelts, die im Berechnungszeitraum infolge von Kurzarbeit, Arbeitsausfällen oder unverschuldetem Arbeitsversäumnis eintreten, und
3. im Fall der Beendigung der Elternzeit nach dem Bundeselterngeld- und Elternzeitgesetz das Arbeitsentgelt aus Teilzeitbeschäftigung, das vor der Beendigung der Elternzeit während der Elternzeit erzielt wurde, soweit das durchschnittliche Arbeitsentgelt ohne die Berücksichtigung der Zeiten, in denen dieses Arbeitsentgelt erzielt wurde, höher ist.

(3) Ist die Ermittlung des durchschnittlichen Arbeitsentgelts entsprechend den Absätzen 1 und 2 nicht möglich, ist das durchschnittliche kalendertägliche Arbeitsentgelt einer vergleichbar beschäftigten Person zugrunde zu legen.

(4) Bei einer dauerhaften Änderung der Arbeitsentgelthöhe ist die geänderte Arbeitsentgelthöhe bei der Ermittlung des durchschnittlichen Arbeitsentgelts für die Leistungen nach den §§ 18 bis 20 zugrunde zu legen, und zwar

1. für den gesamten Berechnungszeitraum, wenn die Änderung während des Berechnungszeitraums wirksam wird,
2. ab Wirksamkeit der Änderung der Arbeitsentgelthöhe, wenn die Änderung der Arbeitsentgelthöhe nach dem Berechnungszeitraum wirksam wird.

§ 22 Leistungen während der Elternzeit

Während der Elternzeit sind Ansprüche auf Leistungen nach den §§ 18 und 20 aus dem wegen der Elternzeit ruhenden Arbeitsverhältnis ausgeschlossen. Übt die Frau während der Elternzeit eine Teilzeitarbeit aus, ist für die Ermittlung des durchschnittlichen Arbeitsentgelts nur das Arbeitsentgelt aus dieser Teilzeitarbeit zugrunde zu legen. 22

§ 23 Entgelt bei Freistellung für Untersuchungen und zum Stillen

(1) Durch die Gewährung der Freistellung nach § 7 darf bei der schwangeren oder stillenden Frau kein Entgeltausfall eintreten. Freistellungszeiten sind weder vor- noch nachzuarbeiten. Sie werden nicht auf Ruhepausen angerechnet, die im Arbeitszeitgesetz oder in anderen Vorschriften festgelegt sind. 23

(2) Der Auftraggeber oder Zwischenmeister hat einer in Heimarbeit beschäftigten Frau und der ihr Gleichgestellten für die Stillzeit ein Entgelt zu zahlen, das nach der Höhe des durchschnittlichen Stundenentgelts für jeden Werktag zu berechnen ist. Ist eine Frau für mehrere Auftraggeber oder Zwischenmeister tätig, haben diese das Entgelt für die Stillzeit zu gleichen Teilen zu zahlen. Auf das Entgelt finden die Vorschriften der §§ 23 bis 25 des Heimarbeitsgesetzes über den Entgeltschutz Anwendung.

§ 24 Fortbestehen des Erholungsurlaubs bei Beschäftigungsverboten

Für die Berechnung des Anspruchs auf bezahlten Erholungsurlaub gelten die Ausfallzeiten wegen eines Beschäftigungsverbots als Beschäftigungszeiten. Hat eine Frau ihren Urlaub vor Beginn eines Beschäftigungsverbots nicht oder nicht vollständig erhalten, kann sie nach dem Ende des Beschäftigungsverbots den Resturlaub im laufenden oder im nächsten Urlaubsjahr beanspruchen. 24

§ 25 Beschäftigung nach dem Ende des Beschäftigungsverbots

Mit dem Ende eines Beschäftigungsverbots im Sinne von § 2 Absatz 3 hat eine Frau das Recht, entsprechend den vertraglich vereinbarten Bedingungen beschäftigt zu werden. 25

Abschnitt 5. Durchführung des Gesetzes

§ 26 Aushang des Gesetzes

(1) In Betrieben und Verwaltungen, in denen regelmäßig mehr als drei Frauen beschäftigt werden, hat der Arbeitgeber eine Kopie dieses Gesetzes an geeigneter Stelle zur Einsicht auszulegen oder auszuhängen. Dies gilt nicht, wenn er das Gesetz für die Personen, die bei ihm beschäftigt sind, in einem elektronischen Verzeichnis jederzeit zugänglich gemacht hat. 26

(2) Für eine in Heimarbeit beschäftigte Frau oder eine ihr Gleichgestellte muss der Auftraggeber oder Zwischenmeister in den Räumen der Ausgabe oder Abnahme von Heimarbeit eine Kopie dieses Gesetzes an geeigneter Stelle zur Einsicht auslegen oder aushängen. Absatz 1 Satz 2 gilt entsprechend.

§ 27 Mitteilungs- und Aufbewahrungspflichten des Arbeitgebers, Offenbarungsverbot der mit der Überwachung beauftragten Personen

(1) Der Arbeitgeber hat die Aufsichtsbehörde unverzüglich zu benachrichtigen, 27

1. wenn eine Frau ihm mitgeteilt hat,
   a) dass sie schwanger ist oder
   b) dass sie stillt, es sei denn, er hat die Aufsichtsbehörde bereits über die Schwangerschaft dieser Frau benachrichtigt, oder
2. wenn er beabsichtigt, eine schwangere oder stillende Frau zu beschäftigen
   a) bis 22 Uhr nach den Vorgaben des § 5 Absatz 2 Satz 2 und 3,
   b) an Sonn- und Feiertagen nach den Vorgaben des § 6 Absatz 1 Satz 2 und 3 oder Absatz 2 Satz 2 und 3 oder
   c) mit getakteter Arbeit im Sinne von § 11 Absatz 6 Nummer 3 oder § 12 Absatz 5 Nummer 3.

Er darf diese Informationen nicht unbefugt an Dritte weitergeben.

(2) Der Arbeitgeber hat der Aufsichtsbehörde auf Verlangen die Angaben zu machen, die zur Erfüllung der Aufgaben dieser Behörde erforderlich sind. Er hat die Angaben wahrheitsgemäß, vollständig und rechtzeitig zu machen.

(3) Der Arbeitgeber hat der Aufsichtsbehörde auf Verlangen die Unterlagen zur Einsicht vorzulegen oder einzusenden, aus denen Folgendes ersichtlich ist:

1. die Namen der schwangeren oder stillenden Frauen, die bei ihm beschäftigt sind,
2. die Art und der zeitliche Umfang ihrer Beschäftigung,
3. die Entgelte, die an sie gezahlt worden sind,
4. die Ergebnisse der Beurteilung der Arbeitsbedingungen nach § 10 und
5. alle sonstigen nach Absatz 2 erforderlichen Angaben.

(4) Die auskunftspflichtige Person kann die Auskunft auf solche Fragen oder die Vorlage derjenigen Unterlagen verweigern, deren Beantwortung oder Vorlage sie selbst oder einen ihrer in § 383 Absatz 1 Nummer 1 bis 3 der Zivilprozessordnung bezeichneten Angehörigen der Gefahr der Verfolgung wegen einer Straftat oder Ordnungswidrigkeit aussetzen würde. Die auskunftspflichtige Person ist darauf hinzuweisen.

(5) Der Arbeitgeber hat die in Absatz 3 genannten Unterlagen mindestens bis zum Ablauf von zwei Jahren nach der letzten Eintragung aufzubewahren.

(6) Die mit der Überwachung beauftragten Personen der Aufsichtsbehörde dürfen die ihnen bei ihrer Überwachungstätigkeit zur Kenntnis gelangten Geschäfts- und Betriebsgeheimnisse nur in den gesetzlich geregelten Fällen oder zur Verfolgung von Rechtsverstößen oder zur Erfüllung von gesetzlich geregelten Aufgaben zum Schutz der Umwelt den dafür zuständigen Behörden offenbaren. Soweit es sich bei Geschäfts- und Betriebsgeheimnissen um Informationen über die Umwelt im Sinne des Umweltinformationsgesetzes handelt, richtet sich die Befugnis zu ihrer Offenbarung nach dem Umweltinformationsgesetz.

§ 28 Behördliches Genehmigungsverfahren für eine Beschäftigung zwischen 20 Uhr und 22 Uhr

28 (1) Die Aufsichtsbehörde kann abweichend von § 5 Absatz 1 Satz 1 auf Antrag des Arbeitgebers genehmigen, dass eine schwangere oder stillende Frau zwischen 20 Uhr und 22 Uhr beschäftigt wird, wenn

1. sich die Frau dazu ausdrücklich bereit erklärt,
2. nach ärztlichem Zeugnis nichts gegen die Beschäftigung der Frau bis 22 Uhr spricht und
3. insbesondere eine unverantwortbare Gefährdung für die schwangere Frau oder ihr Kind durch Alleinarbeit ausgeschlossen ist.

Dem Antrag ist die Dokumentation der Beurteilung der Arbeitsbedingungen nach § 14 Absatz 1 beizufügen. Die schwangere oder stillende Frau kann ihre Erklärung nach Satz 1 Nummer 1 jederzeit mit Wirkung für die Zukunft widerrufen.

(2) Solange die Aufsichtsbehörde den Antrag nicht ablehnt oder die Beschäftigung zwischen 20 Uhr und 22 Uhr nicht vorläufig untersagt, darf der Arbeitgeber die Frau unter den Voraussetzungen des Absatzes 1 beschäftigen. Die Aufsichtsbehörde hat dem Arbeitgeber nach Eingang des Antrags unverzüglich eine Mitteilung zu machen, wenn die für den Antrag nach Absatz 1 erforderlichen Unterlagen unvollständig sind. Die Aufsichtsbehörde kann die Beschäftigung vorläufig untersagen, soweit dies erforderlich ist, um den Schutz der Gesundheit der Frau oder ihres Kindes sicherzustellen.

(3) Lehnt die Aufsichtsbehörde den Antrag nicht innerhalb von sechs Wochen nach Eingang des vollständigen Antrags ab, gilt die Genehmigung als erteilt. Auf Verlangen ist dem Arbeitgeber der Eintritt der Genehmigungsfiktion (§ 42 a des Verwaltungsverfahrensgesetzes) zu bescheinigen.

(4) Im Übrigen gelten die Vorschriften des Verwaltungsverfahrensgesetzes.

§ 29 Zuständigkeit und Befugnisse der Aufsichtsbehörden, Jahresbericht

29 (1) Die Aufsicht über die Ausführung der Vorschriften dieses Gesetzes und der aufgrund dieses Gesetzes erlassenen Vorschriften obliegt den nach Landesrecht zuständigen Behörden (Aufsichtsbehörden).

(2) Die Aufsichtsbehörden haben dieselben Befugnisse wie die nach § 22 Absatz 2 und 3 des Arbeitsschutzgesetzes mit der Überwachung beauftragten Personen. Das Grundrecht der Unverletzlichkeit der Wohnung (Artikel 13 des Grundgesetzes) wird insoweit eingeschränkt.

(3) Die Aufsichtsbehörde kann in Einzelfällen die erforderlichen Maßnahmen anordnen, die der Arbeitgeber zur Erfüllung derjenigen Pflichten zu treffen hat, die sich aus Abschnitt 2 dieses Gesetzes und aus den aufgrund des § 31 Nummer 1 bis 5 erlassenen Rechtsverordnungen ergeben. Insbesondere kann die Aufsichtsbehörde:

1. in besonders begründeten Einzelfällen Ausnahmen vom Verbot der Mehrarbeit nach § 4 Absatz 1 Satz 1, 2 oder 4 sowie vom Verbot der Nachtarbeit auch zwischen 22 Uhr und 6 Uhr nach § 5 Absatz 1 Satz 1 oder Absatz 2 Satz 1 bewilligen, wenn
   a) sich die Frau dazu ausdrücklich bereit erklärt,
   b) nach ärztlichem Zeugnis nichts gegen die Beschäftigung spricht und
   c) in den Fällen des § 5 Absatz 1 Satz 1 oder Absatz 2 Satz 1 insbesondere eine unverantwortbare Gefährdung für die schwangere Frau oder ihr Kind durch Alleinarbeit ausgeschlossen ist,
2. verbieten, dass ein Arbeitgeber eine schwangere oder stillende Frau
   a) nach § 5 Absatz 2 Satz 2 zwischen 20 Uhr und 22 Uhr beschäftigt oder
   b) nach § 6 Absatz 1 Satz 2 oder nach § 6 Absatz 2 Satz 2 an Sonn- und Feiertagen beschäftigt,
3. Einzelheiten zur Freistellung zum Stillen nach § 7 Absatz 2 und zur Bereithaltung von Räumlichkeiten, die zum Stillen geeignet sind, anordnen,

4. Einzelheiten zur zulässigen Arbeitsmenge nach § 8 anordnen,
5. Schutzmaßnahmen nach § 9 Absatz 1 bis 3 und nach § 13 anordnen,
6. Einzelheiten zu Art und Umfang der Beurteilung der Arbeitsbedingungen nach § 10 anordnen,
7. bestimmte Tätigkeiten oder Arbeitsbedingungen nach § 11 oder nach § 12 verbieten,
8. Ausnahmen von den Vorschriften des § 11 Absatz 6 Nummer 1 und 2 und des § 12 Absatz 5 Nummer 1 und 2 bewilligen, wenn die Art der Arbeit und das Arbeitstempo keine unverantwortbare Gefährdung für die schwangere oder stillende Frau oder für ihr Kind darstellen, und
9. Einzelheiten zu Art und Umfang der Dokumentation und Information nach § 14 anordnen.

Die schwangere oder stillende Frau kann ihre Erklärung nach Satz 2 Nummer 1 Buchstabe a jederzeit mit Wirkung für die Zukunft widerrufen.

(4) Die Aufsichtsbehörde berät den Arbeitgeber bei der Erfüllung seiner Pflichten nach diesem Gesetz sowie die bei ihm beschäftigten Personen zu ihren Rechten und Pflichten nach diesem Gesetz; dies gilt nicht für die Rechte und Pflichten nach den §§ 18 bis 22.

(5) Für Betriebe und Verwaltungen im Geschäftsbereich des Bundesministeriums der Verteidigung wird die Aufsicht nach Absatz 1 durch das Bundesministerium der Verteidigung oder die von ihm bestimmte Stelle in eigener Zuständigkeit durchgeführt.

(6) Die zuständigen obersten Landesbehörden haben über die Überwachungstätigkeit der ihnen unterstellten Behörden einen Jahresbericht zu veröffentlichen. Der Jahresbericht umfasst auch Angaben zur Erfüllung von Unterrichtungspflichten aus internationalen Übereinkommen oder Rechtsakten der Europäischen Union, soweit sie den Mutterschutz betreffen.

§ 30 Ausschuss für Mutterschutz

(1) Beim Bundesministerium für Familie, Senioren, Frauen und Jugend wird ein Ausschuss für Mutterschutz gebildet, in dem geeignete Personen vonseiten der öffentlichen und privaten Arbeitgeber, der Ausbildungsstellen, der Gewerkschaften, der Studierendenvertretungen und der Landesbehörden sowie weitere geeignete Personen, insbesondere aus der Wissenschaft, vertreten sein sollen. Dem Ausschuss sollen nicht mehr als 15 Mitglieder angehören. Für jedes Mitglied ist ein stellvertretendes Mitglied zu benennen. Die Mitgliedschaft im Ausschuss für Mutterschutz ist ehrenamtlich. **30**

(2) Das Bundesministerium für Familie, Senioren, Frauen und Jugend beruft im Einvernehmen mit dem Bundesministerium für Arbeit und Soziales, dem Bundesministerium für Gesundheit und dem Bundesministerium für Bildung und Forschung die Mitglieder des Ausschusses für Mutterschutz und die stellvertretenden Mitglieder. Der Ausschuss gibt sich eine Geschäftsordnung und wählt die Vorsitzende oder den Vorsitzenden aus seiner Mitte. Die Geschäftsordnung und die Wahl der oder des Vorsitzenden bedürfen der Zustimmung des Bundesministeriums für Familie, Senioren, Frauen und Jugend. Die Zustimmung erfolgt im Einvernehmen mit dem Bundesministerium für Arbeit und Soziales und dem Bundesministerium für Gesundheit.

(3) Zu den Aufgaben des Ausschusses für Mutterschutz gehört es,

1. Art, Ausmaß und Dauer der möglichen unverantwortbaren Gefährdungen einer schwangeren oder stillenden Frau und ihres Kindes nach wissenschaftlichen Erkenntnissen zu ermitteln und zu begründen,
2. sicherheitstechnische, arbeitsmedizinische und arbeitshygienische Regeln zum Schutz der schwangeren oder stillenden Frau und ihres Kindes aufzustellen und
3. das Bundesministerium für Familie, Senioren, Frauen und Jugend in allen mutterschutzbezogenen Fragen zu beraten.

Der Ausschuss arbeitet eng mit den Ausschüssen nach § 18 Absatz 2 Nummer 5 des Arbeitsschutzgesetzes zusammen.

(4) Nach Prüfung durch das Bundesministerium für Familie, Senioren, Frauen und Jugend, durch das Bundesministerium für Arbeit und Soziales, durch das Bundesministerium für Gesundheit und durch das Bundesministerium für Bildung und Forschung kann das Bundesministerium für Familie, Senioren, Frauen und Jugend im Einvernehmen mit den anderen in diesem Absatz genannten Bundesministerien die vom Ausschuss für Mutterschutz nach Absatz 3 aufgestellten Regeln und Erkenntnisse im Gemeinsamen Ministerialblatt veröffentlichen.

(5) Die Bundesministerien sowie die obersten Landesbehörden können zu den Sitzungen des Ausschusses für Mutterschutz Vertreterinnen oder Vertreter entsenden. Auf Verlangen ist ihnen in der Sitzung das Wort zu erteilen.

(6) Die Geschäfte des Ausschusses für Mutterschutz werden vom Bundesamt für Familie und zivilgesellschaftliche Aufgaben geführt.

§ 31 Erlass von Rechtsverordnungen

Die Bundesregierung wird ermächtigt, durch Rechtsverordnung mit Zustimmung des Bundesrates Folgendes zu regeln: **31**

1. nähere Bestimmungen zum Begriff der unverantwortbaren Gefährdung nach § 9 Absatz 2 Satz 2 und 3,
2. nähere Bestimmungen zur Durchführung der erforderlichen Schutzmaßnahmen nach § 9 Absatz 1 und 2 und nach § 13,
3. nähere Bestimmungen zu Art und Umfang der Beurteilung der Arbeitsbedingungen nach § 10,
4. Festlegungen von unzulässigen Tätigkeiten und Arbeitsbedingungen im Sinne von § 11 oder § 12 oder von anderen nach diesem Gesetz unzulässigen Tätigkeiten und Arbeitsbedingungen,

5. nähere Bestimmungen zur Dokumentation und Information nach § 14,
6. nähere Bestimmungen zur Ermittlung des durchschnittlichen Arbeitsentgelts im Sinne der §§ 18 bis 22 und
7. nähere Bestimmungen zum erforderlichen Inhalt der Benachrichtigung, ihrer Form, der Art und Weise der Übermittlung sowie die Empfänger der vom Arbeitgeber nach § 27 zu meldenden Informationen.

Abschnitt 6. Bußgeldvorschriften, Strafvorschriften

§ 32[1] Bußgeldvorschriften

32 (1) Ordnungswidrig handelt, wer vorsätzlich oder fahrlässig

1. entgegen § 3 Absatz 1 Satz 1, auch in Verbindung mit Satz 4, entgegen § 3 Absatz 2 Satz 1, auch in Verbindung mit Satz 2 oder 3, entgegen § 3 Absatz 3 Satz 1, **[ab 1. 6. 2025:** § 3 Absatz 5 Satz 1,**]** § 4 Absatz 1 Satz 1, 2 oder 4 oder § 5 Absatz 1 Satz 1, § 6 Absatz 1 Satz 1, § 13 Absatz 1 Nummer 3 oder § 16 eine Frau beschäftigt,
2. entgegen § 4 Absatz 2 eine Ruhezeit nicht, nicht richtig oder nicht rechtzeitig gewährt,
3. entgegen § 5 Absatz 2 Satz 1 oder § 6 Absatz 2 Satz 1 eine Frau tätig werden lässt,
4. entgegen § 7 Absatz 1 Satz 1, auch in Verbindung mit Satz 2, oder entgegen § 7 Absatz 2 Satz 1 eine Frau nicht freistellt,
5. entgegen § 8 oder § 13 Absatz 2 Heimarbeit ausgibt,
6.[2] entgegen § 10 Absatz 1 Satz 1, auch in Verbindung mit einer Rechtsverordnung nach § 31 Nummer 3, eine Gefährdung nicht, nicht richtig oder nicht rechtzeitig beurteilt oder eine Ermittlung nicht, nicht richtig oder nicht rechtzeitig durchführt,
7. entgegen § 10 Absatz 2 Satz 1, auch in Verbindung mit einer Rechtsverordnung nach § 31 Nummer 3, eine Schutzmaßnahme nicht, nicht richtig oder nicht rechtzeitig festlegt,
8. entgegen § 10 Absatz 3 eine Frau eine andere als die dort bezeichnete Tätigkeit ausüben lässt,
9. entgegen § 14 Absatz 1 Satz 1 in Verbindung mit einer Rechtsverordnung nach § 31 Nummer 5 eine Dokumentation nicht, nicht richtig, nicht vollständig oder nicht rechtzeitig erstellt,
10. entgegen § 14 Absatz 2 oder 3, jeweils in Verbindung mit einer Rechtsverordnung nach § 31 Nummer 5, eine Information nicht, nicht richtig, nicht vollständig oder nicht rechtzeitig gibt,
11. entgegen § 27 Absatz 1 Satz 1 die Aufsichtsbehörde nicht, nicht richtig oder nicht rechtzeitig benachrichtigt,
12. entgegen § 27 Absatz 1 Satz 2 eine Information weitergibt,
13. entgegen § 27 Absatz 2 eine Angabe nicht, nicht richtig, nicht vollständig oder nicht rechtzeitig macht,
14. entgegen § 27 Absatz 3 eine Unterlage nicht, nicht richtig oder nicht rechtzeitig vorlegt oder nicht oder nicht rechtzeitig einsendet,
15. entgegen § 27 Absatz 5 eine Unterlage nicht oder nicht mindestens zwei Jahre aufbewahrt,
16. einer vollziehbaren Anordnung nach § 29 Absatz 3 Satz 1 zuwiderhandelt oder
17. einer Rechtsverordnung nach § 31 Nummer 4 oder einer vollziehbaren Anordnung aufgrund einer solchen Rechtsverordnung zuwiderhandelt, soweit die Rechtsverordnung für einen bestimmten Tatbestand auf diese Bußgeldvorschrift verweist.

(2) Die Ordnungswidrigkeit kann in den Fällen des Absatzes 1 Nummer 1 bis 5, 8, 16 und 17 mit einer Geldbuße bis zu dreißigtausend Euro, in den übrigen Fällen mit einer Geldbuße bis zu fünftausend Euro geahndet werden.

§ 33 Strafvorschriften

33 Wer eine in § 32 Absatz 1 Nummer 1 bis 5, 8, 16 und 17 bezeichnete vorsätzliche Handlung begeht und dadurch die Gesundheit der Frau oder ihres Kindes gefährdet, wird mit Freiheitsstrafe bis zu einem Jahr oder mit Geldstrafe bestraft.

Abschnitt 7. Schlussvorschriften

§ 34 Evaluationsbericht

34 Die Bundesregierung legt dem Deutschen Bundestag zum 1. Januar 2021 einen Evaluationsbericht über die Auswirkungen des Gesetzes vor. Schwerpunkte des Berichts sollen die Handhabbarkeit der gesetzlichen Regelung in der betrieblichen und behördlichen Praxis, die Wirksamkeit und die Auswirkungen des Gesetzes im Hinblick auf seinen Anwendungsbereich, die Auswirkungen der Regelungen zum Verbot der Mehr- und Nachtarbeit sowie zum Verbot der Sonn- und Feiertagsarbeit und die Arbeit des Ausschusses für Mutterschutz sein. Der Bericht darf keine personenbezogenen Daten enthalten.

---

[1] § 32 Abs. 1 Nr. 1 geänd. **mWv 1. 6. 2025** durch G v. 24. 2. 2025 (BGBl. 2025 I Nr. 59).
[2] § 32 Abs. 1 Nr. 6 trat am 1. 1. 2019 in Kraft (Art. 10 Abs. 1 des Gesetzes v. 23. 5. 2017 (BGBl. I S. 1228).

12. Gesetz über die Familienpflegezeit (Familienpflegezeitgesetz – FPfZG)[1]

Vom 6. Dezember 2011 (BGBl. I S. 2564)

Geändert durch Gesetz vom 23. 12. 2014 (BGBl. I S. 2462), vom 19. 5. 2020 (BGBl. I S. 1018), vom 23. 10. 2020 (BGBl. I S. 2208, ber. durch Gesetz vom 22. 12. 2020, BGBl. I S. 3299, und vom 29. 3. 2021, BGBl. I S. 370), vom 22. 12. 2020 (BGBl. I S. 3299), vom 29. 3. 2021 (BGBl. I S. 370), vom 25. 6. 2021 (BGBl. I S. 2020), vom 22. 11. 2021 (BGBl. I S. 4906), vom 23. 3. 2022 (BGBl. I S. 482), vom 28. 6. 2022 (BGBl. I S. 938), vom 16. 9. 2022 (BGBl. I S. 1454), vom 19. 12. 2022 (BGBl. I S. 2510) und vom 23. 10. 2024 (BGBl. 2024 I Nr. 323)

§ 1 Ziel des Gesetzes

Durch die Einführung der Familienpflegezeit werden die Möglichkeiten zur Vereinbarkeit von Beruf und familiärer Pflege verbessert. 1

§ 2[2] Familienpflegezeit

(1) Beschäftigte sind von der Arbeitsleistung für längstens 24 Monate (Höchstdauer) teilweise freizustellen, wenn sie einen pflegebedürftigen nahen Angehörigen in häuslicher Umgebung pflegen (Familienpflegezeit). Während der Familienpflegezeit muss die verringerte Arbeitszeit wöchentlich mindestens 15 Stunden betragen. Bei unterschiedlichen wöchentlichen Arbeitszeiten oder einer unterschiedlichen Verteilung der wöchentlichen Arbeitszeit darf die wöchentliche Arbeitszeit im Durchschnitt eines Zeitraums von bis zu einem Jahr 15 Stunden nicht unterschreiten (Mindestarbeitszeit). Der Anspruch nach Satz 1 besteht nicht gegenüber Arbeitgebern mit in der Regel 25 oder weniger Beschäftigten ausschließlich der zu ihrer Berufsbildung Beschäftigten. 2

(2) Pflegezeit und Familienpflegezeit dürfen gemeinsam 24 Monate je pflegebedürftigem nahen Angehörigen nicht überschreiten (Gesamtdauer).

(3) Die §§ 5 bis 8 des Pflegezeitgesetzes gelten entsprechend.

(4) Die Familienpflegezeit wird auf Berufsbildungszeiten nicht angerechnet.

(5) Beschäftigte sind von der Arbeitsleistung für längstens 24 Monate (Höchstdauer) teilweise freizustellen, wenn sie einen minderjährigen pflegebedürftigen nahen Angehörigen in häuslicher oder außerhäuslicher Umgebung betreuen. Die Inanspruchnahme dieser Freistellung ist jederzeit im Wechsel mit der Freistellung nach Absatz 1 im Rahmen der Gesamtdauer nach Absatz 2 möglich. Absatz 1 Satz 2 bis 4 und die Absätze 2 bis 4 gelten entsprechend. Beschäftigte können diesen Anspruch wahlweise statt des Anspruchs auf Familienpflegezeit nach Absatz 1 geltend machen.“

§ 2 a[3] Inanspruchnahme der Familienpflegezeit

(1) Wer Familienpflegezeit nach § 2 beanspruchen will, muss dies dem Arbeitgeber spätestens acht Wochen vor dem gewünschten Beginn in Textform ankündigen und gleichzeitig erklären, für welchen Zeitraum und in welchem Umfang innerhalb der Gesamtdauer nach § 2 Absatz 2 die Freistellung von der Arbeitsleistung in Anspruch genommen werden soll. Dabei ist auch die gewünschte Verteilung der Arbeitszeit anzugeben. Enthält die Ankündigung keine eindeutige Festlegung, ob die oder der Beschäftigte Pflegezeit nach § 3 des Pflegezeitgesetzes oder Familienpflegezeit in Anspruch nehmen will, und liegen die Voraussetzungen beider Freistellungsansprüche vor, gilt die Erklärung als Ankündigung von Pflegezeit. Wird die Familienpflegezeit nach einer Freistellung nach § 3 Absatz 1 oder Absatz 5 des Pflegezeitgesetzes zur Pflege oder Betreuung desselben pflegebedürftigen Angehörigen in Anspruch genommen, muss sich die Familienpflegezeit unmittelbar an die Freistellung nach § 3 Absatz 1 oder Absatz 5 des Pflegezeitgesetzes anschließen. In diesem Fall soll die oder der Beschäftigte möglichst frühzeitig erklären, ob sie oder er Familienpflegezeit in Anspruch nehmen wird; abweichend von Satz 1 muss die Ankündigung spätestens drei Monate vor Beginn der Familienpflegezeit erfolgen. Wird eine Freistellung nach § 3 Absatz 1 oder Absatz 5 des Pflegezeitgesetzes nach einer Familienpflegezeit in Anspruch genommen, ist diese in unmittelbarem Anschluss an die Familienpflegezeit zu beanspruchen; sie ist dem Arbeitgeber spätestens acht Wochen vor Beginn in Textform anzukündigen. 3

(2) Arbeitgeber und Beschäftigte haben über die Verringerung und Verteilung der Arbeitszeit eine schriftliche Vereinbarung zu treffen. Hierbei hat der Arbeitgeber den Wünschen der Beschäftigten zu entsprechen, es sei denn, dass dringende betriebliche Gründe entgegenstehen.

(3) Für einen kürzeren Zeitraum in Anspruch genommene Familienpflegezeit kann bis zur Gesamtdauer nach § 2 Absatz 2 verlängert werden, wenn der Arbeitgeber zustimmt. Eine Verlängerung bis zur Gesamtdauer kann verlangt werden, wenn ein vorgesehener Wechsel in der Person der oder des Pflegenden aus einem wichtigen Grund nicht erfolgen kann.

(4) Die Beschäftigten haben die Pflegebedürftigkeit der oder des nahen Angehörigen durch Vorlage einer Bescheinigung der Pflegekasse oder des Medizinischen Dienstes der Krankenversicherung nachzuweisen. Bei in der privaten Pflege-Pflichtversicherung versicherten Pflegebedürftigen ist ein entsprechender Nachweis zu erbringen.

---

[1] FPfZG verkündet als Artikel 1 des Gesetzes zur Vereinbarkeit von Pflege und Beruf vom 6. 12. 2011 (BGBl. I S. 2564) ist am 1. 1. 2012 in Kraft getreten.

[2] § 2 neu gefasst durch Gesetz vom 23. 12. 2014 (BGBl. I S. 2462) mit Wirkung ab 1. 1. 2015.

[3] § 2 a eingefügt durch Gesetz vom 23. 12. 2014 (BGBl. I S. 2462) mit Wirkung ab 1. 1. 2015; Abs. 1 Satz 6 neu gef., Abs. 5 a eingef. durch G v. 19. 12. 2022 (BGBl. I S. 2510) mWv 24. 12. 2022; Abs. 1 Sätze 1 und 6 geänd. mWv 1. 1. 2025 durch G v. 23. 10. 2024 (BGBl. 2024 I Nr. 323).

(5) Ist die oder der nahe Angehörige nicht mehr pflegebedürftig oder die häusliche Pflege der oder des nahen Angehörigen unmöglich oder unzumutbar, endet die Familienpflegezeit vier Wochen nach Eintritt der veränderten Umstände. Der Arbeitgeber ist hierüber unverzüglich zu unterrichten. Im Übrigen kann die Familienpflegezeit nur vorzeitig beendet werden, wenn der Arbeitgeber zustimmt.

(5 a) Beschäftigte von Arbeitgebern mit in der Regel 25 oder weniger Beschäftigten ausschließlich der zu ihrer Berufsbildung Beschäftigten können bei ihrem Arbeitgeber den Abschluss einer Vereinbarung über eine Familienpflegezeit nach § 2 Absatz 1 Satz 1 bis 3 oder eine Freistellung nach § 2 Absatz 5 Satz 1 beantragen. Der Arbeitgeber hat den Antrag nach Satz 1 innerhalb von vier Wochen nach Zugang zu beantworten. Eine Ablehnung des Antrags ist zu begründen. Wird eine Freistellung nach Satz 1 vereinbart, gelten § 2 Absatz 2 bis 4 sowie § 2 a Absatz 1 Satz 4 und 6 erster Halbsatz, Absatz 2 Satz 1, Absatz 3 Satz 1, Absatz 4 und 5 entsprechend.

(6) Die Absätze 1 bis 5 gelten entsprechend für die Freistellung von der Arbeitsleistung nach § 2 Absatz 5.

§ 2 b[1] Erneute Familienpflegezeit nach Inanspruchnahme einer Freistellung auf Grundlage der Sonderregelungen aus Anlass der COVID-19-Pandemie

3a (1) Abweichend von § 2 a Absatz 3 können Beschäftigte einmalig nach einer beendeten Familienpflegezeit zur Pflege und Betreuung desselben pflegebedürftigen Angehörigen Familienpflegezeit erneut, jedoch insgesamt nur bis zur Höchstdauer nach § 2 Absatz 1 in Anspruch nehmen, wenn die Gesamtdauer von 24 Monaten nach § 2 Absatz 2 nicht überschritten wird und die Inanspruchnahme der beendeten Familienpflegezeit auf der Grundlage der Sonderregelungen aus Anlass der COVID-19-Pandemie erfolgte.

(2) Abweichend von § 2 a Absatz 1 Satz 4 muss sich die Familienpflegezeit nicht unmittelbar an die Freistellung nach § 3 Absatz 1 oder Absatz 5 des Pflegezeitgesetzes anschließen, wenn die Freistellung aufgrund der Sonderregelungen aus Anlass der COVID-19-Pandemie in Anspruch genommen wurde und die Gesamtdauer nach § 2 Absatz 2 von 24 Monaten nicht überschritten wird.

(3) Abweichend von § 2 a Absatz 1 Satz 6 muss sich die Freistellung nach § 3 Absatz 1 oder Absatz 5 des Pflegezeitgesetzes nicht unmittelbar an die Familienpflegezeit anschließen, wenn die Inanspruchnahme der Familienpflegezeit aufgrund der Sonderregelungen aus Anlass der COVID-19-Pandemie erfolgte und die Gesamtdauer nach § 2 Absatz 2 von 24 Monaten ab Beginn der ersten Freistellung nicht überschritten wird.

§ 3[2] Förderung der pflegebedingten Freistellung von der Arbeitsleistung

4 (1) Für die Dauer der Freistellungen nach § 2 dieses Gesetzes oder nach § 3 des Pflegezeitgesetzes gewährt das Bundesamt für Familie und zivilgesellschaftliche Aufgaben Beschäftigten auf Antrag ein in monatlichen Raten zu zahlendes zinsloses Darlehen nach Maßgabe der Absätze 2 bis 5. Der Anspruch gilt auch für Vereinbarungen über Freistellungen von der Arbeitsleistung nach § 2 a Absatz 5 a dieses Gesetzes.

(2) Die monatlichen Darlehensraten werden in Höhe der Hälfte der Differenz zwischen den pauschalierten monatlichen Nettoentgelten vor und während der Freistellung nach Absatz 1 gewährt.

(3) Das pauschalierte monatliche Nettoentgelt vor der Freistellung nach Absatz 1 wird berechnet auf der Grundlage des regelmäßigen durchschnittlichen monatlichen Bruttoarbeitsentgelts ausschließlich der Sachbezüge der letzten zwölf Kalendermonate vor Beginn der Freistellung. Das pauschalierte monatliche Nettoentgelt während der Freistellung wird berechnet auf der Grundlage des Bruttoarbeitsentgelts, das sich aus dem Produkt aus der vereinbarten durchschnittlichen monatlichen Stundenzahl während der Freistellung und dem durchschnittlichen Entgelt je Arbeitsstunde ergibt. Durchschnittliches Entgelt je Arbeitsstunde ist das Verhältnis des regelmäßigen gesamten Bruttoarbeitsentgelts ausschließlich der Sachbezüge der letzten zwölf Kalendermonate vor Beginn der Freistellung zur arbeitsvertraglichen Gesamtstundenzahl der letzten zwölf Kalendermonate vor Beginn der Freistellung. Die Berechnung der pauschalierten Nettoentgelte erfolgt entsprechend der Berechnung der pauschalierten Nettoentgelte gemäß § 106 Absatz 1 Satz 5 bis 7 des Dritten Buches Sozialgesetzbuch. Bei einem weniger als zwölf Monate vor Beginn der Freistellung bestehenden Beschäftigungsverhältnis verkürzt sich der der Berechnung zugrunde zu legende Zeitraum entsprechend. Für die Berechnung des durchschnittlichen Entgelts je Arbeitsstunde bleiben Mutterschutzfristen, Freistellungen nach § 2, kurzzeitige Arbeitsverhinderungen nach § 2 des Pflegezeitgesetzes, Freistellungen nach § 3 des Pflegezeitgesetzes sowie die Einbringung von Arbeitsentgelt in und die Entnahme von Arbeitsentgelt aus Wertguthaben nach § 7 b des Vierten Buches Sozialgesetzbuch außer Betracht. Abweichend von Satz 6 bleiben auf Antrag für die Berechnung des durchschnittlichen Arbeitsentgelts je Arbeitsstunde in der Zeit vom 1. März 2020 bis zum Ablauf des 30. April 2023 auch Kalendermonate mit einem aufgrund der COVID-19-Pandemie geringeren Entgelt unberücksichtigt.

[1] § 2 b eingef. mit Wirkung ab 29. 10. 2020 durch Gesetz vom 23. 10. 2020 (BGBl. I S. 2208).

[2] § 3 neu gefasst durch Gesetz vom 23. 12. 2014 (BGBl. I S. 2462) mit Wirkung ab 1. 1. 2015. Abs. 3 Satz 5 neu gef., Satz 6 angef. mWv 23. 5. 2020 durch Gesetz vom 19. 5. 2020 (BGBl. I S. 1018); Abs. 3 Satz 6 geänd. mWv 1. 10. 2020 durch Gesetz vom 23. 10. 2020 (BGBl. I S. 2208); Abs. 3 Satz 6 geänd. mWv 30. 12. 2020 durch Gesetz vom 22. 12. 2020 (BGBl. I S. 3299). Abs. 3 Satz 1 und 2 neu gefasst, Satz 4 eingef. (bish. Sätze 4–6 werden Sätze 5–7) neuer Satz 7 geänd. mWv 31. 3. 2021 durch Gesetz vom 29. 3. 2021 (BGBl. I S. 370); Abs. 3 Satz 7 geänd. mWv 30. 6. 2021 durch G v. 25. 6. 2021 (BGBl. I S. 2020); Abs. 3 Satz 7 neu gef. mWv 24. 11. 2021 durch G v. 22. 11. 2021 (BGBl. I S. 4906); Abs. 3 Satz 7 geänd. mWv 24. 3. 2022 durch G v. 23. 3. 2022 (BGBl. I S. 482); Abs. 3 Satz 7 geänd. mWv 30. 6. 2022 durch G v. 28. 6. 2022 (BGBl. I S. 938); Abs. 3 Satz 7 geänd. mWv 17. 9. 2022 durch G v. 16. 9. 2022 (BGBl. I S. 1454); Abs. 1 Satz 2 neu gef. durch G v. 19. 12. 2022 (BGBl. I S. 2510) mWv 24. 12. 2022.

(4) In den Fällen der Freistellung nach § 3 des Pflegezeitgesetzes ist die monatliche Darlehensrate auf den Betrag begrenzt, der bei einer durchschnittlichen Arbeitszeit während der Familienpflegezeit von 15 Wochenstunden zu gewähren ist.

(5) Abweichend von Absatz 2 können Beschäftigte auch einen geringeren Darlehensbetrag in Anspruch nehmen, wobei die monatliche Darlehensrate mindestens 50 Euro betragen muss.

(6) Das Darlehen ist in der in Absatz 2 genannten Höhe, in den Fällen der Pflegezeit in der in Absatz 4 genannten Höhe, vorrangig vor dem Bezug von bedürftigkeitsabhängigen Sozialleistungen in Anspruch zu nehmen und von den Beschäftigten zu beantragen; Absatz 5 ist insoweit nicht anzuwenden. Bei der Berechnung von Sozialleistungen nach Satz 1 sind die Zuflüsse aus dem Darlehen als Einkommen zu berücksichtigen.

§ 4[1] Mitwirkungspflicht des Arbeitgebers

Der Arbeitgeber hat dem Bundesamt für Familie und zivilgesellschaftliche Aufgaben für bei ihm Beschäftigte den Arbeitsumfang sowie das Arbeitsentgelt vor der Freistellung nach § 3 Absatz 1 zu bescheinigen, soweit dies zum Nachweis des Einkommens aus Erwerbstätigkeit oder der wöchentlichen Arbeitszeit der die Förderung beantragenden Beschäftigten erforderlich ist. Für die in Heimarbeit Beschäftigten und die ihnen Gleichgestellten tritt an die Stelle des Arbeitgebers der Auftraggeber oder Zwischenmeister. 5

§ 5[2] Ende der Förderfähigkeit

(1) Die Förderfähigkeit endet mit dem Ende der Freistellung nach § 3 Absatz 1. Die Förderfähigkeit endet auch dann, wenn die oder der Beschäftigte während der Freistellung nach § 2 den Mindestumfang der wöchentlichen Arbeitszeit aufgrund gesetzlicher oder kollektivvertraglicher Bestimmungen oder aufgrund von Bestimmungen, die in Arbeitsrechtsregelungen der Kirchen enthalten sind, unterschreitet. Die Unterschreitung der Mindestarbeitszeit aufgrund von Kurzarbeit oder eines Beschäftigungsverbotes lässt die Förderfähigkeit unberührt. 6

(2) Die Darlehensnehmerin oder der Darlehensnehmer hat dem Bundesamt für Familie und zivilgesellschaftliche Aufgaben unverzüglich jede Änderung in den Verhältnissen, die für den Anspruch nach § 3 Absatz 1 erheblich sind, mitzuteilen, insbesondere die Beendigung der häuslichen Pflege der oder des nahen Angehörigen, die Beendigung der Betreuung nach § 2 Absatz 5 dieses Gesetzes oder § 3 Absatz 5 des Pflegezeitgesetzes, die Beendigung der Freistellung nach § 3 Absatz 6 des Pflegezeitgesetzes, die vorzeitige Beendigung der Freistellung nach § 3 Absatz 1 sowie die Unterschreitung des Mindestumfangs der wöchentlichen Arbeitszeit während der Freistellung nach § 2 aus anderen als den in Absatz 1 Satz 2 genannten Gründen.

§ 6[3] Rückzahlung des Darlehens

(1) Im Anschluss an die Freistellung nach § 3 Absatz 1 ist die Darlehensnehmerin oder der Darlehensnehmer verpflichtet, das Darlehen innerhalb von 48 Monaten nach Beginn der Freistellung nach § 3 Absatz 1 zurückzuzahlen. Die Rückzahlung erfolgt in möglichst gleichbleibenden monatlichen Raten in Höhe des im Bescheid nach § 9 festgesetzten monatlichen Betrags jeweils spätestens zum letzten Bankarbeitstag des laufenden Monats. Für die Rückzahlung gelten alle nach § 3 an die Darlehensnehmerin oder den Darlehensnehmer geleisteten Darlehensbeträge als ein Darlehen. 7

(2) Die Rückzahlung beginnt in dem Monat, der auf das Ende der Förderung der Freistellung nach § 3 Absatz 1 folgt. Das Bundesamt für Familie und zivilgesellschaftliche Aufgaben kann auf Antrag der Darlehensnehmerin oder des Darlehensnehmers den Beginn der Rückzahlung auf einen späteren Zeitpunkt, spätestens jedoch auf den 25. Monat nach Beginn der Förderung festsetzen, wenn die übrigen Voraussetzungen für den Anspruch nach den §§ 2 und 3 weiterhin vorliegen. Befindet sich die Darlehensnehmerin oder der Darlehensnehmer während des Rückzahlungszeitraums in einer Freistellung nach § 3 Absatz 1, setzt das Bundesamt für Familie und zivilgesellschaftliche Aufgaben auf Antrag der oder des Beschäftigten die monatlichen Rückzahlungsraten bis zur Beendigung der Freistellung von der Arbeitsleistung aus. Der Rückzahlungszeitraum verlängert sich um den Zeitraum der Aussetzung.

§ 7[4] Härtefallregelung

(1) Zur Vermeidung einer besonderen Härte stundet das Bundesamt für Familie und zivilgesellschaftliche Aufgaben der Darlehensnehmerin oder dem Darlehensnehmer auf Antrag die Rückzahlung des Darlehens, ohne dass hierfür Zinsen anfallen. Als besondere Härte gelten insbesondere der Bezug von Entgeltersatzleistungen nach dem Dritten und dem Fünften Buch Sozialgesetzbuch, Leistungen zur Sicherung des Lebensunterhalts nach dem Zweiten Buch Sozialgesetzbuch und Leistungen nach dem Dritten und Vierten Kapitel des Zwölften Buches Sozialgesetzbuch oder eine mehr als 180 Tage ununterbrochene Arbeitsunfähigkeit. Eine besondere Härte liegt auch vor, wenn sich die Darlehensnehmerin oder der Darlehensnehmer wegen unverschuldeter finanzieller Belastungen vorübergehend in ernsthaften Zahlungsschwierigkeiten befindet oder zu erwarten ist, dass sie oder er durch die Rückzahlung des Darlehens in der vorgesehenen Form in solche Schwierigkeiten gerät. 8

(2) Für den über die Gesamtdauer der Freistellungen nach § 2 dieses Gesetzes oder nach § 3 Absatz 1 oder 5 des Pflegezeitgesetzes hinausgehenden Zeitraum, in dem die Pflegebedürftigkeit desselben na-

---

[1] § 4 neu gefasst durch Gesetz vom 23. 12. 2014 (BGBl. I S. 2462) mit Wirkung ab 1. 1. 2015.
[2] § 5 neu gefasst durch Gesetz vom 23. 12. 2014 (BGBl. I S. 2462) mit Wirkung ab 1. 1. 2015.
[3] § 6 neu gefasst durch Gesetz vom 23. 12. 2014 (BGBl. I S. 2462) mit Wirkung ab 1. 1. 2015.
[4] § 7 neu gefasst durch Gesetz vom 23. 12. 2014 (BGBl. I S. 2462) mit Wirkung ab 1. 1. 2015.

hen Angehörigen fortbesteht, die Pflege durch die oder den Beschäftigten in häuslicher Umgebung andauert und die Freistellung von der Arbeitsleistung fortgeführt wird, sind auf Antrag die fälligen Rückzahlungsraten zu einem Viertel zu erlassen (Teildarlehenserlass) und die restliche Darlehensschuld für diesen Zeitraum bis zur Beendigung der häuslichen Pflege auf Antrag zu stunden, ohne dass hierfür Zinsen anfallen, sofern eine besondere Härte im Sinne von Absatz 1 Satz 3 vorliegt.

(3) Die Darlehensschuld erlischt, soweit sie noch nicht fällig ist, wenn die Darlehensnehmerin oder der Darlehensnehmer

1. Leistungen nach dem Dritten und Vierten Kapitel des Zwölften Buches Sozialgesetzbuch oder Leistungen zur Sicherung des Lebensunterhalts nach dem Zweiten Buch Sozialgesetzbuch ununterbrochen seit mindestens zwei Jahren nach dem Ende der Freistellung bezieht oder
2. verstirbt.

(4) Der Abschluss von Vergleichen sowie die Stundung, Niederschlagung und der Erlass von Ansprüchen richten sich, sofern in diesem Gesetz nicht abweichende Regelungen getroffen werden, nach den §§ 58 und 59 der Bundeshaushaltsordnung.

§ 8[1] Antrag auf Förderung

9 (1) Das Bundesamt für Familie und zivilgesellschaftliche Aufgaben entscheidet auf schriftlichen Antrag über das Darlehen nach § 3 und dessen Rückzahlung nach § 6.

(2) Der Antrag wirkt vom Zeitpunkt des Vorliegens der Anspruchsvoraussetzungen, wenn er innerhalb von drei Monaten nach deren Vorliegen gestellt wird, andernfalls wirkt er vom Beginn des Monats der Antragstellung.

(3) Der Antrag muss enthalten:

1. Name und Anschrift der oder des das Darlehen beantragenden Beschäftigten,
2. Name, Anschrift und Angehörigenstatus der gepflegten Person,
3. Bescheinigung über die Pflegebedürftigkeit oder im Fall des § 3 Absatz 6 des Pflegezeitgesetzes das dort genannte ärztliche Zeugnis über die Erkrankung des oder der nahen Angehörigen,
4. Dauer der Freistellung nach § 3 Absatz 1 sowie Mitteilung, ob zuvor eine Freistellung nach § 3 Absatz 1 in Anspruch genommen wurde, sowie
5. Höhe, Dauer und Angabe der Zeitabschnitte des beantragten Darlehens.

(4) Dem Antrag sind beizufügen:

1. Entgeltbescheinigungen mit Angabe der arbeitsvertraglichen Wochenstunden der letzten zwölf Monate vor Beginn der Freistellung nach § 3 Absatz 1,
2. in den Fällen der vollständigen Freistellung nach § 3 des Pflegezeitgesetzes eine Bescheinigung des Arbeitgebers über die Freistellung und in den Fällen der teilweisen Freistellung die hierüber getroffene schriftliche Vereinbarung zwischen dem Arbeitgeber und der oder dem Beschäftigten.

§ 9[2] Darlehensbescheid und Zahlweise

10 (1) In dem Bescheid nach § 8 Absatz 1 sind anzugeben:

1. Höhe des Darlehens,
2. Höhe der monatlichen Darlehensraten sowie Dauer der Leistung der Darlehensraten,
3. Höhe und Dauer der Rückzahlungsraten und
4. Fälligkeit der ersten Rückzahlungsrate.

Wurde dem Antragsteller für eine vor dem Antrag liegende Freistellung nach § 3 Absatz 1 ein Darlehen gewährt, sind für die Ermittlung der Beträge nach Satz 1 Nummer 3 und 4 das zurückliegende und das aktuell gewährte Darlehen wie ein Darlehen zu behandeln. Der das erste Darlehen betreffende Bescheid nach Satz 1 wird hinsichtlich Höhe, Dauer und Fälligkeit der Rückzahlungsraten geändert.

(2) Die Höhe der Darlehensraten wird zu Beginn der Leistungsgewährung in monatlichen Festbeträgen für die gesamte Förderdauer festgelegt.

(3) Die Darlehensraten werden unbar zu Beginn jeweils für den Kalendermonat ausgezahlt, in dem die Anspruchsvoraussetzungen vorliegen. Monatliche Förderungsbeträge, die nicht volle Euro ergeben, sind bei Restbeträgen bis zu 0,49 Euro abzurunden und von 0,50 Euro an aufzurunden.

§ 10[3] Antrag und Nachweis in weiteren Fällen

11 (1) Das Bundesamt für Familie und zivilgesellschaftliche Aufgaben entscheidet auch in den Fällen des § 7 auf schriftlichen oder elektronischen Antrag, der Name und Anschrift der Darlehensnehmerin oder des Darlehensnehmers enthalten muss.

(2) Die Voraussetzungen des § 7 sind nachzuweisen

1. in den Fällen des Absatzes 1 durch Glaubhaftmachung der dort genannten Voraussetzungen, insbesondere durch Darlegung der persönlichen wirtschaftlichen Verhältnisse oder bei Arbeitsunfähigkeit

---

[1] § 8 neu gefasst durch Gesetz vom 23. 12. 2014 (BGBl. I S. 2462) mit Wirkung ab 1. 1. 2015.
[2] § 9 neu gefasst durch Gesetz vom 23. 12. 2014 (BGBl. I S. 2462) mit Wirkung ab 1. 1. 2015.
[3] § 10 neu gefasst durch Gesetz vom 23. 12. 2014 (BGBl. I S. 2462) mit Wirkung ab 1. 1. 2015; Abs. 1 geänd. mWv 1. 1. 2025 durch G v. 23. 10. 2024 (BGBl. 2024 I Nr. 323).

durch Vorlage einer Arbeitsunfähigkeitsbescheinigung der Darlehensnehmerin oder des Darlehensnehmers,

2. in den Fällen des Absatzes 2 durch Vorlage einer Bescheinigung über die fortbestehende Pflegebedürftigkeit der oder des nahen Angehörigen und die Fortdauer der Freistellung von der Arbeitsleistung sowie Glaubhaftmachung der dort genannten Voraussetzungen, insbesondere durch Darlegung der persönlichen wirtschaftlichen Verhältnisse,
3. in den Fällen des Absatzes 3 durch Vorlage der entsprechenden Leistungsbescheide der Darlehensnehmerin oder des Darlehensnehmers oder durch Vorlage einer Sterbeurkunde durch die Rechtsnachfolger.

(3) Anträge auf Teildarlehenserlass nach § 7 Absatz 2 sind bis spätestens 48 Monate nach Beginn der Freistellungen nach § 2 dieses Gesetzes oder nach § 3 Absatz 1 oder 5 des Pflegezeitgesetzes zu stellen.

§ 11[1] Allgemeine Verwaltungsvorschriften

Zur Durchführung des Verfahrens nach den §§ 8 und 10 kann das Bundesministerium für Familie, Senioren, Frauen und Jugend allgemeine Verwaltungsvorschriften erlassen. 12

§ 12[2] Bußgeldvorschriften

(1) Ordnungswidrig handelt, wer vorsätzlich oder fahrlässig 13

1. entgegen § 4 Satz 1 eine dort genannte Bescheinigung nicht, nicht richtig, nicht vollständig oder nicht rechtzeitig erstellt,
2. entgegen § 5 Absatz 2 eine Mitteilung nicht, nicht richtig, nicht vollständig oder nicht rechtzeitig macht oder
3. entgegen § 8 Absatz 3 Nummer 4 eine Mitteilung nicht, nicht richtig, nicht vollständig oder nicht rechtzeitig macht.

(2) Verwaltungsbehörde im Sinne des § 36 Absatz 1 Nummer 1 des Gesetzes über Ordnungswidrigkeiten ist das Bundesamt für Familie und zivilgesellschaftliche Aufgaben.

(3) Die Ordnungswidrigkeit kann in den Fällen des Absatzes 1 Nummer 1 mit einer Geldbuße bis zu fünftausend Euro und in den Fällen des Absatzes 1 Nummer 2 mit einer Geldbuße bis zu tausend Euro geahndet werden.

(4) Die Geldbußen fließen in die Kasse des Bundesamtes für Familie und zivilgesellschaftliche Aufgaben. Diese trägt abweichend von § 105 Absatz 2 des Gesetzes über Ordnungswidrigkeiten die notwendigen Auslagen. Sie ist auch ersatzpflichtig im Sinne des § 110 Absatz 4 des Gesetzes über Ordnungswidrigkeiten.

§ 13[3] Aufbringung der Mittel

Die für die Ausführung dieses Gesetzes erforderlichen Mittel trägt der Bund. 14

§ 14[4] Beirat

(1) Das Bundesministerium für Familie, Senioren, Frauen und Jugend setzt einen unabhängigen Beirat für die Vereinbarkeit von Pflege und Beruf ein. 15

(2) Der Beirat befasst sich mit Fragen zur Vereinbarkeit von Pflege und Beruf, er begleitet die Umsetzung der einschlägigen gesetzlichen Regelungen und berät über deren Auswirkungen. Das Bundesministerium für Familie, Senioren, Frauen und Jugend kann dem Beirat Themenstellungen zur Beratung vorgeben.

(3) Der Beirat legt dem Bundesministerium für Familie, Senioren, Frauen und Jugend alle vier Jahre, erstmals zum 1. Juni 2019, einen Bericht vor und kann hierin Handlungsempfehlungen aussprechen.

(4) Der Beirat besteht aus einundzwanzig Mitgliedern, die vom Bundesministerium für Familie, Senioren, Frauen und Jugend im Einvernehmen mit dem Bundesministerium für Arbeit und Soziales und dem Bundesministerium für Gesundheit berufen werden. Stellvertretung ist zulässig. Die oder der Vorsitzende und die oder der stellvertretende Vorsitzende werden vom Bundesministerium für Familie, Senioren, Frauen und Jugend ernannt. Der Beirat setzt sich zusammen aus sechs Vertreterinnen oder Vertretern von fachlich betroffenen Interessenverbänden, je zwei Vertreterinnen oder Vertretern der Gewerkschaften, der Arbeitgeber, der Wohlfahrtsverbände und der Seniorenorganisationen sowie aus je einer Vertreterin oder einem Vertreter der sozialen und der privaten Pflege-Pflichtversicherung. Des Weiteren gehören dem Beirat zwei Wissenschaftlerinnen oder Wissenschaftler mit Schwerpunkt in der Forschung der Vereinbarkeit von Pflege und Beruf sowie je eine Vertreterin oder ein Vertreter der Konferenz der Ministerinnen und Minister, Senatorinnen und Senatoren für Jugend und Familie, der Konferenz der Ministerinnen und Minister, Senatorinnen und Senatoren für Arbeit und Soziales sowie der kommunalen Spitzenverbände an. Die Besetzung des Beirats muss geschlechterparitätisch erfolgen.

---

[1] § 11 aufgehoben, § 13 wird § 11 und geändert durch Gesetz vom 23. 12. 2014 (BGBl. I S. 2462) mit Wirkung ab 1. 1. 2015.

[2] § 12 aufgehoben, § 14 wird § 12 und neuer § 12 Abs. 1 neu gefasst durch Gesetz vom 23. 12. 2014 (BGBl. I S. 2462) mit Wirkung ab 1. 1. 2015.

[3] § 15 wird § 13 und neu gefasst durch Gesetz vom 23. 12. 2014 (BGBl. I S. 2462) mit Wirkung ab 1. 1. 2015.

[4] § 14 angefügt durch Gesetz vom 23. 12. 2014 (BGBl. I S. 2462) mit Wirkung ab 1. 1. 2015.

(5) Die Amtszeit der Mitglieder des Beirats und ihrer Stellvertreterinnen oder Stellvertreter beträgt fünf Jahre und kann einmalig um fünf Jahre verlängert werden. Scheidet ein Mitglied oder dessen Stellvertreterin oder Stellvertreter vorzeitig aus, wird für den Rest der Amtszeit eine Nachfolgerin oder ein Nachfolger berufen.

(6) Die Mitglieder des Beirats sind ehrenamtlich tätig. Sie haben Anspruch auf Erstattung ihrer notwendigen Auslagen.

(7) Der Beirat arbeitet auf der Grundlage einer durch das Bundesministerium für Familie, Senioren, Frauen und Jugend zu erlassenden Geschäftsordnung.

§ 15[1] Übergangsvorschrift

16 Die Vorschriften des Familienpflegezeitgesetzes in der Fassung vom 6. Dezember 2011[2] gelten in den Fällen fort, in denen die Voraussetzungen für die Gewährung eines Darlehens nach § 3 Absatz 1 in Verbindung mit § 12 Absatz 1 Satz 1 bis einschließlich 31. Dezember 2014 vorlagen.

§ 16[3] *(aufgehoben)*

13. Gesetz zum Elterngeld und zur Elternzeit (Bundeselterngeld- und Elternzeitgesetz – BEEG)[4·5·6]

In der Fassung der Bekanntmachung vom 27. Januar 2015 (BGBl. I S. 33)

Geändert durch Gesetz vom 4. 4. 2017 (BGBl. I S. 778), vom 23. 5. 2017 (BGBl. I S. 1228), vom 20. 11. 2019 (BGBl. I S. 1626), vom 12. 12. 2019 (BGBl. I S. 2451), vom 20. 5. 2020 (BGBl. I S. 1061), vom 3. 12. 2020 (BGBl. I S. 2668), vom 3. 12. 2020 (BGBl. I S. 2691), vom 21. 12. 2020 (BGBl. I S. 3096), vom 15. 2. 2021 (BGBl. I S. 239), vom 18. 3. 2022 (BGBl. I S. 473), vom 23. 5. 2022 (BGBl. I S. 760), vom 16. 12. 2022 (BGBl. I S. 2328), vom 19. 12. 2022 (BGBl. I S. 2510), vom 22. 12. 2023 (BGBl. 2023 I Nr. 412), vom 27. 3. 2024 (BGBl. 2024 I Nr. 107), vom 23. 10. 2024 (BGBl. 2024 I Nr. 323) und vom 2. 12. 2024 (BGBl. 2024 I Nr. 387)

Abschnitt 1. Elterngeld

§ 1 Berechtigte

1 (1)[7] Anspruch auf Elterngeld hat, wer

1. einen Wohnsitz oder seinen gewöhnlichen Aufenthalt in Deutschland hat,
2. mit seinem Kind in einem Haushalt lebt,
3. dieses Kind selbst betreut und erzieht und
4. keine oder keine volle Erwerbstätigkeit ausübt.

Bei Mehrlingsgeburten besteht nur ein Anspruch auf Elterngeld.

(2) Anspruch auf Elterngeld hat auch, wer, ohne eine der Voraussetzungen des Absatzes 1 Satz 1 Nummer 1 zu erfüllen,

1. nach § 4 des Vierten Buches Sozialgesetzbuch dem deutschen Sozialversicherungsrecht unterliegt oder im Rahmen seines in Deutschland bestehenden öffentlich-rechtlichen Dienst- oder Amtsverhältnisses vorübergehend ins Ausland abgeordnet, versetzt oder kommandiert ist,
2. Entwicklungshelfer oder Entwicklungshelferin im Sinne des § 1 des Entwicklungshelfer-Gesetzes ist oder als Missionar oder Missionarin der Missionswerke und -gesellschaften, die Mitglieder oder Vereinbarungspartner des Evangelischen Missionswerkes Hamburg, der Arbeitsgemeinschaft Evangelikaler Missionen e. V. oder der Arbeitsgemeinschaft pfingstlich-charismatischer Missionen sind, tätig ist oder
3. die deutsche Staatsangehörigkeit besitzt und nur vorübergehend bei einer zwischen- oder überstaatlichen Einrichtung tätig ist, insbesondere nach den Entsenderichtlinien des Bundes beurlaubte Beamte und Beamtinnen, oder wer vorübergehend eine nach § 123 a des Beamtenrechtsrahmengesetzes oder § 29 des Bundesbeamtengesetzes zugewiesene Tätigkeit im Ausland wahrnimmt.

Dies gilt auch für mit der nach Satz 1 berechtigten Person in einem Haushalt lebende Ehegatten oder Ehegattinnen.

(3) Anspruch auf Elterngeld hat abweichend von Absatz 1 Satz 1 Nummer 2 auch, wer

1. mit einem Kind in einem Haushalt lebt, das er mit dem Ziel der Annahme als Kind aufgenommen hat,
2. ein Kind des Ehegatten oder der Ehegattin in seinen Haushalt aufgenommen hat oder

---

[1] § 15 angefügt durch Gesetz vom 23. 12. 2014 (BGBl. I S. 2462) mit Wirkung ab 1. 1. 2015.

[2] Abgedruckt im „Handbuch zur Lohnsteuer 2014" in **Anhang I 12.**

[3] § 16 aufgeh. mWv 1. 5. 2023 durch G v. 23. 10. 2020 (BGBl. I S. 2208, geänd. durch G v. 22. 12. 2020, BGBl. I S. 3299, G v. 29. 3. 2021, BGBl. I S. 370, G v. 25. 6. 2021, BGBl. I S. 2020, G v. 22. 11. 2021, BGBl. I S. 4906, G v. 23. 10. 2020. BGBl. I S. 2208, G v. 28. 6. 2022, BGBl. I S. 938 und G v. 16. 9. 2022, BGBl. I S. 1454).

[4] Neubekanntmachung des BEEG in der seit dem 1. 1. 2015 geltenden Fassung auf Grund des Art. 4 des Gesetzes vom 18. 12. 2014 (BGBl. I S. 2325).

[5] Zu ausführlichen Durchführungshinweisen zum BEEG siehe Erlass FinMin Baden-Württemberg vom 1. 10. 2010, 1–0386.2–10/5 (BeckVerw 245 317).

[6] Für vor dem 1. 1. 2015 geborene oder mit dem Ziel der Adoption aufgenommene Kinder siehe BEEG in der bis zum 31. 12. 2014 geltenden Fassung (abgedruckt im Handbuch zur Lohnsteuer 2015; § 28 Abs. 1 Satz 1).

[7] Abs. 2 Satz 1 Nr. 2 geänd., Satz 2, Abs. 3 Satz 1 Nr. 2 und Abs. 4 neu gef., Abs. 6 und Abs. 8 Satz 2 geänd. mWv 1. 9. 2021 durch G v. 15. 2. 2021 (BGBl. I S. 239).

3. mit einem Kind in einem Haushalt lebt und die von ihm erklärte Anerkennung der Vaterschaft nach § 1594 Absatz 2 des Bürgerlichen Gesetzbuchs noch nicht wirksam oder über die von ihm beantragte Vaterschaftsfeststellung nach § 1600 d des Bürgerlichen Gesetzbuchs noch nicht entschieden ist.

Für angenommene Kinder und Kinder im Sinne des Satzes 1 Nummer 1 sind die Vorschriften dieses Gesetzes mit der Maßgabe anzuwenden, dass statt des Zeitpunktes der Geburt der Zeitpunkt der Aufnahme des Kindes bei der berechtigten Person maßgeblich ist.

(4) Können die Eltern wegen einer schweren Krankheit, Schwerbehinderung oder Todes der Eltern ihr Kind nicht betreuen, haben Verwandte bis zum dritten Grad und ihre Ehegatten oder Ehegattinnen Anspruch auf Elterngeld, wenn sie die übrigen Voraussetzungen nach Absatz 1 erfüllen und wenn von anderen Berechtigten Elterngeld nicht in Anspruch genommen wird.

(5) Der Anspruch auf Elterngeld bleibt unberührt, wenn die Betreuung und Erziehung des Kindes aus einem wichtigen Grund nicht sofort aufgenommen werden kann oder wenn sie unterbrochen werden muss.

[bis 30. 4. 2025:

*(6) Eine Person ist nicht voll erwerbstätig, wenn ihre Arbeitszeit 32 Wochenstunden im Durchschnitt des Lebensmonats nicht übersteigt, sie eine Beschäftigung zur Berufsbildung ausübt oder sie eine geeignete Tagespflegeperson im Sinne des § 23 des Achten Buches Sozialgesetzbuch ist und nicht mehr als fünf Kinder in Tagespflege betreut.***]**

[ab 1. 5. 2025:

(6)[1] Eine Person ist nicht voll erwerbstätig, wenn

1. ihre Arbeitszeit 32 Wochenstunden im Durchschnitt des Lebensmonats nicht übersteigt,
2. sie eine Beschäftigung zur Berufsbildung ausübt oder
3. sie als eine im Sinne der §§ 23 und 43 des Achten Buches Sozialgesetzbuch geeignete Kindertagespflegeperson tätig ist.

(6 a)[2] Als erwerbstätig im Sinne dieses Gesetzes gelten auch Personen, die vorübergehend nicht arbeiten, solange sie

1. sich in einem Arbeitsverhältnis befinden oder
2. selbständig erwerbstätig sind.**]**

(7)[3] Ein nicht freizügigkeitsberechtigter Ausländer oder eine nicht freizügigkeitsberechtigte Ausländerin ist nur anspruchsberechtigt, wenn diese Person

1. eine Niederlassungserlaubnis oder eine Erlaubnis zum Daueraufenthalt-EU besitzt,
2. eine Blaue Karte EU, eine ICT-Karte, eine Mobiler-ICT-Karte oder eine Aufenthaltserlaubnis besitzt, die für einen Zeitraum von mindestens sechs Monaten zur Ausübung einer Erwerbstätigkeit berechtigen oder berechtigt haben oder diese erlauben, es sei denn, die Aufenthaltserlaubnis wurde
   a) nach § 16 e des Aufenthaltsgesetzes zu Ausbildungszwecken, nach § 19 c Absatz 1 des Aufenthaltsgesetzes zum Zweck der Beschäftigung als Au-Pair oder zum Zweck der Saisonbeschäftigung, nach § 19 e des Aufenthaltsgesetzes zum Zweck der Teilnahme an einem Europäischen Freiwilligendienst oder nach § 20 a Absatz 5 Satz 1 des Aufenthaltsgesetzes zur Suche nach einer Erwerbstätigkeit oder nach Maßnahmen zur Anerkennung ausländischer Berufsqualifikationen erteilt,
   b) nach § 16 b des Aufenthaltsgesetzes zum Zweck eines Studiums, nach § 16 d des Aufenthaltsgesetzes für Maßnahmen zur Anerkennung ausländischer Berufsqualifikationen, nach § 20 des Aufenthaltsgesetzes zur Suche nach einer Erwerbstätigkeit oder nach § 20 a Absatz 5 Satz 2 des Aufenthaltsgesetzes zur Suche nach einer Erwerbstätigkeit oder nach Maßnahmen zur Anerkennung ausländischer Berufsqualifikationen erteilt und *er ist weder erwerbstätig noch nimmt er Elternzeit nach § 15 des Bundeselterngeld- und Elternzeitgesetzes* **[ab 1. 5. 2025:** die Person ist weder erwerbstätig noch nimmt sie Elternzeit nach § 15 dieses Gesetzes**]** oder laufende Geldleistungen nach dem Dritten Buch Sozialgesetzbuch in Anspruch,
   c) nach § 23 Absatz 1 des Aufenthaltsgesetzes wegen eines Krieges *in seinem Heimatland oder nach den* **[ab 1. 5. 2025:** im Heimatland dieser Person oder nach**]** § 23 a oder § 25 Absatz 3 bis 5 des Aufenthaltsgesetzes erteilt,
3. eine in Nummer 2 Buchstabe c genannte Aufenthaltserlaubnis besitzt und im Bundesgebiet berechtigt erwerbstätig ist oder Elternzeit nach § 15 *des Bundeselterngeld- und Elternzeitgesetzes* **[ab 1. 5. 2025:** dieses Gesetzes**]** oder laufende Geldleistungen nach dem Dritten Buch Sozialgesetzbuch in Anspruch nimmt,
4. eine in Nummer 2 Buchstabe c genannte Aufenthaltserlaubnis besitzt und sich seit mindestens 15 Monaten erlaubt, gestattet oder geduldet im Bundesgebiet aufhält oder
5. eine Beschäftigungsduldung gemäß § 60 d in Verbindung mit § 60 a Absatz 2 Satz 3 des Aufenthaltsgesetzes besitzt.

---

[1] Abs. 6 neu gef. mWv 1. 5. 2025 durch G v. 23. 10. 2024 (BGBl. 2024 I Nr. 323).
[2] Abs. 6 a eingef. mWv 1. 5. 2025 durch G v. 23. 10. 2024 (BGBl. 2024 I Nr. 323).
[3] § 1 Abs. 7 geändert durch Art. 35 des Gesetzes vom 12. 12. 2019 (BGBl. I S. 2451) mit Wirkung ab 1. 1. 2020. § 1 Abs. 7 neu gefasst durch Art. 36 des Gesetzes vom 12. 12. 2019 (BGBl. I S. 2451); Abs. 7 Satz 1 Nr. 2 Buchst. c geänd. mWv 1. 6. 2022 durch G v. 23. 5. 2022 (BGBl. I S. 760). Zur Anwendung siehe § 27 Abs. 3. § 1 Abs. 7 Satz 1 Nr. 2 Buchst. b geänd., Buchst. c neu gef., Nr. 3 geänd. mWv 1. 5. 2025 durch G v. 23. 10. 2024 (BGBl. 2024 I Nr. 323); § 1 Abs. 7 Satz 1 Nr. 2 Buchst. a und b geänd. mWv 6. 12. 2024 durch JStG 2024 vom 2. 12. 2024 (BGBl. 2024 I Nr. 387).

Abweichend von Satz 1 Nummer 3 erste Alternative ist ein minderjähriger nicht freizügigkeitsberechtigter Ausländer oder eine minderjährige nicht freizügigkeitsberechtigte Ausländerin unabhängig von einer Erwerbstätigkeit anspruchsberechtigt.

(8)[1] Ein Anspruch entfällt, wenn die berechtigte Person im letzten abgeschlossenen Veranlagungszeitraum vor der Geburt des Kindes ein zu versteuerndes Einkommen nach § 2 Absatz 5 des Einkommensteuergesetzes in Höhe von mehr als 175 000 Euro erzielt hat. Erfüllt auch eine andere Person die Voraussetzungen des Absatzes 1 Satz 1 Nummer 2 oder der Absätze 3 oder 4, entfällt abweichend von Satz 1 der Anspruch, wenn die Summe des zu versteuernden Einkommens beider Personen mehr als 175 000 Euro beträgt.

§ 2[2] Höhe des Elterngeldes

2 (1) Elterngeld wird in Höhe von 67 Prozent des Einkommens aus Erwerbstätigkeit vor der Geburt des Kindes gewährt. Es wird bis zu einem Höchstbetrag von 1 800 Euro monatlich für volle Lebensmonate gezahlt, in denen die berechtigte Person kein Einkommen aus Erwerbstätigkeit hat. Das Einkommen aus Erwerbstätigkeit errechnet sich nach Maßgabe der §§ 2 c bis 2 f aus der um die Abzüge für Steuern und Sozialabgaben verminderten Summe der positiven Einkünfte aus

1. nichtselbständiger Arbeit nach § 2 Absatz 1 Satz 1 Nummer 4 des Einkommensteuergesetzes sowie
2. Land- und Forstwirtschaft, Gewerbebetrieb und selbständiger Arbeit nach § 2 Absatz 1 Satz 1 Nummer 1 bis 3 des Einkommensteuergesetzes,

die im Inland zu versteuern sind und die die berechtigte Person durchschnittlich monatlich im Bemessungszeitraum nach § 2 b oder in Lebensmonaten der Bezugszeit nach § 2 Absatz 3 hat.

(2) In den Fällen, in denen das Einkommen aus Erwerbstätigkeit vor der Geburt geringer als 1 000 Euro war, erhöht sich der Prozentsatz von 67 Prozent um 0,1 Prozentpunkte für je 2 Euro, um die dieses Einkommen den Betrag von 1 000 Euro unterschreitet, auf bis zu 100 Prozent. In den Fällen, in denen das Einkommen aus Erwerbstätigkeit vor der Geburt höher als 1 200 Euro war, sinkt der Prozentsatz von 67 Prozent um 0,1 Prozentpunkte für je 2 Euro, um die dieses Einkommen den Betrag von 1 200 Euro überschreitet, auf bis zu 65 Prozent.

(3) Für Lebensmonate nach der Geburt des Kindes, in denen die berechtigte Person ein Einkommen aus Erwerbstätigkeit hat, das durchschnittlich geringer ist als das Einkommen aus Erwerbstätigkeit vor der Geburt, wird Elterngeld in Höhe des nach Absatz 1 oder 2 maßgeblichen Prozentsatzes des Unterschiedsbetrages dieser Einkommen aus Erwerbstätigkeit gezahlt. Als Einkommen aus Erwerbstätigkeit vor der Geburt ist dabei höchstens der Betrag von 2 770 Euro anzusetzen. Der Unterschiedsbetrag nach Satz 1 ist für das Einkommen aus Erwerbstätigkeit in Lebensmonaten, in denen die berechtigte Person Basiselterngeld in Anspruch nimmt, und in Lebensmonaten, in denen sie Elterngeld Plus im Sinne des § 4 a Absatz 2 in Anspruch nimmt, getrennt zu berechnen.

(4) Elterngeld wird mindestens in Höhe von 300 Euro gezahlt. Dies gilt auch, wenn die berechtigte Person vor der Geburt des Kindes kein Einkommen aus Erwerbstätigkeit hat.

§ 2 a Geschwisterbonus und Mehrlingszuschlag

3 (1) Lebt die berechtigte Person in einem Haushalt mit

1. zwei Kindern, die noch nicht drei Jahre alt sind, oder
2. drei oder mehr Kindern, die noch nicht sechs Jahre alt sind,

wird das Elterngeld um 10 Prozent, mindestens jedoch um 75 Euro erhöht (Geschwisterbonus). Zu berücksichtigen sind alle Kinder, für die die berechtigte Person die Voraussetzungen des § 1 Absatz 1 und 3 erfüllt und für die sich das Elterngeld nicht nach Absatz 4 erhöht.

(2) Für angenommene Kinder, die noch nicht 14 Jahre alt sind, gilt als Alter des Kindes der Zeitraum seit der Aufnahme des Kindes in den Haushalt der berechtigten Person. Dies gilt auch für Kinder, die die berechtigte Person entsprechend § 1 Absatz 3 Satz 1 Nummer 1 mit dem Ziel der Annahme als Kind in ihren Haushalt aufgenommen hat. Für Kinder mit Behinderung im Sinne von § 2 Absatz 1 Satz 1 des Neunten Buches Sozialgesetzbuch liegt die Altersgrenze nach Absatz 1 Satz 1 bei 14 Jahren.

(3) Der Anspruch auf den Geschwisterbonus endet mit Ablauf des Monats, in dem eine der in Absatz 1 genannten Anspruchsvoraussetzungen entfällt.

(4) Bei Mehrlingsgeburten erhöht sich das Elterngeld um je 300 Euro für das zweite und jedes weitere Kind (Mehrlingszuschlag). Dies gilt auch, wenn ein Geschwisterbonus nach Absatz 1 gezahlt wird.

§ 2 b[3] Bemessungszeitraum

4 (1) Für die Ermittlung des Einkommens aus nichtselbstständiger Erwerbstätigkeit im Sinne von § 2 c vor der Geburt sind die zwölf Kalendermonate vor dem Kalendermonat der Geburt des Kindes maßgeb-

[1] § 1 Abs. 8 geändert durch Gesetz vom 22. 12. 2023 (BGBl. 2023 I Nr. 412) mit Wirkung ab 1. 4. 2024; § 1 Abs. 8 Satz 1 geändert durch Gesetz vom 27. 3. 2024 (BGBl. 2024 I Nr. 107) mit Wirkung ab 1. 4. 2024.

[2] § 2 Abs. 1 Satz 2 und Satz 3 abschl. Satzteil, Abs. 3 Sätze 1 und 3 geänd. mWv 1. 9. 2021 durch G v. 15. 2. 2021 (BGBl. I S. 239).

[3] § 2 b Abs. 1 Satz 2 Nr. 2 Zitat geändert durch Gesetz vom 23. 5. 2017 (BGBl. I S. 1228) mit Wirkung ab 1. 1. 2018. Abs. 1 Sätze 3 und 4 angef., Abs. 2 Satz 2 und Abs. 3 Satz 2 geänd. mWv 1. 3. 2020 durch Gesetz vom 20. 5. 2020 (BGBl. I S. 1061); Abs. 1 Satz 3 geänd. mWv 1. 1. 2021 durch Gesetz vom 3. 12. 2020 (BGBl. I S. 2691); Abs. 1 Satz 1 geänd., Satz 2 Nr. 1 neu gef., Satz 3 eingef., bish. Sätze 3 und 4 werden Sätze 4 und 5, Abs. 3 Satz 1 neu gef., Abs. 4 angef. mWv 1. 9. 2021 durch G v. 15. 2. 2021 (BGBl. I S. 239); Abs. 1 Satz 4 geänd. mWv 19. 3. 2022 durch G v. 18. 3. 2022 (BGBl. I S. 473); Abs. 1 Satz 2 neu gef., Abs. 2 Satz 2, Abs. 3 Satz 2 gänd. mWv 1. 5. 2025 durch G v. 23. 10. 2024 (BGBl. 2024 I Nr. 323).

lich. Bei der Bestimmung des Bemessungszeitraums nach Satz 1 bleiben Kalendermonate unberücksichtigt, in denen die berechtigte Person

1. im Zeitraum nach § 4 Absatz 1 Satz 2 und 3 und Absatz 5 Satz 3 *Nummer 2* **[ab 1. 5. 2025:** Nummer 1 Buchstabe b, Nummer 2 Buchstabe b, Nummer 3 Buchstabe b und Nummer 4 Buchstabe b**]** Elterngeld für ein älteres Kind bezogen hat,
2. während der Schutzfristen nach § 3 des Mutterschutzgesetzes[1] nicht beschäftigt werden durfte oder Mutterschaftsgeld nach dem Fünften Buch Sozialgesetzbuch oder nach dem Zweiten Gesetz über die Krankenversicherung der Landwirte **[ab 1. 5. 2025:** oder Krankentagegeld nach § 192 Absatz 5 Satz 2 des Versicherungsvertragsgesetzes**]** bezogen hat,
3. eine Krankheit hatte, die maßgeblich durch eine Schwangerschaft bedingt war, oder
4. Wehrdienst nach dem Wehrpflichtgesetz in der bis zum 31. Mai 2011 geltenden Fassung oder nach dem Vierten Abschnitt des Soldatengesetzes oder Zivildienst nach dem Zivildienstgesetz geleistet hat**[.]**

[bis 30. 4. 2025: *und in den Fällen der Nummern 3 und 4 dadurch ein geringeres Einkommen aus Erwerbstätigkeit hatte.***]** Abweichend von Satz 2 sind Kalendermonate im Sinne des Satzes 2 Nummer 1 bis 4 auf Antrag der berechtigten Person zu berücksichtigen. Abweichend von Satz 2 bleiben auf Antrag bei der Ermittlung des Einkommens für die Zeit vom 1. März 2020 bis zum Ablauf des 23. September 2022 auch solche Kalendermonate unberücksichtigt, in denen die berechtigte Person aufgrund der COVID-19-Pandemie ein geringeres Einkommen aus Erwerbstätigkeit hatte und dies glaubhaft machen kann. Satz 2 Nummer 1 gilt in den Fällen des § 27 Absatz 1 Satz 1 mit der Maßgabe, dass auf Antrag auch Kalendermonate mit Elterngeldbezug für ein älteres Kind nach Vollendung von dessen 14. Lebensmonat unberücksichtigt bleiben, soweit der Elterngeldbezug von der Zeit vor Vollendung des 14. Lebensmonats auf danach verschoben wurde.

(2) Für die Ermittlung des Einkommens aus selbstständiger Erwerbstätigkeit im Sinne von § 2 d vor der Geburt sind die jeweiligen steuerlichen Gewinnermittlungszeiträume maßgeblich, die dem letzten abgeschlossenen steuerlichen Veranlagungszeitraum vor der Geburt des Kindes zugrunde liegen. Haben in einem Gewinnermittlungszeitraum die Voraussetzungen des Absatzes 1 Satz 2 oder Satz *3* **[ab 1. 5. 2025:** 4**]** vorgelegen, sind auf Antrag die Gewinnermittlungszeiträume maßgeblich, die dem diesen Ereignissen vorangegangenen abgeschlossenen steuerlichen Veranlagungszeitraum zugrunde liegen.

(3) Abweichend von Absatz 1 ist für die Ermittlung des Einkommens aus nichtselbstständiger Erwerbstätigkeit vor der Geburt der letzte abgeschlossene steuerliche Veranlagungszeitraum vor der Geburt maßgeblich, wenn die berechtigte Person in den Zeiträumen nach Absatz 1 oder Absatz 2 Einkommen aus selbstständiger Erwerbstätigkeit hatte. Haben im Bemessungszeitraum nach Satz 1 die Voraussetzungen des Absatzes 1 Satz 2 oder Satz *3* **[ab 1. 5. 2025:** 4**]** vorgelegen, ist Absatz 2 Satz 2 mit der zusätzlichen Maßgabe anzuwenden, dass für die Ermittlung des Einkommens aus nichtselbstständiger Erwerbstätigkeit vor der Geburt der vorangegangene steuerliche Veranlagungszeitraum maßgeblich ist.

(4) Abweichend von Absatz 3 ist auf Antrag der berechtigten Person für die Ermittlung des Einkommens aus nichtselbstständiger Erwerbstätigkeit allein der Bemessungszeitraum nach Absatz 1 maßgeblich, wenn die zu berücksichtigende Summe der Einkünfte aus Land- und Forstwirtschaft, Gewerbebetrieb und selbstständiger Arbeit nach § 2 Absatz 1 Satz 1 Nummer 1 bis 3 des Einkommensteuergesetzes

1. in den jeweiligen steuerlichen Gewinnermittlungszeiträumen, die dem letzten abgeschlossenen steuerlichen Veranlagungszeitraum vor der Geburt des Kindes zugrunde liegen, durchschnittlich weniger als 35 Euro im Kalendermonat betrug und
2. in den jeweiligen steuerlichen Gewinnermittlungszeiträumen, die dem steuerlichen Veranlagungszeitraum der Geburt des Kindes zugrunde liegen, bis einschließlich zum Kalendermonat vor der Geburt des Kindes durchschnittlich weniger als 35 Euro im Kalendermonat betrug.

Abweichend von § 2 Absatz 1 Satz 3 Nummer 2 ist für die Berechnung des Elterngeldes im Fall des Satzes 1 allein das Einkommen aus nichtselbstständiger Erwerbstätigkeit maßgeblich. Die für die Entscheidung über den Antrag notwendige Ermittlung der Höhe der Einkünfte aus Land- und Forstwirtschaft, Gewerbebetrieb und selbstständiger Arbeit erfolgt für die Zeiträume nach Satz 1 Nummer 1 entsprechend § 2 d Absatz 2; in Fällen, in denen zum Zeitpunkt der Entscheidung kein Einkommensteuerbescheid vorliegt, und für den Zeitraum nach Satz 1 Nummer 2 erfolgt die Ermittlung der Höhe der Einkünfte entsprechend § 2 d Absatz 3. Die Entscheidung über den Antrag erfolgt abschließend auf der Grundlage der Höhe der Einkünfte, wie sie sich aus den gemäß Satz 3 vorgelegten Nachweisen ergibt.

§ 2 c[2] Einkommen aus nichtselbstständiger Erwerbstätigkeit

(1) Der monatlich durchschnittlich zu berücksichtigende Überschuss der Einnahmen aus nichtselbstständiger Arbeit in Geld oder Geldeswert über ein Zwölftel des Arbeitnehmer-Pauschbetrags, vermindert um die Abzüge für Steuern und Sozialabgaben nach den §§ 2 e und 2 f, ergibt das Einkommen aus nichtselbstständiger Erwerbstätigkeit. Nicht berücksichtigt werden Einnahmen, die im Lohnsteuer-abzugsverfahren nach den lohnsteuerlichen Vorgaben als sonstige Bezüge zu behandeln sind. Die zeitliche Zuordnung von Einnahmen erfolgt nach den lohnsteuerlichen Vorgaben für das Lohnsteuer-abzugsverfahren. Maßgeblich ist der Arbeitnehmer-Pauschbetrag nach § 9 a Satz 1 Nummer 1 Buchstabe a des 5

[1] Abgedruckt in **Anhang I 11**.

[2] § 2 c Abs. 1 Satz 3 eingef., bish. Satz 3 wird Satz 4 mit Wirkung ab 29. 5. 2020 durch Gesetz vom 20. 5. 2020 (BGBl. I S. 1061). Abs. 2 Satz 1, Abs. 3 Sätze 1 und 2 geänd. mWv 1. 9. 2021 durch G v. 15. 2. 2021 (BGBl. I S. 239). Abs. 4 angef. mWv 1. 5. 2025 durch G v. 23. 10. 2024 (BGBl. 2024 I Nr. 323).

Einkommensteuergesetzes in der am 1. Januar des Kalenderjahres vor der Geburt des Kindes für dieses Jahr geltenden Fassung.

(2) Grundlage der Ermittlung der Einnahmen sind die Angaben in den für die maßgeblichen Kalendermonate erstellten Lohn- und Gehaltsbescheinigungen des Arbeitgebers. Die Richtigkeit und Vollständigkeit der Angaben in den maßgeblichen Lohn- und Gehaltsbescheinigungen wird vermutet.

(3) Grundlage der Ermittlung der nach den §§ 2 e und 2 f erforderlichen Abzugsmerkmale für Steuern und Sozialabgaben sind die Angaben in der Lohn- und Gehaltsbescheinigung, die für den letzten Kalendermonat im Bemessungszeitraum mit Einnahmen nach Absatz 1 erstellt wurde. Soweit sich in den Lohn- und Gehaltsbescheinigungen des Bemessungszeitraums eine Angabe zu einem Abzugsmerkmal geändert hat, ist die von der Angabe nach Satz 1 abweichende Angabe maßgeblich, wenn sie in der überwiegenden Zahl der Kalendermonate des Bemessungszeitraums gegolten hat. § 2 c Absatz 2 Satz 2 gilt entsprechend.

[ab 1. 5. 2025:

(4) Der anteilige Arbeitnehmer-Pauschbetrag nach Absatz 1 Satz 1 ist nicht zu berücksichtigen, wenn dem Ansässigkeitsstaat der berechtigten Person nach einem Abkommen zur Vermeidung der Doppelbesteuerung das Besteuerungsrecht für das Elterngeld zusteht und wenn das aus Deutschland gezahlte Elterngeld nach den maßgebenden Vorschriften des Ansässigkeitsstaats der Steuer unterliegt. Unterliegt das Elterngeld im Ansässigkeitsstaat nach dessen maßgebenden Vorschriften nicht der Steuer, so ist der Arbeitnehmer-Pauschbetrag nach Absatz 1 entsprechend zu berücksichtigen.**]**

§ 2 d[1] Einkommen aus selbstständiger Erwerbstätigkeit

6 (1) Die monatlich durchschnittlich zu berücksichtigende Summe der positiven Einkünfte aus Land- und Forstwirtschaft, Gewerbebetrieb und selbstständiger Arbeit (Gewinneinkünfte), vermindert um die Abzüge für Steuern und Sozialabgaben nach den §§ 2 e und 2 f, ergibt das Einkommen aus selbstständiger Erwerbstätigkeit.

(2) Bei der Ermittlung der im Bemessungszeitraum zu berücksichtigenden Gewinneinkünfte sind die entsprechenden im Einkommensteuerbescheid ausgewiesenen Gewinne anzusetzen. Ist kein Einkommensteuerbescheid zu erstellen, werden die Gewinneinkünfte in entsprechender Anwendung des Absatzes 3 ermittelt.

(3) Grundlage der Ermittlung der in den Bezugsmonaten zu berücksichtigenden Gewinneinkünfte ist eine Gewinnermittlung, die mindestens den Anforderungen des § 4 Absatz 3 des Einkommensteuergesetzes entspricht. Als Betriebsausgaben sind 25 Prozent der zugrunde gelegten Einnahmen oder auf Antrag die damit zusammenhängenden tatsächlichen Betriebsausgaben anzusetzen.

(4) Soweit nicht in § 2 c Absatz 3 etwas anderes bestimmt ist, sind bei der Ermittlung der nach § 2 e erforderlichen Abzugsmerkmale für Steuern die Angaben im Einkommensteuerbescheid maßgeblich. § 2 c Absatz 3 Satz 2 gilt entsprechend.

(5) Die zeitliche Zuordnung von Einnahmen und Ausgaben erfolgt nach den einkommensteuerrechtlichen Grundsätzen.

§ 2 e[2] Abzüge für Steuern

7 (1) Als Abzüge für Steuern sind Beträge für die Einkommensteuer, den Solidaritätszuschlag und, wenn die berechtigte Person kirchensteuerpflichtig ist, die Kirchensteuer zu berücksichtigen. Die Abzüge für Steuern werden einheitlich für Einkommen aus nichtselbstständiger und selbstständiger Erwerbstätigkeit auf Grundlage einer Berechnung anhand des am 1. Januar des Kalenderjahres vor der Geburt des Kindes für dieses Jahr geltenden Programmablaufplans für die maschinelle Berechnung der vom Arbeitslohn einzubehaltenden Lohnsteuer, des Solidaritätszuschlags und der Maßstabsteuer für die Kirchenlohnsteuer im Sinne von § 39 b Absatz 6 des Einkommensteuergesetzes nach den Maßgaben der Absätze 2 bis 5 ermittelt.

(2) Bemessungsgrundlage für die Ermittlung der Abzüge für Steuern ist die monatlich durchschnittlich zu berücksichtigende Summe der Einnahmen nach § 2 c, soweit sie von der berechtigten Person zu versteuern sind, und der Gewinneinkünfte nach § 2 d. Bei der Ermittlung der Abzüge für Steuern nach Absatz 1 werden folgende Pauschalen berücksichtigt:

1. der Arbeitnehmer-Pauschbetrag nach § 9 a Satz 1 Nummer 1 Buchstabe a des Einkommensteuergesetzes, wenn die berechtigte Person von ihr zu versteuernde Einnahmen hat, die unter § 2 c fallen, und
2. eine Vorsorgepauschale
   a) mit den Teilbeträgen nach § 39 b Absatz 2 Satz 5 Nummer 3 Buchstabe b, c und e des Einkommensteuergesetzes, falls die berechtigte Person von ihr zu versteuernde Einnahmen nach § 2 c hat, ohne in der gesetzlichen Rentenversicherung oder einer vergleichbaren Einrichtung versicherungspflichtig gewesen zu sein, oder
   b) mit den Teilbeträgen nach § 39 b Absatz 2 Satz 5 Nummer 3 Buchstabe a bis c und e des Einkommensteuergesetzes in allen übrigen Fällen,

   wobei die Höhe der Teilbeträge ohne Berücksichtigung der besonderen Regelungen zur Berechnung der Beiträge nach § 55 Absatz 3 und § 58 Absatz 3 des Elften Buches Sozialgesetzbuch bestimmt wird.

(3) Als Abzug für die Einkommensteuer ist der Betrag anzusetzen, der sich unter Berücksichtigung der Steuerklasse und des Faktors nach § 39 f des Einkommensteuergesetzes nach § 2 c Absatz 3 ergibt; die

[1] § 2 d Abs. 5 angef. mit Wirkung ab 29. 5. 2020 durch Gesetz vom 20. 5. 2020 (BGBl. I S. 1061).

[2] § 2 e Abs. 2 Satz 2 Nr. 2 Buchst. a und b geänd. mit Wirkung ab 1. 1. 2024 durch Gesetz vom 21. 12. 2020 (BGBl. I S. 3096); Abs. 7 angef. mWv 1. 5. 2025 durch G v. 23. 10. 2024 (BGBl. 2024 I Nr. 323).

Steuerklasse VI bleibt unberücksichtigt. War die berechtigte Person im Bemessungszeitraum nach § 2 b in keine Steuerklasse eingereiht oder ist ihr nach § 2 d zu berücksichtigender Gewinn höher als ihr nach § 2 c zu berücksichtigender Überschuss der Einnahmen über ein Zwölftel des Arbeitnehmer-Pauschbetrags, ist als Abzug für die Einkommensteuer der Betrag anzusetzen, der sich unter Berücksichtigung der Steuerklasse IV ohne Berücksichtigung eines Faktors nach § 39 f des Einkommensteuergesetzes ergibt.

(4) Als Abzug für den Solidaritätszuschlag ist der Betrag anzusetzen, der sich nach den Maßgaben des Solidaritätszuschlagsgesetzes 1995 für die Einkommensteuer nach Absatz 3 ergibt. Freibeträge für Kinder werden nach den Maßgaben des § 3 Absatz 2 a des Solidaritätszuschlagsgesetzes 1995 berücksichtigt.

(5) Als Abzug für die Kirchensteuer ist der Betrag anzusetzen, der sich unter Anwendung eines Kirchensteuersatzes von 8 Prozent für die Einkommensteuer nach Absatz 3 ergibt. Freibeträge für Kinder werden nach den Maßgaben des § 51 a Absatz 2 a des Einkommensteuergesetzes berücksichtigt.

(6) Vorbehaltlich der Absätze 2 bis 5 werden Freibeträge und Pauschalen nur berücksichtigt, wenn sie ohne weitere Voraussetzung jeder berechtigten Person zustehen.

[ab 1. 5. 2025:

(7) Abzüge für Steuern nach Absatz 1 Satz 1 sind nicht zu berücksichtigen, wenn dem Ansässigkeitsstaat der berechtigten Person nach einem Abkommen zur Vermeidung der Doppelbesteuerung das Besteuerungsrecht für das Elterngeld zusteht und wenn das aus Deutschland gezahlte Elterngeld nach den maßgebenden Vorschriften des Ansässigkeitsstaats der Steuer unterliegt. Unterliegt das Elterngeld im Ansässigkeitsstaat nach dessen maßgebenden Vorschriften nicht der Steuer, so sind die Abzüge für Steuern nach den Absätzen 1 bis 6 entsprechend zu berücksichtigen.**]**

§ 2 f[1] Abzüge für Sozialabgaben

(1) Als Abzüge für Sozialabgaben sind Beträge für die gesetzliche Sozialversicherung oder für eine vergleichbare Einrichtung sowie für die Arbeitsförderung zu berücksichtigen. Die Abzüge für Sozialabgaben werden einheitlich für Einkommen aus nichtselbstständiger und selbstständiger Erwerbstätigkeit anhand folgender Beitragssatzpauschalen ermittelt: 8

1. 9 Prozent für die Kranken- und Pflegeversicherung, falls die berechtigte Person in der gesetzlichen Krankenversicherung nach § 5 Absatz 1 Nummer 1 bis 12 des Fünften Buches Sozialgesetzbuch versicherungspflichtig gewesen ist,
2. 10 Prozent für die Rentenversicherung, falls die berechtigte Person in der gesetzlichen Rentenversicherung oder einer vergleichbaren Einrichtung versicherungspflichtig gewesen ist, und
3. 2 Prozent für die Arbeitsförderung, falls die berechtigte Person nach dem Dritten Buch Sozialgesetzbuch versicherungspflichtig gewesen ist.

(2) Bemessungsgrundlage für die Ermittlung der Abzüge für Sozialabgaben ist die monatlich durchschnittlich zu berücksichtigende Summe der Einnahmen nach § 2 c und der Gewinneinkünfte nach § 2 d. Einnahmen aus Beschäftigungen im Sinne des § 8, des § 8 a oder des § 20 Absatz 3 Satz 1 des Vierten Buches Sozialgesetzbuch werden nicht berücksichtigt. Für Einnahmen aus Beschäftigungsverhältnissen im Sinne des § 20 Absatz 2 des Vierten Buches Sozialgesetzbuch ist der Betrag anzusetzen, der sich nach § 344 Absatz 4 des Dritten Buches Sozialgesetzbuch für diese Einnahmen ergibt, wobei der Faktor im Sinne des *§ 163 Absatz 10 Satz 2 des Sechsten Buches Sozialgesetzbuch* **[ab 1. 5. 2025:** § 20 Absatz 2 a Satz 2 des Vierten Buches Sozialgesetzbuch**]** unter Zugrundelegung der Beitragssatzpauschalen nach Absatz 1 bestimmt wird.

(3) Andere Maßgaben zur Bestimmung der sozialversicherungsrechtlichen Beitragsbemessungsgrundlagen werden nicht berücksichtigt.

§ 3[2] Anrechnung von anderen Einnahmen

(1) Auf das der berechtigten Person nach § 2 oder nach § 2 in Verbindung mit § 2 a zustehende Elterngeld werden folgende Einnahmen angerechnet: 9

1. Mutterschaftsleistungen
   a) in Form des Mutterschaftsgeldes nach dem Fünften Buch Sozialgesetzbuch oder nach dem Zweiten Gesetz über die Krankenversicherung der Landwirte mit Ausnahme des Mutterschaftsgeldes nach § 19 Absatz 2 des Mutterschutzgesetzes oder
   b) in Form des Zuschusses zum Mutterschaftsgeld nach § 20 des Mutterschutzgesetzes, die der berechtigten Person für die Zeit ab dem Tag der Geburt des Kindes zustehen,
2. Dienst- und Anwärterbezüge sowie Zuschüsse, die der berechtigten Person nach beamten- oder soldatenrechtlichen Vorschriften für die Zeit eines Beschäftigungsverbots ab dem Tag der Geburt des Kindes zustehen,

[bis 30. 4. 2025:

3. dem Elterngeld vergleichbare Leistungen, auf die eine nach § 1 berechtigte Person außerhalb Deutschlands oder gegenüber einer über- oder zwischenstaatlichen Einrichtung Anspruch hat,

*4. Elterngeld, das der berechtigten Person für ein älteres Kind zusteht, sowie***]**

---

[1] § 2f Abs. 2 Satz 3 geänd. mWv 1. 5. 2025 durch G v. 23. 10. 2024 (BGBl. 2024 I Nr. 323).

[2] § 3 Abs. 1 Satz 1 Nr. 1 Buchst. a und b Zitate geändert durch Gesetz vom 23. 5. 2017 (BGBl. I S. 1228) mit Wirkung ab 1. 1. 2018; Abs. 1 Satz 1 Nr. 3 geänd., Satz 4 angef. mit Wirkung vom 1. 9. 2021 (BGBl. S. 239); Abs. 1 Satz 1 Nr. 3 und 4 neu gef. mWv 1. 5. 2025 durch G v. 23. 10. 2024 (BGBl. 2024 I Nr. 323).

[ab 1. 5. 2025:

3. dem Elterngeld oder den Mutterschaftsleistungen vergleichbare Leistungen, auf die eine nach § 1 berechtigte Person außerhalb Deutschlands oder gegenüber einer über- oder zwischenstaatlichen Einrichtung Anspruch hat,
4. Elterngeld, das der berechtigten Person für ein älteres Kind zusteht, oder dem Elterngeld oder den Mutterschaftsleistungen vergleichbare Leistungen für ein älteres Kind, auf die die berechtigte Person außerhalb Deutschlands oder gegenüber einer über- oder zwischenstaatlichen Einrichtung Anspruch hat,]
5. Einnahmen, die der berechtigten Person als Ersatz für Erwerbseinkommen zustehen und
   a) die nicht bereits für die Berechnung des Elterngeldes nach § 2 berücksichtigt werden oder
   b) bei deren Berechnung das Elterngeld nicht berücksichtigt wird.

Stehen der berechtigten Person die Einnahmen nur für einen Teil des Lebensmonats des Kindes zu, sind sie nur auf den entsprechenden Teil des Elterngeldes anzurechnen. Für jeden Kalendermonat, in dem Einnahmen nach Satz 1 Nummer 4 oder Nummer 5 im Bemessungszeitraum bezogen worden sind, wird der Anrechnungsbetrag um ein Zwölftel gemindert. Beginnt der Bezug von Einnahmen nach Satz 1 Nummer 5 nach der Geburt des Kindes und berechnen sich die anzurechnenden Einnahmen auf der Grundlage eines Einkommens, das geringer ist als das Einkommen aus Erwerbstätigkeit im Bemessungszeitraum, so ist der Teil des Elterngeldes in Höhe des nach § 2 Absatz 1 oder 2 maßgeblichen Prozentsatzes des Unterschiedsbetrages zwischen dem durchschnittlichen monatlichen Einkommen aus Erwerbstätigkeit im Bemessungszeitraum und dem durchschnittlichen monatlichen Bemessungseinkommen der anzurechnenden Einnahmen von der Anrechnung freigestellt.

(2) Bis zu einem Betrag von 300 Euro ist das Elterngeld von der Anrechnung nach Absatz 1 frei, soweit nicht Einnahmen nach Absatz 1 Satz 1 Nummer 1 bis 3 auf das Elterngeld anzurechnen sind. Dieser Betrag erhöht sich bei Mehrlingsgeburten um je 300 Euro für das zweite und jedes weitere Kind.

(3) Solange kein Antrag auf die in Absatz 1 Satz 1 Nummer 3 genannten vergleichbaren Leistungen gestellt wird, ruht der Anspruch auf Elterngeld bis zur möglichen Höhe der vergleichbaren Leistung.

§ 4[1] Bezugsdauer, Anspruchsumfang

10 (1) Elterngeld wird als Basiselterngeld oder als Elterngeld Plus gewährt. Es kann ab dem Tag der Geburt bezogen werden. Basiselterngeld kann bis zur Vollendung des 14. Lebensmonats des Kindes bezogen werden. Elterngeld Plus kann bis zur Vollendung des 32. Lebensmonats bezogen werden, solange es ab dem 15. Lebensmonat in aufeinander folgenden Lebensmonaten von zumindest einem Elternteil in Anspruch genommen wird. Für angenommene Kinder und Kinder im Sinne des § 1 Absatz 3 Satz 1 Nummer 1 kann Elterngeld ab Aufnahme bei der berechtigten Person längstens bis zur Vollendung des achten Lebensjahres des Kindes bezogen werden.

(2)[2] Elterngeld wird in Monatsbeträgen für Lebensmonate des Kindes gezahlt. Der Anspruch endet mit dem Ablauf des Lebensmonats, in dem eine Anspruchsvoraussetzung entfallen ist.

(3) Die Eltern haben gemeinsam Anspruch auf zwölf Monatsbeträge Basiselterngeld. Ist das Einkommen aus Erwerbstätigkeit eines Elternteils in zwei Lebensmonaten gemindert, haben die Eltern gemeinsam Anspruch auf zwei weitere Monate Basiselterngeld (Partnermonate). Statt für einen Lebensmonat Basiselterngeld zu beanspruchen, kann die berechtigte Person jeweils zwei Lebensmonate Elterngeld Plus beziehen.

(4) Ein Elternteil hat Anspruch auf höchstens zwölf Monatsbeträge Basiselterngeld zuzüglich der höchstens vier zustehenden Monatsbeträge Partnerschaftsbonus nach § 4 b. Ein Elternteil hat nur Anspruch auf Elterngeld, wenn er es mindestens für zwei Lebensmonate bezieht. Lebensmonate des Kindes, in denen einem Elternteil nach § 3 Absatz 1 Satz 1 Nummer 1 bis 3 anzurechnende Leistungen oder nach § 192 Absatz 5 Satz 2 des Versicherungsvertragsgesetzes Versicherungsleistungen zustehen, gelten als Monate, für die dieser Elternteil Basiselterngeld nach § 4 a Absatz 1 bezieht.

(5) Abweichend von Absatz 3 Satz 1 beträgt der gemeinsame Anspruch der Eltern auf Basiselterngeld für ein Kind, das

1. mindestens sechs Wochen vor dem voraussichtlichen Tag der Entbindung geboren wurde: 13 Monatsbeträge Basiselterngeld;
2. mindestens acht Wochen vor dem voraussichtlichen Tag der Entbindung geboren wurde: 14 Monatsbeträge Basiselterngeld;
3. mindestens zwölf Wochen vor dem voraussichtlichen Tag der Entbindung geboren wurde: 15 Monatsbeträge Basiselterngeld;
4. mindestens 16 Wochen vor dem voraussichtlichen Tag der Entbindung geboren wurde: 16 Monatsbeträge Basiselterngeld.

Für die Berechnung des Zeitraums zwischen dem voraussichtlichen Tag der Entbindung und dem tatsächlichen Tag der Geburt ist der voraussichtliche Tag der Entbindung maßgeblich, wie er sich aus dem ärztlichen Zeugnis oder dem Zeugnis einer Hebamme oder eines Entbindungspflegers ergibt.
Im Fall von

1. Satz 1 Nummer 1

[1] § 4 neu gef. mWv 1. 9. 2021 durch G v. 15. 2. 2021 (BGBl. I S. 239).
[2] § 4 Abs. 2 Satz 3 aufgeh. mWv 1. 4. 2024 durch G v. 22. 12. 2023 (BGBl. 2023 I Nr. 412).

a) hat ein Elternteil abweichend von Absatz 4 Satz 1 Anspruch auf höchstens 13 Monatsbeträge Basiselterngeld zuzüglich der höchstens vier zustehenden Monatsbeträge Partnerschaftsbonus nach § 4 b,
b) kann Basiselterngeld abweichend von Absatz 1 Satz 3 bis zur Vollendung des 15. Lebensmonats des Kindes bezogen werden und
c) kann Elterngeld Plus abweichend von Absatz 1 Satz 4 bis zur Vollendung des 32. Lebensmonats des Kindes bezogen werden, solange es ab dem 16. Lebensmonat in aufeinander folgenden Lebensmonaten von zumindest einem Elternteil in Anspruch genommen wird;

2. Satz 1 Nummer 2
a) hat ein Elternteil abweichend von Absatz 4 Satz 1 Anspruch auf höchstens 14 Monatsbeträge Basiselterngeld zuzüglich der höchstens vier zustehenden Monatsbeträge Partnerschaftsbonus nach § 4 b,
b) kann Basiselterngeld abweichend von Absatz 1 Satz 3 bis zur Vollendung des 16. Lebensmonats des Kindes bezogen werden und
c) kann Elterngeld Plus abweichend von Absatz 1 Satz 4 bis zur Vollendung des 32. Lebensmonats des Kindes bezogen werden, solange es ab dem 17. Lebensmonat in aufeinander folgenden Lebensmonaten von zumindest einem Elternteil in Anspruch genommen wird;

3. Satz 1 Nummer 3
a) hat ein Elternteil abweichend von Absatz 4 Satz 1 Anspruch auf höchstens 15 Monatsbeträge Basiselterngeld zuzüglich der höchstens vier zustehenden Monatsbeträge Partnerschaftsbonus nach § 4 b,
b) kann Basiselterngeld abweichend von Absatz 1 Satz 3 bis zur Vollendung des 17. Lebensmonats des Kindes bezogen werden und
c) kann Elterngeld Plus abweichend von Absatz 1 Satz 4 bis zur Vollendung des 32. Lebensmonats des Kindes bezogen werden, solange es ab dem 18. Lebensmonat in aufeinander folgenden Lebensmonaten von zumindest einem Elternteil in Anspruch genommen wird;

4. Satz 1 Nummer 4
a) hat ein Elternteil abweichend von Absatz 4 Satz 1 Anspruch auf höchstens 16 Monatsbeträge Basiselterngeld zuzüglich der höchstens vier zustehenden Monatsbeträge Partnerschaftsbonus nach § 4 b,
b) kann Basiselterngeld abweichend von Absatz 1 Satz 3 bis zur Vollendung des 18. Lebensmonats des Kindes bezogen werden und
c) kann Elterngeld Plus abweichend von Absatz 1 Satz 4 bis zur Vollendung des 32. Lebensmonats des Kindes bezogen werden, solange es ab dem 19. Lebensmonat in aufeinander folgenden Lebensmonaten von zumindest einem Elternteil in Anspruch genommen wird.

(6)[1] Ein gleichzeitiger Bezug von Basiselterngeld beider Elternteile ist nur in einem der ersten zwölf Lebensmonate des Kindes möglich. Bezieht einer der beiden Elternteile Elterngeld Plus, so kann dieser Elternteil das Elterngeld Plus gleichzeitig zum Bezug von Basiselterngeld oder von Elterngeld Plus des anderen Elternteils beziehen. § 4 b bleibt unberührt. Abweichend von Satz 1 können bei Mehrlingsgeburten und Frühgeburten im Sinne des Absatzes 5 sowie bei Kindern, bei denen eine Behinderung im Sinne von § 2 Absatz 1 Satz 1 des Neunten Buches Sozialgesetzbuch ärztlich festgestellt wird und bei Kindern, die einen Geschwisterbonus nach § 2 a Absatz 1 in Verbindung mit Absatz 2 Satz 3 auslösen, beide Elternteile gleichzeitig Basiselterngeld beziehen.

§ 4 a[2] Berechnung von Basiselterngeld und Elterngeld Plus

(1) Basiselterngeld wird allein nach den Vorgaben der §§ 2 bis 3 ermittelt. **11**

(2) Elterngeld Plus wird nach den Vorgaben der §§ 2 bis 3 und den zusätzlichen Vorgaben der Sätze 2 und 3 ermittelt. Das Elterngeld Plus beträgt monatlich höchstens die Hälfte des Basiselterngeldes, das der berechtigten Person zustünde, wenn sie während des Elterngeldbezugs keine Einnahmen im Sinne des § 2 oder des § 3 hätte oder hat. Für die Berechnung des Elterngeldes Plus halbieren sich:

1. der Mindestbetrag für das Elterngeld nach § 2 Absatz 4 Satz 1,
2. der Mindestbetrag des Geschwisterbonus nach § 2 a Absatz 1 Satz 1,
3. der Mehrlingszuschlag nach § 2 a Absatz 4 sowie
4. die von der Anrechnung freigestellten Elterngeldbeträge nach § 3 Absatz 2.

§ 4 b[3] Partnerschaftsbonus

(1) Wenn beide Elternteile **12**

1. nicht weniger als 24 und nicht mehr als 32 Wochenstunden im Durchschnitt des Lebensmonats erwerbstätig sind und
2. die Voraussetzungen des § 1 erfüllen,

hat jeder Elternteil für diesen Lebensmonat Anspruch auf einen zusätzlichen Monatsbetrag Elterngeld Plus (Partnerschaftsbonus).

---

[1] § 4 Abs. 6 angef. mWv 1. 4. 2024 durch G v. 22. 12. 2023 (BGBl. 2023 I Nr. 412); § 4 Abs. 6 neu gefasst mWv 1. 4. 2024 durch G v. 27. 3. 2024 (BGBl. 2024 I Nr. 107).
[2] § 4 a neu gef. mWv 1. 9. 2021 durch G v. 15. 2. 2021 (BGBl. I S. 239).
[3] § 4 b neu gef. mWv 1. 9. 2021 durch G v. 15. 2. 2021 (BGBl. I S. 239).

(2) Die Eltern haben je Elternteil Anspruch auf höchstens vier Monatsbeträge Partnerschaftsbonus. Sie können den Partnerschaftsbonus nur beziehen, wenn sie ihn jeweils für mindestens zwei Lebensmonate in Anspruch nehmen.

(3) Die Eltern können den Partnerschaftsbonus nur gleichzeitig und in aufeinander folgenden Lebensmonaten beziehen.

(4) Treten während des Bezugs des Partnerschaftsbonus die Voraussetzungen für einen alleinigen Bezug nach § 4 c Absatz 1 Nummer 1 bis 3 ein, so kann der Bezug durch einen Elternteil nach § 4 c Absatz 2 fortgeführt werden.

(5) Das Erfordernis des Bezugs in aufeinander folgenden Lebensmonaten nach Absatz 3 und § 4 Absatz 1 Satz 4 gilt auch dann als erfüllt, wenn sich während des Bezugs oder nach dem Ende des Bezugs herausstellt, dass die Voraussetzungen für den Partnerschaftsbonus nicht in allen Lebensmonaten, für die der Partnerschaftsbonus beantragt wurde, vorliegen oder vorlagen.

§ 4 c[1] Alleiniger Bezug durch einen Elternteil

13 (1) Ein Elternteil kann abweichend von § 4 Absatz 4 Satz 1 zusätzlich auch das Elterngeld für die Partnermonate nach § 4 Absatz 3 Satz *3* **[ab 1. 5. 2025:** 2**]** beziehen, wenn das Einkommen aus Erwerbstätigkeit für zwei Lebensmonate gemindert ist und

1. bei diesem Elternteil die Voraussetzungen für den Entlastungsbetrag für Alleinerziehende nach § 24 b Absatz 1 und 3 des Einkommensteuergesetzes vorliegen und der andere Elternteil weder mit ihm noch mit dem Kind in einer Wohnung lebt,
2. mit der Betreuung durch den anderen Elternteil eine Gefährdung des Kindeswohls im Sinne von § 1666 Absatz 1 und 2 des Bürgerlichen Gesetzbuchs verbunden wäre oder
3. die Betreuung durch den anderen Elternteil unmöglich ist, insbesondere, weil er wegen einer schweren Krankheit oder einer Schwerbehinderung sein Kind nicht betreuen kann; für die Feststellung der Unmöglichkeit der Betreuung bleiben wirtschaftliche Gründe und Gründe einer Verhinderung wegen anderweitiger Tätigkeiten außer Betracht.

(2) Liegt eine der Voraussetzungen des Absatzes 1 Nummer 1 bis 3 vor, so hat ein Elternteil, der in mindestens zwei bis höchstens vier aufeinander folgenden Lebensmonaten nicht weniger als 24 und nicht mehr als 32 Wochenstunden im Durchschnitt des Lebensmonats erwerbstätig ist, für diese Lebensmonate Anspruch auf zusätzliche Monatsbeträge Elterngeld Plus. **[ab 1. 5. 2025:** § 4 b Absatz 5 gilt entsprechend.**]**

§ 4 d[2] Weitere Berechtigte

14 Die §§ 4 bis 4 c gelten in den Fällen des § 1 Absatz 3 und 4 entsprechend. Der Bezug von Elterngeld durch nicht sorgeberechtigte Elternteile und durch Personen, die nach § 1 Absatz 3 Satz 1 Nummer 2 und 3 Anspruch auf Elterngeld haben, bedarf der Zustimmung des sorgeberechtigten Elternteils.

Abschnitt 2. Verfahren und Organisation[3]

§ 5[4] Zusammentreffen von Ansprüchen

15 (1) Erfüllen beide Elternteile die Anspruchsvoraussetzungen, bestimmen sie, wer von ihnen die Monatsbeträge für welche Lebensmonate des Kindes in Anspruch nimmt.

(2) Beanspruchen beide Elternteile zusammen mehr als die ihnen nach § 4 Absatz 3 und § 4 b oder nach § 4 Absatz 3 und § 4 b in Verbindung mit § 4 d zustehenden Monatsbeträge, so besteht der Anspruch eines Elternteils, der nicht über die Hälfte der zustehenden Monatsbeträge hinausgeht, ungekürzt; der Anspruch des anderen Elternteils wird gekürzt auf die vom Gesamtanspruch verbleibenden Monatsbeträge. Beansprucht jeder der beiden Elternteile mehr als die Hälfte der ihm zustehenden Monatsbeträge, steht jedem Elternteil die Hälfte des Gesamtanspruchs der Monatsbeträge zu.

(3) Die Absätze 1 und 2 gelten in den Fällen des § 1 Absatz 3 und 4 entsprechend. Wird eine Einigung mit einem nicht sorgeberechtigten Elternteil oder einer Person, die nach § 1 Absatz 3 Satz 1 Nummer 2 und 3 Anspruch auf Elterngeld hat, nicht erzielt, so kommt es abweichend von Absatz 2 allein auf die Entscheidung des sorgeberechtigten Elternteils an.

§ 6[5] Auszahlung

16 Elterngeld wird im Laufe des Lebensmonats gezahlt, für den es bestimmt ist.

§ 7[6] Antragstellung

17 (1) Elterngeld ist schriftlich zu beantragen. Es wird rückwirkend nur für die letzten drei Lebensmonate vor Beginn des Lebensmonats geleistet, in dem der Antrag auf Elterngeld eingegangen ist. Im Antrag ist

---

[1] § 4 c neu gef. mWv 1. 9. 2021 durch G v. 15. 2. 2021 (BGBl. I S. 239); Abs. 1 einl. Satzteil geänd., Abs. 2 Satz 2 angef. mWv 1. 5. 2025 durch G v. 23. 10. 2024 (BGBl. 2024 I Nr. 323).

[2] § 4 d neu gef. mWv 1. 9. 2021 durch G v. 15. 2. 2021 (BGBl. I S. 239).

[3] Zur Verfassungswidrigkeit des Betreuungsgeldes vgl. BVerfG 1 BvF 2/13 v. 21. 7. 2015 (BGBl. I S. 1565); bish. Abschnitt 2 aufgeh., bish. Abschnitt 3 wird Abschnitt 2 mWv 1. 9. 2021 durch G v. 15. 2. 2021 (BGBl. I S. 239).

[4] § 5 neu gef. mWv 1. 9. 2021 durch G v. 15. 2. 2021 (BGBl. I S. 239).

[5] § 6 neu gef. mWv 1. 9. 2021 durch G v. 15. 2. 2021 (BGBl. I S. 239).

[6] § 7 Abs. 1 Satz 1 geänd., Sätze 2 und 3 neu gef., Abs. 2 Sätze 2 und 4 geänd., Abs. 3 neu gef. mWv 1. 9. 2021 durch G v. 15. 2. 2021 (BGBl. I S. 239).

anzugeben, für welche Lebensmonate Basiselterngeld, für welche Lebensmonate Elterngeld Plus oder für welche Lebensmonate Partnerschaftsbonus beantragt wird.

(2) Die im Antrag getroffenen Entscheidungen können bis zum Ende des Bezugszeitraums geändert werden. Eine Änderung kann rückwirkend nur für die letzten drei Lebensmonate vor Beginn des Lebensmonats verlangt werden, in dem der Änderungsantrag eingegangen ist. Sie ist außer in den Fällen besonderer Härte unzulässig, soweit Monatsbeträge bereits ausgezahlt sind. Abweichend von den Sätzen 2 und 3 kann für einen Lebensmonat, in dem bereits Elterngeld Plus bezogen wurde, nachträglich Basiselterngeld beantragt werden. Im Übrigen finden die für die Antragstellung geltenden Vorschriften auch auf den Änderungsantrag Anwendung.

(3) Der Antrag ist, außer im Fall des § 4 c und der Antragstellung durch eine allein sorgeberechtigte Person, zu unterschreiben von der Person, die ihn stellt, und zur Bestätigung der Kenntnisnahme auch von der anderen berechtigten Person. Die andere berechtigte Person kann gleichzeitig

1. einen Antrag auf Elterngeld stellen oder
2. der Behörde anzeigen, wie viele Monatsbeträge sie beansprucht, wenn mit ihrem Anspruch die Höchstgrenzen nach § 4 Absatz 3 in Verbindung mit § 4 b überschritten würden.

Liegt der Behörde von der anderen berechtigten Person weder ein Antrag auf Elterngeld noch eine Anzeige nach Satz 2 vor, so werden sämtliche Monatsbeträge der berechtigten Person ausgezahlt, die den Antrag gestellt hat; die andere berechtigte Person kann bei einem späteren Antrag abweichend von § 5 Absatz 2 nur die unter Berücksichtigung von § 4 Absatz 3 in Verbindung mit § 4 b vom Gesamtanspruch verbleibenden Monatsbeträge erhalten.

§ 8[1] Auskunftspflicht, Nebenbestimmungen

(1) Soweit im Antrag auf Elterngeld Angaben zum voraussichtlichen Einkommen aus Erwerbstätigkeit gemacht wurden, ist nach Ablauf des Bezugszeitraums für diese Zeit das tatsächliche Einkommen aus Erwerbstätigkeit nachzuweisen. **18**

(1 a) Die Mitwirkungspflichten nach § 60 des Ersten Buches Sozialgesetzbuch gelten

1. im Falle des § 1 Absatz 8 Satz 2 auch für die andere Person im Sinne des § 1 Absatz 8 Satz 2 und
2. im Falle des § 4 b oder des § 4 b in Verbindung mit § 4 d Satz 1 für beide Personen, die den Partnerschaftsbonus beantragt haben.

§ 65 Absatz 1 und 3 des Ersten Buches Sozialgesetzbuch gilt entsprechend.

(2) Elterngeld wird in den Fällen, in denen die berechtigte Person nach ihren Angaben im Antrag im Bezugszeitraum voraussichtlich kein Einkommen aus Erwerbstätigkeit haben wird, unter dem Vorbehalt des Widerrufs für den Fall gezahlt, dass sie entgegen ihren Angaben im Antrag Einkommen aus Erwerbstätigkeit hat. In den Fällen, in denen zum Zeitpunkt der Antragstellung der Steuerbescheid für den letzten abgeschlossenen steuerlichen Veranlagungszeitraum vor der Geburt des Kindes nicht vorliegt und nach den Angaben im Antrag die Beträge nach § 1 Absatz 8 voraussichtlich nicht überschritten werden, wird das Elterngeld unter dem Vorbehalt des Widerrufs für den Fall gezahlt, dass entgegen den Angaben im Antrag die Beträge nach § 1 Absatz 8 überschritten werden.

(3) *Das Elterngeld* **[ab 1. 5. 2025:** Über die Höhe des Elterngeldes**]** wird bis zum Nachweis der jeweils erforderlichen Angaben vorläufig unter Berücksichtigung der glaubhaft gemachten Angaben *gezahlt* **[ab 1. 5. 2025:** entschieden**]**, wenn

1. zum Zeitpunkt der Antragstellung der Steuerbescheid für den letzten abgeschlossenen Veranlagungszeitraum vor der Geburt des Kindes nicht vorliegt und noch nicht angegeben werden kann, ob die Beträge nach § 1 Absatz 8 überschritten werden,
2. das Einkommen aus Erwerbstätigkeit vor der Geburt nicht ermittelt werden kann oder
3. die berechtigte Person nach den Angaben im Antrag auf Elterngeld im Bezugszeitraum voraussichtlich Einkommen aus Erwerbstätigkeit hat.

§ 9[2] Einkommens- und Arbeitszeitnachweis, Auskunftspflicht des Arbeitgebers

(1) Soweit es zum Nachweis des Einkommens aus Erwerbstätigkeit oder der wöchentlichen Arbeitszeit erforderlich ist, hat der Arbeitgeber der nach § 12 zuständigen Behörde für bei ihm Beschäftigte das Arbeitsentgelt, die für die Ermittlung der nach den §§ 2 e und 2 f erforderlichen Abzugsmerkmale für Steuern und Sozialabgaben sowie die Arbeitszeit auf Verlangen zu bescheinigen; das Gleiche gilt für ehemalige Arbeitgeber. Für die in Heimarbeit Beschäftigten und die ihnen Gleichgestellten (§ 1 Absatz 1 und 2 des Heimarbeitsgesetzes) tritt an die Stelle des Arbeitgebers der Auftraggeber oder Zwischenmeister. **19**

(2) Für den Nachweis des Einkommens aus Erwerbstätigkeit kann die nach § 12 Absatz 1 zuständige Behörde auch das in § 108 a Absatz 1 des Vierten Buches Sozialgesetzbuch vorgesehene Verfahren zur elektronischen Abfrage und Übermittlung von Entgeltbescheinigungsdaten nutzen. Sie darf dieses Verfahren nur nutzen, wenn die betroffene Arbeitnehmerin oder der betroffene Arbeitnehmer zuvor in dessen Nutzung eingewilligt hat. Wenn der betroffene Arbeitgeber ein systemgeprüftes Entgeltabrechnungsprogramm nutzt, ist er verpflichtet, die jeweiligen Entgeltbescheinigungsdaten mit dem in § 108 a Absatz 1 des Vierten Buches Sozialgesetzbuch vorgesehenen Verfahren zu übermitteln.

---

[1] § 8 Abs. 1, Abs. 1 a Satz 1 Nr. 2 geänd., Abs. 2 Satz 2 neu gef., Abs. 3 Satz 1 Nr. 1–3 geänd., Nr. 4 und Satz 2 aufgeh. mWv 1. 9. 2021 durch G v. 15. 2. 2021 (BGBl. I S. 239); Abs. 3 einl. Satzteil geänd. mWv 1. 5. 2025 durch G v. 23. 10. 2024 (BGBl. 2024 I Nr. 323).

[2] § 9 Abs. 2 angef. mit Wirkung ab 10. 12. 2020 durch Gesetz vom 3. 12. 2020 (BGBl. I S. 2668).

§ 10[1] Verhältnis zu anderen Sozialleistungen

20 (1) Das Elterngeld und vergleichbare Leistungen der Länder sowie die nach § 3 auf die Leistung angerechneten Einnahmen oder Leistungen bleiben bei Sozialleistungen, deren Zahlung von anderen Einkommen abhängig ist, bis zu einer Höhe von insgesamt 300 Euro im Monat als Einkommen unberücksichtigt.

(2) Das Elterngeld und vergleichbare Leistungen der Länder sowie die nach § 3 auf die Leistung angerechneten Einnahmen oder Leistungen dürfen bis zu einer Höhe von insgesamt 300 Euro nicht dafür herangezogen werden, um auf Rechtsvorschriften beruhende Leistungen anderer, auf die kein Anspruch besteht, zu versagen.

(3) Soweit die berechtigte Person Elterngeld Plus bezieht, bleibt das Elterngeld nur bis zur Hälfte des Anrechnungsfreibetrags, der nach Abzug der anderen nach Absatz 1 nicht zu berücksichtigenden Einnahmen für das Elterngeld verbleibt, als Einkommen unberücksichtigt und darf nur bis zu dieser Höhe nicht dafür herangezogen werden, um auf Rechtsvorschriften beruhende Leistungen anderer, auf die kein Anspruch besteht, zu versagen.

(4) Die nach den Absätzen 1 bis 3 nicht zu berücksichtigenden oder nicht heranzuziehenden Beträge vervielfachen sich bei Mehrlingsgeburten mit der Zahl der geborenen Kinder.

(5) Die Absätze 1 bis 4 gelten nicht bei Leistungen nach dem Zweiten Buch Sozialgesetzbuch, dem Zwölften Buch Sozialgesetzbuch, § 6a des Bundeskindergeldgesetzes und dem Asylbewerberleistungsgesetz. Bei den in Satz 1 bezeichneten Leistungen bleiben das Elterngeld und vergleichbare Leistungen der Länder sowie die nach § 3 auf das Elterngeld angerechneten Einnahmen in Höhe des nach § 2 Absatz 1 berücksichtigten Einkommens aus Erwerbstätigkeit vor der Geburt bis zu 300 Euro im Monat als Einkommen unberücksichtigt. Soweit die berechtigte Person Elterngeld Plus bezieht, verringern sich die Beträge nach Satz 2 um die Hälfte. Abweichend von Satz 2 bleibt Mutterschaftsgeld gemäß § 19 des Mutterschutzgesetzes in voller Höhe unberücksichtigt.

(6) Die Absätze 1 bis 4 gelten entsprechend, soweit für eine Sozialleistung ein Kostenbeitrag erhoben werden kann, der einkommensabhängig ist.

§ 11[2] Unterhaltspflichten

21 Unterhaltsverpflichtungen werden durch die Zahlung des Elterngeldes und vergleichbarer Leistungen der Länder nur insoweit berührt, als die Zahlung 300 Euro monatlich übersteigt. Soweit die berechtigte Person Elterngeld Plus bezieht, werden die Unterhaltspflichten insoweit berührt, als die Zahlung 150 Euro übersteigt. Die in den Sätzen 1 und 2 genannten Beträge vervielfachen sich bei Mehrlingsgeburten mit der Zahl der geborenen Kinder. Die Sätze 1 bis 3 gelten nicht in den Fällen des § 1361 Absatz 3, der §§ 1579, 1603 Absatz 2 und des § 1611 Absatz 1 des Bürgerlichen Gesetzbuchs.

§ 12[3] Zuständigkeit; Bewirtschaftung der Mittel

22 (1) Die Landesregierungen oder die von ihnen beauftragten Stellen bestimmen die für die Ausführung dieses Gesetzes zuständigen Behörden. Zuständig ist die von den Ländern für die Durchführung dieses Gesetzes bestimmte Behörde des Bezirks, in dem das Kind, für das Elterngeld beansprucht wird, zum Zeitpunkt der ersten Antragstellung seinen inländischen Wohnsitz hat. Hat das Kind, für das Elterngeld beansprucht wird, in den Fällen des § 1 Absatz 2 zum Zeitpunkt der ersten Antragstellung keinen inländischen Wohnsitz, so ist die von den Ländern für die Durchführung dieses Gesetzes bestimmte Behörde des Bezirks zuständig, in dem die berechtigte Person ihren letzten inländischen Wohnsitz hatte; hilfsweise ist die Behörde des Bezirks zuständig, in dem der entsendende Dienstherr oder Arbeitgeber der berechtigten Person oder der Arbeitgeber des Ehegatten oder der Ehegattin der berechtigten Person den inländischen Sitz hat.

(2) Den nach Absatz 1 zuständigen Behörden obliegt auch die Beratung zur Elternzeit.

(3) Der Bund trägt die Ausgaben für das Elterngeld. Die damit zusammenhängenden Einnahmen sind an den Bund abzuführen. Für die Ausgaben und die mit ihnen zusammenhängenden Einnahmen sind die Vorschriften über das Haushaltsrecht des Bundes einschließlich der Verwaltungsvorschriften anzuwenden.

§ 13 Rechtsweg

23 (1) Über öffentlich-rechtliche Streitigkeiten in Angelegenheiten der §§ 1 bis 12 entscheiden die Gerichte der Sozialgerichtsbarkeit. § 85 Absatz 2 Nummer 2 des Sozialgerichtsgesetzes gilt mit der Maßgabe, dass die zuständige Stelle nach § 12 bestimmt wird.

(2) Widerspruch und Anfechtungsklage haben keine aufschiebende Wirkung.

§ 14[4] Bußgeldvorschriften

24 (1) Ordnungswidrig handelt, wer vorsätzlich oder fahrlässig

---

[1] § 10 Abs. 1, 2 und Abs. 5 Satz 1 geänd. mWv 1. 9. 2021 durch G v. 15. 2. 2021 (BGBl. I S. 239); Abs. 5 Satz 4 angef. durch G v. 16. 12. 2022 (BGBl. I S. 2328) mWv 1. 1. 2023.

[2] § 11 Satz 1 geänd. mWv 1. 9. 2021 durch G v. 15. 2. 2021 (BGBl. I S. 239).

[3] § 12 Überschrift geänd., Abs. 1 Sätze 2 und 3 neu gef., Abs. 2 eingef., bish. Abs. 2 wird Abs. 3 mWv 1. 9. 2021; Abs. 3 neu gef. mWv 1. 1. 2023 durch G v. 15. 2. 2021 (BGBl. I S. 239).

[4] § 14 Abs. 1 Nr. 2 geänd. mit Wirkung ab 10. 12. 2020 durch Gesetz vom 3. 12. 2020 (BGBl. I S. 2668); Abs. 3 geänd. mWv 1. 9. 2021 durch G v. 15. 2. 2021 (BGBl. I S. 239).

1. entgegen § 8 Absatz 1 einen Nachweis nicht, nicht richtig, nicht vollständig oder nicht rechtzeitig erbringt,
2. entgegen § 9 Absatz 1 eine dort genannte Angabe nicht, nicht richtig, nicht vollständig oder nicht rechtzeitig bescheinigt,
3. entgegen § 60 Absatz 1 Satz 1 Nummer 1 des Ersten Buches Sozialgesetzbuch, auch in Verbindung mit § 8 Absatz 1 a Satz 1, eine Angabe nicht, nicht richtig, nicht vollständig oder nicht rechtzeitig macht,
4. entgegen § 60 Absatz 1 Satz 1 Nummer 2 des Ersten Buches Sozialgesetzbuch, auch in Verbindung mit § 8 Absatz 1 a Satz 1, eine Mitteilung nicht, nicht richtig, nicht vollständig oder nicht rechtzeitig macht oder
5. entgegen § 60 Absatz 1 Satz 1 Nummer 3 des Ersten Buches Sozialgesetzbuch, auch in Verbindung mit § 8 Absatz 1 a Satz 1, eine Beweisurkunde nicht, nicht richtig, nicht vollständig oder nicht rechtzeitig vorlegt.

(2) Die Ordnungswidrigkeit kann mit einer Geldbuße von bis zu zweitausend Euro geahndet werden.

(3) Verwaltungsbehörden im Sinne des § 36 Absatz 1 Nummer 1 des Gesetzes über Ordnungswidrigkeiten sind die in § 12 Absatz 1 genannten Behörden.

Abschnitt 3. Elternzeit für Arbeitnehmerinnen und Arbeitnehmer[1]

§ 15[2] Anspruch auf Elternzeit

(1) Arbeitnehmerinnen und Arbeitnehmer haben Anspruch auf Elternzeit, wenn sie 25

1. a) mit ihrem Kind,
   b) mit einem Kind, für das sie die Anspruchsvoraussetzungen nach § 1 Absatz 3 oder 4 erfüllen, oder
   c) mit einem Kind, das sie in Vollzeitpflege nach § 33 des Achten Buches Sozialgesetzbuch aufgenommen haben,

   in einem Haushalt leben und
2. dieses Kind selbst betreuen und erziehen.

Nicht sorgeberechtigte Elternteile und Personen, die nach Satz 1 Nummer 1 Buchstabe b und c Elternzeit nehmen können, bedürfen der Zustimmung des sorgeberechtigten Elternteils.

(1 a) Anspruch auf Elternzeit haben Arbeitnehmerinnen und Arbeitnehmer auch, wenn sie mit ihrem Enkelkind in einem Haushalt leben und dieses Kind selbst betreuen und erziehen und

1. ein Elternteil des Kindes minderjährig ist oder
2. ein Elternteil des Kindes sich in einer Ausbildung befindet, die vor Vollendung des 18. Lebensjahres begonnen wurde und die Arbeitskraft des Elternteils im Allgemeinen voll in Anspruch nimmt.

Der Anspruch besteht nur für Zeiten, in denen keiner der Elternteile des Kindes selbst Elternzeit beansprucht.

(2) Der Anspruch auf Elternzeit besteht bis zur Vollendung des dritten Lebensjahres eines Kindes. Ein Anteil von bis zu 24 Monaten kann zwischen dem dritten Geburtstag und dem vollendeten achten Lebensjahr des Kindes in Anspruch genommen werden. Die Zeit der Mutterschutzfrist nach § 3 Absatz 2 und 3 des Mutterschutzgesetzes[3] wird für die Elternzeit der Mutter auf die Begrenzung nach den Sätzen 1 und 2 angerechnet. Bei mehreren Kindern besteht der Anspruch auf Elternzeit für jedes Kind, auch wenn sich die Zeiträume im Sinne der Sätze 1 und 2 überschneiden. Bei einem angenommenen Kind und bei einem Kind in Vollzeit- oder Adoptionspflege kann Elternzeit von insgesamt bis zu drei Jahren ab der Aufnahme bei der berechtigten Person, längstens bis zur Vollendung des achten Lebensjahres des Kindes genommen werden; die Sätze 2 und 4 sind entsprechend anwendbar, soweit sie die zeitliche Aufteilung regeln. Der Anspruch kann nicht durch Vertrag ausgeschlossen oder beschränkt werden.

(3) Die Elternzeit kann, auch anteilig, von jedem Elternteil allein oder von beiden Elternteilen gemeinsam genommen werden. Satz 1 gilt in den Fällen des Absatzes 1 Satz 1 Nummer 1 Buchstabe b und c entsprechend.

[bis 30. 4. 2025:

(4) Der Arbeitnehmer oder die Arbeitnehmerin darf während der Elternzeit nicht mehr als 32 Wochenstunden im Durchschnitt des Monats erwerbstätig sein. Eine im Sinne des § 23 des Achten Buches Sozialgesetzbuch geeignete Tagespflegeperson darf bis zu fünf Kinder in Tagespflege betreuen, auch wenn die wöchentliche Betreuungszeit 32 Stunden übersteigt. Teilzeitarbeit bei einem anderen Arbeitgeber oder selbstständige Tätigkeit nach Satz 1 bedürfen der Zustimmung des Arbeitgebers. Dieser kann sie nur innerhalb von vier Wochen aus dringenden betrieblichen Gründen schriftlich ablehnen.]

[ab 1. 5. 2025:

(4)[4] Die Arbeitnehmerin oder der Arbeitnehmer darf während der Elternzeit nicht mehr als 32 Wochenstunden im Durchschnitt des Monats erwerbstätig sein. Die Beschränkung auf 32 Wochenstunden im Durchschnitt des Monats gilt nicht für die Tätigkeit einer im Sinne der §§ 23 und 43 des Achten Buches Sozialgesetzbuch geeigneten Kindertagespflegeperson. Die Ausübung einer Teilzeitarbeit bei einem an-

[1] Bish. Abschnitt 4 wird Abschnitt 3 mWv 1. 9. 2021 durch G v. 15. 2. 2021 (BGBl. I S. 239).

[2] § 15 Abs. 2 Satz 3 und Abs. 7 Satz 4 geänd. mWv 1. 1. 2018 durch G v. 23. 5. 2017 (BGBl. I S. 1228); Abs. 4 Sätze 1 und 2 neu gef., Abs. 7 Satz 1 Nr. 3 neu gef. mWv 1. 9. 2021 durch G v. 15. 2. 2021 (BGBl. I S. 239).

[3] Abgedruckt in **Anhang I 11.**

[4] Abs. 4 neu gef. mWv 1. 5. 2025 durch G v. 23. 10. 2024 (BGBl. 2024 I Nr. 323).

deren Arbeitgeber oder einer selbständigen Erwerbstätigkeit nach Satz 1 bedürfen der Zustimmung des *Arbeitgebers.* Dieser kann seine Zustimmung nur innerhalb von vier Wochen nach der Beantragung aus dringenden betrieblichen *Gründen in* Textform verweigern.]

(5)[1] Der Arbeitnehmer oder die Arbeitnehmerin kann eine *Verringerung der* Arbeitszeit und ihre Verteilung beantragen. Der Antrag kann mit der schriftlichen Mitteilung nach Absatz 7 Satz 1 *Nummer 5* **[ab 1. 5. 2025:** in Textform**]** verbunden werden. Über den Antrag sollen sich der Arbeitgeber und der Arbeitnehmer oder die Arbeitnehmerin innerhalb von vier Wochen einigen. Lehnt der Arbeitgeber den Antrag ab, so hat er dies dem Arbeitnehmer oder der Arbeitnehmerin innerhalb der Frist nach Satz 3 mit einer Begründung mitzuteilen. Unberührt bleibt das Recht, sowohl die vor der Elternzeit bestehende Teilzeitarbeit unverändert während der Elternzeit fortzusetzen, soweit Absatz 4 beachtet ist, als auch nach der Elternzeit zu der Arbeitszeit zurückzukehren, die vor Beginn der Elternzeit vereinbart war.

(6) Der Arbeitnehmer oder die Arbeitnehmerin kann gegenüber dem Arbeitgeber, soweit eine Einigung nach Absatz 5 nicht möglich ist, unter den Voraussetzungen des Absatzes 7 während der Gesamtdauer der Elternzeit zweimal eine Verringerung seiner oder ihrer Arbeitszeit beanspruchen.

(7)[2] Für den Anspruch auf Verringerung der Arbeitszeit gelten folgende Voraussetzungen:

1. Der Arbeitgeber beschäftigt, unabhängig von der Anzahl der Personen in Berufsbildung, in der Regel mehr als 15 Arbeitnehmer und Arbeitnehmerinnen,
2. das Arbeitsverhältnis in demselben Betrieb oder Unternehmen besteht ohne Unterbrechung länger als sechs Monate,
3. die vertraglich vereinbarte regelmäßige Arbeitszeit soll für mindestens zwei Monate auf einen Umfang von nicht weniger als 15 und nicht mehr als 32 Wochenstunden im Durchschnitt des Monats verringert werden,
4. dem Anspruch stehen keine dringenden betrieblichen Gründe entgegen und
5. der Anspruch auf Teilzeit wurde dem Arbeitgeber
   a) für den Zeitraum bis zum vollendeten dritten Lebensjahr des Kindes sieben Wochen und
   b) für den Zeitraum zwischen dem dritten Geburtstag und dem vollendeten achten Lebensjahr des Kindes 13 Wochen

   vor Beginn der Teilzeittätigkeit *schriftlich* **[ab 1. 5. 2025:** in Textform**]** mitgeteilt.

Der Antrag muss den Beginn und den Umfang der verringerten Arbeitszeit enthalten. Die gewünschte Verteilung der verringerten Arbeitszeit soll im Antrag angegeben werden. Falls der Arbeitgeber die beanspruchte Verringerung oder Verteilung der Arbeitszeit ablehnt, muss die Ablehnung innerhalb der in Satz 5 genannten Frist und mit *schriftlicher* Begründung **[ab 1. 5. 2025:** in Textform**]** erfolgen. Hat ein Arbeitgeber die Verringerung der Arbeitszeit

1. in einer Elternzeit zwischen der Geburt und dem vollendeten dritten Lebensjahr des Kindes nicht spätestens vier Wochen nach Zugang des Antrags oder
2. in einer Elternzeit zwischen dem dritten Geburtstag und dem vollendeten achten Lebensjahr des Kindes nicht spätestens acht Wochen nach Zugang des Antrags

schriftlich **[ab 1. 5. 2025:** in Textform**]** abgelehnt, gilt die Zustimmung als erteilt und die Verringerung der Arbeitszeit entsprechend den Wünschen der Arbeitnehmerin oder des Arbeitnehmers als festgelegt. Haben Arbeitgeber und Arbeitnehmerin oder Arbeitnehmer über die Verteilung der Arbeitszeit kein Einvernehmen nach Absatz 5 Satz 2 erzielt und hat der Arbeitgeber nicht innerhalb der in Satz 5 genannten Fristen die gewünschte Verteilung *schriftlich* **[ab 1. 5. 2025:** in Textform**]** abgelehnt, gilt die Verteilung der Arbeitszeit entsprechend den Wünschen der Arbeitnehmerin oder des Arbeitnehmers als festgelegt. Soweit der Arbeitgeber den Antrag auf Verringerung oder Verteilung der Arbeitszeit rechtzeitig ablehnt, kann die Arbeitnehmerin oder der Arbeitnehmer Klage vor dem Gericht für Arbeitssachen erheben.

§ 16 Inanspruchnahme der Elternzeit

26 (1)[3] Wer Elternzeit beanspruchen will, muss sie

1. für den Zeitraum bis zum vollendeten dritten Lebensjahr des Kindes spätestens sieben Wochen und
2. für den Zeitraum zwischen dem dritten Geburtstag und dem vollendeten achten Lebensjahr des Kindes spätestens 13 Wochen

vor Beginn der Elternzeit *schriftlich* **[ab 1. 5. 2025:** in Textform**]** vom Arbeitgeber verlangen. Verlangt die Arbeitnehmerin oder der Arbeitnehmer Elternzeit nach Satz 1 Nummer 1, muss sie oder er gleichzeitig erklären, für welche Zeiten innerhalb von zwei Jahren Elternzeit genommen werden soll. Bei dringenden Gründen ist ausnahmsweise eine angemessene kürzere Frist möglich. Nimmt die Mutter die Elternzeit im Anschluss an die Mutterschutzfrist, wird die Zeit der Mutterschutzfrist nach § 3 Absatz 2 und 3 des Mutterschutzgesetzes[4] auf den Zeitraum nach Satz 2 angerechnet. Nimmt die Mutter die Elternzeit im Anschluss an einen auf die Mutterschutzfrist folgenden Erholungsurlaub, werden die Zeit der Mutterschutzfrist nach § 3 Absatz 2 und 3 des Mutterschutzgesetzes[4] und die Zeit des Erholungsurlaubs auf

[1] Abs. 5 neu gef. durch Gesetz vom 19. 12. 2022 (BGBl. I S. 2510) mWv 24. 12. 2022; Abs. 5 Satz 2 neu gef. mWv 1. 5. 2025 durch G v. 23. 10. 2024 (BGBl. 2024 I Nr. 323).

[2] § 15 Abs. 7 Satz 4 geändert durch Gesetz vom 23. 5. 2017 (BGBl. I S. 1228) mit Wirkung ab 1. 1. 2018; Abs. 7 Satz 4 neu gef. durch G v. 19. 12. 2022 (BGBl. I S. 2510) mWv 24. 12. 2022; Abs. 7 Satz 1 Nr. 5 Satzteil nach Buchst. b, Satz 4, Satz 5 abschl. Satzteil, Satz 6 geänd. mWv 1. 5. 2025 durch G v. 23. 10. 2024 (BGBl. 2024 I Nr. 323).

[3] § 16 Abs. 1 Zitate geändert durch Gesetz vom 23. 5. 2017 (BGBl. I S. 1228) mit Wirkung ab 1. 1. 2018; Abs. 1 Satz 1 abschl. Satzteil geänd. mWv 1. 5. 2025 durch G v. 23. 10. 2024 (BGBl. 2024 I Nr. 323).

[4] Abgedruckt in **Anhang I 11**.

den Zweijahreszeitraum nach Satz 2 angerechnet. Jeder Elternteil kann seine Elternzeit auf drei Zeitabschnitte verteilen; eine Verteilung auf weitere Zeitabschnitte ist nur mit der Zustimmung des Arbeitgebers möglich. Der Arbeitgeber kann die Inanspruchnahme eines dritten Abschnitts einer Elternzeit innerhalb von acht Wochen nach Zugang des Antrags aus dringenden betrieblichen Gründen ablehnen, wenn dieser Abschnitt im Zeitraum zwischen dem dritten Geburtstag und dem vollendeten achten Lebensjahr des Kindes liegen soll. Der Arbeitgeber hat dem Arbeitnehmer oder der Arbeitnehmerin die Elternzeit zu bescheinigen. Bei einem Arbeitgeberwechsel ist bei der Anmeldung der Elternzeit auf Verlangen des neuen Arbeitgebers eine Bescheinigung des früheren Arbeitgebers über bereits genommene Elternzeit durch die Arbeitnehmerin oder den Arbeitnehmer vorzulegen.

(2)[1] Können Arbeitnehmerinnen aus einem von ihnen nicht zu vertretenden Grund eine sich unmittelbar an die Mutterschutzfrist des § 3 Absatz 2 und 3 des Mutterschutzgesetzes anschließende Elternzeit nicht rechtzeitig verlangen, können sie dies innerhalb einer Woche nach Wegfall des Grundes nachholen.

(3)[2] Die Elternzeit kann vorzeitig beendet oder im Rahmen des § 15 Absatz 2 verlängert werden, wenn der Arbeitgeber zustimmt. Die vorzeitige Beendigung wegen der Geburt eines weiteren Kindes oder in Fällen besonderer Härte, insbesondere bei Eintritt einer schweren Krankheit, Schwerbehinderung oder Tod eines Elternteils oder eines Kindes der berechtigten Person oder bei erheblich gefährdeter wirtschaftlicher Existenz der Eltern nach Inanspruchnahme der Elternzeit, kann der Arbeitgeber unbeschadet von Satz 3 nur innerhalb von vier Wochen aus dringenden betrieblichen Gründen schriftlich ablehnen. Die Elternzeit kann zur Inanspruchnahme der Schutzfristen des § 3 des Mutterschutzgesetzes[3] auch ohne Zustimmung des Arbeitgebers vorzeitig beendet werden; in diesen Fällen soll die Arbeitnehmerin dem Arbeitgeber die Beendigung der Elternzeit rechtzeitig mitteilen. Eine Verlängerung der Elternzeit kann verlangt werden, wenn ein vorgesehener Wechsel der Anspruchsberechtigten aus einem wichtigen Grund nicht erfolgen kann.

(4) Stirbt das Kind während der Elternzeit, endet diese spätestens drei Wochen nach dem Tod des Kindes.

(5) Eine Änderung in der Anspruchsberechtigung hat der Arbeitnehmer oder die Arbeitnehmerin dem Arbeitgeber unverzüglich mitzuteilen.§ 17 Urlaub

(1) Der Arbeitgeber kann den Erholungsurlaub, der dem Arbeitnehmer oder der Arbeitnehmerin für das Urlaubsjahr zusteht, für jeden vollen Kalendermonat der Elternzeit um ein Zwölftel kürzen. Dies gilt nicht, wenn der Arbeitnehmer oder die Arbeitnehmerin während der Elternzeit bei seinem oder ihrem Arbeitgeber Teilzeitarbeit leistet. **27**

(2) Hat der Arbeitnehmer oder die Arbeitnehmerin den ihm oder ihr zustehenden Urlaub vor dem Beginn der Elternzeit nicht oder nicht vollständig erhalten, hat der Arbeitgeber den Resturlaub nach der Elternzeit im laufenden oder im nächsten Urlaubsjahr zu gewähren.

(3) Endet das Arbeitsverhältnis während der Elternzeit oder wird es im Anschluss an die Elternzeit nicht fortgesetzt, so hat der Arbeitgeber den noch nicht gewährten Urlaub abzugelten.

(4) Hat der Arbeitnehmer oder die Arbeitnehmerin vor Beginn der Elternzeit mehr Urlaub erhalten, als ihm oder ihr nach Absatz 1 zusteht, kann der Arbeitgeber den Urlaub, der dem Arbeitnehmer oder der Arbeitnehmerin nach dem Ende der Elternzeit zusteht, um die zu viel gewährten Urlaubstage kürzen.

§ 18[4] Kündigungsschutz

(1) Der Arbeitgeber darf das Arbeitsverhältnis ab dem Zeitpunkt, von dem an Elternzeit verlangt worden ist, nicht kündigen. Der Kündigungsschutz nach Satz 1 beginnt **28**

1. frühestens acht Wochen vor Beginn einer Elternzeit bis zum vollendeten dritten Lebensjahr des Kindes und
2. frühestens 14 Wochen vor Beginn einer Elternzeit zwischen dem dritten Geburtstag und dem vollendeten achten Lebensjahr des Kindes.

Während der Elternzeit darf der Arbeitgeber das Arbeitsverhältnis nicht kündigen. In besonderen Fällen kann ausnahmsweise eine Kündigung für zulässig erklärt werden. Die Zulässigkeitserklärung erfolgt durch die für den Arbeitsschutz zuständige oberste Landesbehörde oder die von ihr bestimmte Stelle. Die Bundesregierung kann mit Zustimmung des Bundesrates allgemeine Verwaltungsvorschriften zur Durchführung des Satzes 4 erlassen.

(2) Absatz 1 gilt entsprechend, wenn Arbeitnehmer oder Arbeitnehmerinnen

1. während der Elternzeit bei demselben Arbeitgeber Teilzeitarbeit leisten oder
2. ohne Elternzeit in Anspruch zu nehmen, Teilzeitarbeit leisten und Anspruch auf Elterngeld nach § 1 während des Zeitraums nach § 4 Absatz 1 Satz 2, 3 und 5 haben.

§ 19 Kündigung zum Ende der Elternzeit

Der Arbeitnehmer oder die Arbeitnehmerin kann das Arbeitsverhältnis zum Ende der Elternzeit nur unter Einhaltung einer Kündigungsfrist von drei Monaten kündigen. **29**

---

[1] § 16 Abs. 2 Zitate geändert durch Gesetz vom 23. 5. 2017 (BGBl. I S. 1228) mit Wirkung ab 1. 1. 2018.
[2] § 16 Abs. 3 Zitate geändert durch Gesetz vom 23. 5. 2017 (BGBl. I S. 1228) mit Wirkung ab 1. 1. 2018.
[3] Abgedruckt in **Anhang I 11**.
[4] § 18 Abs. 2 Nr. 2 geänd. mWv 1. 9. 2021 durch G v. 15. 2. 2021 (BGBl. I S. 239).

§ 20[1] Zur Berufsbildung Beschäftigte, in Heimarbeit Beschäftigte

30 (1) Die zu ihrer Berufsbildung Beschäftigten gelten als Arbeitnehmer und Arbeitnehmerinnen im Sinne dieses Gesetzes. Die Elternzeit wird auf die Dauer einer Berufsausbildung nicht angerechnet, es sei denn, dass während der Elternzeit die Berufsausbildung nach § 7 a des Berufsbildungsgesetzes oder § 27 b der Handwerksordnung in Teilzeit durchgeführt wird. § 15 Absatz 4 Satz 1 bleibt unberührt.

(2) Anspruch auf Elternzeit haben auch die in Heimarbeit Beschäftigten und die ihnen Gleichgestellten (§ 1 Absatz 1 und 2 des Heimarbeitsgesetzes), soweit sie am Stück mitarbeiten. Für sie tritt an die Stelle des Arbeitgebers der Auftraggeber oder Zwischenmeister und an die Stelle des Arbeitsverhältnisses das Beschäftigungsverhältnis.

§ 21 Befristete Arbeitsverträge

31 (1) Ein sachlicher Grund, der die Befristung eines Arbeitsverhältnisses rechtfertigt, liegt vor, wenn ein Arbeitnehmer oder eine Arbeitnehmerin zur Vertretung eines anderen Arbeitnehmers oder einer anderen Arbeitnehmerin für die Dauer eines Beschäftigungsverbotes nach dem Mutterschutzgesetz, einer Elternzeit, einer auf Tarifvertrag, Betriebsvereinbarung oder einzelvertraglicher Vereinbarung beruhenden Arbeitsfreistellung zur Betreuung eines Kindes oder für diese Zeiten zusammen oder für Teile davon eingestellt wird.

(2) Über die Dauer der Vertretung nach Absatz 1 hinaus ist die Befristung für notwendige Zeiten einer Einarbeitung zulässig.

(3) Die Dauer der Befristung des Arbeitsvertrags muss kalendermäßig bestimmt oder bestimmbar oder den in den Absätzen 1 und 2 genannten Zwecken zu entnehmen sein.

(4) Der Arbeitgeber kann den befristeten Arbeitsvertrag unter Einhaltung einer Frist von mindestens drei Wochen, jedoch frühestens zum Ende der Elternzeit, kündigen, wenn die Elternzeit ohne Zustimmung des Arbeitgebers vorzeitig endet und der Arbeitnehmer oder die Arbeitnehmerin die vorzeitige Beendigung der Elternzeit mitgeteilt hat. Satz 1 gilt entsprechend, wenn der Arbeitgeber die vorzeitige Beendigung der Elternzeit in den Fällen des § 16 Absatz 3 Satz 2 nicht ablehnen darf.

(5) Das Kündigungsschutzgesetz ist im Falle des Absatzes 4 nicht anzuwenden.

(6) Absatz 4 gilt nicht, soweit seine Anwendung vertraglich ausgeschlossen ist.

(7) Wird im Rahmen arbeitsrechtlicher Gesetze oder Verordnungen auf die Zahl der beschäftigten Arbeitnehmer und Arbeitnehmerinnen abgestellt, so sind bei der Ermittlung dieser Zahl Arbeitnehmer und Arbeitnehmerinnen, die sich in der Elternzeit befinden oder zur Betreuung eines Kindes freigestellt sind, nicht mitzuzählen, solange für sie aufgrund von Absatz 1 ein Vertreter oder eine Vertreterin eingestellt ist. Dies gilt nicht, wenn der Vertreter oder die Vertreterin nicht mitzuzählen ist. Die Sätze 1 und 2 gelten entsprechend, wenn im Rahmen arbeitsrechtlicher Gesetze oder Verordnungen auf die Zahl der Arbeitsplätze abgestellt wird.

Abschnitt 4. Statistik und Schlussvorschriften[2]

§ 22[3] Bundesstatistik

32 (1) Zur Beurteilung der Auswirkungen dieses Gesetzes sowie zu seiner Fortentwicklung sind laufende Erhebungen zum Bezug von Elterngeld als Bundesstatistiken durchzuführen. Die Erhebungen erfolgen zentral beim Statistischen Bundesamt.

(2) Die Statistik zum Bezug von Elterngeld erfasst vierteljährlich zum jeweils letzten Tag des aktuellen und der vorangegangenen zwei Kalendermonate für Personen, die in einem dieser Kalendermonate Elterngeld bezogen haben, für jedes den Anspruch auslösende Kind folgende Erhebungsmerkmale:

1. Art der Berechtigung nach § 1,
2. Grundlagen der Berechnung des zustehenden Monatsbetrags nach Art und Höhe (§ 2 Absatz 1, 2, 3 oder 4, § 2 a Absatz 1 oder 4, § 2 c, die §§ 2 d, 2 e oder § 2 f),
3. Höhe und Art des zustehenden Monatsbetrags (§ 4 a Absatz 1 und 2 Satz 1) ohne die Berücksichtigung der Einnahmen nach § 3,
4. Art und Höhe der Einnahmen nach § 3,
5. Inanspruchnahme der als Partnerschaftsbonus gewährten Monatsbeträge nach § 4 b Absatz 1 und der weiteren Monatsbeträge Elterngeld Plus nach § 4 c Absatz 2,
6. Höhe des monatlichen Auszahlungsbetrags,
7. Geburtstag des Kindes,
8. für die Elterngeld beziehende Person:
   a) Geschlecht, Geburtsjahr und -monat,
   b) Staatsangehörigkeit,
   c) Wohnsitz oder gewöhnlicher Aufenthalt,
   d) Familienstand und unverheiratetes Zusammenleben mit dem anderen Elternteil,
   e) Vorliegen der Voraussetzungen nach § 4 c Absatz 1 Nummer 1 und
   f) Anzahl der im Haushalt lebenden Kinder.

---

[1] § 20 Abs. 1 neu gef. mWv 1. 9. 2021 durch G v. 15. 2. 2021 (BGBl. I S. 239).
[2] Bish. Abschnitt 5 wird Abschnitt 4 mWv 1. 9. 2021 durch G v. 15. 2. 2021 (BGBl. I S. 239).
[3] § 22 Abs. 1 Satz 1, Abs. 2 Satz 1 Nr. 3, 5 und 8 Buchst. d geänd., Buchst. e eingef., bish. Buchst. e wird Buchst. f, Abs. 3 aufgeh., bish. Abs. 4 wird Abs. 3 mWv 1. 9. 2021 durch G v. 15. 2. 2021 (BGBl. I S. 239).

Die Angaben nach den Nummern 2, 3, 5 und 6 sind für jeden Lebensmonat des Kindes bezogen auf den nach § 4 Absatz 1 möglichen Zeitraum des Leistungsbezugs zu melden.

(3) Hilfsmerkmale sind:

1. Name und Anschrift der zuständigen Behörde,
2. Name und Telefonnummer sowie Adresse für elektronische Post der für eventuelle Rückfragen zur Verfügung stehenden Person und
3. Kennnummer des Antragstellers oder der Antragstellerin.

§ 23[1] Auskunftspflicht; Datenübermittlung an das Statistische Bundesamt

(1) Für die Erhebung nach § 22 besteht Auskunftspflicht. Die Angaben nach § 22 Absatz *4* **[ab 1. 5. 2025:** 3**]** Nummer 2 sind freiwillig. Auskunftspflichtig sind die nach § 12 Absatz 1 zuständigen Stellen. 33

(2) *Der Antragsteller oder die Antragstellerin* **[ab 1. 5. 2025:** Die Antragstellerin oder der Antragsteller**]** ist gegenüber den nach § 12 Absatz 1 zuständigen Stellen zu den Erhebungsmerkmalen nach § 22 Absatz 2 **[bis 30. 4. 2025:** *und 3***]** auskunftspflichtig. Die zuständigen Stellen nach § 12 Absatz 1 dürfen die Angaben nach § 22 Absatz 2 Satz 1 Nummer 8 **[bis 30. 4. 2025:** *und Absatz 3 Satz 1 Nummer 4***]**, soweit sie für den Vollzug dieses Gesetzes nicht erforderlich sind, nur durch technische und organisatorische Maßnahmen getrennt von den übrigen Daten nach § 22 Absatz 2 **[bis 30. 4. 2025:** *und 3***]** und nur für die Übermittlung an das Statistische Bundesamt verwenden und haben diese unverzüglich nach Übermittlung an das Statistische Bundesamt zu löschen.

(3) Die in sich schlüssigen Angaben sind als Einzeldatensätze elektronisch bis zum Ablauf von 30 Arbeitstagen nach Ablauf des Berichtszeitraums an das Statistische Bundesamt zu übermitteln.

§ 24 Übermittlung von Tabellen mit statistischen Ergebnissen durch das Statistische Bundesamt

Zur Verwendung gegenüber den gesetzgebenden Körperschaften und zu Zwecken der Planung, jedoch nicht zur Regelung von Einzelfällen, übermittelt das Statistische Bundesamt Tabellen mit statistischen Ergebnissen, auch soweit Tabellenfelder nur einen einzigen Fall ausweisen, an die fachlich zuständigen obersten Bundes- oder Landesbehörden. Tabellen, deren Tabellenfelder nur einen einzigen Fall ausweisen, dürfen nur dann übermittelt werden, wenn sie nicht differenzierter als auf Regierungsbezirksebene, im Falle der Stadtstaaten auf Bezirksebene, aufbereitet sind. 34

§ 24 a Übermittlung von Einzelangaben durch das Statistische Bundesamt

(1)[2] Zur Abschätzung von Auswirkungen der Änderungen dieses Gesetzes im Rahmen der Zwecke nach § 24 übermittelt das Statistische Bundesamt auf Anforderung des fachlich zuständigen Bundesministeriums diesem oder von ihm beauftragten Forschungseinrichtungen Einzelangaben ab dem Jahr 2007 ohne Hilfsmerkmale mit Ausnahme des Merkmals nach § 22 Absatz *4* **[ab 1. 5. 2025:** 3**]** Nummer 3 für die Entwicklung und den Betrieb von Mikrosimulationsmodellen. Die Einzelangaben dürfen nur im hierfür erforderlichen Umfang und mittels eines sicheren Datentransfers übermittelt werden. 35

(2)[3] Bei der Verarbeitung der Daten nach Absatz 1 ist das Statistikgeheimnis nach § 16 des Bundesstatistikgesetzes zu wahren. Dafür ist die Trennung von statistischen und nichtstatistischen Aufgaben durch Organisation und Verfahren zu gewährleisten. Die nach Absatz 1 übermittelten Daten dürfen nur für die Zwecke verwendet werden, für die sie übermittelt wurden. Die übermittelten Einzeldaten sind nach dem Erreichen des Zweckes zu löschen, zu dem sie übermittelt wurden.

(3) Personen, die Empfängerinnen und Empfänger von Einzelangaben nach Absatz 1 Satz 1 sind, unterliegen der Pflicht zur Geheimhaltung nach § 16 Absatz 1 und 10 des Bundesstatistikgesetzes. Personen, die Einzelangaben nach Absatz 1 Satz 1 erhalten sollen, müssen Amtsträger oder für den öffentlichen Dienst besonders Verpflichtete sein. Personen, die Einzelangaben erhalten sollen und die nicht Amtsträger oder für den öffentlichen Dienst besonders Verpflichtete sind, sind vor der Übermittlung zur Geheimhaltung zu verpflichten. § 1 Absatz 2, 3 und 4 Nummer 2 des Verpflichtungsgesetzes vom 2. März 1974 (BGBl. I S. 469, 547), das durch § 1 Nummer 4 des Gesetzes vom 15. August 1974 (BGBl. I S. 1942) geändert worden ist, gilt in der jeweils geltenden Fassung entsprechend. Die Empfängerinnen und Empfänger von Einzelangaben dürfen aus ihrer Tätigkeit gewonnene Erkenntnisse nur für die in Absatz 1 genannten Zwecke verwenden.

[bis 30. 4. 2025:

§ 24 b[4] Elektronische Unterstützung bei der Antragstellung

(1) Zur elektronischen Unterstützung bei der Antragstellung kann der Bund ein Internetportal einrichten und betreiben. Das Internetportal ermöglicht das elektronische Ausfüllen der Antragsformulare der Länder sowie die Übermittlung der Daten aus dem Antragsformular an die nach § 12 zuständige Behörde. Zuständig für Einrichtung und Betrieb des Internetportals ist das Bundesministerium für Familie, Senioren, Frauen und Jugend. Die Ausführung dieses Gesetzes durch die nach § 12 zuständigen Behörden bleibt davon unberührt.

(2) Das Bundesministerium für Familie, Senioren, Frauen und Jugend ist für das Internetportal datenschutzrechtlich verantwortlich. Für die elektronische Unterstützung bei der Antragstellung darf das Bun-

[1] § 23 Abs. 1 Satz 2, Abs. 2 Sätze 1 und 2 geänd. mWv 1. 5. 2025 durch G v. 23. 10. 2024 (BGBl. 2024 I Nr. 323).
[2] § 24 a Abs. 1 Satz 1 geänd. mWv 1. 5. 2025 durch G v. 23. 10. 2024 (BGBl. 2024 I Nr. 323).
[3] § 24 a Abs. 2 Satz 1 geändert durch Gesetz vom 20. 11. 2019 (BGBl. I S. 1626) mit Wirkung ab 26. 11. 2019.
[4] § 24 b eingefügt durch Gesetz vom 20. 11. 2019 (BGBl. I S. 1626) mit Wirkung ab 26. 11. 2019; aufgeh. mWv 1. 5. 2025 durch G v. 23. 10. 2024 (BGBl. 2024 I Nr. 323).

desministerium für Familie, Senioren, Frauen und Jugend die zur Beantragung von Elterngeld erforderlichen personenbezogenen Daten sowie die in § 22 genannten statistischen Erhebungsmerkmale verarbeiten, sofern der Nutzer in die Verarbeitung eingewilligt hat. Die statistischen Erhebungsmerkmale einschließlich der zur Beantragung von Elterngeld erforderlichen personenbezogenen Daten sind nach Beendigung der Nutzung des Internetportals unverzüglich zu löschen.]

[ab 1. 5. 2025:

§ 24 b *(aufgehoben)*]

§ 25[1] Automatisierter Datenabruf bei den Standesämtern

36 Beantragt eine Person Elterngeld, so ist die nach § 12 Absatz 1 zuständige Behörde berechtigt, zur Prüfung des Anspruchs nach § 1 die folgenden Daten über die Beurkundung der Geburt eines Kindes bei dem für die Entgegennahme der Anzeige der Geburt zuständigen Standesamt gemäß § 68 Absatz 3 des Personenstandsgesetzes automatisiert abzurufen, wenn die antragstellende Person zuvor in die elektronische Datenübermittlung eingewilligt hat:

1. Tag und Ort der Geburt des Kindes,
2. Geburtsname und Vornamen des Kindes,
3. Familiennamen, Geburtsnamen und Vornamen der Eltern des Kindes.

§ 26[2] Anwendung der Bücher des Sozialgesetzbuches

37 (1) Soweit dieses Gesetz zum Elterngeld keine ausdrückliche Regelung trifft, ist bei der Ausführung des Ersten, *Zweiten und Dritten* **[ab 1. 5. 2025:** und Zweiten] Abschnitts das Erste Kapitel des Zehnten Buches Sozialgesetzbuch anzuwenden.

(2) § 328 Absatz 3 und § 331 des Dritten Buches Sozialgesetzbuch gelten entsprechend.

§ 27[3] Sonderregelung aus Anlass der COVID-19-Pandemie

38 (1) Übt ein Elternteil eine systemrelevante Tätigkeit aus, so kann sein Bezug von Elterngeld auf Antrag für die Zeit vom 1. März 2020 bis 31. Dezember 2020 aufgeschoben werden. Der Bezug der verschobenen Lebensmonate ist spätestens bis zum 30. Juni 2021 anzutreten. Wird von der Möglichkeit des Aufschubs Gebrauch gemacht, so kann das Basiselterngeld abweichend von § 4 Absatz 1 Satz 2 und 3 auch noch nach Vollendung des 14. Lebensmonats bezogen werden. In der Zeit vom 1. März 2020 bis 30. Juni 2021 entstehende Lücken im Elterngeldbezug sind abweichend von § 4 Absatz 1 Satz 4 unschädlich.

(2) Für ein Verschieben des Partnerschaftsbonus genügt es, wenn nur ein Elternteil einen systemrelevanten Beruf ausübt. Hat der Bezug des Partnerschaftsbonus bereits begonnen, so gelten allein die Bestimmungen des Absatzes 3.

(3) Liegt der Bezug des Partnerschaftsbonus ganz oder teilweise vor dem Ablauf des 23. September 2022 und kann die berechtigte Person die Voraussetzungen des Bezugs aufgrund der COVID-19-Pandemie nicht einhalten, gelten die Angaben zur Höhe des Einkommens und zum Umfang der Arbeitszeit, die bei der Beantragung des Partnerschaftsbonus glaubhaft gemacht worden sind.

§ 28[4] Übergangsvorschrift

39 (1) Für die vor dem 1. September 2021 geborenen oder mit dem Ziel der Adoption aufgenommenen Kinder ist dieses Gesetz in der bis zum 31. August 2021 geltenden Fassung weiter anzuwenden.

(1 a)[5] Für die nach dem 31. August 2021 und vor dem 1. Januar 2024 geborenen oder mit dem Ziel der Adoption aufgenommenen Kinder ist dieses Gesetz in der bis zum 31. März 2024 geltenden Fassung weiter anzuwenden.

[bis 30. 4. 2025:

(1 b)[6] Soweit dieses Gesetz Mutterschaftsgeld nach dem Fünften Buch Sozialgesetzbuch oder nach dem Zweiten Gesetz über die Krankenversicherung der Landwirte in Bezug nimmt, gelten die betreffenden Regelungen für Mutterschaftsgeld nach der Reichsversicherungsordnung oder nach dem Gesetz über die Krankenversicherung der Landwirte entsprechend.]

---

[1] § 25 neu gef. mit Wirkung ab 10. 12. 2020 durch Gesetz vom 3. 12. 2020 (BGBl. I S. 2668); neu gef. mWv 1. 11. 2024 durch G v. 23. 10. 2024 (BGBl. 2024 I Nr. 323).

[2] § 26 Abs. 1 geänd. mWv 1. 9. 2021 durch G v. 15. 2. 2021 (BGBl. I S. 239); Abs. 1 geänd. mWv 1. 5. 2025 durch G v. 23. 10. 2024 (BGBl. 2024 I Nr. 323).

[3] § 27 eingef. mit Wirkung ab 1. 3. 2020 durch Gesetz vom 20. 5. 2020 (BGBl. I S. 1061); Abs. 4 neu gef. mit Wirkung ab 1. 1. 2021 durch Gesetz vom 3. 12. 2020 (BGBl. I S. 2691); Abs. 3 neu gef. mWv 28. 5. 2020, Abs. 1 Sätze 3 und 4 geänd., Abs. 4 aufgeh. mWv 1. 9. 2021 durch G v. 15. 2. 2021 (BGBl. I S. 239); Abs. 3 geänd. mWv 19. 3. 2022 durch G v. 18. 3. 2022 (BGBl. I S. 473).

[4] Früherer § 27 Abs. 3 neu gef. mit Wirkung ab 1. 1. 2020 und neu gef. mit Wirkung ab 1. 3. 2020 durch Gesetz vom 12. 12. 2019 (BGBl. I S. 2451); bish. § 27 wird § 28 mit Wirkung ab 1. 3. 2020 durch Gesetz vom 20. 5. 2020 (BGBl. I S. 1061); Abs. 4 angef. mit Wirkung ab 10. 12. 2020 durch Gesetz vom 3. 12. 2020 (BGBl. I S. 2668); Abs. 1 Satz 1 geänd., Sätze 2 und 3 aufgeh. mWv 1. 9. 2021 durch G v. 15. 2. 2021 (BGBl. I S. 239); Abs. 3 Satz 3 angef. mWv 1. 6. 2022 durch G v. 23. 5. 2022 (BGBl. I S. 760).

[5] § 28 Abs. 1 a neu eingefügt durch Gesetz vom 22. 12. 2023 (BGBl. 2023 I Nr. 412) mit Wirkung ab 1. 4. 2024.

[6] Der bisherige Absatz 1 a wird Absatz 1 b durch Gesetz vom 22. 12. 2023 (BGBl. 2023 I Nr. 412) mit Wirkung ab 1. 4. 2024.

[ab 1. 5. 2025:

(1 b)[1] Für die nach dem 31. März 2024 und vor dem 1. Mai 2025 geborenen oder mit dem Ziel der Adoption aufgenommenen Kinder ist dieses Gesetz in der bis zum 30. April 2025 geltenden Fassung weiter anzuwenden.**]**

(2) Für die dem Erziehungsgeld vergleichbaren Leistungen der Länder sind § 8 Absatz 1 und § 9 des Bundeserziehungsgeldgesetzes in der bis zum 31. Dezember 2006 geltenden Fassung weiter anzuwenden.

(3)[2] § 1 Absatz 7 Satz 1 Nummer 1 bis 4 in der Fassung des Artikels 36 des Gesetzes vom 12. Dezember 2019 (BGBl. I S. 2451) ist für Entscheidungen anzuwenden, die Zeiträume betreffen, die nach dem 29. Februar 2020 beginnen. § 1 Absatz 7 Satz 1 Nummer 5 in der Fassung des Artikels 36 des Gesetzes vom 12. Dezember 2019 (BGBl. I S. 2451) ist für Entscheidungen anzuwenden, die Zeiträume betreffen, die nach dem 31. Dezember 2019 beginnen. § 1 Absatz 7 Satz 1 Nummer 2 Buchstabe c in der Fassung des Artikels 12 Nummer 1 des Gesetzes vom 23. Mai 2022 (BGBl. I S. 760) ist für Entscheidungen anzuwenden, die Zeiträume betreffen, die nach dem 31. Mai 2022 beginnen. § 1 Absatz 7 Satz 1 Nummer 2 Buchstabe a und b in der Fassung des Artikels 43 des Gesetzes vom 2. Dezember 2024 (BGBl. 2024 I Nr. 387) ist für Entscheidungen anzuwenden, die Zeiträume betreffen, die nach dem 31. Mai 2024 beginnen.

(4)[3] § 9 Absatz 2 ist auf Kinder anwendbar, die nach dem 31. Dezember 2021 geboren oder mit dem Ziel der Adoption aufgenommen worden sind. § 25 ist auf Kinder anwendbar, die nach dem 31. Oktober 2024 geboren oder mit dem Ziel der Adoption aufgenommen worden sind. Für die nach dem 31. Dezember 2021 und vor dem 1. November 2024 geborenen oder mit dem Ziel der Adoption aufgenommenen Kinder ist § 25 in der bis zum 31. Oktober 2024 geltenden Fassung weiter anzuwenden. Zur Erprobung des Verfahrens können diese Regelungen in Pilotprojekten mit Zustimmung des Bundesministeriums für Familie, Senioren, Frauen und Jugend, des Bundesministeriums für Arbeit und Soziales und des Bundesministeriums des Innern und für Heimat auf Kinder, die vor dem 1. Januar 2022 geboren oder mit dem Ziel der Adoption aufgenommen worden sind, angewendet werden.

(5)[4] § 1 Absatz 8 ist auf Kinder anwendbar, die ab dem 1. April 2025 geboren oder mit dem Ziel der Adoption angenommen worden sind. Für die ab dem 1. April 2024 und vor dem 1. April 2025 geborenen oder mit dem Ziel der Adoption angenommenen Kinder gilt § 1 Absatz 8 mit der Maßgabe, dass ein Anspruch entfällt, wenn die berechtigte Person im letzten abgeschlossenen Veranlagungszeitraum vor der Geburt des Kindes ein zu versteuerndes Einkommen nach § 2 Absatz 5 des Einkommensteuergesetzes in Höhe von mehr als 200 000 Euro erzielt hat. Erfüllt auch eine andere Person die Voraussetzungen des § 1 Absatz 1 Satz 1 Nummer 2 oder des Absatzes 3 oder 4, entfällt in diesem Zeitraum abweichend von § 1 Absatz 8 Satz 1 der Anspruch, wenn die Summe des zu versteuernden Einkommens beider Personen mehr als 200 000 Euro beträgt.

14. Altersteilzeitgesetz[5]

In der Fassung vom 23. Juli 1996 (BGBl. I S. 1078)

Geändert durch Gesetz vom 24. 3. 1997 (BGBl. I S. 594), vom 16. 12. 1997 (BGBl. I S. 2970, 2998, 3037), vom 6. 4. 1998 (BGBl. I S. 688), vom 24. 3. 1999 (BGBl. I S. 388), vom 21. 7. 1999 (BGBl. I S. 1648), vom 20. 12. 1999 (BGBl. I S. 2494), vom 27. 6. 2000 (BGBl. I S. 910), vom 21. 12. 2000 (BGBl. I S. 1983, 2012), vom 21. 3. 2001 (BGBl. I S. 403), vom 19. 6. 2001 (BGBl. I S. 1046), vom 23. 12. 2002 (BGBl. I S. 4621), vom 23. 12. 2003 (BGBl. I S. 2848), vom 24. 12. 2003 (BGBl. I S. 2954), vom 23. 4. 2004 (BGBl. I S. 602), vom 23. 7. 2004 (BGBl. I S. 1842), vom 24. 4. 2006 (BGBl. I S. 926), VO vom 31. 10. 2006 (BGBl. I S. 2407), vom 20. 4. 2007 (BGBl. I S. 554), vom 19. 12. 2007 (BGBl. I S. 3024), vom 20. 12. 2007 (BGBl. I S. 3150), vom 21. 12. 2008 (BGBl. I S. 2940), vom 28. 3. 2009 (BGBl. I S. 634), vom 22. 6. 2011 (BGBl. I S. 1202), vom 23. 11. 2011 (BGBl. I S. 2298), vom 20. 12. 2011 (BGBl. I S. 2854), vom 12. 4. 2012 (BGBl. I S. 579), vom 23. 6. 2014 (BGBl. I S. 787), vom 10. 12. 2014 (BGBl. I S. 2082), vom 18. 7. 2016 (BGBl. I S. 1710), vom 29. 3. 2017 (BGBl. I S. 626), vom 11. 7. 2019 (BGBl. I S. 1066), vom 12. 12. 2019 (BGBl. I S. 2652), durch Art. 89 Nr. 2 G vom 20. 8. 2021 (BGBl. I S. 3932), vom 28. 6. 2022 (BGBl. I S. 969) und vom 16. 12. 2022 (BGBl. I S. 2328)

§ 1[6] Grundsatz

(1) Durch Altersteilzeitarbeit soll älteren Arbeitnehmern ein gleitender Übergang vom Erwerbsleben in die Altersrente ermöglicht werden. 1

(2) Die Bundesagentur für Arbeit (Bundesagentur) fördert durch Leistungen nach diesem Gesetz die Teilzeitarbeit älterer Arbeitnehmer, die ihre Arbeitszeit ab Vollendung des 55. Lebensjahres spätestens ab 31. Dezember 2009[7] vermindern und damit die Einstellung eines sonst arbeitslosen Arbeitnehmers ermöglichen.

---

[1] § 28 Abs. 1 b neu gef. mWv 1. 5. 2025 durch G v. 23. 10. 2024 (BGBl. 2024 I Nr. 323).

[2] § 28 Abs. 3 Satz 4 angef. mWv 6. 12. 2024 durch JStG 2024 vom 2. 12. 2024 (BGBl. 2024 I Nr. 387).

[3] § 28 Abs. 4 neu gef. mWv 1. 11. 2024 durch G v. 23. 10. 2024 (BGBl. 2024 I Nr. 323).

[4] § 28 Abs. 5 neu eingefügt durch Gesetz vom 22. 12. 2023 (BGBl. 2023 I Nr. 412) mit Wirkung ab 1. 4. 2024; § 28 Abs. 5 Satz 2 geändert durch Gesetz vom 27. 3. 2024 (BGBl. 2024 I Nr. 107) mit Wirkung ab 1. 4. 2024.

[5] Das Altersteilzeitgesetz ist verkündet als Artikel 1 des Gesetzes zur Förderung eines gleitenden Übergangs in den Ruhestand und tritt am 1. 8. 1996 in Kraft. Mit Inkrafttreten dieses Gesetzes trat das Altersteilzeitgesetz vom 20. 12. 1988 (BGBl. I S. 2343, 2348) außer Kraft.

[6] § 1 Abs. 2 geändert durch Gesetz vom 23. 12. 2003 (BGBl. I S. 2848). Abs. 3 eingefügt durch JStG 2008 vom 20. 12. 2007 (BGBl. I S. 3150) mit Wirkung ab 29. 12. 2007.

[7] Jahreszahl geändert durch Gesetz vom 6. 4. 1998 (BGBl. I S. 688), erneut geändert durch Gesetz vom 27. 6. 2000 (BGBl. I S. 910).

(3) Altersteilzeit im Sinne dieses Gesetzes liegt unabhängig von einer Förderung durch die Bundesagentur auch vor bei einer Teilzeitarbeit älterer Arbeitnehmer, die ihre Arbeitszeit ab Vollendung des 55. Lebensjahres nach dem 31. Dezember 2009 vermindern. Für die Anwendung des § 3 Nr. 28 des Einkommensteuergesetzes kommt es nicht darauf an, dass die Altersteilzeit vor dem 1. Januar 2010 begonnen wurde und durch die Bundesagentur nach § 4 gefördert wird.

§ 2[1] Begünstigter Personenkreis

2 (1) Leistungen werden für Arbeitnehmer gewährt, die

1. das 55. Lebensjahr vollendet haben,
2. nach dem 14. Februar 1996 auf Grund einer Vereinbarung mit ihrem Arbeitgeber, die sich zumindest auf die Zeit erstrecken muß, bis eine Rente wegen Alters beansprucht werden kann, ihre Arbeitszeit auf die Hälfte der bisherigen wöchentlichen Arbeitszeit vermindert haben, und versicherungspflichtig beschäftigt im Sinne des Dritten Buches Sozialgesetzbuch sind (Altersteilzeitarbeit) und
3.[2] innerhalb der letzten fünf Jahre vor Beginn der Altersteilzeitarbeit mindestens 1080 Kalendertage in einer versicherungspflichtigen Beschäftigung nach dem Dritten Buch Sozialgesetzbuch oder nach den Vorschriften eines Mitgliedstaates der Europäischen Union, eines Vertragsstaates des Abkommens über den Europäischen Wirtschaftsraum oder der Schweiz gestanden haben. Zeiten mit Anspruch auf Arbeitslosengeld oder Arbeitslosenhilfe, Zeiten des Bezuges von Bürgergeld nach § 19 Absatz 1 Satz 1 des Zweiten Buches Sozialgesetzbuch sowie Zeiten, in denen Versicherungspflicht nach § 26 Abs. 2 des Dritten Buches Sozialgesetzbuch bestand, stehen der versicherungspflichtigen Beschäftigung gleich.

(2) Sieht die Vereinbarung über die Altersteilzeitarbeit unterschiedliche wöchentliche Arbeitszeiten oder eine unterschiedliche Verteilung der wöchentlichen Arbeitszeit vor, ist die Voraussetzung nach Absatz 1 Nr. 2 auch erfüllt, wenn

1. die wöchentliche Arbeitszeit im Durchschnitt eines Zeitraums von bis zu drei Jahren oder bei Regelung in einem Tarifvertrag, auf Grund eines Tarifvertrages in einer Betriebsvereinbarung oder in einer Regelung der Kirchen und der öffentlich-rechtlichen Religionsgesellschaften im Durchschnitt eines Zeitraums von bis zu sechs Jahren die Hälfte der bisherigen wöchentlichen Arbeitszeit nicht überschreitet und der Arbeitnehmer versicherungspflichtig beschäftigt im Sinne des Dritten Buches Sozialgesetzbuch ist und
2. das Arbeitsentgelt für die Altersteilzeitarbeit sowie der Aufstockungsbetrag nach § 3 Abs. 1 Nr. 1 Buchstabe a fortlaufend gezahlt werden.

Im Geltungsbereich eines Tarifvertrages nach Satz 1 Nr. 1 kann die tarifvertragliche Regelung im Betrieb eines nicht tarifgebundenen Arbeitgebers durch Betriebsvereinbarung oder, wenn ein Betriebsrat nicht besteht, durch schriftliche Vereinbarung zwischen dem Arbeitgeber und dem Arbeitnehmer übernommen werden. Können auf Grund eines solchen Tarifvertrages abweichende Regelungen in einer Betriebsvereinbarung getroffen werden, kann auch in Betrieben eines nicht tarifgebundenen Arbeitgebers davon Gebrauch gemacht werden. Satz 1 Nr. 1, 2. Alternative gilt entsprechend. In einem Bereich, in dem tarifvertragliche Regelungen zur Verteilung der Arbeitszeit nicht getroffen sind oder üblicherweise nicht getroffen werden, kann eine Regelung im Sinne des Satzes 1 Nr. 1, 2. Alternative auch durch Betriebsvereinbarung oder, wenn ein Betriebsrat nicht besteht, durch schriftliche Vereinbarung zwischen Arbeitgeber und Arbeitnehmer getroffen werden.

(3) Sieht die Vereinbarung über die Altersteilzeitarbeit unterschiedliche wöchentliche Arbeitszeiten oder eine unterschiedliche Verteilung der wöchentlichen Arbeitszeit über einen Zeitraum von mehr als sechs Jahren vor, ist die Voraussetzung nach Absatz 1 Nr. 2 auch erfüllt, wenn die wöchentliche Arbeitszeit im Durchschnitt eines Zeitraums von sechs Jahren, der innerhalb des Gesamtzeitraums der vereinbarten Altersteilzeitarbeit liegt, die Hälfte der bisherigen wöchentlichen Arbeitszeit nicht überschreitet, der Arbeitnehmer versicherungspflichtig beschäftigt im Sinne des Dritten Buches Sozialgesetzbuch ist und die weiteren Voraussetzungen des Absatzes 2 vorliegen. Die Leistungen nach § 3 Abs. 1 Nr. 1 sind nur in dem in Satz 1 genannten Zeitraum von sechs Jahren zu erbringen.

§ 3[3] Anspruchsvoraussetzungen

3 (1) Der Anspruch auf die Leistungen nach § 4 setzt voraus, daß

---

[1] § 2 Abs. 1 Nr. 2 und Abs. 2 Nr. 1 mit Wirkung ab 1.4. 1997 sowie Abs. 1 Nr. 3 mit Wirkung ab 1.1. 1998 geändert durch Gesetz vom 24.3. 1997 (BGBl.I S. 594); Abs. 1 Nr. 2 und Abs. 2 Nr. 1 geändert durch Gesetz vom 16.12. 1997 (BGBl.I S. 2970) mit Wirkung ab 1.1. 1998. § 2 Abs. 2 neu gef. und Abs. 3 angefügt durch Gesetz vom 6.4. 1998 (BGBl.I S. 688) mit Wirkung ab 1.1. 1998; Abs. 1 Nr. 2 geändert durch Gesetz vom 21.7. 1999 (BGBl.I S. 1648) mit Wirkung ab 1.8. 1999; § 2 Abs. 1 Nrn. 2, 3 und Abs. 2 Nr. 1 sowie Abs. 3 Satz 1 geändert durch Gesetz vom 20.12. 1999 (BGBl.I S. 2494) mit Wirkung ab 1. 1. 2000; § 2 Abs. 2 Nr. 1 und Abs. 3 geändert durch Gesetz vom 27. 6. 2000 (BGBl.I S. 910) mit Wirkung ab 1. 7. 2000.

[2] § 2 Abs. 1 Satz 1 Nr. 3 geändert durch Gesetz vom 23. 12. 2003 (BGBl.I S. 2848) mit Wirkung ab 1. 7. 2004. § 2 Abs. 1 Nr. 3 Satz 2 geändert durch Gesetz vom 24. 12. 2003 (BGBl.I S. 2954) mit Wirkung ab 1. 1. 2005. § 2 Abs. 1 Nr. 3 geändert durch Gesetz vom 22. 6. 2011 (BGBl.I S. 1202) mit Wirkung ab 29. 6. 2011. Abs. 1 Nr. 3 Satz 3 aufgehoben durch Gesetz vom 20. 12. 2011 (BGBl.I S. 2854) mit Wirkung ab 1. 4. 2012; Abs. 1 Nr. 3 Satz 2 geänd. durch Gesetz vom 16. 12. 2022 (BGBl. I S. 2328) mWv 1. 1. 2023.

[3] § 3 Abs. 1 Nr. 1 Buchst. a und b mit Wirkung ab 1. 4. 1997 und Nr. 2 mit Wirkung ab 1. 1. 1998 geändert durch Gesetz vom 24. 3. 1997 (BGBl.I S. 594). § 3 Abs. 1 Nr. 2 neu gef. und Abs. 3 geändert mit Wirkung ab 1. 1. 1998 sowie Abs. 1 a mit Wirkung ab 1. 5. 1998 eingefügt durch Gesetz vom 6. 4. 1998 (BGBl.I S. 688). § 3 Abs. 1 Nr. 1 Buchst. a und b, Nr. 2 Buchst. a und b geändert, Abs. 1 a Satz 2 eingefügt durch Gesetz vom 20. 12. 1999 (BGBl. I S. 2494) mit Wirkung ab 1. 1. 2000. Abs. 1 Nr. 1 Buchst. a und b und Nr. 2 geändert und Abs. 1 a Satz 1 aufgehoben durch Gesetz vom 23. 12. 2003 (BGBl. I S. 2848) mit Wirkung ab 1. 7. 2004. Abs. 1 Satz 2 angefügt durch Gesetz vom 24. 12. 2003 (BGBl. I S. 2954) mit Wirkung ab 1. 1. 2005. Abs. 1 Satz 1 Nr. 2 Buchst. a geändert und Satz 2 aufgehoben durch Gesetz vom 19. 12. 2007 (BGBl. I S. 3024) mit Wirkung ab 1. 1. 2008; Abs. 1 Nr. 2 Buchst. a geänd. durch Gesetz vom 16. 12. 2022 (BGBl. I S. 2328) mWv 1. 1. 2023.

1. der Arbeitgeber auf Grund eines Tarifvertrages, einer Regelung der Kirchen und der öffentlich-rechtlichen Religionsgesellschaften, einer Betriebsvereinbarung oder einer Vereinbarung mit dem Arbeitnehmer
   a) das Regelarbeitsentgelt für die Altersteilzeitarbeit um mindestens 20 vom Hundert aufgestockt hat, wobei die Aufstockung auch weitere Entgeltbestandteile umfassen kann, und
   b) für den Arbeitnehmer zusätzliche Beiträge zur gesetzlichen Rentenversicherung mindestens in Höhe des Beitrags entrichtet hat, der auf 80 vom Hundert des Regelarbeitsentgelts für die Altersteilzeitarbeit, begrenzt auf den Unterschiedsbetrag zwischen 90 vom Hundert der monatlichen Beitragsbemessungsgrenze und dem Regelarbeitsentgelt, entfällt, höchstens bis zur Beitragsbemessungsgrenze, sowie
2. der Arbeitgeber aus Anlass des Übergangs des Arbeitnehmers in die Altersteilzeitarbeit
   a) einen bei einer Agentur für Arbeit arbeitslos gemeldeten Arbeitnehmer, einen Bezieher von Bürgergeld nach § 19 Absatz 1 Satz 1 des Zweiten Buches Sozialgesetzbuch oder einen Arbeitnehmer nach Abschluss der Ausbildung auf dem freigemachten oder auf einem in diesem Zusammenhang durch Umsetzung frei gewordenen Arbeitsplatz versicherungspflichtig im Sinne des Dritten Buches Sozialgesetzbuch beschäftigt; bei Arbeitgebern, die in der Regel nicht mehr als 50 Arbeitnehmer beschäftigen, wird unwiderleglich vermutet, dass der Arbeitnehmer auf dem freigemachten oder auf einem in diesem Zusammenhang durch Umsetzung frei gewordenen Arbeitsplatz beschäftigt wird, oder
   b) einen Auszubildenden versicherungspflichtig im Sinne des Dritten Buches Sozialgesetzbuch beschäftigt, wenn der Arbeitgeber in der Regel nicht mehr als 50 Arbeitnehmer beschäftigt

   und
3. die freie Entscheidung des Arbeitgebers bei einer über fünf vom Hundert der Arbeitnehmer des Betriebes hinausgehenden Inanspruchnahme sichergestellt ist oder eine Ausgleichskasse der Arbeitgeber oder eine gemeinsame Einrichtung der Tarifvertragsparteien besteht, wobei beide Voraussetzungen in Tarifverträgen verbunden werden können.

(1 a) Die Voraussetzungen des Absatzes 1 Nr. 1 Buchstabe a sind auch erfüllt, wenn Bestandteile des Arbeitsentgelts, die für den Zeitraum der vereinbarten Altersteilzeitarbeit nicht vermindert worden sind, bei der Aufstockung außer Betracht bleiben.

(2) Für die Zahlung der Beiträge nach Absatz 1 Nr. 1 Buchstabe b gelten die Bestimmungen des Sechsten Buches Sozialgesetzbuch über die Beitragszahlung aus dem Arbeitsentgelt.

(3)[1] Hat der in Altersteilzeitarbeit beschäftigte Arbeitnehmer die Arbeitsleistung oder Teile der Arbeitsleistung im voraus erbracht, so ist die Voraussetzung nach Absatz 1 Nr. 2 bei Arbeitszeiten nach § 2 Abs. 2 und 3 erfüllt, wenn die Beschäftigung eines bei einer Agentur für Arbeit arbeitslos gemeldeten Arbeitnehmers oder eines Arbeitnehmers nach Abschluß der Ausbildung auf dem freigemachten oder durch Umsetzung freigewordenen Arbeitsplatz erst nach Erbringung der Arbeitsleistung erfolgt.

§ 4[2] Leistungen

(1) Die Bundesagentur erstattet dem Arbeitgeber für längstens sechs Jahre 4
1. den Aufstockungsbetrag nach § 3 Abs. 1 Nr. 1 Buchstabe a in Höhe von 20 vom Hundert des für die Altersteilzeitarbeit gezahlten Regelarbeitsentgelts und
2. den Betrag, der nach § 3 Abs. 1 Nr. 1 Buchstabe b in Höhe des Beitrags geleistet worden ist, der auf den Betrag entfällt, der sich aus 80 vom Hundert des Regelarbeitsentgelts für die Altersteilzeitarbeit ergibt, jedoch höchstens des auf den Unterschiedsbetrag zwischen 90 vom Hundert der monatlichen Beitragsbemessungsgrenze und dem Regelarbeitsentgelt entfallenden Beitrags.

(2) Bei Arbeitnehmern, die nach § 6 Abs. 1 Satz 1 Nr. 1 oder § 231 Abs. 1 und 2 des Sechsten Buches Sozialgesetzbuch von der Versicherungspflicht befreit sind, werden Leistungen nach Absatz 1 auch erbracht, wenn die Voraussetzung des § 3 Abs. 1 Nr. 1 Buchstabe b nicht erfüllt ist. Dem Betrag nach Absatz 1 Nr. 2 stehen in diesem Fall vergleichbare Aufwendungen des Arbeitgebers bis zur Höhe des Beitrags gleich, den die Bundesagentur nach Absatz 1 Nr. 2 zu tragen hätte, wenn der Arbeitnehmer nicht von der Versicherungspflicht befreit wäre.

§ 5[3] Erlöschen und Ruhen des Anspruchs

(1) Der Anspruch auf die Leistungen nach § 4 erlischt 5
1. mit Ablauf des Kalendermonats, in dem der Arbeitnehmer die Altersteilzeitarbeit beendet hat,
2. mit Ablauf des Kalendermonats vor dem Kalendermonat, für den der Arbeitnehmer eine Rente wegen Alters oder, wenn er von der Versicherungspflicht in der gesetzlichen Rentenversicherung befreit ist, das 65. Lebensjahr vollendet hat oder eine der Rente vergleichbare Leistung einer Versicherungs- oder Versorgungseinrichtung oder eines Versicherungsunternehmens beanspruchen kann; dies gilt nicht für Renten, die vor dem für den Versicherten maßgebenden Rentenalter in Anspruch genommen werden können oder

---

[1] § 3 Abs. 3 geändert durch Gesetz vom 23. 12. 2003 (BGBl. I S. 2848).

[2] § 4 Abs. 1 Nr. 2 geändert durch Gesetz vom 20. 12. 1999 (BGBl. I S. 2494) sowie § 4 Abs. 1 geändert mit Wirkung ab 1. 7. 2000 durch Gesetz vom 27. 6. 2000 (BGBl. I S. 910). Abs. 1 und Abs. 2 Satz 2 geändert durch Gesetz vom 23. 12. 2003 (BGBl. I S. 2848) mit Wirkung ab 1. 7. 2004.

[3] § 5 Abs. 3 Satz 1 geändert, Satz 2 gestrichen und Abs. 4 Satz 2 Zitat geändert durch Gesetz vom 24. 3. 1999 (BGBl. I S. 388) mit Wirkung ab 1. 4. 1999; Abs. 2 geändert durch Gesetz vom 27. 6. 2000 (BGBl. I S. 910) mit Wirkung ab 1. 7. 2000; Abs. 1 Nr. 1 und 2 geändert durch Gesetz vom 20. 4. 2007 (BGBl. I S. 554) mit Wirkung ab 1. 1. 2008.

3. mit Beginn des Kalendermonats, für den der Arbeitnehmer eine Rente wegen Alters, eine Knappschaftsausgleichsleistung, eine ähnliche Leistung öffentlich-rechtlicher Art oder, wenn er von der Versicherungspflicht in der gesetzlichen Rentenversicherung befreit ist, eine vergleichbare Leistung einer Versicherungs- oder Versorgungseinrichtung oder eines Versicherungsunternehmens bezieht.

(2) Der Anspruch auf die Leistungen besteht nicht, solange der Arbeitgeber auf dem freigemachten oder durch Umsetzung freigewordenen Arbeitsplatz keinen Arbeitnehmer mehr beschäftigt, der bei Beginn der Beschäftigung die Voraussetzungen des § 3 Abs. 1 Nr. 2 erfüllt hat. Dies gilt nicht, wenn der Arbeitsplatz mit einem Arbeitnehmer, der diese Voraussetzungen erfüllt, innerhalb von drei Monaten erneut wiederbesetzt wird oder der Arbeitgeber insgesamt für vier Jahre die Leistungen erhalten hat.

(3) Der Anspruch auf die Leistungen ruht während der Zeit, in der der Arbeitnehmer neben seiner Altersteilzeitarbeit Beschäftigungen oder selbständige Tätigkeiten ausübt, die die Geringfügigkeitsgrenze des § 8 des Vierten Buches Sozialgesetzbuch überschreiten oder auf Grund solcher Beschäftigungen eine Entgeltersatzleistung erhält. Der Anspruch auf die Leistungen erlischt, wenn er mindestens 150 Kalendertage geruht hat. Mehrere Ruhenszeiträume sind zusammenzurechnen. Beschäftigungen oder selbständige Tätigkeiten bleiben unberücksichtigt, soweit der altersteilzeitarbeitende Arbeitnehmer sie bereits innerhalb der letzten fünf Jahre vor Beginn der Altersteilzeitarbeit ständig ausgeübt hat.

(4) Der Anspruch auf die Leistungen ruht während der Zeit, in der der Arbeitnehmer über die Altersteilzeitarbeit hinaus Mehrarbeit leistet, die den Umfang der Geringfügigkeitsgrenze des § 8 des Vierten Buches Sozialgesetzbuch überschreitet. Absatz 3 Satz 2 und 3 gilt entsprechend.

(5) § 48 Abs. 1 Nr. 3 des Zehnten Buches Sozialgesetzbuch findet keine Anwendung.

§ 6[1] Begriffsbestimmungen

6 (1) Das Regelarbeitsentgelt für die Altersteilzeitarbeit im Sinne dieses Gesetzes ist das auf einen Monat entfallende vom Arbeitgeber regelmäßig zu zahlende sozialversicherungspflichtige Arbeitsentgelt, soweit es die Beitragsbemessungsgrenze des Dritten Buches Sozialgesetzbuch nicht überschreitet. Entgeltbestandteile, die nicht laufend gezahlt werden, sind nicht berücksichtigungsfähig.

(2) Als bisherige wöchentliche Arbeitszeit ist die wöchentliche Arbeitszeit zugrunde zu legen, die mit dem Arbeitnehmer vor dem Übergang in die Altersteilzeitarbeit vereinbart war. Zugrunde zu legen ist höchstens die Arbeitszeit, die im Durchschnitt der letzten 24 Monate vor dem Übergang in die Altersteilzeit vereinbart war. Die ermittelte durchschnittliche Arbeitszeit kann auf die nächste volle Stunde gerundet werden.

(3) *(aufgehoben)*

§ 7[2] Berechnungsvorschriften

7 (1) Ein Arbeitgeber beschäftigt in der Regel nicht mehr als 50 Arbeitnehmer, wenn er in dem Kalenderjahr, das demjenigen, für das die Feststellung zu treffen ist, vorausgegangen ist, für einen Zeitraum von mindestens acht Kalendermonaten nicht mehr als 50 Arbeitnehmer beschäftigt hat. Hat das Unternehmen nicht während des ganzen nach Satz 1 maßgebenden Kalenderjahrs bestanden, so beschäftigt der Arbeitgeber in der Regel nicht mehr als 50 Arbeitnehmer, wenn er während des Zeitraums des Bestehens des Unternehmens in der überwiegenden Zahl der Kalendermonate nicht mehr als 50 Arbeitnehmer beschäftigt hat. Ist das Unternehmen im Laufe des Kalenderjahrs errichtet worden, in dem die Feststellung nach Satz 1 zu treffen ist, so beschäftigt der Arbeitgeber in der Regel nicht mehr als 50 Arbeitnehmer, wenn nach der Art des Unternehmens anzunehmen ist, dass die Zahl der beschäftigten Arbeitnehmer während der überwiegenden Kalendermonate dieses Kalenderjahrs 50 nicht überschreiten wird.

(2) Für die Berechnung der Zahl der Arbeitnehmer nach § 3 Abs. 1 Nr. 3 ist der Durchschnitt der letzten zwölf Kalendermonate vor dem Beginn der Altersteilzeitarbeit des Arbeitnehmers maßgebend. Hat ein Betrieb noch nicht zwölf Monate bestanden, ist der Durchschnitt der Kalendermonate während des Zeitraums des Bestehens des Betriebes maßgebend.

(3) Bei der Feststellung der Zahl der beschäftigten Arbeitnehmer nach Absatz 1 und 2 bleiben schwerbehinderte Menschen und Gleichgestellte im Sinne Neunten Buches Sozialgesetzbuch sowie Auszubildende außer Ansatz. Teilzeitbeschäftigte Arbeitnehmer mit einer regelmäßigen wöchentlichen Arbeitszeit von nicht mehr als 20 Stunden sind mit 0,5 und mit einer regelmäßigen wöchentlichen Arbeitszeit von nicht mehr als 30 Stunden mit 0,75 zu berücksichtigen.

(4) Bei der Ermittlung der Zahl der in Altersteilzeitarbeit beschäftigten Arbeitnehmer nach § 3 Abs. 1 Nr. 3 sind schwerbehinderte Menschen und Gleichgestellte im Sinne des Neunten Buches Sozialgesetzbuch zu berücksichtigen.

---

[1] § 6 Abs. 1 geändert durch Gesetz vom 24. 3. 1997 (BGBl. I S. 594). § 6 Abs. 1 Satz 1 geändert, Abs. 2 eingefügt, bisheriger Abs. 2 wird neuer Abs. 3 durch Gesetz vom 20. 12. 1999 (BGBl. I S. 2494) mit Wirkung ab 1. 1. 2000; Abs. 2 Satz 2 geändert durch Gesetz vom 27. 6. 2000 (BGBl. I S. 910) mit Wirkung ab 1. 7. 2000. Abs. 1 neu gefasst und Abs. 2 Satz 3 sowie Abs. 3 aufgehoben durch Gesetz vom 23. 12. 2003 (BGBl. I S. 2848) mit Wirkung ab 1. 7. 2004.

[2] § 7 Abs. 1 und 3 eingefügt, bisherige Sätze 1 und 2 werden neuer Abs. 2, bisherige Sätze 3 und 4 werden aufgehoben durch Gesetz vom 20. 12. 1999 (BGBl. I S. 2494) mit Wirkung ab 1. 1. 2000. § 7 Abs. 3 geändert durch Gesetz vom 19. 6. 2001 (BGBl. I S. 1046) mit Wirkung ab 1. 7. 2001. Abs. 4 angefügt durch Gesetz vom 23. 12. 2003 (BGBl. I S. 2848) mit Wirkung ab 1. 7. 2004.

§ 8[1] Arbeitsrechtliche Regelungen

(1) Die Möglichkeit eines Arbeitnehmers zur Inanspruchnahme von Altersteilzeitarbeit gilt nicht als eine die Kündigung des Arbeitsverhältnisses durch den Arbeitgeber begründende Tatsache im Sinne des § 1 Abs. 2 Satz 1 des Kündigungsschutzgesetzes; sie kann auch nicht bei der sozialen Auswahl nach § 1 Abs. 3 Satz 1 des Kündigungsschutzgesetzes zum Nachteil des Arbeitnehmers berücksichtigt werden. 8

(2) Die Verpflichtung des Arbeitgebers zur Zahlung von Leistungen nach § 3 Abs. 1 Nr. 1 kann nicht für den Fall ausgeschlossen werden, daß der Anspruch des Arbeitgebers auf die Leistungen nach § 4 nicht besteht, weil die Voraussetzung des § 3 Abs. 1 Nr. 2 nicht vorliegt. Das gleiche gilt für den Fall, daß der Arbeitgeber die Leistungen nur deshalb nicht erhält, weil er den Antrag nach § 12 nicht, nicht richtig, nicht vollständig oder nicht rechtzeitig gestellt hat oder seinen Mitwirkungspflichten nicht nachgekommen ist, ohne daß dafür eine Verletzung der Mitwirkungspflichten des Arbeitnehmers ursächlich war.

(3) Eine Vereinbarung zwischen Arbeitnehmer und Arbeitgeber über die Altersteilzeitarbeit, die die Beendigung des Arbeitsverhältnisses ohne Kündigung zu einem Zeitpunkt vorsieht, in dem der Arbeitnehmer Anspruch auf eine Rente wegen Alters hat, ist zulässig.

§ 8a[2] Insolvenzsicherung

(1)[3] Führt eine Vereinbarung über die Altersteilzeitarbeit im Sinne von § 2 Abs. 2 zum Aufbau eines Wertguthabens, das den Betrag des Dreifachen des Regelarbeitsentgelts nach § 6 Abs. 1 einschließlich des darauf entfallenden Arbeitgeberanteils am Gesamtsozialversicherungsbeitrag übersteigt, ist der Arbeitgeber verpflichtet, das Wertguthaben einschließlich des darauf entfallenden Arbeitgeberanteils am Gesamtsozialversicherungsbeitrag mit der ersten Gutschrift in geeigneter Weise gegen das Risiko seiner Zahlungsunfähigkeit abzusichern; § 7e des Vierten Buches Sozialgesetzbuch findet keine Anwendung. Bilanzielle Rückstellungen sowie zwischen Konzernunternehmen (§ 18 des Aktiengesetzes) begründete Einstandspflichten, insbesondere Bürgschaften, Patronatserklärungen oder Schuldbeitritte, gelten nicht als geeignete Sicherungsmittel im Sinne des Satzes 1. 9

(2) Bei der Ermittlung der Höhe des zu sichernden Wertguthabens ist eine Anrechnung der Leistungen nach § 3 Abs. 1 Nr. 1 Buchstabe a und b und § 4 Abs. 2 sowie der Zahlungen des Arbeitgebers zur Übernahme der Beiträge im Sinne des § 187a des Sechsten Buches Sozialgesetzbuch unzulässig.

(3) Der Arbeitgeber hat dem Arbeitnehmer die zur Sicherung des Wertguthabens ergriffenen Maßnahmen mit der ersten Gutschrift und danach alle sechs Monate in Textform nachzuweisen. Die Betriebsparteien können eine andere gleichwertige Art und Form des Nachweises vereinbaren; Absatz 4 bleibt hiervon unberührt.

(4) Kommt der Arbeitgeber seiner Verpflichtung nach Absatz 3 nicht nach oder sind die nachgewiesenen Maßnahmen nicht geeignet und weist er auf schriftliche Aufforderung des Arbeitnehmers nicht innerhalb eines Monats eine geeignete Insolvenzsicherung des bestehenden Wertguthabens in Textform nach, kann der Arbeitnehmer verlangen, dass Sicherheit in Höhe des bestehenden Wertguthabens geleistet wird. Die Sicherheitsleistung kann nur erfolgen durch Stellung eines tauglichen Bürgen oder Hinterlegung von Geld oder solchen Wertpapieren, die nach § 234 Abs. 1 und 3 des Bürgerlichen Gesetzbuchs zur Sicherheitsleistung geeignet sind. Die Vorschriften der §§ 233, 234 Abs. 2, §§ 235 und 239 des Bürgerlichen Gesetzbuchs sind entsprechend anzuwenden.

(5) Vereinbarungen über den Insolvenzschutz, die zum Nachteil des in Altersteilzeitarbeit beschäftigten Arbeitnehmers von den Bestimmungen dieser Vorschrift abweichen, sind unwirksam.

(6) Die Absätze 1 bis 5 finden keine Anwendung gegenüber dem Bund, den Ländern, den Gemeinden, Körperschaften, Stiftungen und Anstalten des öffentlichen Rechts, über deren Vermögen die Eröffnung eines Insolvenzverfahrens nicht zulässig ist, sowie solchen juristischen Personen des öffentlichen Rechts, bei denen der Bund, ein Land oder eine Gemeinde kraft Gesetzes die Zahlungsfähigkeit sichert.

§ 9[4] Ausgleichskassen, gemeinsame Einrichtungen

(1) Werden die Leistungen nach § 3 Abs. 1 Nr. 1 auf Grund eines Tarifvertrages von einer Ausgleichskasse der Arbeitgeber erbracht oder dem Arbeitgeber erstattet, gewährt die Bundesagentur auf Antrag der Tarifvertragsparteien die Leistungen nach § 4 der Ausgleichskasse. 10

(2) Für gemeinsame Einrichtungen der Tarifvertragsparteien gilt Absatz 1 entsprechend.

§ 10[5] Soziale Sicherung des Arbeitnehmers

(1) Beansprucht ein Arbeitnehmer, der Altersteilzeitarbeit (§ 2) geleistet hat und für den der Arbeitgeber Leistungen nach § 3 Abs. 1 Nr. 1 erbracht hat, Arbeitslosengeld oder Arbeitslosenhilfe, erhöht sich 11

---

[1] § 8 Abs. 1 zweiter Halbsatz gestrichen mit Wirkung ab 1. 1. 1998 durch Gesetz vom 6. 4. 1998 (BGBl. I S. 688). Abs. 1 zweiter Halbsatz angefügt durch Gesetz vom 20. 12. 1999 (BGBl. I S. 2494) mit Wirkung ab 1. 1. 2000. Abs. 3 geändert durch Gesetz vom 20. 4. 2007 (BGBl. I S. 554) mit Wirkung ab 1. 1. 2008.

[2] § 8a eingefügt durch Gesetz vom 23. 12. 2003 (BGBl. I S. 2848) mit Wirkung ab 1. 7. 2004.

[3] § 8a Abs. 1 Satz 1 letzter Halbsatz angefügt durch Gesetz vom 21. 12. 2008 (BGBl. I S. 2940) mit Wirkung ab 1. 1. 2009.

[4] § 9 Abs. 1 geändert durch Gesetz vom 23. 12. 2003 (BGBl. I S. 2848) mit Wirkung ab 1. 7. 2004.

[5] § 10 Abs. 1 neu gefasst und Abs. 5 eingefügt durch Gesetz vom 6. 4. 1998 (BGBl. I S. 688) mit Wirkung ab 1. 1. 1998; Abs. 2 Satz 1 mit Wirkung ab 1. 8. 1996 und Abs. 5 mit Wirkung ab 1. 1. 2000 geändert durch Gesetz vom 20. 12. 1999 (BGBl. I S. 2494); Abs. 5 neu gefasst durch Gesetz vom 21. 12. 2000 (BGBl. I S. 1983, 2012) mit Wirkung ab 1. 1. 2001; Abs. 1 Satz 1, Abs. 2 Satz 1 und Abs. 5 Satz 1 geändert sowie Abs. 2 Satz 2 eingefügt durch Gesetz vom 23. 12. 2003 (BGBl. I S. 2848), sowie Abs. 2 Satz 1 geändert durch Gesetz vom 23. 4. 2004 (BGBl. I S. 602) mit Wirkung ab 1. 7. 2004; Abs. 4 geändert durch Gesetz vom 24. 4. 2006 (BGBl. I S. 926) mit Wirkung ab 1. 1. 2007; Abs. 3 geändert durch Gesetz vom 12. 4. 2012 (BGBl. I S. 579). § 10 Abs. 2 Satz 1 geändert durch Gesetz vom 12. 12. 2019 (BGBl. I S. 2652) mit Wirkung ab 1. 1. 2024, Abs. 2 Satz 1 geänd. durch Art. 89 Nr. 2 G v. 20. 8. 2021 (BGBl. I S. 3932). Zur Anwendung bei Leistungen nach dem Soldatenversorgungsgesetz siehe § 17.

das Bemessungsentgelt, das sich nach den Vorschriften des Dritten Buches Sozialgesetzbuch ergibt, bis zu dem Betrag, der als Bemessungsentgelt zugrunde zu legen wäre, wenn der Arbeitnehmer seine Arbeitszeit nicht im Rahmen der Altersteilzeit vermindert hätte. Kann der Arbeitnehmer eine Rente wegen Alters in Anspruch nehmen, ist von dem Tage an, an dem die Rente erstmals beansprucht werden kann, das Bemessungsentgelt maßgebend, das ohne die Erhöhung nach Satz 1 *zugrunde zu legen gewesen* wäre. Änderungsbescheide werden mit dem Tag wirksam, an dem die Altersrente erstmals beansprucht werden konnte.

(2) Bezieht ein Arbeitnehmer, für den die Bundesagentur Leistungen nach § 4 erbracht hat, Krankengeld, Versorgungskrankengeld, Verletztengeld oder Übergangsgeld und liegt der Bemessung dieser Leistungen ausschließlich die Altersteilzeit zugrunde oder bezieht der Arbeitnehmer Krankentagegeld von einem privaten Krankenversicherungsunternehmen, erbringt die Bundesagentur anstelle des Arbeitgebers die Leistungen nach § 3 Abs. 1 Nr. 1 in Höhe der Erstattungsleistungen nach § 4. Satz 1 gilt soweit und solange nicht, als Leistungen nach § 3 Abs. 1 Nr. 1 vom Arbeitgeber erbracht werden. Durch die Leistungen darf der Höchstförderzeitraum nach § 4 Abs. 1 nicht überschritten werden. § 5 Abs. 1 gilt entsprechend.

(3) Absatz 2 gilt entsprechend für Arbeitnehmer, die nur wegen Inanspruchnahme der Altersteilzeit nach § 2 Abs. 1 Nr. 1 und 2 des Zweiten Gesetzes über die Krankenversicherung der Landwirte versicherungspflichtig in der Krankenversicherung der Landwirte sind, soweit und solange ihnen Krankengeld gezahlt worden wäre, falls sie nicht Mitglied der landwirtschaftlichen Krankenkasse geworden wären.

(4) Bezieht der Arbeitnehmer Kurzarbeitergeld, gilt für die Berechnung der Leistungen des § 3 Abs. 1 Nr. 1 und des § 4 das Entgelt für die vereinbarte Arbeitszeit als Arbeitsentgelt für die Altersteilzeitarbeit.

(5) Sind für den Arbeitnehmer Aufstockungsleistungen nach § 3 Abs. 1 Nr. 1 Buchstabe a und b gezahlt worden, gilt in den Fällen der nicht zweckentsprechenden Verwendung von Wertguthaben für die Berechnung der Beiträge zur gesetzlichen Rentenversicherung der Unterschiedsbetrag zwischen dem Betrag, den der Arbeitgeber der Berechnung der Beiträge nach § 3 Abs. 1 Nr. 1 Buchstabe b zugrunde gelegt hat, und dem Doppelten des Regelarbeitsentgelts bis zum Zeitpunkt der nicht zweckentsprechenden Verwendung, höchstens bis zur Beitragsbemessungsgrenze, als beitragspflichtige Einnahme aus dem Wertguthaben; für die Beiträge zur Krankenversicherung, Pflegeversicherung oder nach dem Recht der Arbeitsförderung gilt § 23 b Abs. 2 bis 3 des Vierten Buches Sozialgesetzbuch. Im Falle der Zahlungsunfähigkeit des Arbeitgebers gilt Satz 1 entsprechend, soweit Beiträge gezahlt werden.

§ 11[1] Mitwirkungspflichten des Arbeitnehmers

12 (1) Der Arbeitnehmer hat Änderungen der ihn betreffenden Verhältnisse, die für die Leistungen nach § 4 erheblich sind, dem Arbeitgeber unverzüglich mitzuteilen. Werden im Fall des § 9 die Leistungen von der Ausgleichskasse der Arbeitgeber oder der gemeinsamen Einrichtung der Tarifvertragsparteien erbracht, hat der Arbeitnehmer Änderungen nach Satz 1 diesen gegenüber unverzüglich mitzuteilen.

(2) Der Arbeitnehmer hat der Bundesagentur die dem Arbeitgeber zu Unrecht gezahlten Leistungen zu erstatten, wenn der Arbeitnehmer die unrechtmäßige Zahlung dadurch bewirkt hat, daß er vorsätzlich oder grob fahrlässig

1. Angaben gemacht hat, die unrichtig oder unvollständig sind, oder
2. der Mitteilungspflicht nach Absatz 1 nicht nachgekommen ist.

Die zu erstattende Leistung ist durch schriftlichen Verwaltungsakt festzusetzen. Eine Erstattung durch den Arbeitgeber kommt insoweit nicht in Betracht.

§ 12[2] Verfahren

13 (1) Die Agentur für Arbeit entscheidet auf Antrag des Arbeitgebers, ob die Voraussetzungen für die Erbringung von Leistungen nach § 4 vorliegen. Der Antrag wirkt vom Zeitpunkt des Vorliegens der Anspruchsvoraussetzungen, wenn er innerhalb von drei Monaten nach deren Vorliegen gestellt wird, andernfalls wirkt er vom Beginn des Monats der Antragstellung. In den Fällen des § 3 Abs. 3 kann die Agentur für Arbeit auch vorab entscheiden, ob die Voraussetzungen des § 2 vorliegen. Mit dem Antrag sind die Namen, Anschriften und Versicherungsnummern der Arbeitnehmer mitzuteilen, für die Leistungen beantragt werden. Zuständig ist die Agentur für Arbeit, in deren Bezirk der Betrieb liegt, in dem der Arbeitnehmer beschäftigt ist. Die Bundesagentur erklärt eine andere Agentur für Arbeit für zuständig, wenn der Arbeitgeber dafür ein berechtigtes Interesse glaubhaft macht.

(2) Die Höhe der Leistungen nach § 4 wird zu Beginn des Erstattungsverfahrens in monatlichen Festbeträgen für die gesamte Förderdauer festgelegt. Die monatlichen Festbeträge werden nur angepasst, wenn sich das berücksichtigungsfähige Regelarbeitsentgelt um mindestens 10 Euro verringert. Leistungen nach § 4 werden auf Antrag erbracht und nachträglich jeweils für den Kalendermonat ausgezahlt, in dem die Anspruchsvoraussetzungen vorgelegen haben. Leistungen nach § 10 Abs. 2 werden auf Antrag des Arbeitnehmers oder, im Falle einer Leistungserbringung des Arbeitgebers an den Arbeitnehmer gemäß § 10 Abs. 2 Satz 2, auf Antrag des Arbeitgebers monatlich nachträglich ausgezahlt.

[1] § 11 Abs. 2 Satz 1 geändert durch Gesetz vom 23. 12. 2003 (BGBl. I S. 2848).

[2] § 12 Abs. 4 angefügt durch Gesetz vom 16. 12. 1997 (BGBl. I S. 2970) sowie Abs. 3 Satz 2 eingefügt durch Gesetz vom 6. 4. 1998 (BGBl. I S. 688) mit Wirkung ab 1. 1. 1998. § 12 Abs. 1 Satz 5 und Abs. 3 Satz 2 geändert, Abs. 1 Satz 6 angefügt durch Gesetz vom 20. 12. 1999 (BGBl. I S. 2494) mit Wirkung ab 1. 1. 2000. Abs. 1 Sätze 1, 3, 5 und 6, Abs. 2 neue Sätze 3 und 4, Abs. 3 Satz 2 und Abs. 4 Satz 1 geändert sowie Abs. 2 neue Sätze 1 und 2 eingefügt durch Gesetz vom 23. 12. 2003 (BGBl. I S. 2848) und Abs. 1 Satz 5 geändert durch Gesetz vom 23. 4. 2004 (BGBl. I S. 602) mit Wirkung ab 1. 7. 2004. § 12 Abs. 1 Satz 1 geändert durch Gesetz vom 29. 3. 2017 (BGBl. I S. 626) mit Wirkung ab 5. 4. 2017.

(3) In den Fällen des § 3 Abs. 3 werden dem Arbeitgeber die Leistungen nach Absatz 1 erst von dem Zeitpunkt an ausgezahlt, in dem der Arbeitgeber auf dem freigemachten oder durch Umsetzung freigewordenen Arbeitsplatz einen Arbeitnehmer beschäftigt, der bei Beginn der Beschäftigung die Voraussetzungen des § 3 Abs. 1 Nr. 2 erfüllt hat. Endet die Altersteilzeitarbeit in den Fällen des § 3 Abs. 3 vorzeitig, erbringt die Agentur für Arbeit dem Arbeitgeber die Leistungen für zurückliegende Zeiträume nach Satz 3, solange die Voraussetzungen des § 3 Abs. 1 Nr. 2 erfüllt sind und soweit dem Arbeitgeber entsprechende Aufwendungen für Aufstockungsleistungen nach § 3 Abs. 1 Nr. 1 und § 4 Abs. 2 verblieben sind. Die Leistungen für zurückliegende Zeiten werden zusammen mit den laufenden Leistungen jeweils in monatlichen Teilbeträgen ausgezahlt. Die Höhe der Leistungen für zurückliegende Zeiten bestimmt sich nach der Höhe der laufenden Leistungen.

(4) Über die Erbringung von Leistungen kann die Agentur für Arbeit vorläufig entscheiden, wenn die Voraussetzungen für den Anspruch mit hinreichender Wahrscheinlichkeit vorliegen und zu ihrer Feststellung voraussichtlich längere Zeit erforderlich ist. Aufgrund der vorläufigen Entscheidung erbrachte Leistungen sind auf die zustehende Leistung anzurechnen. Sie sind zu erstatten, soweit mit der abschließenden Entscheidung ein Anspruch nicht oder nur in geringerer Höhe zuerkannt wird.

§ 13[1] Auskünfte und Prüfung

Die §§ 315 und 319 des Dritten Buches und das zweite Kapitel des Zehnten Buches Sozialgesetzbuch gelten entsprechend. § 2 Abs. 1 Satz 1 Nummer 3 des Schwarzarbeitsbekämpfungsgesetzes bleibt unberührt. 14

§ 14[2] Bußgeldvorschriften

(1) Ordnungswidrig handelt, wer vorsätzlich oder fahrlässig 15

1. entgegen § 11 Abs. 1 oder als Arbeitgeber entgegen § 60 Abs. 1 Nr. 2 des Ersten Buches Sozialgesetzbuch eine Mitteilung nicht, nicht richtig, nicht vollständig oder nicht rechtzeitig macht,
2. entgegen § 13 Satz 1 in Verbindung mit § 315 Abs. 1, 2 Satz 1, Abs. 3 oder 5 Satz 1 und 2 des Dritten Buches Sozialgesetzbuch eine Auskunft nicht, nicht richtig, nicht vollständig oder nicht rechtzeitig erteilt,
3. entgegen § 13 Satz 1 in Verbindung mit § 319 Abs. 1 Satz 1 des Dritten Buches Sozialgesetzbuch Einsicht oder Zutritt nicht gewährt oder
4. entgegen § 13 Satz 1 in Verbindung mit § 319 Abs. 2 Satz 1 des Dritten Buches Sozialgesetzbuch Daten nicht, nicht richtig, nicht vollständig, nicht in der vorgeschriebenen Weise oder nicht rechtzeitig zur Verfügung stellt.

(2) Die Ordnungswidrigkeit kann in den Fällen des Absatzes 1 Nr. 4 mit einer Geldbuße bis zu dreißigtausend Euro, in den übrigen Fällen mit einer Geldbuße bis zu tausend Euro geahndet werden.

(3) Verwaltungsbehörden im Sinne des § 36 Abs. 1 Nr. 1 des Gesetzes über Ordnungswidrigkeiten sind die Agenturen für Arbeit.

(4) Die Geldbußen fließen in die Kasse der Bundesagentur. § 66 des Zehnten Buches Sozialgesetzbuch gilt entsprechend.

(5) Die notwendigen Auslagen trägt abweichend von § 105 Abs. 2 des Gesetzes über Ordnungswidrigkeiten die Bundesagentur; diese ist auch ersatzpflichtig im Sinne des § 110 Abs. 4 des Gesetzes über Ordnungswidrigkeiten.

§ 15[3] *(aufgehoben)* 16

§ 15 a[4] Übergangsregelung nach dem Gesetz zur Reform der Arbeitsförderung

Haben die Voraussetzungen für die Erbringung von Leistungen nach § 4 vor dem 1. April 1997 vorgelegen, erbringt die Bundesagentur die Leistungen nach § 4 auch dann, wenn die Voraussetzungen des § 2 Abs. 1 Nr. 2 und Abs. 2 Nr. 1 in der bis zum 31. März 1997 geltenden Fassung[5] vorliegen. 17

§ 15 b[6] Übergangsregelung nach dem Gesetz zur Reform der gesetzlichen Rentenversicherung

Abweichend von § 5 Abs. 1 Nr. 2 erlischt der Anspruch auf die Leistungen nach § 4 nicht, wenn mit der Altersteilzeit vor dem 1. Juli 1998 begonnen worden ist und Anspruch auf eine ungeminderte Rente wegen Alters besteht, weil 45 Jahre mit Pflichtbeiträgen für eine versicherte Beschäftigung oder Tätigkeit vorliegen. 18

---

[1] § 13 neu gefasst durch Gesetz vom 23. 7. 2004 (BGBl. I S. 1842) mit Wirkung ab 1. 8. 2004. § 13 Satz 1 geändert durch Gesetz vom 28. 3. 2009 (BGBl. I S. 634), Änderung vor Inkrafttreten aufgehoben durch Gesetz vom 23. 11. 2011 (BGBl. I S. 2298). § 13 Satz 2 Zitat geändert durch Gesetz vom 11. 7. 2019 (BGBl. I S. 1066).

[2] § 14 Abs. 1 Nrn. 2, 3, 4 und 5 geändert sowie Nr. 6 aufgehoben durch Gesetz vom 24. 3. 1997 (BGBl. I S. 594); Abs. 2 geändert durch Gesetz vom 16. 12. 1997 (BGBl. I S. 2970). Abs. 1 Nr. 4, Abs. 3 bis 5 geändert durch Gesetz vom 23. 12. 2003 (BGBl. I S. 2848). Abs. 1 Nr. 2 bis 5 durch neue Nr. 2 bis 4 ersetzt, Abs. 2 neu gefasst durch Gesetz vom 23. 7. 2004 (BGBl. I S. 1842) mit Wirkung ab 1. 8. 2004. Abs. 1 Nr. 2 Zitat geändert durch Gesetz vom 20. 12. 2011 (BGBl. I S. 2854) mit Wirkung ab 1. 4. 2012.

[3] § 15 aufgehoben durch G v. 18. 7. 2016 (BGBl. I S. 1710) mit Wirkung ab 1. 1. 2020.

[4] § 15 a eingefügt durch Gesetz vom 24. 3. 1997 (BGBl. I S. 594) mit Wirkung ab 1. 4. 1997. § 15 a geändert durch Gesetz vom 23. 12. 2003 (BGBl. I S. 2848).

[5] Siehe Fassung des Altersteilzeitgesetzes im „Handbuch zur Lohnsteuer 1997".

[6] § 15 b eingefügt durch Gesetz vom 16. 12. 1997 (BGBl. I S. 2998) mit Wirkung ab 1. 1. 1997. § 15 b geändert durch Gesetz vom 20. 12. 1999 (BGBl. I S. 2494) mit Wirkung ab 1. 1. 2000.

§ 15 c[1] Übergangsregelung nach dem Gesetz zur Fortentwicklung der Altersteilzeit

19 Ist eine Vereinbarung über Altersteilzeitarbeit vor dem 1. Januar 2000 abgeschlossen worden, erbringt die Bundesagentur die Leistungen nach § 4 auch dann, wenn die Voraussetzungen des § 2 Abs. 1 Nr. 2 und 3 in der bis zum 1. Januar 2000 geltenden Fassung vorliegen.

§ 15 d[2] Übergangsregelung zum Zweiten Gesetz zur Fortentwicklung der Altersteilzeit

20 Ist eine Vereinbarung über Altersteilzeitarbeit vor dem 1. Juli 2000 abgeschlossen worden, gelten § 5 Abs. 2 Satz 2 und § 6 Abs. 2 Satz 2 in der bis zum 1. Juli 2000 geltenden Fassung.[3] Sollen bei einer Vereinbarung nach Satz 1 Leistungen nach § 4 für einen Zeitraum von länger als fünf Jahren beansprucht werden, gilt § 5 Abs. 2 Satz 2 in der ab dem 1. Juli 2000 geltenden Fassung.

§ 15 e[4] Übergangsregelung nach dem Gesetz zur Reform der Renten wegen verminderter Erwerbsfähigkeit

21 Abweichend von § 5 Abs. 1 Nr. 2 erlischt der Anspruch auf die Leistungen nach § 4 nicht, wenn mit der Altersteilzeit vor dem 17. November 2000 begonnen worden ist und Anspruch auf eine ungeminderte Rente wegen Alters besteht, weil die Voraussetzungen nach § 236 a Satz 5 Nr. 1 des Sechsten Buches Sozialgesetzbuch vorliegen.

§ 15 f[5] Übergangsregelung nach dem Zweiten Gesetz für moderne Dienstleistungen am Arbeitsmarkt

22 Wurde mit der Altersteilzeit vor dem 1. April 2003 begonnen, gelten Arbeitnehmer, die bis zu diesem Zeitpunkt in einer versicherungspflichtigen Beschäftigung nach dem Dritten Buch Sozialgesetzbuch gestanden haben, auch nach dem 1. April 2003 als versicherungspflichtig beschäftigt, wenn sie die bis zum 31. März 2003 geltenden Voraussetzungen für das Vorliegen einer versicherungspflichtigen Beschäftigung weiterhin erfüllen.

§ 15 g[6] Übergangsregelung zum Dritten Gesetz für moderne Dienstleistungen am Arbeitsmarkt

23 Wurde mit der Altersteilzeitarbeit vor dem 1. Juli 2004 begonnen, sind die Vorschriften in der bis zum 30. Juni 2004 geltenden Fassung mit Ausnahme des § 15 weiterhin anzuwenden. Auf Antrag des Arbeitgebers erbringt die Bundesagentur abweichend von Satz 1 Leistungen nach § 4 in der ab dem 1. Juli 2004 geltenden Fassung, wenn die hierfür ab dem 1. Juli 2004 maßgebenden Voraussetzungen erfüllt sind.

§ 15 h[7] Übergangsregelung zum Gesetz über Leistungsverbesserungen in der gesetzlichen Rentenversicherung

24 Abweichend von § 5 Absatz 1 Nummer 2 erlischt der Anspruch auf die Leistungen nach § 4 nicht, wenn mit der Altersteilzeit vor dem 1. Januar 2010 begonnen worden ist und die Voraussetzungen für einen Anspruch auf eine Rente für besonders langjährig Versicherte nach § 236 b des Sechsten Buches Sozialgesetzbuch erfüllt sind.

§ 15 i[8] Übergangsregelung zum Gesetz zu Änderungen im Bereich der geringfügigen Beschäftigung

25 Wurde mit der Altersteilzeit vor dem 1. Januar 2013 begonnen, gelten Arbeitnehmerinnen und Arbeitnehmer, die bis zu diesem Zeitpunkt in einer versicherungspflichtigen Beschäftigung nach dem Dritten Buch Sozialgesetzbuch gestanden haben, auch nach dem 31. Dezember 2012 als versicherungspflichtig beschäftigt, wenn sie die bis zum 31. Dezember 2012 geltenden Voraussetzungen für das Vorliegen einer versicherungspflichtigen Beschäftigung weiterhin erfüllen.

§ 15j[9] Übergangsregelungen zum Gesetz zur Erhöhung des Schutzes durch den gesetzlichen Mindestlohn und zu Änderungen im Bereich der geringfügigen Beschäftigung

26 Erhöht sich durch eine Anpassung des Mindestlohnes die Geringfügigkeitsgrenze nach § 8 Absatz 1 a des Vierten Buches Sozialgesetzbuch, so gilt eine Person, die mit der Altersteilzeit vor der Anhebung des Mindestlohnes begonnen hat, weiterhin als versicherungspflichtig beschäftigt, wenn

1. sie bis zu dem Tag, an dem die Anhebung des Mindestlohnes in Kraft tritt, in einer versicherungspflichtigen Beschäftigung gestanden hat,
2. sie die Voraussetzungen für eine versicherungspflichtige Beschäftigung nach der Anhebung des Mindestlohnes nicht mehr erfüllt und
3. die am Tag vor dem Inkrafttreten der Anhebung des Mindestlohnes geltenden Voraussetzungen für eine versicherungspflichtige Beschäftigung weiterhin vorliegen.

---

[1] § 15 c eingefügt durch Gesetz vom 20. 12. 1999 (BGBl. I S. 2494) mit Wirkung ab 1. 1. 2000. § 15 c geändert durch Gesetz vom 23. 12. 2003 (BGBl. I S. 2848).
[2] § 15 d eingefügt durch Gesetz vom 27. 6. 2000 (BGBl. I S. 910) mit Wirkung ab 1. 7. 2000.
[3] Siehe Fassung im „Handbuch zur Lohnsteuer 2000".
[4] § 15 e eingefügt durch Gesetz vom 21. 3. 2001 (BGBl. I S. 403) mit Wirkung ab 1. 1. 2001.
[5] § 15 f eingefügt durch Gesetz vom 23. 12. 2002 (BGBl. I S. 4621) mit Wirkung ab 1. 4. 2003.
[6] § 15 g eingefügt durch Gesetz vom 23. 12. 2003 (BGBl. I S. 2848) mit Wirkung ab 1. 7. 2004.
[7] § 15 h eingefügt durch Gesetz vom 23. 6. 2014 (BGBl. I S. 787) mit Wirkung ab 1. 7. 2014.
[8] § 15 i eingefügt durch Gesetz vom 10. 12. 2014 (BGBl. I S. 2082) mit Wirkung ab 1. 1. 2015.
[9] § 15 j eingefügt durch Gesetz vom 28. 6. 2022 (BGBl. I S. 969) mit Wirkung ab 1. 10. 2022.

Mindestlohn ist der Mindestlohn nach § 1 Absatz 2 Satz 1 des Mindestlohngesetzes in Verbindung mit der auf der Grundlage des § 11 Absatz 1 Satz 1 des Mindestlohngesetzes jeweils erlassenen Verordnung.

§ 16[1] Befristung der Förderungsfähigkeit

Für die Zeit ab dem 1. Januar 2010[2] sind Leistungen nach § 4 nur noch zu erbringen, wenn die Voraussetzungen des § 2 erstmals vor diesem Zeitpunkt vorgelegen haben. **27**

§ 17[3] Übergangsregelung aus Anlass des Gesetzes zur Regelung des Sozialen Entschädigungsrechts

Für Personen, die Leistungen nach dem Soldatenversorgungsgesetz in der Fassung der Bekanntmachung vom 16. September 2009 (BGBl. I S. 3054), das zuletzt durch Artikel 19 des Gesetzes vom 4. August 2019 (BGBl. I S. 1147) geändert worden ist, in Verbindung mit dem Bundesversorgungsgesetz in der Fassung der Bekanntmachung vom 22. Januar 1982 (BGBl. I S. 21), das zuletzt durch Artikel 1 der Verordnung vom 13. Juni 2019 (BGBl. I S. 793) geändert worden ist, erhalten, gelten die Vorschriften des § 10 Absatz 2 Satz 1 in der am 31. Dezember 2023 geltenden Fassung weiter. **28**

15. Gesetz zur Verbesserung der betrieblichen Altersversorgung[4] (Betriebsrentengesetz – BetrAVG)[5]

Vom 19. Dezember 1974 (BGBl. I S. 3610)

Geändert durch Gesetze vom 29. 3. 1983 (BGBl. I S. 377), vom 28. 11. 1983 (BGBl. I S. 1377), vom 13. 4. 1984 (BGBl. I S. 601), vom 20. 2. 1986 (BGBl. I S. 297), vom 8. 12. 1986 (BGBl. I S. 2317), vom 18. 12. 1989 (BGBl. I S. 2261), mit Maßgaben für das Gebiet der ehem. DDR durch Anlage I Kap. VIII Sachgebiet A Abschn. III Nr. 16 des Einigungsvertrags vom 31. 8. 1990 (BGBl. II S. 889, 1024), vom 25. 2. 1992 (BGBl. I S. 297), vom 21. 7. 1994 (BGBl. I S. 1630), vom 5. 10. 1994 (BGBl. I S. 2911), vom 16. 12. 1997 (BGBl. I S. 2998, 3025), vom 22. 12. 1999 (BGBl. I S. 2601), vom 21. 12. 2000 (BGBl. I S. 1914), vom 21. 12. 2000 (BGBl. I S. 1983, 2010), vom 26. 6. 2001 (BGBl. I S. 1310), vom 26. 11. 2001 (BGBl. I S. 3138), vom 10. 12. 2001 (BGBl. II S. 1258), vom 21. 6. 2002 (BGBl. I S. 2167), vom 3. 4. 2003 (BGBl. I S. 462), vom 24. 7. 2003 (BGBl. I S. 1526), vom 15. 8. 2003 (BGBl. I S. 1657), vom 5. 7. 2004 (BGBl. I S. 1427), vom 9. 12. 2004 (BGBl. I S. 3242), vom 29. 8. 2005 (BGBl. I S. 2546), vom 2. 12. 2006 (BGBl. I S. 2742), vom 20. 4. 2007 (BGBl. I S. 554), vom 23. 11. 2007 (BGBl. I S. 2631), vom 10. 12. 2007 (BGBl. I S. 2838), vom 21. 12. 2008 (BGBl. I S. 2940), vom 23. 6. 2014 (BGBl. I S. 787), vom 1. 4. 2015 (BGBl. I S. 434), vom 21. 12. 2015 (BGBl. I S. 2553), vom 17. 8. 2017 (BGBl. I S. 3214), vom 19. 12. 2018 (BGBl. I S. 2672), vom 12. 6. 2020 (BGBl. I S. 1248), vom 22. 12. 2020 (BGBl. I S. 3256) und vom 20. 12. 2022 (BGBl. I S. 2759)

– Auszug –

Erster Teil. Arbeitsrechtliche Vorschriften

Erster Abschnitt. Durchführung der betrieblichen Altersversorgung[6]

§ 1[7] Zusage des Arbeitgebers auf betriebliche Altersversorgung

(1) Werden einem Arbeitnehmer Leistungen der Alters-, Invaliditäts- oder Hinterbliebenenversorgung aus Anlass seines Arbeitsverhältnisses vom Arbeitgeber zugesagt (betriebliche Altersversorgung), gelten die Vorschriften dieses Gesetzes. Die Durchführung der betrieblichen Altersversorgung kann unmittelbar über den Arbeitgeber oder über einen der in § 1 b Abs. 2 bis 4 genannten Versorgungsträger erfolgen. Der Arbeitgeber steht für die Erfüllung der von ihm zugesagten Leistungen auch dann ein, wenn die Durchführung nicht unmittelbar über ihn erfolgt. **1**

(2) Betriebliche Altersversorgung liegt auch vor, wenn

1. der Arbeitgeber sich verpflichtet, bestimmte Beiträge in eine Anwartschaft auf Alters-, Invaliditäts- oder Hinterbliebenenversorgung umzuwandeln (beitragsorientierte Leistungszusage),
2. der Arbeitgeber sich verpflichtet, Beiträge zur Finanzierung von Leistungen der betrieblichen Altersversorgung an einen Pensionsfonds, eine Pensionskasse oder eine Direktversicherung zu zahlen und für Leistungen zur Altersversorgung das planmäßig zuzurechnende Versorgungskapital auf der Grundlage der gezahlten Beiträge (Beiträge und die daraus erzielten Erträge), mindestens die Summe der zugesagten Beiträge, soweit sie nicht rechnungsmäßig für einen biometrischen Risikoausgleich verbraucht wurden, hierfür zur Verfügung zu stellen (Beitragszusage mit Mindestleistung),

---

[1] § 16 Zitat geändert durch Gesetz vom 23. 12. 2003 (BGBl. I S. 2848).

[2] Jahreszahl geändert durch Gesetz vom 6. 4. 1998 (BGBl. I S. 688) sowie durch Gesetz vom 27. 6. 2000 (BGBl. I S. 910).

[3] § 17 angefügt durch Gesetz vom 12. 12. 2019 (BGBl. I S. 2652) mit Wirkung ab 1. 1. 2024, aufgeh. durch Art. 89 Nr. 2 G v. 20. 8. 2021 (BGBl. I S. 3932).

[4] Im Beitrittsgebiet gilt das Gesetz mit folgenden Maßgaben:
a) Dieses Gesetz tritt am 1. 1. 1992 in Kraft.
b) §§ 1 bis 18 finden auf Zusagen über Leistungen der betrieblichen Altersversorgung Anwendung, die nach dem 31. 12. 1991 erteilt werden; die Nachversicherung gemäß § 18 Abs. 6 von Zeiten vor dem 1. 1. 1992 ist ausgeschlossen.
c) §§ 26 bis 30 sind nicht anzuwenden. (Vgl. Einigungsvertrag vom 31. 8. 1990 (BGBl. I S. 889, 1024).

[5] Überschrift des Gesetzes geändert durch Gesetz vom 5. 7. 2004 (BGBl. I S. 1427).

[6] Überschrift geändert durch Gesetz vom 26. 6. 2001 (BGBl. I S. 1310) mit Wirkung vom 1. 1. 2001.

[7] § 1 neu gefasst durch Gesetz vom 26. 6. 2001 (BGBl. I S. 1310) mit Wirkung vom 1. 1. 2001. § 1 Abs. 2 geändert durch Gesetz vom 26. 6. 2001 (BGBl. I S. 1310) mit Wirkung vom 1. 1. 2002.

2 a.[1] der Arbeitgeber durch Tarifvertrag oder auf Grund eines Tarifvertrages in einer Betriebs- oder Dienstvereinbarung verpflichtet wird, Beiträge zur Finanzierung von Leistungen der betrieblichen Altersversorgung an einen Pensionsfonds, eine Pensionskasse oder eine Direktversicherung nach § 22 zu zahlen; die Pflichten des Arbeitgebers nach Absatz 1 Satz 3, § 1 a Absatz 4 Satz 2, den §§ 1 b bis 6 und 16 sowie die Insolvenzsicherungspflicht nach dem Vierten Abschnitt bestehen nicht (reine Beitragszusage),

3. künftige Entgeltansprüche in eine wertgleiche Anwartschaft auf Versorgungsleistungen umgewandelt werden (Entgeltumwandlung).

4.[2] der Arbeitnehmer Beiträge aus seinem Arbeitsentgelt zur Finanzierung von Leistungen der betrieblichen Altersversorgung an einen Pensionsfonds, eine Pensionskasse oder eine Direktversicherung leistet und die Zusage des Arbeitgebers auch die Leistungen aus diesen Beiträgen umfasst; die Regelungen für Entgeltumwandlung sind hierbei entsprechend anzuwenden, soweit die zugesagten Leistungen aus diesen Beiträgen im Wege der Kapitaldeckung finanziert werden.

§ 1 a[3] Anspruch auf betriebliche Altersversorgung durch Entgeltumwandlung

2 (1) Der Arbeitnehmer kann vom Arbeitgeber verlangen, dass von seinen künftigen Entgeltansprüchen bis zu 4 vom Hundert der jeweiligen Beitragsbemessungsgrenze[4] in der allgemeinen Rentenversicherung durch Entgeltumwandlung für seine betriebliche Altersversorgung verwendet werden. Die Durchführung des Anspruchs des Arbeitnehmers wird durch Vereinbarung geregelt. Ist der Arbeitgeber zu einer Durchführung über einen Pensionsfonds oder eine Pensionskasse (§ 1 b Abs. 3) oder über eine Versorgungseinrichtung nach § 22 bereit, ist die betriebliche Altersversorgung dort durchzuführen; andernfalls kann der Arbeitnehmer verlangen, dass der Arbeitgeber für ihn eine Direktversicherung (§ 1 b Abs. 2) abschließt. Soweit der Anspruch geltend gemacht wird, muss der Arbeitnehmer jährlich einen Betrag in Höhe von mindestens einem Hundertsechzigstel der Bezugsgröße[5] nach § 18 Abs. 1 des Vierten Buches Sozialgesetzbuch für seine betriebliche Altersversorgung verwenden. Soweit der Arbeitnehmer Teile seines regelmäßigen Entgelts für betriebliche Altersversorgung verwendet, kann der Arbeitgeber verlangen, dass während eines laufenden Kalenderjahres gleich bleibende monatliche Beträge verwendet werden.

(1 a)[6] Der Arbeitgeber muss 15 Prozent des umgewandelten Entgelts zusätzlich als Arbeitgeberzuschuss an den Pensionsfonds, die Pensionskasse oder die Direktversicherung weiterleiten, soweit er durch die Entgeltumwandlung Sozialversicherungsbeiträge einspart.

(2) Soweit eine durch Entgeltumwandlung finanzierte betriebliche Altersversorgung besteht, ist der Anspruch des Arbeitnehmers auf Entgeltumwandlung ausgeschlossen.

(3) Soweit der Arbeitnehmer einen Anspruch auf Entgeltumwandlung für betriebliche Altersversorgung nach Absatz 1 hat, kann er verlangen, dass die Voraussetzungen für eine Förderung nach den §§ 10 a, 82 Abs. 2 des Einkommensteuergesetzes erfüllt werden, wenn die betriebliche Altersversorgung über einen Pensionsfonds, eine Pensionskasse oder eine Direktversicherung durchgeführt wird.

(4) Falls der Arbeitnehmer bei fortbestehendem Arbeitsverhältnis kein Entgelt erhält, hat er das Recht, die Versicherung oder Versorgung mit eigenen Beiträgen fortzusetzen. Der Arbeitgeber steht auch für die Leistungen aus diesen Beiträgen ein. Die Regelungen über Entgeltumwandlung gelten entsprechend.

§ 1 b[7] Unverfallbarkeit und Durchführung der betrieblichen Altersversorgung

3 (1)[8] Einem Arbeitnehmer, dem Leistungen aus der betrieblichen Altersversorgung zugesagt worden sind, bleibt die Anwartschaft erhalten, wenn das Arbeitsverhältnis vor Eintritt des Versorgungsfalls, jedoch nach Vollendung des 21. Lebensjahres endet und die Versorgungszusage zu diesem Zeitpunkt mindestens drei Jahre bestanden hat (unverfallbare Anwartschaft). Ein Arbeitnehmer behält seine Anwartschaft auch dann, wenn er aufgrund einer Vorruhestandsregelung ausscheidet und ohne das vorherige Ausscheiden die Wartezeit und die sonstigen Voraussetzungen für den Bezug von Leistungen der betrieblichen Altersversorgung hätte erfüllen können. Eine Änderung der Versorgungszusage oder ihre Übernahme durch eine andere Person unterbricht nicht den Ablauf der Fristen nach Satz 1. Der Verpflichtung aus einer Versorgungszusage stehen Versorgungsverpflichtungen gleich, die auf betrieblicher Übung oder dem Grundsatz der Gleichbehandlung beruhen. Der Ablauf einer vorgesehenen Wartezeit wird durch die Beendigung des Arbeitsverhältnisses nach Erfüllung der Voraussetzungen der Sätze 1 und 2 nicht berührt. Wechselt ein Arbeitnehmer vom Geltungsbereich dieses Gesetzes in einen anderen Mitgliedstaat der Europäischen Union, bleibt die Anwartschaft in gleichem Umfange wie für Personen

---

[1] § 1 Abs. 2 Nr. 2 a eingefügt durch Gesetz vom 17. 8. 2017 (BGBl. I S. 3214) mit Wirkung ab 1. 1. 2018.

[2] § 1 Abs. 2 Nr. 4 angefügt durch Gesetz vom 21. 6. 2002 (BGBl. I S. 2167). **Zur Anwendung von § 1 Abs. 2 Nr. 4 s. § 30 e.**

[3] § 1 a eingefügt durch Gesetz vom 26. 6. 2001 (BGBl. I S. 1310) mit Wirkung ab 1. 1. 2002. Abs. 4 eingefügt durch Gesetz vom 5. 7. 2004 (BGBl. I S. 1427) mit Wirkung ab 1. 1. 2005. Abs. 1 Satz 1 geändert durch Gesetz vom 9. 12. 2004 (BGBl. I S. 3242). § 1 a Abs. 1 Satz 3 geändert durch Gesetz vom 17. 8. 2017 (BGBl. I S. 3214) mit Wirkung ab. 1. 1. 2018.

[4] 2025: bundeseinheitlich 96 600 EUR.

[5] 2025: 50 493 EUR.

[6] § 1 a Abs. 1 a eingefügt durch Gesetz vom 17. 8. 2017 (BGBl. I S. 3214) mit Wirkung ab 1. 1. 2019. Zur Anwendung für individual- und kollektivrechtliche Entgeltumwandlungsvereinbarungen, die vor dem 1. 1. 2019 geschlossen worden sind, erst ab dem 1. 1. 2022 siehe § 26 a.

[7] § 1 b eingefügt mit Wirkung ab 1. 1. 2001 durch Gesetz vom 26. 6. 2001 (BGBl. I S. 1310).

[8] § 1 b Abs. 1 Satz 1 geändert durch Gesetz vom 10. 12. 2007 (BGBl. I S. 2838) mit Wirkung ab 1. 1. 2009 und durch Gesetz vom 21. 12. 2015 (BGBl. I S. 2553) mit Wirkung ab 1. 1. 2018. **Zur Anwendung von § 1 b Abs. 1 Satz 1 siehe § 30 f Abs. 3.**

erhalten, die auch nach Beendigung eines Arbeitsverhältnisses innerhalb des Geltungsbereichs dieses Gesetzes verbleiben.

(2)[1] Wird für die betriebliche Altersversorgung eine Lebensversicherung auf das Leben des Arbeitnehmers durch den Arbeitgeber abgeschlossen und sind der Arbeitnehmer oder seine Hinterbliebenen hinsichtlich der Leistungen des Versicherers ganz oder teilweise bezugsberechtigt (Direktversicherung), so ist der Arbeitgeber verpflichtet, wegen Beendigung des Arbeitsverhältnisses nach Erfüllung der in Absatz 1 Satz 1 und 2 genannten Voraussetzungen das Bezugsrecht nicht mehr zu widerrufen. Eine Vereinbarung, nach der das Bezugsrecht durch die Beendigung des Arbeitsverhältnisses nach Erfüllung der in Absatz 1 Satz 1 und 2 genannten Voraussetzungen auflösend bedingt ist, ist unwirksam. Hat der Arbeitgeber die Ansprüche aus dem Versicherungsvertrag abgetreten oder beliehen, so ist er verpflichtet den Arbeitnehmer, dessen Arbeitsverhältnis nach Erfüllung der in Absatz 1 Satz 1 und 2 genannten Voraussetzungen geendet hat, bei Eintritt des Versicherungsfalles so zu stellen, als ob die Abtretung oder Beleihung nicht erfolgt wäre. Als Zeitpunkt der Erteilung der Versorgungszusage im Sinne des Absatzes 1 gilt der Versicherungsbeginn, frühestens jedoch der Beginn der Betriebszugehörigkeit.

(3)[2] Wird die betriebliche Altersversorgung von einer rechtsfähigen Versorgungseinrichtung durchgeführt, die dem Arbeitnehmer oder seinen Hinterbliebenen auf ihre Leistungen einen Rechtsanspruch gewährt (Pensionskasse und Pensionsfonds), so gilt Absatz 1 entsprechend. Als Zeitpunkt der Erteilung der Versorgungszusage im Sinne des Absatzes 1 gilt der Versicherungsbeginn, frühestens jedoch der Beginn der Betriebszugehörigkeit.

(4) Wird die betriebliche Altersversorgung von einer rechtsfähigen Versorgungseinrichtung durchgeführt, die auf ihre Leistungen keinen Rechtsanspruch gewährt (Unterstützungskasse), so sind die nach Erfüllung der in Absatz 1 Satz 1 und 2 genannten Voraussetzungen und vor Eintritt des Versorgungsfalles aus dem Unternehmen ausgeschiedenen Arbeitnehmer und ihre Hinterbliebenen den bis zum Eintritt des Versorgungsfalles dem Unternehmen angehörenden Arbeitnehmern und deren Hinterbliebenen gleichgestellt. Die Versorgungszusage gilt in dem Zeitpunkt als erteilt im Sinne des Absatzes 1, von dem an der Arbeitnehmer zum Kreis der Begünstigten der Unterstützungskasse gehört.

(5)[3] Soweit betriebliche Altersversorgung durch Entgeltumwandlung einschließlich eines möglichen Arbeitgeberzuschusses nach § 1 a Absatz 1 a erfolgt, behält der Arbeitnehmer seine Anwartschaft, wenn sein Arbeitsverhältnis vor Eintritt des Versorgungsfalles endet; in den Fällen der Absätze 2 und 3

1. dürfen die Überschussanteile nur zur Verbesserung der Leistung verwendet,
2. muss dem ausgeschiedenen Arbeitnehmer das Recht zur Fortsetzung der Versicherung oder Versorgung mit eigenen Beiträgen eingeräumt und
3. muss das Recht zur Verpfändung, Abtretung oder Beleihung durch den Arbeitgeber ausgeschlossen werden.

Im Fall einer Direktversicherung ist dem Arbeitnehmer darüber hinaus mit Beginn der Entgeltumwandlung ein unwiderrufliches Bezugsrecht einzuräumen.

§ 2[4] Höhe der unverfallbaren Anwartschaft

(1)[5] Bei Eintritt des Versorgungsfalles wegen Erreichens der Altersgrenze, wegen Invalidität oder Tod 4
haben ein vorher ausgeschiedener Arbeitnehmer, dessen Anwartschaft nach § 1 b fortbesteht, und seine Hinterbliebenen einen Anspruch mindestens in Höhe des Teiles der ohne das vorherige Ausscheiden zustehenden Leistung, der dem Verhältnis der Dauer der Betriebszugehörigkeit zu der Zeit vom Beginn der Betriebszugehörigkeit bis zum Erreichen der Regelaltersgrenze in der gesetzlichen Rentenversicherung entspricht; an die Stelle des Erreichens der Regelaltersgrenze tritt ein früherer Zeitpunkt, wenn dieser in der Versorgungsregelung als feste Altersgrenze vorgesehen ist, spätestens der Zeitpunkt der Vollendung des 65. Lebensjahres, falls der Arbeitnehmer ausscheidet und gleichzeitig eine Altersrente aus der gesetzlichen Rentenversicherung für besonders langjährig Versicherte in Anspruch nimmt. Der Mindestanspruch auf Leistungen wegen Invalidität oder Tod vor Erreichen der Altersgrenze ist jedoch nicht höher als der Betrag, den der Arbeitnehmer oder seine Hinterbliebenen erhalten hätten, wenn im Zeitpunkt des Ausscheidens der Versorgungsfall eingetreten wäre und die sonstigen Leistungsvoraussetzungen erfüllt gewesen wären.

(2)[6] Ist bei einer Direktversicherung der Arbeitnehmer nach Erfüllung der Voraussetzungen des § 1 b Abs. 1 und 5 vor Eintritt des Versorgungsfalles ausgeschieden, so gilt Absatz 1 mit der Maßgabe, daß sich der vom Arbeitgeber zu finanzierende Teilanspruch nach Absatz 1, soweit er über die von dem Versicherer nach dem Versicherungsvertrag auf Grund der Beiträge des Arbeitgebers zu erbringende Versicherungsleistung hinausgeht, gegen den Arbeitgeber richtet. An die Stelle der Ansprüche nach

---

[1] § 1 b Abs. 2 Satz 2 Zitat geändert durch Gesetz vom 21. 6. 2002 (BGBl. I S. 2167).

[2] § 1 b Abs. 3 Satz 1 geändert durch Gesetz vom 26. 6. 2001 (BGBl. I S. 1310). **Zur Anwendung von § 1 b siehe § 30 f.**

[3] § 1 b Abs. 5 Nr. 1 gestrichen (Nr. 2 bis 4 werden Nr. 1 bis 3) und Satz 2 angefügt durch Gesetz vom 21. 6. 2002 (BGBl. I S. 2167) mit Wirkung ab 1. 1. 2002. § 1 b Abs. 5 Satz 1 geändert durch Gesetz vom 17. 8. 2017 (BGBl. I S. 3214) mit Wirkung ab 1. 1. 2018.

[4] § 2 Abs. 2 Satz 4 geändert durch Gesetz vom 21. 7. 1994 (BGBl. I S. 1630); Überschrift eingefügt durch Gesetz vom 16. 12. 1997 (BGBl. I S. 2998) mit Wirkung ab 1. 1. 1999. § 2 Abs. 1, 2 und 4 geändert und Abs. 5 a eingefügt durch Gesetz vom 26. 6. 2001 (BGBl. I S. 1310) mit Wirkung ab 1. 1. 2001. Abs. 1 Satz 1 neu gefasst durch Gesetz vom 20. 4. 2007 (BGBl. I S. 554) mit Wirkung ab 1. 1. 2008. Abs. 2 Satz 2 einl. Satzteil geänd, Satz 3 neu gef., Abs. 3 Satz 2 einl. Satzteil geänd. mit Wirkung ab 24. 6. 2020 durch Gesetz vom 12. 6. 2020 (BGBl. I S. 1248).

[5] § 2 Abs. 1 Satz 1 zweiter Halbsatz geändert durch Gesetz vom 23. 6. 2014 (BGBl. I S. 787) mit Wirkung ab 1. 7. 2014.

[6] § 2 Abs. 2 Sätze 4 und 6 geändert durch Gesetz vom 23. 11. 2007 (BGBl. I S. 2631) mit Wirkung ab 1. 1. 2008. Abs. 2 Satz 7 angefügt durch Gesetz vom 21. 12. 2008 (BGBl. I S. 2940) mit Wirkung ab 1. 1. 2009. § 2 Abs. 2 Satz 4 berichtigt durch Gesetz vom 17. 8. 2017 (BGBl. I S. 3214).

Satz 1 tritt die von dem Versicherer auf Grund des Versicherungsvertrages zu erbringende Versicherungsleistung, wenn

1. spätestens nach 3 Monaten seit dem Ausscheiden des Arbeitnehmers das Bezugsrecht unwiderruflich ist und eine Abtretung oder Beleihung des Rechts aus dem Versicherungsvertrag durch den Arbeitgeber und Beitragsrückstände nicht vorhanden sind,
2. vom Beginn der Versicherung, frühestens jedoch vom Beginn der Betriebszugehörigkeit an, nach dem Versicherungsvertrag die Überschußanteile nur zur Verbesserung der Versicherungsleistung zu verwenden sind und
3. der ausgeschiedene Arbeitnehmer nach dem Versicherungsvertrag das Recht zur Fortsetzung der Versicherung mit eigenen Beiträgen hat.

Die Einstandspflicht des Arbeitgebers nach § 1 Absatz 1 Satz 3 bleibt unberührt. Der ausgeschiedene Arbeitnehmer darf die Ansprüche aus dem Versicherungsvertrag in Höhe des durch Beitragszahlungen des Arbeitgebers gebildeten geschäftsplanmäßigen Deckungskapitals oder, soweit die Berechnung des Deckungskapitals nicht zum Geschäftsplan gehört, des nach § 169 Abs. 3 und 4 des Versicherungsvertragsgesetzes berechneten Wertes weder abtreten noch beleihen. In dieser Höhe darf der Rückkaufswert auf Grund einer Kündigung des Versicherungsvertrages nicht in Anspruch genommen werden; im Falle einer Kündigung wird die Versicherung in eine prämienfreie Versicherung umgewandelt. § 169 Abs. 1 des Versicherungsvertragsgesetzes findet insoweit keine Anwendung. Eine Abfindung des Anspruchs nach § 3 ist weiterhin möglich.

(3)[1] Für Pensionskassen gilt Absatz 1 mit der Maßgabe, daß sich der vom Arbeitgeber zu finanzierende Teilanspruch nach Absatz 1, soweit er über die von der Pensionskasse nach dem aufsichtsbehördlich genehmigten Geschäftsplan oder, soweit eine aufsichtsbehördliche Genehmigung nicht vorgeschrieben ist, nach den allgemeinen Versicherungsbedingungen und den fachlichen Geschäftsunterlagen im Sinne des § 9 Absatz 2 Nummer 2 in Verbindung mit § 219 Absatz 3 Nummer 1 Buchstabe b des Versicherungsaufsichtsgesetzes (Geschäftsunterlagen) auf Grund der Beiträge des Arbeitgebers zu erbringende Leistung hinausgeht, gegen den Arbeitgeber richtet. An die Stelle der Ansprüche nach Satz 1 tritt die von der Pensionskasse auf Grund des Geschäftsplanes oder der Geschäftsunterlagen zu erbringende Leistung, wenn nach dem aufsichtsbehördlich genehmigten Geschäftsplan oder den Geschäftsunterlagen

1. vom Beginn der Versicherung, frühestens jedoch vom Beginn der Betriebszugehörigkeit an, Überschußanteile, die auf Grund des Finanzierungsverfahrens regelmäßig entstehen, nur zur Verbesserung der Versicherungsleistung zu verwenden sind oder die Steigerung der Versorgungsanwartschaften des Arbeitnehmers der Entwicklung seines Arbeitsentgeltes, soweit es unter den jeweiligen Beitragsbemessungsgrenzen der gesetzlichen Rentenversicherungen liegt, entspricht und
2. der ausgeschiedene Arbeitnehmer das Recht zur Fortsetzung der Versicherung mit eigenen Beiträgen hat.

Absatz 2 Satz 3 bis 7 gilt entsprechend.

(3 a)[2] Für Pensionsfonds gilt Absatz 1 mit der Maßgabe, dass sich der vom Arbeitgeber zu finanzierende Teilanspruch, soweit er über die vom Pensionsfonds auf der Grundlage der nach dem geltenden Pensionsplan im Sinne des § 237 Absatz 1 Satz 3 des Versicherungsaufsichtsgesetzes berechnete Deckungsrückstellung hinausgeht, gegen den Arbeitgeber richtet.

(4) Eine Unterstützungskasse hat bei Eintritt des Versorgungsfalles einem vorzeitig ausgeschiedenen Arbeitnehmer, der nach § 1 b Abs. 4 gleichgestellt ist, und seinen Hinterbliebenen mindestens den nach Absatz 1 berechneten Teil der Versorgung zu gewähren.

(5)[3] Bei einer unverfallbaren Anwartschaft aus Entgeltumwandlung tritt an die Stelle der Ansprüche nach Absatz 1, 3 a oder 4 die vom Zeitpunkt der Zusage auf betriebliche Altersversorgung bis zum Ausscheiden des Arbeitnehmers erreichte Anwartschaft auf Leistungen aus den bis dahin umgewandelten Entgeltbestandteilen; dies gilt entsprechend für eine unverfallbare Anwartschaft aus Beiträgen im Rahmen einer beitragsorientierten Leistungszusage.

(6)[4] An die Stelle der Ansprüche nach den Absätzen 2, 3, 3 a und 5 tritt bei einer Beitragszusage mit Mindestleistung das dem Arbeitnehmer planmäßig zuzurechnende Versorgungskapital auf der Grundlage der bis zu seinem Ausscheiden geleisteten Beiträge (Beiträge und die bis zum Eintritt des Versorgungsfalls erzielten Erträge), mindestens die Summe der bis dahin zugesagten Beiträge, soweit sie nicht rechnungsmäßig für einen biometrischen Risikoausgleich verbraucht wurden.

---

[1] § 2 Abs. 3 Satz 1 und 2 geändert durch Gesetz vom 21. 7. 1994 (BGBl. I S. 1630). Abs. 3 Satz 3 geändert durch Gesetz vom 21. 12. 2008 (BGBl. I S. 2940). Abs. 3 Satz 1 geändert durch Gesetz vom 1. 4. 2015 (BGBl. I S. 434) mit Wirkung ab 1. 1. 2016. Abs. 3 Satz 1 Zitat geändert durch Gesetz vom 19. 12. 2018 (BGBl. I S. 2672) mit Wirkung ab 13. 1. 2019.

[2] § 2 Abs. 3 a eingefügt durch Gesetz vom 26. 6. 2001 (BGBl. I S. 1310) mit Wirkung ab 1. 1. 2002. Abs. 3 a geändert durch Gesetz vom 1. 4. 2015 (BGBl. I S. 434) mit Wirkung ab 1. 1. 2016. Abs. 3 a Zitat geändert durch Gesetz vom 19. 12. 2018 (BGBl. I S. 2672) mit Wirkung ab 13. 1. 2019.

[3] § 2 Abs. 5 a eingefügt durch Gesetz vom 26. 6. 2001 (BGBl. I S. 1310) mit Wirkung ab 1. 1. 2001. § 2 Abs. 5 a Zitat geändert durch Gesetz vom 21. 6. 2002 (BGBl. I S. 2167). § 2 Abs. 5 aufgehoben, Abs. 5 a wird Abs. 5 durch Gesetz vom 21. 12. 2015 (BGBl. I S. 2553) mit Wirkung ab 1. 1. 2018. **Zur Anwendung von § 2 Abs. 5 siehe § 30 g Abs. 2.**

[4] § 2 Abs. 5 b eingefügt durch Gesetz vom 26. 6. 2001 (BGBl. I S. 1310) mit Wirkung ab 1. 1. 2002. § 2 Abs. 5 b Zitat geändert durch Gesetz vom 21. 6. 2002 (BGBl. I S. 2167). § 2 ehem. Abs. 5 aufgehoben, Abs. 5 b wird Abs. 6, neuer Abs. 6 Zitat geändert durch Gesetz vom 21. 12. 2015 (BGBl. I S. 2553) mit Wirkung ab 1. 1. 2018.

§ 2 a[1] Berechnung und Wahrung des Teilanspruchs

(1) Bei der Berechnung des Teilanspruchs eines mit unverfallbarer Anwartschaft ausgeschiedenen Arbeitnehmers nach § 2 sind die Versorgungsregelung und die Bemessungsgrundlagen im Zeitpunkt des Ausscheidens zugrunde zu legen; Veränderungen, die nach dem Ausscheiden eintreten, bleiben außer Betracht.

(2) Abweichend von Absatz 1 darf ein ausgeschiedener Arbeitnehmer im Hinblick auf den Wert seiner unverfallbaren Anwartschaft gegenüber vergleichbaren nicht ausgeschiedenen Arbeitnehmern nicht benachteiligt werden. Eine Benachteiligung gilt insbesondere als ausgeschlossen, wenn

1. die Anwartschaft
   a) als nominales Anrecht festgelegt ist,
   b) eine Verzinsung enthält, die auch dem ausgeschiedenen Arbeitnehmer zugutekommt, oder
   c) über einen Pensionsfonds, eine Pensionskasse oder eine Direktversicherung durchgeführt wird und die Erträge auch dem ausgeschiedenen Arbeitnehmer zugutekommen, oder
2. die Anwartschaft angepasst wird
   a) um 1 Prozent jährlich,
   b) wie die Anwartschaften oder die Nettolöhne vergleichbarer nicht ausgeschiedener Arbeitnehmer,
   c) wie die laufenden Leistungen, die an die Versorgungsempfänger des Arbeitgebers erbracht werden, oder
   d) entsprechend dem Verbraucherpreisindex für Deutschland.

(3) Ist bei der Berechnung des Teilanspruchs eine Rente der gesetzlichen Rentenversicherung zu berücksichtigen, so kann bei einer unmittelbaren oder über eine Unterstützungskasse durchgeführten Versorgungszusage das bei der Berechnung von Pensionsrückstellungen allgemein zulässige Verfahren zugrunde gelegt werden, es sei denn, der ausgeschiedene Arbeitnehmer weist die bei der gesetzlichen Rentenversicherung im Zeitpunkt des Ausscheidens erreichten Entgeltpunkte nach. Bei einer Versorgungszusage, die über eine Pensionskasse oder einen Pensionsfonds durchgeführt wird, sind der aufsichtsbehördlich genehmigte Geschäftsplan, der Pensionsplan oder die sonstigen Geschäftsunterlagen zugrunde zu legen.

(4) Versorgungsanwartschaften, die der Arbeitnehmer nach seinem Ausscheiden erwirbt, dürfen nicht zu einer Kürzung des Teilanspruchs führen.

§ 3[2] Abfindung

(1) Unverfallbare Anwartschaften im Falle der Beendigung des Arbeitsverhältnisses und laufende Leistungen dürfen nur unter den Voraussetzungen der folgenden Absätze abgefunden werden. 5

(2) Der Arbeitgeber kann eine Anwartschaft ohne Zustimmung des Arbeitnehmers abfinden, wenn der Monatsbetrag der aus der Anwartschaft resultierenden laufenden Leistung bei Erreichen der vorgesehenen Altersgrenze 1 vom Hundert, bei Kapitalleistungen zwölf Zehntel der monatlichen Bezugsgröße nach § 18 des Vierten Buches Sozialgesetzbuch nicht übersteigen würde. Dies gilt entsprechend für die Abfindung einer laufenden Leistung. Die Abfindung einer Anwartschaft bedarf der Zustimmung des Arbeitnehmers, wenn dieser nach Beendigung des Arbeitsverhältnisses ein neues Arbeitsverhältnis in einem anderen Mitgliedstaat der Europäischen Union begründet und dies innerhalb von drei Monaten nach Beendigung des Arbeitsverhältnisses seinem ehemaligen Arbeitgeber mitteilt. Die Abfindung ist unzulässig, wenn der Arbeitnehmer von seinem Recht auf Übertragung der Anwartschaft Gebrauch macht.

(3) Die Anwartschaft ist auf Verlangen des Arbeitnehmers abzufinden, wenn die Beiträge zur gesetzlichen Rentenversicherung erstattet worden sind.

(4) Der Teil der Anwartschaft, der während eines Insolvenzverfahrens erdient worden ist, kann ohne Zustimmung des Arbeitnehmers abgefunden werden, wenn die Betriebstätigkeit vollständig eingestellt und das Unternehmen liquidiert wird.

(5) Für die Berechnung des Abfindungsbetrages gilt § 4 Abs. 5 entsprechend.

(6) Die Abfindung ist gesondert auszuweisen und einmalig zu zahlen.

§ 4[3] Übertragung

(1) Unverfallbare Anwartschaften und laufende Leistungen dürfen nur unter den Voraussetzungen der folgenden Absätze übertragen werden. 6

(2) Nach Beendigung des Arbeitsverhältnisses kann im Einvernehmen des ehemaligen mit dem neuen Arbeitgeber sowie dem Arbeitnehmer

1. die Zusage vom neuen Arbeitgeber übernommen werden oder
2. der Wert der vom Arbeitnehmer erworbenen unverfallbaren Anwartschaft auf betriebliche Altersversorgung (Übertragungswert) auf den neuen Arbeitgeber übertragen werden, wenn dieser eine wert-

---

[1] § 2 a eingefügt durch Gesetz vom 21. 12. 2015 (BGBl. I S. 2553) mit Wirkung **ab 1. 1. 2018. Zur Anwendung von § 2 a Abs. 2 siehe § 30 g Abs. 1.**

[2] § 3 neu gefasst durch Gesetz vom 5. 7. 2004 (BGBl. I S. 1427). **§ 3 findet auf laufende Leistungen, die vor dem 1. 1. 2005 erstmals gezahlt worden sind, keine Anwendung (§ 30 g Abs. 3).** § 3 Abs. 2 Satz 3 eingefügt (bisheriger Satz 3 wird Satz 4 durch Gesetz vom 21. 12. 2015 (BGBl. I S. 2553) mit Wirkung ab 1. 1. 2018.

[3] § 4 neu gefasst durch Gesetz vom 5. 7. 2004 (BGBl. I S. 1427) mit Wirkung ab 1. 1. 2005. Abs. 3 Satz 1 Nr. 2 geändert durch Gesetz vom 9. 12. 2004 (BGBl. I S. 3242). Abs. 3 Satz 1 geändert, Satz 5 angefügt durch Gesetz vom 17. 8. 2017 (BGBl. I S. 3214) mit Wirkung ab 1. 1. 2018. Abs. 3 Satz 2 geänd., Abs. 4 Satz 2 eingef., bish. Satz 2 wird Satz 3 mWv 24. 6. 2020 durch Gesetz vom 12. 6. 2020 (BGBl. I S. 1248).

gleiche Zusage erteilt; für die neue Anwartschaft gelten die Regelungen über Entgeltumwandlung entsprechend.

(3)[1] Der Arbeitnehmer kann innerhalb eines Jahres nach Beendigung des Arbeitsverhältnisses von seinem ehemaligen Arbeitgeber verlangen, dass der Übertragungswert auf den neuen Arbeitgeber oder auf die Versorgungseinrichtung nach § 22 des neuen Arbeitgebers übertragen wird, wenn

1. die betriebliche Altersversorgung über einen Pensionsfonds, eine Pensionskasse oder eine Direktversicherung durchgeführt worden ist und
2. der Übertragungswert die Beitragsbemessungsgrenze in der allgemeinen Rentenversicherung nicht übersteigt.

Der Anspruch richtet sich gegen den Versorgungsträger, wenn die versicherungsförmige Lösung nach § 2 Abs. 2 oder 3 vorliegt oder soweit der Arbeitnehmer die Versicherung oder Versorgung mit eigenen Beiträgen fortgeführt hat. Der neue Arbeitgeber ist verpflichtet, eine dem Übertragungswert wertgleiche Zusage zu erteilen und über einen Pensionsfonds, eine Pensionskasse oder eine Direktversicherung durchzuführen. Für die neue Anwartschaft gelten die Regelungen über Entgeltumwandlung entsprechend. Ist der neue Arbeitgeber zu einer Durchführung über eine Versorgungseinrichtung nach § 22 bereit, ist die betriebliche Altersversorgung dort durchzuführen; die Sätze 3 und 4 sind in diesem Fall nicht anzuwenden.

(4) Wird die Betriebstätigkeit eingestellt und das Unternehmen liquidiert, kann eine Zusage von einer Pensionskasse oder einem Unternehmen der Lebensversicherung ohne Zustimmung des Arbeitnehmers oder Versorgungsempfängers übernommen werden, wenn sichergestellt ist, dass die Überschussanteile ab Rentenbeginn entsprechend § 16 Abs. 3 Nr. 2 verwendet werden. Bei einer Pensionskasse nach § 7 Absatz 1 Satz 2 Nummer 3 muss sichergestellt sein, dass im Zeitpunkt der Übernahme der in der Rechtsverordnung zu § 235 Absatz 1 Nummer 4 des Versicherungsaufsichtsgesetzes in der jeweils geltenden Fassung festgesetzte Höchstzinssatz zur Berechnung der Deckungsrückstellung nicht überschritten wird. § 2 Abs. 2 Satz 4 bis 6 gilt entsprechend.

(5) Der Übertragungswert entspricht bei einer unmittelbar über den Arbeitgeber oder über eine Unterstützungskasse durchgeführten betrieblichen Altersversorgung dem Barwert der nach § 2 bemessenen künftigen Versorgungsleistung im Zeitpunkt der Übertragung; bei der Berechnung des Barwerts sind die Rechnungsgrundlagen sowie die anerkannten Regeln der Versicherungsmathematik maßgebend. Soweit die betriebliche Altersversorgung über einen Pensionsfonds, eine Pensionskasse oder eine Direktversicherung durchgeführt worden ist, entspricht der Übertragungswert dem gebildeten Kapital im Zeitpunkt der Übertragung.

(6) Mit der vollständigen Übertragung des Übertragungswerts erlischt die Zusage des ehemaligen Arbeitgebers.

§ 4 a[2] Auskunftspflichten

7 (1) Der Arbeitgeber oder der Versorgungsträger hat dem Arbeitnehmer auf dessen Verlangen mitzuteilen,

1. ob und wie eine Anwartschaft auf betriebliche Altersversorgung erworben wird,
2. wie hoch der Anspruch auf betriebliche Altersversorgung aus der bisher erworbenen Anwartschaft ist und bei Erreichen der in der Versorgungsregelung vorgesehenen Altersgrenze voraussichtlich sein wird,
3. wie sich eine Beendigung des Arbeitsverhältnisses auf die Anwartschaft auswirkt und
4. wie sich die Anwartschaft nach einer Beendigung des Arbeitsverhältnisses entwickeln wird.

(2) Der Arbeitgeber oder der Versorgungsträger hat dem Arbeitnehmer oder dem ausgeschiedenen Arbeitnehmer auf dessen Verlangen mitzuteilen, wie hoch bei einer Übertragung der Anwartschaft nach § 4 Absatz 3 der Übertragungswert ist. Der neue Arbeitgeber oder der Versorgungsträger hat dem Arbeitnehmer auf dessen Verlangen mitzuteilen, in welcher Höhe aus dem Übertragungswert ein Anspruch auf Altersversorgung bestehen würde und ob eine Invaliditäts- oder Hinterbliebenenversorgung bestehen würde.

(3) Der Arbeitgeber oder der Versorgungsträger hat dem ausgeschiedenen Arbeitnehmer auf dessen Verlangen mitzuteilen, wie hoch die Anwartschaft auf betriebliche Altersversorgung ist und wie sich die Anwartschaft künftig entwickeln wird. Satz 1 gilt entsprechend für Hinterbliebene im Versorgungsfall.

(4) Die Auskunft muss verständlich, in Textform und in angemessener Frist erteilt werden.

Zweiter Abschnitt. Auszehrungsverbot

§ 5[3] Auszehrung und Anrechnung

8 (1) Die bei Eintritt des Versorgungsfalles festgesetzten Leistungen der betrieblichen Altersversorgung dürfen nicht mehr dadurch gemindert oder entzogen werden, daß Beträge, um die sich andere Versorgungsbezüge nach diesem Zeitpunkt durch Anpassung an die wirtschaftliche Entwicklung erhöhen, angerechnet oder bei der Begrenzung der Gesamtversorgung auf einen Höchstbetrag berücksichtigt werden.

---

[1] § 4 Abs. 3 gilt nur für Zusagen, die nach dem 31. 12. 2004 erteilt wurden (§ 30 b).

[2] § 4 a eingefügt durch Gesetz vom 5. 7. 2004 (BGBl. I S. 1427) mit Wirkung ab 1. 1. 2005. § 4 a neu gefasst durch Gesetz vom 21. 12. 2015 (BGBl. I S. 2553) mit Wirkung ab 1. 1. 2018.

[3] § 5 Überschrift eingefügt durch Gesetz vom 16. 12. 1997 (BGBl. I S. 2998) mit Wirkung ab 1. 1. 1999.

(2) Leistungen der betrieblichen Altersversorgung dürfen durch Anrechnung oder Berücksichtigung anderer Versorgungsbezüge, soweit sie auf eigenen Beiträgen des Versorgungsempfängers beruhen, nicht gekürzt werden. Dies gilt nicht für Renten aus den gesetzlichen Rentenversicherungen, soweit sie auf Pflichtbeiträgen beruhen, sowie für sonstige Versorgungsbezüge, die mindestens zur Hälfte auf Beiträgen oder Zuschüssen des Arbeitgebers beruhen.

Dritter Abschnitt. Altersgrenze

§ 6[1] Vorzeitige Altersleistung

Einem Arbeitnehmer, der die Altersrente aus der gesetzlichen Rentenversicherung als Vollrente in Anspruch nimmt, sind auf sein Verlangen nach Erfüllung der Wartezeit und sonstiger Leistungsvoraussetzungen Leistungen der betrieblichen Altersversorgung zu gewähren. Wird die Altersrente aus der gesetzlichen Rentenversicherung auf einen Teilbetrag beschränkt, können die Leistungen der betrieblichen Altersversorgung eingestellt werden. Der ausgeschiedene Arbeitnehmer ist verpflichtet, eine Beschränkung der Altersrente aus der gesetzlichen Rentenversicherung dem Arbeitgeber oder sonstigen Versorgungsträger unverzüglich anzuzeigen. 9

Vierter Abschnitt. Insolvenzsicherung

§ 7[2] Umfang des Versicherungsschutzes

(1) Versorgungsempfänger, deren Ansprüche aus einer unmittelbaren Versorgungszusage des Arbeitgebers nicht erfüllt werden, weil über das Vermögen des Arbeitgebers oder über seinen Nachlaß das Insolvenzverfahren eröffnet worden ist, und ihre Hinterbliebenen haben gegen den Träger der Insolvenzsicherung einen Anspruch in Höhe der Leistung, die der Arbeitgeber aufgrund der Versorgungszusage zu erbringen hätte, wenn das Insolvenzverfahren nicht eröffnet worden wäre. Satz 1 gilt entsprechend, 10

1. wenn Leistungen aus einer Direktversicherung aufgrund der in § 1 b Abs. 2 Satz 3 genannten Tatbestände nicht gezahlt werden und der Arbeitgeber seiner Verpflichtung nach § 1 b Abs. 2 Satz 3 wegen der Eröffnung des Insolvenzverfahrens nicht nachkommt,
2. wenn eine Unterstützungskasse die nach ihrer Versorgungsregelung vorgesehene Versorgung nicht erbringt, weil über das Vermögen oder den Nachlass eines Arbeitgebers, der der Unterstützungskasse Zuwendungen leistet, das Insolvenzverfahren eröffnet worden ist,
3. wenn über das Vermögen oder den Nachlass des Arbeitgebers, dessen Versorgungszusage von einem Pensionsfonds oder einer Pensionskasse durchgeführt wird, das Insolvenzverfahren eröffnet worden ist und soweit der Pensionsfonds oder die Pensionskasse die nach der Versorgungszusage des Arbeitgebers vorgesehene Leistung nicht erbringt; ein Anspruch gegen den Träger der Insolvenzsicherung besteht nicht, wenn eine Pensionskasse einem Sicherungsfonds nach dem Dritten Teil des Versicherungsaufsichtsgesetzes angehört oder in Form einer gemeinsamen Einrichtung nach § 4 des Tarifvertragsgesetzes organisiert ist.

§ 14 des Versicherungsvertragsgesetzes findet entsprechende Anwendung. Der Eröffnung des Insolvenzverfahrens stehen bei der Anwendung der Sätze 1 bis 3 gleich

1. die Abweisung des Antrags auf Eröffnung des Insolvenzverfahrens mangels Masse,
2. der außergerichtliche Vergleich (Stundungs-, Quoten- oder Liquidationsvergleich) des Arbeitgebers mit seinen Gläubigern zur Abwendung eines Insolvenzverfahrens, wenn ihm der Träger der Insolvenzsicherung zustimmt,
3. die vollständige Beendigung der Betriebstätigkeit im Geltungsbereich dieses Gesetzes, wenn ein Antrag auf Eröffnung des Insolvenzverfahrens nicht gestellt worden ist und ein Insolvenzverfahren offensichtlich mangels Masse nicht in Betracht kommt.

(1 a)[3] Der Anspruch gegen den Träger der Insolvenzsicherung entsteht mit dem Beginn des Kalendermonats, der auf den Eintritt des Sicherungsfalles folgt. Der Anspruch endet mit Ablauf des Sterbemonats des Begünstigten, soweit in der Versorgungszusage des Arbeitgebers nicht etwas anderes bestimmt ist. In den Fällen des Absatzes 1 Satz 1 und 4 Nr. 1 und 3 umfaßt der Anspruch auch rückständige Versorgungsleistungen, soweit diese bis zu zwölf Monaten vor Entstehen der Leistungspflicht des Trägers der Insolvenzsicherung entstanden sind.

(2)[4] Personen, die bei Eröffnung des Insolvenzverfahrens oder bei Eintritt der nach Absatz 1 Satz 4 gleichstehenden Voraussetzungen (Sicherungsfall) eine nach § 1 b unverfallbare Versorgungsanwartschaft haben, und ihre Hinterbliebenen haben bei Eintritt des Versorgungsfalls einen Anspruch gegen den Träger der Insolvenzsicherung, wenn die Anwartschaft beruht

---

[1] § 6 neu gefasst durch RentenreformG 1992 vom 18. 12. 1989 (BGBl. I S. 2261) mit Wirkung ab 1. 1. 1992; Überschrift eingefügt und Satz 1 geändert durch Gesetz vom 16. 12. 1997 (BGBl. I S. 2998) mit Wirkung ab 1. 1. 1999. § 6 Satz 1 geändert durch Gesetz vom 20. 4. 2007 (BGBl. I S. 554) mit Wirkung ab 1. 1. 2008; Sätze 2 und 3 neu gef. durch G v. 20. 12. 2022 (BGBl. I S. 2759) mWv 1. 1. 2023.

[2] § 7 neu gefasst durch Gesetz vom 16.12. 1997 (BGBl. I S. 2998) mit Wirkung ab 1. 1. 1999. § 7 Abs. 1, Abs. 2, Abs. 3 und Abs. 5 Zitate geändert durch Gesetz vom 26. 6. 2001 (BGBl. I S. 1310); Abs. 3 Satz 4 eingefügt, Abs. 1 Satz 2 und Abs. 2 neu gefasst durch Gesetz vom 26. 6. 2001 (BGBl. I S. 1310) mit Wirkung ab 1. 1. 2002; Abs. 3 Sätze 3 und 4 gestrichen und Abs. 5 geändert durch Gesetz vom 21. 6. 2002 (BGBl. I S. 2167) mit Wirkung ab 1. 7. 2002. Abs. 5 Satz 3 Nr. 1 und 2 geändert durch Gesetz vom 9. 12. 2004 (BGBl. I S. 3242). Abs. 1 Satz 3 Zitat geändert durch Gesetz vom 23. 11. 2007 (BGBl. I S. 2631) mit Wirkung ab 1. 1. 2008. Abs. 1 Satz 2 Nr. 2 neu gef., Nr. 3 angef. mit Wirkung ab 24. 6. 2020 durch Gesetz vom 12. 6. 2020 (BGBl. I S. 1248).

[3] § 7 Abs. 1 a Satz 3 geändert durch Gesetz vom 21. 12. 2008 (BGBl. I S. 2940) mit Wirkung ab 1. 1. 2009.

[4] § 7 Abs. 2 Sätze 3 und 5 geändert und Satz 6 angefügt durch Gesetz vom 21. 12. 2015 (BGBl. I S. 2553) mit Wirkung ab 1. 1. 2018. Abs. 2 neu gef. mit Wirkung ab 24. 6. 2020 durch Gesetz vom 12. 6. 2020 (BGBl. I S. 1248).

1. auf einer unmittelbaren Versorgungszusage des Arbeitgebers,
2. auf einer Direktversicherung und der Arbeitnehmer hinsichtlich der Leistungen des Versicherers widerruflich bezugsberechtigt ist oder die Leistungen auf Grund der in § 1 b Absatz 2 Satz 3 genannten Tatbestände nicht gezahlt werden und der Arbeitgeber seiner Verpflichtung aus § 1 b Absatz 2 Satz 3 wegen der Eröffnung des Insolvenzverfahrens nicht nachkommt,
3. auf einer Versorgungszusage des Arbeitgebers, die von einer Unterstützungskasse durchgeführt wird, oder
4. auf einer Versorgungszusage des Arbeitgebers, die von einem Pensionsfonds oder einer Pensionskasse nach Absatz 1 Satz 2 Nummer 3 durchgeführt wird, soweit der Pensionsfonds oder die Pensionskasse die nach der Versorgungszusage des Arbeitgebers vorgesehene Leistung nicht erbringt.

(2 a)[1] Die Höhe des Anspruchs nach Absatz 2 richtet sich
1. bei unmittelbaren Versorgungszusagen, Unterstützungskassen und Pensionsfonds nach § 2 Absatz 1,
2. bei Direktversicherungen nach § 2 Absatz 2 Satz 2,
3. bei Pensionskassen nach § 2 Absatz 3 Satz 2.

Die Betriebszugehörigkeit wird bis zum Eintritt des Sicherungsfalls berücksichtigt. § 2 Absatz 5 und 6 gilt entsprechend. Veränderungen der Versorgungsregelung und der Bemessungsgrundlagen, die nach dem Eintritt des Sicherungsfalls eintreten, sind nicht zu berücksichtigen; § 2 a Absatz 2 findet keine Anwendung.

(3) Ein Anspruch auf laufende Leistungen gegen den Träger der Insolvenzsicherung beträgt im Monat höchstens das Dreifache der im Zeitpunkt der ersten Fälligkeit maßgebenden monatlichen Bezugs-größe gemäß § 18 des Vierten Buches Sozialgesetzbuch. Satz 1 gilt entsprechend bei einem Anspruch auf Kapitalleistungen mit der Maßgabe, daß zehn vom Hundert der Leistung als Jahresbetrag einer laufenden Leistung anzusetzen sind.

(4) Ein Anspruch auf Leistungen gegen den Träger der Insolvenzsicherung vermindert sich in dem Umfang, in dem der Arbeitgeber oder sonstige Träger der Versorgung die Leistungen der betrieblichen Altersversorgung erbringt. Wird im Insolvenzverfahren ein Insolvenzplan bestätigt, vermindert sich der Anspruch auf Leistungen gegen den Träger der Insolvenzsicherung insoweit, als nach dem Insolvenzplan der Arbeitgeber oder sonstige Träger der Versorgung einen Teil der Leistungen selbst zu erbringen hat. Sieht der Insolvenzplan vor, daß der Arbeitgeber oder sonstige Träger der Versorgung die Leistungen der betrieblichen Altersversorgung von einem bestimmten Zeitpunkt an selbst zu erbringen hat, entfällt der Anspruch auf Leistungen gegen den Träger der Insolvenzsicherung von diesem Zeitpunkt an. Die Sätze 2 und 3 sind für den außergerichtlichen Vergleich nach Absatz 1 Satz 4 Nr. 2 entsprechend anzuwenden. Im Insolvenzplan soll vorgesehen werden, daß bei einer nachhaltigen Besserung der wirtschaftlichen Lage des Arbeitgebers die vom Träger der Insolvenzsicherung zu erbringenden Leistungen ganz oder zum Teil vom Arbeitgeber oder sonstigen Träger der Versorgung wieder übernommen werden.

(5)[2] Ein Anspruch gegen den Träger der Insolvenzsicherung besteht nicht, soweit nach den Umständen des Falles die Annahme gerechtfertigt ist, daß es der alleinige oder überwiegende Zweck der Versorgungszusage oder ihre Verbesserung oder der für die Direktversicherung in § 1 b Abs. 2 Satz 3 genannten Tatbestände gewesen ist, den Träger der Insolvenzsicherung in Anspruch zu nehmen. Diese Annahme ist insbesondere dann gerechtfertigt, wenn bei Erteilung oder Verbesserung der Versorgungszusage wegen der wirtschaftlichen Lage des Arbeitgebers zu erwarten war, daß die Zusage nicht erfüllt werde. Ein Anspruch auf Leistungen gegen den Träger der Insolvenzsicherung besteht bei Zu-sagen und Verbesserungen von Zusagen, die in den beiden letzten Jahren vor dem Eintritt des Sicherungsfalls erfolgt sind, nur
1. für ab dem 1. Januar 2002 gegebene Zusagen, soweit bei Entgeltumwandlung Beträge von bis zu 4 vom Hundert der Beitragsbemessungsgrenze in der allgemeinen Rentenversicherung für eine betriebliche Altersversorgung verwendet werden oder
2. für im Rahmen von Übertragungen gegebene Zusagen, soweit der Übertragungswert die Beitragsbemessungsgrenze in der allgemeinen Rentenversicherung nicht übersteigt.

(6)[3] Ist der Sicherungsfall durch kriegerische Ereignisse, innere Unruhen, Naturkatastrophen oder Kernenergie verursacht worden, kann der Träger der Insolvenzsicherung mit Zustimmung der Bundesanstalt für Finanzdienstleistungsaufsicht die Leistungen nach billigem Ermessen abweichend von den Absätzen 1 bis 5 festsetzen.

§ 8[4] Übertragung der Leistungspflicht

11 (1) Ein Anspruch gegen den Träger der Insolvenzsicherung auf Leistungen nach § 7 besteht nicht, wenn ein Unternehmen der Lebensversicherung sich dem Träger der Insolvenzsicherung gegenüber ver-

---

[1] § 7 Abs. 2 a eingef. mit Wirkung ab 24. 6. 2020 durch Gesetz vom 12. 6. 2020 (BGBl. I S. 1248).

[2] § 7 Abs. 5 Satz 3 neu gefasst durch Gesetz vom 5. 7. 2004 (BGBl. I S. 1427) mit Wirkung ab 1. 1. 2005.

[3] § 7 Abs. 6 geändert durch Gesetz vom 5. 7. 2004 (BGBl. I S. 1427) mit Wirkung ab 1. 1. 2005.

[4] § 8 Abs. 2 Satz 2 angefügt durch Gesetz vom 28.11. 1983 (BGBl. I S. 1377), geändert durch Gesetz vom 5.10. 1994 (BGBl. I S. 2911); Überschrift eingefügt sowie Abs. 2 neugefaßt durch Gesetz vom 16. 12. 1997 (BGBl. I S. 2998) mit Wirkung ab 1. 1. 1999. § 8 Abs. 2 Zitat geändert durch Gesetz vom 26. 6. 2001 (BGBl. I S. 1310) mit Wirkung ab 1. 1. 2001. § 8 Abs. 1 a eingefügt durch Gesetz vom 26. 6. 2001 (BGBl. I S. 1310) mit Wirkung ab 1. 1. 2002. Abs. 1 a Satz 3 geändert und Abs. 2 neu gefasst durch Gesetz vom 5. 7. 2004 (BGBl. I S. 1427) mit Wirkung ab 1. 1. 2005. Abs. 1 a Sätze 1, 2 und 3 Behördenbezeichnung geändert durch Gesetz vom 29. 8. 2005 (BGBl. I S. 2546). § 8 Überschrift geändert, Abs. 1 a wird Abs. 2, neuer Abs. 3 angefügt, ehem. Abs. 2 wird neuer § 8 a durch Gesetz vom 17. 8. 2017 (BGBl. I S. 3214) mit Wirkung ab 1. 1. 2018. Abs. 1 geänd., Abs. 2 aufgeh., bish. Abs. 3 wird Abs. 2 und Satz 2 geänd. mit Wirkung ab 24. 6. 2020 durch Gesetz vom 12. 6. 2020 (BGBl. I S. 1248).

pflichtet, diese Leistungen zu erbringen, und die nach § 7 Berechtigten ein unmittelbares Recht erwerben, die Leistungen zu fordern.

(2) An die Stelle des Anspruchs gegen den Träger der Insolvenzsicherung nach § 7 tritt auf Verlangen des Berechtigten die Versicherungsleistung aus einer auf sein Leben abgeschlossenen Rückdeckungsversicherung, wenn die Versorgungszusage auf die Leistungen der Rückdeckungsversicherung verweist. Das Wahlrecht des Berechtigten nach Satz 1 besteht nicht, sofern die Rückdeckungsversicherung in die Insolvenzmasse des Arbeitgebers fällt oder die Aufsichtsbehörde das Vermögen nach § 9 Absatz 3a oder 3b nicht auf den Träger der Insolvenzsicherung überträgt. Der Berechtigte hat das Recht, als Versicherungsnehmer in die Versicherung einzutreten und die Versicherung mit eigenen Beträgen fortzusetzen; § 1b Absatz 5 Satz 1 Nummer 1 und § 2 Absatz 2 Satz 4 bis 6 gelten entsprechend. Der Träger der Insolvenzsicherung informiert den Berechtigten über sein Wahlrecht nach Satz 1 und über die damit verbundenen Folgen für den Insolvenzschutz. Das Wahlrecht erlischt sechs Monate nach Information durch den Träger der Insolvenzsicherung. Der Versicherer informiert den Träger der Insolvenzsicherung unverzüglich über den Versicherungsnehmerwechsel.

§ 8a[1] Abfindung durch den Träger der Insolvenzsicherung

Der Träger der Insolvenzsicherung kann eine Anwartschaft ohne Zustimmung des Arbeitnehmers abfinden, wenn der Monatsbetrag der aus der Anwartschaft resultierenden laufenden Leistung bei Erreichen der vorgesehenen Altersgrenze 1 vom Hundert, bei Kapitalleistungen zwölf Zehntel der monatlichen Bezugsgröße nach § 18 des Vierten Buches Sozialgesetzbuch nicht übersteigen würde oder wenn dem Arbeitnehmer die Beiträge zur gesetzlichen Rentenversicherung erstattet worden sind. Dies gilt entsprechend für die Abfindung einer laufenden Leistung. Die Abfindung ist darüber hinaus möglich, wenn sie an ein Unternehmen der Lebensversicherung gezahlt wird, bei dem der Versorgungsberechtigte im Rahmen einer Direktversicherung versichert ist. § 2 Abs. 2 Satz 4 bis 6 und § 3 Abs. 5 gelten entsprechend. 11a

§ 9[2] Mitteilungspflicht; Forderungs- und Vermögensübergang

(1) Der Träger der Insolvenzsicherung teilt dem Berechtigten die ihm nach § 7 oder § 8 zustehenden Ansprüche oder Anwartschaften schriftlich mit. Unterbleibt die Mitteilung, so ist der Anspruch oder die Anwartschaft spätestens ein Jahr nach dem Sicherungsfall bei dem Träger der Insolvenzsicherung anzumelden; erfolgt die Anmeldung später, so beginnen die Leistungen frühestens mit dem Ersten des Monats der Anmeldung, es sei denn, daß der Berechtigte an der rechtzeitigen Anmeldung ohne sein Verschulden verhindert war. 12

(2) Ansprüche oder Anwartschaften des Berechtigten gegen den Arbeitgeber auf Leistungen der betrieblichen Altersversorgung, die den Anspruch gegen den Träger der Insolvenzsicherung begründen, gehen im Falle eines Insolvenzverfahrens mit dessen Eröffnung, in den übrigen Sicherungsfällen dann auf den Träger der Insolvenzsicherung über, wenn dieser nach Absatz 1 Satz 1 dem Berechtigten die ihm zustehenden Ansprüche oder Anwartschaften mitteilt. Der Übergang kann nicht zum Nachteil des Berechtigten geltend gemacht werden. Die mit der Eröffnung des Insolvenzverfahrens übergegangenen Anwartschaften werden im Insolvenzverfahren als unbedingte Forderungen nach § 45 der Insolvenzordnung geltend gemacht.

(3) Ist der Träger der Insolvenzsicherung zu Leistungen verpflichtet, die ohne den Eintritt des Sicherungsfalles eine Unterstützungskasse erbringen würde, geht deren Vermögen einschließlich der Verbindlichkeiten auf ihn über; die Haftung für die Verbindlichkeiten beschränkt sich auf das übergegangene Vermögen. Wenn die übergegangenen Vermögenswerte den Barwert der Ansprüche und Anwartschaften gegen den Träger der Insolvenzsicherung übersteigen, hat dieser den übersteigenden Teil entsprechend der Satzung der Unterstützungskasse zu verwenden. Bei einer Unterstützungskasse mit mehreren Trägerunternehmen hat der Träger der Insolvenzsicherung einen Anspruch gegen die Unterstützungskasse auf einen Betrag, der dem Teil des Vermögens der Kasse entspricht, der auf das Unternehmen entfällt, bei dem der Sicherungsfall eingetreten ist. Die Sätze 1 bis 3 gelten nicht, wenn der Sicherungsfall auf den in § 7 Abs. 1 Satz 4 Nr. 2 genannten Gründen beruht, es sei denn, daß das Trägerunternehmen seine Betriebstätigkeit nach Eintritt des Sicherungsfalls nicht fortsetzt und aufgelöst wird (Liquidationsvergleich).

(3a) Hat die Pensionskasse nach § 7 Absatz 1 Satz 2 Nummer 3 Kenntnis über den Sicherungsfall bei einem Arbeitgeber erlangt, dessen Versorgungszusage von ihr durchgeführt wird, hat sie dies und die Auswirkungen des Sicherungsfalls auf die Pensionskasse der Aufsichtsbehörde und dem Träger der Insolvenzsicherung unverzüglich mitzuteilen. Sind bei der Pensionskasse vor Eintritt des Sicherungsfalls garantierte Leistungen gekürzt worden oder liegen der Aufsichtsbehörde Informationen vor, die eine dauerhafte Verschlechterung der finanziellen Lage der Pensionskasse wegen der Insolvenz des Arbeitgebers erwarten lassen, entscheidet die Aufsichtsbehörde nach Anhörung des Trägers der Insolvenzsicherung und der Pensionskasse nach pflichtgemäßem Ermessen, ob das dem Arbeitgeber zuzuordnende Vermögen der Pensionskasse einschließlich der Verbindlichkeiten auf den Träger der In-

[1] § 8 Abs. 2 wird § 8a, Überschrift angefügt durch Gesetz vom 17. 8. 2017 (BGBl. I S. 3214) mit Wirkung ab 1. 1. 2018.

[2] § 9 Überschrift eingefügt durch Gesetz vom 16. 12. 1997 (BGBl. I S. 2998) mit Wirkung ab 1. 1. 1999. Abs. 2 Satz 1 geändert, Satz 3 angefügt durch Gesetz vom 5. 10. 1994 (BGBl. I S. 2911) mit Wirkung ab 1. 1. 1999. Abs. 3 Satz 4 letzter Halbsatz angefügt durch Gesetz vom 16. 12. 1997 (BGBl. I S. 2998) mit Wirkung ab 1. 1. 1999. Abs. 3a eingefügt durch Gesetz vom 26. 6. 2001 (BGBl. I S. 1310) mit Wirkung ab 1. 1. 2002. Abs. 3a Behördenbezeichnung geändert durch Gesetz vom 29. 8. 2005 (BGBl. I S. 2546). § 9 Abs. 3a Zitat geändert durch Gesetz vom 17. 8. 2017 (BGBl. I S. 3214) mit Wirkung ab 1. 1. 2018. Abs. 3a neu gef., Abs. 3b eingef. mit Wirkung ab 24. 6. 2020 durch Gesetz vom 12. 6. 2020 (BGBl. I S. 1248); Abs. 4 Satz 1 neu gef. mit Wirkung ab 1. 1. 2021 durch Gesetz vom 22. 12. 2020 (BGBl. I S. 3256).

solvenzsicherung übertragen werden soll. Die Aufsichtsbehörde teilt ihre Entscheidung dem Träger der Insolvenzsicherung und der Pensionskasse mit. Die Übertragungsanordnung kann mit Nebenbestimmungen versehen werden. Absatz 3 Satz 1 zweiter Halbsatz gilt entsprechend. Der Träger der Insolvenzsicherung kann nach Anhörung der Aufsichtsbehörde der Pensionskasse Finanzmittel zur Verfügung stellen. Werden nach Eintritt des Sicherungsfalls von der Pensionskasse *garantierte Leistungen* gekürzt, gelten die Sätze 2 bis 6 entsprechend.

(3 b) Absatz 3 a gilt entsprechend für den Pensionsfonds. Abweichend von Absatz 3 a Satz 2 hat die Aufsichtsbehörde bei nicht versicherungsförmigen Pensionsplänen stets das dem Arbeitgeber zuzuordnende Vermögen einschließlich der Verbindlichkeiten auf den Träger der Insolvenzsicherung zu übertragen.

(4) In einem Insolvenzplan, der die Fortführung des Unternehmens oder eines Betriebes vorsieht, ist für den Träger der Insolvenzsicherung eine besondere Gruppe zu bilden, sofern er hierauf nicht verzichtet. Sofern im Insolvenzplan nichts anderes vorgesehen ist, kann der Träger der Insolvenzsicherung, wenn innerhalb von drei Jahren nach der Aufhebung des Insolvenzverfahrens ein Antrag auf Eröffnung eines neuen Insolvenzverfahrens über das Vermögen des Arbeitgebers gestellt wird, in diesem Verfahren als Insolvenzgläubiger Erstattung der von ihm erbrachten Leistungen verlangen.

(5) Dem Träger der Insolvenzsicherung steht gegen den Beschluß, durch den das Insolvenzverfahren eröffnet wird, die sofortige Beschwerde zu.

§ 10[1] Beitragspflicht und Beitragsbemessung

13 (1) Die Mittel für die Durchführung der Insolvenzsicherung werden auf Grund öffentlich-rechtlicher Verpflichtung durch Beiträge aller Arbeitgeber aufgebracht, die Leistungen der betrieblichen Altersversorgung unmittelbar zugesagt haben, eine betriebliche Altersversorgung über eine Unterstützungs-kasse, eine Direktversicherung der in § 7 Abs. 1 Satz 2 und Absatz 2 Satz 1 Nr. 2 bezeichneten Art, einen Pensionsfonds oder eine Pensionskasse nach § 7 Absatz 1 Satz 2 Nummer 3 durchführen. Der Versorgungsträger kann die Beiträge für den Arbeitgeber übernehmen.

(2)[2] Die Beiträge müssen den Barwert der im laufenden Kalenderjahr entstehenden Ansprüche auf Leistungen der Insolvenzsicherung decken zuzüglich eines Betrages für die aufgrund eingetretener Insolvenzen zu sichernden Anwartschaften, der sich aus dem Unterschied der Barwerte dieser Anwartschaften am Ende des Kalenderjahres und am Ende des Vorjahres bemisst. Der Rechnungszinsfuß bei der Berechnung des Barwerts der Ansprüche auf Leistungen der Insolvenzsicherung bestimmt sich nach § 235 Absatz 1 Nummer 4 des Versicherungsaufsichtsgesetzes; soweit keine Übertragung nach § 8 Abs. 1 stattfindet, ist der Rechnungszinsfuß bei der Berechnung des Barwerts der Anwartschaften um ein Drittel höher. Darüber hinaus müssen die Beiträge die im gleichen Zeitraum entstehenden Verwaltungskosten und sonstigen Kosten, die mit der Gewährung der Leistungen zusammenhängen, und die Zuführung zu einem von der Bundesanstalt für Finanzdienstleistungsaufsicht festgesetzten Ausgleichsfonds decken; § 193 des Versicherungsaufsichtsgesetzes bleibt unberührt. Auf die am Ende des Kalenderjahres fälligen Beiträge können Vorschüsse erhoben werden. In Jahren, in denen sich außergewöhnlich hohe Beiträge ergeben würden, kann zu deren Ermäßigung der Ausgleichsfonds in einem von der Bundesanstalt für Finanzdienstleistungsaufsicht zu genehmigenden Umfang herangezogen werden; außerdem können die nach den Sätzen 1 bis 3 erforderlichen Beiträge auf das laufende und die bis zu vier folgenden Kalenderjahre verteilt werden.

(3) Die nach Absatz 2 erforderlichen Beiträge werden auf die Arbeitgeber nach Maßgabe der nachfolgenden Beträge umgelegt, soweit sie sich auf die laufenden Versorgungsleistungen und die nach § 1 b unverfallbaren Versorgungsanwartschaften beziehen (Beitragsbemessungsgrundlage); diese Beträge sind festzustellen auf den Schluß des Wirtschaftsjahres des Arbeitgebers, das im abgelaufenen Kalenderjahr geendet hat:

1. Bei Arbeitgebern, die Leistungen der betrieblichen Altersversorgung unmittelbar zugesagt haben, ist Beitragsbemessungsgrundlage der Teilwert der Pensionsverpflichtung (§ 6 a Abs. 3 des Einkommensteuergesetzes).
2.[3] Bei Arbeitgebern, die eine betriebliche Altersversorgung über eine Direktversicherung mit widerruflichem Bezugsrecht durchführen, ist Beitragsbemessungsgrundlage das geschäftsplanmäßige Deckungskapital oder, soweit die Berechnung des Deckungskapitals nicht zum Geschäftsplan gehört, die Deckungsrückstellung. Für Versicherungen, bei denen der Versicherungsfall bereits eingetreten ist, und für Versicherungsanwartschaften, für die ein unwiderrufliches Bezugsrecht eingeräumt ist, ist das Deckungskapital oder die Deckungsrückstellung nur insoweit zu berücksichtigen, als die Versicherungen abgetreten oder beliehen sind.
3.[4] Bei Arbeitgebern, die eine betriebliche Altersversorgung über eine Unterstützungskasse durchführen, ist Beitragsbemessungsgrundlage das Deckungskapital für die laufenden Leistungen (§ 4 d Abs. 1 Nr. 1 Buchstabe a des Einkommensteuergesetzes) zuzüglich des Zwanzigfachen der nach § 4 d

[1] § 10 Überschrift eingefügt durch Gesetz vom 16. 12. 1997 (BGBl. I S. 2998) mit Wirkung ab 1. 1. 1999. § 10 Abs. 3 Satz 1 Zitat geändert durch Gesetz vom 26. 6. 2001 (BGBl. I S. 1310) mit Wirkung ab 1. 1. 2001. § 10 Abs. 1 geändert durch Gesetz vom 26. 6. 2001 (BGBl. I S. 1310) mit Wirkung ab 1. 1. 2002. Abs. 1 Satz 1 geänd., Satz 2 angef. mit Wirkung ab 24. 6. 2020 durch Gesetz vom 12. 6. 2020 (BGBl. I S. 1248).

[2] § 10 Abs. 2 neu gefasst durch Gesetz vom 2. 12. 2006 (BGBl. I S. 2742) mit Wirkung ab 12. 12. 2006. Siehe hierzu § 30 i. Abs. 2 Sätze 2 und 3 geändert, Satz 5 neugefasst und Satz 6 aufgehoben mit Wirkung ab 1. 1. 2016 durch Gesetz vom 1. 4. 2015 (BGBl. I S. 434). § 10 Abs. 2 Satz 2 Zitat geändert durch Gesetz vom 17. 8. 2017 (BGBl. I S. 3214). Abs. 2 Satz 2 Zitat geändert durch Gesetz vom 19. 12. 2018 (BGBl. I S. 2672) mit Wirkung ab 13. 1. 2019.

[3] § 10 Abs. 3 Nr. 2 geändert durch Gesetz vom 21. 7. 1994 (BGBl. I S. 1630).

[4] § 10 Abs. 3 Nr. 3 neu gefasst durch Gesetz vom 25. 2. 1992 (BGBl. I S. 297).

Abs. 1 Nr. 1 Buchstabe b Satz 1 des Einkommensteuergesetzes errechneten jährlichen Zuwendungen für Leistungsanwärter im Sinne von § 4 d Abs. 1 Nr. 1 Buchstabe b Satz 2 des Einkommensteuergesetzes.

4.[1] Bei Arbeitgebern, die eine betriebliche Altersversorgung über einen Pensionsfonds oder eine Pensionskasse nach § 7 Absatz 1 Satz 2 Nummer 3 durchführen, ist Beitragsbemessungsgrundlage

a) für unverfallbare Anwartschaften auf lebenslange Altersleistungen die Höhe der jährlichen Versorgungsleistung, die im Versorgungsfall, spätestens zum Zeitpunkt des Erreichens der Regelaltersgrenze in der gesetzlichen Rentenversicherung, erreicht werden kann, bei ausschließlich lebenslangen Invaliditäts- oder lebenslangen Hinterbliebenenleistungen jeweils ein Viertel dieses Wertes; bei Kapitalleistungen gelten 10 Prozent der Kapitalleistung, bei *Auszahlungsplänen 10 Prozent der* Ratensumme zuzüglich des Restkapitals als Höhe der lebenslangen jährlichen Versorgungsleistung,

b) für lebenslang laufende Versorgungsleistungen 20 Prozent des nach Anlage 1 Spalte 2 zu § 4 d Absatz 1 des Einkommensteuergesetzes berechneten Deckungskapitals; bei befristeten Versorgungsleistungen gelten 10 Prozent des Produktes aus maximal möglicher Restlaufzeit in vollen Jahren und der Höhe der jährlichen laufenden Leistung, bei Auszahlungsplänen 10 Prozent der zukünftigen Ratensumme zuzüglich des Restkapitals als Höhe der lebenslangen jährlichen Versorgungsleistung.

(4) Aus den Beitragsbescheiden des Trägers der Insolvenzsicherung findet die Zwangsvollstreckung in entsprechender Anwendung der Vorschriften der Zivilprozeßordnung statt. Die vollstreckbare Ausfertigung erteilt der Träger der Insolvenzsicherung.

§ 10 a[2] Säumniszuschläge; Zinsen; Verjährung

(1) Für Beiträge, die wegen Verstoßes des Arbeitgebers gegen die Meldepflicht erst nach Fälligkeit 14
erhoben werden, kann der Träger der Insolvenzsicherung für jeden angefangenen Monat vom Zeitpunkt der Fälligkeit an einen Säumniszuschlag in Höhe von bis zu eins vom Hundert der nacherhobenen Beiträge erheben.

(2) Für festgesetzte Beiträge und Vorschüsse, die der Arbeitgeber nach Fälligkeit zahlt, erhebt der Träger der Insolvenzsicherung für jeden Monat Verzugszinsen in Höhe von 0,5 vom Hundert der rückständigen Beiträge. Angefangene Monate bleiben außer Ansatz.

(3) Vom Träger der Insolvenzsicherung zu erstattende Beiträge werden vom Tage der Fälligkeit oder bei Feststellung des Erstattungsanspruchs durch gerichtliche Entscheidung vom Tage der Rechtshängigkeit an für jeden Monat mit 0,5 vom Hundert verzinst. Angefangene Monate bleiben außer Ansatz.

(4) Ansprüche auf Zahlung der Beiträge zur Insolvenzsicherung gemäß § 10 sowie Erstattungsansprüche nach Zahlung nicht geschuldeter Beiträge zur Insolvenzsicherung verjähren in sechs Jahren. Die Verjährungsfrist beginnt mit Ablauf des Kalenderjahres, in dem die Beitragspflicht entstanden oder der Erstattungsanspruch fällig geworden ist. Auf die Verjährung sind die Vorschriften des Bürgerlichen Gesetzbuchs anzuwenden.

§ 11[3] Melde-, Auskunfts- und Mitteilungspflichten

(1) Der Arbeitgeber hat dem Träger der Insolvenzsicherung eine betriebliche Altersversorgung nach 15
§ 1 b Abs. 1 bis 4 für seine Arbeitnehmer innerhalb von 3 Monaten nach Erteilung der unmittelbaren Versorgungszusage, dem Abschluß einer Direktversicherung, der Errichtung einer Unterstützungskasse, eines Pensionsfonds oder einer Pensionskasse nach § 7 Absatz 1 Satz 2 Nummer 3 mitzuteilen. Der Arbeitgeber, der sonstige Träger der Versorgung, der Insolvenzverwalter und die nach § 7 Berechtigten sind verpflichtet, dem Träger der Insolvenzsicherung alle Auskünfte zu erteilen, die zur Durchführung der Vorschriften dieses Abschnittes erforderlich sind, sowie Unterlagen vorzulegen, aus denen die erforderlichen Angaben ersichtlich sind.

(2) Ein beitragspflichtiger Arbeitgeber hat dem Träger der Insolvenzsicherung spätestens bis zum 30. September eines jeden Kalenderjahres die Höhe des nach § 10 Abs. 3 für die Bemessung des Beitrages maßgebenden Betrages bei unmittelbaren Versorgungszusagen auf Grund eines versicherungsmathematischen Gutachtens, bei Direktversicherungen auf Grund einer Bescheinigung des Versicherers und bei Unterstützungskassen, Pensionsfonds und Pensionskassen auf Grund einer nachprüfbaren Berechnung mitzuteilen. Der Arbeitgeber hat die in Satz 1 bezeichneten Unterlagen mindestens 6 Jahre aufzubewahren.

(3)[4] Der Insolvenzverwalter hat dem Träger der Insolvenzsicherung die Eröffnung des Insolvenzverfahrens, Namen und Anschriften der Versorgungsempfänger und die Höhe ihrer Versorgung nach § 7 unverzüglich mitzuteilen. Er hat zugleich Namen und Anschriften der Personen, die bei Eröffnung des In-

[1] § 10 Abs. 3 Nr. 4 angefügt durch Gesetz vom 26. 6. 2001 (BGBl. I S. 1310) und geändert durch Gesetz vom 24. 7. 2003 (BGBl. I S. 1526) mit Wirkung ab 1. 1. 2002. Abs. 3 Nr. 4 neu gef. mit Wirkung ab 24. 6. 2020 durch Gesetz vom 12. 6. 2020 (BGBl. I S. 1248).

[2] § 10 a eingefügt durch Gesetz vom 16. 12. 1997 (BGBl. I S. 2998) mit Wirkung ab 1. 1. 1999.

[3] § 11 Abs. 1 geändert durch Gesetz vom 5. 10. 1994 (BGBl. I S. 2911) mit Wirkung ab 1. 1. 1999; Überschrift eingefügt sowie Abs. 1 geändert durch Gesetz vom 16. 12. 1997 (BGBl. I S. 2998) mit Wirkung ab 1. 1. 1999. § 11 Abs. 1 Zitat geändert durch Gesetz vom 26. 6. 2001 (BGBl. I S. 1310) mit Wirkung ab 1. 1. 2001. § 11 Abs. 1 Satz 1 und Abs. 2 Satz 2 geändert durch Gesetz vom 26. 6. 2001 (BGBl. I S. 1310) mit Wirkung ab 1. 1. 2002. Abs. 1 Satz 1 und Abs. 2 Satz 1 geänd., Abs. 6 Satz 2 angef., Abs. 6 a eingef., Abs. 7 geänd. mit Wirkung ab 24. 6. 2020 durch Gesetz vom 12. 6. 2020 (BGBl. I S. 1248).

[4] § 11 Abs. 3 geändert durch Gesetz vom 5. 10. 1994 (BGBl. I S. 2911) mit Wirkung ab 1. 1. 1999.

solvenzverfahrens eine nach § 1 unverfallbare Versorgungsanwartschaft haben, sowie die Höhe ihrer Anwartschaft nach § 7 mitzuteilen.

(4)[1] Der Arbeitgeber, der sonstige Träger der Versorgung und die nach § 7 Berechtigten sind verpflichtet, dem Insolvenzverwalter Auskünfte über alle Tatsachen zu erteilen, auf die sich die Mitteilungspflicht nach Absatz 3 bezieht.

(5)[2] In den Fällen, in denen ein Insolvenzverfahren nicht eröffnet wird (§ 7 Abs. 1 Satz 4) oder nach § 207 der Insolvenzordnung eingestellt worden ist, sind die Pflichten des Insolvenzverwalters nach Absatz 3 vom Arbeitgeber oder dem sonstigen Träger der Versorgung zu erfüllen.

(6) Kammern und andere Zusammenschlüsse von Unternehmern oder anderen selbständigen Berufstätigen, die als Körperschaften des öffentlichen Rechts errichtet sind, ferner Verbände und andere Zusammenschlüsse, denen Unternehmer oder andere selbständige Berufstätige kraft Gesetzes angehören oder anzugehören haben, haben den Träger der Insolvenzsicherung bei der Ermittlung der nach § 10 beitragspflichtigen Arbeitgeber zu unterstützen. Die Aufsichtsbehörden haben auf Anfrage dem Träger der Insolvenzsicherung die unter ihrer Aufsicht stehenden Pensionskassen mitzuteilen.

(6 a) Ist bei einem Arbeitgeber, dessen Versorgungszusage von einer Pensionskasse oder einem Pensionsfonds durchgeführt wird, der Sicherungsfall eingetreten, muss die Pensionskasse oder der Pensionsfonds dem Träger der Insolvenzsicherung beschlossene Änderungen von Versorgungsleistungen unverzüglich mitteilen.

(7) Die nach den Absätzen 1 bis 3 und 5 zu Mitteilungen und Auskünften und die nach Absatz 6 zur Unterstützung Verpflichteten haben die vom Träger der Insolvenzsicherung vorgesehenen Vordrucke und technischen Verfahren zu verwenden.

(8) Zur Sicherung der vollständigen Erfassung der nach § 10 beitragspflichtigen Arbeitgeber können die Finanzämter dem Träger der Insolvenzsicherung mitteilen, welche Arbeitgeber für die Beitragspflicht in Betracht kommen. Die Bundesregierung wird ermächtigt, durch Rechtsverordnung mit Zustimmung des Bundesrates das Nähere zu bestimmen und Einzelheiten des Verfahrens zu regeln.

§ 12[3] Ordnungswidrigkeiten

16 (1) Ordnungswidrig handelt, wer vorsätzlich oder fahrlässig

1. entgegen § 11 Absatz 1 Satz 1, Absatz 2 Satz 1, Absatz 3, 5 oder 6 a eine Mitteilung nicht, nicht richtig, nicht vollständig oder nicht rechtzeitig vornimmt,
2. entgegen § 11 Abs. 1 Satz 2 oder Abs. 4 eine Auskunft nicht, nicht richtig, nicht vollständig oder nicht rechtzeitig erteilt oder
3. entgegen § 11 Abs. 1 Satz 2 Unterlagen nicht, nicht richtig, nicht vollständig oder nicht rechtzeitig vorlegt oder entgegen § 11 Abs. 2 Satz 2 Unterlagen nicht aufbewahrt.

(2) Die Ordnungswidrigkeit kann mit einer Geldbuße bis zweitausendfünfhundert Euro[4] geahndet werden.

(3) Verwaltungsbehörde im Sinne des § 36 Abs. 1 Nr. 1 des Gesetzes über Ordnungswidrigkeiten ist die Bundesanstalt für Finanzdienstleistungsaufsicht.

§ 13[5] *(aufgehoben)*

§ 14[6] Träger der Insolvenzsicherung

17 (1)[7] Träger der Insolvenzsicherung ist der Pensions-Sicherungs-Verein Versicherungsverein auf Gegenseitigkeit. Er ist zugleich Träger der Insolvenzsicherung von Versorgungszusagen Luxemburger Unternehmen nach Maßgabe des Abkommens vom 22. September 2000 zwischen der Bundesrepublik Deutschland und dem Großherzogtum Luxemburg über Zusammenarbeit im Bereich der Insolvenzsicherung betrieblicher Altersversorgung.

(2)[8] Der Pensions-Sicherungs-Verein Versicherungsverein auf Gegenseitigkeit unterliegt der Aufsicht durch die Bundesanstalt für Finanzdienstleistungsaufsicht. Soweit dieses Gesetz nichts anderes bestimmt, gelten für ihn die Vorschriften für kleine Versicherungsunternehmen nach den §§ 212 bis 216 des Versicherungsaufsichtsgesetzes und die auf Grund des § 217 des Versicherungsaufsichtsgesetzes erlassenen Rechtsverordnungen entsprechend. Die folgenden Vorschriften gelten mit folgenden Maßgaben:

1. § 212 Absatz 2 Nummer 1 des Versicherungsaufsichtsgesetzes gilt mit der Maßgabe, dass § 30 des Versicherungsaufsichtsgesetzes Anwendung findet;

[1] § 11 Abs. 4 geändert durch Gesetz vom 5. 10. 1994 (BGBl. I S. 2911) mit Wirkung ab 1. 1. 1999.
[2] § 11 Abs. 5 neu gefasst durch Gesetz vom 5. 10. 1994 (BGBl. I S. 2911) mit Wirkung ab 1. 1. 1999.
[3] § 12 Überschrift eingefügt durch Gesetz vom 16. 12. 1997 (BGBl. I S. 2998). Abs. 3 geändert durch Gesetz vom 5. 7. 2004 (BGBl. I S. 1427). Abs. 1 Nr. 1 geänd. mit Wirkung ab 24. 6. 2020 durch Gesetz vom 12. 6. 2020 (BGBl. I S. 1248).
[4] Eurobetrag eingefügt durch Gesetz vom 21. 12. 2000 (BGBl. I S. 1983, 2010).
[5] § 13 aufgehoben durch Gesetz vom 16. 12. 1997 (BGBl. I S. 2998) mit Wirkung ab 1. 1. 1999.
[6] § 14 Überschrift eingefügt durch Gesetz vom 16. 12. 1997 (BGBl. I S. 2998).
[7] § 14 Abs. 1 Satz 2 geändert durch Gesetz vom 29. 3. 1983 (BGBl. I S. 377); Abs. 1 neuer Satz 2 eingefügt durch Gesetz vom 10. 12. 2001 (BGBl. II S. 1258) mit Wirkung ab 14. 12. 2001. Abs. 1 Sätze 3 und 4 aufgehoben mit Wirkung ab 1. 1. 2016 durch Gesetz v. 1. 4. 2015 (BGBl. I S. 434).
[8] § 14 Abs. 2 neu gefasst durch Gesetz vom 1. 4. 2015 (BGBl. I S. 434) mit Wirkung ab 1. 1. 2016. Die bisherigen Abs. 2 und 3 werden Abs. 3 und 4. Abs. 2 Satz 3 Nr. 3 Zitat geändert durch Gesetz vom 19. 12. 2018 (BGBl. I S. 2672) mit Wirkung ab 13. 1. 2019.

2. § 212 Absatz 3 Nummer 6 des Versicherungsaufsichtsgesetzes gilt ohne Maßgabe; § 212 Absatz 3 Nummer 7, 10 und 12 des Versicherungsaufsichtsgesetzes gilt mit der Maßgabe, dass die dort genannten Vorschriften auch auf die interne Revision Anwendung finden; § 212 Absatz 3 Nummer 13 des Versicherungsaufsichtsgesetzes gilt mit der Maßgabe, dass die Bundesanstalt für Finanzdienstleistungsaufsicht bei Vorliegen der gesetzlichen Tatbestandsmerkmale die Erlaubnis zum Geschäftsbetrieb widerrufen kann;
3. § 214 Absatz 1 des Versicherungsaufsichtsgesetzes gilt mit der Maßgabe, dass grundsätzlich die Hälfte des Ausgleichsfonds den Eigenmitteln zugerechnet werden kann. Auf Antrag des Pensions-Sicherungs-Vereins Versicherungsverein auf Gegenseitigkeit kann die Bundesanstalt für Finanzdienstleistungsaufsicht im Fall einer Inanspruchnahme des Ausgleichsfonds nach § 10 Absatz 2 Satz 5 festsetzen, dass der Ausgleichsfonds vorübergehend zu einem hierüber hinausgehenden Anteil den Eigenmitteln zugerechnet werden kann; § 214 Absatz 6 des Versicherungsaufsichtsgesetzes findet keine Anwendung;
4. der Umfang des Sicherungsvermögens muss mindestens der Summe aus den Bilanzwerten der in § 125 Absatz 2 des Versicherungsaufsichtsgesetzes genannten Beträge und dem nicht den Eigenmitteln zuzurechnenden Teil des Ausgleichsfonds entsprechen;
5. § 134 Absatz 3 Satz 2 des Versicherungsaufsichtsgesetzes gilt mit der Maßgabe, dass die Aufsichtsbehörde die Frist für Maßnahmen des Pensions-Sicherungs-Vereins Versicherungsverein auf Gegenseitigkeit um einen angemessenen Zeitraum verlängern kann; § 134 Absatz 6 Satz 1 des Versicherungsaufsichtsgesetzes ist entsprechend anzuwenden;
6. § 135 Absatz 2 Satz 2 des Versicherungsaufsichtsgesetzes gilt mit der Maßgabe, dass die Aufsichtsbehörde die genannte Frist um einen angemessenen Zeitraum verlängern kann.

(3)[1] Der Bundesminister für Arbeit und Sozialordnung weist durch Rechtsverordnung mit Zustimmung des Bundesrates die Stellung des Trägers der Insolvenzsicherung der Kreditanstalt für Wiederaufbau[2] zu, bei der ein Fonds zur Insolvenzsicherung der betrieblichen Altersversorgung gebildet wird, wenn

1. bis zum 31. Dezember 1974 nicht nachgewiesen worden ist, daß der in Absatz 1 genannte Träger die Erlaubnis der Aufsichtsbehörde zum Geschäftsbetrieb erhalten hat,
2. der in Absatz 1 genannte Träger aufgelöst worden ist oder
3. die Aufsichtsbehörde den Geschäftsbetrieb des in Absatz 1 genannten Trägers untersagt oder die Erlaubnis zum Geschäftsbetrieb widerruft.

In den Fällen der Nummern 2 und 3 geht das Vermögen des in Absatz 1 genannten Trägers einschließlich der Verbindlichkeiten auf die Kreditanstalt für Wiederaufbau[3] über, die es dem Fonds zur Insolvenzsicherung der betrieblichen Altersversorgung zuweist.

(4)[4] Wird die Insolvenzsicherung von der Kreditanstalt für Wiederaufbau[5] durchgeführt, gelten die Vorschriften dieses Abschnittes mit folgenden Abweichungen:

1. In § 7 Abs. 6 entfällt die Zustimmung der Bundesanstalt für Finanzdienstleistungsaufsicht.
2. § 10 Abs. 2 findet keine Anwendung. Die von der Kreditanstalt für Wiederaufbau zu erhebenden Beiträge müssen den Bedarf für die laufenden Leistungen der Insolvenzsicherung im laufenden Kalenderjahr und die im gleichen Zeitraum entstehenden Verwaltungskosten und sonstigen Kosten, die mit der Gewährung der Leistungen zusammenhängen, decken. Bei einer Zuweisung nach Absatz 2 Nr. 1 beträgt der Beitrag für die ersten 3 Jahre mindestens 0,1 vom Hundert der Beitragsbemessungsgrundlage gemäß § 10 Abs. 3; der nicht benötigte Teil dieses Beitragsaufkommens wird einer Betriebsmittelreserve zugeführt. Bei einer Zuweisung nach Absatz 2 Nr. 2 oder 3 wird in den ersten 3 Jahren zu dem Beitrag nach Nummer 2 Satz 2 ein Zuschlag von 0,08 vom Hundert der Beitragsbemessungsgrundlage gemäß § 10 Abs. 3 zur Bildung einer Betriebsmittelreserve erhoben. Auf die Beiträge können Vorschüsse erhoben werden.
3. In § 12 Abs. 3 tritt an die Stelle der Bundesanstalt für Finanzdienstleistungsaufsicht die Kreditanstalt für Wiederaufbau.

Die Kreditanstalt für Wiederaufbau verwaltet den Fonds im eigenen Namen. Für Verbindlichkeiten des Fonds haftet sie nur mit dem Vermögen des Fonds. Dieser haftet nicht für die sonstigen Verbindlichkeiten der Bank. § 11 Abs. 1 Satz 1 des Gesetzes über die Kreditanstalt für Wiederaufbau in der Fassung der Bekanntmachung vom 23. Juni 1969 (BGBl. I S. 573), das zuletzt durch Artikel 14 des Gesetzes vom 21. Juni 2002 (BGBl. I S. 2010) geändert worden ist, ist in der jeweils geltenden Fassung auch für den Fonds anzuwenden.

§ 15[6] Verschwiegenheitspflicht

Personen, die bei dem Träger der Insolvenzsicherung beschäftigt oder für ihn tätig sind, dürfen fremde Geheimnisse, insbesondere Betriebs- oder Geschäftsgeheimnisse, nicht unbefugt offenbaren oder verwerten. Sie sind nach dem Gesetz über die förmliche Verpflichtung nichtbeamteter Personen vom **18**

---

[1] Bisheriger Abs. 2 wird Abs. 3 durch Gesetz vom 1. 4. 2015 (BGBl. I S. 434) mit Wirkung ab 1. 1. 2016.
[2] Bezeichnung geändert durch Gesetz vom 15. 8. 2003 (BGBl. I S. 1657).
[3] Bezeichnung geändert durch Gesetz vom 15. 8. 2003 (BGBl. I S. 1657).
[4] § 14 Abs. 3 Satz 5 geändert durch Gesetz vom 15. 8. 2003 (BGBl. I S. 1657) mit Wirkung ab 22. 8. 2003. Abs. 3 Satz 1 Nr. 1 und 3 geändert durch Gesetz vom 5. 7. 2004 (BGBl. I S. 1427). Bisheriger Abs. 3 wird Abs. 4 durch Gesetz vom 1. 4. 2015 (BGBl. I S. 434) mit Wirkung ab 1. 1. 2016.
[5] Bezeichnung geändert durch Gesetz vom 15. 8. 2003 (BGBl. I S. 1657).
[6] § 15 Überschrift eingefügt durch Gesetz vom 16. 12. 1997 (BGBl. I S. 2998). § 15 Satz 2 geändert durch Gesetz vom 5. 7. 2004 (BGBl. I S. 1427).

2. März 1974 (Bundesgesetzbl. I S. 469, 547) von der Bundesanstalt für Finanzdienstleistungsaufsicht auf die gewissenhafte Erfüllung ihrer Obliegenheiten zu verpflichten.

Fünfter Abschnitt. Anpassung

§ 16[1, 2] Anpassungsprüfungspflicht

19 (1) Der Arbeitgeber hat alle drei Jahre eine Anpassung der laufenden Leistungen der betrieblichen Altersversorgung zu prüfen und hierüber nach billigem Ermessen zu entscheiden; dabei sind insbesondere die Belange des Versorgungsempfängers und die wirtschaftliche Lage des Arbeitgebers zu berücksichtigen.

(2) Die Verpflichtung nach Absatz 1 gilt als erfüllt, wenn die Anpassung nicht geringer ist als der Anstieg

1. des Verbraucherpreisindexes für Deutschland oder
2. der Nettolöhne vergleichbarer Arbeitnehmergruppen des Unternehmens

im Prüfungszeitraum.

(3) Die Verpflichtung nach Absatz 1 entfällt, wenn

1. der Arbeitgeber sich verpflichtet, die laufenden Leistungen jährlich um wenigstens eins vom Hundert anzupassen,
2. die betriebliche Altersversorgung über eine Direktversicherung im Sinne des § 1 b Abs. 2 oder über eine Pensionskasse im Sinne des § 1 b Abs. 3 durchgeführt wird und ab Rentenbeginn sämtliche auf den Rentenbestand entfallende Überschußanteile zur Erhöhung der laufenden Leistungen verwendet werden oder
3. eine Beitragszusage mit Mindestleistung erteilt wurde; Absatz 5 findet insoweit keine Anwendung.

(4) Sind laufende Leistungen nach Absatz 1 nicht oder nicht in vollem Umfang anzupassen (zu Recht unterbliebene Anpassung), ist der Arbeitgeber nicht verpflichtet, die Anpassung zu einem späteren Zeitpunkt nachzuholen. Eine Anpassung gilt als zu Recht unterblieben, wenn der Arbeitgeber dem Versorgungsempfänger die wirtschaftliche Lage des Unternehmens schriftlich dargelegt, der Versorgungsempfänger nicht binnen drei Kalendermonaten nach Zugang der Mitteilung schriftlich widersprochen hat und er auf die Rechtsfolgen eines nicht fristgemäßen Widerspruchs hingewiesen wurde.

(5) Soweit betriebliche Altersversorgung durch Entgeltumwandlung finanziert wird, ist der Arbeitgeber verpflichtet, die Leistungen mindestens entsprechend Absatz 3 Nr. 1 anzupassen oder im Falle der Durchführung über eine Direktversicherung oder eine Pensionskasse sämtliche Überschussanteile entsprechend Absatz 3 Nr. 2 zu verwenden.

(6) Eine Verpflichtung zur Anpassung besteht nicht für monatliche Raten im Rahmen eines Auszahlungsplans sowie für Renten ab Vollendung des 85. Lebensjahres im Anschluss an einen Auszahlungsplan.

Sechster Abschnitt. Geltungsbereich

§ 17[3] Persönlicher Geltungsbereich

20 (1) Arbeitnehmer im Sinne der §§ 1 bis 16 sind Arbeiter und Angestellte einschließlich der zu ihrer Berufsausbildung Beschäftigten; ein Berufsausbildungsverhältnis steht einem Arbeitsverhältnis gleich. Die §§ 1 bis 16 gelten entsprechend für Personen, die nicht Arbeitnehmer sind, wenn ihnen Leistungen der Alters-, Invaliditäts- oder Hinterbliebenenversorgung aus Anlaß ihrer Tätigkeit für ein Unternehmen zugesagt worden sind. Arbeitnehmer im Sinne von § 1 a Abs. 1 sind nur Personen nach den Sätzen 1 und 2, soweit sie aufgrund der Beschäftigung oder Tätigkeit bei dem Arbeitgeber, gegen den sich der Anspruch nach § 1 a richten würde, in der gesetzlichen Rentenversicherung pflichtversichert sind.

(2) Die §§ 7 bis 15 gelten nicht für den Bund, die Länder, die Gemeinden sowie die Körperschaften, Stiftungen und Anstalten des öffentlichen Rechts, bei denen das Insolvenzverfahren nicht zulässig ist, und solche juristische Personen des öffentlichen Rechts, bei denen der Bund, ein Land oder eine Gemeinde kraft Gesetzes die Zahlungsfähigkeit sichert.

(3) Gesetzliche Regelungen über Leistungen der betrieblichen Altersversorgung werden unbeschadet des § 18 durch die §§ 1 bis 16 und 26 bis 30 nicht berührt.

---

[1] § 16 Überschrift eingefügt, bish. Text wird Abs. 1, Abs. 2–4 angefügt durch Gesetz vom 16. 12. 1997 (BGBl. I S. 2998) mit Wirkung ab 1. 1. 1999. § 16 Abs. 3 Zitat geändert und Abs. 5 und 6 angefügt durch Gesetz vom 26. 6. 2001 (BGBl. I S. 1310) mit Wirkung ab 1. 1. 2001. § 16 Abs. 3 geändert und Abs. 3 Nr. 3 angefügt durch Gesetz vom 26. 6. 2001 (BGBl. I S. 1310) mit Wirkung ab 1. 1. 2002; Abs. 6 neu gefasst durch Gesetz vom 21. 6. 2002 (BGBl. I S. 2167) mit Wirkung ab 1. 7. 2002. § 16 Abs. 2 Nr. 1 neu gefasst durch Gesetz vom 3. 4. 2003 (BGBl. I S. 462) mit Wirkung ab 1. 1. 2003. § 16 Abs. 3 Nr. 2 geändert durch Gesetz vom 1. 4. 2015 (BGBl. I S. 434) mit Wirkung ab 1. 1. 2016 und durch Gesetz vom 21. 12. 2015 (BGBl. I S. 2553) mit Wirkung ab 1. 1. 2018.

[2] Zur Anwendung von § 16 siehe § 30 c.

[3] § 17 Überschrift eingefügt durch Gesetz vom 16. 12. 1997 (BGBl. I S. 2998); Abs 2 geändert durch Gesetz vom 5. 10. 1994 (BGBl. I S. 2911) mit Wirkung ab 1. 1. 1999. § 17 Abs. 1 Satz 3 angefügt und Zitat in Abs. 3 geändert durch Gesetz vom 26. 6. 2001 (BGBl. I S. 1310) mit Wirkung ab 1. 1. 2002, Zitat erneut geändert durch Gesetz vom 26. 11. 2001 (BGBl. I S. 3138). § 17 Abs. 5 angefügt durch Gesetz vom 26. 6. 2001 (BGBl. I S. 1310). § 17 Abs. 5 gilt für Entgeltumwandlungen, die auf Zusagen beruhen, die nach dem 29. 6. 2001 erteilt werden (§ 30 h). § 17 Abs. 3 Satz 1 geändert durch Gesetz vom 21. 12. 2015 (BGBl. I S. 2553) mit Wirkung ab 1. 1. 2018. § 17 Überschrift geändert, Abs. 3 und 5 aufgehoben, Abs. 4 wird Abs. 3 durch Gesetz vom 17. 8. 2017 (BGBl. I S. 3214) mit Wirkung ab 1. 1. 2018.

§ 18[1] Sonderregelungen für den öffentlichen Dienst

(1) Für Personen, die 21

1. bei der Versorgungsanstalt des Bundes und der Länder (VBL) oder einer kommunalen oder kirchlichen Zusatzversorgungseinrichtung versichert sind, oder
2. bei einer anderen Zusatzversorgungseinrichtung versichert sind, die mit einer der Zusatzversorgungseinrichtungen nach Nummer 1 ein Überleitungsabkommen abgeschlossen hat oder aufgrund satzungsrechtlicher Vorschriften der Zusatzversorgungseinrichtungen nach Nummer 1 ein solches Abkommen abschließen kann, oder
3. unter das Hamburgische Zusatzversorgungsgesetz oder unter das Bremische Ruhelohngesetz in ihren jeweiligen Fassungen fallen oder auf die diese Gesetze sonst Anwendung finden,

gelten die §§ 2, 2a Absatz 1, 3 und 4 sowie die §§ 5, 16, 27 und 28 nicht, soweit sich aus den nachfolgenden Regelungen nichts Abweichendes ergibt; § 4 gilt nicht, wenn die Anwartschaft oder die laufende Leistung ganz oder teilweise umlage- oder haushaltsfinanziert ist. Soweit die betriebliche Altersversorgung über eine der in Satz 1 genannten Einrichtungen durchgeführt wird, finden die §§ 7 bis 15 keine Anwendung.

(2) Bei Eintritt des Versorgungsfalles vor dem 2. Januar 2002 erhalten die in Absatz 1 Nummer 1 und 2 bezeichneten Personen, deren Anwartschaft nach § 1 b[2] fortbesteht und deren Arbeitsverhältnis vor Eintritt des Versorgungsfalles geendet hat, von der Zusatzversorgungseinrichtung aus der Pflichtversicherung eine Zusatzrente nach folgenden Maßgaben:

1. Der monatliche Betrag der Zusatzrente beträgt für jedes Jahr der aufgrund des Arbeitsverhältnisses bestehenden Pflichtversicherung bei einer Zusatzversorgungseinrichtung 2,25 vom Hundert, höchstens jedoch 100 vom Hundert der Leistung, die bei dem höchstmöglichen Versorgungssatz zugestanden hätte (Voll-Leistung). Für die Berechnung der Voll-Leistung
   a) ist der Versicherungsfall der Regelaltersrente maßgebend,
   b) ist das Arbeitsentgelt maßgebend, das nach der Versorgungsregelung für die Leistungsbemessung maßgebend wäre, wenn im Zeitpunkt des Ausscheidens der Versicherungsfall im Sinne der Versorgungsregelung eingetreten wäre,
   c) findet § 2a Absatz 1 entsprechend Anwendung,
   d) ist im Rahmen einer Gesamtversorgung der im Falle einer Teilzeitbeschäftigung oder Beurlaubung nach der Versorgungsregelung für die gesamte Dauer des Arbeitsverhältnisses maßgebliche Beschäftigungsquotient nach der Versorgungsregelung als Beschäftigungsquotient auch für die übrige Zeit maßgebend,
   e) finden die Vorschriften der Versorgungsregelung über eine Mindestleistung keine Anwendung und
   f) ist eine anzurechnende Grundversorgung nach dem bei der Berechnung von Pensionsrückstellungen für die Berücksichtigung von Renten aus der gesetzlichen Rentenversicherung allgemein zulässigen Verfahren zu ermitteln. Hierbei ist das Arbeitsentgelt nach Buchstabe b zugrunde zu legen und – soweit während der Pflichtversicherung Teilzeitbeschäftigung bestand – diese nach Maßgabe der Versorgungsregelung zu berücksichtigen.
2. Die Zusatzrente vermindert sich um 0,3 vom Hundert für jeden vollen Kalendermonat, den der Versorgungsfall vor Vollendung des 65. Lebensjahres eintritt, höchstens jedoch um den in der Versorgungsregelung für die Voll-Leistung vorgesehenen Vomhundertsatz.
3. Übersteigt die Summe der Vomhundertsätze nach Nummer 1 aus unterschiedlichen Arbeitsverhältnissen 100, sind die einzelnen Leistungen im gleichen Verhältnis zu kürzen.
4. Die Zusatzrente muss monatlich mindestens den Betrag erreichen, der sich aufgrund des Arbeitsverhältnisses nach der Versorgungsregelung als Versicherungsrente aus den jeweils maßgeblichen Vomhundertsätzen der zusatzversorgungspflichtigen Entgelte oder der gezahlten Beiträge und Erhöhungsbeträge ergibt.
5. Die Vorschriften der Versorgungsregelung über das Erlöschen, das Ruhen und die Nichtleistung der Versorgungsrente gelten entsprechend. Soweit die Versorgungsregelung eine Mindestleistung in Ruhensfällen vorsieht, gilt dies nur, wenn die Mindestleistung der Leistung im Sinne der Nummer 4 entspricht.
6. Verstirbt die in Absatz 1 genannte Person und beginnt die Hinterbliebenenrente vor dem 2. Januar 2002, erhält eine Witwe oder ein Witwer 60 vom Hundert, eine Witwe oder ein Witwer im Sinne des § 46 Abs. 1 des Sechsten Buches Sozialgesetzbuch 42 vom Hundert, eine Halbwaise 12 vom Hundert und eine Vollwaise 20 vom Hundert der unter Berücksichtigung der in diesem Absatz genannten Maßgaben zu berechnenden Zusatzrente; die §§ 46, 48, 103 bis 105 des Sechsten Buches Sozialgesetzbuch sind entsprechend anzuwenden. Die Leistungen an mehrere Hinterbliebene dürfen den Betrag der Zusatzrente nicht übersteigen; gegebenenfalls sind die Leistungen im gleichen Verhältnis zu kürzen.
7. Versorgungsfall ist der Versicherungsfall im Sinne der Versorgungsregelung.

[1] § 18 neu gefasst durch Gesetz vom 21. 12. 2000 (BGBl. I S. 1914) mit Wirkung ab 1. 1. 1999 (Abs. 9), im Übrigen mit Wirkung ab 1. 1. 2001. Abs. 1 Satz 1 geändert durch Gesetz vom 5. 7. 2004 (BGBl. I S. 1427) mit Wirkung ab 1. 1. 2005. § 18 Abs. 9 geändert durch Gesetz vom 9. 12. 2004 (BGBl. I S. 3242) mit Wirkung ab 1. 10. 2005. § 18 Abs. 1, Abs. 2 Nr. 1 Satz 2 Buchst. c und Abs. 7 Satz 1 geändert sowie Satz 3 aufgehoben durch Gesetz vom 21. 12. 2015 (BGBl. I S. 2553) mit Wirkung ab 1. 1. 2018. § 18 Abs. 1 Nr. 1, 2 und 3, Abs. 2 Einleitungssatz und Nr. 6 geändert, Abs. 2a eingefügt, Abs. 3 und 4 neu gefasst, Abs. 5 und Abs. 6 geändert durch Gesetz vom 17. 8. 2017 (BGBl. I S. 3214) mit Wirkung ab 1. 1. 2002. Abs. 1 Satz 2 angef., Abs. 7 Satz 1 geänd. mit Wirkung ab 24. 6. 2020 durch Gesetz vom 12. 6. 2020 (BGBl. I S. 1248).
Siehe auch Übergangsregelung zu § 18 in § 30 d.

[2] Zitat geändert durch Gesetz vom 26. 11. 2001 (BGBl. I S. 3138).

(2 a) Bei Eintritt des Versorgungsfalles oder bei Beginn der Hinterbliebenenrente nach dem 1. Januar 2002 erhalten die in Absatz 1 Nr. 1 und 2 genannten Personen, deren Anwartschaft nach § 1 b fortbesteht und deren Arbeitsverhältnis vor Eintritt des Versorgungsfalles geendet hat, von der Zusatzversorgungseinrichtung die nach der jeweils maßgebenden Versorgungsregelung vorgesehenen Leistungen.

(3) Personen, auf die bis zur Beendigung ihres Arbeitsverhältnisses die Regelungen des Hamburgischen Zusatzversorgungsgesetzes oder des Bremischen Ruhelohngesetzes in ihren jeweiligen Fassungen Anwendung gefunden haben, haben Anspruch gegenüber ihrem ehemaligen Arbeitgeber auf Leistungen in sinngemäßer Anwendung des Absatzes 2 mit Ausnahme von Absatz 2 Nummer 3 und 4 sowie Nummer 5 Satz 2; bei Anwendung des Hamburgischen Zusatzversorgungsgesetzes bestimmt sich der monatliche Betrag der Zusatzrente abweichend von Absatz 2 nach der nach dem Hamburgischen Zusatzversorgungsgesetz maßgebenden Berechnungsweise. An die Stelle des Stichtags 2. Januar 2002 tritt im Bereich des Hamburgischen Zusatzversorgungsgesetzes der 1. August 2003 und im Bereich des Bremischen Ruhelohngesetzes der 1. März 2007.

(4) Die Leistungen nach den Absätzen 2, 2 a und 3 werden in der Pflichtversicherung jährlich zum 1. Juli um 1 Prozent erhöht. In der freiwilligen Versicherung bestimmt sich die Anpassung der Leistungen nach der jeweils maßgebenden Versorgungsregelung.

(5) Besteht bei Eintritt des Versorgungsfalles neben dem Anspruch auf Zusatzrente nach Absatz 2 oder auf die in Absatz 3 oder Absatz 7 bezeichneten Leistungen auch Anspruch auf eine Versorgungsrente oder Versicherungsrente der in Absatz 1 Satz 1 Nr. 1 und 2 bezeichneten Zusatzversorgungseinrichtungen oder Anspruch auf entsprechende Versorgungsleistungen der Versorgungsanstalt der deutschen Kulturorchester oder der Versorgungsanstalt der deutschen Bühnen oder nach den Regelungen des Ersten Ruhegeldgesetzes, des Zweiten Ruhegeldgesetzes oder des Bremischen Ruhelohngesetzes, in deren Berechnung auch die der Zusatzrente nach Absatz 2 zugrunde liegenden Zeiten berücksichtigt sind, ist nur die im Zahlbetrag höhere Rente zu leisten.

(6) Eine Anwartschaft auf Versorgungsleistungen kann bei Übertritt der anwartschaftsberechtigten Person in ein Versorgungssystem einer überstaatlichen Einrichtung in das Versorgungssystem dieser Einrichtung übertragen werden, wenn ein entsprechendes Abkommen zwischen der Zusatzversorgungseinrichtung oder der Freien und Hansestadt Hamburg oder der Freien Hansestadt Bremen und der überstaatlichen Einrichtung besteht.

(7) Für Personen, die bei der Versorgungsanstalt der deutschen Kulturorchester oder der Versorgungsanstalt der deutschen Bühnen pflichtversichert sind, gelten die §§ 2 und 3, mit Ausnahme von § 3 Absatz 2 Satz 3, sowie die §§ 4, 5, 16, 27 und 28 nicht; soweit die betriebliche Altersversorgung über die Versorgungsanstalten durchgeführt wird, finden die §§ 7 bis 15 keine Anwendung. Bei Eintritt des Versorgungsfalles treten an die Stelle der Zusatzrente und der Leistungen an Hinterbliebene nach Absatz 2 und an die Stelle der Regelung in Absatz 4 die satzungsgemäß vorgesehenen Leistungen; Absatz 2 Nr. 5 findet entsprechend Anwendung. Als pflichtversichert gelten auch die freiwillig Versicherten der Versorgungsanstalt der deutschen Kulturorchester und der Versorgungsanstalt der deutschen Bühnen.

(8) Gegen Entscheidungen der Zusatzversorgungseinrichtungen über Ansprüche nach diesem Gesetz ist der Rechtsweg gegeben, der für Versicherte der Einrichtung gilt.

(9) Bei Personen, die aus einem Arbeitsverhältnis ausscheiden, in dem sie nach § 5 Abs. 1 Satz 1 Nr. 2 des Sechsten Buches Sozialgesetzbuch versicherungsfrei waren, dürfen die Ansprüche nach § 2 Abs. 1 Satz 1 und 2 nicht hinter dem Rentenanspruch zurückbleiben, der sich ergeben hätte, wenn der Arbeitnehmer für die Zeit der versicherungsfreien Beschäftigung in der gesetzlichen Rentenversicherung nachversichert worden wäre; die Vergleichsberechnung ist im Versorgungsfall aufgrund einer Auskunft der Deutschen Rentenversicherung Bund vorzunehmen.

§ 18 a[1] Verjährung

22 Der Anspruch auf Leistungen aus der betrieblichen Altersversorgung verjährt in 30 Jahren. Ansprüche auf regelmäßig wiederkehrende Leistungen unterliegen der regelmäßigen Verjährungsfrist nach den Vorschriften des Bürgerlichen Gesetzbuchs.

Siebter Abschnitt. Betriebliche Altersversorgung und Tarifvertrag[2]

Unterabschnitt 1. Tariföffnung; Optionssysteme[3]

§ 19 Allgemeine Tariföffnungsklausel

25 (1) Von den §§ 1 a, 2, 2 a Absatz 1, 3 und 4, § 3, mit Ausnahme des § 3 Absatz 2 Satz 3, von den §§ 4, 5, 16, 18 a Satz 1, §§ 27 und 28 kann in Tarifverträgen abgewichen werden.

(2) Die abweichenden Bestimmungen haben zwischen nichttarifgebundenen Arbeitgebern und Arbeitnehmern Geltung, wenn zwischen diesen die Anwendung der einschlägigen tariflichen Regelung vereinbart ist.

(3) Im Übrigen kann von den Bestimmungen dieses Gesetzes nicht zuungunsten des Arbeitnehmers abgewichen werden.

---

[1] § 18 a eingefügt durch Gesetz vom 26. 11. 2001 (BGBl. I S. 3138) mit Wirkung ab 1. 1. 2002.

[2] Siebter Abschnitt (UA 1 und 2, §§ 19 bis 25) eingefügt durch Gesetz vom 17. 8. 2017 (BGBl. I S. 3214) mit Wirkung ab 1. 1. 2018.

[3] Siebter Abschnitt (UA 1 und 2, §§ 19 bis 25) eingefügt durch Gesetz vom 17. 8. 2017 (BGBl. I S. 3214) mit Wirkung ab 1. 1. 2018.

§ 20[1] Tarifvertrag und Entgeltumwandlung; Optionssysteme

(1) Soweit Entgeltansprüche auf einem Tarifvertrag beruhen, kann für diese eine Entgeltumwandlung nur vorgenommen werden, soweit dies durch Tarifvertrag vorgesehen oder durch Tarifvertrag zugelassen ist. 26

(2) In einem Tarifvertrag oder auf Grund eines Tarifvertrages in einer Betriebs- oder Dienstvereinbarung kann geregelt werden, dass der Arbeitgeber für alle Arbeitnehmer oder für eine Gruppe von Arbeitnehmern des Unternehmens oder einzelner Betriebe eine automatische Entgeltumwandlung einführt, gegen die der Arbeitnehmer ein Widerspruchsrecht hat (Optionssystem). Das Angebot des Arbeitgebers auf Entgeltumwandlung gilt als vom Arbeitnehmer angenommen, wenn er nicht widersprochen hat und das Angebot

1. in Textform und mindestens drei Monate vor der ersten Fälligkeit des umzuwandelnden Entgelts gemacht worden ist und
2. deutlich darauf hinweist,
   a) welcher Betrag und welcher Vergütungsbestandteil umgewandelt werden sollen und
   b) dass der Arbeitnehmer ohne Angabe von Gründen innerhalb einer Frist von mindestens einem Monat nach dem Zugang des Angebots widersprechen und die Entgeltumwandlung mit einer Frist von höchstens einem Monat beenden kann.

Nichttarifgebundene Arbeitgeber können ein einschlägiges tarifvertragliches Optionssystem anwenden oder auf Grund eines einschlägigen Tarifvertrages durch Betriebs- oder Dienstvereinbarung die Einführung eines Optionssystems regeln; Satz 2 gilt entsprechend.

Unterabschnitt 2. Tarifvertrag und reine Beitragszusage

§ 21 Tarifvertragsparteien

(1) Vereinbaren die Tarifvertragsparteien eine betriebliche Altersversorgung in Form der reinen Beitragszusage, müssen sie sich an deren Durchführung und Steuerung beteiligen. 27

(2) Die Tarifvertragsparteien sollen im Rahmen von Tarifverträgen nach Absatz 1 bereits bestehende Betriebsrentensysteme angemessen berücksichtigen. Die Tarifvertragsparteien müssen insbesondere prüfen, ob auf der Grundlage einer Betriebs- oder Dienstvereinbarung oder, wenn ein Betriebs- oder Personalrat nicht besteht, durch schriftliche Vereinbarung zwischen Arbeitgeber und Arbeitnehmer, tarifvertraglich vereinbarte Beiträge für eine reine Beitragszusage für eine andere nach diesem Gesetz zulässige Zusageart verwendet werden dürfen.

(3) Die Tarifvertragsparteien sollen nichttarifgebundenen Arbeitgebern und Arbeitnehmern den Zugang zur durchführenden Versorgungseinrichtung nicht verwehren. Der durchführenden Versorgungseinrichtung dürfen im Hinblick auf die Aufnahme und Verwaltung von Arbeitnehmern nichttarifgebundener Arbeitgeber keine sachlich unbegründeten Vorgaben gemacht werden.

(4) Wird eine reine Beitragszusage über eine Direktversicherung durchgeführt, kann eine gemeinsame Einrichtung nach § 4 des Tarifvertragsgesetzes als Versicherungsnehmer an die Stelle des Arbeitgebers treten.

§ 22[2] Arbeitnehmer und Versorgungseinrichtung

(1) Bei einer reinen Beitragszusage hat der Pensionsfonds, die Pensionskasse oder die Direktversicherung dem Versorgungsempfänger auf der Grundlage des planmäßig zuzurechnenden Versorgungskapitals laufende Leistungen der betrieblichen Altersversorgung zu erbringen. Die Höhe der Leistungen darf nicht garantiert werden. 28

(2) Die auf den gezahlten Beiträgen beruhende Anwartschaft auf Altersrente ist sofort unverfallbar. Die Erträge der Versorgungseinrichtung müssen auch dem ausgeschiedenen Arbeitnehmer zugutekommen.

(3) Der Arbeitnehmer hat gegenüber der Versorgungseinrichtung das Recht,

1. nach Beendigung des Arbeitsverhältnisses
   a) die Versorgung mit eigenen Beiträgen fortzusetzen oder
   b) innerhalb eines Jahres das gebildete Versorgungskapital auf die neue Versorgungseinrichtung, an die Beiträge auf der Grundlage einer reinen Beitragszusage gezahlt werden, zu übertragen,
2. entsprechend § 4 a Auskunft zu verlangen und
3. entsprechend § 6 vorzeitige Altersleistungen in Anspruch zu nehmen.

(4) Die bei der Versorgungseinrichtung bestehende Anwartschaft ist nicht übertragbar, nicht beleihbar und nicht veräußerbar. Sie darf vorbehaltlich des Satzes 3 nicht vorzeitig verwertet werden. Die Versorgungseinrichtung kann Anwartschaften und laufende Leistungen bis zu der Wertgrenze in § 3 Absatz 2 Satz 1 abfinden; § 3 Absatz 2 Satz 3 gilt entsprechend.

(5) Für die Verjährung der Ansprüche gilt § 18 a entsprechend.

§ 23 Zusatzbeiträge des Arbeitgebers

(1) Zur Absicherung der reinen Beitragszusage soll im Tarifvertrag ein Sicherungsbeitrag vereinbart werden. 29

(2) Bei einer reinen Beitragszusage ist im Fall der Entgeltumwandlung im Tarifvertrag zu regeln, dass der Arbeitgeber 15 Prozent des umgewandelten Entgelts zusätzlich als Arbeitgeberzuschuss an die Ver-

[1] Siehe auch Übergangsregelung zu § 20 Abs. 2 in § 30 j.
[2] § 22 Abs. 4 Satz 3 geänd. mit Wirkung ab 24. 6. 2020 durch Gesetz vom 12. 6. 2020 (BGBl. I S. 1248).

sorgungseinrichtung weiterleiten muss, soweit der Arbeitgeber durch die Entgeltumwandlung Sozialversicherungsbeiträge einspart.

§ 24 Nichttarifgebundene Arbeitgeber und Arbeitnehmer

30 Nichttarifgebundene Arbeitgeber und Arbeitnehmer können die Anwendung der einschlägigen tariflichen Regelung vereinbaren.

§ 25 Verordnungsermächtigung

31 Das Bundesministerium für Arbeit und Soziales wird ermächtigt, im Einvernehmen mit dem Bundesministerium der Finanzen durch Rechtsverordnung Mindestanforderungen an die Verwendung der Beiträge nach § 1 Absatz 2 Nummer 2 a festzulegen. Die Ermächtigung kann im Einvernehmen mit dem Bundesministerium der Finanzen auf die Bundesanstalt für Finanzdienstleistungsaufsicht übertragen werden. Rechtsverordnungen nach den Sätzen 1 und 2 bedürfen nicht der Zustimmung des Bundesrates.

Zweiter Teil. Übergangs- und Schlußvorschriften[1]

§ 26 [Ausschluß der Rückwirkung]

32 Die §§ 1 bis 4 und 18 gelten nicht, wenn das Arbeitsverhältnis oder Dienstverhältnis vor dem Inkrafttreten des Gesetzes beendet worden ist.

§ 26 a[2] Übergangsvorschrift zu § 1 a Absatz 1 a

32a § 1 a Absatz 1 a gilt für individual- und kollektivrechtliche Entgeltumwandlungsvereinbarungen, die vor dem 1. Januar 2019 geschlossen worden sind, erst ab dem 1. Januar 2022.

§ 27 [Direktversicherungen und Pensionskassen]

33 § 2 Abs. 2 Satz 2 Nr. 2 und 3 und Abs. 3 Satz 2 Nr. 1 und 2 gelten in Fällen, in denen vor dem Inkrafttreten des Gesetzes die Direktversicherung abgeschlossen worden ist oder die Versicherung des Arbeitnehmers bei einer Pensionskasse begonnen hat, mit der Maßgabe, daß die in diesen Vorschriften genannten Voraussetzungen spätestens für die Zeit nach Ablauf eines Jahres seit dem Inkrafttreten des Gesetzes erfüllt sein müssen.

§ 28 [Auszehrungs- und Anrechnungsverbot]

34 § 5 gilt für Fälle, in denen der Versorgungsfall vor dem Inkrafttreten des Gesetzes eingetreten ist, mit der Maßgabe, daß diese Vorschrift bei der Berechnung der nach dem Inkrafttreten des Gesetzes fällig werdenden Versorgungsleistungen anzuwenden ist.

§ 29 [Vorzeitige Altersleistungen]

35 § 6 gilt für die Fälle, in denen das Altersruhegeld der gesetzlichen Rentenversicherung bereits vor dem Inkrafttreten des Gesetzes in Anspruch genommen worden ist, mit der Maßgabe, daß die Leistungen der betrieblichen Altersversorgung vom Inkrafttreten des Gesetzes an zu gewähren sind.

§ 30[3] [Erstmalige Beitrags- und Leistungspflicht bei Insolvenzsicherung]

36 (1) Ein Anspruch gegen den Träger der Insolvenzsicherung nach § 7 besteht nur, wenn der Sicherungsfall nach dem Inkrafttreten der §§ 7 bis 15 eingetreten ist; er kann erstmals nach dem Ablauf von sechs Monaten nach diesem Zeitpunkt geltend gemacht werden. Die Beitragspflicht des Arbeitgebers beginnt mit dem Inkrafttreten der §§ 7 bis 15.

(2) Wenn die betriebliche Altersversorgung über eine Pensionskasse nach § 7 Absatz 1 Satz 2 Nummer 3 durchgeführt wird, besteht ein Anspruch gegen den Träger der Insolvenzsicherung, wenn der Sicherungsfall nach dem 31. Dezember 2021 eingetreten ist. Die Beitragspflicht des Arbeitgebers, der betriebliche Altersversorgung über eine Pensionskasse nach § 7 Absatz 1 Satz 2 Nummer 3 durchführt, beginnt im Jahr 2021; der Beitrag beträgt in diesem Jahr 3 Promille der Beitragsbemessungsgrundlage nach § 10 Absatz 3 Nummer 4. Zusätzlich zum Beitrag nach § 10 Absatz 2 Satz 1 wird für die betriebliche Altersversorgung nach Satz 2 für die Jahre 2022 bis 2025 ein Beitrag in Höhe von 1,5 Promille der Beitragsbemessungsgrundlage nach § 10 Absatz 3 Nummer 4 erhoben; die Beiträge sind zum Ende des jeweiligen Kalenderjahres fällig.

(3) Ist der Sicherungsfall nach Absatz 2 vor dem 1. Januar 2022 eingetreten, besteht ein Anspruch gegen den Träger der Insolvenzsicherung, wenn die Pensionskasse die nach der Versorgungszusage des Arbeitgebers vorgesehene Leistung um mehr als die Hälfte kürzt oder das Einkommen des ehemaligen Arbeitnehmers wegen einer Kürzung unter die von Eurostat für Deutschland ermittelte Armutsgefährdungsschwelle fällt. Leistungen werden nur auf Antrag und nicht rückwirkend erbracht; sie können mit Nebenbestimmungen versehen werden. Mit dem Antrag sind Unterlagen vorzulegen, die den Anspruch belegen. Die Kosten, die dem Träger der Insolvenzsicherung insofern entstehen, werden vom Bund übernommen; Einzelheiten werden in einer Verwaltungsvereinbarung zwischen dem Träger der Insolvenzsicherung und dem Bundesministerium für Arbeit und Soziales im Einvernehmen mit dem Bundesministerium der Finanzen geregelt.

---

[1] Dritter Teil wird Zweiter Teil mit Wirkung ab 1. 1. 2018 durch Gesetz vom 17. 8. 2017 (BGBl. I S. 3214).
[2] § 26 a eingefügt durch Gesetz vom 17. 8. 2017 (BGBl. I S. 3214) mit Wirkung ab 1. 1. 2019.
[3] § 30 Abs. 2–5 angef. mit Wirkung ab 24. 6. 2020 durch Gesetz vom 12. 6. 2020 (BGBl. I S. 1248).

(4) Soweit die betriebliche Altersversorgung über einen Pensionsfonds durchgeführt wird, gelten für Sicherungsfälle, die vor dem 1. Januar 2022 eingetreten sind, die §§ 7, 8 und 9 in der am 31. Dezember 2019 geltenden Fassung; für die Beitragsjahre 2020 bis 2022 können Arbeitgeber die Beitragsbemessungsgrundlage nach § 10 Absatz 3 Nummer 4 in der am 31. Dezember 2019 geltenden Fassung ermitteln.

(5) Das Bundesministerium für Arbeit und Soziales untersucht 2026, ob die Beitragsbemessung nach § 10 Absatz 3 Nummer 4 bei betrieblicher Altersversorgung, die von Pensionskassen durchgeführt wird, weiterhin sachgerecht ist, insbesondere, ob die Höhe des Beitrags dem vom Träger der Insolvenzsicherung zu tragenden Risiko entspricht. Das Bundesministerium für Arbeit und Soziales kann Dritte mit dieser Untersuchung beauftragen.

§ 30 a[1] *(aufgehoben)* 37

§ 30 b[2] **[Anwendbarkeit des § 4 Abs. 3]**

§ 4 Abs. 3 gilt nur für Zusagen, die nach dem 31. Dezember 2004 erteilt wurden. 38

§ 30 c[3] **[Anwendbarkeit des § 16 Abs. 3 Nr. 1]**

(1) § 16 Abs. 3 Nr. 1 gilt nur für laufende Leistungen, die auf Zusagen beruhen, die nach dem 31. Dezember 1998 erteilt werden. 39

(1 a) § 16 Absatz 3 Nummer 2 gilt auch für Anpassungszeiträume, die vor dem 1. Januar 2016 liegen; in diesen Zeiträumen bereits erfolgte Anpassungen oder unterbliebene Anpassungen, gegen die der Versorgungsberechtigte vor dem 1. Januar 2016 Klage erhoben hat, bleiben unberührt.

(2) § 16 Abs. 4 gilt nicht für vor dem 1. Januar 1999 zu Recht unterbliebene Anpassungen.

(3) § 16 Abs. 5 gilt nur für laufende Leistungen, die auf Zusagen beruhen, die nach dem 31. Dezember 2000 erteilt werden.

(4) Für die Erfüllung der Anpassungsprüfungspflicht für Zeiträume vor dem 1. Januar 2003 gilt § 16 Abs. 2 Nr. 1 mit der Maßgabe, dass an die Stelle des Verbraucherpreisindexes für Deutschland der Preisindex für die Lebenshaltung von 4-Personen-Haushalten von Arbeitern und Angestellten mit mittlerem Einkommen tritt.

§ 30 d[4] **Übergangsregelung zu § 18**

(1) Ist der Versorgungsfall vor dem 1. Januar 2001 eingetreten oder ist der Arbeitnehmer vor dem 1. Januar 2001 aus dem Beschäftigungsverhältnis bei einem öffentlichen Arbeitgeber ausgeschieden und der Versorgungsfall nach dem 31. Dezember 2000 und vor dem 2. Januar 2002 eingetreten, sind für die Berechnung der Voll-Leistung die Regelungen der Zusatzversorgungseinrichtungen nach § 18 Abs. 1 Satz 1 Nr. 1 und 2 oder die Gesetze im Sinne des § 18 Abs. 1 Satz 1 Nr. 3 sowie die weiteren Berechnungsfaktoren jeweils in der am 31. Dezember 2000 geltenden Fassung maßgebend; § 18 Abs. 2 Nr. 1 Buchstabe b bleibt unberührt. Die Steuerklasse III/0 ist zugrunde zu legen. Ist der Versorgungsfall vor dem 1. Januar 2001 eingetreten, besteht der Anspruch auf Zusatzrente mindestens in der Höhe, wie er sich aus § 18 in der Fassung vom 16. Dezember 1997 (BGBl. I S. 2998) ergibt. 40

(2) Die Anwendung des § 18 ist in den Fällen des Absatzes 1 ausgeschlossen, soweit eine Versorgungsrente der in § 18 Abs. 1 Satz 1 Nr. 1 und 2 bezeichneten Zusatzversorgungseinrichtungen oder eine entsprechende Leistung aufgrund der Regelungen des Ersten Ruhegeldgesetzes, des Zweiten Ruhegeldgesetzes oder des Bremischen Ruhelohngesetzes bezogen wird, oder eine Versicherungsrente abgefunden wurde.

(2 a) Für Personen, deren Beschäftigungsverhältnis vor dem 1. Januar 2002 vor Eintritt des Versorgungsfalls geendet hat und deren Anwartschaft nach § 1 b fortbesteht, haben die in § 18 Absatz 1 Satz 1 Nummer 1 und 2 bezeichneten Zusatzversorgungseinrichtungen bei Eintritt des Versorgungsfalls nach dem 1. Januar 2002 die Anwartschaft für Zeiten bis zum 1. Januar 2002 nach § 18 Absatz 2 unter Berücksichtigung des § 18 Absatz 5 zu ermitteln.

(3) Für Arbeitnehmer im Sinne des § 18 Abs. 1 Satz 1 Nr. 4, 5 und 6 in der bis zum 31. Dezember 1998 geltenden Fassung, für die bis zum 31. Dezember 1998 ein Anspruch auf Nachversicherung nach § 18 Abs. 6 entstanden ist, gilt Absatz 1 Satz 1 für die aufgrund der Nachversicherung zu ermittelnde Voll-Leistung entsprechend mit der Maßgabe, dass sich der nach § 2 zu ermittelnde Anspruch gegen den ehemaligen Arbeitgeber richtet. Für den nach § 2 zu ermittelnden Anspruch gilt § 18 Abs. 2 Nr. 1 Buchstabe b entsprechend; für die übrigen Bemessungsfaktoren ist auf die Rechtslage am 31. Dezember 2000 abzustellen. Leistungen der gesetzlichen Rentenversicherung, die auf einer Nachversicherung wegen Ausscheidens aus einem Dienstordnungsverhältnis beruhen, und Leistungen, die die zuständige Versorgungseinrichtung aufgrund von Nachversicherungen im Sinne des § 18 Abs. 6 in der am 31. Dezember 1998 geltenden Fassung gewährt, werden auf den Anspruch nach § 2 angerechnet. Hat das

---

[1] § 30 a aufgehoben durch Gesetz vom 17. 8. 2017 (BGBl. I S. 3214) mit Wirkung ab 1. 1. 2018.

[2] § 30 b eingefügt durch Gesetz vom 16. 12. 1997 (BGBl. I S. 2998). § 30 b neu gefasst durch Gesetz vom 5. 7. 2004 (BGBl. I S. 1427).

[3] § 30 c angefügt durch Gesetz vom 16. 12. 1997 (BGBl. I S. 2998). § 30 c Abs. 3 angefügt durch Gesetz vom 26. 6. 2001 (BGBl. I S. 1310). § 30 c Abs. 4 angefügt durch Gesetz vom 3. 4. 2003 (BGBl. I S. 462). § 30 c Abs. 1 a eingefügt durch Gesetz vom 17. 8. 2017 (BGBl. I S. 3214) mit Wirkung ab 24. 8. 2017.

[4] § 30 d angefügt durch Gesetz vom 16. 12. 1997 (BGBl. I S. 2998); neu gefasst durch Gesetz vom 21. 12. 2000 (BGBl. I S. 1914). § 30 d Abs. 1 Satz 1 geändert und Abs. 2 a eingefügt durch Gesetz vom 17. 8. 2017 (BGBl. I S. 3214) mit Wirkung ab 1. 1. 2002.

Arbeitsverhältnis im Sinne des § 18 Abs. 9 bereits am 31. Dezember 1998 bestanden, ist in die Vergleichsberechnung nach § 18 Abs. 9 auch die Zusatzrente nach § 18 in der bis zum 31. Dezember 1998 geltenden Fassung einzubeziehen.

§ 30 e[1] [Anwendungsbereich des § 1 Abs. 2 Nr. 4]

41 (1) § 1 Abs. 2 Nr. 4 zweiter Halbsatz gilt für Zusagen, die nach dem 31. Dezember 2002 erteilt werden.

(2) § 1 Abs. 2 Nr. 4 zweiter Halbsatz findet auf Pensionskassen, deren Leistungen der betrieblichen Altersversorgung durch Beiträge der Arbeitnehmer und Arbeitgeber gemeinsam finanziert und die als beitragsorientierte Leistungszusage oder als Leistungszusage durchgeführt werden, mit der Maßgabe Anwendung, dass dem ausgeschiedenen Arbeitnehmer das Recht zur Fortführung mit eigenen Beiträgen nicht eingeräumt werden und eine Überschussverwendung gemäß § 1 b Abs. 5 Nr. 1 nicht erfolgen muss. Wird dem ausgeschiedenen Arbeitnehmer ein Recht zur Fortführung nicht eingeräumt, gilt für die Höhe der unverfallbaren Anwartschaft § 2 Absatz 5 entsprechend. Für die Anpassung laufender Leistungen gelten die Regelungen nach § 16 Abs. 1 bis 4. Die Regelung in Absatz 1 bleibt unberührt.

§ 30 f[2] [Unverfallbare Anwartschaft]

42 (1) Wenn Leistungen der betrieblichen Altersversorgung vor dem 1. Januar 2001 zugesagt worden sind, ist § 1 b Abs. 1 mit der Maßgabe anzuwenden, dass die Anwartschaft erhalten bleibt, wenn das Arbeitsverhältnis vor Eintritt des Versorgungsfalles, jedoch nach Vollendung des 35. Lebensjahres endet und die Versorgungszusage zu diesem Zeitpunkt

1. mindestens zehn Jahre oder
2. bei mindestens zwölfjähriger Betriebszugehörigkeit mindestens drei Jahre

bestanden hat; in diesen Fällen bleibt die Anwartschaft auch erhalten, wenn die Zusage ab dem 1. Januar 2001 fünf Jahre bestanden hat und bei Beendigung des Arbeitsverhältnisses das 30. Lebensjahr vollendet ist. § 1 b Abs. 5 findet für Anwartschaften aus diesen Zusagen keine Anwendung.

(2) Wenn Leistungen der betrieblichen Altersversorgung vor dem 1. Januar 2009 und nach dem 31. Dezember 2000 zugesagt worden sind, ist § 1 b Abs. 1 Satz 1 mit der Maßgabe anzuwenden, dass die Anwartschaft erhalten bleibt, wenn das Arbeitsverhältnis vor Eintritt des Versorgungsfalls, jedoch nach Vollendung des 30. Lebensjahres endet und die Versorgungszusage zu diesem Zeitpunkt fünf Jahre bestanden hat; in diesen Fällen bleibt die Anwartschaft auch erhalten, wenn die Zusage ab dem 1. Januar 2009 fünf Jahre bestanden hat und bei Beendigung des Arbeitsverhältnisses das 25. Lebensjahr vollendet ist.

(3) Wenn Leistungen der betrieblichen Altersversorgung vor dem 1. Januar 2018 und nach dem 31. Dezember 2008 zugesagt worden sind, ist § 1 b Absatz 1 Satz 1 mit der Maßgabe anzuwenden, dass die Anwartschaft erhalten bleibt, wenn das Arbeitsverhältnis vor Eintritt des Versorgungsfalls, jedoch nach Vollendung des 25. Lebensjahres endet und die Versorgungszusage zu diesem Zeitpunkt fünf Jahre bestanden hat; in diesen Fällen bleibt die Anwartschaft auch erhalten, wenn die Zusage ab dem 1. Januar 2018 drei Jahre bestanden hat und bei Beendigung des Arbeitsverhältnisses das 21. Lebensjahr vollendet ist.

§ 30 g[3] [Anwendbarkeit des § 2 Abs. 5]

43 (1) § 2 a Absatz 2 gilt nicht für Beschäftigungszeiten vor dem 1. Januar 2018. Für Beschäftigungszeiten nach dem 31. Dezember 2017 gilt § 2 a Absatz 2 nicht, wenn das Versorgungssystem vor dem 20. Mai 2014 für neue Arbeitnehmer geschlossen war.

(2) § 2 Absatz 5 gilt nur für Anwartschaften, die auf Zusagen beruhen, die nach dem 31. Dezember 2000 erteilt worden sind. Im Einvernehmen zwischen Arbeitgeber und Arbeitnehmer kann § 2 Absatz 5 auch auf Anwartschaften angewendet werden, die auf Zusagen beruhen, die vor dem 1. Januar 2001 erteilt worden sind.

(3) § 3 findet keine Anwendung auf laufende Leistungen, die vor dem 1. Januar 2005 erstmals gezahlt worden sind.

§ 30 h[4] [Entgeltumwandlungen nach dem 29. 6. 2001]

44 § 20 Abs. 1 gilt für Entgeltumwandlungen, die auf Zusagen beruhen, die nach dem 29. Juni 2001 erteilt werden.

[1] § 30 e eingefügt durch Gesetz vom 21. 6. 2002 (BGBl. I S. 2167). § 30 e Satz 2 eingefügt durch Gesetz vom 5. 7. 2004 (BGBl. I S. 1427). § 30 e Abs. 2 Satz 2 Zitat geändert durch Gesetz vom 21. 12. 2015 (BGBl. I S. 2553) mit Wirkung ab 1. 1. 2018.

[2] § 30 f eingefügt durch Gesetz vom 26. 6. 2001 (BGBl. I S. 1310). Abs. 1 geändert und Abs. 2 angefügt durch Gesetz vom 10. 12. 2007 (BGBl. I S. 2838). Abs. 3 angefügt durch Gesetz vom 21. 12. 2015 (BGBl. I S. 2553) mit Wirkung ab 1. 1. 2018.

[3] § 30 g eingefügt durch Gesetz vom 26. 6. 2001 (BGBl. I S. 1310). § 30 g Abs. 2 neu gefasst durch Gesetz vom 5. 7. 2004 (BGBl. I S. 1427). Abs. 1 neu gefasst (bisherige Abs. 1 und 2 werden Abs. 2 und 3) sowie Zitate im neuen Abs. 2 geändert durch Gesetz vom 21. 12. 2015 (BGBl. I S. 2553) mit Wirkung ab 1. 1. 2018.

[4] § 30 h eingefügt durch Gesetz vom 26. 6. 2001 (BGBl. I S. 1310). § 30 h Zitat geändert durch Gesetz vom 17. 8. 2017 (BGBl. I S. 3214) mit Wirkung ab 1. 1. 2018.

§ 30 i[1] [Insolvenzsicherung]

(1) Der Barwert der bis zum 31. Dezember 2005 aufgrund eingetretener Insolvenzen zu sichernden Anwartschaften wird einmalig auf die beitragspflichtigen Arbeitgeber entsprechend § 10 Abs. 3 umgelegt und vom Träger der Insolvenzsicherung nach Maßgabe der Beträge zum Schluss des Wirtschaftsjahres, das im Jahr 2004 geendet hat, erhoben. Der Rechnungszinsfuß bei der Berechnung des Barwerts beträgt 3,67 vom Hundert. 45

(2) Der Betrag ist in 15 gleichen Raten fällig. Die erste Rate wird am 31. März 2007 fällig, die weiteren zum 31. März der folgenden Kalenderjahre. Bei vorfälliger Zahlung erfolgt eine Diskontierung der einzelnen Jahresraten mit dem zum Zeitpunkt der Zahlung um ein Drittel erhöhten Rechnungszinsfuß nach der nach § 235 Nummer 4 des Versicherungsaufsichtsgesetzes erlassenen Rechtsverordnung, wobei nur volle Monate berücksichtigt werden.

(3) Der abgezinste Gesamtbetrag ist gemäß Absatz 2 am 31. März 2007 fällig, wenn die sich ergebende Jahresrate nicht höher als 50 Euro ist.

(4) Insolvenzbedingte Zahlungsausfälle von ausstehenden Raten werden im Jahr der Insolvenz in die erforderlichen jährlichen Beiträge gemäß § 10 Abs. 2 eingerechnet.

§ 30 j[2] Übergangsregelung zu § 20 Absatz 2

§ 20 Absatz 2 gilt nicht für Optionssysteme, die auf der Grundlage von Betriebs- oder Dienstvereinbarungen vor dem 1. Juni 2017 eingeführt worden sind. 46

§ 31[3] [Sicherungsfälle vor dem 1. 1. 1999]

Auf Sicherungsfälle, die vor dem 1. Januar 1999 eingetreten sind, ist dieses Gesetz in der bis zu diesem Zeitpunkt geltenden Fassung anzuwenden. 47

§ 32 Inkrafttreten

Dieses Gesetz tritt vorbehaltlich des Satzes 2 am Tage nach seiner Verkündung[4] in Kraft. Die §§ 7 bis 15 treten am 1. Januar 1975 in Kraft. 48

15 a. Verordnung zur Durchführung der steuerlichen Vorschriften des Einkommensteuergesetzes zur Altersvorsorge und zum Rentenbezugsmitteilungsverfahren sowie zum weiteren Datenaustausch mit der zentralen Stelle (Altersvorsorge-Durchführungsverordnung – AltvDV)[5]

Vom 28. Februar 2005 (BGBl. I S. 487)[6]

Geändert durch Gesetz vom 13. 12. 2006 (BGBl. I S. 2878), vom 20. 12. 2007 (BGBl. I S. 3150), vom 29. 7. 2008 (BGBl. I S. 1509), vom 19. 12. 2008 (BGBl. I S. 2794), vom 20. 12. 2008 (BGBl. I S. 2850), vom 8. 1. 2009 (BGBl. I S. 31), vom 3. 4. 2009 (BGBl. I S. 700), vom 16. 7. 2009 (BGBl. I S. 1959), vom 8. 4. 2010 (BGBl. I S. 386), vom 8. 12. 2010 (BGBl. I S. 1768), vom 12. 4. 2012 (BGBl. I S. 579), vom 24. 6. 2013 (BGBl. I S. 1667), vom 26. 6. 2013 (BGBl. IS. 1809), vom 18. 7. 2014 (BGBl. I S. 1042), vom 25. 7. 2014 (BGBl. I S. 1266), Verordnung vom 22. 12. 2014 (BGBl. I S. 2392), Gesetz vom 18. 7. 2016 BGBl. I S. 1679), Verordnung vom 12. 7. 2017 (BGBl. I S. 2360), Gesetz vom 17. 8. 2017 (BGBl. I S. 3214), Gesetz vom 20. 11. 2019 (BGBl. I S. 1626), VO vom 25. 6. 2020 (BGBl. I S. 1495), Gesetz vom 11. 2. 2021 (BGBl. I S. 154), vom 16. 12. 2022 (BGBl. I S. 2294), VO vom 19. 12. 2022 (BGBl. I S. 2432) und JStG 2024 vom 2. 12. 2024 (BGBl. 2024 I Nr. 387)

Abschnitt 1. Grundsätze der Datenübermittlung[7]

§ 1 Datensätze

(1)[8, 9] Eine Übermittlung von Daten nach 1

1. § 10 Absatz 2 a, 2 b, 2 c und 4 b, den §§ 10 a, 22 a oder Abschnitt XI des Einkommensteuergesetzes,
2. § 32 b Absatz 3 des Einkommensteuergesetzes, soweit auf § 22 a des Einkommensteuergesetzes verwiesen wird, § 52 Absatz 30 b des Einkommensteuergesetzes oder
3. dieser Verordnung

[1] § 30 i eingefügt durch Gesetz vom 2. 12. 2006 (BGBl. I S. 2742). Abs. 2 Satz 3 geändert durch Gesetz vom 1. 4. 2015 (BGBl. I S. 434) mit Wirkung ab 1. 1. 2016.

[2] § 30 j eingef. durch Gesetz v. 17. 8. 2017 (BGBl. I S. 3214) mit Wirkung ab 1. 1. 2018.

[3] § 31 eingefügt durch Gesetz vom 5. 10. 1994 (BGBl. I S. 2911).

[4] Verkündet am 21. 12. 1974.

[5] Überschrift geändert durch VO vom 8. 1. 2009 (BGBl. I S. 31) mit Wirkung ab 16. 1. 2009. Überschrift erneut geändert durch Gesetz vom 16. 7. 2009 (BGBl. I S. 1959) mit Wirkung ab 23. 7. 2009.

[6] Neubekanntmachung der Altersvorsorge-Durchführungsverordnung auf Grund Art. 2 der Zweiten Verordnung zur Änderung der Altersvorsorge-Durchführungsverordnung vom 12. 1. 2005 (BGBl. I S.109) in der seit dem 1. 1. 2005 geltenden Fassung.

[7] Angabe zu Abschnitt 1 geändert durch VO vom 8. 1. 2009 (BGBl. I S. 31) mit Wirkung ab 16. 1. 2009.

[8] § 1 Abs. 1 neu gefasst mit Wirkung ab 1. 7. 2013 durch AltvVerbG vom 24. 6. 2013 (BGBl. I S. 1667). Abs. 1 Satz 1 geändert durch AmtshilfeRLUmsG vom 26. 6. 2013 (BGBl. I S. 1809) mit Wirkung ab 30. 6. 2013. § 1 Abs. 1 Nr. 2 geändert durch Gesetz vom 11. 2. 2021 (BGBl. I S. 154) mit Wirkung ab 1. 7. 2022; § 1 Abs. 1 Nr. 1 geändert durch JStG 2024 vom 2. 12. 2024 (BGBl. 2024 I Nr. 387) mit Wirkung ab 6. 12. 2024.

[9] § 1 Abs. 1 Zitate geändert durch VO vom 8. 1. 2009 (BGBl. I S. 31) mit Wirkung ab 16. 1. 2009, durch Gesetz vom 16. 7. 2009 (BGBl. I S. 1959) mit Wirkung ab 23. 7. 2009, durch Gesetz vom 25. 7. 21 014 (BGBl. I S. 1266) mit Wirkung ab 31. 7. 2014 und durch Gesetz vom 20. 11. 2019 (BGBl. I S. 1626) mit Wirkung ab 1. 1. 2019.

sowie eine nach diesen Vorschriften bestehende Anzeige- und Mitteilungspflicht zwischen den am Verfahren Beteiligten erfolgen in Form eines amtlich vorgeschriebenen Datensatzes.

(2)[1, 2] Absatz 1 gilt nicht für

1. Mitteilungen an den Zulageberechtigten,
2. Mitteilungen des Zulageberechtigten nach § 10 a oder Abschnitt XI des Einkommensteuergesetzes,
3. Anzeigen nach den §§ 5 und 13 oder
4. Mitteilungen nach den §§ 6, 10 Absatz 2 Satz 2 und § 11 Absatz 1 und 3.

Wird die Mitteilung nach § 11 Abs. 1 und 3 über die zentrale Stelle übermittelt, ist Absatz 1 anzuwenden. Die Mitteilung des Anbieters an den Zulageberechtigten nach § 90 Abs. 1 Satz 3 des Einkommensteuergesetzes kann mit der Bescheinigung nach § 92 des Einkommensteuergesetzes erfolgen.

§ 2[3] Technisches Übermittlungsformat

2 (1) Die Datensätze sind im XML-Format zu übermitteln.

(2)[4] Der codierte Zeichensatz für eine nach § 10 a oder Abschnitt XI des Einkommensteuergesetzes oder nach einer im Abschnitt 2 dieser Verordnung vorzunehmenden Datenübermittlung hat vorbehaltlich der Sätze 2 und 3 den Anforderungen der DIN 66 303, Ausgabe Juni 2000, zu entsprechen. Die zentrale Stelle kann für einzelne oder alle Datensätze die Verwendung eines anderen Zeichensatzes und die dafür erforderliche Codierung bestimmen. Der Zeitpunkt der erstmaligen Verwendung wird mindestens sechs Monate vorher durch das Bundesministerium der Finanzen im Bundessteuerblatt bekannt gegeben.

(3)[5] Der codierte Zeichensatz für eine Datenübermittlung nach

1. § 10 Absatz 2 a, 2 b, 2 c und 4 b oder § 22 a des Einkommensteuergesetzes,
2. § 32 b Absatz 3 des Einkommensteuergesetzes, soweit auf § 22 a des Einkommensteuergesetzes verwiesen wird, § 52 Absatz 30 b des Einkommensteuergesetzes oder
3. den Abschnitten 3 und 4 dieser Verordnung

hat vobehaltlich des Satzes 2 den Anforderungen der ISO/IEC 8859-15, Ausgabe März 1999, zu entsprechen. Absatz 2 Satz 2 und 3 gilt entsprechend.

§ 2 a[6] DIN- und ISO/IEC-Normen

2a DIN- und ISO/IEC-Normen, auf die in dieser Verordnung verwiesen wird, sind im Beuth-Verlag GmbH, Berlin und Köln, erschienen und beim Deutschen Patent- und Markenamt in München archivmäßig gesichert niedergelegt.

§ 3[7] Verfahren der Datenübermittlung, Schnittstellen

3 (1) Die Übermittlung der Datensätze hat durch Datenfernübertragung zu erfolgen.

(1 a) Bei der elektronischen Übermittlung sind die für den jeweiligen Besteuerungszeitraum oder -zeitpunkt bestimmten Schnittstellen ordnungsgemäß zu bedienen. Die für die Datenübermittlung erforderlichen Schnittstellen und die dazugehörige Dokumentation werden über das Internet in einem geschützten Bereich der zentralen Stelle zur Verfügung gestellt.

(2) Werden Mängel festgestellt, die eine ordnungsgemäße Übernahme der Daten beeinträchtigen, kann die Übernahme der Daten abgelehnt werden. Der Absender ist über die Mängel zu unterrichten.

(3) Die technischen Einrichtungen für die Datenübermittlung stellt jede übermittelnde Stelle für ihren Bereich bereit.

§ 4[8] Übermittlung durch Datenfernübertragung

4 (1) Bei der Datenfernübertragung sind dem jeweiligen Stand der Technik entsprechende Maßnahmen zur Sicherstellung von Datenschutz und Datensicherheit zu treffen, die insbesondere die Vertraulichkeit und Unversehrtheit der Daten sowie die Authentifizierung der übermittelnden und empfangenden Stelle

---

[1] § 1 Abs. 2 Satz 1 und Satz 3 geändert mit Wirkung ab 1. 7. 2013 durch AltvVerbG vom 24. 6. 2013 (BGBl. I S. 1667). § 1 Abs. 2 Satz 1 geändert durch Gesetz vom 25. 7. 2014 (BGBl. I S. 1266) mit Wirkung ab 31. 7. 2014.

[2] § 1 Abs. 2 bish. Satz 1 und bish. Satz 5 aufgehoben und bish. Satz 2 geändert durch JStG 2007 v. 13. 12. 2006 (BGBl. I S. 2878) mit Wirkung ab 1. 1. 2007. Abs. 2 Satz 1 geändert durch EigRentG vom 29. 7. 2008 (BGBl. I S. 1509) mit Wirkung ab 1. 8. 2008 und durch VO vom 8. 1. 2009 (BGBl. I S. 31) mit Wirkung ab 16. 1. 2009.

[3] § 2 neu gefasst durch VO vom 8. 1. 2009 (BGBl. I S. 31) mit Wirkung ab 16. 1. 2009.

[4] § 2 Abs. 2 Satz 1 geändert durch AltvVerbG vom 24. 6. 2013 (BGBl. I S. 1667) mit Wirkung ab 1. 7. 2013 und durch Gesetz vom 25. 7. 2014 (BGBl. I S. 1266) mit Wirkung ab 31. 7. 2014. § 2 Abs. 2 neu gefasst durch Gesetz vom 17. 8. 2017 (BGBl. I S. 3214) mit Wirkung ab 1. 1. 2018.

[5] § 2 Abs. 3 Satz 1 neu gefasst durch AltvVerbG vom 24. 6. 2013 (BGBl. I S. 1667) mit Wirkung ab 1. 7. 2013. Abs. 3 Satz 1 geändert durch AmtshilfeRLUmsG vom 26. 6. 2013 (BGBl. I S. 1809) mit Wirkung ab 30. 6. 2013. Abs. 3 Satz 1 Nr. 2 geändert durch Gesetz vom 25. 7. 2014 (BGBl. I S. 1266) mit Wirkung ab 31. 7. 2014. § 2 Abs. 3 Satz 1 und Satz 2 geän-dert durch Gesetz vom 17. 8. 2017 (BGBl. I S. 3214) mit Wirkung ab 1. 1. 2018. § 2 Abs. 3 Nr. 1 Zitat geändert durch Gesetz vom 20. 11. 2019 (BGBl. I S. 1626) mit Wirkung ab 1. 1. 2019. § 2 Abs. 3 Satz 1 Nr. 2 geändert durch Gesetz vom 11. 2. 2021 (BGBl. I S. 154) mit Wirkung ab 1. 7. 2022; § 2 Abs. 3 Satz 1 Nr. 1 geändert durch JStG 2024 vom 2. 12. 2024 (BGBl. 2024 I Nr. 387) mit Wirkung ab 6. 12. 2024.

[6] § 2 a eingefügt durch VO vom 8. 1. 2009 (BGBl. I S. 31) mit Wirkung ab 16. 1. 2009.

[7] § 3 Abs. 1 Sätze 2 und 3 aufgehoben durch JStG 2008 vom 20. 12. 2007 (BGBl. I S. 3150). § 3 Überschrift geändert und Abs. 1 a eingefügt durch VO vom 8. 1. 2009 (BGBl. I S. 31) mit Wirkung ab 16. 1. 2009.

[8] § 4 Abs. 3 geändert durch Verordnung vom 12. 7. 2017 (BGBl. I S. 2360) mit Wirkung ab 25. 5. 2018. Abs. 3 aufgeh., Abs. 4 geänd. mit Wirkung ab 30. 6. 2020 durch VO v. 25. 6. 2020 (BGBl. I S. 1495).

gewährleisten. Bei der Nutzung allgemein zugänglicher Netze sind Verschlüsselungsverfahren zu verwenden. Die zentrale Stelle bestimmt das einzusetzende Verschlüsselungsverfahren, das dem jeweiligen Stand der Technik entsprechen muss.

(2) Die zentrale Stelle bestimmt den zu nutzenden Übertragungsweg. Hierbei soll der Übertragungsweg zugelassen werden, der von den an der Datenübermittlung Beteiligten gewünscht wird.

(3) *(aufgehoben)*

(4) Hat die mitteilungspflichtige Stelle einen Auftragnehmer im Sinne des § 87 d der Abgabenordnung mit der Datenübermittlung beauftragt, gilt der Auftragnehmer als Empfangsbevollmächtigter für Mitteilungen der zentralen Stelle an den Auftraggeber, solange dieser nicht widerspricht.

§ 5 Identifikation der am Verfahren Beteiligten

(1)[1] Der Anbieter, die zuständige Stelle und die Familienkassen haben der zentralen Stelle auf Anforderung anzuzeigen: 5

1. die Kundenart,
2. den Namen und die Anschrift,
3. soweit erforderlich die E-Mail-Adresse,
4. die Telefon- und soweit vorhanden die Telefaxnummer,
5. die Betriebsnummer und
6. die Art der Verbindung.

(2)[2] Der Anbieter hat zusätzlich zu den in Absatz 1 aufgeführten Angaben eine Zertifizierungsnummer sowie die Bankverbindung, über welche die Zulagenzahlungen abgewickelt werden sollen, anzuzeigen. Hat der Anbieter ausschließlich Daten nach § 10 Absatz 2 a, 2 b und 4 b des Einkommensteuergesetzes zu übermitteln, ist die Angabe der Bankverbindung nicht erforderlich.

(2 a)[3] Die Familienkassen haben zusätzlich zu den in Absatz 1 aufgeführten Angaben eine von ihnen im Außenverhältnis gegenüber dem Kindergeldempfänger verwendete Kurzbezeichnung der Familienkasse anzuzeigen.

(3)[4] Im Fall der Beauftragung eines Auftragnehmers (§ 87 d der Abgabenordnung) hat der Auftraggeber der zentralen Stelle auch die in Absatz 1 genannten Daten des Auftragnehmers anzuzeigen. Eine Mandanten- oder Institutionsnummer des Beteiligten beim Auftragnehmer ist ebenfalls anzuzeigen.

(4)[5] Die am Verfahren Beteiligten (übermittelnde Stellen und ihre Auftragnehmer) erhalten von der zentralen Stelle eine Kundennummer und ein Passwort, die den Zugriff auf den geschützten Bereich des Internets der zentralen Stelle ermöglichen.

(5)[6] Jede Änderung der in den Absätzen 1 bis 3 genannten Daten ist der zentralen Stelle von dem am Verfahren Beteiligten unter Angabe der Kundennummer (Absatz 4) unverzüglich anzuzeigen.

(6)[7] Die Absätze 1 und 3 bis 5 gelten für die mitteilungspflichtigen Stellen im Sinne des § 10 Absatz 2 a, 2 b, 2 c und 4 b, § 22 a Absatz 1 Satz 1 und § 32 b Absatz 3 des Einkommensteuergesetzes entsprechend.

Abschnitt 2. Vorschriften zur Altersvorsorge nach § 10 a oder Abschnitt XI des Einkommensteuergesetzes[8]

Unterabschnitt 1. Mitteilungs- und Anzeigepflichten[9]

§ 6[10] Mitteilungspflichten des Arbeitgebers

(1) Der Arbeitgeber hat der Versorgungseinrichtung (Pensionsfonds, Pensionskasse, Direktversicherung), die für ihn die betriebliche Altersversorgung durchführt, spätestens zwei Monate nach Ablauf des Kalenderjahres oder nach Beendigung des Dienstverhältnisses im Laufe des Kalenderjahres mitzuteilen, in welcher Höhe die für den einzelnen Arbeitnehmer geleisteten Beiträge individuell besteuert wurden. Die Mitteilungspflicht des Arbeitgebers kann durch einen Auftragnehmer wahrgenommen werden. 6

[1] § 5 Abs. 1 neu gefasst durch JStG 2007 v. 13. 12. 2006 (BGBl. I S. 2878). Abs. 1 geändert und Nr. 1 bis 5 neu gefasst durch VO vom 8. 1. 2009 (BGBl. I S. 31) mit Wirkung ab 16. 1. 2009.

[2] § 5 Abs. 2 Satz 1 neu gefasst durch Gesetz vom 16. 7. 2009 (BGBl. I S. 1959) mit Wirkung ab 23. 7. 2009. § 5 Abs. 2 Satz 2 geändert durch AmtshilfeRLUmsG vom 26. 6. 2013 (BGBl. I S. 1809) mit Wirkung ab 30. 6. 2013. § 5 Abs. 2 Satz 2 Zitat geändert durch Gesetz vom 20. 11. 2019 (BGBl. I S. 1626) mit Wirkung ab 1. 1. 2019.

[3] § 5 Abs. 2 a eingefügt durch JStG 2007 v. 13. 12. 2006 (BGBl. I S. 2878).

[4] § 5 Abs. 3 Sätze 1 und 2 geändert durch VO vom 8. 1. 2009 (BGBl. I S. 31) mit Wirkung ab 16. 1. 2009. Abs. 3 Satz 1 geänd. mit Wirkung ab 30. 6. 2020 durch VO v. 25. 6. 2020 (BGBl. I S. 1495).

[5] § 5 Abs. 4 geändert durch JStG 2007 v. 13. 12. 2006 (BGBl. I S. 2878). Abs. 4 geändert durch VO vom 8. 1. 2009 (BGBl. I S. 31) mit Wirkung ab 16. 1. 2009.

[6] § 5 Abs. 5 geändert durch JStG 2007 v. 13. 12. 2006 (BGBl. I S. 2878).

[7] § 5 Abs. 6 neu gefasst durch Gesetz vom 18. 7. 2016 (BGBl. I S. 1679) mit Wirkung ab 1. 1. 2017. § 5 Abs. 6 Zitat geändert durch Gesetz vom 20. 11. 2019 (BGBl. I S. 1626) mit Wirkung ab 1. 1. 2019; § 5 Abs. 6 geändert durch JStG 2024 vom 2. 12. 2024 (BGBl. 2024 I Nr. 387) mit Wirkung ab 6. 12. 2024.

[8] Überschriften der Abschnitte neu gefasst durch VO vom 8. 1. 2009 (BGBl. I S. 31). Überschrift zu Abschnitt 2 neu gefasst durch Gesetz vom 16. 7. 2009 (BGBl. I S. 1959).

[9] Überschriften der Abschnitte neu gefasst durch VO vom 8. 1. 2009 (BGBl. I S. 31).

[10] § 6 neu gefasst durch JStG 2007 vom 13. 12. 2006 (BGBl. I S. 2878) mit Wirkung ab 1. 1. 2007. § 6 Abs. 1 Satz 1 geändert durch Gesetz vom 17. 8. 2017 (BGBl. I S. 3214) mit Wirkung ab 1. 1. 2018.

(2) Eine Mitteilung nach Absatz 1 kann unterbleiben, wenn die Versorgungseinrichtung dem Arbeitgeber mitgeteilt hat, dass

1. sie die Höhe der individuell besteuerten Beiträge bereits kennt oder aus den bei ihr vorhandenen Daten feststellen kann oder
2. eine Förderung nach § 10 a oder Abschnitt XI des Einkommensteuergesetzes nicht möglich ist.

(3) Der Arbeitnehmer kann gegenüber der Versorgungseinrichtung für die individuell besteuerten Beiträge insgesamt auf die Förderung nach § 10 a oder Abschnitt XI des Einkommensteuergesetzes verzichten; der Verzicht kann für die Zukunft widerrufen werden.

(4) Soweit eine Mitteilung nach Absatz 1 unterblieben ist und die Voraussetzungen des Absatzes 2 Nr. 1 nicht vorliegen oder der Arbeitnehmer nach Absatz 3 verzichtet hat, hat die Versorgungseinrichtung davon auszugehen, dass es sich nicht um Altersvorsorgebeiträge im Sinne des § 82 Abs. 2 des Einkommensteuergesetzes handelt.

§ 7 Besondere Mitteilungspflichten der zuständigen Stelle

7 (1)[1] Beantragt ein Steuerpflichtiger, der zu dem in § 10 a Abs. 1 Satz 1 zweiter Halbsatz des Einkommensteuergesetzes bezeichneten Personenkreis gehört, über die für ihn zuständige Stelle (§ 81 a des Einkommensteuergesetzes) eine Zulagenummer (§ 10 a Abs. 1 a des Einkommensteuergesetzes[2]), übermittelt die zuständige Stelle die Angaben des Steuerpflichtigen an die zentrale Stelle. Für Empfänger einer Versorgung im Sinne des § 10 a Abs. 1 Satz 4 des Einkommensteuergesetzes gilt Satz 1 entsprechend.

(2)[3] Hat der Steuerpflichtige die nach § 10 a Abs. 1 Satz 1 zweiter Halbsatz des Einkommensteuergesetzes erforderliche Einwilligung erteilt, hat die zuständige Stelle die Zugehörigkeit des Steuerpflichtigen zum begünstigten Personenkreis für das Beitragsjahr zu bestätigen und die für die Ermittlung des Mindesteigenbeitrags und für die Gewährung der Kinderzulage erforderlichen Daten an die zentrale Stelle zu übermitteln. Sind für ein Beitragsjahr oder für das vorangegangene Kalenderjahr mehrere zuständige Stellen nach § 91 Abs. 2 des Einkommensteuergesetzes zur Meldung der Daten nach § 10 a Abs. 1 Satz 1 zweiter Halbsatz des Einkommensteuergesetzes verpflichtet, meldet jede zuständige Stelle die Daten für den Zeitraum, für den jeweils das Beschäftigungs-, Amts- oder Dienstverhältnis bestand und auf den sich jeweils die zu übermittelnden Daten beziehen. Gehört der Steuerpflichtige im Beitragsjahr nicht mehr zum berechtigten Personenkreis im Sinne des § 10 a Abs. 1 Satz 1 zweiter Halbsatz des Einkommensteuergesetzes oder ist er nicht mehr Empfänger einer Versorgung im Sinne des § 10 a Abs. 1 Satz 4 des Einkommensteuergesetzes oder hat er im Beitragsjahr erstmalig einen Altersvorsorgevertrag (§ 82 Abs. 1 des Einkommensteuergesetzes) abgeschlossen, hat die zuständige Stelle die für die Ermittlung des Mindesteigenbeitrags erforderlichen Daten an die zentrale Stelle zu übermitteln, wenn ihr eine Einwilligung des Steuerpflichtigen vorliegt. Sind die zuständige Stelle und die Familienkasse verschiedenen juristischen Personen zugeordnet, entfällt die Meldung der kinderbezogenen Daten nach Satz 1. In den anderen Fällen kann eine Übermittlung der Kinderdaten durch die zuständige Stelle entfallen, wenn sichergestellt ist, dass die Familienkasse die für die Gewährung der Kinderzulage erforderlichen Daten an die zentrale Stelle übermittelt oder ein Datenabgleich (§ 91 Abs. 1 Satz 1 erster Halbsatz des Einkommensteuergesetzes) erfolgt.

(3) Hat die zuständige Stelle die für die Gewährung der Kinderzulage erforderlichen Daten an die zentrale Stelle übermittelt (§ 91 Abs. 2 des Einkommensteuergesetzes) und wird für diesen gemeldeten Zeitraum das Kindergeld insgesamt zurückgefordert, hat die zuständige Stelle dies der zentralen Stelle bis zum 31. März des Kalenderjahres, das dem Kalenderjahr der Rückforderung folgt, mitzuteilen.

§ 8 *(weggefallen)*

§ 9[4] Besondere Mitteilungspflicht der Familienkasse

9 Hat die zuständige Familienkasse der zentralen Stelle die Daten für die Gewährung der Kinderzulage übermittelt und wird für diesen gemeldeten Zeitraum das Kindergeld insgesamt zurückgefordert, hat die Familienkasse dies der zentralen Stelle unverzüglich mitzuteilen.

§ 10 Besondere Mitteilungspflichten des Anbieters

10 (1) Der Anbieter hat die vom Antragsteller im Zulageantrag anzugebenden Daten sowie die Mitteilungen nach § 89 Abs. 1 Satz 5 des Einkommensteuergesetzes zu erfassen und an die zentrale Stelle zu übermitteln. Erfolgt eine Datenübermittlung nach § 89 Abs. 3 des Einkommensteuergesetzes, gilt Satz 1 entsprechend.

(2)[5] Der Anbieter hat einen ihm bekannt gewordenen Tatbestand des § 95 des Einkommensteuergesetzes der zentralen Stelle mitzuteilen. Wenn dem Anbieter ausschließlich eine Anschrift des Zulageberechtigten außerhalb der Mitgliedstaaten der Europäischen Union und der Staaten, auf die das Abkom-

[1] § 7 Abs. 1 Satz 2 angefügt durch EigRentG vom 29. 7. 2008 (BGBl. I S. 1509) mit Wirkung ab 1. 8. 2008.

[2] **[Amtl. Anm.:]** Jetzt § 10 a Abs. 1 b.

[3] § 7 Abs. 2 Satz 4 neu gefasst und Satz 5 angefügt durch JStG 2007 vom 13. 12. 2007 (BGBl. I S. 2878) mit Wirkung ab 1. 1. 2007. Abs. 2 Satz 3 geändert durch EigRentG vom 29. 7. 2008 (BGBl. I S. 1509) mit Wirkung ab 1. 8. 2008.

[4] § 9 geändert durch JStG 2007 vom 13. 12. 2006 (BGBl. I S. 2878) mit Wirkung ab 1. 1. 2007.

[5] § 10 Abs. 2 Satz 2 angefügt durch JStG 2007 vom 13. 12. 2006 (BGBl. I S. 2878) mit Wirkung ab 1. 1. 2007. Abs. 2 geändert durch Gesetz vom 8. 4. 2010 (BGBl. I S. 386) mit Wirkung ab 15. 4. 2010; § 10 Abs. 2 Satz 1 geändert durch JStG 2022 vom 16. 12. 2022 (BGBl. I. S. 2294) mit Wirkung ab 1. 1. 2023.

men über den Europäischen Wirtschaftsraum (EWR-Abkommen) anwendbar ist, bekannt ist, teilt er dies der zentralen Stelle mit.

(3) Der Anbieter hat der zentralen Stelle die Zahlung des nach § 90 Abs. 3 Satz 3 des Einkommensteuergesetzes abzuführenden Rückforderungsbetrages und des nach § 94 Abs. 1 Satz 3 des Einkommensteuergesetzes abzuführenden Rückzahlungsbetrages, jeweils bezogen auf den Zulageberechtigten, sowie die Zahlung von ihm geschuldeter Verspätungs- oder Säumniszuschläge mitzuteilen.

(4)[1] Der Zulageberechtigte kann gegenüber seinem Anbieter erklären, dass er eine steuerliche Berücksichtigung seiner an den Anbieter entrichteten Altersvorsorgebeiträge für den jeweiligen Vertrag bei der Ermittlung der abziehbaren Sonderausgaben nach § 10 a des Einkommensteuergesetzes durch die Finanzbehörden nicht beabsichtigt. Liegt dem Anbieter eine Erklärung *nach Satz 1 vor, hat er ab dem* 1. Januar 2022 ein gesondertes Merkmal in der Meldung nach § 10 a Absatz 5 des Einkommensteuergesetzes aufzunehmen. Die Erklärung gilt ab dem Veranlagungsjahr, das dem Jahr folgt, in welchem die Erklärung gegenüber dem Anbieter abgegeben wird. Die Erklärung kann widerrufen werden; Satz 3 gilt entsprechend. Wird die Erklärung im Jahr des Vertragsabschlusses abgegeben, so gilt sie abweichend von Satz 3 schon für das Jahr des Vertragsabschlusses.

§ 11 Anbieterwechsel

(1)[2] Im Fall der Übertragung von Altersvorsorgevermögen nach § 1 Abs. 1 Satz 1 Nr. 10 Buchstabe b des Altersvorsorgeverträge-Zertifizierungsgesetzes sowie in den Fällen des § 93 Abs. 1 Satz 4 Buchstabe c, Abs. 1 a Satz 1 oder Abs. 2 Satz 2 und 3 des Einkommensteuergesetzes hat der Anbieter des bisherigen Vertrags dem Anbieter des neuen Vertrags die in § 92 des Einkommensteuergesetzes genannten Daten einschließlich der auf den Zeitpunkt der Übertragung fortgeschriebenen Beträge im Sinne des § 19 Abs. 1 und 2 mitzuteilen. Dies gilt auch bei einer Übertragung von ausschließlich ungefördertem Altersvorsorgevermögen, die mit einer Übertragung nach § 93 Absatz 1 a Satz 1 des Einkommensteuergesetzes vergleichbar ist. Bei der Übermittlung hat er die bisherige Vertragsnummer, die Zertifizierungsnummer und die Anbieternummer anzugeben. Der Anbieter des bisherigen Vertrags kann die Mitteilung nach Satz 1 über die zentrale Stelle dem Anbieter des neuen Vertrags übermitteln. Die zentrale Stelle leitet die Mitteilung ohne inhaltliche Prüfung an den Anbieter des neuen Vertrags. Der Anbieter des bisherigen Vertrags hat den Anbieter des neuen Vertrags über eine Abweisung eines Datensatzes nach § 12 Abs. 1 Satz 3 oder 4 unverzüglich zu unterrichten. 11

(2)[3] Wird das Altersvorsorgevermögen im laufenden Beitragsjahr vollständig auf einen neuen Anbieter übertragen, ist dieser Anbieter zur Ausstellung der Bescheinigung nach § 92 des Einkommensteuergesetzes sowie zur Übermittlung der Daten nach § 10 a Abs. 5 des Einkommensteuergesetzes an die zentrale Stelle für das gesamte Beitragsjahr verpflichtet.

(3)[4] Bei Übertragungen von Altersvorsorgevermögen nach Absatz 1 Satz 1 oder Satz 2 haben der Anbieter des bisherigen Vertrags sowie der Anbieter des neuen Vertrags die Übertragung der zentralen Stelle mitzuteilen. Bei einer Übertragung von gefördertem Altersvorsorgevermögen nach § 82 Absatz 1 Satz 4 des Einkommensteuergesetzes hat der Anbieter des neuen Vertrags dies der zentralen Stelle ergänzend mitzuteilen. Bei einer Übertragung von Altersvorsorgevermögen nach § 93 Absatz 1 a Satz 2 des Einkommensteuergesetzes oder bei einer Übertragung von ausschließlich ungefördertem Altersvorsorgevermögen, die mit einer Übertragung nach § 93 Absatz 1 a Satz 2 des Einkommensteuergesetzes vergleichbar ist, hat der Anbieter des bisherigen Vertrags die Übertragung der zentralen Stelle mitzuteilen. Bei einer Übertragung nach § 93 Absatz 1 a Satz 1 oder Satz 2 des Einkommensteuergesetzes oder bei einer Übertragung von ausschließlich ungefördertem Altersvorsorgevermögen, die mit einer Übertragung nach § 93 Absatz 1 a Satz 1 oder Satz 2 des Einkommensteuergesetzes vergleichbar ist, hat der Anbieter des bisherigen Vertrags der zentralen Stelle außerdem die vom Familiengericht angegebene Ehezeit oder die Lebenspartnerschaftszeit mitzuteilen.

(4)[5] Wird Altersvorsorgevermögen auf Grund vertraglicher Vereinbarung nur teilweise auf einen anderen Vertrag übertragen, gehen Zulagen, Beiträge und Erträge anteilig auf einen neuen Vertrag über. Die Absätze 1 und 3 geltend entsprechend.

(5)[6] *(aufgehoben)*

§ 12[7] Besondere Mitteilungspflichten der zentralen Stelle gegenüber dem Anbieter

(1) Die zentrale Stelle hat dem Anbieter das Ermittlungsergebnis (§ 90 Abs. 1 Satz 1 des Einkommensteuergesetzes) mitzuteilen. Die Mitteilung steht unter dem Vorbehalt der Nachprüfung (§ 164 der Abgabenordnung). Das Ermittlungsergebnis kann auch durch Abweisung des nach § 89 Abs. 2 des Einkommensteuergesetzes übermittelten Datensatzes, der um eine in dem vom Bundesministerium der Finanzen veröffentlichten Fehlerkatalog besonders gekennzeichnete Fehlermeldung ergänzt wird, übermittelt werden. Ist der Datensatz nach § 89 Abs. 2 des Einkommensteuergesetzes auf Grund von unzu- 12

[1] § 10 Abs. 4 angef. mit Wirkung ab 30. 6. 2020 durch VO v. 25. 6. 2020 (BGBl. I S. 1495); Abs. 4 Satz 5 angef. durch VO v. 19. 12. 2022 (BGBl. I S. 2432) mWv 23. 12. 2022.

[2] § 11 Abs. 1 Satz 2 eingefügt (bish. Sätze 2 bis 5 werden Sätze 3 bis 6), Abs. 3 und 4 neu gefasst, mit Wirkung ab 1. 7. 2013 durch AltvVerbG vom 24. 6. 2013 (BGBl. I S. 1667). Abs. 1 Satz 1 Zitat geändert durch EigRentG vom 29. 7. 2008 (BGBl. I S. 1509) und durch Gesetz vom 3. 4. 2009 (BGBl. I S. 700).

[3] § 11 Abs. 2 geändert durch Gesetz vom 20. 12. 2008 (BGBl. I S. 2850) mit Wirkung ab 1. 1. 2009.

[4] § 11 Abs. 3 neu gefasst durch AltvVerbG vom 24. 6. 2013 (BGBl. I S. 1667) mit Wirkung ab 1. 7. 2013, Abs. 3 Satz 4 geändert durch Gesetz vom 18. 7. 2014 (BGBl. I S. 1042) mit Wirkung ab 24. 7. 2014.

[5] § 11 Abs. 4 neu gefasst durch AltvVerbG vom 24. 6. 2013 (BGBl. I S. 1667) mit Wirkung ab 1. 7. 2013.

[6] § 11 Abs. 5 aufgehoben durch Verordnung vom 22. 12. 2014 (BGBl. I S. 2392) mit Wirkung ab 30. 12. 2014.

[7] § 12 Abs. 3 aufgehoben durch JStG 2022 vom 16. 12. 2022 (BGBl. I. S. 2294) mit Wirkung ab 1. 1. 2023.

reichenden oder fehlerhaften Angaben des Zulageberechtigten abgewiesen sowie um eine Fehlermeldung ergänzt worden und werden die Angaben innerhalb der Antragsfrist des § 89 Abs. 1 Satz 1 des Einkommensteuergesetzes von dem Zulageberechtigten an den Anbieter nicht nachgereicht, gilt auch diese Abweisung des Datensatzes als Übermittlung des Ermittlungsergebnisses.

(2) Die zentrale Stelle hat dem Anbieter die Auszahlung der Zulage nach § 90 Abs. *2 Satz 1 des Einkommensteuergesetzes* und § 15, jeweils bezogen auf den Zulageberechtigten, mitzuteilen. Mit Zugang der Mitteilung nach Satz 1 entfällt der Vorbehalt der Nachprüfung der Mitteilung nach Absatz 1 Satz 2. Die zentrale Stelle kann eine Mahnung (§ 259 der Abgabenordnung) nach amtlich vorgeschriebenem Datensatz an den Anbieter übermitteln.

(3) *(aufgehoben)*

§ 13[1] Anzeigepflichten des Zulageberechtigten

13 Liegt ein Tatbestand des § 95 des Einkommensteuergesetzes vor, hat der Zulageberechtigte dies dem Anbieter ab Beginn der Auszahlungsphase anzuzeigen.

Unterabschnitt 2. Ermittlung, Festsetzung, Auszahlung, Rückforderung und Rückzahlung der Zulagen[2]

§ 14[3] Nachweis der Rentenversicherungspflicht und der Höhe der maßgebenden Einnahmen

14 (1) Weichen die Angaben des Zulageberechtigten zur Rentenversicherungspflicht oder zu den beitragspflichtigen Einnahmen oder zu der bezogenen Rente wegen voller Erwerbsminderung oder Erwerbsunfähigkeit im Sinne des Sechsten Buches Sozialgesetzbuch – Gesetzliche Rentenversicherung – in der Fassung der Bekanntmachung vom 19. Februar 2002 (BGBl. I S. 754, 1404, 3384), zuletzt geändert durch Artikel 5 des Gesetzes vom 23. Juli 2002 (BGBl. I S. 2787), in der jeweils geltenden Fassung von den nach § 91 Abs. 1 Satz 1 des Einkommensteuergesetzes übermittelten Angaben des zuständigen Sozialversicherungsträgers ab, sind für den Nachweis der Rentenversicherungspflicht oder die Berechnung des Mindesteigenbeitrags die Angaben des zuständigen Sozialversicherungsträgers maßgebend. Für die von der landwirtschaftlichen Alterkasse übermittelten Angaben gilt Satz 1 entsprechend. Wird abweichend vom tatsächlich erzielten Entgelt oder vom Zahlbetrag der Entgeltersatzleistung ein höherer Betrag als beitragspflichtige Einnahmen im Sinne des § 86 Abs. 1 Satz 2 Nr. 1 des Einkommensteuergesetzes berücksichtigt und stimmen der vom Zulageberechtigten angegebene und der bei dem zuständigen Sozialversicherungsträger ermittelte Zeitraum überein, ist Satz 1 insoweit nicht anzuwenden. Im Festsetzungsverfahren ist dem Zulageberechtigten Gelegenheit zu geben, eine Klärung mit dem Sozialversicherungsträger herbeizuführen.

(2) Liegt der zentralen Stelle eine Bestätigung der zuständigen Stelle über die Zugehörigkeit des Zulageberechtigten zu dem in § 10a Abs. 1 Satz 1 Nr. 1 bis 5 und Satz 4 des Einkommensteuergesetzes genannten Personenkreis vor, gilt Absatz 1 entsprechend.

§ 15 Auszahlung der Zulage

15 Die Zulagen werden jeweils am 15. der Monate Februar, Mai, August und November eines Jahres zur Zahlung angewiesen. Zum jeweiligen Auszahlungstermin werden angewiesen:

a) Zulagen, die bis zum Ablauf des dem Auszahlungstermin vorangegangenen Kalendervierteljahres über den Anbieter beantragt worden sind und von der zentralen Stelle bis zum Ablauf des dem Auszahlungstermin vorangehenden Kalendermonats ermittelt wurden,
b) Erhöhungen von Zulagen, die bis zum Ablauf des dem Auszahlungstermin vorangehenden Kalendervierteljahres ermittelt oder festgesetzt wurden.

§ 16[4] Kleinbetragsgrenze für Rückforderungen gegenüber dem Zulageberechtigten

16 Ein Rückzahlungsbetrag nach § 94 Absatz 2 des Einkommensteuergesetzes, der nicht über den Anbieter zurückgefordert werden kann, wird nur festgesetzt, wenn die Rückforderung mindestens 25 Euro beträgt.

§ 17 Vollstreckung von Bescheiden über Forderungen der zentralen Stelle

17 Bescheide über Forderungen der zentralen Stelle werden von den Hauptzollämtern vollstreckt. Zuständig ist das Hauptzollamt, in dessen Vollstreckungsbezirk der Schuldner oder die Schuldnerin einen Wohnsitz oder gewöhnlichen Aufenthalt hat. Mangelt es an einem Wohnsitz oder gewöhnlichen Aufenthalt im Inland, ist das Hauptzollamt Potsdam zuständig. Über die Niederschlagung (§ 261 der Abgabenordnung) entscheidet die zentrale Stelle.

---

[1] § 13 neu gefasst durch JStG 2022 vom 16. 12. 2022 (BGBl. I. S. 2294) mit Wirkung ab 1. 1. 2023.
[2] Überschriften zu den Abschnitten neu gefasst durch VO vom 8. 1. 2009 (BGBl. I S. 31).
[3] § 14 Abs. 1 Satz 2 und Abs. 2 neu gefasst durch JStG 2007 vom 13. 12. 2006 (BGBl. I S. 2878) mit Wirkung ab 1. 1. 2007. Abs. 1 Satz 1 geändert und Abs. 2 Zitat geändert durch EigRentG vom 29. 7. 2008 (BGBl. I S. 1509) mit Wirkung ab 1. 8. 2008. Abs. 1 neuer Satz 2 eingefügt durch JStG 2009 vom 19. 12. 2008 (BGBl. I S. 2794) mit Wirkung ab 25. 12. 2008. Abs. 1 Satz 3 geändert durch Gesetz vom 8. 12. 2010 (BGBl. I S. 1768) mit Wirkung ab 1. 1. 2011. Abs. 1 Satz 2 geändert durch Gesetz vom 12. 4. 2012 (BGBl. I S. 579) mit Wirkung ab 1. 1. 2013. Abs. 1 Satz 2 zweiter Halbsatz aufgehoben durch Gesetz vom 25. 7. 2014 (BGBl. I S. 1266) mit Wirkung ab 31. 7. 2014.
[4] § 16 geänd. mit Wirkung ab 1. 1. 2021 durch VO v. 25. 6. 2020 (BGBl. I S. 1495).

Unterabschnitt 3. Bescheinigungs-, Aufzeichnungs- und Aufbewahrungspflichten[1]

§ 18[2] Erteilung der Anbieterbescheinigungen

(1) Werden Bescheinigungen nach § 22 Nr. 5 Satz 7, § 92 oder § 94 Abs. 1 Satz 4 des Einkommensteuergesetzes mit Hilfe automatischer Einrichtungen erstellt, können Unterschrift und Namenswiedergabe des Anbieters oder des Vertretungsberechtigten fehlen. 18

(2) Wird die Bescheinigung nach § 92 oder § 94 Abs. 1 Satz 4 des Einkommensteuergesetzes durch die Post übermittelt, ist das Datum der Aufgabe zur Post auf der Bescheinigung anzugeben. Für die Berechnung der Frist nach § 90 Abs. 4 Satz 2 des Einkommensteuergesetzes ist § 122 Abs. 2 und 2 a der Abgabenordnung sinngemäß anzuwenden.

§ 19[3] Aufzeichnungs- und Aufbewahrungspflichten

(1) Der Anbieter nach § 1 Abs. 2 des Altersvorsorgeverträge-Zertifizierungsgesetzes hat für jedes Kalenderjahr Aufzeichnungen zu führen über 19

1. Name und Anschrift des Anlegers,
2. Vertragsnummer und Vertragsdatum,
3. Altersvorsorgebeiträge, auf die § 10 a oder Abschnitt XI des Einkommensteuergesetzes angewendet wurde,
4. dem Vertrag gutgeschriebene Zulagen,
5. dem Vertrag insgesamt gutgeschriebene Erträge,
6. Beiträge, auf die § 10 a oder Abschnitt XI des Einkommensteuergesetzes nicht angewendet wurde,
7. Beiträge und Zulagen, die zur Absicherung der verminderten Erwerbsfähigkeit verwendet wurden,
8. Beiträge und Zulagen, die zur Hinterbliebenenabsicherung im Sinne des § 1 Abs. 1 Satz 1 Nr. 2 des Altersvorsorgeverträge-Zertifizierungsgesetzes oder § 1 Abs. 1 Satz 1 Nr. 6 des Altersvorsorgeverträge-Zertifizierungsgesetzes in der bis zum 31. Dezember 2004 geltenden Fassung verwendet wurden, und
9. die im Wohnförderkonto (§ 92 a Abs. 2 Satz 1 des Einkommensteuergesetzes) zu berücksichtigenden Beträge.

Werden zugunsten des Altersvorsorgevertrags auch nicht geförderte Beiträge geleistet, sind die Erträge anteilig den geförderten und den nicht geförderten Beiträgen zuzuordnen und entsprechend aufzuzeichnen. Die auf den 31. Dezember des jeweiligen Kalenderjahres fortgeschriebenen Beträge sind gesondert aufzuzeichnen.

(2) Für einen Anbieter nach § 80 zweite Alternative des Einkommensteuergesetzes gilt Absatz 1 sinngemäß. Darüber hinaus hat er Aufzeichnungen zu führen über

1. Beiträge, auf die § 3 Nr. 63 des Einkommensteuergesetzes angewendet wurde; hierzu gehören auch die Beiträge im Sinne des § 5 Abs. 3 Satz 2 der Lohnsteuer-Durchführungsverordnung,
2. Beiträge, auf die § 40 b des Einkommensteuergesetzes in der am 31. Dezember 2004 geltenden Fassung angewendet wurde, und
3. Leistungen, auf die § 3 Nr. 66 des Einkommensteuergesetzes angewendet wurde.

(3) Für die Aufbewahrung der Aufzeichnungen nach den Absätzen 1 und 2, der Mitteilungen nach § 5 Abs. 2 der Lohnsteuer-Durchführungsverordnung und des Antrags auf Altersvorsorgezulage oder der einer Antragstellung nach § 89 Abs. 3 des Einkommensteuergesetzes zugrunde liegenden Unterlagen gilt § 147 Abs. 3 der Abgabenordnung entsprechend. Die Unterlagen sind spätestens am Ende des zehnten Kalenderjahres zu löschen oder zu vernichten, das auf die Mitteilung nach § 22 Nr. 5 Satz 7 des Einkommensteuergesetzes folgt. Satz 2 gilt nicht, soweit die Löschung oder Vernichtung schutzwürdige Interessen des Anlegers oder die Wahrnehmung von Aufgaben oder berechtigten Interessen des Anbieters beeinträchtigen würde.

(3 a) Unterlagen über die Auszahlung des Altersvorsorge-Eigenheimbetrages im Sinne des § 92 a Absatz 1 Satz 1 des Einkommensteuergesetzes sowie Unterlagen, die eine wohnungswirtschaftliche Verwendung im Sinne des § 92 a Absatz 1 Satz 1 des Einkommensteuergesetzes nach dem 31. Dezember 2007 eines Darlehens im Sinne des § 1 Absatz 1 a des Altersvorsorgeverträge-Zertifizierungsgesetzes nachweisen, sind für die Dauer von zehn Jahren nach der Auflösung oder der Schließung des für den Altervorsorgevertrag geführten Wohnförderkontos (§ 92 a Absatz 2 Satz 1 des Einkommensteuergesetzes) aufzubewahren.

(4) Nach Absatz 3 Satz 1 und Absatz 3 a aufzubewahrende schriftliche Unterlagen können als Wiedergabe auf einem Bild- oder anderen dauerhaften Datenträger aufbewahrt werden, wenn sichergestellt ist, dass

---

[1] Überschriften zu den Abschnitten neu gefasst durch VO vom 8. 1. 2009 (BGBl. I S. 31).

[2] § 18 Abs. 1 und Abs. 2 Satz 2 Zitat geändert durch JStG 2007 vom 13. 12. 2006 (BGBl. I S. 2878). Abs. 1 Zitat geändert durch EigRentG vom 29. 7. 2008 (BGBl. I S. 1509). Abs. 1 geändert durch AltvVerbG vom 24. 6. 2013 (BGBl. I S. 1667) mit Wirkung ab 1. 7. 2013.

[3] § 19 Abs. 2 Satz 2 neu gefasst, Abs. 3 aufgehoben (bish. Abs. 4 bis 7 werden Abs. 3 bis 6), neuer Abs. 3 Satz 1 neu gefasst und Satz 2 Zitat geändert sowie Abs. 4 Satz 1 Zitat geändert durch JStG 2007 vom 13. 12. 2006 (BGBl. I S. 2878) mit Wirkung ab 1. 1. 2007. Abs. 1 Satz 1 Nr. 9 angefügt, Abs. 3 Satz 2 Zitat geändert, Abs. 3 a eingefügt und Abs. 4 Satz 1 Zitat geändert durch EigRentG vom 29. 7. 2008 (BGBl. I S. 1509) mit Wirkung ab 1. 8. 2008. § 19 Abs. 3 a neu gefasst durch AltvVerbG vom 24. 6. 2013 (BGBl. I S. 1667) mit Wirkung ab 1. 7. 2013.

1. die Wiedergabe während der Dauer der Aufbewahrungsfrist verfügbar bleibt und innerhalb angemessener Zeit lesbar gemacht werden kann und
2. die lesbar gemachte Wiedergabe mit der schriftlichen Unterlage bildlich und inhaltlich übereinstimmt.

Das Vorliegen der Voraussetzung nach Satz 1 Nr. 2 ist vor der Vernichtung der schriftlichen Unterlage zu dokumentieren.

(5) Sonstige Vorschriften über Aufzeichnungs- und Aufbewahrungspflichten bleiben unberührt.

(6) Der Anbieter hat der zentralen Stelle auf Anforderung den Inhalt der Aufzeichnungen mitzuteilen und die für die Überprüfung der Zulage erforderlichen Unterlagen zur Verfügung zu stellen.

Abschnitt 3. Vorschriften zu Rentenbezugsmitteilungen[1]

20 **§ 20[2]** *(aufgehoben)*

§ 20 a[3] Vollstreckung von Bescheiden über Forderungen der zentralen Stelle

20a § 17 gilt für Bescheide über Forderungen der zentralen Stelle im Rahmen des Rentenbezugsmitteilungsverfahrens nach § 22 a des Einkommensteuergesetzes entsprechend.

§ 21[4] Erprobung des Verfahrens

21 (1) Die zentrale Stelle kann bei den mitteilungspflichtigen Stellen Daten nach § 22 a Abs. 1 Satz 1 des Einkommensteuergesetzes erheben zum Zweck der Erprobung

1. des Verfahrens der Datenübermittlung von den mitteilungspflichtigen Stellen an die zentrale Stelle,
2. der bei der zentralen Stelle einzusetzenden Programme,
3. der Weiterleitung an die Finanzverwaltung und
4. der Weiterverarbeitung der Daten in der Finanzverwaltung.

(2) Das Bundeszentralamt für Steuern kann bei den mitteilungspflichtigen Stellen Daten nach § 22 a Abs. 2 Satz 3 des Einkommensteuergesetzes in Verbindung mit § 139 b Abs. 3 der Abgabenordnung erheben zum Zweck der Erprobung

1. des Verfahrens der Datenübermittlung von den mitteilungspflichtigen Stellen an das Bundeszentralamt für Steuern,
2. des Verfahrens der Datenübermittlung von dem Bundeszentralamt für Steuern an die mitteilungspflichtigen Stellen,
3. der vom Bundeszentralamt für Steuern und der zentralen Stelle einzusetzenden Programme, mit denen den mitteilungspflichtigen Stellen die Daten zur Verfügung gestellt werden.

(3) Die Datenübermittlung erfolgt durch Datenfernübertragung; § 4 Abs. 1 gilt entsprechend.

(4) Die Daten dürfen nur für die in den Absätzen 1 und 2 genannten Zwecke verwendet werden. Sie sind unmittelbar nach Beendigung der Erprobung, spätestens am 31. Dezember 2009, zu löschen.

Abschnitt 4. Vorschriften zum weiteren Datenaustausch mit der zentralen Stelle[5]

22 **§ 22[6]** *(aufgehoben)*

§ 23[7] Erprobung des Verfahrens

23 § 21 Absatz 1 dieser Verordnung gilt für die Erprobung des Verfahrens nach § 10 Absatz 2 a, 2 b und 4 b des Einkommensteuergesetzes entsprechend mit der Maßgabe, dass die zentrale Stelle bei den mitteilungspflichtigen Stellen die Daten nach § 10 Absatz 2 a, 2 b und 4 b des Einkommensteuergesetzes erheben kann.

§ 24[8] Mitteilungspflichten nach § 10 Absatz 4 b des Einkommensteuergesetzes

24 Die in § 10 Absatz 4 b Satz 4 des Einkommensteuergesetzes genannten mitteilungspflichtigen Stellen haben der zentralen Stelle folgende Daten zu übermitteln:

1. die Höhe der im jeweiligen Zahlungsjahr geleisteten und zurückgeforderten steuerfreien Zuschüsse und der erstatteten Vorsorgeaufwendungen, jeweils gesondert betragsmäßig nach Art der Vorsorgeaufwendungen ausgewiesen,

---

[1] Überschrift zum Abschnitt neu gefasst durch VO vom 8. 1. 2009 (BGBl. I S. 31) mit Wirkung ab 16. 1. 2009.

[2] § 20 angefügt durch VO vom 8. 1. 2009 (BGBl. I S. 31) mit Wirkung ab 16. 1. 2009. § 20 aufgeh. mit Wirkung ab 1. 1. 2017 durch Gesetz vom 18. 7. 2016 (BGBl. I S. 1679).

[3] § 20 a eingefügt durch Verordnung vom 22. 12. 2014 (BGBl. I S. 2392) mit Wirkung ab 30. 12. 2014. § 20 a neu gefasst mit Wirkung ab 1. 1. 2017 durch Gesetz vom 18. 7. 2016 (BGBl. I S. 1679).

[4] § 21 angefügt durch VO vom 8. 1. 2009 (BGBl. I S. 31) mit Wirkung ab 16. 1. 2009. § 21 Abs. 1 und 2 geändert mit Wirkung vom 1. 1. 2017 durch Gesetz vom 18. 7. 2016 (BGBl. I S. 1679).

[5] Abschnitt 4 und §§ 22 und 23 eingefügt durch Gesetz vom 16. 7. 2009 (BGBl. I S. 1959) mit Wirkung ab 23. 7. 2009.

[6] § 22 aufgehoben mit Wirkung ab 1. 1. 2017 durch Gesetz vom 18. 7. 2016 (BGBl. I S. 1679).

[7] § 23 eingefügt durch Gesetz vom 16. 7. 2009 (BGBl. I S. 1959) mit Wirkung ab 23. 7. 2009. § 23 geändert durch AmtshilfeRLUmsG vom 26. 6. 2013 (BGBl. I S. 1809) mit Wirkung ab 30. 6. 2013 und erneut geändert durch Gesetz vom 18. 7. 2016 (BGBl. I S. 1679) mit Wirkung ab 1. 1. 2017. § 23 Zitat geändert durch Gesetz vom 20. 11. 2019 (BGBl. I S. 1626) mit Wirkung ab 1. 1. 2019.

[8] § 24 eingefügt durch AmtshilfeRLUmsG vom 26. 6. 2013 (BGBl. I S. 1809) mit Wirkung ab 30. 6. 2013. § 24 neu gefasst durch Gesetz vom 18. 7. 2016 (BGBl. I S. 1679) mit Wirkung ab 1. 1. 2017.

2. den Beginn und das Ende des Zeitraums, für den der steuerfreie Zuschuss und die Erstattung der Vorsorgeaufwendungen erfolgt sind, und
3. das Jahr des Zuflusses oder Abflusses.

Eine Mitteilungspflicht nach Satz 1 besteht nicht, wenn die mitteilungspflichtige Stelle der Finanzverwaltung die Zahlung der geleisteten und zurückgeforderten steuerfreien Zuschüsse und der erstatteten Vorsorgeaufwendungen bereits auf Grund anderer Vorschriften elektronisch mitzuteilen hat.

15 b. Schreiben betr. steuerliche Förderung der betrieblichen Altersversorgung

Vom 12. August 2021 (BStBl. I S. 1050)

(BMF IV C 5 – S 2333/19/10008 :017; DOK 2021/770 982)

Geändert durch BMF-Schreiben vom 18. 3. 2022 (BStBl. I S. 333)

Vor dem Hintergrund insbesondere der Änderungen durch das Gesetz zur Vermeidung von Umsatzsteuerausfällen beim Handel mit Waren im Internet und zur Änderung weiterer steuerlicher Vorschriften vom 11. Dezember 2018 (BGBl. I S. 2338, BStBl. I S. 1377) sowie das Grundrentengesetz vom 12. August 2020 (BGBl. I S. 1879, BStBl. 2021 I S. 4) nehme ich unter Bezugnahme auf das Ergebnis der Erörterungen mit den obersten Finanzbehörden der Länder zur steuerlichen Förderung der betrieblichen Altersversorgung wie folgt Stellung:

Inhaltsübersicht

	Randnummer
I. Allgemeines	1–7
II. Lohnsteuerliche Behandlung von Zusagen auf Leistungen der betrieblichen Altersversorgung	8–144
1. Allgemeines	8
2. Entgeltumwandlung zugunsten betrieblicher Altersversorgung	9–13
3. Behandlung laufender Zuwendungen und Sonderzahlungen des Arbeitgebers an einen Pensionsfonds, eine Pensionskasse oder für eine Direktversicherung (§ 19 Abs. 1 Satz 1 Nr. 3 EStG)	14–22 a
a) Sonderzahlungen und Sanierungsgelder an umlagefinanzierte Pensionskassen	14–18 a
b) Sonstige Sonderzahlungen des Arbeitgebers	19–22 a
4. Steuerfreiheit nach § 3 Nr. 63 EStG	23–50
a) Steuerfreiheit nach § 3 Nr. 63 Satz 1 EStG	23–39
aa) Begünstigter Personenkreis	23, 24
bb) Begünstigte Aufwendungen	25–33
cc) Begünstigte Auszahlungsformen	34
dd) Sonstiges	35–39
b) Ausschluss der Steuerfreiheit nach § 3 Nr. 63 Satz 2 EStG	40–42
aa) Personenkreis	40
bb) Höhe und Zeitpunkt der Ausübung des Wahlrechts	41, 42
c) Vervielfältigungsregelung nach § 3 Nr. 63 Satz 3 EStG	43–45
d) Nachholung der Steuerfreiheit nach § 3 Nr. 63 Satz 4 EStG	46–50
5. Steuerfreiheit für Sicherungsbeiträge des Arbeitgebers nach § 3 Nr. 63 a EStG	51, 52
6. Steuerfreiheit nach § 3 Nr. 65 EStG	53–55
7. Steuerfreiheit nach § 3 Nr. 66 EStG	56
8. Steuerfreiheit nach § 3 Nr. 55 EStG	57–62
9. Steuerfreiheit nach § 3 Nr. 55 c Satz 2 Buchstabe a EStG	63
10. Übernahme von Pensionsverpflichtungen gegen Entgelt durch Beitritt eines Dritten in eine Pensionsverpflichtung (Schuldbeitritt) oder Ausgliederung/Abspaltung von Pensionsverpflichtungen	64, 65
11. Förderung durch Sonderausgabenabzug nach § 10 a EStG und Zulage nach Abschnitt XI EStG	66–75
12. Steuerfreiheit nach § 3 Nr. 56 EStG	76–82
a) Begünstigter Personenkreis	76
b) Begünstigte Aufwendungen	77–82
13. Anwendung des § 40 b EStG in der geltenden Fassung	83, 84
14. Übergangsregelungen § 52 Abs. 4 Satz 16 f. und Abs. 40 EStG zur Anwendung des § 3 Nr. 63 EStG sowie des § 40 b EStG a. F.	85–99
a) Mindestens eine pauschal besteuerte Beitragsleistung vor dem 1. Januar 2018	85–88
b) Weiteranwendung des § 40 b Abs. 1 und 2 EStG a. F.	89–93
c) Verhältnis von § 3 Nr. 63 Satz 3 EStG und § 40 b Abs. 1, Abs. 2 Satz 3 und 4 EStG a. F.	94–97
d) Verhältnis von § 3 Nr. 63 Satz 4 EStG und § 40 b Abs. 1 und 2 Satz 1 und 2 EStG a. F.	98
e) Verhältnis von § 3 Nr. 63 EStG und § 40 b EStG a. F., wenn die betriebliche Altersversorgung nebeneinander bei verschiedenen Versorgungseinrichtungen durchgeführt wird	99
15. BAV-Förderbetrag	100–144
a) Allgemeines	100
b) Grundlegende Voraussetzungen und Abwicklung (§ 100 Abs. 1 EStG)	101–105
c) Begünstigte Personen, Einkommensgrenze (§ 100 Abs. 3 Nr. 3 EStG)	106–110
d) Begünstigte Aufwendungen, zusätzlicher Arbeitgeberbeitrag (§ 100 Abs. 3 Nr. 2 EStG)	111–113
e) Verhältnisse im Zeitpunkt der Beitragsleistung	114–118
f) Höhe des BAV-Förderbetrags (§ 100 Abs. 2 EStG)	119–133 b
aa) Neue Vereinbarungen ab 2018	119–125

Randnummer
bb) Anwendung bei bereits bestehenden Vereinbarungen ... 126–133 b
g) Weitere Voraussetzungen für die Inanspruchnahme (§ 100 Abs. 3 EStG) ... 134–137
aa) Lohnsteuerabzug im Inland (§ 100 Abs. 3 Nr. 1 EStG) ... 134, 135
bb) Auszahlungsform (§ 100 Abs. 3 Nr. 4 EStG) ... 136
cc) Keine „Zillmerung" (§ 100 Abs. 3 Nr. 5 EStG) ... 137
h) Rückgewährung des BAV-Förderbetrags (§ 100 Abs. 4 Satz 2 bis 4 EStG) ... 138–140
i) Anwendbarkeit anderer Vorschriften (§ 100 Abs. 5 EStG) ... 141, 142
j) Steuerfreiheit des zusätzlich geleisteten Arbeitgeberbeitrags (§ 100 Abs. 6 EStG) ... 143, 144
III. Steuerliche Behandlung der Versorgungsleistungen ... 145–166
1. Allgemeines ... 145
2. Direktzusage und Unterstützungskasse ... 146, 147
3. Direktversicherung, Pensionskasse und Pensionsfonds ... 148–166
a) Allgemeines ... 148, 149
b) Leistungen, die ausschließlich auf nicht geförderten Beiträgen beruhen ... 150–153
c) Leistungen, die ausschließlich auf geförderten Beiträgen beruhen ... 154
d) Leistungen, die auf geförderten und nicht geförderten Beiträgen beruhen ... 155–157
e) Sonderzahlungen des Arbeitgebers nach § 19 Abs. 1 Satz 1 Nr. 3 EStG ... 158
f) Bescheinigungspflicht ... 159
g) Sonderregelungen ... 160–166
aa) Leistungen aus einem Pensionsfonds aufgrund der Übergangsregelung nach § 22 Nr. 5 Satz 11 EStG ... 160, 161
bb) Arbeitgeberzahlungen infolge der Anpassungsprüfungspflicht nach § 16 BetrAVG ... 162–165
cc) Beendigung einer betrieblichen Altersversorgung ... 166
IV. Schädliche Auszahlung von gefördertem Altersvorsorgevermögen ... 167–175
1. Allgemeines ... 167, 168
2. Abfindungen von Anwartschaften, die auf nach § 10 a/Abschnitt XI EStG geförderten Beiträgen beruhen ... 169
3. Abfindungen von Anwartschaften, die auf steuerfreien oder nicht geförderten Beiträgen beruhen ... 170, 171
4. Portabilität ... 172, 173
5. Entschädigungsloser Widerruf eines noch verfallbaren Bezugsrechts ... 174, 175
V. Anwendungsregelungen ... 176, 177

I. Allgemeines

1 Betriebliche Altersversorgung liegt vor, wenn dem Arbeitnehmer aus Anlass seines Arbeitsverhältnisses vom Arbeitgeber Leistungen oder Beiträge zur Absicherung mindestens eines biometrischen Risikos (Alter, Tod, Invalidität) zugesagt werden und Ansprüche auf diese Leistungen erst mit dem Eintritt des biologischen Ereignisses fällig werden (§ 1 des Betriebsrentengesetzes – BetrAVG[1]). Die Zusage des Arbeitgebers muss somit einem im Betriebsrentengesetz geregelten Versorgungszweck dienen, die Leistungspflicht nach dem Inhalt der Zusage durch ein im Gesetz genanntes biologisches Ereignis ausgelöst werden und durch die vorgesehene Leistung ein im Gesetz angesprochenes biometrisches Risiko teilweise übernommen werden (BAG-Urteil vom 16. März 2010 – 3 AZR 594/09, Rn. 23 ff.). Werden mehrere biometrische Risiken abgesichert ist aus steuerrechtlicher Sicht die gesamte Vereinbarung/Zusage nur dann als betriebliche Altersversorgung anzuerkennen, wenn für alle Risiken die Vorgaben der Rn. 1 bis 7 beachtet werden. Keine betriebliche Altersversorgung in diesem Sinne liegt vor, wenn vereinbart ist, dass ohne Eintritt eines biometrischen Risikos die Auszahlung an beliebige Dritte (z. B. die Erben) erfolgt. Dies gilt für alle Auszahlungsformen (z. B. lebenslange Rente, Auszahlungsplan mit Restkapitalverrentung, Einmalkapitalauszahlung und ratenweise Auszahlung). Als Durchführungswege der betrieblichen Altersversorgung kommen die Direktzusage (§ 1 Abs. 1 Satz 2 BetrAVG), die Unterstützungskasse (§ 1 b Abs.4 BetrAVG), die Direktversicherung (§ 1 b Abs. 2 BetrAVG), die Pensionskasse (§ 1 b Abs. 3 BetrAVG, § 232 des Versicherungsaufsichtsgesetzes – VAG) oder der Pensionsfonds (§ 1 b Abs. 3 BetrAVG, § 236 VAG) in Betracht.

2 Nicht um betriebliche Altersversorgung handelt es sich, wenn der Arbeitgeber oder eine Versorgungseinrichtung dem nicht bei ihm beschäftigten Ehegatten eines Arbeitnehmers eigene Versorgungsleistungen zur Absicherung seiner biometrischen Risiken (Alter, Tod, Invalidität) verspricht, da hier keine Versorgungszusage aus Anlass eines Arbeitsverhältnisses zwischen dem Arbeitgeber und dem Ehegatten vorliegt (§ 1 BetrAVG). Dies gilt entsprechend für Lebenspartner nach dem Lebenspartnerschaftsgesetz sowie für nichteheliche Lebensgefährtinnen und Lebensgefährten.

3[2] Das biologische Ereignis ist bei der Altersversorgung das altersbedingte Ausscheiden aus dem Erwerbsleben, bei der Hinterbliebenenversorgung der Tod des Arbeitnehmers und bei der Invaliditätsversorgung der Invaliditätseintritt, ohne dass es auf den Invaliditätsgrad ankommt. Als Untergrenze für betriebliche Altersversorgungsleistungen bei altersbedingtem Ausscheiden aus dem Erwerbsleben gilt im Regelfall das 60. Lebensjahr. In Ausnahmefällen können betriebliche Altersversorgungsleistungen auch schon vor dem 60. Lebensjahr gewährt werden, so z. B. bei Berufsgruppen wie Piloten, bei denen schon vor dem 60. Lebensjahr Versorgungsleistungen üblich sind. Ob solche Ausnahmefälle (berufsspezifische Besonderheiten) vorliegen, ergibt sich aus Gesetz, Tarifvertrag oder Betriebsvereinbarung. Erreicht der Arbeitnehmer im Zeitpunkt der Auszahlung das 60. Lebensjahr, hat aber seine berufliche Tätigkeit noch nicht beendet, so ist dies unschädlich. Zur bilanzsteuerrechtlichen Berücksichtigung von Versorgungsleistungen, die ohne die Voraussetzung des Ausscheidens aus dem Dienstverhältnis gewährt werden,

[1] Vorstehend abgedruckt im Anhang **I 15.**

[2] **[Amtl. Anm.:]** Rn. 3 wurde durch BMF vom 18. 3. 2022 (BStBl. I S. 333) geändert und ist in allen offenen Fällen anzuwenden.

siehe BMF-Schreiben vom 18. September 2017 (BStBl. I S. 1293).[1] Für Versorgungszusagen, die nach dem 31. Dezember 2011 erteilt werden, tritt an die Stelle des 60. Lebensjahres regelmäßig das 62. Lebensjahr (siehe auch BT-Drucksache 16/3794 vom 12. Dezember 2006, S. 31 unter „IV. Zusätzliche Altersvorsorge" zum RV-Altersgrenzenanpassungsgesetz vom 20. April 2007, BGBl. I S. 554). Bei der für die steuerrechtliche Beurteilung maßgeblichen Frage, zu welchem Zeitpunkt eine Versorgungszusage erteilt wurde, ist grundsätzlich die zu einem Rechtsanspruch führende arbeitsrechtliche bzw. betriebsrentenrechtliche Verpflichtungserklärung des Arbeitgebers maßgebend (z. B. Einzelvertrag, Betriebsvereinbarung oder Tarifvertrag). Entscheidend ist danach nicht, wann Mittel an die Versorgungseinrichtung fließen. Bei kollektiven, rein arbeitgeberfinanzierten Versorgungsregelungen ist die Zusage daher in der Regel mit Abschluss der Versorgungsregelung bzw. mit Beginn des Dienstverhältnisses des Arbeitnehmers erteilt. Ist die erste Dotierung durch den Arbeitgeber erst nach Ablauf einer von vornherein arbeitsrechtlich festgelegten Wartezeit vorgesehen, so wird der Zusagezeitpunkt dadurch nicht verändert. Im Fall der ganz oder teilweise durch Entgeltumwandlung finanzierten Zusage gilt diese regelmäßig mit Abschluss der erstmaligen Gehaltsänderungsvereinbarung (vgl. auch Rn. 9 ff.) als erteilt. Liegen zwischen der Gehaltsänderungsvereinbarung und der erstmaligen Herabsetzung des Arbeitslohns mehr als 12 Monate, gilt die Versorgungszusage erst im Zeitpunkt der erstmaligen Herabsetzung als erteilt.

Bei Eintritt einer Erwerbsminderung, Erwerbsunfähigkeit oder Berufsunfähigkeit wird das biometrische **3a** Risiko der Invalidität grundsätzlich erfüllt; die Versicherung dieser Risiken erfüllt die Voraussetzungen des Betriebsrentengesetzes. Dies gilt auch dann, wenn der Leistungsfall nicht zusätzlich daran geknüpft ist, dass der Arbeitnehmer tatsächlich durch den Eintritt des Invaliditätsgrades in seiner Berufsausübung beeinträchtigt ist. Eine solche Einschränkung lässt sich § 1 Abs. 1 Satz 1 BetrAVG nicht entnehmen. Es steht dem Arbeitgeber aber frei, in seiner Versorgungszusage und entsprechend in den versicherungsvertraglichen Vereinbarungen den Leistungsfall in diesem Sinne einzuschränken.

Eine Grundfähigkeitenversicherung dient ebenfalls der Absicherung des biometrischen Risikos „Inva- **3b** lidität", da der Verlust einer Grundfähigkeit zum Eintritt eines Invaliditätsgrades führt. Auch eine Grundfähigkeitenversicherung erfüllt daher die Voraussetzungen des Betriebsrentengesetzes.

Demgegenüber stellt die Versicherung des Risikos einer Arbeitsunfähigkeit, auch wenn es sich um **3c** eine längerfristige handelt, keine Absicherung des biometrischen Risikos „Invalidität" dar und dient folglich nicht einer betrieblichen Altersversorgung.

Ist in den Durchführungswegen Direktversicherung, Pensionskasse und Pensionsfonds eine Beitrags- **3d** freistellung für bestimmte Zeiten – wie etwa Zeiten der Arbeitsunfähigkeit und Zeiten, in der ein Arbeitnehmer Krankengeld erhält – vereinbart, ist dies betriebsrentenrechtlich unbedenklich und steht der steuerlichen Anerkennung als betriebliche Altersversorgung somit nicht entgegen.

Eine Hinterbliebenenversorgung im steuerlichen Sinne darf nur Leistungen an die Witwe/den Witwer **4** der Arbeitnehmerin/des Arbeitnehmers, die Kinder i. S. d. § 32 Abs. 3, 4 Satz 1 Nr. 1 bis 3 und Abs. 5 EStG, den früheren Ehegatten oder die Lebensgefährtin/den Lebensgefährten vorsehen. Der Arbeitgeber hat bei Erteilung oder Änderung der Versorgungszusage zu prüfen, ob die Versorgungsvereinbarung insoweit generell diese Voraussetzungen erfüllt; ob im Einzelfall Hinterbliebene in diesem Sinne vorhanden sind, ist letztlich vom Arbeitgeber/Versorgungsträger erst im Zeitpunkt der Auszahlung der Hinterbliebenenleistung zu prüfen. Als Kind kann auch ein im Haushalt des Arbeitnehmers auf Dauer aufgenommenes Kind begünstigt werden, welches in einem Obhuts- und Pflegeverhältnis zu ihm steht und nicht die Voraussetzungen des § 32 EStG zu ihm erfüllt (Pflegekind/Stiefkind und faktisches Stiefkind). Dabei ist es – anders als bei der Gewährung von staatlichen Leistungen – unerheblich, ob noch ein Obhuts- und Pflegeverhältnis zu einem leiblichen Elternteil des Kindes besteht, der ggf. ebenfalls im Haushalt des Arbeitnehmers lebt. Es muss jedoch spätestens zu Beginn der Auszahlungsphase der Hinterbliebenenleistung eine schriftliche Versicherung des Arbeitnehmers vorliegen, in der, neben der geforderten namentlichen Benennung des Pflegekindes/Stiefkindes und faktischen Stiefkindes, bestätigt wird, dass ein entsprechendes Kindschaftsverhältnis besteht. Entsprechendes gilt, wenn ein Enkelkind auf Dauer im Haushalt der Großeltern aufgenommen und versorgt wird. Bei Versorgungszusagen, die vor dem 1. Januar 2007 erteilt wurden, sind für das Vorliegen einer begünstigten Hinterbliebenenversorgung die Altersgrenzen des § 32 EStG in der bis zum 31. Dezember 2006 geltenden Fassung (27. Lebensjahr) maßgebend. Der Begriff des/der Lebensgefährten/in ist als Oberbegriff zu verstehen, der auch die gleichgeschlechtliche Lebenspartnerschaft mit erfasst. Ob eine gleichgeschlechtliche Lebenspartnerschaft eingetragen wurde oder nicht, ist dabei zunächst unerheblich. Für Partner einer eingetragenen Lebenspartnerschaft besteht allerdings die Besonderheit, dass sie einander nach § 5 Lebenspartnerschaftsgesetz zum Unterhalt verpflichtet sind. Insoweit liegt eine mit der zivilrechtlichen Ehe vergleichbare Partnerschaft vor. Handelt es sich dagegen um eine andere Form der nicht ehelichen Lebensgemeinschaft, muss anhand der im BMF-Schreiben vom 25. Juli 2002 (BStBl. I S. 706) genannten Voraussetzungen geprüft werden, ob diese als Hinterbliebenenversorgung anerkannt werden kann. Ausreichend ist dabei regelmäßig, dass spätestens zu Beginn der Auszahlungsphase der Hinterbliebenenleistung eine Versicherung des Arbeitnehmers in Textform vorliegt, in der neben der geforderten namentlichen Benennung des/der Lebensgefährten/in bestätigt wird, dass eine gemeinsame Haushaltsführung besteht.

Die Möglichkeit, andere als die in Rn. 4 genannten Personen als Begünstigte für den Fall des Todes **5** des Arbeitnehmers zu benennen, führt steuerrechtlich dazu, dass es sich nicht mehr um eine Hinterbliebenenversorgung handelt, sondern von einer Vererblichkeit der Anwartschaften auszugehen ist. Gleiches gilt, wenn z. B. bei einer vereinbarten Rentengarantiezeit die Auszahlung auch an andere als die in Rn. 4 genannten Personen möglich ist. Ist die Auszahlung der garantierten Leistungen nach dem Tod des Berechtigten hingegen ausschließlich an Hinterbliebene im engeren Sinne (Rn. 4) möglich, ist eine vereinbarte Rentengarantiezeit ausnahmsweise unschädlich. Ein Wahlrecht des Arbeitnehmers zur Ein-

[1] Im Handbuch nicht abgedruckt.

mal- oder Teilkapitalauszahlung ist in diesem Fall nicht zulässig. Es handelt sich vielmehr nur dann um unschädliche Zahlungen nach dem Tod des Berechtigten, wenn die garantierte Rente in unveränderter Höhe (einschließlich Dynamisierungen) an die versorgungsberechtigten Hinterbliebenen im engeren Sinne weiter gezahlt wird. Dabei ist zu beachten, dass die Zahlungen einerseits durch die garantierte Zeit und andererseits durch das Vorhandensein von entsprechenden Hinterbliebenen begrenzt werden. Die Zusammenfassung von bis zu zwölf Monatsleistungen in einer Auszahlung sowie die gesonderte Auszahlung der zukünftig in der Auszahlungsphase anfallenden Zinsen und Erträge sind dabei unschädlich. Im Fall der Witwe/des Witwers oder der Lebensgefährtin/des Lebensgefährten wird dabei nicht beanstandet, wenn anstelle der Zahlung der garantierten Rentenleistung in unveränderter Höhe das im Zeitpunkt des Todes des Berechtigten noch vorhandene „Restkapital" ausnahmsweise lebenslang verrentet wird. Die Möglichkeit, ein einmaliges angemessenes Sterbegeld an andere Personen als die in Rn. 4 genannten Hinterbliebenen auszuzahlen, führt nicht zur Versagung der Anerkennung als betriebliche Altersversorgung; bei Auszahlung ist das Sterbegeld gem. § 19 EStG oder § 22 Nr. 5 EStG zu besteuern (vgl. Rn. 145 ff.). Im Fall der Pauschalbesteuerung von Beiträgen für eine Direktversicherung nach § 40 b EStG in der am 31. Dezember 2004 geltenden Fassung (§ 40 b EStG a. F.) ist es ebenfalls unschädlich, wenn eine beliebige Person als Bezugsberechtigte für den Fall des Todes des Arbeitnehmers benannt wird. Zur bilanzsteuerrechtlichen Berücksichtigung von vererblichen Versorgungsanwartschaften und Versorgungsleistungen siehe Rn. 11 des BMF-Schreibens vom 18. September 2017 (BStBl. I S. 1293).[1]

6 Keine betriebliche Altersversorgung liegt vor, wenn zwischen Arbeitnehmer und Arbeitgeber die Vererblichkeit von Anwartschaften vereinbart ist. Auch Vereinbarungen, nach denen Arbeitslohn gutgeschrieben und ohne Abdeckung eines biometrischen Risikos zu einem späteren Zeitpunkt (z. B. bei Ausscheiden aus dem Dienstverhältnis) ggf. mit Wertsteigerung ausgezahlt wird, sind nicht dem Bereich der betrieblichen Altersversorgung zuzuordnen. Gleiches gilt, wenn von vornherein eine Abfindung der Versorgungsanwartschaft, z. B. zu einem bestimmten Zeitpunkt oder bei Vorliegen bestimmter Voraussetzungen, vereinbart ist und dadurch nicht mehr von der Absicherung eines biometrischen Risikos ausgegangen werden kann. Demgegenüber führt allein die Möglichkeit einer Beitragserstattung einschließlich der gutgeschriebenen Erträge bzw. einer entsprechenden Abfindung für den Fall des Ausscheidens aus dem Dienstverhältnis vor Erreichen der gesetzlichen Unverfallbarkeit und/oder für den Fall des Todes vor Ablauf einer arbeitsrechtlich vereinbarten Wartezeit sowie der Abfindung einer Witwenrente/Witwerrente für den Fall der Wiederheirat noch nicht zur Versagung der Anerkennung als betriebliche Altersversorgung. Ebenfalls unschädlich für das Vorliegen von betrieblicher Altersversorgung ist die Abfindung vertraglich unverfallbarer Anwartschaften; dies gilt sowohl bei Beendigung als auch während des bestehenden Arbeitsverhältnisses. Zu den steuerlichen Folgen im Auszahlungsfall siehe Rn. 145 ff.

7 Bei Versorgungszusagen, die vor dem 1. Januar 2005 erteilt wurden, ist es nicht zu beanstanden, wenn in den Versorgungsordnungen in Abweichung von den Rn. 1 ff. die Möglichkeit einer Elternrente oder der Beitragserstattung einschließlich der gutgeschriebenen Erträge an die in Rn. 4 genannten Personen im Fall des Versterbens vor Erreichen der Altersgrenze und in Abweichung von Rn. 34 lediglich für die zugesagte Altersversorgung, nicht aber für die Hinterbliebenen- oder Invaliditätsversorgung die Auszahlung in Form einer Rente oder eines Auszahlungsplans vorgesehen ist. Dagegen sind Versorgungszusagen, die nach dem 31. Dezember 2004 aufgrund von Versorgungsordnungen erteilt werden, die die Voraussetzungen dieses Schreibens nicht erfüllen, aus steuerlicher Sicht nicht mehr als betriebliche Altersversorgung anzuerkennen; eine steuerliche Förderung ist hierfür nicht mehr möglich. Im Fall der nach § 40 b EStG a. F. pauschal besteuerten (Alt-)Direktversicherungen gilt nach Rn. 5 weiterhin keine Begrenzung bezüglich des Kreises der Bezugsberechtigten.

II. Lohnsteuerliche Behandlung von Zusagen auf Leistungen der betrieblichen Altersversorgung

1. Allgemeines

8 Der Zeitpunkt des Zuflusses von Arbeitslohn richtet sich bei einer durch Beiträge des Arbeitgebers (einschließlich Entgeltumwandlung oder anderer Finanzierungsanteile des Arbeitnehmers, vgl. Rn. 26) finanzierten betrieblichen Altersversorgung nach dem Durchführungsweg der betrieblichen Altersversorgung (vgl. auch R 40 b.1 LStR zur Abgrenzung). Bei der Versorgung über eine Direktversicherung, eine Pensionskasse oder einen Pensionsfonds liegt Zufluss von Arbeitslohn im Zeitpunkt der Zahlung der Beiträge durch den Arbeitgeber an die entsprechende Versorgungseinrichtung vor. Erfolgt die Beitragszahlung durch den Arbeitgeber vor „Versicherungsbeginn", liegt ein Zufluss von Arbeitslohn jedoch erst im Zeitpunkt des „Versicherungsbeginns" vor. Die Einbehaltung der Lohnsteuer richtet sich nach § 38 a Abs. 1 und 3 EStG (vgl. auch R 39 b.2, 39 b.5 und 39 b.6 LStR). Bei der Versorgung über eine Direktzusage oder Unterstützungskasse fließt der Arbeitslohn erst im Zeitpunkt der Zahlung der Altersversorgungsleistungen an den Arbeitnehmer zu.

2. Entgeltumwandlung zugunsten betrieblicher Altersversorgung

9 Um durch Entgeltumwandlung finanzierte betriebliche Altersversorgung handelt es sich, wenn Arbeitgeber und Arbeitnehmer vereinbaren, künftige Arbeitslohnansprüche zugunsten einer betrieblichen Altersversorgung herabzusetzen (Umwandlung in eine wertgleiche Anwartschaft auf Versorgungsleistungen – Entgeltumwandlung – § 1 Abs. 2 Nr. 3 BetrAVG[2]).

10 Davon zu unterscheiden sind die eigenen Beiträge des Arbeitnehmers, zu deren Leistung er aufgrund einer eigenen vertraglichen Vereinbarung mit der Versorgungseinrichtung originär selbst verpflichtet ist.

---

[1] Im Handbuch nicht abgedruckt.
[2] Vorstehend abgedruckt im Anhang **I 15.**

Diese eigenen Beiträge des Arbeitnehmers zur betrieblichen Altersversorgung werden aus dem bereits zugeflossenen und versteuerten Arbeitsentgelt geleistet (vgl. auch Rn. 26).

Eine Herabsetzung von Arbeitslohnansprüchen zugunsten betrieblicher Altersversorgung ist steuerlich als Entgeltumwandlung auch dann anzuerkennen, wenn die in § 1 Abs. 2 Nr. 3 BetrAVG geforderte Wertgleichheit außerhalb versicherungsmathematischer Grundsätze berechnet wird. Entscheidend ist allein, dass die Versorgungsleistung zur Absicherung mindestens eines biometrischen Risikos (Alter, Tod, Invalidität) zugesagt und erst bei Eintritt des biologischen Ereignisses fällig wird. 11

Die Herabsetzung von Arbeitslohn (laufender Arbeitslohn, Einmal- und Sonderzahlungen) zugunsten der betrieblichen Altersversorgung wird aus Vereinfachungsgründen grundsätzlich auch dann als Entgeltumwandlung steuerlich anerkannt, wenn die Gehaltsänderungsvereinbarung bereits erdiente, aber noch nicht fällig gewordene Anteile umfasst. Dies gilt auch, wenn eine Einmal- oder Sonderzahlung einen Zeitraum von mehr als einem Jahr betrifft. 12

Bei einer Herabsetzung laufenden Arbeitslohns zugunsten einer betrieblichen Altersversorgung hindert es die Annahme einer Entgeltumwandlung nicht, wenn der bisherige ungekürzte Arbeitslohn weiterhin Bemessungsgrundlage für künftige Erhöhungen des Arbeitslohns oder andere Arbeitgeberleistungen (wie z. B. Weihnachtsgeld, Tantieme, Jubiläumszuwendungen, betriebliche Altersversorgung) bleibt, die Gehaltsminderung zeitlich begrenzt oder vereinbart wird, dass der Arbeitnehmer oder der Arbeitgeber sie für künftigen Arbeitslohn einseitig ändern können. 13

3. Behandlung laufender Zuwendungen und Sonderzahlungen des Arbeitgebers an einen Pensionsfonds, eine Pensionskasse oder für eine Direktversicherung (§ 19 Abs. 1 Satz 1 Nr. 3 EStG)

a) Sonderzahlungen und Sanierungsgelder an umlagefinanzierte Pensionskassen

Laufende Zuwendungen sind regelmäßig fortlaufend geleistete Zahlungen des Arbeitgebers für eine betriebliche Altersversorgung an eine Pensionskasse, die nicht im Kapitaldeckungsverfahren, sondern im Umlageverfahren finanziert wird. Hierzu gehören insbesondere Umlagen an die Versorgungsanstalt des Bundes und der Länder – VBL – bzw. an eine kommunale Zusatzversorgungskasse. 14

Sonderzahlungen des Arbeitgebers sind insbesondere Zahlungen, die an die Stelle der bei regulärem Verlauf zu entrichtenden laufenden Zuwendungen treten oder neben laufenden Beiträgen oder Zuwendungen entrichtet werden und zur Finanzierung des nicht kapitalgedeckten Versorgungssystems dienen. Hierzu gehören beispielsweise Zahlungen, die der Arbeitgeber anlässlich seines Ausscheidens aus einem umlagefinanzierten Versorgungssystem, des Wechsels von einem umlagefinanzierten zu einem anderen umlagefinanzierten Versorgungssystem oder der Zusammenlegung zweier nicht kapitalgedeckter Versorgungssysteme zu leisten hat. Keine Sonderzahlungen des Arbeitgebers sind hingegen Zahlungen, die der Arbeitgeber wirtschaftlich nicht trägt, sondern die mittels Entgeltumwandlung finanziert, als Eigenanteil des Arbeitnehmers oder Ähnliches erbracht werden. 15

Beispiel zum Wechsel der Zusatzversorgungskasse (ZVK):

Die ZVK A wird auf die ZVK B überführt. Der Umlagesatz der ZVK A betrug bis zur Überführung 6% vom zusatzversorgungspflichtigen Entgelt. Die ZVK B erhebt nur 4% vom zusatzversorgungspflichtigen Entgelt. Der Arbeitgeber zahlt nach der Überführung auf die ZVK B für seine Arbeitnehmer zusätzlich zu den 4% Umlage einen festgelegten Betrag, durch den die Differenz bei der Umlagenhöhe (6% zu 4% vom zusatzversorgungspflichtigen Entgelt) ausgeglichen wird. 16

Bei dem Differenzbetrag, den der Arbeitgeber nach der Überführung auf die ZVK B zusätzlich leisten muss, handelt es sich um eine steuerpflichtige Sonderzahlung gem. § 19 Abs. 1 Satz 1 Nr. 3 Satz 2 Halbsatz 2 Buchstabe b EStG, die mit 15% gem. § 40 b Abs. 4 EStG pauschal zu besteuern ist (vgl. Rn. 84).

Zu den nicht zu besteuernden Sanierungsgeldern gehören die Sonderzahlungen des Arbeitgebers, die er anlässlich der Umstellung der Finanzierung des Versorgungssystems von der Umlagefinanzierung auf die Kapitaldeckung für die bis zur Umstellung bereits entstandenen Versorgungsverpflichtungen oder -anwartschaften noch zu leisten hat. Gleiches gilt für die Zahlungen, die der Arbeitgeber im Fall der Umstellung auf der Leistungsseite für diese vor Umstellung bereits entstandenen Versorgungsverpflichtungen und -anwartschaften in das Versorgungssystem leistet. Davon ist z. B. auszugehen, wenn 17

- eine deutliche Trennung zwischen bereits entstandenen und neu entstehenden Versorgungsverpflichtungen sowie -anwartschaften sichtbar wird (vgl. auch Rn. 19 a),
- der finanzielle Fehlbedarf zum Zeitpunkt der Umstellung hinsichtlich der bereits entstandenen Versorgungsverpflichtungen sowie -anwartschaften ermittelt wird und
- dieser Betrag ausschließlich vom Arbeitgeber als Zuschuss geleistet wird.

Solange ein zusätzlicher Finanzierungsbedarf in Form von Sanierungsgeldern besteht, ist kein Raum für eine Reduzierung von Umlagen. Bei sinkendem Finanzierungsbedarf reduzieren sich vielmehr zunächst die nicht zu besteuernden Sanierungsgelder. Dies betrifft auch Fälle, in denen laufende Umlagezahlungen vorübergehend ausgesetzt werden.

Beispiel zum Sanierungsgeld:

Die ZVK A stellt ihre betriebliche Altersversorgung auf der Finanzierungs- und Leistungsseite um. Bis zur Systemumstellung betrug die Umlage 6,2% vom zusatzversorgungspflichtigen Entgelt. Nach der Systemumstellung beträgt die Zahlung insgesamt 7,7% vom zusatzversorgungspflichtigen Entgelt. Davon werden 4% zugunsten der nun im Kapitaldeckungsverfahren finanzierten Neuanwartschaften und 3,7% für die weiterhin im Umlageverfahren finanzierten Anwartschaften einschließlich eines Sanierungsgeldes geleistet. 18

Die Ermittlung des nicht zu besteuernden Sanierungsgeldes erfolgt nach § 19 Abs. 1 Satz 1 Nr. 3 Satz 4 Halbsatz 2 EStG. Ein solches nicht zu besteuerndes Sanierungsgeld liegt nur vor, soweit der bisherige Umlagesatz überstiegen wird.

Zahlungen nach der Systemumstellung insgesamt	7,7%
Zahlungen vor der Systemumstellung	6,2%
nicht zu besteuerndes Sanierungsgeld	1,5%

Ermittlung der weiterhin nach § 19 Abs. 1 Satz 1 Nr. 3 Satz 1 EStG grundsätzlich zu besteuernden Umlagezahlung:

nach der Systemumstellung geleistete Zahlung für das Umlageverfahren einschließlich des Sanierungsgeldes	3,7%
nicht zu besteuerndes Sanierungsgeld	1,5%
grundsätzlich zu besteuernde Umlagezahlung	2,2%

Eine Differenzrechnung nach § 19 Abs. 1 Satz 1 Nr. 3 Satz 4 Halbsatz 2 EStG entfällt, wenn es an laufenden und wiederkehrenden Zahlungen entsprechend dem periodischen Bedarf fehlt, also das zu erbringende Sanierungsgeld als Gesamtfehlbetrag feststeht und lediglich ratierlich getilgt wird.

b) Sonstige Sonderzahlungen des Arbeitgebers

19 Nicht zu besteuernder Arbeitslohn nach § 19 Abs. 1 Satz 1 Nr. 3 Satz 2 Halbsatz 1 Buchstabe b EStG sind Sonderzahlungen des Arbeitgebers an eine externe Versorgungseinrichtung (Pensionsfonds, Pensionskasse oder Direktversicherung), die neben den laufenden Beiträgen und Zuwendungen erbracht werden und
- der Wiederherstellung einer angemessenen Kapitalausstattung nach unvorhersehbaren Verlusten oder
- der Finanzierung der Verstärkung der Rechnungsgrundlagen aufgrund einer unvorhersehbaren und nicht nur vorübergehenden Änderung der Verhältnisse dienen.

Dabei dürfen die Sonderzahlungen nicht zu einer Absenkung des laufenden Beitrags führen oder durch eine Absenkung des laufenden Beitrags ausgelöst werden.

Die vorstehenden Voraussetzungen sind insbesondere beim Vorliegen folgender Sachverhalte dem Grunde nach erfüllt:
- Einbruch am Kapitalmarkt,
- Anstieg der Invaliditätsfälle,
- gestiegene Lebenserwartung,
- Niedrigzinsumfeld,
- Satzungsänderungen nach § 234 Abs. 7 VAG.

19a Werden zwei Abrechnungsverbände eines Versorgungswerks einschließlich des gesamten Verpflichtungs- und Vermögensbestandes unter gleichzeitiger Umstellung des Finanzierungssystems in einen gemeinsamen Abrechnungsverband zusammengefasst und von den Beteiligten künftig gemeinschaftlich mittels laufender Pflichtbeiträge finanziert, können erforderliche Angleichungsbeträge aufgrund unterschiedlicher Deckungslücken als Sonderzahlungen im Sinne des § 19 Abs. 1 Satz 1 Nr. 3 Satz 2 Halbsatz 1 Buchstabe b EStG anzusehen sein. Durch die Zusammenfassung der bisher getrennten Abrechnungsverbände besteht aber keine Möglichkeit mehr, nicht steuerbare Sanierungsgelder im Sinne des § 19 Abs. 1 Satz 1 Nr. 3 Satz 2 Halbsatz 1 Buchstabe d EStG zu erheben (Aufgabe des Trennungsprinzips zwischen Altverpflichtungen und neu erworbenen Anwartschaften; siehe Rn. 17). Nach der Zusammenfassung der Abrechnungsverbände und Umstellung des Finanzierungssystems kommt eine erneute Anwendung des § 19 Abs. 1 Satz 1 Nr. 3 Satz 2 Halbsatz 1 Buchstabe b EStG nur noch für mögliche, sich (später) neu ergebende Änderungen der Verhältnisse in Betracht.

20 Um steuerpflichtigen Arbeitslohn handelt es sich hingegen bei Sonderzahlungen, die der Arbeitgeber an eine externe Versorgungseinrichtung der betrieblichen Altersversorgung erbringt
- wegen Verlusten aus Einzelgeschäften oder
- bei Fehlbeträgen, die durch früher gesetzte Risiken verursacht worden sind (z. B. Kalkulationsfehler, Insolvenzrisiken).

21 Die konkrete Höhe der nicht als Arbeitslohn zu besteuernden Sonderzahlungen des Arbeitgebers ist im jeweiligen Einzelfall unter Beachtung der versicherungsaufsichtsrechtlichen Vorgaben durch einen Aktuar festzustellen.

22 Für die Anwendung des § 19 Abs. 1 Satz 1 Nr. 3 Satz 2 Halbsatz 1 Buchstabe b EStG ist es unerheblich, ob es sich bei der Sonderzahlung des Arbeitgebers um eine einmalige Kapitalzahlung oder um eine regelmäßige Zahlung (z. B. einen satzungsmäßig vorgesehenen Sonderzuschlag) neben den laufenden Beiträgen und Zuwendungen handelt.

22a Die Bildung eines Gründungsstocks im Sinne des § 178 Abs. 5 VAG stellt grundsätzlich keine Sonderzahlung im Sinne des § 19 Abs. 1 Satz 1 Nr. 3 Satz 2 EStG dar, weil es sich um Darlehensmittel handelt. Entfällt der Darlehenscharakter des Gründungsstocks im Nachhinein, z. B. weil auf die Rückzahlung verzichtet wird oder das Darlehen als uneinbringlich anzusehen ist, liegt zu diesem Zeitpunkt eine Sonderzahlung vor. Die Sonderzahlung gehört nicht zum Arbeitslohn, soweit nach den vertraglichen Vereinbarungen die Bereitstellung und der Abruf der Darlehensmittel den unter § 19 Abs. 1 Satz 1 Nr. 3 Satz 2 Halbsatz 1 EStG bezeichneten Zwecken diente.

4. Steuerfreiheit nach § 3 Nr. 63 EStG

a) Steuerfreiheit nach § 3 Nr. 63 Satz 1 EStG

aa) Begünstigter Personenkreis

23 Zu dem durch § 3 Nr. 63 EStG begünstigten Personenkreis gehören alle Arbeitnehmer (§ 1 LStDV[1]), unabhängig davon, ob sie in der gesetzlichen Rentenversicherung pflichtversichert sind oder nicht (z. B. beherrschende Gesellschafter-Geschäftsführer, geringfügig Beschäftigte, in einem berufsständischen Versorgungswerk Versicherte).

24 Die Steuerfreiheit setzt lediglich ein bestehendes erstes Dienstverhältnis voraus. Diese Voraussetzung kann auch erfüllt sein, wenn es sich um ein weiterbestehendes Dienstverhältnis ohne Anspruch auf Arbeitslohn (z. B. während der Elternzeit, der Pflegezeit, des Bezugs von Kurzarbeiter- oder Krankengeld) oder ein geringfügiges Beschäftigungsverhältnis oder eine Aushilfstätigkeit handelt, bei der die Möglichkeit der Pauschalbesteuerung nach § 40 a EStG in Anspruch genommen wird. In diesen Fällen ist, da

[1] Abgedruckt im Hauptteil bei § 19 EStG.

die elektronischen Lohnsteuerabzugsmerkmale (ELStAM-Daten) nicht abgerufen werden, mittels Erklärung des Arbeitnehmers zu dokumentieren, dass es sich um ein erstes Dienstverhältnis handelt. Die Steuerfreiheit ist nicht bei Arbeitnehmern zulässig, bei denen der Arbeitgeber den Lohnsteuerabzug nach der Steuerklasse VI vornimmt.

bb) Begünstigte Aufwendungen

Zu den nach § 3 Nr. 63 EStG begünstigten Aufwendungen gehören nur Beiträge an Pensionsfonds, Pensionskassen und Direktversicherungen, die zum Aufbau einer betrieblichen Altersversorgung (Rn. 1 ff.) im Kapitaldeckungsverfahren erhoben werden. Für Umlagen, die vom Arbeitgeber an eine Versorgungseinrichtung entrichtet werden, kommt die Steuerfreiheit nach § 3 Nr. 63 EStG dagegen *nicht in* Betracht (siehe aber § 3 Nr. 56 EStG, Rn. 76 ff.). Werden sowohl Umlagen als auch Beiträge im Kapitaldeckungsverfahren erhoben, gehören Letztere nur dann zu den begünstigten Aufwendungen, wenn eine getrennte Verwaltung und Abrechnung beider Vermögensmassen erfolgt (Trennungsprinzip). **25**

Steuerfrei sind nur Beiträge des Arbeitgebers. Das sind diejenigen Beiträge, die vom Arbeitgeber als Versicherungsnehmer (bzw. im Fall des § 21 Abs. 4 BetrAVG von einer gemeinsamen Einrichtung nach § 4 des Tarifvertragsgesetzes) selbst geschuldet und an die Versorgungseinrichtung geleistet werden. Von Beiträgen des Arbeitgebers ist auch auszugehen, wenn der jeweilige Arbeitgeber nicht Versicherungsnehmer, sondern gegenüber der Versorgungseinrichtung lediglich Beitragsschuldner ist. Dazu gehören **26**

- die Beiträge des Arbeitgebers, die zusätzlich zum ohnehin geschuldeten Arbeitslohn erbracht werden (rein arbeitgeberfinanzierte Beiträge), sowie
- alle im Gesamtversicherungsbeitrag des Arbeitgebers enthaltenen Finanzierungsanteile des Arbeitnehmers (BFH-Urteil vom 9. Dezember 2010 VI R 57/08, BStBl. 2011 II S. 978) wie z. B.
  - eine Eigenbeteiligung des Arbeitnehmers oder
  - die mittels Entgeltumwandlung finanzierten Beiträge (vgl. Rn. 9 ff.) einschließlich der Leistungen des Arbeitgebers i. S. d. § 1 a Abs. 1 a und § 23 Abs. 2 BetrAVG,[1] die er als Ausgleich für die ersparten Sozialversicherungsbeiträge in Folge einer Entgeltumwandlung erbringt. Im Fall der Finanzierung der Beiträge durch eine Entgeltumwandlung ist die Beachtung des Mindestbetrags gem. § 1 a BetrAVG für die Inanspruchnahme der Steuerfreiheit nicht erforderlich.

Beiträge des Arbeitnehmers, zu deren Leistung er aufgrund einer eigenen vertraglichen Vereinbarung mit der Versorgungseinrichtung originär selbst verpflichtet ist (sog. eigene Beiträge des Arbeitnehmers), sind dagegen vom Anwendungsbereich des § 3 Nr. 63 EStG ausgeschlossen, auch wenn sie vom Arbeitgeber an die Versorgungseinrichtung abgeführt werden.

Macht ein Arbeitnehmer (z. B. aufgrund eines entsprechenden Tarifvertrags) von der Möglichkeit Gebrauch, zusätzliche vermögenwirksame Leistungen des Arbeitgebers für den Aufbau einer betrieblichen Altersversorgung über die Durchführungswege Pensionsfonds, Pensionskasse oder Direktversicherung im Rahmen einer Entgeltumwandlung zu verwenden, fallen diese Beiträge in den Anwendungsbereich des § 3 Nr. 63 EStG. Dies gilt auch für in diesem Zusammenhang gewährte Erhöhungsbeträge des Arbeitgebers (z. B. erhöhter Beitrag zur betrieblichen Altersversorgung i. H. v. 26 € statt vermögenswirksamer Leistungen i. H. v. 6,65 €) und für Erhöhungsbeträge des Arbeitgebers, die von einer zusätzlichen Entgeltumwandlung abhängen (z. B. erhöhter Beitrag zur betrieblichen Altersversorgung i. H. v. 50 €, wenn der Arbeitnehmer 13 € seines Arbeitslohns umwandelt). **26a**

Die Steuerfreiheit nach § 3 Nr. 63 EStG kann nur dann in Anspruch genommen werden, wenn der vom Arbeitgeber zur Finanzierung der zugesagten Versorgungsleistung gezahlte Beitrag nach bestimmten individuellen Kriterien dem einzelnen Arbeitnehmer zugeordnet wird. Allein die Verteilung eines vom Arbeitgeber gezahlten Gesamtbeitrags nach der Anzahl der begünstigten Arbeitnehmer genügt hingegen für die Anwendung des § 3 Nr. 63 EStG nicht. Für die Anwendung des § 3 Nr. 63 EStG ist nicht Voraussetzung, dass sich die Höhe der zugesagten Versorgungsleistung an der Höhe des eingezahlten Beitrags des Arbeitgebers orientiert, da der Arbeitgeber nach § 1 BetrAVG nicht nur eine reine Beitragszusage, eine Beitragszusage mit Mindestleistung oder eine beitragsorientierte Leistungszusage, sondern auch eine Leistungszusage erteilen kann. **27**

Maßgeblich für die betragsmäßige Begrenzung der Steuerfreiheit auf 8% der Beitragsbemessungsgrenze (BBG) in der allgemeinen Rentenversicherung[2] ist auch bei einer Beschäftigung in den neuen Ländern oder Berlin (Ost) die in dem Kalenderjahr gültige Beitragsbemessungsgrenze (West). Bei dem Höchstbetrag des § 3 Nr. 63 Satz 1 EStG handelt es sich um einen Jahresbetrag. Eine zeitanteilige Kürzung des Höchstbetrags ist daher nicht vorzunehmen, wenn das Arbeitsverhältnis nicht während des ganzen Jahres besteht oder nicht für das ganze Jahr Beiträge gezahlt werden. Der Höchstbetrag kann erneut in Anspruch genommen werden, wenn der Arbeitnehmer ihn in einem vorangegangenen Dienst- **28**

[1] **[Amtl. Anm.:]** Das Bundesministerium für Arbeit und Soziales weist in diesem Zusammenhang auf Folgendes hin:
§ 1 a Abs. 1 a und § 23 Abs. 2 BetrAVG sehen ausdrücklich vor, dass der Arbeitgeberzuschuss nur zu leisten ist, „soweit der Arbeitgeber durch die Entgeltumwandlung Sozialversicherungsbeiträge einspart". Ist das nicht der Fall, etwa wenn Entgelt oberhalb einer Beitragsbemessungsgrenze umgewandelt wird, ist insoweit auch kein Arbeitgeberzuschuss fällig. Wird Entgelt bspw. im Bereich zwischen der Beitragsbemessungsgrenze in der gesetzlichen Krankenversicherung und der Beitragsbemessungsgrenze in der gesetzlichen Rentenversicherung umgewandelt, kann der Arbeitgeber „spitz" abrechnen, er kann aber auch 15% des umgewandelten Beitrags an die Versorgungseinrichtung weiterleiten. Wie die Weiterleitung des Arbeitgeberzuschusses an die Versorgungseinrichtung technisch umgesetzt wird, obliegt den Beteiligten. So kann der Arbeitgeberzuschuss zusätzlich zu dem vereinbarten Entgeltumwandlungsbetrag an die Versorgungseinrichtung weitergeleitet werden. Sofern die Versorgungeinrichtung nicht bereit ist, den Vertrag entsprechend anzupassen, kommt der Neuabschluss eines Vertrages nur für den Arbeitgeberzuschusses in Betracht. Denkbar ist aber auch z. B. eine Vereinbarung zwischen Arbeitgeber und Arbeitnehmer, wonach der an die Versorgungseinrichtung abzuführende Betrag gleich bleibt und künftig neben einem entsprechend verminderten umgewandelten Entgelt den Arbeitgeberzuschuss enthält.

[2] Für 2025: 8% von 96 600 Euro = 7 728 Euro.

verhältnis bereits ausgeschöpft hat. Im Fall der Gesamtrechtsnachfolge und des Betriebsübergangs nach § 613 a BGB kommt dies dagegen nicht in Betracht.

29 Soweit die Beiträge den steuerfreien Höchstbetrag (8% der Beitragsbemessungsgrenze in der allgemeinen Rentenversicherung [West][1] abzüglich der tatsächlich nach § 40 b EStG a. F. pauschal besteuerten Beiträge; vgl. Rn. 85 ff.) übersteigen, sind sie individuell zu besteuern. Für die individuell besteuerten Beiträge kann eine Förderung durch Sonderausgabenabzug nach § 10 a und Zulage nach Abschnitt XI EStG in Betracht kommen (vgl. Rn. 66 ff.). Zur Übergangsregelung des § 52 Abs. 4 Satz 16 f. EStG[2] siehe Rn. 85 ff.

30 Bei monatlicher Zahlung der Beiträge bestehen keine Bedenken, wenn der Höchstbetrag in gleichmäßige monatliche Teilbeträge aufgeteilt wird. Stellt der Arbeitgeber vor Ablauf des Kalenderjahres, z. B. bei Beendigung des Dienstverhältnisses fest, dass die Steuerfreiheit im Rahmen der monatlichen Teilbeträge nicht in vollem Umfang ausgeschöpft worden ist oder werden kann, muss eine ggf. vorgenommene Besteuerung der Beiträge rückgängig gemacht (spätester Zeitpunkt hierfür ist die Übermittlung oder Erteilung der Lohnsteuerbescheinigung) oder der monatliche Teilbetrag künftig so geändert werden, dass der Höchstbetrag ausgeschöpft wird.

31 Rein arbeitgeberfinanzierte Beiträge sind steuerfrei, soweit sie den Höchstbetrag (8% der Beitragsbemessungsgrenze in der allgemeinen Rentenversicherung [West][3] abzüglich der tatsächlich nach § 40 b EStG a. F. pauschal besteuerten Beiträge; vgl. Rn. 85 ff.) nicht übersteigen. Der steuerfreie Höchstbetrag wird zunächst durch diese Beiträge ausgefüllt. Soweit der steuerfreie Höchstbetrag dadurch nicht ausgeschöpft worden ist, sind die verbleibenden, auf den verschiedenen Finanzierungsanteilen des Arbeitnehmers beruhenden Beiträge des Arbeitgebers zu berücksichtigen (vgl. Rn. 26; Leistungen des Arbeitgebers i. S. d. § 1 a Abs. 1 a und § 23 Abs. 2 BetrAVG, die er als Ausgleich für die ersparten Sozialversicherungsbeiträge infolge einer Entgeltumwandlung erbringt, sind dabei Teil der Entgeltumwandlung).

Beispiel:

32

Steuerfreier Höchstbetrag (8% BBG in der allgemeinen Rentenversicherung [West], 85 200 € für 2021)	6.816 €
abzgl. tatsächlich pauschal besteuerte Beiträge (angenommen Höchstbetrag)	./. 1.752 €
verbleiben als steuerfreies Volumen	= 5.064 €
abzüglich rein arbeitgeberfinanzierte Beiträge (angenommen)	./. 3.000 €
verbleiben als steuerfreies Volumen für Entgeltumwandlung	= 2.064 €

33 Die Anwendung der Pauschalbesteuerung nach § 40 b EStG a. F. für Beiträge an Pensionskassen und für Direktversicherungen (siehe Rn. 85 ff.) ist nicht erst nach Übersteigen des steuerfreien Höchstbetrages von 8% möglich, sondern mindert das maximal steuerfreie Volumen (§ 52 Abs. 4 Satz 16 EStG[4]).

cc) Begünstigte Auszahlungsformen

34 Voraussetzung für die Steuerfreiheit ist, dass die Auszahlung der zugesagten Alters-, Invaliditäts- oder Hinterbliebenenversorgungsleistungen entsprechend der in § 82 Abs. 2 Satz 2 EStG genannten Auszahlungsformen vorgesehen ist. Zu den begünstigten Auszahlungsformen siehe im Einzelnen die Ausführungen unter Rn. 68. Allein die Möglichkeit, anstelle dieser Auszahlungsformen eine Einmalkapitalauszahlung (100% des zu Beginn der Auszahlungsphase zur Verfügung stehenden Kapitals) zu wählen, steht der Steuerfreiheit noch nicht entgegen; hieran wird ungeachtet des BFH-Urteils vom 20. September 2016 X R 23/15 (BStBl. 2017 II S. 347) festgehalten. Entscheidet sich der Arbeitnehmer zugunsten einer Einmalkapitalauszahlung, so sind von diesem Zeitpunkt an die Voraussetzungen des § 3 Nr. 63 EStG nicht mehr erfüllt und die Beitragsleistungen zu besteuern. Erfolgt die Ausübung des Wahlrechts innerhalb des letzten Jahres vor dem altersbedingten Ausscheiden aus dem Erwerbsleben, so ist es aus Vereinfachungsgründen nicht zu beanstanden, wenn die Beitragsleistungen weiterhin nach § 3 Nr. 63 EStG steuerfrei belassen werden. Für die Berechnung der Jahresfrist ist dabei auf das im Zeitpunkt der Ausübung des Wahlrechts vertraglich vorgesehene Ausscheiden aus dem Erwerbsleben (vertraglich vorgesehener Beginn der Altersversorgungsleistung) abzustellen. Bei Auszahlung oder anderweitiger wirtschaftlicher Verfügung ist der Einmalkapitalbetrag gem. § 22 Nr. 5 EStG zu besteuern (siehe dazu Rn. 148 ff.).

dd) Sonstiges

35 Eine Steuerfreiheit der Beiträge kommt nicht in Betracht, soweit es sich hierbei nicht um Arbeitslohn im Rahmen eines Dienstverhältnisses, sondern um eine verdeckte Gewinnausschüttung i. S. d. § 8 Abs. 3 Satz 2 KStG handelt. Die allgemeinen Grundsätze zur Abgrenzung zwischen verdeckter Gewinnausschüttung und Arbeitslohn sind hierbei zu beachten.

36 Bei Beiträgen an ausländische betriebliche Altersversorgungssysteme ist zu entscheiden, ob das ausländische Altersversorgungssystem mit einem Durchführungsweg der betrieblichen Altersversorgung nach dem deutschen Betriebsrentengesetz vergleichbar ist bzw. einem der Durchführungswege als vergleichbar zugeordnet werden kann. Entsprechende Beiträge sind steuerfrei nach § 3 Nr. 63 EStG, wenn

- das ausländische betriebliche Altersversorgungssystem vergleichbar mit dem Pensionsfonds, der Pensionskasse oder der Direktversicherung ist und
- auch die weiteren wesentlichen Kriterien für die steuerliche Anerkennung einer betrieblichen Altersversorgung im Inland erfüllt werden (u. a. Absicherung mindestens eines biometrischen Risikos – vgl. Rn. 1 –, enger Hinterbliebenenbegriff – vgl. Rn. 4 –, keine Vererblichkeit – vgl. Rn. 6 –, begünstigte Auszahlungsformen – vgl. Rn. 34 i. V. m. Rn. 68) und

---

[1] Für 2025: 8% von 96 600 Euro = 7 728 Euro.
[2] **[Amtl. Anm.:]** Jetzt § 52 Abs. 4 Satz 23 f.
[3] Für 2025: 8% von 96 600 Euro = 7 728 Euro.
[4] **[Amtl. Anm.:]** Jetzt § 52 Abs. 4 Satz 23.

– die ausländische Versorgungseinrichtung in vergleichbarer Weise den für inländische Versorgungseinrichtungen maßgeblichen Aufbewahrungs-, Mitteilungs- und Bescheinigungspflichten nach dem Einkommensteuergesetz und der Altersvorsorge-Durchführungsverordnung zur Sicherstellung der Besteuerung der Versorgungsleistungen im Wesentlichen nachkommt.

Darüber hinaus kann sich die unmittelbare Anwendbarkeit des § 3 Nr. 63 EStG aus einer völkerrechtlichen Vereinbarung ergeben (z. B. Nr. 16 des Protokolls zum Doppelbesteuerungsabkommens [DBA] USA). **37**

In Entsendungsfällen hat für die Beiträge des Arbeitgebers zur kapitalgedeckten betrieblichen Altersversorgung die Regelung des § 3 Nr. 63 EStG gegenüber den Regelungen eines DBA Vorrang. **38**

Unter den Voraussetzungen der Rn. 23 bis 35 sind auch die vom Arbeitgeber zusätzlich *zum ohnehin geschuldeten Arbeitslohn erbrachten Beiträge an eine Zusatzversorgungskasse* (wie z. B. zur Versorgungsanstalt der deutschen Bühnen – VddB –, zur Versorgungsanstalt der deutschen Kulturorchester – VddKO – oder zum Zusatzversorgungswerk für Arbeitnehmer in der Land- und Forstwirtschaft – ZLF –), die er nach der jeweiligen Satzung der Versorgungseinrichtung als Pflichtbeiträge für die Altersversorgung seiner Arbeitnehmer zusätzlich zu den nach § 3 Nr. 62 EStG steuerfreien Beiträgen zur gesetzlichen Rentenversicherung zu erbringen hat, ebenfalls im Rahmen des § 3 Nr. 63 EStG steuerfrei. Die Steuerfreiheit nach § 3 Nr. 62 Satz 1 EStG kommt für diese Beiträge nicht in Betracht. Die Steuerbefreiung des § 3 Nr. 63 (und auch Nr. 56) EStG ist nicht nur der Höhe, sondern dem Grunde nach vorrangig anzuwenden; die Steuerbefreiung nach § 3 Nr. 62 EStG ist bei Vorliegen von Zukunftssicherungsleistungen i. S. d. § 3 Nr. 63 (und auch Nr. 56) EStG daher auch dann ausgeschlossen, wenn die Höchstbeträge des § 3 Nr. 63 (und Nr. 56) EStG bereits voll ausgeschöpft werden. ***39***

b) Ausschluss der Steuerfreiheit nach § 3 Nr. 63 Satz 2 EStG

aa) Personenkreis

Auf die Steuerfreiheit können grundsätzlich nur Arbeitnehmer verzichten, die in der gesetzlichen Rentenversicherung pflichtversichert sind (§§ 1 a, 17 Abs. 1 Satz 3 BetrAVG). Alle anderen Arbeitnehmer können von dieser Möglichkeit nur dann Gebrauch machen, wenn der Arbeitgeber zustimmt. **40**

bb) Höhe und Zeitpunkt der Ausübung des Wahlrechts

Soweit der Arbeitnehmer einen Anspruch auf Entgeltumwandlung nach § 1 a BetrAVG hat oder andere Finanzierungsanteile (vgl. Rn. 26) zur betrieblichen Altersversorgung erbringt, ist eine individuelle Besteuerung dieser Beiträge auf Verlangen des Arbeitnehmers durchzuführen; die Beiträge sind dabei gleichrangig zu behandeln. In Höhe des Verzichts auf die Steuerfreiheit mindert sich das steuerfreie Dotierungsvolumen des § 3 Nr. 63 Satz 1 EStG. Wird kein Verzicht erklärt, kann das steuerfreie Dotierungsvolumen in vollem Umfang genutzt und für die darüber hinaus geleisteten, individuell zu besteuernden Beiträge die Förderung durch den Sonderausgabenabzug nach § 10 a EStG und Zulage nach Abschnitt XI EStG (s. Rn. 66 ff.) beansprucht werden. Der Arbeitnehmer kann sein Verlangen nach individueller Besteuerung (Verzicht auf die Steuerfreiheit) betragsmäßig oder prozentual begrenzen. **41**[1]

Beispiel:

Der in der gesetzlichen Rentenversicherung pflichtversicherte Arbeitnehmer hat in 2021 eine Versorgungszusage im Durchführungsweg der Pensionskasse. Die Beiträge betragen 8% der BBG in der allgemeinen Rentenversicherung (West). Die Beiträge werden vollständig durch Entgeltumwandlung finanziert. Der Arbeitnehmer verlangt vom Arbeitgeber, die Beiträge zur Pensionskasse individuell zu besteuern, um die Förderung durch Sonderausgabenabzug nach § 10 a EStG und Zulagen nach Abschnitt XI EStG (vgl. Rn. 66 ff.) zu erhalten; eine Begrenzung hinsichtlich der Höhe der individuell zu besteuernden Beiträge nimmt der Arbeitnehmer nicht vor. **41a**

Die Beiträge zur Pensionskasse sind i. H. v. 4% der BBG (West) individuell zu besteuern und darüber hinaus nach § 3 Nr. 63 Satz 1 EStG steuerfrei zu behandeln. Der Arbeitnehmer kann eine individuelle Besteuerung nach § 3 Nr. 63 Satz 2 EStG i. V. m. § 1 a Abs. 3 BetrAVG nur verlangen, soweit er einen Anspruch auf Entgeltumwandlung hat. Dieser Anspruch beträgt höchstens 4% der BBG (West), § 1 a Abs. 1 Satz 1 BetrAVG.

In allen anderen Fällen der Entgeltumwandlung (z. B. Entgeltumwandlungsvereinbarung aus dem Jahr 2001 oder früher) ist die individuelle Besteuerung der Beiträge hingegen nur aufgrund einvernehmlicher Vereinbarung zwischen Arbeitgeber und Arbeitnehmer möglich. Bei rein arbeitgeberfinanzierten Beiträgen kann auf die Steuerfreiheit nicht verzichtet werden (vgl. Rn. 31). **41b**

Die Ausübung des Wahlrechts nach § 3 Nr. 63 Satz 2 EStG muss bis zu dem Zeitpunkt erfolgen, zu dem die entsprechende Gehaltsänderungsvereinbarung steuerlich noch anzuerkennen ist (vgl. Rn. 12). Eine nachträgliche Änderung der steuerlichen Behandlung der im Wege der Entgeltumwandlung finanzierten Beiträge ist nicht zulässig. **42**

c) Vervielfältigungsregelung nach § 3 Nr. 63 Satz 3 EStG

Beiträge an einen Pensionsfonds, eine Pensionskasse oder für eine Direktversicherung, die der Arbeitgeber aus Anlass der Beendigung des Dienstverhältnisses leistet, können im Rahmen des § 3 Nr. 63 Satz 3 EStG – zusätzlich zu den Beiträgen nach § 3 Nr. 63 Satz 1 EStG – steuerfrei belassen werden. Ein Zusammenhang mit der Beendigung des Dienstverhältnisses ist insbesondere dann zu vermuten, wenn der Beitrag innerhalb von drei Monaten vor dem Beendigungs-/Auflösungszeitpunkt geleistet wird. Die Vervielfältigungsregelung kann auch nach Beendigung des Dienstverhältnisses angewendet werden, wenn die Beitragsleistung oder Entgeltumwandlung spätestens bis zum Zeitpunkt der Beendigung des Dienstverhältnisses vereinbart wird. **43**[2]

---

[1] **[Amtl. Anm.:]** Rn. 41 wurde durch BMF vom 18. 3. 2022 (BStBl. I S. 333) geändert und ist in allen offenen Fällen anzuwenden.

[2] **[Amtl. Anm.:]** Bis zur nächsten Änderung von Rn. 43 sind die Regelungen nach 40 b.1 Abs. 11 Satz 1 bis 3 und Satz 9 LStR entsprechend anzuwenden.

44 Die Höhe der Steuerfreiheit ist begrenzt auf den Betrag, der sich ergibt aus 4% der Beitragsbemessungsgrenze in der allgemeinen Rentenversicherung (West) vervielfältigt mit der Anzahl der Kalenderjahre, in denen das Dienstverhältnis des Arbeitnehmers zu dem Arbeitgeber bestanden hat, höchstens zehn Kalenderjahre.

45 Die Vervielfältigungsregelung steht jedem Arbeitnehmer aus demselben *Dienstverhältnis insgesamt* nur einmal zu. Werden die Beiträge statt als Einmalbeitrag in Teilbeträgen geleistet, sind diese so lange steuerfrei, bis der für den Arbeitnehmer maßgebende Höchstbetrag ausgeschöpft ist. Eine Anwendung der Vervielfältigungsregelung des § 3 Nr. 63 Satz 3 EStG ist nicht möglich, soweit die Vervielfältigungsregelung des § 40 b Abs. 2 Satz 3 und 4 EStG a. F. auf die Beiträge, die der Arbeitgeber aus Anlass der Beendigung des Dienstverhältnisses leistet, angewendet wird (vgl. Rn. 94 f.). Die hiernach pauschal besteuerten Beiträge und Zuwendungen sind folglich auf das steuerfreie Volumen anzurechnen.

d) Nachholung der Steuerfreiheit nach § 3 Nr. 63 Satz 4 EStG

46 Beiträge i. S. d. § 3 Nr. 63 Satz 1 EStG, die für Kalenderjahre nachgezahlt werden, in denen das erste Dienstverhältnis ruhte, vom Arbeitgeber im Inland kein steuerpflichtiger Arbeitslohn bezogen wurde und in diesen Zeiten keine Beiträge i. S. d. § 3 Nr. 63 Satz 1 EStG geleistet wurden, sind steuerfrei, soweit sie 8% der Beitragsbemessungsgrenze in der allgemeinen Rentenversicherung (West), vervielfältigt mit der Anzahl dieser Kalenderjahre, höchstens jedoch zehn Kalenderjahre, nicht übersteigen. Eine Nachzahlung kommt beispielsweise in Betracht für Zeiten einer Entsendung ins Ausland, während der Elternzeit oder eines Sabbatjahres. Für die Berechnung des maximalen steuerfreien Volumens wird auf die Beitragsbemessungsgrenze des Jahres der Nachzahlung abgestellt und diese mit der Anzahl der zu berücksichtigenden Jahre multipliziert.

47 Im Zeitraum des Ruhens und im Zeitpunkt der Nachzahlung muss ein erstes Dienstverhältnis vorliegen (§ 3 Nr. 63 Satz 4 EStG). Der Nachweis, dass ein erstes Dienstverhältnis vorliegt, ist vom Arbeitgeber zu führen. Dieser kann z. B. über die abgerufenen ELStAM-Daten, eine Bescheinigung für den Lohnsteuerabzug oder eine schriftliche Bestätigung des Arbeitnehmers erfolgen (siehe dazu auch Rn. 24).

48 Die Nachholungsregelung ist eine Jahres-Regelung, d. h., es sind nur solche Kalenderjahre zu berücksichtigen, in denen vom 1. Januar bis zum 31. Dezember vom Arbeitgeber im Inland kein steuerpflichtiger Arbeitslohn bezogen wurde. Berücksichtigt werden dabei auch Kalenderjahre vor 2018, sofern die Nachzahlung ab dem 1. Januar 2018 erfolgt. Arbeitslöhne aus anderen Dienstverhältnissen (Steuerklasse VI oder pauschal besteuert) bleiben unberücksichtigt.

49 Die Nachholung muss im Zusammenhang mit dem Ruhen des Dienstverhältnisses stehen. Von einem solchen Zusammenhang kann ausgegangen werden, wenn die Beiträge spätestens bis zum Ende des Kalenderjahres, das auf das Ende der Ruhensphase folgt, nachgezahlt werden. Die Nachholung kann in einem Betrag oder in mehreren Teilbeträgen erfolgen. Bei Teilbeträgen gilt die Beitragsbemessungsgrenze des Jahres der ersten Teilzahlung. In dem Kalenderjahr, in dem die Ruhensphase endet und in dem darauffolgenden Jahr können die Steuerbefreiungen nach § 3 Nr. 63 Satz 1 und 4 EStG nebeneinander in Anspruch genommen werden.

50 Übersteigen die nachgezahlten Beiträge das steuerfreie Volumen nach § 3 Nr. 63 Satz 4 EStG, können die übersteigenden Beiträge nach § 3 Nr. 63 Satz 1 EStG steuerfrei belassen werden, soweit der Höchstbetrag nach § 3 Nr. 63 Satz 1 EStG durch die laufenden Beiträge für das entsprechende Kalenderjahr noch nicht verbraucht ist. Für Beiträge an eine Pensionskasse oder für eine Direktversicherung kommt ggf. auch die Pauschalbesteuerung nach § 40 b Abs. 1 und Abs. 2 Satz 1 und 2 EStG a. F. in Betracht, sofern die Voraussetzungen für die Anwendung des § 40 b EStG a. F. vorliegen (vgl. Rn. 85 bis 99).

5. Steuerfreiheit für Sicherungsbeiträge des Arbeitgebers nach § 3 Nr. 63 a EStG

51 § 3 Nr. 63 a EStG gilt für Zusatzbeiträge des Arbeitgebers i. S. d. § 23 Abs. 1 BetrAVG, die den einzelnen Arbeitnehmern nicht unmittelbar gutgeschrieben oder zugerechnet, sondern zunächst zur Absicherung der reinen Beitragszusage genutzt werden. Diese Zusatzbeiträge bleiben im Zeitpunkt der Dotierung/Leistung des Arbeitgebers an die Versorgungseinrichtung steuerfrei. Soweit aus den nach § 3 Nr. 63 a EStG steuerfreien Beiträgen dem Arbeitnehmer später Versorgungsleistungen oder andere Vorteile zufließen, sind diese vollständig nach § 22 Nr. 5 Satz 1 EStG zu besteuern (vgl. Rn. 148 ff.).

52 Für Zusatzbeiträge des Arbeitgebers, die den einzelnen Arbeitnehmern direkt gutgeschrieben bzw. zugerechnet werden, gelten hingegen die gleichen steuerlichen Regelungen wie für die übrigen Beiträge des Arbeitgebers im Rahmen des Kapitaldeckungsverfahrens an einen Pensionsfonds, eine Pensionskasse oder für eine Direktversicherung zum Aufbau einer betrieblichen Altersversorgung (z. B. Steuerfreiheit nach § 3 Nr. 63 EStG, Förderung nach § 10 a/Abschnitt XI EStG beim Arbeitnehmer).

6. Steuerfreiheit nach § 3 Nr. 65 EStG

53 Die sich aus § 3 Nr. 65 Satz 2 bis 4 EStG ergebenden Rechtsfolgen treten auch dann ein, wenn die Auszahlungen unmittelbar vom Träger der Insolvenzsicherung an den Versorgungsberechtigten oder seine Hinterbliebenen vorgenommen werden. In diesem Fall ist der Träger der Insolvenzsicherung Dritter i. S. d. § 3 Nr. 65 Satz 4 EStG und daher zum Lohnsteuereinbehalt verpflichtet.

54[1] Nach § 8 Abs. 2 BetrAVG hat der Arbeitnehmer im Insolvenzfall des Arbeitgebers das Recht, in eine für ihn abgeschlossene Rückdeckungsversicherung des Arbeitgebers oder der Unterstützungskasse als Versicherungsnehmer einzutreten und die Versicherung mit eigenen Beiträgen fortzusetzen. Macht der Arbeitnehmer von diesem Recht Gebrauch und tritt in die Versicherung ein, ist der Erwerb der Ansprüche aus der Rückdeckungsversicherung steuerfrei nach § 3 Nr. 65 Satz 1 Buchst. d EStG. Die späteren Versorgungsleistungen aus der Rückdeckungsversicherung, in die der Arbeitnehmer nach § 3 Nr. 65 Satz 1 Buchstabe d EStG eingetreten ist, gehören insgesamt zu den sonstigen Einkünften nach § 22 Nr. 5

---

[1] **[Amtl. Anm.:]** Rn. 54 wurde durch BMF vom 18. 3. 2022 (BStBl. I S. 333) geändert und ist in allen offenen Fällen anzuwenden.

Satz 1 EStG (§ 3 Nr. 65 Satz 5 Halbsatz 1 EStG). Das Versicherungsunternehmen muss keinen Lohnsteuerabzug durchführen, sondern lediglich – wie sonst auch – die Rentenbezugsmitteilung an die zentrale Stelle übermitteln (§ 22 a EStG). Dies gilt auch für beherrschende Gesellschafter-Geschäftsführer einer GmbH.

Führt der Arbeitnehmer die nach § 8 Abs. 2 BetrAVG übernommene Rückdeckungsversicherung mit eigenen Beiträgen fort, sind die auf diesen Beiträgen beruhenden Versorgungsleistungen nach § 22 Nr. 5 Satz 1 oder 2 EStG zu versteuern (§ 3 Nr. 65 Satz 5 Halbsatz 2 EStG). Die Leistungen, die auf geförderten Beiträgen beruhen, sind nach § 22 Nr. 5 Satz 1 EStG voll zu versteuern. Die Leistungen, die auf nicht geförderten Beiträgen beruhen, sind nach § 22 Nr. 5 Satz 2 Buchstabe a EStG entweder mit dem Ertragsanteil (lebenslange Rentenleistungen sowie Berufsunfähigkeits-, Erwerbsminderungs- und Hinterbliebenenrenten) oder ggf. nach § 22 Nr. 5 Satz 2 Buchstabe b i. V. m. § 20 Abs. 1 Nr. 6 EStG (Kapitalleistungen) zu versteuern. **55**[1]

7. Steuerfreiheit nach § 3 Nr. 66 EStG

Voraussetzung für die Steuerfreiheit nach § 3 Nr. 66 EStG ist, dass vom Arbeitgeber ein Antrag nach § 4 d Abs. 3 oder § 4 e Abs. 3 EStG gestellt worden ist. Die Steuerfreiheit nach § 3 Nr. 66 EStG gilt auch dann, wenn beim übertragenden Unternehmen keine Zuwendungen im Sinne des § 4 d Abs. 3 EStG oder Leistungen i. S. d. § 4 e Abs. 3 EStG im Zusammenhang mit der Übernahme einer Versorgungsverpflichtung durch einen Pensionsfonds anfallen. Bei einer entgeltlichen Übertragung von Versorgungsanwartschaften aktiver Beschäftigter kommt die Anwendung von § 3 Nr. 66 EStG nur für Zahlungen an den Pensionsfonds in Betracht, die für die bis zum Zeitpunkt der Übertragung bereits erdienten Versorgungsanwartschaften geleistet werden (sog. „Past-Service"); Zahlungen an den Pensionsfonds für zukünftig noch zu erdienende Anwartschaften (sog. „Future-Service") sind ausschließlich in dem begrenzten Rahmen des § 3 Nr. 63 EStG lohnsteuerfrei; zu weiteren Einzelheiten, insbesondere zur Abgrenzung von „Past-" und „Future-Service", siehe BMF-Schreiben vom 26. Oktober 2006 (BStBl. I S. 709)[2] und vom 10. Juli 2015 (BStBl. I S. 544).[3] Erfolgt im Rahmen eines Gesamtplans zunächst eine nach § 3 Nr. 66 EStG begünstigte Übertragung der erdienten Anwartschaften auf einen Pensionsfonds und werden anschließend regelmäßig wiederkehrend (z. B. jährlich) die dann neu erdienten Anwartschaften auf den Pensionsfonds übertragen, sind die weiteren Übertragungen auf den Pensionsfonds nicht nach § 3 Nr. 66 EStG begünstigt, sondern nur im Rahmen des § 3 Nr. 63 EStG steuerfrei. Bei der Auslagerung des „Past-Services" ohne Einbeziehung des „Future-Services" und einer sich anschließenden zweiten Auslagerung der in der Zwischenzeit angesammelten Versorgungsanwartschaften bei Renteneintritt handelt es sich nicht um einen steuerschädlichen Gesamtplan. Hinsichtlich des durch die Steuerbefreiungsvorschrift begünstigten Personenkreises vgl. Rn. 23. **56**

8. Steuerfreiheit nach § 3 Nr. 55 EStG

Gem. § 4 Abs. 2 Nr. 2 BetrAVG[4] kann nach Beendigung des Arbeitsverhältnisses im Einvernehmen des ehemaligen mit dem neuen Arbeitgeber sowie dem Arbeitnehmer der Wert der vom Arbeitnehmer erworbenen Altersversorgung (Übertragungswert nach § 4 Abs. 5 BetrAVG) auf den neuen Arbeitgeber übertragen werden, wenn dieser eine wertgleiche Zusage erteilt. § 4 Abs. 3 BetrAVG gibt dem Arbeitnehmer für Versorgungszusagen, die nach dem 31. Dezember 2004 erteilt werden, das Recht, innerhalb eines Jahres nach Beendigung des Arbeitsverhältnisses von seinem ehemaligen Arbeitgeber zu verlangen, dass der Übertragungswert auf den neuen Arbeitgeber übertragen wird, wenn die betriebliche Altersversorgung beim ehemaligen Arbeitgeber über einen Pensionsfonds, eine Pensionskasse oder eine Direktversicherung durchgeführt worden ist und der Übertragungswert die im Zeitpunkt der Übertragung maßgebliche Beitragsbemessungsgrenze in der allgemeinen Rentenversicherung (West) nicht übersteigt. **57**

Die Anwendung der Steuerbefreiungsvorschrift des § 3 Nr. 55 EStG setzt aufgrund des Verweises auf die Vorschriften des Betriebsrentengesetzes die Beendigung des bisherigen Dienstverhältnisses und ein anderes Dienstverhältnis voraus. Die Übernahme der Versorgungszusage durch einen Arbeitgeber, bei dem der Arbeitnehmer bereits beschäftigt ist, ist betriebsrentenrechtlich unschädlich und steht daher der Anwendung der Steuerbefreiungsvorschrift nicht entgegen. § 3 Nr. 55 EStG und Rn. 57 gelten entsprechend für Arbeitnehmer, die nicht in der gesetzlichen Rentenversicherung pflichtversichert sind (z. B. beherrschende Gesellschafter-Geschäftsführer oder geringfügig Beschäftigte). **58**

Die Steuerfreiheit gilt sowohl für Versorgungszusagen, die gesetzlich unverfallbar sind, als auch für Versorgungszusagen, die aufgrund vertraglicher Vereinbarungen mit oder ohne Fristerfordernis unverfallbar sind (§ 3 Nr. 55 Satz 1 Halbsatz 2 EStG). **59**

Der geleistete Übertragungswert ist nach § 3 Nr. 55 Satz 1 EStG steuerfrei, wenn die betriebliche Altersversorgung sowohl beim ehemaligen Arbeitgeber als auch beim neuen Arbeitgeber über einen Pensionsfonds, eine Pensionskasse oder eine Direktversicherung durchgeführt wird. Es ist nicht Voraussetzung, dass beide Arbeitgeber auch den gleichen Durchführungsweg gewählt haben. Um eine Rückabwicklung der steuerlichen Behandlung der Beitragsleistungen an einen Pensionsfonds, eine Pensionskasse oder eine Direktversicherung vor der Übertragung (Steuerfreiheit nach § 3 Nr. 63, 66 EStG, individuelle Besteuerung, Besteuerung nach § 40 b EStG) zu verhindern, bestimmt § 3 Nr. 55 Satz 3 EStG, dass die auf dem Übertragungsbetrag beruhenden Versorgungsleistungen weiterhin zu den Einkünften gehören, zu denen sie gehört hätten, wenn eine Übertragung nach § 4 BetrAVG nicht stattgefunden hätte. Der Übertragungswert ist gem. § 3 Nr. 55 Satz 2 EStG auch steuerfrei, wenn er vom ehe- **60**

---

[1] **[Amtl. Anm.:]** Rn. 55 wurde durch BMF vom 18. 3. 2022 (BStBl. I S. 333) geändert und ist in allen offenen Fällen anzuwenden.
[2] Abgedruckt im Hauptteil als Anlage a zu LStH 3.66.
[3] Abgedruckt im Hauptteil als Anlage b zu LStH 3.66.
[4] Abgedruckt im Anhang **I 15.**

maligen Arbeitgeber oder von einer Unterstützungskasse an den neuen Arbeitgeber oder an eine andere Unterstützungskasse geleistet wird.

61 Die Steuerfreiheit des § 3 Nr. 55 EStG kommt jedoch nicht in Betracht, wenn die betriebliche Altersversorgung beim ehemaligen Arbeitgeber als Direktzusage oder mittels einer Unterstützungskasse ausgestaltet war, während sie beim neuen Arbeitgeber über einen Pensionsfonds, eine Pensionskasse oder eine Direktversicherung abgewickelt wird. Dies gilt auch für den umgekehrten Fall. Ebenso kommt die Steuerfreiheit nach § 3 Nr. 55 EStG bei einem Betriebsübergang nach § 613 a BGB nicht in Betracht, da in einem solchen Fall die Regelung des § 4 BetrAVG keine Anwendung findet.

62 Wird die betriebliche Altersversorgung sowohl beim alten als auch beim neuen Arbeitgeber über einen Pensionsfonds, eine Pensionskasse oder eine Direktversicherung abgewickelt, liegt im Fall der Übernahme der Versorgungszusage nach § 4 Abs. 2 Nr. 1 BetrAVG lediglich ein Schuldnerwechsel und damit für den Arbeitnehmer kein lohnsteuerlich relevanter Vorgang vor. Entsprechendes gilt im Fall der Übernahme der Versorgungszusage nach § 4 Abs. 2 Nr. 1 BetrAVG, wenn die betriebliche Altersversorgung sowohl beim alten als auch beim neuen Arbeitgeber über eine Direktzusage oder Unterstützungskasse durchgeführt wird.

9. Steuerfreiheit nach § 3 Nr. 55 c Satz 2 Buchst. a EStG

63 Steuerfrei nach § 3 Nr. 55 c Satz 2 Buchstabe a EStG ist die bei einem fortbestehenden Dienstverhältnis vorgenommene Übertragung von Anwartschaften aus einer betrieblichen Altersversorgung, die über einen Pensionsfonds, eine Pensionskasse oder ein Unternehmen der Lebensversicherung (Direktversicherung) durchgeführt wird, wenn die Anwartschaft lediglich auf einen anderen Träger einer betrieblichen Altersversorgung in Form eines Pensionsfonds, einer Pensionskasse oder eines Unternehmens der Lebensversicherung (Direktversicherung) übertragen wird. Dies gilt nicht für Zahlungen, die unmittelbar an den Arbeitnehmer erfolgen. Kommt es im Zusammenhang mit der Übertragung aufgrund rechtlicher Vorgaben des aufnehmenden Versorgungsträgers (z. B. abweichendes Tarifwerk der aufnehmenden Pensionskasse, andere Rechnungsgrundlagen, anderer Rechnungszins) zwingend zu Änderungen der Rahmenbedingungen der zugesagten betrieblichen Altersversorgung (z. B. Beitragsanpassung, Ausschluss einer Hinterbliebenenabsicherung), steht dies der Anwendung von § 3 Nr. 55 c Satz 2 Buchstabe a EStG nicht entgegen. Soweit danach § 3 Nr. 55 c Satz 2 Buchstabe a EStG anwendbar ist, führen diese Änderungen nicht zu einem neuen Vertrag (§ 20 Abs. 1 Nr. 6 EStG).

10. Übernahme von Pensionsverpflichtungen gegen Entgelt durch Beitritt eines Dritten in eine Pensionsverpflichtung (Schuldbeitritt) oder Ausgliederung/Abspaltung von Pensionsverpflichtungen

64 Bei der Übernahme von Pensionsverpflichtungen gegen Entgelt durch Beitritt eines Dritten in eine Pensionsverpflichtung (Schuldbeitritt) oder durch Ausgliederung von Pensionsverpflichtungen – ohne inhaltliche Veränderung der Zusage – handelt es sich weiterhin um eine Direktzusage des Arbeitgebers. Aus lohnsteuerlicher Sicht bleibt es folglich bei den für eine Direktzusage geltenden steuerlichen Regelungen, d. h., es liegen erst bei Auszahlung der Versorgungsleistungen – durch den Dritten bzw. durch die Pensionsgesellschaft anstelle des Arbeitgebers – Einkünfte i. S. d. § 19 EStG vor. Der Lohnsteuerabzug kann in diesem Fall mit Zustimmung des Finanzamts anstelle vom Arbeitgeber auch von dem Dritten bzw. der Pensionsgesellschaft vorgenommen werden (§ 38 Abs. 3 a Satz 2 EStG). Die vorstehenden Ausführungen gelten entsprechend, wenn es sich nach dem Umwandlungsgesetz nicht um eine Ausgliederung, sondern um eine Abspaltung handelt.

65 Zu den lohnsteuerlichen Folgerungen der Übernahme der Pensionszusage eines beherrschenden Gesellschafter-Geschäftsführers gegen eine Ablösungszahlung und zum Wechsel des Durchführungswegs siehe aber BMF-Schreiben vom 4. Juli 2017 (BStBl. I S. 883).[1]

11. Förderung durch Sonderausgabenabzug nach § 10 a EStG und Zulage nach Abschnitt XI EStG

66 Zahlungen des Arbeitgebers im Rahmen der betrieblichen Altersversorgung an einen Pensionsfonds, eine Pensionskasse oder eine Direktversicherung können als Altersvorsorgebeiträge durch Sonderausgabenabzug nach § 10 a EStG und Zulage nach Abschnitt XI EStG gefördert werden (§ 82 Abs. 2 EStG). Die zeitliche Zuordnung der Altersvorsorgebeiträge i. S. d. § 82 Abs. 2 EStG richtet sich grundsätzlich nach den für die Zuordnung des Arbeitslohns geltenden Vorschriften (§ 38 a Abs. 3 EStG; R 39 b.2, 39 b.5 und 39 b.6 LStR).

67 Um Beiträge im Rahmen der betrieblichen Altersversorgung handelt es sich nur, wenn die Beiträge für eine vom Arbeitgeber aus Anlass des Arbeitsverhältnisses zugesagte Versorgungsleistung erbracht werden (§ 1 BetrAVG). Dies gilt unabhängig davon, ob die Beiträge
- ausschließlich vom Arbeitgeber finanziert werden,
- auf einer Entgeltumwandlung beruhen,
- andere im Gesamtversicherungsbeitrag des Arbeitgebers enthaltene Finanzierungsanteile des Arbeitnehmers sind (BFH-Urteil vom 9. Dezember 2010 VI R 57/08, BStBl. II 2011 S. 978) oder
- eigene Beiträge des Arbeitnehmers sind, die er aus seinem bereits zugeflossenen und versteuerten Arbeitsentgelt zur Finanzierung der betrieblichen Altersversorgung leistet.

Im Übrigen sind die Rn. 2 ff. zu beachten.

68 Voraussetzung für die steuerliche Förderung ist neben der individuellen Besteuerung der Beiträge, dass gem. § 82 Abs. 2 Satz 2 Nr. 1 EStG
- eine Vereinbarung vorliegt, nach der die zugesagten Altersversorgungsleistungen als monatliche Leistungen in Form einer lebenslangen Leibrente oder als Ratenzahlungen im Rahmen eines Auszahlungsplans mit einer anschließenden Teilkapitalverrentung ab spätestens dem 85. Lebensjahr ausgezahlt werden und die Leistungen während der gesamten Auszahlungsphase gleich bleiben oder steigen;

[1] Abgedruckt im Anhang **I 15 d.**

dabei können bis zu zwölf Monatsleistungen in einer Auszahlung zusammengefasst und bis zu 30% des zu Beginn der Auszahlungsphase zur Verfügung stehenden Kapitals außerhalb der monatlichen Leistungen ausgezahlt werden, und
– ein vereinbartes Kapitalwahlrecht nicht oder nicht außerhalb des letzten Jahres vor dem vertraglich vorgesehenen Beginn der Altersversorgungsleistung ausgeübt wurde.

Bei einer reinen Beitragszusage (§ 1 Abs. 2 Nr. 2 a BetrAVG) muss vereinbart sein, dass der Pensionsfonds, die Pensionskasse oder die Direktversicherung eine lebenslange Zahlung als Altersversorgungsleistung zu erbringen hat (§ 82 Abs. 2 Satz 2 Nr. 2 EStG).

Im Hinblick auf die entfallende Versorgungsbedürftigkeit z. B. für den Fall der Vollendung des 25. Lebensjahres der Kinder (siehe auch Rn. 4; bei Versorgungszusagen, die vor dem 1. Januar 2007 erteilt wurden, ist grundsätzlich das 27. Lebensjahr maßgebend), der Wiederheirat der verwitweten Person, dem Ende der Erwerbsminderung durch Wegfall der Voraussetzungen für den Bezug (insbesondere bei Verbesserung der Gesundheitssituation oder Erreichen der Altersgrenze) ist es nicht zu beanstanden, wenn eine Rente oder ein Auszahlungsplan zeitlich befristet ist.

Die zu Beginn der Auszahlungsphase zu treffende Entscheidung hinsichtlich einer Entnahme bis zu 30% des zur Verfügung stehenden Kapitals erfolgt pro Vertrag (Rn. 210 des BMF-Schreibens vom 21. Dezember 2017, BStBl. 2018 I S. 93, geändert durch das BMF-Schreiben vom 17. Februar 2020, BStBl. I S. 213).[1] Die ausgezahlten Leistungen unterliegen – unabhängig von der Entscheidung bezüglich einer Teilkapitalentnahme – der Besteuerung nach § 22 Nr. 5 EStG. Allein die Möglichkeit, anstelle der o. g. Auszahlungsformen eine Einmalkapitalauszahlung (100% des zu Beginn der Auszahlungsphase zur Verfügung stehenden Kapitals) zu wählen, steht der Förderung noch nicht entgegen. Die Möglichkeit, eine Einmalkapitalauszahlung anstelle einer Rente oder eines Auszahlungsplans zu wählen, gilt nicht nur für Altersversorgungsleistungen, sondern auch für Invaliditäts- oder Hinterbliebenenversorgungsleistungen. Entscheidet sich der Arbeitnehmer zugunsten einer Einmalkapitalauszahlung, so sind von diesem Zeitpunkt an die Voraussetzungen des § 10 a und Abschnitts XI EStG nicht mehr erfüllt und die Beitragsleistungen können nicht mehr gefördert werden. Erfolgt die Ausübung des Wahlrechts innerhalb des letzten Jahres vor dem altersbedingten Ausscheiden aus dem Erwerbs-eben, so ist es aus Vereinfachungsgründen nicht zu beanstanden, wenn die Beitragsleistungen weiterhin nach § 10 a/Abschnitt XI EStG gefördert werden. Für die Berechnung der Jahresfrist ist dabei auf das im Zeitpunkt der Ausübung des Wahlrechts vertraglich vorgesehene Ausscheiden aus dem Erwerbsleben (vertraglich vorgesehener Beginn der Altersversorgungsleistung) abzustellen. Da die Auszahlungsphase bei der Hinterbliebenenleistung erst mit dem Zeitpunkt des Todes des ursprünglich Berechtigten beginnt, ist es in diesem Fall aus steuerlicher Sicht nicht zu beanstanden, wenn das Wahlrecht zu diesem Zeitpunkt ausgeübt wird. Bei Auszahlung des Einmalkapitalbetrags handelt es sich um eine schädliche Verwendung i. S. d. § 93 EStG (vgl. Rn. 167 f.), soweit sie auf steuerlich gefördertem Altersvorsorgevermögen beruht. Zur Anwendung des § 34 EStG (der sog. Fünftelungsregelung) auf diese Zahlungen siehe Rn. 149.

Die aus bereits zugeflossenem Arbeitslohn des Arbeitnehmers geleisteten Beiträge an einen Pen-si- **69** onsfonds, eine Pensionskasse oder eine Direktversicherung zum Aufbau einer kapitalgedeckten betrieblichen Altersversorgung, bei der eine Auszahlung der zugesagten Altersversorgungsleistung entsprechend § 82 Abs. 2 Satz 2 EStG vorgesehen ist, zählen auch dann zu den Altersvorsorgebeiträgen im Sinne des § 82 Abs. 2 EStG, wenn der Arbeitslohn aufgrund eines DBA nicht in Deutschland, sondern in einem anderen Land der inländischen individuellen Besteuerung vergleichbar versteuert wird.

Beitragsleistungen, die aus nach § 40 a EStG pauschal versteuertem Arbeitslohn erbracht werden, **70** gehören nicht zu den Altersvorsorgebeiträgen nach § 82 Abs. 2 Satz 1 Buchst. a EStG.

Altersvorsorgebeiträge i. S. d. § 82 Abs. 2 EStG sind auch die Beiträge des ehemaligen Arbeitnehmers, **71** die dieser im Fall einer zunächst ganz oder teilweise durch Entgeltumwandlung finanzierten und nach § 3 Nr. 63 oder § 10 a/Abschnitt XI EStG geförderten betrieblichen Altersversorgung nach der Beendigung des Arbeitsverhältnisses nach Maßgabe des § 1 b Abs. 5 Satz 1 Nr. 2 BetrAVG selbst erbringt. Dies gilt entsprechend in den Fällen der Finanzierung durch eigene Beiträge des Arbeitnehmers (vgl. Rn. 26).

Die vom Steuerpflichtigen nach Maßgabe des § 1 b Abs. 5 Satz 1 Nr. 2 BetrAVG selbst zu erbringen- **72** den Beiträge müssen nicht aus individuell versteuertem Arbeitslohn stammen (z. B. Finanzierung aus steuerfreiem Arbeitslosengeld). Gleiches gilt, soweit der Arbeitnehmer trotz eines weiter bestehenden Arbeitsverhältnisses keinen Anspruch auf Arbeitslohn mehr hat und die Beiträge nun selbst erbringt (z. B. während der Schutzfristen des § 3 Abs. 2 und § 6 Abs. 1 des Mutterschutzgesetzes, der Elternzeit, des Bezugs von Kurzarbeiter- oder Krankengeld oder auch § 1 a Abs. 4 BetrAVG) oder aufgrund einer gesetzlichen Verpflichtung Beiträge zur betrieblichen Altersversorgung entrichtet werden (z. B. nach §§ 14 a und 14 b des Arbeitsplatzschutzgesetzes).

Voraussetzung für die Förderung durch Sonderausgabenabzug nach § 10 a EStG und Zulage nach **73** Abschnitt XI EStG ist in den Fällen der Rn. 71 f., dass der Steuerpflichtige zum begünstigten Personenkreis gehört. Die zeitliche Zuordnung dieser Altersvorsorgebeiträge richtet sich grundsätzlich nach § 11 Abs. 2 EStG.

Zu den begünstigten Altersvorsorgebeiträgen gehören nur Beiträge, die zum Aufbau einer betriebli- **74** chen Altersversorgung im Kapitaldeckungsverfahren erhoben werden. Für Umlagen, die an eine Versorgungseinrichtung gezahlt werden, kommt die Förderung dagegen nicht in Betracht. Werden sowohl Umlagen als auch Beiträge im Kapitaldeckungsverfahren erhoben, gehören Letztere nur dann zu den begünstigten Aufwendungen, wenn eine getrennte Verwaltung und Abrechnung beider Vermögensmassen erfolgt (Trennungsprinzip).

Die Versorgungseinrichtung hat dem Zulageberechtigten jährlich eine Bescheinigung zu erteilen (§ 92 **75** EStG). Diese Bescheinigung muss u. a. den Stand des Altersvorsorgevermögens ausweisen (§ 92 Nr. 5 EStG). Altersvorsorgevermögen kann immer nur dann vorliegen, wenn sich der Steuerpflichtige bewusst

[1] Jetzt BMF vom 5.10.2023 (BStBl. I S. 1726). Abgedruckt im Hauptteil als Anlage zu § 10 a EStG.

für die Förderung nach § 10a EStG und Abschnitt XI EStG entschieden hat. Dies ist dann der Fall, wenn der Steuerpflichtige seiner Versorgungseinrichtung in der Vergangenheit mitgeteilt hat oder mit Wirkung für die Zukunft mitteilt, dass er diese Förderung in Anspruch nehmen möchte und die Versorgungseinrichtung daraufhin ihre Pflichten als Anbieter nach § 80 EStG wahrnimmt. Als bewusste Entscheidung für die steuerliche Förderung wird auch angesehen, wenn Altersvorsorgebeiträge gem. § 82 Abs. 2 EStG geleistet wurden, (ausschließlich) eine Einwilligung zur Datenübermittlung nach § 10a Abs. 2a Satz 1 EStG in der Fassung vom 17. August 2017 vorliegt und diese vom Zulageberechtigten nicht wirksam widerrufen wurde. Ein Zulagenantrag muss nicht gestellt werden. Bei einer Leistungszusage (§ 1 Abs. 1 Satz 2 Halbsatz 2 BetrAVG) und einer beitragsorientierten Leistungszusage (§ 1 Abs. 2 Nr. 1 BetrAVG) kann stattdessen der Barwert der erdienten Anwartschaft bescheinigt werden.

12. Steuerfreiheit nach § 3 Nr. 56 EStG

a) Begünstigter Personenkreis

76 Die Rn. 23f. gelten entsprechend.

b) Begünstigte Aufwendungen

77 Zu den nach § 3 Nr. 56 EStG begünstigten Aufwendungen gehören nur laufende Zuwendungen des Arbeitgebers für eine betriebliche Altersversorgung an eine Pensionskasse, die nicht im Kapitaldeckungsverfahren, sondern im Umlageverfahren finanziert wird (wie z.B. Umlagen an die Versorgungsanstalt des Bundes und der Länder – VBL – bzw. an eine kommunale oder kirchliche Zusatzversorgungskasse). Soweit diese Zuwendungen nicht nach § 3 Nr. 56 EStG steuerfrei bleiben, können sie individuell oder nach § 40b Abs. 1 und 2 EStG pauschal besteuert werden. Im Übrigen gelten die Rn. 27f. und die Rn. 30 bis 34 entsprechend. Danach sind z.B. der Arbeitnehmereigenanteil an einer Umlage und die sog. eigenen Beiträge des Arbeitnehmers nicht steuerfrei nach § 3 Nr. 56 EStG.

78 Werden von der Versorgungseinrichtung sowohl Zuwendungen/Umlagen als auch Beiträge im Kapitaldeckungsverfahren erhoben, ist § 3 Nr. 56 EStG auch auf die im Kapitaldeckungsverfahren erhobenen Beiträge anwendbar, wenn eine getrennte Verwaltung und Abrechnung beider Vermögensmassen (Trennungsprinzip, Rn. 25) nicht erfolgt.

79 Erfolgt eine getrennte Verwaltung und Abrechnung beider Vermögensmassen, ist die Steuerfreiheit nach § 3 Nr. 63 EStG für die im Kapitaldeckungsverfahren erhobenen Beiträge vorrangig zu berücksichtigen. Dies gilt unabhängig davon, ob diese Beiträge rein arbeitgeberfinanziert sind, auf einer Entgeltumwandlung oder anderen im Gesamtversicherungsbeitrag des Arbeitgebers enthaltenen Finanzierungsanteilen des Arbeitnehmers beruhen. Die nach § 3 Nr. 63 EStG steuerfreien Beträge mindern den Höchstbetrag des § 3 Nr. 56 EStG (§ 3 Nr. 56 Satz 3 EStG). Zuwendungen nach § 3 Nr. 56 EStG sind daher nur steuerfrei, soweit die nach § 3 Nr. 63 EStG steuerfreien Beiträge den Höchstbetrag des § 3 Nr. 56 EStG unterschreiten. Eine Minderung nach § 3 Nr. 56 Satz 3 EStG ist immer nur in dem jeweiligen Dienstverhältnis vorzunehmen; die Steuerfreistellung nach § 3 Nr. 56 EStG bleibt somit unberührt, wenn z.B. erst in einem späteren ersten Dienstverhältnis Beiträge nach § 3 Nr. 63 EStG steuerfrei bleiben.

Beispiel:

80 Arbeitgeber A zahlt in 2021 an seine Zusatzversorgungskasse einen Betrag i. H. v.:
- 1.200 € (12 × 100 €) zugunsten einer getrennt verwalteten und abgerechneten kapitalgedeckten betrieblichen Altersversorgung und
- 1.680 € (12 × 140 €) zugunsten einer umlagefinanzierten betrieblichen Altersversorgung.

Der Beitrag i. H. v. 1.200 € ist steuerfrei gem. § 3 Nr. 63 EStG, denn der entsprechende Höchstbetrag wird nicht überschritten.
Von der Umlage sind (bei einer BBG in der allgemeinen Rentenversicherung [West] für 2021 i. H. v. 85.200 €)[1] 1.356 € steuerfrei gem. § 3 Nr. 56 Satz 1 und 3 EStG (grundsätzlich 1.680 €, aber maximal 3%[2] der BBG in der allgemeinen Rentenversicherung [West] i. H. v. 2.556 € abzüglich 1.200 €). Die verbleibende Umlage i. H. v. 324 € (1.680 € abzüglich 1.356 €) ist individuell oder gem. § 40b Abs. 1 und 2 EStG pauschal zu besteuern.

81 Es bestehen keine Bedenken gegen eine auf das Kalenderjahr bezogene Betrachtung hinsichtlich der gem. § 3 Nr. 56 Satz 3 EStG vorzunehmenden Verrechnung, wenn sowohl nach § 3 Nr. 63 EStG steuerfreie Beiträge als auch nach § 3 Nr. 56 EStG steuerfreie Zuwendungen erbracht werden sollen. Stellt der Arbeitgeber vor Übermittlung der elektronischen Lohnsteuerbescheinigung fest (z.B. wegen einer erst im Laufe des Kalenderjahres vereinbarten nach § 3 Nr. 63 EStG steuerfreien Entgeltumwandlung aus einer Sonderzuwendung), dass die ursprüngliche Betrachtung nicht mehr zutreffend ist, hat er eine Korrektur vorzunehmen.

Beispiel:

82 Arbeitgeber A zahlt ab dem 1. Januar 2021 monatlich an eine Zusatzversorgungskasse 220 € zugunsten einer umlagefinanzierten betrieblichen Altersversorgung; nach § 3 Nr. 63 EStG steuerfreie Beiträge werden nicht entrichtet. Aus dem Dezembergehalt (Gehaltszahlung 15. Dezember 2021) wandelt der Arbeitnehmer einen Betrag i. H. v. 240 € zugunsten einer kapitalgedeckten betrieblichen Altersversorgung um (wobei die Mitteilung an den Arbeitgeber am 6. Dezember erfolgt 2021).
Der Beitrag i. H. v. 240 € ist vorrangig steuerfrei nach § 3 Nr. 63 EStG.
Von der Umlage wurde bisher ein Betrag i. H. v. 2.343 € (= 11 × 213 € [3% der BBG für 2021 in der allgemeinen Rentenversicherung [West] i. H. v. 85.200 €[3] = 2.556 €, verteilt auf 12 Monate]) nach § 3 Nr. 56 EStG steuerfrei belassen.
Im Monat Dezember ist die steuerliche Behandlung der Umlagezahlung zu korrigieren, denn nur ein Betrag i. H. v. 2.316 € (2.556 € abzüglich 240 €) kann maximal im Kalenderjahr steuerfrei nach § 3 Nr. 56 EStG gezahlt werden. Ein Betrag i. H. v. 27 € (2.343 € abzüglich 2.316 €) ist noch individuell oder pauschal zu besteuern. Der Arbeitgeber kann wahlweise den Lohnsteuerabzug der Monate Januar bis November 2021 korrigieren oder im Dezember 2021 den Betrag als sons-

[1] Für 2025: Beitragsbemessungsgrenze: 96 600 Euro.
[2] Ab 2020 maximal 3%.
[3] Für 2025: Beitragsbemessungsgrenze: 96 600 Euro.

tigen Bezug behandeln. Der Beitrag zugunsten der umlagefinanzierten betrieblichen Altersversorgung für den Monat Dezember 2021 i. H. v. 220 € ist vollständig individuell oder pauschal zu besteuern.

13. Anwendung des § 40 b EStG in der geltenden Fassung

83 § 40 b EStG erfasst nur noch Zuwendungen des Arbeitgebers für eine betriebliche Altersversorgung an eine Pensionskasse, die nicht im Kapitaldeckungsverfahren, sondern im Umlageverfahren finanziert wird (wie z. B. Umlagen an die Versorgungsanstalt des Bundes und der Länder – VBL – bzw. an eine kommunale oder kirchliche Zusatzversorgungskasse). Werden für den Arbeitnehmer solche Zuwendungen laufend geleistet, bleiben diese zunächst im Rahmen des § 3 Nr. 56 EStG steuerfrei. Die den Rahmen des § 3 Nr. 56 EStG übersteigenden Zuwendungen können dann nach § 40 b Abs. 1 und 2 EStG pauschal besteuert werden (zur Anwendung der Pauschalbesteuerung nach § 40 b EStG a. F. für den Bereich der kapitalgedeckten betrieblichen Altersversorgung vgl. Rn. 85 ff.). Werden von einer Versorgungseinrichtung sowohl Umlagen als auch Beiträge im Kapitaldeckungsverfahren erhoben, ist § 40 b EStG auch auf die im Kapitaldeckungsverfahren erhobenen Beiträge anwendbar, wenn eine getrennte Verwaltung und Abrechnung beider Vermögensmassen (Trennungsprinzip, Rn. 25) nicht erfolgt.

84 Zuwendungen des Arbeitgebers i. S. d. § 19 Abs. 1 Satz 1 Nr. 3 Satz 2 EStG an eine Pensionskasse sind in voller Höhe pauschal nach § 40 b Abs. 4 EStG mit 15% zu besteuern. Dazu gehören z. B. Gegenwertzahlungen und Zahlungen im Erstattungsmodell nach § 23 a und § 23 c der Satzung der Versorgungsanstalt des Bundes und der Länder – VBL – oder nach § 15 a und § 15 b der AKA-Mustersatzung für die kommunalen und kirchlichen Zusatzversorgungskassen. Für die Anwendung des § 40 b Abs. 4 EStG ist es unerheblich, wenn an die Versorgungseinrichtung keine weiteren laufenden Beiträge oder Zuwendungen geleistet werden.

14. Übergangsregelungen § 52 Abs. 4 Satz 16 f[1]. und Abs. 40 EStG zur Anwendung des § 3 Nr. 63 EStG sowie des § 40 b EStG a. F.

a) Mindestens eine pauschal besteuerte Beitragsleistung vor dem 1. Januar 2018

85[2] Für die weitere Anwendung von § 40 b Abs. 1 und 2 EStG a. F. über § 52 Abs. 40 EStG ist als grundlegende personen-bezogene Voraussetzung zunächst entscheidend, ob vor dem 1. Januar 2018 mindestens ein Beitrag des Arbeitgebers zum Aufbau einer kapitalgedeckten Altersversorgung an eine Pensionskasse oder Direktversicherung rechtmäßig nach § 40 b Abs. 1 und 2 EStG a. F. pauschal besteuert wurde. Hierfür mussten die entsprechenden Beiträge aufgrund einer Versorgungszusage geleistet werden, die vor dem 1. Januar 2005 erteilt wurde. Für die Frage der zulässigen Anwendung der Pauschalbesteuerung vor 2018 sind daher die Regelungen in den Rn. 349 ff. des BMF-Schreibens vom 24. Juli 2013 (BStBl. I S. 1022),[3] unter Berücksichtigung der Änderungen durch das BMF-Schreiben vom 13. Januar 2014 (BStBl. I S. 97) und das BMF-Schreiben vom 13. März 2014 (BStBl. I S. 554) weiter von Bedeutung. Rz. 355 des BMF-Schreibens vom 24. Juli 2013 (BStBl. I S. 1022) ist unbeachtlich, soweit die Regelungen dem BFH-Urteil vom 1. September 2021, VI R 21/19 (BStBl. 2022 II S. 233) zur Abgrenzung von Alt- und Neuzusagen widersprechen.

86 Wurde für einen Arbeitnehmer vor dem 1. Januar 2018 mindestens ein Beitrag rechtmäßig nach § 40 b EStG a. F. pauschal besteuert, liegen für diesen Arbeitnehmer die persönlichen Voraussetzungen für die weitere Anwendung des § 40 b EStG a. F. sein ganzes Leben lang vor. Vertragsänderungen (z. B. Beitragserhöhungen), Neuabschlüsse, Änderungen der Versorgungszusage, Arbeitgeberwechsel etc. sind unbeachtlich. Im Fall eines Arbeitgeberwechsels genügt es, wenn der Arbeitnehmer gegenüber dem neuen Arbeitgeber nachweist, dass vor dem 1. Januar 2018 mindestens ein Beitrag an eine Pensionskasse oder für eine Direktversicherung nach § 40 b EStG a. F. pauschal besteuert wurde (beispielsweise durch eine Gehaltsabrechnung oder eine Bescheinigung eines Vorarbeitgebers bzw. des Versorgungsträgers). Der neue Arbeitgeber kann dann die in Betracht kommenden Beiträge zugunsten einer kapitalgedeckten Pensionskasse oder Direktversicherung i. S. d. R 40 b.1 LStR ebenfalls weiterhin nach § 40 b EStG a. F. pauschal besteuern. Übersteigen die Beiträge des Arbeitgebers den Pauschalierungshöchstbetrag von 1752 €, sind diese unter den Voraussetzungen des § 3 Nr. 63 Satz 1 EStG i. V. m. § 52 Abs. 4 Satz 16 EStG[4] steuerfrei (vgl. Rn. 31). Die Anwendung der Pauschalbesteuerung nach § 40 b EStG a. F. für Beiträge an Pensionskassen und für Direktversicherungen ist somit nicht erst nach Übersteigen des steuerfreien Höchstbetrages von 8% möglich, sondern mindert das maximal steuerfreie Volumen (§ 52 Abs. 4 Satz 16 EStG[5]).

Beispiel 1:

87 Dem Arbeitnehmer A wurde vom Arbeitgeber B im Jahr 2003 eine Versorgungszusage über eine Pensionskasse und im Jahr 2013 in Form einer Direktversicherung erteilt. Die Beiträge für die Pensionskasse wurden – soweit sie die Steuerfreiheit nach § 3 Nr. 63 EStG überstiegen – bis zur Beendigung des Dienstverhältnisses am 30. Juni 2020 nach § 40 b EStG a. F. pauschal besteuert. Die Beiträge für die Direktversicherung wurden aus individuell versteuertem Arbeitslohn geleistet. Nach einer Zeit der Arbeitslosigkeit (1. Juli 2020 bis 31. März 2021) nimmt A zum 1. April 2021 ein neues Beschäftigungsverhältnis beim Arbeitgeber C auf. C erteilt A eine neue Versorgungszusage über einen Pensionsfonds und übernimmt die Direktversicherung. A weist dem C nach, dass die Beiträge für die Pensionskasse in 2017 (damit vor dem 1. Januar 2018) nach § 40 b EStG a. F. pauschal besteuert wurden (Vorlage einer Gehaltsabrechnung).

Arbeitgeber C kann die Beiträge für die Direktversicherung bis zur Höhe von maximal 1.752 € nach § 40 b EStG a. F. pauschal besteuern. Der Zeitpunkt der Erteilung der Versorgungszusage für die Direktversicherung ist ohne Bedeutung. Die Beiträge an den Pensionsfonds sind nach Maßgabe des § 3 Nr. 63 EStG steuerfrei.

---

[1] **[Amtl. Anm.:]** Jetzt § 52 Abs. 4 Satz 23 f.

[2] **[Amtl. Anm.:]** Rn. 85 wurde durch BMF vom 18. 3. 2022 (BStBl. I S. 333) geändert und ist in allen offenen Fällen anzuwenden.

[3] Abgedruckt im *„Handbuch zur Lohnsteuer 2017"* im Anhang **I 15 b.**

[4] **[Amtl. Anm.:]** Jetzt § 52 Abs. 4 Satz 23.

[5] **[Amtl. Anm.:]** Jetzt § 52 Abs. 4 Satz 23.

Beispiel 2:

88 Dem Arbeitnehmer A wurde vom Arbeitgeber B im Jahr 2009 eine Versorgungszusage in Form einer Direktversicherung erteilt. Die Beiträge für die Direktversicherung waren bis zum 30. Juni 2020 steuerfrei nach § 3 Nr. 63 EStG. Nach einer Zeit der Arbeitslosigkeit (1. Juli 2020 bis 31. März 2021) nimmt A zum 1. April 2021 ein neues Beschäftigungsverhältnis beim Arbeitgeber C auf. C übernimmt die Direktversicherung und führt sie fort.
Arbeitgeber C kann die Beiträge für die Direktversicherung nicht nach § 40 b EStG a. F. pauschal besteuern, da vor dem 1. Januar 2018 kein Beitrag nach § 40 b Abs. 1 und 2 EStG a. F. pauschal besteuert wurde.

b) Weiteranwendung des § 40 b Abs. 1 und 2 EStG a. F.

89 Neben diesen Vorgaben (s. Rn. 85 f.) ist Folgendes zu beachten:

90 Im Fall der Durchschnittsberechnung nach § 40 b Abs. 2 Satz 2 EStG a. F. sind zur Ermittlung des verbleibenden steuerfreien Volumens nach § 3 Nr. 63 Satz 1 EStG grundsätzlich die auf den einzelnen Arbeitnehmer entfallenden Leistungen des Arbeitgebers mindernd anzurechnen. Hat der Arbeitgeber keine individuelle Zuordnung der auf den einzelnen Arbeitnehmer entfallenden Leistungen vorgenommen, bestehen keine Bedenken, wenn der Arbeitgeber aus Vereinfachungsgründen einheitlich für alle Arbeitnehmer den nach § 40 b EStG a. F. pauschal besteuerten Durchschnittsbetrag berücksichtigt.

Beispiel 1:

91 Der Arbeitgeber zahlt in einen Gruppendirektversicherungsvertrag 600 € jährlich für den Arbeitnehmer A und 2.000 € jährlich für den Arbeitnehmer B ein. Der Durchschnittsbetrag von 1.300 € (600 € zuzüglich 2.000 €: 2 Arbeitnehmer) wird mit 20% pauschal besteuert.
Das steuerfreie Volumen von 8% der BBG in der allgemeinen Rentenversicherung (West)[1] ist beim Arbeitnehmer A um 600 € und beim Arbeitnehmer B um 2 000 € zu vermindern.

Beispiel 2:

92–93 Der Arbeitgeber zahlt an eine Pensionskasse 3% seiner Bruttolohnsumme als Beitrag für alle Arbeitnehmer. Der mit 20% pauschal besteuerte, auf jeden Arbeitnehmer entfallende Durchschnittsbetrag nach § 40 b Abs. 2 Satz 2 EStG a. F. beträgt 1 500 €.
Das steuerfreie Volumen von 8% der BBG in der allgemeinen Rentenversicherung (West)[2] wird bei allen Arbeitnehmern um 1 500 € gemindert.

c) Verhältnis von § 3 Nr. 63 Satz 3 EStG und § 40 b Abs. 1, Abs. 2 Satz 3 und 4 EStG a. F.

94 Begünstigte Aufwendungen (Rn. 25 ff.), die der Arbeitgeber aus Anlass der Beendigung des Dienstverhältnisses leistet, können nach § 3 Nr. 63 Satz 3 EStG steuerfrei belassen oder nach § 40 b Abs. 2 Satz 3 und 4 EStG a. F. pauschal besteuert werden.

95 Das steuerfreie Volumen von § 3 Nr. 63 Satz 3 EStG wird gemindert, soweit § 40 b Abs. 1 und Abs. 2 Satz 3 und 4 EStG a. F. auf die Beiträge, die der Arbeitgeber aus Anlass der Beendigung des Dienstverhältnisses leistet, angewendet wird (§ 52 Abs. 4 Satz 17 EStG[3]). Die Pauschalbesteuerung nach § 40 b Abs. 2 Satz 1 und 2 EStG a. F. berührt hingegen das steuerfreie Volumen des § 3 Nr. 63 Satz 3 EStG nicht.

Beispiel:

96 steuerfreier Höchstbetrag	
(maximal 10 Jahre × 4% BBG in der allgemeinen Rentenversicherung [West],[4] für 2021: 85 200 €)	34 080 €
abzgl. nach § 40 b Abs. 2 Satz 3 und 4 EStG a. F. tatsächlich pauschal besteuerte Beiträge z. B	./. 26 280 €
verbleiben als steuerfreies Volumen nach § 3 Nr. 63 Satz 3 EStG	= 7 800 €

d) Verhältnis von § 3 Nr. 63 Satz 4 EStG und § 40 b Abs. 1 und 2 Satz 1 und 2 EStG a. F.

98 Begünstigte Aufwendungen (Rn. 46), die der Arbeitgeber für Kalenderjahre nachzahlt, in denen das erste Dienstverhältnis ruhte, können nach § 3 Nr. 63 Satz 4 EStG sowie ggf. nach § 3 Nr. 63 Satz 1 EStG steuerfrei belassen oder nach § 40 b Abs. 2 Satz 1 und 2 EStG a. F. pauschal besteuert werden (Rn. 50).

e) Verhältnis von § 3 Nr. 63 EStG und § 40 b EStG a. F., wenn die betriebliche Altersversorgung nebeneinander bei verschiedenen Versorgungseinrichtungen durchgeführt wird

99 Leistet der Arbeitgeber nach § 3 Nr. 63 Satz 1 EStG begünstigte Beiträge an verschiedene Versorgungseinrichtungen, kann er § 40 b EStG a. F. auf Beiträge an Pensionskassen und Direktversicherungen unabhängig von der zeitlichen Reihenfolge der Beitragszahlung anwenden, wenn die Voraussetzungen für die weitere Anwendung der Pauschalbesteuerung vorliegen.

15. BAV-Förderbetrag

a) Allgemeines

100 Der in § 100 EStG geregelte BAV-Förderbetrag ist ein staatlicher Zuschuss zu einem vom Arbeitgeber zusätzlich zum ohnehin geschuldeten Arbeitslohn geleisteten Beitrag zur betrieblichen Altersversorgung von Arbeitnehmern mit geringem Einkommen (Bruttoarbeitslohn von monatlich nicht mehr als 2.575 €). Gefördert werden Beiträge von mindestens 240 € bis höchstens 960 € im Kalenderjahr. Der staatliche Zuschuss beträgt 30% des gesamten zusätzlichen Arbeitgeberbeitrags, also mindestens 72 € bis höchstens 288 € im Kalenderjahr. Er wird dem Arbeitgeber im Wege der Verrechnung mit der von ihm abzuführenden Lohnsteuer gewährt, grundsätzlich für den Lohnsteuer-Anmeldungszeitraum, dem der jeweilige Beitrag des Arbeitgebers zuzuordnen ist.

[1] Für 2025: Beitragsbemessungsgrenze: 96 600 Euro.
[2] Für 2025: Beitragsbemessungsgrenze: 96 600 Euro.
[3] **[Amtl. Anm.:]** Jetzt § 52 Abs. 4 Satz 24.
[4] Für 2025: Beitragsbemessungsgrenze: 96 600 Euro.

b) Grundlegende Voraussetzungen und Abwicklung (§ 100 Abs. 1 EStG)

Arbeitgeber i. S. d. § 38 Abs. 1 EStG dürfen für jeden begünstigten Arbeitnehmer (vgl. Rn. 106 ff.) mit einem ersten Dienstverhältnis vom Gesamtbetrag der einzubehaltenden Lohnsteuer einen Teilbetrag des Arbeitgeberbeitrags zur kapitalgedeckten betrieblichen Altersversorgung (BAV-Förderbetrag) entnehmen und bei der nächsten Lohnsteuer-Anmeldung gesondert absetzen. **101**

Ist keine Lohnsteuer einzubehalten (weil der Arbeitslohn nicht steuerbelastet ist oder lediglich die Pauschalsteuer an die Deutsche Rentenversicherung Knappschaft/Bahn/See zu entrichten ist) oder ist die vom Arbeitgeber einzubehaltende Lohnsteuer geringer als der BAV-Förderbetrag, kommt es mit der Lohnsteuer-Anmeldung zu einer Erstattung durch das Betriebsstättenfinanzamt. **102**

Die Förderung beanspruchen kann somit nur ein Arbeitgeber, der dem Grunde nach zum Lohn-steuerabzug verpflichtet ist. Das sind inländische Arbeitgeber (§ 38 Abs. 1 Satz 1 Nr. 1 EStG), ausländische Verleiher (§ 38 Abs. 1 Satz 1 Nr. 2 EStG) und in den Fällen der Arbeitnehmerentsendung das in Deutschland ansässige aufnehmende Unternehmen, das den Arbeitslohn für die geleistete Arbeit wirtschaftlich trägt oder nach dem Fremdvergleichsgrundsatz hätte tragen müssen (§ 38 Abs. 1 Satz 2 EStG). **103**

Der BAV-Förderbetrag setzt ein erstes Dienstverhältnis voraus (Steuerklassen I bis V oder die Bestimmung durch den Arbeitnehmer bei pauschal besteuertem Arbeitslohn; vgl. auch Rn. 24). Hierzu zählt auch ein weiterbestehendes Dienstverhältnis ohne Anspruch auf Arbeitslohn (z. B. während der Elternzeit, der Pflegezeit, des Bezugs von Kurzarbeiter- oder Krankengeld). Bei einem Arbeitgeberwechsel im Laufe des Jahres kann der BAV-Förderbetrag erneut bis zum Höchstbetrag in Anspruch genommen werden, auch wenn er in einem vorangegangenen Dienstverhältnis bereits ausgeschöpft wurde. Im Fall der Gesamtrechtsnachfolge und des Betriebsübergangs nach § 613 a BGB kommt dies dagegen nicht in Betracht. **104**

Durch den BAV-Förderbetrag wird die kapitalgedeckte betriebliche Altersversorgung bezuschusst. Werden sowohl Umlagen als auch Beiträge im Kapitaldeckungsverfahren erhoben, gehören letztere nur dann zu den begünstigten Aufwendungen, wenn eine getrennte Verwaltung und Abrechnung beider Vermögensmassen erfolgt (Trennungsprinzip); s. Rn. 25. **105**

c) Begünstigte Personen, Einkommensgrenze (§ 100 Abs. 3 Nr. 3 EStG)

Begünstigt sind alle Arbeitnehmer (§ 1 LStDV, also auch Auszubildende, Teilzeitbeschäftigte oder geringfügig Beschäftigte), deren laufender steuerpflichtiger Arbeitslohn im Zeitpunkt der Beitragsleistung innerhalb der von § 100 Abs. 3 Nr. 3 EStG festgelegten Einkommensgrenze (2.575 € monatlich, 85,84 € täglich, 600,84 € wöchentlich und 30.900 € bei jährlicher Lohnzahlung) liegt. Maßgebend ist dabei der laufende Arbeitslohn des Arbeitnehmers im jeweiligen Lohnabrechnungszeitraum, der Berechnungsgrundlage für die Lohnsteuerberechnung gem. § 39 b Abs. 2 Satz 1 EStG ist. Bei einem täglichen (z. B. untermonatiger Eintritt in das Dienstverhältnis), wöchentlichen oder monatlichen Lohnzahlungszeitraum ist der Lohn daher nicht auf einen voraussichtlichen Jahresarbeitslohn hochzurechnen. Ergibt sich z. B. aufgrund einer rechtlich fehlerhaften Lohnabrechnung oder einer Lohnsteuer-Außenprüfung nachträglich eine Korrektur des laufenden Arbeitslohns mit der Folge, dass die Voraussetzungen für die Gewährung des BAV-Förderbetrags im jeweiligen Lohnzahlungszeitraum nicht vorlagen, sind die entsprechenden Lohnsteuer-Anmeldungen zu ändern (vgl. Rn. 114 und 142). **106**

Beispiel:

Ein Arbeitnehmer ist seit 1. Januar beim Arbeitgeber A beschäftigt (Monatsarbeitslohn 5.000 €). Ab 16. April ist er im Ausland tätig und bezieht seitdem nach DBA steuerfreien Arbeitslohn. Im April betragen der steuerpflichtige und der steuerfreie Arbeitslohn jeweils 2.500 €. **107**

Der Lohnzahlungszeitraum im April ist der Kalendermonat (R 39 b.5 Abs. 2 Satz 3 LStR). Im April beträgt das maßgebliche Einkommen 2.500 €. Die Einkommensgrenze des § 100 Abs. 3 Nr. 3 EStG wird nicht überschritten.

Steuerfreie Lohnbestandteile (z. B. nach § 3 Nr. 63 EStG steuerfreie Beiträge zur betrieblichen Altersversorgung, steuerfreie Arbeitslohnteile nach DBA), sonstige Bezüge (§ 39 b Abs. 3 EStG, auch R 39 b.5 Abs. 4 Satz 2 LStR), unter die 44 €-Freigrenze – ab 2022: 50 €-Freigrenze – (§ 8 Abs. 2 Satz 11 EStG)[1] oder den Rabattfreibetrag fallende Sachbezüge (§ 8 Abs. 2 Satz 11 und § 8 Abs. 3 EStG) oder nach den §§ 37 a, 37 b, 40, 40 b EStG oder § 40 b EStG a. F. pauschal besteuerter Arbeitslohn bleiben bei der Prüfung der Einkommensgrenze unberücksichtigt. **108**

Bei Teilzeitbeschäftigten und geringfügig Beschäftigten, bei denen die Lohnsteuer pauschal erhoben wird, gibt es keinen laufenden Arbeitslohn i. S. d. § 39 b Abs. 2 Satz 1 und 2 EStG. Hier wird auf den pauschal besteuerten Arbeitslohn oder das pauschal besteuerte Arbeitsentgelt für den entsprechenden Lohnzahlungszeitraum abgestellt. Als sonstige Bezüge einzuordnende Arbeitsentgelt-/Arbeitslohnteile bleiben hier ebenfalls unberücksichtigt. **109**

Zu dem durch den BAV-Förderbetrag begünstigten Personenkreis gehören alle Arbeitnehmer (§ 1 LStDV), unabhängig davon, ob sie in der gesetzlichen Rentenversicherung pflichtversichert sind oder nicht (z. B. beherrschende Gesellschafter-Geschäftsführer, geringfügig Beschäftigte, in einem berufsständischen Versorgungswerk Versicherte). **110**

d) Begünstigte Aufwendungen, zusätzlicher Arbeitgeberbeitrag (§ 100 Abs. 3 Nr. 2 EStG)

Nach § 100 Abs. 3 Nr. 2 EStG kann der BAV-Förderbetrag nur für einen vom Arbeitgeber zusätzlich zum ohnehin geschuldeten Arbeitslohn erbrachten Beitrag zur betrieblichen Altersversorgung an einen Pensionsfonds, eine Pensionskasse oder für eine Direktversicherung beansprucht werden (§ 8 Abs. 4 EStG)[3]. Die zusätzlichen Beiträge können z. B. tarifvertraglich, durch eine Betriebsvereinbarung oder **111**[2]

---

[1] **[Amtl. Anm.:]** I. d. F. des JStG 2020 vom 21. 12. 2020, BGBl. I S. 3096, BStBl. 2021 I S. 6.
[2] **[Amtl. Anm.:]** Rn. 111 wurde durch BMF vom 18. 3. 2022 (BStBl. I S. 333) geändert und ist in allen offenen Fällen anzuwenden.
[3] **[Amtl. Anm.:]** I. d. F. des JStG 2020 vom 21. 12. 2020, BGBl. I S. 3096, BStBl. 2021 I S. 6.

auch einzelvertraglich festgelegt sein. Zusätzliche Beiträge des Arbeitgebers liegen auch dann noch vor, wenn bei sog. „Freiwilligen Matching-Modellen" die Höhe der arbeitgeberfinanzierten Beiträge (Erhöhungsbeträge) in Anknüpfung an die Höhe der durch originäre Entgeltumwandlung (arbeitnehmer-)finanzierten Beiträge bemessen wird. Im Gesamtversicherungsbeitrag des Arbeitgebers enthaltene Finanzierungsanteile des Arbeitnehmers sowie die mittels Entgeltumwandlung finanzierten Beiträge oder Eigenbeteiligungen des Arbeitnehmers sind – anders als bei § 3 Nr. 63 und § 10 a/Abschnitt XI EStG (s. Rn. 26 und 67) – hingegen nicht begünstigt.

111a Auch die in Rn. 26 a angesprochenen Beiträge zur betrieblichen Altersversorgung (für die betriebliche Altersversorgung verwendete vermögenswirksame Leistungen und Erhöhungsbeträge) erfüllen die Voraussetzungen für den BAV-Förderbetrag nicht, da es an der Voraussetzung „zusätzlich zum ohnehin geschuldeten Arbeitslohn" (§ 100 Abs. 3 Nr. 2 EStG) fehlt. Im Übrigen widerspricht es der Intention des Betriebsrentenstärkungsgesetzes, entsprechende Beiträge, die zu einer Zuschusspflicht nach § 1 a Abs. 1 a und § 23 Abs. 2 BetrAVG führen, zu fördern.

112 Nicht begünstigt sind auch die Leistungen des Arbeitgebers i. S. d. § 1 a Abs. 1 a und § 23 Abs. 2 BetrAVG, die er als Ausgleich für die ersparten Sozialversicherungsbeiträge infolge einer Entgeltumwandlung erbringt. Diese Beiträge werden steuerlich wie die zu Grunde liegende Entgeltumwandlung behandelt (s. a. Einzelbegründung zu § 1 a Abs. 1 a BetrAVG in der BT-Drs. 18/12 612 und Einzelbegründung zu § 23 Abs. 2 BetrAVG in der BT-Drs. 18/11 286). Nicht begünstigt sind ferner Leistungen des Arbeitgebers i. S. d. § 23 Abs. 1 BetrAVG, die dem einzelnen Arbeitnehmer unmittelbar gutgeschrieben oder zugerechnet werden.

113[1] Die Förderung setzt des Weiteren voraus, dass der Arbeitgeber einen Mindestbetrag i. H. v. 240 € im Kalenderjahr geleistet hat. Bei der Ermittlung des Mindestbetrags sind nur Beiträge des Arbeitgebers an einen Pensionsfonds, eine Pensionskasse oder für eine Direktversicherung zu berücksichtigen, die die Voraussetzungen des § 100 Abs. 3 Nr. 4 und 5 EStG erfüllen und bei denen im Zeitpunkt der Beitragsleistung die Einkommensgrenzen nach § 100 Abs. 3 Nr. 3 EStG nicht überschritten werden. Wird der jährliche Mindestbetrag aus Gründen nicht erreicht, die zum Zeitpunkt der Inanspruchnahme des BAV-Förderbetrags nicht absehbar waren, beispielsweise weil der Arbeitgeber einen Monatsbetrag leistet und der Arbeitnehmer unerwartet aus dem Unternehmen ausscheidet, bevor der Mindestbetrag erreicht werden kann, ist der BAV-Förderbetrag nicht rückgängig zu machen (s. § 100 Abs. 4 Satz 1 EStG). Maximal begünstigt ist ein zusätzlicher Beitrag des Arbeitgebers i. H. v. 960 € im Kalenderjahr.

e) Verhältnisse im Zeitpunkt der Beitragsleistung

114 Für die Prüfung der Voraussetzungen des BAV-Förderbetrags sind immer nur die Verhältnisse im Zeitpunkt der Beitragsleistung maßgeblich (§ 100 Abs. 4 Satz 1 EStG). Sich nachträglich ergeben-de, rückwirkende Änderungen der Verhältnisse sind unbeachtlich. Die Regelung betrifft insbesondere Fälle mit schwankendem oder steigendem Arbeitslohn, rückwirkende Erhöhungen des Arbeitslohns sowie Fälle, in denen der Mindestbetrag nach § 100 Abs. 3 Nr. 2 EStG unvorhergesehen nicht erreicht wird. Etwas anderes gilt, wenn z. B. aufgrund einer rechtlich fehlerhaften Lohnabrechnung oder im Rahmen einer Lohnsteuer-Außenprüfung nachträglich festgestellt wird, dass der für die Einkommensgrenze nach § 100 Abs. 3 Nr. 3 EStG maßgebliche laufende Arbeitslohn unzutreffend ermittelt wurde.

Beispiel 1:

115 Bei einem Arbeitnehmer beträgt im Januar der laufende Arbeitslohn 2.500 €. Der Arbeitgeber zahlt monatlich zum 10. des Monats einen zusätzlichen Arbeitgeberbeitrag von 80 € und nimmt mit der Lohnsteuer-Anmeldung für Januar den BAV-Förderbetrag in Anspruch. Im August wird eine Gehaltserhöhung von 3,5% vereinbart, und zwar rückwirkend ab Juni. Der laufende Arbeitslohn beträgt daher ab Juni 2.587,50 €. Der Arbeitgeber zahlt weiterhin monatlich den zusätzlichen Arbeitgeberbeitrag.

Ab August kann der BAV-Förderbetrag nicht mehr in Anspruch genommen werden. Das Überschreiten der Einkommensgrenze ab August hat aber keinen Einfluss auf den bereits in den Monaten Januar bis Juli zulässigerweise in Anspruch genommenen BAV-Förderbetrag.

Beispiel 2:

116 Bei einem Arbeitnehmer beträgt der laufende Arbeitslohn 2.500 €. Zusätzlich erhält der Arbeitnehmer steuerfreien Arbeitslohn von 200 €. Der Arbeitgeber zahlt monatlich zum 10. des Monats einen zusätzlichen Arbeitgeberbeitrag von 80 € und nimmt mit der Lohnsteuer-Anmeldung jeweils den BAV-Förderbetrag in Anspruch. Im Rahmen einer Lohnsteuer-Außenprüfung wird im folgenden Jahr festgestellt, dass die Voraussetzungen für die Steuerfreiheit im August nicht erfüllt sind.

Der BAV-Förderbetrag kann nicht in Anspruch genommen werden und ist zurückzuzahlen, weil der laufende Arbeitslohn unzutreffend ermittelt wurde. Die Lohnsteuer-Anmeldung für den Anmeldungszeitraum August des Vorjahres ist zu korrigieren.

Beispiel 3:

117 Der Arbeitgeber zahlt bei einem unbefristet beschäftigten Arbeitnehmer monatlich zum 10. des Monats einen zusätzlichen Arbeitgeberbeitrag i. H. v. 30 €. Der Arbeitgeber nimmt mit der Lohnsteuer-Anmeldung den BAV-Förderbetrag in Anspruch. Zum 1. Mai verlässt der Arbeitnehmer unerwartet das Unternehmen. Hierüber hat er den Arbeitgeber am 20. April informiert. Vom Arbeitgeber kann der zu zahlende Mindestbetrag von 240 € nicht mehr erreicht werden.

Das unerwartete Ausscheiden des Arbeitnehmers hat keinen Einfluss auf den bereits in den Monaten Januar bis April in Anspruch genommenen BAV-Förderbetrag (keine rückwirkende Korrektur).

Beispiel 4:

118 Der Arbeitgeber zahlt bei einem unbefristet beschäftigten Arbeitnehmer monatlich zum 10. des Monats einen zusätzlichen Arbeitgeberbeitrag i. H. v. 30 €. Der Arbeitgeber nimmt mit der Lohnsteuer-Anmeldung den BAV-Förderbetrag in Anspruch. Der Arbeitnehmer informiert seinen Arbeitgeber am 20. Januar über seine fristgemäße Kündigung zum 30. April des Jahres.

---

[1] **[Amtl. Anm.:]** Rn. 113 wurde durch BMF vom 18. 3. 2022 (BStBl. I S. 333) geändert und ist in allen offenen Fällen anzuwenden.

Das Ausscheiden des Arbeitnehmers hat keinen Einfluss auf den bereits im Monat Januar in Anspruch genommenen BAV-Förderbetrag (keine rückwirkende Korrektur). Ab Februar kann der BAV-Förderbetrag nicht mehr in Anspruch genommen werden, da der vom Arbeitgeber zu zahlende Mindestbetrag von 240 € (bei unveränderter Beitragszahlung) nicht mehr erreicht werden kann.

f) Höhe des BAV-Förderbetrags (§ 100 Abs. 2 EStG)

aa) Neue Vereinbarungen ab 2018

Der BAV-Förderbetrag beträgt im Kalenderjahr 30% des begünstigten Arbeitgeberbeitrags, also mindestens 72 € bis höchstens 288 € (§ 100 Abs. 2 Satz 1 EStG; bis einschließlich 2019: höchstens 144 €). 119
Der BAV-Förderbetrag ist ein Jahresbetrag. Für die Gewährung des BAV-Förderbetrags spielt es grundsätzlich keine Rolle, ob der zusätzliche Arbeitgeberbeitrag als Jahresbetrag, halb-, vierteljährlich, monatlich oder unregelmäßig gezahlt wird. Bei laufender oder unregelmäßiger Zahlung der Beiträge kann der BAV-Förderbetrag in entsprechenden Teilbeträgen bei der jeweiligen Lohnsteuer-Anmeldung geltend gemacht werden.

Beispiel:

Der Arbeitgeber zahlt vierteljährlich jeweils am 15. Januar, 15. April, 15. Juli und 15. Oktober einen zusätzlichen Arbeitgeberbeitrag i. H. v. 300 €. 120
Am 15. Januar, 15. April und 15. Juli beträgt der BAV-Förderbetrag jeweils 90 € (30% von 300 €). Am 15. Oktober beträgt der BAV-Förderbetrag nur noch 18 €, denn bis dahin wurde der Höchstbetrag von 288 € bereits mit 270 € ausgeschöpft.

Wird der BAV-Förderbetrag dabei ganz oder teilweise unberechtigterweise in Anspruch genommen, z. B., weil sich aufgrund eines nachträglich festgestellten Fehlers (Rn. 114 ff.) herausstellt, dass die Einkommensgrenze überschritten ist, sind die jeweiligen Lohnsteuer-Anmeldungen zu ändern. Um solche Änderungen infolge nachträglich festgestellter Fehler zu vermeiden, bestehen keine Bedenken, wenn der auf die laufend oder unregelmäßig gezahlten Beiträge entfallende, rechtmäßig zustehende BAV-Förderbetrag in einer Summe spätestens bei der letzten Lohnsteuer-Anmeldung für das entsprechende Kalenderjahr geltend gemacht wird. 121

Beispiel 1:

Der Arbeitgeber zahlt monatlich jeweils am 15. einen zusätzlichen Arbeitgeberbeitrag i. H. v. 80 €. Der laufende Arbeitslohn für Arbeitnehmer A beträgt 2.500 €. Der Arbeitgeber macht den BAV-Förderbetrag von 24 € (30% von 80 €) monatlich bei seiner Lohnsteuer-Anmeldung geltend. Im Oktober stellt er fest, dass der für August zu berücksichtigende laufende Arbeitslohn des A zutreffend 2.600 € betragen hat. 122
Der BAV-Förderbetrag durfte für August nicht in Anspruch genommen werden. Die entsprechende Lohnsteuer-Anmeldung für August ist zu korrigieren und der BAV-Förderbetrag i. H. v. 24 € zurückzuzahlen, weil der laufende Arbeitslohn für August unzutreffend ermittelt wurde.

Beispiel 2:

Der Arbeitgeber zahlt monatlich jeweils am 15. einen zusätzlichen Arbeitgeberbeitrag i. H. v. 80 €. Der laufende Arbeitslohn für Arbeitnehmer A beträgt 2.500 €. Er macht vorerst den BAV-Förderbetrag nicht geltend. Im Oktober stellt er fest, dass der für August zu berücksichtigende laufende Arbeitslohn des A zutreffend 2.600 € beträgt und korrigiert die Lohnabrechnung. Für den Monat August liegen die Voraussetzungen für den BAV-Förderbetrag wegen Überschreitens der Einkommensgrenze somit nicht vor. 123
Der Arbeitgeber kann den ihm insgesamt zustehenden BAV-Förderbetrag i. H. v. 264 € (11 × 24 €) bei der Lohnsteuer-Anmeldung für Dezember in einer Summe geltend machen.

Wird der entsprechende Arbeitgeberbeitrag als Einmalbetrag im Kalenderjahr geleistet, müssen nur einmal (im Lohnzahlungszeitraum der Beitragsentrichtung) die Einkommensgrenze sowie die Erreichung des Mindestbetrags geprüft werden. 124

Stellt der Arbeitgeber vor Ablauf des Kalenderjahres fest, dass die Förderung nach § 100 EStG nicht vollständig beansprucht worden ist, muss eine anderweitige steuerliche Behandlung der Beiträge des Arbeitgebers zur betrieblichen Altersversorgung (z. B. § 3 Nr. 63 EStG oder § 40 b EStG a. F.) rückgängig gemacht werden (spätester Zeitpunkt hierfür ist die Übermittlung oder Erteilung der Lohnsteuerbescheinigung) oder der monatliche Teilbetrag künftig so geändert werden, dass der BAV-Förderbetrag voll ausgeschöpft wird. 125

bb) Anwendung bei bereits bestehenden Vereinbarungen

In Fällen, in denen der Arbeitgeber bereits im Jahr 2016 einen zusätzlichen Arbeitgeberbeitrag an einen Pensionsfonds, eine Pensionskasse oder für eine Direktversicherung geleistet hat, ist der jeweilige BAV-Förderbetrag auf den Betrag beschränkt, den der Arbeitgeber über den bisherigen Beitrag hinaus leistet (§ 100 Abs. 2 Satz 2 EStG). 126

Beispiel 1:

Der Arbeitgeber zahlt seit 2016 einen zusätzlichen Arbeitgeberbeitrag i. H. v. jährlich 200 €. Er erhöht den Arbeitgeberbeitrag ab dem Jahr 2021 auf 240 €. 127
Der BAV-Förderbetrag beträgt grundsätzlich 30% von 240 € (= 72 €), wegen der Begrenzung nach § 100 Abs. 2 Satz 2 EStG jedoch nur 40 € (Erhöhung des Arbeitgeberbeitrags). Im Ergebnis wird trotz der Begrenzung also der Aufstockungsbetrag in vollem Umfang über den BAV-Förderbetrag finanziert. Der Beitrag des Arbeitgebers ist i. H. v. 240 € nach § 100 Abs. 6 EStG steuerfrei.

Beispiel 2:

Der Arbeitgeber zahlt seit 2016 einen zusätzlichen Arbeitgeberbeitrag i. H. v. jährlich 200 €. Er erhöht den Arbeitgeberbeitrag ab dem Jahr 2021 auf 300 €. 128
Der BAV-Förderbetrag beträgt 30% von 300 € (= 90 €). Es erfolgt keine Begrenzung nach § 100 Abs. 2 Satz 2 EStG, da der Arbeitgeberbeitrag um 100 € (also um mehr als 90 €) erhöht wird. Der Beitrag des Arbeitgebers ist i. H. v. 300 € nach § 100 Abs. 6 EStG steuerfrei.

Beispiel 3:

129 Der Arbeitgeber zahlt seit 2016 einen zusätzlichen Arbeitgeberbeitrag i. H. v. jährlich 720 €. Er erhöht den Arbeitgeberbeitrag ab dem Jahr 2021 um 288 € auf 1.008 €.
Der BAV-Förderbetrag beträgt 30% von 960 € (= 288 €). Es erfolgt keine Begrenzung nach § 100 Abs. 2 Satz 2 EStG, da der Arbeitgeberbeitrag um 288 € erhöht wird. Im Ergebnis wird trotz der Begrenzung also der Aufstockungsbetrag in vollem Umfang über den BAV-Förderbetrag finanziert. Der Beitrag des Arbeitgebers ist i. H. v. 960 € nach § 100 Abs. 6 EStG steuerfrei. Für den den Höchstbetrag von 960 € übersteigenden Arbeitgeberbeitrag i. H. v. 48 € kommt die Steuerfreiheit nach § 3 Nr. 63 EStG in Betracht.

Beispiel 4:

130 Der Arbeitgeber zahlt seit 2016 einen zusätzlichen Arbeitgeberbeitrag i. H. v. jährlich 1.200 €. Er erhöht den Arbeitgeberbeitrag ab dem Jahr 2021 um 288 € auf 1.488 €.
Der BAV-Förderbetrag beträgt 30% von 960 € (= 288 €). Es erfolgt keine Begrenzung nach § 100 Abs. 2 Satz 2 EStG, da der Arbeitgeberbeitrag um 288 € erhöht wird. Im Ergebnis wird trotz der Begrenzung also der Aufstockungsbetrag in vollem Umfang über den BAV-Förderbetrag finanziert. Der Beitrag des Arbeitgebers ist i. H. v. 960 € nach § 100 Abs. 6 EStG steuerfrei. Für den den Höchstbetrag von 960 € übersteigenden Arbeitgeberbeitrag i. H. v. 528 € kommt die Steuerfreiheit nach § 3 Nr. 63 EStG in Betracht.

131[1] Für die Begrenzung des BAV-Förderbetrags bei bereits bestehenden Versorgungsvereinbarungen wird auf das Referenzjahr 2016 abgestellt. Dadurch greift bei einer erst ab 2017 bestehenden betrieblichen Altersversorgung (z. B. Neueinstellung in 2017) die Begrenzung des § 100 Abs. 2 Satz 2 EStG nicht. Dies gilt dann auch für alle Erhöhungen der zusätzlichen Arbeitgeberbeiträge in 2017 oder später. Die Begrenzung greift jedoch dann, wenn der Arbeitgeber im Jahr 2016 einen zusätzlichen Arbeitgeberbeitrag geleistet hat, das Arbeitsverhältnis in 2016 oder danach beendet wurde und zum selben Arbeitgeber später, d. h. in 2017 oder danach, neu begründet wurde oder wird.

Beispiel 1:

132 Der Arbeitgeber zahlt für den Arbeitnehmer A seit 2016 einen zusätzlichen Arbeitgeberbeitrag i. H. v. jährlich 180 €. Er erhöht den Arbeitgeberbeitrag ab dem Jahr 2021 auf 240 €. In 2021 stellt er außerdem Arbeitnehmer B neu ein, für den er ebenfalls einen zusätzlichen Arbeitgeberbeitrag i. H. v. 240 € zahlt.
Der BAV-Förderbetrag beträgt grundsätzlich 30% von 240 € (= 72 €). Für den neu eingestellten Arbeitnehmer B kann der Arbeitgeber den BAV-Förderbetrag für einen Arbeitgeberbeitrag i. H. v. 240 € (BAV-Förderbetrag von 72 €) beanspruchen. Für Arbeitnehmer A kann der Arbeitgeber wegen § 100 Abs. 2 Satz 2 EStG den BAV-Förderbetrag nur für einen Arbeitgeberbeitrag i. H. v. 60 € (Erhöhungsbetrag) beanspruchen. Der Beitrag des Arbeitgebers ist bei beiden Arbeitnehmern i. H. v. 240 € nach § 100 Abs. 6 EStG steuerfrei.

Beispiel 2:

133 Der Arbeitgeber zahlte in 2016 einen zusätzlichen Arbeitgeberbeitrag i. H. v. jährlich 210 €. Er hatte den Arbeitgeberbeitrag bereits ab 2017 auf 300 € erhöht.
Der BAV-Förderbetrag beträgt 30% von 300 € (= 90 €). Es erfolgt keine Begrenzung nach § 100 Abs. 2 Satz 2 EStG, da der Arbeitgeberbeitrag ab 2017 um 90 € erhöht wurde. Im Ergebnis wird damit seit 2018 der Aufstockungsbetrag in vollem Umfang über den BAV-Förderbetrag finanziert. Der Beitrag des Arbeitgebers ist i. H. v. 300 € nach § 100 Abs. 6 EStG steuerfrei.

133a War ein laufender (Monats-/Quartals-)Beitrag so bemessen, dass die Begrenzung nach § 100 Abs. 2 Satz 2 EStG bei planmäßigem Verlauf nicht greift und scheidet der Arbeitnehmer unerwartet aus dem Unternehmen aus, ist der BAV-Förderbetrag nicht rückgängig zu machen (siehe auch Rn. 113).

133b **Beispiel:**

Der Arbeitgeber zahlte in 2016 einen zusätzlichen Arbeitgeberbeitrag i. H. v. jährlich 210 €. Er hatte den Arbeitgeberbeitrag bereits ab 2017 auf 300 € (monatlich 25 €) erhöht. Zum 1. April 2021 scheidet der Arbeitnehmer unerwartet aus dem Unternehmen aus.
Der BAV-Förderbetrag für die Jahre 2018 bis 2020 beträgt 30% von 300 € (= 90 €). Es erfolgt keine Begrenzung nach § 100 Abs. 2 Satz 2 EStG, da der Arbeitgeberbeitrag ab 2017 um 90 € erhöht wurde.
Für das Jahr 2021 leistet der Arbeitgeber lediglich einen Beitrag i. H. v. 75 € (3 x 25 €). Entsprechend Rn. 133 a beträgt der BAV-Förderbetrag für das Jahr 2021 gleichwohl 30% von 75 € (= 22,50 €).

g) Weitere Voraussetzungen für die Inanspruchnahme (§ 100 Abs. 3 EStG)

aa) Lohnsteuerabzug im Inland (§ 100 Abs. 3 Nr. 1 EStG)

134 Nach § 100 Abs. 3 Nr. 1 EStG setzt die Inanspruchnahme des BAV-Förderbetrags zudem voraus, dass der Arbeitslohn des Arbeitnehmers im Lohnzahlungszeitraum, für den der BAV-Förderbetrag geltend gemacht wird, im Inland dem Lohnsteuerabzug unterliegt. Hiervon ist beispielsweise auch während der Eltern- und Pflegezeit, des Bezugs von Kurzarbeiter- oder Krankengeld auszugehen, obgleich der zu besteuernde Arbeitslohn 0 € beträgt. Auf die Art der Steuerpflicht des Arbeitnehmers (unbeschränkt oder beschränkt einkommensteuerpflichtig bzw. als unbeschränkt einkommensteuerpflichtig zu behandeln) kommt es nicht an.

135 Eine Förderung ist hingegen ausgeschlossen für Arbeitnehmer, die ausschließlich nach einem DBA steuerfreien Arbeitslohn beziehen. Nicht ausgeschlossen ist hingegen die Förderung für Arbeitnehmer, bei denen aufgrund eines DBA der Lohnsteuerabzug im Inland begrenzt ist (beispielsweise bei Grenzgängern aus der Schweiz auf 4,5% des Bruttobetrags der Vergütungen).

bb) Auszahlungsform (§ 100 Abs. 3 Nr. 4 EStG)

136 Nach § 100 Abs. 3 Nr. 4 EStG setzt die Förderung mittels BAV-Förderbetrag voraus, dass die Auszahlung der Versorgungsleistungen entsprechend § 82 Abs. 2 Satz 2 EStG vorgesehen ist. Zu den begünstigten Auszahlungsformen siehe im Einzelnen die Ausführungen unter Rn. 68. Entscheidet sich der Arbeitnehmer zugunsten einer Einmalkapitalauszahlung, so sind von diesem Zeitpunkt an die Voraus-

[1] **[Amtl. Anm.:]** Rn. 131 wurde durch BMF vom 18. 3. 2022 (BStBl. I S. 333) geändert und ist in allen offenen Fällen anzuwenden.

setzungen des § 100 EStG nicht mehr erfüllt, d. h., die Förderung entfällt und die Beitragsleistungen sind zu besteuern. Erfolgt die Ausübung des Wahlrechts innerhalb des letzten Jahres vor dem altersbedingten Ausscheiden aus dem Erwerbsleben, so ist es aus Vereinfachungsgründen nicht zu beanstanden, wenn die Beitragsleistungen weiterhin nach § 100 EStG gefördert werden. Für die Berechnung der Jahresfrist ist dabei auf das im Zeitpunkt der Ausübung des Wahlrechts vertraglich vorgesehene Ausscheiden aus dem Erwerbsleben (vertraglich vorgesehener Beginn der Altersversorgungsleistung) abzustellen. Bei Auszahlung oder anderweitiger wirtschaftlicher Verfügung ist der Einmalkapitalbetrag gem. § 22 Nr. 5 Satz 1 EStG zu besteuern (siehe dazu Rn. 148 f.).

cc) Keine „Zillmerung" (§ 100 Abs. 3 Nr. 5 EStG)

Nach § 100 Abs. 3 Nr. 5 EStG kommt die steuerliche Förderung nur in Betracht, wenn sichergestellt ist, dass die Abschluss- und Vertriebskosten des Vertrages über die betriebliche Altersversorgung nur als fester Anteil der laufenden Beiträge einbehalten werden; die Finanzierung der Abschluss- und Vertriebskosten zulasten der ersten Beiträge („Zillmerung") ist förderschädlich. Bei am 1. Januar 2018 bereits bestehenden Verträgen kann die steuerliche Förderung ausnahmsweise in Anspruch genommen werden, sobald für die Restlaufzeit des Vertrages sichergestellt ist, dass **137**
- die verbliebenen Abschluss- und Vertriebskosten und
- die ggf. neu anfallenden Abschluss- und Vertriebskosten

jeweils als fester Anteil der ausstehenden laufenden Beiträge einbehalten werden.

h) Rückgewährung des BAV-Förderbetrags (§ 100 Abs. 4 Satz 2 bis 4 EStG)

Verfällt die Anwartschaft auf Leistungen aus einer geförderten betrieblichen Altersversorgung, z. B. wenn das Dienstverhältnis zum Arbeitnehmer vor Ablauf der Unverfallbarkeitsfrist von drei Jahren endet (§ 1 b Abs. 1 BetrAVG), und ergibt sich daraus eine ganz oder teilweise Rückzahlung der Beiträge an den Arbeitgeber, sind die entsprechende BAV-Förderbeträge zurückzugewähren (§ 100 Abs. 4 Satz 2 bis 4 EStG). **138**

Eine Verpflichtung zur Rückgewährung des BAV-Förderbetrages ergibt sich jedoch nur, soweit er auf den Rückzahlungsbetrag an den Arbeitgeber entfällt (§ 100 Abs. 4 Satz 3 EStG). Dies trägt dem Umstand Rechnung, dass nicht in allen Fällen mit der Verfallbarkeit der Anwartschaft Rückflüsse an den Arbeitgeber erfolgen. Dies kann z. B. der Fall sein bei einer verfallenen Invaliditäts- und Hinterbliebenenversorgung im Zusammenhang mit der Beitragszusage i. S. d. § 1 Abs. 2 Nr. 2 a und §§ 21 ff. BetrAVG, bei der alle Beiträge im Kollektiv verbleiben. **139**

Die Rückgewährung des BAV-Förderbetrages erfolgt über die Lohnsteuer-Anmeldung für den Lohnzahlungszeitraum, in dem die Rückzahlung zufließt. Der zurückzugewährende BAV-Förderbetrag ist der an das Betriebsstättenfinanzamt abzuführenden Lohnsteuer hinzuzurechnen. **140**

i) Anwendbarkeit anderer Vorschriften (§ 100 Abs. 5 EStG)

Nach § 100 Abs. 5 EStG gelten beispielsweise die Regelungen zur Lohnsteuer-Außenprüfung und zur lohnsteuerlichen Anrufungsauskunft entsprechend. Aber auch bestimmte Regelungen der AO sind entsprechend beim BAV-Förderbetrag anzuwenden. Das sind insbesondere die für Steuervergütungen geltenden Vorschriften und die Straf- und Bußgeldvorschriften der AO. **141**

Wird bei einer Lohnsteuer-Außenprüfung festgestellt, dass bei einem Arbeitgeber die Voraussetzungen für den BAV-Förderbetrag und die Absetzung der an das Finanzamt abzuführenden Lohnsteuer nicht vorgelegen haben, werden die entsprechenden Lohnsteuer-Anmeldungen geändert (denn die Lohnsteuer-Anmeldungen stehen als Steueranmeldungen einer Steuerfestsetzung unter dem Vorbehalt der Nachprüfung gleich, § 169[1] i. V. m. § 164 AO). **142**

j) Steuerfreiheit des zusätzlich geleisteten Arbeitgeberbeitrags (§ 100 Abs. 6 EStG)

Liegen sämtliche Fördervoraussetzungen des § 100 EStG für den zusätzlichen Arbeitgeberbeitrag zur betrieblichen Altersversorgung vor, ist der Betrag maximal bis zum förderfähigen Höchstbetrag i. H. v. 960 € steuerfrei nach § 100 Abs. 6 EStG. Liegen die Fördervoraussetzungen des § 100 EStG nicht vor, greift auch die Steuerfreiheit nach § 100 Abs. 6 EStG nicht. **143**

Die Steuerfreiheit nach § 100 Abs. 6 EStG hat Vorrang gegenüber der Steuerfreiheit nach § 3 Nr. 63 EStG. Ein über den förderfähigen Höchstbetrag nach § 100 Abs. 6 EStG hinaus gezahlter zusätzlicher Arbeitgeberbeitrag ist somit in der Regel nach § 3 Nr. 63 EStG steuerfrei, sofern das entsprechende Volumen des § 3 Nr. 63 EStG noch nicht anderweitig ausgeschöpft wurde. **144**

III. Steuerliche Behandlung der Versorgungsleistungen

1. Allgemeines

Die Leistungen aus einer Versorgungszusage des Arbeitgebers können Einkünfte aus nichtselbständiger Arbeit oder sonstige Einkünfte sein oder nicht der Besteuerung unterliegen. **145**

2. Direktzusage und Unterstützungskasse

Versorgungsleistungen des Arbeitgebers aufgrund einer Direktzusage und Versorgungsleistungen einer Unterstützungskasse führen zu Einkünften aus nichtselbständiger Arbeit (§ 19 EStG). **146**

Werden solche Versorgungsleistungen nicht fortlaufend, sondern in einer Summe gezahlt, handelt es sich um Vergütungen (Arbeitslohn) für mehrjährige Tätigkeiten i. S. d. § 34 Abs. 2 Nr. 4 EStG (vgl. BFH-Urteil vom 12. April 2007 VI R 6/02, BStBl. II S. 581), die bei Zusammenballung als außerordentliche **147**[2]

[1] [Amtl. Anm.:] Richtig § 168.

[2] **[Amtl. Anm.:]** Rn. 147 wurde durch BMF vom 18. 3. 2022 (BStBl. I S. 333) geändert und ist in allen offenen Fällen anzuwenden.

Einkünfte nach § 34 Abs. 1 EStG zu besteuern sind. Die Gründe für eine Kapitalisierung der Versorgungsleistungen sind dabei unerheblich. Im Fall von Teilkapitalauszahlungen in mehreren Kalenderjahren ist dagegen der Tatbestand der Zusammenballung nicht erfüllt; eine Anwendung des § 34 EStG kommt daher für diese Zahlungen nicht in Betracht. Geringfügige Teilleistungen sind unschädlich; siehe Rz. 8 der BMF-Schreibens vom 1. November 2013 (BStBl. I S. 1326) *in der Fassung des BMF-Schreibens vom* 4. März 2016 (BStBl. I S. 277).

3. Direktversicherung, Pensionskasse und Pensionsfonds

a) Allgemeines

148 Die steuerliche Behandlung der Leistungen aus einer Direktversicherung, Pensionskasse und Pensionsfonds in der Auszahlungsphase erfolgt nach § 22 Nr. 5 EStG (lex specialis, vgl. Rn. 126 ff. des BMF-Schreibens vom 21. Dezember 2017, BStBl. 2018 I S. 93, geändert durch das BMF-Schreiben vom 17. Februar 2020, BStBl. I S. 213[1]). Der Umfang der Besteuerung hängt davon ab, inwieweit die Beiträge in der Ansparphase durch die Steuerfreiheit nach § 3 Nr. 63 EStG (vgl. Rn. 23 ff.), nach § 3 Nr. 63 a EStG (vgl. Rn. 51 f.), nach § 3 Nr. 66 EStG (vgl. Rn. 56), nach § 100 EStG (vgl. Rn. 100 ff.) oder durch Sonderausgabenabzug nach § 10 a EStG und Zulage nach Abschnitt XI EStG (vgl. Rn. 66 ff.) gefördert wurden oder die Leistungen auf steuerfreien Zuwendungen nach § 3 Nr. 56 EStG oder auf der nach § 3 Nr. 55 b Satz 1 oder § 3 Nr. 55 c EStG steuerfreien Leistung aus einem neu begründeten Anrecht basieren. Dies gilt auch für Leistungen aus einer ergänzenden Absicherung der Invalidität oder von Hinterbliebenen. Dabei ist grundsätzlich von einer einheitlichen Versorgungszusage und somit für den Aufteilungsmaßstab von einer einheitlichen Behandlung der Beitragskomponenten für Alter und Zusatzrisiken auszugehen. Ist nur die Absicherung von Zusatzrisiken Gegenstand einer Versorgungszusage, ist für den Aufteilungsmaßstab auf die gesamte Beitragsphase und nicht allein auf den letzten geleisteten Beitrag abzustellen. Zu den nicht geförderten Beiträgen gehören insbesondere die nach § 40 b EStG a. F. pauschal besteuerten sowie die vor dem 1. Januar 2002 erbrachten Beiträge an eine Pensionskasse oder für eine Direktversicherung. Die Besteuerung erfolgt auch dann nach § 22 Nr. 5 EStG, wenn ein Direktversicherungsvertrag ganz oder teilweise privat fortgeführt wird.

148a Wird infolge von § 1 a Abs. 1 a, § 26 a BetrAVG die gesetzlich angeordnete Beitragsaufstockung und dementsprechende Leistungserhöhung der zugesagten betrieblichen Altersversorgung in den Durchführungswegen Pensionsfonds, Pensionskasse oder Direktversicherung vorgenommen, gilt die Betragsaufstockung nicht als gesonderter neuer Vertrag (§ 20 Abs. 1 Nr. 6 EStG).

149 Im Fall von Teil- bzw. Einmalkapitalauszahlungen handelt es sich nicht um außerordentliche Einkünfte i. S. d. § 34 Abs. 2 EStG. Daher kommt eine Anwendung der Fünftelungsregelung des § 34 EStG auf diese Zahlungen nicht in Betracht.

b) Leistungen, die ausschließlich auf nicht geförderten Beiträgen beruhen

150 Leistungen, die ausschließlich auf nicht geförderten Beiträgen beruhen, sind, wenn es sich um eine lebenslange Rente, eine Berufsunfähigkeits-, Erwerbsminderungs- oder um eine Hinterbliebenenrente handelt, als sonstige Einkünfte gem. § 22 Nr. 5 Satz 2 Buchstabe a i. V. m. § 22 Nr. 1 Satz 3 Buchstabe a Doppelbuchstabe bb EStG mit dem Ertragsanteil zu besteuern.

151 Handelt es sich um Renten i. S. d. Rn. 150, die die Voraussetzungen des § 10 Abs. 1 Nr. 2 Satz 1 Buchstabe b EStG erfüllen, sind diese als sonstige Einkünfte gem. § 22 Nr. 5 Satz 2 Buchstabe a i. V. m. § 22 Nr. 1 Satz 3 Buchstabe a Doppelbuchstabe aa EStG mit dem Besteuerungsanteil zu besteuern. Liegen die Voraussetzungen des § 10 Abs. 1 Nr. 2 Satz 1 Buchstabe b EStG nicht vor, erfolgt die Besteuerung gem. § 22 Nr. 5 Satz 2 Buchstabe a i. V. m. § 22 Nr. 1 Satz 3 Buchstabe a Doppelbuchstabe bb EStG mit dem Ertragsanteil.

152 Auf andere als die in den Rn. 150 f. genannten Leistungen (z. B. Kapitalauszahlungen, Teilraten aus Auszahlungsplänen, Abfindungen) sind die Regelungen in Rn. 145 des BMF-Schreibens vom 21. Dezember 2017 (BStBl. 2018 I S. 93)[2], geändert durch das BMF-Schreiben vom 17. Februar 2020 (BStBl. I. S. 213)[3], entsprechend anzuwenden. Wird bei einem vor dem 1. Januar 2012 abgeschlossenen Vertrag die Untergrenze für betriebliche Altersversorgungsleistungen bis auf das 62. Lebensjahr oder der Zeitpunkt des erstmaligen Bezugs von Altersversorgungsleistungen bei altersbedingtem Ausscheiden aus dem Erwerbsleben auf das 67. Lebensjahr erhöht (vgl. Rn. 3) und dadurch die Laufzeit des Vertrages verlängert, führt dies allein zu keiner nachträglichen Vertragsänderung, wenn die Verlängerung einen Zeitraum von höchstens zwei Jahren umfasst. Eine entsprechende Verlängerung der Beitragszahlungsdauer ist zulässig. Eine Verlängerung der Laufzeit bzw. der Beitragszahlungsdauer infolge der Anhebung der Altersgrenze kann nur einmalig vorgenommen werden.

153 Zu Leistungen aus einer reinen Risikoversicherung vgl. insoweit Rn. 7 des BMF-Schreibens vom 1. Oktober 2009 (BStBl. I S. 1172), geändert durch die BMF-Schreiben vom 6. März 2012 (BStBl. I S. 238), vom 29. September 2017 (BStBl. I S. 1314) und vom 9. August 2019 (BStBl. I S. 829).

c) Leistungen, die ausschließlich auf geförderten Beiträgen beruhen

154 Leistungen, die ausschließlich auf geförderten Beiträgen beruhen, unterliegen als sonstige Einkünfte nach § 22 Nr. 5 Satz 1 EStG in vollem Umfang der Besteuerung (vgl. auch Rn. 137 f. des BMF-Schreibens vom 21. Dezember 2017, BStBl. 2018 I S. 93, geändert durch das BMF-Schreiben vom 17. Februar 2020, BStBl. I S. 213[4]).

[1] Jetzt BMF vom 5. 10. 2023 (BStBl. I S. 1726). Abgedruckt im Hauptteil als Anlage zu § 10 a EStG.
[2] Jetzt BMF vom 5. 10. 2023 (BStBl. I S. 1726). Abgedruckt im Hauptteil als Anlage zu § 10 a EStG.
[3] Jetzt BMF vom 5. 10. 2023 (BStBl. I S. 1726). Abgedruckt im Hauptteil als Anlage zu § 10 a EStG.
[4] Jetzt BMF vom 5. 10. 2023 (BStBl. I S. 1726). Abgedruckt im Hauptteil als Anlage zu § 10 a EStG.

d) Leistungen, die auf geförderten und nicht geförderten Beiträgen beruhen

Beruhen die Leistungen sowohl auf geförderten als auch auf nicht geförderten Beiträgen, müssen die Leistungen in der Auszahlungsphase aufgeteilt werden (vgl. Rn. 139 ff. des BMF-Schreibens vom 21. Dezember 2017, BStBl. 2018 I S. 93, geändert durch das BMF-Schreiben vom 17. Februar 2020, BStBl. I S. 213[1]). Für die Frage des Aufteilungsmaßstabs ist das BMF-Schreiben vom 11. November 2004 (BStBl. I S. 1061) unter Berücksichtigung der Änderungen durch das BMF-Schreiben vom 14. März 2012 (BStBl. I S. 311) anzuwenden. 155

Soweit die Leistungen auf geförderten Beiträgen beruhen, unterliegen sie als sonstige Einkünfte nach § 22 Nr. 5 Satz 1 EStG in vollem Umfang der Besteuerung. Dies gilt unabhängig davon, ob sie in Form der Rente oder als Kapitalauszahlung geleistet werden. 156

Soweit die Leistungen auf nicht geförderten Beiträgen beruhen, gelten die Regelungen in den Rn. 150 bis 153 entsprechend. 157

e) Sonderzahlungen des Arbeitgebers nach § 19 Abs. 1 Satz 1 Nr. 3 EStG

Sonderzahlungen des Arbeitgebers i. S. d. § 19 Abs. 1 Satz 1 Nr. 3 Satz 2 EStG einschließlich der Zahlungen des Arbeitgebers zur erstmaligen Bereitstellung der Kapitalausstattung zur Erfüllung der Solvabilitätsvorschriften nach den §§ 89, 213, 234 g oder 238 VAG, zur Wiederherstellung einer angemessenen Kapitalausstattung nach unvorhersehbaren Verlusten oder zur Finanzierung der Verstärkung der Rechnungsgrundlagen aufgrund einer unvorhersehbaren und nicht nur vorübergehenden Änderung der Verhältnisse, der Zahlungen des Arbeitgebers in der Rentenbezugszeit nach § 236 Abs. 2 VAG und der Sanierungsgelder sind bei der Ermittlung des Aufteilungsmaßstabs nicht zu berücksichtigen. Siehe im Übrigen Rn. 14 ff. 158

f) Bescheinigungspflicht

Nach § 22 Nr. 5 Satz 7 EStG hat der Anbieter beim erstmaligen Bezug von Leistungen sowie bei Änderung der im Kalenderjahr auszuzahlenden Leistungen dem Steuerpflichtigen nach amtlich vorgeschriebenem Muster[2] den Betrag der im abgelaufenen Kalenderjahr zugeflossenen Leistungen zu bescheinigen. In dieser Bescheinigung sind die Leistungen entsprechend den Grundsätzen in den Rn. 137 ff. des BMF-Schreibens vom 21. Dezember 2017 (BStBl. 2018 I S. 93, geändert durch das BMF-Schreiben vom 17. Februar 2020, BStBl. I S. 213)[3] gesondert auszuweisen. 159

g) Sonderregelungen

aa) Leistungen aus einem Pensionsfonds aufgrund der Übergangsregelung nach § 22 Nr. 5 Satz 11 EStG

Haben Arbeitnehmer schon von ihrem Arbeitgeber aufgrund einer Direktzusage oder von einer Unterstützungskasse laufende Versorgungsleistungen erhalten und ist diese Versorgungsverpflichtung nach § 3 Nr. 66 EStG auf einen Pensionsfonds übertragen worden, werden bei den Leistungsempfängern nach § 22 Nr. 5 Satz 11 EStG weiterhin der Arbeitnehmer-Pauschbetrag i. H. v. 1000 € (§ 9 a Satz 1 Nr. 1 Buchstabe a EStG) bzw. der Pauschbetrag für Werbungskosten i. H. v. 102 € nach § 9 a Satz 1 Nr. 1 Buchstabe b EStG und der Versorgungsfreibetrag sowie der Zuschlag zum Versorgungsfreibetrag (§ 19 Abs. 2 EStG) berücksichtigt. Dies gilt auch, wenn der Zeitpunkt des erstmaligen Leistungsbezugs und der Zeitpunkt der Übertragung der Versorgungsverpflichtung auf den Pensionsfonds in denselben Monat fallen. Die Leistungen unterliegen unabhängig davon als sonstige Einkünfte nach § 22 Nr. 5 Satz 1 EStG der Besteuerung. Die vorstehenden Ausführungen zur Berücksichtigung des Versorgungsfreibetrags und des Zuschlags zum Versorgungsfreibetrag gelten entsprechend für einen Hinterbliebenenbezug, der auf den Versorgungsbezug folgt. 160

Handelt es sich bereits beim erstmaligen Bezug der Versorgungsleistungen um Versorgungsbezüge i. S. d. § 19 Abs. 2 EStG, wird der Pauschbetrag nach § 9 a Satz 1 Nr. 1 Buchstabe b EStG abgezogen; zusätzlich werden der Versorgungsfreibetrag und der Zuschlag zum Versorgungsfreibetrag mit dem für das Jahr des Versorgungsbeginns maßgebenden Prozentsatz und Beträgen berücksichtigt. Handelt es sich beim erstmaligen Bezug der Versorgungsleistungen nicht um Versorgungsbezüge i. S. d. § 19 Abs. 2 EStG, weil z. B. keine der Altersgrenzen in § 19 Abs. 2 EStG erreicht sind, ist lediglich der Arbeitnehmer-Pauschbetrag (§ 9 a Satz 1 Nr. 1 Buchstabe a EStG) abzuziehen. Wird eine der Altersgrenzen in § 19 Abs. 2 EStG erst zu einem späteren Zeitpunkt erreicht, sind ab diesem Zeitpunkt der für dieses Jahr maßgebende Versorgungsfreibetrag und der Zuschlag zum Versorgungsfreibetrag abzuziehen sowie anstelle des Arbeitnehmer-Pauschbetrags der Pauschbetrag nach § 9 a Satz 1 Nr. 1 Buchstabe b EStG. Ein Abzug des Versorgungsfreibetrags nach § 19 Abs. 2 EStG in der bis zum 31. Dezember 2004 geltenden Fassung kommt nach dem 31. Dezember 2004 nicht mehr in Betracht. Dies gilt unabhängig vom Zeitpunkt der Übertragung der Versorgungsverpflichtung auf den Pensionsfonds. Folgt ein Hinterbliebenenbezug einem Versorgungsbezug, sind die Rn. 180 ff. des BMF-Schreibens vom 19. August 2013 (BStBl. I S. 1087)[4] in der jeweils aktuell gültigen Fassung entsprechend anzuwenden. 161

bb) Arbeitgeberzahlungen infolge der Anpassungsprüfungspflicht nach § 16 BetrAVG

Leistungen des Arbeitgebers aufgrund der Anpassungsprüfungspflicht nach § 16 Abs. 1 BetrAVG, mit der die Leistungen einer Versorgungseinrichtung ergänzt werden, gehören zu den Einkünften nach § 19 Abs. 1 Satz 1 Nr. 2 EStG. Rn. 161 gilt entsprechend. Als Versorgungsbeginn i. S. d. § 19 Abs. 2 EStG ist der Beginn der Zahlung durch den Arbeitgeber anzusehen. 162

---

[1] Jetzt BMF vom 5. 10. 2023 (BStBl. I S. 1726). Abgedruckt im Hauptteil als Anlage zu § 10 a EStG.
[2] Ab Kj. 2020 vgl. BMF-Schreiben vom 9. 11. 2020 (BStBl. I S. 1061).
[3] Jetzt BMF vom 5. 10. 2023 (BStBl. I S. 1726). Abgedruckt im Hauptteil als Anlage zu § 10 a EStG.
[4] Abgedruckt im Hauptteil als Anlage zu LStH 19.8.

163 Erhöhen sich die Zahlungen des Arbeitgebers infolge der Anpassungsprüfungspflicht nach § 16 BetrAVG, liegt eine regelmäßige Anpassung vor, die nicht zu einer Neuberechnung des Versorgungsfreibetrags und des Zuschlags zum Versorgungsfreibetrag führen.

164 Ändert sich die Höhe der Arbeitgeberzahlung unabhängig von der Anpassungsprüfungspflicht, gilt Folgendes:

Übernimmt die Versorgungseinrichtung die Arbeitgeberzahlung nur zum Teil, ist dies als Anrechnungs-/Ruhensregelung i. S. d. § 19 Abs. 2 Satz 10 EStG anzusehen und führt zu einer Neuberechnung. Gleiches gilt für den Fall, dass die Versorgungseinrichtung die Zahlungen nicht mehr erbringen kann und sich die Arbeitgeberzahlung wieder erhöht.

165 Kann die Versorgungseinrichtung die Arbeitgeberzahlungen zunächst vollständig übernehmen und stellt diese später (z. B. wegen Liquiditätsproblemen) wieder ein, so dass der Arbeitgeber die Zahlungsverpflichtung wieder vollständig erfüllen muss, lebt der Anspruch wieder auf. Dies führt nicht zu einem neuen Versorgungsbeginn, so dass für die (Neu-)Berechnung des Versorgungsfreibetrags und des Zuschlags zum Versorgungsfreibetrag die „alte" Kohorte maßgebend ist.

cc) Beendigung einer betrieblichen Altersversorgung

166 Bei Beendigung einer nach § 3 Nr. 63 oder § 100 EStG geförderten betrieblichen Altersversorgung gilt Folgendes:

Liegt eine betriebliche Altersversorgung i. S. d. BetrAVG vor und wird diese lediglich mit Wirkung für die Zukunft beendet, z. B. durch eine Abfindung (ggf. auch in Form der Beitragsrückerstattung), dann handelt es sich bei der Zahlung der Versorgungseinrichtung an den Arbeitnehmer um sonstige Einkünfte i. S. d. § 22 Nr. 5 EStG und nicht um Einkünfte nach § 19 EStG.

Im Fall einer kompletten Rückabwicklung des Vertragsverhältnisses mit Wirkung für die Vergangenheit handelt es sich bei der Zahlung der Versorgungseinrichtung an den Arbeitnehmer um eine Arbeitslohnzahlung i. S. d. § 19 Abs. 1 EStG, die im Zeitpunkt des Zuflusses nach den allgemeinen lohnsteuerlichen Grundsätzen behandelt wird.

Kündigt der Arbeitgeber vorzeitig einen nach § 40 b EStG a. F. begünstigten Direktversicherungsvertrag und wird der Rückkaufswert im Hinblick auf ein unwiderrufliches bzw. unverfallbares Bezugsrecht an den Arbeitnehmer ausgezahlt, ergeben sich aus diesem Vorgang keine lohnsteuerlichen Konsequenzen.

Im Gegensatz zur rückwirkenden Aufhebung einer Vereinbarung mit der Rechtsfolge, dass der Anspruch auf betriebliche Altersversorgung gänzlich untergeht, bewirkt die Abfindung des Anspruchs lediglich einen Rechtsverlust ab dem Zeitpunkt des Wirksamwerdens der Vereinbarung. Der Pauschalierung nach § 40 b EStG a. F. steht die vorzeitige Kündigung durch den Arbeitnehmer entgegen. Eine Kündigung durch den Arbeitgeber ist dagegen unschädlich. Von einer Kündigung durch den Arbeitgeber ist auszugehen, wenn betriebliche Gründe (z. B. Liquiditätsschwierigkeiten) maßgebend waren oder die Kündigung durch den Arbeitgeber auf Wunsch des Arbeitnehmers erfolgt ist. Die Kündigung hat keine Auswirkung auf eine bis zu diesem Zeitpunkt erfolgte Pauschalierung nach § 40 b EStG a. F.

IV. Schädliche Auszahlung von gefördertem Altersvorsorgevermögen

1. Allgemeines

167 Wird das nach § 10 a/Abschnitt XI EStG steuerlich geförderte Altersvorsorgevermögen an den Arbeitnehmer nicht als Rente oder im Rahmen eines Auszahlungsplans ausgezahlt, handelt es sich grundsätzlich um eine schädliche Verwendung (§ 93 Abs. 1 EStG; Rn. 195 ff. des BMF-Schreibens vom 21. Dezember 2017, BStBl. 2018 I S. 93, geändert durch das BMF-Schreiben vom 17. Februar 2020, BStBl. I S. 213[1]). Im Bereich der betrieblichen Altersversorgung kann eine solche schädliche Verwendung dann gegeben sein, wenn Versorgungsanwartschaften abgefunden oder übertragen werden. Entsprechendes gilt, wenn der Arbeitnehmer im Versorgungsfall ein bestehendes Wahlrecht auf Einmalkapitalauszahlung ausübt (vgl. Rn. 68).

168 Liegt eine schädliche Verwendung von gefördertem Altersvorsorgevermögen vor, gelten die Rn. 202 ff. sowie 216 bis 239 des BMF-Schreibens vom 21. Dezember 2017 (BStBl. 2018 I S. 93), geändert durch das BMF-Schreiben vom 17. Februar 2020 (BStBl. I S. 213)[2]

2. Abfindungen von Anwartschaften, die auf nach § 10 a/Abschnitt XI EStG geförderten Beiträgen beruhen

169 Im Fall der Abfindung von Anwartschaften der betrieblichen Altersversorgung gem. § 3 BetrAVG handelt es sich gem. § 93 Abs. 2 Satz 3 EStG um keine schädliche Verwendung, soweit das nach § 10 a/Abschnitt XI EStG geförderte Altersvorsorgevermögen zugunsten eines auf den Namen des Zulageberechtigten lautenden zertifizierten privaten Altersvorsorgevertrags geleistet wird. Der Begriff der Abfindung umfasst außerdem auch Abfindungen, die in arbeitsrechtlich zulässiger Weise außerhalb des Regelungsbereiches des § 3 BetrAVG erfolgen, wie z. B. den Fall der Abfindung ohne Ausscheiden aus dem Arbeitsverhältnis. Liegen die übrigen Voraussetzungen des § 93 Abs. 2 Satz 3 EStG vor, kann somit auch in anderen Abfindungsfällen als denen des § 3 BetrAVG gefördertes Altersvorsorgevermögen aus der betrieblichen Altersversorgung auf einen zertifizierten privaten Altersvorsorgevertrag übertragen werden, ohne dass eine schädliche Verwendung vorliegt.

3. Abfindungen von Anwartschaften, die auf steuerfreien oder nicht geförderten Beiträgen beruhen

170 Wird eine Anwartschaft der betrieblichen Altersversorgung abgefunden, die ganz oder teilweise auf nach § 3 Nr. 63, 63 a, 66 oder § 100 EStG steuerfreien oder nicht geförderten Beiträgen beruht und zu-

[1] Jetzt BMF vom 5. 10. 2023 (BStBl. I S. 1726). Abgedruckt im Hauptteil als Anlage zu § 10 a EStG.
[2] Jetzt BMF vom 5. 10. 2023 (BStBl. I S. 1726). Abgedruckt im Hauptteil als Anlage zu § 10 a EStG.

gunsten eines auf den Namen des Steuerpflichtigen lautenden zertifizierten Altersvorsorgevertrags geleistet wird, unterliegt der Abfindungsbetrag im Zeitpunkt der Abfindung nicht der Besteuerung (§ 3 Nr. 55 c Satz 2 Buchst. b EStG; Rn. 150 f. des BMF-Schreibens vom 21. Dezember 2017, BStBl. 2018 I S. 93, geändert durch das BMF-Schreiben vom 17. Februar 2020, BStBl. I S. 213[1]). Die Rn. 152 ff. des BMF-Schreibens vom 21. Dezember 2017 (BStBl. 2018 I S. 93), geändert durch das BMF-Schreiben vom 17. Februar 2020 (BStBl. I S. 213)[2], gelten entsprechend.

Wird der Abfindungsbetrag nicht entsprechend der Rn. 170 verwendet, erfolgt eine Besteuerung des Abfindungsbetrags im Zeitpunkt der Abfindung entsprechend den Grundsätzen der Rn. 150 bis 157. **171**

4. Portabilität

Bei einem Wechsel des Arbeitgebers kann der Arbeitnehmer für Versorgungszusagen, die nach dem 31. Dezember 2004 erteilt werden, gem. § 4 Abs. 3 BetrAVG verlangen, dass der bisherige Arbeitgeber den Übertragungswert (§ 4 Abs. 5 BetrAVG) auf eine Versorgungseinrichtung des neuen Arbeitgebers überträgt. Die Übertragung ist gem. § 93 Abs. 2 Satz 2 Halbsatz 1 EStG dann keine schädliche Verwendung, wenn auch nach der Übertragung eine lebenslange Altersversorgung entsprechend § 82 Abs. 2 Satz 2 EStG vorgesehen ist. Zu den begünstigten Auszahlungsformen siehe im Einzelnen die Ausführungen unter Rn. 68. Dies gilt auch, wenn der alte und neue Arbeitgeber sowie der Arbeitnehmer sich gem. § 4 Abs. 2 Nr. 2 BetrAVG freiwillig auf eine Übertragung der Versorgungsanwartschaften mittels Übertragungswert von einer Versorgungseinrichtung i. S. d. § 82 Abs. 2 EStG auf eine andere Versorgungseinrichtung i. S. d. § 82 Abs. 2 EStG verständigen. **172**

Auch die Fälle des § 3 Nr. 55 c Satz 2 Buchstabe a EStG (Übertragung auf einen anderen Träger der betrieblichen Altersversorgung; s. Rn. 63) führen zu keiner schädlichen Verwendung (§ 93 Abs. 2 Satz 2 Halbsatz 2 EStG). **172a**

Erfüllt die Versorgungseinrichtung des neuen Arbeitgebers nicht die Voraussetzungen des § 82 Abs. 2 Satz 2 EStG, gelten die Rn. 150 bis 157 entsprechend. **173**

5. Entschädigungsloser Widerruf eines noch verfallbaren Bezugsrechts

Hat der Arbeitnehmer für arbeitgeberfinanzierte Beiträge an eine Direktversicherung, eine Pensionskasse oder einen Pensionsfonds die Förderung durch Sonderausgabenabzug nach § 10 a EStG und Zulage nach Abschnitt XI EStG erhalten und verliert er vor Eintritt der Unverfallbarkeit sein Bezugsrecht durch einen entschädigungslosen Widerruf des Arbeitgebers, handelt es sich um eine schädliche Verwendung i. S. d. § 93 Abs. 1 EStG. Das Versicherungsunternehmen, die Pensionskasse oder der Pensionsfonds hat der zentralen Stelle im Sinne des § 81 EStG (Zentrale Zulagenstelle für Altersvermögen – ZfA – bei der Deutschen Rentenversicherung Bund) die schädliche Verwendung nach § 94 Abs. 1 EStG anzuzeigen. Die gutgeschriebenen Zulagen sind vom Anbieter einzubehalten. Darüber hinaus hat die ZfA den steuerlichen Vorteil aus dem Sonderausgabenabzug nach § 10 a EStG beim Arbeitnehmer nach § 94 Abs. 2 EStG zurückzufordern. Der maßgebliche Zeitpunkt für die Rückforderung der Zulagen und des steuerlichen Vorteils ist der Zeitpunkt, in dem die den Verlust des Bezugsrechts begründenden Willenserklärungen (z. B. Kündigung oder Widerruf) wirksam geworden sind. Im Übrigen gilt R 40 b.1 Abs. 13 ff. LStR. **174**

Zahlungen, die das Versicherungsunternehmen, die Pensionskasse oder der Pensionsfonds an den Arbeitgeber leistet, weil der Arbeitnehmer für eine arbeitgeberfinanzierte betriebliche Altersversorgung vor Eintritt der Unverfallbarkeit sein Bezugsrecht verloren hat (z. B. bei vorzeitigem Ausscheiden aus dem Dienstverhältnis), stellen Betriebseinnahmen dar. Die §§ 43 ff. EStG sind in diesem Fall zu beachten. **175**

V. Anwendungsregelung

Dieses BMF-Schreiben ersetzt die BMF-Schreiben vom 6. Dezember 2017 (BStBl. 2018 I S. 147) und vom 8. August 2019 (BStBl. I S. 834). Es ist in allen offenen Fällen anzuwenden. In den Beispielen und bei den Zahlenangaben wurden die 2021 geltenden gesetzlichen Beträge berücksichtigt. Die besonderen gesetzlichen Inkrafttretensregelungen (z. B. Anhebung der Einkommensgrenzen beim BAV-Förderbetrag ab 2020) sind bei der Anwendung in offenen Fällen vor 2021 zu beachten. **176**

Die Regelungen des durch das BMF-Schreiben vom 6. Dezember 2017 (BStBl. 2018 I S. 147) aufgehobenen BMF-Schreibens vom 24. Juli 2013 (BStBl. I S. 1022), geändert durch das BMF-Schreiben vom 13. Januar 2014 (BStBl. I S. 97) und das BMF-Schreiben vom 13. März 2014 (BStBl. I S. 554), sind vorbehaltlich besonderer Regelungen in den einzelnen Randnummern dieses Schreibens weiter zu beachten, wenn sie auch für Zeiträume ab dem 1. Januar 2018 Bedeutung haben. **177**[3]

15 c. Schreiben betr. Einkommensteuergesetz; Bekanntmachung der Vordruckmuster für den Antrag auf Altersvorsorgezulage für 2024

Vom 13. September 2024 (BStBl. I S. 1274)

(BMF IV C 3 – S 2493/19/10007 :006)

3 Anlagen

Nach § 89 Abs. 1 Einkommensteuergesetz (EStG) ist der Antrag auf Altersvorsorgezulage nach amtlich vorgeschriebenem Vordruck zu stellen. Das Bundesministerium der Finanzen ist nach § 99 Abs. 1 EStG ermächtigt, diesen Vordruck zu bestimmen. **1**

---

[1] Jetzt BMF vom 5. 10. 2023 (BStBl. I S. 1726). Abgedruckt im Hauptteil als Anlage zu § 10 a EStG.
[2] Jetzt BMF vom 5. 10. 2023 (BStBl. I S. 1726). Abgedruckt im Hauptteil als Anlage zu § 10 a EStG.
[3] **[Amtl. Anm.:]** Rn. 177 wurde durch BMF vom 18. 3. 2022 (BStBl. I S. 333) geändert.

Die Vordruckmuster 2024 mit Erläuterungen werden hiermit bekannt gemacht.

Die Vordruckmuster dürfen maschinell hergestellt werden, wenn sie sämtliche Angaben in der gleichen Reihenfolge enthalten. Abweichende Formate sind zulässig. Anbieter i. S. d. § 80 EStG dürfen die Seiten des Antrags auf Altersvorsorgezulage paginieren, kontrast-ärmere größere Kästchen bestimmen und die maschinelle Lesbarkeit und damit die OCR-Fähigkeit (insbesondere die Mindestgröße zur OCR) festlegen. Maschinell erstellte Anträge auf Altersvorsorgezulage brauchen von den Anbietern nicht unterschrieben zu werden.

Im Ergänzungsbogen – Kinderzulage – ist ab dem Beitragsjahr 2024 eine Unterschrift in Abschnitt B zur Übertragung der Kinderzulage auf den Ehemann/den anderen Ehegatten/den anderen Lebenspartner für jedes Kind nicht mehr erforderlich, da eine übereinstimmende Erklärung der Eltern hierfür ausreichend ist und diese mit dem Antrag auf Altersvorsorgezulage abgegeben wird.

Folgende Abweichungen werden ausdrücklich zugelassen:

1. Unter der Überschrift „Antrag auf Altersvorsorgezulage" kann der Anbieter die Rufnummer des Kunden abfragen, wobei auf die Freiwilligkeit dieser Angaben hingewiesen werden muss.
2. Zum Abschnitt G

   Der Anbieter kann unter Abschnitt G den Text für eine Bevollmächtigung des Anbieters durch den Anleger für die Inanspruchnahme des Dauerzulageantragsverfahrens und den Text zur Datenschutzgrundverordnung (DSGVO) ergänzen.
3. Das „Feld für Vertragsnummer des Anbieters" auf den Seiten 2, 3 und 4 des Antrags auf Altersvorsorgezulage 2024 ist optional.
4. Zum Ergänzungsbogen – Kinderzulage –
   a) Die Anzahl der Datenblöcke für Kinder im Abschnitt A ist optional. Für jeden Datenblock in Abschnitt A muss entsprechendes Feld zur Übertragung der Kinderzulage in Abschnitt B vorgesehen werden.

   b) In Abschnitt A darf der Text

   „Die bereits erfassten Angaben zu Kind 1 ☐ bzw. Kind 2 ☐ sind nicht mehr gültig, da für das gesamte Kalenderjahr 2024 kein Kindergeld festgesetzt wurde bzw. mir das Kind nicht mehr zugeordnet werden soll."

   auch wie folgt gefasst werden:

   „Die bereits erfassten Angaben zu nachfolgenden Kindern sind nicht mehr gültig, da für das gesamte Kalenderjahr 2024 kein Kindergeld festgesetzt wurde bzw. mir das Kind nicht mehr zugeordnet werden soll: Kind 1 ☐ bzw. Kind 2 ☐."

Die Vordruckmuster stehen ab sofort für eine Übergangszeit im Internet auf der Homepage des Bundeszentralamtes für Steuern unter der Adresse http://www.bzst.de zum Download bereit.

Anlage 1

Feld für Vertragsnummer des Anbieters 2

Name und Anschrift des Antragstellers

2024

Antrag auf Altersvorsorgezulage

Optionales Feld für Telefonnummer des Antragstellers
- Angabe der Telefonnummer ist freiwillig -

Bitte umgehend an Ihren Anbieter[1] zurücksenden (spätestens bis 31.12.2026)!

A Art der Zulageberechtigung

Ich bin für das Jahr 2024 **unmittelbar** zulageberechtigt.[2]

☐ **Abweichend** hiervon bin ich für das Jahr 2024 **mittelbar** zulageberechtigt.[3]
Bitte füllen Sie in diesem Fall auch unbedingt die Angaben zum Ehegatten / Lebenspartner in Abschnitt C aus.

B Angaben Antragsteller

Bereits erfasste Angaben	**Bei Änderungen oder Ergänzungen hier Eintragungen vornehmen**
	Umlaute (Ä, ä, Ö, ö, Ü, ü) und ß sind zulässig.
IDENTIFIKATIONSNUMMER[4]	
SOZIALVERSICHERUNGSNUMMER[5] / ZULAGENUMMER	
GESCHLECHT	☐ weiblich ☐ männlich ☐ divers oder laut Geburtenregister ohne Angabe
TITEL (z. B. Dr., Prof.)	
VORNAME(N)	
NAMENSZUSATZ (z. B. Baroness, Baron, Gräfin)	
VORSATZWORT (z. B. von, auf, der, da, de, del)	
NAME	
GEBURTSORT (ohne PLZ)	
GEBURTSNAME	
GEBURTSDATUM (TT.MM.JJJJ)	
STRASSE / HAUSNUMMER	
PLZ ORT (Wohnsitz)	

Die hochgestellten Zahlen verweisen auf die entsprechenden Abschnitte in den Erläuterungen zum Antrag auf Altersvorsorgezulage 2024.

Feld für Vertragsnummer des Anbieters

C Angaben zum Ehegatten / Lebenspartner - Erklärung (falls zutreffend bitte ankreuzen)

☐ Die bereits erfassten Angaben zum Ehegatten / Lebenspartner sind seit dem 01.01.2024 nicht mehr gültig (z. B. Scheidung /Aufhebung der Lebenspartnerschaft).

Bereits erfasste Angaben	**Bei Änderungen oder Ergänzungen hier Eintragungen vornehmen**
	Umlaute (Ä, ä, Ö, ö, Ü, ü) und ß sind zulässig.
IDENTIFIKATIONSNUMMER[4]	
SOZIALVERSICHERUNGSNUMMER[5] / ZULAGENUMMER	
GESCHLECHT	☐ weiblich ☐ männlich ☐ divers oder laut Geburtenregister ohne Angabe
TITEL (z. B. Dr., Prof.)	
VORNAME(N)	
NAMENSZUSATZ (z. B. Baroness, Baron, Gräfin)	
VORSATZWORT (z. B. von, auf, der, da, de, del)	
NAME	
GEBURTSORT (ohne PLZ)	
GEBURTSNAME	
GEBURTSDATUM (TT.MM.JJJJ)	

D Angaben zu Beamten, Richtern, Berufssoldaten oder diesen gleichgestellten Personen sowie Empfängern von Versorgungsbezügen wegen Dienstunfähigkeit (Personenkreis nach § 10a Absatz 1 Satz 1 Halbsatz 2 und Satz 4 Einkommensteuergesetz)[2]

Gehören Sie zu diesem Personenkreis, lesen Sie sich bitte hierzu den gesamten Abschnitt D aufmerksam durch und setzen ein Kreuz im Feld am Ende dieses Absatzes, wenn die nachfolgend genannten Voraussetzungen auf Sie zutreffen.

Ich war in der Zeit zwischen dem 01.01. und 31.12.2023

- Empfänger von
  - inländischer Besoldung nach dem Bundesbesoldungsgesetz oder einem Landesbesoldungsgesetz
  - Amtsbezügen aus einem inländischen Amtsverhältnis, das eine den Beamten gleichgestellte Versorgung gewährleistet
  - Einnahmen als versicherungsfrei Beschäftigter, dessen Versorgungsrecht eine den Beamten gleichgestellte Versorgung gewährleistet
  - Einnahmen als beurlaubter Beamter mit Anspruch auf Versorgung für die Dauer der Beschäftigung
  - Einnahmen als Minister, Senator, Parlamentarischer Staatssekretär
  - Versorgungsbezügen wegen Dienstunfähigkeit

oder

- eine dieser Personengruppe gleichgestellte Person (z. B. beurlaubte Beamte im zeitlichen Umfang der rentenversicherungspflichtigen Kindererziehungszeiten)

und hatte daneben **keine** rentenversicherungspflichtigen Einnahmen.

☐ Die oben genannten Voraussetzungen treffen auf mich zu.

Haben Sie in diesem Abschnitt ein Kreuz gesetzt, beachten Sie bitte zusätzlich die folgenden weiteren Hinweise:
Bei Beamten und diesen gleichgestellten Personen erhält die Zentrale Zulagenstelle für Altersvermögen (ZfA) die Daten, die sie für die Berechnung der Zulage benötigt, mittels elektronischer Übermittlung von Ihrer zuständigen Stelle. Das ist z. B. der Dienstherr, der zur Zahlung des Arbeitsentgelts verpflichtete Arbeitgeber oder die die Versorgung anordnende Stelle.

Für diese Datenübermittlung müssen Sie **schriftlich oder elektronisch** eine **Einwilligungserklärung** bis zum 31.12.2024 gegenüber Ihrer zuständigen Stelle abgeben. Beachten Sie bitte, dass die erneute Abgabe einer Einwilligungserklärung in jedem Fall bei einem Wechsel des Dienstherrn notwendig ist.

Der nachfolgende Abschnitt E ist in diesem Fall für Sie nicht relevant.

Feld für Vertragsnummer des Anbieters

E Angaben über die Art und Höhe der maßgebenden Einnahmen, wenn Sie unmittelbar zulageberechtigt[2] sind

Hatten Sie im Jahr 2023 beitragspflichtige Einnahmen aus einem inländischen gesetzlichen rentenversicherungspflichtigen Beschäftigungsverhältnis und / oder haben Sie eine Rente wegen voller Erwerbsminderung bzw. Erwerbsunfähigkeit von der **deutschen gesetzlichen Rentenversicherung** erhalten, erhebt die ZfA die Höhe dieser Einnahmen bei Ihrem Rentenversicherungsträger; hierzu sind keine Angaben erforderlich. Haben Sie im Jahr 2023 Entgeltersatzleistungen (z. B. Kranken- oder Arbeitslosengeld; Kurzarbeitergeld, das von der Bundesagentur für Arbeit gezahlt wird) bezogen, erhebt die ZfA die Höhe dieser Einnahmen bei der Finanzverwaltung; hierzu sind ebenfalls keine Angaben erforderlich.
Füllen Sie bitte die nachfolgenden Felder a) bis c) nur dann aus, wenn Sie im Jahr 2023 Einnahmen hatten, die unter den folgenden Punkten aufgeführt sind:

Punkt a) Sie haben ein **tatsächliches Entgelt** (z. B. bei Altersteilzeit oder aus einer Beschäftigung in einer Werkstatt für Menschen mit Behinderung; Kurzarbeitergeld, das vom Arbeitgeber gezahlt wird) erzielt.

Punkt b) Sie unterlagen einer ausländischen gesetzlichen Rentenversicherungspflicht und haben ausländische Einnahmen erzielt und / oder erhielten aus einer **ausländischen gesetzlichen Rentenversicherung** eine Rente wegen voller Erwerbsminderung bzw. Erwerbsunfähigkeit.

Punkt c) Sie sind pflichtversichert in der **landwirtschaftlichen Alterskasse** und haben Einkünfte aus Land- und Forstwirtschaft erzielt bzw. von dort Ihre Rente wegen voller Erwerbsminderung bzw. Erwerbsunfähigkeit bezogen.

a) Angaben zum tatsächlichen Entgelt

Haben Sie im Jahr 2023 vorübergehend oder dauerhaft ein tatsächliches Entgelt erzielt, das von dem bei dem Rentenversicherungsträger zugrunde gelegten Entgelt - den beitragspflichtigen Einnahmen - abweicht (z. B. bei Altersteilzeit oder aus einer Beschäftigung in einer Werkstatt für Menschen mit Behinderung; Kurzarbeitergeld, das vom Arbeitgeber gezahlt wird)[6], geben Sie hier bitte nachfolgend Ihr tatsächlich erzieltes Entgelt an. Die Angaben dienen der Berechnung der Zulagen.

Zeitraum von - bis (Monat) Tatsächliches Entgelt[6]

☐.2023 - ☐.2023 ________ EUR

b) Angaben zu ausländischen Einnahmen und / oder einer Rente wegen voller Erwerbsminderung bzw. Erwerbsunfähigkeit aus einer ausländischen gesetzlichen Rentenversicherung

☐ Ich übte im Jahr **2024** eine Beschäftigung aus, die einer ausländischen gesetzlichen Rentenversicherungspflicht unterlag und / oder erhielt eine Rente wegen voller Erwerbsminderung bzw. Erwerbsunfähigkeit aus einer ausländischen gesetzlichen Rentenversicherung.

Ich bezog im Kalenderjahr **2023** Einnahmen aus einer Beschäftigung, die einer ausländischen gesetzlichen Rentenversicherungspflicht unterlag und / oder erhielt eine Rente wegen voller Erwerbsminderung bzw. Erwerbsunfähigkeit aus einer ausländischen gesetzlichen Rentenversicherung. **Die Angabe ist unbedingt erforderlich, sofern unter b) ein Kreuz gesetzt wurde.**

Summe der ausländischen Einnahmen[6, 7] Währung

☐.2023 - ☐.2023 ________ ___

c) Angaben zur landwirtschaftlichen Alterskasse

Ich bin pflichtversichert in der landwirtschaftlichen Alterskasse. Meine Mitgliedsnummer der landwirtschaftlichen Alterskasse lautet:

________[8]

Feld für Vertragsnummer des Anbieters

F Kinderzulage

Ich beantrage die Kinderzulage für ☐ Kind/-er.

Bitte füllen Sie hierzu den Ergänzungsbogen - Kinderzulage - aus.

Es müssen im Abschnitt C Angaben zum Ehegatten / Lebenspartner eingetragen werden, sofern *es sich bei den genannten Kindern um Kinder von Eltern handelt, bei denen die nachfolgenden Bedingungen im Beitragsjahr 2024 erfüllt waren:*

- *miteinander verheiratet / Führen einer Lebenspartnerschaft nach dem Lebenspartnerschaftsgesetz*
- *kein dauerhaftes Getrenntleben während des gesamten Beitragsjahres* ***2024***
- *Wohnsitz oder gewöhnlicher Aufenthalt in einem Mitgliedstaat der Europäischen Union oder einem Staat, auf den das Abkommen über den Europäischen Wirtschaftsraum (EWR-Abkommen) anwendbar ist.*

G Bevollmächtigung

Bitte lesen Sie hierzu den Punkt 9 der Erläuterungen zum Antrag auf Altersvorsorgezulage 2024.

Raum für den Anbieter, sich eine Vollmacht erteilen zu lassen.

Dieses Feld ist optional.

Unterschrift nicht vergessen!

Datum (TT.MM.JJJJ) Antragsteller gesetzlicher Vertreter / Bevollmächtigter

Datenschutz-Grundverordnung (DSGVO)

Raum für den Anbieter für Hinweise zu seinem Datenschutz

Dieses Feld ist optional.

3

Anschrift des jeweiligen Anbieters

Feld für Vertragsnummer des Anbieters

Ergänzungsbogen - Kinderzulage
(Bitte dem Antrag auf Altersvorsorgezulage 2024 beifügen)

A Für folgende unten aufgeführte Kinder beantrage ich die Kinderzulage (bitte Abschnitt B beachten):
Erklärung (Bitte kreuzen Sie die Felder nur dann an, wenn die genannten Voraussetzungen auf Sie zutreffen.)

Die bereits erfassten Angaben zu Kind 1 ☐ bzw. Kind 2 ☐ sind **nicht mehr** gültig, da für das **gesamte** Kalenderjahr 2024 **kein** Kindergeld festgesetzt wurde bzw. mir das Kind **nicht mehr** zugeordnet werden soll.

Bereits erfasste Angaben	**Bei Änderungen oder Ergänzungen hier Eintragungen vornehmen**
Kind 1	Umlaute (Ä, ä, Ö, ö, Ü, ü) und ß sind zulässig.
IDENTIFIKATIONSNUMMER[1]	
VORNAME(N)[2]	
NAMENSZUSATZ (z. B. Baroness, Baron, Gräfin)	
VORSATZWORT (z. B. von, auf, der, da, de, del)	
NAME	
GEBURTSDATUM (TT.MM.JJJJ)	
Zuständige Familienkasse / Zahlstelle des Kindergeldes[3]	
Ordnungsmerkmal der Stelle, die das Kindergeld festgesetzt hat[4] (z. B. Kindergeldnummer)	
Zeitraum der Kindergeldfestsetzung VON - BIS (MONAT)	.2024 - .2024
KINDERGELDBERECHTIGTE/R (Eintragung vornehmen, wenn nicht identisch mit Zulageberechtigtem/r) NAME	
VORNAME	
Kind 2	Umlaute (Ä, ä, Ö, ö, Ü, ü) und ß sind zulässig.
IDENTIFIKATIONSNUMMER[1]	
VORNAME(N)[2]	
NAMENSZUSATZ (z. B. Baroness, Baron, Gräfin)	
VORSATZWORT (z. B. von, auf, der, da, de, del)	
NAME	
GEBURTSDATUM (TT.MM.JJJJ)	
Zuständige Familienkasse / Zahlstelle des Kindergeldes[3]	
Ordnungsmerkmal der Stelle, die das Kindergeld festgesetzt hat[4] (z.B. Kindergeldnummer)	
Zeitraum der Kindergeldfestsetzung VON - BIS (MONAT)	.2024 - .2024
KINDERGELDBERECHTIGTE/R (Eintragung vornehmen, wenn nicht identisch mit Zulageberechtigtem/r) NAME	
VORNAME	

Feld für Vertragsnummer des Anbieters

B Hinweise und Zuordnung der Kinderzulage

Die Kinderzulage wird grundsätzlich für jedes Kind gewährt, für das gegenüber der / dem Zulageberechtigten für mindestens einen Anspruchszeitraum im Beitragsjahr 2024 Kindergeld festgesetzt worden ist. Die Kinderzulage ist grundsätzlich nicht übertragbar. Zur Ausnahme hinsichtlich Zuordnung und Übertragbarkeit der Kinderzulage siehe den unten stehenden Kasten.

Gibt es für das Beitragsjahr 2024
- nur eine/n Kindergeldberechtigte/n, ist von dieser / diesem der Ergänzungsbogen - Kinderzulage - auszufüllen,
- bei mehreren Kindergeldberechtigten, für die Kindergeld für dasselbe Kind festgesetzt worden ist, steht die Kinderzulage der zulageberechtigten Person zu, zu deren Gunsten für den **ersten** Anspruchszeitraum innerhalb des Beitragsjahres, für das die Zulage beantragt wird, das Kindergeld festgesetzt worden ist. Nur von dieser zulageberechtigten Person ist der Ergänzungsbogen - Kinderzulage - auszufüllen.

  Beispiel: Festsetzung des Kindergeldes für das Kind A
  - für die geschiedene Ehefrau von Januar 2024 bis Mai 2024
  - für den geschiedenen Ehemann von Juni 2024 bis Dezember 2024.

  Folge: Der Ergänzungsbogen - Kinderzulage - ist nur von der geschiedenen Ehefrau auszufüllen.

Bei leiblichen Eltern, Adoptiveltern oder Pflegeeltern, die im Beitragsjahr 2024
- miteinander **verheiratet** sind / eine **Lebenspartnerschaft** nach dem Lebenspartnerschaftsgesetz führen,
- nicht dauernd getrennt leben und
- ihren Wohnsitz oder gewöhnlichen Aufenthalt in einem Mitgliedstaat der Europäischen Union oder einem Staat haben, auf den das Abkommen über den Europäischen Wirtschaftsraum (EWR-Abkommen) anwendbar ist,

wird die Kinderzulage bei miteinander verheirateten Eltern verschiedenen Geschlechts der **Mutter** bzw. bei Eltern gleichen Geschlechts, die miteinander verheiratet sind oder eine Lebenspartnerschaft führen, dem **Ehegatten** / dem **Lebenspartner**, gegenüber dem das **Kindergeld festgesetzt** wurde, zugeordnet. Der Ergänzungsbogen - Kinderzulage - ist in diesem Fall von der Mutter bzw. dem Ehegatten / dem Lebenspartner, gegenüber dem das Kindergeld festgesetzt wurde, auszufüllen, wenn die Kinderzulage **nicht** auf den anderen Elternteil übertragen werden soll.

Übertragung der Kinderzulage auf den Vater bzw. den anderen Ehegatten / den anderen Lebenspartner

Auf Antrag beider Eltern kann die Kinderzulage auf den **Vater** bzw. den **anderen Ehegatten** / den **anderen Lebenspartner** übertragen werden, sofern das Kind auch zu diesem in einem Kindschaftsverhältnis steht und die Eltern nicht dauernd getrennt leben. In diesem Fall ist der Ergänzungsbogen - Kinderzulage - von dem anderen Elternteil auszufüllen. Soll die Kinderzulage auf den Vater bzw. den anderen Ehegatten / den anderen Lebenspartner übertragen werden, muss die Mutter des Kindes bzw. der Ehegatte / der Lebenspartner, gegenüber dem das Kindergeld festgesetzt wurde, zustimmen. Die Übertragung der Kinderzulage muss auch in den Fällen beantragt werden, in denen die Mutter bzw. der Ehegatte / der Lebenspartner, gegenüber dem das Kindergeld festgesetzt wurde, **keinen Anspruch auf Altersvorsorgezulage** hat, weil sie oder er beispielsweise keinen Altersvorsorgevertrag abgeschlossen hat.

Mit der Beantragung der Zulage erklären die Eltern übereinstimmend, dass die Kinderzulage für das unter Abschnitt A genannte

Kind 1 ☐ und / oder Kind 2 ☐

dem Ehemann (Vater des Kindes) bzw. dem anderen Ehegatten / dem anderen Lebenspartner zugeordnet werden soll. Die Erklärung kann für dieses Beitragsjahr nicht zurückgenommen werden und gilt bis auf Widerruf auch für die Folgejahre, wenn **dem Anbieter** eine Vollmacht (vgl. Hinweis 9 in den Erläuterungen zum Antrag auf Altersvorsorgezulage 2024) zur formlosen Antragstellung **vorliegt**. Der Widerruf muss **spätestens am 31. Dezember des Beitragsjahres** vorliegen.

Sollte ein Ergänzungsbogen - Kinderzulage - nicht ausreichen, bitten wir Sie, einen weiteren Ergänzungsbogen auszufüllen und beizufügen. Sie erhalten diesen von Ihrem Anbieter.

C Erläuterungen zum Ergänzungsbogen Kinderzulage 2024

(Die Zahlen beziehen sich auf die entsprechenden hochgestellten Zahlen im Ergänzungsbogen Kinderzulage.)

1 Für die Gewährung der Kinderzulage ist es zwingend **erforderlich**, die Ihnen vom Bundeszentralamt für Steuern (BZSt) mitgeteilte elfstellige steuerliche Identifikationsnummer (IdNr.) Ihres Kindes anzugeben. Sollte Ihnen die IdNr. Ihres Kindes nicht vorliegen, kann diese über das Eingabeformular des BZSt erneut angefordert werden (https://www.bzst.de; hier unter "Privatperson >>Steuerliche Identifikationsnummer >> Wie komme ich an meine IdNr.").

2 Geben Sie bitte bei Doppelnamen die Schreibweise so an, wie Sie sie bei der Beantragung des Kindergeldes gegenüber Ihrer Familienkasse angegeben haben.

3 Die benötigten Angaben finden Sie auf dem Bewilligungsbescheid der Familienkasse oder auf Ihrem Kontoauszug.

4 Bitte achten Sie darauf, den von Ihrer Familienkasse verwendeten Ordnungsbegriff (z. B. Ihre Kindergeldnummer) korrekt anzugeben. Diesen finden Sie auf dem Bewilligungsbescheid der Familienkasse oder auf Ihrem Kontoauszug.

Erläuterungen zum Antrag auf Altersvorsorgezulage 2024 4

(Die Zahlen beziehen sich auf die entsprechenden hochgestellten Zahlen im Antrag auf Altersvorsorgezulage.)

1 Bitte senden Sie Ihren Antrag auf Altersvorsorgezulage (Zulage) ausgefüllt und unterschrieben an Ihren Anbieter zurück. Bitte beachten Sie dazu nachfolgende Hinweise:

- Jede Person muss einen **eigenen Zulageantrag** stellen unabhängig davon, ob eine unmittelbare oder mittelbare Zulageberechtigung vorliegt.
- Eine einmalig **erhöhte Grundzulage** für unter 25-Jährige (sogenannter „Berufseinsteiger-Bonus") muss nicht gesondert beantragt werden. Diese Zulage wird von der Zentralen Zulagenstelle für Altersvermögen (ZfA) **automatisch ermittelt**.
- Die **maximale Zulage** für das Beitragsjahr 2024 steht Ihnen **nur bei Zahlung des entsprechenden Mindesteigenbeitrages** zu. Grundlage für dessen Berechnung sind z. B. bei Personen, die
  - in der inländischen gesetzlichen Rentenversicherung pflichtversichert sind, die ***beitragspflichtigen Einnahmen des* Jahres 2023** im Sinne des Sechsten Buches Sozialgesetzbuch. Die beitragspflichtigen Einnahmen entnehmen Sie bitte der vom Arbeitgeber erteilten Bescheinigung (Meldung zur Sozialversicherung).
  - als **Selbständige** versicherungspflichtig sind, (im Regelfall) die Einnahmen in Höhe der Bezugsgröße. In jedem Fall können Sie die beitragspflichtigen Einnahmen der vom Rentenversicherungsträger erteilten Bescheinigung entnehmen. Sind von Ihnen einkommensgerechte Beiträge gezahlt worden, sind die Einkünfte aus dieser Tätigkeit entsprechend dem Einkommensteuerbescheid 2023 (Einkünfte aus Gewerbebetrieb und Einkünfte aus selbständiger Tätigkeit) maßgebend.
- Sofern Sie Altersvorsorgebeiträge zugunsten **mehrerer Verträge** gezahlt haben und für jeden dieser Verträge einen Zulageantrag stellen, ermittelt die ZfA die für Sie höchstmögliche Zulage. Sie wird entsprechend dem Verhältnis der auf diese Verträge geleisteten Eigenbeiträge automatisch verteilt. Die Zulage kann für Sie als unmittelbar zulageberechtigte Person auf höchstens zwei Verträge verteilt werden, für mittelbar zulageberechtigte Personen wird sie nur einem Vertrag zugeordnet.

Ihr Anbieter erfasst die Antragsdaten und übermittelt diese an die ZfA. Die ZfA überweist anschließend die Zulage an Ihren Anbieter. Dieser ist verpflichtet, die Zulage umgehend Ihrem Vertrag gutzuschreiben und Ihnen im Rahmen der jährlich zu erstellenden Bescheinigung nach § 92 Einkommensteuergesetz (EStG) die Höhe der gutgeschriebenen und gegebenenfalls zurückgeforderten Zulagen mitzuteilen. Haben Sie Einwände gegen die Höhe der gezahlten oder zurückgeforderten Zulagen, können Sie innerhalb eines Jahres nach Erteilung dieser Bescheinigung schriftlich oder elektronisch einen Antrag auf Festsetzung der Altersvorsorgezulage an die ZfA richten, sofern Sie nicht bereits einen Festsetzungsbescheid für das entsprechende Beitragsjahr erhalten haben. Im Rahmen des Festsetzungsverfahrens erhalten Sie für das betreffende Beitragsjahr einen Bescheid über das Ergebnis der Festsetzung der Altersvorsorgezulage von der ZfA.

2 Sie sind **unmittelbar zulageberechtigt**, wenn Sie im Jahr 2024 - zumindest zeitweise - in der inländischen gesetzlichen Rentenversicherung pflichtversichert waren. Zu den unmittelbar Zulageberechtigten gehören z. B.

- Arbeitnehmer in einem versicherungspflichtigen Beschäftigungsverhältnis,
- Kindererziehende, für Zeiten der Erziehung eines oder mehrerer Kinder (Kindererziehungszeiten sind beim zuständigen Rentenversicherungsträger zu beantragen),
- geringfügig Beschäftigte, die nicht von der Versicherungspflicht befreit wurden,
- Pflichtversicherte nach dem Gesetz über die Alterssicherung der Landwirte (z. B. neben den versicherungspflichtigen Landwirten auch deren versicherungspflichtige Ehegatten / Lebenspartner sowie ehemalige Landwirte, die unabhängig von einer Tätigkeit als Landwirt oder mithelfender Familienangehöriger versicherungspflichtig sind),
- Bezieher einer Rente wegen voller Erwerbsminderung bzw. Erwerbsunfähigkeit sowie
- Beamte, Richter, Berufssoldaten und diesen gleichgestellte Personen sowie Empfänger von Versorgungsbezügen wegen Dienstunfähigkeit, wenn sie für das Beitragsjahr 2024 spätestens bis zum 31.12.2024 schriftlich oder elektronisch eine **Einwilligung** zur Übermittlung der erforderlichen Daten an die ZfA gegenüber der zuständigen Stelle (z. B. der Dienstherr, der zur Zahlung des Arbeitsentgelts verpflichtete Arbeitgeber oder die die Versorgung anordnende Stelle) abgegeben oder in der Vergangenheit eingewilligt und diese Einwilligung nicht vor Beginn des Beitragsjahres widerrufen haben. Haben Sie diese Frist versäumt, können Sie im Rahmen des Festsetzungsverfahrens (bis zum rechtskräftigen Abschluss des Festsetzungsverfahrens) die Einwilligung gegenüber der zuständigen Stelle noch nachträglich abgeben.

3 Sie sind **mittelbar zulageberechtigt**, wenn folgende Voraussetzungen vorliegen:

- Ihr Ehegatte / Lebenspartner ist unmittelbar zulageberechtigt,
- Ihr Ehegatte / Lebenspartner und Sie
  - hatten im Jahr 2024 - zumindest zeitweise - Ihren Wohnsitz oder gewöhnlichen Aufenthalt in einem Mitgliedstaat der Europäischen Union (EU-Staat) oder einem Staat, auf den das Abkommen über den Europäischen Wirtschaftsraum (EWR-Abkommen) anwendbar ist,
  - haben während des gesamten Jahres 2024 nicht dauernd getrennt gelebt,
  - haben jeweils einen auf Ihren Namen lautenden zertifizierten Vertrag abgeschlossen (§ 5 Altersvorsorgeverträge-Zertifizierungsgesetzes (AltZertG)).
- Sie haben einen Beitrag von mindestens 60 EUR auf Ihren Altersvorsorgevertrag eingezahlt und
- die Auszahlungsphase dieses Vertrags hat noch nicht begonnen.

Für den unmittelbar zulageberechtigten Ehegatten / Lebenspartner muss kein zertifizierter Altersvorsorgevertrag abgeschlossen sein, wenn er stattdessen über eine förderbare betriebliche Altersversorgung im Sinne des § 82 Absatz 2 EstG verfügt. Weitere Voraussetzung für die Zahlung der vollen Zulage ist, dass der unmittelbar zulageberechtigte Ehegatte / Lebenspartner den Mindesteigenbeitrag für das Beitragsjahr gezahlt hat. Gleichzeitig ist es erforderlich, dass er oder sein bevollmächtigter Anbieter einen Antrag auf Altersvorsorgezulage für das Beitragsjahr 2024 stellt und / oder dass er den Sonderausgabenabzug nach § 10a EStG für diesen Beitrag in der Einkommensteuererklärung 2024 geltend gemacht hat und die sich daraus ergebende Steuerermäßigung den Zulageanspruch übersteigt.

4 Für die Gewährung der Altersvorsorgezulage ist es **erforderlich,** die elfstellige **steuerliche Identifikationsnummer (IdNr.)** anzugeben. Diese wurde Ihnen vom Bundeszentralamt für Steuern (BZSt) mitgeteilt. Dies gilt ebenfalls für die IdNr. Ihres Ehegatten / Lebenspartners (sofern Angaben zu diesem gemacht wurden). In der Regel finden Sie die IdNr. auf Ihrem Einkommensteuerbescheid oder auf Ihrer Lohnsteuerbescheinigung. Sollte Ihnen die IdNr. nicht vorliegen, können Sie diese beim BZSt erneut anfordern (www.bzst.de; „Privatperson >>Steuerliche Identifikationsnummer >> Wie komme ich an meine IdNr.").

5 Die **Sozialversicherungsnummer** entnehmen Sie bitte Ihrem Sozialversicherungsausweis und / oder dem Nachweis zur Sozialversicherung (Auskünfte hierzu erteilt Ihr Arbeitgeber oder Ihre Personalstelle). Sie haben keine Sozialversicherungsnummer bzw. gehören nicht zum rentenversicherungspflichtigen Personenkreis, dann gilt Folgendes: Beamte und ihnen gleichgestellte Personen beantragen eine Zulagenummer über ihren Dienstherrn bzw. Arbeitgeber oder über die die Versorgung anordnende Stelle. Alle anderen Personen erhalten von der ZfA aufgrund ihrer persönlichen Antragsdaten eine Zulagenummer.

6 Für **bestimmte Personenkreise** werden abweichend vom tatsächlich erzielten Bruttoarbeitsentgelt **besondere** Beträge als beitragspflichtige **Einnahmen** im Sinne der inländischen gesetzlichen Rentenversicherung berücksichtigt. Dazu zählen z. B.:

- Personen, die als Menschen mit Behinderung in Einrichtungen der Jugendhilfe oder in Werkstätten für Menschen mit Behinderungen beschäftigt werden oder
- Personen in Altersteilzeitbeschäftigung oder
- Personen in Kurzarbeit.

Geben Sie bitte in diesen Fällen Ihr tatsächliches Entgelt an, um die Zahlung einer gekürzten Zulage zu vermeiden. Die Höhe der entsprechenden Beträge können Sie aus Ihren Unterlagen entnehmen.

- Bei Personen, die einen Pflegebedürftigen nicht erwerbsmäßig pflegen, ist ein tatsächliches Entgelt von 0 EUR zu berücksichtigen.
- Bei **pflichtversicherten Personen** in **einer ausländischen Rentenversicherung** sind die ausländischen beitragspflichtigen Einnahmen des Jahres 2023 einzutragen.
- **Bezieher einer ausländischen gesetzlichen Erwerbsminderungs- bzw. Erwerbsunfähigkeitsrente** tragen die Höhe der Bruttorente (siehe Punkt 7) ein. Pflichtversicherte Personen in einer ausländischen gesetzlichen Rentenversicherung, die gleichzeitig eine Rente wegen voller Erwerbsminderung bzw. Erwerbsunfähigkeit beziehen, geben bitte die Summe Ihrer Einnahmen an.
- Sofern Sie eine Verdienstausfallentschädigung nach dem Infektionsschutzgesetz (IfSG) erhalten haben, die geringer ist als Ihr ansonsten bezogenes Nettoarbeitsentgelt und die Zulage ggf. aus diesem Grund nicht in voller Höhe gezahlt worden ist, beachten Sie bitte die Ausführungen unter Punkt 1 zur Beantragung einer Festsetzung der Altersvorsorgezulage.

Angaben zu Arbeitslosengeld, Teilarbeitslosengeld, Insolvenzgeld, Übergangsgeld, Krankengeld, Verletztengeld und Versorgungskrankengeld nach dem Bundesversorgungsgesetz sowie zu Kurzarbeitergeld, das von der Bundesagentur für Arbeit gezahlt wird, sind nicht erforderlich, da die ZfA die Höhe dieser tatsächlichen Entgelte bei der Finanzverwaltung erhebt.

7 Der Bruttorentenbetrag ist der Jahresbetrag der Rente vor Abzug der einbehaltenen eigenen Beitragsanteile zur Kranken- und Pflegeversicherung. Nicht diesem Betrag hinzuzurechnen sind Zuschüsse zur Krankenversicherung. Die Höhe der Rente wegen voller Erwerbsminderung bzw. Erwerbsunfähigkeit können Sie dem Rentenbescheid oder der Rentenanpassungsmitteilung entnehmen.

8 Geben Sie bitte unbedingt Ihre Mitgliedsnummer der landwirtschaftlichen Alterskasse an. Angaben zu Einkünften aus Land- und Forstwirtschaft (§ 13 EStG) und / oder einer Rente wegen voller Erwerbsminderung bzw. Erwerbsunfähigkeit nach dem Gesetz über die Alterssicherung der Landwirte, sind nicht erforderlich, da die ZfA diese bei der Finanzverwaltung erhebt.

9 Durch Ihre Bevollmächtigung wird die Zulage in den Folgejahren so lange in Ihrem Namen vom Anbieter bei der ZfA beantragt, bis Sie Ihre Vollmacht widerrufen. Sie sind **verpflichtet**, Ihren Anbieter unverzüglich zu benachrichtigen, wenn eine Änderung der Verhältnisse eintritt, die zu einer Minderung oder zum Wegfall des Zulageanspruchs führt (z. B. Änderung des tatsächlichen Entgelts, Beendigung der Zugehörigkeit zum berechtigten Personenkreis - vgl. Punkte 2 und 3, Änderung im Hinblick auf den Beamtenstatus - vgl. Abschnitt D des Antrags auf Altersvorsorgezulage, Familienstand, Wegfall des Kindergeldes, Anzahl der Kinder, Zuordnung der Kinder, Zuordnung bei mehreren Verträgen).

Abschließende Hinweise:
Die mit dem Antrag auf Altersvorsorgezulage angeforderten Daten werden aufgrund des § 89 EStG erhoben und der ZfA übermittelt. Der Anbieter darf die im Zulageverfahren bekannt gewordenen Verhältnisse der Beteiligten nur für das Verfahren verwerten und sie nur offenbaren, soweit dies gesetzlich zugelassen ist (§ 96 Absatz 6 EStG). Die der ZfA übermittelten Daten dürfen nach § 91 EStG mit den entsprechenden Daten der Träger der Rentenversicherung, der Bundesagentur für Arbeit, der Meldebehörden, der Familienkassen, der landwirtschaftlichen Alterskasse und der Finanzämter im Wege des automatisierten Datenabgleichs geprüft werden. Die beteiligten Stellen haben das Steuergeheimnis nach § 30 der Abgabenordnung zu wahren. Informationen zum Datenschutz in der Deutschen Rentenversicherung Bund/ZfA erhalten Sie unter folgendem Link: https://riester.deutsche-rentenversicherung.de/DE/Service/Footer/Datenschutz/datenschutz_node.html

Weitere Informationen zu Ihrem Zulageantrag, der Zulagenhöhe, dem Zulageverfahren, den berechtigten Personenkreis und zur Geltendmachung des zusätzlichen Sonderausgabenabzugs sind auf der Internetseite der Deutschen Rentenversicherung Bund / ZfA veröffentlicht. Erfahren Sie mehr unter folgendem Link: https://riester.deutsche-rentenversicherung.de/DE/So-geht-Riester/vier-Schritte-bis-zur-Zulage/vier-schritte-bis-zur-zulage.html

15 d. Schreiben betr. betriebliche Altersversorgung; Lohnsteuerliche Folgerungen der Übernahme der Pensionszusage eines beherrschenden Gesellschafter-Geschäftsführers gegen eine Ablösungszahlung und Wechsel des Durchführungswegs

Vom 4. Juli 2017 (BStBl. I S. 883)

(BMF IV C 5 – S 2333/16/10 002; DOK 2017/581 849)

Der Bundesfinanzhof (BFH) hat mit Urteil vom 18. August 2016 VI R 18/13 (BStBl. 2017 II S. 730) seine Rechtsprechung bestätigt, nach der im Fall eines beherrschenden Gesellschafter-Geschäftsführers die Ablösung einer vom Arbeitgeber erteilten Pensionszusage beim Arbeitnehmer dann zum Zufluss von Arbeitslohn führt, wenn der Ablösungsbetrag auf Verlangen des Arbeitnehmers zur Übernahme der Pensionsverpflichtung an einen Dritten gezahlt wird (BFH-Urteil vom 12. April 2007 VI R 6/02, BStBl. II S. 581). Hat der Arbeitnehmer kein Wahlrecht, den Ablösungsbetrag alternativ an sich auszahlen zu lassen, wird mit der Zahlung des Ablösungsbetrags an den die Pensionsverpflichtung übernehmenden Dritten der Anspruch des Arbeitnehmers auf die künftigen Pensionszahlungen (noch) nicht wirtschaftlich erfüllt. Zufluss von Arbeitslohn liegt in diesem Fall nicht vor.

Nach dem Ergebnis der Erörterung mit den obersten Finanzbehörden der Länder ist Folgendes zu beachten:

1. Das o. g. BFH-Urteil vom 18. August 2016 ist zum speziellen Fall der Ablösung einer vom Arbeitgeber erteilten Pensionszusage eines beherrschenden Gesellschafter-Geschäftsführers, der nicht unter das Betriebsrentengesetz fällt, ergangen. Es ist in gleichgelagerten Fällen anzuwenden. Führt danach die Zahlung des Ablösungsbetrags an den die Pensionsverpflichtung übernehmenden Dritten nicht zu einem Zufluss von Arbeitslohn beim Gesellschafter-Geschäftsführer, liegt Zufluss von Arbeitslohn im Zeitpunkt der Auszahlung der späteren (Versorgungs-)Leistungen vor (§ 24 Nr. 2, § 2 Abs. 1 Satz 1 Nr. 4 und § 19 Abs. 1 Satz 1 Nr. 2 EStG). Der übernehmende Dritte hat die Lohnsteuer dann einzubehalten und alle anderen lohnsteuerlichen Arbeitgeberpflichten zu erfüllen.
2. [1] Anders als in dem mit o. g. BFH-Urteil vom 18. August 2016 entschiedenen Fall fließt einem Arbeitnehmer allerdings dann Arbeitslohn zu, wenn der Durchführungsweg nach dem Betriebsrentengesetzes von einer Pensions-/Direktzusage oder von einer Versorgungszusage über eine Unterstützungskasse auf einen Pensionfonds, eine Pensionskasse oder eine Direktversicherung gewechselt wird und der Arbeitgeber in diesem Zusammenhang einen Ablösungsbetrag zahlt (§ 19 EStG). Dies steht im Einklang mit der ständigen Rechtsprechung des BFH, wonach bei Zukunftssicherungsleistungen dann von Arbeitslohn auszugehen ist, wenn die Leistung des Arbeitgebers an einen Dritten (Versicherer) erfolgt und sich der Vorgang – wirtschaftlich betrachtet – so darstellt, als ob der Arbeitgeber dem Arbeitnehmer die Mittel zur Verfügung gestellt und der Arbeitnehmer sie zum Zweck seiner Zukunftssicherung verwendet hat (u. a. BFH-Urteil vom 5. Juli 2012 VI R 11/11, BStBl. 2013 II S. 190). Der Ablösungsbetrag kann in diesem Fall nur unter den entsprechenden Voraussetzungen des § 3 Nr. 66 oder § 3 Nr. 63 EStG steuerfrei bleiben. Von einem steuerpflichtigen Ablösungsbetrag hat der Arbeitgeber Lohnsteuer einzubehalten (§ 38 EStG).

Dieses Schreiben ist in allen offenen Fällen anzuwenden.

---

[1] **[Amtl. Anm.:]** Bestätigt durch BFH vom 19. 4. 2021 (BStBl. II S. 775).

Anhang II

Einkommensteuer-Richtlinien 2012 (EStR 2012)[1]

Allgemeine Verwaltungsvorschrift zur Anwendung des Einkommensteuerrechts

In der Fassung der Einkommensteuer-Änderungsrichtlinien 2012 vom 25. 3. 2013 (BStBl. I S. 276)

Mit den Einkommensteuer-Hinweisen 2023

– Auszug –

Zu § 1 a EStG

R 1

R 1 Steuerpflicht

1 ① Unbeschränkt steuerpflichtig gem. § 1 Abs. 2 EStG sind insbesondere von der Bundesrepublik Deutschland ins Ausland entsandte deutsche Staatsangehörige, die Mitglied einer diplomatischen Mission oder konsularischen Vertretung sind – einschließlich der zu ihrem Haushalt gehörenden Angehörigen –, soweit die Voraussetzungen des § 1 Abs. 2 EStG erfüllt sind. ② Für einen ausländischen Ehegatten gilt dies auch, wenn er die Staatsangehörigkeit des Empfangsstaates besitzt. ③[2] Für die Anwendung des § 1 a Abs. 1 Nr. 2 EStG ist Voraussetzung, dass der Stpfl. selbst als unbeschränkt Stpfl. nach § 1 Abs. 3 EStG zu behandeln ist; die Einkunftsgrenzen des § 1 Abs. 3 Satz 2 und des § 1 a Abs. 1 Nr. 2 Satz 3 EStG sind daher nacheinander gesondert zu prüfen.

H 1a

H 1 a

2 **Allgemeines.** Die unbeschränkte Einkommensteuerpflicht erstreckt sich auf sämtliche inländische und ausländische Einkünfte, soweit nicht für bestimmte Einkünfte abweichende Regelungen bestehen, z. B. in DBA oder in anderen zwischenstaatlichen Vereinbarungen.

Auslandskorrespondenten → BMF vom 13. 3. 1998 (BStBl. I S. 351).

Auslandslehrkräfte und andere nicht entsandte Arbeitnehmer. Befinden sich an deutsche Auslandsschulen vermittelte Lehrer und andere nicht entsandte Arbeitnehmer in einem Dienstverhältnis zu einer inländischen juristischen Person des öffentlichen Rechts, beziehen hierfür Arbeitslohn aus einer inländischen öffentlichen Kasse (→ BMF vom 9. 7. 1990 – BStBl. I S. 324) und sind in den USA (→ BMF vom 10. 11. 1994 – BStBl. I S. 853) bzw. Kolumbien und Ecuador (→ BMF vom 17. 6. 1996 – BStBl. I S. 688) tätig, ergibt sich ihre unbeschränkte Einkommensteuerpflicht grundsätzlich bereits aus § 1 Abs. 2 EStG.

Beschränkte Steuerpflicht nach ausländischem Recht. Ob eine Person in dem Staat, in dem sie ihren Wohnsitz oder gewöhnlichen Aufenthalt hat, lediglich in einem der beschränkten Einkommensteuerpflicht ähnlichen Umfang zu einer Steuer vom Einkommen herangezogen wird (§ 1 Abs. 2 Satz 2 EStG), ist nach den Vorschriften des maßgebenden ausländischen Steuerrechts zu prüfen (→ BFH vom 22. 2. 2006 – BStBl. II 2007 S. 106).

Diplomaten und sonstige Beschäftigte ausländischer Vertretungen in der Bundesrepublik → § 3 Nr. 29 EStG.

Doppelbesteuerungsabkommen → Verzeichnis der Abkommen zur Vermeidung der Doppelbesteuerung, Anhang 12 I LStH 2024.[3]

Einkünfteermittlung zur Bestimmung der Einkunftsgrenzen

– Die Einkünfteermittlung nach § 1 Abs. 3 Satz 2 EStG vollzieht sich in zwei Stufen. Zunächst ist in einem ersten Schritt die Summe der Welteinkünfte zu ermitteln. Dabei sind sämtliche Einkünfte, unabhängig davon, ob sie im In- oder Ausland erzielt wurden, nach deutschem Recht zu ermitteln. In einem zweiten Schritt sind die Welteinkünfte in Einkünfte, die der deutschen Einkommensteuer unterliegen, und in Einkünfte, die diese Voraussetzungen nicht

[1] **[Amtl. Anm.:]** Soweit in den Richtlinien, Hinweisen … Aussagen zu Ehegatten und zur Ehe enthalten sind, sind diese auch für Lebenspartner und Lebenspartnerschaften i. S. d. § 1 Abs. 1 LPartG anzuwenden (§ 2 Abs. 8 EStG).

[2] **[Amtl. Anm.:]** R 1 Satz 3 überholt; siehe EStH 1 a „Einkünfteermittlung zur Bestimmung der Einkunftsgrenzen".

[3] Für 2025 vgl. *BMF-Schreiben vom 20. 1. 2025 (BStBl. I S. 291),* abgedruckt im Hauptteil als Anlage b zu LStH 39.5. – Alle DBA abgedruckt in der Loseblatt-Sammlung **Doppelbesteuerungsabkommen** *(Verlag C. H. Beck).*

H 1a

erfüllen, aufzuteilen. Überschreiten die so ermittelten ausländischen Einkünfte die absolute Wesentlichkeitsgrenze des § 1 Abs. 3 Satz 2 i. V. m. § 1 a Abs. 1 Nr. 2 Satz 3 EStG, ist eine Zusammenveranlagung zur Einkommensteuer auch dann ausgeschlossen, wenn sie, nach dem Recht des Wohnsitzstaates ermittelt, unterhalb der absoluten Wesentlichkeitsgrenze liegen (→ BFH vom 20. 8. 2008 – BStBl. II 2009 S. 708).
– Der Abgeltungsteuer unterliegende Kapitaleinkünfte sind in die Berechnung der Einkunftsgrenzen einzubeziehen (→ BFH vom 12. 8. 2015 – BStBl. II 2016 S. 201).
– Bei der Frage, ob Ehegatten die Einkunftsgrenzen (relative oder absolute Wesentlichkeitsgrenze) für das Wahlrecht zur Zusammenveranlagung in Fällen der fiktiven unbeschränkten Einkommensteuerpflicht (§ 1 Abs. 3 EStG) wahren, ist im Rahmen einer einstufigen Prüfung nach § 1 a Abs. 1 Nr. 2 EStG auf die Einkünfte beider Ehegatten abzustellen und der Grundfreibetrag zu verdoppeln (→ BFH vom 6. 5. 2015 – BStBl. II S. 957).

Erweiterte beschränkte Steuerpflicht → §§ 2 und 5 AStG.

Erweiterte unbeschränkte Steuerpflicht und unbeschränkte Steuerpflicht auf Antrag
– → § 1 Abs. 2 bzw. § 1 Abs. 3 i. V. m. § 1 a Abs. 2 EStG:
Im Ausland bei internationalen Organisationen beschäftigte Deutsche fallen nicht unter § 1 Abs. 2 oder § 1 Abs. 3 i. V. m. § 1 a Abs. 2 EStG, da sie ihren Arbeitslohn nicht aus einer inländischen öffentlichen Kasse beziehen. Mitarbeiter des Goethe-Instituts mit Wohnsitz im Ausland stehen nicht zu einer inländischen juristischen Person des öffentlichen Rechts in einem Dienstverhältnis und sind daher nicht nach § 1 Abs. 2 EStG unbeschränkt einkommensteuerpflichtig (→ BFH vom 22. 2. 2006 – BStBl. II 2007 S. 106).
– → BMF vom 8. 10. 1996 (BStBl. I S. 1191) – Auszug –:
Billigkeitsregelung in Fällen, in denen ein Stpfl. und sein nicht dauernd getrennt lebender Ehegatte zunächst unter den Voraussetzungen des § 1 Abs. 2 EStG unbeschränkt einkommensteuerpflichtig sind bzw. unter den Voraussetzungen des § 1 Abs. 3 i. V. m. § 1 a Abs. 2 EStG auf Antrag als unbeschränkt steuerpflichtig behandelt werden,
– der Stpfl. dann aus dienstlichen Gründen in das Inland versetzt wird,
– der nicht dauernd getrennt lebende Ehegatte aus persönlichen Gründen noch für kurze Zeit im Ausland verbleibt und
– die Voraussetzungen des § 1 a Abs. 1 EStG nicht erfüllt sind.
– → BMF vom 11. 11. 2020 (BStBl. I S. 1212); Berücksichtigung ausländischer Verhältnisse; Ländergruppeneinteilung ab 1. 1. 2021.[1]
– Die in § 1 Abs. 3 Satz 3 EStG aufgeführten inländischen Einkünfte, die nach einem DBA nur der Höhe nach beschränkt besteuert werden dürfen, sind in die inländische Veranlagung gem. § 46 Abs. 2 Nr. 7 Buchstabe b i. V. m. § 1 Abs. 3 EStG einzubeziehen (→ BFH vom 13. 11. 2002 – BStBl. II 2003 S. 587).

Europäischer Wirtschaftsraum. Mitgliedstaaten des EWR sind die Mitgliedstaaten der EU, Island, Norwegen und Liechtenstein.

Freistellung von deutschen Abzugsteuern → § 50 d EStG, Besonderheiten im Falle von DBA.

Schiffe. Schiffe unter Bundesflagge rechnen auf hoher See zum Inland (→ BFH vom 12. 11. 1986 – BStBl. II 1987 S. 377).

Unbeschränkte Steuerpflicht – auf Antrag –
– → BMF vom 30. 12. 1996 (BStBl. I S. 1506).
– Die zum Nachweis der Höhe der nicht der deutschen Steuer unterliegenden Einkünfte erforderliche Bescheinigung der zuständigen ausländischen Steuerbehörde ist auch dann vorzulegen, wenn der Stpfl. angibt, keine derartigen Einkünfte erzielt zu haben (sog. Nullbescheinigung). Die Verwendung eines bestimmten Vordrucks für die Bescheinigung ist gesetzlich nicht vorgeschrieben (→ BFH vom 8. 9. 2010 – BStBl. II 2011 S. 447).

Wechsel der Steuerpflicht → § 2 Abs. 7 Satz 3 EStG.

Wohnsitz/Gewöhnlicher Aufenthalt in der Schweiz. § 1 a Abs. 1 EStG ist bei Staatsangehörigen eines Mitgliedstaates der EU oder eines EWR-Staates bei Vorliegen der übrigen Voraussetzungen auch anwendbar, wenn
– der Empfänger der Leistungen i. S. d. Nr. 1 und 1 a,
– die ausgleichsberechtigte Person i. S. d. Nr. 1 b oder
– der Ehegatte/Lebenspartner i. S. d. Nr. 2
seinen/ihren Wohnsitz oder gewöhnlichen Aufenthalt in der Schweiz haben (→ BMF vom 16. 9. 2013 – BStBl. I S. 1325).

---

[1] Ab 1.1.2024 BMF vom 18.12.2023 (BStBl. I S. 2236), abgedruckt im Hauptteil als Anlage d zu § 33 a EStG.

Zu § 2 EStG

R 2 **R 2 Umfang der Besteuerung**

3 (1) Das zu versteuernde Einkommen ist wie folgt zu ermitteln:

1	Summe der Einkünfte aus den Einkunftsarten
2 =	Summe der Einkünfte
3 –	Altersentlastungsbetrag (§ 24 a EStG)
4 –	Entlastungsbetrag für Alleinerziehende (§ 24 b EStG)
5 –	Freibetrag für Land- und Forstwirte (§ 13 Abs. 3 EStG)
6 +	Hinzurechnungsbetrag (§ 52 Abs. 3 Satz 5 EStG[1] sowie § 8 Abs. 5 Satz 2 AIG)
7 =	Gesamtbetrag der Einkünfte (§ 2 Abs. 3 EStG)[2]
8 –	Verlustabzug nach § 10 d EStG
9 –	Sonderausgaben (§§ 10, 10 a, 10 b, 10 c EStG)
10 –	außergewöhnliche Belastungen (§§ 33 bis 33 b EStG)
11 –	Steuerbegünstigung der zu Wohnzwecken genutzten Wohnungen, Gebäude und Baudenkmale sowie der schutzwürdigen Kulturgüter (§§ 10 e bis 10 i EStG, 52 Abs. 21 Satz 6 EStG i. d. F. vom 16. 4. 1997, BGBl. I S. 821 und § 7 FördG)
12 +	Erstattungsüberhänge (§ 10 Abs. 4 b Satz 3 EStG)
13 +	zuzurechnendes Einkommen gemäß § 15 Abs. 1 AStG[3]
14 =	Einkommen (§ 2 Abs. 4 EStG)
15 +	Freibeträge für Kinder (§§ 31, 32 Abs. 6 EStG)
16 –	Härteausgleich nach § 46 Abs. 3 EStG, § 70 EStDV
17 =	z. v. E. (§ 2 Abs. 5 EStG).

(2) Die festzusetzende Einkommensteuer ist wie folgt zu ermitteln:

1	Steuerbetrag a) nach § 32 a Abs. 1, 5, § 50 Abs. 1 Satz 2 EStG oder b) nach dem bei Anwendung des Progressionsvorbehalts (§ 32 b EStG) oder der Steuersatzbegrenzung sich ergebenden Steuersatz
2 +	Steuer auf Grund Berechnung nach den §§ 34, 34 b EStG
3 +	Steuer auf Grund der Berechnung nach § 34 a Abs. 1, 4 bis 6 EStG
4 =	tarifliche Einkommensteuer (§ 32 a Abs. 1, 5 EStG)
5 –	Minderungsbetrag nach Punkt 11 Ziffer 2 des Schlussprotokolls zu Artikel 23 DBA Belgien in der durch Artikel 2 des Zusatzabkommens vom 5. 11. 2002 geänderten Fassung (BGBl. 2003 II S. 1615)
6 –	ausländische Steuern nach § 34 c Abs. 1 und 6 EStG, § 12 AStG
7 –	Steuerermäßigung nach § 35 EStG
8 –	Steuerermäßigung für Stpfl. mit Kindern bei Inanspruchnahme erhöhter Absetzungen für Wohngebäude oder der Steuerbegünstigungen für eigengenutztes Wohneigentum (§ 34 f Abs. 1 und 2 EStG)
9 –	Steuerermäßigung bei Zuwendungen an politische Parteien und unabhängige Wählervereinigungen (§ 34 g EStG)
10 –	Steuerermäßigung nach § 34 f Abs. 3 EStG
11 –	Steuerermäßigung nach § 35 a EStG
12 –	Ermäßigung bei Belastung mit Erbschaftsteuer (§ 35 b EStG)
13 +	Steuer auf Grund Berechnung nach § 32 d Abs. 3 und 4 EStG
14 +	Steuern nach § 34 c Abs. 5 EStG
15 +	Nachsteuer nach § 10 Abs. 5 EStG i. V. m. § 30 EStDV
16 +	Zuschlag nach § 3 Abs. 4 Satz 2 Forstschäden-Ausgleichsgesetz
17 +	Anspruch auf Zulage für Altersvorsorge, wenn Beiträge als Sonderausgaben abgezogen worden sind (§ 10 a Abs. 2 EStG)
18 +	Anspruch auf Kindergeld oder vergleichbare Leistungen, soweit in den Fällen des § 31 EStG das Einkommen um Freibeträge für Kinder gemindert wurde
19 =	festzusetzende Einkommensteuer (§ 2 Abs. 6 EStG).

[1] Jetzt § 52 Abs. 2 Satz 3 EStG.
[2] **[Amtl. Anm.:]** Siehe LStH 2 (G. d. E. im Verlustenstehungsjahr).
[3] **[Amtl. Anm.:]** Eine Hinzurechnung entfällt ab VZ 2013, da diese bereits im Rahmen der Einkünfteermittlung vorzunehmen ist (→ § 15 Abs. 1 AStG in der durch das AmtshilfeRLUmsG geänderten Fassung).

H 2

H 2

Erstattungsüberhänge. Der Hinzurechnungsbetrag nach § 10 Abs. 4 b Satz 3 EStG erhöht nicht den Gesamtbetrag der Einkünfte (→ BFH vom 12. 3. 2019 – BStBl. II S. 658). 4

G. d. E. im Verlustentstehungsjahr. Der negative G. d. E. im Entstehungsjahr ist nach Durchführung des Verlustrücktrags bzw. Verlustvortrags um den Betrag der zurückgetragenen bzw. vorgetragenen Einkünfte zu erhöhen. Der dementsprechend geänderte G. d. E. bildet die Ausgangsgröße für die weitere Ermittlung des Einkommens gem. § 2 Abs. 4 (→ BFH vom 3. 5. 2023 – BStBl. II S. 1002).

Die Hinzurechnung des Anspruchs auf Kindergeld oder vergleichbare Leistungen. Die Hinzurechnung des Kindergeldanspruchs bildet den letzten Schritt auf dem Weg zur Ermittlung der festzusetzenden Einkommensteuer und hat keinen Einfluss auf etwaige, vorher zu berücksichtigende Steuerermäßigungen. Hieraus ergibt sich bei Anwendung der Steuerermäßigungsvorschriften kein zusätzliches Verrechnungspotenzial (→ BFH vom 14. 4. 2021 – BStBl. II S. 848).

Keine Einnahmen oder Einkünfte. Bei den folgenden Leistungen handelt es sich nicht um Einnahmen oder Einkünfte:
- Arbeitnehmer-Sparzulagen (§ 13 Abs. 3 VermBG),[1]
- Investitionszulagen nach dem InvZulG,
- neue Anteilsrechte auf Grund der Umwandlung von Rücklagen in Nennkapital (§§ 1, 7 KapErhStG),
- Wohnungsbau-Prämien (§ 6 WoPG).[2]

Lebenspartner und Lebenspartnerschaften. § 2 Abs. 8 EStG gilt nur für Lebenspartner und Lebenspartnerschaften i. S. d. § 1 Abs. 1 LPartG. Andere Lebensgemeinschaften fallen nicht unter diese Vorschrift, selbst wenn die Partner ihre Rechtsbeziehungen auf eine vertragliche Grundlage gestellt haben (→ BFH vom 26. 6. 2014 – BStBl. II S. 829 und vom 26. 4. 2017 – BStBl. II S. 903).

Liebhaberei. Liebhaberei bei Einkünften aus
- Land- und Forstwirtschaft → H 13.5 (Liebhaberei),
- Gewerbebetrieb → H 15.3 (Abgrenzung der Gewinnerzielungsabsicht zur Liebhaberei), → H 16 (2) (Liebhaberei),
- selbständiger Arbeit → H 18.1 (Gewinnerzielungsabsicht),
- Vermietung und Verpachtung → H 21.2 (Einkünfteerzielungsabsicht).

Preisgelder
- → BMF vom 5. 9. 1996 (BStBl. I S. 1150) unter Berücksichtigung der Änderung durch BMF vom 23. 12. 2002 (BStBl. I 2003 S. 76).
- Fernseh-Preisgelder → BMF vom 30. 5. 2008 (BStBl. I S. 645).

Steuersatzbegrenzung. Bei der Festsetzung der Einkommensteuer ist in den Fällen der Steuersatzbegrenzung die rechnerische Gesamtsteuer quotal aufzuteilen und sodann der Steuersatz für die der Höhe nach nur beschränkt zu besteuernden Einkünfte zu ermäßigen (→ BFH vom 13. 11. 2002 – BStBl. II 2003 S. 587).

Zu § 3 EStG
(§ 4 EStDV)

R 3.0 Steuerbefreiungen nach anderen Gesetzen, Verordnungen und Verträgen

R 3.0

① Gesetze und Verordnungen, die die Deckung des Landbedarfs der öffentlichen Hand regeln, bestimmen zum Teil, dass Geschäfte und Verhandlungen, die der Durchführung der Landbeschaffung und der Landentschädigung dienen, von allen Gebühren und Steuern des Bundes, der Länder und der sonstigen öffentlichen Körperschaften befreit sind. ② Die Befreiung erstreckt sich nicht auf die Einkommensteuer für Gewinne aus diesen Rechtsgeschäften. 10

H 3.0

H 3.0

Steuerbefreiungen nach anderen Gesetzen, Verordnungen und Verträgen 11
- Unterschiedsbeträge nach § 17 Abs. 1 Arbeitssicherstellungsgesetz;
- Leistungen nach § 17 Conterganstiftungsgesetz.

H 3.11

H 3.11

Beihilfen. Entscheidendes Merkmal der Beihilfe ist ihre Unentgeltlichkeit und Einseitigkeit. Leistungen, die im Rahmen eines entgeltlichen Austauschgeschäfts erbracht werden, können nicht als Beihilfe qualifiziert werden. Danach sind die von den Jugendämtern an Vollzeitpflegeeltern 12

[1] Abgedruckt in Anhang **I 6**.
[2] Abgedruckt in Anhang **I 7**.

H 3.11

geleisteten → Pflegegelder nach § 3 Nr. 11 EStG steuerfrei. Demgegenüber sind Pflegesätze, die an ein erwerbsmäßig betriebenes Kinderhaus für die Unterbringung von Kindern gezahlt werden, keine Beihilfen i. S. d. § 3 Nr. 11 EStG (→ BFH vom 23. 9. 1998 – BStBl. II 1999 S. 133).

Beihilfen und Unterstützungen, die wegen Hilfsbedürftigkeit gewährt werden → R 3.11 LStR 2023.

Beihilfen zu Lebenshaltungskosten. Beihilfen zu Lebenshaltungskosten können die Erziehung und Ausbildung, nicht aber die Wissenschaft und Kunst unmittelbar fördern (→ BFH vom 27. 4. 2006 – BStBl. II S. 755).

Erziehungs- und Ausbildungsbeihilfen → H 3.11 (Steuerfreiheit nach § 3 Nr. 11 EStG) LStH.

Öffentliche Stiftung. Eine öffentliche Stiftung liegt vor, wenn

a) die Stiftung selbst juristische Person des öffentlichen Rechts ist
oder
b) das Stiftungsvermögen im Eigentum einer juristischen Person des öffentlichen Rechts steht
oder
c) die Stiftung von einer juristischen Person des öffentlichen Rechts verwaltet wird.

Zur Definition der öffentlichen Stiftung → BVerfG vom 6. 11. 1962 (BVerfGE 15, S. 46). Im Übrigen richtet sich der Begriff nach Landesrecht.

Pflegegeld

– Zur Behandlung der Geldleistungen für Kinder in Vollzeitpflege und anderen Betreuungsverhältnissen nach den §§ 32 bis 35 sowie 42 und 42a SGB VIII → BMF vom 31. 8. 2021 (BStBl. I S. 1802).
– Zur Behandlung der Geldleistungen für Kinder in **Kindertagespflege** → BMF vom 6.4.2023 (BStBl. I S. 669).
– → Beihilfen.

R 3.44

R 3.44

13 ① Die Prüfung, ob die Voraussetzungen für die Steuerfreiheit der Stipendien vorliegen, hat für inländische Stipendiengeber das Finanzamt vorzunehmen, das für die Veranlagung des Stipendiengebers zur Körperschaftsteuer zuständig ist oder zuständig wäre, wenn der Geber steuerpflichtig wäre. ② Dieses Finanzamt hat auf Anforderung des Stipendienempfängers oder des für ihn zuständigen Finanzamts eine Bescheinigung über die Voraussetzungen des § 3 Nr. 44 Satz 3 EStG zu erteilen. ③ Auch eine in der EU oder dem EWR ansässige Körperschaft, Personenvereinigung oder Vermögensmasse i. S. d. § 5 Abs. 1 Nr. 9 KStG kann steuerfreie Stipendien vergeben, soweit sie bei sinngemäßer Anwendung der §§ 51 ff. AO gemeinnützig wäre und ein Amtshilfeabkommen mit dem Ansässigkeitsstaat besteht. ④ Das Vorliegen der Voraussetzungen der §§ 51 ff. AO hat der Stipendienempfänger gegenüber dem für ihn zuständigen Finanzamt durch Vorlage entsprechender Unterlagen (z. B. Satzung, Tätigkeitsbericht) nachzuweisen.

H 3.44

H 3.44

Beihilfen zum Lebensunterhalt

14 – Die Steuerbefreiung von Forschungsstipendien nach § 3 Nr. 44 EStG umfasst sowohl die der Erfüllung der Forschungsaufgaben (Sachbeihilfen) als auch die der Bestreitung des Lebensunterhalts dienenden Zuwendungen (→ BFH vom 20. 3. 2003 – BStBl. II 2004 S. 190).
– Zum Lebensunterhalt gehören die Mittel, die benötigt werden, um dem Stpfl. ein menschenwürdiges Leben in einem sozialen Umfeld zu sichern. Er umfasst die unentbehrlichen Aufwendungen für Wohnung, Verpflegung, Kleidung, Ausbildung, Gesundheit, angemessene Freizeitgestaltung und andere notwendige Ausgaben dieser Art. Dabei ist das Alter des Stpfl., seine akademische Vorbildung sowie dessen nach der Verkehrsauffassung typische Lebenshaltungskosten in seiner sozialen Situation zu berücksichtigen. Das Stipendium übersteigt den für die Bestreitung des Lebensunterhalts erforderlichen Betrag nicht, wenn es über die zuvor aus einem Beschäftigungsverhältnis bezogenen Einnahmen nicht wesentlich hinausgeht (→ BFH vom 24. 2. 2015 – BStBl. II S. 691).

Stipendien. Zwischen einem nach § 3 Nr. 44 EStG steuerfrei gewährten Stipendium für Studienzwecke und den im Zusammenhang mit dem Stipendium entstehenden Mehraufwendungen besteht ein unmittelbarer wirtschaftlicher Zusammenhang i. S. d. § 3c EStG insbesondere dann, wenn das Stipendium dazu dient, die beruflich veranlassten Aufwendungen auszugleichen oder zu erstatten (→ BFH vom 9. 11. 1976 – BStBl. II 1977 S. 207 und vom 29.9.2022 – BStBl. II 2023 S. 142).

Zu § 4 EStG
(§§ 6 bis 8 EStDV)

R 4.1 Betriebsvermögensvergleich R 4.1

Betriebe der Land- und Forstwirtschaft

(1) ① Bei einem Betrieb der Land- und Forstwirtschaft ist der Gewinn durch Betriebsvermögensvergleich nach § 4 Abs. 1 EStG zu ermitteln, wenn der Land- und Forstwirt nach den §§ 140, 141 AO verpflichtet ist, für diesen Betrieb Bücher zu führen und auf Grund jährlicher Bestandsaufnahmen Abschlüsse zu machen. ② Werden für den Betrieb freiwillig Bücher geführt und auf Grund jährlicher Bestandsaufnahmen Abschlüsse gemacht, ist der Gewinn durch Betriebsvermögensvergleich nach § 4 Abs. 1 EStG zu ermitteln, wenn der Antrag nach § 13 a Abs. 2 EStG gestellt worden ist oder der Gewinn aus anderen Gründen nicht nach § 13 a EStG zu ermitteln ist. 18

Gewerbliche Betriebe

(2) ① Bei einem gewerblichen Betrieb, für den die Verpflichtung besteht, Bücher zu führen und auf Grund jährlicher Bestandsaufnahmen Abschlüsse zu machen oder für den freiwillig Bücher geführt und regelmäßig Abschlüsse gemacht werden, muss der Gewerbetreibende den Gewinn durch Betriebsvermögensvergleich nach § 5 EStG ermitteln. ② Für Handelsschiffe im internationalen Verkehr kann der Gewinn auf Antrag nach § 5 a EStG ermittelt werden. ③ Werden für einen gewerblichen Betrieb, für den Buchführungspflicht besteht, keine Bücher geführt, oder ist die Buchführung nicht ordnungsmäßig (→ R 5.2 Abs. 2), ist der Gewinn nach § 5 EStG unter Berücksichtigung der Verhältnisse des Einzelfalles, unter Umständen unter Anwendung von Richtsätzen, zu schätzen. ④ Das Gleiche gilt, wenn für einen gewerblichen Betrieb freiwillig Bücher geführt und Abschlüsse gemacht werden, die Buchführung jedoch nicht ordnungsmäßig ist. ⑤ Bei gewerblichen Betrieben, bei denen die Voraussetzungen der Sätze 1 bis 4 nicht vorliegen, kann der Gewinn durch Einnahmenüberschussrechnung nach § 4 Abs. 3 EStG ermittelt werden, wenn der Gewerbetreibende für den Betrieb diese Gewinnermittlungsart gewählt hat.

Personengesellschaften

(3) Absätze 1 und 2 gelten sinngemäß.

Beteiligung an einer ausländischen Personengesellschaft

(4) ① Sind unbeschränkt steuerpflichtige Personen an einer ausländischen Personengesellschaft beteiligt, die im Inland weder eine Betriebsstätte unterhält, noch einen ständigen Vertreter bestellt hat, ist der Gewinn der Personengesellschaft zur Ermittlung der Höhe der Gewinnanteile der unbeschränkt steuerpflichtigen Personen nach § 4 Abs. 1 oder 3 EStG zu ermitteln. ② Eine Buchführungspflicht nach § 140 AO kann auch eine ausländische Rechtsnorm begründen. ③ Bei der Gewinnermittlung nach § 4 Abs. 1 EStG sind alle Geschäftsvorfälle unter Beachtung der Grundsätze ordnungsmäßiger Buchführung zu berücksichtigen, auch wenn sie in einer ausländischen Währung ausgewiesen sind. ④ Das Ergebnis einer in ausländischer Währung aufgestellten Steuerbilanz ist in Euro nach einem Umrechnungsverfahren umzurechnen, das nicht gegen die deutschen Grundsätze ordnungsmäßiger Buchführung verstößt.

Ordnungsmäßigkeit der Buchführung

(5) ① Für die Ordnungsmäßigkeit der Buchführung bei Gewinnermittlung nach § 4 Abs. 1 EStG gelten R 5.2 bis 5.4 sinngemäß. ② § 141 Abs. 1 und § 142 AO bleiben unberührt.

…

R 4.8 Rechtsverhältnisse zwischen Angehörigen R 4.8

Arbeitsverhältnisse zwischen Ehegatten 30

(1) Arbeitsverhältnisse zwischen Ehegatten können steuerrechtlich nur anerkannt werden, wenn sie ernsthaft vereinbart und entsprechend der Vereinbarung tatsächlich durchgeführt werden.

Arbeitsverhältnisse mit Personengesellschaften

(2) ① Für die einkommensteuerrechtliche Beurteilung des Arbeitsverhältnisses eines Ehegatten mit einer Personengesellschaft, die von dem anderen Ehegatten auf Grund seiner wirtschaftlichen Machtstellung beherrscht wird, z. B. in der Regel bei einer Beteiligung zu mehr als 50%, gelten die Grundsätze für die steuerliche Anerkennung von Ehegattenarbeitsverhältnissen im Allgemeinen entsprechend. ② Beherrscht der Mitunternehmer-Ehegatte die Personengesellschaft nicht, so kann allgemein davon ausgegangen werden, dass der mitarbeitende Ehegatte in der Gesellschaft die gleiche Stellung wie ein fremder Arbeitnehmer hat und das Arbeitsverhältnis deshalb steuerrechtlich anzuerkennen ist.

Arbeitsverhältnisse zwischen Eltern und Kindern

(3) ① Für die bürgerlich-rechtliche Wirksamkeit eines Arbeits- oder Ausbildungsvertrages mit einem minderjährigen Kind ist die Bestellung eines Ergänzungspflegers nicht erforderlich. ② → Arbeitsverhältnisse mit Kindern unter 15 Jahren verstoßen jedoch im Allgemeinen gegen das

→ Jugendarbeitsschutzgesetz; sie sind nichtig und können deshalb auch steuerrechtlich nicht anerkannt werden. ③ Die Gewährung freier Wohnung und Verpflegung kann als Teil der Arbeitsvergütung zu behandeln sein, wenn die Leistungen auf arbeitsvertraglichen Vereinbarungen beruhen.

H 4.8

H 4.8

31 **Arbeitsverhältnisse mit Kindern**

- → Aushilfstätigkeiten von Kindern.
- Beruht die Mitarbeit von Kindern im elterlichen Betrieb auf einem Ausbildungs- oder Arbeitsverhältnis, so gelten für dessen steuerrechtliche Anerkennung den Ehegatten-Arbeitsverhältnissen entsprechende Grundsätze (→ BFH vom 10. 3. 1988 – BStBl. II S. 877 und vom 29. 10. 1997 – BStBl. II 1998 S. 149).
- → Bildungsaufwendungen für Kinder.
- Ein steuerrechtlich anzuerkennendes Arbeitsverhältnis bei Hilfeleistungen von Kindern im elterlichen Betrieb liegt nicht vor bei geringfügigen oder typischerweise privaten Verrichtungen (→ BFH vom 9. 12. 1993 – BStBl. II 1994 S. 298); → gelegentliche Hilfeleistung.
- → Unterhalt.

Arbeitsverhältnisse zwischen Ehegatten

- **Betriebliche Altersversorgung, Direktversicherung** → H 4b (Arbeitnehmer-Ehegatten).
- **Der steuerrechtlichen Anerkennung eines Arbeitsverhältnisses steht entgegen:**
  - Arbeitnehmer-Ehegatte hebt monatlich vom betrieblichen Bankkonto des Arbeitgeber-Ehegatten einen größeren Geldbetrag ab und teilt diesen selbst auf in das benötigte Haushaltsgeld und den ihm zustehenden monatlichen Arbeitslohn (→ BFH vom 20. 4. 1989 – BStBl. II S. 655).
  - Fehlen einer Vereinbarung über die Höhe des Arbeitslohns (→ BFH vom 8. 3. 1962 – BStBl. III S. 218).
  - Langzeitige Nichtauszahlung des vereinbarten Arbeitslohns zum üblichen Zahlungszeitpunkt; stattdessen z. B. jährliche Einmalzahlung (→ BFH vom 14. 10. 1981 – BStBl. II 1982 S. 119). Das gilt auch dann, wenn das Arbeitsverhältnis bereits seit mehreren Jahren ordnungsgemäß durchgeführt wurde und im Veranlagungsjahr Lohnsteuer und Sozialabgaben abgeführt wurden (→ BFH vom 25. 7. 1991 – BStBl. II S. 842).
  - Wechselseitige Verpflichtung zur Arbeitsleistung; ein Arbeitsvertrag ist nicht durchführbar, wenn sich Ehegatten, die beide einen Betrieb unterhalten, wechselseitig verpflichten, mit ihrer vollen Arbeitskraft jeweils im Betrieb des anderen tätig zu sein. Wechselseitige Teilzeitarbeitsverträge können jedoch anerkannt werden, wenn die Vertragsgestaltungen insgesamt einem → Fremdvergleich standhalten (→ BFH vom 12. 10. 1988 – BStBl. II 1989 S. 354).
  - Die Überlassung eines Dienstwagens zur unbeschränkten und selbstbeteiligungsfreien Privatnutzung des Arbeitnehmer-Ehegatten im Rahmen eines geringfügigen Beschäftigungsverhältnisses i. S. d. § 8 Abs. 1 Nr. 1 SGB IV (→ BFH vom 10. 10. 2018 – BStBl. II 2019 S. 203).
- **Der steuerrechtlichen Anerkennung eines Arbeitsverhältnisses kann entgegenstehen:**
  - Arbeitslohnzahlung in Form von Schecks, die der Arbeitnehmer-Ehegatte regelmäßig auf das private Konto des Arbeitgeber-Ehegatten einzahlt (→ BFH vom 28. 2. 1990 – BStBl. II S. 548),
  - Überweisung des Arbeitsentgelts des Arbeitnehmer-Ehegatten auf ein Konto des Arbeitgeber-Ehegatten, über das dem Arbeitnehmer-Ehegatten nur ein Mitverfügungsrecht zusteht (→ BFH vom 24. 3. 1983 – BStBl. II S. 663), oder auf ein Bankkonto des Gesellschafterehegatten, über das dem Arbeitnehmer-Ehegatten nur ein Mitverfügungsrecht zusteht (→ BFH vom 20. 10. 1983 – BStBl. II 1984 S. 298).
- **Der steuerrechtlichen Anerkennung eines Arbeitsverhältnisses steht nicht entgegen:**
  - Darlehensgewährung des Arbeitnehmer-Ehegatten an den Arbeitgeber-Ehegatten in Höhe des Arbeitsentgelts ohne rechtliche Verpflichtung, nachdem dieses in die Verfügungsmacht des Arbeitnehmer-Ehegatten gelangt ist. Das gilt auch, wenn der Arbeitnehmer-Ehegatte jeweils im Fälligkeitszeitpunkt über den an ihn ausgezahlten Nettoarbeitslohn ausdrücklich dadurch verfügt, dass er den Auszahlungsanspruch in eine Darlehensforderung umwandelt (→ BFH vom 17. 7. 1984 – BStBl. II 1986 S. 48). Werden dagegen Arbeits- und Darlehensvereinbarungen von Ehegatten in einer Weise miteinander verknüpft, dass das Arbeitsentgelt ganz oder teilweise bereits als Darlehen behandelt wird, bevor es in die Verfügungsmacht des Arbeitnehmer-Ehegatten gelangt ist, so ist zur Anerkennung des Arbeitsverhältnisses erforderlich, dass auch der Darlehensvertrag wie ein unter Fremden üblicher Vertrag mit eindeutigen Zins- und Rückzahlungsvereinbarungen abgeschlossen und durchgeführt wird (→ BFH vom 23. 4. 1975 – BStBl. II S. 579).
  - Schenkung – Laufende Überweisung des Arbeitsentgelts auf ein Sparbuch des Arbeitnehmer-Ehegatten, von dem dieser ohne zeitlichen Zusammenhang mit den Lohnzahlungen

H 4.8

größere Beträge abhebt und dem Arbeitgeber-Ehegatten schenkt (→ BFH vom 4. 11. 1986 – BStBl. II 1987 S. 336).
  - Teilüberweisung des Arbeitsentgelts als vermögenswirksame Leistungen nach dem Vermögensbildungsgesetz auf Verlangen des Arbeitnehmer-Ehegatten auf ein Konto des Arbeitgeber-Ehegatten oder auf ein gemeinschaftliches Konto beider Ehegatten (→ BFH vom 19. 9. 1975 – BStBl. II 1976 S. 81).
  - Überweisung des Arbeitsentgelts auf ein Bankkonto des Arbeitnehmer-Ehegatten, für das der Arbeitgeber-Ehegatte unbeschränkte Verfügungsvollmacht besitzt (→ BFH vom 16. 1. 1974 – BStBl. II S. 294).
  - Vereinbartes Arbeitsentgelt ist unüblich niedrig, es sei denn, das Arbeitsentgelt ist so niedrig bemessen, dass es nicht mehr als Gegenleistung für eine begrenzte Tätigkeit des Arbeitnehmer-Ehegatten angesehen werden kann, weil ein rechtsgeschäftlicher Bindungswille fehlt (→ BFH vom 22. 3. 1990 – BStBl. II S. 776); → Gehaltsumwandlung, -verzicht.
  - Zahlung des Arbeitsentgelts auf ein „Oder-Konto" bei im Übrigen ernsthaft vereinbarten und tatsächlich durchgeführten Ehegatten-Arbeitsverhältnissen (→ BVerfG vom 7. 11. 1995 – BStBl. II 1996 S. 34).
- **Direktversicherung** → H 4b (Arbeitnehmer-Ehegatten).
- **Gehaltsumwandlung, -verzicht**
  - Begnügt sich der Arbeitnehmer-Ehegatte mit unangemessen niedrigen Aktivbezügen, ist die Dienstleistung in einen entgeltlichen und einen unentgeltlichen Teil zu zerlegen. Betrieblich veranlasst ist nur der entgeltliche Teil. Verzichtet der Arbeitnehmer-Ehegatte ganz auf sein Arbeitsentgelt, ist von einer in vollem Umfang privat veranlassten familiären Mitarbeit auszugehen. Entsprechendes gilt, wenn ein Arbeitnehmer-Ehegatte ohne entsprechende Absicherung seines Anspruchs zugunsten eines erst viele Jahre später fällig werdenden Ruhegehalts auf seine Aktivbezüge verzichtet (→ BFH vom 25. 7. 1995 – BStBl. II 1996 S. 153).
  - → BMF vom 9. 1. 1986 (BStBl. I S. 7).[1]
- **Rückstellungen für Pensionsverpflichtungen**
  - Bei einer Pensionszusage an den Arbeitnehmer-Ehegatten, die an die Stelle einer fehlenden Anwartschaft aus der gesetzlichen Rentenversicherung getreten ist, können sich die Rückstellungsbeträge grundsätzlich nicht gewinnmindernd auswirken, soweit die Aufwendungen die wirtschaftliche Funktion der Arbeitnehmerbeiträge haben. Fiktive Arbeitgeberbeiträge in der Zeit zwischen dem Beginn des steuerrechtlich anerkannten Arbeitsverhältnisses und der Erteilung der Pensionszusage können nicht als Betriebsausgaben berücksichtigt werden (→ BFH vom 14. 7. 1989 – BStBl. II S. 969).
  - → H 6a (9).
- **Rückwirkung.** Rückwirkende Vereinbarungen sind steuerrechtlich nicht anzuerkennen (→ BFH vom 29. 11. 1988 – BStBl. II 1989 S. 281).
- **Sonderzuwendungen.** Sonderzuwendungen wie z. B. Weihnachts- und Urlaubsgelder, Sonderzulagen, Tantiemen können dann als Betriebsausgaben abgezogen werden, wenn sie vor Beginn des Leistungsaustauschs klar und eindeutig vereinbart worden sind und auch einem → Fremdvergleich standhalten (→ BFH vom 26. 2. 1988 – BStBl. II S. 606 und vom 10. 3. 1988 – BStBl. II S. 877).
- **Unterarbeitsverhältnis.** Ist ein Arbeitnehmer wegen anderer beruflicher Verpflichtungen nicht in der Lage, ein Aufgabengebiet in vollem Umfang selbst zu betreuen, kommt ein Ehegatten-Unterarbeitsverhältnis hierüber jedenfalls dann nicht in Betracht, wenn solche Tätigkeiten sonst ehrenamtlich von Dritten unentgeltlich übernommen werden (→ BFH vom 22. 11. 1996 – BStBl. II 1997 S. 187).
- **Wertguthabenvereinbarung.** Schließen Ehegatten im Rahmen eines Arbeitsverhältnisses zusätzlich eine Wertguthabenvereinbarung i. S. d. SGB IV ab, muss für diese gesondert ein Fremdvergleich geprüft werden. Im Rahmen der Gesamtwürdigung ist wesentliches Indiz, ob die Vertragschancen und -risiken fremdüblich verteilt sind. Eine einseitige Verteilung zu Lasten des Arbeitgeber-Ehegatten ist regelmäßig anzunehmen, wenn der Arbeitnehmer-Ehegatte unbegrenzt Wertguthaben ansparen sowie Dauer, Zeitpunkt und Häufigkeit der Freistellungsphasen nahezu beliebig wählen kann (→ BFH vom 28. 10. 2020 – BStBl. II 2021 S. 283).
- **Zukunftssicherung.** Voraussetzungen für die Anerkennung von Maßnahmen zur Zukunftssicherung bei Ehegatten-Arbeitsverhältnissen → H 6a (9) und H 4b (Arbeitnehmer-Ehegatten).

Aushilfstätigkeiten von Kindern. Bei Verträgen über Aushilfstätigkeiten von Kindern ist der → Fremdvergleich im Einzelfall vorzunehmen (→ BFH vom 9. 12. 1993 – BStBl. II 1994 S. 298).

Bildungsaufwendungen für Kinder

- Ausbildungs- oder Fortbildungsaufwendungen für Kinder sind in der Regel nicht abziehbare Lebenshaltungskosten. Aufwendungen für die Fortbildung von im Betrieb mitarbeitenden

[1] Abgedruckt im Hauptteil als Anlage b zu LStH 19.0.

H 4.8

Kindern (z. B. für den Besuch einer Meisterfachschule) sind Betriebsausgaben, wenn die hierzu getroffenen Vereinbarungen klar und eindeutig sind und nach Inhalt und Durchführung dem zwischen Fremden Üblichen entsprechen, insbesondere auch Bindungsfristen und Rückzahlungsklauseln enthalten (→ BFH vom 14. 12. 1990 – BStBl. II 1991 S. 305).

– Aufwendungen für den Meisterlehrgang eines nicht im Betrieb mitarbeitenden Kindes sind nicht allein deshalb Betriebsausgaben, weil sie eine spätere Unternehmensnachfolge vorbereiten sollen (→ BFH vom 29. 10. 1997 – BStBl. II 1998 S. 149).
– Die Aufwendungen für die Facharztausbildung des als Nachfolger vorgesehenen Kindes sind ohne den Nachweis, dass sie auch für fremde Dritte im Betrieb des Stpfl. oder üblicherweise in anderen – nach Größe und Branche – vergleichbaren Betrieben getätigt worden wären, nicht betrieblich veranlasst (→ BFH vom 6. 11. 2012 – BStBl. II 2013 S. 309).

Darlehensverhältnisse zwischen Angehörigen

– → BMF vom 23. 12. 2010 (BStBl. I 2011 S. 37) unter Berücksichtigung der Änderungen durch BMF vom 29. 4. 2014 (BStBl. I S. 809).
– → Personengesellschaften; – Abtretung.
– → Personengesellschaften; – Darlehen.
– Vertragsbeziehungen zwischen verschwägerten Personen → Fremdvergleich.
– **Schenkungsbegründetes Darlehen**
  – Die Kürze der zwischen Schenkung und Darlehensgewährung liegenden Zeit begründet keine unwiderlegbare Vermutung für die gegenseitige Abhängigkeit der beiden Verträge (→ BFH vom 18. 1. 2001 – BStBl. II S. 393 und BMF vom 23. 12. 2010 – BStBl. I 2011 S. 37, Rdnr. 12). Demgegenüber kann bei einem längeren Abstand zwischen Schenkungs- und Darlehensvertrag eine auf einem Gesamtplan beruhende sachliche Verknüpfung bestehen (→ BFH vom 22. 1. 2002 – BStBl. II S. 685).
  – Geht dem Darlehen eines minderjährigen Kindes an einen Elternteil eine Schenkung des anderen Elternteils voraus, und liegt diesen Rechtsgeschäften ein Gesamtplan der Eltern zur Schaffung von steuerlich abziehbaren Aufwendungen zugrunde (= sachliche Abhängigkeit), so kann hierin auch bei zeitlicher Unabhängigkeit zwischen Schenkung und Darlehen ein Missbrauch von Gestaltungsmöglichkeiten des Rechts (§ 42 AO) liegen (→ BFH vom 26. 3. 1996 – BStBl. II S. 443).
  – Ein Darlehensvertrag zwischen einer Personengesellschaft und dem Kind des beherrschenden Gesellschafters über einen Geldbetrag, den das Kind zuvor von diesem geschenkt bekommen hat, ist nicht anzuerkennen, wenn zwischen Schenkung und Darlehensvertrag eine auf einem Gesamtplan beruhende sachliche Verknüpfung besteht (→ BFH vom 22. 1. 2002 – BStBl. II S. 685).
– → Sicherung des Darlehensanspruchs.
– **Verknüpfung von Arbeits- und Darlehensvereinbarungen zwischen Ehegatten** → Arbeitsverhältnisse zwischen Ehegatten, – Der steuerrechtlichen Anerkennung eines Arbeitsverhältnisses steht nicht entgegen, – Darlehensgewährung.

Eheschließung. Mehrere Jahre vor der Ehe abgeschlossene ernsthafte Arbeitsverträge zwischen den Ehegatten sind steuerrechtlich in der Regel auch nach der Eheschließung anzuerkennen, wenn sich mit der Eheschließung in der Tätigkeit des im Betrieb beschäftigten Ehegatten nichts ändert und auch die Auszahlung des Arbeitsentgelts vor und nach der Heirat in gleicher Weise vollzogen wird (→ BFH vom 21. 10. 1966 – BStBl. III 1967 S. 22).

Erbfolgeregelungen

– Ertragsteuerliche Behandlung der Erbengemeinschaft und ihrer Auseinandersetzung → BMF vom 14. 3. 2006 (BStBl. I S. 253) unter Berücksichtigung der Änderungen durch BMF vom 27. 12. 2018 (BStBl. I 2019 S. 11).
– Ertragsteuerliche Behandlung der vorweggenommenen Erbfolge → BMF vom 13. 1. 1993 (BStBl. I S. 80) unter Berücksichtigung der Änderungen durch BMF vom 26. 2. 2007 (BStBl. I S. 269).
– Einkommensteuerrechtliche Behandlung von wiederkehrenden Leistungen im Zusammenhang mit einer Vermögensübertragung → BMF vom 11. 3. 2010 (BStBl. I S. 227) unter Berücksichtigung der Änderungen durch BMF vom 6. 5. 2016 (BStBl. I S. 476).

Fremdvergleich

– Angehörigen steht es frei, ihre Rechtsverhältnisse untereinander so zu gestalten, dass sie steuerlich möglichst günstig sind. Die steuerrechtliche Anerkennung des Vereinbarten setzt voraus, dass die Verträge zivilrechtlich wirksam zustande gekommen sind (→ BMF vom 23. 12. 2010 – BStBl. I 2011 S. 37 unter Berücksichtigung der Änderungen durch BMF vom 29. 4. 2014 – BStBl. I S. 809), inhaltlich dem zwischen Fremden Üblichen entsprechen und so auch durchgeführt werden. Maßgebend für die Beurteilung ist die Gesamtheit der objektiven Gegebenheiten. Dabei kann einzelnen dieser Beweisanzeichen je nach Lage des Falles im Rahmen der Gesamtbetrachtung eine unterschiedliche Bedeutung zukommen. Dementsprechend schließt nicht jede Abweichung vom Üblichen notwendigerweise die steuerrechtliche Anerkennung des Vertragsverhältnisses aus. An den Nachweis, dass es sich um ein ernsthaftes Vertragsverhältnis handelt, sind umso strengere Anforderungen zu stellen, je mehr die Um-

stände auf eine private Veranlassung des Rechtsverhältnisses hindeuten (→ BFH vom 28. 1. 1997 – BStBl. II S. 655).
- Auch Vertragsbeziehungen zwischen verschwägerten Personen müssen steuerrechtlich einem Fremdvergleich standhalten (→ BFH vom 22. 5. 2019 – BStBl. II S. 795).
- Die Grundsätze des sog. Fremdvergleichs rechtfertigen es nicht, an Stelle der im Vertrag tatsächlich vereinbarten Leistung der Besteuerung eine höhere Gegenleistung unter Hinweis darauf zugrunde zu legen, dass eine solche unter fremden Dritten gefordert (und erbracht) worden wäre (→ BFH vom 31. 5. 2001 – BStBl. II S. 756).
- Leistet der als Arbeitnehmer beschäftigte Angehörige unbezahlte Mehrarbeit über seine vertragliche Stundenzahl hinaus, steht dies der Annahme, das Arbeitsverhältnis sei tatsächlich durchgeführt worden, grundsätzlich nicht entgegen. Etwas anderes gilt nur, wenn die vereinbarte Vergütung nicht mehr als Gegenleistung für die Tätigkeit des Angehörigen angesehen werden kann und deshalb auf das Fehlen eines Rechtsbindungswillens zu schließen ist (→ BFH vom 17. 7. 2013 – BStBl. II S. 1015).
- → H 6a (9).
- **Personengesellschaften** – Die Grundsätze des Fremdvergleichs gelten entsprechend für die Verträge einer Personengesellschaft, die von nahen Angehörigen des anderen Vertragspartners beherrscht wird. Hierbei kommt es auf den rechtlichen und wirtschaftlichen Gehalt des jeweiligen Geschäfts und nicht auf die Bezeichnung durch die Vertragsparteien an (→ BFH vom 9. 5. 1996 – BStBl. II S. 642). Schließt eine Personengesellschaft aufeinander abgestimmte Arbeitsverträge mit den Angehörigen ihrer Gesellschafter, bei denen keiner der Gesellschafter als allein beherrschend angesehen werden kann, ist der Fremdvergleich bei jedem einzelnen Arbeitsvertrag durchzuführen (→ BFH vom 20. 10. 1983 – BStBl. II 1984 S. 298). Ein Gesellschafter, der nicht in der Lage ist, für sich allein einen beherrschenden Einfluss auszuüben, ist dann einem beherrschenden Gesellschafter gleichzustellen, wenn er gemeinsam mit anderen Gesellschaftern einen Gegenstand von gemeinsamem Interesse in gegenseitiger Abstimmung regelt (→ BFH vom 18. 12. 2001 – BStBl. II 2002 S. 353).
- → Personengesellschaften; – Abtretung.
- → Personengesellschaften; – Darlehen.
- → Umdeutung.
- **Umfang**
  - Der Fremdvergleich ist nur einheitlich für den gesamten Vertrag anzustellen. Das Herauslösen einzelner Vertragsteile, wie z. B. einzelner Tätigkeiten aus einem Arbeitsvertrag, ist nicht möglich. Der Vertrag kann auch nicht mit Blick auf diese Vertragsteile teilweise steuerrechtlich anerkannt werden, wenn der Vertrag im Übrigen dem Fremdvergleich nicht standhält (→ BFH vom 9. 12. 1993 – BStBl. II 1994 S. 298).
  - Wird zur Finanzierung eines Kaufvertrags zwischen nahen Angehörigen ein Darlehensvertrag mit einer Bank abgeschlossen, sind die in dem Darlehensvertrag getroffenen Vereinbarungen auch dann nicht in den Fremdvergleich hinsichtlich des Kaufvertrags einzubeziehen, wenn der Verkäufer zugleich Sicherungsgeber ist (→ BFH vom 15. 10. 2002 – BStBl. II 2003 S. 243).
  - → Mehrere Verträge zwischen Angehörigen.

Gelegentliche Hilfeleistung. Arbeitsverträge über gelegentliche Hilfeleistungen durch Angehörige sind steuerrechtlich nicht anzuerkennen, weil sie zwischen fremden Personen nicht vereinbart worden wären (→ BFH vom 9. 12. 1993 – BStBl. II 1994 S. 298).

Gesellschaftsverträge zwischen Angehörigen
- → R 15.9.
- → Umdeutung.

Gewinnanteile aus geschenkter typisch stiller Beteiligung. Werden Geldbeträge vom Betriebsinhaber an seine minderjährigen Kinder mit der Auflage zugewendet, diese ihm wieder als Einlage im Rahmen einer typisch stillen Beteiligung zur Verfügung zu stellen, sind die Gewinnanteile nicht als Betriebsausgaben abziehbar, wenn eine Verlustbeteiligung ausgeschlossen ist (→ BFH vom 21. 10. 1992 – BStBl. II 1993 S. 289).

Mehrere Verträge zwischen Angehörigen. Bei der Prüfung, ob die Leistungsbeziehungen zwischen nahen Angehörigen dem → Fremdvergleich standhalten, sind mehrere zeitlich und sachlich zusammenhängende Verträge nicht isoliert, sondern in ihrer Gesamtheit zu würdigen (→ BFH vom 13. 12. 1995 – BStBl. II 1996 S. 180).

Miet- und Pachtverträge zwischen Angehörigen
- → R 21.4.
- → Sonstige Rechtsverhältnisse zwischen Angehörigen.

Minderjährige Kinder
- **Ergänzungspfleger** – Bei Verträgen zwischen Eltern und minderjährigen Kindern, die nicht Arbeitsverträge sind (→ R 4.8 Abs. 3), ist ein Ergänzungspfleger zu bestellen, damit die Vereinbarungen bürgerlich-rechtlich wirksam zustande kommen und so eine klare Trennung bei der Verwaltung des Kindesvermögens und des elterlichen Vermögens gewährleistet ist

H 4.8

(→ BFH vom 23. 4. 1992 – BStBl. II S. 1024 und BMF vom 30. 9. 2013 – BStBl. I S. 1184, Rz. 4).

– **Schwebend unwirksame Verträge, Insichgeschäfte** – Die klaren und ernsthaft gewollten Vereinbarungen (→ Fremdvergleich) müssen zu Beginn des maßgeblichen Rechtsverhältnisses oder bei Änderung des Verhältnisses für die Zukunft getroffen werden. Ein Insichgeschäft i. S. d. § 181 BGB ist so lange – schwebend – unwirksam, bis die Wirksamkeit z. B. durch Bestellung eines Ergänzungspflegers oder mit Erreichen der Volljährigkeit eines minderjährigen Kindes nachgeholt wird. Die nachträgliche Genehmigung des Rechtsgeschäftes hat zivilrechtlich zur Folge, dass die schwebende Unwirksamkeit des Vertrages rückwirkend entfällt (§ 108 Abs. 3, § 184 Abs. 1 BGB). Im Regelfall sind die steuerrechtlichen Folgerungen erst von dem Zeitpunkt an zu ziehen, zu dem die schwebende Unwirksamkeit entfallen ist (→ BFH vom 31. 10. 1989 – BStBl. II 1992 S. 506), es sei denn, die steuerrechtliche Rückwirkung ist ausdrücklich gesetzlich zugelassen (§ 41 Abs. 1 AO).

Nichteheliche Lebensgemeinschaften. Die für die steuerrechtliche Beurteilung von Verträgen zwischen Ehegatten geltenden Grundsätze können nicht auf Verträge zwischen Partnern einer nichtehelichen Lebensgemeinschaft – ausgenommen eingetragene Lebenspartnerschaften – übertragen werden (→ BFH vom 14. 4. 1988 – BStBl. II S. 670 und → R 21.4).

Personengesellschaften

– **Abtretung** – Tritt der Gesellschafter einer Personengesellschaft ihm gegen die Gesellschaft zustehende Darlehensansprüche zur Ablösung von Pflichtteilsansprüchen an einen Angehörigen ab, der die Beträge der Gesellschaft weiterhin als Darlehen belässt, so sind die an den neuen Darlehensgläubiger gezahlten Darlehenszinsen Betriebsausgaben der Personengesellschaft. Der Betriebsausgabenabzug kann nicht vom Ergebnis eines → Fremdvergleichs hinsichtlich der Darlehensbedingungen abhängig gemacht werden, wenn der Abtretende die Gesellschaft nicht beherrscht (→ BFH vom 15. 12. 1988 – BStBl. II 1989 S. 500).
– → Arbeitsverhältnisse zwischen Ehegatten.
– → Darlehensverhältnisse zwischen Angehörigen.
– → Fremdvergleich.
– **Vermögen einer Personengesellschaft** kann nicht als Vermögen des Gesellschafterehegatten angesehen werden. Deshalb liegt ein Vermögenszugang beim Arbeitnehmer-Ehegatten auch dann vor, wenn das Arbeitsentgelt auf ein gemeinschaftliches Konto der Ehegatten überwiesen wird, über das jeder Ehegatte ohne Mitwirkung des anderen verfügen kann (→ BFH vom 24. 3. 1983 – BStBl. II S. 663).
– Keine betriebliche Veranlassung bei Vergabe eines zinslosen und ungesicherten **Darlehens** durch eine Personengesellschaft an ihren Gesellschafter. Die Frage der betrieblichen Veranlassung der Geldhingabe ist auf der Grundlage eines Fremdvergleichs zu beurteilen (→ BFH vom 9. 5. 1996 – BStBl. II S. 642). Wird neben dem (festen) Kapitalkonto lediglich ein weiteres Konto zur Erfassung von Gewinnen, Einlagen und Entnahmen der Gesellschafter geführt, handelt es sich nicht um ein Darlehenskonto, wenn auf dem Konto auch Verluste verbucht werden (→ BFH vom 27. 6. 1996 – BStBl. II 1997 S. 36).
– → Sicherung des Darlehensanspruchs.
– Unterbeteiligung von Kindern an einer vermögensverwaltenden Personengesellschaft → H 21.6 (Unterbeteiligung an einer Personengesellschaft).

Rechtsfolgen bei fehlender Anerkennung

– Ist ein **Arbeitsverhältnis** steuerrechtlich nicht anzuerkennen, so sind Lohnzahlungen einschließlich einbehaltener und abgeführter Lohn- und Kirchensteuerbeträge, für den mitarbeitenden Ehegatten einbehaltene und abgeführte Sozialversicherungsbeiträge (Arbeitgeber- und Arbeitnehmeranteil) und vermögenswirksame Leistungen, die der Arbeitgeber-Ehegatte nach dem Vermögensbildungsgesetz erbringt, nicht als Betriebsausgaben abziehbar (→ BFH vom 8. 2. 1983 – BStBl. II S. 496 und vom 10. 4. 1990 – BStBl. II S. 741).
– Zinsen aus einem ertragsteuerlich nicht anzuerkennenden **Darlehen** unter nahen Angehörigen sind keine Betriebsausgaben; beim Empfänger sind sie keine Einkünfte aus Kapitalvermögen (→ BFH vom 2. 8. 1994 – BStBl. II 1995 S. 264).

Scheidungsklausel. Erwirbt ein Ehegatte (A) mit vom anderen Ehegatten (B) geschenkten Mitteln ein Grundstück, welches für betriebliche Zwecke an B vermietet wird, begründet weder die Schenkung der Mittel, die Vereinbarung zwischen den Ehegatten für den Fall der Beendigung des Güterstandes auf andere Weise als den Tod, das erworbene Grundstück auf den anderen Ehegatten zu übertragen (sog. Scheidungsklausel), noch die B eingeräumte Möglichkeit zu seinen Gunsten oder zugunsten eines Dritten eine Auflassungsvormerkung in das Grundbuch eintragen zu lassen, wirtschaftliches Eigentum des B (→ BFH vom 4. 2. 1998 – BStBl. II S. 542).

Schenkung

– → Arbeitsverhältnisse zwischen Ehegatten; – Der steuerrechtlichen Anerkennung eines Arbeitsverhältnisses steht nicht entgegen; – Schenkung.
– → Darlehensverhältnisse zwischen Angehörigen; – Schenkungsbegründetes Darlehen.

H 4.8

Sicherung des Darlehensanspruchs

– Bei einem Darlehen einer Personengesellschaft an ihren Gesellschafter kann nicht ein künftiger Gewinnanteil des Gesellschafters als Sicherheit angesehen werden. Unüblich ist auch die Unverzinslichkeit eines Darlehens (→ BFH vom 9. 5. 1996 – BStBl. II S. 642).
– Die fehlende verkehrsübliche Sicherung des Darlehensanspruchs wird bei langfristigen Darlehen zwischen nahen Angehörigen als Indiz für die außerbetriebliche Veranlassung des Darlehens gewertet, wobei als langfristig jedenfalls Darlehen mit einer Laufzeit von mehr als vier Jahren angesehen werden (→ BFH vom 9. 5. 1996 – BStBl. II S. 642). Eine langfristige Darlehensvereinbarung zwischen Eltern und Kindern kann trotz teilweise fehlender Sicherheiten steuerrechtlich anerkannt werden, wenn die Kinder bei Darlehensabschluss bereits volljährig sind, nicht mehr im Haushalt der Eltern leben und wirtschaftlich von den Eltern unabhängig sind (→ BFH vom 18. 12. 1990 – BStBl. II 1991 S. 911).

Sonstige Rechtsverhältnisse zwischen Angehörigen

– Für die einkommensteuerrechtliche Beurteilung von Miet- und Pachtverträgen, Darlehensverträgen und ähnlichen Verträgen sind die Grundsätze zur steuerlichen Anerkennung von Ehegatten-Arbeitsverhältnissen entsprechend anzuwenden (→ BFH vom 28. 1. 1997 – BStBl. II S. 655).
– → Fremdvergleich.

Umdeutung. Die steuerliche Beurteilung muss von dem ausgehen, was die Stpfl. rechtsgültig vereinbart haben, und zwar auch dann, wenn die Vereinbarung aus privater Veranlassung von dem abweicht, was unter fremden Dritten üblich ist. Haben die Beteiligten einen Gesellschaftsvertrag über eine Unterbeteiligung abgeschlossen, und kann der Gesellschaftsvertrag wegen der nicht fremdüblichen Ausgestaltung zu Lasten der Unterbeteiligung steuerlich nicht anerkannt werden, kann an die Stelle des wirksam abgeschlossenen Gesellschaftsvertrags für die steuerliche Beurteilung **nicht** ein tatsächlich **nicht** existenter Vertrag über ein partiarisches Darlehen gesetzt werden (→ BFH vom 6. 7. 1995 – BStBl. II 1996 S. 269).

Unterhalt. Beschränkt sich der Stpfl. darauf, dem mitarbeitenden Kind Unterhalt zu gewähren (Beköstigung, Bekleidung, Unterkunft und Taschengeld), so liegen steuerlich nicht abziehbare Lebenshaltungskosten vor (→ BFH vom 19. 8. 1971 – BStBl. II 1972 S. 172).

Wirtschaftsüberlassungsvertrag

– Bei nach dem 31. 12. 2007 abgeschlossenen Wirtschaftsüberlassungsverträgen liegt keine begünstigte Vermögensübertragung im Zusammenhang mit Versorgungsleistungen vor (→ BMF vom 11. 3. 2010 – BStBl. I S. 227, Rn. 22, 81).
– Die auf einem nach dem 31. 12. 2007 abgeschlossenen Wirtschaftsüberlassungsvertrag beruhenden Leistungen können als Betriebsausgaben abziehbar sein. Dies gilt auch, wenn einzelne Regelungen im Wirtschaftsüberlassungsvertrag einem Fremdvergleich nicht standhalten, solange diesen nicht ein derartiges Gewicht zukommt, dass dies unter Berücksichtigung des Gesamtbilds der Verhältnisse die Nichtanerkennung des gesamten Vertragsverhältnisses rechtfertigt (→ BFH vom 12. 7. 2017 – BStBl. II 2018 S. 461).

Wohnungsüberlassung an geschiedenen oder dauernd getrennt lebenden Ehegatten
→ H 21.4 (Vermietung an Unterhaltsberechtigte).

...

R 4.13 Abzugsverbot für Sanktionen

R 4.13

Abzugsverbot

(1) ① Geldbußen, Ordnungsgelder und Verwarnungsgelder, die von einem Gericht oder einer Behörde in der Bundesrepublik Deutschland oder von Organen der Europäischen Gemeinschaften festgesetzt werden, dürfen nach § 4 Abs. 5 Satz 1 Nr. 8 Satz 1 EStG den Gewinn auch dann nicht mindern, wenn sie betrieblich veranlasst sind. ② Dasselbe gilt für Leistungen zur Erfüllung von Auflagen oder Weisungen, die in einem berufsgerichtlichen Verfahren erteilt werden, soweit die Auflagen oder Weisungen nicht lediglich der Wiedergutmachung des durch die Tat verursachten Schadens dienen (§ 4 Abs. 5 Satz 1 Nr. 8 Satz 2 EStG). ③ Dagegen gilt das Abzugsverbot nicht für Nebenfolgen vermögensrechtlicher Art, z. B. die Abführung des Mehrerlöses nach § 8 des Wirtschaftsstrafgesetzes, den Verfall nach § 29 a OWiG und die Einziehung nach § 22 OWiG. 35

Geldbußen

(2) ① Zu den Geldbußen rechnen alle Sanktionen, die nach dem Recht der Bundesrepublik Deutschland so bezeichnet sind, insbesondere Geldbußen nach dem Ordnungswidrigkeitenrecht einschließlich der nach § 30 OWiG vorgesehenen Geldbußen gegen juristische Personen oder Personenvereinigungen, Geldbußen nach den berufsgerichtlichen Gesetzen des Bundes oder der Länder, z. B. der Bundesrechtsanwaltsordnung, der Bundesnotarordnung, der Patentanwaltsordnung, der Wirtschaftsprüferordnung oder dem Steuerberatungsgesetz sowie Geldbußen nach den Disziplinargesetzen des Bundes oder der Länder. ② Geldbußen, die von Organen der Europäischen Union festgesetzt werden, sind Geldbußen nach den Artikeln 101, 102, 103 Abs. 2 des Vertrages über die Arbeitsweise der Europäischen Union (AEUV) insbesondere i. V. m. Artikel 23 Abs. 2 der

R 4.13 Verordnung (EG) Nr. 1/2003 des Rates vom 16. 12. 2002. ③ Betrieblich veranlasste Geldbußen, die von Gerichten oder Behörden anderer Staaten festgesetzt werden, fallen nicht unter das Abzugsverbot.[1]

Einschränkung des Abzugsverbotes für Geldbußen

(3) ① Das Abzugsverbot für Geldbußen, die von Gerichten oder Behörden in der Bundesrepublik Deutschland oder von Organen der Europäischen Union verhängt werden, gilt uneingeschränkt für den Teil, der die rechtswidrige und vorwerfbare Handlung ahndet. ② Für den Teil, der den rechtswidrig erlangten wirtschaftlichen Vorteil abschöpft, gilt das Abzugsverbot für die Geldbuße nur dann uneingeschränkt, wenn bei der Berechnung des Vermögensvorteils die darauf entfallende ertragsteuerliche Belastung – ggf. im Wege der Schätzung – berücksichtigt worden ist. ③ Macht der Stpfl. durch geeignete Unterlagen glaubhaft, dass diese ertragsteuerliche Belastung nicht berücksichtigt und der gesamte rechtswidrig erlangte Vermögensvorteil abgeschöpft wurde, darf der auf die Abschöpfung entfallende Teil der Geldbuße als Betriebsausgabe abgezogen werden. ④ Die von der Europäischen Kommission festgesetzten Geldbußen wegen Verstoßes gegen das Wettbewerbsrecht enthalten keinen Anteil, der den rechtswidrig erlangten wirtschaftlichen Vorteil abschöpft, und unterliegen in vollem Umfang dem Betriebsausgabenabzugsverbot.

Ordnungsgelder

(4) ① Ordnungsgelder sind die nach dem Recht der Bundesrepublik Deutschland so bezeichneten Unrechtsfolgen, die namentlich in den Verfahrensordnungen oder in verfahrensrechtlichen Vorschriften anderer Gesetze vorgesehen sind, z. B. das Ordnungsgeld gegen einen Zeugen wegen Verletzung seiner Pflicht zum Erscheinen und das Ordnungsgeld nach § 890 ZPO wegen Verstoßes gegen eine nach einem Vollstreckungstitel (z. B. Urteil) bestehende Verpflichtung, eine Handlung zu unterlassen oder die Vornahme einer Handlung zu dulden. ② Nicht unter das Abzugsverbot fallen Zwangsgelder.

Verwarnungsgelder

(5) Verwarnungsgelder sind die in § 56 OWiG so bezeichneten geldlichen Einbußen, die dem Betroffenen aus Anlass einer geringfügigen Ordnungswidrigkeit, z. B. wegen falschen Parkens, mit seinem Einverständnis auferlegt werden, um der Verwarnung Nachdruck zu verleihen.

…

Zu § 6 a EStG

…

R 6a (9) **R 6a (9) Ehegatten-Arbeitsverhältnisse** *(unbesetzt)*

H 6a (9) **H 6a (9)**

46 **Anerkennungsgrundsätze.** An den Nachweis der Ernsthaftigkeit von Pensionszusagen an → Arbeitnehmer-Ehegatten sind mit Rücksicht auf die besonderen persönlichen Beziehungen der Vertragspartner strenge Anforderungen zu stellen. Es ist insbesondere zu prüfen, ob die Pensionszusage nach den Umständen des Einzelfalls dem Grunde und der Höhe nach angemessen ist (→ BFH vom 14. 7. 1989 – BStBl. II S. 969). Für Pensionszusagen, die im Rahmen eines steuerlich anzuerkennenden Arbeitsverhältnisses dem → Arbeitnehmer-Ehegatten gegeben werden, sind Pensionsrückstellungen zu bilden, wenn

1. eine ernstlich gewollte, klar und eindeutig vereinbarte Verpflichtung vorliegt,
2. die Zusage dem Grunde nach angemessen ist und
3. der Arbeitgeber-Ehegatte auch tatsächlich mit der Inanspruchnahme aus der gegebenen Pensionszusage rechnen muss.

(→ BMF vom 4. 9. 1984 – BStBl. I S. 495[2] und vom 9. 1. 1986 – BStBl. I S. 7[3]).

Arbeitnehmer-Ehegatten. Pensionszusagen zwischen Ehegatten, die im Rahmen von steuerlich anzuerkennenden Arbeitsverhältnissen (→ R 4.8) erteilt werden, sind auch steuerlich zu beachten und berechtigen zur Bildung von Pensionsrückstellungen (→ BVerfG vom 22. 7. 1970 – BStBl. II S. 652).

Fremdvergleich. Eine betriebliche Veranlassung einer Pensionszusage an einen Arbeitnehmer, der naher Angehöriger des Arbeitgebers ist, ist nicht allein deshalb zu verneinen, weil keine fremden Arbeitnehmer mit vergleichbaren Tätigkeitsmerkmalen im Betrieb beschäftigt werden und auch bei anderen Betrieben gleicher Größenordnung keine vergleichbaren Beschäftigungsverhältnisse ermittelt werden können.

---

[1] **[Amtl. Anm.:]** Überholt für Geldbußen, die von einem Mitgliedstaat der Europäischen Union festgesetzt werden → § 4 Abs. 5 Satz 1 Nr. 8 Satz 1.

[2] Abgedruckt im Hauptteil als Anlage a zu LStH 19.0.

[3] Abgedruckt im Hauptteil als Anlage b zu LStH 19.0.

Maßgebend ist eine Gesamtwürdigung aller Umstände des konkreten Einzelfalls (→ BFH vom 18. 12. 2001 – BStBl. II 2002 S. 353). H 6a (9)

Rückdeckungsversicherung. Prämienzahlungen für eine Rückdeckungsversicherung einer Pensionszusage an den Arbeitnehmer-Ehegatten können als Betriebsausgaben behandelt werden, wenn auch die Pensionszusage als rückstellungsfähig anerkannt werden kann (→ BMF vom 4. 9. 1984 – BStBl. I S. 495).[1]

Verpflichtungsumfang. Für die Bildung der Pensionsrückstellung bei Pensionszusagen zwischen Ehegatten in Einzelunternehmen kommt nur eine Zusage auf Alters-, Invaliden- und Waisenrente in Betracht (→ BMF vom 4. 9. 1984 – BStBl. I S. 495).[2]

Witwen-/Witwerversorgung. Eine Zusage auf Witwen- oder Witwerversorgung ist im Rahmen von Ehegatten-Pensionszusagen in Einzelunternehmen nicht rückstellungsfähig, da hier bei Eintritt des Versorgungsfalls Anspruch und Verpflichtung in einer Person zusammenfallen (→ BMF vom 4. 9. 1984 – BStBl. I S. 495);[3] dies gilt auch dann, wenn in der Zusage vereinbart ist, dass sie durch eine mögliche Eheschließung oder Betriebsveräußerung nicht berührt wird.

…

Zu § 7 EStG

(§§ 10, 10 a, 11 c, 11 d und 15 EStDV)

…

R 7.4 Höhe der AfA R 7.4

…

H 7.4 H 7.4

… 47

Fertigstellung

- Ein Wirtschaftsgut ist fertig gestellt, sobald es seiner Zweckbestimmung entsprechend genutzt werden kann (→ BFH vom 20. 2. 1975 – BStBl. II S. 412 und vom 21. 7. 1989 – BStBl. II S. 906).
- Ein Gebäude ist fertig gestellt, wenn die wesentlichen Bauarbeiten abgeschlossen sind und der Bau so weit errichtet ist, dass der Bezug der Wohnungen zumutbar ist oder dass das Gebäude für den Betrieb in all seinen wesentlichen Bereichen nutzbar ist (→ BFH vom 21. 7. 1989 – BStBl. II S. 906).
- Ein Gebäude ist nicht fertig gestellt, wenn Türen, Böden und der Innenputz noch fehlen (→ BFH vom 21. 7. 1989 – BStBl. II S. 906).
- Auf die Höhe der noch ausstehenden Herstellungskosten im Verhältnis zu den gesamten Herstellungskosten des Gebäudes kommt es nicht an (→ BFH vom 16. 12. 1988 – BStBl. II 1989 S. 203).
- Gebäudeteile, die auf Grund ihrer unterschiedlichen Funktion selbständige Wirtschaftsgüter sind, sind fertig gestellt, sobald diese Teile bestimmungsgemäß nutzbar sind (→ BFH vom 9. 8. 1989 – BStBl. II 1991 S. 132). Zur AfA-Bemessungsgrundlage → R 7.3 Abs. 2.
- Eine Eigentumswohnung ist mit der Bezugsfertigkeit fertig gestellt, auch wenn zu diesem Zeitpunkt zivilrechtlich noch kein Wohneigentum begründet und die Teilungserklärung noch nicht abgegeben worden ist (→ BFH vom 26. 1. 1999 – BStBl. II S. 589).
- Gebrauchstiere sind bei der ersten Ingebrauchnahme fertig gestellt (→ BMF vom 14. 11. 2001 – BStBl. I S. 864).
- Die bestimmungsgemäße Nutzbarkeit einer Dauerkultur beginnt mit ihrer Ertragsreife (→ BMF vom 17. 9. 1990 – BStBl. I S. 420).

…

Zu § 9 a EStG

R 9 a Pauschbeträge für Werbungskosten R 9a

Die Pauschbeträge für Werbungskosten sind nicht zu ermäßigen, wenn die unbeschränkte Steuerpflicht lediglich während eines Teiles des Kalenderjahres bestanden hat. 60

H 9 a H 9a

Beschränkt Einkommensteuerpflichtige. Zur Anwendung der Pauschbeträge für Werbungskosten bei beschränkt Einkommensteuerpflichtigen → § 50 Abs. 1 Satz 3 bis 5 EStG. 61

…

---

[1] Abgedruckt im Hauptteil als Anlage a zu LStH 19.0.
[2] Abgedruckt im Hauptteil als Anlage a zu LStH 19.0.
[3] Abgedruckt im Hauptteil als Anlage a zu LStH 19.0.

Zu § 10 EStG
(§§ 29 und 30 EStDV)

R 10.1

R 10.1 Sonderausgaben (Allgemeines)

62 Bei Ehegatten, die nach § 26b EStG zusammen zur Einkommensteuer veranlagt werden, kommt es für den Abzug von Sonderausgaben nicht darauf an, ob sie der Ehemann oder die Ehefrau[1] geleistet hat.

H 10.1

H 10.1

63 **Abkürzung des Zahlungsweges.** Bei den Sonderausgaben kommt der Abzug von Aufwendungen eines Dritten auch unter dem Gesichtspunkt der Abkürzung des Vertragswegs nicht in Betracht (→ BMF vom 7.7.2008 – BStBl. I S. 717).

Abzugshöhe/Abzugszeitpunkt

- Sonderausgaben sind in dem VZ abziehbar, in dem sie geleistet worden sind (§ 11 Abs. 2 EStG). Dies gilt auch, wenn sie der Stpfl. mit Darlehensmitteln bestritten hat (→ BFH vom 15.3. 1974 – BStBl. II S. 513). Sie dürfen nur dann bei der Ermittlung des Einkommens abgezogen werden, wenn der Stpfl. tatsächlich und endgültig wirtschaftlich belastet ist (→ BFH vom 14.4.2021 – BStBl. II S. 772). Steht im Zeitpunkt der Zahlung, ggf. auch im Zeitpunkt der Erstattung noch nicht fest, ob der Stpfl. durch die Zahlung endgültig wirtschaftlich belastet bleibt (z.B. bei Kirchensteuer im Falle der Aufhebung der Vollziehung), sind sie im Jahr des Abflusses abziehbar (→ BFH vom 24.4.2002 – BStBl. II S. 569). Werden gezahlte Sonderausgaben in einem späteren VZ an den Stpfl. erstattet, ist der Erstattungsbetrag aus Gründen der Praktikabilität im Erstattungsjahr mit gleichartigen Sonderausgaben zu verrechnen mit der Folge, dass die abziehbaren Sonderausgaben des Erstattungsjahres entsprechend gemindert werden. Ob die Sonderausgaben gleichartig sind, richtet sich nach deren Sinn und Zweck sowie deren wirtschaftlichen Bedeutung und Auswirkungen für den Stpfl. Bei Versicherungsbeiträgen kommt es auf die Funktion der Versicherung und das abgesicherte Risiko an (→ BFH vom 21.7.2009 – BStBl. II 2010 S. 38).
- Kirchensteuer → H 10.7 (Willkürliche Zahlungen).

Erstattungsüberhänge

- → BMF vom 24.5.2017 (BStBl. I S. 820),[2] unter Berücksichtigung der Änderungen durch BMF vom 28.9.2021 (BStBl. I S. 1833), Rz. 203, 204.
- Die Hinzurechnung nach § 10 Abs. 4b Satz 3 EStG erfolgt auch dann, wenn sich die erstattete Zahlung im Zahlungsjahr nicht steuermindernd ausgewirkt hat (→ BFH vom 12.3. 2019 – BStBl. II S. 658).

R 10.2

R 10.2 Unterhaltsleistungen an den geschiedenen oder dauernd getrennt lebenden Ehegatten

64 (1) Der Antrag nach § 10 Abs. 1 Nr. 1 EStG[3] kann auf einen Teilbetrag der Unterhaltsleistungen beschränkt werden.

(2) ① Die Zustimmung wirkt auch dann bis auf Widerruf, wenn sie im Rahmen eines Vergleichs erteilt wird. ② Die Zustimmung zum Abzug von Unterhaltsleistungen als Sonderausgaben dem Grunde nach wirkt auch für die Erhöhung des Höchstbetrags nach § 10 Abs. 1 Nr. 1 Satz 2 EStG.[4] ③ Dies gilt unabhängig davon, wann die Zustimmung erteilt wurde.

(3) Leistet jemand Unterhalt an mehrere Empfänger, so sind die Unterhaltsleistungen an jeden bis zum Höchstbetrag abziehbar.

H 10.2

H 10.2

Allgemeines

65
- Durch Antrag und Zustimmung werden alle in dem betreffenden VZ geleisteten Unterhaltsaufwendungen zu Sonderausgaben umqualifiziert. Für den Abzug ist es unerheblich, ob es sich um einmalige oder laufende Leistungen bzw. Nachzahlungen oder Vorauszahlungen handelt. Ein Abzug als außergewöhnliche Belastung ist nicht möglich, auch nicht, soweit sie den für das Realsplitting geltenden Höchstbetrag übersteigen (→ BFH vom 7.11. 2000 – BStBl. II 2001 S. 338).
- Antrag und Zustimmung zum begrenzten Realsplitting können nicht – auch nicht übereinstimmend – zurückgenommen oder nachträglich beschränkt werden (→ BFH vom 22.9. 1999 – BStBl. II 2000 S. 218).

[1] **[Amtl. Anm.:]** Gilt auch für gleichgeschlechtliche Ehegatten (→ Gesetz zur Einführung des Rechts auf Eheschließung für Personen gleichen Geschlechts vom 20.7.2017 – BGBl. I S. 2787).

[2] Abgedruckt im Hauptteil als Anlage b zu § 10 EStG.

[3] Jetzt § 10 Abs. 1a Nr. 1 EStG.

[4] Jetzt § 10 Abs. 1a Nr. 1 Satz 2 EStG.

H 10.2

- Ein Einkommensteuerbescheid ist nach § 175 Abs. 1 Satz 1 Nr. 2 AO zu ändern, wenn nach Eintritt der Bestandskraft
  - sowohl die Zustimmung erteilt als auch der Antrag nach § 10 Abs. 1a Nr. 1 Satz 1 EStG gestellt werden (→ BFH vom 12. 7. 1989 – BStBl. II S. 957) oder
  - der Antrag i. V. m. einer nachträglichen Zustimmungserweiterung ausgedehnt wird (→ BFH vom 28. 6. 2006 – BStBl. II 2007 S. 5).
- Ein Einkommensteuerbescheid ist nach § 175 Abs. 1 Satz 1 Nr. 2 AO nicht zu ändern, wenn der Antrag auf Realsplitting erst nach Bestandskraft des Einkommensteuerbescheids gestellt wird, obwohl die Zustimmungserklärung des Unterhaltsempfängers dem Geber bereits vor Eintritt der Bestandskraft vorlag (→ BFH vom 20. 8. 2014 – BStBl. II 2015 S. 138).

Erbe. Unterhaltsleistungen, die der Erbe nach § 1586 b BGB an den geschiedenen Ehegatten des Erblassers zu erbringen hat, sind nicht als Sonderausgaben abzugsfähig (→ BFH vom 12. 11. 1997 – BStBl. II 1998 S. 148).

Nicht unbeschränkt steuerpflichtiger Empfänger. Ist der Empfänger nicht unbeschränkt steuerpflichtig, kann ein Abzug der Unterhaltsleistungen bei Vorliegen der Voraussetzungen des § 1 a Abs. 1 Nr. 1 EStG oder auf Grund eines DBA in Betracht kommen. Entsprechende Regelungen gibt es z. B. in den DBA Kanada, Artikel 18 Abs. 3 Buchst. d und Protokoll Nr. 8 (BStBl. I 2002 S. 505, 521) und den USA, Artikel 18 Abs. 3 und Protokoll Nr. 15 (BStBl. I 2008 S. 766) sowie in der mit der Schweiz getroffenen Verständigungsvereinbarung, § 21 Abs. 2 Deutsch-Schweizerische Konsultationsvereinbarungsverordnung (BStBl. I 2011 S. 146).

Rechtsanwaltskosten. Rechtsanwaltskosten, die ein Stpfl. aufwendet, um die Zustimmung seines geschiedenen oder dauernd getrennt lebenden unbeschränkt steuerpflichtigen Ehegatten zum begrenzten Realsplitting zu erlangen, sind keine Unterhaltsleistungen (→ BFH vom 10. 3. 1999 – BStBl. II S. 522).

Unterhaltsleistungen. Es ist unerheblich, ob die Unterhaltsleistungen freiwillig oder auf Grund gesetzlicher Unterhaltspflicht erbracht werden. Auch als Unterhalt erbrachte Sachleistungen sind zu berücksichtigen (→ BFH vom 12. 4. 2000 – BStBl. II 2002 S. 130).

Wohnungsüberlassung

- Bei **unentgeltlicher** Wohnraumüberlassung kann der Mietwert als Sonderausgabe abgezogen werden. Die ortsübliche Miete ist auch dann anzusetzen, wenn die Parteien unterhaltsrechtlich einen betragsmäßig geringeren Wohnvorteil vereinbart haben (→ BFH vom 29.6.2022 – BStBl. II 2023 S. 237).
- Befindet sich die überlassene Wohnung im **Miteigentum** des geschiedenen oder dauernd getrennt lebenden Ehegatten, kann der überlassende Ehegatte neben dem Mietwert seines Miteigentumsanteils auch die von ihm auf Grund der Unterhaltsvereinbarung getragenen verbrauchsunabhängigen Kosten für den Miteigentumsanteil des anderen Ehegatten als Sonderausgabe abziehen (→ BFH vom 12. 4. 2000 – BStBl. II 2002 S. 130).
- Die auf einem entgeltlichen Rechtsverhältnis (Mietvertrag) beruhende Überlassung einer Wohnung an den geschiedenen oder dauerhaft getrennt lebenden Ehegatten fällt nicht unter den Anwendungsbereich des § 10 Abs. 1a Nr. 1 (→ BFH vom 29.6.2022 – BStBl. II 2023 S. 237).
- → H 21.4 (Vermietung an Unterhaltsberechtigte).

Zustimmung

- Die Finanzbehörden sind nicht verpflichtet zu prüfen, ob die Verweigerung der Zustimmung rechtsmissbräuchlich ist (→ BFH vom 25. 7. 1990 – BStBl. II S. 1022).
- Im Fall der rechtskräftigen Verurteilung zur Erteilung der Zustimmung (§ 894 Abs. 1 ZPO; → BFH vom 25. 10. 1988 – BStBl. II 1989 S. 192) wirkt sie nur für das Kj., das Gegenstand des Rechtsstreits war.
- Stimmt der geschiedene oder dauernd getrennt lebende Ehegatte dem der Höhe nach beschränkten Antrag auf Abzug der Unterhaltszahlungen als Sonderausgaben zu, beinhaltet dies keine der Höhe nach unbeschränkte Zustimmung für die Folgejahre (→ BFH vom 14. 4. 2005 – BStBl. II S. 825).
- Der **Widerruf** der Zustimmung muss vor Beginn des Kj., für den er wirksam werden soll, erklärt werden. Er ist gegenüber dem Wohnsitzfinanzamt sowohl des Unterhaltsleistenden als auch des Unterhaltsempfängers möglich. Wird er gegenüber dem Wohnsitzfinanzamt des Unterhaltsempfängers erklärt, ist das Wissen dieser Behörde für die Änderungsbefugnis nach § 173 Abs. 1 Nr. 1 AO des für die Veranlagung des Unterhaltsleistenden zuständigen Finanzamtes ohne Bedeutung (→ BFH vom 2. 7. 2003 – BStBl. II S. 803).

R 10.3 Versorgungsleistungen

R 10.3

(1) Versorgungsleistungen, die mit steuerbefreiten Einkünften, z. B. auf Grund eines DBA, in wirtschaftlichem Zusammenhang stehen, können nicht als Sonderausgaben abgezogen werden. 66

(2) ① Versorgungsleistungen, die freiwillig oder auf Grund einer freiwillig begründeten Rechtspflicht geleistet werden, sind grundsätzlich nicht als Sonderausgaben abziehbar. ② Das gilt auch für

Zuwendungen an eine gegenüber dem Stpfl. oder seinem Ehegatten gesetzlich unterhaltsberechtigte Person oder an deren Ehegatten (§ 12 Nr. 2 EStG).

H 10.3

H 10.3

67 **Ablösung eines Nießbrauchs oder eines anderen Nutzungsrechts**

- → BMF vom 11. 3. 2010 (BStBl. I S. 227) unter Berücksichtigung der Änderungen durch BMF vom 6. 5. 2016 (BStBl. I S. 476), Rz. 25 und 85.
- → BMF vom 30. 9. 2013 (BStBl. I S. 1184), Rz. 55–67.

Altenteilsleistung. Der Wert unbarer Altenteilsleistungen ist nach § 2 Abs. 2 SvEV[1] vom 21. 12. 2006 (BGBl. I S. 3385) in der für den jeweiligen VZ geltenden Fassung zu schätzen (→ BFH vom 18. 12. 1990 – BStBl. II 1991 S. 354).

Beerdigungskosten. Soweit der Vermögensübernehmer kein Erbe und vertraglich zur Übernahme der durch den Tod des letztverstorbenen Vermögensübergebers entstandenen Beerdigungskosten verpflichtet ist, kann er die durch den Tod des letztverstorbenen Vermögensübergebers entstandenen Beerdigungskosten als dauernde Last abziehen (→ BFH vom 19. 1. 2010 – BStBl. II S. 544). Ist er hingegen Alleinerbe, sind die Beerdigungskosten auch dann nicht abziehbar, wenn er sich vertraglich zur Übernahme dieser Kosten verpflichtet hat (→ BFH vom 19. 1. 2010 – BStBl. II 2011 S. 162).

Erbbauzinsen. Erbbauzinsen, die im Zusammenhang mit der Selbstnutzung einer Wohnung im eigenen Haus anfallen, können nicht als dauernde Last abgezogen werden (→ BFH vom 24. 10. 1990 – BStBl. II 1991 S. 175).

Schuldzinsen. Schuldzinsen zur Finanzierung von als Sonderausgaben abziehbaren privaten Versorgungsleistungen sind nicht als Versorgungsleistungen abziehbar (→ BFH vom 14. 11. 2001 – BStBl. II 2002 S. 413).

Vermögensübertragung im Zusammenhang mit Versorgungsleistungen → BMF vom 11. 3. 2010 (BStBl. I S. 227) unter Berücksichtigung der Änderungen durch BMF vom 6. 5. 2016 (BStBl. I S. 476).

Vorweggenommene Erbfolge. Zur ertragsteuerlichen Behandlung der vorweggenommenen Erbfolge → BMF vom 13. 1. 1993 (BStBl. I S. 80) unter Berücksichtigung der Änderungen durch BMF vom 26. 2. 2007 (BStBl. I S. 269).

R 10.3a

R 10.3a Versorgungsausgleich *(unbesetzt)*

H 10.3a

H 10.3a

67a **Leistungen im Zusammenhang mit einem Versorgungsausgleich i. S. d. § 10 Abs. 1 a Nr. 3 und 4** → BMF vom 21. 3. 2023 (BStBl. I S. 611).

R 10.4

R 10.4 Vorsorgeaufwendungen (Allgemeines)

68 ① Nach § 10 Abs. 1 Nr. 3 Satz 2 EStG können eigene Beiträge des Kindes zur Basiskranken- und gesetzlichen Pflegeversicherung im Rahmen des Sonderausgabenabzugs bei den Eltern berücksichtigt werden, wenn diese das Kind, für das sie Anspruch auf einen Freibetrag nach § 32 Abs. 6 EStG oder auf Kindergeld haben, durch Unterhaltsleistungen in Form von Bar- oder Sachleistungen (z. B. Unterkunft und Verpflegung) unterstützen. ② Ob das Kind über eigene Einkünfte verfügt, ist insoweit ohne Bedeutung. ③ Allerdings können die Basiskranken- und gesetzlichen Pflegeversicherungsbeiträge des Kindes insgesamt nur einmal als Vorsorgeaufwendungen berücksichtigt werden. ④ Entweder erfolgt die Berücksichtigung nach § 10 Abs. 1 Nr. 3 Satz 2 EStG bei den Eltern oder nach § 10 Abs. 1 Nr. 3 Satz 1 EStG beim Kind.

H 10.4

H 10.4

69 **Abzug von Vorsorgeaufwendungen**

- Zum Sonderausgabenabzug für Beiträge nach § 10 Abs. 1 Nr. 2 bis 3 a EStG → BMF vom 24. 5. 2017 (BStBl. I S. 820) unter Berücksichtigung der Änderungen durch BMF vom 6. 11. 2017 (BStBl. I S. 1455), vom 28. 9. 2021 (BStBl. I S. 1833) und vom 16. 12. 2021 (BStBl. I 2022 S. 155).[2]
- Zur Verfassungsmäßigkeit der beschränkten Abziehbarkeit von Altersvorsorgeaufwendungen → BFH vom 18. 11. 2009 (BStBl. II 2010 S. 414) und vom 9. 12. 2009 (BStBl. II 2010 S. 348).

Berufsständische Versorgungseinrichtungen. Liste der berufsständischen Versorgungseinrichtungen, die den gesetzlichen Rentenversicherungen vergleichbare Leistungen i. S. d. § 10 Abs. 1 Nr. 2 Satz 1 Buchstabe a EStG erbringen → BMF vom 19. 6. 2020 (BStBl. I S. 617).

---

[1] Abgedruckt im Hauptteil als Anlage zu § 8 EStG.
[2] Abgedruckt im Hauptteil als Anlage b zu § 10 EStG.

Bonuszahlungen H 10.4
– Zur steuerlichen Behandlung von Bonusleistungen aus gesetzlicher Krankenversicherung (§ 65 a SGB V) → BMF vom 24. 5. 2017 (BStBl. I S. 820) unter Berücksichtigung der Änderungen durch BMF vom 16. 12. 2021 (BStBl. I 2022 S. 155), Rz. 88–89 b.[1]
– Bonuszahlungen aus privater Krankenversicherung → BFH vom 16. 12. 2020 (BStBl. II 2022 S. 106).

Höchstbetragsregelung. Die Regelung über die beschränkte Abziehbarkeit von sonstigen Vorsorgeaufwendungen (§ 10 Abs. 1 Nr. 3 a EStG) ist verfassungsrechtlich nicht zu beanstanden (→ BFH vom 9. 9. 2015 – BStBl. II S. 1043).

R 10.5 Versicherungsbeiträge

R 10.5

① Wird ein Kraftfahrzeug teils für berufliche und teils für private Zwecke benutzt, kann der Stpfl. den Teil seiner Aufwendungen für die Kfz-Haftpflichtversicherung, der dem Anteil der privaten Nutzung entspricht, im Rahmen des § 10 EStG als Sonderausgaben abziehen. 70 ② Werden Aufwendungen für Wege zwischen Wohnung und Arbeitsstätte oder Familienheimfahrten mit eigenem Kraftfahrzeug in Höhe der Entfernungspauschale nach § 9 Abs. 1 Satz 3 Nr. 4 EStG abgezogen, können die Aufwendungen für die Kfz-Haftpflichtversicherung zur Vereinfachung in voller Höhe als Sonderausgaben anerkannt werden.

H 10.5

H 10.5

Beiträge an ausländische Sozialversicherungsträger. Zur Aufteilung der an ausländische Sozialversicherungsträger geleisteten Globalbeiträge zur Berücksichtigung der Vorsorgeaufwendungen im Rahmen des Sonderausgabenabzugs → BMF vom 22. 11. 2022 (BStBl. I S. 1632).[2] 71

Erbschaftsteuerversicherung
– Zum Begriff der Erbschaftsteuerversicherung → BMF vom 1. 10. 2009 (BStBl. I S. 1172), Rz. 30.
– Die Beiträge gehören zu den sonstigen Vorsorgeaufwendungen nach § 10 Abs. 1 Nr. 3 a EStG (→ BMF vom 24. 5. 2017 – BStBl. I S. 820, Rz. 121–124).[3]

Kapitalwahlrecht. Für vor dem 1. 10. 1996 abgeschlossene Verträge ist Abschnitt 88 Abs. 1 Satz 4 EStR 1987 weiter anzuwenden. Abschnitt 88 Abs. 1 Satz 4 EStR 1987 lautet: „Beiträge zu Rentenversicherungen mit Kapitalwahlrecht gegen laufende Beitragsleistung können als Sonderausgaben abgezogen werden, wenn die Auszahlung des Kapitals frühestens zu einem Zeitpunkt nach Ablauf von zwölf Jahren seit Vertragsabschluß verlangt werden kann."

Keine Sonderausgaben. Die als Sonderausgaben zu berücksichtigenden Aufwendungen sind in § 10 EStG abschließend aufgezählt. Nicht benannte Aufwendungen können nicht als Sonderausgaben abgezogen werden (→ BFH vom 4. 2. 2010 – BStBl. II S. 617). Hierzu zählen z. B. Beiträge für eine
– Hausratversicherung,
– Kaskoversicherung,
– Rechtsschutzversicherung,
– Sachversicherung.

Krankentagegeldversicherung. Die Beiträge gehören zu den sonstigen Vorsorgeaufwendungen nach § 10 Abs. 1 Nr. 3 a EStG (→ BMF vom 24. 5. 2017 – BStBl. I S. 820, Rz. 121–124).[4]

Lebensversicherung (Vertragsabschluss vor dem 1. 1. 2005)
– Allgemeines/Grundsätze
  – → BMF vom 22. 8. 2002 (BStBl. I S. 827) unter Berücksichtigung der Änderungen durch BMF vom 1. 10. 2009 (BStBl. I S. 1188).
  – → Auszug aus dem EStG 2002 in der am 31. 12. 2004 geltenden Fassung.
  – → Verzeichnis der ausländischen Versicherungsunternehmen, denen die Erlaubnis zum Betrieb eines nach § 10 Abs. 1 Nr. 2 EStG a. F. begünstigten Versicherungszweigs im Inland erteilt ist – Stand: 1. 1. 2004.
– Beiträge zu Lebensversicherungen mit Teilleistungen auf den Erlebensfall vor Ablauf der Mindestvertragsdauer von zwölf Jahren sind auch nicht teilweise als Sonderausgaben abziehbar (→ BFH vom 27. 10. 1987 – BStBl. II 1988 S. 132).
– Einsatz von Lebensversicherungen zur Tilgung oder Sicherung von Darlehen → BMF vom 15. 6. 2000 (BStBl. I S. 1118) und vom 16. 7. 2012 (BStBl. I S. 686).

Loss-of-Licence-Versicherung. Beiträge zur Berufsunfähigkeitsversicherung eines Flugzeugführers sind regelmäßig Sonderausgaben, keine Werbungskosten (→ BFH vom 13. 4. 1976 – BStBl. II S. 599).

---

[1] Abgedruckt im Hauptteil als Anlage b zu § 10 EStG.
[2] Aktuelles *BMF-Schreiben vom 28. 11. 2024* abgedruckt im Hauptteil als Anlage c zu § 10 EStG.
[3] Abgedruckt im Hauptteil als Anlage b zu § 10 EStG.
[4] Abgedruckt im Hauptteil als Anlage b zu § 10 EStG.

H 10.5 **Pflegekrankenversicherung.** Die Beiträge zu einer ergänzenden Pflegekrankenversicherung gehören zu den sonstigen Vorsorgeaufwendungen nach § 10 Abs. 1 Nr. 3 a EStG (→ BMF vom 24. 5. 2017 – BStBl. I S. 820, Rz. 121–124).[1]

Pflegerentenversicherung. Die Beiträge gehören zu den sonstigen Vorsorgeaufwendungen nach § 10 Abs. 1 Nr. 3 a EStG (→ BMF vom 24. 5. 2017 – BStBl. I S. 820, Rz. 121–124).[2]

Unfallversicherung

– Zuordnung von Versicherungsbeiträgen zu Werbungskosten oder Sonderausgaben → BMF vom 28. 10. 2009 (BStBl. I S. 1275), Tz. 4.[3]
– Soweit die Beiträge nicht den Werbungskosten zuzuordnen sind, liegen sonstige Vorsorgeaufwendungen nach § 10 Abs. 1 Nr. 3 a EStG vor (→ BMF vom 24. 5. 2017 – BStBl. I S. 820, Rz. 121–124).[4]

Versorgungsbeiträge Selbständiger. Beiträge, für die eine gesetzliche Leistungspflicht besteht, stellen, auch soweit sie auf die sog. „alte Last" entfallen, regelmäßig keine Betriebsausgaben dar, wenn sie gleichzeitig der eigenen Versorgung oder der Versorgung der Angehörigen dienen (→ BFH vom 13. 4. 1972 – BStBl. II S. 728 und 730).
Sie können in diesem Fall als Sonderausgaben im Rahmen des § 10 EStG abgezogen werden.

Vertragseintritt. Wer in den Lebensversicherungsvertrag eines anderen eintritt, kann nur die nach seinem Eintritt fällig werdenden Beiträge als Sonderausgaben abziehen; der Eintritt gilt nicht als neuer Vertragsabschluss (→ BFH vom 9. 5. 1974 – BStBl. II S. 633).

R 10.6

R 10.6 Nachversteuerung von Versicherungsbeiträgen

72 ① Bei einer Nachversteuerung nach § 30 EStDV wird der Steuerbescheid des Kalenderjahres, in dem die Versicherungsbeiträge für Versicherungen i. S. d. § 10 Abs. 1 Nr. 3 Buchstabe b EStG als Sonderausgaben berücksichtigt worden sind, nicht berichtigt. ② Es ist lediglich festzustellen, welche Steuer für das jeweilige Kalenderjahr festzusetzen gewesen wäre, wenn der Stpfl. die Versicherungsbeiträge nicht geleistet hätte. ③ Der Unterschiedsbetrag zwischen dieser Steuer und der seinerzeit festgesetzten Steuer ist als Nachsteuer für das Kalenderjahr zu erheben, in dem das steuerschädliche Ereignis eingetreten ist.

H 10.6

H 10.6

73 **Nachsteuer.** Bei Berechnung der Nachsteuer nach § 10 Abs. 5 EStG findet § 177 AO keine Anwendung; bisher nicht geltend gemachte Aufwendungen können nicht nachgeschoben werden (→ BFH vom 15. 12. 1999 – BStBl. II 2000 S. 292).

Nachversteuerung für Versicherungsbeiträge bei Ehegatten im Falle ihrer getrennten Veranlagung. Sind die Ehegatten in einem dem VZ 1990 vorangegangenen Kalenderjahr nach § 26 a EStG in der für das betreffende Kalenderjahr geltenden Fassung getrennt veranlagt worden und waren in ihren zusammengerechneten Sonderausgaben mit Ausnahme des Abzugs für den steuerbegünstigten nicht entnommenen Gewinn und des Verlustabzugs Versicherungsbeiträge enthalten, für die eine Nachversteuerung durchzuführen ist, ist nach Abschnitt 109 a EStR 1990 zu verfahren.

Veräußerung von Ansprüchen aus Lebensversicherungen. Die Veräußerung von Ansprüchen aus Lebensversicherungen führt weder zu einer Nachversteuerung der als Sonderausgaben abgezogenen Versicherungsbeiträge noch zur Besteuerung eines etwaigen Überschusses des Veräußerungserlöses über die eingezahlten Versicherungsbeiträge (→ BMF vom 22. 8. 2002 – BStBl. I S. 827, RdNr. 32 unter Berücksichtigung der Änderungen durch BMF vom 1. 10. 2009 – BStBl. I S. 1188.

R 10.7

R 10.7 Kirchensteuern und Kirchenbeiträge

90 (1) ① Beiträge der Mitglieder von Religionsgemeinschaften (Kirchenbeiträge), die mindestens in einem Land als Körperschaft des öffentlichen Rechts anerkannt sind, aber während des ganzen Kalenderjahres keine Kirchensteuer erheben, sind aus Billigkeitsgründen wie Kirchensteuern abziehbar. ② Voraussetzung ist, dass der Stpfl. über die geleisteten Beiträge eine Empfangsbestätigung der Religionsgemeinschaft vorlegt. ③ Der Abzug ist bis zur Höhe der Kirchensteuer zulässig, die in dem betreffenden Land von den als Körperschaften des öffentlichen Rechts anerkannten Religionsgemeinschaften erhoben wird. ④ Bei unterschiedlichen Kirchensteuersätzen ist der höchste Steuersatz maßgebend. ⑤ Die Sätze 1 bis 4 sind nicht anzuwenden, wenn der Stpfl. gleichzeitig als Mitglied einer öffentlich-rechtlichen Religionsgemeinschaft zur Zahlung von Kirchensteuer verpflichtet ist.

---

[1] Abgedruckt im Hauptteil als Anlage b zu § 10 EStG.
[2] Abgedruckt im Hauptteil als Anlage b zu § 10 EStG.
[3] Abgedruckt im Hauptteil als Anlage zu LStH 40 b.1.
[4] Abgedruckt im Hauptteil als Anlage b zu § 10 EStG.

(2) Kirchenbeiträge, die nach Absatz 1 nicht wie Kirchensteuer als Sonderausgaben abgezogen werden, können im Rahmen des § 10b EStG steuerlich berücksichtigt werden.

H 10.7

H 10.7

Beiträge an Religionsgemeinschaften (R 10.7 Abs. 1 Satz 1 bis 3 EStR). Die in R 10.7 Abs. 1 getroffene Regelung stellt eine Billigkeitsmaßnahme (§ 163 AO) dar, die zwingend anzuwenden ist. 91 Der höchstmögliche Abzug beträgt 8% bzw. 9% der festgesetzten Einkommensteuer auf das um die Beiträge geminderte z. v. E.; § 51a Abs. 1 und 2 EStG ist anzuwenden (→ BFH vom 10. 10. 2001 – BStBl. II 2002 S. 201 und vom 12. 6. 2002 – BStBl. II 2003 S. 281).

Kirchensteuern an Religionsgemeinschaften in EU-/EWR-Staaten. Auch Kirchensteuerzahlungen an Religionsgemeinschaften, die in einem anderen EU-Mitgliedstaat oder in einem EWR-Staat belegen sind und die bei Inlandsansässigkeit als Körperschaften des öffentlichen Rechts anzuerkennen wären, sind als Sonderausgabe nach § 10 Abs. 1 Nr. 4 EStG abziehbar. Das betrifft die Staaten Finnland (evangelisch-lutherische und orthodoxe Staatskirchen) und Dänemark (evangelisch-lutherische Staatskirche). Soweit in den vorgenannten Staaten andere Religionsgemeinschaften ansässig sind, sind für die fiktive Einordnung als Körperschaft des öffentlichen Rechts die zuständigen Innen- oder Kultusbehörden einzubeziehen (→ BMF vom 16. 11. 2010 – BStBl. I S. 1311).[1]

Kirchensteuer auf Kapitaleinkünfte. Werden Zinseinnahmen nach dem regulären Einkommensteuertarif besteuert, löst eine spätere Anwendung des Abgeltungssteuertarifs eine Herabsetzung der als Zuschlag zur tariflichen Einkommensteuer festgesetzten Kirchensteuer aus. Die Minderung des Sonderausgabenabzugs ist in dem VZ zu berücksichtigen, in dem die insoweit geänderte Steuerfestsetzung wirksam wird (→ BFH vom 16. 3.2021 – BStBl. II 2022 S. 510).

Kirchensteuern des Erblassers. Zahlungen auf offene Kirchensteuern des Erblassers durch den Erben sind bei diesem im Jahr der Zahlung als Sonderausgabe abziehbar (→ BFH vom 21. 7. 2016 – BStBl. II 2017 S. 256).

Kirchensteuern i. S. d. § 10 Abs. 1 Nr. 4 EStG. Sie sind Geldleistungen, die von den als Körperschaften des öffentlichen Rechts anerkannten Religionsgemeinschaften von ihren Mitgliedern auf Grund gesetzlicher Vorschriften erhoben werden. Die Kirchensteuer wird in der Regel als Zuschlagsteuer zur Einkommen- bzw. Lohnsteuer erhoben. Kirchensteuern können aber nach Maßgabe der Gesetze auch erhoben werden als Kirchensteuern vom Einkommen, vom Vermögen, vom Grundbesitz und als Kirchgeld. **Keine Kirchensteuern** sind freiwillige Beiträge, die an öffentlich-rechtliche Religionsgemeinschaften oder andere religiöse Gemeinschaften entrichtet werden.

Willkürliche Zahlungen. Kirchensteuern sind grundsätzlich in dem VZ als Sonderausgabe abzugsfähig, in dem sie tatsächlich entrichtet wurden, soweit es sich nicht um willkürliche, die voraussichtliche Steuerschuld weit übersteigende Zahlungen handelt (→ BFH vom 25. 1. 1963 – BStBl. III S. 141).

R 10.8 Kinderbetreuungskosten *(unbesetzt)*

R 10.8

H 10.8

H 10.8

Abzugsbeschränkung. Die Beschränkung des Abzugs von Kinderbetreuungskosten auf zwei Drittel der Aufwendungen und einen Höchstbetrag von 4000 Euro je Kind ist verfassungsgemäß (→ BFH vom 9. 2. 2012 – BStBl. II S. 567). 93

Anwendungsschreiben → BMF vom 14. 3. 2012 (BStBl. I S. 307).[2]

R 10.9 Aufwendungen für die Berufsausbildung

R 10.9

(1) ① Erhält der Stpfl. zur unmittelbaren Förderung seiner Ausbildung steuerfreie Bezüge, mit denen Aufwendungen i. S. d. § 10 Abs. 1 Nr. 7 EStG abgegolten werden, entfällt insoweit der Sonderausgabenabzug. 94 ② Das gilt auch dann, wenn die zweckgebundenen steuerfreien Bezüge erst nach Ablauf des betreffenden Kalenderjahres gezahlt werden. ③ Zur Vereinfachung ist eine Kürzung der für den Sonderausgabenabzug in Betracht kommenden Aufwendungen nur dann vorzunehmen, wenn die steuerfreien Bezüge ausschließlich zur Bestreitung der in § 10 Abs. 1 Nr. 7 EStG bezeichneten Aufwendungen bestimmt sind. ④ Gelten die steuerfreien Bezüge dagegen ausschließlich oder teilweise Aufwendungen für den Lebensunterhalt ab – ausgenommen solche für auswärtige Unterbringung –, z. B. Berufsausbildungsbeihilfen nach § 59 SGB III, Leistungen nach den §§ 12 und 13 BAföG, sind die als Sonderausgaben geltend gemachten Berufsausbildungsaufwendungen nicht zu kürzen.

---

[1] Abgedruckt im Hauptteil als Anlage d zu § 10 EStG.
[2] Abgedruckt im Hauptteil als Anlage e zu § 10 EStG.

Nachlaufende Studiengebühren

(2) Staatlich gestundete Studienbeiträge, die erst nach Abschluss des Studiums gezahlt werden (sog. nachlaufende Studiengebühren), sind nach den allgemeinen Grundsätzen des § 11 Abs. 2 EStG im Jahr der Zahlung der gestundeten Beiträge und somit auch nach Abschluss der Berufsausbildung als Sonderausgaben abziehbar.

H 10.9

H 10.9

Aufwendungen i. S. d. § 10 Abs. 1 Nr. 7 EStG:

95
- **Arbeitsmittel.** Die für Arbeitsmittel i. S. d. § 9 Abs. 1 Satz 3 Nr. 6 EStG geltenden Vorschriften sind sinngemäß anzuwenden. Schafft ein Stpfl. abnutzbare Wirtschaftsgüter von mehrjähriger Nutzungsdauer an, sind im Rahmen des § 10 Abs. 1 Nr. 7 EStG nur die auf die Nutzungsdauer verteilten Anschaffungskosten als Sonderausgaben abziehbar (→ BFH vom 7. 5. 1993 – BStBl. II S. 676).
  Die Anschaffungs- oder Herstellungskosten von Arbeitsmitteln einschließlich der Umsatzsteuer können im Jahr der Anschaffung oder Herstellung in voller Höhe als Sonderausgaben abgesetzt werden, wenn sie ausschließlich der Umsatzsteuer für das einzelne Arbeitsmittel 800 € nicht übersteigen (→ R 9.12 LStR 2023),
- **häusliches Arbeitszimmer/Homeoffice.** Zur ertragsteuerlichen Beurteilung der betrieblichen und beruflichen Betätigung in der häuslichen Wohnung → BMF vom 15. 8. 2023 (BStBl. I S. 1551),[1] Anhang 19 I LStH 2024.
- **Fachliteratur** → BFH vom 28. 11. 1980 (BStBl. II 1981 S. 309),
- **Mehraufwand für Verpflegung** → BFH vom 3. 12. 1974 (BStBl. II 1975 S. 356), → R 9.6 LStR 2023,
- **Mehraufwand wegen doppelter Haushaltsführung** → R 9.11 LStR 2023.

Ausbildungsdarlehen/Studiendarlehen
- Abzugshöhe/Abzugszeitpunkt → H 10.1.
- Aufwendungen zur Tilgung von Ausbildungs-/Studiendarlehen gehören nicht zu den abziehbaren Aufwendungen i. S. d. § 10 Abs. 1 Nr. 7 EStG (→ BFH vom 15. 3. 1974 – BStBl. II S. 513).
- Zinsen für ein Ausbildungsdarlehen gehören zu den abziehbaren Aufwendungen, auch wenn sie nach Abschluss der Berufsausbildung gezahlt werden (→ BFH vom 28. 2. 1992 – BStBl. II S. 834).
- Ist ein Ausbildungsdarlehen nebst Zuschlag zurückzuzahlen, sind die Aufwendungen für den Zuschlag Ausbildungs- und keine Werbungskosten, wenn damit nachträglich die im Zusammenhang mit der Berufsausbildung gewährten Vorteile abgegolten werden sollen und wenn der Zuschlag nicht weitaus überwiegend als Druckmittel zur Einhaltung der vorvertraglichen Verpflichtung zur Eingehung eines langfristigen Arbeitsverhältnisses dienen soll (→ BFH vom 28. 2. 1992 – BStBl. II S. 834).

Aus- und Fortbildung → R 9.2 LStR 2023.

Auswärtige Unterbringung. Ein Student, der seinen Lebensmittelpunkt an den Studienort verlagert hat, ist regelmäßig nicht auswärts untergebracht (→ BFH vom 19. 9. 2012 – BStBl. II 2013 S. 284).

Beruf. Der angestrebte Beruf muss nicht innerhalb bestimmter bildungspolitischer Zielvorstellungen des Gesetzgebers liegen (→ BFH vom 18. 12. 1987 – BStBl. II 1988 S. 494).

Berufsausbildungskosten. Aufwendungen für die erstmalige Berufsausbildung oder ein Erststudium → BMF vom 22. 9. 2010 (BStBl. I S. 721).[2]

Deutschkurs. Aufwendungen eines in Deutschland lebenden Ausländers für den Erwerb von Deutschkenntnissen sind nicht als Aufwendungen für die Berufsausbildung abziehbar (→ BFH vom 15. 3. 2007 – BStBl. II S. 814).

Habilitation. Aufwendungen eines wissenschaftlichen Assistenten an einer Hochschule für seine Habilitation sind Werbungskosten i. S. v. § 9 EStG (→ BFH vom 7. 8. 1967 – BStBl. III S. 778).

Klassenfahrt. Aufwendungen eines Berufsschülers für eine im Rahmen eines Ausbildungsdienstverhältnisses als verbindliche Schulveranstaltung durchgeführte Klassenfahrt sind i. d. R. Werbungskosten (→ BFH vom 7. 2. 1992 – BStBl. II S. 531).

Studienreisen → R 12.2.

Umschulung. Aufwendungen für eine Umschulungsmaßnahme, die die Grundlage dafür bildet, von einer Berufs- oder Erwerbsart zu einer anderen überzuwechseln, können vorab entstandene Werbungskosten sein (→ BFH vom 4. 12. 2002 – BStBl. II 2003 S. 403).

---

[1] Abgedruckt im Hauptteil als Anlage zu LStH 9.14.
[2] Abgedruckt im Hauptteil als Anlage a zu LStH 9.2.

R 10.10 Schulgeld

R 10.10

Kind als Vertragspartner

(1) ① Schulgeldzahlungen eines Stpfl. sind bei diesem auch dann nach § 10 Abs. 1 Nr. 9 EStG abziehbar, wenn dessen unterhaltsberechtigtes Kind selbst Vertragspartner der Schule ist. ② Hat der Stpfl. für das sich in der Ausbildung befindenden Kind einen Anspruch auf einen Freibetrag nach § 32 Abs. 6 EStG oder auf Kindergeld, ist davon auszugehen, dass die erforderliche Unterhaltsberechtigung des Kindes besteht. 96

Schulbesuche im Ausland

(2) ① Zu den nach § 10 Abs. 1 Nr. 9 EStG abziehbaren Sonderausgaben gehören u. a. Schulgeldzahlungen für den Besuch einer im EU-/EWR-Raum belegenen Bildungsstätte, wenn der Besuch mit dem „International Baccalaureate" (Internationales Abitur) abschließen soll. ② Für die Anerkennung mehrjähriger Auslandsschulbesuche ist die Vorlage einer einmaligen Prognoseentscheidung der im Einzelfall zuständigen Behörde (z. B. Zeugnisanerkennungsstelle) ausreichend.

H 10.10

H 10.10

Allgemeines

– → BMF vom 9. 3. 2009 (BStBl. I S. 487).[1] 99
– Der Abzug von Schulgeldzahlungen setzt nicht voraus, dass die Eltern selbst Vertragspartner des mit der Privatschule abgeschlossenen Vertrages sind (→ BFH vom 9. 11. 2011 – BStBl. II 2012 S. 321).

Aufwendungen für den Schulbesuch als außergewöhnliche Belastungen → H 33.1–33.4 (Schulbesuch).

Privatschule in der Schweiz. Schulgeld, das an eine schweizerische Privatschule gezahlt wird, kann nicht als Sonderausgabe abgezogen werden. Hierin liegt keine Verletzung der Kapitalverkehrsfreiheit. Das Freizügigkeitsabkommen zwischen der Europäischen Gemeinschaft und ihren Mitgliedstaaten und der Schweiz vom 21. 6. 1999 (BGBl. 2001 II S. 811) gewährt keinen Anspruch auf Gleichbehandlung mit Privatschulen, die in der EU oder im EWR belegen sind (→ BFH vom 9. 5. 2012 – BStBl. II S. 585).

Spendenabzug. Zum Spendenabzug von Leistungen der Eltern an gemeinnützige Schulvereine – Schulen in freier Trägerschaft → BMF vom 4. 1. 1991 (BStBl. I 1992 S. 266).

R 10.11 Kürzung des Vorwegabzugs bei der Günstigerprüfung *(unbesetzt)*

R 10.11

H 10.11

H 10.11

Bemessungsgrundlage für die Kürzung des Vorwegabzugs

– Der Vorwegabzug für Vorsorgeaufwendungen ist auch für VZ nach Beendigung des Beschäftigungsverhältnisses zu kürzen, wenn in wirtschaftlichem Zusammenhang mit der **früheren Beschäftigung** stehender Arbeitslohn nachträglich an den Stpfl. ausgezahlt wird und dieser durch arbeitgeberfinanzierte Zukunftssicherungsleistungen oder Altersversorgungsansprüche begünstigt worden war (→ BFH vom 20. 12. 2006 – BStBl. II 2007 S. 823). 112
– Zu den Einnahmen aus nichtselbständiger Arbeit, die Bemessungsgrundlage für die Kürzung des Vorwegabzugs für Vorsorgeaufwendungen sind, gehört auch eine vom Arbeitgeber gezahlte **Entlassungsentschädigung**, für die kein Arbeitgeberbeitrag zu leisten war (→ BFH vom 16. 10. 2002 – BStBl. II 2003 S. 343).
– Bei **mehreren Beschäftigungsverhältnissen** sind für die Kürzung des Vorwegabzugs für Vorsorgeaufwendungen nur die Einnahmen aus den Beschäftigungsverhältnissen zu berücksichtigen, in deren Zusammenhang die Voraussetzungen für eine Kürzung des Vorwegabzugs für Vorsorgeaufwendungen erfüllt sind (→ BFH vom 26. 2. 2004 – BStBl. II S. 720).
– **Zukunftssicherungsleistungen**
  – Zum Begriff der Zukunftssicherungsleistungen i. S. d. § 3 Nr. 62 EStG → **R 3.62 LStR 2023.**
  – Die Höhe der vom Arbeitgeber erbrachten Zukunftssicherungsleistungen i. S. d. § 3 Nr. 62 EStG ist für den Umfang der Kürzung des Vorwegabzugs ohne Bedeutung (→ BFH vom 16. 10. 2002 – BStBl. II 2003 S. 183).
  – Der Vorwegabzug ist auch dann zu kürzen, wenn der Arbeitgeber Zukunftssicherungsleistungen während des VZ nur zeitweise erbringt oder nur Beiträge zur Kranken- und Pflegeversicherung leistet (→ BFH vom 16. 10. 2002 – BStBl. II 2003 S. 288).
  – Der Vorwegabzug für Vorsorgeaufwendungen ist auch dann zu kürzen, wenn das Anwartschaftsrecht auf Altersversorgung nicht unverfallbar ist oder wirtschaftlich nicht gesichert erscheint. Diese Kürzung ist nicht rückgängig zu machen, wenn eine Pensionszusage in späteren Jahren widerrufen wird (→ BFH vom 28. 7. 2004 – BStBl. II 2005 S. 94).

---

[1] Abgedruckt im Hauptteil als Anlage f zu § 10 EStG.

H 10.11

– Bei der Kürzung des den **zusammenveranlagten Ehegatten** gemeinsam zustehenden Vorwegabzugs für Vorsorgeaufwendungen ist in die Bemessungsgrundlage nur der Arbeitslohn desjenigen Ehegatten einzubeziehen, für den Zukunftssicherungsleistungen i. S. d. § 3 Nr. 62 EStG erbracht worden sind oder der zum Personenkreis des § 10 c Abs. 3 Nr. 1 oder 2 EStG gehört (→ BFH vom 3. 12. 2003 – BStBl. II 2004 S. 709).

Gesellschafter-Geschäftsführer von Kapitalgesellschaften → BMF vom 22. 5. 2007 (BStBl. I S. 493).

Höchstbetrag nach § 10 Abs. 3 EStG. Der Höchstbetrag ist nicht zu kürzen:

– wenn der Arbeitgeber für die Zukunftssicherung des Stpfl. keine Leistungen i. S. d. Absatzes 3 erbracht hat. Werden später Beiträge für einen bestimmten Zeitraum nachentrichtet, ist dieser Vorgang ein rückwirkendes Ereignis i. S. d. § 175 Abs. 1 Satz 1 Nr. 2 AO; der Höchstbetrag ist zu kürzen (→ BFH vom 21. 1. 2004 – BStBl. II S. 650),
– wenn einem Gesellschafter-Geschäftsführer einer GmbH im Anstellungsvertrag ein Anspruch auf Ruhegehalt eingeräumt wird, dessen Art und Höhe erst später per Gesellschafterbeschluss bestimmt werden soll und die GmbH keine Aufwendungen zur Sicherstellung der künftigen Altersversorgung tätigt (→ BFH vom 14. 6. 2000 – BStBl. II 2001 S. 28),
– bei nach § 4 SGB VI auf Antrag Pflichtversicherten (→ BFH vom 19. 5. 1999 – BStBl. II 2001 S. 64).

…

Zu § 11 EStG

R 11

R 11 Vereinnahmung und Verausgabung

131 ① Die Vereinnahmung durch einen Bevollmächtigten reicht für die Annahme des Zuflusses beim Stpfl. aus. ② Daher sind Honorare von Privatpatienten, die ein Arzt durch eine privatärztliche Verrechnungsstelle einziehen lässt, dem Arzt bereits mit dem Eingang bei dieser Stelle zugeflossen.

H 11

H 11

132 **Allgemeines**

– **Zufluss von Einnahmen** erst mit der Erlangung der wirtschaftlichen Verfügungsmacht über ein in Geld oder Geldeswert bestehendes Wirtschaftsgut (→ BFH vom 21. 11. 1989 – BStBl. II 1990 S. 310, vom 8. 10. 1991 – BStBl. II 1992 S. 174 und vom 11. 11. 2009 – BStBl. II 2010 S. 746). Verfügungsmacht wird in der Regel erlangt im Zeitpunkt des Eintritts des Leistungserfolges oder der Möglichkeit, den Leistungserfolg herbeizuführen (→ BFH vom 21. 11. 1989 – BStBl. II 1990 S. 310). Sie muss nicht endgültig erlangt sein (→ BFH vom 13. 10. 1989 – BStBl. II 1990 S. 287).
– **Kurze Zeit** bei regelmäßig wiederkehrenden Einnahmen ist in der Regel ein Zeitraum bis zu zehn Tagen. Innerhalb dieses Zeitraums müssen die Zahlungen fällig und geleistet worden sein (→ BFH vom 24. 7. 1986 – BStBl. II 1987 S. 16 und vom 16. 2. 2022 – BStBl. II S. 448). Auf die Fälligkeit im Jahr der wirtschaftlichen Zugehörigkeit kommt es nicht an (→ BFH vom 23. 9. 1999 – BStBl. II 2000 S. 121).
– Für den **Abfluss von Ausgaben** gelten diese Grundsätze entsprechend.
– Bei einer nach § 108 Abs. 3 AO hinausgeschobenen Fälligkeit ist eine regelmäßig wiederkehrende Steuerzahlung nur dann im Jahr ihrer wirtschaftlichen Zugehörigkeit abziehbar, wenn sie innerhalb des Zehn-Tages-Zeitraums geleistet wurde (→ BFH vom 11. 11. 2014 – BStBl. II 2015 S. 285 und vom 27. 6. 2018 – BStBl. II S. 781).

Arbeitslohn → § 38 a Abs. 1 Satz 2 und 3 EStG, R 38.2 LStR 2023.

Arzthonorar

– Die Honorare fließen dem Arzt grundsätzlich erst mit Überweisung seines Anteils durch die kassenärztliche Vereinigung zu (→ BFH vom 20. 2. 1964 – BStBl. III S. 329).
– Die Einnahmen von der **kassenärztlichen Vereinigung** stellen regelmäßig wiederkehrende Einnahmen dar (→ BFH vom 6. 7. 1995 – BStBl. II 1996 S. 266).

Aufrechnung. Die Aufrechnung mit einer fälligen Gegenforderung stellt eine Leistung i. S. d. § 11 Abs. 2 EStG dar (→ BFH vom 19. 4. 1977 – BStBl. II S. 601).

Bonuszinsen aus einem Bausparvertrag. Bonuszinsen aus einem Bausparvertrag fließen dem Stpfl. nicht bereits mit dem jährlichen Ausweis der Zinsen auf einem von der Bausparkasse geführten Bonuskonto zu, wenn ein Anspruch auf die Bonuszinsen nur nach einem Verzicht auf das Bauspardarlehen entsteht, die Bonuszinsen erst bei Auszahlung des Bausparguthabens fällig werden und über sie nur i. V. m. dem Bausparguthaben verfügt werden kann (→ BFH vom 15.11.2022 – BStBl. II 2023 S. 961).

Damnum

– Bei **vereinbarungsgemäßer** Einbehaltung eines Damnums bei Auszahlung eines Tilgungsdarlehens ist im Zeitpunkt der Kapitalauszahlung ein Abfluss anzunehmen (→ BFH vom 10. 3. 1970 – BStBl. II S. 453). Bei ratenweiser Auszahlung des Darlehens kommt eine entsprechende Aufteilung des Damnums nur in Betracht, wenn keine Vereinbarung der Vertragsparteien über den Abflusszeitpunkt des Damnums vorliegt (→ BFH vom 26. 6. 1975 – BStBl. II S. 880). H 11

- Soweit für ein Damnum ein **Tilgungsstreckungsdarlehen** aufgenommen wird, fließt das Damnum mit den Tilgungsraten des Tilgungsstreckungsdarlehens ab (→ BFH vom 26. 11. 1974 – BStBl. II 1975 S. 330).
- Ein Damnum, das ein Darlehensschuldner vor Auszahlung eines aufgenommenen Darlehens zahlt, ist im VZ seiner Leistung als Werbungskosten abziehbar, es sei denn, dass die Vorauszahlung des Damnums von keinen sinnvollen wirtschaftlichen Erwägungen getragen wird (→ BFH vom 3. 2. 1987 – BStBl. II S. 492). Ist ein Damnum nicht mehr als drei Monate vor Auszahlung der Darlehensvaluta oder einer ins Gewicht fallenden Teilauszahlung des Darlehens (mindestens 30% der Darlehensvaluta einschließlich Damnum) geleistet worden, kann davon ausgegangen werden, dass ein wirtschaftlich vernünftiger Grund besteht (→ BMF vom 20. 10. 2003 – BStBl. I S. 546, RdNr. 15).
- Damnum-/Disagiovereinbarungen mit Geschäftsbanken sind regelmäßig als marktüblich anzusehen. Diese Vermutung kann durch besondere Umstände wie beispielweise Kreditunwürdigkeit des Darlehensnehmers, atypische Vertragsgestaltungen oder persönliche Beziehungen der Beteiligten zueinander widerlegt werden (→ BFH vom 8. 3. 2016 – BStBl. II S. 646).

Entschädigung für Flutungsrecht. Entschädigungen für die Eintragung einer beschränkt persönlichen Dienstbarkeit, die das Recht dinglich absichert, dass ein zum Betriebsvermögen des Eigentümers gehörendes Grundstück als Überflutungsfläche zur Hochwasserrückhaltung genutzt werden darf, sind im Zuflusszeitpunkt als Betriebseinnahmen zu erfassen; es handelt sich nicht um eine Einnahme aus einer Nutzungsüberlassung i. S. d. § 11 Abs. 2 Satz 3 EStG (→ BFH vom 21. 11. 2018 – BStBl. II 2019 S. 311).

Forderungsübergang. Der übergegangene Betrag fließt dem Stpfl. in dem Zeitpunkt zu, in dem er beim neuen Gläubiger eingeht (→ BFH vom 16. 3. 1993 – BStBl. II S. 507).

Gesamtgläubiger. Stehen mehreren Stpfl. als Gesamtgläubigern Einnahmen zu und vereinbaren sie mit dem Schuldner, dass dieser nur an einen bestimmten Gesamtgläubiger leisten soll, so tritt bei jedem der Gesamtgläubiger anteilsmäßig ein Zufluss in dem Zeitpunkt ein, in dem die Einnahmen bei dem bestimmten Gesamtgläubiger eingehen (→ BFH vom 10. 12. 1985 – BStBl. II 1986 S. 342).

Gewinnausschüttung → H 20.2 (Zuflusszeitpunkt bei Gewinnausschüttungen).

Gutschrift. Zufluss beim Stpfl. im Zeitpunkt der Gutschrift in den Büchern des Verpflichteten (Schuldners), wenn eine eindeutige und unbestrittene Leistungsverpflichtung des Schuldners besteht (diesem also insbesondere kein Leistungsverweigerungsrecht zusteht oder er sich erkennbar auf zivilrechtliche Einwendungen und Einreden gegen die Forderung des Stpfl. nicht berufen will) und der Schuldner in diesem Zeitpunkt zur Zahlung des Betrages in der Lage gewesen wäre, also nicht zahlungsunfähig war (→ BFH vom 10. 7. 2001 – BStBl. II S. 646 und vom 30. 10. 2001 – BStBl. II 2002 S. 138).

Leasing-Sonderzahlung. Verwendet ein Arbeitnehmer einen geleasten Pkw für berufliche Zwecke und macht er dafür die tatsächlichen Kosten geltend, gehört eine bei Leasingbeginn zu erbringende Sonderzahlung in Höhe der anteiligen beruflichen Nutzung des Pkw zu den sofort abziehbaren Werbungskosten; es handelt sich bei ihr nicht um Anschaffungskosten des obligatorischen Nutzungsrechts an dem Pkw, die nur in Form von Absetzungen für Abnutzung als Werbungskosten berücksichtigt werden könnten (→ BFH vom 5. 5. 1994 – BStBl. II S. 643).[1]

Novation. Vereinbaren Gläubiger und Schuldner, dass der Geldbetrag fortan aus einem anderen Rechtsgrund geschuldet wird (Novation), kann ein Zufluss und gleichzeitiger Wiederabfluss des Geldbetrages beim Gläubiger vorliegen (→ BFH vom 10. 7. 2001 – BStBl. II S. 646 und vom 30. 10. 2001 – BStBl. II 2002 S. 138).

Nutzungsrechte. Räumt der Arbeitgeber dem Arbeitnehmer im Hinblick auf das Dienstverhältnis unentgeltlich ein Nutzungsrecht an einer Wohnung ein, fließt dem Arbeitnehmer der geldwerte Vorteil nicht im Zeitpunkt der Bestellung des Nutzungsrechts in Höhe des kapitalisierten Wertes, sondern fortlaufend in Höhe des jeweiligen Nutzungswertes der Wohnung zu (→ BFH vom 26. 5. 1993 – BStBl. II S. 686).

Pachtzahlungen in der Land- und Forstwirtschaft. Ermittelt ein Land- und Forstwirt seinen Gewinn nach der EÜR, hat er laufende Pachtzahlungen in dem Wj. zu erfassen, zu dem sie wirtschaftlich gehören, wenn sie kurze Zeit vor Beginn oder nach Ende dieses Wj. fällig sind und zufließen; auf die Fälligkeit im Jahr der wirtschaftlichen Zugehörigkeit kommt es nicht an (→ BFH vom 23. 9. 1999 – BStBl. II 2000 S. 121).

Provisionen

- Bei der EÜR sind Provisionen auch dann zugeflossen, wenn sie auf einem Kautionskonto zur Sicherung von Gegenforderungen des Versicherungsunternehmens gutgeschrieben werden (→ BFH vom 24. 3. 1993 – BStBl. II S. 499). Dagegen sind Beträge, die von dem Versi-

[1] Siehe aber auch BFH-Urteil vom 15. 4. 2010 (BStBl. II S. 805).

H 11

cherungsunternehmen einem für den Vertreter gebildeten Stornoreservekonto gutgeschrieben werden, nicht zugeflossen, wenn die Beträge im Zeitpunkt der Gutschrift nicht fällig waren und das Guthaben nicht verzinst wird (→ BFH vom 12. 11. 1997 – BStBl. II 1998 S. 252).
– Auch wenn feststeht, dass erhaltene Provisionsvorschüsse in späteren Jahren zurückzuzahlen sind, ist bei der EÜR ein Zufluss anzunehmen (→ BFH vom 13. 10. 1989 – BStBl. II 1990 S. 287).

Scheck
– Der Zufluss erfolgt grundsätzlich mit Entgegennahme. Dies gilt auch dann, wenn die zugrunde liegende Vereinbarung wegen eines gesetzlichen Verbots oder wegen Sittenwidrigkeit nichtig ist (→ BFH vom 20. 3. 2001 – BStBl. II S. 482); die sofortige Bankeinlösung darf jedoch nicht durch zivilrechtliche Vereinbarung eingeschränkt sein (→ BFH vom 30. 10. 1980 – BStBl. II 1981 S. 305).
– Der Abfluss erfolgt grundsätzlich mit Hingabe; für den Bereich der erhöhten Absetzungen und Sonderabschreibungen auf Anzahlungen aber → § 7 a Abs. 2 Satz 5 EStG.
– Der Abfluss erfolgt bei Scheckübermittlung mit der Übergabe an die Post bzw. dem Einwurf in den Briefkasten des Zahlungsempfängers (→ BFH vom 24. 9. 1985 – BStBl. II 1986 S. 284).

Schneeballsystem
– Zufluss von Scheinrenditen bei einem Schneeballsystem (→ BFH vom 28. 10. 2008 – BStBl. II 2009 S. 190);
– → H 20.2 (Schneeballsystem).

Sperrkonto. Zinsen auf einem Sperrkonto fließen dem Stpfl. im Zeitpunkt der Gutschrift auf dem Sperrkonto zu, soweit die Kontosperre auf einer freien Vereinbarung zwischen dem Leistenden und dem Stpfl. beruht (→ BFH vom 28. 9. 2011 – BStBl. II 2012 S. 315).

Stille Gesellschaft
Für den Zufluss der Gewinnanteile eines typisch stillen Gesellschafters gilt § 11 EStG; für Zwecke des Kapitalertragsteuerabzugs ist § 44 Abs. 3 EStG maßgeblich (→ BFH vom 28. 11. 1990 – BStBl. II 1991 S. 313).
– → H 20.1 und H 20.2 (Stiller Gesellschafter).

Stundung. Wird die Fälligkeit eines auszuzahlenden Zinsanspruchs einvernehmlich hinausgeschoben, stellt dies lediglich eine Stundung und keine den Zufluss begründende Verfügung des Gläubigers über Kapitalerträge dar (→ BFH vom 20. 10. 2015 – BStBl. II 2016 S. 342).

Überweisung. Abfluss im Zeitpunkt des Eingangs des Überweisungsauftrags bei der Überweisungsbank, wenn das Konto die nötige Deckung aufweist oder ein entsprechender Kreditrahmen vorhanden ist; andernfalls im Zeitpunkt der Lastschrift (→ BFH vom 6. 3. 1997 – BStBl. II S. 509).

Umsatzsteuervorauszahlungen/-erstattungen
– Umsatzsteuervorauszahlungen sind regelmäßig wiederkehrende Ausgaben. Dies gilt für Umsatzsteuererstattungen entsprechend (→ BFH vom 1. 8. 2007 – BStBl. II 2008 S. 282).
– Bei nach § 108 Abs. 3 AO hinausgeschobener Fälligkeit → Allgemeines.

Verrechnung → Aufrechnung.

Wechsel. Zufluss mit Einlösung oder Diskontierung des zahlungshalber hingegebenen Wechsels (→ BFH vom 5. 5. 1971 – BStBl. II S. 624). Entsprechendes gilt für den Abfluss.

Werbungskosten bei sonstigen Einkünften
– → H 22.8 (Werbungskosten).
– → H 23 (Werbungskosten).

Wirtschaftsjahr. § 11 EStG ist auch bei abweichendem Wj. anzuwenden (→ BFH vom 23. 9. 1999 – BStBl. II 2000 S. 121).

…

Zu § 12 EStG
(§ 8 EStDV)

…

R 12.2

R 12.2 Studienreisen, Fachkongresse *(unbesetzt)*

H 12.2

H 12.2

138

Allgemeines. Aufwendungen können nur berücksichtigt werden, wenn sie durch die Einkunftserzielung veranlasst sind. Bei gemischt veranlassten Aufwendungen besteht kein generelles Aufteilungs- und Abzugsverbot (→ BFH vom 21. 9. 2009 – BStBl. II 2010 S. 672); zu den Folgerungen → BMF vom 6. 7. 2010 (BStBl. I S. 614).[1]

[1] Abgedruckt im Hauptteil als Anlage a zu LStH 9.1.

Incentive-Reisen → BMF vom 14. 10. 1996 – BStBl. I S. 1192.[1] H 12.2

Nachweis der Teilnahme. Bei betrieblicher/beruflicher Veranlassung sind Aufwendungen für die Teilnahme an einem Kongress nur abziehbar, wenn feststeht, dass der Stpfl. an den Veranstaltungen teilgenommen hat (→ BFH vom 4. 8. 1977 – BStBl. II S. 829). An den Nachweis der Teilnahme sind strenge Anforderungen zu stellen; der Nachweis muss sich auf jede Einzelveranstaltung beziehen, braucht jedoch nicht in jedem Fall durch Anwesenheitstestat geführt zu werden (→ BFH vom 13. 2. 1980 – BStBl. II S. 386 und vom 11. 1. 2007 – BStBl. II S. 457).

. . .

Zu § 15 EStG

R 15.1 Selbständigkeit R 15.1

Versicherungsvertreter

(1) ① Versicherungsvertreter, die Versicherungsverträge selbst vermitteln (sog. Spezialagenten), sind in vollem Umfang als selbständig anzusehen. ② Das gilt auch dann, wenn sie neben Provisionsbezügen ein mäßiges festes Gehalt bekommen. ③ Soweit ein Spezialagent nebenbei auch Verwaltungsaufgaben und die Einziehung von Prämien oder Beiträgen übernommen hat, sind die Einnahmen daraus als Entgelte für selbständige Nebentätigkeit zu behandeln. ④ Es ist dabei unerheblich, ob sich z. B. Inkassoprovisionen auf Versicherungen beziehen, die der Spezialagent selbst geworben hat, oder auf andere Versicherungen. ⑤ Versicherungsvertreter, die mit einem eigenen Büro für einen bestimmten Bezirk sowohl den Bestand zu verwalten als auch neue Geschäfte abzuschließen haben und im Wesentlichen auf Provisionsbasis arbeiten, sind in der Regel Gewerbetreibende. 150

Hausgewerbetreibende und Heimarbeiter

(2) ① Hausgewerbetreibende sind im Gegensatz zu Heimarbeitern, deren Tätigkeit als nichtselbständige Arbeit anzusehen ist, selbständige Gewerbetreibende. ② Die Begriffe des → Hausgewerbetreibenden und des → Heimarbeiters sind im HAG bestimmt. ③ Wie bei Heimarbeitern ist die Tätigkeit der nach § 1 Abs. 2 Buchstabe a HAG gleichgestellten Personen, „die in der Regel allein oder mit ihren Familienangehörigen in eigener Wohnung oder selbstgewählter Betriebsstätte eine sich in regelmäßigen Arbeitsvorgängen wiederholende Arbeit im Auftrag eines anderen gegen Entgelt ausüben, ohne dass ihre Tätigkeit als gewerblich anzusehen oder dass der Auftraggeber ein Gewerbetreibender oder Zwischenmeister ist", als nichtselbständige Arbeit anzusehen. ④ Dagegen sind die nach § 1 Abs. 2 Buchstaben b bis d HAG gleichgestellten Personen wie Hausgewerbetreibende selbständige Gewerbetreibende. ⑤ Über die Gleichstellung mit Hausgewerbetreibenden entscheiden nach dem HAG die von den zuständigen Arbeitsbehörden errichteten Heimarbeitsausschüsse. ⑥ Für die Unterscheidung von Hausgewerbetreibenden und Heimarbeitern ist von dem Gesamtbild des einzelnen Falles auszugehen. ⑦ Heimarbeiter ist nicht, wer fremde Hilfskräfte beschäftigt oder die Gefahr des Unternehmens, insbesondere auch wegen wertvoller Betriebsmittel, trägt. ⑧ Auch eine größere Anzahl von Auftraggebern und ein größeres Betriebsvermögen können die Eigenschaft als Hausgewerbetreibender begründen. ⑨ Die Tatsache der Zahlung von Sozialversicherungsbeiträgen durch den Auftraggeber ist für die Frage, ob ein Gewerbebetrieb vorliegt, ohne Bedeutung.

Sozialversicherungspflicht

(3) Arbeitnehmerähnliche Selbständige i. S. d. § 2 Satz 1 Nr. 9 SGB VI sind steuerlich regelmäßig selbständig tätig.

H 15.1 H 15.1

Allgemeines

- Voraussetzung für die Annahme eines Gewerbebetriebes ist die Selbständigkeit der Tätigkeit, d. h., die Tätigkeit muss auf eigene Rechnung (Unternehmerrisiko) und auf eigene Verantwortung (Unternehmerinitiative) ausgeübt werden (→ BFH vom 27. 9. 1988 – BStBl. II 1989 S. 414). 151
- Eine nur schwach ausgeprägte, aber im Kern gleichwohl gegebene Unternehmerinitiative kann durch ein eindeutig vorhandenes Unternehmerrisiko dergestalt ausgeglichen werden, dass in der Gesamtschau die für die Annahme gewerblicher Einkünfte erforderliche Selbständigkeit der Betätigung zu bejahen ist (→ BFH vom 7. 2. 2018 – BStBl. II S. 630).

Freie Mitarbeit. Vertraglich vereinbarte freie Mitarbeit kann ein Arbeitsverhältnis begründen (→ BFH vom 24. 7. 1992 – BStBl. II 1993 S. 155).

Generalagent. Bei den sog. Generalagenten kommt eine Aufteilung der Tätigkeit in eine selbständige und in eine nichtselbständige Tätigkeit im Allgemeinen nicht in Betracht. Im Allgemeinen ist der Generalagent ein Gewerbetreibender, wenn er das Risiko seiner Tätigkeit trägt,

[1] Abgedruckt im Hauptteil als Anlage a zu LStH 19.7.

H 15.1

ein Büro mit eigenen Angestellten unterhält, trotz der bestehenden Weisungsgebundenheit in der Gestaltung seines Büros und seiner Zeiteinteilung weitgehend frei ist, der Erfolg seiner Tätigkeit nicht unerheblich von seiner Tüchtigkeit und Initiative abhängt und ihn die Beteiligten selbst als Handelsvertreter und nicht als Arbeitnehmer bezeichnen (→ BFH vom 3. 10. 1961 – BStBl. III S. 567). Dies gilt auch für Generalagenten eines Krankenversicherungsunternehmens (→ BFH vom 13. 4. 1967 – BStBl. III S. 398).

Gesamtbeurteilung. Für die Frage, ob ein Stpfl. selbständig oder nichtselbständig tätig ist, kommt es nicht allein auf die vertragliche Bezeichnung, die Art der Tätigkeit oder die Form der Entlohnung an. Entscheidend ist das Gesamtbild der Verhältnisse. Es müssen die für und gegen die Selbständigkeit sprechenden Umstände gegeneinander abgewogen werden; die gewichtigeren Merkmale sind dann für die Gesamtbeurteilung maßgebend (→ BFH vom 12. 10. 1989 – BStBl. II 1990 S. 64 und vom 18. 1. 1991 – BStBl. II S. 409).

Handelsvertreter. Ein Handelsvertreter ist auch dann selbständig tätig, wenn Betriebsvermögen nur in geringem Umfang vorhanden ist (→ BFH vom 31. 10. 1974 – BStBl. II 1975 S. 115 und BVerfG vom 25. 10. 1977 – BStBl. II 1978 S. 125).

Hausgewerbetreibender. Hausgewerbetreibender ist, „wer in eigener Arbeitsstätte (eigener Wohnung oder Betriebsstätte) mit nicht mehr als zwei fremden Hilfskräften oder Heimarbeitern im Auftrag von Gewerbetreibenden oder Zwischenmeistern Waren herstellt, bearbeitet oder verpackt, wobei er selbst wesentlich am Stück mitarbeitet, jedoch die Verwertung der Arbeitsergebnisse dem unmittelbar oder mittelbar auftraggebenden Gewerbetreibenden überlässt. Beschafft der Hausgewerbetreibende die Roh- und Hilfsstoffe selbst oder arbeitet er vorübergehend unmittelbar für den Absatzmarkt, wird hierdurch seine Eigenschaft als Hausgewerbetreibender nicht beeinträchtigt" (→ § 2 Abs. 2 HAG).

Heimarbeiter. Heimarbeiter ist, „wer in selbstgewählter Arbeitsstätte (eigener Wohnung oder selbstgewählter Betriebsstätte) allein oder mit seinen Familienangehörigen im Auftrag von Gewerbetreibenden oder Zwischenmeistern erwerbsmäßig arbeitet, jedoch die Verwertung der Arbeitsergebnisse dem unmittelbar oder mittelbar auftraggebenden Gewerbetreibenden überlässt. Beschafft der Heimarbeiter die Roh- und Hilfsstoffe selbst, wird hierdurch seine Eigenschaft als Heimarbeiter nicht beeinträchtigt" (→ § 2 Abs. 1 HAG).

Natürliche Personen. Natürliche Personen können z. T. selbständig, z. T. nichtselbständig tätig sein (→ BFH vom 3. 7. 1991 – BStBl. II S. 802).

Nebentätigkeit und Aushilfstätigkeit. Zur Abgrenzung zwischen selbständiger und nichtselbständiger Tätigkeit → R 19.2 LStR 2023.

Reisevertreter. Bei einem Reisevertreter ist im Allgemeinen Selbständigkeit anzunehmen, wenn er die typische Tätigkeit eines Handelsvertreters i. S. d. § 84 HGB ausübt, d. h. Geschäfte für ein anderes Unternehmen vermittelt oder abschließt und ein geschäftliches Risiko trägt. Nichtselbständigkeit ist jedoch gegeben, wenn der Reisevertreter in das Unternehmen seines Auftraggebers derart eingegliedert ist, dass er dessen Weisungen zu folgen verpflichtet ist. Ob eine derartige Unterordnung unter den geschäftlichen Willen des Auftraggebers vorliegt, richtet sich nach der von dem Reisevertreter tatsächlich ausgeübten Tätigkeit und der Stellung gegenüber seinem Auftraggeber (→ BFH vom 16. 1. 1952 – BStBl. III S. 79). Der Annahme der Nichtselbständigkeit steht nicht ohne weiteres entgegen, dass die Entlohnung nach dem Erfolg der Tätigkeit vorgenommen wird. Hinsichtlich der Bewegungsfreiheit eines Vertreters kommt es bei der Abwägung, ob sie für eine Selbständigkeit oder Nichtselbständigkeit spricht, darauf an, ob das Maß der Bewegungsfreiheit auf der eigenen Machtvollkommenheit des Vertreters beruht oder Ausfluss des Willens des Geschäftsherrn ist (→ BFH vom 7. 12. 1961 – BStBl. III 1962 S. 149).

Selbständigkeit

- Ein **Arztvertreter** kann selbständig tätig sein (→ BFH vom 10. 4. 1953 – BStBl. III S. 142).
- **Bauhandwerker** sind bei nebenberuflicher **„Schwarzarbeit"** in der Regel nicht Arbeitnehmer des Bauherrn (→ BFH vom 21. 3. 1975 – BStBl. II S. 513).
- Übt der **Beratungsstellenleiter eines Lohnsteuerhilfevereins** seine Tätigkeit als freier Mitarbeiter aus, ist er selbständig tätig (→ BFH vom 10. 12. 1987 – BStBl. II 1988 S. 273).
- Ein früherer **Berufssportler,** der wiederholt entgeltlich bei industriellen Werbeveranstaltungen mitwirkt, ist selbständig tätig (→ BFH vom 3. 11. 1982 – BStBl. II 1983 S. 182).
- Ein **Bezirksstellenleiter bei Lotto- und Totogesellschaften** ist regelmäßig selbständig tätig (→ BFH vom 14. 9. 1967 – BStBl. II 1968 S. 193).
- Ein **Fahrlehrer,** der gegen eine tätigkeitsbezogene Vergütung unterrichtet, ist in der Regel selbständig tätig, auch wenn ihm keine Fahrschulerlaubnis erteilt worden ist (→ BFH vom 17. 10. 1996 – BStBl. II 1997 S. 188).
- Ein **ausländisches Fotomodell,** das zur Produktion von Werbefilmen kurzfristig im Inland tätig wird, kann selbständig tätig sein (→ BFH vom 14. 6. 2007 – BStBl. II 2009 S. 931).
- Ein **(Berufs-)Fotomodell,** das nur von Fall zu Fall und vorübergehend zu Werbeaufnahmen herangezogen wird, ist selbständig tätig (→ BFH vom 8. 6. 1967 – BStBl. III S. 618).
- Ein **Fußball-Nationalspieler,** dem der DFB Anteile an den durch die zentrale Vermarktung der Fußball-Nationalmannschaft erwirtschafteten Werbeeinnahmen überlässt, kann selbständig tätig sein (→ BFH vom 22. 2. 2012 – BStBl. II S. 511).

H 15.1

- Ein **Gerichtsreferendar,** der neben der Tätigkeit bei Gericht für einen Rechtsanwalt von Fall zu Fall tätig ist, steht zu diesem nicht in einem Arbeitsverhältnis, sondern ist selbständig tätig (→ BFH vom 22. 3. 1968 – BStBl. II S. 455).
- Ein **Gesellschafter-Geschäftsführer** einer Baubetreuungs-GmbH, der neben dieser Tätigkeit als Makler und Finanzierungsvermittler tätig ist, ist auch insoweit selbständig tätig, als er sich zu Garantieleistungen nicht nur Dritten, sondern auch seiner Gesellschaft gegenüber gesondert verpflichtet und sich solche Dienste gesondert vergüten lässt (→ BFH vom 8. 3. 1989 – BStBl. II S. 572).
- Ein **Knappschaftsarzt,** der neben dieser Tätigkeit eine freie Praxis ausübt, ist auch hinsichtlich seiner Knappschaftspraxis in der Regel selbständig tätig (→ BFH vom 3. 7. 1959 – BStBl. III S. 344).
- Zur **Abgrenzung zwischen selbständiger und nichtselbständiger Tätigkeit** von **Künstlern** und verwandten Berufen → BMF vom 5. 10. 1990 (BStBl. I S. 638)[1] unter Berücksichtigung der Neufassung der Anlage durch BMF vom 9. 7. 2014 (BStBl. I S. 1103); bei der Beurteilung darf nicht einseitig auf die Verpflichtung zur Teilnahme an Proben abgestellt werden (→ BFH vom 30. 5. 1996 – BStBl. II S. 493).
- Ein Notar, der außerdem zum **Notariatsverweser** bestellt ist, übt auch dieses Amt selbständig aus (→ BFH vom 12. 9. 1968 – BStBl. II S. 811).
- Ein **Rechtsanwalt,** der zudem eine Tätigkeit **als Lehrbeauftragter** an einer Hochschule ausübt, kann auch insoweit selbständig tätig sein (→ BFH vom 17. 7. 1958 – BStBl. III S. 360).
- Eine **nebenberufliche Lehrkraft** erzielt in der Regel Einkünfte aus selbständiger Arbeit (→ BFH vom 4. 10. 1984 – BStBl. II 1985 S. 51).
- Bestimmt ein **Rundfunkermittler** im Wesentlichen selbst den Umfang der Tätigkeit und sind seine Einnahmen weitgehend von der Eigeninitiative abhängig, ist er selbständig tätig (→ BFH vom 2. 12. 1998 – BStBl. II 1999 S. 534).
- Ein **Spitzensportler,** der Sportgeräte öffentlich deutlich sichtbar benutzt, ist mit dem entgeltlichen Werben selbständig tätig (→ BFH vom 19. 11. 1985 – BStBl. II 1986 S. 424).
- **Nebenberufliche Vertrauensleute einer Buchgemeinschaft** sind keine Arbeitnehmer des Buchclubs, sondern selbständig tätig (→ BFH vom 11. 3. 1960 – BStBl. III S. 215).
- Eine **Werbedame,** die von ihren Auftraggebern von Fall zu Fall für jeweils kurzfristige Werbeaktionen beschäftigt wird, kann selbständig tätig sein (→ BFH vom 14. 6. 1985 – BStBl. II S. 661).
- → H 19.0 LStH.

Spitzensportler
- Steht eine sportliche Betätigung mit ihrer gewerblichen Vermarktung im Rahmen von Sponsorenverträgen in einem untrennbaren Sachzusammenhang, bilden beide Tätigkeiten einen einheitlichen Gewerbebetrieb, so dass auch die Sporttätigkeit von der Steuerpflicht erfasst wird. Liegt ein einheitlicher Gewerbebetrieb als Sportler vor, stellen finanzielle Unterstützungsmaßnahmen der Sportförderung aufgrund des weiten Verständnisses des Veranlassungsbegriffs Betriebseinnahmen dar (→ BFH vom 15.12.2021 – BStBl. II 2023 S. 319).
- → Selbständigkeit.

Versicherungsvertreter. Selbständige Versicherungsvertreter üben auch dann eine gewerbliche Tätigkeit aus, wenn sie nur für ein einziges Versicherungsunternehmen tätig sein dürfen (→ BFH vom 26. 10. 1977 – BStBl. II 1978 S. 137).
→ Generalagent.

...

R 15.5 Abgrenzung des Gewerbebetriebs von der Land- und Forstwirtschaft

R 15.5

Allgemeine Grundsätze

(1) ① Land- und Forstwirtschaft ist die planmäßige Nutzung der natürlichen Kräfte des Bodens zur Erzeugung von Pflanzen und Tieren sowie die Verwertung der dadurch selbstgewonnenen Erzeugnisse. ② Als Boden i. S. d. Satzes 1 gelten auch Substrate und Wasser. ③ Ob eine land- und forstwirtschaftliche Tätigkeit vorliegt, ist jeweils nach dem Gesamtbild der Verhältnisse zu entscheiden. ④ Liegen teils gewerbliche und teils land- und forstwirtschaftliche Tätigkeiten vor, sind die Tätigkeiten zu trennen, wenn dies nach der Verkehrsauffassung möglich ist. ⑤ Dies gilt auch dann, wenn sachliche und wirtschaftliche Bezugspunkte zwischen den verschiedenen Tätigkeiten bestehen. ⑥ Sind die verschiedenen Tätigkeiten jedoch derart miteinander verflochten, dass sie sich unlösbar gegenseitig bedingen, liegt eine einheitliche Tätigkeit vor. ⑦ Eine solche einheitliche Tätigkeit ist danach zu qualifizieren, ob das land- und forstwirtschaftliche oder das gewerbliche Element überwiegt. ⑧ Bei in Mitunternehmerschaft (→ R 15.8) geführten Betrieben ist § 15 Abs. 3 Nr. 1 EStG anzuwenden; Tätigkeiten, die dem Grunde und der Höhe nach innerhalb der nachfolgenden Grenzen liegen, gelten dabei als land- und forstwirtschaftlich. 152

[1] Abgedruckt im Hauptteil als Anlage zu §§ 1 und 2 LStDV (bei § 19 EStG).

R 15.5

Strukturwandel

(2) ①Durch Strukturwandel einer bisher der Land- und Forstwirtschaft zugerechneten Tätigkeit kann neben der Land- und Forstwirtschaft ein Gewerbebetrieb entstehen. ②In diesen Fällen beginnt der Gewerbebetrieb zu dem Zeitpunkt, zu dem diese Tätigkeit dauerhaft umstrukturiert wird. ③Hiervon ist z.B. auszugehen, wenn dem bisherigen Charakter der Tätigkeit nicht mehr entsprechende Investitionen vorgenommen, vertragliche Verpflichtungen eingegangen oder Wirtschaftsgüter angeschafft werden und dies jeweils dauerhaft dazu führt, dass die in den folgenden Absätzen genannten Grenzen erheblich überschritten werden. ④In allen übrigen Fällen liegen nach Ablauf eines Zeitraums von drei aufeinander folgenden Wirtschaftsjahren Einkünfte aus Gewerbebetrieb vor. ⑤Der Dreijahreszeitraum bezieht sich auf die nachfolgenden Umsatzgrenzen und beginnt bei einem Wechsel des Betriebsinhabers nicht neu. ⑥Die vorstehenden Grundsätze gelten für den Strukturwandel von einer gewerblichen Tätigkeit zu einer land- und forstwirtschaftlichen Tätigkeit entsprechend.

Nebenbetrieb

(3) ①Ein Nebenbetrieb muss den Hauptbetrieb fördern und ergänzen und durch den Hauptbetrieb geprägt werden. ②Der Nebenbetrieb muss in funktionaler Hinsicht vom Hauptbetrieb abhängig sein. ③Die Verbindung darf nicht nur zufällig oder vorübergehend und nicht ohne Nachteil für den Hauptbetrieb lösbar sein. ④Ein Nebenbetrieb der Land- und Forstwirtschaft liegt daher vor, wenn

1. überwiegend im eigenen Hauptbetrieb erzeugte Rohstoffe be- oder verarbeitet werden und die dabei gewonnenen Erzeugnisse überwiegend für den Verkauf bestimmt sind

oder

2. ein Land- und Forstwirt Umsätze aus der Übernahme von Rohstoffen (z.B. organische Abfälle) erzielt, diese be- oder verarbeitet und die dabei gewonnenen Erzeugnisse nahezu ausschließlich im Hauptbetrieb verwendet

und

die Erzeugnisse im Rahmen einer ersten Stufe der Be- oder Verarbeitung, die noch dem land- und forstwirtschaftlichen Bereich zuzuordnen ist, hergestellt werden. ⑤Die Be- oder Verarbeitung eigener Erzeugnisse im Rahmen einer zweiten Stufe der Be- oder Verarbeitung ist eine gewerbliche Tätigkeit. ⑥Die Be- oder Verarbeitung fremder Erzeugnisse ist stets eine gewerbliche Tätigkeit ⑦Unter den Voraussetzungen des Absatzes 11 können die Erzeugnisse nach den Sätzen 5 und 6 noch der Land- und Forstwirtschaft zugerechnet werden, wenn sie im Rahmen der Direktvermarktung abgesetzt werden. ⑧Ein Nebenbetrieb kann auch vorliegen, wenn er ausschließlich von Land- und Forstwirten gemeinschaftlich betrieben wird und nur in deren Hauptbetrieben erzeugte Rohstoffe im Rahmen einer ersten Stufe der Be- oder Verarbeitung be- oder verarbeitet werden, oder nur Erzeugnisse gewonnen werden, die ausschließlich in diesen Betrieben verwendet werden. ⑨Nebenbetriebe sind auch Substanzbetriebe (Abbauland – § 43 BewG), z.B. Sandgruben, Kiesgruben, Torfstiche, wenn die gewonnene Substanz überwiegend im eigenen Hauptbetrieb verwendet wird.

Unmittelbare Verwertung organischer Abfälle

(4) ①Die Entsorgung organischer Abfälle (z.B. Klärschlamm) in einem selbst bewirtschafteten land- und forstwirtschaftlichen Betrieb ist nur dann der Land- und Forstwirtschaft zuzurechnen, wenn sie im Rahmen einer Be- oder Verarbeitung i.S.d. Absatzes 3 geschieht oder die in Absatz 1 Satz 1 genannten Voraussetzungen im Vordergrund stehen. ②Das Einsammeln, Abfahren und Sortieren organischer Abfälle, das mit der Ausbringung auf Flächen oder der Verfütterung an Tiere des selbst bewirtschafteten land- und forstwirtschaftlichen Betriebs in unmittelbarem sachlichem Zusammenhang steht, ist eine land- und forstwirtschaftliche Tätigkeit. ③Andernfalls gelten Absätze 9 und 10.

Eigene und fremde Erzeugnisse

(5) ①Als eigene Erzeugnisse gelten alle land- und forstwirtschaftlichen Erzeugnisse, die im Rahmen des Erzeugungsprozesses im eigenen Betrieb gewonnen werden. ②Hierzu gehören auch Erzeugnisse der ersten Stufe der Be- oder Verarbeitung und zugekaufte Waren, die als Roh-, Hilfs- oder Betriebsstoffe im Erzeugungsprozess verwendet werden. ③Rohstoffe sind Waren, die im Rahmen des Erzeugungsprozesses weiterkultiviert werden (z.B. Jungtiere, Saatgut oder Jungpflanzen). ④Hilfsstoffe sind Waren, die als nicht überwiegender Bestandteil in eigene Erzeugnisse eingehen (z.B. Futtermittelzusätze, Siliermittel, Starterkulturen und Lab zur Milchverarbeitung, Trauben, Traubenmost und Verschnittwein zur Weinerzeugung, Verpackungsmaterial sowie Blumentöpfe für die eigene Produktion oder als handelsübliche Verpackung). ⑤Betriebsstoffe sind Waren, die im Erzeugungsprozess verwendet werden (z.B. Düngemittel, Treibstoff und Heizöl). ⑥Unerheblich ist, ob die zugekaufte Ware bereits ein land- und forstwirtschaftliches Urprodukt im engeren Sinne oder ein gewerbliches Produkt darstellt. ⑦Als fremde Erzeugnisse gelten alle zur Weiterveräußerung zugekauften Erzeugnisse, Produkte oder Handelswaren, die nicht im land- und forstwirtschaftlichen Erzeugungsprozess des eigenen Betriebs verwendet werden. ⑧Dies gilt

unabhängig davon, ob es sich um betriebstypische bzw. -untypische Erzeugnisse, Handelsware zur Vervollständigung einer für die Art des Erzeugungsbetriebs üblichen Produktpalette oder andere Waren aller Art handelt. ⑨ Werden zugekaufte Roh-, Hilfs- oder Betriebsstoffe weiterveräußert, gelten diese zum Zeitpunkt der Veräußerung als fremde Erzeugnisse. ⑩ Dies gilt unabhängig davon, ob die Veräußerung gelegentlich (z. B. Verkauf von Diesel im Rahmen der Nachbarschaftshilfe) oder laufend (z. B. Verkauf von Blumenerde) erfolgt. ⑪ Die hieraus erzielten Umsätze sind bei der Abgrenzung entsprechend zu berücksichtigen.

Absatz eigener Erzeugnisse i. V. m. fremden und gewerblichen Erzeugnissen

(6) ① Werden ausschließlich eigene Erzeugnisse (Absatz 5 Satz 1) abgesetzt, stellt dies eine Vermarktung im Rahmen der Land- und Forstwirtschaft dar, selbst wenn diese Erzeugnisse über ein eigenständiges Handelsgeschäft oder eine Verkaufsstelle (z. B. Großhandelsbetrieb, Einzelhandelsbetrieb, Ladengeschäft, Marktstand oder Verkaufswagen) abgesetzt werden. ② Unerheblich ist die Anzahl der Verkaufsstellen oder ob die Vermarktung in räumlicher Nähe zum Betrieb erfolgt. ③ Werden durch einen Land- und Forstwirt neben eigenen Erzeugnissen auch fremde (Absatz 5 Satz 7) oder gewerbliche Erzeugnisse (Absatz 3 Satz 5 und 6) abgesetzt, liegen eine land- und forstwirtschaftliche und eine gewerbliche Tätigkeit vor. ④ Diese gewerbliche Tätigkeit kann unter den Voraussetzungen des Absatzes 11 noch der Land- und Forstwirtschaft zugerechnet werden. ⑤ Dagegen ist der ausschließliche Absatz fremder oder gewerblicher Erzeugnisse von Beginn an stets eine gewerbliche Tätigkeit. ⑥ Auf die Art und den Umfang der Veräußerung kommt es dabei nicht an.

Absatz eigener Erzeugnisse i. V. m. Dienstleistungen

(7) ① Die Dienstleistung eines Land- und Forstwirts im Zusammenhang mit dem Absatz eigener Erzeugnisse, die über den Transport und das Einbringen von Pflanzen hinausgeht (z. B. Grabpflege, Gartengestaltung), stellt grundsätzlich eine einheitlich zu beurteilende Tätigkeit mit Vereinbarungen über mehrere Leistungskomponenten dar (gemischter Vertrag). ② Dabei ist von einer einheitlich gewerblichen Tätigkeit auszugehen, wenn nach dem jeweiligen Vertragsinhalt der Umsatz aus den Dienstleistungen und den fremden Erzeugnissen überwiegt. ③ Die gewerbliche Tätigkeit kann unter den Voraussetzungen des Absatzes 11 noch der Land- und Forstwirtschaft zugerechnet werden.

Absatz eigenerzeugter Getränke i. V. m. besonderen Leistungen

(8) ① Der Ausschank von eigenerzeugten Getränken i. S. d. Absatzes 5, z. B. Wein, ist lediglich eine Form der Vermarktung und somit eine land- und forstwirtschaftliche Tätigkeit. ② Werden daneben durch einen Land- und Forstwirt Speisen und andere Getränke abgegeben, liegt insoweit eine gewerbliche Tätigkeit vor, die unter den Voraussetzungen des Absatzes 11 noch der Land- und Forstwirtschaft zugerechnet werden kann.

Verwendung von Wirtschaftsgütern

(9) ① Verwendet ein Land- und Forstwirt Wirtschaftsgüter seines land- und forstwirtschaftlichen Betriebsvermögens, indem er diese Dritten entgeltlich überlässt oder mit ihnen für Dritte Dienstleistungen verrichtet, stellt dies eine gewerbliche Tätigkeit dar. ② Dies gilt auch, wenn in diesem Zusammenhang fremde Erzeugnisse verwendet werden. ③ Unter den Voraussetzungen des Absatzes 11 kann die Tätigkeit noch der Land- und Forstwirtschaft zugerechnet werden, wenn der Einsatz für eigene land- und forstwirtschaftliche Zwecke einen Umfang von 10% nicht unterschreitet. ④ Dagegen liegt ohne weiteres von Beginn an stets eine gewerbliche Tätigkeit vor, wenn ein Land- und Forstwirt Wirtschaftsgüter, die er eigens zu diesem Zweck angeschafft hat, für Dritte verwendet.

Land- und forstwirtschaftliche Dienstleistungen

(10) ① Sofern ein Land- und Forstwirt Dienstleistungen ohne Verwendung von eigenen Erzeugnissen oder eigenen Wirtschaftsgütern verrichtet, ist dies eine gewerbliche Tätigkeit. ② Unter den Voraussetzungen des Absatzes 11 kann die Tätigkeit noch der Land- und Forstwirtschaft zugerechnet werden, wenn ein funktionaler Zusammenhang mit typisch land- und forstwirtschaftlichen Tätigkeiten besteht.

Abgrenzungsregelungen

(11) ① Gewerbliche Tätigkeiten, die nach den Absätzen 3 bis 8 dem Grunde nach die Voraussetzungen für eine Zurechnung zur Land- und Forstwirtschaft erfüllen, sind nur dann typisierend der Land- und Forstwirtschaft zuzurechnen, wenn die Umsätze aus diesen Tätigkeiten dauerhaft (Absatz 2) insgesamt nicht mehr als ein Drittel des Gesamtumsatzes und nicht mehr als 51 500 Euro im Wirtschaftsjahr betragen. ② Diese Grenzen gelten für die Tätigkeiten nach den Absätzen 9 und 10 entsprechend. ③ Voraussetzung hierfür ist, dass die Umsätze aus den Tätigkeiten i. S. v. Satz 1 und 2 dauerhaft (Absatz 2) insgesamt nicht mehr als 50% des Gesamtumsatzes betragen. ④ Anderenfalls liegen hinsichtlich dieser Tätigkeiten unter den Voraussetzungen des Strukturwandels Einkünfte aus Gewerbebetrieb vor. ⑤ Der daneben bestehende Betrieb der Land- und Forstwirtschaft bleibt hiervon unberührt. ⑥ Bei der Ermittlung der Umsätze ist von den Betriebs-

R 15.5 einnahmen (ohne Umsatzsteuer) auszugehen. ⑦ Soweit es auf den Gesamtumsatz ankommt, ist hierunter die Summe der Betriebseinnahmen (ohne Umsatzsteuer) zu verstehen.

Energieerzeugung

(12) ① Bei der Erzeugung von Energie, z. B. durch Wind-, Solar- oder Wasserkraft, handelt es sich nicht um die planmäßige Nutzung der natürlichen Kräfte des Bodens i. S. d. Absatzes 1 Satz 1. ② Der Absatz von Strom und Wärme führt zu Einkünften aus Gewerbebetrieb. ③ Die Erzeugung von Biogas kann eine Tätigkeit i. S. d. Absatzes 3 sein.

Beherbergung von Fremden

(13) ① Die Abgrenzung der Einkünfte aus Gewerbebetrieb gegenüber denen aus Land- und Forstwirtschaft richtet sich bei der Beherbergung von Fremden nach den Grundsätzen von R 15.7. ② Aus Vereinfachungsgründen ist keine gewerbliche Tätigkeit anzunehmen, wenn weniger als vier Zimmer und weniger als sechs Betten zur Beherbergung von Fremden bereitgehalten werden und keine Hauptmahlzeit gewährt wird.

(14) Soweit sich aus den Absätzen 1 bis 13 für einen Stpfl. Verschlechterungen gegenüber R 15.5 EStR 2008 ergeben, kann R 15.5 EStR 2008 für diejenigen Wirtschaftsjahre weiter angewandt werden, die vor der Veröffentlichung der EStÄR 2012 im Bundessteuerblatt beginnen.

…

R 15.8

R 15.8 Mitunternehmerschaft

R 15.8 (1)

R 15.8 (1) Allgemeines *(unbesetzt)*

H 15.8 (1)

H 15.8 (1)

…

Verdeckte Mitunternehmerschaft

156 – Mitunternehmer kann auch sein, wer nicht als → Gesellschafter, sondern z. B. als Arbeitnehmer oder Darlehensgeber bezeichnet ist, wenn die Vertragsbeziehung als Gesellschaftsverhältnis anzusehen ist (→ BFH vom 11. 12. 1980 – BStBl. II 1981 S. 310). Allerdings sind die zwischen den Beteiligten bestehenden Rechtsbeziehungen bei der Beurteilung der Gesellschaftereigenschaft sowohl zivil- als auch steuerrechtlich nicht allein nach deren formaler Bezeichnung zu würdigen, sondern nach den von ihnen gewollten Rechtswirkungen und der sich danach ergebenden zutreffenden rechtlichen Einordnung (→ BFH vom 13. 7. 1993 – BStBl. II 1994 S. 282).
– Eine Mitunternehmerschaft setzt ein zivilrechtliches Gesellschaftsverhältnis oder ausnahmsweise ein wirtschaftlich vergleichbares Gemeinschaftsverhältnis voraus. Eine Mitunternehmerschaft liegt danach auch vor, wenn mehrere Personen durch gemeinsame Ausübung der Unternehmerinitiative und gemeinsame Übernahme des Unternehmerrisikos auf einen bestimmten Zweck hin tatsächlich zusammenarbeiten. Erforderlich für ein stillschweigend begründetes Gesellschaftsverhältnis ist auch ein entsprechender Verpflichtungswille (→ BFH vom 1. 8. 1996 – BStBl. II 1997 S. 272). Mitunternehmerinitiative und -risiko dürfen nicht lediglich auf einzelne Schuldverhältnisse zurückzuführen sein. Die Bündelung von Risiken aus derartigen Austauschverhältnissen unter Vereinbarung angemessener und leistungsbezogener Entgelte begründet noch kein gesellschaftsrechtliches Risiko (→ BFH vom 13. 7. 1993 – BStBl. II 1994 S. 282). Tatsächliche Einflussmöglichkeiten allein genügen allerdings nicht (→ BFH vom 2. 9. 1985 – BStBl. II 1986 S. 10).
– Das Vorliegen einer verdeckten Mitunternehmerschaft zwischen nahen Angehörigen darf nicht unter Heranziehung eines Fremdvergleichs beurteilt werden (→ BFH vom 8. 11. 1995 – BStBl. II 1996 S. 133).
– Der Geschäftsführer der Komplementär-GmbH ist nicht schon auf Grund des bloßen Abschlusses des Geschäftsführervertrages mit der GmbH als verdeckter Mitunternehmer der KG anzusehen (→ BFH vom 1. 8. 1996 – BStBl. II 1997 S. 272). Der alleinige Gesellschafter-Geschäftsführer der Komplementär-GmbH ist verdeckter Mitunternehmer der Familien-GmbH & Co. KG, wenn er für die Geschäftsführung unangemessene gewinnabhängige Bezüge erhält und sich – wie bisher als Einzelunternehmer – als Herr des Unternehmens verhält (→ BFH vom 21. 9. 1995 – BStBl. II 1996 S. 66).

…

Zu § 18 EStG

R 18.1

R 18.1 Abgrenzung der selbständigen Arbeit gegenüber anderen Einkunftsarten

Ärzte

161 (1) Die Vergütungen der Betriebsärzte, der Knappschaftsärzte, der nicht voll beschäftigten Hilfsärzte bei den Gesundheitsämtern, der Vertragsärzte und der Vertragstierärzte der Bundeswehr und

anderer Vertragsärzte in ähnlichen Fällen gehören zu den Einkünften aus selbständiger Arbeit, unabhängig davon, ob neben der vertraglichen Tätigkeit eine eigene Praxis ausgeübt wird, es sei denn, dass besondere Umstände vorliegen, die für die Annahme einer nichtselbständigen Tätigkeit sprechen. R 18.1

Erfinder

(2) ① Planmäßige Erfindertätigkeit ist in der Regel freie Berufstätigkeit i. S. d. § 18 Abs. 1 Nr. 1 EStG, soweit die Erfindertätigkeit nicht im Rahmen eines Betriebs der Land- und Forstwirtschaft oder eines Gewerbebetriebs ausgeübt wird. ② Wird die Erfindertätigkeit im Rahmen eines Arbeitsverhältnisses ausgeübt, dann ist der Arbeitnehmer als freier Erfinder zu behandeln, soweit er die Erfindung außerhalb seines Arbeitsverhältnisses verwertet. ③ Eine Verwertung außerhalb des Arbeitsverhältnisses ist auch anzunehmen, wenn ein Arbeitnehmer eine frei gewordene Diensterfindung seinem Arbeitgeber zur Auswertung überlässt, sofern der Verzicht des Arbeitgebers nicht als Verstoß gegen § 42 AO anzusehen ist.

…

Zu § 24 a EStG

R 24 a Altersentlastungsbetrag R 24a

Allgemeines

(1) ① Bei der Berechnung des Altersentlastungsbetrags sind Einkünfte aus Land- und Forstwirtschaft nicht um den Freibetrag nach § 13 Abs. 3 EStG zu kürzen. ② Kapitalerträge, die nach § 32 d Abs. 1 und § 43 Abs. 5 EStG dem gesonderten Steuertarif für Einkünfte aus Kapitalvermögen unterliegen, sind in die Berechnung des Altersentlastungsbetrags nicht einzubeziehen. ③ Sind in den Einkünften neben Leibrenten auch andere wiederkehrende Bezüge i. S. d. § 22 Nr. 1 EStG enthalten, ist der Werbungskosten-Pauschbetrag nach § 9 a Satz 1 Nr. 3 EStG von den der Besteuerung nach § 22 Nr. 1 Satz 3 EStG unterliegenden Teilen der Leibrenten abzuziehen, soweit er diese nicht übersteigt. ④ Der Altersentlastungsbetrag ist auf den nächsten vollen Euro-Betrag aufzurunden. 171

Berechnung bei Anwendung anderer Vorschriften

(2) Ist der Altersentlastungsbetrag außer vom Arbeitslohn noch von weiteren Einkünften zu berechnen und muss er für die Anwendung weiterer Vorschriften von bestimmten Beträgen abgezogen werden, ist davon auszugehen, dass er zunächst vom Arbeitslohn berechnet worden ist.

H 24 a H 24a

Altersentlastungsbetrag bei Ehegatten. Im Fall der Zusammenveranlagung von Ehegatten ist der Altersentlastungsbetrag jedem Ehegatten, der die altersmäßigen Voraussetzungen erfüllt, nach Maßgabe der von ihm bezogenen Einkünfte zu gewähren (→ BFH vom 22. 9. 1993 – BStBl. II 1994 S. 107). 172

Berechnung des Altersentlastungsbetrags. Der Altersentlastungsbetrag ist von der S. d. E. zur Ermittlung des G. d. E. abzuziehen (→ R 2).

Beispiel 1:

Der Stpfl. hat im VZ 2014 das 64. Lebensjahr vollendet. Im VZ 2023 wurden erzielt:

Arbeitslohn	14 000 €
darin enthalten:	
Versorgungsbezüge in Höhe von	6 000 €
Einkünfte aus selbständiger Arbeit	500 €
Einkünfte aus Vermietung und Verpachtung	– 1 500 €

Der Altersentlastungsbetrag beträgt 24 % des Arbeitslohns (14 000 € abzgl. Versorgungsbezüge 6 000 € = 8 000 €), das sind 1 920 €, höchstens jedoch 1 140 €. Die Einkünfte aus selbständiger Arbeit und aus Vermietung und Verpachtung werden für die Berechnung des Altersentlastungsbetrags nicht berücksichtigt, weil ihre Summe negativ ist (– 1 500 € + 500 € = – 1 000 €).

Beispiel 2:

Wie Beispiel 1, jedoch hat der Stpfl. im VZ 2022 das 64. Lebensjahr vollendet.
Der Altersentlastungsbetrag beträgt 13,6 % des Arbeitslohnes (14 000 € abzgl. Versorgungsbezüge 6 000 € = 8 000 €), das sind 1088 €, höchstens jedoch 646 €.

Lohnsteuerabzug. Die Berechnung des Altersentlastungsbetrags beim Lohnsteuerabzug hat keine Auswirkung auf die Berechnung im Veranlagungsverfahren (→ R 39 b.4 Abs. 3 LStR 2023).

…

Zu § 26 EStG

R 26

R 26 Voraussetzungen für die Anwendung des § 26 EStG

Nicht dauernd getrennt lebend

176 (1) ① Bei der Frage, ob Ehegatten als dauernd getrennt lebend anzusehen sind, wird einer auf Dauer herbeigeführten räumlichen Trennung regelmäßig eine besondere Bedeutung zukommen. ② Die eheliche Lebens- und Wirtschaftsgemeinschaft ist jedoch im Allgemeinen nicht aufgehoben, wenn sich die Ehegatten nur vorübergehend räumlich trennen, z. B. bei einem beruflich bedingten Auslandsaufenthalt eines der Ehegatten. ③ Sogar in Fällen, in denen die Ehegatten infolge zwingender äußerer Umstände für eine nicht absehbare Zeit räumlich voneinander getrennt leben müssen, z. B. infolge Krankheit oder Verbüßung einer Freiheitsstrafe, kann die eheliche Lebens- und Wirtschaftsgemeinschaft noch weiterbestehen, wenn die Ehegatten die erkennbare Absicht haben, die eheliche Verbindung in dem noch möglichen Rahmen aufrechtzuerhalten und nach dem Wegfall der Hindernisse die volle eheliche Gemeinschaft wiederherzustellen. ④ Ehegatten, von denen einer vermisst ist, sind im Allgemeinen nicht als dauernd getrennt lebend anzusehen.

Zurechnung gemeinsamer Einkünfte

(2) Gemeinsame Einkünfte der Ehegatten, z. B. aus einer Gesamthandsgesellschaft oder Gesamthandsgemeinschaft sind jedem Ehegatten, falls keine andere Aufteilung in Betracht kommt, zur Hälfte zuzurechnen.

(3) – nicht abgedruckt –[1]

H 26

H 26

177 Allgemeines

- Welche Personen **Ehegatten** i. S. d. § 26 Abs. 1 Satz 1 EStG sind, bestimmt sich **nach bürgerlichem Recht** (→ BFH vom 21. 6. 1957 – BStBl. III S. 300).
- Bei Ausländern sind die materiell-rechtlichen Voraussetzungen für jeden Beteiligten nach den Gesetzen des Staates zu beurteilen, dem er angehört. Die Anwendung eines ausländischen Gesetzes ist jedoch ausgeschlossen, wenn es gegen die guten Sitten oder den Zweck eines deutschen Gesetzes verstoßen würde (→ BFH vom 6. 12. 1985 – BStBl. II 1986 S. 390). Haben **ausländische Staatsangehörige,** von denen einer außerdem die deutsche Staatsangehörigkeit besitzt, im Inland eine Ehe geschlossen, die zwar nach dem gemeinsamen Heimatrecht, nicht aber nach deutschem Recht gültig ist, so handelt es sich nicht um Ehegatten i. S. d. § 26 Abs. 1 Satz 1 EStG (→ BFH vom 17. 4. 1998 – BStBl. II S. 473).
- Eine Ehe ist bei **Scheidung** nach § 1564 BGB **oder Aufhebung** nach § 1313 BGB erst mit Rechtskraft des Urteils aufgelöst; diese Regelung ist auch für das Einkommensteuerrecht maßgebend (→ BFH vom 9. 3. 1973 – BStBl. II S. 487).
- Ein Stpfl., dessen Ehegatte **verschollen oder vermisst** ist, gilt als verheiratet. Bei Kriegsgefangenen oder Verschollenen kann in der Regel ferner davon ausgegangen werden, dass sie vor Eintritt der Kriegsgefangenschaft oder Verschollenheit einen Wohnsitz im Inland gehabt haben (→ BFH vom 3. 3. 1978 – BStBl. II S. 372).
- Wird ein verschollener Ehegatte **für tot erklärt,** so gilt der Stpfl. vom Tag der Rechtskraft des Todeserklärungsbeschlusses an als verwitwet (→ § 49 AO, BFH vom 24. 8. 1956 – BStBl. III S. 310).

Ehegatte im Ausland

- → § 1 a Abs. 1 Nr. 2 EStG.
- Die Antragsveranlagung einer Person mit inländischen Einkünften i. S. d. § 49 EStG nach § 1 Abs. 3 EStG ermöglicht im Grundsatz keine Zusammenveranlagung mit ihrem ebenfalls im Ausland wohnenden Ehegatten, wenn dieser selbst nicht unbeschränkt einkommensteuerpflichtig ist (→ BFH vom 22. 2. 2006 – BStBl. II 2007 S. 106).

Ehegatte ohne Einkünfte. Stellt ein Ehegatte, der keine Einkünfte erzielt hat, einen Antrag auf Einzelveranlagung, ist dieser selbst dann unbeachtlich, wenn dem anderen Ehegatten eine Steuerstraftat zur Last gelegt wird. Im Fall eines solchen Antrags sind die Ehegatten nach § 26 Abs. 3 EStG zusammen zu veranlagen, wenn der andere Ehegatte dies beantragt hat (→ BFH vom 10. 1. 1992 – BStBl. II S. 297).

Getrenntleben

- Ein dauerndes Getrenntleben ist anzunehmen, wenn die zum Wesen der Ehe gehörende Lebens- und Wirtschaftsgemeinschaft nach dem Gesamtbild der Verhältnisse auf die Dauer nicht mehr besteht. Dabei ist unter Lebensgemeinschaft die räumliche, persönliche und geistige Gemeinschaft der Ehegatten, unter Wirtschaftsgemeinschaft die gemeinsame Erledigung der die Ehegatten gemeinsam berührenden wirtschaftlichen Fragen ihres Zusammenlebens zu verstehen (→ BFH vom 15. 6. 1973 – BStBl. II S. 640).

---

[1] **[Amtl. Anm.:]** Für VZ ab 2013 ohne Bedeutung.

– In der Regel sind die Angaben der Ehegatten, sie lebten nicht dauernd getrennt, anzuerkennen, es sei denn, dass die äußeren Umstände das Bestehen einer ehelichen Lebens- und Wirtschaftsgemeinschaft fraglich erscheinen lassen (→ BFH vom 5. 10. 1966 – BStBl. III 1967 S. 84 und 110). In einem Scheidungsverfahren zum Getrenntleben getroffene Feststellungen (§ 1565 BGB) sind für die steuerliche Beurteilung nicht unbedingt bindend (→ BFH vom 13. 12. 1985 – BStBl. 1986 II S. 486). H 26

Lebenspartner und Lebenspartnerschaften → H 2.

Tod eines Ehegatten. Die Wahl der Veranlagungsart ist auch nach dem Tod eines Ehegatten für das Jahr des Todes möglich, wobei an die Stelle des Verstorbenen dessen Erben treten. Falls die zur Wahl erforderlichen Erklärungen nicht abgegeben werden, wird nach § 26 Abs. 3 EStG unterstellt, dass eine Zusammenveranlagung gewählt wird, wenn der Erbe Kenntnis von seiner Erbenstellung und den steuerlichen Vorgängen des Erblassers hat. Bis zur Ermittlung des Erben ist grundsätzlich getrennt zu veranlagen (→ BFH vom 21. 6. 2007 – BStBl. II S. 770).

Wahl der Veranlagungsart

– Beantragen Ehegatten innerhalb der Frist für einen Einspruch gegen den Zusammenveranlagungsbescheid die Einzelveranlagung, ist das Finanzamt bei der daraufhin für jeden durchzuführenden Einzelveranlagung an die tatsächliche und rechtliche Beurteilung der Besteuerungsgrundlagen im Zusammenveranlagungsbescheid gebunden (→ BFH vom 3. 3. 2005 – BStBl. II S. 564).
– Ist ein Ehegatte von Amts wegen zu veranlagen und wird auf Antrag eines der beiden Ehegatten eine Einzelveranlagung durchgeführt, ist auch der andere Ehegatte zwingend einzeln zu veranlagen. Für die Veranlagung kommt es in einem solchen Fall auf das Vorliegen der Voraussetzungen des § 46 Abs. 2 EStG nicht mehr an (→ BFH vom 21. 9. 2006 – BStBl. II 2007 S. 11).

...

Zu § 32 EStG

R 32.1 Im ersten Grad mit dem Stpfl. verwandte Kinder *(unbesetzt)* R 32.1

H 32.1 H 32.1

Anerkennung der Vaterschaft. Die Anerkennung der Vaterschaft begründet den gesetzlichen Vaterschaftstatbestand des § 1592 Nr. 2 BGB und bestätigt das zwischen dem Kind und seinem Vater von der Geburt an bestehende echte Verwandtschaftsverhältnis i. S. d. § 32 Abs. 1 Nr. 1 EStG. Bestandskräftige Einkommensteuerbescheide sind nach § 175 Abs. 1 Satz 1 Nr. 2 AO zu ändern und kindbedingte Steuervorteile zu berücksichtigen (→ BFH vom 28. 7. 2005 – BStBl. II 2008 S. 350). 182

Annahme als Kind. → A 10.2 Abs. 1 und 2 DA-KG 2023:

„(1) Ein angenommenes minderjähriges Kind ist mit dem Berechtigten im ersten Grad verwandt (vgl. § 32 Abs. 1 Nr. 1 EStG). Die Annahme wird vom Familiengericht ausgesprochen und durch Zustellung des Annahmebeschlusses an die annehmende Person rechtswirksam (§ 197 Abs. 2 FamFG). Mit der Annahme als Kind erlischt das Verwandtschaftsverhältnis des Kindes zu seinen bisherigen Verwandten. Nimmt ein Ehegatte oder Lebenspartner das Kind seines Ehegatten oder Lebenspartners an, erlischt das Verwandtschaftsverhältnis nur zu dem anderen Elternteil und dessen Verwandten (§ 1755 BGB).

(2) Wird eine volljährige Person als Kind angenommen, gilt diese ebenfalls als im ersten Grad mit der annehmenden Person verwandt. Das Verwandtschaftsverhältnis zu den bisherigen Verwandten erlischt jedoch nur dann, wenn das Familiengericht der Annahme die Wirkung einer Minderjährigenannahme beigelegt hat (§ 1772 BGB)."

R 32.2 Pflegekinder R 32.2

Pflegekindschaftsverhältnis

(1) ① Ein Pflegekindschaftsverhältnis (§ 32 Abs. 1 Nr. 2 EStG) setzt voraus, dass das Kind im Haushalt der Pflegeeltern sein Zuhause hat und diese zu dem Kind in einer familienähnlichen, auf längere Dauer angelegten Beziehung wie zu einem eigenen Kind stehen z. B. wenn der Stpfl. ein Kind im Rahmen von Hilfe zur Erziehung in Vollzeitpflege (§§ 27, 33 SGB VIII) oder im Rahmen von Eingliederungshilfe (§ 35 a Abs. 2 Nr. 3 SGB VIII) in seinen Haushalt aufnimmt, sofern das Pflegeverhältnis auf Dauer angelegt ist. ② Hieran fehlt es, wenn ein Kind von vornherein nur für eine begrenzte Zeit im Haushalt des Stpfl. Aufnahme findet. ③ Kinder, die mit dem Ziel der Annahme vom Stpfl. in Pflege genommen werden (§ 1744 BGB), sind regelmäßig Pflegekinder. ④ Zu Erwerbszwecken in den Haushalt aufgenommen sind z. B. Kostkinder. ⑤ Hat der Stpfl. mehr als sechs Kinder in seinem Haushalt aufgenommen, spricht eine Vermutung dafür, dass es sich um Kostkinder handelt. 183

Kein Obhuts- und Pflegeverhältnis zu den leiblichen Eltern

(2) ① Voraussetzung für ein Pflegekindschaftsverhältnis zum Stpfl. ist, dass das Obhuts- und Pflegeverhältnis zu den leiblichen Eltern nicht mehr besteht, d. h. die familiären Bindungen zu diesen auf Dauer aufgegeben sind. ② Gelegentliche Besuchskontakte allein stehen dem nicht entgegen.

R 32.2

Altersunterschied

(3) ① Ein Altersunterschied wie zwischen Eltern und Kindern braucht nicht unbedingt zu bestehen. ② Dies gilt auch, wenn das zu betreuende Geschwister von Kind an wegen Behinderung pflegebedürftig war und das betreuende Geschwister die Stelle der Eltern, z. B. nach deren Tod, einnimmt. ③ Ist das zu betreuende Geschwister dagegen erst im Erwachsenenalter pflegebedürftig geworden, wird im Allgemeinen ein dem Eltern-Kind-Verhältnis ähnliches Pflegeverhältnis nicht mehr begründet werden können.

H 32.2

H 32.2

184 **Familienähnliches, auf längere Dauer berechnetes Band; nicht zu Erwerbszwecken.** → A 11.3 DA-KG 2023:

„(1) Ein familienähnliches Band wird allgemein dann angenommen, wenn zwischen der Pflegeperson und dem Kind ein Aufsichts-, Betreuungs- und Erziehungsverhältnis wie zwischen Eltern und leiblichem Kind besteht. Es kommt nicht darauf an, ob die Pflegeeltern die Personensorge innehaben.

(2) Die nach § 32 Abs. 1 Nr. 2 EStG erforderliche familienähnliche Bindung muss von vornherein auf mehrere Jahre angelegt sein. Maßgebend ist nicht die tatsächliche Dauer der Bindung, wie sie sich aus rückschauender Betrachtung darstellt, sondern vielmehr die Dauer, die der Bindung nach dem Willen der Beteiligten bei der Aufnahme des Kindes zugedacht ist. Dabei kann bei einer von den Beteiligten beabsichtigten Dauer von mindestens zwei Jahren im Regelfall davon ausgegangen werden, dass ein Pflegekindschaftsverhältnis i. S. d. EStG begründet worden ist. Das Gleiche gilt, wenn ein Kind mit dem Ziel der Annahme als Kind in Pflege genommen wird.

(3) Ein familienähnliches Band kann auch noch begründet werden, wenn ein Kind kurz vor Eintritt der Volljährigkeit in den Haushalt der Pflegeperson aufgenommen wird. Die Aufnahme einer volljährigen Person, insbesondere eines volljährigen Familienangehörigen, in den Haushalt und die Sorge für diese Person begründet für sich allein regelmäßig kein Pflegekindschaftsverhältnis, selbst wenn es sich um eine Person mit Behinderung handelt. Wenn es sich bei der Person jedoch um einen Menschen mit schwerer geistiger oder seelischer Behinderung handelt, der in seiner geistigen Entwicklung einem Kind gleichsteht, kann ein Pflegekindschaftsverhältnis unabhängig vom Alter dieser Person und der Pflegeeltern begründet werden. Die Wohn- und Lebensverhältnisse der Person mit Behinderung müssen den Verhältnissen leiblicher Kinder vergleichbar sein und eine Zugehörigkeit dieser Person zur Familie widerspiegeln, außerdem muss ein dem Eltern-Kind-Verhältnis vergleichbares Erziehungsverhältnis bestehen (siehe auch BFH vom 9. 2. 2012, III R 15/09, BStBl. II S. 739).

(4) Anhaltspunkt für das Vorliegen einer familienähnlichen Bindung kann eine vom Jugendamt erteilte Pflegeerlaubnis nach § 44 SGB VIII sein. Sie ist jedoch nicht in jedem Fall vorgeschrieben, z. B. dann nicht, wenn das Kind der Pflegeperson vom Jugendamt vermittelt worden ist, wenn Pflegekind und Pflegeperson miteinander verwandt oder verschwägert sind, oder wenn es sich um eine nicht gewerbsmäßige Tagespflege handelt. Wird eine amtliche Pflegeerlaubnis abgelehnt bzw. eine solche widerrufen, kann davon ausgegangen werden, dass ein familienähnliches, auf längere Dauer angelegtes Band zwischen Pflegeperson und Kind nicht bzw. nicht mehr vorliegt. Endet die Pflegeerlaubnis nur deshalb, weil das Pflegekind eine bestimmte Altersgrenze erreicht (z. B. Vollendung des 18. Lebensjahres), ist dies allein kein Grund anzunehmen, dass ein familienähnliches, auf längere Dauer angelegtes Band zwischen Pflegeperson und Kind nicht mehr vorliegt.

(5) Ein Altersunterschied wie zwischen Eltern und Kindern braucht nicht unbedingt zu bestehen. Ein Pflegekindschaftsverhältnis kann daher auch zwischen Geschwistern, z. B. Waisen, gegeben sein (BFH vom 5. 8. 1977, VI R 187/74, BStBl. II S. 832). Das Gleiche gilt ohne Rücksicht auf einen Altersunterschied, wenn der zu betreuende Geschwisterteil von Kind an wegen Behinderung pflegebedürftig war und der betreuende Teil die Stelle der Eltern, etwa nach deren Tod, einnimmt. Ist der zu betreuende Geschwisterteil dagegen erst nach Eintritt der Volljährigkeit pflegebedürftig geworden, so wird im Allgemeinen ein dem Eltern-Kind-Verhältnis ähnliches Pflegeverhältnis nicht mehr begründet werden können.

(6) Werden von einer Pflegeperson bis zu sechs Kinder in ihren Haushalt aufgenommen, ist davon auszugehen, dass die Haushaltsaufnahme nicht zu Erwerbszwecken erfolgt. Keine Pflegekinder sind sog. Kostkinder. Hat die Pflegeperson mehr als sechs Kinder in ihren Haushalt aufgenommen, spricht eine Vermutung dafür, dass es sich um Kostkinder handelt, vgl. R 32.2 Abs. 1 EStR 2012. In einem erwerbsmäßig betriebenen Heim (Kinderhaus) oder in einer sonstigen betreuten Wohnform nach § 34 SGB VIII untergebrachte Kinder sind keine Pflegekinder (BFH vom 23. 9. 1998, XI R 11/98, BStBl. 1999 II S. 133 und BFH vom 2. 4. 2009, III R 92/06, BStBl. 2010 II S. 345). Die sozialrechtliche Einordnung hat Tatbestandswirkung (BFH vom 2. 4. 2009, III R 92/06, BStBl. 2010 II S. 345), d. h., sie ist ein Grundlagenbescheid, dem Bindungswirkung zukommt (vgl. V 20)."

Fehlendes Obhuts- und Pflegeverhältnis zu den Eltern. → A 11.4 DA-KG 2023:

„(1) Ein Pflegekindschaftsverhältnis setzt des Weiteren voraus, dass ein Obhuts- und Pflegeverhältnis zu den Eltern nicht mehr besteht. Ob ein Obhuts- und Pflegeverhältnis zu den Eltern noch besteht, hängt vom Einzelfall ab und ist insbesondere unter Berücksichtigung des Alters des Kindes, der Anzahl und der Dauer der Besuche der Eltern bei dem Kind sowie der Frage zu beurteilen, ob und inwieweit vor der Trennung bereits ein Obhuts- und Pflegeverhältnis des Kindes zu den Eltern bestanden hat (BFH vom 20. 1. 1995, III R 14/94, BStBl. II S. 582 und BFH vom 7. 9. 1995, III R 95/93, BStBl. 1996 II S. 63).

(2) Ein Pflegekindschaftsverhältnis liegt nicht vor, wenn die Pflegeperson nicht nur mit dem Kind, sondern auch mit einem Elternteil des Kindes in häuslicher Gemeinschaft lebt, und zwar selbst dann nicht, wenn der Elternteil durch eine Schul- oder Berufsausbildung in der Obhut und Pflege des Kindes beeinträchtigt ist (BFH vom 9. 3. 1989, VI R 94/88, BStBl. II S. 680). Ein zwischen einem allein erziehenden Elternteil und seinem Kind im Kleinkindalter begründetes Obhuts- und Pflegeverhältnis wird durch die vorübergehende Abwesenheit des Elternteils nicht unterbrochen (BFH vom 12. 6. 1991, III R 108/89, BStBl. 1992 II S. 20). Die Auflösung des Obhuts- und Pflegeverhältnisses des Kindes zu den Eltern kann i. d. R. angenommen werden, wenn ein noch nicht schulpflichtiges Kind mindestens ein Jahr lang bzw. ein noch schulpflichtiges Kind über zwei Jahre und länger keine ausreichenden Kontakte mehr hat (BFH vom 20. 1. 1995, III R 14/94, BStBl. II S. 582 und BFH vom 7. 9. 1995, III R 95/93, BStBl. 1996 II S. 63). Das Pflegekindschaftsverhältnis besteht dann nicht erst nach Ablauf dieses Zeitraums, sondern ab Aufnahme des Kindes in den Haushalt der Pflegeperson und Bestehen des familienähnlichen, auf längere Dauer berechneten Bandes. Diese Grundsätze gelten auch für Prognoseentscheidungen. Die Prognoseentscheidung basiert auf der Bewertung, ob zum Zeitpunkt der Entscheidung das Obhuts- und Pflegeverhältnis zu den abstammungsrechtlich zugeordneten Eltern besteht. Kein ausreichendes Obhuts- und Pflegeverhältnis liegt beispielsweise vor, wenn:

H 32.2

- ein Pflegekind von seinen Eltern nur gelegentlich im Haushalt der Pflegeperson besucht wird bzw. wenn es seine Eltern ebenfalls nur gelegentlich besucht,
- Besuche allein dem Zweck dienen, die vom Gericht oder Jugendamt festgelegten Besuchszeiten einzuhalten, oder
- die Kontakte mit den Eltern nicht geeignet sind, einen Beitrag für die Pflege und Obhut des Kindes zu leisten und Obhut und Pflege also im Wesentlichen durch die Pflegeperson erbracht werden.

(3) Bei unbegleiteten minderjährigen Flüchtlingen kann das fehlende Obhuts- und Pflegeverhältnis zu den Eltern unterstellt werden. Als unbegleiteter minderjähriger Flüchtling gilt ein minderjähriges Kind, das ohne Begleitung eines nach dem Gesetz oder der Praxis des betreffenden Staates für das Kind verantwortlichen Erwachsenen geflüchtet ist."

R 32.3 Allgemeines zur Berücksichtigung von Kindern

R 32.3

185

① Ein Kind wird vom Beginn des Monats an, in dem die Anspruchsvoraussetzungen erfüllt sind, berücksichtigt. ② Entsprechend endet die Berücksichtigung mit Ablauf des Monats, in dem die Anspruchsvoraussetzungen wegfallen (Monatsprinzip). ③ Für die Frage, ob ein Kind lebend geboren wurde, ist im Zweifel das Personenstandsregister des Standesamtes maßgebend. ④ Eine Berücksichtigung außerhalb des Zeitraums der unbeschränkten Steuerpflicht der Eltern ist – auch in den Fällen des § 2 Abs. 7 Satz 3 EStG – nicht möglich. ⑤ Ein vermisstes Kind ist bis zur Vollendung des 18. Lebensjahres zu berücksichtigen.

R 32.4 Kinder, die Arbeit suchen *(unbesetzt)*

R 32.4

H 32.4

H 32.4

188

Erkrankung und Mutterschaft. → A 14.2 DA-KG 2023:

„(1) Eine Berücksichtigung ist auch in einem Zeitraum möglich, in dem das Kind wegen einer vorübergehenden Erkrankung nicht bei einer Agentur für Arbeit im Inland oder einem Jobcenter arbeitsuchend gemeldet ist. Von einer vorübergehenden Erkrankung ist auszugehen, wenn sie im Hinblick auf die ihrer Art nach zu erwartende Dauer der von ihr ausgehenden Funktionsbeeinträchtigung mit hoher Wahrscheinlichkeit regelmäßig nicht länger als sechs Monate währt (BFH vom 31. 8. 2021, III R 41/19, BStBl. 2022 II S. 465). Die Erkrankung und das voraussichtliche Ende der Erkrankung sind durch eine Bescheinigung des behandelnden Arztes nachzuweisen. Ist nach den ärztlichen Feststellungen das voraussichtliche Ende der Erkrankung nicht absehbar oder währt die Erkrankung bzw. die von ihr ausgehende Beeinträchtigung länger als sechs Monate, ist zu prüfen, ob das Kind wegen einer Behinderung nach § 32 Abs. 4 Satz 1 Nr. 3 EStG berücksichtigt werden kann. Von einer ärztlichen Bescheinigung über das voraussichtliche Ende der Erkrankung kann abgesehen werden, wenn das Kind zwischenzeitlich wieder arbeitsuchend gemeldet ist. Wurde das Kind nicht bereits vor der Erkrankung nach § 32 Abs. 4 Satz 1 Nr. 1 EStG berücksichtigt, muss es seinen Willen, sich unmittelbar nach Wegfall der Hinderungsgründe bei der zuständigen Agentur für Arbeit im Inland oder einem Jobcenter arbeitsuchend zu melden, durch eine schriftliche Erklärung glaubhaft machen (vgl. V 6.1 Abs. 1 Satz 8). Meldet sich das Kind nach Wegfall der Hinderungsgründe nicht unmittelbar bei der zuständigen Agentur für Arbeit im Inland oder einem Jobcenter arbeitsuchend, ist die Festsetzung ab dem Monat, der dem Monat folgt, in dem die Hinderungsgründe wegfallen, nach § 70 Abs. 2 Satz 1 EStG aufzuheben. Für die Bearbeitung und Nachweisführung stehen die Vordrucke KG 9 a und KG 9 b[1] zur Verfügung.

(2) Ein Kind, das wegen eines Beschäftigungsverbots nach §§ 3, 13 Abs. 1 Nr. 3 oder 16 MuSchG nicht bei einer Agentur für Arbeit im Inland oder einem Jobcenter arbeitsuchend gemeldet ist, kann nach § 32 Abs. 4 Satz 1 Nr. 1 EStG berücksichtigt werden. Das Gleiche gilt, wenn das Kind wegen unzulässiger Tätigkeiten und Arbeitsbedingungen nach §§ 11, 12 MuSchG nicht arbeitssuchend gemeldet ist. Die Schwangerschaft und der voraussichtliche Tag der Entbindung sind durch ein ärztliches Zeugnis oder das Zeugnis einer Hebamme oder eines Entbindungshelfers nachzuweisen. Ein Beschäftigungsverbot nach § 16 MuSchG ist durch ärztliches Zeugnis zu bestätigen. Die Nichtvermittelbarkeit wegen unzulässiger Tätigkeit nach §§ 11, 12 MuSchG ist durch eine Bescheinigung der Arbeitsvermittlung nachzuweisen. Satz 1 und 2 gelten unabhängig davon, ob das Kind nach dem Ende des Beschäftigungsverbots nach §§ 3, 13 Abs. 1 Nr. 3 oder 16 MuSchG die Meldung als Arbeitsuchender im Inland erneut vornimmt (BFH vom 13. 6. 2013, III R 58/12, BStBl. 2014 II S. 834). Befindet sich das Kind jedoch in Elternzeit nach dem BEEG, wird es nur berücksichtigt, wenn es arbeitsuchend gemeldet ist."

Volljährige Kinder ohne Arbeitsplatz. → A 14.1 Abs. 1 und 2 DA-KG 2023:

„(1) Ein Kind, das das 18., aber noch nicht das 21. Lebensjahr vollendet hat, kann nach § 32 Abs. 4 Satz 1 Nr. 1 EStG berücksichtigt werden, wenn es nicht in einem Beschäftigungsverhältnis steht und bei einer Agentur für Arbeit im Inland oder einem Jobcenter (gemeinsame Einrichtung oder zugelassener kommunaler Träger) arbeitsuchend gemeldet ist.

Einer Berücksichtigung stehen nicht entgegen:

- eine geringfügige Beschäftigung i. S. v. § 8 SGB IV bzw. § 8 a SGB IV (vgl. A 20.3.3 Abs. 1 und 2),
- eine selbständige oder gewerbliche Tätigkeit von insgesamt weniger als 15 Stunden wöchentlich (vgl. BFH vom 18. 12. 2014, III R 9/14, BStBl. 2015 II S. 653),
- die Zuweisung in Arbeitsgelegenheiten nach § 16 d SGB II,
- wenn die Meldung als Arbeitsuchender nicht im Inland, sondern bei der staatlichen Arbeitsvermittlung in einem anderen EU- bzw. EWR-Staat oder in der Schweiz erfolgt ist.

A 23 und V 1.4.2 sind zu beachten.

(2) Der Nachweis, dass ein Kind im Inland arbeitsuchend gemeldet ist, hat durch eine Bescheinigung der zuständigen Agentur für Arbeit oder des Jobcenters zu erfolgen. Hierfür steht der Vordruck KG 11 a[2] zur Verfügung. Es sind diesbezüglich keine weiteren Prüfungen durch die Familienkasse erforderlich. Auch die Bescheinigung der Arbeitslosigkeit oder des Bezugs von Arbeitslosengeld nach § 136 SGB III sind ein ausreichender Nachweis der Meldung als arbeitsuchend."

R 32.5 Kinder, die für einen Beruf ausgebildet werden *(unbesetzt)*

R 32.5

[1] **[Amtl. Anm.:]** Vordrucke der Familienkasse.
[2] **[Amtl. Anm.:]** Vordruck der Familienkasse.

H 32.5

H 32.5

Allgemeines

190 – → A 15 DA-KG 2023.
– Als Berufsausbildung ist die Ausbildung für einen künftigen Beruf zu verstehen. In der Berufsausbildung befindet sich, wer sein Berufsziel noch nicht erreicht hat, sich aber ernstlich darauf vorbereitet (→ BFH vom 9. 6. 1999 – BStBl. II S. 706). Dem steht nicht entgegen, dass das Kind auf Grund der Art der jeweiligen Ausbildungsmaßnahme die Möglichkeit der Erzielung eigener Einkünfte erlangt (→ BFH vom 16. 4. 2002 – BStBl. II S. 523).

Beginn, Unterbrechung und Ende der Berufsausbildung

– Das Referendariat im Anschluss an die erste juristische Staatsprüfung gehört zur Berufsausbildung (→ BFH vom 10. 2. 2000 – BStBl. II S. 398).
– Ein Kind befindet sich nicht in Ausbildung, wenn es sich zwar an einer Universität immatrikuliert, aber tatsächlich das Studium noch nicht aufgenommen hat (→ BFH vom 23. 11. 2001 – BStBl. II 2002 S. 484).
– Ein Universitäts- oder Hochschulstudium ist in dem Zeitpunkt abgeschlossen, in dem eine nach dem einschlägigen Prüfungsrecht zur Feststellung des Studienerfolgs vorgesehene Prüfungsentscheidung ergangen ist oder ein Prüfungskandidat von der vorgesehenen Möglichkeit, sich von weiteren Prüfungsabschnitten befreien zu lassen, Gebrauch gemacht hat (→ BFH vom 21. 1. 1999 – BStBl. II S. 141). Das Studium endet regelmäßig mit Bekanntgabe des Prüfungsergebnisses. Das Prüfungsergebnis ist dem Kind bekanntgegeben, sobald es eine schriftliche Bestätigung über den erfolgreichen Abschluss und die erzielten Abschlussnoten erhalten hat oder objektiv die Möglichkeit hat, eine solche schriftliche Bestätigung über ein Online-Portal der Hochschule erstellen zu können (→ BFH vom 7. 7. 2021 – BStBl. II S. 864). Die Berufsausbildung endet bereits vor Bekanntgabe des Prüfungsergebnisses, wenn das Kind nach Erbringung aller Prüfungsleistungen eine Vollzeiterwerbstätigkeit aufnimmt (→ BFH vom 24. 5. 2000 – BStBl. II S. 473).
– → A 15.10 DA-KG 2023.
– → A 20.2.4 Abs. 2 und 3 DA-KG 2023.

Kinder mit Behinderung, die für einen Beruf ausgebildet werden. → A 15.4 DA-KG 2023:

„Ein Kind mit Behinderung wird auch dann für einen Beruf ausgebildet, wenn es durch gezielte Maßnahmen auf eine – wenn auch einfache – Erwerbstätigkeit vorbereitet wird, die nicht spezifische Fähigkeiten oder Fertigkeiten erfordert. Unter diesem Gesichtspunkt kann z. B. auch der Besuch einer Schule für Menschen mit Behinderungen, einer Heimsonderschule, das Arbeitstraining in einer Anlernwerkstatt oder die Förderung im Berufsbildungsbereich einer Werkstatt für behinderte Menschen den Grundtatbestand des § 32 Abs. 4 Satz 1 Nr. 2 Buchst. a EStG erfüllen."

Praktikum, Volontariat und Trainee-Programm

– → A 15.8 DA-KG 2023:

„(1) Während eines Praktikums wird ein Kind für einen Beruf ausgebildet, sofern dadurch Kenntnisse, Fähigkeiten und Erfahrungen vermittelt werden, die als Grundlagen für die Ausübung des angestrebten Berufs geeignet sind (vgl. BFH vom 9. 6. 1999, VI R 16/99, BStBl. II S. 713) und es sich nicht lediglich um ein gering bezahltes Arbeitsverhältnis handelt. Das Praktikum muss für das angestrebte Berufsziel förderlich sein (BFH vom 15. 7. 2003, VIII R 79/99, BStBl. II S. 843). Es sind auch der Vervollkommnung und Abrundung von Fähigkeiten und Kenntnissen dienende Maßnahmen einzubeziehen, die außerhalb eines geregelten Bildungsganges ergriffen werden und damit über das vorgeschriebene Maß hinausgehen. Es ist nicht erforderlich, dass die Ausbildungsmaßnahme einem im BBiG geregelten fest umrissenen Bildungsgang entspricht, sie in einer Ausbildungs- oder Studienordnung vorgeschrieben ist oder auf ein deutsches Studium angerechnet wird.

(2) Ein vorgeschriebenes Praktikum ist als notwendige fachliche Voraussetzung oder Ergänzung der eigentlichen Ausbildung an einer Schule, Hochschule oder sonstigen Ausbildungsstätte ohne weiteres anzuerkennen. Gleiches gilt für ein durch die Ausbildungs- oder Studienordnung empfohlenes Praktikum sowie für ein Praktikum, das in dem mit der späteren Ausbildungsstätte abgeschlossenen schriftlichen Ausbildungsvertrag oder der von dieser Ausbildungsstätte schriftlich gegebenen verbindlichen Ausbildungszusage vorgesehen ist.

(3) Ein Praktikum, das weder vorgeschrieben noch empfohlen ist, kann unter den Voraussetzungen des Abs. 1 für die Dauer berücksichtigt werden, in der ein ausreichender Bezug zum Berufsziel glaubhaft gemacht wird, längstens für zwölf Monate. Von einem ausreichenden Bezug kann ausgegangen werden, wenn dem Praktikum ein detaillierter Ausbildungsplan zu Grunde liegt, der darauf zielt, unter fachkundiger Anleitung für die Ausübung des angestrebten Berufs wesentliche Kenntnisse und Fertigkeiten zu vermitteln.

(4) Eine Tätigkeit kann für eine Dauer von bis zu drei Monaten als Praktikum berücksichtigt werden, wenn sie im Rahmen der Berufsorientierung dazu dient, Einblicke in Inhalte, Anforderungen, Strukturen und Themen des jeweiligen Berufsbildes zu vermitteln und es sich dabei nicht lediglich um ein gering bezahltes Arbeitsverhältnis handelt.

(5) Eine Volontärtätigkeit, die ein ausbildungswilliges Kind vor Annahme einer voll bezahlten Beschäftigung gegen geringe Entlohnung absolviert, ist berücksichtigungsfähig, wenn das Volontariat der Erlangung der angestrebten beruflichen Qualifikation dient und somit der Ausbildungscharakter im Vordergrund steht (vgl. BFH vom 9. 6. 1999, VI R 50/98, BStBl. II S. 706; vgl. auch Anlernverhältnis, A 15.2 Satz 2); Gleiches gilt für eine Tätigkeit als Trainee. Für eine Prägung durch Ausbildungszwecke spricht es, dass ein detaillierter Ausbildungsplan zu Grunde liegt, dass die Unterweisung auf qualifizierte Tätigkeiten ausgerichtet ist, dass auf der Grundlage der Ausbildung dem Kind eine den Lebensunterhalt selbständig sichernde Berufstätigkeit ermöglicht wird und dass die Höhe des Arbeitslohns dem eines Auszubildenden vergleichbar ist. Es darf sich dagegen nicht lediglich um ein gering bezahltes Arbeitsverhältnis handeln."

– Das Anwaltspraktikum eines Jurastudenten ist Berufsausbildung, auch wenn es weder gesetzlich noch durch die Studienordnung vorgeschrieben ist (→ BFH vom 9. 6. 1999 – BStBl. II S. 713).

H 32.5

– Zur Berufsausbildung eines Studenten der Anglistik, der einen Abschluss in diesem Studiengang anstrebt, gehört auch ein Auslandspraktikum als Fremdsprachenassistent an einer Schule in Großbritannien während eines Urlaubssemesters (→ BFH vom 14. 1. 2000 – BStBl. II S. 199).

Schulbesuch

– Zur Berufsausbildung gehört auch der Besuch von Allgemeinwissen vermittelnden Schulen wie Grund-, Haupt- und Oberschulen sowie von Fach- und Hochschulen. Auch der Besuch eines Colleges in den USA kann zur Berufsausbildung zählen (→ BFH vom 9. 6. 1999 – BStBl. II S. 705).
– → A 15.5 DA-KG 2023.

Soldat in Aus-/Weiterbildung. → A 15.2 Satz 3 bis 5 DA-KG 2023:

„In den Laufbahngruppen der Bundeswehr können folgende Berufsausbildungsmaßnahmen berücksichtigungsfähig sein:
– die Ausbildung eines Soldaten auf Zeit für seine spätere Verwendung in der Laufbahngruppe Mannschaft, wenn sie zu Beginn der Verpflichtungszeit erfolgt; die Ausbildung umfasst die Grundausbildung und die sich anschließende Dienstpostenausbildung (vgl. BFH vom 10. 5. 2012, VI R 72/11, BStBl. II S. 895); dies gilt auch für den freiwilligen Wehrdienst nach § 58 b SG,
– die Ausbildung eines Soldaten auf Zeit oder Berufssoldaten in der Laufbahngruppe Unteroffizier (mit oder ohne Portepee) bzw. in der Laufbahngruppe Offizier (BFH vom 16. 4. 2002, VIII R 58/01, BStBl. 2002 II S. 523 und BFH vom 15. 7. 2003, VIII R 19/02, BStBl. 2007 II S. 247); zur Ausbildung können auch zivilberufliche Aus- und Weiterbildungsmaßnahmen (sog. ZAW-Maßnahmen), das Studium an einer Bundeswehrhochschule oder an einer zivilen Hochschule zählen, auch wenn diese Maßnahmen über die jeweilige Ernennung hinaus andauern,
– die während des Wehrdienstes stattfindende Ausbildung zum Reserveoffizier (BFH vom 8. 5. 2014, III R 41/13, BStBl. II S. 717),
– zusätzliche Weiterbildungen bzw. Ausbildungsmaßnahmen eines Soldaten, die grundsätzlich dazu geeignet sind, den Aufstieg in eine höhere Laufbahngruppe, den Einstieg in eine Laufbahngruppe oder den Laufbahnwechsel vom Unteroffizier ohne Portepee zum Unteroffizier mit Portepee zu ermöglichen (darunter fallen nicht in der Bundeswehr übliche Verwendungslehrgänge, die nach dem Erwerb der Laufbahnbefähigung absolviert werden, vgl. BFH vom 16. 9. 2015, III R 6/15, BStBl. 2016 II S. 281).

Findet eine der in Satz 3. genannten Maßnahmen zu Beginn der Verpflichtungszeit statt, können die ersten vier Monate ohne näheren Nachweis anerkannt werden, lediglich der Dienstantritt ist glaubhaft zu machen. Für die Prüfung der weiteren Berücksichtigung steht der Vordruck KG 15[1] zur Verfügung."

Sprachaufenthalte im Ausland. → A 15.9 DA-KG 2023:

„(1) Sprachaufenthalte im Ausland sind regelmäßig berücksichtigungsfähig, wenn der Erwerb der Fremdsprachenkenntnisse nicht dem ausbildungswilligen Kind allein überlassen bleibt, sondern Ausbildungsinhalt und Ausbildungsziel von einer fachlich autorisierten Stelle vorgegeben werden. Davon ist ohne weiteres auszugehen, wenn der Sprachaufenthalt mit anerkannten Formen der Berufsausbildung verbunden wird (z. B. Besuch einer allgemeinbildenden Schule, eines Colleges oder einer Universität). In allen anderen Fällen – insbesondere bei Auslandsaufenthalten im Rahmen von Au-pair-Verhältnissen – setzt die Anerkennung voraus, dass der Aufenthalt von einem theoretisch-systematischen Sprachunterricht in einer Fremdsprache begleitet wird (vgl. BFH vom 9. 6. 1999, VI R 33/98 und VI R 143/98, BStBl. II S. 701 und S. 710 und BFH vom 19. 2. 2002, VIII R 83/00, BStBl. II S. 469).

(2) Es kann regelmäßig eine ausreichende Ausbildung angenommen werden, wenn ein begleitender Sprachunterricht von wöchentlich zehn Unterrichtsstunden stattfindet. Das Leben in der Gastfamilie zählt nicht dazu. Ein Sprachaufenthalt im Ausland kann ebenfalls berücksichtigt werden, wenn der begleitende Sprachunterricht weniger als wöchentlich zehn Unterrichtsstunden umfasst, der Auslandsaufenthalt aber von einer Ausbildungs- oder Prüfungsordnung vorausgesetzt wird. Gleiches gilt, wenn der Sprachaufenthalt der Vorbereitung auf einen für die Zulassung zum Studium oder zu einer anderen Ausbildung erforderlichen Fremdsprachentest dient. Im Einzelnen gilt A 15.3."

Umfang der zeitlichen Inanspruchnahme durch die Berufsausbildung. → A 15.3 Abs. 1 bis 3 DA-KG 2023:

„(1) Die Ausbildung ist berücksichtigungsfähig, wenn sich das Kind ernsthaft und nachhaltig auf das Erreichen eines bestimmten Berufsziels vorbereitet. Anders als z. B. bei einem Sprachunterricht im Ausland (vgl. A 15.9), ist bei einer Ausbildung in einem öffentlich-rechtlich geordneten Ausbildungsgang eine Prüfung der Ernsthaftigkeit, beispielsweise anhand zeitlicher Kriterien, regelmäßig nicht erforderlich (vgl. BFH vom 8. 9. 2016, III R 27/15, BStBl. 2017 II S. 278).

(2) Sind bei Studenten die Semesterbescheinigungen aussagekräftig (durch Ausweis der Hochschulsemester), sind diese als Nachweis grundsätzlich ausreichend. Bestehen trotz aussagekräftiger Semesterbescheinigungen Zweifel an der Ernsthaftigkeit des Studiums, sollte die Ernsthaftigkeit durch Vorlage von Leistungsnachweisen („Scheine", Bescheinigungen des Betreuenden über Einreichung von Arbeiten zur Kontrolle), die Aufschluss über die Fortschritte des Lernenden geben, in den in A 15.10 Abs. 13 festgelegten Zeitpunkten belegt werden. Bei Ausbildungsgängen, die keine regelmäßige Präsenz an einer Ausbildungsstätte erfordern (insbesondere bei als Fernstudium angebotenen Fernlehrgängen), sollte die Ernsthaftigkeit nach Satz 2 geprüft werden.

(3) Es ist zwar kein zeitliches Mindestmaß an einer Ausbildungsmaßnahme zu fordern, gleichwohl kann die tatsächliche zeitliche Inanspruchnahme als Anhaltspunkt für die Ernsthaftigkeit der Ausbildung herangezogen werden. So kann beispielsweise eine tatsächliche Unterrichts- bzw. Ausbildungszeit von zehn Wochenstunden regelmäßig als ausreichende Ausbildung anerkannt werden. Eine Unterrichts- bzw. Ausbildungszeit von weniger als zehn Wochenstunden kann als ausreichende Ausbildung anerkannt werden, wenn z. B.
– das Kind zur Teilnahme am Schulunterricht zur Erfüllung der Schulpflicht verpflichtet ist (BFH vom 28. 4. 2010, III R 93/08, BStBl. II S. 1060),
– der zusätzliche ausbildungsbezogene Zeitaufwand (z. B. für Vor- und Nachbereitung) über das übliche Maß hinausgeht oder
– die besondere Bedeutung der Maßnahme für das angestrebte Berufsziel dies rechtfertigt.

Üblich ist ein Zeitaufwand für die häusliche Vor- und Nacharbeit, welcher der Dauer der Unterrichts- bzw. Ausbildungszeit entspricht, sowie ein Zeitaufwand für den Weg von und zur Ausbildungsstätte bis zu einer Stunde für die einfache Wegstrecke. Über das übliche Maß hinaus geht der ausbildungsbezogene Zeitaufwand z. B.

---

[1] **[Amtl. Anm.:]** Vordruck der Familienkasse.

H 32.5

– bei besonders umfangreicher Vor- und Nacharbeit oder
– wenn neben die Unterrichtseinheiten zusätzliche ausbildungsfördernde Aktivitäten bzw. die praktische Anwendung des Gelernten treten.

Die besondere Bedeutung der Maßnahme für das angestrebte Berufsziel rechtfertigt eine geringere Stundenanzahl, z. B. bei

– Erwerb einer qualifizierten Teilnahmebescheinigung,
– Prüfungsteilnahme,
– regelmäßigen Leistungskontrollen oder
– berufszielbezogener Üblichkeit der Durchführung einer solchen Maßnahme, wenn die Ausbildungsmaßnahme der üblichen Vorbereitung auf einen anerkannten Prüfungsabschluss dient oder wenn die einschlägigen Ausbildungs- oder Studienordnungen bzw. entsprechende Fachbereiche die Maßnahme vorschreiben oder empfehlen.“

Unterbrechungszeiten

– Zur Berufsausbildung zählen Unterbrechungszeiten wegen Erkrankung oder Mutterschaft, nicht jedoch Unterbrechungszeiten wegen der Betreuung eines eigenen Kindes (→ BFH vom 15. 7. 2003 – BStBl. II S. 848) oder der krankheitsbedingte Abbruch des Ausbildungsverhältnisses, z. B. durch Abmeldung von der (Hoch-)Schule oder Kündigung des Ausbildungsverhältnisses (→ BFH vom 31. 8. 2021 – BStBl. II 2022 S. 465).
– Ist für den Zeitraum eines Urlaubssemesters der Besuch von Vorlesungen und der Erwerb von Leistungsnachweisen nach hochschulrechtlichen Bestimmungen untersagt, sind für diesen Zeitraum die Voraussetzungen einer Berufsausbildung nicht erfüllt (→ BFH vom 13. 7. 2004 – BStBl. II S. 999).
– → A 15.10 Abs. 8 und A 15.11 DA-KG 2023.

R 32.6

R 32.6 Kinder, die sich in einer Übergangszeit befinden *(unbesetzt)*

H 32.6

H 32.6

192 **Übergangszeit nach § 32 Abs. 4 Satz 1 Nr. 2 Buchst. b EStG.** → A 16 Abs. 1 bis 4 DA-KG 2023:

„(1) Nach § 32 Abs. 4 Satz 1 Nr. 2 Buchst. b EStG besteht für ein Kind, das das 18., aber noch nicht das 25. Lebensjahr vollendet hat, Anspruch auf Kindergeld, wenn es sich in einer Übergangszeit von höchstens vier Monaten befindet, die zwischen zwei Ausbildungsabschnitten oder zwischen einem Ausbildungsabschnitt und der Ableistung

– des freiwilligen Wehrdienstes nach § 58 b SG (für Anspruchszeiträume ab 1. 1. 2015) oder
– eines geregelten Freiwilligendienstes i. S. d. § 32 Abs. 4 Satz 1 Nr. 2 Buchst. d EStG (vgl. A 18)

liegt. Kinder sind auch in Übergangszeiten von höchstens vier Monaten zwischen dem Abschluss der Ausbildung und dem Beginn eines der in Satz 1 genannten Dienste und Tätigkeiten zu berücksichtigen (vgl. BFH vom 25. 1. 2007, III R 23/06, BStBl. 2008 II S. 664). Die Übergangszeit beginnt am Ende des unmittelbar vorangegangenen Ausbildungsabschnittes oder Dienstes, auch wenn das Kind zu diesem Zeitpunkt das 18. Lebensjahr noch nicht vollendet hat (BFH vom 16. 4. 2015, III R 54/13, BStBl. 2016 II S. 25). Die Übergangszeit von höchstens vier Monaten ist nicht taggenau zu berechnen, sondern umfasst vier volle Kalendermonate (BFH vom 15. 7. 2003, VIII R 105/01, BStBl. II S. 847). Endet z. B. ein Ausbildungsabschnitt im Juli, muss der nächste spätestens im Dezember beginnen.

(2) Übergangszeiten ergeben sich als vom Kind nicht zu vermeidende Zwangspausen, z. B. durch Rechtsvorschriften über den Ausbildungsverlauf, aus den festen Einstellungsterminen der Ausbildungsbetriebe oder den Einstellungsgewohnheiten staatlicher Ausbildungsinstitutionen. Eine Übergangszeit im Sinne einer solchen Zwangspause kann auch in Betracht kommen, wenn das Kind den vorangegangenen Ausbildungsplatz – ggf. aus von ihm zu vertretenden Gründen – verloren oder die Ausbildung abgebrochen hat. Als Ausbildungsabschnitt gilt jeder Zeitraum, der nach § 32 Abs. 4 Satz 1 Nr. 2 Buchst. a EStG zu berücksichtigen ist.

(3) Eine Berücksichtigung des Kindes während der Übergangszeit hat zu erfolgen, wenn es entweder bereits einen Ausbildungsplatz hat oder sich um einen Platz im nachfolgenden Ausbildungsabschnitt beworben hat, der tatsächlich innerhalb des zeitlichen Rahmens des § 32 Abs. 4 Satz 1 Nr. 2 Buchst. b EStG beginnt. Eine Übergangszeit i. S. d. § 32 Abs. 4 Satz 1 Nr. 2 Buchst. b EStG kann nicht dadurch begründet werden, dass sich ein Kind um eine Ausbildung bemüht und diese erst nach der Übergangszeit beginnt (BFH vom 7. 7. 2021, III R 40/19, BStBl. II S. 864). Gleichermaßen ist zu verfahren, wenn der Berechtigte bei Beendigung der Ausbildung des Kindes an einer allgemeinbildenden Schule oder in einem sonstigen Ausbildungsabschnitt glaubhaft erklärt, dass sich das Kind um einen solchen Ausbildungsplatz so bald wie möglich bewerben wird, und die Familienkasse unter Würdigung aller Umstände zu der Überzeugung gelangt, dass die Fortsetzung der Ausbildung zu dem angegebenen Zeitpunkt wahrscheinlich ist. Entsprechend ist bei Übergangszeiten zwischen einem Ausbildungsabschnitt und einem Dienst bzw. einer Tätigkeit i. S. d. Abs. 1 Satz 1 zu verfahren.

(4) Eine Übergangszeit liegt nicht vor, wenn das Kind sich nach einem Ausbildungsabschnitt oder einem Dienst bzw. einer Tätigkeit i. S. d. Abs. 1 Satz 1 wegen Kindesbetreuung nicht um einen Anschlussausbildungsplatz bemüht.“

R 32.7

R 32.7 Kinder, die mangels Ausbildungsplatz ihre Berufsausbildung nicht beginnen oder fortsetzen können

Allgemeines

193 (1) ① Grundsätzlich ist jeder Ausbildungswunsch des Kindes anzuerkennen, es sei denn, dass seine Verwirklichung wegen der persönlichen Verhältnisse des Kindes ausgeschlossen erscheint. ② Dies gilt auch dann, wenn das Kind bereits eine abgeschlossene Ausbildung in einem anderen Beruf besitzt. ③ Das Finanzamt kann verlangen, dass der Stpfl. die ernsthaften Bemühungen des Kindes um einen Ausbildungsplatz durch geeignete Unterlagen nachweist oder zumindest glaubhaft macht.

Ausbildungsplätze R 32.7

(2) Ausbildungsplätze sind neben betrieblichen und überbetrieblichen insbesondere solche an Fach- und Hochschulen sowie Stellen, an denen eine in der Ausbildungs- oder Prüfungsordnung vorgeschriebene praktische Tätigkeit abzuleisten ist.

Ernsthafte Bemühungen um einen Ausbildungsplatz

(3) ① Für die Berücksichtigung eines Kindes ohne Ausbildungsplatz ist Voraussetzung, dass es dem Kind trotz ernsthafter Bemühungen nicht gelungen ist, seine Berufsausbildung zu beginnen oder fortzusetzen. ② Als Nachweis der ernsthaften Bemühungen kommen z. B. Bescheinigungen der Agentur für Arbeit über die Meldung des Kindes als Bewerber um eine berufliche Ausbildungsstelle, Unterlagen über eine Bewerbung bei der Zentralen Vergabestelle von Studienplätzen, Bewerbungsschreiben unmittelbar an Ausbildungsstellen sowie deren Zwischennachricht oder Ablehnung in Betracht.

(4) ① Die Berücksichtigung eines Kindes ohne Ausbildungsplatz ist ausgeschlossen, wenn es sich wegen Kindesbetreuung nicht um einen Ausbildungsplatz bemüht. ② Eine Berücksichtigung ist dagegen möglich, wenn das Kind infolge Erkrankung oder wegen eines Beschäftigungsverbots nach den §§ 3 und 6 Mutterschutzgesetz daran gehindert ist, seine Berufsausbildung zu beginnen oder fortzusetzen.

H 32.7

H 32.7

Erkrankung und Mutterschaft. → A 17.2 DA-KG 2023:

„(1) Eine Berücksichtigung ist nach § 32 Abs. 4 Satz 1 Nr. 2 Buchst. c EStG auch möglich, wenn das Kind infolge einer 194
vorübergehenden Erkrankung daran gehindert ist, sich um eine Berufsausbildung zu bemühen, sie zu beginnen oder fortzusetzen. Von einer vorübergehenden Erkrankung ist auszugehen, wenn sie im Hinblick auf die ihrer Art nach zu erwartende Dauer der von ihr ausgehenden Funktionsbeeinträchtigung mit hoher Wahrscheinlichkeit regelmäßig nicht länger als sechs Monate währt (BFH vom 31. 8. 2021, III R 41/19, BStBl. 2022 II S. 465). Die Erkrankung und das voraussichtliche Ende der Erkrankung sind durch eine Bescheinigung des behandelnden Arztes nachzuweisen. Ist nach den ärztlichen Feststellungen das voraussichtliche Ende der Erkrankung nicht absehbar oder währt die Erkrankung bzw. die von ihr ausgehende Beeinträchtigung länger als sechs Monate, reicht der Wille des Kindes, sich nach dem Ende der Erkrankung um einen Ausbildungsplatz zu bemühen, nicht aus. In diesem Fall ist zu prüfen, ob das Kind wegen einer Behinderung nach § 32 Abs. 4 Satz 1 Nr. 3 EStG berücksichtigt werden kann (vgl. BFH vom 12. 11. 2020, III R 49/18, BStBl. 2021 II S. 390). Wurde das Kind nicht bereits vor der Erkrankung nach § 32 Abs. 4 Satz 1 Nr. 2 Buchst. c EStG berücksichtigt, muss es seinen Willen glaubhaft machen, sich unmittelbar nach Wegfall der Hinderungsgründe um eine Berufsausbildung zu bemühen, sie zu beginnen oder fortzusetzen. Die Glaubhaftmachung kann z. B. durch eine schriftliche Erklärung erfolgen (vgl. V 6.1 Abs. 1 Satz 8) oder durch den Nachweis, dass sich das Kind an eine Ausbildungseinrichtung oder die Arbeitsvermittlung der Agentur für Arbeit mit dem Ziel gewandt hat, eine Ausbildung nach dem Ende der Erkrankung aufzunehmen (BFH vom 31. 8. 2021, III R 41/19, BStBl. 2022 II S. 465). Bemüht sich das Kind nach Wegfall des Hinderungsgrundes nicht unmittelbar um eine Berufsausbildung, beginnt diese oder setzt sie fort, ist die Festsetzung ab dem Monat, der dem Monat folgt, in dem die Hinderungsgründe wegfallen, nach § 70 Abs. 2 Satz 1 EStG aufzuheben. Für die Bearbeitung und Nachweisführung stehen die Vordrucke KG 9 a und KG 9 b[1] zur Verfügung.

(2) Ein Kind, das sich wegen eines Beschäftigungsverbots nach §§ 3, 13 Abs. 1 Nr. 3 oder 16 MuSchG nicht um eine Berufsausbildung bemüht, sie beginnt oder fortsetzt, kann nach § 32 Abs. 4 Satz 1 Nr. 2 Buchst. c EStG berücksichtigt werden. Das Gleiche gilt, wenn sich das Kind wegen unzulässiger Tätigkeiten und Arbeitsbedingungen nach §§ 11, 12 MuSchG nicht um den Ausbildungsplatz bewerben kann. Die Schwangerschaft und der voraussichtliche Tag der Entbindung sind durch ein ärztliches Zeugnis oder das Zeugnis einer Hebamme oder eines Entbindungshelfers nachzuweisen. Ein Beschäftigungsverbot nach § 16 MuSchG ist durch ärztliches Zeugnis zu bestätigen. Kann sich das Kind wegen unzulässiger Tätigkeit nach §§ 11, 12 MuSchG nicht um einen Ausbildungsplatz bewerben, ist dies vom Kind oder vom Berechtigten glaubhaft zu machen. Satz 1 und 2 gelten unabhängig davon, ob das Kind die Bemühungen um einen Ausbildungsplatz nach dem Ende des Beschäftigungsverbots nach §§ 3, 13 Abs. 1 Nr. 3 oder 16 MuSchG fortsetzt (BFH vom 13. 6. 2013, III R 58/12, BStBl. 2014 II S. 834). Ein Kind ohne Ausbildungsplatz kann nicht berücksichtigt werden, wenn es sich wegen Kindesbetreuung, beispielsweise Elternzeit nach §§ 15 bis 21 BEEG, nicht um einen Ausbildungsplatz bemüht."

Kinder ohne Ausbildungsplatz. → A 17.1 Abs. 1 bis 3 DA-KG 2023:

„(1) Nach § 32 Abs. 4 Satz 1 Nr. 2 Buchst. c EStG ist ein Kind, das das 18., aber noch nicht das 25. Lebensjahr vollendet hat, zu berücksichtigen, wenn es eine Berufsausbildung – im Inland oder Ausland – mangels Ausbildungsplatz nicht beginnen oder fortsetzen kann. Der angestrebte Ausbildungsplatz muss nach § 32 Abs. 4 Satz 1 Nr. 2 Buchst. a EStG zu berücksichtigen sein. Ein Mangel eines Ausbildungsplatzes liegt sowohl in Fällen vor, in denen das Kind noch keinen Ausbildungsplatz gefunden hat, als auch dann, wenn ihm ein solcher bereits zugesagt wurde, es diesen aber aus schul-, studien- oder betriebsorganisatorischen Gründen erst zu einem späteren Zeitpunkt antreten kann (BFH vom 15. 7. 2003, VIII R 77/00, BStBl. II S. 845). Kein Mangel eines Ausbildungsplatzes liegt dagegen vor, wenn das Kind die objektiven Anforderungen an den angestrebten Ausbildungsplatz nicht erfüllt oder wenn es im Falle des Bereitstehens eines Ausbildungsplatzes aus anderen Gründen am Antritt gehindert wäre, z. B. wenn es im Ausland arbeitsvertraglich gebunden ist (BFH vom 15. 7. 2003, VIII R 79/99, BStBl. II S. 843). Hat das Kind noch keinen Ausbildungsplatz gefunden, hängt die Berücksichtigung davon ab, dass es ihm trotz ernsthafter Bemühungen nicht gelungen ist, seine Berufsausbildung zu beginnen oder fortzusetzen. Die Suche nach einem Ausbildungsplatz muss also bisher erfolglos verlaufen sein oder der nächste Ausbildungsabschnitt einer mehrstufigen Ausbildung kann mangels Ausbildungsplatz nicht begonnen werden. Beispiele für eine üblicherweise noch nicht abgeschlossene Berufsausbildung sind die Beendigung der Schulausbildung und die Ablegung des ersten Staatsexamens, wenn das zweite Staatsexamen für die Berufsausübung angestrebt wird. Grundsätzlich ist jeder Ausbildungswunsch des Kindes anzuerkennen. Die Bewerbung muss für den nächstmöglichen Ausbildungsbeginn erfolgen. Kann eine Bewerbung nicht abgegeben werden, z. B. für Studierwillige, weil das Verfahren bei der SfH noch nicht eröffnet ist, genügt zunächst eine schriftliche Erklärung des Kindes (vgl. V 6.1 Abs. 1 Satz 8), sich so bald wie möglich bewerben zu wollen.

---

[1] **[Amtl. Anm.:]** Vordruck der Familienkasse.

H 32.7

(2) Der Berechtigte muss der Familienkasse die ernsthaften Bemühungen des Kindes um einen Ausbildungsplatz zum nächstmöglichen Beginn durch geeignete Unterlagen nachweisen oder zumindest glaubhaft machen. Eine Ausbildung wird nicht zum nächstmöglichen Zeitpunkt angestrebt, wenn das Kind aus von ihm zu vertretenden Gründen, z. B. wegen einer Erwerbstätigkeit oder der Ableistung eines freiwilligen Wehrdienstes, die Ausbildung erst zu einem späteren Zeitpunkt beginnen möchte. Ist eine Bewerbung erfolglos geblieben, sind für den anschließenden Zeitraum übliche und zumutbare Bemühungen nachzuweisen. Als Nachweis kommen insbesondere folgende Unterlagen in Betracht:
– schriftliche Bewerbungen unmittelbar an Ausbildungsstellen sowie deren Zwischennachricht oder Ablehnung,
– die schriftliche Bewerbung bei der SfH,
– die schriftliche Bewerbung für den freiwilligen Wehrdienst,
– die schriftliche Zusage einer Ausbildungsstelle,
– die Bescheinigung über die Registrierung als Bewerber für einen Ausbildungsplatz oder für eine Bildungsmaßnahme bei einer Agentur für Arbeit oder bei einem anderen zuständigen Leistungsträger (Jobcenter; hierfür steht der Vordruck KG 11 a[1] zur Verfügung); in Zweifelsfällen ist die tatsächliche Bewerbereigenschaft, ggf. nach Rücksprache mit der zuständigen Agentur für Arbeit bzw. dem zuständigen Leistungsträger, festzustellen (vgl. BFH vom 18. 6. 2015, VI R 10/14, BStBl. II S. 940),
– die Bescheinigung über die Registrierung als Ratsuchender bei der Agentur für Arbeit,
– die von der Agentur für Arbeit für den Rentenversicherungsträger erstellte Bescheinigung über Anrechnungszeiten der Ausbildungssuche i. S. d. § 58 Abs. 1 Satz 1 Nr. 3 a SGB VI.

(3) Das Kind kann für den Zeitraum berücksichtigt werden, in dem es auf einen Ausbildungsplatz wartet (BFH vom 7. 8. 1992, III R 20/92, BStBl. 1993 II S. 103). Die Wartezeit beginnt beispielsweise mit der Beendigung der Schulausbildung, einer (ersten) Ausbildung oder eines Ausbildungsabschnitts. Nimmt das Kind ernsthafte Bemühungen erst nach Ablauf des Folgemonats nach Wegfall eines anderen Berücksichtigungstatbestandes i. S. d. § 32 Abs. 4 Satz 1 Nr. 2 EStG auf, ist es ab dem Monat der ersten Bewerbung oder Registrierung zu berücksichtigen; Abs. 1 Satz 9 bleibt unberührt.

Beispiel 1:

Das Kind legt die Abiturprüfung im April eines Jahres ab (offizielles Schuljahresende in diesem Land). Unmittelbar nach Ablegung der Abiturprüfung beabsichtigt das Kind, im Oktober des Jahres ein Studium zu beginnen, und bewirbt sich im Juli (Eröffnung des Verfahrens bei der SfH) um einen Studienplatz. Im September erhält das Kind jedoch die Absage der SfH. Das Kind möchte sich zum Sommersemester des nächsten Jahres erneut um einen Studienplatz bewerben.
Das Kind kann wie folgt berücksichtigt werden:
– bis einschließlich April als Kind, das für einen Beruf ausgebildet wird (§ 32 Abs. 4 Satz 1 Nr. 2 Buchst. a EStG),
– ab Mai durchgängig als Kind ohne Ausbildungsplatz (§ 32 Abs. 4 Satz 1 Nr. 2 Buchst. c EStG), von Mai bis September, weil es nach dem Schulabschluss die Ausbildung aufgrund des Vergabeverfahrens der SfH zunächst nicht fortsetzen konnte, und für den Zeitraum ab Oktober aufgrund der Absage der SfH und des weiter bestehenden Ausbildungswunsches. Abs. 1 Satz 9 und 10 und Abs. 2 Satz 3 sind zu beachten.

Beispiel 2:

Das Kind legt die Abiturprüfung im April eines Jahres ab (offizielles Schuljahresende in diesem Land). Das Kind möchte sich zunächst orientieren und beabsichtigt, danach eine Berufsausbildung zu beginnen. Im August bewirbt sich das Kind schriftlich zum nächstmöglichen Zeitpunkt um einen Ausbildungsplatz, erhält im Januar des nachfolgenden Jahres eine schriftliche Zusage und nimmt im August die Ausbildung auf.
Das Kind kann nur in folgenden Zeiträumen berücksichtigt werden:
– bis einschließlich April als Kind, das für einen Beruf ausgebildet wird (§ 32 Abs. 4 Satz 1 Nr. 2 Buchst. a EStG),
– von August bis Juli des nachfolgenden Jahres als Kind ohne Ausbildungsplatz (§ 32 Abs. 4 Satz 1 Nr. 2 Buchst. c EStG),
– ab August des nachfolgenden Jahres als Kind, das für einen Beruf ausgebildet wird (§ 32 Abs. 4 Satz 1 Nr. 2 Buchst. a EStG)."

R 32.8

R 32.8 Kinder, die ein freiwilliges soziales oder ökologisches Jahr oder freiwillige Dienste leisten *(unbesetzt)*

H 32.8

H 32.8

196 **Geregelte Freiwilligendienste** → A 18 DA-KG 2023.

R 32.9

R 32.9 Kinder, die wegen körperlicher, geistiger oder seelischer Behinderung außerstande sind, sich selbst zu unterhalten

197 ① Als Kinder, die wegen körperlicher, geistiger oder seelischer Behinderung außerstande sind, sich selbst zu unterhalten, kommen insbesondere Kinder in Betracht, deren Schwerbehinderung (§ 2 Abs. 2 SGB IX) festgestellt ist oder die einem schwer behinderten Menschen gleichgestellt sind (§ 2 Abs. 3 SGB IX). ② Ein Kind, das wegen seiner Behinderung außerstande ist, sich selbst zu unterhalten, kann bei Vorliegen der sonstigen Voraussetzungen über das 25. Lebensjahr hinaus ohne altersmäßige Begrenzung berücksichtigt werden. ③ Eine Berücksichtigung setzt voraus, dass die Behinderung, deretwegen das Kind nicht in der Lage ist, sich selbst zu unterhalten, vor Vollendung des 25. Lebensjahres eingetreten ist.

H 32.9

H 32.9

198 **Altersgrenze.** Die Altersgrenze, innerhalb derer die Behinderung eingetreten sein muss, ist nicht auf Grund entsprechender Anwendung des § 32 Abs. 5 Satz 1 EStG z. B. um den Zeitraum des vom Kind in früheren Jahren geleisteten Grundwehrdienstes zu verlängern (→ BFH vom 2. 6. 2005 – BStBl. II S. 756).

[1] **[Amtl. Anm.:]** Vordruck der Familienkasse.

H 32.9

Außerstande sein, sich selbst zu unterhalten
- Allgemeines → A 19.4 DA-KG 2023
- verfügbares Nettoeinkommen → A 19.5 DA-KG 2023
- Leistungen Dritter → A 19.6 DA-KG 2023

Nachweis der Behinderung. → A 19.2 Abs. 1 DA-KG 2023:

„(1) Den Nachweis einer Behinderung kann der Berechtigte erbringen:
1. bei einer Behinderung, deren Grad auf mindestens 50 festgestellt ist, durch einen Ausweis nach dem SGB IX oder durch einen Bescheid der nach § 152 Abs. 1 SGB IX zuständigen Behörde,
2. bei einer Behinderung, deren Grad auf weniger als 50, aber mindestens 20 festgestellt ist,
   a) durch eine Bescheinigung der nach § 152 Abs. 1 SGB IX zuständigen Behörde oder,
   b) wenn dem Kind wegen seiner Behinderung nach den gesetzlichen Vorschriften Renten oder andere laufende Bezüge zustehen, durch den Rentenbescheid oder einen entsprechenden Bescheid,
3. bei einer Einstufung in den Pflegegrad 4 oder 5 nach dem SGB XI oder diesem entsprechenden Bestimmungen durch den entsprechenden Bescheid.

Der Nachweis der Behinderung kann auch in Form einer Bescheinigung bzw. eines Zeugnisses des behandelnden Arztes oder eines ärztlichen Gutachtens erbracht werden (BFH vom 16. 4. 2002, VIII R 62/99, BStBl. II S. 738). Aus der Bescheinigung bzw. dem Gutachten muss Folgendes hervorgehen:
- Vorliegen der Behinderung,
- Beginn der Behinderung, soweit das Kind das 25. Lebensjahr vollendet hat, und
- Auswirkungen der Behinderung auf die Erwerbsfähigkeit des Kindes."

Suchtkrankheiten. Suchtkrankheiten können Behinderungen darstellen (→ BFH vom 16. 4. 2002 – BStBl. II S. 738).

Ursächlichkeit der Behinderung → A 19.3 DA-KG 2023.

R 32.10

R 32.10 Erwerbstätigkeit *(unbesetzt)*

H 32.10

H 32.10

200

Ausschluss von Kindern aufgrund einer Erwerbstätigkeit
- → BMF vom 8. 2. 2016 (BStBl. I S. 226).[1]
- → A 20.1 Abs. 1 bis 2 und A 20.2 bis A 20.4 DA-KG 2023:

„A 20.1 Allgemeines

(1) Ein über 18 Jahre altes Kind, das eine erstmalige Berufsausbildung oder ein Erststudium abgeschlossen hat und
- weiterhin für einen Beruf ausgebildet wird (§ 32 Abs. 4 Satz 1 Nr. 2 Buchst. a EStG),
- sich in einer Übergangszeit befindet (§ 32 Abs. 4 Satz 1 Nr. 2 Buchst. b EStG),
- seine Berufsausbildung mangels Ausbildungsplatz nicht beginnen oder fortsetzen kann (§ 32 Abs. 4 Satz 1 Nr. 2 Buchst. c EStG) oder
- einen Freiwilligendienst leistet (§ 32 Abs. 4 Satz 1 Nr. 2 Buchst. d EStG),

wird nach § 32 Abs. 4 Satz 2 EStG nur berücksichtigt, wenn es keiner anspruchsschädlichen Erwerbstätigkeit i. S. d. § 32 Abs. 4 Satz 3 EStG nachgeht (vgl. A 20.3).
Dies gilt auch, wenn die erstmalige Berufsausbildung vor Vollendung des 18. Lebensjahres abgeschlossen worden ist.

(2) Die Einschränkung des § 32 Abs. 4 Satz 2 EStG gilt nicht für Kinder ohne Arbeitsplatz i. S. v. § 32 Abs. 4 Satz 1 Nr. 1 EStG (vgl. A 14) und Kinder mit Behinderung i. S. d. § 32 Abs. 4 Satz 1 Nr. 3 EStG (vgl. A 19)."

„A 20.2 Erstmalige Berufsausbildung und Erststudium

A 20.2.1 Berufsausbildung nach § 32 Abs. 4 Satz 2 EStG

(1) Eine Berufsausbildung i. S. d. § 32 Abs. 4 Satz 2 EStG liegt vor, wenn das Kind durch eine berufliche Ausbildungsmaßnahme die notwendigen fachlichen Fertigkeiten und Kenntnisse erwirbt, die zur Aufnahme eines Berufs befähigen. Voraussetzung ist, dass der Beruf durch eine Ausbildung in einem öffentlich-rechtlich geordneten Ausbildungsgang erlernt wird (BFH vom 6. 3. 1992, VI R 163/88, BStBl. II S. 661) und der Ausbildungsgang durch eine Prüfung abgeschlossen wird.
Das Tatbestandsmerkmal „Berufsausbildung" nach § 32 Abs. 4 Satz 2 EStG ist enger gefasst als das Tatbestandsmerkmal „für einen Beruf ausgebildet werden" nach § 32 Abs. 4 Satz 1 Nr. 2 Buchst. a EStG (vgl. A 15). Es handelt sich bei einer „Berufsausbildung" i. S. v. Satz 2 stets auch um eine Maßnahme, in der das Kind nach Satz 1 „für einen Beruf ausgebildet wird". Jedoch ist nicht jede allgemein berufsqualifizierende Maßnahme gleichzeitig auch eine „Berufsausbildung". Der Abschluss einer solchen Maßnahme (z. B. der Erwerb eines Schulabschlusses, ein Volontariat oder ein freiwilliges Berufspraktikum) führt nicht bereits dazu, dass ein Kind, das im Anschluss weiterhin die Anspruchsvoraussetzungen nach § 32 Abs. 4 Satz 1 Nr. 2 EStG erfüllt, nur noch unter den weiteren Voraussetzungen der Sätze 2 und 3 berücksichtigt wird.

Beispiel:
Nach dem Abitur absolvierte ein 20-jähriges Kind ein Praktikum. Danach kann es eine Berufsausbildung mangels Ausbildungsplatz nicht beginnen und geht zur Überbrückung des Zeitraums zwischen Praktikum und Berufsausbildung einer Erwerbstätigkeit nach (30 Wochenstunden).
In der Zeit zwischen Praktikum und Beginn der Berufsausbildung erfüllt das Kind den Grundtatbestand des § 32 Abs. 4 Satz 1 Nr. 2 Buchst. c EStG. § 32 Abs. 4 Satz 2 und 3 EStG ist nicht einschlägig, da das Praktikum zwar das Tatbestandsmerkmal des § 32 Abs. 4 Satz 1 Nr. 2 Buchst. a EStG („für einen Beruf ausgebildet werden") erfüllt, jedoch keine „Berufsausbildung" i. S. d. § 32 Abs. 4 Satz 2 EStG darstellt. Der Kindergeldanspruch besteht somit unabhängig davon, wie viele Stunden das Kind in der Woche arbeitet.

(2) Zur Berufsausbildung zählen insbesondere:
1. Berufsausbildungsverhältnisse gem. § 1 Abs. 3, §§ 4 bis 52 BBiG bzw. §§ 21 bis 40 HwO. Der erforderliche Abschluss besteht hierbei in der erfolgreich abgelegten Abschlussprüfung i. S. d. § 37 BBiG und § 31 HwO. Gleiches gilt, wenn

[1] Abgedruckt im Hauptteil als Anlage b zu LStH 32.

H 32.10

die Abschlussprüfung nach § 43 Abs. 2 BBiG ohne ein Ausbildungsverhältnis auf Grund einer entsprechenden schulischen Ausbildung abgelegt wird, die gem. den Voraussetzungen des § 43 Abs. 2 BBiG als im Einzelnen gleichwertig anerkannt ist;

2. mit Berufsausbildungsverhältnissen vergleichbare betriebliche Ausbildungsgänge außerhalb des Geltungsbereichs des BBiG (z. B. die Ausbildung zum Schiffsmechaniker nach der See-Berufsausbildungsverordnung);
3. die Ausbildung auf Grund der bundes- oder landesrechtlichen Ausbildungsregelungen für Berufe im Gesundheits- und Sozialwesen;
4. landesrechtlich geregelte Berufsabschlüsse an Berufsfachschulen;
5. die Berufsausbildung von Menschen mit Behinderungen in anerkannten Berufsausbildungsberufen oder auf Grund von Regelungen der zuständigen Stellen in besonderen Ausbildungsberufen für Menschen mit Behinderungen;
6. die Berufsausbildung in einem öffentlich-rechtlichen Dienstverhältnis und
7. Maßnahmen zur Behebung von amtlich festgestellten Unterschieden zwischen einem im Ausland erworbenen Berufsabschluss und einem entsprechenden im Inland geregelten Berufsabschluss, z. B. Anpassungslehrgänge nach § 11 Berufsqualifikationsfeststellungsgesetz. Informationen zur Anerkennung ausländischer Berufsqualifikationen (z. B. zu den zuständigen Stellen) sind unter www.anerkennung-in-deutschland.de und www.bq-portal.de zu finden.

(3) Von Abs. 2 nicht erfasste Bildungsmaßnahmen werden einer Berufsausbildung i. S. d. § 32 Abs. 4 Satz 2 EStG gleichgestellt, wenn sie dem Nachweis einer Sachkunde dienen, die Voraussetzung zur Aufnahme einer fest umrissenen beruflichen Betätigung ist. Die Ausbildung muss in einem geordneten Ausbildungsgang erfolgen und durch eine staatliche oder staatlich anerkannte Prüfung abgeschlossen werden. Der erfolgreiche Abschluss der Prüfung muss Voraussetzung für die Aufnahme der beruflichen Betätigung sein. Die Ausbildung und der Abschluss müssen von Umfang und Qualität der Ausbildungsmaßnahmen und Prüfungen her grundsätzlich mit den Anforderungen vergleichbar sein, die bei Berufsausbildungsmaßnahmen i. S. d. Abs. 2 gestellt werden. Dazu gehört z. B. die Ausbildung zu Berufspiloten auf Grund der JAR-FCL 1 deutsch vom 15. 4. 2003, BAnz 2003 Nr. 80 a.

(4) Abs. 1 bis 3 gelten entsprechend für Berufsausbildungen im Ausland, deren Abschlüsse inländischen Abschlüssen gleichgestellt sind. Bei Abschlüssen aus einem Mitgliedstaat der EU oder des EWR oder der Schweiz ist i. d. R. davon auszugehen, dass diese gleichgestellt sind.

A 20.2.2 Erstmalige Berufsausbildung

(1) Die Berufsausbildung ist als erstmalige Berufsausbildung anzusehen, wenn ihr keine andere abgeschlossene Berufsausbildung bzw. kein abgeschlossenes Hochschulstudium vorausgegangen ist. Wird ein Kind ohne entsprechende Berufsausbildung in einem Beruf tätig und führt es die zugehörige Berufsausbildung nachfolgend durch (nachgeholte Berufsausbildung), handelt es sich dabei um eine erstmalige Berufsausbildung.

(2) Maßnahmen nach A 20.2.1 Abs. 2 Nr. 7 sind als Teil der im Ausland erfolgten Berufsausbildung anzusehen.

A 20.2.3 Erststudium

(1) Ein Studium i. S. d. § 32 Abs. 4 Satz 2 EStG liegt vor, wenn es an einer Hochschule i. S. d. Hochschulgesetze der Länder absolviert wird. Hochschulen i. S. dieser Vorschrift sind Universitäten, Pädagogische Hochschulen, Kunsthochschulen, Fachhochschulen und sonstige Einrichtungen des Bildungswesens, die nach dem jeweiligen Landesrecht staatliche Hochschulen sind. Gleichgestellt sind private und kirchliche Bildungseinrichtungen sowie Hochschulen des Bundes, die nach dem jeweiligen Landesrecht als Hochschule anerkannt werden. Nach Landesrecht kann vorgesehen werden, dass bestimmte an Berufsakademien oder anderen Ausbildungseinrichtungen erfolgreich absolvierte Ausbildungsgänge einem abgeschlossenen Studium an einer Fachhochschule gleichwertig sind und die gleichen Berechtigungen verleihen. Soweit dies der Fall ist, stellt ein entsprechendes Studium ein Studium i. S. d. § 32 Abs. 4 Satz 2 EStG dar. Studien können auch als Fernstudien durchgeführt werden.

(2) Ein Studium stellt ein Erststudium i. S. d. § 32 Abs. 4 Satz 2 EStG dar, wenn es sich um eine Erstausbildung handelt. Es darf ihm kein anderes durch einen berufsqualifizierenden Abschluss beendetes Studium bzw. keine andere abgeschlossene nichtakademische Berufsausbildung i. S. v. A 20.2.1 und A 20.2.2 vorangegangen sein.

(3) Bei einem Wechsel des Studiums ohne Abschluss des zunächst betriebenen Studiengangs stellt das zunächst aufgenommene Studium kein abgeschlossenes Erststudium dar. Bei einer Unterbrechung eines Studiengangs ohne einen berufsqualifizierenden Abschluss und seiner späteren Weiterführung stellt der der Unterbrechung vorangegangene Studienteil kein abgeschlossenes Erststudium dar.

(4) Studien- und Prüfungsleistungen an ausländischen Hochschulen, die zur Führung eines ausländischen akademischen Grades berechtigen, der nach dem Recht des Landes, in dem der Gradinhaber seinen Wohnsitz oder gewöhnlichen Aufenthalt hat, anerkannt wird, sowie Studien- und Prüfungsleistungen, die von Staatsangehörigen eines Mitgliedstaats der EU oder von Vertragsstaaten des EWR oder der Schweiz an Hochschulen dieser Staaten erbracht werden, sind nach diesen Grundsätzen inländischen Studien- und Prüfungsleistungen gleichzustellen. Für die Gleichstellung von Studien- und Prüfungsleistungen werden die in der Datenbank „anabin" (www.anabin.kmk.org) der Zentralstelle für ausländisches Bildungswesen beim Sekretariat der Kultusministerkonferenz aufgeführten Bewertungsvorschläge zugrunde gelegt.

A 20.2.4 Abschluss einer erstmaligen Berufsausbildung oder eines Erststudiums

(1) Eine erstmalige Berufsausbildung oder ein Erststudium sind grundsätzlich abgeschlossen, wenn sie das Kind zur Aufnahme eines Berufs befähigen. Wenn das Kind später eine weitere Ausbildung aufnimmt (z. B. Meisterausbildung nach mehrjähriger Berufstätigkeit aufgrund abgelegter Gesellenprüfung oder Masterstudium nach mehrjähriger Berufstätigkeit), handelt es sich um eine Zweitausbildung.

(2) Ist aufgrund objektiver Beweisanzeichen erkennbar, dass das Kind sein angestrebtes Berufsziel (vgl. A 15.1 Abs. 2) noch nicht erreicht hat, kann auch eine weiterführende Ausbildung noch als Teil der Erstausbildung zu qualifizieren sein (BFH vom 3. 7. 2014, III R 52/13, BStBl. 2015 II S. 152). Entscheidend ist, dass die objektiven Beweisanzeichen (z. B. Bewerbungen) vor dem Beginn des nachfolgenden Ausbildungsabschnittes entstanden sind. Ein verspätetes Bekanntwerden bei der Familienkasse ist nicht schädlich. Fehlt es an anderen objektiven Beweisanzeichen, kann die schriftliche Willenserklärung des Kindes (vgl. V 6.1 Abs. 1 Satz 8) als objektives Beweisanzeichen dienen (BFH vom 20. 2. 2019, III R 42/18, BStBl. II S. 769). Die weiterführende Ausbildung ist noch als Teil der Erstausbildung zu qualifizieren, wenn sie in einem engen sachlichen Zusammenhang mit der nichtakademischen Ausbildung oder dem Erststudium steht und im engen zeitlichen Zusammenhang durchgeführt wird (BFH vom 15. 4. 2015, V R 27/14, BStBl. 2016 II S. 163). Ein enger sachlicher Zusammenhang liegt vor, wenn die nachfolgende Ausbildung z. B. dieselbe Berufssparte oder denselben fachlichen Bereich betrifft (vgl. BFH vom 23. 10. 2019, III R 14/18, BStBl. 2020 II S. 785). Ein enger zeitlicher Zusammenhang liegt vor, wenn das Kind die weitere Ausbildung zum nächstmöglichen Zeitpunkt aufnimmt oder sich bei mangelndem Ausbildungsplatz zeitnah zum nächstmöglichen Zeitpunkt für die weiterführende Ausbildung bewirbt. Unschädlich sind Verzögerungen, die z. B. aus einem zunächst fehlenden oder einem aus schul-, studien- oder betriebsorganisatorischen Gründen erst zu einem späteren Zeitpunkt verfügbaren Ausbildungsplatz resultieren. In Fällen von Erkrankung und Mutterschaft siehe A 17.2. Setzt die weiterführende Ausbildung eine Berufstätigkeit voraus

oder nimmt das Kind vor Beginn der weiterführenden Ausbildung eine Berufstätigkeit aus anderen Gründen auf, die zu einem verzögerten Beginn der weiteren Ausbildung führt, liegt regelmäßig mangels notwendigen engen Zusammenhangs keine einheitliche Erstausbildung vor (BFH vom 4. 2. 2016, III R 14/15, BStBl. II S. 615). Der notwendige enge Zusammenhang entfällt nicht dadurch, dass der nachfolgende Ausbildungsabschnitt erst für die Zulassung zur Abschlussprüfung oder für deren Bestehen eine Berufstätigkeit voraussetzt (BFH vom 11. 12. 2018, III R 26/18, BStBl. 2019 II S. 765). Die Ausbildungsmaßnahme darf dabei nicht von der Erwerbstätigkeit geprägt sein (siehe Abs. 3). Einer einheitlichen Erstausbildung steht nicht entgegen, dass diese neben öffentlich-rechtlich geordneten Ausbildungsmaßnahmen auch nicht öffentlich-rechtlich geordnete Ausbildungsmaßnahmen umfasst (BFH vom 21. 3. 2019, III R 17/18, BStBl. II S. 772).

(3) Nimmt ein volljähriges Kind nach Erlangung eines ersten Abschlusses in einem öffentlich-rechtlich geordneten Ausbildungsgang eine Erwerbstätigkeit auf, ist zwischen einer mehraktigen einheitlichen Erstausbildung mit daneben ausgeübter Erwerbstätigkeit und einer berufsbegleitend durchgeführten Weiterbildung (Zweitausbildung) abzugrenzen. Eine einheitliche Erstausbildung ist nicht mehr anzunehmen, wenn die vom Kind aufgenommene Erwerbstätigkeit bei einer Gesamtwürdigung der Verhältnisse im Vordergrund steht und die weitere Ausbildungsmaßnahme als Weiterbildung oder Aufstieg im bereits ausgeübten Beruf hinter den vorrangigen Erwerbscharakter der Tätigkeit zurücktritt (BFH vom 11. 12. 2018, III R 26/18, BStBl. 2019 II S. 765). Dies ist insbesondere der Fall, wenn:
- die Tätigkeit im erlernten Beruf ausgeübt wird,
- sich das Kind längerfristig an einen Arbeitgeber bindet (mehr als 26 Wochen),
- der zeitliche Umfang der Erwerbstätigkeit den zeitlichen Umfang der Ausbildungsmaßnahme übersteigt oder
- die Ausbildungsmaßnahme in ihrem Ablauf der Erwerbstätigkeit untergeordnet ist, z. B. weil die Ausbildung nur nach Feierabend und an den Wochenenden durchgeführt wird.

Die Familienkasse hat ihre Entscheidung über den Charakter der Tätigkeit unter Würdigung aller Umstände des Einzelfalls zu treffen.

(4) Die Bewertung anhand der in Abs. 2 und 3 genannten Kriterien, ob der weitere Ausbildungsabschnitt Teil einer mehraktigen Erstausbildung oder einer (ggf. berufsbegleitend durchgeführten) Zweitausbildung ist, kann auch auf die vor Beginn der weiteren Ausbildungsmaßnahme liegende Übergangszeit nach § 32 Abs. 4 Satz 1 Nr. 2 Buchst. b EStG bzw. Wartezeit nach § 32 Abs. 4 Satz 1 Nr. 2 Buchst. c EStG übertragen werden, sofern nicht besondere Umstände vorliegen, die eine abweichende Beurteilung rechtfertigen. Für die Frage, ob eine erstmalige Berufsausbildung oder ein Erststudium nach § 32 Abs. 4 Satz 2 EStG abgeschlossen sind, kommt es nicht darauf an, ob die Berufsausbildung bzw. das Studium die besonderen Voraussetzungen für eine Erstausbildung i. S. d. § 9 Abs. 6 EStG erfüllen.

(5) Eine erstmalige Berufsausbildung ist grundsätzlich abgeschlossen, wenn die entsprechende Abschlussprüfung bestanden wurde (vgl. A 15.10 Abs. 3 ff.).

(6) Ein Studium wird, sofern zwischen Prüfung und Bekanntgabe des Prüfungsergebnisses noch keine Vollzeiterwerbstätigkeit im angestrebten Beruf ausgeübt wird, regelmäßig erst mit Bekanntgabe des Prüfungsergebnisses abgeschlossen (vgl. A 15.10 Abs. 9 ff.). Mit bestandener Prüfung wird i. d. R. ein Hochschulgrad verliehen. Hochschulgrade sind u. a. der Diplom-, Magister-, Bachelor- oder Mastergrad. Zwischenprüfungen stellen keinen Abschluss eines Studiums i. S. d. § 32 Abs. 4 Satz 2 EStG dar. Die von den Hochschulen angebotenen Studiengänge führen i. d. R. zu einem berufsqualifizierenden Abschluss. Im Zweifel ist davon auszugehen, dass die entsprechenden Prüfungen berufsqualifizierend sind.

(7) Der Bachelor- oder Bakkalaureusgrad einer inländischen Hochschule ist ein berufsqualifizierender Abschluss. Daraus folgt, dass der Abschluss eines Bachelorstudiengangs den Abschluss eines Erststudiums darstellt und ein nachfolgender Studiengang als weiteres Studium anzusehen ist. Wird hingegen ein Masterstudiengang besucht, der zeitlich und inhaltlich auf den vorangegangenen Bachelorstudiengang abgestimmt ist, so ist dieser Teil der Erstausbildung (BFH vom 3. 9. 2015, VI R 9/15, BStBl. 2016 II S. 166). Bei sog. konsekutiven Masterstudiengängen an einer inländischen Hochschule ist von einem engen sachlichen Zusammenhang auszugehen.

(8) Werden zwei (oder ggf. mehrere) Studiengänge parallel studiert, die zu unterschiedlichen Zeiten abgeschlossen werden, oder wird während eines Studiums eine Berufsausbildung abgeschlossen, stellt der nach dem Erreichen des ersten berufsqualifizierenden Abschlusses weiter fortgesetzte Studiengang vom Zeitpunkt dieses Abschlusses an grundsätzlich kein Erststudium mehr dar. Etwas anderes gilt nur, wenn die Studiengänge bzw. das Studium und die Berufsausbildung in einem engen sachlichen Zusammenhang stehen (vgl. Abs. 2) und keine Erwerbstätigkeit im Vordergrund steht (vgl. Abs. 3).

(9) Postgraduale Zusatz-, Ergänzungs- und Aufbaustudiengänge setzen den Abschluss eines ersten Studiums voraus und stellen daher grundsätzlich kein Erststudium dar. Dies gilt nicht, wenn ein solches Zusatz-, Ergänzungs- oder Aufbaustudium auf dem ersten Studienabschluss des Kindes aufbaut und in einem engen zeitlichen Zusammenhang aufgenommen wird. In diesen Fällen ist von einem einheitlichen Erststudium auszugehen.

(10) Als berufsqualifizierender Studienabschluss gilt auch der Abschluss eines Studiengangs, durch den die fachliche Eignung für einen beruflichen Vorbereitungsdienst oder eine berufliche Einführung vermittelt wird. Dazu zählt insbesondere der Vorbereitungsdienst der Rechts- oder Lehramtsreferendare. Daher ist z. B. mit dem ersten juristischen Staatsexamen die erstmalige Berufsausbildung grundsätzlich abgeschlossen. Ein in einem engen zeitlichen Zusammenhang aufgenommenes Referendariat zur Vorbereitung auf das zweite Staatsexamen ist jedoch Teil der erstmaligen Berufsausbildung.

(11) Dem Promotionsstudium und der Promotion durch die Hochschule geht regelmäßig ein abgeschlossenes Studium voran, sodass die erstmalige Berufsausbildung grundsätzlich bereits abgeschlossen ist. Wird die Vorbereitung auf die Promotion jedoch in einem engen zeitlichen Zusammenhang mit dem Erststudium durchgeführt, ist sie noch Teil der erstmaligen Ausbildung.

A 20.3 Anspruchsunschädliche Erwerbstätigkeit

Nach Abschluss einer erstmaligen Berufsausbildung oder eines Erststudiums wird ein Kind in den Fällen des § 32 Abs. 4 Satz 1 Nr. 2 EStG nur berücksichtigt, wenn es keiner anspruchsschädlichen Erwerbstätigkeit nachgeht. Ein Kind ist erwerbstätig, wenn es einer auf die Erzielung von Einkünften gerichteten Beschäftigung nachgeht, die den Einsatz seiner persönlichen Arbeitskraft erfordert (BFH vom 16. 5. 1975, VI R 143/73, BStBl. II S. 537). Das ist der Fall bei einem Kind, das eine nichtselbständige Tätigkeit, eine land- und forstwirtschaftliche, eine gewerbliche oder eine selbständige Tätigkeit ausübt. Keine Erwerbstätigkeit ist insbesondere:
- ein Au-Pair-Verhältnis,
- die Verwaltung eigenen Vermögens.

Anspruchsunschädlich nach § 32 Abs. 4 Satz 3 EStG ist
- eine Erwerbstätigkeit mit bis zu 20 Stunden regelmäßiger wöchentlicher Arbeitszeit (vgl. A 20.3.1),
- ein Ausbildungsdienstverhältnis (vgl. A 20.3.2) oder
- ein geringfügiges Beschäftigungsverhältnis i. S. d. §§ 8 und 8 a SGB IV (vgl. A 20.3.3).

H 32.10

Eine Erwerbstätigkeit im Rahmen eines geregelten Freiwilligendienstes nach § 32 Abs. 4 Satz 1 Nr. 2 Buchst. d EStG ist unschädlich.

A 20.3.1 Regelmäßige wöchentliche Arbeitszeit bis zu 20 Stunden

(1) Unschädlich für den Kindergeldanspruch ist eine Erwerbstätigkeit, wenn die regelmäßige wöchentliche Arbeitszeit insgesamt nicht mehr als 20 Stunden beträgt. Bei der Ermittlung der regelmäßigen wöchentlichen Arbeitszeit ist grundsätzlich die individuell vertraglich vereinbarte Arbeitszeit zu Grunde zu legen. Ist lediglich eine monatliche Arbeitszeit vereinbart, ist diese durch 4,35 Wochen zu teilen, um die regelmäßige wöchentliche Arbeitszeit zu ermitteln (vgl. R 3 b Abs. 2 Nr. 2 Buchst. a LStR 2023). Es sind nur Zeiträume ab dem Folgemonat nach Abschluss einer erstmaligen Berufsausbildung bzw. eines Erststudiums einzubeziehen.

(2) Eine vorübergehende (höchstens zwei Monate andauernde) Ausweitung der Beschäftigung auf mehr als 20 Stunden ist unbeachtlich, wenn während des Zeitraumes innerhalb eines Kalenderjahres, in dem einer der Grundtatbestände des § 32 Abs. 4 Satz 1 Nr. 2 EStG erfüllt ist, die durchschnittliche wöchentliche Arbeitszeit nicht mehr als 20 Stunden beträgt. Durch einen Jahreswechsel wird eine vorübergehende Ausweitung nicht unterbrochen. Bei der Ermittlung der durchschnittlichen wöchentlichen Arbeitszeit sind nur volle Kalenderwochen mit gleicher Arbeitszeit anzusetzen.

Beispiel:

Die Tochter eines Berechtigten hat die Erstausbildung abgeschlossen und beginnt im Oktober 2021 mit dem Masterstudium. Gem. vertraglicher Vereinbarung ist sie ab dem 1. April 2022 mit einer wöchentlichen Arbeitszeit von 20 Stunden als Bürokraft beschäftigt. In den Semesterferien arbeitet sie – auf Grund einer zusätzlichen vertraglichen Vereinbarung – vom 1. August bis zur Kündigung am 30. September 2022 in Vollzeit mit 40 Stunden wöchentlich. Im Oktober 2022 vollendet sie ihr 25. Lebensjahr.

Somit ergeben sich folgende Arbeitszeiten pro voller Woche:

vom 1. April bis 31. Juli 2022
(17 Wochen und 3 Tage): 20 Stunden pro Woche

vom 1. August bis 30. September 2022
(8 Wochen und 5 Tage): 40 Stunden pro Woche
(= Ausweitung der Beschäftigung)

Die durchschnittliche wöchentliche Arbeitszeit beträgt 15,3 Stunden; Berechnung:

$$\frac{(17\text{ Wochen} \times 20\text{ Std.}) + (8\text{ Wochen} \times 40\text{ Std.})}{43\text{ Wochen}} = 15{,}3\text{ Std.}$$

Das Kind ist aufgrund des Studiums bis einschließlich Oktober 2022 nach § 32 Abs. 4 Satz 1 Nr. 2 Buchst. a EStG zu berücksichtigen. Das Studium wird jedoch nach Abschluss einer Erstausbildung durchgeführt, sodass das Kind nach § 32 Abs. 4 Satz 2 und 3 EStG nur berücksichtigt werden kann, wenn die ausgeübte Erwerbstätigkeit anspruchsunschädlich ist. Da die Ausweitung der Beschäftigung des Kindes lediglich vorübergehend ist und gleichzeitig während des Vorliegens des Grundtatbestandes nach § 32 Abs. 4 Satz 1 Nr. 2 EStG die durchschnittliche wöchentliche Arbeitszeit 20 Stunden nicht übersteigt, ist die Erwerbstätigkeit anspruchsunschädlich. Das Kind ist von Januar bis einschließlich Oktober 2022 zu berücksichtigen.

Variante:

Würde das Kind während der Semesterferien dagegen vom 15. Juli bis 27. September 2022 (= mehr als zwei Monate) vollzeiterwerbstätig sein, wäre die Ausweitung der Erwerbstätigkeit nicht nur vorübergehend und damit diese Erwerbstätigkeit als anspruchsschädlich einzustufen. Dies gilt unabhängig davon, dass auch hier die durchschnittliche wöchentliche Arbeitszeit von 20 Stunden nicht überschritten würde. Das Kind könnte demnach für den Monat August 2022 nicht berücksichtigt werden (vgl. auch A 20.4).

(3) Führt eine vorübergehende (höchstens zwei Monate andauernde) Ausweitung der Beschäftigung auf über 20 Wochenstunden dazu, dass die durchschnittliche wöchentliche Arbeitszeit insgesamt mehr als 20 Stunden beträgt, ist der Zeitraum der Ausweitung anspruchsschädlich, nicht der gesamte Zeitraum der Erwerbstätigkeit.

Beispiel:

Ein Kind hat seine Erstausbildung bereits abgeschlossen und befindet sich während des gesamten Kalenderjahres im Studium. Neben dem Studium übt das Kind ganzjährig eine Beschäftigung mit einer vertraglich vereinbarten Arbeitszeit von 20 Stunden wöchentlich aus. In der vorlesungsfreien Zeit von Juli bis August weitet das Kind seine wöchentliche Arbeitszeit vorübergehend auf 40 Stunden aus. Ab September beträgt die wöchentliche Arbeitszeit wieder 20 Stunden.

Durch die vorübergehende Ausweitung seiner Arbeitszeit erhöht sich die durchschnittliche wöchentliche Arbeitszeit des Kindes auf über 20 Stunden. Aus diesem Grund ist der Zeitraum der Ausweitung als anspruchsschädlich anzusehen. Für die Monate Juli und August entfällt daher nach § 32 Abs. 4 Satz 2 und 3 EStG der Anspruch.

(4) Mehrere nebeneinander ausgeübte Tätigkeiten (z. B. eine Erwerbstätigkeit nach Abs. 1 Satz 1 und eine geringfügige Beschäftigung nach A 20.3.3) sind anspruchsunschädlich, wenn dadurch insgesamt die 20-Stunden-Grenze des § 32 Abs. 4 Satz 3 EStG nicht überschritten wird. Hingegen ist eine innerhalb eines Ausbildungsdienstverhältnisses erbrachte Erwerbstätigkeit außer Betracht zu lassen.

A 20.3.2 Ausbildungsdienstverhältnis

(1) Die Erwerbstätigkeit im Rahmen eines Ausbildungsdienstverhältnisses ist stets anspruchsunschädlich. Ein solches liegt vor, wenn die Ausbildungsmaßnahme Gegenstand des Dienstverhältnisses ist (vgl. R 9.2 LStR 2023 und H 9.2 „Ausbildungsdienstverhältnis" LStH 2023; BFH vom 23. 6. 2015, III R 37/14, BStBl. 2016 II S. 55). Hierzu zählen z. B.

– die Berufsausbildungsverhältnisse gemäß § 1 Abs. 3, §§ 4 bis 52 BBiG,
– ein Praktikum bzw. ein Volontariat, bei dem die Voraussetzungen nach A 15.8 vorliegen,
– das Referendariat bei Lehramtsanwärtern und Rechtsreferendaren zur Vorbereitung auf das zweite Staatsexamen,
– duale Studiengänge (siehe aber Abs. 2),
– das Dienstverhältnis von Beamtenanwärtern und Aufstiegsbeamten,
– eine Berufsausbildungsmaßnahme in einer Laufbahngruppe der Bundeswehr i. S. v. A 15.2 Satz 3,
– das Praktikum eines Pharmazeuten im Anschluss an den universitären Teil des Pharmaziestudiums,
– das im Rahmen der Ausbildung zum Erzieher abzuleistende Anerkennungsjahr.

Dagegen liegt kein Ausbildungsdienstverhältnis vor, wenn die Ausbildungsmaßnahme nicht Gegenstand des Dienstverhältnisses ist, auch wenn sie seitens des Arbeitgebers gefördert wird, z. B. durch ein Stipendium oder eine Verringerung der vertraglich vereinbarten Arbeitszeit.

(2) Bei berufsbegleitenden und berufsintegrierten dualen Studiengängen fehlt es häufig an einer Ausrichtung der Tätigkeit für den Arbeitgeber auf den Inhalt des Studiums, sodass in solchen Fällen die Annahme eines Ausbildungsdienstverhältnisses ausscheidet. Liegt hingegen eine Verknüpfung zwischen Studium und praktischer Tätigkeit vor, die

über eine bloße thematische Verbindung zwischen der Fachrichtung des Studiengangs und der in dem Unternehmen ausgeübten Tätigkeit oder eine rein organisatorische Verzahnung hinausgeht, ist die Tätigkeit als im Rahmen eines Ausbildungsdienstverhältnisses ausgeübt zu betrachten. Eine entsprechende Ausrichtung der berufspraktischen Tätigkeit kann z. B. anhand der Studienordnung oder der Kooperationsvereinbarung zwischen Unternehmen und Hochschule glaubhaft gemacht werden. H 32.10

A 20.3.3 Geringfügiges Beschäftigungsverhältnis

(1) Geringfügige Beschäftigungsverhältnisse nach § 32 Abs. 4 Satz 3 EStG sind:
- geringfügig entlohnte Beschäftigungen (§§ 8 Abs. 1 Nr. 1 und 8 a SGB IV) und
- kurzfristige Beschäftigungen (§§ 8 Abs. 1 Nr. 2 und 8 a SGB IV).

(2) Bei der Beurteilung, ob ein geringfügiges Beschäftigungsverhältnis vorliegt, ist grundsätzlich die Einstufung des Arbeitgebers maßgeblich.

(3) Eine neben einem Ausbildungsdienstverhältnis ausgeübte geringfügige Beschäftigung ist unschädlich. Hinsichtlich einer neben einer Erwerbstätigkeit ausgeübten geringfügigen Beschäftigung vgl. A 20.3.1 Abs. 4 Satz 1.

A 20.4 Monatsprinzip

Liegen die Anspruchsvoraussetzungen des § 32 Abs. 4 Satz 1 bis 3 EStG wenigstens an einem Tag im Kalendermonat vor, besteht nach § 66 Abs. 2 EStG für diesen Monat Anspruch auf Kindergeld. Hat ein Kind eine erstmalige Berufsausbildung oder ein Erststudium abgeschlossen und erfüllt es weiterhin einen Anspruchstatbestand des § 32 Abs. 4 Satz 1 Nr. 2 EStG, entfällt der Kindergeldanspruch nur in den Monaten, in denen die anspruchsschädliche Erwerbstätigkeit den gesamten Monat umfasst. V 14.2 ist zu beachten.

Beispiel:

Ein Kind hat seine Erstausbildung abgeschlossen und im Oktober des Vorjahres mit dem Masterstudium begonnen. Ab dem 20. Juli des laufenden Jahres nimmt es unbefristet eine anspruchsschädliche Erwerbstätigkeit auf.

Aufgrund des Studiums ist das Kind nach § 32 Abs. 4 Satz 1 Nr. 2 Buchst. a EStG zu berücksichtigen. Das Studium wird jedoch nach Abschluss einer erstmaligen Berufsausbildung durchgeführt, sodass das Kind nach § 32 Abs. 4 Satz 2 EStG nur berücksichtigt werden kann, wenn es keiner anspruchsschädlichen Erwerbstätigkeit nachgeht. Für die Monate August bis Dezember kann das Kind nicht berücksichtigt werden. Neben den Monaten Januar bis Juni kann das Kind auch im Juli berücksichtigt werden, da es wenigstens an einem Tag die Anspruchsvoraussetzung – keine anspruchsschädliche Erwerbstätigkeit – erfüllt."

R 32.11 Verlängerungstatbestände bei Arbeit suchenden Kindern und Kindern in Berufsausbildung *(unbesetzt)* R 32.11

H 32.11 H 32.11

Entwicklungshelfer 202
- → Gesetz vom 18. 6. 1969 (BGBl. I S. 549 – EhfG), zuletzt geändert durch Artikel 6 des Gesetzes vom 23. 5. 2017 (BGBl. I S. 1228).
- Entwicklungshelfer sind deutsche Personen, die nach Vollendung ihres 18. Lebensjahres und aufgrund einer Verpflichtung für zwei Jahre gegenüber einem anerkannten Träger des Entwicklungsdienstes Tätigkeiten in Entwicklungsländern ohne Erwerbsabsicht ausüben (→ § 1 EhfG). Als Träger des Entwicklungsdienstes sind anerkannt:
  a) Deutsche Gesellschaft für internationale Zusammenarbeit (GIZ), Bonn/Eschborn,
  b) Arbeitsgemeinschaft für Entwicklungshilfe e. V. (AGEH), Köln,
  c) Evangelischer Entwicklungsdienst e. V. (EED/DÜ), Berlin,
  d) Internationaler Christlicher Friedensdienst e. V. (EIRENE), Neuwied,
  e) Weltfriedensdienst e. V. (WFD), Berlin,
  f) Christliche Fachkräfte International e. V. (CFI), Stuttgart,
  g) Forum Ziviler Friedensdienst e. V. (forumZFD), Bonn.

R 32.12 Höhe der Freibeträge für Kinder in Sonderfällen R 32.12

Einem Stpfl., der die vollen Freibeträge für Kinder erhält, weil der andere Elternteil verstorben ist (§ 32 Abs. 6 Satz 3 EStG), werden Stpfl. in Fällen gleichgestellt, in denen 205
1. der Wohnsitz oder gewöhnliche Aufenthalt des anderen Elternteiles nicht zu ermitteln ist oder
2. der Vater des Kindes amtlich nicht feststellbar ist.

H 32.12 H 32.12

Lebenspartner und Freibeträge für Kinder. → BMF vom 17. 1. 2014 (BStBl. I S. 109).[1] 206

R 32.13 Übertragung der Freibeträge für Kinder R 32.13

Barunterhaltsverpflichtung

(1) ① Bei dauernd getrennt lebenden oder geschiedenen Ehegatten sowie bei Eltern eines nichtehelichen Kindes ist der Elternteil, in dessen Obhut das Kind sich nicht befindet, grundsätzlich zur Leistung von Barunterhalt verpflichtet. ② Wenn die Höhe nicht durch gerichtliche Entschei- 207

[1] Abgedruckt im Hauptteil als Anlage d zu § 32 EStG.

R 32.13

dung, Verpflichtungserklärung, Vergleich oder anderweitig durch Vertrag festgelegt ist, können dafür die von den Oberlandesgerichten als Leitlinien aufgestellten Unterhaltstabellen, z. B. „Düsseldorfer Tabelle", einen Anhalt geben.

Der Unterhaltsverpflichtung im Wesentlichen nachkommen

(2) ① Ein Elternteil kommt seiner Barunterhaltsverpflichtung gegenüber dem Kind im Wesentlichen nach, wenn er sie mindestens zu 75% erfüllt. ② Der Elternteil, in dessen Obhut das Kind sich befindet, erfüllt seine Unterhaltsverpflichtung in der Regel durch die Pflege und Erziehung des Kindes (§ 1606 Abs. 3 BGB).

Maßgebender Verpflichtungszeitraum

(3) ① Hat aus Gründen, die in der Person des Kindes liegen, oder wegen des Todes des Elternteiles die Unterhaltsverpflichtung nicht während des ganzen Kalenderjahres bestanden, ist für die Frage, inwieweit sie erfüllt worden ist, nur auf den Verpflichtungszeitraum abzustellen. ② Wird ein Elternteil erst im Laufe des Kalenderjahres zur Unterhaltszahlung verpflichtet, ist für die Prüfung, ob er seiner Barunterhaltsverpflichtung gegenüber dem Kind zu mindestens 75% nachgekommen ist, nur der Zeitraum zu Grunde zu legen, für den der Elternteil zur Unterhaltsleistung verpflichtet wurde. ③ Im Übrigen kommt es nicht darauf an, ob die unbeschränkte Steuerpflicht des Kindes oder der Eltern während des ganzen Kalenderjahres bestanden hat.

Verfahren

(4) ① Wird die Übertragung des dem anderen Elternteil zustehenden Kinderfreibetrags beantragt, weil dieser seiner Unterhaltsverpflichtung gegenüber dem Kind für das Kalenderjahr nicht im Wesentlichen nachgekommen ist oder mangels Leistungsfähigkeit nicht unterhaltspflichtig ist, muss der Antragsteller die Voraussetzungen dafür darlegen; eine Übertragung des dem anderen Elternteil zustehenden Kinderfreibetrags scheidet für Zeiträume aus, in denen Unterhaltsleistungen nach dem Unterhaltsvorschussgesetz gezahlt worden sind. ② Dem betreuenden Elternteil ist auf Antrag der dem anderen Elternteil, in dessen Wohnung das minderjährige Kind nicht gemeldet ist, zustehende Freibetrag für den Betreuungs- und Erziehungs- oder Ausbildungsbedarf zu übertragen. ③ Die Übertragung scheidet aus, wenn der Elternteil, bei dem das Kind nicht gemeldet ist, der Übertragung widerspricht, weil er Kinderbetreuungskosten trägt (z. B., weil er als barunterhaltsverpflichteter Elternteil ganz oder teilweise für einen sich aus Kindergartenbeiträgen ergebenden Mehrbedarf des Kindes aufkommt) oder das Kind regelmäßig in einem nicht unwesentlichen Umfang betreut (z. B., wenn eine außergerichtliche Vereinbarung über einen regelmäßigen Umgang an Wochenenden und in den Ferien vorliegt). ④ Die Voraussetzungen für die Übertragung sind monatsweise zu prüfen. ⑤ In Zweifelsfällen ist dem anderen Elternteil Gelegenheit zu geben, sich zum Sachverhalt zu äußern (§ 91 AO). ⑥ In dem Kalenderjahr, in dem das Kind das 18. Lebensjahr vollendet, ist eine Übertragung des Freibetrags für Betreuungs- und Erziehungs- oder Ausbildungsbedarf nur für den Teil des Kalenderjahres möglich, in dem das Kind noch minderjährig ist. ⑦ Werden die Freibeträge für Kinder bei einer Veranlagung auf den Stpfl. übertragen, teilt das Finanzamt dies dem für den anderen Elternteil zuständigen Finanzamt mit. ⑧ Ist der andere Elternteil bereits veranlagt, ist die Änderung der Steuerfestsetzung, sofern sie nicht nach § 164 Abs. 2 Satz 1 oder § 165 Abs. 2 AO vorgenommen werden kann, nach § 175 Abs. 1 Satz 1 Nr. 2 AO durchzuführen. ⑨ Beantragt der andere Elternteil eine Herabsetzung der gegen ihn festgesetzten Steuer mit der Begründung, die Voraussetzungen für die Übertragung der Freibeträge für Kinder auf den Stpfl. lägen nicht vor, ist der Stpfl. unter den Voraussetzungen des § 174 Abs. 4 und 5 AO zu dem Verfahren hinzuzuziehen. ⑩ Obsiegt der andere Elternteil, kommt die Änderung der Steuerfestsetzung beim Stpfl. nach § 174 Abs. 4 AO in Betracht. ⑪ Dem Finanzamt des Stpfl. ist zu diesem Zweck die getroffene Entscheidung mitzuteilen.

H 32.13

H 32.13

208 **Beispiele zu R 32.13 Abs. 3**

A. Das Kind beendet im Juni seine Berufsausbildung und steht ab September in einem Arbeitsverhältnis. Seitdem kann es sich selbst unterhalten. Der zum Barunterhalt verpflichtete Elternteil ist seiner Verpflichtung nur für die Zeit bis einschl. Juni nachgekommen. Er hat seine für 8 Monate bestehende Unterhaltsverpflichtung für 6 Monate, also zu 75 % erfüllt.

B. Der Elternteil, der bisher seiner Unterhaltsverpflichtung durch Pflege und Erziehung des Kindes voll nachgekommen ist, verzieht im August ins Ausland und leistet von da an keinen Unterhalt mehr. Er hat seine Unterhaltsverpflichtung, bezogen auf das Kj., nicht mindestens zu 75 % erfüllt.

Beurteilungszeitraum. Bei der Beurteilung der Frage, ob ein Elternteil seiner Unterhaltsverpflichtung gegenüber einem Kind nachgekommen ist, ist nicht auf den Zeitpunkt abzustellen, in dem der Unterhalt gezahlt worden ist, sondern auf den Zeitraum, für den der Unterhalt bestimmt ist (→ BFH vom 11. 12. 1992 – BStBl. II 1993 S. 397).

Freistellung von der Unterhaltsverpflichtung. Stellt ein Elternteil den anderen Elternteil von der Unterhaltsverpflichtung gegenüber einem gemeinsamen Kind gegen ein Entgelt frei, das den geschätzten Unterhaltsansprüchen des Kindes entspricht, behält der freigestellte Elternteil den Anspruch auf den (halben) Kinderfreibetrag (→ BFH vom 25. 1. 1996 – BStBl. II 1997 S. 21).

H 32.13

Konkrete Unterhaltsverpflichtung. Kommt ein Elternteil seiner konkret-individuellen Unterhaltsverpflichtung nach, so ist vom Halbteilungsgrundsatz auch dann nicht abzuweichen, wenn diese Verpflichtung im Verhältnis zum Unterhaltsbedarf des Kindes oder zur Unterhaltszahlung des anderen Elternteils gering ist (→ BFH vom 25. 7. 1997 – BStBl. II 1998 S. 433).

Steuerrechtliche Folgewirkungen der Übertragung. Infolge der Übertragung der Freibeträge für Kinder können sich bei den kindbedingten Steuerentlastungen, die vom Erhalt eines Freibetrags nach § 32 Abs. 6 EStG abhängen, Änderungen ergeben. Solche Folgeänderungen können zum Beispiel eintreten beim Entlastungsbetrag für Alleinerziehende (§ 24 b EStG), beim Prozentsatz der zumutbaren Belastung (§ 33 Abs. 3 EStG), beim Freibetrag nach § 33 a Abs. 2 EStG und bei der Übertragung des dem Kind zustehenden Behinderten- oder Hinterbliebenen-Pauschbetrags (§ 33 b Abs. 5 EStG).

Übertragung der Freibeträge für Kinder → BMF vom 28. 6. 2013 (BStBl. I S. 845).[1]

…

Zu § 32 b EStG

R 32 b Progressionsvorbehalt

R 32 b

Allgemeines

(1) ① Entgelt-, Lohn- oder Einkommensersatzleistungen der gesetzlichen Krankenkassen unterliegen auch insoweit dem Progressionsvorbehalt nach § 32 b Abs. 1 Satz 1 Nr. 1 Buchstabe b EStG, als sie freiwillig Versicherten gewährt werden. ② Beim Übergangsgeld, das behinderten oder von Behinderung bedrohten Menschen nach den §§ 45 bis 52 SGB IX gewährt wird, handelt es sich um steuerfreie Leistungen nach dem SGB III, SGB VI, SGB VII oder dem Bundesversorgungsgesetz, die dem Progressionsvorbehalt unterliegen. ③ Leistungen nach der Berufskrankheitenverordnung sowie das Krankentagegeld aus einer privaten Krankenversicherung und Leistungen zur Sicherung des Lebensunterhalts und zur Eingliederung in Arbeit nach dem SGB II (sog. Arbeitslosengeld II[2]) gehören nicht zu den Entgelt-, Lohn- oder Einkommensersatzleistungen, die dem Progressionsvorbehalt unterliegen. 216

(2) ① In den Progressionsvorbehalt sind die Entgelt-, Lohn- und Einkommensersatzleistungen mit den Beträgen einzubeziehen, die als Leistungsbeträge nach den einschlägigen Leistungsgesetzen festgestellt werden. ② Kürzungen dieser Leistungsbeträge, die sich im Falle der Abtretung oder durch den Abzug von Versichertenanteilen an den Beiträgen zur Rentenversicherung, Arbeitslosenversicherung und ggf. zur Kranken- und Pflegeversicherung ergeben, bleiben unberücksichtigt. ③ Der bei der Ermittlung der Einkünfte aus nichtselbständiger Arbeit nicht ausgeschöpfte Arbeitnehmer-Pauschbetrag ist auch von Entgelt-, Lohn- und Einkommensersatzleistungen abzuziehen.

Rückzahlung von Entgelt-, Lohn- oder Einkommensersatzleistungen

(3) ① Werden die in § 32 b Abs. 1 Satz 1 Nr. 1 EStG bezeichneten Entgelt-, Lohn- oder Einkommensersatzleistungen zurückgezahlt, sind sie von den im selben Kalenderjahr bezogenen Leistungsbeträgen abzusetzen, unabhängig davon, ob die zurückgezahlten Beträge im Kalenderjahr ihres Bezugs dem Progressionsvorbehalt unterlegen haben. ② Ergibt sich durch die Absetzung ein negativer Betrag, weil die Rückzahlungen höher sind als die im selben Kalenderjahr empfangenen Beträge oder weil den zurückgezahlten keine empfangenen Beträge gegenüber stehen, ist auch der negative Betrag bei der Ermittlung des besonderen Steuersatzes nach § 32 b EStG zu berücksichtigen (negativer Progressionsvorbehalt). ③ Aus Vereinfachungsgründen bestehen keine Bedenken, zurückgezahlte Beträge dem Kalenderjahr zuzurechnen, in dem der Rückforderungsbescheid ausgestellt worden ist. ④ Beantragt der Stpfl., die zurückgezahlten Beträge dem Kalenderjahr zuzurechnen, in dem sie tatsächlich abgeflossen sind, hat er den Zeitpunkt des tatsächlichen Abflusses anhand von Unterlagen, z. B. Aufhebungs-/Erstattungsbescheide oder Zahlungsbelege, nachzuweisen oder glaubhaft zu machen.

Rückwirkender Wegfall von Entgelt-, Lohn- oder Einkommensersatzleistungen

(4) Fällt wegen der rückwirkenden Zubilligung einer Rente der Anspruch auf Sozialleistungen (z. B. Kranken- oder Arbeitslosengeld) rückwirkend ganz oder teilweise weg, ist dies am Beispiel des Krankengeldes steuerlich wie folgt zu behandeln:

1. ① Soweit der Krankenkasse ein Erstattungsanspruch nach § 103 SGB X gegenüber dem Rentenversicherungsträger zusteht, ist das bisher gezahlte Krankengeld als Rentenzahlung anzusehen und nach § 22 Nr. 1 Satz 3 Buchstabe a EStG der Besteuerung zu unterwerfen. ② Das Krankengeld unterliegt insoweit nicht dem Progressionsvorbehalt nach § 32 b EStG.
2. ① Gezahlte und die Rentenleistung übersteigende Krankengeldbeträge i. S. d. § 50 Abs. 1 Satz 2 SGB V sind als Krankengeld nach § 3 Nr. 1 Buchstabe a EStG steuerfrei; § 32 b EStG ist anzuwenden. ② Entsprechendes gilt für das Krankengeld, das vom Empfänger infolge rückwirkender

---

[1] Abgedruckt im Hauptteil als Anlage c zu LStH 32.
[2] **[Amtl. Anm.:]** Ab 1. 1. 2023 insbesondere Bürgergeld.

R 32 b

Zubilligung einer Rente aus einer ausländischen gesetzlichen Rentenversicherung nach § 50 Abs. 1 Satz 3 SGB V an die Krankenkasse zurückzuzahlen ist.

3. Soweit die nachträgliche Feststellung des Rentenanspruchs auf VZ zurückwirkt, für die Steuerbescheide bereits ergangen sind, sind diese Steuerbescheide nach § 175 Abs. 1 Satz 1 Nr. 2 AO zu ändern.

Fehlende Entgelt-, Lohn- oder Einkommensersatzleistungen

(5) ① Hat ein Arbeitnehmer trotz Arbeitslosigkeit kein Arbeitslosengeld erhalten, weil ein entsprechender Antrag abgelehnt worden ist, kann dies durch die Vorlage des Ablehnungsbescheids nachgewiesen werden; hat der Arbeitnehmer keinen Antrag gestellt, kann dies durch die Vorlage der vom Arbeitgeber nach § 312 SGB III ausgestellten Arbeitsbescheinigung im Original belegt werden. ② Kann ein Arbeitnehmer weder durch geeignete Unterlagen nachweisen noch in sonstiger Weise glaubhaft machen, dass er keine Entgelt-, Lohn- oder Einkommensersatzleistungen erhalten hat, kann das Finanzamt bei der für den Arbeitnehmer zuständigen Agentur für Arbeit (§ 327 SGB III) eine Bescheinigung darüber anfordern (Negativbescheinigung).

H 32 b

217

H 32 b

Allgemeines. Ist für Einkünfte nach § 32 b Abs. 1 EStG der Progressionsvorbehalt zu beachten, ist wie folgt zu verfahren:

1. Ermittlung des nach § 32 a Abs. 1 EStG maßgebenden z. v. E.
2. Dem z. v. E. werden für die Berechnung des besonderen Steuersatzes die Entgelt-, Lohn- oder Einkommensersatzleistungen (§ 32 b Abs. 1 Satz 1 Nr. 1 EStG) sowie die unter § 32 b Abs. 1 Satz 1 Nr. 2 bis 5 EStG fallenden Einkünfte im Jahr ihrer Entstehung hinzugerechnet oder von ihm abgezogen. Der sich danach ergebende besondere Steuersatz ist auf das nach § 32 a Abs. 1 EStG ermittelte z. v. E. anzuwenden.

Beispiele:

Fall	A	B
z. v. E. (§ 2 Abs. 5 EStG)	40 000 €	40 000 €
Fall A Arbeitslosengeld	10 000 €	
oder		
Fall B zurückgezahltes Arbeitslosengeld		3 000 €
Für die Berechnung des Steuersatzes maßgebendes z. v. E.	50 000 €	37 000 €
Steuer nach Splittingtarif	6 560 €	3 156 €
besonderer (= durchschnittlicher) Steuersatz	13,12 %	8,5297 %
Die Anwendung des besonderen Steuersatzes auf das z. v. E. ergibt als Steuer	5 248 €	3 411 €

Ein Verlustabzug (§ 10 d EStG) ist bei der Ermittlung des besonderen Steuersatzes nach § 32 b Abs. 1 EStG nicht zu berücksichtigen.

Anwendung auf Lohnersatzleistungen. Der Progressionsvorbehalt für Lohnersatzleistungen ist verfassungsgemäß (→ BVerfG vom 3. 5. 1995 – BStBl. II S. 758).

Anwendung bei Stpfl. mit Einkünften aus nichtselbständiger Arbeit → R 46.2.

Arbeitnehmer-Pauschbetrag. Zur Berechnung des Progressionsvorbehalts sind steuerfreie Leistungen nach § 32 b Abs. 1 Satz 1 Nr. 1 EStG nicht um den Arbeitnehmer-Pauschbetrag zu vermindern, wenn bei der Ermittlung der Einkünfte aus nichtselbständiger Arbeit den Pauschbetrag übersteigende Werbungskosten abgezogen wurden (→ BFH vom 25. 9. 2014 – BStBl. II 2015 S. 182).

Ausländische Einkünfte. Die Höhe ist nach dem deutschen Steuerrecht zu ermitteln (→ BFH vom 20. 9. 2006 – BStBl. II 2007 S. 756). Die steuerfreien ausländischen Einkünfte aus nichtselbständiger Arbeit i. S. d. § 32 b Abs. 1 Satz 1 Nr. 2 bis 5 EStG sind als Überschuss der Einnahmen über die Werbungskosten zu berechnen. Dabei sind die tatsächlich angefallenen Werbungskosten bzw. der Arbeitnehmer-Pauschbetrag nach Maßgabe des § 32 b Abs. 2 Satz 1 Nr. 2 Satz 2 EStG zu berücksichtigen.

Beispiel für Einkünfte aus nichtselbständiger Arbeit:

Der inländische steuerpflichtige Arbeitslohn beträgt 20 000 €; die Werbungskosten betragen 500 €. Der nach DBA/ATE unter Progressionsvorbehalt steuerfreie Arbeitslohn beträgt 10 000 €; im Zusammenhang mit der Erzielung des steuerfreien Arbeitslohns sind Werbungskosten von 400 € tatsächlich angefallen.

Inländischer steuerpflichtiger Arbeitslohn	20 000 €
./. Arbeitnehmer-Pauschbetrag (§ 9 a Satz 1 Nr. 1 Buchst. a EStG)	./. 1 230 €
steuerpflichtige Einkünfte gem. § 19 EStG	18 770 €
Ausländische Progressionseinnahmen	10 000 €
./. Arbeitnehmer-Pauschbetrag	./. 0 €
maßgebende Progressionseinkünfte (§ 32 b Abs. 2 Satz 1 Nr. 2 Satz 2 EStG)	10 000 €

Ausländische Personengesellschaft. Nach einem DBA freigestellte Einkünfte aus der Beteiligung an einer ausländischen Personengesellschaft unterliegen auch dann dem Progressionsvor-

H 32b

behalt, wenn die ausländische Personengesellschaft in dem anderen Vertragsstaat als juristische Person besteuert wird (→ BFH vom 4. 4. 2007 – BStBl. II S. 521).

Ausländische Renteneinkünfte. Ausländische Renteneinkünfte sind im Rahmen des Progressionsvorbehalts mit dem Besteuerungsanteil (§ 22 Nr. 1 Satz 3 Buchst. a Doppelbuchst. aa EStG) und nicht mit dem Ertragsanteil zu berücksichtigen, wenn die Leistung der ausländischen Altersversorgung in ihrem Kerngehalt den gemeinsamen und typischen Merkmalen der inländischen Basisversorgung entspricht. Zu den wesentlichen Merkmalen der Basisversorgung gehört, dass die Renten erst bei Erreichen einer bestimmten Altersgrenze bzw. bei Erwerbsunfähigkeit gezahlt werden und als Entgeltersatzleistung der Lebensunterhaltssicherung dienen (→ BFH vom 14. 7. 2010 – BStBl. II 2011 S. 628).

Ausländische Sozialversicherungsbeiträge. Beiträge an die schweizerische Alters- und Hinterlassenenversicherung können nicht bei der Ermittlung des besonderen Steuersatzes im Rahmen des Progressionsvorbehaltes berücksichtigt werden (→ BFH vom 18. 4. 2012 – BStBl. II S. 721).

Ausländische Verluste

- Durch ausländische Verluste kann der Steuersatz auf Null sinken (→ BFH vom 25. 5. 1970 – BStBl. II S. 660).
- Drittstaatenverluste i. S. d. § 2a EStG werden nur nach Maßgabe des § 2a EStG berücksichtigt (→ BFH vom 17. 11. 1999 – BStBl. II 2000 S. 605).
- Ausländische Verluste aus der Veräußerung oder Aufgabe eines Betriebs, die nach einem DBA von der Bemessungsgrundlage der deutschen Steuer auszunehmen sind, unterfallen im Rahmen des Progressionsvorbehaltes nicht der sog. Fünftel-Methode (→ BFH vom 1. 2. 2012 – BStBl. II S. 405).

Datenübermittlung. Zur rückwirkenden Verrechnung zwischen Trägern der Sozialleistungen → BMF vom 16. 7. 2013 (BStBl. I S. 922).

EU-Tagegeld. Zur steuerlichen Behandlung des von Organen der EU gezahlten Tagegeldes → BMF vom 12. 4. 2006 (BStBl. I S. 340).[1]

Grundfreibetrag. Es begegnet keinen verfassungsrechtlichen Bedenken, dass wegen der in § 32a Abs. 1 Satz 2 EStG angeordneten vorrangigen Anwendung des Progressionsvorbehalts des § 32b EStG auch ein z. v. E. unterhalb des Grundfreibetrags der Einkommensteuer unterliegt (→ BFH vom 9. 8. 2001 – BStBl. II S. 778).

Leistungen der gesetzlichen Krankenkasse

- Leistungen der gesetzlichen Krankenkasse für eine Ersatzkraft im Rahmen der Haushaltshilfe an nahe Angehörige (§ 38 Abs. 4 Satz 2 SGB V) unterliegen nicht dem Progressionsvorbehalt (→ BFH vom 17. 6. 2005 – BStBl. II 2006 S. 17).
- Die Einbeziehung des Krankengeldes, das ein freiwillig in einer gesetzlichen Krankenkasse versicherter Stpfl. erhält, in den Progressionsvorbehalt, ist verfassungsgemäß (→ BFH vom 26. 11. 2008 – BStBl. II 2009 S. 376).
- Auch nach der Einführung des sog. Basistarifs in der privaten Krankenversicherung ist es verfassungsrechtlich nicht zu beanstanden, dass zwar das Krankengeld aus der gesetzlichen Krankenversicherung, nicht aber das Krankentagegeld aus einer privaten Krankenversicherung in den Progressionsvorbehalt einbezogen wird (→ BFH vom 13. 11. 2014 – BStBl. II 2015 S. 563).

Steuerfreiheit einer Leibrente. Ist eine Leibrente sowohl nach einem DBA als auch nach § 3 Nr. 6 EStG steuerfrei, unterliegt sie nicht dem Progressionsvorbehalt (→ BFH vom 22. 1. 1997 – BStBl. II S. 358).

Vorfinanziertes Insolvenzgeld. Soweit Insolvenzgeld vorfinanziert wird, das nach § 188 Abs. 1 SGB III einem Dritten zusteht, ist die Gegenleistung für die Übertragung des Arbeitsentgeltanspruchs als Insolvenzgeld anzusehen. Die an den Arbeitnehmer gezahlten Entgelte hat dieser i. S. d. § 32b Abs. 1 Satz 1 Nr. 1 Buchst. a EStG bezogen, wenn sie ihm nach den Regeln über die Überschusseinkünfte zugeflossen sind (→ BFH vom 1. 3. 2012 – BStBl. II S. 596).

Zeitweise unbeschränkte Steuerpflicht

- Besteht wegen Zu- oder Wegzugs nur zeitweise die unbeschränkte Steuerpflicht, sind die außerhalb der unbeschränkten Steuerpflicht im Kj. erzielten Einkünfte im Wege des Progressionsvorbehalts zu berücksichtigen, wenn diese nicht der beschränkten Steuerpflicht unterliegen (→ BFH vom 15. 5. 2002 – BStBl. II S. 660, vom 19. 12. 2001 – BStBl. II 2003 S. 302 und vom 19. 11. 2003 – BStBl. II 2004 S. 549).
- Vorab entstandene Werbungskosten im Zusammenhang mit einer beabsichtigten Tätigkeit im Ausland sind beim Progressionsvorbehalt zu berücksichtigen, wenn dies nicht durch ein DBA ausgeschlossen wird (→ BFH vom 20. 9. 2006 – BStBl. II 2007 S. 756).

...

[1] Abgedruckt im Hauptteil als Anlage e zu LStH 39.5.

H 32c

H 32c

Allgemeines. → BMF vom 18. 9. 2020 (BStBl. I S. 952) unter Berücksichtigung der Änderungen durch BMF vom 24. 11. 2020 (BStBl. I S. 1217) und vom 31. 8. 2022 (BStBl. I S. 1302).

Zu § 33 EStG
(§ 64 EStDV)[1]

R 33.1

R 33.1 Außergewöhnliche Belastungen allgemeiner Art

218 ① § 33 EStG setzt eine Belastung des Stpfl. auf Grund außergewöhnlicher und dem Grunde und der Höhe nach zwangsläufiger Aufwendungen voraus. ② Der Stpfl. ist belastet, wenn ein Ereignis in seiner persönlichen Lebenssphäre ihn zu Ausgaben zwingt, die er selbst endgültig zu tragen hat. ③ Die Belastung tritt mit der Verausgabung ein. ④ Zwangsläufigkeit dem Grunde nach wird in der Regel auf Aufwendungen des Stpfl. für sich selbst oder für Angehörige i. S. d. § 15 AO beschränkt sein. ⑤ Aufwendungen für andere Personen können diese Voraussetzung nur ausnahmsweise erfüllen (sittliche Pflicht).

R 33.2

R 33.2 Aufwendungen für existentiell notwendige Gegenstände

220 Aufwendungen zur Wiederbeschaffung oder Schadensbeseitigung können im Rahmen des Notwendigen und Angemessenen unter folgenden Voraussetzungen als außergewöhnliche Belastung berücksichtigt werden:

1. Sie müssen einen existentiell notwendigen Gegenstand betreffen – dies sind Wohnung, Hausrat und Kleidung, nicht aber z. B. ein Pkw oder eine Garage.
2. Der Verlust oder die Beschädigung muss durch ein unabwendbares Ereignis wie Brand, Hochwasser, Kriegseinwirkung, Vertreibung, politische Verfolgung verursacht sein, oder von dem Gegenstand muss eine → Gesundheitsgefährdung ausgehen, die beseitigt werden muss und die nicht auf Verschulden des Stpfl. oder seines Mieters oder auf einen Baumangel zurückzuführen ist (z. B. bei Schimmelpilzbildung).
3. Dem Stpfl. müssen tatsächlich finanzielle Aufwendungen entstanden sein; ein bloßer Schadenseintritt reicht zur Annahme von Aufwendungen nicht aus.
4. Die Aufwendungen müssen ihrer Höhe nach notwendig und angemessen sein und werden nur berücksichtigt, soweit sie den Wert des Gegenstandes im Vergleich zu vorher nicht übersteigen.
5. Nur der endgültig verlorene Aufwand kann berücksichtigt werden, d. h. die Aufwendungen sind um einen etwa nach Schadenseintritt noch vorhandenen Restwert zu kürzen.
6. Der Stpfl. muss glaubhaft darlegen, dass er den Schaden nicht verschuldet hat und dass realisierbare Ersatzansprüche gegen Dritte nicht bestehen.
7. Ein Abzug scheidet aus, sofern der Stpfl. zumutbare Schutzmaßnahmen unterlassen oder eine allgemein zugängliche und übliche Versicherungsmöglichkeit nicht wahrgenommen hat.
8. Das schädigende Ereignis darf nicht länger als drei Jahre zurückliegen, bei Baumaßnahmen muss mit der Wiederherstellung oder Schadensbeseitigung innerhalb von drei Jahren nach dem schädigenden Ereignis begonnen worden sein.

R 33.3

R 33.3 Aufwendungen wegen Pflegebedürftigkeit und erheblich eingeschränkter Alltagskompetenz

Voraussetzungen und Nachweis

222 (1) ① Zu dem begünstigten Personenkreis zählen pflegebedürftige Personen, bei denen mindestens ein Schweregrad der Pflegebedürftigkeit i. S. d. §§ 14, 15 SGB XI besteht und Personen, bei denen eine erhebliche Einschränkung der Alltagskompetenz nach § 45 a SGB XI[2] festgestellt wurde. ② Der Nachweis ist durch eine Bescheinigung (z. B. Leistungsbescheid oder -mitteilung) der sozialen Pflegekasse oder des privaten Versicherungsunternehmens, das die private Pflegepflichtversicherung durchführt, oder nach § 65 Abs. 2 EStDV[3] zu führen. ③ Pflegekosten von Personen, die nicht zu dem nach Satz 1 begünstigten Personenkreis zählen und ambulant gepflegt werden, können ohne weiteren Nachweis auch dann als außergewöhnliche Belastungen berücksichtigt werden, wenn sie von einem anerkannten Pflegedienst nach § 89 SGB XI gesondert in Rechnung gestellt worden sind.

Eigene Pflegeaufwendungen

(2) ① Zu den Aufwendungen infolge Pflegebedürftigkeit und erheblich eingeschränkter Alltagskompetenz zählen sowohl Kosten für die Beschäftigung einer ambulanten Pflege-kraft und/oder

[1] Abgedruckt im Hauptteil bei § 33 EStG.
[2] **[Amtl. Anm.:]** Durch das Zweite Pflegestärkungsgesetz wird die bisher nach § 45 a SGB XI a. F. festgestellte erhebliche Einschränkung der Alltagskompetenz ab 1. 1. 2017 von den §§ 14 und 15 SGB XI mit erfasst.
[3] Abgedruckt im Hauptteil bei § 33 b EStG.

die Inanspruchnahme von Pflegediensten, von Einrichtungen der Tages- oder Nachtpflege, der Kurzzeitpflege oder von nach Landesrecht anerkannten niedrigschwelligen Betreuungsangeboten als auch Aufwendungen zur Unterbringung in einem Heim. ② Wird bei einer Heimunterbringung[1] wegen Pflegebedürftigkeit der private Haushalt aufgelöst, ist die → Haushaltsersparnis mit dem in § 33 a Abs. 1 Satz 1 EStG genannten Höchstbetrag der abziehbaren Aufwendungen anzusetzen. ③ Liegen die Voraussetzungen nur während eines Teiles des Kalenderjahres vor, sind die anteiligen Beträge anzusetzen ($^1/_{360}$ pro Tag, $^1/_{12}$ pro Monat). R 33.3

Konkurrenz zu § 33 a Abs. 3 EStG

(3) *(unbesetzt)*

Konkurrenz zu § 33 b Abs. 3 EStG

(4) ① Die Inanspruchnahme eines Pauschbetrages nach § 33 b Abs. 3 EStG schließt die Berücksichtigung von Pflegeaufwendungen nach Absatz 2 im Rahmen des § 33 EStG aus. ② Zur Berücksichtigung eigener Aufwendungen der Eltern für ein behindertes Kind[2] → R 33 b Abs. 2.

Pflegeaufwendungen für Dritte

(5) Hat der pflegebedürftige Dritte im Hinblick auf sein Alter oder eine etwaige Bedürftigkeit dem Stpfl. Vermögenswerte zugewendet, z. B. ein Hausgrundstück, kommt ein Abzug der Pflegeaufwendungen nur in der Höhe in Betracht, wie die Aufwendungen den Wert des hingegebenen Vermögens übersteigen.

R 33.4 Aufwendungen wegen Krankheit und Behinderung sowie für Integrationsmaßnahmen

R 33.4

Nachweis

(1) ① Der Nachweis von Krankheitskosten ist nach § 64 EStDV[3] zu führen. ② Bei Aufwendungen für eine Augen-Laser-Operation ist die Vorlage eines amtsärztlichen Attests nicht erforderlich. ③ Bei einer andauernden Erkrankung mit anhaltendem Verbrauch bestimmter Arznei-, Heil- und Hilfsmittel reicht die einmalige Vorlage einer Verordnung. ④ Wurde die Notwendigkeit einer Sehhilfe in der Vergangenheit durch einen Augenarzt festgestellt, genügt in den Folgejahren die Sehschärfenbestimmung durch einen Augenoptiker. ⑤ Als Nachweis der angefallenen Krankheitsaufwendungen kann auch die Vorlage der Erstattungsmitteilung der privaten Krankenversicherung oder der Beihilfebescheid einer Behörde ausreichen. ⑥ Diese Erleichterung entbindet den Stpfl. aber nicht von der Verpflichtung, dem Finanzamt die Zwangsläufigkeit, Notwendigkeit und Angemessenheit nicht erstatteter Aufwendungen auf Verlangen nachzuweisen. ⑦ Wurde die Notwendigkeit einer Kur offensichtlich im Rahmen der Bewilligung von Zuschüssen oder Beihilfen anerkannt, genügt bei Pflichtversicherten die Bescheinigung der Versicherungsanstalt und bei öffentlich Bediensteten der Beihilfebescheid. 224

Privatschulbesuch

(2) ① Ist ein Kind ausschließlich wegen einer Behinderung im Interesse einer angemessenen Berufsausbildung auf den Besuch einer Privatschule (Sonderschule oder allgemeine Schule in privater Trägerschaft) mit individueller Förderung angewiesen, weil eine geeignete öffentliche Schule oder eine den schulgeldfreien Besuch ermöglichende geeignete Privatschule nicht zur Verfügung steht oder nicht in zumutbarer Weise erreichbar ist, ist das Schulgeld dem Grunde nach als außergewöhnliche Belastung nach § 33 EStG – neben einem auf den Stpfl. übertragbaren Pauschbetrag für behinderte Menschen[4] – zu berücksichtigen. ② Der Nachweis, dass der Besuch der Privatschule erforderlich ist, muss durch eine Bestätigung der zuständigen obersten Landeskultusbehörde oder der von ihr bestimmten Stelle geführt werden.

Kur

(3) ① Kosten für Kuren im Ausland sind in der Regel nur bis zur Höhe der Aufwendungen anzuerkennen, die in einem dem Heilzweck entsprechenden inländischen Kurort entstehen würden. ② Verpflegungsmehraufwendungen anlässlich einer Kur können nur in tatsächlicher Höhe nach Abzug der Haushaltsersparnis von $^1/_5$ der Aufwendungen berücksichtigt werden.

Aufwendungen behinderter Menschen für Verkehrsmittel[5]

(4) – nicht abgedruckt –

Behinderungsbedingte Baukosten

(5) ① Um- oder Neubaukosten eines Hauses oder einer Wohnung können im VZ des Abflusses eine außergewöhnliche Belastung darstellen, soweit die Baumaßnahme durch die Behinderung

[1] **[Amtl. Anm.:]** Gilt auch für die Unterbringung in einer dem jeweiligen Landesrecht unterliegenden Wohngemeinschaft (→ BFH vom 10. 8. 2023 – BStBl. II S. 1107).

[2] **[Amtl. Anm.:]** Jetzt Kind mit Behinderungen.

[3] Abgedruckt im Hauptteil bei § 33 EStG.

[4] **[Amtl. Anm.:]** Jetzt Menschen mit Behinderungen.

[5] Ab Veranlagungsjahr 2021 siehe **gesetzliche Regelung** des § 33 Abs. 2 a EStG (behinderungsbedingte Fahrtkostenpauschale).

R 33.4

bedingt ist. ② Eine Verteilung auf mehrere VZ ist nicht zulässig. ③ Für den Nachweis der Zwangsläufigkeit der Aufwendungen ist die Vorlage folgender Unterlagen ausreichend:
– der Bescheid eines gesetzlichen Trägers der Sozialversicherung oder der Sozialleistungen über die Bewilligung eines pflege- bzw. behinderungsbedingten Zuschusses (z. B. zur Verbesserung des individuellen Wohnumfeldes nach § 40 Abs. 4 SGB XI) oder
– das Gutachten des Medizinischen Dienstes der Krankenversicherung (MDK), des Sozialmedizinischen Dienstes (SMD) oder der Medicproof Gesellschaft für Medizinische Gutachten mbH.

Aufwendungen für Deutsch- und Integrationskurse

(6) ① Aufwendungen für den Besuch von Sprachkursen, in denen Deutsch gelehrt wird, sind nicht als außergewöhnliche Belastungen abziehbar. ② Gleiches gilt für Integrationskurse, es sei denn, der Stpfl. weist durch Vorlage einer Bestätigung der Teilnahmeberechtigung nach § 6 Abs. 1 Satz 1 und 3 der Verordnung über die Durchführung von Integrationskursen für Ausländer und Spätaussiedler nach, dass die Teilnahme am Integrationskurs verpflichtend war und damit aus rechtlichen Gründen zwangsläufig erfolgte.

H 33.1–33.4

225

H 33.1 bis 33.4

Abkürzung des Zahlungsweges. Bei den außergewöhnlichen Belastungen kommt der Abzug von Aufwendungen eines Dritten auch unter dem Gesichtspunkt der Abkürzung des Vertragswegs nicht in Betracht (→ BMF vom 7. 7. 2008 – BStBl. I S. 717).

Adoption. Aufwendungen im Zusammenhang mit einer Adoption sind nicht zwangsläufig (→ BFH vom 10. 3. 2015 – BStBl. II S. 695).

Asbestbeseitigung
– Die tatsächliche Zwangsläufigkeit von Aufwendungen zur Beseitigung von Asbest ist nicht anhand der abstrakten Gefährlichkeit von Asbestfasern zu beurteilen; erforderlich sind zumindest konkret zu befürchtende Gesundheitsgefährdungen. Denn die Notwendigkeit einer Asbestsanierung hängt wesentlich von der verwendeten Asbestart und den baulichen Gegebenheiten ab (→ BFH vom 29. 3. 2012 – BStBl. II S. 570).
– → Gesundheitsgefährdung.

Asyl. Die Anerkennung als Asylberechtigter lässt nicht ohne weiteres auf ein unabwendbares Ereignis für den Verlust von Hausrat und Kleidung schließen (→ BFH vom 26. 4. 1991 – BStBl. II S. 755).

Außergewöhnlich. Außergewöhnlich sind Aufwendungen, wenn sie nicht nur der Höhe, sondern auch ihrer Art und dem Grunde nach außerhalb des Üblichen liegen und insofern nur einer Minderheit entstehen. Die typischen Aufwendungen der Lebensführung sind aus dem Anwendungsbereich des § 33 EStG ungeachtet ihrer Höhe im Einzelfall ausgeschlossen (→ BFH vom 29. 9. 1989 – BStBl. II 1990 S. 418, vom 19. 5. 1995 – BStBl. II S. 774, vom 22. 10. 1996 – BStBl. II 1997 S. 558 und vom 12. 11. 1996 – BStBl. II 1997 S. 387).

Aussteuer. Aufwendungen für die Aussteuer einer heiratenden Tochter sind regelmäßig nicht als zwangsläufig anzusehen. Dies gilt auch dann, wenn die Eltern ihrer Tochter keine Berufsausbildung gewährt haben (→ BFH vom 3. 6. 1987 – BStBl. II S. 779).

Begleitperson. Aufwendungen eines schwerbehinderten Menschen für eine Begleitperson bei Reisen sind nicht als außergewöhnliche Belastung abziehbar, wenn die Begleitperson ein Ehegatte ist, der aus eigenem Interesse an der Reise teilgenommen hat und für den kein durch die Behinderung des anderen Ehegatten veranlasster Mehraufwand angefallen ist (→ BFH vom 7. 5. 2013 – BStBl. II S. 808).

Behindertengerechte Ausstattung
– Mehraufwendungen für die notwendige behindertengerechte Gestaltung des individuellen Wohnumfelds sind außergewöhnliche Belastungen. Sie stehen so stark unter dem Gebot der sich aus der Situation ergebenden Zwangsläufigkeit, dass die Erlangung eines etwaigen Gegenwerts regelmäßig in den Hintergrund tritt. Es ist nicht erforderlich, dass die Behinderung auf einem nicht vorhersehbaren Ereignis beruht und deshalb ein schnelles Handeln des Stpfl. oder seiner Angehörigen geboten ist. Auch die Frage nach zumutbaren Handlungsalternativen stellt sich in solchen Fällen nicht (→ BFH vom 24. 2. 2011 – BStBl. II S. 1012).
– Aufwendungen für einen behindertengerechten Umbau des zum selbstgenutzten Einfamilienhaus gehörenden Gartens sind keine außergewöhnlichen Belastungen (→ BFH vom 26. 10. 2022 – BStBl. II 2023 S. 372).
– Behinderungsbedingte Umbaukosten einer Motoryacht sind keine außergewöhnlichen Belastungen (→ BFH vom 2. 6. 2015 – BStBl. II S. 775).
– → R 33.4 Abs. 5.

Bestattungskosten eines nahen Angehörigen sind regelmäßig als außergewöhnliche Belastung zu berücksichtigen, soweit sie nicht aus dem Nachlass bestritten werden können und auch nicht durch (steuerfreie) Ersatzleistungen gedeckt sind (→ BFH vom 24. 7. 1987 – BStBl. II S. 715, vom 4. 4. 1989 – BStBl. II S. 779 und vom 21. 2. 2018 – BStBl. II S. 469). Steuerpflichtige Ersatzleistungen (hier: Sterbegeld) führen nicht zu einer Kürzung der abzugsfähigen Bestattungs-

H 33.1–33.4

kosten (→ BFH vom 15. 6. 2023 – BStBl. II S. 1031). Leistungen aus einer Sterbegeldversicherung oder aus einer Lebensversicherung, die dem Stpfl. anlässlich des Todes eines nahen Angehörigen außerhalb des Nachlasses zufließen, sind auf die als außergewöhnliche Belastung anzuerkennenden Kosten anzurechnen (→ BFH vom 19. 10. 1990 – BStBl. II 1991 S. 140 und vom 22. 2. 1996 – BStBl. II S. 413).
Zu den außergewöhnlichen Belastungen gehören nur solche Aufwendungen, die unmittelbar mit der eigentlichen Bestattung zusammenhängen. Nur mittelbar mit einer Bestattung zusammenhängende Kosten werden mangels Zwangsläufigkeit nicht als außergewöhnliche Belastung anerkannt. Zu diesen mittelbaren Kosten gehören z. B.:
- Aufwendungen für die Bewirtung von Trauergästen (→ BFH vom 17. 9. 1987 – BStBl. II 1988 S. 130),
- Aufwendungen für die Trauerkleidung (→ BFH vom 12. 8. 1966 – BStBl. III 1967 S. 364),
- Reisekosten für die Teilnahme an einer Bestattung eines nahen Angehörigen (→ BFH vom 17. 6. 1994 – BStBl. II S. 754).

Betreuervergütung. Vergütungen für einen ausschl. zur Vermögenssorge bestellten Betreuer stellen keine außergewöhnlichen Belastungen, sondern Betriebsausgaben bzw. Werbungskosten bei den mit dem verwalteten Vermögen erzielten Einkünften dar, sofern die Tätigkeit des Betreuers weder einer kurzfristigen Abwicklung des Vermögens noch der Verwaltung ertraglosen Vermögens dient (→ BFH vom 14. 9. 1999 – BStBl. II 2000 S. 69).

Betrug. Durch Betrug veranlasste vergebliche Zahlungen für einen Grundstückskauf sind nicht zwangsläufig (→ BFH vom 19. 5. 1995 – BStBl. II S. 774).

Darlehen
- Werden die Ausgaben über Darlehen finanziert, tritt die Belastung bereits im Zeitpunkt der Verausgabung ein (→ BFH vom 10. 6. 1988 – BStBl. II S. 814).
- → Verausgabung.

Diätverpflegung
- Aufwendungen, die durch Diätverpflegung entstehen, sind von der Berücksichtigung als außergewöhnliche Belastung auch dann ausgeschlossen, wenn die Diätverpflegung an die Stelle einer sonst erforderlichen medikamentösen Behandlung tritt (→ BFH vom 21. 6. 2007 – BStBl. II S. 880).
- Aufwendungen für Arzneimittel i. S. d. § 2 des Arzneimittelgesetzes unterfallen nicht dem Abzugsverbot für Diätverpflegung, wenn die Zwangsläufigkeit (medizinische Indikation) der Medikation durch ärztliche Verordnung nachgewiesen ist (→ BFH vom 14. 4. 2015 – BStBl. II S. 703).

Eltern-Kind-Verhältnis. Aufwendungen des nichtsorgeberechtigten Elternteils zur Kontaktpflege sind nicht außergewöhnlich (→ BFH vom 27. 9. 2007 – BStBl. II 2008 S. 287).

Ergänzungspflegervergütung. Wird für einen Minderjährigen im Zusammenhang mit einer Erbauseinandersetzung die Anordnung einer Ergänzungspflegschaft erforderlich, sind die Aufwendungen hierfür nicht als außergewöhnliche Belastungen zu berücksichtigen (→ BFH vom 14. 9. 1999 – BStBl. II 2000 S. 69).

Erpressungsgelder. Erpressungsgelder sind keine außergewöhnlichen Belastungen, wenn der Erpressungsgrund selbst und ohne Zwang geschaffen worden ist (→ BFH vom 18. 3. 2004 – BStBl. II S. 867).

Ersatz von dritter Seite. Ersatz und Unterstützungen von dritter Seite zum Ausgleich der Belastung sind von den berücksichtigungsfähigen Aufwendungen abzusetzen, es sei denn, die vertragsgemäße Erstattung führt zu steuerpflichtigen Einnahmen beim Stpfl. (→ BFH vom 14. 3. 1975 – BStBl. II S. 632 und vom 6. 5. 1994 – BStBl. II 1995 S. 104). Die Ersatzleistungen sind auch dann abzusetzen, wenn sie erst in einem späteren Kj. gezahlt werden, der Stpfl. aber bereits in dem Kj., in dem die Belastung eingetreten ist, mit der Zahlung rechnen konnte (→ BFH vom 21. 8. 1974 – BStBl. II 1975 S. 14). Werden Ersatzansprüche gegen Dritte nicht geltend gemacht, entfällt die Zwangsläufigkeit, wobei die Zumutbarkeit Umfang und Intensität der erforderlichen Rechtsverfolgung bestimmt (→ BFH vom 20. 9. 1991 – BStBl. II 1992 S. 137 und vom 18. 6. 1997 – BStBl. II S. 805). Der Verzicht auf die Inanspruchnahme von staatlichen Transferleistungen (z. B. Eingliederungshilfe nach § 35a SGB VIII) steht dem Abzug von Krankheitskosten als außergewöhnliche Belastungen nicht entgegen (→ BFH vom 11. 11. 2010 – BStBl. II 2011 S. 969). Der Abzug von Aufwendungen nach § 33 EStG ist ferner ausgeschlossen, wenn der Stpfl. eine allgemein zugängliche und übliche Versicherungsmöglichkeit nicht wahrgenommen hat (→ BFH vom 6. 5. 1994 – BStBl. II 1995 S. 104). Dies gilt auch, wenn lebensnotwendige Vermögensgegenstände, wie Hausrat und Kleidung wiederbeschafft werden müssen (→ BFH vom 26. 6. 2003 – BStBl. II 2004 S. 47).
- **Hausratversicherung.** Anzurechnende Leistungen aus einer Hausratversicherung sind nicht aufzuteilen in einen Betrag, der auf allgemein notwendigen und angemessenen Hausrat entfällt, und in einen solchen, der die Wiederbeschaffung von Gegenständen und Kleidungsstücken gehobenen Anspruchs ermöglichen soll (→ BFH vom 30. 6. 1999 – BStBl. II S. 766).

H 33.1–33.4

– **Krankenhaustagegeldversicherungen.** Bis zur Höhe der durch einen Krankenhausaufenthalt verursachten Kosten sind die Leistungen abzusetzen, nicht aber Leistungen aus einer Krankentagegeldversicherung (→ BFH vom 22. 10. 1971 – BStBl. II 1972 S. 177).
– **Private Pflegezusatzversicherung.** Das aus einer privaten Pflegezusatzversicherung bezogene Pflege(tage)geld mindert die abziehbaren Pflegekosten (→ BFH vom 14. 4. 2011 – BStBl. II S. 701).

Existenzgrundlage. Unter der Existenzgrundlage i. S. d. § 33 Abs. 2 Satz 4 EStG ist nur die rein materielle Lebensgrundlage des Stpfl. zu verstehen (→ BFH vom 18. 5. 2017 – BStBl. II S. 988 und vom 13. 8. 2020 – BStBl. II 2021 S. 83 und 86).

Fahrtkosten, allgemein
– Unumgängliche Fahrtkosten, die dem Grunde nach als außergewöhnliche Belastung zu berücksichtigen sind, sind bei Benutzung eines Pkw nur i. H. d. Kosten für die Benutzung eines öffentlichen Verkehrsmittels abziehbar, es sei denn, es bestand keine zumutbare öffentliche Verkehrsverbindung (→ BFH vom 3. 12. 1998 – BStBl. II 1999 S. 227).
– → Familienheimfahrten
– → Kur
– → Mittagsheimfahrt
– → Pflegeaufwendungen für Dritte
– → Zwischenheimfahrten.

Familienheimfahrten. Aufwendungen verheirateter Wehrpflichtiger für Familienheimfahrten sind keine außergewöhnliche Belastung (→ BFH vom 5. 12. 1969 – BStBl. II 1970 S. 210).

Formaldehydemission → Gesundheitsgefährdung.

Freiwillige Ablösungen von laufenden Kosten für die Anstaltsunterbringung eines pflegebedürftigen Kindes sind nicht zwangsläufig (→ BFH vom 14. 11. 1980 – BStBl. II 1981 S. 130).

Gegenwert
– Die Erlangung eines Gegenwerts schließt insoweit die Belastung des Stpfl. aus. Ein Gegenwert liegt vor, wenn der betreffende Gegenstand oder die bestellte Leistung eine gewisse Marktfähigkeit besitzen, die in einem bestimmten Verkehrswert zum Ausdruck kommt (→ BFH vom 4. 3. 1983 – BStBl. II S. 378 und vom 29. 11. 1991 – BStBl. II 1992 S. 290). Bei der Beseitigung eingetretener Schäden an einem Vermögensgegenstand, der für den Stpfl. von existenziell wichtiger Bedeutung ist, ergibt sich ein Gegenwert nur hinsichtlich von Wertverbesserungen, nicht jedoch hinsichtlich des verlorenen Aufwandes (→ BFH vom 6. 5. 1994 – BStBl. II 1995 S. 104).
– → Gesundheitsgefährdung.
– → Behindertengerechte Ausstattung.

Gesundheitsgefährdung
– Geht von einem Gegenstand des existenznotwendigen Bedarfs eine konkrete Gesundheitsgefährdung aus, die beseitigt werden muss (z. B. asbesthaltige Außenfassade des Hauses, Formaldehydemission von Möbeln), sind die Sanierungskosten und die Kosten für eine ordnungsgemäße Entsorgung des Schadstoffs aus tatsächlichen Gründen zwangsläufig entstanden. Die Sanierung muss im Zeitpunkt ihrer Durchführung unerlässlich sein (→ BFH vom 9. 8. 2001 – BStBl. II 2002 S. 240 und vom 23. 5. 2002 – BStBl. II S. 592). Der Stpfl. ist verpflichtet, die medizinische Indikation der Maßnahmen nachzuweisen. Eines amts- oder vertrauensärztlichen Gutachtens bedarf es hierzu nicht (→ BFH vom 11. 11. 2010 – BStBl. II 2011 S. 966).
– Tauscht der Stpfl. gesundheitsgefährdende Gegenstände des existenznotwendigen Bedarfs aus, steht die Gegenwertlehre dem Abzug der Aufwendungen nicht entgegen. Der sich aus der Erneuerung ergebende Vorteil ist jedoch anzurechnen („Neu für Alt") (→ BFH vom 11. 11. 2010 – BStBl. II 2011 S. 966).
– Sind die von einem Gegenstand des existenznotwendigen Bedarfs ausgehenden konkreten Gesundheitsgefährdungen auf einen Dritten zurückzuführen und unterlässt der Stpfl. die Durchsetzung realisierbarer zivilrechtlicher Abwehransprüche, sind die Aufwendungen zur Beseitigung konkreter Gesundheitsgefährdungen nicht abziehbar (→ BFH vom 29. 3. 2012 – BStBl. II S. 570).
– → Mietzahlungen.

Gutachter. Ergibt sich aus Gutachten die Zwangsläufigkeit von Aufwendungen gem. § 33 Abs. 2 EStG, können auch die Aufwendungen für das Gutachten berücksichtigt werden (→ BFH vom 23. 5. 2002 – BStBl. II S. 592).

Haushaltsersparnis
– Aufwendungen für die krankheits- oder pflegebedingte Unterbringung in einem Alten- oder Pflegeheim bzw. in einer dem jeweiligen Landesrecht unterliegenden Wohngemeinschaft sind um eine Haushaltsersparnis, die der Höhe nach den ersparten Verpflegungs- und Unterbringungskosten entspricht, zu kürzen, es sei denn, der Pflegebedürftige behält seinen normalen Haushalt bei. Die Haushaltsersparnis des Stpfl. ist entsprechend dem in § 33 a Abs. 1 EStG vorgesehenen Höchstbetrag für den Unterhalt unterhaltsbedürftiger Personen anzusetzen

→ R 33.3 Abs. 2 Satz 2 (→ BFH vom 15. 4. 2010 – BStBl. II S. 794 und vom 4. 10. 2017 – BStBl. II 2018 S. 179 und vom 10. 8. 2023 – BStBl. II S. 1107).
- Sind beide Ehegatten krankheits- oder pflegebedingt in einem Alten- und Pflegeheim untergebracht, ist für jeden der Ehegatten eine Haushaltsersparnis anzusetzen (→ BFH vom 4. 10. 2017 – BStBl. II 2018 S. 179).
- Kosten der Unterbringung in einem Krankenhaus können regelmäßig ohne Kürzung um eine Haushaltsersparnis als außergewöhnliche Belastung anerkannt werden (→ BFH vom 22. 6. 1979 – BStBl. II S. 646).

Heileurythmie
- Die Heileurythmie ist ein Heilmittel i. S. d. §§ 2 und 32 SGB V. Für den Nachweis der Zwangsläufigkeit von Aufwendungen im Krankheitsfall ist eine Verordnung eines Arztes oder Heilpraktikers nach § 64 Abs. 1 Nr. 1 EStDV ausreichend (→ BFH vom 26. 2. 2014 – BStBl. II S. 824).
- → Wissenschaftlich nicht anerkannte Behandlungsmethoden.

Heimunterbringung
- Aufwendungen eines nicht pflegebedürftigen Stpfl., der mit seinem pflegebedürftigen Ehegatten in ein Wohnstift übersiedelt, erwachsen nicht zwangsläufig (→ BFH vom 14. 11. 2013 – BStBl. II 2014 S. 456).
- Bei einem durch Krankheit veranlassten Aufenthalt in einem Seniorenheim oder -wohnstift sind die Kosten für die Unterbringung außergewöhnliche Belastungen. Der Aufenthalt kann auch krankheitsbedingt sein, wenn keine zusätzlichen Pflegekosten entstanden sind und kein Merkmal „H" oder „Bl" im Schwerbehindertenausweis festgestellt ist. Die Unterbringungskosten sind nach Maßgabe der für Krankheitskosten geltenden Grundsätze als außergewöhnliche Belastungen zu berücksichtigen, soweit sie nicht außerhalb des Rahmens des Üblichen liegen (→ BFH vom 14. 11. 2013 – BStBl. II 2014 S. 456).
- Kosten für die behinderungsbedingte Unterbringung in einer sozialtherapeutischen Einrichtung können außergewöhnliche Belastungen sein (→ BFH vom 9. 12. 2010 – BStBl. II 2011 S. 1011).
- → H 33 a.1 (Abgrenzung zu § 33 EStG).

Kapitalabfindung von Unterhaltsansprüchen. Der Abzug einer vergleichsweise vereinbarten Kapitalabfindung zur Abgeltung sämtlicher möglicherweise in der Vergangenheit entstandener und künftiger Unterhaltsansprüche eines geschiedenen Ehegatten scheidet in aller Regel wegen fehlender Zwangsläufigkeit aus (→ BFH vom 26. 2. 1998 – BStBl. II S. 605).

Krankenhaustagegeldversicherung. Die Leistungen sind von den berücksichtigungsfähigen Aufwendungen abzusetzen (→ BFH vom 22. 10. 1971 – BStBl. II 1972 S. 177).

Krankentagegeldversicherung. Die Leistungen sind – im Gegensatz zu Leistungen aus einer Krankenhaustagegeldversicherung – kein Ersatz für Krankenhauskosten (→ BFH vom 22. 10. 1971 – BStBl. II 1972 S. 177).

Krankenversicherungsbeiträge
- Da Krankenversicherungsbeiträge ihrer Art nach Sonderausgaben sind, können sie auch bei an sich beihilfeberechtigten Angehörigen des öffentlichen Dienstes nicht als außergewöhnliche Belastung berücksichtigt werden, wenn der Stpfl. wegen seines von Kindheit an bestehenden Leidens keine Aufnahme in eine private Krankenversicherung gefunden hat (→ BFH vom 29. 11. 1991 – BStBl. II 1992 S. 293).
- Der Abzug der nicht als Sonderausgaben abziehbaren Krankenversicherungsbeiträge als außergewöhnliche Belastung scheidet aus (→ BFH vom 29. 11. 2017 – BStBl. II 2018 S. 230).

Krankheitskosten
- einschl. Zuzahlungen sind außergewöhnliche Belastungen. Es ist verfassungsrechtlich nicht geboten, bei der einkommensteuerrechtlichen Berücksichtigung dieser Aufwendungen auf den Ansatz der zumutbaren Belastung zu verzichten (→ BFH vom 2. 9. 2015 – BStBl. II 2016 S. 151 und vom 21. 2. 2018 – BStBl. II S. 469).
- für Unterhaltsberechtigte.

  Für einen Unterhaltsberechtigten aufgewendete Krankheitskosten können beim Unterhaltspflichtigen i. d. R. nur insoweit als außergewöhnliche Belastung anerkannt werden, als der Unterhaltsberechtigte nicht in der Lage ist, die Krankheitskosten selbst zu tragen (→ BFH vom 11. 7. 1990 – BStBl. II 1991 S. 62). Ein schwerbehindertes Kind, das angesichts der Schwere und der Dauer seiner Erkrankung seinen Grundbedarf und behinderungsbedingten Mehrbedarf nicht selbst zu decken in der Lage ist und bei dem ungewiss ist, ob sein Unterhaltsbedarf im Alter durch Leistungen Unterhaltspflichtiger gedeckt werden kann, darf jedoch zur Altersvorsorge maßvoll Vermögen bilden. Die das eigene Vermögen des Unterhaltsempfängers betreffende Bestimmung des § 33 a Abs. 1 Satz 4 EStG kommt im Rahmen des § 33 EStG nicht zur Anwendung (→ BFH vom 11. 2. 2010 – BStBl. II S. 621).

Künstliche Befruchtung wegen Krankheit
- Aufwendungen für eine künstliche Befruchtung, die einem Ehepaar zu einem gemeinsamen Kind verhelfen soll, das wegen Empfängnisunfähigkeit der Ehefrau sonst von ihrem Ehemann nicht gezeugt werden könnte (homologe künstliche Befruchtung), können außergewöhnli-

H 33.1–33.4

che Belastungen sein (→ BFH vom 18. 6. 1997 – BStBl. II S. 805). Dies gilt auch für ein nicht verheiratetes Paar, wenn die Richtlinien der ärztlichen Berufsordnungen beachtet werden, insbesondere eine fest gefügte Partnerschaft vorliegt und der Mann die Vaterschaft anerkennen wird (→ BFH vom 10. 5. 2007 – BStBl. II S. 871).
- Aufwendungen eines Ehepaares für eine medizinisch angezeigte künstliche Befruchtung mit dem Samen eines Dritten (heterologe künstliche Befruchtung) sind als Krankheitskosten zu beurteilen und damit als außergewöhnliche Belastung zu berücksichtigen (→ BFH vom 16. 12. 2010 – BStBl. II 2011 S. 414).
- Aufwendungen einer unfruchtbaren Frau für eine heterologe künstliche Befruchtung (d. h. durch Samenspende) durch In-vitro-Fertilisation im Ausland sind als außergewöhnliche Belastung auch dann zu berücksichtigen, wenn die Frau in einer gleichgeschlechtlichen Partnerschaft lebt (→ BFH vom 5. 10. 2017 – BStBl. II 2018 S. 350).
- Aufwendungen für eine künstliche Befruchtung nach vorangegangener freiwilliger Sterilisation sind keine außergewöhnlichen Belastungen (→ BFH vom 3. 3. 2005 – BStBl. II S. 566).
- Aufwendungen für eine künstliche Befruchtung im Ausland können als außergewöhnliche Belastung abgezogen werden, wenn die Behandlung nach inländischen Maßstäben mit dem Embryonenschutzgesetz oder anderen Gesetzen vereinbar ist (→ BFH vom 17. 5. 2017 – BStBl. II 2018 S. 344).

Kur. Kosten für eine Kurreise können als außergewöhnliche Belastung nur abgezogen werden, wenn die Kurreise zur Heilung oder Linderung einer Krankheit nachweislich notwendig ist und eine andere Behandlung nicht oder kaum erfolgversprechend erscheint (→ BFH vom 12. 6. 1991 – BStBl. II S. 763).
- **Erholungsurlaub/Abgrenzung zur Heilkur.** Im Regelfall ist zur Abgrenzung einer Heilkur vom Erholungsurlaub ärztliche Überwachung zu fordern. Gegen die Annahme einer Heilkur kann auch die Unterbringung in einem Hotel oder Privatquartier anstatt in einem Sanatorium und die Vermittlung durch ein Reisebüro sprechen (→ BFH vom 12. 6. 1991 – BStBl. II S. 763).
- **Fahrtkosten.** Als Fahrtkosten zum Kurort sind i. d. R. die Kosten der öffentlichen Verkehrsmittel anzusetzen (→ BFH vom 12. 6. 1991 – BStBl. II S. 763). Die eigenen Kfz-Kosten können nur ausnahmsweise berücksichtigt werden, wenn besondere persönliche Verhältnisse dies erfordern (→ BFH vom 30. 6. 1967 – BStBl. III S. 655).
  Aufwendungen für Besuchsfahrten zu in Kur befindlichen Angehörigen sind keine außergewöhnliche Belastung (→ BFH vom 16. 5. 1975 – BStBl. II S. 536).
- **Nachkur.** Nachkuren in einem typischen Erholungsort sind auch dann nicht abziehbar, wenn sie ärztlich verordnet sind; dies gilt erst recht, wenn die Nachkur nicht unter einer ständigen ärztlichen Aufsicht in einer besonderen Kranken- oder Genesungsanstalt durchgeführt wird (→ BFH vom 4. 10. 1968 – BStBl. II 1969 S. 179).

Leihmutterschaft/Ersatzmutterschaft. Aufwendungen im Zusammenhang mit einer Ersatzmutterschaft sind nicht als außergewöhnliche Belastung zu berücksichtigen (→ BFH vom 10. 8. 2023 – BStBl. II S. 1110).

Medizinisch erforderliche auswärtige Unterbringung eines Kindes. Für den Begriff der „Behinderung" i. S. d. § 64 Abs. 1 Nr. 2 Satz 1 Buchst. c EStDV ist auf § 2 Abs. 1 SGB IX abzustellen. Danach sind Menschen behindert, wenn ihre körperliche Funktion, geistige Fähigkeit oder seelische Gesundheit mit hoher Wahrscheinlichkeit länger als sechs Monate von dem für das Lebensalter typischen Zustand abweichen und daher ihre Teilhabe am Leben in der Gesellschaft beeinträchtigt ist (→ BFH vom 18. 6. 2015 – BStBl. II 2016 S. 40).

Medizinische Fachliteratur. Aufwendungen eines Stpfl. für medizinische Fachliteratur sind auch dann nicht als außergewöhnliche Belastungen zu berücksichtigen, wenn die Literatur dazu dient, die Entscheidung für eine bestimmte Therapie oder für die Behandlung durch einen bestimmten Arzt zu treffen (→ BFH vom 6. 4. 1990 – BStBl. II S. 958, vom 24. 10. 1995 – BStBl. II 1996 S. 88).

Medizinische Hilfsmittel als Gebrauchsgegenstände des täglichen Lebens. Gebrauchsgegenstände des täglichen Lebens i. S. v. § 33 Abs. 1 SGB V sind nur solche technischen Hilfen, die getragen oder mit sich geführt werden können, um sich im jeweiligen Umfeld zu bewegen, zurechtzufinden und die elementaren Grundbedürfnisse des täglichen Lebens zu befriedigen. Ein Nachweis nach § 64 Abs. 1 Nr. 2 Satz 1 Buchst. e EStDV kann nur gefordert werden, wenn ein medizinisches Hilfsmittel diese Merkmale erfüllt. Ein Treppenlift erfüllt nicht die Anforderungen dieser Legaldefinition eines medizinischen Hilfsmittels, so dass die Zwangsläufigkeit von Aufwendungen für den Einbau eines Treppenlifts nicht formalisiert nachzuweisen ist (→ BFH vom 6. 2. 2014 – BStBl. II S. 458).

Mietzahlungen. Mietzahlungen für eine ersatzweise angemietete Wohnung können als außergewöhnliche Belastung zu berücksichtigen sein, wenn eine Nutzung der bisherigen eigenen Wohnung wegen Einsturzgefahr amtlich untersagt ist. Dies gilt jedoch nur bis zur Wiederherstellung der Bewohnbarkeit oder bis zu dem Zeitpunkt, in dem der Stpfl. die Kenntnis erlangt, dass eine Wiederherstellung der Bewohnbarkeit nicht mehr möglich ist (→ BFH vom 21. 4. 2010 – BStBl. II S. 965).

Mittagsheimfahrt. Aufwendungen für Mittagsheimfahrten stellen keine außergewöhnliche Belastung dar, auch wenn die Fahrten wegen des Gesundheitszustands oder einer Behinderung des Stpfl. angebracht oder erforderlich sind (→ BFH vom 4. 7. 1975 – BStBl. II S. 738).

Nachweis der Zwangsläufigkeit von krankheitsbedingten Aufwendungen

– Die in § 64 EStDV vorgesehenen Nachweise können nicht durch andere Unterlagen ersetzt werden (→ BFH vom 15. 1. 2015 – BStBl. II S. 586).
– Gegen die in § 64 Abs. 1 EStDV geregelten Nachweiserfordernisse bestehen keine verfassungsrechtlichen Bedenken (→ BFH vom 21. 2. 2018 – BStBl. II S. 469).

Neben den Pauschbeträgen für Menschen mit Behinderungen zu berücksichtigende Aufwendungen → H 33 b.

Pflegeaufwendungen

– Ob die Pflegebedürftigkeit bereits vor Beginn des Heimaufenthalts oder erst später eingetreten ist, ist ohne Bedeutung (→ BMF vom 20. 1. 2003 – BStBl. I S. 89).[1]
– Aufwendungen wegen Pflegebedürftigkeit sind nur insoweit zu berücksichtigen, als die Pflegekosten die Leistungen der Pflegepflichtversicherung und das aus einer ergänzenden Pflegekrankenversicherung bezogene Pflege(tage)geld übersteigen (→ BFH vom 14. 4. 2011 – BStBl. II S. 701).

Pflegeaufwendungen für Dritte. Pflegeaufwendungen (z. B. Kosten für die Unterbringung in einem Pflegeheim), die dem Stpfl. infolge der Pflegebedürftigkeit einer Person erwachsen, der gegenüber der Stpfl. zum Unterhalt verpflichtet ist (z. B. seine Eltern oder Kinder), können i. d. R. als außergewöhnliche Belastungen abgezogen werden, sofern die tatsächlich angefallenen Pflegekosten von den reinen Unterbringungskosten abgegrenzt werden können (→ BFH vom 12. 11. 1996 – BStBl. II 1997 S. 387). Zur Berücksichtigung von besonderem Unterhaltsbedarf einer unterhaltenen Person (z. B. wegen Pflegebedürftigkeit) neben typischen Unterhaltsaufwendungen → BMF vom 2. 12. 2002 (BStBl. I S. 1389).[2] Aufwendungen, die einem Stpfl. für die krankheitsbedingte Unterbringung eines Angehörigen in einem Heim entstehen, stellen als Krankheitskosten eine außergewöhnliche Belastung i. S. d. § 33 EStG dar (→ BFH vom 30. 6. 2011 – BStBl. II 2012 S. 876). Ob die Pflegebedürftigkeit bereits vor Beginn des Heimaufenthalts oder erst später eingetreten ist, ist ohne Bedeutung (→ BMF vom 20. 1. 2003 – BStBl. I S. 89). Abziehbar sind neben den Pflegekosten auch die im Vergleich zu den Kosten der normalen Haushaltsführung entstandenen Mehrkosten für Unterbringung und Verpflegung (→ BFH vom 30. 6. 2011 – BStBl. II 2012 S. 876).

– **Fahrtkosten.** Aufwendungen für Fahrten, um einen kranken Angehörigen, der im eigenen Haushalt lebt, zu betreuen und zu versorgen, können unter besonderen Umständen außergewöhnliche Belastungen sein. Die Fahrten dürfen nicht lediglich der allgemeinen Pflege verwandtschaftlicher Beziehungen dienen (→ BFH vom 6. 4. 1990 – BStBl. II S. 958 und vom 22. 10. 1996 – BStBl. II 1997 S. 558).
– **Übertragung des gesamten sicheren Vermögens**
  – → R 33.3 Abs. 5.
  – Aufwendungen für die Unterbringung und Pflege eines bedürftigen Angehörigen sind nicht als außergewöhnliche Belastung zu berücksichtigen, soweit der Stpfl. von dem Angehörigen dessen gesamtes sicheres Vermögen in einem Zeitpunkt übernommen hat, als dieser sich bereits im Rentenalter befand (→ BFH vom 12. 11. 1996 – BStBl. II 1997 S. 387).
– **Zwangsläufigkeit bei persönlicher Pflege.** Aufwendungen, die durch die persönliche Pflege eines nahen Angehörigen entstehen, sind nur dann außergewöhnliche Belastungen, wenn die Übernahme der Pflege unter Berücksichtigung der näheren Umstände des Einzelfalls aus rechtlichen oder sittlichen Gründen i. S. d. § 33 Abs. 2 EStG zwangsläufig ist. Allein das Bestehen eines nahen Verwandtschaftsverhältnisses reicht für die Anwendung des § 33 EStG nicht aus. Bei der erforderlichen Gesamtbewertung der Umstände des Einzelfalls sind u. a. der Umfang der erforderlichen Pflegeleistungen und die Höhe der für den Stpfl. entstehenden Aufwendungen zu berücksichtigen (→ BFH vom 22. 10. 1996 – BStBl. II 1997 S. 558).

Prozesskosten. Unter das Abzugsverbot gem. § 33 Abs. 2 Satz 4 fallen Prozesskosten

– anlässlich eines Umgangsrechtsstreits und der Rückführung des Kindes aus dem Ausland zurück nach Deutschland (→ BFH vom 13. 8. 2020 – BStBl. II 2021 S. 83),
– eines Scheidungsverfahrens (→ BFH vom 18. 5. 2017 – BStBl. II S. 988),
– für die Führung eines Rechtsstreits eines Dritten, z. B. eines Angehörigen (→ BFH vom 10. 8. 2022 – BStBl. II S. 766).

Rechtliche Pflicht

– Zahlungen in Erfüllung rechtsgeschäftlicher Verpflichtungen erwachsen regelmäßig nicht zwangsläufig. Unter rechtliche Gründe i. S. v. § 33 Abs. 2 EStG fallen danach nur solche

[1] Abgedruckt im Hauptteil als Anlage a zu § 33 EStG.
[2] Abgedruckt im Hauptteil als Anlage c zu § 33 a EStG.

H 33.1–33.4

rechtlichen Verpflichtungen, die der Stpfl. nicht selbst gesetzt hat (→ BFH vom 18. 7. 1986 – BStBl. II S. 745 und vom 19. 5. 1995 – BStBl. II S. 774);
– → Kapitalabfindung von Unterhaltsansprüchen.

Rentenversicherungsbeiträge → Sittliche Pflicht.

Sanierung eines selbst genutzten Gebäudes

– Aufwendungen für die Sanierung eines selbst genutzten Wohngebäudes, nicht aber die Kosten für übliche Instandsetzungs- und Modernisierungsmaßnahmen oder die Beseitigung von Baumängeln, können als außergewöhnliche Belastung abzugsfähig sein, wenn
  – durch die Baumaßnahmen konkrete Gesundheitsgefährdungen abgewehrt werden z. B. bei einem asbestgedeckten Dach (→ BFH vom 29. 3. 2012 – BStBl. II S. 570); → aber Asbestbeseitigung,
  – unausweichliche Schäden beseitigt werden, weil eine konkrete und unmittelbar bevorstehende Unbewohnbarkeit des Gebäudes droht und daraus eine aufwändige Sanierung folgt z. B. bei Befall eines Gebäudes mit Echtem Hausschwamm (→ BFH vom 29. 3. 2012 – BStBl. II S. 572),
  – vom Gebäude ausgehende unzumutbare Beeinträchtigungen behoben werden z. B. Geruchsbelästigungen (→ BFH vom 29. 3. 2012 – BStBl. II S. 574).

  Der Grund für die Sanierung darf weder beim Erwerb des Grundstücks erkennbar gewesen noch vom Grundstückseigentümer verschuldet worden sein. Auch muss der Stpfl. realisierbare Ersatzansprüche gegen Dritte verfolgen, bevor er seine Aufwendungen steuerlich geltend machen kann und er muss sich den aus der Erneuerung ergebenden Vorteil anrechnen lassen („Neu für Alt"). Die Zwangsläufigkeit der Aufwendungen ist anhand objektiver Kriterien nachzuweisen.
– → Gesundheitsgefährdung.

Schadensersatzleistungen können zwangsläufig sein, wenn der Stpfl. bei der Schädigung nicht vorsätzlich oder grob fahrlässig gehandelt hat (→ BFH vom 3. 6. 1982 – BStBl. II S. 749).

Scheidungskosten → Prozesskosten

Schulbesuch

– Aufwendungen für den Privatschulbesuch eines Kindes werden durch die Vorschriften des Familienleistungsausgleichs und § 33 a Abs. 2 EStG abgegolten und können daher i. d. R. nur dann außergewöhnliche Belastungen sein, wenn es sich bei diesen Aufwendungen um unmittelbare Krankheitskosten handelt (→ BFH vom 17. 4. 1997 – BStBl. II S. 752).
– Außergewöhnliche Belastungen liegen nicht vor, wenn ein Kind ausländischer Eltern, die sich nur vorübergehend im Inland aufhalten, eine fremdsprachliche Schule besucht (→ BFH vom 23. 11. 2000 – BStBl. II 2001 S. 132).
– Aufwendungen für den Besuch einer Schule für Hochbegabte können außergewöhnliche Belastungen sein, wenn dies medizinisch angezeigt ist und es sich hierbei um unmittelbare Krankheitskosten handelt. Dies gilt auch für die Kosten einer auswärtigen der Krankheit geschuldeten Internatsunterbringung, selbst wenn diese zugleich der schulischen Ausbildung dient. Ein zusätzlicher Freibetrag nach § 33 a Abs. 2 EStG kann nicht gewährt werden (→ BFH vom 12. 5. 2011 – BStBl. II S. 783).
– → H 33 a.2 (Auswärtige Unterbringung).

Sittliche Pflicht

– Eine die Zwangsläufigkeit von Aufwendungen begründende sittliche Pflicht ist nur dann zu bejahen, wenn diese so unabdingbar auftritt, dass sie ähnlich einer Rechtspflicht von außen her als eine Forderung oder zumindest Erwartung der Gesellschaft derart auf den Stpfl. einwirkt, dass ihre Erfüllung als eine selbstverständliche Handlung erwartet und die Missachtung dieser Erwartung als moralisch anstößig empfunden wird, wenn das Unterlassen der Aufwendungen also Sanktionen im sittlich-moralischen Bereich oder auf gesellschaftlicher Ebene zur Folge haben kann (→ BFH vom 27. 10. 1989 – BStBl. II 1990 S. 294 und vom 22. 10. 1996 – BStBl. II 1997 S. 558). Die sittliche Pflicht gilt nur für unabdingbar notwendige Aufwendungen (→ BFH vom 12. 12. 2002 – BStBl. II 2003 S. 299). Bei der Entscheidung ist auf alle Umstände des Einzelfalles, insbesondere die persönlichen Beziehungen zwischen den Beteiligten, ihre Einkommens- und Vermögensverhältnisse sowie die konkrete Lebenssituation, bei der Übernahme einer Schuld auch auf den Inhalt des Schuldverhältnisses abzustellen (→ BFH vom 24. 7. 1987 – BStBl. II S. 715).
– Die allgemeine sittliche Pflicht, in Not geratenen Menschen zu helfen, kann allein die Zwangsläufigkeit nicht begründen (→ BFH vom 8. 4. 1954 – BStBl. III S. 188).
– Zwangsläufigkeit kann vorliegen, wenn das Kind des Erblassers als Alleinerbe Nachlassverbindlichkeiten erfüllt, die auf existentiellen Bedürfnissen seines in Armut verstorbenen Elternteils unmittelbar vor oder im Zusammenhang mit dessen Tod beruhen (→ BFH vom 24. 7. 1987 – BStBl. II S. 715).
– Nachzahlungen zur Rentenversicherung eines Elternteils sind nicht aus sittlichen Gründen zwangsläufig, wenn auch ohne die daraus entstehenden Rentenansprüche der Lebensunterhalt des Elternteils sichergestellt ist (→ BFH vom 7. 3. 2002 – BStBl. II S. 473).

Studiengebühren. Gebühren für die Hochschulausbildung eines Kindes sind weder nach § 33 a Abs. 2 EStG noch nach § 33 EStG als außergewöhnliche Belastung abziehbar (→ BFH vom 17. 12. 2009 – BStBl. II 2010 S. 341).

Trinkgelder. Trinkgelder sind nicht zwangsläufig i. S. d. § 33 Abs. 2 EStG und zwar unabhängig davon, ob die zugrunde liegende Leistung selbst als außergewöhnliche Belastung zu beurteilen ist (→ BFH vom 30. 10. 2003 – BStBl. II 2004 S. 270 und vom 19. 4. 2012 – BStBl. II S. 577).

Umschulungskosten. Kosten für eine Zweitausbildung sind dann nicht berücksichtigungsfähig, wenn die Erstausbildung nicht endgültig ihren wirtschaftlichen Wert verloren hat (→ BFH vom 28. 8. 1997 – BStBl. II 1998 S. 183).

Umzug. Umzugskosten sind unabhängig von der Art der Wohnungskündigung durch den Mieter oder Vermieter i. d. R. nicht außergewöhnlich (→ BFH vom 28. 2. 1975 – BStBl. II S. 482 und vom 23. 6. 1978 – BStBl. II S. 526).

Unterbringung eines nahen Angehörigen in einem Heim → BMF vom 2. 12. 2002 (BStBl. I S. 1389).[1]

Unterhaltsverpflichtung
- → Kapitalabfindung von Unterhaltsansprüchen.
- → Pflegeaufwendungen für Dritte.

Urlaubsreise. Aufwendungen für die Wiederbeschaffung von Kleidungsstücken, die dem Stpfl. auf einer Urlaubsreise entwendet wurden, können regelmäßig nicht als außergewöhnliche Belastung angesehen werden, weil üblicherweise ein notwendiger Mindestbestand an Kleidung noch vorhanden ist (→ BFH vom 3. 9. 1976 – BStBl. II S. 712).

Verausgabung
- Aus dem Zusammenhang der Vorschriften von § 33 Abs. 1 EStG und § 11 Abs. 2 Satz 1 EStG folgt, dass außergewöhnliche Belastungen für das Kj. anzusetzen sind, in dem die Aufwendungen tatsächlich geleistet worden sind (→ BFH vom 30. 7. 1982 – BStBl. II S. 744 und vom 10. 6. 1988 – BStBl. II S. 814). Dies gilt i. d. R. auch, wenn die Aufwendungen (nachträgliche) Anschaffungs- oder Herstellungskosten eines mehrjährig nutzbaren Wirtschaftsguts darstellen (→ BFH vom 22. 10. 2009 – BStBl. II 2010 S. 280).
- → Darlehen.
- → Ersatz von dritter Seite.

Verbraucherinsolvenzverfahren. Die Insolvenztreuhandvergütung ist mangels Außergewöhnlichkeit nicht als außergewöhnliche Belastung zu berücksichtigen (→ BFH vom 16. 12. 2021 – BStBl. II 2022 S. 321).

Vermögensebene
- Auch Kosten zur Beseitigung von Schäden an einem Vermögensgegenstand können Aufwendungen i. S. v. § 33 EStG sein, wenn der Vermögensgegenstand für den Stpfl. von existenziell wichtiger Bedeutung ist. Eine Berücksichtigung nach § 33 EStG scheidet aus, wenn Anhaltspunkte für ein Verschulden des Stpfl. erkennbar oder Ersatzansprüche gegen Dritte gegeben sind oder wenn der Stpfl. eine allgemein zugängliche und übliche Versicherungsmöglichkeit nicht wahrgenommen hat (→ BFH vom 6. 5. 1994 – BStBl. II 1995 S. 104). Dies gilt auch, wenn lebensnotwendige Vermögensgegenstände wie Hausrat und Kleidung wiederbeschafft werden müssen (→ BFH vom 26. 6. 2003 – BStBl. II 2004 S. 47).
- → R 33.2.

Verschulden
- Ein eigenes (ursächliches) Verschulden des Stpfl. schließt die Berücksichtigung von Aufwendungen zur Wiederherstellung von Vermögensgegenständen nach § 33 EStG aus (→ BFH vom 6. 5. 1994 – BStBl. II 1995 S. 104).
- → Vermögensebene.

Versicherung
- Eine Berücksichtigung von Aufwendungen zur Wiederherstellung von Vermögensgegenständen nach § 33 EStG scheidet aus, wenn der Stpfl. eine allgemein zugängliche und übliche Versicherungsmöglichkeit nicht wahrgenommen hat (→ BFH vom 6. 5. 1994 – BStBl. II 1995 S. 104). Dies gilt auch, wenn lebensnotwendige Vermögensgegenstände, wie Hausrat und Kleidung wiederbeschafft werden müssen (→ BFH vom 26. 6. 2003 – BStBl. II 2004 S. 47).
- → Ersatz von dritter Seite.
- → Vermögensebene.
- → Bestattungskosten.

Wildtierschäden. Wildtierschäden als solche sind keineswegs unüblich und nicht mit ungewöhnlichen Schadensereignissen i. S. d. § 33 EStG vergleichbar (→ BFH vom 1. 10. 2020 – BStBl. II 2021 S. 146).

[1] Abgedruckt im Hauptteil als Anlage e zu § 33 a EStG.

H 33.1–33.4

Wissenschaftlich nicht anerkannte Behandlungsmethoden

– Wissenschaftlich nicht anerkannt ist eine Behandlungsmethode dann, wenn Qualität und Wirksamkeit nicht dem allgemein anerkannten Stand der medizinischen Erkenntnisse entsprechen (→ BFH vom 26. 6. 2014 – BStBl. II 2015 S. 9).
– Maßgeblicher Zeitpunkt für die wissenschaftliche Anerkennung einer Behandlungsmethode i. S. d. § 64 Abs. 1 Nr. 2 Satz 1 Buchst. f EStDV ist der Zeitpunkt der Behandlung (→ BFH vom 18. 6. 2015 – BStBl. II S. 803).
– Die Behandlungsmethoden, Arznei- und Heilmittel der besonderen Therapierichtungen nach § 2 Abs. 1 Satz 2 SGB V (Phytotherapie, Homöopathie und Anthroposophie mit dem Heilmittel Heileurythmie) gehören nicht zu den wissenschaftlich nicht anerkannten Behandlungsmethoden. Der Nachweis der Zwangsläufigkeit von Aufwendungen im Krankheitsfall ist daher nicht nach § 64 Abs. 1 Nr. 2 f EStDV zu führen. Sofern es sich um Aufwendungen für Arznei-, Heil- und Hilfsmittel handelt, ist der Nachweis der Zwangsläufigkeit nach § 64 Abs. 1 Nr. 1 EStDV zu erbringen (→ BFH vom 26. 2. 2014 – BStBl. II S. 824).
– Bei einer Liposuktion zur Behandlung eines Lipödems handelt es sich – jedenfalls seit dem Jahr 2016 – unabhängig vom Stadium der Erkrankung nicht (mehr) um eine wissenschaftlich nicht anerkannte Behandlungsmethode (→ BFH vom 23. 3. 2023 – BStBl. II S. 854).

Wohngemeinschaft

– Nicht erstattete Kosten für die behinderungsbedingte Unterbringung eines Menschen im arbeitsfähigen Alter in einer betreuten Wohngemeinschaft können außergewöhnliche Belastungen sein. Werden die Unterbringungskosten als Eingliederungshilfe teilweise vom Sozialhilfeträger übernommen, kann die Notwendigkeit der Unterbringung unterstellt werden (→ BFH vom 23. 5. 2002 – BStBl. II S. 567).
– Aufwendungen für die krankheits-, pflege- und behinderungsbedingte Unterbringung in einer dem jeweiligen Landesrecht unterliegenden Wohngemeinschaft sind unter Abzug einer Haushaltsersparnis als außergewöhnliche Belastungen zu berücksichtigen. Ausreichend ist, dass der Stpfl. als (Mit-)Bewohner jenseits der Wohnraumüberlassung von einem oder mehreren Leistungsanbietern (gemeinschaftlich organisiert) Betreuungs-, Pflege- und Versorgungsleistungen bezieht (→ BFH vom 10. 8. 2023 – BStBl. II S. 1107).

Zinsen. Zinsen für ein Darlehen können ebenfalls zu den außergewöhnlichen Belastungen zählen, soweit die Darlehensaufnahme selbst zwangsläufig erfolgt ist (→ BFH vom 6. 4. 1990 – BStBl. II S. 958); sie sind im Jahr der Verausgabung abzuziehen.

Zumutbare Belastung. Die Höhe der zumutbaren Belastung (§ 33 Abs. 3 Satz 1 EStG) wird gestaffelt ermittelt. Nur der Teil des Gesamtbetrags der Einkünfte, der die jeweilige Betragsstufe übersteigt, wird mit dem jeweils höheren Prozentsatz belastet (→ BFH vom 19. 1. 2017 – BStBl. II S. 684).

Zwischenheimfahrten. Fahrtkosten aus Anlass von Zwischenheimfahrten können i. d. R. nicht berücksichtigt werden. Dies gilt nicht für Kosten der Zwischenheimfahrten einer Begleitperson, die ein krankes, behandlungsbedürftiges Kind, das altersbedingt einer Begleitperson bedarf, zum Zwecke einer amtsärztlich bescheinigten Heilbehandlung von mehrstündiger Dauer gefahren und wieder abgeholt hat, wenn es der Begleitperson nicht zugemutet werden kann, die Behandlung abzuwarten (→ BFH vom 3. 12. 1998 – BStBl. II 1999 S. 227).

Zu § 33 a EStG

R 33a.1

R 33 a.1 Aufwendungen für den Unterhalt und eine etwaige Berufsausbildung

Gesetzlich unterhaltsberechtigte Person

226 (1) ① Gesetzlich unterhaltsberechtigt sind Personen, denen gegenüber der Stpfl. nach dem BGB oder dem LPartG unterhaltsverpflichtet ist. ② Somit müssen die zivilrechtlichen Voraussetzungen eines Unterhaltsanspruchs vorliegen und die Unterhaltskonkurrenzen beachtet werden. ③ Für den Abzug ist dabei die tatsächliche Bedürftigkeit des Unterhaltsempfängers erforderlich (sog. konkrete Betrachtungsweise). ④ Eine Prüfung, ob im Einzelfall tatsächlich ein Unterhaltsanspruch besteht, ist aus Gründen der Verwaltungsvereinfachung nicht erforderlich, wenn die unterstützte Person unbeschränkt steuerpflichtig sowie dem Grunde nach (potenziell) unterhaltsberechtigt ist, tatsächlich Unterhalt erhält und alle übrigen Voraussetzungen des § 33 a Abs. 1 EStG vorliegen; insoweit wird die Bedürftigkeit der unterstützten Person typisierend unterstellt. ⑤ Gehört die unterhaltsberechtigte Person zum Haushalt des Stpfl., kann regelmäßig davon ausgegangen werden, dass ihm dafür Unterhaltsaufwendungen in Höhe des maßgeblichen Höchstbetrags erwachsen.

Arbeitskraft und Vermögen

(2) ① Die zu unterhaltende Person muss zunächst ihr eigenes Vermögen, wenn es nicht geringfügig ist, einsetzen und verwerten. ② Hinsichtlich des vorrangigen Einsatzes und Verwertung der eigenen Arbeitskraft ist Absatz 1 Satz 4 entsprechend anzuwenden. ③ Als geringfügig kann in der Regel ein Vermögen bis zu einem gemeinen Wert (Verkehrswert) von 15 500 Euro angesehen werden. ④ Dabei bleiben außer Betracht:

R 33a.1

1. Vermögensgegenstände, deren Veräußerung offensichtlich eine Verschleuderung bedeuten würde,
2. Vermögensgegenstände, die einen besonderen persönlichen Wert, z. B. Erinnerungswert, für den Unterhaltsempfänger haben oder zu seinem Hausrat gehören, und ein angemessenes Hausgrundstück im Sinne von § 90 Abs. 2 Nr. 8 SGB XII, wenn der Unterhaltsempfänger das Hausgrundstück allein oder zusammen mit Angehörigen bewohnt, denen es nach seinem Tode weiter als Wohnung dienen soll.

Einkünfte und Bezüge

(3) ① Einkünfte sind stets in vollem Umfang zu berücksichtigen, also auch soweit sie zur Bestreitung des Unterhalts nicht zur Verfügung stehen oder die Verfügungsbefugnis beschränkt ist. ② Dies gilt auch für Einkünfte, die durch unvermeidbare Versicherungsbeiträge des Kindes gebunden sind. ③ Bezüge i. S. v. § 33 a Abs. 1 Satz 5 EStG sind alle Einnahmen in Geld oder Geldeswert, die nicht im Rahmen der einkommensteuerrechtlichen Einkunftsermittlung erfasst werden. ④ Zu diesen Bezügen gehören insbesondere:

1. Kapitalerträge i. S. d. § 32 d Abs. 1 EStG ohne Abzug des Sparer-Pauschbetrags nach § 20 Abs. 9 EStG,
2. die nicht der Besteuerung unterliegenden Teile der Leistungen (§ 22 Nr. 1 Satz 3 Buchstabe a Doppelbuchstabe aa EStG) und die Teile von Leibrenten, die den Ertragsanteil nach § 22 Nr. 1 Satz 3 Buchstabe a Doppelbuchstabe bb EStG übersteigen,
3. Einkünfte und Leistungen, soweit sie dem Progressionsvorbehalt unterliegen,
4. steuerfreie Einnahmen nach § 3 Nr. 1 Buchstabe a, Nr. 2b, 3, 5, 6, 11, 27, 44, 58 und § 3b EStG,
5. die nach § 3 Nr. 40 und 40a EStG steuerfrei bleibenden Beträge abzüglich der damit in Zusammenhang stehenden Aufwendungen i. S. d. § 3c EStG,
6. pauschal besteuerte Bezüge nach § 40a EStG,
7. Unterhaltsleistungen des geschiedenen oder dauernd getrennt lebenden Ehegatten, soweit sie nicht als sonstige Einkünfte i. S. d. § 22 Nr. 1a EStG erfasst sind,
8. Zuschüsse eines Trägers der gesetzlichen Rentenversicherung zu den Aufwendungen eines Rentners für seine Krankenversicherung.

⑤ Bei der Feststellung der anzurechnenden Bezüge sind aus Vereinfachungsgründen insgesamt 180 Euro im Kalenderjahr abzuziehen, wenn nicht höhere Aufwendungen, die im Zusammenhang mit dem Zufluss der entsprechenden Einnahmen stehen, nachgewiesen oder glaubhaft gemacht werden. ⑥ Ein solcher Zusammenhang ist z. B. bei Kosten eines Rechtsstreits zur Erlangung der Bezüge und bei Kontoführungskosten gegeben.

Opfergrenze, Ländergruppeneinteilung

(4) ① Die → Opfergrenze ist unabhängig davon zu beachten, ob die unterhaltene Person im Inland oder im Ausland lebt. ② Die nach § 33a Abs. 1 Satz 6 EStG maßgeblichen Beträge sind anhand der → Ländergruppeneinteilung[1] zu ermitteln.

Erhöhung des Höchstbetrages für Unterhaltsleistungen um Beiträge zur Kranken- und Pflegeversicherung

(5) ① Der Höchstbetrag nach § 33a Abs. 1 Satz 1 EStG erhöht sich um die für die Absicherung der unterhaltsberechtigten Person aufgewandten Beiträge zur Kranken- und Pflegeversicherung nach § 10 Abs. 1 Nr. 3 EStG, wenn für diese beim Unterhaltsleistenden kein Sonderausgabenabzug möglich ist. ② Dabei ist es nicht notwendig, dass die Beiträge tatsächlich von dem Unterhaltsverpflichteten gezahlt oder erstattet wurden. ③ Für diese Erhöhung des Höchstbetrages genügt es, wenn der Unterhaltsverpflichtete seiner Unterhaltsverpflichtung nachkommt. ④ Die Gewährung von Sachunterhalt (z. B. Unterkunft und Verpflegung) ist ausreichend.

H 33a.1

H 33a.1 **227**

Allgemeines zum Abzug von Unterhaltsaufwendungen → BMF vom 6. 4. 2022 (BStBl. I S. 617).[2]

Abgrenzung zu § 33 EStG
- → BMF vom 6. 4. 2022 (BStBl. I S. 617), Rz. 11 f.[3]
- Zur Berücksichtigung von Aufwendungen wegen Pflegebedürftigkeit und erheblich eingeschränkter Alltagskompetenz → R 33.3, von Aufwendungen wegen Krankheit und Behinderung → R 33.4 und von Aufwendungen für existentiell notwendige Gegenstände → R 33.2.

---

[1] Aktuelles *BMF-Schreiben vom 18. 12. 2023* abgedruckt im Hauptteil als Anlage d zu § 33 a EStG.
[2] Abgedruckt im Hauptteil als Anlage a zu § 33 a.
[3] Abgedruckt im Hauptteil als Anlage a zu § 33 a.

H 33a.1

Anrechnung eigener Einkünfte und Bezüge

- **Allgemeines.** Leistungen des Stpfl., die neben Unterhaltsleistungen aus einem anderen Rechtsgrund (z. B. Erbauseinandersetzungsvertrag) erbracht werden, gehören zu den anzurechnenden Einkünften und Bezügen der unterhaltenen Person (→ BFH vom 17. 10. 1980 – BStBl. II 1981 S. 158).
- **Ausbildungshilfen.**
  - Ausbildungshilfen der Agentur für Arbeit mindern nur dann den Höchstbetrag des § 33 a Abs. 1 EStG bei den Eltern, wenn sie Leistungen abdecken, zu denen die Eltern gesetzlich verpflichtet sind. Eltern sind beispielsweise nicht verpflichtet, ihrem Kind eine zweite Ausbildung zu finanzieren, der sich das Kind nachträglich nach Beendigung der ersten Ausbildung unterziehen will. Erhält das Kind in diesem Fall Ausbildungshilfen zur Finanzierung von Lehrgangsgebühren, Fahrtkosten oder Arbeitskleidung, sind diese nicht auf den Höchstbetrag anzurechnen (→ BFH vom 4. 12. 2001 – BStBl. II 2002 S. 195).
  - Negative Einkünfte der unterhaltenen Person mindern die anrechenbaren Ausbildungshilfen nicht und die Grenze von 624 € findet keine Anwendung (→ BFH vom 8. 6. 2022 – BStBl. II 2023 S. 23).
- **Einkünfte und Bezüge**
  - → R 33 a.1 Abs. 3.
  - Unvermeidbare Versicherungsbeiträge der unterhaltenen Person mindern die anzurechnenden Einkünfte i. S. d. § 33 a Abs. 1 Satz 5 EStG nicht. Verfassungsrechtliche Bedenken hiergegen bestehen nicht (→ BFH vom 18. 6. 2015 – BStBl. II S. 928).
- **Elterngeld.** Das Elterngeld zählt in vollem Umfang und damit einschl. des Sockelbetrags (§ 2 Abs. 4 BEEG) zu den anrechenbaren Bezügen (→ BFH vom 20. 10. 2016 – BStBl. II 2017 S. 194).
- **Leistungen für Mehrbedarf bei Körperschaden.** Leistungen, die nach bundes- oder landesgesetzlichen Vorschriften gewährt werden, um einen Mehrbedarf zu decken, der durch einen Körperschaden verursacht ist, sind keine anzurechnenden Bezüge (→ BFH vom 22. 7. 1988 – BStBl. II S. 830).
- **Zusammenfassendes Beispiel für die Anrechnung**

Ein Stpfl. unterhält seinen 35-jährigen Sohn mit 150 € monatlich. Dieser erhält Arbeitslohn von jährlich 7 200 €. Davon wurden gesetzliche Sozialversicherungsbeiträge i. H. v. 1 459 € abgezogen (Krankenversicherung 568 €, Rentenversicherung 673 €, Pflegeversicherung 110 € und Arbeitslosenversicherung 108 €). Daneben erhält er seit seinem 30. Lebensjahr eine lebenslängliche Rente aus einer privaten Unfallversicherung i. H. v. 150 € monatlich.

tatsächliche Unterhaltsleistungen			1 800 €
ungekürzter Höchstbetrag[1]			**10 908 €**
Erhöhungsbetrag nach § 33 a Abs. 1 Satz 2 EStG			
Krankenversicherung	568 €		
abzgl. 4%			
(→ BMF vom 24. 5. 2017 – BStBl. I S. 820, Rz. 83)[2]	– 22 €		
verbleiben	546 €	546 €	
Pflegeversicherung		+ 110 €	
Erhöhungsbetrag			+ 656 €
ungekürzter Höchstbetrag[3] und Erhöhungsbetrag gesamt			**11 564 €**
Einkünfte des Sohnes			
Arbeitslohn	7 200 €		
Arbeitnehmer-Pauschbetrag[4]	**– 1 230 €**[5]		
Einkünfte i. S. d. § 19 EStG	**5 970 €**	**5 970 €**	
Leibrente	1 800 €		
hiervon Ertragsanteil 44%	792 €		
Werbungskosten-Pauschbetrag	– 102 €		
Einkünfte i. S. d. § 22 EStG	690 €	+ 690 €	
S. d. E.		**6 660 €**	
Bezüge des Sohnes			
steuerlich nicht erfasster Teil der Rente	1 008 €		
Kostenpauschale	– 180 €		
Bezüge	828 €	+ 828 €	
S. d. E. und Bezüge		**7 488 €**	
anrechnungsfreier Betrag		– 624 €	
anzurechnende Einkünfte		**6 864 €**	**– 6 864 €**
Höchstbetrag			**4 700 €**
abzugsfähige Unterhaltsleistungen			1 800 €

- **Zuschüsse.** Zu den ohne anrechnungsfreien Betrag anzurechnenden Zuschüssen gehören z. B. die als Zuschuss gewährten Leistungen nach dem BAföG, nach dem SGB III gewährte Berufsausbildungsbeihilfen und Ausbildungsgelder sowie Stipendien aus öffentlichen Mitteln. Dagegen sind Stipendien aus dem ERASMUS/SOKRATES-Programm der EU nicht an-

[1] Höchstbetrag VZ 2025: 12 084 Euro.
[2] Abgedruckt im Hauptteil als Anlage b zu § 10 EStG.
[3] Höchstbetrag VZ 2025: 12 084 Euro.
[4] VZ 2022 1 200 Euro und ab VZ 2023: 1 230 Euro.
[5] VZ 2022 1 200 Euro und ab VZ 2023: 1 230 Euro.

H 33a.1

zurechnen, da die Stipendien nicht die üblichen Unterhaltsaufwendungen, sondern allein die anfallenden Mehrkosten eines Auslandsstudiums (teilweise) abdecken (→ BFH vom 17. 10. 2001 – BStBl. II 2002 S. 793).

Geringes Vermögen („Schonvermögen")

– Nicht gering kann auch Vermögen sein, das keine anzurechnenden Einkünfte abwirft; Vermögen ist auch dann zu berücksichtigen, wenn es die unterhaltene Person für ihren künftigen Unterhalt benötigt (→ BFH vom 14. 8. 1997 – BStBl. II 1998 S. 241).

– Bei Ermittlung des für den Unterhaltshöchstbetrag schädlichen Vermögens sind Verbindlichkeiten und Verwertungshindernisse vom Verkehrswert der aktiven Vermögensgegenstände, der mit dem gemeinen Wert nach dem BewG zu ermitteln ist, in Abzug zu bringen (Nettovermögen) (→ BFH vom 11. 2. 2010 – BStBl. II S. 628). Wertmindernd zu berücksichtigen sind dabei auch ein Nießbrauchsvorbehalt sowie ein dinglich gesichertes Veräußerungs- und Belastungsverbot (→ BFH vom 29. 5. 2008 – BStBl. II 2009 S. 361).

– Die Bodenrichtwerte nach dem BauGB sind für die Ermittlung des Verkehrswertes von Grundvermögen i. S. d. § 33a EStG nicht verbindlich (→ BFH vom 11. 2. 2010 – BStBl. II S. 628).

– Ein angemessenes Hausgrundstück i. S. d. § 90 Abs. 2 Nr. 8 SGB XII bleibt außer Betracht (→ R 33a.1 Abs. 2).

§ 90 Abs. 2 Nr. 8 SGB XII hat folgenden Wortlaut:

„Einzusetzendes Vermögen

...

(2) Die Sozialhilfe darf nicht abhängig gemacht werden vom Einsatz oder von der Verwertung

...

8. eines angemessenen Hausgrundstücks, das von der nachfragenden Person oder einer anderen in den § 19 Abs. 1 bis 3 genannten Person allein oder zusammen mit Angehörigen ganz oder teilweise bewohnt wird und nach ihrem Tod von ihren Angehörigen bewohnt werden soll. Die Angemessenheit bestimmt sich nach der Zahl der Bewohner, dem Wohnbedarf (zum Beispiel behinderter, blinder oder pflegebedürftiger Menschen), der Grundstücksgröße, der Hausgröße, dem Zuschnitt und der Ausstattung des Wohngebäudes sowie dem Wert des Grundstücks einschließlich des Wohngebäudes,".

Geschiedene oder dauernd getrennt lebende Ehegatten. Durch Antrag und Zustimmung nach § 10 Abs. 1a Nr. 1 EStG werden alle in dem betreffenden VZ geleisteten Unterhaltsaufwendungen zu Sonderausgaben umqualifiziert. Ein Abzug als außergewöhnliche Belastung ist nicht möglich, auch nicht, soweit sie den für das Realsplitting geltenden Höchstbetrag übersteigen (→ BFH vom 7. 11. 2000 – BStBl. II 2001 S. 338). Sind für das Kj. der Trennung oder Scheidung die Vorschriften über die Ehegattenbesteuerung (§§ 26 bis 26b, § 32a Abs. 5 EStG) anzuwenden, dann können Aufwendungen für den Unterhalt des dauernd getrennt lebenden oder geschiedenen Ehegatten nicht nach § 33a Abs. 1 EStG abgezogen werden (→ BFH vom 31. 5. 1989 – BStBl. II S. 658).

Gleichgestellte Person → BMF vom 6. 4. 2022 (BStBl. I S. 617).[1]

Haushaltsgemeinschaft. Lebt der Unterhaltsberechtigte mit bedürftigen Angehörigen in einer Haushaltsgemeinschaft und wird seine Rente bei der Berechnung der Sozialhilfe als Einkommen der Haushaltsgemeinschaft angerechnet, ist die Rente nur anteilig auf den Höchstbetrag des § 33a Abs. 1 Satz 1 EStG anzurechnen. In diesem Fall sind die Rente und die Sozialhilfe nach Köpfen aufzuteilen (→ BFH vom 19. 6. 2002 – BStBl. II S. 753).

Heimunterbringung → Personen in einem Altenheim oder Altenwohnheim.

Ländergruppeneinteilung → BMF vom 11. 11. 2020 (BStBl. I S. 1212).[2]

Opfergrenze → BMF vom 6. 4. 2022 (BStBl. I S. 617), Rz. 16ff.[3]

Personen in einem Altenheim oder Altenwohnheim. Zu den Aufwendungen für den typischen Unterhalt gehören i. d. R. auch Kosten der Unterbringung in einem Altenheim oder Altenwohnheim (→ BFH vom 29. 9. 1989 – BStBl. II 1990 S. 418).

Personen im Ausland

– Zur Berücksichtigung von Aufwendungen für den Unterhalt → BMF vom 6. 4. 2022 (BStBl. I S. 623).[4]

– Ländergruppeneinteilung → BMF vom 11. 11. 2020 (BStBl. I S. 1212).[5]

Personen mit einer Aufenthaltserlaubnis

– Aufenthaltserlaubnis **nach § 23 Aufenthaltsgesetz** → BMF vom 27. 5. 2015 (BStBl. I S. 474).[6]

– **Duldung nach § 60a Aufenthaltsgesetz**. Unterhaltsleistungen an in Deutschland geduldete (= Aussetzung der Abschiebung gem. § 60a Aufenthaltsgesetz), nicht unterhaltsberechtigte Angehörige sind weder nach § 33a noch nach § 33 als außergewöhnliche Belastungen

[1] Abgedruckt im Hauptteil als Anlage a zu § 33a EStG.
[2] Aktuelles BMF-Schreiben vom 18. 12. 2023 abgedruckt im Hauptteil als Anlage d zu § 33a EStG.
[3] Abgedruckt im Hauptteil als Anlage a zu § 33a EStG.
[4] Abgedruckt im Hauptteil als Anlage b zu § 33a EStG.
[5] Aktuelles BMF-Schreiben vom 18. 12. 2023 abgedruckt im Hauptteil als Anlage d zu § 33a EStG.
[6] Abgedruckt im Hauptteil als Anlage c zu § 33a EStG.

H 33a.1

zu berücksichtigen. Dies gilt auch dann, wenn sich der Stpfl. gem. § 68 Aufenthaltsgesetz gegenüber der Ausländerbehörde/Auslandsvertretung verpflichtet hat, die Kosten für den Lebensunterhalt seiner Angehörigen zu tragen (→ BFH-Urteil vom 2. 12. 2021 – BStBl. II 2023 S. 229).

Unterhalt für mehrere Personen. Unterhält der Stpfl. mehrere Personen, die einen gemeinsamen Haushalt führen, so ist der nach § 33 a Abs. 1 EStG abziehbare Betrag i. d. R. für jede unterhaltsberechtigte oder gleichgestellte Person getrennt zu ermitteln. Der insgesamt nachgewiesene Zahlungsbetrag ist unterschiedslos nach Köpfen aufzuteilen (→ BMF vom 6. 4. 2022 – BStBl. I S. 623, Rz. 22).[1] Handelt es sich bei den unterhaltenen Personen um in Haushaltsgemeinschaft lebende Ehegatten, z. B. Eltern, sind die Einkünfte und Bezüge zunächst für jeden Ehegatten gesondert festzustellen und sodann zusammenzurechnen. Die zusammengerechneten Einkünfte und Bezüge sind um 1 248 € (zweimal 624 €) zu kürzen. Der verbleibende Betrag ist von der Summe der beiden Höchstbeträge abzuziehen (→ BFH vom 15. 11. 1991 – BStBl. II 1992 S. 245).

Unterhaltsanspruch der Mutter bzw. des Vaters eines nichtehelichen Kindes. § 1615l BGB:

„(1) ① Der Vater hat der Mutter für die Dauer von sechs Wochen vor und acht Wochen nach der Geburt des Kindes Unterhalt zu gewähren. ② Dies gilt auch hinsichtlich der Kosten, die infolge der Schwangerschaft oder der Entbindung außerhalb dieses Zeitraums entstehen.

(2) ① Soweit die Mutter einer Erwerbstätigkeit nicht nachgeht, weil sie infolge der Schwangerschaft oder einer durch die Schwangerschaft oder die Entbindung verursachten Krankheit dazu außerstande ist, ist der Vater verpflichtet, ihr über die in Absatz 1 Satz 1 bezeichnete Zeit hinaus Unterhalt zu gewähren. ② Das Gleiche gilt, soweit von der Mutter wegen der Pflege oder Erziehung des Kindes eine Erwerbstätigkeit nicht erwartet werden kann. ③ Die Unterhaltspflicht beginnt frühestens vier Monate vor der Geburt und besteht für mindestens drei Jahre nach der Geburt. ④ Sie verlängert sich, solange und soweit dies der Billigkeit entspricht. ⑤ Dabei sind insbesondere die Belange des Kindes und die bestehenden Möglichkeiten der Kinderbetreuung zu berücksichtigen.

(3) ① Die Vorschriften über die Unterhaltspflicht zwischen Verwandten sind entsprechend anzuwenden. ② Die Verpflichtung des Vaters geht der Verpflichtung der Verwandten der Mutter vor. ③ § 1613 Abs. 2 gilt entsprechend. ④ Der Anspruch erlischt nicht mit dem Tod des Vaters.

(4) ① Wenn der Vater das Kind betreut, steht ihm der Anspruch nach Absatz 2 Satz 2 gegen die Mutter zu. ② In diesem Falle gilt Absatz 3 entsprechend."

Der gesetzliche Unterhaltsanspruch der Mutter eines nichtehelichen Kindes gegenüber dem Kindsvater nach § 1615l BGB ist vorrangig gegenüber der Unterhaltsverpflichtung ihrer Eltern mit der Folge, dass für die Kindsmutter der Anspruch ihrer Eltern auf Kindergeld oder Freibeträge für Kinder erlischt und für die Unterhaltsleistungen des Kindsvaters an sie eine Berücksichtigung nach § 33 a Abs. 1 EStG in Betracht kommt (→ BFH vom 19. 5. 2004 – BStBl. II S. 943).

Unterhaltsberechtigung

– Dem Grunde nach gesetzlich unterhaltsberechtigt sind nach § 1601 BGB Verwandte in gerader Linie i. S. d. § 1589 Satz 1 BGB, wie z. B. Kinder, Enkel, Eltern und Großeltern, sowie nach §§ 1360 ff., 1570 BGB Ehegatten untereinander. Voraussetzung für die Annahme einer gesetzlichen Unterhaltsberechtigung i. S. d. § 33 a Abs. 1 EStG ist die tatsächliche Bedürftigkeit des Unterhaltsempfängers i. S. d. § 1602 BGB. Nach der sog. konkreten Betrachtungsweise kann die Bedürftigkeit des Unterhaltsempfängers nicht typisierend unterstellt werden. Dies führt dazu, dass die zivilrechtlichen Voraussetzungen eines Unterhaltsanspruchs (§§ 1601–1603 BGB) vorliegen müssen und die Unterhaltskonkurrenzen (§§ 1606 und 1608 BGB) zu beachten sind (→ BFH vom 5. 5. 2010 – BStBl. II 2011 S. 116). Zur Unterhaltsberechtigung und zur Unterhaltsbedürftigkeit von Personen im erwerbsfähigen Alter → BMF vom 6. 4. 2022 – BStBl. I S. 623, Rz. 1, 10–12.[2]
– Bei landwirtschaftlich tätigen Angehörigen greift die widerlegbare Vermutung, dass diese nicht unterhaltsbedürftig sind, soweit der landwirtschaftliche Betrieb in einem nach den Verhältnissen des Wohnsitzstaates üblichen Umfang und Rahmen betrieben wird (→ BFH vom 5. 5. 2010 – BStBl. II 2011 S. 116).
– Für Inlandssachverhalte gilt die Vereinfachungsregelung in R 33 a.1 Abs. 1 Satz 4 EStR.

R 33a.2

R 33 a.2 Freibetrag zur Abgeltung des Sonderbedarfs eines sich in Berufsausbildung befindenden, auswärtig untergebrachten, volljährigen Kindes

Allgemeines

232 (1) ① Den Freibetrag nach § 33 a Abs. 2 EStG kann nur erhalten, wer für das in Berufsausbildung befindliche Kind einen Anspruch auf einen Freibetrag nach § 32 Abs. 6 EStG oder Kindergeld hat. ② Der Freibetrag nach § 33 a Abs. 2 EStG kommt daher für Kinder i. S. d. § 63 Abs. 1 EStG in Betracht.

[1] Abgedruckt im Hauptteil als Anlage b zu § 33 a EStG.
[2] Abgedruckt im Hauptteil als Anlage b zu § 33 a EStG.

Auswärtige Unterbringung R 33a.2

(2) ① Eine auswärtige Unterbringung i. S. d. § 33 a Abs. 2 Satz 1 EStG liegt vor, wenn ein Kind außerhalb des Haushalts der Eltern wohnt. ② Dies ist nur anzunehmen, wenn für das Kind außerhalb des Haushalts der Eltern eine Wohnung ständig bereitgehalten und das Kind auch außerhalb des elterlichen Haushalts verpflegt wird. ③ Seine Unterbringung muss darauf angelegt sein, die räumliche Selbständigkeit des Kindes während seiner ganzen Ausbildung, z. B. eines Studiums, oder eines bestimmten Ausbildungsabschnitts, z. B. eines Studiensemesters oder -trimesters, zu gewährleisten. ④ Voraussetzung ist, dass die auswärtige Unterbringung auf eine gewisse Dauer angelegt ist. ⑤ Auf die Gründe für die auswärtige Unterbringung kommt es nicht an.

H 33 a.2

H 33a.2

Auswärtige Unterbringung

- **Asthma.** Keine auswärtige Unterbringung des Kindes wegen Asthma (→ BFH vom 26. 6. 1992 – BStBl. II 1993 S. 212). 233
- **Aufwendungen für den Schulbesuch als außergewöhnliche Belastungen.** Werden die Aufwendungen für den Schulbesuch als außergewöhnliche Belastungen berücksichtigt, kann kein zusätzlicher Freibetrag nach § 33 a Abs. 2 EStG gewährt werden (→ BFH vom 12. 5. 2011 – BStBl. II S. 783).
- **Getrennte Haushalte beider Elternteile.** Auswärtige Unterbringung liegt nur vor, wenn das Kind aus den Haushalten beider Elternteile ausgegliedert ist (→ BFH vom 5. 2. 1988 – BStBl. II S. 579).
- **Haushalt des Kindes in Eigentumswohnung des Stpfl.** Auswärtige Unterbringung liegt vor, wenn das Kind in einer Eigentumswohnung des Stpfl. einen selbständigen Haushalt führt (→ BFH vom 26. 1. 1994 – BStBl. II S. 544 und vom 25. 1. 1995 – BStBl. II S. 378). Ein Freibetrag gem. § 33 a Abs. 2 EStG wegen auswärtiger Unterbringung ist ausgeschlossen, wenn die nach dem EigZulG begünstigte Wohnung als Teil eines elterlichen Haushalts anzusehen ist (→ BMF vom 21. 12. 2004 – BStBl. I 2005 S. 305, Rz. 63).
- **Klassenfahrt.** Keine auswärtige Unterbringung, da es an der erforderlichen Dauer fehlt (→ BFH vom 5. 11. 1982 – BStBl. II 1983 S. 109).
- **Legasthenie.** Werden Aufwendungen für ein an Legasthenie leidendes Kind als außergewöhnliche Belastung i. S. d. § 33 EStG berücksichtigt (→ § 64 Abs. 1 Nr. 2 Buchst. c EStDV), ist daneben ein Freibetrag nach § 33 a Abs. 2 EStG wegen auswärtiger Unterbringung des Kindes nicht möglich (→ BFH vom 26. 6. 1992 – BStBl. II 1993 S. 278).
- **Praktikum.** Keine auswärtige Unterbringung bei Ableistung eines Praktikums außerhalb der Hochschule, wenn das Kind nur dazu vorübergehend auswärtig untergebracht ist (→ BFH vom 20. 5. 1994 – BStBl. II S. 699).
- **Sprachkurs.** Keine auswärtige Unterbringung bei dreiwöchigem Sprachkurs (→ BFH vom 29. 9. 1989 – BStBl. II 1990 S. 62).
- **Verheiratetes Kind.** Auswärtige Unterbringung liegt vor, wenn ein verheiratetes Kind mit seinem Ehegatten eine eigene Wohnung bezogen hat (→ BFH vom 8. 2. 1974 – BStBl. II S. 299).

Freiwilliges soziales Jahr. Die Tätigkeit im Rahmen eines freiwilligen sozialen Jahres ist i. d. R. nicht als Berufsausbildung zu beurteilen (→ BFH vom 24. 6. 2004 – BStBl. II 2006 S. 294).

Ländergruppeneinteilung → BMF vom 11. 11. 2020 (BStBl. I S. 1212).[1]

Studiengebühren. Gebühren für die Hochschulausbildung eines Kindes sind weder nach § 33 a Abs. 2 EStG noch nach § 33 EStG als außergewöhnliche Belastung abziehbar (→ BFH vom 17. 12. 2009 – BStBl. II 2010 S. 341).

R 33 a.3 Zeitanteilige Ermäßigung nach § 33 a Abs. 3 EStG

R 33a.3

Ansatz bei unterschiedlicher Höhe des Höchstbetrags nach § 33 a Abs. 1 EStG oder des Freibetrags nach § 33 a Abs. 2 EStG 236

(1) Ist in einem Kalenderjahr der Höchstbetrag nach § 33 a Abs. 1 EStG oder der Freibetrag nach § 33 a Abs. 2 EStG in unterschiedlicher Höhe anzusetzen, z. B. bei Anwendung der Ländergruppeneinteilung[2] für einen Teil des Kalenderjahres, wird für den Monat, in dem die geänderten Voraussetzungen eintreten, der jeweils höhere Betrag angesetzt.

Aufteilung der eigenen Einkünfte und Bezüge

(2) ① Der Jahresbetrag der eigenen Einkünfte und Bezüge ist für die Anwendung des § 33 a Abs. 3 Satz 2 EStG wie folgt auf die Zeiten innerhalb und außerhalb des Unterhaltszeitraums aufzuteilen:

1. Einkünfte aus nichtselbständiger Arbeit, sonstige Einkünfte sowie Bezüge nach dem Verhältnis der in den jeweiligen Zeiträumen zugeflossenen Einnahmen; die Grundsätze des § 11 Abs. 1

[1] Aktuelles BMF-Schreiben vom 18. 12. 2023 abgedruckt im Hauptteil als Anlage d zu § 33 a EStG.
[2] Aktuelles BMF-Schreiben vom 18. 12. 2023 abgedruckt im Hauptteil als Anlage d zu § 33 a EStG.

R 33a.3

EStG gelten entsprechend; Pauschbeträge nach § 9a EStG und die Kostenpauschale nach R 33a.1 Abs. 3 Satz 5 sind hierbei zeitanteilig anzusetzen;

2. andere Einkünfte auf jeden Monat des Kalenderjahres mit einem Zwölftel.

② Der Stpfl. kann jedoch nachweisen, dass eine andere Aufteilung wirtschaftlich gerechtfertigt ist, wie es z. B. der Fall ist, wenn bei Einkünften aus selbständiger Arbeit die Tätigkeit erst im Laufe des Jahres aufgenommen wird oder wenn bei Einkünften aus nichtselbständiger Arbeit im Unterhaltszeitraum höhere Werbungskosten angefallen sind als bei verhältnismäßiger bzw. zeitanteiliger Aufteilung darauf entfallen würden.

H 33a.3

H 33a.3

Allgemeines

237
- Der Höchstbetrag für den Abzug von Unterhaltsaufwendungen (§ 33a Abs. 1 EStG) und der Freibetrag nach § 33a Abs. 2 EStG sowie der anrechnungsfreie Betrag nach § 33a Abs. 1 Satz 5 EStG ermäßigen sich für jeden vollen Kalendermonat, in dem die Voraussetzungen für die Anwendung der betreffenden Vorschrift nicht vorgelegen haben, um je ein Zwölftel (§ 33a Abs. 3 Satz 1 EStG). Erstreckt sich das Studium eines Kindes einschl. der unterrichts- und vorlesungsfreien Zeit über den ganzen VZ, kann davon ausgegangen werden, dass beim Stpfl. in jedem Monat Aufwendungen anfallen, so dass § 33a Abs. 3 Satz 1 EStG nicht zur Anwendung kommt (→ BFH vom 22. 3. 1996 – BStBl. II 1997 S. 30).
- Eigene Einkünfte und Bezüge der unterhaltenen Person sind nur anzurechnen, soweit sie auf den Unterhaltszeitraum entfallen (§ 33a Abs. 3 Satz 2 EStG). Leisten Eltern Unterhalt an ihren Sohn nur während der Dauer seines Wehrdienstes, unterbleibt die Anrechnung des Entlassungsgeldes nach § 9 des Wehrsoldgesetzes, da es auf die Zeit nach Beendigung des Wehrdienstes entfällt (→ BFH vom 26. 4. 1991 – BStBl. II S. 716).

Beispiel für die Aufteilung eigener Einkünfte und Bezüge auf die Zeiten innerhalb und außerhalb des Unterhaltszeitraums:

Der Stpfl. unterhält seine allein stehende im Inland lebende Mutter vom 15. April bis 15. September (Unterhaltszeitraum) mit insgesamt 4 200 €. Die Mutter bezieht ganzjährig eine monatliche Rente aus der gesetzlichen Rentenversicherung von 200 € (Besteuerungsanteil 50%). Außerdem hat sie im Kj. Einkünfte aus Vermietung und Verpachtung von 1050 €.

Höchstbetrag[1] für das Kj. **10 908 €** (§ 33a Abs. 1 Satz 1 EStG)		
anteiliger Höchstbetrag für April bis September ($^6/_{12}$ von **10 908 €** =)		**5 454 €**
Eigene Einkünfte der Mutter im Unterhaltszeitraum:		
Einkünfte aus Leibrenten		
Besteuerungsanteil 50% von 2 400 € =	1 200 €	
abzgl. Werbungskosten-Pauschbetrag (§ 9a Satz 1 Nr. 3 EStG)	– 102 €	
Einkünfte	1 098 €	
auf den Unterhaltszeitraum entfallen $^6/_{12}$		549 €
Einkünfte aus Vermietung und Verpachtung	1 050 €	
auf den Unterhaltszeitraum entfallen $^6/_{12}$		+ 525 €
S. d. E. im Unterhaltszeitraum		1 074 €
eigene Bezüge der Mutter im Unterhaltszeitraum:		
steuerfreier Teil der Rente	1 200 €	
abzgl. Kostenpauschale	– 180 €	
verbleibende Bezüge	1 020 €	
auf den Unterhaltszeitraum entfallen $^6/_{12}$		+ 510 €
Summe der eigenen Einkünfte und Bezüge im Unterhaltszeitraum		1 584 €
abzgl. anteiliger anrechnungsfreier Betrag ($^6/_{12}$ von 624 € =)		– 312 €
anzurechnende Einkünfte und Bezüge		1 272 € – 1 272 €
abzuziehender Betrag		**4 182 €**

Besonderheiten bei Zuschüssen. Als Ausbildungshilfe bezogene Zuschüsse jeglicher Art, z. B. Stipendien für ein Auslandsstudium aus öffentlichen oder aus privaten Mitteln, mindern die zeitanteiligen Höchstbeträge nur der Kalendermonate, für die die Zuschüsse bestimmt sind (§ 33a Abs. 3 Satz 3 EStG). Liegen bei der unterhaltenen Person sowohl eigene Einkünfte und Bezüge als auch Zuschüsse vor, die als Ausbildungshilfe nur für einen Teil des Unterhaltszeitraums bestimmt sind, dann sind zunächst die eigenen Einkünfte und Bezüge anzurechnen und sodann die Zuschüsse zeitanteilig entsprechend ihrer Zweckbestimmung.

Beispiel:

Ein über 25 Jahre altes Kind des Stpfl. B studiert während des ganzen Kj., erhält von ihm monatliche Unterhaltsleistungen i. H. v. 500 € und gehört nicht zum Haushalt des Stpfl. Verlängerungstatbestände nach § 32 Abs. 5 EStG liegen nicht vor. Dem Kind fließt in den Monaten Januar bis Juni Arbeitslohn von 3 400 € zu, die Werbungskosten übersteigen nicht den Arbeitnehmer-Pauschbetrag. Für die Monate Juli bis Dezember bezieht es ein Stipendium aus öffentlichen Mitteln von 6 000 €.

ungekürzter Höchstbetrag nach § 33a Abs. 1 EStG für das Kj.		**10 908 €**[2]
Arbeitslohn	3 400 €	

[1] Höchstbetrag VZ 2025: 12 084 Euro.
[2] Höchstbetrag VZ 2025: 12 084 Euro.

H 33a.3

abzgl. Arbeitnehmer-Pauschbetrag[1]	**– 1 230 €**[2]	
Einkünfte aus nichtselbständiger Arbeit	**2 170 €**	
anrechnungsfreier Betrag	– 624 €	
anzurechnende Einkünfte	**1 546 €**	**– 1 546 €**
verminderter Höchstbetrag nach § 33 a Abs. 1 EStG		**9 362 €**
zeitanteiliger verminderter Höchstbetrag für Januar–Juni (6/12 von **9 362 €**)		**4 681 €**
Unterhaltsleistungen Januar–Juni (6 × 500 €)		3 000 €
abzugsfähige Unterhaltsleistungen Januar–Juni		3 000 €
zeitanteiliger verminderter Höchstbetrag nach § 33 a Abs. 1 EStG für Juli–Dezember		**4 681 €**
Ausbildungszuschuss (Auslandsstipendium)	6 000 €	
abzgl. Kostenpauschale	– 180 €	
anzurechnende Bezüge	5 820 €	– 5 820 €
Höchstbetrag nach § 33 a Abs. 1 EStG für Juli–Dezember		0 €
abzugsfähige Unterhaltsleistungen Juli–Dezember		0 €

Zu § 33 b EStG[3]
(§ 65 EStDV)[4]

R 33 b Pauschbeträge für behinderte Menschen[5], Hinterbliebene und Pflegepersonen

R 33b

(1) ① Ein Pauschbetrag für behinderte Menschen[6], der Hinterbliebenen-Pauschbetrag und der Pflege-Pauschbetrag können mehrfach gewährt werden, wenn mehrere Personen die Voraussetzungen erfüllen (z. B. Stpfl., Ehegatte, Kind), oder wenn eine Person die Voraussetzungen für verschiedene Pauschbeträge erfüllt. ② Mit dem Pauschbetrag für behinderte Menschen werden die laufenden und typischen Aufwendungen für die Hilfe bei den gewöhnlichen und regelmäßig wiederkehrenden Verrichtungen des täglichen Lebens, für die Pflege sowie für einen erhöhten Wäschebedarf abgegolten. ③ Es handelt sich um Aufwendungen, die behinderten Menschen erfahrungsgemäß durch ihre Krankheit bzw. Behinderung entstehen und deren alleinige behinderungsbedingte Veranlassung nur schwer nachzuweisen ist. ④ Alle übrigen behinderungsbedingten Aufwendungen (z. B. Operationskosten sowie Heilbehandlungen, Kuren, Arznei- und Arztkosten, → Fahrtkosten) können daneben als außergewöhnliche Belastung nach § 33 EStG berücksichtigt werden. **238**

(2) Unabhängig von einer Übertragung des Behinderten-Pauschbetrags nach § 33 b Abs. 5 EStG können Eltern ihre eigenen zwangsläufigen Aufwendungen für ein behindertes Kind[7] nach § 33 EStG abziehen.

(3) Eine Übertragung des Pauschbetrages für behinderte Menschen[8] auf die Eltern eines Kindes mit Wohnsitz oder gewöhnlichem Aufenthalt im Ausland ist nur möglich, wenn das Kind als unbeschränkt steuerpflichtig behandelt wird (insbesondere § 1 Abs. 3 Satz 2 2. Halbsatz EStG ist zu beachten).

(4) Ein Stpfl. führt die Pflege auch dann noch persönlich durch, wenn er sich zur Unterstützung zeitweise einer ambulanten Pflegekraft bedient.

(5) § 33 b Abs. 6 Satz 6 EStG gilt auch, wenn nur ein Stpfl. den Pflege-Pauschbetrag tatsächlich in Anspruch nimmt.

(6) Der Pflege-Pauschbetrag nach § 33 b Abs. 6 EStG kann neben dem nach § 33 b Abs. 5 EStG vom Kind auf die Eltern übertragenen Pauschbetrag für behinderte Menschen[9] in Anspruch genommen werden.

(7) Beiträge zur Rentenversicherung, Kranken- und Pflegeversicherung der pflegenden Person, die die Pflegekasse übernimmt, führen nicht zu Einnahmen i. S. d. § 33 b Abs. 6 Satz 1 EStG.

(8) ① Bei Beginn, Änderung oder Wegfall der Behinderung im Laufe eines Kalenderjahres ist stets der Pauschbetrag nach dem höchsten Grad zu gewähren, der im Kalenderjahr festgestellt war. ② Eine Zwölftelung ist nicht vorzunehmen. ③ Dies gilt auch für den Hinterbliebenen- und Pflege-Pauschbetrag.

(9) Der Nachweis der Behinderung nach § 65 Abs. 1 Nr. 2 Buchstabe a EStDV gilt als geführt, wenn die dort genannten Bescheinigungen behinderten Menschen[9] nur noch in elektronischer Form übermittelt werden und der Ausdruck einer solchen elektronisch übermittelten Bescheinigung vom Stpfl. vorgelegt wird.

H 33 b

H 33b

Allgemeines

– Zur Behinderung i. S. d. § 33 b EStG → § 152 SGB IX, zur Hilflosigkeit → § 33 b Abs. 3 EStG, zur Pflegebedürftigkeit → R 33.3 Abs. 1. **239**

---

[1] VZ 2022: 1 200 Euro und ab VZ 2023: 1 230 Euro.
[2] VZ 2022: 1 200 Euro und ab VZ 2023: 1 230 Euro.
[3] Siehe auch Änderungen des § 33 b EStG durch das Gesetz vom 2. 12. 2024 (BGBl. 2024 I Nr. 387).
[4] Abgedruckt im Hauptteil als Anlage zu § 33 b EStG.
[5] **[Amtl. Anm.:]** Jetzt Menschen mit Behinderungen.
[6] **[Amtl. Anm.:]** Jetzt Menschen mit Behinderungen.
[7] **[Amtl. Anm.:]** Jetzt Kind mit Behinderungen.
[8] **[Amtl. Anm.:]** Jetzt Menschen mit Behinderungen.
[9] **[Amtl. Anm.:]** Jetzt Menschen mit Behinderungen.

H 33b

– Verwaltungsakte, die die Voraussetzungen für die Inanspruchnahme der Pauschbeträge feststellen (→ § 65 EStDV),[1] sind Grundlagenbescheide i. S. d. § 171 Abs. 10 Satz 2 AO i. d. F. des ZollkodexAnpG vom 22. 12. 2014, BStBl. I S. 2417) und § 175 Abs. 1 Satz 1 Nr. 1 AO. Auf Grund eines solchen Bescheides ist ggf. eine Änderung früherer Steuerfestsetzungen hinsichtlich der Anwendung des § 33b EStG nach § 175 Abs. 1 Satz 1 Nr. 1 AO unabhängig davon vorzunehmen, ob ein Antrag i. S. d. § 33b Abs. 1 EStG für den VZ dem Grunde nach bereits gestellt worden ist. Die Festsetzungsfrist des Einkommensteuerbescheides wird jedoch nur insoweit nach § 171 Abs. 10 Satz 1 AO gehemmt, wie der Grundlagenbescheid vor Ablauf der Festsetzungsfrist des Einkommensteuerbescheides bei der zuständigen Behörde beantragt worden ist.

Aufteilung des übertragenen Pauschbetrags für Menschen mit Behinderungen → BMF vom 28. 6. 2013 (BStBl. I S. 845).[2]

Hinterbliebenen-Pauschbetrag. Zu den Gesetzen, die das BVG für entsprechend anwendbar erklären (§ 33b Abs. 4 Nr. 1 EStG), gehören:
– das Soldatenversorgungsgesetz (→ § 80),
– das ZDG (→ § 47),
– das Häftlingshilfegesetz (→ §§ 4 und 5),
– das Gesetz über die Unterhaltsbeihilfe für Angehörige von Kriegsgefangenen (→ § 3),
– das Gesetz über die Bundespolizei (→ § 59 Abs. 1 i. V. m. dem Soldatenversorgungsgesetz),
– das Gesetz über das Zivilschutzkorps (→ § 46 i. V. m. dem Soldatenversorgungsgesetz),
– das Gesetz zur Regelung der Rechtsverhältnisse der unter Artikel 131 GG fallenden Personen (→ §§ 66, 66a),
– das Gesetz zur Einführung des Bundesversorgungsgesetzes im Saarland (→ § 5 Abs. 1),
– das Infektionsschutzgesetz (→ § 63),
– das Gesetz über die Entschädigung für Opfer von Gewalttaten (→ § 1 Abs. 1).

Nachweis der Behinderung
– Der Nachweis für die Voraussetzungen eines Pauschbetrages ist gem. § 65 EStDV zu führen (zum Pflege-Pauschbetrag → BFH vom 20. 2. 2003 – BStBl. II S. 476). Nach § 152 Abs. 1 SGB IX zuständige Behörden sind die für die Durchführung des Bundesversorgungsgesetzes zuständigen Behörden (Versorgungsämter) und die gem. § 152 Abs. 1 Satz 7 SGB IX nach Landesrecht für zuständig erklärten Behörden.
– Zum Nachweis der Behinderung von in Deutschland nicht steuerpflichtigen Kindern → BMF vom 8. 8. 1997 (BStBl. I S. 1016).
– An die für die Gewährung des Pauschbetrags für Menschen mit Behinderungen und des Pflege-Pauschbetrags vorzulegenden Bescheinigungen, Ausweise oder Bescheide sind die Finanzbehörden gebunden (→ BFH vom 5. 2. 1988 – BStBl. II S. 436).
– Bei den Nachweisen nach § 65 Abs. 1 Nr. 2 Buchst. b EStDV kann es sich z. B. um Rentenbescheide des Versorgungsamtes oder eines Trägers der gesetzlichen Unfallversicherung oder bei Beamten, die Unfallruhegeld beziehen, um einen entsprechenden Bescheid ihrer Behörde handeln. Der Rentenbescheid eines Trägers der gesetzlichen Rentenversicherung der Arbeiter und Angestellten genügt nicht (→ BFH vom 25. 4. 1968 – BStBl. II S. 606).

Neben den Pauschbeträgen für Menschen mit Behinderungen zu berücksichtigende Aufwendungen. Folgende Aufwendungen können neben den Pauschbeträgen für Menschen mit Behinderungen als außergewöhnliche Belastung nach § 33 EStG berücksichtigt werden:
– Operationskosten, Kosten für Heilbehandlungen, Arznei- und Arztkosten (→ R 33b Abs. 1 EStR),
– Kraftfahrzeugkosten[3] (→ § 33 Abs. 2a und → R 33b Abs. 1 Satz 4 EStR),
– Führerscheinkosten für ein schwer geh- und stehbehindertes Kind (→ BFH vom 26. 3. 1993 – BStBl. II S. 749),
– Kosten für eine Heilkur (→ BFH vom 11. 12. 1987 – BStBl. 1988 II S. 275, → H 33.1–33.4 (Kur) sowie → R 33.4 Abs. 1 und 3),
– Schulgeld für den Privatschulbesuch des Kindes mit Behinderungen (→ H 33.1–33.4 (Schulbesuch) und → R 33.4 Abs. 2) sowie
– Kosten für die behindertengerechte Ausgestaltung des eigenen Wohnhauses (→ R 33.4 Abs. 5 und H 33.1–33.4 – Behindertengerechte Ausstattung).

Pflegebedürftigkeit → R 33.3 Abs. 1.

Pflege-Pauschbetrag[4]
– Eine sittliche Verpflichtung zur Pflege ist anzuerkennen, wenn eine enge persönliche Beziehung zu der gepflegten Person besteht (→ BFH vom 29. 8. 1996 – BStBl. II 1997 S. 199).
– Die Funktion als amtlich bestellter Betreuer führt für sich gesehen nicht dazu, dass dem Betreuer die Pflege des Betreuten zwangsläufig i. S. d. § 33 Abs. 2 EStG erwächst. Der Pflege-

[1] Abgedruckt im Hauptteil bei § 33b EStG.
[2] Abgedruckt im Hauptteil als Anlage c zu LStH 32.
[3] Ab 2021 siehe gesetzliche Regelung des § 33 Abs. 2a EStG.
[4] Siehe ab Veranlagungsjahr 2022 auch § 33b Abs. 6 EStG idF des G v. 9. 12. 2020 (BGBl. I S. 2770).

H 33b

Pauschbetrag kann daher nur gewährt werden, wenn eine darüber hinausgehende enge persönliche Beziehung zum Betreuten besteht (→ BFH vom 4. 9. 2019 – BStBl. II 2020 S. 97).
- Der Pflege-Pauschbetrag nach § 33b Abs. 6 EStG ist nicht nach der Zahl der Personen aufzuteilen, welche bei ihrer Einkommensteuerveranlagung die Berücksichtigung eines Pflege-Pauschbetrages begehren, sondern nach der Zahl der Stpfl., welche eine hilflose Person in ihrer Wohnung oder in der Wohnung des Pflegebedürftigen tatsächlich persönlich gepflegt haben (→ BFH vom 14. 10. 1997 – BStBl. II 1998 S. 20).
- Abgesehen von der Pflege durch Eltern (§ 33b Abs. 6 Satz 2 EStG) schließen Einnahmen der Pflegeperson für die Pflege unabhängig von ihrer Höhe die Gewährung des Pflege-Pauschbetrags aus. Hierzu gehört i. d. R. auch das weitergeleitete Pflegegeld. Der Ausschluss von der Gewährung des Pflege-Pauschbetrags gilt nicht, wenn das Pflegegeld lediglich treuhänderisch für den Pflegebedürftigen verwaltet wird und damit ausschl. Aufwendungen des Pflegebedürftigen bestritten werden. In diesem Fall muss die Pflegeperson die konkrete Verwendung des Pflegegeldes nachweisen und ggf. nachträglich noch eine Vermögenstrennung durchführen (→ BFH vom 21. 3. 2002 – BStBl. II S. 417). Die dem amtlich bestellten Betreuer gewährte Aufwandsentschädigung ist keine Einnahme für die Pflege der betreuten Person i. S. d. § 33b Abs. 6 Satz 1 EStG (→ BFH vom 4. 9. 2019 – BStBl. II 2020 S. 97).

Übertragung des Pauschbetrags von einem im Ausland lebenden Kind. Der Pauschbetrag nach § 33b Abs. 3 EStG für ein Kind mit Behinderungen kann nicht nach § 33b Abs. 5 EStG auf einen im Inland unbeschränkt steuerpflichtigen Elternteil übertragen werden, wenn das Kind im Ausland außerhalb eines EU/EWR-Mitgliedstaates seinen Wohnsitz oder gewöhnlichen Aufenthalt hat und im Inland keine eigenen Einkünfte erzielt (→ BFH vom 2. 6. 2005 – BStBl. II S. 828; → auch R 33b Abs. 3).

Zu § 34 EStG[1]

R 34.1 Umfang der steuerbegünstigten Einkünfte

R 34.1

244

(1) ① § 34 Abs. 1 EStG ist grundsätzlich bei allen Einkunftsarten anwendbar. ② § 34 Abs. 3 EStG ist nur auf Einkünfte i. S. d. § 34 Abs. 2 Nr. 1 EStG anzuwenden. ③ Die von der Summe der Einkünfte, dem Gesamtbetrag der Einkünfte und dem Einkommen abzuziehenden Beträge sind zunächst bei den nicht nach § 34 EStG begünstigten Einkünften zu berücksichtigen. ④ Liegen die Voraussetzungen für die Steuermäßigung nach § 34 Abs. 1 EStG und § 34 Abs. 3 EStG nebeneinander vor, ist eine Verrechnung der noch nicht abgezogenen Beträge mit den außerordentlichen Einkünften in der Reihenfolge vorzunehmen, dass sie zu dem für den Stpfl. günstigsten Ergebnis führt. ⑤ Sind in dem Einkommen Einkünfte aus Land- und Forstwirtschaft enthalten und bestehen diese zum Teil aus außerordentlichen Einkünften, die nach § 34 EStG ermäßigt zu besteuern sind, so ist hinsichtlich der Anwendung dieser Vorschrift der Freibetrag nach § 13 Abs. 3 EStG zunächst von den nicht nach § 34 EStG begünstigten Einkünften aus Land- und Forstwirtschaft abzuziehen. ⑥ Wird für einen Gewinn i. S. d. § 34 Abs. 2 Nr. 1 EStG die Tarifbegünstigung nach § 34a EStG in Anspruch genommen, scheidet die Anwendung des§ 34 Abs. 3 EStG aus.

(2) Tarifbegünstigte Veräußerungsgewinne im Sinne der §§ 14, 16 und 18 Abs. 3 EStG liegen grundsätzlich nur vor, wenn die stillen Reserven in einem einheitlichen wirtschaftlichen Vorgang aufgedeckt werden.

(3) ① Die gesamten außerordentlichen Einkünfte sind grundsätzlich bis zur Höhe des zu versteuernden Einkommens tarifbegünstigt. ② In Fällen, in denen Verluste zu verrechnen sind, sind die vorrangig anzuwendenden besonderen Verlustverrechnungsbeschränkungen (z. B. § 2a Abs. 1, § 2b i. V. m. § 52 Abs. 4,[2] § 15 Abs. 4, § 15b EStG) zu beachten.

(4) ① Veräußerungskosten sind bei der Ermittlung des tarifbegünstigten Veräußerungsgewinns erst im Zeitpunkt des Entstehens des Veräußerungsgewinns zu berücksichtigen, auch wenn sie bereits im VZ vor dem Entstehen des Veräußerungsgewinns angefallen sind. ② Die übrigen außerordentlichen Einkünfte unterliegen der Tarifvergünstigung in dem VZ, in dem sie nach den allgemeinen Grundsätzen vereinnahmt werden, nur insoweit, als nicht in früheren VZ mit diesen Einkünften unmittelbar zusammenhängende Betriebsausgaben bzw. Werbungskosten die Einkünfte des Stpfl. gemindert haben.

H 34.1

H 34.1

245

Arbeitnehmer-Pauschbetrag. Der Arbeitnehmer-Pauschbetrag ist bei der Ermittlung der nach § 34 EStG begünstigten außerordentlichen Einkünfte aus nichtselbständiger Tätigkeit nur insoweit abzuziehen, als tariflich voll zu besteuernde Einnahmen dieser Einkunftsart dafür nicht mehr zur Verfügung stehen (→ BFH vom 29. 10. 1998 – BStBl. II 1999 S. 588).

---

[1] Zu Zweifelsfragen im Zusammenhang mit der ertragsteuerlichen Behandlung von Entlassungsentschädigungen siehe *BMF-Schreiben vom 1. 11. 2013,* abgedruckt im Hauptteil als Anlage zu § 34 EStG.

[2] **[Amtl. Anm.:]** Jetzt Abs. 3.

H 34.1

Betriebsaufgabegewinn in mehreren Veranlagungszeiträumen. Erstreckt sich eine Betriebsaufgabe über zwei Kj. und fällt der Aufgabegewinn daher in zwei VZ an, kann die Tarifermäßigung nach § 34 Abs. 3 EStG für diesen Gewinn auf Antrag in beiden VZ gewährt werden. Der Höchstbetrag von 5 Mio. € ist dabei aber insgesamt nur einmal zu gewähren (→ BMF vom 20. 12. 2005 – BStBl. I 2006 S. 7).

Fortführung der bisherigen Tätigkeit. Voraussetzung einer Betriebsveräußerung i. S. d. §§ 16 und 34 EStG ist, dass der Veräußerer die mit dem veräußerten Betriebsvermögen verbundene gewerbliche Tätigkeit aufgibt (→ BFH vom 12. 6. 1996 – BStBl. II S. 527). Veräußert dagegen ein Land- und Forstwirt seinen Betrieb und pachtet er diesen unmittelbar nach der Veräußerung zurück, so ist auf den Veräußerungsgewinn i. S. d. § 14 EStG § 34 Abs. 1 oder 3 EStG anzuwenden (→ BFH vom 28. 3. 1985 – BStBl. II S. 508).

Freibetrag nach § 16 Abs. 4 EStG → H 16 (13) Freibetrag und H 16 (13) Teileinkünfteverfahren.

Geschäfts- oder Firmenwert. Wird für den bei der erklärten Betriebsaufgabe nicht in das Privatvermögen zu überführenden Geschäfts- oder Firmenwert (→ H 16 (5)) später ein Erlös erzielt, ist der Gewinn nicht nach § 34 EStG begünstigt (→ BFH vom 30. 1. 2002 – BStBl. II S. 387).

Nicht entnommene Gewinne. Sind sowohl die Voraussetzungen für eine Tarifbegünstigung nach § 34 a EStG als auch die Voraussetzungen für eine Begünstigung nach § 34 Abs. 1 EStG erfüllt, kann der Stpfl. wählen, welche Begünstigung er in Anspruch nehmen will (→ BMF vom 11. 8. 2008 – BStBl. I S. 838, Rn. 6).

Zweifelsfragen zu § 6 b Abs. 2 a EStG bei Betriebsveräußerung → BMF vom 7. 3. 2018 (BStBl. I S. 309).

…

R 34.3

248

R 34.3 Besondere Voraussetzungen für die Anwendung des § 34 Abs. 1 EStG

(1) Entschädigungen i. S. d. § 24 Nr. 1 EStG sind nach § 34 Abs. 1 i. V. m. Abs. 2 Nr. 2 EStG nur begünstigt, wenn es sich um außerordentliche Einkünfte handelt; dabei kommt es nicht darauf an, im Rahmen welcher Einkunftsart sie angefallen sind.

(2) ① Die Nachzahlung von → Nutzungsvergütungen und Zinsen i. S. d. § 34 Abs. 2 Nr. 3 EStG muss einen Zeitraum von mehr als 36 Monaten umfassen. ② Es genügt nicht, dass sie auf drei Kalenderjahre entfällt.

H 34.3

249

H 34.3

Entlassungsentschädigungen

– → BMF vom 1. 11. 2013 (BStBl. I S. 1326)[1] unter Berücksichtigung der Änderungen durch BMF vom 4. 3. 2016 (BStBl. I S. 277) → Anhang 15 LStH.
– Die Rückzahlung einer Abfindung ist auch dann im Abflussjahr zu berücksichtigen, wenn die Abfindung im Zuflussjahr begünstigt besteuert worden ist. Eine Lohnrückzahlung ist regelmäßig kein rückwirkendes Ereignis, das zur Änderung des Einkommensteuerbescheides des Zuflussjahres berechtigt (→ BFH vom 4. 5. 2006 – BStBl. II S. 911).

Entschädigung i. S. d. § 24 Nr. 1 EStG → R 24.1.

Entschädigung in zwei Veranlagungszeiträumen

– Außerordentliche Einkünfte i. S. d. § 34 Abs. 2 Nr. 2 EStG sind (nur) gegeben, wenn die zu begünstigenden Einkünfte in einem VZ zu erfassen sind (→ BFH vom 21. 3. 1996 – BStBl. II S. 416 und vom 14. 5. 2003 – BStBl. II S. 881). Die Tarifermäßigung nach § 34 Abs. 1 EStG kann aber unter besonderen Umständen ausnahmsweise auch dann in Betracht kommen, wenn die Entschädigung nicht in einem Kj. zufließt, sondern sich auf zwei Kj. verteilt. Voraussetzung ist jedoch stets, dass die Zahlung der Entschädigung von vornherein in einer Summe vorgesehen war und nur wegen ihrer ungewöhnlichen Höhe und der besonderen Verhältnisse des Zahlungspflichtigen auf zwei Jahre verteilt wurde oder wenn der Entschädigungsempfänger – bar aller Existenzmittel – dringend auf den baldigen Bezug einer Vorauszahlung angewiesen war (→ BFH vom 2. 9. 1992 – BStBl. II 1993 S. 831).
– Bei Land- und Forstwirten mit einem vom Kj. abweichenden Wj. ist die Tarifermäßigung ausgeschlossen, wenn sich die außerordentlichen Einkünfte aufgrund der Aufteilungsvorschrift des § 4 a Abs. 2 Nr. 1 Satz 1 EStG auf mehr als zwei VZ verteilen (→ BFH vom 4. 4. 1968 – BStBl. II S. 411).
– Planwidriger Zufluss → BMF vom 1. 11. 2013 (BStBl. I S. 1326)[1], Rz. 16–19, Anhang 15 LStH.
– Die Ablösung wiederkehrender Bezüge aus einer Betriebs- oder Anteilsveräußerung durch eine Einmalzahlung kann als Veräußerungserlös auch dann tarifbegünstigt sein, wenn im Jahr der Betriebs- oder Anteilsveräußerung eine Einmalzahlung tarifbegünstigt versteuert worden

[1] Abgedruckt im Hauptteil als Anlage zu § 34 EStG.

H 34.3

ist, diese aber im Verhältnis zum Ablösebetrag als geringfügig (im Urteilsfall weniger als 1 %) anzusehen ist (→ BFH vom 14. 1. 2004 – BStBl. II S. 493).

Nutzungsvergütungen i. S. d. § 24 Nr. 3 EStG

– Werden Nutzungsvergütungen oder Zinsen i. S. d. § 24 Nr. 3 EStG für einen Zeitraum von mehr als drei Jahren nachgezahlt, ist der gesamte Nachzahlungsbetrag nach § 34 Abs. 2 Nr. 3 i. V. m. Abs. 1 EStG begünstigt. Nicht begünstigt sind Nutzungsvergütungen, die in einem Einmalbetrag für einen drei Jahre übersteigenden Nutzungszeitraum gezahlt werden und von denen ein Teilbetrag auf einen Nachzahlungszeitraum von weniger als drei Jahren und die im Übrigen auf den zukünftigen Nutzungszeitraum entfallen (→ BFH vom 19. 4. 1994 – BStBl. II S. 640).
– Die aufgrund eines Zwangsversteigerungsverfahrens von der öffentlichen Hand als Ersteherin gezahlten sog. Bargebotszinsen stellen keine „Zinsen auf Entschädigungen" i. S. v. § 24 Nr. 3 EStG dar (→ BFH vom 28. 4. 1998 – BStBl. II S. 560).

Vorabentschädigungen. Teilzahlungen, die ein Handelsvertreter entsprechend seinen abgeschlossenen Geschäften laufend vorweg auf seine künftige Wettbewerbsentschädigung (§ 90 a HGB) und auf seinen künftigen Ausgleichsanspruch (§ 89 b HGB) erhält, führen in den jeweiligen VZ zu keiner → Zusammenballung von Einkünften und lösen deshalb auch nicht die Tarifermäßigung nach § 34 Abs. 1 EStG aus (→ BFH vom 20. 7. 1988 – BStBl. II S. 936).

Zinsen i. S. d. § 24 Nr. 3 EStG → Nutzungsvergütungen.

Zusammenballung von Einkünften

– Eine Entschädigung ist nur dann tarifbegünstigt, wenn sie zu einer Zusammenballung von Einkünften innerhalb eines VZ führt (→ BFH vom 4. 3. 1998 – BStBl. II S. 787).
– → BMF vom 1. 11. 2013 (BStBl. I S. 1326)[1] unter Berücksichtigung der Änderungen durch BMF vom 4. 3. 2016 (BStBl. I S. 277), Rz. 8–15, → Anhang 15 LStH.
– Erhält ein Stpfl. wegen der Körperverletzung durch einen Dritten aufgrund von mehreren gesonderten und unterschiedliche Zeiträume betreffenden Vereinbarungen mit dessen Versicherung Entschädigungen als Ersatz für entgangene und entgehende Einnahmen, steht der Zufluss der einzelnen Entschädigungen in verschiedenen VZ der tarifbegünstigten Besteuerung jeder dieser Entschädigungen nicht entgegen (→ BFH vom 21. 1. 2004 – BStBl. II S. 716). Bei einem zeitlichen Abstand zweier selbständiger Entschädigungszahlungen von sechs Jahren fehlt der für die Beurteilung der Einheitlichkeit einer Entschädigungsleistung erforderliche zeitliche Zusammenhang (→ BFH vom 11. 10. 2017 – BStBl. II 2018 S. 706).

R 34.4 Anwendung des § 34 Abs. 1 EStG auf Einkünfte aus der Vergütung für eine mehrjährige Tätigkeit (§ 34 Abs. 2 Nr. 4 EStG)

R 34.4

Allgemeines

(1) ① § 34 Abs. 2 Nr. 4 i. V. m. Abs. 1 EStG gilt grundsätzlich für alle Einkunftsarten. ② § 34 Abs. 1 EStG ist auch auf Nachzahlungen von Ruhegehaltsbezügen und von Renten i. S. d. § 22 Nr. 1 EStG anwendbar, soweit diese nicht für den laufenden VZ geleistet werden. ③ Voraussetzung für die Anwendung ist, dass auf Grund der Einkunftsermittlungsvorschriften eine → Zusammenballung von Einkünften eintritt, die bei Einkünften aus nichtselbständiger Arbeit auf wirtschaftlich vernünftigen Gründen beruht und bei anderen Einkünften nicht dem vertragsgemäßen oder dem typischen Ablauf entspricht. **250**

Einkünfte aus nichtselbständiger Arbeit

(2) Bei Einkünften aus nichtselbständiger Arbeit kommt es nicht darauf an, dass die Vergütung für eine abgrenzbare Sondertätigkeit gezahlt wird, dass auf sie ein Rechtsanspruch besteht oder dass sie eine zwangsläufige Zusammenballung von Einnahmen darstellt.

Ermittlung der Einkünfte

(3) ① Bei der Ermittlung der dem § 34 Abs. 2 Nr. 4 i. V. m. Abs. 1 EStG unterliegenden Einkünfte gilt R 34.1 Abs. 4 Satz 2. ② Handelt es sich sowohl bei den laufenden Einnahmen als auch bei den außerordentlichen Bezügen um Versorgungsbezüge i. S. d. § 19 Abs. 2 EStG, können im Kalenderjahr des Zuflusses die Freibeträge für Versorgungsbezüge nach § 19 Abs. 2 EStG nur einmal abgezogen werden; sie sind zunächst bei den nicht nach § 34 EStG begünstigten Einkünften zu berücksichtigen. ③ Nur insoweit nicht verbrauchte Freibeträge für Versorgungsbezüge sind bei den nach § 34 EStG begünstigten Einkünften abzuziehen. ④ Entsprechend ist bei anderen Einkunftsarten zu verfahren, bei denen ein im Rahmen der Einkünfteermittlung anzusetzender Freibetrag oder Pauschbetrag abzuziehen ist. ⑤ Werden außerordentliche Einkünfte aus nichtselbständiger Arbeit neben laufenden Einkünften dieser Art bezogen, ist bei den Einnahmen der Arbeitnehmer-Pauschbetrag oder der Pauschbetrag nach § 9 a Satz 1 Nr. 1 Buchstabe b EStG insgesamt nur einmal abzuziehen, wenn insgesamt keine höheren Werbungskosten nachgewiesen werden. ⑥ In anderen Fällen sind die auf die jeweiligen Einnahmen entfallenden tatsächlichen Werbungskosten bei diesen Einnahmen zu berücksichtigen.

[1] Abgedruckt im Hauptteil als Anlage zu § 34 EStG.

H 34.4

H 34.4

Arbeitslohn für mehrere Jahre

251 – Die Anwendung des § 34 Abs. 2 Nr. 4 i. V.m. § 34 Abs. 1 EStG setzt nicht voraus, dass der Arbeitnehmer die Arbeitsleistung erbringt; es genügt, dass der Arbeitslohn für mehrere Jahre gezahlt worden ist (→ BFH vom 17. 7. 1970 – BStBl. II S. 683).
– Liegen wirtschaftlich vernünftige Gründe für eine zusammengeballte Entlohnung vor, muss es sich nicht um einmalige und unübliche (Sonder-)Einkünfte für eine Tätigkeit handeln, die von der regelmäßigen Erwerbstätigkeit abgrenzbar ist oder auf einem besonderen Rechtsgrund beruht (→ BFH vom 7. 5. 2015 – BStBl. II S. 890).

Außerordentliche Einkünfte i. S. d. § 34 Abs. 2 Nr. 4 i. V. m. § 34 Abs. 1 EStG

– **§ 34 Abs. 2 Nr. 4 i. V. m. § 34 Abs. 1 EStG ist z. B. anzuwenden, wenn:**
– eine **Lohnzahlung** für eine Zeit, die vor dem Kj. liegt, deshalb nachträglich geleistet wird, weil der Arbeitgeber Lohnbeträge zu Unrecht einbehalten oder mangels flüssiger Mittel nicht in der festgelegten Höhe ausgezahlt hat (→ BFH vom 17. 7. 1970 – BStBl. II S. 683),
– der Arbeitgeber **Prämien** mehrerer Kj. für eine Versorgung oder für eine Unfallversicherung des Arbeitnehmers deshalb voraus- oder nachzahlt, weil er dadurch günstigere Prämiensätze erzielt oder weil die Zusammenfassung satzungsgemäßen Bestimmungen einer Versorgungseinrichtung entspricht,
– dem Stpfl. **Tantiemen** für mehrere Jahre in einem Kj. zusammengeballt zufließen (→ BFH vom 11. 6. 1970 – BStBl. II S. 639),
– dem Stpfl. Zahlungen, die zur Abfindung von **Pensionsanwartschaften** geleistet werden, zufließen. Dem Zufluss steht nicht entgegen, dass der Ablösungsbetrag nicht an den Stpfl., sondern an einen Dritten gezahlt worden ist (→ BFH vom 12. 4. 2007 – BStBl. II S. 581),
– **Arbeitslohn** aus einem **Forderungsverzicht** auf eine bereits erdiente (werthaltige) Pensionsanwartschaft vorliegt (→ BFH vom 23. 8. 2017 – BStBl. II 2018 S. 208),
– **Nachzahlungen von Versorgungsbezügen,** die als Ruhegehalt für eine ehemalige Arbeitnehmertätigkeit gezahlt werden (→ BFH vom 28. 2. 1958 – BStBl. III S. 169),
– eine Zahlung des **Rückkaufwertes** einer Versicherung der betrieblichen Altersversorgung vorliegt (→ BFH vom 6. 5. 2020 – BStBl. II 2021 S. 141),
– im Rahmen der **betrieblichen Altersvorsorge** im Durchführungsweg Direktzusage eine Trennung zwischen arbeitgeberfinanziertem Basiskonto und mitarbeiterfinanziertem Aufbaukonto vorgenommen wird und eine Einmalauszahlung aus einem dieser Konten erfolgt (→ BFH vom 23. 4. 2021 – BStBl. II S. 692),
– **Überstundenvergütungen** für einen Zeitraum von mehr als zwölf Monaten als Einmalzahlung geleistet werden (→ BFH vom 2. 12. 2021 – BStBl. II 2022 S. 442).

– **§ 34 Abs. 2 Nr. 4 i. V. m. § 34 Abs. 1 EStG ist z. B. nicht anzuwenden:**
– bei zwischen Arbeitgeber und Arbeitnehmer vereinbarten und regelmäßig ausgezahlten **gewinnabhängigen Tantiemen,** deren Höhe erst nach Ablauf des Wj. festgestellt werden kann; es handelt sich hierbei nicht um die Abgeltung einer mehrjährigen Tätigkeit (→ BFH vom 30. 8. 1966 – BStBl. III S. 545),
– bei **Erstattungszinsen** nach § 233a AO (→ BFH vom 12. 11. 2013 – BStBl. II 2014 S. 168),
– bei der Vereinnahmung eines **berufsüblichen Honorars** für die Bearbeitung eines mehrjährigen Mandats durch einen Rechtsanwalt (→ BFH vom 30. 1. 2013 – BStBl. II 2018 S. 696),
– bei **Zuwendungen,** die ohne Rücksicht auf die Dauer der Betriebszugehörigkeit lediglich aus Anlass eines **Firmenjubiläums** erfolgen (→ BFH vom 3. 7. 1987 – BStBl. II S. 820),
– bei **Versorgungsleistungen aus einer Pensionszusage,** die an die Stelle einer in einem vergangenen Jahr erdienten variablen Vergütung (Bonus) treten (→ BFH vom 31. 8. 2016 – BStBl. II 2017 S. 322),
– bei einer gewährten Prämie an einen Arbeitnehmer für einen **Verbesserungsvorschlag**, wenn sie nicht nach dem Zeitaufwand des Arbeitnehmers, sondern ausschließlich nach der Kostenersparnis des Arbeitgebers in einem bestimmten künftigen Zeitraum berechnet wird (→ BFH vom 31. 8. 2016 – BStBl. II 2017 S. 322).

– **§ 34 Abs. 2 Nr. 4 i. V. m. § 34 Abs. 1 EStG (Vergütung für eine mehrjährige Tätigkeit)** kann in besonders gelagerten **Ausnahmefällen** anzuwenden sein:
– wenn die Vergütung dem Stpfl. aus **wirtschaftlich vernünftigen Gründen** nicht in einem Kj., sondern **in zwei Kj. in Teilbeträgen** zusammengeballt ausgezahlt wird (→ BFH vom 16. 9. 1966 – BStBl. III 1967 S. 2),
– wenn die Vergütung **während eines Kj. in mehreren Teilbeträgen** gezahlt wird (→ BFH vom 11. 6. 1970 – BStBl. II S. 639).

Gewinneinkünfte. Die Annahme außerordentlicher Einkünfte i. S. d. § 34 Abs. 2 Nr. 4 EStG setzt voraus, dass die Vergütung für mehrjährige Tätigkeiten eine Progressionswirkung typischerweise erwarten lässt. Dies kann bei Einkünften i. S. d. § 2 Abs. 2 Satz 1 Nr. 1 EStG dann der Fall sein, wenn:

H 34.4

- der Stpfl. sich während mehrerer Jahre **ausschl. einer bestimmten Sache** gewidmet und die Vergütung dafür in einem einzigen VZ erhalten hat oder
- eine sich über mehrere Jahre erstreckende **Sondertätigkeit,** die von der übrigen Tätigkeit des Stpfl. ausreichend abgrenzbar ist und nicht zum regelmäßigen Gewinnbetrieb gehört, in einem einzigen VZ entlohnt wird oder
- der Stpfl. für eine mehrjährige Tätigkeit eine Nachzahlung in einem Betrag aufgrund einer vorausgegangenen **rechtlichen Auseinandersetzung** erhalten hat (→ BFH vom 14. 12. 2006 – BStBl. II 2007 S. 180),
- eine **einmalige Sonderzahlung** für langjährige Dienste aufgrund einer arbeitnehmerähnlichen Stellung geleistet wird (→ BFH vom 7. 7. 2004 – BStBl. II 2005 S. 276),
- durch geballte **Nachaktivierung** von **Umsatzsteuer-Erstattungsansprüchen** mehrerer Jahre ein Ertrag entsteht (→ BFH vom 25. 2. 2014 – BStBl. II S. 668 und vom 25. 9. 2014 – BStBl. II 2015 S. 220),
- eine **Nachzahlung der Kassenärztlichen Vereinigung,** die insgesamt mehrere Jahre betrifft, ganz überwiegend in einem VZ ausgezahlt wird (→ BFH vom 2. 8. 2016 – BStBl. II 2017 S. 258).

Zusammenballung von Einkünften. Eine Zusammenballung von Einkünften ist **nicht anzunehmen:**

- wenn die Vertragsparteien die Vergütung bereits durch ins Gewicht fallende **Teilzahlungen** auf mehrere Kj. verteilt haben (→ BFH vom 10. 2. 1972 – BStBl. II S. 529),
- bei der **Veräußerung eines Mitunternehmeranteils,** wenn der Stpfl. zuvor aufgrund einheitlicher Planung und im zeitlichen Zusammenhang mit der Veräußerung einen Teil des ursprünglichen Mitunternehmeranteils ohne Aufdeckung der stillen Reserven übertragen hat (→ BFH vom 9. 12. 2014 – BStBl. II 2015 S. 529),
- wenn die **Auszahlung der Gesamtvergütung** in zwei VZ in etwa gleich großen Teilbeträgen erfolgt. Dabei ist es unerheblich, ob die Modalitäten des Zuflusses vereinbart oder dem Zahlungsempfänger aufgezwungen wurden (→ BFH vom 2. 8. 2016 – BStBl. II 2017 S. 258).

...

Zu § 34 g EStG

H 34 g

H 34 g

261

Kommunale Wählervereinigungen. Spenden an kommunale Wählervereinigungen sind nicht nach § 10 b Abs. 2 EStG begünstigt (→ BFH vom 20. 3. 2017 – BStBl. II S. 1122).

Nachweis von Zuwendungen an politische Parteien → BMF vom 7. 11. 2013 (BStBl. I S. 1333)[1] ergänzt durch BMF vom 26. 3. 2014 (BStBl. I S. 791).

Zuwendungen an unabhängige Wählervereinigungen → BMF vom 16. 6. 1989 (BStBl. I S. 239):

„Durch das Gesetz zur steuerlichen Begünstigung von Zuwendungen an unabhängige Wählervereinigungen vom 25. Juli 1988 (BStBl. I S. 397) ist § 34 g EStG ausgeweitet worden. Wie für Zuwendungen an politische Parteien wird nach § 34 g Nr. 2 EStG auch für Mitgliedsbeiträge und Spenden an unabhängige Wählervereinigungen, die bestimmte Voraussetzungen erfüllen, eine Tarifermäßigung von 50 v. H. der Ausgaben, höchstens 600 DM[2] bzw. 1 200 DM[3] im Falle der Zusammenveranlagung von Ehegatten, gewährt. Die Vorschrift gilt nach Artikel 4 Nr. 11 c des Haushaltsbegleitgesetzes 1989 (BStBl. I S. 19) rückwirkend ab 1984.

Unter Bezugnahme auf das Ergebnis der Erörterungen mit den obersten Finanzbehörden der Länder gilt für die Anwendung der Vorschrift Folgendes:

1. Die Höchstbeträge von 600 DM[4] und 1 200 DM[5] im Fall der Zusammenveranlagung von Ehegatten gelten für Mitgliedsbeiträge und Spenden (Zuwendungen) an politische Parteien nach § 34 g Nr. 1 EStG und für Zuwendungen an unabhängige Wählervereinigungen nach § 34 g Nr. 2 EStG gesondert und nebeneinander.
   Als Ausgabe gilt auch die Zuwendung von Wirtschaftsgütern mit Ausnahme von Nutzungen und Leistungen. Zur Bewertung von Sachzuwendungen wird auf § 10 b Abs. 3 EStG hingewiesen.
2. Die Tarifermäßigung nach § 34 g Nr. 2 EStG wird nur für Mitgliedsbeiträge und Spenden an unabhängige Wählervereinigungen in der Rechtsform des eingetragenen oder des nichtrechtsfähigen Vereins gewährt. Ein Sonderausgabenabzug nach § 10 b Abs. 2 EStG ist nicht möglich. Der Zweck einer unabhängigen Wählervereinigung ist auch dann als ausschließlich auf die in § 34 g Nr. 2 Buchst. a EStG genannten politischen Zwecke gerichtet anzusehen, wenn sie gesellige Veranstaltungen durchführt, die im Vergleich zu ihrer politischen Tätigkeit von untergeordneter Bedeutung sind, und wenn eine etwaige wirtschaftliche Betätigung ihre politische Tätigkeit nicht überwiegt. Ihr Zweck ist dagegen zum Beispiel nicht ausschließlich auf die politische Tätigkeit gerichtet, wenn sie neben dem politischen Zweck einen anderen Satzungszweck zum Beispiel gemeinnütziger oder wirtschaftlicher Art hat.
3. Die nach § 34 g Nr. 2 Buchst. b EStG ggf. erforderliche Anzeige gegenüber der zuständigen Wahlbehörde oder dem zuständigen Wahlorgan kann formlos in der Zeit vom ersten Tag nach der letzten Wahl bis zu dem Tag erfolgen, an dem die Anmeldefrist für die nächste Wahl abläuft. Die Anzeige kann der zuständigen Wahlbehörde oder dem zuständigen Wahlorgan bereits mehrere Jahre vor der nächsten Wahl zugehen. Sie muss ihr spätestens am Ende des Jahres vorliegen, für das eine Tarifermäßigung für Zuwendungen an die unabhängige Wählervereinigung beantragt wird. Spendenbestätigungen dürfen erst ausgestellt werden, wenn die Anzeige tatsächlich erfolgt ist.

[1] Abgedruckt im Hauptteil als Anlage a zu § 10 b EStG.
[2] **[Amtl. Anm.:]** ab 2002: 825 Euro.
[3] **[Amtl. Anm.:]** ab 2002: 1 650 Euro.
[4] **[Amtl. Anm.:]** ab 2002: 825 Euro.
[5] **[Amtl. Anm.:]** ab 2002: 1 650 Euro.

H 34g

4. Nach § 34g Satz 3 EStG wird die Steuerermäßigung für Beiträge und Spenden an eine unabhängige Wählervereinigung, die an der jeweils nächsten Wahl nicht teilgenommen hat, erst wieder gewährt, wenn sie sich mit eigenen Wahlvorschlägen an einer Wahl beteiligt hat. Diese einschränkende Regelung gilt nur für Beiträge und Spenden an unabhängige Wählervereinigungen, die der zuständigen Wahlbehörde vor einer früheren Wahl ihre Teilnahme angekündigt und sich dann entgegen dieser Mitteilung nicht an der Wahl beteiligt haben. Sie gilt nicht für unabhängige Wählervereinigungen, die sich an einer früheren Wahl zwar nicht beteiligt, eine Beteiligung an dieser Wahl aber auch nicht angezeigt haben.

Beispiele:

a) Der neugegründete Verein A teilt der zuständigen Wahlbehörde im Jahr 01 mit, dass er an der nächsten Kommunalwahl am 20. 5. 03 teilnehmen will. Er nimmt an dieser Wahl jedoch nicht teil, ebenso nicht an der folgenden Wahl im Jahr 08. Im Jahr 09 teilt er der Wahlbehörde mit, dass er an der nächsten Wahl am 5. 4. 13 teilnehmen will. An dieser Wahl nimmt er dann auch tatsächlich teil.
Die Steuerermäßigung nach § 34g Nr. 2 EStG kann gewährt werden für Beiträge und Spenden, die in der Zeit vom 1. 1. 01 bis zum 20. 5. 03 und vom 1. 1. 13 bis zum 5. 4. 13 an den Verein geleistet worden sind. In der Zeit vom 21. 5. 03 bis zum 31. 12. 12 geleistete Beiträge und Spenden sind nicht begünstigt. Nach dem 5. 4. 13 geleistete Beiträge und Spenden sind begünstigt, wenn der Verein bei der Wahl am 5. 4. 13 ein Mandat errungen hat oder noch im Jahr 13 anzeigt, dass er an der nächsten Wahl teilnehmen will.

b) Der Verein B ist in der Wahlperiode 1 mit einem Mandat im Stadtrat vertreten. An der Wahl für die Wahlperiode 2 am 15. 10. 05 nimmt er nicht teil. Er hatte eine Teilnahme auch nicht angekündigt. Am 20. 11. 05 teilt er der zuständigen Wahlbehörde mit, dass er an der Wahl für die Wahlperiode 3 am 9. 9. 10 teilnehmen will.
Die Steuerermäßigung kann für alle bis zum 9. 9. 10 an den Verein geleisteten Beiträge und Spenden gewährt werden. Nach diesem Termin geleistete Beiträge und Spenden sind nur begünstigt, wenn der Verein an der Wahl am 9. 9. 10 teilgenommen hat.

c) Der Verein C wird im Jahr 01 gegründet. An der nächsten Kommunalwahl am 10. 2. 03 nimmt er nicht teil. Er hatte eine Teilnahme an dieser Wahl auch nicht angekündigt. Am 11. 2. 03 teilt er der zuständigen Wahlbehörde mit, dass er an der nächsten Wahl am 15. 3. 08 teilnehmen will.
Die Steuerermäßigung kann für Beiträge und Spenden gewährt werden, die ab dem 1. 1. 03 an den Verein geleistet worden sind. Nach dem 15. 3. 08 geleistete Beiträge und Spenden sind nur begünstigt, wenn der Verein tatsächlich an der Wahl am 15. 3. 08 teilgenommen hat und entweder erfolgreich war (mindestens ein Mandat) oder bei erfolgloser Teilnahme der zuständigen Wahlbehörde mitteilt, dass er auch an der folgenden Wahl teilnehmen will.

5. Eine Teilnahme an einer Wahl liegt nur vor, wenn die Wähler die Möglichkeit haben, die Wählervereinigung zu wählen. Der Wahlvorschlag der Wählervereinigung muss also auf dem Stimmzettel enthalten sein.

6. Der Stpfl. hat dem Finanzamt durch eine Spendenbestätigung der unabhängigen Wählervereinigung nachzuweisen, dass alle Voraussetzungen des § 34g EStG für die Gewährung der Tarifermäßigung erfüllt sind."[1]

…

Zu § 35a EStG

H 35a

265

H 35a

Anwendungsschreiben → BMF vom 9. 11. 2016 (BStBl. I S. 1213) unter Berücksichtigung der Änderungen durch BMF vom 1. 9. 2021 (BStBl. I S. 1494).[2]

Zu § 46 EStG
(§ 70 EStDV)

…

R 46.2

270

R 46.2 Veranlagung nach § 46 Abs. 2 Nr. 8 EStG

(1) Die Vorschrift des § 46 Abs. 2 Nr. 8 EStG ist nur anwendbar, wenn der Arbeitnehmer nicht bereits nach den Vorschriften des § 46 Abs. 2 Nr. 1 bis 7 EStG zu veranlagen ist.

(2) Der Antrag ist innerhalb der allgemeinen Festsetzungsfrist von vier Jahren zu stellen.

(3) Sollen ausländische Verluste, die nach einem DBA bei der Ermittlung des z. v. E. (§ 2 Abs. 5 EStG) außer Ansatz geblieben sind, zur Anwendung des negativen Progressionsvorbehalts berücksichtigt werden, ist auf Antrag eine Veranlagung durchzuführen.

(4) ① Hat ein Arbeitnehmer im VZ zeitweise nicht in einem Dienstverhältnis gestanden, so kann die Dauer der Nichtbeschäftigung z. B. durch eine entsprechende Bescheinigung der Agentur für Arbeit, wie einen Bewilligungsbescheid über das Arbeitslosengeld oder eine Bewilligung von Leistungen nach dem SGB III, belegt werden. ② Kann ein Arbeitnehmer Zeiten der Nichtbeschäftigung durch geeignete Unterlagen nicht nachweisen oder in sonstiger Weise glaubhaft machen, ist dies kein Grund, die Antragsveranlagung nicht durchzuführen. ③ Ob und in welcher Höhe außer dem auf der Lohnsteuerbescheinigung ausgewiesenen Arbeitslohn weiterer Arbeitslohn zu berücksichtigen ist, hängt von dem im Einzelfall ermittelten Sachverhalt ab. ④ Für dessen Beurteilung gelten die Grundsätze der freien Beweiswürdigung.

H 46.2

271

H 46.2

Abtretung/Verpfändung

– Zur Abtretung bzw. Verpfändung des Erstattungsanspruchs → § 46 AO sowie AEAO zu § 46.
– Zum Entstehen des Erstattungsanspruchs → § 38 AO i. V. m. § 36 Abs. 1 EStG.

---

[1] BMF vom 7. 11. 2013 (BStBl. I S. 1333), ergänzt durch BMF vom 26. 3. 2014 (BStBl. I S. 791); abgedruckt im Hauptteil als Anlage a zu § 10 b EStG.

[2] Abgedruckt im Hauptteil als Anlage zu LStH 35 a.

Anlaufhemmung. Eine Anlaufhemmung gem. § 170 Abs. 2 Satz 1 Nr. 1 AO kommt in den Fällen des § 46 Abs. 2 Nr. 8 EStG nicht in Betracht (→ BFH vom 14. 4. 2011 – BStBl. II S. 746). H 46.2

Ermittlung der Summe der Einkünfte. Unter der „Summe der Einkünfte" i. S. d. § 46 Abs. 2 Nr. 1 EStG ist derjenige Saldo zu verstehen, der nach horizontaler und vertikaler Verrechnung der Einkünfte verbleibt. Versagt das Gesetz – wie in § 23 Abs. 3 Satz 8 EStG im Falle eines Verlustes aus privaten Veräußerungsgeschäften – die Verrechnung eines Verlustes aus einer Einkunftsart mit Gewinnen bzw. Überschüssen aus anderen Einkunftsarten, fließt dieser Verlust nicht in die „Summe der Einkünfte" ein (→ BFH vom 26. 3. 2013 – BStBl. II S. 631).

Pfändung des Erstattungsanspruchs aus der Antragsveranlagung → § 46 AO sowie AEAO zu § 46.

Rechtswirksamer, fristwahrender Antrag

- Ein Antrag auf Veranlagung zur Einkommensteuer ist nur dann rechtswirksam gestellt, wenn der amtlich vorgeschriebene Vordruck verwendet wird, dieser innerhalb der allgemeinen Festsetzungsfrist beim Finanzamt eingeht und bis dahin auch vom Arbeitnehmer eigenhändig unterschrieben ist (→ BFH vom 10. 10. 1986 – BStBl. II 1987 S. 77). Eine Einkommensteuererklärung ist auch dann „nach amtlich vorgeschriebenem Vordruck" abgegeben, wenn ein – auch einseitig – privat gedruckter oder fotokopierter Vordruck verwendet wird, der dem amtlichen Muster entspricht (→ BFH vom 22. 5. 2006 – BStBl. II 2007 S. 2).
- Der Ablauf der Festsetzungsfrist wird gem. § 171 Abs. 3 AO nur dann gehemmt, wenn die Steuererklärung bis zum Ablauf der Festsetzungsfrist beim örtlich zuständigen Finanzamt eingeht (→ BFH vom 13. 2. 2020 – BStBl. II 2021 S. 856).
- Kommt eine Veranlagung des Stpfl. nach § 46 Abs. 2 EStG nicht in Betracht, können auch **Grundlagenbescheide** nicht über die Änderungsnorm des § 175 Abs. 1 Satz 1 Nr. 1 AO zu einer solchen führen (→ BFH vom 9. 2. 2012 – BStBl. II S. 750).

Schätzungsbescheid. Für die Durchführung des Veranlagungsverfahrens bedarf es keines Antrags des Stpfl., wenn das Finanzamt das Veranlagungsverfahren von sich aus bereits durchgeführt und einen Schätzungsbescheid unter dem Vorbehalt der Nachprüfung erlassen hat. Dies gilt jedenfalls dann, wenn bei Erlass des Steuerbescheids aus der insoweit maßgeblichen Sicht des Finanzamts die Voraussetzungen für eine Veranlagung von Amts wegen vorlagen (→ BFH vom 22. 5. 2006 – BStBl. II S. 912).

…

H 46.3

H 46.3

Abhängigkeit der Veranlagung vom Härteausgleich. Eine Veranlagung ist unabhängig vom Härteausgleich nach § 46 Abs. 3 EStG durchzuführen, auch wenn dieser im Ergebnis zu einem Betrag unter 410 Euro führt (→ BFH vom 2. 12. 1971 – BStBl. II 1972 S. 278). 272

Allgemeines. Bestehen die einkommensteuerpflichtigen Einkünfte, die nicht der Lohnsteuer zu unterwerfen waren, sowohl aus positiven Einkünften als auch aus negativen Einkünften (Verlusten), so wird ein Härteausgleich nur gewährt, wenn die Summe dieser Einkünfte abzgl. der darauf entfallenden Beträge nach § 13 Abs. 3 und § 24 a EStG einen positiven Einkunftsbetrag von nicht mehr als 410 € bzw. 820 € ergibt. Das gilt auch in den Fällen der Zusammenveranlagung von Ehegatten, in denen der eine Ehegatte positive und der andere Ehegatte negative Einkünfte, die nicht der Lohnsteuer zu unterwerfen waren, bezogen hat, und im Falle der Veranlagung nach § 46 Abs. 2 Nr. 4 EStG (→ BFH vom 24. 4. 1961 – BStBl. III S. 310).

Beispiel:

Ein Arbeitnehmer, der im Jahr 2012 das 65. Lebensjahr vollendet hatte und für den Lohnsteuerabzugsmerkmale nach § 39 Abs. 4 i. V. m. § 39 a Abs. 1 Satz 1 Nr. 5 EStG (einschl. Freibetrag) gebildet wurden, hat neben seinen Einkünften aus nichtselbständiger Arbeit (Ruhegeld) in **2023** folgende Einkünfte bezogen:

Gewinn aus Land- und Forstwirtschaft		2 000 €
Verlust aus Vermietung und Verpachtung		– 300 €
positive Summe dieser Einkünfte		1 700 €
Prüfung des Veranlagungsgrundes nach § 46 Abs. 2 Nr. 1 EStG:		
Summe der einkommensteuerpflichtigen Einkünfte, die nicht dem Steuerabzug vom Arbeitslohn unterlagen		1 700 €
Abzug nach § 13 Abs. 3 EStG	900 €	
Altersentlastungsbetrag nach § 24 a EStG (28,8 % aus 1 700 € =)	+ 490 €	– 1 390 €
		310 €

Die Voraussetzungen nach § 46 Abs. 2 Nr. 1 EStG sind nicht gegeben; der Arbeitnehmer ist nach § 46 Abs. 2 Nr. 4 EStG zu veranlagen.

Härteausgleich nach § 46 Abs. 3 EStG:	
Betrag der einkommensteuerpflichtigen (Neben-)Einkünfte	1 700 €
Abzug nach § 13 Abs. 3 EStG	– 900 €
Altersentlastungsbetrag nach § 24 a EStG	– 490 €
Vom Einkommen abziehbarer Betrag	310 €

H 46.3

Anwendung der §§ 34, 34 b und 34 c EStG. Würden Einkünfte, die nicht der Lohnsteuer zu unterwerfen waren, aufgrund eines Härteausgleichsbetrags in gleicher Höhe unversteuert bleiben, ist für die Anwendung dieser Ermäßigungsvorschriften kein Raum (→ BFH vom 29. 5. 1963 – BStBl. III S. 379 und vom 2. 12. 1971 – BStBl. II 1972 S. 278).

Lohnersatzleistung. Der Härteausgleich nach § 46 Abs. 3 EStG ist nicht auf dem Progressionsvorbehalt unterliegende Lohnersatzleistungen anzuwenden (→ BFH vom 5. 5. 1994 – BStBl. II S. 654).

…

Anhang III

Übersicht über Zahlen zur Lohnsteuer 2025

Stand: 1. 1. 2025

Fundstelle – Inhalt	2025
§ 3 Nr. 11 EStG, R 3.11 LStR Beihilfen und Unterstützungen in Notfällen steuerfrei bis	600
§ 3 Nr. 26 EStG Einnahmen aus nebenberuflichen Tätigkeiten steuerfrei bis	3 000
§ 3 Nr. 26 a EStG Einnahmen aus ehrenamtlichen Tätigkeiten steuerfrei bis	840
§ 3 Nr. 30 u. 50 EStG, R 9.13 LStR Heimarbeitszuschläge (steuerfrei in % des Grundlohns)	10 %
§ 3 Nr. 34 EStG Freibetrag für Gesundheitsförderung	600
§ 3 Nr. 34 a Buchst. b EStG Freibetrag für die kurzfristige Betreuung von Kindern und pflegebedürftigen Angehörigen	600
§ 3 Nr. 38 EStG Sachprämien aus Kundenbindungsprogrammen steuerfrei bis	1 080
§ 3 Nr. 39 EStG Freibetrag für Vermögensbeteiligungen	2 000
§ 3 Nr. 56 EStG Höchstbetrag für Beiträge an eine nicht kapitalgedeckte Pensionskasse steuerfrei bis jährlich 3 % der Beitragsbemessungsgrenze 96 600 Euro	2 898
§ 3 Nr. 63 EStG	
• Höchstbetrag für Beiträge an Pensionsfonds, Pensionskassen oder für Direktversicherungen: Steuerfreiheit bis jährlich 8 % der Beitragsbemessungsgrenze von 96 600 Euro	7 728
• Höchstbetrag bei Beendigung des Dienstverhältnisses: 4 % der Beitragsbemessungsgrenze von 96 600 Euro x Dienstjahre, max. 10 Jahre	38 640
• Höchstbetrag für Nachzahlungen: 8 % der Beitragsbemessungsgrenze von 96 600 Euro x Dienstjahre, max. 10 Jahre	77 280
§ 3 b EStG Sonntags-, Feiertags- oder Nachtzuschläge (steuerfrei in % des Grundlohns, höchstens von 50 Euro)	
• Nachtarbeit	25 %
• Nachtarbeit von 0 Uhr bis 4 Uhr (wenn Arbeit vor 0 Uhr aufgenommen)	40 %
• Sonntagsarbeit	50 %
• Silvester ab 14 Uhr und Feiertage	125 %
• Heiligabend ab 14 Uhr, Weihnachten und 1. Mai	150 %
§ 4 Abs. 5 Nr. 6 b EStG Jahrespauschale häusliches Arbeitszimmer	1 260
§ 4 Abs. 5 Nr. 6 c EStG Tagespauschale häusliches Arbeitszimmer	6
höchstens im Kalenderjahr	1 260
§ 8 Abs. 2 Satz 11 EStG Freigrenze für Sachbezüge monatlich	50

Fundstelle – Inhalt	**2025**
§ 8 Abs. 2 Satz 12 EStG	
Freibetrag Wohnungsvermietung durch Arbeitgeber	
• Bewertungsabschlag vom ortsüblichen Mietwert	1/3
• Mietobergrenze (Kaltmiete je qm)	25
§ 8 Abs. 2 EStG, SvEV	
Sachbezüge	
• Unterkunft (monatlich)	282
• Mahlzeiten (täglich)	
– Frühstück	2,30
– Mittagessen/Abendessen	4,40
Reisekosten bei Auswärtstätigkeiten	
• Fahrtkosten (§ 9 Abs. 1 Satz 3 Nr. 4 a EStG) je Kilometer (pauschal) bei Benutzung eines:	
– Kraftwagens	0,30
– anderen motorbetriebenen Fahrzeugs	0,20
• Verpflegungsmehraufwendungen (§ 9 Abs. 4 a EStG, Inland)	
– Abwesenheit 24 Stunden	28
– An- und Abreisetag mit Übernachtung	14
– Abwesenheit eintägig und mehr als 8 Stunden	14
– Abwesenheit bis zu 8 Stunden	
• Übernachtungskosten (§ 9 Abs. 1 Satz 3 Nr. 5 a EStG)	
– Pauschale Inland (R 9.7 LStR, nur Arbeitgeberersatz)	20
• Auswärtstätigkeiten im Ausland laut gesondertem BMF-Schreiben[1]	
§ 9 Abs. 1 Satz 3 Nr. 4 EStG	
Verkehrsmittelunabhängige Entfernungspauschale für Wege zwischen Wohnung und erster Tätigkeitsstätte	
• je Entfernungskilometer bis 20 km	0,30
• je Entfernungskilometer ab 21. km	0,38
• Höchstbetrag	4 500
(dieser gilt nicht bei Nutzung eines Pkw, bei tatsächlichen ÖPV-Kosten über 4 500 € p. a. sowie für Menschen mit Behinderungen i. S. d. § 9 Abs. 2 EStG)	
§ 9 Abs. 1 Satz 3 Nr. 5 EStG	
Doppelte Haushaltsführung	
• Fahrtkosten (Pkw)	
– erste und letzte Fahrt je Kilometer	0,30
– eine Heimfahrt wöchentlich je Entfernungskilometer (Entfernungspauschale)	
• bis 20 km	0,30
• ab 21. km	0,38
• Verpflegungsmehraufwendungen	
– 1. bis 3. Monat	14/28
– ab 4. Monat	–
• Übernachtungskosten Inland tatsächliche Aufwendungen max.	
– Pauschale Inland (nur Arbeitgeberersatz)	1 000 monatlich
• 1. bis 3. Monat	20
• ab 4. Monat	5
– Pauschale bei Berufskraftfahrern	9
§ 9 Abs. 5 i. V. m. § 4 Abs. 5 Satz 1 Nr. 6b	
Häusliches Arbeitszimmer	1 260
• Jahrespauschale (alternativ zu den tatsächlichen Aufwendungen)	
§ 9 Abs. 5 i. V. m. § 4 Abs. 5 Satz 1 Nr. 6c	
Häusliches Arbeitszimmer	6/max. 1 260 p.a.
• Tagespauschale (bei beruflicher Tätigkeit im häuslichen Bereich ohne dass die Voraussetzungen von § 4 Abs. 5 Satz 1 Nr. 6b vorliegen)	
§ 9a Satz 1 Nr. 1 EStG	
• Arbeitnehmer-Pauschbetrag	1 230
• für Versorgungsempfänger	102
§ 10 Abs. 1 Nr. 5 EStG	
Kinderbetreuungskosten	

[1] *BMF-Schreiben vom 2. 12. 2024 (BStBl. I S. 1549),* abgedruckt als Anlage zu LStH 9.6.

Fundstelle – Inhalt	2025
• 2/3 der Aufwendungen, höchstens	4 800
• Kind noch keine … Jahre alt	14
(Ausnahme: Kinder mit Behinderungen)	
§ 19 EStG, R 19.3 Abs. 1 Satz 2 Nr. 4 LStR	
Fehlgeldentschädigungen steuerfrei bis	16
§ 19 EStG, R 19.3 Abs. 2 Nr. 3 LStR	
Diensteinführung, Verabschiedung usw.; Freigrenze für Sachleistungen je teilnehmender Person einschl. USt	110
§ 19 Abs. 1 Satz 1 Nr. 1 a EStG	
Betriebsveranstaltungen; Freibetrag je Arbeitnehmer einschl. USt	110
§ 19 EStG, R 19.6 Abs. 1 und 2 LStR	
Freigrenze für	
• Aufmerksamkeiten (Sachzuwendungen)	60
• Arbeitsessen	60
§ 19 Abs. 2 EStG	
(→ Tabelle in § 19 EStG)	
Versorgungsbeginn in 2024	
• Prozentsatz	13,2 %
• Versorgungsfreibetrag (anteilig 1/12 für jeden Monat)	990
• Zuschlag zum Versorgungsfreibetrag (anteilig 1/12 für jeden Monat)	297
§ 24 a EStG	
(→ Tabelle in § 24 a EStG)	
2023 ist Kalenderjahr nach Vollendung des 64. Lebensjahres	
• Prozentsatz	13,2 %
• Höchstbetrag	627
§ 24 b EStG	
• Entlastungsbetrag für Alleinerziehende (anteilig 1/12 für jeden Monat)	4 260
• Erhöhung für jedes weitere Kind (anteilig 1/12 für jeden Monat)	240
§§ 37 a, 37 b, 39 c Abs. 3, 40 Abs. 2, 40 a, 40 b EStG, § 40 b EStG a. F.	
Lohnsteuer-Pauschalierungssatz für	
• Kundenbindungsprogramme	2,25 %
• Sachzuwendungen bis 10 000 Euro (10 Euro Nichtaufgriffsgrenze)	30 %
• Auszahlung tarifvertraglicher Ansprüche durch Dritte (keine Abgeltungswirkung) bei sonstigen Bezügen bis 10 000 Euro	20 %
• Kantinenmahlzeiten	25 %
• Mahlzeiten bei Auswärtstätigkeit	25 %
• Betriebsveranstaltungen	25 %
• Erholungsbeihilfen	25 %
• Verpflegungszuschüsse	25 %
• Schenkung Datenverarbeitungsgeräte und Internet-Zuschüsse	25 %
• Schenkung Ladevorrichtung/-station und Zuschüsse für den Betrieb der Station	25 %
• Übereignung betrieblicher Fahrräder	25 %
• Fahrtkostenzuschüsse bei Anrechnung auf die Entfernungspauschale	15 %
• Fahrtkostenzuschüsse ohne Anrechnung auf die Entfernungspauschale	25 %
• Kurzfristig Beschäftigte	25 %
• Mini-Job	
– mit pauschaler Rentenversicherung	2 %
– ohne pauschale Rentenversicherung	20 %
• Aushilfskräfte Land- und Forstwirtschaft	5 %
• Beschränkt steuerpflichtige Arbeitnehmer	30 %
• nicht kapitalgedeckte Pensionskassen	20 %
• kapitalgedeckte Pensionskassen und Direktversicherungen bei Versorgungszusage vor dem 1. 1. 2005	20 %
• Unfallversicherungen	20 %
• Sonderzahlungen in der betrieblichen Altersversorgung	15 %
§ 39 a Abs. 1 Satz 1 Nr. 7 Satz 1 EStG	
Arbeitslohngrenzen beim Frei-/Hinzurechnungsbetrag	

Fundstelle – Inhalt	2025
• StKl I oder IV	13 362
• StKl II	17 622
• StKl III	25 458
• StKl V	1 266
§ 40 Abs. 1 EStG	
Pauschalierung von sonstigen Bezügen je Arbeitnehmer höchstens	1 000
§ 40 Abs. 2 Satz 1 Nr. 3 EStG	
Höchstbetrag für die Pauschalierung von Erholungsbeihilfen	
• für den Arbeitnehmer	156
• für den Ehegatten/Lebenspartner	104
• je Kind	52
§ 40 Abs. 2 Satz 2 EStG	
Pauschalierung von Fahrtkostenzuschüssen bei Fahrten zwischen Wohnung und erster Tätigkeitsstätte je Entfernungskilometer	
• bis 20 km	
• ab 21. km	0,30
(Ausnahme: Menschen mit Behinderungen i. S. d. § 9 Abs. 2 EStG)	0,38
§ 40 a Abs. 1 EStG	
Pauschalierung bei kurzfristig Beschäftigten	
• Dauer der Beschäftigung	18 Tage
• Arbeitslohn je Kalendertag (Ausnahme: unvorhergesehener Zeitpunkt)	150
• Stundenlohngrenze	19
§ 40 a Abs. 3 EStG	
Pauschalierung bei Aushilfskräften in der Land- und Forstwirtschaft	
• Beschäftigungsdauer (im Kalenderjahr)	180 Tage
• Unschädlichkeitsgrenze (in % der Gesamtbeschäftigungsdauer)	25 %
• Stundenlohngrenze	19
§ 40 a Abs. 7 EStG	
• Beschäftigungsdauer	18 Tage
§ 40 b Abs. 2 EStG, § 40 b Abs. 2 EStG a. F.	
Pauschalierung bei nicht kapitalgedeckten Pensionskassen sowie bei kapitalgedeckten Pensionskassen und Direktversicherungen nach Übergangsregelung	
• Höchstbetrag im Kalenderjahr je Arbeitnehmer	1 752
• Durchschnittsberechnung möglich bis zu (je Arbeitnehmer)	2 148
§ 46 Abs. 2 Nr. 3 und 4 EStG	
Pflichtveranlagung, Vorsorgepauschale und Freibetragsfälle	
• ledig, Arbeitslohn ab	13 362
• verheiratet, Arbeitslohn ab	25 494
§ 50 Abs. 2 Satz 2 Nr. 4 Buchst. a EStG	
Arbeitslohngrenze für die Aufhebung der Abgeltungswirkung des Lohnsteuerabzugs	16 362
§ 100 EStG	
Förderbetrag zur betrieblichen Altersversorgung	
• Fördersatz	30 %
• Förder-Höchstbetrag	288
• Mindestanlagebetrag	240
• Arbeitslohn des Arbeitnehmers maximal	
– Jahr	30 900
– Monat	2 575
– Woche	600,84
– Tag	85,84
• Arbeitgeberbeitrag steuerfrei bis	960

Stichwortregister

Fette Zahlen verweisen auf den jeweiligen Paragraphen des EStG, die Abkürzung **Anh** auf die im Anhang abgedruckten Anlagen, magere Zahlen auf die entsprechenden Randziffern.

A

Abfindung, Verschiebung der Fälligkeit **38** 9
Abfindungen, Altersvorsorge **10 a** 145 ff.
Anpassungspflicht **Anh I 15 b** 162 ff.
Besteuerung **34** 5 ff., **Anh II** 248 f.
betriebliche Altersversorgung **Anh I 15** 5
Doppelbesteuerungsabkommen **39** 107
als sonstige Bezüge **39 b** 14
Abfluss von Ausgaben 11 1 f., **Anh II** 132
Abführung der einheitlichen Pauschsteuer **40 a** 7
der Lohnsteuer **41 a** 1, 2
– öffentliche Kassen **41 a** 16
– bei Schiffsreedern **41 a** 4
der pauschalen Einkommensteuer **37 b** 4
Abschlagszahlung 39 b 5, 25 f.
Abtretung von Ansprüchen aus Direktversicherungen bei unwiderruflichem Bezugsrecht **40 b** 19
von Steuererstattungsansprüchen **Anh II** 271
Abwälzung der Pauschalsteuer auf Arbeitnehmer **40** 3, 21, **40 a** 20, **40 b** 31
Abzugsverbot für Geldbußen, Ordnungsgelder, Verwarnungsgelder **Anh II** 35
Adoption, Kosten, außergewöhnliche Belastungen **Anh II** 225
Adoptivkinder 32 1 f., **Anh II** 182
AfA, Fertigstellung des Wirtschaftsguts **Anh II** 47
Aktien für Arbeitnehmer, vermögenswirksame Leistungen **Anh I 6** 2, **Anh I 6 b** 19
Vermögensbeteiligung **3** 112 ff.
Aktienoptionen, Doppelbesteuerungsabkommen **39** 84 ff.
Werbungskosten **9** 19
Zufluss **38** 9
Alleinerziehende, Entlastungsbetrag **24 b** 1 ff.
Allgemeine Rentenversicherung, Arbeitgeberanteil, Steuerfreiheit **3** 142 f.
freiwillige Weiterversicherung **3** 142, 145
Altenheim, Unterbringung im A.
– als außergewöhnliche Belastungen **33** 15
– Steuerermäßigung **35 a** 1 ff.
Wohnen im A., Steuerermäßigung **35 a** 9
Altenteil, dauernde Lasten, Sonderausgaben **Anh II** 66 f.
Altersentlastungsbetrag 24 a 1 f., **Anh II** 171 f.
beim laufenden Lohnsteuerabzug **39 b** 18 ff.
Altersgrenze für Versorgungsfreibetrag **19** 79
Altersteilzeit 3 88 ff.
Besteuerung von Ausgleichszahlungen **39 b** 14
Doppelbesteuerungsabkommen **39** 84 ff.
Progressionsvorbehalt **3** 92, **32 b** 1
keine Versorgungsbezüge **19** 79
Altersteilzeitgesetz Anh I 14 1 ff.
steuerfreie Leistungen nach dem A. **3** 88 ff.
Altersübergangsgeld, Progressionsvorbehalt **32 b** 1
Altersversorgung, arbeitnehmerfinanzierte betriebliche **38** 9, **Anh I 15** 2
BAV-Förderbetrag **100** 1 ff.
Beiträge zur privaten A. als Sonderausgaben **10** 4, 26
betriebliche
– Gesetz über die betriebliche A. **Anh I 15** 1 ff.
– Pauschalierung der Lohnsteuer **40 b** 1 ff.
Altersvorsorge, Datenübermittlung **10 a** 7
Kapitalabfindung **10 a** 145 ff.
Kapitalauszahlung **10 a** 145 ff.
Mindesteigenbeitrag **10 a** 63 ff., **86** 1 ff.
nachgelagerte Besteuerung **10 a** 126 ff.
Sonderausgabenabzug **10 a** 92 ff., **Anh II** 69
Teilauszahlung **10 a** 145 ff.
Übertragung **10 a** 230 ff.
Versorgungsausgleich **10 a** 221 f., **19** 84 f.
zentrale Stelle **81** 1
Zulageberechtigte **79** 1
– Anzeigepflicht **Anh I 15 a** 13
Altersvorsorgeaufwendungen, betriebliche Altersversorgung **Anh I 15 b** 43 ff.
Sonderausgabenabzug, Günstigerprüfung **10 a** 101 ff.
Altersvorsorgebeiträge 82 1 ff.
in ausländische gesetzliche Alterssicherungssysteme **10 a** 8
Bescheinigung **92** 1
nachgelagerte Besteuerung, Abgrenzung der geförderten und nicht geförderten Beiträge **10 a** 131 ff.
private Riesterverträge **10 a** 30 ff.
Sonderausgabenabzug **10** 26 f.
Verwendung zum Wohnungsbau **10 a** 240 ff., **92 a** 1 ff.
Altersvorsorge-Durchführungsverordnung Anh I 15 a 1 ff.
Altersvorsorge-Eigenheimbetrag 10 a 240 ff.
Altersvorsorgevermögen, Bescheinigung **92** 1
Pfändungsschutz **10 a** 282 ff.
schädliche Verwendung **10 a** 195 ff., **93** 1 ff.
– Rückzahlung der Förderung **10 a** 216 ff.
Übertragung **3** 1, **10 a** 155 ff.
Verwendung der Altersvorsorgebeiträge
– Aufgabe der Selbstnutzung **10 a** 276 ff.
– zur Entschuldung **10 a** 255
– zum Umbau einer Wohnung **10 a** 259 ff.
Verwendung zum Wohnungsbau **10 a** 240 ff., **92 a** 1 ff.
– Selbstnutzung **10 a** 270 ff.
Altersvorsorgeverträge 80 1
Anbieter **80** 1
Aufgaben des Anbieters **10 a** 193, 302 ff., **89** 2, **92** 1, **Anh I 15 a** 10 f.
Altersvorsorgezulage 83 1
Antrag **89** 1 ff.
– Verfahrensfragen **10 a** 285 ff.
Antragsmuster **Anh I 15 c** 1 ff.
Aufteilung bei mehreren Verträgen **10 a** 119 ff., **87** 1 f.
Aufzeichnungspflichten **Anh I 15 a** 19
begünstigter gleichgestellter Personenkreis **10 a** 10 ff.
begünstigter Personenkreis **10 a** 9 ff., 441
Berechnungsgrundlagen, Einnahmen **10 a** 70 ff.
Berufseinsteigerbonus **84** 1
betriebliche Altersversorgung **Anh I 15 b** 66 ff.
Datenabgleich **91** 1 f., **99** 2

Ehegatte, Lebenspartner **10 a** 85 ff.
Entstehung **88** 1
Grundzulage **10 a** 46 f., **84** 1
Günstigerprüfung **10 a** 1 ff.
Kinderzulage **10 a** 48 ff., **85** 1 f.
Kürzung **10 a** 90 f.
Mitteilungspflichten **Anh I 15 a** 24
mittelbar zulageberechtigte Personen **10 a** 26 ff.
nicht unmittelbar begünstige Personen **10 a** 24 f.
Rückforderung der A. **10 a** 291 ff.
Rückzahlung **93** 1 ff., **94** 1 f., **95** 1 ff., **Anh I 15 a** 14 ff.
Verfahren **90** 1 ff.
Änderung des Lohnsteuerabzugs **41 c** 1 ff.
der Lohnsteuerabzugsmerkmale **39** 2, 5 f.
der Lohnsteuerklasse **39** 52 f.
Angehörige, Unterhaltsleistungen als außergewöhnliche Belastungen **33 a** 6 f.
Anmeldung der Lohnsteuer 41 a 1 ff.
Annexsteuern 51 a 1 ff.
Anrechnung ausländischer Abzugssteuer, Freibetrag **39 a** 14
Anrufungsauskunft 42 e 1 ff.
Bindung des Finanzamts **40** 9
Bindungswirkung **42 e** 1 ff., 15 ff.
Vermögensbildungsgesetz **Anh I 6** 15, **Anh I 6 b** 130
Widerruf **42 e** 15 ff.
Anteilscheine, Gewährung der Sparzulage beim Erwerb von A. **Anh I 6** 2, **Anh I 6 b** 22
Vermögensbeteiligung **3** 112 ff.
Antrag auf Altersvorsorgezulage
– Antragsmuster **Anh I 15 c** 1 ff.
– Verfahrensfragen **10 a** 285 ff.
auf Betreuungsgeld **Anh I 13** 17
auf Elterngeld **Anh I 13** 17
auf Elternzeit **Anh I 13** 26
auf Mobilitätsprämie **104** 1
auf Wohnungsbauprämie **Anh I 7 b** 12, **Anh I 7 c** 1
Antragsveranlagung 46 1 ff., **Anh II** 270 ff.
Anzeigepflicht des Arbeitgebers **41 c** 4, 14 ff.
der Arbeitsunfähigkeit für Lohnfortzahlung **Anh I 10** 7
bei vermögenswirksamen Leistungen **Anh I 6 b** 125 f.
Arbeitgeber, Abruf der elektronischen Lohnsteuerabzugsmerkmale **39 e** 4 ff.
Begriff **19** 10, 34, **38** 16
Bestimmung der ersten Tätigkeitsstätte **9** 55
i. S. d. Doppelbesteuerungsabkommen **39** 84 ff.
Elektronische VL-Bescheinigung **Anh I 6 b** 77 ff.
– Härtefallregelung **Anh I 6 b** 85
ELStAM-Verfahren **39** 18 ff.
Erstattung von Reisekosten **9** 55, 61
GbR **19** 35
kraft gesetzlicher Fiktion **19** 35
Haftung für Lohnsteuer **42 d** 1 ff.
inländischer **38** 15, **39** 84 ff.
– Verpflichtung zum Lohnsteuerabzug **38** 1
bei Leiharbeitsverhältnis **38** 1, **42 d** 35
Mitwirkungspflicht
– beim Elterngeld **Anh I 13** 19
– bei der Familienpflegezeit **Anh I 12** 5
Nichtteilnahme am elektronischen Abrufverfahren **39 e** 7
Sportverein **19** 35
Arbeitgeberaktien, Gewährung der Sparzulage beim Erwerb von A. **Anh I 6** 2, **Anh I 6 b** 19
Kapitalbeteiligung **3** 112 ff.
Arbeitgeberbeitrag zur allgemeinen Rentenversicherung **3** 143
zur Arbeitslosenversicherung **3** 142
zur ausländischen Krankenversicherung **3** 148
zur gesetzlichen Rentenversicherung **3** 142
– Sonderausgaben **10** 4, 26
zur gesetzlichen Sozialversicherung, Eintragung in die Lohnsteuerbescheinigung **41 b** 16
zur Krankenversicherung **3** 142
– gesetzliche Verpflichtung **3** 147, 148
zur Pflegeversicherung **3** 142
Arbeitgeberdarlehen, Zinsersparnis **8** 24, 47 f.
Arbeitgeberpflichten, Ausschreibung von Lohnsteuerbescheinigungen **41 b** 1 ff.
Bescheinigung der Sammelbeförderungen **3** 102
betriebliche Altersversorgung **Anh I 15 a** 6
Duchführung des Lohnsteuerabzugs **38** 3
Durchführung des Lohnsteuer-Jahresausgleichs **42 b** 1 ff.
im ELStAM-Verfahren **39** 20
Haftung für Lohnsteuer **42 d** 1 ff.
nach dem Mutterschutzgesetz **Anh I 11** 26 ff.
vermögenswirksame Leistungen **Anh I 6** 3, **Anh I 6 a** 2, 8, **Anh I 6 b** 75 f.
Arbeitgeberwechsel, ELStAM-Verfahren **39** 20
Übertragung des Arbeitszeitkontos **3** 123
Zeitwertkonto **38** 12 ff.
Arbeitnehmer, Abgrenzungsmerkmale **19** 25
Anfechtung der Lohnsteuer-Anmeldung **41 a** 10
Begriff **19** 10
ELStAM-Verfahren **39** 32
GmbH-Geschäftsführer **19** 25
Mitteilung der elektronischen Lohnsteuerabzugsmerkmale **39 e** 4 ff.
Pflichten im ELStAM-Verfahren **39** 20
Rechte im ELStAM-Verfahren **39** 20
Sperrung der elektronischen Lohnsteuerabzugsmerkmale **39** 20, **39 e** 6
i. S. der Vermögensbildung **Anh I 6** 1, **Anh I 6 b** 1 ff.
Arbeitnehmerbeitrag zur gesetzlichen Rentenversicherung, Sonderausgaben **10** 4, 26
zur gesetzlichen Sozialversicherung, Eintragung in die Lohnsteuerbescheinigung **41 b** 16
Arbeitnehmer-Pauschbetrag 9 a 1 ff.
Aufteilung bei außerordentlichen Einkünften **34** 14
Versorgungsbezüge **19** 81
Arbeitnehmer-Sparzulage Anh I 6 13, **Anh I 6 a** 6
Auszahlung **Anh I 6 a** 7, **Anh I 6 b** 109 ff.
Festsetzung der A. **Anh I 6 b** 90 ff.
Höhe der A. **Anh I 6 b** 102 ff.
Rückforderung **Anh I 6 a** 9
Rückzahlung **Anh I 6 b** 116 ff., 128 f.
zulageunschädliche Verfügungen **Anh I 6 b** 116 ff., 120 f.
Arbeitnehmerüberlassung, Doppelbesteuerungsabkommen **39** 84 ff.
Haftung **42 d** 25 ff.
Arbeitsessen 8 30
keine Betriebsveranstaltung **19** 62 a
Arbeitsförderungsgesetz, Steuerfreiheit der Leistungen nach dem A. **3** 4
Arbeitsgerichtlicher Vergleich, Werbungskosten **9** 19
Arbeitskleidung, Arbeitsmittel **9** 135
steuerfreie Überlassung durch den Arbeitgeber **3** 96 ff.
Arbeitslohn 19 1 ff.
Abgrenzung von Geld- und Sachleistungen **8** 59
Abgrenzung zu anderen Einkunftsarten **19** 44

Abgrenzung zu den Einkünften aus Kapitalvermögen **19** 44
Abgrenzungskriterien **19** 41 ff.
Aufmerksamkeiten **19** 63
Aufteilung des A. bei Doppelbesteuerungsabkommen **39** 97 ff.
in ausländischer Währung **8** 24
Begriff **19** 11, 44
Beispiele **19** 44
betriebliche Gesundheitsförderung **3** 111 f
D & O-Versicherungsbeiträge **19** 48
Einbehaltung der Lohnsteuer vom laufenden A. **39 b** 21 ff.
Geburtstagsempfang **19** 49
häusliches Arbeitszimmer **19** 50
Incentive-Reisen **19** 73, 74
Kleidung **19** 44
laufender, Begriff **39 b** 13
Lohnzahlung durch Dritte **38** 17
für mehrere Jahre **34** 2, **Anh II** 250 f.
– Fünftelregelung **34** 14
negativer **19** 44
Preise **19** 44
Rabattgewährung durch Dritte **8** 68
Rückzahlung **11** 4, **19** 44, **38** 10
Rückzahlung pauschal besteuerbarer Leistungen **40 b** 27 ff.
Sicherheitsmaßnahmen **19** 46
Steuerabzug vom A. **38** 1 ff.
Übernahme von Bewirtungskosten **19** 64
Übernahme von Fort- und Weiterbildungskosten **19** 70 ff.
Übernahme von Kosten für Sprachkurse **19** 70 ff.
Übernahme von Studiengebühren als Arbeitslohn **19** 73, 76
Unfallversicherungsbeiträge **40 b** 37 ff.
Unfallversicherungsleistungen **40 b** 37 ff.
veruntreute Beträge kein A. **19** 44
Wohnrecht **38** 9
Zahlung an den Erben **19** 91 ff.
Zahlung an die Agentur für Arbeit **3** 11
Zufluss **38** 8 ff.
– beim Gesellschafter-Geschäftsführer **38** 14 c
Zukunftssicherungsleistungen **3** 152, **19** 1
Arbeitslohnspende, Unterstützungsleistungen **3** 40 a
Arbeitslosenbeihilfe nach dem Soldatenversorgungsgesetz **3** 1
– Progressionsvorbehalt **32 b** 1
Steuerfreiheit **3** 4
Arbeitslosengeld, Progressionsvorbehalt **32 b** 1
Steuerfreiheit **3** 1, 4
Arbeitslosenhilfe, Progressionsvorbehalt **32 b** 1
nach dem Soldatenversorgungsgesetz **3** 1
– Progressionsvorbehalt **32 b** 1
Steuerfreiheit **3** 4
Arbeitslosenversicherung, Aufteilung ausländischer Globalbeiträge **10** 30
Beiträge als Sonderausgaben **10** 6, 27
Eintragung der Beiträge auf der Lohnsteuerbescheinigung **41 b** 1, 16
Steuerfreiheit der Arbeitgeberbeiträge **3** 142 f.
Arbeitsmittel **9** 134 f.
Abschreibung, 800-Euro-Grenze **9** 134 f.
Arbeitsplatz, Arbeitszimmer **9** 139 ff.
Arbeitsplatzverlust, Bergbau **3** 139
Arbeitsunfähigkeit, Lohnfortzahlung **Anh I** **10** 3
Arbeitsverhältnis, Abgrenzungsmerkmale **19** 25
zwischen Angehörigen **Anh II** 31
zwischen Ehegatten **19** 26 ff., **Anh II** 30 f., 46
zwischen Eltern und Kindern **Anh II** 30 f.
Arbeitszeitkonto, Gutschrift auf A. **38** 9
Übertragung **3** 123
Arbeitszimmer **9** 139 ff.
Arbeitsmittel **9** 135
begrenzter Abzug **9** 145
Begriff des häuslichen A. **9** 142
Ermittlung der abziehbaren Aufwendungen **9** 143
Jahrespauschale **9** 140
kein anderer Arbeitsplatz **9** 145
Mittelpunkt der gesamten Tätigkeit **9** 144
nicht ganzjährige Nutzung **9** 148
Nutzung durch mehrere Steuerpflichtige **9** 147
Nutzung für mehrere Einkunftsarten **9** 146
Tagespauschale **9** 151
unbegrenzter Abzug **9** 144
Vermietung an Arbeitgeber **9** 139
Zahlungen des Arbeitgebers als Arbeitslohn **19** 44, 50
Artist, Arbeitnehmer **19** 25
Arzneimittel als außergewöhnliche Belastungen **Anh II** 224
Arzt, Chefarzt **19** 25
Liquidationseinnahmen **19** 44
selbständige oder nichtselbständige Tätigkeit **19** 25
Arztkosten, außergewöhnliche Belastungen **Anh II** 224
Asbestbeseitigung, außergewöhnliche Belastungen **Anh II** 225
Aufmerksamkeiten kein Arbeitslohn **19** 63
Aufstockungsbeträge nach dem Altersteilzeitgesetz **3** 88 ff.
– Progressionsvorbehalt **32 b** 1
Aufteilung des Freibetrags bei Ehegatten/Lebenspartnern **39 a** 21
Aufwandsentschädigung, Begriff der steuerfreien A. **3** 53
öffentliche Dienste **3** 45 ff.
aus öffentlichen Kassen **3** 45 ff.
rechtlicher Betreuer **3** 1, 87
Werbungskostenabzug **3** 53
Aufwendungen als außergewöhnliche Belastungen **33** 1 ff., **Anh II** 218 ff.
Aufzeichnungserleichterungen bei Lohnsteuerpauschalierung **41** 22 ff.
Aufzeichnungspflichten bei der Altersvorsorgezulage **Anh I 15 a** 19
bei betrieblicher Altersversorgung **41** 16 ff.
Erleichterungen bei Elektromobilität **3** 117 b
beim häuslichen Arbeitszimmer **9** 152
beim Lohnsteuerabzug **41** 1 ff.
bei Pauschalierung der Lohnsteuer **40 a** 20
– Lohnkonto **41** 13
bei steuerfreien Arbeitgeberzuschüssen **3** 64
bei Teilzeitbeschäftigten **41** 13
zum Versorgungsfreibetrag **19** 83, **41** 6
Ausbilder, Entschädigung für nebenberufliche Tätigkeit, Steuerfreiheit **3** 68 ff.
Ausbildung, Ausgaben für A., Sonderausgaben **10** 8, **Anh II** 94 f.
erste Tätigkeitsstätte **9** 10
häusliches Arbeitszimmer **9** 149
Spenden **10 b** 10
Ausbildungsbeihilfen aus öffentlichen Mitteln, Steuerfreiheit **3** 36, 40
Ausbildungsdienstverhältnis **9** 24 f., 27, 29 ff.
Ausbildungsfreibetrag **32** 6, **33 a** 2, **Anh II** 232
zeitanteilige Ermäßigung **33 a** 4, **Anh II** 236 f.
Ausbildungskosten **9** 24 f., 29 ff.
häusliches Arbeitszimmer **9** 149

Ausgaben zur Förderung staatspolitischer Zwecke **10 b** 2
– Spendenbescheinigung **10 b** 20 ff.
Ausgabenabzug bei Zusammenhang mit steuerfreien Einnahmen **3 c** 1 f.
Ausgleichszahlungen nach BeamtVG **3** 14
Aushilfskräfte, einheitliche Pauschsteuer **40 a** 21
in der Land- und Forstwirtschaft **40 a** 4, 15
Pauschalierung der Lohnsteuer **40 a** 1 ff.
Auskunft durch Betriebsstättenfinanzamt **42 e** 1 ff.
Auslagenersatz 3 118 f.
Bundesumzugskostengesetz **Anh I 9** 9
Elektromobilität, Ladestrom **3** 117 b
pauschaler, Steuerfreiheit **3** 119 ff.
Ausland, abzugsfähige Kosten doppelter Haushaltsführung bei ausländischer Arbeitsstätte **9** 131
Auslandsreisekostensätze **9** 74
Auswärtstätigkeit im A. **9** 74
Tätigkeit deutscher Arbeitnehmer im A. **39** 73 ff.
Umzugskosten **9** 92
Unterhaltsaufwendungen für im A. lebende Personen **33 a** 12 ff.
Ausländische Arbeitnehmer, Bescheinigung für den Lohnsteuerabzug **39** 60
beschränkte Steuerpflicht **39** 61 ff.
Freibetrag wegen Unterhalt von Angehörigen im Ausland **33 a** 12 ff.
Lohnsteuerabzugsmerkmale **39** 20, 32
Nachweis der Unterstützungsleistungen **33 a** 13 ff.
zuständiges Finanzamt für ausländische Verleiher **41** 28
Ausländische Einkünfte, steuerfreie, Progressionsvorbehalt **32 b** 1
Ausländische Sozialversicherungsbeiträge, Aufteilung ausländischer Globalbeiträge **10** 30
Sonderausgaben **Anh II** 71
ausländische Währung, Lohnzahlung **8** 24
Auslandsreisen, Pauschbeträge für Unterbringungskosten und Verpflegungsmehraufwendungen **9** 74 f.
Auslandstagegelder 9 74 f.
Auslandstätigkeit 39 73 ff.
Werbungskosten **9** 19
Auslandstätigkeitserlass 39 74 ff.
Aufteilung des Arbeitslohns **39** 97 ff.
Lohnsteuerabzug **39** 97 ff.
Auslandsübernachtungsgeld 9 74 f.
Auslandsumzüge 9 89 ff., **Anh I 9** 13 f.
Auslandsumzugskostenverordnung Anh I 9 a 1 ff.
Auslösungen, Steuerfreiheit **3** 65 ff.
Ausschreibung von Lohnsteuerbescheinigungen **41 b** 1 ff.
Außergewöhnliche Belastungen 33 1 ff.
abziehbare Aufwendungen **33** 11 f.
allgemeine **Anh II** 218 ff.
Aufwendungen für Unterhalt und Berufsausbildung **33 a** 1 f., **Anh II** 226 f.
Ausbildungsfreibeträge **Anh II** 232
behinderungsbedingte Fahrtkostenpauschale **33** 2 a
in besonderen Fällen **33 a** 1 ff.
bei Ehegatten/Lebenspartnern **39 a** 19
Heimunterbringung **33** 15
Nachweis von Krankheitskosten **33** 5
Pauschbeträge für Behinderte **33 b** 1 ff.
Steuerermäßigung nach §§ 33 und 33 a EStG **33 a** 25
Unterhaltsleistungen an Angehörige **33 a** 6 f.
zumutbare Belastungen **33** 3
Außerordentliche Einkünfte, Steuerermäßigung **34** 1 ff.
Aussperrungsunterstützung, kein steuerpflichtiger Arbeitslohn **19** 44
Auswärtige Unterbringung, außergewöhnliche Belastungen **Anh II** 225
von Kindern zur Berufsausbildung **Anh II** 232
Auswärtstätigkeit, Abgrenzung zur ersten Tätigkeitsstätte **9** 55
Auslandsreisen
– Länderübersicht **9** 75
– Pauschbeträge für Verpflegung und Übernachtung **9** 74 f.
Begriff **9** 44
Benutzung eines Kfz **9** 55, 62
Fahrtkosten **9** 5 a, 55, 62
auf einem Fahrzeug **9** 44
Mahlzeitengestellung **8** 2, 31
Pauschbeträge für Übernachtung, Arbeitgebersatz **9** 78
Reisekosten **9** 44
ständig wechselnde Tätigkeitsstätten **9** 44
Übernachtungskosten **9** 6 a
Unterkunftskosten **9** 58
Verpflegungsmehraufwendungen **9** 11, 56, 65 ff.
Auszahlung der Altersvorsorgezulage **90** 2
der Arbeitnehmer-Sparzulage **Anh I 6** 14, **Anh I 6 a** 7, **Anh I 6 b** 109 ff.

B

Badeanlagen, firmeneigene **19** 44
Bankgewerbe, Vermittlungsprovision **19** 54, 56
Bargeschenke, Arbeitslohn **19** 63
Barlohnumwandlung bei Zukunftssicherungsleistungen **40 b** 18
Zusätzlichkeitsvoraussetzung **8** 3 a
Barzuschüsse zur Verbilligung von Mahlzeiten **8** 28 f., 62
Basiskrankenversicherung, Beiträge zur privaten Krankenversicherung **10** 20 ff., 27
Baudarlehen, Förderung nach dem Wohnungsbau-Prämiengesetz **Anh I 7** 2, **Anh I 7 b** 5
Wohnungsbauprämie **Anh I 7 b** 5
Baugewerbe, ausländisches B., zuständiges Finanzamt **41** 28
Bausparbeiträge, Wohnungsbauprämie **Anh I 7** 2
Bausparen, vermögenswirksame Anlage **Anh I 6** 2, **Anh I 6 b** 54 ff.
Wohnungsbauprämie **Anh I 7** 2, **Anh I 7 b** 5
Bausparkassen, Elektronische VL-Bescheinigung **Anh I 6 b** 77 ff.
ersparte Abschlussgebühren bei Mitarbeitern **8** 74
Wohnungsbauprämien **Anh I 7** 2
Bausparverträge, vermögenswirksame Anlage **Anh I 6** 2, **Anh I 6 b** 54 ff.
Wohnungsbauprämie **Anh I 7** 2
BAV-Förderbetrag 100 1 ff.
Aufzeichnung im Lohnkonto **41** 12
begünstigte Personen **Anh I 15 b** 106 ff.
betriebliche Altersversorgung **Anh I 15 b** 100 ff.
Einkommensgrenze **Anh I 15 b** 106 ff.
Höhe des BAV-F. **Anh I 15 b** 119 ff.
Lohnsteuer-Anmeldung **41 a** 12
Rückzahlung **Anh I 15 b** 138 ff.
Verwendung vermögenswirksamer Leistungen **100** 7, **Anh I 15 e** 1 ff.
weitere Voraussetzungen **Anh I 15 b** 133 ff.

Beamte, Altersvorsorge **10 a** 1 ff., 9 ff.
Beschäftigung bei Organen der Europäischen Union **39** 102 ff.
– Altersvorsorge **10 a** 22 f.
Kürzung des Höchstbetrags für Sonderausgaben **10** 14 ff., 26
Lohnsteuerabzug bei Wohnsitz im Ausland **39 c** 11
steuerfreie Reisekosten **3** 54 f.
vermögenswirksame Leistungen **Anh I 6 c** 1 ff.
Versorgungszuschlag als Werbungskosten **9** 23
vorzeitiger Ruhestand **19** 79
Beamtenversorgungsgesetz, Kapitalabfindungen **3** 14
steuerfreie Kindererziehungszuschläge **3** 174 f.
Beerdigungskosten, Abzug der Aufwendungen als außergewöhnliche Belastung **Anh II** 225
als dauernde Lasten **Anh II** 67
Beförderungsauslagen bei Umzügen **Anh I 9** 6
Befreiende Lebensversicherung **3** 142, 145
Behinderte, abziehbare Aufwendungen **33** 10 ff.
Abzug der Aufwendungen als außergewöhnliche Belastung **Anh II** 225
Aufnahme in Gastfamilien **3** 31
behinderungsbedingte Baukosten, außergewöhnliche Belastungen **Anh II** 224
behinderungsbedingte Fahrtkostenpauschale, außergewöhnliche Belastungen **33** 2 a
Fahrten zwischen Wohnung und Arbeitsstätte **9** 111
Heimunterbringung **33** 10 ff.
Nachweis der Behinderung **Anh II** 239
Pauschbeträge **33 b** 1 ff., **Anh II** 238 f.
– außergewöhnliche Belastungen **33 b** 1 ff.
– für Ehegatten/Lebenspartner **39 a** 20
Wege zwischen Wohnung und erster Tätigkeitsstätte **9** 9
– Werbungskosten **9** 100
Behinderte Kinder, Pauschbetrag **33 b** 5
steuerliche Berücksichtigung **32** 11 f., 25
Übertragung der Pauschbeträge für b. K. **32** 33, **33 b** 5, **39 a** 22
Behinderte (Menschen mit Behinderungen), Wege zwischen Wohnung und erster Tätigkeitsstätte **9** 99
Behinderung, Grad der B. **33 b** 3
Nachweis **33 b** 10 ff.
Beihilfen des Arbeitgebers an Arbeitnehmer in Krankheits- und Unglücksfällen **3** 38 ff.
Ausbildungsbeihilfen aus öffentlichen Kassen **3** 40
Erholungsbeihilfen des Arbeitgebers **3** 38 ff.
an nichtbeamtete Versorgungsempfänger **19** 79
aus öffentlichen Mitteln zur Förderung der Forschung, Wissenschaft oder Kunst **3** 36 f., 40
steuerfreie Arbeitgeberleistungen, Corona-Krise **3** 41 f.
steuerfreie Corona-Unterstützungsleistungen **3** 1
steuerfreie Leistungen **Anh II** 12, 14
Beiträge zu berufsständischen Versorgungseinrichtungen **10** 4, 26
an Berufsverbände **9** 4, 41 f.
zur gesetzlichen Rentenversicherung, Sonderausgaben **10** 4, 26
zu landwirtschaftlichen Alterskassen **10** 26
an politische Parteien **10 b** 3
– Spendenbescheinigung **10 b** 20 f.
– Steuerermäßigung **34 g** 1 f.
an Religionsgemeinschaften, Sonderausgaben **Anh II** 90 f.
zu Versicherungen, Sonderausgaben **10** 4 f., 26 f., **Anh II** 70 f.
für Zukunftssicherung **40 b** 1 ff.
Beitragsrückerstattungen, Sonderausgabenabzug **Anh II** 69
Beitragszuschuss zur Krankenversicherung **3** 142 ff.
zur Pflegeversicherung **3** 142 ff.
Belastungen, außergewöhnliche **33** 1 ff., **Anh II** 218 ff.
– in besonderen Fällen **33 a** 1 ff.
Belegschaftsrabatte, Aufzeichnung im Lohnkonto **41** 9, 24
Aufzeichnungserleichterungen **41** 24
Rabattfreibetrag **8** 3, 63 f.
Beleihung der Ansprüche aus Direktversicherung **40 b** 19
Belohnung, Incentive-Reisen **19** 73, 74
Berechnung der Lohnsteuer **39 b** 1 ff.
Bereitschaftsdienst, Zuschläge **3 b** 12
Bereitschaftspolizei, Dienstkleidung **3** 15 f.
Bergbau, Arbeitsplatzverlust **3** 139
Berufsausbildung, Abschluss der B. **32** 22
Ausbildungsfreibetrag **Anh II** 232 f.
Berücksichtigung von Kindern **32** 22 f., **Anh II** 190
– bei mehraktiger B. **32** 42
erstmalige **9** 29 ff.
von Kindern **32** 4, **Anh II** 190
nicht abzugsfähige Lebenshaltungskosten **9** 29 ff.
steuerliche Berücksichtigung **9** 29 ff.
Berufsausbildungskosten **9** 24 f.
allgemeine Einordnung **9** 29 ff.
erstmalige, keine Werbungskosten **9** 12
nicht abzugsfähige Lebenshaltungskosten **9** 29 ff.
Sonderausgaben **9** 29 ff., **10** 8, **Anh II** 94 f.
Werbungskosten **9** 24 f.
Berufshaftpflichtversicherung, Beiträge als Arbeitslohn **19** 44
Berufskleidung, Abgrenzung zur bürgerlichen Kleidung **3** 99
Ansparung für Kleiderkasse **9** 17
Arbeitsmittel **9** 135
Reinigungskosten **9** 19
steuerfreie Überlassung durch den Arbeitgeber **3** 96 ff.
Werbungskosten **9** 7, 17
Berufskraftfahrer, Doppelbesteuerungsabkommen **39** 84 ff.
Werbungskostenpauschale für Nebenkosten **9** 6 b
Berufskrankheit, Werbungskosten **9** 19
Berufssportler, beschränkt steuerpflichtige **39** 64
Berufsständische Versorgungseinrichtungen, Beiträge als Sonderausgaben **10** 4, 26
Berufsunfähigkeitsversicherung, Beiträge als Sonderausgaben **10** 6, 27, **Anh II** 71
als Zukunftssicherung **40 b** 14 f.
Berufsverbände, Ausgaben bei Veranstaltungen von B. als Werbungskosten **9** 41 f.
Beiträge an B. als Werbungskosten **9** 4
Beschäftigungsverbot nach Entbindung **Anh I 11** 5 ff.
für werdende Mütter **Anh I 11** 5 ff.
Beschränkte Steuerpflicht **1** 4
Änderung des Lohnsteuerabzugs **41 c** 12
Befreiung **39** 63
Bescheinigung für den Lohnsteuerabzug **39** 60
Durchführung des Lohnsteuerabzugs **39** 61 ff.
Lohnsteuerabzug **39 b** 1 ff.
Lohnsteuerabzugsmerkmale **39** 3, 20, 32
Besondere Lohnsteuerbescheinigung **41 b** 3, 15 ff.
Bestattungskosten, Abzug der Aufwendungen als außergewöhnliche Belastung **Anh II** 225

Besteuerung von Entlassungsentschädigungen **34** 5 ff.
des Nettolohns **39 b** 42 ff.
sachliche Voraussetzungen für die B. **1** 1 ff.
Umfang **2** 1
Beteiligung am Arbeitgeberunternehmen, Werbungskosten **9** 19
Beteiligungs-Kaufvertrag, vermögenswirksame Anlage **Anh I 6** 7
Betreuer, rechtlicher **3** 87
– Aufwandsentschädigung **3** 1
Betreuung, Einnahmen für nebenberufliche Tätigkeit, Steuerfreiheit **3** 68
Übernahme von Kosten **19** 42
Betreuungsaufwendungen, Übernahme durch den Arbeitgeber **3** 1, 111 h
Betreuungsfreibetrag 32 6
Übertragung des B. **32** 31 ff.
Betreuungsgeld, Antrag **Anh I 13** 17
Bundeselterngeld- und Elternzeitgesetz **Anh I 13** 11 ff.
Betriebliche Altersversorgung, Abfindung **Anh I 15** 5
Altersvorsorgebeiträge **82** 2
Altersvorsorge-Durchführungsverordnung **Anh I 15 a** 1 ff.
Anpassungsprüfungspflicht **Anh I 15** 19, **Anh I 15 b** 162 ff.
Antragsmuster, private Altersvorsorge **Anh I 15 c** 1 ff.
arbeitnehmerfinanzierte **Anh I 15** 2
Aufzeichnungspflichten **41** 16 ff.
Ausgliederung **Anh I 15 b** 64 f.
Ausscheiden **19** 1
BAV-Förderbetrag **100** 1 ff.
– Lohnsteuer-Anmeldung **41** 12
Begriff **Anh I 15 b** 1 ff.
begünstigte Auszahlungsformen **Anh I 15 b** 34
bei beherrschendem Gesellschafter-Geschäftsführer **Anh I 15 d** 1 ff.
Durchführung **Anh I 15** 3
Ehegatten, im Betrieb mitarbeitende **19** 26 ff.
Entgeltumwandlung **Anh I 15** 2, 26, **Anh I 15 b** 9 ff.
Förderung der BAV **Anh I 15 b** 1 ff.
Förderung durch Sonderausgabenabzug und Zulage **Anh I 15 b** 66 ff.
Gesetz über die b. A. **Anh I 15** 1 ff.
Hinterbliebenenversorgung **Anh I 15 b** 3 ff.
Insolvenzsicherung **3** 165 ff., **Anh I 15** 10 ff.
Mitteilungspflichten **41** 16 ff.
– des Arbeitgebers **Anh I 15 a** 6
Nachzahlung von Beiträgen **Anh I 15 b** 46 ff.
Sanierungsgeld **19** 1
Schuldbeitritt **Anh I 15 b** 64 f.
Sicherungsbeitrag nach § 23 Abs. 1 BetrAVG **3** 152 a
– steuerfreie Aufwendungen **Anh I 15 b** 51 f.
Sonderzahlungen **19** 1, **Anh I 15 b** 14 ff.
– Pauschalierung **40 b** 4
steuerfreie Beiträge **3** 150 ff.
– zur kapitalgedeckten BAV **Anh I 15 b** 23 ff.
– zu umlagefinanzierten Pensionskassen **3** 130 f., **Anh I 15 b** 76 ff.
Steuerfreiheit des Sicherungsbeitrags **Anh I 15 b** 51 f.
Übertragung **3** 124 f., **Anh I 15** 6
– von Versorgungszusagen **3** 170 f., **Anh I 15 b** 170 ff.
Unverfallbarkeit **Anh I 15** 3
Verlust des Bezugsrechts **Anh I 15 b** 174 f.
Versorgungsausgleich **3** 126 ff., **10 a** 308 ff.
Wechsel **19** 1
– des Durchführungsweges **Anh I 15 b** 57 ff., 173
Zukunftssicherungsleistungen **40 b** 1 ff., **Anh I 15 b** 106 ff.
Zusage **Anh I 15** 1, **Anh I 15 b** 8 ff.
Zusatzbeiträge des Arbeitgebers **Anh I 15** 29
Betriebliche Gesundheitsförderung, Firmenfitnessprogramm, geldwerter Vorteil **8** 24
kein Arbeitslohn **3** 111 f
keine steuerfreien Leistungen **3** 111 e
steuerfreier Arbeitslohn **3** 111 ff.
zertifizierte Präventionskurse **3** 111 c
Betriebsarzt 19 25
Betriebsausflug, Sachzuwendungen **19** 1, 62 a
Betriebsprüfung 42 f 1 ff.
Betriebsrente im Zusammenhang mit der Entlassung aus dem Dienstverhältnis **34** 5 ff.
Versteuerung als Versorgungsbezug **19** 2 ff.
Betriebsrentengesetz Anh I 15 1 ff.
Betriebsstätte 41 2, 27
Arbeitslohn zu Lasten einer B. **39** 60 ff.
Betriebsstättenfinanzamt 41 a 1
Betriebsstättenvorbehalt bei Tätigkeit im Ausland **39** 84 ff.
Betriebsveranstaltung, Begriff **19** 1, 62 a
BMF-Schreiben **19** 62 a
gemischte Veranstaltung **19** 62
Häufigkeit **19** 62 a
Pauschalierung der Lohnsteuer **40** 2, 15, 21
Pauschalversteuerung **19** 62 a
Steuerfreibetrag für Arbeitgeberleistungen **19** 1
steuerfreie Arbeitgeberleistungen **19** 62 a
Zuwendungen **19** 1, 62 a
Betriebsvereinbarung über vermögenswirksame Leistungen **Anh I 6** 10
Bewertung, Arbeitslohn **19** 64
von Mahlzeiten bei Auswärtstätigkeit **8** 2
der Mahlzeitengestellung **9** 57
der Rabatte **8** 65, 83
der Sachbezüge **8** 2, 20 f., 59
– Wahlrecht **8** 83
Vermögensbeteiligung **3** 112 ff.
bei Wohnungsüberlassung **8** 26 a
Bewirtungskosten bei Dienstreisen **8** 30
Werbungskosten **9** 19
Bezüge, eigene, Anrechnung bei Unterhaltsleistungen **33 a** 1, 11, **Anh II** 226 f.
zeitanteilige Ermäßigung **Anh II** 236 ff.
Bezugsrecht, Verlust des B. **Anh I 15 b** 174 f.
– aus einer Direktversicherung **40 b** 27
Bildberichterstatter, beschränkt steuerpflichtige **39** 64
Bildschirmarbeitsplatz, spezielle Sehhilfe kein Arbeitslohn **19** 42
Bildungseinrichtung, erste Tätigkeitsstätte **9** 10
Blinde, Pauschbetrag **33 b** 3
Bruttolohn bei Nettolohnberechnungen **39 b** 42 f.
Bühnenangehörige, Selbständigkeit **19** 12 ff.
Bundesausbildungsförderungsgesetz, Leistungen nach dem B. **3** 40
Bundeselterngeld- und Elternzeitgesetz Anh I 13 1 ff.
Bundesfreiwilligendienst, Berücksichtigung von Kindern wegen d. B. **32** 4
Bundeskindergeldgesetz Anh I 5 1 ff.
Bundespolizei, Dienstkleidung **3** 15 f.
Bundesumzugskostengesetz Anh I 9 1 ff.
Bundesversorgungsgesetz, steuerfreie Leistungen **3** 21 f.
Bundeswehr, Dienstkleidung **3** 15 f.
vermögenswirksame Leistungen **Anh I 6 c** 1 ff.

Bundeszentralamt für Steuern, elektronische Lohnsteuerabzugsmerkmale **39 e** 1 ff.
Bürgschaftsverpflichtung, Werbungskosten **9** 19
Büroraum, Vermietung an Arbeitgeber **19** 50

C

Computer, Nachweis der beruflichen Nutzung **9** 135
Pauschalierung der Lohnsteuer **40** 2
steuerfreie private Nutzung **3** 1, 115 a f.
Corona-Krise, steuerfreie Leistungen für Pflegekräfte **3** 1, 42
steuerfreie Unterstützungsleistungen **3** 1, 41 f.

D

Darlehen, Ausbildungsdarlehen als Sonderausgaben **Anh II** 95
Familienpflegezeit **Anh I 12** 7 ff.
Darlehensforderungen an Arbeitgeber als Kapitalbeteiligung, Gewährung der Sparzulage **Anh I 6** 2, **Anh I 6 b** 27
Verlust als Werbungskosten **9** 19
Vermögensbeteiligung **3** 113
Darlehensgewährung durch Arbeitgeber **8** 47 f.
– Zinsersparnis **8** 24
Darstellende Künstler, Selbständigkeit **19** 12 ff.
Datenabgleich, Altersvorsorgezulage **91** 1 f., **99** 2
Lohnsteuer-Außenprüfung **42 f** 10
Riesterrente **10 a** 306 f.
Datenübermittlung, Altersvorsorgezulage **Anh I 15 a** 1 ff.
Beiträge zu Vorsorgeaufwendungen **10** 13, 19, 28
Beiträge zur Altersvorsorge **10 a** 4, 7
Beiträge zur Kranken- und Pflegeversicherung **10** 28
Einwilligung zur D. bei vermögenswirksamen Leistungen **Anh I 6** 15
Lohnersatzleistungen **32 b** 3, 8
Lohnsteuer-Außenprüfung **42 f** 10
Lohnsteuerbescheinigung **41 b** 2
vermögenswirksame Leistungen **Anh I 6 b** 77 ff.
Datenverarbeitungsgeräte, private Nutzung betrieblicher D. **3** 115 a f.
Dauernde Erwerbsunfähigkeit, Berücksichtigung von Kindern wegen d. E. **32** 4, **Anh II** 198
Dauernde Lasten, Beerdigungskosten **Anh II** 67
Sonderausgaben **10** 9 a, **Anh II** 66 f.
bei Vermögensübertragungen **Anh II** 67
Werbungskosten **9** 2
Dauerwohnrecht, vermögenswirksame Leistungen **Anh I 6** 2
Wohnungsbauprämie **Anh I 7** 2
Denkmalpflege, Spenden **10 b** 10
Deputate, Bewertung **8** 63
Deutschkurse, keine außergewöhnliche Belastungen **Anh II** 224
Deutschland-Ticket **3** 62 a, **8** 24
Dienstaufwandsentschädigung aus öffentlichen Kassen **3** 45 ff.
Werbungskostenabzug **3** 53
Diensteinführung, Sachleistungen des Arbeitgebers **19** 42
Dienstfernsprecher, private Nutzung **3** 115 a f., **19** 44
Dienstkleidung, Steuerfreiheit **3** 15 f.
Dienstleistungsgewerbe, Einbehaltung der Lohnsteuer **38** 17
Dienstreise, Benutzung des eigenen Pkw **9** 55
Fahrtkosten **9** 60, 62
Lohnsteuerabzug bei D. ins Ausland **39** 84 ff.
Unterkunftskosten **9** 58
Verpflegungsmehraufwendungen **9** 56
Dienstunfähigkeit, private Altersvorsorge **10 a** 13
Dienstverhältnis zwischen Ehegatten **Anh II** 30 f., 46
Dienstwagen, Garage **8** 34
Gestellung durch Arbeitgeber **8** 2, 32, 50 ff.
Digitale Lohn-Schnittstelle **42 f** 10
Lohnkonto **41** 13 a
Direktversicherung, Abtretung oder Beleihung der Ansprüche **40 b** 19
Altersvorsorgebeiträge **82** 2
Arbeitnehmer-Ehegatte **Anh II** 31
Arbeitslohn **19** 1
BAV-Förderbetrag **100** 1 ff.
Leistungen aus der BAV **Anh I 15 b** 145 ff.
Lohnkonto **41** 16 ff.
Mitteilung an D. **41** 16 ff.
Pauschalierung der Lohnsteuer **40 b** 1 ff., 14 f.
Sonderzahlungen in D. **Anh I 15 b** 19 ff.
steuerfreie Zuwendungen des Arbeitgebers **3** 150 ff., **Anh I 15 b** 23 ff.
Verhältnis der Steuerfreiheit zur Pauschalbesteuerung **Anh I 15 b** 94 ff.
Voraussetzungen für Pauschalierung **40 b** 19
Weiteranwendung der Pauschalbesteuerung **Anh I 15 b** 85 ff.
Doppelbesteuerungsabkommen, Abfindungszahlung **39** 107
Aufteilung des Arbeitslohns **39** 97 ff.
Beschäftigung bei Organen der Europäischen Union **39** 102 ff.
Grenzgängerregelung **39** 84 ff.
Lohnsteuerabzug **39** 72 f., 82 ff., 97 ff.
Progressionsvorbehalt **39** 84 ff.
steuerfreie ausländische Einkünfte, Progressionsvorbehalt **32 b** 1
Übersicht **39** 82 f.
183-Tage-Schreiben **39** 84 ff.
Doppelte Haushaltsführung **9** 6, 117 ff.
Abzug von Telefonkosten anstelle einer Familienheimfahrt **9** 131
Begriff **9** 58
berufliche Veranlassung **9** 58, 118, 121
Ehegatten **9** 121
eigener Hausstand **9** 58, 119, 121
Ersatz der Kosten durch den Arbeitgeber **9** 127
Familienheimfahrten **9** 6, 111, 123, 131
Heimfahrt mit dem vom Arbeitgeber gestellten Pkw **9** 127
Lebenspartnerschaft **9** 121
Lohnsteuerbescheinigung **41 b** 16
Mehraufwendungen **9** 122 ff.
Übernachtungskosten **9** 131
Umzugskosten **9** 126
Unterkunftskosten **9** 58, 125
Vergütungen des Arbeitgebers für die Kosten einer d. H., Steuerfreiheit **3** 65 f.
Verpflegungsmehraufwendungen **9** 11, 57, 124
Zweitwohnung **9** 121
D & O-Versicherungen, Arbeitslohn **19** 48
Dreimonatsfrist, doppelte Haushaltsführung **9** 124
Verpflegungsmehraufwendungen **9** 11, 56, 70
Durchlaufende Gelder bei Arbeitnehmern, Steuerfreiheit **3** 118 f.

Durchschnittsberechnung, Ermittlung des Pauschsteuersatzes **40** 8
Pauschalierung bei Zukunftssicherungsleistungen **40 b** 31
Pauschalierungsgrenze bei Zukunftssicherungsleistungen **40 b** 22
Duschräume 19 44

E

Ehegatten, Altersvorsorgeaufwendungen, Sonderausgabenabzug **10 a** 92 ff.
Anlage vermögenswirksamer Leistungen **Anh I 6 b** 62 ff.
behindertes Kind, Pauschbetrag **33 b** 5
Berechnung der Altersvorsorgezulage **10 a** 85 ff.
betriebliche Altersversorgung **19** 26 ff.
Dienstverhältnisse **19** 26 ff., **Anh II** 30 f., 46
doppelte Haushaltsführung **9** 121
elektronische Lohnsteuerabzugsmerkmale **39** 19
Fahrgemeinschaft **9** 100
Freibeträge **39 a** 17 ff.
Lohnsteuerklasse **38 b** 4
Steuerklassenwahl **39** 11 ff.
– Faktorverfahren **39 f** 1 ff.
Steuerklassenwechsel **39** 11 ff., 53
Zusammenveranlagung **Anh II** 176 f.
Ehegattenarbeitsverhältnis Anh II 30 f., 46
Vergütung **19** 26 ff.
Voraussetzungen **19** 26 ff.
Zukunftssicherungsleistungen **40 b** 31
Ehescheidung, außergewöhnliche Belastungen **Anh II** 225
elektronische Lohnsteuerabzugsmerkmale **39** 19
Lohnsteuerklasse, Änderung **39** 52
Versorgungsausgleich **3** 128
Ehrenamt, Freibetrag für nebenberufliche Tätigkeit **3** 80 ff.
Vorstand **3** 85
Ehrenamtliche Nebentätigkeit 3 68
Steuerfreibetrag **3** 80 ff.
Ehrensold 19 78
Eigener Hausstand, Begriff **9** 119, 121
doppelte Haushaltsführung **9** 58
Eigenheim, Wohnungsbauprämie **Anh I 7** 2
Eigentumswohnung, vermögenswirksame Leistungen **Anh I 6** 2
Wohnungsbauprämie **Anh I 7** 2
Einbehaltung der Lohnsteuer 39 b 21 ff.
von sonstigen Bezügen **39 b** 27 ff.
Eingliederungsgeld, Progressionsvorbehalt **32 b** 1
Einkommen, Begriff **2** 4
zu versteuerndes **2** 5, **32 a** 1, **Anh II** 3
Einkommensgrenze für BAV-Förderbetrag **100** 3, **Anh I 15 b** 106 ff.
beim Elterngeld **Anh I 13** 1
für die Gewährung der Sparzulage **Anh I 6** 13
bei Wohnungsbauprämie **Anh I 7** 3, **Anh I 7 b** 3
Einkommensteuer, Ermittlung der festzusetzenden E. **2** 8, **Anh II** 3
Jahressteuer **2** 9
bei Lebenspartnern **2** 10, **Anh II** 4
Pauschalierung bei bestimmten Sachzuwendungen **37 b** 1 ff.
tarifliche **2** 8
Einkommensteuertarif 32 a 1
Einkommensteuer-Veranlagung bei Einkünften aus nichtselbständiger Arbeit **46** 1 ff.
Einkünfte, Begriff **2** 2
eigene
– Anrechnung bei Unterhaltsleistungen **33 a** 1, 11, 19, **Anh II** 226 f.
– Elterngeld **Anh I 13** 2
– zeitanteilige Ermäßigung **Anh II** 236 f.
aus nichtselbständiger Arbeit **19** 1 ff.
Zusammenballung **34** 5 ff., **Anh II** 244 f.
Einnahmen, Begriff **8** 1
für nebenberufliche ehrenamtliche Tätigkeit **3** 68, 80 ff.
für nebenberufliche künstlerische Tätigkeit, Steuerfreiheit **3** 68
für nebenberufliche Lehrtätigkeit, Steuerfreiheit **3** 68
für nebenberufliche Pflegetätigkeit, Steuerfreiheit **3** 68
für nebenberufliche Tätigkeit, Steuerfreiheit **3** 68
Einzelnachweis der Fahrtkosten bei einer Auswärtstätigkeit **9** 55, 62
der Sonntags-, Feiertags- und Nachtarbeit **3 b** 9
der Übernachtungskosten
– bei doppelter Haushaltsführung **9** 125, 131
– bei Inlandsreisen **9** 76 ff.
Elektrofahrrad, geldwerter Vorteil **8** 58
Leasing **8** 62 a
Überlassung eines E. **8** 24, 62 a
Elektrofahrzeug, Firmenwagen **8** 61
Gestellung durch Arbeitgeber **8** 34
Elektrokleinstfahrzeug, Gestellung durch Arbeitgeber **8** 34
Elektromobilität, Kfz-Gestellung **8** 54 b
Nachteilsausgleich **8** 61
Pauschalierung der Lohnsteuer **40** 2
steuerfreie Leistungen **3** 117 f.
Steuerfreiheit **3** 1
Elektronische Lohnsteuerabzugsmerkmale (ELStAM) 39 1 ff., **39 e** 1 ff.
Abruf **39** 20
– durch den Arbeitgeber **39 e** 4 ff.
Anwendungsschreiben **39** 18 ff.
Arbeitgeberpflichten **39** 20
Arbeitgeberwechsel **39** 20
Arbeitnehmerpflichten **39** 20
Arbeitnehmerrechte **39** 20
Aufzeichnung im Lohnkonto **39** 27
ausländische Arbeitnehmer **39** 32
Bildung der E. **39** 19
Härtefallregelung **39** 24
Lohnsteuerabzug ohne E. **39** 20
Nichtteilnahme am elektronischen Abrufverfahren **39 e** 7
Positiv- und Negativliste **39** 20
rückwirkende Änderungen **41 c** 1 ff.
Sperrung durch den Arbeitnehmer **39** 20, **39 e** 6
unzutreffende **39** 20
verschiedene Lohnarten **39** 20
zweites und weiteres Dienstverhältnis **39** 20
Elektronische VL-Bescheinigung, Einführung **Anh I 6 d** 1
Härtefallregelung **Anh I 6 b** 85, **Anh I 6 e** 1 ff.
Vermögensbildungsgesetz **Anh I 6** 15, **Anh I 6 b** 77 ff.
Elektro-Scooter, Gestellung durch Arbeitgeber **8** 34
Elektro-Tretroller Gestellung durch Arbeitgeber **8** 34
Elterngeld, Anrechnung anderer Leistungen **Anh I 13** 9
Anspruchsberechtigte **Anh I 13** 1
Antrag **Anh I 13** 17
außergewöhnliche Belastungen **Anh II** 227

Bezugsdauer **Anh I 13** 10
Bundeselterngeld- und Elternzeitgesetz **Anh I 13** 1 ff.
eigene Einkünfte **Anh I 13** 2
Einkommensgrenze **Anh I 13** 1
Höhe **Anh I 13** 2
Progressionsvorbehalt **32 b** 1
Elternzeit, Anspruch auf E. **Anh I 13** 25 ff.
Antrag **Anh I 13** 26
befristeter Arbeitsvertrag **Anh I 13** 31
Elterngeld **Anh I 13** 1 ff.
Kündigungsschutz während der E. **Anh I 13** 28 f.
Urlaub **Anh I 13** 27
Elternzeitgesetz Anh I 13 1 ff.
Emeritenbezüge, Versorgungsbezüge **19** 79
Endpreis, Bewertung von Sachbezügen **8** 83
Energetische Gebäudesanierung, Freibetrag **39 a** 14
Energiepreispauschale als Versorgungsbezug **19** 5
Entfernungspauschale, Abgeltungswirkung **9** 112
Anrechnung der Arbeitgeberleistungen **9** 100
Anrechnung von Arbeitgeberleistungen **9** 110
Behinderte **9** 111
doppelte Haushaltsführung **9** 111
Fahrgemeinschaften **9** 107
Höhe und Höchstbetrag **9** 105
Kürzung um steuerfreie Arbeitgeberleistungen **3** 62 ff.
maßgebende Entfernung **9** 100, 106
mehrere Dienstverhältnisse **9** 109
Mobilitätsprämie **101** 1
Pauschalierung des Fahrtkostenersatzes **9** 113
verkehrsgünstigere Strecke **9** 100, 106
verschiedene Verkehrsmittel **9** 108
für Wege zwischen Wohnung und erster Tätigkeitsstätte **9** 5, 96 ff., 104 ff.
Entgeltfortzahlung an Feiertagen **Anh I 10** 2
im Krankheitsfalle **Anh I 10** 3
Entgeltfortzahlungsgesetz Anh I 10 1 ff.
Entgeltumwandlung, betriebliche Altersversorgung **Anh I 15** 2, 26, **Anh I 15 b** 9 ff.
Entlassungsentschädigung, Steuerermäßigung **34** 1 ff.
Steuersatz **39 b** 3
Zweifelsfragen zur Besteuerung **34** 5 ff.
Entlastungsbetrag für Alleinerziehende **24 b** 1 ff.
Entleiherhaftung bei Arbeitnehmerüberlassung **42 d** 25 ff.
Entlohnung für mehrere Jahre, Fünftelregelung **34** 14
für mehrjährige Tätigkeit **34** 2, 14, **Anh II** 250 f.
Entschädigung, Besteuerung **39 b** 3, **Anh II** 248 f.
für entgangene Einnahmen **24** 1
wegen Entlassung aus dem Dienstverhältnis **34** 5 ff.
für nebenberufliche künstlerische Tätigkeit **3** 68 ff.
für nebenberufliche Lehrtätigkeit, Steuerfreiheit **3** 68 ff.
für nebenberufliche Pflegetätigkeit, Steuerfreiheit **3** 68 ff.
Entwicklungshelfer, Berücksichtigung von Kindern, die als E. tätig sind **32** 5
Erben, Zahlung von Arbeitslohn an den E. **19** 91 ff.
Erbschaftsteuerversicherung, Sonderausgaben **Anh II** 71
Erfindervergütungen als sonstige Bezüge **39 b** 14
Erhebung der Lohnsteuer 38 1 ff.
Erholungsbeihilfen 3 38 ff.
Pauschalierung der Lohnsteuer **40** 2, 15, 17
Sammelkonto **41** 13
Erholungsheim, Unterkunft **8** 27
Erholungsräume 19 44
Erkrankung und Mutterschaft **Anh II** 194
Ermessensausübung, Haftung **42 d** 37
– für Lohnsteuer **42 d** 14, 18
Ernährung, Aufwendungen für E. als Werbungskosten **9** 19
Ersatzkasse, Arbeitgeberzuschüsse **3** 142
Erschwerniszuschläge 19 41
Erstattung von Lohnsteuer **41 c** 1 f., 9, 13
von Sonderausgaben, Erstattungsüberhang **10** 17
Erste Tätigkeitsstätte Arbeitsbereitschaftszeiten **9** 53
Begriff **9** 10, 53, 55
Bestimmung der e. T. **9** 10, 55
Dauerhafte Zuordnung **9** 53
Leiharbeitnehmer **9** 53
bei mehreren Tätigkeitsstätten **9** 55
Erststudium, Abschluss der Berufsausbildung **32** 22 f.
keine Werbungskosten **9** 12
Erweiterte unbeschränkte Steuerpflicht 1 2, 5, **Anh II** 2
Erwerbsunfähigkeit, Berücksichtigung von Kindern **32** 4
private Altersvorsorge **10 a** 21
Erwerbsunfähigkeitsversicherung, Beiträge als Sonderausgaben **10** 6, 27
Erzieher, Entschädigung für nebenberufliche Tätigkeit, Steuerfreiheit **3** 68 ff.
Erziehungsbeihilfen aus öffentlichen Mitteln, Steuerfreiheit **3** 40
Erziehungsfreibetrag 32 6
Erziehungsgeld, Steuerfreiheit **3** 1, 174 f.
Essenmarken, Ausgabe von E. an Arbeitnehmer **8** 28 f., 62
Sachbezug **8** 29
EU-Staatsangehörige, fiktive unbeschränkte Steuerpflicht **1 a** 1 ff.
Kirchensteuer als Sonderausgaben **Anh II** 91
Lohnsteuerabzug **39 c** 11
Lohnsteuerklasse **38 b** 12

F

Fachbücher, Arbeitsmittel **9** 135
Sonderausgaben **Anh II** 95
Fachhochschulstudium, Werbungskosten **9** 24 f.
Fachkongresse, Werbungskosten **9** 20 f., **Anh II** 138
Fachlehrgänge, Werbungskosten **9** 41 f.
Fachvorträge, Werbungskosten **9** 41 f.
Fachzeitschriften, Arbeitsmittel **9** 135
Fahrergestellung beim Firmenwagen, Bewertung **8** 33, 53 b
Fahrgemeinschaft, Umwegstrecken **9** 100
Wege zwischen Wohnung und erster Tätigkeitsstätte **9** 100, 107
Fahrrad, Elektrofahrrad **8** 24, 62 a
Entfernungspauschale bei Fahrrad-Gestellung **9** 5
steuerfreie Arbeitgeberleistungen **3** 111 j
Überlassung eines F. **3** 111 j, **8** 24, 58, 62 a
Fahrtätigkeit, Doppelbesteuerungsabkommen **39** 84 ff.
Werbungskostenpauschale für Nebenkosten **9** 6 b
Fahrten zwischen Wohnung und erster Tätigkeitsstätte, Abgrenzung zur dienstlichen Fahrt **8** 51
Anrechnung der Arbeitgeberleistungen **3** 62 ff.
mit vom Arbeitgeber gestellten Pkw **8** 2, 32, 50 ff.
Behinderte **9** 9, 100
Entfernung **9** 106

Entfernungspauschale **9** 5, 104 ff.
Fahrgemeinschaften **9** 107
Fahrrad-Gestellung **3** 111 j
mehrere Dienstverhältnisse **9** 109
mehrere Wohnungen **9** 96
Mittelpunkt der Lebensinteressen **9** 96
Mobilitätsprämie **101** 1
Park and ride **8** 52
Pauschalierung der Lohnsteuer **40** 20 f.
Pkw-Gestellung **8** 34 ff., 50 ff.
steuerfreie Fahrtkostenzuschüsse **3** 62 ff.
steuerfreie Sammelbeförderung durch Arbeitgeber **3** 100 f.
Unfallschäden **9** 100
Vergütung für. F, Arbeitslohn **19** 43
verschiedene Verkehrsmittel **9** 108
Werbungskosten **9** 5, 96 ff.
Fahrtenbuch, Aufzeichnungen **8** 34, 53
elektronisches **8** 34, 53
Führung eines F. **8** 53
Leerfahrten **8** 53
ordnungsgemäßes **8** 34, 53
Fahrtkosten, außergewöhnliche Belastung **Anh II** 225
bei Auswärtstätigkeit **9** 5 a, 55, 60
behinderungsbedingte Fahrtkostenpauschale **33** 2 a
doppelte Haushaltsführung **9** 123
– abzugsfähige Kosten **9** 6
bei einem Treff- und Sammelpunkt **9** 55
als Reisekosten **9** 55, 60
für Wege zwischen Wohnung und erster Tätigkeitsstätte **3** 62 ff., **9** 5, 96 ff.
bei weiträumigem Tätigkeitsgebiet **9** 5 a
Fahrtkostenersatz durch Arbeitgeber **9** 55, 61
Anrechnung auf Werbungskosten **9** 110
bei Auswärtstätigkeit **9** 55, 62
Bescheinigungspflicht **41 b** 1
für Fahrten zwischen Wohnung und erster Tätigkeitsstätte **3** 62 ff.
Pauschalierung der Lohnsteuer **9** 113, **40** 2, 20 f., **41 b** 16
Fahrtkostenzuschüsse, Anrechnung auf Werbungskosten **9** 110
Lohnsteuerbescheinigung **41 b** 16
Pauschalierung der Lohnsteuer **40** 20 f.
Steuerfreiheit **3** 62 ff.
Fahrvergünstigungen, Arbeitnehmer der Deutschen Bahn **8** 65
Versorgungsbezüge **19** 79
Fahrzeugkosten, abzugsfähige Reisekosten bei Fahrten mit dem eigenen Kfz **9** 55, 60
Fahrzeugpool, Firmenwagen **8** 52
Faktorverfahren, Ausschluss des Lohnsteuer-Jahresausgleichs durch den Arbeitgeber **42 b** 1
Ehegatten/Lebenspartner, Steuerklassenwahl **39** 11, **39 f** 1 ff.
Fälligkeit der Lohnsteuer **41 a** 1
Familienheimfahrt, doppelte Haushaltsführung **9** 6, 111, 123, 131
– Pkw-Gestellung durch Arbeitgeber **8** 53 c, **9** 123, 127
Mobilitätsprämie **101** 1
Familienleistungsausgleich **31** 1
Lebenspartner **32** 38
Familienpflegezeit, Familienpflegezeitgesetz **Anh I 12** 1 ff.
Familienpflegezeitversicherung, Werbungskosten **9** 19
Förderung der F. **Anh I 12** 4
Freistellung von der Arbeitsleistung **Anh I 12** 4
Inanspruchnahme der F. **Anh I 12** 3
Mitwirkung des Arbeitgebers **Anh I 12** 5
Familienpflegezeitgesetz Anh I 12 1 ff.
Fehlgeldentschädigungen **19** 41
Feier, Werbungskosten **9** 19
Feiertagsarbeit, Zuschläge **3 b** 1 ff.
Film- und Fernsehschaffende, Selbständigkeit **19** 12 ff.
Finanzamt, Änderung der Lohnsteuerabzugsmerkmale **39** 2 f.
Lohnsteuerbescheinigung, Eintragung des F. **41 b** 16
zuständiges
– für Arbeitgeber **41 a** 1
– für ausländische Verleiher **41** 28
Firmenfitnessprogramm, geldwerter Vorteil **8** 24
Firmenwagen vom Arbeitnehmer selbst getragene Aufwendungen **8** 54
Elektrofahrzeug **8** 34, 61
Elektromobilität **3** 1, 117 f.
Ermittlung der Gesamtkosten bei Kfz-Gestellung **8** 53
Fahrergestellung, Bewertung **8** 33
Fahrzeugpool **8** 52
Fahrzeugwechsel **8** 52
Garage **8** 34
Gebrauchtwagen **8** 34
gelegentliche Nutzung zu Privatfahrten **8** 52
Gesellschafter-Geschäftsführer **8** 56
Gestellung durch Arbeitgeber **8** 2, 52 ff.
Leasingfahrzeug **8** 53 d
Listenpreis bei der Kfz-Gestellung **8** 52
Nutzung für Fahrten zwischen Wohnung und erster Tätigkeitsstätte **8** 52
Nutzung für Familienheimfahrten **8** 53 c
Nutzungsentgelt **8** 34, 52, 54
private Nutzung **8** 32
– durch mehrere Personen **8** 52
Unfallschaden bei Kfz-Nutzung **8** 32
Verbot der privaten Nutzung **8** 52
Wechsel der Bewertungsmethode **8** 53 a
Zuzahlungen des Arbeitnehmers **8** 34, 54
Flugreise, verbilligte, Bewertung **8** 70
Verpflegungsmehraufwendungen **9** 67
Fondsgebundene Lebensversicherungen als Zukunftssicherung **40 b** 14 ff.
Förderung des Wohnungsbaus, Wohnungsbauprämie **Anh I 7** 2
Forschungsbeihilfen, Steuerfreiheit und Steuerpflicht **3** 40, **Anh II** 14
Forstwirtschaft, Pauschalierung der Lohnsteuer, Aushilfskräfte **40 a** 4, 15
Fortbildungskosten, Übernahme durch Arbeitgeber **19** 70 ff.
als Werbungskosten **9** 24 f.
Fortbildungsmaßnahmen **3** 67 a
Fortbildungsveranstaltungen, Werbungskosten **9** 41 f.
Freibetrag bei Ehegatten/Lebenspartnern **39 a** 17 ff.
ehrenamtliche Nebentätigkeit **3** 80 ff.
Herabsetzung **39 a** 14
– rückwirkende **41 c** 7
zweijährige Gültigkeit **39 a** 14
Freie Mitarbeiter, Abgrenzung, Selbständigkeit **Anh II** 151
Freie Station **8** 8 f.
Freie Unterkunft **8** 8 f., 25 f.
Freie Verpflegung **8** 28 f.
elektronische Essenmarken **8** 62
Freifahrten, Bewertung **8** 2, 32
Fahrten zwischen Wohnung und erster Tätigkeitsstätte **8** 55

Freiflüge für Mitarbeiter, Bewertung des Sachbezugs **8** 70
Freigrenze bei der Gewährung von Sachbezügen **8** 22, 24
50-Euro-Freigrenze **8** 59
Freitabak, Bewertung des Sachbezugs **8** 63
Freitrunk **8** 63
Freiwillige Krankenversicherung, Arbeitgeberzuschüsse **3** 142 f.
Freiwillige Weiterversicherung in der allgemeinen Rentenversicherung **3** 142, 145
Freiwilligendienst, Berücksichtigung von Kindern **32** 4
steuerfreie Einnahmen **3** 1, 18
Freiwilliges soziales Jahr, Berücksichtigung von Kindern **32** 4
Fremdsprachenunterricht, Werbungskosten **9** 24 f., 27, 36
Fünftelregelung, Lohnsteuerabzug **39 b** 32

G

Garage, Firmenwagen **8** 34
Miete, Arbeitgeberersatz **3** 120
Gastfamilie, Aufnahme in G. **3** 31
Gastkünstler, Lohnsteuerabzug **19** 13
Geburtstagsempfang als Arbeitslohn **19** 49
Geburtstagsfeier, Werbungskosten **9** 19
Geburtstagsgeschenke als Arbeitslohn **19** 64
Gefahrenzuschläge **19** 41
Gehaltsumwandlung **8** 24
bei Elektromobilität **3** 117 f.
zur Erstattung von Reisekosten **3** 67
für Essenmarken **8** 29
bei Fahrrad-Gestellung **3** 111 k
bei Fahrtkostenzuschüssen **3** 62 ff.
bei Firmenwagen **8** 53 d
für vermögenswirksame Leistungen **Anh I 6** 11, **Anh I 6 b** 67 ff.
bei Zukunftssicherungsleistungen **40 b** 18
Zusätzlichkeitsvoraussetzung **8** 3 a
Gehaltsvorschuss **39 b** 25 f.
Gehbehinderung, außergewöhnliche Belastungen **Anh II** 225
Wege zwischen Wohnung und erster Tätigkeitsstätte, erhöhter Kilometersatz **9** 100
Geldbußen, Abzugsverbot **Anh II** 35
Arbeitslohn **19** 44
keine Werbungskosten **9** 19
Geldkarte, Abgrenzung von Geld- und Sachleistungen **8** 59
Geldleistung, Abgrenzung von Geld- und Sachleistungen **8** 59
Abgrenzung zum Sachbezug **8** 2, 24
Geldstrafen, Abzugsverbot **9** 19, **Anh II** 35
Gelegenheitsarbeiter **19** 25
gelegentliche Beschäftigung **40 a** 11
Pauschalierung der Lohnsteuer **40 a** 1 ff.
Gelegenheitsgeschenke **19** 64
Gemeinnützige Zwecke, Ausgaben zur Förderung g. Z. **10 b** 1, 10
ehrenamtliche Nebentätigkeit **3** 80 ff.
Entschädigung für nebenberufliche Pflegetätigkeit **3** 68 ff.
Entschädigung für nebenberufliche Tätigkeit als Ausbilder oder Erzieher, Steuerfreiheit **3** 69 ff.
Verzeichnis der anerkannten g. Z. **10 b** 10
Gemeinschaftsunterkunft **8** 8
Gemischte Aufwendungen, Abgrenzung zu den Werbungskosten **9** 20 f.
Genossenschaftsanteile, Gewährung der Sparzulage beim Erwerb von G. **Anh I 6** 2, **Anh I 6 b** 24
Vermögensbeteiligung **3** 112 ff.
Verwendung der Altersvorsorgebeiträge **10 a** 256
Genussmittel, Aufmerksamkeiten **19** 63
Genussrechte, Gewährung der Sparzulage beim Erwerb von G. **Anh I 6** 2, **Anh I 6 b** 23, 28
Genussscheine, Gewährung der Sparzulage beim Erwerb von G. **Anh I 6** 2, **Anh I 6 b** 23
Geringfügige Beschäftigung, Abführung der Pauschsteuer **40 a** 7
einheitliche Pauschsteuer **40 a** 21
Pauschalierung der Lohnsteuer **40 a** 2
Steuerermäßigung **35 a** 1 ff., 7
Geringverdiener, BAV-Förderbetrag **100** 3
Gesamtbetrag der Einkünfte, Begriff **2** 3
Gesamtschuldner, Haftung für Lohnsteuer **42 d** 3, 13
Gesamtsozialversicherungsbeitrag, Steuerfreiheit des Arbeitgeberanteils **3** 142 f.
Geschäftswagen zur privaten Nutzung **8** 2, 32, 52 ff.
Fahrergestellung, Bewertung **8** 33
Geschenke, Aufmerksamkeiten **19** 63
bei Betriebsveranstaltungen **19** 62 a
Pauschalierung nach § 37 b EStG **37 b** 1 ff.
Werbungskosten **9** 19
Gesellschafter-Geschäftsführer, Pkw-Gestellung **8** 56
Übernahme der Pensionszusage **Anh I 15 d** 1 ff.
Zufluss von Arbeitslohn **38** 14 c
Gesetzliche Rentenversicherung, Kapitalabfindungen **3** 14
Gesundheitsförderung, Arbeitslohn **19** 44
betriebliche **3** 1, 111 ff.
Gesundheitsgefährdung, Aufwendungen für die Beseitigung von G., außergewöhnliche Belastungen **Anh II** 225
Gesundheitsschutz, Mutterschutzgesetz **Anh I 11** 3 ff.
Getränke, Aufmerksamkeiten **19** 63, 64
bei Betriebsveranstaltungen **19** 62 a
Getrennt lebende Ehegatten **Anh II** 177
Unterhaltsleistungen **10** 1, **Anh II** 64
Gewerkschaft, Beiträge an G., Werbungskosten **9** 4
Gewerkschaftliche Veranstaltung, Werbungskosten **9** 41 f.
Gewinnschuldverschreibungen, Gewährung der Sparzulage beim Erwerb von G. **Anh I 6** 2, **Anh I 6 b** 20
Gewöhnlicher Aufenthalt **1** 1
GmbH-Anteile, Arbeitslohn **8** 24
Gewährung der Sparzulage beim Erwerb von G. **Anh I 6** 2, **Anh I 6 b** 25
GmbH-Geschäftsführer, Arbeitnehmer **19** 25
Gratifikationen als sonstige Bezüge **39 b** 14
Grenzgänger, Doppelbesteuerungsabkommen **39** 84 ff.
Grenzpendler, Durchführung des Lohnsteuerabzug **39 c** 11
Lohnsteuerklasse **38 b** 12
Steuerpflicht **1 a** 1 ff.
Grundlohn **3 b** 5, 12
Grundwehrdienst, Berücksichtigung von Kindern **32** 5
Grundzulage, Altersvorsorge **84** 1
Gruppenunfallversicherung, Pauschalierung der Lohnsteuer **40 b** 3, 31, 45 f.
Gruppenversicherung als Zukunftssicherung **40 b** 22

Günstigerprüfung, Altersvorsorgezulage und Sonderausgabenabzug **10 a** 3, 101 ff.
Anrechnung des Zulagenanspruchs **10 a** 104 ff.
Kindergeld und Kinderfreibetrag **31**
Sonderausgabenabzug **10** 29, **Anh II** 112
Sonderausgabenabzug 2013–2019 **10** 16
Gutschein, Abgrenzung von Geld- und Sachleistungen **8** 59

H

Habilitation Anh II 95
Haftpflichtversicherung, Beiträge als Sonderausgaben **10** 6, 27, **Anh II** 70
Haftung anderer Personen für Lohnsteuer **42 d** 12, 18
Arbeitgeberhaftung für Lohnsteuer **42 d** 1 ff., 18
Arbeitnehmer-Sparzulage **Anh I 6** 15
bei Arbeitnehmerüberlassung **42 d** 25 ff.
Ermessensausübung **42 d** 18, 37
Ermessensbegründung **42 d** 18
Haftungsbescheid **42 d** 15
Haftungsverfahren **42 d** 18
Handelsvertreter 19 25
Abgrenzung, Selbständigkeit **Anh II** 151
Handwerkerleistungen, Freibetrag **39 a** 14
Steuerermäßigung **35 a** 1 ff., 8
– Beispiele **35 a** 13
Härteausgleich, Abhängigkeit der Veranlagung **Anh II** 272
Härtefallregelung bei der elektronischen Lohnsteuer-Anmeldung **41 a** 10
Haupttätigkeit und Nebentätigkeit, Einnahmen **19** 36 f.
Hausgewerbetreibender, Abgrenzung, Selbständigkeit **Anh II** 150 f.
Haushaltshilfe, außergewöhnliche Belastung **Anh II** 234
Kinderbetreuungskosten **10** 33 f.
Steuerermäßigung **35 a** 1 ff., 7
Haushaltsnahe Beschäftigung, Freibetrag **39 a** 14
Steuerermäßigung **35 a** 1 ff., 7
Haushaltsnahe Dienstleistungen, Freibetrag **39 a** 14
Steuerermäßigung **35 a** 1 ff., 7
– Beispiele **35 a** 13
Häusliches Arbeitszimmer, Abgrenzung zur übrigen Wohnung **9** 142
bei Arbeitslosigkeit **9** 150
begrenzter Abzug **9** 145
Begriff **9** 142
Ermittlung der abziehbaren Aufwendungen **9** 143
kein anderer Arbeitsplatz **9** 145
Mittelpunkt der gesamten Tätigkeit **9** 144
nicht ganzjährige Nutzung **9** 148
Nutzung durch mehrere Steuerpflichtige **9** 147
Nutzung für mehrere Einkunftsarten **9** 146
unbegrenzter Abzug **9** 144
Vermietung an Arbeitgeber **9** 151
Hausrat, Wiederbeschaffung, außergewöhnliche Belastungen **Anh II** 220
Hausratversicherung, Sonderausgaben **Anh II** 71
Haustrunk 8 63
Heimarbeiter, Abgrenzung, Selbständigkeit **Anh II** 150 f.
Lohnfortzahlung **Anh I 10** 12
steuerfreie Zuschläge **9** 137
Heimunterbringung, außergewöhnliche Belastungen **33** 10 ff., 15, **Anh II** 222, 225
Steuerermäßigung **35 a** 1 ff.
Hinterbliebene, Pauschbeträge **33 b** 4, **Anh II** 238 f.
Zahlung von Arbeitslohn an H. **19** 91 ff., **39** 20
Hinterbliebenenversorgung, Altersvorsorge **10 a** 145 ff.
Versorgungsfreibetrag **19** 82
als Zukunftssicherung **40 b** 14 f.
Hinzurechnungsbetrag, Lohnsteuerabzug **39 b** 2 f.
Lohnsteuer-Jahresausgleich durch den Arbeitgeber **42 b** 1
Hitzezuschläge 19 41
Hochschulstudium, Werbungskosten **9** 24 f.
Höchstbetrag für Vorsorgeaufwendungen **10** 14 ff., 26 f.
der Wohnungsbauprämie **Anh I 7** 5
Homeoffice, Vermietung an Arbeitgeber **19** 50
Homeoffice-Pauschale, Werbungskosten **9** 139

I

Identifikationsnummer 39 e 2 ff.
Arbeitnehmer ohne I. **39 e** 8
Incentive-Reise, Abgrenzung zur Betriebsveranstaltung **19** 62
Arbeitslohn **19** 73, 74
Werbungskostenabzug **Anh II** 138
Infektionsschutzgesetz, Entschädigung für Verdienstausfall nach dem I., Progressionsvorbehalt **32 b** 1
Erstattungsbeträge für Verdienstausfallentschädigung, § 56 IfSG **Anh III 2**
steuerfreie Entschädigungen nach dem I. **3** 1
Inflationsausgleichsprämie, steuerfreie Leistungen **3** 1, 43
Inland 1 1
Inländischer Arbeitgeber, Einbehaltung der Lohnsteuer **38** 15 f.
Inlandsreisen, Übernachtungspauschbetrag bei Arbeitgebererersatz **9** 78
Inlandsumzüge 9 89 ff.
Insolvenzgeld, (Lohnersatz-)Leistungen nach dem SGB III **3** 4 ff.
Progressionsvorbehalt **32 b** 1
Insolvenzschutz für vermögenswirksame Leistungen **Anh I 6 b** 52
Insolvenzsicherung, Altersteilzeit **Anh I 14** 9
für betriebliche Altersversorgung
– Rechtsgrundlagen **Anh I 15** 10 ff.
– Steuerfreiheit **3** 165 ff.
steuerfreie **3** 1
Internationale Organisationen, Versorgungsbezüge **19** 80
Internatskosten als Sonderausgaben **10** 9, 38
Internetnutzung, Pauschalierung der Lohnsteuer **40** 19
private Nutzung im Betrieb **3** 115 a f.
Werbungskosten **9** 18
Invaliditätsversorgung als Zukunftssicherung **40 b** 14 f.
Investmentanteile, Gewährung der Sparzulage beim Erwerb von I. **Anh I 6** 2
Vermögensbeteiligung **3** 112 ff.

J

Jahresarbeitslohn, voraussichtlicher **39 b** 28, 32
Jahresausgleich durch Arbeitgeber **42 b** 1 f.
Jahresfreibetrag, Umrechnung des J. **39 a** 14
Jahreswagen, verbilligte Überlassung **8** 65, 80

Job-Ticket, Bescheinigungspflicht **41 b** 16
Sachbezug **8** 24
Steuerfreiheit **3** 62 ff., **8** 65
Journalisten, beschränkt steuerpflichtige **39** 64
selbständige **19** 12 ff.
Jubiläumsfeier als Betriebsveranstaltung **19** 62 a
Jubiläumsgeschenke als sonstige Bezüge **39 b** 14

K

Kammerbeiträge als Arbeitslohn **19** 44
Kantinenmahlzeiten, Gewährung durch Arbeitgeber, Bewertung **8** 28 f., 46, 62
Kapitalabfindungen 3 14
Altersvorsorge **10 a** 145 ff.
auf Grund des Beamtenversorgungsgesetzes **3** 1
auf Grund der gesetzlichen Rentenversicherung **3** 14
Kapitalauszahlung, Altersvorsorge **10 a** 145 ff.
Kapitalbeteiligungen, Vermögensbeteiligungen **3** 112 ff.
Kapitalversicherungen, Vermögensbildungsgesetz **Anh I 6** 9
als Zukunftssicherung **40 b** 14 f.
Kassenverlustentschädigung 19 41
Kaufkraftausgleich für Arbeitnehmer **3** 153 ff.
Kaufkraftzuschläge 3 153 ff.
Gesamtübersicht **3** 161
Kilometerpauschbetrag für Wege zwischen Wohnung und erster Tätigkeitsstätte **9** 5
Kilometersatz bei Auswärtstätigkeit **9** 5 a, 55, 62
für Familienheimfahrten, doppelte Haushaltsführung **9** 111
für Wege zwischen Wohnung und erster Tätigkeitsstätte **9** 5
Kinder, Adoptivkinder **Anh II** 182
Anlage vermögenswirksamer Leistungen **Anh I 6 b** 62 ff.
arbeitslose **Anh II** 188
Arbeitsverhältnis mit K. **Anh II** 30 f.
Ausbildungsfreibetrag **Anh II** 232 f.
ohne Ausbildungsplatz **32** 4, **Anh II** 193 f.
Ausschluss von K. aufgrund einer Erwerbstätigkeit **Anh II** 200
Begriff **32** 1, 4
behinderte **32** 4, 11 f., **Anh II** 197 f.
– Pauschbeträge **Anh II** 238 f.
– Übertragung des Pauschbetrags auf die Eltern **33 b** 5
Beiträge zur Kranken- und Pflegeversicherung **10** 5
Berücksichtigung
– elektronische Lohnsteuerabzugsmerkmale **39** 19
– K. ohne Ausbildungsplatz **Anh II** 194
– von Kranken- und Pflegeversicherungsbeiträgen des K. bei den Eltern **10** 40 a
– bei mehraktiger Berufsausbildung **32** 42
– volljährige K. **32** 21 f.
– Voraussetzungen **32** 1 f., **Anh II** 182 ff.
in Berufsausbildung **32** 4, 22 f., **Anh II** 190
Bundesfreiwilligendienst **32** 4
dauernd erwerbsunfähige **32** 4, **Anh II** 198
Entlastungsbetrag für Alleinerziehende **24 b** 1 ff.
Erwerbstätigkeit von Kindern **32** 23
freiwilliges soziales Jahr **32** 4, **Anh II** 196
Kindergeld **Anh I 5** 2 ff.
Pauschbetrag für behinderte K. **33 b** 5
Pflegekinder **Anh II** 183
Übertragung der Freibeträge für Kinder **32** 30 ff.
Verlängerungstatbestände bei der Berücksichtigung von K. **Anh II** 202
zwischen zwei Ausbildungsabschnitten **Anh II** 192
Kinderbetreuungskosten 32 6
als Sonderausgaben **10** 7, 33 f.
Steuerermäßigung nach § 35 a EStG **35 a** 1 ff.
steuerfreie Arbeitgeberleistungen **3** 1, 111 h
Kinderfreibetrag 32 6
Änderung der Lohnsteuerabzugsmerkmale **39** 5 f.
Berücksichtigung behinderter Kinder **32** 11 f.
Bescheinigung des K. **38 b** 9 f.
kein K. aufgrund einer Erwerbstätigkeit **Anh II** 200
Lebenspartner **Anh II** 206
Lohnsteuerabzugsmerkmal **39** 4
mehraktige Berufsausbildung **32** 42
Übertragung des K. **32** 6, 30 ff., **39** 54, **Anh II** 207 f.
Kindergartenzuschüsse, steuerfreier Arbeitslohn **3** 1, 103 ff.
Kindergeld, Anspruchsberechtigte **62** 1 f.
Auszahlung durch öffentlich-rechtlichen Arbeitgeber **72** 1 ff.
zu berücksichtigende Kinder **Anh I 5** 2 ff.
Bundeskindergeldgesetz **Anh I 5** 1 ff.
Eintragung in Lohnsteuerbescheinigung **41 b** 16
Höhe **66** 1 f.
Kinderbegriff **63** 1 f.
Kinderzuschlag **Anh I 5** 6 a
Pfändung **76** 1
als Steuervergütung **31** 1
Kinderzahl, Bescheinigung der K. **38 b** 9 f.
Lohnsteuerabzugsmerkmal **39** 4
Kinderzulage, Altersvorsorge **10 a** 48 ff., **85** 1 f.
Antragsmuster **Anh I 15 c** 1 ff.
Kinderzuschlag, Kindergeld **Anh I 5**
Kirchenmusiker, Entschädigung für nebenberufliche Tätigkeit **3** 69 ff.
Kirchensteuer, Erblasser **Anh II** 91
Erstattungsüberhang **10** 17
Lohnsteuer-Anmeldung **41 a** 13
Lohnsteuer-Bescheinigung **41 b** 16
bei Pauschalierung der Lohnsteuer **37 a** 7 f., **40 a** 20, **40 b** 31
als Sonderausgaben **10** 7, 31, **Anh II** 90 f.
Zuschlagsteuer **51 a** 1 ff.
Kirchliche Zwecke, Ausgaben zur Förderung k. Z. **10 b** 1
ehrenamtliche Nebentätigkeit **3** 80 ff.
Entschädigung für nebenberufliche Pflegetätigkeit **3** 69 ff.
Entschädigung für nebenberufliche Tätigkeit als Ausbilder oder Erzieher **3** 68 ff.
Sonderausgabenabzug **10 b** 12
Kleidung, Abgrenzung zur Berufskleidung **3** 99
Arbeitslohn **19** 44
Aufwendungen für Arbeitskleidung als Werbungskosten **9** 19
unentgeltliche Überlassung von Arbeitskleidung durch den Arbeitgeber **3** 96 ff.
Werbungskosten **9** 14 ff.
Wiederbeschaffung von K., außergewöhnliche Belastungen **Anh II** 220
Kleinbetragsgrenze bei Nachforderung von Lohnsteuer **41 c** 21
Knappschaftsversicherung, steuerfreier Arbeitgeberanteil **3** 142 f.
Kommunale Verwaltungen, steuerfreie Aufwandsentschädigungen **3** 46 f.

Kontoführungsgebühren, Arbeitgeberersatz als steuerpflichtiger Arbeitslohn **19** 43
Werbungskosten **9** 19
Körperbehinderte, Wege zwischen Wohnung und erster Tätigkeitsstätte **9** 9, 111
Körperschaft des öffentlichen Rechts, Spendenbestätigungen, Muster **10 b** 16 f.
steuerfreie Aufwandsentschädigung **3** 45 ff.
Kost, freie, Bewertung **8** 6 f., 28 f., 62
Kraftfahrzeug, abzugsfähige Reisekosten **9** 55
– bei Fahrten mit dem eigenen Kfz **9** 62
Auswärtstätigkeit **9** 55, 62
Elektromobilität **3** 1, 117 f.
Gestellung durch Arbeitgeber **8** 2, 32, 34 ff., 52 ff.
– Elektrofahrzeug **8** 61
– Leasingfahrzeug **8** 53 d
– sicherheitsgeschütztes Fahrzeug **8** 52 ff.
– Überlassung mehrerer K. **8** 52 ff.
Rabatte beim Kauf **8** 65, 80
bei Reisekosten **9** 55
Unfallschaden
– bei Auswärtstätigkeit **9** 62
– auf Fahrt zwischen Wohnung und erster Tätigkeitsstätte **9** 100
Wege zwischen Wohnung und erster Tätigkeitsstätte **9** 5, 96 ff.
Kraftfahrzeug-Haftpflichtversicherung, Sonderausgaben **Anh II** 70
Kraftfahrzeug-Kaskoversicherung, Sonderausgaben **Anh II** 71
Krankenbezüge, Rückzahlung von K. **38** 11
Krankengeld, Progressionsvorbehalt **32 b** 1
Krankentagegeldversicherung, Sonderausgaben **Anh II** 71
Krankenversicherung, Aufteilung der Beiträge **10** 20 ff.
– ausländische Globalbeiträge **10** 30
Ausgaben des Arbeitgebers zur K. des Arbeitnehmers, Steuerfreiheit **3** 142 ff.
ausländische **3** 147, 148
Basiskrankenversicherungsbeiträge **10** 20 ff.
Beiträge
– Beitragsvorauszahlungen **10** 27
– Eintragung auf der Lohnsteuerbescheinigung **41 b** 1, 16
– zur gesetzlichen K. **10** 5 f., 27
– der jeweiligen Personengruppen **10** 27
– zur privaten K. **10** 5 f., 20 ff., 27
– als Sonderausgaben **10** 5 f., 27
– Unterhaltsaufwendungen **33 a** 1
– zusätzliche B. **3** 147
Beiträge eines Kindes, Sonderausgaben bei den Eltern **10** 40 a
Berücksichtigung der Beiträge beim Lohnsteuerabzug **39 b** 2
Berücksichtigung des Zusatzbeitragssatzes bei der Vorsorgepauschale **39 b** 39 a
Datenübermittlung **10** 13
Ermittlung des Abzugsbetrags **10** 27
Leistungen aus der K., Steuerfreiheit **3** 1
Miteilung der privaten Basiskrankenversicherungsbeiträge an den Arbeitgeber **39 b** 38
Vorsorgepauschale
– bei gesetzlicher K. **39 b** 37
– bei privater K. **39 b** 38
Krankheit, Lohnfortzahlung **Anh I 10** 3
Krankheitskosten, außergewöhnliche Belastungen **Anh II** 224 f.
– Nachweis **33** 5
Heimunterbringung **33** 15
Werbungskosten **9** 19
Kreditinstitute, Elektronische VL-Bescheinigung **Anh I 6 b** 77 ff.
Vermittlungsprovisionen **19** 55 f.
Kriegsbeschädigte, gesetzliche Bezüge **3** 21 f.
Kriegshinterbliebene, gesetzliche Bezüge **3** 21 f.
Kultur, Spenden **10 b** 10
Kundenbindung, steuerfreie Sachprämien für K. **3** 1111
Kundenbindungsprogramme, Pauschalierung der Lohnsteuer **37 a** 1 ff.
Kündigungsverbot, Mutterschutzgesetz **Anh I 11** 17
Kunst, Spenden **10 b** 10
Stipendien zur Förderung der künstlerischen Ausbildung **3** 36 f., 40
Künstler, beschränkt steuerpflichtige **39** 64, 68 ff.
Lohnsteuerabzug **19** 12 ff.
Pauschalierung der Lohnsteuer bei beschränkt steuerpflichtigen K. **39** 68 ff.
Künstlerische Tätigkeit, nebenberufliche, steuerfreie Entschädigung **3** 68 ff.
Künstliche Befruchtung, außergewöhnliche Belastungen **Anh II** 225
Kuren, Arbeitslohn **19** 44
außergewöhnliche Belastungen **Anh II** 224 f.
Kostenübernahme durch den Arbeitgeber **3** 38 ff.
Lohnfortzahlung **Anh I 10** 11
Kurzabeitergeld **3** 4
Eintragung auf der Lohnsteuerbescheinigung **41 b** 16
Eintragung der Beiträge auf der Lohnsteuerbescheinigung **41 b** 1
freiwilliger Arbeitgeberzuschuss, Steuerfreiheit **3** 1, 92 a
Progressionsvorbehalt **32 b** 1
Steuerfreiheit **3** 1
Kurzfristig beschäftigte Arbeitnehmer, Pauschalierung der Lohnsteuer **40 a** 1 ff.

L

Land- und Forstwirtschaft, Aushilfskräfte, Pauschalierung der Lohnsteuer **40 a** 4, 15, 20
Beiträge zur landwirtschaftlichen Alterskasse, Sonderausgaben **10** 26
Deputate, Bewertung **8** 63
Fachkraft **40 a** 20
Saisonarbeiten, Pauschalierung der Lohnsteuer **40 a** 20
Ländergruppeneinteilung, Doppelbesteuerungsabkommen **39** 82 f.
beim Kaufkraftausgleich **3** 161
bei Unterstützung von Angehörigen im Ausland **33 a** 22
Länderübersicht bei Auslandsreisen **9** 75
Laufender Arbeitslohn **39 b** 13
Lohnsteuerabzug **39 b** 2
zeitliche Zuordnung **38 a** 3
Lebensgemeinschaft, nichteheliche, Unterhaltsleistungen **33 a** 7
Lebenshaltungskosten **12** 1 ff.
Abgrenzung zu den Werbungskosten **9** 20 f.
erstmalige Berufsausbildung **9** 29 ff.
keine Werbungskosten **9** 14 ff.
Lebenspartner, Altersvorsorgeaufwendungen, Sonderausgabenabzug **10 a** 99 f.
Anlage vermögenswirksamer Leistungen **Anh I 6 b** 62 ff.
Berechnung der Altersvorsorgezulage **10 a** 85 ff.
Besteuerung **Anh II** 4
elektronische Lohnsteuerabzugsmerkmale **39** 19

Familienleistungsausgleich **32** 38
Kinderfreibetrag **32** 38, **Anh II** 206
Lohnsteuerklasse **38 b** 12
Steuerklassenwahl **39** 11 ff.
Steuerklassenwechsel **39** 11 ff., 53
Übertragung der Freibeträge für Kinder **32** 30 ff., 38
Lebenspartnerschaft, eingetragene, bei der Einkommensteuer **2** 10
Lebensversicherung, Arbeitgeberzuschüsse, Steuerfreiheit **3** 142, 145
Beiträge als Sonderausgaben **10** 4 f., 26 f., **Anh II** 71
vermögenswirksame Leistungen **Anh I 6** 9
als Zukunftssicherungsleistungen **40 b** 14 f.
Lehrtätigkeit im Hauptberuf und im Nebenberuf **19** 36 f.
nebenberufliche/steuerfreie, Entschädigung **3** 68 ff.
Leibliche Kinder 32 1, **Anh II** 182
Leibrente, Sonderausgaben **10** 9 a, **Anh II** 66 f.
Leiharbeitsverhältnis, Arbeitgeber **42 d** 35
Betriebsstättenfinanzamt **41** 28
Einbehaltung der Lohnsteuer **38** 16, **42 d** 6 ff.
Leistungen nach Bundesausbildungsförderungsgesetz 3 40
nach SGB III **3** 4 ff.
Liebhaberei Anh II 4
Liquidationseinnahmen, Arbeitslohn **19** 44
Listenpreis bei der Kfz-Gestellung **8** 52
– Elektrofahrzeug **8** 61
LKW-Fahrer, Reisenebenkosten **9** 59
Übernachtungsnebenkosten **9** 6 b, 59, 87
Lohnabrechnungszeitraum 39 b 22
Lohnersatzleistungen, Datenübermittlung **32 b** 3
Progressionsvorbehalt **32 b** 1, **Anh II** 216 f.
Lohnkonto 41 1 ff.
Aufzeichnung der betrieblichen Altersversorgung **41** 16 ff.
Aufzeichnung der ELStAM **39** 27
Aufzeichnung der Religionsgemeinschaft **41** 25
Aufzeichnungen zum Versorgungsfreibetrag **19** 83, **41** 6
BAV-Förderbetrag **41** 12
digitale LohnSchnittstelle **41** 13 a
Eintragung des Großbuchstabens „S“ **41** 1
Eintragung des Großbuchstabens „U“ **41** 1, 8, 26
Elektromobilität **3** 117 b
Lohnsteuer, Abzug der L. **38** 1 ff.
Einbehaltung der L.
– vom laufenden Arbeitslohn **39 b** 21 ff.
– von sonstigen Bezügen **39 b** 27 ff.
Entstehung **38** 2
Höhe **38 a** 1 ff.
Pauschalierung bei bestimmten Sachzuwendungen **37 b** 1 ff.
Pauschsteuersatz
– besonderer **40** 1
– fester **40** 15 ff.
Lohnsteuerabzug, Änderung **41 c** 1 ff.
Anrufungsauskunft **42 e** 1 ff.
Auslandstätigkeitserlass **39** 97 ff.
Bescheinigung für den L. **39** 60
für beschränkt steuerpflichtige Arbeitnehmer **39** 61 ff.
Doppelbesteuerungsabkommen **39** 72 f., 82 ff., 97 ff.
durch Dritte **38** 4, 23, **39 c** 3, 10, **39 e** 5 a
– Haftung des Arbeitgebers **42 d** 9, 36
Durchführung des L. für unbeschränkt einkommensteuerpflichtige Arbeitnehmer **39 b** 1 ff.
elektronische Lohnsteuerabzugsmerkmale **39 e** 1 ff.
ohne ELStAM **39** 20
im ELStAM-Verfahren **39** 20
bei Grenzpendlern **39 c** 11
bei Hinzurechnungsbetrag **39 b** 2 f.
bei Künstlern **39** 68 ff.
vom laufenden Arbeitslohn **39 b** 2, 21 ff.
Lohnsteuerabzugsmerkmale **39** 1 ff.
ohne Lohnsteuerabzugsmerkmale **39 c** 1 ff.
Nachweis der privaten Kranken- und Pflege-Pflichtversicherungsbeiträge **39 b** 2
Programmablaufplan **39 b** 8
von einem sonstigen Bezug **39 b** 3, 27 ff.
Vereinfachte Abfrage der Identifikationsnummer **39** 60
Lohnsteuerabzugsmerkmale 39 1 ff.
Änderung der L. **39** 5 f.
ausländische Arbeitnehmer **39** 20
beschränkt steuerpflichtige Arbeitnehmer **39** 3
Bildung der ELStAM **39 e** 1 ff.
Bildung der L. **39** 2
Lohnsteuerabzug ohne L. **39 c** 1 ff.
Lohnsteuer-Anmeldung 41 a 1 ff., 10
amtliches Muster **41 a** 11 ff.
Änderung **41 a** 10
Anfechtung **41 a** 10
BAV-Förderbetrag **41 a** 12, **100** 4
elektronische, Härtefallregelung **41 a** 10
Kirchensteuer **41 a** 13
maschinelle **41 a** 10
pauschale Einkommensteuer **37 b** 4
Schätzung durch das Finanzamt **41 a** 10
Lohnsteuer-Anmeldungszeitraum 41 a 1 f.
Lohnsteuer-Anrufungsauskunft 42 e 1 ff.
Lohnsteuer-Außenprüfung 42 f 1 ff.
digitale Lohnschnittstellen **42 f** 10
Lohnsteuer-Nachschau **42 g** 1 ff.
Vermögensbildungsgesetz **Anh I 6 b** 131
Lohnsteuer-Bescheinigung 41 b 1 ff.
Berichtigung **41 b** 12
besondere **41 b** 3
Datenübermittlung **41 b** 2
Eintragung der Arbeitslosenversicherungsbeiträge **41 b** 1
Eintragung der Großbuchstaben „FR“ **41 b** 16
Eintragung der Krankenversicherungsbeiträge **41 b** 1
Eintragung der Pflegeversicherungsbeiträge **41 b** 1
Eintragung der Rentenversicherungsbeiträge **41 b** 1
Eintragung der steuerfreien Verpflegungszuschüsse **41 b** 16
Eintragung der Vorsorgepauschale **41 b** 1
Eintragung der Zukunftssicherungsleistungen **41 b** 1
Eintragung des Großbuchstabens „F“ **41 b** 1, 16
Eintragung des Großbuchstabens „M“ **9** 57, **41 b** 1, 16
Eintragung des Großbuchstabens „S“ **41 b** 1, 16
Eintragung des Großbuchstabens „U“ **41 b** 1, 16
Eintragung des Kurzarbeitergeldes **41 b** 16
Eintragung pauschalversteuerter Fahrtkostenzuschüsse **41 b** 1, 16
Eintragung steuerfreier Fahrtkostenzuschüsse **3** 64, **41 b** 1, 16
Eintragung von Lohnersatzleistungen **41 b** 1, 16
elektronische **41 b** 1, 12 ff.
Korrektur- und Stornierungsverfahren **41 b** 17
manuelle **41 b** 3
Muster der elektronischen L. **41 b** 25 f.
von öffentlichen Kassen **41 b** 11

Lohnsteuer-Ermäßigungsverfahren, Lohnsteuerabzugsverfahren **39** 26
Lohnsteuer-Ermittlung nach voraussichtlichem Jahresarbeitslohn **39 b** 40
Lohnsteuer-Haftungsbescheid, Anfechtung **41 a** 10
Lohnsteuer-Jahresausgleich durch Arbeitgeber **39 b** 39, 39 a, **42 b** 1 ff.
– ELStAM-Verfahren **39** 25
Vorsorgepauschale **42 b** 9
Lohnsteuerkarte, elektronische **39 e** 1 ff.
elektronische Lohnsteuerabzugsmerkmale **39** 1 ff.
Lohnsteuerklassen 38 b 1 ff.
Änderung **39** 5 f.
elektronische Lohnsteuerabzugsmerkmale **39** 19
EU-Staatsangehörige **38 b** 12
Faktorverfahren **39 f** 1 ff.
Familienstand **38 b** 12
Steuerklasse II **24 b** 1 ff.
Lohnsteuerklassenwahl, Faktorverfahren **39 f** 1 ff.
Lohnsteuernachforderungen 41 c 18 ff.
Lohnsteuer-Nachschau 42 g 1 ff.
Lohnsteuer-Pauschalierung 40 1 ff.
Aufzeichnungserleichterungen **41** 22 ff.
bei bestimmten Zukunftssicherungsleistungen **40 b** 1 ff., **Anh I 15 b** 85 ff.
für Teilzeitbeschäftigte **40 a** 2
bei umlagefinanzierten Pensionskassen **Anh I 15 b** 83 f.
Lohnvereinbarung, Netto- oder Brutto-L. **39 b** 42 ff.
Lohnverwendungsabrede 19 44
Lohnzahlung in ausländischer Währung **8** 24
durch Dritte **19** 44, **38** 17 ff.
Lohnzahlungszeitraum 39 b 22

M

Mahlzeiten, Begriff **8** 29
aus besonderem Anlass **8** 30
Gewährung durch Arbeitgeber **8** 30
– Bewertung **8** 28 f., 46, 62
Pauschalierung der Lohnsteuer **40** 2, 15
– bei Kantinenmahlzeiten **8** 28 f., 62
Mahlzeitengestellung bei Auswärtstätigkeiten **8** 2, 31, **9** 57
– Bescheinigung des Großbuchstabens „M" **41 b** 16
Besteuerungsverzicht **9** 57
Bewertung **8** 2, **9** 57
Großbuchstabe „M" **9** 57, **41 b** 1
Kürzung der Verpflegungspauschbeträge **9** 11, 57
Pauschalierung der Lohnsteuer **9** 57
Voraussetzungen der M. **9** 57
Mankogelder 19 41
Maßstabsteuer 51 a 1 ff.
Mehrarbeit, Zusammentreffen mit Sonntags-, Feiertags- oder Nachtarbeit, Steuerfreiheit der Zuschläge **3 b** 8
Mehrarbeitsvergütung als laufender Arbeitslohn **39 b** 13
Mehrarbeitszuschläge 19 41
Mehraufwendungen für Verpflegung bei Auswärtstätigkeit **9** 56, 65 ff.
bei doppelter Haushaltsführung **9** 124, 131
Mehrjährige Tätigkeit, Steuerermäßigung **34** 2, 14
Metergeld 38 20
Mietentschädigung bei Umzug **Anh I 9** 8
– ins Ausland **Anh I 9 a** 14 ff.
Mietvorteile, Steuerfreiheit **3** 132, 135 ff.
Mietwert, Bewertungsabschlag **8** 2
ortsüblicher **8** 27
Mietzahlungen, außergewöhnliche Belastungen **Anh II** 225
Mildtätige Zwecke, Ausgaben zur Förderung **10 b** 1, 11
ehrenamtliche Nebentätigkeit **3** 80 ff.
Entschädigung für nebenberufliche Pflegetätigkeit **3** 68 ff.
Mindesteigenbeitrag, Altersvorsorge **10 a** 63 ff., **86** 1 ff.
Mindestvorsorgepauschale beim Lohnsteuerabzug **39 b** 2
Mischzuschlag bei Nachtarbeit und Mehrarbeit **3 b** 8
Mitarbeiterbeteiligung, Sachbezug **3** 112 ff.
Sondervermögen, vermögenswirksame Leistungen **Anh I 6** 2, **Anh I 6 b** 22
Mitgliedsbeiträge, Interessenverband **9** 43
politische Parteien, Steuerermäßigung **34 g** 1 f.
als Sonderausgaben **10 b** 3
Spendenbestätigung **10 b** 18
Mitteilungspflichten, Altersteilzeit **Anh I 14** 12
Altersvorsorgezulage **Anh I 15 a** 24
bei betrieblicher Altersversorgung **41** 16 ff.
beim VermBG **Anh I 6** 3, **Anh I 6 a** 2, **Anh I 6 b** 75 f.
Mittelpunkt der Lebensinteressen 9 96
Mobilitätsprämie, Anspruchsberechtigte **102** 1
Antrag auf M. **104** 1 f.
Bemessungsgrundlage **101** 1
Entstehung des Anspruchs **103** 1
Festlegung und Auszahlung der M. **105** 1 f.
Motorrad, Kilometerpauschale bei einer Auswärtstätigkeit **9** 55
Musiker 19 25
Lohnsteuerabzug **19** 12 ff.
nebenberuflich tätige **19** 36 f.
Musikinstrument, kein Werkzeug **3** 95
Mutterschaftsgeld Anh I 11 19
Progressionsvorbehalt **32 b** 1
Zuschuss **Anh I 11** 20
Mutterschutzgesetz Anh I 11 1 ff.
Gesundheitsschutz **Anh I 11** 3 ff.
Mitteilungs- und Aufbewahrungspflichten des Arbeitgebers **Anh I 11** 27
Mutterschutzlohn Anh I 11 18

N

Nachforderung von Lohnsteuer **41 c** 18 ff.
Nachforderungsverfahren 42 d 16, 18
Nachgelagerte Besteuerung, Abgrenzung der geförderten und nicht geförderten Beiträge **10 a** 131 ff.
Altersvorsorge **10 a** 126 ff.
Nachtarbeit, Zuschläge **3 b** 1 ff.
Nachträgliche Einbehaltung von Lohnsteuer **41 c** 18 ff.
Nachversteuerung von Versicherungsbeiträgen **Anh II** 72 f.
Nachweis, Behinderung **32** 12, **33 b** 10 ff.
behinderungsbedingte Fahrtkostenpauschale **33** 5
Kinderbetreuungskosten **10** 33 f.
Krankheitskosten als außergewöhnliche Belastungen **33** 5
steuerfreie Zukunftssicherungsleistungen **3** 146
Unterhaltsbedürftigkeit **33 a** 14

Unterstützungsleistungen **33 a** 16 ff.
Zuschläge für Sonntags-, Feiertags- und Nachtarbeit **3 b** 9
Nachzahlung von Arbeitslohn **39 b** 14, 24, 26
NATO-Bedienstete, Versorgungsbezüge **19** 79
Nebenberufliche ehrenamtliche Tätigkeit, Steuerfreibetrag **3** 80 ff.
Nebenberufliche künstlerische Tätigkeit, steuerfreie Entschädigung **3** 68 ff.
Nebenberufliche Lehr- oder Prüfungstätigkeit, steuerfreie Entschädigung **3** 68 ff.
Nebenberufliche Pflegetätigkeit, steuerfreie Entschädigung **3** 68 ff.
Nebenbeschäftigung, selber Arbeitgeber **40 a** 20
Nebentätigkeit 19 36 f.
ehrenamtliche **3** 80 ff.
Negative Einkünfte, Freibetrag **39 a** 15
Nettolohn, Änderung des Lohnsteuerabzugs **41 c** 6
Besteuerung **39 b** 42 ff.
Nettozahlung sonstiger Bezüge **39 b** 43
Nettolohnvereinbarung, Abtretung des Kindergeldanspruchs bei
Anerkennung **39 b** 46
Einkommensteuernachzahlung **39 b** 46
Finanzrechtsweg **39 b** 46
Steuerschuldner **39 b** 46
Nicht abzugsfähige Kosten der Lebensführung 9 20 f., 29 ff., **12** 1 ff.
Nichtselbständige Arbeit, Abgrenzung zur Selbständigkeit **Anh II** 161
Ausübung und Verwertung im Inland, beschränkte Steuerpflicht **39** 62
Einkünfte, Begriff **19** 1 ff.
Veranlagung zur Einkommensteuer **46** 1 ff.
Notstandsbeihilfen des Arbeitgebers, Steuerfreiheit **3** 38 ff.
Nutzungsentgelt für den Firmenwagen **8** 54
bei der Kfz-Gestellung **8** 54

O

Obhuts- und Pflegeverhältnis, Berücksichtigung von Kindern **Anh II** 183 f.
Öffentliche Dienste, Begriff **3** 53
steuerfreie Aufwandsentschädigung **3** 45 ff.
Öffentliche Haushalte, Begriff **3** 133 f.
Öffentliche Kassen, Abführung der Lohnsteuer **41 a** 16
Aufwandsentschädigungen **3** 45
Begriff **3** 40
Lohnsteuerbescheinigungen **41 b** 11
Reisekostenvergütungen und Umzugskostenvergütungen, Steuerfreiheit **3** 54 f.
Öffentliche Verkehrsmittel, steuerfreie Fahrtkostenzuschüsse **3** 62 ff.
Wege zwischen Wohnung und erster Tätigkeitsstätte, Werbungskosten **9** 96 ff.
Öffentlicher Personennahverkehr, steuerfreie Fahrtkostenzuschüsse **3** 62 ff.
Ökologisches Jahr, Berücksichtigung von Kindern, die ein freiwilliges ökologisches Jahr leisten **32** 4
Opfergrenze bei außergewöhnlichen Belastungen **Anh II** 227
bei Unterstützung von Angehörigen **33 a** 8 f.
– im Ausland **33 a** 20
Ordnungsgelder, Abzugsverbot **Anh II** 35
Organverhältnis, Lohnzahlung durch Dritte **38** 20
Ortsübliche Miete 8 9, 25 f.
Bewertungsabschlag **8** 2

P

Parkgebühren bei Fahrten zwischen Wohnung und erster Tätigkeitsstätte **9** 100
als Reisenebenkosten **9** 59
Parteien, Beiträge **10 b** 3
Spendenbestätigung **Anh II** 261
– Muster **10 b** 20 f.
Pauschalierung der Einkommensteuer, Sachzuwendungen **37 b** 1 ff.
Pauschalierung der Lohnsteuer 40 1 ff.
Abwälzung der pauschalen Lohnsteuer **40** 3, 21, **40 a** 20
Bemessungsgrundlage der pauschalen Lohnsteuer **40 a** 13
bei beschränkt steuerpflichtigen Künstlern **39** 71
bei bestimmten Sachzuwendungen **37 b** 1 ff.
bei bestimmten Zukunftssicherungsleistungen **40 b** 1 ff., **Anh I 15 b** 85 ff.
– Verhältnis der Steuerfreiheit zur Pauschalbesteuerung **Anh I 15 b** 94 ff.
bei Betriebsveranstaltungen **19** 62 a, **40** 2, 15
Bindungswirkung **40** 9
bei Computerübereignung **40** 2, 19
bei Direktversicherungen **40 b** 19
bei Erholungsbeihilfen **40** 2, 15, 17
Ermittlung eines besonderen Pauschsteuersatzes **40** 6 ff.
bei Fahrtkostenersatz durch den Arbeitgeber **9** 113, **40** 2, 20 f.
fehlerhafte **40** 9
bei geringfügiger Beschäftigung **40 a** 2
Gestellung von Kraftfahrzeugen **40** 21
bei Gruppenunfallversicherungen **40 b** 3
Kirchensteuer **37 a** 7 f.
bei Ladestromvorrichtungen **3** 117 b, **40** 2
Ladevorrichtung **40** 21
bei Lohnsteuer-Außenprüfungen **40** 1
bei Mahlzeiten **40** 2, 15
bei Mahlzeitengestellung, Auswärtstätigkeit **9** 57
Pauschalierungsantrag **40** 9
Pauschalierungsgrenzen **40 a** 14
von Reisekosten **40** 21
bei Reisekostenvergütungen, Auswärtstätigkeit **9** 56
bei Sonderzahlungen **40 b** 4
bei sonstigen Bezügen **40** 1
für Teilzeitbeschäftigte **40 a** 2
bei umlagefinanzierten Pensionskassen **Anh I 15 b** 83 f.
bei Verpflegungsmehraufwendungen **40** 2, 18
Voraussetzungen **40** 9
Wechsel der Besteuerungsart **40 a** 22
nach § 37 b EStG **37 b** 1 ff.
– Anwendungsbereich **37 b** 6
– Bemessungsgrundlage **37 b** 8
– Verfahren **37 b** 12
– Wahlrecht **37 b** 7
Pauschalierungsgrenze, sonstige Bezüge **40** 7
bei Zukunftssicherungsleistungen **40 b** 21
Pauschbeträge, Auslandsreisen **9** 74 f.
für behinderte Kinder **33 b** 5
für Behinderte und Hinterbliebene **33 b** 3 f., **Anh II** 238 f.
– Nachweis der Voraussetzungen **33 b** 10 ff.
für Blinde **33 b** 3
für Pflegepersonen **Anh II** 238 f.
für Übernachtung bei Inlandsreisen, Arbeitgeberersatz **9** 78
für Umzugskosten **9** 95
Verpflegungsmehraufwendungen **9** 11, 56, 65 ff.
für Werbungskosten **9 a** 1

Pauschsteuersatz, Berechnung des durchschnittlichen Steuersatzes **40** 8 f.
für bestimmte Sachzuwendungen **37 b** 1 ff.
feste Lohnsteuer **40** 15 ff.
für Sonderzahlungen **40 b** 4
für sonstige Bezüge **40** 1
Pauschvergütungen für Umzugsauslagen
– bei Auslandsumzügen **Anh I 9 a** 18 ff.
– sonstige U. **Anh I 9** 10
Pensionärstreffen als Betriebsveranstaltung **19** 62 a
Pensionen, Ablösung **19** 44
Versteuerung als Versorgungsbezug **19** 2 ff.
Pensionsfonds, Altersvorsorgebeiträge **82** 2
Arbeitslohn **19** 1
BAV-Förderbetrag **100** 1 ff.
betriebliche Altersversorgung **Anh I 15 b** 169 ff.
Leistungen aus einer Direktversicherung **Anh I 15 b** 148 ff.
Lohnkonto **41** 16 ff.
Mitteilung an P. **41** 16 ff.
Sonderzahlungen in P. **Anh I 15 b** 19 ff.
steuerfreie Zuwendungen des Arbeitgebers **3** 150 ff., 170 f., **Anh I 15 b** 23 ff.
Übernahme von Versorgungszusagen **3** 170 ff.
Übertragung von Versorgungsverpflichtungen/-anwartschaften **3** 172 f.
Pensionskasse, schweizerische öffentlich-rechtliche **3** 147
Pensionskassen, Altersvorsorgebeiträge **82** 2
Arbeitslohn **19** 1
BAV-Förderbetrag **100** 1 ff.
Begriff **40 b** 17
betriebliche Altersversorgung, steuerfreie Aufwendungen **Anh I 15 b** 23 ff.
Leistungen aus einer P. **Anh I 15 b** 148 ff.
Lohnkonto **41** 16 ff.
Mitteilung an P. **41** 16 ff.
Sanierungsgeld **Anh I 15 b** 18
steuerfreie Beiträge zu umlagefinanzierten P. **3** 130 f., **Anh I 15 b** 76 ff.
steuerfreie Zuwendungen des Arbeitgebers **3** 150 ff., **Anh I 15 b** 23 ff.
steuerpflichtige Zuwendungen des Arbeitgebers **40 b** 1 ff., **Anh I 15 b** 83 f., 85 ff.
Verhältnis der Steuerfreiheit zur Pauschalbesteuerung **Anh I 15 b** 94 ff.
Weiteranwendung der Pauschalbesteuerung **Anh I 15 b** 85 ff.
Permanente Monatsabrechnung bei Künstlern **19** 21
Permanenter Lohnsteuer-Jahresausgleich **39 b** 40
Personenschutz, Aufwendungen des Arbeitgebers für den P. **19** 46
Pflege, außergewöhnliche Belastungen **Anh II** 225
Freistellung von der Arbeitsleistung **Anh I 12** 4
Steuerermäßigung nach §§ 33 und 33 a EStG **33 a** 25
steuerfreie Einnahmen **3** 1, 31
Pflege- und Betreuungsleistungen, Steuerermäßigung **35 a** 1 ff.
Pflegebedürftigkeit, außergewöhnliche Belastungen **Anh II** 222
Steuerermäßigung nach §§ 33 und 33 a EStG **33 a** 25
Pflegegeld, steuerfreie Leistungen **Anh II** 12
Pflegeheim, außergewöhnliche Belastungen **Anh II** 222
Steuerermäßigung **35 a** 1 ff.
Wohnen im P., Steuerermäßigung **35 a** 9
Pflegekinder **32** 1, **Anh II** 183 f.
Pflegekräfte, steuerfreie Leistungen, Corona-Krise **3** 1, 42
Pflegekrankenversicherung, Sonderausgaben **Anh II** 71
Pflegemutter, steuerfreie Zuschüsse **3** 31
Pflegepauschbetrag **33 b** 6, **Anh II** 238 f.
Steuerermäßigung **33** 14
Pflegepersonen, Pauschbeträge für P. **Anh II** 238 f.
Pflegerentenversicherung, Sonderausgaben **Anh II** 71
Pflegeversicherung, Arbeitgeberzuschuss **3** 142 ff., 147
Beiträge als Sonderausgaben **10** 5 f., 27
Beiträge zur privaten Pflege-Pflichtversicherung **10** 5 f.
Beiträge zur sozialen P. **10** 5 f.
Beitragszuschlag für Kinderlose **3** 147
Berücksichtigung der Beiträge beim Lohnsteuerabzug **39 b** 2
Eintragung der Beiträge auf der Lohnsteuerbescheinigung **41 b** 1, 16
Mitteilung der privaten Pflege-Pflichtversicherungsbeiträge an den Arbeitgeber **39 b** 38
Steuerfreiheit der Arbeitgeberbeiträge **3** 142 f.
Vorsorgepauschale **39 b** 37 f.
Politische Parteien, Beiträge und Spenden **10 b** 3
– Steuerermäßigung **34 g** 1 f.
Spendenbestätigung **10 b** 20 f.
Prämien, Incentive-Reisen **19** 73, 74
Wohnungsbau-P. **Anh I 7** 1
Preise, Arbeitslohn **19** 44
Preisgelder Anh II 4
Preisnachlass **8** 3, 63 f., **19** 56
Private Altersvorsorge **10 a** 9 ff.
Privatfahrten, Anscheinsbeweis **8** 34
gelegentliche Nutzung des Firmenwagens **8** 52
Gestellung von Pkw durch den Arbeitgeber **8** 2, 32, 52 ff.
mehrere Fahrzeuge **8** 52
Nutzung eines Dienstrades **8** 58
Verbot der privaten Nutzung des Firmenwagens **8** 52
Progressionsvorbehalt **32 b** 1 ff., **Anh II** 216 f.
Aufstockungsbeträge nach dem Altersteilzeitgesetz **3** 92
Aufzeichnungen im Lohnkonto **41** 11
Aufzeichnungspflichten für Lohnersatzleistungen **41 b** 1
Datenübermittlung **32 b** 8
Doppelbesteuerungsabkommen **39** 84 ff.
Lohnersatzleistungen **32 b** 1
Provision im Bankgewerbe und bei Versicherungsgesellschaften **19** 54, 56
Prozesskosten, Strafverteidigung **9** 19
Wehrdisziplinarverfahren **9** 19
Prüfungstätigkeit, nebenberufliche **19** 36 f.
– steuerfreie Entschädigung **3** 68 ff.

R

Rabatte, Aufzeichnung im Lohnkonto **41** 9, 24
Aufzeichnungserleichterungen **41** 24
Bewertung **8** 83
Rabattfreibetrag **8** 3, 63 ff.
Aufzeichnung im Lohnkonto **41** 9, 24
Rabattgewährung durch Arbeitgeber, Bewertung der R. **8** 3, 63 f.
in der Automobilbranche **8** 80
bei Bausparkassen **8** 74

durch Dritte **8** 65, 68, **19** 44
bei Reiseveranstaltern **8** 76
Rechtsbehelfe bei Wohnungsbauprämie **Anh I 7** 12
Rechtsnachfolger, Zahlung von Arbeitslohn an den R. **19** 91 ff.
Rechtsschutzversicherung, Sonderausgaben **Anh II** 71
Regisseure, Selbständigkeit **19** 12 ff.
Reisegepäckversicherung als Reisenebenkosten **9** 59, 86
Reisekosten, Abrechnung **8** 31
Auslandsreisekosten **9** 74 f.
Begriff **9** 44
Benutzung eines Fahrzeugs **9** 55
– bei Auswärtstätigkeit **9** 62
bei Betriebsveranstaltungen **19** 62 a
Erstattung durch den Arbeitgeber **3** 65 f., **9** 55, 61
Fahrtkosten **9** 55, 60
Lohnsteuerbescheinigung **41 b** 16
Pauschalierung der Lohnsteuer **40** 18, 21
Pauschbeträge für Übernachtung, Arbeitgeberersatz **9** 78
Umzugskosten **Anh I 9** 7, **Anh I 9 a** 11 ff.
Unterkunftskosten **9** 58
Verpflegungsmehraufwendungen **9** 11, 56, 65 ff.
Werbungskosten **9** 44
Reisekostenvergütungen aus nicht öffentlichen Kassen, Steuerfreiheit **3** 65 f.
aus öffentlichen Kassen **3** 59
– Steuerfreiheit **3** 54 f.
Pauschalierung der Lohnsteuer **9** 56
Reiseleistungen, Incentive-Reisen **19** 73, 74
Reisenebenkosten **9** 83 ff.
Begriff **9** 59
LKW-Fahrer **9** 6 b, 59, 87
Reisevertreter **19** 25
Abgrenzung, Selbständigkeit **Anh II** 151
Religionsgemeinschaft in anderen EU-/EWR-Staaten **Anh II** 91
Aufzeichnung im Lohnkonto **41** 25
Beiträge als Sonderausgaben **Anh II** 90 f.
Bescheinigung **39** 15
Renten, dauernde Lasten **Anh II** 66 f.
Sonderausgaben **10** 9 a
wegen verminderter Erwerbsfähigkeit an Verfolgte i. S. d. Bundesentschädigungsgesetzes **3** 1
Rentenversicherung, Arbeitgeberanteile
– Sonderausgaben **10** 4, 26
– Steuerfreiheit **3** 142 f.
Arbeitnehmeranteile, Sonderausgaben **10** 4, 26
Aufteilung ausländischer Globalbeiträge **10** 30
Beiträge als Sonderausgaben **10** 4 f., 26 f.
Berücksichtigung der Beiträge beim Lohnsteuerabzug **39 b** 2
Eintragung der Beiträge auf der Lohnsteuerbescheinigung **41 b** 1, 16
Ermittlung des Abzugsbetrags **10** 26
freiwillige Versicherung **3** 142, 145
Vorsorgepauschale **39 b** 36
Repräsentationsaufwendungen, Werbungskosten **9** 14 ff.
Richter, vermögenswirksame Leistungen **Anh I 6 c** 1 ff.
Risikolebensversicherung, Beiträge als Sonderausgaben **10** 6, 27
Sonderausgaben **Anh II** 71
Risikoversicherung als Zukunftssicherung **40 b** 14 f.
Rückdeckungsversicherung, Begriff **40 b** 16, 31
Rückfallklausel, Doppelbesteuerungsabkommen **39** 84 ff.
beim Lohnsteuerabzug **39** 73
Rückumzug, Beendigung einer doppelten Haushaltsführung **9** 126
Rückwirkende Eintragungen auf Bescheinigung für den Lohnsteuerabzug **41 c** 1
Rückzahlung der Altersvorsorgezulage **10 a** 291 ff., **93** 1 ff., **Anh I 15 a** 14 ff.
von Arbeitslohn **11** 4, **19** 44, **38** 10, **40 b** 31
von Beiträgen zu einer Direktversicherung **40 b** 27 ff.
von Krankenbezügen **38** 11
von Lohn- oder Einkommensersatzleistungen beim Progressionsvorbehalt **Anh II** 216 f.
von Sozialversicherungsbeiträgen **38** 10
von Zukunftssicherungsleistungen **3** 147
Ruhegehalt **19** 78
Versteuerung als Versorgungsbezug **19** 2 ff.
Ruhegeld **19** 78
Versteuerung als Versorgungsbezug **19** 2 ff.
Ruhestandsbezüge **19** 78
Versteuerung **19** 2 ff.

S

Sabezugswert, Frühstück, Mittag- und Abendessen **8** 46
Sachbezüge, Abgrenzung von Geld- und Sachleistungen **8** 59
Abgrenzung zur Geldleistung **8** 24
Barabgeltung der S. **8** 23
Begriff **8** 1 f.
Bewertung **8** 2, 20 f., 83
Job-Ticket **8** 24
Pauschalierung nach § 37 b EStG **37 b** 1 ff.
Seeschifffahrt und Fischerei **8** 24
Vermögensbeteiligung **3** 112 ff.
Warengutschein **8** 24
44-Euro-Freigrenze **8** 2
50-Euro-Freigrenze **8** 24
50-Euro-Sachbezugsfreigrenze **8** 22
Sachbezugsfreigrenze **8** 24
Umfang der S. **8** 22
Sachbezugswert, Unterkunft **8** 8 f.
Verpflegung **8** 6 f.
Sachspenden als Sonderausgaben **10 b** 4, 13 f.
Spendenbestätigung **10 b** 19, 23 ff.
Sachzuwendungen bei Betriebsveranstaltungen **19** 1, 62 a
Pauschalierung der Einkommensteuer **37 b** 1 ff.
Pauschalierung der Lohnsteuer **37 b** 1 ff.
Sammelbeförderung, Begriff **3** 102
Eintragung auf der Lohnsteuerbescheinigung **41 b** 1
steuerfreie, durch den Arbeitgeber **3** 100 f.
Sammelkonto bei Teilzeitbeschäftigten **41** 13
Sammellohnkonto bei Pauschalierung der Lohnsteuer **41** 13
Sänger, Selbständigkeit **19** 12 ff.
Sanierungsgeld, Beispiel **Anh I 15 b** 18
steuerfreier Arbeitslohn **19** 1
Schadenersatzleistungen des Arbeitgebers als steuerfreier Arbeitslohn **19** 44
Arbeitslohn **40 b** 39
außergewöhnliche Belastungen **Anh II** 225
Verzicht **8** 34
Schauspieler, Selbständigkeit **19** 12 ff.
Scheidung, Änderung der Lohnsteuerklasse **39** 52
Unterhaltsleistungen **10** 1, **Anh II** 64 f.
Versorgungsausgleich **3** 128
Scheidungskosten, außergewöhnliche Belastungen **Anh II** 225

Schiffspersonal, Doppelbesteuerungsabkommen **39** 84 ff.
Schiffsreeder, Abführung der Lohnsteuer **41 a** 4
Schiffsreise, Verpflegungsmehraufwendungen **9** 67
Schmutzzulagen 19 41
Schriftsteller, beschränkt steuerpflichtige **39** 64
selbständige **19** 12 ff.
Schuldzinsen, außergewöhnliche Belastungen **Anh II** 225
Schulgeld als außergewöhnliche Belastungen **Anh II** 99
als Sonderausgaben **10** 9, 38, **Anh II** 99
als Spenden **Anh II** 99
Schulhund, Werbungskosten **9** 135
Schulkosten, nicht abzugsfähige Lebenshaltungskosten **9** 29 ff.
Schwangere, Kündigungsverbot **Anh I 11** 17
Schwarzarbeiter, Selbständigkeit, Abgrenzung **Anh II** 151
Seeleute, Tätigkeitsstätte **9** 53
Selbständigkeit, Abgrenzung zur Nichtselbständigkeit **19** 25, **Anh II** 150, 161
Sicherheitseinrichtungen, Arbeitslohn **19** 44
Aufwendungen des Arbeitsgebers für S. **19** 46
Kraftfahrzeug **8** 53
Sicherungsbeitrag nach § 23 Abs. 1 BetrAVG, BAV-Förderbetrag **Anh I 15 b** 100 ff.
Steuerfreiheit des S. **3** 152 a
Siedlungsunternehmen, Wohnungsbauprämie **Anh I 7** 2
Soldaten in Ausbildung/Weiterbildung **Anh II** 190
vermögenswirksame Leistungen **Anh I 6 c** 1 ff.
Soldatenversorgungsgesetz, Ausbildungszuschüsse **3** 40
Kapitalabfindungen **3** 14
steuerfreie Leistungen **3** 21 f.
Solidaritätszuschlag, Bemessungsgrundlage **Anh I 4** 3
im Lohnsteuer-Abzugsverfahren **Anh I 4** 3, **Anh I 4 a** 1 ff.
Zuschlagsteuer **51 a** 1 ff.
Solidaritätszuschlaggesetz Anh I 4 1 ff.
Solvabilitätserfüllung, kein Arbeitslohn **19** 1
Sonderausgaben 10 1 ff.
abgekürzter Zahlungsweg **Anh II** 63
Abzugshöhe/Abzugszeitpunkt **Anh II** 63
Allgemeines **Anh II** 62
Altersvorsorgeaufwendungen **10** 26
– Ehegatte, Lebenspartner **10 a** 99 f.
Aufteilung der an ausländische Sozialversicherungsträger geleisteten Globalbeiträge **10** 30
Ausbildungskosten **9** 29 ff., **Anh II** 95
Beiträge zur landwirtschaftlichen Alterskasse **10** 26
betriebliche Altersversorgung **Anh I 15 b** 66 ff.
Bildung eines Freibetrags wegen S. **39 a** 18
Erstattungsüberhang **10** 17
Höchstbeträge **10** 14 ff., 26 f., **Anh II** 112
Kinderbetreuungskosten **10** 33 f.
Kirchensteuer **10** 31
Kürzung des Höchstbetrags für S. **10** 14 ff., 26, **Anh II** 112
Pauschbetrag **10 c** 1
Schulgeldzahlungen **10** 38
Verbot des Zusammenhangs mit steuerfreien Einnahmen **10** 10, 28
Vorsorgeaufwendungen **Anh II** 68 ff.
zusätzliche Altersvorsorge **10 a** 1 ff., 92 ff.
– mehrere Verträge **10 a** 124 ff.
Sonderausgaben-Pauschbetrag 10 c 1
Sondervermögen im Sinne des Vermögensbildungsgesetzes **Anh I 6** 2
Sonderzahlungen, betriebliche Altersversorgung **19** 1, **40 b** 4
Ermittlung des Versorgungsfreibetrags **19** 1
Sonntagsarbeit, Zuschläge **3 b** 1 ff.
Sonstige Bezüge, Begriff **39 b** 14
Einbehaltung der Lohnsteuer **39 b** 3, 27 ff.
– nach Ablauf des Dienstverhältnisses **39 b** 29
Nettozahlung **39 b** 43
Pauschalierung der Lohnsteuer **40** 1
Pauschalierungsgrenze **40** 7
zeitliche Zuordnung **38 a** 3
Sozialversicherungsbeiträge, Aufteilung ausländischer Globalbeiträge **10** 30
ausländische Sozialversicherungsträger, Sonderausgaben **Anh II** 71
Eintragung auf der Lohnsteuerbescheinigung **41 b** 1
Rückzahlung **3** 147, **38** 10
Steuerfreiheit der Arbeitgeberanteile **3** 142 f.
Sozialversicherungsentgeltverordnung 8 4 ff.
Sozialversicherungspflicht, Statusfeststellung, Werbungskosten **9** 19
Sparvertrag über vermögenswirksame Leistungen **Anh I 6** 8
über Wertpapiere, vermögenswirksame Anlage **Anh I 6** 4, **Anh I 6 b** 32 ff.
Wohnungsbauprämie **Anh I 7** 2
Spenden, Aufwandsspenden **10 b** 34
begünstigte Zwecke **10 b** 10 ff.
Crowdfunding **10 b** 40
Einzahlungsbeleg **10 b** 13 f.
Großspende **10 b** 35
Muster der Spendenbescheinigungen **10 b** 14 ff.
an politische Parteien **10 b** 3, **Anh II** 261
– Steuerermäßigung **34 g** 1 f.
Rückspende bei ehrenamtlicher Nebentätigkeit **3** 80 ff.
Schulgeld **Anh II** 99
als Sonderausgaben **10 b** 1, 10 ff.
Spendenvortrag **10 b** 35
Vermögensstock **10 b** 38
Zuwendungsempfänger **10 b** 13 f.
Zuwendungsnachweis **10 b** 13 f.
Spendenbestätigung 10 b 5, 13 ff.
Sport, nebenberufliche Übungsleiter **3** 68
Spenden **10 b** 10
Sportler, beschränkt steuerpflichtige **39** 64
Sportverein, Arbeitgeber **19** 35
Sprachkurse keine außergewöhnliche Belastungen **Anh II** 224
Übernahme von Kosten für S. **19** 70 ff.
Werbungskosten **9** 24 f., 27, 36
Staatspolitische Zwecke, Ausgaben zur Förderung st. Z. **10 b** 3
Ständig wechselnde Tätigkeitsstätten, Verpflegungsmehraufwendungen **9** 70
Ständiger Vertreter, Begriff **38** 15
Stärkungsmittel, Abzug der Aufwendungen als außergewöhnliche Belastung **Anh II** 224
Stehbehinderung, Abzug der Aufwendungen als außergewöhnliche Belastung **Anh II** 225
erhöhter Kilometerersatz bei Wegen zwischen Wohnung und erster Tätigkeitsstätte **9** 100
Sterbegeld 19 78 f.
kein steuerfreies S. **3** 40
Versorgungsbezüge **19** 79
Versorgungsfreibetrag **19** 82
Zahlung an den Erben **19** 91 ff.
Sterbekassen, Sonderausgaben **Anh II** 71
Sterbemonat, Lohnabrechnung im St. **19** 90

Steuerabzug vom Arbeitslohn **38** 6f., 20
Steuerbefreiung nach anderen Gesetzen, Verordnungen und Verträgen **3** 3, **Anh II** 10f.
zwischenstaatliche Vereinbarungen **3** 1, 3, **Anh II** 10f.
Steuerberatungskosten als Arbeitslohn **19** 44
Begriff **12** 8
Kosten der Lebensführung **12** 8
Werbungskosten **12** 8
Steuerermäßigung, Feststellung der S., zusätzliche Altersvorsorge **10 a** 112ff.
Handwerkerleistungen **35 a** 1ff.
haushaltsnahe Beschäftigung **35 a** 1ff.
haushaltsnahe Dienstleistungen **35 a** 1ff.
Heimunterbringung **35 a** 1ff.
Pflege- und Betreuungsleistungen **35 a** 1ff.
Umzugskosten **35 a** 1ff.
Steuerfreie Einnahmen 3 1
Steuerklassen 38 b 1ff.
Lohnsteuerabzugsmerkmal **39** 4
Steuerklassenwahl 39 11ff.
Ehegatten/Lebenspartner, Faktorverfahren **39 f** 1ff.
Faktorverfahren **39** 11
Steuerklassenwechsel 39 11ff., 53
Stiftung, Großspende **10 b** 35
– Stiftungsstock **10 b** 38
Spenden **10 b** 1f.
Stiller Gesellschafter, Gewährung der Sparzulage bei Kapitalbeteiligungen als S. **Anh I 6** 2, **Anh I 6 b** 26
Stillzeit, Mutterschutzgesetz **Anh I 11** 12
Stipendien 3 115, **Anh II** 13f.
Förderung der Forschung, Wissenschaft und Kunst **3** 40
Streikunterstützung, kein steuerpflichtiger Arbeitslohn **19** 44
Stromableser 19 25
Studienbeihilfen 3 115, **Anh II** 14
Studiengebühren, keine außergewöhnlichen Belastungen **Anh II** 225
Übernahme von S. als Arbeitslohn **19** 73, 76
Studienreisen, Werbungskosten **9** 20f., 27, **Anh II** 138
Studium, Berücksichtigung von Kindern **32** 22f.
Erststudium, nicht abzugsfähige Lebenshaltungskosten **9** 29ff.
keine Werbungskosten **9** 12
Kosten für ein S. als Werbungskosten **9** 24f.
Synchronsprecher, Selbständigkeit **19** 16

T

Tabak, unentgeltliche Überlassung durch den Arbeitgeber **8** 63
Tantiemen als sonstige Bezüge **39 b** 14
Tänzer, Selbständigkeit **19** 12ff.
Tarif, Einkommensteuer **32 a** 1
Tarifvertrag über vermögenswirksame Leistungen **Anh I 6** 10
Tätigkeitsstätte, Begriff **9** 55
Teilzeitbeschäftigte in der Land- und Forstwirtschaft **40 a** 4, 15
mehrere Dienstverhältnisse **40 a** 20
Pauschalierung der Lohnsteuer **40 a** 2
Telearbeitsplatz 9 139
Telefon, häuslicher Telefonanschluss, Aufteilung der beruflichen und privaten Kosten **9** 18
private Nutzung des betrieblichen Telefons **3** 115a f.
– als Arbeitslohn **3** 1
Telefoninterviewer, Arbeitnehmer **19** 25
Telefonkosten 3 116a
Auslagenersatz **3** 119
bei doppelter Haushaltsführung anstelle einer Familienheimfahrt **9** 131
als Reisenebenkosten **9** 86
Werbungskosten **9** 18
Telekommunikationsgeräte, private Nutzung betrieblicher T. **3** 115a f.
Tennisplatz, Überlassung durch Arbeitgeber **19** 44
Tod des Arbeitnehmers, Lohnabrechnung im Sterbemonat **19** 90
elektronische Lohnsteuerabzugsmerkmale **39** 19
Treff- oder Sammelpunkt, Fahrtkosten zu einem T. **9** 55, 99a
Trennungsgelder, Bundesumzugskostengesetz **Anh I 9** 12
aus öffentlichen Kassen, Steuerfreiheit **3** 54f.
Trinkgelder, kein Arbeitslohn **19** 44
Aufzeichnungen im Lohnkonto **41** 10
Steuerfreiheit **3** 121

U

Überbrückungsbeihilfen 3 38ff.
Überbrückungsgeld nach dem Arbeitsförderungsgesetz oder dem SGB III **3** 4
Progressionsvorbehalt **32 b** 1
Übergangsgelder 19 78
Progressionsvorbehalt **32 b** 1
Versorgungsbezüge **19** 79
Übergangsversorgung 19 78
Übernachtungskosten 9 76ff.
bei Auswärtstätigkeit **9** 6a
bei doppelter Haushaltsführung **9** 6, 125, 131
steuerfreier Arbeitgeberersatz bei Inlandsreisen mit Pauschbeträgen **9** 78
Übernachtungsnebenkosten **9** 87
Übernahme der Lohnsteuer durch den Arbeitgeber **19** 44
Überstundenvergütungen 34 14
Übertragung von Vermögensbeteiligungen **19 a** 1f.
Übertragung der betrieblichen Altersversorgung 3 1, 124f., 129a ff., **41** 16ff., **Anh I 15** 6, **Anh I 15 b** 57ff.
steuerunschädliche Übertragung **10 a** 330ff.
Übertragung der privaten Altersversorgung 3 1, 129a ff., **10 a** 230ff.
Übertragung der Versorgungsanwartschaften 3 1, 129a ff., 172f.
Übertragung des Kinderfreibetrags 32 6, 30ff.
Übertragung von Altersvorsorgevermögen 10 a 155ff.
Überwälzung der Pauschalsteuer auf Arbeitnehmer **40** 21f., **40 a** 20, **40 b** 31
Übungsleiter, Arbeitnehmer **19** 25
Entschädigung für nebenberufliche Tätigkeit, Steuerfreiheit **3** 68ff.
Ukraine, steuerfreie Unterstützungsleistungen **3** 40a
Umlagen, Arbeitslohn **19** 44
Zukunftssicherungsleistungen **3** 147, 152, **Anh I 15 b** 14ff., 76ff., 83f.
Umschulung, Sonderausgaben **Anh II** 95
Umzugsauslagen bei Auslandsumzügen **Anh I 9 a** 18ff.
sonstige **Anh I 9** 10
Umzugsgut bei Umzügen ins Ausland **Anh I 9 a** 5ff.

Umzugskosten Anh I 9 1 ff.
Arten **Anh I 9** 5
Auslagen **Anh I 9** 9
Auslandsumzugskostenverordnung **Anh I 9 a** 1 ff.
berufliche Veranlassung **9** 92
bei doppelter Haushaltsführung **9** 126, 131
doppelter Mietaufwand **9** 92
Fahrzeitverkürzung **9** 92
Pauschbeträge **9** 95
private U. von Arbeitnehmern **9** 89 ff.
Reisekosten **Anh I 9** 7, **Anh I 9 a** 11 ff.
Steuerermäßigung **35 a** 1 ff., 6
Umzugskostenvergütungen, Steuerfreiheit **3** 65 f.
– bei U. aus öffentlichen Kassen **3** 54 f.
Unabhängige Wählervereinigungen, Steuerermäßigung für Beiträge und Spenden **34 g** 1 f., **Anh II** 261
Unabwendbares Ereignis bei außergewöhnlichen Belastungen **Anh II** 220
Unbeschränkte Steuerpflicht 1 1 ff.
BAV-Förderbetrag **Anh I 15 e** 1 ff.
Lohnsteuerabzug für unbeschränkt steuerpflichtige Arbeitnehmer **39 b** 1 ff.
Rückzahlung der Altersvorsorgezulage bei Beendigung der unbeschränkten St. **95** 1 ff.
ohne Wohnsitz im Inland **1** 3
Unentgeltliche Mahlzeiten im Betrieb **8** 28 f., 46
Unentgeltliche Überlassung von Waren **8** 3, 63 f.
Unfallfürsorgeleistungen nach BeamtVG **3** 21 f.
Unfallruhegehalt, Steuerfreiheit **3** 24
Unfallschaden am eigenen Kfz
– auf Auswärtstätigkeit **9** 62
– auf Fahrten zwischen Wohnung und erster Tätigkeitsstätte **9** 100
bei Gestellung von Pkw durch Arbeitgeber **8** 32
Unfallversicherung, Beiträge als Sonderausgaben **10** 6, 27
Beiträge zur U. **8** 59
Berücksichtigung von Kranken- und Pflegeversicherungsbeiträge eines Kindes bei den Eltern **10** 40 a
Leistungen aus U. **40 b** 37 ff.
Pauschalierung der Lohnsteuer **40 b** 37 ff.
Sonderausgaben **Anh II** 71
als Zukunftssicherung **40 b** 45 f.
Unfallversicherungsbeiträge, Arbeitslohn **40 b** 37 ff.
Gruppenunfallversicherungen **40 b** 3
Unterbringungskosten als abzugsfähige Reisekosten **9** 76 ff.
bei Auswärtstätigkeit **9** 58
Pauschbeträge bei Auslandsreisen **9** 74 f.
Unterhaltsaufwendungen als außergewöhnliche Belastungen **33 a** 1, **Anh II** 226 f.
Steuerermäßigung nach §§ 33 und 33 a EStG **33 a** 25
Unterhaltsbeihilfen als Versorgungsbezüge **19** 78
Unterhaltsbeitrag, Steuerfreiheit des U. **3** 24
Unterhaltsfreibetrag, Anrechnung eigener Einkünfte und Bezüge **33 a** 19
außergewöhnliche Belastungen **33 a** 6 f.
zeitanteilige Ermäßigung **33 a** 4, **Anh II** 236 f.
Unterhaltsgeld, Steuerfreiheit **3** 4
Unterhaltshöchstbeträge 33 a 1
Unterhaltsleistungen an Angehörige **33 a** 6 f.
– im Ausland **33 a** 12 ff.
als außergewöhnliche Belastungen **33 a** 1, 6 f.
Berücksichtigung von Personen mit einem Aufenthaltstitel **33 a** 11, 21
an geschiedenen oder dauernd getrennt lebenden Ehegatten **10** 9 a, **Anh II** 64 f.
an gesetzlich unterhaltsberechtigte Personen **Anh II** 226
an gleichgestellte Personen **33 a** 7, **Anh II** 227
Ländergruppeneinteilung **33 a** 22
durch mehrere Personen **33 a** 18
Nachweis **33 a** 16 ff.
Unterkunft, freie oder verbilligte U. als Sachbezug **8** 8 f., 25 f.
Unterkunftskosten bei Auswärtstätigkeit **9** 58
berufliche Veranlassung **9** 58
bei Dienstreisen **9** 58
bei doppelter Haushaltsführung **9** 58, 131
Unterstützung von Angehörigen
– im Ausland **33 a** 12 ff.
– im Inland **33 a** 6 f.
der Arbeitnehmer durch Arbeitgeber in Notfällen **3** 38 ff.
Nachweis der Unterstützungsleistungen **33 a** 16 ff.
Unterstützungskassen 3 38 ff.
Leistungen von U. **19** 44
Lohnkonto **41** 16 ff.
Mitteilung an U. **41** 16 ff.
Übertragung von Versorgungszusagen **3** 170 f.
Unterstützungsleistungen, steuerfreie Arbeitgeberleistungen
– Corona-Krise **3** 41 f.
– bei Naturkatastrophen **3** 40 a
steuerfreie Corona-Unterstützungsleistungen **3** 1
steuerfreie Inflationsausgleichsprämie **3** 43
Unverheiratete, Steuerklasse **38 b** 2 f.
Urlaubsgelder als sonstige Bezüge **39 b** 14

V

Veranlagung zur Einkommensteuer bei Einkünften aus nichtselbständiger Arbeit **46** 1 ff., **Anh II** 270
Veranstaltungen von Berufsständen und Berufsverbänden, Ausgaben **9** 41 f.
Verausgabung 11 2
Verbilligte Dienstleistungen 8 3, 63 ff.
Verbilligte Mahlzeiten im Betrieb **8** 28 f., 46
Verbilligte Überlassung von Waren 8 3, 63 ff.
Verbraucherinsolvenzverfahren Anh II 225
Verdeckte Gewinnausschüttung, Abgrenzung zum Arbeitslohn **8** 56
Verdienstausfallentschädigung nach Infektionsschutzgesetz, lohnsteuerliche Abrechnung behördlicher Erstattungsbeträge, § 56 IfSG **Anh III 2**
Progressionsvorbehalt **32 b** 1
Verdienstausfallentschädigung nach Unterhaltssicherungsgesetz, Progressionsvorbehalt **32 b** 1
Vereinnahmung 11 1
Verfolgte, Steuerfreiheit der Rente **3** 28
Verleiher, Arbeitgeber **38** 1
Haftung **42 d** 1 ff.
Verlosung bei Betriebsveranstaltungen **19** 62, 62 a
Verlust einer Arbeitnehmerbeteiligung als Werbungskosten **9** 19
des Bezugsrechts aus Direktversicherung **40 b** 27
Verlustabzug 10 d 1 ff.
Verluste, Freibetrag **39 a** 15
Verlustrücktrag 10 d 1
Verlustvortrag 10 d 2
Vermietung, Büroraum an Arbeitgeber **19** 50
Vermietung und Verpachtung, Freibetrag **39 a** 16

Vermittlungsprovisionen als Arbeitslohn **19** 54, 56
Sachbezug **8** 65
Vermögen, geringes, bei außergewöhnlichen Belastungen **Anh II** 227
Vermögensbeteiligungen, Arten **Anh I 6 b** 18 ff.
aufgeschobene Besteuerung **3** 114
begünstigter Personenkreis **3** 112 ff.
begünstigter Sachbezug **3** 1, **19 a** 1 f.
Bewertung **3** 112 ff.
Ermittlung des geldwerten Vorteils **3** 114
Gewährung der Sparzulage **Anh I 6** 14
als Sachbezug **3** 112 ff.
Start-Up-Beteiligung **19 a** 1 f.
Überlassung an Arbeitnehmer **3** 114
Verschiebung des Besteuerungszeitpunktes **19 a** 1 f.
Wert der V. **3** 114
Zufluss **19 a** 1 f.
Zufluss der V. **3** 114
Vermögensbildung der Arbeitnehmer **Anh I 6** 1, **Anh I 6 b** 1 ff.
Vermögensbildungs-Durchführungsverordnung Anh I 6 a 1 ff.
Vermögensbildungsgesetz Anh I 6 1 ff.
Anrufungsauskunft **Anh I 6** 15
Schreiben zur Anwendung des V. **Anh I 6 b** 1 ff.
Vermögenswirksame Leistungen, Anlage auf Verträge des Ehegatten, Lebenspartners, der Kinder **Anh I 6 b** 62 ff.
Anzeigepflichten **Anh I 6 a** 8
Arbeitgeberpflichten **Anh I 6** 3, **Anh I 6 b** 75 f.
Arbeitnehmer-Sparzulage **Anh I 6** 13
BAV-Förderbetrag **100** 7
Begriff **Anh I 6** 2, **Anh I 6 b** 10 ff.
Bescheinigung **Anh I 6 a** 5
Elektronische VL-Bescheinigung **Anh I 6** 15, **Anh I 6 d** 1, **Anh I 6 e** 1 ff.
Insolvenzschutz **Anh I 6 b** 52
Kennzeichnungs- und Mitteilungspflichten **Anh I 6 b** 75 f.
Nachweis der zulageunschädlichen Verfügung **Anh I 6 b** 123
Rückzahlung der Sparzulage **Anh I 6 a** 9, **Anh I 6 b** 116 ff., 128 f.
Vereinbarungen **Anh I 6** 10 ff., **Anh I 6 b** 67 ff.
Verwendung **Anh I 15 e** 1 ff.
zeitliche Zuordnung **Anh I 6 b** 16 f.
zulageunschädliche Verfügungen **Anh I 6 b** 116 ff.
Verpflegungsmehraufwendungen als abzugsfähige Reisekosten **9** 56, 65 ff.
– bei Auslandsreisen, Pauschbeträge **9** 74 f.
Ausland **9** 67
bei Auswärtstätigkeit **9** 11, 56, 65 ff.
Bescheinigung der steuerfreien V. **41 b** 16
bei doppelter Haushaltsführung **9** 57, 124, 131
Dreimonatsfrist **9** 57, 70
bei Kuren **Anh II** 225
Kürzung der Verpflegungspauschalen **9** 57
Pauschalierung der Lohnsteuer **40** 2, 18
Verschollenheit, Bezüge **19** 78
Versichertenberater, steuerfreie Aufwandsentschädigung **3** 53
Versicherungsbeiträge, Datenübermittlung **10** 13
D & O-Versicherungen **19** 48
Nachversteuerung **Anh II** 72 f.
als Sonderausgaben **10** 4 f., 26 f., **Anh II** 70 f.
vermögenswirksame Leistungen **Anh I 6** 9
Versicherungsgesellschaften, Vermittlungsprovisionen als Arbeitslohn **19** 54, 56
Versicherungsvertreter 19 25
Abgrenzung, Selbständigkeit **Anh II** 150 f.
Versorgungsanstalt des Bundes und der Länder (VBL), Ausscheiden des Arbeitgebers aus der VBL **40 b** 31
Beiträge zur VBL **19** 1
Sanierungsgeld **19** 1, **Anh I 15 b** 14 ff.
Sonderzahlungen **Anh I 15 b** 14 ff., 83 f.
steuerfreie Beiträge **3** 130 f., **Anh I 15 b** 14 ff., 76 ff.
Umlagen **3** 147, 152, **Anh I 15 b** 14 ff., 76 ff.
Versorgungsanwartschaften, Insolvenzsicherung **3** 165
Übertragung **3** 172 f.
Versorgungsausgleich, Altersvorsorge **10 a** 221 f.
Besteuerungszeitpunkte **10 a** 316 ff.
betriebliche Altersversorgung **3** 126 ff., **10 a** 308 ff.
– externe Teilung **10 a** 323 ff.
– interne Teilung **10 a** 319 ff.
Sonderausgaben **10** 9 a, **Anh II** 67
Steuerfreiheit **3** 1
Steuerpflicht **1 a** 2
Versorgungsbezüge **19** 1, 84 f.
Werbungskosten **9** 19
Versorgungsbezüge 19 2 ff., 78 f., **Anh II** 251
Aufzeichnungen im Lohnkonto **41** 6
Aufzeichnungs- und Bescheinigungspflichten **19** 83
Bedienstete von internationalen Organisationen **19** 80
Beispiele **19** 79
Berechnung des Versorgungsfreibetrags **19** 81 ff.
Besteuerung **19** 81 ff.
Eintragung in die Lohnsteuerbescheinigung **41 b** 16
Neuberechnung des Versorgungsfreibetrags **19** 84 f.
politischer Wahlbeamter **19** 78
als sonstige Bezüge **39 b** 16
Versorgungsausgleich **19** 1, 84 f.
Versorgungsfreibetrag **19** 82
Werbungskostenpauschbetrag **19** 81
Zuschlag zum Versorgungsfreibetrag **19** 82
Versorgungsfreibetrag 19 2 ff., **39 b** 16 ff.
Altersgrenze **19** 79
Aufzeichnungen im Lohnkonto **19** 83, **41** 6
Berechnung **19** 81 ff.
Berücksichtigung von Sonderzahlungen **19** 1
Eintragung in die Lohnsteuerbescheinigung **41 b** 16
Versorgungsausgleich **19** 84 f.
Versorgungskassen, Sonderausgaben **Anh II** 71
Versorgungskrankengeld, Progressionsvorbehalt **32 b** 1
Versorgungsleistungen, Leistungen aus einem P. **Anh I 15 b** 148 f.
Vermögensübertragungen **Anh II** 67
an Wehrdienst- und Zivildienstbeschädigte **3** 21 f.
Versorgungszusagen bei Entlassung aus dem Dienstverhältnis **34** 5 ff.
Insolvenzsicherung **3** 165
Übernahme durch einen Pensionsfonds **3** 170 f.
Versorgungszuschlag, Werbungskosten, Beamte **9** 19, 23
Vertragsärztliche Tätigkeit, Abgrenzung der nichtselbständigen Arbeit gegenüber der selbständigen Arbeit **19** 25
Vertreter 19 25
Verwarnungsgelder, Abzugsverbot **Anh II** 35
Verwarungsgeld, Übernahme vom V. als Arbeitslohn **19** 44

Verwitwete Arbeitnehmer, maßgebende Steuerklasse **38 b** 4
Vielfliegerprogramme, Pauschalierung der Lohnsteuer **37 a** 1 ff.
Virtuelle Währungen, Bewertung **8** 24
Volkshochschulen, Ausgaben beim Besuch als Werbungskosten **9** 41 f.
Vorauszahlungen von Arbeitslohn **39 b** 14
Vorruhestandsleistungen als Versorgungsbezüge **19** 78
Vorschüsse 39 b 14
Vorsorgeaufwendungen 10 4 f., 26 f.
Basisversorgung **10** 26
Datenübermittlung **10** 13
Erstattungsüberhang **10** 28
Höchstbetrag **10** 14 ff., 26 f.
Höchstbetragsregelung **Anh II** 69
Kürzung des Höchstbetrags für Sonderausgaben **10** 14 ff.
Nachweis der Beiträge bei fehlgeschlagener Datenübermittlung **10** 28
nichtabziehbare **Anh II** 69
Sonderausgaben **Anh II** 68 ff.
Zusammentreffen mit steuerfreien Einnahmen **10** 28
zusätzliche Altersvorsorge **10 a** 1 ff.
Vorsorgepauschale für Beiträge zur gesetzlichen Krankenversicherung **39 b** 37
für Beiträge zur privaten Kranken- und Pflegeversicherung **39 b** 38
Bemessungsgrundlage **39 b** 35
Berücksichtigung bei der Lohnsteuerbescheinigung **41 b** 16
Berücksichtigung des Zusatzbeitragssatzes **39 b** 39 a
Eintragung auf der Lohnsteuerbescheinigung **41 b** 1
beim Lohnsteuerabzug **39 b** 2, 34 ff.
Mindestvorsorgepauschale **39 b** 2, 38
für Rentenversicherungsbeiträge **39 b** 36
Vorsorgeuntersuchungen, kein Arbeitslohn **19** 44
Vorstand, ehrenamtliche Nebentätigkeit **3** 85

W

Waisengeld als Versorgungsbezug **19** 2 ff.
Wandeldarlehensvertrag, Bewertung **8** 24
Wandelschuldverschreibungen, Gewährung der Sparzulage beim Erwerb von W. **Anh I 6** 2, **Anh I 6 b** 19
Zufluss **38** 9
Waren, unentgeltliche oder verbilligte Überlassung durch Arbeitgeber an Arbeitnehmer **8** 3, 63 f.
Warengutschein, Sachbezüge **8** 2, 24, 59
Wartegeld als Versorgungsbezug **19** 2 ff.
Wege zwischen Wohnung und erster Tätigkeitsstätte bei Behinderten **9** 100
Entfernungspauschale **9** 104 ff.
bei Fahrrad-Gestellung **3** 111 j
Firmenwagen **8** 32 ff., 34 ff.
mehrere Wohnungen **9** 96
Mittelpunkt der Lebensinteressen **9** 96
steuerfreie Fahrtkostenzuschüsse **3** 62 ff.
Unfallschäden **9** 100
Werbungskosten **9** 5
Wehrdienst, Berücksichtigung von Kindern, die W. leisten **32** 5
Wehrdienstbeschädigte, gesetzliche Bezüge **3** 21 f.
Wehrpflichtige, Geld- und Sachbezüge **3** 18
Wehrsold, Steuerfreiheit **3** 1, 18
Weihnachtsfeier als Betriebsveranstaltung **19** 62 a
Weihnachtszuwendungen als sonstige Bezüge **39 b** 14
Weiterbildungskosten, steuerfreie Arbeitgeberleistungen **3** 1, 67 a
Übernahme der W. durch den Arbeitgeber **19** 70 ff.
Weiterbildungsmaßnahmen 3 67 a
Weiträumiges Tätigkeitsgebiet, Begriff **9** 53
Fahrtkosten **9** 5 a, 55, 99 a
Werbedamen 19 25
Werbeentgelt 19 44
Werbegeschenke 9 19
Werbungskosten 9 1 ff.
Abgrenzung zu den Lebenshaltungskosten **9** 20 f.
Arbeitsmittel **9** 7, 134 f.
Aufteilung **9** 19
Aufwendungen zur Beseitigung von Unfallschäden bei Fahrten zwischen Wohnung und erster Tätigkeitsstätte **9** 100
Auslandsgruppenreisen **9** 27
Begriff **9** 1, 19
Beiträge an Berufsverbände **9** 4
Berufskleidung **9** 7
Berufskrankheit **9** 19
Bewirtungskosten **9** 19
Bürgschaftsverpflichtung **9** 19
bei Dienstaufwandsentschädigung **3** 53
doppelte Haushaltsführung **9** 6, 117 ff.
von Ehegatten/Lebenspartnern **39 a** 17
Haftungsschulden **9** 19
im Hinblick auf künftiges Dienstverhältnis **9** 19
private Umzugskosten von Arbeitnehmern **9** 89 ff.
Reisekosten **9** 44
Schulhund **9** 135
Sprachkurs **9** 27, 36
Steuerberatungskosten **12** 8
Taxikosten **9** 100
Versorgungszuschlag bei Beamten **9** 23
Wege zwischen Wohnung und erster Tätigkeitsstätte **9** 5, 96 ff.
Werbungskosten-Pauschbetrag 9 a 1, **Anh II** 60
Werkswohnung 8 25 f.
Werkzeuge, Arbeitsmittel **9** 7
Werkzeuggeld, Steuerfreiheit **3** 93 ff.
Wertpapier-Beteiligungsvertrag, vermögenswirksame Anlage **Anh I 6** 6, **Anh I 6 b** 46 ff.
Wertpapiere, Festlegung **Anh I 6 a** 4
Gewährung der Sparzulage beim Erwerb von W. **Anh I 6** 2, **Anh I 6 b** 32 ff., 42 ff.
Vermögensbeteiligung **3** 112 ff.
Wertpapiergeschäfte, Vermittlungsprovisionen als Arbeitslohn **19** 54
Wertpapier-Kaufvertrag, vermögenswirksame Anlage **Anh I 6** 5, **Anh I 6 b** 42 ff.
Wiederbeschaffung von Hausrat und Kleidung **Anh II** 220
Winterausfallgeld 3 7
Progressionsvorbehalt **32 b** 1
Wintergeld, (Lohnersatz-)Leistungen, Steuerfreiheit **3** 4 ff.
Wissenschaft, Stipendien zur Förderung der wissenschaftlichen Ausbildung **3** 36 f., 40, **Anh II** 14
Wissenschaftliche Zwecke, Ausgaben zur Förderung w. Z. **10 b** 1, 10
Wohnförderkonto 10 a 167 ff.

Wohngebäude, Bau, Erwerb, Erweiterung, Vermögensbildungsgesetz **Anh I 6** 2, **Anh I 6 b** 54 ff., 60
vermögenswirksame Leistungen **Anh I 6** 2, **Anh I 6 b** 54 ff., 60
Verwendung der Altersvorsorgebeiträge **10 a** 240 ff., **92 a** 1 ff., **92 b** 1 ff.
Wohnrecht, Arbeitslohn **38** 9
Wohnsitz 1 1
unbeschränkte Steuerpflicht **1** 1
Wohnstift, Wohnen im W., Steuerermäßigung **35 a** 9
Wohnung, Bewertungsabschlag **8** 2
freie, Bewertung **8** 25 f.
unentgeltliche oder verbilligte Überlassung durch den Arbeitgeber **8** 25 f.
verbilligte Hausmeisterwohnung **8** 65
Verwendung der Altersvorsorgebeiträge **10 a** 240 ff.
– Aufgabe der Selbstnutzung **10 a** 276 ff.
– Selbstnutzung **10 a** 270 ff.
Werbungskosten **9** 19
Wohnungsbau, Altersvorsorge **10 a** 167 ff.
Verwendung der Altersvorsorgebeiträge **10 a** 240 ff., **92 a** 1 ff., **92 b** 1 ff.
Wohnungsfürsorgemittel, Steuerfreiheit **3** 132 ff.
Wohnungsbaugenossenschaft, Wohnungsbauprämie **Anh I 7 a** 4
Wohnungsbauprämie, Antrag **Anh I 7** 6, **Anh I 7 b** 12, **Anh I 7 c** 1
Bau- und Wohnungsgenossenschaften **Anh I 7 a** 4, **Anh I 7 b** 6
begünstigte Aufwendungen **Anh I 7 b** 4
begünstigter Personenkreis **Anh I 7 b** 2
Beiträge an Bausparkassen **Anh I 7** 2, **Anh I 7 b** 5
Einkommensgrenze **Anh I 7 b** 3
Festsetzung **Anh I 7** 7
Festsetzungsverjährung **Anh I 7 b** 16
Höchstbetrag **Anh I 7** 5
Höhe **Anh I 7** 5, **Anh I 7 b** 11
Prüfung der Verwendung **Anh I 7 b** 15
Rückzahlung **Anh I 7** 7
vermögenswirksame Leistungen **Anh I 6** 2
Wohnungsbauprämien-Durchführungsverordnung Anh I 7 a 1 ff.
Wohnungsbauprämiengesetz Anh I 7 1 ff.
Wohnungsbauprämienrichtlinien Anh I 7 b 1 ff.
Wohnungseigentümergemeinschaft, Steuerermäßigung **35 a** 9
Wohnungsfürsorgemittel, Steuerfreiheit **3** 132 ff.
Wohnungsgenossenschaften Anh I 7 2
Wohnungsbauprämie **Anh I 7 b** 6
Wohnungsüberlassung, Bewertungsabschlag **8** 26 a
unentgeltliche oder verbilligte **8** 9, 25 f.

Z

Zahlen zur Lohnsteuer, Übersicht **Anh III 1**
Zählgelder 19 41
Zeitwertkonto, Mitnahme bei Arbeitgeberwechsel **38** 12 ff.
Zufluss des Arbeitslohns **38** 9, 12 ff.
Zuschläge **3 b** 12
Zentrale Stelle, Altersvorsorge **81** 1
Zigaretten, unentgeltliche Überlassung durch Arbeitgeber **8** 63
Zinsen, Arbeitslohn **19** 44
Zinsersparnis bei Arbeitgeberdarlehen **8** 24, 47 f.
aus Wohnungsfürsorgemittel **3** 133 f.
Zivildienst, Berücksichtigung von Kindern **32** 5
Zivildienstbeschädigte, gesetzliche Bezüge, Steuerfreiheit **3** 21 f.
Zivildienstgesetz, gesetzliche Versorgungsbezüge, Steuerfreiheit **3** 21 f.
Zivildienstleistende, Geld- und Sachbezüge **3** 18
Zollfahndungsdienst, Dienstkleidung **3** 15 f.
Zubehör, fahrradtypisches **3** 111 k
Zufluss, Leistungen der betriebl. Gesundheitsförderung **3** 111 d
Zufluss des Arbeitslohns 11 1 f., **38** 2, 8 ff.
bei Aktienoptionsrechten **38** 9
bei Gesellschafter-Geschäftsführer **38** 14 c
Unfallversicherung **40 b** 37 ff.
Zeitwertkonto **38** 9, 12 ff.
Zinsersparnis **8** 49
Zufluss von Einnahmen Anh II 132
Zufluss von Vermögensbeteiligungen, Zeitpunkt **3** 112 ff.
Zukunftssicherungsleistungen, Abgrenzung Barlohn und Sachbezug **8** 24
Altersvorsorgebeiträge **10 a** 1 ff.
Arbeitslohn **19** 1, 44
Barlohn und kein Sachbezug **8** 59
Begriff **19** 11
Bemessungsgrundlage der pauschalen Lohnsteuer **40 b** 20
für im Betrieb mitarbeitende Ehegatten **19** 26 ff.
Eintragung in die Lohnsteuerbescheinigung **41 b** 1, 16
keine 44-Euro-Freigrenze **40 b** 31
Nachweis **3** 146
Pauschalierung der Lohnsteuer **40 b** 1 ff.
Rückzahlung **3** 147
Sonderausgaben **Anh II** 69
Steuerfreiheit **3** 142 f., 150 ff., **Anh I 15 b** 23 ff., 76 ff.
Umlagen **3** 152
Verhältnis der Steuerfreiheit zur Pauschalbesteuerung **Anh I 15 b** 94 ff.
Zumutbare Belastung bei außergewöhnlichen Belastungen **33** 3
Zusammenballung von Einkünften Anh II 251
Zusammenveranlagung, Ehegatten **Anh II** 176 f.
Zusatzbeiträge des Arbeitgebers, betriebliche Altersversorgung **Anh I 15** 29
Zusätzlichkeitsvoraussetzung 8 3 a
zum ohnehin geschuldeten Arbeitslohn **8** 3 a
Zusatzversorgung 40 b 1 ff., **Anh I 15 b** 14 ff., 39, 76 ff.
Zuschläge, Beispiele für Steuerfreiheit **3 b** 12
für Hitze, Wasser, Schmutz, Gefahren **19** 41
für Sonntags-, Feiertags- und Nachtarbeit **3 b** 1 ff., 12
– Pauschalzahlung der Z. **3 b** 10
Zuschuss zum Arbeitsentgelt **3** 1
– Progressionsvorbehalt **32 b** 1
zur Existenzgründung **3** 4
– Progressionsvorbehalt **32 b** 1
zum Mutterschaftsgeld, Progressionsvorbehalt **32 b** 1
Zuwendungsbestätigung, Spendenbescheinigung **10 b** 13 f.
Zuzahlungen bei der Kfz-Gestellung **8** 54
– Anschaffungskosten **8** 54 a
Zwangsläufigkeit der Anwendungen bei außergewöhnlichen Belastungen **Anh II** 218
Zweitwohnung, doppelte Haushaltsführung **9** 58, 117, 120 f., 125, 131